# 毕节地区通志

毕节市地方志编纂委员会　编

方志出版社
Publishing House of Local Records

图书在版编目（CIP）数据

毕节地区通志 / 毕节市地方志编纂委员会编.
-- 北京：方志出版社，2019.9
ISBN 978-7-5144-3675-4

Ⅰ. ①毕… Ⅱ. ①毕… Ⅲ. ①毕节—地方志
Ⅳ. ① K297.33

中国版本图书馆 CIP 数据核字（2019）第 194877 号

# 毕节地区通志

编　　者：毕节市地方志编纂委员会
责任编辑：冯　松
出 版 者：方志出版社
地址　北京市朝阳区潘家园东里 9 号（国家方志馆 4 层）
邮编　100021
网址　http://www.fzph.org
发　　行：方志出版社图书经销中心
电话　（010）67110500
经　　销：各地新华书店
印　　刷：昆明鹰达印刷有限公司
开　　本：889 × 1194　1/16
印　　张：278.5
字　　数：6500 千
版　　次：2019 年 9 月第 1 版　2019 年 9 月第 1 次印刷
印　　数：0001 ~ 5000 册
ISBN　978-7-5144-3675-4　定价：1200.00 元（共 10 卷）

# 毕节地区地方志编纂委员会

## 2004年11月



## 2005年11月

## 2006年10月



## 2007年12月

## 2013年



## 2014年

## 2015年

顾　　问　陈志刚

主　　任　陈昌旭

常务副主任　王开俊　冉　霞

副 主 任　杨新江　潘圣群　高隆礼

## 2016年

顾　　问　陈志刚

主　　任　陈昌旭

常务副主任　王开俊　冉　霞

副 主 任　黄家忠　潘圣群　高隆礼

## 2017年

顾　　问　周建琨

主　　任　桑维亮

常务副主任　李玉平

副 主 任　黄家忠　赵　伟　潘圣群　高隆礼

## 2018年

顾　　问　周建琨

主　　任　张集智

常务副主任　冉　霞

副 主 任　黄家忠　赵　伟　潘圣群　高隆礼

# 《毕节地区通志》编辑部

## （2004年8月—2009年12月）

**主　编**　金国藩

**副主编**　吴维铁

**总　纂**　吴维铁

**分　纂**　吴学良　李炳连　吴守飞

**编　辑**　谌志铭　李炳连　闵布扬　丹玉有　陈绍炎　高承仁　张袭祥　杨胜江　吴南剑

## （2010年1月—2017年3月）

**主　编**　金国藩　潘圣群

**副主编**　肖会明　高隆礼

**编　校**　吴南剑　刘　宇　王　显　饶艳兰　王云霞　罗　静　甘祖娟　黄光艳　李慧芳
龙　艳　彭恩泉　周　丹

## （2017年4月后）

**顾　问**　周声浩

**主　编**　潘圣群

**副主编**　高隆礼　唐光甫　吴南剑

**总　纂**　高隆礼

**副总纂**　李文汉　叶章龙　罗仲祥　高承仁　吴南剑　刘　宇　周遵鹏

**编　校**　吴　云　饶艳兰　王云霞　甘祖娟　黄光艳　王　显　罗　静　田　平　彭恩泉
周　丹

**编　务**　唐绍宣　陈世星　路　倩

# 《毕节地区通志》初审人员名单

地委政法委书记　安金黎
地委秘书长　李文德
军分区政治部主任　王　刚
行署秘书长　胡显谋
地区民政局局长　蔡勤生
地区劳动保障局局长　李绍武
地区经贸局局长　周遵富
地区邮政局局长　钟兆勤
地区电信局总经理　翟亚雷
地区环保局局长　徐本贵
地区供销社主任　胡奇文
地区财政局局长　王玉平
地区地税局局长　王建和
地区统计局局长　王允铎
地区物价局局长　吴学杰
地区质监局局长　邓泽亮
地区药监局局长　陈　湘
地区教育局局长　余大亮

地区文化局局长　聂　华
地区档案局局长　刘祖平
地区卫生局局长　安　宁
地区体育局局长　李珍和
地区人口和计生局局长　张基沛
地区人事局局长　李文汉
地区农办主任　李毕生
地区交通局局长　安顺才
地区旅游局局长　杜　娟
地区城建局局长　李克明
地区商业局局长　陈春芬
地区国税局局长　张卫东
地区审计局局长　刘晓益
地区国土局局长　张正刚
地区工商局局长　何志光
地区科技局局长　王维伦
地区广电局局长　张义萍
地区地方志办主任　金国藩

## 《毕节地区通志》复审人员名单

王明贵　曾加伦　杨春明　王继超　刘衍奎　高承仁　丹玉有　母进炎

叶章龙　金国藩　吴维铁　吴守飞　谢正发　周遵鹏　谌浩业　高君儒

聂宗荣　徐道泽　王生才　潘圣群　高隆礼　吴南剑　饶艳兰　刘　宇

罗　静　王　显

## 《毕节地区通志》终审人员名单

范同寿（贵州省地方志办原主任）

王任索（贵州省文史馆原副巡视员）

周声浩（贵州省地方志办公室原副主任）

伍启林（九三学社贵州省委调研处处长）

钟　莉（贵州省地方志办公室业务四处处长）

# 《毕节地区通志》审读人员名单

周建琨　桑维亮　卢　林　丁雄军　蒋兴勇　肖发君　何云江　崔英魁　王炳荣　杨海琰
黄光江　杨新江　吴学军　罗昌琪　李克明　马培译　冉　霞　李玉平　丁翊强　蒋从跃
马　炼　彭容江　肖远福　秦天志　辜康乐　陈　波　付业春　安　南　赵　牧　杜　娟
安顺才　谢定敏　张　平　任明星　石子友　王向东　陈永祥　李奇勇　王洪全　吴学香
禄绍康　李文德　蒋弟元　吕开邦　周应华　马光树　龙泽玉　颜　勇　杨永学　赵　伟
黄家忠　谢祥贵　杨亚军　胡敬斌　陈　萍　杨汉华　张　东　喻祖常

# 资料来源名单

**单位：**市委办、市政府办、市人大、市政协、市纪委、市委组织部、市委宣传部、市委统战部、市委政研室、市发改委、市教育局、市科技局、市工能委、市民宗委、市公安局、市民政局、市司法局、市财政局、市人社局、市国土资源局、市环保局、市住建局、市城乡规划局、市交通运输局、市农委、市水务局、市商务局、市文化广电局、市卫计委、市扶贫办、市审计局、市林业局、市畜牧水产局、市安监局、市统计局、市国税局、市地税局、市食药监局、市旅发委、市质监局、市工商局、市档案局、市公积金管理中心、市水库和生态移民局、市供销社、市投资促进局、市人防办、市体育局、市委党校、贵州工程应用技术学院、各县区史志办等

**个人：**王如柏　刘衍奎　聂肇基　陈麒羽　魏运生　聂宗荣　郑　亮　岳红霞等

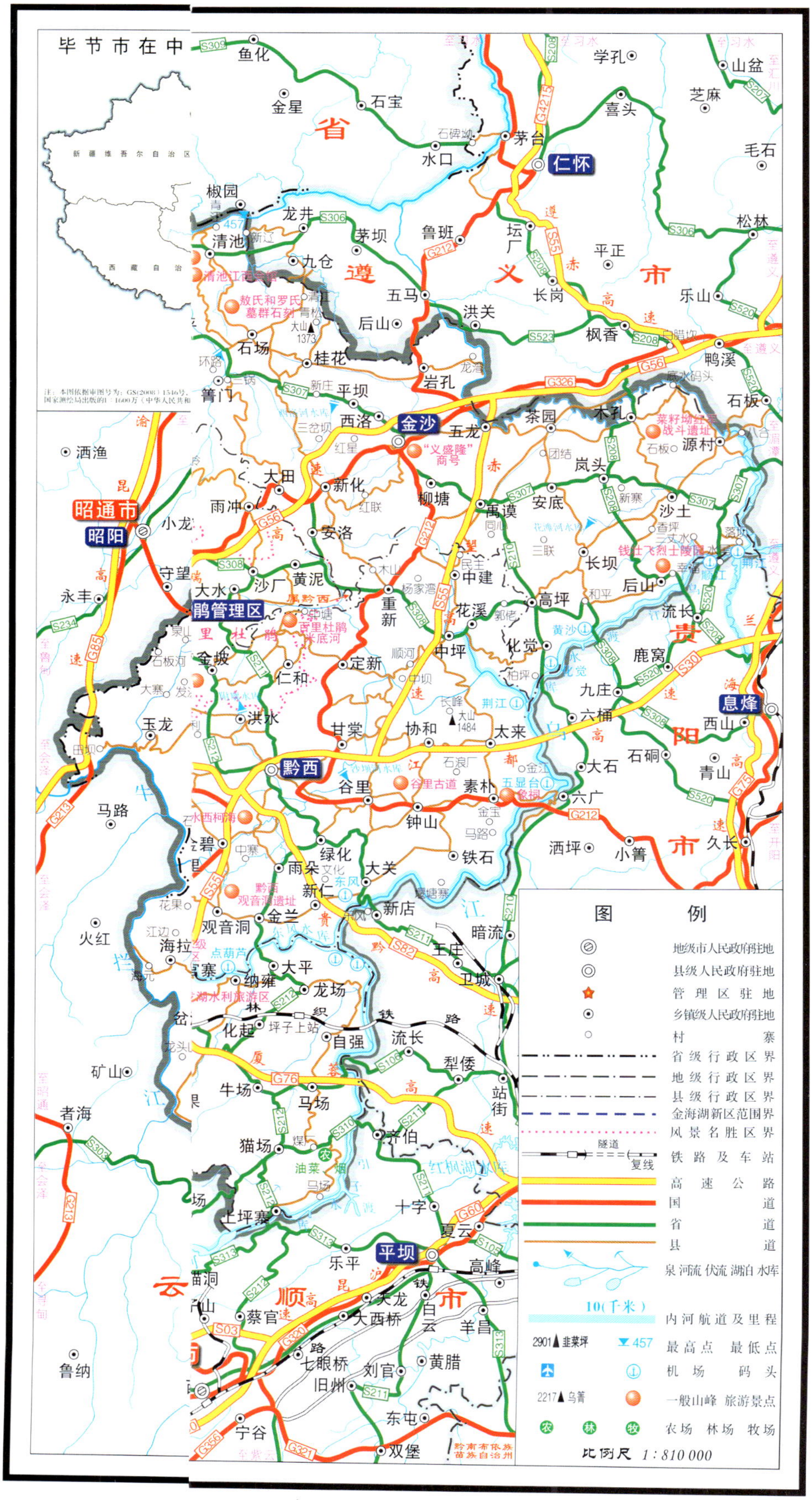


审图号 黔F（2018）004号 贵州省第三测绘院 编制 二〇一八年七月

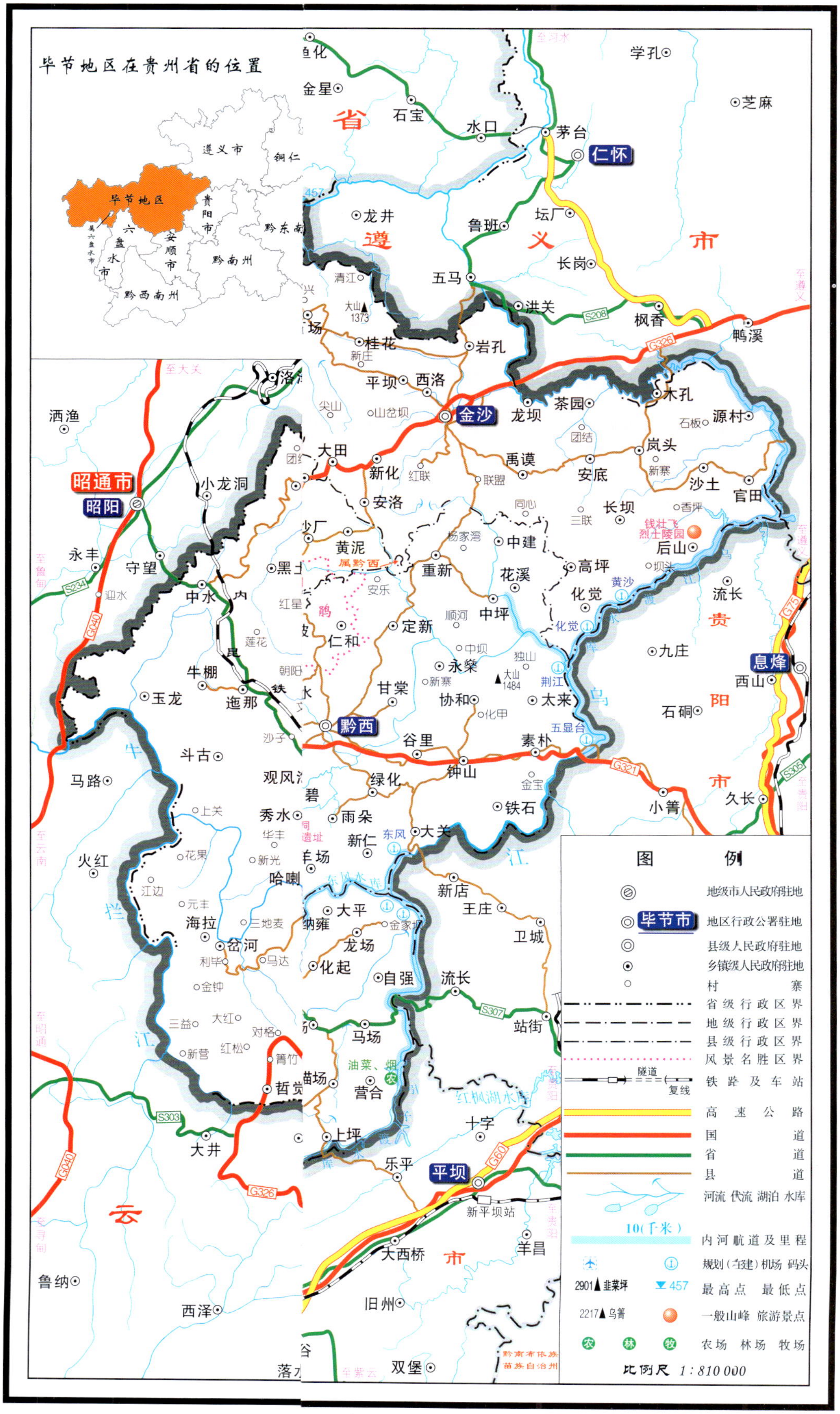


审图号 黔F（2018）003号 贵州省第三测绘院 编制 二〇一八年七月

乌蒙山山脉毕节主峰——贵州屋脊韭菜坪（2011年摄）

大娄山山脉毕节主峰——公鸡山（2011年摄）

金沙大山（2011年摄）

织金关（2011年摄）

赤水河——鸡鸣三省大峡谷（2011年摄）

东风湖（2011年摄）

大方九洞天（2011年摄）

金沙江水系——牛栏江段（2011年摄）

纳雍总溪河（2011年摄）

乌江六广河段（2011年摄）

六冲河夹岩水库段（2015年摄）

汉族龙灯（2014年摄）

汉族的春节（2014年摄）

彝族节日欢庆（2011年摄）

彝族（2011年摄）

苗族节日盛装（2010年摄）

苗族敬酒礼仪（2010年摄）

回族男女山歌对唱（2012年摄）

回族开斋节（2012年摄）

白族（2012年摄）

满族

仡佬族

蒙古族

布依族（2010年摄）

布依族少女服饰（2010年摄）

穿青人（2014年摄）

毕节县城（1948年摄）

毕节县城（1985年摄）

毕节县城麻园转盘（2000年摄）

毕节八一广场（2006年摄）

毕节市区一角（2008年摄）

毕节新貌（2015年摄）

山城毕节（2014年摄）

毕节市七星关区南部新区之夜（2015年摄）

织金文浪北腾（2014年摄）

黔西县城（2010年摄）

大方县新城区（2012年摄）

金沙县城（2013年摄）

纳雍县城（2013年摄）

威宁自治县乌撒体育馆（2015年摄）

赫章县城（2013年摄）

百里杜鹃管理区（2013年摄）

金海湖新区（2014年摄）

1958年修建的鸭池河吊桥

2001年贵毕二级全封闭汽车专用公路

清水铺古盐道（2010年摄）

毕节飞雄机场（2013年摄）

内昆铁路威宁草海站（2011年摄）

织金火车站（2015年摄）

毕节汽车东客站（2008年摄）

毕威高速赫章特大桥（2013年摄）

黔织高速六冲河特大桥（2012年摄）

杭瑞高速金沙特大桥（全长1781米）（2012年摄）

西溪河大桥（2009年摄）

杭瑞高速纳雍县境抵母河大桥（全长878米）（2015年摄）

厦蓉高速公路织金互通立交（2015年摄）

纳雍关岭瀑布（2011年摄）

九洞天（2011年摄）

织金洞霸王盔（2011年摄）

织金恐龙谷（2011年摄）

支嘎阿鲁湖（2013年摄）

拱拢坪森林公园（2009年摄）

乌江源百里画廊（2009年摄）

大方米底河（2011年摄）

赫章韭菜坪（2010年摄）

大方油杉河（2010年摄）

大方雨冲银杏林（2011年摄）

奢香墓（2011年摄）

威宁草海（2011年摄）

百里杜鹃（2011年摄）

大方宣慰府（2010年摄）

洪家渡水电站（2014年摄）

纳雍火电厂
（2013年摄）

索风营水电站
（2014年摄）

黔西火电厂（2007年摄）

大方火电厂（2011年摄）

威宁自治县百草坪风电机组群（2014年摄）

赫章风力发电（2014年摄）

毕深输送电网（2014年摄）

黔西县太来乡独山千亩葡萄基地（2015年摄）

威宁荞麦种植（2010年摄）

百里杜鹃华洲生态农业林下养菌

大方小屯梯田

金沙县岩孔丰产高粱（2015年摄）

威宁县种羊场波尔山羊（2010年摄）

威宁县凉水沟种羊场（2013年摄）

赫章黑山羊（2012年摄）

威宁半细毛羊（2012年摄）

乌蒙马（2012年摄）

韭菜坪上放牧的马群（2012年摄）

纳雍土鸡养殖场（2012年摄）

毕节土鸡喂养（2012年摄）

纳雍土鸡种禽场（2013年摄）

种猪养殖（2012年摄）

赫章可乐猪养殖（2012年摄）

毕节三江源优质肉牛基地（2014年摄）

1986年毕节化肥厂

1997年毕节棉纺厂

2004年黔西青龙煤矿矿井首采工作面投入试生产

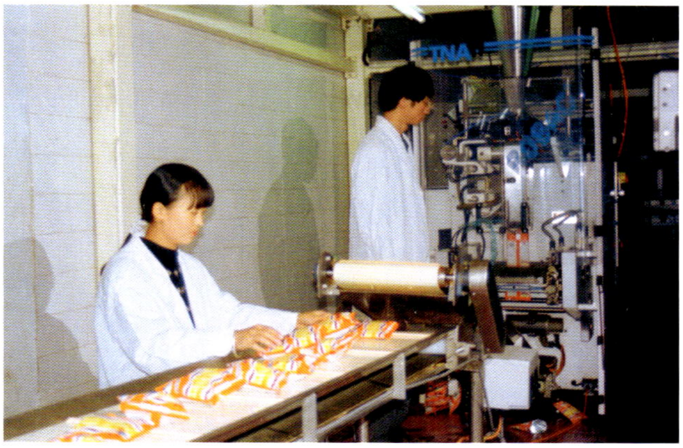

威宁新威薯片厂（1998年摄）

2008年毕节循环工业园区

毕节力帆骏马重卡下线（2011年摄）

织金县中小企业创业园（2016年摄）

毕节兴国集团电动摩托生产线（2014年摄）

毕节添钰农用车（2014年摄）

大方县黄泥塘镇返乡农民工创业园（2015年摄）

金海湖新区小坝工业园区（2015年摄）

毕节卷烟厂包装车间（2012年摄）

毕节酒厂（2014年摄）

金沙经济开发区（2016年摄）

农展会（2014年摄）

毕节地区汽车展销会（2006年摄）

大方县电子商务产业园（2015年摄）

毕节计算机竞赛（2003年摄）

毕节市科技馆（2014年摄）

全国科普日期间组织参观科技馆（2015年摄）

毕节市民中学生科普主题日活动（2016年摄）

毕节职业技术学院（2015年摄）

毕节工业学校（2014年摄）

毕节一中新校区（2016年摄）

毕节医学专科学校（2014年摄）

毕节四小“祖国好家乡美”主题活动（2011年摄）

毕节学院艺术楼（2011年摄）

庆祝中华人民共和国成立60周年“迎国庆、爱家乡”大型合唱比赛决赛（2009年摄）

彝族服饰展演（2014年摄）

群众文化演出
（2013年摄）

民乐团演出
（2013年摄）

纳雍歌咏比赛
（2013年摄）

乌蒙人家世界小姐贵州赛区（2012年摄）

群众文化演出（2012年摄）

彝族火把节（2011年摄）

毕节市第一人民医院（2013年摄）

毕节地区妇幼保健院（2009年摄）

毕节地区中医院（2009年摄）

贵州省毕节卫生学校（2009年摄）

鸿福医院（2006年摄）

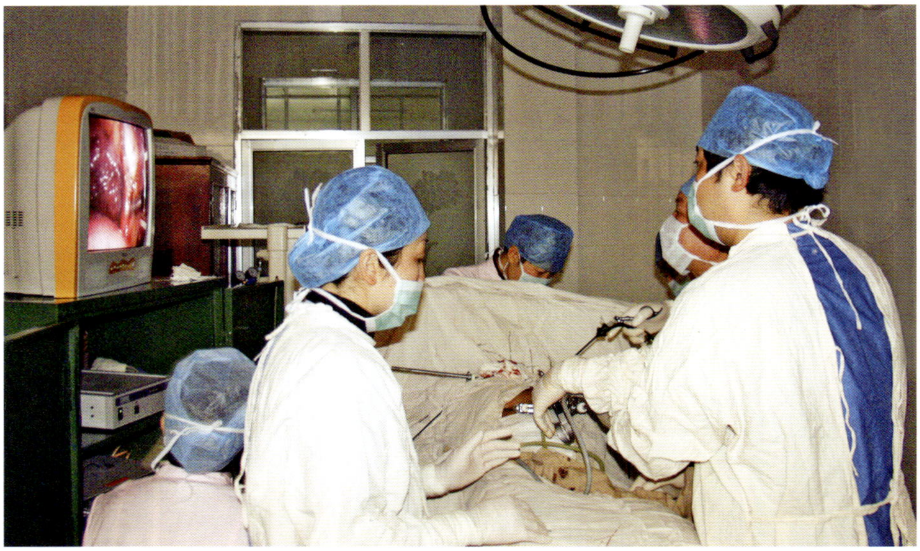

毕节地区人民医院
腹腔镜胆囊切除术
（2003年摄）

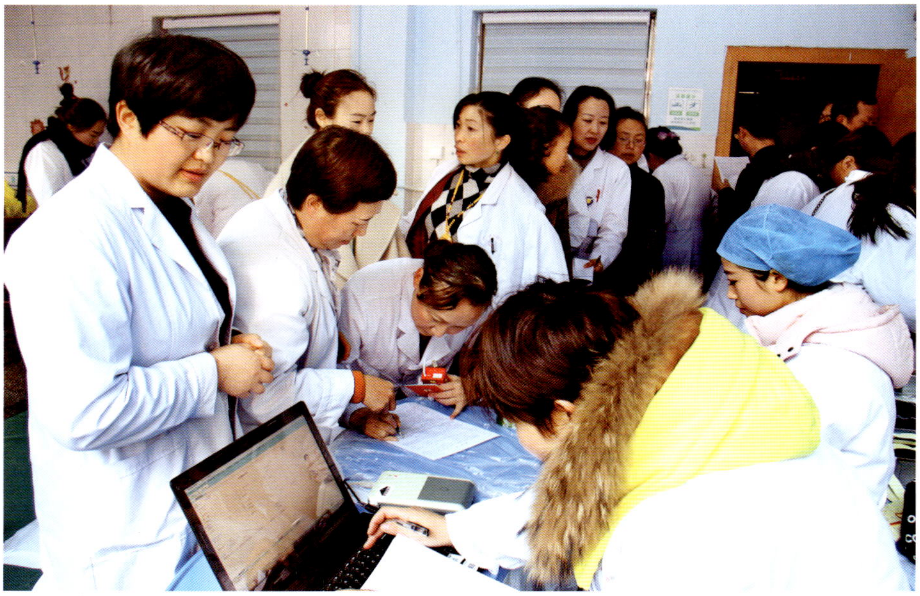

无偿献血（2013年摄）

毕节地区血站全自
动酶联免疫系统
（2008年摄）

太极拳表演（2017年摄）

毕节全民健身（2013年摄）

2007年4月6日，全国山地自行车赛在百里杜鹃举行

毕节奥林匹克体育中心（2013年摄）

金沙全国溯溪赛（2015年摄）

毕节市第三届运动会（2017年摄）

中国·毕节百里杜鹃MaXi Race国际越野跑（2017年摄）

织金县官寨乡小妥倮苗族蜡染
（2013年摄）

威宁自治县二塘镇新合村万亩核桃种植基地
（2014年摄）

恒大帮扶项目——奢香古镇（2017年摄）

赫章县罗州乡龙潭循环经济产业园采摘四季豆
（2015年摄）

黔西县大关镇七里村贫困群众正在领取分红
（2017年摄）

深圳对口帮扶建设的赫章福田医院　（2016年摄）

大方县雨冲乡恒大帮扶养殖基地（2016年摄）

大方县雨冲乡恒大幸福九村（2016年摄）

金海湖新区湿地公园（2014年摄）

赫章县夜郎森林公园（2012年摄）

拱拢坪国家森林公园（2012年摄）

金秋（2010年摄）

百里杜鹃管理区大水乡农户采摘万寿菊

赫章县水塘乡永康村人工草场（2010年摄）

赫章县GAP示范基地大棚中药材虎耳草育苗
（2010年摄）

人工改良的威宁天然草场（2007年摄）

威宁自治县香炉山茶园（2012年摄）

赫章核桃博物馆（2015年摄）

安置区新家（2013年摄）

大方雨冲农民新居（2013年摄）

中华苏维埃人民共和国川滇黔省革命委员会成立后红军指挥员在大定协台衙门前合影（1936年摄）

鸡鸣三省纪念碑（2017年摄）

王震在贵州毕节接见八堡六寨苗族群众代表时合影（1936年摄）

威宁游击团遗址——灼乐多明德小学（2010年摄）

钱壮飞烈士陵园（2011年摄）

红六军团政治部旧址（2009年摄）

中华苏维埃人民共和国川滇黔省革命委员会（大方）旧址（2011年摄）

黄家坝阻击战纪念碑（2016年摄）

将军山战役纪念碑（2011年摄）

红九军团猫场战斗纪念园（2011年摄）

中华苏维埃人民共和国川滇黔省革命委员会旧址（毕节百花山）（2010年摄）

哲庄坝红军战斗遗址纪念碑（2005年摄）

黔西鸭池河纪念碑（2012年摄）

黔西观音洞旧石器时代遗址出土文物（2014年摄）

可乐出土文物（2015年摄）

全国重点文物保护单位赫章县可乐遗址出土的汉代乐舞砖（2003年摄）

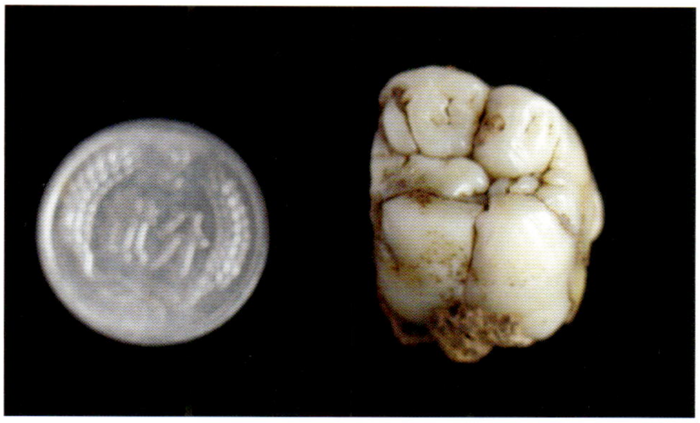

毕节市何官屯出土的史前时期化石（2010年摄）

毕节双井寺水井

七星关阿市土司庄园花园一角

七星关古牌坊——七龙石

黔西县象祠（2015年摄）

黔西水西公园李世杰牌坊（2003年摄）

织金财神庙（2010年摄）

织金文昌阁（2010年摄）

金沙万寿宫（2010年摄）

黔西钟山（2010年摄）

织金营上古寨（2010年摄）

织金牛场丁公屯（2010年摄）

全国重点文物保护单位赫章县可乐遗址（2003年摄）

织金隆兴寺（2010年摄）

古驿道（2010年摄）

织金鱼山黑神庙（2010年摄）

大屯土司庄园（2010年摄）

金沙敖家坟古墓群（清末）（2013年摄）

大方斗姥阁

全国重点文物保护单位奢香墓（2004年摄）

七星关团结乡法戛土司庄园

大方漆器（2010年摄）

毕节刺梨干（2013年摄）

毕节荞茶（2013年摄）

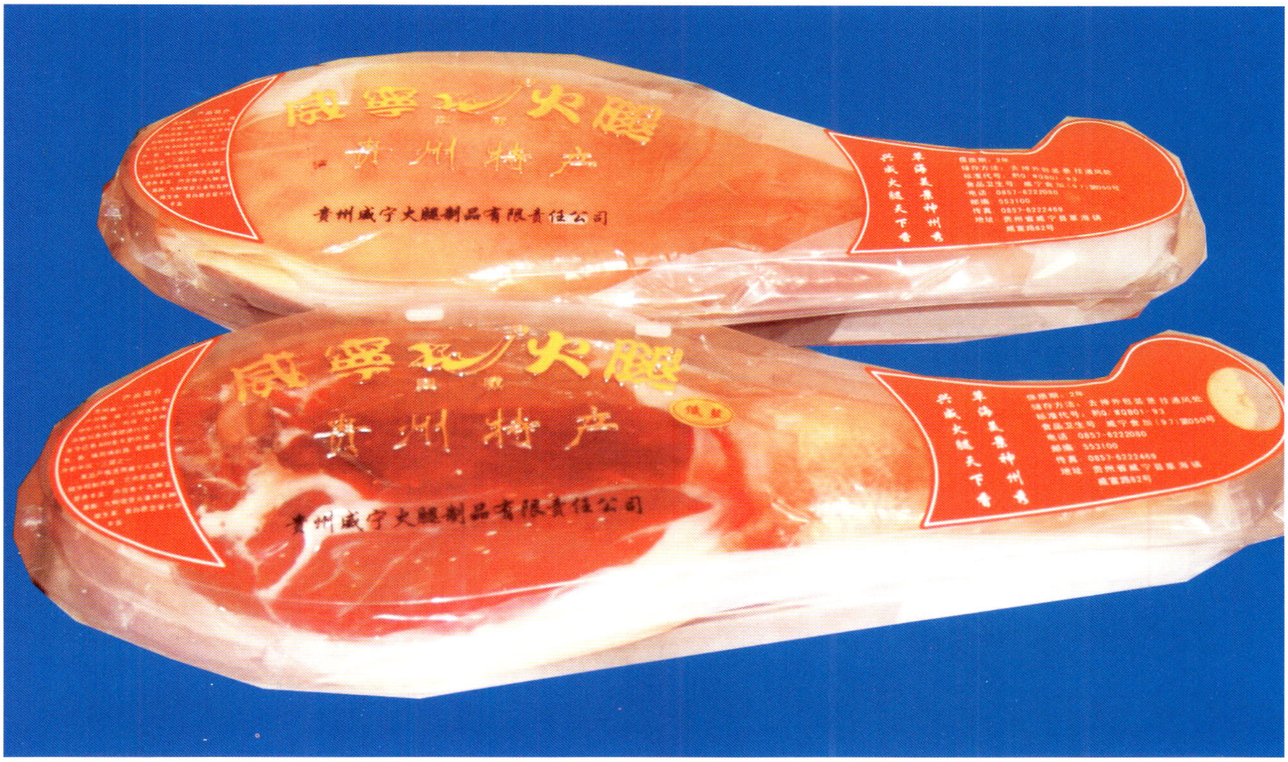


威宁火腿（2010年摄）

白茶（2010年摄）

赫章核桃（2011年摄）

毕节核桃（2011年摄）

草海特产鱼包虾

毕节汤圆

织金竹荪（2011年摄）

毕节大蒜（2011年摄）

优质苹果（2011年摄）

猕猴桃（2011年摄）

毕节大白萝卜（2011年摄）

威宁土豆（2011年摄）

# 序一

毕节位于贵州西北部喀斯特山区。冬无严寒，夏无酷暑，雨水充沛，适合多种生物生存繁衍，形成了具有自身修复功能、维持系统平衡的生态系统。黔西观音洞遗址的考古发现证明：毕节是中国南方古人类发祥地，20多万年前就有古人类在此繁衍生息。自从三代舜封有庳、殷商武丁伐鬼方、西周卢夷从武王伐纣、春秋齐桓公提名牂牁、汉武帝置夜郎，诸葛亮治理南中、大唐设羁縻八州、宋立罗氏鬼国、元明屯堡土司并治，清代改土归流，清末民国军阀混战，红军过境北上抗日，新中国成立前的毕节解放战争，都展现着毕节历史悠久和悲壮，孕育了毕节丰富多彩而优秀的历史文化。

新中国成立后，毕节人民才真正得到安居乐业。然而，由于历史和自然的原因，一度造成生态失衡，严重威胁到毕节人民的生存，曾被联合国教科文组织界定为不适宜人类生存之地。1988年，国务院批准成立毕节开发扶贫生态建设试验区。我到毕节考察时感慨道：雄踞西南几多年，拓土开疆有史篇。不是夜郎真自大，只因无路去中原。30年来，毕节在中国共产党的英明领导和八个民主党派中央、全国工商联等统一战线持续广泛的帮助下，生态环境得到改善，成为人类科学发展试验地，生态文明建设先行区。2018年7月，中共中央总书记、国家主席习近平在对毕节试验区工作给予充分肯定的同时，对毕节提出殷切期望：要尽锐出战，务求精准，确保毕节试验区按时打赢脱贫攻坚战。同时，要着眼长远、提前谋划，做好同2020年后乡村振兴战略的衔接，着力推动绿色发展、人力资源开发、体制机制创新，努力把毕节试验区建设成为贯彻新发展理念的示范区。这为毕节未来的发展指明了方向，作出了科学定位。

修志问道，是中华民族的优良传统，前事不忘，后事之师。《毕节地区通志》客观系统地记录了毕节的自然资源禀赋、经济民生发展、政治革故鼎新、社会进步历程、文化创造传承等内容，纵述千年，横陈百科，是毕节市的一项重大历史文化工程。对于关心和支持毕节发展的广大人士，这是一部认识毕节了解毕节的百科全书；对于毕节市各级党政领导干部，这是实现科学决策、引领毕节科学发展的资政依据；对于土生土长的毕节人，这是告诉人们从哪里来到哪里去的历史记录。《毕节地区通志》的出版，作为一方信史，必将为毕节试验区升级为贯彻新发展理念示范区发挥明市情、励志气、裨政事、聚人心的基础作用。

北京大学教授、博士生导师、毕节试验区专家顾问组组长 厉以宁

2018年8月3日于北京

# 序二

盛世修志，志载盛世。我国历来有“易代修史、当代修志”的传统。两千多年来，历朝历代修纂的浩如烟海的地方志书，为我们全面深入地了解中华民族的历史提供了大量珍贵的史料。当前，中国特色社会主义进入了新时代，在这个伟大的时代，我们顺应历史潮流和群众期盼，认真修纂出版《毕节地区通志》，记录历史、讴歌先烈，安慰古人、鼓舞后人，更好地保护了毕节的地方史料和地域文化，使之更好地发挥“资政、存史、教化”的功能和服务经济社会发展的重大作用！

《毕节地区通志》厚达十卷、650万字，上溯远古文明，下迄当今时代，用翔实的资料记录了毕节自然、政治、经济、社会、文化等方面的历史和现状，记录了毕节人民在过去长期艰苦的奋斗历程中、在黔西北这块古老的热土上，为毕节经济社会发展所创造的辉煌成就和所作出的历史贡献，是一部系统反映毕节发展历史的百科全书，也是一部全面反映毕节历史文化的资料性文献，不失为一部地方志的浩然美卷。她的问世结束我市自清道光年间修纂《大定府志》后，至今还没有一部完整厚重的综合性地方志的历史，可谓功莫大焉，可喜可贺。

展阅这幅历史画卷，从中能够领略到历史长河中人物的沉浮和事件的变迁，触摸到社会进步的脉搏，特别是能深刻地感受到毕节人民在中国共产党的领导下艰苦奋斗、锐意进取的昂扬精神，真切地体会到改革开放大潮的震撼和毕节的沧桑巨变，也深刻地体会到修志者继晷焚膏的责任之心和饱含对桑梓的热爱之情。值此成书之际，我谨代表全市920多万人民向夜以继日开展编撰工作的人员和长期关心、支持这项工作的专家、学者和同志们表示真挚的感谢！

毕节有着悠久的历史和深厚的文化。黔西观音洞、毕节麻窝口洞、威宁中水等文化遗址考古发现，毕节早在20多万年前就有古人类居住活动和生息繁衍，是一块具有远古文明的人类发祥宝地。秦汉时期，由于五尺道、八亭道、南夷道和夜郎道在毕节境内的衔接，毕节成为南中地区的一大交通枢纽，奠定了毕节在西南地区极为重要的政治、军事战略地位和经济、文化、商贸中心。毕节还是著名的革命老区，有着光荣的革命传统：辛亥革命一开始，毕节籍爱国民主人士周素园主动奋起响应，参与领导贵州辛亥革命，一举推翻清朝政府在贵州的封建统治；1934年1月，林青、缪正元、秦天真在毕节成立了中共毕节党支部，领导毕节人民开展反蒋抗日革命活动；1935年2月，中央政治局常委在林口鸡鸣三省召开了中共党史上著名的鸡鸣三省会议，标志着中国共产党走向成熟，以毛泽东同志为核心的第一代中央领导集体开始形成；1936年2月，红二、红六军团在贺龙、任弼时、萧克、王震的领导下，开辟以黔大毕为中心的川滇黔边革命苏区，建立各级苏维埃政权和红军游击队，毕节各族人民踊跃报名参加工农红军。毕节人民为党、为红军作出了卓越的贡献。红军在毕节活动期间被红军将士誉为长征中的黄金时期。

新中国成立后，毕节人民在中国共产党的正确领导下，凭着勤劳的双手和聪明的智慧，不断努力建设自己美丽的家园，在毕节的历史上又谱写下许多崭新的篇章。尤其是在改革开放和毕节试验区建立以来，在党中央、国务院和省委、省政府的亲切关怀下，在全国政协、中央统战部、各民主党派中央、全国工商联、国家有关部委、试验区专家顾问组、广州市、深圳市、重庆市和恒大集团等各级各界的鼎力支持下，毕节人民牢记嘱托、感恩奋进、攻坚克难，实现了人民生活从普遍贫困到基本小康、生态环境从不断恶化到明显改善、人口从控制数量为主到更加重视人力资源开发的“三个重大跨越”，被习近平总书记誉为“是贫困地区攻坚的一个生动典型”。党的十八大以来，习近平总书记3次作出重要指示，6次在重要讲话中提到毕节，特别是2018年“7·18”重要指示，要求试验区“确保按时打赢脱贫攻坚战、建设贯彻新发展理念示范区”，为新时代试验区改革发展赋予了新的使命、提供了根本遵循、注入了强大动力。

忆往昔，创业艰辛；望未来，任重道远。我们坚信，《毕节地区通志》的出版，一定会有益于展示、宣传毕节悠久的历史和灿烂的文化，有益于推动新时代毕节经济社会高质量发展。希望全市各级各部门和社会各界人士尚志、读志、用志，从既往的实践探索中追寻奋斗足迹，察古知今，通识规律，在习近平新时代中国特色社会主义思想的指引下，不忘初心、牢记使命，戮力同心、砥砺前行，在按时打赢脱贫攻坚战、建设贯彻新发展理念示范区的征程中，书写更加辉煌灿烂的壮丽篇章！

是为序。

中共毕节市委书记、市人大常委会主任 周建琨

2018年12月12日于毕节

# 序三

修志问道，以启未来。《毕节地区通志》付梓，是毕节人民期盼已久的大事，是毕节文化建设的重要成就，是全市各族人民的宝贵精神财富。

毕节历史悠久，秦为蜀郡属地，汉为益州之牂牁、犍为两郡所辖，晋属益州、朱提郡，唐代置牂牁、乌撒部，宋代置罗氏鬼国辖乌撒部、毗那部，元代、明代分属贵州宣慰司，清代置大定府（州）。毕节文化厚重，黔西观音洞、赫章可乐、威宁中水等地新旧石器时代遗址发掘表明，在有文字记载之前，就有古人类在此繁衍生息。毕节人杰地灵，奢香夫人开辟龙场“九驿”，对维护国家统一、民族团结和边疆稳定做出突出贡献，被朱元璋誉为“得奢香归附，胜得十万雄兵”；清代中兴名臣丁宝桢，勇于担当、刚正廉洁、报国爱民，曾国藩赞叹为“豪杰士”；清代兵部尚书李世杰，开创军事史上“转业建设”先河，被乾隆皇帝赞为“精良综事之才”。毕节红色传承，1935年2月，红军长征途中中央政治局在毕节林口召开“鸡鸣三省”会议，确立了毛泽东同志的军事领导权；1936年2月，红二、红六军团创建中华苏维埃人民共和国川滇黔省革命委员会，毕节第一个地下党支部、贵州省抗日救国军司令部均建在毕节，留下“三省红都”红色印迹。1949年11月～12月，毕节各县相继解放，毕节进入社会主义新时代。解放后设毕节专员公署，1979年更名为毕节地区行政公署。2011年11月底，国务院批准撤销毕节地区建制设立地级毕节市。

《毕节地区通志》全面客观地记载了毕节的自然、地理、政治、经济、军事、文化、科学、教育、宗教、气候、地质、物产、矿藏、风俗民情等方面的历史与现状，内容丰富、资料翔实。此书的编纂出版，对延续历史、传承文明有着重要作用，必将为有志于认识毕节、研究毕节、开发毕节的人们提供丰富而珍贵的资料，为全市各级党委、政府提供可借鉴的历史资料和决策依据。

毕节是西部贫困的典型，被联合国教科文组织认定为“不适宜人类居住的地区”，曾经陷入“越穷越生、越生越垦、越垦越穷”的恶性循环。1988年6月，国务院批准建立毕节“开发扶贫、生态建设”试验区，开启了毕节改革发展的伟大征程。毕节试验区人民始终牢记嘱托、感恩奋进，深化改革、锐意进取、埋头苦干、同心攻坚，推动经济社会实现了“三个重大跨越”，交出了一份合格时代答卷。党的十八大以来，习近平总书记赋予毕节试验区新的历史使命，要求“为贫困地区全面建成小康社会闯出一条新路子、在多党合作服务改革发展实践中探索新经验”。“要尽锐出战、务求精准，确保毕节试验区按时打赢脱贫攻坚战，努力把毕节试验区建设成为贯彻新发展理念的示范区”。我们要认真总结借鉴历史经验，敢于担当、主动作为，不负重托、不辱使命，遵循总书记指出的推动绿色发展、人力资源开发、体制机制创新“三条路径”，践行创新、协调、绿色、开放、共享“五大发展理念”，探索形成贯彻习近平新时代中国特色社会主义思想的“毕节实践”，在全省作示范、在西部贫困地区作示范，更要对全国有示范意义。

以古为鉴，可知兴替。《毕节地区通志》严格按照优秀志书标准编纂，几经研讨，多次审稿，工程浩繁，成书不易，必将成为反映毕节改革发展的重要历史文献，成为中华民族光辉灿烂文化的重要组成部分。编纂期间，各级各界大力支持，全体修志人员奋力笔耕，省市相关单位的领导、学者、专家给予悉心指导，对志书的编纂出版提供了诸多有益帮助。值此成书之际，谨代表毕节市各族干部群众，对修志工作者付出的艰辛和作出的奉献予以诚挚感谢！

中共毕节市委副书记、市人民政府市长 张集智

2019年4月9日于毕节

# 凡 例

一、本志采用通志体。上限始于毕节历史发端，下限止于2011年12月建制变更之时即完成撤销贵州省毕节地区行政公署建立毕节市。记述范围为撤地设市之前的毕节地区所辖行政区域。撤地建市后的大事记及领导名录和重要图片等突破2011年12月的下限，延至2017年12月。

二、本志坚持以马克思列宁主义、毛泽东思想、邓小平理论、“三个代表”重要思想、科学发展观和习近平新时代中国特色社会主义思想为指导，遵循辩证唯物主义和历史唯物主义的立场、观点、方法，记述毕节地区自然生态、人类社会的历史及其现状。

三、本志采用以志为主，兼备述、记、传、图、表、录、索等体裁。为突出反映毕节地区的特色和亮点，一些史实采用专记形式记述。

四、本志结合社会分工，事以类聚，类发横排，对古今无承接关系的事物，原则上古今分述，综述古往，分述今事，对古今有承接关系的事物，则古今统摄，明古详今。

五、本志采用纲目体结构，以篇章节为纲，以基本记述单元为目，目下根据实际情况设二、三级细目。名称涉及中华人民共和国成立以前的，一般冠以历史时期或朝代名称，中华人民共和国成立后的内容，除需特别注明之外，一般直接冠以事物名称。

六、专设“毕节试验区”一篇，以彰显毕节地区的特色。

七、坚持生不立传的原则，人物传只收录在毕节和毕节籍在外对社会发展有突出贡献和重大影响的已故人物，按生年排序。对业绩卓著的在世人物，以事系人，人随事出。人物表收录明清进士、举人，土地革命时期的革命英烈和社会主义建设时期的副厅级以上干部和高级（正高）知识分子。

八、采用第三人称手法，对地名、机构、团体、组织以及计量单位等，以当时称谓为准，今已改变的地名括注今名。

九、采用的纪年方式，辛亥革命前用朝代年号加注公元纪年，民国时期用民国纪年加注公元纪年，1949年中华人民共和国成立后一律用公元纪年。

十、资料来源于辖区内各相关部门提供的史料，以及档案、报纸杂志、史书、著述、辖区及周边市县的新旧方志和调查采访记录；所用数据均来自统计局及相关部门，一般不注明出处。

十一、采用现代汉语书面语体文记述，力求言简意赅，文风朴实流畅。语言文字、标点符号的使用等按照国家有关规定执行。

十二、所用图片，除地图及具有历史象征意义的照片集中于志首外，其余图片随文设置，以佐证史料的原真性。

十三、北京大学教授、博士生导师、毕节试验区专家顾问组组长厉以宁，中共毕节市委书记、毕节市人大常委会主任周建琨，毕节市人民政府市长张集智，分别为本志作序。

十四、本志中的新中国是指中华人民共和国，大事记中所用“△”符号代指“是年”。

# 总 目 录

## 第五篇　中国共产党毕节地方组织

## 第六篇　古代及民国时期政权



## 第七篇　人民代表大会　人民政府　人民政协

## 第八篇　民主党派　社会团体



## 第九篇　军　事

## 第十篇　政　法

## 第十一篇　农　业

## 第十二篇　林业　水利

# 第十三篇　工　业

## 第十四篇　烤烟　卷烟



## 第十五篇　交通　邮电

## 第十六篇　旅游业



## 第十七篇　城乡建设　环境保护

## 第十八篇　商业　贸易　金融业

## 第二十篇　经济综合管理

## 第二十一篇　开发扶贫　生态建设试验区



## 第二十二篇　教育　科学研究

## 第二十三篇　体育　卫生

## 第二十四篇　文　化

## 第二十五篇　人力资源管理与民政



## 第二十六篇　社会生活

## 人物志



## 艺文志

## 附　录

# Table of Contents

## Part V Bijie Local Organization of the CPC



## Part VI Regime of Ancient China and the Republic of China Era

## Part VII People' s Congress, People's Government, and People's Political Consultative Conference



## Part VIII Democratic Parties and Social Organizations

## Part IX Military Affairs

## Part X Political Law

## Part XIII Industry

## Part XVI Tourism



## Part XVII Urban and Rural Development & Environmental Protection

## Part XVIII Commerce, Trade and Finance

## Part XIX Public Finance and Taxation

## Part XX Comprehensive Economic Management

## Part XXI Development–oriented Poverty Alleviation and The Experimental Area of Ecological Construction

## Part XXII Education and Scientific Research

## Part XXIII Sports and Health



## Part XXIV Culture

## Part XXV Human Resource Management and Civil Affairs

## Part XXVI Social Life



## Characters



## Arts and Literature

## Appendix

# 概　述

毕节地区位于贵州省西北部，地处云贵高原向黔中丘陵过渡的倾斜地带，北纬26° 21′ ~ 27° 47′，东经103° 36′ ~ 106° 44′。西邻云南，北接四川，东与贵州省贵阳市、遵义市比邻，南与安顺市、六盘水市接壤。古有“川滇黔之锁钥，扼滇楚之咽喉，控巴蜀之门户，长江珠江之屏障”和“三省通衢”之称。毕节地区，因行政公署驻毕节城而得名。毕节城因明初建毕节卫城于毕节驿而得名，坐落于乌蒙山山脉东麓、乌江支流毕川之滨。清道光《大定府志》记载：毕节是彝语“比跻”的音译，是鳖之反语。鳖通庳，庳是象的封地。

全地区总面积26853平方千米，占贵州省总面积的15.25%。2011年，毕节地区撤地设市前，辖县级毕节市、大方县、黔西县、金沙县、织金县、纳雍县、赫章县、威宁彝族回族苗族自治县和百里杜鹃管理区，146个乡（其中民族乡77个）、98个镇、6个城市街道办事处。居住有汉、彝、苗、回、布依、白、侗、满、土家、蒙古、仡佬等30多个民族和穿青人、蔡家人两个未识别民族。常住人口653.75万人，户籍人口851.7万人。其中少数民族人口占25.88%。

## （一）

毕节地区历史悠久。黔西观音洞、毕节青场、威宁中水、赫章可乐等地旧石器和新石器时代遗址发掘表明，20多万年前，就有古人类在此繁衍生息。据史料记载，其唐虞时属有庳国，夏为梁州江外之南域，殷属鬼方，西周为卢国，春秋为牂牁国，战国为夜郎国，秦汉阳县巴郡之属地，汉属益州之牂牁、犍为两郡所辖，蜀汉分属牂牁、朱提郡，晋分属益州、宁州之牂牁、朱提、建宁三郡，南北朝为宁州所辖，隋代系西爨蛮之卢鹿部，唐代先属昆明国，后为黔州都督府属地，五代时分属郝州、汤望州、义州、犍州、晖州、龚州、宝州、禄州，宋初增设姚州，宋末诸州皆废，属罗氏鬼国、乌撒部、毗那部，元代为亦奚不薛宣慰司、乌撒乌蒙宣慰司所治，明代分属水西宣慰司、乌撒军民府、永宁宣抚司和乌撒、毕节、赤水、永宁四卫。清康熙四年（1665）置大定（今大方）、黔西、平远（今织金）三府，改四川乌撒土府为威宁府；康熙二十二年（1683）降黔西、平远二府为州隶属大定府；康熙二十六年（1687）降大定府为州，威宁府领大定、平远、黔西三州和毕节、永宁二县。雍正七年（1729）升大定州为府，领黔西、平远、威宁三州和毕节县、水城厅。民国初废府置县，域内所有县归贵西道管辖；民国24年（1935），在毕节设贵州第四区行政督察专员公署，辖毕节、大定、黔西、威宁、水城县；民国30年（1941）增设纳雍、金沙二县，织金县改隶贵州第四行政督察区。1936年，红军长征到毕节，成立了以黔西、大定、毕节为中心的中华苏维埃人民共和国川滇黔省革命委员会。民国31年（1942）增设赫章县，至此贵州第四行政督察区共辖毕节、大定、黔西、金沙、织金、纳雍、水城、威宁、赫章九县。

1949年11月28日，毕节解放。中华人民共和国（以下简称“新中国”）成立初期，成立贵州省人民政府毕节区行政督察专员公署，辖毕节、大定、黔西、金沙、织金、纳雍、水城、威宁、赫章九县。1950年，县以下设区人民政府，全专区9个县共辖55个区。1953年，区人民政府改为区公所，为县人民政府的派出机构；区下设乡、镇人民政府，为县辖一级政权组织。1954年成立威宁彝族回族苗族自治区，1955年改称威宁彝族回族苗族自治县。1958年，改乡、镇为人民公社，全专区共建人民公社671个；是年大定县更名为大方县。1970年，水城县划归六盘水特区管辖，是年毕节专区更名毕节地区，辖毕节、大方、黔西、金沙、织金、纳雍、赫章县和威宁彝族回族苗族自治县。1991年，全地区共有89个区、736个乡镇，其中87个镇153个民族乡。1991～1992年，建镇并乡撤区，其后县以下行政建置为乡、镇。1993年，毕节县撤县建市（县级），其后毕节地区即辖7县1市。2007年成立县级百里杜鹃管理区，代管普底、大水、金坡、仁和四个乡。2011年10月，国务院下发国函〔2011〕130号文件，批准撤销毕节地区设立地级毕节市，原毕节地区下辖的县级毕节市改设为七星关区。自此，地级毕节市下辖大方县、黔西县、金沙县、织金县、纳雍县、赫章县、威宁彝族回族苗族自治县和七星关区、百里杜鹃管理区。

毕节地区地貌西高东低，呈三级阶梯状下降。西部为高原高中山地貌区，地势平缓；中南部和中北部为中中山地貌区，地势切割程度深，落差大；东部为低中山地貌区，地势起伏较小。海拔457～2900.6米，相对高差2443.6米。岩溶地貌与非岩溶地貌交错发育，以岩溶地貌为主，高原山地面积占总面积的93.3%。大部分区域属北亚热带季风气候，冬无严寒，夏无酷暑，雨量充沛，立体气候明显。年平均日照1100小时至1400小时，平均温度10.8℃～15.2℃，平均降水850～1400毫米，无霜期245～290天。自然资源丰富，有7个县属全国生漆基地县，5个县属全国烤烟基地县，2个县属全国核桃基地县，全地区被命名为南方畜牧基地，威宁县为全国畜牧业基地县。在土地总面积中，耕地103.41万公顷占38.52%，林地101.04万公顷占37.64%，牧草地8.69万公顷占3.23%。植物种类繁多，有木本植物632种，苔藓植物1000多种，蕨类植物130多种；有粮食作物950多个品种，油料作物64个品种，蔬菜400多个品种；药用植物1000多种，野生牧草378种。野生动物有脊椎动物387种，昆虫类动物1400多种，鱼类74种，世界珍稀鹤类黑颈鹤在威宁草海就有1400多只；饲养动物主要有牛、马、羊、猪、狗、鸡、鸭、鹅、蜂、猫、兔、鱼、鸽等，黔西马、可乐猪驰名全国。水能资源理论储量221.21万千瓦，其中属长江流域的214.67万千瓦，属珠江流域的6.54万千瓦。矿产资源有煤、铁、铅锌、硫铁、黏土、高岭土、铝土、磷、硅石、重晶石、石膏、稀土、钼、锑、镍、钴土、锰、铜、萤石、碧石、玛瑙等40多种矿源。其中煤地质储量364.7亿吨，保有储量225.4亿吨，居贵州全省之首；织金、纳雍、大方煤田是国内第二大的无烟煤产区，储量多达210多亿吨。磷、铁、硫铁矿亦有较大储量，织金县为全省四大磷矿基地之一，织金县新华是贵州省磷矿储量最多的地区，超过全省总储量的一半，此地磷内含稀土储量居全国第二。国家级风景名胜区织金洞，享誉“天下第一洞”之称；国家级自然保护区草海，被誉为贵州高原的明珠；国家级森林公园百里杜鹃林带，以杜鹃种类多、花区面积大而闻名遐迩；国家级风景名胜区九洞天，以“古、奇、秀、险、幽”而引人入胜。毕节地区独特的生态系统，不仅成全了该地区生物多样性特性，也为人类社会探索生态文明建设提供了条件。

## （二）

毕节地区系贵州省开发较早的区域。2001年全国十大考古新发现之一的“赫章可乐墓葬遗址”考古发掘表明，当时经济属“耕者有邑聚”类型，基本上超过游牧和半牧半农阶段，其农业水平已达“火耕而水耨”。生产工具有木石器、青铜器和少量铁器。手工业门类有冶铸、制陶、竹编、纺织、舟筏和玉石骨器制作。战国时期的南方丝绸之路途经毕节。秦通五尺道，中央王朝多依托五尺道向滇黔扩张。秦汉至隋唐时期，铸造业兴起，农业技术提高，种植有谷、麻、大豆、荞麦等作物，养殖有牛、马、羊、猪、狗、鸡等畜禽。手工业从农业中独立出来，畜牧、毛纺织、漆器业突起，大方县生漆生产的历史长达1700多年，因质地优良曾被作为贡品奉献朝廷，故有“贡漆”之称。南宋时为军马重要供应地。元代水西牧马场，系当时全国13个大牧场之一；纺织技术已由手摇纺车改为脚踏纺车，刺绣、挑花、扎染出现。元大德元年（1297），做工精细的毡衣曾作贡品进贡。明朝初期实行屯田制，先进生产技术传入，促进农牧业发展。明末清初传入玉米、马铃薯等品种，成为主要的粮食作物。元明清时期大规模修建驿道，使其西进云南，北通四川，东、南入贵州腹地，沟通邻近府州县。清代普遍使用牛耕技术，铁制农具和水车、水槽等提灌工具得到推广。清乾隆年间，栽桑养蚕技术传入。光绪十一至十三年（1885～1887）架设云南宣威至贵州毕节、毕节至贵阳、毕节至四川叙永电报线，在毕节设立贵州第一个电报局；光绪三十年（1904）棉纺织技术传入，三十三年（1907）设邮政局开展邮政业务。元明清时期铜、铁、铅、锌的采炼、铸造技术进步明显，采炼并举，盛极一时，所产铜远销到京城。明代炼铁形成规模，清代进而发展，铁器手工作坊遍及各地，铁器畅销云南、四川。雍正年间，毕节的有色金属通过水陆两运源源运往四川、湖北、北京等地铸钱，因而名扬京城，誉驰川楚。民国年间，手工生产出毛线、毛织品、粗毛呢、毛毯，铁织机械生产出宽幅平板布、斜纹布和线袜、手套等产品。民国23年（1934）清毕公路建成通车；民国28年（1939）川滇东路赤杉段建成，是年国民政府在大定羊场坝创建中国第一个航空发动机制造厂，翌年建成投产。至1949年新中国成立前夕，毕节有邮政局8个、电信局4个，有线、无线传输技术开始使用。

毕节人才辈出。三国时期，牂牁郡部落首领济火，辅佐诸葛亮平定南中，被封为“罗甸国王”；唐代夷君长比娄应矩州刺史谢法成招慰，率部落七千户内附，唐高宗总章三年（670）设禄州、汤望州，由比娄和其弟分治；明朝初年代政贵州宣慰使奢香，支持明王朝完成西南版图统一，获明太祖诰封为“大明顺德夫人”，逝后朝廷遣使祭之，按明代正三品规格营造墓葬。毕节人张谏为明朝正统四年（1439）己未科进士，也是贵州建省以来的第一位进士，官至御史、顺天府尹、太仆寺卿，为官清廉自守、体恤民情，提出减免税赋得到朝廷采纳，减轻民众疾苦，名盛一时。乌撒卫人缪文龙，任南京河南道监察御史，筑江堤二百余里，并多次抗疏弹劾权臣；奉使四川时，深得民心，川人称之为“三台（清军御使与抚按）神君”，后历任浙江道监察御史、四川左参议、云南屯田副使、云南左参政等职。清乾隆年间，黔西人李世杰，历任湖北布政使、广西巡抚、湖南巡抚、河南巡抚、四川总督、两江总督兼管河道、兵部尚书、太子太保等职。道光至光绪年间，平远州（今织金）人丁宝祯，为清末洋务派官员和一代“中兴名臣”，历任湖南岳阳知府、山东巡抚、四川总督等职，为政清廉，疾恶如仇，处斩太监安德海，大快人心；力主壮大国力，兴办洋务，为加强海防和西南边防立下功绩。明清两代推行府、州、县置办官学，兴建书院，清代大定府管辖范围中进士65人，赐进士16人。大定府人简书，追随孙中山从事辛亥革命，曾任国民革命军第九路军秘书长，参加北伐战争，1934年任西南政务委员会云贵宣慰使。毕节人周素园，系贵州辛亥革命元老，大汉贵州军政府行政总理，中国工农红军到毕节时出任贵州抗日救国军司令，后随军长征到延安，新中国成立后历任西南军政委员会委员、贵州省人民政府副主席，逝世时中共中央统战部、全国人大常委会、全国政协及国务院总理周恩来、副总理贺龙致唁电悼念，中共贵州省委致“万里共长征，人民事业资匡助；一心服真理，马列宏谟有会通”挽联。贵州地下党的创始人林青，1934年1月任中共毕节地下党支部书记，1935年1月，任中共贵州省工作委员会第一任书记，为中央红军长征胜利走出贵州作出过重要贡献。在红军长征、抗日战争、解放战争、清匪反霸、对越自卫还击及社会主义革命和社会主义建设事业中，有1750多名烈士献出宝贵生命。在改革开放时期，毕节人的足迹遍布全国，仅在北京市、深圳市，即有毕节籍的高、中级干部和专家学者、商界人士、社会名流上百人。在省内，从毕节这块土地上走出去的省部级、地厅级干部即有30多人。

## （三）

新中国成立前的毕节，经济凋敝，社会混乱，民不聊生。民国38年（1949），全专区粮食总产量仅40.67万吨，工农业总产值2.43亿元。新中国成立初期，经过清匪反霸、减租退押、土地改革、社会主义改造，封建土地占有制被废除，农民分到土地等生产资料，生产积极性空前高涨，工农业生产得到恢复和发展，迅速改变了国民政府遗留下的凋敝局面。到1952年，全专区工农业总产值按1980年价计2.83亿元，比1949年增16.46%；粮食总产49万吨，比1949年增20.46%；人均粮食产量190千克，比1950年增46千克；国营及合作经济从无到初具规模。1953～1957年，实施国民经济和社会发展第一个五年计划期间，开展农业合作化运动，完成对手工业和资本主义工商业的社会主义改造，生产资料公有制建立。到1957年，第一个五年计划顺利实现，工农业总产值4.6亿元，五年间年均增10.13%，其中工业总产值0.45亿元，年均增12.47%；粮食总产量71.14万吨；社会零售总额0.79亿元，财政收入1674.4万元；五年累计基本建设投资1401.2万元。1958～1960年，开展“大跃进”、人民公社化运动，实行高指标、“一平二调”的政策，正常经济建设秩序被扰乱，群众生产积极性受挫，生产发展遇阻，加之农业生产遭受严重自然灾害，连续3年歉收。1960年与1957年相比，农业总产值年均下降11.02%，粮食产量由71.14万吨下降到51.27万吨，全专区国民经济出现大倒退，市场供应紧张，人民生活陷入困境。1961年，全专区贯彻中共中央对国民经济实行“调整、整顿、充实、提高”的方针，着手纠正经济工作中的“左”倾错误，调整工作取得成效。到1963年，粮食总产量上升到63.06万吨，工农业总产值上升到3.8亿元。到1965年，国民经济特别是工农业生产有了较大的恢复和发展，工农业总产值上升到4.74亿元，比1960年增长27.35%。1966～1976年“文化大革命”期间，国民经济发展时起时落。1966～1969年，工农业总产值年均下降2.48%，1970～1971年有所增长，1973年下降，1974年又有回升。在“文化大革命”的十年中，全地区经济总体上仍有所发展，工农业总产值年均增长速度“三五”计划期间（1966～1970）为2.1%，“四五”计划期间（1971～1975）为3.8%。1976年10月，“文化大革命”结束。

1978年12月，中国共产党第十一届三中全会（简称：中共十一届三中全会）召开后，毕节地区结合实际贯彻落实全会精神，把工作着重点转移到社会主义现代化建设上来。1979年全地区农村改革迈出坚实步伐，随着《中共中央关于经济体制改革的决定》的深入贯彻，全地区全面执行改革、开放、搞活的方针，加大经济建设和社会发展力度，促进全地区经济社会发展走上持续、稳定、协调发展的轨道。至1988年，全地区工农业总产值达32.03亿元，为1949年的23.9倍；财政收入达3.02亿元。中共十一届三中全会后的10年间，全地区工农业总产值年均增9.5%，比前30年的平均增长率高5.4个百分点；财政收入年均增21.7%，比前29年平均增长率高10.3个百分点；农业总产值年均增长5.5%，比前29年平均增长率高2.1个百分点；工业总产值达11.34亿元，在1978年的基础上增62.97%，年均增18.9%，高于前26年的平均增长速度；全地区工业基础初具规模，基本形成了冶金、电力、煤炭、化工、机械、建材、森工、食品、卷烟、纺织、缝纫、制革、印刷、包装等门类较全的工业格局；全地区公路通车里程达5759千米，比1949年增长8.1倍；邮电线路达1.41万千米，实现乡乡通邮、通电话，毕节、黔西、金沙、威宁县实现市内电话自动交换；农民人均纯收入年均增率7.34%，职工人均工资收入年均增率10.19%，城镇居民人均可支配收入年均增率7.34%；科教文卫、广播电视等社会事业随着经济的振兴而发展。

20世纪80年代中期，中共贵州省委书记胡锦涛带领省委、省政府“一班人”，在长期深入基层调查研究的基础上，倡导在毕节地区建立“开发扶贫、生态建设”试验区。1988年6月，经国务院批准，毕节地区开发扶贫、生态建设试验区正式成立。试验区建立后，全地区各族人民在历届党委、政府的领导下，在中央和国家各部委、各民主党派中央、毕节试验区北京专家顾问组、全国工商联、国家试验区办公室、深圳市、省直有关部门及社会各界的大力支持帮助下，认真贯彻落实中共中央、国务院、贵州省委、省政府关于试验区建设的一系列指示精神，紧紧围绕试验区“开发扶贫、生态建设、人口控制”三大主题，坚持“变救济式扶贫为开发式扶贫，寓生态建设于经济开发之中，以经济开发支持生态建设，以生态建设促进经济开发”的工作思路，发扬“坚定信念、艰苦创业、求实进取、无私奉献”的试验区精神，为促进毕节地区走上人口、生态、资源、环境统筹、协调、可持续发展道路进行积极的探索和实践。20多年来，毕节人民在中共中央坚强领导下，在社会各方面的帮助下，艰苦奋斗、顽强拼搏，推动毕节发生巨大的变化。实现人民生活从普遍贫困到基本小康、生态环境从不断恶化到明显改善的跨越。统一战线的广泛参与，创造了中国共产党领导的多党合作助推贫困地区发展的成功经验，成为贫困地区脱贫攻坚的一个生动典型。

## （四）

毕节地区的农业开发较早。在威宁县中水镇大河弯村发掘的旧石器时代遗址中，墓主尸体下均垫有稻谷；在赫章县可乐、威宁县中水、毕节县青场发掘的新石器时代遗址，墓葬中有稻谷、大豆、麻布、麻线、猪、牛、马、狗骨骼及青铜锄、铁锸等生产工具和陶猪、陶羊、陶鸡等陶器。可见当时先民即从事农牧业生产，且有一定的陶冶技术。清代实行“改土归流”后，玉米、甘薯、马铃薯种植面积扩大，桑蚕、柞蚕生产技术相继传入，粮食、果蔬、畜禽品种增多。民国时期，倡导种植小麦、油菜、豌豆、蚕豆等夏收作物，两熟制面积扩大；烤烟引种成功，养猪业有所发展，农林牧业品种、技术开始引进。

新中国成立后，毕节地区农业生产条件显著改善，生产力水平有了很大提高。大致可分为恢复发展时期、受挫调整时期、徘徊转向时期、稳定快速发展时期四个阶段。

1.恢复发展时期（1950～1957）。1951年1月至1952年9月，全专区完成土地改革，封建土地占有制被彻底废除，农民分到土地，生产积极性空前高涨。1952～1957年，全专区完成由农业生产互助组到初级农业生产合作社、再到高级农业生产合作社的农业社会主义改造。1955年，全专区办各类农业生产互助组4.46万个；1953年10月区内第一个初级农业生产合作社建立，1954年各县相继试办初级社，后逐步转为高级农业生产合作社；1957年，全专区办高级社4320个。在开展农业社会主义改造期间，组织开展生产自救、贷款支农、互助合作、增产竞赛，帮助农民解决生活困难和发展生产；在建立地县农业行政机构的基础上，组建农推组、农试站、植检组、兽医室，推广良种和种植技术，进行畜禽疾病防治，促进农牧业发展。1957年，全专区农业总产值2.47亿元，粮食总产量71.14万吨，大牲畜存栏61.64万头匹，生猪存栏75.11万头，分别比1949年增长62.5%、45.21%、52.3%、32.3%，年递增率分别为10.26%、7.71%、5.4%、3.6%。

2.受挫调整时期（1958～1965）。此期间开展“大跃进”“人民公社化”运动，高指标、瞎指挥、浮夸风泛滥，“一平二调”盛行，“左”倾错误和严重的三年自然灾害，使农业生产遭受严重破坏和损失。1960年，粮食产量下降到51.27万吨，比1957年降28%。1961年贯彻中共中央关于国民经济实行“调整、巩固、充实、提高”的方针，开展整风整社，调整生产关系，纠正“左”倾错误，农业生产开始回升。1964年，区内开始“农业学大寨”，建设大寨式基本农田。1965年，全专区粮食产量恢复到67.36万吨，粮食总产、大牲畜和生猪存出栏数均比1960年显著增长，油菜籽、烤烟产量和农业总产值均超过1957年。

3.徘徊转向时期（1966～1978）。1966年，“文化大革命”开始，农业行政、事业单位处于瘫痪。粮食产量在经过1966年至1967年不正常上升之后突然下跌，出现两年徘徊，1969年仅达68.34万吨。1970年，全地区贯彻执行中央调整后的农业政策，发扬自力更生、艰苦奋斗的精神，掀起农田基本建设高潮。1977年，全地区开展大规模农田基本建设，地、县、区、社层层办样板，以改土治水为中心，实行山水林田路综合治理，当年改土造田13.45万亩，新增和改善灌溉面积5.43万亩。1971～1978年，全地区农业投入7650万元，占投资总额的30%，农业物质技术基础增强，有效灌溉面积、农机总动力、化肥施用量增加。1978年，粮食产量达110.54万吨，单产120千克，分别比1970年增长36.9%、14%；大牲畜、生猪存栏数分别比1970年增长6.4%、30.82%。

4.稳定快速发展时期（1978年后）。1978年12月中共十一届三中全会召开后，毕节地区的农业进入稳定发展时期。从1979年起，毕节地区开始对农村经济体制实行重大改革，中共毕节地委先后印发《关于进一步落实党的农村经济政策的十条规定》《稳定和完善包干到户责任制条例》《关于健全和完善农业责任制的意见》，普遍推行以包干到户为主要形式的家庭联产承包经营责任制，生产力得到解放，农业生产呈现出勃勃生机。在其后的30多年中，全地区坚持以经济建设为中心，稳定农村经济政策，将农业发展放在重要位置，加强生态建设，大力改善生产条件，加大农业投入，切实推进农业产业结构调整，提高科技兴农水平，着力解决农村、农业、农民等“三农”问题，促进农村繁荣、农业发展、农民增收，农业经济出现了稳定快速的发展局面。区内先后组织实施“中国3356”工程（联合国粮食计划署粮援项目）、农业综合开发工程、农业温饱工程和以粮代赈、以工代赈坡改梯工程。至1988年，全地区完成240条小流域、9000多平方千米的水土保持综合治理，其中以粮代赈、以工代赈坡改梯工程完成107.4万亩，通过绿肥分带轮作、绿肥聚垄免耕改良后建成标准基本农田90多万亩。20世纪90年代，随着各项工程建设的推进，农业基础设施进一步改善，农业适用技术推广率提高，扶贫攻坚、科技兴农力度加大，农村经济全面发展。2009年，全地区粮食总产达到272.01万吨。2011年，全地区按照发展现代农业的理念，着力实施特色农业基础建设，加快农业产业化进程，推动传统农业向现代农业转变。当年，农业科技覆盖率提高，杂交玉米、杂交水稻、脱毒马铃薯、优质油菜良种覆盖率分别达85.04%、84.9%、61.69%、99%，建成赫章县10万亩生态畜牧场和毕节赤水河经果林2个示范带、67个产业示范园；基本形成粮油、茶叶、马铃薯、辣椒、果蔬、畜禽等6个农业产品加工体系，新增地级龙头企业30个、农民专业合作经济组织346个；新增各类畜禽规模养殖场（小区）211个，发展规模养殖大户（场）3200户（个）；初具规模的农产品加工企业达125个，农民专业合作经济组织总数达1401个；退耕还林、天然林保护等林业重点工程完成营造林6.91万公顷。实施石漠化治理完成治理溶岩面积360.47平方千米、流域面积723.37平方千米，封山育林7878.61公顷，人工造林6460.47公顷。全地区农业总产值达212.45亿元，同比增长3%，其中畜牧渔业总产值67亿元，同比增长11%；农村贫困人口减少28.29万人，森林覆盖率提高到40.03%。

## （五）

毕节手工业出现较早。朱昌朱鼻洞新石器遗址出土陶片表明毕节境内在七八千年前就有手工业生产，在赫章可乐遗址出土铜鼓、铜锄，铁斧铁剑，说明两千多年前毕节就有开采、冶炼铜铁的工业生产，秦汉留下大批银矿采炼遗址。隋唐宋元时期铸造、纺织工业兴起，明清时期铅锌矿开采盛极一时。到民国时，由于战争不断，工业受到毁灭性冲击。新中国成立后，毕节地区工业从白手起家，逐步建成门类较为齐全的工业体系。1949年，区内仅有私营、合营手工业作坊10个，工业产值975万元，仅占工农业总产值的4.7%。经过三年经济恢复时期，到1952年，全专区工业企业发展到31个，实现工业总产值2156万元，比1949年增长1.2倍。“一五”期间，对个体工业和私营工业进行社会主义改造，顺利完成了工业生产计划，工业企业发展到90个。1957年实现工业总产值4092万元，比1952年增长89.80%。“二五”期间（1958～1962），因“大跃进”一哄而上办企业，导致企业陡增，效益下滑。至1962年，工业总产值下降到3264万元，年均下降5.75%。经过三年国民经济调整，至1965年，兴办了地区化肥厂、水泥厂、陶瓷厂、火电厂等小型骨干企业，工业生产有了回升，实现工业总产值5137万元，比1962年增长57.38%，年均增长16.23%。“三五”期间，“文化大革命”开始，有些企业瘫痪，生产下降。1966～1969年，工业总产值在1965年的基础上连年下降，至1969年下降到3079万元，下降66.84%。1971年，揭批林彪反革命集团极左思潮，工业生产再现转机。至1972年，全地区工业总产值增到8389万元。1973～1976年，工业生产受“左”的思想干扰，产值徘徊不前。1977年，工业总产值突破亿元大关。

中共十一届三中全会后，改革开放给工业带来了生机与活力，全地区工业发展步伐加快。从“六五”（1981～1985）起，地区对烟草、食品、纺织、制革、医药、建材、化工、煤炭、电力等行业的320多个项目进行技术改造，至1988年，新增固定资产1.99亿元，占全部固定资产的76.3%。1980～1988年，全地区工业总产值由1.17亿元上升到11.34亿元，为1980年的9.7倍，工业产值在工农业总产值中比重由17.12%提高到31.55%，实现产值、税利、财政收入同步增长。

20世纪90年代，全地区工业系统坚持深化企业改革，转换企业经营机制，走外延与内涵扩大再生产的路子，根据国家产业政策和区内资源优势，大力发展能源、原材料生产，促进烟草、畜牧、纺织、冶金、硫化工、磷化工、煤化工及民用工业等系列化生产发展。在“八五”期间（1991～1995），相继建成毕节头步桥电厂、毕节毛纺厂、毕节棉纺厂、毕节化肥厂尿素工程、毕节卷烟技改工程、织金至纳雍输变电工程。全地区工业总产值达47.96亿元，比1990年增2.7倍，年均增长30.12%。“九五”期间（1996～2000），国有企业改革取得阶段性成果，改制面74.3%；非公有制经济得到发展，比重逐步提高，所有制结构得到调整；完成毕节卷烟厂、毕节化肥厂“六改十二”工程、地区水泥厂22万吨悬窑技改工程、金沙电厂等重点骨干企业的技改和建设。至2000年，全地区实现工业总产值69.66亿元，比1995年均增长45.25%。

“十五”期间（2001～2005），以体制创新和技术创新为动力，加大行业结构、所有制结构、技术结构、产品结构调整力度，培育和发展支柱产业；围绕“西电东送”电源点建设，重点发展电力、煤炭工业，大力发展原材料工业，扩大深加工，延长产业链，促进煤化工、建材、冶金、制药及农产品系列化生产的发展。至2005年，全地区工业生产在煤电产业的带动下得到快速发展，煤炭、电力产业崛起，工业化进入起步阶段。工业总产值增长到173.53亿元，年均增长20.02%；煤炭产量达2573.7万吨，净增1994.22万吨，年均增长34.7%；发电量达217.15亿千瓦时，净增182.55亿千瓦时，年均增长46%，“西电东送”电源点建设初见成效，全地区电力装机容量达548万千瓦，“十五”期间新增装机容量480万千瓦以上，是解放以来前51年总和的8倍。

“十一五”期间（2006～2010），毕节地区以实施西部大开发战略为契机，把调整优化产业结构作为经济结构战略性调整核心，坚持新型产业化道路，以科技进步和体制创新为动力，着力推进结构调整和产业升级，发展壮大“两烟”（烤烟、卷烟）、煤炭化工等支柱产业和特色优势产业，加快工业化进程。到2010年，工业经济结构得到有效调整，生产规模进一步扩大，工业化水平显著提升。大方火电厂、黔西火电厂、纳雍火电厂、洪家渡水电站等重大项目相继建成投产，载货汽车生产基地和风力发电、新型干法水泥生产、煤制烯烃、精细磷化工、煤电化一体化循环经济项目相继开工建设，陆续建成投产，医药食品、电子科技等新兴产业迅速发展，工业园区建设步伐加快。“两烟”、电力、煤炭等支柱产业进一步巩固。全地区工业总产值实现534.09亿元，为“十五”期末的3倍。原煤产量4627.44万吨，发电量408.14亿千瓦时，分别为“十五”期末的1.8倍。煤炭工业实现产值123.38亿元，电力工业实现产值142.97亿元，“两烟”工业完成总产值34.32亿元。2011年，全地区坚持实施工业强区战略，为实现“十二五”规划目标迈出了坚实的步伐。是年，全地区新开工建设工业项目112个，建成105个，完成工业固定资产投资410亿元，同比增长111%。其中煤炭工业完成投资191.2亿元，电力工业完成投资64.3亿元，同比分别增长54.9%、112%。区内各工业园区累计投入基础设施建设资金50亿元，完成投资135亿元，建设项目49个，在建项目217个。主要工业产品量稳步增长，生产原煤5015.28万吨、发电414.46亿千瓦时，卷烟210.75亿支，生产水泥391.35万吨、汽车2.9万辆、氮肥27.26万吨、白酒260.36万升，较上年同比增长8.22%、1.55%、1.24%和170.15%、304.49%，95.32%、41.64%。全地区实现工业总产值703.97亿元，比上年增长31.81%；规模以上工业增加值178.12亿元，同比增长30.8%，实现销售产值456.08亿元，产销率达98.3%。

毕节地区的乡镇企业，是从农业兼手工业、集体副业、社办工业逐步演变发展起来的。乡镇企业在其发展历程中曲折前进，显示出强大生命力。1949～1953年，区内以农业兼手工业出现的“五匠”（铁、木、篾、石、泥匠）、“四坊”（面、粉、油、豆腐坊）为乡镇企业前身，经营收入基本自给。“一五”期间，农业兼手工业纳入合作社、生产大队、生产队的集体副业，产值约450万元。1958年强调大办工业，原有集体副业、生产队办和个体办的手工业，全部纳入公社或大队管理，成为社队企业。1959～1961年，纠正浮夸风、“共产风”、瞎指挥错误，“大跃进”中一哄而上的社队企业纷纷解体。至1963年，国民经济得到恢复和发展，但乡镇企业仍处于低潮。1966年，强调集体办工厂，社队企业有了低速发展，年产值约700万元。“文化大革命”中，社队企业被视为“以钱为纲”“弃农经商”“不务正业”而遭批判打击，使复苏中的社队企业又受摧残。1984年，中共毕节地委、毕节地区行署印发《关于发展乡镇企业的暂行规定》，地、县、区、乡在贯彻实施中，均把发展乡镇企业列为发展农村经济的重要内容，作为重要工作来抓。是年，全地区乡镇企业总产值和总收入均首次突破亿元大关。此后，乡镇企业异军突起，成为国民经济中充满活力的新的经济增长点，在推进农业和农村经济发展、加快农民脱贫致富奔小康的进程中发挥着重要作用。1978～1988年，全地区乡镇企业从4829个发展到9.25万个，从业人员从5.03万人增长到26.85万人；经营范围涉及农业、工业、运输业、建筑业、商业、饮食服务业；总产值（80不变价）从4766万元增长到5.51亿元，年均增长105.61%；总收入从2888万元增长到5.51亿元，年均增长181.14%；实现税金从69万元上升到2131万元，年均增长298.84%；纯利润从372万元增长到8505万元，固定资产原值从958万元增长到1.75亿元，分别翻了四番多。20世纪90年代后，乡镇企业发展坚持“积极扶持、合理规划、正确引导、加强管理”的方针，遵循“扬长避短，因地制宜，合理布局、统筹开发、综合利用”的原则，走“发展、改造、完善、提高”的路子，重点发展煤、铁、硫、锌为龙头的“采、选、冶、加”系列生产和农副土特产品加工、食品加工、交通运输业。“八五”期末，全地区乡镇企业总产值达38.63亿元，比1990年增250.54%，年均增长28.51%。“九五”期末，全地区乡镇企业个数发展到15.2万个，从业人数达59.6万人；实现乡镇企业总产值（现价，下同）180.31亿元、增加值54.76亿元、营业收入189.31亿元、利润17.85亿元、税金8055万元。“十五”期间，坚持巩固传统支柱产业，发展替代产业，加大新产品、新技术研制、开发和引进力度，推进技术进步，效益明显提高。至2005年，实现乡镇企业总产值214亿元、增加值65.57亿元，比“九五”期末分别增长18.68%和19.74%；实现营业收入215.54亿元、利润25.08亿元、税金6.63亿元，比“九五”期末分别增长13.86%、40.5%和7倍。

## （六）

民国17年（1928），毕节地区始兴公路建设。民国23年（1934）12月清毕公路建成通车；民国27年（1938），应抗日战争之需，川滇东路赤杉段开建，次年建成；民国30年（1941）建成威昭公路。至新中国成立前夕，全专区公路里程仅630千米，有客车2辆、货车9辆。新中国成立后，1951～1958年，全专区采取“以工代赈”“民办公助”等形式，组织人民群众大兴公路建设，建成公路760千米，超过新中国成立前公路里程总和，实现8个县及43个区（镇）、116个乡通公路，连接毗邻遵义、安顺、镇雄的公路建成通车。至1975年，全地区公路通车里程达5747千米，实现区区通公路，各类汽车拥有量1062辆。中共十一届三中全会后，毕节地区把交通建设放到经济建设的先行地位，全地区交通运输事业步入快速发展时期。1980年至1990年，公路建设投资1.68亿元以上，完成新建、改建公路1560千米，其中新建二级公路毕节段83.83千米。1990年底，全地区公路里程达5865千米，68.3%的乡镇通车，构成以321、326两条国道为骨干、省道为支架、地县乡连通的交通运输网络。拥有各类汽车7959辆，其中大小客车1965辆。从1996年起开始实施公路“保畅工程”，公路通行能力快速提高，促进了运输业的发展。到2000年底，全地区机动车拥有量3.34万辆、客运周转量9.85亿人千米、货运周转量8.24亿吨千米，分别比“八五”期末的1995年增长58.91%、23.32%和38.24%。“十五”期间，交通运输建设结合西部大开发战略实施和“西电东送”工程建设，新建与改造并举，加强地区与地区之间、县与县之间以及旅游景区主要干线建设，完善综合运输体系。5年累计完成交通基础设施建设投资29.27亿元，年均增长33.2%；新建公路4957千米，改造国道、省道干线公路796千米，改造县乡公路2691千米，分别比“九五”增5倍、3倍和10倍；贵（阳）毕（节）高等级公路全线贯通，完成至区内各县城的油路改造，连接周边省区的油路改造基本完成；45%的乡镇通油路，72%的行政村通公路；内昆铁路威宁段建成投入营运，隆黄铁路黄织段开工建设。至2005年，全地区公路通车总里程1.25万千米，其中等级公路6415.6千米，占公路总里程的51.5%，公路网络密度提高到46.4千米／百平方千米，公路好路率达79%。公路运输生产稳步发展，旅客周转量达16.62亿人千米，货运周转量达10.42亿吨千米，分别比“九五”期末的2000年增长68.79%、26.43%。“十一五”期间，全地区紧紧抓住国家实施高速公路网规划、中长期铁路网规划和农村公路建设规划的有利时机，继续加强公路、铁路、机场等交通基础设施建设，拉开了综合交通枢纽建设的序幕。此期间，交通基础设施建设累计投入达100亿元，是“十五”期间的18倍。区内公路通车总里程达2.4万千米，乡镇通油路和建制村通公路的比例分别达到96.4%、100%；规划建设的高速公路、铁路、毕节机场建设顺利推进。2011年，全地区交通建设完成固定资产投资110亿元，是上年的1.58倍，创历史新高。国家高速公路建设全面推进，杭瑞高速公路遵义至毕节段累计完成投资60.01亿元，占总投资的61.67%，其中2011年度完成31.5亿元，占年度计划的105%。夏蓉高速公路清镇至织金段开始征地拆迁、毕节段控制性工程全面开工；夏蓉高速公路织金至纳雍段、毕节至生机段和杭瑞高速公路毕节至都格段陆续进入实质性开工。省规划高速公路项目建设取得重大进展，毕节至威宁高速公路累计完成投资占总投资的60.4%，黔西至织金、黔西至大方、织金至普定和毕节机场高速公路建设有序推进，新建续建通乡油路146千米，累计完成投资1.29亿元；启动建设通村油路1462.4千米，累计完成投资10.4亿元。国、省道改造项目5个68.4千米，总投资8.71亿元，累计完成投资4.61亿元。至年底，全地区公路通达里程2.49万千米，其中一级路25.52千米，二级路626.74千米，三级路1491.62千米；客运周转量35.03亿人千米，货运周转量31.59亿吨千米，分别比上年增长29.59%、54.17%。

毕节地区的邮政通信发端于西汉、兴盛于明清。光绪十三年（1887）3月，清政府在贵州首设毕节电报分局，光绪三十三年（1907）在大定设立内地邮政支局，在黔西、威宁、毕节设邮政代办所。宣统年间（1909～1911），有邮政代办所8个，电报局3个。民国时期，各县邮政代办所、内地支局均改为邮政局。民国25年（1936），黔西、大定电报局开办长途电话业务。抗日战争期间，交通部电信总局在毕节设立长途线务段、机务站。全专区有邮电局所12个，电信员工96人，其中技术员3人。新中国成立后，在“人民邮电为人民”和“迅速、准确、安全、方便”的方针指引下，建立和发展了毕节人民邮电通信事业，特别是中共十一届三中全会后，区内邮电通信事业发展日新月异。20世纪50年代，区内邮电工作以大力发展区、乡邮电机构和邮电网络为目标，对全专区邮电网络进行调整，促进邮电通信事业的发展。至1957年，邮电局所由1949年的83个发展到158个；邮路及农村投递线路达1.32万千米，长途架设明线线路长1147千米。县城电话交换机总容量1140门，区、乡电话交换机总容量1670门，邮电业务总量71.8万元，比1949年分别增长5.4倍、2.1倍、10.9倍和7.3倍。至1975年，全地区邮电业务总量由1965年的113.4万元增到131.1万元，增15.6%。1966～1975年的10年中，有6年下降。4年增长。

中共十一届三中全会后，毕节地区邮电通信事业进入了新的发展阶段。改革开放后的10年（1978～1988）间，全地区县城电话交换机容量由2350门上升到6100门，其中市内自动电话容量4100门；农村电话交换机容量由3940门上升到4410门。邮电业务总量由168.41万元上升到434.1万元，邮电固定资产由640万元上升到2324.87万元。1985年6月，地区邮电局电信综合大楼建成投入使用。1988年，地县机关所在地均设有邮电局，区公所所在地设有邮电支局，全地区有邮电局所124个，14.5%的乡镇设有邮电所，98.3%的乡镇、18.6%的行政村通电话，各县均有电传电路，毕节、金沙县装用环路载波机，织金、毕节县装用特高频收发讯机，毕节县部分区公所驻地交换机实现自动拨号。20世纪90年代，邮电通信业的发展在质和量上均有较大提高。1995年，全地区邮路总长3388千米，农村投递线路8010对千米，电报业务线路21路，长途业务线路574路，市话交换机总容量4.1万门，农话交换机总容量7.86万门，邮电业务总量3381万元。“九五”期间，贯彻“统筹规划，条块结合，分层负责，联合建设”的方针，按照信息化、智能化、综合化要求，以光缆和县乡程控电话建设为重点，提高技术装备，扩大通信能力。到2000年，建成开通全地区本地程控电话16.4万门，数字移动通讯网、模拟移动通讯网4万门，244个乡镇基本实现电话程控化；开通中国公用分组数据交换网、DDN数字数据网和中国计算机互联网；长途邮运和邮政营业实现电子化。全地区农话用户3.45万户，市话用户8.95万户，无线寻呼电话用户5.8万户，移动电话用户3.1万户；邮电业务总量2.17亿元，比“八五”期末的1995年增长5.4倍；全部邮政企业业务收入3257万元，营业税金及附加费105万元；全部电信企业业务收入1.23亿元，营业税金及附加费426.9万元；移动通信企业业务收入5150.14万元，营业税金和附加费3352.93万元。“十五”期间，继续坚持以光缆建设和程控电话建设为重点，发展兼有通信、计算机和多媒体功能的高速信息网，提高网络技术和设备水平，增设农村邮政服务网，拓展邮政业务。通信设施进一步改善，固定电话、移动电话普及率大幅度提高，移动通信网络覆盖面逐年扩大。至2005年，全地区邮电业务收入达7.95亿元，年末移动电话用户57.53万户，固定电话用户44.97万户，互联网用户2.18万户。“十一五”期间，全地区共投入13.68亿元，实现移动通讯全覆盖。2010年实现邮电业务总收入17.7亿元，比2005年增1.2倍，年均增长17.4%；移动电话用户223.9万户，比2005年增289%，年均增长31.2%；互联网用户13.74万户，比2005年增长5.3倍，年均增44.4%；固定电话安装45万部，与2005年持平。

2011年，邮政业务收入1.16亿元。电信业务收入19.28亿元，年末移动电话用户248.97万户，固定电话用户40.61万户，互联网用户18.30万户。

## （七）

毕节的赋税，明代以前是方国制或土司制，工农业生产的成果，大部分要放入仓库，归君长所有。到明洪武年间，朝廷令丁口商民输粮支应边境大军，开始了中央王朝在境内科征粮赋的历史，到清初“改土归流”后，实行丁赋两税合并计收。随着时间推移税种不断增多。民国时期，税收制度朝令夕改，财政制度不统一，地方财力全赖各种摊派。新中国成立初期，毕节财政收入来源主要靠征收农业税（粮食）和工商税收。1950年，全专区税收工作逐步纳入统一税制轨道。1949年12月4日，毕节专员公署财粮科成立，各县人民政府亦先后建立财粮科。1950年1月，专区和各县组织征粮队下乡征粮。1950年冬至1951年春，共征公粮4037.59万千克、工商税（折新币）255.8万元，新政府机构的开支得到基本保证。1951年，实行分级管理财政体制，调动了地方聚财理财的积极性，是年财政收入达563.5万元，在1950年的基础上翻了一番多。1953年县级财政建立，专区财政仍列入省级财政。从1954年起实行预算支出归口管理。1956年按收入划分原则，县级财政收入用于县级财政支出，不足差额由省级财政补助。“一五”时期，专区财政一直保持收支平衡略有结余。1958年调整财政体制，建立乡级财政，实行以收定支，但“大跃进”中搞“大收大支”，财政收入失控，1958～1959年省级财政补助3007.81万元。1960年财政体制实行“收支下放，计划包干，地区调控，总额分成，一年一定”，促进财政收入恢复性持续增长。1964年，试办区、公社级财政。三年调整时期（1963～1965），全专区财政收入由1983万元上升到2939万元。“文化大革命”初期，生产受挫，财政机构被撤销合并，财政收入不断下滑，而财政支出却增长甚快。“三五”期间，全专区财政收入累计1.11亿元，比“二五”期间下降6.73%。“四五”期间，省补助毕节地区1.28亿元以上，为新中国成立后区内财政最困难的时期。“文化大革命”结束后，国民经济恢复发展，迅速扭转财政收入下滑局面。在1976年2777.9万元的基础上，1977年增长23.21%，1978年递增65.86%。实行改革开放，商品流通领域扩大，经济发展加快，为财政开辟了广阔财源。1980年推行“划分收入，分级包干”的财政管理体制，逐级核定补助定额，调动了各级政府和财政部门培植税源、组织收入的积极性。1981年，区级财政所（站）先后建立。随着经济发展和财政体制改革的深入，财政收支呈现良好态势。1984年，全地区财政收入突破1亿元，支出达1.96亿元，财政调控能力增强。1985年，实行“划分税种，核定收支，分级包干”体制；1986年，对地县级收入进行调整与划分，此后5年基本不变，全地区财政收入保持强劲增长势头，1988年又突破3亿元。1992年撤区并乡建镇后，乡镇均建立了财政所；1994年，财政体制实行分税制，划分地县两级财政支出范围，进一步促进了财源建设。“八五”期末，全地区财政收入达8.88亿元，比1990年增长182.8%，5年间平均增长率23.13%。“九五”期间，1996年财政收入突破10亿元；至2000年，全地区财政收入达13.85亿元，财政支出14.67亿元，年均增长9%。“十五”期间，稳步推进财政体制改革，完善县乡财政管理体制，支持产业结构和产品结构调整，加大以交通建设为重点的基础设施建设投入，落实促进县级财政上台阶、建设经济强县的扶持政策，扶持县级培育支柱财源，实现财政收支持续快速同步增长。全地区财政收入2003年突破20亿元，2005年达34.82亿元，年均增长20.2%；5年累计实现财政收入113.79亿元，为“九五”期间的1.73倍。累计全社会固定资产投资414亿元，为“九五”期间的4.75倍，年均增长24.23%。“十一五”期间，坚持推进财政体制改革，落实收支两条线规定，本着调整结构、确保重点、压缩一般、加强管理的原则，围绕重点项目、优势产业和特色产品，狠抓财源建，增强财政增收潜力。到2010年，全地区财政收入在“十五”期末的基础上增长到127.57亿元，年均增29.63%，超“十五”时期年均增长率9.41个百分点；一般预算收入增加到62.1亿元，年均增33.15%，增长速度排名全省第一。财政支出（含省下拨款）完成222.41亿元，其中一般预算支出205.43亿元，比上年分别增46.36%、42.75%。2011年，全地区财政总收入181.66亿元，比上年增42.4%，其中地方财政收入117.07亿元，一般预算收入80.76亿元，比上年分别增50.17%、30.01%；财政支出完成291.52亿元，其中一般预算支出249亿元，比上年分别增30.07%、21.56%。

毕节地区的金融业发起很早。《汉书》记载：“朱提山出银。”《威宁州志》载：“银厂沟、大宝山有厂产银，汉高祖时，出银尚盛于乐马厂。”证明汉代以前毕节地区就有产银厂，之后各朝代，毕节地区都生产银，并在区内外流通。直到雍正八年（1730）清政府在毕节设宝钱局铸造制钱，与银一起在市场上流通。1937年，抗日战争爆发，沦陷区部分工商企业陆续迁往毕节，中央银行、中国银行、交通银行、农民银行4家国家银行及地方办的贵州银行、商业聚康银行相继在毕节设立分支机构，金融业出现战时繁荣景象。抗战胜利后，外地企业回迁，区内金融机构除中国农民银行、贵州银行的办事机构外，其余均先后迁走或裁撤。新中国成立初期，人民政府接管银行。1950年1月，中国人民银行毕节专区中心支行成立，开始兼办毕节县金融业务，其余各县支行于1951年10月前相继建立，继后在县辖区所在地建立基层营业所。从1953年开始，在农村乡镇组建信用合作社，形成以人民银行为主体，农村信用社为辅助的金融体系。为适应有计划地发展国民经济的需要，金融机构实行统存统贷计划管理，贷款支持国营工商企业，农业贷款范围由小额生产、生活费用扩大到农田水利建设、农业机械及烤烟、生漆等生产专项贷款，同时开办农村耕牛保险业务。配合对农业、手工业和私营工商业的社会主义改造，利用利率等经济杠杆有区别地实行资金支持，有力地促进了农业、手工业和私营工商业的发展。从1958年起，由于国民经济出现较大曲折，金融业随着国民经济的起伏在曲折中发展。在“大跃进”中，货币信贷管理放松，导致信贷失控、资金流失、经济效益下降。1962年，贯彻国务院《关于切实加强银行工作的集中统一，严格控制货币发行的决定》，银行工作被动局面得到扭转。至1975年，银行存款余额8369万元、贷款余额1.37亿元，比1962年分别增2倍和26.85%。至1978年，银行存款余额仅在1975年的基础上增236万元，贷款余额反而减少2563万元。中共十一届三中全会后，区内金融系统围绕提高资金使用率、建立充满活力的金融体系、完善金融管理手段，不断深化改革，促进金融业蓬勃发展。1979年后，农业银行、保险公司、建设银行、工商银行在毕节地区的分支机构相继恢复和组建；同时在城镇主要街道和大型厂矿企业设储蓄网点，帮助农村信用社进行体制改革，设立5家城市信用社，形成以人民银行为领导、专业银行为主体的金融体系。至1988年，全地区有人民银行、工商银行、农业银行、建设银行、中国银行和保险公司等县支行以上的国家金融机构46家，区镇以上办事处2个，分理处4个，营业所94个，城镇储蓄所65个，农村信用合作社788个，城市信用合作社5个，共有职工（不含信用社）2836人。金融机构各项存款余额5.8亿元、各项贷款余额11.61亿元，比1979年分别增2.6倍和5.7倍。20世纪90年代，金融机构存贷余额持续增长，金融形势保持稳定。“八五”期末，全地区金融机构各项存款余额18.41亿元、各项贷款余额31.16亿元。至“九五”期末，各项存款余额上升到51.16亿元，各项贷款余额增至70.4亿元，分别比“八五”期末增长177.90%和145.18%，年均增长分别为27.06%和24.38%。“十五”期间，随着全地区改革开放的深入和经济社会的发展，金融机构存贷业务持续攀升，保险业务范围扩大。至2005年，全地区金融机构存款余额达170.63亿元，贷款余额达115.17亿元，城乡居民储蓄存款余额达97亿元，分别比“九五”期末增长92.43%、66.33%和201%。“十一五”期间，区内金融业加大现代化金融体系建设力度，不断创新金融产品，提升金融服务能力和水平。到2010年，全地区金融机构各项存款余额550.92亿元，各项贷款余额282.5亿元，在“十五”期末的基础上，分别增长222.5%、145.3%。2011年，全地区金融机构各项存款余额为624.34亿元，其中居民储蓄存款余额为331亿元。年末金融机构各项贷款余额为350.01亿元。

## （八）

毕节地区贸易历史悠久，如食盐、粮食、牛马牲畜等生活必需品的交易自古就有，《史记》有汉代夜郎枸酱出售到番禺（今广州）的记载。但由于地理位置、交通等因素制约，古代商贸不很发达。抗日战争期间，毕节成为川滇黔边界的重要商埠，商贸一时兴旺。1948～1949年，国民政府先后发行金圆券、银圆券，货币急剧贬值，物价失控。区内商贸甚微，县城仅有经营粮、油、盐、布的几家店面，商品流通唯赖小商小贩。新中国成立后，人民政府接管国民政府毕节盐务运销分局后改建毕节盐务局。1950年，毕节专署设立工商科，专区贸易公司和各县综合性贸易公司相继成立，构成毕节专区解放初期的社会主义国营商业体系，肩负起组织领导全专区商业工作的任务。至1952年，区内国营商业共有百货、花纱布、畜产、油脂、石油、盐业6个公司系统，年销售额606万元，比1950年增长19.5倍。1954年，专区、县国营商业开始对个体私营商业进行社会主义改造，将个体私营商业改造为集体或国营商业。1956年11月，专、县商业局成立，在原有公司的基础上充实完善商业机构，逐步形成门类较全的国营、集体商业体系和集中管理的商业计划体制。“一五”期间，区内国营商业贯彻“发展经济，保障供给”的方针，国内纯购进和纯销售总额逐年增长。1957年，国内纯购进总额4520万元、国内纯销售总额8127万元，比1952年分别增长8.4倍和5.2倍。此后20年间，区内商贸工作长期在计划经济体制下运行，商品购销政策僵化，流通渠道单一，采取统购派购、计划收购、奖励收购、统购统销、凭票供应、特需供给等方式组织购进和计划供应商品。中共十一届三中全会后，区内商贸系统贯彻改革、开放、搞活的方针，进行一系列重大改革，建立以国营商业为主，多种经济成分、多种经营方式、多种流通渠道并存的开放式商业流通体制，促进商业的快速发展。

至1988年，全地区有95%的商业企业实行经营承包责任制，经济效益大幅提高。全年实现农副产品收购总额3004.5万元、销售总额2.11亿元，比1978年分别增长80%和25%；实现利润588.8万元。“九五”期间，区内商业形成国有商业、集体商业、个体私营商业共同发展格局。20世纪90年代后，以发展大市场、搞活大流通为发展方向，实行放活与调控相结合、引导消费与保障供给并重，发展商业集团、销供产一体化企业，培育和规范各类生产、生活资料市场。至2000年，全地区商务系统商品购进总额1436.53万元、社会消费品零售总额19.08亿元、批发零售总额13.62亿元、实现税金150万元。至2005年，全地区有国有内贸企业47个、外贸企业14个、进出口企业38个、“三资”企业13家；商务系统商品购进总额1.5亿元、社会消费品零售总额38.93亿元、批发零售总额23.19亿元、实现税金323.7万元，分别比2000年增长9倍多、104.04%、70.26%和115.8%。“十一五”期间，商贸系统坚持深化体制改革，促进经营机制创新和市场繁荣、稳定。到2010年，全地区实现社会消费商品零售总额126.1亿元，比“十五”期末增长224%，年均增长26.5%。2011年，全地区全年实现社会消费品零售总额150.4亿元。

民国时期，区内有普通合作社以经营食盐为主，兼营百货、农副土特产品。从1951年组建供销合作社开始，区内供销合作事业经历了蓬勃发展、曲折发展、改革发展3个阶段。1951～1957年为蓬勃发展阶段。此期间供销合作社组织机构日臻完善，所属企业及经营网点遍布城乡，经营业务不断扩大，经济实力逐渐增强。1951年9月，专署合作科开始筹建县联社，各县在农村试办基层合作社。次年，各县联社组建完毕，全专区共建立基层合作社（含水城县）104个、分销店63个。各级供销社在国营商业部门的领导下，组织农业生产资料和工业品供应，推销农副产品，回收废旧物资，兴办供销运输业和农副产品加工业，为恢复区内国民经济发挥了重要作用。“一五”时期，各级合作社更名为供销合作社，区内分销店发展到273个，有零售网点1214个，批发门市231个，农副产品采购门市221个，定点定时购销点871个。5年间，全系统发放预购定金70.89万元，完成农副土特产品收购总额8404.1万元，回收废旧物资总额74.7万元，生产资料销售总额1.13亿元。1958～1978年为曲折发展阶段。1958年供销社并入国营商业后，商品流通渠道单一；“大跃进”中实行大购大销，盲目生产，盲目收购，产品滞销积压，加上受连续3年自然灾害影响，供销合作经济损失重大。1961年供销社恢复建制后，通过清理资金、库存、账目，整顿基层社，恢复完善规章制度，采取灵活经营方式，促进了供销事业发展。“文化大革命”期间，供销社再次过渡为全民所有制商业，民主管理被取消，整个供销系统经营业务受到严重干扰。1969年，全专区农副产品收额总额较1965年降65.78%。1974年，区内供销社再次与国营商业分开，经营业务有所好转，至1978年，全系统生产资料零售总额10.48亿元、农资销售总额4922万元、农副土特产品收购总额5339万元，比1974年分别增长12.15%、1.5倍和65.65%。1979年后，贯彻中共十一届三中全会精神，全地区供销合作事业进入改革发展阶段，开始沿着改革、开放、搞活的道路前进。从1983年开始，区内供销合作社实施管理体制和经营机制改革，1985年全系统普遍推行承包经营。1988年后，贯彻国务院《关于深化供销合作社体制改革的意见》，实行干部任期目标责任制、主任经理负责制、目标终结审计制，门市店组“三包”（包效益、包服务、包安全）。1992～1995年，推行经营、价格、用工、分配

"四开放"改革。在计划经济向市场经济转换过程中，供销系统在历史包袱沉重、主导地位降低、市场竞争不力、经济效益下滑的情况下，坚持以改革促发展。1995年，贯彻中共中央、国务院《关于深化供销合作社改革的决定》，从1997年起实施政企、社企分开，按精简、效能原则，调整联社办事机构，建立完善经营机制，拓宽经营服务领域，增强企业竞争力。至2005年，全地区有地区供销直属企业8个、县市供销社8个、基层供销社83个、135个具有法人资格的独立核算单位、861个经营网点；供销系统完成商品购进总值2.62亿元、商品销售总值2.82亿元，实现利润63.7万元。"十一五"期间，全地区供销系统深入调整经营结构，大力推进"新网工程"建设，构建为农业服务体系，拓展为农服务领域，保持年年增盈态势。到2010年，共建供销服务站1892个，商品超市99个，其中当年建成村级服务站408个，商品零售超市42个，村级服务网点752个。当年，供销系统完成商品购进总值6.1亿元，商品销售总值7.05亿元，实现汇总利润750万元。2011年，全地区供销系统完成总营业额20.75亿元。实现汇总利润4225万元，上缴各种税费1786万元。

## （九）

毕节开办学校始于明代。正统三年（1438），毕节卫指挥唐谏以其居住第所奏请建学校，地址在南门外虎踞山。明隆庆六年（1572），沈闻迁学校于毕节城东青螺山。明万历十八年（1590）兵备道陈性学再将学校迁到虎踞山，正式命名为青螺书院，为毕节境内最早创办的书院。明嘉靖十四年（1535），随着贵州开科乡试，境内参试生员增多，至崇祯年间不完全统计，经乡试中举者112人。清初战乱频繁，教育发展受阻。清雍正年间，"改土归流"后推行府州县办官学、兴建书院，在乡间倡办社学、义学或私塾馆，学堂数量增加。乾隆五十年（1785）至光绪二十六年（1900），有府州县学5所、书院15所、义学31所。光绪二十三年（1897），自然、数理化新学科传入毕节。光绪三十二年（1906）废科举改办小学堂、中学堂，大定、黔西开办简易师范，至年底共办各类学堂43所，其中中学堂1所、师范1所、师范传习所3所、高等小学堂14所、初等小学堂24所、乐音学堂1所。抗日战争时期，为安置流亡学生，一批公立私立中学开办。1945年，有中学12所、职业学校5所、小学（含水城县）1015所。抗战胜利后，外地学校陆续回迁，多数学校停办。至1949年上半年，全专区有公立私立中学14所、小学262所。

毕节解放后，毕节专员公署成立教育科，组织恢复发展教育事业。通过实施国民经济和社会发展"一五"计划，至1957年全专区中学增加到22所，小学增加到2725所。1958年受"大跃进"影响，村村办小学，社社办中学，学校办农场、工厂，劳动课增多，正常教学秩序受干扰，各类学校教学质量降低。1961年贯彻贵州省《关于全省国家办的全日制各级各类学校的若干管理权限的规定》，1962年地委出台《关于进一步调整教育事业和精减学校教职工的方案》，对教育事业进行调整整顿。师范学校由11所调为1所，普通中学由83所调为36所，小学由3119所调为1666所。1963年贯彻中共中央《全日制中小学暂行工作条例（草案）》，复办一批中小学，将毕节一中、黔西一中和各县城关第一小学共10所学校上报列为全省重点中小学，地区选择毕节四小为重点学校。1965年专区耕读师范学校建立，是年底全专区有师范学校3所、中等专业学校2所、普通中学37所、小学4636所，学龄儿童入学率达74.6%。1972年，小学推行五年制教育以及在小学办“戴帽初中班”，入学率有所提高。1975年，地区开办“社来社去”的“五七师大”“五七农大”，金沙、织金县办贵医分院，各中小学加办“戴帽高中”“戴帽初中”。

中共十一届三中全会后，全地区教育步入健康发展轨道。1981年，贯彻中共中央《关于普及小学教育若干问题的决定》，制定普及小学教育措施并付诸实施。1984年遵照义务教育法规定，开始在城镇和经济条件较好的乡镇实施九年义务教育，从1985年起在每年9月10日教师节广泛开展尊师重教活动。至1988年，全地区小学发展到5052所，在校生83.81万人，学龄儿童入学率79.5%；中学109所，在校生13.4万人，其中民族中学6所，地区民族中学开始筹建；农（职）业中学14所，在校生6186人；中等师范4所，其中民师1所，小学教师进修学校5所；中等专业学校6所；高等师范2所。学前教育、基础教育、师范教育、民族教育、职业教育、成人教育体系逐步完善。全地区有教职工3.82万人，其中高等学校426人，中等专业学校935人，普通中学7660人，农（职）业中学454人，技工学校54人，小学2.86万人。教师中有379名获高级职称，5154名获中级职称，10名被评为特级教师。1977～1988年，向大专院校输送新生3万多人，比前10年增长近3倍，区内大中专培养出毕业生2.57万人；1984～1988年，国家共投资202.4万元，为2所师范、73所中学、49所小学配置教学设备；1987～1988年，国家投资、群众集资2246万元，拆建、改建校舍27.44万平方米，学校校舍面貌有了较大改善。1988年，经检查验收，全地区普及初等教育基本合格乡镇达309个；扫盲工作成效明显，黔西、金沙两县进入基本无盲县行列。“八五”至“十五”期间，全地区持续推进普及小学六年制教育、普及九年制教育和扫除青壮年文盲工作，大力开展“两基”攻坚，改善办学条件，整合教育资源，优化教育环境，巩固义务教育成果，发展职业教育、成人教育、民族教育、师范教育等各类教育，全面推进素质教育。到2000年，全地区适龄儿童入学率达97.86%，其中女童入学率为97.7%；8县市基本普及小学教育，基本扫除青壮年文盲；初中、普通高中在校生分别达23.21万人和2.26万人，职业初、高中在校生分别达1.25万人和0.23万人。“十五”期间，累计投入教育资金50.5亿元，其中投入“普九”专项资金近1亿元；建成义教工程项目学校172所、“普九”工程项目学校130所、农村中小学现代远程教育学校（站、点）4411个、改造中小学危房项目学校210所。到2005年，全地区适龄儿童入学率97.1%，初中阶段毛入学率上升到90.75%，青壮年脱盲率为96.69%，8县市中有6个县市实现“两基”达标，“两基”人口覆盖率提高到75.04%。2005年3月，经国家教育部批准建立毕节学院。“十一五”期间，贯彻实施《毕节地区开发扶贫、生态建设试验区2004～2010年教育发展战略规划》，围绕学前教育、义务教育、高中阶段教育、职业教育、成人教育和民族教育的发展目标，推进教育事业的发展，到2010年，全地区幼儿入园率36.19%，小学适龄儿童入学率99.35%，初中阶段毛入学率100%，特殊教育入学率80.24%，高中阶段毛入学率50.17%，高等教育、职业教育、成人教育、民族教育等办学条件和教育质量进一步提升。2011年，全地区适龄儿童入学率达99.36%，初中适龄少年入学率81.9%，小学在校生年辍学率控制在1%以内，初中在校生年辍学率控制在2%以内；学前三年毛入园（班）率达到43.93%，“三残”儿童少年入学率达81.6%；高中阶段毛入学率达56.2%。“两基”顺利通过国家督导检查。

商周时期毕节境内即有采矿和铸造，宋元两代，畜牧、漆器、麻纺技术进步较快，明清两代近代科学技术传入，民国时期区内毛纺技术有一定发展，电信有线、无线传输技术开始在城区使用。新中国成立后，科学技术发展有了良好环境。1950～2011年，毕节地区科学技术发展经历了组建创业、稳步前进、停顿恢复、全面发展四个阶段。1949年11月至1960年，经过10年努力，组建了专县两级科学技术工作委员会及科学技术协会，一批科研技术推广机构陆续建立；初步查清主要农作物资源，鉴定推广了大白苞谷、河坝马铃薯等优良地方品种，引进推广了矮粒多小麦、金皇后玉米、胜利油菜等外地良种，研究推广了石灰改良土壤、水稻早播早栽等适用技术；推广牛瘟、猪瘟免化疫苗；引进黑白花牛、考力代羊、苏白猪，开始改良区内畜禽品种。工业方面，应用一批新技术对矿产开采、冶炼进行技术改造，工效、产量获得提高。1961～1966年，充实加强科研和实用技术推广机构，实行领导干部、科技人员与农民群众相结合，大办样板，建设基本农田，推广优良品种和栽培技术，开展群众性高产科学实验，促进了农业科技的普及和提高。1970年后，在农村建立四级农科网，培育、推广小麦、玉米、马铃薯品种，促进旱地耕作制度改革；建成化肥、陶瓷、复烤、卷烟、水泥等企业，一批企业几经技术改造，逐步发展为区内骨干企业。中共十一届三中全会后，按照“经济建设必须依靠科学技术，科学技术工作必须面向经济建设”的战略方针，把科技工作重点逐步转到为经济建设服务上来，科技事业步入全面发展阶段。科技体制改革逐步深化，科技管理体系和科技群团组织建立健全，科研和技术推广机构得到充实调整，科技经费大幅度增加，各类适用技术培训广泛开展，群众性科技活动活跃，坚持技术引进、技术改造、技术攻关，促进了各行各业技术进步。1978～1990年，区内科技成果获国家级奖6项、部级奖8项、省级奖108项、地区级奖383项。1990年，全地区有农技站98个、畜牧兽医站95个、林业技术服务站95个、水利站97个、农机服务站97个、农经站90个、烟草站82个，共有科技人员4341名；有区乡科普协会327个、农民专业研究会123个，分别拥有会员1.59万人和3500多人；有民办公助的乡兽防站801个，从业人员2349人；是年全地区科技三项经费102万元，比1980年增7.7倍。“九五”期末，全地区有科技综合职能管理机构9个，各类科技服务组织2500个，各类专业科技人员5.6万人。“十五”期间，地区财政累计投入科技研发经费1208万元，是“九五”期间的1.2倍，科技研发平台建设得到加强，一批重点实验室、工程技术研究中心和企业技术中心建成。随着科技研究的深入和科技成果的推广应用，科技成果向现实生产力转化的步伐加快，科技进步对经济增长的贡献率提高。2011年，地区安排各类科技项目184项，其中国家科技部项目15项、省科技项目99项、地区科技项目70项。这批项目共试验示范农产新品种63项、科研开发工业新项目8项，研究开发示范新技术24项，建立示范基地104个，累计产值达5亿元。是年，全地区科技固定资产达7415万元，科技研究机构经费收入合计4277万元。

# （十）

毕节地区文化源远流长，明代教育逐步发展，清代呈人才蔚起之象。清代修志盛行，现存志书11部177卷，尚有佚亡志书17部，《大定府志》曾被林则徐、梁启超誉为优秀府志；私家藏书、文人结社兴盛，文苑诗坛素有传统。乾隆年间，文琴传入黔西，至光绪年间，文琴坐唱兴盛一时，民国时期文琴乃是群众喜好雅乐。以戏楼为亮点的各省商会聚点，春秋祠、川主庙、黑神庙、万寿宫等纷纷建成开馆。“五四”运动后新文化始在毕节传播；抗日战争期间，抗日救亡文艺团体掀起以抗日救亡为主旨的革命文化活动，成为抗日宣传的先锋和中坚。民国时期花灯表演、川剧演出、京剧演唱等民间文化活动从未间断。民国32年创刊的铅印版《黔西日报》，为毕节地区正式出版发行的第一份报纸。

新中国成立后，文化事业走上日益繁荣的道路。1949年12月下旬，毕节新华书店建立并开始营业；1951年9月，中共毕节地委机关报《毕节大众》报创刊；1952年，大定、织金、黔西等县文化馆先后成立，大定、毕节开办大众阅览室，织金、大定、金沙、威宁等县开办群众书店或人民书店，黔西红星剧团、大定机关业余京剧组等业余文艺社团先后成立，金沙县建起简易剧场。读新书、唱新歌、演新戏成为时尚，新文化迅速占领全专区文化阵地。第一个五年计划时期，是毕节专区文化艺术新闻出版事业发展较快的时期，1953年，贵州省文化局电影教育工作队毕节区分队建立，下辖3个分队。1954年，毕节电影院建成开业。至1955年，全专区各县均建有文化馆。1953年至1956年，各县新华书店相继建立。1956年，黔西文琴剧团和毕节县川剧团、杂剧团成立；全专区有电影院1座，文化系统电影队15个，工矿电影队1个，放映点511个，初步形成电影放映网。1958年“大跃进”期间，大多数公社建立文化馆、文工团、书店，管理区建文化站、俱乐部，生产队亦建文工队、图书室（组）、创作组、读报组、山歌队等业余文艺组织，全专区时有文化馆96个、文化站592个；毕节人民出版社建立；大方、金沙、织金、威宁县简易电影院和黔西县新电影院先后开业，织金、毕节、大方、金沙县文琴剧团和威宁县民族歌舞团等专业剧团相继建立。1960年至1962年，国民经济困难时期，区社群众文化团体纷纷解散，农村群众文化活动偃旗息鼓，各县文化馆仅开展阵地宣传和图书阅览，专业剧团合并、撤销，地区成立黔剧团、川剧团、京剧团，毕节人民出版社撤销，区办电影队、各县县报全部停办。1963年至1965年，全专区经济形势好转，文化事业随之复苏，配合阶级斗争、生产斗争、科学试验三大革命运动，开展文艺宣传活动。农村电影队定线定点定场放映，专业艺术剧团演出活跃。“文化大革命”时期，传统剧目被禁演，古今中外大量优秀图书被查封，各种文艺社团销声匿迹，组建毛泽东思想文艺宣传队学演“革命样板戏”，学毛泽东著作、讲革命故事一时兴起。1967年，全专区发行毛泽东著作500多万册、毛泽东标准像65.98万张。

中共十一届三中全会后，全地区文化艺术新闻出版事业步入全面繁荣时期。20世纪80年代，地区及各县均建立图书馆，6个县建立民族文化工作队，多数乡镇建立文化站；群众办电影热潮掀起，国家、集体、个人一起办电影，城市影院和农村影院放映场次大幅度增加；中共毕节地委机关报《毕节报》及各县县报先后创刊；党史研究、地方志编纂、彝文古籍整理初见成效，文学、戏剧、曲艺、音乐、舞蹈、美术、摄影创作均获可喜成绩。20世纪90年代后，全地区文化艺术新闻出版事业，坚持“一手抓繁荣，一手抓管理”的方针，扩大文化市场，初步形成演出、电影、娱乐、书刊、音像、美术品、业余艺术培训、印刷出版等多门类的文化市场体系；坚持开展文化下乡和“扫黄打非”活动，促进文化事业健康发展。“十五”期间，立项新建8个县级图书馆、文化馆；开展文化下乡、“四进社区”“千乡万村书库”“百场放映”活动，组织下农村、到社区开展文艺演出160多场，放映电影100余场，各类文学艺术协会和群众文化团体活动进一步活跃；《毕节日报》自1985年11月复刊到2011年，从周一报、周三报发展到日报，从四开版发展到四开八版。“十一五”期间，以适应经济社会发展和全面建设小康社会的要求，满足人民群众对文化产品的需求为目标，坚持先进文化的发展方向，加大对文化系统的投入，完善文化基础设施建设，发展具有地方特色和民族特色的文化事业，推动文化产业的健康发展。到2010年，全地区共建设县级图书馆、文化馆9个，乡镇综合文化站206个；建成“农家书屋”1040个，文化信息资源共享工程县级支中心8个，乡镇服务点88个，村级网点3694个；完成总建筑面积7969.8平方米的贵州宣慰府的恢复重建；投资5000万元提升改造大方奢香博物馆；总投资5亿多元的毕节大剧院、图书馆、博物馆、科技馆（简称“一院三馆”）工程建设顺利实施。地、县、乡共成立各种文化体育组织和业余团体200多个。农村电影公益放映完成23万多场次。2011年，完成农家书屋建设2755个、农村公益性电影放映47208场次。参加“多彩贵州”系列大赛，获一等奖7个、二等奖8个、三等奖8个。民族歌舞《给拖果》获全国最高艺术奖山花奖。6个乡被评为贵州省民间文化艺术之乡。获评国家一级文化馆1个、二级文化馆1个、三级文化馆3个。

毕节地区广播事业发展，从留声机和收音机起步。民国8年（1919）区内传入第一部留声机，民国27年（1938）贵州省第四行政督察专员公署设置无线电台，次年8月毕节、威宁、织金县相继设立无线电台，民国32年（1943）民国政府在威宁草海小岛上设置导航电台。新中国成立后，区内广播事业发展步伐日益加快。1952年2月建立中共毕节地委收音站，随后各县收音站相继建齐。1956～1958年，全专区县县建起广播站，并建有区放大站8个，区、乡通播率分别为65.17%和78.54%。1960～1962年，威宁、大方县广播站停办，绝大部分区、乡（社）广播站撤销。1963年，按照“自筹、自建、自管、自用”原则，依靠群众办广播，全专区广播事业又现生机。1970年，贯彻全国、全省广播工作会议精神，发展农村小片广播网。至1972年，全地区恢复和新建区级广播站56个，建公社（乡）广播站168个，通广播的生产队（村）1839个；利用半导体三用机发展小片广播网7463个。1973年贯彻全国广播事业规划会议精神，发展农村广播网。1983年，贯彻中共中央关于“四级办广播、四级办电视、四级混合覆盖”的方针，采取有线与无线相结合方式，扩大广播覆盖面。1983～1985年，大方、毕节、威宁县建成50瓦调频发射台，继后地区电视转播台安装1千瓦调频发射机，纳雍、金沙、织金、赫章县建成50～100瓦发射台。1986年5月地区中波转播台建成投入使用，结束毕节地区无中波广播的历史。20世纪80年代后期，电视发展崛起，农村广播覆盖率下降。1990年实施恢复和发展农村广播网三年规划，至1998年全地区有县级广播站8个，小调频台71座，乡镇广播站215个，通广播村1223个，广播覆盖率62.38%；有中小功率电视转播台415座，卫星地面收转站3851座，地县乡镇有线电视站160个，村级有线电视系统498个，传输电缆1043千米，电视覆盖率66.47%。2000年，全地区有广播发射及转播台77座，电视发射及转播台488座，乡镇广播站242个，所有乡镇全部通广播，通广播的村占总村数的70.56%，通电视的村占总村数的85.4%，广播覆盖率77.07%，电视覆盖率77.39%。"十五"期间，实施"村村通"工程，新建550座数字单收站，新增广播扩大机690台。至2005年，全地区广播覆盖率上升到81.73%，电视覆盖率上升到83.38%。"十一五"期间，毕节地区广播电视事业坚持加强广播电视基础设施建设，推进广播电视"村村通"工程实施。到2010年，全地区实施20户以上自然村广播电视"村村通"工程44.1万户、"乡乡通"广播工程基本完成；完成8座县级以上无线发射台的恢复建设和9个县市所在地有线广播电视数字化平移转换工作；启动有线电视县乡联网工程，实施43个乡镇有线广播电视网络整合和数字化平移。有线数字广播电视用户达15万户；广播综合覆盖率上升到83.54%，电视综合覆盖率上升到88%。2011年，237个乡镇实现有线广播数字电视县乡联网，广播电视覆盖人口率继续提高。正常工作的调频转播发射台为80座，发射机90部，发射功率8,910千瓦。广播综合覆盖人口698.8万人，覆盖率83.80%；其中农村广播综合覆盖646.61万人，覆盖率83.71%。农村有线广播电视用户数为38.1万户，广播电视农村直播卫星用户数为44.09万户，实际正常工作的100瓦以上的电视转播发射台为8座，发射机34部，发射功率39,450千瓦，有线数字电视用户20.13万户。电视综合覆盖734.68万人，覆盖率88.10%，其中农村电视综合覆盖678.77万人，覆盖率87.87%。

## （十一）

民国及以前，毕节地区卫生事业十分落后，医疗机构主要是民间中医、草医为主。新中国成立后，人民政府接管各县卫生院，更名为人民医院，专署接管毕节县中心卫生院，更名为专区人民医院。在土地改革中，专区组织8个卫生队参加土改，开展防疫工作。1953年起，专区分期举办初级卫生人员培训班，培训初级医务人员。1956年，专、县防疫机构相继建立，有计划地开展卫生防疫工作。专县医院组织医务人员，深入厂矿、街道、农村开展巡回医疗，帮助基层卫生人员提高业务技术水平。至1957年，全专区8县城关办起合作诊所12个。1958年，全专区合作诊所发展到185个；是年创建毕节卫校，在其后50年中培养了成千上万合格卫生人才。全专区范围内消灭鼠疫、天花、霍乱、回归热等烈性或急性传染病。1960年，专区中医院建立，继后各县亦陆续建起中医院。20世纪60年代初，专区防疫站设立卫生科，各县防疫站建立相应卫生监督组织，实施卫生监督监测。20世纪70年代，卫生工作重点放到农村，农村卫生事业加速发展。至1974年，全地区有1763个大队实现合作医疗，占大队总数的40%，50%的公社办起合作卫生所。部分区、镇开始建立妇幼防保组，开展妇幼保健工作。1981～1982年，地区从国家支援不发达地区发展资金中拨出专款，重点建设民族区、乡卫生院，改善少数民族地区卫生条件。自1985年起，全地区开展冷链工作，至1988年，"四苗"（麻疹疫苗、脊灰苗、百白破、卡介苗）接种覆盖率达90%以上，其中脊灰苗接种率98%，其余“三苗”接种率均达92%，基本达到部颁标准。至2000年，全地区有卫生机构333个，其中县市级医院25个，乡村卫生院245个，专科防治所站10个，卫生防疫和药品检验机构各9个，妇幼保健和中等医药教育机构各8个，卫生技术人员6800多人。“十五”期间，全地区医疗卫生体制改革深入推进，医疗卫生条件进一步改善，医疗水平明显提高。至2005年，全地区“四苗”接种率均达96%以上，合作医疗覆盖人口205万人，13万多名干部职工参加医疗保险。2005～2008年，投资1.59亿元建设县医院（中医院）11个，妇幼保健院5个，麻风病医院2个，乡镇卫生院161个；2008～2010年，投资3.57亿元建设乡镇卫生院27个，中心卫生院垃圾处理设施25个，县综合医院规范化建设7个，社区卫生服务中心3个，地区中医院1个；2007～2010年，利用捐赠资金1.69亿元，建设村卫生室3112个。到2010年，全地区新型农村合作医疗农民参合率95.28%，城镇居民医疗保险制度自2008年开始实施后，3年时间参保率提升到93.1%；全地区共建立18个社区卫生服务中心，60个社区卫生服务站；民营医疗机构达80多个，二级规模以上民营综合医院9个，民营专科医院18个。2011年，卫生事业全面发展。共有卫生机构634个，床位1.72万张，卫生技术人员1.23万人，执业医生3405人，执业（助理）1230人；其中医院7个，医院床位902张，卫生技术人员891人，执业医生305人，执业（助理）45人。农村参加合作医疗人数为621.43万人，剔除举家外出人员后参合率达98.9%，受益911.45万人次，得到门诊或住院补偿9.83亿元。计划免疫四苗报告接种率均达95%以上。

毕节地区体育事业，在1949年前，主要是结合各民族传统节日开展赛马、射箭、摔跤、打毽子等传统体育活动。新中国成立后，坚持贯彻“发展体育运动，增强人民体质”的方针，体育项目从少到多，规模由小到大，逐步向广度、深度、高度发展。20世纪50年代初，组织开展以青少年为骨干的篮球、排球、田径运动，为体育事业开创良好开端。1956年，专、县体育运动委员会相继成立，体育运动有了组织保证；机关、学校推行“劳卫制”，节假日体育活动广泛开展。1958年，首次举办专区体育运动会，比赛项目有田径、游泳、体操、篮球、排球、足球、乒乓球、射击、举重、射箭10个。继后组织1100多人参加集训，选出22个项目参加全省第一届运动会，田径、足球获第二名，女篮、女排、女子垒球、男女羽毛球获第三名，男子乒乓球、武术、体操、技巧、赛马获第四名。中共十一届三中全会后，体育事业发展迈出坚实步伐，取得丰硕成果。运动员张卫刚1984年和1985年先后获全国飞碟射击双向冠军、优秀射击赛冠军，1986年获曼谷亚洲飞碟射击锦标赛和日本飞碟锦标赛冠军，是年9月在第十一届亚洲运动会上勇夺飞碟射击团体和个人两枚金牌，为中国蝉联亚运会金牌总数第一立下汗马功劳。1984年，贯彻中共中央《关于进一步发展体育运动的通知》，全地区群众体育活动从机关、学校、城关深入到厂矿、农村，竞技体育和群众体育得以广泛深入地开展。至1988年，全地区有田径场2个、射击场3个、看台球场14个、体操房1个、篮球场497个（其中灯光球场18个）、排球场14个、游泳池5个。1978～1988年，全地区体育运动共获奖1222项。其中参加国际比赛获奖7项：金奖4项、银奖1项、奖牌2项；参加全国比赛获奖38项：金奖12项、银奖3项、铜奖9项、奖牌14项；参加全省比赛获奖1177项：金奖310项、银奖246项、铜奖236项、奖牌385项。20世纪90年代后，实施《全民健身计划纲要》，本着“业余、自愿、小型、多样、因地制宜、科学文明”的原则，广泛深入开展形式多样的群众体育活动，促进竞技体育发展。至2005年，全地区有地区体育活动中心1个、篮球场3944个、足球场162个、排球场30个、乒乓球场587个、游泳池29个。是年，全地区开展各种形式的群众体育活动200多项次，织金一中、毕节市西办天河社区、大方县大方镇、地区乒乓球协会被评为全国群众体育先进单位，毕节市老干局夕阳红健身活动站被评为全国优秀全民健身活动站。毕节地区队参加全省冠军赛获金牌5枚、银牌7枚、铜牌3枚，17人进入名次；参加全省青年锦标赛获金牌14枚、银牌8枚、铜牌13枚，75人进入名次；参加全省少数民族运动会获金牌8枚、银牌7枚、铜牌4枚。至2010年，建成全民健身路径53条、村级农民健身工程646个、各类体育场地6003个、青少年体育俱乐部5个，省级体育传统项目学校7所、体育活动中心站（点）3136个；建成达国家级比赛标准的体育场（馆）3个。在2010年全省第二届青少年运动会上，毕节地区队共获奖牌174枚，其中金牌62枚、银牌56枚、铜牌56枚，团体总分和金牌总数均名列第三位。2011年，毕节籍运动员代表国家、省参加国际国内各类体育赛事，获金牌8枚、银牌10枚、铜牌13枚，参加全省青少年锦标赛和冠军赛获金牌45枚、银牌51枚、铜牌42枚。

在过去的历史进程中，毕节各族人民为推动历史发展、社会进步作出了不可磨灭的贡献；在未来的征程里，毕节各族人民将与时俱进，励精图治，为毕节美好的明天谱写新的篇章。

# 大事记

## 远古

20多万年前，古人类开始在黔西观音洞遗址一带活动。大约在一万年前，有人群在毕节青场遗址建城邑，制作陶器。

## 唐虞

舜帝封其弟象到今毕节一带任有庳国国君，象去世后，人们修建象祠供奉象。象祠遗址在今黔西县素朴镇九龙山上。

## 夏

为梁州南域，有庳国境。

## 商

为荆州西境，时称鬼方。武丁三十二年至三十四年（前1218～前1216），妇好率商军伐鬼方，三年取得胜利。

## 周

西周时属卢夷国，国君称“蒸”。公元前十一世纪，卢夷国派兵参与周武王伐纣，攻占朝歌，建立周朝，巩固卢夷国疆土。六国时分别属牂牁国和夜郎国，《汉书》合称为南夷，夜郎王向周天子称夜郎侯。周赧王十七年（前298）楚顷襄王派遣将军庄蹻西征，灭且兰，伐夜郎，夜郎王出降。

## 秦　朝

**始皇二十六年（前221）**　秦在今毕节地区内设置夜郎县和汉阳县隶属巴郡。

秦始皇派常頞略通五尺道，从今四川宜宾经今贵州威宁、云南宣威至曲靖。秦之县废。

## 汉　朝

**西汉建元六年（前135）**　汉王朝设置犍为郡（郡治在鳖县），同时设置平夷县、鳖县、汉阳县和郁鄢县。

**元光五年（前130）**　令中郎将唐蒙开南夷道。自僰道（今四川宜宾）经今四川筠连、高县，云南南广（今镇雄）至平夷（今毕节）后直达北盘江。次年，在平夷设邮亭。

**元鼎六年（前111年）**　置牂牁郡，平夷县、僰县改隶牂牁郡。

**东汉献帝年间（190—220）**　世居云南东川（今会泽县）的昆明夷默部始祖慕齐齐率部落向东扩展，据有今黔西北及滇东北一带。

东汉废郁鄢县，置犍为属国于朱提，汉阳属朱提国。

**建安二十年（215）**　以朱提国改置朱提郡，汉阳县属朱提郡。

## 三国

**蜀汉建兴三年（225）**　诸葛亮南征。昆明夷默部二世济火献粮信道，助诸葛亮南征有功，封罗甸王。

△　置庲降都督府，辖汉阳、平夷诸县，李恢为都督。

## 晋　朝

**永嘉五年（311）**　分牂牁郡平夷、鳖县设置平夷郡。

**元兴三年（404）**　改平夷郡、平夷县为平蛮郡、平蛮县。

## 南北朝时期

**梁太清三年（549）**　宁州土人爨瓒占据朱提郡，平蛮、汉阳等县皆废，均为卢鹿部领地。隋行前制。

## 唐　朝

龙朔三年（663）　卢鹿部归附唐朝。

万岁通天二年（697）　置宝州（今威宁县东北）、龚州（今黔西县西）、义州（今金沙县）、郝州（今大方县南）、晖州（今织金县北）、犍州（今大方县东北），皆为羁縻州。

## 宋　朝

宋乾德五年（967）　普贵纳土献诚，宋太祖封普贵为“贵州刺使”。“贵州”之名始见于史书。

庆历初（1041）　东部复置姚州，以昆明夷默部濮叶为刺史。濮叶老退，其侄额则袭职，号罗氏鬼主。中、西部为绍庆府所领羁縻州禄州及乌撒部。

宋末　罗氏鬼主分其地为水东、水西二部，称罗氏鬼国。

△　播州（今遵义）经打鼓新场（今金沙）至水西（今黔西）五尺道贯通。

## 元　朝

至元十年（1273）　乌撒部归附元朝，在今威宁设置乌撒路招讨司。

至元十五年（1278）　罗氏鬼主阿画归附元朝，诏以阿画为安抚使。

△　置乌撒军民总管府，隶云南行省。

△　沙溪（今金沙县境）设长官司，属顺元路宣抚使。

至元十六年（1279）　六月，云南都元帅爱鲁分兵平定亦奚不薛（今金沙、黔西、大方、纳雍、织金县一带），置罗氏鬼国安抚司。

至元十七年（1280）　改罗氏鬼国安抚司为顺元路宣抚司。

至元二十年（1283）　改顺元路宣抚司为顺元路宣慰司。

△　置亦奚不薛宣慰司及亦奚不薛总管府。

△　令留守亦奚不薛驻军开道，水西至毕节驿道贯通。

△　元世祖忽必烈敕药刺海驻营水西，开办亦奚不薛牧马场，为当时全国14个大牧马场之一。

至元二十一年（1284）　改乌撒军民总管府为乌撒军民宣慰司。

至元二十四年（1287）　升乌撒军民宣慰司为乌撒乌蒙宣慰司，隶于云南行省，治所乌撒，辖地今威宁、赫章及云南昭通、鲁甸、彝良等地。

至元三十年（1293）　开通乌撒经芒部（今镇雄一带）至四川筠连入川驿道。

大德五年（1301）　五月，云南中书右丞刘深率军过亦奚不薛境，勒派丁夫、马匹及钱粮。亦奚不薛女土官奢节联合顺元路土官朱隆济起兵反元，战事波及黔、滇、川、桂等地。

**大德七年（1303）** 四月，奢节兵败被害。十一月，朝廷罢亦奚不薛宣慰司及总管府，迁顺元路宣抚司于亦奚不薛，以阿画为宣抚使。

**至大元年（1308）** 六月，乌撒、乌蒙发生地震，3天大震6次。

**至顺元年（1330）** 云南诸王秃坚、伯忽反元。三月，乌蒙土官禄余降于秃坚，七月联络芒部、乌蒙、东川等土司进攻顺元城（今贵阳）。

△ 四川行省平章塔出率兵由永宁（今叙永）进兵，左丞孛罗由芒部（今镇雄）进兵，在周泥驿（今毕节市杨家湾镇周驿村）与禄余大战，禄余兵败逃走。

**至顺二年（1331）** 三月癸巳禄余以东川土兵袭乌撒宣慰司，杀宣慰使月鲁。

**至顺三年（1332）** 二月，禄余率乌撒、东川、乌蒙、芒部四路土官出降。朝廷仍授乌撒土司，世长其地。

## 明　朝

**洪武五年（1372）** 置贵州宣抚司，以水西首领霭翠为宣抚使，水东首领宋蒙古歹（宋钦）为宣抚同知，隶于四川行省，今毕节以东属之。

**洪武六年（1373）** 八月，明朝廷下诏升贵州宣抚司为宣慰司，贵州宣慰使霭翠位居各宣慰之上。

**洪武十四年（1381）** 十二月，征南将军颍川侯傅友德率师克乌撒，筑乌撒城，置乌撒土府，以乌撒大酋那者为土知府，其妻实卜摄事，隶于云南布政使司。得七星关以通毕节，整修四川纳溪经毕节、乌撒至云南交水（今沾益）驿道；建白岩、层台驿站。

**洪武十五年（1382）** 四月，乌撒反叛，杀官吏，明廷派征南将军颍川侯傅友德、左副将军平西侯沐英率兵讨平。

**是年** 置乌撒卫，隶云南都指挥使司；筑水西城；设七星关守御千户所，驻兵200名，建七星关城堡。

**洪武十六年（1383）** 十月，摄乌撒军民府知府实卜及随从771人进京朝晋。

**洪武十七年（1384）** 二月，置毕节卫指挥使司，隶贵州都指挥使司，领5个千户所及守御七星关千户所。

**是年五月** 始定乌撒赋额，年纳粮2万担，毡衫1500领；每年以茶、盐、布匹换乌撒马6500匹，每匹马给布30匹或茶100斤，或盐100斤。

**是年** 升乌撒土府为乌撒军民府，领可渡河、赵班、阿赫关、乌撒巡检司。

**是年** 贵州宣慰使霭翠妻奢香入朝奏准，立龙场（今修文）、六广、谷里、水西（今黔西）、奢香（今大方西溪）、金鸡、阁鸦、归化、毕节驿，史称龙场九驿。

**洪武十八年（1385）** 九月，明廷向贵州、乌撒、宁川、毕节市马6729匹。奢香到比喇（今织金）勘察比喇至水西驿道。

洪武十九年（1386） 二月，明廷赍白金2.26万余两在乌撒等处购得马755匹。

是年 朝廷定贵州宣慰使年纳粮3万石。

洪武二十年（1387） 十一月，靖宁侯叶升，普定侯陈桓屯田于毕节等卫。

是年 朝廷派羽林左卫指挥李兴、虎贲右卫指挥李隆及贵州都指挥李焕筑毕节卫城，砌以砖石，周围6里2分。二十三年（1390）拓为8里2分，高1丈5尺，门5。

△ 朝廷命户部募商人于毕节卫纳中盐，每米2斗给浙盐1引，3斗给川盐1引。

洪武二十一年（1388） 二月，水西积欠赋税，户部请派使督办，朝廷议定从宽，遂蠲免所欠。以洪武十九年为始，岁输3万石，密定岁输3000石。

是年九月 霭翠以朝廷免积欠赋事贡良马谢恩，朝廷再令减赋万石。

是年十月 置赤水、层台卫指挥使司，隶于贵州都指挥使司。置邮亭，设官道，沟通云南。贵州宣慰使霭翠卒，其妻奢香代袭宣慰使职。

洪武二十二年（1389） 九月，置白撒、摩尼千户所，隶赤水、层台二卫。

洪武二十三年（1390） 五月，摄贵州宣慰使奢香遣其子霭翠陇弟赴金陵请入太学，两年学成。

是年七月 乌撒军民府土官知府阿能遣其弟忽山及土目子弟2人请入国子监读书。

洪武二十四年（1391） 八月，明廷命吏部更定毕节、赤水、层台卫盐法。

是年 置永宁至沾益邮传48站，途经今毕节、威宁、赫章，邮卒以戍军士应役，每10铺置百户1名总管，就地屯田自给。

洪武二十五年（1392） 五月，贵州宣慰使霭翠陇弟上朝贡马，朝廷赐三品公服并纱罗袭衣、段花金带，赐白金300两，钞50锭，锦、绮各10匹。

洪武二十七年（1394） 置阿落密千户所，隶赤水卫。废层台卫。

洪武二十八年（1395） 二月，乌撒卫及所辖千户所，兴办屯垦，共设48屯，设流官治理。

是年 摄贵州宣慰使奢香卒，朝廷加谥顺德夫人。

永乐十一年（1413） 设贵州承宣布政使司，贵州宣慰司改隶贵州布政司。

永乐十二年（1414） 置毕节整饬兵备道，贵州按察司副使驻毕节。

△ 改乌撒卫隶贵州都司。

永乐十四年（1416） 七星关渡以铁索缆舟为桥，始有七星关桥。

永乐十五年（1417） 七月，设乌撒军民府儒学。洪熙元年（1425）裁。

正统四年（1439） 毕节卫设卫学。

正统七年（1442） 贵州宣慰使陇知龙富入朝，英宗赐安姓。

正统八年（1443） 设乌撒卫学。

弘治十四年（1501） 闰七月，乌撒自闰七月二十七日大雷雨不止，至二十九日水涨，山崩地裂，山鸣如牛吼，地陷涌清泉数十，冲毁庐舍、桥梁及压死人口、牲畜甚众。

嘉靖元年（1522） 建毕节青螺书院。

**嘉靖二年（1523）** 设贵州分巡毕节兵备道署，辖乌撒、毕节、赤水、永宁卫。

**嘉靖七年（1528）** 陇革率领芒部、乌撒、毋响彝苗民攻陷毕节屯、堡，杀官绅，烧庐舍。朝廷下旨查究毕节兵备道员罪责。

**嘉靖八年（1529）** 三月，分巡毕节兵备道韩世英在毕节城通津门外筑月城，内凿大池，修暗渠引河水入池，以济民用。

**万历二十年（1592）** 水西土目安邦费资白金1150两，建成大渡河石桥（今黔西凹水），沟通黔西至大方通道。

**万历四十五年（1617）** 总兵张辅周驻防沙隘（今金沙岩孔），修堰塘，利灌利民。

**天启元年（1621）** 永宁宣慰使奢崇明反，攻破赤水卫城，卫指挥张大壮战死。

**天启二年（1622）** 贵州宣慰同知安邦彦挟宣慰使安位，起水西兵反明，以应永宁宣慰使奢崇明、乌撒土目安效良率兵相助，攻陷毕节、乌撒卫，分兵攻陷安顺、平坝、威清、沾益，围攻贵阳。

**天启三年（1623）** 明廷授王三善为贵州巡抚，率大军解贵阳围，并进兵大方。

**天启四年（1624）** 正月，王三善率兵烧毁大方城后回师贵阳，在黔西内庄（今白泥乡）遭水西兵伏击，王三善及总兵等官员120人战死。

**崇祯元年（1628）** 乌撒土目安效良卒，乌撒内乱。

**崇祯二年（1629）** 安邦彦兵败被杀，贵州宣慰使安位投降，以水外2则溪地归朝廷改设流官，安位改为水西宣慰使。

**崇祯三年（1630）** 分巡毕节兵备道郑朝栋重建毕节卫城。

**崇祯八年（1635）** 水西宣慰使安位卒，无嗣，土目争袭。分水西地为12州。十年（1637），罢12州，恢复水西宣慰使司。

**崇祯十七年（1644）** 置滥泥沟（今黔西大关镇）关税委及鸭池河税卡，征收货物过境税。

## 清　朝

**顺治六年（1649）** 清定远大将军郑亲王派前锋统领努山、护军统领胡尼雅等率部攻克乌撒卫城。

**顺治十五年（1658）** 安坤归顺清廷，清廷仍以安坤为水西宣慰使，并加都督佥事。

△ 永明大西军巩昌王白文选以兵2万守七星关踞险拒清军，清将吴三桂久攻不下。水西宣慰使安坤派人做向导，领清兵断白文选粮道，明将祁三省、白文选逃云南。

**顺治十六年（1659）** 乌撒归顺清廷。

**顺治十七年（1660）** 贵州驿费不济，朝廷令恢复毕节、乌撒及水西鸭池河商税。

△ 毕节受旱灾，贵州巡抚卞三元请动用从两湖运来大米300石给予救济。

**康熙二年（1663）** 清廷准在水西城、大方城及比喇城、毕节卫城征入境盐税，盐百斤征税银二钱四分。

△ 毕节卫守备林必达在卫城建义学。

康熙三年（1664） 二月，平西王吴三桂请旨进剿水西、乌撒。战争经历十个月，双方将士血战，死伤数万人。

是年十一月 水西宣慰使安坤被擒；次年二月，乌撒土知府安重圣被俘，均被杀。

康熙四年（1665） 五月，吏部议复，同意吴三桂《请设新疆三府疏》，将水西所辖11则溪地改设三府。十一月，吏部议准建府。改分巡毕节兵备道为整饬三府分巡贵西道，管辖黔西、大定、平远府，兼管永宁卫、赤水卫、毕节卫。次年贵西道移驻大定府。

康熙五年（1666） 二月，清廷诏准以水西十一则溪地设平远、大定、黔西府，实行“改土归流”。平远府首任知府刘勇；大定府首任知府宁云鹏；黔西府首任知府王命来。

是年五月 并摩尼、白撒、阿落密三守御千户所于赤水卫，并七星关守御千户所于毕节卫。

是年七月 乌撒土知府安重圣之妻陇氏复叛，吴三桂派兵剿平。

是年九月 改四川乌撒土府为威宁府，隶贵州。首任知府张英才。

是年 设平远、黔西、大定、威宁镇总兵。

△ 置大定府税课局。旋即，先后设置黔西、平远、威宁府及毕节税课局。

△ 建黔西、平远、威宁府府学。

康熙六年（1667） 七月，裁整饬三府分巡贵西道。

是年 大定府建府学。

康熙七年（1668） 七月，新设贵州大定、黔西、平远、威宁府均属少数民族，朝廷暂免编丁，其他田亩照卫田征粮。

康熙八年（1669） 五月，大定城南门起火，延至北门，烧毁民房千余幢。

康熙十年（1671） 设贵州平大黔威守道参议，驻大定府。

康熙十一年（1672） 沈生任威宁知府。

康熙十二年（1673） 平西王吴三桂反叛清廷，黔西总兵王永清归附之，吴三桂派兵攻下大定、威宁、平远府及毕节卫。

康熙十六年（1677） 原水西宣慰使安坤之妻禄氏及其子安胜祖在威宁起兵助清讨吴三桂，并献粮以助清兵。

康熙十八年（1679） 黔西府实行奖励农耕政策，招民开垦无主荒地，所开垦土地归垦者所有，发给印照，3年起科；改劳役地租为实租地租，短期内荒芜田土恢复。

康熙二十年（1681） 八月，改平大黔威守备道为分巡贵西道，辖安顺、平远、大定、黔西、威宁各府，道署移驻安顺。

康熙二十二年（1683） 二月，改平远、黔西府为州，隶大定府。

是年十二月 重置水西宣慰司，以安胜祖为水西宣慰使，准世袭，但不得擅预军民事。置阿武长官司。

**康熙二十六年（1687）** 六月，降大定府为州，大定、平远、黔西州隶于威宁府。

**是年** 裁毕节、赤水卫改设毕节县；裁永宁卫及普市千户所，改设永宁县。毕节、永宁县隶于威宁府。废乌撒卫。

**康熙三十七年（1698）** 水西宣慰使安胜祖及土目阿武卒，均无子继任，废除水西宣慰司及阿武长官司。水西土司世袭统治到此结束。

**康熙四十一年（1702）** 平远知州俞九成修完《平远州志》。

**康熙四十三年（1704）** 增威宁府及黔西、平远、大定州训导各1员；增毕节县教谕1员。

△ 设大定督学行署。

**康熙四十四年（1705）** 贵州巡抚奏准：以秋粮米分贮威宁、大定、黔西、平远、毕节诸镇、协、营，以供军饷。

**康熙五十一年（1712）** 四月，墨特川（今赫章）大雨连续8昼夜，后河海马姑山石翻滚。

**康熙五十三年（1714）** 毕节知县柯天健修成《毕节县志》。

**康熙年间（1662～1722）** 毕节县大吉、小木拉、落溪、野狼沟、银矿沟等地均开办铅、锌、铜矿并冶炼，年产40万斤，运往永宁铅局。

**雍正二年（1724）** 十二月，大定城内中街失火，烧毁房屋千余幢，死7人。知州苏霖泓拨米赈灾。

**是年** 改大定镇为协。

**雍正五年（1727）** 改永宁县隶四川省。

△ 开办榨子厂（今赫章县妈姑镇）黑铅银厂，盛年产百余万斤。

**雍正七年（1729）** 十月，升大定州为府，降威宁府为州。大定府辖威宁、黔西、平远州及毕节县。

**是年** 调整毕节、永宁县疆界。划毕节县赤水河以北大康里归永宁县，划永宁县赤水河以南八夷屯地归毕节县。

△ 划威宁州可渡河以西归云南，以河为界。

△ 毕节设运铅局，将威宁、大定等地生产的铅锌，经水路陆路，运四川、湖北及京城铸钱币。

△ 清廷发威宁协生息银1500两，大定协1518两，黔西、平远协各1113两，毕赤营607两，令各生息，以资兵士婚丧之用。

**雍正八年（1730）** 七月，云贵广西总督鄂尔泰奉旨酌定威宁与乌蒙疆界。于松林岭勒石为界，八仙海子一带划归乌蒙，稻田坝等地划归威宁。

**是年** 毕节设宝黔局，为贵州全省铸造制钱（方孔小钱）。

**雍正十年（1732）** 三月，设水城厅，隶于大定府，移大定府通判驻其地。划大定府亲辖地永顺、常平里归水城厅管辖。至此，大定府共辖黔西、平远、威宁州，毕节县，水城厅及府亲辖地。

**雍正十二年（1734）** 设威宁州得胜坡巡检司，设巡检员。

雍正年间（1723—1735） 大定府采矿及冶炼业有较大发展。威宁榨子厂黑铅厂，黑章莲花、妈姑白铅厂等相继开办。年产白铅五六百万斤，年产黑铅百万斤，采冶炼工上万人。

乾隆元年（1736） 划四川叙永厅所辖岩上、岩下边地归黔西州管辖，编为平定里。

△ 大定知府陈德荣倡导栽桑养蚕，引进蚕桑。

△ 清廷免雍正十二年逋欠。

乾隆二年（1737） 改威宁协为镇，设水城营。

乾隆五年（1740） 毕节宝黔局增炉10座，共20座，铸钱改用“京例”。

乾隆六年（1741） 建成威宁州铜川河铜厂，开槽洞53口，设炉50座，工人2000余人，所产铜由官府收购。

乾隆七年（1742） 夏，毕节县雨雹交加，山洪暴发，城墙崩塌，淹民房，毁庄稼，死6人。翌年，大定、毕节饥，死者甚多。

乾隆九年（1744） 黔西知州冯光宿修成《黔西州志》。

乾隆十一年（1746） 黔西州设运盐队，由仁怀运川盐入境，在滥泥沟集散。滥泥沟盐号及商业兴起。

乾隆十三年（1748） 平远知州郭振领库银1800两，筑平远石城。城高1丈，围826丈，城楼5座。次年竣工。

△ 朝廷调贵州及云南兵征金川，毕节雇民夫应役。

乾隆十四年（1749） 正月，大定城垣修成，耗白银1196.7两。

乾隆十六年（1751） 七月，分巡贵西道由安顺移驻威宁。

乾隆二十一年（1756） 毕节知县董朱英重建七星关大桥，该桥于乾隆十九年五月毁于大火。

△ 平远知州李云龙续修《平远州志》成。

乾隆二十五年（1760） 六月，毕节宝黔局迁贵阳。

乾隆三十四年（1769） 七月，威宁知州刘标亏铜本、铅运等项银十余万两，被革职治罪；管辖该州的道员永泰、大定知府马元烈被革职问审；贵州巡抚良卿、按察使高积被革职论罪。

乾隆三十五年（1770） 大定饥荒，斗米价白银3两，知府于东山寺施粥赈济。

乾隆三十六年（1771） 三月，威宁州高玮短缺铅斤及短发工本等款事发，被查处。云贵总督彰宝，贵州巡抚宫兆麟、按察使金祖静等不行查揭照例降革；宫兆麟革任，彰宝降一级留任，金祖静降三级用。

乾隆四十一年（1776） 平远州划出崇信、时丰、岁稔三里归水城厅管辖。

乾隆四十四年（1779） 威宁州建锌铅厂11个，大定府建锌厂1个，年采锌铅百万余斤，锌铅由官府收购，用于铸钱。

乾隆四十五年（1780） 兵部尚书李世杰告老还乡，捐资在其家乡黔西州城建文峰书院。

乾隆五十二年（1787） 贵阳宝黔局分5炉至大定府，建大定宝黔局铸钱。道光十八年

（1838）停铸，咸丰四年（1854）被官府焚毁。

**乾隆五十九年（1794）** 正月，原兵部尚书李世杰卒于黔西宅中，乾隆帝赐谥号“恭勤”和祭、葬、建碑银及御祭文。墓葬于黔西扯泥坝。

**乾隆六十年（1795）** 朝廷令缓征大定、威宁、黔西、毕节本年应征地丁钱粮十分之五，以苏民困。

**嘉庆三年（1798）** 八月，朝廷缓征平远州米4780余石。从次年起，分作三年带征。

**嘉庆八年（1803）** 黔西知州刘永安等纂修《黔西州志》刻印问世。

**嘉庆十九年（1814）** 毕节、大定大饥，开仓煮粥赈济。

**嘉庆二十二年（1817）** 二月，大定知府普恩建联壁塔于东门火焰山。

**嘉庆二十三年（1818）** 六月，清廷免威宁州赋额。十月，大定知府邓士宪，建文峰塔于南郊阆风台。

**嘉庆年间（1796～1820）** 大定府设纺织局，教民纺织，从事纺织业者数千人。

△ 毕节县引进造纸技术，始生皮纸、草纸。

△ 黔西州兴办积谷济困，建仓储粮，每年春夏贷给缺粮户，秋后加10%～15%归还，这一制度延至民国。

**道光五年（1825）** 大定知府徐玉章劝民种橡树。

**道光六年（1826）** 大定、黔西、毕节均设栖流所，收养流散人员。

**道光十一年（1831）** 黔西知州吴嵩梁在州城建阳明书院；在新场（今金沙县城）建玉屏分院。

**道光十四年（1834）** 水城大饥，富绅杨太阶煮粥赈济。

△ 大定饥荒，瘟疫流行，知府王绪昆施粥赈济。

**道光十七年（1837）** 九月，毕节县富户糜肇瑞筹资修建横跨总溪河的万寿桥（纳雍县境），次年四月竣工。

△ 大定知府张志咏、黔西知州吴嵩梁修建明顺德夫人摄贵州宣慰使奢香墓于今大方城北洗马塘，并立奢香故里碑记于墓侧。

**道光十八年（1838）** 清廷以贵州银价日昂为由，暂停大定府局铸钱。

**道光十九年（1839）** 大定前知府张志咏、徐鋐倡导捐粮兴建义仓。张志咏、徐鋐及分巡贵西道周廷授各捐粮500石，府辖各里先后捐粮千石，共捐粮14253石，分储义仓备荒。次年建成。

**道光二十年（1840）** 农村引种罂粟，不断扩展，吸食鸦片者日增。贵州巡抚贺长龄劝民铲除罂粟，栽桑种棉。

**道光二十九年（1849）** 大定知府黄宅中主持纂修的《大定府志》完成，云贵总督林则徐为之作序，全书共60卷，30本，71万字，木刻刊行。

△ 毕节灾荒，饿殍遍地，瘟疫流行。

**咸丰元年（1851）** 四月，太平天国军一部攻打“援广黔军威宁营”，威宁营溃败，参将马善宝阵亡。

**是年**　川盐永岸局于大定瓢儿井设置盐仓集散川盐。

**咸丰四年（1854）**　九月，黔北农民起义军杨隆喜部千余人与黔西王三鲊疤领导的缘军会合，攻打黔西州城，在城郊与清兵、地方团练交战48日，撤走。杨部至毕节后围城2日撤离。

**是年至咸丰十一年（1861）**　曹兴仁、曹朗、朱幼尊、陈涛、胡超龙、沈西序先后署大定知府。

△　杨隆喜部攻打大定府城，官绅将大定宝黔局焚毁。

**咸丰五年（1855）**　朝廷准免大定、黔西州，毕节县被骚乱地方上年赋额。

△　法国籍孟神甫到黔西州传天主教。

**咸丰十年（1860）**　五月，威宁苗族陶新春、陶三春兄弟，组织1.4万多人在韭菜坪起义，号称"黔西北苗族起义军"。义军攻占毕节七星关，随后建立猪拱箐根据地（今毕节市青场镇）。七月，威宁州马春等率回族千余人起义，进攻州城。

**是年**　大定农民起义军进攻野坝，八月占领西乡乐公底；十二月攻陷周家营，占领马场。

**咸丰十一年（1861）**　三至五月，太平天国军曾广依、张遇恩部围攻毕节城70余日，陶三春率苗族义军与之协同作战，毙清军副将周学桂、游击熊俊。五月上旬，张遇恩在城外观察时中炮阵亡，太平军撤离。

**是年**　毕节通永宁要道设毕节、赤水河、大河口、小河口、大渡口5个厘局。毕节厘局下置大定城、瓢儿井厘卡。黔西滥泥沟及平远州亦先后设厘局各1个，征收捐税。

△　陈涛、胡超龙、沈西序先后署大定知府。

△　毕节县饥荒，斗米价白银一两五钱。

**同治元年（1862）**　八月，太平天国军一部围黔西州城8天。

**是年**　太平军曾广依部与黔西农民起义军配合围攻黔西、大定、平远等府州城。

**同治三年（1864）**　三月，云南昭通回族首领锁朝升、马士俊率3000余人袭陷威宁州城，知州张炳坤逃走。

**是年十月**　农民起义军遵义号军攻陷黔西州城，知州夏成业被杀。

**是年**　苗族起义军岩大武部与陶三春部攻占大定府城，署贵西道沈西序，大定协副将奎光逃毕节。

**同治四年（1865）**　五至六月，贵州提督赵德昌，总兵赵德光率兵勇、练勇先后夺回黔西州城和大定府城。

**同治五年（1866）**　正月，黔西农民军再破黔西州城，杀知州罗澄鉴。黔西营游击黄家富，守备张发甲出逃。

△　黔西北苗族起义军再度攻陷大定府城，大定知府邓尔巽逃毕节。十一月，义军撤离府城。

**同治六年（1867）**　六月，云南布政使岑毓英率滇、黔兵数万人围攻毕节猪拱箐苗族起义军根据地。双方激战124日，根据地被攻破，义军首领陶新春、陶三春等被俘后遇害。

**同治七年（1868）** 云南巡抚刘岳昭率大军围剿黔西州、平远州农民起义军，义军被镇压。

**同治八年（1869）** 苗民起义军岩大武部攻占威宁州城，不久撤离。

**同治十一年（1872）** 五月。朝廷减免大定府及各州县地赋额。

**是年** 黔西州匠人石文昌等试制砂芯火口成功，工艺流传至今。

**光绪二年（1876）** 四月，毕节大水，漂没溺死数人；雷震灵峰塔。

**光绪三年（1877）** 大定府城中街开办第一个漆货手工业工场大顺栈。

**光绪五年（1879）** 分巡贵西道署由威宁移驻毕节。

**光绪六年（1880）** 三月，贵州巡抚岑毓英巡视大定，核定粮价为斗米银2钱4分3厘。

**光绪十一年（1885）** 云贵总督岑毓英奏准修建云贵电报线路。次年十二月，派云贵电报总局潘光照任工程委员，架设云南宣威至贵州毕节电线。

**光绪十三年（1887）** 三月，贵州巡抚上奏，请准由毕节架设电线至贵阳。是年内架设完工投入使用。

**是年五月** 毕节至赤水河架线工程竣工，开通毕节至四川永宁人工电路（有线电报），与渝汉线衔接。

△ 宣威至毕节架线工程竣工，清政府在毕节设立毕节电报分局，为贵州第一个电报局。

**光绪十九年（1893）** 九月，威宁州设电报局。

**光绪二十年（1894）** 黔西州百姓砍毁毕节经黔西至贵阳的电线杆，州署处决毁杆者2人，激起数千人哄堂，经总兵梁正春调解平息。

**光绪二十四年（1898）** 大定设保甲总局，清查户口，募选团丁，制定团练章程。

△ 大定府辖区内各学废八股，兴新学，设算科。

**光绪二十五年（1899）** 四月，黑章遭大风冰雹袭击，房屋被毁，夏粮无收。

**是年** 威宁、毕节开办私营铜矿近10家，威宁德卓铜矿厂采冶并进，盛极一时。

**光绪二十六年（1900）** 夏秋，大定、威宁、平远、毕节相继遭受特大自然灾害，出现严重饥荒。平远州雹雨成灾，秋蝗为害；威宁州久雨无晴，气温低，五谷不熟；毕节县入秋连雨40余天，粮食严重歉收；大定府大饥荒，斗米价白银5两，知府发库银1万两购米，煮粥赈济，日食粥者万余人；乡间由团绅赈济饥民。

**光绪二十七年（1901）** 毕节“松山书院”改为“求是学堂”，收学生40名，为全省创办最早学堂之一。

**光绪二十九年（1903）** 朝廷蠲免毕节、威宁、大定、平远、黔西受灾地方钱粮。

**光绪三十年（1904）** 毕节县开办蚕桑学堂；大定创办官立初等小学堂。

**光绪三十一年（1905）** 大定府建立官立中学堂1所，黔西州城开办蚕桑学堂。

△ 英国传教士柏格理在威宁石门坎创办光华小学堂。

△ 毕节人刘宗杰、杨梓林、杨梧林，大定人王孝瑞、符诗镕赴日本留学。翌年，毕节县

彝族诗人余若瑔率侄余健光留学日本，余健光在日本参加孙中山领导的同盟会。

光绪三十二年（1906） 调整黔西与大定插花土地，大定府亲辖地高家岩脚、谢家槽、月亮箐等拨归黔西州。

△ 大定府办劝学所，开办师范简易科，并成立高等小学堂1所，初等小学堂3所。

△ 黔西州办师范学堂，次年改名为师范传习所。

光绪三十三年（1907） 八月，大定设立内地邮政支局；黔西、威宁、毕节设邮政代办所。

是年 设立贵州官电局黔西巡房，负责检查、维修电报线路。

光绪三十四年（1908） 裁贵西道，改设巡警道，道署移驻贵阳。

△ 建立贵州自治学社黔西分社及新场第二分社。

△ 邮政总局批准建立毕节至四川永宁邮路。

宣统元年（1909） 大定推举陈时夏为省谘议局议员。

△ 威宁州创办女子小学。

宣统二年（1910） 设平远州邮政代办所。

宣统三年（1911） 十一月，辛亥革命爆发后，贵州成立军政府，毕节人周素园任贵州军政府行政总理。大定、黔西自治分社发动武装起义，分别成立军政分府。

是年 贵州军政府委任陈鸿爵为大定知府。十二月，陈鸿爵捕杀大定军政分府负责人谭冠英、简忠义等；大定军政分府行政长官简书负伤脱逃；参与起义的谢南全家被杀害。

# 中华民国时期

## 民国元年（1912）

3月 毕节知县弃职离毕，绅民推举盐警大队长彭仿陶维持地方治安。

7月 黔西设团防局，后改为警备队、巡防营。

是年 大定瓢儿井盐号成立保商队，有官兵64人。

△ 威宁成立共和党；毕节成立社会党，其成员为清朝地方政府遗老。

△ 唐继尧主黔政，其先遣部队驻毕节、威宁、大定等地；严令驻军查拿席正铭等北伐黔军将领。

## 民国2年（1913）

北洋政府颁布《统一现行各省地方行政官厅组织令》规定，毕节地区府、州、厅一律改县，各县置县公署，设县知事。置贵西道，各县均隶属于贵西道。

△ 贵州省政府划定各县等级，毕节、大定为一等县，威宁、水城、黔西、平远为二等县。

## 民国3年（1914）

**1月** 平远县更名为织金县。

**是年** 撤各县厘金局，设毕节征收局、大定县征收处、织金县征收分局及小河、赤水河、威宁、水城支局。

△ 改威宁县得胜坡巡检司为得胜坡分县，设分县公署，隶属威宁县公署。

## 民国4年（1915）

**4月** 大定漆器在美国旧金山召开的国际博览会上获奖。

**是年** 护国军总司令蔡锷率滇军一、二、三军讨袁世凯，途经毕节入川。

△ 黔西、威宁升为一等县。

## 民国5年（1916）

**2月** 陕西天德元商号派员经营威宁、妈姑一带白铅，专售给法国商人，首开本地铅锌国际贸易。

**是年** 大定县瓢儿井保商队改为盐务保卫营，有官兵120人。

△ 黔西县人姜皤溪募集资金，在城东狮子山筹建“水西公园”。

## 民国6年（1917）

**7～8月** 大定、毕节、威宁发生地震。

**是年** 滇黔联军总司令唐继尧率部援川，进驻毕节。旋即装载德沟路氏藏书离毕返滇。

## 民国7年（1918）

**春** 大定、毕节、黔西、威宁等县遭旱灾，粮食产量大减。

**是年** 贵西道由安顺移驻毕节，辖23个县。

△ 威宁得胜坡分县公署移驻赫章，改为赫章分县。

△ 大定县瓢儿井遭匪劫，烧毁北街民房40余幢。

## 民国8年（1919）

**5月** 黔西县成立学生联合会，召开大会通电支持北京学生“五四运动”。

8月　毕节县成立学生联合会，举行庆祝五四运动胜利游行，宣传抵制日货。

是年　黔西、大定、毕节、威宁县久旱无雨，农作物无收，造成饥荒。

△　各县撤销征收局，恢复厘金局。

## 民国9年（1920）

大定引进铁质织布机及生产工艺，建立中合织布厂，产品有宽幅平板布、斜纹布、花布被面等。

## 民国10年（1921）

贵州开放鸦片烟禁，提倡种植罂粟，辖区内农村普遍种植。

△　织金县发生饥荒。织金救济院成立，组织募捐，赈济灾民。

△　威宁县石门坎麻风院建立，当年收治病人。

## 民国11年（1922）

毕节地区开征鸦片烟“窝捐”（税收）。

△　设毕节、赤水河、威宁、黔西、大关临时饷捐分局，征收百货税、鸦片烟税、护商税等。

△　织金县教员陈裁之发起成立天足会，宣传废除妇女包小脚；黔西县女子小学学生带头不缠脚，带动城乡仿效。

## 民国12年（1923）

撤销贵西道，各县直隶于省。

△　毕节县劝学所改为教育局。此后各县先后改劝学所为教育局。

△　贵州食盐经销筹办处成立。毕节地区改食盐自由贩运为官购、官运、官销。

## 民国13年（1924）

春、夏，毕节、大定、织金、黔西等地遭受水、雹、旱灾，庄稼损失严重，粮价上涨，毕节斗米价涨至7元。

4月　黔军步兵七团、卫戍五团进驻大定，军粮由地方供给，日供大米3850千克。

10月26日　黔北股匪2000多人抢劫大定，被驻城黔军击退。

是年　威宁人苗勃然、王祖亦纂修《威宁县志》。

## 民国14年（1925）

贵州军事会派兵进剿威宁回族武装马崑部，战数日，马部撤离县境。

△　大定电报局开始使用电报线路通电话。黔西县政府架设县城至三重堰的单铁线路，装设磁石式电话机。

△　李芳等纂修《大定县志》成书。

## 民国15年（1926）

黔西、毕节、威宁电报局利用电报线路通电话。

△　各县复设征收局。

## 民国16年（1927）

6月　新黔军近卫二团洗劫织金县城。

是年　各县公署改为县政府，县知事改称县长。

△　周西成主黔政，执行“丁宝桢盐法”，确立四岸认商制，由盐商承包。永岸、仁岸之盐，运入毕节、瓢儿井、大关集散，年收税约80万元。

△　省府将民营威宁县铜川河铜厂、大定县大兴铜厂收归官营。

## 民国17年（1928）

9月　清（镇）毕（节）公路动工兴建，沿线黔西、大定、毕节均成立路政分局负责筑路事宜。民国23年（1934）12月，全线建成通车。

是年　黔西县举办首届运动会，选拔运动员组队参加省第二次运动会，获省运动会男子800米跑及铅球、铁饼3项第一名。

## 民国18年（1929）

11月17日　朱炳章、席大明领导的绿林武装，反对贵州军阀统治，三次围攻毕节县城，均未成功。

## 民国19年（1930）

9月23日　黔西县东北部发生5.5级地震。

秋　国民党贵州省党部派张良才到黔西县组建中国国民党黔西县指导委员会，在大定县设中国国民党党务办事处。

△　贵州省主席毛光翔下令各地预征民国19～30年（1930～1941）的田赋，以解决财政困难，谓之抬垫；另加派流通券款、烟土款、军米款。

## 民国20年（1931）

3月　大定县建立木业、五金业等13个职业工会和15个同业公会。

7月　法国传教士苏宽仁在毕节县撒拉溪建立麻风病院。

是年　各县陆续调整县以下行政区划，废除保甲制，县以下设乡、镇公所。乡镇以下为闾邻。

△　毕节县在百花山创办县立初级中学，校长李仲群，为毕节地区历史上第一所中学。

## 民国21年（1932）

11月　驻毕节的清乡司令宋醒派员押解巨款赴省城，途中被蒋在珍部劫走，贵州省政府主席王家烈派兵至黔西鸭池河攻打蒋部，蒋部战败逃走。

11月19日　黔西匪首徐国治等聚匪500多人抢劫黔西县城，被过境部队击溃。

是年　各县改征收局为税务局。

△　省府在毕节设毕（节）威（宁）水（城）矿务局。民国24年（1935）撤销。

△　贵州军阀王家烈部犹禹九旅与犹国才部宋醒旅在大定县城东激战，宋旅撤至毕节，犹旅占领大定。

## 民国22年（1933）

夏　原黔军周西成部特务营营长范敬章，率200余名士兵，在滇黔边区打富济贫，深得百姓拥护。

冬　中共党员林青、缪正元在毕节建立群众性革命团体草原艺术研究社，宣传中国共产党抗日救国的主张。

是年　国民政府颁布《兵役法》，毕节地区各地开始抽壮丁。

## 民国23年（1934）

1月　中共毕节地下支部成立，林青任书记。

春　原黔军营长范敬章加入中共，其领导的队伍成为中共地下组织领导的武装力量。

6月　林青等转移到安顺、贵阳活动。

## 民国24年（1935）

1月　中共中央批准成立中共贵州省工委，林青任书记，邓止戈、秦天真为委员。

2月5日　中共中央在毕节县林口的鸡鸣三省召开政治局常委分工会议。推选张闻天接替博古负中共中央总责任（习惯称总书记），毛泽东为周恩来在军事上的帮助者，博古任总政治部代理主任。

3月　贵州省政府设立贵州省第四区行政督察专员公署，辖毕节、大定、黔西、水城县，首任专员莫雄。民国30年（1941）专员公署与区保安司令部合并，改称贵州省第四区行政督察专员兼保安司令公署。

4月1日　中央红军主力由遵义进入今金沙县境南渡乌江，中央军委副秘书长钱壮飞在选择横渡乌江路线时牺牲。

4月上旬　红九军团掩护中央红军主力渡过乌江后，在木孔乡菜子坳伏击歼灭黔军犹国才部1800多人。在瓢儿井领导民众打土豪分浮财；在苗族村寨八堡，组建苗民自救会、苗民自卫军。

4月16日　红九军团在大定县猫场遭黔军刘鹤鸣团和地霸武装偷袭，伤亡400多人。国民党在毕节设第十二特派员办事处。

7月19日　中共贵州省工委书记林青在贵阳被国民党特务机关逮捕，是年9月11日被杀害于贵阳，时年24岁。

是月　国民党地方武装围剿范敬章部，范受伤后被捕，在毕节县城小教场被国民党军警杀害；国民党在毕节设贵州省第三绥靖区，国军第二十三师进驻毕节。

8月　中共贵州省工委委员邓止戈在毕节再建中共毕节地下支部。

是年　贵州省特种教育委员会在威宁创办省立威宁小学。

△　1～5月，威宁连续发生地震。

△　毕节、大定、黔西、威宁县城设田赋征收总柜，重点区乡设分柜。

## 民国25年（1936年）

2月2日　中国工农红军二、六军团强渡鸭池河，进入毕节地区。2月3日，红二、六军团进驻黔西县城。

2月5日　红二、红六军团领导在黔西县城召开著名的“黔西会议”。

2月6日　红五师进驻大定县城。大定县民主人士彭新民组织居民100多人欢迎红军。

2月8日　红二、红六军团在大定成立中华苏维埃人民共和国川滇黔省革命委员会。8～10日，先后建立大定抗日救国委员会、大定拥护红军委员会、大定抗日救国团。

2月9日　红六军团直属机关及红十六师进驻毕节县城。

2月10日　红十七师进攻黔西县新场大定坡盐硐时，师长吴正卿牺牲。

2月11日　红六师十八团在黔西枷担弯与敌万耀煌部激战，团参谋长贺崇禄牺牲。

2月14日　红二、六军团在毕节组建贵州抗日救国军，任命周素园为司令员，邓止戈为参谋长。三支队支队长阮俊臣、党代表欧阳崇庭奉命率部赴川南联络红军川滇黔边区游击纵队。毕节县苏维埃革命委员会、抗日救国会成立；国民党中央军万耀煌纵队占领黔西县城。

2月17日　中华苏维埃人民共和国川滇黔省革命委员会由大定迁至毕节县城。

2月18日　红六师在大定县黄家坝阻击敌郝梦龄纵队先头部队，击毙其团长及以下人员100余名。万部占领大定县城。是日，中共毕节中心县委成立。

2月19日　红十七师抵将军山与红十八师会合，伏击万辉煌部，全歼万部先锋营500多人，营长武崇琦自毙。是日，大定拥红会主任彭新民被敌逮捕，27日被害。

2月24日　国民党军万耀煌、郝梦龄、樊嵩甫纵队迫近毕节，红四师、六师在小坝阻击。

2月26日　晚，红军在毕节小校场举行军民联欢会，军团长贺龙在会上讲话，会后举行提灯游行。

2月27日　红二、六军团撤离毕节。周素园、邓止戈率贵州抗日救国军第二支队随同长征。5000余名毕节青年参加红军。国民党军万耀煌纵队进驻毕节县城。

2月28日　红六军团政治部主任夏曦在七星关渡河时溺水牺牲。

3月2日　红二、红六军团领导在野马川召开军事会议、研究部署乌蒙山回旋战。

3月8日　红二、红六军团在以则河伏击国民党攀嵩甫部，俘敌200多人。

3月12日　红二、红六军团在哲庄坝伏击国民党万耀煌部，歼敌1000多人，红军十八团政委余秋里在战斗中负伤，成为独臂将军。

3月21日　红二、红六军团摆脱国民党军的围追堵截，离开黔西北，进入云南境。

5月10日　国民党军暂编五旅进驻毕节。其二团三营中尉连副陶树清率三营官兵起义，与贵州抗日救国军第三支队会合，于6月8日在云南镇雄花坝与红军川滇黔边区游击纵队合编为中国工农红军川滇黔边区抗日先遣队。

9月　国民党以重兵围剿陶树清部，陶树清被捕，是年10月初被国民党杀害于毕节。

10月3日　贵州抗日救国军一支队司令员席大明遭国民党逮捕，后被杀害。

10月　川滇东路威（宁）杉（木箐）段和威（宁）昭（通）路开工建设。

是年　贵州省农村合作委员会派员在毕节、大定、黔西、威宁、水城县设立办事处，组织农村信用社预备社。次年，在毕节地区共建信用社预备社531个，后改为农村信用合作社。

## 民国26年（1937）

9月　中共贵州省工委派徐健生、熊蕴竹到毕节成立清理委员会，清理组织，发展党员；派方献祥回织金筹建中共织金县工作委员会。

11月　何朝宗率保安司令部直属保安中队及保安第二团黄大队，围剿在大定县百纳一带活动的红军贵州游击支队第四大队叶绍奎部，被叶部伏击，保安团队溃散。

是月　织金县隶属第四行政区毕节专员公署。

△ 各县废闾、邻制，恢复保、甲制。

△ 各县裁厘金局，改征营业税。

△ 贵州省建设厅公路局设置黔西、滥泥沟、大定、毕节车站，开展清毕公路客货运输业务；设黔西清毕公路养护工区，负责清毕公路的养护管理。

△ 毕节、黔西、大定、威宁旱情严重，尤以织金县为最，米价飞涨。省民食调解委员会从湖南芷江购进大米，配发织金县404石，作平粜粮。

## 民国27年（1938）

2月 中共贵州省工委批准成立中共织金县工委和毕节县工委。

3月 贵州省政府成立川滇东路贵州赤威段工程处征调毕节、威宁、赤水、大定、黔西、织金、盘县、贵阳等地民工约7万人，各县支出筑路粮100余万斤，修建赤水河至威宁公路。

是年 威宁县升为一等甲级县；撤销赫章分县，改设威宁县属毕节行政督察专员公署。

△ 创办省立毕节师范学校和省立黔西中学。

## 民国28年（1939）

1月 中国农民银行毕节办事处开业。

4月 交通部川滇东路管理处在毕节地区设哲觉、威宁、赫章、毕节车站及毕节东关坡车料整修厂、威宁修车厂。

4月15日 毕节县何官屯水箐口一带农民不满地方官员抓丁派款，信奉儒坛。聚集教民1000多人，攻打县政府，冲击专署和监狱，营救被县政府关押的总坛主，被驻军保安第四大队镇压，打死教民近200人。

7月 国民政府军事委员会西南进口物资运输局总经理处迁驻黔西县。织金县流行霍乱，县城各城门口每日均有死尸10余具。

11月 中国银行毕节办事分处成立，后升为办事处。

△ 国民政府航空委员会在大定县羊场坝兴建航空发动机厂，翌年建成投产。

△ 毕节清毕、黔西协通等商行相继购置汽车经营运输。

△ 区内食盐等商品价格大幅上升，毕节城关盐米比价高达1∶66。

△ 中共贵州省工委指示，建立黔西、大定、仁怀中心县委，蓝运富任县委书记，并先后建立大定县支部，黔西县城区、三重堰、石场支部。

## 民国29年（1940）

5月 国民党破坏中共大定支部及黔西三重堰支部，支部负责人蔡应达、杜华疆被捕。蔡应达于次年1月18日被杀害于贵阳。毕节县因灾引起粮价飞涨，经省民政厅、财政厅签呈，由省赈济会贷款1万元给毕节县政府向四川叙永县购米运回平粜。

7月　毕节县境流行霍乱、疟疾。至次年，死于霍乱者74人、死于疟疾者177人。

11月　贵州抗日救国军第三支队政委欧阳崇庭在今纳雍县境被国民党逮捕，次年1月26日在水城被杀害。

12月　交通银行贵阳支行威宁办事处成立。

是年　川滇东路泸（州）昆（明）车驮运输所在毕节设驿运站，开展马车运输业务。

## 民国30年（1941）

1月17日　国民党毕节县当局逮捕中共毕节县工委书记王芸生，中共毕节县地下组织遭破坏。贵州省保安处派军统特务到黔西新场逮捕中共党员和进步青年林正良、余宗铭、陈德祺、李亚群。

2月　中共党员蓝运臧（女）、蓝运铮、寇述彭、王定一在贵阳相继被捕，是年5月19日遭杀害。

5月　红军川滇黔边区游击纵队贵州支队政委、原贵州抗日救国军第三支队司令员阮俊臣在毕节被国民党特务逮捕，是年9月15日被杀害。

5月28日　贵州省政府决定，划黔西县东北部、大定县东部、遵义县西部置金沙县；划大定县南部及织金西部置纳雍县。均隶属毕节行政区。同时建立国民党纳雍县党部、金沙县党部。

6月　红军川滇黔边区游击纵队贵州支队司令员赵文海及其子在赤水河筹集粮饷，被特务追捕杀害于毕节县赤水河畔。

10月15日　川滇东路管理处由昆明迁毕节。

11月　川滇东路运输局由云南曲靖迁驻毕节。

是年　大定漆器在巴拿马国际博览会上获银质奖章。

## 民国31年（1942）

1月6日　贵州省政府决定，划威宁县东北部置赫章县，隶属毕节行政区。

1月　中共黔大仁中心县委负责人周自达叛变，黔西、大定、仁怀县中共地下组织遭到严重破坏。

夏　鸭池河渡船沉没，30人遇难。

11月12日　国民党赫章县党部成立。

是年　各县完成推行新县制，撤销区、联保，实行乡、镇、保、甲制。

## 民国32年（1943）

**3月19～20日** 中国国民党总裁、国民政府军事委员会委员长蒋介石视察黔西、大定、羊场坝航空发动机厂。

**5月** 毕节、大定遭受特大冰雹灾害。下旬，大定暴雨成灾，冲毁民房，县城城墙倒塌数十丈，南门外大石桥被山洪冲断。

**6月15日** 中国国民党毕节县第一次代表大会召开，宣布建立国民党毕节县党部。

**10月1日** 《西黔日报》创刊。

**10月9日** 交通银行毕节办理处成立。

**是年** 黔西县乌渡河疟疾流行，死亡127人。

△ 大定中学44名师生报名参加抗日远征军，赴缅甸参战。

## 民国33年（1944）

**10月** 国民政府发出“十万青年从军”号召，各县先后成立征集委员会，开展应征。

**是年** 毕节行政区举行首次体育运动会。

△ 黔西县寄仲乡农民组织牛角会，武装抗拒拉兵派款，被第四区保安中队镇压，为首3人被杀害。

## 民国34年（1945）

**2月** 川滇东路工务局、川滇东路运输局合并，成立川滇东路管理局，隶属军事委员会战时运输管理局，总管工务、运务。

**3月** 贵州银行毕节办事处成立，次年11月升格为毕节县支行。

**6月** 大定县羊场坝航发厂试制成功新型飞机发动机。

**8月15日** 侵华日军投降，毕节城连日鸣放礼炮，游行庆祝。各县相继采取不同方式庆祝。

△ 民国政府财政部贵州税务管理局设毕节税务管理局，下辖威宁、水城、赫章、纳雍税务查征所；设黔西税务征收局，下辖织金、金沙、大定税务查征所。

## 民国35年（1946）

**3月** 川滇东路管理局迁昆明，其业务并入交通部公路总局毕节运输处。

**5月** 川滇东路赤杉段工程处改组为毕节工务总段，辖赫章、威宁、毕节工务段及赤水河渡口管理所，接管赤杉段养护管理业务，隶属交通部公路总局毕节公路工程管理局。

△ 毕节县城乡斑疹伤寒流行。

## 民国36年（1947）

5月29日　毕节县城小横街发生特大火灾，延烧房屋150余幢，受灾居民110户。《西黔日报》社工人罢工，抗议厂方克扣工资，要求驱逐社长，毕节行政督察专员兼保安司令公署下令停办报纸。

6月23日　织金县田赋粮食管理处城关办事处主任刘雨之贪污军粮千余石，被判处死刑。

△　秋，毕节地区各县开始竞选“国民代表大会”代表。毕节师范学校学生反对贿选，与国民党地方当局发生冲突，两名学生被军警逮捕，师生集队上街游行，并到专员公署请愿。翌日，毕节县立中学、弘毅中学师生罢课声援，上街张贴标语。专员周希濂被迫释放被捕学生。

## 民国37年（1948）

春　毕节地区各县国民党、三民主义青年团组织实行合并，机构保留。

5月20日　毕节行政督察专员兼保安司令公署转发省政府、省军管区司令部训令，令各县筹集反共新兵兵员安家费。27日，毕节县参议会会议批准毕节县政府以每名新兵补助10元计，向全县富户摊派。

8月19日　国民政府公布施行《金圆券发行办法》，每1元金圆券兑换法币300万元，各县政府奉令推行，民众不信任货币，抢购物资，兑换银圆，毕节银圆每块换金圆券1亿元，商人囤积居奇。

9月　各县奉令对各类商品实行限价，商人拒绝，造成商店有价无货，市场瘫痪。

10月9日　威宁地震，震中在石门坎附近，震级5.8，烈度8，12房屋倒塌。

10月　贵州省政府在金沙成立毕（节）、大（定）、金（沙）、遵（义）、仁（怀）5县联防清剿指挥部；滇黔两省成立滇黔边区联防清剿指挥部，负责滇省昭通等5县，黔省毕节等6县的联防。是月，驻黔西县的第十二临时教养院的两名伤兵诈骗民财，向人群扔手榴弹，炸死炸伤平民数人，县政府将两名凶犯枪决。

## 民国38年（1949）

1月　中共大定航发厂地下小组改建为羊场坝支部；4月初，羊场坝支部改建为羊场坝特别支部。

4月28日　织金县参议长李名山召开织金、普定、郎岱、纳雍、水城、安顺、平坝、清镇县反共自救义勇军总指挥部会议。

5月　大定航发厂奉命迁台湾，中共羊场坝特支组织全厂工人开展护厂罢工斗争，拖延机器拆卸装运时间，隐藏精密仪器和重要部件，抵制迁台，延至大定解放，留住员工400多人，机器和各种物资400多吨。

**6月20日** 国民党当局在黔西枪决黔西县参议长、国大代表徐树猷等5人。

**7月8日** 国民政府行政院公布《币制改革令》，发行银圆券取代金圆券，1元银圆券兑换5亿元金圆券。区内商、民拒用，以银圆、铜圆作贸易货币，或以物易物。

**7月** 贵州省主席谷正伦密令种罂粟，全省农村普遍种植，毕节一度成为鸦片交易中心。

**8～9月** 各县国民党当局在毕节作“应变计划”部署，扩大军警编制，组织地主恶霸武装，拟建游击根据地，对抗人民解放军。

## 中华人民共和国成立后

**10月** 中国人民解放军滇桂黔边区纵队六支队海田游击大队及威宁游击团成立。是月，民国贵州第四行政区各县实施“应变计划”，成立县预备兵团，县长兼任团长。同时，成立黔西北绥靖司令部，刘鹤鸣为司令，以毕节为中心，建立反共基地。

**11月初** 民国毕节县政府召开紧急会议，以战乱救国之需为由，提前开征1949年至1959年的田赋；并决定停发学校经费。民国贵州省政府设黔西北行署，任命傅启学为主任，廖兴序兼任副主任。

**11月5日** 中共毕节地委在湖南芷江开始组建，地县领导班子由原冀鲁豫湖西地区的南下干部和在江西吸收的干部组成的西进支队中选拔组建。

**11月12日** 国民党19兵团逃离贵阳，退守毕节。

**11月22日** 中国人民解放军（以下称“解放军”）16军47师141团于乌江上游渡过白猫河，进入织金县龙场区；140团强渡鸭池河后，占领黔西县大关镇。国民党19兵团逃往水城。

**11月24日** 解放军16军46师136团在青安坝强渡鸭池河击溃增援大关镇的国民党军823团、825团残部。解放军47师由织金县龙场区经五里河、小纳雍、纳雍、鼠场、官寨、八步、茶店等地抵达六圭河。在中共党员船工熊海清的接应下，顺利渡河进入大定县境，占领羊场坝航空发动机制造厂。国民党军49军275师师长陈德明率部在金沙安底通电起义。

**11月25日** 解放军47师141团、46师136团解放黔西县城，47师141团攻占大定县城，俘国民党49军少将参谋长饶启尧及以下440余官兵，缴获部分辎重。

**11月26日** 解放军47师141团从大定向毕节进发至响水。国民党第四区行政督察专员兼保安司令廖兴序、特务头子桂运昌、保安副司令万邦贞、毕节县长吴庭芳等逃离毕节。行前，将关押的进步青年任叔轩等4人枪杀于毕节城郊大水口。

**11月27日** 解放军47师先头部队在毕节、大定交界的法寨河击溃敌保安12团的防线。当日，140团、141团分别进抵大定县归化和毕节县梨树坪一带；先头部队进至毕节城郊。

**11月28日** 解放军47师部队进入毕节县城，周素园率领民众欢迎解放军，隆重举行入城仪式。毕节解放。

11月29日　解放军47师除留下部分人员协助接管工作外，各部赴川参加成都战役。

11月30日　毕节专区召开第一次教育工作座谈会，要求各校立即复课，并取消训导制和公民课。

12月1日　中国共产党毕节县委员会成立，张西华任县委书记。

12月2日　中国人民解放军五兵团司令员、贵州军区司令员、贵州省人民政府主席杨勇在黔西县城接见毕节专区党政领导干部，共商接管毕节专、县等事项。次日，杨勇及其一行人员抵毕节。

12月3日　中国共产党毕节地方委员会宣告成立，委员会由郭强、赵欲樵、孟子明、侯国祥、王林岗、陈健吾组成。赵欲樵任中共毕节地委书记。是日，贵州省毕节区行政督察专员公署成立，孟子明任专员；中国人民解放军贵州军区毕节军分区成立，侯国祥任司令员，赵欲樵任政委；中国共产党黔西县委、黔西县人民政府成立，卢绍善任县委书记兼县长。

12月4日　毕节县人民政府成立，牛林枫任县长。中共大定县委、大定县人民政府成立，张晓光任县委副书记，蒋彤任县长。毕节区专署、毕节军分区派军代表接管毕节邮政局、电信局。

12月7日　毕节区专署、毕节军分区派军代表分别接管中国农民银行毕节办事处和贵州省银行毕节、黔西、大定办事处。毕节区专员公署发出布告，宣布人民币为唯一合法流通货币。是日，国民党军独立四师师长兼威宁县县长马崑宣布起义，威宁和平解放。

12月8日　毕节区专员公署建设科接管原第四行政区公路段等全区交通运输机构。

12月10日　国民党黔西北绥靖公署司令刘鹤鸣代表国民党军271师、独立2师，参加国民党第19兵团司令官王伯勋、第89军军长张涛、第40军军长王景渊、黔西南绥靖区司令谭本良等人的起义签字，并通电全省。毕节军分区派政治部主任王之翰率干部战士29人接管国民党271师。

12月上旬　毕节区专员公署派员接管原国民党贵州省高等法院第五分院、贵州省高等检察处第五分检处、毕节地方法院、地方法院检察处及上述机关附属机构、监狱和看守所。

12月11日　赫章县解放。

12月14日　中共赫章县委、赫章县人民政府成立，汪志敏任县委书记兼县长。

12月15日　中国人民解放军17军50师149团解放金沙县城。

12月16日　中国人民解放军18军54师162团解放纳雍县城。是日，中共金沙县委成立，李旭华任县委书记；毕节军分区政治部组织科长王国栋率15人抵达威宁县城，接管马崑部及原威宁县政府。王国栋任军事代表及县委书记，马崑为威宁县解放委员会主任。

12月17日　国民党271师师长刘鹤鸣在水城县率部起义，水城县和平解放。

12月中旬　毕节专区革命干部学校成立，孟子明兼任校长，陈健吾兼任副校长，经考试录取500多名青年参加学习。是月，专署对原盐务分局实行军管，将库存食盐供应市场，平抑盐价。

△　专署接管省立毕节师范学校，孟子明兼任校长。

△　国民党赫章县党部书记夏承祖向赫章县人民政府投诚。

## 1950年

**1月1日** 金沙县人民政府成立，县委书记李旭华兼任县长。

**1月8日** 织金县和平解放。18日中共织金县委、织金县人民政府成立，李庆辰任县委书记兼县长。

**是月** 毕节区专员公署和毕节县人民政府采取“以运代赈”办法，组织群众从四川叙永运进食盐250多万斤，保证食盐供应。解放军主力部队入川参加成都会战，潜伏在毕节地区的国民党军政人员廖兴序、罗湘培、万邦贞、李名山等借机实施“应变计划”，组织国民党在毕节投诚的军队和地主武装进行武装反叛，围攻各级人民政权。

**1月31日** 专员孟子明签发毕节专署治字第一号布告，限令一切残害人民的非法组织立即一律解散，一切人员立即停止活动，向人民政府悔过自新，立功赎罪。执迷不悟、怙恶不悛，继续进行活动，阴谋破坏者，一经查明，严惩不贷。凡持有非法武器弹药者，应在限期内向各县人民政府公安局报告登记呈缴。

**2月1日** 中共威宁县委、威宁县人民政府成立，王国栋任县委书记兼县长。民国毕节县县长吴庭芳率旧部40多人向人民政府投诚。

**2月初** 中国人民解放军47师与毕节军分区合并，师长郑统一兼任分区司令员，政治委员郭强兼任分区第一政委。原司令员侯国祥改任副司令员，赵欲樵兼任政委，刘鹤鸣任第二副司令员。

**2月10日** 纳雍县人民政府成立，主传珍任县长。

**2月10～12日** 国民党军残余部队勾结贯匪周天一部共4000多人攻打金沙县城。中共金沙县委组织军民与匪激战，人民解放军139团、149团奉命驰援，将匪击溃。县委书记兼县长李旭华等4人在战斗中壮烈牺牲。

**2月19日** 原民国贵州省第四区行政督察专员兼保安司令廖兴序向人民政府投诚。旋即，廖兴序只身逃跑，组织土匪叛乱。

**3月7日** 织金县一个班解放军在文家桥遭叛军伏击，11人牺牲。

**3月11日** 解放军的一个班和征粮队在大定县戛木乡遭叛军300多人袭击，11名解放军全部牺牲。

**3月22日** 解放军一个排30人在黔西县渭河遭叛军刘银安部袭击，牺牲13人。

**3月25日** 原国民党起义部队271师所属保一、五、六团和独立2师12团，分别在纳雍、水城、织金等地叛变，杀害解放军军代表37人。

**3月29日** 中共毕节地委、毕节区行政督察专员公署，毕节军分区根据上级指示，决定暂时放弃金沙、织金、纳雍、水城、威宁、赫章县，以黔西、大定、毕节为中心，毕节为总指挥部，开展清剿国民党叛匪和地方土匪武装的斗争。

**是月** 中共毕节地委发出指示，对少数民族地主不减租、不退押，必须明确宣布并用政策说服群众，已接管之公田、产业、押金，原则上由人民政府退还，但在中华人民共和国成立前国民党所抵押金，确用于公益事业者可酌情少退或不退。

**4月上旬** 织金、纳雍、水城、金沙、威宁、赫章六县党政机关奉命撤离原驻地。

**4月4日** 原已投诚的国民党保六团在黔西洪家渡叛变，杀害驻团人民解放军代表王文通等13人。

**4月6日** 解放军141团直属机关及第一营奉命护送水城县党政机关撤离水城，行至纳雍县阳长时，被叛匪保一、五、十二团包围，激战3昼夜始突围，解放军干部战士伤亡135人。

**4月15日** 解放军141团、135团收复纳雍县城，歼匪500多人。次日，纳雍县党政机关返回驻地。

**4月23日** 威宁游击团奉命在团箐梁子阻截溃逃的国民党第八军李弥残部童登文团，毙敌40余人，俘敌120余人，童登文率残部100多人逃离威宁。战斗中，威宁游击团政委陆宗堂等8人牺牲，团长卢嵩岚等32人负伤。

**4月25日** 解放军141团、134团进剿水城县比德区化乐洞、蚌井洞叛匪，俘获国民党总统府军事特派员、黔西北行署保警处处长桂运昌、叛匪原国民党271师参谋长刘剑锋，一纵队司令杨正斌、保五团团长何明芳等匪首。

**4月28日** 中国人民解放军135团围剿盘踞在织金四方洞之土匪，俘获匪八县游击总指挥李名山。5月2日又在窗子洞生俘匪八县游击总指挥部参谋长安克庚。

**是月** 专署公安分局破获潜伏在毕节的国民党军统特务组织，捕获特务12人，收缴电台1部。

**5月18日** 解放军135团收复织金县城。6月7日，织金县党政机关人员从黔西返回织金。

**5月27日** 毕节县在城区突击搜查，查获匪特分子、烟毒犯等180多人。

**6月8日** 区内人民银行发行一万份人民胜利折实公债。

**6月9日** 解放军134团收复水城县。水城县党政机关工作人员于19日返回水城。

**6月24日** 中共纳雍县委成立，主传珍任县委书记。

**7月5～21日** 进行金沙剿匪战斗。中国人民解放军148、140、141团，毕节军分区炮兵、侦察各1个营及贵阳军分区、遵义军分区、军大五分校及139团各一部参战。歼匪5000余人，其中团以上匪首30余人，俘获黔西北剿共总司令文老洞，修文、息烽、开阳反共游击总指挥杨平舟，黔西南反共游击总指挥吴湘云，中国国民党反共游击总指挥杨佐之，原国民党19兵团327师师长徐文敬，121师副师长车林兢等。

**7月14日** 解放军141团收复金沙县城。17日，金沙县党政机关工作人员返回驻地。

**7月18日** 毕节区专员公署发布布告，严禁买卖金银和银圆流通。

**是月** 专署贸易公司调运大批食盐、棉纱、布匹供应市场，结束毕节地区斗米斤盐历史。

**8月** 各县陆续废除旧的保甲制度，建立行政村。

**9月10日** 大定、黔西、金沙县召开全县农民代表大会。

**9月17日** 解放军134团收复赫章县城。19日，赫章县党政机关工作人员返回驻地。

**9月22～30日** 解放军43师、45师在威宁、赫章县境展开威赫合围战。歼匪一万余人，摧毁罗湘培、廖兴序等为首的反共救国军第八兵团。

**9月25日** 威宁县党政机关人员返回驻地。

**10月21日** 匪首罗湘培在大定县钟箐里河岩畏罪自毙。

**是月** 毕节县开展减租退押和清退帮工帮粮工作。

**11月10～20日** 毕节区专员公署召开全区首届农民代表大会。

**12月8日** 原国民党毕节专员、叛匪头目廖兴序在纳雍县木空河观音山被剿匪军民俘获，翌年1月公审处决。

**12月15日** 费孝通率中央民族访问团到毕节专区慰问少数民族。

**是年** 建立毕节专署农场，引进、鉴定和推广农牧良种。

## 1951年

**1月10日** 省农林厅确定黔西县为全省烤烟重点县。

**1月26日** 毕节基督教教友举行革新运动大会，号召教友执行自立、自养、自传方针，脱离与外国教会的关系。

**1月下旬** 中共毕节地委从各县及地直机关抽调干部500多名，组成土地改革工作队，赴毕节县朱昌区开展土地改革试点。

**1～5月** 威宁县流行急性传染病回归热，发病患者1375人，死亡113人，威宁县医院组织医疗队赴疫区救治，省卫生厅两次派出防疫人员协助扑灭疫情。

**2月12日** 中共毕节地委贯彻省委指示，对少数民族地区不反霸、不退押，但清匪工作必须认真进行，匪首必须惩办，罪大恶极为少数民族群众憎恨，经本民族讨论主张惩办的，由地委转报省委批准，仍可判处徒刑和死刑。

**2月21日** 中央人民政府发布《惩治反革命条例》，区内各县相继开展镇压反革命运动。

**2月26日** 解放军47师奉命调离毕节，开赴朝鲜抗美国援朝。

**是月** 西南民族事务委员会副主任梁聚五、贵州省人民政府民族事务委员会副主任杨汉先向威宁县石门坎、四方井教会，赫章县葛布教会神职人员传达中央人民政府和主席毛泽东对教会的关怀，宣传时事政策。3月23日，威宁县石门坎基督教会发表赞同自治、自传、自养的《三自革新宣言》，并致电中共中央主席毛泽东，表示拥护人民政府，支持抗美援朝。

**3月13日** 毕节军分区发出剿匪战绩通报：1950年2～12月，分区部队及各县、区武装分队，发动剿匪战斗951次，清剿土匪398股，歼匪3.6万人，伤匪1307人。

**3月18日** 专署召开毕节专区抗美援朝委员会成立大会。

**3月至11月** 全专区开展抗美援朝增产捐献活动，共捐款15.87亿元（旧人民币），超计划3.1%。

**是月** 根据省人民政府指示，贵州省毕节区行政督察专员公署更名为贵州省毕节区专员公署；国营贵州省赫章铅锌矿在妈姑区建成。

4月20日　毕节地区部分农村发生灾情，省人民政府拨给毕节专区急救粮、农贷粮1135万千克，贷款5.24亿元（旧人民币），派出3个医疗组、1个工作组赴灾区开展医疗和救灾工作。

5月14日　贵州省人民法院毕节分院成立，专员孟子明兼院长。

6月　毕节、大定、黔西、金沙、织金县开始土地改革，8月，全专区普遍开展土地改革运动。

9月7～9日　毕节专署召开第一届供销合作社会议，决定建立机构，发展社员。

10月14日　毕节专区基督教会召开“三自革新”大会，通过《基督教三自革新宣言》。

10月23～30日　毕节专区召开第一届各族各界人民代表会议，选举产生毕节专区人民政府委员会和第一届人民代表会议协商委员会，孟子明当选专员，李仿尧当选副专员。

11月13日　贵州省人民政府毕节专员公署改称贵州省毕节专区人民政府。

是年　朝鲜人民代表柳道正、中国人民志愿军战斗英雄刘兴文（纳雍籍）赴黔西县作报告。

## 1952年

1月3～8日　毕节专区机关及各县机关先后开始反贪污、反浪费、反官僚主义的“三反”运动。

2月28日　中国人民志愿军归国代表王非、朱涛及朝鲜人民访华代表团的柳道正等到毕节访问，受到毕节各界万余人的欢迎。

是月　毕节专区第一个农业生产互助组——毕节县海子街乡小箐沟朱学远互助组建立。

4月2日　毕节专区各县组织工商户开展反行贿、反偷税漏税、反盗窃国家财产、反偷工减料、反盗窃国家经济情报的“五反”运动。

7月　贵州省毕节专区人民政府改称贵州省人民政府毕节区专员公署。

7月14日　中国人民志愿军二级战斗英雄、朝鲜民主主义人民共和国军功章获得者、纳雍籍战士刘兴文在朝鲜前线牺牲。

8月25日　威（宁）水（城）公路开工，次年2月竣工交付使用。公路全长78.31千米。

10月12日　毕节专署召开第一次政府委员与协商委员扩大会议。

12月19日　经中共中央西南局批准，孟子明任地委书记兼专员，王国栋任地委副书记，吕栋任副专员。

是月　根据国家有关政策，全专区开始实行粮食计划供应。

是年　全专区土地改革运动结束，179.89万无地或少地农民分到或补得土地。1954年5月，各县颁发给农户土地证、房屋证。

## 1953年

1月1日　毕节专区第一个农村信用合作社在毕节县汉屯乡建立。

1月10日　中央军委授予中国人民志愿军黔西籍战士易才学特等二级战斗英雄称号；朝鲜民主主义人民共和国最高人民会议委员会授予易才学一级国旗勋章。

是月　各县先后展开土改复查试点。

2月25日　毕节专署召开首届农林劳动模范大会。

3月　经中共贵州省委批准，中共毕节专员公署党组建立。

6月　金沙县发生严重水灾，死亡33人。9月5日再次暴雨成灾，房屋倒塌942间，死亡56人。省人民政府派出慰问工作队深入灾区慰问灾民，并发给10亿元（旧人民币）和粮食等救灾物资。

7月　全专区开始进行第一次人口普查。

11月　毕节专区贯彻执行中共中央《关于实行粮食计划供应的决定》和政务院《关于实行粮食计划收购与计划供应的命令》，对重要农副产品实行价格管理，粮食、油脂实行统购统销，生猪实行派购。

是月　省人民政府拨给毕节专区7.76万套寒衣，发给各县救济贫困农民及缺衣的军、烈属和鳏寡老弱残者。

是年　各县先后开展第一次普选，由乡民直接选举乡镇人民代表，召开乡镇人民代表大会，建立乡镇人民政府。村改为村民委员会，区政府改为区公所。再由乡人代会选举县人民代表。普选工作至次年结束。

△　全专区开始对城镇人口实行“依人定量、凭证供应”粮食。

## 1954年

1月1日　1953年3月动工兴建的川滇东路赤水河钢桁梁桥建成。桥为3孔，总长123延米。

4月1日　各县人民政府改称为县人民委员会。

6月　大定县螺丝乡木空河渡口发生翻船事故，死13人。

6月～7月　连降大到暴雨，造成水涝灾害，被淹田土近7000亩，倒塌房屋452间，死亡56人。地委、专署组织物资供应和发放农贷救灾。毕节县暴雨成灾，倒天河洪水陡涨，县城箱子街、大横街一带被淹，县畜产公司、供销社仓库、花纱布公司仓库受灾严重。毕节地县党政军领导组织人力、物力，抢险救灾。

9月14日　威宁县建立第一个农牧生产合作社——灼圃乡高原农牧生产合作社。

9月15日　全专区开始实行棉布计划供应。

11月11日　威宁彝族回族苗族自治区人民委员会成立，安启崇任县长。

是年　全专区城镇居民实行食油限量供应。

## 1955年

2月21日　国务院发布使用新人民币、回收现行人民币的命令。3月1日起，专区及各县人民银行开始发行新人民币，回收旧人民币。新币1元兑换旧币1万元。

4月10～15日　织金、纳雍县相继发生4起火灾，织金以那架镇发生火灾，受灾377户，烧毁房屋709栋，死6人；猫场镇因火灾造成321户受灾，烧毁房屋500多栋，死8人。纳雍县雍熙镇县府街多处起火，烧毁民房288间。

4月　全地区各县先后召开人民代表大会，选举产生县人民委员会及县政府县长。

6月　贵州省人民政府毕节区专员公署更名为贵州省毕节专员公署。

8月25日　中国人民政治协商会议毕节县委员会建立。

9月　毕节专署公安大队改编为人民警察部队。省土产公司组织威宁白瓜子12吨出口新加坡和叙利亚。

11月　中共毕节地委组织50名干部到毕节县海子街区示范以合作化为中心的规划。

是年　乡人民政府改称乡人民委员会。设区公所，为县人民委员会派出机构。

## 1956年

1月1～15日　各县根据中共毕节地委安排，先后召开党员大会，传达贯彻中共中央及毛泽东主席关于农业合作社与资本主义工商业社会主义改造问题的决议和指示，以及中共贵州省第六次党代会的决议。各县分别制订农业合作化和农业生产规划，同时加强对城镇运输业和私营商业、手工业、饮食业的社会主义改造。

1月15日　全专区第一个高级农业生产合作社——毕节县海子街东方红高级农业生产合作社建立。

2月7日　大定县麻疹流行，响水、理化等7个区的18个乡最严重，10天内共发病800多人，死亡60多人。大定县委发出紧急通知，要求各区、乡成立防疫委员会，动员所有医务人员深入疫区扑灭疫情。

是月　以毕节专区农场为基础建毕节农业试验站。1958年11月改为毕节专员公署农业科学研究所。1967年12月更名为毕节地区农业科学研究所。

3月28日　毕节区卫戍司令部成立，侯国祥兼任司令员。

6月　毕节县吉场区流行急性肠道传染病伤寒，死亡354人。县委组织医务人员赴疫区抢救扑灭，县卫生科长严重失职，受党纪政纪处分。

7月20日　威宁自治县回族女青年、烈属铁朝珍，被全省第一届烈属、军属、革命残疾军人、复员建设军人社会主义建设积极分子代表大会推选为出席全国社会主义建设积极分子代表大会的代表。

9月6日　毕节——贵阳会议电话设备建成使用。

是月　中国社会科学院川滇方言标准点工作队调查毕节县大南山，将大南山定为苗族标准音点。

10月　中共毕节地委、毕节专署贯彻省粮食会议精神，在全专区落实粮食定产、定购、定销。

12月　毕节倒天河水库砌石重力大坝建成。是月赫章县政协建立。

是年　全专区基本完成对农业、手工业、资本主义工商业的社会主义改造。

△　贵州省将毕节专区划为烤烟生产的新烟区之一。当年，全专区烟叶产量为前6年总和的2.5倍。

△　毕节专区贯彻国务院《关于工资改革的决定》，在国家机关、事业单位和国营企业人员中进行工资制度改革，执行国内规定的新的工资标准。

## 1957年

1月1日　毕节专区贯彻省人民政府《关于实行食油计划供应的通知》，从本月起，在城镇人口中实行以人定量，凭票供应食油。

2月　贵州软木厂在毕节建成投产，产品质量达国内先进水平，部分出口。

3月　中国人民政治协商会议威宁自治县委员会建立。

是月　动工兴建清毕公路鸭池河大桥。大桥采用钢桁加劲柔性悬索吊结构，独孔跨径115米，总长120米，次年7月1日建成通车。大桥建成后，结束鸭池河用船摆渡汽车的历史。

5月27日　地专机关学习中共中央《关于开展整风运动的指示》。之后，在全专区开展反对官僚主义、反对宗派主义、反对主观主义的整风运动。7月，贯彻中央指示，确定在全专区分批开展反右斗争。1958年底运动结束。

10月　毕节专区贯彻中共中央、国务院《关于今冬明春大规模地开展兴修农田水利运动指示》，一批水利工程相继动工。

12月　贵州省水利工作现场会在金沙县召开。

是月　毕节县倒天河水库二期工程竣工。1960年完成三期工程，坝高增至23.5米，库容1020万立方米，除供发电和县城居民用水外，可灌溉农田4000亩。威宁引进黑白花牛、爱沙尼亚红牛、吉林红牛的种公牛83头改良当地黄牛。次年，引进美利奴细毛羊，改良本地绵羊。

是年　全专区共建成高级农业生产合作社4320个，入社农户53.63万户，占总农户的91.5%。

## 1958年

1月6日　中共毕节地委决定从地委、专署机关下放8名领导干部到毕节、水城、赫章、大定、黔西、织金、纳雍县任职，除2人担任县委第二书记外，其余均任县委第一书记。

2月1日　贵州辛亥革命元老、贵州抗日救国军司令员、老红军、全国人大代表、贵州省副省长周素园逝世。

2月16日　国务院批复同意将大定县更名为大方县。

2月17日　各县分别召开县、区、乡、公社干部会议，学习贯彻中共中央《工作方法六十条》，修改、审订当年工农业生产计划。

6月　毕节地区建成毕节县白马山、乌箐、罩子山，大方县大海坝、大箐，金沙县滥坝，织金县城关、以那架、桂花，纳雍县纳雍、化作，威宁自治县新华、新合国营林场。

9月　毕节军分区落实中央军委关于全民军事化，大办民兵师的指示，将全专区适龄青年男女吸收为民兵，编为民兵野战师2个、团11个、野战营77个，共有民兵6.37万人。

10月4日　贵州省第一条幻线载波电路在毕节至黔西通话成功。

是月　全专区大炼钢铁，共建炼钢炉10.33万座，投入劳动力150万人。延误当年秋收、秋种，大量林木被毁。毕节专区第一届人民体育运动会在毕节举行，近千名运动员参加。比赛项目有田径、游泳、体操、射击、举重、射箭、篮球。

11月　织金县流行小儿腹泻症，患儿万名，死亡364人，省、专、县共组织医务人员477人赴疫区救治，扑灭疫情。

12月　全省水产现场会在金沙召开。

是年　全专区实施工商统一税。

△　毕节火电厂在流沧桥动工兴建，次年11月建成投产。

△　毕节县生机乡在数百米高的悬崖峭壁上劈山开沟引水，建成段家、高流、跃进3条渠道，并在灌区内开通大小渠道24条，总长117.5千米，建水库1座，电站1座，灌溉水田8800亩，解决部分农户照明和农副产品加工用电。

△　全专区以乡为基础，建成571个人民公社，实行政、社合一的体制。

△　金沙县西洛河水库第一期工程竣工，坝高22米，库容350万立方米，灌溉1.6万亩。

## 1959年

4月　省政府分配给毕节专区人民公社投资款739万元，专署及时分配给所属各县。

5月　纳雍县红旗水库建成蓄水。

6月　大方县连降大雨，山洪暴发，响水电站拦河坝、理化区九股水、木柏河、大水塘、菜子沟等处水利设施被冲毁。

7月　各县农村公共食堂缺粮，出现浮肿病人，地委组织人员检查各县缺粮情况，金沙县最严重。

是月　毕节专区贯彻中共中央、国务院恢复农村集市贸易的指示，各县商业系统调整恢复合并商业网点。是年末，全专区有集市贸易场所390个、商业网点5482个。

8月13日　织金县猫场公社大坝渡口发生沉船事故，乘客47人，淹死38人。

9月10日　毕节专区9名劳动模范赴北京参加建国十周年国庆观礼。

11月28日　中共毕节地委特赦领导小组贯彻中共中央特赦令规定，特赦罪犯280名；对60名确有从善表现但又不适于特赦的罪犯予以减刑。

是月　专、县机关先后开展反右倾斗争。

**是年** 专、县农业局完成农作物品种资源普查，由专署农业局编写成《毕节专区主要农作物品种志》，共收入品种650个。

## 1960年

**1月5日** 中共贵州省委决定，建立中共毕节地委书记处，地委书记改称书记处第一书记，地委副书记改称书记处书记。

**是月** 毕节专区各县共抽调民工6.38万人，参加修筑滇黔铁路。

**3月19日** 毕（节）纳（雍）水（城）公路全线建成通车。至此，毕节专区9个县城全部通车。

**是月** 全国足球锦标赛贵州赛区在威宁举行。

**4月3日** 各县召开县、社、管理区、大队、生产队干部大会，传达贯彻中共中央关于以生产队为基本核算单位的指示，实行包工、包产、包投资，超产奖励，固定土地、劳动力、耕畜和农具。

**5月中旬** 自上年冬季起，全地区干旱日趋严重，110多万亩夏收作物受灾，其中有64万亩绝收，55万亩泡冬田中，12万亩开裂。

**6月** 各县贯彻中共中央指示，解散农村人民公社生产队公共食堂。

**7～11月** 全专区各非农行业共压缩劳动力近15万人，下放到农业生产第一线。

**11月20日至12月9日** 中共贵州省委向中共中央和中共中央西南局汇报检查关于金沙县严重非正常死人事件。

**12月12日** 陈健吾任地委第一书记，孟子明任书记处书记。

**12月19日** 中共毕节地委、毕节专员公署联合发出《关于迅速纠正共产风、浮夸风、一平二调风、强迫命令风、瞎指挥风和干部生活特殊化，制止违法乱纪行为的十条规定》。

## 1961年

**1～2月** 中共毕节地委决定对全专区100个人民公社分三批开展整风整社。调整全专区农村人民公社区划，改一区一社为一乡一社，恢复区建置。

**1月28日** 全专区实行食盐定量供应，每人每月供应食盐0.5千克。后对烟、酒等商品也实行定量供应。

**3月** 贵州省水利厅决定停建黔西县西溪水库，金沙县花滩水库、文家桥水库、箐河水库，织金县西湖水库、康家桥水库，大方县双峡水库，毕节县倒天河水库扩建工程。

**7月15～25日** 全专区3次遭受风、雹灾害，受灾4.13万亩，损坏房屋12万多间，损失折款24万多元。

**是月** 金沙、黔西县发生多起采食野生菌中毒事件，共死亡22人，12人神经中毒。

**7～9月** 毕节专区将过渡为国营的运输搬运业回复到集体所有制。次年，退赔过渡恢复期间的经济损失25.6万元。

**10月** 撤销各县兵役局，恢复县人民武装部。同时，建立区、公社武装部，整顿民兵组织。

**11月** 毕节专区及各县相继成立人民武装委员会。

**是年** 毕节专区各县退赔人民公社“一平二调”款共569.11万元。

## 1962年

**1月4日** 中共毕节地委贯彻中央关于开展农村社会主义教育运动的指示。

**是月** 中共毕节地委第一书记陈健吾兼任毕节军分区第一政治委员。毕节专区部分农村出现包产到户和分田单干，中共毕节地委组织工作组进行纠正。

**2月1日** 织金县人民政府报告，从上年末以来，发生脑脊髓膜炎和麻疹流行，脑脊髓膜炎发病263例，死亡152人；麻疹发病425例，死亡32人。患者绝大多数是15岁以下儿童，医院和防疫部门采取紧急措施进行防治。

**2月中旬** 毕节、大方、金沙、纳雍、赫章、威宁县遭受风、雹灾害，12余万间房屋被损坏，死伤群众近百人。

**3月10日** 中共毕节地委召开会议，贯彻中央工作会议（七千人大会）精神，要求切实贯彻执行中共中央“调整、巩固、充实、提高”的方针，迅速扭转国民经济困难局面，实事求是地甄别、平反受错误处理的干部。

**是月** 专署农科所派出技术人员赴毕节、织金、威宁县驻点，进行大田农作物栽培制度调查研究，历时两年，摸清各类型区的栽培制度，并提出改进意见。

**6月9日** 中共毕节地委决定重新划给农村少数民族社员一定数量的麻地、靛地，长期归社员使用。

**9月** 毕节专署发文纠正“大跃进”中私营商业过渡到国营商业的错误，并进行清退。全专区恢复公私合营商店70个，合作商店175个，合作小组200个；个体商贩1862人。

## 1963年

**1月7～11日** 中共毕节地委召开各县县委书记会议，学习中共八届十中全会精神，批判“单干风”“翻案风”，做好贯彻调整国民经济“八字方针”的工作。

**2月1日** 中共毕节地委在社会主义教育运动的基础上，在全专区城镇开展反对贪污盗窃、反对投机倒把、反对分散主义、反对官僚主义，反对铺张浪费的运动，在农村开展清理账目、清理财务、清理工分、清理仓库的运动。

**2月5日** 纳雍县流行突发性乙型脑炎，蔓延到9个区66个公社。疫情发生后，解放军总后勤部、昆明军区卫生部和贵州省卫生厅抽调100多人组成医疗队，赶赴疫区救治病人，扑灭疫情。25日，中共毕节地委发出通知，要求各县采取有力措施，制止流行性脑炎在区内蔓延。

**3～4月** 毕节、大方、黔西、金沙、织金、纳雍、赫章县受雹灾，5.56万亩夏收粮食作物受灾，损失粮食109万多千克。

**4月13日** 织金县发生流行性脑膜炎，发病578人，死亡277人。

**10月** 省、地、县抽调591名干部组成工作队，在毕节县城关镇海子街区的11个公社开展清政治、清组织、清经济、清思想的“四清”运动试点，次年1月结束。

**11月** 区内流行白喉病，近百人死亡。

**12月4日** 毕节专区计划生育委员会成立。

**是年** 省卫生厅授予毕节县城中医汪振华、杨耕南、张泽民、李道生、周济民为省名老中医称号，并分别配备继承人。毕节专署卫生局指定专人对名老中医的学术思想及医术进行整理，汇编成册。《汪振华学术思想及医疗经验》编入1984年贵州省《医林拔萃》。

## 1964年

**3月** 中共毕节地委、毕节专署决定，各级党政机关大办农业高产样板田，开展科学试验活动。地委、专署样板田分别设在毕节县海子街区和鸭池区头步桥公社。

**4月** 毕节、大方、黔西、金沙、织金、纳雍、水城、赫章县遭受不同程度的风、雹、洪灾，农作物损失严重。

**7月1日** 全专区开始进行第二次人口普查。

**7月15日** 毕节专署成立支持铁路建设指挥部，在全专区招收铁路工人2500名，参加修筑川黔、滇黔铁路。

**10月6日** 奉省军区命令，在毕节专区范围内抽调民兵组建3个运输团，待命参加抗美援越。

**11月18日** 中共中央派工作队到毕节领导“四清”运动。

**是年** 省博物馆、省科学院在黔西县沙井公社“观音洞”内发掘到一批古石器和多种动物化石。经考证，属旧石器时代早期文化，定名为观音洞文化。

## 1965年

**1月4日** 中共毕节地委组织9个工作组赴各县帮助开展反对贪污盗窃、反对投机倒把、反对分散主义、反对官僚主义、反对铺张浪费和“五反”运动。

**2月** 全专区各地陆续开展以反对单干、巩固集体、发展农业生产为中心的面上社会主义教育运动。

**3月** 地直机关开展清政治、清经济、清组织、清思想运动。

**是月** 中共贵州省委派出7个工作队到毕节、大方、黔西、金沙、织金、水城、赫章县领导“四清”运动。

**4月20日** 大方县境13个区的207个生产队流行白喉、流脑，死亡58人。全县抽调186名医务人员组成30个医疗队，赶赴疫区突击治疗。

**4月** 全专区开始动员和组织城镇知识青年下乡插队、城镇居民回乡、下乡劳动。

**6月** 毕节县宋官水库工程竣工。水库土坝高15.7米，库容207万立方米，干渠长6.5千米，设计灌溉1.01万亩，投资52.4万元。

**9月2日** 中共贵州省委决定在毕节等县搞“四清”试点。

**9月26日** 威宁自治县大街公社黎柴林生产队苗族社员杨华福为抢救集体牲畜被火烧成重伤，医治无效而牺牲。中共威宁县委追认杨华福为中共正式党员，贵州省人民委员会批准其为革命烈士。

**10月21日** 解放军昆明军区、贵州省军区及省直机关干部参加的毕节专区农村“四清”运动工作团到达毕节。

**11月** 根据中共贵州省委关于农村社会主义教育的部署，中共毕节地委抽调地、县机关干部7226人，组成8个“四清”工作团，分别在毕节县撒拉溪、长春堡、何官屯、燕子口、小吉场、清水铺、杨家湾、林口区的87个公社开展“四清”运动。

**12月14日** 毕节县鸭池区梨树坪街上发生火灾，烧毁房屋113间。毕节专区林业局技术员杨永亮、毕节运输公司学员刘治权在灭火中英勇牺牲。中共毕节地委发出通知，要求全专区组织学习杨永亮、刘治权英勇献身的革命精神。

**是年** 全专区实行粮食征购任务“一定三年不变”。全专区征购任务为13.65万吨。

## 1966年

**1月** 毕节县头步桥公社被评为全国农村科学试验先进单位，其经验在福州举行的全国农村群众科学实验运动经验交流会上交流。

**2月22日** 中共中央、国务院批准，划水城县8个公社，威宁自治县二塘、三合公社设置水城特区，由毕节专署管辖。

**是月** 国务院制发〔1966〕119号文件明确：毕节专区辖毕节、大方、黔西、金沙、织金、纳雍、水城、赫章县及威宁彝族回族苗族自治县、水城特区。

**3月** 毕节县七星关石拱大桥建成通车。

**4月22日** 驻毕节县小吉公社的“四清”工作队把“漏划富农分子”王俊山树立为学习毛泽东著作积极分子，被中共中央西南局视为搞“阶级调和”“不抓阶级斗争的典型”受到批判，决定逮捕王俊山并处理中共毕节地委有关领导，酿成全省闻名的小吉场事件。1978年12月中共十一届三中全会后，这一事件得以澄清。

**5月7日** 纳雍县连续遭受4次冰雹袭击，4万亩农作物被毁。

**5月16日** 中共贵州省委决定，中共毕节地委副书记石双琪主持地委工作。

**5月31日** 省委、省人委批准，撤销毕节县撒拉溪区，设置青场区。

**6月15日** 毕节专区“文化大革命”领导小组成立。

**6月27日** 中共毕节地委开展“文化大革命”动员大会。毕节地直机关及毕节城区中学学生5780多名参加大会。

**8月** 毕节县生机公社在水利建设中成绩突出，国务院颁发奖状予以表彰。

**9月1～3日** 毕节地、县联合在军分区操场召开“万人斗争大会”，批斗地委、专署部分领导干部。全区掀起斗“走资本主义道路当权派”的高潮。

**9月上旬** 全专区各中专、中学普遍成立“红卫兵”组织，红卫兵在街头宣传“破四旧，立四新”（破除旧思想、旧文化、旧风俗、旧习惯，树立新思想、新文化、新风俗、新习惯）。

**9月中旬** 毕节地委赴毕节、纳雍、水城“四清”工作团受“文化大革命”的冲击，不能继续开展工作，先后在12月前撤离。

**10月1日** 生机公社兴修水利带头人许天珍在北京参加国庆观礼。

**11月8日** 省城大、中学“红卫兵”到毕节串联，毕节城关干部群众形成不同观点的两派组织，领导干部大多被揪斗或靠边站，机关无法正常工作，生产受到严重影响。

**是月** 各县中学部分“红卫兵”赴北京串联。

## 1967年

**1月23日** 解放军毕节军分区发出命令，向毕节专区邮电局派驻军代表，实行军事接管。随后，解放军驻毕部队对公、检、法及有关部门实行军管。

**1月24日** 毕节专、县机关、学校、街道部分群众组织，组成联合指挥部，宣布向专、县党政机关夺权。26日，另派组织认为是假夺权。两派群众组织严重对立，全城一片混乱。

**3月18日** 毕节专、县两派群众组织实现大联合，建立“毛泽东思想毕节地、县无产阶级革命造反派总指挥部”，夺取中共毕节地委、县委、专署、县人委的党政财文大权。

**3月29日** 毛泽东思想贵州省革命委员会批准成立毛泽东思想毕节地区革命委员会，梁革新任主任，黄尧、石双琪、胡启荣任副主任。是年8月，更名为毕节地区革命委员会。

**3～6月** 各县“无产阶级革命派”组成联合指挥部，相继夺取县委、县人委党政财文大权。嗣后，先后建立县革命委员会。

**是月** 毕节军分区抽调300名干部、战士，分赴全地区100多个单位实施支左、支工、支农和军训、军管，或担任联络员、观察员、军代表。

**4月12日** 毕节地区革命委员会设立“文化大革命”领导小组、生产领导小组、保卫领导小组、秘书处、接待站等办事机构。

**7月10日** 贵阳市人汽公司一辆客车在黔西县鸭池河大桥附近翻坠河中，死19人，伤2人。

**8月8日** 毕节地区革命委员会发出通知，要求认真贯彻中共中央主席毛泽东“复课闹革命”的指示，将学校教学恢复起来。

11月9日　毕节地区革命委员会召开活学活用毛泽东著作积极分子代表大会，出席代表1200人。

12月4日　毕节地区革命委员会贯彻中共中央、贵州省革命委员会指示，向各县、区、社、厂矿、学校、事业单位发出指示，要求各级建立党的领导核心小组，恢复共产党的组织，恢复党员的组织生活。

是年　水城特区划归六盘水地区。

## 1968年

1月23日　毕节地区革命委员会、毕节军分区贯彻中共中央、国务院、中央军委关于《对公安机关实行军管的决定》，向省革委、省军区呈报《关于对全区公安、检察、法院实行军管的报告》。

2月3日　经中共贵州省革命委员会领导核心小组批准，成立中共毕节地区革命委员会领导核心小组，行使原地委职权。地革委领导核心小组由梁革新、石双琪、黄尧、胡启荣、欧阳远组成，梁革新任组长，石双琪任副组长。继后，各县、区、社亦先后成立领导核心小组。

4月　赫章县境降霜，继后又遭雹、洪、涝、风、虫等自然灾害。是年，全县粮食比上年减产24.5%。

8月25日　毕节地区各县贯彻中共中央《关于派工人宣传队进驻学校的通知》精神，先后派出工宣队、军宣队、贫下中农宣传队进驻学校，领导学校的“斗、批、改”。

是月　黔西县桃井公社尖坡生产队社员因解剖一匹患炭疽病的死马，导致疫病传染，造成18人、12头（匹）牛马死亡。

9月17日　毕节县果乐公社连降暴雨，双河口水库坝基垮塌，冲毁房屋39间，农田3700亩，死10人，伤8人。

10月7日　贵阳地区首批知识青年到威宁插队落户。此后，陆续有学生到区内插队落户。

10月20日　毕节地区革命委员会制订《关于贯彻省革委〈落实毛主席指示，搞好干部下放劳动的决定〉的措施》，确定在毕节城郊郭家湾农场开办“五七干校”，将原地委、专署机关部分干部集中到干校学习劳动。各县亦相继举办“五七干校”。

10月27日　毕节地、县机关干部和城关居民在丁字口欢送首批上山下乡知识青年到清水铺区的公社、生产队插队落户。

10～12月　织金、纳雍、金沙两派组织发生武斗，造成人员死伤，省、地革命委员会、省军区、毕节军分区多次发出通知，地区革命委员会派出宣传队制止武斗。

## 1969年

2月1～5日　毕节地区革命委员会召开清理阶级队伍工作会议，传达、学习上级指示，研究部署清理阶级队伍工作。

**4月** 织金县两派群众组织发生武斗多次，冲击县武装部，抢走部分枪支弹药，县机关处于瘫痪。

**是月** 全地区遭受低温冷冻灾害，地势较高地方气温降至零度以下，高处降大雪，出现凌冻。中旬，连续遭受冰雹灾害，大方县被打死打伤牲畜740头。

**8月** 毕节地区严重缺粮，经省粮食局与有关部门协调，从贵阳调入玉米1000吨，缓解急需。

**9月25日** 毕节地区革命委员会、毕节军分区召开各县人武部负责人会议，贯彻省革委、省军区《关于坚决贯彻执行中央“8·28”命令，彻底收缴一切武器的决定》。会后，各级革命委员会、各县人武部制定措施，无条件收缴群众的一切武器，由各县武装部或公安军管会封存保管。

**10月26日** 中共中央发出《中共中央对贵州省核心领导小组〈关于解决贵州当前若干问题的报告〉的指示》，毕节地区革命委员会从全地区抽调干部5314人组成宣传队，到各县和基层单位宣传贯彻。

**11月3日** 解放军0276部队到毕节支左。

**12月8日** 深夜，毕节鞋厂发生火灾，厂房、设备全被烧毁。

## 1970年

**2月26日** 贵州省革命委员会通知毕节地区分配1969年至1971年在军垦农场劳动锻炼的2000多名大中专院校毕业生到各县农村劳动锻炼。

**3月6日** 毕节、金沙、织金、赫章县发生流行脑炎，发病948例，死亡134例。

**4月8日** 地区革委会、支左领导小组讨论确定地区革委会办事分机构和人员编制。1.原地委、专署行政机构50多个，并16个，设置40个；暂编行政干部384人，精减621人。2.地革委办事机构分政治部、人民保卫部、生产指挥部、地革委办公室、人防办公室。

**是月** 各县革命委员会先后进行“补台”。

**6月** 贵州省革委同意，毕节地区革命委员会补台后由85名委员组成，常务委员会由26人组成。

**8月1日** 中共贵州省革命委员会核心领导小组决定，由梁革新、王振江、黄尧、张志铭、张景鲁、主惠珍、侯国祥、石双琪、马有义组成中共毕节地区革命委员会核心领导小组，梁革新任组长，王振江任副组长。

**9月12日** 毕节地区革命委员会动员4万民兵，组成一个民兵师，投入湘黔铁路大会战。

**11月11日** 贵州省革命委员会追认在建设湘黔铁路中，为保护300多人的生命安全而英勇牺牲的金沙县民兵团二营五连指导员袁正体为革命烈士。

**12月2日** 国务院、中央军委决定：撤销水城县，并入水城特区，归六盘水地区管辖。

**是年** 省内外高等院校以群众推荐、领导批准、学校复核相结合的办法在毕节地区招收工农兵学员。

△ 全地区实行中学4年，小学5年的学制。1972年，初中恢复3年制。

## 1971年

3月　启动威宁草海排水造地工程，历时两年，投工200多万个工（日），耗资100多万元，使草海变成泥潭和沼泽。

4～5月　赫章、织金、黔西、纳雍县连续遭受冰雹、洪水、大风灾害，损失严重。

5月22日　贵州省革命委员会、省军区将毕节地区的天生桥、鸭池河大桥、七星关大桥列为战时确保的公路重点目标。毕节地区将总溪河大桥和凹河大桥列为战时重点目标。

6月　毕节地区贯彻执行中共中央主席毛泽东关于解放干部，革命委员会实行老、中、青三结合的指示，通过调整增补，把一批原地委、专署的领导干部充实到毕节地区革命委员会中来。

是月　全地区流行流脑、麻疹、伤寒、痢疾等传染病，发病1万多例，死亡700多例。

9月11日　贵州省印发《关于农村集市贸易管理试行办法》，将大方产的蜂蜜、干辣椒，金沙产的芝麻，威宁产的羊毛、白瓜子、水果列入实行派购的第一、二类物资。

10月　毕节地区豁免全地区1961年以前农业贷款1049万元。

12月25～28日　中共毕节地区第一次代表大会召开。大会选举产生中共毕节地区第一届委员会，委员会由59人组成。旋即，召开第一次全委会，选举产生16名常务委员，姜健民、王振江为书记，梁革新、侯国祥、石双琪、主惠珍为副书记。

是月　中共毕节地委恢复办公室、组织部、宣传部、统战部、党校等工作机构；先后在地直机关建立19个党组；地委下属各级党组织相继恢复建立。

是月　各县召开中共第三次代表大会，选举产生第三届委员会。会议部署整党建党、恢复建立各级中共组织、恢复党员组织生活。

是年　1966年4月动工兴建年产5000吨合成氨的毕节化肥厂、1966年11月动工兴建年产5万吨水泥的毕节水泥厂相继投产。

## 1972年

4月13～16日　中国民航贵州省管理局派出伊尔14型飞机1架，在赫章县兴发、青山、妈姑、古达区的16个公社进行飞播造林，飞播53.28万亩，有效34万亩。

4月　国家商业部在大方县召开8省（区）生漆、棕片生产、收购经验交流会，并到大方县瓢井区中洞公社参观学习漆树栽培技术。

是月　黔西县水淹坝水库工程竣工。水库库容312万立方米，设计灌溉1.17万亩。

4月28日至5月5日　78个区，411个公社，1.01万个生产队多次遭受雹、洪、霜灾，死14人，伤121人，毁房1.62万余栋，夏粮受灾61万多亩，损失粮食1728万千克，损失油菜籽351万千克。

5月15日至6月8日　贵州省革命委员会慰问团到毕节地区察看灾情，慰问受灾群众。

6月10日　毕节县在海子街、鸭池、长春堡沿公路区、社动员2026名民兵组成民兵团，保障援越抗美物资运输安全。

**是月** 威宁县农科所引进北京农科院异源八倍体小黑麦试种成功。

**11月6日** 贵州省农村工作现场会议在赫章县召开。

**是月** 根据中央有关规定，对全地区534户国营、集体企业试行工商税，简化合并。

△ 地区复烤厂建成投产。

## 1973年

**1月15日** 毕节县撒拉溪公社五星大队煤窑发生瓦斯爆炸，死13人，重伤3人。

**3月11～18日** 中共毕节地委、毕节地区革命委员会召开全地区农业学大寨先进单位经验交流会。355个先进单位，194名先进个人受表彰，树立14个先进典型。

**3月27日** 中共毕节地委贯彻中共贵州省委指示：撤销地革委政治部、生产指挥部、人民保卫部。设毕节地区农林、财贸、工交、政法、科教办公室和地区公安局、地区中级人民法院、地区外贸局、地区文化局。

**4月13日** 中共贵州省委决定：张庆钊、禄文斌任中共毕节地委副书记；周树芬、张晓光任地委常委、地革委副主任；刘凤岐、赵春辉、杨本和、李国恒任地委常委；李效敬任地委常委兼毕节县委书记。

**4月15～19日** 毕节地区第一届共青团代表大会召开，恢复建立共青团毕节地区委员会。

**是月** 织金县珠藏、阿弓、三塘，纳雍县阳长、百兴、治昆、龙场，大方县瓢井、达溪、响水、坡脚、马场等区遭受严重冰雹灾害。

**6月23日** 金沙县发生特大洪灾，9.42万亩农作物受灾。

**7月20日** 毕节县林口区发生罕见的虫灾，区、社组织2.4万人灭虫。

**8月10日** 全省少年游泳运动会和小学生基层篮球运动会在黔西县举行。

**10月3日** 黔西县中坪街因输电线路短路引爆生产队保管室内存放的300个雷管和80多公斤炸药、150多户的300多间房屋被炸毁，17人被炸成重伤。

**10月8日** 纳雍、赫章、威宁自治县被省列入边远山区及少数民族地区，获边远民族贸易自有资金、利润留存及价格补贴、税收的照顾。

**10月27日** 威宁自治县被列入贵州省出口小白芸豆、中白芸豆、红芸豆和竹芸豆生产基地。

**是年** 根据《全国绵羊发展区划》，毕节地区被列为西南半细毛羊改良区，至此，毕节地区绵羊改良转为培育半细毛羊。

## 1974年

**2月** 全地区开始执行粮食统一征购、统一销售、统一调拨、统一管理的粮食管理办法。

**5月3～4日** 毕节县朱昌、阴底、长春堡、鸭池、何官屯、杨家湾、城关、海子街区的39个公社79个生产队遭受雹、洪灾害，死3人，毁房1211间，5.67万亩夏收作物受灾，损失粮食246.5万千克。

5月4日　贵州省政府批准建立毕节卷烟厂，7月筹建，9月投产。

6月27日　织金县八步、山脚等公社连降暴雨，14个生产队的农田被淹，形成一个长2500米、宽1500米的天然湖泊，湖水面积73.3公顷，最深处21米，总蓄水量约2000万立方米。1992年命名为碧云湖。

7月28日　威宁县羊街区兴隆公社51名苗族群众在当地仙人洞内做礼拜，公社书记兼武装部长李文周带领民兵包围，混乱中开枪打死3人。事后，李文周受到党政纪律处分，并依法追究刑事责任。

7月30日至8月10日　全省合作医疗现场会议在赫章县召开。会议交流各地举办合作医疗、培训赤脚医生的经验，讨论《贵州省合作医疗管理办法》。

9月　毕节地区开始第二次农作物品种资源普查。

10月19日　织金破获涉及安顺、普定的贩毒团伙案，抓获毒贩28名，缴获鸦片215千克，毒资1.5万元。

是年　按照国家“三线建设”的战略部署，航天航空工业部在黔西县今红林乡兴建的红林机械厂竣工投产。该厂主要生产航空发动机配件。

## 1975年

2月28日　威宁自治县么站区黑泥公社张家湾生产队发生地裂，裂口长500米、宽30厘米、深6.6米。

是月　装机2×1000千瓦、投资244.4万元的威宁自治县羊街二级水电站竣工投产。

3～5月　赫章、黔西、金沙等县连续遭受冰雹、大风灾害。

4月11日　地区公安处《社情演示文稿》反映：上年冬至今年3月，纳雍、赫章、威宁县370户1680人因生活困难，搬迁到外地。经当地政府派人动员部分外迁户返回。

7月9日　晚11时，毕节县大坝公社石板井生产队连降暴雨，导致山体滑坡，巨大泥石流埋没3户，死11人。

8月　中共贵州省委批准，中共毕节地委改设第一书记、书记、副书记、常委。王振江任第一书记，姜健民任书记，梁革新、石双琪、主惠珍、侯国祥、禄文斌任副书记，李效敬、赵春辉、杨兰平、袁良骥、黄尧、周树芬、张晓光、刘凤歧、杨本和、李国恒为常委。

9月3日　毕节地区召开第一次妇女代表大会；是日，毕节地区总工会代表大会召开。

10月　赫章县被评为全国农业学大寨先进县。

11月16日　下午5时，织金县金龙公社的架界河渡口发生翻船事件，船上乘客26人死亡，2人幸免于难。

是月　六（枝）纳（雍）公路纳雍至张维段建成。至此，全地区实现区区通公路。

## 1976年

**1月8日** 毕节地区各级机关干部、工人、解放军指战员、学生及各族人民以各种方式悼念周恩来总理。

**2月** 省委革命委员会确定毕节地区为地震重点防区。10月，地区成立地震办公室。

**4月26日至5月2日** 中共毕节地委组织地、县、区三级党委及部分公社负责干部370人，赴山西昔阳县大寨大队参观学习。

**4月27日** 毕节地区革命委员会根据中央政策规定，成立宽大释放转业安置领导小组，释放安置原国民党县团以上党、政、军、特人员33名。

**6月14～20日** 全国小黑麦现场会在威宁县召开。来自国家农业部、中国科学院及四川、北京、内蒙古、山西、河北、湖北、黑龙江等省、市、自治区的代表共150多人参加会议。

**是月** 装机容量3600千瓦的赫章县卡上水电站竣工投产，为当时全地区装机容量最大的水电站。

**是月** 中国南方9省（区）马铃薯科研生产会议在毕节召开。

**8月4～16日** 全省少年田径运动会在毕节县举行。

**9月9日** 中共中央主席毛泽东逝世。全区各级党政机关、厂矿、学校、部队、人民公社248万人举行悼念活动，共设灵堂2083个。

**9月18日** 毕节城区近5万各族群众，在军分区操场隆重举行毛泽东主席追悼大会。同时，全地区共设会场1202个，240多万人参加收听追悼大会实况。

**10月23日** 毕节地、县6万多人在军分区操场集合，热烈庆祝中共中央一举粉碎王洪文、张春桥、江青、姚文元“四人帮”的伟大胜利。会后，举行声讨示威游行。

**是年** 毕节地、县防疫站历时2年调查对毕节地区氟中毒致病因素，提出食物氟中毒的新认识，受到国内外重视，获省和全国科学大会奖。

## 1977年

**2月** 中共毕节地委及各县委成立清查与江青反革命集团“四人帮”有牵连的人和事领导小组及其办公室，开展“揭、批、查”运动。

**3月10日** 纳雍县11个区有270户1174名群众搬家外流，绝大部分迁往江西省，另有400多户准备搬家。纳雍县委采取紧急措施，动员说服外流户回原住地。

**4月** 织金、金沙县遭受严重雹灾，30余万亩夏收作物受灾。

**6月17～27日** 织金、金沙、黔西、毕节县先后遭受洪灾，损坏房屋1918栋，死20人。

**6月22日** 中共毕节地委成立揭批江青反革命集团“四人帮”运动办公室。

**7月21日** 毕节地区成立农田基本建设指挥部，抽调317名干部组成17个工作队指挥农田基本建设，指挥部设于大方县归化公社，以毕节县鸭池区、大方县双山、响水区的14个公社为中心战场。

8月　中共贵州省委调整毕节地委领导班子，禄文斌任地委第二书记，侯国祥任书记，李效敬、赵春辉任副书记，朱启荣为地委常委。

是月　中共贵州省委任命王振江为毕节地区革命委员会主任，侯国祥为第一副主任。

10月7日　大方县电视差转台建成，正式转播电视节目，并将信号传到毕节县。

12月13日　中共贵州省委调整毕节地委领导班子，禄文斌任地委第一书记，取消第二书记设置。

12月　大方县移山水库大坝干渠竣工。水库库容505万立方米，灌溉1.1万亩。

是年　全国恢复高考制度。当年，毕节地区高考录取649人。

## 1978年

2月14日　毕节地区召开群英会，全区1850名工交、财贸、科教战线先进集体代表和模范人物以及地直有关单位的负责人出席会议。

3月　毕节地区革命委员会决定，毕节一中等14所中、小学为地区重点学校，其中大方一中为省办重点中学。

是月　毕节县在德厚公社修建火葬场，次年竣工。

3～5月　全地区开展知识分子普查工作。

是年春　贵阳师范学院毕节师范大专班开学。

5月28日　毕节县青杠、田坎公社社员乘船过赤水河时，突遭洪水冲击，渡船沉没，死21人，伤6人。

是月　全地区自上年冬季以来未下过透雨，134条河断流，1521座（口）水库、山塘干涸，夏粮损失3107万千克，油菜籽损失265.5万千克。

6月21日　中共毕节地委召开落实干部政策工作会议，要求重点抓好“文化大革命”中冤假错案的平反纠正工作。

6月29日　贵州省科学大会召开，毕节地区27项科技成果获奖。

7月　全地区暴雨引起山洪暴发，332个公社受灾，冲毁田土73万亩，损失粮食313万千克，冲坏房屋2571间，死15人，伤21人。

8～9月　毕节地区创办农业机械化学校、财经干部学校、撒拉溪麻风医院附设麻风病防治专业学校3所中等专业学校。

9月4日　中共毕节地委召开解决“四清”运动遗留问题工作会议。

11月　中共毕节地委成立摘掉右派分子帽子领导小组，下设办公室。

是月　中共毕节地委成立落实干部政策领导小组。

## 1979年

**1月1日** 贵州省革命委员会决定，改称毕节地区革命委员会为毕节地区行政公署（以下简称“行署”），其工作机构全部归毕节地区行署领导，侯国祥任行署专员，时念好、周树芬、张晓光、孙振启、刘福永任副专员。县以下的区革委改为区公所。

**是月** 全地区选拔500名公社半脱产干部转为正式干部。

**1月6日** 黔西、毕节、大方、金沙、织金县被全国供销总社棉麻烟局、农业部、轻工部食品局列为全国烤烟基地县。

**2月12日** 毕节地区行署批复，同意毕节县将公私合营商店一律改为国营商店。

**是月** 中共毕节地委及各县委分别召开会议，传达贯彻中央工作会议、中共十一届三中全会和省委扩大会议、省委工作会议精神，讨论工作重点的转移，落实党的干部政策，解决历次运动和“文化大革命”的遗留问题，平反冤假错案。同时，按照中共中央有关精神，决定划给公社社员不超过总耕地15%的自留地、饲料地、零星地。

**3～5月** 全区遭受严重旱灾，省财政厅、省民政厅等部门陆续拨给毕节地区抗旱经费450万元，自然灾害救济款999.6万元。

**6月19日** 中共毕节地委落实对国民党起义投诚人员政策领导小组成立。

**6月21日** 中共贵州省委常委会议决定：主惠珍任中共毕节地委书记。朱启荣任副书记，张晓光、时念好、王朝彬为常委。

**7月19日** 毕节县长春堡区清水塘煤矿发生瓦斯爆炸，死11人，伤4人。

**是月** 贵州省人大常委会议决定，成立威宁草海恢复蓄水指挥部，由省水利厅负责勘测设计施工指导。设计蓄水2700万立方米，水面27.5平方千米。1982年7月竣工。

**9月10日** 根据中共中央关于给地主富农分子摘帽的决定，各县成立专门机构开展工作。

**是月** 全国妇联授予大方县渣坪公社社员王正英、长春公社清乐大队妇代会主任周清明、响水公社以拉生产队拖拉机手苏文芬全国三八红旗手称号。

**是月** 毕节地区水电技校建立。

**10月28日** 在国务院举行第二次授奖大会上，威宁自治县高峰公社甘家院子牧场获全国先进单位称号；大方县理化公社党委副书记、北京下乡知青黄建务（女）获全国劳动模范称号。

**是年** 毕节县遭受60年未遇的特大旱灾，粮食比上年减产30%。

## 1980年

**1月26日** 中共毕节地委印发《关于进一步落实党在农村经济政策的10条规定》，并通知：由县、区、社组织万余名干部到农村帮助贯彻实施地委10条规定。

**2月27日** 毕节地区供销社农资仓库发生重大火灾，烧毁房屋672平方米和21种有毒农药201

吨，以及化肥、农药器械等物资，损失30.84万元，中毒48人，余火延烧数日，造成空气和河流严重污染。

4月8日　贵州省溶洞勘察组、织金县有关部门在织金县八步区官寨乡发现打鸡洞（今名织金洞）。

是月　321国道清毕路段落脚河大桥建成。

5月7日　省民航局飞机在威宁自治县灼圃草场飞播三叶草、红三叶草种子1万亩。同时，国家畜牧总局在威宁召开飞播牧草现场会，16个省（区）140名代表参会。

5月30日　大方县鼠场吊水岩水电站3次遭雷击，死10人，伤17人。

6月30日　地委摘掉右派帽子办公室统计：全地区在反右斗争中划右派分子1312人，经查改正错划1310人。历年摘帽703人，安置工作453人。1976年10月后，摘帽、安置工作539人。

7月17日　毕节县长春堡公社清塘大队煤厂发生瓦斯爆炸，死11人。

8月24～27日　贵州省农民教育工作汇报会在毕节县召开，与会人员参观七星公社发达夜校和撒拉溪公社兴隆夜校。

8月25日　省卫生监测站和织金县科委、卫生局联合在织金召开地方性食物氟中毒科研学术交流会。中国科学院地球化学研究所、吉林、河北、陕西、云南省专家学者及省内有关部门代表70多人出席会议。

9月10～15日　全国肉牛繁育技术协作组南方片区学术座谈讨论会在大方县召开。

9月12日　地区和各县相继成立农业区划委员会及其办公室，开展农业区划工作。1986年先后完成。

9月26日　毕节地区自然科学技术干部职称评定工作领导小组成立，开始评定自然科学各专业技术职称。

9月27日　中共贵州省委批准，建立中共毕节地委纪律检查委员会，杨培成任书记，陈德风任副书记。

是年　威宁自治县被列为全国肉牛基地之一。中国肉牛公司威宁分公司成立。

## 1981年

1月11日　毕节地区行署成立评定社会科学专业干部业务技术职称工作领导小组。

是月　毕节地区行署召开科学技术成果奖表彰大会，全地区27项科技成果获奖。

3月　毕节地区贯彻中共中央、国务院《关于保护森林发展林业若干问题的决定》，开展稳定山林权，划定自留山，制订集体山林管理责任制工作。1983年完成。

4月　中共贵州省委同意大方、黔西、金沙、织金、纳雍县成立县政治协商会议委员会。

5月1日　大方县双山区毛栗、文阁公社联办的煤厂发生瓦斯爆炸，死10人，伤11人。省政府通报全省。

7月　经国务院批准，将贵阳师院毕节大专班改建为毕节高等师范专科学校。

**是月** 各县分别召开县人民代表大会，选举产生：县人大常委会主任、副主任、秘书长，县人民政府县长、副县长，县检察院检察长和县人民法院院长；设立县人民代表大会常务委员会。

**8月** 贵州省科学院威宁草海生态定位观测研究站成立。

**9月3日** 省政府追认原贵州抗日救国军第一支队队长席大明为革命烈士。

**9月15～20日** 全国飞播牧草现场会在威宁自治县召开。

**10月1日** 毕节1千瓦电视转播台建成并投入使用。

**11月** 全地区开始整顿民办教师队伍，1.82万民办教师接受整顿。次年7月结束。

**12月28日** 金沙县新华煤矿发生瓦斯爆炸，死亡35人。省政府办公厅向全省发出通报，国家劳动总局派员到金沙查处。

**是年** 中共毕节地委、毕节地区行署制发《包干到户条例》，规定包干到户是农业生产责任制的一种主要形式。

△ 历时5年的全地区麻风病流行病学调查工作结束，共调查50多万人。

## 1982年

**1月1日** 毕节地区各县被省政府列入“三照顾”地区，对其民族企业减征所得税二成，以扩大企业自有资金。

**是月** 王同祥、王朝彬、程郅平任毕节地区行署副专员。王同祥、陈文轩为地委常务委员。

**2月23日** 省政府决定，赫章可乐遗址、辅处汉墓为省级文物保护单位。

**3月** 李效敬任毕节地区行署专员。

**4～5月** 全地区洪、雹灾害严重，受灾31.1万户，死亡235人，伤540人，受灾田土17万多亩。

**5月3日** 中共毕节地委决定建立中共毕节地区行署党组。

**5月10日** 晚，纳雍县猫场公社木井生产队遭暴雨、冰雹袭击，造成严重滑坡，受灾34户，冲毁民房17间，死亡37人，重伤13人。地、县领导及有关部负责人赶赴现场救灾。

**6月9日** 威宁自治县新华水库竣工，库容462万立方米，灌溉1.6万亩。

**7月1日** 全地区进行第三次人口普查。据普查汇总，全地区共102.77万户，521.7万人。

**7月16日** 威宁自治县二塘区草坪公社营坝大队煤厂发生瓦斯爆炸，死13人，伤1人。

**8月13日** 毕节县官屯区后箐公社耗子洞煤厂发生瓦斯爆炸，死10人，伤24人。

**10月8日** 民政部部长崔乃夫检查黔西、织金、金沙县救灾和“双扶”工作。

**是月** 恢复威宁草海滚水坝工程竣工，蓄水面积达25平方千米。

**是年** 中共贵州省委批准追认原威宁游击团政委陆宗棠，连长禄发奎，班长温文聪、卢正华、周三毛、严玉科为革命烈士。

## 1983年

1月上旬　经上级军事机关批准，在原中国人民解放军毕节军分区独立营的基础上组建毕节地区武警支队，下辖3个直属中队，8个县中队，3个消防中队。

1月13日　贵州省人民政府批准，将毕节地区中学教师进修学校改建为毕节教育学院。

5月14日　国务院批准将毕节地区卷烟厂纳入国家计划内烟厂，更名为毕节卷烟厂。

是月　中共贵州省委调整毕节地委领导班子，取消地委第一书记及常委设置，改设书记、副书记、委员。任命禄文斌为地委书记，李效敬、杨序顺、王绪才为副书记，王同祥、吴纯让、陈文轩、李朝忠、谢刚、程郅平为委员。其他原地委书记、副书记、常委自然免职。8月，增补杨正才为地委委员。

5月下旬至6月末　毕节、大方、黔西、金沙、纳雍、威宁县先后遭受冰雹、暴雨袭击，引起山洪暴发，河水猛涨，农作物严重受灾，并有人员伤亡。

6月1日　全地区实行国营企业利改税，首次开征国营企业所得税。

6月4日　中共贵州省委调整毕节地区行署领导班子。李效敬继任专员，王同祥、王朝彬、王国文、杨智光任副专员，其他原副专员自然免职。

7月　中共毕节地委纪律检查委员会改为毕节地区纪律检查委员会，不再作为地委工作机构，杨培成任地区纪委书记。

8月22日　根据省政府通知，毕节地区招收农村210名具有初中以上学历的少数民族知识青年，经培训后分配到少数民族地区乡镇工作。

12月31日　中共中央总书记胡耀邦视察毕节。中央政治局委员倪志福、中央书记处书记胡启立、全国妇联书记处第一书记张帼英、共青团中央副书记刘延东、中共贵州省委书记池必卿陪同视察。

是月　全地区棉布、絮棉实行敞开供应，不再使用布票、棉花票。

是年　从下半年开始，全地区县以上机关实行机构改革。8个县的县委常委由91人减少为70人，正副县长由48人减少为39人；地直局以上机关由61个减少为37个，领导干部由134人减少为96人；各级领导干部平均年龄降低、文化程度提高。

△　国家农牧渔业部、省农业厅考察论证，将威宁自治县列为南方3省草山建设贵州项目点之一。

## 1984年

1月6～7日　原中国工农红军六军团军团长、中国人民解放军军事科学院院长、全国政协副主席、中央顾问委员会常委萧克视察毕节地区，实地考察红军17师师长吴正卿牺牲地，重游长征途经大定时指挥作战地七家田、将军山。

**是月** 毕节县被中国烟草总公司列为全国烤烟生产基地县之一。

**1～2月** 全地区普遍遭受60年未遇的严重凌冻，凌冻50多天，最低气温零下8度。

**2月** 各县贯彻中共中央、国务院撤销人民公社决定，以原公社行政区域建立乡镇，以换届选举方式，建立乡镇人民政府；以原生产大队改建行政村，生产队改建村民小组。

**3月下旬** 公安部部长刘复之视察毕节社会治安。

**4月5日** 黔西、大方县接壤地发现一片绵延百里的杜鹃林带。省顾问委员会主任徐健生视察后，定名为百里杜鹃。

**4月10日** 中共毕节地委成立落实知识分子政策领导小组。

**4月12日** 大方县三元乡胜发村彝族农民陈新华献出《西南彝志》。全志为有彝文37万多字，400多个条目。该书作为国家珍贵历史文献由北京民族文化宫收藏。

**5月9日** 大方县瓜仲河溶洞水电站竣工。电站装机4×320千瓦，时为国内最大的溶洞水电站。

**6月14日** 中国人民解放军某部指导员、黔西人郭兴科，在对越自卫还击战中牺牲，中央军委授予其战地模范指导员称号。

**7月5日** 毕节地区第一届工人运动会开幕。

**8月20日** 贵州省政府同意，全部免除赫章、织金、纳雍、威宁县粮食统购超购任务，至少10年不变。

**9月4日** 中国人民解放军某部副连长、金沙人张大权，在收复老山战斗中牺牲，立下战功，中共中央军委主席邓小平发布命令，授予张大权战斗英雄称号。

**9月30日** 中共中央、国务院下发《关于帮助贫困地区尽快改变面貌的通知》，将毕节、大方、赫章、威宁、纳雍、织金县列入乌蒙片区贫困县，给予重点扶持。

**是月** 省政府将威宁草海列为省级候鸟保护区。

**10月** 贵州省人大常委会毕节地区联络处成立，程郅平任联络处主任，王作海任副主任。

**是月** 清（镇）毕（节）公路大方至归化段改造工程竣工。

**12月** 黔西县被列入全国15个出口烟基地县之一。

**是月** 省政府批复地区行署报告，同意在毕节县兴建毕节毛纺织厂。

## 1985年

**1月9日** 织金打鸡洞规划开发工作会议在贵阳召开，省、地旅游资源开发和规划设计方面的专家出席会议。

**2月5日** 毕节地区被评为全国草地建设先进地区，获农牧渔业部嘉奖。

**2月8日** 省政府批准威宁草海自然保护区为省级综合性自然保护区。7月，建立威宁草海保护处。

**是月** 黄（泥塘）安（顺）公路六圭河大桥竣工通车。至此，全地区结束汽车摆渡的历史。

**3月** 全地区开始第二次工资制度改革，次年8月结束，列入工改单位4347个，参改职工5.48万人。工改前月工资总额316万元，工改后增至443万元，人均月工资增23元。

**是月** 根据省政府的规定，全地区取消粮食统购，实行计划收购，由粮食部门与农民签订定购合同。

**5月** 全地区280名担任乡镇党委副书记、副乡镇长以上职务的半脱产干部，被收录为国家干部。

**是月** 中共中央政治局委员、书记处书记邓力群视察毕节。

**6月22日** 毕节地区电信综合大楼机械设备安装竣工，毕节城区开始使用拨号自动电话。

**6月27日** 中共中央书记处书记胡启立视察织金，参观打鸡洞，建议将洞名改名为织金洞。省旅游局同意将打鸡洞更名为织金洞。

**7月24～29日** 中共贵州省委书记胡锦涛视察毕节地区。

**8月19日** 毕节县火葬场殡葬车违章载客30人，在赫章县境翻车，死11人，伤7人。

**是月** 根据中央和省的有关规定，全区公办中、小学、中专、幼儿园等的教师开始实行教龄津贴；医疗卫生事业单位的护士实行护龄津贴。

**9月10日** 毕节地区和各县隆重集会，庆祝第一个教师节。同时，表彰优秀教师，给满20年、30年以上教龄的教师颁发荣誉证书。

**是月** 中共毕节地委、毕节地区行署召开知识分子代表大会，表彰500名优秀知识分子，给在毕节地区工作20年以上的科技工作者颁发荣誉证书。

**是月** 民政部部长崔乃夫视察黔西、织金、金沙县灾情。民政部拨款50万元给织金洞兴建服务设施。

**11月1日** 中共毕节地委机关报《毕节报》创刊，内部发行。次年7月1日正式出版，向全省发行。

**是年** 毕节地区开始中药资源普查，历时3年完成，编辑成《毕节地区中药资源资料汇编》一书。

## 1986年

**1月14日** 中共贵州省委书记胡锦涛视察织金、金沙县。

**是月** 中共贵州省委决定：王国文、姜延虎任毕节地委委员；陈文轩任地区纪委书记；李效敬任省人大常委会毕节地区联络处主任，程郅平任副主任；杨序顺任毕节地区行署专员，管绍周、李朝忠任副专员。

**是月** 贵州省政协毕节地区联络处成立，王同祥任联络处主任。

**2月6～11日** 受中共中央总书记胡耀邦委托，中共中央委员、国家计委副主任张寿率中央贫困地区考察访问组，考察访问毕节、大方、黔西、赫章、威宁、织金、金沙县。

**4月6～10日** 中共贵州省委书记胡锦涛视察毕节地区。

**4月15～17日** 中共毕节地委隆重举行中华苏维埃人民共和国川滇黔省革命委员会成立50周年纪念大会。中央有关领导王震、萧克、廖汉生、黄火青等发来贺电、贺信，原中共贵州省工委委员邓止戈、秦天真，原中共毕节地下组织负责人缪正元、徐健生，原大定县六寨苗民支队代表、老红军、江苏省军区副司令员谢中光等出席大会。中共贵州省委副书记丁廷模出席大会并讲话。

**是月** 国家地质矿产部部长、地质专家孙大光考察织金洞。

**是月** 赵福亮、王国兰、黄绍臣任省政协毕节地区联络处副主任。

**5月2日** 毕节运输公司一辆客车在织金县八步区清水塘翻车，22名乘客死亡，57名受伤。

**5月23～25日** 中共中央书记处书记王兆国视察毕节地区。

**是月** 毕节地区所有烟草公司、烟叶复烤厂、卷烟厂全部划归中国烟草总公司管理。

**7月14日** 中国农工民主党将威宁自治县列为智力支边地区之一。

**8月9～10日** 中共中央书记处书记、国务委员谷牧视察织金县。

**是月** 毕节地区工业学校成立。

**9月27日** 在韩国汉城举行的第十届亚运会上，毕节籍运动员张卫刚与队友合作，获双向飞碟射击赛团体冠军。次日，张卫刚夺得个人冠军。

**9月29日** 地区行署决定建立毕节地区地方志编纂委员会。

**是月** 毕节县吉场等6个区相继发生狂犬病，狂犬咬伤68人，死亡8人。

**是月** 中共中央顾问委员会常委、林业部原部长雍文涛视察毕节地区林业工作。

**11月** 中共毕节地委、毕节地区行署决定在全地区党政机关中试行干部任期目标管理责任制。

**年末** 全地区整党工作结束。整党从1984年12月开始，分4批进行，共立案查处违法违纪案1272件，结案940件，清出违法违纪款2647万元。通过整党，全地区共建中共基层党委863个、中共党总支104个、中共党支部7956个。全区有中共党员12.84万名。

## 1987年

**1月18日** 全国政协副主席杨静仁视察织金县。

**1月29日** 纳雍县居仁区过狮河水库一机动船严重超载翻于水库中，59名乘客死亡。

**2月** 织金、纳雍县向联合国粮援总署申请国际粮援工程。次年6月，申请获得批准，定名为“中国3356工程”。

**4月2～3日** 中共中央书记处书记郝建秀视察毕节县和织金县。

**4月18日** 织金县以那镇茶林村联办煤窑发生瓦斯爆炸，死16人，重伤5人。

**4月22～25日** 毕节地区行署举办第一届春季商品、技术、信息交易会，省内外2000多名代表参加，成交额9319万元。

**是月** 各县依次召开党员代表大会，选举产生新一届县委领导班子。

5月15～16日　交通部部长钱永昌视察织金县道路建设，听取地区交通部门有关大（方）纳（溪）公路开工准备情况的汇报。

5月23日　毕节地区的百里杜鹃、六冲河（九洞天）、织金洞被省政府命名为省级风景名胜区。

6月22日　毕节地区行署制发《地直行政、事业单位公费医疗管理办法》，实施定额管理，门诊包干，结余归己，超支按比例负担的医疗费管理办法，改变以往医疗费全由财政开支的办法。

6月25日　纳雍县除维新区外各区均发生狂犬咬伤人事件，咬伤309人，死亡28人。

7月7日　毕节、大方、黔西、织金四县被列为全国对外国人开放的地区。

7月18日　交通部批复大（方）纳（溪）公路建设项目。

11月12日　黔西林泉至毕节的110千伏输电线路和变电所建成投产，毕节地区电网并入贵州省电网。

11月22日　地区老年大学成立，举行第一期开学典礼。

12月15日　大纳公路贵州段举行开工奠基仪式。

## 1988年

1月7日　中共贵州省委书记胡锦涛约见省委农工部秘书长许西记、吴荫生等，正式提出关于建立“毕节开发扶贫、生态建设试验区”的思路。

1月8～14日　许西记、朱成松等6人到毕节地区调查筹划建立试验区的问题，并写出《关于建立毕节地区开发扶贫、生态建设试验区的意见》。

3月9日　中共贵州省委召开常委扩大会议，研究建立毕节试验区的问题。会议决定建立毕节试验区，由苏钢、乔学珩带领研究小组，修改、完善《建立毕节试验区的方案》上报国务院。

4月9日　中共中央政治局委员、国务院副总理田纪云听取胡锦涛、王朝文等关于贵州工作及建立毕节试验区问题的汇报。田纪云副总理赞成在毕节建立开发扶贫、生态建设试验区。

4月11日　田纪云副总理委托国务委员、国务院秘书长陈俊生召集国家计委、经济开发办、特区办、农业部、林业部、财政部、商业部、农业银行、烟草总公司等17个部门的负责人会议，研究建立毕节试验区问题。

4月22日　国务院将毕节地区列入长江上游全国水土保持重点防治区。威宁、赫章、毕节、大方县被列入第一批重点治理片区。4县1.53万平方千米属长江流域，其中1.05万平方千米水土流失，占68.6%。国家计委、水利部、财政部补助一定资金与农业开发相结合，用于水土保持及坡耕地改造和植树造林，省、地、县匹配一定资金，群众投工投劳以小流域为单元进行治理。

5月6日　威宁自治县二塘区猴场镇联办煤厂发生瓦斯爆炸，死亡46人，伤5人。

5月11日　毕节地区行署成立地区住房制度改革领导小组。

**5月20日至6月1日** 九三学社中央副主席、国家智力支边协调小组成员徐采栋带领各民主党派中央、全国工商联组成的考察组考察毕节地区，就工业、农业、能源开发、人才培训同有关部门洽谈，签署24个项目意向书。

**6月6～8日** 中共贵州省委、贵州省政府在毕节召开贵州省毕节开发扶贫、生态建设试验区工作会议，审议并原则同意试验区9项配套政策。

**6月9日** 国务院批复贵州省人民政府《关于建立毕节开发扶贫、生态建设试验区的请示》，原则同意建立毕节试验区。

**7月5日** 地区行署与省邮电管理局签订《发展毕节地区通信协议书》，联合投资1100万元，确保1991年实现区内各县电话自动化和地区邮电局长途程控直拨电话。

**是月** 地区行署批准建立赫章县妈姑星火密集试验区和金沙县安底星火技术密集试验区。8月，省政府批准安底试验区列入省星火计划，是年，国家科委将安底试验区列入国家星火计划。

**8月1日** 织金洞被列入国家重点风景名胜区。

**9月8日** 大方县马场区中坝乡三岔河渡口发生翻船，淹死10人、马3匹。

**9月9日** 毕节县首次给4.5万人颁发居民身份证。

**9月12～20日** 全国政协副主席、民盟中央副主席钱伟长率专家组到毕节帮助制定试验区规划。

**10月11日** 毕节地区组建林果药茶开发公司和畜牧开发公司，决定在区内实施“三林一茶”工程。

**是月** 全地区各级各类学校首批教师职称评定工作结束，共评出高级职称379人，中级职称5154人。

**11月29日** 黔西北地区龙家人（南京人）认同为白族庆祝大会在毕节召开。

**12月2日** 国务院将毕节县大屯土司庄园列为国家重点文物保护单位。

**12月7～13日** 钱伟长率领专家组一行10人，到毕节评审《毕节试验区发展规划（初稿）》。

**是年** 毕节卷烟厂年缴产品税1.53亿元，占全区工商税收入的50.6%，名列全国500家纳税大户之中。

△ 全区6个贫困县的78个乡，9.34万户，46.7万人解决温饱。

## 1989年

**1月** 贵州省七届人大六次会议决定，将贵州省人大常委会毕节地区联络处改为贵州省人大常委会毕节地区工作委员会，李效敬任主任。

**是月** 政协贵州省委员会决定：撤销贵州省政协毕节地区联络处，设立贵州省政协毕节地区工作委员会，王同祥任主任。

**4月28～30日** 《毕节开发扶贫、生态建设试验区发展规划》论证会在北京举行。

**5月5日** 金沙县发生4.2级地震，震中在岩孔区，无人畜伤亡。

5月10～20日　全国政协副主席钱正英到毕节地区调查科技扶贫和生态等问题。

9月10日　国家智力支边协调小组在北京召开“支持贵州毕节试验区发展规划实施项目顾问组”成立大会，顾问组成员共14人。

9月22日　大方县六龙乡彝族女共产党员李淑彬，承包荒山发展林业生产，成绩显著，被国务院授予全国劳动模范称号，并应邀到北京参加国庆观礼。

10月31日　地委、行署召开全区首届专业技术拔尖人才表彰命名大会，给9名专业技术拔尖人才颁发证书。

11月　经省检查验收，黔西县为基本无文盲县。

12月10～11日　中共中央政治局委员、国务院副总理田纪云考察织金县农村综合开发。

是年　长江上游水土流失重点治理区毕节、大方、赫章、威宁四县共治理小流域8条，涉及34个乡镇。经国家水利部长江水土保持局组织6省1市代表检查验收合格。

△　毕节地区行署拨专款150万元，在全区修建小水窖6057个，蓄水18.17万立方米，解决6万人和4万头大牲畜饮水的困难。

△　毕节县沙邵乡邵关民校教师张从宜被国家教委、劳动人事部、全国教育工会授予劳动模范称号。

△　黔西县教师刘明奎组织勤工俭学成绩显著，被授予全国教育系统劳动模范称号。

## 1990年

2月　国务院农业综合开发领导小组批准，将金沙县列为贵州省10个农业综合开发项目实施县，第一批实施项目36个。

3月8～17日　中共中央统战部、各民主党派中央、全国工商联组织专家组共19人，到毕节地区考察试验区情况，调研试验区现行政策，选定帮助项目。

是月　中共毕节地委制定《关于加强干部管理的有关规定》，调整干部管理权限为：行署办、委、局正副职，县（局）以上事业单位正副职，副县级企业事业单位正职领导，由地委决定任免。

4月下旬　国务委员、国家计划生育委员会主任彭珮云到毕节、金沙视察。

4月21～24日　中共贵州省委、省人民政府在毕节召开试验区第二次工作会议。

5月3日至10月4日　威宁县境先后遭受寒潮、冰雹、洪水、雷电、干旱、大风、阴雨灾害，133.93万亩农作物受灾，雷电击死25人，击伤19人，41个乡受灾。

5月7日　长江上游防护林体系工程全面展开，毕节、大方、织金、纳雍、赫章县被列入一期工程建设县。

5月29日　纳雍县维新区民警杨仕海在追捕逃犯时英勇牺牲，公安部授予其二级英模称号；贵州省政府追认其为革命烈士。

6月26日　全国人大常委会委员长乔石视察织金县。

**是月** 全国政协副主席、农工民主党中央主席卢嘉锡一行10人到毕节县观音桥乡调查。

**是月** 金沙县连续102天干旱，形成严重旱灾。预计粮食减产5000万千克，20万人饮水困难。

**7月1日** 全地区开始进行第四次人口普查。

**7月18日** 毕节县制革厂、成都科技大学、毕节地区环保局合作完成的《废铬液封闭循环使用研究》项目，通过省级技术鉴定，被国家科委、环保局、轻工部列为全国推广项目。

**7月26～29日** 毕节地区行署召开扶贫工作会议，决定将扶贫工作的重点转移到边远、偏僻、闭塞的民族聚居地区和多灾落后地区，力争2～3年内基本解决贫困户的温饱问题。

**8月13～27日** 全国人大常委会视察组视察毕节地区农业经济和农民生活。

**8月** 毕节地区第一部新编县志《黔西县志》由贵州人民出版社出版发行。

**8～10月** 织金县发生严重干旱，7个区镇相继发生地裂灾害，1760间居民房屋遭损坏。

**10月28日** 国务院赴贫困地区调查组组长、国家财政部副部长项怀诚，交通部副部长王展义，水利电力部副部长钮茂生，物资部副部长蔡宁林，全国总工会书记处书记张富有考察毕节县海子街、官屯区部分厂矿和农村；到黔西县林泉区检查秋收。

**11月** 国家长江上游水土保持委员会办公室在毕节召开金沙江下游及毕节片区水土保持重点防治工作现场会，云、贵、川3省有关单位负责人参加会议。

**是年** 毕节县被国务院评为全国温饱工程先进县。

△ 联合国援助项目《加强中国基层妇幼卫生合作项目》在黔西县实施。

△ 毕节利民供水工程建成。建成后的利民水库可向毕节城区日供水1.2万吨。

△ 黔西、金沙县被列入长江上游水土保持重点防治区。

## 1991年

**1月12日** 国家计委和农业部联合决定，毕节县和黔西县被列为全国商品粮生产基地县。

**1月15日** 毕节地区行署被国家教委、资委、劳动人事部、财政部联合评为全国职业技术教育先进单位。

**3月17日** 贵州省科技兴农现场会在黔西县召开。会议确定在全省推广黔西县用地养地相结合，大面积推广粮肥旱地套种分带轮作，粮食连年增产的经验。

**5月23日** 世界粮食计划署驻毕节代表处组织国家、省、地评审团考察织金、纳雍“3356工程”的14个点、15个项目乡，并通过中期评审。

**7月中旬** 金沙、威宁、纳雍、黔西、织金县先后遭受暴雨、特大暴雨袭击，致使63个区（镇）的2300多个村受灾，受灾41万户，180多万人。中共毕节地委、毕节地区行署发出紧急通知，要求各级党委、政府切实加强对抗灾救灾工作的领导，组织群众，开展自救互救。

**8月6日** 纳雍县灾后伤寒病流行，发病1077例，死亡8例，涉及7个区镇的11个乡镇。省、地卫生系统派出3支医疗队赶赴疫区。

**8月22日** 中共毕节地委、毕节地区行署印发《关于大搞以坡改梯为主的农田基本建设的决定》，确定在“八五”期间采取以工代赈办法，在贫困乡每年实施坡土改梯土50万亩。

10月15日　中共毕节地委、毕节地区行署印发《关于开展全区建镇并乡撤区工作的决定》。

是年　织金洞被列入中国风景旅游胜地40佳之一。

△　毕节地区农经站站长、高级农经师文美政获国务院颁发的政府特殊津贴。

## 1992年

6月8日　省政府批准织金县城关镇、大方县城关镇为省级历史文化名城。

6月26～27日　贵州省彝学研究会首届水西历史文化专题学术讨论会在黔西举行。

是月　自5月下旬以来，连续遭受风、雹、水灾，毕节、大方、黔西、纳雍、赫章县的50个乡镇，22.4万农户受灾。

7月　文化部文物管理部门将大方县奢香墓定为国家一级文物保护单位，省、县共拨款70万元进行整修。

10月21日　国务院批准威宁草海自然保护区为国家级自然保护区。

是月　中共毕节地委、毕节地区行署决定：从1992年起，每年10月为民族团结活动月。

12月26日　大（方）纳（溪）公路贵州境段建成并举行通车典礼。公路全长81千米，总投资8450万元。

是年　毕节地区完成建镇、并乡、撤区工作。

△　民革中央把纳雍县作为重点联系的扶贫县。国际世界宣明会到纳雍县扶贫。

△　贵州省工商业联合会毕节地区办事处成立。

## 1993年

1月6日　美国熊氏工业集团贵州富豪饮料有限公司建立，是毕节地区首建的外商独资企业。

2月26日　威宁自治县东风镇文明村罗德荣无证经营的煤厂发生瓦斯爆炸，死14人，重伤1人。

4月14日　中共毕节地委、毕节地区行署印发《关于党政机关、事业单位人员分流工作的总体方案》。当年，全地区共分流929名机关事业单位工作人员。

4月25～28日　毕节、大方、黔西、织金、纳雍、威宁县先后遭受冰雹袭击，45个乡镇受灾。灾情发生后，省领导袁荣贵、禄文斌等赴重灾地方视察灾情，组织救灾。

是月　毕节地区城乡粮食市场全面开放，购买粮食凭票证的制度被取消。

5月7日　贵州省民政厅厅长杨序顺、国际社会宣明会副总裁倪贡明在香港签署为期3年的《滑竹箐综合发展项目协议书》，协议确定，宣明会援助人民币59.93万元，纳雍县自筹10.2万元，用于龙场镇滑竹箐村兴建人畜饮水工程、小学校及农业技术、卫生防疫培训。

是月　毕节地区各县市中共党委、人大、政府换届选举结束。

7月7日　林业部命名大方、黔西百里杜鹃风景区为百里杜鹃国家森林公园。

**8月10日** 中共中央政治局委员、国务院副总理钱其琛到织金县视察。

**9月10日** 全国人大常委会副委员长、民革中央主席李沛瑶，全国人大常委、民革中央副主席胡敏参加纳雍姑开区陶家寨希望小学开学典礼。全国政协副主席钱伟长视察毕节县官屯镇哈拉小学。

**9月11～13日** 毕节试验区5年工作总结会议在毕节举行。全国人大常委会副委员长、民革中央主席李沛瑶，全国政协副主席、民盟中央副主席钱伟长，全国人大常委、民盟中央副主席冯克熙，全国人大常委、农工民主党中央副主席姚峻，全国政协常委、全国工商联副主席叶宝珊以及中共贵州省委、省顾委、省人大、省政协领导龙志毅、袁荣贵、何仁仲、禄文斌、安迪伟、吴若秋以及中央统战部、各民主党派中央、农业部、中国地矿总公司、国家工商联有关人员，省直部分厅局、民主党派及工商联，毕节地委、人大工委、行署、政协工委、毕节军分区，地直各部、办、委、局主要领导，各县县委书记、县长，中央、省、地新闻单位共200多人参加会议。

**10月** 纳雍县吊水岩水库工程竣工。水库总库容272万立方米，灌溉9527亩；水库配套建设小水电站1座和日供水3000～6000吨的自来水工程。

**11月16日** 全地区落实干部政策工作基本结束。从1978年以来，全地区共复查结论各类案件8500多件，其中全错全纠6500多件，部分错部分纠800多件，维持原定性处理100多件。此外，还查清和认定新中国成立前地下中共组织7个，中共领导的游击队58支。

**12月2日** 织金县一私营客车在清镇市翻车，车上17名乘客死亡，29名受重伤。

**12月10日** 国务院批准，撤销毕节县，设立毕节市（县级市），设立后的毕节市由毕节地区管辖。

**12月11日** 威宁自治县东风镇黄泥村煤厂发生瓦斯爆炸，死亡25人，伤1人。

**12月28日** 毕节开通7000门程控电话，市内电话号码由5位升为6位。

**是年** 织金县2000门程控电话投入使用。至此，区内各个县、市均使用市内自动电话和长途直拨电话。

△ 全地区国家机关、事业单位工资制度改革工作结束。在职人员7.57万人，人均月增资77.32元；离休、退休退职人员1.64万人，人均月增资83.34元。

## 1994年

**2月13日** 金沙县城百货大楼发生火灾，损失80多万元。

**2月23日** 中国民主促进会中央将金沙县列为支边扶贫联系县。金沙县被评为全国计划生育先进县。

**3月14～24日** 长江上游水土保持委员会组织专家验收组一行12人，验收毕节地区“长江上游水土保持重点防治工程”。

**4月14～16日** 川、滇、黔、桂4省（区）彝文古籍整理协作会暨贵州彝学研究会在大方县召开。

4月中旬　毕节市，大方、黔西、织金、纳雍、赫章县所属67个乡镇遭受特大冰雹灾害，损失1.2亿元。

4月22日　毕节举行撤县建市庆祝大会。

是日　321国道黔西鸭池河段一客车翻车，死30人，伤31人。

5月7～10日　贵州岩溶石山地区经济社会状况科学考察团一行6人到毕节、织金、纳雍等县考察。

5月15～19日　长江上游水土保持重点防治区第六次工作会议在毕节召开。

5月19～22日　全国“铬——稀土鞣革废铬液封闭式循环工艺”推广会在毕节召开。此项科研课题由毕节县制革厂、成都科技大学、毕节地区环保局合作完成。

7月15日　大方一中青年教师石禄恒的《九步·五段·递进式教学法》在北京召开的国际物理数学讨论会上获二等奖。

7月19～22日　贵州省智力支边扶贫工作会议在毕节召开。

7月27～29日　全国政协副主席萧克到黔西、大方、毕节，考察红军二、红六军团长征时战斗过的鸭池河渡口、七星关、将军山等地，参观中华苏维埃人民共和国川滇黔省革命委员会旧址。

7月30日　威宁自治县东风镇联办煤厂、友谊煤厂发生瓦斯爆炸，死亡32人，伤2人。

是日　六盘水市钟山区联运车队一辆客车在由纳雍开往水城途经阳长时，因严重超员，翻下百米高的陡崖，死亡52人，伤35人。

9月　国务院授予威宁自治县政府为全国民族团结进步模范单位称号。

11月7～20日　国务院组织专家组深入纳雍、织金县检查联合国世界粮食计划署援助的“中国3356”工程项目验收合格。

## 1995年

1月5～20日　国务院减轻农民负担执法检查组分别到黔西县和织金县检查开展专项工作。

3月27日　国际世界宣明会与贵州省民政厅、纳雍县政府在贵阳签署《滑竹箐综合开发项目》合作协议书。

4月1～10日　毕节片区1989年至1994年度长江上游水土保持重点工程通过国家验收。

5月3日　中共毕节地委首次决定面向全地区公开选拔地区审计局副局长、文化局副局长、妇女联合会副主任等一批副县级干部。

5月4日　贵州省政府办公厅下发《关于实施双百小城镇试点工程的通知》，将金沙县安底镇列为国家建设部、省建设厅的试点镇；纳雍县龙场镇、赫章县珠市乡作为毕节地区试点；18个乡镇作为县级的试点。

5月9日　公安部公布：纳雍县、赫章县和威宁自治县列入对外国人开放地区。至此，毕节地区各县市均对外国人开放。

5月16日　交通部在四川德阳市召开西南片区6省区“九五”重点公路、水路重点建设项目工作会议，将贵（阳）毕（节）公路大方至贵阳段纳入国家“九五”交通规划。

6月9～11日　全国人大常委会副委员长、民盟中央主席费孝通一行到毕节城郊观音桥办事处塘房村熊家寨村民组和鸭池镇轧钢厂考察访问。

6月23日　全国政协常委、南洋商业银行名誉董事长庄世平率香港全国政协委员考察团到毕节考察访问。

6月末至7月中旬　织金县连续遭受暴雨、冰雹袭击。毕节市降大雨，城区部分街道被淹，武警60多名官兵参加抗洪抢险，保住新华书店300多万元的中小学教材、课本。

7月13～15日　十三省（区）三十五地（盟、市）人大工作联席会在毕节市召开。

7月15日　威宁自治县金斗乡杏子村与高田村交界处发生大面积山体滑坡，37间民房被毁，6人死亡。

7月27日　贵州省政府授予毕节双拥模范城称号；金沙县双拥先进单位，纳雍县拥军优属先进单位，武警纳雍县中队、织金县人武部拥政爱民先进单位称号。

9月　中共毕节地委、毕节地区行署制订《关于实施和参照试行国家公务员制度方案》《毕节地区中国共产党机关参照试行（国家公务员暂行条例）的实施办法》。

10月30日　国务院批准织金县矿区立项，以六枝矿务局为项目业主。新批立项的织金矿区分为9个勘探区，共308.4平方千米，探明煤炭储量5.78亿吨。国家计委同意该矿区建设总规模为年产800万吨左右，项目静态投资控制在35亿元以内，资金由国家开发银行安排。

12月25日　毕节500门移动电话开通。

是年　纳雍县被列为民革中央扶贫联系县。

## 1996年

2月2日　中共中央政治局候补委员、书记处书记温家宝视察黔西县协和民族乡地庙村、绿化民族乡榨孔村。考察慰问毕节、大方、赫章等县所属9个镇23户贫困农户，并听取地、县市领导工作汇报。

2月13日　一辆毕节开往成都的客车行至毕节市清水铺翻车，死16人，伤25人。

4月1日　全区县级人民武装部收归军队建制交接完毕。

4月21～23日　全国人大常委会副委员长李锡铭考察毕节、织金、大方、黔西等县。

5月11～14日　中共中央政治局常委、书记处书记胡锦涛先后视察毕节卷烟厂、地区化肥厂、头步桥钢厂、观音桥办事处塘房村、毕节城区桂花农贸市场以及织金县和大方县，对毕节地区工作作重要指示。

5月22～24日　毕节、赫章、织金、黔西、大方、纳雍、威宁县先后发生特大洪涝、冰雹和狂风灾害，所属81个乡镇、862个村受灾。31日，副省长袁荣贵带领省直有关部门领导到毕节地区检查灾情，帮助抗灾救灾。6月5日至10日，织金县16个乡镇再度遭受洪涝灾害。

6月　贵（阳）毕（节）公路获交通部立项，纳入交通部重点建设的“两横两纵”三个重要路段中的西南出海公路建设计划。

7月1～2日　黔西县遭受特大暴雨袭击，9个乡镇3.94万户受灾；织金县12个乡镇160个村遭受洪涝灾害。

8月12日　联合国世界粮食计划署驻京高级官员解洪义、高级经济师宗会到织金县论证验收“3356”工程。

9月17～22日　中共贵州省委副书记、代省长吴亦侠率省直有关部门负责人到毕节、金沙、黔西等县考察，与当地党政干部、企业职工、农村干部群众、农业科技人员、民营企业代表座谈，听取意见。

10月26日　中共中央总书记、国家主席、中央军委主席江泽民视察赫章县珠市民族乡兴营村海子村民组、核桃村大坪村民组，访问贫困户杨世明、杨文高、杨世华家。

11月8日　毕节开发扶贫、生态建设试验区第三届顾问组在北京成立。全国政协副主席、民盟中央副主席钱伟长任组长，民革中央副主席胡敏、农工民主党中央常委常近时任副组长。

12月30日　贵州驰宇集团暨贵州驰宇烟草（集团）有限公司成立。集团由毕节卷烟厂、毕节烟草分公司、毕节复烤厂合并、改制组成，下设8个子公司，固定资产8亿元，职工9000人。

是年　地、县机关进行机构改革。地委设置工作机构8个；地区纪律检查委员会与监察局合署办公；行署设置工作机构35个，归口管理机构2个。

△　中央统战部资助100万元，电力工业部资助300万元，赫章县出资、集资、贷款400万元建设的砂石至可乐36.17千米、3.5万伏输电工程竣工送电，解决赫章县西北部7个乡、17万多人的生产和生活用电。

## 1997年

1月　毕节地区行署筹资修建的从三板桥至归化高等级公路工程竣工，经省交通厅主持竣工验收，被评为优良工程。被誉为毕节的志气路。

4月21～22日　全地区除金沙县外，其余7县市所属88个乡镇、984个村、106万多人遭受冰雹、大风灾害，损失9325万元。

5月19日　全国政协副主席、毕节试验区顾问组组长钱伟长一行15人，到毕节地区考察。

是月　威宁、赫章、毕节与云南省镇雄、彝良、昭通、鲁甸、会泽、宣威等县市全长602.12千米的勘界工作全面结束。

7月2～3日　毕节市18个乡、镇、办事处遭暴雨袭击，部分地方被淹，损失1421万元。

7月17日　织金县三塘镇岩洞口村发生特大山体滑坡，坡下14名煤炭装车工人被泥石压死，2辆运煤汽车被推翻淹埋，压死马2匹。

7月27日　贵州省省长吴亦侠到织金洞考察。要求织金县建设、管理、保护好织金洞，作为自然遗产推向世界。

**8月11～12日** 中共广东省委常委、中共深圳市委书记厉有为率深圳市经济合作考察团考察毕节地区。

**9月14日** 由财政部投资400万元，地方配套资金1100万元的大方县农业产业化魔芋开发项目正式启动。

**是月** 毕节地区与遵义、贵阳、安顺、六盘水4地市接边县行政区域勘界工作结束，并签订《县级行政区域界线》协议书。

**11月** 全地区党、政、群机关工作人员向国家公务员、党的机关工作者、群团机关工作者过渡工作基本结束，全地区1.47万名工作人员符合过渡为公务员条件，占职位总数的94.9%。

**12月** 1996年至1997年，全地区办理2500名民办教师转为公办教师的录用聘用手续。

## 1998年

**2月24日** 中共毕节地委、毕节地区行署召开千人大会，隆重纪念周恩来总理100周年诞辰。

**3月18日** 纳雍县境发生4起火灾，受灾126户、658人，烧毁民房537间，损失124万多元。

**3月20日** 中共毕节地委办公室、毕节地区行署办公室下发《关于组织干部结对帮扶万户贫困的农户的通知》，要求以结对帮扶方式进行扶贫，现任地级干部每人帮扶4户贫困户，县级干部每人帮扶3户贫困户，科局级、乡镇干部每人帮扶2户贫困户，一般干部每人帮扶1户贫困户。

**3月31日** 毕节地区县、市换届选举工作结束，选举产生中共各县市委员会、人大、政府和政协新一届领导班子。

**是月** 毕节地区行署制发《关于印发〈毕节地区机关事业单位职工养老保险社会统筹暂行方案〉和〈毕节地区机关事业单位职工失业保险社会统筹暂行方案〉的通知》，决定从4月1日起施行两个方案。

**5月10～15日** 全国人大常委会副委员长、民革中央主席何鲁丽，全国人大常委、民革中央副主席胡敏一行到毕节地区考察。

**6月17日** 中共贵州省委办公厅、贵州省政府办公厅联合通知，确定毕节市，大方县、黔西县、金沙县、纳雍县、威宁彝族回族苗族自治县、赫章县及所辖179个乡、镇、办事处为革命老区。

**7月10日** 威宁自治县云贵乡新民村发生雷电击死村民14人、击伤42人的灾害事故。

**8月1日** 贵（阳）毕（节）高等级公路开工建设，2000年11月建成通车，全程218千米。

**8月6日** 毕节市持续8小时的大到暴雨，41个乡镇、办事处的595个村受灾，损失1447万元。市区中心地段部分机关、民房被淹，地、市领导，公安干警、武警官兵、消防战士开展抢险救灾。

**9月18日** 赫章县烟叶复烤厂仓库发生火灾，武警赫章县中队官兵奋力抢救，为国家挽回损失176万元。

## 1999年

1月6日　中共毕节地委、毕节地区行署制定《关于全区党风廉政建设及责任制的实施办法》，从发布之日起执行。

是日　贵阳汽车三场一辆客车在黔西县大关镇小箐沟翻下92米陡坡，车载20人，死亡19人，重伤1人。

1月16日　赫章县妈姑镇肖家冲煤矿发生瓦斯爆炸，死亡35人，伤8人。国家煤炭工业局派出安全检查组到赫章县调查处理。

3月　从上年10月开始的全区乡级换届选举工作结束。

4月7日　中共毕节地委、毕节地区行署制发《关于在全区逐步推行政务公开工作的意见》。

5月17～18日　中共贵州省委、贵州省政府在毕节召开“毕节开发扶贫，生态建设试验区”十年总结暨研讨会。全国人大、全国政协、中共中央统战部、各民主党派中央、国家有关部委领导，毕节试验区专家顾问组的有关人员，深圳市、四川省凉山自治州、山东省烟台市有关部门领导应邀出席会议，中共贵州省委省人大常委会，省政协、省各政党的负责人及有关领导出席会议。

6月26日　赫章县野马川镇发生特大洪水灾害。中共赫章县委委员、野马川镇党委书记蒋本国等10人在抗洪抢险中不幸牺牲。中共毕节地委、行署发出《学习赫章县野马川镇抗洪抢险精神的决定》。

8月5日　中共毕节地委、毕节地区行署召开领导干部会议，传达中共中央关于“法轮功”问题工作会议精神，部署开展对邪教组织“法轮功”参与者的教育转化和组织处理工作。

9月7日　地区劳动部门公布：全地区近10年累计劳务输出32.41万人，其中有组织输出11.54万人，自发输出20.87万人，外出务工人员10年累计创收近百亿元。

9月15日　毕节地区首批县级地面气象卫星接收系统在大方、黔西、金沙县和威宁自治县建成并调试成功。

9月20日　中共毕节地委召开地级领导班子、领导成员“三讲”教育总结大会。

10月18日　地直单位首批县处级领导班子、领导干部“三讲”教育全面铺开。中共毕节地委“三讲”教育领导小组选派44个巡视组分赴50个地直县处级单位进行巡视。

11月6～8日　全国政协副主席、中共中央统战部部长王兆国带领农业和林业专家考察毕节地区并开展扶贫工作。

12月26日　省长钱运录、副省长郭树清到洪家渡水电站工地考察。

## 2000年

1月26日　总投资近20亿元，装机4×12.5万千瓦的金沙火电厂一期工程竣工。

**3月27日** 中共毕节地委、毕节地区行署作出《关于深化教育改革，全面推进素质教育的决定》，要求加快教育改革和发展步伐，为实施素质教育创造条件。

**4月1日** 毕节地区开始全面组织实施住房分配货币化改革工作。改革分两批进行，第一批为毕节城区地、市直单位，从4月1日起实施；第二批各县从6月1日起施行。

**4月6日** 国家拨给威宁自治县1.06亿元资金，改造农村电网和实施高压输变电工程。

**4月20日** 深圳市副市长卓钦锐率政府代表团到毕节地区考察。

**4月22日** 由深圳市捐资100万元，省、地出资250万元的织金县克老坝排洪工程竣工，3000多亩良田和6000多人免除洪涝危害，并解决2500亩良田的灌溉问题。

**4月30日** 毕节地区启动“232高素质人才工程”，要求从2000年起，经过5年努力，培养掌握200名既懂政治又懂经济的高素质党政领导干部，300名有专业、有能力的高素质管理人才，200名懂经营、善管理的高素质经济管理人才。

**5月7日** 毕节、大方、黔西、金沙、织金、纳雍等县相继发生特大风、雹、洪涝灾害，64个乡镇、57万人口受灾，死亡29人，失踪8人，直接经济损失逾亿元。

**是日** 大方县小屯乡滑石村发生泥石流灾害，死亡15人，失踪3人，轻重伤18人。

**6月12日** 毕节地区行署和省公路局磋商，决定双方共同筹资4.5亿元，3年内完成毕节地区主干线公路油路及部分县乡公路改造。

**6月30日** 毕节地区行署网站正式开通。

**是月底** 毕节地区自1997年起实施的“渴望工程”共获得国家资助金175万元，建成人畜饮水工程1139处，解决117万人，93.6万头大牲畜的饮水问题。

**7月19日** 毕节地区和新疆伊犁地区缔结友好地区协议签字仪式在伊犁举行。

**7月24～29日** 全地区各县市全面启动领导班子、领导干部“三讲”教育，省长钱运录到黔西县参加县领导班子、领导干部“三讲”教育动员大会并讲话。

**8月15日** 毕节地区行署制定《关于给做出突出贡献的专业技术人员发放政府特殊津贴的暂行办法》，从2001年起，每年选拔人员10名以内，一次发给津贴2000元，并颁发“毕节地区特殊津贴证书”。

**8月17日** 中共毕节地委“三讲”教育领导小组决定在全地区深入开展“进千家门，暖万人心”活动，要求各县市“三讲”教育对象在“三讲”教育期间，到贫困农村或危困企业的群众家住7天，面对面听取群众意见和建议，深入调查研究，了解真实情况，找出薄弱环节，进行对照检查。

**10月20日** 1997年国家立项投资2.7亿元人民币、年产10万吨的贵州毕化有限责任公司尿素“六改十二”工程建成投产。

**10月25～26日** 贵州省彝学研究会在金沙县举行专题研讨会，研讨贵州省彝族地区经济社会发展的路子。全国政协常委、四川省政协原主席冯克蔚，全国政协委员、贵州省政协原主席龙志毅，全国人大代表、贵州省人大常委会原副主任、贵州省彝学会会长禄文斌，四川省人大常委会副主任孙自强，贵州省省长助理禄智明以及毕节地区党政领导出席会议。

11月8日　贵州“西电东送”工程开工典礼在毕节地区的洪家渡水电站工地举行。国务院总理朱镕基作出重要指示，表示热烈祝贺。经国务院批准，洪家渡、引子渡水电站、乌江渡水电站扩容等7个工程同时开工。

11月11～23日　全省退耕还林还草试点工作现场会在大方县召开，全省各地、州、市及14个试点县和省有关部门负责人参加会议。

11月30日　中共毕节地委召开扩大会议，贯彻中共中央十五届五中全会精神及省委八届六次全委会精神，讨论《中共毕节地委关于制定和实施全区国民经济和社会发展第十个五年计划的意见》。

是年　全地区共评审通过农民技术职称人员1732名。

△　赫章县跨越温饱线。全县列入“八七”扶贫攻坚计划贫困人口有17.6万人，其中14.55万人人均纯收入达650元以上，占82.2%；全县人均纯收入1231元，人均占有粮食337千克，基本实现越过温饱线目标。至此，毕节地区6个贫困县全部越过温饱线。

## 2001年

1月16日　中共毕节地委印发《关于在全区农村开展“三个代表”重要思想学习教育活动的具体实施意见》，全地区农村“三个代表”重要思想教育活动逐步展开。

2月5日　纳雍县鬃岭镇华龙宏新煤矿发生瓦斯爆炸，死亡11人。

2月9日　威宁县炉山镇黄泥田煤矿发生瓦斯爆炸，死亡18人。

2月16日　全国水土保持生态建设会议认定毕节市何官屯、沙地，大方县九股水、顺河，黔西县附廓，金沙县林口，织金县谢家桥，威宁县双河，赫章县则安沟为全国水土保持生态建设示范小流域。

2月22日　毕节地区启动医药卫生体制改革，实行分类管理医疗机构，分为营利性和非营利性；医院开展以病人为中心，实行病人选择医生；实行医疗服务执业准入制度，对从事医疗服务的执业人员进行资格认定注册。

3月7日　金沙县化觉乡李祥煤矿发生特大瓦斯爆炸，17人死亡。直接损失30万元。

3月8日　中国联通毕节分公司成立，130数字移动通信网在毕节开通。织金县文化广播电视局获国家广播电影电视总局、国家发展计划委员会授予的全国村村通广播电视工程建设先进集体称号。

3月12日　金沙县城关镇三槽村大树子煤矿发生瓦斯爆炸，17人死亡。

3月16日　中国科学院、法国岩溶洞地质协会、黔西北岩溶洞科学探险组联合考察黔西县城关凤凰大龙洞、马坎河溶洞群、仁和乡大黑洞，赫章县珠市韭菜坪燕子洞。踏勘毕节市哪鲁洞，阴底博物大洞、燕子口老鹰洞。

3月31日　毕节供电局完成毕节、大方、黔西、赫章等县农网改造工程，工程投资共1.38亿元。

**4月2日** 中国科学院南京古生物研究所专家在织金县戈仲坞发现距今约5.45亿年前寒武纪至寒武纪界线的地质剖面，为中外科学家揭开“寒武纪大爆发”事件之谜和攻克人类社会面临的难题提供重要依据。

**4月5日** 全地区8县市的农村税费改革工作全面铺开。农村取消乡统筹费、农村教育集资等行政事业性收费和政府性基金、集资及屠宰税，3年内逐步取消劳动积累工和义务工，调整农业税政策及农业特产税政策，改革村提留征收和使用办法。

**4月10日** 赫章县国家级秸秆养牛示范项目通过省级验收。项目投资401.3万元，建成秸秆养牛示范点2个，示范场1个，发展示范户204户。

**4月13日** 赫章县妈姑镇回祥煤矿发生瓦斯爆炸，18名井下作业人员遇难。

**4月19～20日** 织金县发生3次雹灾、风灾，20个乡、镇受灾，涉及173个村、近5万户20万多人，粮食作物受灾1.35万公顷，成灾1.14万公顷。

**4月20日** 毕节地区第五次人口普查办公室发布《毕节地区第五次人口普查主要资料公报》。2000年末全地区常住人口690.63万人。

**4月25日** 全国保护母亲河流域综合治理工程——贵州黔西项目开工和奠基仪式在黔西县举行。

**5月1日** 毕节地区执行国家粮食局通知，取消《市镇居民粮食供应转移证明》。

**5月17日** 国家民政部公布，国务院批准毕节烈士陵园为国家级爱国主义教育基地。

**6月8日** 赫章县野马川镇派出所原指导员、全国巾帼建功标兵、全国特级优秀人民警察姚世凤被全国妇联等11个单位授予“全国‘十行百佳’妇女”和“全国‘三八’红旗手”称号。

**是日** 国家公安部部长贾春旺签署命令，授予救被挟持妇女、掩护战友突围而英勇牺牲的纳雍县公安民警何俊二级英模称号。

**6月8日** 贵州省证券公司北京路营业部毕节市清毕路服务部成立，为区内第一家证券交易服务机构。

**6月12日** 贵州省“大地之爱”“母亲水窖”项目在大方县黄泥塘镇启动，中国妇女发展基金会秘书长王萍、副省长龙超云及地区行署领导参加奠基仪式。

**7月25日** 黔西县观音洞遗址、赫章县可乐遗址被国务院列为全国重点文物保护单位。

**8月9日** 纳雍县阳长镇青杠坡基地林场煤矿瓦斯爆炸，死亡13人。

**8月13日** 中共毕节地委决定从地、县、乡镇机关选拔一批后备干部到基层任职，其中1594人担任村党支部书记。

**8月23日** 毕节地区行署决定给漆国江等7人颁发行署政府特殊津贴。

**9月1日** 毕节地区在机关、事业、企业单位启动医疗保险制度改革工作；地直单位医改起步运行。

**9月19日** 内昆铁路全线铺通，其中通过威宁县境131千米。2002年5月全线开通运营。

**是月** 地区财政局、地区水利局联合下达全地区2001年第二期“渴望工程”建设补助资金54.4万元，用于毕节市，黔西、大方、金沙县“母亲水窖”项目建设，解决3720名农村人口的吃水难。

10月10～14日　全国政协副主席、民革中央常务副主席周铁农与中国国际咨询公司专家一行到纳雍县考察，研讨帮扶纳雍的对策，评估纳雍煤炭资源，通过纳雍燃煤矿区总体规划。

10月12日　中共贵州省委常委、省政法委书记、省公安厅厅长姜延虎签署命令，给以身殉职的黔西县五里乡派出所原副所长杨庆国追记一等功；给侦破大方县“3·04”特大爆炸案的大方县公安局项目组记集体二等功。

10月26～27日　全省精神文明活动中心建设暨星级文明户创建经验交流会在毕节召开。毕节市撒拉溪镇、黔西县钟山乡、金沙县岚头镇文明中心被评为省“十星级”文明户创建先进单位。

10月30日　毕节开发扶贫生态建设试验区“十五”规划总体方案通过省论证组论证。

11月8日　毕节地区拳击选手刘渊在第九次全国运动会拳击比赛中，夺得51公斤级银牌。

11月10日　中央统战部帮扶赫章县科技成果展示会在北京举行，展示会期间，由北京市营养源研究所专家王淑兰利用赫章核桃及苦荞研制的“核桃乳”“苦荞三高宜”受到中外客商好评。

11月14日　毕节地区铺开村级“三个代表”重要思想学教活动。

11月19日　毕节至贵阳的高等级公路全线贯通，结束毕节地区无高等级公路的历史。贵毕高等级公路于1998年8月1日开工建设，国家投资19.92亿元。

11月25日　金沙县黔北火电厂、纳雍县火电厂建设工程正式开工。

12月26日　毕节地区肉联厂获得贵州省贸易合作厅签发的“中华人民共和国进出口企业资格证书”，成为全省同类企业中首家取得自营进出口资格的肉食类企业。

12月29日　毕节地区第四届“科技兴农人才奖”揭晓，胡顺等49人获奖。宋怀春等24人获得省政府颁发的“贵州省第五届科技兴农人才奖”。

是年　赫章县可乐夜郎古墓被列为2001年度“全国十大考古发现”之一。

△　织金县恐龙湖被列为首批国家级风景区之一。

## 2002年

1月1日　毕节地区会计核算中心挂牌成立。是日起，地直单位财务收支结算由地区会计核算中心统一进行。

1月16日　中共中央政治局委员、国务院副总理吴邦国视察洪家渡电站大坝建设工地。

1月17日　中国考古新发现学术报告会将赫章县可乐夜郎时期墓葬发掘列为全国近年考古6项最高成就之一。

1月22日　上海大世界吉尼斯总部向贵州省颁发贵毕公路桥梁创吉尼斯世界纪录证书，贵毕公路全长179.05千米，共有桥梁151座，平均每1.186公里有桥梁1座。

2月25日　毕节地区第五次人口普查办公室、统计局发布《毕节地区第五次人口普查第二号公报》，全地区少数民族人口占总人口的28.06%；在15岁以上人口中，在业人口为84.89%，其中第一产业占90.9%，第二产业占2.74%，第三产业占6.29%。

**3月17日** 全地区244个乡镇的党委、人大、政府班子换届选举结束。共依法选出党委班子成员1731名，占应选名额的99.9%；选出人大正副主席426名，占应选名额的99%；选出政府班子成员1082名，占应选名额的98%。

**3月27日** 织金县普翁乡获“全国婚育新风进万家活动先进乡”称号。

**3月28日** 中共中央政治局常委、国务院副总理李岚清视察洪家渡水电站工地及织金县少普乡。

**4月1～6日** 区内居民清明祭扫陵墓，因用火不慎，引发山林火灾110多起。黔西县重新、中坪镇交界处的国营林场发生特大山林火灾，损失44万元。

**4月2日** 织金县作为省的试点单位开始推行粮食流通体制改革。

**4月7日** 贵州乌江流域9县市政协工作研讨会第三次年会在黔西县举行，省政协副主席袁荣贵到会讲话。

**4月16日** 毕节市政府以5710万元价格拍卖市政府大院办公土地及地面建筑物。

**4月18日** 织金县八步镇被省建设厅列为全省小城镇建设试点乡镇。

**5月4日** 威宁自治县草海镇梨营村村民张友儿等合伙无证非法开采的煤窑发生特大瓦斯爆炸，死23人，伤4人，失踪1人。

**5月5日** 大方县长石镇遭受百年不遇的特大雹灾，5300户农户2.12万人受灾。

**5月8日** 地区物价、纪检监察、财政部门联合抽调103人，组成18个检查组，专项检查涉农价格和收费问题。检查单位510个，查出违价案件44件，违价金额89.8万元，退还用户23.24万元，没收违法所得1.05万元，罚款1000元。

**5月14日** 毕节地区启动党风廉政巡视制度试点，重点巡视县委、县政府领导班子成员贯彻执行党的路线、方针、政策情况；执行政治纪律情况；党政领导班子主要负责人的廉政勤政情况，执行民主集中制原则情况；落实党风廉政建设责任制工作情况。

**5月16日** 贵州省民族古籍工作现场会在毕节召开，来自全省民族宗教系统的近百位专家学者莅临会议。

**5月23日** 全地区全面铺开农村税费改革工作。

**6月4日** 毕节地区获得世界银行5.8亿元人民币水土保持项目贷款。

**6月13～18日** 中共中央统战部副部长胡德平及毕节试验区北京专家顾问组部分专家到毕节地区考察经济社会发展情况。

**6月23～27日** 中共贵州省委书记钱运录，省委常委、秘书长庹文升，副省长顾庆金带领省有关部门负责人深入大方、赫章、威宁、纳雍、毕节调研扶贫攻坚、产业结构调整、农村基层组织建设工作。

**7月1日** 毕节市投资8647.4万元，引进先进制水技术，建成日产10万吨的新水厂投入运行。

**7月2日** 地区消防指挥中心大楼和毕节城区“119”调度指挥中心建成，实现“119”调度指挥40秒完成火警接警并发出指令，GIS电子地图同时显示报警地点及周边环境。

7月26日　位于黔西、修文交界处六广河段的索风营水电站举行开工典礼。索风营水电站系西电东送重点项目，装机3×20万千瓦。2005年8月建成，投入商业营运。

8月18日　毕节地区行署与山东省兖矿集团合作综合开发毕节煤电资源项目协议书在山东邹城正式签订。协议前期项目总投入100多亿元，其中兖矿集团直接投入66亿元。

10月6日　清华大学人文社会科学院马克思主义理论与思想政治教育专业2002年毕节研究生课程进修班开学。本届研究生班共录取新生59名。

10月8日　中国铁通公司毕节分公司挂牌运营。

是日　毕节市占地110亩、投资5384万元、日处理425吨的城市生活垃圾卫生填埋场垂直渗透工程举行开工典礼。

是日　威宁自治县投资1100万元的草海湿地保护污水治理工程举行开工典礼。

10月24日　金沙县新化乡中心3号煤矿发生瓦斯爆炸，死亡12人。

11月26日　省电力公司投资1.5亿元的毕节220千伏输变电工程正式投入运行。

12月3日　毕节市在贵州省内首先挂牌建立政务服务中心。“中心”实行审批收费、办证一条龙服务。

12月19日　纳雍县司法局被司法部授予2002年全国司法行政系统人民调解工作先进单位称号。

12月29日　赫章县湿法炼锌试产成功。湿法炼锌收到无废气、废水，投资小、流程短、污染轻的效果。

12月30日　由丹麦政府贷款498万美元，日处理9万吨污水的毕节污水处理厂开工建设。

是年　全地区2002年财政总收入已突破17亿元，其中烤烟特产税完成1.17亿元，比上年增86.23%；煤炭税费完成2.41亿元，比上年增30.9%；入库卷烟税4.41亿元，同比增1.73%。

△　水利部、省水利厅补助毕节地区6457.85万元，共建成各种类型供水工程312处，解决33.25万人的农村人畜饮水困难。

△　毕节地区启动农村税费改革试点，改革使农民的负担从改革前的3.16亿元降至1.26亿元，总减负率60.09%，人均负担从49.79元降到19.23元，人均减负30.56元。

△　全地区共建成农村广播电视卫星收转站510个，15万人受益。全区广播电视综合覆盖率82.66%。

## 2003年

1月10日　毕节地区第二期“国家贫困地区义务教育工程”超计划完成。本期义教工程共修教学用房10.18万余平方米，超计划0.42万平方米，完成总投资5497.62万元。

1月24日　毕节地区各县委组织部部长向地委组织部述职，开毕节地区领导干部述职先河。

2月12日　中共毕节地委、毕节地区行署表彰一批知识分子和专业技术人才。其中授予张荣达、杨辉、王继超毕节地区首届有突出贡献知识分子称号，各发给奖金2万元；母进炎等21人被命名为毕节地区第四批专业技术拔尖人才。

**2月13日** 省政府通报各地州市2002年度人口与计划生育目标执行结果，毕节地区党政系统被评为一等奖，计生系统被评为三等奖。

**2月14日** 毕节一中被省教育厅评为省级示范性高中。

**2月26日** 毕节地区《草海湿地保护与治理综合规划》通过专家评审。

**2月27日** 毕节二中“志愿者服务队”被中共中央宣传部、中央文明办、解放军总政治部、共青团中央授予“全国学习雷锋、志愿服务先进集体称号”。

**2月28日** 中共毕节地委、毕节地区行署决定命名毕节市岔河镇晨思村、海子街镇红堰村、大屯乡大河口村、林口镇大地村，黔西县林泉镇韦寨村、重新镇桥边村，金沙县城关镇幸福村、新化乡大竹村、凉泉村，沙土镇大路村、坪上村，织金县城关镇东山村、三甲乡尖山村、猫场镇齐心村，赫章县城关镇狮子村为小康村。

**3月6日** 毕节地区京剧团、黔剧团、川剧团3个文艺团体合并组建毕节艺术团。

**3月13日** 公安部授予金沙县看守所为全国一级看守所称号。

**3月13～21日** 中国长江水利委员会派员检查验收纳雍县英底、通德河马场冲，大方县桶井、新铺，黔西县西溪小流域建设工程。

**3月27日** 中共毕节地委、毕节地区行署召开毕（节）威（宁）经济文化长廊建设动员大会，启动毕威经济文化长廊建设。

**4月9日** 全国10省（区）18地（市）人大工作联席会第十八次会议在毕节召开。

**4月22日** 由环保局、中央电视台及北京、上海、陕西、贵州等14个省区联合举行的“保护地球家园，再造秀美山川”首届中国环保公益活动在威宁草海之滨启动。

**5月8日** 织金县以那镇一辆失去控制的大货车冲进赶场人群，造成13人死亡，10人重（轻）伤。

**5月12日** 毕节地区历时两年的农村电网改造结束，城乡居民用电实现同网同价。城市居民用电价格不增，农村居民生活用价格由每千瓦时0.7元左右降至0.403元。

**5月13日** 入春以来，各地发生不同程度旱灾。全地区受灾3658个村，383.29万人，其中83.82万人饮水困难；农作物受灾430万亩，221.85万亩成灾，45.6万亩绝收。各县市派出300余名干部，组织83.63万人投入抗旱。

**5月16日** 中共毕节地委书记朱生亮因病医治无效在贵阳逝世，终年56岁。

**5月25日** 贵州省第二批西电东送重点项目之一，装机容量4×30万千瓦的黔西县火电厂新建工程在甘棠乡谢家坝破土动工。

**是月** 金沙黔西灌区节水灌溉续建配套工程第一期工程完成。工程投资1494万元，防渗改造46.36千米的7条农灌渠道。新增、改善、恢复灌溉2.15万亩，渠道防渗率由37%提高到65%，年节水量1000万立方米。

**是月** 区内各县市建成中央党校现代远程干部教育C级站。

**6月18日** 中共毕节地委发出《关于认真组织学习〈“三个代表”重要思想学习纲要〉的通

知》，要求各级党组织充分认识学习《纲要》的重要意义，组织干部职工学习《纲要》。

是月　赵友良出任中共毕节地委书记，黄家培出任毕节地区行署专员。

7月1日　林业部命名百里杜鹃风景区为国家级森林公园。

7月23日　黔西县城关镇居民谭文华研制成功水吸式锅炉除尘器，获国家知识产权局授予实用新型专利证书。水吸式锅炉除尘器集除尘、脱硫为一体，可用于各种燃煤锅炉、窑炉的除尘净化烟气排放。

7月27日至8月11日　受西太平洋副热带高压影响，区内出现持续晴热高温天气，平均温度比历年同期偏高2.6℃～4.0℃，湿度下降明显，达到中等伏旱。

是月　毕节地区基本完成中小学教职工定编定员。全区各类中小学核编5.47万余名，其中，地直453名，县市直7206名，乡镇4.71万名；教师5.13万名，职员1639名，教辅人员1139名，后勤人员650名。

8月1日　地区劳动和社会保障局、经贸局、财政局、人民银行毕节中心支行制定《毕节地区下岗失业人员小额担保贷款暂行办法》，启动下岗失业人员小额担保贷款。

8月18日　毕节开发扶贫、生态建设试验区建立15周年理论研讨会在毕节举行。会议共收到理论研讨文章60多篇。全国人大常委、民革中央副主席胡敏，全国政协委员、试验区专家顾问组副组长常近时，贵州省经贸委主任张群山等向研讨会提供书面研讨论文。

8月20日　毕节地区召开“开发扶贫、生态建设”试验区建立15周年总结大会。

8月26日　贵州区域地质调查研究院与南京大学联合在威宁自治县兔街乡考察发现旋齿鲨化石为仙洞湖南旋齿鲨的牙列，填补中国西南地区旋齿鲨化石研究的空白。旋齿鲨是灭绝的软骨鱼，主要生活在地球历史晚古生代的海洋中。

8月30日　国务院督察组到毕节地区检查取缔土锌炉、土焦炉情况。

9月1日　毕节市投资6078万元，日产煤气4.8万平方米，供3万用户使用的城市管道煤气工程建成开通。

9月8日　金沙县新化乡乌龙煤矿发生瓦斯爆炸，10人死亡，8人受伤。

9月12日　毕节地区行署政府采购中心成立。

9月26日　中国移动通信网络在毕节地区实现“乡乡通”，至是日，区内移动通信建成网站325个，用户达16.7万多户。

9月27日　毕节地区举行首届人才交流会。地区及各县市60余家企事业单位入场招聘，提供500多个职位供求职者选择。

10月10日　贵州省普通高级中学研究性学习教学研究会暨贵州省教育学会研究性学习专业委员会第一届首次学术研讨会在毕节一中举行，来自全省各地普通高中的150多位教师参加会议。

10月12日　地、县、乡级机关统一招考国家公务员和党的机关工作者的录用考试在毕节进行，招考名额115人，报名参加者3772人。

10月13～14日　毕节地区2003年联合国儿童基金会艾滋病与关怀项目启动暨学校预防艾滋

病生活技能健康教育培训会在毕节举行。会议要求各县市全面推动预防和控制艾滋病工作。

**10月19～21日** 毕节地区首届农产品展览会在毕节举行。会展期间，与会客商洽谈签订的产品购销合同或协议20多个，合同协议金额5700多万元。

**10月20日** 毕节地区成立民兵高炮团。毕节军分区任命毕节市人武部部长钟东为团长，地区气象局局长曾光善为政治委员。

**10月26日** 中共中央政治局常委、全国政协主席贾庆林到毕节地区视察。

**11月1日** 驻黔全国人大代表一行12人视察金沙、黔西、大方和毕节能源建设、退耕还林还草及经济工作情况。

**11月5日** 凌晨2时49分，云南省鲁甸县发生5.1级地震，严重波及威宁自治县中水镇、玉龙乡，截至12月6日，共发生大小余震406次，涉及32个村，1.46万户6.33万人，损失2437万元。

**11月12日** 织金县投资1339万元，启动建设从斯拉河至六圭河110千米的农业产业化示范长廊。长廊建设以建立一批优质、高效的农产品生产基地和园区为依托，以绿化为支撑点，配套养畜为重点，整合其他相关产业。

**11月13日** 由西洋集团投资4.76亿元的赫章县西洋铁业80万吨高炉炼铁改扩建工程开工。

**11月28日** 赫章县仁达农业综合开发有限责任公司生产的“赫之林”牌苦丁茶在第七届中国（广州）国际食品工业展览会上获金奖。

**12月6日** 毕节地区教育局举行全地区首届中小学生信息技术应用竞赛，来自全区175名选手分别参加小学组计算机绘画、英文录入，初中组计算机作文、英文录入，高中组计算机作文、计算机报刊竞赛，并分别评出一、二、三等奖。

**12月24日** 毕节市民评选出“毕节新八景”：南桥虹霓、那鲁洞天、天河乐园、五龙翡翠、陵园圣地、百花红迹、阳山松涛、北镇雄关。

**12月26日** 毕节市倒天河综合治理二期工程开工，二期工程包括五龙桥至流仓桥4.35千米的河段及两岸配套设施。

**12月28日** 纳雍县年设计生产能力300万吨的鬃岭煤矿首采区投入试生产。鬃岭煤矿由水城矿业集团控股，吸收兖矿贵州能化公司、水城钢铁集团公司，贵州能发电力燃料公司、水城煤电公司、水矿职工持股会参股出资组建贵州鬃岭矿业有限责任公司，按现代企业制度模式经营。

**12月29日** 由毕节师范高等专科学校、毕节教育学院、毕节师范学校3校合并组建的毕节学院（筹）挂牌。是日，投资1.57亿元的黔（西）——织（金洞）二级公路，投资4660万元的织（金）——纳（雍）三级油路开工建设。

**12月30日** 金沙县获贵州省经济强县称号。是日，毕节地区召开第四次民族团结表彰会，100名先进个人、100个先进集体获表彰。

**是年** 个体私营经济从业户达7.3万户，其中私营企业4620户，同比增20.1%；非公有制经济国内生产总值57.35亿元，同比增25.71%，占国民经济的36.5%；从业人员22万多人，全区地方国有企业下岗1.2万多职工，其中9500多人通过发展非公有制经济或到非公有制企业解决就业问题。

## 2004年

1月10日　国家安排资金1149万元，涉及48个乡镇、72个村、1.45万户村民的毕节地区沼气国债项目建设开始实施。

1月15日　贵州省城市基础设施建设环境改善BOT（指私营企业参与基础设施建设，提供公共服务的一种方式）项目工程开工典礼在大方县举行。毕节地区涉及大方、黔西、金沙、织金、纳雍、赫章6县县城供水、污水处理、垃圾填埋3个方面16个项目。项目由毕节地区与美国汉氏公司合作，共投入资金4亿多美元。

2月11日　国务院发布公告，将毕节地区的九洞天风景区定为国家重点风景名胜区。

3月5日　毕节地区启动《万民道德建设实施纲要》宣传月活动。毕节城区上千名青年志愿者走上街头，开展学雷锋活动。

3月10日　毕节市杨家湾镇发生暴力妨碍公务案，镇党委书记张志被伤害致死，镇党办主任韩凯等4人被打成重伤。公安机关将参与作案的14名犯罪嫌疑人抓获归案。

3月12日　毕节市杨家湾镇华祥煤矿发生瓦斯爆炸事故，死亡14人。

3月16日　由香港港冠国际有限公司投资，年产淀粉2.6万吨，消耗原料马铃薯16万吨的威宁威力淀粉有限公司建成投产。

3月19～24日　毕节试验区第四届专家顾问组组长厉以宁率中央统战部、民盟中央、中央企业投资协会、日本企业对中国投资促进会人员11人到毕节考察、调研、讲学及洽谈项目。

3月19～22日　全国政协副主席、全国工商联主席黄孟复率全国工商联及民营企业家组成的扶贫考察团考察织金县。

4月2日　织金洞景区被国土资源部批准为国家地质公园。

4月7日　金沙县为农村独生子女户，二女结扎户实施计划生育养老保险。夫妻年满60周岁后，可按月领取养老保险金；死亡时可获得一次性补助。

4月8日　“中国毕节杜鹃花园艺栽培品种展览”在毕节地区图书馆开展。省人大常委会副主任司徒桂美、省政协副主席马文骏及地区领导参加开幕式。此次展览共展出400余个杜鹃花园艺作品，北京、山东、江苏等地也有作品参展。

4月13日　由中国国民党革命委员会（以下简称：民革）中央副主席、毕节试验区专家顾问组副组长朱培康，民革中央原副主席、试验区专家顾问组副组长胡敏，中国农业大学教授、试验区专家顾问组常务副组长常近时率试验区专家顾问组及特邀的部分国家部委司局负责人和新华社等新闻媒体记者近30人考察毕节试验区教育、畜牧业、生态建设及煤、电开发与生产。

4月19～22日　云贵鄂渝水土保持世界银行贷款治理项目世界银行准备团到大方县、织金县，考察评估毕节地区水土保持世界银行贷款治理项目的前期准备工作。

4月20～27日　长江上游水土保持委员会组织验收专家组验收毕节地区“长治”工程第五期小流域综合治理工程。专家组经过检查，一致同意通过验收。

**5月10～11日** 英国、瑞典、印度、莫桑比克组成国际专家考察团调查大方县性别与卫生公平安全国际研究项目的实施情况。

**5月11日** 中华总工会授予威宁县公安局刑侦大队副大队长兼追捕中队队长王俊卿全国五一劳动奖章。

**5月17日** 毕节地区政府机构改革工作会议召开，会议强调进一步转变政府职能，完善政府组织结构，加强建设服务型政府。

**5月18日** 全地区深化事业单位人事制度改革，自是年起，除小学教育外，专业技术职称由过去的评聘结合转变为评聘分离。

**5月19日** 北京大学光华管理学院为毕节地区专门开设的领导干部培训班开学典礼在北大光华管理学院举行。通过3～5年分期培训，使毕节地区县处级领导干部都能接受一次高层次现代经济管理知识的教育。

**5月29日** 织金县茶店乡磨大村农民黄金正被国家农业部评为“全国种粮大户”。

**5月24日至6月1日** 国家煤矿安全监察局派监察执法检查组到毕节地区对乡镇煤矿开展集中监察执法，检查3个县10处煤矿，查出各类安全隐患142条。

**5月27日** 毕节卷烟厂与贵阳卷烟厂、遵义卷烟厂实行联合，组建贵州黄果树集团。

**6月10～13日** 全国第四届散文诗夜郎笔会在赫章县举行。来自全国16个省、州、自治区的40多位散文诗人及省内诗人作家参加笔会。

**6月14～15日** 全国政协经济委员会调研组到毕节地区专题调研粮食安全。

**6月15日** 赫章县珠市乡前进村先锋组发现一组文物，经省博物馆专家鉴定，属战国至西汉时期遗留文物。

**6月24日** “大方八碗席”在成都第五届中国西部国际博览会上获精品菜肴暨美食文化团体金奖。

**6月28日** 毕节地区行署召开全地区清理拖欠工程款和农民工工资会议，要求从2004年起用3年时间解决拖欠工程款，用1年时间解决拖欠农民工工资问题。

**7月8日** 中央财政下达补助毕节地区2004年度第一批二期渴望工程专项资金1822.47万元，用于解决12万人的饮水困难。

**7月15日** 毕节地区启动富在农家、学在农家、乐在农家、美在农家为主题的文明小康村创建工作。活动从2004年7月至2005年12月为第一阶段，各县市分别抓5个以上示范点，地区在各县市分别抓1个示范点；2005完成已命名小康村、文明村的创建任务。

**7月18日** 洪家渡水电站首台20万千瓦机组提前1年投产发电。省委书记钱运录，省长石秀诗发来贺电，省领导步智信、包克辛、李平和毕节地区领导干部出席投产庆典仪式。

**7月27日** 毕节地区召开“世纪航标——‘三个代表’重要思想读书教育活动”总结表彰大会。活动于2月至6月在全区各中小学开展，56万多学生参加读书活动。通过评比，17个单位获组织奖，24名教师获辅导奖，185名中小学生分别获特等及一、二、三等奖，4个新华书店获先进发行奖。

**7月30日** 载至7月底纳雍县投入资金320多万元，用3年时间共培训行业管理人员、矿长、煤矿业主、安全监督员、采煤工人等1.16万人，以提高其安全生产意识、法律知识和业务素质。

**是月** 中国后发展地区农业合作创业项目在毕节地区开始实施。中国民主建国会（以下简称："民建"）中央推荐和参与组织，黔西县示范子项目总投资1000万元，拟在3年内发展合作农户500户，认养LY利比亚国外血缘母猪万头，并形成年产优质瘦肉商品猪20万头，使农民成为产业和乡村建设的投资主体。

**8月3日** 贵州省劳动力转移培训工作会议在织金县召开。国务院扶贫办派员出席，宣布国务院扶贫办决定织金县为"国务院扶贫办劳动力转移培训示范基地"，每年拨给织金县45万元，由织金县培训农民1000人以上。

**8月4日** 毕节地区国有物资企业整体并入贵州久联集团。

**8月7日** 纳雍县贵州府茗香牌系列茶叶有限公司生产的府茗香茶叶翠龙、云雾青、绿茶参加第二届中国国际专利与名牌博览会参评，荣获金奖。

**8月10日** 18时26分，云南省昭通市鲁甸县境发生5.6级地震，波及威宁自治县的玉龙、中水、秀水、牛棚等乡镇，造成30多间民房倒塌，两名儿童受伤，2.85万人受灾，损失2000多万元。毕节地区行署召开紧急会议，部署救灾工作。

**8月23日** 高20层，占地面积2560平方米，实用面积2.87万平方米，总投资9000万元的毕节电信枢纽大楼落成并投入使用。

**8月24～26日** 威宁自治县东风等16个乡镇和赫章县可乐等乡镇遭受特大暴雨袭击，造成严重洪涝灾害，1.55万公顷农作物受灾，149间房屋倒塌，死亡11人，损失3200多万元。受省委、省政府委托，副省长禄智明率省直有关部门负责人前往察看灾情，安排灾区群众生产生活。

**8月27日** 由中国石化集团公司、中国关心下一代工作委员会和中国儿童基金会出资192万元，计划3年内资助1600多名贫困女童完成小学4～6年级学业的中国石化春蕾女童助学项目在威宁自治县实施。

**9月3日** 毕节地区召开第一次经济普查工作动员会议，启动全区经济普查试点工作。

**9月4日** 金沙县城关镇安德胜煤矿发生瓦斯爆炸事故，死亡11人。

**9月5日** 赫章县妈姑镇六合煤矿发生透水事故，死亡10人。

**9月6日** 毕节地区贯彻落实中共中央、国务院《关于进一步加强和改进未成年人思想道德建设的若干意见》，启动2004年中小学弘扬和培育民族精神月活动。

**9月8日** 毕节交通音乐广播电台正式开播。

**9月10日** 国务院经济普查办公室在毕节召开贵州省经济普查数据处理工作会议。

**9月15日** 地区农业局在纳雍县18个主产马铃薯的乡镇实施"脱毒马铃薯高产示范工程"17万亩，经测产验收，平均单产1115.8千克，比前3年平均单产增收329.4千克，共为4.12万农户增加收入3369万元。

**10月8日** 毕节市警方出动60多名警力，到毕节市青场镇抓获贩卖"六合彩"的不法人员17名，其中13人被依法行政拘留。

11月2日　贵州省文物考古研究所及四川大学、南开大学博士生导师、教授、研究生和河南、陕西考古专业技工联合组成的考古发掘勘探队，相继进入威宁自治县中水镇和赫章县可乐乡，进行为期两个月的考古发掘勘探。

11月3日　赫章县哲庄乡中心村25岁的村委会主任王正全在山东省寿光市举行的“第四届全国村长论坛”上，被授予全国十大杰出村干部称号。

11月5～7日　在第二届贵州省名特优农产品展览会上，金沙县康星牌高级烹调油和精炼二级菜籽油被评为贵州优质农产品；禹谟醋等8个产品被评为贵州名特优农产品。

11月8日　在贵阳市第二届贵州名特优新农产品展销会上，毕节城区送出18个名牌农产品参展。毕节地区与上海、贵阳等地客商签订2650万元供货合同。

11月9日　中国民主同盟（以下简称：“民盟”）贵州省第12次地方盟务研讨会暨机关建设工作会在毕节召开。省政协副主席、民盟贵州省主席李嘉虎出席并讲话。

11月11日　威宁彝族回族苗族自治县举行盛大庆典，隆重庆祝自治县成立50周年。全国人大常委会副委员长、九三学社中央主席韩启德，贵州省副省长禄智明出席庆典活动。

11月12日　毕节地区下达2004年人畜饮水工程项目中央预算内4624万元专项投资计划，解决13.56万人饮水困难。其中中央补助资金3006万元，地方及群众自筹1618万元，共建农村人畜饮水工程145处。

11月15日　毕节地区召开第一次归侨侨眷代表大会，会议以无记名投票方式选举产生毕节地区归侨侨眷联合会第一届委员会，并通过《毕节地区侨联工作细则》。

11月16日　黔西县被国家人口和计划生育委员会评为全国人口和计划生育系统作风建设先进单位。

11月23～24日　毕节市公安局大新桥派出所和黔西县公安局城中派出所被公安部评为“一级派出所”。

11月26日　毕节地区劳动力市场落成开业。省内外28家单位入场招聘员工，当天有286人与用工单位签署意向协议。

11月27日　面积4733公顷，含各类自然景点45个、人文景点10个、并有多种国家保护树种和国家一级、二级保护动物的赫章森林公园被中国森林风景资源评价委员会评审为国家森林公园。

12月3日　凌晨3时40分，纳雍县鬃岭镇左家营村岩脚组发生岩体崩塌，造成19户88人受灾，30人遇难，14人下落不明。灾情发生后，中共中央总书记胡锦涛、国务院总理温家宝对抢险救灾作出重要批示。国务院副总理曾培炎，国务委员、国务院秘书长华建敏和贵州省委书记钱运录、省长石秀诗对救灾工作提出要求。国土资源部、民政部和省、地、县领导到达现场组织指导抢险救灾。省内外社会各界纷纷捐款捐物帮助救灾，到7日止灾区已接受160多万元的捐款捐物。

12月6日　《毕节地区开发扶贫生态建设试验区2004年至2010年教育事业发展战略规划》论证会在北京中央统战部召开。中央统战部、教育部、国家民委、科技部、农业部、国务院扶贫办、国家西部开发办、林业部、贵州省人民政府的领导，以及毕节试验区专家顾问组、国家教育发展研究中心等单位的专家和有关人员70多人出席会议。通过论证，与会专家和人员一致同意通过规划。

12月15日　2004年深圳对口帮扶毕节地区项目责任书签字仪式在毕节举行。深圳市决定再向毕节地区无偿投入350万元，在毕节、纳雍、威宁、赫章实施改善基本生产、生活条件扶贫项目。

12月17日　国家“长江上游水土保持重点治理”七期水保工程在黔西县太来乡风田小流域水保工程启动实施。该工程在毕节地区的建设规模为治理水土流失935.32平方千米，总投资2.52亿元。风田小流域水保工程投资262.5万元，建设规模为15.59平万千米。

12月29日　织金县被农业部评为全国粮食生产先进县，地区农业局副局长谢定敏被评为全国粮食生产管理先进个人，织金县金龙乡新七村村民董剑、金沙县城关镇丰景村村民胡天明被评为全国粮食生产大户。

12月30日　是日止，毕节地区全部还清2004年国外贷款1056万元。

是年　毕节地区煤电税收大幅增加，电力、煤炭增值税从2000年的7209万元增至2004年的5.57亿元，5年间上升4.85亿元，年均增60%。电力、煤炭增值税占全地区国税收入的比重从2000年的2.5%增至2004年的65.2%，超过烤烟税收，成为毕节地区的支柱税源。

△　毕节地区投入210万元，对6.5万名农民党员进行政策理论和适用技术培训。全年共举办各级各类党员培训班1026期，其中培训村党支部书记2801名，村委会主任2768名。

△　全地区完成国债沼气建设项目，新建沼气池1.15万口，改圈8155间，改厕8618个，改灶7022个，综合三改70%以上。

## 2005年

1月4日　全地区国税系统正式上线运行中国税收征管信息系统。

1月9～15日　地区领导黄家培、沈健、刘峻杰到中央统战部、各民主党派中央、全国工商联汇报试验区2004年社会发展及经济运行情况和2005年工作打算，并与试验区专家顾问组成员就试验区工作进行座谈。

1月10日　全国人大常委会副委员长、民革中央主席何鲁丽在北京接见毕节地区领导干部黄家培、沈健、刘峻杰，表示民革中央将一如既往地为毕节试验区的全面、协调、可持续发展提供智力、技术、信息等一切尽可能的帮助。

1月16日　中共毕节地委召开会议，部署用1年半时间分3批在地区开展保持共产党员先进性教育活动。17～19日启动第一批次，776个单位，2.55万名共产党员参加教育活动。

1月19日　毕节地区召开首届文艺奖颁奖会。分别以一、二、三等奖表彰文学、摄影、美术、书法、音乐、舞蹈、戏剧、电视等门类的55件成果，另有7件作品获荣誉奖。

1月22日　致公党中央副主席吴明熹率慰问团到毕节市青场镇、野角乡和三板桥办事处灵峰村慰问百户贫困户，并与市领导等就青场镇的发展及毕节市基础教育、职业教育、人口问题、生态环境及垃圾处理等问题进行座谈。

2月16日 中国考古学家在威宁自治县中水镇发现一处以祭祀为主的商周时期遗址。专家认为，此发现在西南地区尚属首次。

3月11日 全国政协在首都人民大会堂台湾厅举办“民主党派、工商联毕节试验区智力支边结硕果”集体采访活动。新华社、中央电视台、人民日报等中央新闻媒体和港台及海外媒体的近百名记者参加采访。全国政协委员、民革中央副秘书长何丕洁，全国政协常委、民盟中央名誉副主席、毕节试验区专家顾问组组长厉以宁，全国政协常委、民建中央副主席陈明德，全国政协常委、民进中央副主席潘贵玉，全国政协委员、农工民主党中央社会服务部部长焦平生，全国政协常委、致公党中央副主席吴明熹，全国政协委员、九三学社中央秘书长徐国权，全国政协常委、台盟中央副主席刘亦铭，全国政协委员、全国工商联副主席张龙之出席采访活动。

3月18～21日 全国人大常委会副委员长许嘉璐深入织金、大方、毕节、赫章、威宁等县市以及洪家渡电站、草海自然保护区，调研退耕还林、水土保持及石漠化状况，并参加国家林业局、贵州省人民政府在威宁召开的省级林业联系点第五次联席会议。

3月31日 大方县绿塘乡高峰村李松在海南省海口市为救落水工友而牺牲，被共青团海口市委追授“见义勇为杰出青年”荣誉称号；共青团毕节地委发出《关于向李松学习的倡议书》。

是月 国家教育部批准建立毕节学院，毕节学院为地方性综合本科院校，2005年秋面向全国招生。

4月1日 钱壮飞烈士陵园在金沙县后山乡建成，被国家安全部命名为“国家安全教育基地”。被中共贵州省委省人民政府命名为“贵州省爱国主义教育基地”。

4月4～8日 由江苏省政协副主席、省工商联会长李仁为团长，中共江苏省委统战部副部长邵军为副团长的江苏省光彩事业促进会一行8人，到织金县、赫章县考察，并举行招商洽谈会。

4月10～15日 全国政协经济委员会副主任、毕节试验区专家顾问组组长厉以宁一行8人到毕节地区进行考察、调研、讲学，并与地区党政领导座谈，共谋毕节试验区发展大计。

4月13日 毕节地区举行面向全省公开选拔副县级领导干部新闻发布会。会议公布首次面向贵州全省公开选拔14名副县级领导干部的信息，并介绍公开选拔的有关规定。

4月15日 由感动中国2004年度人物徐本禹牵线搭桥，山东省聊城市东昌府区与大方县缔结为友好区县。

4月21日 毕节试验区专家顾问组常务副组长常近时一行到毕节调研“农业、农村、农民”问题和煤炭规模开发问题及“十一五”规划制定情况。

4月22日 毕节试验区专家顾问组人员考察毕节市拱拢坪林场高效生态工程示范基地，并签订《中央智力支边协调小组毕节试验区专家顾问组高效生态工程示范基地建设协议》。

4月28日 毕节地区公安局“10·25”缉毒项目组摧毁一个特大跨省贩毒集团，抓获毒贩14人，缴获毒品海洛因23.9千克，收缴赃款190万元及价值100万元的赃物和汽车4辆、住房一套。

4月30日 黄（桶）织（金）铁路开工建设，中共贵州省委书记钱运录出席开工动员大会并下达开工令。黄织铁路为隆（昌）黄（桶）铁路南段，全长63.9千米，过织金县境30千米。

5月9～13日　织金县连续遭受4次风雹袭击，全县22个乡镇273个村受灾，损失1052万元，其中农业损失996万元。

5月16日　第二届北京大学“光华——泰达——毕节：领导干部培训项目”开学典礼在北京大学光华管理学院举行。

5月19日　赫章县看守所被公安部评为全国一级看守所。

6月3日　在国务院第四次全国民族团结进步表彰大会上，毕节地区民族中学、织金县民族宗教事务局、赫章县道坤铁业有限责任公司获全国民族团结进步模范集体称号；地区民宗局彝文翻译组组长王继超（彝族）、威宁自治县秀水乡党委书记马跃（回族）、大方县响水白族彝族仡佬族乡乡长杨思云（女，白族），云南某部大方籍战士吴道江（彝族）获全国民族团结进步模范个人称号。

是日　黔西县遭受特大暴雨袭击，雨量达105.3毫米，其中林泉镇降雨量达170毫米，降水过程时间集中，强度大。

6月3～5日　毕节地区8县市普遍遭受洪涝、风雹灾害，造成损失8244万元。

6月29日　年产300万吨的纳雍县鬃岭煤矿全部建成投产，是第一个达到年产原煤300万吨的现代化矿井。

7月19～20日　全国政协副主席、民建中央常务副主席张榕明等一行20余人到黔西县考察，确定2005年资助、捐赠380万元在黔西援建13个项目。

7月18日至8月2日　中国少年先锋队全国工作委员会、国防教育办、中国少年军校总校联合授予威宁一小少年军校“全国少年军校示范校”称号。

8月5日　毕节地区行署与中国农业银行贵州分行签订“政银全面合作暨‘十一五’100亿元项目贷款框架协议”。根据协议，农行贵州分行将对毕节地区经济建设和社会发展的相关项目提供不低于100亿元的信用贷款额度，优先支持国家西部大开发建设的重点项目。

8月6日　深圳市委副书记、市长许宗衡率深圳党政代表团到毕节，参加深毕对口帮扶工作座谈会，落实帮扶资金1320万元。

8月7～9日　台盟中央副主席刘亦铭率考察组考察毕节市、金沙县。

8月11～12日　全国人大常委会副委员长、农工党中央主席蒋正华等一行考察毕节地区。

8月12日　毕节地区第一批先进性教育活动中着力构建机关党员保持先进性长效机制的经验，得到中央先进性教育活动办公室的肯定，并将毕节地区的经验转发全国。

8月19日　据统计，1月至7月，毕节地区乡镇企业引进投资3.58亿元，较上年同期增31%。引进在建的88个中小型项目中，投资300万元以上的36个，占实际投资总额的88%。

8月20日　自5月以来，区内各县遭到不同程度的雹灾、洪灾和旱灾。全地区有210个乡镇2300个村受灾，受灾人口247.8万人，受灾面积14.85万公顷。地区民政系统调配各类资金1641万元和价值50万元的救灾物资，解决受灾群众的生活困难。

8月26日　毕节新一代天气雷达工程建设动工。该工程建成后将覆盖全地区，使其准确获取高精度大范围气象信息，增强对灾害性天气的预警和气象防灾减灾能力。

**8月31日至9月1日** 国务院安委会联合执法检查组检查黔西县和大方县煤矿安全生产工作。

**9月5日** 金沙县鸡爬坎煤业集团有限责任公司成立。公司为毕节地区最大民营企业，拥有6个分矿，1个精煤洗选厂，1个煤业运输车队，固定资产1.8亿元，职工2500多人。

**9月2日** 中共毕节地委、毕节地区行署举行纪念抗日战争胜利60周年暨颁发纪念章仪式。地委、人大工委、行署、军分区领导及30多位老战士参加会议。

**9月6日** 贵州省粮食增产工程项目测产验收在大方县双山镇幺塘村举行。经专家技术测定，玉米示范样板平均亩产达781千克，超出省定计划81千克，增幅16%。

**9月8日** 毕节地区行署召开电视电话会，安排清理纠正国家机关工作人员和国有企业负责人投资入股煤矿工作。

**9月9日** 毕节地区、遵义市、安顺市行政区划界线联合检查工作会议在毕节召开。

**9月8～11日** 在福建省厦门市举行的第九届中国国际投资贸易洽谈会上，毕节地区招商引资总签约资金为123亿元人民币，占贵州省签约金额170.6亿人民币的72%，涉及煤化工、煤炭开发、烟叶复烤生产线项目等。其中由山东兖矿集团出资100亿元人民币在毕节地区投资生产100万吨煤炭液化项目，成为贵州省最大招商引资签约项目。

**9月15日** “2005贵州省纳雍县投资环境暨项目推介会”在深圳市宝安区举行。在招商会上，共签约项目29个，投资总额61.78亿元，其中，签订投资合同18个，投资金额23.38亿元；签订意向性投资协议11个，投资金额38.4亿元。

**9月20日** 地区人大工委第六十四次会议召开，首次邀请6位公民旁听。

**9月28日** 地委组织部启动组建干部考察员、督察员队伍。40名干部考察员、干部督察员入选并接受培训。

**9月28～29日** 毕节地区第二届农产品展销会暨大方县皱椒批发市场开业仪式在大方县黄泥塘镇举行。农展会期间现场销售各种农产品金额达98.5万元；签订购销合同、协议25个，签约金额达8.8亿元。

**10月1日** 从10月份起，毕节地区直属财政全额拨款的行政事业单位实行国库统一支付工资。纳入统发工资单位162个，7481人，每月发放工资1005万元。

**10月13日** 毕节地区县级党政领导班子和领导干部考核评价试点工作启动大会在纳雍县召开。

**10月17日** 纳雍县辣椒顺利通过农业部农产品质量安全中心的检验，获得国家无公害农产品认证，成为全地区辣椒产品获此殊荣的首家。

**10月24日** 毕节地区超前谋划第三批先进性教育活动的做法名列中央先进性教育活动宣传名单中，新华社、中央电视台、《人民日报》《光明日报》《经济日报》、中央人民广播电台集中刊播毕节地区的做法。

**10月23日** 中央党校三十八期省部级干部进修班的8名领导干部到黔西、大方县，毕节市考察煤矿、退耕还林工程、天麻生产基地及卷烟生产，并与毕节行署领导座谈。

**10月24日** 司法部授予黔西县城关镇中心司法所全国先进司法所称号。

11月5日　毕节地区首届老年人运动会在毕节市举行，来自地直及各县市的运动员参加太极健身球、太极柔力球、钓鱼、门球、象棋、乒乓球比赛的角逐。

11月6日　纳雍县、织金县BOT城市供水项自正式运行。贵州省副省长张群山、美国汉氏公司总裁杰瑞·莫斯莱、副总裁夏卫平及省、地有关领导出席在纳雍县城举行的运行仪式。

12月13日　截至是日，毕节地区国税系统组织入库税收收入20.4亿元。

12月15日　织金县被省政府规划为煤磷化电生态工业基地。

12月16日　毕节检察分院成立反渎职侵权局。

12月20日　据统计，毕节地区检察机关1997年以来，共立案查办国家机关工作人员渎职侵权犯罪案177件221人，其中滥用职权犯罪案32件45人，玩忽职守犯罪案61件73人，徇私舞弊类犯罪案28件36人，侵权类犯罪案50件61人，其他类6件6人。重特大案件49人，县处级领导干部3人，地级干部1人，司法工作人员81人，行政执法人员28人。

12月23日　《毕节试验区国民经济和社会发展第十一个五年规划纲要》评审会在北京召开。

12月23～25日　中央电视台《焦点访谈》栏目专题摄制组在毕节采访报道毕节试验区发展成果及实践经验。

是年　毕节地区电线厂胶装班班长王朝生、毕节市民营企业家熊鹏、织金县珠藏镇骂丫村党支部书记杨举英（女、苗族）、地区公安局防暴队队长王鹏被全国总工会评为全国劳动模范。

## 2006年

1月17日　毕节市被定为贵州省第一批石漠化治理工程试点县，获工程资金100万元，实施人工植树造林0.5万亩，封山育林0.9万亩。

2月2日　中央电视台高级编辑李鹰、编导郭一民一行4人到黔西县大关镇丘林村开机拍摄《长征——不朽的魂》专题节目，该节目主要记录红二、六军团长征途中在毕节召开会议的会议旧址和战斗遗址，同时搜集红二、六军团在毕节留下的故事。

2月10～12日　国家农业部畜牧司司长沈镇昭率中央第六巡回检查组到毕节地区检查指导第三批先进性教育活动。先后深入织金县三塘镇、八步镇，金沙县岩孔镇板桥村巡回检查指导，并听取毕节地委负责人关于全区第三批共产党员先进性教育活动的汇报。

2月28日　纳雍县政府与中国建设银行毕节地区分行签订《银政合作协议》。根据协议，地区建行将按照国家产业政策以及地区“十一五”发展规划，向纳雍县电力、能源、交通、化工、教育、城市基础设施建设等项目提供30亿元贷款支持，以促进县域经济持续发展。

3月1日　全地区县级以上公安出入境管理部门对公民因私出国（境）申请实行网上受理。实现出国（境）申请由县级网上受理、地级网上审批、网上传输信息到省厅制证管理。

3月2日　中共贵州省委常委、贵阳市委书记王晓东、市长袁周率贵阳市党政代表团，考察毕节市朱昌、鸭池镇农业产业化经营发展情况。赠送毕节地区50万元，改造农村茅草房。

3月26日　纳雍县贵州五轮山煤业有限公司发生瓦斯爆炸，死亡15人，重伤9人，轻伤24人。

**4月11日** 贵州省第十二届城市物价联席会议在毕节市召开。全省18个城市物价部门负责人参加会议。

**4月18～20日** 全省市、州、地环保局局长联席会议在织金县召开。

**4月20日** 毕节试验区专家顾问组派出人员赴毕节对农村基础设施建设和环境状况进行调研。

**4月25日** 云贵浙3省23地州市打击跨区域毒品违法犯罪工作协作会议在织金县召开。会议就打击跨区域毒品违法犯罪进行研讨，并签订《打击跨区域毒品违法犯罪工作协议》和《流动人口管理警务协作协议》。

**5月1日** 毕节地区新一代天气雷达投入运行。

**5月8～12日** 国家教育督导团、省政府教育督导室派出人员对威宁、赫章县“两基”工作进行过程督导和经费审计。

**5月10日** 大方县小屯乡大田村山洪暴发，造成1人死亡、2人失踪，215户农户房屋垮塌，225间房屋毁坏，3000多头猪死亡，6个村769组3865户1.68万人不同程度受灾，直接经济损失700多万元；过境贵毕高等级公路两处塌方，约3000方泥石流从山上倾泻而下，将贵毕公路拦腰阻塞。

**5月13～14日** 威宁、赫章县遭受霜冻灾害。两县共46个乡镇，592个村，2763个村民小组，4.55万农户，75.72万人受灾；农作物受灾6.43万公顷，成灾4.48万公顷，绝收2.36万公顷；预计损失粮食7.22万吨，造成直接经济损失9542.81万元。

**5月23日** 毕节地区举行弘扬廉政文化、共建和谐毕节——百万青年大行动启动仪式。

**5月24日** 全区244个乡镇党委换届工作开始。8月28日换届工作结束。

**5月26日** 国务院公布第6批国家文物保护单位名单，毕节中华苏维埃人民共和国川滇黔省革命委员会旧址、红六军团政治部旧址、贵州抗日救国军司令部旧址，大方中华苏维埃人民共和国川滇黔省革命委员会旧址，织金财神庙、保安寺、鱼山、东山、文昌阁、玉皇阁、斗姆阁被列在其中。

**6月1日** 国家林业局、贵州省人民政府省级林业联系点第六次联席会议在毕节洪山宾馆召开。民革中央主席许嘉璐、国家林业局副局长赵学敏、国家林业局党组成员、中纪委驻国家林业局纪检组长出席会议。

**6月28日** 毕节市突降暴雨，降水量达151.4毫米，导致特大洪涝灾害，造成41个镇乡办事处，443个村，3613个村民组，35.52万人受灾。洪水冲毁耕地334.5公顷，造成650间房屋倒塌，7人死亡，城区大面积停水、停电，部分交通阻断，8家工矿企业被迫停产，直接经济损失6907.88.万元。

**6月30日** 省民政厅下拨赈灾物资，毕节市财政拨出200万元，帮助受灾群众恢复生产、灾后重建。

**是月** 全区水稻机插秧试验示范工作在金沙县、黔西县、织金县取得成功，完成水稻机插秧5150亩。

7月11日　越南民主共和国胡志明市副市长阮成才一行3人到织金县考察艾滋病防治工作。

7月12日　大方火电厂首台30万千瓦发电机组并网发电并投入商业运营。

7月29日　贵毕高等级公路48千米+281米处，毕节汽车运输公司黔西站贵F02601小型客运车与川Q00901货车相撞，车上8名乘客当场死亡，轻（重）伤9人。

8月4日　在全国第四届特殊奥林匹克运动会上，毕节地区选送的队员熊志红、郭光荣取得两金一银一铜的优异成绩。

8月25日　国家文物局专家组在贵阳评审通过赫章县《可乐遗址保护与发展规划》。

9月6日　贵州省首个卫星定位系统GPS（全球卫星定位系统）水气测量站在威宁县气象局建成并投入试运行。

9月21～22日　水利部审查通过洪家渡水电站水土保持设施竣工验收。

11月1日　贵州省决定从“十一五”开始，实施农村义务教育阶段薄弱学校改造工程。5年间，毕节地区将分别获得中央和省的专项资金2亿元。

11月10日　中共毕节地委召开全区县处级以上领导干部会议，推选省第九次党代会毕节地区代表，省十届人大毕节地区代表、省九届政协驻毕节地区委员在省委考察组的指导下，对毕节地委、行署领导班子进行民意调查。

11月16日　贵州省大学生运动会闭幕，毕节地区代表团共获奖牌15块，其中金牌6块、银牌4块、铜牌5块。

11月28日　中共毕节地委、毕节地区行署决定拨款1000万元，解决全地区农民生活用煤困难问题。

是月　刘晓凯出任中共毕节地委书记，秦如培出任毕节地区行署专员。

12月5日　省、地市环保局联合组织有关专家现场审查验收毕节市低压耐硫甲烷化煤气工程环保设施监测报告，经审查验收，确认合格。

12月30日　水利部专家评审通过《国电织金发电厂新建工程水土保持方案报告书》。

12月31日　至是日止，全地区地税入库12.46亿元，为年度计划的118.33%，同比增收2.71亿元，同比增33.38%。大方、威宁、纳雍、黔西县跨入地方税亿元县行列。

## 2007年

1月7日　中共毕节地委、毕节地区行署决定：对毕节城区人民公园和阳山公园进行大规模改造，工程初步估算投资8000万元。改造结束后，两个公园将免费向群众开放。

1月22日　毕单系列原种扩繁基地建设被农业部列为国家农业综合开发项目。

1月27日　全国政协副主席、致公党中央主席罗豪才，全国政协委员、致公党中央社会服务部副部长李万通来毕节地区视察并进行扶贫捐赠活动。

1月30日　毕节地区经济工作会议在毕节召开。会议总结2006年工作，部署2007年经济社会发展工作，拟办2007年“十件实事”。

**2月9~11日** 省委书记石宗源，省农办主任黎光武等领导到黔西县太来乡检查指导“三农”工作，慰问贫困户、五保户、老党员、老转业军人。

**2月28日** 中共毕节地委召开委员会议，传达学习省委农村工作会议精神，就如何贯彻落实中央1号文件精神和省委农村工作会议精神、抓好地区“三农”工作进行专题研究。

**是月** 毕节市政府投入260万元在毕节城区安装具有远程高清功能的电子监控系统。

**是月** 毕节煤海化工有限公司投资2.2亿元《合成氨、尿素能量系统优化综合节能、节水》技改项目（“1830”项目）开工建设。

**3月14日** 毕节地区出席中共贵州省第十次党代会代表选举大会在毕节洪山宾馆举行，大会选举出代表16名。

**3月17日** 纳雍县鬃岭、雍熙、勺窝、王家寨、老凹坝5个乡镇遭受冰雹袭击，经济损失达214万余元。

**3月20日** 毕节地区首家大型融资企业毕节建设投资有限公司成立。

**3月27日** 中共毕节地委、毕节地区行署成立改建农村贫困户茅草房工作领导小组。

**4月1日** 2007·中国贵州杜鹃花节在大方县举行。

**4月2日** 中共毕节地委决定：在全区县及县以上党政机关集中开展一次作风教育整顿活动。活动为期3个月，从2007年3月底开始至6月底结束。

**4月3~5日** 省长林树森等领导到黔西县、大方县、毕节市、赫章县和威宁自治县考察人畜饮水工程、新型农村合作医疗、生态畜牧业、农村产业结构调整、旅游和城市建设。

**4月10日** 毕节地区首届旅游产业发展大会在毕节召开。

**4月16日** 纳雍县被国家批准为“十一五”期间石漠化治理试点县。

**4月19日** 80多名国内外企业家赴毕节考察、投资洽谈。温州市领导赴毕节考察座谈会与8县市项目洽谈会同时进行。

**4月26日** 全区参加新型农村合作医疗农民达49.88万人，占全区农业人口数的86.74%。

**5月7日** 一辆车牌为云C111Z1由浙江金华开往云南镇雄的大型客车在行至黔西素朴镇时撞翻公路护栏，坠落到几十米高山下，17人当场死亡，26人受伤。

**5月16日** 中共毕节地委书记刘晓凯、地委秘书长李文德和行署副专员周荣赴广州参加“投资在毕节、满意在毕节”招商引资推介会暨项目签约仪式。此次推介会推出投资项目112个，总投资额230多亿元，达成签约项目24个，投资总额30亿元，1000万美元。

**是日** 中国果品之乡暨果品生产先进典型评选组委会、中国果品流通协会评定批准赫章县为中国樱桃之乡。

**5月20日** 纳雍县、毕节市、威宁自治县部分乡镇遭遇暴雨和冰雹袭击，引发特大洪灾。灾害造成4人死亡、3人失踪、3人受伤、300余间房屋倒塌，数百间房屋损毁。

**5月30日至6月1日** 由国家民航总局安全技术中心高级工程师赵成钢、中国民航机场建设集团公司西南分公司设计院副院长张雅丽、成都众力通空管技术服务公司经理刘海云等一行9人组成的专家组到毕节就毕节机场建设踏勘选址。

6月12日　以在大方支教志愿者徐本禹、李华芬感人事迹为原型的电影故事片《杜鹃花开》在大方县城举行开机仪式。

6月21～25日　毕节地区经贸代表团赴上海、温州、福州三市开展招商引资推介暨项目签约活动，并同期进行参观考察。推介会共达成签约项目66个，签约资金70.6亿元。

6月22日　贵州省首届民族饮食文化研讨会在毕节城召开。

6月26日　威宁县东风镇发生特大地陷灾害，造成6人死亡，毁灭房屋8间，造成经济损失约400万元。

6月28～29日　英国戈尔登·彼克国际投资有限公司北京代表处项目部部长朱佐喜一行，到金沙县实地考察绿健牧业有限公司20万头商品猪养殖基地建设项目。

7月1日　毕节地区8县市全部执行住房公积金制度。

7月3日　威宁自治县遭受霜冻、冰雹、洪涝、风暴等自然灾害，造成5万公顷农作物受灾，绝收2.1万公顷，因灾减产粮食3.22万吨，山体滑坡、地面塌陷等造成危房2765户，10人死亡，3人失踪。

7月4～6日　农业部总经济师杨坚到毕节地区考察调研毕节市、赫章县、威宁县的农业和农村经济工作，明确把毕节地区作为农业部联系点。

7月11日　织金县三塘镇鱼多倮村发生山体滑坡，9名群众被埋于土中。

7月13～15日　湖北宜化集团董事长、总经理蒋远华一行10人考察金沙窖酒厂，并与金沙窖酒厂签订合作协议。

7月18日　毕节地区经济贸易局与贵州毕节灵丰复肥有限公司签订《贵州省毕节地区酿酒厂承债式整体国有产权转让协议》，贵州毕节灵丰复肥有限公司兼并地区酒厂。

7月20日　赫章县第一个农民专业合作社在野马川镇新营村挂牌成立。

7月26日　贵州省人民政府批复同意建立百里杜鹃省级自然保护区。

7月28～30日　织金县普降大雨，受灾面积7190公顷，其中成灾面积4310公顷，绝收面积110公顷，倒塌住房824间，涉及农户281户1109人，损坏住房987间，涉及农户331人，造成经济损失3239万元。

7月31日　全区农村居民最低生活保障金首发式在毕节市何官屯中学举行，该镇共有1559户3167人领到28.67万元农村低保金。

8月7日　黔西县羊场镇垅华煤矿发生透水事故，死亡12人。

8月13日　国务院扶贫办外资管理中心主任欧青平、国务院国家扶贫基金会部长刘冬文一行到纳雍县昆寨乡千秋村调研亚洲开发银行援建的TA3150扶贫项目。

8月15～16日　全国人大常委、九三学社中央副主席贺铿率社会服务部有关人员及河北省医学专家一行14人，到威宁自治县开展亮康行动，为50名白内障患者做康复手术，并捐赠320多万元医药物品给威宁县中医院。

8月16～17日　国家环保总局西南督察中心协调处副处长马仁菠率督察组一行，督察国家重点控制工业污染源毕节高原电瓷厂、毕节市城市污水综合治理有限公司、毕节煤海化工有限公司、贵州大方发电有限公司4家企业和“两土”取缔工作。

8月23日　行署召开全区事业单位人事制度改革工作会议。决定对政府财政全额和差额预算管理事业单位人事制度逐步实施改革。

8月28日　全国青年企业家毕节试验区考察团项目洽谈会在毕节举行。来自全国各地的100多名青年企业家与地区有关负责人签订意向性投资项目11个，总投资50多亿元。

9月7日　中共贵州省百里杜鹃风景名胜区党工委、贵州省百里杜鹃风景名胜区管委会成立。

9月19日　毕节力帆骏马振兴车辆有限公司异地技改扩能项目开工仪式在鸭池镇营脚村举行。该项目总投资1.86亿元，建设规模为年产3.6万辆，年产值10亿元。

9月22日　中国红十字会常务副会长、总会党组书记江亦曼率领中国红十字会一行4人到织金县开展氟砷麻综合防治活动。

10月17日　毕节地区行署第23次专员办公会议决定，原则同意百里杜鹃管委会整体接管大方县普底乡、大水乡和黔西县金坡乡、仁和乡以及大方县百纳乡的龙竹、龙峰、龙坪村、黄泥塘镇在拱、箐门村，大海坝国有林场的九龙山工区和黔西县红林乡的岩脚和石笋村。

10月18日　毕节市煤电化一体化项目煤化工一期工程正式开工建设。

10月25日　《毕节市城市总体规划（2007～2025）》评审会在毕节召开。

10月26日　《大方县城市总体规划（2007～2025年）》评审会在大方召开。

10月28日　金沙窖酒酒业有限公司万吨酒技改工程举行奠基仪式，总投资8.9亿元。

11月3日　织金洞获“2007年中国乡村旅游‘飞燕奖’暨最佳自然景观奖”。

是日　贵州省第一艘大型渔政执法船在洪家渡库区举行首航仪式。

11月8日　纳雍县阳长镇群力煤矿发生瓦斯突出事故，死亡35人。

11月20日　毕节地区2007年面向社会公开选聘“一村一名大学生工程”工作启动。

是日　黔深经贸合作毕节试验区招商项目签约仪式在深圳市举行。来自北京、香港、广东、深圳、湖北、甘肃、四川、福建、海南、珠海、台湾等地的40多位企业家及地区招商局、发改局、经贸局、8县市政府和百里杜鹃管委会负责人参加签约仪式。共签约项目27个，总投资350.88亿元。

12月4日　第八届全国少数民族传统体育运动会在广州举行，赫章县彝族乌蒙铃获表演类金牌。

12月7日　由央视一套拍摄的电视专题纪录片《柏格理与石门坎》在草海开机拍摄。

12月14日　伙同他人强迫、组织、引诱23名学生卖淫的威宁自治县新发乡中心小学代课教师赵庆梅一审被判处死刑。

12月21日　中国初级卫生保健基金会定点医院管理局局长李立相到毕节考察“中国健康扶贫工程定点医院”事宜。毕节市海子街镇红堰村被科技部列为首批新农村建设科技示范村（试点）。

12月26日　贵州省高校设置评议委员会专家组赴毕节考察，同意组建毕节职业技术学院。

12月27日　中国农工民主党贵州省毕节地区工作委员会、中国民主同盟贵州省毕节地区工作委员会、九三学社毕节地区工作委员会成立。

## 2008年

1月4日　国家气象局党组书记、局长郑国光到毕节地区考察黔西县气象局业务平台和观测平台、毕节新一代天气雷达、毕节地区气象局的业务平台等。

1月11日　科技部、省科技厅批准毕节地区农科所申报的《“粮（菜）—猪—沼—肥”循杯模式集成与应用》和《红堰社会主义新农村科技示范》。

1月13日　毕节市倒天河综合治理二期工程滨河路3段，碧阳湖路5号桥、7号桥和河堤工程（五龙桥—农工桥）施工及景观绿化、安置房、道桥项目监理合同签订仪式在毕节市天河城建开发投资有限公司举行。

1月13～31日　毕节地区遭受50年不遇的雪凌灾害天气，全区受灾人口413万多人，受灾农作物面积5.03万多公顷，经济损失达10亿多元。灾情发生后，地委、行署立即作出部署，成立抗击雪凌天气、保障民生应急领导小组及其八个指挥部，组织干部群众抗御雪凌灾害。

1月14日　省委书记、省人大常委会主任石宗源，省委常委、省委秘书长张群山到毕节地区黔西县太来乡检查工作，慰问贫困党员、生产发展示范户及贫困户。

1月15～17日　国家民航总局委托质量监督总站组织专家组到毕节，评审贵州毕节民用机场项目选址报告。经过对飞雄、双山、胡家寨备选场址现场踏勘，并听取与会代表对备选场址意见后，原则同意飞雄场址为首选。

1月27～28日　农工民主党中央主席桑国卫、副主席汪纪戎一行赴毕节地区考察农村卫生室建设、地下水资源开发利用及农村饮水安全情况。

2月1日　毕节地区首批廉租住房实物配租钥匙暨租赁补贴发放仪式在毕节城区爱民广场举行。全地区共发放275套廉租住房实物配租钥匙。

2月17日　毕节地区行署专员秦如培与河南永煤集团公司董事长陈雪枫在毕节签订毕节地区行署、河南永煤集团灾后重建与发展合作协议。

2月20日　毕节地区行署驻京联络处与中央统战部、各民主党派中央、试验区专家顾问组、毕节籍在京工作人员以及各界人士联系，为毕节地区受灾地方捐赠款181.62万元、棉服1000套。

2月21日　中共毕节地委、毕节地区行署举行万名干部进村入户帮助指导农业生产恢复重建和春耕生产工作启动仪式。

2月29日　中共毕节地委、毕节地区行署联席会议，传达《中共贵州省委、贵州省人民政府关于认真学习贯彻习近平同志重要批示精神的通知》，听取抗灾救灾、灾后恢复重建与发展工作的情况汇报，并研究灾后恢复重建与发展相关工作，传达省委农村工作会议精神并研究贯彻落实意见。

3月6日　毕节地区建设投资公司向国家开发银行贵州省分行申请5000万元应急短期贷款用于抗灾和灾后重建。

3月10日　从即日起，政协毕节地区工委对地区农办、地区文化局、地区劳动和社会保障局、地区煤炭局、地区民宗局5个单位实施民主监督。

**3月12日** 威宁自治县花岩洞地下水工程施工正式开始，该工程总投资2975.28万元，建成后可日供水7500立方米，工程惠及威宁自治县东风镇、二塘镇及六盘水市钟山区大湾镇共15个村8万余人。

**3月19日** 毕节地区综合交通网发展规划研究审查会在毕节召开，会议听取国家发展和改革委员会综合运输研究所对毕节地区综合交通网发展的规划和研究，并对其进行审查。

**3月27～29日** 加拿大国会议员陈卓愉代表加拿大救助毕节雪凌灾区委员会向毕节地区捐赠救助金376万元。

**3月28日** 中国花卉协会杜鹃花分会授予黔西中国杜鹃花都称号，授予金坡、仁和乡中国杜鹃之乡称号。

**是日** 贵州中烟工业公司捐建毕节地区村级卫生室仪式在毕节天工大酒店举行。中烟工业公司捐赠400万元，地方匹配100万元，总投资500万元，主要在赫章、威宁、金沙、黔西县，毕节市建村级卫生室。

**3月31日** 黔西、织金、威宁3所师范学校转型暨接交仪式在毕节腾龙凯悦酒店举行。织金师范转型后，更名为毕节地区幼儿师范学校，主要培养幼儿教师。黔西、威宁师范转向高中教育，黔西师范学校更名为毕节第二实验高中（黔西旅游学校），威宁师范学校更名为毕节第三实验高中（威宁草海艺术学校）。

**是月** 《可乐遗址保护与旅游发展规划》通过国家评审。

**4月7～8日** 民政部紧急救援中心总干事张群生率考察组一行4人到织金县龙场镇青山村调研因灾毁损房屋情况，并对民政部下拨给青山村的200万元的救灾款的使用作出具体要求。

**4月10～13日** 由中国新闻学会，人民日报社和人民日报社广东分社牵头组织的中国新闻摄影学会会长，人民日报社原副总编于宁率《人民日报》《光明日报》《广州日报》《深圳特区报》《南方日报》《新快报》《人民网图片频道》记者到织金县采访旅游、经济、风土人情、抗灾自救等情况。

**4月15～17日** 全国人大常委会委员、民进中央副主席朱永新一行考察金沙县石漠化治理、新农村建设及教育教学。

**4月16日** 国家卫生部与美国微笑列车基金会、中华慈善总会等单位合作开展的微笑列车唇腭裂修复慈善项目在毕节地区医院启动，33名唇腭裂患者获免费治疗。

**是日** 全国水土保持工作会议在毕节召开。国家防总秘书长、水利部副部长鄂竟平出席会议并讲话。

**4月16～18日** 云贵川三省八地市区域性交通发展协作会在毕节召开。

**4月17日** 毕节地区水文巡测基地暨水环境监测中心在毕节市流仓桥举行奠基仪式。水利部水文局局长邓监、水利部财务经济司副司长赫祟成及省、地有关领导出席奠基仪式。

**4月26～27日** 最高人民检察院副检察长胡克惠一行赴毕节地区检查工作。

**4月27～28日** 交通部高级工程师富志鹏率交通部专家组一行到织金县、毕节市、金沙县对厦蓉高速公路贵州境清镇至织金段、杭瑞高速公路贵州境遵义至毕节段工程可行性进行现场调查研究。

4月29日　农业部、中国农业大学、中国农科院专家论证通过《贵州省毕节试验区食草畜牧业发展规划（2008～2020年）》。

4月30日　全区事业单位人事制度改革完成聘用合同签订和签证工作。全区应参加人事制度改革的事业单位6000个，共8.42万人，已有5982个单位、8.41万人签订聘用合同。

5月1日　贵毕公路黔西段发生一起牌照为渝A23445（临牌）与渝B32868相撞的特大交通事故，造成9人死亡1人轻伤。

5月15日　毕节地区社会各界在毕节市爱民广场举行向四川汶川地震灾区献爱心捐赠活动，地委、行署捐款100万元。截至5月31日，全地区共向四川地震灾区捐款3024万元。

5月23日　贵州省科技厅、地区行署组织实施的国家科技支撑计划项目“高寒山区设施农业技术研究与集成示范”在毕节市正式启动。项目总投资1694万元，其中科技部投入专项经费1000万元。

是日　国家科技支撑计划项目“喀斯特地区灾后农村信息技术开发与示范”在黔西县正式启动，项目总投资1700万元。

是月　中共毕节市委书记刘晓凯升任贵州省副省长。

6月9日　中国（毕节）石漠化治理与生态文明高层论坛在毕节举行，国家和有关省市的各级领导、专家、学者参加会议。

是日　厦蓉高速公路清镇至织金段项目开工仪式在织金县普翁乡举行。厦蓉高速公路清镇至织金段全长69.45千米，路面宽度24.5米，设计时速80公里，总投资约47亿元。

是日　贵州青利集团有限公司与毕节市政府合作项目——毕节氯碱磷煤生态化工工业园签约仪式在毕节腾龙凯悦酒店举行。该工业园区落户毕节市小坝镇，项目预计总投资106.3亿元，7年建成后可解决5000人就业。

6月11日　毕节地区奥运火炬贵州传递启程大会在天工大酒店召开，毕节地区将有22名奥运火炬手赴遵义参加火炬传递。

6月12日　中共毕节地委会议决定，在全区广泛开展“深化三大主题、推动科学发展”解放思想大讨论活动。

6月14日　赫章彝族铃铛舞入选第二批国家级非物质文化遗产名录。

6月18日　贵阳市商业银行毕节分行正式成立。

6月20日　中共毕节地委召开领导干部大会。会议传达贯彻党中央、国务院召开的省区市和中央部门主要负责同志会议精神，以及省委书记石宗源《建立健全惩治和预防腐败体系2008～2012年工作规划》的讲话。

6月30日　自5月20日中共毕节地委组织部下发《关于号召全区共产党员交纳“特殊党费”用于支援抗震救灾工作的通知》以来，全地区共有9.2万名共产党员缴纳特殊党费801.81万元。

是月　秦如培出任中共毕节地委书记，曹国江出任毕节地区行署专员。

7月3日　毕节地区农科所申报的贵州省农业科技攻关项目《粳稻不育系BJ-1A及其组合选育与示范》获贵州省科技厅批准立项。

7月9日　中共贵州省委在黔西县召开党的基层组织建设年活动开展情况汇报会。

7月12日　贵州省2008年招考公务员笔试开考，毕节地区8150人员参考。

7月17～19日　贵州毕节民用机场预可研评估会议在毕节召开，原则同意将大方飞雄作为毕节机场选址。

7月20日　贵州十大影响力风景名胜区和十大魅力旅游景区评选结果在贵阳揭晓，百里杜鹃风景名胜区获十大魅力旅游景区殊荣。

7月25日　毕节地区织金磷煤电化循环经济生态工业基地办公室在织金县挂牌成立。

8月5日　全省检察机关预防职务犯罪工作现场会在毕节召开，全省各地州市检察分院分管检察长参加会议。

8月28日　全地区第二届旅游产业发展大会暨2008中国·贵州·织金国际溶洞文化节在织金县大府头文化广场举行。中共贵州省委副书记王富玉，省委常委、省委宣传部部长谌贻琴出席开幕式。

9月4日　2008年贵州省技术改造工作座谈会在毕节召开。

9月9日　2008年贵州省重点项目大方县年产48万吨硫酸生产项目在大方县东关乡岩下村正式启动。

9月18日　威宁县板底乡清河八组发生山体滑坡，一户村民6人遇难。

9月19日　国家林业局明确毕节地区为全国林业生态建设示范区。

9月19～20日　中铁二院工程集团有限责任公司副总经理、高级工程师敖云碧，项目总监、高级工程师葛根荣率中铁二院成贵铁路项目专家组到毕节调研成贵铁路项目建设方案。

9月23日　毕节地区行署决定授予20年来为毕节试验区经济社会发展作出特殊贡献的钱伟长、厉以宁、常近时、胡敏毕节地区荣誉市民称号。

10月8日　毕节“开发扶贫、生态建设”试验区成立20周年总结工作大会在毕节召开。

10月9日　毕节、深圳签订《关于推动深圳——毕节农业产业化合作的框架协议》。

10月11日　毕节地区广州招商引资推介会暨项目签约仪式在广州举行。来自广州、福建、深圳、海南、香港以及广东其他地区的250多位企业家出席推介会。会议期间，签约项目29个，签约金额172.57亿元。

10月24日　贵州省大煤矿带小煤矿产业体系现场会在黔西县召开。

10月26日　毕节地区在重庆举行招商引资推介会暨项目签约仪式。来自重庆、四川、云南、北京、辽宁、山东、江西、河南、湖北等省市160多家企业参加招商引资推介会，共签约项目33个，签约资金265.78亿元。

10月29～30日　国务院扶贫办副主任郑文海到威宁县考察调研威宁草海湿地生态保护和草地生态畜牧业科技扶贫项目实施情况。

11月14日　毕节地区召开选派万名干部驻村宣讲中共十七届三中全会精神培训动员会。

11月20日　贵州省政府批准《可乐遗址保护规划》。

11月20～22日　四川省、云南省、贵州省地级人工影响天气协作会在毕节召开，三省九地市及所辖县市110余名人员参加会议。

11月27～28日　贵州省计划生育“三结合”暨利益导向工作会在威宁自治县召开。

12月8日　铁道部发展计划司副司长严贺祥率项目专家组到黔西县和毕节市，实地踏勘成贵铁路毕节段选线和确定等级。成贵铁路全长681千米，其中在毕节地区约147千米，将经过毕节、大方、黔西3县市。

12月20日　投资1.8亿元的毕节市水泥厂日产2000吨熟料新型干法水泥生产线技改项目工程奠基仪式在毕节市水泥厂举行。

12月26日　毕节地区召开会议，纪念中共十一届三中全会召开30周年。

12月28日　杭州至瑞丽高速公路贵州境遵义至毕节段在金沙县城关镇五星村举行开工奠基仪式。

12月31日　由广东科胜电力电信技术服务有限公司投资10亿元兴建黔西北陶瓷城奠基仪式在毕节市八寨镇金银山举行。

是月　全区农机购置补贴工作全面结束。完成中央购置补贴资金619.32万元、省级230.46万元，购置农机具2493台（套）。

是月　张吉勇出任毕节地区行署专员。

## 2009年

1月1～2日　黔织、毕威高速公路工程项目可行性研究报告通过预审。

1月7日　广西有色金属集团有限公司与织金东方之花实业有限公司共同出资设立的毕节首家股份有限公司——贵州毕桂钼镍股份有限公司成立。

1月13日　织金县珠藏镇织河煤矿发生瓦斯爆炸，死亡8人。

1月14日　毕节地区召开新增中央投资项目落实促进电视电话会议，通报全地区新增1000亿元中央投资项目实施情况。

1月20日　毕节地区行署与中国建设银行贵州省分行在毕节签订合作框架协议，双方将在基础设施建设、产业结构调整、循环经济、生态经济、改善民生、帮助中小企业融资领域展开广泛合作，协议合作总金额150亿元人民币。

1月23日　省委书记石宗源、省委秘书长张群山一行到黔西县太来彝族苗族乡走访慰问贫困党员和贫困群众。

1月2～27日　卫生部部长陈竺一行，到毕节地区考察麻风病、地氟病防治工作。

3月1～4日　黔西县花溪彝族苗族乡发生一起特大凶杀案，死亡7人。4日上午，在浙江省慈溪市抓获犯罪嫌疑人胡云超。

3月2日　全区开展第二批深入学习实践科学发展观活动动员大会在毕节洪山酒店举行。会议传达学习中央、省委关于开展深入学习实践科学发展观活动的重要指示和全省第一批学习实践活动动员大会精神，并对全地区开展深入学习实践科学发展观活动进行动员部署。

**3月18～20日** 全国人大常委会副委员长、民革中央主席周铁农，国家林业局党组副书记、副局长李育材，全国政协常委、民革中央副主席何丕洁及民革中央调研组到毕节市黔西、大方、纳雍县考察退耕还林、生态建设与石漠化治理工作。

**3月19日** 威宁县东风镇拱桥村大沙窝组一非法采煤点发生瓦斯爆炸，死亡9人伤4人。

**3月21日** 中共毕节地委、毕节地区行署召开会议研究部署打击非法采矿（采煤）行为安全生产检查，明确以打开路、打防结合、综合治理、齐抓共管、重在治本的指导思想，强调严厉打击非法采矿（采煤）行为，千方百计遏制各类生产安全事故的发生，努力实现全区安全生产形势好转。

**是日** 民盟中央社会服务部副部长郭勇率专家考察组，赴毕节地区中医院进行帮扶考察。

**3月22日** 威宁县哈喇河乡小米管理区南8千米处发生4.7级地震。地震发生后，省长林树森对抗震救灾工作作出重要批示，地委书记秦如培主持召开紧急会议，安排部署抗震救灾工作。

**3月27日** 毕节地区行署与国家开发银行贵州省分行在贵阳举行开发性金融合作协议签字仪式，签订融资人民币200亿元，建设城市公共基础设施项目、电力及电网项目、交通项目、重点产业项目、保障性安居工程项目、医疗卫生、教育文化发展项目和其他民生项目。

**4月1日** 贵州、云南、四川、福建省九市（区）流动人口管理协作会议在毕节召开，国家人口计生委流管司司长张春生出席会议。

**4月14日** 中共中央统战部牵头在北京召开“各民主党派中央、全国工商联参与毕节试验区建设工作研讨会”（简称“4·14”会议）。中共中央政治局常委、全国政协主席贾庆林在会上作重要讲话，全国政协副主席、中共中央统战部部长杜青林主持会议，各民主党派中央、全国工商联、试验区专家顾问组的领导以及国家19个部、办、委、局的领导作了重要发言。会后，胡锦涛、温家宝、贾庆林、回良玉、杜青林等中央领导就毕节试验区工作作了重要批示。从此设立了统一战线参与支持毕节试验区建设联席会议制度，争取到若干支持毕节试验区建设的政策。

**是日** 中国博士后毕节试验区服务团挂职活动启动仪式在毕节洪山酒店举行。人力资源和社会保障部留学人员和专家服务中心党组书记、主任、中国博士后科学基金会服务理事长庄子健出席启动仪式。此次到毕节试验区挂职服务的博士后共17名。

**4月22日** 经省政府学位委员会专家组评估认可，毕节学院思想政治教育、汉语言文学、数学与应用数学、物理学、生物科学、体育教育专业可授予学士学位。

**4月30日** 胡锦涛总书记对中央统战部《关于推动各民主党派中央、全国工商联继续参与毕节试验区建设的情况报告》作出重要批示。贾庆林、回良玉、杜青林等中央领导也分别就毕节试验区工作作出重要批示，要求加大对毕节试验区的工作力度，切实推动毕节试验区建设。

**5月6日** 毕节地区行署与贵州省煤田地质局在毕节举行合作开展煤炭资源地质勘查协议签订仪式。

5月7～10日　国务院扶贫办主任范小建率国务院扶贫办有关负责人，到毕节市，威宁、赫章、黔西、织金县考察调研扶贫开发和生态畜牧。

5月8日　毕节地区高速公路开发总公司和毕节飞雄机场有限责任公司正式成立。

5月14日　中国储备粮管理总公司贵州省分公司在腾龙凯悦举行毕节中直粮库上收移交仪式，毕节二堡粮库正式上收为中国储备粮管理总公司贵州分公司直属库。

5月15～19日　在第八届国际茶业博览会上，大方县九洞天茶场生产的九洞天牌毛峰茶经评比获金奖、九洞天牌翠片茶获银奖。水利部副部长周英率领由水利部规划计划司、国家防汛办、水利部水文局等有关司局负责人组成的国家防总西南防汛抗旱检查组检查织金县、毕节市和黔西县防洪工程。

5月20日　新闻出版总署督察验收组，督察验收毕节地区农家书屋工程建设情况。

5月20～22日　经专家组讨论和评审，毕节电网2009～2013年规划通过评审。电网规划毕节2009～2013年总投资46亿元，相当于再造3个现有毕节电网。

5月23日　在第四届中国中小企业交易会暨2009苏商投资中国博览会上，毕节地区被评选为2009苏商投资中国首选城市中最具投资潜力城市。

5月24日　全国政协常委、国家旅游局原局长何光伟一行考察调研毕节地区旅游产业的发展情况。

5月25日　全国岩溶地区石漠化综合治理工程第一次省部联席会议暨现场会在毕节召开。国务院办公厅、国家发改委、财政部、国土资源部、农业部、水利部、环保部、国家林业局8部委等有关领导和广东、广西、湖南、湖北、云南、四川、重庆、贵州等省市区的政府领导和相关部门负责人参加会议。国家发改委副主任杜鹰出席会议并讲话。

5月26日　全国政协副主席、全国工商联主席黄孟复一行到毕节地区织金县考察并举行捐赠暨项目签约仪式。共签约合作项目11个，签约资金21.6亿元。全国工商联扶贫工作委员会为织金县捐赠扶贫滚动资金1600万元以及价值650万元的物资，与织金县政府签署《中华全国工商业联合会支持织金县经济社会发展框架协议》。

5月26～27日　由国家发展改革委农经司水利处处长关锡口、水利部及相关部门负责人组成的调研组一行就黔中水利枢纽一期工程建设和征地移民安置前期工作开展情况到毕节地区纳雍、织金两县进行考察调研，并在纳雍县召开座谈会。

5月27日　国务院常务会议批复毕节飞雄机场立项。

是日　铁道部总工程师何华武率铁道部鉴定中心、计划司、运输局和成都铁路局及有关部门专家一行50余人到毕节地区考察成贵快速铁路客运专线毕节段。

6月3日　贵州省政府省长林树森，中石化董事长苏树林在贵阳签订《中石化集团公司与贵州省人民政府加强合作的战略协议》。将投资建设织金煤化工项目纳入协议中。

5月8日　全国人大常委会副委员长、九三学社中央主席韩启德一行到黔西、毕节、赫章、威宁等县市就科技、卫生、农业、工业、城建、环保工作进行考察调研。

6月11日　毕节地区10部彝文古籍被列入第二批《国家珍贵古籍名录》。

**6月14～16日** 教育部督导办主任高洪带领“两基”国检组到赫章县督导检查“两基”。经过两天的督导检查，对赫章县“两基”工作给予充分肯定。

**6月15日** 省人大常委会副主任许正维率省人大执法检查组检查毕节地区贯彻落实《中华人民共和国中小企业促进法》情况。

**6月17～18日** 北京师范大学资源学院教授刘学敏率可持续发展试验区专家组，考察毕节地区申报建设国家可持续发展试验区情况，同意推荐毕节申报国家可持续发展试验区。

**7月10日** 贵州省毕节试验区招商项目推介会在广州市举行。推介393个项目，对接项目150多个，达成投资意向项目105个。其中，签约项目35个，总投资115.23亿元。

**是日** 国家审计署派出审计组到毕节调查毕节地区长江上游水污染防治及资金管理使用情况。

7月11～16日，受省发改委委托，贵州省国际工程咨询中心派出专家组成评估组，到毕节地区评估黔西至织金、毕节至威宁高速公路工程可行性研究报告。16日下午专家组评估认可可行性研究报告。

**7月17日** 毕节地区召开事业单位实施岗位设置管理工作会议，传达《毕节地区事业单位岗位设置管理实施意见》《毕节地区事业单位实施岗位设置管理工作方案》。

**7月21～22日** 国家商务部副部长钟山、中央统战部五局局长王永庆、商务部外资司副巡视员骞芳莉率部分世界500强企业及东部沿海开发区考察团到黔西县考察，并到毕节学院参观毕节试验区成立20周年成果展。

**7月29日** 毕节地区召开贯彻落实中央四个重要文件工作部署会议，会议传达全省纪委书记座谈会精神，就地区如何全面贯彻《中国共产党巡视工作条例（试行）》《关于实行党政领导干部问责的暂行规定》《国有企业领导人员廉洁从政若干规定》和中央政治局《关于开展工程建设领域突出问题专项治理工作的意见》作出部署。

**7月30日** 中共毕节地委、毕节地区行署召开加快非公有制经济发展大会，讨论贯彻落实省委十届五次全体（扩大）会议精神。

**8月12～16日** 在云南省楚雄州举行的第四届中国彝族文化展览会上，毕节地区的10名选手分别获一金二银三铜奖牌。

**8月18日** 毕节地区在北京举行旅游推介会。中国国际旅行社、中国青年旅行社等40余家全国知名旅游企业代表和人民日报社、新华社、中央人民广播电台等30余家媒体参加推介会。

**8月24～25日** 中央统战部率全国知名企业家赴毕节试验区开展考察投资暨签约活动。中央统战部副部长、全国工商联党组书记全哲洙，中共贵州省委常委统战部部长龙超云出席签约仪式。行署专员张吉勇及全区八县市政府、百里杜鹃管委会负责人与企业家进行签约，共签约项目93个，签约金额366.77亿元。

**8月26日** 黔西县谷里镇江丰煤矿发生煤与瓦斯爆炸，造成7人死亡，3人受伤。

**8月26～27日** 贵州省副省长禄智明率省直有关部门负责人到黔西、大方、毕节、赫章等四县市视察旱情。据统计，全地区9个县市区的183个乡镇1990个村207.75万人受灾。造成直接经济损失2.19亿元。

9月1～2日　贵州省政协副主席武鸿麟率省政协考察组一行7人赴毕节地区检查贯彻落实省委十届五次全会精神暨农村低保制度实施情况。

9月4～5日　全国人大常委会副委员长、民进中央主席严隽琪一行赴金沙县考察调研，并出席在金沙一中举行的民进中央帮扶毕节教育“彩虹行动”启动暨签约捐赠仪式。

9月15日　贵阳市政府与毕节地区行署经济合作洽谈会暨签约仪式在黔西县举行。双方就清镇至黔西高速公路建设等相关事宜进行商洽，并签订有关经济合作协议。

9月16～17日　由全国政协常委、台盟中央副主席黄志贤率领的考察组到赫章县考察，并与该县签订支持赫章一中部分建设项目、合作编制《古夜郎国旅游产业》控制性详细规划协议。

9月17日　赫章《彝族铃铛舞》在河北涉县委、县政府承办的首届中国女娲文化节上获“女娲杯”全国民间歌舞精品大赛金奖。

9月19日　贵州毕节飞雄机场奠基仪式在大方县响水乡飞雄村举行。省委常委、常务副省长王晓东，中国人民解放军成都军区空军副司令员林杰，中国民航飞行学院党委书记、院长郑孝雍，中国民航西南地区管理局副局长覃章高，省发改委主任刘远坤，省气象局局长向红琼，省财政厅副厅长王先耕出席奠基仪式。

9月22日　贵州省秋冬季农业生产现场会在黔西县召开。副省长禄智明，省直各有关部门及全省各市、州、地的相关负责人出席会议。

9月30日　赤水至望谟高速公路黔西至织金段开工典礼在黔西县举行，副省长孙国强宣布开工，地委书记秦如培致辞。

10月7日　威宁县东风镇拱桥村孙家湾子发生一起非法盗采煤炭资源的窒息事故，造成4人受伤、10人死亡。事故发生后，地委书记秦如培、行署专员张吉勇、副专员王祺赶赴现场指挥抢险救援和善后处理工作。

10月9日　毕节地区旅游产业发展大会暨2009中国·贵州·黔西乌江源百里画廊旅游文化节在黔西县化屋村举行，全国政协常委、民进中央副主席王少阶出席开幕式。

10月14日　国家科技部2009年第24次部务会审议，同意贵州省毕节地区、都匀市等16个地区开展国家可持续发展实验区建设。

10月21～22日　中铁二院工程集团有限责任公司副总工程师林世金率中铁二院专家组成员一行到毕节地区就隆黄铁路叙永至织金段的线路走向、站点设置进行现场踏勘。新建铁路经过毕节市、大方县、织金县，铁路线路总长110千米，设置8个车站点，其中毕节市2个站、大方县3个站、织金县3个站。

10月31日　卫生部、贵州省政府同意，贵州省卫生厅决定对特定人群开展甲型HINI流感疫苗预防接种。地区行署首次分配毕节市4000份甲型HINI流感裂解疫苗。

11月7日　中国·贵州首届村干部论坛在赫章县举行。

11月8～10日　中国书法家协会党组书记、驻会副主席兼秘书长赵长青和中国书协副主席申万胜率30多位书法家，到毕节地区考察乌江源百里画廊、织金洞，毕节市碧阳湖、川滇黔省革命委员会旧址，并举行全国著名书法家走进毕节试验区笔会，为毕节地区旅游景点、文化遗址和名胜古迹题字。

**11月13日** 毕节地区妇联在毕节市朱昌镇王家冲村举行“毕节试验区巾帼致富小额贷款行动”启动仪式。该行动将在全区10个生态文明巾帼示范村进行，地区农行系统发放贷款200万元，全由中央财政据实全额贴息。

**11月21日** 贵州省建设厅组织专家委员会评审通过《织金洞风景名胜区总体规划》。织金洞风景名胜区规划面积将由307平方千米调整为201平方千米。

**11月25日** 中华育才图书室工程捐建贵州省58所中小学校育才图书室仪式在织金县第一中学举行。中国作家协会党组副书记、书记处书记张健，中国烟草总公司新闻联络处调研员毛保红等出席捐赠仪式。

**11月27日** 经中央机构编制委员会办公室批复同意，成立贵州煤矿安全监察局毕节监察分局。

**12月16～17日** 全国政协常委、国家电监会原党组书记柴松率中央第五巡回检查组，到毕节地区检查第三批学习实践科学发展观活动情况。

**12月23日** 2010年全国文化、科技、卫生“三下乡”活动启动仪式在黔西县举行。中宣部副部长翟卫华，科技部党组书记、副部长李学勇，司法部副部长张苏军，农业部总经济师张玉香，文化部副部长王文章，卫生部副部长尹力，国家人口计生委副主任王培安，中国科协科普部副部长高勘，省领导王富玉、谌贻琴出席启动仪式。

**12月28日** 历史电视连续剧《奢香夫人》投资拍摄签约仪式在贵阳举行，预计投资2400万元，导演陈健执导。

**12月31日** 中国石油化工集团公司（以下简称“中石化”）织金煤电化一体化循环经济基地煤矿开工暨毕节中城能源有限责任公司揭牌仪式在织金县少普乡狗场村举行。副省长孙国强出席揭牌仪式，并宣布中石化织金煤电化一体化循环经济基地煤矿开工。

**是日** 毕节地区召开基本公共卫生服务均等化与地氟病防治项目启动暨培训会，会议安排地区2009年由中央财政补助资金1.14亿元的26万户炉灶改良任务。

## 2010年

**1月8日** 毕节地区召开全区政府机构改革工作会议，贯彻落实全省政府机构改革工作会议精神，部署全地区政府机构改革工作。

**1月15日** 全省第三批农村基层（乡镇、村）学习实践活动经验交流会在毕节召开。

**1月18日** 贵州省第一个风力发电项目——赫章韭菜坪风电项目（一期）工程在赫章县举行开工奠基仪式。

**1月20日** 国家人口和计划生育委员会《毕节人口发展功能区规划》调研工作会议在毕节召开。

**1月26日** 毕节地区行政中心投入使用。中共毕节地委、毕节地区行署及地直有关单位搬迁到新行政中心办公。

1月28日　第一家五星级酒店洪山国际酒店开工建设。

是月　《毕节地区工业聚集区总体发展规划（2009～2020年）》由贵州省经济与信息化委员会批准实施；《毕节地区水利重点扶持对口支援实施规划》通过水利部水规总院有关专家的技术审查。

2月2日　铁道部在北京召开织金——纳雍水城铁路新建项目预可研审查会，原则同意中铁二院所作的预可研报告。

2月3～4日　贵州省广电网络数字电视整转平移工作在金沙县安洛、大田民族乡开通。该项工程的开通，在毕节地区尚属首家。

2月28日　自2009年秋末开始，全地区出现50年一遇的秋冬春三季连旱，森林火险等级持续居高不下，森林火灾频发。截至2月底，全地区农作物受旱145.1万亩，水库干涸25座，66.14万人，8.54万头大牲畜饮水困难，造成直接经济损失2.1亿元。发生森林火灾185起，过火1.74万亩，受灾毁损林木3160.6亩，造成直接经济损失120万元。

3月4日　教育部、贵州省人民政府共建毕节贫困山区教育改革发展试验区战略合作协议签字仪式在北京举行。教育部部长袁贵仁，贵州省委副书记、省长林树森签署《教育部、贵州省人民政府共建毕节贫困山区教育改革发展试验区战略合作协议书》，毕节贫困山区教育改革发展试验区正式建立。共建毕节贫困山区教育改革发展试验区的重点任务是：着力巩固“两基”成果，促进义务教育均衡发展；着力加快中等职业教育发展；着力推进各类教育协调发展；着力加快中小学教师队伍建设和素质整体提升；着力加快学校信息化建设；着力改革创新办学机制，着力深入推进素质教育。

3月7日　深圳——毕节试验区劳务战略合作万人招聘会在毕节学院广场举行。深圳共组织50多家企业参加招聘活动，提供1.91万个岗位，1万多人进场应聘，达成录用意向1673人，其中现场录用933人。

3月9～10日　国家安监总局监察专员杨江率国务院安委办安全生产调研督导组到毕节督导安全生产工作。

3月11日　国土资源部人事司司长张陟一行，到毕节地区开展百名机关干部集中下基层调研活动。

3月13～14日　水利部长江水利委员会胡玉法处长率调研组，到纳雍县勺窝乡香车河小流域、猪场乡龙井坡小流域、寨乐乡双山小流域进行坡改梯与布局专题调研。

3月中旬　中共毕节地委决定在全地区开展万名干部赴基层抗旱救灾活动。地委、人大、行署、政协领导及毕节军分区领导实行分片联系，每个领导具体联系指导1个旱情最为严重的乡镇。地委党建工作领导小组从地直机关单位抽调282人，组成89个工作队赴旱情最为严重的乡镇，驻村开展抗旱救灾工作。各县市从县市直机关及乡镇、办事处抽派1000名左右干部进村入户开展工作。

3月23日　毕节地区成立抗旱救灾、春耕生产，森林防火综合应急指挥部。地委书记秦如培任第一指挥长、行署专员张吉勇为指挥长。是日，地委、行署在地区新行政中心广场举行毕节地区抗旱救灾献爱心捐赠活动。地区党政领导，地直机关及事业、企业单位和人民团体的负责人及党员、干部职工代表、部分企业代表参加捐赠活动。

**3月28日** 2010中国贵州国际百里杜鹃花节在百里杜鹃风景名胜区普底景区开幕。22个国家的驻华使节及海内外宾客参加了开幕式。

**是日** 山东新汶矿业集团贵州能源基地开工仪式在黔西县举行。山东省国资委副主任韩成峰、贵州省国资委监事会主席席卫普，地委书记秦如培、行署专员张吉勇等有关领导出席开工仪式。新汶矿业集团贵州能源基地项目预算总投资60.3亿元，将向社会提供就业岗位8100个。

**是日** 毕节地区举行抗旱救灾捐赠仪式。大西南矿业股份有限公司、国电贵州电力有限公司、深圳飞尚集团贵州浦鑫能源有限公司、河南煤化集团永贵能源开发有限责任公司、江西众一矿业集团、贵州黎明能源集团、贵州省煤田地质局、重庆市南岸区人民政府等省内外12家企业和单位向毕节地区共计捐款955万元。力帆骏马振兴车辆有限公司出动100辆汽车送水抗旱。

**是月** 毕节地区旱情持续加剧。至月底，全区干涸山塘水库755座，545万人受灾，437.4万人、152.8万头大牲畜饮水困难，2.19万头大牲畜死亡，6个县市区、238个乡镇人畜饮水受影响，农作物受灾559.7万亩，成灾403.4万亩，绝收218.1万亩，预计损失粮食22.8万吨，因灾造成直接经济损失26.6亿元。持续干旱导致森林火险加剧，共发生森林火灾216起，过火1.8万亩，受灾损毁林木5500亩。截至3月份全地区共投入抗旱救灾资金1.12亿元，其中各界捐款2649.5万元。

**4月1日** 中国农业发展银行行长郑晖一行到毕节市考察城市建设和农业基础设施建设工作。

**4月1～2日** 省委常委、常务副省长王晓东到黔西县、大方县、毕节市检查指导抗旱救灾工作。

**4月6日** 中共中央统战部支持毕节试验区抗旱救灾捐款接受仪式在毕节举行。中央统战部支援毕节地区抗旱救灾捐款526.8万元，其中支持赫章县226.8万元。其余300万元分配给威宁县80万元，毕节市、大方县、黔西县、织金县、纳雍县各40万元，金沙县、百里杜鹃风景名胜区各10万元，用于抗旱救灾。

**4月6～8日** 全国人大常委会委员、民进中央副主席王佐书，全国人大常委会委员、民进中央副主席兼秘书长朱永新到毕节职业技术学院和金沙县考察调研，并在金沙县举行“彩虹行动”签约捐赠仪式。全国人大常委会委员、九三学社中央副主席贺铿一行在威宁县开展对口帮扶乡镇考察调研，并出席九三学社中央赴毕节试验区威宁县对口帮扶座谈会暨抗旱救灾捐赠仪式与对口帮扶乡镇签订对口帮扶工作协议书。

**4月8日** 重庆经济协作区第十五次市长联席会在黔西县召开，全国人大常委会副秘书长、民建中央副主席张少琴、省政协副主席、民建贵州省委主委武鸿麟，民建中央社会服务部副部长夏赶秋等与重庆经济协作区18个成员地、市（区）领导、民建会员企业家、各省驻黔商会负责人出席会议。

**4月9日** 毕节地区第三届招商引资洽谈会在黔西县举行。全国人大常委会副秘书长、民建中央副主席张少琴，民建贵州省委主委武鸿麟，民建中央社会服务部副部长夏赶秋；来自澳大利亚，中国香港、北京、天津、上海、深圳、浙江、山东、河南、云南、重庆、四川、福建、江西及外省驻黔商会、贵州省内300多位企业界人士参加会议。会议共签约项目79个，签约资金214.6亿元。

**4月12～14日**　省委常委、省政协主席王正福到毕节地区百里杜鹃风景名胜区、大方县、毕节市和威宁县调研抗旱救灾、水利工程建设、民族宗教工作。

**4月15日**　毕节地区行署与山东光彩教育集团举行合作办学签约仪式，山东光彩教育集团决定每年为毕节地区免费培养5000名中等职业教育学生并保证就业。地委书记秦如培向山东光彩教育集团董事长张时仲颁发毕节地区职业教育顾问聘书。

**4月19日**　全省信访工作交流现场会在毕节召开。省委常委、省委秘书长张群山出席会议并讲话。

**4月29日**　毕节地区举行欢送仪式，送别抗旱救灾部队官兵。成都军区红军师815名官兵在毕节地区1个月，共组织车辆送水112吨，人工送水46吨，帮助抗旱保苗3000多亩，协助春耕生产745亩，整修公路21千米，开挖蓄水池5个600立方米，开挖引水渠198.3千米，运送输水管道等物资34吨，铺设输水管道84.2千米，有效缓解50余万群众的饮水困难。是月全地区旱情已造成619.7万人受灾，2.6万头大牲畜死亡，因灾造成直接经济损失32.34亿元。全地区共投入抗旱救灾资金1.95亿元，其中各界捐款3851.52万元。

**5月4日**　毕节地区农村广播电视覆盖战略合作签约仪式在贵阳举行。行署专员张吉勇、贵州省广播电视信息网络股份有限公司总经理刘文岚分别代表毕节地区行署、贵州省广播信息网络有限公司签署毕节地区农村广播电视覆盖战略合作协议。农村广播电视新模式将覆盖全区238个乡镇。

**5月5日**　赫章县妈姑镇发生洪水和泥石流灾害，造成6人死亡、3人失踪、1人受伤、8000余人饮水困难、1452栋房屋受灾，总计造成直接经济损失3932万元。

**5月8～10日**　农业部春耕生产督导组组长、农业部全国优质农产品服务中心主任刘新录率督导组到毕节督察指导抗旱救灾、春耕生产等农业农村工作。

**5月10～18日**　世界银行中国项目部项目经理梅亚娜女士率春季检查团到毕节地区对黔西、大方、纳雍、赫章、威宁县水土保持世行项目执行情况进行检查。

**5月11日**　纳雍县红旗水库灌区烟水配套、节水改造水利工程在纳雍县龙场镇开工建设。红旗水库灌区工程设计灌溉耕地5.1万亩，为纳雍县猪场、龙场、寨乐、沙包4个乡镇38个行政村3.65万人和1.85万头大牲畜提供生活饮水水源，工程计划2012年5月底前全部竣工。省水利厅机关党委书记金世俊，省烟草局副局长任林，省财政厅机关党委书记冉茂文，民革中央原处长郑心楠，行署副专员苑荣出席开工仪式。

**5月13～14日**　铁道部党组成员、副部长陆东福一行5人到毕节地区调研成贵铁路的前期建设准备工作。

**5月17日**　毕节远航现代物流园区一期工程开工建设。该项目由贵州毕节远航商贸物流有限责任公司投资建设，项目总投资7.8亿元。

**是日** 国家旅游局在北京组织专家评审通过《毕节试验区旅游发展总体规划》。

**5月20日** 毕节地区行署、中国联通贵州省分公司举行签订战略合作框架协议。协议规定，在未来5年内，中国联通贵州省分公司将投资10亿元推进毕节地区信息化建设。

**5月23～24日** 全国人大常委会原副委员长、民建中央原主席成思危一行5人，到黔西县、织金县调研农村小水窖建设、民族文化建设、旅游业发展及民族文化传承工作。

**5月26～27日** 省交通运输厅厅长程孟仁率省交通运输厅有关部门、单位负责人，赴毕节考察杭瑞高速公路遵义至毕节段和黔西至织金、毕节至威宁高速公路建设情况。

**5月下旬** 毕节地区历史文化古城、古镇、古寨、古建筑、古驿道建设启动大会在大方县召开。

**6月1日** 省人大常委会副主任、省依法治省工作领导小组副组长傅传耀率省“五五”普法检查组一行9人到毕节地区检查验收“五五”普法依法治理工作。

**6月1～2日** 中共中央政治局委员、国务委员刘延东，教育部部长袁贵仁，科技部党组书记、副部长李学勇，国家发改委副主任刘铁男，教育部副部长陈小娅，财政部部长助理王保安，国务院研究室副主任江小娟到黔西县锦星乡锦星一小、毕节市十三中、毕节学院、毕节市高寒山区设施农业技术研究与集成示范基地考察调研，并观看毕节试验区成果展。

**6月8日** 铁道部同意新建织金至纳雍铁路。线路自织金北站引出，经织金以那、上坝、纳雍乐治抵纳雍，全长66.9千米，建设工期3年，投资22.97亿元。

**6月17日** 中共毕节地委召开扩大会议，传达学习胡锦涛总书记、贾庆林主席、杜青林部长关于毕节试验区建设的重要批示及省委石宗源书记的批示。

**是日** 副省长孙国强、谢庆生到大方县羊场镇桶井村、大方县九龙天麻公司、小屯乡刺梨种植基地考察调研中药产业发展，并出席大方县中药产业发展项目规划推进协调会。

**6月21日** 毕节试验区专家顾问组常务副组长、中国农业大学教授常近时一行到毕节，调研毕节试验区生态农业科技示范基地和江西众一集团高炉磷酸项目。

**是日** 毕节地区科技计划项目《昆明裂腹鱼生物学及人工驯养繁殖技术研究》通过贵州省科技厅组织的成果鉴定。鉴定认为项目成果达国家领先水平。

**6月22日** 中共毕节地委、毕节地区行署在福建省福州市举办贵州毕节试验区招商引资推介会。113人出席推介会。推介会共签约项目17个，签约资金21.1亿元。

**6月25～28日** 由国务院发展研究中心党组成员、农村经济研究部部长韩俊，中纪委驻国家烟草专卖局纪检组组长潘家华率调研组一行18人到黔西、大方、威宁、毕节检查指导水利设施建设。

**7月8日** 全省农村危房改造工程现场推进会在黔西县召开。省委常委、常务副省长、省农村危房改造工程领导小组组长王晓东出席会议并讲话。

**是日** 全省第六次人口普查数据处理会议在毕节召开。会议传达国务院人普办主任张为民在全国数据处理工作会上的讲话精神，安排全省人口普查数据处理工作任务及数据设备分配。

全省九地州市代表参会。

**7月11日** 科技部副部长曹健林到大方县考察，并出席在大方县举行的中国科技交流中心、贵州省科学技术厅、毕节地区行署科技合作协议签字仪式暨KOICA（音译：科意卡）项目启动仪式。

**截至7月11日** 全地区因洪涝导致52.41万人受灾，农作物受灾面积为2.55万公顷，其中绝收面积为2559.76公顷，毁坏耕地48公顷；倒塌房屋2142间；93头大牲畜死亡；直接经济损失1.49亿元。

**7月13～17日** 《毕节地区五大特色产业（蔬菜、茶叶、生态畜牧业、特色经果林和中药材）发展规划（2010～2015）》通过专家评审。

**7月29日** 隆（昌）黄（桶）铁路叙永至织金铁路预可行性研究审查会在毕节举行。铁道部计划司副司长韩树青，四川、云南、贵州省直有关部门负责人及毕节地区有关领导出席会议。

**是日** 中华职业教育社社会服务部部长杨农一行到毕节地区调研职业教育发展。

**是月** 毕威、黔织高速公路项目贷款获建行、交行国家总行批复。7月1日，建行国家总行批复毕威高速公路33.7亿元项目贷款；7月12日，建行国家总行正式批复黔织高速公路10.95亿元项目贷款；7月15日，交行国家总行批复毕威高速公路33.5亿元项目贷款。

**8月9日** 毕节地区力帆骏马振兴车辆有限公司举行年产10万辆轻卡、2万辆重卡二期技改项目开工典礼。

**8月15日** 中共毕节地委、毕节地区行署在新行政办公中心举行“情系舟曲”悼念遇难同胞赈灾捐赠仪式。地区党政领导秦如培、张吉勇、李文德、杨继红等及地直部门社会团体代表参加悼念活动。截至8月底，全区为舟曲灾区捐款163万元。

**8月25～26日** 全国工商联副主席褚平一行到全国工商联联系点织金县考察调研帮扶项目落实、工商联工作。

**8月27日** 全省1000万只肉羊工程项目启动仪式在大方县凤山乡地区牧垦场举行。副省长禄智明出席仪式。

**8月28日** 毕节地区地、县（市、区）联合公开选拔领导干部面试工作分别在地区和各县市区同步进行。全地区共有301人参加面试，其中县处级职位10人，乡科级职位291人。

**8月31日** 中共毕节地委、毕节地区行署召开全区第八届村（居）民委会换届选举工作会，传达贯彻贵州省和第八届村（居）民委会换届选举工作会议精神，部署全区第八届村（居）民委会换届选举。

**9月2日** 位于纳雍县寨乐乡雍后村年产150万吨的新型干法水泥生产线项目——贵州纳雍隆庆乌江水泥有限公司举行点火仪式。

**9月3日** 贵州省住房和城乡建设厅副厅长、高级工程师、注册城市规划师伍祥华，重庆市规划设计研究院注册城市规划师甘虹非，重庆市设计院城市规划研究中心高级工程师张捷，省城市规划委员会专家、高级建筑师吴本立，省建筑设计院国家特许一级注册建筑师、高级建筑师罗德启等9位专家，接受毕节地委、毕节地区行署聘请，成为毕节城乡规划建设专家委员会委员。

**9月6日** 中共中央总书记胡锦涛就威宁县工作作出重要批示。

**9月9日** 中共中央总书记胡锦涛到中国人民大学附属中学考察，通过视频与毕节民族中学师生进行亲切对话。

**是日** 中共云南省昭通市委书记夜礼斌率昭通市党政代表团赴毕节考察并出席毕节地区与昭通市共同推进交通建设座谈会，共商两地交通发展大计。

**是日** 毕节第一座斜拉桥——碧阳大桥正式建成通车。碧阳大桥横跨毕节市倒天河，是沟通城东新区和南部新区，建设标准最高、技术工艺最复杂、施工难度最大的桥梁工程。工程投资7200万元。

**9月17日** 铁道部、贵州省人民政府下发《关于新建织金至毕节铁路项目建议书的批复》。同意新建织金至毕节铁路。织金至毕节新建线路全长约82千米，预计投资总额为58.8亿元，项目工期3年。由黄织线织金站引出，经八步、大方至毕节枢纽毕节东货运中心，全线设织金、织金北、大方西、毕节东等6个站，主要控制性工程为长约5.5千米的侯家坪2号隧道。

**9月23～24日** 铁道部鉴定中心携成贵公司、中铁四院、中铁二院等单位专家组成的审查组，赴毕节进行成贵快速铁路初步设计审查现场踏勘工作。

**9月25～26日** 全国人大常委会委员、台盟中央常务副主席汪毅夫带考察团赴赫章县考察，并捐助教育卫生事业资金220万元、电脑500台、点读机200台。

**9月28～29日** 全省农村精神文明建设工作经验交流会议在毕节召开。省委常委、省委宣传部部长、省文明委副主任谌贻琴出席会议并讲话。

**9月30日** 铁道部总工程师何华武率铁道部、成都铁路局、中铁二院、中铁咨询公司相关专家赴毕节地区就铁路枢纽布局进行调研，并与地区相关部门进行座谈。

**10月8日** 贵州金沙窖酒酒业有限公司注册商标金沙及图被国家工商行政管理总局认定为中国驰名商标，成为毕节地区最先的中国驰名商标企业。

**10月10日** 毕节地区第四届旅游产业发展大会暨2010中国·贵州·赫章阿西里西旅游文化艺术节在赫章县韭菜坪举行。

**10月19日** 中央统战部办公厅巡视员、副主任申占华一行到赫章县调研“同心工程”试点工程建设。

**是日** 中共贵州省委常委、省纪委书记宋璇涛到威宁考察草海保护和治理、赫章县新城区建设，在毕节市检查力帆骏马汽车制造二期工程建设，参观毕节试验区成果展。

**10月22～23日** 中共毕节地委书记秦如培率毕节地区党政考察团赴陕西省榆林市考察煤化工产业发展和工业园区建设情况。

**10月24～25日** 中共毕节地委书记秦如培率毕节地区党政代表团赴四川省成都市考察城乡统筹和园区建设情况。

**10月25日** 毕节试验区招商引资推介会暨项目签约仪式在四川省成都市举行。推介会成功推介矿产资源、工业、农业、旅游类项目425个，项目总投资1526亿元。签约项目49个，签约资金177.75亿元。

10月26日　毕节地区与四川省乐山市缔结为友好地市。双方协议，两地将共同在优势产业和优势资源方面开展广泛的经济技术合作与交流，共同打造煤化工、磷化工、重化工、金属冶炼、现代农业、旅游、现代服务业等产业。

是日　贵州省政府与中国石化股份有限公司签订战略合作框架协议，协议中织金煤电一体化基地分三期建设，总投资520亿元。次日，中国石化集团公司党组成员、中国石化股份公司副董事长、总裁王天普一行11人，赴织金循环经济新区考察。

11月6日　毕节地区召开工业发展大会，讨论《关于实施工业强区战略的决定》和《毕节地区工业产业十大振兴规划》。

11月10日　中央统战部在毕节召开的统一战线参与毕节试验区建设座谈会。全国政协副主席、中央统战部部长杜青林，贵州省委书记、省人大常委会主任栗战书出席会议并讲话。中央统战部副部长黄跃金，省委副书记王富玉，省委常委、统战部部长龙超云，省委常委、省委秘书长张群山，省政协副主席陈海峰，天津市政协副主席、市委统战部部长刘长喜，江苏省政协副主席、省委统战部部长周珉出席会议。

11月10～11日　中共贵州省委书记、省人大常委会主任栗战书到大方县、黔西县和织金县，调研工业化、城镇化、农业产业结构调整和旅游产业发展等工作。

11月16～17日　水利部水保司副司长张新玉一行到纳雍县、毕节市检查坡耕地水土流失综合治理试点工程开展情况。

11月20～24日　铁道部工程设计鉴定中心副总工程师丁亮及有关专家，赴毕节地区就新建毕节至织金及织金至纳雍铁路工程进行现场踏勘和可行性研究报告评审。原则通过毕节至织金，织金到纳雍铁路工程可行性研究报告。

11月23日　全省新农保第二批试点养老金发放仪式在威宁县举行。副省长孙国强出席仪式并讲话。

11月30日　军民共建毕节公路沿线绿化工程启动仪式在黔西县城关镇乌螺坝举行。成都军区副司令员阮志柏，总后基建营房部副部长高平修，国家林业局总工程师姚昌恬，省委副书记王富玉，省军区政委石晓，副省长禄智明、辛维光，地区领导秦如培、沈绍翔等出席启动仪式。

是日　毕节试验区首届香港投资推介会暨项目签约仪式在香港举行。中央人民政府驻香港联络办公室、港区政协委员联谊会、香港贸易总局、中华总商会、中华厂商联合会、工业总会、文汇报、金裕集团、保华集团主要负责人及130多位港澳台地区商界企业家和组织负责人，毕节地区领导人张吉勇、王玉屏出席会议，推介会现场签约项目21个，签约金逾241亿元。

12月6～9日　毕节地区集体林权制度主体改革通过省级检查验收。

12月7日　毕节试验区食品药品工业园区在大方县东关乡正式挂牌。副省长谢庆生为园区揭牌。园区位占地15平方千米。

12月9日　毕节地区与四川煤炭产业集团有限公司战略合作协议签字仪式在毕节举行。

**12月9～10日** 铁道部副部长胡亚东率国务院安委会督察组到毕节地区检查安全生产工作。

**12月13日** 黔西县太来乡长江煤矿发生一起安全事故，造成5人死亡，1人下落不明。

**12月18日** 贵州力帆时骏振兴集团公司成立暨22家配套企业、研发中心、生活区开工仪式在毕节市小坝镇举行。该公司计划投资33亿元，建设年产10万辆轻卡，2万辆重卡的现代化汽车生产基地。

**12月20～22日** 中共贵州省委常委、省纪委书记宋璇涛到黔西、大方县，毕节市了解工业、农业、纪检监察工作。

**12月21日** 国家旅游局将百里杜鹃批准为国家AAAA级景区。

**12月23日** 成都至贵阳铁路客运专线、重庆至贵阳铁路扩能改造、织金至毕节铁路、织金至纳雍铁路、铜仁至玉屏城际铁路、小碧至白云铁路和贵阳北站7个重点铁路建设项目建设动员大会在毕节市小坝镇举行。

**是日** 毕节地区赴京招商引资推介会在北京举行。毕节试验区专家顾问组常务副组长常近时，各民主党派中央、全国工商联、北京市委统战部等单位有关负责人及100多名企业家出席推介会。推介会现场签约15个项目，签约金额达581.6亿元。

**是日** 毕节地区召开参加省青少年运动会总结表彰大会。全地区226名选手参加14个大项，219个小项的比赛。共获62块金牌、56块银牌、57块铜牌，团体总分金牌总数居全省第三。

**12月27日** 中共贵州省委书记栗战书批示：要求省委统战部、省工商联及毕节试验区贯彻落实好杜青林副主席和黄跃金副部长的重要指示，扎实抓好毕节试验区工业园区建设和依托工业园区开展招商引资的工作。

**12月28日** 厦蓉高速公路织金至纳雍段、毕节至生机段，杭瑞高速公路毕节至都格段开工典礼在大方县双山镇归化村举行。

**12月31日** 毕节地区外来务工者阿里木以24万多张选票被评为“中国网事感动2010”年度网络人物第一名。

**是月** 国务院办公厅下发《关于开展国家教育体制改革试点的通知》，将毕节试验区定为贵州省承担国家教育改革试点的地区。

**是月** 毕节地区无偿献血工作受到卫生部中国红十字会和解放军总后卫生部表彰。

## 2011年

**1月2日** 中共毕节地委、毕节地区行署召开会议，传达学习省委、省政府主要领导的重要批示精神以及省委办公厅、省政府办公厅《关于积极应对低温凝冻天气切实做好保交通保电力保民生工作的紧急通知》和省政府办公厅《关于切实做好当前雪凝天气灾害应对工作的紧急通知》，要求扎实抓好贯彻落实工作。

**1月4日** 中共毕节地委书记秦如培主持召开抗凝冻专题会议，研究部署抗凝冻、保民生、保交通、保电力、保生产、保稳定工作。

1月9～13日　中共毕节地委、毕节地区行署赴京工作汇报团向中共中央统战部、各民主党派中央、全国工商联汇报毕节试验区工作，向国务院有关部委部委汇报毕节试验区“十一五”期间和2010年经济社会发展情况、“十二五”发展思路和2011年工作打算及请求帮助协调解决的问题。

1月13日　全省农村危房改造工作会暨威宁县农村危房改造整县推进责任书签字仪式在威宁县举行。

1月13～15日　中共贵州省委书记栗战书到威宁县迤那镇开展“四帮四促”活动，食宿农家，问需问计访寒苦。

1月27日　毕节地区召开城镇化推进大会。会议要求全力推进黔西北城镇群建设，到2015年形成由1个大城市、6个中小城市、20个集镇人口达到2万人以上的中心镇的城镇化规模，城镇人口达200万以上，城镇化率力争达40%。

1月29日　毕节地区行署与湖北稻花香集团签订合作协议，稻花香集团计划投资20亿元，在毕节征地1200～1500亩，建设国际商贸城，集商品研发、展示、洽谈、交易，电子商务，现代化商贸平台，日用百货、农副产品、工业品批发交易市场，建筑、建材、装饰市场和商业住宅为一体。计划投资5亿元，整体收购黔西县贵州林酒酒业有限公司全部资产，并选址毕节县大屯乡大河口村作为酿造基地进行生产扩能，在十二五期末确保年销售收入达10亿元。计划投资3亿元，在毕节地区成立能源公司，从事矿产资源开发、销售和深加工，力争“十二五”期末整合和扩能达到年产500万吨。计划投资2亿元，选址大方县建包装工业园基地，从事设计、制版、生产、综合保障等，力争“十二五”期末实现销售收入10亿元。计划总投资30亿元，在大方县竹园乡征地2000～3000亩，建成集多功能为一体的物流产业园区，建成后年产值达150亿元，年利润15亿元。

是月　毕节地区召开区工业园区建设暨招商引资工作会议。

2月10日　水利部副部长矫勇率水利部有关司、局负责人到毕节地区，先后考察黔西县县城河道治理工程、拟建的黔西北（夹岩）水利枢纽工程大坝坝址及工程相关准备工作、倒天河水库除险加固工程。要求加快夹岩水利枢纽等工程项目的前期准备工作。

2月16～17日　华润集团考察组赴毕节地区考察。“十二五”期间，华润集团拟在全省投资1000亿元，在毕节地区主要投资电力、煤炭、新能源、医药、水泥、啤酒等项目。

2月17日　国家发展和改革委员会主任办公会议研究批复毕节机场可行性研究报告。毕节机场为4C级民用支线机场，距毕节市直线距离18千米，总投资7.55亿元，主要建设内容为一条2600米×45米的跑道和一条垂直联络道、3个机位（2CIB）的站坪、7000平方米的航站楼，机场生产生活等辅助设施、公共配套设施、空管工程、供油工程等，可起降波音737、空客320、321等国内主流机型。

2月18日　毕节双山新区管理委员会授牌仪式在毕节城举行。

3月1日　毕节地区行署与成都铁路局多元经营集团公司在毕节举行毕节铁路物流园区、中石化毕节分公司运油专线、毕节粮食产业园区运粮专线、织金北站物流园区项目签约仪式，签约金额98.16亿元。

**3月3～12日** 毕节地区行署专员张吉勇率队先后到四川成都、乐山，山东济南、潍坊、淄博、滨州，江苏张家港、南通，广东广州、深圳，香港等地招商。考察23家企业和单位，签订5个近期投资共30多亿元的协议。

**3月20日** 金沙县举行开明·同心大市场奠基暨“同心工程”捐赠仪式。全国人大常委、民进中央副主席王佐书，省政协副主席、民进贵州省委主委左定超出席捐赠仪式。

**3月23日** 大方县润丰化工有限公司硫精砂制硫酸化工生产项目，一期年产16万吨硫酸项目竣工，二期年产32万吨的项目工程开工建设。

**3月27日** 毕节地区中华职业教育社成立。中华职业教育社副总干事韩晓光，省委统战部副部长、省社会主义学院党组书记何萍，毕节地区人大工委主任、中共毕节地委秘书长李文德，中共毕节地委委员、地委统战部部长吴维方，毕节地区政协工委副主任肖远福出席成立大会。大会选举行署副专员张光奇任地区中华职业教育社主任。

**3月29～30日** 东部10省市民盟组织参与毕节试验区建设研讨会在毕节举行，全国人大常委会副委员长、民盟中央主席蒋树声，中共贵州省委书记栗战书出席会议。

**3月30日** 统一战线参与毕节试验区建设工作联席会议第四次全体（扩大）会议在京举行。中共中央政治局常委、全国政协主席贾庆林作重要批示。全国政协副主席、中央统战部部长杜青林出席会议并作重要讲话。

**4月2日** 重庆市委常委、政法委书记刘光磊率重庆市考察团到毕节地区考察，就深化渝黔合作框架协议内容，推动渝毕两地合作举行座谈会。

**4月8日** 全国部分非公有制经济人士和港澳工商界知名人士投资毕节试验区洽谈会在毕节举办。共签约项目53个，签约资金301.01亿元。

**4月9日** 九洞天国家重点风景名胜区管理局挂牌成立。

**4月18日** 香港言爱基金援建毕节地区8所“思源实验学校”签约仪式在贵阳举行。该基金决定在毕节地区8县市各援建1所1800人规模的寄宿制思源实验学校，每所学校共投入2400万元人民币，其中每县市各匹配1400万元，计划8所学校于2012年9月建成投入使用。

**4月21日** 华能乌江源风电项目开工庆典在威宁县盐仓镇百草坪举行。华能乌江源风电项目总投资20亿元，总装机30万千瓦，时为贵州省规划装机规模最大的风电场。

**4月25日** 华锐风电科技（贵州）有限公司、西部一勤上光电科技产业园、贵州九天高原电瓷有限公司、毕节地区安丰门业有限公司、贵州众诚投资公司、毕节安泰环保建材有限公司和贵州富量矿业有限公司的7个项目在毕节高新技术产业基地开工。

**是日** 总投资近43亿元的大方县2011年47个重大建设项目集中开工仪式在大方镇龙昌坝循环经济产业园区举行。

**4月28日** 《毕节——大方城市总体规划（2010～2030年）》获省政府批准实施。

**5月9日** 贵州锦麟化工有限责任公司织金精细磷化工项目摩天冲年产250万吨选矿厂开工建设。

**5月12日** 全国人大教科文卫委员会调研组到毕节地区专题调研贯彻实施《国家中长期教育改革和发展规划纲要（2010～2020年）》工作情况。

**5月21日** 中共贵州省委、省政府在毕节召开毕节试验区新一轮改革发展推动大会。省24位领导、省毕节试验区工作领导小组成员单位；省直有关部门、部分中央在黔单位主要负责人，各市（州、地）党委、政府主要负责人，以及参加全省项目建设年现场观摩会全体人员出席会议。中央统战部、各民主党派中央、全国工商联的有关负责人应邀出席会议。

**5月27～29日** 全国人大常委会副委员长、农工党中央主席桑国卫在毕节试验区考察指导工作。

**5月31日** 《毕节试验区"十二五"扶贫开发规划》评估论证会在北京召开。国务院扶贫办副主任王国良，省扶贫办党组成员、外资项目管理中心主任吴永念，国务院扶贫办相关司处负责人及有关专家应邀出席会议。会议原则同意通过《毕节试验区"十二五"扶贫开发规划》。

**6月1日** 贵毕公路毕节至修文段取消收费。

**6月2～3日** 上海市统一战线及新闻媒体采访团到毕节试验区考察采访。

**6月8日** 黔西至大方高速公路石板至东关段、东关至清丰段（环北高速）在毕节市小坝镇举行开工仪式。全长53.04千米，总投资41.35亿元。

**6月14日** 中共毕节地委、毕节地区行署召开贯彻落实毕节试验区新一轮改革发展推动大会精神动员大会；召开全区加强和创新社会管理工作会议。科技部农村司、条财司组织专家验收毕节地区实施的"十一五"国家科技支撑计划"喀斯特山区生态环境综合治理关键技术应用与示范"。

**是日** 首届中国毕节试验区教育改革发展高级专家咨询会在织金县宏洲国际大酒店五楼会议室召开。全国人大常委、民进中央副主席王佐书，省政协副主席、民进贵州省主委左定超出席会议。

**6月16日** 贵州省重点建设工程象鼻岭水电站开工仪式在威宁县玉龙乡田坝村举行。象鼻岭水电站位于贵州省威宁县和云南省会泽县交界的牛栏江上，系牛栏江河流梯级规划中的第三级水电站。

**6月17日** 全省中药产业发展推进会在赫章县举行。省委副书记王富玉、副省长禄智明出席会议并作讲话。

**6月22日** 毕节市，大方、织金、纳雍、威宁、赫章县107个乡镇遭暴雨或大暴雨袭击，引发洪涝灾害。其中毕节市田坝乡雨量最大，达到183.4毫米。

**是月** 中共毕节地委、毕节地区行署决定提高全地区城乡低保保障标准和补助水平，新标准从2011年4月11日起执行，全区城市低保月人均标准达282元。

**7月7日** 重庆市政协副主席、民进重庆市委主委陈贵云，民进重庆市委专职副主委张克敏率民进重庆市委同心彩虹行动对口帮扶工作队，到金沙县官田乡开展对口帮扶活动。

**7月12日** 《贵州省水利建设生态建设石漠化治理综合规划》启动实施暨首批14个骨干水源工程集中开工仪式在兴仁县举行，纳雍县金蟾水库工程，黔西县附廓水库加高扩建工程，大方县岔河水库工程含在其中，3座中型水库总投资5.67亿元。

**7月14日** 中国石化贵州织金60万吨／年聚烯烃项目选址论证会在北京中国石化集团举行，确定织金县茶店乡磨大村为新的选址。

**是日** 毕节试验区专家顾问组换届会议在中央统战部举行。

**7月15日** 第六届中华慈善奖表彰大会在北京人民大会堂举行。在毕节以卖烤羊肉串坚持爱心助学的新疆维吾尔族同胞阿里木江·哈力克荣获最具爱心慈善行为楷模奖，并作为获奖代表在会上发言。

**7月16～19日** 全国政协副主席、民革中央常务副主席厉无畏率民革中央“同心·博爱行”考察组到毕节地区，就试验区及民革中央定点扶贫联系县——纳雍县的经济社会发展情况进行考察调研。全国政协常委、民革中央副主席何丕洁，河北省政协副主席、民革河北省委主委孔小均，内蒙古自治区政协副主席、民革内蒙古自治区委主委肖黎声，江西省政协副主席、民革江西省委主委陈清华，广西壮族自治区人大常委会副主任、民革广西壮族自治区委主委刘新文，青海省政协副主席、民革青海省委主委马志伟参加调研。

**7月25日** 毕节地区大型新闻门户网站——毕节试验区网成立。

**7月27日** 成渝地区经贸合作项目签约仪式在成都举行，毕节地区与成渝地区的企业家签约项目9个，金额103.5亿元。

**7月29日** 长三角区域经贸合作项目签约仪式在上海举行，毕节试验区列入省签约目录的项目15个，签约金额324亿元。

**是日** 受省委书记栗战书、省长赵克志委托，省委副书记王富玉率省发改委、财政厅、民政厅、省农委、水利厅、省扶贫办、省气象局等省直有关部门负责人，深入到黔西县检查指导抗旱救灾工作，看望慰问灾区群众。

**是月** “同心工程”助“威宁试点”提速，实施5大工程49个项目，总投资47.54亿元。

**8月1日** 国家民政部救灾司副司长庞陈敏、减灾中心灾害评估和应急部副主任吴建安到黔西县林泉镇、锦星乡、金碧镇，织金县茶店乡、八步镇等实地检查指导抗旱救灾工作。

**是日** 农业部党组成员、中纪委驻农业部纪检组长朱宝成在毕节地区考察地区农科所脱毒马铃薯种植繁育中心、毕节市鸭池镇南等蔬菜生产基地，参观试验区成立23周年成果展。

**8月4日** 毕节地区召开县、乡人大换届选举工作会议。

**8月8日** 全国党外代表人士实践锻炼基地（贵州省）启动仪式在毕节举行。

**8月11日** 黔西县发生一起因城管纠正违章停车与群众冲突引发的群体性事件，围观群众最多时达近万人。事发后，省委书记栗战书、省长赵克志等领导及时批示，并指派贵州省委常委、政法委书记、公安厅厅长崔亚东、贵州省副省长辛维光第一时间赶到黔西现场指导处置。毕节地委书记秦如培等地区有关领导赶赴现场处置。

**8月30日** 世界马铃薯组织中国首席代表、科学家谢开云博士，省农科院马铃薯所所长、专家雷尊国，地区科技局领导和专家莅临威宁检测马铃薯高产实验，经测算，亩产高达4150千克。

**是月** 全省首家县级5万吨级粮食储备库——威宁自治县粮食储备库破土动工，该粮食储备位于威宁县五里岗经济技术开发区，总占地面积113.8亩，预计将于明年底全面竣工并投入使用。

**9月6日** 中国民生银行昆明分行和贵州力帆时骏振兴集团在毕节举行银企战略合作协议签字仪式，中国民生银行昆明分行投入30亿元人民币助贵州力帆时骏振兴集团发展。

**是日** 贵州力帆时骏振兴集团二期工程竣工暨新产品下线仪式在毕节市小坝镇的毕节经济开发区隆重举行。

**9月18日** 第九届全国少数民族传统体育运动会闭幕。与会期间，代表贵州队参赛的毕节民中教师罗兴雁获一等奖，并获其他三个射弩项目的三个三等奖；毕节学院女子珍珠球队获二等奖；黔西籍运动员余张林在民族式摔跤52公斤级比赛中获二等奖；织金县李桂芬获传统弩跪姿射击项目三等奖。纳雍苗族芦笙项目《登及摘》获表演一等奖。其他表演项目《启补阿哈》（虎守崽）、《阿西里西》获二等奖、《给作拉》获三等奖。

**9月20日** 农业部投入毕节地区亿斤粮食增产工程、良种补贴、农作物良种繁育体系建设、农业科技推广、农业基础设施建设等项目资金已超过2亿元。

**9月28日** 中国石化贵州织金新型能源化工基地“煤电化一体化”产业项目一期工程60万吨/年聚烯经项目奠基仪式在织金县茶店乡举行。

**9月28～29日** 全省核桃产业扶贫工作推进会在赫章县召开。

**10月8～9日** 毕节市第三届乌蒙生态旅游文化节闭幕式演出活动在碧阳湖演艺广场举行。

**10月20日** 贵州锦鳞化工有限公司织金精细磷化工项目在织金县八步镇举行奠基仪式。织金精细磷化工项目，总投资138亿元，分为1亿块/年磷矿石膏制砖项目、240万吨/年硫磺制酸项目、96万吨／年湿法磷酸项目、40万吨／年湿法净化磷酸等4个子项目，项目建成后，可形成500万吨／年采选，90万吨／年磷酸，40万吨／年净化磷配，配套下游的电子级磷酸、磷系陌燃剂、工业级磷酸一胺、缓控释肥，并进行伴生氟、稀土资源的综合回收利用，磷石膏资源化、无害化综合利用的产品体系。将极大地提升贵州在中国磷化工的地位。形成新型的中国磷化工基地，对于把磷及磷化工发展成贵州支柱产业意义重大。

**10月22日** 国务院下发《关于同意贵州省撤销毕节地区设立地级毕节市的批复》，同意撤销毕节地区和县级毕节市，设立地级毕节市和县级七星关区，毕节市辖大方县、黔西县、金沙县、织金县、纳雍县、赫章县、威宁彝族回族苗族自治县和七星关区。

**是日** 全国新型农村和城镇居民社会养老保险宣传活动启动仪式在威宁自治县举行。

**10月24日** 中共毕节地委决定不再保留毕节地区文化体育局（新闻出版局、版权局）、毕节地区广播电影电视局，组建毕节地区文化体育广播电影电视局（新闻出版局、版权局）。

**10月27日** 深圳市副市长陈改户代表深圳市向毕节地区捐赠100万元资金，支持毕节抗旱救灾。

**11月1日** 全省民族地区贫困乡镇扶贫开发和特色民间民族文化村寨建设现场会在黔西县召开。

**11月8日** 黔西煤化工土建工程开工暨办公大楼奠基仪式在黔西循环经济产业园区举行。项目占地1059亩，一期投资约40亿元，建设周期为26个月，项目建成后将实现年销售收入30亿元，利税12亿元，安排就业人员1000余人。项目自2010年12月落户黔西县循环经济产业园区以来，已累计筹集资金7.4亿元，其中累计完成固定资产投资4.7亿元，计划2013年11月竣工投产。

**是月** 国家文化部对第三次全国文化馆评估定级作出决定，赫章县文化馆被命名为一级馆；大方县文化馆被命名为二级馆；毕节地区群艺馆、织金县文化馆、纳雍县文化馆被命名为三级馆。

**12月2日** 中共中央纪委《廉政准则》贯彻执行情况专项督导检查组第三组组长、科技部党组成员、中央纪委驻科技部纪检组长郭向远率组到毕节地区的黔西县督导检查《廉政准则》贯彻执行情况。

**12月7日** 毕节地区首批农村实用人才实训示范基地授牌仪式在毕节市举行。金沙县熊泰绿色食品发展有限公司、织金县雅贤农业生态观光园、纳雍县鹏腾生态农牧综合开发有限公司成为毕节地区首批农村实用人才实训示范基地。

**是日** 省委常委、省委统战部部长龙超云率省纪委、省委统战部、省委政研室等有关单位负责人组成的省委督察组，到黔西县兴黔大道工地、黔西煤化工基地、贯城河治理现场、素朴镇等地，督察产业园区发展、基础设施建设及反腐倡廉建设。

**12月9日** 金沙县创建全国社会主义新农村建设档案工作示范县工作通过国家档案局的验收。至此，金沙县成为全省第一个全国社会主义新农村建设档案工作示范县。

**12月10日** 省调整农业结构特色产业经验交流会在威宁县召开。

**12月13日** 纳雍县发展大道产业园区连城大桥段工程在王家寨镇产业园区举行开工典礼。该大桥横跨茶叶沟，总长152米，结构形式为预应力混凝土连续钢构。工程估算投资8000万元，到2012年底完工。

**12月14～17日** 毕节被中国第七届城市竞争力排名评选暨香港论坛评选为2011中国最具成长竞争力城市之一。

**12月23～25日** 中共中央统战部副部长、全国工商联党组书记全哲洙率考察组到毕节地区考察调研。考察组深入织金县、大方县、毕节市并与地区部分民营小型微型企业主进行座谈。出席织金县三甲乡专业合作社和贵阳市果蔬商会的框架性协议签约仪式。

**12月27～29日** 中国共产党毕节市第一次代表大会在毕节城召开。会议选举产生了新一届中国共产党毕节市委员会和市纪律检查委员会，听取了秦如培代表中共毕节市第一届委员会作的《站在新起点，迈向新征程，实现新跨越，为建设富裕文明幸福的新毕节而努力奋斗》的工作报告。会议选举秦如培为中国共产党毕节市第一届委员会书记，张吉勇、周荣为中国共产党毕节市第一届委员会副书记，吴强、胡吉宏、沈绍翔、朱江华、杨兴友、王祺、宫晓农、袁晓玉、周全富、王开俊为中国共产党毕节市第一届委员会常务委员会委员。

**12月27日** 中国共产党毕节市委员会、毕节市人民代表大会常务委员会、毕节市人民政府、中国人民政治协商会议毕节市委员会、中国共产党毕节市纪律检查委员会挂牌仪式在毕节市行政办公中心举行。

是日 毕节市双山新区奠基暨毕节职教城开工典礼在大方县双山镇杨柳村举行。新区面积10平方千米，人口规模10万人，其中近期规划面积6.18平方千米，人口规模8万人，建设用地面积为606.71公顷。职教城由毕节工业学校、毕节信息工程学院、毕节广播电视大学、毕节财贸学校、毕节职业技术学院、毕节卫生学校、毕节幼儿师范学院和毕节体育学校入驻。

## 2012年

1月1～6日 中国人民政治协商会议第一届毕节市委员会第一次会议在毕节召开。会议听取了《政协毕节市常委会工作报告》、选举郭正良为政协第一届毕节市委员会主席，周应华、肖远福、赵牧、秦天志、杜娟、安顺才、辜康乐、卢林、谢定敏为政协第一届毕节市委员会副主席。

1月3～6日 毕节市第一届人民代表大会第一次会议在毕节召开。会议分别听取了《毕节市人民政府工作报告》《毕节市人大常委会工作》《毕节市中级人民法院工作报告》《毕节市人民检察院工作报告》。选举安金黎为毕节市第一届人民代表大会常务委员会主任，王玉屏、杨海琰、倪小兵、李克明、马培译、王炳荣、范元平、黄家耀为毕节市第一届人民代表大会常务委员会副主任；选举张吉勇为毕节市人民政府市长，吴强、王祺、宋丽丽、冉霞、吴安玉、李玉平、高青为毕节市人民政府副市长；选举黄兴文为毕节市中级人民法院院长；选举石子友为毕节市人民检察院检察长。会议审议通过了《毕节市人民代表大会常务委员会工作报告》《毕节市人民政府工作报告》《毕节市2011年国民经济和社会发展计划执行情况及毕节市2012年国民经济和社会发展计划》《毕节市2011年财政预算执行情况及毕节市2012年全市及市级预算》《毕节市中级人民法院工作报告》《毕节市人民检察院工作报告》。

1月5日 毕节市人民政府与重庆盈田置业公司举行项目建设签约仪式，签约资金达23亿元。

1月7日 全市经济工作会议在毕节召开。市委书记秦如培和市长张吉勇分别讲话并与各县、区党政主要负责人签订2012年目标管理责任书。

1月12日 国发〔2012〕2号《国务院关于进一步促进贵州经济社会又好又快发展的若干意见》出台，意见多处涉及毕节试验区建设内容。

1月15～19日 市长张吉勇带队到北京向中央统战部、各民主党派中央、全国工商联、试验区专家顾问组和国家有关部委汇报对接国发〔2012〕2号文件相关事宜。

1月17日 全国政协副主席、中央统战部部长杜青林会见毕节市赴京汇报工作的市委副书记、市长张吉勇一行。杜青林对毕节试验区建设取得的成绩表示肯定，并对下一步工作作了重要指示。

是日 贵州省铁路项目建设前期工作对接会议在贵阳召开，对涉及毕节的成贵铁路（乐山至贵阳段），毕节至织金铁路，织金至纳雍铁路和隆黄铁路毕节至叙永段4个项目进行了明确。

**1月18日** 中国农业发展银行毕节分行发放贷款1000万元支持毕节试验区实施农民集中居住示范村建设。

**是日** 国土资源部机关党委副书记张先余、省国土资源厅机关党委书记杨真贵等组成的国土资源部调研组赴毕节调研开发扶贫工作。

**1月29日** 毕节市人民政府第一次全体会议在毕节召开。

**1月30日** 中共毕节市委书记秦如培主持召开市委常委会议，学习贯彻《国务院关于进一步促进贵州经济社会又好又快发展的若干意见》（国发〔2012〕2号文件）精神，通报市委、市政府赴京对接国发2号文件的有关情况。

**2月1日** 中共毕节市委书记秦如培主持召开毕节市承办第七届全省旅游产业发展大会领导小组全体会议，安排部署大会各项筹备工作。

**2月2日** 中共毕节市委召开农村工作暨扶贫开发工作会议。市委领导与各县（区）政府（管委会）签订2012年促进农民增收综合考核目标责任书。

**2月4～5日** 中共贵州省委书记栗战书率领省委秘书长张群山等有关部门负责人，到威宁自治县调研工业化、城镇化、特色农业化及迤那镇经济社会发展情况。

**2月8～10日** 毕节市市长张吉勇率市有关部门负责人到北京与国家发改委、林业局、商务部、财政部、能源局、民委、扶贫办、银监会、民用航空局等部委对接汇报工作。

**2月10日** 贵州省副省长禄智明率调研组到威宁自治县调研2012年发展烤烟产业工作情况。

**2月14日** 毕节市召开毕节试验区新一轮改革试验宣传工作领导小组第一次会议，部署毕节试验区新一轮改革试验宣传工作。

**2月15日** 中共深圳市委书记王荣率领深圳市党政代表团到毕节市考察对口帮扶工作。

**2月15～16日** 毕节市市长张吉勇率有关部门负责人到国家发改委、铁道部、财政部、国家烟草专卖局、水利部等汇报工作，结合国发2号文件中涉及的有关内容，争取在项目、资金、政策等方面加大对毕节试验区的支持帮扶力度。

**2月17日** 《人民日报》刊发省委书记栗战书的署名文章《科学发展观在毕节试验区的探索与实践》。

**2月17～18日** 中共毕节市委书记秦如培在全国文化体制改革工作会议上作了经验交流发言。

**2月中旬** 全国人大教科文卫委员会副主任、中国奥委会副主席李志坚率团到黔西县、大方县、毕节学院和威宁自治县进行实地考察，并就相关设施及项目建设提出了意见和建议。

**2月23日** 中共中央政治局委员、国务院副总理、国务院扶贫开发领导小组组长回良玉在乌蒙山片区区域发展与扶贫攻坚启动会上强调并指出：以“开发扶贫、生态建设、人口控制”为主题的毕节试验区，经过20多年的探索实践，走出了一条贫困山区科学发展的新路，取得了巨大成就，对引领乌蒙山片区区域发展与扶贫攻坚具有重要的现实指导意义。

**是日** 经教育部批准，贵州省毕节彝汉双语职业学校在威宁自治县成立。

**2月24日** 国土资源部部长徐绍史，国务院扶贫开发领导小组副组长、国务院扶贫办主任范小建，在中共贵州省委书记栗战书的陪同下，到威宁自治县实地调研当地扶贫开发的新做法、新经验、了解威宁自治县和毕节试验区经济社会发展情况。

2月25～26日　农业部部长韩长赋在毕节考察时强调：要紧紧抓住中央1号文件核心，加快农业科技进步，充分发挥科技支撑作用，努力促进农业增产、农民增收、农村发展。

2月27日　毕节市市长张吉勇主持召开市政府常务会议，传达学习国务院乌蒙山片区区域发展与扶贫攻坚会议精神，研究本市贯彻落实国发2号文件赴京汇报工作任务分解方案，并就当前有关工作进行部署。

2月29日　2012年度第一期区域经济发展高级研修班在北京大学光华管理学院阿里巴巴厅举行开班仪式，毕节市100名党政干部将在北大光华管理学院接受为期15天的区域经济发展专题培训。

是日　统一战线参与毕节试验区建设联席会议第五次全体（扩大）会议在北京召开。中共中央政治局常委、全国政协主席贾庆林作出重要批示，全国政协副主席、中央统战部部长杜青林出席会议并讲话，中央统战部副部长黄跃金主持会议。何丕洁、李重庵、张少琴、王佐书、刘晓峰等领导出席会议。中央统战部、各民主党派中央、全国工商联和国家发展改革委、科技部、国务院扶贫办、农业部、教育部、国家民委、民政部、财政部、国土资源部、环境保护部、交通运输部、铁道部、水利部、商务部、卫生部、国家人口计生委、国家林业局、国家新闻出版总署、国家旅游局、中国银监会、国家烟草专卖局、中国宋庆龄基金会、中华职教社、清华大学黄河研究中心、东部十省市党委统战部、贵州省委统战部相关负责人，毕节市领导秦如培、张天昱、袁晓玉参加会议。

3月7日　十一届全国人大五次会议期间，全国人大代表、中共毕节市委书记秦如培在北京接受《经济日报》记者关于毕节试验区建设发展的采访。

3月12日　省交通厅厅长程孟仁、副厅长张群力到毕节市就交通运输工作及国发〔2012〕2号文件关于毕节市交通项目的落实情况进行考察调研。

3月18日　毕节市市长张吉勇在市政府办公中心会见北京长风仁和旅游咨询有限责任公司总经理、中国社科院旅游研究中心特约研究员许长仁、上海龙起资产经营管理有限公司总经理钟彪云一行。

3月19日　贵州省人大常委会副主任傅传耀率人大代表视察组到毕节市对杭瑞高速公路遵义至毕节段进行视察。

3月20日　贵州省农村信用社联合社与毕节市签署战略合作框架协议，拟提供700亿元贷款额度，进一步加大对毕节试验区发展的融资支持力度。

3月21日　万丰国际商贸城招商揭幕盛典暨市场联盟和招商启动仪式在七星关区举行。中国市场学会理事长、国家粮食局原局长高铁生，商务部市场体系建设司副司长孔令羽出席并讲话，中共毕节市委书记秦如培等领导出席。

3月22日　国家开发银行贵州省分行与毕节市委、市人民政府在贵阳召开座谈会，双方就进一步加强金融合作，加快推进毕节试验区改革发展，积极探索金融业服务区域经济发展新路子进行了研究。

**3月23日** 中共贵州省委副书记陈敏尔先后到黔西、百里杜鹃风景名胜区和大方县考察小城镇建设、园区建设、旅游产业发展和基层党组织建设等工作情况。

**3月25日** 毕节市人大工作会议在毕节召开。中共毕节市委书记秦如培作重要讲话，市人大常委会主任安金黎主持会议。

**是日** 毕节市政协工作会议在毕节召开。中共毕节市委书记秦如培出席会议并作重要讲话，市政协主席郭正良主持会议。

**3月27～28日** 中共贵州省委副书记、省旅游发展和改革领导小组组长王富玉，省委宣传部部长谌贻琴率队赴黔西、百里杜鹃景区、大方县检查第七届贵州旅游产业发展大会筹备工作情况。

**3月下旬** 全国人大常委、民进中央副主席王佐书在省政协副主席、民进贵州省委主委左定超等领导陪同下赴金沙县考察调研。

**3月30日** 赫章县锦华实业热铸连轧项目开工典礼暨赫章县2012年第一批项目集中开工仪式在赫章县雉街乡举行。毕节市市长张吉勇出席并宣布开工。

**4月1～2日** 中共中央组织部全国组织干部学院培训班学员赴黔西县开展教学活动。中共毕节市委书记秦如培应邀为学员作《科学发展观在毕节的实践》的专题讲座。

**4月5日** 贵州省国土资源厅党组成员、总规划师董晓峰带队到毕节市对《重要矿产资源整装勘察拟报项目》等多个项目进行协商。

**4月8日** 毕节试验区招商引资投洽会暨项目签约仪式在毕节学院举行。中共毕节市委书记秦如培致辞，毕节市市长张吉勇作主题推介，会议由市人大常委会副主任王玉屏主持。投洽会向来自北京、天津、上海等18个省（自治区、直辖市）和部分华侨华商代表达300位企业家，广泛推介本市工业、农业、基础设施、商贸物流、旅游、社会事业等各类投资项目，并成功签约投资项目53个，签约金额497.3亿元。

**4月9日** 毕节试验区同心大厦奠基仪式在毕节城区举行。贵州省人大常委会副主任、省委统战部部长龙超云出席并讲话，副省长、农工党贵州省委主委谢庆生宣布开工，中共毕节市委书记秦如培致辞。毕节市市长张吉勇主持奠基仪式。

**4月10日** 中国工商银行贵州省分行行长黄力与毕节市市长张吉勇签署“十二五”期间战略合作备忘录，“十二五”时期，工行将为本市提供1000亿元的信用额度增量。

**4月11日** 中国彝族首届非物质文化遗产传承展演暨水西古城奠基典礼在黔西县举行。

**4月11日** 毕节经济开发区年产15万台汽车发动机、年产15万台农业机械装备发动机、汽车内装饰3个汽车配套项目集中开工。中共毕节市委书记秦如培宣布开工，毕节市市长张吉勇作讲话。

**4月12日** 织金县绮陌工业园暨投资160亿元的15个项目在织金县绮陌乡举行奠基仪式。毕节市市长张吉勇出席奠基仪式，讲话并宣布奠基。

**4月18日** 中共贵州省委书记栗战书参加省第十一次党代会毕节代表团讨论党代会报告

时作重要讲话。

4月21日　驻华使节寻访世界最大天然杜鹃花园文化交流活动在百里杜鹃举行。来自德国、土耳其、俄罗斯等全球38个国家和地区的驻华大使使节、参赞及夫人共78人参加活动。

4月22日　国家旅游局局长邵琪伟率中国旅游研究院相关人员一行，赴百里杜鹃风景名胜区进行调研。邵琪伟要求，借助贵州第七届旅发大会召开的大好机遇，将百里杜鹃景区的资源优势转化为杜鹃文化产业优势。

是日　在“北京2012博士后人才引荐会”上，毕节市人才办面向全国范围内博士及博士后提供20个挂职岗位。

是日　“国际喀斯特生态旅游论坛”在黔西县举行。来自加拿大、日本等国家和地区的地质旅游专家、国内科研院所、专业组织的代表共300余人参加此次论坛，论坛发表了《国际喀斯特生态旅游论坛宣言》和首个《世界喀斯特旅游发展报告》及《毕节构建喀斯特生态旅游创新发展区申报方案》。

是日　第七届贵州旅游产业发展大会在AAAA级风景名胜区百里杜鹃国家森林公园隆重召开。民革中央副主席何丕洁，民盟中央副主席陈晓光，国家旅游局局长邵琪伟，中共贵州省委副书记赵克志，牙买加驻华大使考特尼·拉特雷，外经贸部原副部长、复旦大学国际关系与公共事务学院院长龙永图，中共贵州省委宣传部部长谌贻琴，中共遵义市委书记喻红秋，中共毕节市委书记秦如培，中共铜仁市委书记廖国勋等领导出席会议。会议由省政协副主席、省旅游发展和改革领导小组组长王富玉主持。会上考特尼·拉特雷在大会上宣读了《促进中国花文化旅游走向世界毕节宣言》暨《倡议设立“世界鲜花及植物旅游城市和风景区联盟”》文稿，驻华使节团代表土耳其驻华大使穆拉特·萨利姆·埃森利向百里杜鹃风景区颁授“最值得驻华大使馆向世界推荐的世界最大天然杜鹃花园”牌匾。

4月23～25日　中共贵州省委书记栗战书在省委常委、中共毕节市委书记秦如培的陪同下先后到大方县、金沙县、黔西县，就工业化、城镇化、农业现代化工作进行深入调研。

4月25日　由全国政协社会和法制委员会副主任、中纪委委员曹康泰率全国政协调研组到黔西县、百里杜鹃管委会就依法行政工作进行调研。

是日　毕节、广安教育发展专题会议在教育部第一会议室召开。会议由教育部党组成员、副部长、部省共建毕节贫困山区教育改革发展试验区领导小组副组长鲁昕主持。在会上教育部各相关司局负责人表示，将对毕节、广安两个试验区教育改革和发展继续给予大力支持和倾斜。

4月25～26日　全国政协副主席、中共中央统战部部长杜青林一行在中共贵州省委书记、省人大常委会主任栗战书，中共贵州省委副书记、省长赵克志，省政协副主席王富玉，中共贵州省委统战部部长龙超云，副省长谢庆生的陪同下在毕节市调研。中共中央统战部副部长黄跃金，学习考察团团长、农业部副部长张桃林，中央国家机关、各省区市和副省级城市的党外领导干部40多人参加考察。中共毕节市委书记秦如培陪同调研并汇报毕节试验区工作情况，毕节市市长张吉勇主持汇报会，市领导安金黎、李文德等出席汇报会。

4月26日　“毕节试验区产业发展研讨会”在中央社会主义学院举行。中国青年企业家协会副会长、西部控股集团董事长陈远东，中国民生银行、能源金融中心事业部市场营销中心总经理尔惠莉等领导出席，中国青年企业家协会秘书长汪敏主持研讨会。

**是日** 第62届“世界小姐”贵州赛区总决赛在毕节市七星关区行政办公中心大礼堂举行。

**4月27日** 首届乌蒙片区旅游联盟合作峰会在毕节市举行。国土资源部人力资源开发中心副主任、国土资源部扶贫开发办公室主任刘晞，贵州省副省长谢庆生就乌蒙片区旅游联盟成立的重要性作重要讲话，毕节市市长张吉勇出席会议并作题为《共同构建乌蒙片区无障碍旅游圈》的主题演讲。乌蒙片区其他15个地级市（州、区）政府分管领导率团参加会议。会议通过了《乌蒙片区旅游联盟毕节宣言》，与会16个市（州、区）代表共签署《乌蒙片区旅游联盟合作框架协议》。

**4月28日** 毕节试验区首届“生态原茶、香溢乌蒙”万人品茗活动开幕式在毕节市七星关区人民公园举行，有省内外55家茶叶企业前来参加。中国农业科学院茶叶研究所副所长陈直出席开幕式。

**5月3日** 全国第一家股份制商业银行——交通银行毕节分行举行开业典礼。毕节市市长张吉勇代表市政府聘请胡华庭为毕节市人民政府高级经济顾问。

**是日** 由中共中央文明办主办的“我推荐、我评议身边好人”活动揭晓。毕节市陈明辉、岳峰、成莲菊、安金凤、吴昆、高庆富6人荣登“中国好人榜”。

**5月8日** 毕节试验区工作情况座谈汇报会在毕节召开，全国政协常委、全国政协经济委员会副主任、毕节试验区专家顾问组总顾问、北大光华管理学院名誉院长厉以宁出席会议并讲话。中共毕节市委书记秦如培主持会议。

**5月8～10日** 贵州省政协主席王正福在省政协秘书长李月成的陪同下，到毕节市调研工业化、城镇化、农业现代化“三化同步”建设工作。

**5月9日** 中国著名经济学家厉以宁应邀为毕节市干部职工举办题为《当前经济形势分析》的专题讲座。

**5月10日** 国家发改委西部开发司司长秦玉才到毕节市就编制《深入实施推进毕节试验区改革发展规划》进行调研。

**是日** 国家行政学院交通管理体制改革研究课题组到毕节调研。课题组组长王伟、省交通运输厅党委副书记李程、毕节市领导吴强、安顺才等领导参加座谈会。

**5月11日** 草海镇银龙“幸福小镇”项目开工典礼在威宁自治县草海镇举行。毕节市市长张吉勇出席典礼并宣布威宁自治县“幸福小镇”项目正式开工建设，威宁彝族回族苗族县委书记杨兴友致辞。

**5月14日** 毕节市市长张吉勇和泸州市市长刘强在泸州签订《毕节——泸州战略合作框架协议》。

**5月15日** 百名全国青年企业家走进毕节试验区投资洽谈会在毕节市举行。中共毕节市委书记秦如培主持会议，团省委书记马宁宇、中国青年企业家协会副会长陈远东出席并讲话，毕节市市长张吉勇作试验区招商引资主题推介。

**5月15～17日** 国土资源部副部长张少农率国务院第四督察组到毕节市就连片特困地区落实扶贫开发政策措施情况开展专项督察。

**5月17日** 铁道部办公厅印发《中华人民共和国贵州省人民政府关于织金至毕节铁路调整可行性研究报告的批复》。

**5月23日** 毕节市在香港维多利亚港湾君悦大酒店举行“中国·贵州毕节市香港投资推介会暨项目签约仪式”。推介会共签项目7个，投资金额85.5亿元人民币。

**5月27日** 中共毕节市委一届二次全体（扩大）会议召开。毕节市委书记秦如培作题为《构筑精神高地，冲出经济洼地，争当六个排头兵，为后发赶超在西部超常规崛起而奋力拼搏》的重要讲话。毕节市市长张吉勇就《关于深入贯彻落实省第十一次党代会精神推动毕节试验区后发赶超在西部超常规崛起的意见》作说明。

**5月29～30日** 人力资源和社会保障部副部长信长星率人社部宣教中心主任杨秀清、法规司副司长余明勤、就业司副司长桂桢等到毕节调研。

**5月30日至6月1日** 中共毕节市委书记秦如培率队到云南省昭通市考察。两市就加强战略合作、推进乌蒙山片区区域扶贫开发、率先实现乌蒙山片区区域扶贫攻坚目标达成一系列共识并签署了《战略合作框架协议》。

**5月31日** 《毕节试验区中药产业发展规划（2011–2020）》通过省市专家评审。

**6月1日** 全国人大常委会委员、民进中央副主席王佐书，民进中央联络委员会副主任曹兴强，民进贵州省委专职副主委郭子仪到金沙县箐门乡开展帮扶工作。民进中央社会服务部、民进贵州省委、民进浙江建德市委等民进各级组织负责人、企业家、中共毕节市委统战部部长袁晓玉陪同调研。

**6月10日** 为纪念毕节试验区建立24周年，由农工党中央筹拍的以毕节扶贫开发为主题的故事影片《情系喀斯特》在全国政协礼堂举行首映式。

**6月13～16日** “全国名家看贵州”毕节采风活动团一行，先后到黔西、百里杜鹃、大方、七星关和织金5县区，对全市人文历史、旅游文化、经济建设等方面进行多角度、全方位的采风和创作。

**6月15日** 中共毕节市委书记秦如培主持召开会议，专题研究机场、高速公路、铁路项目建设工作。

**6月中旬** 毕节市各县区连续不同程度遭受风雹、洪涝灾害。有111.72万人受灾，造成直接经济损失1.73亿余元。中央、省、市、县投入救助资金2.37亿余元，救助困难群众115.45万余人。

**6月24日** 中央文献研究室调研组到毕节试验区进行调研。中央文献研究室室务委员兼第五编研部主任孙业礼、中央文献研究室巡视员张宁、中央文献研究室第五编研部副主任何树平、省委党史研究室副主任余熊等与毕节市委书记秦如培及市直有关部门负责人进行座谈。

**6月25～28日** 人力资源和社会保障部副部长杨志明一行到毕节市调研人力资源和社会保障工作。

**6月29～30日** “中国南方第三届马铃薯文化节”在威宁彝族回族苗族自治县开幕。农业部党组成员张玉香，国务院扶贫办行政人事司副司长谭卫平，贵州省农委总农艺师张太平，贵州省扶贫办总经济师杨宏，毕节市领导安金黎等出席开幕式。

**7月4～5日** 贵州省副省长孙国强率省政府办公厅、省政府督察室，省发展改革委等部门负责人到金沙县，专题督察深入贯彻落实《2012年50项重点工作责任分工方案》及贵州省第十一届人民政府第五次全体会议精神等情况。

**7月8日** 中央党史研究室副主任曲青山到毕节市委党校开讲《历史上党的全国代表大会纵横谈》讲座。

**7月9日** 全国人大常委、民进中央副主席王佐书在毕节一中和市委党校分别作了题为《由思考问题的方法看教育与教学目的的研究》和《为提高领导干部的素质和能力提供研究线索》的专题报告。

**7月10日** 环境保护部总量司副司长赵群英到毕节市就主要污染物总量减排等工作进行核查。

**7月12～13日** 中共贵州省委常委、常务副省长谌贻琴到毕节市金沙县、黔西县、大方县调研扶贫生态移民、农村危房改造、产业园区和标准厂房建设等工作。

**7月16～17日** 毕节市出现连续性强降雨天气过程，截至17日，已造成全市9县区不同程度受灾。

**7月18日** 毕节市在杭州举行“贵州省毕节市‘长三角’区域招商引资推介暨项目签约仪式”。来自浙江、江苏、上海、福建、江西、安徽、北京等地的100多名企业家应邀参加推荐项目签约仪式。在项目签约仪式上，组织签约项目58个，投资金额432.41亿元。

**7月20日** 中共贵州省委任命：张吉勇任中共毕节市委书记；陈昌旭任中共毕节市委委员、常委、副书记；同意提名陈昌旭为毕节市人民政府市长人选。

**7月22日至8月1日** 中共中央总书记胡锦涛、全国政协主席贾庆林，全国政协副主席中央统战部部长杜青林和中共贵州省委书记赵克志分别就毕节试验区建设作出重要批示、指示。要求坚定贯彻“同心”思想，奋力推进“同心”实践，努力建设好毕节试验区。

**7月23日** 中共毕节市委召开常委（扩大）会议，传达贯彻全省领导干部会议精神、省委常委（扩大）会议精神和省委书记赵克志对毕节工作的重要指示精神，强调要迅速统一思想和行动，勇于担当后发赶超、跨越发展的历史重任，咬定目标不放松，确保不折不扣完成全年全市各项目标任务，确保在全省综合测评中增比进位，确保社会和谐稳定，努力创造让人民满意的新业绩。

**7月24日** 毕节市第一届人大常委会第五次会议决定：接受张吉勇辞去毕节市人民政府市长职务，任命陈昌旭为毕节市人民政府副市长、代理市长；同时决定，接受吴强辞去毕节市人民政府副市长职务。

**7月28～29日** 全国政协副主席、民进中央常务副主席罗富和到金沙县视察“同心·彩虹行动”实施情况。

7月31日至8月1日　中共广东省委常委、统战部部长林雄，广东省政协副主席周天鸿、温思美、姚志彬、陈蔚文等率领广东省党外领导干部和企业家考察团赴织金县开展“同心·毕节扶贫牵手行动”系列活动。中共贵州省委统战部部长刘晓凯等领导参加了活动。

8月1日　毕节市铁路项目建设协调会在织金县召开，会议传达7月24日，成都铁路局与毕节市铁路建设工作座谈会精神，中共毕节市委书记张吉勇、成都铁路局合资办副主任陈茂学等领导出席会议。

8月3日　中共毕节市委召开常委（扩大）会议，传达学习贯彻胡锦涛总书记和习近平副主席在省部级主要领导干部专题研讨班开班式上的重要讲话精神，传达学习胡锦涛、贾庆林、杜青林等中央领导和中共贵州省委书记赵克志就毕节试验区建设工作的重要批示、指示精神，传达学习省委常委（扩大）会议精神。

8月4日　创新支农资金管理体制机制试点启动大会在百里杜鹃召开，农业部农村改革试验办副主任邓志喜，毕节市副市长李玉平出席会议并分别作了讲话。

8月6日　全国政协常委、民革中央副主席何丕洁在毕节考察“同心·博爱行”工作。

8月6～10日　中共中央统战部秘书长、办公厅主任安七一在毕节考察调研。安七一先后到黔西、大方、七星关、赫章和金沙等县区实地考察产业园区建设、“同心”新村建设、城市建设及文化产业发展情况，观看毕节试验区二十周年成果展。

8月15～16日　国家林业局原党组副书记、副局长李育材，国家林业局造林司巡视员丁付林，国家林业局退耕办副主任刘雪平，国家林业局治沙办副主任罗斌到毕节市调研退耕还林和石漠化治理工作。

8月15～21日　毕节市旅游宣传推介团赴泰国开展以“洞天湖地、花海鹤乡、避暑天堂”为旅游形象的旅游宣传推介活动。

8月23日　毕节市成渝地区招商引资推介会暨项目签约仪式在重庆市举行。中共重庆市委常委、市农工委书记刘光磊出席签约仪式。中共毕节市委书记张吉勇作主题推介，来自重庆、四川、天津、浙江、江西、湖南、云南等地的150余名企业家出席仪式。推介会签约项目44个，投资金额304.7亿元。

8月25日　由国家人口计生委副主任王培安任组长的中央信访督导组和以中共贵州省委常委、副省长秦如培任组长的贵州省信访工作督导组到毕节市督导检查中央、省关于信访工作决策部署贯彻落实情况。

8月27日　《贵州织金洞国家地质公园规划》在北京通过评审。

8月29日　毕节市第一届人民代表大会第二次会议选举陈昌旭为毕节市人民政府市长。

8月30日　贵州省副省长禄智明到黔西县检查水稻、烟叶生产时强调，要切实加强田间管理，努力实现今年粮食增产、农民增收目标。

9月1日　中共贵州省委书记、省长赵克志，率团到毕节市调研夹岩水利枢纽工程。

是日　中共贵州省委副书记陈敏尔到毕节经济开发区调研时强调：要深入贯彻落实“国发2号文件”和省第十一次党代会精神，大力实施民营经济“三年倍增”计划，创优环境，创造条件，推动民营企业加速发展，为科学发展后发赶超提供强大动力。

**9月3～4日** 人力资源和社会保障部副部长张建国一行到毕节市调研引智引才工作。

**9月6日** 中共毕节市委书记张吉勇主持召开专题会议，研究部署全市农村义务教育阶段寄宿制学校建设攻坚工程，强调要切实摸清底数，统一规划设计、集中招投标、强化工程监管，把毕节市农村寄宿制学校建设工程建成群众满意的德政工程、民生工程、廉洁工程、优质工程。

**9月7日** 云南省昭通市彝良县与毕节市威宁彝族回族苗族自治县边界发生5.7级地震。地震造成毕节市威宁、赫章2县16个乡镇受灾，房屋倒塌13户36间，不同程度受损房屋6541户、近1.19万间，涉及人口近2.82万人。

**9月9日** 第二届中国（贵州）国际酒类博览会毕节市招商引资专场推介会暨项目签约仪式在贵阳举行。本次推介会暨项目签约仪式共签约项目16个，签约金额129.8亿元。

**是日** 第26届中国电视金鹰奖暨第九届中国金鹰电视艺术节评选结果揭晓，在大方县拍摄的电视连续剧《奢香夫人》夺得优秀电视剧奖和最佳美术奖。

**9月11日** 中共贵州省委书记、省长赵克志，在威宁彝族回族苗族自治县、赫章县指导抗震救灾和灾后重建工作。

**9月12日** 毕节市召开中共中央统战部、各民主党派中央和全国工商联赴毕节挂职干部座谈会，欢迎全国党外代表人士实践锻炼基地第二批挂职干部。

**9月15日** 《毕节市人民政府–中国中医科学院中药研究所科技合作协议》签字仪式在北京举行。

**9月18日** 铁道部以铁鉴函〔2012〕1208号批复新建织金至毕节铁路初步设计。

**9月19日** 在中国国家森林公园发展30周年纪念大会上，百里杜鹃风景名胜区被评为“最具影响力森林公园”。

**9月20日** 毕节卷烟厂就地技改项目新制丝线正式实现投料试运行，从而使毕节卷烟厂生产能力达到50万大箱以上。

**9月23～25日** 水利部规划司副司长王磊率水利部水资源司、建设与管理司、水土保持司、水文局、水利水电规划设计总院等领导和专家一行10人，贵州省水利厅副巡视员董存波带领水利厅有关业务处室、省水利水电设计院负责人和专家11人审查并通过《毕节市“9·7”地震水利灾后恢复重建规划》，总投资近1.09亿元，其中威宁估算投资6600万元，赫章估算投资4261万元。

**9月26日** 在全国文化体制改革工作表彰大会上，毕节市文化市场综合执法支队荣获全国先进单位受表彰。

**9月27～30日** 在第十届中国国际农产品交易会上，由金沙县冠香坊调味品有限公司参展的“冠香源”牌糟辣椒和威宁自治县参展的威宁荞酥（唐记）、唐桂芝牌威宁苦荞饼干、爱心牌苦荞茶和乌撒烤茶四件优质产品获得本届农交会金奖。

**9月28日** 《奢香夫人》荣膺中宣部第12届“五个一工程”优秀电视剧奖。

**10月6～7日** 中共中央政治局常委、国务院总理温家宝到毕节市威宁自治县、赫章县、七星关区、大方县、黔西县的乡村、社区、工厂企业，就加快扶贫开发、生态建设、结构调整，推动经济社会又好又快发展进行调研。国家发展改革委主任张平，财政部部长谢旭人，国务院研究室主任谢伏瞻，国务院副秘书长、总理办公室主任项兆伦，国务院副秘书长丁学东，民政部副部长姜力，国务院研究室副主任田学斌，国务院扶贫办主任范小建等随同考察。省领导赵克志、陈敏尔、李军、崔亚东、谌贻琴和市领导张吉勇、陈昌旭等领导参加汇报会或陪同调研。

10月9～10日　全国岩溶地区石漠化防治工作现场会在黔西县召开。国家林业局党组成员、副局长张永利出席会议并讲话。贵州省副省长禄智明致辞。中央统战部二局副局长张天昱就中央统战部近年来对毕节试验区的帮扶情况作介绍。贵州省林业厅厅长金小麒，毕节市市长陈昌旭及湖北、湖南、广东、广西、重庆、四川、云南7个省（区、市）林业厅（局）相关负责人出席会议。国家林业局授予毕节“全国石漠化防治示范区”称号。

10月10～11日　全省县级工商联建设经验交流会在黔西县召开。中共贵州省委常委、省委统战部部长刘晓凯出席会议并讲话。毕节市市长陈昌旭致欢迎辞。全国工商联会员部副部长马君，贵州省委统战部副部长、省工商联党组书记刘朝容，贵州省工商联主席李汉宇等和市领导袁晓玉、鲁开银参加会议。

10月14日　毕节市人民政府与四川天德制药有限公司举行项目签约仪式。中共毕节市委书记张吉勇，毕节市市长陈昌旭，四川天德制药有限公司董事长卢文广、四川蜀中制药有限公司董事长安好义，以及有关方面负责人参加签约仪式。

10月19日　电视剧《奢香夫人》获全省第十二届精神文明建设“五个一”工程奖。

10月25日　中共毕节市委书记张吉勇主持召开市委常委会议，传达学习省委书记赵克志19日在贵州日报发表的《贯彻“同心”思想推进“同心”实践奋力开启贵州科学发展新征程》理论文章及省委、省政府印发的《关于坚定贯彻“同心”思想奋力推进“同心”实践努力建设好毕节试验区的意见》精神。

10月26日　全省“贯彻中央和省委领导批示精神　努力建设好毕节试验区工作推进会”在贵阳召开。中共毕节市委书记张吉勇作汇报。

10月30日　云南省昭通市党政代表团赴毕节考察交流并举行座谈。中共昭通市委书记夜礼斌、中共毕节市委书记张吉勇出席座谈会并讲话。双方一致表示，将进一步加强在交通建设、文化旅游、社会管理、扶贫攻坚等方面的交流合作，努力推动两地科学发展、跨越发展。

10月31日　毕节飞雄机场委托经营管理协议签约仪式举行。常务副市长胡吉宏出席并讲话，贵州省机场集团有限公司副总经理张弢及相关负责人参加签约仪式。

是月　《毕节试验区百乡纪行》在由中共中央组织部举办的全国党员教育电视片观摩交流活动中被评为优秀作品，并获中组部表彰。

11月2日　中共毕节市委召开座谈会庆祝《毕节试验区》杂志被评为“全国十佳党刊”。

11月3日　贵州财经大学与毕节市政府签订《区域发展与扶贫开发协同创新合作协议》，建立长期有效的协同创新合作关系。

11月5日　毕节市市长陈昌旭与金顶汇投资有限公司董事长郭乐兴，就如何推进双山新区核心板块路网建设，助推七星关—大方同城化发展达成了合作意向。

**11月15日** 毕节市市长陈昌旭与贵州新联爆破工程有限公司董事长耿贵刚签订《城市建设合作框架协议》。

**11月16日** 第六届毕节旅游产业发展大会在七星关区召开。中共毕节市委书记张吉勇向第七届毕节旅游产业发展大会承办地威宁彝族回族苗族自治县授会旗。

**11月21日** 中共毕节市委召开常委（扩大）会议，传达学习党的十八大和省委十一届二次全会精神。

**11月22日** 中共毕节市委办召开流浪未成年人救助保护和控辍保学工作紧急会议，贯彻落实中共贵州省委书记赵克志的重要批示和省政府办公厅《关于切实做好流浪未成年人救助保护和加强控辍保学工作的紧急通知》精神，强调要扎扎实实抓好流浪未成年人救助保护和控辍保学工作，统筹做好各项民生事业，多谋民生之利、多解民生之忧、多应民生之求，让人民生活得更加美好。

**11月25日** 中共毕节市委、市政府印发《毕节市开展“惠民行动、社会关爱行动、家庭温情行动”纲要》和《毕节市开展“教育惠民行动、社会关爱行动、家庭温情行动”任务分解表》，全面启动“教育惠民、社会关爱、家庭温情”行动。

**11月27～28日** 川滇黔三省九县区护林联防协作会第二十八次会议在毕节市七星关区召开。来自贵州、四川、云南三个省份的七星关、赫章、叙永、珙县、筠连、兴文、镇雄、彝良、威信9县区的有关领导和代表200余人参加会议。会议签订《川滇黔三省九县区2013年度护林联防协议书》。

**11月28日** 全省推进耕作层剥离利用强化土地资源监管工作现场会在织金县召开。贵州省副省长慕德贵出席会议并讲话。国土资源部土地整理中心副主任巴特尔，省国土资源厅厅长朱立军，国家土地督察武汉局督察三室主任贺楚华、毕节市有关领导出席会议。

**是日** 《毕节国家可持续发展实验区建设》专家组中期检查评估。

**11月29日** 毕节市政府召开夹岩水利枢纽工程移民安置专题会议，对移民安置规划编制工作进行部署。

**12月2～3日** 国家主席胡锦涛在中共中央办公厅主任栗战书，中共贵州省委书记赵克志，贵州省省长记陈敏尔等陪同下，深入到毕节试验区的乡村、企业和社区，实地了解毕节市广大干部群众学习贯彻党的十八大精神、推动经济社会发展情况。

**12月2日** 全省安全生产监控系统信息化建设工作现场会在金沙召开，会议要求要认真学习金沙经验，全面推进全省安全生产监控系统信息化建设工作迈上新台阶，为全省安全生产的持续健康发展提供强有力的技术支撑。贵州省副省长孙国强出席会议并作重要讲话。

**12月6日** 党的十八大精神宣讲报告会在毕节市委党校礼堂举行，省委宣讲团成员、团省委书记马宁宇作宣讲报告，中共毕节市委书记张吉勇主持报告会并讲话。

**12月11日** 中国水利水电规划设计总院院长刘伟平赴毕节市考察夹岩水利枢纽工程。国家防汛抗旱指挥部办公室副主任张家团、贵州省水利厅副厅长王杨、贵州省水利投资公司总经理赵爱平，中共毕节市委书记张吉勇，毕节市市长陈昌旭出席座谈会。

是日 《贵州师范大学与毕节市人民政府科学技术联合基金协议》签订仪式在毕节举行。

12月17日 中共毕节市委一届三次全体（扩大）会议在毕节召开。会议听取并讨论了中共毕节市委书记张吉勇代表市委常委会所作的报告，审议通过《中共毕节市委关于深入学习贯彻落实党的十八大精神，确保与全国全省同步全面建成小康社会的决定》《中共毕节市委关于认真学习贯彻落实胡锦涛主席重要讲话精神努力建设富裕和谐美丽新毕节的决定》和《中共毕节市委关于开展“三创一建”工作的决定》。

是日 贵阳至黔西高速公路建设项目开工仪式在黔西城关镇石板村举行。该项目由贵州中交路桥贵黔高速公路投资发展有限公司承建，项目全长75.66公里，设计工期为4年。

12月18～19日 国务院医改领导小组副组长、卫生部党组书记、副部长张茅在卫生部办公厅主任侯岩等领导陪同下，到毕节市调研医疗卫生工作。

12月22日 中共贵州省委常委、副省长秦如培率省委督导检查组，到毕节市检查惩治和预防腐败体系建设工作。

12月25日 全市经济工作会议在毕节召开。中共毕节市委书记张吉勇作重要讲话。

12月31日 杭瑞高速公路毕节至遵义段正式通车，标志着毕节市高速公路通车实现了“零”的突破。

是年 毕节市民营经济增加值达420亿元，同比增32%，占全市GDP比重42%；注册私营企业增32%，占全市GDP比重42%；注册私营企业增加到9589户，注册资本218.5亿元，个体工商户达11.78万户；完成民间投资465亿元。

## 2013年

1月3～7日 毕节市党政考察团赴重庆永川、江苏常州、贵阳清镇等地考察学习教育园区建设。

1月8日 毕节首座500千伏变电站——奢香变电站1号主变完成充电成功带电运行。

1月8～9日 中共贵州省委书记赵克志到威宁县迤那镇走访慰问困难群众、五保老人和在校师生。

1月11日 全市农村老年公寓“老少共融”工作现场会在七星关区召开。

1月15日 毕节市市长陈昌旭率考察团赴深圳考察，分别与中国建筑第四工程局有限公司、安信证券股份有限公司就毕节产业园区建设、城市综合体建设、特色小城镇建设、交通基础设施建设等项目合作事宜进行洽谈并达成合作共识。

1月15～18日 中共毕节市委书记张吉勇，市长陈昌旭率队赴京，向各民主党派中央和全国工商联，水利部、农业部、国家发改委、人力资源和社会保障部、交通运输部、国土资源部、国家烟草局、国家林业局等有关国家部委作工作汇报。

1月20～21日 全国铁路发展计划工作会议向毕节市内续建的林歹至织金、织金至毕节、织金至纳雍铁路下达了投资计划。

**1月21日** 全国总工会副主席段敦厚率领全国总工会送温暖慰问团一行，到毕节市开展送温暖慰问活动。

**1月23日** 中共毕节市委召开以县为单位开展同步小康创建活动动员大会，号召和动员全市上下要以县为单位，分期分批实现县县小康，最终实现与全国全省同步建成小康社会宏伟目标。

**1月26日** 毕节机场首架飞机试飞圆满成功。贵阳至织金客运列车正式开通。

**2月5日** 毕节市首届“我最喜爱的人民警察”颁奖活动在毕节学院举行。获奖人员为：唐伟、余庭贵、周跃军、黄梼、谢荣强、张波、管毓毅、路遥、杨志武、张正波。

**2月7日** 国务院办公厅下发《关于同意深入推进毕节试验区改革发展规划（2013～2020）的函》。

**2月8日** 由毕节市自主投资、建设、运营、管理的织金至黔西高速公路正式开通，全长35.774千米，总投资29.1314亿元。

**2月20～21日** “全国工会就业援助月”大型招聘会在毕节举行。此次活动以“广开就业门路，提高就业质量；服务基层职工，促进科学发展”为主题，突出“家乡就近就业，服务园区建设”主基调。省外59家企业代表，毕节市38家企业代表，市内8家中介机构代表，市内学校、培训机构负责人参加招聘会。全国总工会保障工作部部长邹震、副部长陈杰平，财务部副巡视员武睿，省总工会党组成员、副主席李嘉麟、程安等出席招聘会启动仪式。此次活动共提供6万余个就业岗位，在毕节，到场参加应聘人数1.2万余人，报名参加培训人数2235人。

**2月24日** 中共贵州省委常委、副省长秦如培率队到金沙县督导信访维稳工作。

**是日** 毕节市第一届人大常委会第十次会议在市人大会议室召开。会议听取、审议和通过了《毕节市科技创新工作情况报告》《毕节市中级人民法院执行工作报告》《毕节市人大常委会代表资格审查委员会代表变动情况报告》。任命丁翊强为毕节市人民政府副市长；免去宋丽丽毕节市人民政府副市长职务；免去曾祥武毕节市人民检察院检察员职务。

**是日** 中共毕节市委、市政府与国家开发银行贵州省分行进行开发性金融合作座谈会。双方就进一步提升、完善、深化合作关系，深入贯彻落实《毕节试验区改革发展规划》。

**3月1日** 织金县经济开发区被省政府批准为全省千亿元级产业园区，与贵安新区电子信息产业园区、贵阳国家经济技术开发区、遵义仁怀习水名酒工业园区、福泉经济开发区一起进入全省5个千亿元级产业园区的盘子。

**3月2日** 贵州省第十二届兰花博览会在毕节市会展中心举行。本届兰花博览会有来自北京、上海、重庆、四川、云南、广西、贵州以及台湾等地的嘉宾和兰花爱好者千余人参加，参展兰花3000余盆。

**3月9日** 毕节市市长陈昌旭应邀接受新华社、人民日报等22家新闻媒体的集体采访时表示，毕节市一定要把贯彻落实“两会”精神与贯彻落实国发2号文件、国办函35号文件精神结合起来，在坚持科学发展、实现同步小康中做到更加凸显主题主线、更加凸显加力加速、更加凸显转型转移、更加凸显和美和谐、更加凸显先行先试、更加凸显同心同行。

3月11日 《深入推进毕节试验区改革发展规划》新闻发布会在贵阳举行。中共贵州省委常委、常务副省长谌贻琴，中共毕节市委书记张吉勇，贵州省发改委副主任付京，毕节市常务副市长胡吉宏出席发布会，并回答了新闻媒体记者的提问。

3月12日 毕节市市长陈昌旭在北京毕节商务酒店主持召开深入推进毕节试验区改革发展规划座谈会。中共中央统战部办公厅副主任申占华、浮新才，国家发改委西部司副司长李应明，毕节试验区专家顾问组总顾问常近时，北大光华管理学院院长蔡洪滨，中科院地理科学与资源研究所地理资源研究中心主任王旭，水利部宣传中心主任郭孟卓，中国农业电影电视中心副主任苑荣，财政部农业综合开发办副主任周可，贵州省发改委西开办副主任高鸿出席会议。

是日 国土资源部耕地保护司副司长刘明松等一行8人到织金县就耕地耕作层土壤剥离利用工作进行调研。

3月18日 国家发改委核准计划总投资120亿元的织金电厂项目二期。

3月21日 国家开发银行总行监事长姚中民率国家开发银行总行业务发展局局长刘勇、国家开发银行贵州省分行行长王永进等到百里杜鹃管理区、七星关区开行路、一院三馆等地，就旅游产业发展、城市项目规划建设等情况进行实地考察，并就有关问题提出了意见和建议。

3月25～26日 中共中央政治局常委、全国政协主席俞正声在省委书记赵克志、省政协主席王富玉等陪同下到毕节试验区考察调研。俞正声一行先后到七星关区、大方县、黔西县、金沙县、百管委、双山新区等地深入工厂企业、民族集镇、贫困村寨、职业学校等地进行视察，与各族干部群众亲切交谈，要求中央统战部及各民主党派中央要一如既往地把参与毕节试验区的建设工作做好。

3月26日 以国家防汛抗旱总指挥部办公室信息处处长马涛为组长的国家防汛抗旱调研组到金沙调研山洪沟、山洪灾害整治和防汛抗旱规划等工作。

3月27日 中共中央统战部办公厅巡视员、副主任申占华率调研组到毕节调研统一战线支持毕节试验区发展有关工作情况。

3月28～29日 在第一届贵州人才博览会上，毕节市人力资源和社会保障局与深圳市人力资源和社会保障局签订了人才合作协议。会后，毕节市现场接待洽谈人数1170人，其中博士17人、硕士431人，初步达成意向209人。

3月30日 全国政协常委、表演艺术家冯巩赴毕节市调研农民工就业创业等有关问题时表示：将把毕节作为文艺创作基地，为解决中国的农民工问题建言献策，为中国的城镇化进程鼓与呼。

3月30～31日 重庆日报报业集团健康人报副总编辑、健康人网总编辑汪剑兰，重庆泰亨集团董事长、总裁李洪，四川王氏集团升腾地产公司总经理张翼一行到毕节市考察。

是月 由四川宏亮投资有限公司与四川丰硕投资有限公司、云南昆明柱海木业有限公司合作，创办的贵州省毕节梁才学校正式落户毕节。

4月7日 中共毕节市委书记张吉勇，市长陈昌旭与贵州建工集团董事长刘建忠，总经理陈世华一行，就双山新区职教城招商建设事宜进行商洽。

4月9～10日　乌蒙山片区市州政协助推区域发展与扶贫攻坚联席会议第一次会议在毕节市召开。贵州省政协副主席班程农，昆明市、昭通市、曲靖市、楚雄州、凉山州、乐山市、宜宾市、泸州市、遵义市、毕节市等3省10市州政协领导出席会议。

4月12日　主题为“展示创新成果、实现共赢发展”的中小型煤机第一届交易博览会在金沙县装备制造园区朗月煤机工业园举行。现场签约项目8个，投资规模达到40.18亿元。

是日　金沙县茶园乡石板坡煤矿发生瓦斯爆炸事故，造成7人死亡，2人受伤。

4月16～17日　全国人大常委会副委员长、农工党中央主席陈竺到毕节市七星关区、大方县、毕节经济开发区等地调研扶贫开发、医疗卫生及小城镇建设，重点考察了大方县基层医疗卫生服务能力建设、食品药品产业发展等相关工作。

4月16～19日　九三学社中央副主席、国家林业局副局长印红到威宁调研草海湿地生态保护情况。

4月17～19日　致公党中央副主席闫小培一行15人赴毕节市七星关区考察调研并开展帮扶活动。

4月18日　在人民大会堂举行的第三届中国自主创新年会上，毕节荣获“2012年度最具成长创新型城市”称号。

4月20日　水利部副部长矫勇到毕节市大方县、百里杜鹃管委会和黔西县调研水利建设工作。

4月21日　毕节市市长陈昌旭到北京大学附属试验学校洽谈毕节和北大青鸟集团教育项目合作事宜。双方就北大青鸟教育集团、北京青鸟教育科技发展有限公司、北大附属实验学校和贵州中发房地产开发有限责任公司在毕节双山新区联合办学的有关事宜进行了深入商洽。

4月24日　人力资源和社会保障部农保司司长游钧等一行到毕节市调研，并举行整合城乡居民社会养老保险制度座谈会。

4月24～26日　全国政协民族与宗教委员会副主任马铁山率调研组到毕节市调研“推进乌蒙山片区区域发展与扶贫攻坚，促进民族地区生态文明建设与经济社会协调发展”工作情况。

4月26日　毕节市副市长袁俊杰与浙江华睿投资管理有限公司、北京华牛生物技术研究院签署了合作备忘录：浙江华睿投资管理有限公司、北京华牛生物技术研究院10年内投资50万元在毕节市发展黑山、小黄牛、黑猪繁育基地。

4月26～27日　毕节市第一届人大常委会第十一次会议召开。

4月27日　七星关区阿市乡麻窝村发生一起山体滑坡，4幢民房被埋，造成7人死亡、1人失踪。

4月27～28日　毕节市项目建设观摩会在金沙县召开。

5月3日　金沙敖氏和罗氏墓群石刻、茶马古道——毕节段2处文物18个文物点被列为第七批全国重点文物保护单位。

5月4日　农工党中央副主席、上海市委主委蔡威一行4人赴大方县考察调研统一战线参与毕节试验区建设工作情况。

5月6～7日　中共贵州省委金融工委书记黄康生率省政府金融办、中国人民银行贵阳中心支行等单位负责人到毕节市调研投融资情况。

5月7日　贵州省政协主席王富玉率省政协常委视察团视察毕节市教育“9+3”计划实施情况。

5月12～13日　水利部水文局局长邓坚在贵州省水文局局长高永春的陪同下，先后到大方、七星关、织金调研。

5月13～16日　台盟中央副主席苏辉一行5人到赫章县海雀村考察民生民情、慰问少年儿童。

5月14～18日　毕节市考察团赴山东省潍坊寿光市、青州市举办重点农业项目招商引资推介会。推介会上毕节市现场签订农业投资项目19个，签约资金22亿元。

5月15日　中国水电九局有限公司总经理陈学云、长安国际信托股份有限公司贵阳业务部总经理罗静一行赴毕节考察，并就双山新区部分桥梁、城市干道等项目投资达成了初步共识。

5月16日　贵州省国土资源厅厅长朱立军率省国土资源厅相关部门负责人到毕节就毕节试验区国土资源差别化政策综合改革试点工作开展专题调研。

5月16～17日　贵州建工集团董事长刘建忠一行，到毕节市就双山职教城建设事宜进行商洽并举行合作项目签约仪式。

5月19日　中共贵州省委常委、副省长秦如培到威宁县调研机场、铁路、高速公路等交通基础设施建设工作。

5月20～21日　中共毕节市委书记张吉勇到香港华润集团考察，并就进一步深化合作达成广泛共识，签署了华润毕节循环经济产业园项目投资协议。双方将以“黔电送渝”煤电一体化项目为龙头，共建国家级循环经济产业示范园区。

5月21日　全市煤矿企业兼并重组工作座谈会在市行政办公中心召开。全市贯彻落实国办函35号文件工作推进会在市行政办公中心召开。全市推进省直管县体制改革试点工作动员会在市行政办公中心召开。

5月23日　全国政协副主席、九三学社中央主席韩启德率九三学社中央考察组到威宁自治县考察职业教育、产业园区建设等工作。

是日　国务院妇女儿童工作委员会副主任、全国妇联党组书记、副主席、书记处第一书记宋秀岩，全国妇联副主席、书记处书记赵东花，全国妇联儿童部部长邓丽，在贵州省卫生厅副厅长张光奇、贵州省妇联副主席魏俊的陪同下，出席在黔西县开展的贫困地区儿童营养改善试点项目宣传教育宣传活动。

5月24日　第十五届中国科协年会毕节试验区发展论坛在毕节举办，论坛主题为“建设生态文明先行区”。中国工程院院士、北京林业大学原校长尹伟伦，北京林业大学党委书记、国家林业局生态文明研究中心主任吴斌，贵州省林业科学研究院院长、研究员罗杨，贵州大学教授喻理飞，贵州省林业调查规划院总工程师、研究员徐海等应邀出席开幕式并作专题演讲。

**5月27日** 中共毕节市委书记张吉勇、市长陈昌旭与四川天德制药有限公司董事长卢文广达成在毕节创建贵州乌蒙山区药产业园协议，园区占地面积600余亩，总投资28亿元，总建筑面积约40万平方米。项目涵盖医药办公、研发、生产、批发、零售、物流等医药领域各个环节，建成后将成为国内一流的医药产业园区。

**5月28～29日** 全国人大常委会副委员长、民盟中央主席张宝文在全国人大农业与农村委员会副主任、民盟中央副主席龙庄伟，中央统战部办公厅副主任申占华，贵州省副省长、民盟贵州省委主委何力的陪同下，到毕节市先后考察了七星关区朱昌镇卫生院、鸭池镇光汇烛光学校，参加光汇烛光学校落成暨慈溪育才学校捐赠仪式，参观了毕节试验区建设成果展，并召开民盟中央支持毕节试验区建设座谈会。考察期间，浙江宁波慈溪育才学校为光汇烛光学校捐赠320万元；北京康益医院为七星关区朱昌镇卫生院捐赠315万元及价值40万元的信息化软件设备，价值110万元的药品；浙江温州医科大学附属眼视光医院为七星关区“明眸工程”二期捐赠20万元；北京倍肯集团捐赠416万元建设的基层卫生院整体化验室项目交接钥匙。

**5月31日** 毕节市市长陈昌旭与华创证券公司董事长陶永泽一行会谈，双方就相关融资合作事宜进行深入交流并达成初步共识。

**6月4～6日** 国家林业局场圃总站站长杨超一行先后到百里杜鹃国家级森林公园、赫章县水塘林场和核桃良种繁育基地、七星关区拱拢坪林场等地进行调研，详细了解近年来毕节国有林场改革和核桃良种繁育基地建设情况。

**6月10～16日** 毕节市第一届体育运动会在七星关区举行。国家体育总局竞体司综合处处长赫强，国家体育总局办公厅局长办公室副主任黄鹏，贵州省体育局副局长王建忠，毕节市领导张吉勇、陈昌旭、安金黎等领导出席开幕式。

**6月14～16日** 全国政协副主席、农工党中央常务副主席刘晓峰领导带领30多位农工党党员企业家到大方县，就小城镇建设、现代物流业、医药产业、农产品深加工、中药材种植等情况进行考察，并出席了在大方县举行的农工党党员企业家考察团与大方县政府合作项目签约暨对口捐赠仪式，仪式现场共签订8个合作项目，总投资97.4亿元。

**6月16日** 毕节飞雄机场正式通航发布会在毕节机场航站楼前举行。全国政协副主席、农工党中央常务副主席刘晓峰宣布毕节飞雄机场正式通航。中共贵州省委书记、省人大常委会主任赵克志，中共贵州省委副书记、省长陈敏尔致信祝贺。中共贵州省委常委、副省长秦如培，农工党中央副主席、贵州省人大常委会副主任、农工党贵州省委主委谢庆生，贵州省政协秘书长李月成，贵州省铁建办主任吴强，民航贵州监管局局长王勇，中国人民解放军某部队副政治委员刘小平，贵州省机场集团有限公司董事长、总经理申振东，贵州省机场集团有限公司党委书记陈建英，中国联合航空总经理姚维辉，贵州航空有限公司总经理冯华南和各民主党派中央、试验区专家顾问组的特邀嘉宾等出席通航发布会。

**6月21～24日** 中共贵州省委书记、省人大常委会主任赵克志等领导到威宁自治县迤那镇蹲点调研，走访9个村，20多户人家，听取县、乡（镇）党委、政府的汇报，部署新一轮帮扶威宁加快发展工作。

6月22～23日　国家土地督察武汉局副局长唐世力一行到毕节市，就新型城镇化背景下土地问题进行调研。

6月24日　中共毕节市委书记张吉勇与贵州省交通规划勘察设计研究院股份有限公司董事长张林、贵州桥梁建设集团有限责任公司董事长杨贵平一行座谈。双方就进一步加快毕节市调整公路和城市路网建设步伐达成广泛共识。

6月28日　毕节市在各县区产业园区分别举行重大工程和重点项目集中开工仪式。此次全市共集中开工投资5000万元以上的重大项目56个，总投资694亿元，预计2013年完成投资103.9亿元。开工项目涉及产业发展项目、能源项目、城市建设项目、社会发展项目、经贸流通项目安置房项目等多个领域。

6月29日　毕（节）威（宁）高速公路正式通车。

6月30日至7月1日　全国政协副秘书长、民革中央副主席何丕洁率调研组到毕节市就教育改革等有关工作进行调研。何丕洁强调：要通过优质的教育为毕节试验区发展培养出更多优秀的、合格的市民和新型农民，让更多农村孩子能通过教育“跳跃龙门”，改变命运。

7月2～3日　国家发改委农经司副司长石波一行到毕节市调研夹岩水利枢纽工程前期工作开展情况。

7月5日　毕节市城乡居民大病医疗保险工作全面启动，将有效缓解全市674万参保城乡居民“看病难、看病贵”问题，让广大城乡居民真正得到实惠。

7月7日　贵州省副省长王江平到毕节市调研煤矿兼并重组及安全生产工作。

7月8～9日　中共中央驻黔媒体、香港驻黔媒体及省内20多家主流媒体组成的新闻采访团，到威宁自治县开展“走基层、转作用、改文风”活动。

7月10日　空气动力技术研讨会在毕节市举行，澳门华泓集团董事长刘继民，中国工程院院士、清华大学教授、电力电子工程研究中心主任韩英铎等10余位新能源领域专家参加研讨。

7月11～13日　中国科协考察组先后到威宁自治县和七星关区调研现代农业科学技术发展情况。

7月19日　中国科学院院士宋振骐正式受聘为毕节市科技顾问。

7月26日　毕节飞雄机场上海虹桥——毕节飞雄——昆明长水航线正式开通。

7月30日　毕节飞雄机场开通毕节至广州航线。

7月31日　毕节市第七届旅游产业发展大会在威宁自治县召开。

8月5日　毕节市贯彻落实国办函35号文件专题推进会议在市政府召开。

8月5～7日　国家煤矿安监总局原副局长、中国煤炭工业协会副会长彭建勋率国家安监总局第16督察组到毕节市开展安全生产督察工作。

8月7～8日　农业部部长韩长赋到金沙县、威宁自治县等地考察旱灾和现代农业农村工作。

8月10日　2013中国贵州·织金国际溶洞文化节，在国家级风景名胜区织金洞开幕。

8月11日　云南省曲靖市委书记高劲松率曲靖市党政代表团一行，在毕节市委书记、市长陈昌旭等领导陪同下，考察金沙县园区基础设施、标准厂房、项目建设工作。

**8月13日** 由省政协副主席孙国强、李汉宇率领的省政协煤矿兼并重组调研组到金沙县调研并召开座谈会，对毕节市煤矿兼并重组工作中存在的困难和问题进行指导。

**8月13～15日** 由国家发改委西部司副司长童章舜、国家林业局退耕办总工程师敖安强带队，到毕节市就退耕还林工作进行调研。

**8月13～16日** 省人大常委会副主任张群山率部分贵州省第十二届全国人大代表对毕节试验区扶贫开发工作进行视察。

**8月14日** 农业部农经司副司长黄延信在省农委农经处处长王丽君的陪同下，对毕节市农经工作进行调研。

**8月18日** 促进中国人才交流协会发展研讨会在毕节市召开。人社部全国人才交流中心主任、党委书记王建华，人社部政策研究司副巡视员卢爱红，人社部全国人才流动中心党委副书记陈世华，省人力资源和社会保障厅副厅长叶树平等出席会议。

**8月22～23日** 中共中央政治局常委、中央书记处书记、中央党的群众路线教育实践活动领导小组组长刘云山，中共中央政治局委员、中央书记处书记、中央组织部部长赵乐际，中央组织部常务副部长陈希，中共中央宣传部常务副部长雒树刚，中共中央组织部副部长王秦丰，在中共贵州省委书记、省人大常委会主任赵克志的陪同下，到毕节市大方县、黔西县、毕节经济开发区调研群众路线教育实践活动。

**8月23日** 国家林业局出台了《关于支持毕节试验区深入推进林业生态建设的意见》。明确将从大力实施生态修复工程、加大自然生态系统保护力度、积极发展林业特色优势产业、加强林业基础能力建设、推进体制机制改革等五个方面加大对毕节试验区的支持力度。

**8月25～28日** 中国科协书记处书记王春法率中国科学院、中国工程学院、交通部科学研究院、中国农科院等院士、专家、学者，到毕节市调研民族地区扶贫攻坚工作。

**8月27日** 国家发改委下发了《关于贵州省夹岩水利枢纽及黔西北供水工程项目建议书的批复》（发改农经〔2013〕1625号）。夹岩水利枢纽工程坝址位于长江流域乌江一级支流六冲河中游、毕节市内七星关区与纳雍县交界的潘家岩脚处，水库总库容13.25亿立方米，最大坝高154米。输水干渠总长384公里，支渠22条624公里，毕大供水工程线路产总长26公里。整个工程受水区主要涉及毕节市的七星关区、大方县、黔西县、金沙县、织金县、纳雍县、赫章县和遵义市的红花岗区、遵义县、仁怀市共10个县（市、区）。

**8月28日** 毕节市在北京召开以“多彩贵州·花海毕节”为主题的2013秋季旅游宣传推介暨北京至毕节航线发布会，向北京及各驻京新闻媒体、旅游业界人士发布北京至毕节航线航班相关信息、推介毕节旅游。

**8月28～30日** 全国政协港澳台委员会副主任林树森一行23人，赴威宁彝族回族苗族自治县考察草海旅游发展情况。

**9月1日** 贵州省省长陈敏尔一行赴织金县调研煤矿企业安全生产和兼并重组工作。

**9月2日** 第二届全省小城镇建设发展大会在黔西县召开。贵州省省长陈敏尔、住房和城乡建设部总工程师陈重出席并讲话。

9月4～5日　贵州省政协主席王富玉率领由省政协副主席孙国强、孔令中、左定超、谢晓尧、陈敏，以及省直有关部门负责人参加的视察团到威宁自治县视察旅游产业发展情况并召开座谈会。

9月7～9日　全国政协副秘书长、农工党中央副主席何维一行赴大方县考察调研经济社会发展情况并参加“中医药科技惠民活动”。

9月9日　第九届泛珠大会毕节·澳门投资合作座谈会在贵阳举行。贵州省副省长何力，澳门贸易投资促进局主席、澳门经贸代表团团长张祖荣出席会议并讲话。毕节市副市长蒋从跃参加会议并代表市政府与澳门华弘集团有限公司董事长刘继民签订了35亿元人民币的合作协议。

9月10日　中共毕节市委召开社会管理集成创新暨“四在农家·美丽乡村”推进会议。

9月11日　云南省省长李纪恒一行，在中共贵州省委常委、副省长秦如培的陪同下，到黔西县杜鹃办事处乌骡坝社区、市三级联动视频接访中心、七星关区青场镇考察群众服务和交通建设工作，并出席了毕节至镇雄高速公路开工仪式。

9月11～15日　全国人大常委会委员、民盟中央副主席龙庄伟一行13人到七星关区考察调研苗族文化。

9月14～15日　由中共中央党校原副校长、中直机关侨联主席李君如，中国监察学会副会长、北京大学教授李成言，中国人民大学反腐败与廉政政策研究中心主任、中国监察学会常务理事毛昭晖一行组成的专家组，到毕节市考察乡镇设立民生项目监督特派组工作情况，并召开毕节市设立乡镇民生项目监督特派组课题论证会。

9月16日　织金洞国家地质公园被评为“中国最美地质公园”。

9月16～17日　中共贵州省委、省政府在威宁自治县召开全省扶贫开发工作座谈会。9个市（州）扶贫部门主要负责人，50个重点县党委或政府、扶贫工作负责人，100个一类贫困乡镇的党委或政府负责人参加座谈会。

9月17日　第四届川滇黔十二市州合作与发展峰会在毕节召开。国家发改委西部开发司综合处处长于合军，贵州省发改委党组成员、省西开办副主任高鸿及12市州领导出席会议并发表主旨演讲。会议通过了《第四届川滇黔十二市州合作与发展峰会毕节会议备忘录》。

9月22日　贵州省地矿局服务毕节工业化和城镇化战略暨成立108地质大队座谈会在毕节举行。贵州省地矿局局长、党委书记何刚，贵州省煤田地质局局长高弟，毕节市委领导张吉勇、陈昌旭等出席座谈会并讲话。

9月27日　云南省副省长尹建业率考察团到毕节市考察三级联动视频接访工作。

9月29日　全省秋冬农业生产现场会在金沙县召开。

10月5～8日　深圳贵州商会企业家、潮汕赵氏企业组团到毕节市考察投资。毕节市政府与深圳巴斯巴科技有限公司、深圳市科年达国际投资集团共签订了50亿元的投资协议。

10月10日　《贵州日报》头版头条以《威宁精神、向贫困亮剑创跨越奇迹》为题，报道“威宁试点”三年来的发展成就。

10月11日　全国旅游景区质量等级评定委员会授予贵州百里杜鹃国家AAAAA级旅游景区

称号。

**10月11～12日** 贵州省民族地区“四化”同步建设座谈会在威宁自治县召开。

**10月13日** 毕节市政府与澳门华弘集团就建设澳能（毕节）科技产业园项目进行座谈并签约。华弘集团将投资35亿元在毕节市建设以空气动力、空气压储能等科技产业为主的澳能（毕节）科技产业园，并确保在2015年前全面建成投产。

**10月15日** 毕节新能源汽车产业联盟正式成立。国家科技部高新司材料处调研员李志农、机械科学研究总院研究员刘维汉、中国汽车技术中心副主任吴志新一行，到毕节市考察高新技术产业基地建设工作。

**10月16日** 毕节市政府与华创证券有限责任公司签署战略合作框架协议，确定在国有资本资产战略性重组、产业结构调整、资本运营等方面开展深入合作。

**10月16～18日** 中共贵州省委常委、省纪委书记宋璇涛到毕节市就市、县、区派出机构统管和设立乡镇民生项目监督特派组及工业园区、项目建设等工作进行专题调研。

**10月18日** 中共毕节市委、市政府在织金县茶店乡召开中国石化织金煤化工基地项目建设现场推进会。

**10月23日** 贵州毕节农村商业银行股份有限公司举行开业仪式，毕节市农村信用社成功改制为毕节农村商业银行。

**10月25日** 2013年中国·贵州·金沙全国山地竞速挑战赛在金沙县后山乡开幕。来自沈阳、天津、福建、昆明等15省市23支代表队、138位运动员参与角逐。

**10月26日** 毕节市第一届青少年科技创新大赛在毕节市科技馆举行。

**10月28日** 贵州省水利建设“三大会战”启动暨夹岩水利枢纽工程动工仪式在七星关区田坝镇举行。

**10月30日** 毕节市被国家林业局列为“国家林下经济示范基地”名单。

**11月1日** 全市工业发展暨项目建设现场观摩总结会议在金沙县召开。会议的主要任务是全面贯彻落实第二次全省工业发展大会精神，总结三年来毕节市工业发展取得的成绩和经验，深入分析当前和今后一个时期工业发展面临的形势，就深入实施工业、强市战略进行安排部署，全力推动工业经济提速扩量、转型发展，为科学发展、后发赶超、同步小康提供有力支撑。

**11月3～4日** 大方县油杉河景区荣膺“中国最美休闲度假旅游目的地”称号。

**11月4日** 毕节市人民政府组织市直相关部门及有关专家组评审小组，对《贵州毕节试验区生态文明先行区建设规划（2014～2020）》进行评审。评审小组同意毕节试验区生态文明先行区建设规划通过评审。

**11月4～6日** 全国人大常委会副委员长、民建中央主席陈昌智出席在毕节举行的以“创新改革发展、激活后发优势、打造非公经济升级版”为主题的2013中国（贵州）非公有制经济发展论坛并致辞。民建中央中华思源工程扶贫基金会“思源救护”项目向贵州省捐赠30辆救护车，民建会员企业北京万升康达经贸有限公司、民建中央中华思源工程扶贫基金会向毕节市捐赠青光眼治疗设备10台；签约仪式共签约项目24个，项目涉及工业、农业、旅游业等产业，签约总金额370.18亿元。

11月5日　民建东部十省市组织对口帮扶黔西县第二次联席会议在毕节召开，全国人大常委会副委员长、民建中央主席陈昌智出席并作重要讲话。全国人大常委会副秘书长、民建中央副主席张少琴主持会议。中共黔西县委书记卢林作工作汇报。

11月10～12日　民政部副部长窦玉沛率领国务院最低生活保障调研组对织金县熊家场、朱藏镇，黔西县雨朵镇、杜鹃办事处的城乡低保工作进行实地调研。

11月13日　毕节市第一次归侨侨眷代表大会在毕节召开。来自全市的70余名归侨侨眷代表参加会议。毕节市归国华侨联合会正式成立。

11月20～22日　第三期全国人力资源服务业发展高级研修班在毕节市举办。人力资源社会保障部人力资源市场司司长王克良，人力资源社会保障部全国人才流动中心副主任、中国人才交流协会副会长兼秘书长陈军，贵州省人力资源社会保障厅副厅长叶树平、副巡视员单晓龙等领导出席开班仪式。

11月22日　毕节试验区专家顾问组、毕节试验区发展促进会在北京贵州大厦举办2013毕节试验区改革发展论坛。论坛主题是抓好《深入推进毕节试验区改革发展规划（2013–2020年）》。

11月25～26日　全国人大常委会副委员长、民进中央主席严隽琪，在全国人大常委会委员、民进中央副主席王佐书，民进北京市委副主委毛桂芬，贵州省人大常委会副主任傅传耀，贵州省政协副主席、民进贵州省委主委左定超陪同下到金沙县考察“同心”工程建设工作，出席“同心·彩虹行动”卫星远程教师培训工程启动仪式，召开民进中央赴金沙调研帮会座谈会，听取毕节市和金沙县工作情况汇报。

11月26日　中共中央统战部在北京召开统一战线参与毕节试验区建设座谈会，就统一战线参与毕节试验区建设新思路、新途径、新办法征求意见，为下一步召开统一战线参与毕节试验区建设第6次联席会议和谋划未来如何推进毕节试验区建设发展作准备。中央统战部副部长林智敏主持座谈会并讲话。中共贵州省委常委、常务副省长谌贻琴，中共贵州省委常委、省委统战部部长刘晓凯，中共毕节市委书记张吉勇，国家发改委、教育部、水利部、农业部、国家林业局、国务院扶贫办相关司局负责人分别作了发言。

11月30日　黔西县档案馆通过国家二级综合档案馆测评。

12月1日　江苏省副省长、民盟江苏省委主委曹卫星率领民盟徐州市委副主委、中国矿业大学副校长缪协兴，民盟江苏省委秘书长唐双辰等，到毕节市开展同心支教活动。

12月11日　全省扶贫生态移民工程现场会在毕节召开。

12月13日　贵州省军区司令员王盛槐到毕节市调研基层武装建设和红色文化保护工作。

12月21日　毕节市第一医院院长陈文智获2013国家医院服务“改革创新人物”奖。

12月23日　中共贵州省委常委、省委组织部部长孙永春率省委检查组到毕节市检查党风廉政建设责任制及安全生产工作落实情况。

12月25日　中共贵州省委常委、省纪委书记宋璇涛在毕节市调研，并在赫章县组织召开乡镇党委书记和民生特派组长座谈会，就如何发挥好民生项目监督特派组的监督作用听取意见建议。

**12月26日** 中共贵州省纪委监察厅在毕节市召开民生项目监督特派组观摩交流会。

**12月29日** 中共毕节市委书记张吉勇、毕节市市长陈昌旭与中民康（深圳）投资股份有限责任公司执行董事严厚斌、深圳山木电池科技公司董事长陈明军一行举行座谈，双方签署了毕节新能源汽车产业园投资协议。

**12月31日** 纳雍县大坪箐国家湿地公园获得国家林业局批准建立并启动试点工作。

## 2014年

**1月2日** 中共毕节市委、市人民政府召开全市通村水泥路（油路）建设启动会议，对全市通村水泥路（油路）建设工作进行动员部署。

**1月3日** 中国共产党毕节市第一届委员会第五次全体会议在毕节召开。全会认真学习贯彻党的十八届三中全会和省委十一届四次全会精神，听取和讨论了张吉勇受市委党委委托所作的工作报告。审议通过了《中共毕节市关于深入贯彻落实党的十八届三中全会精神全面深化毕节试验区改革试验的实施意见》。

**是日** 全市经济工作会议在毕节召开。会议的主要任务是，以党的十八届三中全会精神为指导，贯彻落实中央经济工作会议、城镇化工作会议、农村工作会议和全省经济工作会议精神，总结分析经济发展形势，研究部署2014年经济工作，加快提速转型，推动跨越发展，奋力打造毕节经济社会发展“升级版”。

**1月5日** 贵州省人民政府批复同意建立纳雍县珙桐省级自然保护区。

**1月7日** 百里杜鹃管理区被评为首批国家生态旅游示范区。

**1月8日** 毕节试验区专家顾问组座谈会在北京举行。毕节试验区专家顾问组总顾问、中国农业大学教授、博士生导师常近时出席并讲话。专家顾问组组长王旭、倪晋仁，专家顾问组顾问杨泽霖、刘勇等，中共毕节市委书记张吉勇，毕节市市长陈昌旭等领导出席座谈会。

**1月8～10日** 中共毕节市委书记张吉勇，毕节市市长陈昌旭率队赴京，分别向民革中央、民进中央、国家发改委、水利部、科技部、工信部、国家民委、国家烟草局汇报毕节试验区2013年经济社会发展取得的成绩，并代表毕节市几大班子和全市853万各族人民向民主党派中央、国家有关部委对毕节试验区的关心、支持和帮助表示衷心感谢。

**1月19日** 中共贵州省委书记、省人大常委会主任赵克志，中共贵州省委常委、省委政法委书记、副省长秦如培等领导，到毕节代表团参加审议省人大常委会工作报告和省“两院”工作报告。

**1月23～24日** 全国政协常委、民盟中央副主席、国家863（电动汽车）重大专项课题组组长欧阳明高到毕节市开展新能源汽车产业发展专题调研。

**1月28日** 毕节市新建博物馆正式向民众开放。

**2月11日** 毕节市第一届人大常委会第十七次会议任命朱江华为毕节市人民政府副市长，免去胡吉宏毕节市人民政府副市长职务。

**2月16日** 中国人民政治协商会议第一届毕节市委员会第三次会议在毕节学院秋逸音乐厅开幕。

**2月17日** 毕节市第一届人民代表大会第四次会议在七星关区开幕。500多名人大代表参加会议。市长陈昌旭向大会作《政府工作报告》。

**2月20日** 人力资源和社会保障部副部长、国家公务员局党组书记杨士秋在国家公务员培训与监督司司长刘丽军，贵州省人社厅厅长夏一庆，副厅长候丽江等陪同下，到毕节检查指导工作并参观毕节试验区成果展。

**2月23日** 中共贵州省委常委、省军区政委石晓到第二批党的群众路线教育实践活动联系点织金县调研。

**是日** 毕节市运动员钱薇夺得韩国仁川第17届亚运会选拔赛冠军。

**2月24日** 统一战线参与毕节试验区建设联席会议第六次全体（扩大）会议在北京召开。中共中央统战部部长出席会议并作重要讲话。中共中央统战部常务副部长张裔炯和中央统战部副部长林智敏分别主持第一和第三阶段会议。全国政协副主席、民进中央常务副主席罗富和，民革中央副主席傅惠民，民盟中央副主席龙庄伟，民建中央副主席张少琴，民进中央社会服务部部长刘文胜，农工党中央副主席龚建明，致公党中央副主席闫小培，九三学社中央副主席丛斌，台盟中央副主席苏辉，全国工商联副主席谢经荣，无党派人士代表张红武，毕节试验区专家顾问组总顾问厉以宁，毕节试验区专家顾问组总顾问常近时，国家发改委党组成员、纪检组长刘晓滨，教育部副部长鲁昕，国务院扶贫办副主任王国良，中共广东省委常委、统战部部长林雄，中共贵州省委常委、统战部部长刘晓凯，中共毕节市委书记张吉勇等出席会议并作大会发言。国家发改委、教育部、科技部、国家民委、民政部、财政部、人社部、国土资源部、环保部、交通运输部、水利部、农业部、商务部、国家卫计委、国家新闻出版广电总局、国家林业局、国家旅游局、中国银监会、国家烟草专卖局、国家铁路局、国务院扶贫办、中国铁路总公司相关司局负责人，中央统战部有关司局相关负责人，各民主党派中央社会服务部负责人以及北京、天津、上海、辽宁、河北、江苏、浙江、山东、福建、广东等10省市党委统战部负责人，中华职业教育社、中国宋庆龄基金会负责人，贵州省委统战部机关党委书记张天斌，毕节市领导袁晓玉、唐柳成参加会议。

**2月26日至3月1日** 国际拳击锦标赛在保加利亚举行，毕节市运动员常勇夺男子52公斤级冠军。

**3月11日** 国家旅游局出台《关于支持毕节试验区旅游业发展的意见》。

**3月13日** 全国人大常委会副委员长、农工党中央主席陈竺，农工党中央副主席龚建明在京会见了全国人大代表、毕节市市长陈昌旭一行，就如何推进毕节试验区工作进行座谈。

**3月14～16日** 中共中央统战部常务副部长张裔炯率中央统战部一局局长吴晓礼一行先后深入毕节市赫章县、威宁自治县、七星关区、七星关区经开区、毕节经济开发区、大方县、百里杜鹃等地进行考察调研。毕节市领导张吉勇、陈昌旭、杨兴友等出席汇报会。

**3月15～16日** 中共贵州省委第三巡视组巡视毕节市工作动员会在毕节市召开。

3月17日　全国“两会”期间，在京参加十二届全国人大二次会议的毕节市市长陈昌旭应邀接受“融入长江经济带及泛珠合作后的贵州生态实践”主题采访。新华社、人民日报、经济日报等18家新闻媒体参加采访。

3月18日　华润集团有限公司总经理乔世波率领华润集团战略管理部副总经理胡敏，华润电力（贵州）煤电一体化有限公司总经理陈运龙等一行，到毕节市调研华润（大方）煤电一体化项目建设情况，研究加快推进项目建设相关事宜。

3月21～22日　中共贵州省委常委、省委组织部部长孙永春到纳雍县调研指导党的群众路线教育实践活动和同步小康驻村等工作。

3月22日　毕节市“六个到村到户”精准帮扶调度会在毕节召开。会议强调，扶真贫、真扶贫，走一条科学的群众路线脱贫路子。

3月26日　中共毕节市委书记张吉勇，毕节市市长陈昌旭会见了香港志达集团董事长吴智文一行，双方就加快推进黔西教育科技产业园和科学之泉教育科技项目建设深入交换了意见。

是月　文化部、财政部联合印发了《藏羌彝文化产业走廊总体规划》。这是中国第一个国家层面的区域文化产业发展专项规划，涉及川、黔、滇、藏、陕、甘、青7个省区；其中，包括贵州省毕节市在内的11个市（州、地区）被划分为核心区域。核心区域内藏、羌、彝等少数民族人口超过760万人，覆盖面积超过68平方公里。

4月1日　在河北省迁安市举行的2014年全国男子拳击锦标赛中，毕节籍选手常勇获52公斤级冠军。

是日　中共毕节市委召开常委（扩大）会议，传达学习习近平总书记对毕节试验区的重要指示精神和中央政治局常委、全国政协主席俞正声，中共贵州省委书记赵克志，贵州省省长陈敏尔对毕节试验区的重要批示精神。

是日　贵州省中小企业公共服务毕节窗口暨中国中小企业毕节网启动仪式在七星关区举行。省直、市直有关部门负责人，各县区工能局负责人，大方、黔西、金沙、百里杜鹃等中小微企业服务中心负责人，相关金融部门及各县区部分企业负责人等参加启动仪式。

4月2日　全省造林工作现场会在大方县召开。省林业厅副厅长向守都出席会议并讲话。

4月9日　民建东部十省市组织对口帮扶黔西县项目推介会在黔西县举行。民建中央副主席张少琴出席会议并讲话。贵州省政协原副主席、民建贵州省委武鸿麟，民建中央社会服务部部长包瑞珍、副部长夏赶秋，毕节市领导陈昌旭、胡吉宏、卢林、唐柳成及东部十省市民建主委和部分会员企业家出席推介会。

4月13～15日　德国复兴银行高级项目经理吉利安、高级林业专家华德林、咨询专家福斯特一行6人，到金沙、大方两县考察中德财政合作可持续森林经营发展项目。

4月15日　中共中央统战部办公厅、副主任申占华、中共贵州省委统战部常务副部长陈庆义到毕节市调研全面深化改革和多党合作示范区建设工作。

4月15～16日　中共贵州省委常委、政法委书记、副省长秦如培到毕节市开展服务企业服务项目大行动。

4月16日　毕节市煤制清洁燃料项目得到国家发展改革委批复同意开展前期工作的“路条”。

4月17日　毕节市新能源汽车产业专题推介会在北京举行。

4月18～19日　国家统计局副局长许宪春到毕节市调研固定资产投资改革试点、党的群众路线教育实践活动。

4月21日　中国古脊椎动物学会第14次学术会暨中国第四纪古人类——旧石器专业委员会第5次年会在黔西县落幕。

是日　中共中央党的群众路线教育实践活动第十三巡回督导组到毕节市开展督导调研。

4月22日　中国野生动植物保护协会、中国科学院、贵州省野生动植物管理站等组成考察组，对赫章县申报“中国野生韭菜之乡”进行考察。考察组一致认为赫章县野生韭菜资源面积大，保护管理和开发利用工作做到较好，基本符合“中国野生韭菜之乡”申报条件。

是日　毕节试验区专家顾问组一行，在专家顾问组总顾问常近时的带领——到毕节市就农业产业示范工程、试验区新一轮改革发展等课题展开考察调研。

4月22～23日　东部十省市民盟组织参与毕节试验区建设第二次工作会议在毕节召开。全国政协副主席、民盟中央常务副主席陈晓光出席相关活动并作重要讲话，全国人大常委、民盟中央副主席龙庄伟，中共贵州省委常委、省委统战部部长刘晓凯，贵州省副省长、民盟贵州省委主委何力，水利部规划计划司副司长吴强，农业部发展计划司副司长黄金龙，毕节市领导张吉勇、陈昌旭等领导及东部十省市民盟组织相关负责人及企业家代表出席相关活动。

5月1日　毕节市第一届青少年运动会在毕节学院绣山体育馆开幕。

5月6日　民盟江苏省委、民盟贵州省委、毕节市人民政府在江苏省南京市举行教育帮扶合作协议签约仪式暨联席会议，江苏省副省长、民盟江苏省委主委曹卫星等领导出席会议。

是日　中共毕节市委出台关于追授文朝荣“优秀共产党员”称号的决定。

是日　农工党中央副主席、农工党上海市委主委、上海市政协副主席蔡威在上海市政协会见毕节市市长陈昌旭，并就毕节试验区同心食品药品产业园、毕节同心农工中等职业技术学校建设等有关事宜进行座谈。

是日　中共贵州省委书记赵克志到毕节市赫章县、纳雍县和织金县调研，并在纳雍县主持召开部分县区主要负责人座谈会，中共贵州省委常委、省委秘书长廖国勋陪同调研并参加座谈会。

是日　由中共贵州省委宣传部、贵州省文明办、贵州省总工会主办，毕节市总工会承办的贵州省“明礼知耻·崇德向善”百团千场劳动模范先进事迹巡回报告会在市委党校大礼堂举行。

5月9日　毕节市乌蒙文化节·第二届文化艺术系列大赛开幕。在全市11个赛区共推出作品679件，120件作品获得大赛奖项。

5月11日　毕节市召开养殖业发展研讨会。毕节试验区专家顾问组顾问杨泽霖出席会议并讲话。会上，来自全国各地的专家，分别从各自研究领域和专业出发，围绕本市发展养殖业的自然条件、品种培育、良种繁育、养殖场建设、饲料及配方设计、猪肉深加工等内容进行了深入研讨。

5月12日　中共毕节市委召开学习文朝荣精神大会，动员各级组织和广大党员干部学习赫章县河镇乡海雀村原党支部书记文朝荣的先进事迹。

**5月13～15日** 全国政协副主席、全国工商联主席王钦敏，全国工商联副主席、中国光彩事业促进会副会长谢经荣，贵州省政协副主席、省工商联主席李汉宇，中共贵州省委统战部副部长、省工商联党组书记刘朝容一行到织金县考察工作。

**5月15日** 中共中央总书记习近平对毕节试验区做出重要批示，肯定了毕节试验区26年来取得的丰硕成果，为毕节市科学发展，后发赶超、同步小康指明了方向。

**是日** 中共贵州省委组织部追授文朝荣“全省优秀共产党员”称号。

**5月16日** 纳雍县武装部老兵李军家庭荣获全国100个“最美家庭”光荣榜称号。

**是日** 中共贵州省委印发了《关于开展向文朝荣同志学习活动的决定》，号召全省广大党员干部向毕节市赫章县海雀村原党支部书记文朝荣学习。

**5月23日** 贵州省总工会追授文朝荣“贵州省五一劳动奖章”。

**5月17日** “冷水河杯”2014贵州金沙·中国汽车拉力锦标赛在金沙冷水河景区开幕。

**5月17～18日** 2014中国·贵州百里杜鹃国际杜鹃花论坛在百里杜鹃管理区举行。

**5月19日** 中共毕节市委召开常委（扩大）会议，传达贯彻习近平总书记5月15日对毕节试验区的重要批示精神。会议强调，全市各级各部门要把学习贯彻习近平总书记的重要批示精神，作为当前和今后一段时期的重要政治任务，迅速把思想和行动统一到习近平总书记关于毕节试验区的重要批示精神上来，积极创新、大胆探索、凝心聚力、奋力拼搏，以更加饱满的工作热情投身毕节试验区改革发展·同步小康的伟大实践，努力为全国贫困地区全面建成小康社会闯出一条新路子，为多党合作服务改革发展的伟大实践探索新经验，努力开创毕节试验区的美好未来。

**5月20～21日** 中共贵州省委常委、省委组织部部长孙永春到毕节市，检查指导第二批党的群众路线教育实践活动中开展向文朝荣学习、加强同步小康驻村等工作。

**5月20～22日** 全国人大常委会委员、农工党中央专职副主席龚建明到大方县就开发扶贫、农村医疗卫生事业发展等工作进行调研。

**5月22日** 中共毕节市委、市政府出台《关于工商登记实行先照后证改革的意见》。《意见》指出，将以前需前置审批的168项减少12项，其余均可先办营业执照，再办许可证照，实行市场主体与经营主体相分离。

**5月24～25日** 中共中央办公厅调研室三组处长沈湘平、副处长王大广到百里杜鹃调研生态文明先行区建设工作。

**5月25日** 2014中国·贵州金沙全国溯溪大赛在冷水河风景区举行。来自全国16个省市区的20支队伍，100余名溯溪选手参加比赛。

**5月26日** 中共中央电视台科教频道《地理·中国》栏目组走进百里杜鹃，用两周的时间对百里杜鹃管理区杜鹃花资源和喀斯特地貌进行拍摄。

**5月26～29日** 《人民日报》《经济日报》、中央人民广播电台、中央电视台、《农民日报》、中国网络电视台、《贵州日报》、贵州广播电视台、《贵州都市报》等多家新闻媒体到赫章县河镇乡海雀村，就文朝荣先进事迹进行实地采访，并将以高规格的报道频次、规模和力度对文朝荣先进事迹进行报道。

5月30日　中共贵州省委常委、省委政法委书记秦如培到金沙县开展服务企业服务项目大行动。

是月　北京林业大学、中科院植物所的有关专家到毕节市选址实施杂交构树引种试验。

6月11日　中央、省新闻媒体报道毕节试验区改革发展成就座谈会在毕节召开。《人民日报》《经济日报》、中央电视台、《贵州日报》、贵州广播电视台、金黔在线、当代先锋网等新闻媒体记者参加会议。

6月11～12日　全国政协文史和学习委员会副主任卞晋平，全国政协常委、文史和学习委员会副主任龙新民，全国政协常委、中国马克思恩格斯研究会会长韦建桦，全国政协常委、中国广播电视协会会长张海涛等组成的专题调研组一行到毕节市调研基本公共文化服务标准化、均等化工程建设情况。

6月12日　“文朝荣同志先进事迹报告会”在中共贵州省委大会堂举行，中共贵州省委书记赵克志在报告会前会见了报告团全体成员并讲话。

6月16日　贵州省绿化委员会、贵州省人力资源和社会保障厅、贵州省林业厅决定追授文朝荣“贵州省绿化奖章”。

6月29日　中共中央组织部印发《关于追授王胜、于海河、毕世祥、文朝荣等4名同志“全国优秀共产党员”称号的决定》，决定追授文朝荣“全国优秀共产党员”称号。

6月17日　织金县正式开通城市公共自行车。

6月18～19日　新华社、《人民日报》《经济日报》《光明日报》《中国绿色时报》《工人日报》《中国青年报》等中央新闻媒体在重要版面、显著位置或重要时段对毕节试验区26年改革发展成就进行了刊播，毕节试验区生态建设成就成为聚焦的重点。

6月19日　《人民日报》登载《毕节之变——披上绿毯子，拔掉穷根子》和《试验区成立26年，从“一煤独大”到“满树繁花”——乌蒙崛起新毕节》，聚焦试验区26年攻坚克难取得的成就，破解“经济贫困、生态恶化、人口膨胀”三大难题过程中的做法和经验。

6月19～20日　2014年全省第二次项目建设现场观摩会到织金县、黔西县、大方县、七星关区和毕节经济开发区观摩。中共贵州省委书记、省人大常委会主任赵克志，中共贵州省委副书记、省长陈敏尔，省政协主席王富玉，省委副书记李军等领导及各市（州）党政主要负责人、贵安新区管委会主任，各县（市、区）党委书记参加观摩。

6月21日　中共贵州省委、省政府在毕节市隆重召开毕节试验区全面深化改革推进大会。中共贵州省委书记赵克志在会上作重要讲话。

是日　中共贵州省委常委、政法委书记、副省长秦如培率队到毕节市督导国务院和省政府出台的稳增长、促改革、调结构、惠民生政策措施落实情况，并到企业现场开展服务企业服务项目专项行动，帮助协调解决困难和问题。

6月21～23日　贵州省人大常委会党组书记、副主任龙超云率省人大常委会检查组到毕节市检查《贵州省扶贫开发条例》贯彻落实情况。毕节市市长陈昌旭参加汇报会并汇报有关工作情况。

6月27日　国务院总理李克强做出重要批示：要求有关部委要认真总结梳理毕节试验区建设生态文明先行区的有效做法，推广可复制的经验。俞正声主席、张高丽副总理、栗战书主任等中央领导也分别对毕节试验区生态文明建设做出重要批示。

6月27～29日　全国政协机关党组书记、常务副秘书长孙怀山，全国政协副秘书长王胜洪一行到毕节市进行调研，撰写了《改变千年闭塞落后面貌的伟大创举》的调研报告。

7月3～7日　全国政协常委、九三学社中央常务副主席邵鸿率，九三学社中央常委、北京市委副主委方炎，南国置业董事长许晓明，前中国光大银行总行副行长、光大证券公司负责人、博时基金董事长周道志，北京九三学社王选怀基金会副秘书长赵鑫等，到威宁自治县调研工业园区、医疗卫生、文化旅游、职业教育和民办教育等的建设和发展。

7月4日　中共贵州省委召开常委（扩大）会议，要求发挥毕节试验区“近期作示范、长远探路子”的作用，着力打好植树造林、荒山绿化人民战争，努力把各项工作提高到新水平，为贫困地区全面建成小康社会，走向生态文明新时代蹚出路、创造经验。

7月7～8日　毕节市委班子党的群众路线教育实践活动专题民主生活会召开，中共中央第四巡回督导组成员、中央组织部干教局副巡视员葛瑛讲话并全程指导。中共贵州省委常委、省委宣传部部长、省委教育实践活动领导小组副组长张广智讲话。中共贵州省委第五督导组第一组长、省人大常委会原副主任陈华祥作点评。

7月9日　“绿化毕节”专题论证会在毕节召开，国内从事林业科学研究的知名专家齐聚一堂，围绕如何“绿化毕节”展开广泛研讨，为“绿化毕节”把脉开方、建言献策。

7月9～10日　国家发改委副主任林念修率团到毕节市七星关区、毕节经济开发区、双山新区、大方县调研。

7月10～11日　民革中央副主席何丕洁率民革中央、天津市统一战线考察团到毕节市考察。

7月12日　国务院扶贫办主任刘永富一行到毕节市就开发扶贫等工作进行调研。

7月12～13日　中共中央政治局委员、国家副主席李源潮在中共贵州省委书记赵克志的陪同下，到毕节市七星关区、毕节经济开发区、双山新区和金沙县调研。

7月13～15日　国家宗教事务局副局长陈宗荣一行到毕节市调研宗教事务工作。

7月20～23日　在第二届“荷花少年——全国（中学）校园舞蹈展演”活动上，毕节市特殊教育学校聋哑学生表演的舞蹈《乌蒙铃》获表演奖金奖和组织奖两个奖项。

7月23日　全市领导干部会议强调：全市上下要坚决贯彻落实习近平总书记等中央领导关于毕节试验区的重要指示和省委、省政府召开的毕节试验区全面深化改革，锐意创新、埋头苦干、同心攻坚，努力推动毕节试验区改革取得新突破、发展实现新跨越。

7月28～29日　毕节市市长陈昌旭率考察组赴重庆中医少林堂、四川依科制药有限公司考察。

7月30日　“学习贯彻习近平总书记重要批示精神推进毕节试验区全面深化改革”理论研讨

会在贵阳召开，来自国务院发展研究中心、乡村建设规划设计研究院及贵州省、毕节市的专家学者作交流发言。

7月30～31日　毕节市煤炭市场拓展推介座谈会分别在四川省成都市、广西壮族自治区南宁市举行。毕节市市长陈昌旭出席会议并讲话。

8月3日　成都军区副司令员石香元、贵州省军区参谋长姜永申到毕节市检查征兵工作。

8月4日　受云南省昭通市鲁甸县6.5级地震影响，威宁自治县玉龙、牛棚、中水、岔河等14个乡镇不同程度受灾，直接经济损失达9760.4万元。

8月5日　毕节市七星关区大银镇石营村两合岩组韩德飞荣登“中国好人榜”。

8月6日　中共贵州省委常委、省委政法委书记、副省长秦如培率省经信委、省能源局相关负责人，到黔西县开展服务企业服务项目大行动。

8月11～12日　全国政协办公厅2014年青年干部党性教育培训班学员到毕节考察。

8月12～14日　全国人大常委会副委员长、农工党中央主席陈竺一行先后到毕节农工中等职业技术学校、大方县猕猴桃产业园示范项目基地、大方县理化乡卫生院和黄泥塘镇大坝村实地考察调研，并出席了农工党帮扶大方县签约仪式。省委书记赵克志到大方会见陈竺一行。

8月12～15日　国家卫生计生委副主任王培安一行到毕节市的县区、乡、村4级卫生计生机构，看望了计划生育家庭。贵州省卫生计生委主任王忠，中共毕节市委书记张吉勇等分别陪同调研或参加汇报会。

8月15日　黔台生态农业现场会暨贵州计生协合作社发展百千工程推进会在金沙召开，中共贵州省委统战部部长刘晓凯，贵州省政协原主席、省计生协会会长王思齐出席会议并作讲话。

8月16日　第三届“中国城市公益慈善指数”发布典礼在北京会议中心举行。毕节市荣膺“慈善五星级”城市。

8月18日　《人民日报》整版刊发报告文学《海雀的一棵树——贵州毕节海雀村老支书文朝荣的故事》。

8月22日　“乌蒙山宝·毕节珍好”农特产品公共品牌新闻发布会在贵阳召开。

8月23～24日　第二十二次全国回族学研讨会暨第五次全国回族企业家论坛在毕节市威宁自治县举行。全国政协原副主席、中国回族学会名誉会长白立忱，中国回族学会会长高发元，贵州省政协副主席班程农等出席。

8月27日　中国民主建国会毕节市工作委员会召开成立大会。民建中央组织部副部长李维平到会祝贺，贵州省政协原副主席、民建贵州省委主委武鸿麟向民建毕节市工作委员会授牌。

8月28日　国家高粱产业技术体系首席科学家邹剑秋率领全国11个省（自治区）高粱体系专家50余人到金沙县进行高粱高产栽培技术现场交流观摩活动。

8月30日　中共毕节市委全面深化改革领导小组召开第四次（扩大）会议，传达学习省委全面深化改革领导小组第五次全体会议精神，通报2014年全面深化改革工作推进情况，审议专题改革方案，对下步全面深化改革进行安排部署。

9月3日　中共毕节市委、市政府举行2014年全市重大项目第三批重大工程集中开工活动，此次集中开工重大项目共31个，总投资85亿元，2014年计划完成投资22亿元。

**9月9日** 中共毕节市委召开常委（扩大）会议，传达贯彻习近平总书记、张德江委员长在庆祝全国人民代表大会成立60周年大会上的重要讲话精神，围绕赵克志书记在省人大常委会党组（扩大）会议上的讲话要求，研究全市人大工作。

**9月10日** 在第五十一届世界射击锦标赛上，毕节市籍运动员钱微与福建队的张婧婧、北京队的陈颖在女子25米运动手枪比赛中以1741环的成绩获得女子运动手枪团体冠军。

**9月11～12日** 中共中央政治局常委、全国人大常委会委员长张德江到毕节市视察。中共贵州省委书记、省人大常委会主任赵克志，中共贵州省委副书记、省长陈敏尔，毕节市领导张吉勇、陈昌旭等领导陪同视察。

**是日** 由中国国际工程咨询公司农村经济与地区发展部副主任邹涤、农村经济与地区发展部处长董懿曼、清华大学原系主任程声通、北京师范大学水科学研究院院长许新宜等组成的贵州高原喀斯特湖泊综合治理保护规划调研专家组到威宁自治县调研。

**9月12日** 全国人大常委会委员、民进中央副主席王佐书、中华职教社副总干事韩晓光一行应邀到毕节市调研并作《为职业教育改革提供线索》和《为提高干部素质提供研究线索》的专题讲座。

**9月16日** 贵州省著名导演樊逸群、贵州京剧院著名导演陈少华、毕节乌蒙演艺集团董事长安黔共同导演的彝族古剧——《撮泰吉》在毕节大剧院上演。

**9月17日** 贵阳·毕节合作交流座谈会在毕节举行，两市就经济社会发展和合作交流进行座谈。中共贵州省委常委、贵阳市委书记陈刚，中共毕节市委书记张吉勇分别讲话，并代表贵阳市和毕节市签署战略合作协议。

**9月17～18日** 贵州省人大常委会副主任禄智明率领执法检查组，对金沙县执行《中共贵州省关于进一步加强和改进新形势下人大工作的意见》的情况开展执法检查。

**9月1～20日** 全国政协民族与宗教委员会副主任任木鹰，率全国政协调研组，到毕节市调研乌蒙山片区扶贫开发工作。

**9月18日** 中共毕节市委书记张吉勇与国家发改委赴毕节调研组一行，就毕节市新能源汽车产业发展等相关问题进行座谈。

**9月20日** 贵州省政协副主席班程农率队到毕节市力帆时骏振兴集团调研“百千万”工程。

**9月22～23日** 毕节市第一届人民代表大会第五次会议在毕节城开幕，会议选举：张吉勇为毕节市第一届人民代表大会常务委员会主任，杨亚军为毕节市第一届人民代表大会常务委员会秘书长。

**9月23日** 中共毕节市委召开常委（扩大）会议，传达学习习近平总书记在庆祝中国人民政府协商会议成立65周年大会上的重要讲话精神。中共毕节市委书记张吉勇强调，要认真贯彻落实习近平总书记的重要讲话精神，坚持和完善中国共产党领导的多党合作和政治协商制度，更好地发挥社会主义协商民主的独特优势，广泛凝聚推动毕节试验区科学发展、后发赶超、同步小康的正能量，努力在多党合作服务改革发展实践中探索新经验。

9月23～24日　第八届毕节旅游产业发展大会暨2014乌蒙文化旅游节在金沙县举行。

9月24日　毕节市乌蒙文化节·第二届文化艺术系列美术专业和精品剧目大赛颁奖仪式暨金奖剧目展演在毕节大剧院举行。《撮泰吉》《索玛花开》获金奖。

9月24～25日　全国政协副主席、民进中央常务副主席罗富和到金沙县考察。民进中央副主席、民进山西省委会主委卫小春，民进中央秘书长高友东，民进北京市委会专职副主委毛桂芬，民进上海市委会专职副主委许政涛以及省市领导陪同考察。

9月25～27日　全国政协常委、提案委员会主任孙淦到毕节就推动毕节建设“国家生态文明示范工程试点市”进行调研，并对全国政协常委、民盟中央委员、民盟贵州省副主委、毕节市副市长冉霞在全国政协十二届二次会议上《关于加快建设毕节生态文明先行区的提案》主持召开现场办理协商会。全国政协常委、副秘书长、民革中央副主席刘家强，全国政协提案委员会副主任王国卿、田杰，贵州省政协主席王富玉，贵州省副省长慕德贵，贵州省政协副主席陈海峰等领导陪同调研或参加协商会。

9月26～29日　“2014中国·贵州·金沙全国山地竞速挑战赛”在金沙县后山乡举行。本次比赛共有来自全国各地的21支参赛队，131人参加比赛。

是月　毕节市8县区均被纳入全国优势特色经济林发展规划布局。

10月10日　毕节市政府与新加坡正中平公司在毕节举行天品国际健康产业园签约仪式。中共毕节市委书记张吉勇、毕节市市长陈昌旭等领导，新加坡正中平公司董事长彭桂山，毕节市招商顾问、毕节金山纸业总经理周克中出席签约仪式。

是日　大方·上海雪榕食用菌产业园项目在毕节正式签约。上海雪榕生物科技股份有限公司在3～5年内投资20亿元，在大方建设规模为日产500吨的食用菌产业园。

是日　中共中央统战部、各民主党派中央、全国工商联选派干部赴毕挂职座谈会在毕节举行。

10月12日　全市工商登记先照后证改革调度会议在黔西召开。中共毕节市委副书记、市长陈昌旭强调，要扎实推进工商登记先照后证改革为试验区发展营造良好营商环境。

10月18日　中共中央统战部无党派人士考察组一行到毕节市考察调研。考察团成员为：全国人大常委、中国科学院院士郭雷，全国政协常委、中国科学院古脊椎动物与古人类研究所所长、中国科学院院士、美国科学院院士周忠和，国务院参事、友成扶贫基金会常务副理事长汤敏，全国政协委员、西安电子科技大学副校长、中国科学院院士郝跃，中国银河证券首席顾问、首席经济学家左小蕾，北京低碳清洁能源研究所副所长、龙信数据有限公司董事长李钰，中央统战部六局副巡视员陈先和。

10月20日　国家开发银行评审管理局局长郑旭东一行到毕节市调研职业教育发展。

10月20～24日　全国政协教科文卫体委员会副主任陈小娅，全国政协教科文卫体委员会副主任（驻会）常荣军，全国政协常委、教科文卫体委员何为荣，全国政协委员、中国科学院心理研究所原所长杨玉芬，全国政协委员、中国科学院物理研究所学术委员会副主任、磁学国家重点实验室主任、中国科学院院士沈保根，全国政协委员、教科文卫体委员会委员、国家中医药管理局科技司司长曹洪欣，北京机械工业自动化研究所研究员、中国发明协会副会长张开逊，全国政协教科文卫体委员会办公室主任孔梅，全国政协教科文卫体委员会办公室副主任张维，中国科学技术协会科学技术普及部长辛兵等一行到毕节市开展送科技下基层活动。

**10月21日** 毕节市招商引资推介暨项目签约仪式在深圳举行。毕节市副市长李玉平主持推介暨签约仪式，签约项目41个。

**10月21～23日** 中共贵州省政府党组成员、省长助理、省公安厅厅长孙立成到毕节市调研公安工作。

**10月26～27日** 中国民间医药博物馆馆长、国家非物质文化遗产“针灸刘氏刺熨疗法”传承人刘光瑞到毕节市考察。摩根佰瑞（北京）有限公司总经理徐文清，重庆市文史馆馆员、著名国画家武辉夏等参加调研。

**10月27日** 织金运动员孙守群在2014年韩国仁川亚洲残疾人运动会上夺得羽毛球女单冠军。

**10月29日** 胡家勋的著作《乌蒙山古韵》获中国音乐最高奖——金钟奖金奖。

**是月** 毕节市举行与香港国际粤旺集团农业投资项目签约仪式，与粤旺集团达成2～3年内投资10亿元在毕节建设设施蔬菜基地。

**11月4日** 全国工商联医药业商会副秘书长殷海峰、全国工商联医药业商会中药材分会秘书长燕新洪率领国内多家知名医药企业负责人到毕节，就新医药产业及中药种植等进行考察。

**11月5日** 毕节市政府与印尼好心燕窝集团公司就印尼国际健康产业园项目举行签约仪式。

**11月5～7日** 中共深圳市罗湖区委书记倪泽望、区长贺海涛率党政代表团及部分企业家代表到七星关区开展对口帮扶工作。

**11月11日** 威宁自治县举行成立60周年庆祝大会。国家民委机关党委副书记、纪委书记周世学代表全国人大民委、国家民委出席大会并讲话，全国人大民委调研室处长李澍晔宣读全国人大民委、国家民委贺电。中共重庆市委常委、统战部部长刘光磊，贵州省人大常委会副主任禄智明，贵州省人大常委会原副主任禄文斌，四川省军区原司令员罗烈文等应邀出席大会。贵州省副省长蒙启良，中共毕节市委副书记、市长陈昌旭出席大会并讲话。省市有关负责人及对口帮扶威宁的九三学社中央、国家农业部、招商局集团、九三学社上海市委、深圳市南山区、重庆市江北区、浙江省丽水市中心医院、贵州省党建扶贫工作队成员单位有关负责人出席庆祝大会。

**11月13日** 全省就业创业工作推进会在毕节召开。中共贵州省委常委、常务副省长谌贻琴对促进就业创业工作作批示。

**11月15～17日** 由省新闻出版局副局长杨庆武带队的18家中央驻黔媒体、香港驻黔媒体及省内主流媒体组成的新闻采访团，到威宁自治县迤那镇开展“走基层、转作风、改文风”活动。

**11月16日** 民革中央副主席何丕洁一行到毕节市大方县金门陶瓷工业园区海美斯有限责任公司进行考察调研。

11月17～20日 中共贵州省委书记赵克志到威宁自治县迤那镇食宿农家蹲点调研，中共毕节市委副书记、市长陈昌旭陪同调研。

11月18日 农业部发布公告："金沙贡茶"荣获农业部农产品地理标志产品登记。

11月20日 喻朝芬被中宣部、全国老龄办评选为"最美老有所为人物"。

11月24日 毕节市武术爱好者曹选权在第六届世界传统武术锦标赛上夺得两枚金牌。

是日 《贵州省夹岩水利枢纽及黔西北供水工程可行性研究报告》获国家发改委批复。

11月24～25日 国家可持续发展实验区验收组组长赵建军一行到毕节实地考察，毕节国家可持续发展实验区建设通过专家组的验收。

11月25日 中华全国总工会副主席、书记处书记江广平一行到金沙县调研，落实中华全国总工会对口联系金沙县、中国教科文卫体工会把金沙县教育工会、岩孔街道初级中学工会作为联系点，开展帮扶工作。

11月27日 全国彝族毕摩祭祀文化交流会开幕式在百里杜鹃举行。

11月28日 毕节市大型彝族音乐舞蹈诗《索玛花开》在贵阳大剧院上演。

是日 贵州省首个太阳能光伏电站项目在威宁县开工建设。建设规模为30兆瓦，总投资约2.8亿元。

11月30日 在第九届中国文联文艺评论奖颁奖典礼上，毕节市贵州工程应用技术学院艺术学院副教授杨嵩的学术论文《驳声乐诸唱法论》获二等奖。

是日 中共中央宣传部授予纳雍县老凹坝乡平寨村党支部书记、毕节市市级农民讲师、纳雍县讲师协会理事长吴儒文"全国基层理论宣讲先进个人"称号。

12月1～2日 贵州省人大常委会副主任袁周带队到毕节检查赤水河沿岸生态保护及环境治理情况。

12月2～3日 全国总工会副主席焦开河带队到毕节市督察农民工工作。

12月3日 2014年中国毕节清洁能源低碳城镇发展暨压缩空气储能技术专题研讨会在毕节召开。国务院参事吴宗鑫，毕节市市长陈昌旭出席开幕式并讲话。澳门贸易投资促局高级经理吴旭辉，中关村储能产业技术联盟理事长俞振华等以及压缩空气储能技术领域的知名专家、学者、企业家代表出席开幕式。

12月4～5日 乌蒙山片区区域发展与扶贫攻坚第二次部际联席会议在毕节召开。国土资源部党组书记、部长姜大明，国务院扶贫办党组书记、主任刘永富出席并讲话。中共贵州省委书记、省人大常委会主任赵克志陪同考察，贵州省省长陈敏尔出席会议并致辞。

12月4～6日 全国政协机关党组副书记、副秘书长仝广成率调研组到百里杜鹃管理区、双山新区、威宁自治县，对生态移民、旅游扶贫、基层协商民主、生态建设、职业教育、工业园区、现代农业、草海湿地环境治理与保护等进行实地调研。

12月8～9日 中共贵州省委常委、省委统战部部长刘晓凯到赫章县调研。

12月11～12日 央视戏曲频道《戏曲采风》栏目推出了毕节市彝族古剧《撮泰吉》。

12月14日 中共中央纪委宣传部副部长、中国纪检监察报社社长李本刚应邀至毕节作了题为《认真贯彻党的十八届四中全会和中纪委四次全会精神，深入推进党风廉政建设和反腐败斗争》专题讲座。

**12月15日** 在2014年度拟设立国家级森林公园专家评审会上，“贵州油杉河大峡谷国家级森林公园”获满票通过。

**12月15～16日** 全国人大代表张健、唐世礼、阎建国、陈卫东、谢强、楚海涛、魏永柱、吴明兰、蔡群等到威宁自治县视察依法行政，公正司法情况，稳增长、调结构、促改革，加快法治建设采取的措施和取得的成效及草海治理保护等工作进行视察。

**12月25日** 川滇黔三省九县（区）护林联防协会第29次会议在赫章县召开。会上，签订了《川滇黔三省九县（区）护林联防协作协议书》。

**12月28日** 中国共产党毕节市第一届委员会第六次全体会议在毕节举行。全会认真学习贯彻党的十八届四中全会和省委十一届五次全会精神，听取和讨论了中共毕节市委副书记陈昌旭所作的工作报告，审议通过了《中共毕节市委关于贯彻落实党的十八届四中全会和省委十一届五次全会精神全面推进依法治市的实施意见》。

**12月29日** 全市经济工作会议在毕节召开。会议的主要任务是，认真贯彻落实中央、全省经济工作会议精神，总结回顾2014年经济工作，全面分析当前经济形势，部署2015年经济工作。

**是日** 全市党的建设工作会议在毕节召开。会议强调，各级党委要坚持党要管党、从严治党，从严管理干部队伍，全面落实主体责任，始终做到忠诚、干净、担当，围绕发展抓党建、抓好党建促发展，奋力开创全市党建工作新局面。

**是日** 2014年县（自治县、区）党委（党工委）书记抓党建工作述职评议会在毕节召开。

**12月31日** 中共毕节市委召开见义勇为先进个人及团体表彰大会，并为见义勇为先进个人12名及团体1个颁发了奖金及证书。

## 2015年

**1月1日** 毕节市第一人民医院成为全省11家“新农合”省市级定点医疗机构即时结报试点管理单位。

**1月4～5日** 深圳北科生物科技公司董事长胡祥、北京爱康医疗投资控股集团董事长助理兼总经理庞恩升分别率队到毕节市，就新医药大健康产业进行考察。

**1月6日** 贵州省高级人民法院代院长孙潮到毕节市作党的十八届四中全会和省委十一届五次全会精神专题宣讲。

**是日** 毕节市市长陈昌旭在新能源汽车产业发展专题会议上指出：发展新能源汽车，是毕节新型工业化道路的重要标志之一，是毕节未来经济发展的重要增长极。

**1月7日** 毕节试验区多党合作建设工作座谈会在贵阳召开。

**是日** 毕节市人民政府与农发行贵州省分行在贵阳举行“联合推进落实农发行总行与毕节

扶贫开发试验区合作协议签字仪式”。

**1月11日** 毕节试验区专家顾问组座谈会在北京举行。中央统战部办公厅副主任章建敏，毕节试验区专家顾问组总顾问常近时分别作了重要讲话。

**是日** 中共毕节市委书记、毕节市人大常委会主任、毕节军分区党委第一书记张吉勇，因病医治无效去世。

**1月13～14日** 俄罗斯联邦莫斯科州兹维尼哥罗德市政府代表团一行10人到毕节访问，双方签订缔结友好城市意向书，并就经贸、文化、旅游、教育等领域加强交流合作事宜进行洽谈。

**1月14日** 中共中央宣传部在中央电视台向全社会公开发布“时代楷模”文朝荣和李超的先进事迹。

**1月15日** 毕节试验区招商引资推介暨生态农业发展峰会在北京举行。全国工商联副主席谢经荣，中共中央统战部办公厅副主任章建敏，全国工商联农业产业商会会长陈泽民在会上讲话。民革中央、民盟中央、民建中央、民进中央、农工党中央、致公党中央、九三学社中央、台盟中央及北京市委统战部和河北省委统战部有关领导出席会议。共签约项目31个，总金额454.6亿元，其中现场签约项目21个，金额达412.3亿元。会上，全国工商联农业产业商会与毕节试验区签订了《生态农业发展战略合作协议》。

**1月16日** 贵州省公安机关“践行党的群众路线先进典型”事迹巡回报告会在毕节大剧院举行。

**1月19日** 首批“毕节市‘圆梦小康专家行动计划’专家服务基地”在金沙县绿健牧业有限责任公司举行授牌仪式，标志着以发挥专家作用为基础、服务基层发展为核心、技术人才向基层流动为导向的毕节市“圆梦小康专家行动计划”在全市正式启动。

**1月19～20日** 贵州省省政协副主席黄康生率队到七星关区调研帮扶工作并召开座谈会。

**1月20日** 贵州省省工商联助推区域经济发展——走进毕节项目推介会在毕节召开。贵州省省政协副主席刘朝容出席并讲话。

**是日** 贵州省工商联十一届三次执委会在毕节召开。贵州省政协副主席、贵州省工商联主席、贵州省总商会会长李汉宇，贵州省委统战部副部长、贵州省工商联党组书记、常务副主席、贵州省总商会副会长刘朝容出席并讲话。

**1月21日** 中国文物保护基金会理事长、国家文物局原副局长张柏到毕节，就毕节市文化遗产保护利用、赫章可乐考古遗址公园建设等进行考察。

**1月25日** 参加贵州省第十二届人民代表大会第三次会议的毕节市代表团在贵阳召开代表团组团会议和党员代表会议。陈昌旭要求，广大党员代表要充分认识开好此次会议的重要意义，增强责任感和紧迫感，以对党和人民高度负责的精神，切实履行好宪法和法律赋予的职责，充分发挥先锋模范作用，带头遵守大会的各项规定和纪律，集中精力审议好会议的各项报告，把人民群众的意见和要求表达好、体现好。

**1月26日** 新能源纯电动汽车项目计划投资15亿元与北京国炬联创内燃机技术研究院合作研发20千瓦车用直流无刷电动机。

**是月** 毕节市委、市政府出台《关于切实做好重点区域造林绿化工作的意见》，明确将高速公路、铁路沿线，城镇、园区周边，景区、景点周围和重要水源地四个重点区域作为造林绿化的重点，将这些区域造林绿化作为改善对外形象的“窗口”工程、建设生态宜居毕节的民心工程、造福子孙后代的德政工程，整合资金项目，高标准投入，高质量建设，高强度推进。

**是月** 毕节市保障性安居工程建设累计完成投资100亿元，累计争取中央及省级补助资金59.33亿元，在全省占14.32%。

**2月1日** 中共毕节市委召开常委会议，传达贯彻省“两会”精神和省纪委四次全会、全省人口和计生工作座谈会、全省财税工作会议、全省旅游工作会议、全省金融工作座谈会、全省投资促进工作会议、全省工业和信息化工作会议和全省商务工作会议精神。

**是日** 中共毕节市委召开民主协商会，邀请各民主党派市委、市工商联负责人和无党派代表人士，以及各群众团体、各族各界代表人士座谈，通报市人大常委会人事安排有关情况，听取意见，进行民主协商。

**2月2日** 中国人民政治协商会议第一届毕节市委员会第四次会议在毕节开幕。

**2月3日** 毕节市第一届人民代表大会第六次会议在毕节开幕。

**2月4～5日** 国家发改委调研组赴毕节，就新一轮退耕还林还草实施方案编制及任务落实情况进行调研。

**2月7日** 中共毕节市第一届纪律检查委员会第七次全体会议在毕节举行。会议强调，要认真学习、深刻领会十八届中纪委五次全会、十一届省纪委四次全会精神，进一步强化政治意识、使命意识、责任意识和担当意识。

**2月8日** 纪念中共中央政治局“鸡鸣三省”会议召开80周年座谈会在毕节市行政中心召开。中共中央党史研究室宣教局副局长薛庆超出席会议并讲话，中共贵州省委党史研究室主任徐静主持会，中共毕节市委副书记、市长陈昌旭致辞。

**2月9日** 由中共中央党史研究室宣教局副局长（主持工作）薛庆超、中共中央党史研究室研究员王新生、军事科学院研究员陈力组成的鸡鸣三省会议考察组，在市史志办，七星关区政府、政协有关负责人的陪同下，前往七星关区林口镇鸡鸣三省，调研考察鸡鸣三省会议的相关史实，重走长征路，慰问老红军家属。

**2月10日** 中共贵州省委常委、省委政法委书记、副省长秦如培带队到毕节市检查2014年度党风廉政建设主体责任落实情况。

**2月16日** 中共贵州省委组织部干部二处处长王章权在毕节市领导干部大会上宣读了省委决定：陈志刚任中共毕节市委委员、常委、书记。

**2月25日** 绿色贵州建设三年行动计划毕节启动仪式在双山新区响水乡举行。中共毕节市委书记陈志刚、毕节市人大常委会主任吴安玉，毕节市政协主席郭正良出席启动仪式，中共毕节市委副书记、市长陈昌旭作动员讲话并宣布绿色贵州建设三年行动计划在毕节正式启动。

**是日** 中共毕节市委召开常委会议传达贯彻习近平总书记在陕甘宁革命老区脱贫致富座谈会上的重要讲话和省委常委（扩大）会议传达学习李克强总理在贵州视察时的重要指示精神。

**2月26日** 在全省党风廉政警示教育大会以电视电话形式召开结束后，中共毕节市委书记陈志刚在毕节分会场作了讲话，要求全市广大党员干部特别是领导干部一定要把思想和行动统一到省委对党风廉政建设和反腐败斗争的形势判断、工作部署上来，始终保持共产党员忠诚、干净、担当的政治本色，努力营造干部廉、作风正、工作实的良好政治生态环境。

**2月27日** 毕节市人民政府召开第四次廉政工作会议。中共毕节市委副书记、市长陈昌旭在会上强调：全市政府系统要严格按照中央和省的决策部署，以坚定的信心、必胜的决心和持久的恒心，坚决打好打赢政府系统党风廉政建设和反腐败斗争这场攻坚战。

**2月28日** 毕节市市长陈昌旭毕节市旅游发展工作会议上强调：要紧紧围绕“旅游兴市”战略，按照“抓龙头、连金线、带亮点”的旅游产业发展思路，在产品开发上大处着墨，在品质提升上大做文章，在保障措施上大有作为，在宣传推介上大造声势，在服务管理上大有起色，全力将旅游产业培育成毕节的重要支柱产业，为全市经济社会发展提供强力支撑。

**是日** 百里杜鹃管理区普底乡、赫章县河镇乡海雀村、织金县熊家场乡白马村、金沙县平坝镇等四个村镇荣获“第四届全国文明村镇”荣誉称号；毕节市委宣传部、毕节水务有限责任公司、大方县工商局、黔西县水西街道水西社区四个单位荣获“第四届全国文明单位”荣誉称号。

**3月9～11日** 贵州省副省长王江平率省发改委、省经信委、省财政厅等部门相关负责人到毕节市部分县区企业和项目建设点，就企业复产复工及安全生产等工作进行督察。

**3月10日** 毕节市一届人大常委会第二十六次会议举行第二次全体会议。会议表决通过了《毕节市人民政府办理市人大常委会2014年度专项工作报告审议意见的报告》《毕节市2014年度扶贫开发工作情况报告》。

**3月10～11日** 贵州省副省长慕德贵率队到毕节市调研农村土坯房改造及草海治理工作。

**是日** 四川省攀枝花市党政代表团到毕节市考察工作。

**3月12日** 中央统战部办公厅副主任章建敏率中央统战部调研组到毕节市调研新常态下毕节经济社会发展和帮扶需求情况。

**3月17日** 中共毕节市委书记陈志刚与乌江水电开发有限责任公司董事长王文琦、总经理张志强一行座谈。陈志刚表示，毕节将全力以赴支持乌江公司发展，支持乌江公司在毕节的重大项目建设。

**3月18日** 贵州省人民政府于批复《关于在毕节市幼儿师范学校基础上建立毕节幼儿师范高等专科学校的请示》，将在毕节市幼儿师范学校的基础上建立毕节幼儿师范高等专科学校。

**3月21日** 中共贵州省委统战部在贵阳召开毕节试验区建设工作汇报会。中共贵州省委常委、省委统战部部长刘晓凯，中共贵州省委统战部常务副部长、省中华职教社副主任陈庆义出席并讲话。毕节市领导陈志刚、陈昌旭、胡吉宏、袁晓玉等出席会议并汇报毕节试验区建设工作情况。

**3月23～24日** 广东省政协主席、中共深圳市委书记王荣，深圳市市长许勤率领深圳市党政代表团到毕节市考察对口帮扶工作。中共贵州省委常委、常务副省长谌贻琴，副省长刘远坤，中共毕节市委书记陈志刚，市长陈昌旭陪同考察。

**3月24～27日** 中共中央农村工作领导小组副组长袁纯清率领调研组到毕节市，就农村扶贫开发等工作进行深入调研。中共中央农办农村二局副局长谢德新，国务院扶贫办规划财务司巡视员徐晖，中共贵州省委常委、省委宣传部部长张广智，贵州省政府党组成员、贵州省委农工委书记、贵州省水利厅厅长黄家培，中共毕节市委书记陈志刚，毕节市市长陈昌旭参加相关活动。调研组一行先后深入到威宁自治县迤那镇五星村、莲花村，炉山镇乐溪村、溪街村、茶园村，双山新区职教城，百里杜鹃，织金县等地，采取实地走访农户、召开座谈会等方式，详细了解毕节市扶贫开发工作成效。

**3月28～29日** 国家卫生计生委副主任崔丽，国家卫生计生委办公厅监察专员杨建立、办公厅研究室主任谭相东一行到贵州省专题调研深化医药卫生体制改革工作。

**3月31日** 毕节市召开“同心工程”项目推进会。会议传达了省委赵克志书记重要批示和市委陈志刚书记的批示精神，通报了2014年“同心工程”实施情况及存在的问题和《统一战线参与毕节试验区建设联席会议2015年工作要点》。

**是月** 全国“两会”期间，在京参加十二届全国人大三次会议的全国人大代表、毕节市市长陈昌旭应邀接受由省委宣传部组织的“毕节扶贫与生态的国家意义”主题采访。

**4月1日** 毕节市召开全市农村土地承包经营权确权登记颁证工作电视电话会，安排部署全市第一批农村土地承包经营权确权登记颁证试点工作。

**是日** 贵州省国家安全厅、中共贵州省委机要局、中共毕节市委联合在金沙县后山乡举行钱壮飞烈士牺牲80周年纪念活动。

**是日** 农工党中央宣传部部长石光树一行到大方县调研。

**4月2～3日** 由贵州省人大常委会党组书记、副主任龙超云率领的执法检查组到毕节市，就《贵州省旅游条例》实施情况及旅游景区建设工作进行执法检查。

**4月3日** 中共毕节市委、市政府召开专题会议，对新型能源化工产业及煤制清洁燃料项目进行专题研究。中共毕节市委书记陈志刚强调：要统一思想，真抓实干，全力推动煤制清洁燃料项目取得新进展，为壮大全市工业经济总量提供强力支撑。

**4月4日** 纳雍县老凹坝乡境内发生一起交通事故，一辆客运中巴车坠入河床，造成21人死亡、3人受伤。

**4月7日** 香港廉政公署前副廉政专员郭文纬为毕节市300余名领导干部作专题讲座。

**4月8～9日** 正威国际集团董事局主席王文银，正威国际集团投资委员会副主席、集团副总裁王少峰一行，到织金县、百里杜鹃考察煤制清洁燃料和文化旅游产业项目。

**4月11日** 中共贵州省委常委、省委组织部部长孙永春深入毕节市双山新区双山镇幺塘村，就农村基层组织服务体系建设和同步小康驻村工作进行调研。

**4月12日** 毕节市市长陈昌旭与中国旅游规划设计院院长郑建平，贵州省工商联副主席、贵州雨田集团董事长张雷一行就乌江源百里画廊景区的开发建设进行座谈。

**4月12～17日** 毕节试验区专家顾问组总顾问常近时率顾问组农林水利组组长王旭，顾问组成员刘勇、杨泽霖、陈全生、常仲农，中国社会科学院欧洲研究所研究员、国际生态发展联盟中国区理事长罗红波，宁夏大学教授、国际生态发展联盟生态旅游专委会主任唐骥等组成的调研组到毕节，就相关工作进行考察调研，对毕节试验区建设取得的成效给予充分肯定，对深入推进改革发展提出建议。

4月13～17日　全国政协副主席陈元率全国政协专题考察组，到毕节市考察贫困地区可持续发展工作。考察组先后深入毕节经济开发区、织金县、大方县、双山新区、百里杜鹃管理区、金沙县等地考察企业和项目，参观了毕节试验区成果展，并分别在织金和毕节召开座谈会，听取毕节试验区经济社会发展情况汇报，对贫困地区可持续发展进行深入探讨。

4月16日　“幸福天使‘美丽中国行’全国博爱救护行动暨以爱育爱‘幸福天使红十字救护站’援建与博爱扶贫贵州在行动”在百里杜鹃景区启动。全国政协常委、民革中央副主席何丕洁，中国红十字会副会长王海京、中国红十字基金会幸福天使基金管委会主任张旭东、中国红十字会基金会常务副理事长兼秘书长孙硕鹏等出席了启动仪式。

4月18日　民革中央“同心·博爱——新闻媒体毕节行”活动在毕节市正式启动。全国政协常委、民革中央副主席何丕洁等出席启动仪式，中央、省、地（市）10多家媒体参加启动仪式。

4月21日　贵州省省长陈敏尔率全省2015年第一次项目建设现场观摩会代表团第二组到毕节观摩园区建设、项目推动。

4月22日　中共贵州省委常委、常务副省长秦如培在威宁自治县主持召开座谈会，听取毕节市2015年第一季度经济运行情况汇报，并就如何做好第二季度工作提出要求。

4月23日　中共贵州省委副书记、省委政法委书记谌贻琴率全省2015年第一次项目建设现场观摩会代表团第一组到毕节观摩园区建设、项目推动情况。

4月27日　毕节市市长陈昌旭在市行政办公中心会见万景集团董事局主席代雨东一行，并就相关旅游合作事宜进行洽谈。

是日　江西省赣州市调研组到毕节市考察调研。

4月28～29日　2015年毕节试验区生态产业发展峰会在黔西县召开。

4月28日　民建东部十省市对口帮扶黔西县第三次联席会议在黔西县召开。全国人大常委会委员、民建中央副主席张少琴，民建中央社会服务部部长包瑞玲，民建东部十省市有关负责人等出席会议。

5月6～9日　中共中央政治局委员、国务院副总理汪洋先后到威宁、赫章、大方、七星关、织金等区县，走进贫困村寨、农户，深入产业扶贫种植基地、扶贫移民安置点，了解群众生产生活状况，实地考察扶贫政策落实情况，与贫困地区干部一道研究谋划扶贫工作新举措。

5月8～10日　全国人大农业与农村委员会副主任委员欧广源、江帆及委员包克辛、陈传书一行到毕节市，就农村扶贫开发工作情况进行调研。

5月9～10日　中共毕节市委书记陈志刚率毕节市党政代表团赴遵义市考察“四在农家·美丽乡村”建设。

5月11日　国家卫计委基层卫生司副司长聂春雷，财政部社保司医保处调研员骆向兵，人社部社保中心工伤保险处处长刘娟，贵州省卫计委党组副书记、副主任黄平，贵州省医改办副主任张曙华一行到毕节调研。

**是日** 全市权力清单运行备案工作现场会在黔西县召开。

**5月14日** 国家烟草局党组书记、局长凌成兴深入毕节市卷烟厂、七星关区何田烟叶工作站、市卷烟物流配送中心、市烟草局文化体验中心及毕节城区部分卷烟零售店调研“两烟”工作情况。

**5月14～15日** 中国农业发展银行副董事长、行长、党委副书记祝树民率队到毕节市调研。

**5月14日** 中共广西壮族自治区河池市委书记、市人大常委会主任黄世勇，河池市市长何辛幸，率河池市党政代表团到毕节市赫章县考察核桃产业发展。

**5月14～18日** 第十一届中国（深圳）国际文化产业博览交易会在深圳会展中心举行。中共毕节市委副书记、市长陈昌旭率领毕节市代表团参加了本届文博会。

**5月14～16日** 国土资源部环境司委派中国地质大学和中国世界地质公园网络中心等有关专家对织金洞申报世界地质公园初评估工作进行指导。

**5月17日** 在葡萄牙举行的皮划艇（静水）世界杯第一站的比赛中，毕节籍运动员李章丽获得女子单人皮艇1000米铜牌。

**5月26～27日** 俄罗斯国家杜马议员、国家杜马保健委员会鉴定委员会主席马特哈诺夫，俄罗斯卫生部医疗康复中心疗养治疗科研所副所长赫立亚科夫，俄罗斯卫生部医疗康复中心俄中研究中心主任涅斯杰罗娃，上合组织传统医学院创新技术教研室主任季慈，中俄重大项目合作联合体会长高海等组成考察组到毕节考察。

**5月28日** 九三学社西南片区社务工作交流会暨六省市对口帮扶威宁工作交流会在毕节召开。九三学社中央社会服务部部长徐国权，中共毕节市委常委、市委统战部部长尹恒斌，市政协副主席、九三学社毕节市委主委谢定敏出席会议。九三学社重庆市委、四川省委、云南省委、广西自治区委、贵州省委及对口帮扶威宁自治县的上海、江苏、浙江、广东、福建、河北六省市九三学社相关负责人参加会议。

**5月29日** 毕节市赴广州招商引资暨旅游推介会在珠岛宾馆举行。

**5月29～30日** 由农业部总农艺师、农村改革试验区办公室主任孙中华率领的农业部农村改革试验区办公室调研组，到毕节市调研。

**6月1日** 全省首个廉政研究中心在毕节市成立。

**6月1～2日** 毕节市市长陈昌旭陪同联合国教科文组织专家伊波雷姆·库穆、诺赞妮·安真曼、新名阿津子在织金县小妥倮苗寨、东风湖峡谷园区乌江源百里画廊及化屋苗寨考察织金洞申报世界地质公园工作，并就有关工作与专家进行深入交谈。

**6月8～9日** 国家发改委西部司副司长童章舜率调研组到毕节，就退耕还林还草工作的开展情况进行调研。

**6月9～10日** 上海市工商联副主席金亮率上海企业家代表团到毕节市进行投资考察。

**6月11日** 以北京恒盛德远投资管理有限公司董事长冯伟为团长的北京企业家代表团到毕节

市考察交通基础设施建设和矿产资源开发情况。

6月16～19日　毕节市组团参加第五届敦煌行·丝绸之路国际旅游节。毕节市推出了以“花”“海”“洞”为龙头的品牌景区和得天独厚的生态资源、凉爽气候等优质旅游产品，与甘肃历史、宗教文化资源形成极大差异与互补，吸引嘉峪关市民纷纷驻足了解。

6月22日　华润集团总经理乔世波率华润集团贵州省首席代表、华润电力副总裁陈运龙，以及华润电力、华润水泥、重庆能源（贵州）煤电、湖南华润煤业相关负责人一行到毕节市考察华润（毕节）循环经济产业园项目推进工作。

6月24日　中共广西壮族自治区百色市委书记、市人大常委会主任彭晓春率百色市代表团到毕节市考察扶贫开发、生态建设等相关工作。

6月27日　上海企业家考察团在省工商联副巡视员陈曼丽陪同下到毕节市进行考察。

6月30日～7月2日　湖北省政府副省长任振鹤率湖北省党政代表团到毕节市考察扶贫开发有关工作。

7月3～4日　中共广西壮族自治区党委副书记危朝安，广西壮族自治区常务副主席唐仁健率由自治区区直相关部门、14个市和33个贫困县主要负责人组成的考察团，到毕节市考察扶贫开发工作。

7月4日　重庆市政协副主席刘光磊率重庆能源投资集团有限公司总经理刘德忠到毕节市考察华润（毕节）循环经济产业园项目。

7月8～9日　中共云南省委副书记钟勉、云南省副省长张祖林率团到毕节市考察扶贫开发工作。

7月12日　全国政协常委、民族和宗教委员会主任朱维群率领全国政协民宗委调研组，到毕节市调研精准扶贫工作。

7月13日　全市2015年“四在农家·美丽乡村”创建工作第一次现场推进会在百里杜鹃召开。中共毕节市委书记陈志刚强调：全市上下要深入学习贯彻习近平总书记视察贵州重要讲话精神，务必统一思想抓落实，明确思路强目标，突出重点抓关键，坚定不移地抓，一步一个脚印地抓，确保“四在农家·美丽乡村”建设取得实实在在的效果。

7月15～16日　中共贵州省纪委副书记季森带队省纪委监察厅督导组一行，到毕节市督导问题线索处置及上半年纪检监察重点工作情况。

7月17日　中共毕节市委召开统战工作会议，贯彻落实中央统战工作会议精神和习近平总书记视察贵州重要讲话精神，分析研究全市统战工作面临的新形势、新问题、新任务，安排部署当前及今后一段时期统战工作。

7月17～19日　农业部部长韩长赋深入毕节市的田间地头、养殖场户、企业园区和基层联系点，听取基层干部、农民群众的意见建议，了解农业结构调整、特色种养业发展等农民增收问题。

7月18日　贵州省省长陈敏尔到毕节市七星关区调研农村留守儿童关爱工作。

7月21日　国家林业局2015年第二期国有林场场长培训班在毕节市举办，来自全国31个省

（直辖市、自治区）林业厅主管国有林场的处（站、局）主要负责人、国有林场场长代表齐聚毕节，分组开展座谈、交流经验，深入探索国有林场改革路子。

**7月20～23日** 全国农村改革试验区办公室特邀中国农业大学专家组吕之望副教授一行5人，到黔西县和七星关区考察指导创新支农资金体制机制试验试点工作。

**7月24日** 毕节市民兵直升机情报侦察分队在毕节军分区成立，并派出两架直升机进行首次升空试飞训练。

**8月4日** 中共毕节市委召开常委（扩大）会议，传达贯彻习近平总书记等中央领导对贵州工作的重要指示精神、中央政治局会议精神，刘云山书记在省区市和部分部门单位“三严三实”专题教育工作座谈会上的讲话精神，以及中共贵州省委书记、省长陈敏尔在中共贵州省委常委（扩大）会议上的讲话精神。

**8月6～7日** 全国退耕还林还草工作现场经验交流会在毕节召开。国家发改委党组副书记、副主任何立峰出席会议并讲话。受中共贵州省委书记、省长陈敏尔的委托，贵州省常务副省长秦如培致欢迎辞。会议由国家发改委副秘书长范恒山主持。

**8月11～13日** 中共江西省委常委、省委统战部部长蔡晓明率江西统一战线考察团到毕节市考察中央统战部、各民主党派中央、全国工商联参与毕节试验区建设项目等相关工作情况。

**8月12～13日** 贵州省人大常委会副主任张群山率部分省人大代表到毕节市视察农业产业化工作。

**8月15日** 贵州省副省长王江平到金沙县，就煤矿安全生产等工作进行检查。

**8月19～20日** 北京市通州区委统战部常务副部长王振成率民革、民盟、民进、农工、致公、九三学社北京市通州区委和通州区知联会到毕节市考察调研。

**8月24～25日** 水利部移民局局长唐传利率水利部水利扶贫调研组到毕节市，开展贫困地区水利精准扶贫工作调研。

**8月25日** 毕节市邀请中国茶叶科学研究所副所长、浙江省茶叶研究院副院长鲁成银教授在市委党校为广大党员干部作“新常态下毕节茶叶品牌发展战略”专题讲座。

**8月24～26日** 国家交通运输部党组成员刘小明率国务院安委会第六综合督察组赴毕节，对安全生产工作进行综合督察。

**8月25～28日** 中共四川省委统战部副部长刘建军率各民主党派四川省委和广安市统一战线到毕节市考察调研。

**8月26日** 贵州省蔬菜产业技术体系建设现场观摩会暨威宁蔬菜技术培训会在威宁召开。

**8月27日** 中共贵州省委宣传部部长张广智到毕节市调研督察“三严三实”专题教育工作。

**8月29日** 毕节市重点农业项目招商引资推介暨农产品产销衔接会在广州举行。

**8月30日** 中国工程院院士、副院长，中国抗癌协会副理事长，美国医学科学院院士，亚太胃肠病学会副主席、世界胃肠病学会常务理事兼科学计划委员会主席樊代明到毕节参加“西京消化病医院毕节整合医学中心”签约揭牌仪式并作专题学术报告。

**8月31日～9月1日** 贵州省政协常委视察团一行到毕节市赫章县水塘堡乡水潮村精准扶贫示

范点、核桃种苗培育基地、核桃产业示范园、赫章“中国核桃文化生态博物馆”、夜郎春秋薰衣草种植基地和黔西县洪水镇新桥村、解放村精准扶贫工作并走访了贫困户。

9月2日　中共毕节市委、市人民政府在毕节市烈士陵园举行中国人民抗日战争暨世界反法西斯战争胜利70周年纪念活动。中共毕节市委、市人大常委会、市政府、市政协领导班子成员，毕节军分区、市中级人民法院、市人民检察院、市委党校、贵州工程应用技术学院、毕节医学高等专科学校主要负责同志，担任过副厅级以上实职的离退休老同志出席纪念活动。

9月6～7日　毕节市人才办组织专家到黔西县林泉镇、七星关区千溪乡开展“圆梦小康专家行动计划·专家基层行”活动。

9月6～9日　中共中央统战部副部长冉万祥率调研组到七星关区、大方县、黔西县、赫章县，深入乡村、学校、医院、企业，就加快扶贫开发、生态建设、产业结构调整、统一战线参与试验区建设情况等进行调研。

9月8日　贵州省留守儿童困境儿童关爱救助保护工作现场推进会在毕节召开。

9月8～10日　国家林业局举办的“绿水青山，生态脊梁——百家媒体百名记者进林场”主题宣传活动走进毕节市，《光明日报》《科技日报》《央视绿色时空》《经济日报》《中国绿色时报》《中国林业》等多家媒体记者先后到赫章县水塘林场、七星关区拱拢坪林场，围绕国有林场改革、林下经济、国有林场职工危旧房改造工程、林场职工代表等内容进行了采访。

9月10～11日　浙江省政协主席乔传秀率住浙全国政协委员考察团到毕节市考察生态建设和扶贫开发工作。考察团一行先后实地考察了金沙县奥斯科尔电子科技实业有限公司，百里杜鹃石牛角生态移民安置点，大方县慕俄格古城、达溪镇雪榕食用菌生产基地，毕节试验区成果展，双山新区职教城，黔西县乌骡坝村，并在黔西县行政中心召开了座谈会。

9月10～14日　全国人大常委会委员、法律委员会副主任委员、九三学社中央副主席丛斌率九三学社中央调研组到毕节市调研留守儿童工作。

9月11～12日　富士康科技集团考察组到毕节市考察并捐赠智慧教育设备。

9月11日　文朝荣先进事迹报告团应邀到广西壮族自治区南宁市、钦州市进行宣讲。

9月13日　2015年“服务百姓健康行动”全国大型义诊活动周启动仪式在毕节举行。来自北京协和医院、北京大学人民医院、中南大学湘雅医院、北京儿童医院、北京中医药大学东直门医院、解放军第44医院、重庆医科大学第一附属医院方舱医院，以及贵州医科大学附属医院、贵州省人民医院、贵阳医学院附属医院、遵义医学院附属医院、贵阳中医学院第一附属医院等12家医院的近百名国家医疗队和省级医疗队医护人员参加此次义诊周活动。

9月18日　毕节市市长陈昌旭与厄瓜多尔主权祖国联盟运动干部考察团在毕节座谈。

9月19日　织金洞国家地质公园被联合国教科文组织正式批准加入世界地质公园网络中心，成为全球第112个世界地质公园。

9月20～21日　民政部邀请全国人大代表高广生、唐祖宣、瞿佳、阳国秀、周森、向平华、徐晓、吴建平到毕节市调研。调研组先后到七星关区朱昌镇敬老院、朱昌小学阳光少年之家，毕节市怡心苑养老院、市儿童福利院及大方县羊场镇，实地了解毕节市困境儿童关爱救助保护工作做法及养老服务业发展情况，并入户调研部分困境儿童家庭生活情况。

**是日** 首届亚洲山地竞速挑战赛暨全国山地竞速积分赛在金沙县后山乡举行。

**9月28日** 第九届毕节旅游产业发展大会暨织金国际溶洞文化节在织金洞开幕。

**是月** 毕节市纳雍县李军家庭作为全省唯一“最美家庭”代表受全国妇联邀请到京参加全国“最美家庭”代表、全国三八旗手（集体）代表纪念抗日战争胜利70周年活动。

**是月** 纳雍县煤电化一体化产业基地总体规划获省发改委批复。纳雍县煤电化一体化产业基地选址位于纳雍县沙包乡和寨乐乡交界处，规划面积21.54平方公里。按照一次规划，分期分步实施的原则分三期建设，预计总投资713.4亿元。

**10月9～10日** 全国政协常委、民建中央副主席周汉民率考察团到毕节市双山新区职教城、织金县官寨乡等实地考察，并参观了毕节试验区建设成果展。详细了解毕节市职业教育等相关工作发展情况，并对毕节市职业教育的未来发展提出了很多具有针对性、可操作性的意见和建议。

**10月12日** 中共江西省鹰潭市委常委、市委统战部长戴春英率统一战线考察团到毕节市考察毕节试验区成果展、七星关区朱昌镇双堰“同心新村”和现代高效农业示范园、大方县金门陶瓷工业园和雪榕生物科技有限公司、金沙县开明·同心城、永丰“同心新村”、朗月煤机等项目和企业，听取相关情况汇报，实地查看项目建设、运转及发展等情况。

**10月15日** 由农工党中央主办的同心全科特岗医生培训班在大方县开班。此次培训为期3天，培训内容有卫生计生法律法规与医德医风建设、处方病历书写规范和医疗安全、医患沟通、医院感染控制等知识，北京协和医院、四川美康医药软件开发公司、大方县人民医院的相关专家将为学员们授课。

**10月19日** “道德之光·贵州骄傲”第四届贵州省道德模范先进事迹巡回报告会主题活动在毕节市举办。

**10月22日** 厦蓉高速织金至纳雍段正式通车，毕节全面实现了县县通高速公路的目标。

**10月26日** 上海浦东发展银行毕节分行正式成立。

**10月27～28日** 毕节市在厦门市举行招商引资推介活动暨项目签约仪式。推介会上签约项目共30个，签约金额207.6亿元，优选了24个项目进行现场集中签约。

**10月28日** 贵州草海生态环境保护与综合治理启动大会暨2015年综合治理项目集中开工仪式在威宁自治县举行。

**10月29日** 毕节经济开发区管委会与成都恒力磁材有限公司高性能软磁铁氧体项目签约仪式在毕节举行。

**11月1日** 联合国儿童基金会出资12万元人民币援助纳雍县勺窝希望小学建卫生厕所。

**11月2日** 中共贵州省委书记陈敏尔在威宁自治县石门乡决战扶贫攻坚动员大会的批示中强调：毕节市、威宁县要深入贯彻落实习近平总书记系列重要讲话精神，按照全省扶贫开发大会要求，坚持把打赢科学治贫、精准扶贫、有效脱贫攻坚战作为当前和“十三五”时期最紧迫的重大政治任务，进一步增强帮扶石门乡加快脱贫的使命感、责任感和紧迫感，把快速突破交通水利“瓶颈”作为基础、把全面提高教育医疗卫生水平作为根本、把加快发展特色产业和提升城镇化水平作为关键、把着力夯实基层基础作为保障，加大力度、加快进度，协同推动各项帮扶任务落到实处、早日见效，确保石门乡如期实现两年变面貌、三年见成效、五年达目标，让当地老百姓有更多的获得感、幸福感，并为全省乃至全国其他极贫地区早日脱贫探索新经验。

11月2日　国家康复医院“福康工程”专家组到赫章县开展肢体残疾矫正筛查工作。

11月4日　毕节市召开领导干部大会，传达学习贯彻党的十八届五中全会精神。号召全市各级党组织和广大党员干部要切实把学习贯彻全会精神作为当前和今后一个时期的首要政治任务，不断增强贯彻落实全会精神的自觉性和坚定性，坚定不移地以全会精神统一思想，凝聚共识，指导实践，推动工作，不断开创全市经济社会又好又快发展新局面。

是日　毕节市专家咨询委员会启动大会暨第一次全体会议在毕节召开。毕节试验区专家顾问组成员、毕节市专家咨询委员会顾问黄卫东、谢正观、杨泽霖出席会议并讲话。

11月6日　毕节·深圳智慧产业园项目正式入驻毕节经济开发区。这是毕节试验区承接发达地区产业转移，实现市域经济发展产业转型升级的一次里程碑式的产业组团“迁徙”。项目涉及智能终端、智能小家电、充电器、电源、变压器等电子产品企业。

11月6～10日　在第十三届中国国际农产品交易会上，深圳、广州、黑龙江、新疆、福建、广西、陕西等地客商纷纷前往咨询、洽谈毕节裂腹鱼养殖及产品销售代理等有关事宜。

11月7日　著名经济学专家、美国科学院院士、哈佛大学卫生经济学教授、美国参议院经济顾问萧庆伦到贵州工程应用技术学院考察。

11月9日　水利部副部长矫勇到毕节市调研夹岩水利枢纽及黔西北供水工程建设工作。

是日　毕节市市政府召开全市项目谋划、中央预算内投资项目、棚户区改造、生态移民搬迁工程、砂石厂清理五项重点工作会议。

11月11日　全国政协地方经济（农业）工作会在毕节开幕。全国政协副主席、全国工商联主席王钦敏出席。全国政协经济委员会主任、国家工商总局原局长周伯华讲话。全国政协经济委员会副主任、中共中央农村工作领导小组副组长兼办公室主任陈锡文，全国政协常委、北京大学光华管理学院名誉院长厉以宁，全国政协经济委员会副主任李毅中，全国政协经济委员会副主任刘明康出席会议并分别作专题讲座。

是日　贵州工程应用技术学院学生韩天学及其父亲收到阿里巴巴“天天正能量”公益项目邀请，在北京参加敲钟仪式。韩天学在勤工俭学与刻苦学习之外，还给特殊学校的学生上课，更要照顾双目失明的父亲。他的事迹感动了全国数十家媒体的评委，成为阿里巴巴公益第24期天天正能量评选一等奖，奖金20000元。

11月11～13日　中华职教社总干事王金宝率队到毕节调研。

11月12日　贫困地区可持续发展理论与实践研讨会在毕节召开。全国政协副主席、全国工商联主席王钦敏出席并讲话。贵州省政协副主席李汉宇主持会议。全国政协经济委员会主任周伯华，贵州省副省长刘远坤分别致辞。全国政协常委、北京大学光华管理学院名誉院长厉以宁，全国政协经济委员会副主任、中央农村工作领导小组副组长兼办公室主任陈锡文，全国政协经济委员会委员范小建，国务院扶贫办副主任欧青平，中国农业银行副行长楼文龙，国家开发银行信贷管理局局长郭明社，毕节市市长陈昌旭，国务院参事室特约研究员、博士生导师刘奇，四川省政协农业委员会主任刘宇，毕节市工商联副主席、兴国实业董事长邓步国等先后发言。国家有关部门和单位、各省（自治区、直辖市）政协经济（农业）委员会代表参加会议。

**是日** 中共中央财经领导小组办公室副主任、中共中央农村工作领导小组副组长陈锡文应邀为毕节市领导干部作贯彻落实“十三五”农村改革发展任务专题讲座。贵州省副省长刘远坤，毕节市市长陈昌旭、毕节市人大常委会主任吴安玉、毕节市政协主席郭正良、中共毕节市委副书记李健到场聆听讲座。

**11月14日** “法治毕节”创建工作动员会在贵阳召开。中共贵州省委书记陈敏尔作批示。中共贵州省委副书记、省委政法委书记谌贻琴出席会议并讲话，贵州省副省长陈鸣明主持，贵州省政协副主席李汉宇出席。

**11月16日** 中共毕节市委召开市委常委（扩大）会议传达学习贯彻省委十一届六次全会精神。中共毕节市委书记陈志刚主持会议并讲话，传达省委书记陈敏尔在省委十一届六次全会第二次全体会议上的重要讲话精神。中共毕节市委副书记、市长陈昌旭传达了陈敏尔书记代表省委常委会所作的报告和《中共贵州省委关于制定贵州省国民经济和社会发展第十三个五年规划的建议》精神。

**11月17日** 贵州省人大教科文卫委员会副主任委员喻培萱、省卫计委党组副书记、副主任黄平等一行，到毕节市开展《贵州省人口与计划生育条例》修订调研。

**11月22日** 河北省贵州商会会长任静芝、中国唐山贵商实业集团董事长刘彬一行到毕节市调研并开展捐赠活动，共捐赠26500元现金和10000余件衣物。

**11月23日** 贵州恒久电力能源股份有限公司董事长李孝核一行到毕考察大方县年产400万吨煤制精细化学品项目，与市政府就有关投资建设事宜进行洽谈。

**11月24～25日** “多彩校园·闪亮青春”第十届全省校园文化活动月之大学生器乐合奏比赛总决赛在贵州大学举行，毕节职业技术学院交响管乐团荣获非专业组一等奖。

**11月25日** 毕节市召开户籍制度改革工作视频会议，传达《毕节市人民政府关于进一步推进户籍制度改革的实施意见》和《关于分解落实54万农业转移人口落户城镇工作目标任务的通知》精神。

**是日** 毕节市召开提升教育软实力共建行动工作推进会，中国陶研会副会长、贵州陶研会会长、贵州省文联主席、贵州省文史馆馆长顾久，中国陶研会理事熊伟，贵州陶研会秘书长全奕，毕节市副市长冉霞出席会议。

**11月26～27日** 中共贵州省纪委调研组深入市纪委、金沙县调研纪检监察信访举报工作，开展纪检监察信访举报专项督察。

**11月27日** 国家卫计委专家到纳雍县就城乡医院对口支援工作开展督导检查，贵州省卫计委和毕节市卫计委相关负责人陪同检查。

**是日** 毕节市在成都举行招商引资旅游推介会暨项目签约仪式。中国长城投资集团亚洲公司总经理谢克曜、亿达（中国）四川亿兴置业公司总经理刘宏，以及来自美国、英国、德国、韩国有关企业驻华分支机构代表，四川、重庆、北京、上海、湖南、湖北、宁夏等地近300家企业界人士参加推介会。

11月28日　毕节市2015年高校毕业生专场招聘会在贵州工程应用技术学院西区综合楼一楼大厅举行。此次招聘会共有17家企业入场招聘，提供就业岗位1400余个，本次进场求职者主要为理工科毕业生，求职毕业生达1000余人次，316人达成就业意向。

11月29日　中共毕节市委书记陈志刚主持召开专题会议，传达贯彻中央扶贫开发工作会议精神。

11月30日　毕节市第一届人大常委会第三十一次会议在毕节城召开。

11月30日　毕节市纪委监察局邀请贵州省委党校教授郝建为全市纪检监察系统干部职工作十八届五中全会和省委“十三五”规划精神专题讲座。

12月2日　毕节市新一轮易地扶贫搬迁项目开工仪式在大方县雨冲乡举行。

12月4日　台盟中央帮扶赫章县十周年纪念会在北京亚洲大酒店召开，全国政协副主席、台盟中央主席林文漪，台盟中央副主席吴国祯、陈蔚文、杨健、苏辉出席会议，毕节市市长陈昌旭，赫章县委主要领导参加会议。

12月6日　毕节金海湖新区（贵州毕节经济开发区）领导班子集体任职宣布大会在市委党校召开。

是日　中共毕节市委追授大方县绿塘乡党委原书记彭练基为“全市优秀共产党员”，并号召全市各级党组织和广大党员干部向彭练基学习。

12月12日　清华大学廉政与治理研究中心主任程文浩教授，应邀为毕节市540余名党员领导干部作《廉政建设与预防腐败》专题讲座。

12月16日　全市棚户区改造工作动员大会在毕节召开。

12月17日　市政府与省地矿局签订深化战略合作协议。

12月18～19日　全国政协经济委员会副主任项宗西，全国政协常委、恒大集团董事局主席许家印一行到大方县实地考察精准扶贫工作。贵州省副省长刘远坤，贵州省政协副主席班程农，中共毕节市委书记陈志刚，毕节市市长陈昌旭等参加考察。

12月21日　国家土地督察武汉局专员唐世力、副专员李红一行到毕节督察闲置土地整改、调研不动产登记工作。

12月22～23日　中国共产党毕节市第一届委员会第八次全体会议在毕节举行。全会中共毕节市委书记陈志刚作工作报告和关于“十三五”工作的讲话，审议通过了《中共毕节市委关于制定毕节市国民经济和社会发展第十三个五年规划的建议》。

12月24日　中共贵州省委第九巡视组进驻纳雍县开展巡视暨“回头看”工作。

12月25日　中共贵州省委组织部追授彭练基为“全省优秀共产党员”。

12月26日　贵州省2015年第四批重大项目集中开工仪式在毕节铁路东站项目现场举行。中共贵州省委常委、常务副省长秦如培出席开工仪式并讲话。

## 2016年

**1月1日** 中共毕节市委书记陈志刚到七星关区、大方县、黔西县部分重大项目建设工地，看望慰问一线工人，向全市广大建设者送上节日问候和新春祝福。

**1月4日** 中共毕节市委召开常委会议，传达学习中央政治局委员、中央统战部部长孙春兰关于毕节试验区的重要讲话精神，以及中共贵州省委书记陈敏尔在全省经济工作会议期间参加毕节代表团讨论时的重要讲话精神，并研究2016年经济工作。

**1月5日** 中共毕节市委书记陈志刚扶贫工作台会议强调：各级各部门要进一步坚定信心决心，强化责任担当，把思想认识统一到决战贫困、同步小康目标上，把工作重心转移到开展脱贫攻坚上，把干部精力集中到帮助群众脱贫奔小康上，以更加明确的目标、更加有力的举措、更加实在的行动，以背水一战、决战决胜的勇气和坚韧不拔、勇往直前的斗志，坚决打赢脱贫攻坚战。

**1月12日** 中共毕节市委书记陈志刚在全市烤烟产业发展大会上强调：脱贫攻坚，产业先行，全市各级各部门要主动适应新常态，抢抓新机遇，应对新挑战，开拓进取，攻坚克难，扎实有力推进烤烟产业发展，做大做强这一富民“黄金产业”，真正做到鼓起劲来抓发展、弯下腰来拔穷根、携起手来奔小康，走出一条依靠产业脱贫奔小康的发展新路。

**1月13日** 中国农业大学教授、试验区专家顾问组总顾问常近时，在北京主持召开毕节市“十三五”规划纲要咨询座谈会。听取毕节市“十三五”规划编制的工作汇报后，顾问组对毕节市“十二五”时期经济社会发展取得的成绩给予充分肯定，并围绕如何编制好“十三五”规划纲要提出意见和建议。

**1月14日** 中共毕节市委书记陈志刚在全市党建工作会议上强调：要深入学习贯彻党的十八大，十八届三中、四中、五中全会和省委十一届六次全会、市委一届八次全会精神，以习近平总书记系列重要讲话精神为指引，认真落实全面从严治党新要求，动员全市各级党组织和广大党员紧紧围绕决战贫困、提速赶超、同步小康的要求和建设“六个新毕节”的部署，开拓进取，真抓实干，为全面和超额完成市委一届八次全会确定的各项目标任务，提供强大的精神动力和坚强的组织保证。

**1月18日** 毕节市创建国家公共文化服务体系示范区动员会议召开，贵州省副省长何力出席会议并作指导讲话。

**1月18～22日** 政协第一届毕节市委员会第五次会议在七星关区召开。会议审议通过了《政协第一届毕节市委员会第五次会议关于常务委员会工作报告的决议》《政协第一届毕节市委员会第五次会议关于常务委员会提案工作情况报告的决议》《政协第一届毕节市委员会提案委员会关于政协第一届毕节市委员会第五次会议提案审查情况的报告》和《政协第一届毕节市委员会第五次会议决议》。

**1月19～22日** 毕节市第一届人民代表大会第七次会议在毕节召开。大会审查通过《毕节市国民经济和社会发展第十三个五年规划纲要》《毕节市2015年国民经济和社会发展计划执行情况及2016年国民经济和社会发展计划报告》《毕节市2015年市本级和全市财政预算执行情况及2016年市本级和全市财政预算报告》；表决了选举办法草案、设立市一届人大法制委员会的决定草案和市一届人大有关专门委员会组成人员名单草案。

1月20日　恒大集团帮扶大方县第一批产业扶贫项目“长石镇千座大棚食用菌栽培基地项目”在长石镇山坝村举行开工仪式。中共毕节市委副书记、市长陈昌旭致辞并宣布开工。

1月23日　中共毕节市委副书记、市长陈昌旭在全市易地扶贫搬迁工作会议上：强调要坚持因势利导，实施多元安置，坚决打赢易地扶贫搬迁这场输不起的硬仗。

2月1日　中共毕节市委书记陈志刚在全市领导干部大会上强调：要吃透贵州省第十二届人民代表大会第四次会议、政协第十一届贵州省委员会第四次会议精神抓学习，务实重干抓落实，以决战贫困统揽全局，狠抓产业转型升级、生态文明建设、社会治理创新、法治毕节创建，提振精气神，转变工作作风，全力以赴做好一季度工作，确保“十三五”开好局、起好步。

2月3日　中共毕节市委书记陈志刚在市委政法工作会议上强调：要坚定不移地贯彻落实习近平总书记系列重要讲话和对贵州、对毕节的重要指示精神，按照中央、省委政法工作会议的部署，全面推进社会治理创新，深化“法治毕节”创建，不断开创政法工作新局面，为决战贫困、同步小康营造和谐稳定环境。

2月6日　毕节市召开安全生产电视电话会议贯彻落实孙志刚省长、慕德贵副省长重要讲话精神，对春节及全国“两会”期间安全生产工作进行再部署。

2月14日　毕节市造林绿化推进会议强调：要认真贯彻落实全省造林绿化推进大会精神，按照市委一届八次全会提出“着力循环经济引领生态建设，全力以赴建设天蓝地洁、山清水秀、神清气爽的绿色靓丽新毕节”的要求，对“绿色毕节”行动再动员、再部署，号召全市人民同心植绿、精心护绿，携手共建“全国生态文明先行示范区”。

2月16～18日　中共贵州省委副书记、省委政法委书记谌贻琴到毕节市纳雍县、七星关区调研督导“法治毕节”创建工作，实地调研了解创建工作进展情况，并主持召开“法治毕节”创建工作推进会，总结交流经验，推动下步工作。

2月22～24日　全国政协副主席、全国工商联主席王钦敏在全国工商联副主席谢经荣的陪同下，到织金县专题调研扶贫工作。

2月26～27日　全国政协副主席马飚在毕节市调研。

2月27日　恒大集团结对帮扶大方县首批40项重点援建工程和200个农牧业产业化基地项目开工。全国政协副主席马飚、中共贵州省委书记陈敏尔出席、贵州省省长孙志刚、全国政协经济委员会主任周伯华、全国政协人口资源环境委员会副主任李成玉、贵州省政协主席王富玉、全国政协常委、恒大集团董事局主席许家印、恒大集团董事局副主席夏海钧，恒大集团副总裁林漫俊、姚东、伍立群、史俊平等参加开工仪式，中共毕节市委书记陈志刚致辞。

2月28日　中共毕节市委书记陈志刚在市委农业农村工作暨春耕生产现场会上作重要讲话。

**3月1～3日** 省“法治毕节”创建工作督导组到毕节市督察指导“法治毕节”创建工作。

**3月2日** 毕节市市长陈昌旭在北京格兰云天大酒店召开了云上贵州·大数据招商引智再出发活动客商座谈会，深圳市原常务副市长、深圳市对口支援工作小组副组长吕锐锋参加座谈会并讲话。

**3月11日** 第六届“绿化祖国·低碳行动”植树节全国启动仪式南方主会场在毕节市举行。中国绿色碳汇基金会理事长刘于鹤、毕节市副市长王一民出席启动仪式。

**3月17日** 国土资源部扶贫办到毕节乌蒙山片区调研脱贫攻坚工作。国土资源部地质环境司司长关凤峻，贵州省国土资源厅副厅长肖才忠出席座谈会并讲话。

**3月20日** “2016中国·贵州国际杜鹃花节”开幕式在百里杜鹃管理区举行。

**是日** 毕节市市长陈昌旭在2016年全市加快旅游发展工作会议讲话。

**3月21～24日** 中共中央统战部部长孙春兰赴在毕节调研时强调：要认真学习贯彻习近平总书记关于扶贫开发的重要讲话精神，按照中央统一部署，落实精准扶贫、精准脱贫基本方略，认真做好定点扶贫工作，坚决打赢脱贫攻坚战。

**3月22日** 中华职教社对口帮扶毕节金海湖新区启动大会在毕节医学高等专科学校举行。全国人大常委会副委员长、民建中央主席、中华职教社理事长陈昌智讲话。

**是日** 民革中央副主席何丕洁，致公党中央副主席曹鸿鸣，台盟中央副主席、台盟上海市委主委杨健，民革中央社会服务部部长边旭光，台盟中央社会服务部副部长蔡国斌，民革贵州省委主委王世杰，致公党贵州省委专职副主委宋平一行前往赫章县平山乡中寨村，就农业产业扶贫等有关情况进行实地考察。

**3月23日** 统一战线聚力脱贫攻坚暨多党合作参与毕节试验区建设座谈会在毕节市召开。中共中央统战部部长孙春兰，全国人大常委会副委员长、民建中央主席陈昌智，全国政协副主席、民进中央常务副主席罗富和，民革中央副主席何丕洁，民盟中央副主席龙庄伟，农工党中央副主席龚建明，致公党中央副主席曹鸿鸣，九三学社中央副主席丛斌，台盟中央副主席杨健，全国工商联副主席谢经荣，无党派人士代表、中国科协副主席、书记处书记陈章良，中共贵州省委书记陈敏尔，中共中央统战部常务副部长张裔炯，中共中央统战部副部长、全国工商联党组书记、常务副主席全哲洙，中共中央统战部副部长林智敏，中共中央统战部副部长兼秘书长冉万祥，全国政协副秘书长邓宗良，贵州省省长孙志刚，中共毕节市委书记陈志刚、毕节市市长陈昌旭等参加会议。

**3月24日** 全国政协副主席、民进中央常务副主席罗富和率队到贵州工程应用技术学院调研。贵州省政协副主席、民进贵州省委主委左定超，贵州省政协秘书长李月成，民进中央社会服务部副部长刘文胜，贵州省社会主义学院党组书记何萍，毕节市市长陈昌旭，毕节市市政协主席宫晓农以及贵州工程应用技术学院主要负责同志参加调研和座谈会。

**3月25日** 中共贵州省委召开常委会议，专题研究毕节市经济社会发展。

**3月26日** 中共云南省委书记李纪恒率领云南省党政代表团到毕节市考察。

**3月27日** 毕节市市委召开常委（扩大）会议，传达学习统一战线聚力脱贫攻坚暨多党合作参与毕节试验区建设座谈会和省委常委会议精神，研究部署毕节市贯彻落实意见。

3月30日　毕节市召开推进供给侧结构性改革电视电话动员大会。毕节市市长陈昌旭在会上作重要讲话。

是日　贵州省国土资源厅厅长朱立军在赫章县主持召开省国土资源厅服务毕节经济社会发展专题会议。

3月31日　教育部副部长朱之文在毕节考察调研职业教育发展座谈会上作重要讲话。

4月1日　中共毕节市委书记陈志刚全市加快推进棚户区改造动员大会上作重要讲话。

4月11日　2016年全市农业结构调整暨“四在农家·美丽乡村”建设推进会总结会在威宁自治县召开。

4月18日　纪念中华苏维埃人民共和国川滇黔省革命委员会成立80周年座谈会在毕节举行。贵州省政协副主席陈敏，中共中央党史研究室宣教局副局长任贵祥出席并讲话。中共中央党史研究室研究一部主任蒋建农，中共中央文献研究室原副巡视员、任弼时研究专家宋毅军，贵州省委党史研究室主任杜丹、副主任覃爱华，中共毕节市委书记陈志刚，毕节市市长陈昌旭，老红军代表王绍清、刘吉成，萧星华、任远芳、罗旭东、贺雷生等红二、红六军团将士后代代表，以及红军长征经过的11省（市、区）党史研究室负责人出席座谈会。

是日　纪念中华苏维埃人民共和国川滇黔省革命委员会成立80周年学术研讨会在毕节召开。研讨会由中央党史研究室宣教局副局长任贵祥主持。中共中央党史研究室研究一部主任蒋建农，中共贵州省委党史研究室主任杜丹、贵州省社科院原党委书记肖先治，中共毕节市委副书记李建、副市长李玉平等出席会议。

4月18～19日　民政部副部长宫蒲光一行到毕节，就第二次全国地名普查等有关工作进行调研。民政部社会救助司副司长王斌，贵州省民政厅厅长罗宁，毕节市市长陈昌旭等分别参加相关活动。

4月22日　全市“两学一做”学习教育工作部署会议在市委党校召开。中共毕节市委书记陈志刚在会上讲话。

是日　中共毕节市委书记陈志刚为“全市领导干部专题读书班”上了题为《扬主题、建高地、促转型、奔小康，新形势下毕节试验区的新机遇与新发展》的专题党课。

4月23～24日　国家卫生计生委副主任王培安一行到毕节，就健康扶贫等工作进行调研。国家卫生计生委财务司司长李斌，贵州省卫生计生委主任王忠，中共毕节市委副书记、市长陈昌旭，贵州省卫生计生委副主任黄平等参加调研。

4月27日　中共贵州省委常委、常务副省长秦如培到黔西新田煤矿、黔西青龙煤矿及黔西电厂等企业详细了解生产、经营和发展情况，并分别组织召开全市煤炭、电力企业座谈会，帮助协调解决当前煤、电企业发展中遇到的困难和问题。

是日　人社部副部长张义珍率调研督察组到毕节调研督察人社领域重大改革事项推进情况。

4月28日　中共毕节市委书记陈志刚、毕节市市长陈昌旭、毕节市人大常委会主任吴安玉、毕节市政协主席宫晓农率毕节市党政代表团，在深圳拜会了中共广东省委副书记、深圳市委书记马兴瑞。

**4月29日** 根据中共贵州省委、省政府的统一安排，中共毕节市委、市政府与全省同步举行2016年第二批重大项目集中开工仪式。

**5月7日** 深圳市贵州毕节商会在深圳麒麟山庄举行成立大会。贵州省政协副主席、民建贵州省委主委、省工商联主席、省总商会会长李汉宇出席会议并讲话。贵州省人大常委会原党组书记、副主任龙超云，中共深圳市委常委、市委统战部部长林洁出席会议。中共毕节市委副书记、市长陈昌旭出席会议并讲话。

**5月8日** 毕节市市长陈昌旭率队到深圳中产联控股集团考察，并与中产联控股集团董事长、珠三角产业联盟主席蔡富霖等座谈

**5月10日** 中共安徽省六安市纪委书记陈家本率考察团到毕节考察。

**5月10～11日** 吉林省白城市考察团到毕节市就精准扶贫开发工作进行考察。

**5月11日** 国家林业局原党组副书记、副局长、中国油用牡丹专家委员会主任李育材到毕节市做了题为《上乔下灌、最佳配置——浅谈油用牡丹与文冠果套种的创新发展模式》的油用牡丹产业发展专题讲座。

**5月12～13日** 中共江苏省淮安市委副书记练月琴带队到毕节市考察精准扶贫工作。

**5月14日** 2016年贵州省超声医学学术会议在七星关区举行。省医学会和毕节市第一人民医院相关专家参加会议。

**5月17日** 全国人大财经委副主任委员吴晓灵，贵州省人大常委会党组书记、副主任张群山率调研组到毕节调研教育扶贫和金融扶贫工作。

**5月18～20日** 贵州省“文明在行动·满意在贵州”活动暨“多彩贵州文明行动”整脏治乱专项行动现场推进会在毕节召开。

**5月20日** 2016年贵州省公共文化服务体系示范区（项目）创建城市经验交流活动在毕节举行。

**5月24～25日** 中央纪委廉政理论研究中心副主任谢光辉率队深入毕节市调研实践监督执纪“四种形态”工作情况。

**5月26日** 毕节市举办学习贯彻《中国共产党廉洁自律准则》和《中国共产党纪律处分条例》专题辅导报告会，中共贵州省纪委副书记季森应邀作辅导报告。

**5月28日** 毕节市梨树高铁客运枢纽中心正式开工。

**5月26～30日** 国家安全监管总局监管四司副司长边卫华率国务院安委会第七巡查组到毕节开展安全生产巡查工作，并专题听取毕节市安全生产工作情况汇报。

**6月2日** 毕节市召开精准识别贫困户工作部署启动电视电话会。

**6月6日** 贵州省质监局发布第132号公告，批准《地理标志产品大方天麻》为贵州省地方标准。

**6月8～10日** 第四届全国天麻会议暨2016年中国（大方）天麻产业发展高峰论坛在大方举行。专家代表齐聚大方，谋划天麻产业发展新思路，并就推进天麻成为新食品原料，挖掘更丰

富的产业链接进行了探讨。

6月10日　毕节市市长陈昌旭带队赴重庆巴南区考察木洞桃花岛工程等项目，并与重庆联合金融控股有限公司总裁王德军座谈。

6月15日　毕节市市长陈昌旭在北京与惠普中国区董事长毛渝南座谈。

6月16日　全国人大常委会环境保护法执法检查组到毕节市开展环境保护法执法检查。

6月17日　中共毕节市委书记陈志刚主持召开专题会议，研究部署贯彻落实全省第二次大扶贫战略行动推进大会精神。

是日　毕节市供给侧结构性改革推进大会暨经济运行分析调度会召开。

是日　毕节市简政放权放管结合优化服务改革推进会议召开。

6月20～21日　贵州省政协主席会议视察团到毕节视察精准扶贫暨易地扶贫搬迁工作。

6月23日　中共贵州省委副书记、省委政法委书记谌贻琴赴毕节市开展信访包案督访工作，慰问基层信访干部，随机接待上访群众，调研信访维稳工作情况。

6月22～26日　毕节试验区专家顾问组总顾问、中国农业大学教授常近时率领由中国科学院地理科学与资源研究所教授、试验区专家顾问组水利组组长王旭，北京林业大学教授刘勇、农业部全国畜牧总站研究员杨泽霖、国务院参事陈全生、中国农业大学教授李小芹、北京金农科种子科技有限公司董事长吕凤金等组成的考察团到毕节考察。

6月27日　毕节市政协召开第一届常委会第三十二次会议，与毕节市政府及相关部门专题协商全市易地扶贫搬迁工作。

6月27～28日　毕节市第一届人大常委员会第三十六次会议召开。会议听取副市长蒋从跃作《毕节市重点区域环境综合整治和污染治理工作报告》。

6月27～28日　市政协第一届常务委员会第三十二次会议，协商讨论全市上半年经济社会发展情况，反映社情民意。

6月30日　毕节市举行庆祝中国共产党成立95周年大会，重温党的光荣历史，讴歌党的丰功伟绩，表彰本市近年来涌现的优秀共产党员、优秀党务工作者和先进基层党组织。

7月1日　大方县理化乡偏坡村金星组因暴雨发生山体滑坡，造成11户31人受灾。经现场抢险，救出18人，其中7人生还、11人死亡，另有1人外出已联系上，12人失联。

7月5日　贵州省推进行政机关负责人出庭应诉工作现场会在毕节召开。贵州省高级人民法院院长孙潮、贵州省政府法制办主任唐林出席会议并讲话，毕节市市长陈昌旭致辞，贵州省高级人民法院副院长余红梅主持会议。贵州省政府法制办行政复议办专职副主任冯小山，毕节市人大常委会主任吴安玉，毕节市政协主席宫晓农，中共毕节市委常委、市委政法委书记、毕节市公安局局长周全富，毕节市中级人民法院院长任明星，毕节市人民检察院检察长石子友参加会议。

7月7～9日　全国人大农业与农村委员会主任委员陈建国率由全国人大农业与农村委员会副主任委员郭庚茂，全国人大农业与农村委员会委员曹维新、蒋省三，全国人大农委办公室副主任傅勇，全国人大农委调研室副主任汤国滨等组成的全国人大农委调研组到毕节调研。

**7月9～10日** 国务院发展研究中心原副主任刘世锦率队的调研组到毕节市调研。

**7月12日** 贵州省农业供给侧改革产业裂变发展现场推进会在毕节市大方县召开。贵州省副省长刘远坤在会上强调：要坚定不移以供给侧结构性改革为主线，加快推动传统产业转型升级，大力培育发展新经济，努力在新一轮科技革命和产业变革中抢占先机、赢得胜机，为守底线、走新路、奔小康提供坚强保障。

**7月14～15日** 民革全国办学工作经验交流会在毕节市召开。全国政协常委、副秘书长、民革中央副主席何丕洁出席会议并讲话。会民革中央社会服务部部长边旭光，中国教育政策研究院副院长周海涛，民革贵州省委秘书长邓文森，中共毕节市委副书记李建，中共毕节市委常委、市委统战部部长尹恒斌，副市长冉霞出席会议。

**7月15日** 中国国民党革命委员会毕节市工作委员会成立大会在毕节市举行。全国政协常委、副秘书长、民革中央副主席何丕洁，全国政协委员、贵州省政协常委、民革贵州省委主委王世杰，全国人大代表、民革贵州省委副主委鲍家科，中共毕节市委副书记李建，中共毕节市委常委、市委统战部部长尹恒斌，毕节市人大常委会副主任杨海琰，毕节市政协副主席、民革毕节市工委主委肖远福，毕节市政协副主席、民建毕节市工委主委秦天志出席会议。贵州省政协委员、民革贵州省委秘书长邓文森主持会议。

**是日** 毕节市2016年巡查工作部署培训会召开，中共毕节市委书记陈志刚作指示，中共毕节市委常委、市纪委书记蒋兴勇出席会议并讲话，担任巡查组组长的老领导禄绍康、马光树应邀出席会议，市委组织部负责同志到会传达中央领导近期关于巡视工作的重要讲话精神并宣布此次巡查工作分组名单及被巡查单位。

**7月17日** 深圳赴毕节百人游首发团抵达毕节。毕节市市长陈昌旭在毕节飞雄机场会见了深圳市旅游文化交流促进会会长张宏等首发团代表一行。

**7月18日** 国家烟草专卖局党组书记、局长、中国烟草总公司总经理凌成兴到毕节就烟草扶贫、烟田灌溉水利等有关工作进行调研。

**是日** 中共中央党校《学习时报》副总编辑、教授、经济学博士杨英杰到毕节市，围绕习近平总书记系列重要讲话的大逻辑作专题讲座。

**7月20～22日** 中共深圳市委统战部部长林洁率深圳市工商经济代表团到毕节考察并召开深圳市统一战线赴毕节试验区考察座谈会和深圳市工商经济代表团赴毕考察座谈会。

**7月23～25日** 全国政协常委林树森率广东省政府副秘书长林积、广州市政协港澳委原副主任甘根全等组成的考察组，到毕节市考察美丽乡村建设、易地扶贫搬迁、旅游产业发展等工作。

**7月25日** 香港铜锣湾集团董事局主席陈智一行到毕节市考察。

**7月26日** 毕节市市长陈昌旭主持召开金海湖新区双山大峡谷项目概念性方案汇报会。中国联合金融控股有限公司总经理兼重庆联合金融控股有限公司董事长王德军，毕节市副市长李玉平，毕节市政协副主席、市交通运输局局长安顺才，毕节市政府秘书长黄家忠参加会议。

**7月28日** 中共中央下达毕节市东、西部森林重点火险区综合治理三期项目投资经费3350

万元。

7月28～29日　中国共产党毕节市第一届委员会第九次全体会议，在毕节举行。

中共毕节市委书记陈志刚作了题为《扬主题建高地促转型奔小康奋力推动试验区经济社会发展历史性新跨越》的讲话，毕节市市长陈昌旭对《中共毕节市委关于坚持三大主题建设四个高地打造改革发展升级版的决定（讨论稿）》作说明。

7月29日　大方县举行以“探究水西源流、弘扬水西文化、传承水西文明”为主题的水西建制史高峰论坛，来自国内的著名专家学者揣振宇、徐光翼、李蓝、陈保亚、张学立、陈世鹏等参加高峰论坛会并作主题发言。

8月2日　由国家文化部产业司主导、贵州省文化厅和毕节市人民政府主办的“藏羌彝走廊·彝族文化产业博览会彝族文化产业发展高峰论坛”在大方县举行。贵州省人大常委会原副主任、贵州省彝学会会长禄文斌，贵州省人大常委会原副主任禄智明，文化部产业司政策法规处处长陈思宇，贵州省文化厅党组书记、厅长徐静，毕节市市长陈昌旭等出席。论坛由贵州省文化厅副厅长袁伟主持。中国作家协会书记处书记、副主席吉狄马加主持，禄文斌，禄智明，中央民族大学副校长、教授曲木铁西，国家古籍保护专家委员会委员、国家民委古籍保护中心主任、中国民族古文字研究会常务副会长、中央民族大学教授、博导黄建明，中国社科院考古研究所研究员冯时，上海师范大学、复旦大学教授潘悟云，香港世界遗产研究院学术院长乔惠民等出席论坛。

8月2～4日　中共贵州省纪委书记宋璇涛在贵州省监察厅副厅长申楚、贵州省纪委秘书长梁伟等陪同下，到毕节市调研精准扶贫和民生监督工作时强调：各级党组织、纪检监察机关要履行好管党治党责任，挺纪在前，越往后执纪越严，为打赢脱贫攻坚战保驾护航。

8月6日　国家开发银行评审总监郑旭东在国家开发银行评审管理局局长徐伟华、国家开发银行贵州省分行行长徐元陪同下到毕节调研。

8月10日　中共毕节市委书记陈志刚在“法治毕节”重点工作推进暨“和在农家”创建启动大会上作重要讲话。

8月11～12日　贵州省商务厅厅长申晓庆率调研组到毕节市调研指导商务工作。

8月13日　毕节市“同心战贫困·赤子报春晖”大型主题文艺晚会在贵州工程应用技术学院绣山体育馆隆重举行。贵州省副省长陈鸣明，中国作家协会副主席、上海市作家协会副主席、毕节市旅游文化大使叶辛，八一电影制片厂作曲家杜兴成及夫人蔡惠琴，共青团贵州省委书记涂妍，中共毕节市委书记陈志刚，毕节市市长陈昌旭，毕节市人大常委会主任吴安玉，毕节市政协主席宫晓农出席活动。

8月12～15日　中共江西省南昌市委统战部部长乐文红，南昌市政协副主席、农工党南昌市委主委龙国英，南昌市政协副主席、九三学社南昌市委主委李广振一行来毕节试验区考察。

8月15日　中共毕节市委书记陈志刚主持召开深圳赴毕挂职干部座谈会，向挂职干部问需问计，征求决战贫困、提速赶超、同步小康的意见建议。

8月17日　贵州省人大代表沈允、宫和梅、向伟、石义明、梁大巍在贵州省检察院检察委员会专职委员邓德禄的陪同下，到毕节视察检察机关民生资金保护专项工作。

8月17～18日　民建全国省级组织宣传处长会议暨网站兼职编辑培训会与会人员到毕节市考察调研。全国政协副秘书长、民建中央副主席宋海，民建中央宣传部部长张皎，民建中央办公厅副主任金丹华，民建中央宣传部副部长程喜真，民建省委专职副主委余维祥，民建省委秘书长严兴亚参加考察调研；中共毕节市委常委、黔西县委书记卢林，毕节市政协副主席、民建毕节市工委主委秦天志分别陪同考察调研。

8月18日　毕节市举办房地产业发展高峰论坛。知名财经评论家、财经专栏作家叶檀博士和贵州大学房地产研究所所长、中国房地产业协会特邀专家郭峰作专题讲座。

8月23日　中国致公党毕节市工作委员会在毕节召开成立大会。全国政协副秘书长，致公党中央常务副主席蒋作君；贵州省政协副主席、致公党贵州省委主委、贵州师范大学副校长谢晓尧，贵州省委统战部副部长、省社会主义学院党组书记何萍出席会议并讲话。中共毕节市委副书记李建出席会议并讲话，代表市委向致公党毕节市工委的成立表示祝贺。致公党中央组织部副部长康凯，致公党贵州省委驻会副主委、致公党贵阳市委主委宋平，致公党贵州省委秘书长、贵州省侨联副主席潘志建以及市领导杨小强、杨海琰、杜娟、辜康乐出席会议。辜康乐代表毕节市各民主党派、市工商联致贺词。

8月27日　贵州省人大常委会副主任傅传耀来毕节市作题为《预算法——看好钱包的制度笼子》的“预算法解析”专题讲座。

8月30日　第十届毕节旅游产业发展大会在赫章县召开。中共毕节市委书记陈志刚，毕节市人大常委会主任吴安玉，毕节市政协主席出席会议。贵州省旅发委副主任牟勇，毕节旅游文化大使、著名作曲家、海政文工团副团长平远出席会议并讲话。中共毕节市委常委王开俊、何云江、王一民，毕节市人大常委会、毕节市政府、毕节市政协有关领导出席会议。会议由中共毕节市委副书记李建主持。

8月30～31日　来自全国32家媒体代表及长沙、杭州、贵阳的100余名旅行社嘉宾代表齐聚毕节，考察威宁草海景区和赫章国家森林国家森林公园、大韭菜坪，夜郎国家森林公园。

8月30～31日　贵州省能源项目现场观摩会暨签约仪式在毕节举行。中共贵州省委常委、常务副省长秦如培出席签约仪式并讲话。

8月31日至9月1日　中国共产党毕节市第一届委员会第十次全体会议在毕节举行。

9月1日　贵州省人民医院对口支援毕节市第一人民医院座谈会在毕节市第一人民医院行政楼九楼会议室召开，省医相关负责人、相关帮扶专家和市一医相关负责人及相关科室负责人参加了座谈。

9月2日　金海湖新区跨越发展誓师大会在竹园物流中心内陆港召开。

9月3日　贵州·广东扶贫协作工作联席会议在毕节举行。中共中央政治局委员、广东省委书记胡春华出席并讲话，中共贵州省委书记陈敏尔主持并讲话，中共贵州省委副书记、省长孙志刚介绍贵州省脱贫攻坚情况。广东省领导徐少华、任学锋、邹铭，贵州省领导刘奇凡、刘远坤，两省有关地区和部门负责人参加活动。

**是日** 中共贵州省委书记、省人大常委会主任陈敏尔，中共贵州省委副书记、省长孙志刚在毕节会见广东省委常委、广州市委书记任学锋一行。

**9月7日** 中共毕节市委召开全市领导干部大会，宣布省委决定：桑维亮同志任毕节市委委员、常委、副书记，提名作为市人民政府市长候选人。

**9月8～9日** 全国人大环资委巡视员何嘉平率领“中华环保世纪行”新闻采访组到毕节市，就环境保护、污染治理、美丽乡村建设等情况进行实地采访会。

**9月12日** 毕节市一届人大常委会召开第三十八次会议。会议接受陈昌旭因工作变动辞去毕节市人民政府市长职务的请求；任命桑维亮为毕节市人民政府副市长、代理市长。

**9月13日** 代市长桑维亮主持召开会议，学习贯彻省扶贫开发领导小组第九次（扩大）会议和全省高速公路建设攻坚决战动员大会精神，研究部署全市扶贫开发及综合交通网络建设工作。

**9月18～19日** 贵州省人大常委会副主任周忠良率队到毕节市调研《贵州省乡镇人民代表大会工作条例（草案）》立法和市县乡人大换届选举工作。

**9月19～20日** 中共贵州省委常委、省委统战部部长刘晓凯到赫章县河镇乡开展极贫乡定点包干脱贫攻坚工作。

**9月21日** 全省文物博物馆系列免费开放单位深化公共文化服务研讨会在毕节召开。贵州省文物博物馆学会会长李黔滨等出席开幕式。

**是日** 毕节市“千企帮千村”“万凤还巢”“荣誉村主任”三项工作现场推进电视电话会议在织金召开。

**9月23日** 2016年贵州省乡村学校少年宫项目建设工作推进会在毕节市举行。

**9月24日** 中央人民政府驻澳门联络办公室副主任姚坚率由澳门中国企业协会会长、南光（集团）董事长许开程等19家澳门中资企业组成的考察团到毕节市考察。

**9月25日** “玉林三丈水”杯2016中国·贵州·金沙亚洲山地竞速挑战赛在金沙县后山镇举行。

**9月27日** 贵州省第三次全国农业普查方案培训会在毕节市召开。

**9月30日** 毕节市在毕节烈士陵园举行烈士纪念日烈士公祭活动，深切缅怀革命先烈的丰功伟绩，弘扬革命先烈的崇高精神，为毕节试验区决战贫困、提速赶超、同步小康凝聚强大精神力量。

**10月10日** 中共毕节市委召开专题会议，传达学习东西部扶贫协作和对口帮扶贵州工作联席会议精神，研究部署广州对口帮扶毕节、恒大对口帮扶大方、全市农业板块经济及“和在农家”创建等重点工作。

**10月18日** 贵州省交通运输厅与毕节市人民政府签署交通运输发展战略合作协议。

**10月18～19日** 中共贵州省委常委、常务副省长秦如培到毕节市调研电煤供应保障工作。

**10月19日** 毕节市易地扶贫搬迁暨扶贫生态移民工作现场推进会在威宁自治县召开。

**10月20～21日** 广州市国资委副巡视员李卓韵率广州市部分大型国有企业相关负责人到毕

节市考察。

**10月22～23日** 全国政协原副主席、民盟中央原常务副主席张梅颖到毕节考察。

**10月23～26日** 广州市旅游局局长刘瑜梅、副局长陈永亮率由广州市相关部门、旅游业界和媒体界相关人员组成的踩线团，到毕节市开展对口帮扶旅游开发业界和媒体踩线活动。

**10月25～26日** 慧与公司中国区董事长毛渝南一行到毕节市考察。

**10月26日** 贵州省政协主席王富玉率队到毕节市，就恒大集团结对帮扶大方县脱贫攻坚进展情况进行调研。

**10月31日** 毕节市296名员额制法官参加全省法院全面推开司法体制改革员额制法官颁证暨宣誓仪式。

**11月4日** 2016年毕节市大生态项目暨第四批重大项目在赫章县集中开工。此次全市集中开工的项目，涉及生态环境建设、五大新兴产业等9大类，总投资323.51亿元。

**11月9日** 中共毕节市委常委、副市长杨小强率毕节市考察回访团赴广州对接两地旅游扶贫工作，并在广州市旅游局召开“毕节市考察团赴穗对接帮扶工作座谈会”。

**11月9～10日** 国务院安委办督察组到毕节市就安全生产工作进行督察。督察组分两组，通过现场查看、资料查阅、听取汇报、抽查提问等方式，先后深入大方县小屯煤矿，七星关区鑫源建材、万象烟花爆竹有限公司，黔西县青龙煤矿展开督察。

**11月13～16日** 全国政协副主席、九三学社中央主席韩启德到毕节市考察。全国人大常委会委员、法律委员会副主任、九三学社中央副主席丛斌，河南省政协副主席、九三学社河南省委主委张亚忠，贵州省政协副主席陈敏、秘书长李月成，九三学社贵州省委主委、贵州农科院副院长黄宗洪参加考察。

**11月16～17日** 中共贵州省纪委常务副书记贾朝忠带队督察毕节市纪检监察重点工作，深入威宁县金钟、板底、陕桥等乡镇街道，调研民生监督护航脱贫攻坚推进情况。

**11月17日** 中共毕节市委召开全市领导干部大会。省委组织部干部二处副处长肖刚宣读了省委关于毕节市委主要领导任免职的决定：周建琨任中共毕节市委委员、常委、书记，陈志刚不再担任中共毕节市委书记、常委、委员职务。

**11月20日** 毕节市一届人民政府第69次常务会议召开。会议讨论了《毕节市食用菌产业裂变发展暨食用菌产业助推“精准扶贫、精准脱贫”高地建设方案》《毕节市食用菌产业裂变发展支持政策（试行）》，审定了《毕节市市级政府采购实施细则（试行）》《毕节市农村学前教育儿童营养改善计划实施方案》。

**11月21日** 中共毕节市委中心组举行集中学习专题研讨会。中共毕节市委书记周建琨强调：要深入学习贯彻党的十八届六中全会精神和省委中心组学习会精神，深化“两学一做”学习教育，进一步增强“四个意识”，坚定不移推进全面从严治党，为推动决战决胜脱贫攻坚提供坚强的政治保证。

**11月22～23日** 中共中央书记处书记、全国政协副主席杜青林就深入贯彻党的十八届六中全会精神和习近平总书记关于扶贫开发的重要思想、推进脱贫攻坚工作到贵州进行调研。杜青林深入毕节市的企业、学校和贫困村，实地考察试验区建设、职业教育、扶贫工作。

11月24日　贵州省检察机关民生资金保护专项工作推进会在威宁自治县召开。

11月25日　贵州省军区宣布毕节军分区领导班子调整命令。中央军委国防动员部批准毕节军分区司令员敖卫退休，贵州省军区任命周建琨为毕节军分区党委第一书记。

11月26日　毕节市召开玫瑰+大健康产业发展专家咨询会。会前，由农业部农业推广中心副秘书长王万港，北京农业大学教授、博士生导师、中国花卉协会月季分会副会长、中国花卉文化协会副会长、中国生态文化协会常务理事赵梁军等组成的专家组对七星关区撒拉溪镇玫瑰引种试种基地进行了实地考察。

11月27日　中国民主促进会毕节市工作委员会在毕节召开成立大会。全国政协常委、副秘书长、民进中央副主席朱永新，贵州省政协副主席、民进省委主委左定超，中共贵州省委统战部副部长、省社会主义学院党组书记何萍出席会议并讲话；中共毕节市委常委、副市长王光友致辞；民进中央组织部部长左延珠，民进中央社会服务部副部长刘文胜，民进贵州省委专职副主委郭子仪，毕节市人大常委会副主任杨海琰，民进省委秘书长曾国强，民进省委副主委、贵州师范大学地环学院院长殷红梅，毕节市政协副主席、民建毕节市工委主委秦天志，毕节市政协副主席、农工党毕节市委主委辜康乐，毕节市长助理李勇出席会议。

11月28日　毕节市政府与贵州交通建设集团举行交通项目投资建设合作框架协议签约仪式。此次签约的合作框架协议主要涉及宜宾至六盘水高速镇雄至赫章段、纳雍至赫章高速公路、修文经金沙至古蔺高速公路及大方至纳雍一级公路等4个工程项目，建设里程230公里，匡算投资规模342亿元。

11月29日至12月3日　国家土地督察武汉局副专员李红率督察小组到毕节核查土地例行督察发现问题整改情况。

12月1日　由中共毕节市委书记周建琨，中共毕节市委副书记、代市长桑维亮，毕节市人大常委会主任吴安玉，毕节市政协主席宫晓农率领的毕节市党政代表团赴广州市考察，并召开对口帮扶工作会。

12月6日　中共毕节市委召开常委（扩大）会议，传达学习贯彻省委十一届八次全会精神及省委书记陈敏尔参加毕节组讨论时的讲话精神、2016年全省第三次项目建设暨易地扶贫搬迁现场观摩督察会和全省安全生产工作会议精神。

12月7日　贵州省副省长黄家培率队到威宁自治县调研草海综合治理工作。

12月12～13日　中共毕节市委书记周建琨、毕节市代市长桑维亮率毕节党政代表团赴京，向各民主党派中央和全国工商联汇报毕节试验区经济社会发展和对口帮扶工作。全国人大常委会副委员长、民建中央主席陈昌智，全国人大常委会副委员长、民革中央主席万鄂湘，全国政协副主席、民进中央常务副主席罗富和，全国政协副主席、民盟中央常务副主席陈晓光，全国政协副主席、农工党中央常务副主席刘晓峰，全国政协副主席、全国工商联主席王钦敏，九三学社中央常务副主席邵鸿，台盟中央常务副主席黄志贤，全国政协副秘书长、民革中央副主席何丕洁，民革中央副主席郑建邦，民盟中央副主席龙庄伟，民建中央专职副主席张少琴，农工党中央副主席兼秘书长曲凤宏，致公党中央副主席闫小培，九三学社中央副主席丛斌，全国工商联副主席谢经荣会见毕节党政代表团。

**12月13～14日** 广州市政协主席苏志佳率领广州市政协代表团到毕节，就广州对口帮扶毕节有关工作进行考察。

**12月15日** 中共毕节市委书记周建琨在全市维稳工作大会上强调：要深入贯彻落实习近平总书记关于信访维稳、安全生产工作的重要指示精神，全面落实省委、省政府对维稳工作系列重大部署，认真分析毕节市维稳工作面临的形势，坚持问题导向，理清思路，强化措施，压实责任，抓好“大安全”，为“大扶贫、大发展、大党建”营造安全稳定的社会环境。

**12月19日** 中共毕节市委召开常委（扩大）会议，传达学习中央经济工作会议和省委常委（扩大）会议精神。

**12月20～21日** 市政协召开第一届委员会常委会第三十四次会议。

**12月23日** 中国共产党毕节市第一届委员会第十一次全体会议召开。会议审议了中国共产党毕节市第二届代表大会的有关事项。

**12月26日** 中国共产党毕节市第二届代表大会在毕节开幕。周建琨向大会作了题为《坚持三大主题，建设四个高地，为打造改革发展升级版决胜全面小康而奋斗》的报告。大会的主题是：高举中国特色社会主义伟大旗帜，紧密团结在以习近平同志为核心的党中央周围，坚持三大主题，建设四个高地，为打造试验区改革发展升级版决胜全面小康而奋斗。

**12月29日** 中国共产党毕节市第二届委员会第一次全体会议举行。全会以无记名投票的方式，差额选举了10名市委常委：周建琨、桑维亮、李建、张欣、卢林、丁雄军、蒋兴勇、肖发君、何云江、崔英魁。选举周建琨为市委书记，桑维亮、李建为市委副书记。全会通过了中共毕节市第二届纪律检查委员会第一次全体会议选举结果。蒋兴勇任市纪委书记，胡良华、聂勇、熊家军任市纪委副书记。

**是日** 中共毕节市委书记周建琨主持召开全市领导干部会议，传达贯彻全省经济工作会议和贵州内陆开放型经济试验区建设推进大会精神。

**12月30日** 毕节市代市长桑维亮主持召开市一届人民政府第四次全体会议，审定《政府工作报告》《毕节市2016年经济和社会发展计划执行情况及2017年计划草案报告》和《毕节市2016年全市和市本级预算执行情况及2017年预算草案的报告》。

**12月31日** “百企千团十万广东人游贵州”活动启动仪式在大方县举行。

**是月** 织金县，织金县桂果镇，织金县熊家场乡白马村分别被评为2016年度贵州省同步小康创建最佳示范县、乡、村。

## 2017年

**1月4～8日** 政协第二届毕节市委员会第一次会议在毕节大剧院举行。会议审议通过了《关于政协第一届毕节市委员会常务委员会工作报告的决议》《政协第一届毕节市委员会常务委员会关于提案工作情况的报告的决议》《政协第二届毕节市委员会第一次会议期间提案审查情况的报告》《政协第二届毕节市委员会第一次会议决议》，选举：宫晓农为政协第二届毕节市委员会主席，马培译、肖远福、秦天志、辜康乐、陈波、付业春、安南为副主席，谢祥贵为秘书长。

1月5～9日　毕节市第二届人民代表大会第一次会议在毕节举行。会审议并通过了议案审查报告，批准政府工作报告、市人大常委会工作报告等6个报告。选举：周建琨为市二届人大常委会主任，王炳荣、杨海琰、黄光江、杨新江、吴学军、罗昌琪为市二届人大常委会副主任；桑维亮为毕节市人民政府市长，丁雄军、冉霞、李玉平、丁翊强、蒋从跃、马炼、彭容江为毕节市人民政府副市长；任明星为市中级人民法院院长；石子友为市人民检察院检察长；杨亚军为市二届人大常委会秘书长。

1月10日　毕节试验区专家顾问组座谈会在北京举行，全国政协常委、中国著名经济学家、毕节试验区专家顾问组总顾问厉以宁、中共中央统战部办公厅社会服务处调研员王明海、中科院院士倪晋仁、中科院教授王旭，中共毕节市委书记周建琨、毕节市市长桑维亮、毕节市政协主席宫晓农等专家、领导参加会议，共同商讨毕节试验区建设大计。

1月18日　贵州省省长孙志刚参加贵州省人民代表大会毕节代表团审议省人大常委会工作报告和省“两院”工作报告。

1月22日　贵州省政协副主席、中共毕节市委书记周建琨主持召开市委召开常委会（扩大）会议，传达学习十八届中央纪委七次全会和十一届省纪委六次全会精神、省十二届人大五次会议和省政协十一届五次会议精神、全省社会治安综合治理创新工作现场观摩会和全省政法队伍建设工作会议精神、全省宣传部长会议精神。

1月24日　贵州省政协副主席、中共毕节市委书记周建琨主持召开市委召开落实全面从严治党责任汇报会暨市委常委班子2016年度民主生活会。贵州省委组织部副部长、贵州省人社厅厅长韩先平，贵州省监察厅副厅长张霞到会指导。

2月3日　贵州省政协副主席、中共毕节市委书记周建琨、毕节市市长桑维亮、毕节市政协主席宫晓农等领导在八寨镇罗汉山村植树点参加义务植树活动，活动中周建琨书记通过视频向省委、省政府领导汇报毕节市义务植树活动和退耕还林工作情况。

2月6～7日　中共贵州省委常委、省委统战部部长刘晓凯到赫章县河镇乡调研脱贫攻坚工作，听取前线工作队员和赫章县各级干部关于脱贫攻坚工作推进情况汇报，并现场研究解决河镇乡在基础设施建设、扶贫项目建设等方面存在的问题。

2月6～8日　中共贵州省委书记、省人大常委会主任陈敏尔深入毕节市威宁自治县石门乡蹲点调研时，发出脱贫攻坚春季攻势动员令。

2月7～9日　贵州省副省长钟勉率省政府办公厅、省国土资源厅、省住建厅、省扶贫办相关负责人到纳雍县调研脱贫攻坚工作。

2月10日　中共毕节市委召开常委会会议，传达贯彻省扶贫开发领导小组会议精神、中共贵州省委省政府2017年脱贫攻坚春季攻势行动令、陈敏尔书记在石门乡蹲点调研时的讲话精神。

2月12日　贵州省政协副主席、中共毕节市委书记、毕节市人大常委会主任周建琨到威宁自治县调研脱贫攻坚工作时作重要讲话。

**是日** 农业部党组副书记、副部长余欣荣一行到毕节考察农业农村工作。贵州省副省长刘远坤，中共毕节市委副书记、市委政法委书记李建等陪同调研。调研组一行先后考察了恒大集团帮扶大方县第一扶贫养牛项目、大西南纯种安格斯第一育种场、恒大集团帮扶大方县易地搬迁安置点幸福二村和金海湖新区响水乡圣迪乐村生态养殖场。

**2月14～15日** 贵州省政协副主席、中共毕节市委书记周建琨在纳雍县昆寨乡蹲点调研。

**2月20日** 贵州省委第六巡视组在毕节召开巡视情况反馈会，贵州省委第六巡视组组长胡晓刚代表巡视组作反馈。中共毕节市委书记周建琨表态说：贵州省委巡视组对毕节市进行巡视“回头看”，彰显了省委持续推进全面从严治党、切实加强党内监督的坚定意志，是对毕节市工作的有力督促和鞭策。对巡视组反馈的问题、提出的整改要求，市委诚恳接受、照单全收，细化措施、坚决整改，切实把巡视“回头看”反馈意见整改落实作为当前和今后一个时期重要任务抓实抓好，确保问题得到有效解决。要坚持问题导向，迅速抓好巡视反馈意见整改落实。做到事事有着落、件件有回音、桩桩有结果。

**是日** 中共毕节市委召开2016年度县（区）委书记抓基层党建工作述职评议会，通报2016年度市委常委领导班子民主生活会情况。贵州省政协副主席、中共毕节市委书记、毕节市人大常委会主任周建琨出席会议并讲话。

**2月21日** 中共贵州省委副书记、省委政法委书记谌贻琴在法治毕节创建工作调度推进会上强调：要始终坚持不忘初心、继续前进，上下一心、攻坚克难，撸起袖子加油干、扑下身子抓落实，更加有效地解决创建工作中存在的突出问题，强力推动法治毕节创建不断取得新成效、迈上新台阶，向党的十九大和省第十二次党代会胜利召开献礼。

**2月22日** 贵州省政协副主席、中共毕节市委书记、毕节市人大常委会主任周建琨在全市大党建工作会议上作重要讲话。

**2月23日** 贵州省政协副主席、中共毕节市委书记、毕节市人大常委会主任周建琨全市“五城同创”工作启动大会上强调：全市上下要积极行动起来，举全市之力，集全民之智，聚万众之心，坚决打好打赢争创全国文明城市、国家卫生城市、国家环境保护模范城市、国家园林城市和全国“双拥”模范城（县）这场硬仗，全力以赴把毕节建设成为人民满意的城市。

**是月** 总投资约167.7亿元的中石化织金60万吨/年煤制聚烯烃项目获国家环保部批复。

**3月5日** 中共贵州省委常委、常务副省长秦如培率队到毕节调研安全生产工作时要求：各级各部门和企业必须把安全生产摆在首要位置，突出问题导向，狠抓责任落实，全力做好隐患排查，用创新的思维和办法抓好安全生产，为经济社会发展提供安全稳定的良好环境。

**3月6日** 毕节市市长桑维亮在接见了从第133届法国尼斯狂欢节上载誉归来的《撮泰吉》代表团时指出：《撮泰吉》是市委、市政府高度重视文化事业、积极发展文化产业、用心用情用力打造的一部精品力作。这次演出活动，取得了丰硕成果，充分展示了毕节神奇精彩、古朴厚重的民族文化，对提升毕节市对外形象、促进文化交流合作具有重要意义。

**3月9日** 全国人大代表、贵州省政协副主席、中共毕节市委书记周建琨在接受央视网记者专访。

3月13日　毕节市市长桑维亮率队到金海湖新区调研时强调：要按照“优化方案、完善功能、提升形象”和“小切口、大动作”的要求，高标准规划，高质量建设，高效能推动，努力把新区建设成为宜居宜业宜商宜游的现代山水园林城市，以实际行动为毕节试验区建立30周年献礼。

3月17～18日　西藏自治区政府主席齐扎拉率领考察团到毕节就脱贫攻坚进行考察。贵州省副省长刘远坤，贵州省政协副主席、中共毕节市委书记、毕节市人大常委会主任周建琨，毕节市政协主席宫晓农陪同考察并向客人介绍毕节就脱贫攻坚情况。

3月22日　贵州省政协副主席、中共毕节市委书记、毕节市人大常委会主任主持召开市委全面深化改革领导小组第二十八次会议并作重要讲话。

3月24日　贵州省政协副主席、中共毕节市委书记、市人大常委会主任周建琨到市委宣传部、市发展改革委调研并发表重要讲话。

3月30日　贵州省副省长钟勉率省国土厅、省住建厅、省农委相关负责人到纳雍县调研脱贫攻坚春季攻势工作。

3月31日　贵州省政协副主席、中共毕节市委书记、市人大常委会主任周建琨参加全市推进新型工业化暨2017年工业项目观摩会。

4月1日　贵州省政协副主席、中共毕节市委书记、市人大常委会主任周建琨参加市委全面深化改革领导小组第二十九次会议。

4月5日　毕节市市长桑维亮参加毕节市二届人民政府第一次廉政工作会议。

4月6日　贵州省政协副主席、中共毕节市委书记、市人大常委会主任周建琨到市工能委、市住建局、市卫计委调研时强调：工业强则毕节强。要高举“工业强市”的大旗，把工业发展融入脱贫攻坚的大局去思考和谋划，坚持以工补农、以城带乡，以工业化推进城镇化和农业产业化，坚持走一二三产深度融合发展之路。要坚持工业强市战略不动摇，盯住转型升级这个关键点，千方百计抓好重点项目建设、促进产业集群集聚、提升园区发展内涵、扩大工业经济总量、推动工业改革创新，为推动“工业强市”作出更大贡献。

4月5～7日　贵州省政协副主席、中共毕节市委书记、市人大常委会主任周建琨到金海湖新区部分乡（镇、街道）调研。

4月11日　毕节市人民政府与西南能矿集团在毕节举行“气化毕节”合作框架协议签约仪式。

4月12日　中共毕节市委中心组（扩大）集中学习专题报告会在七星关区大礼堂举行。中国作家协会报告文学委员会副主任、中国报告文学学会副会长王宏甲应邀作了题为“中国文化里的人民观”的专题报告。

4月13～14日　贵州省政协副主席、中共毕节市委书记、市人大常委会主任周建琨在全市2017年农业项目暨农业园区建设观摩推进会上强调：全市上下要以全局性、系统性、开放性、理性的思维看待农业，盯住农业项目和农业园区建设不放松，跳出农业抓农业，打好农民增收“组合拳”，坚决打赢“113攻坚战”。

**4月15日** 全国政协常委、提案委员会主任、中央直属机关工委原常务副书记孙淦带领全国政协调研组到大方县开展扶贫工作调研。

**4月21日** 贵州省政协副主席、中共毕节市委书记、市人大常委会主任周建琨在市委常委会（扩大）会议上强调：全市上下要把思想和行动迅速统一到省第十二次党代会精神上来，持续深化毕节试验区“三大主题”实践，继续创造新的业绩，走好新的长征路，努力实现百姓富、生态美两者有机统一，以优异成绩迎接党的十九大胜利召开，决不辜负中央、省委的重托和全市人民的厚望。

**4月26日** 贵州省政协副主席、中共毕节市委书记、市人大常委会主任周建琨在全市迎接环境保护督察工作动员部署会上强调：各级各部门要把配合环境保护督察工作作为当前一项重要政治任务，做到深化认识到位、工作方法到位、工作配合到位，扎实做好环境保护督察的各项迎检工作，突出整改落实，全力配合保障，件件有人管、事事有人抓、层层有压力、人人有责任，把此次环境保护督察作为毕节加强生态建设和环境保护、创建国家环境保护模范城市的重要抓手，使环境保护成为各级各部门和广大人民群众的自觉行为。

**是日** 2017年全国烟农增收工作现场会在黔西召开。国家烟草专卖局副局长杨培森在会上指出：贵州是全国第二大烟叶产区，为增加烟农收入，贵州把促进烟农增收作为推进农业供给侧结构改革和脱贫攻坚的重要任务，探索实践出了一条依托主业、多元发展的烟农增收新路子，并因地制宜确定烟农增收项目、建立技术体系、构建销售渠道、完善工作机制，烟农增收取得了明显成效，很多经验可圈可点，很多做法可学可推，各地要认真学习借鉴。

**5月2日** 毕节市人大常委会召开《毕节市饮用水水源保护条例》新闻发布会，向社会公布《毕节市饮用水水源保护条例》。

**5月3日** 恒大集团帮扶毕节扶贫计划会在毕节召开。全国政协常委、恒大集团董事局主席许家印，贵州省副省长刘远坤，贵州省政协副主席、贵州省工商联主席李汉宇，贵州省扶贫办主任李建，中共毕节市委副书记、市长桑维亮出席。会议由贵州省政协副主席、中共毕节市委书记、毕节市人大常委会主任周建琨主持。

**5月3～5日** 全国政协副主席、全国工商联主席王钦敏一行到毕节市大方县、织金县开展民营企业精准扶贫、精准脱贫专题调研，并出席在织金县举行的全国“万企帮万村”精准扶贫行动片区座谈会。

**5月5日** “多彩贵州·洞天福地·花海毕节”贵州毕节市旅游推介会在台湾台北市举行。

**5月15日** 中国农业大学教授、试验区专家顾问组总顾问常近时，专家顾问组农业与水利组组长王旭，专家顾问组成员刘勇、杨泽霖、常仲农、谢正观、王苏波等到毕节考察调研。

**5月16日** 在北京“2017年第一次农产品地理标志登记专家评审会”上，“威宁苹果”“威宁黄梨”两个地理标志登记产品顺利通过专家评审。

**5月19日** 毕节市1至4月经济运行分析调度会议在毕节召开。

**5月25日** 民进中央副主席、四川省政协副主席、民进四川省委主委张雨东率队到毕节，开展民进坚持和发展中国特色社会主义学习实践活动调研。

**6月1日** 毕节市招商引资助推脱贫攻坚推介会暨广东省贵州毕节商会成立大会在广州市白云国际会议中心举行。推介会共成功签约119个项目，签约资金191.27亿元。

**6月6日** 在第五届“黔茶杯”名优茶评比会上。纳雍县的“彝岭苗山”牌绿茶以94.4分获全省绿茶类第一名，“彝岭苗山”牌红茶以92.8分获全省红茶类第二名。

**6月8日** 贵州省文化产业项目观摩会在毕节召开。

**是日** 国土资源部副部长凌月明率国土资源部地质勘查司、地质环境司、中国地质调查局等相关人员，到织金县调研第五届亚太世界地质公园大会筹备、织金洞地质公园大峡谷地灾点治理和织金洞地质公园建设工作。

**6月12日** 毕节市举行“大党建”统领“大扶贫”专题宣讲报告会，特邀中国作家协会报告文学委员会副主任、中国报告文学学会副会长王宏甲作宣讲。

**6月14～15日** 毕节市多地遭遇洪涝灾害，全市党群积极抗洪抢险。

**6月15日** 大方县获评国家级生态原产地产品保护示范区。

**6月18日** 以“马铃薯产业与精准扶贫”为主题的2017年中国马铃薯大会暨中国·贵州（毕节）马铃薯产业博览会在毕节召开。

**7月3日** 全国人大常委会副委员长、农工党中央主席陈竺一行到毕节考察指导毕节试验区工作。

**7月4～6日** 驻贵州省的十二届全国人大代表专题调研组到毕节市，就生态文明建设情况开展专题调研。

**7月5～6日** 民革全国脱贫攻坚民主监督工作交流会在毕节召开。

**7月11日** 驻四川省全国政协委员到毕节市考察精准扶贫工作的经验和做法。

**7月13～14日** 驻毕节市的贵州省十二届人大代表专题调研组就毕节市脱贫攻坚工作开展专题调研。

**7月14日** 贵州省政协副主席、中共毕节市委书记、市人大常委会主任周建琨主持召开市委专题会议，听取二届市委第一轮巡察工作情况汇报，安排部署第二轮巡察工作。

**7月17日** 以“清凉彝夏·康养大方”为主题的大方2017年夏季避暑旅游推介暨第九届奢香文化艺术节开幕。

**7月19日** 人社部社保中心调研员李红卫率国务院第四次大督察医疗养老组到毕节督察工作。

**8月1日** 毕节市市长桑维亮主持召开全市地质灾害防治和安全生产工作会议，就当前全市地质灾害防治和安全生产工作进行再安排再部署。

**8月7日** 毕节市人民政府与正邦集团在毕节举行新增建设100万头生猪养殖精准扶贫项目战略合作框架协议签约仪式。

**8月7～8日** 中共广州市委统战部部长卢一先率广州市统一战线一行，到毕节开展对口帮扶活动。

**8月8日** 中共重庆市委副书记唐良智率领重庆考察团到毕节市威宁自治县考察脱贫攻坚工作。

**8月9日** 国家能源局批复《毕节试验区新型能源化工基地规划》，毕节市新型能源化工基地规划获批复。

**8月12日** 2017年中国（贵州）国际民族民间文化旅游产品博览会毕节分赛区活动在市行政办公中心举行。

**8月14～15日** 上海市慈善基金会帮扶毕节教师素质提升工程第一期送培校长培训班在毕节一中举行。全国政协委员、第十一届上海市政协副主席吴幼英，上海市慈善基金会副理事长姚宗强，中共毕节市委常委、毕节市副市长杨小强，毕节市副市长冉霞等出席。

**8月21～22日** 中共广州市委副书记、市长温国辉率考察组一行到毕节市开展对口帮扶考察，并召开广州市·毕节市东西部扶贫协作党政联席会。会议强调，要深入贯彻落实习近平总书记在东西部扶贫协作座谈会和全国深度贫困地区脱贫攻坚座谈会上的重要讲话精神，创新帮扶机制，深化帮扶内容，突出优势互补，加强产业合作，促进全面发展。

**8月29日** 在全省地质灾害防治工作紧急电视电话会议后，毕节市立即召开全市地质灾害防治工作紧急电视电话会议，就贯彻落实全省会议精神进行安排部署。

**8月31日至9月1日** 全国税务系统行政执法“三项制度”试点工作座谈会在毕节市召开。国家税务总局政策法规司副司长靳万军，中共毕节市委常委、副市长王一民，省国税局总会计师赵寿均出席会议并讲话。

**9月4日** 由台湾中天电视台、台湾《民众日报》两家媒体组成的“魅力东方·走进毕节”旅游文化专题采访组到毕节进行为期10天的实地采访拍摄。

**9月5日** “2017海外侨胞故乡行·走进贵州”活动启动仪式在毕节举行。中国侨联常委、贵州省侨联主席、省人大外事侨务委员会副主任吕虹出席并作讲话，中国侨联委员、贵州省侨联副主席、贵阳市侨联主席戴一红主持启动仪式，中共毕节市委常委、副市长杨小强作全市招商推介。

**9月8日** 中共毕节市纪委召开常委会，专题听取汇报并分析研判百里杜鹃管理区党内政治生态建设情况。

**9月9日** 全国政协常委、民盟中央委员、北京四中原校长、“中国最具魅力校长”荣誉称号获得者刘长铭，在毕节市民族中学作题为《焕发激情　分享智慧》的专题讲座。来自毕节城区的120名教师代表在现场聆听讲座。

**9月9～10日** 全国政协副主席卢展工率队，全国政协教科文卫体委员会组织部分委员和专家到毕节开展教师节慰问及考察活动。

**9月10日** 国家烟草专卖局党组书记、局长、中国烟草总公司总经理凌成兴率队到毕节就烟草扶贫有关工作进行调研。

**9月12日** 由国家体育总局社会体育指导中心、中国社会体育指导员协会、贵州省体育局、毕节市政府主办的“阿西里西”杯首届中国“美丽乡村”广场舞大赛在赫章县举行，来自全国各地的13支代表队参加比赛。

**9月13日** 2017年第五届亚太世界地质公园大会筹备工作调度会在织金召开。贵州省国土资源厅厅长朱立军，中共毕节市委副书记、市长桑维亮，贵州省国土资源厅副厅长肖才忠，毕节市副市长蒋从跃，毕节市政府秘书长黄家忠出席会议。

9月13～15日　广州市人大常委会副主任余绍文率队到毕节市黔西县、大方县、七星关区、赫章县考察大数据、农旅发展情况及“四在农家·美丽乡村”建设。

9月15～16日　国家发改委规划司副司长马强率队到毕节市先后深入织金县龙场镇、大方县、黔西县新仁乡就新型城镇化建设的有关工作考察。

9月15～17日　在浙江杭州举行的2017中国新型旅游产业发展大会上，黔西县荣获“中国最佳养老养生宜居宜游名县”“中国最具特色乡村体验旅游名县”“中国避暑养生休闲旅游最佳目的地”三项殊荣。

9月16日　第十三届全国学生运动会上，威宁籍清华大学学生夏雨雨以16分28秒和33分33秒的优异成绩分别获得5000米、10000米两项田径比赛冠军。

9月16～17日　2017中国·贵州·金沙亚洲山地竞速挑战赛在金沙县后山镇举行，来自韩国、日本、尼泊尔和俄罗斯等国家和地区的20支队共120余名运动员参赛。

9月19日　2017年第五届亚太世界地质公园大会在织金县隆重开幕。中共贵州省委书记孙志刚，中共贵州省委副书记、代省长谌贻琴向大会致信祝贺，贵州省副省长钟勉宣读贺信。国土资源部党组成员赵凤桐出席并讲话，贵州省政协副主席、中共毕节市委书记、毕节市人大常委会主任周建琨，联合国教科文组织国际地球科学与地质公园计划负责人、地球科学与地灾减灾处主任帕特里克·麦基弗，世界地质公园网络主席尼古拉斯·邹若思，联合国教科文组织世界地质公园理事会主席盖伊·马提尼，亚太世界地质公园网络执行局副主席伊波雷姆·库穆致辞。中国地质科学院党委书记严光生，国土资源部地质环境司司长关凤峻，毕节市委副书记、市长桑维亮，贵州省国土资源厅党组书记周文出席。

9月27日　贵州省经济信息委员会副主任王剑率督导组到黔西县督导工业经济运行工作。督导组先后调研了黔西电厂二期项目、黔希煤化工项目。

9月30日　毕节夹岩水利枢纽及黔西北供水工程大江截流成功。

10月9日　中共贵州省委第二巡视组进驻贵州工程应用技术学院开展巡视工作。

10月11～13日　全国政协副秘书长刘佳义、全国政协办公厅新闻局局长王相伟一行组成的全国政协采访组到大方县对恒大集团结对帮扶工作情况采访、调研。

10月13日　贵州省住建厅副厅长张集智一行到毕节市督导毕节住建系统十九大期间信访维稳、安全生产、脱贫攻坚秋季攻势行动（农危改和“三改”）、村庄规划4个方面的工作并召开座谈会。

是日　七星关区阿市乡头庄村的14岁少年王泽盼荣获2017年“寻找最美孝心少年”全国大型公益活动“最美孝心少年”荣誉称号。

10月17日　全国人大常委会委员、全国人大农业与农村委员会副主任、民盟中央副主席龙庄伟一行到毕节市开展“同心助学”捐赠活动。民盟中央社会服务部部长刘圣宇主持捐赠仪式。

**10月17～19日** 全国人大常委会委员、全国人大农业与农村委员会副主任、民盟中央副主席龙庄伟率民盟中央、民盟北京市委、民盟浙江省委、民盟山东省委、民盟贵州省委相关负责人，到毕节市考察调研。

**10月19日** 习近平总书记在参加党的十九大贵州省代表团讨论时，充分肯定了贵州省毕节市把支部建在生产小组上、发展脱贫攻坚讲习所的做法，强调新时代的农民讲习所是一个创新，党的根基在基层，一定要抓好基层党建，在农村始终坚持党的领导。中共毕节市委书记周建琨在发言中，介绍了毕节市脱贫攻坚讲习所的运作情况，受到习近平总书记的充分肯定。晚上，周建琨代表在驻地接受记者采访。

**10月23～24日** 中共毕节市委常委、市委宣传部部长何云江到纳雍县羊场乡蹲点调研脱贫攻坚工作时强调：羊场乡要抢抓国家政策红利，大力发展村集体经济，调整产业结构向规模化、品牌化方向发展，努力提高农产品附加值，从而加快脱贫攻坚步伐。

**10月25日** 毕节市工矿废弃地复垦和矿山复绿工作现场推进会在赫章县双坪乡召开，中共毕节市委常委、常务副市长丁雄军出席会议并讲话。

**10月27日** 广东省贵州商会联盟赴毕节考察。

**10月28日** 大型电视剧《丁宝桢》签约仪式在贵阳举行。省政协副主席左定超，省政协人口资源环境委员会副主任杨兴举，市委常委、市委宣传部部长何云江，副市长冉霞等领导出席仪式并见证签约。

**10月29～30日** 国家禁毒办副主任、公安部禁毒局巡视员、副局长熊德生一行到大方县、七星关区调研禁毒工作。

**10月30日** 毕节市人民政府与贵州省机场建设投资有限公司签订《加快毕节民航发展战略合作协议书》。

**11月7日** 毕节市召开经济运行调度会议，传达贯彻全省经济运行分析调度会议精神，分析毕节市前三季度经济运行存在的问题，安排部署下一步工作。

**11月9日** 毕节幼儿师范高等专科学校——以色列奥兰尼教育学院儿童教育研讨会在该校举行。来自奥兰尼教育学院的老师们就儿童早期教育等内容作了专题讲座。

**11月12日** 中共毕节市委召开常委（扩大）会议，传达学习省委十二届二次全会精神，贵州省政协副主席、中共毕节市委书记、市人大常委会主任周建琨主持并讲话。

**11月11～13日** 中共云南省委常委、省委统战部部长杨宁率云南省人大常委会副主任、民革云南省委主委杨保建等组成的云南统一战线考察团到毕节考察。中共贵州省委常委、省委统战部部长刘晓凯，中共贵州省委常委、省委组织部部长李邑飞，贵州省人大常委会副主任、民革贵州省委主委王世杰，贵州省政协副主席、中共毕节市委书记、市人大常委会主任周建琨等陪同考察。

**11月13日** 中共甘肃省定西市委书记唐晓明率队的考察组到毕节市，就新时代农民讲习所及产业扶贫等工作开展考察。

**11月14日** 中共毕节市委二届二次全会在毕节举行。全会审议通过《中共毕节市委关于深入学习贯彻落实党的十九大精神奋力开启新时代全面小康美丽毕节新征程的实施意见》《中国共产党毕节市第二届委员会第二次全体会议决议》《关于批准市委委员、候补委员辞职的决定》《关于中共毕节市第二届委员会候补委员递补为委员的决定》。

11月16日　中共贵州省委宣讲团到毕节市宣讲党的十九大精神和习近平总书记在贵州省代表团重要讲话精神。省委宣讲团成员、省文化厅党组书记、厅长徐静作宣讲报告。

是日　毕节市与贵州省同步举行2017年第四批重大项目开工仪式。毕节市2017年第四批集中开工项目59个，总投资197.6亿元。其中，“大数据、大生态、大旅游”三长项目11个，总投资28.2亿元；“基础设施、教育医疗事业、脱贫攻坚”三短项目44个，总投资134.3亿元。

11月15～17日　民盟西部省（区、市）第十六次盟务工作会在毕节市召开，会议围绕“助力‘决胜脱贫·全面小康’”进行广泛交流和研讨。民盟中央副主席、全国政协常委、云南省政协副主席倪慧芳出席并讲话。

11月21日　中共贵州省委宣传部部长慕德贵率领的2017年全省第二次项目建设现场观摩会代表团走进毕节，对毕节推进“千企改造”“千企引进”项目建设及大数据与实体经济深度融合发展的情况进行观摩。

11月23日　中共毕节市委召开常委（扩大）会议，传达学习贯彻习近平总书记关于党的十九大精神集中宣讲活动的重要批示精神，党的十九大精神中央宣讲团动员会精神，全国精神文明建设表彰大会精神，2017年全省第二次项目建设现场观摩会精神，中共贵州省委书记孙志刚关于开展党的十九大精神集中宣讲活动和关于党的十九大精神“七进”工作的批示精神。

11月20～22日　九三学社中央副主席、上海市政协副主席、九三学社上海市委主委赵雯率队到毕节开展社会服务工作及精准扶贫调研。毕节市副市长李玉平介绍毕节市精准扶贫工作情况。

11月28日　贵州省政协副主席黄家培率省林业厅党组成员张富杰及省水利厅、省湿地保护中心等有关人员，到威宁自治县就草海综合治理及河长制工作开展情况进行调研。

11月29日至12月1日　国家土地督察武汉局到毕督察。国家土地督察武汉局副局长石一连，中共毕节市委副书记、市长桑维亮，贵州省国土资源厅副巡视员陈晓新，国家土地督察武汉局督察三室主任马春生，毕节市副市长蒋从跃，毕节市政协副主席、威宁自治县县长陈波参加座谈会。

11月30日至12月1日　人民网、中国网、多彩贵州网、网易、腾讯、毕节试验区网等21家新闻媒体到大方县开展以“恒大帮扶在毕节”为主题的采访活动，主要采访恒大集团结队帮扶大方县的具体帮扶举措和成效。

12月2日　毕节市创建全国文明城市提名城市迎检工作会议召开，对迎接全国文明城市提名城市省级考评的各项工作进行动员部署。中共毕节市委宣传部部长何云江出席会议并讲话，市人大常委会副主任王炳荣主持会议。

12月5日　环保部环境监察局副局长夏祖义率督导组到毕节市，就倒天河水库、利民水库等中心城区集中式饮用水水源地问题整改情况进行督导检查。

**12月7～8日** 中共广东省委常委曾志权在中共贵州省委常委、省委统战部部长刘晓凯的陪同下，到毕节市考察广黔合作工作，督导对口帮扶工作，听取贵州、毕节对帮扶工作的意见建议，谋划下步对口帮扶工作。

**12月11日** 中共毕节市委召开常委会（扩大）会议，传达学习贯彻习近平总书记关于进一步纠正“四风”、加强作风建设的重要批示精神，中共中央政治局会议分析研究2018年经济工作精神，《习近平谈治国理政》第二卷出版座谈会精神，省扶贫开发领导小组第20次会议精神，中共贵州省委《关于坚决维护以习近平同志为核心的党中央权威和集中统一领导的规定》《进一步贯彻落实中央八项规定精神切实加强作风建设实施细则》文件精神。

**12月13～14日** 贵州省纪委副书记张平率队到毕节督导调研深化国家监察体制改革试点工作。中共毕节市委常委、中共毕节市纪委书记蒋兴勇汇报有关工作。

**12月13～14日** 由国家质检总局副局长陈钢、国家质检总局质量管理司副司长王赟松、中国标准化研究院副院长巫小波带队的国家质量工作考核组到毕节市实地考核质量工作完成情况。贵州省政府办公厅副主任陈勇、贵州省质监局局长张伟力、贵州出入境检验检疫局局长潘路生，毕节市副市长丁翊强陪同考核。

**12月15日** **贵州省“美丽乡村** 无毒人生”禁毒宣传教育活动在纳雍县玉龙坝中学启动。贵州省禁毒委副主任、贵州省禁毒办主任、贵州省公安厅副厅长闵建出席启动仪式并作动员讲话。毕节市副市长、市禁毒委副主任、市公安局局长彭容江出席并主持启动仪式。

**12月18日** 贵州省人大常委会副主任、省总工会主席袁周率队到毕节市调研工业“百千万”工程、新时代工人讲习所及农民工工资清欠等工作开展情况。

**是日** 贵州省旅游发展委员会主任李三旗一行到毕节考察，毕节市常务副市长丁雄军汇报毕节市旅游发展工作及第十四届省旅游产业发展大会筹备有关情况。

**12月27日** 中共毕节市委召开常委（扩大）会议，传达学习习近平总书记在中央政治局第二次集体学习时的重要讲话精神、中央经济工作会议精神，学习贯彻全省经济工作会议、全省脱贫攻坚表彰暨秋季攻势总结电视电话会议、全省巡察工作推进会议、全省深化国家监察体制改革试点工作推进座谈会精神，研究部署有关工作。

**12月29日** 全市经济工作会议召开。会议的主要任务是，深入学习贯彻党的十九大精神和习近平总书记在贵州省代表团重要讲话精神，以习近平新时代中国特色社会主义思想为指导，认真落实中央、省经济工作会议决策部署，回顾总结2017年工作，分析把握当前经济形势，安排部署2018年经济工作。

**是月** 桑维亮调任中共黔东南州委书记；张集智任中共毕节市委副书记、代市长。

# 第一篇

# 建置　行政区划

# 第一章　建置沿革

毕节地区20多万年前有古人类在此活动以来，经历了漫长的发展历程，到一万年前，毕节先民掌握了制陶和农牧生产技术，开始修筑村庄、城邑居住。随着生产力发展和人们生存安全的需要，具有国家性质的部落联盟开始产生。到唐虞至夏时称有庳国，殷商时称鬼方国，西周时称卢国，春秋时称牂牁国，战国时称夜郎国，秦置夜郎县和汉阳县，西汉属益州的牂牁郡和犍为郡所辖，蜀汉时为㾈降都督府管辖。自东晋后，宋、齐、梁、陈、北周、隋、唐、五代到南宋末年，实际统治者为地方首领，朝廷未直接管辖。直到元、明两朝，水西、乌撒才纳入中央王朝的直接管辖之下，并实行土司制度。从元朝开始，所设置的宣慰司、军民府均纳入国家编制，无论土官、流官都由朝廷委任。土官（土司）由地方申报，朝廷认可，其升降均掌握在朝廷手中。由于土司政权受民族传统文化的影响，土司衙门的下属官吏，完全不同于朝廷的建制。水西下属四十八目，有领地、可世袭，分别成为一方领主。直到清代"改土归流"后，才真正纳入国家统一领导下的地方行政建制，履行国家法定的地方行政的社会职能。

## 第一节　明代及以前建置

考古发现，在旧石器时代早期，今毕节地区就有人类活动。唐虞时为庳国，夏为梁州南域，商属荆州西境鬼方国、庳国，周属卢夷之国，春秋为牂牁国、战国为夜郎国属地。

秦始皇二十六年（前221），置夜郎、汉阳县及象郡，东部属夜郎县、中部为汉阳县、西部为象郡辖地。西汉建元六年（前135）置犍为郡，东部属犍为郡鳖县、中部属平夷县、西部为汉阳县辖地。汉元鼎六年（前111）置牂牁郡，平夷、鳖等县改隶牂牁郡。

东汉年间（25～220），世居云南东川的昆明夷默部始祖慕齐齐向东扩展，据有今黔西北及安顺、兴义一带，史称卢鹿部。蜀汉建兴三年（225），诸葛亮南征，昆明夷默部二世齐齐火献粮通道，助擒孟获有功，封罗甸王，命世长其地。西晋永嘉五年（311），分牂牁郡平夷、鳖二县设置平夷郡。东晋元兴三年（404），改平夷郡、平夷县为平蛮郡、平蛮县。南北朝至唐龙朔初（420～661），无建置，均为卢鹿部领地。唐龙朔三年（663），卢鹿部内附，在置郝州、姚州、宝州，均为羁縻小州。这些羁縻小州与中央政府的关系比较松弛，来者不拒，去者不追，虽有刺史等官，不过只是一种封号，实际上仍是土官当政。五代十国时，无所更置。

宋初，昆明夷默部五十三世沮区则额，始号罗氏鬼主。宋庆历初（1041），东部复置姚州，以昆明夷默部五十四世孙则额濮叶为刺史。元丰四年（1081），朝廷以归来州（今四川叙永及贵州仁怀一带）赐罗氏鬼主。宋末，罗氏鬼主分其地为水东、水西二部，称罗氏鬼国。中、西部为绍庆府领羁縻州禄州与乌撒部，南宋时受控于大理国。

元世祖至元十年（1273），西部乌撒部内附；十三年（1276）置乌撒路招讨司；十五年（1278）置乌撒军民总管府，隶云南行省；十五年（1278），罗氏鬼主阿画归附元朝廷，置罗氏鬼国安抚司；十七年（1280）九月，改为顺元路宣慰司；二十年（1283）七月，置亦奚不薛宣慰司，先后隶于四川、湖广、云南行省。后置亦奚不薛总管府。二十一年（1284），改乌撒军民总管府为乌撒军民宣慰司；二十四年（1287）升为乌撒乌蒙宣慰司，隶云南行省，治所乌撒，辖地为今威宁、赫章及云南省昭通、鲁甸、彝良等地。大德七年（1303年）十一月，罢亦奚不薛宣慰司及总管府，其地并入顺元路宣慰司，领24个夷蛮长官所；元顺帝后至元元年（1335），改隶四川行省。

明洪武四年（1371），顺元路宣抚使、八番顺元沿边宣慰使加授云南行省左丞霭翠归附明廷。明廷撤八番顺元等处宣慰司、都元帅府，置贵州卫；改顺元路宣抚司为贵州宣抚司，次年升为贵州宣慰司，以霭翠为宣慰使，亲领水西48目地。

明洪武十四年（1381），乌撒土著首领实卜降明置乌撒府，授实卜为乌撒土知府，隶云南布政司；十五年正月，置乌撒卫指挥使司；隶贵州都指挥使司；十六年（1383）乌撒府改隶于四川布政司；十七年（1384），升为乌撒军民府，领可渡河、赵班、乌撒、阿赫关巡检司。洪武十七年（1384）置毕节卫于贵州宣慰司领地与乌撒土府领地之间。天启二年（1622），贵州宣慰同知安邦彦挟宣慰使安位反明，崇祯三年（1630）安邦彦战死，安位降，明廷改贵州宣慰司为水西宣慰司，安位为宣慰使。崇祯八年（1635），安位卒、无嗣，土目化沙、卧这、阿乌密等争袭不成，献地请设流官，分水西地为12州，贵州总督朱燮元遣副将方安国等镇守。崇祯十年（1637），罢州，恢复水西宣慰司。

## 第二节　清代建置

清顺治十五年（1658），水西宣慰使安坤归顺清廷；翌年，乌撒归顺清廷。康熙三年（1664），清廷准平西王吴三桂剿水西、乌撒。翌年，吴三桂平定水西、乌撒，奏请改土归流。康熙四年（1665），将水西宣慰使领地改设平远府、黔西府、大定府；改四川乌撒土府为威宁府，改隶贵州布政司。康熙二十二年（1683）12月，复设水西宣慰司及阿五长官所。康熙二十二年，改平远、黔西府为州，隶大定府。康熙二十六年（1687），降大定府为州；裁毕节卫、赤水卫改置毕节县；改永宁卫为永宁县；废乌撒卫。大定、黔西、平远州及毕节、永宁县均隶威宁府。康熙三十七年（1698），水西宣慰使安胜祖卒，无子继承，清廷废水宣慰司及阿五长官所，结束黔西北地区1400余年土官统治历史。雍正五年（1727），将永宁县改隶四川省。八年（1730）七月，云贵广西总督鄂尔泰奉旨酌定乌蒙与威宁疆界，于松林岭勒石为界，八仙海子一带划归乌蒙，稻田坝等地划归威宁。是年，升大定州为府，降威宁府为州，与黔西、平远州及毕节县皆隶于大定府。雍正十年（1732）置水城厅。至此，大定府及所辖建置未再变动。

## 第三节　民国时期建置

民国3年（1914），改府、州为县。大定、黔西、平远、威宁、水城均改为县，平远州更名为织金县，皆隶于贵西道。民国12年（1923），裁贵西道，各县归省管辖。民国24年（1935），置贵州省第四区行政督察专员公署于毕节，辖毕节、大定、黔西、织金、水城、威宁县。民国30年（1941），分出大定县南部和织金县西部置纳雍县，分出黔西县东北部置金沙县。民国31年（1942），分出威宁县东北置赫章县。至此，贵州省第四行政区辖毕节、大定、黔西、金沙、纳雍、织金、水城、威宁、赫章县，直到解放，建置无变动。

## 第四节　中华人民共和国成立后建置

1949年12月3日，成立毕节专员公署，辖毕节、大定、黔西、金沙、织金、纳雍、水城、威宁、赫章县。1954年11月，撤威宁县，置威宁彝族回族苗族自治区；1955年6月改称威宁彝族回族苗族自治县。1958年2月，大定县更名大方县，1968年3月，毕节专员公署被“造反派”夺权，建立贵州省毕节地区革命委员会。1970年，水城县划隶六盘水地区。1979年1月，毕节地区革命委员会改称毕节地区行政公署。1994年，毕节县撤县设市。至此，毕节地区辖毕节市及大方县、黔西县、金沙县、织金县、纳雍县、赫章县和威宁彝族回族苗族自治县。2011年12月，撤销毕节地区和县级毕节市，设立地级毕节市和县级七星关区。新设毕节市管辖大方县、黔西县、金沙县、织金县、纳雍县、赫章县、威宁彝族回族苗族自治县和七星关区；七星关区管辖地为原县级毕节市的管辖地。

## 第五节　毕节地区县名更替

**毕节县**　周初为卢国南境，战国为夜郎国西北境。秦属蜀郡东南部地。汉武帝元鼎六年（前111）置平夷县，属牂牁郡。蜀汉曾为庲降都督治所，晋建兴元年（313）置平夷郡，平夷县为郡治，东晋简文帝时改为平蛮郡、平蛮县。南北朝至隋无变。唐宋为羁縻禄州。元至元十五年（1278）罗氏鬼国内附，置平迟、安德、漕泥等处蛮夷长官司，属顺元路安抚司。明置毕节卫。清康熙二十六年（1687）置毕节县。民国沿用毕节县，1949年11月毕节解放，沿用毕节县名，1993年12月撤毕节县设立毕节市（县级）2011年12月，撤毕节市（县级）成立县级七星关区。

**大方县** 隋前为平夷县东南部地。唐为羁縻郝州、犍州。宋于郝、犍二州外又置姚州。元置木窝、普冲、普得等处长官司，属顺元路宣抚司，后为亦奚不薛宣慰司。明为贵州宣慰司木胯、化角、火著、架勒则溪地。清康熙四年（1665）置大定府。民国3年（1914）改为大定县。1949年11月大定解放后，沿用大定县名，1958年2月，改大定县为大方县，沿用至今。

**黔西县** 唐为龚、义二羁縻州，宋依唐旧，属绍庆府。元属顺元路宣抚司。明为贵州宣慰司则窝、以著、雄所则溪地。清康熙四年置黔西府，二十二年（1683）改为州。民国3年（1914）改为黔西县。1949年11月黔西县解放后，沿用黔西县名至今。

**金沙县** 秦初，属鳖县，隶巴郡；汉先后改属犍为郡、牂牁郡；晋和南北朝，属牂牁郡、平夷（蛮）郡。隋唐时，分别属牂牁县、信安县、信宁县，隶义州，后隶夷州、黔州，属黔中郡。宋朝，今县境中、东部属遵义，西南、西部属罗氏鬼国地。元朝，属顺元路军民宣府司，大德十年（1306），改沙溪等处蛮夷长官司直隶四川行省。明朝，改沙溪等处蛮夷长官司沙溪巡检司，实行流官制。清康熙四年（1665），主要地方隶黔西府，部分地方属遵义县，属贵州省；部分地方属叙永，隶四川。乾隆元年（1736），割四川叙永岩上岩下地区归贵州黔西州辖，编为平定里。改黔西府为州后，并属大定府，直到清朝灭亡。民国30年（1941），从黔西、大定、遵义三县划出部分地方建成金沙县。1950年成立金沙县人民政府，金沙县名沿用至今。

**织金县** 唐羁縻州地。宋仍州，领于绍庆府。元置高桥、青塘、鸭水、磨坡、雷坡等处长官司，属顺元路宣抚司。明为贵州宣慰司的“的都”“朵泥”“安架”“陇胯”则溪地。清康熙四年（1665）将4则溪地改置平远府，康熙二十二年改为州，属大定府；康熙二十六年至雍正八年（1687～1730）属威宁府。民国3年（1914）改置为织金县，沿用织金县名至今。

**纳雍县** 殷、周属鬼方，春秋属于牂牁国，战国属夜郎国。秦朝属汉阳县，隶象郡。汉朝属平夷县，隶牂牁。晋朝先为平夷郡平夷县，后为平蛮郡平蛮县属地。南北朝时，为爨氏（史称乌蛮）所据，郡县俱废。唐朝部分为汤望州、部分为郝州属地，分别隶黔州都督府和戎州都督府。宋朝属罗氏鬼国。元朝为木窝、普得、普仲、市北洞等长官所领地。明朝先后分属贵州宣慰司和水西宣慰司，清朝为大定府亲辖地。民国初属大定县，民国30年（1941），以大定县西5区及水城、织金、郎岱部分地设置纳雍县，属贵州省第四行政督察区。1950年成立纳雍县人民政府，隶属毕节地区，纳雍县名沿用至今。

**威宁自治县** 周朝，先后为牂牁国、夜郎国西部莫国属地。秦为蜀郡南徼。西汉为犍为郡郁鄢县地，东汉为犍为中部偏南地。蜀汉为朱提（音铢时）郡南部中段地。晋、宋、齐、梁、陈大体不变。隋荒废为管外。唐武后万岁通天二年（697）置羁縻宝州，受控于南诏。宋为绍庆府所领诸羁縻州西界外之乌撒部。元世祖至元十三年（1276）置乌撒路。至元十五年（1278），设军民总管府。至元二十一年（1284）改为军民宣抚司，至元二十五年（1288）升为乌撒乌蒙宣慰司，领乌撒、阿兴、易溪、易娘、乌蒙、闼畔、芒布、阿晟八部，隶云南行省。惠宗后至元元年（1335）改隶四川行省。明洪武十四年（1381），乌撒内附，授实卜为乌撒土知府。洪武十五年，于乌撒腹地置卫、所。隆庆六年（1572）置乌撒军民府。清康熙四年（1665）吴三桂剿水西、乌撒，杀乌撒土知府安重圣，改置威宁府，隶贵州布政司。雍正八年（1730）降威宁府为州，隶大定府。民国3年（1914）改为威宁县。1949年12月威宁解放，沿用威宁县名，1954年11月11日成立威宁彝族回族苗族自治区，1955年6月改称威宁彝族回族苗族自治县，沿用至今。

赫章县　秦为汉阳县，汉依旧，属犍为郡。蜀汉改置南昌县，属朱提郡。晋改为南秦县，属朱提郡。南北朝至隋，均为管外。唐为羁縻禄、宝二州间地。宋为绍庆府所领诸羁縻州西边上段地。元在乌撒路内，无建置。明属乌撒土府。清属威宁州，民国前期为威宁县的分县，民国31年（1942）置赫章县，沿用赫章县名至今。

# 第二章　行政区划

毕节地区在明代以前，虽有不同名号的方国、郡县、土司府，但其内部关系家支（血统部落）间的联盟，各个家支都有自己的君长，正如《史记》所载："西南夷君长以什数、夜郎最大……"虽有唐宋设置羁縻州，宋、元内分水西水东，但没改变其家支联盟关系，而家支间又常相互争战并吞，故有"千年土地八佰主，只见土地不见人"的谚语形容地主变动频繁程度，行政区划难以界定。直到明代设置贵州行省后，行政区划始有棱角，清代改土归流，设置府、县（州）、里制，行政区划明晰起来。新中国成立后，毕节地区的行政区划经历了由地、县、区、乡、大队、生产队到地、县、区、公社、大队、生产队，由地、县、区、乡、村、村民组，地、县（市）、乡（镇）、村、村民组，再到2011年底的市、县（区）、乡（镇、办事处）、村（居委会）、村民组的调整划分。

## 第一节　明代行政区划

### 一　贵州宣慰司

贵州宣慰司之前，为元代的亦奚不薛宣慰司，隶于顺元路。今毕节地区东部为其辖地，史称水西，为彝族土司领地。明洪武四年（1371），罢顺元路，合水西、水东土司地置贵州宣慰司。设司署于贵竹长官司地（今贵阳市区），以水西首领霭翠为宣慰使，以水东首领宋蒙古歹（宋钦）为宣慰同知。霭翠亲领水西48目，宋蒙古歹亲领洪边12马头（又作陈湖12马头），并管理贵竹、水东等10长官司。洪武五年（1372）正月，贵州宣慰使霭翠、宣慰同知宋蒙古歹入朝，诏令其世袭宣慰职如故，隶于四川行省。

霭翠亲领的水西48目地分为13则溪，其名为：陇胯则溪、的独则溪、朵泥则溪、安架则溪、化角则溪、火著则溪、木胯则溪、架勒则溪、以著则溪、则窝则溪、雄所则溪、于的则溪、六慕则溪。其中于的、六慕则溪在鸭池河以东，称为水外，其余11则溪在鸭池河以西，称为水内。则溪为彝语，原意是仓库，土司将其属地分为若干片区，并在每一片区中心驻兵屯粮，这种"仓库"逐渐演变为行政区域，并以则溪作为这一级行政区的代称。水西首领将则溪土地分给自己的亲属——12宗亲，各宗亲又将土地层层分给亲属，构成48目、120祃裔、1200

夜所四级行政单位，史称土目分治，形成军、政、族权合一的政治制度。洪武六年（1373）八月，诏令贵州宣慰使霭翠位居各宣慰之上。永乐十一年（1413）二月，贵州宣慰司改隶于贵州布政使司。崇祯三年（1630），明廷平定奢安事变后，贵州宣慰使安位出降，愿将水外的于的则溪和六慕则溪地归明廷，改设流官。崇祯四年（1631），贵州宣慰同知宋嗣殷被革职，安位降为水西宣慰使，领水内11则溪。

水西的疆域，据民国14年（1925）出版的《大定县志》载：阿者（即水西）设于白扎果（今大方），东自果中（即黔西州）一带，直抵沙腻（即沙溪）、扒瓦（即遵义），姑糯（今贵阳）及租义歹（今都匀）一带，直抵大河、湖广界（今黎平、镇远诸府）；南至比那（今织金县）一带，直抵播勒大革（即安顺府）；西南自米裸，归济（今米裸塘、归集二处）一带，直抵河外则（即普安州）及赌密木东（即沾益州）；西至得素（即水城）一带，直抵乌撒（即威宁）、杓唦（yuě月，即盐仓）；西北至裸巨（即毕节）一带，直抵芒布（镇雄州）；北至得扎、暮得（即龙场汛）一带、直抵扯勒（今叙永）。

## 二　乌撒军民府

彝族乌撒部在唐代已强盛，统治今贵州威宁、赫章及云南省昭通、鲁甸、彝良。《元史·地理志》载："旧名巴凡兀姑，今曰巴的甸，自昔乌蛮杂居之。今所辖部，曰乌撒部（今威宁、赫章）、阿头部、易溪部、易娘部、乌蒙部、閟畔部，其东西又有芒布、阿晟2部。后乌蛮之裔折怒始强大，尽得其地，因取远祖乌撒为部名。"元朝至元十年（1273），乌撒部附元，置乌撒路招讨司。至元二十四年（1287）升为乌撒乌蒙宣慰司，隶于云南行省。

明洪武十五年（1382）三月，分置乌撒府、乌蒙府，隶于云南布政司。次年以乌撒府改隶四川布政司。洪武十七年（1384），升乌撒府为乌撒军民府，领有可渡、赵班、阿赫关、邬撒4巡检司。

乌撒土府所辖区域，大体在今威宁彝族回族苗族自治县、赫章县和云南省镇雄县大部范围内，土知府为世袭。据清道光《大定府志》载《德初土目安光祖所译夷书》，认为乌撒部落有4大部，8中部，24部之说。民国《大定县志·前事志》载"乌撒二十四土目"为：火母戛、则雄、以几、妈姑、勺衣、江半坡、雄衣、作多麻、产迭、马摆、猓兄（放猪场）、构飞、窝拿、阿底、亲兄、阿惟、洮处、蔡银匠、费麻、赵打狗、邓者得、雄所、五所白、小河边。

## 三　卫、所、屯、堡

明洪武十五年（1382）至二十一年（1388），设置乌撒卫、毕节卫、赤水卫、永宁卫及七星关千户所、摩尼千户所、阿落密千户所、白撒千户所。卫所与宣慰司、土府的地界相互交错，错综复杂。卫、所为军事机构，兼管民政，辖有屯、堡。

卫所实行屯垦制，官兵平时屯田耕种，战时则聚集御敌。屯田官兵实行世袭。各屯田地都分隶千户所。乌撒卫置5所，中所在卫城，前所在七星关一带，后所在宣威（今隶云南），左所在城西40里左所塘，右所在城东55里结里。其中宣威划归云南管辖后，其余4所辖有48屯：小屯、南屯、头塘屯、二铺屯、头屯、水石屯、客家屯、么站屯、四铺屯、五里屯、瓦店屯、水槽屯、水塘屯、西屯、七星屯、黄泥屯、前毛屯、汪家屯、干河屯、石板屯、牛困屯、东屯、石鸡屯、凉鸡屯、躲雨屯、大北屯、水草屯、张望屯、尚家屯、吴官屯、陈广屯、外家屯、海子屯、马家屯、卯官屯、杨湾屯、乌木屯、耿家屯、官坊屯、野马屯、响水屯、郭鄢屯、辛官屯、白草屯、薛家屯、郑家屯、站坡屯。

毕节县旧志载毕节卫所辖屯堡132个，正东33屯堡：五里屯、七星屯、威镇乡、毛鸡厂、海子堡、木犀堡、层台堡、得胜堡、软桥堡、斯栗堡、火烧堡、鸡场堡、孙家铺、白岩站、小堡、阿罗密、簸罗梭、大堡、镇西屯、石鼓坪、沔阳河、比肇、伐戛、韩家沟、小河口、三牌坊、清水铺、阿市、镰刀湾、水脑、大屯、高山堡、赤水河。正西18屯堡：皇华堡、安家井、孟官屯、大屯、丰乐乡、清水塘、王官屯、长冲堡、云山堡（即高山堡）、木瓜冲、新屯、撒喇溪、周泥站、七星关、对江屯、七里沟、平山堡、乌蒙堡。正南16屯堡：堡门、尧臣屯、阜安屯、德沟、德威堡、河尾巴、凉水井、蓝家堡、炒铁冲、八十亩、十八家、哈朗冲、猪场屯、对江屯、司家屯、大小二屯。正北17屯堡：殷官屯、汪家堡、后箐屯、龙官屯、吴家屯、簸箕、李官营、小平坝、白乌村、陈贝屯、土坝、张旗屯、太平坝、头屯、中屯、稍屯、柳林。东南17屯堡：前所屯、后所洞、邵官堡、烧冈箐、陶旗屯、王张官屯、长地埂、葛家嘴、旱屯、小坝屯、刘华屯、五十亩、窝冲屯、黄泥冲、阿堆堡、三百户、八堡。东北10屯堡：大桥、张旗屯、徐华屯、何官屯、王家庄、魏家屯、牛栏山、徐家屯、马家屯、大坝林。西南13屯堡：杉木坝、宋官屯、下五旗、南箐屯、中屯、蔡官屯、大屯、王洪屯、张官屯、顾家冲、杨家冲、沈家屯、小虎场。北8屯堡：汉庄、唐官冲、毛家屯、邵家洞、沈家屯、樊家屯、潘家屯、天生桥。

## 第二节　清代行政区划

### 一　大定府直辖地

清顺治十五年（1658），水西宣慰使安坤降清，仍为水西宣慰使，准世袭。康熙三年（1664）闰六月，平西王吴三桂率兵自云南进剿水西、乌撒，杀水西宣慰使安坤及乌撒土知府安重圣，奏请设流官，诏准。康熙四年（1665）十一月，以水西11则溪地设立3府。将化角、木胯、火著、架勒则溪地设大定府，府治设于大方城；将陇胯、的独、朵泥、安架则溪地设平远府，建府治于比喇城；将以著、则窝、雄所则溪地设黔西府，建府治于水西城。是年九月，令改四川乌撒土府为威宁府，隶于贵州布政司，康熙二十二年（1683）十一月，将平远、黔西府改为州，隶于大定府。康熙二十六年（1687）六月，降大定府为州，以大定、平远、黔西3州皆隶于威宁府。同时，裁永宁卫及普市千户所，改设永宁县；裁毕节、赤水卫改设毕节县，皆隶于威宁府。雍正五年（1727），将永宁县改隶四川省。雍正七年（1729）十月，升大定州为府，降威宁府为州，威宁、平远、黔西州及毕节县均归大定府管辖。雍正十年（1732），置水城厅。十二年（1734），增设威宁州得胜坡巡检司。至此，大定府共辖3州、1厅、1县。

清代在基层实行里、甲制。大定府初建时，将水西所属4则溪地编为8里，为府亲辖地。雍正十年（1732）设水城厅时，将大定府亲辖地西乡的永顺、常平2里划归水城厅，大定府亲辖地有6里，每里各有10甲：

乐贡里　10甲，292寨。

一甲，61寨：东关外、土地堂、火焰山、滥泥沟、南关外、朱宅、坡脚、焦公祠、凉风台、九曲黄河、头塘、余家塘、法窝寨、得夸、郭家寨、哇哇山、西关外、石关、马场坝、新铺、小屯、松树坪、金鱼桥、毛栗园、铜关口、大屯、打铁巷、竹林寨、对江屯、高家店、杉多落、鹿塘、蓑龙坝、苏麻地、果木箐、大关口、花果园、岩下、观音阁、出气孔、龙场坝、岩下、北关外、雾龙坡、懒板凳、两路口、阁鸦、小北关外、猪打坡、大石头、汪家洞、叶子山、新庄、小路坡、箐木胯、白岩脚、木杉架、个处落、妈虁、石墙院、茶园、法戛、麻种、猪场箐、白泥坡、龙井沟、落水洞。

二甲，13寨：大阁鸦、将军山、萧家寨、阁鸦后寨、杨家关、两路口、白英林、线家寨、长岭坳、火烧寨、大山脚、杨家岨、裸租轲。

三甲，23寨：裸木关、白暮田、火风垭、写基仲、糯米冲、革著上寨、革著下寨、革著中寨、黑则拱、丫则拱、则拱场、岩脚、白果树、白泥坝、以且胯、大槽、押院、遮䄎、贾家店、安裸寨、田坝寨、河湾子、乍旧寨。

四甲，58寨：小铁局、沙窝寨、杉树坪、小乍迷、大乍迷、高坡、煤洞坡、公鸡山、萧家寨、法冷底、十三家、六堰塘、川底、冒沙井、板房、喻家寨、白蜡场、杜家拨、百工小坝、费嫩河、老鸦蜚、濯卧坝、野猪箐、得额、鸭院、滥羊箐、大沟、花脚树、抬骚坝、白泥坝、奢克、黄家坝、沙戛、普坑底、绿豆箐、毛栗园、仲麦长冲、水沟、乍败、瓦厂、阿那沙、石板水、海多结、得胯、达逆寨、达气寨、法中寨、法著寨、荒得寨、巫固落、濯革寨、白他胯、阿欲寨、比所落、曲柱白达、暮撒、黑舍。

五甲，25寨：头塘、大铁局、阿那沙、旧场坝、六龙、白果树、小河、菽子冲、断桥、半边街、画眉井、马场坝、臭水井、一把伞、四方井、罗艳庄、坪上、大小中寨、岩背后、法夸、阿妈密、落水洞、高岔、鸦鹊岩、海峰口。

六甲，34寨：杜家拨、沙子坡、白寒井、赵家拨、大槽、那板寨、广山、仓上、草坪、白家寨、漆树坪、油杉河、法木卧、老凹种、麻窝厂、以国仲、以仲、石门坎、阑干坡后寨、白蜡底、作底坪、密上、后坝、革勒河、你达夸、米底河、龙井、白果树、砂厂、狮子山、骂、两路口、波密寨、虁卧寨。

七甲，30寨：长箐、法那卧、煤洞厂、桶井、法窝底、栗树坪、响水沟、纸厂、水牛洞、月亮箐、果中寨、天生桥、戛木、骂虁夸、龙塘、核桃园、手巴岩、安乐河、大山脚、黑达、尖山、称钩渡、述孔、架、三叉坝、干河坝、大水井、勾腰坎、彭厂沟、楠木寨、裸罗坝、姚家沟、赵家沟、太平寨。

八甲，12寨：纪、白头寨、化竹、夹卧、半箐、山羊洞、响水岩、以农寨、箐门口、白果树、余家寨、加裸寨。

九甲，21寨：苦竹林、李家桥、两叉河、宋家坪、以沙裸、以铺底、安多落、野猪场、石榴坪、青冈寨、大边寨、干河沟、木沙戛、马额、烟子沟、安乐河场、马胯、黄泥保、高家寨、下坝、大朝、铧口。

十甲，15寨：杓黑、水淹坝、石关戛底、沙拱寨、且已、龙塘、头塘、楠木溪、新场、法那胯、三朝寨、懒扎篱、燕子沟、戛得寨、余家寨。

悦服里　10甲，308寨。

一甲，58寨：衬腰岩、九里箐、路穿岩、羊场坝、桶井、乌西、蜡祺、小桥、裸布洛、木白河、兰花山、胡子寨、杨家庄、何家坝、野坝场、（guō）头坡、铧口寨、得初、杓佐戛、阿黑戛、囤上、金鸡、哇哇山、法怯寨、岩头寨、官坟坝、得勒胯、果木、水落洞、三家箐、龙工坝、朱仲河、阿信寨、旧陇卧、郭家寨、以著寨、法能戛、几陇戛、石垭口、器、囤脚、龙井沟、野猪窝、阿训、坝子寨、写朵处胯、雾露脚、脚落妥、工仲底、法沙胯、那义戛、果中寨、只夸寨、长冲、加胯、加戛、滥坝寨、岩头上、更底、偏坡、水坡寨。

二甲，45寨：者坝沟、新场、斗箐、雷家坳、通化寨、松林寨、六归河、半边街、青冈塘、毛栗树、白期、陇纪长冲、阿洛租、阿轻桨（yè）、独店子、法洛寨、架河、七棵树、黑溪胯、龙场、包包寨、丫口寨、大坝、黑鱼洞河、杓革、石板寨、虎跳石、黑龙潭、以冲寨、莫大、小莫大、以补、果木大寨、野坝场、通作白卧、以则胯旧寨、以则胯新寨、糯仲胯、洛期、蜡义戛、白那裸、法戛、箐口寨、戛已则溪、贝戛寨、木革戛、阿陇则去、张家沟。

三甲，44寨：裸济波、乌沙寨、木杓卧、白腻底、老塘铺、鼠场、路补戛、卧寨箐、老凹冲、凹石戛、螺狮塘、方家井、衙院、觉底、后箐、黑塘、裸工桨、暮纳架、阿书寨、得去、新场、黑仲、以朵、果簸河、以补戛、阿作、裸朵河、阿铺落、凹革落、平寨、两扇岩、抬沙坝、水翁、裸这戛、则气戛、以扒戛、阿洛架、羊场、黑泥冲、雾露胯、得却戛、滥坝寨、加胯、补路仲。

四甲，27寨：龙家沟、裸这、黑那革、新寨、以射卧、糯集寨、黑铁马场、木空河、后凹革、木桥坝、凹革、裸沙塘、裸那寨、妈雍桨、五里牌、龙场、果细拱、杓佐、治戛、阿那以、三家寨、妈威桨、地尾、腻计卧、白勒、裸瓦冲、果永桨。

五甲，24寨：瓜仲河、干河沟、野猪寨、黑拱度大胯、平桥、暑仲裸纳、弋落冲、手巴岩、兄姑那觉、王家寨、丫口寨、小兔场、出头刻、以义桨、腻计卧、大坡上、野鹿山、通得、扯瓜河、以且、阿裸坝、下木空河、腻仲、两路口。

六甲，54寨：白铺河、官塘、阿支孔、黔西寨、簸箕寨、鹿塘、箐门口、以列牛场、后坝、方竹寨、独山脚、漂水岩、白蟒洞、堰塘边、箐脚、乌沙寨、沙锅寨、以叶寨、衙院、水塘寨、岩头寨、岩脚寨、三家苗、白岩脚、鹅寨、脑水、法卧、卧铺、大麻窝、大丫口石板河、阿底、大坡脚、七家桥、仡佬寨、蔡家寨、筐口边、虎场、木则孔七家寨、旧官寨、播落戛、大田边、狗吊岩、黑沟、六仲、猪场、梯子岩、枪杆岩、董地、石灰窑、冷冲、阿乌五凹寨、硝厂、天生桥、长冲。

七甲，20寨：果所去、果花、洞口、干河沟、石板井、以支塘、麻窝、水箐、包包寨、大坡上、过桨、以支旧官寨、杜家箐、张家箐、抬骚坝、小堕拱、大堕拱、杉木箐、纸厂、对濯落。

八甲，19寨：黑塘、筐箄岩、狗场、阿姐去、法著、阿那素、卜桃寨、治沟、黑那、烹者、凹猪河、沙子坡蛇场、火仲、鼠仲、雾戛、石板河、下苦瓜河、中苦瓜河、猪场、戛泥坝。

九甲，8寨：水箐猪场、沙子坡、新店子、左泥戛、锅圈岩、马场、克支河、拖、洼盆底。

十甲，7寨：以散洛、茄儿胯、那威田坝、硝窝河、黑苗寨、石板井、裸刻块。

嘉禾里　10甲，105寨：

一甲，17寨：梅子沟、裸瓦冲、铜厂坡狗场、那巴架、打熊坡、兔场、写工桨、穿洞、糯谷作、法地、杓可、巴雍、杉木箐、果你河、石板坡，法都裸、白泥箐。

二甲，18寨：阿答坳、普舍、白沙戛、黑戈戛、马鬃岭、鸡场、太平山寨、树空河、野猪窝、米裸冲、嘉架寨、岩卧寨、姑白、二道河、黑雍、纸厂岩脚寨、乌沙寨、阿陇柯。

三甲，9寨：业龙寨、虎场、归宗卧、猪那箐、凉风台、夕溪裸伙脚、钻天坡、石埡口、海子。

四甲，3寨：下夕溪、阿纵寨、猴儿关。

五甲，7寨：果捧底、上五罗、阑腰箐、下五罗、树夕冲、仄沟、高笕槽。

六甲，3寨：阿洛落、伐你寨、阿你坳。

七甲，8寨：阑马墙、坐觉、猴场、补董、鼠各仲、以那龙潭、（xiàn）索洛、滥坝寨。

八甲，11寨：逞桨胯、大树脚、桐木寨、法杓、嘉柯、后寨、裸济河、果你柯、利舍期、比怯妥、头目寨。

九甲，12寨：果尾羊场、彭家寨、大树脚、白舍、骂仲寨、得书、响水、过路沟、五里坪、黑作、通作、暮书。

十甲，17寨：凉水井、花地、打各冲、纳雍大寨、阿裸寨、阿巨寨、阿结寨、以乌寨、裸木寨、法窝寨、纪寨、果木寨、白著寨、燕窝寨、三柯树、叉河、岩脚。

大有里　10甲，179寨。

一甲，25寨：兰花山、腰塘、簸罗箐、干堰塘、西溪坡、高家庄、罗家庄、大渡桥、鸡场、以那架、堕机、大桥边、魁书寨、阿凹底、麻窝寨、箐门口、阿滞、小河沟、果打落、黑则拱、以都桨、果永桨、三洞桥、鼠场坝、松树坪。

二甲，19寨：背作、比度坡、小猪场、阿落白、阿扎沟、尖山脚、岩方口、抵那河、瓷瓦寨、画眉田、以那架、曲蟮坡、小木弄、打桶寨、老黄箐、水头寨、法处、法胯、法中。

三甲，16寨：莫大、以补新场、沙魁坝、小莫大、龙井湾、干坝、瓷瓦寨、凉水井、小河坝、阿冻工、毛栗园、阿密胯、阿戛、鸡布以墨、化水卫、龙场坝。

四甲，31寨：白铺河、渡子寨、旧院、平寨牛场、业纳河、海马架龙场、叉河、大兴厂、江西沟、波罗沟、三宝厂、干河、补作、白玉厂、治都、阿勒寨、石板寨、高笕槽、响水洞、旧龙场、丁家寨以木胯、瓦房寨、麻园寨、法怒寨、革老寨、泥木务、力园并、蜡兄姑寨、阿寨、张家寨、阿路洼。

五甲，25寨：裸工底、泥龙山、黑仲、果簸河、石板寨、高家庄、以木胯、溪革河、碓叉坝、莲花塘、水淹坝、干坝、落都、螺蛳塘、老塘铺、木空河、马路坡、下木空河、石牌沟、果书寨、义仲河、坐拱寨、箐苗田、佳车拖瓦、法起河。

六甲，9寨：莲花塘、卧遮虎场、老虎场、菜子沟、义中河、俄著河、洪岩脚、滥草坝、那巴桥。

七甲，18寨：法处卧、阿柒工、三叉塘、戛你、得勒、高槽、冻青井、糯克、观音洞、鱼洞河、大兔场、农古、茶园箐、泡木井、刺八戛、踏熊坡、糯贝、核桃园。

八甲，12寨：七柯树、大麻窝、写米沟、裸布底、水东、扒纳河、草坝厂、独山、以鸡箐马鞍山、木城河、以则拱、路崽干坝。

九甲，10寨：核桃园、作卧寨、瑞兴厂、泥所寨、鸡场、夕拉河、兔场苦李井、法纳胯、白泥坞、糯克。

十甲，14寨：王家厂、老碗厂、佳暮厂、佳暮、以去、纳志坝、果之寨、白勒、海马糖、新屋基、牛鼻冲、者寨、补作、扯者寨。

仁育里　10甲，176寨。

一甲，26寨：落折河、双山、老塘铺、沙子哨、石母猪、归化、栗树坪、老苗冲、瓦厂塘、阿户桥、叉河、王家坝、大勒堡、木革坝、补六堡、穿洞、大苗寨、毛栗坡、以墨陇、以那工、三道水、黑者落、戈落至、龙潭口、营盘山、堕落塘。

二甲，27寨：干堰塘、裸簸河、小河、水牛囤、小屯沟、以吉河、小寨沟、簸窝寨、滥泥沟、沙郎、龙潭坝、法戛寨、孙家井、哈井、十八家、南箐、猪场、者裸洞、新寨、水平潭、花鸡沟、大法怯、石板井鸡场坝、箐口、阿支拱梅花箐、螺蛳塘、散胯。

三甲，8寨：麻戛、古打羊场、猫儿窟、增底坝、河凯箐、不都块、野鸡河、以支马场。

四甲，6寨：马桑脚、马田坝、总机河、徐家寨、烧炭沟、小虎场。

五甲，13寨：扒那河、凹书寨、以应柒、藤桥河、引底寨、盖、洪沟寨、法地寨、底开寨、法舍寨、色支块、以卧、祖箐。

六甲，11寨：箐口依家寨、舍洞关、鸡场、黑猴箐、小田坝、以沙落、马白寨、那威田坝、舍、白泥、扯都。

七甲，26寨：得沟、滥泥沟、梅子沟、沙石坡、观音桥、犀牛塘、阿胖田坝、螃蟹井、大龙潭、高桥、臭水井、巴折坪、上巴折坪、金银山、冷水河、裸罗桥、滥泥田、马蝗箐、土老冲、沙地、双山、黑穿洞、小河、大桥、唐家沟、马路冲。

八甲，12寨：写基郎、下卧、左所洞上、阿寨、緟（nì）、裸木、马过河、金竹园、色夕笕、哈马怯勒、和尚寨、环山。

九甲，22寨：东冲、阿雍寨、土卧、虎都郎、著贵寨、水塘寨、小里期、郎斋坝、王家坝、落母杓气、叉河、桃园、水箐口、中箐、菱角塘、阿鸠寨、青山、中寨、大寨、石板井、法窝寨、杉树场。

十甲，25寨：排山箐、白泥塘坪子上、色泥、总机、狗场、高笕河沟、囤上、大木厂、铅矿山、以朵寨、灯台树、干沟火石坳、白勒坪、大坡头、火烧铺、河尾、箐门口、洗线沟、裸卜朗、以朵、马路冲、三锅桩、堰塘、木纳胯、白杨林。

义渐里　10甲，172寨。

一甲，17寨：白石厂、石关口、阁鸦、钱家寨、东瓜林、白泥卧、中坝田、熊家庄、木吞菜、白中、阿领菜、新寨、阿路海、核桃坪、耗子洞、白革寨、窝冲屯。

二甲，17寨：安家井、滥泥沟、龙井沟、高笕、色夕寨、蚊子冲、显母寨、青冈寨、岔河、马白舍、打鸡郎、法窝寨、马蚁沟、化木卫、小非兄寨、彼多落、威索寨。

三甲，15寨：连三坡、哈马工、锅厂、木弄关、耗子洞、乍迷寨、路冈底、金家寨、喻家寨、阿五营盘、白岩、石笋、余家寨、法河、濯卧。

四甲，18寨：干沟、家竹园、柯家桥、肇家关、新寨、古打寨、哈马工、得机、遮勒寨、柯岭寨、比西、小水、以都、暮石、黄泥冲、非兄寨、法路、白杨林。

五甲，22寨：滥坝子、浑水沟、新店子、夏家桥、下洞、中洞、鹅项颈、大树林、石头寨、小田坝、老凹坝、果木郎、这戛、凉水井、火石坝、小洞、箐上、以则、火把湾、扁木踏、马鞍山、瓢儿井。

六甲，23寨：上瓢儿井、羿子关、下瓢儿井、大石包、山王朝、干河沟、溜沙坡、果工、岩头上、鸡鸭胯、杓沟、素尾胯、麻子寨、阿比胯、岩脚、路卜寨、摸都桥、猴子箐、阿世卧、得卧、得胯、双树坪场、龙潭坡。

七甲，9寨：石期沟、安胯、扯底胯、这胯、栗子坪、木纳沟、小庄、仲泥寨、筲箕湾。

八甲，11寨：革勒河、湾子寨、马房寨、白科寨、田坎寨、青冈脚、半坡寨、比散胯、法冈菜、大岩脚、阿市。

九甲，17寨：杓戛、裸鸡戛、白踏寨、涂家寨、扎达胯、露雾胯、阿相坪、贾家河、阿觉戛、瓦娘菜、石泉沟、沙地、以翁胯、下羊圈、两叉河、沙纳农、蜡鲁。

十甲，23寨：水塘、石关口、养鹅寨、兰家桥、黄泥坡、长岩、杓白、走马坝、大石板、官田、仲麦、三坝、辜家箐、以觉箐、散以、马厂箐、果瓦寨、镇顶、茶园、铁匠炉、白泥坝、关穆岩、上羊圈。

## 二　威宁州

康熙四年（1665），将土府改为威宁府，隶于贵州布政司。康熙二十六年（1687），以大定、平远、黔西3州及毕节、永宁2县隶属威宁府，裁乌撒卫入威宁府。雍正五年（1727），将永宁县划归四川。雍正七年（1729），降威宁府为州，隶于大定府。翌年，云贵广西总督鄂尔泰奉旨酌定威宁与乌蒙疆界，于松林岭地方勒石为界，八仙海子一带划归乌蒙，稻田坝等地划归威宁州管辖。雍正十二年（1734），添设威宁州得胜坡巡检司。威宁州辖地编为10里，所辖甲、寨无考。清道光《大定府志》仅载所辖土目。

**全化里** 宋起《威宁风土记》云："在城曰全化。"《黔南职方纪略》云："州城所设之地为全化里。"

**宣化里** 《威宁风土记》云："东北四铺为宣化。"《黔南职方纪略》云："自毕节达州城路为宣化里。"

**遵化里** 土目5：阿克以机、奢扎、裸兄、顾佐坪龙场、白女。

**德化里** 土目9：扯处乌、史插、果禾、勺雄、古打、洗菜河、扯处块、兄戛、可瓦。

**性化里** 土目10：居家、威家、迫笏、产迭、勺得魁、白得、租木戛、妈姑、勿泥、妥裸。

**致化里** 土目7：卜兄、腻书、马摆、河耶、法戛、拖迭、遮姑。

**广化里** 土目5：阿底、阿费、裸结、西戛、阿落。

**大化里** 土目11：泄处、勺衣、勺录、他勺黑、勺录多、兄姑、白泥、觉洛、女得、勺多、波处。

**归化里** 土目4：色撒麻色、著多麻色、耶姑得暮、麻色。

**顺化里** 土目6：雄所、妈兄块、五所白、著勿、阿甲、构非。

另有全化里、宣化里未设土目。

另据成书于民国13年（1924）的《威宁县志·建置志》中有"市集村寨"一目，载有市集174个，村寨349个，并注有"县属村寨因万山罗列，故住居多零星散处，今就稍成村落者录之"，但未注明年代，也未分里甲。

该志所载市集、村寨名称为：

**市集** 欢龙桥、大房、耿家屯、乌蒙屯、色木戛、鸡虱块、天生桥、猴街子、四堡、香炉山、铜厂河、百布块、得慕坪、黑石头、戛的、牛街子、韭菜冲、以补块、得慕街、瓦渣河、金斗堡、茶溪河、吉戛、海都块、枧槽、小河边、黑神庙、阿巴块、诺著、坝口、塞车洛、腻书河、楸木地、雄所块、则脚、安丹河、块连冲、小水塘、妈兄块、车洛、岩头上、长梁子、王家田、轿子口、阿尼块、麻乍、夸都、妈姑、行脚块、油榨房、龙场、曹家沟、欧家坪、安者块、阿都、小田坝、猴场、鸡场、二塘、拿落块、小湾、海喀、拱桥、发财冲、腻子河、杨雀块、结里、得胜坡、关防海、钓锅口、迤那、朵补块、牛棚子、稻田坝、郭家坡、沙包包、勺兄块、普所乐、米鲁沽、小米洛、银炉河、阿块、龙街子、狗街子、摸衣沟、补块、三道河、牛场坝、麻包营、羊街子、脚落块、青草洼、柯洛、乐那窝、补处、得著、省都块、恒底、林口、茅沽、则渣沽、都块、大坡上、石门坎、葛布、乌撒寨、鱼洞、扯处块、谙甲、朱巍、罗州、小溪河、发都、扒拉块、火夸、夸溪、财神塘、六曲沟、岔河、滥箐、姑溪、桃园、蔑多、河坝、则章坝、牛溷塘、平山堡、威奢、大花水、野马川、后山、乌蒙堡、赫章、石板塘、沙子沟、水塘堡、窝铅厂、西屯、兴发厂、七家湾、七里店、茶园、水槽堡、天桥、清水塘、大河边、诺素、小矿山、白岩、牛吃水、阿箕车、鸡洛、江半坡、黑土河、罗布块、小营盘、岩脚寨、凉水井、干沟、老鸹营、马桑坪、小河口、姜棚子、黑泥坡、鸭戛口子、大地口子、银厂口子、勺甫街子、老鸹营、猴街子、四十里店、太平坝、同化场、得慕坪。

村寨　小屯、头坡、羊角山、孔家山、小箐、梅子街、可革、罗布戛、盐仓、冒水井、家竹沟、绿水塘、包谷箐、海涉、诺溪、乐利河、锅厂、黄腾箐、香炉山、榨子厂、海都块、捡马坝、匆尼、妈姑、沙石浪、后河、瓦店、黄井、福来厂、五里坪、菩萨林、辛官屯、吊碗井、石梯子、二堡、水石槽、五里碑、头塘、越家山、小寨子、邓家营、三岔路、北屯、大北屯、一碗井、驴子坝、黄家营、磨盘山、高枧槽、严家冲、疆子树、戴家营、管北湾、张望屯、凉鸡屯、躲雨屯、大陂坡、水草屯、石居屯、疆子山、马枋口、夹马石、乐那迤、蔡家地、五里冈、六座坟、樱桃洼、张家坪、水前、陶家海、小山山、陈选屯、舍羊洞、罗沽、耿家屯、保家桥、郭下、万下、卯家屯、双龙桥、江家湾、卯家沟、苗家院、下坝、尚家屯、吴家屯、郑家营、花红树、罗慕、左所塘、常虫山、马鞍山、石洞、飞来石、南幺沾、火烧堡、阳雀沟、独楂沟、开戛、以补块、战坡、抱都、黑石坡、米斗箕、聂伊河、百草坪、对口、俄戛、红石岩、箐水井、杜家店、南屯、鸭子塘、夏家冲、簸箕湾、百级嘴、朱家湾、顾下、薛家屯、冷水沟、大山营、丫巴山、羊角厂、韭菜坪、各座、马圈岩、洗菜河、猪屎河、发戛、朵俄、核桃园、古封、六里甲、果木、古达、史察、小河边、乐住、则雄、白岩、鼠场、水塘山、江南屯、女木郎、照壁岩、坝头上、堆家店、干河桥、水坡、黄泥坡、海马姑、竹园、后山、儿马冲、红岩冲、大马湾、葡萄箐、板桥、刺梨树、产迭、下马坎、艾家坪、迤窝坪、穿心寨、柳树林、石獭、平砦、小田坝、树蛇、红布沟、疙瘩营、螳螂、围嶂河、麻乍、二田坝、茨海、瓦红卡、松树油、蜜蜂岭、长海子、女铺、李家村、纱帽营、竹根箐、黄茨树、罗住、鱼坝厂、腻书、柏枝洛、烟子窑、山花厂、白布戛、补多、安白洁、黑草地、斗古坪、江底、江半坡、羽补砦、鸭子塘、栗柴林、果河洼、摆台、野马海、狗歌洛、雨朵、玉龙厂、段家田、石门坎、海开、补块、发路、杨官砦、亮子沟、新寨、花篱笆、八寨、达树、海泚处、四方井、普所洛、斗母胸、西冲、乌蒙屯、回龙厂、岩头上、妈拉冲、新店、新龙厂、田坎地、野驴冲、羽座明、马街、硕多、拖那迤、雨柯柯、罗布甲、得著、板底、迤则河、得兔、勺甫、安逸座、开戛、补处、拖二、羊街子、小河边、沙摩营、中井、石冈、罐子窑、泚处海、勺兄块、雄所寨、磨角角、七赊戛、罗布戛、沙坝、阿纳溪、茅沽、蔡家房、素沟、撒撒冲、河坝、发枝窝、鸠濡、罗州、大河边、六曲沟、九股水、林口、多魁、柯洛、麻色沟、形齐块、堵卡、那苏、鸡洛、小海子、朱多、罗那溪、乌鸦冲、岔河、连三坡、火夺、滥箐、画眉、梳妆、列古槽、大花水、安古、红稗坝、雄都、沽溪、桃园、得扯密、板仓沟、则章坝、那罗块、罩子沟、耶沽、飞兄、迤跛、青兄、罗布块、高枧槽、海图冲、瓦寡、卜家湾、水炉上、发冲、妈兄块、朵够、大洼子、沙包包、阿乌密、阳雀块、阿牛湾、小营盘、新砦、沙子坡、仙马脚、粗都岩、水坪子、龙井、小米洛、马膊子、哈喇河、北幺站、七里河、坡上、汤家山、黑龙潭、牛王庙、姑砦、响水、大王砦、诸仙背、白碗窑、乐吉、野依、毛家水井、杜家口子、新李院子、大桥西岸、大桥东岸、香厂大冲、船边街子。

## 三　平远州

康熙四年（1665）置平远府，府治设于比喇，以原水西宣慰司所属陇胯、的独、朵泥、安架4则溪地编为9里。康熙二十二年（1683），降平远府为州，隶于大定府。康熙二十六年（1687）改隶威宁府，雍正七年（1729）还隶大定府。乾隆四十一年（1776），将时丰、岁稔、崇信3里划归水城厅。至此，平远州共辖6里。

**向化里**　10甲，48寨：

一甲，4寨：石板寨、新寨、工胯寨、打油寨。

二甲，4寨：过种五、平寨、侬家寨、裸罗寨。

三甲，7寨：红土、羊毛寨、岩脚寨、罕底寨、店子寨、库子寨、阿鸭寨。

四甲，5寨：普蜡寨、刘家寨、蔡家寨、侬家寨、高家寨。

五甲，5寨：果底、刘家寨、侬家寨、大苗寨、小苗寨。

六甲，4寨：谌家庄、杉树寨、醒底寨、补扎寨。

七甲，5寨：观音洞、平寨、傍城寨、龚家寨、侬家寨。

八甲，4寨：金竹园大寨、金竹园小寨、石板寨、白枝寨。

九甲，5寨：新铺、刘家寨、詹家寨、革老寨、五那寨。

十甲，5寨：红岩、里民寨、蔡家寨、阿列寨、阿王寨。

**慕恩里**　10甲，51寨。

一甲，5寨：蜡弓、杨家寨、程家寨、许家寨、龙家寨。

二甲，5寨：舅、大木架、小木架、谌家寨、杨家寨。

三甲，5寨：仲机、傅家寨、侬家寨、裸木寨、大架寨。

四甲，6寨：石头寨、侬家寨、大寨、小寨、偏坡寨、水井寨。

五甲，5寨：大架、裸木寨、沙派寨、老牛寨、谌家寨。

六甲，5寨：冒沙井、白马山、三柯树、磨子山、读书冲。

七甲，5寨：马厂坝、马家寨、革老寨、王家寨、羊保寨。

八甲，5寨：宾兴洞、烧窝寨、煤洞寨、夸木苗寨、干坝大寨。

九甲，5寨：卜牛口、以补寨、张家寨、渡路寨、革老寨。

十甲，5寨：补雄寨、起凤岩、冯家寨、颜家寨、张家寨。

**敦仁里**　10甲，47寨。

一甲，4寨：堕众新寨、白果树、黄家寨、吴家寨。

二甲，4寨：磨中平寨、湾子寨、黄泥寨、落水洞。

三甲，5寨：小猴场、官寨、新寨、麻窝寨、偏坡寨。

四甲，5寨：教化箐、克骂寨、新寨、白务寨、白岩寨。

五甲，5寨：松树坪、白岩寨、核桃园、大新寨、小后寨。

六甲，5寨：阿弓上寨、阿弓中寨、阿弓下寨、过冈寨、湾子寨。
七甲，4寨：那八河上寨、那八河下寨、河对门、牛场寨。
八甲，5寨：那支兔场、新寨、里民大寨、公子山、果里河。
九甲，5寨：白泥蛇场、岩脚寨、黄家寨、白杨寨、侍卫寨。
十甲，5寨：杓普马场、金家寨、新寨、场脚寨、大山脚。
兴文里　10甲，50寨。
一甲，5寨：穿洞、谢家寨、高家寨、周家寨、黄家寨。
二甲，5寨：坐魁、毛栗寨、岩脚寨、草鞋寨、波乐寨。
三甲，5寨：大虎场、吴家寨、陈家寨、黄家寨、杜家寨。
四甲，5寨：滥坝寨、赌坝寨、毛栗寨、大新寨、小新寨。
五甲，5寨：秋少坪、青冈寨、阿仰塘、靠戛寨、毛栗寨。
六甲，5寨：高窝克、兴隆寨、周家寨、黄家寨、赵家寨。
七甲，5寨：果勇、裸你寨、烧煤寨、岩脚寨、高石寨。
八甲，5寨：岩上、萧家寨、岩脚寨、簸朵河、簸渡关。
九甲，5寨：雷打坡、张家寨、李家寨、郑家寨、夏家寨。
十甲，5寨：克勒坝、宋家寨、苏家寨、梅子冲、新寨。
怀忠里　10甲，50寨。
一甲，5寨：木弄、岩脚寨、大苗寨、严家寨、谌家寨。
二甲，5寨：干河、龙场坝、法戛寨、支果寨、你寨。
三甲，5寨：龙打陉、马鬃岭、红土寨、高炉寨、刘家寨。
四甲，5寨：化起场、岩脚寨、侬家寨、果底寨、石板寨。
五甲，5寨：牛场、东瓜寨、黄家寨、杨家寨、夏家寨。
六甲，5寨：步提、九星寨、小补寨、打油寨、老鸭寨。
七甲，5寨：大水井、堰塘寨、二坡寨、胡家寨、舅鸭寨。
八甲，5寨：水城、伍家寨、龚家寨、章家寨、陈家寨。
九甲，5寨：九鸡庙、龙家寨、陈家寨、邵家寨、张家寨。
十甲，5寨：杓头、鸭店寨、濯革寨、格莽寨、革鞋寨。
太平里　10甲，50寨：
一甲，5寨：新塘、北丫寨、官家寨、箐脚寨、法乐寨。
二甲，5寨：猪场、木吼寨、垭口寨、和尚庄、寥家寨。
三甲，5寨：穿洞、木汪寨、手帕岩、沙子坡、连三冲。
四甲，5寨：歹羊、上干僵寨、下干僵寨、屯口寨、老寿田。
五甲，5寨：婶婶坡、穿洞坝、上寨、杉树寨、竹林寨。
六甲，5寨：熊家场、蒙坝、蒙别、白马洞、蒜台寨。
七甲，5寨：糯东坡、裸罗寨、裸罗后寨、裸罗中寨、裸罗下寨。

八甲，5寨：黑土、萧家寨、石家寨、杨家寨、黄家寨。

九甲，5寨：果骂、把英寨、马溺寨、洪家寨、李家寨。

十甲，5寨：那支、半坡寨、革老寨、田家寨、赵家寨。

## 四　黔西州

康熙四年（1665）置黔西府，府治设于水西城，将原水西宣慰司所属以著、则窝、雄所3则溪地编为8里。康熙二十二年（1683），降黔西府为州，隶于大定府。康熙二十六年（1687）改隶威宁府。雍正七年（1729），还隶大定府。乾隆元年（1736），割四川叙永厅所属岩上、岩下边地归黔西州，编为平定里。至此，黔西州共辖9里。

**黔兴里**　7甲，19寨。

一甲，3寨：礼贤乡、洪水、以那坝。

二甲，5寨：内庄、下以那、依家、宋家、松林。

三甲，4寨：鲁木、普安、大扎底、大架。

四甲，3寨：沈家、陈家、大苗。

五甲，2寨：长沟、（缺1寨名）。

六甲，1寨：冷水沟。

七甲，1寨：马龙沟。

**安德里**　7甲，13寨。

一甲，3寨：白腊、铧口、孙家坝。

二甲，3寨：那戛、扯泥坝、侧你。

三甲，3寨：偏坡、化怯、以朵。

四甲，1寨：蛇场。

五甲，1寨：猴场。

六甲，1寨：纳雍。

七甲，1寨：八寨。

**崇善里**　6甲，17寨。

一甲，1寨：打鼓寨。

二甲，2寨：滥泥沟、桂箐。

三甲，1寨：江。

四甲，4寨：五里坝、谷里、树空、牛场。

五甲，5寨：罗家庄、治中、排沙、阿能、阿二。

六甲，4寨：上马、百花箐、青冈铺、乍拱。

**西城里**　5甲，13寨。

一甲，4寨：以骂、龙堂、蔡家、蟠龙。

二甲，3寨：以那沟、芦稿坝、架纳。

三甲，3寨：中庄、官田坝、核桃园。

四甲，1寨：罗汉。

五甲，2寨：车家、花棚。

**敦义里**　6甲，14寨。

一甲，3寨：八寨、毕节寨、高粱寨。

二甲，3寨：七山、李子坝、水潭。

三甲，2寨：底寨、羊王坝。

四甲，2寨：九寨、大寨。

五甲，2寨：红头、简村。

六甲，2寨：苦茶园、龙湾。

**新民里**　5甲，11寨。

一甲，2寨：沙溪、泥坝。

二甲，2寨：阿干、永兴场。

三甲，2寨：罗家、鸡保。

四甲，2寨：上庄、下庄。

五甲，3寨：平水坝、大革坝、平坝。

**新化里**　6甲，7寨。

一甲，2寨：阿利庄、上官。

二甲，1寨：阿乌迷。

三甲，1寨：阿卜者。

四甲，1寨：以者。

五甲，1寨：平寨。

六甲，1寨：新罗寨。

**永丰里**　6甲，10寨。

一甲，1寨：岩脚。

二甲，3寨：大罗坝、邓村、官村。

三甲，2寨：岩底、奄底。

四甲，1寨：黄土坡。

五甲，1寨：白沙。

六甲，2寨：者勒、察革喇。

**平定里**　3甲，8寨（旧志仅记寨名，未分所属甲）：袁屯、杨屯、永则、泥波、桃者、化膀、猓播怯、以者。

## 五　毕节县

明洪武十七年（1384）及二十一年（1388），先后置毕节、赤水卫、层台卫。清康熙二十六年（1687）六月，裁毕节、赤水卫，置毕节县，设县治于毕节卫城，将原3卫地编为常禧里、永丰里、长乐里、大康里。雍正七年（1729），割大康里归四川永宁县，以永宁县八夷屯地属毕节县，编为平定里。将毕节县辖地改编为东里、西里、南里、北里、长乐里、平定里，所辖甲、寨无考。旧毕节县志对平定里略加叙述，八夷屯为：镇西、阿市、杨柳湾、大比肇、丝栗堡（镰刀湾）、大屯、家戛、湾溪（落鸿屯）。

另据1996年出版的《毕节县志》载：光绪五年（1879），贵西道移驻毕节，县内行政区划沿用里、屯、伍、甲制。

东里18伍：陈宋伍、王纳伍、宋表伍、赵吉伍、殷伍、赵新伍、黄拱伍、周汉伍、前所伍、邵伍、郑伍、袁珠伍、张平伍、卜刘伍、熊伍、顾伍、五十亩、新黄伍。

南里7伍2屯：李凡伍、林花伍、袁伍、王大伦伍、赵铁伍、宋伍、康伍、大屯、小屯。

西里10伍10铺：丁伍、邹伍、丰伍、王大伍、方伍、徐伍、李贞伍、王洪伍、盛伍、糜伍、长春铺、撒拉溪、太平桥、对江屯、乌蒙铺、高山铺、周泥站、平山铺、七星关、毛家屯。

北里外2甲4伍，内4甲12伍：何伍、李伍、曹伍、殷伍、大坝伍、白伍、余伍、播箕伍、小平坝、李官营、白鸟伍、大平坝、陈贝屯、上坝伍、头屯伍、头冲伍。又划长乐里，辖镇西、阿市、北肇家戛、丝栗堡、落鸿、镰刀湾、大屯、杨柳湾。

## 六　水城厅

雍正十年（1732）三月，设置水城厅，移大定府通判驻其地。割大定府亲辖地永顺、常平2里归水城厅管辖。乾隆四十一年（1776）六月，吏部议准大定府通判管理福集厂铅运，每年解额220余万斤，水城厅管辖地方小，夫马不敷，将平远州的时丰、岁稔、崇信3里拨归水城厅管辖。

**永顺里**　10甲，67寨。

一甲，5寨：范家寨、杜家寨、箐口寨、岩脚寨、果木寨。

二甲，8寨：双龙井、石龙寨、簸箕寨、万福厂、路马摆、湾子寨、干水井寨、松树坪。

三甲，6寨：马鞍山、杉树林、八家寨、旧官寨、周家寨、赵家寨。

四甲，7寨：坪寨、小田坝、林家寨、磨石沟、法大寨、夹沟寨、马家箐。

五甲，6寨：通仲寨、颜家寨、王家寨、花鱼井、裸木寨、石板寨。

六甲，7寨：阿达寨、浓达寨、浓支戛、以个寨、阿赖寨、马家寨、张家寨。

七甲，7寨：上钟山、得乌寨、川心寨、草盖瓦寨、朱家寨、蔡家寨、王家寨。

八甲，6寨：熊家寨、三家寨、苗寨、田家寨、石头寨、杨家寨。

九甲，9寨：以舍寨、草木底、额疏寨、鹅脚寨、朵比寨、油榨房、法都克、暮乐寨、杓命寨。

十甲，6寨：夕房寨、以朵寨、法武寨、偏坡寨、严家寨、巴巴店。

常平里　10甲，72寨。

一甲，5寨：以都古、陈家寨、那几克、松家寨、普克。

二甲，9寨：刘家寨、法踏寨、段家寨、底暮寨、包包寨、以扒寨、大坪子、乡约寨、阿农河。

三甲，6寨：播仲寨、额疏寨、以遮寨、索固寨、杓戛寨、庇车戛、严山河。

四甲，8寨：仲寨、土角寨、得只寨、大坪子、安家寨、妈克农、扒叉寨、先居寨。

五甲，6寨：偏坡寨、裸黑古、亥仲寨、刘家寨、何家寨、左家寨。

六甲，7寨：界牌、喜居乐、岩脚、黑枯寨、大寨、小寨、仲家寨。

七甲，7寨：白腻寨、张家寨、李家寨、杓董寨、五所寨、董地坪、龙潭口。

八甲，7寨：蒋家寨、钱冲寨、茨冲寨、高炉寨、苗寨、严家寨、福集寨。

九甲，9寨：仓脚寨、亥仲汛、支戛、莫裸寨、坪子寨、安家寨、戛那寨、马鬃岭、者裸箐。

十甲，7寨：灭戈寨、高笕槽、妈农克、黄家寨、小妈戛、禄家寨、小苗寨。

时丰里　10甲，84寨。

一甲，8寨：比且寨、戛裸寨、独暮寨、新寨、法舍槽、李家寨、邓家寨、王家寨。

二甲，8寨：鸡场寨、白果树、木扎寨、以那戛、尹家寨、务左寨、落邦田、泥寨。

三甲，9寨：白泥落、滑泥落、五村古、泥垩寨、板房寨、阿家寨、地沟寨、白泥古、普姑克。

四甲，9寨：王家寨、铺台寨、阿哄寨、草子冲、火木朵、舒家寨、巴婴河、小米地、你起涌。

五甲，5寨：归固坪、白泥、以钟寨、四方井、罐子涌。

六甲，10寨：通仲寨、尹家寨、苦蒜地、潘家沟、夺泥寨、阿戛寨、法那寨、糯松寨、阿志寨、阿佐寨。

七甲，10寨：法舍棠、鸭子涌、老婆场、朱家寨、陈家寨、天生桥、孙家寨、戛木寨、新寨、花地寨。

八甲，7寨：洞口寨、革老寨、马脚岩、木科寨、溪纳家、萧家坪、绿松坪。

九甲，9寨：米裸寨、吴家寨、李家寨、杓溺寨、勒溺寨、枫香寨、童家寨、花鱼寨、火烧寨。

十甲，9寨：阿裸寨、果裸寨、红岩寨、小红岩寨、溪克寨、过瓦寨、金竹林、化董寨、尔甲寨。

岁稔里　10甲，84寨。

一甲，7寨：洼子寨、大洼子寨、碗厂寨、白党寨、高家寨、红岩寨、坪寨。

二甲，9寨：杨梅树、老熊沟、木城寨、新寨、楼梯寨、打铁寨、马匙寨、包包寨、裸木寨。

三甲，6寨：大裸木寨、赵家寨、李家寨、卢家寨、彭家寨、蜈蚣寨。

四甲，9寨：核产寨、官寨、民家寨、坪寨、案泥寨、盆底、芭蕉塘、大屯寨、都革寨。

五甲，11寨：姬家营、火烧寨、坪寨、打铁寨、兰花箐、渡船寨、机细寨、脚泥寨、杏子树、以散寨、牛场。

六甲，10寨：木枯寨、赖子寨、红岩寨、洗坑底、吊马洞、左脚落、暮泥克、垭口寨、马料沟、龙家寨。

七甲，10寨：喜鹊沟、区戛寨、坪寨、岩头寨、禹汪涌、火干坪、果子核寨、麻窝寨、李家寨、毛家寨。

八甲，6寨：阿得寨、鸡场坝、大坪子、窝铅寨、乌都寨、半坡寨。

九甲，6寨：花水寨、木耳寨、大鸭场、小鸭场、岩霜坡、岩脚寨。

十甲，10寨：阿都营、小礼寨、石板寨、湾子寨、万家寨、岩头寨、皮匠湾、周家寨、龙家寨、者戛寨。

**崇信里**　10甲，71寨：

一甲，7寨：白泥塘、你疏寨、落处寨、法起寨、白期寨、新夕寨、木底寨。

二甲，8寨：乍瓦寨、蓑衣沟、以角细寨、以角你寨、你农寨、小苗寨、洞口寨、木化寨。

三甲，6寨：沙锅寨、岩脚寨、克戛寨、大苗寨、七家寨、赵家寨。

四甲，8寨：催农寨、箐口寨、革老寨、官寨、胡家寨、仲家寨、杨家寨、李家寨。

五甲，10寨：比得寨、吴家寨、革戛寨、杨家寨、堰塘寨、赵家猪场、杓期寨、你巫期、法起寨、化落寨。

六甲，6寨：大石板、小石板、母猪寨、革老寨、果骂寨、熊家场。

七甲，6寨：务卜寨、绍冈寨、白泥戛、仲家寨、得科寨、坐窝寨。

八甲，6寨：老鸦车、陶木胯、新屋基、苗寨、黄茅寨、杉树寨。

九甲，7寨：裸左寨、糯石上寨、糯石下寨、果泥寨、岩脚寨、麻窝寨、义仲寨。

十甲，8寨：以个马场、黄木胯、杓桥寨、舒家寨、僰儿寨、仲家寨、补都寨、丁家寨。

## 第三节　民国时期行政区划

### 一　县及县以上行政区划

清宣统三年（1911）九月，贵州宣告独立，成立大汉贵州军政府，废除清朝在贵州所设的巡抚、布政司、提法司、提学司及各道，保留府、州、厅、县行政建置。大定府仍辖黔西、平远、威宁3州及水城厅、毕节县。

民国2年（1913）六月，北洋政府颁布《划一现行各省地方行政官厅组织令》，规定府、州、厅一律改为县。1914年初，大定府、黔西州、平远州、威宁州、水城厅均改为县，平远州改县后因与广西平远县重名，更名为织金县；将威宁县属得胜坡巡检司改称得胜坡分县，隶于威宁县，民国7年（1918），得胜坡分县移驻威宁县属赫章地方，称赫章分县。撤府后，地方行政组织采取三级制，在省与县之间恢复道的建置，全省设黔东、黔西、黔中道。黔西道又称贵西道，初驻安顺，民国7年（1918）移驻毕节，辖毕节、大定、黔西、织金、威宁、水城、清镇、平坝、安顺、普定、郎岱、兴义、南笼、贞丰、册亨、紫云、镇宁、关岭、普安、盘县、安南、兴仁23县。民国12年（1923）废贵西道，各县直隶于省。

民国24年（1935）3月，国民政府改组贵州省政府，推行《行政督察专员条例》，在毕节设置贵州省第四区行政督察专员公署兼保安司令部，辖毕节、大定、黔西、威宁、水城县；民国26年（1937）11月，将原属贵州省第二行政区的织金县划归第四行政区。民国30年（1941），贵州省政府推行“新县制”，调整行政区划，在第四行政区析黔西县北境置金沙县，析大定县西南部置纳雍县；民国31年（1942），析威宁县东境置赫章县。至此，贵州省第四行政区辖毕节、大定、黔西、金沙、织金、纳雍、水城、威宁、赫章县。

**金沙县**　原为黔西县辖地，民国30年（1941）2月，贵州省政府七一五次会议通过，划黔西县北境置金沙县。是年7月1日，金沙县政府成立，设县治于打鼓新场。黔西与金沙县以野四河（以士河）、中果河、野鸡河（以济河）、洱海、黄沙河为界，河以南属黔西县，河以北归金沙县，其中中果河以东的中河、屈家沟、耿底坝乡仍属黔西县。分县后，金沙县辖原黔西县第六、七、八、九4个区，并从遵义县划入岩孔乡，大定县划入安洛、新任2乡；黔西县得原属第一、二、三、四、五区。

**纳雍县**　原为大定县辖地。民国30年（1941）2月，贵州省政府第七一五次会议决定成立纳雍县政府，设县治于大兔场。纳雍县的设置，牵涉到大定、水城、织金、郎岱县，经划定，以总机河至木空河为大定、纳雍分界线，河以北属大定县，河以南属纳雍县；以马鬃岭至水牛、大坡山脉为水城、纳雍分界线，山以东属纳雍县，山以西属水城县；自纳雍河东南三大夹岩、北岩横过直抵岔河交织金手爬岩为郎岱、纳雍分界线，迤北为纳雍县，迤南为郎岱县；由五左河顺流而下至虫衣坡接二道河，经白水河直抵手爬岩为织金、纳雍分界线；线以东属织金，线以西属纳雍。

**赫章县**　原为威宁县所辖赫章分县。民国30年（1941）7月，贵州省第四区行政督察专员公署请求设置赫章县；8月29日，贵州省政府第七七三次会议通过设立赫章县，民国31年（1942）1月6日，贵州省政府第806次会议通过，正式成立赫章县政府；9月19日，国民政府以壹字19180号指令准予备案。是年11月19日，确定威宁、赫章两县界限，以铁矿山脉为界，至威宁县一、二、六区交界处之石朗附近止，山脉以北属赫章县。赫章县辖原威宁县的三、四、五、六区及第二区的一小部分，威宁县辖一、二、七、八、九区。

## 二　县以下行政区划

民国初，各县沿袭清末的里、甲制。民国3年（1914），府、州、厅改县后，各县废里、甲改设区。区以下设保、甲。黔西、织金2县均改设9个区，大定县设11个区，威宁县将10里改为10个团防局，下设保甲。

民国19年（1930）9月至21年（1932）3月，各县调整行政区划，将县以下划分为区、乡、镇。划分原则是：除特殊情况外，每县至少设立4个区，一般不超过10个区；每区以10～50乡、镇组成；百户以上的村庄地方设乡，其不满百户的村庄联合各村编为一乡；百户以上的街市地方设镇，不满百户的街市仍划为乡；乡、镇皆不超过千户。乡、镇以下设闾，闾以下设邻，以5户为邻，25户为闾。城市规定划分为区、坊、闾、邻4级。

民国21年（1932）黔西、威宁、大定、毕节、织金县区乡镇统计表

| 县名 | 区名 | 区治所 | 辖乡镇 | |
|---|---|---|---|---|
| | | | 乡 | 镇 |
| 黔西县 | 第一区 | 县城 | 礼贤、薰乐、岔白、仁和、上洪、西溪、洪水 | 东关、西关、南关、北关、林泉、集义、金坡 |
| | 第二区 | 沙窝 | 搞魁、白泥、内庄、锦水、寄仲、兰田、雨朵、芝坝 | 南明、沙井、木龙、云陇 |
| | 第三区 | 桂箐 | 乐群、五里、花石、沙坝、临河、摩里、信孚 | 桂箐、永燊、谷里、协和、泰来 |
| | 第四区 | 滥泥沟 | 慕义、化竹、怀忠、仁化、肇新、铁盔、朴厚、来兴 | 大关、通衢、平原、素丰 |
| | 第五区 | 三重堰 | 开化、保定、石坪、三平、环河、花溪、中和、广峰、文朗、高里 | 重兴、复昌 |
| | 第六区 | 遇母硐 | 高隆、遇远、筱里、普化、石钟、崇德、青山 | 遇母、万灵、茶园 |
| | 第七区 | 沙土 | 东隆、群义、大宝、春乐、高平、博爱、天灵、济环、双溪、贵山 | 敦化、中心、新化 |
| | 第八区 | 安底 | 黄花、永丰、关渡、沙邻、明辉、新义、区南、山北 | 安底、大岚 |
| | 第九区 | 新场 | 金谷、兴隆、玉屏、安乐、瑞和、回龙、务农 | 新东、新西、天马、平坝 |
| | 第十区 | 石场 | 太平、红紫、清河、鼎新、九盘、翠华、向阳、玛瑙、余庆、崇文 | 激扬、清池、警钟 |
| 威宁县 | 第一区 | 县城 | 凤山、乘马、海南、火龙、天锅、双侠、莲花、龙山、双龙、白马、金钱，水潮、永安、清水、回龙、天生、金钟、狮子、琥珀、聚龙、真龙、铜川、金斗、发地、堂黄 | 朝阳、忠义、江西、百官 |
| | 第二区 | 银岩 | 银岩、卧棚、剑雄、雪厂、铁柱、新发、宜雨、硔山、发达 | |
| | 第三区 | 野马川 | 古达、威舍、锅厂、三家、果木、南屯、牛塘、碗厂、石板、毛栗、乌木、金山、多吉 | 平山、野马 |
| | 第四区 | 赫章 | 黄泥、须屯、独山、以都、水槽、马街 | 赫章、七里、七家 |

续表

| 县名 | 区名 | 区治所 | 辖乡镇 | |
|---|---|---|---|---|
| | | | 乡 | 镇 |
| 威宁县 | 第五区 | 马户 | 核桃、乐树、各坐、海开、直沟、鲁章、乐溪、炉山 | 马户 |
| | 第六区 | 二塘 | 二塘、小湾、艾平、开车、龙场、威平、岔河、产铁、柳林、乐格、乐富 | 猴场 |
| | 第七区 | 皆利 | 皆利、乐故、麻乍、河坝、韭菜、马白、牛街、哈和 | 黑石 |
| | 第八区 | 哲觉 | 花江、采鸡、轮河、青木、老鸦、文书、瓦渣、坝口 | 哲觉 |
| | 第九区 | 牛棚 | 牛棚、作锅、干沟、女儿、玉龙、半坡 | 德胜、迤那 |
| | 第十区 | 稻田 | 凉水、后河、前河、化红、黑土 | 稻田 |
| | 第十一区 | 太平 | 云贵、银炉、太平、杨柳、和铺 | |
| | 第十二区 | 欢和 | 大官、欢和、四方、大营、雄黄、大街 | |
| | 第十三区 | 快乐 | 快乐、小河、多坤、乐洲、田坝、瓦窑 | 大同、清水 |
| | 第十四区 | 得着 | 雄坡、补助、水炉、五色、设府、河坝 | 得着 |
| | 第十五区 | 六曲 | 中田、耶苏、茶园、海马、菱角、海图、河坝、发志、火麻 | 财神、六曲 |
| | 第十六区 | 瓜多 | 瓜多、雄都、多布、化眉、托古、古衣、桃园、甘林 | 则章 |
| 大定县 | 第一区 | 三民 | 合作、互助、民族、民权、民生、民治、民享、大同、自由、博爱、训政、建设、兴中、大方、槐荫、雍睦、振华、合群、文化、慈善 | 和平、三民、民庄、五权、三善、民有、党化、平等、新民、白瀑、阁鸦 |
| | 第二区 | 凤山 | 凤集、平原、长林、泥化、四维、革兴、日新、泥芳、平化、鼎新、黄坪、公乐、化及、汎爱 | 六龙、百纳、凤山 |
| | 第三区 | 安乐 | 天水、时雨、集贤、漆树、龙塘、青林、楠木、陇纪、黄金、光远、萝卜、落燕、文教、铁厂、兴隆、博爱、息讼 | 安乐、硃砂、琼林、文新 |
| | 第四区 | 南河 | 富南、丰盈、上河、松林、峥嵘、沿河、治平 | 理化、南河、镇南 |
| | 第五区 | 大公 | 勤勇、进化、乐育、全民、唤起、青白、四政、敦庞、崇让、共和、忠信、奋起、大有、友爱、教化、兴夏、农储、俗美、治化、光明 | 大公、兴亚、乐公、党教 |
| | 第六区 | 宣化 | 桃盐、自治、东水、义安、永靖、义顺、和平、鹅著、苍宁 | 宣化、定崇、崇德、永平、大同、苍平 |
| | 第七区 | 海子 | 同络、皓然、正气、同化、振兴、陇西、亲爱、涌溪、化远、拱北、平山、法制、合族、溪狭、丰裕、民义、民新、感化、训开、团结 | 鼎新、自由、主权、海子、马鞍 |

续表

| 县名 | 区名 | 区治所 | 辖乡镇 | |
|---|---|---|---|---|
| | | | 乡 | 镇 |
| 大定县 | 第八区 | 维新 | 党化、大水、乐业、六合、长龄、小米、瓜种、天生、异鹤、化作、石朗、盐井、雄峙、小田、共乐、社东、总机、清明、开诚、课书、治麻、古道、歌乐、法治、吉庆、威远、骥德 | 维新、治沟、梅花、文炳、新方 |
| | 第九区 | 双山 | 龙井、新民、柏树、训民、两路、平坝、佳竹、竹雅、三合、五德、修睦、飞雄、秀水、大树、羊肠、茶树、孝感、嘉禾、双龙、大道、归化、松树、三水、水田、箐林、普田、完成、方竹、尚义 | 锅厂、响水、双山 |
| | 第十区 | 井东 | 德化、六龙、大山、芍花、悦来、中兴、樱桃、洪硚、伦理、大木、洒雨、绿海、沟涧、龙泉、横山、五里、六寨、八堡、中箐、笙箫、青山、种麦、石板、水塘、香坪、果瓦、杨柳、茶园 | 井东、井西、井南、井北、长岩、达溪 |
| 毕节县 | 第一区 | 南关 | 集贤、乐育、田坝、仁育、碧玉、李芃、靖南、翰墨、循治、翠屏、北镇、崇实、化礼、承平、甲秀 | 东关、西关、南关、北关、中山 |
| | 第二区 | 文胜 | 化治、北瑞、集贤、慕义、德璋、喜溢、遵美、怀来、绥履、颂良、好善、余庆、长东、增福、永康、凝祥、平安、休和 | 文胜、广顺、宝善、分光 |
| | 第三区 | 集贤 | 吉泰、永康、峨峰、民乐、由义、东关、桂花、沔鱼、孝友、聚贤、毓秀、居仁、德胜、多福、渭河 | 集贤、送迎、允平、安靖、兴隆、同庆、萃英、崇德、大同 |
| | 第四区 | 普宜 | 笃忠、笃顺、世德、甄容、协和、熊渭、福田、乐都、焯驿、遂雅、雅模、安定 | 普宜、社辉 |
| | 第五区 | 吉安镇 | 德胜、余庆、瑞云、允平、太和、定福、大吉 | 吉安、裕丰、升平 |
| | 第六区 | 东善 | 通达、鼎卿、勤俭、德威、务实、大伦、迎来、永平、同善、兴业、长庆、兴让、敦促、民生 | 乐善、甘棠 |
| | 第七区 | 通衢 | 南屏、归德、丰乐、慕化、悦服、宁安、清流、吉林、渐摩 | 通衢、积贤、德化、仁怀 |
| | 第八区 | 适中 | 适中、淳化、丰乐、大溪、敦美、极高、笃厚、保安、山腹、雾露、致中、苍苔、第让、绥靖、平原、镇边、顺河、美俗 | 长胜、泰安、高原 |
| | 第九区 | 太平 | 正中、广德、开林、多乐、博爱、塘、幡龙、乐坪、三合、硐井 | 太平、七星、新龙、四安 |
| | 第十区 | 夷化 | 吉祥、履和、振中、新民、新兴、强汉 | 夷化、怀恩、广澜、集福 |

续表

| 县名 | 区名 | 区治所 | 辖乡镇 | |
|---|---|---|---|---|
| | | | 乡 | 镇 |
| 织金县 | 第一区 | 兴隆 | 织金、化乐、果底、绮陌、桂花、获种、阿列、高山、头坝、白马、起凤、白雾、化处、普作、鹅寨、毛栗园、二塘、以节、墨峰、木架、保安、大架、罗木、纳供、大方 | 太平、回龙、兴隆、西灵、文腾、关岳 |
| | 第二区 | 兴文 | 精华、白鹤、祝山、国华、鱼水、石关、河滨、屹石、隆昌 | 兴文、莫安 |
| | 第三区 | 七星 | 水营、狮山、象鼻、水城、麦坝、龙潭、沙冲、金竹、雷坡、九流、龙井、石砥、麻厂、纳翁 | 七星、足稼、复兴 |
| | 第四区 | 化起 | 长宁、达义、仁里、维新、开诚、开源、先导、集思、自强、共济、尚武 | 化起、永兴、进化 |
| | 第五区 | 腾龙 | 亚萍、启文、华峰、旧龙、文武、太平、五柳、雍睦、八耳、望兴 | 腾龙、安东 |
| | 第六区 | 猪场 | 白马、小里、梭落、蒙义、来布、打括、平寨、水塘、阳坑、化董、老莱、普戛 | 熊家、黑土、猪场、哨堡 |
| | 第七区 | 大坝 | 岩脚、桃园、水营、大塘、大坝、魁书、磨石、阿弓、栏干、磨中 | 默感、白泥 |
| | 第八区 | 凤兴 | 大寨、干河、杉树、陶依湾、大乐、木货、鲊瓦、依农 | 凤兴、白泥塘、务卜、岩洞口、三塘、鸡场、吹聋 |
| | 第九区 | 青龙 | 长胜、百乐、和睦、兴隆、教子、安乐、平定、杉贵 | 青龙、万全 |
| | 第十区 | 复兴 | 永宁、多吉、水落、木弄、果永、松树、石板、果义、白岩、黑石、大院、普作 | 复兴、平福、兴隆、永安 |
| | 第十一区 | 毕水 | 青龙、连坪、萝卜、煤岭、毛坪、永化、洁溪、凤箐、木贡、云岭 | 新兴、毕水 |

民国24年（1935）5月，国民政府改组贵州省政府后，推行保甲制度，将县以下行政区域划分为区、联保、保、甲4级。

### 民国24年（1935）织金、黔西、毕节县区、联保统计表

| 县　别 | 区名 | 驻地 | 联保名称 |
|---|---|---|---|
| 织金县 | 一区 | | 关白、西文、架纳、白栗、墨木、凤高、太回、桂果 |
| | 二区 | | 足麦、兴麻、兴屹、祝白、石河、隆莫、七狮、雷翁 |
| | 三区 | | 腾龙、启文、太平、五柳、安东、开诚、化起、开源、自强 |
| | 四区 | | 凤打、蒙梭、熊化、普老、少水、平阳、默大、白泥、阿弓 |
| | 五区 | | 三乾、大凤、白泥、大杉、鲊木、吹依、桃岩 |

续表

| 县　别 | 区名 | 驻地 | 联保名称 |
|---|---|---|---|
| 织金县 | 六区 | | 清独、清沙、永茅、毕云、教和 |
| | 七区 | | 复石、普松、多永、果永、普鹅 |
| 黔西县 | 一区 | 县城 | 东关、南关、西关、北关、集义、礼贤、岔白、西溪、洪水、上洪、金坡、仁和 |
| | 二区 | 沙窝 | 金沙、安龙、沙井、寄仲、灵芝、白碧、雨化、普济、锦水、木星、特编 |
| | 三区 | 桂箐 | 谷里、桂箐、协和、泰来、乐群、五里、花石、沙坝、临河、摩义、永燊、信孚 |
| | 四区 | 滥泥沟 | 大关、平原、素丰、化竹、仁化、慕义、通衢、怀忠、肇新、来铁、朴厚 |
| | 五区 | 三重堰 | 复昌、重新、开化、保定、高里、中和、广丰、石坪、环河、三平 |
| | 六区 | 遇母洞 | 大水、安黄北、明辉、新区、青山、遇远、隆万、普里、关溪、石茶沿 |
| | 七区 | 沙土 | 敦化、忠心、新化、天灵、贵山、青乐、博爱、双溪、济环、群义、高坪、大宝、东隆 |
| | 八区 | 安底 | 激扬、警钟、崇文、太平、红紫、清和、鼎新、向阳、九盘、翠华、清池、余庆、玛瑙 |
| | 九区 | 新场 | 新东、新西、天马、平坝、金谷、兴隆、回龙、玉屏、瑞和、安乐、务农 |
| 毕节县 | 一区 | 城关 | 观音桥、草堤冲、宋官屯、长春堡 |
| | 二区 | 普宜 | 龙场营、烙烘、阿市、小吉场 |
| | 三区 | 燕子口 | 燕岩、赤水河、余家寨、林口 |
| | 四区 | 吴家屯 | 吴家屯、火冲、野角、鱼洞、放珠、何官屯 |
| | 五区 | 撒拉溪 | 高山铺、撒拉溪、戈座、七星关、杨家湾、阴底 |
| | 六区 | 朱昌 | 朱昌、江西坡、岔河、大寨、田坝 |
| | 七区 | 海子街 | 海子街、烧缸箐、王张官、小坝、八寨坪、对坡 |

民国29年（1940）7月22日，贵州省政府公布《贵州省各县划分乡镇办法》，实施国民政府关于《县各级组织纲要》，废除各县联保组织，划分乡镇，乡镇以下的编制为保甲。规定“凡600户以上的县城或市镇编为镇；不足600户的县城，与郊区混组为镇；不足600户的市镇，与郊区混组为乡。在同一县城或市镇内，有居民2000户以上的，划分为两镇以上：每镇以辖10～15保为原则。乡的划分以10保为原则，不得少于6保或多于15保。保以10甲为原则，不得少于6甲或多于15甲。甲以10户为原则，不得少于6户或多于15户”。民国30年（1941）起，区内各县均先后撤销区、联保，实行乡、镇、保、甲制。

民国30年至34年（1941—1945）、38年（1949）第四行政区各县乡镇保甲数统计表

| 年度 | 县别<br>项目 | 毕节 | 大定 | 黔西 | 金沙 | 织金 | 纳雍 | 威宁 | 赫章 | 水城 |
|---|---|---|---|---|---|---|---|---|---|---|
| | 乡镇 | 18 | 44 | 43 | 28 | 47 | 31 | 27 | 27 | 34 |
| 30 | 保 | 104 | 288 | 248 | 201 | 334 | 202 | 330 | 190 | 290 |
| | 甲 | 3874 | 3979 | 2885 | 2344 | 3109 | 2012 | 3350 | 1766 | 2739 |
| | 乡镇 | 21 | 22 | 28 | 15 | 26 | 19 | 27 | 16 | 34 |
| 31 | 保 | 278 | 256 | 316 | 174 | 307 | 178 | 293 | 156 | 290 |
| | 甲 | 3576 | 3230 | 3483 | 2132 | 3019 | 1826 | 2958 | 1649 | 2739 |
| | 乡镇 | 21 | 22 | 28 | 15 | 26 | 19 | 27 | 16 | 25 |
| 32 | 保 | 278 | 256 | 316 | 174 | 307 | 178 | 293 | 156 | 240 |
| | 甲 | 3576 | 3230 | 3483 | 2132 | 3019 | 1826 | 2958 | 1649 | 2417 |
| | 乡镇 | 18 | 20 | 26 | 15 | 24 | 15 | 27 | 16 | 25 |
| 33 | 保 | 236 | 226 | 218 | 164 | 256 | 172 | 276 | 142 | 231 |
| | 甲 | 2585 | 3012 | 2659 | 1957 | 2640 | 1851 | 2695 | 1775 | 2276 |
| | 乡镇 | 18 | 20 | 26 | 5 | 24 | 15 | 27 | 16 | 25 |
| 34 | 保 | 236 | 226 | 218 | 164 | 258 | 172 | 270 | 142 | 231 |
| | 甲 | 2585 | 3012 | 2659 | 1957 | 2640 | 1851 | 2695 | 1775 | 2276 |
| | 乡镇 | 17 | 20 | 26 | 18 | 24 | 18 | 27 | 16 | |
| 38 | 保 | 230 | 224 | 219 | 164 | 254 | 165 | 276 | 141 | 缺 |
| | 甲 | 2383 | 2995 | 2274 | 1934 | 2413 | 1539 | 2641 | 1662 | |

## 第四节 中华人民共和国成立后行政区划

### 一 中华人民共和国成立初期毕节地区行政区划

地（专）行政机构 1949年11月28日，毕节解放。12月3日，贵州省毕节区行政督察专员公署成立，驻毕节县城，属贵州省人民政府派出机构，辖毕节、大定、黔西、金沙、织金、纳雍、水城、威宁、赫章县。1951年3月，贵州省毕节区行政督察专员公署改为贵州省人民政府毕节区专员公署，是年11月，改称贵州省毕节专区人民政府，1952年7月复称贵州省人民政府毕节专员公署；1955年更名为贵州省毕节专员公署。1968年，改为贵州省毕节地区革命委员会。1979年更名为贵州省毕节地区行政公署。

县市行政机构 1949年毕节地区行政督察专员公署辖毕节、大定、黔西、金沙、织金、纳

雍、水城、赫章县。1954年11月，经中央人民政府政务院批准，撤销威宁县，设置威宁彝族回族苗族自治区，1955年6月，更名为威宁彝族回族苗族自治县。1958年2月，大定县改名为大方县。1966年，建立水城特区，与水城县分治；1967年，水城特区划归六盘水地区；1971年，水城县并入水城特区，划归六盘水地区。1994年，撤销毕节县，设置县级毕节市。至此，毕节地区辖毕节市、大方县、黔西县、金沙县、织金县、纳雍县、赫章县及威宁彝族回族苗族自治县。

**县以下行政区划**　中华人民共和国成立初期，各县沿用民国时期的乡镇保甲区划，设区分管。1950年4月28日，中共毕节地委《关于县区政府党委群团整顿编制的指示》规定，每2万人建立1个区，全地区9县共划分为55个区，区设区人民政府。1950年7月以后，各县陆续废除旧的乡镇保甲制，在区以下设立行政村，各县城关设街道办事处（居民委员会）。此后，区的设置几经改变。1952年，全地区共设87个区。1953年，区人民政府改为区公所，为县人民政府的派出机构。1954年，按照《中华人民共和国宪法草案》的规定：县、自治县分为乡、民族乡、镇。各县调整乡、镇。此后，各县对区、乡镇进行过部分调整，到1957年末，全专区共设89个区。1959年3月前后，改建人民公社，由原来的一乡一社改建为以区为人民公社，乡镇改为人民公社下辖的管理区。全专区共建区级人民公社89个。1961年，恢复原区级行政建置，恢复以乡建立人民公社。同时，调整部分区、社建置，全专区设96个区镇；1983年调整为99个区镇；1991年为101个区镇。

1991年2月19日，中共贵州省委、省人民政府发出《关于开展建镇并乡撤区工作的指示》，1992年，全地区建、并、撤工作结束，区一级行政建置撤销。

## 二　1991年末毕节地区行政区划

### 毕节县

辖15个区和1个区级镇，109个乡和15个乡级镇，4个街道办事处，589个村民委员会和8个街道居民委员会。

**毕节镇**　辖威宁路、清毕路、解放路、双井路街道办事处，8个居民委员会，157个居民小组。

**环城区**　辖翠屏、大桥、五里坪、德厚、头步桥、大兰6乡，共37个村、379个村民组。

**鸭池区**　辖鸭池、十八、南箐、草堤、以河、梨树、保河、甘河沟、松林、草坪10乡，共39个村、411个村民组。

**青场区**　辖青场镇及鲍家、野角、青松、快乐、大河5乡，共30个村，301个村民组。

**长春堡区**　辖长春堡镇及清丰、王丰、戈座、沙坝、黄泥冲5乡，共42个村、603个村民组。

**何官屯区**　辖对坡镇及官屯、后箐、水箐、大坝、杉寨5乡，共43个村、385个村民组。

**海子街区**　辖海子街、小坝两镇及烧缸、沙部、果乐、滥泥、鸭子塘、八寨、新艾、牧郎、金银山、螃蟹、田坝桥、观音桥、迎宾、王张、十三亩、汉屯、刘华、中屯、豪沟、王家坝20个乡，共116个村，720个村民组。

**燕子口区** 辖燕子口镇和沔鱼河、太极、亮岩、峨峰4乡及小哨苗族乡，共38个村、463个村民组。

**普宜区** 辖普宜镇及沙田、火马、小河、阿市、播扎、中兴6乡，乐都、柳湾两彝族乡，公子河苗族乡，共35个村，317个村民组。

**吉场区** 辖吉场镇及大吉、永兴、斯栗、层台、总机5乡，共38个村、644个村民组。

**清水铺区** 辖清水铺镇及生机、耿官、高山铺、红岩沟4乡，共46个村、267个村民组。

**朱昌区** 辖朱昌、岔河2镇、小屯、双华、宋伍、花厂、沙夸5乡及千溪彝族乡、木来彝族苗族乡，共35个村、365个村民组。

**杨家湾区** 辖杨箐、撒拉溪镇及七星、戛木营、永安、放珠、高营5乡，共42个村、429个村民组。

**阴底区** 辖阴底、田坝、星秀田、大朗、猫场5乡及野鸡、治中2彝族乡，共22个村、265个村民组。

**林口区** 辖林口镇及渭河、场坝、大银、大渡4乡、海戛彝族苗族乡、团结彝族乡，共41个村，464个村民组。

**龙场营区** 辖龙场营镇及青杠、安顶、白岩、黄金、大屯、雅木6乡，田坎、烙烘、左泥、岩脚4个彝族乡，共34个村、312个村民组。

## 大方县

全县辖13个区，1个区级镇，14个乡级镇，95个乡，3个街道办事处，506个村民委员会，4个居民委员会，57个居民组。

**城关镇** 辖3个街道办事处，4个居民委员会，57个居民组。

**城关区** 辖新庄、对江2乡，共16个村，97个村民组。

**响水区** 辖响水镇、大道、凉水、白泥、大寨、东关5乡及青山彝族仡佬族乡、海马彝族苗族乡、竹园彝族苗族乡，共48个村、398个村民组。

**双山区** 辖双山镇及归化、文阁、素合、木格、花果、毛栗6乡，共34个村、277个村民组。

**坡脚区** 辖鼎新、猫场2镇及长冲、六仲、大弯、牛集、绿塘、岔河6乡，则鸡苗族彝族乡，共36个村、429个村民组。

**马场区** 辖马场镇和螺丝、牛场、果宝、鼠场、白布、高店、抬沙7乡，中坝苗族彝族乡，共47个村、366个村民组。

**理化区** 辖理化、羊场2镇及珠场、小屯、龙洞、陇公4乡，长春、法沙2苗族彝族乡，共23个村、355个村民组。

**鸡场区** 辖黄泥塘镇及甘棠、新场、化联、在拱4乡，安化苗族彝族乡，共30个村、246个村民组。

**六龙区** 辖六龙镇及妈米、燕坪、五凤、渣坪4乡，新民、安乐、凤山3个彝族乡、白岩彝族仡佬族乡，共42个村、251个村民组。

**百纳区** 辖百纳镇及竹戛、草坪2乡，化育、白鹤、撮坝、民乐4个彝族乡，吉星、鹏程2个彝族苗族乡，三元苗族彝族乡，共51个村、311个村民组。

**达溪区** 辖达溪镇及坝子、高枧、锅厂、雨沙4乡和核桃彝族乡，共28个村、244个村民组。

**瓢井区** 辖瓢井镇，路布、中洞、果帮、居乐、兴隆、石板、八堡、上坝8乡及中箐彝族乡、菱角苗族乡、新开苗族彝族乡，共61个村、398个村民组。

**长石区** 辖长石镇，石坪、山坝、张大、隆里、柿树、茶园、果瓦7乡及松鹤、大山2个苗族彝族乡，施梨苗族仡佬族乡，共51个村、361个村民组。

**沙厂区** 辖沙厂镇，雨冲、雨革、和平3乡及大水、坪寨、戛木3个彝族乡，天桥彝族苗族乡，黄泥彝族满族苗族乡，共32个村、199个村民组。

## 黔西县

辖11个区、1个区级镇、84个乡（其中民族乡28个）、6个乡级镇、8个居民委员会、86个居民组、737个村、4290个村民组。

**城关镇** 辖8个街道居民委员会、86个居民组，4个村、42个村民组。

**沙窝区** 暂金碧镇，凤凰、沙龙、高坡、羊耳、寄仲、陇坤6乡及五里布依族乡、化石布依族苗族乡、黄泥苗族彝族乡、沙井苗族彝族仡佬族乡，共117个村、669个村民组。

**雨朵区** 辖雨化、雨明、龙场、平坝、绿化、猴场、羊场、红岩、天平8乡及小寨苗族乡，共85个村、478个村民组。

**大关区** 辖大关镇、桂箐、兴隆、鸭池、化竹、新仁5乡和化屋苗族乡，共45个村、353个村民组。

**谷里区** 辖谷里镇及大水、青龙、莲花、钟山、宅吉、兰花6乡，共58'个村、267个村民组。

**素朴区** 辖素朴、朴后、牛场、马路4乡及安乐彝族苗族乡、铁盔苗族乡、铁石苗族彝族乡、治中布依族乡，共74个村、404个村民组。

**协和区** 辖箐口、石人、太来、杨柳4乡及协和、长槽2个苗族彝族乡，沙寨彝族苗族乡，仡仲彝族布依族乡，共55个村、360个村民组。

**甘棠区** 辖甘棠、黎明、双马、三角、花石、永燊、礼贤7乡及新田、柏杨2个彝族苗族乡，共49个村、373个村民组。

**中坪区** 辖中坪镇，顺石、野马、中建3乡及耿底、花溪2个彝族乡，沙坝、借魁2个彝族苗族乡，共44村、336个村民组。

**重新区** 辖重新镇，龙塘、石坪、青杠3乡及新阳、定阳、定新2个彝族苗族乡，共66个村、341个村民组。

**纸厂区** 辖洪水、长堰2乡及石板苗族彝族乡，桃园、纸厂2个彝族苗族乡，仁和彝族乡，金坡苗族彝族满族乡，共72个村、308个村民组。

林泉区　辖林泉镇，西溪、瑶坪、锦星、凹水、白泥、野坝、幸福7乡及桃井苗族彝族乡，共68个村、361个村民组。

## 金沙县

辖9个区、1个区级镇、79乡（其中民族乡18个）、9个乡级镇、3个街道办事处、8个居民委员会、606个村、3282个村民组。

城关镇　辖3个街道办事处，8个居民委员会，3个村。

城关区　辖玉屏、干田、金华、杨柳、桃园5乡及打坝彝族苗族乡，共42个村、201个村民组。

平坝区　辖平洛、西洛、柏果、八角、农里5乡及三岔彝族苗族乡、湖水苗族彝族乡，共40个村、279个村民组。

石场区　辖石场镇、滥坝、柿花、岩上、桂花、抬石、太平、箐门7乡及构皮、青木2个苗族彝族乡，环路彝族苗族乡，红梓苗族仡佬彝族乡，共61个村、388个村民组。

岩孔区　辖岩孔镇，箐河、箐口、永安、新水、金云、小里、龙坝7乡及上山苗族乡，共63个村、304个村民组。

禹谟区　辖禹谟镇，马场、协兴、鸭院、木石、农民、和平、化觉、白坪、新民9乡及高坪苗族彝族乡，共81个村、346个村民组。

安底区　辖安底、长坝2镇，八里、大寨、黄泥、民主、昆仑、岚头、木孔、拥和、茅岗、茶园、沿河11个乡，共88个村、607个村民组。

沙土区　辖沙土、源村2镇，天堂、中心、翁贡、后山、青山、官田、普惠、石榴、湾子9乡，共95个村，579个村民组。

安洛区　辖安民镇，水头、龙凤2乡，大贤、宋坪2个苗族满族乡，木杉、新化2个苗族彝族满族乡，笔架彝族苗族乡，绿竹彝族布依族苗族乡，大田彝族乡，共93个村、301个村民组。

清池区　辖清池镇，石路、保安、铸钟、阳被、中普、羊跳6乡及马路、契默2个彝族苗族乡，共40个村、277个村民组。

## 织金县

辖11个区、1个区级镇、91个乡（其中16个民族乡）、10个乡级镇、5个街道办事处、7个居民委员会、561个村、4884个村民组。

城关镇　辖5个街道办事处，7个居民委员会、74个居民组。

城关区　辖花红、北门、大戛、三甲、二塘、绮陌、木戛、阿烈、白岩、中寨、普作11乡及平寨苗族乡，共64个村、574个村民组。

桂果区　辖桂果镇及岔河、实兴、干河、普翁、果化、新华6乡，共34个村，278个村民组。

牛场区　辖牛场镇及岩寨、李井、沙坝、二坡、大陌、马场、凹河7乡，共43个村、411个村民组。

猫场区　辖猫场镇及新果、小牛场、克老坝、上坪寨、五甲、补花、营河、大寨8乡，共41

个村、352个村民组。

**化起区** 辖化起镇及和平、鱼塘、大平、杨柳、鼠场、纳雍6乡，共40个村，456个村民组。

**龙场区** 辖龙场镇及自强、五里2乡，支东、箐脚、大坪3个苗族乡，金家坝、讨瓦、熊寨3个苗族彝族乡，共44户村、416户村民组。

**八步区** 辖八步镇及山脚、白马、化处、店子、茶店、新场6乡，关寨苗族乡，沙桂布依族乡，海马布依族苗族乡，共60个村、496个村民组。

**以那架区** 辖以那架镇及多吉、板桥、大院、正平、果永、包营、落圈、金龙8乡，共53个村、559个村民组。

**三塘区** 辖三塘镇及后寨、鸡场、白泥塘、落处、麻窝寨5乡，大方寨彝族乡，三坝、洞口2个苗族乡，务卜苗族彝族乡，共63个村，425个村民组。

**阿弓区** 辖阿弓镇及吹聋、水营、白泥、倮木、普戛、化董、文笔、磨中8乡，少普彝族苗族乡，共57个村、431个村民组。

**珠藏区** 辖高坪镇及地贵、木汪、歹阳、熊家场、八甲、黑土、打刮、高山、新麦9乡，共59个村、461个村民组。

## 纳雍县

辖10个区、1个区级镇、72个乡（其中29个民族乡）、9个乡级镇、476个村，4925个村民组。

**雍熙镇** 辖5个居民委员会及新猫场、复兴2乡，共16个村、195个村民组、17个居民组。

**鬃岭区** 辖鬃岭镇及杨家营、勺窝、法地、杓可、巴雍、坪山6乡，加戛彝族苗族乡，共51个村、391个村民组。

**阳长区** 辖阳长镇及河溪、硐口、营盘3乡，海座苗族乡，堰塘苗族布依族乡，新房及以角2个苗族彝族乡，黄家屯彝族苗族乡，共59个村、446个村民组。

**维新区** 辖维新镇及库东关、董地2乡，梅花箐彝族苗族乡，沙落、石关、咪布、奢沟4个苗族彝族乡，共32个村、412个村民组。

**龙场区** 辖龙场镇及以支塘、英底、寨洛、沙家坝、黑塘、以麦地6乡，自戛苗族乡，化作苗族彝族乡，共64个村、518个村民组。

**乐治区** 辖乐治、武佐2镇及果比、永安、蚕箐、义中、沙包5乡，碓叉苗族乡，老凹坝苗族布依族彝族乡，共58个村、591个村民组。

**居仁区** 辖王家寨镇及居仁、家猫、老窑、路嘴、木城、簸落、水老、老包8乡，箱子苗族乡，共39个村，454个村民组。

**百兴区** 辖百兴镇及曙光、纳雍河、德科、座拱、岔冲5乡，共37个村、402个村民组。

**姑开区** 辖法窝乡及锅圈、马摆、引底、姑开、凹梳、羊场6个苗族彝族乡，共43个村、329个村民组。

**治昆区** 辖建新河、左戛2乡，治沟、昆寨、坡其、猪场、新寨5个苗族彝族乡及自新苗族乡，共44个村、265个村民组。

**张维区** 辖张家湾镇及蜂岩、补作、闸地3乡，杓座彝族苗族乡，共24个村、267个村民组。

## 威宁彝族回族苗族自治县

辖14个区、1个区级镇、99个乡（其中1个民族乡）、16个乡级镇、3个乡级街道办事处、4个居民委员会、614个村、3871个村民组。

**草海镇** 辖3个街道办事处，4个居民委员会，50个居民组、30个村、149个村民组。

**么站区** 辖么站镇和白马、东山、抱都、围帐、黑泥、金斗、香厂7乡，共41个村、275个村民组。

**金钟区** 辖金钟镇及文昌、夸都、开戛、结里、炉山5乡，共44个村、296个村民组。

**二塘区** 辖猴场、东风2镇、联合、人民、新合、梅花、草坪5乡，共43个村、287个村民组。

**龙场区** 辖龙场镇及河块、开坪、响水、坪子、柳树、长海子6乡、新发布依族乡，共55个村、322个村民组。

**黑石头区** 辖黑石、哲觉2镇，河边、贝古、富乐、戛利、麻乍、得磨、蜜蜂、居乐、铁厂、海田、银厂、恰西、大寨、岔河14乡，共65个村、489个村民组。

**观风海区** 辖观风海镇及小米、哈喇河、秀水、果化、新村、海拉、枧槽、清水8乡，共36个村、312个村民组。

**牛棚区** 辖牛棚镇，白碗、红岩、王寨、田坝、玉龙、雨朵、斗古、关口、水塘、仙马、麻窝10乡，共58个村、356个村民组。

**中水区** 辖高坎子镇，出水、中河、仙水、新华、女姑、石门、云炉、白磨、黑土河9乡，共45个村、254个村民组。

**龙街区** 辖龙街镇，龙河、天桥、云贵、新民、高原、马踏、灼圃7乡，共42个村、340个村民组。

**大街区** 辖雪山镇，兔街、雨科、大街、法地、妥打、新街6乡，共35个村、236个村民组。

**羊街区** 辖羊街镇，辅处、兴隆、蛇街、严家、松林、小山、北镇7乡，共29个村、181个村民组。

**小海区** 辖小海镇，保家、双龙、凉山、耿家、朱戛、松山、三道河、金海8乡，共26个村、214个村民组。

**盐仓区** 辖盐仓镇，腊寨、板底、登高、高峰、么站5乡，共30个村、160个村民组。

**大鸦区** 1984年经贵州省人民政府批准增设，未建。

## 赫章县

辖9个区、2个区级镇、83个乡（其中28个民族乡）、5个乡级镇、457个村、3058个村民组。

**双河镇** 辖5个村、50个村民组，6个居民委员会。

**铅丰镇** 辖8个村、40个村民组、5个居民委员会。

**青山区** 辖白果镇，青山、海马姑、达依、铜厂、水塘堡、独山6乡，洗菜河彝族苗族乡，共61个村、343个村民组。

**兴发区** 辖木戛、窝、保柱、铁匠4乡，兴发苗族乡，野里彝族回族乡，发达、松林坡、则雄3个彝族乡，雉街彝族苗族乡，共42个村、205个村民组。

**妈姑区** 辖砂石、溪坪、回水、铁矿、罗州5乡，发那、珠市、双坪、诺素、4个彝族乡，天生桥彝族苗族乡，共63个村、330个村民组。

**可乐区** 辖可乐镇，大山、法都、铁匠、丰沟、辅处、石岗6乡，麻腮彝族苗族乡，新民、葛布2个苗族彝族乡，共47个村、346个村民组。

**恒底区** 辖安乐溪、平顶、得胜、丰家、德卓、甘河6乡，河镇、四方2个彝族苗族乡，恒底、花场、花泥3个彝族乡，共47个村、480个村民组。

**财神区** 辖财神镇，发开、安坪、磨角、河边、中田、鱼塘、集发7乡，石龙、结构2个彝族乡，毛姑、朱明2个彝族苗族乡，共51个村、538个村民组。

**六曲河区** 辖六曲河镇，倮歪、妥古、娃多、罩子、哲庄、苏奶、古基、发倮、拉乐、新店10个乡，钟寨鼓彝族乡，共57个村，311个村民组。

**野马川区** 辖野马川镇，山脚寨、大田、毛栗树、江南、平山堡、后山、金山7乡，古木苗族乡，共41个村，234个村民组。

**古达区** 辖古达、响河、威奢、佳娃4乡，石板河、安啷2个苗族乡，共31个村、181个村民组。

**乡、镇** 解放初期，各县沿用民国乡镇保甲区划。1951~1952年，结合土地改革，废除保甲制，建立行政村。县以下基层行政组织为区人民政府和村人民政府。1953年起并村建乡，设立乡镇人民政府，村人民政府改为行政村管理委员会，不再是一级政权组织；区人民政府改为区公所，为县人民政府派出机构。1956年，增设城镇，建立民族乡，全专区调整为839个乡、58个民族乡、14个镇。1958年9月，改乡、镇为人民公社，全专区以乡为单位共建人民公社671个，实行政社合一体制。1959年撤区并社，除保留毕节县城关镇外，以区为单位合建人民公社89个，原公社改建为管理区，作为公社的派出机构。1961年，恢复区和一乡一社的建置，撤销管理区。1981年，全地区恢复乡、镇人民政府，实行政社分开，人民公社不再兼有政府职能。

1991年2月，中共贵州省委、贵州省人民政府发出《关于开展建镇并乡撤区的指示》，决定改革原体制。翌年，建镇并乡撤区工作结束，全地区共建镇88个，乡80个，民族乡77个。1994

年4月，毕市县撤县建市，建6个办事处、27个镇、2个乡、6个民族乡；其余7县行政区划不变。至此，全地区共辖6个办事处、97个镇、70个乡、77个民族乡。

## 三 1994年毕节地区行政区划

### 毕节市

毕节市在贵州省西北部，东邻大方县、金沙县，南与纳雍县相接，西与赫章县及云南省镇雄县交界，北与四川省叙永县、古蔺县毗邻。毕节市为毕节地区行政公署驻地，全地区政治、经济、文化、交通中心。原为毕节县，1994年4月撤县建市，市人民政府驻解放路，辖6个办事处、27个镇、2个乡、6个民族乡、37个居委会、595个村。

**市西办事处** 驻毕节城区。辖翠屏、环城、金钟、桂花村；箱子路、环城路、天河南段、天河北段、新桥路、和平路、解放路、松山南段、松山北段、广惠路、司法路、西门路、古道路、胜利路、中山路、威宁路、威西路、翠西路、桂花南段、桂花北段、洪山路、拥军路、公园路居民委员会。

**市东办事处** 驻毕节城区。辖天河、麻园、双树、望城、杨家塘村；东安路、天河东路、双井路、中华北路、中华南路、清毕北路、清毕南路、珠市路、文峰路、双树路居民委员会。

**观音桥办事处** 驻五里坪。辖牌坊、五里、花台、塘房村。

**大新桥办事处** 驻大桥。辖大桥、小河、天生桥、魏家屯、大坡、殷官屯村。

**三板桥办事处** 驻三板桥。辖官大、茶亭、灵峰、六合、大坡坪村。

**流仓桥办事处** 驻流仓。辖大兰、流仓、后河、烂泥、甲秀、德沟、碧玉村。

**龙场营镇** 由原龙场营镇和安顶、白岩、黄金乡组成。镇人民政府驻龙场营镇，辖龙场营居民委员会及龙场营、水井、南门坡、皂角树、者把坳、安顶、卧牛、元岩、白岩脚、穿山洞、黄金、上黄村。

**林口镇** 由原林口镇和渭河乡全部、海戛彝族苗族一部组成。镇人民政府驻林口，辖林前、林光、大塘、白光、青龙山、高峰、大寨、新庄、渭河、年丰、中坝、大地、川山、平坝、灯塔、迎风村。

**普宜镇** 由原普宜镇和沙田、火马、小河乡及乐都彝族乡组成。镇人民政府驻普宜，辖老街、岩脚、新街、箐脚、半坡、沙田、木窝、摆盖、乐都、太平场、大湾子、田尾、冷水、垭口上、火马、道角、龙家寨、沿河、双河村。

**清水铺镇** 由原清水铺镇、高山铺、红岩沟乡全部及耿官乡部分组成。镇人民政府驻清水铺，辖清水铺居民委员会及清水、东山、官田、李家坪、后山、太平、宁家、高山、南关、沙地、许家、崔家、大地、石井、小沟、大坪、兰田、红岩沟、民族、南沟、小垭、法沙村。

**燕子口镇** 由原燕子口镇和沔鱼河乡之全部及太极乡、小哨苗族乡部分合并组成。镇人民政府驻燕子口，辖燕子口、云台、黄泥、中沟、金竹、雄狮、石街、海子、罗福、甘沟河、沔鱼河、新村、新光、龙洞、大田、小河沟、砦（zá）苏、小堡子、小哨、一心、雄峰、阳光、庆祝、官河村。

**小吉场镇** 由原小吉场镇，大吉、永新、总基乡全部及斯栗乡部分组成。镇人民政府驻小吉场，辖吉新、吉平、吉丰、德盛、梨子、新伦、四伦、大吉、龙兴、龙岭、龙洞湾、双林、高兴、永兴、余庆、永桥、永丰、永坪、联丰、岩湾、总基、南丰、南山、红旗、中兴、新龙村。

**海子街镇** 由原海子街镇、烧缸、沙邵、滥泥、鸭子塘、迎宾、王张、十三亩乡全部及观音桥乡一部合并组成。镇人民政府驻海子街，辖海子街、周家桥、小箐沟、大湾、尚家寨、彭家寨、白杨林、前所、石牛口、丁家寨、平桥、张家寨、西冲沟、沙锅寨、梅子沟、沙邵、邵关、蚂蟥箐、龙潭坡、店子、坪山、龙塘、鞍山、大垭口、热水田、黑泥井、钻天坡、桥头边、迎宾、长征、红堰、王张、马过河、胡家院、树垮、十三亩、五十亩、插枪岩、陈家院村。

**小坝镇** 由原小坝镇和汉屯、刘华、中屯、豪沟、王家坝乡组成。镇人民政府驻小坝，辖小坝、黄泥地、塔星、关井、新场、硐上、西冲、凤凰、汉屯、官坝、梁家寨、水塘、刘华、大仲、中屯、下水塘、二河、豪沟、河尾、莺戈岩、公鸡山村。

**对坡镇** 由原对坡镇和杉寨乡全部及大坝乡一部分组成。镇人民政府驻对坡，辖对坡、大堡、新门、新林、嘎木、石板、中心、建华、乐海、杉寨、法泥、沟脚、田边村。

**何官屯镇** 由原何官屯镇全部及大坝、后箐乡之一部分组成。镇人民政府驻何官屯，辖官屯、关口、龙潭坪、猫猫洞、啊哪寨、坝口、大鱼洞、大坝、大坪子、新华、后箐、羊塘、利民、黑石坪、柳家、龙官桥、唐官、白果、龙汉、红丰村。

**长春堡镇** 由原长春堡镇和王丰乡全部及清丰乡之一部组成。镇人民政府驻长春堡，辖长春堡、王官、清塘、干堰、滑石、垭关、阳鹊沟、裸衣、河桩牌、清丰、宋官、犀牛、王丰、下伍、蔡官、水营、松营、三道水、沈家屯、张官村。

**青场镇** 由原青场镇之全部和青松、鲍家2乡之一部组成。镇人民政府驻青场，辖青场、大山、海寨坝、新沟、青坝、火冲、粮都、青松、上寨、初都河、鲍家、木山、鱼洞冲村。

**岔河镇** 由原岔河镇及双华、木来彝族苗族乡、草坪乡组成。镇人民政府驻岔河，辖岔河、王家坝、晨思、堰塘、亦乐、双华、桥边、发路、浅寨、大寨、木来、戈乐、发音、草坪、足纳、沙朗、呆乃村。

**朱昌镇** 由原朱昌镇和小屯、宋伍、花厂乡组成。镇人民政府驻朱昌，辖街上居民委员会和朱昌、双堰、青、小屯、哈朗、宋伍、王家冲、八亩、螺蛳、白泥井、花厂、山脚、伍坪、发启村。

**撒拉溪镇** 由原撒拉溪镇和高营（原双龙）、戈座、沙坝乡组成。镇人民政府驻撒拉溪，辖撒拉、龙凤、水营、永兴、齐心、西方、兴隆、白山、水浸沟、上营、双龙、联欢、戈座、雄嘎、昌营、元塘、杨柳、兴营、龙场坡、小龙、沙坝、沙乐、永锋、冲锋、朝营、中山村。

**杨家湾镇** 由原杨箐镇和七星、戛木营乡组成。镇人民政府驻杨家湾，辖杨家湾、杨箐、周驿、三合、出烟洞、松山、开林、站坡、七星、发达、照壁、大埂子、嘎木营、香炉、营盘、塘边村。

田坎彝族乡　由原青乡和田坎、岩脚彝族乡组成。乡人民政府驻田坎，辖田坎、坡脚、大房、茨竹、岩脚寨、元山、田坎头、白沙河、青坡、大园、兴隆湾村。

大屯彝族乡　由原大屯、雅木2乡及左泥、烙烘彝族乡组成。乡人民政府驻大屯，辖大屯、长中、雅木、木杉、烙烘、高坡、左坭、大河、三官、垭口、青山村。

阿市苗族彝族乡　由原阿市、播扎、兴中乡和柳湾彝族乡、公子河苗族乡组成。乡人民政府驻阿市，辖阿市、阿开河、茅草坪、麻窝、木拉、柳湾、田坎寨、尖山子、安然、湾子、熊垮、团胜、头庄、垭口田、兴寨、中寨村。

生机镇　由原生机乡之全部和耿官、大渡、峨峰乡之一部组成。镇人民政府驻生机，辖生机、大堰塘、相合、镇江、段坪、庆坪、西山、核桃坪、高流、下大寨、葛浦、坡上、镰刀湾、峨峰沟、民丰、耿官、谢家、半坡、联合村。

亮岩镇　由原亮岩乡之全部及太极、峨峰乡之一部组成。镇人民政府驻亮岩，辖亮岩、和光、三里田、裕群、核桃树、金华、太极、飞轮、官沟、桥头、裕民、合欢村。

团结彝族苗族乡　由原团结彝族乡之全部和大渡乡、海戛彝族苗族乡一部组成。乡人民政府驻团结，辖团结、法都、青林、新田、新中、草坝、银山、海嘎、安山、青林、青龙、柱钟、营平村。

大银镇　由大银乡和场坝乡组成。镇人民政府驻大银，辖新峰、黄塘、新桥、半林、木瓦、羊桥、石营、石马、双营、石门坎、场坝、高峰、保旺、尖山、中山村。

层台镇　由层台乡、斯栗乡及小哨苗族乡部分组成。镇人民政府驻层台，辖层台、何阳、官厢、光辉、红岩、青春、东沟、斯栗、玉龙、牛场、傅家沟、幸福、五里村。

八寨镇　由原八寨、果乐、新艾、牧郎、金银山乡组成。镇人民政府驻八寨，辖八寨、大兴、毛栗坪、果乐、二道河、七里沟、新艾、钟寨、劳动、瓦窑坪、木樨、华山、罗汉山、金银山、中厂、岩石、板厂、冷水河村。

水箐镇　由原水箐乡之全部及鲍家、后箐乡一部组成。镇人民政府驻水箐，辖水箐、解放、上大湾、干沟、黄连寨、燎原、流水岩、星火、马鞍桥、中营、新地、大梨树、东村。

梨树镇　由原梨树、保河、松林、甘河沟乡组成。镇人民政府驻梨树，辖梨树坪、水牛屯、二堡、保河、车坝、小河、小屯沟、甘河、新寨、廖家坝、红菠萝、平乡、联村。

野角乡　由原野角、快乐、黄泥冲乡组成，乡人民政府驻野角，辖西桥、邓家湾、大水、元华、沙粒槽、郎家塘、大麻塘、天星、白龙、北山、茅坪村。

大河乡　由原大河乡之全部及青松乡一部组成。乡人民政府驻大河，辖双桥、官房、官代河、拉乐、柯罗院、青岭、下沟、鸡姑村。

放珠镇　由原放珠、永安乡组成。镇人民政府驻放珠，辖放珠、木桶沟、法桥、毛家屯、邵家、哩东、曹家、播罗、白泥、永安、海螺、天桥、碗厂、长沟村。

千溪彝族苗族白族乡　由原沙垮乡、千溪彝族乡全部及大郎、南箐乡一部组成。乡人民政府驻千溪，辖兴荣、繁荣、千朗沟、沙垮、大屯寨、法郎、瓦厂、猫猫冲、中屯村。

**田坝镇**　由原田坝、猫场2乡全部和阴底乡一部合并组成。镇人民政府驻田坝，辖田坝、先进、木梳嘎、盘挪河、法朗、新民、沙炭沟、兴旺村。

**阴底彝族苗族白族乡**　由原星秀田乡、野鸡、治中彝族乡全部及阴底、大郎乡一部组成。乡人民政府驻阴底，辖阴底、箐口、高潮、马场、大丰、先锋、对河、踏石朗、路朗、治中、红星、罗雄村。

**田坝桥镇**　由原田坝桥、螃蟹乡合并组成。镇人民政府驻田坝桥，辖田坝桥、十二湾、店子上、弯腰树、螃蟹、硝灰洞、高桥、臭水井村。

**鸭池镇**　由原鸭池、十八、草堤、以河乡全部及头步桥、南箐乡一部组成。镇人民政府驻鸭池，辖头步桥居民委员会和头步、营脚、新坝、青湾、银河、庙脚、干海子、鸭池、石桥、石格、干堰塘、王家湾、上坝、下坝、哈朗冲、赶场坝、蚂蟥沟、小寨、十八、干龙潭、核桃、岩头、煤冲、草堤、营中岩、河坝村。

## 大方县

大方县在贵州省西北部，东与黔西县接壤，南与织金、纳雍县毗邻，西与毕节市交界，北与金沙县相邻。辖10镇、8乡、18个民族乡、31个居委会、499个村。县人民政府驻大方镇。

**大方镇**　由原城关镇、新庄乡全部及对江、花果、大寨、小屯五凤乡一部分组成。镇人民政府驻城关，辖东郊、南郊、北郊、南街、西街、中街、慈善街、解放街、珠子巷、杨柳井、和平街、书院街、核桃湾、北街居委会，陡坡、关井、云龙、庆云、金鱼、路塘、石关、新庄、蔬菜、龙昌、对江、杉林、湾子、金星、小路、大屯、花果、元宝、法书、龙井、箐木、白石、余石、新铺、凉井村。

**双山镇**　由原双山镇、木革乡全部及归化、素合、花果乡一部组成。镇人民政府驻双山，辖双山、归化居委会，双山、高坪、么塘、平原、松峰、归化、香田、中路、杨柳、沙子、普六、木革、兴合、联合、小坝、法书、大河、红星、茶山村。

**猫场镇**　由原猫场镇及大湾、六仲乡组成。镇人民政府驻猫场，辖猫场居委会及五丫、永乐、长征、壁脚、永久、新民、水淹塘、联合、箐口、长沙、中坝、兴合、前进村。

**马场镇**　由原马场镇及螺丝、鼠场、抬沙乡组成。镇人民政府驻马场，辖马场居委会和新丰、白泥、塘边、马场、以扒、民丰、木空、乐戈、桥上、老塘、双群、金龙、大石板、新迎、鸭院、沙田、共丰、赫拉格、水落洞、阿支孔、一棵树村。

**羊场镇**　由原羊场镇及陇公乡全部，妈米乡一部组成。镇人民政府驻羊场坝。辖羊场居委会及羊场、坪寨、桶井、朱仲河、龙井、新田、石板、平坝、川岩、陇公村。

**黄泥塘镇**　由原甘棠、化联、在拱乡全部及黄泥塘镇、燕坪乡一部组成。镇人民政府驻黄泥塘，辖黄泥塘居委会及黄泥、甘棠、安平、西河、保乐、新桥、眉井、移山、乌溪、在拱、半箐、箐门、各大、麻窝、六塘村。

**六龙镇**　由原六龙镇及五凤乡全部，燕坪、妈米乡一部组成。镇人民政府驻六龙，辖六龙居委会及青林、下坝、新平、和平、中街、凰山、坝子、后寨、大梁、尖山、马厂、头塘、坪上、顺河、长坡、方井、营盘、纸厂、海丰村。

**达溪镇**　由原达溪镇及雨沙乡全部、坝子乡一部组成。镇人民政府驻达溪，辖达溪居委会和达溪、果这、新店子、洒雨、雨卷、椒子山、聚河、坝子、冷底、红星、新寨、大湾、渣聋村。

**瓢井镇**　由原瓢井镇和居乐、果邦、中洞、路布乡组成。镇人民政府驻瓢井，辖瓢井居委会及中街、南街、西街、北街、白泥、乐丰、联平、回龙、干河、坪兴、新田、平塘、三合、蚂蟥、中洞、下洞、小洞、坪上、老街、贾垮、中寨、龙洞、关寨、大寨、油沙、新街村。

**长石镇**　由原长石镇及石坪、张大乡全部，山坝、隆里乡一部组成。镇人民政府驻长石，辖长石居委会及街群、湾子、水塘、红山、杨柳、东风、巨石、锅圈、漆树、长田、坪水、永坪、巨山、建新、新阳、青香、山坝、长青、和平、仲麦、木坪村。

**东关乡**　由原东关乡之全部及白泥、大寨乡一部组成。乡人民政府驻东关，辖东关、乐寨、金坪、长丰、朝中、合中、龙泉、半冲、岩下、大阁雅、马鞍、大寨、田平、七家田村。

**竹园彝族苗族乡**　由原竹园、海马彝族苗族乡全部及大寨乡一部组成。乡人民政府驻竹园，辖老街、竹园、羊场、沙坝、歹鸡、海马宫、箐脚、革新、显母、尖山、小阁雅村。

**响水白族彝族仡佬族乡**　由原响水镇，大道、凉山乡及青山彝族仡佬族乡合并组成。乡人民政府驻响水，辖响水居委会及响水、以拉、前进、古打、关寨、吊兰、飞雄、凉水、新基、邵家、发路、黄泥、粮丰、青杠、岔河、沙湾、拉鲁、七丘、火山、青山村。

**文阁乡**　由原文阁、毛栗乡全部及素合、归化乡一部组成。乡人民政府驻常丰，辖文阁居委会及文阁、常丰、三元、太河、安靖、海坝、岩坝、龙潭、中寨、瓦厂村。

**绿塘乡**　由原绿塘、牛集乡组成。乡人民政府驻绿塘，辖丰产一村、丰产二村、绿塘、牛场、营盘、高峰、高潮、五星村。

**鼎新彝族苗族乡**　由原鼎新镇及长冲乡、则鸡苗族彝族乡合并组成。乡人民政府驻鼎新，辖鼎新居委会及风景、中心、水塘、新启、和平、五一、黑泥、同心、新场、长丰、大井、新发村。

**牛场苗族彝族乡**　由原牛场、果宝乡及中坝苗族彝族乡组成。乡人民政府驻牛场，辖白岩、方井、九龙、乐公、后箐、泥龙、安书、以朵、田坝、德克、黑仲、黑塘、立新、新中、大营、独库、红岩、义中村。

**高店乡**　由原高店、白布、岔河乡组成。乡人民政府驻高店，辖营兴、安兴、石桅杆、大山、安山、农林、堰塘、高榜、新房、农场、白龙村。

**小屯乡**　由原珠场、龙洞乡全部及小屯乡一部组成。乡人民政府驻小屯，辖石墙、市院、珠场、法启、华石、大田村。

**理化苗族彝族乡**　由原理化镇及长春、法沙苗族彝族乡组成。乡人民政府驻理化，辖理化居委会及理化、大塘、营盘、石牛、果木、长春、法乐、兴法、金鸡、偏坡村。

**鸡场乡**　由原新场、安化苗族彝族乡之全部及黄泥塘镇一部组成。乡人民政府驻鸡场，辖鸡场居委会和鸡场、大桥、大兴、山林、罗庄、营上、新场、松林、魁书、新街、竹林、背座、天堂、大坝、化理、黑鱼村。

**安乐彝族仡佬族乡** 由原安乐、新民彝族乡及白岩彝族仡佬族乡组成。乡人民政府驻安乐，辖尚寨、安乐、偏坡、营脚、青松、白公、场坝、岩脚、坪坝村。

**凤山彝族蒙古族乡** 由原渣坪乡、凤山彝族乡全部及白鹤彝族乡一部组成。乡人民政府驻凤山，辖凤山、谢都、羊岩、石坪、店子、杉坪、渣泥、营川、联兴、白鹤村。

**百纳彝族乡** 由原百纳镇、化育彝族乡全部和草坪乡、白鹤彝族乡一部组成。乡人民政府驻百纳，辖百纳居委会及大元、寨明、百纳、龙峰、鸭院、茶林、新华、龙竹、龙坪、新仓村。

**三元彝族苗族白族乡** 由原三元苗族彝族乡和撮坝、民乐彝族乡及柿树乡一部组成。乡人民政府驻三元，辖胜兴、胜发、胜丰、胜龙、群兴、群益、群丰、花井、双元、河头、川箐、新库、青竹村。

**普底彝族苗族白族乡** 由原普底、鹏程彝族苗族乡组成。乡人民政府驻普底，辖东丰、新丰、永兴、跑马、红丰、迎丰、庆丰、胜丰、沙沟、大水、大荒、桥头、小桥、启化、石牛角、庙脚、元岩村。

**沙厂彝族乡** 由原沙厂镇和竹戛乡组成。乡人民政府驻沙厂，辖沙厂居委会及仓上、白果、中山、拉车、营华、银竹、骂龙、兴隆村。

**大水彝族苗族布依族乡** 由原大水、坪寨彝族乡全部及天桥彝族苗族乡一部组成。乡人民政府驻大水，辖炉山、鞍山、大田、箐山、高潮、营山、大石、后坝、凉井村。

**黄泥彝族苗族满族乡** 由原黄泥彝族苗族满族乡、戛木彝族乡及天桥彝族苗族乡一部组成。乡人民政府驻黄泥，辖桃园、小坡、坝子、朝门、戛木、龙塘、石厂、大堰村。

**雨冲乡** 由原雨冲、雨革、和平乡及草坪、竹戛乡一部组成。乡人民政府驻雨冲，辖红旗、金门、小河、金星、青山、瓦厂、草坝、鸣放、油杉、曾家寨、堰坪、鹏银村。

**核桃彝族白族乡** 由原核桃彝族乡，锅厂、高枧及坝子、白泥乡一部组成。乡人民政府驻核桃，辖核桃、伐木、路海、民生、典母、新关、锅厂、新合、石艳、营光、高枧、双龙、则溪、中坝、木寨、文坪村。

**八堡彝族苗族乡** 由原八堡乡、新开彝族苗族乡、中箐彝族乡和上坝乡一部组成。乡人民政府驻八堡，辖长坪、长兴、海龙、树龙、复兴、法中、新开、堰塘、元宝、白果、水洞、瓦房、桥边、以角、桃园、天宝、小溪、中箐、坪桥、荆竹、八一、营脚村。

**兴隆苗族乡** 由原兴隆、石板乡，菱角苗族乡及上坝、山坝乡一部组成。乡人民政府驻兴隆，辖兴隆、狮子、石板、杉树、大沟、菱角、硝厂、青苗、营寨、中坝、上坝、大桥、果木、大坪村。

**果瓦乡** 由原果瓦、茶园乡及隆里乡、大山苗族彝族乡一部组成。乡人民政府驻果瓦，辖上寨、五星、新林、果瓦、蓑衣、茶园、鹅塘、大寨、隆里、光明、庆阳村。

**大山苗族彝族乡** 由原大山、松鹤、柿树、隆里乡一部组成。乡人民政府驻高峰，辖高峰、朝阳、解放、新坝、沙土、松明、松鹤、白沙、柿树、河坝、绵山、光华村。

**星宿苗族彝族仡佬族乡** 由原星宿彝族苗族乡、施梨苗族仡佬族乡及松鹤、和平乡一部组成。乡人民政府驻星宿，辖龙山、云峰、棕树、梯子、峻岭、麻岭、从山、合山、松树、漆树村。

## 黔西县

黔西县在贵州省中部，东与修文县相邻，南接清镇市、织金县，西与大方县接壤，北与金沙县毗邻。辖9镇，4乡、15个民族乡，39个居委会、741个村。县人民政府驻城关镇。

**城关镇** 由原城关镇和黎明、幸福、双马、凤凰乡组成。镇人民政府驻城关，辖16个居委会和城东、城南、城西、城北、双星、黎明、凉水井、石园子、石雷、马家坪、龙井、新潭、幸福、牌庄、上马、马厂、駚煤河、孙家坝、双桥、八块、坪子、石板、龙潭、金凤、乌骡坝、三节龙潭、焦家坡、金田村。

**重新镇** 由原重新镇和龙塘、石坪乡组成。镇人民政府驻重新，辖重新居委会及大关、三堰、上街、头堰、小箐、新建、大田坎、上厂、荆州、木山、兴隆、尚家槽、冒沙、碗厂沟、罗家寨、双龙、高炉、龙塘、金华、桥边、金黔、金龙、禹木嘎、平桥、晓星、新村、降龙、伏龙、水沙、杨家湾、卜家寨、蜂岩、青龙、石牛、田湾、小坡、桥头、八角庙、高坪、草坪、石泥井、朱家寨村。

**中坪镇** 由原中坪镇和顺石、野马乡组成。镇人民政府驻中坪，辖革木居委会和老街、建设、以锁、黄泥坡、正明、大湾、石坪、飞蛾、沙旮、化陇、洗平、新厂、中坪寨、龙田、双坪、柏杨、广兴、野果落、中坝、关寨、良丰、吉丰村。

**素朴镇** 由原素朴、朴厚、牛场、马路乡组成。镇人民政府驻素朴，辖素朴居委会和学堂、石堡、沙湾、大坪、龙泉、长坝、七块田、大石板、牛滚湾、素丰、大坝、石井、百花箐、花冲、岩鹰、平井、屯江、沙夸、野梅、高龙、五显台、青林、画眉井、大土、高潮、塘山、陈家沟、棉花、后槽、水口、沿河、曾家坝、汤家槽、九龙、糖坊、刘家坝、岩洞、牛场、江龙、安山、金宝、石碑、船山、马路河村。

**谷里镇** 由原谷里镇和莲花、青龙、大水乡组成。镇人民政府驻谷里，辖2个居委会和长山、香山、天桥、仙鹤、文星、松林、新益、白营、遵达、双碑、枫林、河江、中狮、乌木、建全、牛角井、勤俭、廖家寨、清明、五里牌、新华、新金、青勇、龙井沟、自治、黔华、永越、永发、云丰、新明、猫屯、大冲、新阳村。

**雨朵镇** 由原雨化、雨明、平坝、龙场乡组成。镇人民政府驻雨朵，辖雨化居委会和老寨、薄刀山、沈家场、象鼻堰、雷家寨、老君关、大箐、小桥、工化、平坝、高田、长沟土、扯泥坝、篙枝坝、营城、大塘、金星、登高、雨朵、新坡、中明、三龙、小水井、水草沟、大水沟、马场口、拉土村。

**大关镇** 由原大关镇和桂箐、兴隆、鸭池乡组成。镇人民政府驻大关，辖大关一、大关二、箐上居委会和山箐、平街、后寨、梨树垭、水巷口、文明、小关、锅仲底、银山、桂花、常青、小山、小街、平山、桂箐、银龙、大山、双井、井岗、中寨、官心、龙场、七里半、丘林、前进、前关、民权、金街、新星、大堰、银河、三合村。

**林泉镇** 由原林泉镇和野坝、西溪、瑶坪乡组成。镇人民政府驻林泉，辖林泉居委会及林泉、海子、大田、闹箐、清塘、山海、石山、松林沟、新水、卫星、轿子、大明堰、西桥、余姚、营脚、周寨、营光、湾子、干塘、王沟、增坪、大兴、合心、韦寨、团坡、鱼孔、海西、岔白、勤丰、清浦塘、移民、高锦村。

**金碧镇** 由原金碧镇和沙龙、红岩乡组成。镇人民政府驻金碧，辖金碧一、金碧二居委会和铧口寨、万家寨、张家桥、沙龙寨、唐家寨、中坪、金堰、摘魁、新富、土桥、蜂塘、杨家店、新团、新场、兰花、龙沟、关塘、联合、荷花、沙子坡、炉铁沟、龙臂坡、郭家寨、红岩、红寨、白泥窝、绿峰、永丰、六勒、冷家湾、茨巴寨、高山村。

**花溪彝族苗族乡** 由原花溪、耿底彝族乡和沙坝、借魁彝族苗族乡合并组成。乡人民政府驻花溪，辖花溪、挖拢、新杉、瓦房、蜂坪、借魁、郭老坝、沙坝、钟山、旧寨、耿底坝、湘河、安作底村。

**仁和彝族苗族乡** 由原仁和彝族乡，纸厂、桃园彝族苗族乡组成。乡人民政府驻仁和，辖春光、上寨、关键、双寨、燕山、竹盈、沙峰、胶泥、春平、朝门、苦草、朝阳、苦竹、穿山、沙坡、响水、双坝、红峰、常丰、箐上、牧场、永新、中塘、月亮箐、孔星、黑鱼、中河、白花、樊家槽、平寨、桃园、长田、水淹坝村。

**定新彝族苗族乡** 由原青乡和新阳、定新彝族苗族乡组成。乡人民政府驻定新，辖牛场拨居委会及大坡、群星、胜利、园田、庄子、英雄、转建、马骖、光明、五里、新村、五爱、青、安乐、黄坪、箐门口、三好、新山、新屯、建明、双箐、新海、堡堡寨、新院村。

**永燊彝族苗族乡** 由原永燊、花石乡及柏杨彝族苗族乡组成。乡人民政府驻永燊，辖永燊居委会和永燊、锅厂、干沟、干井、新寨、打底、鸭院、幕礼、茨落坝、枫香、上坝、复兴、治左、穿洞、莲花、黑磨、沙坝河、建筑、长箐、韩家店村。

**甘棠乡** 由原甘棠、礼贤、三角乡和新田彝族苗族乡组成。乡人民政府驻甘棠，辖甘艳棠居委会及同心、大寨、红星、偏坡、芦茅、笔架、田坝、三寨、映山、杨柳塘、新开田、白果、大营、樱桃、菱角、仲那、诏二、三趟马、大锡厂、梨子冲村。

**协和彝族苗族乡** 由原石人、杨柳乡和协和苗族彝族乡、仡仲彝族布依族乡组成。乡人民政府驻协和，辖协和居委会和木弄、坝子、淹坝、青峰、立新、协和、果仲坝、麻窝、水井坎、顺河、官坝、长兴、盐井、前丰、石人、石浪厂、半坡、爱国、地庙、化甲、青木、海坝、杨柳、大龙井、湾山、院墙村。

**太来彝族苗族乡** 由原太来、箐口乡和长槽苗族彝族乡、沙寨彝族苗族乡组成。乡人民政府驻太来，辖店子场居委会及芭蕉、榨房、后坝、瓦厂、大升土、新庄、同庆、太来、怒江、中沟、中槽、长江、庆祝、院子、岩脚、独山、五锁、屯脚、乌江、群峰、关口、荆江、方田、凉台、铁洞、洞口、红旗、友谊、箐口村。

**钟山布依族彝族乡** 由原钟山、兰花、宅吉乡和治中布依族乡组成。乡人民政府驻钟山，辖钟山居委会及松柏、下坝、高峰、白龙、石林、狮龙、凤梁、壁林、四棱山、银松、灯塔、青鞍、香樟、中发、祝丰、联丰、民兴、秀山、重新、高坡、长坡、旭光、龙洞、治箐、猫儿山、铜鼓、陇盖、外坝、小坝村。

**绿化白族布依族乡**　由原绿化、天坪乡组成。乡人民政府驻绿化，辖石桐树居委会及四方井、湾箐、石桐树、仓边、马坎、庙山、大海子、小海子、归宗、榨孔、丰收、班茅寨、八一、赵家泊、天坪、五一、跃进、老鸹河、苏家桥、打鼓寨村。

**铁石苗族彝族乡**　由原铁石苗族彝族乡、安乐彝族苗族乡、铁盔苗族乡组成。乡人民政府驻铁石，辖铁石居委会及索桥、箐脚、安塘、六棱山、梨平、菜花、暮老坝、油沙坡、四棱碑、石垭口、岩脚寨、龙坡、石营、中槽、青杠坝、余家寨、安乐场、马鞍、堰塘、花江、正山、锁溪、六龟、米新寨村。

**新仁苗族乡**　由原新仁、化竹乡及化屋、小寨苗族乡组成。乡人民政府驻新仁，辖田坝、东风、仁慕、文化、长井、隆兴、水银、群益、汇沙坝、新光、宝山、竹林、陈家寨、黔织、岔河、自由、青山村。

**金坡苗族彝族满族乡**　由原金坡苗族彝族满族乡和石板苗族彝族乡一部分组成。乡人民政府驻金坡（煤洞场），辖煤洞场、化窝居委会及桶井、红场、石笋、雨灌、花坡、新窑、银厂、茶林、永河、化那、附源、锦星、年丰村。

**红林彝族苗族乡**　由原桃井苗族彝族乡、吉星彝族苗族乡和石板苗族彝族乡一部分组成。乡人民政府驻鱼塘，辖岩脚、石笋、化吉、川洞、金丰、漆树、六斗、箐边、吉沙、尖坡、新坪、夜桔、安箐、木孔、拉寨、柿花、鱼塘、桃井、檬井、雷响孔、箐河、鲜花村。

**洪水乡**　由原洪水、长堰乡组成，乡人民政府驻平桥，辖平桥居委会和新桥、永平、解放、洪店、大桥、附廓、大坝田、官庄、洪建、洪院、永富、沙龙、长红、长营、中石、会丰、长岭、青松、新河、箐柏、利民、荷永、堰河村。

**锦星乡**　由原锦星、白泥、凹水乡组成。乡人民政府驻锦星，辖箐龙、东升、已黑、金岗、小沟、沙田、民族、木渣河、青堰、乡民、新街、庆丰、新林、内庄、民生、凤岗、荷塘、凹水、新丰、红湖、庄上村。

**五里布依族苗族乡**　由原寄仲乡、五里布依族乡和化石布依族苗族乡组成。乡人民政府驻五里，辖北海、新乐、落圈、团箐、双塘、枝坝、荒田、乐业、箐头、堰沟、金鸡、民寨、中沙、清河、泥沙、双河、团结、双狮、桐山、果木、阎家寨、新法、松林、红阳、中心、凤凰、老鹰、独岩、石门坎、化部村。

**沙井苗族彝族仡佬族乡**　由原高坡、羊耳、陇坤乡和沙井苗族彝族仡佬族乡、黄泥苗族彝族乡组成。乡人民政府驻沙井，辖罗都、青岩、特乐、坡头上、金山、水平、锦中、营哨、化启、金钟、沙井、金坡、青龙山、锦山、泡木冲、大麻窝、金东、以布、小井、红林、黄泥、灯明、木寨、园塘、石城、石柱、石岩、石虎、柏林、石龙、源泉、荷叶、尖山、银洞、小寨、龙山、红帽、熊洞、园箐、柏杨坡、新庆、朝坝、中大、白泥、大园、鱼洞、松河、菜辣、庆华、羊耳、坪上、陈家湾、方井村。

**羊场乡**　由原羊场、猴场乡组成。乡人民政府驻羊场，辖三八、金雨、银坡、玉米、双山、文华、华岗、和平、沙沟、旧场坝、者拱、幕栗、瓦房寨、新堰、石梁、猴场、转山、庆院、箐山、清源、华山、向家寨、杨家堡村。

**中建苗族彝族乡**　原建置乡。乡人民政府驻中建，辖民主、营盘、新黔、龙凤、野那、杉坪、普盖、红板壁、中广村。

## 金沙县

金沙县在贵州省北部，东邻遵义县，西接大方县，南与息烽、修文、黔西县接壤，北与毕节、仁怀市及四川省古蔺县交界。辖6镇、13乡、7个民族乡，24个居委会、564个村，县人民政府驻城关镇。

**城关镇**　由原城关镇和干田、玉屏、杨柳、金华、桃园乡，打坝彝族苗族乡及新水、八角乡一部组成。镇人民政府驻城关，辖罗马街、朝阳巷、大桥、生产路、龙洞、光明、张家湾、新化煤厂、大水家属和羊叉街第一、第二、第三居委会，胜利、长征、民主、城边、合理、旭华、金明、平桥、太极、红卫、头塘、红民、林湾、山槽、裕民、楠木、红岩、黎明、金堡、先锋、玉屏、金塘、大元、江龙、中坝、安塘、风景、新民、石兴、大新、金谷、金丰、金坪、前胜、桃园、院子、打坝、新阳、金河、外寨、联盟、和平、三合、大堰、民丰、中心、罗汉、张家湾、幸福、红星、淹坝、五星、水淹、元桥村。

**沙土镇**　由原天堂、中心乡及沙土镇、普惠乡一部组成。镇人民政府驻沙土，辖上街、中街、下街3个居委会及工农、临江、下寨、群力、东风、里庄、利群、黄泥、大路、坪上、三元、渔孔、和平、三联、红旗、天堂、方林、水沟、中心、同心、新民、坪丰、香坪、民族、沐塘、天星村。

**安底镇**　由原安底镇和八里、大寨、民主乡组成，镇人民政府驻安底，辖解放、新华、牛市居委会及黄土坎、新坪、香林、五龙、八寨、八俊、花鸡、龙坝、老场、红专、仓库、陡滩、红光、石桩、干桩、幕祥、后寨、桃园村。

**禹谟镇**　由原禹谟镇和协兴、马场乡、新民乡、鸭院乡一部组成。镇人民政府驻禹谟，辖禹谟居会及五堰、沙坝、金坝、中坝、禹谟、金丰、国庆、金岩、大龙、关寨、金马、高寨、同心、新寨、中台、五星、沙心、长伍、金水、关心、秀山、方兴、中坪、重印、大桥、城墙、群丰、马场、青林、干堰、八寨、高源、新民、三星村。

**岩孔镇**　由原岩孔镇和箐河、箐口、永安乡和上山苗族乡及新水乡一部组成。镇人民政府驻岩孔，辖岩孔居委会及白银、岩孔、文丰、同盟、金白、板桥、沿厂、东光、望云、中山坪、庆丰、庆新、关口、新寨、六竹、龙井、马家湾、田湾、长岩、小寨、风吹坝、青龙、红旗、和平、金江、金星、龙湾、白沙、金安、金昌、长江、联盟、桶井、黄沙、新江、光明、红光、岗丰、金乐村。

**清池镇**　由原清池镇和石路、羊跳、阳坡、中普乡组成。镇人民政府驻清池，辖清池居委会及清桥、沙桥、罗坪、上坝、坳上、石院、金田、金乡、路羊、河田、渔河、羊跳、白龙、大坝、沿河、阳坡、钟山、环路、金枝、普安、中普、园坪、大坡村。

**源村乡** 由原源村镇和石榴乡及普惠乡一部组成。乡人民政府驻源村，辖源村、建国、联中、沙庄、农庄、荣胜、新民、新农、岩底、刘村、玉屏、华光、杉塘、红花、新光、石板、华勤、三合、普星、金星、群模、石星、联合村。

**官田乡** 由原官田、青山2乡及沙土镇、普惠乡一部组成。乡人民政府驻官田，辖官田、水坡、新光、新兴、新艾、新华、新前、双堰、三友、团山、石岗、茶园、民乐、青山、落坝街、林口、水井、桥梁、民协村。

**后山乡** 由原后山、翁贡乡组成。乡人民政府驻后山，辖金河、幸福、星光、贵山、双联、合心、民丰、坝头、新泉、红岗、坪花、新岗、贡泉、岔河、长林、鬃岭、六角山、天灵村。

**长坝乡** 由原长坝镇和黄泥、昆仑乡组成。乡人民政府驻长坝，辖堰沟、堰坎、新化、石关、坪兴、马中岭、后坝、石坪、龙塘、上马、三河、三联、店民、莲花、从中、岐山、洞口、大元、昆仑、龙泉、双桥、鱼翅、柳田村。

**木孔乡** 由原木孔、湾子乡组成。乡人民政府驻木孔，辖水塘、长沟、新江、大树、龙江、长滩、湾子、底水、桂花、关渡、洋坝、丰山村。

**茶园乡** 由原茶园、沿河、拥河乡组成。乡人民政府驻茶园，辖茶园、永丰、中坝、双车、新民、平坝、幸福、齐心、和平、新光、团结、龙岗、关塘、中庄、梓坝、大坝、新桥、大垭、石钟、金凤、拥和、桂花村。

**岚头乡** 由原岚头、新一乡组成。乡人民政府驻岚头，辖岚丰、马桥、下寨、后寨、高粱寨、长堰、高仓、三合、猫山、高坪、新寨、下坝、十月、营盘、新村、果林、化桶村。

**化觉乡** 由原化觉、柏坪、和平乡和农民乡一部组成。乡人民政府驻化觉，辖新街、金马、金红、顺江、金河、红旗、前普、田坝、二分、中心、杉林、下坝、柏坪、青林、联合、新民、大坪、和平、评议、民主、新中、玉屏村。

**高坪乡** 由原高坪彝族苗族乡、木石乡及农民、鸭院乡一部组成。乡人民政府驻高坪，辖红旗、乐园、新民、联合、前丰、高坪、干沟、民主、幸福、金桥、白云、金凤、新化、兴隆、新街、八一、金林、金院村。

**平坝乡** 由原平洛乡、湖水苗族彝族乡、山岔彝族苗族乡组成。乡人民政府驻平坝，辖平坝居委会和双寨、平庄、新坝、金塔、新山、新联、新柿、新庄、马吃水、山岔坝、尖山、建平、尖坡、龙庄、八一、金峰、上苍、下苍、漆树村。

**西洛乡** 由原西洛、农里、白果乡和八角乡一部组成。乡人民政府驻西洛，辖大坡、新坡、中心、西山、高坎、金槐、小河、后坝、开化、阳灯、洋海、冒沙井、松林寨、申家街、马板塘、大寨、东风、中华、联合、红星村。

**龙坝乡** 由原龙坝、小里、金云乡组成。乡人民政府驻龙坝，辖关坪、新坝、金江、红旗、联生、双河、群兴、祁山、坪丰、光明、红光、金庄、金黔、新光、园光、金联村。

**桂花乡** 由原桂花、柿花、滥坝乡组成。乡人民政府驻桂花，辖白溪、珠宝、回龙、柿花、双山、青松、滥松、果松、锁垛溪、雨下寨、树寨沟村。

**石场苗族彝族乡** 由原石场镇、岩上乡和青木、构皮苗族彝族乡组成。乡人民政府驻石场，辖朝阳街、红旗街居委会及天生、大木、文兴、白云、新街、青群、新联合、群丰、群力、玉桥、清江、中心、飞联、兴顺、龙家寨、永桑、茶树沟、卢家楼、巴豆、荷麻沟、马鞍山、岩上、龙家湾村。

**太平彝族苗族乡** 由原太平、抬石乡，环路彝族苗族乡组成。乡人民政府驻太平，辖太平、干田、李子、高坡、麻柳、新安、付阳、抬石、构皮、朝门、芦竹、倒洞、滥泥、石院、环路、岩脚、箐门、兴开、跑马、发溪村。

**箐门苗族彝族仡佬族乡** 由原箐门乡和红梓苗族彝族仡佬族乡组成。乡人民政府驻三锅，辖三锅、大山、庆祝、新寨、光明、红河、朝阳、庆丰村。

**马路彝族苗族乡** 由原马路、契黔彝族苗族乡和保安、铸钟乡组成。乡人民政府驻路河，辖路河、发寨、高潮、金联、桶井、清坪、小岩、龙山、犀牛、兴隆、金龙、金舟、新田、纳尾、铸钟、大丫、木落村。

**安洛苗族彝族满族乡** 由原安民镇和大贤、宋坪苗族满族乡及木杉苗族彝族乡组成。乡人民政府驻安洛，辖安民居委会及石门、罗家坝、方井、河塘、双星、齐心、杨家寨、安家寨、坪子寨、断桥、白岩脚、上寨、麻园、木杉、小坝、大新、兴隆、中寨、金岩、大林、铁厂、箐门、同心、大竹林、太平村。

**新化苗族彝族满族乡** 由原水头、龙凤乡和新化苗族彝族满族乡、笔架彝族苗族乡组成。乡人民政府驻新化，辖大竹、新化、新梁、联合、新龙、新民、院合、天桥、水头、凤岩、凉泉、金华、金鸡、天星、乡民、桥梁、桃园、红联、双井、中心、五星、龙井村。

**大田彝族苗族布依族乡** 由原大田彝族乡、绿竹彝族苗族布依族乡组成。乡人民政府驻大田，辖大田、白银、陇记、兴隆、北坪、石笋、龙坪、新院、白泥、林星、和平、河心、中心、木星、幸福村。

## 织金县

织金县在贵州省中部，东与清镇市、平坝县毗邻，南连安顺市、普定县，西与六枝特区、纳雍县接壤，北与大方县、黔西县交界。辖11个镇、13个乡、8个民族乡，28个居委会、562个村。县人民政府驻城关镇。

**城关镇** 由原城关镇和北门、花红、白岩3乡及平寨苗族乡，木戛乡一部组成。镇人民政府驻城关，辖古佛、沿河、星宿、太平、双堰、清泉、城南、紫竹、新北、城北、和平、玉屏、西前、西环、一七四、北门居委会；东山、西山、四方井、干河、荷花、大寨、西湖、水依、北门、星秀、花红、黑石、桂花、双龙、独山、化垮、冷坝、平寨、岩脚、田坝、大坡、白岩、独店、鱼塘、新寨、克蚂、杨柳村。

**桂果镇** 由原桂果镇和岔河、新华乡及果化乡一部组成。镇人民政府驻桂果，辖桂花居委会及绮陌、猫场、马场、克窝、小牛场、岔河、阿烈、打麻厂、东红、联兴、兴平、新华、果底、水坝村。

**牛场镇** 由原牛场镇和岩寨、二坡、沙坝乡及李井、大陌乡一部组成。镇人民政府驻牛场，辖文城居委会及群营、新光、群裕、群兴、岩寨、张家寨、后坝、半处、大冲、水营、大坝、鼠朵、桂花、灯光、营龙、头坡、倮罗、二坡、垭垅、水城、李井、塘房、沙沟、半坡、高山、大营、河坝、平山村。

**猫场镇**　由原猫场镇和大寨、新果、小牛场乡组成。镇人民政府驻猫场，辖团结居委会及和平、石板、齐心、高克、窑上、大寨、大水田、龙潭、新寨、四甲、穿洞、云峰、国江、凤坪、岩脚、红星、新联、扩兴、白云村。

**化起镇**　由原化起镇和鱼塘、和平乡全部及太平乡一部组成。镇人民政府驻化起，辖新化居委会及化起、红光、中山、果底、和平、大山、安全、新祥、鱼塘、胡家寨、毛栗寨、罗家寨、大田边、九甲、大平子、六甲、老乌山、布提、老鹰、龙家寨、雄鹰、塘边、木弄村。

**龙场镇**　由原龙场镇和金家坝、讨瓦苗族彝族乡及熊寨苗族彝族乡一部组成。镇人民政府驻龙场，辖腾龙居委会及太平、新龙、高山、双山、营合、六花、青山、金家坝、新华、美满、幸福、中心、新民、民族、偏坡、阳光、以支、坪寨、箐口、大寨村。

**八步镇**　由原八步镇和山脚、新场乡及化处乡一部组成。镇人民政府驻八步，辖碧云、碧星居委会和田坝、八步、沙冲、院墙、水塘、桶井、山脚、营盘、土锅、阿作、兴利、利民、马场、坪上、同心、新华、支都、水东、荣源、沟边、瓜仲村。

**以那镇**　由原以那镇和果永、正平乡及包营、落圈乡一部组成。镇人民政府驻以那架，辖金塔、银松居委会和梁山、松林、以那、茶林、化泥、化合、五星、沙田、光兴、木兴、大寨、龙兴、箐口、三合、林家寨、松树坪、莲花村。

**三塘镇**　由原三塘镇和大方寨彝族乡及岩洞口苗族乡，麻窝寨、落处、磨中乡一部组成。镇人民政府驻三塘，辖新容居委会及街上、猴场、团结、水沟、地倮、前峰、布利、后寨、岩洞口、马场、小炉塘、少仲、上寨、下寨、大方寨、联合、穿洞、鱼多倮、松树坪、小岩、干河、落处、桃园、黑箐、花牛寨、哨岗、野乌村。

**阿弓镇**　由原阿弓镇和吹聋乡及普戛乡一部组成。镇人民政府驻阿弓，辖大寨居委会及上寨、嘎单、以麦、屯上、乐丰、下寨、狗场、大桥、化董、依聋、官寨、尚寨、吹聋、长地、吊井、大田、联合、金鱼村。

**珠藏镇**　由原高坪镇和地贵乡，木汪、打刮、高山乡一部组成。镇人民政府驻火草坝，辖新龙居委会及珠藏、龙山、腰冲、中部、链子桥、骂丫、青山、华山、凤凰山、前进、先锋、龙河、一心、牛洞、鱼塘、木桥、群丰、银山、骂垄、新寨、铙舵村。

**三甲白族苗族乡**　由原三甲乡和大戛、木戛、果化乡一部组成。乡人民政府驻三甲，辖三甲、涌潮、尖山、干坝、箐脚、石头、绮结河、木里、裕民、大嘎、佳垮、靛塘、木嘎、马家庄村。

**绮陌乡**　由原绮陌、阿烈、二塘乡全部和木戛乡一部合并组成。乡人民政府驻绮陌，辖中营、陡岩、墨峰、中坝、平桥、二塘、金山、河坝、阿烈、轿子、箐脚、岭岗、布寨、大沟、三架山、兴荣村。

**中寨乡**　由原中寨、普作、大院乡组成。乡人民政府驻中寨，辖水头、中寨、羊场、核桃、响水、青山、石龙、普作、石丫口、沙坝、小院、岭岗、铁厂、马路、金鹅、大院村。

**实兴乡** 由原实兴、干河乡组成。乡人民政府驻实兴，辖鸭寨、小干坝、新场、石底、石备、白龙、龙井、大地、下坝、上坝、杉树寨、补鲊、大干坝村。

**普翁乡** 由原普翁乡和杨柳、太平、果化、大戛、李井乡一部组成。乡人民政府驻普纳翁，辖白岩脚、普纳翁、龙潭、白泥坡、新丰、杨柳、新民、大街、小龙场、化落、五星、狗场坝村。

**马场乡** 由原马场、凹河乡和大陌乡一部组成。乡人民政府驻马场，辖马场、过弓、小河、陈家寨、鸡场坝、马家屯、营上、龙井、中心、关上、布依、文峰、大陌、台子村。

**上坪寨乡** 由原上坪寨苗族乡和克老坝、五甲乡组成。乡人民政府驻上坪寨，辖八寨、坪寨、建强、格支、上水、中山、坡脚、马场、五甲、秋哨、碗厂、青峰、建明、双明村。

**营合乡** 由原营合、补花乡组成。乡人民政府驻小龙场，辖三甲、丫口田、煤厂、龙场、二甲、沙坝、补花、光明村。

**纳雍乡** 由原纳雍乡和鼠场、杨柳乡一部组成。乡人民政府驻纳雍，辖爱国、和平、联盟、一心、布苗、鼠场、上红岩、新普、顺山、三岔土、八耳岩、芦音支村。

**自强苗族乡** 由原自强乡、支东苗族乡和熊寨苗族彝族乡一部组成。乡人民政府驻自强，辖堰塘、二坪、坡头上、自强、菜坝、大冲、化落、山口、支东、寨脚、桥上村。

**大平苗族彝族乡** 由原五里乡和箐脚、大平苗族乡组成。乡人民政府驻大平，辖大平、中寨、石板、前坪、前丰、箐拢、花坡、岩脚、群建、新河、新场、新坪、新黔村。

**官寨苗族乡** 由原白马乡、官寨苗族乡全部和化处、鼠场乡一部合并组成。乡人民政府驻官寨，辖官寨、大寨、屯上、化塔、尖山、黄泥、白马、萝卜寨、麻窝、青山、联盟、茅草坪、民生、凤岗、下红岩、化窝村。

**茶店布依族苗族彝族乡** 由原茶店乡、沙桂布依族乡及店子乡、海马布依族苗族乡一部组成。乡人民政府驻茶店，辖先锋、上寨、以补、以冲、跑瓦、鸭院、桂花、团结、渡口、红艳、八寨、磨大、群锋、海马、洞口、安乐、湖坝、龙井、前进、山林、东风、大营村。

**板桥乡** 由原板桥、多吉乡合并组成。乡人民政府驻板桥，辖中心、付阳、兴发、和平、永久、永燊、红光、白果、龙井、跃进、幸福、箐龙、裕龙村。

**金龙苗族彝族布依族乡** 由原金龙乡和包营、店子、落圈乡及海马布依族苗族乡一部组成。乡人民政府驻金龙，辖老街、细木、黄山、金果、关新、中寨、新齐、建福、复兴、兴力、大竹林、石兴、关发、综合、齐心、包营、落作、石板、安山、中坪村。

**后寨苗族乡** 由原后寨乡、三坝苗族乡和麻窝寨乡一部组成。乡人民政府驻后寨，辖熊家寨、小桥、务安、偏岩子、花树脚、高石蹬、路寨河、前进、三家寨、马家田、大炉塘、麻窝寨、坪寨村。

**鸡场苗族彝族布依族乡** 由原鸡场、白泥塘乡和务卜苗族彝族布依族乡，落处、岩洞口乡一部组成。乡人民政府驻鸡场，辖鸡场、木货、茶树脚、大干田、干河、格嘎、旧税、鲊瓦、务卜、大湾、大倮脚、白泥塘、北京底、大坡头、修文县、坡头上、化起、丫口寨、以角细、新寨、小屯脚、白泥嘎、衣梭、鸡坡村。

**白泥乡**　由原白泥、倮木、水营乡组成。乡人民政府驻白泥，辖新寨、那里、白泥、喻家坝、大树脚、新黔、联合、水营、起马、倮木、银碧、大坝、三合、先锋、前进村。

**少普乡**　由原化董、文笔乡和少普彝族苗族乡及磨中、普戛、歹阳乡一部组成。乡人民政府驻沙普，辖水塘、联盟、街群、大寨、新寨、四角田、白泥坝、林山、迎丰、龙井、丙寨、文笔、湾河、小河、白坟、中山、平寨、菜林、狗场、金钟、么岩、兴塘、安民、长冲、喇叭河村。

**熊家场乡**　由原熊家场、新麦乡和打刮、歹阳、八甲、木汪乡一部组成。乡人民政府驻熊家场，辖群潮、马店、白马洞、蒙坝、高粱井、大坝、大桥、大寨、糯冲、陶家洞、磨石坡、穿洞、何家寨、干河、木汪、宝山、屯口、石马村。

**黑土乡**　由原黑土乡和八甲、高山、打刮乡一部组成。乡人民政府驻黑土，辖红星、道子、金鸡、联合、尖山、箐口、木利、三坝、花坡、打括、龙潭、梭椤、龙洞、破岩、马场、岩上、棱岗、团结村。

## 纳雍县

纳雍县在贵州省西部，东邻织金县，南连六枝特区，西靠水城县、赫章县，北接毕节市和大方县。辖9镇，6乡、10个民族乡，28个居委会、479个村。县人民政府驻雍熙镇。

**雍熙镇**　由原雍纳镇和复兴、新猫场、杨家营、闹地乡及家猫乡一部组成。镇人民政府驻雍熙，辖公园路、陵园路、县府路、织纳路、中华路、水巷子、鹦哥路、新街路、小十字、杉树林、小河边、打铁街、杨家营、茶林路、箐沟路；环城、高坡、双水井、杨家河、余家岩、经营、燎原、永丰、永明、浪厂田、兴隆、猫场、后寨、石板河、沙锅寨、黄包包、木井、友谊、海坝、苦李河、石板坡、木兰、河尾巴、龙井、高原、岔河、坐勒、闹地、中寨、左翼河、果支村。

**阳长镇**　由原阳长镇和洞口乡、堰塘苗族布依族彝族乡、海座苗族乡组成。镇人民政府驻阳长，辖阳长居委会及阳长海猫、过路沟、跳花坡、海子、街上、肖家寨、米落、大房子、青林、胡家寨、堰塘、丰家丫口、骂仲、核桃寨、小坝子、马店、沟底、滥木桥、林箐、自巩、海座村。

**维新镇**　由原维新镇和咪布苗族彝族乡、奢沟彝族苗族乡组成。镇人民政府驻维新，辖维新居委会和维新、红星、盐井、坪子、咪布、鱼塘、马家包、以书块、水落冲、扒那河、熊块、阳光、奢沟村。

**龙场镇**　由原龙场镇和自戛苗族乡、以支塘乡组成。镇人民政府驻龙场，辖龙场居委会和龙场、以扒、补鲁寨、跑马坝、杓座、地尾、自嘎、朱家营、龙期、高家营、犀牛洞、以支塘、奢旮寨、周家寨、干河沟、联富、四兴村。

**乐治镇**　由原乐治镇和蚕箐乡、碓叉苗族乡及居仁乡一部组成。镇人民政府驻乐治，辖乐治居委会和乐治、青、沙子冲、杨家湾、史家街、石母猎、塘坝头、嘎泥坝、高枧槽、塘边、台沙、家车、法起、黄泥冲、大营、岩背后、蚕箐、冬青井、碓叉坝村。

**王家寨镇** 由原王家寨镇和老窑、路嘴乡及家猫、居仁乡一部组成。镇人民政府驻王家寨，辖街上、新厂、老厂、下厂居委会及核桃园、王家寨、马家营、碗厂、鸡场、法那、糯克、路尾坝、老窑、家猫、路嘴、石旯旮、野物坝、干坝村。

**百兴镇** 由原百兴镇和德科、纳雍河乡合并组成。镇人民政府驻百兴，辖百兴居委会和新街、乐卡、汪家寨、大滥坝、苦李科、泥奢期、丫口、老街、坐脚、刘家寨、陈家寨、坐窝底、德科、大龙井、董家寨、杨家寨、塘上、水头上、大坪地村。

**鬃岭镇** 由原鬃岭镇和坪山乡、加戛彝族苗族乡组成。镇人民政府驻鬃岭，辖鬃岭居委会和鬃岭河坝、半边街、左家营、鬃岭、老鸡场、祠堂边，小屯、果木、沙坪、坪箐、腰岩、大坪地、大荒地、狮子山、坡嘎、海雍、旧院、小营、铁厂村。

**张家湾镇** 由原张家湾镇和补作、丰岩乡，杓坐彝族苗族乡组成。镇人民政府驻张家湾，辖张维居委会和张家湾大田坝、羊场、河尾、阿雍、普洒、补仲、群联、老翁、幸福、补作、二道河、白勒、花鱼洞、糯石、义中、明山、小河、磨坟村。

**新房彝族苗族乡** 由原营盘乡和以角苗族彝族乡、黄家屯彝族苗族乡、新房苗族彝族乡组成。乡人民政府驻新房，辖以角、河边、通作楷、通作寨、河姆楷、木沟寨、滥坝、黄家屯、乌沙寨、阿聋科、沟头、纸厂、新房、长沟、发克、后寨、石板寨、荒坝、得勒科、卢家营、营上、三岔河、大河坝、瓦厂、平硐村。

**库东关彝族白族苗族乡** 由原库东关乡和梅花箐彝族乡组成。乡人民政府驻库东关，辖陶营、长坡、东关、箐脚、梅花、下厂、白泥、黑沙垮、大坡、李子村。

**董地苗族彝族乡** 由原董地乡和石关苗族彝族乡、沙落苗族彝族乡组成。乡人民政府驻董地，辖董地、罗嘎、蒲达、黎明、以撒落、石关、三家寨、小田坝、乃扒、联乡、联益、冷冲、沙落、尖山、青龙、青山街上村。

**化作苗族彝族乡** 由原化作苗族彝族乡和黑塘、以麦地乡及沙家坝乡一部组成。乡人民政府驻化作，辖丰产、发大嘎、倮都、安大垮、化作、赵家寨、益兴、以麦地、抵纳寨、双岩头、野鸡落、黑塘、火种、沙家坝村。

**姑开苗族彝族乡** 由原姑开、引底苗族彝族乡和凹梳苗族彝族乡一部组成。乡人民政府驻姑开，辖姑开居委会和阿楷箐、永结、鸡米、合心、姑开、胜利、青咪底、引底、火把、寨块、高山田、安家坪、田坝村。

**羊场苗族彝族乡** 由原羊场苗族彝族乡和法窝乡及凹梳苗族彝族乡一部组成。乡人民政府驻羊场，辖羊场、繁荣、永合、河滥沟、法期、保卫、戈落、曾底坝、菜子地、新丰、新联、茅草坪、法窝、鸡益、奢嘎、凹梳村。

**锅圈岩苗族彝族乡** 由原锅圈岩、马摆苗族彝族乡组成。乡人民政府驻锅圈岩，辖马场、治安、拥护、民建、平坝、文化、下田坝、上田坝、同心、明星、民生、上补、新发、钟山、青峰村。

**昆寨苗族彝族白族乡** 由原昆寨、治沟苗族彝族乡和建新河乡组成。乡人民政府驻昆寨，辖昆寨居委会及大寨、高峰、昆寨、古苏、宋家沟、凹猪河、郭家冲、永新、治沟、狗场、夹岩、岩上、偏坡、碓窝河、代楷、金竹林、千秋、建新河、中集、新民、关门山、长青、长丰、永久、中心、新店村。

**左戛彝族苗族乡**　由原左戛、坡其彝族苗族乡组成。乡人民政府驻左戛，辖龙口、苏戛、拖歪、发仲、条子场、坡其、兴文、瓦房村。

**猪场苗族彝族乡**　由原猪场、新寨苗族彝族乡和自新苗族乡组成。乡人民政府驻猪场，辖猪场、蛇场、小硐口、弯子寨、山脚、大多拱、小多拱、水箐、新寨、猓保、乐咪营、增力村。

**勺窝乡**　由原勺窝、巴雍、杓可、法地乡组成。乡人民政府驻黄河坝，辖卢营、大冲口、群兴、对门坡、老营、挖煤沟、香车河、大岭岗、雾井、压落箐、五一、鱼塘坎、高石坎、没天地、糯谷珠、中心、水沟、勺窝、湖坝、汗齐脚、沙土、六土寨、黄河坝村。

**寨乐乡**　由原寨乐、英底乡和沙家坝乡一部组成。乡人民政府驻寨乐，辖寨乐、偏洞、红艳、新桥、革新、沙塘、岳家田坝、野鹿山、葛花寨、香樟、英底、江家大坡、平桥村。

**老凹坝乡**　由原武佐镇、果比乡、老凹坝苗族乡组成。乡人民政府驻老凹坝，辖老凹坝、水淹坝、平寨、黄猫寨、熊家坝、店子、新坡、乐新、大龙场、大新厂、新湾、新梁、德黑、武佐、新山、仓边、何家院、唐家坝、大河湾、余家湾、高家寨村。

**沙包乡**　由原沙包、义中、秀才坝乡组成。乡人民政府驻沙包，辖沙包、安乐坝、下木空、化启、以起、天生桥、双山、木乐、永安、马路坡、秀才坝、凹革、箐头、大包包、宋家寨、小营上、包包寨、黄泥田村。

**水东乡**　由原水东、木城、老包、簸落乡和箱子苗族乡合并组成。乡人民政府驻水东，辖木城、烟山、以则孔、水东、姑箐、马流光、帕那、箱子、金子屯、猫寨、老包底、独山、花初、簸落、麻园村。

**曙光乡**　由原曙光、坐拱、岔冲、河溪乡组成。乡人民政府驻鼠场，辖鼠场、猴儿关、法杓、坝子上、营头、水淹塘、坐拱寨、小寨、河沟、小腰栖、五骡、后槽、长田、岔冲、压拱、月台、发泥、小箐脚、老巴古、河溪、联下、联合、八一、岩脚、五三、坡头、四联村。

## 威宁彝族回族苗族自治县

威宁彝族回族苗族自治县在贵州省西部，东与赫章县，六盘水市钟山区、水城县接壤，南部、西部、北部与云南省宣威、会泽、鲁甸、昭通、彝良县（市）相连。辖19镇、15乡、1个民族乡，23个居委会、610个村。县人民政府驻草海镇。

**草海镇**　由原草海镇和白马、东山、保家、小山、北镇乡组成。镇人民政府驻草海，辖南泉、建设西、建设东、威宣、威昭、民享、县府、解放、中山、人民中路居委会；高坪、鸭子塘、板仓、大马城、新林、闪桥、新义、新发、新坪、新河、大山、赵山、羊关、孔山、大洼塘、海边、塔山、龙凤、响塘、星光、西海、富民、前进、银龙、下坝、燕山、草海、白马、玉龙、东山、郑家营、吕家河、石龙、中海、同心、卯关、民族、普山、中塘、涵洞、白岩、黄仓、辽原、黎营、开华村。

**么站镇**　由原么站镇和抱都、香厂乡组成。镇人民政府驻么站，辖么站居委会及新房、联合、水塘、平原、么站、新飞、雪路坪子、瓜拉、岔河、抱都、汤郎、松林、猴街、新元、新田、五戛、香厂、坪子村。

**金钟镇**　由原金钟镇及夸都、文昌乡组成。镇人民政府驻金钟，辖金钟居委会和金水、冒水、联明、大营、金钟、米斗、夸都、院箐、独乍、新田、寨营、狮子、田坝、明星、新岩、新营、文昌、水银、岔沟村。

**炉山镇**　由原炉山、结里、腊寨乡组成。镇人民政府驻炉山，辖大树、中河、新丰、中营、民河、海舍、光明、乐溪、可界、勤光、田野、新庄、燕山、尖山、结果、公贤、园林、民乐、营乐、青竹、兴海、发乐、杏州村。

**龙场镇**　由原龙场镇和柳树、河块、长海子、开戛乡组成。镇人民政府驻龙场，辖龙场居委会和边沿、元平、田元、龙丰、平街、同心、红光、清友、柳林、元山、乐元、新发、箐林、新田、河块、四乡、乐平、树舍、给朵、长元、长平、尖山、干河、开戛、津海、仙龙、营田、宣丰、新华、白岩脚、银钩村。

**黑石头镇**　由原黑石头镇和蜜蜂、河边、贝古乡组成。镇人民政府驻黑石头，辖黑石头居委会和河坝、黑石头、采基、水平、开厂、联营、四营、平营、坝口、八一、新合、双河、三河、吉友、院子、高桥、田营、六平、文田、三麦地、观音岩、毛家坪村。

**哲觉镇**　由原哲觉镇和居乐、铁厂、海田乡组成。镇人民政府驻哲觉，辖哲觉、大桥、新发、大营、论河、林春、箐竹、和平、新华、新河、新营、海田、和平、中发、瓦竹、红松、竹平、割麻、公平、营坪、营洪、米落、铁厂、新平、次海、坪营村。

**观风海镇**　由原观风海镇和果化乡组成。镇人民政府驻观风海，辖观风海居委会和白沙、海丰、箐口、麦子、仓房、塘房、七里半、箐河、野鸡河、勺戈口、新明、七舍、果化、沙子村。

**牛棚镇**　由原牛棚镇和白碗、雨朵、红岩乡组成。镇人民政府驻牛棚，辖牛棚居委会和鱼塘、新山、水源、三合、红旗、范家田、响水、邓家营、营上、手工、黑田、新华、营山、新营、中寨、新观、团山、发洪、新龙、和平村。

**迤那镇**　由原迤那镇和仙马、麻窝乡组成。镇人民政府驻迤那，辖五星、中心、合心、中海、樱桃、乡明、次营、文昌、青山、新田、水塘、双营、莲花、大山村。

**中水镇**　由原高坎子镇和中水、出水、仙水乡组成。镇人民政府驻中水，辖高坎子居委会和花桥、友光、建山、小寨、居乐、烽火、前河、新街、梨园、中河、银水、正山、泉山、上寨、石板河、仙水、龙塘、瓦厂、花红园村。

**龙街镇**　由原龙街镇和龙河、天桥、马踏乡组成。镇人民政府驻龙街，辖龙街居委会和四方井、奢基姑、龙街、大寨、甫嘎、斗勾戛、龙河、木槽、小米、海龙、巴渣河、银槽、林雀、红星、银泉、金星、新水、营合、丰光、马踏村。

**雪山镇**　由原雪山镇和新街、法地、妥打、灼圃乡组成。镇人民政府驻雪山，辖雪山居委会和狗街、栽树、斗母、牧场、鱼塘、双河、盐井、锅底、花立、谢家、法地、迎光、建明、回龙、妥打、青松、新渠、胜利、高营、大发、灼甫、益得乐、长海子村。

**羊街镇**　由原羊街镇和蛇街、辅处、兴隆、严家、松林乡、组成。镇人民政府驻羊街，辖羊街居委会和羊街、小河边、铜厂、田坝、银河、双河、车边、牛角井、云桥、兴隆厂、银华、蛇街、西华、大洼、箐脚、双山、矿山、黎平、其龙、红山、棒木村。

**小海镇**　由原小海镇和朱戛、松山、三道河、金海乡组成。镇人民政府驻小海，辖小海居委会和小海、响水、松棵、卯家营、小张关、朱嘎、松山、西冲、三道河、营丰、平山、银光、和平、新光村。

**盐仓镇**　由原盐仓镇和腰站、高峰乡合并组成。镇人民政府驻盐仓，辖盐仓居委会和盐仓、团结、柳平、娱满、可介、松海、邓营、营洞、四堡、高峰、兴发、么站、二堡、三寨、大路、黎平村。

**金斗乡**　由原黑泥、围帐、金斗乡组成。乡人民政府驻金斗，辖金斗、红石、冲子、坪子、杏子、勺白、站坡、高田、黑泥、三岔、岩头上、河畔、平丰、向峰、营洪、围帐、朱家坡村。

**新发布依族乡**　由原新发布依族乡和坪子、响水、开坪乡组成。乡人民政府驻新发，辖居乐、水塘、华沙、贵平、宝塔、红丰、新民、花园、松发、中心、民族、龙滩、中寨、先丰、红岩、纸厂、曹家沟、得多、响水、新龙、出水、联合、海子、开坝、红旗、开兴、铜厂、三合、箐脚、田边、蛾嘎村。

**岔河乡**　由原岔河、恰西、银厂、大寨乡组成。乡人民政府驻岔河，辖岔河、利毕、新村、恰西、营沙、三益、营江、金钟、银厂、新山、新炉、海平、田坝、大红、沙营、新发、新光村。

**麻乍乡**　由原麻乍、得磨、戛利、富乐乡组成。乡人民政府驻麻乍，辖得平、幸福、新光、红卫、红星、新田、水平、新水、得营、双河、嘎利、启嘎、箐岩、岩格箐、营河、平营、乐利村。

**海拉乡**　由原海拉、枧槽、新村乡组成。乡人民政府驻海拉，辖卫星、海星、元丰、海昌、海明、海元、江边、文炉、火箭、东风、红光、草原、石平、新村、平原、幸福、花果、新海村。

**哈喇河乡**　由原哈喇河、小米乡组成。乡人民政府驻哈喇河，辖马脖、河边、闸塘、云角、小海、马店、发沙、牛街村。

**秀水乡**　由原秀水、清水乡合并组成。乡人民政府驻秀水，辖朝阳、中海、秀水、高丰、坚强、前丰、大寨、新光、华丰、中义、新田、田坝、新河、新平村。

**斗古乡**　由原斗古、关口、水塘乡组成。乡人民政府驻斗古，辖三营、斗古、松山、关口、中关、松平、石营、米乐、水塘、白沙、干沟村。

**玉龙乡**　由原玉龙、田坝、王寨乡组成。乡人民政府驻玉龙，辖沙田、和平、新发、新明、田坝、营寨、团结、中营、工农、飞蛾、大寨、新寨、深沟村。

**黑土河乡**　由原黑土河、新华、白磨乡组成。乡人民政府驻黑土河，辖海嘎、中坝、黑土河、半坡、坪山、新华、新田、爱华、白磨、火摊、箩开、鞍山村。

**石门乡**　由原石门、女姑、云炉乡组成。乡人民政府驻石门，辖荣合、锅厂、民主、营平、泉发、白刀山会、水井湾、女姑、兰垭、年丰、新河、云炉、高潮、青龙山、河坝村。

**兔街乡** 由原兔街、雨科、高原乡组成。乡人民政府驻兔街，辖龙洞、和平、乐园、花红平、杨柳、兔街、砂平、新荣、青丰、青竹、高原、新光、新升村。

**双龙乡** 由原双龙、凉山、耿家乡组成。乡人民政府驻双龙，辖双龙、江林、红光、高坡、高山、凉山、水潮、大地村。

**板底乡** 由原板底、登底乡合并组成。乡人民政府驻板底，辖新华、曙光、板底、雄英、安平、登底、清河、兴胜村。

**大街乡** 原建制不变。乡人民政府驻大街，辖大街、兴隆、高华、牛吃水、营中、金星、坪上、大松、戛基村。

**云贵乡** 由原云贵、新民乡组成。乡人民政府驻云贵，辖云贵、五星、高发、平原、群丰、枧角、奢搓、水塘、关别多、马街村。

**二塘街** 由原新合、梅花乡全部和东风镇一部合并组成。镇人民政府驻二塘，辖东风居委会和新合、铁营、钟山、大山、义山、茶山、龙洞、明洞、产底、梅花、艾家坪、沿海村。

**东风镇** 由原东风镇一部和草坪乡组成。镇人民政府驻东风，辖鲁章、白沙、格书、拱桥、黄泥、梯田、抹倮、元木、草坪、天桥、三庄、营坝、竹林、开坪、采拖村。

**猴场镇** 由原猴场镇和人民、联合乡组成。镇人民政府驻猴场，辖藤桥、街上、格寨、倮株、发纠、穿洞、平洞、群发、长冲、中营、新建、木块、宝坪、桥梁、葡萄、巴西村。

## 赫章县

赫章县在贵州省西北部，东连毕节市和纳雍县，南接水城县，西靠威宁彝族回族苗族自治县，北接云南省镇雄、彝良县。辖6镇、9乡、12个民族乡、19个居委会457个村。县人民政府驻城关镇。

**城关镇** 由原双河镇和青山、河边乡及水塘堡乡一部组成。镇人民政府驻城关，辖解放东路、前河路、建设路、解放西路、民主路居委会和上街、下街、狮子、后河、南门、小山、卸旗、洞上、水坡、青山、黄泥、新桥、大桥、汇合、田坝冲、大河边村。

**白果镇** 由原白果镇和独山乡组成。镇人民政府驻黄泥老包，辖青山居委会和联星、煤炭沟、七里店、七家湾、大湾子、双山、黄毛寨、大庙营、白果、双井、河口、河头上、砂锅寨、集中、月亮洞、柜子岩、关地、朝阳、法营、犀牛塘、石板河村。

**妈姑镇** 由原铅丰镇和砂石乡、天生桥彝族苗族乡组成。镇人民政府驻老厂，辖老厂、新厂、何家冲居委会及老厂、何家冲、新厂、阿维寨、和平、海子、猫猫厂、白泥寨、砂石、拱桥、火乐冲、马鞍山、核桃园、剖开冲、箐头、穿洞、小水井、冲子、天桥、九股、平原、安支嘎、黄井、莲花村。

**财神镇** 由原财神镇和鱼塘、中田、石龙、集发乡组成。镇人民政府驻财神堂，辖财神居委会和财神、集乐、大路边、咪途、妈噜、岳家坡、倮布戛、小海子、魔芋、拉苏、中田坝、营山、马鞍、龙井湾、摸迁沟、石坪、发纳、坪地、红岩、小结构、中坝、营坝、营竹村。

**六曲河镇** 由原六曲河镇和拉乐、新店乡及倮歪乡一部组成。镇人民政府驻老场坝，辖老场坝、永桑、河边、十亩田、碾房、民祥、家竹、新店、岔沟、川洞脚、板子房、燕子、乌鸦、江子、火卡、海眉、画眉、院子、草塘村。

**野马川镇**　由原野马川镇和山脚寨、大田、毛栗树、金山乡组成。镇人民政府驻野马川，辖野马川、雪窝、大田居委会及上街、下街、石丫、利河、乌木、山脚、前山、双营、青狮、大田、新营、石板塘、白浪沟、自浪沟浪、麻初、大寨、花角、毛栗、苏嘎、农场、双河、寨子、新田、新场村。

**水塘堡彝族苗族乡**　由原洗菜河彝族苗族乡和水塘堡乡一部组成。乡人民政府驻大水沟，辖营丰、马圈岩、水槽、合心、塘口、永康、草子坪、沙土、新河、苗寨河、铸钱、黑沟、杉木箐、新都村。

**达依乡**　由原达依、海马姑乡全部和倮歪乡一部合并组成。乡人民政府驻磨石沟，辖和平、磨石、达依、坪子、游沙、尖山、娱乐、海马、银庄、龙塘、海嘎、元庄、园地村。

**兴发苗族彝族回族乡**　由原兴发苗族乡、野里彝族回族乡和铁柱乡组成。乡人民政府驻兴发厂，辖兴发居委会和兴发、民族、小海子、大街、丫口、营盘寨、丫都、石头寨、犁营、大山、陆家寨、石板、摸戛寨、场坝、鹰嘴岩、栽根岩村。

**松林坡白族彝族苗族乡**　由原松林、则雄彝族乡和倮柱、窝乡组成。乡人民政府驻沙锅寨，辖红旗、黄家寨、大梁子、柞落、倮柱、箐营、半冲、官寨、红专、花苗寨、踏土、喜鹊、钱家寨、半边街、蛇倮冲村。

**雉街彝族苗族乡**　由原雉街彝族苗族乡、发达彝族乡和木戛乡组成。乡人民政府驻双龙井，辖双龙、雉街、拉呼寨、木嘎、木冲、拱山、大河、发达、联发、凉山村。

**珠市彝族乡**　由原珠市、诺素、以那彝族乡和铁矿乡组成。乡人民政府驻杨家寨，辖珠市、文渊、青、核桃、蔼绿、上寨、德块、街上、花红、小拱山、新山、七一、矿山、板房、陆坪、团结、以那、红星村。

**罗州乡**　由原罗州、溪坪、铜厂乡组成。乡人民政府驻三家湾，辖水营、民联、龙科、龙滩、平青、东道河、半坡、光明、西河、石山、田湾、环路、高山、铜建、海沿、和平、海图、多倮寨、云松、红岩冲村。

**双坪彝族苗族乡**　由原双坪彝族乡和回水、法都、丰沟乡组成。乡人民政府驻双坪，辖双坪、鞍山、高明、营新、联丰、石六岗、海子、拖街、犀牛山、回水、金山、瓦店、儿马冲、五里、刺竹、胡来厂、石桩、元街、农田、大石、法都、马街、凉水井、龙头、河泉、马依街村。

**铁匠苗族乡**　由原铁匠、石岗乡组成。乡人民政府驻羊街，辖铁匠、响水、沿海、高原、处卓、河山、中井、共同、联合、联盟村。

**辅处彝族苗族乡**　由原辅处乡和葛布苗族彝族乡组成。乡人民政府驻辅处，辖葛布、营塘、兴旺、茶花、辅处、拖二、上杨家沟、幸福、开嘎村。

**可乐彝族苗族乡**　由原可乐镇和大山乡、麻腮彝族苗族乡、新民苗族彝族乡组成。乡人民政府驻水营，辖可乐居委会和可乐、恒珠、老海子、延河、丰收、春乐、牧场、银光、龙井、金光、营房、大坡、长坪、营脚、高坪、炉房沟、高枧槽、新民、铜厂村。

**德卓乡** 由原德卓、德胜、甘河、丰家乡组成。乡人民政府驻坝塘，辖德卓、坝塘、水炉、白杨、胜营、元角、林家桥、扭楼沟、沙泥、马路、堰联、炉元、中营、大营村。

**河镇彝族苗族乡** 由原河镇、花场苗族彝族乡和恒底、花泥彝族乡、四方彝族苗族乡组成。乡人民政府驻法冲，辖以则、法冲、发达、舍虎、油房、板房、恒底、老街、新寨、四方、双乐、红房、花泥、河边、发开、板底、双河、海雀、新营、龙塘村。

**安乐溪乡** 由原安乐溪、平顶乡组成。乡人民政府驻安乐，辖安乐、丰岩、瓦窑、高桥、花秋、甘河、营坪、小河边、青山、碗厂、大茶、平顶、营上村。

**结构彝族苗族乡** 由原结构彝族乡和毛姑彝族苗族乡组成。乡人民政府驻结构，辖多魁、黄松岭、山寨、青江、毛姑、沙坝、大黄、罗寨村。

**朱明乡** 由原朱明彝族苗族乡和安坪、磨角、发开乡组成。乡人民政府驻院子，辖朱歪、白营、安甲、则安、营盘寨、付家湾、海田、环山坡、女牛墟、大坪子、田坝河、则姑、磨角、双营、木营、发开村。

**古基乡** 由原古基、发倮、妥古乡和钟寨鼓彝族乡合并组成。乡人民政府驻古基，辖古基、桃园、水库、着多、发倮、苏庄、垮基、环山、水塘坪、园宝田、元寨、钟寨、革闹、小冲、小海坝村。

**哲庄乡** 由原哲庄、罩子、娃多、苏奶乡组成。乡人民政府驻哲庄坝，辖哲庄、摩倮沟、发拉窝、坪子场、穴、新益、环山、三友、山鸡、边沿、新前、者块、坝子、香坪、瓦房、王家院、雄都、麻塘、场坝村。

**平山乡** 由原平山、后山、江南乡和古木苗族乡组成。乡人民政府驻平山堡，辖平山居委会和平山、龙庄、中寨、后山、田坝、双塘、吊买沟、发香河、岔河、雄营、江南、对江、中山、中心、长冲、水塘、清塘村。

**古达苗族彝族乡** 由原古达、响河乡及石板河、安啷苗族乡组成。乡人民政府驻大水井，辖永乐、新街、古达、野鸭河、中坝、普彩、海营、蚂蟥箐、安家寨、大地、杀界河、咪么都、发科、官房、三爱、民进、丰产、高峰、联营、石荣、发河、板仓、翁坝、岩脚、观音村。

**威奢乡** 由原威奢、佳娃乡合并组成。乡人民政府驻下锅厂，辖鱼塘、山英、迎春、山泉、猫姑、发木块、迎水、小营、鲁块、马路湾、支嘎村。

2005年，全地区辖8个县市、98个镇，6个办事处，146个乡，107个居民委员会，64个社区，3934个村。

2007年9月，省委、省政府批准成立贵州百里杜鹃风景名胜区管理委员会，为毕节地委、行署派出的正县级机构，辖4个民族乡54个村（居）委会、500平方公里。

2011年11月，国务院下发国函〔2011〕130号文件，批复同意撤销毕节地区设立地级毕节市，市人民政府驻新设立的七星关区碧阳大道518号；毕节市设立七星关区，以原县级毕节市的行政区域为七星关区的行政区域，区人民政府驻市东街道东升路1号；毕节市辖大方县、黔西县、金沙县、织金县、纳雍县、赫章县、威宁彝族回族苗族自治县和新设立的七星关区。

# 毕节地区通志

毕节市地方志编纂委员会　编

方志出版社
Publishing House of Local Records

# 目 录

## 第二篇 自然生态环境

## 第三篇　人口　民族　宗教

## 第四篇　民国时期党派　社会团体



## 第五篇　中国共产党毕节地方组织

## 第六篇　古代及民国时期政权

# 第二篇

# 自然生态环境

# 第一章 地质 地貌 地质灾害

毕节地区地壳受到喜马拉雅山脉运动的影响，地表受到大气、雨水、风、辐射和生物的综合作用，形成西高东低，山峦叠嶂、沟壑纵横为主的喀斯特地形地貌景观。地层出露从震旦系到第四系均有分布，古生界石炭系、二叠系、中生界三叠系地层分布普遍；古生界震旦系、奥陶系、志留系、泥盆系，中生界侏罗系、白垩系和新生界第三系、第四系地层分布范围小，出露零星。各地层中，又以沉积岩中海相沉积占主导地位，陆相沉积次之；岩浆岩主产于二叠系地层中峨眉山玄武岩。主要地质灾害有地震、滑坡、泥石流，塌陷等地质灾害。

## 第一节 地 质

### 一 地 层

按沉积特征，全地区划分为：1.北部沉积分区，从赫章县六曲河经毕节县至金沙县城以北地区。该区地层中缺失泥盆系和石炭系地层；2.西部沉积分区，赫章倮木戛至㘭都一线以西地区。地层结构类型与云南省滇东北—宣威沉积类型相似，上古生界地层发育良好，二叠系峨眉山玄武岩分布广，沉积厚度大，中生代三叠系地层分布广泛；3.黔中沉积分区，除北部、西部沉积分区以外的其余地区。其特征是缺失志留系、泥盆系地层，奥陶系、石灰系地层零星分布。

震旦系 毕节地区最古老地层，距今约5.7亿年至8亿年，属扬子沉积区浅海台地相沉积。出露零星，仅有上统灯影组分布于金沙县绿竹山、六峰梁子，织金县中寨乡大院，纳雍县水东乡的木城、箱子、簸洛，威宁县岔河乡银厂村牛栏江一带，其余地区缺失。岩性为浅灰、灰白色白云岩及硅质白云岩，出露厚度22米～297米。该组地层中产有磷块岩一至数层。

寒武系 距今约5.7亿～5.1亿年，早期由于受从江运动影响，地壳缓慢上升，海水相对变浅。地层分布较广，以扬子型浅水沉积黑色页岩为主。岩层中古生物化石丰富，有机质发育，含磷较高，蕴藏丰富的磷矿以及铅锌、稀土等矿产。根据沉积相和生物相差异，威宁县属威宁—宣威沉积小区，其他县市属遵义—织金沉积小区。

1.威宁—宣威沉积小区。岩层零星出露于威宁县西南部岔河乡银厂坡一带，缺失中、上寒武统，仅有下寒武统分布。地层从老到新分筇竹寺组、沧浪铺组和龙王庙组。筇竹寺组岩性底部为黄棕、淡黄色粉砂岩及灰绿色砂质页岩夹砂岩；下部为深灰色页岩夹炭质页岩；中、上部为暗绿色页岩、灰黄色云母页岩及少量粉砂岩夹砂质页岩，上部含丰富的三叶虫化石，厚210米左右。沧浪铺组岩层未分段，岩性以灰、灰绿色薄至中厚层泥质粉砂岩为主，夹细砂岩及中厚层细粒石英砂岩，含三叶虫及腕足类化石，厚80～223米。龙王庙组下部为钙质白云岩，上部为黄绿色页岩夹白云岩，含三叶虫化石，厚30米左右。

2.遵义—织金沉积小区。地层发育比较齐全，仅在毕节县、黔西县缺失下统牛蹄塘组、明心寺组，大方县缺失下统明心寺组、中统陡坡寺组，纳雍县缺失下统清虚洞组、中统陡坡寺组，赫章县仅有娄山关群出露。地层一般出露于背斜的核部地带，主要分布在毕节县南部野角、露朗，北部金银山、燕子口、林口；大方县北部大水、沙厂、星宿、长石；黔西县东北部和南部的中建、新仁和雨朵；织金县东南部与西南部的桂果、上坪寨、熊家场；纳雍县西北、东和西部的治昆、化作、水东、张家湾、王家寨、勺窝；赫章县中部和东北部的后河杉树林、六曲河至野马川一带；金沙县北部和东南部有较大范围分布。岩层从老到新分下统牛蹄塘组、明心寺组、金顶山组、清虚洞组，中、上统的陡坡寺组、娄山关群。

下统。牛蹄塘组：岩层从底部到顶部为黑色磷块岩、黑色高碳质页岩、灰黑—深灰炭质页岩、夹灰绿色砂质页岩和钙质页岩，含三叶虫化石，厚217.7米。岩层以金沙岩孔为标准剖面，并整合于下伏灯影组地层之上；织金县磷块岩顶部为1～3厘米的钼金属矿层。明心寺组：整合于下伏地层，下部为粉砂质页岩、粉砂质泥岩、页岩内夹有泥灰岩团块；中段下部为泥质条带状灰岩夹少量页岩，中、上部为粉砂质泥岩、泥质粉砂岩；上段为石英粉矿岩、石英砂岩及含砾石英砂岩。产三叶虫化石，厚265～550米。金顶山组：整合于下伏地层，下部为粉砂质页岩及页岩；中上部为粉砂质页岩及粉砂质泥岩，夹鲕状、豆状生物灰岩。含丰富的三叶虫化石，厚150米左右。清虚洞组：整合于下伏地层，下部为灰、深灰色厚层块状灰岩；中部为灰色豹皮状条带白云质灰岩和钙质白云岩夹条带灰岩；上部为灰色薄至厚层白云岩、泥质白云岩夹叶片状白云岩及钙质、泥质含云母粉砂岩。产三叶虫等化石，厚度自西向东从150米增至400米。

中、上统陡坡寺组，金沙县岩孔为典型剖面，与下伏表虚洞组、上覆娄山关群地层整合接触，下段为泥质白云岩、白云质粉砂岩夹白云岩；上段以泥质白云岩为主。含三叶虫化石，厚度50～75米。娄山关群是分布面积最广的寒武系地层。下段为浅灰色中厚层块状微—细粒白云岩；中段浅灰色中厚层、薄层白云岩，泥质白云岩，夹浅灰色角砾状白云岩；上段以灰、浅灰色白云岩为主，夹厚层白云岩，局部夹燧石团块或燧石条带。厚1000米左右，金沙岩孔剖面达1022米。

**奥陶系** 属浅海台地相扬子型沉积，距今约5.10亿～4.39亿年。仅在威宁县牛棚、大街经赫章县、大方县、黔西县北部一线以北地区有出露，南部属缺失地区，以毕节县、金沙县出露较广。全地区奥陶系地层划属黔北沉积分区，分赫章沉积小区和毕节—遵义沉积小区。赫章沉积小区缺失中、上统地层，下统地层多出露于背斜核部或近轴部，岩性以碳酸盐岩和碎屑岩为主。毕节——遵义沉积小区，地层从老到新有桐梓组、红花园组、湄潭组、十字铺组、宝塔组、涧草沟组、五峰组。

1.下统。桐梓组：浅灰、灰黑色中至厚层夹薄层微至细晶白云岩和细至粗晶碎屑灰岩，偶夹砾屑、鲕豆粒白云岩，常含燧石团块。顶部及下部夹灰、灰绿色黏土页岩，毕节市一带相变为白云岩。化石以三叶虫为主，次为腕足类等化石。厚43米至223米。红花园组：灰、灰黑色中至厚层夹薄层细至粗晶灰岩和微至中晶碎屑灰岩，常含燧石结核和透镜体，毕节市夹有白云岩，产海绵、腕足类、牙形虫、三叶虫、腹足类和苔藓虫等。一般厚度20～50米。湄潭组：以页岩、砂岩为主，伴有中厚层细晶生物碎屑灰岩或微至细晶瘤状泥质灰岩，以三叶虫、腕足类化石为主。一般厚度180～260米，毕节县燕子口附近最厚达317米。

2.中统。十字铺组：岩相由灰、灰绿色薄至中厚层钙质、粉砂质泥岩，泥质灰岩和粘土质泥灰岩，有时夹钙质页岩或含粉砂质页岩，厚10～60米。化石丰富，以笔石和三叶虫居多。中统宝塔组以灰、灰绿或淡红、紫红等杂色中及厚层微至细晶含泥质条带龟裂纹灰岩、泥灰岩和生物碎屑灰岩，金沙一带下部常夹厚3～5米龟裂纹不明显厚层细晶碎屑灰岩。头足类化石丰富，并伴有三叶虫、牙形虫等化石。厚度一般为20～40米。

3.上统。涧草沟组：灰、淡灰、灰绿色薄至中层显微晶瘤状泥质灰岩和泥质条带灰岩，或含生物碎屑粘土质灰岩和泥灰岩，偶夹少量钙质页岩。化石以三叶虫动物群为主。厚一般为1米至4米，毕节县燕子口最厚达14.9米。五峰组，灰黑色薄片至板状炭质、硅质页岩，夹钙质、粉砂质页岩。化石种类多、笔石占绝对优势。一般厚度3～17米。

**志留系** 距今约4.39亿～4.08亿年。奥陶纪后期，受加里东运动期间都匀运动影响，地壳活动频繁，贵州出现黔中古陆等地理格局。古地理面貌属黔中古陆一部分，志留系地层出露零星，仅在毕节县北部峨峰、耿官、小河、乐都和火马一带10余平方千米内，赫章县西南部草子坪至狗飞寨一带不足3平方千米范围内有零星出露，其余地区缺失。地层属扬子沉积区中黔北沉积分区燕子口沉积小区和黔西沉积分区的铁矿山沉积小区。燕子口沉积小区仅出露下统底部龙马溪组，分下、上两部分地层。下部为灰绿、褐灰色页岩，砂质页岩夹泥灰岩；上部为灰色钙质页岩及薄层砂质泥岩，夹钙质粉砂岩、砂岩；顶部为黄绿色页岩夹砂岩。岩层厚35米至80米，富含笔石化石。铁矿山沉积小区出露中统韩家店组岩层，下部紫红色页岩，砂质页岩夹少量灰紫、浅灰色薄层砂岩；上部为灰绿、黄绿色页岩，砂质页岩夹薄层细砂岩及泥质石英砂岩。无标准化石与上覆地层呈假整合接触，下部为断层所截，最大厚度230米。

**泥盆系** 距今约4.08亿～3.62亿年。泥盆世时产生华力西期以褶皱运动为主的广西运动，全地区仅在赫章县城至纳雍县西部苞谷山一线以西有华南型的滨岸相—浅海相地层沉积层，属贵阳—水城沉积分区的赫章沉积小区。以碎屑岩、碳酸盐岩及深水泥岩、硅质岩建造为主。岩层主要出露于纳雍县西部猪场乡苞谷山银厂沟，威宁县西部岔河的银厂、玉龙、中水、石门和云贵等乡镇，赫章县西南部的铁矿山、草子坪、菜园子。其中威宁、赫章县出露岩层较全，纳雍县仅有上统地层出露。产有较丰富的铁矿、铅锌矿。岩层从老到新依次为丹林群（缺失下段）、舒家坪组、龙洞水组、帮寨组、独山组、望城坡组、尧梭组。

1.下统。丹林群：缺失下段，假整合志留系地层之上，属滨海相沉积。下部为灰白色中至厚层石英砂岩，局部夹黑色薄层钙质泥岩、泥灰岩；上部为白色夹棕褐色薄至中层含铁石英砂岩、砾岩及少许页岩。厚25～204米。舒家坪组：丹林群连续沉积层，属陆源碎屑岩。底部含泥砂岩；上部黄色至黄白色砂页岩、泥页岩和细砂岩。岩层底部富产腕足类及辫鳃类化石、三叶虫化石。赫章县富产都匀化石，不仅证明泥盆世早期为滨海相及海陆交替相沉积，还为黔东南、黔西北早泥盆世地层对比，提供依据。全组厚度7～112米。

2.中统。龙洞水组：下部灰黑色巨厚层白云岩和灰岩；上部灰色中厚层灰岩，近顶部夹泥质灰岩和泥岩。珊瑚、腕足类化石丰富。厚30～151米。帮寨组：下部灰白至深灰色石英砂岩，灰黄色含铁质页岩，灰紫、紫红色泥质砂岩，夹灰色砂质白云岩，含透镜状赤铁矿多层，产腕足类及辫鳃类化石；上部为浅灰至灰色中至厚层石英砂岩、泥质页岩，产植物化石。厚度0～104米。独山组：共4个段，赫章沉积小区缺失底部上段。岩层从老到新依次为鸡泡段、宋家桥段、鸡窝寨段，岩层以浅海相碳酸盐岩及碎屑岩建造为主。鸡泡段，灰黑色中厚层至厚层块状灰岩、白云岩，夹薄层瘤状灰岩与少量砂岩，产腕足类、珊瑚等化石，厚25～80米。宋家桥段，下部为灰白、棕褐色含砾石英砂岩；上部紫红色铁质石英砂岩、石英砂岩，夹粘土质粉砂岩和页岩。产藻类化石，厚30～418米。鸡窝寨段，灰、深灰色中至厚层灰岩、生物灰岩及泥质灰岩，夹有少许灰绿、灰黑色钙质砂页岩，含燧石，产腕足类、珊瑚等化石，厚26～200米。

3.上统。望城坡组：下部为灰色中厚层含白云质灰岩和灰岩，其底部有10米左右的灰色薄层钙质泥岩及炭质泥岩；上部灰色灰岩、白云质灰岩夹泥质灰岩。产珊瑚、腕足类化石，厚120～580米。尧梭组：下部由灰色中至厚层白云岩，夹少量硅质灰岩和含燧石条带灰岩；上部灰黑色中厚层硅质灰岩，夹少量灰岩和白云岩，顶部为中厚层灰岩。厚90～518米。

**石炭系**　形成距今约3.62亿～2.90亿年。石炭纪时，大体承袭泥盆世时沉积格局。岩层主要出露于毕节县官屯至金沙县南部一线以南地区。分布面积较广，属台地边缘滨海相、浅海相沉积，部分属古风化壳陆相沉积，累计最大厚度近2800米。地层多出露于背斜轴部和翼部，尤以威宁县一带地层发育最佳。根据全省地层分区，以赫章县财神—城关一线为界，西部为水城—威宁沉积小区，东部属独山—惠水沉积小区。出露地层分布于毕节县西南治中、野角、长春，大方县东北部白纳、沙厂，黔西县东北中建、东部素朴和东南新仁、雨朵，织金县东部牛场、猫场，纳雍县阳长、董地、猪场、昆寨、龙场、张家湾，威宁县草海镇、盐仓、小海、观风海、大街、龙街、牛棚，赫章县垭都—韭菜坪和六曲河—野马川等地。石炭系地层中产有铅锌和铝土矿、煤等矿产。

1.下统从老到新有岩关组、大塘组、摆佐组。岩关组，威宁县有出露，其余县市缺失，分革佬河段、汤巴沟段。革佬河段：下部灰黑色中厚层夹薄层泥晶灰岩，层间有少量泥页岩；中部薄层泥晶灰岩与泥灰岩互层；上部灰黑色中厚层泥晶灰岩和泥灰岩。化石丰富，有腕足类、珊瑚等化石，厚数米至150米。汤巴沟段：深灰、灰黑色中厚至厚层灰岩、白云质泥灰岩、泥质灰岩和页岩，间夹有燧石团块。产珊瑚、腕足类化石，厚5～247米。大塘组，出露于赫章、纳雍、黔西一线以南地区，其余缺失，分旧司和上司2段。旧司段：下部灰黄、灰白色薄至厚层石英砂岩夹页岩及炭质页岩，间夹有煤1～5层，含植物化石、腕足类、辫鳃类、腹足类和海百合等化石；上部为深灰、灰黑色中厚层灰岩、页岩，时夹有薄层硅质岩、燧石灰岩，产珊瑚、腹足类、头足类等化石。共厚90～992米。上司段：由浅灰、灰到深灰、灰黑色中厚层泥质灰岩，含燧石团块，中下部夹黑色页岩和泥灰岩，上部常夹有白云岩。产珊瑚、腕足类化石，厚115～410米。摆佐组：是分布面积最大岩组，毕节县至黔西县一线以南地区均有出露，属台地边缘相沉积。下部浅灰至深灰、暗灰色中厚层、厚层块状白云层及灰岩，局部地段含有泥石和燧石结核，产珊瑚、腕足类化石；中上部浅灰，灰、灰白色中厚层至厚层块状灰岩、白云岩、白云质灰岩，时含燧石结核或夹有薄层硅质岩，产腕足类、珊瑚、蜓、菊石等化石。岩层共厚41～513米。

2.中统属台地边缘相沉积，分布格局与下统摆佐组基本一致，分滑石板组、达拉组。滑石板组：岩层岩性稳定，出露广泛，为浅灰、灰白色中厚层块状灰岩，常夹白云岩或白云质团块，产蜓、珊瑚、腕足类化石，厚数米至128米，一般厚度在70米以上。达拉组：下部浅灰、灰白色中厚层至厚层块状灰岩、白云岩及白云质灰岩，威宁一带岩层中夹白色中层硅质岩或含燧石团块，产蜓和珊瑚化石；上部灰、浅灰、灰白色中厚层至厚层块状灰岩，威宁一带岩层含有燧石团块、夹有泥质灰岩、泥灰岩，产蜓、珊瑚等化石。共厚108～238米。

3.上统仅在织金、纳雍、威宁、赫章有马平组岩层出露，属台地边缘相沉积。下部灰、浅灰、灰白色块状灰岩；中部浅灰、灰白色厚层块状灰岩，常夹有"豆状"灰岩；上部浅灰、灰色厚层灰岩，含白云质斑块或夹灰质白云岩，局部地段含燧石团块。共厚44～243米。

**二叠系**　距今2.90亿～2.45亿年。岩层出露广泛，生物化石丰富，累计岩层最大厚度可达2026米，主要分布在毕节县西南、西、北部的大河、放珠、撒拉溪、野角、何官屯、对坡、大银、林口、燕子口、市西；大方县北部长石、达溪、核桃、大山、星宿、雨冲，东部黄泥、大水，中部和西部城关、小屯、高店、竹园；黔西县西北仁和，东南谷里、协合、金碧、雨朵；金沙县近一半地带；织金县以那镇的落圈到茶店乡的海马、沙桂一线以南地区；纳雍县从姑开经左戛至阳长一线以东厍东关、维新、董地、化作、昆寨、猪场、龙场、雍熙、老凹坝、王家寨、水东、勺窝、鬃岭、张家湾等地；威宁县东部二塘、金钟、龙场、盐仓、羊街，西部观风海、中水、牛棚；赫章县西北河镇，妈姑经城关到江南，以及兴发等地。晚二叠世时是煤矿、硫铁矿形成主要时期，煤层分布广泛。二叠系地层中尚有锑、铜等矿产产出。

**早二叠纪**　以浅海台地相碳酸盐岩建造为主，毕节县，大方、黔西县中北部和金沙县属黔北沉积分区，其余属威宁—贵阳沉积分区。岩层从老新分梁山组、栖霞组、茅口组。毕节县燕子口下二叠统剖面为贵州省典型剖面。梁山组：与下伏志留系地层假整合接触，下层为灰色黏土岩，产植物化石；中部为厚0.4米左右煤层；上部由深灰色中厚层含粘土质石英砂岩间夹页岩组成。产腕足类化石，共厚11.7米。栖霞组：底部为灰色厚层含燧石结核生物屑泥质灰岩，间夹钙质页岩，产蜓等化石；中部灰黑色中厚层波状层理灰岩，底部含燧石条带；上部灰色中至厚层含燧石团块灰岩，顶部有3米厚菊花状灰岩是该组标志岩层。产蜓、珊瑚等化石，共厚80.3米。茅口组：从老到新分5段。1.下豹皮状灰岩段，其下部是浅灰色厚层白云化灰岩，顶为深灰色波状层理含泥质条带灰岩；上部浅灰色厚层绿藻灰岩，夹泥晶灰岩及成岩白云岩。产蜓、珊瑚、腕足类化石，共厚110.5米。2.眼珠状灰岩段：底为深灰、灰黑色波状层理泥灰岩，间夹黑色钙质页岩，产腕足类、蜓、珊瑚等化石；中部深灰、灰色中至厚层生物灰岩夹绿藻灰岩，产蜓化石；上部灰黑色波状层理泥质条带灰岩，产蜓、腕足类化石。全段厚90.7米。3.上豹皮状灰岩段：浅灰、白色厚层块状白云化灰岩，中部夹有白云岩，产蜓化石，厚31.8米。4.燧石灰岩段：底部灰黑色中至薄层炭质泥岩与薄层硅质岩互层，间夹页岩，富腕足类化石；中部深灰色中厚层含燧石条带土质灰岩；上部深灰色中至薄层燧石条带含碳泥质灰岩，间夹页岩，产腕足类化石。全段厚83米。5.块状灰岩段：浅灰、灰色厚层白云化介壳灰岩夹生物灰岩，产蜓、珊瑚、腕足类化石，厚69.4米。茅口组地层共厚385.4米，与上覆地层假整合。织金县茅口组地层顶部，发育一层硅质岩，珠藏镇羊庙大山，硅质岩突出地面像古城墙，厚达160余米，称之为城墙式硅质岩，其形成可能与茅口期晚期与上二叠世界早期的玄武岩喷发有密切关系。

**晚二叠纪** 受华力西期东吴运动影响，西部威宁、赫章县，毕节县西南部和南部，纳雍县西部地壳上升为康滇古陆的边缘地带，以冲积平原相沉积为主，属乌蒙山沉积分区，沉积建造以含煤陆源碎屑岩和大陆溢流拉斑玄武岩为主。其余地区划属三岔河沉积分区，属沼泽平原相沉积，以碳酸盐岩建造为主，另有黏土岩、硅质岩、砂岩、煤层、菱铁岩等。该沉积分区又以毕节市官屯至黔西县北部为界，以北属毕节—遵义沉积小区，以南属安顺—晴隆沉积小区。晚二叠世地层从老到新分峨眉山玄武岩和乌蒙山沉积分区的宣威群及三岔河沉积分区的龙潭组、长兴组和大龙组。峨眉山玄武岩：除毕节—遵义沉积小区缺失外，其余沉积区均有分布，呈现西部沉积厚度大，东部出露零星，如毕节县杨家湾、撒拉溪、野角、长春等地仅有零星出露，黔西县单个玄武岩出露面积仅0.3～2.8平方千米。在早二叠纪晚期，发生玄武岩浆喷溢活动，规模小，分布在威宁、纳雍、织金县南部地带，沉积厚度呈西厚东薄趋势，威宁县南部哲觉的居乐厚度达500～600米，晚二叠纪早期，熔浆继续喷溢，喷发中心位于威宁居乐和织金县南部熊家场一带，使居乐玄武岩沉积厚度累计达1249米，织金县沉积度达数十米以上；分布面积西部比东部大，其中威宁县东北部羊街附近玄武岩几乎占据整个上二叠统地层。峨眉山玄武岩不整合于下二叠统茅口灰岩之上，岩相为灰绿、暗绿色玄武岩，夹火山角砾岩、燧石岩及砂泥岩，厚10～1249米，底部含有的铜、磷、铁等元素在局部地段富集成矿。宣威群：属乌蒙山沉积分区上二叠统地层，以含煤碎屑岩建造为主。下部以深灰、灰绿色黏土岩、鲕粒黏土岩为主，夹沙岩及少量岩屑砂岩，局部地段黏土岩含膏盐假晶，产植物化石；上部由砾岩（或含砾砂岩）、岩屑砂岩、粉砂岩、黏土岩、炭质岩或煤层构成，共含煤4～19层，并由西向东煤层增多，厚度增大。化石以陆生植物化石大羽羊齿植物为主，厚度从西向东35米增至125米，最大厚度达219米。龙潭组：出露广泛，与下伏峨眉山玄武岩呈假整合接触，毕节—遵义沉积小区直接覆于下二叠统茅口组岩层之上。该组含煤层多，是主要产煤层位。岩层由褐黄、灰褐色泥岩，砂岩及灰、深灰色灰岩组成。金沙县境为灰、灰黄、灰褐色页岩，砂质页岩夹灰岩组成。厚67～300米，煤层多产于中、上层位，比较稳定。大方、织金等地煤层达30余层，该组岩层也是黄铁矿主产层位。长兴组：毕节—遵义沉积小区是下三叠统和龙潭组之间岩层，由深灰、灰色中至厚层含燧石生物屑泥晶灰岩组成，产蜓和少量腕足类化石，大方县露布的泥灰岩中盛产菊石，厚40～60米。安顺—晴隆沉积小区由灰、深灰色中至厚层燧石灰岩构成，与下伏地层整合接触，与上覆大隆组呈不整合接触，产蜓、腕足类、腹足类、珊瑚等化石，厚36～100米。大隆组：仅出露于毕节地区安顺—晴隆沉积小区内上二叠统上部岩组，由深灰、黑褐色薄至中厚层硅质岩，夹黄绿色黏土岩构成；黔西一带夹灰岩、泥灰岩；纳雍县境相变为钙质黏土岩。产菊石、三叶虫等化石，厚1米至3米。

三叠系　形成距今2.45亿～2.08亿年，属扬子沉积区的黔西——黔北沉积分区。其中毕节县和纳雍县西部以西划属水城沉积小区，其余地区归属金沙沉积小区。早、中三叠世以海相沉积为主，晚三叠世以陆相沉积为主。全地区一般均缺失中三叠统上部岩组和上三叠统中、下部位岩组。岩相以浅海碎屑岩、碳酸盐岩及陆相含煤砂岩组成，总沉积厚度998～1754米。地层分布广泛，各县均有出露，一般分布于向斜两翼和核部及背斜翼部地带。金沙沉积小区一般分布于毕节县城区、东部朱昌、鸭池南部、海子街，北部东北部的燕子口东部、清水铺、普宜、龙场；大方县西北部的瓢井、八堡、达溪，西部的响水、竹园、双山、文阁，南部鼎新至马场、鸡场一带，东部羊场坝、理化、黄泥塘；黔西、金沙、织金、纳雍县东部大部分乡镇均有出露。水城沉积小区主要分布于纳雍县西南部以角至新房、巴雍至杓可、北部维新；威宁县东部炉山至结里、东南部夸都至龙场、西南部岔河至小米和西部中水一带；赫章县西北部河镇至安乐、北部法都至财神至毕节县西南部大河到青场一带；毕节县北部林口、大渡、生机一带。三叠系地层从老到新依次为飞仙关组、夜郎组、永宁镇组、关岭组、法郎组。缺失上统下部的赖石料组、把南组和火把冲组。三叠系地层产有大理石、重晶石等矿产。

1.下统。属陆地边缘岩相带沉积，以紫色粉砂土 和黏土岩为主。飞仙关组：岩层分两段，下段为灰绿色薄层。岩屑粉砂岩、泥质粉砂岩及砂质黏土岩，顶部时有一层鲕状灰岩或细晶灰岩；西部或西南部富含玄武岩屑及凝灰物质为特征，富含双壳化石，上段由紫红、灰绿色长石粉砂岩、岩屑粉砂岩、砂质黏土岩及黏土岩组成并互层；常夹含铜砂岩透镜体，具有水平层理和斜层理，时见对称波痕；中下部富含双壳类化石。两段共厚258～700米，其中毕节县青场剖面为典型剖面。夜郎组与飞仙关组为同期岩组，分布于金沙沉积小区。岩层由黏土岩、钙质黏土岩、泥灰岩夹灰岩组成，厚400米左右。永宁镇组：由于海浸范围扩大，岩层由浅海台地相沉积岩组成，从下到上分为4个段。第一段浅灰至深灰色薄到中厚层灰岩和泥灰岩；第二段为灰或黄、紫色薄至中层砂质泥岩与灰岩互层；第三段浅灰、灰色中厚层灰岩；第四段浅灰、灰色中厚层白云岩、泥质白云岩及紫红色泥页岩，夹有石膏数层，顶部白云岩常具溶塌角砾状构造。产辫鳃类、菊石和腕足类化石，共厚400～800米。

2.中统。关岭组：与下伏地层连续沉积，下部灰色细粒白云岩、白云质灰岩，时夹角砾构造；中、上部为紫红、灰绿、深灰等杂色砂质黏土岩、钙质黏土岩，夹泥质白云岩、泥灰岩等，厚108～390米。上部由浅灰、深灰色薄至中厚层灰岩、泥质灰岩为主，夹有黄褐色泥质白云岩、钙质页岩，厚0～530米。法郎组：受印支运动影响，大部分上升为陆地，只在黔西县西部和织金、纳雍县局部地带有岩层出露。下部由深灰、灰色中厚层泥晶灰岩、瘤状泥晶灰岩组成，层间有黄灰色泥质充填，厚度小于700米；上部由灰褐色砂质灰岩、钙质粉砂岩及钙质黏土岩组成，化石少见，厚160～238米。

3.上统。中三叠统晚期，受印支运动影响，全部上升为陆地，结束长期以来海浸历史，使三叠系上统缺失下、中部岩层，只有上部二桥组地层出露。二桥组：又名须家河组，为咸水湖相沉积。下部为灰绿、黑灰色砂质黏土岩、薄层粉砂岩、炭质页岩及薄煤层组成，时夹有岩石屑石英砂岩，产植物化石，厚数米至10余米；上部以灰白、褐灰色厚层夹薄层中、细粒岩屑石英砂岩为三，夹有黄绿、灰色薄层泥质粉砂岩、砂质黏土岩，偶夹炭质页岩及薄层煤，富产植物化石，厚200～300米。

**侏罗系** 距今2.08亿～1.45亿年。县市均有地层零星出露，紫红色河流相与湖泊相沉积，出露于向斜核部地带。1974年，贵州省地质局区调队首先在大方县东南部新场发现2米长的恐龙化石（定名中国大方弯曲龙），后又在大方县西部响水等地发现恐龙化石。侏罗系地层以毕节县水箐、市区经大方县双山到织金县城区和实兴乡为界，此线东北属遵义沉积分区，西南属威宁—郎岱沉积分区。

**遵义沉积分区** 岩层分布于毕节县北部太极、小河，东部鸭池至烧杠；大方县新开、上坝、新场；黔西县东北中坪，西南的金碧、寄仲、凹水；金沙县西北太平，中普，东部龙坝，茶园；织金县的杨武寨等地。出露岩组有下统自流井群，中统下沙溪庙组和上沙溪庙组。自流井群：岩层由紫红色泥岩、钙质泥岩、粉砂岩、砂质泥岩及细砂岩组成。局部产地段底部有灰黑、褐色油页岩及含铜砂岩。产植物化石。毕节县该组岩层相变为泥灰岩、钙质泥岩、钙质砂岩和石英砂岩等。全组厚度一般为312～498米，大方县新场堰塘剖面仅厚157.7米。下沙溪庙组：与下伏地层假整合接触，底部为灰绿色厚层块状细至中粒长石砂岩或长石岩屑砂岩；上部为紫红色块状泥岩、粉砂岩，夹浅灰紫红色细至中粒长石砂岩，顶部为2～30米的稳定“叶肢介层”—灰黄、绿色页岩夹粉砂岩及黑色皱纹纸状含油页岩（含油率0.3%～3.25%）。产叶肢介化石，厚220～370米。上沙溪庙组：整合于下沙溪庙组之上，岩相为浅灰、紫红色厚层块状细

威宁郎岱沉积分区

到中粒长石石英砂岩、紫红色泥岩、粉砂岩及砾岩。在金沙县龙坝、茶园一带，多夹有岩屑砂岩、长石岩屑砂岩。产植物化石和介形虫化石等，厚0～1329米。

威宁—郎岱沉积分区　岩层出露于毕节县西南青场、阴底、长春堡，大方县西部响水，纳雍县西部左戛、建新河和东北部沙包，威宁县西南发沙和东南夸部、东北辅处，赫章县西北的葛布、安乐等地。出露岩层有下统的下禄丰组，中统下沙溪庙组和上沙溪庙组，上统遂宁组。下禄丰组：与下伏地层、上覆地层假整合接触。下部为紫红、灰绿色泥灰岩夹石英砂岩及粉砂岩；上部为暗紫红、紫红、棕红等色泥岩夹紫红、黄绿、灰白粉砂岩及石英砂岩，局部夹透镜状灰岩或泥灰岩。毕节市阴底一带底部有10～20厘米的褐铁矿壳以及0.3米厚烟煤层。全组岩层厚326米左右，下沙溪庙组和上沙溪庙组，与遵义沉积分区相似，为河流及湖泊相沉积。威宁县出露两组岩层较完整，共厚700米左右。遂宁组：由紫红色泥岩、页岩、沙质泥岩夹泥灰岩和薄层粉砂岩组成，威宁县辅处等地为典型代表剖面。产叶肢介等化石，厚300～450米。

白垩系　距今约1.45亿～0.65亿年。地层分布零星，出露于黔西东部的朴后、大关等地的山间小型盆地中，威宁县中部的三道河一带。沉积地层为小型断陷盆地堆积或山麓堆积、洪积相沉积，迄今为止尚未在地层中获得化石。三道河群：标准剖面为三道河的聂家院子，属川滇沉积区的川南小区山间盆地堆积的由砾岩、石英砂岩组成，并与下伏地层假整合接触，厚131米。由于受燕山运动强烈褶皱影响，与下伏二叠—三叠系地层一起，构成三道河向斜地貌。黔西县白垩系地层，属扬子沉积区的贵阳沉积小区。岩层由含砾砂岩、砾岩和沙质泥岩组成。砾径大约为5～10厘米，最大40厘米左右，以石灰岩、白云岩为主，部分有硅质岩、黏土岩及赤铁矿等。地层厚度2～100米。

第三系　距今约0.65亿～0.024亿年。缺失老第三系地层，仅有上第三系岩层出露，地层零星分布在威宁县西部中水和中部草海，大方县南部马场，金沙县东部龙坝等地。属在炎热气候条件下的山麓冲积、洪积相地层，由褐红至棕红色石灰质角砾岩、砾岩、含沙砾质泥岩组成。第三系早期地层仅见于大方县马场附近地区，由紫红色块状砾岩组成，厚度约40余米。新第三系地层，以威宁县中水盆地、草海盆地典型，中水高坎子营盘山地层剖面为标准。地层由温暖时期过渡到寒冷时期的山麓冲积—洪积扇形成（即中新世晚期到上新世时期），岩层分3段。下段为灰色砾岩、含砾砂岩、灰黄色黏土岩、含泥沙质黏土岩组成；中段为灰色砾岩、泥质细砂、砂质泥灰岩；上段灰色泥质粉砂岩、灰绿色黏土岩及页岩、黄色含砾砂质黏土岩。中段产双壳类和腹足类化石，上段产轮藻等化石。共厚63.3米。

第四系　大约从240万年前延续至今。由于受新构造运动影响，地壳大幅度抬升，形成复杂多样地貌形态，沉积类型多，以冲积沉积、湖沼沉积、残坡沉积和洞穴堆积为主，洪积沉积、崩塌堆积等次之。地层零星分布于各县的河谷阶地、山间盆地、缓坡洼地和溶洞之中。地层分区大至以东经104° 30′为界，西部属河流—湖沼沉积分区，即威宁沉积分区；东部以河流沉积和洞穴堆积为主的铜仁—兴义沉积分区。主要出露地方有威宁沉积分区的草海盆地、黑石头、垮都；铜仁—兴义沉积分区有赫章县城关，毕节县何官屯关口、青场老鸦洞、瓦窑村、朱昌牛鼻子洞、海子街大洞，大方县的瓢井中洞、路布、长石的小坝、六冲河谷；黔西县南部沙井观音洞；金沙县西北部滥坝、中东部八里、鸭院、禹谟；织金县织金洞；纳雍县中南部加戛、北部以麦地、董地的格拉寨、库东关的猴场等地。其中草海盆地湖沼沉积、观音洞洞穴堆积为贵州省第四系的典型代表地层。

威宁草海第四系地层，从老到新分下、中、上更新统和全新统。下更新统：属鄱阳—大姑间冰期（梨园村—海子头间冰期）沉积。底部是黑石头残积层，由红色、褐黄色黏土，亚黏土组成；顶部属野马川含铜矿之残坡沉积层，厚约数十米。中更新统：属大姑—庐山间冰期（海子头—大龙潭间冰期）湖沼沉积，底部由黑色泥炭层组成，产动物化石；上部是深灰、棕色黏土夹0.4米的白色粗砂组成。共厚17.6米。上更新统：底部为庐山—大理间冰期（大龙潭—大海子间冰期）沉积；顶部属大理冰期（大海子冰期）建造。底部岩层为草海湖沼沉积的棕褐色泥炭层；顶部为陈选屯湖沼沉积的浅灰色亚黏土，并含有少量白云石灰岩的砾石共同组成。厚度约5.5米。全新统：属冰后期沉积建造，底部为厚约9米的黑、灰黑色泥炭层（威宁称海土），顶部由1～2米厚和灰色砂砾岩和灰、灰褐色含砾亚黏土组成。

黔西县沙井观音洞洞穴堆积：沙井乡锦山村观音洞系由石灰岩构成，洞穴海拔1450米左右，主洞长90米，宽2～4米；支洞长5米，宽1～2米。1964～1973年，经贵州省博物馆、中国科学院古脊椎动物与古人类研究所多次发掘，获4000多件石制品和东方剑齿象等23种哺乳动物化石，据考证系国家发现的重要旧石器时代早期文化遗址之一，被命名为“沙井观音洞文化”。洞穴堆积岩层中有更新统大姑—庐山间冰期沉积和全新统沉积。中更新统时，洞穴堆积为灰白、灰黄色黏土和砂及具有棱角的砾石构成，富含鹿牙、犀牛、牛、羊、东方剑齿象等哺乳动物化石，并多旧石器时代早期的石器制品。全新统时，观音洞为冰后期沉积，有残积、坡积、冲积的棕黄色黏土、含砂黏土及砂质黏土，其中杂以基石碎石并常含有褐黄色铁、锰结核，厚0～5米。

## 二　岩　石

毕节地区出露岩类以沉积岩为主，占总面积的92.81%，岩浆岩只占总面积的7.19%。沉积岩中以碳酸盐岩类居多，砂页岩、砂泥岩次之，泥质岩类出露最少。

**沉积岩**　大地构造单元属扬子准地台一部分，沉积岩从震旦系到第四系地层均有产出。其中从震台纪到三叠纪中期属地台型海相沉积，以碳酸盐类岩石为主，伴以部分砂、页岩沉积建造；三叠纪后期至第四纪时为地台型陆相沉积，以碎屑岩、泥质岩为主。沉积岩层褶皱构造主要是燕山期宁镇运动形成。

织金恐龙谷绝壁

1.碳酸盐岩。分布广，占全地区面积的73.3%，以石灰岩和白云岩为主。石灰岩分布广泛，岩类较为齐全，生物成因为主，产出层位多，主要有寒武系下统清虚洞组；

奥陶系下统桐梓组、红花园组、湄潭组，中统十字铺组、宝塔组，上统涧草沟组；泥盆系中统龙洞水组、独山组，上统望城坡组、尧梭组；石炭系下统岩关组、大塘组、摆佐组，中统滑石板组、达拉组，上统马平组；二叠系下统栖霞组、茅口组，上统龙潭组、长兴组；三叠系下统夜郎组、永宁镇组，中统关岭组、法郎组等地层岩组。白云岩出露面积仅次于石灰岩，产出层位主要有寒武系下统的龙王庙组、清虚洞组，中、上统的陡坡组和娄山关群；奥陶系下统湄潭组；泥盆系中统龙洞水组、帮寨组、独山组，上统尧梭组；石炭系下统摆佐组，中统达拉组；三叠下统永宁镇组，中统关岭组等地层岩组。

纳雍关岭瀑布

2.碎屑岩类。以砂岩出露面积较大，其中含煤砂岩占全地区总面积15.6%，紫色、紫红色砂岩次之。砂岩主要产出层位有寒武系下统的筇竹寺组、沧浪铺组、牛蹄塘组和明心寺组；奥陶下统湄潭组；志留系中统寒家店组；泥盆系下统的丹林群、舒家坪组，中统帮寨组和独山组；二叠系下统梁山组，上统宣威群、龙潭组；三叠系下统飞仙关组，上统二桥组；侏罗系中统下沙溪庙组、上沙溪庙组；白垩系三道河群等岩组。碎屑岩类中的砾岩，出露面积不大，主要产于二叠系宣威群和第三系、第四系地层分布地区。

3.黏土岩类。分布范围小。主要有泥岩和页岩。泥岩产出主要层位有寒武系明心寺组，金顶山组；奥陶系十字铺组；二叠系飞仙关组、夜郎组、二桥组和侏罗系地层。页岩产出层出主要有寒武系筇竹寺组、牛蹄塘组、金顶山组；奥陶系湄潭组、五峰组；志留系龙马溪组；泥盆系舒家坪组、帮寨组；石炭系大塘组；二叠系龙潭组；侏罗系自统井群和遂宁组等岩层。黏土岩主产于二叠系梁山组、宣威群和龙潭组，三叠系飞仙关组、夜郎组、关岭组、法郎组、二桥组和第三系、第四系地层。

岩浆岩　岩浆岩出露较少，其中玄武岩（峨眉山玄武岩）分布面积较广，是贵州省主要产出区。其次辉绿岩产出零星。岩浆岩出露面积占全地区总面积7.19%，主要分布在威宁，纳雍、赫章和织金县次之，毕节、大方、黔西县有零星分布。

1.玄武岩。毕节地区玄武岩的喷发活动与东西向的纳雍—瓮安大断裂和北西向垭都—紫云深大断裂关系密切，其沉积厚度与喷发次数成正比，喷发次数从东向西逐渐增多达24次，玄武岩沉积厚度显东薄西厚。威宁县南部哲觉镇居乐厚1249米，是贵州省峨眉山玄武岩最厚地方；织金县境峨眉山玄武岩一般厚度仅数十米，其西南羊庙大山，由于玄武岩喷发使茅口期沉积硅质岩突出地面达160余米，成为城墙式硅质岩。早二叠世晚期玄武岩浆的喷溢，对毕节地区铜、锑、硫铁矿和铁矿等矿产形成有密切关系。

2.辉绿岩。属基性浅成侵入岩，矿物成分与玄武岩相似。辉绿岩体以岩床产出居多，少有岩墙。侵入产出层位自上泥盆系尧梭组岩层至下二叠系茅口组岩层，以茅口组岩层一、二段之间居多。产出零星，出露面小，一般长数百米至数千米，最小面积不足100平方米。分布范围多在峨眉山玄武岩分布区内。主要产于威宁县境，以南部居多；赫章、纳雍、织金、大方县次之。毕节地区铅锌、铜等矿产形成与辉绿岩有一定关系。

## 三 地质构造

**地质构造单元** 区内地质构造单元属扬子准地台的黔北台隆部分。元古代后期受雪峰运动影响，结束地槽发展历史，成为浅海台地相沉积类型。早古生代时期，处于康滇古陆以东的浅海台地，末期受加里东旋回都匀运动影响，大部分上升为陆地，成为黔中古陆一部分。晚古生代早期泥盆世时，受华力西期广西运动影响，早古生代以前沉积盖层发生褶皱和断裂，威宁、赫章、纳雍县部分地区成为滨岸相、浅海相沉积类型。石炭纪时，受华力西期柳江运动影响，毕节地区受海浸范围扩大，毕节县西南部，赫章、纳雍、织金县均属滨海台地相和浅海相类沉积。早二叠世晚期和晚二叠世早期，受华力西期东吴运动影响，除北部外均发生基性峨眉山玄武岩的喷溢活动，威宁和赫章一带再次成为康滇古陆边缘地区，其余县则为沼泽平原相沉积。中生代早三叠世初的印支运动，使全地区沦为大海，成为滨海相、浅海相沉积建造类型；晚三叠世印支运动强烈升降活动，全地区结束海浸历史。中生代末期燕山旋回的宁镇运动，使白垩纪以前地层，再次发生褶皱和断裂。在此后的新生代时期的新构造运动，基础岩层抬升，发生强烈永久变形，成为现今的地质构造格局，展现于川滇、川黔经向构造和南部南岭纬向构造之间。其表现形式有北东向、北北东向、北东东向、东西向、南北向和北西向等不同类型的褶皱和断裂。各种构造形迹，相互交织，使其地质构造复杂多样。按贵州省划分标准，毕节地区地质构造单元划分为：

1.毕节北东向构造变形区。西以垭都—紫云深大断裂带为界，南以纳雍北部到息烽县城附近一线为界，包括毕节县、大方县、金沙县和赫章、黔西县大部，纳雍县北部。其褶皱、断裂构造以横排北东向和北北东向为主，其南缘发育有东西向构造体系。北东向构造主要分布于金沙—毕节—赫章一带。大多数褶皱构造中段呈南东方向凸出的弧形，北段近南北向，南段近似东西向。单个褶皱形态呈“S”形，一般背斜较宽展，核部多出露寒武系等古生界地层；向斜较狭窄，核部多保存三叠系、侏罗系地层。背斜轴部常受纵张断裂的破坏。北北东向呈现于遵义—纳雍之间，东西横排。褶皱规模不大，长数十千米，宽数千米至十余千米，与北东向构造斜交，少数褶皱构造有弯转现象。东西构造带主要分布本构造变形区南部。分南、中、北带：南带，称纳雍东西向构造带，以纳雍断层为代表，两侧为与其平行次级褶皱和断裂，长数十千米；中带称马场东西构造带，以大方马场断层为代表，两侧为次级同向褶皱构造；北带，由几个东西向的穹隆和盆地构造组成。单个穹隆规模数十平方千米至近百平方千米，穹隆多为寒武系中、上统地层，盆地底部多侏罗系地层，矿产以煤、磷、硫铁矿为主。

2.贵阳复杂构造变形区。处于垭都—紫云深大断裂以东，毕节北东向构造变形区以南的纳雍县南部，织金县、黔西县部分地区。本区大地构造是相对隆起地带，处于黔北和黔南不同构造变形区过渡地区。构造上既有北东向、北东东向，又有东西向构造形态。其构造特征：（1）沉积盖层发育不全，缺失震旦纪早期、奥陶纪中晚期及志留纪时期地层沉积。（2）华力西期初泥盆纪时，发生的广西运动产生东西向深大断裂，对以后地质构造、岩浆喷溢活动均有影响。燕山期末白垩纪时发生的宁镇运动，使黔中东西向深大断裂得以进一步加强和定型，并使区内沉积盖层全面发生褶皱和断裂。（3）断裂构造发育，以东西向、北东东向、北东向为主。多短轴褶皱构造，褶皱较平缓，是中国南方大煤田之一。

3.威宁北西向构造变形区。位于垭都—紫云深大断裂以西，包括威宁县东部和北部，赫章县西部，纳雍县西南部等地。在燕山运动时期的宁镇运动时，发生以集中北西向构造为主的褶皱和压性断层构造。其褶皱紧密，呈反排向的“多”字形构造，单个褶皱为长轴状和棱状等；断层多分布于背斜的轴部，并以倾向南西的冲断层为主。在威宁三道河附近，有一系列北东向褶皱与压性断层相伴生，插入北西向构造断续延伸的间隙地带，其中辅处构造盆地即是北东向与北西向构造相互横跨复合的产物。在威宁县西北部还发育南北向的褶皱构造，其轴部岩层由峨眉山玄武岩构成。

4.普安旋扭构造变形区。威宁县西部和南部属普安旋扭构造变形区北翼。构造形态有北西向、北北东向、北东向等类型。褶皱构造一般比较平缓，单个褶皱长数十千米到百余千米不等；区内断层多沿构造线发育。构造区内峨眉山玄武岩分布广，厚度大，其中居乐一带峨眉山玄武岩沉积厚度达1249米。

褶皱构造　毕节地区褶皱构造以短轴褶皱为主，多数褶皱构成背斜成山、向斜成谷的地貌类型。垭都—紫云深大断裂以东，褶皱轴线以北东向为主，次为北北东向、北东东向、东西向的褶皱构造。北东向褶皱，其轴线中段略向南东方向突出，平面形态呈“S”形展现。垭都—紫云深大断裂以西，褶皱构造线以北西向为主，南北向和北东向次之。绝大多数褶皱构造以宽背斜、窄向斜组成隔槽式地形。

1.北东向褶皱构造。主要分布在毕节北东向构造变形区和贵阳复杂构造变形区内，威宁北西向构造变形区和普安旋扭构造变形区展现较少。主要褶皱有：（1）赫章县展布于北部可乐至古基一带，多为平行褶皱组成，一般长20～30千米，个别褶皱轴长5～10千米米。

（2）毕节县黄泥冲背斜，长20余千米，核部由寒武系清虚洞岩层组成，两翼由寒武系中统至侏罗系岩层组成，岩层倾角20°～60°，离核部岩层越远，倾角逐渐增大。毕节向斜，全长41千米，平面呈“S”形，核部为侏罗系地层，南东翼缓，北西翼陡。露郎背斜，长约42千米，核部为寒武系娄山关群岩层，其南北两端近似东西走向，平面呈“S”形。阴底向斜（马场向斜），长约45千米，平面略呈“S”形，核部侏罗系地层，两翼不对称，北西翼陡，南东翼缓。金银山背斜，轴长48千米，平面呈“S”形，核部为寒武系娄山关群岩层和奥陶系下统岩层；北东段背斜轴线大部分被断层所破坏，南西段轴线被斜交断层和横断层所切错。红岩向斜为狭窄向斜，长约30千米，轴向南段转向为北北东—南南西向，核部侏罗系地层，两翼对称并被一组北东—南西向断层切割，使其两翼岩层较陡，轴部平缓。吉场背斜，属宽阔背斜，长40余千米，宽10余千米，北段逐渐倾没，核部出露寒武系地层；中段大吉一带轴部附近，呈现次一级长数十米至几百米，宽数十米至百余米，轴向与主轴相平行小褶曲。

（3）大方县褶皱构造以短轴为主，一般轴长仅20千米左右，规模较大的新场向斜，长45千米左右，核部为侏罗系地层。其他主要有：瓢井向斜、拉鲁向斜、长石背斜、楠木坪背斜、川洞向斜、营盘山向斜、石关口背斜、水打桥背斜、鸡场背斜等。

（4）黔西县北东向褶皱构造分4带：①沙厂穹隆，位于大方县沙厂、大水和黔西县内金坡等乡，轴长50余千米，宽50余千米，核部出露寒武系娄山关群岩组。②革木—黔西复式向斜，从黔西北部中坪、重新经城关至南部雨朵、沙窝（金碧）等地，长58千米。分南北两段，北段简单轴部波状起伏，核部出露侏罗系自流井群岩层；南段构造复杂，以长约7千米，宽8千米，三叠系地层为主体的黔西向斜和次一级木渣黑背斜、八寨背斜等褶皱构造组成。黔西向斜东北、西南两端均向上翘起，使地表面貌类似“舟”状。其南北两段间被双马断层所破坏。③老熊坡—化起复式背斜，从黔西县的雨朵、甘棠向东北延伸经协合、中坪进入金沙县禹谟、安底、木孔、源村等乡镇后进入遵义（金沙县称安底背斜），全长100余千米。黔西县核部为二叠系岩层，并由次一级陆家寨背斜、耳海背斜、磨盘山向斜、偏坡窑背斜、羊场背斜、雨朵向斜、高坡背斜、关寨向斜、化槁林背斜构成，其南段，受东西向褶皱和断层影响，复式构造地表面貌不太清晰；金沙县轴部由寒武系娄山关群岩组构成，次一级褶皱有禹谟向斜、安底背斜等，在源村、木孔、岚头等地复式褶皱比较平缓，地表面貌多以小丘、坝地为主。④假角山—马场复式向斜，分布于东部协合、素朴、谷里和大关一带，包括钟山向斜、治钟（龙盖）背斜、牛场向斜、朵机坝（素朴）向斜、铁盔山向斜、硝厂背斜等次级褶皱。其复式向斜全长30余千米，宽5千米至10千米，由二叠系和三叠系岩层组成，因受东西向断裂带影响，褶曲均受到破坏。

（5）金沙县境北东向褶皱除老熊坡—化起复式背斜（安底背斜）外，有吴家寨背斜、茅台向斜、岩孔背斜、金沙向斜等。吴家寨背斜：从马路、清池、石路一带向东北延伸至仁怀市，县内全长30余千米，宽10千米左右，轴部由寒武系岩层组成。茅台向斜：由仁怀市入羊跳、阳波等地，县内长6千米，核部系侏罗系地层。岩孔背斜：由仁怀市—遵义县入县境，属松林—岩孔背斜西段。背斜核部宽缓，轴部由震旦系灯影组白云岩构成；两翼不对称，北西翼较陡，南东翼较缓；地表面貌类型属浅切割中低山垄岗谷地形态。金沙向斜：属遵义县鸭溪向斜的西南端部分，核部出露侏罗系地层，两翼岩层较为平缓；县长约17.5千米，宽10千米左右。其他北东向褶皱有长岗向斜、高桥向斜、麻窝寨背斜、翁贡水向斜、核桃窝背斜等。

（6）织金县北东向褶皱构造多与成煤关系密切，并以短轴构造为主，和纳雍县东部北东向褶皱构造构成东西排列的“多”字形构造格局。从西向东主要有三塘向斜、后寨背斜、阿弓向斜、地贵背斜、珠藏向斜、桂果向斜、化起背斜等。这些褶皱呈长条形紧密排列，延长多为50千米左右，由古生代岩层和中生代三叠系岩层构成，古生代岩层出露面积大，并有少数背斜出露震旦系岩层，个别褶皱遭受断层破坏。

（7）纳雍县北东向褶皱构造，除西南部外，均有分布，以短轴褶皱为主。七棵树短轴复式背斜，展示于县内东部，由以则孔背斜、水东背斜、垮桥背斜、张维背斜等次一级背斜构成，核部由震旦系灯影组和寒武系下统岩层构成，北西翼较缓，南东翼较陡，由于受北东向断裂影响，其复式背斜较为破碎。义中河—以支塘复式向斜，由乐治向斜、龙古背斜、以支塘向斜等次一级褶皱构成，向斜核部由三叠系岩层组成，背斜轴部为古生代岩层，该复式向斜的南西段受东西向的纳雍—瓮安深断裂所控制。金盆弧形向斜，分布于县内西北部，主体部分在左戛乡坡其一带，核部以三叠系岩层为主，零星出露侏罗系地层；北西翼较为平缓，南东翼陡，两翼不对称。

（8）威宁县北东向构造：小米—哈喇河向斜构造，从小米轴向延至哈喇河利必村一带，全长约34千米，宽2～8千米，核部由侏罗系中统、下统及三叠系上统岩层组成；南西端由于被断层所切割，致使岩层重复出现。三道河向斜，出露于三道河、辅处一带，核部为三叠系上统岩层和白垩系地层，翼部由二叠系、石炭系岩层构成；该向斜与北西向构造带相互横跨，形成辅处构盆地。则姑块背斜位于三道河向斜附近，其轴部由石炭系岩层构成。

2.北北东向褶皱构造。在毕节北东向构造变形区内大方县的北北东向褶皱构造，多以短轴为主，东西横排呈“多”字形构造。单个褶皱规模不大，长数十千米，宽从数千米到数十余千米，并与北东向褶皱斜交，形成褶皱分叉。大方县西部北北东向褶皱主要分布于双山、响水、坡脚等地，多由中、下三叠统地层受燕山期宁镇运动挤压而成，形成复背斜组合形式，背斜轴部岩层倾角较缓，背斜两翼和向斜两翼岩层倾角较陡，主要有拉塘背斜、响水背斜和普底背斜；大方县东部六龙和百纳一带，具有复杂式背斜组合特点，长约20余千米，宽约7.5千米。由聚河向斜、冒沙井背斜、干田背斜、詹家寨背斜、苗寨向斜等组成，除冒沙井背斜由寒武系娄山关群和二叠系下统岩层组成以外，其余背斜核部由二叠系上统岩层组成，向斜核部由三叠系下统岩层构成。背斜在地貌上构成山地。

3.纬向褶皱构造。主要分布在北纬26° 45′ 至27° 30′ 之间，分为北、中、南3带。北带称“穹盆”东西构造带，由穹隆和盆地呈东西排列组成。从西向东有锅厂穹隆、沙厂穹隆、中坪盆地等。其中锅厂穹隆东西长6.5千米，南北宽5.5千米，核部出露二叠系下统栖霞灰岩，四周由二叠系茅口组灰岩构成。中带马场东西构造带，主要由马场复式向斜构成，沿六冲河谷东西展现，西起纳雍县董地，东至大方六圭河一带，包括六冲河向斜、则鸡向斜、野麦地向斜、中寨向斜、中坝向斜和屯脚向斜等，全长50余千米。向斜核部多出露三叠系下统飞仙关岩层和中统关岭组岩层。马场复式向斜中以六冲河向斜规模较大，长15千米左右，核部为飞仙关组岩层，两翼由二叠系岩层构成。中带还在黔西县绿化乡天平—石桐树一带有规模较小复式背向斜构造分布，并切割北东向老熊坡—化起复式背斜，全长14千米左右，宽约7～8千米。从北向南由白岩脚背斜、天平哨向斜、老鸹河背斜、大海子向斜等构成。向斜核部由三叠系中统法郎组岩层，背斜轴部由三叠系统永宁组和中统关岭组岩层构成。南带称纳雍东西向构造带。由于受纳雍—瓮安深大断裂的影响，在断裂带两侧有东西长数十千米褶皱构造。主要有：西部白泥箐向斜，核部由三叠系岩层构成，翼角平缓；斗篷箐背斜，轴部由二叠系茅口组岩层、翼部由峨眉山玄武岩构成；其他有张家湾镇勺座背斜和纳雍河背斜等。威宁县普安施扭构造变形区纬向构造的垮都向斜、长16千米，宽约6米，属短轴褶皱构造，核部由侏罗系中统岩层，翼部由侏罗系下统和三叠系岩层构成。

4.北西向褶皱构造。受垭都—紫云深断裂影响，分布在赫章县西部，纳雍县西南部，威宁县东部、北部，以北西向褶皱构造为主。赫章县垭都—窝背斜，多为断裂构造所破坏不完整。纳雍县百兴向斜，形态不甚明显，核部由三叠系中统岩层，翼部由三叠系下统岩层构成，褶曲平缓；银厂沟背斜，由二叠系和三叠系岩层组成。威宁县威水大背斜，从六盘水市钟山区入境，经山王庙、金钟止于草海，全长60余千米，核部为石炭系下统地层，翼部石炭系中统和上统及二叠系岩层构成，褶皱紧密，山王庙一带，翼部倾角大，地表地势陡峻；草海附近，翼部倾角小，地表趋于平缓。云贵桥背斜，位于威宁县西北部，核部由泥盆系中、上统地层，翼部由石炭系下、中统地层构成，由于受近南北向石门坎断裂所切割而不完整。

5.南北向褶皱构造。威宁县西北部有海库向斜和大街背斜等。海库向斜长约5千米，核部为峨眉山玄武岩，翼部由石炭系和泥盆系岩层构成，倾角中等。大街背斜，由石炭系和二叠系岩层构成，与海库向斜向受断层切割不完整。

**断裂构造** 1.北东向、北北东向、北东东向断裂。主要展布于毕节北东向构造变形区和贵阳复杂构造变形区内，一般规模较小，主要有：（1）毕节县南部野角断层、铧厂断层、中部何官屯断层、响水滩断层，北部层台断层、播札断层、阿市断层和普宜断层。野角断层，长24千米，正断层，断距600米左右，断面倾向南东，倾角50°～60°；断层南段上盘为峨眉山玄武岩和下二叠系茅口组灰岩，下盘为中、上寒武系娄山关群岩组；中段和北段上、下两盘均由娄山关群岩组构成。铧厂断层，正断层，上盘为下二叠系岩组，下盘除西南段由下二叠系下统岩层构成外，其余均为寒武系下统清虚洞组和中上统娄山关群岩层；断距1000米，断面倾向北西，全长23千余米。何官屯断层，长约20千米，正断层，断距400～500米，断面倾向北西，倾角约80°，上盘由二叠系栖霞组至龙潭组地层构成，下盘为二叠系梁山组至茅口组地层，断层线一带角砾岩和方解石脉较发育。响水滩断层，长45千米左右，正断层，断距约500米，切割二叠系和三叠系岩层，倾角50°～70°，平面展布形式为“S”形。岩头寨断层，长16千米，正断层，断距150米，倾角80°，上盘为二叠系栖霞组至龙潭组岩层，下盘由二叠系梁山组至茅口组岩层构成。层台断层，亚扭性正断层，全长15千米，断距250～300米，断面倾向北西，倾角55°。播札断层、阿市断层、普宜断层是一组北东向断层、平面展布格局呈“S”形，倾角大于55°，除普宜断层为正断层外，阿市和播札2断层属亚扭性正断层，断距500～1200米。阿市断层下盘为寒武系中上统地层，上盘出露奥陶系地层，阿市和播札二断层均切割二叠地层。

大方大水断层

（2）大方县断层，规模较小，以

正断层为主。北东向断层主要分布于南部和中部，北部较少；北北东向断层主要展现于中部一带。北东向断层南部和中部自西向东排列有切割二叠系地层的抬沙一带山脚断层，县城西的大方断层，切割三叠系地层在白果、白布一带的老官寨断层，理化一带的羊场坝断层，黄泥塘附近的猫场断层，在拱到化联一带的在拱断层等；北部自西向东有切割寒武系和奥陶系地层八堡乡西部的菱角塘断层，切割二叠系和三叠系地层瓢井镇附近的野骡断层、长石断层和达溪断层。北北东向断层有切割三叠系岩层的双山断层，抬沙至补路冲一带的湾子头断层，马干山一带的凤云场断层。南部和中部断层一般长度为12～20千米，羊场坝断层最长达40千米左右；北部断层一般长10～30千米，最长菱角塘断层达50余千米，断距200多米，属逆断层。

响水滩断层，2010年

（3）黔西县北东向断层主要分布在县内东部：展布于店子场、大关一带的店子场—讨瓦断层，受东西断裂切割属逆断层，部分地段为逆掩断层，全长65千米以上，断距大部分200～400米，少数地段800米，北段倾角大于50°，南段倾角30°～40°之间，大关以北切割二叠系下统茅口组到三叠系法郎组岩层，大关一带断层东侧出露白垩系下统岩层。安东场断层位于曾家坝、素朴和安乐场一带属逆掩断层，长约50千米，断层线破碎带宽50米左右，东南盘出露较老岩层，北西盘岩层较新，出露岩层从寒武系中上统娄山关群到二叠系、三叠系岩层。其他北东向断层有双马断层、寒婆岭断层、烂田湾断层、化觉断层、沙河坝断层等。北东东向断层有：位于林泉、纸厂一带林泉断层，属扭性平移断层，全长17千米，断层面倾向北北西，倾角约70°，断距大于50米，断裂发育在三叠系下统和中统岩层之上，断裂带上有方解石脉。位于寄仲至金碧一带寄仲坝断层，属正—平移断层，长35千米，断距约350米，上、下两盘出露三叠系中上统和侏罗系下统地层，断层北段走向接近东西方向延伸。分布于协合、甘棠一带龙家湾断层，长30余千米，最大断距达400米，断层线上常见宽1～5米角砾岩，其中段韩家店附近有长约4千米，宽500米的构造透镜体，断层两盘出露二叠系茅口至三叠系法郎组地层，并使老熊坡—化起复式背斜北段轴位左向位移500米左右。绿化乡西北洪家寨断层，长12千米，东北端与北东向店子场—讨瓦断层斜交，断距300米，两盘地层为二叠上统龙潭组至三叠系中统关岭组岩层，倾角50°，走向70°，属平移断层，并切断蒋家寨背斜和谷里向斜，使其褶曲轴位左移1～2千米，褶曲线因扭动牵引，引起局部偏转。其他规模较小的北东东向断层有雨洒断层、官寨断层、潘家沟断层等。

（4）金沙县北东向和北北东向断层有：安底断层位于安底背斜轴部，由黔西县入境经安底到茶园附近止，全长30余千米，亚扭性断层，断面倾向南西，倾角70°～80°，两盘岩层为寒武系下统牛蹄塘组、明心寺组、金顶山组到中上统娄山关群岩层；断裂带在箐沟处产生北西向次一级亚扭性断层。清池附近石家院子断层，展布于中普向斜西北翼，由仁怀入境至石家院子，全长约44千米，逆断层，产生于二叠系下统梁山组、栖霞组、茅口组岩层之上。其他北东向、北北东向断层有清池中普断层、马路断层，箐门乡环路断层，高坪乡至黄泥的断层、偏岩河西侧青山断层等规模小断层，长度均在10千米以内。

（5）织金县北东向断层有起于三塘镇干河村，经团结村到后寨乡，属发育在石炭系地层之上的麻窝寨正断层；从城关北门村起，经木戛、三甲到纳雍鼠场村、红岩河一带止的大戛正断层，属正断层；该断层南西段切割石炭系地层，北东段发育在二叠系岩层之上。有从白泥乡新寨村一带起经熊家场乡新麦到龙场镇止的新麦断层，全长60余千米，属逆断层；除北东段产生于三叠系地层中外，大部分产生于石炭系地层之中。有规模较小的大陌逆断层，起至大陌，经自强到佘家坝一带。

（6）纳雍县北东向断层，分布于东部，主要有黎苏河断层和大新厂断层。位于王家寨镇家猫村南东侧黎苏河断层，属亚挤性正断层，全长约23千米。断层线切割二叠系和三叠系岩层并在断层线一带发育透镜体构造，南西段切割加戛背斜。位于黎苏河东侧并与之平行的大新厂断层，属亚扭性正断层，断层切割震旦系上统、寒武系下统，以及石炭系至三叠系地层。

（7）威宁县境北东向断层，主要有横贯威宁中部断层，从海拉乡起向东北延伸至羊街镇附近，断层线北东段略向南东方向突出与北西向水城大断裂斜交；南西段与南北向石门坎断裂相接，长约70千米；该断层主要发育在石炭系地层之上，南西段切割二叠系岩层。

（8）赫章县北部德胜至画眉属高倾角压性断裂为主的断层，断距300～500米，最大达1500米，断裂破碎带，常见角砾岩。其他有猫猫厂断层等。

2.东西向断裂。（1）纳雍—瓮安大断裂。属黔中深断裂西段，西端起于垭都—紫云深断裂，向东经纳雍、织金县北部，延至开阳，止于余庆县中关附近，其南属贵阳复杂构造变形区，北为毕节北东向构造变形区，毕节地区长约130千米，区内西段纳雍县属正断层，东段属亚扭性逆断层，倾角60°～80°，垂直断距2000余米。区内断裂带上有火山集块岩和角砾岩分布，并控制玄武岩分布，同时对铅锌矿形成起重要作用。断裂沿线还分布一系列中生代晚期和新生代时期断陷盆地沉积的红色岩层。

（2）马场断层。西起纳雍县北部，向东经大方县境马场延伸至黔西县境，与纳雍—瓮安大断裂平行，全长80余千米，属亚扭性正断层。断面倾向北或南，倾角60°～80°，水平断距500～1000米。断裂带发育在石炭系、二叠系、三叠系和侏罗系下统地层中，断裂带沿线有小块中生代、新生代红色岩层分布。

（3）岩孔断裂。由平行的岩孔F1和岩孔F2断裂构成。岩孔F1断裂，从金沙县石场乡雨下寨附近起经岩孔向东出县境。倾角70°～80°，水平断距600～800米，断裂带内有棱角分明，直径0.5～2厘米不等的角砾岩，断裂带上白云岩溶蚀成蜂窝状，并有方解石脉化，岩孔盆地受此断裂制约形成。岩孔F2断裂，经金沙县环路、岩孔向东进入遵义市，全长57千米。断裂切割寒武系下统牛蹄塘组、明心寺组和金顶山组砂页岩及寒武上统娄山关群白云岩。断裂破碎带宽150～200米，倾角75°，断裂带内节理发育，并有方解石脉化产生。平坝盆地受此断裂影响形成。

（4）规模较小的东西向断层。有位于黔西县石桐树断层，发育在三叠系下统至中统夜郎组到法郎组岩层之中，属扭性逆断层，倾角60°～70°，水平断距最大达300余米，断层带内有宽约10米左右的破碎带。金沙县新化至大田的大田断层，发育在二叠系岩层中。织金县纳雍乡和大坪乡一带三叠系岩层中发育的逆断层也属于东西向断层。

3.北西向断裂。主要分布在威宁县境和纳雍、赫章县西部。（1）垭都—紫云深断裂。属区域性大断裂，规模大，是毕节地区主要断裂构造之一。从云南省大关县、彝良县进入赫章县境，经倮木戛、垭都一线，入六枝特区到紫云县、罗甸县一带。赫章县长约54千米，属中生代以前形成的古断裂，断裂带深入到泥盆系、石炭系和二叠系地层之中，在三叠系岩层内尖灭，地表呈半隐状状态，断层面倾向南西的高倾角断裂。垭都—紫云深断裂是二叠纪时玄武岩喷溢的主要通道，断裂带西南侧威宁县成为贵州省玄武岩沉积厚度最大地区，并对毕节地区地质构造发展与菱铁矿、铅锌矿等矿产的成矿起主要作用。

（2）水城断裂。位于垭都—紫云深断裂西南侧并与之平行断裂，断裂属沿威水大背斜延伸的冲断层，在威宁县长约54千米，是毕节地区重要断裂之一。其南东段切割石炭系地层，北西段切割二叠系地层。

（3）苞谷山逆断层。位于纳雍县西南苞谷山的北东侧。沿加戛背斜延伸，倾角60°左右，断层带内苞谷山附近产生60～70米宽破碎带，其北侧还伴生次一级规模小的尖山脚断层。

（4）其他北西向断层，在赫章县境有规模较小亚性断裂小矿山—九股水断裂，天桥—发达断裂，回水塘断裂；威宁县东南部么站断层等。

4.南北向断裂。毕节地区南北向断裂构造展现较少，主要有威宁县西部石门坎断裂。整个断裂带纵贯威宁北西向构造变形区和普安旋扭构造变形区，属区域性断裂构造。石门坎断裂南北两端均在云南省，威宁县境展布于石门、牛棚、斗古和岔河一线，长92千余米，属高倾角扭性逆断层，断距一般达数百米，垂直断距1500米以上。断裂切割寒武系、泥盆系、石炭系和二叠系地层。断裂线两则玄武岩厚度大，东侧居乐玄武岩地层剖面达1249米。

## 第二节　地　貌

### 一　地貌类型

**地势**　毕节地区地势从西向东逐渐降低，形成三级阶梯。西部威宁县、赫章县西部为滇东高原东延部分，平均海拔2006～2400米，为第一级阶梯，是贵州省第一级阶梯重要组成部分；是金沙江支流、乌江上游、北盘江支流的分水岭地区。此级阶梯中部河流溯源侵蚀切割浅，相对高差较小，地表起伏和缓，高原面貌保存较好；四周边缘部分，受乌江上游、金沙江支流洛泽河和牛栏江及其支流哈喇河、北盘江支流可渡河等水系溯源侵蚀，河流切割较深，相对落差较大。威宁县龙头山平箐梁子，海拔2879.6米；洛泽河出省界处，河面海拔1185米，三岔河上游二塘河谷海拔1900米以下，相对高差分别为1694.6米和979.6米以上。赫章县东部、毕节县、大方县、纳雍县、织金县西部平均海拔1400～1800米，为第二级阶梯，是贵州省西部向中部过渡地带。此阶梯以六冲河为界，分南北两部分。

毕节地区及八县市海拔高程统计表

单位：米

| 地点 \ 高程 \ 区域 | | 毕节县 | 大方县 | 黔西县 | 金沙县 | 织金县 | 纳雍县 | 威宁县 | 赫章县 | 全地区 |
|---|---|---|---|---|---|---|---|---|---|---|
| 市、县所在地 | | 1475 | 1690 | 1219.8 | 910 | 1309 | 1456 | 2230 | 1535 | |
| 海拔最高 | 地点 | 乌箐山 | 龙昌坪大山 | 八抱山 | 白泥窝大山 | 双羊岩头 | 癞格宝大山 | 平箐梁子 | 小韭菜坪 | 小韭菜坪 |
| | 高度 | 2218 | 2316 | 1898 | 1884 | 2261 | 2476.4 | 2879.6 | 2900.6 | 2900.6 |
| 海拔最低 | 地点 | 里匡岩 | 第尔河出境处 | 野鸡河入鸭池河口 | 赤水河出境处 | 三岔河与六冲河交汇处 | 六冲河与武佐河交汇处 | 洛泽河出省界处 | 六冲河与刹界河交汇处 | 赤水河出境处 |
| | 高度 | 470.1 | 709 | 704.4 | 457 | 861.5 | 1054 | 1185 | 1230 | 457 |
| 相对高差 | | 1747.9 | 1607 | 1193.6 | 1247 | 1395.51 | 1620.4 | 1694.6 | 1670.6 | 2243.6 |

北部从毕节市西南部起至大方县中部一线分别向北部赤水河谷和南部六冲河谷降低，毕节县金银山（海拔1710米）到大方县老哇山（海拔2019米）一带是乌江流域和赤水河流域分水岭；南部纳雍县和织金县西部是黔中隆起西段，地势分别向北部六冲河谷和南部三岔河谷降低，成为乌江南源三岔河、北源六冲河分水岭地带。第二级阶梯河流切割深，相对高差较大，地形崎岖，成为山原地貌景观。金沙、黔西县，织金县东部，平均海拔1000～1400米，为第三级阶梯，是贵州省地势第二级阶梯组成部分。该级阶梯地势从西向东和东北部降低。最高点黔西县西北部八抱山，海拔1898米；最低处赤水河出境处，海拔457米。北阶梯是典型山原和丘陵分布区，也是毕节地区坝子较多地带。

**山脉** 1.乌蒙山脉。位于赫章县西部和威宁县境，其山系沿构造线成北北东—南南西走向延伸，是牛栏江、洛泽河、可渡河、乌江的分水岭，平均海拔2000～2600米，主要由西、中、东3条山脉构成。西支山脉南北两端均在云南省，北从云南省昭通市凉风台入境，经威宁县西部麻窝山、龙头山出境到云南，主峰龙头山平箐梁子，海拔2879.6米。中支山脉，位于威宁县中部，北起灼圃陡母岩，南延西凉山、陆家大营、马摆大山进入云南省，主要山峰有海拔2662米花子头垴包，海拔2860米西凉山，海拔2853米陆家大营，海拔2762.6米马摆大山。东支山脉位于赫章县西部和威宁县东部，主要山峰有赫章县境大韭菜坪海拔2774米，小韭菜坪海拔2900.6米；威宁县境祖安山海拔2833.9米，罗碧大山海拔2690米，雨布块梁子海拔2665米。毕节地区乌蒙山脉相对高差较小，除威宁高原边缘山势较高峻外，高原内部山势起伏和缓。

2.大娄山脉。毕节地区属大娄山脉的西段部分，起于赫章县东部向东北延伸经毕节市、大方县北部、金沙县进入遵义市境，山脉走向沿东北—西南构造线延伸，北东向构造线略向南东方向突出，山脉也向南东方向突出，平面上呈S形展布，大娄山在毕节地区段是赤水河水系和乌江水系分水岭，平均海拔1500～2000米，相对高差500余米。大娄山系包括赫章县结构梁子、青山梁子；毕节县拱拢坪坪梁子、扫把箐梁子、火冲沟梁子、猪拱箐、茅坪梁子、垮山、北镇关梁子、金银山；大方县青龙山、火烧箐；金沙县石包山、五星山、油尖山、国老坪大山、猴子坟大山、芦竹山、八宝山、黑达山等。由于大娄山地受褶皱和断层所控制和六冲河北岸支流和赤水河南岸支流侵蚀切割，山峦重叠，山地与沟谷交错分布，地表崎岖。主要山峰有：赫章县茅草坡海拔2197米，青山石鸭口海拔2299米；毕节县扫把箐梁子海拔2154米，茅坪大山海拔2084米、垮山海拔2056米、金银山海拔1710米；大方县火烧箐海拔2102米，后山海拔2085米、老哇山海拔2079米；金沙县白泥窝大山海拔1884米、烂泥塘大山海拔1567米。

3.老王山脉。位于威宁县东南部，受北西向威水大背斜和垭都—紫云深断裂控制，山脉呈西北—东南走向延伸，西北端与乌蒙山东支相接，东南端延伸到六盘水市，成为乌江上游三岔河水系与珠江水系的北盘江支流可渡河分水岭。老王山在威宁县境平均海拔2000米，相对高差700米以上，主要山峰老鸦箐海拔2516米。

4.其他山脉。在毕节北东向构造变形区内大方、黔西县境有一系列短轴褶皱山地。大方县西南部牛集大山，主峰龙昌坪大山海拔2316米成为大方县最高点；中部主峰公鸡山海拔2092.5米。黔西县西北部受沙厂背斜南翼控制的八抱山，全长18千米，主要山峰有母岩坡海拔1749.2米，县内最高八抱山海拔1898米，五指山海拔1718.9米；南部有从大关镇梨树至沙井羊场的大箐坡山地，主要山峰大箐坡海拔1678.3米，老鹰岩、猫洞大坡海拔1630米；东北部受安底背斜南段控制的映山红大坡，长16千米，主峰1552米及主峰海拔1606.9米的将军山和主峰海拔1521.6米的营盘山等。织金、纳雍县和赫章县东南部古达、威奢、松林坡等乡一带受黔中隆起北东向构造控制，形成一系列脉络清晰的东北—西南向褶皱山地。主要有赫章县雨磨山，主峰海拔2440米。纳雍县从西北部到东南部排列的一系列东北—西南走向的山地：癞格宝大山，主峰海拔2476.4米；石大人梁子；昆寨马背梁子；马鬃岭，主峰海拔2331.8米；斗篷箐；杓座大山；解板箐。织金县西北部铧口大山山系，由多吉山和落圈山组成，主峰铧口大山，海拔2122米；中部凤凰山系，主要山峰羊庙大山海拔2053米，凤凰山海拔1839米。在织金、纳雍县西南部还展布一系列西北—东南走向山系。其中织金县高石庄山系，主峰双羊岩头海拔2264米。纳雍县苞谷山，主峰海拔2145米；银厂沟大坡、主峰海拔2124米；坡戛梁子，主峰海拔2091米；岩窝大坡，主峰海拔2094米。赫章县东南部和纳雍、织金二县山地在地貌上构成乌江上游南源三岔河，北源六冲河的分水岭，受河流侵蚀、切割，山地连绵，地面崎岖不平。

牛栏江高原

**地貌类型**　1.高原。主要分布在威宁县中部一带及西北部迤那、牛棚等地，高原面保存较好。其次赫章县舍虎梁子、结构梁子、大韭菜坪、雨磨山及西南部妈姑镇保存有原始高原面残留部分。纳雍县中西部解板箐至斗篷箐、苞谷山至加戛一带残留有高原剥夷面。高原地区处于河流源头地带，河流溯源侵蚀弱，地面波状起伏，一般相对高差小于20米，海拔高度均在2000余米，碳酸盐岩分布广，威宁县中部一带是典型喀斯特高原地貌类型。

2.山地。按毕节地区地貌划分标准，海拔1900～2900米，相对高差大于700米，属高中山山地；海拔1400～1900米，相对高差500～700米，属中中山山地；海拔900～1400米，相对高差300～500米，属低中山山地；海拔高度小于1000米，相对高差在200～300米，属低山地区。全地区山地以中中山为主，高中山、低中山、低山次之。

（1）高中山：除东部金沙、黔西县外，其他县市均有分布。威宁高原的外围，赫章县北部、西部、西南部和南部，纳雍县西北部癞格宝大山向东南延伸经苞谷山至加戛、杓座一带，毕节县西南部青场经长春堡至何官屯，大方县西南部鼎新至绿塘、东北部百纳和星宿、西北部兴隆，织金县西部中寨至落处、阿弓、少普一带属高中山地区。高中山地区河流溶蚀侵蚀、冲刷强烈，切割深、坡度陡，地表崎岖。以溶蚀作用的高中山为主，侵蚀—剥蚀的高中山次之。

（2）中中山：分布于威宁县境周边可渡河、牛栏江、洛泽河沿岸局部地带；赫章县六曲河至哲庄，城区至野马川、平山、古达等地；毕节县从层台、小吉向南经八寨坪、海子街、市区到朱昌一带中东部地带和西北部林口一带；纳雍县东北部地区，西南部左戛经新房至阳长、百兴一带；大方县西南部文阁乡毛栗、素合到绿塘至鼎新长冲，东南部龙洞至陇公，中部和北部瓢井、八堡、达溪、凤山、大山；金沙县西部湖水、三岔到新化、大田和安洛，南部高坪一带；黔西县西北部金坡、红林一带，西南部金碧南部，中部甘棠北部，东北部中坪、中建和东部素朴南部；织金县境中部中中山地较为普遍，其中东北部和东南部与低中山地貌构成相间分布地区。中中山地貌以碳酸盐岩构成为主，砂页岩构成次之。碳酸盐岩构成的中中山受流水侵蚀—溶蚀作用强，重峦叠嶂、悬崖峭壁、沟深谷幽，麻窝（漏斗）普遍，地下洞穴发育。砂页岩构成中中山，受到流水侵蚀强，山高坡陡、地表崎岖。

（3）低中山：主要分布于东部地带黔西、金沙县境。黔西县除西北、东北、西南部的部分地区外，均以低中山地貌为主。金沙县除西部、西南部部分地区及东部安底、禹谟、茶园、龙坝、平坝、岩孔、城关以外地区均属低中山地貌。织金县东北部和东南部部分地区属低中山地貌。中部低中山主要分布在六冲河毕节县田坝镇以下河谷地带和支流落脚河（百甫河）、木白河、凹水河下游地区，三岔河北岸支流下游地段；北部赤水河流域的毕节县清水铺、普宜、龙场营、田坎等乡镇和金沙县马路、清池一带。西部低中山范围小，仅限威宁县可渡河沿岸龙场镇部分乡村，牛栏江畔玉龙乡部分地区，洛泽河汇合拖洛河处。由碳酸盐岩构成的低中山，由于溶蚀作用，基岩裸露，地表缺水，地表面貌多以峰丛洼地为主。砂页岩构成低中山，侵蚀作用强，山体多呈脊状，地表沟壑纵横，水系较为发育。

（4）低山分布在金沙县中东部长坝、安底、茶园、岚头、禹谟、龙坝以及西洛、桂花、平坝、后山等乡镇部分地区，由于河流切割浅，其间分布坝子（盆地）和宽谷，是毕节地区主要农耕地区。黔西县六广河和织金县三岔河、六冲河沿岸个别地段，赤水河谷从毕节市团结乡到金沙县清池镇石路村一线低山地区，受河流切割，山势较陡，热量条件好，是发展亚热带经济作物的地区。

2.丘陵。丘陵分布广泛。相对高差在200米以下低山地中，海拔1900米以上属高丘陵，海拔1000～1900米为中丘陵，海拔低于1000米为低丘陵。

（1）高丘陵。分布在威宁县中部灼圃、法地，小海和大街等乡镇，西北部龙街镇的龙街至马踏；赫章县北部和西南部；毕节县野角乡至水箐镇；纳雍县西北羊场乡曾底坝、中部勺窝乡。

（2）中丘陵。分布在毕节县中东部八寨坪镇的金银山至海子街镇到朱昌镇，西南部杨家湾镇至放珠镇；大方县中部达溪镇、百纳乡、六龙镇南部，沙厂乡西北部；纳雍县北部和东部维新、龙场、寨乐、王家寨、乐治、老凹坝，西部左戛乡的坡其、新房乡，南部百兴镇；黔西县北部定新乡寄仲，重新镇龙塘，西南部锦星乡凹水，五里乡寄仲河与龙滨河口一带；织金县东北部、东南部和盆地边缘地区均有分布。

（3）低丘陵。主要分布在金沙县清池镇南部的中普、石场乡东北部青木和构皮，东部沙土、源村、官田、长坝、平坝、岩孔。碳酸盐岩构成的高、中、低丘陵，多数丘顶平缓，坡度较陡，为裸露石丘或半裸露丘陵，丘间洼地和槽谷面积较大，土层厚，是主要农耕区。砂页岩构成丘陵，风化层较厚，丘坡上细沟发育，水土流失较为严重；其丘间洼地面积较大，土壤发育程度高，为稻田分布地区。

3.盆地和河谷平地。（1）盆地。毕节地区盆地分布广，数量多，面积大小不等，大的称坝子，较小的称麻窝，金沙县超过100亩的盆地有226个。按海拔高低分高、中、低盆地，全地区只有高、中盆地。高盆地主要分布在威宁县和赫章县西部，有威宁县草海盆地，赫章县可乐坝子、辅处—葛布坝子。中盆地主要分布在地区中东部，主要有赫章县野马川—甘河坝子；毕节县阿落米坝子、层台坝子、总基坝子、豪沟坝子、前所坝子、田坝桥坝子、朱昌坝子、田坝坝子、青场坝子；大方县八堡坝子、响水坝子、理化坝子、达溪坝子、瓜仲河坝子；纳雍县百兴—鼠场坝子、海座坝子、鸡场坝子、纳雍田坝、秀才坝、水淹坝、碓叉坝子、龙场坝子、寨落—革新坝子、戈落坝；金沙县城关镇核桃树坝子、雷打坝、干田坝、玉屏—鼓新坝子、杨柳—风景坝子，平坝乡木厂坝、杨家坝、三岔坝、撒拉坝，西洛乡西洛坝、农田大坝、阳海坝、关门头坝子、菜市坝，石场乡构皮坝子、鹿砦楼坝子，桂花乡果冲坝—烂坝、野鸡坝—小坝、柿花坝、回龙坝，龙坝乡泥坝—官田坝、千斤坝，茶园乡沿河糟谷坝子、茶园槽谷坝子，木孔乡秋风槽坝子、洋海坝，安底镇大寨坝子、老龙坝子，岚头镇干河坝—长堰坝、川洞坝、东隆下坝，长坝乡喻家坝、新化坝子、洞口坝子，沙土镇中心坝、沙土坝，源村乡龙庄坝子，官田乡蔡家车坝子、青山罗坝，后山乡槽谷坝子、坎坝，安洛乡大贡坝子、大萝卜坝、大田乡大田坝、风吹坝，新化乡沙孔坝、戛底坝；黔西县城关镇东门田坝、幸福坝、凤凰坝，重新镇重新田坝，中坪镇中坪田坝，素朴镇素朴田坝，林泉镇野坝，金碧镇沙龙坝子，甘棠乡礼贡坝、新田坝，协合乡协合坝，绿化乡天坪坝，洪水乡长堰田坝，锦星乡白泥田坝，仁和乡坝子，定新乡坝子，谷里镇坝子，钟山乡坝子，太来乡坝子；织金县城关镇北门田坝、花红坝子，绮陌乡绮陌田坝，三甲乡三甲坝子，牛场镇大陌坝子，桂果镇坝子，龙场镇熊寨干河坝子。不少盆地内常见相对高差小于50米的缓丘，起伏和缓，坝子土层深厚，是农耕地主要集中区域。

（2）河谷平地。面积小，分布零星。主要分布在乌江上游三岔河源头二塘河源威宁县炉山镇结里，二塘镇新合，东风镇，纳雍县阳长镇局部地段，三岔河支流窝河赫章县松林乡窝坝子，织金县鸡场乡坝子；乌江北源六冲流域六曲河镇、城关镇，毕节县阴底乡马场一带河谷平地，六冲河支流纳雍县境引底河、腾桥河局部地段和水东河上游河谷平地。倒天河流域毕节县区至鸭池镇，木白河、凹水河流域大方县和黔西县局部地段；乌江支流野济河流域黔西县城一带，偏岩河流域金沙县平坝乡和岩孔镇等地是河谷平地分布地带。赤水河流域河谷平地分布于毕节县渭河上游沔鱼河流域、堡合河上游局部地段，大方县第尔河上游，金沙县清池镇中普槽谷。金沙江支流河谷平地主要有洛泽河流域威宁县小海镇，牛栏江流域威宁县中水镇的中水、出水和玉龙乡田坝一带。河谷平地是毕节地区农耕区，雨季易受涝灾。

毕节地区山地、丘陵、平地面积及比重表

单位：平方千米、%

| 县市名 | 面积 | 山地 | | 丘陵 | | 平地 | |
|---|---|---|---|---|---|---|---|
| | | 面积 | 比重 | 面积 | 比重 | 面积 | 比重 |
| 全地区 | 26853 | 15524 | 57.8 | 9168 | 34.1 | 2161 | 8.1 |
| 毕节 | 3412.2 | 1839.8 | 53.9 | 1234.5 | 36.2 | 337.9 | 9.9 |
| 大方 | 3502.1 | 1659.2 | 47.4 | 1496 | 42.7 | 346.9 | 9.9 |
| 黔西 | 2554.1 | 983.6 | 38.5 | 1111.2 | 43.5 | 459.3 | 18 |
| 金沙 | 2528 | 1548.7 | 61.3 | 806.4 | 31.9 | 172.9 | 6.8 |
| 织金 | 2867 | 1568.7 | 54.7 | 1083.1 | 37.8 | 215.2 | 7.5 |
| 纳雍 | 2448.2 | 1415.9 | 57.8 | 880.6 | 36 | 151.7 | 6.2 |
| 威宁 | 6296.3 | 4213.4 | 66.9 | 1699.7 | 27.0 | 383.2 | 6.1 |
| 赫章 | 3245.1 | 2294.9 | 70.7 | 856.2 | 26.4 | 94 | 2.9 |

注：平地含平坦高原面、盆地、河谷平地。

## 二　地貌特征

**地貌发育**　1.大娄山期。三叠纪中期后，毕节地区基本结束海浸历史，上升为陆地。中生代后期，经燕山运动时期的三都运动，全地区地表进一步抬升，后经燕山运动时期镇宁运动影响，发生强烈的褶皱，全地区现代地貌基本形成。新生代早第三世时，燕山运动形成的山地、盆地等地貌类型，在炎热干燥气候条件下，物理风化强，地表被削高填低，地表趋向和缓，这种过程一直延续到早第三世渐新世。随着气候逐渐转向湿润，物理风化减弱，化学风化逐渐增强，趋向和缓地貌进一步向准平原演化。大娄山期后受新构造运动影响，现代能保留下来原地貌仅在赫章县舍虎梁子、结构梁子、大韭菜坪，纳雍县石大人梁子、昆寨梁子、马鬃岭、解板箐、斗篷冲等分水岭的缓丘或残留峰顶面可见，大娄山山脉海拔1600～1800米以上山峰峰顶面，是大娄山期地貌代表。大娄山期山麓及断陷盆地，零星可见白垩纪沉积。威宁县三道河聂家院子红色沉积层，黔西县素朴镇的朴后和大关镇一带的山间小型盆地为大娄山期堆积地貌代表。

2.山盆期。早第三纪末期，发生强烈的喜马拉雅运动，使贵州高原自东向西大幅度抬升，破坏大娄山期形成地貌。到第三纪中新世至上新世末山盆期，地面逐渐趋于稳定。在山盆期湿热气候环境中，流水、化学风化作用，喀斯特作用活跃。在内外力作用下形成地貌至今仍大量保存。毕节地区高原上残丘坡地、高原缓丘，威宁县草海盆地、龙街和雪山等地高原面，黔西城关的溶丘谷地等均为山盆期地面。山盆期夷平面还具有削平老的岩层体系，在湿热气候条件下，典型的山盆期夷平面有较厚的残积风化壳，在喀斯特地区形成覆盖型的喀斯特类型，毕节地区自东向西倾斜抬升，构成起伏状高原景观。在同一地区山盆期夷平面上还存在着次一级山盆期的亚期夷平面。山盆期相关沉积层，以威宁县中水盆地高坎子营盘山为贵州省标准沉积盖层。

3.乌江期。更新世初期，受喜马拉运动影响，山盆期形成地面大幅度抬升，毕节地貌虽未完全定型，但水系分布格局基本形成，出现流水侵蚀、堆积地貌形态，大河两侧广泛分布台地和宽谷；碳酸盐岩岩层分布区域，发育喀斯特地貌和地下洞穴景观。中更新世时，贵州省再次发生自东向西掀斜抬升，山盆期形成地貌受强烈破坏，使毕节地区地表向山原、高原地貌发展，同时河流强烈下切，三岔河、六冲河、赤水河、洛泽河、牛栏江河流峡谷形成，全地区地表面貌自然景观的结构和特征基本形成，成为贵州高原平均海拔最高地区。第四纪时期，冷暖交替气候，间冰期时期，河流侵蚀、溶蚀和切割旺盛，喀斯特地表、地下系统的峰丛、石芽、麻窝、漏斗、钟乳石发育旺盛；冰期，地壳隆升、河流堆积、风化碎屑物堆积和洞穴崩塌等作用旺盛。第四纪新构造运动间歇抬升和气候冷暖变化，构成现今毕节地区以高原、山地为主的地貌类型。

**主要特征**　1.以高原山地为主。地貌形态有高原、山地、丘陵、盆地、平地等，山地和丘陵及盆地因海拔高度和相对高差不同，分为高中山、中山、低中山、低山；高丘陵、中丘陵；高盆地、中盆地等类型，并以高原和中山地貌为主。不同类型地貌因成因不同、构成岩性不同又有不同地貌形态，有经溶蚀作用为主的喀斯特高原，有剥蚀——侵蚀作用为主高原，有二者兼之高原；有经褶皱、断裂作用基础上形成山地，有喀斯特作用为主山地，有侵蚀作用为主山地，有二者兼之山地；盆地、谷地和平地多分布在向斜构造或断裂构造地区经流水作用或喀斯特作用形成。不同或因地貌形态，相互穿插，交错分布的复杂地貌类型，增添毕节地区地貌的复杂性。虽然地貌复杂多样，西部地带以高原为主，中部地带以中山地貌为主，东部一带则以低中山、丘陵和盆地为主。其中威宁县以高原为主，高中山、高丘陵、盆地为次；赫章、纳雍县为高原、高中山、中山；毕节、大方以中山地貌为主；织金县以中山、低中山地貌为主；黔西、金沙以低中山、中丘陵、盆地貌为主。

2.地质构造控制地貌发育。其一，绝大部分地貌形态均为背斜成山，向斜为谷的正地貌形态；少数地貌则成背斜成谷，向斜成山负地形。负地貌形态展现有赫章县城区至野马川的青山梁子；黔西县东北部革木向斜构成革木河与渭河分水岭的尖峰岭、歪头山、营盘山、轿子山、岩顶山、关寨大坡，东南部铁盔山则由灰岩、白云岩组成向斜构成浑圆状山体。其二，地质构造以北东向为主，次为北北东向、北西向和东西向等，地貌形态多沿构造线伸展。在赫章县东北部经毕节县到金沙县受北东向构造的影响，发育成一系列北东向平面状态呈S形展布的平行岭谷，构成大娄山脉西段。纳雍县中部、东部，织金县和黔西县受北东向构造线制约，呈现东北—西南向平行岭谷地貌。从赫章县东南部起经纳雍县和织金县北部，毕节县和大方县南部受东西构造线制约，地貌形态呈近似于东—西向的山岭、河谷，乌箐大山、六冲河河谷，是这类地貌的典型。纳雍县西南部和威宁县东部受北西向构造带控制，形成一组北西—南东走向岭谷地貌，有威水大背斜向构成的老王山、三岔河上游河谷地貌和纳雍县苞谷山。威宁县和赫章县西部受北北东向构造支配，形成与走向一致的乌蒙山脉。其三，岩性影响，坚硬岩层地带，抗蚀作用强，形成山脊；岩层软弱地带，抗蚀作用弱，形成谷地。在褶皱构造控制地区，其两翼岩层软硬相间，形成岭谷地貌相间类型，织金县东北部和东南部、大方县百甫河支流拉鲁河流域、毕节县南部长春堡至阴底之间和北部堡合河流域均属岭谷相间地貌形态。碳酸盐岩地层地区以岩溶高原、岩溶盆地、峰丛槽谷、峰林谷地、丘陵洼地为主；砂页岩地带多为山地和谷地。

3.受新构造运动影响。在新构造运动中，毕节地区抬升幅度成为贵州省最高地带，山地剥夷面从西部威宁海拔2000余米，向东倾斜为1200～1250米。新构造运动抬升活动，使毕节地区西部和中部形成2个相对隆起区。西部隆起区位于威宁县中部，其中心位于乌蒙山脉中支海拔2853米的陆家大营一带，由此分别下隆到海拔1185米向洛泽河出境处，向西下降到海拔1600米以下牛栏江河谷，向南下降到海拔1700米以下可渡河谷，向东南下降到海拔1900米以下三岔河上游二塘出境处。中部降起区，位于大方县中部的马干山、公鸡山、老哇山一带，从海拔2092米最高处大营上分别向四周降低，河流呈放射状分别注入第尔河、油杉河、耳海河、凹水河、乌溪、百甫河。在新构造运动地表抬升同时，河流相应下切，河流干流和支流在纵剖面上均成为反均衡式剖面，上游河谷开阔，地表平坦；中游河道束放相间，下游河道深切，不少河流中、

峰丛，2014年

威宁雪山石林

下游段成为廊道式或箱状式峡谷类型。支流汇入干流处附近，由于裂点多，在砂页岩地区，支流多以瀑布或急流汇入干流；在喀斯特地区支流多以伏流（地下河）方式汇入干流。

4.喀斯特地貌分布广泛。可溶性碳酸盐类岩石全地区1.97万平方千米，占总面积的73.3%。喀斯特地貌有地表系统和地下系统。地表系统有喀斯特高原、峰林、峰丛、丘陵、盆地、石芽、溶沟、干谷、盲谷、漏斗、落水洞、岩溶湖等；地下系统有伏流、溶洞，洞穴沉积物和堆积物。受地质条件制约，可溶性碳酸盐岩与非可溶性砂、页岩交错分布，使喀斯特地貌在空间上分布具有不连续性。河流从砂页岩类地区进入碳酸盐岩区往往形成伏流，碳酸盐类岩石地区进入砂页岩类区，成为地表水系。六冲河谷卡上、大小天桥、九洞天一带则成为明暗相间喀斯特河谷地貌形态；毕节县猫场沟小河，纳雍县署仲河、董地河，织金县底那河、织金河在汇入六冲河前数百米至数千米前成为伏流，或以较大比降注入六冲河。由于新构造运动不断抬升，水排泄基准面不断下切，垂直循环不断加深，故而地表水系少，并且在岩溶洼地中又发育漏斗、落水洞等，地表水与地下河道或地下溶洞相连的通道。喀斯特地貌组合分布情况为：西部威宁县、赫章县西部属喀斯特高原和缓丘盆地地区；中部地带是峰丛槽谷，丘陵洼地地区；东部金沙、黔西县和织金县东部是峰林谷地、峰丛缓丘洼地地区。

毕节地区喀斯特、非喀斯特区面积及比重表

单位：平方米、%

| 县、市名称 | 面积 | 喀斯特区 | | 非喀斯特区 | |
|---|---|---|---|---|---|
| | | 面积 | 面积比重 | 面积 | 面积比重 |
| 毕节 | 3412.2 | 12378.1 | 69.7 | 1034.1 | 30.3 |
| 大方 | 3502.1 | 2855.7 | 81.5 | 646.4 | 18.5 |
| 黔西 | 2554.1 | 2353.6 | 92.1 | 200.5 | 7.9 |
| 金沙 | 2528 | 1993.4 | 78.9 | 534.6 | 21.1 |
| 织金 | 2867 | 2247.5 | 78.4 | 619.5 | 21.6 |
| 纳雍 | 2448.2 | 1683.8 | 68.8 | 764.4 | 31.2 |
| 威宁 | 6296.3 | 4400.4 | 69.9 | 1895.9 | 30.1 |
| 赫章 | 3245.1 | 1780.5 | 54.9 | 1464.6 | 45.1 |
| 全地区 | 26853 | 19693 | 73.3 | 7160 | 26.7 |

5.地貌多层性。威宁县和赫章县西部海拔2000～2400米以上，是最高一级剥夷面，起伏和缓，高原面保存较好。中部海拔1400～1800米之间，是第二级阶梯面，由于地壳抬升中河流强烈切割，原始高原面仅在纳雍县和大方县局部地带有保存，纳雍县中西部，毕节县西部、西南部，大方县、织金县西部成为强烈切割的中山山地地貌类型。东部金沙和黔西县及织金县东部，海拔1000～1400米之间，为第三级阶梯面，以中山、低山、丘陵、盆地地貌构成。形态各异的喀斯特洞穴主要分布在第二、三级阶梯面上。著名洞穴第一级阶梯内有威宁县草海镇双霞洞；赫章县松林坡乡邓家岩洞、韭菜坪石林燕子洞溶洞群。第二级阶梯内有毕节市郊那鲁洞、

燕子洞、黑熊洞，沔鱼河畔老鹰洞，南箐罩子洞，朱昌牛鼻子洞；大方县羊场坝溶洞群，倮朵河岸歹苏洞，六冲河谷九洞天；纳雍县总溪河岸宣慰大洞，百兴镇老街大洞；织金县三塘镇万科洞；第三级阶梯内有官寨乡织金洞；黔西县大关镇八仙洞，沙井乡观音洞；金沙县石场乡仙人洞、飞云洞，源村乡桃园洞等。

## 三　地貌分区

**东部低中山、丘原、丘陵、盆地地貌区**　毕节地区东部，属黔中丘原盆地区。西北以金沙县清池镇中普到马路乡铸钟、契默一线为界。西界从契默起经箐门乡红梓、新化乡到黔西县金坡、红林乡沿凹水河谷，到织金县以那镇正平、中寨乡、珠藏镇高山、黑土乡为界。南界、东界和东北界与安顺市、贵阳市、遵义市相邻。海拔多在1000～1400米之间，属毕节地区第三级阶梯，包括金沙、黔西县绝大部分和织金县东部。地貌以低中山、丘陵、盆地为主，中山、谷地次之。丘陵、盆地、槽谷构成丘原，相对高差150米以下。丘陵多成孤立状、垄岗状或基座相连，盆地数量多，面积较大。该区丘原地貌和贵州省中部丘原盆地连成一片，构成贵州高原代表面。区内喀斯特地貌发育，黔西县中部和金沙县以峰丛、缓丘、洼地地貌为主，缓丘洼地四周为峰丛，洼地内起伏小，是主要农耕区；织金县东部以峰林、谷地地貌为主，峰林多呈条脊状排列，峰林间为喀斯特洼地；黔西县东部素朴、大关和织金县北部八步一带为峰丛槽谷、丘陵洼地地貌类型，峰丛多峰突起，洼地、漏斗、落水洞发育，并成串分布，干谷、盲谷较多，地下河发育、地表水缺。流经东界乌江干流鸭池河—三岔河和支流六冲河河水下切，相对高差500～700米，构成高原峡谷景观。乌江支流偏岩河、野济河水系下游为坡降大的峡谷地貌，中上游坡降小，多为河谷平地，在河流的纵剖面上形成“反均衡”式剖面。东部按地貌形态特征差异分7个地貌小区。

1.金沙县中部低山丘原坝地地貌小区。包括石场、桂花、箐门、岩孔、平坝、城关、禹谟、长坝、安底、岚头、茶园、龙里等乡镇，海拔多在900～1200米之间，相对高差一般低于200米。以低山、丘陵、盆地为主，山地、丘陵间多槽谷、坝地，地势开阔。气候属亚热带气候类型，其中偏岩河流域，水热条件好，是水稻、油菜主产区。

2.金沙县东部低中山山地地貌小区。包括后山乡一部分和沙土、木孔、源村、官田等乡镇，海拔一般在800～1000米之间，相对高差420米以下，以低中山、丘陵地貌为主，乌江和偏岩河河谷地带为峡谷地地貌，偏岩河支流花滩河流域有面积较大河谷平地盆地（坝子）。区内碳酸盐岩出露面积427.8平方千米，占85.1%，喀斯特地貌类型中峰丛、漏斗、落水洞随处可见。气候属中亚热带气候类型，是粮豆、油菜、烤烟生产地区。

3.黔西县东北部中山、低中山、丘陵地貌小区。包括黔西县定新、重新、中坪、花溪、中建和金沙县高坪、化觉、后山8乡镇，海拔多在1000～1600米之间。地貌类型以低中山分布最广，次为中山，再次为丘陵、峡谷。丘陵呈带状集中分布在黔西县重新北部到金沙县笔架、打坝一带和黔西花溪借魁到金沙县高坪一带。区内地势起伏较大，坡度较陡，地表冲沟发育，水土流失较为严重。

4.黔西县中西部低中山、丘峰、溶丘、洼谷地貌小区。包括黔西县城关、洪水、林泉、锦星、金碧、五里6乡镇及雨朵镇的平坝和雨明及绿化乡的天坪一带，海拔多在1350～1750米之间，地势北、西、南三面较高，中东部较低。除寄仲、凹水一带外，是典型的喀斯特溶丘、洼谷地貌类型；洼谷盆地多分布在城关、白泥、野坝、长堰、天坪、沙龙等地。区内喀斯特湖泊（俗称海子）较多，面积小，是贵州省喀斯特湖密集地区之一，著名的有绿化乡大海子。乌江支流野济河及其支流纵贯本区，地表水系发育，地下水埋藏浅，是毕节地区水资源较为丰富地区。

5.黔西县东部中山、低中山、峰丛、溶丘、洼谷地貌小区。包括协合、太来、素朴、铁石、大关、谷里6乡镇和新仁与绿化乡大部分，海拔800～1400米之间。地貌多东北—西南向平行岭谷，以中山、低中山、峰丛洼地为主，次为溶丘谷地、砂页岩丘陵和峡谷地貌类型。喀斯特地貌类型中的中山峰丛洼地、低山溶丘谷地、中山峡谷类型较为普遍。地表水系发育差，地下水埋藏深，水资源比较贫乏。乌江干流三岔河—鸭池河段切割较深，富水力资源。

6.黔西县南部中山、低中山、峰丛洼地地貌小区。含新仁、雨朵、羊场、沙井、五里5乡镇绝大部分地区，海拔多在1000～1400米之间。本区地势起伏大，坡度陡，水土流失较为严重；喀斯特地貌发育。受乌江支流六冲河切割，地表水缺，地下水埋藏深。六冲河峡谷地带，富水能资源。

7.织金县东部丘原、谷地地貌小区。位于以那、中寨、黑土3乡镇一线以东地区，海拔1200～1600米。地貌形态以中山、低中山、丘陵、盆地、谷地为主。山地属织金县凤凰山系，盆地、谷地镶嵌于山地之间，较大盆地有猫场、熊寨干河、大陌、桂果、三甲、花红、绮陌、城关坝子，区内碳酸盐类岩层出露面积达4/5以上，喀斯特地貌类型多，有溶蚀洼地——谷地、岩溶丘陵、石芽、峰林、峰丛、干谷、盲谷、漏斗、落水洞、竖井、伏流、溶洞、天生桥。区内北部以峰丛槽谷、丘陵洼地为主，其中织金洞是全国有名科普考察旅游风景区。南部以岩溶峰林为主，多呈条脊状排列。区内河流受地质构造影响，多顺地势从西南向东北流动，织金河、绮陌河、蒙坝河汇入六冲河和三岔河前呈地下河或以急流形式汇入。六冲河、三岔河河谷地带，因地壳抬升，河流下切，形成高原峡谷地貌。

**北部低中山深切河谷地貌区**　位于毕节县、大方县北部，金沙县西北部，大娄山以北赤水河流域一带，包括毕节县团结、生机、清水铺、亮岩的太极、大屯、田坎以及大方县长石、果瓦，金沙县马路、清池11乡镇，海拔多在600～1300米之间，相对高差最大达700余米。地貌形态以低中山、河谷地貌为主。碳酸盐岩分布地区以峰丛洼地为主，区内东北—西南方向延伸的南高北低山地与赤水河谷地斜交。本区是毕节地区海拔最低地带，赤水河出境处，海拔457米，为全地区最低点。由于山高水低，河谷深切，地表崎岖。年均温达15℃以上，≥10℃的积温4500度以上，属中亚热带气候类型，是发展亚热带经果作物理想地带。区内水能资源丰富，理论蕴藏量20.94万千瓦。

**中部中山山地地貌区**　东以低中山、丘原、丘陵、盆地地貌区，北以低中山深切河谷地貌区为界，南与六盘水市、安顺市接壤，西以赫章县六曲河的新店、财神、白果、威奢、古达到纳雍县锅圈岩线与界，与毕节地区西部高原、高中山山地貌区相接。包括金沙县白泥窝大山地区，黔西县八抱山地区，织金县西部，毕节县和大方、纳雍县大部及赫章县东部。海拔多在1400~1800米之间，处于贵州省第一级阶梯西部高原向中部第二级阶梯丘原过渡斜坡地带，属全地区第二级阶梯。区内有海拔1800~2000米，1450~1600米两级夷平面，同级夷平面从西向东逐渐降低。地貌形态以剥蚀—侵蚀中山地貌和喀斯特中山地貌为主。赫章经毕节至金沙是东北—西南走向的平行岭谷交错分布大娄山西段，纳雍县和织金县西部是东北—西南向短轴褶皱山地的癞格宝大山、石大人梁子、昆寨梁子、解板箐、大坪箐、铧口大山山系、凤凰山系，东西走向地貌形态有赫章县青山梁子、六冲河谷、毕节县南部乌箐山、纳雍县东北部梅花箐梁子。纳雍县西南部的苞谷山、银厂沟大山、披戛梁子、岩窝大坡，织金县西南部高石庄山系则呈西北—东南走向；山地地区地势高峻，多数山峰海拔高度超过2000米。受乌江北源六冲河和南源三岔河及支流侵蚀切割，原始高原面貌破碎，地表崎岖，大型盆地、河谷平地较少，相对高差一般500余米。喀斯特地貌突出，裸露石山地区常见有溶沟、石芽、漏斗（麻窝）、落水洞、盲谷。毕节县燕子口、大方县西部有峰林地貌类型。溶洞多分布在盆地、谷地边缘，形态各异，有廊道式、支叉式、层状、楼层状，楼层状中各层均有管道相连。六冲河水系，除深切河谷地貌外，不少河段有伏流和天生桥，以卡上、坪子上、小天桥、大天桥、九洞天河段为典型。区内相对高差大，坡陡土薄，流水侵蚀作用强，重力崩塌、滑坡等自然灾害时有发生、水土流失比较严重。

**毕节地区中部中山山地海拔2000米以上主要山峰**

单位：米

| 山峰名称 | 海拔 | 所在地 | 山峰名称 | 海拔 | 所在地 |
|---|---|---|---|---|---|
| 茅草坡 | 2197 | 赫章古基乡 | 四楞山 | 2217 | 纳雍县王家寨镇 |
| 青　山 | 2299 | 赫章县野马川镇 | 铧口大山 | 2122 | 织金县中寨乡 |
| 乌箐梁子 | 2218 | 毕节市岔河镇 | 吴家坪大山 | 2020.5 | 织金县中寨乡 |
| 垮　山 | 2113 | 毕节市撒拉溪镇 | 新寨大山 | 2165.3 | 织金县城关镇西南 |
| 扫把箐梁子 | 2154 | 毕节市野角乡 | 高石庄 | 2264 | 织金县三塘镇 |
| 灵峰山 | 2017 | 毕节市三板桥办事处 | 双羊岩头 | 2261 | 织金县三塘镇 |
| 龙昌坪大山 | 2316 | 大方县绿塘乡 | 轿子山 | 2145.1 | 织金县三塘镇 |
| 后　山 | 2085 | 大方县凤山民族乡 | 平河大山 | 2134 | 织金县三塘镇 |
| 老哇山 | 2079 | 大方县星宿民族乡 | 大尖山 | 2094 | 织金县三塘镇 |
| 杓坐大山 | 2276 | 纳雍县龙场镇 | 大屯山 | 2232 | 织金县三塘镇 |
| 大岩顶 | 2065 | 纳雍县化作乡 | 大坝梁子 | 2204 | 织金县三塘镇 |
| 癞格宝大山 | 2476 | 纳雍县锅圈岩乡 | 羊庙大山 | 2053 | 织金县三塘镇 |
| 马鬃岭 | 2331 | 纳雍县马鬃岭镇 | | | |

根据其地貌差异，划分8个次一级地貌小区。

1.东北部中山峰丛谷地和丘陵洼地地貌小区。包括金沙县新化、大田和黔西县金坡、红林等乡部分地方，大方县东北部普底、凤山、百纳、三元、星宿、大山、果瓦、雨冲、黄泥、沙厂、大水乡的全部或大部。海拔多在1400～1900米之间，相对高差250～500米。地貌有溶蚀中山、溶蚀盆地、侵蚀中山和丘陵谷地。星宿和百纳之间老洼山山地突出地表，平均海拔2000余米，野济河支流渭河，六冲河支流凹水河，赤水河支流第尔河、油杉河分别向东、南、北流出，构成放射状水系。

2.北部中山丘陵地貌小区。包括毕节县普宜镇、阿市乡，大方县瓢井、兴隆、达溪、八堡、核桃、安乐等乡镇，海拔1400～1600米。地貌类型有中山、丘陵，丘陵之间夹有洼地和谷地。小区内最高点兴隆乡火烧箐，海拔2102.3米，是赤水河、六冲河分水岭；面积较大坝子有毕节县柳湾，大方县上坝、八堡。由于受赤水河支流第尔河、堡合河，六冲河支流上坝河、坝子河强烈切割，山高坡陡、沟壑纵横。

3.东部中山低中山丘陵河谷地貌小区。包括纳雍县东北部厍东关、维新、化作、寨乐、沙包、乐治、老凹坝7乡镇以北地带和大方县南部鼎新、猫场、马场、牛场、高店、小屯、羊场、理化、黄泥塘、鸡场10乡镇的全部或大部。地势西高东低和从南、北向中部六冲河河谷降低。西部厍东关梅花箐梁子海拔2042.6米，鼎新乡箐脚大山，海拔2147.8米，东部最低点海拔约1000米左右。一般海拔在1200～1500米之间，相对高差250～300米，最大可达900多米。地貌类型以中山、低中山、丘陵和山间谷地为主，河流沿岸分布有冲积阶地。由于地势起伏和缓，是大方、纳雍县稻田分布最多地带。

4.中东部高中山中山丘陵谷地地貌小区。位于大方县城关、六龙、凤山、安乐、东关、绿塘6乡镇和文阁、鼎新、马场3乡镇部分地方。海拔一般在1400～1800米之间，绿塘龙昌坪大山海拔2316米为最高点。地势分别从南、北向落脚河倾斜，其中北部地势从凤山、安乐向六龙倾斜后抬升至城关再向落脚河倾斜。地貌以高中山、中山和丘陵为主；由于石灰岩分布广泛，峰林、峰丛洼地、溶蚀丘陵、盆地、漏斗、谷地等喀斯特地貌普遍。

5.中西部中山丘陵盆地地貌小区。包括毕节县大吉、层台、海子街、何官屯、长春堡、朱昌一线以东地带，大方县响水、双山、文阁3乡镇大部分地区，平均海拔1400～1600米。地貌以中山、丘陵、盆地为主。地势平缓，丘陵坝子多，除边缘少部山地外相对高差大外，一般是相对高差低于200米丘陵，丘陵之间多构成平坦的坝子。喀斯特地貌类型中以岩溶丘陵、洼地普遍，毕节县城区至小坝镇是典型的喀斯特槽谷地貌。区内河网密度大，属乌江水系六冲河的百甫河流域，主要支流有响水河、刘华河、前所河、观音河、岔河和白甫河上游倒天河，沿河多河谷平地，是毕节地区主要农耕区。

6.西部中山地貌小区。位于毕节县西部，北起清水铺、生机、团结3乡镇以南，南到青场、撒拉溪2乡镇以北，东与中西部中山丘陵地貌小区相邻，西与云南省相接。地势从北向南抬升，北部一般海拔1100～1500米，其中林口镇大水沟梁子最高点海拔1930米；中部一般海拔1400～1800米之间，最高点灵峰寺及附近垮山，海拔2017米和2056米；南部平均海拔1800米以上，不少山峰超过2000米，撒拉溪垮山，野角扫帚箐梁子，水箐小高山海拔分别为2113米、2154米、2222米。本区属大娄山西段海拔最高地段。北部林口、亮岩、生机镇之间的大水沟梁子—罩子山一带为一地貌隆起区，构成放射状水系；中部何官屯镇的大坝至八寨镇的金银山一线为赤水河流域和乌江流域分水岭；南部野角乡和水箐镇一带是六冲河及其支流白甫河分水岭。区内石灰岩裸露山地面积较大，喀斯特地貌类型有石芽、峰丛、漏斗、盲谷、落水洞、地下河等。区内山地多、平地少，只有北部沔鱼河河谷平地平缓。

7.西南部中山河谷地貌小区。包括赫章县东北部，毕节县西南部、南部和纳雍县西北部的六冲河一带。岭谷重叠起伏，地势陡峭，缓坡、平地较少，相对高差300～500米。毕节县乌箐大山海拔2218米，六冲河谷海拔1270米，相对高差达948米。山地有赫章县青山梁子，毕节县大河梁子、戛木梁子、马家坪等；较大坝子有赫章县野马川—甘河坝子，毕节县田坝镇田坝；六冲河谷七星关河段在赫章县平山乡、毕节县杨家湾一带向河谷倾斜面较和缓。喀斯特地貌石芽、漏斗较普遍，六冲河谷上有卡上、大天桥、小天桥伏流段。

8.南部高中山、中山地貌小区。包括织金县西部和纳雍县除北部以外其余地区，海拔多在1600～2000米之间，地貌以高中山、中山为主。受乌江上游及其支流溯源侵蚀，原始高原面保存少，大部分成为破碎的切割高原山地，仅纳雍县马鬃岭至斗篷箐、织金县后寨乡和三塘镇交界的岩洞口一带残留有原始高原剥夷面。其余地带，峰峦叠嶂、沟谷幽深，相对高差700米左右。主要山地有纳雍县境有癞格宝大山、石大人梁子、昆寨梁子、马鬃岭、斗篷箐、杓座大山、解板箐，织金县境铧口大山、凤凰山系、高石庄山系，海拔均在2000米以上。较大坝子有纳雍县阳长坝子、河溪—海座坝子、百兴—鼠场坝子，织金县鸡场坝子。由于地势分别向东北、西南两个方向倾斜，河流分别向东北流入六冲河，向西南流入三岔河。喀斯特地貌广泛发育，盲谷、伏流、溶洞、峰林普遍。

**西部高原高中山地貌区** 包括威宁县全部，纳雍县西北部姑开、锅圈岩乡部分地方，赫章县除东北部中山地貌区外其余地区，海拔多在2000～2600米之间，是毕节第一级阶梯面，亦为贵州最高地带。地貌以高原和高中山山地为主，威宁县高原面分布广，赫章西北部德卓、河镇乡和西南部妈姑镇部分地带保存有高原面貌，高原内起伏和缓，有宽阔的喀斯特缓丘和宽浅的高盆地；高中山山地主要分布于高原边缘。山脉有乌蒙山系和老王山。本区是乌江、赤水河、洛泽河、牛栏江、可渡河分水岭地区。由于新构造运动影响，高原边缘河流切割强烈，河谷地带相对高差500～700米，沟谷幽深，地势陡峭，山峦重叠。河流溯源侵蚀，使高原面逐渐遭受破坏。碳酸盐岩石分布广，形成高原内喀斯特盆地、喀斯特缓丘；高原边缘有峰丛高中山、峰丛洼地、峰丛峡谷等地貌类型。该地貌区有海拔2500米以上，2300～2400米、2000～2200米三级夷平面地貌类型。

根据地貌差异，将其分为：1.高原地貌小区。在威宁县，海拔2000～2600米之间，地势起伏和缓，龙街、大街、雪山3乡镇一带是典型高原分布区域。高原内乌蒙山脉，平均海拔2400米至2800米，成为沿构造线延伸的丘状山梁，最高山峰平箐梁子，海拔2879.6米。高原内分布有喀斯特缓丘、丘状峰林、盆地和洼地。草海在断裂构造带上发育而成的盆地上，形成贵州省最大天然湖泊。高原内河流大多水量小，水位低，河谷地貌开阔；高原四周河流切割深，地势陡峭成为高中山山地类型。

2.高原边缘高中山峡谷地貌小区。分布于威宁高原边缘，纳雍县西北角，赫章县除东北部以外地方，平均海拔2000余米，是威宁高原向东下降地带，受三岔河、六冲河、赤水河的溯源侵蚀，形成切割深、地形破碎的高中山峡谷地貌。高原仅保存在赫章县西北河镇乡的四方、恒底，安乐溪乡的平顶，结构乡的毛姑，财神镇的石龙和朱明乡一带及西南部妈姑镇部分地段。区内河谷平地少，面积稍大有赫章可乐—葛布盆地，威宁县辅处盆地。著名山地有赫章县南部雨磨山、大韭菜坪、小韭菜坪，海拔分别为2440米、2774米、2900.6米；西北部舍虎梁子、结构梁子及纳雍县西北部癞格宝大山。可划扩为赫章县西北部中切割高原高中山地貌类型，西部中切割高中山喀斯特峰丛、槽谷盆地地貌类型，西南部中切割高原、高中山喀斯特峰丛地貌类型，东南部深切割高山喀斯特峰林地貌类型，纳雍县西北部高中山地貌类型，威宁高原边缘地段高中山峡谷地貌类型等8种类型。

## 第三节　地质灾害

毕节地区常见的地质灾害主要有：滑坡、泥石流、塌陷、地震等。

滑坡　高山坡陡，沟壑纵横，河谷深切，岩土破碎，在水的作用下易发生滑坡造成危害。明弘治十四年（1501）闰七月，今赫章垭都雷雨交加，暴雨不止，山崩地裂，冲毁房舍和桥200余处，民死者360余人，牲畜死无数。1954年7月24日，纳雍县龙场区以支塘乡暴雨后狗头山大营盘山岭崩塌，泥石滑坡阻断以支河，壅没田土934多公顷，淹没5户，死17人。1975年7月9日，毕节县大坝公社石板井生产队，暴雨导致山体滑坡，推进306米，毁房31幢，死11人。1979年9月上旬，威宁县多雨，是月2日么站镇瓜拉村潘家岩开始发现地裂下滑现象，5日至7日加速下滑，8日下滑到小河之中，滑体前部受河对岸山体阻挡逐渐停滞，滑距80余米，滑体上17户住户有13户房屋倒塌，近7公顷土地遭受破坏。1982年6月中、下旬，赫章县野马川镇连续降雨造成毛栗树村杨家垭口两侧滑动，尤以西侧毛栗树严重，全村9个村民组有8个村民组受严重影响，100户村民房屋开裂，16户房屋倾斜、倒塌，受灾人口占当地村民的72.9%。是年8月乌江水库进行高速水流试验，库区水位急剧上升至标高760.5米，库区沿岸的后山、青山、官田、柏坪、化觉等地出现不同程度地质变化，产生滑坡和岩石崩塌，138户人家受到威胁，化觉乡前普村的何官寨、班家寨、箐口等地较为严重。1983年9月上旬，威宁县黑泥乡一带降大到暴雨，4日晚一个半小时内降雨99.6毫米，引发地裂、崩塌和滑坡，是旬瓦厂、勺白发生地裂二处，周家岩崩塌，黑泥、阴大凹、银厂三处滑坡，7个村23个村民组147户741人受灾，14户房屋倒塌，138.5公顷粮食作物全部损毁。1985年7月20日前，金沙县岚头一带连续几天暴雨，20日在建岚头铁厂生产车间后坡地露天矿料场下滑，冲断长80米、高近10米、厚1米水泥浆砌石挡墙，挡墙巨石将20米高烟囱打断，一号高炉冲斜40度左右，料桥垮塌，2座热风炉和热风管、平台遭受严重破坏，直接经济损失40万元。1986年9月12日，纳雍县阳长镇吴家沙坡发生山体滑坡，淹没4户农舍，死10人，伤1人。1988年8月21日零时，黔西县城关镇城南村沙泥洞发生滑坡，淹没4户，死6人。1991年7月2日至7日，金沙普降暴雨，7日茶园乡梓坝村发生山体滑坡，推动一农舍位移倒塌死4人。1995年7月15日0点10分，威宁县金斗乡杏子村独田村民组发生2800余平方米山体滑坡，造成37间房屋被毁，死26人，直接经济损失20余万元。2003年7月23日，毕节市大屯乡雅木村雅木组发现一长400～500米，面积达0.37平方千米的裂缝，估测约370万立方米的滑体，危及137户，1032人和1所村校，经省地质环境监测总站监测，在市、乡政府和民政、国土、气象、安监、建设、财政、公安等部门监控下，人员、物资及时转移，未造成人员伤亡，18.5公顷稻田和2.8公顷旱地绝收。2005年4月8日和11日，毕节市三板桥办事处灵峰村连续发生两次山体滑坡，危及大地角村民组，6月4日深夜至5日，连续10多个小时大雨，引发第三次滑坡，在三板桥办事处应急处置下，幸未造成损失。2008年9月18日凌晨4时，威宁县板底乡清河八组因暴雨诱发山体滑坡，造成该村第8村民组5间房屋被毁，6名村民被掩埋。

**泥石流**　毕节地区地处滇东高原向黔中丘原过渡地带，坡陡谷深，松散堆积层厚，气候湿润，降大雨或暴雨易发生泥石流，金沙、赫章、纳雍县泥石流多有发生。1973年7月，金沙县境东部暴雨，翁贡乡一泥石裸露山地，因山洪暴发引发泥石流下滑，将一沟内1.3余公顷垦荒地全部冲光，形成更大泥石流向外涌动，毁坏五桶田0.66公顷农田和一个砖厂，顺河而下冲毁石桥2座，卷走水轮泵站2座，冲垮石砂河堤4000多米，碾坊32间，沿河数十公顷良田变成石砂滩，大部分无法恢复。1977年5月11日，赫章县六曲河镇家竹村遭暴雨袭击，在沿一村沟1平方千米内形成泥石流，沟两则田地被毁，沟口一农户被泥石流淹没，12户农户失去生活条件，搬至河边村插户。1978年7月11～12日，金沙县翁贡乡降暴雨，出现山崩、岸垮，形成泥石流，冲断河堤2000余米，冲垮公路桥2座，冲毁民房55间，淹没稻田94公顷、山塘13口、堰坝15道，370立方米泥石汇于河道及河沿。1980年，金沙县降暴雨，岩孔白云山发生的泥石流填满岩孔一段河床，淤塞排水沟和沙井。岩孔街部分地段泥石堆积约1米厚。1982年，金沙县清池区保安公社降暴雨形成泥石流，淹没和卷走田土120多公顷，泥石流所到之处，农作物荡然无存，其中6.6公顷地表被刮殆尽，留下裸露基岩，部分河床被填平，河床与两岸田土形成沙石坝子。1983年5月10日8时40分，纳雍县猫场乡木井村降暴雨夹冰雹，形成泥石流，全村34户受害，其中2户连人带房全被冲走，14户房屋被毁，死亡37人，重伤13人，冲走大牲畜10余头；泥石流后坡地上冲沟遍布，最大冲沟深2～3米、宽4米；一块估计重2万余千克巨石被冲走300多米远，树龄20余年板栗树连根拔掉，竹林毁光。1991年6月24日～7月初，金沙县东部降暴雨，山洪暴发形成泥石流，长坝乡喻家坝被泥石流冲击，毁田6.6公顷多。禹谟镇乌梢井山洪暴发形成泥石流，将一田坝夷为砂石坝子，约6.67公顷田地与河床分辨不清。2002年6月18～19日，纳雍县张家湾镇河尾村坐窝村民组连续暴雨，20日，村后高约100米的大箐陡坡突发洪水，形成泥石流，毁民房6栋，死亡2人。2010年5月5日，赫章县妈姑镇因暴雨及冰雹，引发洪水和泥石流，导致山体滑坡事故，造成6人死亡，3人失踪，一人受伤。泥石流造成当地800余人饮水困难，3.1万亩农作物受灾，大牲畜死亡14头，1452栋房屋受灾，损毁3个洪水工程、2万米输水管道和16口水池，冲毁河堤10公里。

**崩塌**　地层岩石裂隙、节理发育，加之气候湿润和人为因素，在断崖陡壁地带，其裂隙扩大，岩块失去稳定平衡，易形成崩塌，造成灾害。1968年9月12日，因连降暴雨，毕节县海子街双河水库坝基崩塌，冲毁房屋39间，农田246.67公顷，死10人，伤8人。1975年7月9日，毕节县垮山村连续降雨6天达76.8毫米，大量雨水渗入裂隙，形成重力崩塌。崩塌石块堆积长306多米，宽205多米，面积约6.27万平方米。冲毁房屋3幢，毁坏良田3.3公顷，造成死亡11人，耕牛2头。是年，纳雍县鸡窝寨、杜家寨山体崩塌。1980年4月6日，金沙县化竹大山麓新化煤矿，矿井通风巷外仙人岩在重力作用下发生岩崩，巨大岩石及附着物以300米宽幅一泻而下，在通风巷口休息的工人5死7伤，当地农民1死1伤，毁民房6幢。1987年9月，大方至毕节公路9千米路段，马鞍山发生崩裂。1990年4月5日，金沙县新化乡院合村，一开裂石块突然脱离主体崩塌而下，造成汪姓一家3死1重伤。是年7月4日至15日，黔西县普降大雨，山体垮塌2382处，死14人，伤39人。1998年8月11日19时，赫章县妈姑镇天桥村关岩洞，50米高岩头崩塌，在岩脚工棚内休息民工4死2伤。2004年12月3日凌晨3时40分，纳雍县鬃岭镇左家营村岩脚组发生岩体崩塌，19户88人受灾，经千余军民营救，31人安全撤离，13人获救，灾害导致43人遇难，1人失踪。后经国家有关专家认定，造成岩体崩塌原因：1.崩塌部分地貌成圈椅状，易产生崩塌；2.岩体四周汇水，形成一天然水沟，沟水渗进岩石裂缝；3.裂缝发育，裂缝部位溶蚀，使垮岩与母岩分离；4.植物根系劈开岩石，岩崩部位外移；5.该处节理、裂缝发育，不利于稳定；6.山体由粉质砂岩和灰岩构成，易风化导致岩体破碎；7.崩塌部位受到平行陡壁的切割，风化后容易失重下掉。灾害发生后，国家有关部门和省、地、县领导和有关部门人员到现场组织指导抢险，社会各界捐赠160多万元现款和物资。2005年7月19日，对危岩进行爆破清除，排除危岩对当地居民的潜在威胁。

**地面塌陷、地裂缝**　在偶有发生，其引发因素有自然因素和人为因素。据记载清乾隆五十八年（1793）威宁州西南马摆地裂。清咸丰十年（1860）七月崇信里（今水城县境）阿戛地陷。1975年2月28日，威宁县羊街镇张家湾发生地裂塌陷，地裂口长0.5千米，宽30厘米，深6.6米。1978年1月7日下午3时，织金县普翁乡水淹塘洞口塌方，压死6人，伤4人。1982年8月28日，金沙县乌江渡库区出现长34米，宽30厘米裂缝。1990年8～10月，织金县干旱严重导致7个区（镇）相继发地裂缝地质灾害，损坏房屋768幢，1760间，受灾9234人，经济损失487万元。1991年6月底，金沙县东部木孔乡暴发洪水，地下水通道冲刷剧烈，在长沟村形成地陷，地表颤动并在100米距离内下陷形成2个200平方米、最大深度5米的大坑，距离地面塌陷地20余米2户民房墙体开裂，交通中断10天。1995年4月13日，东风水电站库区黔西县化屋基至错介河地段发现总长4500米地裂缝，裂缝宽6～20厘米，波及52户，250人。2002年11月13日，金沙县新化乡新龙村歪嘴岩发生崩塌，淹没民房8间，造成3人死亡，5人失踪。2004年，金沙县安洛乡马仔岩层发现地裂缝，当地政府将其列为群测群防患点，明确相关人员对其进行监测。2005年5月31日起，安洛乡连续遭受暴雨袭击，原长200米左右，宽0.5米地裂缝逐渐扩大，最大宽度达1.7米，并不时发出岩体撕裂声、爆炸声及石块垮落声，严重威胁方井村赵家寨村民组及河塘村、双星村48户178人和枫香林煤矿人员生命财产安全。中共金沙县委、县人民政府会同省、地、县有关部门组织人员对裂缝危害程度及危害性实施勘察，并拨款50万元搬迁危险地段村民。

**地震**　毕节地区是贵州省地震主要发生地区之一。据史载，威宁县、毕节市、金沙县地震多，频率低，震级低。威宁石门坎、金沙发生过4.8级以上中强度地震，地震以断裂带产生构造地震为主，人类工程建设等诱发产生地震为辅。元至大元年六月六日（1308年6月28日），乌撒、乌蒙发生地震，3天内大震6次。明嘉靖四十二年（1563）三月毕节地震；万历四十六年（1618）2月，今金沙县岩孔地震；天启元年（1621）八月，毕节地震。清康熙五十二年（1713）毕节地震。乾隆五十一年（1786）五月初六日威宁州地震，初七至初八日震动2次。乾隆五十二年（1787）威宁州地震。嘉庆十一年（1806）十二月威宁州地震。道光二十八年（1848）六月毕节地震。咸丰十年（1860）水城厅地震。民国6年（1917）7月13日，毕节地震，波及全城，房屋摇晃，人立不稳。是年8月大定、威宁等地发生地震。18年（1929）11月17日零时48分30秒，黔西县东北部（今金沙县境）发生4.5级地震。19年（1930）9月23日20时5分7秒，黔西县东北部发生5.5级地震。24年（1935）2月，威宁发生地震，震倒城墙数处，四方井学校、教堂倒塌二、三幢，2万人受灾。33年（1944）威宁发生地震，房屋摇动发响，石门坎发生山崩塞河，顺田坝房屋倒塌，人畜有伤亡。37年（1948）10月9日，威宁石门坎发生5.8级中强地震，是贵州省有记载以来震级最大的一次，四川省宜宾有震感。地震使石门坎12家房屋全塌，教堂条石砌墙裂缝，局部下陷，地裂缝线断续绵延400华里，宽1尺许，山石崩塌；老街子、水钟房屋倒塌。赫章屋宇晃动，门窗震摇，人从梦中惊醒。毕节城内房屋门窗楼壁闪动10余秒钟，居民多从睡梦中惊醒。云南省昭通、彝良、鲁甸、大关均受不同程度破坏。1949年10月1日凌晨4时毕节县境地震，城内房屋颤动。1974年5月11日晨3时20分，云南省永善县一带发生地震，赫章县妈姑、恒底、可乐、财神、六曲河、城关等地受地震波影响，门窗摇动。1975年3月1日晨1时30分，威宁草海镇发生3～4级地震，人畜有感。1980年6月17～19日，乌江上游各县普降暴雨，乌江渡库区水位急剧上升，金沙县库区的肯地、冬阳和下坝及息烽县焦家坪19日发生库区两岸岩溶通道被水淹没，引起地下通道（溶洞）局部岩石崩塌和气体爆炸，诱发地震，使地表有感震动20余次，震中房屋摇晃、掉土，个别房屋掉瓦、室内器皿摔倒。20日库区水位达最高点，震感尤为明显，最大震级1级。1992年5月20日黔西县太来乡乌江渡库区发生类似地震，并留有裂缝。1984年1月17日，威宁县发生4.1级地震，未造成损失。1989年5月5日，金沙县城关发生4.2级地震，城内有少量房屋墙体开裂，禹谟、安底、安洛、岩孔有震感，室内器皿翻倒，震动5秒钟，后有余震。1994年6月29日17时17分，威宁县草海镇、金钟、结里一带发生4.3级地震，部分房屋瓦片震落，墙体微裂。2003年11月15日晨2时49分，云南省鲁甸县发生5.1级地震，震源深度8.6千米，波及威宁县中水镇、玉龙乡，16日晨2时50分，18日晨5时22分，遭余震袭击，地震烈度达6度。主震后余震较多，截至12月6日，共发生大小余震406次，波及扩大到海拉、秀水2乡。据统计，4个乡镇50个村6.45万人受灾，民房受损5957间，倒塌32幢，19所中小学房屋受到损坏，直接经济损失3157万元。2004年8月10日18时26分，云南省鲁甸县桃源乡发生5.6级地震及多次余震，波及威宁县玉龙、中水、牛棚、黑土河等乡镇55个村，374个村民组2.85万人受灾，2名儿童受伤，30多间民房倒塌，直接经济损失2000余万元。2009年1月17日，威宁县哈喇河乡小米村（北纬269.1°，东经104.3°）发生ML4.5级地震，未发生人畜伤亡。3月22日，威宁县哈喇河乡小米管理区南8公里（双龙乡、黑石头镇、哈喇河乡交界处）发生ML4.7级地震。地震共造成威宁县8个乡镇95个村469个组的3.6万户14.2万人受灾。地震造成房屋墙壁倒塌34户71间，损坏房屋3649户618间，损坏校舍5.7万平方米，9月7日11时19分，威宁县和云南彝良县交界处（北纬27.5°，东经104.0°）发生5.7级地震，部分房屋倒塌。

# 第二章　气　候

由于受低纬度、高海拔、冷气流、热高压、多峰林、长谷峡等因素的综合影响，毕节地区形成冬无严寒、夏无酷暑、四季分明、雨水有度的亚热带季风气候，为多种生物长期共存提供了良好的气候生态要素。

## 第一节　影响气候因素

毕节地区属亚热带季风气候区域，小气候多样，具有明显高原气候特征。影响气候因素有三：1.处于低纬度高海拔地带。根据威宁太阳辐射观察站测量资料，全地区年平均太阳辐射总量为91.23千卡／平方厘米·年，以7～8月最大，分别为11.7千卡／平方厘米·月和11.14千卡／平方厘米·月；12～1月最小，分别为4.25千卡／平方厘米·月和4.48千卡／平方厘米·月。日照时间和太阳辐射分布规律呈西多东少趋势。威宁县平均海拔高度大，太阳年均辐射总量强于东部县。

2.大气环流影响。冬季冷空气南下到达云贵高原以后，在威宁、赫章一带形成准静止锋，造成持续低温阴雨天气；有时源于北方冷空气迅速南下到达云贵高原以后，导致寒潮发生，出现强降温、雨雪、凌冻天气。春季4月至5月南支西风槽减弱北移，热带副热带高压开始北上，西南暖湿气流增强，南下冷空气势力减弱，气温逐渐回升，但仍比较低，有时阴雨连绵或时晴时雨，一段晴天之后又出现倒春寒，或连晴发生春旱；当有冷空气南下，4月至5月大方、纳雍、金沙、织金、黔西、毕节等县易发生冰雹天气，危害农作物。夏季，副热带高压北移西伸控制全地区气候，西南气流增强，常使东部地带发生严重干旱；当有低压槽东移，副热带高压东退时，南部织金、纳雍易发生大雨或暴雨。降雨多集中在夏季。秋季，副热带高压南退到北纬22°附近，西南季风南撤，冷空气南下开始频繁，全地区出现秋雨连绵天气；有时因蒙古高压南下，地面为冷高压控制，出现秋高气爽天气，称为小阳春天气。

3.地处云贵高原斜坡上。地势自西向东倾斜，乌蒙山纵贯西部，利于冷空气多从北、东北方向入侵，威宁、赫章一带冬季形成准静止锋，带来持续阴雨天气；由于海拔较高，使全区气温偏低于全省同纬度气温，其中威宁县大部分地方春秋相连，成为贵州省无夏季县。

# 第二节　气候要素

## 一　温　度

**平均温度**　在10.8℃～15.2℃之间，年均温金沙县最高15.2℃，威宁县最低10.8℃，属贵州省低温区。年均温度变化除受纬度影响，还受地形影响，自东向西随海拔增高逐渐递减。相应低洼河谷地区年均温比高原山地区高，素有“山高一丈，水冷三分”之说。各县城区海拔高度和历年平均温度分别是：威宁县2234.5米、10.8℃；大方县1700米、12.1℃；赫章县1534.9米、13.5℃；毕节县1510.6米，13.0℃；纳雍县1457.1米、13.7℃；织金县1319米、14.3℃；黔西县1273.3米、14.2℃；金沙县920米、15.2℃。

**四季气温**　冬季，1月平均温度介于1.9～4.5℃之间，相差2.6，最冷威宁和大方县，以大方县城1.9℃最低，毕节县赤水河谷和金沙县沙土一带最高，分别为5.3℃、5.9℃。全地区冬季不冷，气候温和。春季，海拔1500米以下地区，回暖快，春季早。4月份全地区平均气温14℃左右，金沙、织金县城15℃以上。夏季以7月为代表，是全区最热时期，平均温度有2个低温区，一是威宁平均17.7℃，无夏天，是避暑之地。二是大方县平均温度20.6℃，金沙县城平均气温25.2℃，晴天多，温度高。秋季，以10月为代表，威宁县11.1℃，大方县城12.7℃，其余各县城均在15℃左右。

**毕节地区各县1月、4月、7月、10月平均气温表**

单位：米、℃

| 县 | 1月 | 4月 | 7月 | 10月 | 县 | 1月 | 4月 | 7月 | 10月 |
|---|---|---|---|---|---|---|---|---|---|
| 威宁 | 2.4 | 11.8 | 17.7 | 11.1 | 纳雍 | 3.9 | 14.6 | 21.9 | 14.4 |
| 赫章 | 3.8 | 14.4 | 21.6 | 14.0 | 黔西 | 3.8 | 14.8 | 23.1 | 15.0 |
| 毕节 | 2.9 | 13.6 | 21.7 | 13.6 | 织金 | 4.5 | 15.0 | 22.5 | 15.0 |
| 大方 | 1.9 | 12.6 | 20.6 | 12.7 | 金沙 | 4.5 | 15.6 | 24.7 | 15.8 |

**气温的时间变化**　1.气温的季节变化。各县市1月份为最冷时期，7月份为最热时期。气温年较差从东向西递减，东部金沙县达20℃多，西部威宁自治县低于16℃，其余县市在18～19℃之间。

2.气温日变化：各县多年平均气温日较差介于7～10℃之间。日较差平均值以威宁县9.1℃为最大，金沙县6.8℃最小，黔西、织金县次之。一年四季之中，平均气温日较差冬季最小，春季最大。1月全地区平均气温日较差介于6～10℃之间，威宁县10.9℃，为全省最大值；4月平均气温日较差在9～12℃之间，是四季中日较差最大值时期，威宁县12.6℃居全省之首；7月平均日较差值在6～9℃之间，其中东北部和东部日较差值比其余地区偏大5℃。金沙县日较差值9.8℃为全地区最大值；10月平均气温日较差值在四季中最小，属昼夜温差小时期，其中金沙和大方县气温日较差值为全地区最大7.8℃，威宁、赫章县及毕节市5.1℃左右。

## 毕节地区不同地点温度年较差表

单位：米、℃

| 地点 | 海拔 | 年较差值 | 地点 | 海拔 | 年较差值 |
|---|---|---|---|---|---|
| 威宁县 | 2234.5 | 15.8 | 牛棚 | 2100 | 15.5 |
| 草海镇 | 2230 | 15.7 | 中水 | 1850 | 15.1 |
| 幺站 | 2110 | 15.5 | 龙街 | 2070 | 15.4 |
| 金钟 | 2110 | 15.5 | 大街 | 2070 | 15.4 |
| 二塘 | 1780 | 15.1 | 羊街 | 1910 | 15.3 |
| 黑石头 | 2220 | 15.6 | 小海 | 2190 | 15.7 |
| 观风海 | 2240 | 15.7 | 盐仓 | 2300 | 15.8 |
| 赫章县 | 1534.9 | 18.7 | 恒底 | 2100 | 19.5 |
| 城关 | 1510 | 18.6 | 财神 | 1780 | 18.5 |
| 青山 | 1580 | 18.7 | 六曲 | 1570 | 18.1 |
| 兴发 | 1940 | 19.1 | 野马川 | 1450 | 18.5 |
| 妈姑 | 1975 | 19.2 | 古达 | 1580 | 18.7 |
| 可乐 | 1780 | 18.9 | | | |
| 毕节县 | 1510.6 | 19.5 | 吉场 | 1290 | 19.3 |
| 城区 | 1475 | 19.0 | 清水铺 | 1352 | 19.2 |
| 鸭池 | 1445 | 19.1 | 朱昌 | 1550 | 18.9 |
| 青场 | 1434 | 19.1 | 杨家湾 | 1490 | 19.0 |
| 长春 | 1570 | 19.5 | 阴底 | 1670 | 18.8 |
| 何官屯 | 1615 | 19.5 | 林口 | 1490 | 19.0 |
| 燕子口 | 1328 | 19.2 | 龙场 | 995 | 19.4 |
| 普宜 | 1220 | 19.4 | 海子街 | 1500 | 19.0 |
| 大方县 | 1700 | 19.1 | 六龙 | 1560 | 19.5 |
| 城关 | 1690 | 19.3 | 百纳 | 1770 | 19.1 |
| 响水 | 1290 | 19.9 | 达溪 | 1540 | 19.5 |
| 双山 | 1422 | 19.7 | 瓢井 | 1750 | 19.2 |
| 坡脚 | 1610 | 19.4 | 长石 | 1050 | 20.2 |
| 马场 | 1510 | 19.5 | 沙厂 | 1515 | 19.6 |
| 理化 | 1350 | 19.8 | | | |
| 黔西县 | 1272.1 | 19.8 | 协和 | 1270 | 19.0 |
| 城关 | 1228 | 20.1 | 甘棠 | 1170 | 20.2 |
| 金碧 | 1275 | 19.8 | 中坪 | 960 | 21.7 |

续表

| 地点 | 海拔 | 年较差值 | 地点 | 海拔 | 年较差值 |
|---|---|---|---|---|---|
| 雨朵 | 1255 | 19.9 | 重新 | 1210 | 20.2 |
| 大关 | 1230 | 19.8 | 洪水 | 1270 | 19.8 |
| 谷里 | 1250 | 19.9 | 林泉 | 1410 | 19.0 |
| 素朴 | 1225 | 20.1 | | | |
| 金沙县 | 920 | 20.9 | 禹谟 | 1065 | 20.0 |
| 城关 | 910 | 21.0 | 安底 | 1000 | 20.4 |
| 平坝 | 964 | 20.7 | 沙土 | 810 | 21.5 |
| 石场 | 1040 | 20.2 | 安洛 | 1440 | 17.8 |
| 岩孔 | 970 | 20.0 | 清池 | 875 | 20.2 |
| 织金县 | 1319 | 18.4 | 龙场 | 1315 | 18.4 |
| 城关 | 1309 | 18.5 | 八步 | 1290 | 18.6 |
| 桂果 | 1400 | 17.9 | 以那 | 1450 | 17.6 |
| 牛场 | 1365 | 18.0 | 三塘 | 1630 | 16.5 |
| 猫场 | 1345 | 18.1 | 阿弓 | 1615 | 16.6 |
| 化起 | 1375 | 18.0 | 珠藏 | 1570 | 16.9 |
| 纳雍县 | 1457.1 | 18.7 | 乐治 | 1410 | 19.0 |
| 雍熙 | 1460 | 18.7 | 居仁 | 1620 | 18.5 |
| 鬃岭 | 1620 | 18.5 | 百兴 | 1460 | 18.7 |
| 阳长 | 1345 | 19.3 | 姑开 | 1460 | 18.7 |
| 维新 | 1540 | 18.6 | 治昆 | 1695 | 18.3 |
| 龙场 | 1630 | 18.4 | 张维 | 1535 | 18.6 |

注：海拔高度、温度年较差均为测站数据

**极端气温** 1.极端最高气温多出现在春末、盛夏时节，并随海拔高度增加，高温值降低。高达35℃以上日数，金沙、黔西、织金、毕节、赫章5县出现过；高达40℃以上日期全地区未出现过。1958年4月，金沙县城关曾出现过38.4℃，创全地区之最。威宁县和大方县最高气温分别曾达32.3℃和32.7℃。

2.极端最低气温多出现在冬季1月至2月。威宁、赫章、毕节、黔西、织金5县出现过-10℃以上极端低温。1977年2月9日，威宁县出过-15.3℃全地区最低气温纪录，雪凝之大，是日全地区各县受强寒潮影响，出现-10～-12℃大范围低温极值区域，打破各县极端最低气温纪录，是毕节地区历来罕见现象。

**界限温度** 1.日均温稳定通过0℃的平均初终日期和积温：日平均温度稳定在0℃以上持续

期为耕作期或回暖期，0℃以下的持续期为寒冷期。全地区≥0℃的初日以金沙县1月10日最早，威宁县2月16日最晚。东部地带≥0℃持续期354.4天，积温5280.6℃；中部地带335.9天，积温4642℃；西部地带328.3天，积温3749.9℃。

2.日平均温度稳定通过5℃的初终日期及其积温：日均气温≥5℃持续期，是越冬植物和木本植物生长期。全地区≥5℃持续期，平均东部地带283.7天，积温4871.2℃；中部地带264.5天，积温4284.7℃；西部地带260.2天，积温3640.7℃。

3.日平均气温稳定通过10℃初终日期及积温：日均温10℃为植物生长活跃时期，平均初日金沙县在3月26日，终日11月15日；威宁县初日4月29日，终日在10月中、下旬；其余县市初日多在3月下旬～4月上旬，终日多在10月下旬～11月上旬；北部赤水河谷地带终日在11月中旬。≥10℃持续期金沙县平均293.2天，积温大于4500℃；海拔2000米以上高寒地带平均持续期160天，积温2568.7℃，其余地带持续期多在200～220天，积温3500℃～4000℃之间。

4.霜期：全地区平均霜期为111.7天，其中东部80～90天，金沙县77.1天；西部120天以上，威宁县159.3天。

### 毕节地区各县≥0℃平均初终期及积温

单位：日／月、天、℃

| 县 | 初日 | 终日 | 持续天数 | 积温 | 县 | 初日 | 终日 | 持续天数 | 积温 |
|---|---|---|---|---|---|---|---|---|---|
| 威宁 | 16/2 | 17/12 | 304.8 | 3749.9 | 纳雍 | 30/1 | 12/1 | 349.1 | 4492.1 |
| 赫章 | 27/1 | 2/12 | 351.8 | 4900.6 | 黔西 | 30/1 | 11/1 | 349.8 | 5048 |
| 毕节 | 2/2 | 9/1 | 343.5 | 4661 | 织金 | 27/1 | 13/1 | 354 | 5134.9 |
| 大方 | 14/2 | 25/12 | 315.1 | 4272.9 | 金沙 | 10/1 | 4/1 | 359.3 | 5513.1 |

**四季划分**　采用候（5天）均温划分标准：候均气温低于10℃为冬季，大于22℃为夏季，10～22℃、22～10℃为春、秋季。毕节地区大部分县春季100天左右，东部金沙3月中旬进入春季，威宁县4月初进入春季，相差20多天。金沙县夏季约3个月，威宁县大部分地区，大方县城及部分地带无酷暑天气，其他县30天左右。威宁县10月中旬进入冬季，约160多天，为全地区、全省之冠，其他县市11月上、中旬进入冬季。金沙县是四季分明地区；威宁县是冬长无夏，春秋相连地带；其他县市属冬长夏短地带。

### 毕节地区各县四季平均起止日期及天数

单位：日／月、天、℃

| 县市名称 | 四季项目 | 春季 | | | 夏季 | | | 秋季 | | | 冬季 | | |
|---|---|---|---|---|---|---|---|---|---|---|---|---|---|
| | | 初日 | 终日 | 天数 | 初日 | 终日 | 天数 | 初日 | 终日 | 天数 | 初日 | 终日 | 天数 |
| 毕节县 | 候序 | 16 | 37 | | 38 | 41 | | 42 | 62 | | 63 | 15 | |
| | 日期 | 16~20/3 | 1~5/7 | 112 | 6~10/7 | 21~25/7 | 20 | 26~31/7 | 6~10/11 | 108 | 11~15/11 | 11~15/3 | 125 |
| | 候温 | 10.8 | 21.8 | | 22.1 | 22 | | 21.8 | 10.8 | | 9.3 | 8.3 | |

续表

| 县市名称 | 四季项目 | 春季 | | | 夏季 | | | 秋季 | | | 冬季 | | |
|---|---|---|---|---|---|---|---|---|---|---|---|---|---|
| | | 初日 | 终日 | 天数 | 初日 | 终日 | 天数 | 初日 | 终日 | 天数 | 初日 | 终日 | 天数 |
| 大方县 | 候序 | 18 | | | | | | | 62 | | 63 | 17 | |
| | 日期 | 26~31/3 | | | | | | | 6~10/11 | 230 | 11~15/11 | 21~25/3 | 135 |
| | 候温 | 10.4 | | | | | | | 10 | | 7.9 | 8.4 | |
| 黔西县 | 候序 | 18 | 36 | | 37 | 45 | | 46 | 62 | | 63 | 17 | |
| | 日期 | 26/3 | 30/6 | 97 | 1~5/7 | 1~15/8 | 46 | 16/8 | 6/11 | 87 | 11~15/11 | 21~25/3 | 135 |
| | 候温 | 12.2 | 21.9 | | 23 | 22.2 | | 21.8 | 11.9 | | 9.9 | 9.9 | |
| 纳雍县 | 候序 | 16 | 36 | | 37 | 43 | | 44 | 62 | | 63 | 15 | |
| | 日期 | 16/3 | 30/6 | 107 | 1/7 | 15/8 | 36 | 6/8 | 6~10/11 | 97 | 11/11 | 11~15/3 | 125 |
| | 候温 | 12.1 | 21.3 | | 22.3 | 22 | | 21.4 | 11.8 | | 9.8 | 9 | |
| 织金县 | 候序 | 16 | 36 | | 37 | 43 | | 44 | 63 | | 64 | 15 | |
| | 日期 | 16/3 | 30/6 | 107 | 1/7 | 1~5/8 | 36 | 6/8 | 11~15/11 | 102 | 16/11 | 11~15/3 | 120 |
| | 候温 | 12.2 | 21.7 | | 22.4 | 22.3 | | 21 | 10.2 | | 9.3 | 8.4 | |
| 金沙县 | 候序 | 15 | 33 | | 34 | 50 | | 51 | 63 | | 64 | 15 | |
| | 日期 | 12~16/3 | 11~15/6 | 92 | 16/6 | 6~10/9 | 87 | 11/9 | 11~15/11 | 66 | 16/11 | 11/3 | 120 |
| | 候温 | 13 | 21.3 | | 22.2 | 22 | | 20.5 | 10.8 | | 9.8 | 9.7 | |
| 威宁自治县 | 候序 | 19 | | | | | | | 58 | | 66 | 18 | |
| | 日期 | 1/4 | | | | | | | 16~20/10 | 203 | 21/10 | 31/3 | 162 |
| | 候温 | 10.6 | | | | | | | 10.5 | | 9.6 | 9.5 | |
| 赫章县 | 候序 | 16 | 36 | | 37 | 41 | | 42 | 62 | | 63 | 15 | |
| | 日期 | 16/3 | 26/6 | 107 | 27/6 | 21/7 | 25 | 21~26/7 | 6~10/11 | 108 | 11/11 | 11~15/3 | 125 |
| | 候温 | 11.7 | 20.8 | | 22.1 | 22.1 | | 21.8 | 11.4 | | 9.6 | 9.4 | |

注：候温指候均温

## 二 降 水

**降水特点** 1.全地区降水量集中在5～9月，占全年降水量的82.8%，冬半年，占17.2%；夏季6月至8月占49.8%，秋季9～11月占23.1%，冬季12～2月占5%，春季3～5月占22.1%。

2.夏半年多阵雨、中雨，大雨、暴雨少；冬半年多小雨及雨夹雪。

3.夜雨多见于冬、春、秋季。

4.高山地区雨日多。

5.4～5月，全地区从东向西先后进入雨季，雨量逐渐增大。

6.月降水量差异大，尤其是夏季、秋季、冬季降水量变化小。据全地区多年气象观测资料统计，年降水量多年平均值在850～1400毫米之间。东部和南部降水多，西部和北部赤水河流域降水少。多雨中心织金县中、南部年均降水1400毫米以上，其次是纳雍县东南部年均降水1300毫米以上；少雨中心在赫章县中北部及赤水河谷地带，年平均降水900毫米以下，其余地带多在1000毫米左右。

**降水量季节变化和年际变化**　1.降水量季节变化。受季风影响，冬季降水量最少，占年均降水量的3%～5%，其中织金、纳雍、大方、金沙县平均50毫米至70毫米，其余县市不足50毫米；春季，东部和南部降水量逐渐增多，在200～300毫米之间。西部威宁、赫章县增至160～170毫米，东部雨季来临比西部提早10天左右，东部雨季4月下旬开始，西部约5月上中旬进入雨季，春季降水量占年均降水量20%左右；夏季降水量占年均降水量48%～53%，纳雍、织金县达600毫米以上，其余县市在400～500毫米之间；秋季，纳雍、织金县在300毫米左右，赫章县不足200毫米，其他县市200～250毫米。夏半年5～10月，各县市降水量占全年的75%以上，威宁县占年均降水量的87.7%；冬半年11～4月降水量占全年降水量15%～20%，威宁县最少，占12.3%左右。

2.降水量年际变化。织金县降水量最多年与最少年差值达739毫米，为全地区最大，其次是纳雍和金沙县。毕节市降水量年际变化最小。全地区属于年际之间降水量差异小相对稳定地带。

3.最大降水强度和雨日。全地区平均年降水日数202天，平均每月16.8天。其中小雨159.3日，占总雨日数78.9%；中雨30.5日，占15.2%；大雨9.6日，占4.8%；暴雨2.1日，占1.1%。雨日最多的织金、纳雍、大方县分别为214日、218日、223日，赫章县最少为174雨日。日降水量达50毫米以上暴雨日，最多织金县年均4个暴雨日，全地区平均一年有2次暴雨出现；日降水量达100毫米特大暴雨日，各县市都出现过，多是数年一遇。1983年5月25日，织金县降水量186.1毫米，为全地区日降水量最大值，其次是1964年6月28日黔西县降水165.5毫米，1968年7月3日纳雍县降水154.8毫米。雨日中小雨以毕节市和大方、纳雍县最多；中雨、大雨、暴雨织金县最多，赫章县最少。

**毕节地区各县历年平均降水量统计**

单位：毫米、%

| 县名称 | 冬半年（11～4月） | | 夏半年（5～10月） | | 春季（3～5月） | | 夏季（6～8月） | | 秋季（9～11月） | | 冬季（12～2月） | | 全年 |
|---|---|---|---|---|---|---|---|---|---|---|---|---|---|
| | 降水量 | 占年降水量 | 降水量 | 占年降水量 | 降水量 | 占年降水量 | 降水量 | 占年降水量 | 降水量 | 占年降水量 | 降水量 | 占年降水量 | 降水量 |
| 毕节 | 158.5 | 17.7 | 736.5 | 82.3 | 202.3 | 22.6 | 443 | 49.4 | 203 | 22.6 | 46.7 | 5.4 | 895 |
| 大方 | 232.7 | 20.2 | 917.7 | 79.8 | 264.9 | 23 | 537.7 | 46.7 | 271.6 | 23.6 | 76 | 6.6 | 1150.4 |
| 黔西 | 189.5 | 19.3 | 788.9 | 80.6 | 249.1 | 25.4 | 461.8 | 47.1 | 219.3 | 22.4 | 48.2 | 4.9 | 978.4 |
| 金沙 | 229.7 | 22.5 | 811.1 | 77.5 | 254.3 | 24.4 | 715.1 | 68.7 | 255.5 | 24.5 | 70.2 | 6.7 | 1040.8 |
| 织金 | 241.3 | 17.3 | 1055.3 | 82.7 | 343.2 | 24.5 | 676 | 48.4 | 321.7 | 23 | 65.7 | 4.1 | 1396.6 |
| 纳雍 | 232.1 | 18.6 | 1020.1 | 81.6 | 283.3 | 22.6 | 603.8 | 48 | 296.6 | 23.6 | 71.7 | 5.8 | 1255 |
| 威宁 | 113.3 | 12.3 | 809.1 | 87.7 | 166.6 | 18.1 | 496.3 | 53.8 | 230.1 | 24.9 | 29.5 | 3.1 | 922.4 |
| 赫章 | 113.4 | 13.2 | 741.1 | 86.8 | 170 | 19.9 | 469.9 | 55 | 191.6 | 22.4 | 22.8 | 2.7 | 854 |

毕节地区各县降水量年际变化

单位：毫米

| 县名 降水量 分类 | 毕节 | 大方 | 黔西 | 金沙 | 织金 | 纳雍 | 威宁 | 赫章 |
|---|---|---|---|---|---|---|---|---|
| 平均 | 895 | 1150.4 | 978.4 | 1040.8 | 1396.6 | 1255.5 | 922.4 | 854.2 |
| 最多年 | 1089 | 1440.2 | 1366 | 1341 | 1820 | 1495 | 1142 | 1093.1 |
| 最少年 | 687.9 | 834 | 841.4 | 734.7 | 1081 | 889 | 656 | 635.3 |
| 差值 | 401.1 | 606.2 | 524.6 | 606.3 | 739 | 606 | 486 | 457.8 |

毕节地区雨日及强度表

单位：日、%、毫米、月、日／年

| 县市名 分类 | 毕节 | 大方 | 黔西 | 金沙 | 织金 | 纳雍 | 威宁 | 赫章 | 全地区 | 占年雨日 |
|---|---|---|---|---|---|---|---|---|---|---|
| 年雨日 | 209 | 223 | 188 | 192 | 214 | 218 | 195 | 174 | 202 | |
| 占年日 | 57.2 | 61 | 51.5 | 52.6 | 58.6 | 59.7 | 53.4 | 47.7 | 55.2 | |
| 小雨 | 176 | 178 | 149 | 151 | 156 | 167 | 159 | 139 | 159.3 | 78.9 |
| 大雨 | 7 | 10 | 9 | 10 | 15 | 12 | 7 | 7 | 9.6 | 4.8 |
| 中雨 | 25 | 32 | 28 | 29 | 39 | 36 | 28 | 27 | 30.5 | 15.2 |
| 暴雨 | 1 | 3 | 2 | 2 | 4 | 3 | 1 | 0.9 | 2.1 | 1.1 |
| 大暴雨 | | 0.1 | 0.1 | 0.2 | 0.5 | 0.3 | | | 0.1 | |
| 最大日降水量 | 115.8 | 127.8 | 165.5 | 115.6 | 186.1 | 154.8 | 105.9 | 93.5 | | |
| 出现日期 | 1970.7.7 | 1981.9.4 | 1964.6.28 | 1985.8.26 | 1983.5.25 | 1968.7.6 | 1984.7.23 | 1976.7.13 | | |

## 三　相对湿度　蒸发量

**相对湿度**　毕节地区是贵州省相对湿度最大地区之一，除赫章县多年平均相对湿度在79%以外，其余县均在80%以上，其中大方县达84%。年均降水变率在8%～10%之间，是贵州省降水变率低地区之一；月降水变率以春末夏初最大，一般变率在43%～63%之间，尤以威宁、赫章、金沙县降水变率较大，易发生春、夏旱。10月至次年2月为高湿月份，是贵州省高湿度地区。其中大方县12月年均相对湿度达88%。

毕节地区相对湿度统计表

单位：%

| 县名＼月份 | 1 | 2 | 3 | 4 | 5 | 6 | 7 | 8 | 9 | 10 | 11 | 12 | 全年平均 |
|---|---|---|---|---|---|---|---|---|---|---|---|---|---|
| 毕节 | 86 | 85 | 80 | 77 | 79 | 80 | 78 | 80 | 82 | 84 | 84 | 85 | 82 |
| 大方 | 88 | 88 | 83 | 81 | 83 | 73 | 80 | 80 | 84 | 86 | 87 | 88 | 84 |
| 黔西 | 85 | 85 | 81 | 79 | 79 | 81 | 78 | 79 | 81 | 84 | 84 | 85 | 82 |
| 金沙 | 84 | 84 | 81 | 79 | 79 | 79 | 76 | 79 | 81 | 84 | 84 | 84 | 81 |
| 织金 | 84 | 84 | 79 | 79 | 80 | 81 | 80 | 82 | 82 | 84 | 84 | 84 | 82 |
| 纳雍 | 85 | 84 | 78 | 77 | 78 | 80 | 78 | 80 | 82 | 84 | 84 | 85 | 81 |
| 威宁 | 79 | 75 | 70 | 72 | 78 | 83 | 83 | 83 | 85 | 85 | 84 | 80 | 80 |
| 赫章 | 81 | 79 | 74 | 74 | 76 | 79 | 78 | 81 | 82 | 83 | 81 | 82 | 79 |

蒸发量　各县年均蒸发量在1000~1300毫米之间，西部大于东部，威宁县1371.9毫米，最大；毕节县1005.9毫米，最小。威宁县晴天多，日照长，风力大。一年中，7月蒸发量最大，1月最小。黔西、金沙县7月蒸发量197.6毫米、193.8毫米，大于同期降水量23%。

毕节地区各县年蒸发量统计表

单位：毫米

| 县名＼月份 | 1 | 2 | 3 | 4 | 5 | 6 | 7 | 8 | 9 | 10 | 11 | 12 | 全年平均 |
|---|---|---|---|---|---|---|---|---|---|---|---|---|---|
| 毕节 | 31.4 | 41.4 | 80 | 106 | 111.8 | 108.1 | 156 | 139.8 | 95.1 | 60.3 | 43.7 | 31.5 | 1005.9 |
| 大方 | 32.1 | 31.6 | 79.1 | 103.4 | 131.6 | 130.2 | 168.1 | 159.5 | 104.5 | 72 | 50.9 | 41 | 1104 |
| 黔西 | 38.8 | 48.1 | 95.5 | 133 | 148.4 | 140.2 | 197.6 | 179.1 | 126 | 81.6 | 57.8 | 43.3 | 1288.4 |
| 金沙 | 29.6 | 32.6 | 67 | 97.4 | 137.3 | 140.3 | 193.8 | 176 | 112.1 | 67.8 | 47.1 | 39.6 | 1140.6 |
| 织金 | 45.1 | 42.8 | 100.5 | 118.3 | 145.7 | 135.1 | 162 | 152.4 | 108.6 | 81.2 | 61.1 | 53.1 | 1205.9 |
| 纳雍 | 40 | 40.6 | 102.9 | 116.6 | 143.9 | 132.8 | 167.5 | 159.7 | 109.7 | 75.4 | 55.9 | 45.2 | 1190.2 |
| 威宁 | 74.9 | 105.5 | 167.4 | 171.9 | 154.9 | 120.9 | 141.7 | 130 | 97.4 | 76.9 | 64.7 | 65.9 | 1371.9 |
| 赫章 | 52.4 | 58.7 | 133.3 | 136.4 | 160.3 | 141.4 | 169.6 | 151.5 | 106.1 | 83.8 | 63.8 | 53.6 | 1310.4 |

## 四　日照　云量

日照　各县市日照时数多年平均1100～1400小时，自东向西逐渐增加。威宁县多年平均日照1804.9小时，为全省之冠。金沙县多年平均日照1095.2小时，属全地区最少县。冬季日照最少，全地区平均150～200小时，威宁县最多，434.9小时，居全省之首，金沙县115.1小时；春季，全地区平均350～400小时，威宁最多555.8小时，金沙265.9小时；夏季，日照充足，平均

450～500小时，威宁最少，不足450小时；秋季，威宁最多350小时，金沙244.6小时，其余县250～300小时。秋季，毕节地区常出现绵雨，日照时数少于春季。全地区多年平均太阳辐射量西部地带大于东部地带，威宁县平均111.96千卡／厘米$^2$·年，金沙、织金县为80千卡／厘米$^2$·年至85千卡／厘米$^2$·年。

毕节地区各县日照时数日照效率表

单位：时、%

| 县名＼月份 | 1 | 2 | 3 | 4 | 5 | 6 | 7 | 8 | 9 | 10 | 11 | 12 | 全年 |
|---|---|---|---|---|---|---|---|---|---|---|---|---|---|
| 毕节 | 56.8 | 59.6 | 104.1 | 128.3 | 119.8 | 108.6 | 193.9 | 190.4 | 120.6 | 81.3 | 69.6 | 62.7 | 1295.6 |
| | 17 | 19 | 28 | 34 | 29 | 26 | 46 | 47 | 33 | 23 | 22 | 19 | 29 |
| 大方 | 59 | 59.5 | 106.5 | 123.8 | 120.4 | 109.0 | 194 | 184 | 120.6 | 84.9 | 76.7 | 71.2 | 1309.5 |
| | 18 | 19 | 29 | 32 | 29 | 26 | 46 | 46 | 33 | 24 | 23 | 22 | 30 |
| 黔西 | 50.8 | 48.9 | 92.6 | 119.6 | 123.2 | 117.6 | 201.3 | 192.7 | 125 | 85.8 | 68.9 | 58.4 | 1284.7 |
| | 15 | 16 | 25 | 31 | 30 | 29 | 48 | 48 | 34 | 24 | 21 | 18 | 29 |
| 金沙 | 36.7 | 36.1 | 67.8 | 97.4 | 100.7 | 104.7 | 194.5 | 185.9 | 108.1 | 67.5 | 53.4 | 42.3 | 1095.2 |
| | 11 | 12 | 18 | 25 | 24 | 25 | 46 | 46 | 29 | 19 | 17 | 13 | 25 |
| 织金 | 48.8 | 51.1 | 92 | 114.7 | 114.7 | 105.3 | 167.5 | 173.2 | 106.8 | 76.8 | 68.4 | 57 | 1176.3 |
| | 15 | 16 | 25 | 30 | 28 | 26 | 40 | 43 | 29 | 22 | 21 | 18 | 27 |
| 纳雍 | 70.6 | 69.2 | 123.5 | 144 | 141.8 | 124.2 | 203 | 198.3 | 130.7 | 96 | 83 | 76.6 | 1462.9 |
| | 21 | 22 | 33 | 38 | 34 | 30 | 48 | 49 | 36 | 27 | 26 | 24 | 33 |
| 威宁 | 145.1 | 148 | 198.9 | 192.6 | 164.3 | 123.3 | 167.1 | 166.8 | 116.3 | 113.5 | 127.1 | 148.1 | 1804.9 |
| | 44 | 47 | 54 | 50 | 39 | 30 | 40 | 41 | 32 | 32 | 39 | 44 | 41 |
| 赫章 | 72.8 | 77.2 | 127.4 | 147.4 | 133.8 | 111.4 | 185.8 | 179.5 | 119.9 | 93.1 | 88.5 | 78.8 | 1415.6 |
| | 22 | 24 | 34 | 39 | 32 | 27 | 44 | 44 | 33 | 26 | 27 | 24 | 32 |

**云量**　全地区年均云量多，日照少，除威宁县占7.5成和赫章县占7.8成外，其余县市均在8成以上。四季总云量相差不大，以毕节县、纳雍县为界划分东、西两部分。冬季，1月东部各县市均在8成以上，金沙县最大8.7成；西部不足8成，威宁县6.4成最小。春季，4月平均总云量增多，除威宁县和赫章县外，其余县市均在8成以上。夏季，7月平均总云量，毕节县和黔西、金沙县不足8成，其他县均在8成以上。秋季，10月各县市平均总云量均在8成以上，毕节市8.5成最多，威宁县8成最少。

毕节地区各县云量统计表

单位：成

| 县名＼月份 | 1 | 2 | 3 | 4 | 5 | 6 | 7 | 8 | 9 | 10 | 11 | 12 | 全年平均 |
|---|---|---|---|---|---|---|---|---|---|---|---|---|---|
| 毕节 | 8.6 | 8.6 | 8.1 | 8 | 8.5 | 8.6 | 7.8 | 7.3 | 8 | 8.5 | 8.4 | 8.4 | 8.2 |
| 大方 | 8.2 | 8.4 | 7.7 | 7.8 | 8.4 | 8.6 | 8 | 7.5 | 7.9 | 8.2 | 8 | 8 | 8.1 |
| 黔西 | 8.5 | 8.7 | 8.1 | 8.1 | 8.4 | 8.5 | 7.7 | 7.2 | 7.9 | 8.3 | 8.3 | 8.2 | 8.2 |
| 金沙 | 8.7 | 8.9 | 8.4 | 8 | 8.3 | 8.4 | 7.5 | 7.1 | 7.9 | 8.4 | 8.5 | 8.5 | 8.2 |
| 织金 | 8.5 | 8.5 | 7.9 | 8.1 | 8.6 | 8.7 | 8.4 | 7.8 | 8.2 | 8.4 | 8.3 | 8.2 | 8.3 |
| 纳雍 | 8.1 | 8.1 | 7.5 | 7.6 | 8.3 | 8.6 | 8.2 | 7.7 | 8.1 | 8.2 | 8.1 | 7.9 | 8 |
| 威宁 | 6.4 | 6.4 | 6.1 | 7 | 8.1 | 8.8 | 8.5 | 7.9 | 8.4 | 8 | 7.2 | 6.4 | 7.5 |
| 赫章 | 7.8 | 7.9 | 7.2 | 7.4 | 8.1 | 8.5 | 8 | 7.3 | 8 | 8.2 | 7.8 | 7.6 | 7.8 |

## 五　风

**常风**　经气象台站定时观测，多数县风速小，毕节县、金沙和黔西、纳雍县年平均风速不到2米／秒，其中毕节县0.8米／秒，最小；威宁县平均风速3.2米／秒，最大。一年中，春季风速较大，3～4月风速偏大。3月，威宁县海拔2238米以上地带，月平均风速4.1米／秒以上，其他县风速多在2米／秒左右。夏季各月气温升高，对流加强，风速减小。

**大风**　风速达17米／秒或风力8级大风，全地区多年平均为7天，威宁县29.3天，最多；金沙县0.3天，最小。

**极大风速**　据有关资料查阅，瞬间极大风速发生在威宁县。1969年1月27日西南风、1973年3月5日的南风，均达30米／秒。威宁风能资源丰富，海拔2300米以上地方，高山峡谷地带，每天10～19时之间有60%以上风≥6米／秒，大风达30多天，一年中有220天左右可利用风能发电。

毕节地区各县多年平均大风日数统计表

单位：天

| 县名＼月份 | 1 | 2 | 3 | 4 | 5 | 6 | 7 | 8 | 9 | 10 | 11 | 12 | 全年平均 |
|---|---|---|---|---|---|---|---|---|---|---|---|---|---|
| 毕节 | 0.2 | 0.5 | 0.6 | 0.5 | 0.2 | 0.1 | 0.2 | 0.3 | 0.1 | | | | 2.7 |
| 大方 | 0.1 | 0.3 | 1.1 | 0.8 | 0.8 | 0.1 | 0.2 | 0.2 | | 0.1 | 0.1 | | 3.8 |
| 黔西 | 0.1 | 0.3 | 0.6 | 0.7 | 0.4 | 0.1 | 0.2 | 0.2 | 0.1 | | | | 2.9 |
| 金沙 | | | | | 0.1 | | 0.1 | 0.1 | | | | 0.2 | 0.3 |
| 织金 | | 0.5 | 0.6 | 0.3 | 0.1 | 0.1 | 0.1 | 0.1 | | | 0.1 | | 2.2 |
| 纳雍 | 0.4 | 0.9 | 1.2 | 1.2 | 0.3 | 0.1 | 0.2 | 0.2 | 0.1 | 0.1 | 0.1 | | 4.8 |
| 威宁 | 3.6 | 6.3 | 7.6 | 5.5 | 1.8 | 0.6 | 0.5 | 0.6 | 0.3 | 0.3 | 0.6 | 1.7 | 29.3 |
| 赫章 | 1.1 | 2.6 | 2.5 | 1.6 | 0.4 | 0.2 | 0.5 | 0.2 | 0.3 | 0.2 | 0.3 | 0.3 | 10.1 |

# 第三节 气候特征

毕节地区地处低纬度高海拔的云贵高原斜坡上，属于亚热带至暖温带湿润季风气候区。按气象部门气候带的积温划分标准，全地区可划分为中亚热带，北亚热带和暖温带三个气候带。东部和北部赤水河谷气温高，夏季常有伏旱发生；中部和西部气候温和，寒暖各异。在高山和河谷地域，气候垂直变化明显、山上山下冷暖不同，降水各异。冬半年从偏北或东北方向入侵的冷空气受地形阻滞在赫章县妈姑一带形成准静止锋；锋前威宁县晴天多，日照多；锋后阴雨连绵，大方、纳雍县、毕节县有天无三日晴之说。下半年，受西太平洋副热带高气压影响，金沙、黔西等县多连晴天气，南部织金和纳雍县多大雨甚至暴雨成灾。全地区日照百分率在25%～32%之间，年总辐射量在70～80千卡／平方厘米年之间，属全国低值区域，威宁县年总辐射居全省之冠。作物生长期数，日照时数和太阳辐射量能满足作物对光能利用率要求。

**季风气候** 由于受季风影响，东部金沙、黔西县属四季分明地带。中部毕节县和织金、大方、纳雍县和赫章县大部分属冬长夏短地区。西部威宁及赫章县部分海拔高地带属冬长无夏、春秋相连地区。

**毕节地区各县历年平均划分四季表**

单位：日／月、天

| 季节<br>地名 | 春季 | | | 夏季 | | | 秋季 | | | 冬季 | | |
|---|---|---|---|---|---|---|---|---|---|---|---|---|
| | 起 | 止 | 天数 | 起 | 止 | 天数 | 起 | 止 | 天数 | 起 | 止 | 天数 |
| 毕节 | 16/3 | 5/7 | 112 | 6/7 | 25/7 | 20 | 26/7 | 10/11 | 108 | 11/11 | 15/3 | 125 |
| 大方 | 14/4 | 24/7 | 102 | 25/7 | 29/7 | 5 | 30/7 | 20/10 | 83 | 21/10 | 13/4 | 175 |
| 黔西 | 6/3 | 30/6 | 107 | 1/7 | 25/8 | 56 | 26/8 | 10/11 | 77 | 11/11 | 15/3 | 125 |
| 金沙 | 11/3 | 15/6 | 97 | 16/6 | 5/9 | 82 | 6/9 | 20/10 | 45 | 21/10 | 10/3 | 141 |
| 织金 | 28/3 | 5/7 | 100 | 6/7 | 12/8 | 38 | 13/8 | 8/11 | 88 | 9/11 | 27/3 | 139 |
| 纳雍 | 2/3 | 1/7 | 117 | 2/7 | 1/8 | 31 | 2/8 | 3/11 | 102 | 4/11 | 1/3 | 115 |
| 威宁 | 1/4 | | | | | | | 20/11 | 234 | 21/11 | 31/3 | 131 |
| 赫章 | 29/3 | 12/7 | 106 | 13/7 | 29/7 | 17 | 30/7 | 5/11 | 99 | 6/11 | 28/3 | 143 |

**夏凉冬冷** 据各县气象资料统计，最热月7月平均气温在17～25℃之间，低于贵州多数地区。历年极端最高气温，大部分地带在30℃左右，金沙县最热，高于35℃天数少有，黔西和金沙县≥35℃天数，历年平均1.5天。最冷月1月平均气温在1.9～4.2℃之间，低于贵州省多数地区。历年极端最低气温，威宁县、毕节县和赫章、织金、黔西县曾出现过-10～-15℃的严寒天气。

毕节县与贵州省其他地、州、市所在地气温比较表

单位：℃

| 项目 \ 地州、市所在地 | 毕节 | 六盘水市钟山区 | 安顺西秀区 | 遵义 | 贵阳 | 铜仁 | 凯里 | 都匀 | 兴义 |
|---|---|---|---|---|---|---|---|---|---|
| 7月 | 21.3 | 19.8 | 21.9 | 25.3 | 24 | 27.9 | 25.6 | 24.8 | 22.2 |
| 1月 | 2.4 | 2.9 | 4.1 | 4.2 | 4.9 | 5.2 | 4.7 | 5.5 | 7.1 |
| 极端最高 | 33.8 | 31.6 | 34.3 | 38.7 | 37.5 | 42.5 | 37 | 36.3 | 34.9 |
| 极端最低 | –10 | –11.7 | –7.6 | –7.1 | –7.8 | –9.2 | –9 | –6.9 | –3.1 |

气候垂直多样　毕节地区地势起伏不平，气候差异显著，有“山高一丈，水冷三分”之说，大部分地区属北亚热带范围，威宁县热量条件属暖温带气候类型，金沙县和赤水河谷属亚热带气候类型。在威宁县境的龙头山平箐梁子、西凉山、陆家大营属温凉气候，而周围江边河谷属北亚热带气候。毕节县生机镇赤水河谷，海拔800米以下属亚热带气候；向南10余千米峨峰北大水沟梁子，海拔1930米，热量条件属温带类型，年平均气温相差5℃以上。各县市，由于海拔高差大，立体气候明显，构成立体农业生产格局。

东西气候差异　全地区地势西高东低，最大海拔高差2243余米，威宁县县城草海镇比金沙县高1320米，太阳总辐射增多21.1千卡／平方厘米·年，年平均温度降低4.9℃，年温差减少5℃，年均风速增大2.3米／秒，形成草海气候温凉，金沙县城暖和。东西气候差异具体表现：1.西部威宁冬长无夏，东部金沙、黔西县，织金县东部冬暖夏热，四季分明；2.受季风影响和南北冷暖气流交织，西部威宁县、赫章县、毕节县年均降水量在850～950毫米之间，东部金沙县、黔西县、织金县年均降水量在1000毫米以上；3.每年雨季来时东部早于西部，金沙县4月下旬进入雨季，威宁县5月上、中旬进入雨季；4.西部常发生春旱，东部夏旱较严重，织金和纳雍县易发生暴雨造成洪涝灾害。东部冰雹灾害多发生在3～5月，西部威宁7～8月发生次数较多。

天气复杂多变　灾害频繁　地形复杂，海拔高低悬殊，造成天气复杂多变。阴雨天多、日照少，春旱、倒春寒、冰雹、大雨到暴雨、夏旱、八月低温（秋风）、绵雨凌冻、霜冻常有发生，对农业生产影响较大。

## 第四节　气候分区与物候

东北湿润伏旱温和区　该区域含金沙县及赤水河谷部分地段，是毕节地区热量资源丰富，无霜期长，属半湿润到湿润地带，是伏旱严重地区，气候特征为：

1.冬暖夏凉，气温日较差小。金沙沙土、安底、平坝、清池、岩孔、城关海拔1000米以下乡镇冬暖夏热，1月平均气温4.4℃，极端最低气温-6.8℃，7月平均气温25℃，极端最高气温37.9℃。石场、安洛等海拔1200米以上地区，冬季较寒冷，夏季较凉爽。赤水河谷地带冬季温

暖，夏季炎热，1月平均气温5～7℃，7月平均气温26～28℃，极端最低气温-1.8℃，极端最高气温39.6℃，无霜期275～331天，日较差5.7℃，是毕节地区最小地带。

2.雨天多，日照少。年平均日照时数1095小时，占可照时数的25%，是全省、全国日照低值区之一。年平均≥0.1毫米雨日192天，年平均阴天246天，日平均总云量≤2成晴天16天。年平均降水1041毫米，冬季70毫米，6月降水量160毫米，7月中旬～8月上旬常有伏旱发生，伏旱最严重年42天，最少年14.5天。伏旱给农业生产带来严重危害，最严重年份减产35%以上。

**东部湿润温和区** 该区域含黔西、织金县，属冬暖夏凉，冬春半湿润夏季温润类型。有以下气候特征：

1.四季分明，冬暖夏凉。大部分海拔在1200～1400米之间，年均气温13～14℃。1月平均气温多在3.5～4.3℃之间，极端最低气温-10℃；7月平均气温23℃左右，极端最高气温34～35℃，夏季气温凉爽宜人。全年无霜期288～293天。

2.冬春半湿润，夏季湿润。年平均降水量970～1040毫米，冬季降水400～60毫米，3月25～30毫米，4月80～95毫米，5月140～210毫米，冬春降水量小于蒸发量，属半湿润时期。夏季6月降水量170～260毫米，7月150～210毫米，8月150毫米左右，7月至8月降水量大过蒸发量，气候湿润，少有干旱发生。

3.春季多夜雨，秋季绵雨较重，是省内夜雨较多地区，全年有70%雨量在夜间降落，尤其4月至5月夜雨最多，次为3月和9月。区内历年平均每年秋绵雨2.8次，秋绵雨日数在15～22天之间，是贵州省绵雨较重地方。

**西部夏湿冬干冷凉气候区** 包括毕节、大方、纳雍、威宁、赫章县，区内范围广，海拔高地带。气候特征是：

1.冬冷夏凉，长冬短夏或无夏。年平均气温10.5～13.7℃之间，最冷1月平均气温1.6～3.6℃之间，多年极端最低气温在-10～-16℃间，是全省冬季最冷地方；7月平均气温在17～22℃之间，极端最高气温33℃左右。无霜期200～240天，是全省夏季最短，天气最凉爽地方。其中威宁县大部分地带、大方县部分地带、赫章县西部无夏，冬季最长162天，春秋相连203天；其余地带冬长夏短，冬长130天左右，夏天1月左右。

2.冬春干旱，夏季湿润。多年平均降水量850～1267毫米之间，其中毕节、赫章、威宁县850～950毫米，是全省降水最少地区。冬半年平均每月降水15～25毫米，6～8月降水多在150～250毫米之间，雨季多在5月上中旬来临，属全省雨季开始最晚地区。冬春二季降水少、气候干燥，常有冬旱、春旱发生。

3.雹灾多、秋雨长、凌冻重。是全省春末夏初冰雹灾害出现多、危害重地方，平均年降雹日数在2～2.5天之间，大方、纳雍县多达3.3天。又是秋绵雨最重地方，平均每年有秋绵雨2.5～3.2次，13～25天。海拔高，冬季凌冻重，平均每年凌冻5天左右，最长持续15～30天，是贵州省内范围最大，时间最长凌冻区。

**反映气候特征的非生物特征** 谚语说：“一九二九，怀中插手；三九四九，冻死猪狗；五九六九，隔河看柳；七九六十三，路上行人把衣单；八九燕归来；九九八十一，庄稼老汉把田犁。”农业生产用以掌握农时有“一年之计在于春，一天之计在于晨”“芒种打田不坐水，夏至栽秧少一腿”等。

生物物候 1.农作物与时令。小麦“秋分早，立冬迟，霜降种麦正当时”。玉米，“清明种，白露收”；“勤人不听懒人哄，谷雨下种最适中”。水稻，“清明种，处暑收”。油菜，“霜降播种，立夏收”。

2.植物与节令。杜鹃花，“清明至立夏开花”。枣树，“谷雨前后开花”。榆树，“春分至清明开花”。槐树，“清明至谷雨开花”。桐树，“清明至谷雨开花”。车前草，“春分发芽，清明开花”。

3.花类与节令。樱花，立春开花；菜花、杏、李雨水开花；桃、棣棠，惊蛰开花；牡丹、楝花，谷雨开花；梅、水仙、山茶，小寒开花；瑞香、兰花、山矾，大寒开花。

4.动物与节令。燕子，春来秋去；春姑娘，春播后开叫；蝉，春分至清明开叫；青蛙，惊蛰前后开叫。

民间气象谚语 1.节令谚语：春打五九末，山中树木无脑壳；春打五九尽，要下二十四个光头凌；打春三日晴，农夫不受贫；立春早，四月雨少；春雨多，秋雨少；惊蛰热，烤火过六月；惊蛰冷，下河去打滚；清明不明烂旱种，谷雨不淋烂旱秧；清明断雪，谷雨断霜；懵里懵懂，谷雨下种；小满不满，芒种不管；秧奔小满谷奔秋；芒种打田不坐水，夏至栽秧少一腿；立夏不下，犁耙高挂；热不过三伏，冷不过三九；白露（水稻）不低头，割来喂老牛；三九冷，三伏热；今年冬不寒，明年春要干；冬至之日若逢壬，来年耕田枉费心。

2.时序谚语。正月初拜年，无水撒秧田；正月初一牛滚塘，干到来年阳鹊啼；正月二十晴，树上挂油瓶；二月二十晴，秧子撒二巡；三月二十晴，栽秧冻死人；四月八，枯井发；五月二十三，大下大干，小下小干；六月六，打湿龙皮晒不干；七月秋，全盘收；重阳无雨看十三，十三无雨一冬干；十月无霜，碓里无糠；月逢初三初四雨，一月没有几天晴。

3.音韵谚雨。早上发霞，等水煨茶，晚上发霞，干断草芽；天上钩钩云，地上雨淋淋；有雨天边亮，无雨顶上光；要吃来年饭，正月初一看；云跑东，雨落空，云跑南，雨成团，云跑西，披蓑衣，云跑北，晒荞麦；雨洒二十五，后月无干土；人黄有病，天黄有雨；正月雷打雪，二月雨不得；三月无秧水，四月秋上节；早霞不出门，晚霞行千里。

## 第五节 灾害性天气

春季低温、干旱 1.低温。毕节地区倒春寒多发生在每年3月中旬至4月中旬，气温降至10℃以下，并伴有阴雨，持续3天以上，其灾害程度与持续时间成正比。据20世纪后50年统计，严重倒春寒连续5天至6天有1951年、1957年、1960年、1962年、1964年、1965年、1972年、1976年、1978年、1983年、1986年、1987年，13年，占26%；连续3～4天，有1953年、1954年、1956年、1959年、1963年、1966年、1967年、1971年、1973年、1974年、1977年、1979年、1981年、1993

年，15年，占30%。威宁、赫章、毕节、大方、纳雍、黔西6县为重倒春寒区域，金沙、织金县属轻倒春寒区域。倒春寒发生时，对春种、夏收作物产生严重影响。

2.春旱。是区内主要灾害性天气之一，多是冬春连旱。20世纪50年代后，1963年、1966年、1978年、1979年、1986年、1987年、1988年，都是严重冬春连旱，最长的1979年达190余天。插花性小旱几乎年年都有。2001年，全地区出现45天左右春旱，致使普遍推迟玉米移栽。2002年3月下旬～4月，全地区持续高温少雨，尤以威宁、赫章、毕节3县严重。2002年冬～2003年6月上旬，出现冬春连旱，全地区东中部县旱情严重，东部黔西县、金沙水利设施蓄水量只占正常年份的50%、44%，中部毕节县、纳雍县，分别只有储水量的15%、16%。根据50余年统计，大约每3年有一次中旱，5年有一次大旱；威宁、赫章、纳雍、毕节4县市属春旱重旱区，大方、金沙、黔西、织金县春旱属中等春旱区。

**秋季低温、阴雨** 对秋收作物危害大，据1951年以来资料统计，秋季低温多发生在8月1日至9月10日之间，连续3天或3天以上日平均气温≤18.5℃。严重年份有1952年、1958年、1965年、1974年、1980年、1986年、1988年、1991年、1993年、2002年，轻度年份有1954年、1956年、1957年、1962年、1966年、1968年、1971年、1977年、1983年、1994年。平均每3年左右出现1次。程度随海拔升高而增加，威宁县、大方县等高寒山区基本年年出现低温秋风天气。秋低温自西向东减轻，威宁、赫章、毕节、大方、纳雍5县市属特重秋低温区，秋低温年平均日数3.5日至4日；黔西、织金县属重秋低温区，金沙县属轻秋低温区，秋低温年平均日数2～3日。一经出现严重秋低温，波及全地区，给农业造成重大损失，1965年、1974年、1993年出现严重秋低温，使当年粮食总产比正常年分别减少25.8%、32.4%和28.9%。2002年8月9～21日，出现严重秋低温，是1951年以来出现时间早、持续时间长、强度最大、降水过程长、日照少的一次典型湿冷型秋低温天气。

**毕节地区各县城区气象台站观测秋季低温统计表**

单位：米、日、次

| 县名 | 海拔 | 年平均秋低温日数 | 年平均秋低温次数 | 轻度秋低温次数 | 重度秋低温次数 | 8月中、下旬秋低温次数 |
|---|---|---|---|---|---|---|
| 毕节 | 1510.6 | 13.2 | 2.5 | 25 | 15 | 31 |
| 大方 | 1700 | 19.8 | 3.9 | 24 | 23 | 42 |
| 黔西 | 1215.8 | 11.1 | 2.1 | 18 | 18 | 27 |
| 金沙 | 922 | 5.8 | 1.3 | 8 | 7 | |
| 织金 | 1319 | 10.3 | 2 | 13 | 12 | 28 |
| 纳雍 | 1457.1 | 10.5 | 1.9 | 15 | 10 | 25 |
| 威宁 | 2237.5 | 23.8 | 4.4 | 31 | 7 | 45 |
| 赫章 | 1535.1 | 17.7 | 2.9 | 21 | 17 | 29 |

**秋绵阴雨天气** 毕节地区是贵州省秋绵雨最严重地区，一般产生在9～11月。毕节县，大方、威宁、赫章县秋绵雨日数超过30天，其他县在15～20天。秋绵雨以10月出现数最多，机率

最大。毕节县出现秋绵雨9月占16%，10月占53%，11月占31%。受地势影响，全地区自东向西秋绵雨加重。1980年10月1～23日，全地区秋绵雨使水稻在田间发霉变坏。2001年10月13～22日秋绵雨对秋粮收晒不利；11月5～10日秋绵雨对小麦、油菜苗期生长不利。

毕节地区各县历年秋绵雨平均统计表

单位：天

| 县名＼天数＼月份 | 9 | 10 | 11 | 全年 |
|---|---|---|---|---|
| 毕节 | 5 | 17 | 11 | 32 |
| 大方 | 5 | 19 | 11 | 35 |
| 黔西 | 4 | 9 | 5 | 18 |
| 金沙 | 4 | 7 | 5 | 16 |
| 织金 | 4 | 8 | 5 | 17 |
| 纳雍 | 7 | 9 | 7 | 23 |
| 威宁 | 10 | 18 | 6 | 34 |
| 赫章 | 8 | 19 | 8 | 35 |

**暴雨**　区内年均发生12小时降水量≥25毫米或日降水量≥50毫米暴雨3.7次，其中织金县年均5.1次，最多；赫章县2.8次，最少。日降水量≥100毫米大暴雨除赫章县外，其他县都出现过。织金县暴雨最多，纳雍县次之。暴雨在每年4月至10月出现，5月至7月占71.3%，以6月暴雨最多，5月、8月次之。织金县出现10分钟降39.8毫米，为全地区之最。黔西、纳雍、金沙县属一般暴雨区，其他县市属少暴雨区。1968年9月17日，毕节县海子街区连降暴雨，致使双河水库坝基崩塌，死10人，伤8人，冲毁农田240公顷。1995年7月15日毕节城区降雨108毫米，台子路水深1.5米。1996年7月1日，黔西县城降雨138毫米，县城大部被淹，损失3000多万元。2001年6月8日至次日凌晨6时，黔西县遭受罕有大暴雨袭击，是月17～18日晨再次发生数小时降水量超过100毫米大暴雨袭击，金碧镇达145毫米。10天内遭受2次大暴雨袭击，实历史罕见。2003年6月21日18时20分～22日8时，毕节县降114.3毫米暴雨，市区低洼地带遭洪水袭击，不少市民住宅被淹，暴雨引发洪灾，使田坝桥镇农田、公路、河堤被大面积冲毁；赫章、黔西、织金、威宁、纳雍县也遭受洪涝灾害。全地区6县市所辖63个乡镇852个村76.57万人遭受洪灾，死11人，伤16人；受灾农田2.49万公顷，绝收8271公顷，损失1.17亿元。2005年6月3日0时8分～8时，黔西县遭受105.3毫米特大暴雨袭击，林泉镇20个村受灾，城关至毕节321国道3000米长路段因暴雨引发滑坡导致中断。

**夏旱**　毕节地区是贵州省易旱地区，出现在6月“洗手干”，7月中下旬～8月上旬的伏旱。全地区夏旱以7月干旱面积大，8月次之，6月轻。金沙县属于重旱区，黔西、织金、大方、纳雍、毕节5县市属中旱区，赫章、威宁县属轻旱区或无旱区。发生夏旱时，连续5天降水量小于5毫米，第6日后，日均降水降水量小于2毫米，持续10日以上，形成干旱。1989年，金沙、黔西、织金县出现大旱，毕节县，纳雍、大方县出现中旱，全地区农作物受灾6.6万余公顷，成灾4.5万多公顷。2001年7月9日～8月10日，金沙、黔西县出现大旱，中西部地带出现中旱，是毕节地区20世纪60年代以来中等偏重年份，受灾乡镇215个，18.5万余公顷农作物受灾，干断小溪河8条，干枯水库10座、山塘90座，粮食减产6%左右，损失2.825亿元。2004年7月27日～8月中旬，出现15～20天中等偏重伏旱，152.13万人饮水困难，2.83万公顷粮食绝收，损失1.98亿元。2009年秋冬，2010年春，毕节地区连续三季出现特大旱灾。

**冰雹** 冰雹俗称“白雨”，区内几乎年年都有发生。平均每年受灾面积占总耕地的5.7%，危害仅次于旱灾。冰雹移动路线有5条：1.云南镇雄—毕节官屯—大方长石—金沙县城—遵义；2.云南镇雄—毕节海子街—大方瓢井—沙厂—黔西中坪—修文；3.云南镇雄—毕节青场—毕节城关—大方归化—东关—黔西林泉—黔西城关以南—大关—安顺；4.云南镇雄—赫章财神—赫章城关—毕节杨家湾—阴底—花厂—大方猫场—织金以那—织金城关—珠藏—安顺；5.云南昭通—威宁—水城。其中2、3、4条路危害范围大且严重。冰雹春季最多，约占全年84.9%，夏、秋二季次之，冬季少，占1.8%。秋季发生雹灾范围小，危害程度大。

1965年10月15日，毕节县城郊五里坪、观音桥发生雹灾，50%的稻谷被打入泥土中。一年内以4～5月冰雹出现最多，多集中在4月下旬～5月中旬，占全年冰雹出现次数的68.7%，其次是3月、9月和2月。1天内以14～20时降雹概率最大，约占全天的72.4%，上午最少，约占2%。降雹方向由西向东推进，有时亦从西南向东北方向推进。毕节县和大方、黔西、纳雍、金沙、织金县为多雹区，平均每年降雹4.5次，有的7次以上；赫章、威宁县属少雹区，多发生在6～8月，平均每年2～3次。降雹时间最长曾达37分钟；山地南坡降雹强度大于北坡，有“雹打一条线”说法；雹粒一般似苞谷粒、黄豆粒大，最大如核桃、鸡蛋大少见。1972年5月上旬，黔西县连续3次降冰雹，最大雹粒208克。1995年5月1日下午，大方县16个乡镇遭受雹灾，冰雹最大直径70毫米。2000年5月7日午后2时30分，冰雹袭击毕节县普宜中学一带，最大雹粒如蛋；是日下午6时降大暴雨夹冰雹袭击大方县小屯乡滑石村，灾害涉及125户人，毁房27幢，死亡16人，轻重伤18人，死大牲畜30头（匹），猪81头，折断树木1800余株、电线杆33根，65公顷粮食绝收，损失近百万元。2002年4月23日晚8时，毕节县城区发生40分钟降雹过程，最大冰雹直径28毫米，是日赫章、大方、金沙县部分乡镇发生雹灾；24日清晨毕节县放珠镇播乐沟一带降冰雹，地面积冰雹50～60厘米，死亡5人，320公顷小麦，210公顷烤烟绝收，约37公顷杂粮、270余公顷洋芋受损，损失182.22万元。2003年5月12日，金沙县11个乡镇125个村遭受冰雹灾害，最大雹粒直径4厘米。2005年5月上旬，织金县黑土、阿弓、熊家场、白泥等22个乡镇273个村30.28万村民，先后4次遭受冰雹袭击，受灾13554.3公顷，其中1338.1公顷绝收，倒塌房屋78间，损失1052.04万元。

**霜冻** 各县多出现在上年10月～次年4月。其中12月～2月出现频率占88.7%，1月最多，占31.2%，12月其次，占29.3%。年平均初霜以威宁县10月23日为最早，金沙县12月5日最晚；年平均终霜以织金2月14日最早，威宁4月10日最晚。威宁出现过最早9月和最晚5月霜冻，全地区平均霜降期106.8天，威宁霜降期170天最长；金沙县68.1天，最短。10月以前和3月以后出现早霜和晚霜概率最小，危害最严重。

### 毕节地区各县历年平均霜冻时间分布表

单位：天、日／月

| 县名 | 霜日数 | 初霜日 | 终霜日 | 间日数 |
|---|---|---|---|---|
| 毕节 | 18.1 | 11/11 | 9/3 | 118.2 |
| 大方 | 13.5 | 12/11 | 27/2 | 107.9 |
| 黔西 | 12.6 | 24/11 | 24/2 | 93.7 |
| 金沙 | 9 | 5/12 | 15/2 | 68.1 |
| 织金 | 8.7 | 26/11 | 14/2 | 81.3 |
| 纳雍 | 11.1 | 21/11 | 25/2 | 96.7 |
| 威宁 | 45.5 | 23/10 | 10/4 | 170 |
| 赫章 | 13.3 | 16/11 | 14/3 | 119 |

### 毕节地区各县历年霜冻日数统计表

单位：天

| 县名＼月份 | 9 | 10 | 11 | 12 | 1 | 2 | 3 | 4 | 5 | 全年 |
|---|---|---|---|---|---|---|---|---|---|---|
| 毕节 | | 2.6 | 2.5 | 5.3 | 5.4 | 2.8 | 1.4 | 0.2 | | 18.1 |
| 大方 | | 0.3 | 2.4 | 2.6 | 4.4 | 1.9 | 0.9 | | | 13.5 |
| 黔西 | | 0.7 | 1.5 | 4.4 | 4.3 | 1 | 0.7 | | | 12.6 |
| 金沙 | | | 2.2 | 2.7 | 2.6 | 1.1 | 0.4 | | | 9 |
| 织金 | | 0.1 | 1.5 | 3.1 | 2.4 | 1 | 0.5 | | | 8.7 |
| 纳雍 | | 0.1 | 1.5 | 3.7 | 3.6 | 1.5 | 0.6 | 0.1 | | 11.1 |
| 威宁 | 0.2 | 1.4 | 3.8 | 13.4 | 13.8 | 7.8 | 4.1 | 0.7 | 0.2 | 45.5 |
| 赫章 | | 0.3 | 1.9 | 3.8 | 3.7 | 1.9 | 1.5 | 0.2 | | 13.3 |

**凌冻**　毕节地区是贵州省凌冻最重和持续时间最长地区。凌冻时间由西向东递减，威宁、赫章、大方县凌冻时间长，毕节县、纳雍县次之，黔西、金沙、织金县时间最短。其中威宁县28天，大方县23天，金沙县15天，其余县市在18~22天之间。威宁县凌冻最早10月23日，最晚4月10日，冻期170天，其余县市凌冻一般在11月下旬到次年3月中旬，多集中12月~次年2月，尤以1月出现凌冻概率占43.2%最高，2月占35.9%次之，12月占12%。根据结冰观测记录，威宁县凌冻结冰厚度最大，平均达22.6毫米，最大厚度达69毫米。据1960 ~ 2000年统计，1963 ~ 1964年、1966 ~ 1967年、1973 ~ 1974年、1976 ~ 1977年、1981 ~ 1984年、1987 ~ 1988年、1991 ~ 1992年、2008年凌冻较重。在高山地带，随海拔增高，凌冻时间增长，强度增大，大、小韭菜坪，威宁县最高峰和大方县大海坝，毕节市垭关，冬半年细雨霏霏，凌冻严重，对交通、通讯危害大。

# 第三章　水文　水资源

毕节地区的水资源，主要是靠大气环流带来的雨、雪、冰、雾等各种形态的水分，通过热蒸发、湖贮留、田浇灌、地渗透、河流淌等方式，形成云贵高原喀斯特地形地貌所特有的生态水环境。

## 第一节　水　文

区内地表水以河流为主，稻田次之，天然湖泊除草海较大外，其余面积小。河流属高原山区雨源型，以长江水系河流为主，珠江水系次之。长≥10千米或集水面积≥20平方千米河流193条，总长5113.5千米；集水100平方千米以上河流82条。其中干流3条，共长621.6千米；一级支流34条，长1506.1千米；二级支流78条，长1834.7千米；三级支流57条，长898.5千米；四级支流16条，长202.5千米；五级支流5条，长48.1千米，主要河流有乌江支流六冲河。

### 一　长江流域水系

长江流域面积占全地区总面积的94.8%，主要河流有乌江干流三岔河—鸭池河—六广河，乌江支流六冲河、野济河、偏岩河，赤水河、洛泽河、牛栏江。

**乌江水系**　乌江流域在北以大娄山一线为分水岭与赤水河流域为界；西南以老王山与北盘江支流可渡河域为分水岭；西以东支乌蒙山系和赫章县结构梁子与金沙江支流洛泽河为分水岭；南和东均抵地区界线；流域面积1.77万平方千米。乌江干流上游为三岔河，源于威宁县盐仓镇营洞村干沟村民组海拔2260米的石缸洞，二塘大河汇集花鱼洞、黑鱼洞水后，向东南流经威宁二塘转向东流，经六盘水市的钟山区、水城县转入纳雍县阳长后称阳长大河、纳雍河。在曙光乡、百兴镇成为与水城县、六枝特区界河，于纳雍、织金县与六枝特区交界处汇合水公河后称三岔河。再经六枝特区和普定县境，到织金县上坪寨乡大革支附近逐渐转向北流，成为织金与安顺市西秀区、平坝县和清镇市界河。在黔西新仁民族乡化屋基与乌江北源六冲河汇合后称鸭池河，化屋基以上河段全长361千米，毕节地区长170.1千米，天然落差1398.6米，平均比降3.9‰，在引子渡多年平均流量152立方米／秒；其主要支流有源于赫章县珠市河、源于织金县三塘河、蒙坝河、大陌河、石干河。鸭池河从南向北、北东向流称六广河，成为毕节市与贵阳市、遵义市的界河。与偏岩河汇合后始称乌江，流入遵义市。鸭池河—六广河在毕节地区界河段长151.7千米，落差236.5米，在索风营河段实测多年平均流量427立方米／秒。

乌江的主要支流 1.六冲河。乌江最大支流，斜贯中部。源于赫章县辅处乡兴旺龙井，流至可乐乡后转向东南称则姑河、后河。在赫章县城关汇合前河后，直下卡上落水洞和毛家洞两处伏流，出露地表后汇入红岩河，水量增大，转向东南，成为毕节县与赫章县界河，称七星关河。经大天桥、小天桥伏流，过七星关，汇入马场河，称盘大河、总溪河，成为毕节县与纳雍县的界河。流经纳雍县维新镇、厍东关乡后成为大方县与纳雍、织金县界河。在大方县西南猫场镇与纳雍县的界河上，进入地下形成总长7千米的九洞天伏流景区。汇入凹水河后为黔西与织金县界河，至黔西县新仁民族乡化屋基入三岔河。六冲河流域西以舍虎梁子、乌蒙山东支与金沙江支流洛泽河流域为分水岭，北以大娄山脉与赤水河流域为界，南以雨磨山—癞格宝大山—马鬃岭—双羊岩头—羊庙大山—化起—龙场—线，与三岔河流域为邻，东北部与野济河分水岭为黔西县八抱山—沙嘎坡—大箐一线。流域面积1.09万平方千米，毕节地区1.06万平方千米，含毕节、赫章、纳雍、大方、织金、黔西县。整个流域形状似宽叶，左岸支流有财神河，六曲河、古基河、红岩河、马场河、百甫河、落脚河、木白河、凹水河，右岸支流有妈姑河、前河、野鸡河、引底河、纳雍河、伍佐河、织金河、绮陌河。六冲河干流全长273.1千米，河谷束放相间，落差1243米，平均比降4.6‰，多年平均流量160.45立方米／秒。整个流域理论水力资源124万千瓦，流域内是贵州省煤炭资源主要分布分区，并有著名织金洞、九洞天、乌江第一漂、百里杜鹃景区。其主要支流有：

（1）百甫河，亦称落脚河，是六冲河最大支流。上游倒天河源于毕节县野角乡，自源头起向东北流至何官屯镇后箐折向东南，经毕节城区、鸭池和梨树镇进入大方县，汇入响水河后转向南流，经双山、小屯，在牛场民族乡果宝附近注入六冲河，全长116千米，流域面积2344平方千米，天然落差796米，多年平均流量26.8立方米／秒。流域形状上大下小呈菇状，主要支流左岸有小河、前所河、响水河，右岸支流有十八河、岔河。响水河系百甫河最长支流，源于大方县瓢井镇新街下寨，在两岔河汇入折溪河、头道河后称响水河，于双山镇落圈岩汇入白甫河，干流全长49千米，集水面积582平方千米。

（2）红岩河，源于赫章县结构民族乡小毛姑附近，入云南省镇雄县，经场坝、中屯，在戈邦进入毕节市大河乡，汇入鲍家河后称红岩河，在赫章县平山乡后山村东汇入六冲河。主要支流有鲍家河、娃多河。

2.野济河。乌江干流一级支流，源头有二，主源源于黔西县金坡乡老沟头，在雨灌河成伏流，于鱼洞出露。另源源于黔西县煤洞场，经沙堡、奶田两次伏流后，在鱼洞两源汇合。向南经洪水乡纳蔡家龙潭河，东南流，绕黔西城关西、南、东转向东南纳穿心寨河、雨朵河，转向东北称驮煤河、朵泥河、沙坝河、皮甲河。在定新、永燊、中坪交界处纳入渭河后折向东南，称洱海河，其下游又称骂腮河，折向东北纳入革木河转向东南始称野济河，于荆江村汇入六广河，全长106千米。全流域包括黔西县大部，金沙、大方县部分地方，整个流域面积呈扇形2234平方千米。干流落差712.6米，比降7.2‰，多年平均流量33立方米／秒。野济河最大支流渭河，源于金沙县杨家槽，全长45.3千米，多年平均流量9.6立方米／秒。野济河流域水能资源蕴藏量约14万千瓦，2004年黔西县引资3.5亿元，对整个流域进行梯级开发，重点开发石板塘、长塘、峰岩、洱海、普盖6个小型水电站。

3.偏岩河。乌江在金沙县一级支流，古称“黑甘水”“沙溪”“沙溪河”。上游盐沙河源自金沙县境桂花乡犀牛山东麓，纳入羊饱水后，成为金沙与遵义界河，在官田乡水井村以东汇入乌江，全长127千米，自然落差830米，平均比降6.5‰，多年平均流量18.17立方米/秒。偏岩河整个流域面积呈扇形，2234平方千米，金沙县境1278平方千米，流域地带是全地区河谷平地丘陵地貌典型区，稻、油主产区。较大支流有：

（1）西洛河，源于平坝乡尖坡村秤钩坡南麓，于金沙城关玉屏东汇入偏岩河，干流全长28.3千米，多年平均流量1.72平方米／秒，上游建有西洛河水库。

（2）花滩河，南北二源均源于金沙县长坝乡境，在花滩水库库区汇合后，流入官田乡境汇入偏岩河，干流全长45.7千米，多年平均流量4.76立方米／秒。

赤水河　长江上游南岸一级支流，《汉书》称大涉，唐为赤虺。上源罗甸河自云南省镇雄县从南向北转东流至云、贵、川三省交界处的鸡鸣三省，汇入渭河后称赤水河。折向东流，成为四川省叙永、古蔺县与毕节、金沙县界河，在金沙县汇入普子河后，出地区界经仁怀市、赤水市和古蔺县在合江县汇入长江。干流全长523千米，总流域2.04万平方千米。毕节地区境河段长96.5千米，天然落差525米，平均比降5.4‰，流域面积2971平方千米，多年平均径流量35.83立方米／秒，赤水河谷是毕节地区海拔最低，气温最高地带，属中亚热带气候类型。主要支流有：

1.沔鱼河，源于毕节市对坡镇法泥村，在龙洞加嘎桥以下进入伏流，林口镇渭河出露后称渭河，于鸡鸣三省村汇入赤水河，全长37千米，天然落差1130米，比降30.5‰，集水面积307平方千米。

2.堡合河，亦名望乡河、小河。源于毕节市海子街镇烂泥村大娄山系北麓，从南向北流至两河口汇入赤水河，干流全长61.5千米，堡合河下游河谷深切，山势陡峻，夏季气候炎热，天然落

赤水河

差1060米，比降17.2‰。

3.马洛河，亦称二道河、卧牛河、乌泥河，全长68.5千米，是赤水河最长支流。马洛河源于大方县凤山民族乡后山称花底河，北流至露布名露布河，露布以下流经低谷地带并有右岸支流母都河、蚂蚁河汇入，柿树以下称第尔河，隆里以下始称马洛河。汇入果瓦河后出大方县境，成为毕节县、金沙县界河，汇入水边河后于里匡岩注入赤水河。马洛河主要支流水边河，上游油杉河源于大方县星宿民族乡九龙山东北，过三岔河河口入金沙县境，汇入冷水河称水边河，在距赤水河3千米处汇入马洛河。全长29.6千米。油杉河、冷水河一带是毕节地区迄今为止保存较好的原始亚热带植被地区。马洛河水系流经毕节县，大方、金沙县，流域面积1353平方千米，河口多年平均流量17.47立方米／秒。

马洛河（卧龙河）

**洛泽河**　金沙江支流横江最大支流洛泽河源于威宁县草海。草海湖水从西北大桥处北流，在黑岩洞潜入地下，于罐子窑出露地表向东北流称羊街大河，成赫章、威宁县界河，转向北流称辅处大河、拖倮河。在威宁梭家湾子与赫章雨科之间转向西北，成为威宁县与云南省彝良县界河，在石门乡沙坝以北出境。全长116.5千米，自然落差770米，出境处多年平均流量61.4立方米／秒。流域面积2874平方千米，含威宁、赫章县部分地区，其西以乌蒙山系大黑山—麻窝山—石老虎山—陆家大营—马摆大山一线与牛栏江流域为界，南以杨梅山、大龙槽梁子一线与可渡河流域为分水岭，东与乌江流域为邻。主要支流有赫章县境以则河，威宁县境兴隆河、拖洛河、马料河。以则河，源于法冲，经四方、花场、德卓、丰家、甘河与洛泽河相汇，全长31.5千米，河道窄、迂回曲折，落差725米，比降23‰，流域面积152平方千米。拖洛河，源于观风海镇寨嘎，自南向北流经妥打、新街、仙马、龙河、龙街、马踏、白么、云炉等地，在猴子岩汇入洛泽河。长69千米，自然落差987米，比降14.3‰。流域面积781平方千米，最大有支流黑土河。拖洛河口径流量最大值达207.5立方米／秒，枯水期流量1.5立方米／秒。

**牛栏江**　金沙江右岸较大支流。源于云南省嵩明县大马圈梁子，从源头自南向北流经寻甸、曲靖、宣威、会泽，汇合安丹河后成为威宁县与会泽县界河，至玉龙转向西流，经店子上出省界在云南省昭通市境注入长江。牛栏江干流全长461千米，威宁境界河段全长70余千米，干流地段山高谷深，基本为过境河，落差340米，比降4.9‰。主要支流有安丹河、哈喇河、玉龙河。哈喇河源于哈喇河乡牛街子，从北东向南西流，在岔河乡结戛转向北流，至秀水乡西部转向西注入牛栏江，全长74千米，天然落差1020米，比降13.8‰，河口多年平均径流量12.7立方米／秒，流域面积991平方千米。玉龙河，在威宁县西北部，全长40千米，流经中水、玉龙等乡镇注入牛栏江。

## 二　珠江流域河流

毕节地区珠江流域河流有北盘江支流可渡河。可渡河亦称杨柳河、夸都河，源于云南省宣威市中部篾笆圈，向北流至威宁县哲觉镇铁厂村东南境成为威宁与宣威界河。在威宁界河境段自西向东流经居乐、铁厂、得磨、麻乍、围帐、黑泥、文昌、夸都、龙场，在鹅夏流入水城与宣威之间，在腊龙与都格两地之间与云南省曲靖市格香河相汇后，始称北盘江，全长162千米。威宁县界河段长105千米，平均比降8.1‰，洪水期径流量曾达411立方米／秒，枯水期流量3立方米／秒。河谷地段多陡坡悬岩，水流湍急，只有夸都小盆地处，河岸较为开阔。流域面积1398平方千米，支流多山间小溪，较长支流小可渡河，全长20.5千米。

### 三岔河及主要支流统计表

单位：级、千米、平方千米、米

| 河名 | 级别 | 河长 | 流域面积 | 发源高程 | 河口高程 |
|---|---|---|---|---|---|
| 三岔河 | | 170.1 | 3543 | 2240 | 861.5 |
| 盐仓小河 | 1 | 12.5 | 200 | 2240 | 1874 |
| 珠市河 | 1 | 16.5 | 194 | 1970 | 1860 |
| 窝河 | 1 | 24 | 285 | 2000 | 1720 |
| 硐口小河 | 1 | 24.4 | 140 | 1890 | 1328 |
| 三塘河 | 1 | 35.2 | 555 | 1840 | 1194 |
| 水公河 | 2 | 28 | 148 | 1930 | 1213 |
| 喇叭河 | 1 | 48.5 | 290 | 1860 | 1120 |
| 蒙坝河 | 2 | 18.6 | 130 | 1360 | 1130 |
| 康家河 | 1 | 34.4 | 108 | 1400 | 1020 |
| 石干河 | 1 | 48.5 | 385 | 1529 | 895 |

### 六冲河及主要支流统计表

单位：级、千米、平方千米、米

| 河名 | 级别 | 河长 | 流域面积 | 发源高程 | 河口高程 |
|---|---|---|---|---|---|
| 六冲河 | | 273.1 | 10602 | 1990 | 861.5 |
| 妈姑河 | 1 | 27.5 | 376 | 1870 | 1620 |
| 财神河 | 1 | 16.2 | 95 | 1650 | 1580 |
| 前河 | 1 | 17.5 | 243 | 1510 | 1470 |
| 六曲河 | 1 | 13.6 | 131 | 1560 | 1420 |
| 野马川河 | 1 | 31.0 | 259 | 1620 | 1330 |
| 古基河 | 1 | 15.3 | 121 | 1540 | 1300 |

续表

| 河名 | 级别 | 河长 | 流域面积 | 发源高程 | 河口高程 |
|---|---|---|---|---|---|
| 红岩河 | 1 | 53.0 | 518 | 2080 | 1298 |
| 鲍家河 | 2 | 37.0 | 245 | 1870 | 1330 |
| 野鸭河 | 1 | 17.0 | 129 | 1620 | 1237 |
| 果哆河 | 1 | 34.0 | 256 | 1560 | 1230 |
| 引底河 | 1 | 44.7 | 535 | 1980 | 1210 |
| 腾桥河 | 2 | 28.0 | 126 | 1734 | 1240 |
| 署仲河 | 1 | 43.0 | 238 | 1900 | 1113 |
| 义中河 | 1 | 28.3 | 424 | 2070 | 1092 |
| 伍佐河 | 1 | 34.0 | 447 | 2010 | 1052 |
| 箱子河 | 2 | 17.2 | 96 | 1760 | 1122 |
| 余家河 | 2 | 14.0 | 101 | 1600 | 1055 |
| 百甫河 | 1 | 116.0 | 2344 | 1840 | 1023.9 |
| 官屯河 | 2 | 29.5 | 136 | 1800 | 1449.7 |
| 十八河 | 2 | 35.3 | 200 | 1780 | 1425.7 |
| 前所河 | 2 | 20.5 | 124 | 1640 | 1378.5 |
| 岔河 | 2 | 41.2 | 303 | 1870 | 1290 |
| 响水河 | 2 | 49.0 | 521 | 1460 | 1240 |
| 禄塘岔河 | 2 | 27.0 | 103 | 1900 | 1208 |
| 木白河 | 1 | 44.0 | 352 | 1580 | 1010 |
| 凹水河 | 1 | 58.0 | 389 | 1675 | 990 |
| 底那河 | 1 | 41.7 | 176 | 1930 | 980 |
| 织金河 | 1 | 37.0 | 442 | 1630 | 962 |
| 小干河 | 2 | 29.5 | 169 | 1550 | 1095 |
| 杨柳河 | 2 | 44.0 | 223 | 1630 | 933 |

## 野济河及主要支流统计表

单位：级、千米、平方千米、米

| 河名 | 级别 | 河长 | 流域面积 | 发源高程 | 河口高程 |
|---|---|---|---|---|---|
| 野济河 |  | 106.0 | 2234 | 1417 | 704 |
| 雨果河 | 1 | 23.0 | 282 | 1267.5 | 1188 |
| 渭河 | 1 | 46.0 | 662 | 1620 | 920 |
| 米底河 | 2 | 26.0 | 186 | 1690 | 1018 |
| 化龙河 | 1 | 56.7 | 429 | 1460 | 784 |

### 偏岩河及主要支流统计表

单位：级、千米、平方千米、米

| 河名 | 级别 | 河长 | 流域面积 | 发源高程 | 河口高程 |
|---|---|---|---|---|---|
| 偏岩河 |  | 127 | 2234 | 1119 | 620 |
| 西洛河 | 1 | 28.3 | 123 | 1260 | 895 |
| 金沙河 | 2 | 23.3 | 235 | 1400 |  |
| 茶元河 | 1 | 25.3 | 270 |  |  |
| 花滩河 | 1 | 45.7 | 298 | 980 | 710 |

### 赤水河流域毕节地区主要支流统计表

单位：级、千米、平方千米、米

| 河名 | 级别 | 河长 | 流域面积 | 发源高程 | 河口高程 |
|---|---|---|---|---|---|
| 沔鱼河（渭河） | 1 | 37 | 307 | 1860 | 730 |
| 堡合河 | 1 | 61.5 | 696 | 1630 | 570 |
| 永兴河 | 2 | 34.1 | 214 | 1460 | 800 |
| 马洛河（二道河） | 1 | 68.5 | 1313 | 1946 | 490 |
| 水边河 | 2 | 29.6 | 431 |  |  |

### 毕节地区境洛泽河及主要支流统计表

单位：级、千米、平方千米、米

| 河名 | 级别 | 河长 | 流域面积 | 发源高程 | 河口高程 |
|---|---|---|---|---|---|
| 洛泽河 |  | 116.5 | 2874 | 2170 | 1234 |
| 以则河 | 1 | 31.5 | 130.3 | 2320 | 1595 |
| 拖洛河 | 1 | 69.0 | 781 | 2270 | 1283 |

### 毕节地区境牛栏江主要支流统计表

单位：级、千米、平方千米、米

| 河名 | 级别 | 河长 | 流域面积 | 发源高程 | 河口高程 |
|---|---|---|---|---|---|
| 哈喇河 | 1 | 74.0 | 991 | 2399 | 1379 |
| 冲子河 | 2 | 21.0 | 137 | 2399 | 1940 |
| 冲子小河 | 2 | 25.0 | 150 | 2310 | 1940 |
| 岔河 | 2 | 24.5 | 148 | 2290 | 1800 |
| 恰西河 | 1 | 29.0 | 203 | 2300 | 1567 |
| 玉龙河（中水河） | 1 | 40.0 | 332 | 2180 | 1320 |

### 可渡河毕节地区界河段及支流小可渡河统计表

单位：级、千米、平方千米、米

| 河名 | 级别 | 河长 | 流域面积 | 发源高程 | 河口高程 |
|---|---|---|---|---|---|
| 可渡河 | | 105.0 | 1398 | 2320 | 1285 |
| 小可渡河 | 1 | 20.5 | 166 | 2100 | 1300 |

注：以上表格高程指海拔高程

## 三　湖　泊

毕节地区是贵州省高原天然湖泊最多地区。除草海水域面积最大、蓄水量最多外，尚有数量众多的天然小湖泊，俗称海子、塘。同时有人工水利工程2700多处，大、中、小水库170余处，蓄水工程年供水2.12亿立方米。

**大型天然湖泊**　1.草海。位于威宁县草海镇西南郊，北纬26° 49′～26° 53′，东经104° 12′～104° 18′之间，集水面积达380平方千米，水面最大时45平方千米，枯水时20平方千米左右，正常水位时25平方千米左右，蓄水1.4亿立方米，是贵州省面积最大的天然湖泊。草海蓄水以天然降水和源于杨梅山北麓六洞桥河及耿家屯、干海子、杨湾河等小溪汇入，排水受地质构造、岩溶发育影响，在羊关山至黑岩洞间形成地下通道渗漏，在草海西北部罐子窑附近罗锅井出露，洪水时则经黑岩洞排洪隧道入山溪，成为洛泽河上游羊街大河。1992年，国务院公布草海为国家级自然保护区，保护区面积120平方千米。其中水面、沼泽40平方千米，环海积雨坡45平方千米，农林用地35平方千米。

草海

2.碧云湖。位于织金县八步镇街西南，亦名八步湖。原八步镇则溪塘是一片岩溶洼地，平时无积水，雨季时，积水数公顷，日后消退。1974年6月21日，连续几天暴雨，则溪塘地下暗河塌陷被堵，暴雨后积水形成73.83公顷水面的天然淡水湖，称八步湖。1984年6月后，湖泊逐渐消失；1992年2月，中共八步镇委、八步镇政府决定恢复湖泊，用砌烟囱方法将14个大小不等消水洞围砌升高，使湖泊水位基本恢复，形成南北长2500米，东西宽1500米，蓄水2000万立方米湖泊，命名碧云湖。碧云湖与湖西岸碧云洞构成湖光山色如画，洞景奇观如神的景区，与相距13千米织金洞景区相毗连。

3.黔西县岩溶湖群。黔西县城南、西南的绿化、雨朵、金碧、林泉等乡镇海拔1200～1300米岩溶地带有大海子、小海子、榨孔塘、邓家海、柯家海子、八口塘、三口塘、石包塘、蚂蟥塘、莲花塘、水淹坝、青浦塘等大大小小100余个喀斯特湖。绿化乡大海子约50公顷面积最大，最小者不足1公顷。黔西县岩溶湖群是贵州省天然湖泊密集区之一。

4.其他天然湖泊。各县市均有面积较小的天然岩溶湖泊。主要有：毕节县长春堡镇甘堰塘一带灵湖（亦名大甘堰塘），26余公顷，并与面积较小雄戛塘和鹰岩湖，构成互为犄角之势；鸭池镇新店子塘、宝窝塘、立火杆塘；朱昌镇大、小螺丝塘；清水铺镇独山塘。大方县有地区种鱼场所在地文阁乡瓦厂塘，40余公顷；双山镇黄家塘。金沙县城关镇打坝的中坝湖，禹谟镇的泡木弯湖、龙塘坝湖，安底镇罗家堰湖，桂花乡的千堰塘湖。织金县城关镇的双堰塘。纳雍县沙包乡青枫林大绿塘，2.5公顷。赫章县威奢乡黑塘，平山乡十余个塘群。

**大型人工湖泊** 1.乌江渡库区。1979年11月建成蓄水，为乌江水电站而建。回水至黔西县素朴与修文县六广之间干流上，淹没金沙县后山、化觉、官田、源村；黔西县太来、素朴、花溪、中坪4乡镇部分地带；遵义、息烽、修文县沿江部分区域。金沙县淹没面积占49%。库区将地区偏岩河、翁贡水、野济河下游和30余条小溪沟峡谷、10余个槽谷夷为平湖。库容5.4亿立方米，库区通航机动船100余千米，库区可观赏雄、险、奇、秀自然景观。

2.索风营库区。坝址位于猫跳河汇入乌江入口处以下3.4千米处，回水至占（街）毕（节）公路鸭池河大桥下游1000余米处。库区淹没黔西县素朴、铁石、大关3乡镇和贵阳市的清镇市、修文县沿江地带。库容2.01亿立方米，水面5.7平方千米。库区具有典型的喀斯特峡谷形态，局部地段有山间谷地分布。库区两岸峭壁、瀑布、溶洞、古树、奇石比比皆是，山形奇特，林木葱茏，风光旖旎。

3.东风库区。坝址位于乌江南源三岔河与北源六冲河交汇口以下7.7千米处，库区涉黔西县大关、新仁、羊场、沙井4乡镇，织金县龙场、自强、大平、纳雍、官寨5乡镇和清镇市鸭池河、三岔河沿岸地段。库区呈峡谷型，平面展布人字形。由鸭池河、三岔河、六冲河三部分组成。鸭池河库区段长7.7千米；三岔河库区段，长40.5千米，回水至补宜河口；六冲河库区段，长46.4千米，回水至重阳。库区水面19.06平方千米，枯水期库水面宽50～60米，深5～7米；正常蓄水位平均宽145米左右，库容8.6亿立方米。库区两岸崖壁气势恢宏，五彩斑斓，是千里乌江上最美丽、壮观的岸壁画廊，是和毕节地区织金洞、洪家渡库区连片的旅游景区。

4.引子渡库区。坝址位于三岔河下游，距东风水库库尾5.2千米处，库区回水至天（龙）小（黄河）公路斯拉河桥附近，长43.4千米，库区正常水面14.97平方千米，库容量4.91亿立方米。涉及织金县马场、猫场、营合、上坪寨4乡镇沿河地带及清镇市、平坝县沿河地区，为典型高原山区峡谷型水库。库区山形奇特，林木葱茏，风光旖旎，是待开发旅游区。

5.洪家渡库区。坝址位于六冲河下游，黔西、织金县交界的寄仲坝下游6千米处。2005年6月30日建成。库容44.97亿立方米，干流回水长84.89千米，平均宽度460米，最大宽度3570米，最大水深170米，水面84.89平方千米，是贵州省最大的人工湖泊。库区涉及黔西县五里、锦星、林泉，织金县八步、茶店、以那、金龙，大方县黄泥塘、鸡场、理化、大方、小屯、高店、马场、牛场、鼎新、猫场，纳雍县老凹坝、乐治、沙包、化作沿河地带。库区沿岸山地、丘陵、平地交错分布，具有多年调节性能的峡谷型水库，具有发电、航运、防洪效益；库区气势壮阔，将喀斯特山水风光融为一体，深峡岛屿遍布，可开展水上体育、水上娱乐、科学考察等各种活动。

## 第二节 地表水资源

**降水量** 年降水量，总体由东向西、由南向北递减。全地区多年平均年降水1089毫米，测最大年平均降水量在织金珠藏，年均1550毫米，是贵州省的多雨中心之一；最小年平均降水量714毫米，在赤水河谷的赤水河站。二者倍比值为2.2。区内多雨区在织金南部三岔河下游，高值中心大于1500毫米，主要是东南气流沿三岔河、六冲河分水岭的迎风坡爬升造成集中降雨。大面积小于800毫米的低值区，在赫章西北可乐一带的河谷背风地带。白甫河流域在900～1000毫米等值区内；黔西以北、渭河流域和金沙以东偏岩河流域处于乌江干流分水线以北，年降水量不足1000毫米。降水量受地形的影响，在织金、纳雍多雨区一带有明显的递变规律，其等值线图脊向与分水岭走向一致，槽向则与河谷基本一致。从地区中部到东部，由于地形切割破碎，雨量等值线亦较为散乱，呈现为高低区的转折带。降水量随高程增加而增大，山顶大于河谷。赤水河站位于低谷，海拔700米左右，多年平均雨量为714毫米，到清水铺、林口以至罩子山高程相继增加，雨量随之增大。地理位变化不大，山顶、山腰、谷地雨量却悬殊许多，罩子山多年平均降水量约为赤水河的1.8倍。年降水量的变差系数Cvx多在0.2以下，最高值在织金以南珠藏一带，为0.22；最低值在毕节西南的朱昌、七星关和纳雍维新等地，Cvx值0.14，说明水量年际变化小，水量最为稳定；区内降水量多集中在5～9月，汛期降水量可占年降水量的60%甚至70%以上，地区西部干湿季节分明，有明显的季节特征，西部雨季较东部稍迟，西部最大水量集中在6～9月，东部集中在5～8月。

**蒸发量** 包括陆面蒸发与水面蒸发。陆面水蒸发值较稳定，其值变化在450～620毫米之间，全地区平均值555毫米，最高值在赤水河流域，为604毫米，其次白甫河流域596毫米，西江583毫米，偏岩河578毫米，六冲河569毫米，金沙江550毫米；最小的三岔河501毫米、耳海河500毫米。陆面蒸发的年际变化较小，年内变化亦不大。水面蒸发的多年平均值变化范围在200～1100毫米之间，全地区选用测站的多年平均水面蒸发值923毫米，最大值在大方对江，1085.4毫米，其次在纳雍阳场和织金测站，野济河流域火石均为1066毫米，最小值在毕节，689.6毫米。坝测站水面蒸发值936.2毫米，偏岩河流域测站763毫米，赤水河流域赤水河测站940.5毫米，三岔河，可渡河流域均为900毫米左右，牛栏江、白水河流域均为800毫米左右。水面蒸发也较为稳定，随高程变化不大。

**地表径流** 毕节地区地表径流的时空分布，区内年径流深变化范围在300～1000毫米间，其高低值区分布、等值线走向与年雨量等值线分布基本对应。实测最大年径流深在织金以南一带，达983毫米，最小值在赫章六冲河上游，314毫米，高低值比在3倍以上，较年降水量大。年径流深489毫米，折合产水量128亿立方米。以流域比较，三岔河流域最大，平均年径流深682

毫米，其次是六冲河495毫米，野济河500毫米，偏岩河435毫米；白甫河、赤水河、金沙江、西江为低径流区，径流深分别为398毫米、394毫米、377毫米、370毫米。本区年径流年际变化皆大于年雨量年际变化，实测最大年径流量与最小年径流量比值一般在2～3倍，小流域比值最高达4.7倍，中小河流年径流变差系数在0.22～0.32之间，个别则达0.35以上。Cvx总的是东部大于西部，边界河流大于腹地河流。径流的年内时程分配与降水量分配相一致，基流以赤水河较为丰富，非汛期径流占年径流的33%。根据《毕节地区水资源调查评价》成果分析计算，毕节地区地表水资源，多年平均河川流径总量为128亿立方米。全地区人均占有水量1123立方米，亩均有水1133立方米，低于本省和全国的平均水平。全地区地表水资源不同保证率年径流量为：平水年（p=20%）径流总量为154.22亿立方米；平水年（p=50%）124.59亿立方米；一般枯水年（p=75%）104.08亿立方米；特枯年（p=95%）79.03亿立方米。全地区地表水资源比较丰富。六冲河为流经的最大河流，其地表水资源最丰富，其流域汇流面积为1.02万平方公里，占全地区面积的38.1%，平均年径流深495毫米，径流量50.6亿立方米，占全地区的39.5%，平水年、枯水年、特枯年的年径流量分别为59.1亿立方米、49.8亿立方米、43.3亿立方米、34.4亿立方米，与全地区所占对应项比例分别为：38.3%、40%、41.6%、43.5%。

## 第三节　地下水资源

**地下水资源分布**　地质结构属喀斯特地形，地下岩溶特别发育，消水洞、干沟、地下暗河、泉水处处皆有，其水流量主要靠大气降水入渗补给。地下水分为：1.碳酸盐岩岩溶水及分布。区内岩溶水的补给面积大，径流途径较长，水量丰富，以多管流形式集中排泄于当地侵蚀基面，主要表现为地下河及岩溶泉。一般泉流量在10～1000升/秒，地下径流模数为6～10升/秒平方千米，为富水带。赫章县沙石浪地区发育于p1灰岩中的暗河系有暗河3条，实测总流量约2.5立方米每秒；威宁县罐子窑地下暗河系发育于石灰系浅灰色灰岩中，有暗河3条，流量3348升/秒；大方县戈厂至对江地下暗河发育于p1灰岩中，实测值约1000升/秒，河长12.4千米，流域约100平方千米左右。此外，在威宁小海、龙街，毕节林口、官屯、放珠，金沙平坝、禹谟，黔西甘棠，大方理化、坡脚等地，均有较大的暗河分布。

织金迴龙潭

2.基层裂隙水及分布。裂隙水的补给面积较小，径流途径短，多近源排泄，其汇集受构造、岩性、地貌控制，一般泉流量在0.1～2升/秒，地下径流模数为1.0升/秒·平方千米左右，为中等富水带。主要在威宁黑石头、观风海，织金阿弓，赫章野马川、财神，金沙安底，毕节杨家湾、长春、青场，大方六龙，黔西协和、大关等处。

3.局部松散堆积层孔隙水及分布。主要是第四系黏土类冲击和泥灰岩及湖泊相黏土类砂砾，泉水流量小于0.2升/秒，地下径流模数为0.1升/秒·平方千米，为弱含水带。主要分布在威宁城关及草海周围。

**地下水贮量**　地下水资源较为丰富，总贮量32.37亿立方米。2008年，全区地下水资源量42.828亿立方米，其中长江流域41.079亿立方米，珠江流域1.749亿立方米。

## 第四节　水　量

毕节地区多年平均降水量1017毫米，织金、纳雍县三岔河流域是全地区多雨中心，也是贵州省多雨中心之一，赫章县六冲河上游后河流域是贵州省少雨中心之一。年内降水东部多集中在5～8月，西部多在6～9月；汛期雨量又多集中在6～7月，占汛期雨量的55%以上。年际降水变率小，蒸发量较稳定，其值变化在450～620毫米之间。径流深度变化在360～1000毫米之间，多年平均径流深474毫米。水资源总量127.3亿立方米，其中地下水资源量31.76亿立方米，按2001年人口计算，人均占有1850立方米，低于全省人均占水量3624立方米水平。地表径流中，60亿立方米左右水量集中在各河流干流上，5～9月径流量大，易产生洪涝灾害，冬春径流量少，春旱严重。河流干流进入中游后，多数为深切河谷，水低山高，难以利用，多成为过境河。

**毕节地区地下水资源表**

单位：平方千米、亿立方米

| 县市名 | 面积 | 年径流量 | | | |
|---|---|---|---|---|---|
| | | 丰水年 | 平水年 | 枯水年 | 特枯年 |
| 毕节 | 3412.2 | 5.09 | 4.38 | 3.14 | 2.23 |
| 大方 | 3502.1 | 5.24 | 3.17 | 3.04 | 2.5 |
| 黔西 | 2554.1 | 4.21 | 3.3 | 2.26 | 1.42 |
| 金沙 | 2528 | 3.53 | 2.43 | 2.12 | 1.39 |
| 织金 | 2867 | 5.37 | 4.51 | 2.97 | 2.17 |
| 纳雍 | 2448.2 | 4.16 | 3.31 | 2.65 | 1.94 |
| 威宁 | 6296.3 | 7.73 | 6.21 | 5.42 | 3.54 |
| 赫章 | 3245.1 | 4.61 | 3.36 | 2.97 | 2.06 |
| 全地区 | 26853 | 39.88 | 30.55 | 24.7 | 17.26 |

# 第五节　水　质

毕节地区地表及地下水，在自然状态下，水质良好。受岩石成分影响，大部分河流和岩溶地下水总硬度大于每升85毫克。随着工农业生产开发利用，工业废水排放量增加，使部分河段受到污染；生产、生活废水、废渣直接排入河道，造成部分河段细菌、大肠杆菌超标。受污染河段主要集中在城镇和工矿区。1991年，贵州省河流水资源公报资料界定，毕节地区地表水中Ⅰ、Ⅱ类水占62.9%，Ⅲ类水占8%，Ⅳ类水占11.4%，Ⅴ类水占5.7%；地下水供水源地Ⅰ、Ⅱ类水占81.9%，Ⅲ类水占18.1%，水资源质量状况较好。

由于过度开垦土地，地表植被被破坏，森林覆盖率降低，水土流失严重，河流含沙量增大。据实测，六冲河七星关水文站含沙量最大值达每立方米185千克。1988年6月起，实施开发扶贫、生态建设、试验区建设；1988年至1992年，织金、纳雍县实施《3356》工程；1989年至2000年实施长防工程等措施，水土流失逐步改善。至20世纪末，每年减少注入长江泥沙悬移质700万吨左右。2000年后，实施退耕还林工程，水土流失得到控制，河流含沙量减少。

### 毕节地区2004年主要河流、饮用水源地和草海环境状况监测表

| 河、湖、库 | | 监测状况 | | | | | | | | | | | | | | | |
|---|---|---|---|---|---|---|---|---|---|---|---|---|---|---|---|---|---|
| 名称 | 监测断面名称 | 粪大肠菌群 | BOD5 | AR-OH | CN- | As | Pb | Cd | Hg | $Cr^{6+}$ | DO | TP | 石油 | $NH_3$-N | CODmn | $NO_2$-N | 备注 |
| 百甫河 | 徐花屯 | | 无 | 无 | 无 | 无 | 无 | 无 | 无 | 无 | 超标 | 超标 | 超标 | | | | 水质较好 |
| | 冷库 | | 超标 | 无 | 无 | 无 | 无 | 无 | 无 | 无 | 超标 | 超标 | | 超标 | 超标 | | 与往年无明显变化 |
| | 毕节学院 | | 超标 | 无 | 无 | 有 | 无 | 无 | 无 | 无 | 超标 | 超标 | 超标 | 超标 | | | 超标项目增加 |
| | 头步 | | 超标 | 无 | 有 | 无 | 超标 | 无 | 无 | 无 | 超标 | 超标 | 超标 | | | | 与往年明显变化 |
| 妈姑河 | 妈姑 | | | 无 | 无 | 无 | 超标 | 无 | 无 | 无 | 超标 | | 无 | 超标 | | | 与往年比水质较好 |
| 六冲河 | 大桥边 | | 无 | 无 | 无 | 有 | 无 | 无 | 无 | 无 | | | 超标 | | | | 水质好转 |
| | 马桑坪 | | | 无 | 无 | 无 | 超标 | 无 | 无 | 无 | 超标 | 超标 | 无 | 超标 | | | 无明显变化 |
| | 洪家渡 | | 无 | 无 | 无 | 无 | 无 | 无 | 无 | 无 | 超标 | | 无 | | | | 水质较好 |
| 野济河 | 火石坝 | | 无 | 无 | 无 | 无 | 无 | 无 | 无 | 无 | 超标 | | 无 | | | | 水质较好 |
| 偏岩河 | 木孔 | | 无 | 无 | 无 | 无 | 无 | 无 | 无 | 无 | 超标 | | 无 | 无 | | | 水质好 |

续表

| 河、湖、库 | | 监测状况 | | | | | | | | | | | | | | | |
|---|---|---|---|---|---|---|---|---|---|---|---|---|---|---|---|---|---|
| 名称 | 监测断面名称 | 粪大肠菌群 | BOD5 | AR-OH | CN- | As | Pb | Cd | Hg | $Cr^{6+}$ | DO | TP | 石油 | $NH_3$-N | CODmn | $NO_2$-N | 备注 |
| 三岔河 | 阳长 | | 无 | 无 | 无 | 无 | 无 | 无 | 无 | 无 | | 超标 | 无 | | | | 该断面水质良好 |
| 赤水河 | 清水铺 | | 无 | 无 | | | 无 | | | 无 | 超标 | | 无 | | | | 水质较好 |
| | 清池 | | 无 | 无 | | | 无 | | | 无 | 超标 | | 无 | | | | 水质较好 |
| 草海 | 草海中部 | | 超标 | 无 | 无 | 无 | 无 | 无 | 无 | 无 | 超标 | 超标 | 无 | | 超标 | | 与往年比无变化 |
| | 羊关山 | | | 无 | 无 | 无 | 无 | 无 | 无 | 无 | 超标 | 超标 | 无 | | | | 水质较好 |
| 利民水库 | 0 | 超标 | 无 | | | | 无 | | | | 超标 | | 超标 | | | | 水质较好 |
| 倒天河水库 | | 超标 | 无 | | | | 无 | | | | | 超标 | 超标 | | | | 水质较好 |

注：1.引自2005年5月25日《毕节地区环境状况公报2004年度》

2.专用符号：BOD5，5日生化需氧量；Ar-OH，挥发酚；CN，氰化物；As，砷；Pb，铅；Cd，镉；Hg，汞；$Cr^{6+}$，六价铬；DO，溶解氧；TP总磷；$NH_3$-N，硝酸盐氮；$COD_{mn}$，高锰酸盐指数；$NO_2$-N，亚硝酸盐氮

**毕节地区河流泥沙含量情况表**

单位：千克／立方米、千克／秒、百万吨

| 河流 | 含沙量 | | 输沙率 | 输沙量 | |
|---|---|---|---|---|---|
| | 多年平均 | 年最大量 | | 多年平均 | 年最大量 |
| 六冲河 | 1.476 | 53.3 | 210.8 | 6.68 | 16.3 |
| 三岔河 | 1.65 | 59.7 | 55.6 | 1.75 | 3.08 |
| 野济河 | 0.44 | 23.7 | 10.3 | 0.341 | 0.638 |
| 偏岩河 | 0.28 | 15.1 | 7.92 | 0.251 | 0.618 |
| 赤水河 | 1.262 | 126 | 73.6 | 2.312 | 4.12 |
| 牛栏江 | | | | 13 | |

## 第六节　水能资源

河流均属高原山区雨源型河流，落差大，水能理论蕴藏量221万余千瓦，可开发160多万千瓦。六冲河是可开发水能资源主要河流，理论蕴藏量124万千瓦，占全地区56%以上，可开发70

多万千瓦，其支流百甫河，落差796米，水能理论蕴藏量9.04万千瓦。三岔河织金县鸡场乡以上河段，水能资源理论蕴藏量22.46万千瓦，可开发2.6万千瓦。乌江干流鸭池河—六广河段支流野济河，水能资源理论蕴藏量约14万千瓦，可开发8万千瓦；偏岩河水能理论蕴藏量3.59万千瓦，可开发0.98万千瓦。赤水河水能理论蕴藏量20.94万千瓦，可开发11.53万千瓦。洛泽河水能理论蕴藏量16.75万千瓦，可开发6.09万千瓦。牛栏江水能理论蕴藏量22.98万千瓦，可开发19.51万千瓦。1991年前，全地区建有小型水电站141座，装机6.1万千瓦。20世纪90年代中后期国家在三岔河与六冲河汇合处下游7.7千米处鸭池河上建成装机51万千瓦东风电站后，国家将毕节地区列为能源综合开发区，其中在六冲河建成总装机60万千瓦洪家渡水电站，在乌江干流六广河段建成总装机60万千瓦索风营水电站，在三岔河建装机36万千瓦引子渡水电站。2004年，黔西县引资3.5亿元开发野济河开发石板塘、长塘、峰岩、洱海、普盖小水电站，总装机8万千瓦。2005年，在百甫河大方县双山镇境落脚河段在建装机2万千瓦电站。

## 第七节　矿　泉

经地质普查鉴定区内地下矿泉水有11处。1.毕节县观音桥矿泉，日流量3000吨，属低钠含锶碳酸钙（镁）型优质矿泉水，已开发利用。2.毕节县鸭池镇草堤矿泉，pH值7.2，属于$HCO_3$—Ca型水，水温23℃，流量6升／秒，未利用。3.毕节县阴底民族乡苗寨垭口矿泉，六冲河支流马场河谷中，属$HCO_3$—Ca型水，流量6.24升／秒，pH值7.4，水温21℃，用作农田灌溉及沐浴。4.大方县三元民族乡詹家寨矿泉水，位于第尔河心滩上，属$HCO_3SO_4$—Ca型水，水温26℃，流量0.45升／秒，pH值7.45，洪水期常被淹没。5.黔西县五里民族乡王家渡矿泉水，六冲河河谷左岸，属于$HCO_3SO_4$-Ca类型水，水温21℃～27℃，流量22.93升／秒，pH值7.15，2004年起被洪家渡库区淹没。6.金沙县岩孔镇水口寺矿泉水属$HCO_3$—Ca·Mg型水，水温28℃，流量22.93升／秒，pH值7.43，值7.43，建有矿泉水厂。7.金沙县岩孔镇南街温泉，属$HCO_3$—Ca·Mg型水，水温23℃，流量61.5升/秒，pH值7.5，用于灌溉，生活用水、养鱼、酿酒。8.安底温泉，属$H_2SO_4H_2CO_3$-Ca·Mg·Na型水，水温48℃，流量15升／秒，1998年11月建成金沙县温泉度假村，开展浴疗疗养度假。9.织金县龙场镇锣圈岩热矿泉，属$HCO_3$—Ca型水，流量0.5～0.8升／秒，水温42.8℃至38.2℃，pH值7.7，用于洗浴及生活用水。10.织金县熊家场乡杜家桥矿泉，出露于三岔河支流蒙坝河冲沟中11个泉点，东西长350米带状排列，最大泉点流量4.54～6.99升／秒，最小泉点流量0.1～0.6升／秒，水温30℃至31℃，属$HCO_3$—Ca·Mg型水，pH值7.25，少量用于灌溉。11.纳雍县姑开民族乡张家营矿泉，出露于六冲河顺流一小支流河旁0.2米高处，流量15升·秒，水温22℃，含Sr，BrO，$HSiO_3$等，pH值7.5，常被洪水淹没，未利用。

# 第四章 土地资源

毕节地区的土地土壤，是地壳母质在宇宙射线、水热气候和各种生物的共同作用下产生的具有肥力、能为植物生长提供养分的混合物——泥土，全地区的泥土有9大类，19个类，68个土属，202个土种，占地233.57万公顷，占全地区总面积的86.98%，是毕节地区生态环境的重要物质基础。

## 第一节 土地类型

**耕地** 2008年，毕节地区耕地面积103.4万公顷，占土地总面积的38.52%。其中，灌溉水田4.31万公顷，占耕地面积的4.16%，望天田4.18万公顷，占耕地面积的4.05%，水浇地67.05公顷，占耕地面积的0.01%；旱地94.74万公顷，占耕地面积的91.63%，菜地1619.57公顷，占耕地面积的0.15%。

**园地** 毕节地区园地面积8368.16公顷，占土地总面积的0.31%。其中，果园4913.89公顷，占园地面积的58.11%，桑园114.12公顷，占园地面积的1.38%，茶园3145.33公顷，占园地面积的37.96%，其他园地194.32公顷，占园地面积的2.55%。

**林地** 毕节地区林地面积101.04万公顷，占土地总面积的37.64%，其中，有林地36.99万公顷，占林地面积的36.60%，灌木林地53.21万公顷，占林地面积的52.68%，疏林地1.6万公顷，占林地面积的1.53%，未成林造林地9.19万公顷，占林地面积的9.09%，迹地172.36公顷，占林地面积的0.02%，苗圃300.53公顷，占林地面积的0.03%。

**牧草地** 毕节地区牧草地面积8.69万公顷，占土地面积的3.23%。其中，天然草地8.55万公顷，占牧草地面积的98.44%，改良草地1067.41公顷，占牧草地面积的1.23%，人工草地286.89公顷，占牧草地面积的0.33%。

**城镇村及工矿用地** 毕节地区城镇村及工矿用地面积7.12万公顷，占土地总面积的2.65%。其中，城镇3461.87公顷，占该地类的4.86%，农村居民点6.04万公顷，占84.87%，独立工矿用地3986.20公顷；占5.60%，特殊用地3322.76公顷，占4.67%。

**交通用地** 交通用地面积1.53万公顷，占土地总面积的0.57%。其中，铁路用地66.76公顷，占交通用地的0.44%，公路用地4902.44公顷，占交通用地的32.10%，农村道路用地1.03万公顷，占交通用地的67.45%，此外有港口码头用地0.73公顷。

**水域** 毕节地区水域面积2.55万公顷，占土地总面积的0.95%。其中，河流水面1.41万公顷，占水域面积的55.52%，湖泊水面2379.93公顷，占水域面积的9.35%，水库水面2186.03公顷，占水域面积的8.59%，坑塘水面1587.72公顷，占水域面积的6.24%，苇地19.29公顷，占水域面积的0.08%，滩涂1860.78公顷，占水域面积的7.13%，沟渠3223.97公顷，占水域面积的0.26%。

**未利用地** 毕节地区未利用地面积43.3万公顷，占土地总面积的16.13%。其中，荒草地95966.46公顷，占未利用地的22.16%。沼泽地110.02公顷，占未利用地的0.03%，沙地118.60公顷，占未利用地的0.03%，裸土地1506.57公顷，占未利民用地的25.13%，田土坎22.55万公顷，占未利用地52.08%，其他960.68公顷，占未利用土地的0.22%。

## 第二节　土地资源特点及土地利用分区

**土地资源特点** 1.土地资源种类多，综合利用潜力大。据2004年毕节地区国土资源土地利用现状统计数据，毕节地区土地以耕地、林地、草地所占比重大。耕地中以旱地为主，达1354.55万亩，占耕地总面积的91.63%；稻田占8.37%。林地中有林地和灌木林地占土地总面积的33.7%。还有可恢复的182.81公顷被毁林地、可植树的1703.42公顷裸土地和10.68万公顷裸岩石砾地。全地区已利用牧草地占草地的44.5%，尚有9.75万公顷的荒草地未利用。

2.碳酸盐岩分布广，典型的喀斯特地貌，石质山地面积大。毕节地区碳酸盐类岩层面积占全地区总面积的73.3%，其中山地存在土层浅薄，耕地保水能力差，易干旱缺水；洼地地带排水不畅，易发生涝灾。据《西南岩溶地区石漠化监测调查》统计，全地区潜在石漠化土地43.47万公顷，占土地总面积的16.19%。另据毕节地区2004年《土地利用现状变更表》统计，全地区共有裸岩石砾地10.68万公顷，裸土地1703.42公顷，沙地503.26公顷，共占土地面积的4.06%，是全国石漠化集中成片地区之一。重视生态建设，治理石漠化，是可持续发展迫切问题。石灰岩基础上发育石灰土，土壤肥力较高，呈中性至微碱性，植被遭破坏后，难以恢复，值得重视。

3.土地所处海拔高，垂直分布明显，立体农业突出。威宁县和赫章县西部平均海拔2000米以上，毕节、纳雍和大方县及织金县西部平均海拔1400～1800米之间，金沙和黔西县，织金县东部平均海拔1400米以下，在实施农业综合发展上东、中、西部各有不同。全地区99.2万余公顷耕地中，坡度大于25度的坡耕地24.41万余公顷，占总耕地面积的24.61%，平地只占土地总面积的6.1%。在农业中退耕还林还草，是解决生态与治理，实施合理立体农业途径之一。

4.人均占有土地少，耕地中旱作地多。毕节地区人均占有土地0.38公顷，占有耕地0.14公顷，占有林地0.15公顷。占有已利用牧草地0.01公顷，加上荒草地，人均只占有0.0256公顷。耕地中旱地占91.63%。

**土地利用分区** 1986年，毕节地区农业区划将土地资源利用状况及发展方向定为：1.东部低中山丘陵粮食、经济作物、畜牧、工矿土地利用区。包括金沙县，黔西县除金坡、红林民族乡以外地区，织金县金龙、板桥、城关、熊家场一线以东地区。地貌以低中山、丘陵为主；亚热带季风湿润气候。在已利用土地中，耕地、林地、养殖水面、园地比重大，牧草地比重小。该区是毕节地区主要农业区，粮、烟、油、茶占有重要地位。

2.中北部中中山农、牧、经济林、工矿土地利用区。包括赫章县哲庄、六曲河、白果、威奢、古达5乡镇以东，毕节、大方及黔西县红林、金坡民族乡。是云贵高原向黔中丘原过渡地带，又是赤水河和乌江分水岭地区；以中中山地貌为主，沟壑纵横、地表破碎，既有高中山、中中山地貌，又有低中山和丘陵展现。气候属亚热带季风湿润气候。人均占有土地资源低于全地区平均水平，在已利用土地中，耕地所占比重大，耕地以旱地为主，水田占耕地十二分之一，是全地区主产粮、豆、烟的地带。土地利用方向是发展农业、畜牧业、经济林、工矿等土地利用区。

3.中南部中中山农、林、牧、工矿土地利用区。包括纳雍县和织金县西部，属威宁高原向黔中丘原过渡地带，是乌江源三岔河和支流六冲河分水岭地区。地貌类型以中中山为主，次为高中山和低中山。气候类型属亚热带季风湿润气候。土地面积占全地区土地总面积的12.77%，在已利用土地中耕地、林地和工矿用地、特殊用地所占比重大；裸岩石砾地、沙地比重大，后备耕地不足。垦殖指数高，水土流失严重。1988～1992年，织金、纳雍县实施“3356工程”，造林3.73万公顷，修建梯土2.07万公顷，水土流失有所缓解，该区利用土地发展农、林、牧业的同时，进一步扩大工矿土地的利用。

4.西部高原高中山牧草、工矿、旱粮、水果、用材林土地利用区。包括威宁县全部和赫章县西部，地貌类型以高原面和高原缓丘为主，高中山和中中山次之。气候类型属北亚热带季风温凉气候类型。在已利用土地中，耕地占全地区的34.24%，以旱地占主导地位；林地占全地区林地的36.87%；牧草地占全地区牧草地的65.94%；交通用地中铁路占地422.55公顷，居全地区之首。

## 第三节　土　壤

**黄壤**　黄壤是毕节地区土壤的主要成分，共有88.98万公顷，占全地区土壤面积的38.15%，主要分布在海拔1900米以下地带。毕节地区各县黄壤占土壤总面积的百分比例大约为：织金占63.8%、大方县占61.63%、纳雍县占54.68%、金沙县占46.20%、毕节县占39.95%、黔西县占34.12%、赫章县占18.51%、威宁县占5.6%。黄壤土的成埒岩主要是碳酸盐岩、砂页岩和玄武岩。这类土壤在风化作用和生物作用、雨水作用下，土壤中的钙、镁、钾等离子被不断地淋洗流失，铁、铝等氧化物在土层中积累，酸性严重。比较适合松、杉、漆树和牧草生长，对玉米、油菜、烤烟、小麦、水稻、豆米作物也适合。毕节地区的黄壤又有黄壤和粗骨黄壤两个亚类，11个土属，51个土种。

**黄棕壤**　毕节地区的黄棕壤有65.94万公顷，占全地区土壤总面积的28.23%，大多分布在海拔1900米以上的山梁、山顶和缓丘、高原地带，威宁县和赫章县的黄棕壤有53.47万公顷，占全地区黄棕壤的80.9%，其余的19.1%零星分布在纳雍县、织金县、大方县和毕节县的海拔在1900米以上地区，黔西县和金沙县没有黄棕壤。黄棕壤中铁、铝化合物少见，有机质含量较高，碳氮比值大，有效磷贫乏，呈酸性反应。毕节地区大部分黄棕壤都被开垦为耕地，成为1年1熟或2年3熟旱作区，主要种植荞子、燕麦、马铃薯、玉米、大豆等粮食作物，栽种黄梨、苹果、核桃等经济林，在威宁、赫章还种植牧草。毕节地区的黄棕壤分两个亚类，11个土属42个土种。

**棕壤** 毕节地区的棕壤主要分布于威宁县乌蒙山西支的平箐梁子、秀水至斗古两乡之间花石老包，中支的西凉山、马摆大山、雪山镇至灼圃一带，东支的祖安山、雨布块梁子以及老王山的梅花山梁子；赫章县的大、小韭菜坪山地等，海拔2500～2700米的地带。棕壤是在原始植被破坏后由矮生灌木、箭竹、野韭菜及杂草等次生植被之下发育的土壤。棕壤土体厚度不一，一般为30–80厘米，全剖面呈棕色。表层有半腐烂的枯枝落叶层，有机质含量8.7%～18.2%，有效养分含量低，呈强酸性反应。棕壤多作为林牧业用地，只在山梁间较平缓处垦殖为耕地，且多为轮歇地，种植荞麦等耐寒耐瘠作物。毕节地区共有棕壤3. 45万公顷，有山地棕壤一个亚类3个土属和6个土种。

**石灰土** 毕节地区有石灰土34. 38万多公顷，占全地区土壤面积的14.74%。全地区各县黄壤和黄棕壤地带内的喀斯特丘陵、洼边和谷地均有石灰土分布。其中以黔西县分布面积最大，占全县土壤总面积的37.08%，主要分布于鸭池河、六冲河、野济河、化陇河、耳海河流域一带。其他县、市分布零星，面积较大地区有：毕节县西南部的长春堡、青场、大河，南部朱昌，东部的鸭池、海子街，西北部的大银等乡镇；大方县南部的牛场、马场，理化、鸡场，北部的瓢井、百纳等乡镇，金沙县的赤水河流域，织金县北部和东部八步、龙场、化起、猪场等乡镇，纳雍县北部维新的奢沟，化作的野麦地、沙家坝、龙场和乐治，西南部的新房、阳长、百兴等乡镇；赫章县西北部的河镇、可乐，西南部的妈姑，中部和东部的城关、青山、六曲河、古达等乡镇；威宁县石灰土分布最少，2.21万公顷，占全县土壤总面积的3.8%。石灰土土壤中含有游离状态的碳酸钙，富含钙质，有机质含量较为丰富，一般在4%～8%之间，黑色石灰土10%以上，土壤呈中性至微碱性反应。土壤肥力较高，石灰土分布广，不连片。土层薄，质地黏重，不耐旱，尤其在裸露石质山地区，植被被破坏后难以恢复。处在陡坡地的石灰土，水土流失严重，给生产利用带来很大困难，在利用上应以发展林业为主。石灰土分为黄色石灰土、棕色石灰土和黑色灰土3个亚类，5个土属，15个土种。

**紫色土** 毕节地区共有紫色土29.34万公顷，占土壤总面积的12.58%。主要分布在毕节县东南部王张至关门山、阳山，岔河镇和田坝镇猫场沟，东部海子街镇烧杠至鸭池镇和梨树镇以河、保河，东北北部堡合河河谷，北部林口镇大水沟梁子等地；大方县西南部鼎新镇长冲向北呈带状延伸到中部核桃民族乡、西北部瓢井镇露布一带，东南部羊场镇陇公、妈米和黄泥塘镇的在拱等地；黔西县北部的重新、东北部中坪、东部协合和谷里，东南部大关镇桂箐以及西北部金坡民族乡吉星一带；金沙县西北部清池镇羊跳至马路民族乡契默，石场民族乡构皮至青木，北部岩孔镇箐口至上山和龙坝乡，东部源村、沙土、官田、长坝等乡镇，西部新化民族乡构皮至青木一带；织金县北部和东部的以那、八步、龙场、化起、牛场、猫场和城关等地有零星分布；纳雍县鬃岭、乐治、百兴、治昆等乡镇的部分地段；威宁县牛栏江、白水河、二塘河（三岔河上游）和可渡河一带紫色砂页岩出露地区；赫章县西北部的河镇民族乡和可乐盆地，北部的财神镇一带成带状向东北延伸至毕节市的大河乡，以及城关附近的青山梁子等地以紫色点分布为主。紫色土中矿物质丰富，没有明显的腐殖质层，有机质含量低，氮元素缺乏，磷、钾等含量高，土壤呈酸性或微酸性反应。紫色土通透性、宜种性好，已垦殖的紫色土，称之马血泥土和紫油砂土。自然土适宜于种植松、杉、漆树、洋槐、核桃、板栗、杜仲等。紫色土分为钙质、中性和酸性紫色土3个亚类8种土属和19个土种。

**山地草甸土**　毕节地区共有山地草甸土0.84万公顷，占全地区土壤总面积的0.36%。山地草甸土分布在海拔2600米以上气温低山顶和山脊等地势平缓处。主要分布在威宁县龙街镇龙河至天桥，迤那镇麻窝，斗古乡水塘、关口和海拉、枧槽，双龙乡西凉山地区，麻乍乡嘎利、富乐一带，盐仓镇高峰至板底乡的雨布块梁子一带。其次分布在赫章县南部兴发民族乡野里一带的大韭菜坪和珠市民族乡的小韭菜坪等地。山地草甸土呈强酸性，pH值4.5左右。山地草甸土分为铁质山地草甸土和山地灌丛草甸土两个亚类。铁质山地草甸土亚类分硅铁质、铁质、铁铝质山地草甸土3个土属，山地灌丛草甸土分铁质和铁铝质2个土属。其中铁质、铁铝质山地草甸土土属和铁质山地灌丛草甸土土属又各分为薄层和中层两个土种。

**潮土**　毕节地区有潮土5597公顷，占土壤总面积的0.24%。潮土主要分布于河流沿岸地带的弯道浅滩、洼地、平地、阶地上，或山麓地带，由坡积物、洪积物发育而成。潮土分布地带，地势平缓，土层深厚、质地疏松、结构良好，重壤至轻黏土，养分含量丰富。潮土肥力高，宜耕性、宜种性好。潮土分潮砂泥土和淤砂泥土2个土属和5个土种。潮砂泥土属：分布于河流两岸，由河流冲积物经熟化而成，粒状结构、土质疏松、自然肥力高、中性至微酸性反应潮砂泥土属分砾质潮砂泥土、潮沙泥土和油潮砂土3种耕作土。淤砂泥土：属分布于易受山洪影响的沟渠或河流沿岸平缓地带中壤土、粒状结构，微酸性至中性反应。

**沼泽土**　沼泽土属半水成土壤，全地区有5364公顷左右，占土壤总面积的0.23%。零星分布于毕节县东南部朱昌坝子；纳雍县北部寨洛乡、东南部张家湾镇补作；赫章县西北部河镇民族乡花场、东部平山乡和南部兴发民族乡山丘低洼地段；威宁县草海盆地和西部观风海镇、迤那镇局部地段。威宁县沼泽土5360公顷，占全地区沼泽土的99%以上，其中草海盆地沼泽土占绝大部分。沼泽土的发育地带，是地势低洼的第四纪沉积物的喀斯特盆地内。沼泽土多为褐色、质地松软，有深厚的泥炭层，潜在养分含量高，速效养分少，供肥能力弱，通透性差，受到母岩影响，土中含游离碳酸钙，成中性或微碱性反应。沼泽土有脱沼泽土和泥炭沼泽土2个亚类和沙泥质脱沼泽土、泥炭沼泽土、炭泥土3种土属8个土种。

**水稻土**　全地区有水稻土9.09万公顷，占全地区土壤总面积的3.9%。水稻土主要分布在海拔1900米以下坝子（盆地）、槽谷洼地及缓坡的坡旁地段内。金沙、黔西、织金县东部是毕节地区主要稻田分布区域，共有水稻土4.56万公顷，占水稻土面积的二分之一左右。其中金沙县海拔800～1200米的中部和东部的偏岩河—西洛河流域、茶园河和花滩河流域以及后山乡等地；黔西县海拔1400米以下的皮家河—乌渡河（耳海河）、化陇河（革木河）流域、西部的林泉一带；织金县中东部的城关、三甲、绮陌、桂果、猫场、牛场等地是水稻土相对集中地区。中北部的大方县、毕节县和赫章县东部有水稻土2.77万公顷，占全地区水稻土面积的30.5%。其中毕节县中东部倒天河流域，大方县海拔1900米以下的河谷坝地、槽谷洼地、沟垄地区，赫章县的白果、城关、野马川、平山等地是水稻土相应集中区域。中南部的织金县西部和纳雍县共有水稻土1.43万公顷，占全地区水稻土的15.7%。主要集中于织金县西北部的以那、西南部的珠藏、阿弓和纳雍县北部的乐治、王家寨、雍熙、寨落、维新、厍东关和西南部的百兴、曙光、阳长等地。西部水稻土零星分布于威宁县四周深切河谷局部地带和赫章县西北部的可乐和南部的松林坡等地，共3199.77公顷，占全地区水稻土面积的3.5%。水稻土是旱作土或自然土在人为耕作、施肥、灌溉等一系列农业技术条件下经水耕熟化而成的土类。水稻土在耕种时，由于灌溉淹水，多次犁耙，表土形成水土相融的泥浆层，粘泥下降，在耕作层之下，形成坚实的泥浆层。水稻土中有机质主要来源于人为施肥，在淹水状态下，有机质分解缓慢，有利于腐殖质积累，水稻土酸碱度近似于中性反应。水稻土的剖面，分耕作层、犁底层、潴育层和潜育层。水稻土分为渗育型、光潴育型和潜育型3个亚类和20个土属49个土种。

## 第四节　土壤分区

**东部低中山、丘陵、盆地黄壤、石灰土、紫色土区**　本区包括金沙、黔西县和织金县东部。原始植被类型以常绿阔叶林为主，并有次生落叶阔叶林。地貌类型主要有低中山、丘原、盆地、峡谷等，岩层以沉积岩为主。土壤主要为黄壤型。在喀斯特地貌形态陡坡地段，属石灰土类型，金沙县西部平坝、大田、箐门等乡之间，东南部沙土至化觉之间；黔西县东部素朴至大关，东北部花溪，西北部仁和至金坡、红林，南部金碧、羊场等地石灰土成片分布。紫色土沿紫色砂页岩分布方向呈条带状分布。金沙、黔西县是毕节地区河谷盆地集中分布地带，地势开敞平坦，土层深厚，耕地成片。本区土壤中酸性土所占比重大，质地黏重，陡坡地带，开垦现象突出。

**中部中山、丘陵、盆地黄壤、黄棕壤、石灰土、紫色土区**　中部土壤区包括毕节、大方和纳雍3县，织金县西部，赫章县东部以及金沙县西部大田民族乡，黔西县西北部红林、金坡民族乡的部分地方。海拔一般在1400～1800米之间，地彰貌形态以中山、低中山、丘陵为主。除毕节县中部至东部到大方县西部，地势较为平缓，赤水河与六冲河分水岭，三岔河和六冲河分水岭有局部夷平面外，其余地区相对高差大，出现田土高、水低。除北部赤水河河谷地带属中亚热带较湿润气候外，其余地方均具有北亚热带湿润气候类型。原始植被多被破坏，次生植被以常绿针叶与落叶阔叶混交林为主，灌丛草被所占面积大。地带性土壤以海拔1900米以下的黄壤为主体，海拔1900米以上地带有黄棕壤分布。岩成土中紫色土呈条带状分布；石灰土分布广泛镶嵌于黄壤地带的陡坡区；沼泽土成点状分布于毕节朱昌坝子（63.3公顷）和纳雍县的寨洛、补作两地（55公顷）。中部土壤区耕作土以旱地为主，水稻土一般分布于河流沿岸、盆地（坝子）和地势平缓、水源较好地带。本区大部分土壤质地黏重，有机质含量较高，毕节县金银山黄壤表层有机质含量达12%以上；大部分土壤呈酸性反应。中部土壤区多是气温较低和有效养分含量低的中低产田土。

**西部高原、高中山黄棕壤、棕壤、草甸土区**　西部土壤区包括威宁县和赫章县除东部以外其余地方。海拔绝大部分在1800米以上，平均海拔2000～2400米，是典型的高原类型区，高原内有相对高差不大的乌蒙山地；高原周边受河流切割，属地势起伏大的高中山山地地貌类型。植被类型属云贵高原常绿与落叶阔叶混交林区。水平地带性土壤以黄棕壤为主，棕壤次之。本区是贵州省玄武岩出露的主要地段，土壤中含铁量较多，在喀斯特地形陡坡地带有石灰土分布、紫色砂页岩区有紫色土，草海盆地是毕节地区沼泽土（泥炭土）分布面积最大区域。西部土壤区的土壤类型垂直带谱比较复杂，一般海拔1900米以下为黄壤区，1900～2500米属黄棕壤区，2500～2700米为棕壤区，>2700米为草甸土区。区内土壤酸性重，土壤中有效养分释放慢，土壤较为贫瘠。高原边缘高中山山地地区，水土流失严重。本区是毕节地区——中低产耕地多的地方。

# 第五章　矿产资源

毕节地区的矿产资源有煤、铁、铅锌、硫、黏土、高岭土、铝土、磷、硅石、重晶石、砂岩、石膏、稀土、彩石、白云岩、锑、镍、钼、钴、锰、铜、萤石、碧石、玛瑙等40多种矿产源。其中煤储量约364.7亿吨，居贵州之首；铁矿探明储量2.27亿吨，占全省的51.7%。至2011年已开采的有煤、铁、硫、铅、锌、磷、锰、铜，钼等30多种。

## 第一节　煤矿资源

毕节地区能源矿产以煤炭为主。2002年毕节地区国土资源局统计，全地区8县市均有煤炭资源，累计查明57处矿区储量256.91亿吨，居贵州省首位，有黔西煤海之称。其中尤以织（金）—纳（雍）煤田、大方煤田为主。煤层主要储于二叠系地层。威宁县二塘至赫章妈姑、可乐一线以东多无烟煤，以西多烟煤。毕节地区煤炭储量，经2011年查明，为364.7亿吨，居贵州全省首位。同期，经地质普查，区内存泥炭矿区2处，查明泥炭储量171.8万吨，其中毕节市朱昌矿区146.2万吨，赫章县大海子矿区25.6万吨，未经查明的威宁草海盆地泥炭，远景储量1.1亿吨左右。

截至2002年底毕节地区已勘查、利用煤矿一览表

单位：千吨

| 矿区名称 | 矿石质量 | 储量 | 勘查阶段 | 利用情况 |
|---|---|---|---|---|
| 毕节市林口渭河煤矿 | 无烟煤 | 4973 | 初步普查 | 开采矿区 |
| 毕节市石岗岭煤矿 | 无烟煤 | 4049 | 初步普查 | 开采矿区 |
| 毕节市阴底向斜（西段）测区 | 无烟煤 | 140953 | 初步普查 | |
| 毕节煤日 | 无烟煤 | 1093824 | 初步普查 | |
| 毕节市垭关煤矿 | 无烟煤 | 21830 | 详查 | 开采矿区 |
| 大方县马干山渣坪井田 | 无烟煤 | 10529 | 精查 | 开采矿区 |
| 大方县大方背斜东翼测区 | 无烟煤 | 2631729 | 初步普查 | |
| 大方县大方背斜西翼测区 | 无烟煤 | 537158 | 初步普查 | |
| 大方县毛栗矿区 | 无烟煤 | 10907 | 详查 | 开采矿区 |

续表

| 矿区名称 | 矿石质量 | 储量 | 勘查阶段 | 利用情况 |
| --- | --- | --- | --- | --- |
| 大方县维新背斜西北翼测区 | 无烟煤 | 593028 | 初步普查 | |
| 大方县猫场矿区 | 无烟煤 | 10260 | 初步普查 | 开采矿区 |
| 大方县维新背斜东南翼测区 | 无烟煤 | 1148050 | 初步普查 | |
| 大方具五指山背斜南翼测区 | 无烟煤 | 323183 | 初步普查 | |
| 黔西县化窝底煤矿 | 无烟煤 | 66180 | 精查 | 开采矿区 |
| 金沙安底大顶坡背斜北西翼测区 | 无烟煤 | 502750 | 初步普查 | |
| 金沙——黔西普查勘探区 | 无烟煤 | 1228005 | 普查 | 开采矿区 |
| 金沙县底水——马场普查勘探区 | 无烟煤 | 434010 | 普查 | |
| 织金县肥田三号井田（普戛东井田） | 无烟煤 | 153130 | 精查 | 开采矿区 |
| 织金县三塘向斜西北翼测区 | | 3685205 | 初步普查 | |
| 织金县三塘向斜东南翼测区 | 无烟煤 | 509274 | 初步普查 | |
| 织金县八步向斜测区 | 无烟煤 | 169146 | 初步普查 | |
| 织金县文家坝井田南段 | 无烟煤 | 179220 | 精查 | 开采矿区 |
| 织金县文家坝井田北段 | 无烟煤 | 307710 | 详查 | 开采矿区 |
| 织金县六冲头井田（阿弓向斜中段） | 无烟煤 | 375660 | 精查 | 开采矿区 |
| 织金县阿弓向斜南段勘探区 | 无烟煤 | 328560 | 详查 | 开采矿区 |
| 织金县阿弓向斜测区未勘探地段 | 无烟煤 | 711364 | 初步普查 | |
| 织金县平桥向斜测区 | 无烟煤 | 445101 | 初步普查 | |
| 织金县红梅井田 | 无烟煤 | 162620 | 精查 | 开采矿区 |
| 织金县牛场向斜测区 | 无烟煤 | 1119112 | 初步普查 | |
| 织金县少普井田（肥巴田一号） | 无烟煤 | 743929 | 精查 | 开采矿区 |
| 织金县肥田二号井田 | 无烟煤 | 101851 | 精查 | 开采矿区 |
| 织金县开田冲勘探区 | 无烟煤 | 205580 | 详查 | 开采矿区 |
| 织金县大猫场向斜测区 | 无烟煤 | 75908 | 初步普查 | |
| 织金县白果寨向斜地质测量区 | 无烟煤 | 47000 | 初步普查 | |
| 织金县白果寨向斜普勘区 | 无烟煤 | 63600 | 普查 | |
| 织金县白果寨向斜白水井田 | 无烟煤 | 21540 | 精查 | 开采矿区 |
| 织金县新华向斜测区 | 无烟煤 | 216374 | 初步普查 | |
| 织金县关寨向斜测区（未勘探地段） | 无烟煤 | 580990 | 初步普查 | |
| 织金县关寨向斜三甲勘探区 | 无烟煤 | 326550 | 详查 | 开采矿区 |
| 织金县戴家田勘探区 | 无烟煤 | 212130 | 详查 | 开采矿区 |
| 纳雍县金盆向斜东翼测区 | 无烟煤 | 325250 | 初步普查 | |

续表

| 矿区名称 | 矿石质量 | 储量 | 勘查阶段 | 利用情况 |
|---|---|---|---|---|
| 纳雍县鬃岭勘探区鬃岭平硐 | 无烟煤 | 10032 | 精查 | 开采矿区 |
| 纳雍县王家小营煤矿 | 无烟煤 | 1899 | 详查 | 开采矿区 |
| 纳雍县坪山井田 | 无烟煤 | 318285 | 详查 | 开采矿区 |
| 纳雍县补作勘探区 | 无烟煤 | 805370 | 普查 | |
| 纳雍县鬃岭勘探区普查地段 | 无烟煤 | 249029 | 详查 | 开采矿区 |
| 纳雍县鬃岭勘探区鬃岭井田 | 无烟煤 | 234130 | 精查 | 开采矿区 |
| 纳雍县坐拱勘探区加戛背斜南西翼南段 | 无烟煤 | 399030 | 详查 | 开采矿区 |
| 纳雍县坐拱勘探区加戛背斜北东翼南段 | 无烟煤 | 784530 | 详查 | 开采矿区 |
| 纳雍县勺坐背斜南翼测区 | 无烟煤 | 1723176 | 初步普查 | |
| 纳雍县勺坐背斜北翼测区 | 无烟煤 | 884582 | 初步普查 | |
| 纳雍县古树寨向斜测区 | 无烟煤 | 33400 | 初步普查 | |
| 纳雍县金盆向斜西翼测区 | 无烟煤 | 192092 | 初步普查 | |
| 纳雍县以支塘向斜北翼测区 | 无烟煤 | 68292 | 初步普查 | |
| 威宁自治县结里煤矿区 | 焦煤 | 73149 | 普查 | 开采矿区 |
| 赫章县六曲煤矿 | 无烟煤 | 5340 | 普查 | 开采矿区 |
| 赫章妈姑煤矿 | 焦煤 | 20433 | 详查 | 开采矿区 |

## 第二节　金属矿产资源

**铁矿资源**　全地区探明铁矿储量3.75亿吨，占贵州省已探明铁矿储量50%以上。主要分布在赫章县境，次为金沙县、毕节市和织金、纳雍县。威宁县有分布。

### 毕节地区已勘查铁矿表

单位：千吨

| 县、市名称 | 矿区名称 | 矿石质量 | 储量 | 勘查阶段 | 利用情况 |
|---|---|---|---|---|---|
| 毕节 | 金银山矿区 | Fe33.21% | 1087 | 普查 | |
| | 茅草坪矿区 | Fe44.25% | 1071 | 详查 | |
| 金沙 | 木孔茶河关矿区 | Fe41.76% | 4245 | 详查 | 开采矿区 |
| | 大槽矿区 | Fe54.74% | 534 | 详查 | 开采矿区 |
| | 干河坝矿区 | Fe53.48% | 692 | 详查 | 开采矿区 |
| | 野猫井矿区 | Fe47% | 75 | 普查 | |
| | 绍龙寺矿区 | Fe30.18% | 30928 | 详查 | |
| | 石院子矿区 | Fe53.03% | 54 | 普查 | |

续表

| 县、市名称 | 矿区名称 | 矿石质量 | 储量 | 勘查阶段 | 利用情况 |
|---|---|---|---|---|---|
| 织金 | 布猫矿区 | Fe46.35% | 566 | 普查 | |
| | 马桑林矿区 | Fe47.00% | 4258 | 详查 | |
| 纳雍 | 鬃岭矿区 | Fe30.31% | 190 | 普查 | |
| 威宁 | 洗羊塘矿区 | Fe44.26% | 20 | 普查 | |
| | 纸厂矿区 | Fe48.2% | 6 | 普查 | |
| 赫章 | 铁矿山矿区 | Fe35.71% | 15303 | 勘探 | 开采矿区 |
| | 草子坪矿区 | Fe47.14% | 600 | 普查 | 开采矿区 |
| | 小河边矿区 | Fe37.51% | 26743 | 详查 | |
| | 潘家院子矿区 | Fe36.35% | 22404 | 详查 | |
| | 石门坎矿区 | Fe33.02% | 14338 | 详查 | |
| | 雄雄嘎矿区 | Fe35.95% | 71242 | 详查 | |
| | 丰家矿区 | Fe38.83% | 345 | 普查 | |
| | 观音山矿区 | Fe52.24% | 64 | 详查 | 开采矿区 |
| | 水泄上矿区 | Fe58.09% | 95 | 普查 | 开采矿区 |
| | 大华山矿区 | Fe55.15% | 190 | 详查 | |
| | 海子坝矿区 | Fe37.34% | 5030 | 普查 | |
| | 青杠林矿区 | Fe55.06% | 25 | 普查 | 开采矿区 |
| | 大坡梁子矿区 | Fe56.42% | 69 | 普查 | 开采矿区 |
| | 妈姑鱼塘矿区 | Fe48.6% | 433 | 详查 | 开采矿区 |
| | 菜园子矿区 | Fe34.07% | 174365 | 勘探 | 开采矿区 |

注：矿石质量栏指铁含量

**有色金属**　截至2002年，区内探明有铜矿、铅矿、锌矿、锑矿、铝矿等。

1.铜矿。经勘查有威宁县大明槽矿区、黑山坡矿区、铜厂河矿区；赫章县德卓矿区。累计储量549.9万吨，其中赫章德卓矿区储量最大，528.9万吨，占全地区总储量96%以上。

2.铅矿：主要分布在赫章县，其次分布在织金、纳雍县。共有矿区12处，累计查明资源储有1571.8万吨。

3.锌矿：分布于赫章县，有矿区10处，累计查明资源储量864万吨。

4.铝土矿：经地质勘探详查织金县马桑林矿区，累计查明资源储量1107.9万吨，含三氧化二铝65.78%，二氧化硅8.16%，硫0.22%，可供开采使用。

5.经勘探普查赫章县大海子锑矿1处，累计查明矿石资源量3.4万吨，含量1.95%，可供开采使用。

6.银矿：经地质勘探，有银矿2处，矿石280.2万吨。其中赫章县猫猫厂矿区，矿石资源储量88.5万吨，每吨矿石含银量40克；赫章县榨子厂矿区，矿石资源储量191.7万吨，每吨矿石含银42.57克。

7.稀土矿：勘探详查只有织金新华矿区一处，累计资源储量14.64亿吨。

8.稀有金属矿：经地质勘探查明有锗矿2处，资源储量372.8万吨，其中赫章猫猫厂矿区37.2万吨，赫章县榨子厂矿区335.6万吨；镓矿3处，累计资源储量1490.9万吨，其中经地质勘探详查织金县马桑林矿区1107.9万吨、赫章县猫猫厂矿区88.5万吨、赫章县榨子厂矿区294.5万吨；铟矿经地质勘探2处，累计查明资源储量374.2万吨，其中赫章县猫猫厂矿区88.5万吨，榨子厂矿区285.7万吨；镉矿，经地质勘探2处，累计查明资源储量374.2万吨，其中赫章县猫猫厂矿区88.5万吨，榨子厂矿区285.7万吨。钼矿，在大方、纳雍、织金三县有铜矿。于2000年前后，有过开采，储量不明。

**毕节地区已查明铅矿表**

单位：千吨

| 县名 | 矿区名称 | 累计查明储量 | 矿石质量 | 勘查阶段 | 利用情况 |
|---|---|---|---|---|---|
| 织金 | 杜家桥矿区 | 6075 | Pb2.4% | 详查 | |
| 纳雍 | 大梓厂矿区 | 60 | Pb1.4% | 普查 | |
| 赫章 | 草子坪矿区 | 289 | Pb2.24%，Zn4.21% Fe47.14% | 普查 | 开采矿区 |
| | 天桥矿区 | 1836 | Pb4.84%，Zn11.19% Ag104.3克／吨 | 详查 | 开采矿区 |
| | 蟒洞矿区 | 520 | Pb2.7%，Zn8% | 普查 | 开采矿区 |
| | 中厂坪矿区 | 76 | Pb3.11%，Zn2.92% | 详查 | 开采矿区 |
| | 白腊厂铅锌砂矿区 | 1335 | Pb3.1%，Zn3.52% | 详查 | 开采矿区 |
| | 白腊厂矿区 | 238 | Pb0.42%，Zn7.87% | 普查 | 开采矿区 |
| | 张口硐矿区 | 257 | Pb1.63%，Zn4.73% | 详查 | 开采矿区 |
| | 垭都矿区 | 1036 | Pb2.13%，Zn5.09% | 详查 | 开采矿区 |
| | 猫猫厂矿区 | 574 | Pb2.25%，Zn4.49% Ag40克／吨 | 勘探 | 开采矿区 |
| | 榨子厂矿区 | 3422 | Pb2%，Zn4.17% Ge0.0063% | 勘探 | 开采矿区 |

注：矿石质量栏指Pb（铅）Zn（锌）Fe（铁）Ag（银）Ge（锗）含量

### 赫章县已查明锌矿表

单位：千吨

| 矿区名称 | 累计查明储量 | 矿石质量 | 勘查阶段 | 利用情况 |
|---|---|---|---|---|
| 草子坪矿区 | 289 | Zn4.21%，Pb2.24%<br>Fe47.14% | 普查 | 开采矿区 |
| 天桥矿区 | 893 | Zn11.19%，Pb4.8%<br>Ag104.3克／吨 | 详查 | 开采矿区 |
| 蟒硐矿区 | 520 | Zn8%，Pb2.7% | 普查 | 开采矿区 |
| 中厂坪矿区 | 76 | Zn2.92%，Pb3.11% | 详查 | 开采矿区 |
| 白腊厂铅锌砂矿区 | 1335 | Zn3.53%，Pb3.1% | 详查 | 开采矿区 |
| 白腊厂矿区 | 238 | Zn7.87%.Pb0.42% | 普查 | 开采矿区 |
| 张口硐矿区 | 4194 | Zn4.73%，Pb1.63% | 详查 | 开采矿区 |
| 垭都矿区 | 1036 | Zn5.09%，Pb2.13% | 详查 | 开采矿区 |
| 猫猫厂矿区 | 574 | Zn4.49%，Pb2.25%<br>Ag40克／吨 | 勘探 | 停采矿区 |
| 榨子厂矿区 | 3422 | Zn4.17%，Pb2.08%<br>Ag42.75克／吨 | 勘探 | 停采矿区 |

## 第三节　非金属矿产资源

**磷矿**　经地质勘查，全地区磷矿5处，累计查明资源储量14.96亿吨，是贵州省大型磷矿产区之一，也是五大矿种之一。

### 毕节地区磷矿石资源表

单位：千吨

| 县名 | 矿区名称 | 资源储量 | 矿石质量 | 勘查阶段 | 利用情况 |
|---|---|---|---|---|---|
| 金沙县 | 岩孔矿区 | 5490 | $P_2O_5$21.22%U0.03% | 普查 | |
| 织金县 | 杜家桥矿区 | 101 | $P_2O_5$16.43% | 普查 | |
| | 打麻厂矿区 | 24806 | $P_2O_5$17.93% | 普查 | |
| | 毛稗冲矿区 | 836 | $P_2O_5$18.517% | 普查 | |
| | 新华矿区 | 1464346 | $P_2O_5$17.22% | 详查 | |

注：矿石质量指$P_2O_5$（五氧化二磷）、U（铀）含量

**硫铁矿**　是贵州省主要产区，全地区已探明矿区11处，累计资源储量1.64亿吨。

### 毕节地区硫铁矿资源表

单位：千吨

| 市县名称 | 矿区名称 | 资源储量 | 矿石质量 | 勘查阶段 | 利用情况 |
|---|---|---|---|---|---|
| 毕节市 | 阴底硫铁矿戈乐矿区 | 12662 | S16.87% | 普查 | |
| | 王家坝矿区 | 19630 | S13.7% | 详查 | |
| | 林口矿区 | 46666 | S20.119% | 详查 | 开采矿区 |
| 大方县 | 云龙矿区 | 15630 | S14.08% | 详查 | 停采矿区 |
| | 猫场矿区 | 17909 | S18% | 普查 | 开采矿区 |
| | 毛栗矿区 | 2221 | S20.11% | 详查 | 开采矿区 |
| 黔西县 | 纸厂三岔田矿区 | 3445 | S17.65% | 普查 | 开采矿区 |
| | 中寨金波——燕子洞矿区 | 19630 | S14.12% | 普查 | 开采矿区 |
| | 中寨罗卜波矿区 | 6560 | S15.35% | 普查 | 开采矿区 |
| 金沙县 | 绍龙寺矿区 | 18782 | S14.35% | 详查 | |
| 纳雍县 | 大坡矿区 | 750 | S19.87% | 普查 | |

注：矿石质量栏指硫含量

**冶金用砂岩** 经地质勘探详查金沙矿区1处，累计查明资源储量1072.4万吨。

**水泥配料用砂岩** 经地质勘探详查，有毕节市塔山矿区1处，累计查明资源储量18.1万吨。

**石膏** 经地质勘探普查，有威宁县四方井矿区1处，累计资源储量60.4万吨。

**建材原料用灰岩** 1.水泥用灰岩：经地质勘查8处，累计资源储量725.8万吨；2.饰面用灰岩，勘查3处，累计资源储量51.8万吨。

### 毕节地区已勘查建材用石灰岩一览表

单位：千吨

| 矿区名称 | 资源储量 | 勘查阶段 | 利用情况 |
|---|---|---|---|
| 1.水泥用灰岩 | | | |
| 毕节市林口矿区 | 202 | 普查 | |
| 毕节市倒天河矿区 | 2148 | 详查 | 开采矿区 |
| 毕节市大龙坡矿区 | 4211 | 详查 | 开采矿区 |
| 大方县云龙矿区 | 125 | 详查 | 开采矿区. |
| 黔西县城关矿区 | 123 | 详查 | 开采矿区 |
| 金沙县五里坡矿区 | 111 | 详查 | 开采矿区 |
| 威宁自治县围杆山矿区 | 257 | 详查 | 开采矿区 |
| 赫章县砂石矿区 | 81 | 详查 | 开采矿区 |

续表

| 矿区名称 | 资源储量 | 勘查阶段 | 利用情况 |
|---|---|---|---|
| 2.饰面用灰岩 | | | |
| 毕节市杨家湾矿区 | | 详查 | |
| 大方县石马槽矿区 | 227 | 初步普查 | |
| 织金县古佛山矿区 | 29 | 普查 | |

**水泥配料用页岩矿**　在毕节市经地质勘查2处，累计资源储量41.4万吨。其中倒天河矿区经普查储量20万吨，大龙坡矿区初步勘探储量21.4万吨。

**高岭土矿**　经地质勘查3处，累计资源储量4万吨。其中黔西县石仁矿区普查储量3千吨，柏杨矿区普查储量2.2万吨；织金县瓜仲矿区详查储量1.5万吨。

**粘土矿**　1.砖瓦用粘土矿。地质勘探详查毕节市杉木坝开采矿区，累计查明资源储量12.1万吨。2.水泥用配料用粘土矿，初步勘探查明4处矿区有资源储量7.9万吨。其中毕节市大龙坡矿区6.6万吨；大方县云龙矿区0.7万吨；黔西县城关矿区0.1万吨；赫章县砂石矿区0.5万吨。

**大理石矿**　各县市均有分布，远景储量达10.21亿立方米。主要分布在毕节市杨家湾百亩冲、青场、长春、何官屯、燕子口、吉场、清水，大方县锅厂石马槽、沙厂、黄泥箐门口、猫场落脚冲、小屯、塔山脚，黔西县纸厂歇台坡、甘棠三角田坎、双马刘坟、石桐树、雨朵小关、金碧，金沙县岚头，纳雍县化作、新房、河溪、引底、董地、沙落，织金县古佛山。大理石中以晶墨玉享有盛名，织金县晶墨玉大理石加工厂的石砚等工艺品，是毕节地区名优产品。

**其他非金属矿产**　采集过矿石样本有重晶石、坡缕石、萤石、石棉、玛瑙、孔雀石、水晶。其中织金县重晶石矿预测达0.7亿吨。

# 第六章　生物资源

毕节地区由于受到地理地质、太阳辐射和气候等多因素的综合作用，形成云贵高原特有的喀斯特生态系统。生物界的微生物、植物、动物中许多种群都在此生存繁衍。他们在其生命活动中与环境相互依赖、相互促进，不断地改造着这里的生态环境，维系着客观的生态平衡。

## 第一节　植物资源

**苔藓植物**　毕节地区的苔藓植物主要分部在阴暗潮湿的裸露石壁或潮湿的森林和沼泽地环境，常见的有：葫芦藓、地钱、泥炭藓、青苔等。虽然各类繁多，由于苔藓植物体型小、结构简单，仅包含茎和叶两部分，有时只有扁平的叶状体，没有真正的根和维管束，其生态作用往往被人们忽视。事实上，苔藓植物所形成的泥炭用以作为燃料和有机肥，新鲜植物可作填充料以及鱼苗、花卉和苗木等的良好包装材料，部分种类具清热解毒之功效。自50年代以来，苔藓植物在指示控矿、环境监测等方面日益被重视。苔藓植物作为五倍子蚜虫的冬寄主，对五倍子增产具明显效益。苔藓植物的内含物质极为丰富，包括碳水化合物、生物碱、氨基酸、皂素、脂肪酸、倍半萜烯、醇类、糖类、氧化酶和抗生素等。

草海苔藓植物

**藻类、菌类和蕨类植物**　1.藻类。有八门。（1）绿藻门42属：衣藻、四鞭藻、盘藻、球粒囊藻、实球藻、空球藻、球囊藻、胶藻、胶球藻、多芸藻、并联藻、肾形藻、卜菊藻、胶网藻、盘星藻、栅藻、十字藻、空星藻、丝藻、链丝藻、双胞藻、辐丝藻、鞘藻、双星藻、转折藻、水绵、膝接藻、棒形鼓藻、柱胞鼓藻、新月藻、柱形鼓藻、宽带骨藻、凹顶鼓藻、角星鼓藻、鼓藻、赖接鼓藻、瘤接鼓藻、角丝鼓藻、圆丝鼓藻、小球藻、四角藻、纤维藻、卵囊藻。

（2）蓝藻门15属：微囊藻、隐球藻、腔球藻、束球藻、色球藻、平裂藻、蓝纤维藻、须藻、眉藻、鱼腥藻、螺旋藻、颤藻、席藻、鞘丝藻、隐杆藻。（3）硅藻门16属：直链藻、小环藻、圆筛藻、脆杆藻、针杆藻、布纹藻、壁藻、辐节藻、舟形藻、桥湾藻、异极藻、曲壳藻、窗纹藻、棒杆藻、菱形藻、双菱藻。（4）裸藻门4属：裸藻、扁裸藻、囊裸藻、袋鞭藻。（5）金藻门4属：鱼鳞藻、黄群藻、棕鞭藻、锥囊藻。（6）甲藻门属：裸甲藻、光甲藻、多甲藻、角甲藻。（7）隐藻门2属：隐藻、蓝隐藻。（8）黄藻门1属：黄丝藻。

2.菌类。主要分布在湿润的山地、洼地、阴坡、地带的乔木、灌丛、灌草丛中。主要有：天麻、木耳、银耳、竹荪、鸡丝菌、茅草菌、石耳、刷把菌、冻菌、青枫菌、松菌、大脚菇、奶浆菌、紫芝、茯苓、老木菌、荞粑菌、牛屎菌、马勃、毒蕈等，其中大部分可作食用菌，少部分为毒菌。织金、纳雍县人工栽培的竹荪省内外有名，大方等地所产天麻质优，全国闻名。

3.蕨类。通常生长在阴湿的乔木林之下或灌草丛中。

（1）石松科：玉柏、石松、地刷石松、豆芽草（伸筋草）；

（2）卷柏科：卷柏（还魂草）、江南卷柏、伏地卷柏、疏叶卷柏、蛰伏卷柏、兖州卷柏、翠云草；

（3）木贼科：披散问荆、笔管草、节节草（木贼）；

（4）阴地蕨科：阴地蕨（狼细辛）；

（5）紫萁科：紫萁；

（6）里白科：芒萁、光里白；

（7）海金沙科：海金沙；

（8）碗蕨科：边缘鳞盖蕨、中华鳞盖蕨；

（9）鳞始蕨科：乌蕨；

（10）蕨科：蕨、毛轴蕨；

（11）凤尾蕨科：井栏凤尾蕨、凤尾蕨（阉鸡尾）、蜈蚣草、细叶凤尾蕨；

（12）中国蕨科：银粉背蕨、毛轴碎米蕨、黑足金粉蕨、野鸡尾金粉蕨；

（13）铁线蕨科：铁线蕨；

（14）裸子蕨科：凤子蕨；

（15）铁盖蕨科：峨眉介蕨、华中铁盖蕨；

（16）金星蕨科：长根金星蕨、延羽卵果蕨、小叶钩毛蕨、华南毛蕨、干旱毛蕨、披针新月蕨、戟叶圣蕨；

（17）铁角蕨科：卵叶铁角蕨、铁角蕨（猪鬃七）、华中铁角蕨、长叶铁角蕨；

（18）乌毛蕨科：狗脊蕨、单牙狗脊蕨、英囊蕨；

（19）鳞毛蕨科：红盖鳞毛蕨、黑足鳞毛蕨、对马耳、笔叶耳蕨、柳叶贯众、大叶贯众、斜方复叶耳蕨；

（20）三叉蕨科：红鳞肋毛蕨；

（21）实蕨科：长叶实蕨；

（22）肾蕨科：肾蕨；

（23）水龙骨科：水龙骨、友水龙骨、循蕨、瓦韦、抱石骨牌蕨、柔软石韦、石韦（石兰）、长圆石韦、光石韦、江南星蕨；

（24）槲蕨科：槲蕨；

（25）苹科：苹；

（26）满江红科：满江红、细叶满江红。

**裸子植物**　毕节地区主要裸子植物（含引进栽培）有9科27种（含变种）。

1.苏铁科：苏铁（铁树），各县市均有栽培。

2.银杏科：银杏（白果树、公孙树），各县市有栽培。

3.松科：铁坚杉，散生于海拔1300米以下山地。云南油杉，分布于海拔1000～2000米的疏林中或散生。黄杉，产威宁、毕节。铁杉、云南松，产威宁、赫章。金钱松、雪松，有栽培。华山松，产威宁、赫章、毕节。海南五针松（葵花松），产黔西。马尾松，各县市均产。

4.杉科：杉木（杉），各县市均产。水杉、柳杉，有栽培。

5.柏科：罗汉柏、侧柏、圆柏、日本花柏，有栽培。柏木、福建柏，长于海拔1300米以下山地。刺柏，长于海拔1700米以下山地。

6.罗汉松科：罗汉松（土杉），有栽培。

7.三尖杉科：三尖杉、粗榧，产威宁。篦子三尖杉，生长于海拔1500米以下山地林中。

8.红豆杉科：红豆杉，主产纳雍、织金，各县市有零星分布。

9.麻黄科：丽江麻黄，产威宁、毕节、大方等地。

**被子植物**　被子植物175科，约1950种（变种）。

1.三白草科：三白草，产于海拔2000米以下道旁、田埂、沟边。蕺菜（鱼腥草、折耳根），各地均产。

2.金粟兰科：及已（四大金刚）、多穗金粟兰、西南金粟兰、草珊瑚（接骨茶、九节风、野土靛），产于山谷阴湿林下。珠兰，有栽培。

3.杨柳科：山杨，产威宁。响叶杨、云南白杨（滇杨）、垂柳、皂柳、翻白柳、旱柳，栽培普遍。加拿大白杨、钻天杨，多作行道树。大叶杨，长于海拔1200～2000米山坡杂木林中。云南柳，产威宁、赫章。龙爪柳，栽培供绿化观赏。川柳，长于海拔2300米山坡密林中。中华柳，长于海拔1600米左右的山地密林中。

4.杨梅科：杨梅，多野生，各县市均产。矮杨梅，产威宁。

5.胡桃科：胡桃（核桃），各县市均产。化香树（化香柳）、圆果化香树，产东部石灰岩山地。枫杨（麻柳），主产毕节。湖北枫杨，产威宁。青钱柳（山麻柳、摇钱树），产海拔1800米以下常绿林中。少叶黄杞、云南黄杞，产海拔1200米以下沟谷常绿阔叶林中。

6.桦木科：旱冬瓜（蒙自桤木），产毕节、织金。橙木，产低湿地带。滇橙木，主产毕节、威宁。亮叶桦（光皮桦、桦槁）、华南桦，分布普遍。

7.榛科：藏刺榛，主产威宁、毕节。滇榛，产海拔1200米以下沟谷常绿阔叶林中。川榛，分布普遍。绒毛榛，产毕节燕子口。长穗鹅耳枥（川黔千金榆），长于海拔1000米左右杂木林中，华鹅耳枥（小果千金榆），产威宁。多脉鹅耳枥，产威宁、毕节。岩生鹅耳枥、贵州鹅耳枥，产于海拔1500米以下密林中。

8.壳斗科：米心水青冈，长于海拔1000米以上地带。水青冈（九把斧），主产纳雍、毕节。毕节水青冈、亮叶水青冈，产毕节。纳雍水青冈，产纳雍。板栗、茅栗，分布普遍。甜槠栲、厚皮栲、峨眉栲、丝栗栲，分布在中东部。元江栲、高山栲，分布在区内西部。华栲、岭南石栲，有分布。包石栎，产大方。白皮石栎，产威宁。袁山石栎、皱叶石栎，产毕节。硬斗石栎、窄叶石栎，产威宁、大方。滇青冈（滇椆）、西南青冈、蛮青冈，产威宁、赫章、纳雍。窄叶青冈（扫把椆），产毕节。刺叶栎（刺青冈），黄背栎，产威宁。灰背栎（灰背高山栎），光叶高山栎，产威宁、毕节。西南高山栎，产威宁、赫章。巴东栎（小叶青冈），产毕节、威宁、大方、织金、赫章。灰栎，产织金东山。栓皮栎，主产威宁、毕节、大方，其余各县有星散分布。麻栎（红青冈），分布普遍。波罗栎（槲树），产毕节、黔西。大叶栎，产区内西部。白栎（白青冈），普遍生长。槲栎，分布普遍。锐齿槲栎，产赫章、毕节、大方。短柄抱树，产黔西。

9.榆科：昆明榆，产威宁。榆树，有栽培。榉树，散生于区内东部。朴树，产威宁、毕节。紫弹树，产纳雍、毕节。山麻黄（麻桐树、山角麻），银毛山黄麻，产毕节。

10.马尾树科：马尾树（漆榆），生于海拔800～1100米杂木林中。

11.桑科：桑（家桑、桑树），主产毕节、大方、黔西。鸡桑（小叶桑），生于海拔1500米以下的山坡林下或灌丛中。构（构树、楮树），分布普遍。无花果，各县有栽培。薜荔（凉粉子）、珍珠榕，爬藤榕，有分布。滇葡萄榕，产威宁。拓树（拓刺）、柞叶树，分布于区内东部。构棘，生于海拔1100米以下地带。

12.大麻科：葎草，生长普遍。大麻（火麻），有栽培。

13.马兜铃科：马兜铃（青木香、青藤香、天仙藤），分布黔西、大方。朱砂莲（避蛇生），分布于海拔800～1400米的山坡、沟谷灌丛中。木香马兜铃、卵叶马兜铃，分布于威宁。异叶马兜铃（贵州防己），分布在威宁、毕节、赫章、金沙。青叶细辛（花脸细辛），分布于织金。短尾细辛（马蹄香、苔叶细辛、黑脚猫），分布于赫章、毕节。尾花细辛（土细辛、白三百棒、倒插花），分布在赫章。单叶细辛，分布在威宁、赫章。

14.蓼科：竹节蓼，栽培在庭园中。两栖蓼，分布在威宁、赫章、黔西。节蓼，分布于威宁。粘蓼（粗壮变种），分布在黔西。云支花、细叶酸模，分布在赫章、威宁。扁蓄、多圣扁蓄、见习蓼、荭草（水红花子）、大马蓼（旱苗蓼）、棉毛大马蓼、蓼蓝、大花蓼、水蓼、软水蓼、粗毛水蓼（辣蓼）、长鬃蓼、火炭母、丛枝蓼、卵叶火炭母、赤胫散、伞房赤胫散、野荞麦草（尼泊尔蓼）、头花蓼、杠板归（蛇倒退、狼牙草）、刺蓼、戟叶蓼、雀翅、水湿蓼、珠芽蓼、支柱蓼、圆穗蓼、草血竭（地榆、拳参）、草叶蓼、虎杖（酸汤杆、黄地榆）、毛血藤（云扣莲、胖血藤）、何首乌、朱砂莲、齿翅蓼、苦荞麦、细梗荞麦（野荞头）、金荞麦（苦荞麦、万年荞）、荞麦、金钱草、齿果酸模、短毛金钱草、酸模、长刺酸模（假菠菜）、羊蹄（土大黄、牛舌片）、尼泊尔酸模（牛舌片、牛耳大黄）各地有分布。大黄（药用大黄），毕节有产。

15.藜科：甜菜，分布在威宁，其变种牛皮菜（君达菜），栽培蔬菜。菠菜、土荆芥、小藜（灰灰菜）、藜（灰灰菜）、地肤（扫把草、扫帚菜），各县市有分布。地肤变型也叫扫帚菜和杖藜，分布于毕节市。

16.苋科：繁穗苋（灰吊米）、尾穗苋（天仙米）、苋（苋菜）、鸡冠（鸡冠花）、千日红，各县市有栽培。野苋、绿苋（野苋）、青箱，各地有分布。牛膝（怀牛膝），分布在大方。土牛膝，分布在海拔1300米以下山脚、路旁、草地较阴湿处。

17.紫茉莉科：紫茉莉（胭脂花），各县市有栽培。

18.商陆科。商陆（大苋菜）、美洲商陆（十蕊商陆），各地有栽培。

19.马齿苋科：马齿苋（马齿菜）、大花马齿苋（太阳花、半支莲、草杜鹃、松叶牡丹）、土人参，有栽培。

20.落葵科：落葵（木耳菜、藤菜），有栽培。

21.石竹科：蚤缀（鹅不食草、金顶珠），狭叶假繁缕（林生孩儿参）、蔓假繁缕（蔓孩儿参）、假繁缕、假石生繁缕、中国繁缕（华繁缕）、繁缕（鹅肠草）、牛繁缕（鹅肠菜、鹅儿肠）、球序卷耳（婆婆指甲菜）、漆姑草、粗壮女娄菜、蝇子草、狗筋蔓（大抽筋草、大种鹅儿肠、大老鹤草），麦兰菜（王不留行）、瞿麦，有分布。异花假繁缕，分布在海拔2300米以下山麓岩石上。西南繁缕（川滇繁缕），主产大方百纳。密柔毛云南繁缕，抱茎石生繁缕、大花剪秋罗（小尖叶参）、簇生卷耳、马利筋女娄菜、四川粘萼女娄菜、粘萼女娄菜、细蝇子草（九头草、纤细鹤草）、麦瓶草（米瓦罐）、金铁锁（独钉子），威宁产。石生繁缕（抽筋草），主产毕节。雀舌草（天篷草），产威宁、毕节。女娄菜（罐罐花），产纳雍、毕节。剪秋罗、高雪轮、大蔓樱草（矮雪轮）、霞草（山银柴胡、宽叶丝石竹）、须苞石竹（什样锦、竹节梅）、日本石竹、石竹、羽裂石竹、少女石竹、麝香石竹（康乃馨），多庭园、公园栽培。

22.睡莲科：莲（莲藕、荷）、睡莲（子午莲），有栽培于水塘、池中。

23.金鱼藻科：金鱼藻，各县有分布，生长于池塘河沟中。

24.领春木科：领春木，毕节、织金等地有分布。

25.番荔枝科：中华野独活，生长于海拔1500米以下山地密林中。

26.茅膏菜科：茅膏菜，主产威宁、纳雍。

27.金缕梅科：枫香树（枫树、三角枫、路路通），分布在海拔1500米以下地区。桤叶蜡瓣花，分布在大方。小果蜡瓣花，星毛蜡瓣花，分布在赫章。窄叶蚊母树（狭叶蚊母树），分布在织金。

28.杜仲科：杜仲，主产黔西、大方、毕节等地。

29.悬铃木科：二球悬铃木（法国梧桐），作行道树。

30.旱金莲科：旱金莲（金莲花），栽培在公园、庭园。

31.马桑科：马桑，各地有野生。

32.漆树科：漆树，分布普遍，主产大方、赫章、毕节。背粉黄栌、清香木（乌木）、毛脉南酸枣、红肤杨，分布在毕节。野葛，产毕节、大方。黄连木（倒鳞木），分布在石灰岩山地。盐肤木（五倍子），分布普遍。

33.无患子科：复羽叶栾树（摇钱树），产黔西。

34.柽柳科：桧柽柳（三春柳、华北柽柳），毕节有栽培。柽柳（西湖柳、观音柳），各县市有栽培。

35.茄科：假酸浆（天泡果、冰粉子）、挂金灯（灯笼果、天泡果）、苦（灯笼泡、天泡子）、毛苦、小酸浆（灯笼泡、天泡子）、枸杞（狗地芽）、辣椒（辣角）、菜椒（灯笼椒）、朝天椒、番茄（毛辣角）、马铃薯（洋芋）、龙葵（天茄菜）、珊瑚豆（冬珊瑚）、水茄（天茄子、刺番茄）、茄（茄子）、烟草、天仙子（莨菪）、曼陀罗、毛曼陀罗（白洋金花）、洋金花（白花曼陀罗、南洋金花），碧冬茄（矮牵牛）、各地常见或有栽培。鄂红丝线、草花红丝线、少花龙葵、千年不烂心（排风藤、毛母猪藤），产毕节。搜山虎，产威宁。天蓬子（小独活），产赫章。

36.胡麻科：胡麻（芝麻、脂麻），有零星栽培。

37.狸藻科：黄花狸藻，各地有分布。

38.十齿花科：十齿花，产纳雍等地。

39.桑寄生科：贵州桑寄生，常寄生在李、桃、栎等树上。椆树桑寄生，常寄生在壳斗科植物上。西南寄生，威宁、赫章有分布。松寄生、白毛寄生、绿茎寄生、分布在威宁。桑寄生，纳雍、大方、毕节、织金有分布。枫香槲寄生，各地有分布。

40.腊梅科：腊梅（黄梅花），多栽培于庭园。

41.樟科：檫木（山梓木）、黑壳楠，毕节、黔西有分布。薄叶润楠、峨眉紫楠、猴樟、少花桂（臭樟）、香桂（长果桂），川钓樟（变种）、菱叶钓樟、宜昌润楠、四川山胡椒（石桢楠）、四川木姜子、清香木姜子、宜昌木姜子、滇木姜子（变种）、香樟，毕节有分布。云南樟分布在海拔2500米以下河谷或阴处潮湿疏林中。香叶树，赫章、纳雍、织金、毕节、黔西有分布。石木姜子（变种），毕节、黔西、织金有分布。红叶木姜子，分布在织金、赫章。香粉叶（变种），威宁有分布。

42.大血藤科：大血藤（红藤、五花血藤、血藤），生于海拔1500米以下山林中或路旁灌丛中。

43.木通科：猫儿子，产大方。三叶木通（变种），产大方、纳雍。白木通，产毕节。五风藤（六月瓜），产威宁。八月瓜，分布在海拔1750米以下地带。

44.藤黄科：金丝核、黄海棠，产金沙。黄香棵、狭叶金丝桃，产威宁。贵州金丝桃、地耳草，分布在威宁、毕节、大方、纳雍、金沙。金丝梅、贯叶连翘，产毕节。遍地金（滇金丝桃），产威宁、毕节。扬子小连翘，产赫章、毕节、大方。

45.景天科：石莲，产织金。云南红景天，产赫章韭菜坪、威宁。安龙景天，产威宁。火焰草（繁缕景天），产金沙。费菜（土三七），产金沙、威宁、赫章等地。佛甲草、垂盆草（狗牙瓣）、珠芽景天，分布在毕节等地。日本景天，产赫章。落地生根，有栽培。

46.海桐花科：海桐，庭园有栽培。木果海桐、柄果海桐（变种），分布在毕节。棱果海桐，分布在海拔600～2000米的山谷、沟旁、山麓杂木林下及林缘、灌丛中。短萼海桐（山桂花），生于海拔600～1700米石灰岩山地杂木林中或沟边灌丛中。

47.芸香科：刺异叶花椒，产纳雍、赫章。竹叶椒，产威宁、纳雍、大方等地。刺花椒，分布在海拔2300米以下的路旁灌木丛中或密林下。长叶蚬壳花椒（变种）、常山，分布在毕节。花椒，海拔2500米以下地带有栽培。贵州花椒，产威宁、纳雍。吴茱萸，产大方、纳雍。松风草，分布在毕节、纳雍。橘（柑橘、柑），产赤水河谷。宜昌橙，产赫章、威宁海拔低河谷地带。甜橙，产毕节赤水河谷。千里香（九里香）、香橼，庭园栽培。枳（枸橘、枳实），有栽培。金柑，作盆景栽培。

48.苦木科：臭椿，有分布。

49.楝科：楝树（苦楝），分布在海拔1900米以下林内、山坡、山谷、路旁。米仔兰，见于栽培，温室越冬。灰毛浆果楝（野桐椒），大方有分布。香椿，常见于村旁、路边、地旁。鹧鸪花，生于海拔2100米以下潮湿地、山坡和密林中。川楝，栽于路旁和庭园中。

50.冬青科：毛叶高山冬青，分布在威宁马摆大山。多脉冬青，各县市有分布。冬青，各县市有栽培。云南冬青，产赫章燕子坪。睫刺冬青，毕节、赫章、威宁有分布。珊瑚冬青、滇贵冬青，毕节有分布。猫儿刺，分布于山坡向阳处。香冬青，有栽培作行道树。

51.卫矛科：苦皮藤（吊干麻、老虎麻）、大芽南蛇藤、显柱南蛇藤、短梗南蛇藤（变种）、扶芳藤（变种）、大果卫矛、披针叶卫矛，产纳雍。穗花南蛇藤、爬行卫矛、三花假卫矛、无柄卫矛、产毕节。冬青卫矛，作园林、庭院栽培。大花卫矛、刺果卫矛、角翅卫矛、产威宁。长刺卫矛，产威宁、纳雍。西南卫矛，产威宁、大方。革叶卫矛，产大方、纳雍。卫矛（鬼箭羽、血见愁），生长于海拔700～1500米的山地灌木林中。

52.省沽油科：银鹊树，分布在纳雍等地。野鸦椿，分布在大方、纳雍。山香圆，分布在海拔1650米以下沟底潮湿地或山坡密林中。

53.茶茱萸科：马比木，毕节有分布。

54.胡颓子科：卷柱胡颓子、长裂胡颓子，产毕节。胡颓子（羊奶奶），生于海拔2000米以下灌木丛，林缘、路旁向阳处。木半夏，长于海拔1600米以下山坡灌木丛地。牛奶子，毕节、威宁有分布。

55.千屈菜科：紫薇（怕痒树），栽培于庭园。圆叶节节菜，产大方、纳雍。千屈菜，产威宁、赫章。

56.菱科：四角菱、细果野菱，威宁、赫章有分布。菱（菱角），有栽培于池塘中。

57.八角枫科：八角枫，分布在大方、毕节、纳雍等地。深裂八角枫，产威宁。

58.珙桐科：珙桐（中国鸽子花树），有栽培。光叶珙桐，分布在纳雍、织金。2013年纳雍被林业部命名为中国珙桐之乡。

59.蓝果树科：喜树（旱莲），有栽培于庭园中。

60.山茱萸科：灯台树，分布在纳雍。窄叶灯台树，分布在大方。宝兴梾木、梾木、尖叶四照花、白粉青荚叶，威宁有分布。川鄂山茱萸，毕节、威宁、纳雍有分布。短梗四照花、香港四照花、小型青荚叶，毕节有分布。东京四照花，分布在纳雍。四照花，分布在威宁、赫章、毕节、大方。头状四照花产于海拔1800米以下山脚、路旁、密林、疏林及灌木丛中。青荚叶，生长于海拔2500米以下山脚、山谷潮湿处。桃叶珊瑚，生长于海拔1800米以下山谷密林或山脚沟旁。白粉青荚叶、分布在威宁马摆大山。有齿鞘柄木（变种接骨丹），常生在海拔900～1700米的山地林中。

61.桤叶树科：毛果桤叶树（变种），分布在毕节海拔1300米的疏林中。

62.安息香科：贵州木瓜红，分布在毕节。野茉莉，分布在毕节乌箐。毛鄂野茉莉，分布在威宁。粉花安息香，分布在黔西。赤杨叶（泡花木），生长于海拔1200米以下常绿阔叶林中。

63.龙胆科：心叶双蝴蝶，分布在纳雍。高原龙胆、细线龙胆、圆齿龙胆、流苏龙胆、小龙胆、四川龙胆、大花扁蕾、回旋扁蕾、贵州獐牙菜、云贵肋柱花，分布在威宁等地。头花龙胆、粗茎龙胆、西南獐牙菜、大籽獐牙菜，分布在赫章、威宁等地。草甸龙胆，分布在赫章。獐牙菜，分布在大方、威宁等地。椭圆叶花猫（黑及草、小铃科），分布在威宁、赫章、毕节、大方。心叶双蝴蝶，纳雍有分布。坚龙胆、念珠脊龙胆，生长于海拔1000～2700米的高山向阳坡上。

64.荇菜科：荇菜（荇菜、莲叶荇菜、水葵），分布在威宁等地。

65.夹竹桃科：黄花夹竹桃，毕节有引种栽培。羊角棉（见血飞），产威宁玉龙河边。夹竹桃，毕节地区有引种栽培。紫花络石，纳雍有分布。络石，有栽培。

66.醉鱼草科：驳骨丹（水杨柳、七里香），分布在纳雍、毕节、大方、黔西。云川醉鱼草，分布在毕节。

67.泽泻科：泽泻（东方泽泻、一枝花），分布在毕节、金沙、威宁。矮慈姑（瓜皮草、鸭舌草），分布在毕节、纳雍、金沙。华夏慈姑（慈姑、白地栗、茨姑），有栽培。长瓣慈菇（剪刀草、野慈姑、燕尾草），产毕节、金沙。

68.浮萍科：紫萍（浮萍）、浮萍，分布在威宁等地。

69.毛茛科：高乌头（穿心莲、曲芍）、拳距瓜叶乌头、钝齿铁线莲、弯柱唐松草、偏翅唐松草、禺毛茛，分布于纳雍等地。黄草乌、岩乌头、毛梗川黔翠雀花、茴茴蒜，分布于毕节等地。深裂黄草乌、天葵（千年老鼠屎），分布在毕节、威宁等地。川黔翠雀花、甘肃楼斗菜、裂叶铁丝线莲、金毛铁线莲、爪哇唐松草、微毛爪哇唐松草、角药唐松草、直梗高山唐松草、短柱侧金盏花，分布在威宁等地。须花翠雀花，分布在赫章、威宁。云南翠雀花、小蓑衣藤、粗齿铁线莲，分布在大方等地。驴蹄草，产威宁马摆大山、黔西九龙山。杯柄铁丝莲，产赫章兴发。钝萼铁线莲，分布在纳雍、大方、威宁。打破碗花花（野棉花、霸王草），分布于纳雍、大方、毕节等地。石龙芮、毛茛，分布于大方、毕节、威宁等地。小升麻，分布在海拔1500～1900米的灌丛、草坡、林边湿润地。

70.芍药科：牡丹、芍药，各县市有栽培。美丽芍药，毕节有栽培。

猕猴桃

71.猕猴桃科：猕猴桃，分布于纳雍、大方、毕节等地。硬毛猕猴桃、紫果猕猴桃（变种），分布在威宁。葛枣猕猴桃、红茎猕猴桃、革叶猕猴桃、薄叶猕猴桃，分布在毕节。黑蕊猕猴桃，分布在纳雍、大方。京梨猕猴桃，分布在纳雍、毕节，贵州藤山柳，产大方百纳。

72.山柑科：醉蝶花，栽培于庭园。

葡萄

73.葡萄科：葡萄，各县市有栽培。桦叶葡萄，产威宁。葛藟，产威宁、大方。蛇葡萄、蓝果蛇葡萄，三叶爬山虎，分布在纳雍等地。大叶蛇葡萄、大叶乌蔹莓，分布在纳雍、大方。崖爬藤，生于海拔800～1350米的林下岩石上或树干上。

74.瑞香科：瑞香，庭园栽培。毛瑞香，分布在海拔2000米以下潮湿山林或沟谷灌木丛中。尖瓣瑞香，分布在纳雍。结香（黄瑞香、梦花），赫章、毕节有分布。白瑞香（小构皮、雪花树），分布在毕节。狼毒（绵大戟、甘遂），威宁、大方、毕节有分布。陕甘瑞香，生于海拔1500～2000米山坡杂木林中。

75.鹿蹄草科：贵阳鹿蹄草、毛松下兰，分布在赫章。梅笠草，产威宁黑石头、赫章可乐。鹿蹄草，生于海拔700米以上山地针叶林、针阔叶混交林或阔叶林下。

76.杜鹃花科：白面杜鹃、云南杜鹃、凹叶杜鹃、麻花杜鹃、树形杜鹃、马缨杜鹃、大白杜鹃、云锦杜鹃、亮叶杜鹃、美容杜鹃、露珠杜鹃、桃叶杜鹃、石生杜鹃、迷人杜鹃、光柱迷人杜鹃、繁花杜鹃、皱皮杜鹃、绣叶杜鹃、羊踯躅、暗绿杜鹃、红毛杜鹃、鹿角杜鹃、多花杜鹃、腋花杜鹃、美丽马醉木、狭叶南烛、尾叶越橘、滇白珠，全地区分布普遍。锦绣杜鹃、白花杜鹃、吊钟花，栽培作观赏。炮仗花杜鹃，分布于威宁。南烛（原变种）、小果南烛（木）、饱饭花，毕节有分布。乌鸦果，分布在威宁、毕节、大方、黔西。

77.紫草科：粗糠树、倒提壶、长蕊斑种草，威宁等地有分布。滇紫草，威宁、毕节有分布。西南附地菜，大方有分布。小花琉璃草，产威宁、赫章等地。琉璃草，喜生于山坡草地。

78.川断续科：川断续，分布在威宁、毕节。续断，分布在毕节、大方。

79.眼子菜科：眼子菜，分布在毕节、黔西。光叶眼子菜、菹菜，分布普遍。竹叶眼子菜，分布于威宁、毕节、黔西。抱基眼子菜（穿叶眼子菜），分布在威宁。小叶眼子菜，分布广，为稻田杂草。

80.百合科：岩菖蒲，分布在地区内中东部。叉柱岩菖蒲，分布在西部。黎芦、多星韭，分布在威宁、赫章。蒙自黎芦，分布在织金。狭叶黎芦、披针叶百合、大理百合、筒花开口箭（九道箍、万年）、高大鹿药，分布在赫章。西南吊兰，分布于海拔1300米以上山坡、林缘、山谷等处。万年青（青龙胆）、吊兰、玉簪（白花玉簪）、紫萼（紫玉簪）、芦荟、文竹，作观赏植物栽培。黄花菜（金针菜、柠檬萱草）、萱草、洋葱、葱、火葱（香葱、细香葱）、藠头（荞头）、蒜、韭菜，栽培普遍。薤白（小根蒜、苦蒜、团蒜），各地有分布。小鹭鸶草、川百合、卷叶黄精、七叶一枝花（变种）、狭叶重楼（独角莲）、大阶草、托柄菝葜，分布于威宁等地。野百合、鞘柄菝葜，分布在毕节、大方、金沙等地。大百合（雷百合）、点花黄精、毛重楼，分布在纳雍等地。天门冬，生长于海拔1800米以下山坡、林下、灌丛中。石刁柏，有栽培。短药沿阶草，生于海拔800米以上山坡密林中、山谷、溪沟潮湿处。间型沿阶草，生于海拔1000米以上山谷、林上阴湿处或水沟边。沿阶草，分布于威宁、赫章、毕节、织金、金沙。吉祥草（观音草）生于阴湿山坡、谷地或密林下，也有栽培。小玉竹、黄精、卵叶重楼、小叶菝葜，分布于毕节。湖北黄精，分布在大方。滇重楼、麦冬，产于威宁、毕节。五指莲，分布在黔西。无毛粉条儿菜（光肺筋草），产赫章韭菜坪和纳雍。粉条儿菜（肺筋草、金丝吊白米、一窝蛆），分布于织金。牛尾菜，生于林下、灌丛、山沟或山坡草丛中。柔毛菝葜，分布在纳雍、毕节。菝葜（金刚藤、土茯苓），分布于威宁、赫章、毕节、大方、织金、纳雍。红果菝葜，分布在大方、毕节。羊齿天门冬（蕨叶天门冬），有分布。

百合

81.百部科：大百部（九重根、对叶百部），分布于毕节等地。

82.蒟蒻科：裂果薯（水三七、水田七、土三七），生于水边湿润地带。

83.荨麻科：无刺茎荨麻（小荨麻），生于海拔2100米以下山地路旁或林下沟边潮湿处。艾麻，生于海拔2250米以下路旁、林下潮湿处。毛果蝎子草（变种），分布在威宁。翠茎冷水花、对叶楼梯草、骤尖楼梯草、细野麻，分布在纳雍。序叶苎麻、滇黔苎麻，分布于海拔1800米以下山坡灌丛。大叶冷水花，假楼梯草，分布在纳雍、大方。粗齿冷水花（阿伯秀），分布在毕节。苎麻，各县市有栽培。荨麻（裂叶荨麻），长于海拔600～1500米路边及林地阴湿处。透茎冷水花，有分布。序叶苎麻（水禾麻），生于海拔600～1800米的山坡灌丛中，或山谷水旁。水麻，生于溪边、林缘空地或石山岩隙。

84.木兰科：木莲，生于海拔1400米以下常绿阔叶林及沟谷阔叶林中。山玉兰，有栽培。天女花、荷花玉兰、玉兰、紫玉兰、黄兰、白兰，作观赏植物栽培。厚朴，产威宁、织金。西康玉兰，威宁有分布。川含笑，产毕节。含笑，有栽培。深山含笑，生于海拔1420米以下山中，山腰，溪谷山林中。鹅掌楸，产金沙。北美鹅掌楸，有引种栽培。

85.罂粟科：罂粟，清末、民国年间普遍栽培。虞美人，庭园栽培。大藤铃儿草，生于山地灌丛中或岩石上。延胡索（元胡、玄胡索），曾引种栽培。金钩如意草（水金钩如意、五味草），产威宁马摆大山。紫堇（断肠草、闷头草），生长于丘陵林下、沟边或荒地。南黄堇，大方有分布。血水草，常生于海拔1800米的林下阴处或山谷沟边。

86.牻牛儿苗科：鼠掌老鹳草，分布于威宁、毕节等地。香叶天竺葵、天竺葵，有引种栽培。东亚老鹳草，生于海拔600～1400米的田野、路旁、沟边、山坡处。

87.黄杨科：黄杨、雀舌黄杨、庭园栽培。野扇花，生长在海拔2300米以下石灰岩区林缘、灌木丛、路旁、林下等地。板凳果，分布在纳雍等地。

88.堇菜科：灰毛堇菜、尼泊尔堇菜，分布在威宁。三色堇，庭园栽培。毛果堇菜（球果堇菜、地核桃、马蹄草、黄花菜）、蔓茎堇菜（野白菜、黄花菜、地黄瓜）、柔毛堇菜、紫花堇菜（地黄瓜、鼠耳朵草）、长萼堇菜、白果堇菜，毕节有分布。萱，赫章产。戟叶堇菜、滇中堇菜，织金有分布。光瓣堇菜，产毕节、织金。堇菜，生于海拔1600米以下的阴湿草地、沟边。

89.西番莲科：西番莲（转枝莲）、鸡蛋果（洋石榴），有栽培。

90.秋海棠科：银星秋海棠、四季海棠，作盆景栽培。中华秋海棠，产纳雍、赫章。裂叶秋海棠，威宁产。秋海棠，生长于海拔1060米以下山谷密林潮湿地上或岩石上。

91.安石榴科：安石榴（石榴），各地有栽培。

92.柳叶菜科：牛泷草、小花柳叶菜，分布在威宁，倒挂金钟、月见草、待霄草，公园或庭园栽培。柳叶菜，分布在威宁、赫章、大方等地。大花柳叶菜，纳雍有分布。毛脉柳叶菜、光华柳叶菜，分布在大方。短叶柳叶菜，赫章、纳雍有分布。中华柳叶菜，分布在毕节、纳雍。华西柳叶菜，分布在毕节。丁香蓼，黔西产。

93.小二仙科：小二仙草（豆瓣草），毕节产。（泥茜、大草）、抓尾藻（轮叶抓尾藻），各地有分布。

94.五加科：通脱木（通草），生于海拔1500米以下山坡旷地。盘叶掌叶树（大通草），锈毛掌叶树、长梗刚毛五加、狭叶竹节参、三七，产大方等地。穗序鹅掌柴（大山脱水），生于海拔1400米以下山谷阔叶林中或溪、沟旁灌丛中。常春藤，生于海拔2300米以下林内或林缘岩石处。异叶梁王茶、掌叶梁王茶、细梗吴茱萸五加（变种）、楤木（刺老包）、竹节参，分布在纳雍等地。刚毛五加，分布在大方、纳雍。五加（变种），产威宁。纳雍。绣毛五叶参，分布在赫章。珠子参，产威宁、纳雍。黑果土当归，产威宁。刺楸，生于海拔1400米以下山谷林中或山坡灌木丛中。西洋参，有栽培。

95.伞形科：胡萝卜、芫荽、茴香、旱芹（芹菜），各地有产作蔬菜用。杭白芷、当归、川芎，有栽培。天胡荽，喜生于湿润草地，各县市均有。积雪草，生于海拔2400米以下湿润草地或水沟边。普渡天胡荽、水芹、羽苞藁本，分布赫章等地。肾叶天胡荽、窃衣、笔叶茴芹、细叶芹，大方等地有分布。变豆菜、前胡，毕节等地有分布。野胡萝卜，生于海拔1300米以下路旁、山间。高山水芹、浅叶水芹、分布在威宁等地。细叶水芹，分布在纳雍等地。竹叶西风芹，分布在威宁、纳雍、赫章等地。小柴胡，产毕节、赫章等地。鸭儿芹，分布在纳雍、大方等地。防风，多生于草坡和多石砾山地上。

96.山矾科：老鼠矢，生于海拔1340米以下疏、密林中及河谷路边灌丛中。茶条果，纳雍、大方等地有分布。薄叶山矾、山矾（山桂花），产大方等地。多花山矾，分布在纳雍等地。白檀，产威宁、赫章、大方等地。

97.八角科：红茴香，产毕节等地。披针叶茴香（莽草），产黔西、纳雍、金沙等地。野八角（川茴香），分布在毕节、威宁等地。红花八角（野八角、山八角），分布在黔西等地。

98.五味子科：毛叶五味子，分布于毕节。翼梗五味子（变种），分布于大方。华中五味子，分布在毕节、大方等地。异型南五味子（海风藤），生长于海拔2000米以下山坡林缘或疏林中，或缠绕其他植物树冠上。

99.水青树科：水青树，分布在毕节等地。

100.胡椒科：石南藤，生于河谷湿地，攀缘于树上或石山。

101.木犀科：苦枥木、尖萼岑、矮素馨（矮探春、小黄素馨），分布在威宁等地。岑（白蜡树）、粗壮女贞、小腊（变种）、光萼小腊，分布在纳雍等地。金钟花、紫丁香、月桂（厚边木犀）、木犀（桂花）、油橄榄、女贞、迎春花、茉莉花，全地区有栽培。混女贞，分布在大方。川滇蜡树，产于威宁、纳雍等地。小叶女贞，分布于赫章。红素馨（红茉莉），分布在威宁、毕节等地。清香藤（北清香藤），产织金。

102.萝摩科：黑龙骨，产纳雍。青羊参，威宁、纳雍有分布。牛皮消（隔山消），毕节、大方等地有分布。马利筋，栽培于庭园中。兰叶藤，产毕节。云南娃儿藤，产威宁戈姑。

103.苦苣苔科：革叶粗洞苣苔（岩莴苣），毕节、大方有分布。珊瑚苣苔（石莴苣），威宁、大方有分布。凸瓣苣苔、宽萼蛛毛苣苔（岩飞蛾）、吊石苣苔（石吊兰、岩豇豆），产毕节。降龙草（虎山叶、岩水尼、狗彪尿）、华南半蒴苔，产纳雍。灰叶吊石苣苔，产威宁。贵州石蝴蝶、康定唇柱苔，分布于赫章。紫花苣苔，地区内有分布。牛耳朵（岩白菜），分布于海拔1200米以下山地或林下石上。

104.透骨草科：透骨草，生于海拔2300米以下的林下、林缘湿润处。

105.车前草科：平车前，生于海拔1800米以下山坡路旁、田边和水旁草地。大车前、车前，各地均有分布。长柱车前，分布在威宁等地。

106.姜科：高山象牙参，分布在威宁等地。姜，各县市有栽培，主产大方、威宁。阳荷（白壤荷），主产纳雍等地。长柄山姜，有栽培作观赏。

107.美人蕉科：黄花美人蕉、大黄美人蕉、美人蕉，有栽培作观赏。

108.山茶科：毛蕊红山茶，分布在毕节、黔西等地。怒江红山茶、小怒江红山茶，分布于威宁、赫章等地。西南红山茶，分布在大方。窄叶西南红山茶，分布于威宁、毕节等地。茶树，各县市有栽培。大苞木荷、木荷，短柱拎，分布在毕节。小花木荷、半龄拎、威宁短柱油茶，威宁产。尖叶川黄瑞木，产黔西。厚皮香，生于海拔1900米以下的山谷或林中。美丽红山茶，庭园有栽培。

109.清风藤科：四川清风藤，威宁等地有分布。两色清风藤，分布在毕节、威宁等地。云南泡花树，生于海拔1100～1300米的山坡林中。泡花树，产纳雍。笔罗子，织金等地有分布。

110.椴树科：纤椴，赫章等地有分布。椴树、毛芽椴，地区内有分布。

111.梧桐科：梧桐，有栽培。

112.大风子科：山拐枣、山桐子，生长于海拔800～1200米的山坡疏林或密林中。柞木，分布在毕节、大方、黔西等地。

113.姚金娘科：短喙赤桉，威宁有栽培。大叶桉（桉），有栽培作行道树。番石榴，有栽培。

114.忍冬科：南方六道木（太白六道木）、苦糖果、须蕊忍冬、烟管荚蒾（小叶黑汉条）、毛枝荚蒾（小叶毛枝荚蒾）、鬼吹箫、紫药红荚蒾、多脉腾越荚蒾、衡山荚蒾，分布于威宁。伞花六道木，分布于毕节、赫章、纳雍。铺匐忍冬、川黔忍冬，分布于毕节。忍冬（金银花），生于海拔1400米以下山坡、山谷、河边、路旁、灌丛中或阳坡石岩上。细毡毛忍冬（细苞金银山）、金佛山荚蒾（金山荚蒾、贵州荚蒾）、皱叶荚蒾（枇杷叶荚蒾）、汤饭子，分布于大方。球核荚蒾、少花荚蒾，分布在纳雍。短序荚蒾，产纳雍、黔西。水红木，生长于海拔1860米以下的山顶、山坡、路旁、河谷、山谷、林中或灌丛中。珍珠荚蒾、桦叶荚蒾，产威宁、毕节、大方、纳雍等地。南方荚蒾，分布在威宁、大方、纳雍等地。宜昌荚蒾，产毕节、大方。接骨木，生于海拔1000～1400米的山谷、水旁、路边疏林中或灌木丛中。荚蒾，产威宁、纳雍等地。二翅六道木，分布在海拔880～1700米路边、沟边和灌丛中。蕊被忍冬，分布于毕节、纳雍。木绣球，公园有栽培。糯米条，生于山顶灌丛中。金银忍冬，蝴蝶戏球花（蝴蝶荚蒾），有栽培作庭园绿化。

115.檀香科：百蕊草，生于海拔600～1200米的草坡、林缘、山坡灌丛中。西域百蕊草，分布在威宁。

116.番杏科：龙须海棠，有栽培供观赏。

117.仙人掌科：黄毛掌、白毛掌、蟹爪兰、昙花、令箭荷花、小令箭荷花、三棱箭（量天尺）、鼠尾鞭（扭仙人掌）、仙人球、仙人山、仙人掌，庭园有栽培和盆景栽培。

118.酢浆草科：酢浆草（酸咪咪），各县市有分布。山酢浆草，分布在赫章、毕节、大方、黔西等地。铜锤草，有栽培。

119.大戟科：线叶雀舌木、雀舌木（雀儿舌头）、尾叶雀舌木、叶底珠、叶下珠、蜜柑草、算盘子、铁苋菜（海蚌含珠）、扛香藤、毛桐（盾叶山桐）、野桐、山麻杆、水黄花（刮金板）、地锦、大戟、泽漆、钩腺大戟、通奶草，地区内有产。油桐、木油桐、蓖麻、乌桕、猩猩草、一品红，有栽培。橄树，生于海拔600～1300米的林边、溪旁灌丛中或灌木丛中。黑面神，生于山坡，平地旷野疏林灌木丛中。

120.橄榄科：橄榄，毕节生机有栽培。

121.远志科：尾叶远志，产赫章、大方、毕节、黔西。黄花倒水莲，赫章、大方有产。瓜子金（辰砂草），分布于威宁、毕节。卵叶远志（西伯利亚远志），产威宁。排线金不换、椭圆叶齿果草，分布在毕节。齿果果，赫章有产。

122.旌节花科：云南旌节花、中国旌节花（小通草），分布于毕节、纳雍等地。倒卵叶旌节花，产毕节。西域旌节花，分布在大方。

123.野牡丹科：朝天罐，生长于海拔500～2000米的山坡草地、灌丛中。楮头红，分布在大方等地。

124.紫金牛科：朱砂根（八爪金龙、光叶铁仔），生于海拔500～2000米阴湿林中。百两金（开喉箭），产大方。九节龙，产黔西、金沙、赫章等地。紫金牛，分布在黔西、毕节。大叶酸藤子，分布在威宁。铁仔，生于海拔600～2500米的石灰岩山坡或荒坡疏林中或林缘。齿叶铁仔，分布在毕节。杜茎山，产于海拔1600米以下的山坡或石灰岩山杂木林下阳处或灌木丛中。红凉伞（变种），有分布。当归藤，生于海拔800～1200米的疏林、林缘或灌丛中。疏花酸藤子，生于海拔1000～1300米山坡林灌丛中。全叶铁子，各县市有产。

125.茜草科：新耳草，产大方。栀子（黄栀子）、六月雪，有栽培。薄皮木、大叶茜草、广西拉拉藤、六叶葎，产于威宁。鸡矢藤、茜草、四叶葎、猪殃殃，各地有分布。小叶葎，分布于赫章。绒毛鸡矢藤，产纳雍。四川拉拉藤，产威宁、赫章。长节耳草，生于疏林下或干燥旷地。

126.旋花科：打碗花，生长于海拔800～1400米的山坡草地、路旁。旋花（面根屯），生长于海拔800～2200米的路旁、山坡草地。山土瓜，分布于威宁。蕹菜（空心菜）、番薯（红苕），有栽培。牵牛（黑丑）、白花牵牛（白丑）、圆叶牵牛，栽培于庭园和逸为野生。金灯藤（菟丝子、无娘藤），分布于纳雍等地。马蹄金（黄胆草），生长于海拔800～1200米的山坡草地。刺毛月光花、茑萝、葵叶茑萝，有庭园栽培。

127.桔梗科：蓝花参（霸王草、一窝鸡）、松叶鸡蛋参，分布于威宁。羊乳（臭党参、四叶参、角参），金沙、黔西等地有分布。党参、三角叶党参，有栽培。川党参，产大方、威宁。管花党参，产毕节、赫章、织金、纳雍。鸡蛋参，产威宁、纳雍。长叶轮钟参（土党参、蜘果、算盘果），分布在纳雍等地。束花蓝钟花、紫花党参、桔梗（土洋参、泡参）、西南风铃草（响铃草、土人参）、无柄沙参、丝裂沙参、轮叶沙参、球果牧根草、半边莲（细米草）、柳叶山梗菜、西南山梗菜、狭叶山梗菜（红根一枝花），密毛山梗菜、毛萼山梗菜、铜锤玉带草、束花蓝钟花，各县市有分布。

128.水鳖科：海菜花（海茄子）、黑藻，分布于威宁。

129.茨藻科：大茨藻（玻璃藻）、草茨藻、茨藻（细茨藻）、小茨藻（鸡羽藻）、多孔茨藻，全地区有分布，生于水田和池塘中。

130.龙舌兰科：凤尾丝兰（凤尾兰）、龙舌兰、晚香玉、虎尾兰、丝兰、剑麻，栽培于盆景或庭园中。

131.石蒜科：君子兰、垂笑君子、葱莲、韭莲（风雨花）、花顶红（朱顶兰）、水仙，庭园栽培供观赏。石蒜（老鸦蒜、鼻血花），生长于海拔800～1600米阴湿山坡、溪沟边石缝中或河边灌丛中，有作药材栽培。忽地笑，分布黔西、织金等地。

132.仙茅科：大叶仙茅，毕节有分布。仙茅，产黔西。

133.薯蓣科：黄山药（白姜），产威宁。叉蕊薯蓣（黄姜），分布于威宁、赫章。粉背薯蓣，分布于毕节。蜀葵叶薯蓣，产威宁、纳雍。薯莨、黏山药（白山药），黔西产。褐苞薯蓣，薯蓣（淮山）、毛胶薯蓣，产金沙。参薯，有栽培。

134.雨久花科：鸭舌草，生长于各地沼泽地、水田、水塘边。少花鸭舌，产大方。凤眼莲（水葫芦、水浮莲），有栽培。

135.鸢尾科：射干，织金产。鸢尾（鸭屁股、土知母）、唐菖蒲（十三太保）、虎皮花，庭园栽培。蝴蝶花（扁生根、豆豉草），毕节、大方等地有分布。扇形鸢尾（铁扇子、高脚黄、老君扇），产大方、黔西。金脉鸢尾、单苞鸢尾、马蔺（变种）、小花鸢尾、扁竹兰（扁竹根、扁竹）、观音兰（搜山香）、德国鸢尾、雄黄兰，有栽培。

136.灯心草科：野灯心草、灯心草、江南灯心草、翅茎灯心草，各县市有分布。

137.鸭跖草科：竹叶子（猪鼻孔），产大方百纳九龙山。竹叶吉祥草（竹叶细辛、梭罗藤），分布在毕节、黔西。蓝耳草，产威宁西凉山、赫章韭菜坪、纳雍居仁、织金顺沟。鸭趾草，产赫章韭菜坪。地地藕，产纳雍。水竹叶（竹叶党），生水边湿地中。吊竹梅，有庭园栽培。

138.谷精草科：连萼谷精草（谷精草）、大药谷精草，分布在威宁、赫章等地。莲花骨精草、白药谷精草，分布在威宁等地。

139.天南星科：菖蒲、石菖蒲、一把伞南星（蛇包谷）、半夏（三步跳），各县市有分布。石柑子，分布在纳雍。马蹄莲、魔芋、芋、紫芋，各地有栽培。昆明犁头尖，产织金（中国特有种）。山珠南星，国内特有种，分布在威宁、毕节。瑶山南星，国内特有种，分布在毕节。虎掌，毕节有分布。象南星、锯齿褐斑南星，国内特有种，产威宁。绥阳雪里见（半截烂），国内特有种，产金沙、织金、黔西。象头花（母猪半夏、狗爪半夏），国内特有种，产织金2000米以下林下、灌丛或草坡。天南星，生于海拔2700米以下的林下，灌丛或阴湿草坡。爬树龙，生于海拔2200米以下的林中，匍匐于地面、石上或攀附树干上。

140.芭蕉科：大蕉（芭蕉），有栽培。

141.十字花科：碎米草、弯曲碎米荠、旱菜、印度旱菜，广东旱菜、硬毛南芥、北美独行菜、独行菜、荠、葶苈、菘蓝，各县市有产。萝卜（莱菔）、白菜、青菜（小白菜）、芸苔（油菜）、紫花菜、芜菁、芥菜（变种有雪里红、芥苔、大头菜、榨菜）、甘蓝、变心菜（莲花白）、花椰菜（花菜）、擘蓝、欧洲油菜，各县市有栽培。芜箐甘蓝（洋大头菜），毕节有栽培。豆瓣菜，分布在地区中部、东部地带小溪中。风花菜、圆锥南荠、箭叶南荠、硬毛南荠，产威宁。桂竹香、紫罗兰、庭园有栽培。藕蓝，有栽培。遏蓝菜，产威宁、赫章、毕节。

142.蔷薇科：（1）绣线菊亚科。光叶粉花绣绒菊（大绣绒菊），分布于黔西、织金。翠兰绣线菊，产黔西。中华绣线菊，生长于海拔1000米的山坡、山谷灌木丛中。麻叶绣线菊（麻叶绣球）、李叶绣线菊，庭园栽培。中华绣线梅，产威宁、毕节、大方等地。毛叶绣线菊，产威宁。毛果绣线梅，产毕节。高丛珍珠梅，产赫章。

（2）苹果亚科。粉叶栒子，生于海拔1200～2800米的山坡开阔地杂木林中。麻梨，生于海拔900～1270米沟边林中、林边或灌木丛中，作梨的砧木。楸子，栽培作苹果砧木。杜梨、川梨、沙梨、苹果、花红、枇杷，各县市有栽培。石楠、光叶石楠、锣木石楠、长柄全缘石楠、皱皮木瓜、毛花荆子、西府海棠、湖北海棠、三叶海棠，庭园栽培或公园栽培。黄杨叶栒子、火棘（救军粮、红子）、红果树、中华石楠、石灰花楸（石灰树），毕节等地有分布。川康栒子、麻核栒子、宝兴栒子，大方等地有分布。小叶粉叶栒子、冠萼花楸，产纳雍、威宁。木帚栒子、光果毛叶石楠，矮生栒子、窄叶火棘、水榆花楸、江南花楸、疣果花楸、湖北花楸、云南移㭎、小叶平枝栒子，分布在威宁等地。麻叶栒子，分布在毕节。柳叶栒子，产毕节、大方、赫章。西南栒子、华西花楸，产大方、纳雍。波叶红果树、毛萼红果树，分布在毕节、大方。厚叶石楠（玉枇杷），产赫章、纳雍。长果花楸，产毕节、赫章。美脉花楸，产毕节、赫章、纳雍。毛叶木瓜，产纳雍。

（3）蔷薇亚科。川莓、山莓、红毛悬钩子、茅莓、野草莓、蛇含委陵菜（五匹风、蛇含）、龙芽草（仙鹤草、路边黄）、黄龙尾、单瓣木香花、多花长尖叶蔷薇，各县市有分布。单瓣缫丝花，除威宁外，各县市有分布。黄脉莓，生于海拔800～1500米山坡、山谷灌丛中或密林下。五叶悬钩子、蛇莓（蛇泡、三匹风），生长于海拔1800米以下地带。金樱子（蜂糖罐），生于海拔1600米以下山野路旁、溪边、灌木丛中。棣棠花、重瓣棣棠花、草莓、缫丝花、木香花、香瓣黄木香（黄木香花）、粉团蔷薇（刺苔、刺花）、七姊妹（十姊妹）、月季花、单瓣月季花、香水月季、玫瑰，各县市庭园有栽培。长叶悬钩子（变种）、羽萼悬钩子、寒莓、白叶莓、红泡刺藤（白枝泡）、水杨梅（头晕药）、柔毛委陵菜、朝天委陵菜、三叶朝天委陵菜、绢毛匍匐委陵菜、三叶委陵菜、白叶三莓草、黄毛草莓、矮地榆、绣球蔷薇、扁刺峨眉蔷薇、宽叶绢毛蔷薇、川西蔷薇，威宁等地有分布。高粱泡（变种）、木莓、红花悬钩子、拟覆盆子，纳雍等地有分布。腺毛高粱泡（变种）、乌泡子、灰毛泡、栽秧泡（变种）、柔毛水杨梅、委陵菜、小果蔷薇、悬钩子蔷薇，毕节等地有分布。喜阴悬钩子，大方等地有分布。毛叶高粱泡（变种）、粉枝莓，西南委陵菜，毕节、威宁等地有分布。长圆悬钩子、西南悬钩子、软条七蔷薇，毕节、纳雍等地有产。长腺灰白毛莓（猪尿泡），生长于海拔1500米以下地带。地榆（变种），生于草地路旁。

（4）李亚科。李、杏、梅、桃、樱桃、绯桃（变形）、碧桃（变形）、日月桃（变形），有栽培。山杏、樱花、郁李、麦李，庭园或公园有栽培。山桃，分布在毕节、威宁、赫章、纳雍等地。总状扁核木、锥腺樱、细齿稠李，产威宁等地。锈毛稠李，产纳雍、大方等地。毛枝桂樱（变形），产纳雍等地。

143.豆科：（1）含羞草亚科。山合欢（山槐），生长于海拔1400米以下路旁、沟边、溪边山坡林中。合欢、相思树、澳洲金合欢、含羞草，庭园栽培。

（2）云实亚科。垂丝紫荆、小云实、产于毕节等地。紫荆（变形），庭园栽培。含羞草决明，分布在纳雍等地。皂荚，各县市均产。野皂荚，生于石山灌丛中。云南紫荆，生长于海拔1300米以下石灰岩山坡或林中。云实，生于海拔1500米以下山坡、路旁向阳灌丛中。

（3）蝶形花亚科。槐树（槐、国槐、槐花树）、胡卢巴（苦豆、香草）、紫苜蓿、南苜蓿（苜蓿、刺三叶、刺苜蓿）、白车轴草（白三叶草、白花苜蓿）、红车轴草（红三叶草、红花苜蓿）、野青树、木蓝、紫藤、白花紫藤、刺槐（洋槐、刺儿槐）、锦鸡儿（黄雀花）、紫云英、黄芪、花生、蚕豆（胡豆、南豆）、苕子（广布野豌豆、肥田草）、香豌豆（麝香豌豆）、豌豆（白豌）、大豆（黄豆、毛豆）、狗爪豆（龙爪豆、龙爪黎豆）、刀豆、多花菜豆、菜豆（变种）、矮菜豆（四季豆）、金甲豆、豇豆（角豆、豆角）、长豇豆、眉豆（饭豆）、绿豆、赤豆、赤小豆（饭小豆）、豆薯（地瓜、凉薯、地萝卜）、扁豆。有栽培，部分种类散佚野生。花榈木（花梨木），长于海拔800～1200米山坡、林缘和村寨旁。柔枝槐（山豆根、广豆根），生长于石灰岩上。野百合，生长于海拔800～1100米山坡、草地、路旁或灌丛中。细叶百脉根，生长于草地、水边。黔滇崖豆藤，生于海拔1200～2500米石灰岩山地杂木林中。田皂角，生于海拔1800米以下山谷、路旁、水旁草地。山豆花（毛胡枝子、白荻、绒毛胡枝子），生于海拔1200米以下荒坡、路边或林下。大叶胡枝子（活血丹），生于海拔1800米以下路旁、草丛或密林中。三棱枝杭子梢（黄花马尿藤），生长于海拔800～1400米的山坡、林上。野豌豆（清野豌豆），生于海拔800～1200米草坡或疏林下草地。苦参（地槐、地骨、苦骨）、草木樨（野苜蓿）、马棘、巴豆藤，各县市有分布。野葛（葛根），生于海拔600～1100米的河谷、山脚路旁及灌丛中。白刺花（狼牙刺、苦刺）、中国猪尿豆、白香草木樨（白甜草木樨、金花草）、包氏木蓝（丽江木蓝）、西南木蓝、亨利木蓝、高山豆（单花米豆袋、异叶米口袋）、地八角（不丹黄芪）、圆锥山蚂蟥（灰毛山蚂蟥）、疏果假地豆、长柄山蚂蟥（变种）、中华兔尾草（华南兔尾草）、截叶铁扫帚（铁扫帚、老牛筋、绢毛胡枝子）、毛杭子梢（大红袍）、歪头菜（山苦瓜）、救荒野豌豆（巢菜、苕子）、大野豌豆（大巢菜、野豌豆）、云南山黑豆、细叶土栾儿、苦葛藤，威宁等地有分布。天蓝苜蓿（黑荚苜蓿、杂花苜蓿）、香花崖豆藤（昆明鸡血藤）、四川长柄山蚂蟥（变种），分布于纳雍等地。金雀花（蓝雀山、紫雀花）、绣毛崖豆藤，饿蚂蟥（多花山蚂蟥）、假地豆、长果柄山蚂蟥、尖叶长柄山蚂蟥（变种）、鸡眼草，毕节等地有分布。网叶木蓝，产于赫章等地。百脉根（牛角花、五叶草），产威宁、纳雍等地。小叶三点金（小叶山绿豆），产威宁、赫章等地。假香野豌豆（大叶草藤、大叶野豌豆），分布于毕节、威宁等地。牧地香豌豆（牧地山黎豆），产于威宁、赫章、毕节、大方等地。

144.凤仙花科：凤仙花（指甲花），各县市有栽培。睫萼凤仙花，产威宁等地。厚裂凤仙花、块节凤仙花，分布在毕节等地。蓝花凤仙花，产毕节、大方、纳雍。齿萼凤仙花，毛凤仙花，分布在大方等地。平坝凤仙花，产威宁、赫章、大方等地。路南凤仙花、产毕节、大方等地。细柄凤仙花，生于海拔500～2200的山谷草丛、水边、沟边等水湿环境。

145.葫芦科：母猪雪胆，产纳雍等地。雪胆、云南赤爮、鄂赤爮、假贝母、湖北裂瓜、四川裂瓜（变种）、长梗绞股蓝、分布在大方等地。绞股蓝、南赤爮，分布在毕节、大方。球果赤爮、五叶赤爮、毛蕊裂瓜（变种），分布在威宁等地。长毛赤爮，产大方、纳雍等地。葫芦、小葫芦（变种）、瓠子（变种）、瓠瓜（变种）、金瓜、苦瓜、丝瓜、佛手瓜、冬瓜、西瓜、黄瓜、香瓜（甜瓜）、菜瓜（梢瓜）、南瓜、西葫芦（短藤瓜）、笋瓜（印度南瓜）、蛇瓜，地区内有栽培。中华栝楼、产毕节。

146.柿树科：柿（柿花），有栽培。野柿、君迁子（软枣、黑枣），分布在海拔600～1600米山地林中或灌木丛中。

147.防己科：球果藤，生于海拔600～1200米的沟谷林中。青牛胆（地苦胆、山慈菇、青鱼胆）、金果榄（山苦胆、山慈姑），生于山坡、林下、林缘、沟旁、路旁、石缝中。防己（汉防己），生于海拔600～1800米的山野、灌丛、岩坎、溪流两岸、林缘。轮环藤，生于海拔800～2100米的山地林中。

148.虎耳草科：冠盖绣球，产大方百纳。八仙绣球、太平花，有栽培。云南绣球、大枝绣球，分布在大方、纳雍。白背绣球、凹瓣梅花香、鸡眼梅花草、肾萼金腰，分布在威宁等地。马桑绣球，分布在纳雍。腊莲绣球，分布在毕节。西南鬼灯擎，分布在威宁、赫章。落新妇，产织金。大落新妇、突隔梅花草、岩白菜、大叶金腰，分布在赫章等地。虎耳草，分布在毕节、赫章等地。钻地风，生于海拔900～1500米山谷、山腰、山脚灌丛中。

149.槭树科：青榨槭、罗浮槭（变种）、纳雍槭、五尖槭，分布在纳雍等地。小叶青皮槭，分布在纳雍、威宁。三角槭（三角枫），有栽培。光叶槭、中华槭、五裂槭、扇叶槭，地区内阔叶林中有产。

150.鼠李科：枳椇（拐枣、鸡爪）、枣，有栽培。亮叶鼠李，分布于威宁、毕节、纳雍。贵州鼠李，生于林下、林缘、坡地或路旁。木子花、大花鼠李、梗花鹊梅藤、光枝勾儿茶（变种）、多花勾儿茶（牛儿藤）、马甲子（铁篱笆），分布在毕节等地。刺鼠李，产大方百纳。帚枝鼠李（小叶冻缘），产毕节、大方、黔西。小冻绿树，纤细鹊梅藤，分布在威宁。多脉猫乳，分布在纳雍。云南勾儿茶，分布在毕节、威宁。光轴勾儿茶（变种），产毕节、纳雍。尾叶鹊梅藤，有分布。

151.杜英科：仿栗，产织金等地。猴欢喜，除高海拔地区外，常生于低山、低中山常绿阔叶林中、林缘、河边、沟旁。

152.锦葵科：锦葵、冬葵（冬寒菜）、蜀葵（一丈红、棋盘花）、黄蜀葵、吊灯扶桑、朱槿（扶桑）、重瓣朱槿、木芙蓉、木槿，垂花悬铃花，有栽培。野葵、中华野葵（变种），生于路边、田边或山坡湿润处。陆地棉，赤水河谷有栽培。

153.报春花科：仙客来（兔子花）、报春花，有栽培。垂花报春、海仙报春、腋花点地梅、叶苞过路黄、挟齿报春，分布在威宁等地。黔西报春、贵州点地梅、叶头过路黄，分布在毕节等地。莲叶点地梅，分布在纳雍等地。珍珠菜，生于海拔800～1900米处疏林、路旁。腺药珍珠菜，产大方、纳雍等地。

154.蓝雪科：紫金莲（转子莲），分布在威宁等地。角柱花（蓝雪花），分布在威宁、毕节等地。

155.水马齿科：沼生水马齿，产于海拔2300米以下的沼泽凹地水中或湿地。

156.唇形科：掌叶石蚕、长毛香科科（毛秀才）、南川冠唇花、钩子木、光柄筒冠花，分布在毕节、大方等地。动蕊花、大唇血见愁（变种），糙苏（变种）、野芝麻、小叶假糙苏（水禾麻）、狭叶假糙苏、蜜蜂花、石荠苎（土荆芥）、筒冠花，分布在毕节等地。齿苞筋骨草（变种）、滇黄芩、荆芥、狭叶龙头草、甘露子（地牯牛、地钮）、褐毛甘西鼠尾草、橙色鼠尾草（蜂糖花）、云南鼠尾草、香薷（鱼香菜、半边苏、铁杆禾），分布在威宁等地。硬毛四裂花黄芩、淡黄香茶菜、瘿花香茶菜，分布在大方等地。锯叶峨眉黄芩、斜萼草，分布在纳雍等地。夏枯草、鼬瓣花、野生紫苏，分布在毕节、威宁等地。大萼冠唇花、川滇香薷、多毛细锥香茶菜、黄花香茶菜（白沙虫药、痢药）、线纹香茶菜，分布在赫章等地。灯笼草（节节草、风轮草），分布在大方、赫章等地。牛至（消薯草、香薷），分布在赫章、威宁、大方等地。薄荷、留兰香（青薄、血香菜），分布在毕节、威宁、大方等地。鸡骨柴（酒药花），分布在黔西。腺花香茶菜（铁石元、食疙瘩），分布在威宁、毕节、赫章等地。南方糙苏、野拔子，产毕节、赫章等地。韩信草（顺经草、地苏麻），生长于海拔1100米以下山地、疏林、路旁、草地。活血丹（团经药），生长于海拔2000米以下林缘、疏林下。益母草，生长于海拔2500米以下地带，尤以向阳处多。野草香，生于海拔2300米以下田边、路旁、河边、林缘草地。藿香、一串红、紫苏、吉龙草（木姜花），各县市有栽培。香科科，生于海拔1200～1400米山坡阔叶常绿林下阴湿处。大唇香科科（野薄荷、山苏麻），生于海拔1100～1200米山坡、林下。西南水苏，生于海拔1000～1200米山地、路旁、旷地、潮湿沟边。广防风（防风草），生于海拔2400米以下林缘、路旁或荒地。荔枝草（癞格宝草），生于海拔1000～1600米山地、田边、路旁潮湿处。细风轮藻（剪刀菜），生于海拔2100米以下路旁、沟边，空旷草地，林缘，灌丛中。小花仙草（山苏麻、痱子草），生于海拔800～2000米的山坡、路旁或水边。水蜡烛，生于小河边湿润地。

157.紫葳科：两头毛（毛子草），分布在威宁、赫章、纳雍等地。梓树、紫葳（凌霄、冰霄花）、滇楸，有栽培。

158.列当科：滇列当（小天麻、地狗参、降魔杵），产威宁、赫章。

159.棕榈科：蒲葵、棕竹、细棕竹、棕榈，庭园有栽培。

160.莎草科：荆三棱、鹿草、刚毛荸荠、匍茎飘拂草、云南莎草、水莎草、云雾苔草、青绿苔草、舌叶苔草，分布在威宁等地。水葱，产威宁、纳雍等地。丝叶球柱草、两歧飘拂草、香附子（莎草）、亮鞘苔草，分布在纳雍等地。球穗扁莎，产赫章等地。直球穗扁莎，产毕节等地。砖子苗，分布在威宁、赫章、纳雍等地。十字苔草，分布在毕节、纳雍、赫章等地。荸荠、凤草草，有栽培。异型莎草，生于海拔1500米以下山沟、田边潮湿处。水蜈蚣，生于海拔1800米以下田边、沟边潮湿处。黑鳞珍珠茅，生于海拔900～1800米的山坡、草地、灌丛中。栗褐苔草（束草），生于海拔750～1500米的山坡灌丛或山谷潮湿地。

161.兰科：春兰、线叶金兰、蕙兰（夏兰）、谒兰、杜鹃兰、大花杓兰、天麻、珍珠兰、斑叶兰、虎头兰、双肾草、环兰，全区有分布。

162.木麻黄科：木麻黄，有产。

163.乌饭树科：乌饭树、乌鸦果、乌饭花，有分布。

164.金丝桃科：金丝桃（过路黄）、地耳草、贵州金丝桃、狭叶金丝桃、黄海棠、扬子小连翘、元宝草，有产。

毕节兰花

165.马鞭草科：紫珠、大叶紫珠、牡荆、臭牡丹、云南石梓、马鞭草，有分布。

166.无患子科：无患子、变羽叶栾树、平舟木、小叶栾树，有分布。

167.七叶树科：七叶树，有产。

168.小蘖科：豪猪刺、金花小蘖、十大功劳、刺黄杨、南天竹，有产。

169.玄参科：来江藤、白花泡桐、川泡桐、毛泡桐、楸叶泡桐、金鱼草、马光蒿、地涩涩（水仙桃草）、毛麝香（白秀才）、鞭打绣球（红顶球）、灯笼草、生地、阴行草、宽水腹水草，有分布。

170.白菜花科：醉蝶花，有分布。

171.马钱科：酒药花、马钱子草，有分布。

172.菊科：（1）斑鸠菊族。斑鸠菊、异叶泽兰，威宁等地有分布。南川斑鸠菊，生于海拔500～1300米的灌丛中和林缘。

（2）泽兰族。宽叶下田菊，生于海拔650～1500米的山脚溪旁、草地、灌丛或疏林中。藿香蓟，生长于海拔1500米以下山谷密林、灌丛、山坡草地或田边荒地。多须公（华泽兰、升麻），纳雍等地有产。林泽兰（升麻、路边升麻、白鼓钉），生于海拔780～1500米的山坡草地、山脚路旁。白头婆（泽兰、秤杆升麻），生于海拔700～2200米山坡草地、山顶、山脚、路旁水边或灌丛中。

（3）紫苑族。一枝黄花，生于海拔650～1900米的山坡草地、田边、路旁或灌丛中。小鱼眼草，分布于威宁、毕节、赫章、纳雍等地。秋分草、圆舌粘冠草（白帽顶、寸冬升麻），分布在大方等地。粘冠草、石生紫菀，分布在赫章。马兰（多裂变种），分布在威宁、赫章、纳雍、大方。钻形紫菀，分布在威宁、毕节。耳叶紫菀，毕节有产。小舌紫菀、长毛变种小舌紫菀、细舌短毛紫菀、短亭飞蓬（细牛舌片、野菠菜），产于威宁等地。宿根白酒草，分布在纳雍。皱菊（延命草）、翠菊，栽培于庭园。马兰（鱼鳅串）、三味紫菀（银柴胡、大柴胡、白升麻），有分布。小蓬草（小白酒草），产于威宁、毕节、大方等地。苏门白酒草，分布在威宁、毕节等地。香丝草，产纳雍。

（4）旋覆花族。裂苞艾纳香，有分布。华火绒草，产威宁、纳雍、大方等地。华毛香青，分布在毕节地区南部。珠光香青，分布在威宁、大方、毕节等地。珠光香青线叶变种、秋鼠麴草、显脉旋覆花（黑根威灵仙），分布在毕节等地。珠光香青黄褐变种，产威宁、赫章、纳雍、大方。萎软香青、二色香青、鼠麴草（清明菜），全区有分布。木朝阳旋覆花、天门精，分布在威宁、毕节。旋覆花，产纳雍等地。烟管头草，分布在威宁、赫章等地。蜡菊，庭园有栽培。

（5）向日葵族。苍耳（苍耳子）、稀莶、腺梗稀莶，分布在威宁等地。百日菊、金光菊、抱茎金光菊、瓜叶菊、剑叶金鸡菊、两色金鸡菊、大丽花、秋英（波斯菊）、硫磺菊（黄秋英、黄波斯菊），庭园有栽培。向日葵、菊芋（洋姜），广为栽培。狼杷草（豆渣草），分布在纳雍。白花鬼针草，产毕节等地。金盏银盘（对叉菜、粘把子），分布在威宁、毕节。牛膝菊（辣子草），产威宁、赫章等地。

（6）堆心菊族。孔雀草、天人菊，庭园有栽培。万寿菊（臭草），毕节等地有分布。

（7）春黄菊族。木筒蒿、菊花（鞠、品种多），庭园栽培。蒿子秆、南茼蒿（筒蒿）、除虫菊（白花除虫菊），有栽培。野菊，海拔2150米以下地带常见。甘菊，分布在毕节等地。黄花蒿（臭蒿、苦蒿）、茵陈蒿、牡蒿，分布在威宁等地。白苞蒿，大方等地有分布。毛莲蒿，分布在毕节、赫章、威宁。南艾蒿、东俄洛沙蒿，赫章等地有分布。粘毛蒿，产毕节、纳雍、威宁。灰蒿，分布在威宁、毕节。蒙古蒿，分布在威宁、毕节、纳雍、大方。牛尾蒿（指叶蒿），分布在毕节、威宁。

（8）千里光族。款冬（冬花），有栽培。野茼蒿，生于海拔1800米以下路边、地边、水旁或灌丛中。银叶尾药菊，生长于海拔550～2000米路旁、草地或灌丛中。耳翼蟹甲草、纳雍尾药菊、翅柄尾药菊、黔尾药菊，西伯利亚橐吾（马蹄叶、紫菀）、肾叶橐吾，产纳雍等地。兔儿风花蟹甲草（八角香、蜘蛛草）、西南千里光、林荫千里光，分布在大方等地。翠雀叶蟹甲草、千里光，产威宁等地。欧洲千里光，产威宁、赫章等地。菊状千里光，分布在威宁、纳雍等地。

（9）金盏花族。金盏花，庭园有栽培。

（10）菜蓟族。牛蒡（大耳杂草）、羽叶凤毛菊、节毛飞廉、灰蓟、刺儿菜，产威宁等地。湖北凤毛菊，产纳雍等地。心叶凤毛菊（马蹄细辛）、丝毛飞廉（飞廉）、马刺蓟，大方等地有分布。骆骑，产赫章、纳雍等地。牛口刺，产毕节、威宁等地。矢车菊，庭园有栽培。

（11）帚菊木族。扶郎花（非洲菊），庭园有栽培。心叶兔儿风，产赫章等地。药山兔儿风、大丁草、尼泊尔大丁草，分布在威宁等地。长穗兔儿风，产纳雍等地。白背叶下花（牛毛细辛），分布在毕节等地。云南兔儿风，分布于赫章、纳雍等地。

（12）莴苣族。笔管草，生长于海拔1250米以下山坡草地、路旁或林下、灌丛中。续断菊，生长于海拔1200米以下山坡路旁，田野或疏林下。莴苣，有栽培。蒲公英，分布普遍。飞连菜，产威宁、毕节等地。裂叶苣荬菜（苦荬菜）、台湾莴苣（台湾山苦荬）、山苦荬，分布在毕节等地。苦苣菜、黄鹤菜，产威宁等地。堆莴、细叶苦荬菜，分布在大方等地。大花蓝岩参产赫章等地。山柳菊，产纳雍等地。

173.禾本科：（1）竹亚科：慈竹、麻竹，长于海拔1000米以下村前屋后或山脚平地。单枝箭竹，生于海拔1300～1600米的石山灌丛中。早园竹，长于村旁竹林中。毛金竹（白夹竹），长于海拔800～1200米的山坡、山脚或村旁。篌竹（花竹、白竹），长于海拔1000米以下村旁或山脚平地。斑苦竹、方竹、狭叶方竹，长于海拔600～1200米山坡林下。寮叶竹（棕把竹），生于海拔900～1200米沟旁、岸边、村旁及林缘地。毛竹，生于海拔1800米以下的山坡、山脚或平地。桂竹，有栽培。紫竹、人面竹（罗罗竹），产于黔西等地。贵州刚竹，毕节、纳雍等地有分布。水竹，产毕节等地。

（2）稻亚科：菰（茭白、菱笋），有栽培。稻（品种多），各县市栽培。秕谷草，生于林下或溪旁。

（3）芦竹亚科：芦竹，生于海拔1360米以下河岸、路旁、山谷等地。芦苇，产威宁。

（4）画眉草亚科：宿根画眉草、黑穗画眉草、川滇画眉草、鼠尾粟，分布在毕节等地。知风草、大画眉草、草沙蚕、日本乱子草、日本弯芒乱子草，分布在威宁等地。云南知风草、线形草沙蚕、乱子草、多枝乱子草，分布在毕节、威宁等地。元毛画眉草，产赫章等地。牛筋草（斗鸡草）、画眉草，生于山坡、路旁、草地和田边等。显子草，产纳雍等地。

（5）早熟禾亚科：淡竹叶，生于海拔1050米以下山坡林下、山脚、沟边、路旁。广序臭草、多花翦股颖、分布赫章、威宁等地。甘肃臭草、高羊茅、弱须羊茅、猬草，分布在赫章等地。卵花甜茅、羊茅、草地早熟禾、加拿大早熟禾、小药早熟禾、日本早熟禾、垂枝早熟禾、喀斯早熟禾、早熟禾、鸭茅、黑麦草、金花黑麦草、假枝雀麦、多变鹅观草、小株鹅观草、麦宾草、西伯利亚三毛草、西南异燕、发草、野青茅、柔弱野青茅、华北翦股颖、翦股颖、棒头草、茵草、落芒草，分布于威宁等地。钙生鹅冠草、房县野青茅、异颖草，分布在毕节、大方等地。沟稃草、丽江翦股颖，分布在毕节等地。糙野青茅，分布在大方等地。三毛草，生于海拔1200米以下公路旁、山脚、山谷灌丛。拂子草（狼尾巴草），生长于海拔1700米以下路旁、田边、山坡灌丛中。疏花雀麦，生于海拔1400米以下山脚、路旁、河边等。小麦（品种多）、大麦，栽培普遍。黑麦、燕麦、莜麦，主产威宁。

（6）黍亚科：小米、蜀黍（高粱）、玉蜀黍（苞谷、玉米，品种多），栽培普遍。薏苡（薏仁米），产织金。柳叶箬、大狗尾草、狗尾草、狼尾草、长花马唐、紫马唐、三数马唐、短颖马唐、十字马唐、升马唐、求米草、稗、毛花雀稗、五节芒（芭茅）、芒、紫芒、白茅、甜根子草（割手密）、竹叶茅、金茅、棕茅、四脉金茅、假俭草、马陆草、茅叶荩草、荩草、匿芒尽草、竹节草、臭根子草、白羊草、吊丝草、黄背草，各县市有分布。芸香草，分布于地区内东部山坡、草地。刺芒野古草、穗序野古草、棕叶狗尾草、短刺西南浮草、金色狗尾草、湖南稗、川芒、柔枝莠竹、莠竹、水蔗草，产威宁等地。苏丹草，引种栽培。贵州狗尾草（变种）、无稃细柄黍、毛臂形草、雀稗、油芒、拟金茅，分布在毕节等地。野古草，分布在毕节、纳雍等地。长序狼尾草、小叶荩草，分布在赫章等地。中型狼尾草，分布在威宁、赫章等地。野黍，产纳雍。黄茅，分布在毕节、赫章。密序野古草、皱叶狗尾草、莠狗尾草，产于山坡草地及林下阴湿处。荻（红刚芦、红柴）、扁穗牛鞭草、牛鞭草，生长于河岸、水沟旁、田边等湿地。甘蔗，赤水河谷有栽培。

174.黑山棱科：黑山棱，分布在威宁等地。

175.香蒲科：宽叶香蒲（毛蜡烛）、香蒲（东方香蒲、毛蜡烛），生长于池塘、浅水沼泽、河边草丛中。

## 第二节　植被类型及分区

### 一　植被类型

**自然植被**　毕节地区中东部属亚热带贵州高原湿润性常绿阔叶林地带，西部属云贵高原半湿润性常绿阔叶林地带。由于长期开发利用，多为次生植被取代。

1.针叶林植被。马尾松林，分布在地区东部、中部湿润地带，尤以海拔1400米以下地区长势良好。云南松林，主要分布在海拔1400～2400米威宁和赫章县，亦是贵州省华山松林的主要分布地区，海拔1000～2500米地区有分布。黄杉林，分布在威宁县东南部金斗乡一带。杉木林，分布在威宁县海拔2400米左右的观风海一带，黔西县东北部花溪民族乡、南部新仁乡，毕节县北部赤水河支流堡合河、渭河—沔鱼河流域，纳雍化作一带有成片分布。柏木林，主要分布在大方县、毕节县北部。福建柏，集中分布在金沙县与大方县接壤地带油杉河流域。铁尖杉林，零星分布在赫章、大方县、毕节县。滇油杉林，威宁县、毕节县海拔1800～2300米地方呈零星斑块状分布于云南松林内。

2.阔叶林植被。常绿阔叶林，金沙县、大方县冷水河、油杉河流域保存较好，呈原始状态亚热带常绿阔叶林区，有高等植物500余种，珍稀植物有南方红豆杉、福建柏、百日青、三尖杉、天师栗、香果树、紫楠、黄楠。海拔1700～2500米的赫章、威宁县的青林，是毕节地区西部常绿阔叶建群树种，并与云南松林混生。落叶阔叶林，主要有栓皮林、桦树林，栓皮林主要分布在威宁，大方、毕节亦有分布。桦树林在分布最广，多镶嵌在常绿针叶林或常绿阔叶林中，一般生长在海拔1300～2400米地方。

3.灌丛及灌草丛、草场植被。毕节地区多为草、灌、林混生植被类型和草、灌混生植被类型。海拔2200米以上地带多为高山灌丛草甸，灌丛以箭竹为主。海拔1400～2200米以灌丛、灌草丛植被为主，石灰岩地带以火棘、小果蔷薇、野花椒混生灌丛、灌草丛植被为主；砂页岩山地以白栎、茅栗、川榛、小果蔷薇、杨梅混生为主。灌草丛带地区还有蕨类灌草丛和杜鹃花灌丛。海拔1400米以下地带以禾本科、菊科、豆科和莎草科植物灌草丛为主。草场植被以威宁县中部西凉山一带最典型，在雪山镇灼圃和赫章县兴发乡野里一带有成片的多年生黑麦草人工草场植被。

4.竹林植被。竹类植被多散布于房前屋后、村旁及沟、河岸地带，斑竹、水竹、慈竹多分布在赤水河谷和东部低海拔河谷地带，西部海拔2200米以上湿润地带以箭竹为主，其余地带以水竹、慈竹为主。

5.水生植被，分布在河流、湖泊、山塘水库中，有挺水植物群落、浮水植物群落、沉水植物群落等类型，草海是毕节地区典型水生植被地。

**栽培植被**　栽培植被以旱地植被为主，湿地稻田植被次之。1.旱地植被：（1）作物栽培，一年一熟作物组合型，分布在海拔1900米以上的威宁县、赫章县西部、纳雍县和毕节县部分地带，以荞麦、燕麦、马铃薯组合型为主，其中海拔1900～2300米以玉米、马铃薯、荞麦组合型为主。二年三熟作物组合型，分布在海拔1900～2300米水热条件较好，人口稠密村寨附近。一年二熟作物组合型，分布在海拔2000米以下地带，有玉米—小麦、玉米—油菜、玉米—马铃薯、烤烟—油菜、烤烟—马铃薯作物组合类型，其中秋收作物常与黄豆、芸豆作物套种，夏收作物中与豌豆、蚕豆、绿肥套种。

（2）栽培木本植被中，茶丛，各县有分布，以黔西、金沙县、毕节县为主；花椒，各县市有分布，多栽于坡地、村旁和房前屋后；杜仲林，威宁县较多外，各县市有分布，以黔西、大方、织金县为主；乌桕林，主要分布金沙县，黔西、织金县次之；漆树林，集中分布在海拔1600～2000米山地，威宁、赫章县海拔2100米地带有少量分布，主要分布在大方、赫章县、毕节县；油桐林，主要分布在金沙、黔西县；核桃林，各县有分布，威宁、赫章县居多；板栗林，各县有分布，以威宁县居多；柑橘林，主要分布在海拔1000米以下赤水河谷和乌江河谷；苹果林，各县有分布，威宁县中水镇为主产区；梨树林，各县市有分布，主要分布在威宁县牛棚、中水、观风海、哈喇河和毕节县梨树镇；樱桃林，主要分布在赫章、纳雍县与毕节县交界六冲河河谷地带；桃林，各县有零星分布，以威宁县哈喇河—牛栏江一带为主要分布地区。其他栽培木本植被有李、杏、花红、石榴、枣等，多零星分布。

2.湿地植被。主要是稻田植被，全地区稻田主要集中于金沙、黔西县，次为织金县、毕节县，威宁县最少。其作物类型分东部以湿生籼稻为主，中部属湿生籼、粳稻混合型，西部为湿生粳稻型。作物组合有一年一熟单季水稻组合型；一年二熟组合型有水稻—小麦组合型、水稻—油菜组合型、水稻—蚕豆或豌豆组合类型。

## 二　植被分区

**东北部中山丘陵谷地常绿阔叶林、柏木林及茶丛区**　本区位于毕节地区东北部金沙县木孔—安底—禹谟一线以北地区。地貌类型属于大娄山的中山、低山、丘陵、盆地地带。年均温在13～16℃之间，最热7月均温23～28℃，最冷1月均温2.2～6.9℃，≥10℃的积温4000～5000℃之间，降水量从西北部赤水河谷<900毫米向南增至1100毫米。天然植被除赤水河支流冷水河、油杉河保存有原始亚热带常绿阔叶林外，其余地区均为次生植被。植被组成多以壳斗科、樟科、山茶科、冬青科树种为主，并伴有针叶树马尾松、柏木，形成次生针阔叶混交林或人工马尾松林、柏木林，石灰岩地带的藤刺灌丛与禾本科为主的草坡等多种植被类型。主要的经济林木有柑橘、乌桕、油桐、茶；粮食作物有水稻、玉米、小麦、红薯、黄豆；经济作物主要有烤烟、油菜。

**东部低中山丘陵湿润性常绿栎林、常绿与落叶混交林区** 本区属于贵州省中部植被的部分，包括金沙县木孔—安底—禹谟—线以南地区，黔西县除西北部金坡乡白泥窝山地以外其余地带，织金县金龙—以那架—城关—黑土—线以东地区，平均海拔1000～1400米，是贵州省高原典型丘原、盆地地貌的一部分。该区碳酸盐岩喀斯特地貌分布广泛，气候年均温13～15℃，最热7月均温22～24℃，最冷1月均温4.2～5℃，≥10℃的积温4000℃以上，年降水量从北部1000毫米向南增至1500毫米。土壤类型以黄壤、石灰土为主。石灰岩地带常绿落叶林、由栎类、云南樟、红果楠、香叶树、女贞为代表植被。原生植被多数已被破坏，现多为次生灌丛草坡植被，常见有小果蔷薇、多种悬钩子、小檗管草、金毛狗脊、贯众、金星蕨；人工栽培植被以稻—麦、稻—油组合为主，有豆类、马铃薯、红薯，是毕节地区粮食基地之一，经济作物以烟草、油菜、茶叶为主。

**山原山地常绿栎林和长绿、落叶混交林漆树及核桃林区** 本区包括毕节县、大方县、金沙县的新化、大田和安洛乡的白泥窝山地，黔西县西北金坡乡一带，织金县西部以及赫章县六曲河—白果—古达一线以东地区。平均海拔1400～1800米之间，属中中山地貌类型，少部分海拔1900米以上为高中山类型，地势起伏大、山谷相间。年均温12～13℃，最热7月为21.3℃左右，最冷1月2℃以上，≥10℃的积温3500℃左右，冬季有凌冻，属于温凉气候类型，年降水量960～1200毫米。土壤以黄壤为主，另有石灰土、紫色土。原生常绿阔叶林已不多见，主要有杜鹃、贵州石栎、细叶青冈、粗糠柴、包石栎、甜槠栲、厚皮丝栗，大方县东北部大山和星宿的油杉河一带保存有原始常绿落叶混交林。次生植被代表植物有以白栎、枹树、野杨梅、楠竹、朝天罐、蕨类等。现可见以下几种以针叶树为主的针阔叶混交林：大方县东北部柏木林；六冲河谷云南松林；赫章县野马川以东的马尾松林、华山松林。林中常有杨、桦、栓皮栎、白栎、野鸦椿等阔叶树。大方县东部以普底为中心包括黔西金坡乡一带的百里杜鹃灌木林区。经济林木有漆树、核桃、板栗、柑橘、茶等。大方漆在国内享有盛名。粮食作物以玉米、水稻、小麦、马铃薯、豆类为主，经济作物主要是烤烟。

**高原山地常绿栎林、云南松林及核桃林区** 本区包括赫章县西北部、西部、南部和纳雍县，是威宁高原向东倾斜的过渡带。其地切割强烈，原始高原面保存甚少，仅在赫章县西北的河镇、西南的妈姑和纳雍县马鬃岭到斗箐一线尚残留有高原剥夷面。该区内有不少海拔1900米以上的高中山山地。纳雍县东北、西南部有海拔1500～1700米的中山，河谷平地和盆地较少。土壤类型有黄壤、黄棕壤、紫色土、山地草甸土；最热7月，20～22℃，最冷1月，2～3.5℃，年均温13℃左右，≥10℃的积温3000～4000℃，年降水量从赫章县西北部低于900毫米到纳雍县东南部增至1300毫米以上，赫章县西

高原山地核桃

北部为贵州省少雨中心之一。本区原始植被以峨眉栲、厚皮丝栗、贵州石栎、甜槠栲、木莲为主的常绿栎林，现残存不多，以次生植被和人工针叶林居多，优势树种有云南松、榆、桦；纳雍县中中山、低山、丘陵地带有杉木林；针叶林中分布有大叶栎、栓皮栎、麻栎和光皮桦阔叶树，林下有野杨梅、楠竹、盐肤木、榛子等灌木。经济林木以漆树、核桃为主，其他有樱桃、桃、梨等果木。栽培作物为一年两熟、两年三熟和一年一熟地区，粮食作物以玉米、小麦、马铃薯为主，在缓坡丘陵下部、河谷平地和盆地有少量水稻栽培。

**高原高中山常绿栎林、常绿与落叶混交林及云南松林区**　本区属威宁—盘县植物区的北部。威宁县境为平均海拔2000米以上高原地貌，海拔2400米以上地带为凉山地区，2000～2400米为半凉山地区。高原边缘为河流深切割的高中山地貌区。年均温大部分在10～12℃之间，最热7月均温18～21℃，最冷1月均温2～6℃；海拔2400米以上地区，年均温6.5～10.6℃之间。≥10℃积温凉山地区2400～3650℃，半凉山3650～4500℃，南部可渡河谷可达4000～6000℃。降水量800～1100毫米。高原内年日照时数可达1500～1945小时，是全贵州省日照长地区之一。土壤有山地黄棕壤、棕壤、石灰土、沼泽土、山地草甸土。区内原生植被仅有少数山岭、河谷残存有常绿栎林。西凉山、可渡河河谷有小面积常绿栎林的滇青冈、西南青冈和滇八角，在可渡河流域分布有小面积的黄杉。现地带性植被为常绿落叶混交林与云南松林为主。主要树种有针叶树的云南松、华山松、铁坚杉；常绿阔叶树有滇锥栗、滇黄栎、滇青冈、云南樟和红木荷；落叶阔叶树有滇杨、蒙自桤木、滇榛、滇八角；凉山、半凉山地带有大面积的草场草坡；高原边缘高中山地貌带分布有栎类灌丛、西北部分布有威宁短柱油茶灌丛。区内主要经济林木有栓皮栎、核桃、板栗、梨、苹果、桃。东部炉山镇建有茶场。粮食作物有玉米、洋芋、荞子、燕麦、小黑麦，以一年一熟为主。水稻仅在高原边缘部河谷地段有分布。经济作物有烤烟、油料作物的兰花子（胡麻子）和冬子、麻类，本区是毕节地区的主要畜牧业区，以山羊、绵羊为主。

## 毕节地区植被区划简表

| 植被带 | 植被亚带 | 植被地带 | 植被区 | 包括县、市 |
|---|---|---|---|---|
| 亚热带 | 中亚热带常绿 | 贵州高原湿润性常绿阔叶林地带 | 东北部中山丘陵谷地常绿阔叶林、柏木林及茶丛区 | 金沙县除南部外其余地区 |
| | | | 东部低中山丘陵湿阔性常绿栎林、常绿与落叶混交林区 | 金沙县南部、黔西西北部除外地区、织金县东部 |
| 常绿阔叶林带 | 阔叶林亚带 | | 毕节、大方山原、山地常绿栎林，常绿、落叶混交林、漆树及核桃林区 | 毕节、大方、黔西北部、织金西部、赫章县东北部 |
| | | | 赫章、纳雍高原山地常绿栎林、云南松林及核桃林区 | 赫章、纳雍 |
| | | 云贵高原半湿润性常绿阔叶木林地带 | 威宁高原高中山常绿栎林、常绿落叶混交林及云南松林区 | 威宁 |

附：

### 一　国家一级保护植物

1.珙桐。纳雍县和赫章县可乐、财神有产，织金、赫章县零星分布有光叶珙桐。

2.南方红豆杉。毕节县青场等地有分布。

### 二　国家二级保护植物

1.黄杉。威宁县金斗乡、赫章县有分布，篦子三尖杉，零星分布于灌木林中。

2.福建柏。金沙县箐门，大方县大山、星宿、雨冲、黄泥乡有分布。

3.水青树。赫章县六曲河、毛姑有分布。

4.鹅掌楸。金沙县平坝乡湖水有分布。

5.楠木。金沙县沙土、安底有分布。

6.厚朴。威宁县、织金县有分布。

7.十齿花。纳雍、赫章县有分布。

8.金铁锁。产于威宁县。

9.连香树。分布在赫章县财神。

10.榉树。分布在金沙县安乐。其他有闽楠、凹叶厚朴等。

### 三　稀有植物

1.短柱油茶。分布于威宁县黑土乡和石门乡的青山梁子和马驮子一带，面积343公顷。

2.纳雍槭。贵州特有。

3.毕节水青枫，贵州特有。

4.铁杉，分布于大方县、赫章县，贵州稀有。

5.三尖杉，毕节地区有分布，数量稀少。

6.天麻。毕节地区特产，各县市均有，以大方、赫章、毕节、纳雍4县市最佳，现已人工栽培。

7.桫椤，金沙县冷水河自然保护区有分布。

## 第三节　动物资源

### 一　野生动物

毕节地区野生动物属华南区系和西南区系。据统计，有昆虫约19目99科1400余种；脊椎动物5纲37目94科387种，其中草海鸟类184种，越冬和留鸟10万只以上。

**原生动物**

1.肉脚虫纲。辐射变形虫、地上变形虫等。

2.鞭毛虫纲。锥虫等。

3.孢子虫纲。疟原虫等。

4.纤毛虫纲。草履虫等。

**软体动物**　田螺、山螺、钉螺、蚌、蜗、蛞蝓（鼻涕虫）等。

**环节动物**　蚂蟥、蚯蚓等。

**扁形动物**　姜片虫、猪肉涤虫、囊虫等。

**线形动物**　蛲虫、蛔虫、钩虫、旋毛虫等。

**腔肠动物**　水螅、柄水螅等。

**节肢动物**

1.多足纲。蜈蚣、蚰、草鞋虫、滚山珠等。

2.甲壳纲。虾、螃蟹、各种跳蚤等。

3.蛛形纲。蜘蛛、草蛛、喜蛛、高足蛛、花蛛、蛛螨、草螨、甲螨、介螨、锥腹等。

4.昆虫纲。（1）鳞翅目。菜蛾、蚕蛾、扑灯蛾、夜蛾、松针蛾、螟蛾、稻螟、玉米螟、豆荚螟、黏虫（天马）、稻苞虫、松毛虫、茶毛虫、桃毛虫、蚕粉蝶、环蝶、花蝶、蛱蝶、堂蛾、涨水蛾、绿蛾等。（2）鞘翅目。金龟子、米象、谷象、稻叶瓢虫、梨虎、甘薯象、小猿叶虫等。（3）膜翅目：蜜蜂、牛角蜂、马蜂、狗屎蜂、土蜂、黄蜂、黄蚂蚁、黄丝蚁、臭蚂蚁等。（4）半翅目：菜蚜、大豆蚜、麦蚜、白蜡蚜、五倍子蚜、椿象、蚱蝉等。（5）双翅目：小蝇、家蝇、麻蝇、灰腹蝇、绿苍蝇、金苍蝇、牛虻、狗蚊、蚊等。（6）直翅目：蝼蛄、蚱、飞蝗、蟋蟀等。（7）脉翅目：蟑螂、蚁蛉、草蛉等。（8）虱纲：牛虱、马虱、猪虱、鸡虱、人虱等。另有蜻蜓、螳螂、地鳖、臭虫、地牯牛、金铃子、纺织娘、夹粪虫、九香虫等。

**脊椎动物**　1.鱼纲。有鲤形目鲤科、鲇形目鲇科、鲍科、鮡科、胡鲇科、鳅科、鲴科、鳑鲏亚科，鲱形目鲱科，形目科、食蚊科，鳢形目鳢科，合鳃目合鳃科，鲈形目脂科、攀鲈科、虾科共7目15科72种。分布面大，适应性强的有鲤、草、青、鳙、鲢、鲫鱼。草海细鱼（种类多）是名产品，总溪河细鳞裂鳆鱼为特产。

2.两栖纲。分有尾和无尾2目，8科25种。无尾目中蛙、蟾种类多，分布面广；有尾目大鲵（娃娃鱼），主要分布在黔西渭河和金沙县境偏岩河上游。

3.爬行纲。有3目11科35种。蛇目有竹叶青、麻蛇、菜花烙铁头、黑线乌梢蛇、野鸡项、锈链游蛇、玉斑锦蛇等共22种；蜥蜴目有壁虎、北草蜥、蜥蜴、昆明龙蜥等近10种；鳖目有鳖（团鱼）、乌龟等。

4.鸟纲。鸟类分属17目40余科200余种，草海鸟类有留鸟、旅鸟、冬候鸟、夏候鸟共184种。鹡雀形目有家燕、八哥、红嘴蓝鹊、喜鹊、星鸦、大嘴乌鸦、画眉鸟、红嘴相思鸟、锈脸钩嘴鹛、棕颈钩嘴鹛、白颊噪鹛、鹊色奇鹛、棕头雅雀、暗色雅雀、橙翅噪鹛、火尾希鹛、棕头雀鹛、褐头雀鹛、褐胁雀鹛、鹊邑奇鹛、栗头地莺、山树莺、黄腹树莺、棕眉柳莺、戴菊、大山雀、煤山雀、沼泽山雀、红头长尾山雀、黑头长尾山雀、火冠雀、蓝喉太阳鸟、暗绿锈眼鸟、红胁锈眼鸟、树麻雀、山麻雀、白腰文鸟、金翅雀、酒红朱雀、红额原雀、凤头巫、金腰燕、毛脚燕、灰鹊鸽、白鹡鸰、水鹨、野鹨嘴鸭、黄臀鸭、棕背伯劳、灰背伯劳、黑枕黄鹂、灰掠鸟、鹪鹩、栗背短翅鸫、栗背歌鸫、红胁蓝尾鸲、鹊鸲、蓝额红尾鸲、北红尾鸲、红尾水鸲、短翅鸲、白尾斑地鸲、黑背燕尾、紫宽嘴鸫、黑喉石、紫啸鸫、斑鸫、宝兴歌鸫、灰蓝姬鸟鹟、白腹姬鹟、棕腹仙鹟、铜蓝鹟、方尾鹟等。鹳形目有黑颈鹤、灰鹤、白头鹤、秧鸡、董鸡、黑水鸡、白骨顶。鸽形目有山斑鸠、珠颈斑鸠、火斑鸠。鹳形目有苍鹭、池鹭、草鹭、黄斑苇鸟、大麻鸟、白鹳、黑鹳、白琵鹭、黑脸琵鹭。雁形目有鸳鸯、灰雁、斑头雁、赤麻鸭、翘鼻麻鸭、针尾鸭、绿翅鸭、罗纹鸭、绿头鸭、斑嘴鸭、赤膀鸭、赤颈鸭、琵嘴鸭、赤嘴潜鸭、白眼潜鸭、红头潜鸭、凤头潜鸭、普通秋沙鸭。鸡形目有鹧鸪、鹌鹑、雉鸡、白冠长尾雉、白腹锦鸡、红腹锦鸡等。隼形目有蜂鹰、凤头鹰、苍鹰、鸢、雀鹰、松雀鹰、普通鹰、金鹏、草原鹏、白毛鹞、散鹞、游隼、红隼等。辟鸟目有小辟鸟、凤头辟鸟。鸻形目有凤头麦鸡、灰头麦鸡、金鸻、环颈鸻、青脚鹬、白腰草鹬、林鹬、矶鹬、扇尾沙锥、红嘴滨鹬、乌脚滨鹬、三趾鹬、黑翅长脚鹬等。鸥形目有红嘴鸥。鹃形目有大杜鹃、鹰鹃等。鸮形目有红角鸮、鹏鸮、领角鸮、斑头鸺留、短耳鸮、灰林鸮。夜鹰形目有普通夜鹰等。雨燕形目有白腰雨燕等。佛法僧目有普通翠鸟、戴胜等。鴷形目有姬啄木鸟、黑枕绣绿啄木鸟、斑啄木鸟、黑头啄木鸟等。食虫目有射鼠等。

5.哺乳纲。有9目20科82种，主要有7目72种。翼手目有假吸血蝠、马铁菊头蝠、三叶菊头蝠、黄大蹄蝠、大鼠耳蝠、西南鼠耳蝠、家蝠。兔形目有华南兔、云南灰尾兔、江西草兔等。鳞甲目有穿山甲、华南穿山甲等。啮齿目有毛耳灰鼠、灰白大鼯鼠、赤腹松鼠、岩松鼠、长吻松鼠、珀氏长吻松鼠、豪猪（刺猬）、黑线姬鼠、黄胸鼠、大足鼠、褐家鼠、社鼠、小家鼠、滇绒鼠、麝鼠、普通田鼠等。偶蹄目有野猪、华南野猪、黄毛猪、黄牛、水牛、绵羊、山羊、黄麂、林麝、赤鹿、小鹿、毛冠鹿、斑羚、岩羊。肉食目有狼、华南赤狐、赤狐、貉、豺、江西豺、青鼬、黄腹鼬、黄鼬、鼬獾、猪獾、水獭、石獾、大灵猫、小灵猫、花面狸、豹猫、丛林猫、云豹、金钱豹、华南虎。灵长目有川西短尾猴、黑叶猴、猕猴。

附：

## 珍稀野生动物

**一类重点保护动物**　有黑颈鹤、白鹳、黑鹳、白琵鹭、黑脸琶鹭、豹、云豹、华南虎。黑颈鹤是世界特有珍稀鹤类，数量稀少，被列入国际鸟类红皮书国际公约中规定的亟须挽救的濒危动物，每年来威宁草海越冬的有800只左右。白鹳，草海一带冬候鸟。豹和华南虎，20世纪60年代前，各县均有出没，现在已基本绝迹。

**二类重点保护动物**　有鸳鸯、金雕、游隼、白腹锦鸡、红腹锦鸡、白鹇、水獭、猕猴、短尾

草海黑颈鹤

白鹤

草海环鹤

猴、黑叶猴、穿山甲、白冠长尾雉、斑羚、红隼、鹊鹞、白尾鹞、灰鹤、松雀鹰、雀鹰、凤头鹰、苍鹰、鸢、蜂鹰、鹃隼、大鲵、大灵猫、豹猫等。

## 二　主要饲养动物

毕节地区畜禽饲养历史悠久，战国到西汉，赫章县可乐出土 墓葬中有猪、牛、马、狗等动物骨骼和动物形陶器制品，居民就有饲养家禽家畜的习惯。唐宋以来黔西马即以良马知名。中华人民共和国建立后，畜牧业发展，已成为贵州省畜牧业基地，形成4个畜牧业发展片区，即：威宁全县、赫章县西部高原温凉湿润绵羊、山羊、黄牛、生猪基地区；毕节县、大方县、赫章县东部和黔西县西北部山区猪、黄牛、禽、兔饲养区；纳雍县、织金县西部猪、禽、奶牛畜牧区；金沙县、黔西县大部、织金县东部猪、禽、牛、羊、蜂发展区。主要饲养牲畜有：

1.牛。普遍饲养，多以役用为主，肉、乳用牛次之。役用牛中以黄牛为主，水牛次之，著名品种有威宁板底牛、大方安化牛、金沙绿竹牛，毕节、纳雍黄牛。

2.马。毕节地区为国内知名山地马黔西马主产地，蹄质坚实、小巧灵活、适应性强、耐粗饲、能拉善驮著称，被列入《中国马品种志》一书，主产黔西县。

3.羊。是贵州省羊的主产区。绵羊属藏系山谷型绵羊，主产威宁、赫章、大方、毕节、织金、纳雍6县市，以威宁半细毛羊著称。山羊属南方山羊体系，体质中等、结实，善爬山，主产威宁、赫章、毕节、大方、纳雍、金沙6县市。贵州黑山羊，是向国家推荐的名、特、优品种。

4.猪。全地区各县市普遍饲养，主要品种有赫章可乐猪、毕节朱昌猪、织金花猪、大方黄毛猪、金沙安洛猪、纳雍张维猪，其中可乐猪是威宁火腿、宣威火腿的优质原料。

5.其他饲养动物。有兔、鸽、猫、狗。饲养家禽主要有鸡、鸭、鹅，本地著名品种有威宁黄鸡、毕节黄鸡、芦花鸡、瓢把鸡、竹斑鸡、乌骨鸡。蜂品种主要有小黑蜂、小黄蜂。饲养鱼类分为东部稻田、池塘养殖区，中部池塘、水库、稻田养殖区，西部湖泊、水库养殖区，以饲养鲤、草、鲢、鳙、鲫等鱼类为主。

# 第四节　微生物资源

微生物包括：细菌、病毒、真菌以及一些小型的原生生物、显微藻类等在内的一大类生物群体。它个体微小，但与人类关系密切，涵盖了有益跟有害的众多种类，广泛涉及食品、医药、工农业、环保等诸多领域。在毕节地区的微生物上万种，常见的有以下大类：

**藻类**　有八门。

1.绿藻门42属：衣藻、四鞭藻、盘藻、球粒囊藻、实球藻、空球藻、球囊藻、胶藻、胶球藻、多芸藻、并联藻、肾形藻、卜菊藻、胶网藻、盘星藻、栅藻、十字藻、空星藻、丝藻、铤丝藻、双胞藻、辐丝藻、鞘藻、双星藻、转折藻、水绵、膝接藻、棒形鼓藻、柱胞鼓藻、新月藻、柱形鼓藻、宽带鼓藻、凹顶鼓藻、角星鼓藻、鼓藻、赖接鼓藻、瘤接鼓藻、角丝鼓藻、园丝鼓藻、小球藻、四角藻、纤维藻、卵囊藻。

2.蓝藻门15属：微囊藻、隐球藻、腔球藻、束球藻、色球藻、平裂藻、蓝纤维藻、须藻、眉藻、鱼腥藻、螺旋藻、颤藻、席藻、鞘丝藻、隐杆藻。

3.硅藻门16属：直链藻、小环藻、圆筛藻、脆杆藻、针杆藻、布纹藻、壁藻、辐节藻、舟形藻、桥湾藻、异极藻、曲壳藻、窗纹藻、棒杆藻、菱形藻、双菱藻。

4.裸藻门4属：裸藻、扁裸藻、囊裸藻、袋鞭藻。

5.金藻门4属：鱼鳞藻、黄群藻、棕鞭藻、锥囊藻。

6.甲藻门4属：裸甲藻、光甲藻、多甲藻、角甲藻。

7.隐藻门2属：隐藻、蓝隐藻。

8.黄藻门1属：黄丝藻。

**细菌**　细菌的各类太多，按生物学分类，细菌就有产水菌门、热袍菌门、热脱硫杆菌门、异常球菌门、栖热菌门、产金菌门、绿弯菌门、热微菌门、硝化螺旋菌门、脱铁杆菌门、蓝藻门、绿菌门、变形菌门、厚壁菌门、放线菌门、浮霉菌门、衣原体门、螺旋体门、纤维杆菌门、酸杆菌门、拟杆菌门、黄杆菌门、鞘脂杆菌门、梭杆菌门、疣微菌门、网团菌门、芽单胞菌门27门，各类上万，在此不能一一列举。

**病毒**　天花病毒、狂犬病毒、猪丹毒病毒、口蹄疫病毒等。

**真菌**　主要有：蜜环菌、木耳、银耳、竹荪、鸡丝菌、茅草菌、石耳、刷把菌、冻菌、青枫菌、松菌、大脚菇、奶浆菌、灵芝、茯苓、老木菌、荞粑菌、牛屎菌、马勃、毒蕈、酵母菌、霉菌等，其中大部分可作食用菌，少部分为毒菌等。织金、纳雍县人工栽培的竹荪省内外有名。

**放线菌**　如基内菌丝、气生菌丝和孢子丝等。

**立克次体**　流行性斑疹伤寒病原体、地方性斑疹伤寒病原体等。

**支原体**　肺炎支原体、人型支原体、解脲支原体和生殖器支原体等。

**衣原体**　衣原体广泛寄生于人类、鸟类及哺乳动物。能引起人类疾病的有沙眼衣原体、肺炎衣原体、鹦鹉热肺炎衣原体。

**螺旋体**　广泛分布在自然界和动物体内，分5个属：疏螺旋体属，密螺旋体属，钩端螺旋体属，脊螺旋体属，螺旋体属。前三属中有引起人患回归热、梅毒、钩端螺旋体病的致病菌，后两属不致病。

毕节地区对微生物的利用历史长久，如先秦时酿酒，汉代做枸酱出售番禺（今广州市）。而今传承的有：做酸菜、做豆腐乳、做醋、做酱油、酿酒、做麦酱、做火腿等，除此之外，还在医疗卫生、环境保护上广泛利用。

## 第五节　森林资源

### 一　森林资源演变

毕节地区历史上原始森林密布。三国时，森林瘴气让蜀兵难进，清代楠木进京，民国马桑树还被选作修房子的柱头，千年古树比比皆是，而今地名中，林、箐、树还占较大比例。

1953年，全专区有林地43.17万公顷，其中用材林37.94万公顷，经济林15.33万公顷。森林覆盖率15%，森林蓄积666.71万立方米。1963年，全专区有林地31.03万公顷，其中用材林20.24万公顷，经济林10.79万公顷。森林覆盖率10.8%。1975年，全地区林业用地105.65万公顷，占总土地面积的38.9%，其中林地15.71万公顷，疏林地4.24万公顷，灌木林地28.86万公顷，宜林荒山荒地56.85万公顷。森林覆盖率5.8%，比1953年减9.2个百分点，为50余年来最低。1976年，区内开展植树造林，制止乱砍滥伐林木，森林资源回升。1980年，全地区林业用地73.75万公顷，占总面积的27.4%，其中林地17.3万公顷，疏林地4.56万公顷，灌木林地29.64万公顷，未成林地0.5万公顷，宜林荒山荒地21.75万公顷，森林覆盖率6.4%，林木蓄积681.2万立方米。

1981年，中共中央放宽农村经济政策，用材林基地建设步入正轨。1985年，毕节地区林业局组织开展第一次森林资源二类调查：全地区林业用地82.9万公顷，占总面积的30.9%，其中有林地22.9万公顷，疏林地3.85万公顷，灌木林地17.21万公顷，未成林地0.66万公顷，苗圃0.01万公顷，无林地38.28万公顷。林木蓄积872.09万立方米。1988年6月，建立毕节地区开发扶贫、生态建设试验区，加速森林资源的保护和发展。是年12月，纳雍、织金县承担的《中国3356》项目开工；1990年，区内承担的长江防护林体系建设工程启动；同期内开展长江上游水土保持重点防治区贵州毕节片区工程和三林一茶工程。1995～1996年，地区林业局主持开展第二次森林资源二类调查，全地区林业用地98.69万公顷，占土地总面积的36.8%。其中林地43.7万公顷，占林业用地的44.3%；疏林地2.48万公顷，占2.5%；灌木林地26.44万公顷，占26.8%；未成林地3.64万公顷，占3.7%；无林地22.39万公顷，占22.7%；苗圃地0.03万公顷，占0.03%。到1995年底，全区森林面积为72.52万公顷，活立木蓄积979.8万立方米，森林覆盖率为27.03%。

1998～2001年，县市先后启动承担国家林业局主持的天然林资源保护工程和退耕还林工程。2005年，进行第三次森林资源二类调查，全地区森林资源面积91.09万公顷，森林覆盖率33.92%。2010年，全区森林资源面积10.75万公顷，活立木蓄积1389.64万立方米，森林覆盖率达40.03%，活立木蓄积量2091.77万立方米。2011年，全地区森林面积111.44万公顷，活立木蓄积2214.06万立方米，森林覆盖率达41.50%。

## 二　森林资源现状

**林种**　1994年5月～1996年8月，地区林业局进行全地区森林资源二类调查：全地区林业用地98.69万公顷，占土地总面积的36.8%。其中林地43.7万公顷，占林业用地的44.3%；活立木蓄积995.15万立方米，森林覆盖率26.1%。

威宁原生态森林

1.用材林。全地区用材林33.69万公顷，蓄积831.8万立方米，分别占林地和活立木蓄积的76.7%和83.6%。其中杉木2.51万公顷，蓄积78.63万立方米，分别占用材林地和蓄积的7.5%和9.5%；云南松12.71万公顷，蓄积23.47万立方米，分别占37.9%和28.2%；华山松5.75万公顷，蓄积337.22万立方米，分别占17.2%和40.5%；马尾松3.26万公顷，蓄积132.18万立方米，分别占9.7%和15.9%；阔叶林9.27万公顷，蓄积49.11万立方米，分别占27.7%和5.9%。

2.经济林。全地区经济林2.06万公顷，蓄积1.75万立方米，分别占林地、活立木总蓄积的4.7%和0.2%。其中油料林2671公顷，占经济林地的13%；特种经济林3357公顷，占16.3%；果树林1.11万公顷，占53.7%；其他经济林3501公顷，占17%。

3.竹林。竹林785公顷，占林地的0.2%。其中毛竹32公顷，占竹林地的4.1%；杂竹440公顷，占56%；小杂竹313公顷，占39.9%。杂竹指楠竹、斑竹、慈竹、金竹、水竹等。

4.防护林。防护林6.66万公顷，占有林地的15.2%，占林分地的16%；蓄积36.11万立方米，分别占活立木、林分蓄积的3.6%和4.1%。

5.薪炭林。薪炭林1.22万公顷，分别占有林地、林分地的2.8%和2.9%；蓄积7.85万立方米，分别占活立木、林分蓄积的0.9%和8.9%。

6.特殊用途林。特殊用途林1895公顷，占林地的0.4%；蓄积2.2万立方米，占活立木总蓄积的0.3%。

**林种质量**　毕节地区各林种每公顷平均蓄积量：用材林24.8立方米，防护林5.4立方米，薪炭林6.4立方米，特用林11.6立方米，经济林0.85立方米。在用材林中，各林组每公顷平均蓄积量为：幼龄林12.5立方米，中龄林39.6立方米，近熟林59.9立方米，成熟林75.1立方米，过熟林109.2立方米。

**森林植被类型**　毕节地区属亚热带植被带的中亚热带绿阔叶林亚带，以威宁县的云贵桥、羊街、盐仓、艾家坪一线为界，分为东部湿润常绿阔叶林地和西部高原山地半湿润常绿阔叶林地带。

1.东部湿润性常绿阔叶林地带。地带性的典型植被类型为中亚热带常绿阔叶林，其他植被类型尚有常绿落叶阔叶混交林、落叶阔叶林、亚热带常绿暖性针叶林、次性针叶阔叶混交林、常绿灌丛、常绿落叶灌丛、石灰岩藤本刺灌丛和亚热带草坡等。本地带按生境特点、植被类型组合特点、植被垂直分异及植被改造利用方向的不同，划分为3个植被区：（1）东北部低山、丘陵、谷地常绿栎林、马尾松、柏木林区。包括金沙县的大部分和赤水河谷地区。原生植被为中亚热带常绿阔叶林，因人为破坏，仅边远闭塞山区有小面积分布。现植被组成以壳斗科、樟科、山茶科、冬青科树种为主，常有针叶树种马尾松、渗入混生而形成次生针阔叶混交林。石灰岩地区常分布有柏木疏林、藤本刺灌丛与禾本科草坡多种植被类型。人工林有马尾松、柏木针叶纯林。经济林木有油桐、乌桕、杜仲、茶和柑橘。

（2）东部低中山、丘陵、石灰岩常绿栎林、常绿落叶混交林区。包括黔西、织金县大部分。各类钙质土植被为代表植被，含以青冈栎、椤木石楠、园果化香、支贵鹅耳枥为主构成的常绿阔叶林、常绿落叶阔叶混交林及落叶阔叶林。原生植被多被破坏，面积均较小，分布零星。现存植被主要为次生类型，其中以马尾松分布最广，但多与阔叶树种混生。石灰岩山地有较大面积的藤本刺灌丛及禾本科草坡等植被类型。主要经济林木有油桐、漆树、杜仲。

（3）中部中中山、谷地常绿栎林、常绿落叶混交林、云南松及漆树、核桃林区。包括毕节、大方、纳雍、赫章县，黔西县西部，织金县西部，威宁县的云贵桥、羊街、盐仓、艾家坪一线以东地区。其植被具有明显的过渡性。在海拔1100～1300米的低中山地带有残存的常绿栎林。岩溶地区的石灰岩山地有以青冈栎、黄杞、朴树、女贞为主构成的常绿阔叶林，林下灌木有十大功劳、盐肤木、红果蔷薇、云南旌节花、臭夹莲。但多遭破坏，形成次生的藤本灌丛。在土层较厚的地段为栎类灌丛或草坡。次生的针叶林面积较大，毕节一线以东以马尾松为主，以西逐渐向云南松过渡。毕节、大方、赫章县在海拔1450～1950米的山地，有少量铁杉

威宁青冈林

林。海拔1600米以上地方有栎类、青冈、灯台树、响叶杨为主的常绿落叶混交林。林下灌木有箭竹、方竹、映山红、八仙花。经济林木以漆树、核桃、板栗、栓皮栎、油桐为主。

2.西部高原山地半湿润常绿阔叶林地带。包括威宁县大部分地区，植被具有亚热带西部云贵高原半湿润常绿林的特征，地带性植被是常绿栎林、常绿与落叶混交林、云南松。种类成分多为云南的种类，常为硬叶、有毛的生态类型。主要植被类型有半湿润常绿阔叶林，落叶阔叶林和云南松、华山松。滇油杉、黄杉有少量分布。高原面上有较大面积的草坡。主要经济林木有栓皮栎、核桃、板栗、梨、苹果。

## 三　森林植物、动物

**植物**　已查明森林植物2061种，其中苔藓植物100种，蕨类植物34科130种，木本植物93科632种（变种）。有国家一级保护植物水杉、珙桐、秃杉，二级保护植物篦子三尖杉、光叶珙桐、香果树、杜仲、福建柏、银杏、平舟木、鹅掌楸、水青树、马尾树，三级保护植物翠柏、领春木、油杉、厚朴、黄檗、闽楠、桢楠、黄杉、树参、红椿、南方铁杉、青檀、金钱槭。稀有树种红豆杉、深山含笑、檫木、十萼花、清香木。

**动物**　已查明野生动物4纲29目278种。其中两栖类动物17种，爬行类动物28种，鸟类174种，哺乳类动物59种。野生动物中，有国家一类保护动物黑颈鹤、白鹤、游隼、白头鹤、黑叶猴、林麝；二类保护动物猕猴、云豹、金钱豹、毛冠鹿、穿山甲、大鲵、白冠长尾雉、白琵鹭、鸳鸯、苍鹰、草原雕、黑鸢、白尾鹞、鹊鹞、凤头蜂鹰、雀鹰、松雀鹰、普通鵟、红角鸮、雕鸮、疣螈、灰林鸮、短耳鸮、红隼、灰鹤；三类保护动物大灵猫、小灵猫、斑羚、岩羊、斑猫、丛林猫、水獭、白鹇、白腹锦鸡、红腹锦鸡、金雕。

## 四　自然保护区和森林公园

**自然保护区**　1985年，始建自然保护区。至2011年有自然保护区12处，分为森林生态系统型、野生植物型、湿地型。其中黔西县渭河娃娃鱼（大鲵）保护区归属环保部门管理，草海保护区先归属环保部门管理，2004年划属省林业厅管理，其余由林业部门管理。

1.草海自然保护区。地处威宁县城郊，45平方千米，湖底海拔高2170米，平均水深2米，最深5米，蓄水1.4亿立方米，属湿地类型。其中有浮游植物91属，浮游动物78属115种，水生高等植物20科26属37种，底栖动物25科25属52种，鱼类4科8属9种，鸟类34科110种。其中沉水植物海草花和陆生植物黄杉为国家三级珍稀濒危保护植物；黑颈鹤、白头鹤、白鹳、游隼属国家一类保护动物；琵鹭、鸢、雀鹰、普通鵟、草原雕、白尾鹞、红隼、灰鹤、红角鸮、雕鸮、短耳鸮为二类保护动物；凤头辟鸟等48种鸟为《中华人民共和国政府和日本国政府保护候鸟及其栖息环境协定》规定保护的鸟类。1985年贵州省人民政府批准建立省级自然保护区，1987年升为国家级保护区，保护区面积1.2万公顷。

草海自然保护区

2.百里杜鹃自然保护区。位于黔西、大方县交界处，长50多千米、宽17千米，在北纬27° 10′ ~27° 15′，东经107° 50′ ~106° 05′之间，大方县境9600公顷，黔西县境8400公顷。地貌为丘陵，坡度在20度以下，土壤呈强酸性，属山地暖温带温凉气候，冬湿春干，雨量充足。百里杜鹃林区属原生地带性植被，保存较好，有杜鹃23种，一株多瓣映山红变种，分属4个亚属。有药用植物91种，内含天麻、杜仲、黄连等名贵中药。有兽类31种，其中有国家一类保护动物林麝，二类保护动物云豹、穿山甲和白冠长尾雉，三类保护动物红腹锦鸡。1985年，黔西县人民政府批准建立黔西县百里杜鹃保护区；1987年省人民政府宣布百里杜鹃为贵州省风景名胜区；1992年大方县人民政府批准建立大方县百里杜鹃保护区；1993年，百里杜鹃被林业部列为国家森林公园；2001年毕节地区行署批准百里杜鹃为地区自然保护区。2007年7月，百里杜鹃自然保护区升格为省级自然保护区，保护面积12580公顷。2013年对保护区边界进行调整，调整后面积为9669.1公顷。

3.黔西县渭河娃娃鱼（大鲵）自然保护区。位于黔西县渭河流域，大鲵为国家二类保护动物。1986年，黔西县人民政府批准建立自然保护区，面积1000公顷。

4.威宁县妥打白冠长尾雉保护区。位于威宁县雪山镇妥打，在北纬26° 59′ 28″，东经104° 3′ 14″之间，属高原地貌，温带湿润性气候。森林植被属中亚热带常绿阔叶林，主要植物有栓皮栎、川滇桤木、云南松、大白花杜鹃、火棘、胡颓子、滇榛、矮生橡子、南烛、红果蔷薇、仙鹤草、蕨类、过路兰，林灌覆盖率80%。1985年，省林业厅组织多学科专家考察发现有鸟类17目31科136种，其中鸢、雀鹰、普通鵟、白尾鹞、红隼、白冠长尾雉、白腹锦鸡、灰鹤、红翅绿鸠为国家二类保护动物。白冠长尾雉是中国特产的珍衡濒危物种，为典型的栖鸟类，在当地有300只以上。兽类有20余种，其中穿山甲、斑羚为国家二类保护动物。尚有鱼类、两栖类、爬行类动物。考察后，省林业厅将其定为厅白冠长尾雉保护点。1992年，威宁县人民政府批准为白冠长尾雉保护区，面积9393公顷。

5.大方县福建柏自然保护区。地处大方县与金沙县相邻的大方县施栗、和平、雨革、雨冲、黄泥，在北纬27° 16′ 20″ ～27° 29′ 20″ ，东经105° 50′ 30″ ～106° 08′ 00″ 之间，面积1.85万公顷。1990年，有胸径10厘米以上的福建柏7万株，蓄积2000立方米，其中较集中成片的林分有峻岭村、油杉村、四新村、草坝村、瓦厂村、红旗村、金门村、坝子村，在2～15公顷之间。保护区属中山切割地貌，出露岩层为寒武系和二迭系的灰岩、白灰岩、白云灰岩，土壤为黄壤，海拔在920～1915米之间，年均温12℃，年降水量1007毫米，年日照时数1200小时。保护区内的福建柏主要靠自身天然更新，具有稳定的原生群落特征，20世纪80年代，因人为干预，遭到一定程度破坏。1992年，大方县人民政府将其定为福建柏保护区。

6.金沙县冷水河县级自然保护区。位于金沙县西北部冷水河、油沙河流域，下游至长征电站坝堤。1992年，金沙县人民政府将上述河谷两岸距1.5千米以内8133公顷，划为自然保护区。其有保持完好原始状态的中亚热带绿阔叶林，海拔700～1500米，气候温暖潮湿。在河谷密林中有高等植物500多种，其中的南方红豆杉、木桫椤、榉木、福建柏、百日草、三尖杉、天师栗、香果树、厚朴、紫楠、黄檀为稀有珍贵植物；大鲵、大蚯蚓、红腹锦鸡、白腹锦鸡、红腹角雉、猕猴、鸳鸯、华南穿山甲、扫帚豪猪、华南狼、貉、江西豺、中国水獭、华山猪獾、华南大灵猫、华南果子狸、金钱豹、林麝、小鹿、湖北毛冠麝为珍稀动物，且有多种蛇类、鸟类。

7.纳雍县大坪箐县级自然保护区。2006年纳雍县人民政府批准建立，位于纳雍县王家寨、张家湾、水东等三个乡镇，面积1067公顷，以保护森林生态系统为主。2013年，国家林业局批准建立贵州纳雍大坪箐国家湿地公园，原有的纳雍大坪箐县级自然保护区并入纳雍县大坪箐国家湿地公园，纳雍县人民政府以《关于贵州纳雍大坪箐国家湿地公园涵盖纳雍县大坪菁县级自然保护区情况说明的函》（纳府函〔2014〕2号）上报省环保厅核销。

8.纳雍县杉木箐县级自然保护区。2008年纳雍县人民政府批准建立，位于纳雍县纳雍林场，面积600公顷，以保护森林生态系统为主。2014年贵州省人民政府批准建立贵州纳雍珙桐省级自然保护区，面积11398.22公顷，主要保护光叶珙桐、云贵水韭、十齿花等国家一级保护珍稀植物及其生境。原纳雍县杉木箐县级自然保护区所辖范围现全部划为贵州纳雍珙桐省级自然保护区范围，纳雍县人民政府已于2012年1月15日行文撤销杉木箐县级自然保护区。

9.威宁县黄杉保护区。位于威宁县么站、黑石头、哲觉、麻乍、金斗、草海6乡镇，面积936.7公顷。1992年，威宁县林业局开始管护，2000年，威宁县人民政府批准为保护区。

10.金沙县福建柏保护区。1999年金沙县人民政府批准建立。位于金沙县箐门苗族彝族仡佬族乡。保护区内有成片国家二级保护植物福建柏100公顷，国家三类保护动物红腹锦鸡和白腹锦鸡等。

11.毕节县罩子山保护区。2002年县级毕节市人民政府批准建立，位于燕子口、林口、生机、团结、亮岩5乡镇，面积2513.4公顷。保护区内有国家重点保护动物穿山甲、猕猴、鹗类、蟒、红腹锦鸡、白腹锦鸡等。

12.毕节县乌箐自然保护区。2002年，县级毕节市人民政府批准建立。位于朱昌镇境，原

拱拢坪自然保护区

属毕节市拱拢坪林场，面积1296公顷。保护有国家一级保护植物红豆杉、二级保护植物西康玉兰、厚朴，国家一类保护动物林麝、游隼，二级保护动物穿山甲、猫头鹰、疣螈，三类保护动物红腹锦鸡、白腹锦鸡等，生态系统较为完整。

13.毕节县拱拢坪自然保护区。位于杨家湾镇周驿垭口，面积2092公顷。2005年3月，县级毕节市人民政府批准建立保护区。2005年12月，林业部批准建立毕节国家森林公园。2006年6月，县级毕节市政府批准撤销拱拢坪自然保护区。

森林公园　1.百里杜鹃森林公园。1993年5月8日，林业部批准建立。位于百里杜鹃自然保护区内，跨黔西、大方县，面积1.27万公顷。

2.金沙三丈水森林公园。2001年6月22日，省林业厅批准。位于金沙县官田乡，面积4650公顷。

3.金沙冷水河森林公园。2003年6月4日，省林业厅批准建立。含冷水河自然保护区境，面积2.73万公顷。

4.大方大海坝森林公园。2003年1月14日，地区林业局批准建立，在大方县城郊国营大海坝林场内。面积403公顷。

5.织金桂花森林公园。2003年9月27日，地区林业局批准建立，在织金县城郊国营桂花林场内，面积132.5公顷。

6.纳雍小湖坝森林公园。2003年12月19日，地区林业局批准建立，在纳雍县城郊国营纳雍林场内，面积1066.7公顷。

7.赫章国家森林公园。2004年11月27日，国家林业局批准建立，在赫章县国营水塘林场、平山林场内，面积4377公顷。分水塘景区、平山景区。

8.大方油沙河森林公园。2004年4月，省林业厅批准建立，在大方县沙厂彝族乡内。园内有保持完好的原始森林，面积4727.3公顷。

9.毕节国家森林公园。2005年11月27日，国家林业局批准建立。在毕节市国营拱拢坪林场、白马山林场内，面积2866.6公顷，分拱拢坪景区、白马山景区。

10.黔西水西森林公园。2008年，毕节地区林业局批准建立，由龙家箐、龙背岭、百宝山等景区组成，总面积4297.7公顷，涉及中坪、重新、金碧、大关、新仁、雨朵6个乡镇。

以上森林公园，共6.253万公顷，归口林业部门管理。2011年，共有199万人入园旅游，旅游收入37975万元。

## 五　古大珍稀树

1984年，国务院环境保护委员会，公布我国第一批珍贵濒危保护植物。1985～1988年，地区内查明有古大珍稀树39种，其中裸子植物8种，被子植物31种。2009年，毕节地区完成古树大树珍稀树种普查工作，共有古树大树珍稀树木83科171属1484株。

大方雨冲银杏林

**银杏**　毕节市，大方、织金、纳雍、赫章县有分布。最大株生长在大方县城关斗姥阁。生长地海拔1690米，树高18米、胸径315厘米，冠幅360平方米，树龄600余年。大方县沙厂白果寨有数十株古银杏聚生，海拔1540米，占地1600平方米，树龄约400年，最大树株高32米，胸径271厘米。

**黄杉**　生长在威宁县抱都乡大山村，生长地海拔2000米，树高30米，胸径66厘米，树龄近90年。

**铁坚杉**　生长在纳雍县库东关乡箐脚村，生长地海拔1600米，树高15米，胸径134厘米，枝下高2.5米，冠幅120平方米，树龄200年。

**杉木**　毕节亮岩乡亮岩村有两株树龄500年左右的杉木，生长地海拔1650米，最大株树高38米，胸径217厘米，枝下高6.2米，冠幅196平方米。主干基部有一空洞，高约2米，底面1.8平方米。

亮岩古杉

**刺柏**　生长在纳雍县补作，生长地海拔1630米，树高15米，胸径60厘米，枝下高10米，冠幅22平方米，树龄近200年。

**山柏**　生长在毕节市后箐，树龄200多年，根深叶茂，生长旺盛。

**南方红豆杉**　生长在毕节市青场镇，生长地海拔1560米，树高11米，冠幅2.25平方米。

**铁杉**　生长在黔西县中坪乡建设村，生长地海拔1158米，树高20米，胸径117厘米。

**玉兰**　毕节市三板桥办事处灵峰寺前有两株明代玉

兰，生长地海拔1735米，最大株树高23米，胸径72厘米，枝下高4.2米，冠幅308平方米。

**亮叶含笑**　生长在毕节市青场镇后山，植于清道光年间（1821至1850年），生长地海拔1540米，树高31米，胸径161厘米，冠幅240平方米。

**檫木**　生长在纳雍县以支塘张家箐，树龄150年，生长地海拔1880米，树高22米，胸径112厘米，冠幅121平方米。

**樟树**　大方县双山镇、纳雍县维新镇、新房乡黄家屯，有古樟树分布。最大株生长在大方县双山镇双山村陈家寨，生长地海拔1450米，树高28米，胸径204厘米，枝下高2.4米，冠幅1225平方米，树龄400多年。

灵峰古玉兰

**樱桃**　生长在纳雍县龙场镇皮匠湾村，树高10余米，冠幅120多平方米，树龄约300年。仍生长繁茂、开花结果。

**皂荚**　织金县县委院内两株皂荚，生长地海拔1320米。大株树龄500年，胸径146厘米，大部分已枯死。次株树高15米，胸径112厘米，树龄近400年，大部分树枝已枯。织金县八步小学校内，生长一株皂荚，树龄近300年，树高16米，胸径89厘米，枝下高2.1米，冠幅195平方米，生长仍旺盛。

**刺楸**　生长在纳雍县新房乡黄家屯，生长地海拔1750米，树高25米，胸径150厘米，枝下高7米，冠幅100平方米，树龄约300年。

**枫香**　纳雍县维新镇联营村，海拔1390～1400米处，生长有两株树龄约300年的枫香。大株高30米，胸径233厘米，枝下高3米，冠幅841平方米。

**黄杨**　生长在纳雍县马鬃岭镇关寨村，生长地海拔1660米，树高12米，胸径105厘米，冠幅32平方米，树龄约150年。

**光皮桦**　生长在赫章县白果镇独山周家坡，树高26米，胸径127厘米，枝下高8米，树龄约200年。

**水青冈**　生长在大方县高店乡老街，树高20米，胸径约200厘米。

**栓皮栎**　纳雍县新房乡黄家屯海拔1760～1765米处，生长有两株栓皮栎。大株树高25米，胸径140厘米，枝下高7米，冠幅196平方米，树龄约400年。

**麻栎**　生长在赫章县安乐溪乡下河坪村民组，树高24米，胸径108厘米，枝下高6.2米，树龄150年。

**白栎**　生长在赫章县安乐溪乡下河坪村民组，树高30米，胸径115厘米，枝下高3.8米。

**核桃**　生长在毕节市朱昌镇小屯沟，树高20米，胸径76厘米，年产核桃150～200千克。1987年遭雷击后，残存树干5米。

西南山茶，海子街宝珠山茶

**朴树** 纳雍县维新镇朝阳村、库东关乡东关村和大方县双山镇双山村有古朴树。其中最大树生长在维新镇朝阳村，海拔1640米处，树高24米，胸径169厘米，枝下高7米，冠幅441平方米，树龄350年。

**桑树** 生长在大方县天桥乡大堰村，生长地海拔1540米，树高18米，胸径208厘米，树龄近200年。长于石缝中，生长旺盛，秋天果实累累。

**杨梅** 生长在大方县黄泥乡戛木，生长地海拔1600米，树高10米，胸径145厘米，树龄约250年。

**椴** 生长在赫章县雉街乡木戛村向阳村民组，树高26米，胸径216厘米，枝下高3.2米，树冠246平方米，树龄1000多年。

**西南山茶** 在毕节市海子街镇马过河村，有1株树高5.5米，主干在50厘米处分为3枝，冠幅6.25平方米，树龄400多年。花呈玫瑰红色。黔西县文化村有3株，最大株高3米，花红色，可入药。大方县六龙镇政府院内有两株，其中1株树高6.5米，分3枝，每枝胸径8厘米，花中心呈白色，边缘呈肉红色，树龄80多年。

**冬青** 生长在纳雍县阳长镇堰塘，生长地海拔1440米。树高18米，胸径95厘米，枝下高9米，冠幅100平方米，树龄约100年，生长旺盛。

**黄连木** 生长在赫章县平山乡新营村民组，树高22米，胸径222厘米，枝下高3.4米，树龄近500年。

**女贞** 生长在织金县西山村，生长地海拔1310米，树高12米，残存一主枝，胸径63厘米，冠幅25平方米，树龄约200年。

海子街马过河山茶树

**桂花** 生长在织金县城关镇花红桂花村民组，生长地海拔1340米，树高13米，胸径63厘米，在1.3米处分6枝，冠幅150平方米，树龄近500年。每年8～9月，先后两次盛开金黄色和银白色花，花香散布5公里范围内。传闻桂花树多次起死回生，死时枝枯叶败，2～3月后枯枝又抽新芽，蓬勃生长。当地地名以此桂花树得名。

**小花木荷** 生长在金沙县冷水河谷，树高35米，胸径150厘米，冠幅100平方米。

**福建柏** 生长在金沙县冷水河谷，树高22米，胸径70厘米，树龄350余年。

**香果树** 生长在纳雍县百兴镇七村，生长地海拔1420米，树高19米，胸径29厘米，枝下高13米，冠幅30平方米。

**泡桐** 生长在纳雍县乐治镇碓叉坝海拔1450米处，树高20米，胸径74厘米，枝下高7米，冠幅108平方米。

**茶树** 毕节县亮岩镇太极村有一株古茶树，树高5米，树龄约300年。毕节县阿市民族乡中寨村有一株苦丁茶树，树高30米，树龄约1000年。金沙县龙坝乡双河村上寨村民组有一株茶树高7米，树龄250多年，年产干茶叶2～3千克。纳雍姑箐大山上有800多株茶树，树龄800年至1200年不等，均为乔木，有一株高5.7米，胸径32厘米，冠幅16平方米。

**罗汉松** 生长在金沙县源村乡红花村校园内，株高7米，叶如竹叶状，树龄400年以上。

**银松** 生长在毕节县官屯镇龙官桥村，株高15米，胸径350厘米，冠幅120平方米，树龄200年。

**珙桐王** 生长于织金县三塘镇小鹿塘村平河河谷，树干直径2.15米。

**桂园** 生长在赤水河沿岸的百年桂园。

**黄桷树** 赤水河畔儿百年古树。

赤水河边百年桂圆

# 第三篇

# 人口　民族　宗教

# 第一章　人　口

自从有古人类在毕节地区活动开始，人口的数量和质量便成为社会发展的重要标志。在其历史长河中，人口发展总要受到大自然和人类社会运动的影响。在风调雨顺国泰民安时，人口就快速发展，在天灾人祸时，人口急速下降，灾害后又有大量的外来人口补充进来。直到中华人民共和国成立后，人口计划生育成了基本国策，毕节地区人口发展才摆脱历史上无序发展的模式，走上稳定健康发展的轨道，在控制人口数量、提高人口素质方面作出了重要贡献，为人类社会可持续发展作出了重要贡献。

## 第一节　人口数量

毕节地区由于生态环境适宜人类生存繁衍，人口总是在灾荒、战争的作用下呈正弦曲线发展。当风顺雨顺、国泰民安时，人口快速增长，当灾荒、战争爆发时，人口又会急剧下降。4000年前，象封有庳时给毕节地区带来了先进科学技术，促进本地区生产力发展，迎来了有史以来的第一个持续稳定发展时期，人口持续增长，许多古代人类活动遗址保存至今。殷商时代，武丁伐鬼方三年，毕节地区千村薜荔人遗失、万户萧疏鬼唱歌，人口数量快速下降。周初，毕节先民跟从周武王伐纣，推翻商纣王的残暴统治，建立了唯德是辅、以亲九族的文明古国，毕节地区迎来了又一个长时期和平发展的时代，人口又持续增加。从春秋开始到明代，群雄争霸、政权更替的战火不时殃及毕节、烽火狼烟不灭，毕节成为兵家必争之地，人口在战争和灾害之间艰难发展。明王朝始对毕节地区人口有初步统计。

**明代人口**　1.毕节卫。明嘉靖年间城屯站铺官军2885户，6641丁口。万历二十五年（1597）报存官军客民2437户，4132丁口。

2.赤水卫。明嘉靖年间城屯站铺官军5615户，3.36万丁口。明万历二十五（1597）报存2107户，4121丁口，二十八年（1600）因征播逃窜被夷烧杀止存1971户，3904丁口。

3.乌撒卫。万历十五年（1587）屯城站铺官军实有3551户，8555丁口。因连岁凶荒逃故27户，64丁口，现有3524户，8491丁口。

4.夷人人口数量在100万左右。

**清代人口**　清康熙三十六年（1697），《贵州通志》记载威宁府所辖大定、平远、黔西州及永宁、毕节县户口，共2.63万户。其中威宁府亲辖地6782户、大定州6663户、平远州2359户、黔西州3867户、永宁县2242户、毕节县4408户。乾隆六年（1741），《贵州通志》记载大定府所属府、州、县户口数。大定府原额户口2.41万户，拨隶云南、四川省265户，新增5896户，共2.97万户。大定府亲辖地，原额户口6663户，新增4595户，共1.13万户。平远州，原额户口2359户，新增978户，共3337户，黔西州，原额户口3867户。威宁州，原额户口6782户，拨归云南333户，实有6449户。毕节县，原额户口4408户，拨归四川33户，实有4375户。府亲辖地与州、县户口累计与全府相差424户。《嘉庆重修一统志》载，嘉庆二十五年（1820），大定府计有11.77万户，男妇大小共计有55.38万口。

**民国人口**　民国21年（1932），贵州省自治筹备处在《贵州省各县划编区乡镇报告表》中记载：大定县5.82万户，27.51万人；毕节县3.66万户，20.28万人；黔西县6.08万户，26.2万人；威宁县6.06万户，24.3万人；水城县2.43万户，9.58万人；织金县3.52万户，16.04万人。民国25年（1936），实行计口售盐，盐务部门统计，贵州省第四行政区总人口为181.53万人。是年，张肖梅著《贵州经济》载，第四行政区共有33.45万户，189.14万人，其中毕节县4.21万户，33.56万人；大定县7.2万户，40.64万人；威宁县6.01万户，28.64万人；黔西县6.96万户，41.26万人；水城县4.94万户，22.91万人；织金县4.12万户，22.11万人。

**民国26～34年第四行政区各县人口统计表**

单位：万户、万人

| 县 / 分类 / 年份 | 毕节 | | 大定 | | 纳雍 | | 黔西 | | 金沙 | | 威宁 | | 赫章 | | 水城 | | 织金 | |
|---|---|---|---|---|---|---|---|---|---|---|---|---|---|---|---|---|---|---|
| | 户 | 人 | 户 | 人 | 户 | 人 | 户 | 人 | 户 | 人 | 户 | 人 | 户 | 人 | 户 | 人 | 户 | 人 |
| 26 | 4.21 | 33.56 | 1.2 | 27.09 | | | 3.48 | 21.08 | | | 4.01 | 19.1 | | | 4.94 | 22.92 | 4.12 | 21.21 |
| 27 | 4.21 | 33.56 | 1.2 | 27.09 | | | 3.48 | 21.08 | | | 4.01 | 19.1 | | | 4.94 | 19.71 | 4.12 | 22.11 |
| 28 | 4.62 | 32.07 | 5.88 | 30.62 | | | 3.93 | 22.25 | | | 3.68 | 17.75 | | | 3.49 | 15.83 | 4.05 | 21.26 |
| 29 | 4.67 | 27.14 | 5.7 | 31.09 | | | 6.16 | 39.65 | | | 4.52 | 23.4 | | | 3.31 | 16.16 | 4.02 | 19.51 |
| 30 | 4.61 | 29.29 | 4.98 | 27.81 | 2.22 | 11.26 | 4.13 | 22.38 | 3.05 | 11.83 | 3.78 | 17.34 | | | 3.17 | 15.25 | 3.85 | 20.96 |
| 31 | 4.64 | 30.62 | 4.57 | 26.72 | 2.11 | 10.79 | 4.16 | 22.55 | 2.95 | 17.68 | 3.5 | 18.22 | 2.29 | 12.8 | 3.17 | 15.23 | 3.83 | 20.85 |
| 32 | 4.55 | 30.7 | 4.68 | 27.3 | 2.11 | 10.89 | 4.14 | 22.4 | 2.96 | 17 | 3.51 | 18.24 | 2.28 | 12.83 | 3.13 | 15.26 | 3.64 | 20.31 |
| 33 | 4.57 | 31.41 | 4.67 | 26.99 | 2.2 | 10.95 | 4.1 | 22.13 | 2.95 | 17.77 | 3.51 | 18.27 | 2.49 | 13.05 | 3.13 | 15.26 | 3.61 | 20.31 |
| 34 | 4.8 | 29.55 | 4.51 | 26.57 | 2.24 | 10.95 | 4.92 | 22.49 | 3.05 | 16.37 | 3.47 | 17.5 | 2.46 | 12.88 | 3.07 | 15 | 3.31 | 20.32 |

注：1940年及以前，未设金沙、纳雍县，1941年未设赫章县

**新中国成立后的人口**　1.人口总数。1949年来，全专区共有210.96万人。1953年第一次人口普查，毕节专区人口占贵州省人口的15.79%。1964年第二次人口普查，毕节专区人口占贵州省人口的17.57%。1974年统计，毕节地区人口437.35万，为1949年末的2.97倍。1982年第三次人口普查，毕节地区人口占贵州省人口的18.27%，1990年第四次人口普查，毕节地区人口604.88万，占贵州省

人口的18.47%。1996年统计，毕节地区人口632.22万，为1949年来的3倍余。2000年第五次人口普查，全地区人口比1990年人口普查增6.77%。2005年，毕节地区人口726.25万人，占贵州省人口的18.49%。2010年第六次人口普查，毕节地区常住人口653.75万人，比2000年人口普查增长3.3%，占贵州省人口的18.81%。2011年，毕节地区年末常住人口652.00万人，占贵州省人口的16.67%。

2.家庭人口规模。1953年第一次人口普查，毕节专区家庭人口规模为4.88人。1964年第二次人口普查为4.3人。1982年第三次人口普查为5.08人。1990年第四次人口为4.4人。2000年第五次普查，共有家庭户160.22万户，平均家庭人口规模3.92人，比1999年降0.5人。年底统计，平均每户家庭约4.16人，其中毕节市4.15人，大方县4.05人，黔西县4.24人，金沙县4.04人，织金县4.33人，纳雍县4.03人，威宁县4.2人，赫章县4.16人。2004年末统计，全地区共有家庭1.79万户，平均每户家庭4人。2005年11月1日零时1%人口抽样调查，平均每户人口3.45人，每个家庭户比2004年减0.51人。2010年第六次人口普查，共有家庭户185.48万户，平均家庭人口规模3.46人，比2009年减少0.44人。其中七星关区3.36人，大方县3.19人，黔西县3.20人，金沙县3.05人，织金县3.24人，纳雍县3.40人，威宁县4.20人，赫章县3.85人。2011年末统计，全地区共有家庭225.95万户，平均每户家庭人口3.77人。

### 1949～2011年毕节地区户籍人口情况统计表

单位：万户、万人

| 年份 | 总户数 | 总人口 | 男 | 女 | 农业人口 | 非农业人口 | 城镇人口 | 乡村人口 |
|---|---|---|---|---|---|---|---|---|
| 1949 | 48.80 | 210.96 | 105.33 | 105.63 | 198.67 | 12.28 | 8.68 | 202.28 |
| 1950 | 46.84 | 211.5 | 105.39 | 106.11 | 199.26 | 12.24 | 8.64 | 202.86 |
| 1951 | 45.59 | 252.67 | 125.82 | 126.84 | 210.14 | 14.43 | 8.83 | 243.83 |
| 1952 | 49.18 | 254.04 | 127.16 | 126.88 | 239.26 | 14.78 | 8.52 | 245.52 |
| 1953 | 57.37 | 264.03 | 133.2 | 130.84 | 249.14 | 14.89 | 8.79 | 255.24 |
| 1954 | 60.8 | 271.87 | 137.22 | 134.66 | 256.62 | 15.25 | 11.58 | 260.3 |
| 1955 | 61.37 | 281.62 | 141.44 | 140.17 | 265.94 | 15.68 | 11.62 | 269.99 |
| 1956 | 61.99 | 288.43 | 144.72 | 143.7 | 272.49 | 15.94 | 12.59 | 275.85 |
| 1957 | 64.68 | 298.72 | 150 | 148.73 | 280.98 | 17.74 | 14.75 | 283.97 |
| 1958 | 64.97 | 295.29 | 143.76 | 151.52 | 267.99 | 27.3 | 21.09 | 279.19 |
| 1959 | 64.95 | 302.93 | 149.33 | 153.61 | 275.94 | 26.99 | 15.67 | 287.27 |
| 1960 | 64.44 | 286.1 | 139.29 | 146.77 | 26.96 | 16.41 | 13.87 | 270.18 |
| 1961 | 69.53 | 284.27 | 138.78 | 145.49 | 264.99 | 20.18 | 15.65 | 269.52 |
| 1962 | 69.73 | 293.99 | 144.32 | 149.67 | 275.33 | 18.66 | 14.7 | 279.29 |
| 1963 | 69.49 | 300 | 148.39 | 151.6 | 280.64 | 19.36 | 14.74 | 285.26 |
| 1964 | 70.17 | 306.38 | 154.34 | 152.04 | 287.31 | 19.06 | 15.5 | 290.87 |
| 1965 | 71.08 | 317.74 | 159.84 | 157.9 | 297.32 | 20.42 | 16.07 | 301.67 |

续表

| 年份 | 总户数 | 总人口 | 男 | 女 | 农业人口 | 非农业人口 | 城镇人口 | 乡村人口 |
|---|---|---|---|---|---|---|---|---|
| 1966 | 68.3 | 328.96 | 165.48 | 163.49 | 308.2 | 20.76 | 16.5 | 312.46 |
| 1967 | 71.06 | 341.56 | 166.66 | 174.9 | 320.41 | 21.16 | 16.99 | 324.57 |
| 1968 | 73.83 | 355.19 | 175.46 | 179.33 | 333.58 | 21.61 | 17.52 | 337.68 |
| 1969 | 76.43 | 367.8 | 182.12 | 185.68 | 345.84 | 21.96 | 17.99 | 349.81 |
| 1970 | 81.01 | 378.23 | 189.22 | 189.01 | 356.06 | 22.17 | 18.33 | 359.92 |
| 1971 | 82.49 | 394.23 | 197.4 | 196.83 | 370.8 | 23.43 | 19.93 | 374.3 |
| 1972 | 84.43 | 407.33 | 203.74 | 203.59 | 383.06 | 24.26 | 20.23 | 387.1 |
| 1973 | 86.59 | 423.22 | 211.99 | 211.23 | 398.12 | 25.1 | 20.91 | 402.31 |
| 1974 | 88.78 | 437.35 | 219.73 | 217.62 | 412.36 | 24.99 | 21.09 | 416.25 |
| 1975 | 91.34 | 450.25 | 226.25 | 224 | 425.56 | 24.69 | 20.82 | 429.43 |
| 1976 | 94.52 | 462.4 | 232.44 | 229.96 | 437.35 | 25.04 | 21.06 | 441.33 |
| 1977 | 96.67 | 475.81 | 236.56 | 239.24 | 450.4 | 25.41 | 21.24 | 454.56 |
| 1978 | 99.99 | 485.39 | 244.5 | 240.89 | 459.7 | 25.68 | 21.52 | 463.86 |
| 1979 | 98.86 | 496.2 | 250.17 | 246.03 | 469.76 | 26.44 | 22.58 | 473.62 |
| 1980 | 100.92 | 506.07 | 254.7 | 251.38 | 479.14 | 26.93 | 25 | 479.07 |
| 1981 | 103.23 | 516.75 | 261.2 | 255.55 | 489.39 | 27.36 | 25.41 | 491.37 |
| 1982 | 104.43 | 525.95 | 267.9 | 258.05 | 498 | 27.95 | 26.79 | 499.16 |
| 1983 | 106.4 | 530.27 | 269.92 | 260.34 | 502.06 | 28.2 | 26.29 | 503.98 |
| 1984 | 108.15 | 535.77 | 272.92 | 262.84 | 506.79 | 28.98 | 73.59* | 462.18 |
| 1985 | 111.97 | 543.16 | 276.83 | 266.33 | 512.94 | 30.22 | 75.43* | 467.73 |
| 1986 | 116.35 | 550.91 | 280.88 | 270.03 | 520.11 | 30.81 | 103.3* | 447.62 |
| 1987 | 121.48 | 558.87 | 284.85 | 274.02 | 527.14 | 31.73 | 105.62* | 495.25 |
| 1988 | 129.36 | 576.81 | 294.12 | 282.69 | 541.57 | 35.24 | 119.79* | 457.02 |
| 1989 | 136.89 | 587.96 | 300.49 | 287.47 | 552.36 | 35.6 | 26.55 | 561.41 |
| 1990 | 139.63 | 598.42 | 308.31 | 290.11 | 562.36 | 36.06 | 27.68 | 570.74 |
| 1991 | 143.89 | 604.88 | 311.28 | 293.6 | 568.71 | 36.17 | 31.91 | 570.92 |
| 1992 | 144.37 | 608.31 | 313.31 | 295 | 572.07 | 36.24 | 40.72 | 567.59 |
| 1993 | 145.81 | 613.47 | 316.39 | 297.08 | 576.96 | 36.51 | 305.64* | 307.83 |
| 1994 | 147.82 | 620.6 | 319.82 | 300.78 | 583.68 | 36.92 | 344.35* | 276.25 |
| 1995 | 149.95 | 626.15 | 322.97 | 303.18 | 588.75 | 37.4 | 348.53* | 277.62 |
| 1996 | 152.12 | 632.22 | 325.76 | 306.45 | 593.56 | 38.66 | 64.77 | 567.45 |
| 1997 | 154.67 | 637.78 | 328.53 | 309.25 | 598.51 | 29.28 | | |

续表

| 年份 | 总户数 | 总人口 | 男 | 女 | 农业人口 | 非农业人口 | 城镇人口 | 乡村人口 |
|---|---|---|---|---|---|---|---|---|
| 1998 | 157.44 | 644.88 | 332.39 | 312.49 | 604.98 | 39.9 | 66.81 | 578.07 |
| 1999 | 160.14 | 653.24 | 336.67 | 316.97 | 612.2 | 41.04 | 68.54 | 584.7 |
| 2000 | 165.03 | 685.8 | 355.8 | 330 | 643.87 | 41.93 | 72.63 | 613.17 |
| 2001 | 167.61 | 692.05 | 358.82 | 333.23 | 644.82 | 47.24 | 73.9 | 618.16 |
| 2002 | 170.59 | 698.2 | 360.93 | 337.27 | 649.79 | 48.42 | 379.76* | 318.44 |
| 2003 | 174.8 | 705.84 | 366.51 | 360.93 | 656.87 | 48.97 | 378.83* | 327.01 |
| 2004 | 178.51 | 714.34 | 371.42 | 342.92 | 663.39 | 50.95 | 79.47 | 634.87 |
| 2005 | | 726.95 | 379.8 | 347.15 | 675.27 | 51.69 | 81.14 | 645.82 |
| 2006 | 185.38 | 740.82 | 387.38 | 353.44 | 687.24 | 53.59 | 122.20 | 563.15 |
| 2007 | 190.07 | 759.66 | 397.26 | 362.40 | 704.49 | 55.17 | 140.42 | 536.28 |
| 2008 | 196.78 | 780.38 | 408.06 | 372.31 | 723.33 | 57.05 | 150.41 | 523.17 |
| 2009 | 204.88 | 798.62 | 418.02 | 380.60 | 739.62 | 58.99 | 90.96 | 707.66 |
| 2010 | 187.36 | 833.74 | 433.24 | 400.50 | 581.13 | 519.45 | 167.74 | 465.34 |
| 2011 | 225.95 | 851.73 | 444.68 | 407.05 | 788.93 | 62.80 | 183.67 | 468.33 |

注：*含农村建制镇人口

## 第二节　人口数量变动及人口分布

### 一　人口数量变动

民国时期毕节地区人口呈现高出生、高死亡，低存活率。民国21年（1932），有人口123.9万人，民国34年（1945），有171.64万人，13年净增47.74万人，平均每年增3.67万人。

1949年末统计，全专区人口210.96万人。1953年第一次人口普查，全专区总人口264.03万人，是年出生9.99万人，出生率为37.82‰；死亡4.57万人，死亡率为17.3‰；增5.42万人，自然增长20.52‰。1949～1953年共增加53.07万人，增25.16‰，年均增6.29‰。1950年至1957年，共新增人口87.21万人，增41.24‰，年递增5.9‰。

1959～1961年，国家出现严重经济困难，自然灾害频发，人口出生率下降，死亡率上升，人口由1958年末的295.29万人下降到1961年的284.2万人，减少11.02万人，递减3.73‰。1964年末，全专区总人口为306.38万人，出生17.23万人，死亡7.58万人，自然增长9.65万人，出生率56.2‰，死亡率24.74‰，自然增长31.46‰。1953～1964年，全专区增42.35万人，增16.04%，平均每年递增约1.46%。1966～1975年，受“文化大革命”影响，人口大幅增长，新增121.29万人，平均递增约4.1%。1973年人口净增15.9万人，自然增39.02‰，增长率最高。

1975起，全地区实行计划生育，当年净增12.9万人，比1974年少出生1.22万人。自然增长率从1974年的33.83‰降至29.5‰。1980年，人口自然增长降至19.9‰。1982年第三次人口普查，全地区总人口521.7万人，出生13.07万人，死亡3.16万人，净增9.91万人，出生率25.05‰，死亡率6.06‰，自然增长18.99‰。年底统计，全地区有人口525.95万人，比普查时增4.26万人。1964～1982年，增219.58万人，年均增5.88%。1990年第四次人口普查，全地区总人口598.42万人，比第三次人口普查时增76.73万人，增14.7%，年均增9.59万人，年均增1.84%。从1949年底～1990年底，全地区人口增长2.84倍。1991年，全地区人口超600万。1996年，全地区人口632.22万人，自然增长率从1990年的17.8‰降至9.32‰。

2000年11月1日，第五次全国人口普查，全地区人口632.75万人，比第四次人口普查时增34.33万人，年均3.35万人，年均增0.56%。全地区毕节市、威宁县人口超百万，大方县超90万人，织金县近90万人，黔西县近80万，其他县均在50万人以上。2001～2005年，人口自然增长率下降至9.5‰以下。2010年11月1日，第六次全国人口普查，全地区人口（653.75）万人，比第五次人口普查增加20.89万人，年均2.1万人，年均增0.33%。与第五次全国人口普查相比，七星关区、威宁县人口超百万，其他县区均在55万人以上。2006～2011年，人口自然增长率从8.45‰下降至6.79‰。

### 2001～2011年毕节地区人口变动表

单位：万人

| 年份 \ 县市 | | 毕节 | 大方 | 黔西 | 金沙 | 织金 | 纳雍 | 威宁 | 赫章 | 全地区 |
|---|---|---|---|---|---|---|---|---|---|---|
| 2001 | 出生人数 | 2.05 | 1.26 | 0.96 | 0.61 | 1.82 | 1.2 | 1.53 | 0.94 | 10.35 |
| | 死亡人数 | 0.64 | 0.43 | 0.41 | 0.32 | 0.66 | 0.42 | 0.45 | 0.38 | 3.7 |
| | 净增人数 | 1.41 | 0.83 | 0.55 | 0.26 | 1.16 | 0.78 | 1.08 | 0.55 | 0.66 |
| | 总人数 | 125.74 | 94.93 | 80.07 | 57.28 | 90.5 | 74.51 | 106.5 | 62.53 | 692.05 |
| 2002 | 出生人数 | 1.71 | 1.07 | 0.83 | 0.54 | 1.77 | 1.04 | 1.54 | 0.83 | 9.33 |
| | 死亡人数 | 0.6 | 0.47 | 0.42 | 0.34 | 0.68 | 0.41 | 0.44 | 0.33 | 3.68 |
| | 净增人数 | 1.11 | 0.63 | 0.41 | 0.2 | 1.1 | 0.63 | 1.09 | 0.51 | 0.56 |
| | 总人数 | 126.6 | 95.16 | 80.92 | 57.36 | 91.4 | 75.65 | 107.73 | 63.32 | 698.2 |
| 2003 | 出生人数 | 1.88 | 1.29 | 0.72 | 0.57 | 1.52 | 0.94 | 1.48 | 0.94 | 9.34 |
| | 死亡人数 | 0.59 | 0.56 | 0.49 | 0.27 | 0.65 | 0.38 | 0.44 | 0.37 | 3.73 |
| | 净增人数 | 1.29 | 0.73 | 0.23 | 0.3 | 0.87 | 0.56 | 1.05 | 0.57 | 5.61 |
| | 总人数 | 128.22 | 95.7 | 85.71 | 57.6 | 92.39 | 77.1 | 109.59 | 64.47 | 705.84 |
| 2004 | 出生人数 | 18.73 | 1.09 | 0.95 | 0.74 | 1.25 | 0.68 | 1.63 | 0.86 | 9.08 |
| | 死亡人数 | 0.38 | 0.45 | 0.40 | 0.25 | 0.74 | 0.37 | 0.42 | 0.26 | 0.33 |
| | 净增人数 | 1.49 | 0.64 | 0.55 | 0.49 | 0.51 | 0.31 | 1.21 | 0.6 | 5.8 |
| | 总人数 | 129.72 | 96.24 | 82.26 | 58.36 | 93.2 | 78.09 | 111.15 | 65.31 | 714.34 |

续表

| 年份 | 县市 | 毕节 | 大方 | 黔西 | 金沙 | 织金 | 纳雍 | 威宁 | 赫章 | 全地区 |
|---|---|---|---|---|---|---|---|---|---|---|
| 2005 | 出生人数 | 16750 | 13319 | 10804 | 8064 | 12688 | 11299 | 17348 | 10169 | 100440 |
| | 死亡人数 | 6700 | 5673 | 4779 | 3913 | 6445 | 6091 | 7041 | 4539 | 45182 |
| | 净增人数 | 10050 | 7645 | 6025 | 4150 | 6243 | 5208 | 10307 | 5630 | 55258 |
| | 总人数 | 1296611 | 971262 | 817354 | 583495 | 929681 | 774488 | 1135413 | 665629 | 7173933 |
| 2006 | 出生人数 | 17913 | 14452 | 10055 | 6559 | 13608 | 11799 | 19384 | 9546 | 107482 |
| | 死亡人数 | 8830 | 6972 | 4794 | 3166 | 6636 | 5561 | 8372 | 4129 | 48353 |
| | 净增人数 | 9083 | 7660 | 5261 | 3393 | 6972 | 6238 | 11012 | 5417 | 59129 |
| | 总人数 | 1269410 | 977780 | 726753 | 481082 | 942119 | 786426 | 1154440 | 668564 | 7006574 |
| 2007 | 出生人数 | 17673 | 14742 | 11120 | 7827 | 14970 | 12174 | 18871 | 9268 | 104795 |
| | 死亡人数 | 8856 | 6573 | 5470 | 4097 | 6172 | 5241 | 7972 | 4500 | 47674 |
| | 净增人数 | 8817 | 8169 | 5651 | 3730 | 8797 | 6933 | 10899 | 4768 | 57121 |
| | 总人数 | 1311981 | 993071 | 839877 | 604290 | 960015 | 810641 | 1174487 | 672262 | 7366624 |
| 2008 | 出生人数 | 16586 | 14582 | 11061 | 7535 | 14753 | 12309 | 19571 | 9102 | 105498 |
| | 死亡人数 | 8825 | 7351 | 5611 | 3822 | 6952 | 5769 | 9330 | 4389 | 52049 |
| | 净增人数 | 7761 | 7231 | 5450 | 3713 | 7801 | 6540 | 10241 | 4713 | 53449 |
| | 总人数 | 1328373 | 1002275 | 852609 | 605499 | 967159 | 822663 | 1249092 | 676953 | 7504622 |
| 2009 | 出生人数 | 15467 | 11028 | 8349 | 6087 | 12852 | 11371 | 18905 | 8875 | 87848 |
| | 死亡人数 | 7942 | 5441 | 4422 | 3227 | 6131 | 5440 | 8916 | 4566 | 44908 |
| | 净增人数 | 7525 | 5586 | 3927 | 2860 | 6720 | 5931 | 9989 | 4309 | 42941 |
| | 总人数 | 1199660 | 773761 | 664355 | 504159 | 841829 | 742822 | 1221449 | 678584 | 6626618 |
| 2010 | 出生人数 | 16748 | 12123 | 11667 | 8450 | 10401 | 10399 | 18338 | 9880 | 97117 |
| | 死亡人数 | 6548 | 4723 | 4867 | 3462 | 4701 | 3599 | 7138 | 3679 | 38717 |
| | 净增人数 | 10200 | 7400 | 6800 | 4998 | 5700 | 6799 | 11201 | 6201 | 58400 |
| | 总人数 | 1137383 | 776324 | 695947 | 560575 | 784119 | 670272 | 1263521 | 649357 | 6537498 |
| 2011 | 出生人数 | 15467 | 11028 | 8349 | 6087 | 12852 | 11371 | 18905 | 8875 | 87848 |
| | 死亡人数 | 7942 | 5441 | 4422 | 3227 | 6131 | 5440 | 8916 | 4566 | 44908 |
| | 净增人数 | 6718 | 5037 | 4206 | 3440 | 4923 | 3532 | 9093 | 3890 | 40504 |
| | 总人数 | 113 | 78 | 69 | 56 | 78 | 67 | 126 | 65 | 652 |

## 二　人口分布

**地域分布**　1949年，毕节专区城镇人口共8.68万人，占总人口数的4.12%，乡村人口202.28万人，占总人口的95.88%；农业人口198.67万人，占总人口的94.18%，非农业人口12.28万人，占总人口数的5.82%。

## 1949年毕节专区人口分布统计表

单位：万人、%

| 县 \ 分类 | 城镇人口 | | 乡村人口 | | 农业人口 | | 非农业人口 | |
|---|---|---|---|---|---|---|---|---|
| | 人数 | 占总人数 | 人数 | 占总人数 | 人数 | 占总人数 | 人数 | 占总人数 |
| 毕节 | 2.55 | 6.1 | 39.3 | 93.9 | 39 | 93.17 | 2.86 | 6.83 |
| 大定 | 1.05 | 3.14 | 32.57 | 96.86 | 31.8 | 94.58 | 1.82 | 5.42 |
| 黔西 | 1.41 | 5.57 | 23.89 | 94.43 | 23.27 | 93.96 | 1.53 | 6.04 |
| 金沙 | 1.52 | 6.38 | 22.3 | 93.62 | 22.09 | 92.76 | 1.72 | 7.24 |
| 织金 | 0.82 | 2.99 | 27.58 | 97.01 | 26.32 | 96.06 | 1.08 | 3.94 |
| 纳雍 | 0.38 | 2.34 | 15.61 | 97.66 | 15.51 | 96.99 | 0.48 | 3.01 |
| 威宁 | 0.75 | 3.01 | 24.13 | 96.99 | 22.83 | 91.79 | 2.04 | 8.21 |
| 赫章 | 0.2 | 1.07 | 17.9 | 98.93 | 17.35 | 95.87 | 0.75 | 4.13 |
| 合计 | 8.68 | 4.12 | 202.27 | 95.88 | 19.87 | 94.18 | 12.28 | 5.82 |

## 1953年毕节专区人口分布统计表

单位：万人、%

| 县 \ 分类 | 城镇人口 | | 乡村人口 | | 农业人口 | | 非农业人口 | |
|---|---|---|---|---|---|---|---|---|
| | 人数 | 占总人数 | 人数 | 占总人数 | 人数 | 占总人数 | 人数 | 占总人数 |
| 毕节 | 2.49 | 5.37 | 44.03 | 94.63 | 43.2 | 92.85 | 3.33 | 7.15 |
| 大定 | 1.06 | 2.89 | 35.77 | 97.11 | 35.15 | 95.42 | 1.69 | 4.58 |
| 黔西 | 1.37 | 4.33 | 30.39 | 95.67 | 29.75 | 93.68 | 2.01 | 6.32 |
| 金沙 | 1.56 | 5.32 | 27.68 | 94.68 | 27.22 | 93.08 | 2.02 | 6.92 |
| 织金 | 0.82 | 2.47 | 32.3 | 97.53 | 32.09 | 96.90 | 1.03 | 3.10 |
| 纳雍 | 0.41 | 1.49 | 26.91 | 98.51 | 26.36 | 96.51 | 0.95 | 3.49 |
| 威宁 | 0.74 | 2.05 | 3.53 | 97.95 | 33.56 | 93.15 | 2.47 | 6.85 |
| 赫章 | 0.33 | 1.41 | 22.88 | 98.59 | 21.81 | 93.99 | 1.39 | 6.01 |
| 合计 | 8.79 | 3.33 | 255.24 | 96.67 | 249.14 | 94.36 | 14.89 | 5.64 |

## 1964年毕节专区人口分布统计表

单位：万人、%

| 县 \ 分类 | 城镇人口 | | 乡村人口 | | 农业人口 | | 非农业人口 | |
|---|---|---|---|---|---|---|---|---|
| | 人数 | 占总人数 | 人数 | 占总人数 | 人数 | 占总人数 | 人数 | 占总人数 |
| 毕节 | 4.38 | 8.20 | 49.08 | 91.80 | 48.27 | 90.28 | 5.19 | 9.72 |
| 大方 | 1.44 | 3.60 | 38.61 | 96.40 | 37.93 | 94.72 | 2.11 | 5.28 |
| 黔西 | 2.64 | 7.00 | 35.1 | 93.00 | 34.88 | 92.43 | 2.86 | 7.57 |
| 金沙 | 1.81 | 6.54 | 25.86 | 93.46 | 25.29 | 91.41 | 2.38 | 8.59 |

续表

| 县\分类 | 城镇人口 | | 乡村人口 | | 农业人口 | | 非农业人口 | |
|---|---|---|---|---|---|---|---|---|
| | 人数 | 占总人数 | 人数 | 占总人数 | 人数 | 占总人数 | 人数 | 占总人数 |
| 织金 | 1.41 | 3.41 | 40.08 | 96.59 | 39.64 | 95.52 | 1.86 | 4.48 |
| 纳雍 | 0.88 | 2.72 | 31.24 | 97.28 | 30.83 | 96.00 | 1.28 | 4.00 |
| 威宁 | 1.25 | 2.73 | 44.97 | 97.27 | 44.49 | 96.28 | 1.72 | 3.72 |
| 赫章 | 1.69 | 6.13 | 25.94 | 93.87 | 25.97 | 93.99 | 1.66 | 6.01 |
| 毕节专区 | 15.5 | 5.06 | 290.87 | 94.94 | 287.31 | 93.78 | 19.06 | 5.64 |

## 1982年毕节地区人口分布统计表

单位：万人、%

| 县\分类 | 城镇人口 | | 乡村人口 | | 农业人口 | | 非农业人口 | |
|---|---|---|---|---|---|---|---|---|
| | 人数 | 占总人数 | 人数 | 占总人数 | 人数 | 占总人数 | 人数 | 占总人数 |
| 毕节 | 11.48 | 12.39 | 81.13 | 87.61 | 85.38 | 92.18 | 7.24 | 7.82 |
| 大方 | 1.97 | 2.75 | 69.8 | 97.25 | 68.5 | 95.44 | 3.27 | 4.56 |
| 黔西 | 3.67 | 5.82 | 59.42 | 94.18 | 58.88 | 83.34 | 4.2 | 6.66 |
| 金沙 | 2.4 | 5.04 | 45.17 | 94.96 | 44.36 | 93.27 | 3.2 | 6.73 |
| 织金 | 2.7 | 3.77 | 68.94 | 96.23 | 68.69 | 95.88 | 2.95 | 4.12 |
| 纳雍 | 1.37 | 2.39 | 55.67 | 97.61 | 54.94 | 96.33 | 2.1 | 3.67 |
| 威宁 | 1.8 | 2.35 | 74.92 | 97.65 | 74.15 | 96.64 | 2.57 | 3.36 |
| 赫章 | 1.4 | 3.08 | 44.12 | 96.92 | 43.11 | 94.69 | 2.52 | 5.31 |
| 毕节地区 | 26.79 | 5.09 | 499.17 | 94.91 | 498 | 94.65 | 27.95 | 5.35 |

## 1990年毕节地区人口分布统计表

单位：万人、%

| 县\分类 | 城镇人口 | | 乡村人口 | | 农业人口 | | 非农业人口 | |
|---|---|---|---|---|---|---|---|---|
| | 人数 | 占总人数 | 人数 | 占总人数 | 人数 | 占总人数 | 人数 | 占总人数 |
| 毕节 | 8.88 | 8.37 | 97.19 | 91.63 | 97.32 | 91.75 | 8.75 | 8.25 |
| 大方 | 16.76* | 20.17 | 66.32 | 79.83 | 79.43 | 95.6 | 3.66 | 4.4 |
| 黔西 | 10.89* | 15.37 | 59.94 | 84.63 | 63.69 | 89.93 | 7.14 | 10.07 |
| 金沙 | 10.3* | 20.66 | 48.84 | 79.34 | 45.95 | 92.13 | 3.92 | 7.87 |
| 织金 | 13.24* | 16.59 | 66.57 | 83.41 | 76.2 | 95.48 | 3.6 | 4.52 |
| 纳雍 | 12.89* | 20.00 | 51.51 | 80.00 | 61.62 | 95.7 | 2.77 | 4.3 |
| 威宁 | 21.19* | 21.54 | 67.34 | 78.46 | 85.06 | 96.09 | 3.46 | 3.91 |
| 赫章 | 8.86* | 16.94 | 43.34 | 83.06 | 49.55 | 94.54 | 2.75 | 5.46 |
| 合计 | 27.68* | 4.82 | 570.74 | 95.15 | 562.36 | 93.97 | 36.06 | 6.03 |

注：*含农村建制镇人口

1993年12月10日，国务院批准撤销毕节县，设立毕节市。原毕节县的行政区域为毕节市的行政区域。

### 1996年毕节地区各县市人口分布统计表

单位：万人、%

| 县市 | 人口数 | | 其中 | | | | | | | |
|---|---|---|---|---|---|---|---|---|---|---|
| | | | 建制镇人口 | | | | 农业人口 | | 非农业人口 | |
| | 数 | 占全地区人口 | 数 | 占全县（市）人口 | 其中城区人口 | | 数 | 占全县（市）人口 | 数 | 占全县（市）人口 |
| | | | | | 数 | 占全县（市）人口 | | | | |
| 毕节 | 112.04 | 17.72 | 97.52 | 87.04 | 15.48 | 13.8 | 102.31 | 91.32 | 9.73 | 8.68 |
| 大方 | 88.2 | 13.95 | 34.8 | 39.45 | 7.31 | 8.28 | 84.27 | 95.55 | 3.93 | 4.45 |
| 黔西 | 74.81 | 11.83 | 32.64 | 43.63 | 7.91 | 10.57 | 67.57 | 90.32 | 7.25 | 9.68 |
| 金沙 | 54.45 | 8.61 | 22.82 | 41.92 | 7.36 | 13.51 | 50.2 | 92.19 | 4.25 | 7.81 |
| 织金 | 83.25 | 13.17 | 38.67 | 46.45 | 7.22 | 8.68 | 79.48 | 95.46 | 3.78 | 4.54 |
| 纳雍 | 68.09 | 10.77 | 31.57 | 46.36 | 6.66 | 9.78 | 65.08 | 95.58 | 3.01 | 4.42 |
| 威宁 | 95.48 | 15.1 | 63.51 | 66.52 | 9.31 | 9.75 | 91.71 | 96.05 | 3.77 | 3.95 |
| 赫章 | 55.9 | 8.84 | 18.11 | 32.23 | 3.52 | 6.29 | 52.95 | 94.73 | 2.95 | 5.27 |

2000年11月1日零时第五次人口普查，全地区登记人口632.75万人。是时，各县市人口占全地区总人口分别为：毕节市112.78万，占全地区总人口的17.83%；大方县85.17万人，占13.46%；黔西县69.69万人，占11.01%；金沙县49.61万人，占7.84%；织金县82.55万人，占13.05%；纳雍县66.17万人，占10.46%；威宁县105.61万，占16.89%；赫章县61.11万人，占全9.66%。全地区人口685.8万人，城镇人口72.63万，占总人口的10.59%。

### 2000年毕节地区人口分布统计表

单位：万人、%

| 分类<br>县市 | 市镇人口 | | 乡村人口 | | 农业人口 | | 非农人口 | |
|---|---|---|---|---|---|---|---|---|
| | 数 | 占总人口 | 数 | 占总人口 | 数 | 占总人口 | 数 | 占总人口 |
| 毕节 | 17.67 | 14.21 | 106.61 | 85.79 | 112.82 | 90.74 | 11.51 | 9.26 |
| 大方 | 7.77 | 8.2 | 86.97 | 91.8 | 90.64 | 95.68 | 4.09 | 4.32 |
| 黔西 | 8.19 | 10.3 | 71.31 | 89.7 | 73.93 | 92.98 | 5.58 | 7.02 |
| 织金 | 8.54 | 14.94 | 48.6 | 85.06 | 15.13 | 91.24 | 5.01 | 8.76 |
| 金沙 | 8.28 | 9.25 | 81.25 | 90.75 | 85.22 | 95.18 | 4.32 | 4.82 |
| 纳雍 | 7.51 | 10.22 | 65.94 | 89.78 | 69.85 | 95.11 | 3.59 | 4.89 |
| 威宁 | 10.38 | 9.88 | 94.72 | 90.12 | 100.78 | 95.89 | 4.31 | 4.11 |
| 赫章 | 4.29 | 6.52 | 57.72 | 93.08 | 58.49 | 94.33 | 3.51 | 5.67 |
| 全区 | 72.63 | 10.59 | 613.17 | 89.41 | 643.87 | 93.89 | 41.93 | 6.11 |

2005年末统计，毕节地区市镇人口81.14万人，占总人口的11.26%；乡村人口共计645.82万人，占总人口的88.74%。2010年11月1日第六次人口普查，全地区登记人口653.75万人。各县市人口占全地区总人口分别为：毕节市113.69万人，占全区总人口的17.39%；大方县77.62万人，占11.88%；黔西县69.57万人，占10.64%；金沙县56.07万人，占8.58%；织金县78.40万人，占11.99%；纳雍县66.98万人，占10.25%；威宁县126.38万人，占19.34%；赫章县64.93万人，占9.93%。

**人口密度**　据1949年11月统计，毕节专区人口平均每平方千米94人，其中毕节县126人，最多；黔西县118人，次之；威宁县52人，最少。1953年，全国第一次人口普查，全专区每平方千米97人，1982年第三次人口普查统计，每平方千米196人，比1949年来增102人，超过全国人口平均密度82人，超省人口平均密度17人。1990年第四次人口普查统计，全地区人口平均每平方千米223人，比第三次人口普查增29人。其中毕节县每平方千米（下同）增40人，大方县增32人，黔西县增31人，金沙县增24人，织金县增28人，纳雍县增30人，威宁县增19人，赫章县增21人。2000年11月1日，第五次人口普查，全地区人口每平方千米235.63人，其中毕节市330.52人，大方县243.2人，黔西县272.9人，金沙县196.24人，织金县287.9人，纳雍县270.28人，威宁县167.73人，赫章县188.31人。是年底，全地区人口密度为每平方千米255人，其中毕节市、黔西县、织金县每平方千米超过300人。威宁县和赫章县每平方千米低于200人。

2005年底统计，全地区人口平均每平方千米270.72人，比贵州省人口平均密度多47.36人。毕节市、纳雍县、织金县、黔西县每平方千米超300人；威宁县每平方千米低于200人。

### 2010年毕节地区人口分布统计表

单位：万人、%

| 分类<br>县市 | 市镇人口 | 乡村人口 | 农业人口 | 非农业人口数 | 占县区总人口数 | 占县区总人口数 | 占县区总人口数 | 占县区总人口 |
|---|---|---|---|---|---|---|---|---|
| 毕节 | 42.13 | 37.04 | 71.60 | 62.95 | 91.29 | 80.26 | 15.96 | 14.03 |
| 大方 | 18.79 | 25.58 | 58.84 | 80.09 | 71.42 | 97.21 | 4.50 | 6.12 |
| 黔西 | 21.48 | 32.57 | 48.11 | 72.95 | 59.88 | 90.80 | 6.69 | 10.14 |
| 金沙 | 16.84 | 30.04 | 39.22 | 69.96 | 47.37 | 84.50 | 6.06 | 10.81 |
| 织金 | 20.24 | 25.81 | 58.17 | 74.19 | 71.98 | 91.80 | 5.87 | 7.49 |
| 纳雍 | 16.72 | 24.94 | 50.30 | 75.04 | 60.01 | 89.53 | 3.75 | 5.59 |
| 威宁 | 23.92 | 18.93 | 102.44 | 81.08 | 120.69 | 95.52 | 5.03 | 3.98 |
| 赫章 | 10.92 | 16.82 | 54.02 | 83.18 | 58.49 | 90.07 | 4.09 | 6.30 |
| 全区 | 171.05 | 26.16 | 482.70 | 73.84 | 581.13 | 88.89 | 51.94 | 7.94 |

2010年11月1日第六次人口普查，全地区人口每平方千米243人，其中毕节市333人、大方县222人、黔西县272人、金沙县223人、织金县273人、纳雍县274人、威宁县201人、赫章县200人。2011年底，全地区人口平均每平方千米243人。比贵州省人口平均密度多43人，七星关区每平方千米超300人，其余各县区每平方千米均高于200人。

## 1949～2011年毕节地区部分年度人口密度统计表

单位：人/平方千米

| 年份＼县市 | 毕节 | 大方（大定） | 黔西 | 金沙 | 织金 | 纳雍 | 威宁 | 赫章 | 平均 |
|---|---|---|---|---|---|---|---|---|---|
| 1949 | 125 | 95 | 118 | 107 | 103 | 102 | 52 | 65 | 94 |
| 1957 | 150 | 119 | 142 | 127 | 130 | 128 | 64 | 81 | 115 |
| 1962 | 148 | 107 | 146 | 104 | 140 | 129 | 70 | 81 | 114 |
| 1970 | 194 | 142 | 187 | 140 | 178 | 164 | 89 | 104 | 148 |
| 1975 | 231 | 170 | 219 | 167 | 211 | 195 | 104 | 124 | 168 |
| 1978 | 249 | 184 | 235 | 178 | 227 | 212 | 114 | 132 | 181 |
| 1979 | 255 | 188 | 239 | 182 | 233 | 217 | 116 | 134 | 185 |
| 1980 | 260 | 193 | 243 | 183 | 239 | 223 | 118 | 136 | 189 |
| 1981 | 266 | 197 | 248 | 186 | 246 | 229 | 120 | 138 | 192 |
| 1982 | 271 | 202 | 252 | 188 | 250 | 233 | 122 | 140 | 196 |
| 1983 | 274 | 204 | 253 | 189 | 251 | 235 | 123 | 141 | 198 |
| 1984 | 278 | 207 | 256 | 191 | 253 | 238 | 125 | 143 | 198 |
| 1985 | 283 | 208 | 257 | 192 | 254 | 239 | 125 | 145 | 202 |
| 1896 | 288 | 212 | 262 | 196 | 258 | 243 | 129 | 148 | 205 |
| 1987 | 293 | 216 | 264 | 198 | 260 | 246 | 131 | 151 | 208 |
| 1988 | 299 | 225 | 276 | 205 | 268 | 255 | 134 | 155 | 215 |
| 1990 | 311 | 234 | 283 | 212 | 278 | 263 | 141 | 161 | 223 |
| 1993 | 319 | 244 | 286 | 214 | 281 | 268 | 146 | 166 | 229 |
| 1994 | 322 | 247 | 288 | 215 | 287 | 272 | 148 | 168 | 231 |
| 1995 | 323 | 248 | 289 | 215 | 289 | 274 | 149 | 169 | 232 |
| 1996 | 328 | 252 | 293 | 215 | 290 | 278 | 149 | 172 | 238 |
| 1997 | 331 | 254 | 294 | 216 | 292 | 281 | 154 | 174 | 236 |
| 1998 | 336 | 257 | 297 | 217 | 296 | 286 | 155 | 176 | 240 |
| 1999 | 340 | 261 | 300 | 219 | 299 | 290 | 158 | 178 | 243 |
| 2000 | 364 | 271 | 311 | 226 | 312 | 300 | 167 | 191 | 255 |
| 2001 | 368 | 271 | 313 | 227 | 316 | 304 | 169 | 193 | 257 |
| 2002 | 371 | 272 | 317 | 227 | 319 | 309 | 171 | 195 | 260 |
| 2003 | 376 | 273 | 316 | 228 | 322 | 315 | 174 | 199 | 263 |
| 2004 | 380 | 275 | 322 | 231 | 325 | 319 | 177 | 201 | 266 |
| 2005 | 382 | 279 | 326 | 234 | 335 | 366 | 180 | 206 | 271 |
| 2006 | 358 | 259 | 307 | 226 | 304 | 299 | 181 | 193 | 258 |

续表

| 县市<br>年份 | 毕节 | 大方<br>（大定） | 黔西 | 金沙 | 织金 | 纳雍 | 威宁 | 赫章 | 平均 |
|---|---|---|---|---|---|---|---|---|---|
| 2007 | 352 | 249 | 298 | 225 | 296 | 293 | 185 | 195 | 255 |
| 2008 | 348 | 242 | 291 | 226 | 291 | 288 | 192 | 198 | 253 |
| 2009 | 341 | 231 | 282 | 224 | 282 | 281 | 196 | 199 | 250 |
| 2010 | 333 | 222 | 272 | 223 | 273 | 274 | 201 | 200 | 243 |
| 2011 | 331 | 223 | 270 | 222 | 272 | 274 | 200 | 200 | 243 |

# 第三节　人口构成

## 一　性别构成

1949年，毕节地区男性105.33万人，占总人口的49.9%，女性105.63万人，占50.1%，性别比为99.72（以女性为100，下同）。其中毕节县性别比为102.56，大定县100.12，黔西县100.1金沙县101.06，织金县94.33，纳雍县93.98，威宁县105.94，赫章县95.53。

1953年，毕节地区男性133.2万人，占50.45%，女性130.84万人，占49.55%，性别比为101.8。各县性别比分别是：毕节县98.1，大定县101.2，黔西县102.23，金沙县102.01，织金县99.75，纳雍县98.55，威宁县108.83，赫章县103.59。

1964年7月1日，第二次人口普查，毕节地区男性154.34万人，占50.37%，女性152.04万人，占49.63%，性别比为101.51。其中毕节县99.92，大方县101.87，黔西县101.37，金沙县98.42，织金县93.46，纳雍县99.7，威宁县94.09，赫章县101.22。

1982年第三次人口普查，毕节地区共521.7万人，其中男性266.71万人，占51.12%，女性254.98万人，占48.88%，性别比为104.6。各县人口性别比分别为：毕节县101.83，大方县102.63，黔西县104.16，金沙县104.02，织金县104，纳雍县102.66，威宁县107.65，赫章县103.94。

1990年，毕节地区计有男性308.31万人，占51.52%，女性290.11万人，占48.48%，性别比为106.27。各县人口性别比分别为：毕节县105.38，大方县106.71，黔西县108.73，金沙县108.34，织金县107.66，纳雍县105.71，威宁县109.67，赫章县106.48。2000第五次人口普查，全地区共632.75万人，男性占52.74%，女性占47.26%，性别比为111.59。各县市人口性别比分别为：毕节市男性占52.3%，女性占47.7%，性别比109.64。大方县男性占52.79%，女性占47.21%，性别比111.84。黔西县男性占53.06%，女性占46.94%，性别比113.05。金沙县男性占53.24%，女性占46.76%，性别比113.84。织金县男性占53.42%，女性占46.58%，性别比114.69。纳雍县男性占52.23%，女性占47.77%，性别比109.34。威宁县男性占52.78%，女性1占47.22%，性别比111.77。赫章县男性占52.31%，女性占47.69%，性别比106.38。

2000年第五次人口普查毕节地区人口、年龄、性别统计表

单位：万人、%

| 年龄层次 | 人口数 | | | 占总人口的百分比 | | | 性别比 |
|---|---|---|---|---|---|---|---|
| | 合计 | 男 | 女 | 小计 | 男 | 女 | |
| 总计 | 632.75 | 333.71 | 299.04 | 100 | 52.74 | 42.26 | 111.59 |
| 0～4 | 64.43 | 32.85 | 31.57 | 10.18 | 5.19 | 4.99 | 104.06 |
| 5～9 | 64.77 | 34.85 | 29.92 | 10.24 | 5.51 | 4.73 | 116.48 |
| 10～14 | 76.26 | 40.52 | 35.74 | 12.05 | 6.4 | 5.65 | 113.40 |
| 15～19 | 54.14 | 30.34 | 23.8 | 8.56 | 4.79 | 3.76 | 127.44 |
| 20～24 | 53.78 | 28.78 | 24.99 | 8.50 | 4.55 | 3.95 | 115.16 |
| 25～29 | 60.88 | 32.55 | 28.32 | 9.62 | 5.14 | 4.48 | 114.93 |
| 30～34 | 56.35 | 29.81 | 26.54 | 8.90 | 4.71 | 4.19 | 112.34 |
| 35～39 | 40.88 | 21.42 | 19.46 | 6.46 | 3.39 | 3.08 | 110.08 |
| 40～44 | 28.53 | 14.97 | 13.55 | 4.51 | 2.37 | 2.14 | 110.49 |
| 45～49 | 32.83 | 17.09 | 15.74 | 5.19 | 2.7 | 2.49 | 108.62 |
| 50～54 | 24.23 | 12.62 | 11.61 | 3.83 | 2 | 1.83 | 108.78 |
| 55～59 | 20.28 | 10.44 | 9.84 | 3.21 | 1.65 | 1.56 | 106.06 |
| 60～64 | 20.34 | 10.47 | 9.87 | 3.21 | 1.65 | 1.56 | 106.03 |
| 65～69 | 13.29 | 6.76 | 6.52 | 2.10 | 1.07 | 1.03 | 103.68 |
| 70～74 | 10.68 | 5.36 | 5.32 | 1.69 | 0.85 | 0.84 | 100.68 |
| 75～19 | 5.79 | 2.71 | 3.08 | 0.92 | 0.43 | 0.49 | 88.13 |
| 80～84 | 3.48 | 1.46 | 2.01 | 0.55 | 0.23 | 0.32 | 72.71 |
| 85～89 | 1.43 | 0.55 | 0.88 | 0.23 | 0.09 | 0.14 | 62.17 |
| 90～94 | 0.33 | 0.11 | 0.22 | 0.05 | 0.02 | 0.03 | 49.91 |
| 95～99 | 0.06 | 0.02 | 0.04 | 0.01 | | 0.01 | 54.81 |

注：性别比，女性为100；百岁老人全地区共63人，其中男17人，女46人

2005年底，毕节地区男性人口占总人口的52.25%，女性人口占总人口的47.75%。性别比109.4。2010年11月1日第六次人口普查，全地区共有653.75万人，男性占51.82%，女性占48.18%，性别比为107.55。各县市人口性别比分别为：毕节市男性占51.07%，女性占48.93%，性别比为104.38；大方县男性占52.02%，女性占47.98%，性别比为108.43；黔西县男性占52.03%，女性占47.97%，性别比为108.46；金沙县男性占52.57%，女性占47.43%，性别比为110.82；织金县男性占52.03%，女性占47.97%，性别比为108.47；纳雍县男性占51.48%，女性占48.52%，性别比为106.12；威宁县男性占52.24%，女性占47.76%，性别比为109.37；赫章县男性占51.27%，女性占48.73%，性别比为105.23。

2010年第六次人口普查毕节地区人口年龄、性别统计表

单位：万人、%

| 年龄层次 | 人口数 | | | 占总人口的百分比 | | | 性别比 |
|---|---|---|---|---|---|---|---|
| | 合计 | 男 | 女 | 小计 | 男 | 女 | |
| 0～4 | 521515 | 286012 | 235503 | 7.98 | 4.37 | 3.60 | 121.45 |
| 5～9 | 673012 | 357757 | 315255 | 10.29 | 5.47 | 4.82 | 113.48 |
| 10～14 | 847999 | 440611 | 407388 | 12.97 | 6.74 | 6.23 | 108.16 |
| 15～19 | 558558 | 292545 | 266013 | 8.54 | 4.47 | 4.07 | 109.97 |
| 20～24 | 433028 | 216533 | 216495 | 6.62 | 3.31 | 3.31 | 100.02 |
| 25～29 | 355319 | 181159 | 174160 | 5.44 | 2.77 | 2.66 | 104.02 |
| 30～34 | 443138 | 225348 | 217790 | 6.78 | 3.45 | 3.33 | 103.47 |
| 35～39 | 535156 | 281814 | 253342 | 8.19 | 4.31 | 3.88 | 111.24 |
| 40～44 | 513503 | 267918 | 245585 | 7.85 | 4.1 | 3.76 | 109.09 |
| 45～49 | 375773 | 194756 | 181017 | 5.75 | 2.98 | 2.77 | 107.59 |
| 50～54 | 267646 | 138042 | 129604 | 4.09 | 2.11 | 1.98 | 106.51 |
| 55～59 | 302415 | 155177 | 147238 | 4.63 | 2.37 | 2.25 | 105.39 |
| 60～64 | 217810 | 111531 | 106279 | 3.33 | 1.71 | 1.63 | 104.94 |
| 65～69 | 175338 | 87958 | 87380 | 2.68 | 1.35 | 1.34 | 100.66 |
| 70～74 | 154280 | 75680 | 78600 | 2.36 | 1.16 | 1.20 | 96.28 |
| 75～79 | 88018 | 42183 | 45835 | 1.35 | 0.65 | 0.70 | 92.03 |
| 80～84 | 50584 | 23083 | 27501 | 0.77 | 0.35 | 0.42 | 83.94 |
| 85～89 | 17779 | 7183 | 10596 | 0.27 | 0.11 | 0.16 | 67.79 |
| 90～94 | 5274 | 1873 | 3401 | 0.08 | 0.03 | 0.05 | 55.07 |
| 95～99 | 1241 | 411 | 830 | 0.02 | 0.01 | 0.01 | 49.52 |
| 100岁及以上 | 112 | 31 | 81 | | | | 38.27 |

2011年底，全地区男性人口占总人口的51.84%，女性人口占总人口的48.16%，性别比为107.64。

## 二　年龄构成

1964年第二次人口普查，毕节专区人口平均年龄为24.22岁，其中男性平均年龄23.28岁，女性平均年龄25.18岁。0～14岁121.24万人，占40.3%，15～19岁141.89万人，占47.1%，50～64岁29.93万人，占9.9%，65岁以上人口8.11万人，占2.7%。百岁以上老人18人，男3人，女15人。

## 1964年毕节专区各县人口年龄分组统计表

单位：万人、%

| 分类<br>政区 | 合计人数 | 0～14岁 | | 15～49岁 | | 50～64岁 | | 65岁以上 | | 其中，百岁以上人口 | | |
|---|---|---|---|---|---|---|---|---|---|---|---|---|
| | | 人数 | 占总人口数 | 人数 | 占总人口数 | 人数 | 占总人口数 | 人数 | 占总人口数 | 计 | 男 | 女 |
| 毕节地区 | 301.18 | 121.24 | 40.3 | 141.89 | 47.1 | 29.93 | 9.9 | 8.11 | 2.7 | 18 | 3 | 15 |
| 毕节 | 52.46 | 20.41 | 38.9 | 25.16 | 47.9 | 5.43 | 10.4 | 1.46 | 2.8 | 1 | | 1 |
| 大方 | 39.33 | 15.55 | 39.5 | 18.68 | 47.5 | 3.99 | 10.2 | 11.03 | 2.8 | 1 | | 1 |
| 黔西 | 37.19 | 14.82 | 39.9 | 17.24 | 46.4 | 4.04 | 10.8 | 1.09 | 2.9 | 4 | 2 | 2 |
| 金沙 | 27.12 | 10.45 | 38.6 | 13.51 | 49.8 | 2.55 | 9.4 | 0.61 | 2.2 | 1 | 1 | |
| 织金 | 40.77 | 16.94 | 41.5 | 18.55 | 45.5 | 4.1 | 10.1 | 1.18 | 2.9 | 7 | | 7 |
| 纳雍 | 31.55 | 12.99 | 41.2 | 14.68 | 46.5 | 3.03 | 9.6 | 0.85 | 2.7 | | | |
| 威宁 | 45.57 | 18.83 | 41.3 | 21.38 | 46.9 | 4.2 | 9.2 | 1.15 | 2.6 | 2 | | 2 |
| 赫章 | 27.19 | 11.25 | 41.3 | 12.68 | 46.6 | 2.59 | 9.5 | 0.67 | 2.5 | 2 | | 2 |

注：百岁以上老人单位为人

1982年第三次全国人口普查，全地区人口平均年龄23.72岁。其中男性平均年龄23.39岁，女性平均年龄24.06岁。0～14岁121.24万人，占14.8%，16～30岁122.73万人，占23.53%，65岁以上老龄人81139人，占2.7%，其中百岁以上7人。

## 1982年毕节地区人口年龄分组统计表

单位：万人、%

| 分类<br>政区 | 总人口 | 0～14岁 | | 15～49岁 | | 50～64岁 | | 65岁以上 | | 其中，百岁以上人口 | | |
|---|---|---|---|---|---|---|---|---|---|---|---|---|
| | | 人数 | | 人数 | | 人数 | | 人数 | | 计 | 男 | 女 |
| 毕节地区 | 521.7 | 233.66 | 44.8 | 222.61 | 42.7 | 41 | 7.8 | 24.42 | 4.7 | 7 | 2 | 5 |
| 毕节 | 91.62 | 40.45 | 44.8 | 38.63 | 42.2 | 4.65 | 8.4 | 4.89 | 5.3 | | | |
| 大方 | 71.08 | 32.44 | 44.1 | 29.39 | 41.4 | 5.71 | 8 | 3.54 | 5 | 1 | | 1 |
| 黔西 | 92.56 | 27.7 | 45.6 | 26.75 | 42.7 | 35.06 | 8.1 | 3.05 | 4.9 | 3 | 1 | 2 |
| 金沙 | 47.39 | 20.77 | 44.3 | 20.8 | 43.9 | 3.69 | 7.8 | 2.13 | 4.5 | | | |
| 织金 | 71.36 | 33.06 | 43.8 | 29.66 | 41.6 | 5.47 | 7.7 | 3.17 | 4.4 | 1 | | 1 |
| 纳雍 | 56.61 | 26.3 | 46.3 | 23.34 | 41.3 | 4.28 | 7.6 | 2.59 | 4.6 | 1 | 1 | |
| 威宁 | 76.08 | 33.63 | 46.5 | 33.9 | 44.6 | 5.57 | 7.3 | 2.98 | 3.9 | 1 | | 1 |
| 赫章 | 45.1 | 19.3 | 44.2 | 20.14 | 44.7 | 3.57 | 7.9 | 2.09 | 4.6 | | | |

注：百岁以上老人单位为人

1990年第四次人口普查，全地区男性平均年龄25.2岁，女性平均年龄25.63岁。各县人口平均年龄分别为：毕节县25.6岁，大方县24.98岁，黔西县25.63岁，金沙县26.24岁，织金县20.07岁，纳雍县24.95岁，威宁县24.99岁，赫章县25.9岁。

2000年第五次人口普查，全地区人口平均年龄28.15岁，15周岁以下205.46万人，占32.47%，比第四次人口普查减3.88个百分点。15～60周岁以下371.89万人，占58.78%。以男性15周岁以上，65周岁以下计为劳动力，有208.5万人，占总人口32.95%；女性15周岁以上，55周岁以下计为劳动力，有164.01万人，占总人口25.62%；60周岁以上55.4万人，占8.75%。80周岁以上5.3万人，占0.84%，比第四次全国人口普查增1.41万人。100周岁以上63人，其中男性17人，女性46人。2003年底统计，百岁以上老人72人。2005年11月1日零时进行1%人口抽样调查，全地区常住人口687.71万人，0～14岁223.51万人，占总人口的32.5%；15～64岁415.38万人，占总人口的7.1%。2010年第六次人口普查，全地区人口平均年龄70.02岁，其中男性平均年龄66.59岁，女性平均年龄74.26岁。各县市人口平均年龄分别为：毕节市72.04岁，大方县70.67岁，黔西县69.60岁，金沙县71.69岁，织金县70.42岁，纳雍县71.04岁，威宁县68.30岁，赫章县70.05岁。全地区共有15周岁以下204.25万人，占31.24%；15～60周岁以下378.45万人，占57.89%；60周岁以上71.04万人，占10.87%；80周岁以上7.50万人，占1.15%；100周岁以上112人，其中男性31人、女性81人。15周岁以上、65周岁以下的男性劳动力有206.48万人，占总人口31.58%；15周岁以上、55周岁以下的女性劳动力有168.40万人，占总人口25.76%。

## 三　民族构成

毕节地区为多民族杂居地方。1953年统计，全专区汉族约占总人口的75%，少数民族66.08万人，占总人口的25%。人口万人以上少数民族有：彝族19.84万人，苗族17.16万人，布依族3.27万人，回族2.5万人。1964年第二次全国人口普查，全专区汉族人口251.05万人，占83.36%，其他民族50.13万人，占16.64%。1982年第三次人口普查，全地区汉族人口390万人，占74.76%，少数民族131.69万人，占25.24%。人口万人以上少数民族有：彝族38.16万人，占7.32%；苗族33.51万人，占6.42%；回族5.93万人，占1.14%；布依族4.18万人，占0.84%；仡佬族1.84万人，占0.35%。其他民族46万人，占8.12%。1990年第四次人口普查，汉族占73.64%，少数民族占26.36%。人口万人以上的少数民族：彝族43.83万人，占7.4%；苗族38.74万人，占6.54%；白族8.94万人，占1.51%；回族7.11万人，占1.2%；布依族4.97万人，占0.84%；仡佬族2.08万人，占0.35%；蒙古族1.28万人，占0.22%。其他少数民族共1.78万，占0.3%。穿青人、蔡家人、羿人共47.47万人。

### 1953年毕节地区主要民族人口分布统计表

单位：人、%

| 区域＼分类 | 汉族 | 少数民族 | | | | | | | | | |
|---|---|---|---|---|---|---|---|---|---|---|---|
| | | 人口数 | 占总人口 | 苗族 | 回族 | 布依族 | 彝族 | 壮族 | 侗族 | 瑶族 | 其他 |
| 全区 | 1952834 | 660837 | 25.03 | 171563 | 25012 | 32717 | 198433 | 100 | 5 | 18 | 232989 |
| 毕节 | 419730 | 40825 | 8.86 | 11582 | 37 | | 20571 | | | 18 | 8617 |
| 大定 | 266902 | 97765 | 26.81 | 20441 | 6 | 1443 | 40815 | | | | 35060 |
| 黔西 | 239364 | 75028 | 23.86 | 24859 | 52 | 13403 | 24440 | | 4 | | 12270 |
| 金沙 | 251248 | 38214 | 13.2 | 18920 | 3 | 1877 | 14258 | 11 | | | 3145 |
| 织金 | 192454 | 135358 | 41.29 | 31173 | 56 | 8352 | 10502 | | | | 85275 |
| 纳雍 | 141943 | 128446 | 47.5 | 26584 | 2 | 2674 | 16944 | 2 | | | 28240 |
| 威宁 | 263892 | 92794 | 26.02 | 23583 | 24490 | 3604 | 37426 | 8 | | | 3683 |
| 赫章 | 177303 | 52407 | 22.81 | 14421 | 366 | 1364 | 33477 | 79 | 1 | | 2699 |

2000年第五次全国人口普查，汉族占全地区总人数72%，少数民族（含未识别民族，下同）占总人数的28%。各县市比例分别是：毕节市汉族89.82%，少数民族10.18%；大方县汉族66.98%，少数民族33.02%；黔西县汉族75.3%，少数民族24.7%；金沙县汉族87.93%，少数民族12.07%；织金县汉族51.98%，少数民族48.02%；纳雍县汉族45.75%，少数民族54.25%；威宁县汉族75.3%，少数民族24.7；赫章县汉族78.54%，少数民族24.46%。人口超万人少数民族：彝族46.88万人，占总人口7.41%；苗族43.45万人，占6.87%；白族11.48万人，占1.81%；回族9.32万人，占1.47%；布依族5.93万人，占0.94%；蒙古族2.39万人，占0.38%；仡佬族2.21万人，占0.35%。其他少数民族共55.88万人，占8.55%。2005年11月1日零时，毕节地区进行1%人口抽样调查，全地区汉族509.52万人，占总人口的74.09%；少数民族178.19万人，占总人口的25.91%。

2010年第六次全国人口普查，汉族占全地区总人数74.12%，少数民族（含未识别民族，下同）占总人数25.88%。各县市比例分别是：毕节市汉族90.31%、少数民族9.69%；大方县汉族70.65%、少数民族29.35%；黔西县汉族75.93%、少数民族24.07%；金沙县汉族88.05%、少数民族11.95%；织金县汉族54.41%、少数民族45.59%；纳雍县汉族50.47%、少数民族49.53%；威宁县汉族76.87%、少数民族23.13%；赫章县汉族78.83%、少数民族21.17%。人口超万人的少数民族有：彝族46.99万人，占总人口7.19%；苗族44.80万人，占总人口6.85%；白族10.34万人，占总人口1.58%；回族10.66万人，占总人口1.63%；布依族5.51万人，占总人口0.84%；蒙古族2.19万人，占总人口0.33%；仡佬族2.06万人，占总人口0.32%；其他少数民族44.06万人，占总人口6.74%。2011年末，全地区共有汉族480.2万人，占总人口的73.65%；少数民族171.80万人，占总人口的26.35%。

## 四 文化构成

1964年第二次人口普查统计，全专区301.18万人中，具有大学文化1777人，约占人口总数6‰；具有高中文化的有1.04万人，只占总人口的3.45‰；具有初中文化5.24万人、小学文化45.45万人，共占总人口的16.83%；不识字或少识字的249.28万人，占总人口的82.77%。1982年第三次人口普查统计，具有大专以上文化程度的人口占总人口的0.11%，高中文化的占1.7%，初中文化程度的占8.1%，小学文化程度的占23.3%。不识字或少识字的人比第二次人口普查减26.28个百分点，具有大专以上文化的人提高1.8倍，具有高中文化程度的人增加近5倍。

### 1982年毕节地区人口文化结构统计表

单位：人

| 政区名称 | 合计 | 男 | 女 | 大学毕业 | | 大学肄业及在校 | | 高中 | | 中学 | | 小学 | |
|---|---|---|---|---|---|---|---|---|---|---|---|---|---|
| | | | | 计 | 其中男 | 计 | 其中男 | 计 | 其中男 | 计 | 其中男 | 计 | 其中男 |
| 全区 | 1736765 | 1244052 | 492713 | 5145 | 3983 | 859 | 651 | 98699 | 62645 | 423714 | 351027 | 1217348 | 861746 |
| 毕节 | 377030 | 254544 | 122486 | 1745 | 1269 | 667 | 500 | 25487 | 16674 | 97511 | 69076 | 251620 | 167025 |
| 大方 | 248451 | 170410 | 78041 | 635 | 502 | 34 | 23 | 12996 | 9010 | 61456 | 43579 | 173330 | 117356 |
| 黔西 | 219200 | 151239 | 67961 | 681 | 521 | 57 | 44 | 10619 | 6859 | 51071 | 36643 | 156772 | 107172 |
| 金沙 | 223189 | 149372 | 73817 | 401 | 315 | 27 | 25 | 7167 | 5148 | 49671 | 36134 | 165923 | 107750 |
| 织金 | 214670 | 161781 | 52889 | 502 | 405 | 31 | 23 | 9140 | 6873 | 52503 | 40744 | 152494 | 113736 |
| 纳雍 | 160312 | 125604 | 34708 | 317 | 273 | 15 | 14 | 812 | 6193 | 41192 | 33045 | 110667 | 86079 |
| 威宁 | 166451 | 133264 | 33187 | 444 | 359 | 16 | 13 | 9262 | 6878 | 40355 | 32682 | 116374 | 93332 |
| 赫章 | 127462 | 97838 | 29624 | 420 | 339 | 12 | 9 | 6907 | 5010 | 29955 | 23184 | 90168 | 69296 |

1990年第四次人口普查统计，全地区具有大学文化（含大专文化）1.3万人，高中文化（含中专文化）13.46万人，初中文化62.7万人，小学文化203.73万人。与1982年相比，每10万人中具有大学文化（含大专文化）的由113人增到222人，具有高中文化（含中专）的由171人增到2266人，具有初中文化的由8124人增到1.01万人，具有小学文化的由2.33万人增到3.43万人。全地区15周岁以上的文盲、半文盲180.11万人，占30.1%。每万人有大学生22人，分别比全国少120人和56人。

**1990年毕节地区居民文化程度统计表**

单位：人

| 区域 | 6岁及以上人口 | 大学 | 专科 | 中专 | 高中 | 初中 | 小学 | 文盲、半文盲 |
|---|---|---|---|---|---|---|---|---|
| 毕节地区 | 5058916 | 3550 | 9488 | 35027 | 99549 | 627020 | 2037340 | 2246936 |
| 毕节县 | 900512 | 1679 | 4043 | 10636 | 26586 | 141127 | 367287 | 349154 |
| 大方县 | 693360 | 290 | 833 | 3721 | 15676 | 93412 | 357235 | 222193 |
| 黔西县 | 594633 | 444 | 969 | 4034 | 10869 | 74794 | 296976 | 206547 |
| 金沙县 | 457286 | 252 | 707 | 3070 | 10558 | 80578 | 251257 | 11864 |
| 织金县 | 677877 | 259 | 914 | 3717 | 9999 | 72570 | 247419 | 342999 |
| 纳雍县 | 543264 | 194 | 720 | 3107 | 8386 | 60552 | 178374 | 291931 |
| 威宁县 | 750445 | 243 | 667 | 3943 | 10062 | 58988 | 204967 | 471575 |
| 赫章县 | 441539 | 189 | 635 | 2799 | 7413 | 44999 | 133831 | 251673 |

2000年第五次人口普查，全地区具有大专以上文化的4.15万人，占0.66%；高中及中专文化的19.53万人，占3.09%；初中文化的96.24万人，占15.21%；小学文化的280.86万人，占44.39%。与第四次人口普查相比，每10万人中，有大专以上文化的由220人增到655人；有高中中专文化的由2266增到3087人；有初中文化的由1.06万人增到1.52万人；有小学文化由3.43万人增到4.44万人。全地区15周岁以上文盲131.11万人，占20.72%，比1990年降9.29个百分点。2005年11月1日，1%人口抽样调查，全地区具有大学文化的7.91万人，具有高中文化的25.1万人，具有初中文化的135.27万人，具有小学文化的287.94万人。与第五次人口普查相比分别增3.76万人，5.57万人，39.03万人和7.08万人。

2010年第六次人口普查，全地区具有大专以上文化的16.40万人，占2.51%；高中及中专以上文化的47.03万人，占7.19%；初中文化的163.91万人，占25.07%；小学文化的299.07万人，占45.75%。与第五次人口普查相比，每10万人中，有大专以上文化的由657人增到2440人，有高中中专文化的由3087人增到4495人，有初中文化的由15316人增到24604人，有小学文化的由44393人增到46127人。全地区15周岁以上文盲73.62万人，占11.26%，比2000年下降9.44个百分点。

## 五　行业、职业构成

1953年第一次全国人口普查，全民所有制在业人口1.43万人，占全地区总人口的0.54%.从业人员中国家机关及社会团体4228人，占从业人员的29.57%；从事农林牧渔水利业的205人，占1.43%；从事交通运输和邮电通讯业897人，占6.27%；从事商业、饮食业、物资供销、仓储业2875人，占20.11%；从事卫生、体育、社会福利事业319人，占2.23%；从事教育、文化艺术、广播业2211人，占15.46%：从事金融保险业687人，占4.81%。1982年，全地区全民所有制和城镇集体所有制单位职工13.48万人，占全地区总人口的2.56%，其中男性9.25万，占在业人口的68.6%；女性4.23万人，占31.4%。其行业分类：国家机关及社会团体1.84万人，占在业人数的13.65%；农林牧副渔水利9473人，占7.03%；工业2.79万人，占20.67%；地质普查和勘探业1247人，占0.93%；建筑业6393人，占4.74%；交通运输和邮电通讯业8209人，占6.09%；商业、饮食业、物资供销、仓储业2.97万人，占20.04%；房地产管理、公用事业和咨询服务业863人，占0.64%；卫生、体育、社会福利事业5842人，占4.33%；教育、文化艺术和广播电视业2.26万人，占16.77%；科研和综合技术服务业781人，占0.58%；金融保险业3640人，占2.7%。

1990年第四次全国人口普查，全地区在业人口317.48万人，占总人口的53.05%.其中男性167.44万人，占52.74%；女性150.04万人，占47.26%。

1993年统计，全地区全民所有制在业人口14.33万人，约占总人口的2.36%。1996年统计，全民所有制在业人口15.64万人，占总人口的2.47%。

### 1996年毕节地区全民所有制从业人口统计表

单位：人

| 行业＼县市 | 毕节 | 大方 | 黔西 | 金沙 | 织金 | 纳雍 | 威宁 | 赫章 | 总计 |
|---|---|---|---|---|---|---|---|---|---|
| 农、林、牧、渔业 | 722 | 777 | 874 | 600 | 662 | 649 | 732 | 428 | 6444 |
| 采掘业 | 287 | 651 | 350 | 427 | 160 | 92 | 230 | 2197 | 4394 |
| 制造业 | 10323 | 941 | 1401 | 1051 | 1280 | 149 | 977 | 3670 | 19792 |
| 电力 | 1665 | 453 | 223 | 387 | 551 | 318 | 405 | 262 | 4264 |
| 建筑业 | 664 | | | 60 | | | 310 | 1034 | 2068 |
| 地质勘查、水利管理业 | 455 | 208 | 156 | 108 | 467 | 81 | 59 | 49 | 1583 |
| 交通运输、仓储及邮电通信 | 3268 | 406 | 638 | 329 | 473 | 415 | 467 | 34 | 6336 |
| 批发和零售贸易、餐饮业 | 6670 | 3874 | 4941 | 2412 | 2008 | 2486 | 2657 | 1427 | 26475 |
| 金融、保险业 | 943 | 356 | 327 | 326 | 330 | 295 | 323 | 317 | 3217 |
| 房地产业 | 106 | 8 | 12 | 13 | 25 | | | 13 | 180 |
| 社会服务业 | 769 | 128 | 275 | 198 | 203 | 43 | 111 | 54 | 1781 |
| 卫生、体育和社会福利 | 2314 | 1080 | 1129 | 954 | 1002 | 990 | 1266 | 825 | 9560 |
| 教育、文化艺术及广播 | 8207 | 4615 | 4167 | 4332 | 3936 | 3819 | 4238 | 3648 | 36962 |
| 科学研究和综合技术服务 | 513 | 15 | 14 | 15 | 13 | 26 | 110 | 24 | 730 |
| 国家机关、党政机关和社会团体 | 7487 | 3271 | 2842 | 3070 | 3500 | 3553 | 3978 | 2853 | 30554 |
| 其他行业 | 209 | 667 | 80 | 290 | 342 | 227 | 180 | 55 | 2050 |

2000年第五次人口普查统计：1.人口在业状况。15周岁及以上在业人口的社会比重占15周岁及以上人口的84.8%。与1990年相比，在业人口上升0.63个百分点。2.在业人口的行业构成：农、林、牧、渔业在业人口占90.97%，采掘业占0.5%，制造业占1.62%，建筑业占0.46%，地质勘查业、水利管理业占0.03%，交通运输、仓储及邮电通信业占0.68%，批发和零售贸易、餐

饮业占1.90%，金融保险业占0.13%，房地产业占0.01%，社会服务业占0.45%，卫生、体育和社会福利业占0.41%，教育、文化艺术及广播电影电视业占1.4%，科学研究和综合技术服务业占0.01%，国家机关、党政机关和社会团体占1.2%，其他行业占0.07%。3.在业人口的职业构成：国家机关、党群组织和企事业单位负责人占0.65%，专业技术人员占2.28%，办事人员及有关人员占0.75%，商业、服务业人员占2.35%，农、林、牧、渔、水利业生产人员占90.92%，生产、运输设备操作人员及有关人员占3.04%，其他劳动者占0.01%。是年底统计，全地区从业人员共377.24万人，比1999年增6.49%。

2001年，全地区从业人员共380.32万人，占总人口的54.95%。其中国有单位17.04万人，占全地区从业人员的4.48%；城镇集体单位从业人员1.42万人，占从业人员的0.37%；三资企业等单位从业人员4897人，占从业人员的0.13%；农村从业人员361.37万人，占从业人员的95.02%。农村外出务工人员45.23万人，占农村其他从业人员的79.52%。2002年，全地区从业人员共382.56万人，占总人口的54.79%。其中国有单位从业15.37万人，占总人口的2.2%，占从业人员的4.02%，城镇集体企业从业1.47万人，占总人口的0.21%，占从业人员的0.38%；三资企业从业7269人，占总人口的0.104%，占从业人员的0.38%；农村从业人员364.5万人，占总人口的52.28%，占从业人员的95.41%。农村从业人员中，从事农业生产264.1万人，占72.36%；外出打工46.48万人，占农村其他从业人员的76.25%。

## 2003～2005年毕节地区国民经济行业分类及从业人数表

单位：人

| 行业＼从业性质＼年份 | 2003 | | | | 2004 | | | | 2005 | | | |
|---|---|---|---|---|---|---|---|---|---|---|---|---|
| | 国有 | 集体 | 其他 | 农村 | 国有 | 集体 | 其他 | 农村 | 国有 | 集体 | 其他 | 农村 |
| 农、林、牧、渔业 | 5730 | | 44 | 2580909 | 7352 | | 49 | 2510300 | 971 | 41 | | 2498377 |
| 采矿业 | 3267 | 64 | 456 | | 5984 | 173 | 1370 | | 3013 | 393 | 7499 | |
| 制造业 | 12824 | 1478 | 2967 | | 11883 | 2167 | 4092 | | 5792 | 1561 | 10353 | |
| 电气、燃气及供水 | 7159 | 267 | 215 | | 7186 | 277 | 593 | | 5073 | 180 | 3077 | |
| 建筑业 | 1353 | 6464 | 3380 | 60435 | 947 | 6149 | 3941 | 67795 | 290 | 2942 | 7303 | 84044 |
| 交通运输、仓储和邮政业 | 4679 | 30 | 62 | 41823 | 3734 | 74 | 36 | 43545 | 4422 | 40 | 142 | 47108 |
| 信息传输、计算机服务和软件业 | 1129 | | 1 | | 1797 | | | 5437 | 1252 | | 62 | 5780 |
| 批发和零售业 | 10662 | 3120 | 619 | 82677 | 10057 | 2636 | 698 | 80945 | 11326 | 1927 | 1675 | 87236 |
| 住宿和餐饮业 | 909 | 205 | 218 | | 962 | 338 | 123 | 27102 | 1256 | 35 | 582 | 30947 |
| 金融业 | 2741 | 1602 | 26 | | 2357 | 1623 | 27 | | 2270 | 1658 | 478 | |
| 房地产业 | 150 | 87 | 786 | | 145 | 26 | 1016 | | 139 | 41 | 1417 | |
| 租赁和商业服务 | 1812 | | 59 | | 1392 | | 40 | | 401 | | 630 | |

续表

| 行业 \ 从业性质 \ 年份 | 2003 | | | | 2004 | | | | 2005 | | | |
|---|---|---|---|---|---|---|---|---|---|---|---|---|
| | 国有 | 集体 | 其他 | 农村 | 国有 | 集体 | 其他 | 农村 | 国有 | 集体 | 其他 | 农村 |
| 科学研究、技术服务和地质勘查业 | 2606 | | | | 2732 | | | | 6385 | | 25 | |
| 水利、环境和公共设施管理到位 | 2056 | | 25 | | 2005 | | 19 | | 2231 | | 83 | |
| 服务业 | 31 | 37 | | | 38 | 5 | | | 58 | 10 | 498 | |
| 教育 | 54736 | | | | 53946 | | | | 56374 | | 762 | |
| 卫生、社会保障和社会福利业 | 9798 | 39 | 126 | | 9075 | 39 | 135 | | 8363 | 27 | 149 | |
| 文化钵育娱乐业 | 1746 | | 17 | | 1431 | | 5 | | 1325 | | | |
| 农村工业 | | | | 243720 | | | | 239068 | | | | 257475 |
| 农村其他行业 | | | | 716175 | | | | 809526 | | | | 885786 |
| 公共管理和社会组织 | 33580 | | | | 33657 | | | | 38932 | | | |

注：农村其他栏包括内资，港、澳、台投资，外商投资业；外出打工者

2010年第六次人口普查统计，1.人口在业状况。15周岁以上在业人口的社会比重占15周岁及以上人口的97.88%。与2000年相比，在业人口上升13.08个百分点。

2.在业人口的行业构成。农林牧渔业在业人口占81.59%，采矿业占1.91%，制造业占2.79%，建筑业占2.21%，科学研究、技术服务和地质勘查业占0.04%，交通运输业、仓储及邮电通信业占1.51%，批发和零售贸易、餐饮业占4.03%，金融保险业占0.17%，房地产业占0.05%，居民服务和其他服务业占1.00%，卫生、体育和社会福利业占0.59%，教育、文化艺术及广播电影电视业占0.08%，科学研究和综合技术服务业占0.04%，国家机关、党政机关和社会团体占1.57%，其他行业占6.42%。

3.在业人口的职业构成。国家机关、党群组织和企业事业单位负责人占0.77%，专业技术人员占3.20%，办事人员及有关人员占1.36%，商业、服务业人员占5.16%，农林牧渔水利业生产人员占81.40%，生产、运输设备操作人员及有关人员占8.08%，其他劳动者占0.03%。

## 第四节　人口控制

### 一　生育政策

1963年，毕节地区开始宣传计划生育方针、政策。1965年，提倡城镇男女青年25岁后结

婚，农村青年适当晚婚。1974年，制定晚婚和生育计划。提倡机关职工、城市居民男青年28岁，女青年25岁后结婚；农村男青年25岁，女青年23岁结婚，支持男到女方家落户。已婚夫妇每对生育两个孩子，生育间隔4年左右。1975年，中共毕节地委制定晚婚和计划生育计划，提倡一对夫妇只生育两个孩子，胎次间隔4～5年。1978年要求一对夫妇最好生育1个孩子，最多两个，生育间隔3年以上。严格控制和杜绝生育第三胎。1979年，执行《贵州省计划生育暂行办法》。

1980年，根据《中共中央关于控制我国人口增长问题致全体共产党员、共青团员的公开信》，执行以下生育政策：实行晚婚，提倡和鼓励一对夫妇终身只生育1个孩子、严格控制二胎，杜绝计划外生育。

1986年，毕节地区执行以下生育政策：1.非农业人口（包括夫妇一方是国家干部，职工和城镇居民）1对夫妇只能生育1个孩子。有下列特殊情况之一者，经过批准，可有计划地安排生育第二胎或准予再生育1个孩子：经县以上医院计划生育技术鉴定组确诊，第一个孩子为非遗传性疾病，不能成长为正常劳动力的；再婚夫妇一方原只生育过人1个孩子，另一方是初婚或未生育过孩子的；再婚夫妇、初婚或未生育过子女，一方是大男大女，再婚一方原生育过两个孩子，除丧偶者外，身边只有1个孩子的；再婚夫妇原只生育1个孩子均依法判随前婚配偶，新组成家庭身边无子女的；结婚5年以上不育的夫妇，收养1个孩子后又怀孕，要求生育的；夫妇双方均为独生子女的；二等甲级以上残废军人和相同等级的其他残疾人以及夫妇双方均为盲人，要求再生育的。2.农业人口符合第一条第七款之一和有下列特殊情况的，经批准，可计划安排生育第二胎；两代和两代以上单传（只有一个女儿或一个儿子的）；两兄弟或两兄弟以上，只有一个有生育能力的；男到有女无儿户家结婚落户的（几姐妹中只能照顾1人）；有其他实际困难的。3.少数民族夫妇双方都是农业人口和夫妇双方或一方是少数民族农业人口的。农业人口的少数民族夫妇，符合第一条第七款或第二条第四款之一者，经批准，可生育第三胎，不准生育第四胎。符合上述条件生育第二胎或再生育1个孩子的，应在前一个孩子年满3周岁后，由本人申请，经单位（乡政府）核实，主管部门（区）审定，报县计划有生育委员会批准，方能安排生育。从1988年1月1日起，执行《贵州省计划生育试行条例》，提倡和推广1对夫妻只生育1个孩子，严禁计划外生育。夫妻双方或一方是国家工作人员，企事业单位职工、城镇居民，具有特殊情况的，允许生育第二个孩子。

1998年7月24日起，毕节地区执行《贵州省计划生育条例》，其基本生育政策与之前执行一致，另加规定：女方30周岁以上生育第一个子女的，不受间隔限制。公民依法收养的子女，计入其子女数。2001年8月1日起，开始施行《贵州省计划生育管理办法》，作为相关计划生育工作。

2002年9月1日起，施行《中华人民共和国人口与计划生育法》和国务院《社会抚养费征收管理》，推行计划生育。2002年9月后，执行修订后的《贵州省人口与计划生育条例》，鼓励公民晚婚晚育，提倡1对夫妇生育1个子女，符合法律、法规条件的，可安排生育第二个子女。根据2009年9月25日贵州省第十一届人民代表大会常务委员会第十次会议通过的《贵州省人口与计划生育条例修正案》修正后的《贵州省人口和计划生育条例》取消了符合生育二孩的生育间隔限制，并规定：夫妻双方是农民，由政府统一安排转为城镇居民的，自转为城镇居民之日起五年内适用针对农村农民的二孩生育政策规定，但通过其他方式转为城镇居民已经领取生育证并怀孕的，生育证继续有效；未怀孕的，不适用农村农民生育政策的规定。

## 二 避孕节育政策

1965年，毕节专区在城乡开展避孕节育试点。1965年12月，毕节专署规定，凡施行节育手术者，除伙食费由受术者自理外，其他费用一律免收。节育手术后，按规定给假休息，工资照发，不影响全勤评奖。农民做节育手术的假期一般要减去其基本劳动日，对生活有困难的，也可给予适当补助或组织群众互助。1966年3月，专区计划生育办公室、财政局、卫生局根据省指示规定：凡作计划生育手续，除伙食费外，其他一切费用全部免收。免费款开支。享受公费医疗的在公费医疗中开支；享受劳保医疗的职工及其亲属在劳保医疗费中开支；军队官兵、职员和随军家属，在国防费中开支；其他群众，包括城乡居民和农民在计划生育专款中开支。1973年5月，毕节地区规定，施行节育手术职工，手术假期间工资照发，不影响全勤评奖。手术假期：输卵管结扎20天，产后输卵管结扎63天；输精管结扎1～3天；放环1～3天；人工流产7～14天；人工流产兼作输卵管结扎25～30天。1974年2月，根据国家通知，避孕药具实行免费供应。1975年，根据1对夫妻生育两个孩子，并胎次间隔4～5年要求，通过说服教育，施行节育措施。节育措施因人制宜，实行国家指导与本人自愿相结合，推行综合节育措施。因施行节育手术引起并发症，按照国家规定给予免费治疗。1979年，根据每对夫妇生育1个孩子最好，最多两个，并间隔3年以上要求，动员群众施行节育手术，对于二胎和三胎以上怀孕的，在作通思想工作基础上，采取补救措施。已超计划生育的人，动员夫妇一方采取绝育措施。只有1个或两个孩子的夫妇，因孩子死亡要求再生育的，可免费施行吻合手术。对不孕症要求生育的，给予治疗。确因计划生育手术引起事故或并发症，卫生部门要给予治疗。是年9月24日，地区行署对作各种节育手术休假作出规定：上环休息2天，重体力劳动者，1周内不作重体力劳动；取环休息1天；输精管结扎休息7天；输卵管结扎休息21天；人工流产休息14天；人工流产同时结扎输卵管休息30天；人工流产同时上环休息14天；中期终止妊娠休息30天，中期终止妊娠同时结扎输卵管休息40天；产后结扎输卵管，按产假另加14天。

1980年，毕节地区规定避孕节育政策：1.凡是计划外怀孕的，必须采取补救措施。2.已有两孩或两孩以上育龄妇女，一方应采取绝育措施。3.女方年龄在40岁以上，或者夫妇双方经医院检查不适应做绝育手术，以及1975年7月以来采取节育措施后没有再生育的育龄夫妇，可签订不育合同，落实有效节育措施，保证不再生育。4.已有1孩的育龄夫妇，可签订节育合同，经当地政府批准后，才能生育第二孩。5.自愿只要1个孩子的夫妇，不要求施行结扎手术，可采取综合节育措施，通过订立合同或公约等办法保证不生育第二个孩子。1981年，中共毕节地委、毕节地区行署规定，每对育龄夫妇，根据自愿选择原则，落实一项有效节育措施。已有孩子的育龄夫妇，避孕措施失效发生计划外怀孕者，除应采取补救措施外，对其不准再行生育，因多次补救危及健康者，必须劝其接受技术指导，采取当前最安全、可靠、先进的绝育措施。

1983年12月，毕节地区制定执行以下节育政策：1.已有1个孩子的育龄妇女上节育环。2.已有两个孩子或两个孩子以上的夫妇，女方年龄在40岁以下的，夫妇一方采取绝育措施；女方年龄在40岁以上的，上节育环。3.1979年1月1日以来，超生第三个孩子及第三个孩子以上的，女方年龄超过40岁，只要在育龄期，夫妇一方要采取绝育措施。4.凡是计划外怀孕，必须及时采取补救措施，其中已有2个及2个以上孩子的，夫妇一方应采取绝育措施。5.施行绝育措施后，因手术失败或其他原因再怀孕的，除采取补救措施外，动员另一方采取绝育措施。1984年，执行国家和省的避孕节育政策。对已生两个和两个以上孩子的夫妇，应动员一方采取绝育措施。

1987年8月，中共毕节地委、毕节地区行署规定：1.未到法定婚龄已婚的，已有1个孩子，且1983年以来又没有生育过的，女方要上节育环。2.已有两个孩子，处于生育旺盛夫妇，除避孕5年以上证明有效的，夫妇一方要采取绝育措施；少数民族农民的绝育手术，可先从已有3个孩子的夫妇做起。3.确实不适合上环和绝育的夫妇，要按照医生的指导，采用药物或用具避孕。对不听节育手术指导的，视其情况，给予必要的经济处罚，促使其落实措施。4.避孕失败怀孕的，要坚决落实补救措施，并补作一项节育手术，对于怀孕第三个或以上孩子的、即要落实补救，又要落实绝育措施，强行超生的，一要罚款，二要落实绝育措施，三要给予行政或党纪处分。5.对来从事建筑、经商以及其他行业的外来人员，按上述规定执行。

1988年12月6日，中共毕节地委、毕节地区行署拟发《关于执行（贵州省计划生育试行条例）工作中涉及的具体问题的意见》，作出以下节育技术政策规定：1.关于结扎时间和年龄界限，除夫妻双方都患有禁忌证不宜做绝育手术者外，1984年1月1日以来已生二孩，女方年龄在45周岁以下，夫妻一方必须落实绝育措施；1981年1月1日～1983年12月31日，生过二孩，女方年龄在40周岁以下，夫妻一方必须落实绝育措施；1981年1月1日以来，生过三孩及三孩以上，尚有生育能力的，夫妻一方必须落实绝育措施。对生育计划外二孩和二孩以上的，一要落实绝育措施，二要给予处罚；对生育计划内二孩的，只落实绝育措施，不作处罚。2.落实绝育措施起点，对已生二孩及二孩以上的，必须以二孩落实绝育措施为起点，除符合《贵州省计划生育试行条例》第九条规定生三孩再落实绝育措施者外，其余一律实行二孩落实绝育措施。对不具生二孩条件的，决不允许生二孩。

1998年7月24日起，执行《贵州省计划生育条例》关于避孕节育技术政策规定：1.坚持避孕为主，推行节育措施。有生育能力夫妻，已生育1个小孩的，应落实避孕措施；已生育两个子女的，一方应采取绝育措施；计划外怀孕的，应及时采取补救措施。已婚育龄夫妇应定期接受孕情环情检查，计划生育技术服务机构应为其提供检查服务。2.夫妻一方患有严重遗传性疾病等医学上认为不宜生育的，应当采取节育措施；已怀孕的必须及时终止妊娠。3.施行节育手术的单位必须具备国家有关部门规定的施术条件，并按照节育手术常规施行手术，确保受术者安全和健康。禁止个体行医者施行节育或恢复手术。4.节育手术发生事故的，按照国家有关规定处理。5.因节育手术引起并发症的，由县级以上计划生育技术鉴定组鉴定确认。6.节育手术费用、节育手续并发症的治疗费用，受术者是国家机关工作人员、企事业单位职工，在本单位医疗费中开支；受术者是农民、城镇居民，在计划生育经费中开支。违反手术常规施行手术造成节育手术并发症的治疗费用，由施术单位承担。7.接受节育手术后，因特殊情况且符合《贵州省计划生育条例》规定可再生育的，经县级人民政府计划生育行政主管部门批准，可施行恢复生育手术。8.经鉴定确因节育手术事故丧失劳动能力，导致生活困难的农民、城镇居民，符合救济条件的，由民政部门负责社会救济。

1999年起，执行国家和省先后颁发《中华人民共和国人口与计划生育法》《计划生育技术服务管理条例》《流动人口与计划生育工作管理办法》《贵州省人口与计划生育条例》《贵州省计划生育管理办法》规定，推行综合节育措施，有生育能力夫妻，已生育1个子女，无禁忌证的妇女，应在生育后第42天至第90天内落实避孕措施；已生育两个子女的育龄夫妻一方，应在生育第二个子女后第42天至第90天内首选落实绝育措施；计划外怀孕的妇女，应及时采取补救措施。已婚育龄妇检对象应按计划生育行政主管部门规定，每年到计划生育服务机构或经计划生育部门指定的医疗卫生机构接受4次免费孕情、环情检查。已婚育龄流动人口现居住地乡镇政府或者街道办事处应当将已婚育龄流动人口的避孕节育情况向其户籍所在地的乡镇政府或街道办事处通报。已婚育龄流动人口也可自行将居住的乡镇政府或者街道办事处出具的避孕节育情况证明寄回其户籍所在地的乡镇政府或者街道办事处。已婚育龄流动人口户籍所在地的乡镇政府或街道办事处在了解已婚育龄流动人口避孕节育情况后，不得再要求其回户籍所在地接受避孕节育情况检查。从事计划生育技术服务机构施行避孕、节育手术、特殊检查或特殊治疗时，应征得受术者本人同意，并保证受术者安全。计划生育服务机构必须符合国务院计划生育行政部门规定的设置标准。计划生育技术服务人员从事计划生育有关的临床服务，应当依照执业医师法和国家有关护士管理的规定，分别取得执业医师、执业助理医师、乡村医生或者护士资格，并在计划生育服务机构中执业。执业医师和助理医师应当依照执业医师法规定向所在的地县级以上政府卫生行政部门申请注册。严禁利用超声技术和其他手术手段进行非医学需要胎儿性别鉴定；严禁非医学需要选择性别的人工终止妊娠。禁止非法为他人施行计划生育手术。

## 三　奖励政策

1966年6月1日，毕节专署根据中央和省指示，将原定56天产假增长为63天，以保证产后进行输卵管结扎者恢复健康。同时规定，对施行节育手术的农民，生活有困难的，给予适当补助或组织群众互助。1975年8月规定，给施行节育手术者生活适当照顾。1978年1月10日，中共毕节地委规定：在招工、招生、征兵、社员口粮分配、评定职工生活福利和劳动保险时，应有利于晚婚和计划生育，对带头实行计划生育的干部和自愿只生1个孩子的夫妇，给予表扬和奖励。从1963年1月1日起，对已有1个孩子，夫妇双方还有生育能力，经医生检查证明，确有节育措施，保证不再生育的，经本人申请，单位领导和区社党委审查，报县计生办发给独生子女证，奖给200元。其中采取绝育措施的，奖金1次性发给。采取其他节育措施的，从小孩年满3周岁起，每年发给奖金20元，10年发完。如采取绝育措施从落实起，一次补发。其小孩可凭独生子女证优先入托、入学和就医。农村分配口粮，对只有1个孩子保证不再生育的，其孩子按成人分口粮。国家招工时，优先安排符合条件独生子女户。1979年8月，根据《贵州省计划生育暂行办法》，毕节地区规定以下奖励政策：1.凡施行绝育手术的，凭医疗单位证明，由所在单位酌情给受术者营养补助，农村社员10元左右，职工20元左右。夫妇双方都有工作的，由受术者所在单位发给。受术者无工作的，由其对方所在单位发给。只生一个或两个孩子施行绝育手术的，营养补助费可略高过以上标准。2.奖励只生1个孩子。婚后只生1个孩子，尚有生育条件，已落实有效节育措施，保证不再生育的夫妇，经单位领导和县计划生育办公室审查核实，发给独生子女证，按下列规定发给儿童保健费或记保健工分。①职工和城镇居民，每月发给儿童保健费4元。双职工由女方单位发给；一方有工作，另一方无工作，由有工作一方所在单位发给。双方无工作的城镇居民，暂由计划生育经费中开支。②农村社员由所在生产队每月记保健工分。生产队平均日工分值在0.5元以下记5个劳动日；日工分值在0.5～1元记4个劳动日；日工分值在1元以上记3个劳动日。③独生子女保健费。父母采取绝育措施从落实之月起发给；采取其他节育措施从子女满3周岁之月起发给。均发至子女满14周岁止。独生子女凭证优先入学、入托。农村只生1个孩子的，独生子女按成人分基本口粮。城市分配住房，优先照顾晚婚夫妇。每个家庭只有1个子女者，按两个子女标准分配住房。按国家计划招生、招工时，在同等条件下，优先录用独生子女，农村选派社员搞工副业时，也应照此精神办理。3.独生子女奖励。对1979年6月18日以前已经实行一次性发放给奖金200元的，不再按《暂行办法》规定发给保健费和记保健工分。对已经实行分年发奖20元的夫妇，从6月18日起，按《暂行办法》规定，改发儿童保健费和记保健工分。尚未实行奖励的单位，从1979年1月1日起，根据本人申请，组织审查核实后，按《暂行办法》规定，发给儿童保健费和记保健工分。

1980年3月，中共毕节地委规定：1.给予施行绝育措施和采取补救措施的受术者一定营养补助，农村社员10元左右或补贴适当的工分；职工10～20元从扣纳多子女费中解决，不足部分，从福利费中开支。2.终身只生1个孩子，已落实有效节育措施，保证不再生育的夫妇和计划生育工作突出的单位和个人，除表彰外，并给予一定物质奖励。3.独生子女按有关规定享受入托、入学、招工、参军、住宅、医疗和保健检查的优先权。4.民政部门在发放救济粮款时，对积极实行计划生育的，在同等条件下优先救济。

1980年5月15日，中共毕节地委、毕节地区行署制定以计划生育奖励政策：1.凡属下列情况之一者，视为独生子女，孩子在18周岁以内的，可申请领取独生子女证。（1）有生育能力夫妇原有两个或两个以上孩子，因孩子死亡只有一个孩子，保证不再生育的。（2）一对夫妇生育1个孩子后，因疾病等原因经医院证明不能再生育的。（3）再婚妇女其中一方只生育1个孩子，再婚后保证不再生育的。（4）没有生育能力夫妇在《暂行办法》下达前，收养1个孩子，并持有常住户口的。2.奖励独生子女。（1）发给每月4元独生子女保健费或记保健工分，直至孩子年满14周岁。（2）行政机关及事业单位职工的独生子女保健费，由财政或福利费开支。（3）招工、招生，在同等条件下，应优先录取独生子女。（4）有条件的机关、企事业单位和农村社队，可根据实际情况，给独生子女免费或减费入托、入学、就医照顾。（5）对独生子女的父母，按规定给予适当物质和现金奖励，其标准为：独生子女奖励费100元，由父母双方所在单位一次性各发50元，如一方是城镇无职业居民或农村社员，则由有工作一方发给100元；如一方是行政事业单位，另一方在企业部门，由行政事业单位一方发给50元，另一方按所在单位规定办理。（6）独生子女保健费由其父母所在单位各发一半。如一方是城镇无工作居民的，则由职工所在单位全部发给。如一方是农村社员，一方是职工，则由农村社员所在生产队记一半劳动工分，职工所在一方单位发给一半现金。（7）施行绝育手术营养补助费，由受术者所在单位发给。标准为：有多个子女的，绝育手术费的营养补助费为20元；只有个孩子施行绝育手术发给30元。如受术者是无工作居民，对方是职工，由职工所在单位发给；如受术者是农村社员，对方是职工，则由受术者所在生产队发给一半，职工所在单位发给一半。上述无工作居民一方，需要职工一方所在单位发给独生子女保健费或绝育手术营养费，需由其所在街道办事处书面通知职工一方所在单位。（8）独生子女的父母离婚或一方死亡，保健费和保健工分由抚养一方单位发给。（9）原来的独生子女死亡，夫妇双方再生1个的，仍享受独生子女待遇。保健费和保健工分从发给独生子女证之月起，发至孩子年满14周岁。（10）独生子女因伤残废，经批准生育第二个孩子，从出生之月起，收回“独生子女证”，停发保健费和保健工分，以前领取的不退还。（11）独生子女的父母离婚后，抚养孩子一方再婚时如对方有小孩，应收回独生子女证，停止独生子女待遇，以前记的保健工分和领取的保健费不退还。（12）“补充规定和说明”下达前，对于申请领取“独生子女证”的夫妻中，没有施行绝育手术，而采取其他有效节育措施，子女未满3周岁的，从5月份起，按《补充规定和说明》领取保健费或记保健工分，未领的，不再补发。

1981年7月22日，中共毕节地委、毕节地区行署规定：1.男女双方达到晚婚年龄结婚的，奖给婚假7天；晚婚又晚育女职工，奖给产假15天；在产假期间办理独生子女证的，再奖给假期15天。假期工资照发。2.农村独生子女，一律划给双份自留地，已划过的地方，可在队留机动地中调整补足，停止记保健工分。是年10月23日，中共毕节地委决定变更鼓励晚婚晚育假期：凡男26周岁，女24周岁结婚的，延长双方假期10天；双方符合晚婚条件，结婚后怀孕生第一胎的，女方产假延长至80天；如在产假内办理独生子女手续的，女方产假延长至半年。产假期间工资照发，不影响提薪、提职。

1985年，毕节地区执行以下计划生育奖励政策：1.凡男年满25周岁，女年满23周岁结婚的，享受延长婚假10天待遇：达到晚婚年龄结婚和按法定婚龄结婚，女方年满24周岁以后生育第一胎的，产假延至80天。产假期间办理“独生子女证”的，产假延至半年。产假期间工资照发，不影响全勤评奖和晋级、提级、提薪。2.办理“独生子女证”，一次性奖励父母100元；保健费每月发给4元，从办证之月起发至孩子年满14周岁。国家干部、企事业单位职工，由夫妇双方单位各发一半，行政事业单位行政或事业费中开支；企业单位在企业福利基金中开支，不够的可在企业基金留成中开支。夫妇双方是城镇无职业居民的，由县计划生育委员会用计划生育事业费开支。如一方有工作，由有工作一方单位发给一半。夫妇双方均系农业人口，奖励费由乡政府发给，从征收的多子女费中开支一半，国家财政补贴一半（已多划一份承包地的不再享受）。如一方有工作，奖励费由有工作一方单位和乡政府各发一半；保健费由工作单位发给一半，其余一半由乡政府和财政补贴各解决50%。3.在同等条件下招工、招生、入托、医疗保健优先照顾独生子女。

1988年1月1日起，执行《贵州省计划生育试行条例》奖励政策：1.国家工作人员、企事业单位职工晚婚的，给予延长婚假10天优待；晚育的延长产假至80天；晚婚晚育并在产假期间领取“独生子女证”的，延长产假至半年。享受延长婚假、产假期间工资照发，不影响全勤评奖和提职、提薪。2.领取“独生子女证”的夫妻发给一次性奖金100元，并从办证之月起，按月发给独生子女保健费4元。3.城市、机关分配住房，招收合同制工人、学校招生、农村安排宅基地、乡镇企业用工，在同等条件下优先照顾独生子女家庭；有条件的单位，可酌情补助独生子女入托费、医疗费。4.对计划生育工作做出显著成绩的地方，单位和个人应给予奖励。是年10月27日，根据省的意见，女职工晚育产假由80天增至120天。

1998年7月24日起，执行《贵州省计划生育条例》规定的奖励政策：1.各级政府对农村中的独生子女家庭、生育两个女孩并已落实绝育措施的家庭和其他实行计划生育的贫困家庭，在扶贫项目、资金、信息、技术方面予以照顾。2.各级政府为农村独生子女家庭，生育两个女孩并已落实绝育措施家庭和其他实行计划生育家庭，逐步推行养老保险制度及提供其他社会保障。3.国家机关工作人员，企事业单位职工晚婚的，除享受国家规定的婚假外，增加婚假10天；晚育的，除享受国家规定产假外，女方增加30天，男方享受护理假7天；产假期间办理“独生子女证”的，增加产假90天；接受节育手术的，按规定享受休假。以上休假期间工资照发，福利待遇不变，不影响考勤、考核和晋级、晋职、提薪。农民晚婚的，免除夫妻双方1年的农村义务工；晚育的免除产妇1年的农村义务工。4.领取“独生子女证”家庭，可获得奖励和优惠待遇：（1）发给独生子女父母一次性奖励费100～500元，并从领证当月起每月领取5元以上的独生子女保健费到子女满14周岁；（2）独生子女升学、劳动就业、农村安排宅基地，在同等条件下优先照顾；（3）有条件的单位、乡镇政府、街道办事处可酌情补助或减免独生子女入托费、入学费、医疗费；（4）符合生育二孩条件的夫妇，领取独生子女证的，除按本条例规定享受独生子女有关奖励和优待外，由所在单位或乡镇政府、街道办事处给予表彰，并一次性发给500元以上的奖励费。5.独生子女奖励费和保健费由夫妻双方所在单位各承担50%；一方是国家工作人员、企事业单位职工，另一方是城镇居民或农民的，由国家机关工作人员、企事业单位职工一方所在单位全部承担；夫妻双方均为城镇居民，由户籍所在地乡镇政府、街道办事处承担；是个体工商户的，由当地工商行政管理部门从个体工商管理费解决；夫妻双方均是农民的，由户籍所在地乡镇政府承担。6.在县以下政府、街道办事处、企事业单位计划生育岗位连续工作20年以上，并获得国家计划生育委员会颁发的“荣誉证书”的专职人员，退休后给予奖励。在县以下政府、街道办事处、企事业单位从事计划生育工作的专职（含招聘）人员，可享受政府或单位发放的岗位津贴和劳动保护待遇。7.各级政府对在计划生育工作中有突出成绩或特殊贡献的单位和个人，给予表彰和奖励。

1999年起，计划生育工作逐步向社会制约与利益导向相结合转变。毕节地区领取“独生子女父母光荣证”的家庭，给予以下享受奖励和优惠待遇：1.发给独生子女父母一次性奖励费100～500元，并从领证当月起每月领取5元以上的独生子女保健费，至子女满14周岁；2.国家机关工作人员、企事业单位职工按照规定退休的，加发5%的退休金，但不得超过本人原标准工资；3.独生子女入学、劳动就业、农村安排宅基地，在同等条件下优先照顾。农村独生子女户的女孩考生、二女结扎户的考生，在参加全国普通高考时给予加10分的照顾；4.有条件的单位、乡镇政府、街道办事处可酌情补助或者减免独生子女户和二女结扎户的子女入托费、入学费、医疗费并免收9年义务教育期间的杂费。符合生育第二个子女条件的夫妻，领取“独生子女父母光荣证”的，除按规定享受独生子女有关奖励和优待外，由其所在单位或者乡镇政府、街道办事处给予表彰，并一次性发给500元以上的奖励费。独生子女父母奖励费和独生子女保健费由夫妻双方所在单位各承担50%；夫妻一方是国家机关工作人员、企事业单位职工，另一方是城镇居民或者是农民的，由国家机关单位、企事业单位一方全部承担；夫妻双方均是城镇居民的，由户籍所在地乡镇政府或街道办事处承担；夫妻双方均是农民的，由户籍所在地乡镇政府承担。聘用1年以上的合同工，由用工单位承担；丧偶后没再婚的，由抚养子女一方单位全部承担；夫妻一方在读全日制研究生的，由另一方单位全部承担；夫妻一方被判刑的，由另一方单位全部承担。已婚妇女年龄在24周岁以上或晚婚后怀孕生育第一个子女的为晚育；年满23周岁初婚妇女，生育第一个子女时不满24周岁的，可享受晚育待遇。5.国家机关工作人员、企事业单位职工，一方或双方晚婚、晚育的，可享受下列休假，享受规定假期工资照发，福利待遇不变，不影响考勤、考核和晋级、晋职、提薪。晚婚假：国家规定职工婚假为3天，增至13天；晚育假：在产假期间未办理独生子女证的，女方除享受《女职工劳动保护规定》的产假90天外，增至120天，男方享受护理假7天；产假期间办理独生子女证的，女方除享受国家规定产假90天外，增至180天，男方享受护理假7天。国家机关工作人员、企事业单位职工落实计划生育节育措施的，自手术之日起，可享受下列节育手术假期，其休假期按原规定办理。农民晚婚的，免除夫妻双方1年的农村义务工，晚育的免除产妇1年农村义务工。各级政府对农村独生子女家庭、生育两个女孩并已落实绝育措施的家庭和其他实行计划生育贫困家庭，在扶贫项目、资金、信息、技术方面予以照顾，并逐步推行养老保险制度及提供其他社会保障。

2001年12月，毕节地区制定对农村独生子女户和二女结扎户（下称两户）实行优先优惠政策：1.积极开展社会养老保险工作，坚持政府支持和群众自愿原则，采用县级财政投入的计划生育事业费、统筹费、社会抚养费和个人承担相结合的办法，以及实行干部职工与独生子女户和二女结扎户1+1结对帮扶方式，逐步建立两户养老保险制度，解决老有所养问题，消除群众实行计划生育后顾之忧。2.乡镇政府免收两户乡统筹村提留费7年。3.劳动部门在组织劳务输出时，优先照顾两户。4.文化、广播、电视部门结合实施村村通、寨寨通工程，优先为两户开通广播电视，减免有线电视费。5.计划生育部门免费为两户提供生殖保健服务，给予两户子女急诊重病住院适当补助；两户办理《流动人口婚育证明》，减收费20%；免费办理妇检证。6.公安部门对符合条件要求农转非的两户，优先审批；司法部门对两户做好义务法律咨询，提供法律援助，减免案件代理费，减免待收案件受理费，减免代书法律文书费。7.民政部门对两户中符合条件的优先救济，重点帮扶。对因灾造成房屋倒塌、毁损的，优先纳入安居工程重建或维修；对造成生活困难的，优先予以救济。8.妇联、团委把控制人口与“双学双比”结合起来，帮助两户妇女学文化，学技术，脱贫致富，提高妇女地位；对两户的辍学儿童实施救助，“希望工程”“春蕾计划”、1+1救助资金向两户倾斜，优先帮助其子女上学。9.财政部门对两户免收除烤烟等专卖的农产品外的农林特产税7年。10.教育部门免收两户子女在义务教育期间杂费；参加小学毕业择校升初中考试的照顾5分，参加初中毕业升高中考试的照顾10分，参加本地区中师中专技工学校考试的，照顾10分，属少数民族的按照规定累加。11.卫生部门对两户子女就医的，减收诊断检查费10%，免收住院床位费，减收手术费30%；免收两户儿童预防接种服务费；把两户妇女儿童纳入重点保健管理对象。12.民族工作部门用于少数民族地区发展经济、社会事业的专项经费，向符合条件的少数民族两户倾斜。13.农业、林业、科技等部门在2～3年内对两户进行2～3项农业实用技术培训，优先向他们提供信息，提供发展种植业、养殖业的优良品种，各种帮扶资金应适当予以倾斜，确保帮扶到位；林业部门优先为两户提供优质树苗树种和果树苗木嫁接技术；畜牧部门优先为两户提供家禽、家畜饲养新技术。14.水利部门对两户优先免费提供技术培训，解决人畜饮水困难。15.供销部门优先向两户提供所需农业生产资料，优先收购其出售的农副产品，并在价格上给予适当的优惠。16.乡企部门优先为两户提供项目和信息，免收两户所办企业管理费；动员乡镇企业优先吸收两户务工。17.国土、建设部门优先办理两户建房有关手续，减收各项规费30%。18.农行按小额信贷扶贫资金的有关规定，在2000元以内优先向两户发放。19.残联按规定优先推荐两户的残疾子女就业。20.工商部门对持两户优惠证者，减收20%工商管理费。国家、省和地区制定以下奖励计划生育工作者：规定在县以下政府、街道办事处、企事业单位计划生育岗位累计工作20年以上，并获得国家计划生育委员会颁发的“荣誉证书”的专职人员，退休后给予奖励；在乡镇以上政府、街道办事处、企事业单位从事计划生育工作的专职（含招聘）人员，可享受政府或单位发放的岗位津贴和劳动保护待遇。2001年1月起，对从事计划生育工作的专职人员发放岗位津贴，地级每人每月45元，县、乡级每人每月60元，列入财政预算，随工资发放；在乡镇计划生育岗位上连续工作20年以上并获国家计划生育委员会颁发的“荣誉证书”的专职计划生育人员退休时一次性奖励3000元，奖励经费由同级财政支付；2001年4月起对在计划生育工作岗位上连续工作25年以上的计划生育干部发奉献奖，奉献奖由省人口计生委颁发，每3年1次，每个人终身只能享受1次。2002年，全地区共办理两户养老保险2044户，帮扶计划生育户3.84万户。2004年，全地区组织群众开展少生快富工程，特别帮助农村两户解决实际困难，发展生产，增加收入。是年，各县市财政均设立奖励扶助基金专户，兑现1.34万户两户奖励金，对农村两户212人按月发放养老金，帮扶农村，两户和计划生育贫困户1.97万户。2005年，对两户的独生子女、二女的抚育、保健、入学实行优惠奖励政策，启动少生快富养老保障行动计划，在两户到60岁才按月发放保障金的基础上，新增即扎即奖激励措施。纳雍等县除给予3000元1次性奖励外，从结扎之日起，每月发50元生产扶持费，直至60岁转入国家规定奖励阶段。地区在金沙县实施“人地挂钩”土地制度改革试点，坚持新增人口不增地，死亡人口不减地，娶不增地，嫁不减地，超生收回承包地，用制度激励少生和约束超生。

2004年5月，国家人口计生委、财政部颁布《关于农村部分计划生育家庭奖励扶助制度试点的方案（试行）》，对符合奖励扶助条件的对象，按人均不低于600元/年的标准发放奖励扶助金。2007年8月，国家人口计生委、财政部颁布《全国独生子女伤残死亡家庭扶助制度试点方案》，对独生子女死亡后未再生育或合法收养子女的夫妻，由政府给予每人每月不低于100元的扶助金；对独生子女伤、病残后未再生育或收养子女的夫妻，由政府给予每人每月不低于80元的扶助金。2008年11月，国家人口计生委、财政部下发《关于实施"三项制度"工作的通知》，在全国范围内全面实施包括计划生育家庭特别扶助制度（即"独生子女伤残死亡家庭扶助制度"）；提高农村部分计划生育家庭奖励扶助制度的奖励扶助标准，对符合条件的奖励扶助对象，奖励扶助标准从每人每年不低于600元提高到每人每年不低于720元；扩大西部地区"少生快富"工程目标人群实施范围。2011年6月，国家人口计生委、财政部发布《关于将符合规定的"半边户"农村居民一方纳入农村部分计划生育家庭奖励扶助制度的通知》，将一方为农村居民、一方为城镇居民的夫妇（即"半边户"）中符合条件的农村居民一方，纳入农村奖励扶助制度。在贯彻落实国家"三项制度"的过程中，贵州省结合实际，对多年来探索实施的人口计生利益导向政策进行整合、规范、创新、拓展、提升，构筑以奖励、保障、优惠、救助"四项制度"为主体的人口计生利益导向政策体系，实现了全面提标扩面。2011年，贵州省委、省政府出台了《中共贵州省委贵州省人民政府关于全面加强人口和计划生育工作确保实现"双降"目标的意见》，对"四项制度"的内容进行了丰富完善。

2005年，纳雍县在全省率先设立计划生育节育奖，农村二女绝育户夫妇双方从绝育手术之日起，除给予3000元一次性奖励外，每人每年领取节育奖600元，直到进入国家奖扶范围；2007年，对农村二女绝育户实行"结扎即奖"。2009年，在国家人口计生委、贵州省人口计生委的支持和帮助下，在毕节、大方、黔西、金沙、威宁五县市选取1000户农村"两户"开展"千户示范"工程，每户发给6000元的发展启动金；在三年内实施人口计生少生快富万户财政贴息贷款工程（简称"万户工程"）；在金沙县、威宁县实施"幸福工程"，帮助和解决实行计划生育的家庭生产生活中面临的实际困难，尽快脱贫致富。同年，黔西县在全省率先建立城镇部分计划生育家庭奖励扶助制度，非国家机关企事业单位职工的城镇居民，达到规定年龄后，由县财政每人每月分别发给50元奖励扶助金。2010年起，全地区开始实施"育才工程"，推荐农村"两户"符合条件的子女就读职业学校，由人口计生部门全额承担学费；农村计生"两户"子女考取大专或本科的，给予一次性助学补助；农村计划生育家庭子女实现"十二年制"免费义务教育（含职业高中），并出台了农村计生"两户"子女就学就业创业全程优先优惠办法。

## 四　限制计划外生育政策

1979年8月，地区行署制发《关于贯彻执行〈贵州省计划生育暂行办法〉中有关问题的意见》规定：1.1975年以来超生第三胎及三胎以上小孩，在调整自留地时，一律不划给自留地。

2.凡享受独生子女奖励后再生育第二个子女的（子女死亡和重伤残废者除外），收回“独生子女证”，并如数追回领取的保健费和保健工分。3.对不实行计划生育的育龄夫妇实行经济限制。4.从本文下达之日起，已有两个孩子的夫妇再生育的，应缴纳多子女费（第二胎是双胞胎、多胞胎的除外）。5.职工每超生1个小孩，由职工所在单位每月扣取夫妇工资各5%。职工工作调动时，原单位向调入单位注明，由调入单位继续扣取。农村社员每超生1个子女，由所在生产队每年扣除夫妇劳动工分的5%。扣取的多子女费和劳动工分，用作本单位计划生育奖金，扣取时间从超生子女出生起至10周岁止。超生的子女必须在父母落实节育措施后，在城镇的才能供应主副食品；在农村的，才能参加基本口粮和农副产品分配。6.多子女不能作困难补助条件。7.城镇居民超生子女的，每月应交纳多子女费3～5元，从超生子女出生至年满10周岁止。由所在街道办事处收取作计划生育奖金。8.职工超生子女的不发产假工资，怀孕期间的检查、安胎、接生、住院费用一律自理。农村社员超生子女的不记产假工分。厂矿、企事业单位职工超生的子女，不得享受家属半费医疗等福利待遇。9.对不实行晚婚和计划生育者，当年不得评为先进生产（工作）者，不参与年终评奖，不提薪，不提职。

1980年3月，中共毕节地委、毕节地区行署规定：1.对1979年6月30日前超胎生育的夫妇，只要检讨认错，群众谅解和一方落实绝育措施，从落实措施之月起不再扣罚多子女费或工分，已扣罚的不退还。没有采取措施和1979年7月1日后超生的，继续扣罚。2.1980年4月1日起，每超生1个小孩，扣发夫妇双方所在班组、农业作业组或机关单位当年超产粮、奖金或福利费总额的10%；扣罚的粮食、现金，由上一级领导单位掌握，主要用于奖励计划生育先进单位和个人、受术者、独生子女夫妇营养补助。3.凡计划外怀孕，本人应在3个月内向所在单位、生产队或街道报告，并及时采取补救措施；否则，从怀孕之月起，扣罚夫妇双方工资或工分的30%，待采取有效补救和节育措施后，退还本人。强行生育的，除扣罚部分不退外，还按规定扣纳多子女费或工分，直到超生子女满14周岁。对早婚早育的，扣到间隔期满为止。4.农户超生的子女，不仅不划给自留地，还要收回父母的自留地。5.超生夫妇，1年内不得评为先进生产（工作）者，不得评奖，不准入党、入团、提薪。6.凡超生子女的育龄夫妇，除按有关规定惩罚外，必须有一方落实绝育措施。7.超生子女必须待其父母一方落实绝育措施后凭绝育证和单位惩罚证明，才能入户，供应主副食品和参加口粮分配。

1980年5月13日，中共毕节地委、毕节地区行署发出《关于贯彻〈贵州省人民政府关于印发贵州省计划生育暂行办法的补充规定和说明的通知〉的通知》，作出以下规定：1.从1980年6月1日起，生育第三个孩子的夫妇，是职工的每月从工资中扣多子女费10%；是农村社员的各扣劳动工分的10%，直到小孩年满14周岁。《暂行办法》下达到1980年5月31日生育第三个孩子的，仍按原规定扣取多子女费或工分到小孩年满10周岁。2.未到晚婚年龄结婚生育、非婚生育和不到规定间隔年限生育第二胎的，均按超胎生育扣取工资或工分，直到符合晚婚年龄正式结婚和达到规定间隔年限。3.计划外生育的夫妇，从小孩出生之月起，2年内不得评为先进，不评奖（单项奖除外），不提薪，不提职。4.从1980年2月起，对超胎怀孕的夫妇，每月扣罚夫妇双方工资或工分的30%，采取补救措施后退还。在没有采取补救措施前，不得评先进、评奖、提薪、提职。小孩出生后改按超胎生育规定扣取多子女费或工分。5.机关企事业单位中无常住户口的家属计划外生育，按城镇无工作居民计划外生育处理。其家属返回原籍后，按规定扣除。6.《暂行办法》下达后，计划外生育的职工，还应扣罚其产假工资。7.凡按规定应当扣罚的工资、产假工资和工分，均由本单位负责计划生育的干部或政治工作部门通知财会人员扣取。计划外生育的夫妇不在同一单位工作，应由小孩所在一方的单位书面通知其对方所在单位负责扣取，扣取的工资或工分，纳入本单位的福利基金，用作计划生育奖励费用。8.今后新生儿入户，须持“准生证”“出生证”和夫妇一方落实节育或绝育措施的医院证明，公安户籍管理部门方可登记入户，粮食、商业部门方可办理凭证供应的主副食品关系。9.计划外怀孕、生育的职工，孕期检查、安胎以及接生、住院费。各级医疗单位在诊治、收住这类病人时，严格按规定办理，收费单位应加盖自费印章，持有计划生育部门发的“准生证”或有关单位开的一、二胎证明的，才能享受公费医疗和劳保医疗。10.凡自愿只生1个孩子的夫妇，不要求施行绝育手术，可采取综合节育措施，通过订立合同或公约等办法保证不再生育第二个孩子。11.扣罚计划外怀孕、生育夫妇怀孕期间工资或工分的执行时间，从1980年4月1日起执行。12.1979年1月1日以来计划外生育的职工，从小孩出生之月起，2年内不得评为先进、不评奖、不提薪、不提职；其中1980年4月1日前间隔不到而生育二胎的，只要本人检讨，群众谅解，一方采取绝育措施后，本次调资可不受影响。

1981年7月，中共中毕节地委、毕节地区行署明确作出规定：1.农村超生子女一律不划给自留地、责任地，已划的纠正。2.农村超胎怀孕者，从怀孕之月起，收取相当怀孕夫妻双方劳动所（按当地常年2分值折算成钱、粮或实物）得30%的孕期罚金；采取补救措施后如数退回。强行生育的，从小孩出生之月起，按超生人户当年总收入的10%计算，折合成钱、粮或实物缴纳多子女费，直到超生小孩年满14周岁。3.国家职工、城镇居民中1981年8月1日后违反规定生育二孩的，除按原有规定处罚外，无论间隔期是否到，一律从小孩出生之月起，按夫妇双方工资的10%扣纳多子女费，直至小孩年满7周岁。4.党团员和国家职工强行超胎生育除按规定处罚外，还必须根据错误程度和改正错误表现，给予党纪、团纪、政纪处理。1982年1月，地区计划生育办公室、公安处、粮食局联合发出通知：1979年7月1日～1980年3月31日及1980年4月1日以来，非农业人口中，生育3胎及3胎以上的孩子，以及1981年8月1日后，无计划生育二孩登记入户时，由县、区、乡计划生育部门出具证明，方可登记入户。户籍管理部门办理入户手续时，根据计划生育部门证明，注明胎次，加盖无计划印章。粮食部门开始供应议价粮，供应年限从小孩出生之月起连续计算，分别至10周岁、14周岁和7周岁后转入正常供应。毕节地区从1982年4月1日起，执行省政府《关于计划生育的几项政策规定》：农村超胎生育的孩子，收回承包的责任地、划给自留地、自留山；今后凡计划外超生的孩子，一律不允许承包责任地、责任山和划给自留地、自留山，并扣回家长承包的一份责任地、责任山。

1986年，各县按照中央、省的指示，制定限制超计划生育政策：1.国家干部职工计划外怀孕的，从怀孕之月起扣罚夫妇双方各标准工资30%的超怀费；农村、城镇居民计划外怀孕的，处以一定数额罚款；采取补救措施后退还本人。2.计划外生育的，分胎次给予经济处罚，可用除生产资料以外物品折款抵押。3.党员、干部、职工计划外生育的，还给予行政、党纪、政纪处分，2年内不得评为先进，不提薪，不提职。

1988年1月起，各县根据《贵州省计划生育试行条例》，制定实施办法。1.计划外怀孕的，动员其终止妊娠，不听劝告的，在怀孕期间，国家工作人员、企事业单位职工由所在单位按月扣罚夫妻基本工资30%；城镇居民、农民分别由街道办事处、乡镇政府根据实际情况处以罚款。所扣罚的工资或罚款在落实补救措施后予以退还。2.国家工作人员，企事业单位职工计划外生育的，夫妻双方除各降一级工资外，并扣罚每月各基本工资10%；5年内不得评为先进，不提职，不提薪，不评月季和年度综合奖，并视其情节，给予必要的行政处分。罚款期7～14年。1989年后，对于计划外生育的干部职工，给予夫妻双方开除工作的处分。3.国家工作人员、企事业单位职工计划外生育的，不得享受困难补助，自理女方怀孕和生育期间检查、接生、住院费。计划外生育的子女，在7周岁内不得享受补助托儿费、家属统筹医疗、劳保医疗等福利。4.城镇居民、农民计划外生育的，视其胎次和实际情况处以罚款。5.领取“独生子女证”后计划外生育的，除按规定给予处罚外，收回“独生子女证”，追回已领取的奖励费、保健费和延长产假期间的工资、奖金。

1992年3月，地区行署印发《关于清理、收缴、管理使用和计划外生育费的实施办法》规定：1.起收时间：1987年底以前计划外生育费起收时间，以各县明确起收时间为准。尚未明确的仍由各县本着执行政策的连续性，有利于严格控制计划外生育为目的自行确定。1988年起，按《贵州省计划生育试行条例》规定，从是年1月1日起执行。2.收缴计划外生育费标准：各县已有明确规定且数额高于本办法，原则上按各县已明确规定执行。尚未明确规定的，按以下计算办法和数额标准执行：（1）农民计划处生育第三孩的，以县为单位，按上年农民人均收入的2.5倍至5倍计收；超生孩次每提高1个，罚款数额按提高10%至20%计收。人均收入不足200元的按200元计算。符合生育二孩的夫妇，间隔不到提前生育，罚款不少于100元；违法婚姻生育第一个孩子罚款不少于200元；汉族第一个是男孩又计划外生育二孩的罚款不少于300元。（2）城镇居民计划外生育第三孩的以县为单位，按城镇居民上年人均生活费的2至5倍计收；超生孩次每提高1个，罚款数额按提高10%至20%。人均生活费不到500元的按500元计收。计划外生育第二个孩子的罚款不少于600元；违法婚姻生育第一个孩子的罚款不少于400元。（3）私营企业主、个体工商户计划外生育三孩的按本人上年度纯收入的2～5倍计收，处罚数额不足5000元的按5000元；超生孩子每增1个，应交数额按提高10～20%计收。计划外生育第二个孩子的罚款不少于200元；违法婚姻生育第一个孩子罚款不少于1000元。（4）国家工作人员、企事业单位职工超生三孩未开除公职的，除夫妇双方各降二级工资外，罚款不少于2000元，超生孩子每增1个，罚款数额提高10～20%计收；计划外生育第二个孩子，除夫妇双方各降一级工资外，罚款不少于1000元；违法婚姻生育第一个孩子，罚款不少于600元。开除公职的，按开除公职后所从事的职业，比照上述办法处理。（5）流动人口，按其所从事职业处理。3.计划生育费原则上实行一次性收缴。计划外生育户在1992年上半年前交清的，可视其实际情况减轻处罚，但减轻数不能超过应交数额的40%。个别计划外生育户确实无力1次交清的，可订立分期交款合同，按时交清。但欠款交清期限不得超过3年。超过3年仍不交清的，可实行以物抵交并加罚滞纳金。《实施办法》下达后出现计划外生育的一律从严处罚，计收罚款比1991年前应收数提高50%。1998年7月24日起，毕节地区执行《贵州省计划生育条例》的规定。

1999年4月，中共毕节地委、毕节地区行署批转地纪委、组织部、监察局、人事局、计生局《关于清查处理干部职工计划外生育加强机关企事业单位计划生育管理的意见》规定：在1998年7月24日前违反政策超生的干部职工，只要在1999年5月31日前主动到有关单位承认超生事实，交清计划外生育费，可在原处分基础上降低一档处分，1998年7月24日后超生的按《贵州省计划生育条例》处理。2000年7月27日，执行中共贵州省纪委、监察厅《关于共产党员、国家工作人员违反计划生育政策行为纪律处分暂行规定》，有下列情况之一的，给予开除党籍、开除公职处分。1.超计划生育。2.重婚、姘居生育。3.将已有子女隐匿或送他人收养后再计划生育。4.弃婴、溺婴。同时规定：非婚生育或未到法定生育年龄的，给予党内严重警告、撤销党内职务，行政记大过、降级处分。

2001年8月起，执行《贵州省计划生育管理办法》规定，对违反规定计划外生育的，视其计划外生育子女个数和情节轻重，对夫妻双方分别作以下处理：1.农民计划外生育1个子女，对夫妻双方分别按上一年该县（市、区）农民人均纯收入的2～3倍征收社会抚养费；计划外生育两个以上子女，按4～5倍征收。2.城镇居民计划外生育1个子女，对夫妻双方分别按上一年该县（市、区）城镇居民人均生活费收入的2～3倍征收社会抚养费；计划外生育两个以上子女，按4～5倍征收。3.个体工商户、私营企业主及从事其他各类经营活动人员，计划外生育1个子女，按本人现居住地上一年农民人均纯收入或城镇居民人均生活费4～6倍征收社会抚养费；计划外生育两个以上子女，按7～10倍征收。

2002年9月1日起，施行《中华人民共和国人口与计划生育法》，对违反政策规定生育子女的公民依法收缴社会抚养费，对国家工作人员依法给予行政处分，其他人员由其所在单位或者组织给予纪律处分。同时对于违反修定后的《贵州省人口与计划生育条例》生育孩子的，分别按以下规定处理：1.是国家机关工作人员、企事业单位职工的予以开除，并征收社会抚养费。2.是农民的，按照该县（市、区）上一年农民人均纯收入的2倍以上5倍以下征收社会抚养费。3.是城镇居民的，按照该县（市、区）上一年城镇居民人均可支配收入的2倍以上5倍以下征收社会抚养费。4.是个体工商户、私营企业主以及从事其他各类经营活动人员，按照本人所在县（市、区）上一年农民人均纯收入或城镇居民人均可支配收入的4倍以上10倍以下征收社会抚养费。5.符合本条例规定生育条件，但不到间隔年限生育的，国家机关工作人员、企事业单位职工，各按夫妻双方每月标准工资30%征收社会抚养费，征收时间从子女出生之日起至满间隔年限，2年内不得评为先进，不得晋级、晋职；农民、城镇居民、个体工商户、私营企业主以及从事其他各类经营活动人员，分别按照该县（市、区）上一年农民人均纯收入或者城镇居民人均可支配收入的月平均数征收社会抚养费，征收时间从子女出生之日起至满间隔年限，但征收金额不得超过该县（市、区）上一年农民人均纯收入或城镇居民人均可支配收入的2倍。6.非婚生育和违法收养子女的，比照上述规定执行。非婚生育的依法办理结婚登记后，符合生育规定征收社会抚养费时间从出生之日起至办理结婚登记后1年止，不足1年的按1年计算。7.违反本条例生育规定的，不听劝告，不终止妊娠的，国家机关工作人员，企事业单位职工，由所在单位按月预征夫妻标准工资各30%的社会抚养费；其他各类人员分别按应征社会抚养费金额50%预征。终止妊娠，从预征社会抚养费中扣除妊娠手术费后，多余的退还本人；造成生育事实的冲抵社会抚养费。8.获得独生子女父母光荣证的夫妻，符合规定申请生育第二个子女，应收回独生子女父母光荣证和已领取的奖励费、独生子女保健费；不符合本条例规定生育的，除收回独生子女父母光荣证和已领取的奖励费、独生子女保健费外，应当收回延长产假期间的工资、奖金，并按照本条例有关规定处理。

## 五　保障政策

1980年3月，中共毕节地委拟发《关于做好计划生育工作的意见》规定：1.各部门在安排工作时，不能违背计划生育规定，凡违反规定造成不良后果的，要追究领导责任。2.组织、人事、劳动、纪检部门在招工、提干、调资、和考察干部时，要严格执行计划生育的有关规定。3.对破坏计划生育的行为，要坚决、及时地进行打击惩处。各县可按《关于涉及计划生育方面案件的处理意见》执行：（1）对因其亲属实行计划生育不满而殴打，杀伤推行计划生育干部、积极分子的，可按《刑法》规定，以伤害罪论处。（2）对非法取环，危害人民健康至伤致死人命者，以伤害罪论处。（3）在非法取环中，乘机强奸妇女，以强奸罪论处。（4）以牟利为目的，非法取环，诈骗勒索钱财者，按诈骗罪、敲诈勒索罪论处。1981年7月，中共毕节地委、毕节地区行署拟发《关于当前计划生育的意见》要求坚决打击破坏计划生育的违法活动和犯罪分子，尤其要重点打击：非法取环骗取财物的诈骗分子；乘机奸污妇女的流氓分子；非法取环致伤、致残、致死人命以及伪造、贩卖节育证件的犯罪分子。1988年1月起，毕节地区执行《贵州省计划生育试行条例》规定。

1988年4月，地区行署制发《关于流动人口计划生育管理的意见》规定：1.凡遗弃、溺害婴幼儿，虐待女孩或生女婴的母亲，情节严重的；破坏节育措施、伪造、出售假节育证明的；辱骂、殴打、暴力威胁行凶、阻碍计划生育工作人员执行公务的，由司法机关依法处理。2.任何单位和个人不得包庇、隐藏计划外怀孕、生育者，凡在计划生育工作中，利用职权弄虚作假、徇私舞弊由行政主管部门视其情况给予经济处罚和行政处分。情节恶劣、影响极坏、后果严重的，要追究法律责任。

1998年7月24日起，执行《贵州省计划生育条例》规定。1999年1月，执行国家《流动人口生育管理办法》规定。

2000年7月27日起，执行中共贵州省纪委、省监察厅《关于共产党员、国家工作人员违犯计划生育法规政策行为纪律处分暂行规定》。2001年8月1日起，执行《贵州省计划生育管理办法》规定。2001年10月1日起，执行《计划生育服务管理条例》规定。2001年12月，中共毕节地委、毕节地区行署制定《毕节地区关于对党政领导干部实行人口与计划生育责任追究的暂行规定》：1.责任对象：（1）县市党委、政府主要领导和分管计划生育的主要领导；（2）乡镇、街道办事处党委、政府主要领导和分管计划生育工作的领导；（3）地、县市直国家机关企事业单位主要负责人。2.责任内容。（1）县级：按照年初向地区签订的目标责任书完成下列指标：①人口控制计划。②提高计划生育率、降低计划外多孩率。③节育手术任务和手续及时率。④确保财政投入、计划生育统筹费到位，征收的社会抚养费全部用于计划生育事业。⑤及时查处计划外生育的干部职工。⑥辖区内该进行责任追究的已进行责任追究。（2）乡级：按照年初向县市签订的目标责任书完成下列指标：①人口控制计划。②提高计划生育率、降低计划外多孩率。③节育手术任务和手续及时率。④村级计划生育人员、任务、报酬落实。⑤出生人口统计误差达责任目标。⑥重点对象妇检率达责任目标。（3）地、县市直国家机关企事业单位：按属地管理原则接受当地政府计划生育管理，干部职工无计划外生育。3.追究方式，按干部管理权限分级追究。（1）对没有完成年度人口计划的县级、乡级和出现计划外生育的地、县市直国家机关企事业单位，予以"一票否决"，并取消其当年评先选优及晋级资格。（2）有下列情况之一的，予以通报批评：①在出生人口统计中弄虚作假或因工作不负责任，导致出生人口漏报超过责任目标的。②挪用、拖欠计划生育经费半年以上或在计划生育经费投入上弄虚作假的。（3）有下列情况之一的，予以"黄牌警告"：①人口出生率指标处于年度人口计划临界点的。②地对县市、县市对乡镇、街道办事处的计划外生育率由低到高排位，超过责任目标处于最末位的。③干部职工出现计划外生育的。④该作责任追究而不及时追究的。被黄牌警告的，责令其党政领导限期改进工作。凡累计3次被黄牌警告的，要对党政主要领导和分管领导进行组织处理。（4）有下列情况之一的，予以诫勉谈话直至组织处理：①人口出生率、计划外多孩率和计划生育率分别高于和低于责任目标的。②国家机关企事业单位干部职工计划外怀孕不及时做工作，造成计划外生育的。③地区查出计划外出生比较严重的村（居）委会，责成县市党委、政府对其所在乡镇、街道办事处党政主要领导和分管领导予以诫勉谈话直接组织处理。（5）在考察县市党委、政府主要领导和分管领导时，被计划生育"一票否决"的，不能提拔；列为后备干部的，取消其后备干部资格。各县市亦参照上述办法制定县城内的实施办法。

2002年9月1日起执行《人口与计划生育法》和《社会抚养费征收管理办法》的规定。1.有下列行为之一的，由计划生育行政部门或者卫生行政部门依据职权责令改正，给予警告，没收违法所得；违法所得1万元以上的，处违法所得1～3万元罚款；情节严重的，由原发证机关吊销执业证书；构成犯罪的，依法追究刑事责任：（1）非法为他人施行计划生育手术的；（2）利用超声技术和其他手段为他人进行非医学需要的胎儿性别鉴定或者选择性别的人工终止妊娠的；（3）实施假节育手术，进行假医学鉴定，出具假计划生育证明的。2.伪造、变造、买卖计划生育证明，由计划生育行政部门没收违法所得，违法所得5000元以上的，处违法所得2～10倍的罚款，没收违法所得，违法所得不足5000元的，处5000～2万元罚款；构成犯罪的，依法追究刑事责任。3.以不正当手段取得计划生育证明的，由计划生育行政部门取消其计划生育证明；出具证明的单位有过错的，对直接负责的主管人员和其他直接责任人员依法给予行政处分。4.计划生育技术服务人员违章操作或者延误抢救、诊治，造成严重后果的，依照有关法律、行政法规承担相应的法律责任。5.国家机关工作人员在计划生育工作中，有下列行为之一，构成犯罪的，依法追究刑事责任；尚不构成犯罪的，依法给予行政处分；有违法所得，没收违法所得：（1）侵犯公民人身权、财产权和其他合法权益的；（2）滥用职权、玩忽职守，徇私舞弊的；（3）索取、收受贿赂的；（4）截留、克扣、挪用、贪污计划生育经费或者社会抚养经费的；（5）虚报瞒报、伪造、篡改或者拒报人口与计划生育统计数据的；（6）违反本法规定，不履行协助计划生育管理义务的，由有关地方政府责令改正，并给予通报批评；对直接负责的主管人员和其他直接责任人员依法给予行政处分。6.违反政策生育的公民，应当依法缴纳社会抚养费。未在规定的限期内足额缴纳应当缴纳的社会抚养费的，自欠费之日起，按照国家有关规定加收滞纳金；仍不缴纳的，由作出征收决定的计划生育行政部门依法向人民法院申请强制执行。7.社会抚养费及滞纳金应当全部上缴国库，按照国务院财政部门的规定纳入地方财政预算管理；任何单位和个人不得截留、挪用、贪污、私分。8.县级以上人民政府计划生育、财政、计划（物价）、审计、监察等部门，应当加强对社会抚养费征收管理工作的监督、检查。9.擅自增设与计划生育有关的收费项目或者擅自提高社会抚养费征收标准的，依照《违反行政事业性收费和罚没收入收支两条线管理规定行政处分暂行规定》处理。10.截留、挪用、贪污、私分社会抚养费的，依照刑法关于贪污罪、挪用公款罪、私分国有资产罪的规定，依法追究刑事责任；尚不够刑事处罚的，对直接负责的主管人员和其他直接责任人员依法给予降级、撤职或者开除的行政处分。11.拒绝、阻碍计划生育行政主管部门及其工作人员依法执行公务的，由计划生育行政部门给予批评教育并予以制止；构成违反治安行为的，依法给予治安管理处罚；构成犯罪的，依法追究刑事责任；12.公民、法人或者其他组织认为行政机关在实施计划生育管理过程中侵犯其合法权益，可依法申请行政复议或者提起行政诉讼。

## 第五节　计划生育管理

**管理机构**　1.行政管理机构。1963年12月，成立毕节专区计划生育委员会，设办公室在地区卫生局，负责全地区计划生育宣传、节育技术指导，开展调查研究、督促检查计划生育工作。是年6月至1966年3月，区内各县成立计划生育委员会并下设办公室，开展计划生育工作。1972年5月，毕节地区革命委员会重组计划生育委员会，并下设办公室。是年5月至10月，各县革命委员会相应重组计划生育委员会，设置办公室。1975年至1978年，各县所辖的区、人民公社开始配备计划生育兼职管理人员，到1978年底止共配备874人兼职管理人员。1977年3月，再次调整计划生育委员会。1978年11月，取消地区革命委员会计划生育委员会，设立计划生育领导小组，下设办公室，负责办理全地区计划生育日常工作。1979年，地区计划生育办公室为行署管理计划生育工作职能办事机构。是年11月，中共毕节地委明确地区计划生育办公室为县级单位，其主要职责是：统一管理全地区计划生育工作；贯彻执行上级有关计划生育方针政策和法令；协同地区计生委编制全地区人口发展的长远规划和年度规划；搞好宣传教育、培训干部、落实节育措施。各县计划生育办公室也相应成为县人民政府的职能办事机构。各区公所、人民公社计划生育专职干部，负责计划生育日常事务。1983年9月机构改革，地区计划生育办公室更名为计划生育委员会，下设秘书科，业务科，1988年12月增设财务科。各县计划生育办公室相应先后更名为计划生育委员。1989年11月，成立毕节地区计划生育协会，并挂靠地区计划生育局。1991年，区内施行建镇并乡撤区，全地区245个乡镇设立计划生育股，负责管理本辖区的计划生育工作。1993年8月，贵州省在金沙、赫章县进行机构改革试点，将县属计划生育委员会改设为计划生育局。1994年4月，毕节镇改设6个街道办事处，办事处设立计划生育工作站。1996年6月，地区施行党政机构改革，将地区计划生育委员会更名为计划生育局，内设办公室、业务科、财务科，其主要职责有：（1）贯彻执行党和国家以及省委、省政府制定的计划生育方针、政策、条例和地委、行署的意见决定，并检查各地执行情况，与有关部门配合，对人口与计划生育工作实行综合治理。（2）会同有关部门编制全地区人口发展中、长期规划和年度计划，制定全地区计划生育事业的发展计划并对执行情况进行检查与评估，负责计划生育统计工作，参与全地区人口统计数据及抽样调查的分析研究。（3）组织开展有关人口与计划生育研究，组织评审、鉴定计划生育成果，推广应用计划生育新技术。（4）负责全地区计划生育技术服务的综合管理，检查并指导各地计划生育服务站工作，编制计划生育药具计划，指导、督促药具的供应与管理，协同有关部门做好优生优育工作。（5）组织人口与计划生育的宣传教育工作。（6）指导计划生育系统干部队伍的建设，制定全地区计划生育干部培训和专业教育规划并组织实施。（7）负责国家和省、地财政拨付的计划生育事业经费和基建投资的预算决算，检查并指导各地计划外生育费的征收、管理和使用，管理直属事业单位财务和国有资产。（8）完成地委、行署和省计生委交办的其他事项。是年6月至7月，毕节市及大方、黔西、织金、纳雍、威宁县先后将计划生育委员会更名为计划生育局。是年全地区250个乡镇、街道办事处将计划生育股（站）更名为计划生育办公室。

2001年9月机构改革，地区计划生育局设置办公室、业务科、政策法规宣传科、财务科。是年10月，中共毕节地委、毕节地区行署再次明确地区计划生育局是行署主管全地区计划生育工作的职能部门，其主要职责是：（1）贯彻执行党和国家以及省委、省政府、地委、行署制定的计划生育方针政策和法规、条例，检查各县市的执行情况；坚持“三为主”、推行“三结合”，推动人口与计划生育的综合治理工作。（2）会同有关部门编制全地区人口发展中、长期规划和年度计划，制定计划生育事业发展计划；负责计划生育统计工作，组织实施计划生育抽样调查，参与全地区人口统计数据的分析研究。（3）组织有关人口与计划生育重大问题的研究。（4）制定全地区人口与计划生育宣传教育工作的规划，组织开展全民性人口与计划生育宣传教育。（5）综合管理计划生育技术服务工作，围绕生育、节育、不育制定生殖保健服务的规划与规范，发展生殖保健产业；配合卫生部门做好优生优育、提高出生人口素质工作；对计划生育技术和药具发放进行指导和监督。（6）编报地区计划生育事业经费和基本建设支出的预、决算及计划生育药具需求计划；管理直属单位财务和国有资产。（7）制定计划生育系统干部队伍建设和教育培训规划并组织实施。（8）指导有关计划生育社会团体的工作。（9）承办行署和省计生委交办的其他事项。2002年3月15日，地区调整充实人口与计划生育工作领导小组，由中共毕节地委书记任组长，行署专员等人任副组长。2004年6月15日，毕节地区计划生育局更名为毕节地区人口与计划生育局，内设办公室、发展规划科、法规宣教科、科技科、计划财务科。2010年，毕节地区人口与计划生育局更名为毕节地区人口和计划生育委员会，内设法规宣教科分设为政策法规科、宣传教育科。

历任毕节地区计划生育（办、委）局正副职负责人：陈先福、胡梦塘、李泉水、王若桐、张发明、王理春、张基沛、刘文员、杨荧、陈昌国、熊祯富、郭慧轩、张永福、葛继红、张经州、曾家权、袁顺国；历任中共毕节地区计划生育（办、委）局党组成员：王若桐、张发明、王理春、张基沛、陈昌国、熊祯富、郭慧轩、张永福、葛继红、卢萍、张经州、石承钧、曾家权、袁顺国、辛茂荣。

2.事业机构。1978年8月建立计划生育技术指导组，负责计划生育技术培训和指导工作。1983年12月22日，行署决定建立地区计划生育宣传技术指导所，为地区计划生育委员会下属事业单位。1987年5月计划生育技术指导组更名为计划生育技术鉴定组，负责计划生育手术并发症、后遗症的鉴定治疗，独生子女病残儿的鉴定。1983年至1987年，各县先后建立计划生育宣传技术指导站。1990年10月，在计划生育宣传技术指导所内增挂毕节地区避孕药具管理牌子，1992年5月增挂毕节地区计划生育培训中心牌子。2002年8月16日，地区计划生育药具站从地区计划生育宣传技术指导所内划出，成为地区计划生育局下属全额拨款事业单位（科级），其主要职责是：贯彻执行国家有关计划生育的方针、政策和法律、法规，拟定计划生育药具管理规章制度并监督实施。是日，毕地机编（2002）16号文件规定，地区计划生育局增设毕节地区流动人口计划生育管理办公室，其职责是贯彻执行国家有关计划生育方针、政策和法律、法规，研究拟定全地区流动人口计划生育的具体管理办法并指异实施。3.计划生育服务站室。1985年7月金沙县沙土建立起全地区第一个农村计划生育服务站。1994年1月，全地区250个乡镇街道办事处全部设立计划生育服务站。2005年8月，全地区250个乡镇、街道办事处均配备计划生育宣传设备。1992年12月，全地区村（居）民委员会共设立583个计划生育服务室。2002年计划生育服务室增至3520个，占全地区村（居）民委员会的95%。2011年末，全市共有乡级计划生育技术服务站（250）个，村级计划生育服务室（3724）个。

**目标责任管理**　1.计划生育目标责任管理。自1993年起，毕节地区实行计划生育目标责任管理。每年初，由地区计划生育委员会根据需要实现的计划生育具体目标，划分为若干子项，再配以相应的实现指标，分县拟定承包合同书，由行署分管领导，地区计划生育委员会主要负责人与各县政府分管理领导人，县计划生育委员会主要负责人会签。并根据计生年终作考核奖罚。1993～1996年间，所设责任项目有增有减，每年均保持在22个项目。1997年，其责任承包合同项目增至24项。1998年，将计划生育管理目标分为两大类14项。1999年，设计划生育管理年度人口计划等五大类21个项目指标。2001年，把地区所辖县市分为三类：一类金沙县，二类大方、黔西、赫章县，三类毕节市和织金、纳雍、威宁县。考核方式：设立人口计划完成奖和手术完成、二女户结扎、网络建设、组织管理、工作创新、宣传教育、部门配合8个单项奖，完成年度人口计划的县市才能参加单项奖的评比。从2002年起，对人口和计划生育目标分党政和计生两条线管理，各条线承包有8个指标。是年，中共毕节地委，毕节地区行署制发《关于对党政领导干部实行人口与计划生育责任追究的暂行规定》，按照年度责任目标完成情况和干部管理权限分级进行责任追究。中共毕节地委、行署要求地直各部门要与所在乡（镇、街道办事处）签订人口与计划生育综合治理目标责任书，与下属单位签订人口与计划生育年度目标责任书。地区计划生育“三结合”工作领导小组成员单位与行署签订2002年计划生育“三结合”帮扶目标管理责任书，重点帮扶农村独生子女户、二女结扎户或符合政策生育后落实计划生育避孕节育手术的困难户100户以上。是年，各县市按地区规定与乡镇、街道办事处签订承包合同书或责任书分解落实责任目标。2003年2月13日，召开兑现2002年度目标考核奖，签订2003年度目标管理责任书会议，要求着力抓好村级组织建设，把计划生育工作前移到村、组，全面实现村为主管理。2005年2月，召开全地区人口与计划生育工作会议，地区与各县市和计划生育工作领导小组的成员单位签订2005年人口和计划生育目标责任书。是年12月28日，中共毕节地委、毕节地区行署召开地区人口和计划生育工作领导小组成员单位负责人会议，签订2006年度人口和计划生育综合治理目标管理责任书。

2.计划生育集团承包。1993年，毕节地区总结推广中共金沙县委、县政府计划生育工作实行集团承包的工作经验。到1998年，全地区250个乡镇、街道办事处实行计划生育集团承包。从2001年起，全地区人口和计划生育管理模式由集团承包向计划生育专业队伍与“村为主”相结合转变。

避孕节育和妇检管理 1.避孕节育管理。1993年起，全地区在推行计划生育目标责任制的同时，施行避孕节育管理，抓好以下工作。（1）明确岗位职责，术前检查，手术登记，术中操作，术后服务，手术落实到人，做到责任明确，分工合作。手术由登记者负法律责任，手术质量由操作者负法律责任，手术上报由统计员负法律责任，手术档案由档案保管员负法律责任。（2）落实国家计生委、卫生部《节育手术常规》，规范手术操作，严格无菌管理，提高手术质量，确保受术者的安全。（3）地县乡实行1月1次的技术服务例会制，交流管理经验，研究病例，相互学习，共同提高。从2001年10月1日起，使用省计生委统一印制的上环取环手术登记本、输卵管、输精管结扎手术登记本和人工流（引）产手术登记本，原省计生委下发的和各地自行印刷的手术登记本一律停止使用。

2.妇检管理。1990年前，县、区、乡开展X光透查环。1990年12月，地区对各县下达1991妇检工作目标。据1991年7月20日统计，全地区共做妇检23.36万人次，对早孕及时采取补救措施，对无节育手术人员补做手术。是年8月，地区计划生育委员会统一规范编制妇检登记卡，明确重点孕情检查对象：男女绝育时间不满1年者，无避孕措施者（有生育计划除外），采取上环、皮埋，药具避孕方法者，每季度必须接受1次妇检。凡检出计划外怀孕的必须落实补救措施，措施失败和无措施的要及时落实避孕节育措施。1992年起，全地区开展妇检查孕工作形成制度。1998年，全地区取消普检着力抓好重点对象检查。检查由每季一次改为半年一次。2001年起，恢复一年4次妇检，坚持定时、定点、持证、B超妇检。

**人口计划管理** 1.宏观人口计划管理。从1974年起，地区对各县下达总人口和年出生率控制计划，对1975～1977年人口出生率作出预安排。1975年9月，中共毕节地委要求各县必须在1977年以前完成第四个五年规划期间没完成的任务，并如期实现第五个五年规划指标；1975年内做到农村晚婚率、节育率达50%，城市达70%；1976年农村晚婚率、节育率、计划生育率达70%，城市人口出生率控制在15%以下；1978年后，每年人口出生率下降3个千分点。同时要求各县自下而上制定切实可行的1976～1980年人口规划。1981年起，人口计划指标为年出生人数、出生率、年自然增长人数、自然增长率、年末总人口控制数、节育手术数。1984年人口计划指标是自然增长率、一胎率、多胎率；工作重点是提高一胎率、大力降低多胎率。1985年人口计划指标是出生人数、自然增长率、总人口控制数、节育手术数，县将指标下达到区，区下达到乡，乡把出生计划落实到户、到人。1989年后下达的人口计划指标是：年末总人口数、出生人数、出生率、一孩率、多孩控制人数、节育手术人数。1993年后，行署下达县的人口计划指标为：总人口数、出生人数、出生率、自然增长人数、自然增长率、计划生育率、多孩数下降比例、节育手术数；同时要求县下达乡镇人口计划，计划指：计划内一孩、二孩的出生人数、节育手术数。

2.基层人口计划管理。1974年起，全地区开展基层人口计划管理，编制总人口和出生率控制数计划指标，由县下达到各区。1984年，各县规定准生证的发放范围，办法和时间。一胎证：按照生育政策，夫妇双方写出申请，村（街道）审查，召开群众会张榜公布后，报乡镇复查批准，发证到人。各区镇的一胎安排指标，由区镇根据本地实际安排，区镇内调剂指标确实不够的可根据差额多少，造册上报县计划生育委员会审查后补充发放。二胎证：由本人申请，单位（村、街道）核实，报区镇计生办审查，再报县计生委批准后发证。发放准生证分两次，于每年3月底前全部发放完毕。1992年1月1日起作废各县印制的准生证，启用地区计划生育委员会印制的《计划生育证》。凡符合政策生育一、二孩的，必须向乡计生办报计划，经所在村组张榜公布、核实，上报办理《计划生育证》后，方能怀孕生育。人口计划管理具体职责是：（1）贯彻实施《贵州省乡（镇）村人口计划管理暂行办法》。（2）严格执行统计法，及时收集各种计划生育的有关数据和资料，准确、完整、及时上报，并建有完整的各种数据、资料档案。技术服务、药具发放等报表按时报送县计生宣传技术指导站。（3）对已婚育龄夫妇要建立健全计划生育的各种账卡，实行挂牌管理，分类指导，推行持证生育制度。（4）加强流动人口的生育、节育管理。2001年8月1日起，按照《贵州省计划生育管理办法》，规范计划生育证的审批、发放和管理。2002年，全面落实持证生育，严格执行《贵州省计划生育条例》相关规定和上级下达的年度人口出生计划，做好生育证审批和发放。年度人口出生计划名单，严格执行村上报，乡把关，县审核制度，村上报前要张榜公布，接受群众监督，并对生育对象搞好追踪管理和服务，完善人口和计划生育统计：（1）村级一卡一单一表。一卡为户口卡；一单为出生人口、死亡人口、新婚情况和落实避孕节育手术报告单；一表为重点管理对象名单一览表。（2）乡级两卡四账四表一台。两卡为乡级户口卡、妇检卡；四账为人口计划登记账、独生子女登记账；二女结扎户登记账、流出人口登记账；四表为人口自然变动及初婚情况表、节育及领取独生子女证情况表、计划生育手术进度表、生育证发放及重点孕情检查统计表，以上为省统1.2.3.4.表；

一台为乡级人口与计划生育工作指挥台。（3）县、地做好省1.2.3.4表统计，并建立完善人口与计划生育工作指挥台。

村“三为主”“村为主”管理及村（居）民自治　1.“三为主”管理。1983年起，贯彻中共中央、国务院关于计划生育工作以“宣传教育为主、避孕为主、经常教育为主”的（简称三为主）方针，强化宣传教育，狠抓避孕节育措施落实。1994年8月，地区在毕节市长春堡镇青塘村、海子街镇红堰村，大方县百纳乡茶林村，黔西县绿化乡丰收村，金沙县城关镇红岩村，织金县牛场镇大冲村，纳雍县沙包乡街上村，赫章县威奢乡山鹰村，威宁县龙场镇龙丰村进行“三为主”示范。1995年5月，毕节地区行署批转计划生育委员会关于在全地区推行计划生育“三为主”规划目标。“三为主”的标准以计划生育合格村的创建率为主要指标。计划生育合格村标准：（1）领导重视、队伍建设好。村党支部、村委会重视计划生育工作，建有村人口与计划生育领导小组，村人口学校、村服务室，村计划生育协会，并经常开展活动。村设一名专管计划生育工作的村干部，具体负责抓各项工作的运转，村民组组长和会员活动中心户长要负责所管农户的计划生育，做到组织落实，任务落实，报酬落实。（2）政策落实好。能严格按《婚姻法》《贵州省计划生育试行条例》以及有关法规办事，安排符合生育政策的已婚育龄夫妇生育，送生育证上门。（3）宣传教育好。按时组织婚前期、婚孕期学员参加乡（镇）人口学校上课；村人口学校每年按育儿期、中老年期分男、女编班组织面授2次人口与计划生育基础知识和生产、生活知识；通过经常性宣传，使已婚育龄夫妇懂得晚婚晚育、少生优生的好处，了解计划生育政策法规避孕节育知识。（4）技术服务好。组织妇检对象按时参加妇检，动员育龄夫妇及时落实避孕节育措施，及时发放避孕药具，减少计划外怀孕。（5）制度建设好。建立健全统计台账，准确统计有关数据。村人口与计划生育领导小组、村人口学校、村服务室、村计划生育协会、会员活动中心户、会员联系户的经常性活动有一套简易的服务和管理制度，实现规范化管理。（6）干群关系好。党员、团员、干部、协会会员有带头动员自己的亲朋好友实行计划生育，敢抓敢管计划生育，依法办事，为实行计划生育的农户提供生产、生活、生育服务，杜绝违法乱纪、损害农民利益的现象。杜绝因计划生育工作原因引起恶性事件发生。基本达到上述标准，实现常住人口和外出打工一年之内的人口无多孩出生的村为基本合格村，实现无计划外生育的村为合格村。申报计划生育合格村、基本合格村由村党支部、村委会根据本村工作实际，认真对照计划生育合格村、基本合格村标准，实事求是地向乡镇计划生育办公室申报，乡镇计划生育办公室核准后报乡镇党委、政府审查，符合标准的，乡镇签署意见并加盖公章后报县市计划生育局审核后，报县市委、政府，县市委、政府签署意见并加盖公章后报地区计划生育局。申报计划生育合格村、基本合格村时间为上年10月到当年10月，按《贵州省乡（镇）村（居）委会名称及人口统计表》和《毕节地区199×年第×季度计划生育（基本合格）合格村统计表》，于每年一、四、七、十月初上报地区计划生育局。1995年，全地区126个乡镇、街道办事处基本达标；1996年增加62个乡（镇、街道办事处）；1997年再新增50个乡镇、街道办事处；1998年新增12个乡镇，1997年4月，省人民政府给实现计划生育“三为主”管理规划目标的金沙县、黔西县授予奖牌并予奖励。1998年7月，省人口与计划生育领导小组给实现计划生育“三为主”管理《规划》的大方县、毕节市和基本实现计划生育“三为主”《规划》的赫章县授予奖牌并予奖励。1998年底止，全地区计划生育合格村为33.93%，基本合格村为35.23%。

2.村为主管理。2000年，中共毕节地委、毕节地区行署制发《关于全面推进村级计划生育工作的意见》，加强村级组织建设，结合创建计划生育合格村，全面推进村级计划生育工作的同时，制定2002年全地区80%的村实现村为主的基本标准：（1）工作条件。①组织网络健全：村有得力的“两委”班子，有计划生育工作领导小组，敢抓敢管计划生育；配有素质较高、业务能力较强热爱计划生育的专职干部；村有计划生育协会；组有育龄妇女小组长或中心户长。②服务阵地完善：村有计划生育服务室、计划生育协会活动室、人口学校。③制度健全：村有《学习制度》《例会制度》《生育申报监督制度》和《协会工作制度》。④报酬落实：村级计生专职干部报酬不低于村支书的80%。根据实际情况，解决好育龄妇女小组长和中心户长的报酬。（2）工作职责。①向群众宣传计划生育法规、避孕节育、科普知识。②严格执行生育政策，认真落实生育计划、申报、下发、转办生育指标及时准确落实到人。③督促已婚育龄夫妇中的应术对象落实有效的避孕节育措施，定期查访。④组织妇检对象按时到指定地点接受妇检。⑤人口底数清、情况明，统计台账准确规范，按时报送村级月报单。⑥人口流动情况清楚。⑦落实计生优惠政策，制定扶持计划生育贫困户发展生产的帮扶计划，采取措施组织实施。（3）工作要求。①村能做到以村为主承担计划生育工作的任务。村党支部、村委会和村计生专职干部分别与乡镇党委、政府和乡镇计生办签订人口与计划生育目标责任书，严格考核，兑现奖惩。②计划生育工作基本实现经常化，不再主要依靠乡以上组织突击活动开展工作。③无大月份引产。④党员干部带头实行计划生育。2002年前，毕节地区筹措600万元资金投入村为主的设施建设。同时，要求县市、乡镇也要筹措投入配套建设资金。地区把村为主工作列入年度人口与计划生育考核目标，每季度检查1次各县市落实村为主工作情况，并按规划目标进行专项考核，根据考核结果给予必要的奖励或惩罚。2002年全地区基本实现“村为主”之后，结合全地区实际，修订村为主基本标准。要求村级做到组织落实、阵地落实、制度落实、报酬落实，切实履行宣传管理、服务职责。

2002年底，全地区3478个村基本实现村为主管理，占全地区总村（居）委数的80%。从2003年起，推进村（居）民自治，形成育龄群众的自我教育、自我监督、自我管理、自我服务的村（居）民自治管理。截至2004年底，在全地区4188个村（居）委会中配备1名人口与计划生育专职主任，配备5.26万名专管人口与计划生育的育龄妇女自管小组长；89.97%的村（居）委会实现村（居）委会为主，55.52%的村（居）委会推行村（居）民自治。

**计划生育与发展经济，帮助群众脱贫致富，建设文明幸福家庭相结合** 1995年7月，省确定大方县为全省首批计划生育与扶贫相结合的11个试点县之一。是年12月，全地区计划生育、农业、畜牧、乡企、林业、扶贫开发、水电、科技、供销、农行、卫生、妇联12个涉农部门，制定本部门在全地区农村推行计划生育与发展经济、帮助群众脱贫致富奔小康、建设文明幸福家庭相结合的（下称三结合）工作目标。1996年3月，中共毕节地委、行署制定计划生育“三结合”规划，部署在全地区农村开展计划生育“三结合”工作。使人口与经济协调发展，确保人口计划和脱贫致富奔小康目标实现，使农村计划生育户的人均收入普遍高于当地农民平均水平。鼓励、引导、扶持实行计划生育的家庭率先致富，重点帮助扶持农民独生子女户、二女结扎户优先发展生产，增加收入。对计划外生育贫困户，按规定落实节育措施后，再给予扶持。地区涉农各部门从1996年起，每年帮扶100户以上，各县市从实际出发，制定帮扶计划，落实帮扶措施，全面开展计划生育“三结合”工作。地区建立“三结合”工作领导小组，各级也成立相应领导小组，搞好政策衔接、组织协调、指导实施和考核评估工作。从1996年起，地直及各县市有关部门在制定工作规划和具体措施的同时，制定控制人口增长措施，使计划生育工作和各项农村工作体系衔接起来。计划生育部门在搞好计划生育日常工作的同时，加强“三结合”工作的联系、协调、考评工作。是年，全地区加强对计划生育“三结合”工作的规范化、制度化管理：一是建立地、县市、乡镇计划生育“三结合”考评领导小组；二是实行目标挂牌管理、具体落实到户；三是从县市到乡镇增设“三结合”的“一卡一账”。据统计，全地区帮扶计生户2.02万户，2018个村开展帮扶累计投入资金11508万元。1998年，全地区重点建设以下“三结合”管理制度。1.建立健全计划生育户帮扶档案。各地按人均收入、人均粮食将计划生育户分为极贫户、贫困户、脱贫户、温饱户、富裕户和小康户，把《计划生育“三结合”帮扶情况登记卡》填写清楚，归档备查。2.建立“三结合”工作汇报制度。各县市将开展“三结合”工作情况半年和全年各进行1次书面总结，反映工作计划实施情况。平时情况用简报形式反映，1年至少出4期简报。3.建立健全“三结合”工作报表制度。“三结合”报表按省计生“三结合”办公室编制的样表统一要求，包括年度帮扶情况和摸底情况汇总表及帮扶情况统计表，于每个季度首月5日将上季度的报表报地区计生“三结合”办公室。4.完善考核制度。计划生育“三结合”工作纳入年度人口与计划生育责任目标评比，在重点检查帮扶任务完成情况的同时，加强对“三结合”管理工作的考核。1998年，全地区落实“三结合”新增帮扶户1.68万户，已开展帮扶的乡镇、街道办事处201个，开展帮扶的村3003个，投入帮扶资金701万多元。通过帮扶，达到小康的93户，解决温饱的2152户，脱贫的3838户。从2002年起，加强计生“三结合”载体建设，促进计生帮扶工作从零星帮扶向成片帮扶转变，从救助式帮扶向开发式帮扶转变，是年将省下达全地区新增计生“三结合”帮扶2.5万户分解到各县市，其中毕节市3300户，大方县3200户，黔西县3200户，金沙县3200户，织金县3000户，纳雍县2900户，威宁县3300户，赫章县2900户。地区计划局、科技局、水电局、农办、农业局、林业局、供销社、乡企局、农机服务中心、民政局、地区农行、民宗局各帮扶农村独生子女户、二女结扎户、贫困户100户以上。除上述部门外，地区人口与计划生育工作领导小组其他成员单位按照地委、行署的要求，做到地级干部每人联系帮扶4户，县级干部每人联系帮扶3户，科级干部每人联系帮扶2户，一般干部职工每人联系帮扶1户；其他单位和企业的干部职工可根据实际情况开展帮扶工作。是年末，全地区共计帮扶计划生育户3.84万户。2004年中共毕节地委，地区行署决定由地方财政增拨103万元补助各县市扩大奖励扶助基金。各县市财政均设立奖励扶助基金，并对212户达到规定年龄的独生子女户、二女结扎户发放养老金；对全地区2965户独生子女户，8399户二女结扎户，分别按规定兑现奖励。各级各部门在项目、资金、物资、技术等方面向农村独生子女户、二女结扎户倾斜；相关部门为农村独生子女户、二女结扎户办好事、办实事，深入乡村为“两户”送生产、生活物资，帮助发展生产。计划生育工作初步实现从社会制约为主向逐步建立利益导向机制转变，由处罚多生向奖励少生转变。

**节育手术后遗症与病残儿鉴定**　1981年，毕节县实行凭治疗卡诊治计划生育后遗症病人。计划生育手术后遗症病人经县以上医疗单位鉴定，属实的由县计划生育办理报销车旅费，同时发给治疗卡，凭治疗卡在有效期内到指定医疗单位诊治。诊治期间生活费自理，病人所用药品记入治疗卡内备查，造册登记每月由县计生办结算一次。需要在专、县医院诊治的，凭县计生办合同处方签记账，住院治疗凭县计生办介绍信统一结算。是年，各县建立计划生育手术后遗症技术鉴定小组，对计划生育手术后遗症的疑难问题作技术鉴定。1988年8月，毕节地区计划生育委员会执行国家计划生育委员会《独生子女病残儿鉴定工作的管理办行（试行）》，鉴定独生子女病残儿。鉴定由病残儿的父母向所在单位提出申请经群众评议，单位审查同意出具证明，并附所有材料及母子近期半身合影照1张，报地区计划生育委员会进行目测审核后，发填《独生子女病残儿鉴定审批表》，由地区技术鉴定小组作体检鉴定，写出书面鉴定意见，经集体评议并签字，加盖鉴定组专用章后方能生效。经鉴定符合准生二孩的，再由本人将所有的证明材料转报县计生委，由县计生委审批同意后，通知申请人所在居委会、村委会张榜公布，群众无异议者，1个月后，由县计生委发给准生证。病残儿的所有证明、病案材料、鉴定意见和审批意见均由县计生委存档保存。病残儿鉴定费、体检费均由申请人自理。1989年10月，地区再次明确各县送地区作节育手术并发症和独生子女病残儿鉴定的并发症病人必须是经县技术鉴定小组鉴定并治疗无好转，鉴定有疑虑者；病残儿必须是癫痫病儿，疑患先天或遗传病及其他不易确诊疾患的病儿。需要必备的手续和资料：1.县技术鉴定小组的介绍信。2.并发症病人手术记录、病历及县的治疗记录；病残儿母亲的申请、单位审查签字盖章、县鉴定小组的初步鉴定意见，病残儿的病史治疗情况和母子近期照片1张。癫痫病儿必须附社会调查材料。社会调查的提供人是单位职工的，由所在单位负责，是农民的由乡政府负责，是街道居民的由居民委员会负责。地区鉴定组一般在每年4月、10月进行病残儿鉴定。并发症病人不限时间，随到随诊。凡介绍到地区鉴定治疗的并发症，每人必须交鉴定费30元，病残儿每人交鉴定费80元。并发症的鉴定费、检查费由县计生委负责，病残的鉴定费、检查费由本人自理。经县鉴定组诊断不属并发症的，病人不服，到地区就诊者，一切费用自理；如经地区鉴定组确诊是并发症，由县报销治疗费用。各县鉴定收费按低于地区收费标准执行。地区鉴定小组鉴定，必须有半数以上成员参加并签署意见，盖鉴定组公章后方能生效。地直单位的并发症和病残儿鉴定也按上述规定执行。1989年11月，地区物价局、财政局、审计局批复地区计生委关于计划生育手术并发症和独生子女病残儿鉴定收费标准：1.体检费项目，按全省统一医疗费标准执行。2.节育手术并发症含后遗症鉴定费：县鉴定组每例收费20元，地区鉴定组每例收费30元。3.独生子女病残儿鉴定费：县鉴定组每例收费70元，地区鉴定组每例收费80元。4.节育手术并发症鉴定费，患者是职工的，由所在单位凭据开支；是农民或无业居民的，由患者所在地的县计生委凭据报销。5.独生子女病残儿鉴定费、体检费，由申请人自理。6.鉴定费的收支按财政部门的有关规定办理。上述收费项目标准，需要在物价局办理“收费许可证”、持证收费。1991年1月1日起，取消各县技术鉴定组医学鉴定病残儿审批权，仅进行病残儿鉴定初筛把关；县计生委员负责做好本县的独生子女病残儿医学鉴定的组织工作和存档工作。独生子女病残儿鉴定初筛标准暂按1988年《贵州省独生子女病残儿医学鉴定标准》规定办理。病残儿鉴定必备的手续及资料、收费标准仍按毕署计育字〔1988〕18号文件规定办理。各县做好初筛工作后，于每年的3月、9月中旬将申报的病残儿病案材料派专人送地区计生委，由地区计生委审核申报材料审核认定符合鉴定规定，确定送地区鉴定组鉴定的，通知县计生委，由县计生委负责组织，将病孩带到地区鉴定。从2002年1月起，毕节地区执行国家计生委《病残儿医学鉴定管理办法》，按照《国家计生委关于学习贯彻（医疗事故处理条例）的意见》，开展病残儿鉴定。

**管理流动人口计划生育** 1988年4月，行署制发《流动人口计划生育管理意见》规定：1.流动人口指户籍不在毕节地区而人在毕节地区临时居住，时间在半个月以上人员（不含外籍公民、华侨、港澳台人员、过往旅客和因公出差人员）和户籍在毕节地区但离开户籍所在地10天以上人员。2.流动人员必须按《公安部关于城镇暂住人口管理的暂行规定》到暂住地派出所办理暂住手续。凡已婚育龄妇女须持暂住证3日内到所在街道办事处（乡以上政府）登记填写生育、节育情况，并接受当地计划生育部门管理；已怀孕的妇女须持有户籍所在地乡以上政府或街道办事处的结婚、准生证明。对于无结婚，生育证明的，在限期内补上，不补证明的按计划外怀孕处理。3.凡雇用外来人员的单位和个体户，受雇人员除按第二条规定办理有关手术外，用人单位（个人）必须主动与街道办事处（乡）签订计划生育合同。同时定期组织雇用人员中的已婚育龄妇女到医院作孕情检查，保证受雇人员无计划外怀孕和生育。不签订合同的，由街道办事处（乡）通知劳动部门、建管部门限令停止用工。4.凡到工商行政管理部门、建管部门登记、发照、换证的经营单位和到工商所登记、报到的外来个体商户，到劳动力管理机关提供劳务人员中的育龄妇女，都要严格遵守当地计划生育规定，并持当地街道办事处（乡）的计划生育证明，方能办理手续。工商、税务、公安部门应帮助其落实节育措施。发现计划外怀孕的，就地动员采取补救措施。强行超怀超生的，可分别情况，处以停工、停业，暂扣或吊销执照，采取补救后，方准复工、经营。若不采取补救措施，强行逐回原籍。5.国营、集体、个体旅社、招待所和出租房屋给暂住人口的业主，必须与所在地的街道办事处（乡）或居民（村民）委员会签订计划生育合同，管理外来人口的计划生育工作。若发现住宿旅客中有计划外怀孕的妇女，应及时报告街道办事处（乡），并要协助查清情况，按当地计划生育政策及时处理。6.凡居民有生育条件的育龄妇女，离开户籍所在地3个月以上，外出前必须向所在街道办事处（乡）办理计划生育有关证明，同时保证在外出期间不计划外怀孕和生育。7.凡违反计划生育政策的，必须实行经济制裁。超怀拒不采纳补救的，按当地政策规定加倍处以罚款，采取补救措施并落实节育措施后，可视其态度，退回部分或全部罚款。强行生育的，根据胎次多少，处以2000～5000元罚款，并强制夫妇一方做绝育手术（经县以上医院鉴定属禁忌证的除外）。同时追究用工单位、留宿业主的责任，处以罚款500～3000元，其中罚款金额中的5%要由主要领导个人负责支付。罚款由街道办事处（乡）负责收缴。受罚单位及个人在接到街道办事处（乡）的罚款通知后，必须立即执行。拖延不交可加罚，拒不交纳可用实物折价抵押，必要时可提请司法机关处理。罚款由镇（乡）人民政府、街道办事处统一管理，用于计划生育开支，不准挪作他用。8.凡遗弃、溺害婴幼儿，虐待女孩或女婴的母亲、情节严重的；破坏节育措施，仿造、出售假节育证明；辱骂、殴打，暴力威胁行凶、阻碍计划生育工作人员执行公务的，由司法机关依法处理。9.任何单位和个人不得包庇、隐藏计划外怀孕、生育者。凡在计划生育工作中，利用职权弄虚作假，徇私舞弊，由行政主管部门视其情节给予经济处罚和行政处分。情节恶劣影响极坏后果严重的，要追究法律责任。1996年12月起，毕节地区执行国家计生委关于《流动人口计划生育管理办法》和《贵州省流动人口管理细则》。办理《流动人口婚育证明》由流动人口户籍所在地的县级计生局或乡镇政府、街道办事处办理为主。群众自愿到县市计生局办理，乡镇政府、街道办事处计生部门应为其出具婚育情况证明。办证收费按照省规定的收费标准，每证收费不得超过5元。各县市，乡镇到当地物价部门申领“收费许可证”，并使用省财政厅统一印制票据，实行收支两条线管理。是年，国家计生委和省计生委规定，《流动人口婚育证明》由国家计生委统一定点印刷，地区计生局统一到计生委征订、领取，再按各县市所需数发放到县市计生局，各乡镇、街道办事处到县市计生局领取。2001年，地区计生局组织5个县与贵阳市召开流动人口计划生育管理协作会，达成管理工作协议。重点加强对流入人口的计划生育管理，按照以流入地管理为主原则，将流入人口的计划生育纳入目标责任考核，要求流入地做好对流入人口的登记、验证流动人口婚育证明和管理工作，没有合法有效婚育证明的流入人员，不予办理有关证照。2002年1月，中共黔西县委、县政府，在全地区率先成立流动人口管理办公室，设专职人员管理流动人口计划生育工作。是年7月，中共毕节地委、毕节地区行署拟发《关于加强流动人口计划生育管理工作意见》，建立“党政挂帅，部门负责，齐抓共管，综合治理”的流动人口计划生育管理机制。计划生育、公安、工商行政、劳动和社会保障、建设、卫生教育、民政部门按照职责范围承担对流动人口计划生育管理与服务，凭流动人口婚育证明办理其他证件。建立和完善流入人口登记台账、房屋租赁合同、流动人口婚育证明查验制度，为流动人口提供就业、居住、生活、子女入学、入托服务，推动规范管理和服务工作的落实。实行签订一份计生合同，明确一个可靠的联系人，办理一份合格的流动人口婚育证明，落实二项节育措施，要求每季度寄回一份有效的孕检证明，建立一套完整的计生档案的管理办法。现居住地与户籍地计生部门通过流动人口育龄妇女计划生育信息通报单及时交换有关信息，收到通报单的一方必须即时回复，并配合做好有关工作，未及时回复的，由上级计划生育部门督促回复，并根据情况给予通报。创造条件，使流动人口计划生育实行网络管理。是年8月16日，设立毕节地区流动人口计划生育管理办公室，贯彻执行国家有关计划生育的方针、政策和法律、法规，研究拟定全地区流动人口计划生育的具体管理办法并指导实施。2002年12月，全地区启用新的流动人口计划生育情况统计表。2003年11月至12月，全面清理全地区农村流出人。清理查明，全地区共流出人口80.7万人，占总人口的11.56%。其中毕节市17.79万人，占流出人口总数的（下同）11.55%；大方县11万人，占11.62%；织金县16.33万人，占18.29%；纳雍县10.19万人，占13.36%；威宁县2.78万人，占总数2.55%；赫章县4.56万人，占7.03%。人口流向比较集中的浙江省15.45万人，占全地区流出人口的19.15%；广东省11.26万人，占13.95%；云南省8.65万人，占10.72%；流向省内其他市、州、地的27.63万人，占34.24%。2004年，地区及各县市均定期登陆全国流动人口计划生育信息交换平台，跨省反馈流动人口计划生育基本信息。2005年8月30日，全地区250个乡镇、街道办事处对流动人口计划生育管理信息交换平台全部安装完毕运行，对流动人口计划生育实施规范化管理。

人口发展规划　1974年9月，毕节地区开始下达总人口和年人口出生率控制计划，同时对1976～1977年人口出生率作预安排。1975年9月，中共毕节地委要求1978年后，每年人口出生率下降3个千分点，并要各县自下而上制定切实可行的人口计划。1986年3月，毕节地区明确1990年总人口控制在568.5万人以内，出生率控制在16.5‰，自然增长率控制在9‰以内，一胎率达60%，多胎控制在1.2万人以内。1990年1月，全地区经济、社会发展1991年至1995年计划和10年规划提出人口发展目标：到1995年全地区总人口控制在647万人以内，自然增长率控制在16‰以内，到2000年总人口控制在697万，自然增长率控制在15‰以内。1997年11月，毕节地区经济社会发展1996年至2000年计划和2010年规划的人口发展目标到2000年和2010年，全地区总人口分别控制在690万和754万人以内，自然增长率分别控制在14‰和10‰以下。2001年5月，地区制定2001年至2005年《毕节试验区加强人口控制工作五年计划（草案）》，其具体方案是：在夯实基础年（2001年）、消化库存手术、实现年度人口计划基础上，2002年强化“三为主”，推进“村为主”，加强对已婚育龄人群管理，计划生育率在2001年基础提高5个百分点，多孩率在上年基础上降5个百分点；2003年计划生育率提高70%以上，多孩率控制在8%以下，全面实现“村为主”；2004年实现从孕后补救向孕前管理转变，实现“三为主”计划生育率提高到75%以上，多孩率控制在5%以下；2005年计划生育率80%以上，力争达85%，多孩率较上年明显下降；2006年各县市基本实现优质化服务县，计划生育率提高到82%，2007年实现育龄妇女生育水平控制在更替水平以下，计划生育率提高到85%。2002年至2007年人口控制：2002年人口控制在709.23万人以内，年人口自然增长率12.82‰；2003年人口控制在717.92万人以内，年人口自然增长率12.18‰；2004年人口控制在725.72万人以内，年人口自然增长率10.79‰；2005年人口控制在733.91万人以内，年人口自然增长率11.28‰；2006年人口控制在739.5万人以内，年人口自然增长率8.5‰：2007年人口控制在745.82万人以内，年人口自然增长率8.51‰。2005年底统计，全地区总人口726.95万人，自然增长率为9.74‰，比五年规划中的2005年减少6.9万余人，自然增长率减少1.54个千分点，达规划目标要求。2005年10月，地区制定《毕节地区“十一五”人口和计划生育发展规划》：到2010年，全区年人口出生率控制在15.60‰以内，人口自然增长率下降到8.30‰左右，育龄妇女总和生育率下降到1.93左右，人口规模控制在758.56万人左右。2006年全区常住人口符合政策生育率达到92.03%，比2005年90.64%提高了1.39个百分点；2007年常住人口符合政策生育率为92.50%，比2005年提高1.88个百分点；2008年常住人口符合政策生育率为92.52%，比2005年提高1.86个百分点；2009年常住人口符合政策生育率为90.01%，比2005年降低0.63百分点。2010年10月，地区制定《毕节地区“十二五”人口和计划生育发展规划》目标：2015年，常住人口总量控制在729.48万人以内，常住人口自然增长率控制5‰左右。

# 第二章 民 族

毕节为多民族聚居地区，据2000年第五次全国人口普查，全地区632.69万人，其中汉族人口占71.94%、彝族人口占7.41%、苗族人口占6.87%、白族人口占1.81%、回族人口占1.47%、布依族人口占0.94%、仡佬族人口占0.35%、蒙古族人口占0.38%、满族人口占0.14%、水族人口占0.08%。其他民族有藏、壮、侗、土家、瑶、朝鲜、哈尼、傣、黎、佤、畲、高山、拉祜、纳西、土、仫佬、羌、布朗、撒拉、毛南、普米、怒、德昂、京、独龙、赫哲族占总人口的0.06%。另有穿青人、蔡家人、羿子人共54.12万人，占总人口的8.55%。2005年11月作抽样调查1%人口，全地区总人口725.12万人。汉族人口509.52万人，占总人口的74.09%；少数民族人口178.19万人，占总人口的25.91%。据2010年第六次全国人口普查，全地区总人口6537498人，其中汉族人口4845699人，占总人口的74.12%，少数民族1691799人，占总人口的25.88%，其中彝族人口占7.19%、苗族人口占6.85%、白族人口占1.58%、回族人口占1.63%，布依族人口占0.84%、仡佬族人口占0.31%、蒙古族人口占0.33%、满族人口占0.14%、水族人口占0.08%。

## 第一节 汉 族

**族称** 汉或汉人的称谓，从东汉开始，沿袭到民国。汉族作为民族族称，始于梁启超1901年在《国民报》第4期发表的《亡国篇》：“夫驻防云者，则岂不以防我汉族哉！”孙中山接着在《民族主义》指出：“像亚洲的民族，著名的有蒙古族、马来族、日本族、满族、汉族等。”1952年，进行民族识别时，汉族一词正式成为汉民族的族称。

**源流** 汉武帝开边拓土，在新辟地区设置郡县，实施移民实边政策，始迁一批汉人进入毕节地区。之后，与中原地区交往渐多，汉族人口自然流入。汉人大规模迁入毕节，起始明代。明初，通过调北征南，在乌撒、水西一带设置卫、所。卫、所管军，兼管民政，实施军屯。为发展经济，又将一批批汉人移入毕节地区屯田，实施民屯。现毕节地区保留以屯、堡命名的地方，不少老户的始祖，多由江南、湖广迁入。清朝康熙年间，部分汉族随吴三桂进剿水西落籍于毕节。此后，清朝在水西、乌撒实施改土归流，设置府、州、县，迁入汉人增多。清末至民国20年左右，来自陕西、四川、湖广的手工业匠人和商人迁至毕节地区谋业求生，安家立业。

1937年7月，抗日战争爆发，华东、华中居民避战祸到今毕节地区境，其中一部分在此定居。新中国成立后，有许多南下、西进干部到毕节任职，成家立业。1952年，土地改革工作结束后，大部分土改工作队干部留下来工作。此后，每年均有干部、职工调入，每年均有一批大、中专学校毕业生分到毕节工作。1978年后，部分进入毕节地区开发经商的外籍人在各县定居下来。

**人口**　1953年，第一次全国人口普查，全专区共有汉族人口195.28万人，占总人口的75%。1964年，第二次全国人口普查，汉族人口增至251.05万人，占全专区总人口的83.36%。1982年，第三次全国人口普查，全地区共有汉族390.01万人，占总人口的74.76%。1990年，第四次全国人口普查，共有汉族人口436.37万人，占全地区总人口的73.64%。2000年，第五次全国人口普查，共有汉族455.21万人，占总人口的71.94%。各县汉族人口分别为总人口的比例分别是：县级毕节市89.82%，大方县66.98%，黔西县75.3%，金沙县87.93%，织金县51.98%，纳雍县45.76%，威宁县75.3%，赫章县78.54%。2005年11月1日零时作1%人口抽样调查统计，全地区汉族人口509.52万人，占总人口的74.09%。2010年，第六次全国人口普查，全地区总人口6537498人，汉族人口4845699人，占总人口的74.12%，各县汉族人口分别为总人口的比例是：毕节县21.2%，大方县11.32%，黔西县10.91%，金沙县10.19%，织金县8.80%，纳雍县6.98%，威宁县20.0%，赫章县10.56%。汉族人口遍及全地区250个乡镇、办事处，主要聚居城镇、公路交通沿线及乡村中自然条件较好的河谷坝子。

**家族、家庭**　1.家族。家族一般以入境的第一代人为始祖，其子女长大后乡居，多以三五代为一个家族，经过若干代后，又分支为不同规模的近亲家族，同族分支内称近族。吴良弼家族、周必贤家族，自明代初年入境，至今繁衍20余代，各自约有10余万人；李天才家族自清代初年入境，至今繁衍10余代，约5万余人，是典型的汉人大家族。汉族内有族谱，旧地多有祠堂。家族中多以有钱有势或德高望重又知书达理的人为族长，负责管理祖坟、祠堂、祭祀、族产、续谱，处理族内纠纷，执掌族规等。一般家族多聚族而居，形成村寨。无论居住何地，只要同血统家族，均受族规约束。

2.家庭。汉族家庭多以小家庭为主，家庭成员一般为父母、子女，也有三代同堂，四代同堂五代同堂的极少。一个家庭人口从几人至十几人不等。丈夫为家长，俗称当家人，负责组织生产和掌管财产。妻子操持家务，抚育子女，侍奉老人，也辅助参加生产。家庭中实行一夫一妻制。新中国成立前有钱有势人家，重婚纳妾，原配妻子有主持家务的权利。家庭中仅有儿子有继承权，儿女长大结婚后，一般分家另居。父母去世后所留遗产由弟兄均分。家庭无子，可在弟兄之子中择嗣，亦可向外姓择嗣，其继承权与亲生儿子相同。儿女婚姻，一般由父母包办，讲究门当户对，一些地方有指腹为婚、童婚的陈规。新中国成立后实行婚姻自由，多数男女青年自由选择对象，少数以父母作主，同时都征求儿女意见。家庭实行男女平等，妇女沿用自己姓名，参加家庭事务的商定。按照国家法律，儿女均有继承遗产的权利和赡养父母的义务。20世纪80年代后，国家机关和企事业单位的职工、城镇居民办理独生子女证的家庭逐年增多，农村多子女的现象有所控制。尊老爱幼、团结和睦家庭增多。

**生活习俗** 1.衣食住行。（1）服饰。明朝时，多着中原汉装。清朝时，男子留长辫，戴瓜皮帽，穿长衫，敞腰裤，青布鞋，白布袜。女子穿镶边长袖短上衣，云肩、云领，下穿长裤或裙子，扎裤脚，白布袜，缠足穿凤头鞋。穷苦百姓穿粗布衣裤，穿草鞋或打赤足。辛亥革命后中山装开始在男子身上出现，民国中后期普遍时兴，一般用平板布制作，少数用卡机布或毛料缝制。女子多穿父母装，经济条件好用阴丹士林布制作，少数穿旗袍腿袜，戴钗环、耳坠及银玉手镯。老年人穿土布染色制作的长衫。劳动人民穿对襟短衣，包帕子，穿草鞋。一些穷苦人家的衣服，补了又补，疤上重疤，白天当衣，晚上作被，沿用几代人。新中国成立后，随着经济条件改善，男子多穿军装、中山服、学生服、青年服，夏天穿长袖或短袖衬衣。女子喜欢穿列宁服、春秋衫及衬衣。1966年至1976年“文化大革命”时期，青年男女一度流行穿战士服，扎腰带。服装多为青、蓝、灰、黄色棉织布料。1978年后，新增上装有夹克、西装、滑雪衫、蝙蝠衫、风衣、运动衫、T恤衫、牛仔衣等各种时装服饰。下装有喇叭裤、牛仔裤、筒裤、港裤、紧身裤、健美裤、西装裙、筒裙、百褶裙、连衣裙及旗袍。布料从卡机布、灯芯绒、毛呢、的确良、劳动布到纯毛料、涤纶、腈纶、锦纶、中长纤维纯棉布、尼龙布。毛绒衣、羊毛衫普及到多数家庭。

（2）饮食。新中国成立前，以吃苞谷饭为主食，菜以酸菜汤为主，部分人家酸菜汤里加点豆汤。大豆制品，一月吃不上几次，油肉逢年过节吃一点。大部分农民过着糠菜半年粮的生活。因盐价昂贵，很多人饱受淡食之苦。少数有钱人户，油盐不断。新中国成立后，主食从苞谷到面粉、大米，肉食以猪肉为主，鸡、鸭、鹅、鱼、牛肉、羊肉为辅。嗜好酸（酸菜）、辣、鲜香味，普遍以辣椒作调味品。

（3）住居。由于历朝代的人口迁徙，域内各县住房中除京派建筑形式较罕见外，皖、苏、闽、晋、川派都较常见。民国及其前，住房多为四立三开间，有木架木板结构、木石结构或土墙木结构房屋，以瓦、茅草或箭竹梢盖顶。四立三开间房屋，正中为堂屋，前壁比檐柱退后一柱作燕窝，堂屋后壁为一小窄间。左右耳间，由燕窝进门，各分两小间。耳间为一楼一底，用木板或木条、刺竹、细木棍作楼板或楼巴。穷苦农民住土墙茅草房、窝棚或岩洞。富裕人户多住四合天井木结构大瓦房。1950年后，翻旧房盖新房的增多，一般为三立两开间砖木结构，瓦顶房屋。1978年后，新盖房屋多为宽敞、通风、光线条件好房屋，在县城、乡镇、公路沿线富裕地带，多数是建砖混结构房屋。20世纪90年代后期起，农村两层砖混结构房屋增多，并讲究室内外装饰，房屋配阳台、走廊、花坛、厕所，农村土墙茅草房逐渐消失。城镇居民多数住进采光、通风、水电厕等齐全的钢筋混凝土楼房。据2005年统计，全地区农村人均住房19.46平方米，城市人均住房28.38平方米。

（4）出行。20世纪60年代前，汉族人走亲访友或赶集，多为步行。20世纪70年代，使用单车代步的人增多。90年代后，多以乘汽车、摩托车代步。进入21世纪初少数人家购置私家车，出行方便快捷。据2005年统计，汉民族，平均每100户有摩托车15.19辆、家用汽车1.11辆。

2.婚姻。1950年前，婚姻都凭父母之命，媒妁之言。按以下结成姻亲：（1）请媒。男方父母看中某家女儿，便携带礼物请媒人到女家告知男家志愿，并将男方的生辰八字、学业职业、父母情况、家庭经济状况转告女家，女家应允可以提亲，男家以钱物酬谢媒人。（2）提亲。媒人带上男家礼物到女家，介绍男方情况，婉言提起亲事。女方家认为有考虑余地，收下礼物，不明确表态。之后，暗访了解男方品貌才能及家庭状况。媒人第二次带上更丰厚礼物到女方家，女家不同意，就将两次礼物一并退还媒人，婉言谢绝；如有意联姻，则巧妙致谢，媒人趁机劝说，直到女家明确同意联姻意愿。（3）订婚。选择吉日，媒人到女家商定亲事，女家备酒席款待，并请舅舅、姑父等至亲作陪。向媒人转告男家所需要的彩礼。（4）下聘礼，择定婚期。临结婚前，男家择定吉日，请2人向女家送聘礼及庚帖（男方出生年月日时，空女方），女家款待后，在男方庚帖上填上女方生辰退回。双方筹备嫁娶之事。（5）接亲。男女两家均办酒席请客。男家请媒人和接亲人陪同备花轿、吹打鼓乐去接亲；女家请亲友送亲及送嫁妆。（6）回门。婚后3天，新郎陪新娘回娘家，有的当天返回，有的多住几日。旧社会还有买卖婚姻，不少穷家女子被人拐骗卖给他人为妻作妾，年纪小的当童养媳。新中国成立后，按照《中华人民共和国婚姻法》规定男女青年自由恋爱结婚，建立家庭。男到女家上门，老年人续伴，寡妇再嫁均成自由行为。20世纪80年代后，城乡人民生活逐渐富裕，大办婚事日益增多。农村包中巴车、小面包车接亲，城市几辆十几辆小车接亲已不是稀罕事。

3.丧葬。汉族丧葬沿袭古时礼仪，包括送终下榻，烧倒头纸（斗纸）、报丧、入殓、成服、守丧、家祭、超度、看风水找葬地、发丧、埋葬、送火、复山、供七除灵。穷苦人家无钱大操大办，也要请端公道士开路、绕棺烧纸烛直到埋葬。新中国成立后禁止请端公道士念经，丧葬中礼仪减少。20世纪80年代起，请端公道士给亡者超度念经之风又有抬头，农村人家普遍进行。在一些机关干部、职工和群众采用新葬礼，设灵堂，挂挽联，送花圈，开追悼会，然后将棺木送上山安葬，立碑记其生平。20世纪90年代后期起，毕节城区率先实施丧葬改革，一律实行火化，设置公墓安葬亡者。

4.信仰与禁忌。（1）信仰汉族信仰多神，对天、地、君、亲、师敬奉尤其虔诚。无论城乡都于神龛后的神壁正中挂天地君亲师位神牌，两旁加写儒、释、道始祖孔子、佛祖、老君，并按职业或从商加写赵公元帅或福禄财神，各行业根据自身情况，加供奉本行业神祇。如务农者加写牛马二王或稼穑仙师，行医者加写药王三圣，石木匠加写鲁班先师，酿造者加写杜康仙师作陪神供奉，俗称三教香火。少数信佛者入庙为僧或作居士，多数在家于每月二、六、九日或初一、十五日吃素作信佛仪式。对观音菩萨信奉人较多，一部分人家在家中供奉观音菩萨像。（2）禁忌。汉族禁忌较多，主要有：早晨不说不吉利的话，吃饭不跷脚，红（黄）沙日不出门办事、戊日不下地干活，未回门的新媳不进别人家、未满月的产妇不入堂屋，不挑空桶或背空箩进门，除夕吃年饭不能吃汤泡饭、正月初一不扫地倒灰及倒水出门、过年期间不说“鬼”等。

5.传统节日。清代至民国时期兴过年（春节）、元宵节、清明节、端阳节、中元节、中秋节、重阳节、农历十月初一（为牛过节）、腊八、送灶神、除夕。现在主要节日有：春节（含除夕）、清明节、端阳节、中元节、中秋节和十月初一，其中最隆重节日为春节。春节前农历

汉族正月耍龙

腊月要杀年猪、腌腊肉、做甜酒、制糯米面、蒸黄粑、推豆腐、填制新衣裤鞋袜、打扫环境卫生。除夕日贴对联（春联）、门神、除夕晚吃团圆饭，饭前祭祖、放鞭炮，饭后要守夜，给孩子压岁钱，夜12点放鞭炮。初一起，亲戚朋友互相拜年，祝愿新年万事如意、吉祥安康。城镇、农村春节期间举办各种文娱体育活动。正月初九出龙灯一直到正月十五过大年（元宵节），春节结束。其他节日与境外汉族相同。

6.缠足。毕节地区的汉族先民与其他地区的汉族先民一样，有给女孩缠足（又称包小脚）的习俗。1911年，辛亥革命后，国民政府发放了《令各省劝禁缠足》的公报，但由于政府执行力弱，许多人家照旧给小女孩缠足。1949年新中国成立后，人民政府严禁缠足，汉族妇女缠足陋习才被根除，妇女得到彻底解放。

## 第二节　彝　族

**族称**　彝族先民在历史不同时期曾有不同的自称和他称。自称尼苏、糯苏、陇噜濮等，书面有鹿卢、倮罗、卢夷、昆明、蜀叟、夷人、青羌等称谓。1956年，进行民族识别时，许多彝族代表和干部聚集北京讨论本民族称谓，有代表说“夷”字过去是指“外国人”“外族人”，在中华民族大家庭内，用“夷族”作为族称不妥。毛泽东主席提议：将“夷族”的“夷”字改为“彝”字，原因是从彝字结构上看，房子底下有米有丝，象征有吃有穿，兴旺发达，代表们一致同意，国务院决定统一称为彝族。

**族源**　毕节地区彝族，是一个以土著居民为主，接纳多源归入的人群共同体。主要由百濮、古夷人、僰人、氐羌、鹿卢（倮倮）、汉人等其他族群逐渐融合为当今的彝族。

1.百濮。先秦时代，毕节地区的居民被称为濮，而有彝族先民自称“尼苏濮”“撒尼濮”等，是西南地区百濮的重要组成部分。《中文大辞典》载：“爨蛮，古百濮之一种。”林惠祥《中华民族史》说：“濮，今称倮倮。”戈隆阿弘著《彝族古代史研究》称：“远古的‘百濮’，是当今滇、川、黔、桂彝族先民的重要组成部分。”

2.古夷人。夷，《新华字典》有解释为：“古指中国东部民族，如东夷人。”《虞氏》记载：“舜是东夷人，号有虞氏。”《孟子·万章上》记载：“万章问曰：‘象日以杀舜为事，立为天子，则放之，何也？’孟子曰：‘封之也，或曰放焉。’万章曰：‘舜流共工于幽州，放驩兜于崇山，杀三苗于三危，殛鲧于羽山，四罪而天下咸服，诛不仁也。象至不仁，封之有庳。有庳之人奚罪焉？仁人故如是乎？在他人则诛之，在弟则封之。’孟子曰：‘仁人之于弟，不藏怒焉，不宿怨焉，亲爱之而已矣。亲之欲其贵也，爱之欲其富也。封之有庳，富贵之也。’”《大舜》载：象及其随从家小，都以联姻方式融入有庳的土著人群；明代王守仁《象祠记》记载：“灵博之山，有象祠焉。其下诸苗夷之居者，咸神而祠之。宣慰安君，因诸苗夷之请，新其祠屋，而请记于予。”予曰：“毁之手，其新之也？”曰：“新之。”“新之也，何居乎？”曰：“斯祠之肇也，盖莫知其原。然吾诸蛮夷之居是者，自吾父、吾祖、溯曾高而上，皆尊奉而禋祀焉，举而不敢废也。”许慎《说文解字》说：“夷，古音同聂”，这与今毕节地区彝族支系自称“尼苏”的“尼”同音。事实上，彝族的先民历史上也被称为“夷人”，直到1956年，国家组织民族识别时才改称为彝族。

3.鹿卢（倮倮）。《爨文丛刻》《西南彝志》《彝族创世志》《彝族源流》都记载：彝族父系社会，于公元前十二世纪始祖希姆遮为鹿卢（倮倮）部落联盟首领在蜀确立。传到希姆遮31世孙笃慕时，从蜀迁徙入滇，以洛尼山为中心创业。与东、南、西三方豪族联姻，共生六子，史称六祖：武祖慕阿苦、乍祖慕阿切、糯祖慕容阿热、恒祖慕阿卧、布祖慕阿克、默祖莫阿齐。笃慕在洛尼山为六祖举行分封大典，让六祖分别向四方不断开疆拓土，谋求发展，史称六祖分支。其中，恒祖慕阿卧、布祖慕阿克和默祖莫阿齐，各率部族进入毕节地区开创基业，其后裔是当今毕节地区彝族的重要组成部分。《大定府志·水西安氏本末》上有详细记载。

4.僰人。《说文解字》载：“僰，犍为郡蛮夷”。证明僰人在西汉以前就在今毕节地区内生活。《彝族源流》载：武僰集团中的仇勒阿摩一支曾在乌蒙地区建立过诸此（也称：朱提国），在秦灭巴蜀时，阿卓仇家被打败，把其政权机构迁移到今曲靖。再后来又被六祖中的德布支系打败，不少人又迁移到今威宁、赫章等地。李平凡、颜勇著《贵州省世居彝族迁徙史》称：古僰人中的一部分也是彝族先民之一。

5.氐羌。《后汉书·西羌传》载：“忍季父卬畏秦之威，将其种人附落而南，出赐支河曲两数千里，与众羌绝远，不复交通。其后子孙分别各自为种，任随所之。”说明有西羌南迁，融入所经之地土著人群的史实。羌族史诗《羌戈大战》讲述：远古羌人南迁时，与戈基人发生了一场生死大决战。羌人在天神阿爸木比塔的帮助下打败了强悍勇猛的戈基人后，与戈基人建立“羌戈”共同体，春秋时齐桓公始称之为“牂牁”。戈基人是彝族先民的一个支系，红军长征时与红军总参谋长刘伯承作“彝海同盟”的小叶丹就是戈基人的后裔。今毕节地区以“戈”为名地方还很多，如“戈落坝”“果中”“可乐”“古基”等，无不与古代戈基人有关。

6.汉人。汉武帝时，国家招募内地汉民中的地主和商人到南夷地区垦殖，将屯田收获到的粮食交到县衙，凭县衙的收据到郡衙领钱。来南夷垦殖的汉人们，不仅创造了大量的财富，而且还与当地人建立了人身依附关系，成为称雄当地的豪族，史称大姓。孟获家族、爨赞家族就是汉人夷化的典型事例。

此外，还有如庄蹻从俗王滇等许多相邻族群融合的史实。

**人口**　彝族先民的人口曾在毕节地区历史上占绝对多数，明初奢香夫人摄政时，常宣称百万彝家。但是战争和自然灾害使彝族人口发生较大变化，新中国成立后彝族人口才得到持续发展。1953年第一次人口普查，毕节地区共有彝族19.84万人；1964年第二次人口普查，毕节地区彝族23.21万人；1982年人口普查，毕节地区彝族38.16万人；1990年人口普查，毕节地区彝族43.83万人；2000年人口普查，毕节地区彝族46.88万人，2010年第六次人口普查，毕节地区彝族46.99万人。彝族居民多以小聚居、大分散居住，聚居高山大坡、散居丘陵河谷。

**社会** 1.家支社会。家支是彝族先民始于原始社会，以父系血缘为纽带、以“尼益”为标志、以父子连名为依据、以维护家支利益为义务、以共同祭祀为特征的原生态社会组织。最小的支为一家，大的支可包括上百家。若干个家支构成一个宗族，俗称家族。彝族社会由若干个宗族构成。家有家长，家支有头人，宗族有族长，由男性担任。同一家族，以共建祠堂为标志，以互相接济为义务，并用合力对外为手段，树立家族社会地位。祭祖活动，由族长主持。家支以“尼益”为标志，“尼益”通常两句，每句四字，第一句为氏族标志，山、河、海、石、植物等；后句为分宗祖名及姓氏或分宗地名及姓氏。如阿底氏族的“尼益”为“施吐尼益，阿剥阿底”。同一家族的不同分支分布各地，长久不往来时，用“尼益”盘认，为同一“尼益”者，不能通婚，以族人关系相待。彝族使用汉姓，始于明代。明洪武帝赐贵州宣慰使霭翠之子“陇弟”安姓后，乌撒土司即袭用安姓，继之土目阶层也跟着用安、禄、陆、龙、杨、颜、陇等姓。明末清初，彝族民间普遍使用汉姓和字辈，到清朝中晚期，使用汉姓普及。家族的分支，通过“尼姆”即分宗仪式实现。按彝族古代家族规则，同一家族繁衍至9～13代后，举行“尼姆”分宗仪式。分宗后，各认各宗，各立祠堂，原家支标志及义务失效，家族关系亦可转为姻亲关系。

2.宗法社会。元前，彝族宗法社会表现为宗法奴隶制社会。宗法社会以“阿哲祖摩”和“乌撒祖摩”的统治为最高层次和集中表现。祖摩（君长）用土地分割给“峨”（土目官）代统治，以实现血缘与地缘、族权与政权、军权与政权相结合的宗法制度。祖摩统辖范围内山川、耕地、林牧、野生动植物归祖摩所有。无论彝族何支系，都以隶属于君长，不得不认主，不得擅自离境。祖摩以臣和师辅助，实现家天下。各祖摩之间按平等原则，视利弊与毗邻祖摩处理关系。君业由嫡长子继承，无子由妻袭位，子幼者由妻替职，实行分嫡庶、别长幼，确定长房、幼房、大宗、小宗。经济上，在祖摩统治下的峨之佃户，除所交租额外，须抽时间为主服劳役，并进贡品以表奴隶身份。如峨绝嗣，其财产按宗法制原则，由其他峨继。习俗上各祖摩统治内规定很多，包括婚姻、衣食住行、礼仪、节庆、丧葬、刑法及用于制裁盗、抢、烧、杀行为的方法，如以断指方式制裁，留下记号避其再犯等。若案件无法追查到罪犯或因案情发生纠结时，请毕摩采用神判。方式有捞油锅、诅咒、踏红铁等。上述习惯判案法清代后逐渐消失。

3.土司社会。彝族土司制形成于元代。当时，土司势力最大，流官不管土司辖区重大事务。明朝开始，朝廷在毕节地区设卫所，实施屯田，实行土流并治，中央王朝加强对少数民族地区的统治，流官数量和权势渐增，土司势力受到挟制或削弱。土流并治前期，以土为主，以流为辅，后期则以流为主，土为辅。

水西土司。元世祖至元十五年（1278），阿哲地君长阿榨受封亦奚不薛安抚使，佩虎符，阿哲地君长统辖地形成土司制。至元二十年（1283）七月，立亦奚不薛宣慰司，旋即改为总管府，命阿里为总管。元成宗元贞年间，罢亦奚不薛宣慰司，并于八番顺元，隶湖广。置顺元宣抚司于亦奚不薛，始称水西，以阿画为宣抚使。因以军功加八番沿边宣慰使，佩三珠虎符，封顺元侯，赐名帖木儿不花，进云南左丞，加龙虎卫上将军，改封罗甸侯。阿画子伯颜溥花于顺帝元统二年（1334），袭顺元等处军民宣抚使、八番沿边宣慰使。元末明初，霭翠袭职，洪武四年（1371）改顺元为贵州，贵州宣慰司治所于贵阳城，其位居贵州诸土司之上。从元朝开始至清初共袭职28位土司，以元代阿画，明代霭翠、奢香，清代安坤影响最大。清康熙三十七年（1698），水西宣慰使安胜祖殁，无子继任，水西土司制度终结。

乌撒土司。元世祖至元十年（1273）乌撒禄余君长归附，以土司称之，但彝族内部仍称祖摩。至元十三年（1276），置乌撒路；至元十五年（1278），改路为军民总管府，至元二十一年（1284），改置乌撒军民宣抚司；至元二十四年（1287），升为乌撒乌蒙军民宣抚司；后升为乌撒乌蒙宣慰司。明代洪武十五年（1382），设乌撒军民府，治所在今威宁县城。清康熙五年（1666），改乌撒军民府为威宁府。康熙十二年（1673），威宁土目王腾龙、王乘龙联络云南沾益土司安世基反吴三桂以图恢复土司制度，扯处乌等土目起兵反对，各地彝族土目你争我夺，卷入战火。康熙二十四年（1685），乌撒土司覆亡。雍正初年鄂尔泰在黔西北彝区强行改土归流，贵州参将哈元生以劳师祭旗为名，在威宁县杀彝族土司乌姆等，彻底摧毁土司制度。雍正十年（1732），降威宁府为威宁州，乌撒土司制度结束。

永宁土司。东汉末年（公元147～178），彝族先民恒部后裔德额辉率部进占赤水河流域，使其成为世居之地，史称“鳛部”。传至“麦哲扯勒”，被西晋王朝册封为令（蔺）长，便以扯勒为族名，在彝人内部宗法家支系统中称为“扯勒家”。从元代开始，扯勒氏除沿用父子连名制外，还以“奢”为汉姓。元至元十年（1273），元王朝在永宁路（今叙永）设置蛮夷宣抚司，任命昝顺为蛮夷宣抚使，去掉扯勒氏的王号，让扯勒氏世袭统领以落洪（今四川古蔺）为中心、比邻赤水河两岸十八“则溪”的地方。奢禄肇、奢玮（女）、奢书（女）、奢贵、奢禄（女）、奢效忠、奢崇周、奢崇明等相继出任永宁宣抚使。出嫁水西的奢节、奢香、奢社辉也是扯勒氏的优秀人物。明天启元年（1621），随着奢崇明起兵反抗明朝廷失败被镇压，永宁几百年的土司社会解体。清初改土归流，扯勒后裔改姓迁居在赤水河两岸镇西、阿市、崖梯、水潦、镰刀弯、杨柳弯、弯溪、陇扛等八夷屯。

4.民族区域自治。1954年，中共毕节地委、毕节专区行政公署贯彻中共中央、中华人民共和国国务院关于民族区域自治的政策，根据威宁县各族各界民意，上报改置威宁县为威宁彝族回族苗族自治县。是年，经国务院批准，撤销威宁县，成立威宁彝族回族苗族自治县。1992年9月17日，经贵州省第七届人大常委会批准，自是年11月11日起，威宁施行《威宁彝族回族苗族自治县自治条例》。之后，相继制订和实施了《威宁彝族回族苗族自治县草海保护条例》和《威宁彝族回族苗族自治县畜牧业发展条例》。威宁彝族回族苗族自治县的成立，全面促进当地政治稳定，各民族团结平等各项事业稳步发展。1949年，全县国民生产总值1622.62万元，人均约62.27元。2011年威宁县国民生产总值79.07亿元，比1949年增加487倍。

民族乡。1984年，毕节地区根据《国务院关于建立民族乡问题的通知》精神，在彝族相对集中的乡建立彝族乡或彝族与其他民族共建的民族乡。1992年，毕节地区撤区并乡建镇，建立起6个彝族乡，分别是毕节县团结、田坎、大屯彝族乡，大方县百纳、沙厂，赫章县珠市彝族乡，与其他民族共同组建62个民族乡分别为：毕节市3个，大方县15个，黔西县13个，金沙县7个，织金县4个，纳雍县10个，赫章县10个，占全地区乡、镇、街道办事处总数的24.8%。各民族乡经过多年全方位的建设，基本实现通油路、通高压输电线路、通自来水、通宽带网络，电视信号和手机信号全覆盖。各乡政府驻地成为本乡的政治、经济、文化中心。

**经济** 1.农业：《西南彝志》载："耕地用的牛，也从圈里牵""开垦了土地，种下了五谷"，早就能使用牛耕，大量种植荞麦。明徐光启《农政全书》记载："大定山地，多种荞麦，有春荞、秋荞之别，岁可再收。"但多为"耕山到处皆凭火，出入无人不配刀"的耕作方式。明洪武二十年（1387），贵州宣慰使奢香每年税粮三万石，到弘治十五年（1502），水西地区税粮为五万石，说明彝族地区的粮食生产有了发展。随着汉民族逐渐迁入县境，传入较先进的农业生产技术，彝族地区逐步开垦土地，以土变田，水稻种植开始发展。清张玉书《纪平水西事》载：清康熙三十七年（1698），改土归流时，大定府"征米三万零七百一十九石，征荞五千三百一十二石"，至清初水稻种植已较普遍。清代中期，玉米、马铃薯传入彝族地区，并在山区大量种植，且作物品种有豆类、高粱、小麦、小米、油菜等。在耕作技术上，已采用在玉米地中种豆类、高粱、小米套种技术及水稻收获后，接种油菜或小麦、豆类等的轮作技术。

新中国成立，特别是中共十一届三中全会以后，彝族人民在县、乡各级党委、政府的领导下，农业上抓水土保持和农田基本建设，按江河流域统一规划搞三改（土改田、瘦改肥、坡改梯），边实施山、水、林、田、路综合治理，边实施农业科技示范推广，实施绿肥聚垄套作、小麦与烤烟套作、油菜和水稻或小麦和水稻连作、小麦与玉米或油菜与玉米连作；实施良种杂交玉米营养坨育苗定向移栽，间作豆类，或与烤烟、麦类分带轮作，或间种豆类、高粱、向日葵、瓜、菜等；实施地膜覆盖育苗，牵绳插秧；实施农家肥与化肥合理并用等。民间耕作农具除传统农具外，逐渐推广使用适合坝子、山区的现代化农机，如中小型拖拉机、山地微型耕犁机、抽水机，还有农用卡车等，使农业生产进一步发展。

2.畜牧业：《西南彝志》等古籍记载，彝族布部德布氏、默部德施氏进入黔西北时，就不先建宫室，而先修畜圈。德施氏的牛群中，"首为祭天牛，次为祭地牛，再是祭祖牛；犁地用的牛，也在圈里牵"。彝族最早的优良马种，名叫"哪妥遮"，后来，又有"帕布阁"良种马。元代在全国建14个养马场，水西养马场就是其中之一，今大方县城西小屯至城北东关的"断墙"遗迹，就是元代为"马厂坝牧场"筑就的"拦马墙"。明代水西养马业仍然发达，水西马驰名全国。据《明实录》记载，明代安氏所贡水西马达27次，加上交易的共有35次之多，仅洪武十七年（1384）七月，朝廷以锦与宣慰使霭翠易马，得1300匹；奢香夫人专门选贡的御骑水西马，被朱元璋命名"飞越峰"。彝区长途运输，全靠马帮负载，长途远行，全凭骑马代步。除养马外，彝族养殖的猪、牛、羊、鸡等。土司、土目及富有彝族人家祭祀时，用祭之牛羊动辄数以千计，彝文典籍中有“打牛遍地红，打羊遍山白，打猪遍坡黑”的记载。

新中国成立后，今凤山乡马干山、百纳乡大坪子、县城西马厂坝，都设立畜牧良种场，畜牧配种站，注重本地水西马等优良畜种的培育。从20世纪50年代开始，特别是改革开放以后，地、县畜牧部门引进国内外一些马、牛、羊、猪等优良品种进行科学杂交，使彝族地区畜牧业走上科学改良轨道，发展势头较好。20世纪90年代之后，有的彝族家庭成了养殖专业户。

3.工业：《西南彝志》等彝文史书中记载：实索时代的工匠，采矿石“安起风箱炼矿的火花，如流星飞舞；铸锅的工匠，像鸽子点头。”“在妥姆纪赤，开辟土地，种荞来酿酒，酿酒的工艺，自此便传开。”罗甸国用“风箱鼓炉火，火花流星舞，金银混熔液，铸成合金铃”，挂在宏伟的“九重宫椽桷。”“宫中有鼓，是用铜和铁，熔混在一起的敞口铜鼓”；唐代君长莫翁勺的桌和椅，刻有“盘旋的耀日，鸣叫的飞鸟”图案；椅上用精制的“虎皮来铺垫”。到明代，彝族向明王朝的每次贡品中，均有制作上乘的茶叶、漆器、毡衫为等贡物。明包汝辑《南中纪闻》载：“罗人马鞍精巧坚固，骑坐人马俱适，彼大头目一鞍值价百余金，最下亦十余金。安酋国中甚富，有银坑一、二处，岁获银亿万”。新中国成立后特别是改革开放后，境内彝族民间砖瓦、棉麻、纺织、刺绣、茶叶、漆器、酿造、副食和石、木、竹各业加工生产都有发展。拥有上亿元资金的彝族煤矿老板、铁矿老板、房地产老板等共有数十个。

4.集市贸易：毕节地区早在先夏时期就有市场雏形——棸换场。彝语称贸易市场为“启”，赶场叫“启戛”。以虎、兔、龙、蛇、马、羊、猴、鸡、狗、猪、鼠、牛12生肖记场期、命场名。今还有猫场、马场、羊场、鸡场、猪场、鼠场、牛场等名称尚存。新中国成立后，这些街场都设有供销合作社，负责调运生活必需品和家具、农药、化肥等生产资料供应，并收购烤烟叶、茶叶、辣椒、毛皮、生漆、棕片等农林牧产品和天麻、竹荪、杜仲等药材，转运外销。1978年改革开放以后，不少人成为经商户，成了调剂市场余缺物资获利致富的贸易行家。

**语言** 彝族语言属汉藏语系·藏缅语族·彝语支；汉藏语系藏语族彝语支中又分六大方言区。毕节地区属东部方言区。毕节彝语又分黔西北次方言和滇东北次方言，黔西北次方言又分乌撒土语和水西土语。毕节地区彝语音素，分元音18个、辅音47个。元音分单元音13个，其中舌面元音11个，舌尖前展唇元音1个、舌尖后展唇元音1个；二合元音5个。元代及以前，彝语是通行语言；到明代，随着兵屯和民屯的不断扩展，彝语和汉语并存通行；到清代改土归流后至民国，官方语言为汉语，彝族民间讲彝语。新中国成立，特别改革开放后，随着交通、信息改善，彝族人活动空间扩大，汉语成为彝族人的主要交际工具，会讲彝语的人越来越少。

**文字** 彝文起源早，在母系社会时期，布摩就创造了文字，并广泛使用。《彝族源流》载：“有布摩就有字，有布摩就有文，有布摩有书，有布摩就有史。布摩创造文史。”原始社会时代的哺氏族中先贤哺哲普额克，在密姆喽嘎地方率先设置记年树和记月石，用以刻记古老的天文历算的逻辑思维符号，是彝文的创始雏形。到则咪氏时，彝族先民长期观察高天，不断辨识大地积累知识。于是，把心想、口传的知识动手写下来，逐渐形成浩繁的彝文典籍。彝文，也称爨文、韪书、夷字、倮罗文，属方块字类型，按象形、会意、指事、形声等方块形成字。1991年12月，贵州民族出版社出版毕节地区彝文学者参与修订的《简明彝汉字典》，给彝文认读、翻译带来极大方便。彝族文字主要靠布摩传承。古代，布摩每逢庆典、战争、会盟、议和、婚丧、礼俗等无一不用彝文。清代实行改土归流，布摩的地位随祖摩政权崩溃而衰落。从此，各地布摩，作为知识分子，农闲时从事撰写著作、抄录典籍、传授彝文，或带弟子为人主持祭祀，或医治疾病。有的大布摩，潜心研究、考订、归纳彝文经典，为彝文古籍流传作出贡献。

彝文六书字例表

| 字形 | 造字原理 | | | | | | | | 用字原理 | | | | 备注 |
|---|---|---|---|---|---|---|---|---|---|---|---|---|---|
| | 象形 | | 指事 | | 会意 | | 形声 | | 转注 | | 假借 | | |
| | 音 | 义 | 音 | 义 | 音 | 义 | 音 | 义 | 音 | 义 | 音 | 义 | |
|  | Se$^{33}$ | 蛇 | | | | | | | 同 | 黄 | 同 | 金，巳 | 巳：十二地支之一。 |
|  | na$^{33}$ | 眼目 | | | | | | | 同 | 看 | na$^{55}$ | 孔，洞 | |
|  | hʊ$^{21}$ | 月亮 | | | | | | | 同 | 月份 | 同 | （坐）月子 | |
|  | ʨʊ$^{3}$ | 织 | | | | | | | 同 | （发）篦 | 同 | 拉肚子，篦（线） | |
|  | | | za$^{13}$ | 下 | | | | | 同 | 降 | 同 | 贬谪 | |
|  | | | S1$^{13}$ | 杀 | | | | | 同 | 熄灭 | 同 | 凋谢 | |
|  | | | Pʊ$^{33}$ | 念诵 | | | | | 同 | 咒 | 同 | 老师、长老 | |
|  | | | dzʅ$^{33}$ | 畜 | | | | | 同 | 奴隶 | 同 | 钱财、雷鸣 | |
|  | | | | | □a$^{33}$ | 踩、踏 | | | 同 | 压制 | 同 | 贬、辱 | |
|  | | | | | ȡie$^{21}$ | 清、明 | | | 同 | 醒悟 | 同 | 清晰 | |
|  | | | | | ndzu$^{55}$ | 珍珠 | | | 同 | 宝贝 | 同 | 美、好 | |
|  | | | | | Xɤ$^{21}$ | 堰塘 | | | 同 | 湖泊 | 同 | 海洋 | |
|  | | | | | | | Khu$^{55}$ | 产崽 | 同 | 肯、服 | 同 | 繁衍 | |
|  | | | | | | | Kɤ$^{33}$ | （火）烟 | 同 | 熏 | | | |
|  | | | | | | | Khu$^{33}$ | 呼唤 | 同 | 喊叫 | 同 | 批评 | |
|  | | | | | | | ɳo$^{21}$ | 络绎不绝 | 同 | 挥师 | 同 | 赶牲口 | |

**彝文古籍**　毕节地区彝文古籍卷帙浩繁，内容十分丰富，涉及天文历法、政治经济、军事、哲学、文化教育、历史、宗教、祭祀、语言文字、文学、医药等。1955年毕节地区设立彝文翻译组之后，先后整理翻译的彝文典籍有《六祖纪略》《水西全传》《水西制度》《水西地理城池考》《吴三桂入黔》《阿哲乌撒兵马记》《精灵论》《笃慕史记》《洪水泛滥史》《洪水前后轶事》《德施氏史略》《阿哲后裔迁徙考》《天经地纬》《水西安氏谱》《母系氏》《水西安氏远祖》等。此外，尚有千册彝文古籍还散藏在县内边远的彝族聚居区。

**彝文石刻**　1. 千岁衢碑记。位于大方县对江镇白布河右岸石桅杆洛启坡。明嘉靖二十四年（1545）贵州宣慰使安万铨捐资修衢道，衢成后，过路人为感恩，向上天祈祷，愿安万铨千岁，故名千岁衢。在衢旁岩石上刻有汉文碑记和彝文碑记。彝文碑可读的仅241字。

2. 大渡河桥碑。位于大方县鸡场乡大渡河上。系明万历年间，水西内露土目安邦母子捐白银1150两，聘工兴修大渡河桥。大桥西头并排立有彝、汉文碑各式各样1方。彝文碑共刻彝文1923字。因洪家渡大坝下闸蓄水，桥碑移往奢香博物馆保护。

3. 何家桥碑。位于大方县长石乡慕都河上，立于清乾隆二十四年（1759）。碑文为彝汉文混刻，左边是605字的彝文碑序，右边是汉文碑序，中间是彝汉文混写的功德人的名字。因年代久远，有部分已风化脱落，已移存奢香博物馆。

4. 蚂蚁河桥碑：位于大方县长石乡蚂蚁河桥侧，建于清嘉庆七年（1802），为修建蚂蚁河桥而立的彝文碑，此碑已移存奢香博物馆。

5. 果瓦彝文碑：位于大方县果瓦乡，为土目安氏墓碑，建于清嘉庆二十四年（1819）。墓碑3面墓碑均镌有彝汉文字。左面墓碑阴镌彝文500字。

6. 彝文祖源碑：位于大方县大山乡箐脚。阴刻彝文370字，道光三年（1823）立。

7. 安玉奇墓碑。位于大方县长石镇张大村。有彝文600字，立于清道光三年（1823）。

8. 阿丫武墓碑：位于大方县达溪镇街后的塔山下，建于清道光十二年（1832），有彝文150字。

9. 总机氏墓碑：位于大方县白纳乡白鹤，立于清道光十四年（1834）。有彝文53字。

10. 天子万年墓碑。位于大方县猫场镇前进村偏坡组。有彝文272字。立碑时间未刻记。

11. 嘎勒阿取墓碑：位于大方县三元乡麻窝公鸡岭，有彝文61字。

12. 济火纪功碑：发现位于大方县响水乡柯家桥。高0.52米，长0.65米，阴刻彝文，尚存174字。今存大方奢香博物馆。

**彝文铭文**　成化钟。铸于明成化二十一年（1485），全钟可认彝文142字，汉文262字。

**彝历**　据彝族文献《宇宙人文论》《土鲁窦吉》《西南彝志》《爨文丛刻》记载：哎哺氏中有位叫确能额的先贤，给宇宙打上记号，人类才掌握天地的方位、昼夜和岁月、日、时。确能额之后第10代传人，居住在启塔德的一位名叫额旭的贤士，通过长期观测，考定天地运行一周，寒暑交替，为365日。此后，经过历代实践归纳，产生彝族十月历。一个月36日，10个月360日，乘下5日为古夷人的年节。彝族10月历以非、卧、糯、奎、阁为东、南、西、北、中五方；以尼倮、能倮、吐倮、哪倮、舍倮即青、红、白、黑、黄为五色龙；以遮、酬、鳖、省、克、启、篓、亥、道、堵即甲、乙、丙、丁、戊、己、庚、辛、壬、癸为10天干；以噜、洛、倮、舍、姆、合、诺、阿、取、瓦、哈、尼为虎、兔、龙、蛇、马、（绵）羊、猴、鸡、狗、猪、鼠、牛为十二地支。上述五方、五色龙和十天干、十二地支对应配属，分阴阳、定方位，纪年、月、日、时和即24节令。

**生活习俗** 1. 服饰。远古时期的彝族先民，多以棕裙、兽皮等为衣。进入文明社会后，服饰除等级、性别差别外，还有支系、行业上的差异。有的服饰图案，除有美学文化内涵外，还承载着深刻的历史文化内涵。毕节地区彝族服饰主要为乌蒙山型威宁式，历经几次变化，略有地域差异，以乌撒、水西较为明显。据《大定府志》载，清代中晚期前，彝人男子，剃髭而留髯，青布束发，结髻向前如角状。短衣大领，袖长齐膝，腰系蓝裙（大裤脚），穿皮钉鞋、布鞋或草鞋。女子分发为二，用青布缠之，结髻如盘大，以银作梅花以饰。耳戴大环，垂至颈项，长衣大领。裙细折无数，用布至30余幅，下垂至脚背，穿布鞋或草履。出行时，男女都身上披羊毛毡或羊毛披风，彝语叫“擦耳瓦”，头戴斗笠，便于防寒保暖，遮阳避雨。近百年来，彝族服饰有与时俱进的变化，男性冬穿深色长衫，夏穿对襟短衣，外加无袖短褂，俗称褡褡。下着大裙裤，又称灯笼裤。中、老年头戴毡帽，青年人包青、白头帕。脚履皮鞋、布鞋或草鞋。女性上穿领口、袖口、肩膀、胸部都镶有或刺有花纹图案短衣，下着三接头或五接头百褶长裙，头戴额上交叉的布帕，脚履鞋袜相连的翘尖绣花鞋。民国年间，彝人喜欢穿现代时装，杨伯尧就是毕节地区穿西装第一人。

彝族服饰

2. 饮食。古代以猪、牛、羊肉和荞麦、稻米、豆类为主食，到引进苞谷、洋芋试种成功后，才以苞谷、洋芋为主食。威宁、赫章、纳雍等地辅之以荞麦和豆类，其他县市辅之以大米和豆类。历史上，生产力低下，人们终年辛苦劳作，就期盼有口饱饭吃就幸福了。新中国成立后，特别是改革开放后，由于生产力得到进一步解放和发展，彝族人民生活水平得到提高，不仅有粮食能吃饱饭，吃肉也成为家常便饭，而且餐桌上的菜肴、特色食物等也越来越丰富。

主食。毕节地区的彝族向来以饭、面和粉为主食。在历史的长河中彝族先民学会了把一些植物的籽实通过晒干、磨碎（或脱皮）、去糠、拌水、蒸熟做成饭来吃。如米饭、苞谷饭、荞饭、麦饭、高粱饭、小米饭、毛稗饭等等。除饭外，人们还常把小麦做成面条、把米做成粉条（米线）来吃。有时候人们还把粮食炒熟或做成炒面来吃，如炒黄豆、炒米花、炒苞谷花，燕麦炒面、天星米炒面等等。这些就是生活在毕节地区的人们的主要食物，人们把进食叫做吃饭。

菜肴。毕节地区蔬菜种类较多，为彝族人提供了丰富的食物来源。（1）常吃猪肉、牛肉、羊肉、鸡肉、鸭肉、鹅肉，对一些野生动物如野猪、野羊、野兔、野鸡、野鸭、斑鸠、獐子、鱼类、大鲵等的肉也很感兴趣，禁忌吃狗肉、马肉、蛇肉、猫肉。（2）常吃蔬菜有青菜、白菜、莴笋、菠菜等。（3）常吃的豆类有大豆、红豆、四季豆、豇豆、蚕豆、豌豆、绿豆、芸豆等。（4）常吃的块根蔬菜有：洋芋、红萝卜、白萝卜、地瓜、红苕、大头菜等。（5）常吃的瓜类有：南瓜、冬瓜、黄瓜等。（6）特种蔬菜有大蒜、香葱、芫荽、萝蛊菜、红毛芹等。（7）常吃的菌类有：香菌、冻菌、黄丝菌、竹荪、蘑菇、茶树菇等。（8）佐料类：花椒、辣椒、茴香、芹菜、大蒜、葱等。（9）还有名目繁多的野菜。

果子零食。（1）水果。李子、桃子、樱桃、花红、柿子、梨子、石榴、橘子、苹果、葡萄、杏子等。（2）干果类：核桃、毛栗、松子、榛子、葵花子等。（3）野果类：白草莓、红刺莓、树莓（又称鸡屎颗）、牛角莓、薅秧莓、酸枣、猕猴桃、岩豆、八月瓜、地瓜等等，数不胜数。

风味特色食品。（1）酒类有：苞谷酒、米酒、荞麦酒、高粱酒、杂粮酒、水花酒、甜米酒。（2）豆制品类有：豆花、大豆腐、豆腐干、臭豆腐干、豆腐皮、豆棒、霉豆腐、豆豉、鸡肉点豆花、菜豆花、渣豆腐等。（3）酱菜有：构叶麦子酱（构酱）、豆瓣酱、辣椒酱等。（4）泡菜类有：酸菜、泡辣椒、泡葱、泡蒜、泡洋姜、泡地纽子等。（5）肉制品类：砣砣肉、火腿、腊肉、香肠等。（6）茶类：涩茶、蜜茶、苦丁茶、野菊花等。（7）糖类：蜂蜜、麦芽糖、冰糖、白糖、砂糖等。（8）烟类：山烟、烤烟、卷烟等。

3. 居住。古代彝人居住天然洞穴为主，后来彝语说房屋与“穴”近音。天然洞穴有冬暖夏凉且坚固的特征，不仅能防寒御热，还不能抵御猛兽和强盗侵袭。洞穴成为彝人长期以来的重要居所，直到新中国成立前，数不清的洞穴还是当地人躲匪的场所。随着生产力的解放和发展，彝族先民适时搬出洞穴，就地取材修建草棚、土坯草盖或杉树皮夹草盖房、土墙草盖或杉树皮夹草盖房、石墙草盖或杉树皮夹草盖房、土木结构草盖或杉树皮夹草盖房、石木结构草盖或杉树皮夹草盖房、木料穿斗草盖或杉树皮夹草盖房，相对集中居住，成为邑村邑寨。砖瓦出现后，官府和有钱人家开始修建纯木结构或砖木结构的瓦房居住，如今还保存完好的毕节大屯土司庄园和恢复重建的大方“贵州宣慰府”就是代表。新中国成立后，特别是毕节试验区成立以来，钢筋混凝土结构的楼房形如出现，在20多年的时间里，钢筋混凝土结构的楼房几乎取代之前的各种类型结构的房屋。农村以黔西北民居为代表，城市以彝族企业家龙天来修建的兰苑花园、樽憬财富楼盘就是当代住房代表。

4. 交通运输。毕节地区由于沟壑纵横的地理特征，在远古时代，交通靠脚走，运输靠人挑、背、抬。成功驯养牲畜后，马、骡、牛、驴、象等畜力运输部分代替人力运输，其中，骡马力运输最普遍最长久。大多数彝人都有养马来骑或驮物资的传统，官家还养有骑兵，商人有马帮。先秦就有马路与境外相通。20世纪20年代末毕节地区始有汽车路，彝人开始使用车辆运输。随着交通事业的发展，彝族人与时俱进使用上汽车、火车、飞机等现代化的交通运输工具。

5. 婚姻。在原始社会时，彝族先民实行抢婚。进入文明社会后，实行恋爱自由而婚姻父母作主，结亲过程中的打闹习俗，是古代抢婚习俗的遗存。新中国成立后，实行婚姻法规定的自由婚姻。一般要经过介绍、订婚、烧鸡吃、送礼和嫁娶亲等程序。（1）订婚。男女相爱后，男家请媒人两次到女家提亲，女方同意后，媒人第三次带着男家送的一升炒面、两瓶酒去女家。女方父母接收炒面，将酒放在神龛下祭奠祖先后大家同饮，亲事算说定。若女方不同意，退男家礼物表示歉意。（2）烧鸡吃。确定婚姻关系后，男、女双方年龄接近婚龄时，由媒人带男方及父母，背酒及布料之类礼物去女方家行烧鸡吃仪式。女家杀公、母鸡各一支，请族中长者用餐，公开亲事。（3）送礼。男家取得女家同意，在认定财礼数额后，告诉女家送礼及娶嫁日期。送礼之日，男方之兄或弟、父或母备礼后，随媒人到女家。女家杀猪宰羊，请族中各户家长作陪。酒过三巡，媒人可代表男家将彩礼摆在桌上，一一当众点交女方。次日，族人相继款待，认亲家。（4）接亲。女家总管预先安排人在距家门50至60米远的路口，用松枝或竹竿搭“金”“银”“铜”三道门，门前放张桌子，上置水、酒各一碗，一枝杜鹃树，一枝黄松树，桌旁站几位能唱酒礼的姑娘把守三道门，待接亲者到来。当媒人带领接亲者来到篱笆门时，姑娘们拉住接亲队，唱酒礼歌进行查问。如无以回答或答复不好，就用冷水泼淋或将锅底灰涂抹，进行纠缠奚落，直到接亲者提酒请人解围为止。过金、银、铜三道篱门后，到桌前点礼。接着，姑娘们又唱歌盘问，接亲者把半边猪头、烧酒、衣料、咂酒、盖头巾、头帕、袜子、首饰等物一一点奉上，总管才安排地方暂住，等女家客人就餐完，方请接亲者入席。席毕，接亲者到堂屋，根据总管询问，边摆礼物边唱叙男家的家族源流。继后是酒礼歌会，先由嫁女的婶婶、姑妈、姨妈分成两排在锅庄周围唱酒礼歌，后由年轻姑娘和媳妇分成左右两排唱跳酒礼歌舞。出嫁之夜，每到一批远亲，嫁女都要行一次哭礼，向亲朋诉说苦衷。发亲时，嫁女边哭边给众宾客及毗邻帮忙人敬最后一支烟、一杯酒。接亲者骑接亲马在女家门前当众试骑三转后，把马牵到女家门口，嫁女由兄或弟背来扶上马上路。（5）娶礼。娶亲之日，男家设超戛于屋前，请寨老总管临阵指挥。进亲前，安排帮手在门前搭迎亲门，为新娘驱邪。过迎亲门时，布摩站在门左方，右手抓马料往迎亲门上撒，砍下鸡头丢于门外。新娘到男家门，由送新娘的哥或弟扶下马，揭开盖头巾。新娘拜堂时，由一妇女牵新娘过马鞍、踩木勺和鸡蛋，入堂屋拜亲。进洞房时，布摩念吉祥祝词。（6）回亲。第三日，男家赠送亲者以草鞋钱，新郎在超戛给送亲者敬两杯上马酒。以新娘叔伯身份的送亲人在马背上喝完酒后，将走路钱放回新郎杯中祝福，让他买地种、建房屋。其余送亲者不返赠草鞋钱，饮完酒，将杯子砸烂，意为打破口嘴。酒毕，男家送两个杯子给送亲者带走，遇到结果的树木打碎，意为祝福一对新人象结果树一样。新婚满月，娘家接嫁女返家住数日，又由男家接回婆家。

6. 丧葬。据彝文献记载，远古时期彝家以土葬、火葬方式安葬死者。清代以前，黔西北彝族盛行火葬，用柴将死者遗体化成灰烬，将骨灰装入陶罐埋入地下或放进岩洞。清道光年间，大定知府黄宅中《谕民二十条》规定：“夷民恶俗，有焚骸火葬之事，屡经官府出告示严禁，如敢再犯，从重治罪”，自此行土葬。丧葬依以下顺序进行：（1）收殓。病人临死时，要把他抱到堂屋正中扶坐在椅子上，用只母鸡在死者身上绕三转，死者落气后即将鸡捏死，削棍插入鸡颈部，放在死者旁。用三棵针树和五倍子树做成金银棒，放在死者旁做拐杖和打狗棍。病者落气时，口含银币，手中放入代表金银的木片，作为死者在阴间通关钱。脚踏装有五谷的斗，作为死者入阴间路上盘餐。在死者头上方用水呛死一只公鸡作“引路鹰”。继之牵佩鞍马候于门外，将马镫交叉置于鞍顶。长、次子分别扶其左右臂。待断气后放地炮三响，通报天、地、人，同时给死者洗澡，换寿衣、鞋、袜、帽。腰带用麻线，遗体平直仰面。（2）报丧。丧家在测定祭、葬日期后，遣人向儿、女、孙及姻亲等报丧。报丧者手持报丧棒，到当请的亲戚家房前将报丧棒插稳，坐下等待亲戚家出门迎请。报丧人将丧家死者、死期、祭期、丧期等告知。亲戚得知，马上杀鸡取心系于报丧棒上，表示人未到心已先到丧场，一定要赴祭。煮鸡招待后，报丧人持棒回程。（3）斋祭。作斋行祭规模有大小之别，1天1夜为小斋，3天以上为大斋，大斋又分3天3夜，7天7夜，9天9夜3种，一般只做3天大斋。斋祭内容主家请祭师主持，奔丧的父舅、母舅等至亲请来的布摩一律由掌堂师指挥。第一天，杀牛、羊或猪作祭牲，做完小斋所有仪式。第二天大斋，设灵堂建神台和灵位，用去皮的五倍子树削成刀刃形设置东西南北四道门。斋场正中设灵房。内停灵柩，灵柩底下置碗水，碗上搭一双筷，筷上放盏灯。灵房周围有纸扎十字灯、灯笼和纸马、狮、虎、粑粑灯、仙鹤柱和彩旗等。南门内设火塘，以舅家火塘为首，围成半圆，火塘多少，视祭者家数而定。祭场外西北角设神台，请布摩入座。西南角设主家火塘。当日，早晚各杀一只鸡作献祭，祭奠每念完一段经书，丧家边跳铃铛舞，边按顺时针绕灵堂一周。然后在灵房前空地上跳之字形太极图万字形或马蹄形舞。跳完，总管左手提灯，右手持神杖在前，其后有持灯、击鼓、扛旗、歌师、跳舞队、唢呐队，祭奠者弯腰垂手跟着，由东门进西门出，南门进北门出。此时，火枪声、火炮声、唢呐声、马铃声、歌声此起彼伏。以布摩为首祭奠队伍转出灵堂前绕灵房3周，跪拜3次，给死者献牲、供牲，毕摩先念《献酒经》《供牲经》，后喊死者名字，手持收牲棒指养祭牲说，请你领去某人给你的牲。绕灵仪式结束，毕摩念《指路经》，为死者指路，孝男、孝女披孝服，持香人站在灵堂前，意为送亡灵上路。（4）安葬。第三日为安葬日。发丧前，毕摩念《指路经》后，领着孝男孝女及参加祭奠亲戚抬着纸马，提着灯笼等祭品，绕灵堂三圈。发丧时棺木正中拴一只引路鸡（雄鸡），孝子排行，三点着地跪扑3次，使棺木越过身上。到墓地上土完毕，由族中长房将引路鸡摔死于坟上，烧吃于野外。葬后连续3天，孝子在黄昏前给亡人送灯，泼水饭，第一天送至坟前，第二送至半路，第三天送到门口。三天后又去坟上盖一层新泥。葬后第三天进行招魂。

7. 节日。（1）年节。按《十月太阳历》为纪年，十月初一至初五为年节，彝族民间要在神龛上插黄松枝，堂屋地面铺上松毛，接祖魂回来过节，每餐前给祖人奠酒、供肉、供饭，第三天送祖。同时，进行传统体育活动有：打鸡、荡秋千、摔跤、赛马、荡磨磨秋和篮球比赛。

（2）春节。春节，从除夕开始，彝族人家都要打扫房屋卫生、打糍粑、推豆腐、铲粉子面、做吊浆粑、做甜酒、煮豆豉、烧猪脑壳、洗衣服、贴春联、搭建神房等，为过春节作充分准备，习惯说三十夜，每人都有三十条活路。吃过年夜饭后，过年的准备工作继续进行，直到深夜。凌晨新年钟声响时，一家至少有一人到井里抢新水，挑着新水回家开财门。开始办丰盛的新年饭。天亮后，将一壶酒、糍粑、米饭、各种菜肴各装一碗，马匙一张，搬到神房前举行新年祭祖仪式。祈求祖先们庇佑在新的一年里，合家平安，五谷丰登，六畜兴旺等。祭祀完祖神，一家人团团围坐，共享新年美餐。人人都须饮新年美酒，共祝新年快乐。小辈们都要给老人敬酒拜年，老人要给孙子、重孙发一些压岁钱。吃完新年饭，青少年们去玩掷毽子，打鸡毛搭、荡秋千、转磨磨秋以及各种游戏；老年人则去邀约几位老友在一起围炉而坐，共话农家田事或回忆自己青壮年时的逸闻趣事。正月初二到正月十四的晚上，十几二十人相约到相对集中而房屋宽敞的人家玩，有打牌的，有下棋的，有讲故事的，有搓麻将的，但最闹热的是请神。常请的神有七娘娘、祖先神（误译为“蜂子神”）、筲箕神、猴子神等。白天走亲串戚相互拜年以联络感情，各家轮流盛情款待年客，一派乐融融景象。正月十五，举行祭祖仪式后有的彝寨举行骑马比赛，所以也叫赛马节，大家尽情欢乐一天后，新年就过结束了。

（3）插花节。每年三月初三，彝族民众都会从山上采摘漂亮的杜鹃花来插在神位、房门、农具及一些常用工具上。杜鹃花彝语称之为索玛花。节日这天，先要请布摩设祭坛举行祭花神仪式。仪式完毕，穿着盛装的彝家青年男女上山采摘索玛花后聚在一起，在开满索玛花的山上相互对歌，你问我答，你唱我和，边歌边舞。彝家姑娘们将自己打扮得花枝招展，美丽动人，把摘来的漂亮的花相互插在头上作装饰。在活动中进行选美时，要选出金索玛、银索玛、铜索玛三个级别的美丽姑娘。2006年6月，大方县人民政府将大方彝族插花节公布为首批县级非物质文化遗产代表性保护名录。

（4）赛马节。农历五月初五日为赛马节。赛马节的主要内容是跑马射箭，这项活动起源于纪念支戛阿鲁。支戛阿鲁骑马测天量地，降妖除魔，抵御过外来的入侵，捍卫了本土安宁，为民族的统一作出了巨大的贡献，支戛阿鲁成了彝族人的骄傲和崇拜的对象。人们通过赛马会娱乐身心，欢庆丰收，显示年轻人的勇敢与剽悍，同时纪念彝族英雄支戛阿鲁。赛马会同时还是彝民财富的展示会和物资交流会，人们大都用出售畜产品和山货等的收入购买服饰打扮妻女。

（5）火把节。农历六月二十四日为火把节，是日晚男女老少手持青杠柴、松枝、干竹等火把，游于村寨、田间，以坝子作节日活动场所，堆成宝塔形火炬，选一根青松柱立在中间，点燃后，全民歌舞，通宵达旦。节日期间杀猪宰羊祭诸神。

8. 生活禁忌。彝族生活中存在许多禁忌，迄今仍被人们遵循，主要有：（1）婚姻禁忌：忌堂兄妹、姨妈兄妹开亲，忌姑娘在结婚前有性行为，忌姑娘嫁期进食，忌结婚期间说死、杀、鬼之类不吉利言语，忌嫁女出门时父母在门口目送，忌新娘未满月回娘家或串门。（2）丧葬禁忌有：忌吊丧期间孝子睡高床，忌发丧、打井、下葬日时辰不好，忌葬地不吉，忌下葬时有相同属相人在场，忌砍祖坟山树，忌金属器物入棺内，忌坟向过别人房上，忌坟向对岩洞。（3）节日禁忌：忌大年三十在别人家吃饭，忌节庆期间说咒人的话，忌节日与人斗殴，忌节庆装病卧床不起。（4）祭祀禁忌：忌妇女入祠堂，忌大斋乱坐，忌不祭时动祖坟。（5）言行禁忌。忌妇女摸男人头，忌妇女跨锅庄，忌翁伯与子弟媳言笑，忌在老年人面前不谦逊，忌屋向岩洞，忌白虎窜堂，忌用扫把打人，忌妇女打男人独巴掌，忌插金属于墓内，忌置茅草人于别家门口。（6）行业禁忌。忌装修房子时倒用木材，忌讳女人进矿井。

**音乐舞蹈** 1. 声乐。有情歌、出嫁歌、娶亲歌、丧歌、山歌、叙事歌、儿歌、劳动歌、敬酒歌和新创作民族歌曲。（1）情歌。可单唱，也可众人齐唱、众男女青年对唱。只能在野外进行。（2）出嫁歌。可集体排列演唱也可独唱、赛唱。集体排列演唱时，每边均有人领唱，余者合唱。出嫁歌曲由女性演唱。（3）娶亲歌。一般由一男性歌师领唱，1至2个男性附和。（4）

丧歌。在斋场演唱。（5）山歌。是彝汉结合产物，曲调为彝族音乐，曲目繁多，多用七言四句，词曲不一定对应，一首曲可配任何一首词，一首词也可配任意一道曲。（6）儿歌。歌曲较少，流传广泛的有《阿西里西》。（7）劳动歌。在黔西北地区广为流传，以《撒荞舞》《撒麻舞》最有影响。（8）叙事歌。音乐简单，以唱代叙。（9）酒歌。运用于节庆等隆重场合，曲调热烈，有迎客、敬酒、祝酒、留客等内容。（10）诵经。毕摩做法事时用多声部调诵经，也是一种特殊的音乐。

2. 乐器。主要有唢呐、月琴、羊皮四弦胡、二胡、口弦等。唢呐以大小配套，曲目丰富。月琴是彝族传统乐器，多以节庆、农闲、夜间弹奏为多，曲调结构与唢呐同，曲目丰富。月琴现在继承者已经逐渐减少。口弦，山竹片或铜片制成，弹奏时左手拿弦，放在嘴唇边，用右手拉线弹奏，弹出声音，通过口腔，传出优美、抒情的曲调。旧时口弦用竹片刻出颤弦，系绳拉动出音，通过口腔开闭成曲。

3. 舞蹈。彝族舞蹈曲目多来自民歌，其中以龙图腾舞、出嫁舞、阿西里西、酒礼歌舞为典型。也有以新民歌为曲的舞，其中以芦虹高原之歌、芦虹欢舞、欢乐的彝家、彝族姑娘织毯忙为典型。部分民间舞蹈，没有舞曲，其中以凯洪呗（即丧礼舞）为典型。著名彝族舞蹈有：阿卖肯、撮泰吉、撒荞舞、撒麻舞、衣角舞、铃铛舞、阿西里西和大型舞蹈乌蒙欢歌。1964年，罗林等《铃铛舞》演员到北京会演时，受到毛泽东主席、周恩来总理的接见；2005年《铃铛舞》在中国民间文艺展演中获得“山花奖”。

**体育**　1. 赛马。分走马、跑马两种。（1）走马。平时在马帮运载物资放空时，在宽阔地段训练比赛。骑手横坐马背的驮架上，一脚插于马胸侧襻扣中，一脚蹬在驮架下端横担上，两手操缰持鞭，众马并排，同时催马前进，马只能疾走，不可纵跃，先到达目的地为胜。正式比赛走马，马不装鞍，比赛中，人马配合，马疾步行进快而稳。获得名次者，马主人获养马、驯马能手称号并获钱、物奖励。（2）跑马。冷兵器时代跑马赛，有马上射箭、马上擒拿、马上俯身拾物、马上技巧、跑马；热兵器时，增加马上端枪射击。历史上出名赛马场，一是水西的练马场，即今大方县马干山；二是乌撒部的骑马坝即今威宁县百草坪。赛跑马，参赛骑下只能骑自己饲养马匹，马背装不装鞍，由评判人员和众骑手共同议定，经决赛获得名次者，除获奖和受人称赞外，其马身价倍增，骑手受姑娘的青睐。1947年，杨伯瑶主持在大定县中箐赛马场举行来自黔西、大定、毕节、威宁、水城和毗邻川、滇骑手参加的赛马比赛，杨伯瑶的坐骑跑得最快。

2. 摔跤。彝族式摔跤，为两人面对，双方用手抓牢对手后腰带。裁判下令，即猫腰施展扭、提、抱、摔和勾脚、绊、缠等动作，制对方倒地为胜，连胜两场，另方算输。若各胜一场，须进行第三次决胜。

3. 打秋。彝族民间历来有打秋习惯。打秋分打高秋、打磨秋。打高秋，在粗的横伸树上或专门支撑秋架横梁上，穿扣用竹或藤做的两个活动圈，以粗绳两端系于活动圈中，在绳索下垂部分安上踏板或高秋。荡高秋系彝家子女运动，可单人或两人荡秋。

4. 打磨秋，民间称磨磨秋。用两米左右长，十多厘米直径坚硬木棒，两端制作扶手，中部挖出与另一根固于地的木棒顶端相适应的凹洞，对应扣合，成“T”形磨秋。玩时，两人或四人相等分两端，以腹部伏横木的扶手处，一方在下压中将对方升离地面后，踏步前进推动旋转后纵跳，让对方在旋转中着地、踏步、跳跃，如此反复，双方在惯性中上下飞旋。

5. 打抛。又称撵山、打毛蛋。用藤条或竹篾编制成直径10厘米左右空心球，在外圆裹缠五颜六色布条，即成有弹性的抛毛蛋。打抛类似打拍球，由双方对等人数，分于中界线两边，裁判在中线为双方队长抛角拍，一方挥手将抛拍入另一方场地上空，另一方即拍打回击。反复攻拍中，一方失误抛落场地，对方即超过中界线捡抛向底线拍出，直到翻底线为胜，如果不限底线，强方将弱方攻退几个山丘，到悬崖或河流为止，故称撵山。

6. 打毽子。用鞋底线把包谷壳扎成鹅蛋大小的球体，名叫毽子。打毽子时队员分为两组，发毽者左手把毽子抛向空中，待其下落到适宜高度时，右手掌独力把毽子击推向对方，也可以直接用手投执出去。迎接方可用手掌在空中拦截把毽子打回去。待毽子落地后，捡起继续打向对方。反复交叉进行。有的能把对方打后退几里路。

7. 打毛搭。毛答用小竹筒插满鸡羽做成，用木板制拍，打法与打羽毛球类似。

8. 皮蜂。用一根双折有人肩部至离地三市寸的窄皮条，折中处略宽一倍，中间开与窄处宽长方洞，一终端开出可用右食指入圆洞，另一端不开洞形成U状。使用时，右手食指穿入圆洞，食指与大指夹紧皮条另一端，左手择一适当小石块安放在皮条中折长洞处，右手屈肘前后画圆加快挥动皮蜂，估计目标距离恰当使力，朝目标松开大指与食指夹紧一端，小石子便在惯性作用下向目标飞击。

9. 射弓弩。用坚韧树条、箭竹等材料，加皮条制作弩弓、弩机和箭矢，射击目标。

10. 虎守崽。守方（大虎）守在鸡蛋大小的6个石头（小虎）的周围，以脚踢前来抢小虎的攻方的方式保护小虎。进攻方则要避开大虎脚踢去抢小虎。在比赛结束时，以拥有小虎数量少定输赢。该项目于2011年9月在第九届全国少数民族体育运动会上获得银奖。

**崇拜** 1. 自然崇拜。即对天、地、日、月、山、川、岩石、水井等崇拜。彝族崇拜天神，称天神为“米色”或“姆歇”，附以道德思想的神格。凡有浪费粮食、不孝父母行为的，视其行为伤天害理，会遭天打。风调雨顺，视为天神赐福。彝族崇拜地神，称地神为“溺色”或“米歇”。凡属地下的灾祸，均以为地神作怪。地神会指使地面生活的动物做出某种行为，造成某种后果。如狼欲吃人，往往用前爪拍地，认为是向地神请示，是否该吃。崇拜日、月神，认为日月神大于其他自然神；清浊二气与日、月作用产生万物。崇拜山神，称山神为“博色”。山神能呼暴雨，召冰雹，损坏庄稼，降灾于人。凡人在山上受惊而失常，以为山神作祟所致，故忌在山上吼叫。有的地方有祭山活动，直至现在。崇拜河神，称河神为“液色”。凡过河或游泳死者，认为神收去生命，故涉河者要虔念水神词。某河某水塘常有死人现象，认为该河或水塘的神显灵，发难于人。崇拜岩神，称岩神为“法色”，在野外岩石地带受惊，认为岩神附身，故单身行动之人一般不入岩洞，夜间更忌之。崇拜石神，称石神为“罗色”。奇形怪状磐石，认为有神灵，故忌击之。崇拜水神。远行喝路旁之井水，喝后需回一点于井中，并说还你的水，对熟悉水井不必行还水礼。身上患疾，认为井神附身，需某日清晨洗身后，到井边烧柴火礼拜井神。崇拜树神，称树神为“米省”，认为古老树，皆为神树。祭拜时，用五倍子树枝靠在古树脚，搭成门形，将插有鸡毛一根剥皮树枝挂于门上，由一长者主祭，布摩念《祭龙经》，献酒、杀牲，长者率众绕树一圈，祭毕众食牲肉，认为全寨可清洁安好。

2. 图腾崇拜。（1）竹图腾。民间所祖先灵筒一律用竹子做成，竹节便是祖先实物代表。民间有《竹的儿子》《安宣慰过竹到京读书》等口碑传说皆是崇拜竹图腾之说。（2）鹤图腾。彝书《策尼则》记载，“鹤是君，鹃是臣，鹰是师，民是众鸟”。有的源流标志用白鹤。（3）虎图腾。彝族对虎都有图腾崇拜。（4）龙图腾。彝族母系社会时崇龙，到父系社会后崇虎自称龙虎之邦。

3. 祖先崇拜。表现为祖先设神位、建祠堂，分灵房和分宗。彝书《指路经》《分宗经》《岩祭经》及《谱书》，皆为祭祖先的经书，均由布摩念读。

彝医　彝族医药历史悠久，很早以前就有彝族医学典籍《启谷署》等问世。彝医的基础理论是“阴阳五行说”和“天人合一说”，有防病重于治病的理念。彝文典籍中就记载有关于人体五脏六腑功能及气血运行的情况。武洛撮时期的医圣武奢哲，洞察人体五行（相生相尅）、辩气血、孛胃肠、究脾胃、查肝肺；辩神病、别鬼病、析寒热、诊瘟痢；根据病情“配伍成堆药，医治患病人”。彝医的诊断方式有：望诊、闻诊、问诊、触诊四种，与中医的“望闻问切”一脉相承。彝药，根据彝文献记载和彝医口头传授，共有彝药1189种，其中，植物类彝药871种，动物类彝药262种，矿物质类药物56种。彝医的治疗方法有：口服法、外敷法、火烧法、熏蒸法、洗浴法、切割法、放血法、推拿法、吸除法等。彝医多为单方行治，经济、简便、速效，对类风湿、跌打损伤、妇科、儿科、男女不育等功效明显。彝医采药口诀：“春采尖芽夏采花，秋采根茎一把抓，五月端阳采皮汁，逢冬灌木全株挖。”取药口诀：“鲜药植物取果汁，草本植物不放它，猪牛鹿马全身宝，虎豹蛇蝎顶呱呱，藤木空心治风湿，树叶木本祛邪斜，毛刺之功消红肿，多浆亮面败毒砂。”用药口诀：“补药味甘甜，止血用涩酸，芳香多开窍，消炎取苦寒。”

文学艺术　彝族民间文学艺术内容、形式丰富、浩繁（详见本志第二十四篇第三章第三节“民族民间文学”）。

新中国成立后，党和政府采取各种措施，在全地区各县、乡、村设医院，培养医疗卫生人员，逐步改变了彝族地区缺医少药的现象。中共十一届三中全会后，国家把培养少数民族医疗卫生技术人员，作为农村医疗卫生改革的战略来抓。医药卫生院校对少数民族地区实行定点招生、降低录取分数线录取、定点分配或专办民族医士班等政策，使彝族医疗卫生队伍不断扩大，医疗技术水平不断提高。2003年后，国家实行新型农村合作医疗制度后，各族人民的医疗逐步有了充分保障。

## 第三节　苗　族

族称　苗族大都自称为“蒙”或“孟”、阿卯。旧时汉族称苗族为苗，彝族称苗族为“卯哄”，布依族称苗族为“布尤”，仡佬族称苗族为“布叶”。在中国历史上，不同时期对苗族有不同的称谓。炎黄时期，称为九黎，其首领为蚩尤；尧舜时期称为三苗或有苗；商、周时期称髦，三者之间有着族属渊源关系。唐宋时期，苗作为族称出现于文献；元、明、清时各朝代有苗的记述。中华人民共和国成立后，根据苗族人民的意愿，将族名统一为苗族。苗族内部各支系之间语言、服饰、生活习俗有所区别，互不通婚。汉族称呼苗族支系有大花苗、小花苗、歪梳苗、箐苗、白苗、青苗、六寨苗、素苗、红线苗、坝苗。

**族源** 苗族先民九黎时期，生活在黄河中下游一带，炎黄时期，黄帝与蚩尤大战于涿鹿。蚩尤战败后，九黎南迁至江淮地区，史称三苗或有苗。尧舜时期以三苗复九黎之德为由，对三苗不断进行讨伐。三苗战败被肢解，离开江淮，其中一部分迁徙到三危（今甘肃西部）。《西南彝志·经济志》记载：“阿哲的百姓，有青仡红羿，以及白汉人，共七百姓氏，还有濮和苗，未计算在内。”说明：三国时已有苗族入居阿哲地。唐代，苗民不断迁入毕节，且逐渐向东、向西散布于黔西北一带。明洪武十四年（1381）命傅友德征南，战事平定后，从四川征调苗民，留住水西今大方县北部地带。一部分迁至大方响水。屯守县境及其附近的苗族士兵留居下来，繁衍成大方县苗族的一部分。清代康熙初年，吴三桂从四川南部和广西征兵讨伐水西。事后，从四川来的苗族军人定居在瓢井、六寨，从广西来的苗族军人留居黔西铁石、铁盔。

**人口分布** 1.人口。据1942年《贵州省政府教育与实施报告》记载，贵州省第四行政督察区专员公署辖下毕节县苗民2011人，大定县1.09万人，黔西县2016人，金沙县2048人，织金县8245人，纳雍县2015人，威宁县7058人，以上7县共计3.43万人。1953年，第一次全国人口普查，毕节专区有苗民17.56万人。1964年，第二次全国人口普查，有苗族人口19.58万人。1982年，第三次全国人口普查，有苗族人口33.51万人。1990年，第四次全国人口普查，有苗族人口38.74万人。2000年，第五次全国人口普查，共有43.45万人。2010年第六次全国人口普查，全地区有苗族人口447975人，占全地区总人口数的6.85%。苗族多散居于汉、彝、回、仡佬、布依、白、满各民族之间，在乡、村小范围内多是同一民族聚居。每个苗族村寨，少则10余户，多者达百户。苗族村寨多由两个以上不同宗族的家庭组成，也有少数村寨同一宗族。

2.分布。毕节县的阴底、千溪、阿市、燕子口、亮岩、鸭池等乡镇；大方县竹园、鼎新、牛场、理化、三元、普底、大水、黄泥、八堡、兴隆、大山、星宿等；黔西县的中建、花溪、仁和、定新、永燊、协和、太来、铁石、新仁、金坡、红林、五里、沙井等乡镇；金沙县的石场、太平、箐门、马路、安洛、新化、大田等乡镇；织金县的三甲、自强、太平、官寨、茶店、金龙、后寨、鸡场等乡镇；纳雍县的库东关、董地、化作、姑开、羊场、锅圈岩、昆寨、左鸠戛、猪场等乡镇；威宁县的么站、哲觉、迤那、石门、云贵、天桥、雨科、兔街、法地、龙街、龙河、新民、马踏、羊街、大街等乡镇；赫章县的水塘、兴发、松林坡、雉街、双坪、铁匠、辅处、可乐、河镇、结构、古达等乡镇。

**语言文字** 1.语言。毕节地区苗语属汉藏语系苗瑶语族苗语支的川黔滇方言，又分滇东北次方言和川黔滇次方言。使用滇东北次方言的苗族主要居住在威宁、赫章、织金县，使用川黔滇次方言的苗族主要居住在毕节县大方、黔西、金沙、织金、纳雍、赫章县。在历史上，苗族不断地迁徙，高度分散，缺乏沟通和联系，各地语言差异较大，又由于各地苗族内部用方言、土语交际，使各次方言苗族相互不能通话，次方言内部苗族通话也有一定的困难。长期以来，苗族与汉、彝等民族杂居，多数能说汉语，有的也能说彝语。苗语有其差异性大的一面，也有其共同一的面，表现在：（1）声母多于韵母，有带鼻冠音的声母，有送气和不送气相对立的塞音和塞擦音声母；只有一个鼻音韵尾，接在前元音后面时读n，接在后元音后面时读作 η；元音不分长短、松紧；无塞音韵尾；有复元音韵母，都有8个调类。（2）复合词的构成方式相同；有一批在口语中不用或少用的歌谣专用词，称作古苗语。有极丰富的状词和四音格词。（3）修饰词多在中心词后面，句子的主语在前，谓语在后，谓语动词若带宾语，则宾语在谓语动词之后。

2.文字。1905年，英国基督教传教士柏格理、苗族人士杨雅各、汉族人士李斯提反等在威宁石门坎设计一套拼音文字，用于云南省东北部和贵州省威宁、赫章苗族学习使用。1952年和1955年，中国科学院语言研究所和中央民族学院派工作组到贵州、云南、广西调查苗语。1956年10月在贵阳召开苗族语言文字问题科学讨论会。这次会议帮助东部方言、中部方言、川黔滇方言的苗族创制了文字；对滇东北方言苗族的文字进行改革。选定毕节大南山为川黔滇方言标准音地点，威宁石门坎为滇东北方言的标准音地点。1957年，在大南山小学作试点推广。1979年起，在区内各县推广。至1988年，毕节县培训出苗文师资及辅导员共328名。

家庭姓氏　1.家庭。苗族家庭已是父系组织形式。通常由祖、父、子3代构成大家庭。中华人民共和国成立后，多以一对夫妻及其子女组成家庭，3代组成家庭不多。有女无子家庭可招婿上门。子女成人后恋爱自由，通过跳花、对歌、结交，选择对象。在确定恋爱关系后，需告知各自父母，征得父母同意后，由父母请人到女方家提亲订婚，择期操办婚事。家庭财产由儿子继承，多子人家，各兄弟继承父母财产。女儿除得到陪嫁的嫁妆外，一般不继承父母财产。兄弟分家后，由幼子随父母一起生活。各兄弟共同赡养年老父母，共同承担治疗父母疾病及过世后安葬的经济责任。家族、村寨议事集会，男性家长是当然出席者，只有男性已丧时女性家长才有资格参加议事。在婚事宴席上

家庭

舅父须坐上席，在分家时须听舅父意见。家庭中，男子为家长，承担各种主要生产劳动；女子主要承担儿女养育，参与除耕地以外的生产劳动，操持家务，负责全家的吃穿。苗族在父系家长主持下，长幼有序、男女有别，按传统习俗在生产、生活上代代相传。

2.姓氏。苗族姓氏起源久远，有苗姓和汉姓之分。苗姓虽然方言不同，但对苗姓称呼比较接近。川黔滇次方言中苗姓有蒙尤、蒙结、蒙鲁、格蒙、蒙攘；滇东北次方言中苗姓有卯、卯结、卯当、卯攘、卯展、卯娄、卯曰。苗族改汉姓，始于清代中期。是时云贵总督鄂尔泰呈批经滇《苗疆十一事》认为“苗氏多同名”，应“各照祖先造册”，凡“不知本姓者，官为定

姓”。苗族从此被官方逐寨逐户定汉姓。川黔滇次方言中苗族汉姓有杨、李、祝、陶、马、熊；滇东北次方言中有杨、李、陶、吴、王、汪、马、龙、苏、朱、潘、赵、韩。汉姓与苗姓之间有着对应关系，一个苗姓与一个汉姓对应，也有一个苗姓与两个或以上汉姓对应。川黔滇次方言蒙尤对应杨，蒙结对应李，蒙鲁对应祝、陶，蒙当对应张、王，格蒙对应熊，蒙攘对应马；滇东北次方言中卯蚩对应杨、刘，卯结对应李、罗，卯竹对应陶、吴，卯当对应王、汪，卯攘对应马、龙、苏，卯够对应张、安，卯曰对应韩。苗姓在青年男女婚恋选择时很讲究，同姓氏者表示来源同一祖宗，不得婚配。

**社会组织** 苗族多以同寨居住，少与其他民族混杂居住。在分布上与其他民族村寨相互交错，形成大杂居、小聚居格局。每一个苗族村寨虽有不同姓氏，但都具有同宗关系或姻亲关系。小的村寨居住十余户，大的居住数十户。自然村寨是苗族社会基础，解决社交、结婚、离婚、家庭内部纠纷、家庭之间矛盾以至处罚偷盗、抢劫、打架斗殴等问题，均由寨头按习惯规则办理。寨头由老户的长子世代承袭，负责管理寨内事务，虽无任何特权，但要为人公道正派，能帮助寨民解决问题。旧时，寨头代表全寨向土目租地分给苗民耕种，再由耕种者向土目交纳议定的实物和承担相关劳役。威宁县有的土目在较大苗族村寨内设立“六色”“六巴”，负责村寨管理。六色负责组织寨民为土目砍柴、抬滑竿、修房屋、种地。六巴负责为土目收租，并管理寨民之间纠纷。逢年过节，六色、六巴带领寨民给土目拜年。

**民族区域自治** 1954年，中华人民共和国国务院批准撤销威宁县成立威宁彝族回族苗族自治区。1955年6月21日，改称威宁彝族回族苗族自治县。威宁苗族成为区域自治民族之一。在县政府中有其代表人物参政，行使职权。20世纪80年代，毕节地区苗族乡有：毕节县先进、公子河；大方县菱角；黔西县小寨、化屋、铁盔；金沙县上山；织金县平寨、大坪、支东、箐脚、关寨、岩洞口；纳雍县海座、碓叉、箱子、自戛、马摆、自新；赫章县兴发、古木、石板河、安啷等。与其他民族共组建有83个民族乡，其中毕节县2个，大方县15个；黔西县14个；金沙县12个；织金县6个；纳雍县23个；赫章县11个。1992年撤区、并乡、建镇后，全区建有大方县兴隆，黔西县新仁，织金县自强、官寨、后寨，赫章县铁匠苗族乡；与其他民族共组建57个民族乡，其中毕节县3个，大方县11个，黔西县12个，金沙县7个，织金县4个，纳雍县10个，赫章县10个。

服饰

**生活习俗** 1.服饰。苗族服饰，不同支系、同一地方、同一土语均有区别；同一服饰，又分便装、盛装。威宁、赫章、纳雍、大方县和毕节县的部分苗族节日盛装保持较好，与其他民族服饰存有明显区别。大部分苗族便装已与时俱进，和其他民族同样。

（1）头饰。毕节城郊，织金龙场、大方响水、纳雍龙场的苗族少女梳辫子，成年妇女以黑羊毛线或发拧成细绳式假发，将头发盘于长20厘米的梳齿上。有的木梳长约60厘米。民国前，男子亦蓄发戴梳，头饰同妇女一样，现已消失。毕节县燕子口一带苗族妇女，常以红头绳与发辫盘于头上，年轻女子还在发髻外加绸帕。大方县瓢井一带的苗族，民国前男女盘发为髻，用小红梳子将发髻固定于额上，现只有高龄妇女保持原来头饰。毕节县清水镇与黔西县协和乡操同一方言的妇女，除盘发髻戴绸帕外，还在帕子外层加一层彩绣，并饰以各色线穗。黔西县铁石一带妇女头束髻，用黑毛线和细发绳将发绾成梭状，外用白帕缠绕，亦有在头顶上绾成螺状发髻，男子戴帕。金沙县与毕节县燕子口同操一方言的苗族妇女，用头帕将发包于头上，帕子于额前扎成人字形。织金、纳雍县大部分苗族妇女在右耳上方打髻，有的地方绾成髻后再用细发绳或黑毛线盘成锅圈状大发髻，有的只在右耳小髻上别一把小巧的花木梳，少女多扎成独辫或双辫垂于脑后。男子过去也曾蓄发、留辫子、戴帕子，现在没有作特殊头饰的了。织金县阿弓一带苗族妇女在头上别一把长约60厘米木梳，用重约数斤的细发绳在木梳上缠成“∞”字形大发髻，再用白棉线缠成十字于髻上加以固定（称戴角），小姑娘于8岁至9岁就要学习梳妆这种头饰。纳雍县张维一带苗族妇女，则在头顶端插一把红木梳，用若干细发绳与发盘成锅圈状。男子皆戴帕子。纳雍县治昆、姑开、维新和赫章县兴发、古达苗族男同女，以前均蓄发，少女用红、黄毛线掺发绾成锅圈型盘于头上；妇女参假发绾圆台型发髻，平时直接在头发绾髻于额上。男子用少许红头绳与发辫盘于头上，盛装时戴箐鸡尾装饰帽，现已不甚时兴。威宁县苗族姑娘盘发髻于两耳上方，用发叉或木梳别稳；成年妇女挽髻于头顶，别以银簪或塑料簪。盛装时，多用黑毛线作假发。盘发髻于头顶，尖顶朝天似塔形。男子过去也蓄发盘髻，清代也留过辫子。

苗族头饰

（2）衣裙。毕节城郊、大方县响水、织金县龙场苗族妇女皆着绣花衣服和蜡染百褶裙，衣服由白麻布内衣与花披肩无袖短褂组成，内衣袖口多用几种颜色布缝制，花披肩的图案由蜡染、刺绣、织花或贴花的几何形花纹构成。下身是蜡染3节百褶裙，布料多用麻布。中华人民共和国成立后，逐渐采用白棉布。结婚生育后在脚边加宽5寸的一匹青布条，打白棉布绑腿或套白色毡袜。男子平时穿白麻布长衫或短衫，盛装时穿饰以花披肩长衫，并在花披肩上缀以彩色绣球。少女着裙多在4～5条以上。毕节县燕子口苗族妇女穿白麻布内衣外套花披肩短褂，内衣袖口有拼花和刺绣，花披肩由刺绣和镶花组成，系花围腰，围腰上系两根飘带，同时束有两端绣几何形花纹腰带，并留有线穗，下身着织花或蜡染百褶裙，打白棉布绑腿。大方县瓢井一带苗族服饰集青、白、绿、红、黄色于一身。衣褂由正身、大袖、小袖、衣领组成。正身两幅、后面缝合、前襟分开、正身两边各接一幅大袖，大袖添小袖半幅，袖花齐肩，后肩上燕尾翻领，皆为靛青色。服饰色调因男女而异，男多为靛青色，逢节时系花腰带；女装青色，白色兼用，一般分两种，正身白色，大小袖为青色，或正身后长至腿。男子系的腰带一般长一丈左右，绣白、红、黄、绿菱形花纹，着白色小裤脚；妇女穿3节百褶裙，褶皱越往下布褶越厚。花饰工艺以染、绣、挑为主，以白、黄、红、绿色交叉装饰，裙领左右两端各系两条裙带，带上刺有绣纹。以白布为绑腿。服饰多系麻布做成。男子装饰有古代武士风度。黔西县铁石一带苗族妇女穿长衫长裙，裙为百褶裙，系花围腰，小腿缠裹布，有孕后系红布腰带，以驱避邪；带白帕的妇女也穿长衣长裙，衣裙为青色；因地域而异，同一土语服饰也有细微区别。黔西县协合、毕节县清水铺苗族妇女的裙子与毕节县燕子口相同，无花披，上服多为刺绣服；现在男子常着普通装。黔西县化屋、织金县珠藏、纳雍县乐治、大方县马场的苗族妇女上身穿齐腰绣花或蜡染短衣，短衣分大领对襟无扣衣和大领右衽衣。大领对襟衣沿边为蜡染或刺绣花纹，衣后青布与蜡染和刺绣相接处用花边镶成凹字形，身前系黑白相间麻布围腰，下着褶裙。着大领右衽短衣的，衣领和衣服相接处贴上花边，衣上半部为青色，下半部为蜡染或刺绣花纹，系小方块围腰或长方形围腰。裙子大部分人用青色棉布，裙腰为蜡染或刺绣花纹，间或有寸许宽的其他颜色布料装饰。里层裙为麻或廉价棉布，外层是经手工制作花褶裙。裙褶有些一侧多一侧少，有的两侧至前后均打褶。褶子蹭部位有的蜡染多，有的刺绣多，均打白棉布绑腿。大方县普底一带苗族妇女上衣把花边贴在衣胸前，呈倒凹子型，不系围腰，裙子的裙脚贴2～3道花边。纳雍县阳长和治昆苗族妇女系吊牌围腰，围腰顶部呈等腰梯形，下半部呈长方形，围腰均要经过刺绣蜡染。黔西、织金、纳雍、大方县的男青年着普通服装，中老年人在重大节日穿青色麻布长衫。织金县阿弓、纳雍县张维的苗族妇女都穿内衣套长袖无扣对襟长尾服，饰以刺绣蜡染，系腰带，下穿长褶裙，阿弓地方系吊牌小羊毛毡围腰，张维苗族系刺绣花围腰，均打绑腿。男子穿靛青麻布服，分长、短衫。长衫为右衽清代服，短衫为对襟服，衣领用白布条缝边，作少许花纹装饰，短服饰口作螺旋状纹样。阿弓男子裤子为大脚长裙裤，远看似裙，近看是裤。威宁苗族妇女着无领白麻布套大花披肩无袖衣；披肩花纹呈几何纹样，长至胸前，后及腰部，用彩色羊毛纺织而成，两块披肩相接处缝一块吊牌，吊牌下悬长红线穗，线穗尾端系绣球和细铃；下身穿饰以黄、红、兰条纹相间百褶蜡染裙，打绑腿。男子衣服与妇女一样，不同处为短衫，盛装时为白麻布长衫。赫章县部分苗族与威宁县款式相同，其差别在于披肩花纹用少许红和黑色羊毛线织成白底与线条清晰的图案，衣着只在某些局部作蜡染。过去，大部分苗族打赤脚或穿草鞋，生活条件好的人家，逢节日或喜庆时，年轻妇女穿自己制作布鞋或绣花鞋，男的穿牛皮铁钉鞋。现时已多不穿手工制鞋。

（3）背扇。毕节城郊苗族妇女有孕后，由娘家及娘家亲戚各家出一块颜色不同的布料制作背扇，制作背扇要求做工精细，花纹图案规范，有的缝制一件背扇要半年。织金、纳雍苗民族制作背扇呈方形，扇心用碎布拼好缝厚，外用精心制作的蜡染布和绣花布缝好。每年，织金县珠藏青山羊场谷花节，苗族少女都背上自己精心制作的背扇到花场显示，以炫耀其心灵手巧。

（4）首饰。旧时男女皆戴首饰，男性一般戴有铜项圈、银或铜耳坠，出门揣钱还戴皮兜肚；女的戴银、铜项圈或银耳坠，骨、铜或银制手镯，背自缝口袋。现时戴首饰主要流行于苗族妇女之中，盛装时，少女和姑娘都戴耳环，套银项圈和塑料项链，戴银、玉手镯和金或银戒指，头上插银叉或绢花饰物。部分苗族妇女，改戴机械手表或电子表。

2.饮食、居住。（1）饮食。苗族受生活区域条件限制，多以玉米为主食，且兼食小麦、荞子、马铃薯、豆类和蔬菜。逢年过节或有客人才吃大米。将玉米磨成粉，拌水置于甑里蒸熟食用。菜用酸菜豆汤蘸辣椒盐水。一般一日两餐，有极少人家一日三餐。除食用酸菜外，有用坛子腌制的酸辣椒、酸豆片、酸葱蒜。在威宁凉山半凉山地带，几乎每顿吃饭都用马铃薯做汤。腊肉是过年必需品，也是招待客人和走亲戚之间馈赠的礼物。苗族制作香肠有别于其他民族，即用糯米装成肉香肠，蒸熟食用，不能久存。苗族有制作牛肉干的习惯，宰牛后，将牛肉割成长条，渍上盐和香料，用柴火烧干，食用时煮熟拌上佐料或再炒即可。用燕麦制作香麦面，馈赠亲友孝敬长辈同时，有制作豆腐、菜豆花、豆豉、豆芽、血豆腐；有采集香椿、折耳根、蕨台等野生植物，捕捉野猪、鹿、麂、羊、野兔和鸟和食用的习惯。苗族男子多嗜酒，多以饮白酒为主，同时伴饮甜酒和水花酒。大方县菱角、新开一带苗族制作的水花酒有黔西北苗家啤酒之称。酒多自产自销，很少出售。

（2）居住。苗族村寨一般选择在山腰或山坳处，离耕地和水源较近，很少住河谷、平地。寨子一般不大，少则几户、十几户，多者几十户、近百户。村寨成片很少，彼此之间相距10～20华里，离中心城镇较远。20世纪初及其以前，多人畜同居，稍后建叉叉房、土木结构和石木结构草顶房，单独建畜圈，实行人畜分居。现在多选向阳风水好的地方建造房屋，有2开间、5开间房，最普遍的是4列3开间正房。中间与左右两间形成倒凹字形。中间堂屋，堆置农具、杂物，也用来接待来宾的。左右两间各分隔为两小间，火房在前小间，后小间为卧室，火房平时置铺，供小孩晚上休息。楼上囤积粮食和杂物。正房周围设厕所和牲畜圈，彼此间形成院坝。房屋的建筑材料因地而异，少数经济条件好的人家为木结构瓦房、石木结构瓦房、砖混结构平房，多数人家仍为石墙草房或土墙草房。近年来，政府补助贫困苗民建房，多建砖混结构平房，改善居住条件。

3.婚姻。（1）恋爱。①向月亮，亦称踩月亮。当月明夜晚，小伙子三五成群着盛装，持芦笙、口琴、口弦、口琴、长短笛，到村寨附近环境优雅地，吹起芦笙、口弦等吸引姑娘出家门，一起赏月谈情。其间，或山歌对答，或座谈调侃、嬉戏打闹，双方情投意合，便互赠礼物，以示定情。赠送礼物有木梳、口弦、口琴、鞋袜，回赠礼物有花布带、腰带、鞋垫。此后经过一段时间了解，若情趣志向相投，就请媒人提亲，否则分道扬镳。向月亮时，姑娘不出来，表示已有意中人，或不喜欢这批人。小伙子不再吹奏，悄悄离去，若继续吹奏，被视为不礼貌，遭别人唾骂。远方姑娘来本寨，或逢年过节走亲戚，可与本寨小伙向月亮，小伙子要讲礼貌，否则被视为野蛮粗鲁，姑娘瞧不起。②坐花房。居住在纳雍县和赫章县交界处苗族青年，每年农历正月、八月和腊月要进行坐花房谈恋爱。届时，小伙子们吹着芦笙和箫笛来到姑娘寨上，姑娘听到曲调声，梳妆打扮来到小伙子们身旁，观察仪表，了解各自家庭住址及彼此亲戚关系，认为可以相交，热情地把小伙子带进寨里姑娘房。在姑娘房里，举手投足和谈吐言笑必须文雅，不能拉拉扯扯或说下流话，不许男女单独离群私下活动。男女双方在姑娘房里谈情说爱都要听大姑娘安排，不能在同一寨中找两个姑娘交朋友，已婚男青年不能进入姑娘房，未婚男女青年不能私下与已婚男女青年一起对歌嬉戏，若有上述情况发生，会遭受谴责。在交谈中，若男女情投意合，姑娘随着小伙子去男方家。住数日后请媒人带酒去女方家说媒订婚。女方老人同意，婚事成功；若不同意，男女方坚持，只好允许。③吃平伙饭。威宁苗族，每年农历腊月下旬至次年正月上旬，男女未婚青年都要相邀吃平伙饭。届时，男青年均穿着盛装，三五成群在一块，吹短笛、木叶、游村串寨，寻找意中人。每走到一个寨子，姑娘们要迎请进入特设房内，拿准备好的食物招待，相互劝酒劝菜。饭毕，围坐火边唱歌，吹笛子、跳舞。一旦某个姑娘选中某个小伙子，就带他到家里住一两天才让回家。若对姑娘满意，事后请媒人提亲，不中意继续走其它寨子，吃平伙饭。禁止已婚青年串寨吃平伙饭，若有将其赶出寨门。④在嫁娶的日子里举行房中赛歌。对歌场一般在堂屋或火房中，并受主人的欢迎，专备酒菜慰劳酬谢。赛歌方式有男女合唱、独唱、对唱，唱到尴尬处或难分胜负时，老年人出来献计献策或调停处理。通过赛歌接触，双方记下心中情侣，有建立家庭愿望的，请媒提亲。居住在织金县阿弓和纳雍县张维一带苗族男青年可直接进入姑娘房中对歌。在威宁，若小伙子唱输，任姑娘泼冷水，嘲笑嬉乐，甚至被赶出屋外，若小伙子胜，则得意洋洋嬉戏姑娘。⑤赶花场相识。各地时间不一，多数定在农历正月、二月、五月和七月。赶花场，为苗族青年男女相互了解、谈情说爱、选择伴侣提供机会。花场中，笙歌四起，舞步翩跹；未婚男女青年，嬉逐山上，暗访意中人家庭和住址、亲戚关系。夜幕降临，花场周围寨子宾客盈门芦笙悠扬，未婚男女青年走出寨子，寻找意中人，对歌谈情说爱，互赠礼物，立下盟约。小伙子回家后征得父母同意，请媒人提亲。有的地方，小伙子在花场上把志同道合的姑娘带走，过3～5日才派人通知姑娘的父母。被派的人，通过三番五次与姑娘父母周旋，说服对方，终成眷属。

（2）提亲。父母知道自己儿子爱上某家姑娘，经过打听姑娘人品，权衡自己家庭条件与对方是否相当，认为双方条件可以，就托请媒人去女方家提亲。媒人须父母健在，有儿有女，能言善辩，并且富贵双全，与女方家有一定亲戚关系。媒人人数各地不等，有一人、有两人或四人、一对夫妇或两对夫妇。选定媒人，择定吉日，由媒人带上礼品去女方家。有时还带上准女婿。媒人去一两次得不到女方家答复，即使姑娘父母同意，都要三回九转，以示慎重。部分苗族提亲礼品有酒、茶叶、炒面、一床精制羊毛毯、一把宝剑、一把锄头、一只铧口、一副铁三脚架，有的还带雨伞，表示说亲路途艰难。部分地方苗族在媒人出发前，要杀鸡看卦，预测婚事成败，是否吉利，媒人才上路，不吉利婚事就罢休。媒人探得姑娘的父母同意后，男方家长杀一对或一只鸡犒劳媒人。

（3）吃订婚酒。媒人提亲得到姑娘家长同意后，男方家长选择吉日到姑娘家下聘礼订婚。订婚日，姑娘家要杀猪宰鸡请亲朋，让左邻右舍和亲戚朋友知道姑娘与某家儿子订婚。订婚日期，由男方家长选择吉日，并通知女方家长。吉日一般选在十冬腊月。过去聘礼说几股绳，意为几头牛，少则1头，多则4～5头；清末至民国初年，改用银子，以后改为钱钞。订婚钱币多少，根据经济条件而定，少的几十元，多的几千元。订婚酒为3天：第一天，男方下聘礼由家长、媒人、新郎和伴郎等少则3～4人，多则十几人带钱和礼物去女方家，女方家客人登门祝贺。第二天为正酒，女方家大宴宾客，双方家长议定聘礼，议定姑娘出嫁时嫁妆。嫁妆根据男方送来资财而定，条件好的除衣裙外，还配给铺笼帐盖，衣柜、桌凳，大户人家还陪缝纫机、收录机。第三天中午饭后，下聘礼人返回，宾客散去，双方准备嫁娶。

（4）结婚酒。男方选定结婚日期后，告知女方家长。结婚前一天，新郎和伴郎及背嫁妆的6～7人去女方家接亲。第二天女方家发亲，送亲人员有男女领队各1人、新娘的亲兄弟1人，陪伴新娘若干人。接亲人在前面，与送亲队伍要拉开一定的距离，送亲队伍要带饭、熟鸡蛋、肉等，不管路远近，途中吃一顿午饭，表示路途遥远，是千里姻缘。送亲队伍到男方家不远处，伴娘把所带雨伞撑开，待男方请来的姑娘接过伞后才能进门。纳雍县治昆、赫章县兴发的送亲队伍进家前，男方主持婚礼的人要在门外烧3个火塘，让两个小姑娘上前迎接打着伞的新娘和伴娘，带她俩到靠门边第1个火塘，新娘和伴娘的哥坐在第2火塘，其他送亲人由两位接亲人陪坐于第3个火塘，主持婚礼寨老派帮手提酒到火塘边向送亲客人斟酒，恭请送亲客人进房。送亲队伍若在路上遇见别的送亲队伍时，双方要交换毛巾等类物品，以示吉利。送亲人员入门时，主持婚礼的寨老持一只雄鸡从新娘头上绕过，以示退煞护魂。毕节县燕子口、金沙县岩孔新娘到夫家后，要请新郎的姐夫或妹夫给新郎新娘取名，一般取名为某公和某婆。结婚正酒期内，新郎、新娘不能同宿。由伴娘陪新娘，等送亲人和客人散去方可同宿。有的要等新郎陪新娘回门认亲转家后才同宿。结婚期男方宾朋好友整天猜拳划掌，酒歌互答，喜气洋洋。男方要对送亲人打发脚步钱（称打彩），钱多少不定。纳雍县、赫章县一带打彩，在吃结亲酒第二天上午举行，由男方主持婚礼的寨老在屋外放一张桌子，桌上放的大簸箕内垫一条花背带，在背带上放父母辛苦钱、新娘的叔伯父钱、娘舅钱、姑妈钱、新娘的兄弟脚步钱、伴娘脚步钱、干爹拴线钱、爷爷奶奶钱、媒人脚价钱，以及剑、披毡、铁三角脚架、铧口。送亲的主持人认为合理，由送亲的姐夫把放在铧口上的一杯酒喝光，对新婚夫妇祝福一番，把铧口回献给新郎，收彩礼分给受彩礼人。

（5）回门。大方县响水一带，新娘随送亲人回娘家，住15～30天后，新郎带一瓶酒、一袋炒面去接新娘回家。其他地方结婚十天半月后，新婚夫妇带上礼物回娘家省亲。威宁县苗族结婚回门，除必须带鸡、蛋、酒、炒面探望父母外，还要到嫡系亲友家送礼，被送礼人户要轮流宴请，3～7天后夫妇俩辞行，此时岳父、岳母要馈赠礼物，条件好的人家要馈赠母犊一头、童马一匹、小猪一对、母羊一只，其他亲友也要回赠适当的礼物。苗族人的婚姻，旧时多为一夫一妻制，一夫多妻或一妻多夫很少。中华人民共和国成立后，实行一夫一妻。同姓同宗、不同服饰、不同民族、双方经济条件悬殊、被认为血源不清人户、来路不明人户等不能通婚。过去在交通不便和匪盗猖獗条件下，有姑表婚、舅表婚、姨表婚存在。婚龄一般在16岁至20岁间，结婚最早的13岁多。中华人民共和国成立后，早婚早育现象逐渐减少。离婚不多，发生离婚是因为多在婚后长期未生育子女，感情不好，家庭关系难以维持，或有少数出现外遇，感情转移。离婚由谁先提出谁就负责赔偿对方。丧偶后的鳏夫寡妇有再娶嫁的权利，有兄终弟袭之习，无弟死兄收之例。兄终弟袭必须是未婚之人，否则难以成婚。寡妇再嫁，不能带男家财产。鳏夫寡妇再娶嫁，没有复杂婚姻礼仪，只需请几个人把对方接到家。

4.丧葬。苗族均实行土葬。毕节层台、纳雍董地老苗坟实行古葬横埋，即头东脚西埋葬方式。一种说法是祖先来自东方，让亡者灵魂回归故里。另一种说法是死后头向东，让死者在阴间能分享阳光温暖。从明朝末期起，各地苗族实行顺山走向埋葬亡人。葬前先请风水（阴阳）先生选坟地，看葬期。其下葬程序因地域、语言、服饰不同稍有差异，但其内容基本一致。凡是正常死亡者都须经过：

（1）入殓报丧。人临终时，其子女和家属守护在身边。咽气后给予整容和穿戴，穿戴衣物切忌藏有硬币、金属物和塑料。要给男死者剃头，给女死者梳头，绾发髻。穿戴整理中，鸣炮三响，通知寨邻帮忙。穿戴完毕，把棺材打扫干净，垫上白纸或布料，移尸仰放棺材内，上盖青布或白布，再盖棺盖，男死者灵柩停在堂中上方，女死者灵柩停在堂中下方，棺上加盖一床毯子或被子，棺头点灯一盏。入殓后继续鸣炮吹角，寨邻至丧家致哀，男人们和寨老主动商议办丧事，并派人到丧家亲戚处报丧。亲戚得知丧讯后，若丧家不办丧事直接发丧，就前往致哀；若丧家操办丧事，根据自己经济力量准备好礼物奠祭死者。

（2）敬酒饭。人死后要操办丧事的，设供桌灵牌，由苗族通晓本家庭历史的人主持早、中、晚敬酒饭仪式，有的地方寨邻和亲戚还要煮一个鸡蛋，做一大碗饭献给死者。在敬酒饭过程中，还要敬死者的3代公婆或5代公婆，以及本族中曾经在当地住过的祖先。

（3）指路。即给亡人的灵魂指路时，用一只大红公鸡做指路鸡，由指路的祭师抱着公鸡在棺材前用苗语念指路辞，让亡人灵魂回北方祖宗发祥地。丧事程序安排不一致，有的先指路再办整个丧事，有在办丧事中途给亡灵指路，有的办完丧事指路后就发丧埋葬。

（4）开丧场。含转戛和献牲。转戛分两种，一是停棺在屋内，办丧事期间，每天早、中、晚绕棺材转3～9次；二是设起戛房，在屋外择一平地设灵堂，每天早、中、晚在戛房转3～9次。转戛时由长辈或祭师或芦笙手吹芦笙带路。孝男挎弩背刀持枪随后，随后是吹号角、唢呐的，最后是手持梭镖棍棒的青少年。献牲是死者的至亲好友牵牛羊猪或抱鸡前来祭奠，祭师嘱咐死者一一点交；其次孝子要为死去父或母送鸡、猪、牛。猪和鸡祭师一一点交给死者后杀死，丧期食用。交给死者的牛，孝子亲手将牛绳递给祭师，祭师念打牛词，要死者记住孝子们的心情，保佑他们无灾无难，大发大富后由孝子或姐夫、妹夫持斧猛击牛前额，直至牛昏倒在地，才用刀放血，牛肉作待客用。打牛意为让死者在阴间也有牛耕种。做戛期间，戛场上丧家和宾朋举行名目繁多丧祭活动。出殡前，吃完饭，砍倒戛房，发丧时把死者生前穿过的衣服、鞋、袜送到发丧经过路上烧掉，若死者未用过或想留给后代的，必须拿到被烧掉的衣物火上熏过，以示死者已带走。发丧上山，死者一孝子或儿媳在丧葬队前面点燃火把，给死者照路。火把后面是其他孝子和孙子，走不多远要回头向棺木磕头，一直到坟上。其后是帮忙抬棺的亲朋，棺后有芦笙队、唢呐队参与送葬。到山上，孝子跪地磕头感谢亲朋，送葬人齐声说：快起快发，然后进行安埋。

（5）悼姑妈，死者是女性老人悼祭仪式。舅家接到孝家报丧后，舅娘及妯娌、媳妇、女儿即烧个烟包先到寨外痛苦悼唁，再杀雌雄鸡各一只招待报丧人，商量悼姑妈的事。开丧场当天，娘舅家请一位能言善道，懂得吊祭礼节的人为代言人，带上芦笙、唢呐队及牵牛抬猪，前往吊祭。到丧家村寨附近，吹芦笙、唢呐报信，孝家鸣炮迎接，双方痛哭一阵，同奔堂屋或戛房哭祭。孝家把牛打死和接祭奠礼后，派人在娘舅家来路方向立一木杆，木杆上扎上杉叶，穿一片牛肝，绑上一片牛肋骨，杆前铺上竹席，席四周以四片牛肉压住，中间放带尾的牛腿和带尾的猪腿，放一只煮熟的鸡和一个竹饭簸箕，周围放姑妈用过的梳子、镜子、毛巾、脸盆，用碗分9次盛放3堆熟牛肉。席前放一张饭桌和板凳，桌下放一坛酒，以代言人讲姑妈话时用。继后，丧家和丧者后家双方坐定后，娘舅及代言人先给姑妈供酒祭饭，追述骨肉之情，接着进行姑妈话吊唁，先问所生病及医治情况，安葬用去多少钱财，孝子如何报答养育之恩等。问答完毕，娘舅叫来总管与孝男孝女，分三次手抓席上三堆熟牛肉和桌上钱财回赠对方，感谢总管操劳，安慰祝愿孝男孝女，有的还送孝女一份抹泪钱，之后，启棺给姑妈扎裹脚，祝姑妈回归乐土。

（6）葬尸放魂。各地称呼不一，有称解簸箕、做巫气、放魂、解阴索，奠祭方式各地也有差异，其意均为灵柩抬上山后，把亡人的灵魂召回来，再最后1次敬供。以示与亡人诀别。织金、纳雍一带苗族，招魂第一天打1个饭簸箕样大的糍巴或苞谷粑。第二天用簸箕1个、竹竿1根，亡人衣1套模拟亡人，在芦笙带领下，在村口或坟山上招魂，把亡人灵魂接回家后，妇女哭吊，祭师敬酒和饭，笙鼓齐鸣。敬完酒饭后，再向亡人和祖先敬粑粑，敬毕将粑粑削成小块，分给在场的人，称为护魂粑祭供完，将模拟的亡人送到寨外烧掉，完成丧事。招魂期间需杀鸡宰鸭，若死者死时没有杀牛献牲的，此时一定要杀牛敬祭。黔西铁盔一带称解阴索，男的祭祀9天，女的祭祀7天，才请巫师为死者解阴索，男的用草绳结成9个套，女的7个套，套住一只小鸡，巫师念完解阴索词后。将绳索一提，小鸡当场被勒死，说明死者死得合理，否则死者不该死。如未请巫师给死者开路和解阴索的，葬好死者后要择日进行开路和解阴索丧事才算完满。非正常死亡者，办丧事虽与正常死亡一样，但不能停棺在屋内或戛房内，丧事只能在外面进行，也不得安葬在公共坟山内或村寨周围，要选择远离村寨人迹罕至处安葬。小孩死后不办丧事，只是抛尸野外。少年死，用棺木匣装尸土葬。未婚男青年死，要指路办丧事，以后祭祀，因未成家立业，只能提名字。未婚女青年死，也要办丧事，但不能提及名字，有的指一实物作为她的丈夫，办丧事时让一位老人抱着她生时穿的衣裙转戛，此为嫁姑娘鬼。信基督教苗族，死后按基督教的教规教义举行葬礼。

5.节日。（1）春节。历史上各地苗族过苗年习俗及时间不一，有的为农历十月初一，有的为六月初一。清代民国初年，各地苗族逐渐仿效汉族以农历正月初一为春节。春节前夕，家家户筹办年货，准备过年；远出的人都要回家与家人团聚。除夕夜，全家吃一顿丰盛团圆饭，点一夜通宵灯，让祖宗神灵回家过年。初一清早，全家老少早起，争先到水井（背或挑）“新水”回家，以示新年好财运。全家大小在屋内静听外面雀鸟叫声，谁第一个听到喜鹊叫，预新年运气好；听见所有鸟叫，预示来年收成好；听见猪叫要勤养猪。吃过午饭，老年人在村寨边闲谈；青年人带狗上山打猎捕鸟；未婚青年男女在村外玩耍嬉戏，相互对歌或打鸡毛毽；有的相约在一起吃年饭（亦称团伙饭）。过去过春节正月从初一到十五，现在一般只过3天。春节期间，有的地方还举行跳花活动和体育活动；宾朋相邀一起共叙友情；新婚夫妇和有对象的男青年到岳父家拜年。

（2）跳花节。跳花节各地称呼不一，有跳花坡、赶花场、赶苗场、花山节、跳花厂等称谓，其过节时间亦不尽统一。多数在农历正月、二月、五月举行。据传最初苗族举行跳花节是为召集群众悼念在战争中牺牲的死难者，以后逐渐演变成以喜乐为主要内容的节日。跳花节期间，未婚青年谈情说爱，各族人民进行物资交流。据统计，至2005年，全地区有花坡花场120余处。其中主要有：毕节县亮岩镇核桃树、朱昌镇花厂坪；大方县八堡乡大坪子；黔西县化屋基；金沙县石场麻啄坡；织金县珠藏青山羊场、龙场箐脚，官寨乌家山；纳雍县新房以角神仙坡、老凹坝；威宁县马踏、石门；赫章县兴发。每逢节日来临，当地政府组织管理小组、民委和文化部门积极支持，对外来人员统一安排，列为以节日搭台、经贸唱戏的节庆。固定的跳花场所，有的在场中立起花树干。立花树干的，多在荒坡和草坝中进行。活动未开展前，由一长者带一群年轻人上山寻找花树干一棵，立于活动场地中心，届时芦笙队围着的树杆跳芦笙舞；不立花树干的，一般在苗族村寨附近举行，活动开始，芦笙队带领群众进入花场。两者活动内容均由主持人发号施令。跳花一般规模较大，方圆上百里的苗族群众都前去参加。临时跳花节又称儿女花场节，由已婚多年不育或生育后孩子体弱多病的人户举办的，一般只办3年，每年办2～3天。兴起花场后，亲朋给主办人户用丈许红布挂红，挂红者提来酒和爆竹，先燃放鞭炮，再把红布系于花树上，挂红者同时带来一队芦笙队绕花树跳芦笙舞，花树上挂有鸡蛋和彩布，前去跳花节不育夫妇可向主人家索取鸡蛋和彩布，由吹芦笙者倒爬花树上摘取，寓意此后生育有望。跳花节办完后，其他人户可以接花树去家中保存下来，继续主持下一届花场节，并做茶饭招待送花树及吹芦笙人员。现时举行临时跳花节，一般都由当地政府直接主持和管理，群众自发参与活动，时限1天。

纳雍苗族芦笙舞（滚山珠）

（3）其他节日。由于地域的因素，各地的苗族至今还保留一些独特节日。毕节县苗族有过牛生日节习俗，农历十月初一日，家家用糯米打糍粑，将糍粑粘在牛角上，采鲜花捆在牛角上，煮精料让牛吃一顿，以示慰劳辛苦一年的牛。织金、纳雍、大方县苗族有过吃新节习俗。庄稼成熟前，各家割一捆成熟粮食，做一顿饭吃。吃之前，先祭祀祖先。黔西、纳雍县苗族有过丰收节的习俗，喜庆五谷丰登。是日，每户人家炒几盘好菜，蒸新米饭，全家饱餐一顿，庆祝丰收。纳雍、赫章县苗族，每年农历正月、八月和腊月，青年人不做农活，吃完饭后到山上过坐坡节或坐花房。随着苗族汉族文化进一步交流发展，苗族群众将汉族的节日移植到自己平常生活中，亦像汉族一样过中秋节、重阳节，过节期间要准备几道菜，殷实人户还要准备瓜果、月饼，庆贺一番。

6.禁忌。（1）喜事禁忌。生孩子有外人入门，认为会踩断奶源，来人要脱鞋子洗水喝，3天后方能提鞋回去。生孩子不满月的妇女，不能乱串门户。孕妇不能参加丧事活动，否则胎儿不能降世。送亲路上不能遇上抬丧，否则不是男死就是女亡。媒人提亲路上不能碰上不祥的事，碰上就不再去说媒，即使婚事成功，夫妻也不能白头到老。一切喜事场合不能发生口角和不愉快的事情，餐具和用具不能无意中损坏，若发生这桩喜事会有不完善地方。

（2）丧事禁忌。人死后穿的衣服必须拆去衣扣，不能有金属入棺，严禁其他动物骨头掉入棺内。祭祀中不准说非本民族的话。停放在堂屋棺木，不准让猫从棺木上过，若猫过死人将变成凶猛野生动物害人。新坟的坟向不能从房子正中方向过，若过该房内人要死绝。新坟周围不能有洞，有洞的后代有前瞎后哑两边聋说法。新坟去向若与其他坟交叉，会亏先葬坟的后代。坟山选择潮湿地，祖魂不静，家人不宁。非正常死亡人，不能抬进屋，不能埋在公共坟山和村寨附近，只能抬到偏僻人迹罕至地方埋葬，提防死者灵魂扰乱寨内人以至常闹病灾。

（3）屋内禁忌。选择屋基不能在埋过坟的地方，不然会有鬼怪作祟。屋基内有生根石，不能用炮炸，只许凿平，谨防走龙脉。甑子鸣叫，石磨滴水，家人要谢世。动房屋中柱，冒犯祖宗神灵，给家人带来灾难。在屋内不准说不吉利话唱不礼貌的歌，不准随意吹丧葬笙曲调、唱丧葬歌、指路歌和情歌。家中有病人或家人忌日，有的在门外插草标，禁止外人拜访，有人闯进家，会加重病人病情。有的地方和一些姓氏不准妇女爬楼。妇女出远门或赶集，遇上第一个人是妇女，该天办事不吉利。长虎牙的女子在家时克家人，嫁后克夫家，媳妇在家中不能与公公和兄长同桌用餐和随便说笑。个别姓氏临产孕妇，只能在屋角铺床，七天或满月后才能回到床上。少女谈恋爱不能遇见长辈和哥弟。少女出门或赶集须征得父母和兄长同意才能起程。

（4）自然禁忌。看见扫帚星，必遭火灾，要请巫师洗寨隔火才幸免。浪费粮食、奶水不慎滴入汤内和不尊敬老人，必遭雷劈。深入洞内或人迹罕至地方要失魂，不请巫师调治，要渐渐虚弱以至死亡。婚嫁时逢打雷下雨，夫妻长久不合。听见洞鸣或龙井有锣鼓声，不死也要脱层皮。看见日食和月食，有灾难之兆。夏天下雪打霜，国家或民族将要蒙受大难。

（5）动物禁忌。狐狸和狼在村寨旁叫，寨上要死人。乌鸦房顶上叫，家中有病人。狗哭或爬房，房主家人要死人。母猪、母狗下独仔，主家要死绝。见蛇交尾、脱皮、钻屋，不死也要脱层皮。傍晚鸡叫，灾难之兆，母鸡叫火烧房，公鸡叫死爹娘。母鸡下一大一小双蛋或自食其蛋，灾难将降临。他人牲畜钻进屋，有凶兆来临。雀鸟拉屎在身上，不是亲戚死就是家人亡。

（6）节日禁忌。农历除夕和正月初七不出远门，正月十五不推磨磨面，逢戊日不下地劳动，赶花场不得做买卖，节日里禁止发生口角。杨姓宗族不吃动物心脏，李姓宗族不吃动物脾脏。信教苗民不吃动物的血和自死动物的肉。

（7）风趣禁忌。狩猎不准喊野兽真名，不准大声唤猎狗，不准喊同伙姓名；伏击守卡不准公布人员名字和地点，搜索时不准出吼声，只准以山歌、口哨和其他方式代替；守卡伏击中不准直说打中或没有中。

崇拜　1.自然崇拜。认为各种自然现象的后面都有一个至高无上的神存在，并主宰这一现象，相信天有天公、地有地母、雷有雷神、风有风神、山有山神，甚至五谷六畜都各有神位。

对它们只能敬奉、祭祀，不能做出得罪它们的事，得罪就会显灵于人类。其中最为突出的是每年的农历二月十八或三月三日进行祭山节也称献山节。到时全寨老小在主持人带领下，前往祭奠地方拾柴生火做饭，祭师围着山上指定的一棵树或一块石头念祭祠，祈求山神保佑当年风调雨顺、五谷丰登，人丁兴旺。而后杀鸡宰羊，把一对公鸡血滴在用草绳捆着在树干或石头上的草人，把肉煮熟吃掉。小孩子尽情玩耍嬉戏，大人们则议论当年村规民约和发展生产事项，直到尽兴才各自回家。在祭祀前1月，主持人派两人到各家收集粮食煮烧酒和咂酒，集资购买鸡、羊、猪和纸钱作祭时用。

2.灵魂崇拜。每逢春节除夕之夜，每户人家老人要用鸡或鸡蛋给家中所有的人叫魂，另用两个蛋分别为五谷六畜叫魂，让它们的魂各归其位，保证来年牛肥羊壮、五谷茂盛，颗粒归仓。

3.祖先崇拜。相信人由灵魂支配才活着，梦游是灵魂暂时脱离肉体进行的活动。认为做梦多，灵魂离开肉体久，会导致人体生病，得叫魂，让其回归躯体，保护平安。人死后灵魂不会死，它将脱离身体独立活动，并成为子孙后代保护神。崇拜祖先即是崇拜其灵魂。除人死要打牛宰羊献祭外，平时杀猪宰鸡也要先祭祖先灵魂才能食用。旧时，威宁一带每13年举行一次打老牛祭祖，届时祭师念祈祷，祭祀人员吹笙击鼓，唱歌跳舞，后把亲戚送来的牛用斧头击牛头部，牛倒放血，祭师复念祭词。这种祭祀耗资太大，早已经被淘汰。织金苗族男子成家立业后，请本族中懂祭祀的人于冬、腊月用12双金竹筷子捆成把，绑在一根完好的3节刺竹上，杀母鸡1只加酒食供祭后，置于中堂二柱顶端，以后每年正月取下来杀鸡备酒肉祭供。

4.巫术。苗人信巫术普遍。巫术主要有能模（模宗）、敬门神、占卜、洗寨、叫魂、咒语。通过施行巫术，善者得神保护，恶者受神惩罚，制服一切妖魔鬼怪，人们得以安心生产，过上安闲生活。有的地方称巫术活动为阿能阿模，施行巫术者称为佑能佑模。凡遇上无法逃过的灾难，须请佑能佑模到家中消灾祛邪，祈求神灵或先灵赐恩赐福，保护全家人人健康，六畜兴旺。请施行巫术者到家中后，主人准备一两刀纸钱、三炷香、10市斤左右（1升）苞谷、几元钱，一碗水，摆好在堂屋中的方桌上，同时摆好一张凳子（有的不用）。施行巫术者，先烧香，再化钱纸，坐于凳上念巫词，请神降身附体，给主人消灾。施术过程中巫术者借魂联附体，主人要求什么，应承什么，并在事后将东西备齐，再次请仅存巫术者把所有东西祭完，施巫术完结。施巫术者，无人请时进行农业或商业活动，有人请时方施巫术，一般收几元钱，多收者将钱和苞谷一起带走。现今，苗民接受科学文化教育增多，相信能模者减少。

5.敬门神。苗民有此习俗，各地祀祭时间不一，有的1年做1次，有的几年做1次，普遍在屋内进行。祭时主祭家主人要念祭词，杀1只满双月小猪，按祖先立下规矩切好煮熟摆祭。祭时不准外人进屋，不许说外族话，如摆错和违犯规定，要重新杀猪祭祀。煮好的肉1次吃完才利，一顿吃不完，在墙脚挖个坑埋掉。威宁敬门神在建房安大门时举行，先是编一个竹门，再编一个篾篼，篼内放羊、牛、猪、鸡的毛，祭完后将篼挂在门后，其祭法与其他地方苗民相同。

6.占卜。有鸡卦卜、鸡蛋卜、粮食卜、竖筷子。凡遇事，要杀鸡看卦，断其凶吉。特别婚姻喜事居多，杀鸡砍肉时，把鸡卦保留完整，吃完肉后看鸡卦有几筹（鸡骨上小黑孔），一般2～4筹吉利，否则不吉利，有三筹鸡卦四筹财、五筹六筹官司来说法。人患疾病认为犯上凶神恶煞，要用鸡蛋占卜，占卜时把鸡蛋在病人身上滚过，找懂行的人把鸡蛋打破于水碗内，再判断遇上什么凶神冤鬼，经过许愿还愿后认为病人病情会好转；或者把鸡蛋煮熟剥开看蛋黄蛋白有无变化，若蛋内有黑点，证明病人灵魂离开身躯太久，应抓紧治疗，否则病人会无可救药，蛋内没有其他迹象，只是小灾小病，过一两天会好转。粮食卜用于卜屋基，威宁苗族多用此法造住宅。先用3粒粮食放于选定屋基地盘的正中，盖以碗，过段时间去观察，粮食发芽、不腐烂也不减少为吉利，相反就不利，须重选地基。竖筷子问凶吉。家人外出归来，染上疾病，长辈端一碗水和3支筷子，口中念词，把凶伤病死者的名字一一列数，3次数到某死者的名字筷子都连续站立，认为死者的冤魂回来纠缠病人，然后烧1块动物骨头，舀上饭粒，夹块红火炭放在水碗中，把它倒出屋外，凶神恶鬼得吃后走了，病人很快会好起来。

7.洗寨。村寨里有疾病流行，发生死亡，请专事鬼道妖术的人来进行洗寨。被请人到后，搓若干草绳，用木刀和竹片若干，跳坛念祭词，杀猪宰狗，把狗血溅在草绳和木刀竹片上，将草绳、木刀、竹片挂在村寨后要道上，再杀鸡献鬼，把作恶多端的恶鬼赶出村寨，令其不再骚扰和纠缠寨上的人。

8.砍火星。旧时，大部分地方苗族都有砍火星的祭祀活动，现已逐渐简化或消失。砍火星多在秋季，只要是同姓同宗，无论路程远近，活动前都要聚集到东道主家。砍火星前一天，各户砍3根巴茅草，把全家每人穿过破衣服撕下一缕，集为一束，再捆上五色线，用筛盘装上少量五谷，由户主拿着在每间房内打扫，边扫边念“请火星出去，留下五谷六畜魂”，之后将打火星用的东西于天黑前拿到东道主家，巴茅草则放在东道主的屋外，东道主家要请人砍来5根长刺。第二天在东道主房周围选择一块场地，安放一张桌子，桌上放两把捆好的苞谷，放两碗米，每碗米上放5枚鸡蛋。把各户送来巴茅草辫成一根草辫捆在刺上，烂布条扎在草辫上，点燃布条。参加砍火星的人，以桌子为中心围成一圈，将五色线一根一根地接上，把人群围起来。主持的砍火星师唱着砍火星词，用刀把茅草辫砍断，割断绕人群的五色线便结束。东道主把刺及乱草与布条送至人迹罕至地方，其他人把苞谷和鸡蛋收回家，意为五谷六畜魂已被请进家。仪式结束后一族人在东道主家吃饭，议论第二年或下一次主持砍火星的东道主及族内族规家法和生产生活等事。

9.叫魂。人体虚弱，找不到病根；劳动意外受伤，认为灵魂离体，都要为他叫魂，让其魂魄归位。叫魂只需一枚蛋一只母鸡，在体弱多病者屋内进行，或者在外面受伤出事地点举行。念完叫魂词，将鸡蛋或鸡煮吃。吃时，将蛋白掰开视蛋黄没变化为吉利；用鸡的，砍鸡肉看鸡卦，卦以二、三筹为最好。

10.咒语。在文化落后山村，凡遇到不顺心的事和认为倒霉的事都要念咒语，咒语有长有短，因地点、场景和个性有所不同，短的念一两句，长的念几小时，念完可解心头之恨，被咒的人或事会得到应有惩罚。有的人为咒得庄重起效，念咒之前还要点香化纸。

11.信蛊。近代前，多数地方苗民相信蛊存在。相传在农历端午，养蛊人户上山采集上百种剧毒的虫喂养在一起，使其相互吞食，最后一虫成精，其粪渣是剧毒的药物，只要人畜吃一点，重者就会立即死亡，轻者十天半月病情好转。养蛊者待蛊长到一定时候，必须放出来毒害仇人。蛊有蛇蛊蛙蛊蛤蟆蛊鹰蛊鸽蛊。蛊只传女，不传男。凡养蛊之家，母亲必须把蛊种传给女儿嫁出去。养蛊人家的儿女均难找到对象成家。随着科学知识发展和人们生活水平提高，卫生条件得以改变，流行的疑难病症能得到有效治疗，相信蛊害人的事已不复存在。

**宗教** 1904年，基督教传入。此后在逐步扩散，传播。先后有苗民成为信奉者。1993年底，地区行署宗教处统计，全地区苗族教徒共2.48万人，其中毕节县54人，大方县460人，金沙县194人，织金县2354人，纳雍县3192人，威宁县7583人，赫章县1.1万人。据2005年统计，全地区有牧师14人，长老50人，传教士1人，传道者近百人。基督教的传入，采取哪里有教堂哪里就有学校的传教方式。在先后举办赫章葛布志华小学及附属小学、西黔彝苗圣经学校，威宁石门坎边疆民族中学、光华小学及附属小学，大定（今大方）宽爱小学，纳雍宽爱二小等。其次，引导信教苗族社会生活习俗转为基督教化，以感恩节、圣诞节、代替端阳节、跳花节，取消苗族原有的习俗活动，婚姻习俗一律按基督教仪式举行，禁止信教苗族群众自然崇拜、祭山神、祖宗，威宁、赫章县信教的苗族，传统文化被禁止，损失比较严重。中华人民共和国成立后，党和政府重视抢救苗族的传统和保护文化，让苗族传统文化得到好的传承发扬。

**文学艺术** 苗族文学艺术内容、形式丰富浩繁（详见本志第二十四篇第三章第三节“民族民间文学”）。

1.音乐。（1）民歌。苗族村寨中，几乎人人会唱歌，其内容分：①古老的叙事歌，多独唱或两人对唱，有时唱一段朗诵一段，演唱者多为中老年人。②祭祀歌，分祭祀祖先或祭祀新去世老人两种，可独唱、领唱、齐唱。③风俗歌，分生活风俗歌、节日风俗歌。④情歌，男女青年谈情说爱专用歌曲，曲调优美动听、抒情悦耳。分单声部与多声部，大部分苗族是单声部男女对唱。20世纪80年代初，黔西县化屋基苗族多声部情歌引起国内外音乐界的高度评价和重视，其代表性歌曲有《月亮出来月亮黄》《三棵杉树一样长》《春来阳雀不开声》《七月栽豆豆不黄》《酒令歌》。⑤喊歌，演唱于山冈林野、田间地头，不分男女老幼，可1人演唱，可2人以上齐唱。

苗族芦笙舞

（2）器乐。①芦笙。由笙轴（头）、笙管、簧片、音孔、吹孔组成。笙头因音管选型不同分直角和钝角两种。音管有五管六音、七管八音。有特排（出排）、头排、二排、三排、四排5种，特排最长228厘米，四排音管最长24厘米。音管大部分为直管，也有上端统一向里弯曲的弯弯芦笙。芦笙曲调繁多，有舞曲、歌曲、交际曲、祭祀曲。按人数多少分独奏、合奏、几重奏、联手演奏。联手演奏不论几人，都用胳膊相扣，两边的人，一只按在自吹芦笙音孔上，一只按在旁边芦笙音孔上，中间的人不但要吹芦笙，两只手还要分别按在两边芦笙音孔上，吹奏时曲调要一致，节奏统一，配合默契。吹奏不仅用嘴吹而且可用鼻吹。

②口弦。苗族乐器口弦由一片形如柳叶薄的铜片制成，长8厘米左右，宽1厘米左右，中部截出0.4厘米左右的簧片作振动发音片，下部有弦把。吹奏时，左手握口弦，将口弦中部放入口中，右手大拇指弹拨弦尖，使簧片振动，音阶由口腔进出气控制，常在一两个音阶任意延长。口弦系有各色珠子和装饰的花线。

③竹笛，一般有5个音，无固定曲调，可根据吹奏者需要，即兴随编随奏。竹笛是男青年喜爱乐器之一。

④箫筒。有下列3种：掸冉，即织金县西南部与纳雍县东南部毗邻苗族喜欢的三眼箫；掌瑟，即毕节市野鸡，大方县六仲，纳雍县维新、董地、马摆、巴雍、自新，赫章县古达、兴发、野马川等地苗族传统乐器四眼箫；牧角，流行于黔西县铁盔、素朴、定新、白扬、黎民和大方县竹园，亦称三眼箫。

⑤唢呐。与汉族所用唢呐相同，常与打击乐器配合使用。

⑥口琴。民国后期传入苗区，吹奏口琴苗民日益增多。

2.舞蹈。苗民不但爱唱歌，也善舞，主要舞蹈有：（1）丧祭舞，内容包括招魂、致哀、祭酒、指路、交牲、祭牛胸肉、祭牛肝、祭家中饭、祭亲友所送饭、放魂、诀别、送丧等12段芦笙舞（曲）。舞时一人吹笙一人击鼓，从祭奠开始到丧祭结束。黔西县整理排演的《打鼓芦笙舞》，1990年5月获全国民族民间芦笙演奏表演奖。

（2）迁徙舞。表演人数从十几人到数十人不等。代表作有《小迁徙舞》《大迁徙舞》。《大迁徙舞》共50多个节段舞蹈动作。以赫章县苗族表演的《大迁徙舞》最有特色。

（3）交谊舞。为苗族社交娱乐舞蹈，凡婚嫁、节日、集会、赶花坡、劳动之余，都跳交谊舞。未婚男青年跳交谊舞，以充分展示自身才能博得未婚女青年爱慕。著名交谊舞有：滚山珠舞、桌山踩麻秆舞、仰翻叼衔牛头舞、独人走锅口舞、过人桥舞、巧喝酒舞、爬花杆舞、顶碗舞、双飞燕舞，其中《滚山珠》多次在国内外表演获奖，赴荷兰、比利时、加拿大演出，受到热烈欢迎、称赞。从1996年起，纳雍县滚山珠芦笙队发展到数支，到省内外各地旅游景点风景区演出。

**工艺美术**　1.纺织、蜡染。（1）纺织。苗民种麻、绩麻、纺麻、织麻历史悠久。有“汉族的秧田，苗族的麻园”之说。苗族村寨几乎家家都有纺车、倒筒车和织布机床。纺车有手摇或脚踏两种，用以纺织麻线或棉线。倒筒车用于把桄好的线绕至倒筒上，起边倒线边捻线的作用。织布机用木材做成，形似简易没两头挡板的床。织布时，人坐在织布机档头，面对另一头牵过来的经线，脚踩踏板，手执梭子（内有纬线），右脚踩一下，经线张开一条缝，右手把梭子从缝里穿过经线，左手接过梭子，空出右手顺势拉挡箝板，把刚穿过的纬线拍紧后放手；接着换左脚踩一下，经线张开，左手将梭子穿过经线还右手后顺势拉挡箝板，拍紧纬线放手。如此反复循环往返，一疋土布便织成。除织麻布或棉布外，也织帕子、腰带和裹脚布。苗族姑娘十来岁开始学纺纱、织布，并在麻布上挑花、刺绣、使用蜡染、扎染技术，年岁渐大，工艺愈精。

（2）蜡染。苗族民间蜡染历史悠久，至今苗族村寨还流传看蜡染的神话故事和传说。蜡染用老虎刺等作黄色染料，小血藤等作红色染料，核桃皮作青色染料，用蓼蓝的叶子发酵制成蓝色染料。现代有些地方用硫化蓝、硫化青代替。工艺有普通煮青或染蓝、蜡染两种。蜡，最初用漆蜡，后用蜜蜂蜡。20世纪70年代后多采用石蜡。绘制蜡染的蜡画笔，最早用竹质刀片，现代用铜质薄片蜡刀。作蜡画时，先将蜂蜡或石磘加热成液体，用两片薄铜片刀蘸上蜡质，在白色麻布（或棉布上）按自构想象绘花纹图案。待蜡液干后，放入染缸中浸染。染好后从缸中取出，放在大锅内沸水中脱蜡，花纹图案现出。再经过清洗、上胶、过碾，即成蓝底白花的蜡染成品。古时蜡染花纹图案多模仿铜鼓花纹；现时图案丰富多彩，有几何形图案、飞禽走兽图案、花鸟鱼虫图案、田园小川城池图案和反映苗族迁徙图案。蜡画图案讲究连续性和对称性，蜡画古朴典雅，充满生活气息和浪漫情趣。蜡染布原用于做妇女服饰，现已生产挎包、壁挂、桌布、窗帘、书屏、画屏，经销售，颇受欢迎。

2.挑花、刺绣、织花。（1）挑花。技艺特点为反面挑正面看。基本手法有十字挑和平针挑两种。用白色或黑色平纹布作底，先用一种线挑出图案轮廓，然后用各种色彩丝线添加和填充。具体手法是数纱架十字，逐根数纱挑花，数多少根纱，挑压纱数多少，根据图案需要而定，一经确定不能随意增加或减少，以保持图案的大小均匀。挑绣出来的图案略为凸出。挑花以花、草、虫、鱼、鸟、兽、几何图案为主，不论挑绣什么图案，必须规整对称和棱角鲜明。挑绣出花条主要用于镶饰衣服、裙子、围腰、背扇，若是手帕、挎包，就直接挑绣在上面。现代挑绣的手帕、挎包、帐檐、门帘、窗帘、被面、桌布、沙发巾、茶几巾皆有在市场出售。

（2）刺绣。苗族刺绣针法一般有平绣、辫绣、结绣、缠绣、绉绣、盘绣、剪贴绣、抽花绣、打子绣、堆花绣、锁丝绣、绞织绣。其中最特色的有：①辫绣。先将8根或12根、14根、16根彩色丝线在织辫架上编成3～5毫米宽的扁平辫子，然后在底布上回旋满缀刺绣为花。②结绣。在布上插针后，在针尖上将丝线绾成数个结，然后抽针，再进针，再绾结，如此反复绣满花朵。③堆花绣。用段子布剪成花，在花上粘布壳，边沿往里折，再层层堆叠，缀成花瓣，逐层凸出，有浮雕感，多用于背带和帽子。④剪贴绣。用各色布或绸缎按选择花纹图案剪好贴于布上，再用齐针和包梗线绣，有的还在花纹图案中用彩色丝线刺绣花朵或动物。多用于裙子、背扇，有的剪贴绣是用剪纸作底样。

（3）织花。苗族用的花带、背带、披肩和妇女服装上某些花块，均为织花工艺织成。织花是直接在织布机上挑着纱子把花样织出来。其花主要是几何图案，一般在长形或长方形的布料中心有一个菱形主图案，以龙、凤纹常见，沿着主图分布一层层图案。威宁、赫章苗族男女所穿的节日盛装用毛、麻编织的披肩，再辅以镶补、刺绣工艺。

3.剪纸、绘画。（1）剪纸。苗族多用自织自染土布作服饰面料，不便描图。苗族妇女用白纸或其他浅色纸剪图样贴于布料，也采用纸作底纹。剪纸以鸟兽鱼虫、草木花果为题材，把丰富的联想与自然吉祥物浓缩结合，绘制成背带花图、围腰花图、挎包花图、手绢花图、窗花刺绣蓝本，贴在布料上，展开刺绣。

（2）绘画。20世纪50年代开始，大方县苗族农民画崭露头角。70年代，遍及大方县农村的农民画家队伍中，有一些苗族农民画家活跃在各乡镇农村，并有较高艺术水平。1978年，作品《向阳河谱新歌》参加全国农民画展，被国家美术馆收藏。1983年作品《巧手》获全国首届农民画二等奖，被国家美术馆收藏。是年出版的《中国农民画》，收入大方苗族农民画《斗牛》《巧手》。1990年7月，贵州省首届少数民族农民画展，毕节地区选送展出25幅苗族农民画作品，大方县有《相约在高山》《吃龙井水》《斗鸡》《祭祀》《打牛人》《放牧姑娘》《赶鸭》《下阿布代》《蛇吞象》《做麻糖》《送别》《赶花场》《对歌》《蜜蜂采花》《摘石榴》《送亲》均获得奖励。1992年，大方县苗族农民画《斗鸡》《对歌》被选送到美国、阿根廷、乌拉圭出展。是年，作品《摘猕猴桃》获全国第二届少数民族文化博览会民间美术大展二等奖。1993年，作品《追鸟》《迎新娘》《迎新路上》入选93香港杯中国农民画大展。作品《安品与满奏》分别于1993年选入中国美协主编出版的《中国现代民间绘画优秀作品选》，1998年入选大型画册《中国现代美术全集·农民画》。大方县苗族农民画代表人物有张文林、吴正奎、杨元珍（女）和杨元富姐弟、杨靖、杨明海。

**传统体育** 1.摔跤。织金、纳雍、大方、黔西县苗族开展较普遍。摔跤，亦称抱腰或抱死马腰，青少年常自发地在草场、山坡上双方抱腰后，用推、拉、顶、脚拌、摔方式进行，谁先被摔倒为输。

2.武术。古时以御敌防身为目的，后演变为强身健体运动，分徒手和器械两类。徒手有苗拳、虎拳、芦笙拳、大洪拳、小洪拳及黔西县铁盔的蚩尤拳；器械有刀、棍、镗钯、铁链架。大方县菱角苗族乡会武术者必习医，知武必晓医。黔西县化屋的苗拳、芦笙拳、苗棍、苗刀特色浓郁，并多次在县、地、省的民族传统体育运动上献艺。织金县上坪寨大格支苗族则以镗把、铁链架突出。

3.射弩。苗民狩猎和御敌武器，滇东北次方言区苗族普遍操习使用后，体育部门倡导，射弩成为民族传统比赛体育竞技项目。威宁县、织金县实兴乡素有射弩之乡之美称。织金县实兴乡的射弩队多次在全国、省际和省内的比赛中获得好成绩。

4.跳芦笙。跳芦笙为苗民古今喜爱的活动，凡红白喜事、花场节，无不跳芦笙。跳芦笙具有以下典型动作技巧：（1）蚯蚓滚沙。头足着地，身躯悬空，吹着芦笙向前作弧形翻滚旋转，要求衣着身体均不挨地沾泥。

（2）倒立。头颅微向后倾，两肩着地，与技巧运动中倒立类似，表演者不停吹芦笙。

（3）踩鸡蛋。将2个鸡蛋置放于地，演者脱去鞋袜，赤脚在鸡蛋上来回跳芦笙舞，两枚鸡蛋支撑全身而蛋不破。

（4）肩上乘人。两人表演，一人稍蹲，另一人吹芦笙，一个鱼跃，拔地而起，双脚踏在蹲者肩上，蹲者躬身而立，翩翩起舞。

（5）翻板凳。把四脚长凳放地上，吹芦笙者打跟斗翻上板凳，蹲着跳芦笙舞后用脚将板凳蹬立，使板凳一头两脚落地，飞速跳到朝天横立的另外两只板凳脚上，先跳芦笙舞，后倒立亮相，最后还原板凳跃下。

（6）旋方桌。将方桌一张放地，表演两人各以一手按方桌，一手扶芦笙吹奏不停旋转，再以头顶方桌面，倒立吹芦笙后翻身下桌。

（7）滚山珠。在地上顺着70厘米的圆周倒扣六个碗，碗上再放6个盛水碗，头顶圈中心，脚在圈外，身体悬空，连续翻滚吹芦笙，身体不着水，不碰碗，体现头、项、腰功夫。

（8）爬花杆。长约14～15米大杉木做花杆，固定立在花场中央，顶端悬彩球、挂彩旗。表演者吹着芦笙绕花杆跳舞1周，尔后翻身飞上花杆，头朝下，双脚交叉紧紧盘住花杆。吹芦笙片刻，又一个鲤鱼打挺，使身体倒立挂180度，恢复上杆姿势。如此循环往复直爬杆顶，在杆顶横梁做肩倒立等动作。尔后双脚夹着花杆，吹着芦笙，倒挂身躯沿杆缓缓而下，离地1米许时，1个跟头翻身跃下地。

（9）钻楼梯。先在场地中央斜架3～4米左右高楼梯1架，表演者吹着芦笙、跳着舞步入场后，边吹芦笙边爬上楼梯第一级，再用躯干和双脚从梯子第三级钻过去从第四级钻过来，第五节钻过去第六级钻过来，使整个身躯或蛇形钻入梯子各级中，到梯子顶端时还要倒挂，左右摆动表演。下来时依次钻过来钻过去直到下地面为止。整个表演过程要不断吹奏芦笙，不用手触及梯子，用双脚和身躯完成。

（10）翻桌子。在苗族青年中比较盛行。表演时在场地中央放一方桌或条桌，可由1人或多人同时表演。表演者吹芦笙跳着舞步入场，在桌子周围表演一些基本动作后，翻或跃上桌子表演滚翻、倒立等动作，再从桌子翻下结束。整个表演过程吹笙。赫章县一些地方，还在桌上放一层易压破的麻秆，表演者踩着麻秆表演而麻秆不断；还有一些芦笙手可一面吹笙一面向后弯腰，用嘴把放在后面桌上的钱啥起来。

（11）走竹竿。两张方桌相距1～2丈，再用一根茶杯粗细楠竹架于其间，表演者吹着芦笙徐徐从竹竿上跳跃而过。

（12）堆山（叠罗汉）。先是跳芦笙的人在场地中间进行各种基本动作表演，再作2人或3人配合的肩上托上，2人背挂。4人站成圆圈，另4人在其背后倒立，用脚挂住站立者的脖子向上振起坐在站立者肩上，进行表演，再站立其肩上，变为肩上托人、第三层再上去，2人站在第2层表演者的肩上，进行吹奏，左右转圈表演全过程要求吹笙不断。

5.穿针、穿花衣、织麻比赛。从20世纪50年代起，每年端午节场，多数地方都要举行这项活动，看谁手持针线，以最短时间，穿好针线，走完规定距离；用最少时间，手持花衣边走边穿走完规定距离；背着水，手持5皮麻边走边绩，看谁最先在规定距离内完成。对优胜者奖以鞋子、花线。

6.赛马。威宁苗族在节日期间多举行无鞍赛马活动。赛马分比速度、比跑得稳，姿态优美者为胜。

**苗医药**　自古以来，凡有苗民居住的地方，都有苗族医生，西汉《说苑·辨物》记载：“吾闻古之为医者曰苗父”苗族医生行医以救死扶伤，扶弱济困为准则，既或是富有或仇者，若患有疾病前来就诊治疗，照常诊治，且不多收分文。其中医术高明者，擅长治疗一种或几种疾病，有的对治疗某些疑难杂症有独到之处。某些代代相传的医术，为中华医学宝库必不可少的内容。苗医将人与自然联系起来，认为人体与自然关系协调，人身便健康活跃。人体发生发烧、感冒及其他疾病与天气冷暖、多雨潮湿密切相关，人体与自然关系不协调，疾病由此而产生。由此，要求患者要养成调整人体与自然的关系，以适应自然的冷暖变化，防止疾病的发生或加重。同时认为，人体产生疾病是人体内缺少某些物质而导致，如患胃病、出水痘、流鼻血、体虚弱，皆为人体内缺失某些物质所导致。

1.苗医对疾病的诊断。苗医将患病分为症、疾，从辨证施治上将其分为两纲、五经。两纲，即冷病、热病；五经，即冷经、热经、快经、慢经和半边经。冷经表现为冷、寒、颤、颜面苍白、肢体蜷缩。热经表现为发烧出大汗、耳赤面红、心烦口渴。快经表现为突然不省人事，出大汗，四肢僵直、抽搐，两眼直愣昏迷，多在一两天死亡；或神志清醒留有后遗症。慢经，表现为起病缓慢，病程长，形体消瘦而面苍白，四肢无力，失眠盗汗。半边经，表现为头、舌及半边肢体麻木无力，不能行动。苗医对五经应用广泛，任何疾病必须按五经来辨证属何经，方能对症治疗。

2.苗医对疾病的分类。苗医把疾病分为内科36症，外科72疾。包括呼吸、消化、神经，生殖、循环、泌尿、血液、内分泌系统，也包括内科、外科、妇科、儿科、皮肤科、五官科、传染科、精神科。采取以像比类，根据各症独特的特殊病状，以各症临床表现特征命名立症。使人听其名如见其症，易于对症下药。在36症中的黄鳝症、鱼鳅症、赶水症、摆子症、哑巴症、结石症、黼症、曲蟮症、黄疸症、脓肿症、水牯症、迷魂症、发痧症、水症等，以形象取病名体现分类细致。72疾中的疽分9种，疮分23种，痈分8种，疔分5种。如萝卜花、牙疳疾、鸡盲眼、火眼、水眼、蛇头疔、蛇肚疔、鱼眼疔、牙癀、侧耳癀、勾痈、黄水疮、对口疮、正口疮、偏口疮、唇边疮、阳门疮、阴门疮、天泡疮、癞疮、干疮等。苗医认为同一种疾病，所患部立不同，其病因亦不同，要治病首先弄清病因，以对症下药，疗效快。有些志书记载：“苗医用药，或吞或敷，奏效最捷。”苗医把诊断放在治疗首位，形成望、问、号、触诊法。望，即察言观色，观察病人各部位的肤色；问，询问病史、病历及有关病情；号，除寸、关、尺三脉外，对小孩常号指脉、足脉；触，触摸病者有关部位。然后综合望、问、号、触情况，作出患病判断。有些苗医，还对病者耳听其声音，听其呼吸气速、大小的嗅诊确定其病情。有些苗医通过其特殊训练，使其具有特殊技能，诊治病人。

3.苗医用药的方法。苗医把药物分为冷药热药两类，冷病用热药，热病用冷药是苗医用药原则。凡药味属甜、麻、辣、香属热药，酸、苦、涩属冷药。苗医用药灵活，多以1～3味为主，5～8味的不多；多用生药、鲜药，一药一方，一方一病，对症下药，疗效佳。民间有三千苗药，八百单方之说。苗医用药又有春、夏、秋、冬四季之分，同一种药物，春夏用叶、花与果实，秋冬用根与茎，四季常青的药，春夏用花叶和嫩枝，秋冬则用根皮。用药方剂中分主药和辅药两种，主药是根据主症和药物的功效确定，辅药是依据次要病状加以配味。药物剂量，依据病人主症，体质确定随手抓药；对于有毒药物用量严格，所用根数、长短、片剂数、磨水转数都有严格标准。对有毒药物都要精心炮制，方可入药，草乌、天南星、生半夏，必须先用石灰水或童便浸泡10～15天，切开口尝无麻味或微麻后方可入药。平时对一般药物不作储备，提倡鲜药，利于提高药物疗效。苗族医药在接骨、外伤、儿科和某些内科疾病方面，均显示独特功能。甚至有些祖传秘方，对治疗疑难病有独到之处，民国以前麻疹，对小孩威胁较大，病毒流行，护理不当，易发展为肺炎、肠炎等并发症，死亡率高。苗医用吊干麻根皮一两加几片生姜煎服，疗效甚好，二日即可透疹，即使内陷，服后也催出来。人被疯狗咬伤患狂犬病，即便24小时以外发病也能治愈。用斑蝥虫去其头足翅后吞服，伤后数日发病的1次只能服3个。患红白痢疾和阿米巴痢疾，用独角莲、拳参、铁苋菜干品为佳，日用开水吞服2次，小孩酌减，有良好效果。产生骨折，先正骨复位固定之后，用大血藤、小血藤、大小接骨丹根皮、鬼吹哨捶细包扎；再用青藤香、油脂条、野牡丹、野芍药、续断切细泡酒服，日服药2次，十数日即愈。如伤处浮肿，用独脚莲擦消肿。患风湿关节病，用打猎所用弩药包敷。苗医在外治上还有一些独特之处，如常见的贴、刺、洗、蒸、枕、咂。现代，苗族人民医疗卫生条件得到很大改善，不少传统民间验方、秘方也被挖掘整理用于防病治病，使传统苗族医药发挥更大的效用。

## 第四节　回　族

**族称**　回族，旧称回回、回民和回回民族。新中国成立后，国家实行民族识别时，正式定为回族。

**族源**　元初，成吉思汗西征，征服葱岭以西、黑海以东地区，部分回民被征调来到中国，驻扎新疆、甘肃、宁夏、陕西等地。随后组织回族军征云南。至元十年（1273），乌撒内附，回族军士兵分驻乌撒和滇东北地区；至元二十年（1283），在今贵州置八番顺元宣慰司都元帅府，今织金县三塘、务卜一带设市北洞长官司，亦有回族随元军驻扎于此，这两批回族军士是最进入毕节地区的回族。明代洪武十四年（1381），明太祖朱元璋命傅友德为征南将军，沐英、兰玉为副将，征讨元梁巴匝剌瓦尔密，傅友德率兵进乌撒建立乌撒卫，驻军屯田戍守，在乌撒境内开垦四十八屯，沐英军中许多回族将士在乌撒留居，在屯田处兴建清真寺。在今威宁县下坝、尚家屯、海子屯、卯官屯、杨湾桥、马家屯等地形成回族聚居村落。道光年间，部分回族随平远协副将许保琳军进驻织金、后落籍县城西郊外。同治十一年（1872），贵州白旗起义失败后，兴义地区的少数回族迁入织金县和毕节县避难。民国时期至新中国成立初期，少数回族因谋业和工作迁入毕节居住。

**人口分布**　1953年，第一次全国人口普查，全专区共有回族2.5万人，占总人口的0.96%，其中威宁县2.45万人。1964年第二次全国人口普查，全专区共有回族3.38万人，占总人口的1.12%。1982年，第三次全国人口普查，全地区回族增至5.93万人，占总人口的1.36%。1990年，第四次全国人口普查，全地区共有回族7.11万人，占总人口的1.2%，占全省回族人口的56%。其中威宁县6.84万人，占全县人口的7.74%，占全地区回族人口的96.25%。2000年，第五次人口普查，全地区共有回族9.32万人，占全地区总人口的1.47%。2010年第六次全国人口普查，全地区有回族人口106601人，占全地区总人口数的1.63%。回族居住地点呈现大分散间相对聚居状态。聚居区域以围绕清真寺自然形成村寨，与汉、彝、苗等民族杂居形成大分散自然村，回族村寨彼此之间大都保持本民族间亲戚和宗教联系。截至2014年，回族人口在万人以上乡镇有威宁自治县中水镇、秀水镇、哈喇河镇、双龙镇、麻乍镇、牛棚镇。5000～1万人有迤那镇和观风海镇，1000～5000人有威宁自治县海边街道、斗古镇、二塘镇、五里岗街道、六桥街道、草海镇、黑土河镇、玉龙镇、黑石头镇和赫章县兴发苗族彝族回族乡。除威宁县和赫章县外，其他县（区）均不足1000人，其中，金沙县的回族人口在1990年人口普查时有22人。1992年，赫章县在撤区并乡建镇中，将1984年建立的野里彝族回族乡与兴发苗族乡、铁柱乡合建为兴发苗族彝族回族乡。

**语言文字**　回族先民使用阿拉伯和波斯的语言文字，元、明时期使用阿拉伯和波斯的语言文字和汉语言文字，清代及以后，回族均使用汉语言文字，阿拉伯语和波斯语仅仅是伊斯兰教教职人员在举行宗教活动中使用。改革开放后，毕节地区的部分回族青年将阿拉伯语和波斯语作为一门外国语学习，在沿海经济发达地区给中东等地使用阿拉伯语和波斯语的商人当翻译，在外贸、商业、民间外交等活动中使用。

**家庭、家族**　1.家庭。回族家庭以男方为主的一夫一妻制构成，一般由父母及子女两代组成家庭，也有三代、四代同堂的家庭。女嫁男方不用改名换姓。妻子对公婆，可随丈夫称呼父母，也可用高自己一辈的民间习惯性称呼。子女对父亲的口头称呼叫“大”（da音，波斯语）。回族家庭信仰伊斯兰教，并影响和支配家庭生活方式。家庭多以农业为主，兼营商业，一般家庭经济较为富裕。穿着打扮跟随时代，讲究端庄、整洁、大方。家庭成员关系和谐平等，没有生男生女的偏爱和歧视女性。所生子女均有两个名字，一个是经名，在小孩出生3天内请阿訇取经名，经名采用阿拉伯语名。另一个是学名，使用汉语，由姓氏+字辈+名组成，子女随父姓。家庭中通常以父为长，管理和操持家庭的主要事务，运用社会良好道德风尚、家风和伊斯兰教的教规教义教育家庭成员、协调家庭成员之间，以及与邻里、亲戚、家族之间的社会关系。在回族世家，有着丰富且较为系统的家风传承，团结和睦、尊老爱幼是每个成年子女的基本准则，服从和孝顺父母是每一个成年子女的天职，将得罪父母让父母恼怒视为是惹真主恼怒。父亲作为家长，受子女敬畏；母亲对子女有父亲所不及的爱戴。父母对未成年子女有抚养和教育的责任，兄弟姊妹间以年长为尊。

2.家族。回族家族以家庭血统关系为基础，由同一姓氏构成同一家族。同一姓氏不同宗，各为家族。毕节地区的马姓，因各自迁入前祖籍不同，有下坝马、马家屯马、蔡家地马、松林马、核桃树马、客籍马、开化马、河西马、小瓦房马、陕西马、独民军马等家族。各家族均有族谱，记载本族的迁徙、人口、族规和字辈排行等。回族的字辈和汉族一样由族间代表共

体育活动

同议定，前人所议定的字辈用完后，后辈人继续编排，族间代表认可后公布使用。

新中国成立前，每个家族都有族长，族长由族人内部推举产生。族长一般由德高望重的老年男子担任。有些家族还明文规定立族长的依据、担任条件和族长的职责。各个家族都有族规，并成文载入家谱中或刻在祖碑上，要求全族人自觉遵守。各家族族规内容大同小异，一般是规定族人的宗教信仰、行为准则、对族产的管理和族人的义务，如遵纪守法、弘扬正义，反对邪恶，倡导勤劳，鼓励学习，维护团结、和睦邻里、恤孤济贫等。族规由家族代表集体制定，并根据不同时代的要求由族人代表不断修改补充完善。

**风俗习惯** 1.服饰。回族的服饰除男性的小圆帽和女性的盖头外，与汉族相同，根据不同的时代穿着不同时代的衣服。

回族服饰

（1）小圆帽。小圆帽多为白色黑色，用棉布制成，圆顶单帽，帽口比顶略大，帽顶和帽边绣有花纹或经文（阿拉伯文）。除阿訇、师傅（经文学校肄业者）或海里凡（经文学校的学生）平时戴小圆帽外，回族男性一般在举行宗教活动或民族节日时才戴小圆帽。

（2）盖头。用白色或浅色布料做成的女式头巾。

（3）阿訇服。是伊斯兰教中有一定经文学历和资格人员的标志服，在经文学校毕业时，举行海里凡（学生）毕业仪式，由清真寺执寺阿訇亲自授予，学生在这个仪式上穿上就视为毕业，所以经文学校的学生毕业又称“穿衣”。过去，阿訇服一般为绿色或蓝色布料做成大襟长衫子，有的在服装前胸和后背上绣有素雅清秀的经文；现在的阿訇服为绿色呢子对襟大衣，胸前两边绣有团形经文。

2.饮食。回族饮食讲究营养结构和清洁卫生，禁止不良嗜好。主食以大米、苞谷、马铃薯、荞子、燕麦为主。小吃有糯米粑、汤圆、豌豆凉粉、荞凉粉、荞面汤、苞谷糖。肉食品以牛肉为主，以羊、鸡、鸭、鹅、鱼为辅，牛羊和家禽必须经阿訇下刀（宰牲）才能食用。威宁一带的回族喜欢喝罐罐茶。回族不习惯喝酒，在客事场中用茶或饮料待客。

3.居住。毕节地区的回族多居住在坝子或土地宽广的半凉山和凉山地区以及出产丰硕的河谷地区。回族选择住宅建房时不测龙脉风水，多选择向阳、舒适宜居和取水方便的地方。民国前多住茅草房，少数住瓦房。新中国成立后，大多数回族建造二到三间或三到五间土木结构房屋和一两间牛羊圈。1978年后，大批居住在农村、集镇和城郊的回族，修建钢筋混凝土新楼房。室内堂屋，不设神位，贴阿文书画作品和山水画。堂屋既是厨房又是客厅，清洁卫生。卧室设在耳房和楼上，信仰虔诚并常履行拜功人家，在厢房中设有水房和沐浴室，在二楼上设有干净礼拜间，墙上贴挂经文、对联、书画，摆设礼拜床，其他房间作贮藏室。房外常种苹果、桃、李、竹等风景树。

4.婚姻。回族历来实行一夫一妻制。家族内不能通婚，家族外强调辈分相合。有姨表、姑表、舅表亲现象。一般不与其他民族通婚。依父母之命媒妁之言定终身，从提亲至结婚均有规范化的礼仪形式。新中国成立后，贯彻《中华人民共和国婚姻法》，实行自由恋爱择偶。婚姻礼仪形式，仍遵守传统习惯。男女双方相识相爱，若男家相中某女，请媒人介绍，备礼物去提亲问话。女方父母商量和征求女儿意见，同意收下礼物，不收礼物表示不同意。若女方同意，双方择期订婚。提亲时，由男家媒人带礼物到女方家，女方家以丰美食品款待，有的还把本家族人请来陪客，由提亲的男子分别敬献一杯糖茶，称煨糖茶（订婚）。此后，双方就以姻亲关系，认成亲家，开始往来。结婚时间由男家决定，嫁娶时间多选择在秋冬收获和农闲时节。结婚前数月适当时候，男家准备茶叶、红糖、衣物布匹、银簪首饰、钱和婚期帖子经媒人交送给女家。女方家接到婚帖后，开始赶做嫁妆和准备陪嫁礼品。陪嫁礼物取决于女方经济情况和所收订婚彩礼多少，其中行李和床是礼规中的必备品。结亲前1天，男家送一腿牛肉或牵一只羊给女方家，叫过礼。婚日，双方准备筵席招待亲朋好友。接送亲的礼仪与汉族相同。婚礼。回族的婚姻须由两位以上成年人证明方可视为夫妻。回族婚礼在男方家举行，进亲后，由阿訇主持婚礼。一般在堂屋或院坝上方放一张桌子，上面放两盘喜果（一盘糖、一盘核桃）。阿訇坐上方，新郎、新娘和陪郎坐下方，送亲者坐在新郎新娘左右两侧，参加婚礼的客人站立于新郎新娘后面。仪式开始，由阿訇讲解举行婚礼的要意，宣讲《古兰经》和《圣训》中关于婚姻的经典教义，宣讲夫妻的责任和义务以及孝敬父母、教育子女、勤俭持家、诚信做人的道理。宣讲完毕，询问新郎新娘是否同意与对方自愿结为夫妻，新郎新娘回答“同意”后，又问新郎拿多少可宾钱（聘礼）给新娘，新郎回答完毕。阿訇用阿拉伯语念诵证婚词，念诵完毕，阿訇把两盘喜果分别抓三把给新郎，余者撒到客人中，让客人相互争抢，礼仪结束。结婚证根据《中华人民共和国婚姻法》按程序办理。

回族男女山歌对唱

5.丧葬。回族提倡对父母厚养薄葬，丧事从速从俭，实行土葬。丧葬习俗谨守伊斯兰教律法，在死后三天之内安葬。回族人死后称埋体，不奏哀乐，不放火炮，不使用棺木，只用3丈6尺白布包裹埋体安葬。包裹埋体的白布叫卡番。男女卡番稍有区别，男性卡番为三层，从里到外，第一层称毛衫，长四尺，从头盖到膝盖；第二层称小帏，长六尺，全身盖严；第三层称大帏，长七尺，超过身长，第三层（外层）要两端打结。女性卡番比男性多一层盖头和胸围布，胸围布放于毛衫和小帏之间。用卡番包好埋体后，放入公用的经匣内，举行殡礼，然后送往家族公用的坟山内安葬。殡礼，是葬礼中的一个重要内容，殡礼又称站者那则（站拜）。站拜时，阿訇们排成几个横队，站在经匣东边，面朝经匣，由执寺阿訇单独站在众阿訇之前念诵《者那则》领拜。殡礼结束后就将埋体用经匣抬往坟山，将亡人按伊斯兰教的规矩进行安葬。

6.节日。（1）开斋节。伊斯兰教教历规定每年九月为斋月。是月，穆斯林要进行封斋，封斋从起日到下个月见到新月为止。其间，每天黎明前至黄昏，不吃不喝。封斋满月发现新月后，次日即为开斋节，要庆祝一个月的斋戒期满，其庆祝活动在清真寺进行。

（2）古尔邦节。又称宰牲节，是阿拉伯语“尔德·艾祖哈”的译音，其意思是“供献”或“牺牲”。宰牲节，源于古代先知易卜拉欣受真主启示，以其子易司马仪为祭，其子欣然从命，这时，天使者布里勒奉真主之命，牵一只羊赶到现场，传达真主“以羊易子”之命，易卜拉欣便宰羊代替献子。为了纪念易卜拉欣忠于主命和易马仪孝顺于父的精神，于是在伊斯兰教就把这一天定为宰牲节。古尔邦的日期为希吉莱历的12月10日，是一年一度朝觐盛典的最后一天。穆斯林群众除了到清真寺参加会礼庆祝外，经济满贯者还要在会礼后3天内宰牲，以施济贫民、亲人。

（3）圣经节。是纪念先知穆罕默德的诞生日和归主日，日期为希吉莱历的3月12日。据传说，先知穆罕默德于公元570年或571年3月12日这一天出生，在公元632年3月12日这一天归主。这一日，穆斯林群众在清真寺集会诵读《古兰经》，举行节日仪式，山阿訇讲述先知穆罕默德的生平事迹。聚餐后，活动结束。

（4）姑太节。伊斯兰教历6月15日，是纪念穆罕穆德之女法图麦归真的节日。法图麦是先知穆罕默德的女儿，是第四任哈里法阿里的妻子，她对伊斯兰教的传播有重大贡献，是穆斯林妇女尊重的女性。姑太节主要是妇女参加做纪念活动。

7.卫生习惯。回族按伊斯兰教教义关于“心净、身净、饮食净、衣净、居住净”的规定，养成良好的卫生习惯。多数家庭都备有沐浴用的设备，以供净身之需。做饭炒菜时要清洁卫生。

8.禁忌。（1）信仰禁忌。回族信仰伊斯兰教，禁忌信仰其他宗教，禁止歧视和侮辱其他宗教，禁止信神信鬼、算命看相等迷信活动。（2）饮食禁忌。禁止食用没有奉真主之名屠宰的牛羊和家禽，禁止食用一切血液，禁止食用自死之动物，禁止食用猪肉及一切凶狠和奇形动物，禁止饮酒和不主张吸烟。（3）接触禁忌。严禁身体接触猪肉、猪油和旱烟，并禁止带外族人进入回族的居室。

**宗教信仰**　回族信仰伊斯兰教。伊斯兰教于唐朝永徽二年传入中国。明初，伊斯兰教随回族先民由陕西传入毕节卫、乌撒卫。回族先民留居后，随着人口的繁衍，在乌撒卫城马坡和下坝、海子屯、杨旺屯、马家屯修建了清真寺，按教规开展宗教活动。至2011年，全地区共有一百多座清真寺。按教规，成年回族穆斯林，在思想意识要保持“六大信仰”，即信真主、信天仙、信经典、信圣人、信后世、信前定。在行为准则上要履行“五大功修”，即念、礼、斋、课、朝。毕节地区的穆斯林绝大多数属于伊斯兰教逊尼派中的格底目，俗称老行，亦有个别伊赫瓦尼和赛乃菲耶教派的现象存在。

回族开展节目喜庆、婚丧嫁娶等活动都需要在清真寺举行一定的宗教仪式，凡回族居住地方，都分别按自然村落自发地修建清真寺。同村寨回族形成以清真寺为单位的共同体，归属清真寺管辖。清真寺与清真寺之间地位平等，无隶属关系，回民不论在哪个清真寺过宗教生活都具有同等意义。各清真寺由民主管理委员会管理本寺内的集体事务，执寺阿訇主持宗教事务。

清代，清真寺实行“三掌教”制度，每个清真寺设掌教三人，按行政区域，政府指定一名

"总掌教"负责统一管理辖区内的伊斯兰教事务。毕节境内的第一任总掌教是由威宁镇总兵官韩忠担任，第二任总掌教是刘纲阿訇担任。民国时期，废除"总掌教"，各清真寺实行乡老制度，每清真寺设一名乡老负责管理本寺内宗教事务。新中国成立后，清真寺设民主管理委员会，由本寺穆斯林民主选举产生，设主任一人，副主任若干人，每届任期三至五年。民管会成员必须是宗教信仰虔诚、作风正派、热心公益事业、具有较强组织能力和号召力的人，负责联系和代表本寺回族商议、决定相关事宜，决定对执寺阿訇的任聘和解聘，管理本寺经济收支、寺产等事务，代表本寺回族群众协调、处理相关问题。

在清真寺经文学校学完并掌握《古兰经》和《圣训》等经典知识，取得穿衣资格（毕业）的人称为阿訇。被聘到清真寺主持宗教事务的阿訇称为执寺阿訇，其余的为闲职阿訇。阿訇实行聘任制，每届聘期1～3年，期满可连聘连任。执事阿訇主持本寺内一切宗教活动，承担宣讲伊斯兰教知识和教学任务。生活费按商定由本寺回族共同负责供给。

清真寺经济收入来源与支出范围有：（1）房产和用品租金。（2）天课收入，用于济贫扶危。（3）供养收入，交给执寺阿訇享用。（4）开斋捐。（5）乜贴收入。（6）丧主拿出的安葬亡故人员经费。（7）集资功德等其他收入。

**经济**　毕节回族的经济类型属于农业与个体经济结合类型。回族有善于经商的习惯，过去有"十回九商"之称。农业经济长期以来是回族经济的重要部分，回族接受新鲜事物比较快，在农业经济中，易于转型于科技兴农，追求经济效益，在适宜烤烟等经济作物种植区域，绝大多数回族从粮食生产转型到经济作物生产。在农闲季节，大多在城镇做小生意赚钱弥补家用，相当部分回族从农业生产中脱颖而出，迁居到城镇从事餐饮、建材、百货等商业活动，部分回族农民在昆明、贵阳、水城、昭通、威宁、赫章等地建有自己的企业。

**文化教育**　回族的文化教育分为经堂教育和国民教育两部分。经堂教育是清初以来在清真寺举办的伊斯兰教知识教育，由阿訇传授学习阿拉伯语言文字和汉语言文字。经堂教育历史以来培养了一大批经学人才和识汉字的回族。经堂教育培养出来的学生有500多人在省外任教、翻译和从事商贸活动，有600多人在市内从事运输、建材、餐饮等经济活动。

国民教育指回族进入政府办的各级各类学校接受综合教育。历史上，毕节市内的回族有文武进士8人，文武举人33人。新中国成立后，回族考入各类大学专科以上的学生有近万人。

**文物古迹**　毕节市内回族的文物古迹有古清真寺遗址、回族公墓及碑刻、古籍等。属于明代的清真寺遗址有威宁马坡清真寺遗址、威宁下坝清真寺、威宁海子屯清真寺、威宁杨旺桥清真寺、威宁马家屯清真寺，属于清代的有织金西后街织金清真寺遗址等。古老回族公墓有威宁尚家屯回族客坟山、尚家屯张姓坟山、下坝马姓坟山及《马氏阖族公建祖茔坊并镌族谱记》遗址、蔡家地马姓坟山、撒姓坟山、海子屯李姓坟山、杨旺桥松林马姓坟山、杨旺桥刘姓坟山、锁姓坟山、马家屯马姓坟山等都是明清时期的回族公墓。清代碑刻有位于织金县的世袭壮烈伯爵、平远协副将许保林墓碑，位于威宁尚家屯回族客坟山内的苏仕辅墓碑（兵部侍郎、河南巡抚杨国祯撰，太子太保、御前侍卫、一等果勇侯、陕西提督杨芳书），位于海子屯李姓坟山内的李启唐墓碑、紫金关参将李崇墓碑，位于杨旺桥刘姓坟山的刘吉大阿訇墓碑、总掌教刘纲阿訇墓碑、拔贡蒋子涛先生撰写的刘氏碑序，威宁虎火山虎自高墓碑，威宁下坝马泽源夫妇墓碑，威宁马家屯《三公碑记》等。古籍有《古兰经》上、中、下三卷抄本、《卯鲁歹》《满俩》、清代《瓦氏家谱》、清代《下坝马氏家谱》、清代《刘氏家谱》等。

**文学艺术及非物质文化遗产** 毕节地区内回族文学艺术有民间文学和刺绣剪纸，民间文学有《艾勒娥》《聪明的荞花》《老人与蛇》《猫的来历》《蜜蜂的传说》《佃户和东家》《西凉山出水洞》《头骨的申明》《梨官》等；传统歌谣有《刘毛二造反歌》《矿工歌》《帮长工》等。在非物质文化遗产中，还有回族传统食品油香、牛干巴、梨膏、荞凉粉、荞面汤、花粑粑、糯米糖粑、燕麦油渣汤等，其中，荞面汤已经列入县级非物质文化遗产名录。

## 第五节　白　族

**族称** 1956年国家进行民族识别时，在成立云南省大理自治州时召开的大理民族代表会上，一致同意用“白族”作为大理主体民族族称，并报国务院全体会议通过，其依据：一是当时汉人称白族先民为白子，一些白族先民也以白子自称；二是大理的历史上曾建过白国、有白王存在过；三是白族先民崇尚白色；四是白色象征纯洁光明磊落，在共产党的领导下翻身做主人，充满光明前途。

**族源** 毕节地区的白族，是一个多源民族共同体。主要由古僰（白）人，民家（七姓氏）、龙（侬）家、南京人等不同族群和汉人等其他民族先民，融合成为古今的白族。

1.古僰（白）人。许慎的《说文解字》记载：“僰犍为蛮夷”。西汉前僰人就到毕节境内生活。隋唐时僰人被称为西爨白蛮。8世纪中叶，南诏国建立三十七部，乌撒部属其中一部。南诏调集军队，征集民众进驻乌撒，官军守备，军民屯田，世代沿袭。后晋天福二年（937）僰人段氏建立大理国其亲贵始称白人。南宋宝祐元年（1253），蒙古忽必烈率军征南，灭大理国，移师向北征讨边夷各部，白人军队被称为“拍军”充当蒙军前锋。其中一支进驻乌撒，后失去军人身份，变为屯民。宝祐六年（1258），驻守云南蒙军统帅兀良合台奉命调集收编白人军队，向南宋腹地进攻，于鄂州与忽必烈会师，白人被遣散，少部分融入乌撒屯民中。元朝建立后，乌撒守军在原守军驻地实行屯驻，致使原来屯民失去土地，多数迁至蛇街、羊街一带半凉山区。这些屯民为张、苏、李、赵、钱、杨、许姓，汉族称之为七姓民。当地彝族称为“罗苴”。明代，称白族为民家。洱海地区部分民家上层人士为朝廷所用，作流官委派到大定的段姓，即为现今大方、纳雍县的白族先民。清代，取消屯田制，威宁民家屯兵沦为佃农。晚清至民国时期，七姓民和民家衰落。有些民家虽融入汉、彝民族，但宗谱、墓碑仍记下本家由滇入黔的来历。1956年11月，云南大理白族自治州成立，毕节专区七姓民、民家、段姓、尚姓普遍要求返本归原。后经地区及各县民族事务工作部门组织人员多次考察识别。1981年，七姓民、民家认同为白族。1982年，段姓和尚姓认同为白族。

2.龙家。自称松尼保，汉族称之为龙家或侬家，彝族称之为阿武濮，苗族称之为斯业，佗佬族称之为补外，布依族称之为补龙。多数居住在地势低、土地肥、气候温和地方，以及古驿道沿线的小镇和村庄。《黔南职方纪略》记载："汉武帝灭且兰，置牂牁郡，迁蜀中大姓龙、傅、董、尹于其地。于是苗中有龙家子矣。"西汉，一部龙家先民进入毕节定居。元代，毕节地区的龙家均为小头龙家。明代，天启元年至崇祯三年（1621～1630），平坝卫、广顺州、敷勇卫、威清卫的龙家避战乱随同部分南京人进入毕节地区东部，定居今大方、黔西、毕节、织金县。1988年，毕节地区龙家人认同白族。

3.南京人。祖籍南京或江南一带，明朝初年来到毕节。主要分两批，第一批：明洪武十四年（1381）调北征南，在驻军地实行屯田制。江浙一带一些民商，在军队屯田效益的吸引下，进入贵州各地，或垦殖，或经商。洪武二十一年（1388），朝廷为加强滇、黔防卫，从各地调集兵力驻守。乌撒、毕节为驻守重地之一。随军来乌撒、毕节驻守的官兵和屯田的商民中，就有部分为南京人的先民。第二批：明永乐元年（1403）朱棣称帝后，一批忠于建文帝朱允炆的旧臣官兵，护驾朱允炆潜逃进入贵州后，分散在贵阳周围平坝、敷勇、威清隐匿。经反复选择，认为龙家一族心地和平，堪以为援。永乐五年（1407）正月，集中各地南京人代表，在今息烽县西望山举行合姓结盟仪式，以南京人李、王、张、罗等36姓合为龙家人赵、谢2姓，成为大姓氏族。结盟合姓后，南京人、龙家融合，南京人即改言易服。明天启二年（1622），贵州宣慰摄政安邦彦、云南彝族土司安启良响应四川永宁宣抚使奢崇明反明，攻下瓮安、安南、普定、威清，继而围攻贵阳。龙家和南京人，逃离水东，向明军威胁较小的水西地方迁移。在水西依其彝族土司制度，听其约束，接受习俗规定，开垦种植。其后一部分从水西、大定、平远向今毕节纳雍迁徙。清康熙三年（1664），吴三桂剿水西，南京人后裔出示朝笏、冠冕、玉带等物，以证明其南京人忠臣良将之后身份，免遭残害。南京人与龙家人融合，经历几十代，渐渐形成一个大分散、小聚居，具有共同生存地域和共同文化的民族共同体。新中国成立后，南京人和龙家请求政府将两者定为同一个民族。省地民族事务工作部门作大量调查识别工作，1987年12月，国家民委、中央统战部、全国人大民族委员会同意龙家人、南京人根据自身的情况，作了详细的普查登记。1988年，经省人民政府批准，于是年11月29日在毕节举行黔西北地区龙家人、南京人认同白族庆祝大会，是时，乐意认同白族的龙家人、南京人有6.64万。其中金沙县242名南京人认同白族，1760人返归汉族。

**人口分布**　1964年，第二次全国人口普查，全专区白族9人。1982年，第三次全国人口普查，全地区白族3150人。1990年，第四次全国人口普查，全地区白族8.94万人，占全地区人口总数的1.5%。2000年，第五次全国人口普查，全地区共有白族人口11.48万人，占全地区总人口的1.81%。2010年第六次全国人口普查，全地区有白族人口103422人，占全地区总人口数的1.58%。主要分布在大方、毕节、黔西和织金县，其次是纳雍、威宁和赫章县。1992年撤区、建镇、并乡，全地区白族与其他民族共同组建的民族乡共11个，分别是：毕节县阴底彝族苗族白族乡、千溪彝族苗族白族乡；大方县响水白族彝族仡佬族乡、三元彝族苗族白族乡、普底彝族苗族白族乡、核桃彝族白族乡；黔西县绿化白族彝族乡；织金县三甲白族苗族乡；纳雍县库东关彝族白族苗族乡、昆寨苗族彝族白族乡；赫章县松林坡白族彝族苗族乡。

**语言文字** 毕节地区白族先民，由于族源不同，其语言文字也有差异。古僰人源的既用本族语言又说汉语，与彝族杂居的尚通彝语。曾借用汉字来标记白语，称为汉字白读，但缺乏统一规范而未通行。始终只有语言，没有文字。民国及其前期，能用白语通话的人已经很少。中华人民共和国成立后，已无人能用白语会话，唯生活在彝族地方白族能说彝话，又通汉语。原南京人的使用汉语汉文。其先民入黔后与龙家融合，汉语、龙语兼用。入水西腹地后，又兼用彝文彝语。今大方、黔西有不少南京人坟墓，墓碑上刻有汉文和彝文。龙家，在长期历史过程中，使用自己民族语言。据省民族识别工作队龙家组调查，其语言基本属汉藏语系。明代，龙家与南京人融合后，龙语、汉语兼用。清代，龙家报称南京人后，普遍使用汉语汉文，本民族语言逐渐消失。

**服饰、住房** 1.服饰。白族，由于受汉族、彝族生活习惯影响，其服饰渐渐随汉随彝，但也保持本民族的尚白习俗。龙家，以白色布料制服，又称作白素衣。清代以前到威宁的白族先民，女子上穿从右面开襟的白色短衣，外罩黑色或紫红领褂，下着蓝色宽裤，裤脚边顺沿口绣一圈花边；腰系缀有绣花结带的腰带；脚穿绣花百节鞋，鞋尖稍翘；已婚者头上绾髻，未婚者垂辫于后或盘辫于头，都用绣花头巾盖发。男子上穿白色对襟衣，外穿黑色领褂；下穿蓝色长裤；头戴有边毡帽或缠蓝色包头布，腰系绸带。清代以来，渐为汉装。唯威宁蛇街、羊街一带七姓民，受彝族文化影响，其服饰与彝族相同。妇女头缠黑帕，帕子右侧留出不长的絮缕；身穿黑色或深蓝色的长服，右面开襟；脚穿鞋袜相连的翘头鞋，镶有花边。男子穿大襟衣，下穿宽脚裤，多为黑色或深蓝色，鞋与妇女同，无花边，新中国成立后，盐仓、金钟、龙场白族，多数仍保持上述服饰，不同的是无论男女，戴项圈、耳环、手镯的极少。1954年作民族调查，在织金三甲、大嘎赵家，大方县理化赵家各存一件清代服装，曾送省展览。现在普遍穿当代流行服式，已无人再着白素衣。

2.住房。白族住房与汉族、彝族相同，多为长3间，一正两厢，土墙茅顶或瓦顶，也有少数垛木房。富裕人家三方一照壁，四方一天井。建房时兴上大梁、开财门。房大梁架好后，宴请上梁酒，亲朋都送礼祝贺。大梁上挂满楹联，主柱贴着喜对。下午时分，先给木匠师傅挂彩，木匠师傅背着糖馅小包子和硬币上大梁时，鞭炮齐鸣。师傅上梁后，先给大梁喷酒，后说大吉大利大财大福之类吉利话，并将小包子和硬币撒向四周，散给观众。房屋建成后开财门，先将大门或堂屋门关闭。择吉日办开门酒，应邀作客的都送贺礼祝吉。门上挂彩贴对，开门时大放鞭炮，请长者说吉利话后，由童男童女先入，再请贵客进门参观，而后入席饮酒。

**传统节日** 白族的传统节日。受汉文化影响，与汉族基本相同。主要有春节、清明节、端午节、中秋节。白族中原南京人在一些节日中有其自己的特殊过节形式。

1.过年搭神台，祭祀祖宗。其来由是南京人最早进入贵州黑羊箐时，适值新年来临供奉祖宗灵位。是时，将供奉油炸粑放在作铺垫的狼箕叶上，另用一节枹木劈成长方形，在其上挖9个坑，作碗碟，装盛酒肉饭菜，再点油灯一盏，插香数炷，祭祀祖宗。年三十守岁，守者手持竹筒，不断敲击，以其响声惊吓偷吃供品的山猴野兽。在这种境况下过入黔后第一个新年。此后过年搭神台形成传统，世代沿袭。大方响水赵姓白族将油炸粑分成三堆供奉，并用香樟叶围挂在神台上。大方长石、毕节龙场部分白族，用楠木在堂屋拱神台。

2.祖先遇困节。明洪武二十一年（1388），麓川宣慰使反叛，明军被叛军围困，绝粮7日，偶然发现当地有人采食红刺莓（救军粮）和糯米果，遂以此为食，解无粮之困。被困明军中多为入黔南京人赵谢等姓的先辈。由此定每年农历七月初五为祖先遇难节。是日，各家都要摘糯米果、红刺莓放于神龛上祭奠先人，也有不少人家将红刺莓磨成浆，拌糯米面做成饼蒸或炸熟祭奠先人。

3.祖先受难节。建文帝元年（1399）七月初，北平都指挥使和布政使谢、张2人被燕王朱棣杀害。以此为由，定每年七月初六为祖先受难节，到时均要设祭。

婚姻　白族普遍实行族内外婚制，只要辈分相当，年龄适当即可，也可同其他民族通婚。定亲前男女可自由恋爱，但定亲须经父母同意。从恋爱到结婚，要经过鸡礼酒、定期程、成亲等程序。鸡礼酒经媒妁之言后，男家选择吉日，用红绸红纸包扎绸缎布料及钱币、好酒作定亲礼物送至女家。女家收礼后即杀鸡摆酒招待男家来人。敬酒时交换儿女八字生辰贴，作正式订婚。定期程：男家带礼物到女家，议定结婚日期，婚期议定后，待婚女儿即不出门，成天在家做针线备嫁妆，邻里年龄相当的姑娘常来做伴，帮做针线；成亲。结婚前一天，女方家办酒席请亲友；每当亲友来时，婚女都要哭泣一次，诉说不忍离家之情；男方接亲要备花轿或彩马，在女家办酒当晚到达。接亲人不拘多少，必须是新郎的弟或表弟、侄辈。次日为男家正酒日，每到一批客人或1个客人，吹鼓手都要吹打1次。新娘上轿或上马离家去婆家时，要对兄弟姐妹和亲友哭诉一番，以示不舍之情，此时父母必须回避，不能相送。婚礼仪式有拜祖宗、拜双亲，夫妻对拜，与汉族基本相同。新中国成立后，婚姻多由儿女作主，父母参与意见，婚事程序较简单，免去定亲、订婚重复送礼，婚礼也较文明，用鞠躬代替跪拜。龙家男女社交公开，恋爱自由，只是订婚时须经女方父母同意。黔西、织金县龙家在春节，大方县龙家在农历七月十三日，于寨子平坦处立一木杆，男女青年围杆唱歌跳舞，选择对象，称为跳杆择配。经过跳杆，各对青年男女相约上山采火草，互相接触交谈，如彼此有意则请媒说合。从提亲到结婚，行提亲，行聘，成亲三步。

1.提亲：先由男方请媒人用布袋装一瓶酒，去女方家挂于门后，只了解女方一些情况即归。其次再由媒人到女家正式提亲，请女家考虑。再次，由媒人询问女家，若女家不同意，将布袋和酒退还媒人；若同意，请家族中至亲陪同媒人吃允口酒，杀一只鸡招待，媒人将鸡卦带回男家道喜。

2.行聘。聘礼一般为衣裙、绸缎、首饰、酒肉之类。富有人家要送白银、猪一头。女方家要陪送一块田土，待嫁出姑娘死后退还，俗称姑妈田或姑妈土。

3.成亲。新娘不坐轿以骑马或步行到男家，婚后1月回娘家省亲。回门时，以糯米炒面为重礼，除送娘家外，尚需送给娘家至亲好友各一袋，每袋约10市斤。另加1个“压袋”，内装一个糯米粑。过门女儿第一个孩子满月时，娘家的至亲好友也要送一袋糯米炒面给男家，表示认亲。婚俗大体与南京和江南一带相同，也有少数婚俗同龙家。新中国成立后，不与南京人以外通婚的约束自然消除，婚俗也随社会进步而有所变化。

丧葬　白族丧葬旧时行云南大理白族火葬俗。后受汉族、彝族影响，改行棺葬。有举丧、停灵、超度、出殡、入葬程序，开销很大，一般贫苦农民办完一场丧事后就会负债累累，乃至破产。七姓民有些丧俗同汉族相同，有些与彝族相似。如今丧事逐步从简，有火葬地方，有少数人实行火葬。龙家，清代中期以前实行火葬，用高架停尸，请师人念经击鼓。清代中期后，实行土葬。程序有：

1.举哀。老人死后，搭高架停尸于中堂，1人于堂后问某某老人还能吃药不，孝子用竹叶沾水滴死者之口，答不能吃了，而后家人才举哀痛哭。此时将房前屋后树木砍倒一棵，以示家中为死人举哀。男丧砍杂树，女丧砍果树。

2.报丧。报丧人提小白木棍一根，挂斗笠置于姑家、舅家门前不语，待亲戚家烧香、纸后，报丧人才开口说话。

3.超度。超度用本族法师，法师头戴法冠、身穿法衣、手拿扇子，边跳边念经。另法师身披被条，手持系有木梳一把的木刀，在前面法师念经时随身附和。每做完一堂法事，在场媳妇和儿子都要哭诉一场。亲人来祭悼，丧仪不拘，但女儿、孙女来祭奠时，需要牛或羊。宰杀牛或羊，皮子还给祭奠者。丧事期间，家中和至亲妇女都要穿白素衣。超度完后将尸体移入墓里石棺内，然后封闭墓门。葬后3年内每年都要杀鸡做一次鸡斋，以入葬的日期作为鸡斋日。做鸡斋时，出嫁女儿要送鸡，只送不吃，吃了不吉利。南京人葬俗随从龙家，用石墓，不用石棺，用木棺。墓式比较讲究，墓石上阴镌文字、飞禽走兽和奇花异草。凡南京人居住过的地方，均有这种石墓，以大方县城西南20千米处，明代谢氏石室墓最为典型，其雕刻具有浓厚的中原文化特色。民国后，龙家和南京人葬俗逐步改变，念经超度从简，墓式不再用梭棺石墓，而用棺木入土埋葬，用土垒坟，一坟一碑，碑文统用汉字，内容与汉族相同。

**信仰禁忌**　白族信奉佛教，供奉佛祖，观音、弥勒，现代有部分中、老年妇女在农历每月初一、十五素食吃花斋。元代，威宁七姓民在蛇街西侧约1000米处建有崇圣寺。除信仰佛教外，还相信人死后有灵魂，认为德高望重长辈死后会成为神祖，每一家族都有一块神祖牌，在年节时祭祀。清代晚期，基督教传入，威宁、赫章、纳雍部分县白族人加入内地会或循道公会，改信基督教。新中国成立后，信基督教人减少。来自南京的先民，沿袭信仰佛教和道教之外，还普遍敬仰坛神。信仰坛神有：天王坛神、姑妈坛神、赵侯坛神。现在少数白族信仰天王神，各家写一神牌，自发烧香磕头，借以祈福消灾。也有少数人家信仰供奉姑妈坛和赵侯坛。供奉姑妈坛在家中墙壁悬挂一小木板，木板上再放一个小木箱或一个小布袋，内装谷米盐茶等物，年岁辞旧迎新时，用鸡、肉祭祀。对赵侯坛的供奉，有篾萝、木箱两种，内装粑粑、米饭、酒茶，供时用木碗木匙，不用筷子。

## 第六节　布依族

**族称**　布依族先民自称“濮越（或布衣）”“濮夷（或布衣）”“濮僚”。彝族称为“撒吐”或“撒夷吐”。汉文献记载，秦汉以前称布依族先民为“濮越”或“夷越”；东汉六朝称为“僚”；唐宋称为“番（音bǒ）”“蛮”；元明清至新中国成立前称仲家、依家、土人、水家、水族、夷族。1949～1952年，曾统称布依族为夷家。1953年10月10日国家民委批准，统一命名为布依族。

族源 布依族先民是毕节地区的土著居民。汉文献曾以越、濮、僚、夷、仲记载称呼布依族先民。唐宋时期，布依族被称为番（音bǒ）、蛮。元时期被称为仲家蛮。布依族先民在历史长河中、多次与当地或外来的族群发生融合，有的分支为其他民族。明清时期，朝廷派大批汉族入黔，部分汉族军人与当地布依族结婚而融合到布依族中。

人口分布 1953年，第一次全国人口普查，毕节专区共有布依族3.27万人；1964年第二次全国人口普查，全专区共有布依族3.01万人；1982年第三次全国人口普查，全地区有布依族4.18万人；1990年第四次全国人口普查，4.97万人；2000年第五次全国人口普查，5.93万人，占全地区普查时人口总数的0.94%。2010年第六次全国人口普查，全地区有布依族人口55123人，占全地区总人口数的0.84%。1984年，建有黔西县五里布依族乡、化石布依族苗族乡、治中布依族乡、仡仲彝族布依族乡；金沙县绿竹彝族苗族布依族乡；织金县沙桂布依族乡、务卜苗族彝族布依族乡、海马布依族苗族乡；纳雍县堰塘苗族布依族彝族乡、老凹坝苗族布依族彝族乡；威宁县新发布依族乡。据1991年毕节地区民族事务委员会编《毕节地区民族乡乡情调查》记载，各县布依族人口分别为：毕节县134人、大方县1102人、黔西县9069人、金沙县503人、织金县4821人、纳维县1738人、威宁县3273人、赫章县469人。全地区共2.11万人。1992年，实行撤区、建镇、并乡，全地以布依族单建或布依族与其他少数民族合建民族乡共8个。即大方县大水彝族苗族布依族乡，有布依族1200人；黔西县钟山布依族彝族乡，布依族3882人，占少数民族人口的40.22%；黔西县五里布依族苗族乡，布依族4299人，占少数民族人口的56.5%；金沙县大田彝族苗族布依族乡，布依族181人；织金县茶店布依族苗族彝族乡，布依族4139人；织金县金龙苗族彝族布依族乡，布依族1335人，织金县鸡场苗族彝族布依族乡；威宁县新发布依族乡，布依族3776人。

社会组织 1.宗族制。由同宗同姓的一个或数个村寨组成，血缘组织联系紧密，内部禁止通婚，每个宗族都有族长，族长一般由辈分较高并有威望者担任，也有辈分虽不高，但属族中经济大户，在社会中有能力有威望者任族长的。对内，族长伸张家传、家教和家规；弘扬办事公道，尊老爱幼，相互帮助，自立自强，不欺人也不怕人欺；以理服人，热心公益事业，爱村爱家。有违反上述规矩者，族长可对其进行批评教育或给予罚款或作其他处罚。对外，族长进行族际交往，协商大事，谈判解决纠纷。族长的行动受族规制约，在外代表族内利益，维护族内尊严，主持宗族议事。平时有家族长全体会议、家族长代表会议、当事人与评中人专门会议、有关方面协商会议。遇事民主协商，决议后族长负责施行。宗族聚会的另一形式，是清明节祭扫祖坟聚会，由族长召开各家长会议，确定祭扫规模、分工及费用数额。古时，每个家族都有祭祀田或坟田，祭扫祖坟开支由坟田的收入支出。现代多由每户出钱粮若干，届时聚于祖坟前，杀猪置酒祭扫，举行合族宴会。布依族宗族内设有老人会互助会，亲邻有事，互相帮助，不计报酬。族人犯族规被开除者，不允许参加本宗族活动，受族人鄙视。

2.寨老制。布依语称寨为“板”，称寨老为“博板”或“布光”。寨老是一寨之主，为自然领袖，由群众公认推举。一个村寨的寨老，少则2至3人，多则4至5人，视村寨大小而定。寨老一般由办事公道、深明理义、广见博识、作风正派的男性长者担任，亦有由族长升格为寨老的。寨老对内主持和办理节日安排、公益活动、寨神祭祀、处理寨内纠纷；对外代表本寨利益，参加解决寨与寨之间有关问题。民国年间，一般每年农历三月三、六月六举行祭寨神庙会，每次须宰杀牛、猪、公鸡。祭寨神庙会由寨老主持，祭师先生念经祈祷丰收。寨老宣布村规民约，寨人同餐共宴。新中国成立后，祭寨神庙会已趋消失，寨老制残余仍存在。近来有些地方请寨老参与制定乡规民约，执行才有效。

**语言** 布依族有自己的语言，其语言属汉藏语系壮侗语族壮傣语支。语音含33个声母、98个韵母和8个调类。各地布依语语法结构一致，语言对应比较整齐，没方言差别，土语分3个土语区，其中织金、黔西、金沙、大方、纳雍县属第二土语区，威宁、赫章县属第三土语区。布依族与汉族、彝族、苗族杂居较多，布依族除使用本民族语言外，也使用彝语和汉语为交际工具。随着历史的发展，个别布依族人口较少的地区布依语正逐渐消失，多以汉语为交际工具。在金沙县，只有老一辈布依族人能讲布依语，年轻人对布依语知之甚少。

**文字** 布依族的文字有三种：一是布依古文字。2008年在荔波发现布依文古籍类似彝文。这些布依文古籍，在古代由布依族先生——掌摩掌管和传承。布依掌摩失势后，布依古文也随之失传。二是利用汉字记音的方式来记录布依族先民的《史诗》和《祭祀词》等典籍，人们称之为“汉字布读”。其典型有《古庄经》八卷、《杂经》数十卷，其内容包括历史、宗教、哲学、建筑、天文、历法、经济、风俗习惯。在威宁县新发布依族乡，存有一种仿照汉字创造方块字形的布依族经书，现仅存写幡部分经文，1000多字，其起源待考。借用汉字书写的布依族经书有数量相当的土俗方块字。一般有借用汉字的形和义、读音、声字结合方法。三是1956年11月，创造的用拉丁字母拼写布依文。1982年，两次组织专家以黔南自治州第一土语为基础，以望谟县复兴镇话为标准音，采用拉丁字母形式，修改补充布依语方案。修订后的布依文共有26个字母，32个声母，87个韵母和8个声调。

**生活习俗** 1.服饰。据清光绪《大定府志》记载：男子以青帕缠头。青布短衣而草履。妇人多纤，好作髻，以青白布蒙头，长裙细褶多至20余幅。拖腰以彩布一幅着绶，仍以青布笼之。相传古代布依族男女均穿裙子。在黔西、织金、金沙、纳雍一带，男女服饰以青蓝色为主，内衣多为白色。男子穿长衫及裤子，用青布帕包头。老年人穿长衫外套无袖褂或滚身，青少年拴花腰带。夏天穿线耳草鞋，秋末穿白布槽鞋，冬天穿布帮皮钉鞋。已婚妇女头上盘高髻、绾簪，以一方青布包之，穿青布大领衣，无扣，多系布带。衣领、衣脚、袖口、裙脚均框花边。下着青色细褶长裙，后改为裤，裤脚大如裙，仍多细褶。未婚妇女，头发编辫于脑后或上盘，外缠花头帕，穿父母装，系花围腰。老年妇女穿般鳌鞋，中年妇女穿云头鞋或自编线耳草鞋。妇女走亲串戚或赶场，有头戴花卉巾，背扇蝶鸟图。娃戴虎头帽，身着青兰衫，腰缠花飘带，脚登云头鞋。左腕挎提篮，右手撑洋伞。在威宁一带，男子头上包长约5尺至一丈的青、白、蓝色头包，身穿布纽大襟衣或对襟短衣，下穿大腰裤脚，脚穿细花细耳布鞋或草鞋。老年人喜穿青蓝布或麻布长衫，腰系长带；年轻人喜欢对襟短衣，外套白布长褡褡。妇女头包彩色丝线绣成各色图案的勒条带子和青、白、蓝、浅蓝色头帕，身穿大襟短衣和双层白布褂，右扣布纽。布褂内层以青、蓝布为料，外层用白布或花布制成，领似和尚衣领，从颈后延伸至胸前，止于短衣下缘。袖筒略粗，穿时卷袖子于腕。衣前长到肚脐，后至腰部，与裙口相连。白布褂与衣同长，胸前正中有三四寸未含接，无纽扣，胸部以下缝一层三寸左右布条，呈口袋状。下着青色或浅蓝色裤裙，前系白色围腰与裙同长。系蓝色腰带于腰后打结，留带尾在裙子后摆上。脚穿细耳绣花草鞋和绣花胶底鞋。妇女饰有未婚和已婚差别，婚后改包青或白色帕子，在前额蒙成人字形，佩戴银饰；威宁新发红岩一带，未婚姑娘包白帕子，出嫁后戴蓝色或浅蓝色头帕。

可渡河畔的布依族

2.饮食。以大米为主食，辅以苞谷、小麦高粱、薯类。少数居住高山地区，以苞谷为主，辅以大米、洋芋、荞麦、豌豆、胡豆、芸豆。过年（春节），富裕人户要杀年猪、腌腊肉、打糯米粑、蒸黄粑、磨炒面、舂糯米面。每年端午和六月六，要包粽粑、杀鸡鸭。布依族喜欢饮酒，有无酒不成礼仪之乡俗。凡年头岁尾，招待宾朋，婚丧嫁娶，均不能少酒。蔬菜以青菜、白菜和瓜类为主。食用以鲜菜为主，蔬菜生长淡季食用自制咸菜、干酸菜、豆豉、枸酱，肉食有猪、鸡、鸭、牛、羊、狗肉，猪肉除食用鲜肉外，还腌制腊肉、香肠、火肘。特色菜有干胆生，冬腊月宰年猪时，将猪血、小肠煮熟砍碎，与生葱、花椒、辣椒，混拌风干而成；血辣子，将干辣椒砍碎，放入加有香料的热猪血中，待血凝冷后装入罐里封闭，10余天后既可单炒，也可作其他菜的佐料；血豆腐，杀年猪时，用花椒、豆腐、猪血和切成小块的肥肉掺和拌匀，捏成团状烘干即成，食用时蒸、煮、干炒均可。生活在六冲河畔布依族，将捕获的鲜鱼加工成鲜煮武昌鱼，是当地名菜。布依族农户在农忙时一日3餐，农闲时一日两餐，多掺瓜菜或搅苞谷糊糊，善于精打细算过日子。

3.居住。布依族多住河谷平地及坝区，居住高山极少。民居多依山傍水而建设，喜在房屋周围种棕竹果木。聚族而居村寨，一般十几户、几十户甚至百余户。部分杂居在其他民族村寨中，极少单家独户居住。传统住宅上层住人，下层为牲畜圈。有的在斜坡上修成半边楼，前半部为楼房，后半部为平房，楼底圈牲畜，余部住人。明、清时期，部分人吸收汉族建筑技术，改建平房。地处高山的布依族，过去多住杉木立柱板壁房，上盖杉皮或茅草，窗大光亮，一般长3至5间，中间作堂屋，两边为寝室、客房和厨房。坝区布依族多住木柱板壁民房，多为长3至5间，部分房屋有二厢房，有的人家还建有两重堂的四合天井。部分房屋雕有动物图案和花格窗，有檐敦石、石阶梯、石院坝，有的还有垣墙、垣门。民国时期多建为土木结构瓦房，无

乌江北源六冲河畔的布依族

花刻。贫穷农户住小土墙草房。一般房屋进深1.5至2丈，开间宽1.2至1.5丈，三间屋长约4丈。正中堂屋设神龛，神龛下置八仙桌，作过节祭祀用，堂屋上不设楼。两耳间左住老人，右住小辈。若有厢房，则低于正房，作畜间、储粮及放置农具。每家门前院坝，多用砂土、黄泥、石灰混合筑成，房屋周围有围墙，墙外绿竹果木，有的还培育花卉。中华人民共和国成立后，石木、砖木结构房屋逐渐增多。20世纪80年代后，多建钢筋混凝土结构楼房，家用电器进入勤劳人家。

4.婚姻家庭。（1）婚姻。布依族实行一夫一妻制，同姓同宗或祖先因某种关系而视作同家族者，不能联姻。据清《大定府志》记载："仲家以十二月为岁首。每岁孟春跳月，即婚姻之始也。跳月之俗，聚男女于旷野，用彩布编为小球，谓之花球，视所悦者掷之。聘用牛只、以资色定聘资多少，多者至牛三五十头。嫁时，女儿及姻亲男女俱送。男家宰牲会客，男皆同饮，女则欢聚，三日乃罢。父仍率其女归家，谓之回门。三五年后，女乃归夫家。"清代以前，布依族存有自由恋爱和父母包办、凭媒说合两种制度。有的包办婚姻最多用牛三五十头作聘礼。民国年间，仍很流行包办婚姻，不少地方存在娃娃亲。威宁布依族有二次结婚习俗，姑娘长到十二三岁时，由夫家择吉日举行第一次嫁娶仪式。嫁娶结束后嫁女虽属夫家之人，但随送亲者一同回娘家居住，夫家有大事需要媳妇到场才能回家。姑娘长到十七至十八岁时，夫家再择吉日，举行第二次娶礼仪式。之后，嫁女在夫家落居，开始夫妻生活。新中国成立后，国家颁布婚姻法，布依族包办婚姻逐渐减少。一般是青年男女自由恋爱，双方争求父母同意后再按传统礼仪缔结婚姻。结婚按以下程序进行。

①择偶。在家长作主包办婚姻中，择偶联姻一要看家庭贫富，注重门当户对；二看家庭家风，衡量对方品德；还要看对方是否有出息，考虑立家后的处境。且严格按辈分择偶不许错乱。男家选定后，即请媒人去女家说合，俗称找酒喝。媒人说亲，一般要做到三回九转才能确定下来。

②定亲。男家请媒人3次提酒到女家，每次一壶（约3市斤）。第一壶称为提亲酒，讨女家口气。若女家同意，把酒收下，若不同意，请媒人原样提回。过一年后，媒人提第二壶酒去复媒，进一步确定亲事。再过一段时间，男家再请一人陪媒人提第三壶酒去女家，确定亲事。女家在接受第三壶酒时，请家族中长辈陪酒宴，将媒人带来的酒倒来斟饮，俗称吃纳话酒或吃允口酒。

③发八字，又名烧香。定亲后，男家择吉日由媒人通知女家。到时，请押礼人和媒人，带上衣料、鸡、猪肘、酒、糕点等礼物去女家。女家将礼物放在堂屋神龛前的八仙桌上与庚书简摆好，然后将送来的鸡宰杀煮熟祭祖。鸡头、鸡腿各盛一碗中，并用碗覆盖着，宾主各端一

碗，互相推让着看鸡卦。看卦人将鸡肉剥吃后，将鸡腿骨用红纸包好和女方生辰八字一起放入庚书简中。第二天，由媒人和押礼人带回男家。此后，男家择定结婚吉期，由媒人提前把期单送达女家。有的将送期单与烧香同时进行。

④发亲。男家请两个押礼人（堂兄弟或姐妹夫）和两个男童（需父母双全）与媒人一道，带礼品和礼金去女方家接亲，人到达时，女家在院内及大门口设3个迎宾点，每到一处，宾主双方都说四句祝贺，相对饮酒。进入堂屋，双方分坐两边叙谈，饮酒后入客房休息。晚上，主人请内亲戚陪接亲人宵夜。宵夜中边唱酒令歌，边饮酒，通宵达旦。女家酒期为3天，接亲人到后的第二天为正酒，亲友邻居都来贺喜。女方家派人将姑娘穿过的一件新衣送到男方家供神杀猪，此衣名叫关猪衣，由男方母亲保管，待新娘生孩子后归还原主。晚上，接亲和押礼人携带薄礼去女方家厨房谢厨，厨师设席答谢。第三天发亲日，清晨接亲的童男与女方送亲的童男、童女同桌吃饭后，接亲男童打着灯笼站在门两侧等待发亲。新娘进堂屋向祖宗、父母拜别，走出大门，由送亲童男童女陪伴行程半里路后，等候送亲人一道同行，发亲时，女家在门前欢送接亲人，宾主相互敬酒、告别，女方送亲人少则16人，多至48人，一般男女各半，由客头率领送到男家。

⑤进亲。男家请一对儿女双全、家庭富裕夫妇作圆亲人又叫接纳，在大门内侧放一马鞍，鞍下点七星灯，在神龛前点香烛、烧纸钱。新娘跨马鞍进入堂屋，在神龛前向祖宗敬献双杯酒后，圆亲人将甜酒粑递给新娘吃。之后，新娘从侧门走出屋外迎接送亲人。送亲人来时，男家用女家接待接亲人相同的隆重仪式迎接。办酒期间，新娘与送亲童女一同歇宿。男家酒期4天，其间，新娘要由送亲童女相赔固定在堂屋右边第2桌靠墙壁站着吃饭，表示尊敬祖宗，孝顺公婆，和睦妯娌。第一天称进亲酒，也叫歇脚。开席时，男方家由请客师先请送亲人到规定席位就座，再按辈分请有关客人作陪。晚上，新郎父母分别到客房看望送亲人，敬烟、敬茶、敬酒。第二天为交红酒，先由新娘的哥或弟用盘子端着送给新郎父母的衣帽鞋袜交给迎客师，迎客师再转给新郎的父母；接着依舅爷、姑爹、姐夫、妹郎、表兄、表弟等顺序交红礼。交红礼时要鸣放鞭炮，迎客师代表主人向交红者敬双杯酒。当晚举行送大人仪式，在堂屋中拼排数张桌子，上对神龛下对大门，四周围放座凳，送亲者和其他亲戚分男左女右坐两边，两位酒司令坐上方，桌上放果品、酒壶、酒杯。关牛大人在门外，一手拿“牛”（用萝卜包上红纸做成），一手执三炷香，边进屋边说：“砰砰砰三大炮，大人送牛已来到”后，把三炷香插在神龛上，把“牛”交给酒司令。酒司令接“牛”说：“大人送牛给仲家，耕田种地顶呱呱；五谷丰收有保障，发家致富全靠它；农民将它来种地，我今牵它走人家。”说完，酒司令发出酒令词，将“牛”和酒壶交给左边第一位客人，如此依次传递。传递到谁的面前谁就背酒令。要求背酒令既快又准，背慢背错都要罚双杯酒。转到酒司令手中时，又发新令，一直到天亮。第三天为拜客酒。在午饭后举行拜客仪式，堂屋中放两张桌子，摆着新娘家给新郎的客衣，亲戚挂的红缎及新娘孝敬公婆、赐给哥弟、姑嫂的枕套、鞋袜、鞋垫等。先外亲长辈到堂受拜，待新娘、新郎敬酒后离去。继之由请客师请新郎的父母、伯叔、舅父、姑父、姐夫、妹郎、表兄、表弟和送亲人入座，司仪面对神龛，为新郎穿戴受赐的衣、帽、鞋时，要分别说四句祝福。新

郎穿戴好，按交红顺序挂红，每挂一匹红鸣一挂炮，挂红人要说四句祝福，并喝双杯酒。挂红毕，新郎新娘按男左女右面对神龛站立，由新郎父母分别赐给衣禄碗表示今后夫妻有饭吃、有钱用。接着，司仪主持拜堂拜客仪式：拜天地、祖宗、父母、伯叔、哥嫂及亲戚中长辈，再夫妻相拜。受拜人要向新郎新娘赠拜钱，多少不论。拜别，又依次向受拜人行敬酒礼，受敬人要赠受酒钱。最后，向厨师和帮忙人敬酒致谢。晚上，送亲的男客头到厨房谢厨，方式与接亲人谢厨一样。女送亲客头则带着烟、酒、茶向新娘的婆母交亲，一边敬烟、敬酒，夸说新娘为人忠厚老实，望婆母仁慈相待。第四天为退亲酒。送亲客人与新娘共进午饭，桌上不摆筷子，送亲人唱到要筷歌时才上筷子。饭后举行退亲仪式，堂屋中央安一张桌子，桌上摆酒壶、酒杯。大门外左边靠门枋处安一张桌子，上面放一个竹簸箕，内装米和酒。门枋上挂一块回亲菜（猪肉）、一串船钱（猪骨），送亲客头带上回亲菜和船钱走进堂屋，向新郎家祖宗和父母辞行，互相敬酒；又与请客师辞行，互相敬酒后启程。新娘和送亲客一道回娘家，3天或7天后，新郎带上礼物去接新娘回家。

（2）家庭。布依族家庭为父系家长制，家长有经济支配和指挥全家庭责任。家长去世，由长子继承。一般家庭由父母、夫妻、子女三代同堂组成。父母对子女有抚育的义务，子女对父母有养老送终责任。家庭财产由儿子均分继承，女儿无权享受。寡妇再嫁，亦无权继承前夫遗产。布依族有严格的家规和族规，违者照规处置。在一些姓氏家谱中明文规定："讲忠孝、讲道德、讲信义、讲礼貌、讲耕读"和"偷抢不干、嫖赌不沾、脏话不说、打杀不做、犯法莫为"等戒条。新中国成立后，遵守国家法律和法规为家庭重要条规。

5.节日。（1）春节。节前户户忙备年货。农历腊月二十八，打扫室内卫生。除夕夜供祖先神灵，用2个大糯米粑摆在供桌后两角，小粑63个分成7墩，每墩放呈宝塔形或人字形，其中两墩放在大粑粑上，另外两墩摆在桌子左右。桌前摆一排米饭及自酿米酒数碗，中央摆腊肉、香肠、血豆腐、火肘、鱼虾。摆放后点香烛，全家老小作揖磕头迎接祖先神灵过年。吃过年夜饭，堂屋中烧一炉迎春火，全家围火炉喝酒、讲故事，通宵达旦。威宁布依族，除夕晚上每户在祠堂杀公鸡作祭后，用一棵有丫竹拴沙戛马（纸马）拿回插于神龛上敬供。吃年夜饭各家礼仪也有区别，有的先学老虎吼几声，有的先给祖先上坟，有铜鼓人家祭祖后敲打铜鼓3下。新年初一清晨，妇女争挑新年水，谁先挑第一担，就会在这一年中得到幸福。春节期间，男女青年着盛装，或走亲串戚，或玩山对歌，或踢毽子、打毛塔、荡秋千、丢花包。正月初三，再举行供祖活动，送祖宗离家。有些地方过春节延续至正月十五。

（2）三月三。农历三月初三，威宁县布依族祭山神、祭社神，由族中寨老带领全族人备办猪、羊、公鸡祭山，同时敬供祠堂"报吉都"。金沙布依族则杀鸡供祖，炒苞谷花到园边敬神，并向小孩发包谷花咀嚼，称嚼蚕虫，预防虫灾。其余地方布依族三月三祭社神、山神，人们停止劳动。清早，以寨子为单位，全寨每户中年龄最高的老人，以及一些勤劳、道德高尚、热心于公共事业的青年，都集中到祠堂里打扫卫生。各户宰杀猪、狗、鸡作扫墓祭品祭扫祖墓，俗称挂青。

（3）端午节。农历五月初五，扯菖蒲、用艾蒿扎一只艾蒿狗挂于门上。包粽子敬供祖先，饮雄黄酒，并用雄黄酒遍撒房屋四周，以防蚊虫。会传统医药之人，清早上山采药，以备平时之用。

（4）六月六。农历六月初六，俗称祭盘古，又称为过年。是日，布依族村寨要杀猪、杀鸡，祭祖、祭神。有的还包棕粑供祖，有的用草灰包插在园子中以防虫灾祭祀后，进行男女对歌活动，对歌会人多至万余人。织金县布依族家庭把嫁出的姑娘接回过节，杀鸡祭祖，每人祭一支。并邀请附近兄弟民族共同饮酒、吃棕粑，共庆佳节，同时举行玩山对歌活动。

（5）七月辰日祭龙山节。是日，以寨为单位，出资买猪、羊各一，大公鸡两只及酒、香纸、五谷等祭品，在村旁古树下祭祀。先由寨老点几炷香，在猪羊未断气时，用钱纸沾鲜血贴于神树上；又将一对公鸡宰杀，礼仪同前，称为生祭。然后将猪、鸡整理干净，割猪尾插于猪嘴，与猪肝、猪心，整鸡煮熟后又祭，称熟祭。祭毕，全寨会餐一顿，剩下的肉分给大家带回祭祖。有的村寨还借此宣布保护古树、保护山林、爱护庄稼等乡规民约。

（6）中元会。农历七月十三，各家敬祖先，烧包至曾祖考、祖考、显考。亦敬已逝世的外公、外婆、母舅。

（7）吃新节。七月半前后辰日，各户用口袋到田中装数吊灌浆稻穗、毛豆、新苞谷背回家中供祖，并将未成熟的稻谷与糯米一同蒸熟，配上好菜，表示尝新谷。又将数吊谷穗用热水烫过，挂在神龛之上。

（8）中秋节。农历八月十五，打粑粑供祖，晚上吃月饼。在威宁有偷毛豆习俗，布依族中青年男女相约去偷别人黄豆，连根带秆，每人扯一小把回家，在大锅里用清水煮熟，院邻老小围着锅边痛快吃一顿。传说：偷别人毛豆角（黄豆）逗毛豆角主人骂几句，意为全年清静平安，是保证年年丰收的预兆。

（9）重阳节。农历九月初九，打粑粑供祖，姑妈要带酒和鸡回娘家看望老人，全家做好饭菜欢聚一堂。

（10）牛王节。农历十月初一，有的称过小年。每户杀公鸡一只，打粑粑、煮新鲜菜，点香烛烧纸钱祭牛王菩萨，祈求牛王保佑牛力大无穷，夺得五谷丰收。同时还用米饭喂牛，让牛休息1天。有的地方还在牛角上绑粑粑，在粑粑上插九里光花，牵牛去饮水。

6.信仰。布依族最崇拜祖先，家家安神龛，立祖先灵牌供祭。逢年过节，肴馔羹汤不断，香烟灯火不灭。新娘出嫁、拜堂、要参拜祖先。老人去世，葬后将死者灵魂接回家中供奉，以后要做周年祭。经济富裕者，还要砍牛打戛，举行古庄仪式，超度老人灵魂升天。威宁布依族在除夕晚，由长子供七碗肉、七碗饭、七杯酒、七杯茶。第二个儿子再供五碗肉、五碗饭、五杯酒、五杯茶。第三个儿子再供祭品各三碗（最小的儿女祭供相同）。祭品摆在神龛前，地上撒青松叶，全家老小，分别叩头9次。祭品在十五分钟左右敬供完毕，全家才开始吃年夜饭。过去有信奉娘娘神（送子神）习俗，结婚多年未生孩子的育龄夫妇，要请掌摩用竹子作桥模，桥脚放一块约半米宽窄木板，中间写送子娘娘神位，为送子娘娘举行开光、安位仪式后，挂在卧室壁上长期供奉。此后如果生孩子，要隆重庆贺。现在此类习俗已逐渐淡化。

7.禁忌。布依族因信仰而恪守多种禁忌。农历正月初一不扫地，初一至初三不动土，十五不动刀和不干农活。正月初一至十五不准媳妇上楼，不准在房屋周围洗晒衣服、蚊帐。接回家过年的祖宗亡灵未送走前，不准往堂屋地上倒洗脸水、洗脚水。逢戊日不动土。新娘未满1月者不允许串邻居门。已婚姑娘不准在娘家生孩子。岳母不准在女婿家死亡。产妇未满月者，不准进入堂屋，不准到井边取水，不准到邻居串门。公公和叔叔不能进入媳妇卧室。死于外地家人，尸体不抬进屋门，丧事在屋外办。寨子风水地，不能埋坟。妇女不能进入神山、神林。严禁到神山、神林伐木、开垦和种植。到布依人家，不要坐在门槛上。屋有老人、客人在，年轻人特别儿媳不能上楼取东西。结婚办酒的日子里，全寨不得推磨舂碓等。如今有些禁忌已逐渐消失。

8.丧葬。布依族实行土葬，个别非正常死亡作火化捡骨安埋。葬俗礼仪有：

（1）报丧。老人病危，全家轮流守候，儿子等待送终。老人快咽气时，移至堂屋神龛前侍候。老人落气，随即烧倒头纸，鸣放鞭炮，告示老人归天，向邻居报丧。然后分别男女，给老人沐浴、理发剃须、梳头洗脸、穿寿衣，并将一块银币放入死者口中（称含口钱，闭棺时取出）。以顺梁或脚踏大门方式将遗体停放在神龛前，用一铧口反扑在死者胸口上。大门头、神位以及死者面部都用白纸蒙上，孝男孝女披麻戴孝，孝子用腰系草绳脚穿草鞋。安葬日期择定后，派人向远亲远戚报丧。报丧人只能在屋外呼报，待对方在路口向死者祭祀后，报丧人方可进屋内。

（2）办丧。入殓前，给死者从头到脚全部换新，衣裤（裙）穿单不穿双，全用平纱布料或丝绸缝制而成。穿戴好后，择吉时入殓。寨邻及远近亲友要来祭奠。至亲下祭，或做高脚灯、高脚牌、四旗四幅、金瓜银块、金童玉女作祭品（称花花祭）；或用纸做整猪整羊；或以面粉捏成各种牲畜、鱼类作供品。灵堂分荤堂或素堂：荤堂，要杀牛、猪、羊，办酒席；素堂，仅摆酸菜、豆汤、豆腐、白菜之类食品。办丧时，请本民族掌摩先生念经开路。出丧时，移棺入穴，垒石为坟。有钱人家，还为死者举行隆重古庄仪式。

（3）送火把、送饭。葬后，丧家和亲朋要在头3个晚上到墓地送火把，表示给死者作伴。又在头3个早上给死者送饭，第一个早上送到坟前，返回到离家三分之一处焚香烧纸；第二天早上送到第一天烧香纸的地方，返回离家三分之二处又烧香纸；第三天早上送到第二天烧香纸地方，返回家中在死者灵位前烧香纸。表示已将死者灵魂接回家中供奉。

（4）周年祭。在老人逝世后1年请掌摩先生做，意给死者送粮仓。届时，三亲六戚到场参加祭祀，孝家杀猪办酒席招待。各方亲戚用糍粑、米酒在死者灵前祭奠，掌摩念敬献词。祭期1天，次日散客，离开时每人带回一块糍粑，意为与死者共享粮食。举行古庄亦称做戛，威宁称并王。丧期做戛叫热戛，葬后做称冷戛，其内容和形式一样，做戛分3天、5天或7天。做戛前告知亲戚时间，请其到时参加祭祀活动。做冷戛时，若同时给曾、祖、父辈做，则各辈老人的姑舅表戚都要通知前来下祭。先于孝家院坝栽一排树杆（每位亡灵栽一棵），每棵树杆上绑一棵高约3丈的带叶大苦竹及小旗5面，旗上打印有铜鼓图案。做负有3层伞须的孝伞数把。大苦竹底部各置铜鼓（铜鼓数不够可用铧口代替）及茅人1个，用来接亡灵回家祭供。凡祭祀一亡人，须在灵堂内用一棵带叶金竹（选双丫者称母竹）为灵位，亡人灵位按辈分排列。灵位牌下供铁三脚一只，用杉皮做一棺木摆在神坛上，然后给茅人穿衣裙。灵堂亦挂铜鼓、孝伞，点长明灯，供上各种祭品，在灵堂中安放九节长号一只，号口自灵堂上方伸出堂外。孝男孝女跪拜灵位，并祈祷供酒饭。祭师掌摩宣布起戛，铜鼓、长号一齐奏响，接着用布依语念《入告经》。第2天，掌摩先生念经一日，早晚供饭，夜唱孝歌。第3天，敲铜鼓、吹长号迎接客人下祭。舅爷家人下祭时，孝子要牵驮魂马跪拜迎接。驮魂马，背上放鞍，上置裙子，簸箩衣，绣花尖头鞋当晚在灵堂下祭，先从舅爷到姑爷再到一般亲戚依次敬献供品，掌摩先生念经到鸡鸣时分，带领孝子伐大竹为魂幡。是时，由祭师率孝子带香烛、纸钱、大米到竹林供祭，选定长势良好，不断尖不被虫蛀的双丫竹（称母竹）。孝子对竹行跪拜礼，祭师祈祷竹林，"砍一棵发十棵，砍十棵发百棵"。然后将砍倒的竹抬到孝家祭供，举行升幡仪式。砍竹时不准竹子落地，抬竹时只准大头朝前，竹尖留有竹叶。之后，先在孝家神龛后墙外，把屋檐瓦揭开一路放竹子，待掌摩在堂屋念经完毕，由舅爷掌幡，孝子跪拜接幡，为死者升天通路，并敲铜鼓、吹长号、放地炮和鞭炮庆贺，升幡毕，祭奠亲戚共同进夜宵。最后1天，牵牛下田坝赶戛场。掌摩先生扛偃月刀带各方亲戚走在前面，孝子背宝剑或竹剑牵牛随后。祭祀每一亡灵，须牵一头黄牛到，参祭人须绕黄牛转3围。孝子回灵堂，每人敲铜鼓三响，又返回戛场，用竹剑指牛，说明该牛给哪位老人，然后姑爷砍牛。牛砍倒后，孝子剪牛毛三撮到灵堂后竹幡脚"交牲"。掌摩先生在灵堂念《奠借经》送灵升天。念毕，撤灵堂，将竹幡、纸人、纸马、大伞、纸旗搬到死者坟上烧化。

9.祭铜鼓。布依族人将铜鼓视为传家宝，每逢除夕之夜，合族家长会聚一堂，用好酒好菜祭祀铜鼓，然后由族长先击奏三响，其他人方能敲打为乐。有的家族还请本民族掌摩先生祭铜鼓，念《铜鼓经》。正月十五夜再次举行祭鼓活动后，才将铜鼓收藏起来。布依族敲铜鼓，有"庆丰收、祝新年、思祖德、驱邪恶、畅心胸"之意，且有曲调和谐的铜鼓调，以手鼓、磋锣伴奏，声音洪亮悠扬，声传数里。现黔西县钟山布依族彝族乡、五里布依族苗族乡，织金县化觉乡和赫章县等地布依族村寨中，保存和使用铜鼓家族较多。保存历史久远造型优美铜鼓有：威宁自治县新发布依族乡有2面，大方县鸡场乡背座布依族寨珍藏一面蛙型铜鼓，黔西县大关镇1987年12月出土青铜制造蛙型铜鼓一面，织金县茶店布依族苗族彝族乡沙桂布依族村寨保存两面蛙型铜鼓。

**传统医药**　布依族在长期生产、生活实践中总结积累不少宝贵医药单方，简便适用，疗效明显，诊治风湿瘫痪、外伤骨折和一些疑难病症，疗效显著。布依族草医多为业余，有病人来请就帮人治病，无患者上门就在家务农。医法简便，收费低廉或不收费，深受群众欢迎。草医用药种类多，常以生药为主，现采现用，当场加工。尤其擅长接骨，其针刺接骨扯斗接骨和外包接骨法，独具民族特色，早已传给汉族和其他民族，为许多患者解除痛苦。不少布依族农家都种有数种能医治一般病症的药草，并懂得用法。一般的常见病，自找草药医治。

**竹编工艺**　布依族各村寨都有篾工利用竹子加工编织盖提篮、竹桌椅、大小饭盒、雀笼、背篼、围席、筛子、篾盆、浪筛、筲箕、簸箕、毛盖、囤箩等日用品。用篾丝编织儿童玩具小提兜，最小的如拳头大小，精致漂亮，产品除行销本地外，还销往周边市、县。盖提篮，美观实用，是布依族青年妇女走亲串戚的装饰品，外形长方体略呈倒棱台型，有盖，拦腰穿插提篾。全篮以篾为经、篾丝为纬编织，外加衬篾，黑白两色配合使用编出花纹。加工时选好竹子，削去外层绿皮，划适度篾条，用姜黄或糯米饭花为原料与篾条同煮，既上色又提高篾条绵软度和防止虫蛀。又将部分篾条用火熏黑，然后进行编织。编织中讲究各种图案，线条形状工整，染色明快，花纹素净，美观大方。大小饭盒，是布依族家庭使用竹具之一。大饭盒底部呈四方形，腰部呈圆形，口成四方形，有盖。两边设有高过盖的两耳，便于抬放或挑。饭盒腰部和上盖有黑黄色菱形花纹，全部使用青篾条编成，由里外两层合起，布依语称勒桄。小饭盒亦用青篾编成，分正方形和长方形两种，大小如铝饭盒，布依族称勒敏。大小饭盒编法较难，编好后篾头看不出起于何处和收于何处，雀笼分画眉笼和黄豆（雀）笼，均为竹制。画眉笼，先选好竹子削成各部分所需篾条，在炭火上烤热使篾软，趁热编成各种形状，挂于灶门烘烤，使其定型。然后用凿子打好格度相等的眼子，将竹条穿扎成雀笼。画眉笼圆形平顶，门边还雕刻奔龙，笼中挂有专供画眉饮食用的精致瓷杯，顶部有雕刻挂钩，是玩鸟者喜爱的工艺品。黄豆雀笼四方形和圆形，较画眉笼精致，自然成为爱鸟者欣赏的工艺品。

## 第七节　仡佬族

**族源族称**　仡佬族为毕节地区早期主要本土居民，其先民称濮人或僚人。魏晋南北朝时期的仡佬族称为僚（lǎo），据唐孔颖达《左传·疏》记载，濮为西南夷也。唐代称为“葛僚”或“仡僚”。宋代称为仡佬，元代称为“土僚”，明清时期为佬、革僚、土仡佬。其间，部分受汉文化影响深者汉化为汉族。仡佬族有不同的自称，大方县有的自称“濮”，织金县有的自称“埃审”，黔西县有的自称“布欧勒”。其他民族对仡佬族也有不同称谓，彝族称之为“濮”，苗族称之为“克或叶”，布依族称之为“布戎”。仡佬族有不同支系，各支系各有自称：红仡佬自称布欧勒，青仡佬自称雅伊，锅圈仡佬自称埃审，彝仡佬自称濮。各支的语言不同，习俗相异，各自聚落而居，互不通婚。其中红仡佬、打铁仡佬主要居住在大方、黔西、金沙，雅伊仡佬主要分布在黔西、织金，锅圈仡佬主要分布在织金，彝仡佬主要分布在大方。新中国成立后，进行民族识别时统一称谓为仡佬族。

**人口分布**　约在东汉初年至三国时期，彝族默部势力不断向黔西北扩展，濮人势力日趋衰落或死于战争，或散走他乡，或与彝族融合，人口逐渐减少，零星散居在黔西北各地。1964年第二次全国人口普查，毕节地区仡佬族8527人。1982年第三次全国人口普查，全地区仡佬族1.81万人。1990年第四次全国人口普查，全地区仡佬族2.08万人。2000年第五次全国人口普查、全地区仡佬族2.21万人。2010年第六次全国人口普查，全地区有仡佬族人口20585人，占全地区总人口数的0.31%。仡佬族以大杂居、小聚居形式，多与汉、彝、苗、白、布依族交错居住。其中织金县分布在三塘、阿弓、少普、熊家场、高坪、八步、猫场、马场、龙场、大平、化起、纳雍等乡镇，以少普乡居住较为集中，人口最多；黔西县各乡镇都有仡佬族居住，以金碧、大关镇较多；大方县主要分布在响水、双山、理化、六龙、百纳、普底等乡镇，以响水拉鲁村和普底乡红丰村为其主要居住地；金沙县分布在安底、禹谟、平坝、安洛、石场，以茶园乡为人口为最多；纳雍县零星分布于雍熙、新猫场、堰塘、洞口、维新、董地、咪布、老凹坝、蚕箐、老窑等地；毕节县零星分布在大屯、田坝、岔河、柳弯、左泥、公子河等地。1992年撤区、并乡、建镇后，仡佬族与其他民族共同组建的民族乡有：大方县响水白族彝族仡佬族乡、安乐彝族仡佬族乡、星宿苗族彝族仡佬族乡；黔西县沙井苗族彝族仡佬族乡；金沙县箐门苗族彝族仡佬族乡。

**语言**　明清前，仡佬族人口零星地散布在各地，与彝、苗、布依、汉等民族错杂而处，仡佬族村寨与村寨之间相距在数十里以至百里之遥。母语使用范围狭窄，使用其他民族语言增多。现有2万多仡佬族人，普遍通用汉语，在彝族聚居区内居住的能彝语，在苗族聚居区内有的也能懂苗语。在大方县普底、织金县龙场、黔西县沙窝，能说仡佬语仅1000余人，且多在50岁以上。仡佬语属于汉藏语系、仡拉语族、仡羿语支。仡佬语支系繁多，各支系在其分布范围内，因接触的社会环境不同，语言上出现差异，在语调、语音、声调上都有一定区别。贵州仡佬语分为黔中方言、黔中北方言、黔西南方言、黔西方言，有12个土语。毕节地区仡佬语有属黔中方言的织金熊寨土语，黔西南方言的织金阿弓土语，黔西方言的大方普底土语。熊寨土语中的塞音及擦音中带有卷舌音，在黔中方言中独具特色。普底土语分布除普底外，有黔西县的沙井、化石、大关及织金县龙寨等仡佬族村寨，分布较广，其语言特点是塞音、塞擦音中无浊音色彩，有4个声调。普底土语中的鼻音、边音各有3套对立的音位，唇化韵母较发达。在32个韵母中，唇化韵母有7个。其状词大多数为重叠式。

**文字**　仡佬族是历史悠久的民族。据汉文献记载，早在商代，其先民濮人就参与武王伐纣之役，是古代西南地区一个大族群。但历代战争、民族融合和长期迁徙等原因，仡佬族先民的文化丧失殆尽，文字保留更是极少，近乎绝迹。2008年9月，贵州省仡佬学会付尔光、田金海、郑继强等专家在宋代仡佬蛮王李文通的后代李姓家中得到《九天大濮史录》，仡佬族传说中的《天书》。书中记录的仡佬文字均用朱砂书写，汉字为黑墨书写，全书6000余字，全部为对应译录。书中有南宋宰相韩侂胄等人对仡佬族的评述："仡佬，睿民也，强悍忠义，倡和，始于九天天主。历卜、越、大卜天、大合、濮、僚、仡佬变化。经离、符、弈、号、月、熊、防风、潜机、内古、子合等大头人。禹时建汪芒国，夏孔甲时建大元国，周厉王时大元改普，后牂牁，再夜郎……。"《九天大濮史录》记载：（1）"仡佬先民源于九天天主，九天天主生于务之大猿山九天母石。天主洪渡河降怪，大猿山剥怪兽皮，取人肉酱，注天主血，制人烟始，称仡佬先民为天之子，人中精，天赐朱砂水银，酒、茶、铜、铁、焰火。"（2）"濮人最早发现火及种子，发明工具、占卜术、数、字、纸、笔……大元三王统文字史录，巫信发现朱砂，达贵发现酒，山古发现茶，呼能

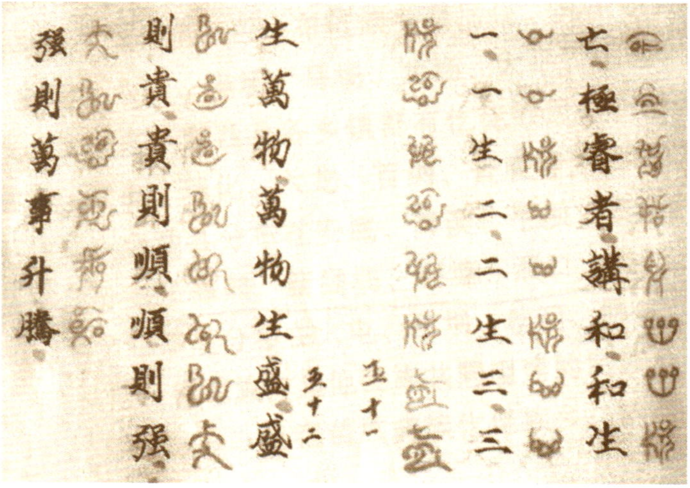

炼铜，悦然制铁器，奢白制铜器，巫发现火药，彭有造纸，乌合放木，丹不制乐器，内古发明换市，开使道，通往米，制礼仪。”（3）“夏、商、周，诸多明主与仡佬先民结盟，助武王伐纣，威震诸侯。周厉王发难，大元改普，后牂牁，再夜郎。然，仡佬之先民倾和轻武，汉以武灭南越，夺夜郎朱砂、换市，夜郎拒，陈立计杀夜郎王。始，仡佬之无国，部落联盟抗汉，明帝时抚而安。”（4）“唐太宗，明君也，助仡之先民僚，广开朱砂，强换市，减赋税，僚强，唐安收贡。僚之域宽广，被侵占居多，僚怒，群起夺失地，无奈，汉僚同为官。（5）“太祖匡胤始到徽宗帝，仡佬化外之民也。徽宗崇宁三年，仡首田佑恭贿赂高球，见徽宗，徽宗抚之为首，大观元年率地归附。”（6）“孝宗帝时，佑恭参仡务土著李文通称蛮王，反宋，辛弃疾伐之，围蛮王大猿山九天母石，疾以仡佬十人为伍，击鼓百声，蛮王不降，杀十仡，蛮王急也，疾击鼓不到五十，即从大猿山跳入洪渡河不见。疾进，火烧大猿山九天母石木头城。始，仡无盟首，失朱砂、换市，附官称民。”（7）“天地万事，多有不同，不同则争，争则乱，乱则败，败则衰，衰则亡。极睿者讲和，和生一，一生二，二生三，三生万物，万物生盛，盛则贵，贵则顺，顺则强，强则万事生腾。”在《周李耳史录》部分还提到：仡佬先民奈“以九天训制七规，让老、乳幼合和、不争食、不抢食、合力合处”。即“仡佬人尊九天训，讲和合，守七规，仁、义、礼、孝、忠、敬、让，倾和轻武”。

**风俗习惯** 1.服饰。清《乾隆贵州志·苗磨》记载：“仡佬其种不一。男女以幅布围腰，旁无襞积，谓之通裙。花布曰花仡佬，红布曰红仡佬，打牙革老在平远、黔西，女人以羊毛织为长筒裙。”清《大定府志》载：“披袍仡佬男子装饰无华，女子服饰如《乾隆贵州志》所载，方袍、无袖，为三孔，以出头手。”《黔西疆多种苗磨图》载：“锅圈仡佬在平远州，男子自织斜纹布为衣，妇女以青白布笼发如锅圈状，青衣短裙。裙无褶皱，上下大小相同，如桶，称筒裙。”支系不同，服饰也不一样，尤以妇女服饰突出。自称布偶的仡佬族妇女，额前留刘海，两侧留鬓外，头发全编为发辫盘于头顶。用5～12尺长青布一条，三叠成宽2寸的头帕包头，帕的左端翘上，右端翘下。老妇则用兰头帕，穿毛麻混纺布对襟衣，另用白布做袖筒，袖大尺余，不用解襟，婴儿可从袖空吸食母奶。盛装时，还加花袖套于袖上。托肩衣襟衣袖口处皆挑花边，围腰一幅，腰带两端绣花，并有穗。桶裙用羊毛织就，由裙腰、裙身、裙边组成。仡佬族称筒裙为排英。裙长2尺垂至小腿外，裙为底色里红外兰。衣盖至裙腰。双耳各吊银坠。青布裹腿，穿草鞋。自清代以来，仡佬族男子逐渐改着汉装。民国后，仡佬族妇女的装束与汉族女装相同，民族服饰消失。

2.饮食。古代仡佬人主食稻米、红稗和小米。明清后逐渐主食苞谷，其次是洋芋。仡佬人喜将磨碎苞谷用甑蒸至半熟再混入煮至半熟的大米拌匀后再蒸熟食用，称食金银饭。洋芋吃法有二，或放火炕里用炭火灰盖捂至烤熟，吹拍去灰剥皮而食；或洗净煮熟剥皮而食。种植的糯米做成甜酒、打成糯米粑或磨成粉做汤圆及捏成小粑煮甜酒吃。肉食，先以牛羊鸡为主，后以猪鸡为主。牛羊只在祭祀时宰杀食用，猪多在年节、祭祀、婚丧大事中宰食。平常年景一年杀猪1头，并将前、后腿和猪身切成块状肋肉，腌制、熏烤、凉挂成腊肉。需用时先放火中烧皮，再用烫水泡后刮皮洗肉，切片或蒸或煮或炒均可。菜蔬主要有萝卜、白菜、四季豆、黄豆和辣椒。四季豆（芸豆）、黄豆晒干存放，便于需用时所取。青菜、白菜多做成酸菜。酸菜豆汤是普通家常菜。平常家人就餐，在火炕中放一铁三脚架，上放铁锅，锅内装汤菜，用一手掌宽的长薄木板横架锅上（称火板），火板上放辣椒蘸水一碗，全家人围坐火坑用餐。仡佬人男女老幼喜食甜酒，甜酒煮鸡蛋是产妇调补品。咂酒主要用于婚丧时期招待亲友饮用。

3.居住。仡佬族人多与其他民族共处于一个自然村寨内，并且同一村寨仡佬族多由不同姓氏组成，一村人同姓同宗者罕见。大的仡佬居住的村寨有30至40户，小者4至5户。普遍在山腰或岩脚建房居住。房屋背靠山，面朝较为低平的土地。村寨周围或住房前后常栽树木和竹林：旧时住屋普遍是茅草房，一些人户住的是千脚落地的叉叉房，个别户住岩洞。现代已无住岩洞者，叉叉住房基本消失，瓦木结构和钢筋混凝土结构的住房已渐渐兴起。房屋结构为横列一排三间吞口式（燕窠式）平房，屋顶盖草或盖箭竹或盖瓦，中为堂屋，两侧为厢房又称火间。牛、马、猪厩在住房前之两侧，与住房垂直。住房和畜厩之间为一宽窄不等的空坝，俗称院坝，是收获季节堆放、晾晒、脱粒粮食作物的场所，平时为晒衣及猪、鸡活动的地方。堂屋平时放供桌、农具，年节、喜庆时作祭祀、设宴待客用。左厢房前间安置火灶，灶台上安大小2口铁锅，灶旁放水缸，灶房为做饭食、煮猪食用；后间为儿子媳妇卧室。右厢房前间，有一长宽各约2尺许，深约5寸火坑，树疙兜或杂木块生的火日夜不息，睡前灰壅火炭，次日扒出火炭，吹之即可引燃。火坑间是家人或接待客人用餐和歇息处。火坑中央有一铁三脚架，用时安放锅、壶，煮菜、烧水，大家围坐火坑就食，平时围坐火坑边烤火、边谈家事；父母的床安置在有火坑的前间；后间是未成年儿女卧室。夜间通常以煤油灯照明，现代改用电灯照明。

4.运行。民国及其以前，仡佬人全赖人背马驮、运盐、运粮食。新中国成立后，交通日益改善，运少量物资仍用人背马驮，大宗或远距离运送物资，都用汽车、火车、飞机等现代化交通运输工具。

5.家庭。仡佬族家庭通常为年老父母，年轻的子女、媳妇及年幼的孙辈三代组成。儿子多的人户，长子、次子结婚有小孩后，依次分离出去，在老屋附近建新屋居住，成为仅有父母子女两代人小家庭。家庭中父亲是一家之长，父亲代表全家参与宗族及村寨的各种议事、祭祀活动。家中的生产和生活由父亲安排进行，家庭成员按性别和年龄段在生产上自然分工，家务事由母亲安排。儿女婚事由父母共同商定。年节或设宴待客，除媳妇外，男女可同桌。家庭财产归父母共有、支配，使用权在父亲。弟兄长大成人分家，家庭财产在父亲主持下实行平均分配。女儿除得陪嫁物外，无财产继承权。儿子分家后，未成年子女随父母生活。父母年老，丧失劳动能力，由诸子共同赡养。父母生病由儿子们共同照料；父母亡故，由儿子们共同承办丧事。若父母亡故后留有年幼弟妹，或跟大哥生活，或由叔伯抚养。家庭中婴儿出生的第三天，要杀鸡洗净煮熟放在床旁并斟酒三杯祭供祖宗，产妇抱婴儿坐床上，婴儿父亲给取名字。母亲去看望出嫁女儿时，如患重病须赶快送回，不能死在女儿家。怀孕女儿回家看望父母，在产期将到来之前要离开娘家回去，万一早产或因故不能走，临产时，也不得待在娘家，而是在村外临时搭的窝棚里生产。

6.婚姻。仡佬族实行一夫一妻制，在本民族内联姻。本族内部又基本在语言、习俗相同一支系内联姻。同一支系实行同姓不婚，有的虽不同姓，但祖辈结拜为兄弟的，视为兄弟，其后裔儿女以兄妹相待不能通婚。实际为同宗不婚制，宗族关系按父系计。男女联姻有老亲、新亲之分。仡老族婚姻多在姑表或姨表的老亲中进行，俗称亲上加亲；新亲指以往无亲缘关系。不同地区，开亲的范围不同，金沙县多是舅家女儿嫁给姑家儿子，姑家女儿不能嫁到舅家做媳妇；大方是姑家可娶舅家女儿，姑家女儿也可嫁给舅家；黔西县既有姑舅表姻，又有姨表亲。新中国成立后实行民族平等，各民族间相互往来，互相了解，仡佬族青年男女与其他民族青年男女通婚者日益增加。各地仡佬婚姻习俗差异大。毕节县仡佬族说亲，由男方委托一亲戚带上礼物到女方家做媒，如双方“八字”相同，则可定亲，婚期由男方择定。结婚之日，新娘要步行到夫家，但不与新郎同宿。3天后，新娘与送亲人一道返回娘家，住上2至3个月，再由男方请人将新娘接回，才正式建立夫妻关系。大方县仡佬族提亲、订婚与毕节县仡佬族类似。择吉日结婚前，男家送期程到女家，结婚时，由媒人带男女各2人去接亲。姑娘出嫁前由一女友把头发梳好，梳头时坐的方位要按男家期程单上规定办。迎亲时新郎端上内放酒壶、酒杯的盘子，斟好酒后双手奉献给送亲人，送亲人不喝酒，将酒反手倒去几滴，表示娘家车马已安全转回家乡。新郎新娘不用拜堂而进入洞房。男家和女家多不请客办酒，只由最亲近的几个人陪送亲客人即可，送亲人在男家住3天后回亲，婚礼即告结束。古时，黔西县仡佬族姑娘待嫁必折二齿习俗现已失传。婚姻过程包括说亲、拿话、送亲、结婚。在说亲前要合八字送期程发八字。结婚时女方要嚎哭并逃亲，举行打亲仪式。结婚后3天新娘随送亲人一道回娘家，男方携酒礼去接回新娘习俗沿袭至今。金沙县仡佬族婚俗大体与黔西县相同。其中忌马牛、猪猴、蛇虎、鸡犬、兔龙、羊鼠生肖相配成亲。织金县仡佬族婚姻分订婚、踩亲、结婚三步。订婚有请媒人说合；有双方尚是婴儿就由父母议定婚事的背带亲；有指腹婚，也称割衫襟踩亲。婚事订后，逢年过节男方备礼物到女家拜望，女家备酒招待。踩亲期间，同辈均可与未来新郎吃酒对歌，举行打瞎猫、打花脸等娱乐活动，以示男方宽宏大量。结亲时男家领队到女家附近时唱接亲歌、放鞭炮，女方家听到声响后也要放鞭炮迎接。女方父亲执酒壶，母亲捧杯盘，向接亲人敬酒，再领到自己大门前，门前两边手拿柳条的青年男女挥舞柳条假意抽打，边打边喊打亲喽。进入堂屋，接亲领队人将礼物放在神龛下桌子上，上香、燃烛敬供女家祖宗神灵。女家收礼，设酒席招待。第二天送亲时，一送亲妇女扶新娘入堂拜别父母、家庭长辈，随接亲、送亲男女步行到男家。离男家不远处，男家放鞭炮，迎接至院坝，接亲人和送亲分左右站列。院中放一把筛子，内铺红布，四周点菜油灯。新郎扶新娘站筛中，由道喜人在门前台阶上向新郎新娘边撒米边念道喜词。撒念结束，新郎新娘入洞房。之后酒席招待亲友1至3天，3天内每晚有青年男女同新郎新娘唱歌、喝酒，或嬉戏取笑闹洞房。第4天，新娘同送亲客人回娘家住3天，再由新郎接回家一起生活。各地、各支系仡佬族人结婚均行新郎不接亲，请人代行接亲。新娘接来后不举行拜堂，婚礼3天内，新婚夫妇基本不同房。20世纪70年代后，其婚姻礼俗有所改变。媒人去说亲，女孩父母若无反对之意，则留下10元钱，称为丢把凭。小伙子得知后，请媒人邀约姑娘一起赶场，两人在一起谈心，安排未来，小伙给姑娘买手表和衣裤鞋袜等物品。姑娘也带着亲友借故来访，对未来婆家作实际观察，叫“看家下”。之后男方请媒人及亲人带着酒、衣料及200

元钱作礼物去女方家，与姑娘父母商订婚期叫“定日子”。接着要进行“送期程”、程序。接亲时要从城里挑选姑娘喜欢的新衣4套及鞋袜若干以及酒肉送到新娘家。新娘家以枕头、被子、垫单、蚊帐和三抽柜、两开柜、洗脸架作为陪嫁物品。新娘嫁到夫家，第一天为正酒，第二天留送亲客坐一天，第三天上午举行交亲、认亲和回亲仪式后，打发送亲人回程。

7.节日。（1）年节（春节）。农历正月初一，年节是仡佬族最隆重的节日，其习俗不尽相同，但共同的均在除夕夜要打1大个和3至9个小糯米粑与酒肉一起祭祖，从初一到十五，男女青年相互组织打篾鸡蛋、玩磨磨秋等体育活动。毕节县仡佬族，正月初一黎明前要到井边挑水做饭敬祖人；初二全家喝甜酒水。正月间头一个申（猴）日，由一小孩背一缸酒和六七斤熟豆芽，放在村外的大树下，由大人喝酒，小孩吃豆芽，敬奉开天辟地祖先。黔西县仡佬族春节供祖时，要在糍粑上插豆豉叶，纪念祖先开荒辟草，插草为标。雨朵、桂箐部分仡佬族将农历冬月初一作为年节。织金县仡佬族，大年十五除在堂屋供祭祖先之外，夜晚还要到新坟山给先祖烧堆火或点盏灯，供以酒食，家中房屋里外灯烛通宵。

（2）敬雀节。农历二月初一，仡佬族先民都有要举行敬雀节祭祀、唱拦路歌、敬拦路酒、吹唢呐、耍毛龙、对山歌、斗牛、拉牛、抵杠、掰手腕、抵牙巴劲、捉鸡等独具特色活动，弘扬爱护雀鸟、维护生态平衡，维护人与自然和谐相生的传统思想，为仡佬族百姓祈祷子孙发达、家业兴旺、五谷丰登。

（3）祭山神。农历三月初三准备酒、肉、饭、公鸡和香蜡纸烛，由寨中长者率众到寨外一棵根深叶茂古树（神树）所在山上祭祀，打水鼓。祈求山神保佑全寨平安、风调雨顺、人畜兴旺、五谷丰收。有的地方仡佬族除三月初三杀鸡祭山外，九月九日又打糯米粑祭山。织金县仡佬族称祭神树为固伦，一年中于农历三月三和九月九两次祭供。

（4）吃新节。农历七月或八月选一个日子吃新。毕节县仡佬族选第一个蛇日，大方县选属龙或狗天，织金县选戊日或七月十三，纳雍县选辰日或戊日。这天将初熟农作物采集来煮熟，配以酒肉先祭祖先，全家欢聚一堂，喜庆丰业。

8.禁忌。（1）年节禁忌。嫁出的女子，除夕不得回娘家。寡妇若带着子女常在娘家生活，这天晚上也得与其子女一起离开娘家到他处过夜。杀猪时要祭财神和祖宗。祭祀用的“炕”，挂在壁上后，任何人不得触动。祭财神、祖宗时用的食物只能家里人食用，即使嫁出女子回娘家碰着，也自觉离开，不饮食这些祭物。正月初一忌扫地、倒酒、煮饭、切菜、做针线活。整个正月不在屋外晾衣服。三月三忌锄地、犁地、栽苞谷。逢七不出门。

（2）婚丧生日禁忌。新娘接来后，新郎及全家须暂时回避不得见面。老人过世三日内，孝家的人不得洗脸、不喝冷水、不串门、不与他人开玩笑。前来祭奠的女儿女婿上祭的鸡，女儿女婿不能吃。家有产妇，屋外插草标为记，外人不得入内。产妇坐月期间，不进堂屋、不跨大门、不跨屋后阴沟、不外出。婴儿尿布只能用火烤，不能拿到屋外晒。给孩子取名忌与娘家或婆家人相同。

（3）日常生活禁忌。房屋中柱是祖宗神位，不得污损、碰击。火坑里的火炭，不得用棍子、夹钳、烟杆敲打。忌用勺拍打饭甑，舀饭的勺要俯放甑内，忌仰放。嫁出女儿回娘家，不得上楼。孕妇不得在娘家生产。吃饭时，媳妇不与公公同桌。公公、伯伯忌坐媳妇、弟媳床；媳妇、弟媳也忌坐公公、伯伯的床。妇女忌犁地。忌坐门槛。忌他人的猪、牛进家。有人远出忌说鬼和其他不吉利的话。行走时忌吐痰在路中。

**信仰崇拜** 仡佬族以传统原始宗教信仰为主，杂以部分道教、佛教内容。1.自然祭拜。每年农历三月三都要凑钱备酒、雄鸡、香烛、钱纸祭有神树的山，以求保护平安。若小孩生病或夜哭不止时，取红布一条，挂于古树或怪石上，烧香点烛，祈求保佑。六月二十四祭秧神，有稻田的寨子取咂酒一坛于田边祭祀后，男女老幼邀集上山，唱歌、喝酒、跳舞、谈天以求丰收。黔西仡佬族娶亲队伍路过土地庙和桥时，要于桥上、庙前烧香烛敬祭后，新娘及迎亲和送亲人群方继续通行。

2.祖宗崇拜。仡佬族认为人死之后，灵魂既附于尸体，又常游离于体外，与在世一样需衣、食、住、行，有喜、怒、哀、乐，其能量永恒，且超过人。祖先能庇护后裔，也能惩处后裔。凡遇大喜之事、重要节日要祭祖，告慰先祖，求先祖保佑。新婚之际，新娘出嫁要祭告娘家之祖，到男方家要祭告婆家之祖。生孩子后，要杀鸡祭告祖先，才给孩子取名。老人亡故，要举行隆重仪式安顿亡灵。

3.鬼神崇拜。仡佬族，受汉文化影响较深，佛教、道教的宗教意识浓厚。金沙县茶园乡等地，明清时建有龙山寺、三教寺、黑神庙、坛神庙。民国时建有观音庙、川主庙。在一些仡佬族村寨建有土地庙、马王庙、牛王庙。仡佬族人平时杀猪，要取猪头供土地菩萨，过年时，用刀头肉供土地菩萨。下冰雹，认为是岩洞内蛤蟆精所为，各家取锄头、竹筛丢出门外，以打击、笼罩蛤蟆精，使之不再兴妖作怪。老人病故，请道士先生做法事。新娘到婆家，道士先生抓米撒向新娘；不少地方则由本民族鬼师用鸡一只绕新娘头3转，丢向新娘身后；新娘由一对儿女齐全的夫妻扶着从马鞍、筛子、灯上跨过才进入堂屋，意为回车马，表示驱走沿途跟过鬼邪。

**传统医药** 在长期的生产、生活实践中，仡佬族逐渐懂得采用草药医治，总结积累一定的诊治疾病经验。自清代以来，出现一些民间医生。仡佬族民间医生对诊断病症以拇指切脉，轻压得脉者为浮，重压得脉者为沉。浮脉病用表药，沉脉病不能用表药。其流传典型单方有：胃病，用朱砂莲、青藤香、毛青冈、山茴香；呕吐，用苦篙、千脚泥、灶土；泻肚，用朱砂莲、毛青杠、山茴香、随手香；胸痛，用川芎、血当归、玉琵琶；咳嗽，用牛角花；哮喘，用淫羊霍根；腰痛，用杜仲、大小血藤、见血飞、毛青杠；风湿，用追风伞、骟鸡尾；摔伤，用接骨丹、红刺老包、岩马桑、血当归、小种山七；接骨，用接骨丹、红刺老包根、水冬瓜根、野葡萄根；烫伤，用毛青杠粉、菜油；身痒，用花椒、烟梗、苦篙；喉儿包，用扬尘、块盐；大毒疮，用毛茄加大黄、梭地黄、水冬瓜根和红刺老包根皮；毒疮，用魔芋、独脚莲、三步跳（半夏）；红崩，用红马蹄当归根、红芍药根、白九层花根、胭脂花根、月月红根、大小血藤；白带，用白马蹄当归根、白芍药花根、白九层花根、白胭脂花根；月经不调，用益母草、当归、月月红、九层花、小石苇、山茴香；痛经，用红马蹄当归、红芍药、红九层花、胭脂花、月月红、大小血藤、朱砂莲、川芎；小儿惊风，用团经草、九头狮子草、五匹风、车前草、铁打草、四寸蒿；耳溃脓，用岩脚地牯牛、白芭蕉茎汁；鼻膜炎，用榆秋皮；喉痛，用过山龙；牙痛，用黄芩；烂脚丫，用核桃树叶；漆疮，用菜油、韭菜。居住在织金县牛王洞仡佬族人家，多数家庭栽有当归、牛膝、川芎等药材，多用于产妇坐月子期间，用酒蒸之服用，以止产妇血虚、血瘀，以防产妇头痛。中华人民共和国成立后，仡佬族群众患病，逐渐到县城医院或农村卫生院、卫生室看病、治疗。

**丧葬** 仡佬族丧表礼仪纷繁复杂，居住各地丧仪差异大。老人病故，一般要给亡人洗身、换衣、装殓、开路、择地、安埋。非正常死亡，丧事从简，多在外火化，骨灰装入罐内草草掩埋。送葬时不丢“买路钱”。下葬作倒埋，即头朝山麓，脚向山顶。古代多行石棺葬，即挖好墓坑后，于墓坑四周镶以大石板，底部为土，上加大石板为盖，尸置其中。其后虽用木棺，仍置棺于石板墓内，成为木棺石椁，石棺或石墓均与地面平，上垒土及石块为坟。清代以来渐行木棺土坟顺埋的葬式。

# 第八节 蒙古族

**族源族称** 据史集记载，蒙古部最初只包括捏古斯和乞颜两个氏族，他们被其他突厥部落打败后只剩下两男两女，他们逃到了额尔古涅昆（流经呼伦贝尔草原的额尔古纳河畔山岭）一带居住下来，生息繁衍，世代相传，发展成为一个室韦部落——蒙兀室韦。额尔古纳河畔就是蒙古民族的发祥地。“蒙兀”是蒙古一词的最早的汉文译写，见于《旧唐书·北狄传》。后来，关于蒙古一词的不同译写还有很多，如“萌古”“朦骨”“萌骨”“蒙古”等。新中国成立后，在民族识别中统一称为蒙古族。

**迁徙** 元至元十六年（1279年），蒙古军队灭南宋统一全国，蒙古人依次设立行省统治管辖各地。元末明初，元顺帝仓促北撤。驻守毕节地区的蒙古人官兵，多数战死沙场，少数官兵及家小，改装束、易姓名、躲进深山老林或民间，以求生存。明洪武元年（1368），朝廷针对蒙古人下诏：“其辫发推髻、胡服、胡名、胡姓，一切禁止”。《大明律》规定：“不许本类自相嫁娶”，迫使蒙古人融入当地各民族之中。今以余姓为主的蒙古族后裔，其族谱记载，是于明清之际由四川迁入毕节落籍的。据《余氏族谱》记载：“余氏祖姓奇渥温，胡人也。入华夏而起朔漠，初号蒙古，铁木真出焉。……不料红巾军扰乱天下，又被奸臣诽谤，元顺帝听信奸臣之言，有诛吾九族之意，统家窃负而逃。来至四川改姓余，余字万代不改。一行来至泸州（泸阳）凤锦桥，人多影大，难以一路。乃联诗盟誓遗嘱作证，四处各散。诗曰：本是元朝宰相家，红巾构祸入西涯。泸阳岸上分携手，凤锦桥边插柳桠。否泰是天皆是命，悲伤思我又思他。余字源无三两姓，一家分作万千家。十人誓愿归何处，如梦云游浪卷沙。后来贫富须相认，千朵桃花共树发。”据《大方县志》记载，元政权崩溃，避居四川的蒙古人，隐蔽族名，改姓余。《毕节地区志·民族志》载：明末清初，由于四川发生动乱，蒙古族人分9支由四川辗转迁入今大方、黔西县境地，落籍为业。明末，余姓迁遵义后，辗转迁居黔西县沙窝（金碧镇），旋迁居大方九里箐，后分居燕坪、理化。达溪镇的坝子和新寨余姓，由四川永宁府东荣里二甲抄手岩迁来大方县达溪镇的雨沙、堡朵。余家寨余姓，由四川到遵义，再到达溪。百纳民族乡撮坝余姓，系经商来六龙白岩脚再到撮坝。高枧和瓢井镇下寨余姓，明崇祯二年（1629）八月，因盗贼四起，由四川古蔺举家迁往大方余家塘定居，然后散居。兴隆民族乡石板二合岩余姓，乾隆三十五年（1770）由四川嘉定府迁居遵义绥阳桑木坝然后迁至大方。马场镇的牛场乡方井余姓，由四川迁至大方余家塘，后移居到方井。八堡民族乡甘沟余姓，由重庆来黔经商，在毕节海子街、小坝被盗，由小坝流落到八堡甘沟定居。1983年1月29日，大方县余姓联合签名向县政府提出返本归原蒙古族。大方县政府决定由县民委牵头组织识别小组依据34本余姓家族所藏族谱进行调查识别。1984年10月30日，大方县民族识别办公室，遵照省人民政府、国务院人口普查领导小组、公安部、国家民委指示精神，组织人员进行调查认证，上报县人民政府审批认定，大方余姓确系蒙古族铁氏后裔，1985年行文确认大方余姓中请返本归原蒙古族依据充分，依照族谱认定自己为蒙古族的余姓群众，全部返本归原蒙古族。继之，黔西、织金、毕节、赫章、威宁等县的余姓世居群众，根据他们拥有《余氏家谱》和自愿改族籍为蒙古族。

**人口分布**　1990年第四次全国人口普查，全地区蒙古族1.28万人，占全省蒙古族的53.36%，其中余姓46%。大方县蒙古族1.1万人，占全地区蒙古族的85.4%，占全省45.57%。2000年，第五次全国人口普查，全地区蒙古族共计2.39万人，占全地区总人口的0.38%。2010年第六次全国人口普查，全地区有蒙古族人口21899人，占全地区总人口数的0.33%。蒙古族以大杂居、小聚居分布为主。大方县分布在燕坪、理化、石坪、牛场、高枧、达溪、雨沙、撮坝、八堡、中洞，并在人口聚居较多地方建置有凤山彝族蒙古族乡。毕节县和黔西、织金、纳雍、威宁、赫章等县也有分布。

**家庭和社会**　蒙古族以小聚居大分散为居住特点，社会政治受同居住区域汉、彝等民族影响。在内部建立封建宗法组织。一个家族是一个宗法体系，以长子为长房，管理族谱。族中推选族长，管理族内事务，维护宗法秩序和社会生活，对外合力相助，不受欺负。家族由若干小家庭组成，强调天下无不是父母，以父为家长，母协助，子女为抚养对象。子成人结婚，分家而居，自谋生路。幼子随父母，有供养父母之责，也有财产继承权。无儿女，可由兄弟子女为嗣，以继承其财产；也可向外姓过继或抱养儿子作继承人。在其聚居村寨，订立乡规民约，以维护村社公共秩序。另将主忠信、崇礼仪、睦宗族、重教育、贞婚姻、正闺门、谨葬祭、恤孤寡、劝耕织、积阴德、明继立、务俭约作为族训载入族谱，严教后代，令子孙遵守奉行，违者惩处，以加强民族内聚力。以供奉祖先为宗法体系纽带，共建祠堂，共祭祖宗。新中国成立后，蒙古族以勤劳朴实、尊老爱幼、男女平等成为家庭及社会生活准则。所聚村寨，多由本民族人担任村组干部。1992年，贵州省人民政府批准，建立贵州省大方县凤山彝族蒙古族乡。

**文化教育**　蒙古族移居黔西北时，多为明清之际，与汉民族大量流居时间大体相当，故其文化教育状况与所居地汉族较为一致，通用当地汉语，不用母语。新中国成立前，和汉族一样以私塾、府学教育为主。新中国成立后，蒙古族子弟都能上学接受教育，有不少子弟考取大学深造，成为国家干部。

**风俗习惯**　1.服饰。蒙古族基本上着汉装，亦随汉装变化而变化，与传统服饰差异大。清末和民国时期，衣着多以四川产窄布，兼有自织粗布，布料为青、蓝、灰色。乡村男子穿短对襟、大襟衣或长衫；下穿扎腰裤，腰束白布带；脚穿布鞋、草鞋，雨季、冬天穿钉鞋；头包白色或青色头帕，留长约5寸头帕布于右耳后。未婚少女头饰打圆于后脑，并别银簪扣紧；上穿大襟衣，下着扎腰裤；手戴玉镯或银镯；穿绣花布鞋。已婚妇女头绾发髻，戴网子，别绾簪、夹针。城镇男子多穿长衫、短褂。子女多穿长袖短衣。中华人民共和国成立后，男女均着普通汉装，并随流行布料、式样改变，服装有冷热季节之分，穿布鞋、胶鞋、皮鞋。

2.饮食。以玉米、大米、洋芋为主，辅以荞麦、豆类等杂粮；肉食有猪、牛、羊、鸡、鸭、鱼，不食马、狗、蛇等动物肉。平时嗜食酸、辣味，无论城乡、贫富，每食必需辣椒，酸菜是不可少的蔬菜食品。农村待客，酒肉必备，办喜事则备10余菜。城镇酬客，通常为八盘，俗称“水八碗”，吃完一盘上一盘，最后上汤。喜劝酒，有时特请他人陪酒。

3.民居。蒙古族多依地形，选择风水较好地方建造，后有靠山，前有向山。不喜独家孤居，多聚族而居或散居外族村落之中。宅基大小、建筑高矮、建筑材料视财力而定。黔西、大方、毕节蒙古族房屋多为双斜面土木结构，木头构房架，四壁用泥夯实而成，房顶盖草或铺瓦，多数房屋1～2层，开三间。正中为堂屋，左右为耳间，并向前突出约1米。堂屋正中后壁设神龛，供放祖宗牌位或待客及其他用场。左耳间分前明后暗2室，前室作女性活动、取暖场地，后室为儿子、媳妇居所，楼上存放粮食杂物。右耳间也分前明后暗2室，前室作灶房，是男人活动场所，后室为父母居所。富有之家，建有三坊一照壁或四合天井房屋，前者正房配左右两厢房，前建有为安全而建围墙。后者为合院，正房左右均为房屋建筑，左右厢房为儿孙辈居住，或放置农具、粮食。改革开放后，特别是毕节试验区成立以来，住房大多改为钢筋混凝土结构的楼房，楼房大小视各人家财力而定。

**婚姻**　蒙古族实行一夫一妻制，受居住地汉族长期影响，原有婚姻风俗失传。新中国成立前有婚后不育或比较富裕的人存在一夫多妻现象。婚姻缔结一般遵从父母之命、媒妁之言，讲究明媒正娶。婚姻生活，男子处于主导地位，并用封建礼教束缚妇女，妇女从一而终，夫死一般不改嫁。新中国成立后，提倡男女平等，婚姻自由。居住在边远贫困地方族人，传统意识浓，父母之命煤妁之言仍起主要作用。与汉族开亲无限制，与其他民族通婚极少。男子长到15岁，父母有中意姑娘，请媒人到女家求婚。女家允诺，就授女儿生辰八字给媒人转告给男家，与男子生辰八字相对，犯冲则另谋别家，相合再请媒人到女家议婚。女家同意，男家择吉日，备聘礼及用红纸书写男方庚帖，请媒送到女家，女家受之，即在书帖上附写女庚交给媒人，转送男家作订婚依据。男女方长到19岁左右，再举行婚礼仪式。婚前，男家将择定吉日及礼物请媒人送到女家后，女家备办嫁妆，等待男家接配。男家接亲时，嫁女向父母磕头致谢，兄长背着上轿起程，到男家后，男方亲族中女性扶新娘下轿，让新娘盖红头巾，踩着草垫或红毡前行，跨过马鞍进入堂屋，举行拜天地、拜父母、父妻对拜仪式，而后进入新房饮交杯酒。婚礼期间，男家置办酒席请众亲友厚待女家送亲者。婚后，男家置办酒席专请亲家团聚。

**丧葬**　蒙古族丧葬以土葬为主。年老寿终者，家庭和子女要举行隆重仪式。非正常或在户外死亡者，均不得抬入家中停放，葬礼从简，并在村外举行。老人临终时，子女在身边守着落气送终死后，为其沐浴净身，修整遗容，更换预制寿衣，死者嘴里放入碎金银等“含口钱”，寿衣穿三、五、七件均可。同时尽快向亲属报丧。亲属到，为死者入殓，棺盖不封死。棺下点七星灯，棺前摆一方桌设灵位。请道士先生为逝者设灵牌，牌中间写“西逝享年几十岁或上上寿”，左写“亡者何年何月何日寿终正寝”，右写“亡者生的年月日何地人氏”。夜晚，道士为死者开路伴灵，念开路经、击打锣鼓。其间，请人揭开棺盖，让亲属与逝者最后见面告别，后将棺盖严，先生念咒语闭殓。停丧期间，孝子手持哭丧棒，俯身绕棺不断。出殡时辰，由道士先生测定吉日，届时孝子在前开道撒纸钱（称丢买路钱），亲朋好友抬棺随后，吹唢呐、放鞭炮，走向墓地。到葬地，按时打井下葬，留守坟鸡。葬后每隔7天，在家里为死者烧纸钱，共烧七次，谓之烧七。治丧期间，孝家妇女有哭丧之俗，入殓闭殓伴灵、出殡均要行哭礼。

**节日** 毕节地区蒙古族的节日有春节、三月三、清明节、端午节、中元节等几乎与当地汉族一样，不同点就是不过中秋节。春节从农历腊月三十到正月十五。之前，每家备办丰盛年货。从腊月三十到正月初三，每餐前必祭祖，供奉饭菜于神龛上，烧香化纸，然后就餐。此外，晚辈向长辈拜年，被拜者授“压岁钱”于拜者。正月初一忌串门、干活、动刀斧。正月初二至十五日，亲朋好有相互串门，会访，饮酒作乐。大方等地蒙古族盛行三月三日祭白龙。相传，天马下凡吃秧苗，降灾给人间，为避而祭。三月三日这天杀公鸡，用鸡血沾白纸，插旗于田土中驱避它。祈求风调雨顺、五谷丰登、人丁兴旺、六畜平安。清明节，各地蒙古族都要上坟扫墓。各家备香、帛、酒、菜、爆竹等祭品到先人的坟墓祭奠。部分蒙古族于清明节从祖坟上割一束茅草回家，洗净以备蒸尝。传说铁木真后裔铁子高，官至士大夫，夫人潘氏年五十生铁木健，潘氏去世后，墓上丛生茅草，后世儿孙每年割茅草备蒸尝，不致忘祖。过端午节期间喜吃粽子，并将艾蒿和菖蒲捆在一起，系于门上驱瘟除邪，祈求吉利。又用各色丝线织成各种形状小袋，内装各种中草药碾制品，供儿童作玩耍玩具，又可防时疫。农历七月十三是大方蒙古族中元节，相传祖先当日要回家探望，每家备办筵席，并把果蔬、糕点、肉类等放在祖先牌位前，人人毕恭毕敬，迎祖先回家，以示念祖先恩德，也有给过世先人“烧包”习俗。

**忌讳** 1.忌讳过八月十五中秋节。2.尊重学习当地人的忌讳。

## 第九节 满　族

**族称** 满族，也叫满珠，满语为吉祥之意。在历史上曾变更过六次的称谓，周代称肃慎、汉代称挹娄，北朝称勿吉，唐宋五代称女真，后金太宗称满洲，满族的名称是明代末年才出现的、新中国成立后正式称为满族。

**族源** 满族历史悠久，三千多年前，其先民在东北繁衍生息，1115年完颜阿骨打建立金国，1583年努尔哈赤统一女真各部，1636年皇太极在盛京称帝，国号大清，顺治元年（1644）清兵入关，清康熙三年（1664），平西王吴三桂上疏朝廷：“水西土司谋叛。”清廷令吴三桂领兵讨伐水西。事平，部分满族清军驻扎于今黔西、金沙、大方等地，监视绿旗汉军戍守任务。按清制官兵及家眷都靠额定俸禄生活，人们称之为禄额人，《大定府志》中把禄额人简写为六额民，民间也称之为六额子。后因兵饷不够，他们就领照开垦从事农耕生产。1678年吴三桂占据西南诸省称帝反清，清兵平定吴三桂后，一部分满清官兵及家眷又留下来，加入禄人之中定居下来。1978年12月后，自称阿大、元族或禄族的人纷纷要求正本清源，回归满族。1983年，实施第二次民族识别，根据其意愿，经省人民政府批准，认定为满族。

人口分布 1982年，第三次全国人口普查，全地区满族人口6417人，其中金沙、黔西、大方县共6365人，占99.18%，占贵州省满族人口的62.23%。1990年，第四次全国人口普查，全地区共有满族7420人，黔西、金沙、大方3县共7132人，占全地区满族人口的97.46%，占贵州省满族人口的43.15%。2000年，第五次全国人口普查，全地区共有满族8617人，占全地区普查人口总数的0.14%。2010年第六次全国人口普查，全地区有满族人口9327人，占全地区总人口数的0.14%。满族人以连片方式居住在黔西、金沙、大方县结合地带。其中，黔西县分布在金坡苗族彝族满族乡的捅井、雨灌、花坡、宋家沟、石笋、银厂、雷响孔；仁和彝族苗族乡的桃园、长田、平寨；重新镇的荆州、新建、双龙、沙坝；城关镇的双桥、八块田；洪水乡的大桥、附廓；定新彝族乡的青杠。金沙县分布在安洛苗族彝族满族乡的高家寨、杨家寨、对门寨、大水井、安家寨、高榜田、喂驴坝、麻园寨、木杉、小录布、箐门、马鞍石、以哈罗、大麻园、宋家坪；新化苗族彝族满族乡的黄家寨、河坎、燕子沟、大竹、水淹。大方县分布在黄泥彝族满族乡的槽门、倪家寨、戛木；沙厂彝族乡和大水彝族苗族布依族乡也有分布。连片分布地带的村寨皆百人以上，多的达300余人。

语言文字及文化教育 1.语言文字。满族人早就使用满语满文，但入关后很快接受汉文化，学习汉文，通晓汉语。据《金沙县志》记载："清嘉庆前，会满语人多，此后逐渐减少。现在只有少数老年人能用来念经和叫魂，经书用汉字注音，能识其字解其意。"安洛民族乡高氏一墓碑发现4个满文字样，旁边刻有篆体汉字"慎轩黄印"，其余所有姓名、碑记、墓碑、家谱，以至作嘎的经书，都用汉字书写。

2.文化教育。满族家庭以长辈言传身教伦理道德、礼仪、观念意识、生产技术、工艺等为主。子女从小接受汉文化，学汉文、通晓汉语，即使家境差也要尽其所有能力送子女入学。清代熟读四书五经的人很多。嘉庆后，宋、黄、游、安、杨、付、高、倪、姜等姓文武秀才不少，还有廪生、贡生。其中杨氏自康熙年间迁入，从第三代起，每代都有人从教，后来开办竹林书院，闻名于黔西、大定。安洛人杨春生，光绪中期大定府廪生，一生从教，著诗、文甚多，现遗存诗22首。其子杨姜斯，一生从教，现遗诗56首；其婿赵烈钧，善诗擅文，遗诗33首、文4篇。黔西金坡宋家沟付德洋11岁童试入学，16岁入泮，次年补廪，1905年经考试选送日本留学，崇尚孙中山。1911年学成归国，拒绝袁世凯政府聘任，回乡办学。1918年去广州见孙中山，返回途中抱病，殁于贵阳，运回原籍，葬于桃园。新中国成立后，受重教风气影响，满族教育更进一步发展，满族居住地的子女入学率均高于其他民族。据金沙安洛中学1985～1993年统计，招收900名学生中，满族学生有189人，占21%。是时，在安洛大贤小学1985～1993年的毕业生中，满族学生占总数的52.3%。新化乡政府，在改善乡内办学条件同时，每年拿出10%的财政收入用于教育，不少满族学生升入高等学校，改变新化乡无大学生的历史。大方县黄泥乡槽门一村到2011年已累计考取大学生100多个，成为远近闻名的“状元”村。

**生活习俗** 1.居住。满族居住的地方多为平缓山地或山间盆地，土地肥沃，自然条件好。喜聚族而居，少与其他民族杂居。房屋建造多选择在避风向阳的山脚或山腰，依山而建，房前屋后竹林成荫。入黔初，正房多为两间，开南窗和西窗，里屋有三铺炕，成“匚”状。西炕为贵，多住客人；北炕为大，住家中长者；南炕为小，住晚辈。随生活环境改变，房屋形式及地势选择与其他民族相同。牲畜圈另设屋外，具体视牲畜多少及建圈能力而定。近年满族以居住钢混结构的大小楼房为主。

2.饮食。以大米及玉米等杂粮为主；肉类以猪肉为主，喜吃豆腐；待客杀鸡，将鸡煮熟，砍成八块，拌以佐料，盛入碗中，称为八块鸡。进餐时，主人先将鸡头或鸡肝，拈敬主客或长者，之后才能举筷进食。客人到，必以酒款待；客离去，主人提酒上路，敬酒送客。

3.服饰。过去男装多青、蓝素色。上衣着马蹄袖长袍，两侧开叉，纽扣在右侧，腰身肥大，大襟大袖，托肩，袖口不镶边，束腰带。下装长裤，裤脚肥大，不镶边。蓄长发，结独辫垂后，戴素色小帽。脚穿背筋鞋。老少皆同。青少年妇女服装也为青、蓝素色。上装着过膝旗袍。高领大袖，腰身较窄，挑花托肩，大襟两侧开叉，排扣钉在右侧，袖口镶宽边挑花，从开衩到水脚均有花边。水脚4角挑有云状或花草图案。下装长裤，裤脚宽大，有挑花边的。头包白布帕，脚身云头鞋。老年妇女服饰和青少年妇女无别，只是无花边。妇女普遍喜戴首饰，多为银、玉制作，有项圈、手镯、耳环，颈上挂铜、银锁牌项链。现代男女多穿着通行款式服装。

4.婚姻、家庭和姓氏。满族婚姻系一夫一妻制，盛行姑表婚、姨表婚习俗，不同辈分不婚。过去严格实行本民族内部通婚，禁与其他族联姻。清代，若男子娶汉族女子为妻，不能领取钱粮；满族姑娘嫁汉族，受舆论非议。中华人民共和国成立前，婚姻由父母包办，媒人说合。男女长到16、17岁要订婚。订婚不用庚书，而看鸡卦（有钱人看猪卦），男方捉一对鸡到女家，杀之设宴，鸡卦用红线扎好，男家保存为凭。提婚时，媒人带礼物去女家，若收礼表示同意订婚，随后男家先后去女家五次认亲。第一次带两包红挂面和一壶酒；第二次加倍送礼；第三次对女家至亲都要送两包挂面和一壶酒，称吃欢喜酒；第四次与第三次同，称烧香酒，另给女家送衣料、帕子布、裤腰布、枕头布、鞋面布、双鸡对肘（或单鸡单肘）及礼金，礼金越多，嫁妆越厚；第五次送喜期，即择定好婚期和男女双方年庚。也可将烧香酒和送喜期合并讲行，称随香送期。接娶之日，男家去媒人1人，男女接亲人各2人，押轿（或马）儿童1人和打彩旗、彩灯的男童到女家。除备有鞭炮、衣物、首饰等礼外，还送双鸡双肘（或单鸡单肘），一块发亲菜（猪肉），一对梳头鸡，一坛酒和一缸水。酒敬女家祖先神灵，水为新娘梳头水，用后要带回男家作洗脚踩堂水。如女方父母一方去世，接亲礼品中按性别另送一只鸡和两个袱子；如女方父母均去世，则加倍送。送到后，杀鸡、烧袱子表示新郎祭祀已故岳父母。女方父母健在，只送碗一对，酒两壶。接婚当夜，女方寨邻姑娘陪新娘唱送亲歌一直到天明，勉励新娘不忘父母养育之恩，到男家要尊老爱幼、孝顺公婆、勤俭持家。发亲时，将发亲菜挂在女家大门上，点燃发亲烛，女家用一对“衣禄碗”盛酒给接亲人喝。这时男家女家抢发亲菜，意为哪方抢到哪方发（后改用两块发亲菜，一家一块）。接亲人点燃彩灯，新娘的哥或弟背新娘上轿（马）前，母亲和家内亲属都唱送亲歌。启程时，彩旗、灯和接亲人在前，花轿（马）居中，送亲人在后，接亲人把衣禄碗揣回男家，装入钱米封好，拜堂后由男方父母或族中头人赐给新郎、新娘。拜堂时禁止未婚姑娘在场。次日，新娘在新郎或妯娌陪伴下，拜访亲友和族人。第三天，新娘同新郎回娘家，并在娘家短住，再双方同归夫家长居。过去，富有之家用土地陪嫁女儿。寡妇有再嫁自由，不受家庭干涉。鳏夫与寡妇同辈，自愿同居，不受族人非议。无子之家可招婿入赘。满族是一夫一妻制家庭，民国前也有个别多妻的现象。家庭中以二代、三代同住居多。过去妇女地位较高，主持家庭事务，耕地种田，结伴赶场做生意，调解族中纠纷，告状打官司，有妇女当家则家发之说，男子处于从属地位。现代多数家庭由男人当家或夫妻共同主持家政。招赘的女婿有财产继承权，但婿必随妻姓。过继之子有财产继承权。满族入境后的一、二代人，皆为满姓和满族名，三、四代，始有汉姓汉名，自第五代后通用汉姓汉名。现满族汉姓有：宋、潘、崔、赵、高、杨、李、罗、倪、余、马、谢、付、孟、黄、何、安、吴、刘、王、熊、陈、周、姜、胡、游、邬27个。民国前，有的势单力薄姓氏，在政治上或经济上依附大富人家，或因姻亲关系改姓，公开改用他姓，将自己本姓隐起（亦称暗姓），如宋氏有崔宋、骆宋、姜宋、赵宋、史宋、潘宋、何宋，有的弃明姓还暗姓，称为还宗。

5.节日。满族的节日与当地民族无异。不同点是：（1）过春节（或生日）。在厨房的碗架上摆上好菜（称样菜），从农历正月初一至十五每天各餐拿出摆上祭祖，吃完饭后收回，直至十五才吃。（2）颁金节。崇祯八年（1635）农历十月十三皇太极宣布废除女贞旧称，将族名定为满洲族。1911年后简称满族，每年都要举行庆祝活动。

6.丧葬。满族盛行木棺土葬，凡族内丧事，族人要亲临致哀。其丧俗有二：一是做道场进行对灵念经、辞灵过殿、破血河；二是请族中鬼师做戛，做戛程序有五：（1）骑马转房；（2）献酒（又称踩葫芦），（3）起经；（4）打黄牛蒙鼓；（5）跳竹竿。做戛3天，3天都要绕房，同时请本族8个姑娘跳舞伴随。绕房结束，把牛打死。3年内孝子不吃鬼师家的饭，唯恐有牛油沾着，吃之不吉利。另一习俗是赶戛，陪戛对象是那些相互有隔膜又做得起戛人家。当老人落气，梳洗穿戴安放停当后，孝子身着披风、带牛角、香纸、酒杯，隐蔽而出其不意地闯进选择为陪戛对象家门内，在其神龛上斟双杯酒、烧三炷香、三叠纸，随后出门，吹三声牛角，表示找到陪戛人家，然后不吭一声而去。被选定陪戛人户，近的可在家里，远的在孝家附近另设戛房、灵堂、厨房和摆酒席。陪戛时间、规格、礼仪、程序和孝家基本一致。吃戛的亲友同时送两家礼，吃两家酒。孝家至亲在丧事结束时，要回赠礼物，凡送牛的，回赠礼物中要有一支牛腿。陪戛户也完全按孝家一样回赠。丧期内，孝家和陪戛户可以相互偷窃，行窃被抓不予追究，谁家偷得多，就得到一些补偿。限偷物品为办丧事用的食物及杯盘碗筷、桌凳。现代已取消陪戛风俗，丧事量力而行，打不起牛可用猪羊代替。埋葬新坟后，前3年农历正月初一，孝家及亲友备香蜡纸烛及祭品，至坟上拜年（坐新坟）。

7.信仰。满族信仰祖宗和多神，普遍祭天、祭祖、祭碗架神。首日祭祖。每家正屋西墙上，均置有长2尺、宽1.5尺的祖宗板。祭时，将祖宗板置于西面桌子正中，桌上放满各种祭品。全家按辈分分长幼依次向祖宗板扣响头。次日祭天，杀一头无杂毛黑公猪，将肠、膀胱等物放在斗中，挂在埋好的杆顶或树上，让乌鸦等鸟啄食，在3日内吃尽便认为大吉。同时将猪肉切碎与小米煮成稀饭款待亲友、邻居、过往行人，称为吃祭天饭。有的向北方作三叩首，以示怀念故土和祖先。祭天饭必须当天在屋外吃完。每年过年或专门许定日期举行敬碗架神，祭时要杀灶化猪，外人不得同吃灶化猪，若吃不准说话，吃后悄然离去。满族崇拜狗。传说其祖先在一次被敌军追杀中，藏在草丛里，敌人放火烧，被一条湿透水黑狗，反复将草滚湿，大火熄灭，其祖得救。崇拜以谢黑狗恩。

8.禁忌。满族在农历大年30夜吃年饭忌泡汤；正月初一忌说不吉利话；戌日忌动土；新郎新娘拜堂忌未嫁女在场；赶夏时忌人发现；吃灶化猪忌外人参加；严敬吃狗肉、穿狗皮。

9.刺绣挑花编织、石雕。满族妇女爱打扮，尤以酒席、集会、走亲戚为盛。过去富有之家除请家庭老师教习女孩学文化外，还请精习挑绣女工教女儿，一般人家女也要学会针线活计。由此，满族妇女善于在女装作蝴蝶花卉以等镶边绣以及作背扇心、衣领、袖口、裤脚的桃花。其挑绣花纹图案，颜色鲜艳，神态生动。妇女所编织的羊毛巾、羊毛毡、羊毛帕及麻布帕，线纺既细又匀，编织技巧精湛，花纹图案美观大方，实用价值高。黔西、金沙、大方的满族不少古墓采用方正、平整而坚硬的石料砌成圆形墓，墓身图案和碑文，雕刻别致。黔西县金坡民族乡宋家沟宋氏花坟，墓身用73块长50厘米，宽90厘米磨光石块砌成，几乎每块石上都雕刻有不同的花纹图案。大方倪家花坟，墓为圆形，五层围石构成，地脚石为花草纹，二、三、四层全为浮雕图案，每个图案有花纹镶边，五层为瓦檐盖顶，沟头、滴水由云纹装饰。坟至今150多年，花纹图案完好。

## 第十节　未识别族群

### 一　穿青人

**称谓**　穿青人的先民，在明代及以前称为“土人”，明清有称为“里民子”“羡民”“县民”“民家”等。在清康熙三年出现的木刻小唱本《水西传》中“穿青”族群首次出现。在清乾隆《威宁州志》中，穿青人的称谓首次载入史册。之后的清光绪《平远州续志》和民国《大定县志》等志书中都有穿青人的记载，并与水西境内的彝、苗、仡佬、布依、蔡家、羿人、白、仲家八个民族并列，统称为“九种夷蛮”。在民间，汉人称之为“大脚板蛮子”，彝人称之为“撒娄米”，苗族称之为“撒额搂”，布依族称之为“戛赦”，仡佬族称之为“褒沙”，蔡家人称之为“谷勒”等。在20世纪80年代之后，穿青人以“未识别待定民族”的身份生活在毕节地区和周边各市境内，并分别以“青”“青族”“穿青人”等称谓写入第一、二代中华人民共和国居民身份证。

**源流**　1.骆越。《穿青人的历史与文化》记载：按照“土人”早期的居住地域和后来有“里民子”的称谓与“里民子即土老”的记载，以及穿青人的一些遗俗，“土人”最早的基本成分是“骆越”的后裔“里人”（又称“僚”）的一部分发展来的，属于“五溪蛮”中的一部分。

2.土人。土人，在明清时期是一个族群的专用称谓。明万历郭子章《黔记》载：“土人，在新添司者，土官与卫人间通婚姻，岁时礼节渐染华风；在施秉者，多思、播流衣（裔）。以九月祀五显神，远近邻人咸集……”康熙田雯《黔书》载：“土人所在多有，在广顺、新贵、新添者，与军民通婚姻，岁时礼节皆同。男子娴贸易，妇人力耕作，种植时田歌相答，哀怨殊可听，岁首则迎山魈。”土人的“九月祀五显神”“岁首则迎山魈”“妇人力耕作”等习俗就是今天穿青人的习俗。

3.中原移民。《黔记》《黔书》等志书都记载有穿青人先民与中原来的军人家属通婚的史实，说明中原移民及后裔中也有不少人融入穿青人。

4.其他土著人。在历史上，穿青人先民，不仅与汉人通婚，也与其邻近的彝人、蔡家人、仲家人等通婚，相互融入。

**迁徙**　穿青人先民，早期的居住地是在黔东南的黎平、三穗、镇远、施秉和播州所辖的黄平一带。即史称“五溪”的西南部，是“思播流裔”。后移居黔中，即贵定、龙里、贵阳、惠水一带。明洪武十四年（1381），明军取道贵州征云南，居于贵阳周围的穿青人先民被迫迁入水西的水外六目等地即今天的清镇、平坝以西的鸭池河及三岔河东岸周围，居住几代人后，开始进入水西地区居住。到明朝天启年间，穿青人开始大量进入水西腹地，分别移居在织金、纳雍、大方、水城、威宁、毕节等地。

**人口分布**　据第五次人口普查登记，毕节地区穿青人约54万人，其中，织金县有穿青人23万多人，纳雍县穿青人约22.4万人，有0.86万人分布在大方、威宁、毕节、赫章、黔西、金沙等县。第六次人口普查时，穿青人的人口数据列入未识别民族栏，毕节地区有未识别民族人口约44.06万人。其中，织金县20.03万人，纳雍县19.32万人，大方县3.64万人，毕节县0.51万人，威宁县0.27万人，赫章县有0.18万人，黔西县0.1万人，金沙县0.01万人。穿青人人口，第六次人口普查时比第五次人口普查时减少9000多的原因，是部分穿青人为了外出务工、求学的方便而改为其他民族了。

**语言**　穿青人在很早以是有其独特的语言，被称为“老板腔”“老辈子话”或“穿青话”。使用汉字，但也有特点，主要表现：一是汉字读音有所不同。如穿青人把“房子”读成“黄子”“现在”读成“谢在”“两个”读成“碾过”“放下”读成“晃下”“回来”读成“肥来”“半边”读成“拜边”“头发”读成“头花”“吃饭”读成“吃焕”等。二是有部分词汇的含义与汉语不同。如汉语的“碗架”，穿青人却叫作“栈”或“碗栈”；人跌倒了，穿青人叫作“cuo”（即蹉的谐音）；抱小孩拉屎，穿青人讲“抽小孩屙戛”；未出阁的姑娘，穿青人叫做“婆”；把“盐巴”讲成“叶巴”等。穿青人讲老板腔，已有六百多年的历史。现在70多岁的老人还能讲。聚居区域离城镇集市较远的村寨，这种语音保存得多一些，如织金县以那的多吉、正平、板桥、果永等地。

**社会经济** 穿青人主要从事农业生产，兼小手业和家庭副业，如烧砂锅、纺织、编竹器、打草鞋等。平时赶场上市交换自己的农产品或土特产品，作为生活所需的补充，从不弃农经商。有“以家养艺保险，以艺养家危险”的格言作为治家之本、谋生之道。在古代，穿青人先民就使用耕牛、犁、耙锄、薅刀、镰刀、弯刀等畜力工具了。在运输上除使用马驮之外，习惯于人背负，不善肩挑，背篼、拐耙是主要运输工具，背篼的编制是数百年来的家庭副业。改革开放后，特别是毕节试验区成立以来，大多数穿青人都使用上汽车、飞机等现代交通工具。在居住环境上，穿青人基本上多住在乡间山冲、山坳或山间平地，少住城镇和街场。居住的习惯是同姓或几姓结成村寨，村连村、寨连寨，连绵几十里，自然条件较差。

**风俗习惯** 1.婚姻习俗。新中国成立前，穿青人一般不与外族通婚，多数开姑表亲和背鸡认亲。姑表开亲，就是姑妈家的儿女和舅舅家的儿女相互结为夫妇，叫接通亲路，又叫亲上加亲，代代相传。背鸡认亲，即媒人受男方家托到女方家求亲，女方家同意后，男方父亲要亲自带着儿子去拜望亲家时，要背去一笼鸡分送给女方家族内至亲。女方家受礼者均要设酒席款待，认识新开的这一门亲戚。总的来说，穿青人的婚姻习俗与跟其他当地族群一样受中原移民的影响，但有些特色习俗与其他民族的不同。（1）丢把凭。解放前，穿青人男女婚前是不能见面的，女的只能在每年正月男方来拜年时托姐妹将礼物转给男方，作为同意婚约的凭证，俗称丢把凭。姑娘们很注重送给男方的礼物，婚事一定，便暗暗准备，尽量把礼物办好。男方常根据礼物的好坏来猜测女方的人品才貌，俗称“不见人才见手脚”。（2）以鹅押礼。男方择定吉期给女方送去彩礼时，要随抱一只鹅以作“送礼物”的见证。到结婚之时，女家再配上一只鹅或另买一对鹅给男方家的接亲人抱回。意思是鹅好比大雁，永远成双成对，预示男女成婚只像大雁一样，永不分离。（3）打亲和闹亲。打亲，就是男方家接亲队伍来到女方家院中时，女方家要叫人把媒人和接亲的人拦在门外，或出言讥讽，或泼污水，或抹锅烟墨，或推扯，尽量发难；而新娘在屋里以哭的方式“咒骂”“背时媒人”“接亲乌龟”等，让媒人和接亲的人难堪。媒人和接亲者要尽快逃至堂屋内，才能免去这场“灾难”。闹亲，当媒人到了堂屋开始摆礼时，女方家往往“借故”礼物不周备而“大吵大闹”说男方家穷，不懂礼教，欺负人等，这时，男方家必须忍气吞声，尽以好言解释。“闹亲”有时闹得小可收场，须由女方家族中德高望重的老年人出面调解才罢休。（4）砍亲路和照亲路。要发亲时，新娘在姐姐或嫂嫂扶持下到堂屋拜别神灵祖宗，转三圈后走到院中便停下。这时，接亲队伍中一青年急忙闪出，挥舞弯刀，作劈山开路的样子，在前引路。两名拿亮槁的少年立即点燃火把，在砍路青年的后面照明，新娘起步随行，送亲和接亲的在后，簇拥着新娘上路。（5）赶亲。在古代的接亲过程中，当新娘去夫家走不多远时，其内亲如姑父姑母、姨父姨母、姐姐姐夫、哥嫂等多至20余人男男女女穿长衫、花衣、系腰带，带上汗巾，路远者，腰带上还挂双草鞋，簇拥着新娘步行到男方家，叫做“赶亲”。改革开放后，用轿车接亲的多了，赶亲的习俗也淡了。（6）披露水衣戴雨帽。新娘起身到夫家时，要披上一件男方老年妇女借来的象征福寿双全、儿孙满堂的衣服。同时戴上一个用三四尺长的一段青布临时做成的长尾帽，帽尾压着露水衣，其尾拖齐背心，以示驱邪。（7）讨奶母钱。新娘起身到夫家的当天，她的母亲要提一瓶四两重的油赶到男方家，此时，男方的母亲要出来迎接，并问：“梳的尖尖头，提的多少油，是拿点灯还是拿梳头？”新娘之母回答说：“梳的尖尖头，提的四两油，一拿点灯敬神，二拿照亮梳头。”新郎之母立即将其迎入家中款待，还要给一笔钱，叫奶母钱又叫送梳头油。（8）站花。古代，穿青人举办婚事一般要办四天，第一天叫“吃下马酒”，第二天叫“正酒”，第三天叫“拜客”，第四天叫“结发亲人”。在正酒天，新娘要起得特别早，梳好三把头，手提花汗巾，面对墙壁站立，凡是来吃喜酒的亲友，特别是姑婆和年轻的媳妇都少不了要涌进洞房观看，评论称赞一番，称为“站花”。（9）试新娘。在婚事结束的第四天，婆家送走亲人后，便找来一担桶给新媳妇，让小叔或小姑带到井边挑水，不管井有多远，要一口气挑到家，途中不停歇，不换肩，不要桶中的水泼出来，众亲友站在道路两旁观看，能者就称赞夸奖一番，不能者就是生得漂亮也得不到好评。（10）井边回门。按穿青人的习惯，没有回过门，新娘在一月内是不能下地劳动、不外出串门的。于是，便举行“井边回门”来代替新娘满月回门。新婚第七天，新娘便由丈夫带到井边，点对红烛，烧香五炷，然后新娘烧纸跪拜，祈求将来生活平安顺利。从此，夫妻才可以共同劳动，新娘也能走亲友了。

2.丧葬习俗。老年人正常死亡后，要举行丧葬仪式。其内容有：送终，包括扶死者落气、哭丧、鸣炮、沐浴、净身、理容、穿戴、吃汤饭、停丧、下榻、报丧、装棺入殓、设灵堂等过程；治丧，包括绕棺、救苦、解结、辞灵、过殿、破地狱、开路、开堂、点主、出殡、包括饯亡、清棺、出魂、抬丧等过程；安葬，包括择地、打井、背土、买地、复山、守孝等过程。在整个丧葬过程中，穿青人有下列特殊习俗与汉族和其他少数民族的习俗完全不同。（1）竹棍报丧。穿青年老人死后，孝家派人通知三亲六戚，谓之报丧。报丧者执竹棍（约三尺）去到亲戚家后，分男左女右将竹棍放于大门的左边或右边，表示见竹棍放大门的位置，就知道是哪一位老人去世了。亲戚奔丧时，同样要执竹棍到孝家。（2）垫“鸡鸣枕”。穿青女老人逝世后，装棺入殓时要垫“鸡鸣枕”。所谓鸡鸣枕，就是用布做成鸡形状的枕头，内装倒头纸灰，置于死者头部左边。据说给老人垫上鸡鸣枕，能庇荫子孙勤快，听到鸡叫就起床，不睡懒觉。（3）供茶吊孝。穿青人丧事吊孝，至亲至戚要下祭，下祭要牵活猪活羊，扎纸人纸马、“金山银山”、写祭帐祭文祭对、伴奏乐器。普通的吊孝叫供茶，就是拿一个糯米粑、三炷香、四页钱纸去吊孝。（4）买水浴身。老人去世后，孝子要带上纸钱、香和金属币到井边或河边，边烧香烧纸边哭死者，然后将金属币丢于井中，再打起一桶水回家。水运回家后先舀一碗放神龛上，后将水给死者洗身，孝子还要喝一口洗身水。晚上孝媳要用柳枝蘸神龛上的水洒放死者，边洒边哭嘱死者：“要喝阳间清凉水，不喝阴间迷魂汤。”（5）火把送葬。穿青人出殡时，众孝子要走在灵前送葬，正孝子执引魂幡在前，其他孝子执火把跟后（送出门走不很远），中途火把不熄灭的，象征今后顺利兴旺，中途火把熄灭的，预兆今后不利。（6）草鞋荐亡。老人去世，“开路”时要烧一双草鞋，以示给死者穿着上路。（7）拔牙。去世的老人若满口牙齿完好无损，要拔掉一颗入殓，或待其腐烂再拔掉一颗。（8）雀窝掩井。穿青人安葬老人时，挖好井后要拿一个事先准备好的雀窝连同纸烧在井内，而后移棺入井掩埋。（9）烧火照墓。死者入土安葬后，要在新坟前连烧三夜的柴火，后来改成送灯，即在死者墓前送三夜的灯。（10）吃素守孝。穿青人在守孝期间有很多禁忌，即不吃油肉，不吃辣椒，不吃大蒜，不喝凉水。若吃了辣椒，是对死者的心肠毒辣，吃了大蒜，喝了凉水，是嘲笑死者该死，所以，在“三七”内只能吃素菜，喝素汤，即“饭蔬饮水二十一日”等。穿青人认为凡在外面伤亡、病死于居住房外或结核病、麻风病死者，均属非正常死亡。这几种死亡的丧葬形式也各有不同。

3.装束。穿青人的生活习俗有别于其他民族，穿着打扮也有其特点：（1）妇女装束：头梳三把头，身穿夹领花襟套袖的三节袖两节衣，下穿青色大脚裤，脚穿尖钩满帮花鞋，腰系白色大腰带，腿裹脚，耳佩寸勾耳环，手戴银镯。三把头式构形特别，从前鬓拢发向上，扎以头绳，后拢发扎弯成“C”状前靠：余发从中拢起，略高前后两束扎紧，三束绾结，再用别簪斜插到后，其上罩一块长2.5尺、宽1.5尺的青白两色夹层头帕、挽成尖状向后结为燕尾型。（2）姑娘装束：头梳独辫，辫梢扎红头绳，朝后垂至腰间，衣服青色或蓝色，用白布镶边，袖为二节套成。腰系盘花短围腰。下装蓝色，脚穿包包花鞋或桂花耳草鞋。（3）男子装束：老年男子头戴一丈二尺长（小布）头帕，身穿青色长衫，腰系青色腰带，下穿蓝色或青色大脚裤，脚穿草鞋。青年男子，常穿对襟青色或白色短衫，头戴大白帕，戴帕时，在额上卷成人字形装饰，或在左边让帕须垂至耳肩。下装大脚裤，系花裤带，脚穿草鞋。（4）儿童装束：头戴狗头帽、猫头帽、喜鹊帽。各种童帽不似形象，而且绣有花纹，胸戴转转花兜胸和兜肚。女童衣着亦青色或蓝色，鞋上也绣有花纹，护理幼婴的襁褓，其状别致，花样新颖。穿青人服装多为自制。妇女们自种苎麻，自己纺纱织布；自种青靛，自安染缸染布缝衣，尤其是刺绣，别有独到之处。穿青妇女从前穿裙子，裙子为青色，裙边绣有栏干花。穿青人以前姑婆出嫁时要穿“站裙”，到夫家三天后才脱下，以后每逢喜事做客再穿。五显启坛科书上载：穿青妇女“头上梳的尖尖头，身上穿的青青衣，脚下穿的青青裙”。随着社会的发展，穿着人的装束有一定的改变，但在一些边远山区，仍有些穿青妇女还保持原来的穿戴，有的女老人在临终时，还要穿好原装，梳好三把头才安然内寝。

4.体育活动。穿青人的青少年在春节期间喜欢开展“打秋”等体育活动，秋的种类有“磨磨秋”“高秋”“浪秋”“莲花秋”（又叫“滚龙秋”）等，其中惊险有趣的是“莲花秋”即在场内立两根木桩，两桩中部横穿一木，横木上设一梯状装置，让横木穿其中心而可转动，玩时两端各一人，扶稳坐好，上下翻转如莲花盛开。此外，穿青人的体育活动还有很多，比如：“滚坛子”“翻羊马”“撵母猪窝”“打鸡儿棍”等。

5.节日。穿青人过的节日有大年、小年、三月三、四月八、七月半、九月二十八、十月初一，其中古老而特有的节日是九月二十八，较为隆重的是大年、小年和四月八。

九月二十八日：相传是五显神的生日，是穿青人特有的古老节气。这天，家家都要杀鸡祭祀，燃香焚纸敬供五显菩萨。在穿青人的习俗中，九月为一年结束，十月为一岁之首，十月初一新的一年又开始，应该诚心祷告五显菩萨降福于人们。所以九月以后，穿青人要庆五显坛，跳菩萨，庆祭活动更为热闹。《黔记》：“……土人，以九月祀五显神，远近邻人咸集，吹匏笙，联袂婉转，以足顿地为乐，至暮而还。”

大年节：大年以除夕至初五共五天，初五以后叫放年。除夕打糯米粑供神，打吃的粑粑比任何节日都要多，一般准备够吃到正月十五。供神粑五个，供饭五碗，供酒五杯，这都象征着对五显菩萨的奉供。正月初五用一个供神粑煮在甜酒中吃，说五显神保佑其全家平安。留着四个到十五元宵节拿在菜园中“吃菜虫”。初五与除夕一样隆重，出阁的姑婆也要接回来团聚。十五元宵节叫过小年，这天要到园中去边吃糯米粑边念：“吃菜虫”：要用肉喂树子，让树结的果子多；要用人装扮成野猫遍村追逐，说这样做今后野牲不进寨子；用冬青树叶在火中烧出哔哔叭叭的声音，这叫“爆格”，象征将臭虫、蛋、子、蛇蚤等寄生虫烧死。

四月八：用一种叫染饭花的植物花将米饭染黄来吃，叫“吃染饭花”，并在大门上贴一道符，符用黄纸架十字写上“佛生四月八，毛虫今日嫁，嫁在深山外，永远不归家”等字。

十月初一：十月初一求雄鸡一只供牛王菩萨，打粑粑套在牛角上，给牛披红挂彩，牵牛到塘边喝水照镜，慰劳牛一年的辛苦。

6.禁忌。大年初一，早上不喊起床，不向外泼水、扫灰，不串门，不出财，不开堂屋大门，不劳动，不下生（吃现成饭菜）；禁用桐油和牛、马、犬肉供神；“红煞日”忌出门、立房、经商、办婚事；逢戊日忌动土；祭神时忌乱说话；产妇忌进堂屋立于五显坛前，忌跨越大门；孕妇忌给别人接亲、送亲；人生了病要插标忌生。还有天上不吃雕、鸽、雁，地上不吃牛、马、犬。认为雕、鸪是五显神喜欢的鹰，雁鹅是结婚成家立业的见证，牛是耕田地的，马是驮运东西的，狗是带来五谷种子的，都只能敬，不能吃。近年来，虽然很多穿青人的中青年人已解禁，但这些动物的肉、油是绝对不能进入穿青人堂屋的，只能在其他房间里进食，原因是堂屋里供有五显神，怕得罪神灵而遭惩罚。禁忌说“通背猴”三个字，因为穿青人崇拜的山魈的别称叫通背猴，认为这样说是辱骂祖宗。

7.唱花灯。“唱花灯”是穿青人的一种文化活动。其表演内容多以平民百姓常生产劳动、爱情生活、民俗、宗教信仰及一些家喻户晓的历史故、民间故事传说、历史人物，或根据人情世态口编创作的内容题材，用方言俚语谱入花灯曲调进行演唱，反映事件过程、命运沉浮和表达人们对社会、人生的理想追求。在穿青人的文化特征中，除丰富多彩的民间故事以外，音乐方面还有很多不同形式的傩戏傩舞、山歌小调等等。

**信仰图腾** 穿青人崇拜图腾山魈演化成供奉五显神，视五显神为恩神、福神，是一切神中地位最高的上神、天下正神、家神。穿青人信仰五显神的方式主要有：每年九月进行油祭，为时四十九天，庙内做“法事”，庙外搭台演唱《目连救母》等大戏。改为家祭后，一是家家立五世代供奉，立坛是用一小陶罐，由穿青道士做几则法事之后，装入米、盐、茶、金属币，以小碗杯罩实封严，再用竹篾编个小兜保护起来，放置于堂屋神壁的左上方；二是每隔一定时间就要举行“庆坛”活动，把信仰外物化、具体化、程式化。庆坛是在各家各户堂屋里举行，由穿青道士专门承担扮演傩戏。整个庆坛活动有礼仪法事，有傩歌、傩舞、傩戏，相互穿插进行。庆坛日期在每年九月至除夕之间选择，时间少则一天两夜，多则7天7夜。这种庆坛活动过去是每接一个儿媳举行一次，或“三年两头庆”，伴随给已分家的儿子分坛，一代又一代的传承发展。现在一般是儿子们都另立成家后，由父辈主持庆一次，并分坛给其儿子，留老坛给最小的儿子供奉，叫“一辈人庆一次”或“换顶敬人”。庆坛的内容有：起坛，发功曹，请圣领牲、交牲，请神下马、淌白，练兵、调兵、招旗、放兵，造桥、拈香、合会，进大郎殿，进云霄殿，进二郎殿，进四府殿，岳王殿，灵浮殿，山霄殿，南游殿，水霄殿。庆赛结束，安神等。信五显即供五显坛是穿青人的主要标志。

## 二　蔡家人

**称谓**　蔡家人，又被称作蔡族、蔡家族或菜族，是分布在毕节及周边地区的一个世居的未识别民族，古代的西南九夷蛮之一。蔡家人自称“门里”，汉语称之为“蔡家”，彝语称之为“阿武哪”，苗族称之为“啊乌”或“斯聂”，布依族称之为“布阿武”等。

**源流**　蔡家人是蔡国人的后裔。蔡国，是周朝的一个诸侯国，国君为姬姓。周武王克商建周后，封姬度于蔡，称蔡叔，定都于蔡（今河南荥阳祭城村）。蔡叔参与武庚叛乱失败被流放，周成王复封蔡叔的儿子姬胡蔡国，其都邑迁往今河南上蔡。公元前447年，楚惠王灭掉蔡国。一部分蔡人被西迁于黔西北地区，此后两千多年的时间里，他们不断与当人融合，繁衍生存。

**人口**　据1983年民族识别的统计，大方县5362人，织金3952人，纳雍3049人，黔西2463人，威宁2123人，赫章957人，毕节645人，毕节地区除金沙县尚无统计外共有蔡家人18000多人。之后，为了便于外出求学和工作，蔡家人的身份证都先后改为邻近的彝族或白族或苗族等民族的族称了。

**风俗习惯**　蔡家人有单一独特的语言——蔡语，蔡家人不仅会蔡语，还会汉语、彝语、苗语等。但是为了与当地人更好地融合，避免被其他兄弟民族的怀疑，蔡家人在公共场所时选择其他民族的语言交流，不说蔡家话。蔡家人有独特的工艺，祖传的有擀毡、种痘等。蔡家人的服饰与彝族服饰很接近。婚丧礼节与其他民族有所不同，蔡家人代代相传道：“卿卿毡髻我毡裳，做戛匆匆兴不常。几见鸳鸯能作家，销魂人赠返魂香”。蔡人为楚所俘，流落在贵筑清平、修文、清镇诸县，及大定之威宁、平远州等地。“男女制毡为衣，妇人以毡为髻饰，以存布若牛角状，长簪绾之。夫死将妇殉葬，妇所私挟，众夺之去乃免。其聚会亲属，椎牛跳舞，名曰做戛”。

**附：毕节地区少数民族人口统计（第四次人口普查资料）**

| 序号 | 民族 | 人口 | 男 | 女 |
|---|---|---|---|---|
| 1 | 总人口 | 5925744 | 3066436 | 2859308 |
| 2 | 汉族 | 4363662 | 2262067 | 2101605 |
| 3 | 彝族 | 438289 | 225319 | 212970 |
| 4 | 苗族 | 387438 | 198271 | 189167 |
| 5 | 白族 | 89419 | 46673 | 42746 |
| 6 | 回族 | 71065 | 26556 | 34509 |
| 7 | 布依族 | 49659 | 25916 | 23743 |

续表

| 序号 | 民族 | 人口 | 男 | 女 |
|---|---|---|---|---|
| 8 | 仡佬族 | 20754 | 11112 | 9642 |
| 9 | 蒙古族 | 12821 | 7065 | 5756 |
| 10 | 水族 | 7540 | 3997 | 3543 |
| 11 | 满族 | 7280 | 3738 | 3542 |
| 12 | 黎族 | 1092 | 594 | 498 |
| 13 | 壮族 | 867 | 447 | 420 |
| 14 | 侗族 | 369 | 227 | 142 |
| 15 | 土家族 | 286 | 158 | 128 |
| 16 | 京族 | 167 | 75 | 92 |
| 17 | 土族 | 157 | 94 | 63 |
| 18 | 傣族 | 52 | 18 | 34 |
| 19 | 藏族 | 27 | 7 | 20 |
| 20 | 瑶族 | 20 | 10 | 10 |
| 21 | 仫佬族 | 17 | 9 | 8 |
| 22 | 朝鲜族 | 10 | 6 | 4 |
| 23 | 畲族 | 10 | 4 | 6 |
| 24 | 高山族 | 10 | 8 | 2 |
| 25 | 独龙族 | 9 | 3 | 6 |
| 26 | 哈尼族 | 7 | 1 | 6 |
| 27 | 羌族 | 7 | 5 | 2 |
| 28 | 怒族 | 6 | 1 | 5 |
| 29 | 布朗族 | 5 | 3 | 2 |
| 30 | 德昂族 | 5 | 5 |  |
| 31 | 佤族 | 4 | 1 | 3 |
| 32 | 拉祜族 | 4 | 2 | 2 |
| 33 | 撒拉族 | 4 | 2 | 2 |
| 34 | 纳西族 | 2 | 1 | 1 |
| 35 | 毛南族 | 1 |  | 1 |
| 36 | 普米族 | 1 |  | 1 |
| 37 | 赫哲族 | 1 |  | 1 |
| 38 | 未识别民族 | 474677 | 244051 | 230626 |

# 第十一节　民族事务

## 一　民族工作机构

**机构沿革**　1950年8月1日，毕节专署设置民族事务委员会，内设办公室，主要职责是管理全专区民族事务工作。是年，全专区各县相继成立县民族事务委员会开展民族工作。1966年5月受“文化大革命”影响，全专区民族事务工作瘫痪。1973年3月，恢复地区民族事务委员会。1979年地区民族事务委员会与行署宗教科合并，建立毕节地区民族宗教事务委员会。1989年6月，与宗教分设。1990年，再次与行署宗教合并。1991年1月8日，地区民族事务委员会（宗教处）内设置办公室、财经科、文教科、宗教业务科。职责是：贯彻执行中共中央关于少数民族工作的方针、政策，实施中共贵州省委、省政府关于民族工作的各项决定，管理民族事务，帮助少数民族发展经济、文化，巩固民族团结，发展社会主义民族关系，促进各民族共同繁荣。1996年6月，改为毕节地区民族宗教事务局。2001年10月15日，毕节地区民族宗教事务局职责是：负责民族法律、法规和政策的宣传教育，督促、检查、推动实施民族政策和法律法规，依据国家宪法和《中华人民共和国区域自治法》以及其他有关法律，拟定全地区民族工作的具体政策和规章，并组织实施和监督检查。参与民族区域自治制度建设和民族区域自治法的贯彻实施；监督检查《城市民族工作条例》《民族乡行政工作条例》的贯彻实施。管理和做好民族成分的识别、恢复、更改审核上报工作；协调处理民族关系，配合有关部门处理民族方面的突发事件和影响社会稳定的问题。参与制定民族自治地方特殊政策和措施及有关民族自治地方国民经济和社会发展的中长期规划；参与少数民族和民族地区的扶贫和对外协作工作。参与少数民族和民族地方教育、科技、卫生、体育事业的管理和建设，促进民族地区社会全面发展。配合组织、人事部门做好少数民族干部的培养、选拔和使用。协助做好少数民族和民族地区对外宣传工作，组织接待少数民族人士学习、参观、考察事宜。承办行署和省民族事务委员会交办的其他事项。民族宗教事务局下设办公室、计经科、宣教业务科等4个科室。2004年，分设民族事务委员会和宗教事务局，合署办公，增编6人。历任正主任、局长：杨伯瑶、卢嵩文、赵世岱、安启崇、祝朝珍、郭厚芳、陈长友、梁兴华、吴学军、王兴明；历任副主任、副局长：时思文、刘毓华、陆堂珍、张文勇、项必英、龙德渊、李珍和、李羡道、杨朝云、马培译、马光树、康庆明、张永忠、李洪应、彭斯慧。

**下属事业单位**　1.毕节地区彝文翻译组。1955年成立，1966年5月撤销。1977年10月，中共贵州省委批准恢复毕节地区彝文翻译组为临时机构，时限3年。1980年7月，中共贵州省委批准毕节地区彝文翻译组为常设机构，编制5～7人，隶属地区民族事务委员会，负责彝文古籍资料翻译和整理。

2.毕节地区民族研究所。1989年省编制委员会批准成立，隶属地区民族事务委员会，编制8人。经费由地区财政预算列支。其职责是：专门研究毕节地区少数民族的历史、政治、经济、文化的变迁和民俗风情，为各级党委提供社会经济发展和制定民族政策的依据。1994年，民研所增设苗文翻译室、布依文翻译室，增编2人。

## 二　宣传贯彻民族政策

1950年，中共毕节地委、毕节专署结合实施《中国人民政治协商会议共同纲领》，把疏通民族关系，打破历史造成的民族隔阂，调解民族之间和民族内部纠纷，加强与少数民族联系工作作为民族工作的重要内容。是年12月15日至19日，费孝通率中央访问团访问毕节专区，将毛主席、朱总司令亲书锦旗及盐巴、布匹、针线、书籍赠予各少数民族同胞，苗、彝同胞代表亦献上锦旗、礼服及装饰品。18日，举行少数民族座谈会，费孝通给到会少数民族代表讲述国家民族政策，听取各少数民族同胞代表意见。19日到赫章、威宁访问。1951年4月14日，中共毕节地委制发《关于少数民族地区工作问题的指示》：要求各地动员少数族民群众作好清理债务问题。完成清匪、反霸、减租、减息、征粮任务和在少数民族地区进行工作的方法和问题。1952年，中共毕节地委、专署制发学习贯彻《中华人民共和国民族区域自治实施纲要》《中央人民政府政务院关于地方民族民主联合政府实施办法的决定》《中央人民政府政务院关于保障一切散居少数民族成分享有民族平等权利的决定》的通知，要求全专区认真学习上述文件，执行《共同纲领》中规定的民族政策，做好民族工作，巩固和发展全专区各民族团结、合作。从1950年7月至1952年底，中央人民政府、西南民族事务委员会，省民族事务委员会、中共毕节地委和毕节专署多次组织民族工作访问团，深入民族地区访回少数民族上层人物和各界代表人物；区别不同地区、不同民族情况，召开座谈会、民族代表会或民族联谊会，传达中央人民政府对各兄弟民族的关怀，宣传《共同纲领》规定的民族政策，协助具备条件的少数民族地区筹建自治地方和民族乡。1953年，中共毕节地委、毕节专署在半年内召开两次县委书记、县长会议，要求各级党组织、各级政府的广大干部及广大人民，普遍深入进行1次民族政策大学习、大检查，联系实际、联系思想，用批评与自我批评方法，集中批判大汉族主义，使党员、干部和群众受到民族政策的教育。全专区在少数民族地区、民族杂居地区，贯彻中央的民族平等、民族团结、民族区域自治及民族繁荣，培养各族干部和积极分子的政策，废止民族歧视和民族压迫，推动完成清匪、反霸、减租、减息、征粮任务和镇压反革命分子、土地改革、抗美援朝任务。1954年，选举乡人民代表，少数民族代表占33.29%；选举县人民代表，少数民族代表占30.42%。1956年，全专区在实施农业生产合作化，规定保留少数民族麻地、靛地、姑娘地、灵房地和清真寺、跳花坡、马郎坡用地；保留彩礼牛羊、姑娘牛羊、打戛牛、斗牛、圣祭牛及苗族、彝族用以擀毛毡毛羊，回族食用牛羊；保留风水林、古树（神树）、祭山林；对少数民族的节假日、狩猎及其妇女织麻、纺线、织布、绣花给予时间和方便。是年12月29日，中共毕节地委召开全专区县委书记、地直各部门负责人会议，传达中共中央《关于进一步开展统一战线工作检查和民族政策执行情况的检查》。1957年组织检查自治县、民族乡和少数民族较多的县有关民族政策贯彻情况，听取党内外少数民族干部意见，以克服大汉族主义和地方民族主义。

1973年3月，恢复地区民族事务委员会，各县相继恢复民族事务委员会，民族工作逐步走上正常化。1979年，地县区分别召开民族工作会议贯彻中央和省民族工作精神，研究部署民族政策再教育工作。1980年，按照国家和省民族政策规定，对毕节地区报考大专院校的少数民族考生降低两个分数段录取；对报考中等专业学校的少数民族考生降低10分录取。此后，各县按照威宁彝族回族苗族自治县的做法，对报考初、高中的少数民族考生实行降分录取，地区民族事务委员会与教育部门协商，对少数民族女生再降5分录取；对纳雍、赫章、威宁县的少数民族考生再降一个分数段录取；对苗族、仡佬族考生再降20～30分录取。是年，在苗、彝族聚居地方相继办起民族语文教学班、点，开展双语教学。1981年，中共毕节地委和各县县委确定一名常委分管民族工作，地、县民委一般配备干部3～5人，多的6人，帮助少数民族发展经济、文化事业。是年，中共毕节地委印发〔1981〕15号文件，要求大张旗鼓地宣传民族政策，整理、翻印毛主席、党中央有关民族政策和重要讲话3.57万份，发至各县。是年，恢复苗族跳花坡、布依族跳花节用地33处。1983年初，中共毕节地委拟发《关于进一步贯彻落实党的民族政策，增强民族团结，加速民族地区经济建设的意见》，要求各县，进一步贯彻落实党的民族政策，广泛深入持久地进行民族政策和民族团结教育。要求各县、各单位、各部门、厂矿、学校等每年集中开展1次“团结周”或“团结月”活动。1984年，全地区民族工作实现从民族事务性工作转向民族经济建设；从平均主义的扶贫转向有重点帮扶；从被动性配合转向主动性参与的工作转移，有效促进全地区民族经济建设及民族团结。是年8月21日，中共毕节地委、毕节地区行署召开全地区民族团结表彰大会，表彰19个先进集体和15名先进个人。1987年，中共毕节地委、毕节地区行署召开贯彻中发〔1987〕13号文件电话会议，要求各级党委必须把民族工作纳入议事日程，组织安排民族经费541.09万余元，帮扶民族贫困地区。1980～1990年，全地区共组织民族经费5890.4万元，帮助少数民族乡、村发展经济、文化教育、交通、水电、种植业、养殖业和乡镇企业。1990年8月，地区再次召开民族团结进步表彰大会，表彰民族团结先进个人85名，先进集体61个。是年9月22日，地区行署布置地直机关各工作部门检查民族区域自治法贯彻实施情况。1991年，地区民委组织576.5万元民族经费，扶持发展民族地区各项事业，解决贫困少数民族群众的温饱问题。同时，地区民委牵头、地区扶贫办、科技、农牧、广播电视、教育、卫生、交通、财政、乡镇企业、智力支边办相配合，在威宁自治县石门坎研讨扶持石门坎发展经济的办法。是年12月19日，地区行署决定兴建毕节地区民族中学。

1992年，民委共组织民族经费567.38万元，帮助民族地区发展农业、林业、交通运输、文教卫生和水电事业。是年8月31日，中共毕节地委、地区行署作出《关于将每年10月定为毕节地区“民族团结月活动”的决定》。1994年5月17日，中共毕节地委、地区行署制发《关于贯彻（城市民族工作条例）的决定》《关于贯彻（民族乡行政工作条例）的决定》，要求各级在总结经验的基础上，加强调查研究，按照两个条例作好民族工作。1995年下半年起，地、县民族宗教事务局定少数民族较多的毕节市大新桥小河村和梨树镇平乡村、大方县理化苗族彝族乡大塘村大水井村民组、黔西县红林彝族苗族乡六斗村及金坡苗族彝族满族乡化哪村、金沙县新化苗族彝族满族乡新良村、织金县茶店布依族苗族彝族乡桂花村、纳雍县鬃岭镇半边街村、威宁自治县哈喇河乡马店村、赫章县珠市彝族乡核桃村定为奔小康试验村。定纳雍县昆寨苗族彝族乡朴塔凹村民组、威宁自治县龙场镇为扶贫攻坚试验点。1997年新良村被省委、省政府评为红旗村。1998年，平乡村、化哪村、桂花村、半边街村被中共毕节地委评为五个好示范村。1996年3月11日，中共毕节地委、毕节地区行署拟发《关于进一步加强全区民族工作和宗教工作的意见》，要求：1.继续深入开展马克思主义民族理论和党的民族政策宣传教育，加深做好民族工作的重要性和复杂性认识，切实增强紧迫感和责任感，继续执行中共毕节地委、毕节地区行署关于加强全区民族工作的决定，进一步提高各级各部门做好民族工作的自觉性，使决定真正落到实处，使全地区民族工作更富有成效。2.认真贯彻实施《中华人民共和国民族区域自治法》《威宁彝族回族苗族自治县自治条例》《城市民族工作条例》《民族乡行政工作条例》，切实保障散杂居住少数民族的平等权利。3.普及改善民族地区基础设施和农业生产条件，发展民族经济，加快脱贫致富步伐。4.积极发展民族地区教育、科技、文化、卫生等事业，努力提高少数民族素质。5.大力培养和选拔少数民族干部，重视培养和选拔少数民族妇女干部。6.加强民族工作部门建设，发挥好参谋助手作用。7.加强对民族工作的领导。

2001年，地区民宗局翻印《中华人民共和国民族区域自治法》《民族乡行政工作条例》《城市民族工作条例》和大幅宣传品3000多份，分送地区直属有关部门、全地区各乡镇、村民委员会；利用广播、电视、报纸等对“一法两条例”宣传；各县市利用民族传统节日设点宣传。在“十月民族团结活动月”中，以宣传民族政策、法律法规，加强民族团结为主线，为民族办实事为主要内容，以解决难点为突破口，进行广泛深入的民族团结、进步宣传活动。省、地共安排经费599.07万元，用于民族地区交通、人畜饮水、输电、住房等基础设施建设；安排2206万元，为28所学校改善条件。2003年12月6日，威宁自治县中水、玉龙2乡镇发生地震，地委、行署、民宗局及地直其他部门及时组织人员到灾区慰问，解决生活问题，稳定社会秩序。2004年，全地区举行颁布《中华人民共和国民族区域自治法》20周年庆典，通过宣传，促进各族群众对国家政策法规认识了解，增强民族政策法规和各民族之间相互沟通。是年，民宗局协助地区民族中学申办省示范性普通高中和省民族传统体育项目训练基地；向省民宗委争取资金改善各县市民族学校教学设施；筹措资金解决少数民族子女入学难问题。翌年底统计，全地区有民族师范1所，民族中学5所，民族小学28所；在校少数民族小学生27万余人，在校初中生9万余人，高中生1.6万余人。2005年初，根据上级业务部门部署和要求，地区民宗局把选点织金县茶店乡红堰村作为民族地方小康村建设试点。

2005年出台了《中毕节地委　毕节地区行署关于进一步加强民族工作加快少数民族和民族地区经济社会发展的贯彻实施意见》，2010年，出台《毕节地区行政公署关于贯彻落实一法两规定的实施意见》；2011年下发《毕节地区行政公署办公室关于印发毕节地区贯彻落实贵州省“十二五”民族事业发展十大推进计划实施方案的通知》，加快少数民族地方各级社会全面、快速发展，构建和谐民族关系。

## 三　民族识别

1953年，毕节专区第一次开展全国人口普查登记族别时，除国家公布承认的民族外，还有

9个自报民族，人口23.3万人。1954年，毕节专署组织人员调查南京、仡佬、侬人、蔡家、七姓民族，搜集历史资料，提供上级作鉴别参考。1955年4月26日至5月5日，毕节专署召开全专区民族识别工作会议，传达贯彻省民族识别会议精神，部署全专区民族识别工作。是年，全国人大民族委员会派中央民族学院教授费孝通、王静儒和国家民委宋蜀华来贵州考察识别未定民族。成立以费孝通为队长，李仿尧、王静儒为副队长的毕节专区民族识别队，对穿青人、南京人、龙家、里民、蔡家、七姓名、羿人、仡佬、卢人进行调查识别，后经国务院批准，认定仡佬为单一民族。对其余8个自报民族共同体的民族成分，提供一些初步看法。费孝通编写《关于贵州西部若干较小的民族集团初步调查材料汇综》。1981年9月4日，毕节地区成立民族识别办公室，10月5日至13日，召开地区民族识别工作会议，安排和部署全地区民族识别工作，并划定识别任务。穿青人由织金、纳雍县承担；蔡家人由织金、大方、赫章县承担；龙家、南京人由毕节、大方县承担；卢人由黔西、金沙县承担；民家、羿人由毕节、大方县承担；七姓民由威宁县承担。同时进行自报侬家、仲家、古族、蒙古族、黎族的了解摸底。会后，各县均成立民族识别办公室。地、县抽调专职人员，深入开展识别工作。1982年，地区行署行文同意威宁七姓民287户1500人恢复为白族。1983年，地区行署行文批复金沙六额子14个姓氏362户1790人为满族，随后各县人民政府同意将卢人归属满族。1983年，内蒙古自治区到大方县了解余姓返本归原蒙古族的有关事宜，经考察后，散居在大方、黔西、金沙的余姓7202人确认归入蒙古族。1985年，根据南京、龙家人与白族相近的特点，地区组派专人赴云南白族居住地考查，证实南龙人在族源问题、地域关系、居住环境、社会性质、语言特征、房屋建筑、服饰、丧葬习俗、图腾崇拜、宗教文化、心理素质、姓氏族谱方面与白族有相同点或相近点。经过协商，绝大部分南京、龙家人愿意认同为白族。1988年，省人民政府分别行文批复，同意毕节、大方、黔西、织金、赫章共6.79万人认同为白族。1982年，经民族识别，认定居住在毕节1.73万蔡家人为少数民族。鉴于蔡家人人数少的因素，国家和省民族识别办公室建议，不定为单一民族，可认定同习俗相近相同的已定民族。经过民族识别，羿人认定为少数民族，国家和省民族识别办公室建议，可认同已定的民族。未认定穿青人。经过民族识别，原报黎族的系蔡家人；原报壮（仲）族的是布依族；原报民家的系穿青人；原报侬家的是南京人、龙家人；原报古族的实系仡佬族。

## 四　民族区域自治

**威宁彝族回族苗族自治县**　20世纪50年代初，威宁县人口35.6万余人，其中少数民族9.2万余人，占总人口的25.84%。各少数民族人口分别是：彝族3.7万余人，回族2.4万余人，苗族2.3万余人，其他少数民族约0.8万人。中共毕节地委、毕节专员公署根据《中国人民政治协商会议共同纲领》关于“各少数民族聚居地区，应实行民族区域自治”的规定研究报经上级批准，于1954年6月12日成立威宁县区域自治筹备委员会。11月5日，召开威宁县联合政府第一届人民代表大会第三次会议，中共威宁县委提出人选建议，以无记名投票方式，选举29人组成威宁县人民委员会成员，其中彝族6人，回族4人，苗族4人，布依族1人，汉族14人。选举县长、副县长。11月11日，威宁彝族回族苗族自治区人民政府成立。1955年1月21日，省人民政府报经国务院批准，改称为威宁彝族回族苗族自治区人民委员会。是年6月21日，将威宁彝族回族苗族自治区改称为威宁彝族回族苗族自治县。自建立自治县以来，当地中共组织和各级政府贯彻《民族区域自治法》和国家民族政策，政治上稳定，民族团结，工农业及各方面事业发展。1992年11月贵州省第七届人大常委会第27次会议批准实施《威宁彝族回族苗族自治县自治条例》。

民族乡　1956年，毕节专区贯彻《中华人民共和国宪法》和国务院《关于建立民族乡的规定》，在辖区内建立起60个民族乡。分别为：毕节县7个，治中彝族乡、野鸡彝族乡、乐都彝族乡、公子河苗族乡、左泥彝族乡、田坎彝族乡、千溪彝族乡。大定县13个，青山彝族乡、海马彝族苗族乡、安乐彝族乡、凤山彝族乡、新民彝族乡、白鹤彝族乡、普底彝族苗族乡、吉星彝族乡、民乐彝族乡、菱角苗族乡、大水彝族乡、天桥彝族乡、平寨彝族乡。黔西县11个，耿底彝族乡、借魁彝族苗族乡、沙坝彝族苗族乡、治中布依族乡、铁盔苗族乡、安乐彝族苗族乡、化屋苗族乡、金坡苗族彝族满族乡、石板苗族彝族乡、黄泥苗族彝族乡、化石布依族苗族乡。金沙县3个，三岔彝族苗族乡、笔架彝族苗族乡、构皮苗族彝族乡。织金县5个，支东苗族乡、箐脚苗族乡、官寨苗族乡、沙桂布依族乡、三坝苗族乡。纳雍县6个，黄家屯彝族乡、义德彝族苗族乡、中心苗族乡、箱子苗族乡、坡其彝族苗族乡、奢沟苗族彝族乡。威宁自治县1个，新发布依族乡。赫章县14个，毛姑彝族苗族乡、结构彝族乡、新发（兴发）彝族乡、野里彝族苗族回族乡、雉街彝族苗族乡、发达彝族乡、珠市彝族乡、诺素彝族乡、以那彝族乡、葛布彝族苗族乡、麻腮彝族苗族乡、板底彝族乡、四方彝族苗族乡、中寨彝族乡。1985年，推行人民公社化，实行政社合一体制，民族乡消失。1984年5月31日，毕节地区贯彻实施《中华人民共和国民族区域自治法》，结合民族散居、杂居特点，地、县组织人员深入调查，按照建立民族乡条件，报请省人民政府批准恢复和新建民族乡167个。其分布为：毕节县14个民族乡，其中烙烘、左泥、千溪、野鸡、田坎、治中、乐都、柳弯、团结、岩脚为彝族乡；公子河、小哨为苗族乡。海戛、木来为彝族苗族乡。大方县33个民族乡，其中则鸡、中坝、长春、法沙、安化、星宿、松鹤、三元、大山为苗族彝族乡；海马、竹园、吉星、鹏程、普底、新开、天桥为彝族苗族乡；凤山、新民、安乐、化育、白鹤、撮坝、民乐、核桃、中箐、大水、坪寨、戛木为彝族乡；青山、白岩为彝族仡佬族乡和菱角苗族乡、施梨苗族仡佬族乡、黄泥彝族满族苗族乡。黔西县28个民族乡，其中黄泥、铁石、协合、长槽、石板、桃井为苗族彝族乡；安乐、杉寨、柏杨、沙坝、借魁、定新、新阳、桃园、纸厂为彝族苗族乡；小寨、化屋、铁盔为苗族乡；新田、花溪、耿底、仁和为彝族乡；五里、治中为布依族乡和化石布依族苗族乡、沙井苗族彝族仡佬族乡、仡仲彝族布依族乡、金坡苗族彝族满族乡。金沙县18个民族乡，其中三岔、环路、打坝、笔架、契默、马路为彝族苗族乡；青木、高坪、构皮、湖水为苗族彝族乡；木杉、新化为苗族彝族满族乡及上山苗族乡、大川彝族乡、红梓苗族仡佬族彝族乡、宋坪、大贤为苗族满族乡、绿竹彝族苗族布依族乡。织金县16个民族乡，其中岩洞口、箐脚、支东、大平、二坡、官寨、上坪寨、平寨为苗族乡；熊寨、金家坝、讨瓦为苗族彝族乡及务卜苗族彝族布依族乡、沙桂布依族乡、海马布依族苗族乡、少普彝族苗族乡、大方寨彝族乡。纳雍县29个民族乡，其中加戛、黄家屯、箐沟、梅花箐、坡其、治沟、杓坐为彝族苗族乡；新房、以角、咪布、沙落、石关、化作、姑开、引底、羊场、锅圈、凹梳、昆寨、猪场、新寨为苗族彝族乡；海座、自戛、碓叉、箱子、马摆、自新为苗族乡及堰塘苗族彝族布依族乡、老凹坝苗族布依族彝族乡。威宁自治县：新发布依族乡。赫章县28个民族乡，其中：洗菜河、雉街、天生桥、双坪、葛布、麻腮、四方、朱明、毛姑为彝族苗族乡；兴发、安啷、古木、石板河为苗族乡；发达、则雄、诺素、珠市、以那、恒底、花泥、结构、石龙、中寨为彝族乡；新民、河镇、花场为、苗族彝族乡及野里彝族回族乡、松林坡白族彝族苗族乡。

1991年，中共毕节地委、毕节地区行署贯彻中共贵州省委、省人民政府关于建镇、并乡、撤区的指示，以方便管理为原则，按区域划分，将原来167个民族乡并建为77个民族乡。其中毕节县6个，大方县18个，黔西县15个，金沙县7个，织金县8个，纳雍县10个，威宁自治县1个，赫章县12个。民族乡占全地区250个乡、镇、街道办事处的30.8%。77个民族乡共1.36万平方千米，占全地区面积的50.47%。

### 1994年毕节地区所辖民族乡人口面积统计表

单位：平方千米、万人、%

| 县市 | 乡名 | 面积 | 人口 | | 县市 | 乡名 | 面积 | 人口 | |
|---|---|---|---|---|---|---|---|---|---|
| | | | 总数 | 少数民族占 | | | | 总数 | 少数民族占 |
| 毕节 | 阴底彝族苗族白族乡 | 117.4 | 3.01 | 24.31 | 大方 | 黄泥彝族苗族满族乡 | 84.57 | 1.41 | |
| | 千溪彝族苗族白族乡 | 58.2 | 1.77 | 27.6 | | 核桃彝族白族乡 | 88.04 | 2.88 | |
| | 团结彝族苗族乡 | 84 | 1.93 | 24.78 | | 八堡彝族苗族乡 | 107.01 | 3.21 | |
| | 田坎彝族乡 | 57.9 | 1.38 | 22 | | 兴隆苗族乡 | 98.55 | 2.49 | |
| | 大屯彝族乡 | 56.4 | 1.77 | 21.41 | | 大山苗族彝族乡 | 84.12 | 1.49 | |
| | 阿市苗族彝族乡 | 101.7 | 2.52 | 21.75 | | 星宿苗族彝族仡佬族乡 | 124.36 | 1.05 | |
| 大方 | 竹园彝族苗族乡 | 53.9 | 2.12 | 39.9 | | 太来彝族苗族乡 | 100.3 | 2.88 | 33.7 |
| | 响水白族彝族仡佬族乡 | 114.46 | 3.32 | 29.8 | 黔西 | 钟山布依族彝族乡 | 66.29 | 2.54 | 38.07 |
| | 鼎新彝族苗族乡 | 109.85 | 3.71 | 60 | | 绿化白族彝族乡 | 61.5 | 2.3 | 35.55 |
| | 牛场苗族彝族乡 | 105.02 | 3.46 | | | 新仁苗族乡 | 68.9 | 2.11 | 25.42 |
| | 安乐彝族仡佬族乡 | 64.88 | 1.37 | 73.8 | | 金坡苗族彝族满族乡 | 56.1 | 1.24 | 72.69 |
| | 凤山彝族蒙古族乡 | 84.2 | 1.51 | 42.04 | | 红林彝族苗族乡 | 111 | 2.16 | 60.44 |
| | 百纳彝族乡 | 98.05 | 1.71 | 28.38 | | 五里布依族苗族乡 | 83.5 | 2.52 | 32.65 |
| | 三元彝族苗族白族乡 | 95.6 | 1.63 | | | 沙井苗族彝族仡佬族乡 | 118.1 | 3.72 | 28.2 |
| | 普底彝族苗族白族乡 | 105.5 | 1.76 | | | 铁石苗族彝乡 | 86.5 | | |
| | 沙厂彝族乡 | 100.34 | 1.31 | | | 中建苗族彝族乡 | 62.3 | 1.07 | 26.9 |
| | 大水彝族苗族布依苗乡 | 93.6 | 1.25 | | | 花溪彝族苗族乡 | 78.4 | 1.64 | 65.3 |

续表

| 县市 | 乡名 | 面积 | 人口 | | 县市 | 乡名 | 面积 | 人口 | |
|---|---|---|---|---|---|---|---|---|---|
| | | | 总数 | 少数民族占 | | | | 总数 | 少数民族占 |
| 黔西 | 仁和彝族苗族乡 | 99.49 | 2.11 | 48.9 | 纳雍 | 昆寨苗族彝族白族乡 | 80.6 | 1.9 | 48.6 |
| | 定新彝族苗族乡 | 94.5 | 1.97 | 35.43 | | 左鸠戛彝族苗族乡 | 53.8 | 0.93 | |
| | 永燊彝族苗族乡 | 95 | 2.47 | 26.9 | | 猪场苗族彝族乡 | 93.18 | 1.55 | 72.21 |
| | 协合彝族苗族乡 | 97 | 2.94 | 33.4 | | 新房彝族苗族乡 | 97.4 | 3.13 | 56.8 |
| 金沙 | 石场苗族彝族乡 | 122 | 2.59 | 26.1 | | 厍东关彝族苗族白族乡 | 60 | 1.69 | 34.9 |
| | 太平彝族苗族乡 | 84.9 | 1.21 | 30.76 | | 董地苗族彝族乡 | 103.3 | 2.11 | 78.6 |
| | 箐门苗族彝族仡佬族乡 | 94.7 | 0.63 | 31.4 | | 化作苗族彝族乡 | 87.92 | 2.95 | 54.5 |
| | 马路彝族苗族乡 | 84.07 | 1.4 | 23.9 | | 姑开苗族彝族乡 | 77.5 | 2.37 | 35 |
| | 安洛苗族彝族满族乡 | 105.8 | 1.73 | 41.2 | 威宁 | 新发布依族乡 | 141.57 | 3.64 | 32.5 |
| | 新化苗族彝族满族乡 | 92.6 | 1.8 | 34.4 | 赫章 | 水塘堡彝族苗族乡 | 119.9 | 1.47 | 24.1 |
| | 大田彝族苗族布依族乡 | 84.6 | 0.87 | 32.25 | | 兴发苗族彝族回族乡 | 188.93 | 2.09 | 43.12 |
| 织金 | 三甲白族苗族乡 | 81.6 | 2.39 | 49.5 | | 松林坡白族彝族苗族乡 | 113.03 | 2.14 | 40.8 |
| | 自强苗族乡 | 52.7 | 1.31 | 81.9 | | 雉街彝族苗族乡 | 136.6 | 1.21 | 46.5 |
| | 太平苗族彝族乡 | 56.2 | 1.78 | 44.2 | | 珠市彝族乡 | 155.29 | 1.68 | 56 |
| | 官寨苗族乡 | 62.2 | 2.38 | 45.91 | | 双坪彝族苗族乡 | 191.1 | 3.08 | 24.1 |
| | 茶店布依族苗族彝族乡 | 106.2 | 3.08 | 49.7 | | 铁匠苗族乡 | 83.94 | 1.41 | 25 |
| | 金龙苗族彝族布依族乡 | 108.6 | 3.56 | 52.8 | | 辅处彝族苗族乡 | 83.16 | 1.3 | 28.12 |
| | 后寨苗族乡 | 101 | 2.01 | 42.38 | | 可乐彝族苗族乡 | 137.04 | 3.04 | 34.5 |
| | 鸡场苗族彝族布依族乡 | 104 | 1.45 | 46.79 | | 河镇彝族苗族乡 | 167.54 | 2.99 | 45 |
| 纳雍 | 羊场苗族彝族乡 | 119.4 | 2.26 | 23.9 | | 结构彝族苗族乡 | 102.32 | 1.48 | 48.86 |
| | 锅圈岩苗族彝族乡 | 102.3 | 2.03 | 46 | | 古达苗族彝族乡 | 103.68 | 2.17 | 22.86 |

此表为1994年统计

## 五　选拔培养少数民族干部

**选拔**　1949年12月3日，中共毕节地委贯彻中共中央“积极培养，大胆提拔，放手使用民族干部”的方针，注意发现和培育少数民族积极分子，吸收他们参加革命工作，选拔一批担任党政领导。1954年统计，全专区有少数民族干部1049人，其中地专级1人，县级13人，区级133人，一般干部902人。1966年，全专区少数民族干部为1839人，其中彝族557人，占30.29%；苗族459人，占24.96%；回族66人，占3.59%；其他少数民族干部占41.16%。1978年，全地区少数民族干部6646人。其中在行政机关中工作2327人，占行政机关干部总数的22%，占少数民族干部的35.01%。1985年，全地区有少数民族干部9341人。其中担任副县级以上领导职务117人，占同级干部的24.6%。1993年、全地区有少数民族干部1.46万，其中从事行政管理5297人，占36.3%，企事管理3327人，占22.8%，其他部门5968人，占40.9%。1998年，全地区有少数民族干部1.95万人，比1993年增33.68%。其中机关6568人，副县级以上148人。

**培养** 中华人民共和国成立后，各级中共组织和各级政府，在清匪反霸、土地改革、农村合作化、人民公社、大跃进、四清运动中，吸收、选拔或录用一批优秀少数民族农民进入干部队伍，选送一批有一定文化的少数民族青年到专区干部培训班、地委党校、中央和贵州民族学院及各类学校学习。其中，1957年，全专区经地委党校培训631人。1966～1977年间，干部培训处于相对停滞状态。1978年12月中共十一届三中全会召开后，毕节地区主要通过下述渠道培养少数民族干部。1.短期培训，用几年时间培训40%的在职工部；2.以地、县委党校为基地进行培训；3.输送到外地、外省学习，并在录取分数和选送条件方面给予照顾；4.在普通中学、中专、教育学院等增设民族班，经费由地区民委负责；5.动员、鼓励和组织少数民族党政干部参加自学考试，提高文化层次和管理能力。除地方院校培养外，地县党委、政府还按“四化”标准采取直接从各乡镇招聘德才兼备的少数民族青年担任乡镇领导干部。采取多层次、多形式的方法，培训在职干部，提高其文化水平，政治素质和业务能力。选送政治素质好，业务能力强，有培养前途的少数民族干部到省外党校、团校、民族学院深造；选派部分年轻少数民族干部到上级机关或发达地区挂职锻炼。2001年，毕节地区实施机构改革，少数民族干部参与竞争上岗，使之适应新时代对干部的新要求。2004年，抽调少数民族干部参加国家民委组织的局长培训班、省委党校举办的地厅级后备干部培训班、地委党校举办的非党员干部培训班；地区民委与地委组织部联合从各县市抽调45人参加地委党校少数民族干部培训班，向省民宗委推荐77人参加民族乡乡长培训班，40人参加民族学校校长培训班，6人参加全省民宗系统纪检组长及新任民宗局长培训班学习。是年，地区民宗局机关及下属事业单位的干部职工分期分批参加地区人事局举办的英语、普通话、计算机中级培训，均获合格证书。通过学习、培训，政治理论修养得以提高，为全地区民族事业发展起到有力的推动作用。

## 六　民族古籍整理翻译和民族研究

**民族古籍整理、翻译** 全地区民间珍藏的彝文古籍有哲学、文史、教育、冶炼、畜牧、农耕、民俗、礼仪等40余类，5000多册。1955～1966年，共搜集彝文古籍282册，其中送20册给北京文化宫，送7册给中央第四语言工作队。1977年至1998年，共搜集彝文古籍2000余册。2003年搜集彝文古籍200册，彝文拓片近400件。其间，整理翻译彝文古籍《德施氏史略》等25部，52卷，200余万字。其中《天经地纬》《德布史略》《水西安化谱》《母系史》《安氏远祖考》《猿猴做斋记》《奴仆纪略》《人类史详论》《德布氏谱》《寻药找疾》10部送中央第四语言工作队。1982年至1988年整理、翻译《奴仆工匠记》《彝文字典》《彝汉常用词语》《彝语千字文》《尼能人》《赫达以》《鄂莫人》《投确数》《书文史记》《婚姻歌》《丧礼歌》《民歌》《故事诗》《洪水与笃米》《彝汉常用语对话》《彝语语音知识》《播勒娶亲》《绣荷包》《三才文史》《凤凰记》《彝族文学》4卷、《情魂星的歌》《乌娄鲁记》《娄哈籍儿博》《神奇的锦帛》《恳咪》《骚道纪》《恒斗特朵》《细沓把》。1982年，编译贵州省《小学彝文课本》1～6册，共36.6万字，作"彝语、汉语双语教学"课本。整理、翻译彝族歌谣1646行，1985年5月刊在《中国歌谣集成·毕节地区威宁县卷上》；整理翻译彝族民间歌谣9896行，分别刊在1988年11月出版的《中国民间歌谣集成·毕节地直卷》和《中国民间文学三套集成·毕节地直卷》上。1984～1998年，威宁、赫章、大方、织金、纳雍县先后成立苗文翻译组（室），共搜集整理故事、歌谣、传说、寓言、谚语、俗史、叙事文、记事、婚礼、丧事、习俗、历史等100余种，编辑1000万字的苗文资料。1989～1993年，整理翻译《迤陡数》《君长世纪》《彝族民间文学》各3卷，《举祖婚史》《物始纪略》《米斗头举》《颂祖纪略》《彝族指路地名考》各1卷，共14卷64万字；整理翻译《彝族古歌谣》2.33万行，内部刊在《中国民间歌曲集成·贵州卷》上。1994～1998年，整理翻译《恒斗特朵》《细沓把》《纪斗纪局》《彝族婚丧诗文集》《举祖与婚姻》《尼曲乃吉》《铁柱记》《史卡陡》《阿买恳》《谱牒大全》《水西十三仓库》《彝文金石图集》《指路丛书》，古戏《撮泰吉》2001～2005年有《乌蒙彝族指路书》3卷、《彝文金石图录》第三辑，出版《阿买恳》《诺讴曲姐》《西南彝志》，《禳解大经》《支嘎阿鲁王》《夜郎都城可乐》《六假王国分治》《夜郎国诸侯列国志》《彝文金石图录》《载书》《中国彝族通史》《布默战史》《西南彝志》《中国少数民族古籍总目·彝族卷》《中国彝族古籍总目·贵州卷（一）》。

1984年起，大方、纳雍、威宁、赫章和地区民委相继建立苗文翻译组（室），1992年，成立毕节地区苗学研究会。到2005年，先后搜集、整理、翻译《思亲曲》《酒礼歌》《祭祀辞》《迁徙歌》《养蚕织绸歌》《陶新春造反歌》《苗族祭亲词》《苗族丧葬》《黑书》《苗族文学作品选·滇东北次方言分册》《苗族祭祀古歌》《苗族芦笙词》《苗族丧祭丛书》《中国苗族文学丛书·西部民间文学作品选第一册》《中国苗族文学丛书·西部民间文学作品选第二分册》《苗族民间文学》《西部民间文学作品选》《苗族丧祭》《六寨苗族》《芦笙的起源》《苗族丧祭词》《希望的奥秘》《六寨苗族口碑文化》《苗族祭礼词》《中国少数民族古籍·苗族卷》。整理翻译出版的民族古籍获国家民族图书、国家图书奖励的有：《彝族源流》（5～8）、《西南彝志》（5～6卷）、（7～8卷）、《彝族源流》（9～12卷）、《彝族典籍目录》。获省彝学科研成果、省哲学社会科学、省图书、九省（区）图书奖的有《简明彝汉字典》《西南彝志》（1～4卷）、《彝文金石图录第一辑》《彝族源流》（1～8卷）、《物始纪略》（1～2集）、《西南彝志》（1～2卷）、《彝族源流》（1～4卷）、《彝族创世志》（1～3集）、《西南彝志》（7～8卷）、《黔西北彝族美术》。获地区社会科学奖有《西南彝志》（1～4卷）、《彝文金石图录第一辑》《彝族源流》（108卷）、《物始纪略》（1～2集）、《彝族创世志艺文志》《支嘎阿鲁王》《阿买恳》《诺讴曲姐》《赫章彝族词典》《彝族源流》（汉译散文版）等。

《彝文古籍释名集》2005年2月贵州民族出版社出版、《彝文金石录》第三辑，2005年8月四川民族出版社出版、《载书》2005年12月贵州人民出版社出版、《布默战史》2007年9月贵州民族出版社出版、《西南彝志》（13~14卷）2008年10月贵州民族出版社出版、《西南彝志》（15~16卷）2010年9月贵州民族出版社出版、《西南彝志》（17~18卷）2011年12月贵州民族出版社出版、《西南彝志》（19~20卷）2013年3月由贵州民族出版社出版、《欧补娶妻》2012年7月贵州民族出版社出版、《中国古籍总目提要.贵州彝族卷》于2010年11月由贵州民族出版社出版。

**民族研究** 1978年12月，中共十一届三中全会召开后，全地区加大对数民族历史、政治、经济、文化和民俗风情的研究力度，为各级党委、政府制定民族地区经济、文化、教育政策提供决策依据。1985年，威宁编写《威宁彝族回族苗族自治县概况》。1986年，地委宣传部、统战部、地区民委编辑出版《毕节地区民族资料选编》。1989年成立毕节地区民族研究所。是年，地区民委编印《毕节地区民族经费效益资料汇编》；同时启动编号《民族乡情调查》。各县启动编撰《民族志》。1989年以来，编印出版《柏格理日记》；编印《威宁彝族回族苗族自治县民族志》《毕节县民族志》《黔西县民族志》初稿；《贵州省毕节地区民族乡乡情调查（威宁卷）》获省首届彝学优秀科研荣誉奖。1992年，《毕节地区民族乡乡情调查（全区卷）》获全省少数民族经济研究优秀成果奖。1993年7月，《毕节地区苗学论文集》第一集刊印出版。是年，《织金县民族志》通过评审；《贵州省毕节地区乡情调查（威宁彝族回族苗族自治县卷）》及4篇民族研究论文获得毕节地区首届社会科学优秀成果二等奖、三等奖，1996年，地区民族研究所科研人员深入民族地区调查，撰写出40余篇、30余万字的论文和调查报告。是年《赫章苗族志》《苗学研究论文集》（第二集）出版。1997年5月，《威宁彝族回族苗族自治县民族志》出版发行。10月，地区民宗局编印《民族宗教工作手册》刊印出版。《毕节地区民族研究》刊印出版，全集共40篇，30余万字。2001年，民族研究所与地区政策研究室、体改委共同承担并完成《毕节地区民族乡概况》编写。与省社科院、铜仁地区民族研究所联合调查研究六寨苗族民居、服饰等民族习俗。参与省民族学院主持的国家级课题《利用民族文化制衡作用控制水土流失的可行性研究》，调查研究毕节地区部分。与省民族研究所合作编写《余达甫诗文集》《黔西北民族调查文集》《西部大开发与黔西北山区》。与腾越电脑公司合作开发彝文软件，完成字库模型和彝文输入法码的初级源代码编译。完成乌蒙民族网站初级模式。编辑出版《毕节地区民族研究》第二集。是年，彝文翻译组提交论文《彝文古籍的彝民族认同》，在云南省楚雄自治州彝族古文献与传统医药开发国际学术研讨会上，同日本、德国、美国、芬兰等10余个国家学者交流，并以优秀论文入选。2002年，《彝族三段诗研究》获省第五届社会科学成果三等奖；《毕节地区民族研究》第二集和《关于洪家渡库区少数民族移民情况调查报告》获地区社会科学评比二等奖。2003年，赫章县民宗局组织人员对小韭菜坪石林和可乐古遗址民族风情文化进行调查，配合毕节日报社拍摄可乐古遗址，宣传夜郎文化风情。威宁自治县完成《威宁县社会语言使用及标准保障情况调查报告》《苗汉词典》材料收集工作。2004年，地区民委将整理的《彝文古籍翻译与历史文化研究文集》，共3部96万字交付四川、贵州民族出版社出版；将整理翻译的《中国彝族通史》交付中国彝族通史办。编辑出版毕节地区民族研究文库书籍：《景文诗文集》《六寨苗族口碑文化》《毕节地区布依族》。完成《彝语文基础知识》《乌江调查》《毕节试验区研究》。2005年，开展毕节地区民族教育研究课题6个，少数民族干部培养调研课题1个，民族地区经济建设研究课题5个，历史文化研究课题1个。申报研课题《黔西北少数民族特色文化研究》《彝族古乌撒地区的职业社区制研究》《运用社会性别理念关注农村妇女教育》等哲学、社会科学理论研究。参与《彝文字典》修订工作；完成1万余彝文文字结构分析与音义的确定。

**1982～2011年彝文文献翻译研究中心成果一览**

| 序号 | 书名 | 字数（千） | 出版社 | 出版时间 | 获奖情况 |
|---|---|---|---|---|---|
| 1 | 《西南彝志》选 | 179 | 贵州人民出版社 | 1982年3月 | |
| 2 | 《宇宙人文论》 | 160 | 民族出版社 | 1984年3月 | |
| 3 | 《爨文丛刻》上 | 300 | 四川民族出版社 | 1986年3月 | |
| 4 | 《爨文丛刻》中 | 360 | 四川民族出版社 | 1988年1月 | |
| 5 | 《爨文丛刻》下 | 360 | 四川民族出版社 | 1988年2月 | |
| 6 | 《西南彝志》1～2 | 365 | 贵州民族出版社 | 2004年3月 | 1992年12月贵州省社科三等奖<br>1993年1月地区社科一等奖 |
| 7 | 《西南彝志》3～4 | 340 | 贵州民族出版社 | 1991年7月 | 1993年1月地区社科一等奖 |
| 8 | 《西南彝志》5～6 | 300 | 贵州民族出版社 | 1992年11月 | 1992年11月国家民族图书三等奖 |
| 9 | 《西南彝志》7～8 | 360 | 贵州民族出版社 | 1994年6月 | 贵州省1993～1994年优秀图书二等奖 |
| 10 | 《西南彝志》9～10 | 360 | 贵州民族出版社 | 1998年6月 | |
| 11 | 《西南彝志》11～12 | 360 | 贵州民族出版社 | 2000年3月 | |
| 12 | 《西南彝志》13～14 | 480 | 贵州民族出版社 | 2008年10月 | |
| 13 | 《西南彝志》15～16 | 380 | 贵州民族出版社 | 2010年9月 | |
| 14 | 《西南彝志》17～18 | 380 | 贵州民族出版社 | 2011年12月 | |
| 15 | 《彝族源流》1～4 | 268 | 贵州民族出版社 | 1989年1月 | 1992年12月贵州省社科四等奖。 |
| 16 | 《彝族源流》5～8 | 338 | 贵州民族出版社 | 1991年7月 | 1992年11月国家民委、新闻出版署民族图书二等奖。1～8卷1993年1月地区社科一等奖 |
| 17 | 《彝族源流》9～12 | 400 | 贵州民族出版社 | 1992年10月 | |
| 18 | 《彝族源流》13～16 | 380 | 贵州民族出版社 | 1993年10月 | |
| 19 | 《彝族源流》17～20 | 410 | 贵州民族出版社 | 1994年12月 | |
| 20 | 《彝族源流》21～23 | 300 | 贵州民族出版社 | 1997年3月 | |
| 21 | 《彝族源流》24～27 | 445 | 贵州民族出版社 | 1998年9月 | |

续表

| 序号 | 书名 | 字数（千） | 出版社 | 出版时间 | 获奖情况 |
|---|---|---|---|---|---|
| 22 | 《彝文金石图录》（一） | 97 | 四川民族出版社 | 1984年11月 | 1992年12月贵州省社科院特别奖；1993年1月地区社科一等奖 |
| 23 | 《彝文金石图录》（二） | 115 | 四川民族出版社 | 1994年9月 | |
| 24 | 《彝文金石图录》（三） | 350 | 四川民族出版社 | 2005年8月 | 2007年8月贵州省省社科优秀成果二等奖 |
| 25 | 《彝文典籍目录》 | 350 | 四川民族出版社 | 1994年12月 | 1997年6月国家民委、新闻出版署民族图书一等奖；1997年8月国家新闻出版署国家图书优秀奖；1997年3月贵州省政府省社科优秀成果二等奖 |
| 26 | 《彝族指路丛书》7卷 | 332 | 四川民族出版社 | 1997年3月 | 2000年7月贵州省政府省社科优秀成果三等奖 |
| 27 | 《物始纪略》一（2卷） | 130 | 四川民族出版社 | 1990年1月 | 1993年1月地区社科二等奖 |
| 28 | 《物始纪略》二（2卷） | 134 | 四川民族出版社 | 1991年1月 | |
| 29 | 《物始纪略》三（3卷） | 165 | 四川民族出版社 | 1993年10月 | |
| 30 | 《黔西北彝族美术》 | 100 | 贵州人民出版社 | 1993年7月 | 贵州省1993～1994年优秀图书二等奖 |
| 31 | 《彝族美术·黔西北民间工艺美术辑》 | 176 | 贵州教育出版社 | 1999年5月 | |
| 32 | 《明清彝文书法汇辑》 | 104 | 贵州教育出版社 | 1998年11月 | |
| 33 | 《彝文书法字帖》 | 30 | 贵州教育出版社 | 1998年11月 | |
| 34 | 《简明彝汉字典》 | 200 | 贵州民族出版社 | 1991年12月 | 1992年12月贵州省社科成果一等奖。 |
| 35 | 《支嘎阿鲁王》 | 150 | 贵州民族出版社 | 1994年8月 | 地区社科三等奖 |
| 36 | 《曲谷精选》 | 255 | 贵州民族出版社 | 1996年6月 | 1997年6月国家民族图书三等奖 |
| 37 | 《曲谷走谷选》 | 260 | 贵州民族出版社 | 1994年12月 | 省民语文学会优秀成果奖 |
| 38 | 《益那悲歌》 | 260 | 贵州民族出版社 | 1997年10月 | |
| 39 | 《估哲数·农事篇》3卷 | 340 | 贵州民族出版社 | 2000年4月 | 国际彝学奖、图书协作二等奖 |
| 40 | 《苏巨黎咪》 | 336 | 贵州民族出版社 | 1998年10月 | 地区社科三等奖 |
| 41 | 《彝文指路经集译.威宁卷》 | 60 | 中央民院民族出版社 | 1993年10月 | |
| 42 | 《赛特阿育》 | 150 | 贵州民族出版社 | 1995年12月 | |
| 43 | 《乌鲁诺纪》 | 260 | 贵州民族出版社 | 1997年8月 | |
| 44 | 《阿买恳》 | 340 | 贵州民族出版社 | 2002年3月 | |

续表

| 序号 | 书名 | 字数（千） | 出版社 | 出版时间 | 获奖情况 |
|---|---|---|---|---|---|
| 45 | 《诺沤曲姐》 | 340 | 贵州民族出版社 | 2002年9月 | |
| 46 | 《土鲁窦吉》 | 348 | 贵州民族出版社 | 1998年10月 | 贵州省第四届社科优秀成果三等奖 |
| 47 | 《彝文古籍释名集》 | 350 | 贵州民族出版社 | 2005年2月 | |
| 48 | 《载苏》 | 350 | 贵州民族出版社 | 2006年1月 | |
| 49 | 《摩史苏》 | 235 | 贵州民族出版社 | 2001年11月 | 2003年贵州省社科优秀奖 |
| 50 | 《乌蒙彝族指路书》 | 300 | 云南民族出版社 | 2002年11月 | |
| 51 | 《彝文字释》 | 100 | 贵州民族出版社 | 2009年 | |
| 52 | 《彝族创世史诗》 | 180 | 四川民族出版社 | 2004年5月 | |
| 53 | 《布默战史》 | 450 | 贵州民族出版社 | 2007年10月 | |
| 54 | 《中国少数民族原始宗教资料经籍汇编·彝族毕摩卷》 | 180 | 中央民族大学出版社 | 2009年7月 | |
| 55 | 《贵州彝文古籍整理翻译研究》 | 25 | 贵州民族出版社 | 2008年8月 | |
| 56 | 《彝文文献翻译与彝族文化研究》 | 30 | 贵州民族出版社 | 2005年1月 | |
| 57 | 《彝族原始信仰文献研究》 | 480 | 贵州民族出版社 | 2010年2月 | |
| 58 | 《彝族毕摩经典译注》十七卷 | 656.8 | 云南民族出版社 | 2007年12月 | |
| 59 | 《彝族毕摩经典译注》十八卷 | 656.8 | 云南民族出版社 | 2007年12月 | |
| 60 | 《彝族毕摩经典译注》十九卷 | 656.8 | 云南民族出版社 | 2007年12月 | |
| 61 | 《中国少数民族古籍总目提要·贵州彝族卷一》 | 1200 | 贵州民族出版社 | 2010年6月 | 2012年1月贵州省哲学社会科学优秀成果二等奖 |
| 62 | 《支嘎阿鲁传》 | 940 | 贵州民族出版社 | 2006年9月 | |
| 63 | 《阿诺楚》 | 490 | 贵州民族出版社 | 2000年12 | |
| 64 | 《实勺以陡数》 | 600 | 贵州民族出版社 | 2009年11月 | |
| 65 | 《赫大以陡数》 | 600 | 贵州民族出版社 | 2013年 | |
| 66 | 《欧补娶妻》 | 300 | 贵州民族出版社 | 2012年 | |
| 67 | 《当代贵州彝族学者彝学研究文选》 | 35 | 贵州大学出版社 | 2011年5月 | |

# 第三章　宗　教

西晋末年，佛教传入境内。明代，燃指、如际、月溪、宝珠、钝锋等高僧到境内传播佛经，佛教大兴。灵峰寺、普惠寺、惠泉寺、观音寺、永洪寺、凤山寺、能仁寺、普照寺等诸多佛教寺庙在境内名山胜景先后修建。清代，境内佛教方兴未艾。民国年间，境内佛教仍称兴旺。中华人民共和国成立后，境内佛教盛衰更迭。20世纪末～21世纪初，佛教在境内又复兴起。

明代，道教全真道派、正一道派均传入境内。清代，道教在境内有长足发展，关圣殿、城隍庙、万寿宫、斗姆阁、玉皇阁等道教宫观多有修建。民国时期，全真道在境内逐渐衰落，正一道则以在民间搞诵经、礼忏、超度亡魂等教事，在城乡广为流传。中华人民共和国成立后，道教活动时断时续。20世纪末至21世纪初，正一道民间教事活动复又活跃。

在信仰伊斯兰教的民族中，居住在境内的只有回族。元代，伊斯兰教开始传入境内，为底格目教派。明代及清代，伊斯兰教在境内有较快发展。民国时期，“中阿并援”的经堂教育改革初见成效；同时，伊赫瓦里教派传入境内。中华人民共和国成立后，伊斯兰教的正常宗教活动受到保护。至2003年，全地区有阿訇301人，清真寺114座，回族穆斯林人口近10万人。

清末，天主教传入境内。民国时期，天主教在境内得到一定发展。中华人民共和国成立后，天主教在境内的活动时起时伏。至2003年，全地区共有天主教徒1134人，天主教堂6处。

清末至民国初年，基督教内地会、循道公会、女执事会、复临安息日会4个教派先后传入境内。清光绪二十五年（1899），基督教内地会英籍传教士党居仁到平远州（今织金县）熊家厂白马硐传教；其后，又到威宁州所属的赫章葛布传教，基督教内地会在赫章遂大有发展，设立葛布、结构两个总堂，87个支堂（教堂）。光绪三十三年（1904），循道公会英籍传教士柏格理在威宁州石门坎建立教会。其后，发展为石门坎和四方井两个教会；再发展为石川联区和井宁联区，共下辖教堂76个。民国元年（1912），基督教女执事会德国女传教士包宽爱等到大定（今大方）传教；民国10年（1921），女执事会传入毕节。民国15年（1926），基督教福临安息日会传入毕节。至民国38年（1949），全地区有基督教各派教徒共计近3万人。基督教各派在毕节地区建立教学，发展教徒的同时，还积极发展教育、卫生事业，开办慈善事业，时人称石门坎为“西南苗族最高文化区”。中华人民共和国成立后，基督教在境内时盛时衰。至2003年，全地区经政府批准开放的基督教堂（点）达301处，教徒达8.5万人。

# 第一节　佛　教

## 一　佛教传播

西晋末年，南方高僧西行求法，途径川滇黔毗邻地区，涉足威宁境，佛教开始在此传播。唐代，今威宁、赫章一带一度划归南诏，信奉佛教的云南白族军民进入是地域，仍保持佛教信仰。同时，中原佛教亦传入今黔西、金沙等地，今金沙木孔乡湾子村大石庄的朝阳寺（原名安乐寺）即系唐初所建佛寺，黔西县谷里镇的永丰寺、观音阁、水口寺皆为唐代所建佛寺。1985年4月，在纳雍县城郊出土的观音说法铜造像，亦系唐代文物。

元代延祐至至治年间（1314～1323），印度指空禅师在乌撒、乌蒙弘传佛法，将禅宗传入。威宁城内的万寿寺、威宁蛇街的崇圣寺和金沙县后山乡的天灵寺等佛教寺庙均建于元代。

明洪武年间（1368～1398），朝廷在建赤水、毕节、乌撒卫，通过"调北征南"和"调北镇南"，中原大批汉族军民进入，实行军屯、民屯和商屯。汉民族的大量涌入，将其佛教信仰亦随之带入，又为僧人入境游方行化提供便利。是时，明太祖朱元璋确立"治国以教化为先"方针，大力提倡佛教，以期达到"化愚民，弭边患"的目的，于是佛教传播势头更盛。其间，滇籍高僧燃指云游至毕节灵峰山，视其为苦苦寻求方觅得之仙境，决定以其地建寺，虔心念佛。燃指以其精湛医术，四处行医化缘，募捐筹得白银1500两，建成灵峰寺，任灵峰寺住持传播佛教数十年，香火极一时之盛。同期，川籍高僧如际和尚到威宁有凤山寺开殿，任住持传播佛教数十年，香火亦盛。明宣德（1426～1435）初，江西高僧月溪在黔西城东创修永洪寺，传播佛经。明成化二十一年（1485），贵州宣慰使安贵荣偕妻及子安佐捐建大方永兴寺并铸铜钟一口，证明佛教在彝族族人中亦有传播。明万历年间（1573～1620），宝珠和尚任毕节灵峰寺住持，"朝课日诵，晨钟暮鼓，朔望祝廷，殷勤培育，或有余资，无不修补"，增修大雄宝殿左楼。明末，西蜀渝城几水高僧钝锋到平远南郊炎帝庙落脚，扩建炎帝庙，修建正殿、门楼及禅房，且围以高墙，更名为南林寺，并购置庙产40担米租，一时香火鼎盛。钝锋于此潜心研究佛事，修改加工佛教经书，删削浅陋粗俗内容，增补《迎朝科》，织金佛教界佛事活动遂有整套正规程序。钝锋还团结东山寺等寺庙的当家和尚，联合成教派整体，统一制定法规戒律，革新平远州佛教面貌。

惠泉寺整组建筑依山势而建

明代，各地纷纷修建寺庙，毕节有灵峰寺、普慧寺、惠泉寺、寿福寺、延寿庵、翔龙寺、西庵寺、天台寺、东庵、即心庵、晋丰寺、大梅庵、开化寺、宝龙寺、回龙寺，今大方有永兴寺、观音阁、大佛殿，今黔西有观音阁、永洪寺、海慧寺，今金沙有川壁寺、观音寺、穿岩寺、永洪寺、绍隆寺、普慧寺、老水寺，今威宁凤山寺、观音寺、能仁寺、水月寺、涌珠寺，赫章有普照寺。

清代前期，佛教方兴未艾。清顺治年间（1644～1661），如松和尚募建大定城南50千米的波罗箐兴隆寺，极一时禅林之盛。康熙（1662～1722）初，浙江高僧沙门贞觃云游至威宁涌珠寺，爱其山水，乃结庵于寺侧，居数十年，净业精妙。康熙中，川籍高僧嵩目云游至黔西，见城郊东山逶迤盘结，遂毅然主持是山，鸠工庀材，构筑大雄宝殿、藏经楼、大士阁、天王殿、两庑廊舍，凡若干楹。周绕差备，金碧丹垩，弘敞炳耀，费计万金，阅五十月告成。是寺院于黔西为壮观，于贵筑亦称杰构。并置田百余亩，作庙产，以资禅林之盛。嵩目年73坐化，著有“语录”八卷及“诗集”行世。康熙末年至雍正初年，寂曜和尚任赫章普照寺长老，先将寺庙从水塘大山顶移建至白果镇大庙营，荡家产，劝募捐，在乌铅厂筹建寿福寺，在赫章佛门中颇有影响。雍正初年，滇籍高僧宗映到毕节灵峰寺，居寺后不事浮华，勤耕颂扬。雍正十年（1732），再造灵峰寺前殿。乾隆十五年（1750），宗映又于大殿后建观音阁。乾隆十八年（1753）建两廊。宗映任灵峰寺住持20多年间，培修灵峰寺，维护寺庙利益，传播佛教，使灵峰寺佛事空前兴旺。乾隆年间，苍遥任黔西东山寺住持，乾隆三十年（1765）兴建东山寺禅房，落成之后，邀约黔西文人雅士到寺观赏，题诗唱和，苍遥择其优者镌刻成诗碑，又增禅林雅致。咸丰初年，织金县有寺庙及住僧祠堂68处，僧尼180人。清咸同年间，因战乱，不少佛教寺庙被毁，僧尼逃散亦多。战乱结束时，许多善男信女纷纷剃度出家，皈依佛门以求解脱，佛教僧尼和信徒增多。

清代，僧尼传播佛教成就突出者尚有康熙年间黔西东山寺住持古雪海智，乾隆年间威宁陕西庙住持僧逢吉，黔西内庄玉皇阁住持僧月朗，毕节灵峰寺住持正修、教训，黔西州僧正司僧正照城、法芝，大定佛教徒贺思诚、贺思皇，嘉庆年间岩孔水口寺长老灵山净翁，道光年间毕节灵峰寺住持密函、悟影，咸丰年间织金城隍庙僧普润，同治年间新场大定坡观音洞住持净普，光绪年间威宁凤山寺住持方洪，岩孔水口寺长老邹元清，毕节惠泉寺住持陈道真。此外，对威宁、大定佛教传播有贡献者还有刘坤、源章。刘坤，威宁人，任威宁大佛寺主持，念佛传经，广收徒弟，在威宁佛门中颇有影响。源章和尚为四川眉州人，童年剃发学佛于峨眉山九老洞，到大定任回龙阁主持后，募捐功德，创修大佛殿，内塑三大佛像，两房分塑十八罗汉，游观至者，无不知所敬畏。

民国时期，佛教仍旧兴旺。民国初，白海任新场观音洞住持，加造观音洞浮图，构为图亭。民国6年（1917）四川人邓洪安到黔西素朴牛场九龙山倾巨资重建九龙山寺，塑佛像百余尊。民国18年（1929），禅光法师在大定主持法事，一次就给大定各寺庙教徒和世居信徒300余人做道场皈依、受戒、度职。民国19年（1930），大定县政府登记寺庙，大定全县有住持僧尼33人，威宁县有僧尼53人。民国26年（1937）织金县有僧尼301人。民国28年（1939），毕节县有僧尼300余人。民国29年（1940），黔西僧民抗日救国会有会员298人。民国30年（1941），金沙县佛教救国会主席僧能方利用六角大山千亩刺竹兴办造纸厂生产勾边纸，并抽出天灵寺和圆通寺部分庙产创办天灵私立小学，用初中以上文化程度的和尚任教，免收学费，对贫困学生免费发给教科书和学习用纸，为当地百姓称道。民国31年（1942），中国佛教会大定支会有会员125人。民国32年（1943），中国佛教会赫章县支会有60人。1937年至1945年抗日战争时期，佛僧尼参与抗日救亡活动。至民国38年（1949），织金县有佛教寺庙68座，僧尼131人；纳雍县有佛教寺庙97座，僧尼55人，信徒1500余人；威宁县有佛教寺庙24座，僧尼60人，信徒4000人；赫章县有佛教寺庙76座，僧尼192人。

中华人民共和国成立后，佛教盛衰更迭。1951年，全专区共有僧尼1352人，其中毕节61人，大定153人，黔西110人，金沙467人，织金199人，纳雍154人，威宁43人，赫章83人，水城82人。1951年至1952年，施行土地改革和民主革命，废除佛教封建特权，部分佛教寺庙改办学校或作机关和事业单位办公场所以及工商企业生产经营场地。征收佛教寺庙占有土地，出家佛教信徒和农民一样分地。有的僧尼还俗，从事农业生产；有的从事手工业和其他服务业，成为自食其力的劳动者，佛教僧尼及信徒逐步减少。到1956年，威宁县有僧尼46人，大定城关有僧尼13人。至1961年，全专区仅有和尚3人，尼姑47人。1966年至1976年“文化大革命”期间，佛事活动停止。1978年12月，中共十一届三中全会召开，恢复和落实国家宗教政策，佛教得到恢复和发展。1982年，全专区除金沙县外，佛教信奉人员344人，其中毕节3人，大方58人，黔西25人，织金77人，纳雍45人，威宁15人，赫章121人。1992年，全地区佛教信徒909人。1996年，全地区佛教信徒2405人。2002年3月，全地区佛教信徒5276人。至2003年底，全地区共有佛教信徒7844人，其中毕节3552人，大方240人，黔西400人，金沙2083人，织金276人，纳雍35人，威宁1202人，赫章55人。

## 二　佛教寺院

民国及民国以前各县市城区及城郊共有寺院71处，其中毕节市16处，大方县9处，黔西县14处，金沙县8处，织金县11处，纳雍县3处，威宁县10处；各县市乡村佛教寺院共123处，其中，毕节市17处，大方县4处，黔西县37处，金沙县47处，织金县3处，纳雍县2处，威宁县6处，赫章7处。

中华人民共和国成立之初，全地区共有佛教寺院99处，其中毕节市17处，大定县2处，黔西县12处，金沙县34处，织金11处，纳雍4处，威宁12处，赫章7处。其后，一是这些佛教寺庙大多为明代和清代所建，年久失修，坍塌毁坏；二是中华人民共和国成立后，僧尼居住的佛教寺院，有的被拆除，有的被分配给无房农民或居民居住，有的作为机关、学校或其他企事业单位用房；三是“文化大革命”期间，佛教寺院受到严重破坏。以上因素造成寺庙逐年减少。20世纪80年代后，随着国家宗教政策恢复和落实，幸存的佛教寺庙得到保护和维修，一些佛教寺庙重建。

## 中华人民共和国成立后毕节地区佛寺庙变动情况一览表

| 寺庙名 | 地　址 | 状　况 | 寺庙名 | 地　址 | 状　况 |
|---|---|---|---|---|---|
| 灵峰寺 | 毕节城西郊 | 重建 | 玲珑洞 | 黔西城中 | 尚存 |
| 普惠寺 | 毕节城双水井 | 毁 | 观音庙 | 黔西城东街雪立坡 | 改作职工宿舍 |
| 惠泉寺 | 毕节城东郊 | 保存完好 | 观音庙 | 黔西大关镇街 | 部分尚存 |
| 翔龙寺 | 毕节城玉龙桥 | 改作仓库 | 海慧寺 | 黔西大关镇大关坡 | 毁 |
| 紫林奄 | 毕节城关 | 改民居房 | 观音庙 | 黔西大关镇大关坡 | 毁 |
| 北镇关庙 | 毕节城北北镇关 | 重建 | 观音庙 | 黔西大关镇小关坡 | 毁 |
| 寿福寺 | 毕节城关 | 改作收容所 | 大坑洞寺 | 黔西金坡乡 | 尚存 |
| 茶亭庙 | 毕节西郊茶亭 | 毁 | 国通寺 | 黔西城关 | 尚存 |
| 观音阁 | 毕节长春堡镇 | 改作小学校舍 | 钟山寺 | 黔西钟山乡 | 修复 |
| 寿福寺 | 毕节海子街镇 | 毁 | 高岩寺 | 金沙城西大定坡 | 扩建 |
| 普陀寺 | 毕节长春堡镇 | 毁 | 金龙寺 | 金沙城北油沙坡 | 重建 |
| 盘球寺 | 毕节鸭池镇 | 毁 | 金山寺 | 金沙城关 | 改作民居 |
| 观音寺 | 毕节鸭池镇 | 毁 | 开化寺 | 金沙西洛乡开化村 | 大部毁 |
| 云台寺 | 毕节燕子口镇啊落弥 | 重建 | 白云寺 | 金沙西洛乡小河村 | 改作革命纪念地 |
| 观音寺 | 毕节亮岩镇 | 毁 | 大山寺 | 金沙西洛乡白云山 | 重建 |
| 观音庙 | 毕节小吉场镇 | 毁 | 川壁寺 | 金沙城关玉屏村 | 重建 |
| 定水寺 | 毕节小吉场镇 | 毁 | 寿福寺 | 金沙安底中小学驻地 | 毁 |
| 观音阁 | 大方城西莲花塘 | 改作职工宿舍 | 栖霞寺 | 金沙安底镇红专 | 改作仓库榨房 |
| 大佛殿 | 大方城西莲花塘 | 改作职工宿舍 | 普惠寺 | 金沙禹谟镇城湾村 | 改作学校 |
| 大佛寺 | 大方城南 | 毁 | 观音寺 | 金沙沙土镇红星村 | 毁 |
| 东山寺 | 大方城东门外 | 毁 | 观音寺 | 金沙沙土镇民族村 | 改作学校 |
| 回龙阁 | 大方城北隅 | 毁 | 观音庙 | 金沙岚头镇后寨 | 尚存 |
| 奎文阁 | 大方响水镇 | 毁 | 观音庙 | 金沙岚头镇十月村 | 修复 |
| 观音庙 | 大方马场镇虚灵洞 | 毁 | 分水寺 | 金沙石场乡年新村 | 改作民居 |
| 回龙寺 | 大方六龙镇 | 毁 | 华阳寺 | 金沙石场乡茶树村 | 改作民居 |
| 观音阁 | 大方飘井镇 | 尚存 | 把栏寺 | 金沙石场乡清江 | 改作民居 |
| 观音阁 | 黔西水西公园 | 尚存 | 观音庙 | 金沙石场乡群力村 | 改作民居 |
| 净莲寺 | 黔西城关 | 尚存 | 观音庙 | 金沙石场乡农合村 | 改作民居 |
| 寿福寺 | 黔西城中街 | 改作校舍 | 观音庙 | 金沙石场乡大宝洞 | 修复 |
| 开元寺 | 黔西师范学校驻地 | 毁 | 桃园洞 | 金沙石场乡火石垭口 | 修复 |
| 西南庙 | 金沙石场乡玉桥村 | 改作学校 | 乘龙寺 | 纳雍城关拉戛坝 | 尚存 |

续表

| 寺庙名 | 地　址 | 状　况 | 寺庙名 | 地　址 | 状　况 |
|---|---|---|---|---|---|
| 分水寺 | 金沙石场乡构皮村 | 改作民居 | 寿福寺 | 纳雍城关新猫场 | 毁 |
| 大寺 | 金沙平坝乡金塔村 | 尚存 | 观音庙 | 纳雍百兴栏马墙 | 修复 |
| 观音庙 | 金沙桂花乡回龙村 | 改作学校 | 观音阁 | 纳雍总溪河万寿桥头 | 修复 |
| 云台寺 | 金沙龙坝乡国光村 | 改作村办公用房 | 凤山寺 | 威宁城东 | 修复 |
| 朝阳寺 | 金沙岩孔镇湾子村 | 改作学校 | 涌珠寺 | 威宁城东凤山脚 | 存部分 |
| 莲花寺 | 金沙长坝乡莲花村 | 毁 | 准提阁 | 威宁城文化路 | 尚存 |
| 绍隆寺 | 金沙源村乡沙塘 | 改作学校 | 观音庙 | 威宁二塘镇色开 | 毁 |
| 都佛寺 | 金沙官田乡民协村 | 修复 | 观音庙 | 威宁中水镇中河 | 毁 |
| 天灵寺 | 金沙后山乡后山村 | 毁 | 观音庙 | 威宁羊街镇蛇街 | 毁 |
| 凤鸣山寺 | 金沙清池镇中普 | 尚存 | 观音庙 | 威宁炉山镇 | 改作办公用房 |
| 水口寺 | 金沙岩孔镇老桥 | 正殿存 | 大佛寺 | 威宁城文化路 | 改作职工宿舍 |
| 白云寺 | 金沙岩孔镇 | 存遵不雕佛像 | 观音寺 | 威宁城关西宁路 | 毁 |
| 东山寺 | 金沙城郊 | 大部修复 | 北屯庙 | 威宁城关五老山 | 修复 |
| 回龙庵 | 织金城南郊 | 改作职工宿舍 | 神仙洞 | 威宁城关平滩梁子 | 修复 |
| 白云庵 | 织金城东南 | 存后殿及左右厢房 | 观音庙 | 威宁小海镇黑泥洞 | 修复 |
| 紫竹庵 | 织金城南 | 大都尚存 | 大佛寺 | 赫章野马川镇河坝 | 改建小学 |
| 城藏庵 | 织金城东 | 大部毁 | 有胜寺 | 赫章姑基乡 | 尚存 |
| 隆兴寺 | 织金城东 | 存右殿及左右偏殿 | 观音阁 | 赫章财神镇 | 尚存 |
| 寿福寺 | 织金城南大街 | 改作厂房 | 观音洞 | 赫章罗州乡 | 保存部分 |
| 保安寺 | 织金三甲乡 | 尚存 | 观音庙 | 赫章妈姑镇 | 尚存 |
| 观音阁 | 织金熊家场乡 | 存右厢房 | 天桥寺 | 赫章平山乡 | 尚存 |
| 观音庙 | 织金城南四方井 | 修复 | 普照寺 | 赫章白果镇将军山 | 厢房存 |
| 大佛寺 | 织金以那镇 | 修复 | | | |

**开放佛教活动场所**　1992年，清理、整顿、登记宗教场所。至2003年，全地区开放佛教活动场所36处。

附录

## 部分寺庙简介

**朝阳寺**　位于金沙县木孔乡湾子村。原名安乐寺，建于唐代，庙址在泥池坝陶家寨。后迁今湾子村大石庄，更名为朝阳寺。寺中三层殿堂、钟鼓楼，是毕节地区最早修建的寺庙建筑。中华人民共和国成立后被拆毁，现仅存遗址。

**天灵寺** 位于金沙县后山乡天灵村。元代由当池富户孙姓所建。后逐步扩建，至清雍正十年（1732）形成规模，为金沙县境规模最大的寺观。1968年被拆毁。

**凤山寺** 位于威宁县城东北1千米的凤山上。始建于明洪武初年。早年名为真武观。其后，四川和尚如际到观开殿，从事坐禅念经佛事活动，更名为凤山寺。寺庙由正殿、左右配殿、前殿组成，占地5000平方米。清咸丰七年（1857）七月，回民陷城，烧毁山门两地厢房。同治六年（1867）四月重修，并增山门前之戏楼、正殿后的三清殿、小观楼、大观楼。正殿正中供奉玄天真武。三清殿正中供奉元始天尊、灵宝天尊、道德天尊；左边供奉观世音菩萨，右边供奉全真道龙派创始人邱处机。1966年至1976年“文化大革命”期间，遭严重破坏。1984年后，威宁县政府拨款、群众捐资，逐步修复凤山寺。

**灵峰寺** 位于毕节城西南灵峰山麓。始建于明洪武年间。明成祖朱棣御诰以“瑞甲全黔”封辞。山门上有清乾隆皇帝御赐题额“白云古刹”。初，寺为滇籍高僧燃指行医化缘，筹白银1500两建成。其后，明万历四十一年（1613），致政指挥孙勇建大雄宝殿，教官徐绍尧建观音殿，寺内僧人宝珠建左楼。明天启二年（1622）毁于兵燹。清康熙十四年（1675），邑绅樊应兰募金重建，优婆塞李奕憬捐巨产为助。雍正十年（1732），住持滇僧宗映聚众鸠工填其前数丈土，再造前殿；乾隆十五至十八年（1750～1753），率徒新修观音阁两廊，乾隆二十一年（1756），知县董朱英捐俸重修，凿山泉，砌石沼，修道路，建拱桥，树牌坊，建殿院三重，楼台寺阁齐备。道光三年（1823），邑绅刘延诗及母陈氏等捐资重修弥勒殿。道光二十四年（1844），邑绅糜肇勋、糜肇瑞、杨佩芝、刘大昌、高志忠及住持悟影捐资重修观音殿一堂两庑、弥勒殿及钟鼓楼。咸丰年间（1851～1861）毁于兵燹。光绪六年（1880）重修。民国5年（1916），毕节县长陈鸿爵等捐资及动用罚款共430余两白银重修。民国17年（1928），驻毕节的黔军第二路指挥官犹禹九捐大洋300元维修。灵峰寺，殿宇为三重。进入寺院，依次为九子弥勒殿、释迦牟尼殿和观音殿，前殿塑有金身弥勒佛大像；中殿塑释迦牟尼大佛3尊，文殊、普贤塑像分立两旁，左右壁龛内为彩色十八罗汉塑像；后殿为观音殿，塑观音像3尊，正中摆放铁铸香炉1个，大钟一口，石桌数张。中殿和后殿之间筑有鱼池一个，约100平方米；鱼池上架有石桥，桥头桥尾均有石雕坐狮；鱼池两旁有走廊，为前后通道，左边走廊连接禅房，侧门进入后殿花园。寺前有两株千年古杉，大佛殿前有两株参天玉兰树。寺后山巅有重建于清同治十二年

（1873）的塔1座，高11米。登临塔上，毕节城尽收眼底；放眼眺望，隐约可见大定县城。中华人民共和国成立初期，灵峰古刹风貌犹存，1966～1976年“文化大革命”期间，则几乎变成一片废墟，惟存千年古杉和600年玉兰树及镶嵌在生产队公房石壁上的《灵峰纪胜碑》《重修灵峰寺弥勒殿碑记》等门坊古碑供人凭吊。1978年12月中共十一届三中全会以后，灵峰寺佛

教活动逐步恢复。1999年，毕节市人民政府批准开放灵峰寺为佛教活动点。之后，活动点的僧尼、居士多方筹措资金，至2001年，共有8个单位、4处佛教寺庙及各界人士806人计捐款18万余元，花13.4万元兴建213平方米，砖混结构仿古建筑观音殿。殿内正中供奉释迦牟尼，两壁供奉十八罗汉。其后，投入23.5万元，修建828.8平方米一楼一底的仿古建筑东房。2005年，灵峰寺有常住僧人5人；居士400余人，常参加佛事活动的60余人。

**惠泉寺**　位于毕节县城东北东关坡上。明正统十四年（1449），毕节卫武略将军、千户侯王仲骧在此凿井，置小憩之所。后，经逐年整修，改建为寺。因其地泉流汩汩，四时不竭，故名惠泉寺。惠泉寺历来僧伽均为女众，供奉观世音大士，又名观音庙或观音阁。至20世纪70年代，惠泉寺保存完整。1981年，毕节县人民政府将其定为县级文物保护单位。1986年，毕节县政府拨款1万元；1988年，贵州省文化厅拨款1.5万元，维修惠泉寺。1994年，毕节地县政府及社会各界各单位共筹款22.17万元人民币，台币10.74万元，维修惠泉寺，修造自山脚至山门阶梯。1996年至2000年，各界人士42人又捐款1.77万元，作进一步维修。经多次维修，惠泉寺已焕然一新。惠泉寺依山而建，基石用青石砌成，高4.5米。进山门为四合院，上7级踏跺进入正殿，殿内正中供奉观音大士，左右供奉文殊广法天尊和普贤尊人。左右为禅房。前殿面阔3间，周围有宽约1米、长30米的凌空回形走廊。正殿前左右两侧各有石碑1方。惠泉寺现有僧尼2人。

**观音阁**　位于黔西县城水西公园内。始建于明正德年间（1506～1521）。清咸同年间（1851—1874），屡遭战火，阁毁。光绪八年（1882），地方人士捐资修复前后殿，塑造菩萨像。之后30余年间，社会动荡，观音阁无人培修而日渐坍颓。民国9年（1920），里人姜皤溪募资修复，历时七载，于民国16年（1927）完工。1981年，黔西县人民政府定观音阁为县级文物保护单位，并拨款维修。1991年，县人民政府批准开放观音阁为佛教活动场所。自1993年起，一些居士捐资塑起观音菩萨像。现庙内常住居士5人。

**洗心寺**　位于毕节城北郊北镇关。明万历六年（1578），毕节兵备副使黄镆建亭阁于关上，在北关口修洗心泉、来复池。后毁于兵燹。清乾隆九年（1744），巡局吏目戴光祖重修洗心泉、来复池。乾隆二十三年（1758），知县董朱英重修。道光元年（1821），里人捐物重修洗心泉、来复池。民国时期，在关上建小庙1座，后废。2000年后，一些单位、佛教寺庙和各界700余人共捐资40余万元新建洗心寺，拓宽修整盛桥至北镇关的山路为水泥石阶路。自山下拾级而上，登570余级阶梯，达洗心寺院坝。院坝东侧为东禅房，西侧为西禅房，北面为大殿。大殿内金碧辉煌，正中为高大的释迦牟尼塑像，释迦牟尼像前为迦叶、阿蓝塑像，左右为文殊、普贤塑像，左右两侧壁廊塑十八罗汉，神志各异，栩栩如生。殿中满挂佛幢佛幡。洗心寺常住1人，居士200余人，常到寺庙做佛事的30余人。毕节市佛教协会亦设于洗心寺。

**观音桥观音寺**　原址位于今城区观音桥办事处观音河右岸约100米毕节第十七小处。观音桥古称威镇乡，境内有威镇河、威镇桥，清乾隆年间建观音寺后，改称观音桥乡、观音河、观音桥。观音寺为当地朱、罗、吉、范、张、邵、胡、卢等八大望族富户捐资所建。寺院后侧有奎星阁，当地乡绅、举人罗体善曾设馆授徒其中，乾隆五十一年（1786）丙午乡试，因中举五人，题曰“香满一楼”而名扬四外。1939年，国民党毕节县长刘剑魂偕夫人查明艳游览观音寺。寺前小桥流水，绿杨翠竹，风景甚佳，乡绅朱绍谷住房“水竹居”也建在寺前。刘遂即兴赞“水竹居”一绝曰：“居名水竹俯桥前，桥上栏杆不久间。若问晚风垂柳意，渔翁又到小溪边。”观音寺不仅是当地百姓信仰佛教、入学就读之所，而且还是人们游览观光的好去处。毕节解放后，观音桥乡曾在寺内办公，后又改作学校。今原寺遗址仅存围墙料石基础，而新寺已迁建于此地附近一傍山临水，风景秀丽的小山之间，有居士10余人。

**普照寺**　位于赫章县白果镇将军山上。始建于明万历二十七年（1599）。原址在水塘大山顶上。清康熙年间移建于白果将军山上。庙由前殿、后殿和两厢房围成四合院。前殿正中神台供奉伏羲、燧人、神农三皇，神台后壁上有“聪明正直”“皆大欢喜”“与天无极”匾额。后殿正中神台供奉儒、释、道神像，观音、地藏二神并立左右两端，两侧为十八罗汉像，正中后壁上有“大德教化”“三教同源”匾额，左右壁上分别为“孝达幽明”“普渡瀛寰”匾额。左右两厢房为僧尼住房，分别悬挂“梅质杉姿”“贞固超凡”匾额。殿前为山门，门首有“普照寺”匾额。庙宇四周筑围土墙，墙外古木苍翠。普照寺历400余年，至20世纪50年代基本完好。1966～1976年“文化大革命”中，前、后殿被拆除，仅存厢房1幢。现寺内常住尼姑4人。

**涌珠寺**　位于威宁县城东凤山脚下。始建于明代。清嘉庆十三年（1808）、道光十年（1830）先后维修，同治年间被毁。光绪年间周成、周永兴重建。大佛殿、观音殿及两厢房为涌珠寺建筑群主体。大佛殿正中供奉3尊大佛，殿前院中有木质八角亭，供奉灵官塑像，八角亭与大殿之间置铁铸大香炉。观音殿正殿供奉3尊神像，中坐观世音，左为地藏王，右为大肚罗汉，两侧分立十八罗汉，后壁塑若干小罗汉。观音殿前有一井，名葡萄井，长约10米，宽约7米，周围有高1米的石栏，栏板内均有浮雕。井内泉水喷涌如珠，寺故得名。井左右有石狮1对。井前石坊1座，坊高约5米，坊上有各类石雕。坊前有一月牙池，长约16米。主体建筑左右分别为钟鼓楼，钟楼铜钟为乾隆十四年（1749）铸造。前院为雷神殿，供奉雷公、电母，右前院为武侯祠，供奉诸葛亮、刘备、关羽、张飞。后院为角殿，供奉印染、饮食等行业所敬之神。中华人民共和国成立后，寺被拆毁，现存殿阁2间，泉井、月牙池及石狮1对。

**东山寺**　亦称开元寺，位于黔西县城郊东山。据《黔西州志》载，康熙五年（1666），嵩目大师“诹吉鸠工，庀材鞭石，构大雄宝殿、藏经阁、大士阁、天王殿、两庑廊廓，凡若干楹。周绕差备，金碧丹垩，宏敞焜耀，费计千金，阅五十月而告成”。乾隆三十年（1765），寺僧苍遥维修并建禅房。乾隆四十二至四十七年（1777～1782）重修，重修后的开元寺琳宫宝刹，焜耀依然，金容月相，圆满如昔。道光十一年（1831），建阳明书院于寺内，书院开办至光绪初年。后因年久失修，庙宇大部分毁坏。1972年，在原址上修建黔西师范学校。现存部分禅房。

织金隆兴寺

**隆兴寺** 又名水月庵，位于织金县城东面。始建于清康熙六年（1667），康熙三十一年（1692）暨清道光十八年（1838）曾两次重修。寺有前殿、后殿、左右偏殿和山门，建在三潭滚月之间，北临猪巴巴龙潭，南为瓦窑龙潭，东北为黄泥龙潭。后殿为砖木结构并排3间，殿脊顶正中是罗汉，下端有“顶上圆光”4个阴文泥字。前殿并排3间，厅侧是石拱大山门。左右偏殿均并排3间，系禅房。前后殿之间天井143.77平方米。1953年，前殿和山门被拆，现仅存后殿和左右偏殿。

**东山寺** 位于织金县城郊东山西侧。清康熙八年（1669）副将霍维鼎及兵民共建。康熙十年（1671），游击赵印昌重修。光绪五年（1879）重建。寺庙依山而建，次第上升，一级为山门；二级是前殿，并排5间，殿左侧有钟楼1座，殿右侧有鼓楼1座；三级是正殿，又名梵帝宫，并排5间；四级为观音阁，建于山顶西面慈云洞口。慈云洞内有钟乳石形似观音大士，以此得名。观音阁内正中供奉观世音塑像，两旁供奉十二觉圆。阁左边是读书楼。20世纪50年代初，观音阁及读书楼已毁；50年代后期，前殿和后殿被改为县食品公司养猪场；70年代中期改作县鞭炮社生产防雹器材场所，其间发生爆炸，毁坏严重。1982年，贵州省文化厅、织金县财政共拨款1万元维修正殿。2002年，织金县各界捐资修复钟楼。

织金东山

**回龙庵** 位于织金县城南郊。清康熙八年（1669）兵民共建。光绪十三年（1887）续修。庙宇由前殿、后殿、禅房、山门及得月楼组成。前殿内明间供奉释迦佛，右次间供观音，观音左右是十二觉圆。左次间塑天、地、水三官像。后殿主要供奉神像，后廊是须弥座神龛，神龛正中供奉斗姥，左右供奉诸仙。右厢房并排3间，明间供奉送子观音，左右次间为僧人住禅房。得月楼为两层，一楼为前后廊，左右双廊供奉龙神；二楼供奉关羽。20世纪20年代初，民国织金县政府在回龙庵创办第一女子小学；50年代初土改时将前殿分给贫民居住，后殿改作职工宿舍。得月楼保存较为完整，现为职工宿舍。

**高岩寺** 位于金沙县城西南大定坡，称为高岩老祖寺院。建于清乾隆十五年（1750）。寺依山傍岩，坐北朝南。为砖木结构歇山顶式垂檐式建筑，面阔4间，分正殿与偏殿，建筑面积400平方米。正殿设神台，上塑高岩老祖诸神像。正殿右侧为偏殿，供奉观音像；偏殿旁为斋房、禅房。1993年，经有关部门批准扩建。1994年4月，金沙县人民政府批准开放高岩寺为佛教活动场所。新扩建的大雄宝殿在古寺西南侧100米处，占地1000平方米。内供释迦牟尼等神像20余尊。殿内设施完善，有禅房、斋房。大殿为一院坝，可容纳千人。院坝边缘高坎上造水泥护栏50余米，凭栏远眺，大半个金沙县城尽收眼底。院坝正中置2米高的三鼎香炉1座。大殿边栏高坎下为2003年新建的6000余平方米观音殿，殿前有约900平方米的水泥院坝。高岩寺现常住比丘尼1人，沙弥尼2人。

**观音阁** 位于纳雍县维新镇总溪河万寿桥头独峰上，下临总溪河碧绿的湾潭，十分险峻。始建于道光十八年（1838）。1966年至1976年“文化大革命”中被毁。1993年，乡人集资4万余元，于1996年10月修复。底层为依溶洞而建的观音堂，循堂前左侧高约9米的石壁上凿出的迂回石级更上一层，则为青屋飞檐的观音阁二楼。观音阁既是庙会场所，又是少数民族男女对歌、跳花等民族节日聚会地。每逢民族节日，附近各乡数万人云集此处，热闹非凡。

**保安寺** 位于织金县城东北12千米处的三甲，始建于清道光二十四年（1844），曾几次重修。庙宇由保安寺、观音阁、地母庙三级建筑物倚一独秀石峰建造而成。石峰中空成洞，保安寺建在西洞口，并排3间，四周回廊，档山盖二重檐，木雕撑拱。观音阁在南洞口，封住洞口约三分之一，由3层楼组成，为半六方形亭阁，阁北面石峰矗立，高10余米，两峰相合，形成天然拱洞，中间空洞，一孔穿天，顶上露出天光，洞壁题额“慈云洞”，洞口有行书“云洞天开”木雕阴文匾额。阁后洞厅设佛龛，龛上供奉观音。地母庙建在观音阁上首，并排5间。保安寺、观音阁、地母庙建筑保存完好。1972年中共织金县委曾拨款1000元维修。1982年，贵州省人民政府又拨款9000元维修。

**金龙寺** 位于金沙县城北2千米的油沙坡上，始建于清代，庙宇早毁。20世纪80年代末至90年代初，善男信女集资重新修建。寺庙坐西向东，占地1340平方米，建筑800余平方米。由老殿、韦驮殿、大殿、观音殿组成。从山脚拾级而上，经数百级水泥梯坎即到老殿。老殿依山建造，240平方米，由财神殿、禅房组成。财神殿供奉财神、观音、药王、地藏、东岳大帝、文昌帝君神像。从老殿右边环行92级梯坎，再左转直上28级梯坎，进入韦驮殿，殿内正中供奉弥勒佛像，两边供奉四大天王。韦驮殿后5级石阶之上，为寺庙院坝，可容近1000人，坝左侧置报时钟1口，金龙寺碑记1方，右侧正中置1化香炉。站在院坝前鸟瞰，金沙县城尽收眼底。院坝后11级石梯之上，为大雄宝殿，屋顶置3米高的宝顶3个，正中门额上悬挂“大雄宝殿”横匾。大殿高6米，开间26米，进深13米，338平方米。殿内供奉如来、普贤、弥勒、观音等28尊菩萨。紧靠大殿为观音殿，系宝塔式建筑。殿高11米，第一层开间进深均为11米，其内供奉观音、善财、龙女、觉圆等15尊塑像；第二层开间、进深均为10米，称钟鼓楼，内置大钟1口，大鼓1个。现寺内常住人口3人，其中大和尚1人，沙弥1人，居士1人。

**大佛寺** 位于赫章县东18千米的野马川镇西南约1千米的河坝中央，建于清光绪年间（1875—1908）。寺庙有内外两层围墙。外墙周长1200米，内墙周长600米，内、外墙之间为林带，株株古松、古杉、古柏苍翠葱茏，四季常青。入山门，先过花园，再入前殿。前殿正中供奉3米高的大佛，两厢房一供土地之神，一作客房。前殿后为正殿，供奉如来、观音及十八罗汉。正殿后为禅房。大佛寺已于20世纪50年代拆建小学。

**宣慰庙** 位于纳雍县乐治镇杨家湾村。始建于清康熙四年（1665）。庙为宫式建筑，计5间，正中3间为正殿，左右两边为挂耳。分上、下两层，下层大门9扇，窗子9洞。正殿右侧有3

间瓦盖木房仓库，左侧为庙园。正殿上层供奉观音及五百罗汉诸菩萨，并置大钟大鼓；下层供安坤夫妇及48目塑像；庙门前有韦陀、金刚，手执金鞭，守护庙宇，震慑诸邪。两边挂耳，左住和尚，右供云游僧、道寄宿。庙早已毁，仅存遗址。

**观音寺**　原位于纳雍县城中心，因年久失修，破败不堪。1994年，一些佛教信士筹资重建该寺，并移庙址于县城东南面的猴子岩。1996年建成大雄宝殿，之后又建成左右两厢禅房，共450平方米，总投资30余万元。观音寺现为纳雍县佛教管理小组驻地，寺内常住人口4人。

**万年寺**　万年寺系1982年威宁县政府批准开放为佛教活动场所，位于威宁县城东北2千米处的草海镇塔山村九台山上。寺庙占地10余亩，于1996年开始筹建，2003年竣工，总建筑面积1800多平方米。寺庙由大殿、东禅房、西禅房组成，分别修建在不同平台上。第一个平台对称修建东西禅房，各3层，每层240平方米。东西禅房之间的院坝正中有一荷池，后置高5米的圆形宝塔式铁香炉、石香炉各1个。从香炉后上28级石梯抵大殿，殿高12米，开间25米，进深11米，正中供奉释迦牟尼，左右供奉阿蓝、迦叶，靠后的左面供奉坐于青狮上的文殊，右面供奉坐于大象上的普贤，东西两壁供奉十八罗汉。大殿后面正中供奉西方山神，左右分别供奉观音。站在寺院前，威宁县城、威宁火车站、草海及远方巍峨的群山尽在眼前。万年寺有信士500余人，常住人口8人，

**天灵寺**　位于金沙县城东1.5千米的合理村龚家湾子。民国以前为山王庙，早毁。20世纪90年代初，一些佛教信士筹资在原址上建庙，更名为天灵寺。寺庙占地15亩，地形为阶梯形，建筑1100平方米。从庙前上39级台阶，经过两个梯次上的院坝及钟楼、鼓楼到达大雄宝殿，殿高10余米，长34米，宽18米，为二重檐歇山式建筑。殿堂正中供奉高大的释迦牟尼、阿蓝、迦叶、普贤、消灾延寿药师父、地藏、观音、文殊、阿弥陀佛、十八罗汉等27尊佛像。大殿右侧为儿童殿，开间3米，进深4米，供奉少年时释迦牟尼佛像。天灵寺内种有樱桃、石榴、枇杷等10余种果树和柳杉、桂花、玉兰等10种风景树及法国兰等花草，是一处花园式的休闲地和善男信女拜佛的活动场所。寺内现有常住人口2人。

## 三　佛事活动及寺院经济

**佛教节日**　今毕节地区佛教寺庙及信徒约定俗成节日为弥勒菩萨圣诞日，正月初一；观音菩萨诞生日，二月十九日；释迦牟尼诞辰日，四月初八日；观音菩萨成道日，六月十九日；盂兰盆会日，七月十五日；观音菩萨出家纪念日，九月十九日；阿弥陀佛诞辰日，十一月十七日；释迦牟尼成佛纪念日，十二月初八日。

**佛事活动**　今毕节地区佛教寺庙寺内常规性佛事活动为：1.丛林早晚课，亦称早晚殿。每天清晨5点钟左右报钟击鼓，敲击木鱼，早课开始，僧尼信徒唱《赞词》《念香赞》《楞严咒》《大悲咒》《十小咒》《心经》《起佛唱》，称圣号，绕念《阿弥陀佛》（按顺时针方向旋转），念完佛经，结尾唱《祝韦驮赞》，归位拜佛，回向三皈依。下午5时左右上晚课，唱《唱香赞》，（阴历单日念《弥陀经》，双日念《大忏悔》《蒙山施食》《佛偈》《净土

文》《祝伽蓝赞》），归位拜佛、回向三皈依。每月初一、十一朝佛、拜佛、上殿、仪式比平时隆重。上述两种佛事活动，外人不参与。另一种佛事活动是每逢二月十九，四月初八、六月十九、十二月初八日，在寺内隆重举行诵经，以纪念观音、释迦牟尼，并接纳善男信女到寺内进香朝拜，捐献功德钱。办会之日，寺内木鱼橐橐，诵经之声不绝于耳，善男信女及前往观瞻者川流不息。其时，捐献功德钱的人享受一餐素饭。条件较好的大庙于办会之日亦偶尔做阴阳普佛或平安普佛。2.阴佛事。以超度亡灵为主要内容。超度时间一般为3天，其程序是：第一天起经；第二天随堂普佛、拜忏、供斋、上晚课、亡灵前参位、放系念；第三天活动内容与第二天大体相同，另拜一种忏、施食，晚上放焰火一台，圆满，阴佛事活动结束。阴佛事所念诵的佛经分为两类：一是阴佛事专门念诵经，有《净土五经》《孟兰盆经》《地藏经》《地藏宝经》《十王宝忏》；二是阴佛事、阳佛事都须念诵的有《大乘妙法莲花经》《佛说大乘无量装严清净平等觉经》《金刚经》《大方广佛华莲经》《大宝积经》《八阴神咒经》《心经》《弥陀宝忏》《观音宝忏》《宝轮三昧忏》《梁皇宝忏》《千佛忏》。3.阳佛事。以祈求消灾免难、增福延寿等为主要内容。一般为2天。第一天的程序为随堂普佛、供斋、拜忏、上殿、参位；第二天的程序及内容除与第一天大体相同，增加放焰火一台，圆满，整个佛事活动结束。所念诵的佛经分阳佛事专门念诵《药师经》《普门品经》《药师忏》阳佛事，阴佛事均须念诵相同地经。4.万佛忏法会。亦称阴（赵）阳（度）两度大法会。此种佛事活动一年或几年做一次，最少须10个以上僧尼参与，共做15天，每天的程序和所念经书大体与阴佛事、阳佛事相同。5.水陆法会。每次举行2～3天，或45天，参与僧尼少则2～5人，多则数十人。

**寺院经济**　民国及民国前，佛教寺院多有地产。无论大小寺院，均有一定数量的田土。这些田土，一为官府所划拨。二为善士、信徒捐赠。大寺庙有地产，一般小寺庙亦有地产。毕节灵峰寺，为大寺庙，毕节解放时其田出租，年收租谷100余石。金沙县石场乡从清代至民国年间，修佛寺9座，每座寺庙有两三亩或四五亩田产不等。除地产外，寺庙收入尚有信徒、群众捐献的功德钱。20世纪40年代后期，毕节灵峰寺每年获捐功德钱计法币约10万元。中华人民共和国成立后政府废除佛教的封建特权。土地改革，征收佛教寺庙在农村中占有的土地，分给无地或少地的农民，出家的僧尼也同农民一样分得土地。大部分僧尼还俗。少部分留寺的僧尼，或从事农业，或从事手工业、饮食服务业，自食其力。确有困难的僧尼，政府给予适当补助。1978年后，中央及各级政府恢复落实宗教政策，允许寺庙经营合法经济项目，佛教寺院经济来源增多。2002年，灵峰寺功德、法事、法物、伙食收入12万元，支出11.6万元，结余0.4万元。2003年，收入12万元，支出11万元，结余1万元。

## 四　佛教组织

**明清时期的佛教组织**　明永乐四年（1406）设乌撒军民府僧纲司于能仁寺；明正统十四年（1449）设毕节卫僧纲司于普惠寺，设正都纲、副都纲各一员管理佛教。其职责为专一简束僧道，务求恪守戒律，阐扬教法。僧道不守规则者，听有司究治；若所犯事涉军民，听有司鞫讯；

有作奸犯科者，论如法，编管为民。清代，黔西州亦设立僧正司，苍遥、照城、法芝先后任僧正。光绪三十一年（1905），黔西州成立佛教会，会址开元寺，设总监、管僧管理佛教事务。

**民国时期的佛教组织**　1.大定县佛教组织。民国14年（1925）大定县佛教会成立，由禅光、孔德祥、保之主持教务。民国22年（1933），改大定县佛教会为中国佛教协会贵州分会大定支会，张炳南任会长。民国31年（1942）筹建佛教协会大定支会，提出“团结佛教徒，整理教规，宣传教义，发扬大乘救世精神，利济众生，造福社会，以抗战救国为共同目的，为整个民族而奋斗”为活动宗旨。是年8月，成立中国佛教协会大定支会。

2.黔西县佛教组织。民国17年（1928），黔西县佛教会更名为贵州省佛教会黔西县分会，会址仍在开元寺，新场天灵寺住持僧能方任会长，白海、广才任副会长。民国29年（1940），黔西佛教分会同居士林合组为中国佛教会黔西僧尼抗日救国会，本智任理事长，任林为监事长，法相、万燊任副会长。发有证章和证书，规定按月缴纳救国费和会费。民国后期，其组织瘫痪。

3.威宁县佛教组织。民国28年（1939）建立威宁县佛教协会，管绍刚为负责人。

4.金沙县佛教组织。民国30年（1941），成立中国佛教会金沙县僧尼抗日救国会，僧能方任主席。

5.赫章县佛教组织。民国32年（1943）5月11日，成立中国佛教会贵州分会赫章县支会，张东寅为理事长，本聪为副理事长。

6.织金县佛教组织。民国35年（1946）10月28日，成立中国佛教会贵州分会织金县支会，理事长能灵，理事庹几禅，会址在文昌宫。

**中华人民共和国成立后的佛教组织**　20世纪50—80年代，佛教组织不复存在。1990年10月3日，纳雍县建立佛教管理小组。随后，毕节、威宁、黔西、织金县相继建立佛教管理小组。1995年4月13日，金沙县召开第一届佛教代表大会，成立县佛教协会。2003年11月，毕节市召开第一届佛教代表会议，成立市佛教协会。代表会议通过的《贵州省毕节市佛教协会章程》规定佛教协会的宗旨及其任务。协助人民政府贯彻宗教信仰自由政策，维护佛教徒的合法权益，弘扬佛教教义，发扬佛教优良传统，加强佛教徒自身的思想建设和佛教组织建设，兴办佛教慈善事业，团结各民族佛教徒参加社会主义物质文明建设和精神文明建设，为改革开放、经济建设、祖国统一、世界和平作贡献。规定其任务是：根据宪法和有关法律法规及政策的规定，维护佛教徒宗教信仰自由的权力和佛教团体、佛教活动场所、佛教文化教育机构和自养服务事业的合法权益，密切联系各民族佛教教徒，深入调查研究，如实反映情况，提出意见和建议；推进佛教徒进行爱国主义和社会主义的学习，加强对宪法和有关法律、法规、政策的学习，做到爱国爱教，遵纪守法，指导佛教寺院搞好自身建设和管理，严肃清规戒律，树立优良道德风尚，开展正常教务活动，制定寺院管理、教制仪规等规章制度和具体办法，指导居士团体加强团结，协调关系，精进学修，护持三宝，遵纪守法，服务社会；举办佛教教育事业，培训佛教四众人才，提高佛教界的整体素质，开展佛教文化学术研究，保护佛教文化古迹；引导佛教徒爱岗敬业，兴办符合佛教特点的自养服务事业，支持参与社会公益事业，造福社会，利益人群；开展同台湾同胞、港澳同胞、海外侨包中佛教徒的联谊工作，增进互相了解，加强团结合作，促进祖国统一和佛教事业的发展；发展与各国佛教界、国际佛教友好组织、国际宗教和平组织的交往与合作，促进中外佛教文化交流，维护世界和平。

## 五　寺院管理

民国及以前，佛教界按佛教教制教规管理寺院。中华人民共和国成立后，佛教日渐式微。1966～1976年“文化大革命”中佛教停止一切活动，佛教寺院管理松散。1978年后，国家落实宗教政策，佛教信徒及活动日增，维修、扩建和重建的佛教寺院亦增多，寺院管理提上日程。2003年，毕节市佛教协会根据宪法、法律和宗教政策的有关规定，按照佛教的教制教规，制订《贵州省毕节市佛教寺院管理制度》管理全市佛教寺院。《管理制度》规定，各开放的佛教寺院须在政府宗教事务部门的领导下，由寺院民主管理组织自己管理，并接受上级佛教协会的指导；推举寺院住持，必须根据选贤任能的原则，由市佛教协会或上级佛教协会主持，经本寺院两序民主协商推举礼请。住持每届任期3年，可连选连任。寺院住持的任免，应报相应的政府宗教事务部门备案。住持对外代表本寺院，对内则发扬六合精神，实行民主集中制，管理本寺院各方面工作。凡重大问题，由住持召集寺务会议，集体讨论决定；各开放寺院要建立健全民主管理机构，其成员在民主协商的基础上，选出拥护中共领导、爱国爱教、有一定佛学知识、作风正派、办事公道、享有众望的僧尼或居士担任。1.开放寺院须安排好僧众修持，坚持早晚功课，经教学习，修禅念佛，过堂用斋，严守戒规，整肃僧仪。僧尼务须僧装、素食、独身；寺院要适当安排讲经说法，提高信众对佛教基本教义的认识水平，启发其广学力行、爱国利民的积极性，指导其正言正行；佛教活动在政府批准开放的佛寺院或佛教活动场所举行；开放寺院内严禁巫婆、神汉和其他任何人搞降仙请神、驱病赶鬼、测字算命、卜卦求签等活动，更不得假借佛教制造菩萨显灵菩萨托梦等谣言，蛊惑人心。3.要求出家的人，必须年满18周岁，本人志愿，六根具足，身体健康，无生理缺陷，信仰佛教，爱国守法，有一定文化基础，父母许可，家庭同意；开放寺院要查明要求出家人的身份来历，认定符合出家条件，方可接受留寺，指定依止师，授予三皈五戒，经考查1年以上，合格后再正式剃度，并按规定手续发给度牒；皈依三宝，须本人志愿，爱国守法，品德端正，有一定佛教信仰基础，经佛教徒介绍，皈依师方可接受；各寺院应根据实际需要，提出常住僧人名额，经市佛教协会报请政府主管部门审定，在规定名额内，按规定接受常住僧人，经考核1年合格后，由市佛教协会报请政府主管部门办理户口转入等手续；常住僧人还俗离寺，寺院应收回戒牒、度牒，将户口转回原地；接受外来僧人，应验明有关证明后，方准挂单。4.寺院采取在本寺院举办僧尼学习班和居士学习班，挑选僧尼在法师指导下钻研教理，选送僧尼到佛教学院深造等方式培养僧才。5.寺院发扬农禅并重的优良传统，因寺制宜，举办符合本寺院特点的农业、林业、手工业和法物流通、素斋、客舍等自养事业，逐步达到以寺养寺；寺院可接受信徒自愿的布施，但不得以任何方式和名义向信徒勒捐；寺院可接受外国友人、港澳台同胞和海外侨胞，不附加政治条件、不损寺院主权的捐赠。6.接待外宾工作，开展与港澳台同胞、海外侨胞联谊活动，涉外活动中坚持爱国爱教、独立自主原则。7.寺院文物均登记造册，确定级别，建立档案，专人负责，妥善保管；寺院园林管理，有专人负责，搞好绿化，管好山林，整洁环境，美化景观。同时，相应制订物资管理财务制度，治安与消防管理制度。

## 第二节 道 教

### 一 道教传播

明代，道教全真道派、正一道派均传入毕节境内。

**全真道派** 明初，全真派道人在毗刺（今织金县）城东山建智琼祠修炼，宣传道教斩邪留正、惩恶扬善教旨。清乾隆年间（1736～1795），黔西州人马通茂于贵阳学道回乡后，在州境东南一带传播全真道，其教徒遍及今金沙县境。清嘉庆年间（1796～1821），平远州郭道士在州城西山脚下结茅修炼，人称郭仙人，并把西山改名西灵山，于山顶建三清宫和药王庙。咸丰年间（1851～1861），平远州全真派道徒多参加反清起义，梅道人参加萧山领导的起义，任军师。起义失败后被杀害。光绪九年（1883）道人童元畏、童念青带头参加李留五起义。兵败，为首参加起义的道人均被杀害，徒众纷纷远避他乡，平远州全真派道势大减。光绪二十四年（1898），大定府道教会成立。清末，平远州西灵山肖道人兼营陶器买卖，以盈利维修庙宇。

民国3年（1914）全真派清静道弟子于明福从四川到大定重振道教教务。民国初年，四川巴县人庹几禅任织金县鱼山住持。庹几禅博学多识，对《道德经》等道学典籍颇有研究，又熟悉诗词格律，擅丹青，且精通医术，尤谙外科跌打损伤，自制中药丸散施济穷人，远近群众多有受惠者。庹几禅对鱼山的建设多有贡献，化缘2000银修建黑神庙，随后又建藏书楼。经庹几禅精心培植，鱼山遂成为织金胜景。民国21年（1932），大定道教会改选，于明福任理事长。民国26年（1937）织金县有全真派道徒33人。民国29年（1940），黔西县成立清虚道教会，制发证章、证书，收救国费和会费，办理道教事宜。民国31年（1942），大定县道教会再改选，于明福连任理事长。道教会明确其宗旨为增进中国文化，发扬民族精神，促进社会进步，遵奉总理（孙中山）遗教，维持固有道德，矫正弊端。民国末期，全真道道徒大减。

**正一道派** 明朝中叶，正一派九世弟子周金玉传道入大定境。明万历年间（1573～1620），正一派道士陈国良（法名洞清）在平远州境传播正一道教。明天启年间（1621～1627），贵州宣慰同知安邦彦反明，明王朝派兵征剿。事平，随军而来的王佛性等解甲在黔西州传教。随后，正一道教不断得到发展，其教徒逐渐遍布今毕节地区全境。清光绪二十三年（1897），毕节县西里（今杨家湾一带）正一道士明尧等在七星关街上做冥阳二仪扶狱开方、燃烛大醮道场9天。是时，西里一带有正一道教徒近百人。光绪二十四年（1898），大定50余名道徒分别在县城斗姆阁、三楚宫做道场7天。宣统三年（1911），大定有正一道徒80余人。

民国27年（1938）“七·七”抗战纪念日。大定道教会在县城建醮7天，超度抗日阵亡将士。是时，大定正一道教徒发展到340余人。民国时期，织金县道教亦举办过3次大型合城醮，其中，以民国32年（1943）举办的一次最为盛大。是年天旱，至农历四月还未下雨。全真派道长庹几禅主坛，正一派王道士行坛，县长王佐临坛忏悔，办法事7天。

**中华人民共和国成立后的道教活动** 1952年底，毕节专署民政科统计大定、黔西、金沙、纳雍、威宁县有道士584人。1952年土地改革，政府将道教宫观地产没收分给农民，道士纷纷改行，自谋出路，道教宫观基本为机关、学校及其他企事业单位所用。之后，信仰道教群众逐渐减少，据1962年2月威宁、织金县统计，两县城关仅有道士27人。据1965年纳雍县统计，全县有道士45人。1966～1976年，“文化大革命”中，所剩道教宫观遭严重破坏，道观内的全真派道人绝迹，正一派的道教活动也一度停止。1978年后，贯彻宗教信仰自由政策，正一派世居道士的宗教活动逐步从隐蔽转为公开。据1981年纳雍县统计，全县有道士道姑32人。1982年，大方县城关、双山、坡脚、理化、鸡场、达溪有经法师设道场度职的道士20余人；1987年，全县有道徒250余人。据2000年统计，全地区有从事道教活动的专职道士232人。2003年，威宁县有专职道士100人，毕节市杨家湾一带有专职道士30余人。

## 二　收徒　受戒　斋醮　仪范

**收徒受戒** 全真道收徒，男女皆可。入道手续程序为：先找一位介绍师介绍到某一小庙，请求道观里一位道士做度师，即成为道童。之后，到法堂朝拜师父，自此蓄发，学道规，且做打扫庙宇卫生、挑水做饭等杂活。同时，学习《早晚功课经》《三官经》《玉皇经》《斗科经》以及作道场的诸经。学满3年，由师父择定吉日，请两位道士分别做冠巾师、梳发师，念经上表，举行冠巾礼，把道童长发梳里蟠成顶髻，戴上冠，随即摆1～2桌素席谢师，之后即可四处跟着师父或道友参加做经忏法事。逢著名丛林开坛传戒时，师父再介绍其赴丛林受戒。道童受戒后便名入登真箓，取得戒衣、戒牒，成为道士。入道的中年人，虽不称道童，但也须遵守与道童一样的规矩，参加劳动，学习经书，满3年后才能挽髻，之后，受过传戒，才算道士。明清时期，道士，大多在外省或贵阳受戒。民国时期，各道教宫观收徒只要3年期满，做蟠髻仪式后即可成为道士，正一道，大多只传家中男性子孙，间或也收外姓弟子。大方县的正一道自明朝中叶传入后，历经300余年，至今已传13世。毕节杨家湾一带的何姓、谭姓正一道的传承至今已有十几代，周姓正一道的传承亦有七八代。正一道的收徒规矩为：由道童先请介绍师向自己想投拜的师父征询意见，获同意后就择吉日拜师。仪式为在师父家中的神龛上挂上张天师像，请师伯、师叔到场作证，道童先向天师像叩头，再向师父、师伯、师叔和介绍师叩拜，拜师仪式即告成。从此，弟子跟着师父在各种法事、道场听从指教，学习科仪及经书符箓、乐器。师父对徒弟进行长期的教育考察，看资质（智力）、德行（道德）、劳动（勤隋），观察时间不定，一般至少3年，直到师父认为德艺俱佳，方可出师成为道士。

**斋醮** 民国时期，城乡每年必做的斋醮为清醮，意在祈求庆吉平安。因此又叫清平醮或太平清醮。清平含义较广，包括无虫灾、旱灾、水灾、火灾、兵灾，无瘟疫，农历正月至三月，城镇街道和农村人口较集中的村寨，都会根据各自的实际情况，择定做醮的日期。正一道做醮，最长6天。第一天为开坛、朝幡、诵经、停餐；第二天为牙坛、请水、迎师、鉴押、发文、高功借地、教讲禁坛、诵经、停餐；第三天为开坛、火醮、表白、开启接驾、请班、朝幡、安监斋、安监坛、启师、启弦、会光、谢玄、召孤、诵经、行夜香、停餐；第四天为开坛、预禳、早朝、朝渴、禳运、星宿、造船、诵经、停餐；第五天为开坛、设天、镶荧、早朝、扫船、领符、拜忏、命魔、午朝、遣船（下河）、赈济、送圣；第六天为送神、安神。至此，做醮活动结束。中华人民共和国成立后打清醮的逐渐减少。至今，做清醮的活动也不多，仅有毕节市杨家湾镇的道士，在近几年每年的正月初五至初九，均在杨家湾镇的周驿村街上及乡村做清醮，祈求来年风调雨顺，四方平安。正一道道士为丧家超度亡灵，最长的超度6天：第一天为开咽喉（也称指路）、开坛、朝幡、接亡、安亡、诵经、停餐；第二天为开坛、请水、迎师、鉴押、发文、开启、生神、召孤、放焰（亦称放灯）、诵经、停餐；第三天为开坛、升座道场、接驾、颁符、颁教、拜忏、诵经、接亡、安亡、绕棺、诵皇经、停餐；第四天为开坛、转经、早朝、午朝、晚朝、诵经、停餐；第五天为开坛、救苦、早朝、谈一时至六时道场、解食、发丧、拜十三（亦称过殿）、拜忏、拜灯、午朝、拜忏（男拜丰都忏、女拜救苦忏）、超亡、烧包、赈济、送圣；第六天程序为谢师、安神。到此，超度亡灵结束。

**仪范**　道教仪范，包括烧香、燃灯、读经、礼拜、道人起居、法衣、行止、清规、戒律等几十个项目。随着时代的变化，有的项目已改变，有的已淘汰。其中较普遍采用的：

1.科禁威仪（简称科仪）。（1）戒律。道教最基本的戒律为《老君五戒》：①不杀生；②不偷盗；③不邪淫；④不妄语；⑤不饮酒。另加3戒为：⑥不得卧高广大床；⑦不得香油华饰；⑧不得耽著歌舞。十戒①不得违戾父母师长，反逆不孝；②不得杀生屠害，割截物命；③不得叛君王，谋害国家；④不得淫乱骨肉姑姨姊妹及其他妇女；⑤不得毁谤道法，轻亵经文；⑥不得污漫静坛，单衣裸露；⑦不得欺凌孤贫，夺人财物；⑧不得裸露三光，厌弃老病；⑨不得耽酒任性，两舌恶口；⑩不得凶豪自任，自作威利。此外，还有一般道士都必须遵守的《初真十戒》：①不得不忠不孝，不仁不信；②不得阴贼潜谋，害物利己；③不得杀生；④不得淫邪；⑤不得败人成功，离人骨肉；⑧不得毁贤扬己；⑦不得饮酒食肉；⑧不得贪求无厌；⑨不得交游非贤；⑩不得轻忽言笑。奉持《初真十戒》，经一段时间考验，修真进步，再遵守中级戒（中品戒）。要达到天仙大戒（上品戒），须是具有很高德行的道士。自清末至民国，全真教只能做到《初真十戒》。1950年后，全真道人逐步减少。1966年以后，全真道人绝迹。正一道系在家道士，经常给人做经忏法事，接触面较广，难绝尘缘，无法遵守较多的戒律，只遵守《修复九戒》。

（2）斋戒。道教斋法有供斋、节食斋、心斋。各种斋法均有具体规定。其修斋日期为：①六月斋，每逢单月即是；②十月斋，即每月初一、初八、十四、十五、十八、二十三、二十四、二十八、二十九、三十日；③三元日，正月半为上元、七月半为中元、十月半为下元；④八节日，即立春、立夏、立秋、立冬、春分、秋分、夏至、冬至；⑤甲子日，庚申日；⑥本命日，即每年自己的生日。修斋愿望为“积德解愆”“和神保寿”“夷心静然”“内处清虚”。祈福、禳灾、拔苦、谢罪、求仙、延寿、超度亡人都要修斋。诵经、礼忏、祭炼、建醮及一切法事，均属修斋。

（3）清规。各道观均订立有对道众过失的处罚条例，即清规，轻者罚跪、杖责、驱逐，重则处死。清规中有开静贪睡不起者、早晚功课不随班者、上殿诵经礼拜不恭敬者、本堂喧哗惊众两相争者、出门不告假或私造饮食者跪香。三五成群，交头结党者；公报私仇，假传命令，重则迁单。毁谤大众，怨骂斗殴，杖责。茹荤饮酒，不顾道体者，逐出旧时的戒律、清规，凡与国家法律、法规相抵触者，现均已废除。

（4）禁忌。道教经书上的禁忌条文繁多，大多不为教徒所重视。

2.早晚课。全真道士无论人数多少每日早晚必须念经做功课。每日五更“开静”，敲钟起床，打扫殿堂，整顿冠服经师带领道众，齐集殿堂，念诵《太上老君说常清静经》《玉皇心印妙经》《太上洞玄灵宝长消灾命护妙经》《太上灵宝天尊说禳灾度厄真经》，称早坛功课经。诵毕用。下午自行研习教义，练习健身武功。天黑后，上晚坛功课，念诵《太上洞玄灵宝救苦妙经》《太上老君说解冤拔罪妙经》《元始天尊说天得道真经》《太上三元赐福解厄消灾延生保命妙经》《祖师经》。二更（晚上9时）止静。每月初一、十五为斋日，早晚功课加念《玉皇经》《三官经》《真武经》。民国时期，一些道士尚能熟背以上经书。

3.服饰。（1）道服。道士道服有以下几种：①日常服，即便装，分长短装，颜色为青色。正一道道服无短装，服色也可以是黄色。②大褂袖宽1尺4寸，袖长随身。全真道大褂为青色，正一道为红色。③礼服，全真道为蓝色，正一道蓝色、黄色、青色均可。④花衣、杂色，外出念经时用。中华人民共和国成立后全真道士已无外出念经者，穿的都是日常服装。正一道道士遇重大节日时穿红大褂。（2）头巾。全真道人均蓄长发，挽成髻，髻上别一根木替，用一块头巾束发。头巾有唐巾、冲和巾、逍遥巾、纶巾、浩然巾、紫阳巾、一字巾、三教巾、九阳巾，前8种头巾均用布缎制成，后一种头巾用纱缎制成并分时段和等佩戴。正一道一般不用头巾。（3）冠。有偃月冠、三台冠、五岳冠、莲花冠、混元冠（青色、圆形、扁平），前4种冠按修真的深浅分别而戴，混元帽则不分道行深浅常戴。（4）鞋。有双脸鞋、云头鞋，全为青色鞋面，白色厚底，配上长筒或半长筒白袜。

4.行待。全真道道士起立、坐卧、听法、事师、沐浴、外出都有规矩，必须遵守，生活中有时要默念咒语。正一道道士在言行上并不受很多约束，无生活念咒，平时不戴冠和蓄发，不穿道服，只在做斋醮法事时穿戴规定的道服。

5.法器、供具、供品。法器为两类：一是正一道设坛建教时，法师使用的法器有宝剑、令旗、令箭、令牌、天蓬尺；二是做经忏时用的法器有钟、馨、铛、钗、竽、木鱼、鼓、铙、钵。香案上陈列的供具有香炉腊台、花瓶、香筒、果盘、净碗等，另有灵幡、桌围、拜垫。摆放在神像或祖宗牌位前供香、花、灯、水、果、茶、食、宝、珠、衣。

6.道教节日。全真道有正月初九玉皇诞辰日，正月十五（上元）天官诞辰，正月二十龙门派祖师丘处机诞辰，二月十五太上老君诞辰，三月初三西母诞辰，二月十一张天师诞辰，七月十五（中元）地官诞辰，十月十五（下元）水官诞辰，十一月十一全真道主师王重阳诞辰。正一道除纪念上述神的节日外，涉及信奉的神更多：有道教的其他神仙，有《封神演义》中的神，有民间的神，有七十行的祖师，还纪念观音二月十九诞辰、六月十九成道、九月十九涅槃。

## 三　道教宫观

民国时期，有道教宫观307座，其中分布于各县城区和城郊的128座，分布于乡镇的179座。其中数量在10座以上的有：文昌阁（含魁、奎阁）25座、万寿宫24座、黑神庙20座、关帝庙（武庙、关圣殿）19座、财神庙18座、梓橦阁（帝君庙）15座、龙王庙13座、真武庙（祖师庙、崇真观）13座、城隍庙12座、山王庙11座、玉皇阁11座。由于年久失修，部分道教宫观坍塌废毁。民国末期，道教宫观减少。

1952年实行民主改革，道教活动停止，道人还俗。政府将宫观寺庙或划拨给机关、学校和企事业单位使用，或分给无房的居民和农民，或将其拆除或让其自然倾圮。至20世纪50年代中期，全地区仅存道教宫观124处。1958年“大跃进”时期和1966～1976年“文化大革命”中，道教宫观严重损毁。1978年后，一些有文物价值的道教宫观得到修复。至2005年，尚存道教宫观47处，其中国家级文物保护单位1处，省级文物保护单位4处，县级文物保护单位10处。

附：

### 毕节地区道教宫观选介

**威宁县城郊真武观**　位于城东凤山。始建于明代初年，由正殿、配殿、下殿构成四合院。正殿内正中置须弥神龛，供奉真武神像。后，是观道教衰退，成为佛教寺庙，改称凤山寺。

**毕节城关真武庙**　亦称崇真观、祖师庙，位于城南关。始建于明代前期。嘉靖七年（1528），芒部彝民围毕节城毁于兵燹。嘉靖十一年（1532）道人熊珊珊募捐重修。清乾隆二十年（1755），知县董朱英改建，修葺两廊，建观音阁。重修竣工之日，董朱英捐俸置买市房3间，按季取租，以供祀事。咸丰十一年（1861），太平军石达开部围攻毕节城，战火中真武庙倾毁过半。后维修。今已废毁。

**毕节市城关关圣殿（武庙）**　位于箱子街。大殿系明洪武年间（1368～1398）修建，清雍正十三年（1735）增建后殿。清乾隆二十二年（1757），知县董朱英捐修东、西庑6间、厢房2间，改建大殿前轩，建戏楼，增建坊表。原建筑拆，现为毕节三小所在地。

**织金县城关关帝庙**　又称武庙。原在州署侧。清康熙四年（1665），知府刘勇移建于城南门外。毁于兵燹。康熙二十八年（1689），副将雅什泰捐修大殿5间、后楼5间及阁城，文武官员、绅士、兵民共建正殿5间、棚5间。雍正八年（1730），知州介锡周、副将刘成谟，吏目载光祖捐资维修。乾隆五十八年（1793），副将胡坦重修。道光二十一年（1841），孙洪重修后殿。庙宇由前殿、正殿、左右厢房组成。民国3年（1914），将岳飞合祀，亦名关岳庙。庙内还供奉宋代哲学家程颐、程颢。1981年，织金城关二小在其庭院上新建教学大楼。1987年被拆除。

黔西武庙

**黔西城关武庙** 又称关圣殿，位于黔西县城中街。原为古佛堂。清康熙二十九年（1690），知州穆成周、协镇王凤迁建于州署之右。雍正八年（1730），知州鲍尚忠增修。乾隆七年（1742），知州冯光宿增修。武庙分正殿和东西厢房及戏楼，正殿内供奉关云长。嘉庆道光年间又复增修和维修。今殿宇基本完好，1991年，贵州省文化厅拨款6万元进行维修。

**毕节城关关圣殿** 又称陕西庙、春秋祠。位于毕节城中心中华南路中段。始建于清康熙年间。为仿唐正方形群体建筑。乾隆二十二年（1757），知县董朱英重修。庙宇由戏楼、大殿、正殿、钟楼、鼓楼及厢房组成，布局为中轴对称的三重殿，进大门便是戏楼；前殿为关圣殿，供奉关羽神像；左右为厢房，后殿为观音殿。周围有5米多高的青砖围墙维护，占地1700平方米。中间为院坝，演戏时可容纳观众近千人。正殿及后殿分别于1950年、1954年失火焚毁，钟楼、鼓楼和神像早已毁坏，今存戏楼、大殿和左右厢房。

**毕节市层台镇关圣殿** 建于明洪武年间，殿宇坐北朝南，背与官厢城垣对应。殿堂结构为三合院建筑，占地3000平方米。殿宇围墙砌在2.7米高的基石上，围墙周长71.2米。正殿在3级踏跺上，面阔5间；迎面与厢房对称，厢房面阔3间。关圣殿过去曾为江西、两湖会馆。中华人民共和国成立后均在殿内办过学校。1958年改办铁厂、农具厂。20世纪60年代后为层台人民公社驻址，现为层台镇政府住地。1967年拆毁魁星楼外，其余殿堂完好。

**毕节城隍庙** 位于城北部张家坡前。明指挥李楫建。清乾隆十五年（1750），知县凌均捐俸、邑绅刘琪等相互劝捐，重建山门、鼓楼，拓地改建后楼，增置两庑。乾隆二十三年（1758），知县董朱英捐资为倡，刘琪等益踊跃从事，建成大殿。民国时期为法院驻地。现为地区司法局职工宿舍所在地。

**织金县城城隍庙** 康熙八年（1669）知府邱业鼎建。毁于兵燹，康熙二十四年（1685）兵民重建。戏楼3间，知州介锡周捐建。嘉庆五年（1800）知州周景益重修。道光元年（1821）知州富勒明安重建。现改为看守所。

**毕节梓橦阁** 位于毕节城东山顶。始建于明代，重修于清代。抗日战争时期曾设防空设施并筑兵营于此。后被拆除。

**织金梓橦阁** 位于织金城关双堰塘。建筑年代不详，现保存完好。

**威宁三清殿** 位于威宁县城东郊1千米处凤山寺建筑群的最高处。殿正中供奉元始天尊、灵宝天真、道德天尊；三清尊神的两边左为观音菩萨，右为全真道龙门派创始人丘处机。现修复。

**毕节万寿宫** 又名晏公庙。位于毕节城东关桥侧。始建于明朝末年。清雍正年间重修，后多次维修。民国时期扩建为豫章小学，中华人民共和国成立后，将原有建筑全部拆毁，在原址上修建毕节六小。

**大方万寿宫** 康熙六年（1667）江西人建，祀许旌阳。前庙门由西南街入，石牌坊、戏台各1座，左右走楼各5间，过厅、一字楼5间，正殿5间，两廊各2间，左右观音阁3间，对厅3间，天井中有方池一亩，中建6角亭1座，后庙门通北大街。中华人民共和国成立后，万寿宫为县粮食局驻地。

**威宁万寿宫** 位于县城民享路。建于清康熙（1662～1722）初年。分上、中、下三殿，构成两重四合院。正殿祀许逊，左右分别为观音殿、地藏殿，有围墙、山门，前有戏楼及牌楼。1950年后，为粮食部门使用至今。内部改装为仓库，上、中两殿及厢房尚存。

**织金万寿宫** 又名江西庙，始建于清乾隆六年（1741），有正殿、配殿及戏楼。20世纪50年代初期至今均为县粮食局用房。现正殿已毁，配殿及戏楼尚存。

**织金四方井龙王庙** 位于织金城南门小街上，面临四方井。始建于清初。由大殿、观音殿、山门等组成。大殿并排3间，正中供奉龙王，左供三官，右供赤脚大仙。观音阁建在四方井的边缘，并排3间，第一层阁楼以后墙为壁，置方整石神龛供奉水神；第二层楼正中供奉观音，右次间供灶神，左次间为花窗，殿阁基本完好。中华人民共和国成立后为多个单位使用至今。

**织金龙潭南岸龙王庙** 雍正八年（1730）知州朱灿英、吏目戴光祖及绅士同建。由大殿、左厢、山门组成。大殿并排6间，结构奇特。20世纪50年代，先后为单位使用，后交织金建筑公司使用至今。

**威宁城东风山下龙王庙** 建于清代，知州程正坤建。由大殿和两厢组成，祀供水符龙王，风伯雨师、雷公电母。民国时期为陆军医院办公地点。中华人民共和国成立后改为县酒厂。大殿和一厢已拆毁，现仅存残宇一厢。

**金沙县城东南龙王庙** 清光绪八年（1882）建，民国27年（1938）扩修，占地350平方米，一楼一底，底层面阔5间；第二层为大厅，原为供奉神仙的场地。20世纪50年代至今，为金沙县印刷厂仓库、宿舍。

**织金城关黑神庙** 位于城东500米的鱼山山顶平地上。原为智琼祠，清初改建为黑神庙。光绪十六年（1890）重建，由正殿与对厅组成。正殿为并排5间悬小顶式木结构建筑。正殿之前为对厅，又名碧琉精舍，紧靠山首绝壁崖崖缘，系云南人吴树松劝合邑民众于民国6年（1917）修建。

**织金斗姆阁** 位于县城东北郊华月桥东侧。始建于清康熙六年（1667），乾隆十八年（1753）重修。庙宇由阁、左右凉亭、正殿、武侯祠、偏殿等依山势组成阶梯布局的建筑群。阁为木穿斗式结构，三重檐，六角攒尖顶。阁前左右各有四角攒夹顶凉亭1座，二亭正中为14级上阁石踏跺。二亭前为正殿，分明间和左右次间。明间前为14级上殿石踏跺，踏跺左右为石砌花台。左花台前为武侯祠，右花台前为偏殿，偏殿前为石拱牌坊形山门。左前凉亭、偏殿及山门均已毁。右前凉亭移建于阁左侧。

**大方斗姆阁** 位于大方城北。建于清道光末期至咸丰年间。有庙门3间，第一层5间，祀老君、药王；第二层方池一亩，中有庆云楼，清宣统三年（1911）知府陈庆慈建；第三层斗姆阁，正殿5间，左右两厢各2间，后客房3间，左右方池各一亩；第四层大佛殿5间，中为3尊大佛，两旁为十八罗汉，后为普陀岩，有阁1座；第五层回龙阁，正殿5间，祀吕祖（吕洞宾）。20世纪50年代，大部建筑被毁，今仅存摇摇欲坠庆云楼。

**织金炎帝庙** 又名南林寺。位于织金南门。始建于清康熙十年（1671），游击王耀麟捐修，前后殿各3楹，左右厢房共6间，准提庵3间，山门1座。康熙二十八年（1689）重修，有大殿和戏楼，大殿并排5间，正少供奉炎帝，左次间供奉黑神，右次间供奉灶神。中华人民共和国成立后，先后改作粮仓和农具厂锻造车间、仓库。

**威宁县城玉皇阁** 位于文化路中段。始建于清初，乾隆年间知州程正坤重建。殿宇由正殿、左右配殿和前殿构成四合院，外有山门，占地1500平方米。正殿分上、中、下三层，左右配殿面阔3间，前殿面阔5间，主体建筑保存完好，现为威宁城关一小职工宿舍。

**织金城北龟山上玉皇阁** 始建于清康熙二十九年（1690），嘉庆、道光年间两次重修，民国29年（1940）再重修。由阁楼（即山门）、后殿及禅房组成。阁楼正中塑观音，左右塑十二觉圆。正殿塑玉皇大帝。后殿塑三清四帝。主体建筑保存完好。

**大方玉皇阁** 位于城南郊文笔山前。乾隆十五年（1750）知府王允浩建。有阁二层，上祀玉皇大帝，下祀文昌帝君。两旁钟鼓楼各1间。现仅存遗址。

**毕节杨家湾周驿玉皇阁** 始建于元泰定元年（1324）。清嘉庆三年（1798），当地群众捐资扩建，由两楼一亭阁及左右厢房组成。玉皇阁上楼供奉三清神像，中楼供奉玉皇塑像，底楼为经堂。先后有张道士等15代教门在此传经、传教、传法。1966～1976年“文化大革命”中被拆毁，仅存厢房1间。1999年，当地信教群众募捐按原样式维修和重建，2003年竣工。阁为宝塔式仿古建筑，共4层。第一层为三官殿，中央供奉天官，左右分别供奉地官和水官，左右壁分别供奉观音和财神；二楼为通明殿，正中供奉玉皇大帝，东、南、西、北四方及左右壁分别供奉青帝、赤帝、白帝、黑地及黄帝和观音；第三层为三清殿，正中供奉玉清，左右分别供奉上清、太清。

**纳雍文昌阁** 位于纳雍城东1.5千米处。清光绪十年（1884）建。由山门、大殿、文阁组成。文阁分3层。一楼前堂正中供奉文昌帝君，左供龙王，右供神农。后为观音殿。二楼左祀孔子，右祀仓颉。三楼供奉魁神。现改建为纳雍电视差转台。

**威宁城关天后宫** 位于江西街。始建于清乾乾隆年间（1736～1795），分上下两殿，左右两厢，为福建客民所建。民国时期为镇公所住地。现为城关镇政府驻地。殿宇尚存，两厢完好。

**威宁三圣宫** 位于威宁城关民享路53号。建于清乾隆年间（1736～1795）。由正殿、中殿、下殿组成，迎门外有戏台。中华人民共和国成立后，改作粮仓。现存上殿，其余拆毁。

**毕节城关三义殿** 位于双井寺后今毕节卫校原校址内，建于清光绪年间（1875～1908）。现存五楹正殿，两则厢房各3间，基本保存原貌。现为毕节市医院宿舍。

**毕节市杨家湾七星关武侯祠** 始建于宋代，明御史毛科复建。清康熙年间维修。清乾隆二十一年（1756），知县董朱英以基地狭窄，不成规模，复拓地改造，树立坊表，前建戏楼1座，大门3间；中建大殿，上下两层，上奉三义像，下奉武侯神像，额曰功盖华夷；左右俱建厢房。新中国成立后，在破“四旧”运动时折毁，是七星关三国蜀汉文化的标志建筑之一。今尚存诗30余首，联5副。一些石刻磉础散落当地。

金沙县茶园乡金凤村三教寺　建于清代，有正殿、玉皇阁等建筑。1950年后改作拥和乡政府、学校、分销店驻地。1958年失火，所存房屋被拆除建公社、学校。

金沙县石场乡青木树三教寺　建于清代，正殿供奉玉皇大帝，左殿供观音，右殿供孔子。1950年改为玉桥小学，已拆除。

毕节林口黑神庙　位于林口街上林前小学校园内，始建年代不详，清初复建。清代至民国时期香火极盛，庙中住持传主要供奉三国时期南中孟获臣相。此庙规模较大，全木结构，歇山式飞檐瓦顶，丹檐刻角，础磉垫柱，雕工精湛，蔚为壮观。依山势而建，分前殿、正殿两大堂院，前殿设戏楼。门外有一小石山为朝案，古木桂树，八月飘香。1935年2月5日，中央红军曾在这里宿营、演戏，宣传党和红军的政策主张。新中国成立后，“文化大革命”期间遭毁坏，后改建林口小学。今除遗存古庙墙垣和一些散落的基石、础磉和雕龙画凤的石柱、石块外，余已无存，仅留一对联可遥想当时境况：“一指千秋谁让动名光址阙；双忠万古黔扬德泽仰南公。”

## 第三节　伊斯兰教

### 一　伊斯兰教传播

元代前，无信奉伊斯兰的族群。元代，回族政治家赛曲赤·瞻思丁及其子纳速拉丁相继任云南行省平章政事期间，大兴屯田、驿道、卫所，时有回族人到达乌撒境，伊斯兰教开始传入。至元二十年（1292），部分回族随元军进入今织金西南驻扎，后落籍三塘、务卜、鸡场一带，伊斯兰教遂传入织金。

明洪武十四年（1381），明太祖朱元璋命颍川侯傅友德为征南将军，永昌侯蓝玉、西平侯沐英为左右副将，率30万大军出征云南。事平，留沐英率军数万镇守滇中。洪武二十年（1387），沐英奉召，自四川永宁至云南大理，60里设一屯，皆留兵屯田。时乌撒（今威宁一带）设48屯，其中马家屯、杨湾屯、海子屯、尚家屯等，名称至今相沿未变，仍为回族聚居区。同期，亦有回族随军进入今织金境，落籍城西郊外二岭岗大水沟。回族在聚居的屯田处兴建清真寺。明洪武年间兴建的威宁下坝清真寺、马家屯清真寺、乌撒营清真寺，明万历年间兴建杨湾桥清真寺，至今依然存在。

清代前期和中期，伊斯兰教传播较快。清初，清廷进军云贵地区，大批陕西、宁夏、甘肃、河北等地的回民穆斯林将士随军进入乌撒。清顺治十六年（1659），陕西长安阿訇刘吉，由云南到乌撒给穆斯林讲解《古兰经》，并留居下坝，开贵州穆斯林经堂教育之先河，培养出一批品学兼优的人才，其子孙就有20余人在威宁及滇东北一带清真寺掌教。康熙四十三年（1704），凉州（今甘肃省）庄浪人韩忠出任威宁镇总兵，任内引导穆斯林恪守教规，学习伊斯兰教文化和儒家文化，并倡建清真寺。雍正三年（1725），直隶河间回民哈元生出任威宁镇中军游击，其所带兵丁多系回族，且大部分落籍威宁和云南昭通、鲁甸。随着穆斯林人数的增多，伊斯兰教传播地域的扩大，这一时期，除扩建威宁下坝清真寺外，还重建杨湾桥清真寺，新建了岩格箐、凉水井、启沙戛、城关、老院子、新院子、撒家院、戛利、摆布戛清真寺。清咸丰、同治年间，威宁回族穆斯林多次起义反抗清政府的残暴统治，大多遭到官军的镇压而失败，一些穆斯林为避难而逃往水城、安顺、平坝。这一时期，云南昭通、鲁甸的部分回族穆斯林迁入今赫章县境定居，湖南邵阳的部分回族随军落籍黔西，安顺、平坝等地的部分穆斯林通过经商而定居黔西，兴义部分回民起义失败后避难迁入织金。穆斯林在迁徙过程中，也随之将伊斯兰教传播到新的地域。

民国时期，毕节境内一些伊斯兰教经师、学者及穆斯林人士主张改革经堂教育，实行“中阿并授”，以培养有一定阿拉伯文化功底和经学造诣，又有一定中文基础和现代科学知识，既能为伊斯兰教服务，又能为社会服务的两用人才。威宁下坝杨湾桥、老院子、雨多落、鸭子塘、马撒营清真寺培养两用人才取得明显成效。下坝、杨湾桥等清真寺阿文与汉语文各分班次，各有侧重，最后在教授汉语文的基础上扩大办学范围；鸭子塘等清真寺汉语班，不仅有回族学生，还有其他民族的教生。这一时期，伊斯兰教除格底目教派外，伊赫瓦里也开始传入。民国23年（1934），云南王少美阿訇到威宁讲学，将伊赫瓦里传入威宁中水、牛棚一带。民国28年（1939），威宁人马学科阿訇由云南及西北等地学成归来，先后在威宁和云南昭通的数座清真寺任阿訇，开办经堂教育，宣传伊赫瓦里主张，先后招收威宁及云南昭通、鲁甸等地1000余名穆斯林弟子入学培养，不少学生毕业后应聘到清真寺任阿訇。此期间，维修、扩建清真寺2处，重建3处，新建清真寺16处。

中华人民共和国成立初期，人民政府制定法律和政策保护宗教信仰自由，保护清真寺等宗教活动场所，保证正常的宗教活动。1966～1976年“文化大革命”期间，伊斯兰教活动受到严重影响。1978后，国家落实宗教政策，阿訇及穆斯林民众中的冤假错案得到平反纠正，被查抄的经书、物品和宗教用品得到归还或补偿，宗教信仰自由得到保护，正常的宗教信仰活动得到保证。同时，通过政府拨款补助和群众自筹方式，筹集资金，维修、重建、新建一批清真寺。至2003年底，全地区有阿訇301人，清真寺114座，回族穆斯林人口8.65万人。穆斯林人口与分布状况为：毕节市10人，居住在城关、环城；大方县90人，主要居住在城关、坡脚、理化、六龙；黔西县180人，主要居住在城关、甘棠、林泉；金沙县25人，主要居住在城关；织金县925人，主要居住在城关、三塘、阿弓、珠藏、八步、猫场；纳雍县160人，主要居住在雍熙、鬃岭、百兴、张维；威宁县8.33万人，主要居住在草海、二塘、麻乍、黑石、哈喇河、秀水、观风海、斗古、迤那、牛棚、玉龙、中水、黑土河、双龙；赫章县1400余人，主要居住在兴发、铅丰、双河、妈姑、可乐、古达。其居住特点是大杂居小聚居，与汉族、彝族、苗族等民族杂居，又相对集中居住，形成穆斯林村落。

## 二　教义教派

**经典**　穆斯林遵奉伊斯兰教普世经典，《古兰经》《圣训经》为教穆斯林“穿衣”出学任阿訇必读经典；文法经读本《满俩》《古兰经》《者俩来尼》；教法经读本《伟嘎业》；修辞学读本《白尼亚》；认主学读本《尔歌一德》。俗称“五大本”。《核提》是伊斯兰教知识启蒙读本。

**教义**　穆斯林遵奉伊斯兰教普世的教规教义，基本信条可以归纳为“六大信仰”“五大功修”。“六大信仰”是信安拉、信经典、信天仙、信使者、信前定、信末日。安拉是阿拉伯语音译，汉语多译为真主。信仰真主是六大信仰的核心。信经典，即信《古兰经》，因其是真主的经典。信天仙，天仙是真主用光创造的妙体，天仙无性别无老幼，受安拉差遣，遵照安拉的意志管理天园和监护人类。信使者，使者是圣人，是真主派遣和封印的穆罕默德圣人，也信真主在穆罕默德以前所派的各位圣人。信前定，即是信每个人生死祸福，世间一切事物及其变化都是由安拉安排预定。信末日，即是信复生，宇宙终将毁灭，继之复生来临，安拉使一切生命复活，作恶的人将驱入地狱，自食恶果；行善的人们将进入天堂，永享欢乐。“五大功修”为念、礼、斋、课、朝。念，庄重而严肃地用阿拉伯语念诵作证言礼，礼拜，面向麦加城的克尔伯祈祷，分每日的五时拜、七日一次聚礼的主麻拜、每年两次的礼会和殡礼拜；斋即斋戒，每年伊历九月莱埋丹，封斋1个月；课，即天课，也叫税捐，一种以安拉的名义而征收的赋税；朝，每个穆斯林如果条件允许，须去麦加朝圣1次。

**教派**　伊斯兰教分逊尼和叶什两派，穆斯林属逊尼派，亦称正统派。逊尼派在政治上承认艾卜·伯克尔、欧麦尔、奥斯曼、阿里大伊玛目为穆罕默德的合法继承人，也承认伍麦耶王朝和阿巴斯王朝时期所有哈里发。认为《古兰经》是伊斯兰教的根本经典，圣训也被视为立法的主要依据之一。主张以《古兰经》和圣训作为立法的根据；当《古兰经》和圣训无明文规定时，可采用公议或类比的原则立法断案。在哈乃斐、沙斐仪、马立克、罕伯里教法学派中，穆斯林遵奉哈乃斐教法学派，遵行大伊玛目的行法。在伊斯兰教逊尼派及哈乃斐教学法在中国传播过程中形成格底目派和伊赫瓦尼派，穆斯林属于格底目教派，也有部分阿訇主张伊赫瓦尼派。

**节日**　境内穆斯林过开斋节、古尔邦节、圣纪节，穆斯林妇女还过姑太节。1.开斋节。又称尔德·费特尔。伊斯兰教历每年九月为斋月，斋月前1～2天，穆斯林家家户户都要给自己已归真的直系亲属上坟，到坟山念诵经文，感赞真主，求祈安拉赐给亡者、活人、所有穆斯林平安，查看坟茔，垒坟或修整坟茔。自斋月第一天起，凡有义务的穆斯林都要履行斋功，封斋1月亦称把斋，从黎明至黄昏，不吃不饮。斋月的开始与结束以见到新月为准，斋月28日前夜，是盖德尔夜，穆斯林常于此夜到清真寺守夜，做礼拜，诵念《古兰经》，通宵达旦。28日，通常以清真寺为单位，宰牛宰羊献牲，诵念《古兰经》，欢宴宾客。有穆斯林民众居住地，1958年人民公社化至80年代初，凡“二八”节活动均以生产队为单位举行，所用牛、羊、粮、油全由生产队承担，全部穆斯林放假过节。80年代初，复又以清真寺为单位过节。封斋月满的次日开斋，庆祝斋戒期满，穆斯林群众沐浴净身，汇集到清真寺，参加会礼；阿訇宣讲卧尔兹，宣扬教规教义，乡老或寺管会负责人安排事务，公布寺内收支情况，群众作捐献功课，传香油，互道平安。此外，根据阿訇人员多少，分工陪同各家各户到坟山上坟。2.古尔邦节。又称尔德·艾祖哈，也称宰牲节，在开斋节后70天，伊斯兰教历的12月10日，按教义规定，穆斯林每人1只羊，7人一头牛，一生中至少做1次，以祈求安拉饶恕平生之罪。节日当天，穆斯林沐浴净身，穿节日盛装，到清真寺举行会礼，以肥壮健全的牛、羊献牲。是日所宰的牛、羊肉不能出售，除自食外，其余分送阿訇、亲友和穆斯林群众中的贫困者。节日中虔诵《大赞词》，互道平安词，祝愿吉祥如意，求真主赐福。3.圣纪节。纪念穆罕默德的节日，伊斯兰历3月12日。是日，穆斯林家家户户打扫得格外干净。清真寺内，用各种彩带、纸花装点，有的村寨还用松枝搭起松门牌坊。穆斯林群众汇集到清真寺，听阿訇宣讲圣人的高尚德行，根据各自经济条件，自愿向清真寺挂捐功德，互道色俩目问好举行会餐。4.姑太节。又称法图麦节，是纪念穆罕默德之女法图麦去世的节日，伊斯兰教历的6月15日，此节日多为妇女活动。

**生活制度** 穆斯林在出生、成年、婚配及亡故各阶段，都要遵行伊斯兰教生活制度。举行不同仪式。婴儿出生，其父母或其他亲人，在其耳旁轻声念诵邦克词3～7日，为婴儿取经名。穆斯林食用合法而佳美的食品，非礼禁用、禁食自死物、血液、猪肉以及诵非安拉之名而宰的动物，也禁烟、酒，遵循经典饮食规范，维护身心健康。掌教和阿訇利用聚礼、会礼、节日集中穆斯林群众宣讲图尔兹。并成为古往今来通行的教学方法和制度。凡身体健康的穆斯林男女都必须结婚，一夫一妻。穆斯林归真后实行土葬、速葬和薄葬。穆斯林在临终之前，阿訇在其身旁提念作证言和清真言，务使患者心存于主，勿系于尘世；逝者停止呼吸后，亲人顺其肢体，整理其容发，停放在洗床上，头北、脚南，面向西，遮盖洁净白布单，放置清洁房间，3天之内必须安埋。葬不择时，坟墓南北朝向，鱼脊形土堆。

## 三　清真寺

穆斯林聚居区，几乎都建有清真寺。穆斯林做五时拜、主麻拜、聚礼、会礼、过宗教节，一般都在清真寺举行。伊斯兰教劝勉穆斯林以求知为己任，进入清真寺讲学或受教育的人，犹如为真主而战的勇士，因此，清真寺还是穆斯林求知的学府。清真寺的建筑规模，因寺辖范围、人口多少和经济条件不同而有别。一般清真寺建筑构成，以礼拜殿为主体，配以厢房、宣礼塔、水房，也有少数清真寺只修礼拜殿配1间厢房。礼拜殿是清真寺供礼拜的地方，坐西向东，正向墙位于礼拜殿中部，寺壁中央设圆门形壁龛，书写《古兰经》首章法体哈经文（亦称窑窝），指示礼拜正向，指引穆斯林朝向麦加方向。礼拜殿宽敞明亮，陈设简朴，墙壁以阿拉伯文书画装饰，地面铺以地毯或松针叶。殿内以支柱托起拱顶，外形有亭阁式，也有圆顶式。宣礼塔是清真寺用于召唤穆斯林礼拜的高楼，一般为两层，门窗多卷成马蹄形。厢房置于礼拜殿两侧，与宣礼塔相连，供阿訇住房和教学等用。水房配有壶具和清洁的水，是供礼拜前大小净用的房子。据2005年统计，全地区计有清真寺114座，其中威宁县的113座，赫章县1座。明清及民国年间修建42座，20世纪50～60年代修建4座，1978年后新建68座。对年久失修和遭到损坏的清真寺，20世纪80年代后，人民政府下拨不等的款项修葺一新。

附：

## 威宁境规模较大的清真寺选介

**下坝清真寺** 位于草海镇下坝村。始建于明洪武年间（1368~1398）。民国16年（1927）被烧毁。民国25年（1936）回民捐资重修。1958年“大跃进”和1966~1976年“文化大革命”中屡遭损坏。已拨款5.3万元维修。建筑面积356平方米，穆斯林2150余人。

**马家屯清真寺** 位于双龙乡大地村。始建于明洪武年间（1368~1398）。民国21年（1932）重建。已补助1700元维修。建筑面积590平方米，穆斯林1000余人。

**马撒营清真寺** 位于双龙乡高山村。始建于明洪武年间（1368~1398）。已补助7000元维修。建筑面积450平方米，穆斯林1100余人。

**杨湾桥清真寺** 位于草海镇卯关村。始建于明万历二至三年（1574~1575）。原寺被烧毁。康熙三年（1664）迁建于现址（杨湾水库中央）。寺址风景秀丽，每逢雨季主麻日（集礼）穆斯林都要乘船始能进入寺内。“大跃进”和“文化大革命”期间先后遭损坏。1988年，威宁自治县人民政府决定将杨湾桥水库的水引进县城。为解决因提高水位而切断通往清真寺道路的问题，县政府遂于1988年11月2日在水库上修建人行桥1座，以便利穆斯林到清真寺过好宗教节日。清真寺面积500平方米，已拨款1万元维修。穆斯林2900余人。

**城关清真寺** 位于城关。前身是马坡清真寺，始建年代不详。清雍正年间重建。咸丰七年（1857）被毁。民国时期在威宁任职的刘君芝（回族，天津人）、金白渊（回族）集资重修。1950年后又遭破坏。1978年12月中共十一届三中全会以后，穆斯林要求落实马坡清真寺房产。贵州省人民政府先后拨款12万元作修复资金。因地基已作他用，县人民政府批准改建于北门侧面。1985年2月完工，建筑面积770平方米，是“全国一百个著名清真寺”之一。同年8月25日举行竣工落成典礼，中共贵州省委统战部、省民委、省宗教局、省建设厅和威宁县委、县政府领导及全县51座清真寺阿訇、乡老参加落成典礼，中央电视台、贵州电视台和贵州人民广播电台先后向国内外播放宣传城关清真寺节目。寺中有穆斯林200余人。

**凉水井清真寺** 位于牛棚镇红旗村。始建于清康熙元年（1662）。已补助5300元维修。建筑面积150平方米，穆斯林850余人。

**老院子清真寺** 位于中水镇正山村。清雍正八年（1730）建。主体建筑由礼拜殿、左厢房、右厢房、宣礼楼形成四合院。礼拜殿为四面水、起翘角，后座为亭阁式建筑并有葫芦尖顶，礼拜殿正门上方悬挂“清真古寺”匾额。宣礼楼共3层，底楼中间为大门，两边为对厅，

威宁中水清真寺

与左右厢房相配搭，大门之上另升双层亭阁式小楼。清真寺整体外观具中国宫殿式建筑风格，古朴典雅。已先后补助1.4万元维修。现建筑面积1250平方米。院坝宽敞，院中有树围5米白果树1株和树围1米桂花树1株，据说系来自北京的一位阿訇栽种，树龄已逾200年。老院子清真寺有穆斯林3000余人。

**启沙戛清真寺** 位于麻乍乡启戛村。建于雍正年间（1723~1735）。原建筑面积800余平方米。已补助1.35万元维修。穆斯林920余人。

**鸭子塘清真寺** 位于观风海镇七舍村。建于雍正年间（1723~1735）。已补助5000元维修。建筑面积350平方米，穆斯林1440余人。

**岩格箐清真寺** 位于麻乍乡岩格村。清雍正年间（1723~1735）建。已补助3300元维修。建筑面积300平方米，穆斯林610余人。

**戛利清真寺** 位于麻乍乡戛利村。建于清嘉庆年间（1796~1820）。已补助6800元维修。建筑面积600平方米，穆斯林1430余人。

**新院子清真寺** 位于中水镇泉山村。建于清代中期。已补助9800元维修。建筑面积800平方米，穆斯林4500余人。

**撒家院清真寺** 位于草海镇中塘村。始建于清代中期。已补助2000元维修。建筑面积170平方米，穆斯林1400余人。

威宁马摆上下清真寺

**摆布戛清真寺** 位于秀水乡前丰村。建于清道光二年（1822）。已补助7500元维修。建筑面积180平方米，穆斯林920余人。

**包包营清真寺** 位于中水镇龙塘村。建于清道光二十四年（1844）。已补助3300元维修。建筑面积1000平方米，穆斯林1450余人。

**后寨清真寺** 位于中水镇前河村。建于清咸丰八年（1858）。已补助5800元维修。建筑面积3000平方米，穆斯林2800余人。

**野马海清真寺** 位于迤那镇合兴村。建于光绪元年（1875）。已补助3200元维修。建筑面积220平方米，穆斯林600余人。

**梨园清真寺** 位于哈喇河乡六角村。建于清光绪六年（1880）。已补助2900元维修。建筑面积120平方米，穆斯林500余人。

**坚强清真寺** 位于秀水乡坚强村。建于清光绪二十六年（1900）。已补助4500元维修。建筑面积120平方米，穆斯林530余人。

**海子屯清真寺**　位于草海镇民族村。清宣统二年（1910）建。1968年重修。已补助1700元维修。建筑面积130平方米，穆斯林850余人。

**马脖清真寺**　位于哈喇河乡马脖村。始建年代不详。民国2年（1913）移建于现址。已补助4200元维修。建筑面积200平方米，穆斯林3200余人。

**小米清真寺**　位于哈喇河乡法沙村。建于清末民初。民国35年（1946）重建。已补助2000元维修。建筑面积150平方米，穆斯林600余人。

**新街清真寺**　位于中水镇新街村。始建年代不详。已补助3000元维修。建筑面积1500平方米，穆斯林1700余人。

**后河清真寺**　位于中小镇友光村。始建年代不详。已补助5500元维修。建筑面积600平方米，穆斯林1700余人。

**高枧槽清真寺**　位于双龙乡高山村。始建年代不详。民国20年（1931）重建。已补助3700元维修。建筑面积400平方米，穆斯林750余人。

**麻窝清真寺**　位于迤那镇双营村。建于民国8年（1919）。已补助4000元维修。建筑面积200平方米，穆斯林970余人。

**红岩清真寺**　位于麻乍乡得坪村。民国9年（1920）建。已补助4500元维修。建筑面积300平方米，穆斯林890余人。

**果化清真寺**　位于观风海镇果化村。建于民国18年（1929）。已补助2600元维修。建筑面积400平方米，穆斯林1700余人。

## 四　穆斯林组织制度

**寺坊**　境内穆斯林通行的宗教组织为寺坊，常以居住地缘为基础，以一座清真寺为标志，区划范围相对独立。在寺坊中，清真寺不仅是宗教中心，也是穆斯林文化中心，是寺坊穆斯林行教宣教的处所。寺坊由掌教主管教务，乡老主持事务。坊界没有历史沿革局限。根据人口和居住区域变化，筹集和捐资增建清真寺，自然形成新的寺坊。寺坊范围有大有小，寺坊区划范围多者数百户人家，小者三五十户人家。每一个穆斯林都隶属于一个寺坊。寺坊与寺坊之间不隶属，被称为单一寺坊制。寺坊与寺坊的关系，不论清真寺修建时间先后，建筑规模大小，寺辖区穆斯林人口多少，地位一律平等。清真寺都是穆斯林的宗教场所，穆斯林都是主的仆人。阿訇掌教无高低之分，穆斯林无优劣之别。共同的信仰是伊斯兰教。寺坊与寺坊之间保持密切联系，宗教活动交往频繁。穆斯林婚丧嫁娶，常请多个寺坊阿訇参加，仪式主持，一般由本寺掌教承担，也有临时推荐公认有威望的掌教承担。单一寺坊制，从古至今，一直沿袭并保持稳定。

**掌教**　穆斯林掌教者就是聘请到清真寺执掌教务的阿訇。阿訇一经执掌教务，就是寺坊穆斯林的最高宗教首领，全面主持教务，管理各项宗教事务，集主持、领拜、教学多项职权，且代表本寺坊对外进行教务交往。掌教享受寺坊穆斯林群众的供养。阿訇受聘为掌教，不受籍贯

清真寺内景（聂宗荣　摄影）

限制，本籍和传播均可聘请充任。掌教阿訇实行聘任制，选聘的基本条件：一是必须具备较高的伊斯兰教学识水平，品德优良，身体健康，愿意执教；二是必须在阿訇和穆斯林群众中有一定的威望，受寺坊穆斯林群众的拥护；三是经知情人介绍推荐，乡老与其协商，谈妥坐寺掌教期限及生活待遇，达成掌教共识，择日到任。届时，寺坊举行隆重欢迎仪式接阿訇。聘约一般以口头约定认可，也有的以书面形式约定。每届掌教阿訇，任期1～3年；任期届满，可连续聘任；不连聘者，则举行欢送仪式送阿訇。

**管理组织**　1.乡老。乡老是古老而普遍的管理组织形式，由穆斯林群众民主选举而产生，一般3～5人组成。乡老人选，必须是寺坊区域的穆斯林，热爱教门，为人正派，有办事能力，群众拥护。当选乡老，不享受任何补助，任期除特殊情况，相对比较稳定。其主要职责是管理寺坊宗教事务，在听取穆斯林大多数人意见的基础上，决定掌教阿訇的聘任，协助掌教阿訇管理教务，调解民事纠纷。乡老行使职责，多无成文议事规章，但必须奉行经典准则，符合国家法律和政策，遵守道德规范，尊重多数人的意见，注重公平公道。

2.寺管会。清真寺民主管理委员会行使管理寺坊事务职能。1993年后，清真寺管理组织从乡老逐渐改为寺管会。1994年、1997年和2001年，威宁县中水镇、麻乍乡、秀水乡伊斯兰教教务管理委员会先后成立。

**寺产经济**　1.经济权属。寺坊作为穆斯林宗教组织单位，具有经济收支职能，拥有寺产经济。清真寺经济权属所有，从广义上讲，皆为穆斯林所共有，穆斯林捐献财物，无论放在任何一个清真寺，具有同等善功。从狭义上讲，各清真寺经济相对独立，经济的支配管理权属本寺乡老。寺产经济，取之于穆斯林，用之于穆斯林，收支准则皆出于经典教律，合理使用和施舍财物，服务大众。

2.收支项目：（1）房屋及其用品等。（2）穆斯林课税收入。凡穆斯林每年除正常开支外，其余财产，包括动产和不动产，按2.5%缴纳课税。（3）养阿訇的收入。养阿訇收入，按中等生活水平，在聘任掌教前协商而定，由本寺坊穆斯林户平均分担。（4）捐款。穆斯林视开斋捐学穆罕默德奉真主命制定。在开斋节会礼前或开斋前一天，有应纳课限额财物的穆斯林，按照家庭成员总数，按规定份额缴纳开斋节捐献，施济贫困者。开斋数额及捐物，一般为一升粮食，常为一升小麦。（5）“乜贴”收入。乜贴为穆斯林自愿施舍和对余教的捐赠。来源广泛，时间、数量不限。捐钱、物、粮及清真寺用品，为清真寺主要收入来源。（6）“李得格”收入。掌教及其他阿訇为穆斯林念经酬散的经济收入。（7）“以斯科特”收入。穆斯林举行葬礼时，砻主拿交给清真寺施散使用，以为亡人生前罪过的赎金，各寺收取标准不一，通常为总赎金的20%。其他收入。威宁县城清真寺，出租街面商业用房，收取租金。支出包括供养学生，掌教阿訇，济贫扶困及学教活动及维持基本开支。

3.财务管理。清真寺醛济管理由乡老分工承担，遵循教规教义规定原则办理，收入支出均定期在节日人员集中时宣讲公布和书面张榜公布。1982年威宁城关穆斯林制定《威宁县城关清真寺经济管理制度》，是穆斯林自己制定的第一份寺产经济管理文件。明文规定收入部分的各项收入一律入账，各项支出均由集体决定，管委会主任签字支付，定期公布。

# 第四节　天主教

## 一　民国及其前的天主教

清道光（1821～1850）后期，云南省彝良县一吴姓及一黄姓天主教徒迁入威宁州发枝窝（现赫章县财神镇家竹村）居住，天主教由是进入今赫章县境。清同治（1862～1874）初年，云南省天主教派李神父到发枝窝主持教务，修建300平方米天主教堂且购置土地50余亩作教产。随后，有黄、秦、张神父先后到发枝窝教堂传教。民国29年（1940），发枝窝天主教堂转归贵阳天主教区领导，由贵州教区派毕节天主堂段、周神父先后到教堂主持教务。清咸丰五年（1855）法国籍孟神父从贵阳到黔西州传教，把毕节县列入黔西教区。光绪年间（1875～1908），法籍陈神父到黔西州传教。光绪三十四年（1908），陈神父强占州城西正街土地1700平方米修建天主教堂，堂房、宅基地占地676平方米，建筑1155平方米。至民国中期，黔西县有天主教徒300余人。至解放，经历8位神父更迭。

清光绪十四年（1888），法籍孟神父由黔西到毕节传教。三十三年（1907），贵阳教区派杨骏神父到毕节传教。民国初年，有教徒600余人。民国16年（1927）在和平路建立天主教堂，占地2208平方米，建筑885平方米，经堂1幢，附属房屋13间，有田产10亩6分。天主堂管辖毕节本城及縻冲（炒铁冲），教徒达1000余人。教堂内设辅祭、事务两机构，配有专职人员，除神父总揽教务外，下设长老1人，司药1人，司教数人，书记员1人。至1949年，历经4位神父更迭。

清光绪二十年（1894），贵阳教区主教易德谦派传道到大定府城布道，建立天主教堂，发展教徒10余人。次年，在南街租房举办天主教育婴医院，并作临时传教宣讲所。三十年（1904），贵阳教区主教施恩派凤神父到大定主持教务，发展教徒70余人。次年，成立大定天主教会。三十二年（1906），贵阳教区聘贵阳路德医院医师李诚斋到大定任天主教会会长兼育婴医馆医师。三十三年（1907），李在南街购置土地新建教堂、经堂、药房，建筑200平方米。

民国初年，大定县天主教信徒发展到百余人，分布在城关、响水、野坝（今理化）、鸡场、六龙、百纳。

民国16年（1927），黔西天主堂袁思忠神父到新场传教。次年，在罗马街修建中华公教堂黔西天主堂新场附本堂，建筑面积782平方米，共有房屋42间。教堂由神父主持教务，另有辅祭、修贞、传教先生、会长各1人。民国30年（1941），金沙立县后，更名金沙天主堂。是时，有教徒121人。至中华人民共和国成立前，历经7位神父更迭。

民国19年（1930），大定县天主教教徒发展到600余人。是年，召开3天天圣会，由神父主持弥撒，传播福音，领圣体，城乡教友参加者500余人。

民国末期，天主教徒有所减少。到1949年，仅有天主教徒640余人，其中毕节230余人，大定100余人，黔西39人，金沙120人，赫章150余人。

## 二　中华人民共和国成立后的天主教

1951~1952年，实行土地改革，各天主教堂所有的土地被分给农民耕种，同时断绝外国教会与其联系，各天主教堂失去主要经济来源，仅靠教徒捐献和房产出租资金勉强维持。其后，政府动员宗教人士捐献教会房产。1956年，赫章县集发乡发枝窝天主教堂被拆除改修集发小学。1958年“大跃进”运动中天主教会的房产先后被个人和单位占用；金沙天主教堂全被居民占用，黔西天主教堂被城关镇政府用作办公用房，大定天主教堂被城关镇南街办事处用作办公用房。1959年3月，毕节天主教堂被没收。至是，全地区的天主教堂全部被占用。加上在历次政治运动中，一些神父先后被打成右派、反革命，天主教日渐式微。20世纪50年代初，全地区共有天主教徒946人，其中毕节291人，大定30人，黔西188人，金沙200人，赫章150人，威宁87人。到1960年底，全地区仅有天主教徒76人。1966～1976年“文化大革命”中，天主教基本停止宗教活动。

1978年12月中共十一届三中全会召开后，国家的宗教政策得到恢复和落实，天主教活动也逐步恢复发展。1980年，黔西、赫章天主教恢复活动；1981年，金沙县天主教恢复活动；1982年毕节县天主教恢复活动。1983年，大方县天主教自发组织爱国小组并开展活动。1986年，纳雍县黑塘乡瓜仲河村民黄某等人外出贵阳打工信奉天主教，后回瓜仲河传教。2001年，威宁县亦有信奉天主教人士活动。1989年，全地区有天主教徒400余人，2003年底为1137人。其中黔西县57人、赫章县237人、金沙县159人、毕节市112人、大方县453人、纳雍县50人、威宁县69人，天主教徒最多大方县，1989～2003年间发展较快，活动频繁。1989年，马场镇一徐姓教徒发展教徒百余人。1990年，贵州省天主教会肖神父到马场镇白泥村，为76名天主教徒进行洗礼。是年，大方县有教徒264人。1991年，成立白泥村天主教教务管理小组，天主教会资助其购买1幢房屋作为教会活动场所。1996年，以白泥天主教堂为中心，下辖马场、牛场、鼎新3个乡镇6个活动点，信徒414人。

# 第五节　基督教

## 一　清末及民国时期的基督教

**中华内地会的传播**　中华内地会系英、美等国基督教对中国内地派遣传教士的差会组织，其宗教主张是：信仰《圣经》全部是上帝启示的；情愿到中国考验其信仰，别无依靠，只靠

《圣经》所给的保证；传纯正福音，而不致因见解之不同发生摩擦。

1.在大定的传播。光绪十年（1884），中华内地会从安顺传入大定悦服里三甲姚家寨等地。光绪二十六年（1900），党居仁派信徒李约翰、杨锡光到大定西区（今纳雍县境）开辟教会，建立支堂。党居仁先后两次前往传教，发展教徒。光绪三十年（1904），李约翰在右西乡七甲建立大定第一个农村教会。宣统二年（1910），东关、核桃坪、凤山、青山、中箐等彝族聚居地区建立教堂。宣统三年（1911），文藻在府城核桃湾购得土地28亩，修建福音堂，开始礼拜活动。民国元年（1912），党居仁派德国女教士巴宽敬、鲍宽爱、苏宽仁、韦宽良到大定主持教会，管理教务。其后，大定、毕节、黔西3县的教会属于德国姊妹会管理，内地会只管威宁（及后来设治的赫章）和织金及后来设治的纳雍阳长等地教务。

2.在织金的传播。光绪二十五年（1899），英籍传教士党居仁到平远州熊家场传教。是年秋，党居仁到平远州白马洞开辟教会，建立基督教白马洞教会，时为第一个基督教会。清光绪三十四年（1908），平远州核桃寨礼拜堂建立。民国初期，织金县先后建立旮旯寨、海马冲、来昌、吹聋、大格支和支东等教会。民国24年（1935），英国籍传教士周恒士从安顺到旮旯寨教堂开办以培训织金、普定教徒为主的查经学道班。随后将织金、普定两县教会组建为锡安区会，将郎岱、水城县教会组成以马内利区会，并议定两会传道人员可在对方辖区内参加宗教活动，发展教徒。

3.在威宁的传播。光绪二十八年（1902），威宁州籍人氏在安顺信教后返里，建立起基督教德慕坪教会，时为威宁州境第一个基督教教会。光绪三十年（1904），党居仁从安顺到威宁州葛布（今属赫章县）传教，建立葛布教会。此后，中华内地会在葛布一带及其周边地区快速发展，黔西北、滇东北和川南的十几个州县均有内地会教徒。每逢大型聚会，数千人聚集葛布，拥挤在荒天野坝上从事宗教活动。光绪三十一年（1905），建成葛布教堂。随即创办教会小学，取名迪良小学，招收附近彝族、苗族子弟入学。葛布教堂建成后，前来信教学道者不断。据当时统计，到葛布慕道的教徒中，苗族占40%，彝族占50%，汉族占10%。光绪三十四年（1908）在彝族聚居的结构地区建立结构支堂。宣统元年（1909）建立兴隆厂、大松树、鱼鳅湾、新炉房支堂，形成葛布总教会下辖各支堂（教会）的传教体系。民国2年（1913）建立包包寨、野鸡苗寨和倮布支堂。党居仁在传教和兴办教育的同时，还努力学习苗语，和信徒杨庆安、杨锡光等人创造一套苗族文字，以之翻译《圣经》赞美诗，用苗语传教，还配用留声机、幻灯机播放《圣经》故事幻灯片和赞美诗唱片，扩大宣传效果。

民国4年（1915），党居仁触电身亡后，葛布教会由美籍传道裴中谦主持。裴中谦从石门坎教会聘请杨荣先到葛布传授柏格理等在昭通、石门坎一带推行的苗文，石门坎苗文逐步在葛布总教会所属各苗族教会和学校推广使用。民国6年（1917）建立麻腮、水营支堂。民国7年，威宁及今赫章遭受天灾，粮食歉收。是年冬，裴中谦从各支堂抽调24名教牧人员，分赴妈姑的阿维寨、大板底进行教会赈济，发放粮、盐及赈济款，大肆宣传入教的好处。是时，又逢杂俄（今兴发雉街）土目与火抹戛（今梅花山）土目为争夺阻母戛（今二塘）土目资产，连年械斗，强迫佃民充当兵丁，珠市一带彝族同胞为避战祸，家家入教，寻求教会保护，于是今赫章阿维寨、诺素、板房、珠市、者老各、捞地、发窝寨、茶树、坪子上、马圈岩、龙井和威宁大板底、倮布营、海戛、戛泥块、新官寨、木城、色该古教会先后建立。民国8年（1919）威宁又出现大春荒，裴中谦于端午节在葛布宴请灾民，发放救济粮，扩大基督教影响，形成入教高潮。是年秋天，在珠市召开千名教徒大会。裴中谦主持葛布教会期间，还引进苹果，开威宁种植苹果先河。

民国9年（1920），裴中谦回国，英籍牧师岳克敦和澳大利亚籍牧师贝尔克先后进入葛布。岳克敦和贝尔克将教会划分为葛布、结构两个总堂。岳克敦主持葛布教堂，分治苗族教会；贝尔克主持结构总堂，分治彝族教会。自此，威宁内地会形成不相隶属的两个体系，各自直接向差会联系。不久，贝尔克用200余两银子向当地安姓购买约5亩土地，大兴土木，修建小洋房和教堂，并利用教堂开办小学，取名私立明德小学。民国14年（1925），当地教徒捐银800两，加上义务出工，另建成1栋可容千人的大教堂。是年，贝尔克调离，由加拿大籍牧师文道成接任结构总堂主持。民国16年（1927）北伐战争震动全国，驻昆明的英国领事馆急电英籍传教士撤退，岳克敦离开葛布。文道成继续留在结构，指导彝族教会，并于30年代初召集通晓彝汉语言的杨彼得、安文良将经书翻译成彝语，用国际音标字母，采用声母重叠或加偏旁符号办法，制成彝语声、韵母，编成彝族拼音赞美诗《颂主圣歌》送上海出版，供彝族教会使用。《圣歌》先后两次印刷，第一版60首，第二版增加为80首。民国25年（1936）文道成调离，结构教由新西兰籍牧师戴安东接任主持至民国35年（1946）。之后，结构教堂即无外籍传教士。1942～1949年，葛布教堂则由澳大利亚籍牧师罗伟德从1942年主持至1949年。

**循道公会的传播**　清光绪三十年（1904），英籍循道公会牧师柏格理到威宁为在昭通受其传授信教而被诬教徒洗雪冤情。是年底，柏格理再赴威宁，寻找修建教堂的地址，拟修建教堂，发展教会。自是循道公会传入威宁，称圣道公会。三十一年（1905），大寨官土目安荣之出让石门坎88亩地给柏格理修建教堂，柏格理在向差会请求拨款的同时动员教友募捐，当年建成教堂，开始传教。循道公会（圣道公会）主张教徒要热诚、笃信、深修和厚爱，规规矩矩地为人处世，故被称为循道派。循道公会在传教中积极变革传教内容，竭力宣传和实施社会改良。光绪三十二年（1906），修建石门坎教会光华小学。其后，教会兴办的学校即依次称为光华第X小学。教会学校不但招收教徒子弟入学，还开办成人教育。至1949年，石门坎一带三分之二的苗族群众能诵读《平民夜校课本》4册；各光华小学毕业数千人，升入中学或中专者200余人，先后进入华西大学、神学院深造的30余人，有的还获得博士学位，时人称石门坎为西南苗族最高文化区。

光绪三十三年（1907），柏格理将彝族、苗族信教同胞划分成两个教区，苗族教徒以石门坎教会为中心，彝族信徒以四方井教会为中心。柏格理派英籍牧师美论义（米弄一）主持四方井教会，自己主持石门坎教会。四方井教会在彝族地区传教及兴办教育亦有显著成绩。民国2年（1913）四方井教会建四方井崇德小学，并先后在城关、三道河建立教堂，其后，在彝族地区开办22所小学，在威宁城关创办崇实中学。

光绪三十四年（1908），柏格理回英国休假，石门坎教会由英籍牧师张道惠主持。其时，教徒猛增。是年，石门坎一带受旱灾，英籍牧师王树德请准华洋义赈会，以工代赈，从梭戛大土目陇家购苞谷80石放赈，赈济灾民600余人，并组织受赈灾民修桥补路，植树造林。柏格理休假期间，向英国社会各界募集修建石门坎高等小学款项。1910年，柏格理回到石门坎，在传教的同时，利用募捐款和向循道公会争取到的津贴，增建光华小学教学楼、学生宿舍、礼堂等房屋和游泳池、运动场等设施。

为便于传教，早年柏格理即请苗族信徒杨雅各担任其苗语教师，学习苗语，具备一定苗语水平后，柏格理就与杨雅各及张武、张约翰、王西拉、王圣模等苗族信徒和钟焕然、李司提反等5位汉族教师共同创制苗文，翻译《新约全书》中的《马可福音》《马太福音》在苗族信徒中传播。苗文的创制，对黔西北、滇东北地区苗族人民学习文化，发展苗族教育，起到不可估量的作用，功莫大焉。其后，苗族运用这种文字记载苗族诗歌、历史、传统和进行教学，促进苗族文化教育发展。时至今日，云南省基督教三自爱国运动委员会，云南省基督教协会还多次用这种苗文翻译《圣经》，深受广大苗族信徒欢迎。

民国2年（1913），柏格理争取到世界麻风协会捐款，筹建石门坎教会麻风医院。是年，柏格理派钟焕然、杨雅各带领4名苗族学生去成都华西中学读书，时为首次有组织地选送苗族学生到省外深造。

民国3年（1914），圣道公会柏格理、王树德和内地会党居仁、裴中谦在威宁大松树教堂开会协商教界领域，商定以勺圃梁子为界，勺圃梁子东南面为内地会传教领域，勺圃梁子西北为圣道公会传教领域。

民国4年（1915）秋，石门坎一带伤寒流行，遍及石门坎学校师生。柏格理与妻子韩孝贞及牧师王树德日夜给患伤寒病学生打针吃药，护理生病学生。柏格理不幸感染伤寒病菌，于是年9月16日去世。民国6年（1917），张道惠主持石门坎教会。其时，教会在苗族地区已有30多个支堂。民国7年，石门坎附近收成大减。民国8年，大面积发生灾荒，饥民达千余人。张道惠购买种子发给群众，又以工代赈，组织受赈灾民修建房屋，修整石门坎到昭通的道路。同时成立保险会，以应付灾荒。民国12年（1923），石门坎又发生大饥荒，张道惠集中一批灾民到石门坎以工代赈，修建麻风医院、孤儿院和石门坎医院，并举办端午节运动会和感恩节、圣诞节活动。

民国13年（1924），张道惠回英国后，先后主持石门坎教会的有英籍牧师顾德维、尹里凡（易理番）、王树德。20世纪20年代后期，盗匪横行，外国传教士只住昭通城，石门坎和四方井教会由苗族彝族教徒自行管理。民国24年（1935），川军郭勋祺师由镇雄取道昭通堵截红一方面军长征，途径石门坎，教会及学校门窗桌椅均被毁。

在石门坎教会走向衰落时，彝族地区教会却得到空前发展。到民国29年（1940），继威宁城关教堂和三道河教堂后，又先后建起果河凹、四十五户、海戛、狗街子、哈喇河、青木戛、灼多乐、大街子、锅底岩、砂厂、觉乐块、得姑鲁、顶拉、白岩脚、坝口、色居乐、卯大路教堂。此一时期，负责彝族地区教会的有英籍牧师何永学、邰慕廉、高志华、伊里凡、马建忠、唐友德。

民国27年（1938）4月5日夜，主持石门坎教会的英籍牧师高志华被土匪杀死。其后，石门坎教会有英籍牧师穆博礼、邵泰清先后任主持。民国37年（1948）和38年，邵泰清、张绍桥先后离开石门坎和四方井回国。

**女执事会的传播** 民国元年（1912），党居仁派德国女传教士巴宽敬、鲍宽爱、苏宽仁、韦宽良到大定主持教务，女执事会至此传入大定。女执事会亦称姊妹会，由巴宽敬和鲍宽爱两姊妹创立，传教士均为守贞女性。因在中国无此教派，故由内地会代管，然其经费来源则由德国差会筹给。巴宽敬等到大定后，在先行的内地会英籍牧师文藻所购府城西核桃湾地亩上增建礼拜堂、圣经学校、治病室、宿舍等房屋23间。不久，建立东关林罗家寨支堂。民国4年（1915）建立安乐、法窝教堂。民国5年建立核桃湾教会，聚会日信众达千余。教会把男女教徒分为两个客堂。男客堂由大定罗家寨彝族信徒罗文笔负责，女客堂由贵阳籍牧师程绍光负责。是年，女执事会开办孤儿院，收养孤儿。教会先后收养孤儿百余名，且收养一批无依无靠的孤老。是年，女执事会单独设立药房和门诊室，分设内科、外科和妇产科，为当时大定唯一西医门诊和药房。民国7年（1918）女执事会创办华西小学，由鲍宽敬任校长（后改名私立崇实小学、宽爱小学）。是年，贵州省教会在大定创办女子神学院，学员由大定、毕节、威宁、独山和湖南芷江等地教会选派，毕业后返回原籍任教会传道。大定县教会亦选派教徒赴遵义贵州神学院学习，结业后回县任传道。大定县教会除经常开展礼拜活动外，每年6月举行为期3天的夏令聚会，进行布道、洗礼活动，每次有信徒千余人参加。冬闲时节，农村教徒分片举行冬令聚会。教士巴宽敬、程绍光曾到长岩（今长石）底垮主持冬令聚会，参加教徒六七百人。

民国10年（1921），苏宽仁等到毕节城关办教会，女执事会传入毕节。先在道署街租房作宣道所，后购得百花山一片土地修建教堂。民国16年（1927）福音堂竣工，占地2000平方米，计有大小房屋13幢。自此，女执事会形成两个传教中心：以大定总堂为中心，辐射金沙、黔西；以毕节福音堂为中心，向云南镇雄、四川叙永发展。1928年至1932年，除毕节城关教会和岔河安多乐教会外，还先后建立摆溪、在块、熊家坟、官火地、乌佐教会。毕节女执事会在传教的同时，还举办医药卫生事业和教育事业。医药卫生事业成绩最显著者为开办毕节女执事会医院和毕节女执事会撒拉溪麻风医院，教育事业成绩显著者为举办崇德小学、德生小学、德生中学、新生小学。另外，还开办战时儿童保育院。

民国26年（1937），实施上海总差会发动的"自治、自养、自传"运动及贯彻中国教会自立的方针，大定的教务、房地产均交大定教会管理，西差会教牧人员只作教务指导。是年，大定教会将全县53个堂点，3600余名教徒划为中、西、北教区。教区设主任，负责本区教务，各教区由总长老统管，负责处理违反教规等事务。毕节教会由华人掌管后，苏宽仁从上海购买1个能容500人的大帐篷，由曾志素等组成环游布道队，到四川叙永、云南镇雄和贵州赤水、仁怀、遵义布道。

**福临安息日会的传播** 复临安息日会为基督教复临和安息日派综合派别。民国15年（1926），华西联合会派遣美国传教士汪和仁与湖南籍传教士贺爱敦到毕节传教并建立贵西分区，福临安息日会传入毕节。是年，在毕节城道署街购得地亩修建568平方米教堂（今中山路12

号毕节地区博物馆址）。贵西分区区会会长为贺爱敦。复临安息日会除毕节城建立教会外，先在朱昌哈郎村和鸭池松林村建立教会，其后，教会发展到大定城关和锅厂、白泥窝、硝灰洞、钟箐以及大定西区的安乐坝、七甲、义德等地。

**教会组织系统** 1.内地会。内地会组织系统为总堂—教会（教区）—支堂—传教点。总堂有二：葛布总堂、结构总堂。葛布总堂主要管理苗族地区教会，结构总堂主要管理彝族地区教会。葛布总堂亦称总教区，下辖直辖教会和东、中、西、北区计5个教会。直辖教会下辖葛布本寨、查罗、麻腮沟等10个支堂；东区教会下辖包包寨、岩头上等4个支堂；中区教会下辖德慕坪、滑石板、岩头上等8个支堂；西区教会下辖大松树、轿顶山、以独等6个支堂；结构总堂下辖7个教区：东部教会下辖依姑、罩子沟支堂；中部教会下辖扯拖保、罗那娥蛇期戛、大毛姑等11个支堂；南一部支会下辖得着沟、三望坪、甘堰塘、玩马坪等9个教堂；南二部支会下辖板底、麻窝寨、裸布营、海子边等11个教堂；南三部支会下辖珠市河、大坪子、诺素、大山脚等13个教堂；南四部支会下辖色该古、以那、龙井等8个教堂；北部教会下辖今赫章县境色举河、干河沟、辅初、周坡寨教堂。

2.循道公会。循道公会组织系统是：教区—联区—堂区。清光绪三十一年（1905），柏格理把传教重心转移到石门坎，中国西部南教区办公地点亦移至石门坎。中国西部南教区直属英国伦敦总会领导，不受西差会领导。光绪三十三年，柏格理将苗、彝信徒分成两个教会：苗族信徒以石门坎为中心，彝族教徒以龙街四方井为中心。其后，四方井教会发展到威宁城关，遂建立井宁联区，办公地点移到城关，辖23个教堂。同时石门坎教会亦组成石川联区，含威宁石门坎、长海子和云南咪沟、永善大坪子及川南苗族地区教会，辖教堂53个。民国28年（1939），石川联区威宁的石门坎、长海子升格为联区，石门坎联区辖石门坎、爱华山堂区，教徒7500余人。长海子联区设立在黑石长海子，下辖长海子、凌子河等6个堂区，信徒6000余人。同期，井宁联区重组为5个联区：四方井联区，下辖四方井、狗街子等5个堂区；威宁联区，设在威宁城内，下辖城关、卯大路等5个堂区；大桥联区，设在小海大桥，下辖大桥、色居乐等5个堂区；四十五户联区，设在观风海四十五户村，下辖四十五户果凹河等4个堂区；大街子联区，设在大街，下辖大街、砂厂等5个堂区。

3.女执事会。民国元年（1912）鲍宽爱和巴宽敬等到大定后，在大定城关设立教会总堂。民国27年（1938）后，大定总堂将大定县教堂划分为西、中、北区，每个区设区主任1名，管理辖区内支堂。各区地域为：西区，设在阿叽米，下辖阿叽米、海子羊场、瓜仲河、老凹坝等10个支堂；中区设在核桃坪，下辖核桃坪、公鸡山、普底、东关、青山、等13个支堂；北区设在飘井六寨，下辖六寨、果井、犀牛岩和普宜等8个支堂。毕节女执事会未划分教区，总堂设在毕节城内百花山，下辖安多乐、摆溪、在块、乌佐、渭河教堂。

4.安临安息会。民国15年（1926）在毕节城关设立贵西会区，各教点和支堂统一由贵西会区派遣传道人员进行传道。

**教牧人员** 1.外籍传教士。从清光绪三十年（1904）到民国38年（1949），先后在毕节地区传教的外国传教士有40余人，其中以英国、德国人居多。内地会有党居仁、裴中谦、岳克敦、贝尔克、文道成、文藻、刘谷森、费济华、戴安乐、罗伟德；循道公会有柏格理、米弄一、王树德、张道惠、顾德维、何永学、穆博理、高志华、邰慕康、尹里凡、马建忠、唐友德、石崇德、张绍桥、张继桥；女执事会有巴宽敬、鲍宽爱、苏宽仁、韦宽良、晏玉英、符克伯、司真秀、李喜德、海贞利、毕婉德、孔启珍、司德恩、叶淑仪、陈文德、罗伟英、吴毓娴等；临安息日会有汪和仁。

2.中籍教牧人员。基督教中国籍教牧人员大部分是义工人员，不享受工资报酬。基督教传入的中后期，教会培养任用中国籍信教人员充任教牧人员。20世纪30年代后，先后担任威宁县基督教循道公会大联区、小联区区长的有彝族人氏陆寿珍、安启云、王仕泉、聂文焕、余世清、金秉衡、安朝忠、唐必贤；苗族人氏张洪猷、李正邦、朱焕章。循道公会所属各教堂均有当地彝族、苗族教牧人员。先后担任内地会教区总长老、总执事、区长的有苗族人氏朱文正、朱提摩太；彝族人氏安承明、文正榜。内地会各教堂传道，亦多由本地人担任。

**教徒**　基督教进入初期，教徒人数无统计。至民国9年（1920），有循道公会教徒3498人，内地会教徒3023人，女执事会教徒657人，合计7178人。至民国29年（1940），有教徒1万余人。至民国38年（1949），全地区有教徒近3万人。

附：

## 毕节地区较大规模的基督教堂简介

**葛布教堂**　位于赫章县城西75千米的葛布苗族彝族乡葛布村民组，始建于清光绪三十年（1904），三十二年建成。（详见本志第十九篇第一条第三节四目“赫章葛布教堂”）

**石门坎教堂**　位于威宁县城西北102千米的石门坎乡。始建于清光绪三十一年（1905），土木结构草房，面阔5间，约200平方米。三十三年（1907），增建400平方米大教堂；另在大教堂周围建土木结构草房数间，供远处参加礼拜的教徒歇息。民国初期，修花园式牧师楼1幢，砖墙瓦顶，一楼一底，上下两层各8个居室，有内外楼梯上下。楼上进门处有洗澡间，前后房间有通道。各室均有壁炉和高大的窗户。牧师楼旁有小花园，中为鱼池，紧邻为大花园。楼后为一排小砖房，共7间，供勤杂人员居住。楼周围有高大围墙，北口设大栅门，南口有石阶，石阶及其连接的道路两旁有花径，分植矮柏和四季更迭开放的各类观赏花木。民国27年（1938）建成石头房，一楼一底，共8间，筒瓦重檐，石墙砖隔，墙中有保温层、隔音层。窗户由上下滑轮启闭，通风采光良好。瓦顶回廊直通楼下厨房。朝南有外廊，廊柱矗立；朝北外墙呈两半圆突出。大教堂于民国37年（1948）毁于地震，小教堂维修时改盖瓦，后因年久失修废置。现牧师楼保存完好。另外，还建有足球场、游泳池，开办过诊所和麻风病院，兴办过良种推广部、纺织推广部等。

**结构教堂**　位于赫章县城西50千米的结构彝族乡。始建于清宣统二年（1910），有中西式结合的石木结构教堂、牧师楼各1幢。后扩建面阔30米、宽10米、高8米的教堂，上为人字形瓦顶挑额，下为立柱回廊，卷顶门窗，两端为小间，中间为礼拜堂，礼拜堂内备长木凳百余条。牧师楼为西式木石结构三层小楼，二楼四周设木栏回廊，内有卧室、餐厅、客厅，墙为双层，墙上设壁柜。1966～1976年“文化大革命”中，教堂被占用拆除，仅存牧师楼。1981年，赫章县人民政府出资，另选址重建300平方米土木结构教堂。1998年，浙江省基督教人士资助新建726平方米砖混结构教堂1座，教堂仿罗马式建筑，门窗为尖拱形，大厅内无柱，后部设有圣台。大厅内备长条木凳百余条，供礼拜时用，常有千余人到此参加宗教活动。

大方福音堂　位于大方城文星街。始建于清宣统三年（1911）。门厅和礼拜堂均为一层砖木攒尖结构，占地250平方米。传教士住房为双层攒尖式砖木结构建筑，长11米，宽8米，占地180平方米。民国25年（1936）2月6日，中华苏维埃人民共和国川滇黔省革命委员会在堂内办公。1985年，省、县拨款修缮福音堂，设为中华苏维埃人民共和国川滇黔省革命委员会旧址。1990年，由教徒捐资，政府补助部分资金，买县城东部凤山制鞋厂作为礼拜堂，供信徒作宗教活动场所。

毕节复临安息日会礼拜堂　位于毕节城中华路12号（详见本志第十九篇第一章第五节一目“毕节红六军团政治部旧址”）。

毕节福音堂　位于毕节城百花路8号。民国16年（1927）建成，占地2000平方米。礼拜堂居中，其他建筑散布四周，计有大小房屋13幢。民国25年（1936）2月17日～3月初，为中华苏维埃人民共和国川滇黔省革命委员会办公用房。1986年，将福音堂辟为中华苏维埃人民共和国川滇黔省革命委员会旧址。1989～1993年，省地共拨款63.47万元，在毕节城东北部文笔山脚新建1座砖混结构教堂。教堂主体为灰白色，正门顶上有尖塔1座，上立红色十字架，总高22米。教堂为平顶，屋面四角有4座正方形尖塔，塔身三角形在外，由教堂墙面自然延伸，塔尖高出屋面5米左右，成为独立整体结构。教堂正面3层，二、三层有弧形外走廊，两侧有半圆形建筑突出于外。过门厅即进入大厅，面积887平方米，内有正厅、楼厅和圣台等。教堂左侧为庭院，植有花草树木。还有附属房屋数间。1993年，毕节福音堂被列为全国重点教堂。

教会举办的文教卫生事业及其他社会服务事业　1.教育。从光绪三十年至民国38年（1904～1949），基督教各派在偏远地区、少数民族地区开办教会小学百余所，教会中学4所，且多办在偏僻边远地区，少数民族地区，对促进边远地区，少数民族地区教育的发展大有贡献。教会办的学校主要有：赫章葛布内地会志华小学及附属小学，赫章结构内地会明德小学及附属小学，赫章珠市内地会小学及附属小学，赫章葛布内地会圣经小学，赫章葛布内地会瞽目小学，威宁石门坎循道公会光华小学及附属小学，威宁四方井循道公会崇德小学及附属小学，威宁城关循道公会崇实小学及附属小学，大方女执事会宽爱小学及附属小学，大定女执事会圣经学堂，大定女执事会神学院，黔西女执事会博爱小学，织金白马洞内地会附属小学，威宁石门坎循道公会边疆民族中学，威宁循道公会崇实中学，毕节女执事会伯特利中学，毕节女执事会德生中学。

附：

## 教会学校简介

石门坎光华小学　建于清光绪三十二年（1906），循道公会主办。首批招收学生20人，多为青壮年，教师是昭通人王玉洁。学校打破中国传统教育模式，开设语文、算术、自然、生理卫生、音乐、图画等课程。语文课不读中国传统启蒙读物，读看图识字、连词成句等新编课本。

光绪三十四年（1908），柏格理回英国休假，向社会募集修建石门坎高等级小学款项，又争取到循道公会总部部分津贴。宣统元年（1909）柏格理返回石门坎，增建教学楼、学生宿舍、礼堂和游泳池、运动场等设施。是年，光华小学建立一批分校、并举办师资培训班，为各分校培训师资。民国元年（1912），光华小学办成六年制完小，分男女二部，在校学生过400多人，加上分校，学生达2000多人。民国15年（1926）改为新学制，保留神学《圣经》课程。民国25年（1936）后废除神学《圣经》课程。其教学实行汉、苗双语教学，堪称中国教育史上最早实施汉、苗双语教学的学校。苗语课本采用柏格理等人编写的《苗族原始读本》。除办全日制小学外，还办夜校，课本采用《平民课本》。光华小学每年端阳节均举办运动会，比赛项目有田径、体操、足球、拔河等，还举行歌咏比赛和妇女穿针、绩麻、穿裙、文化测验竞赛活动。至民国38年（1949），光华小学毕业生数以千计，200余人升入中学和中等专业学校深造，升入华西大学、神学院深造的有30余人，其中吴性纯、张超伦、杨汉先、朱焕章、张斐然等成为黔西北苗族历史第一批接受高等教育的人。

**葛布志华小学** 内地会主办。清光绪三十二年（1906）党居仁创办教会小学，取名为迪良小学。民国2年（1913），开设高小班，学生20名；同时开设初小女子班，学生增至200人左右。民国4年（1915）党居仁去世，学校一度受挫只能维持初小班。民国18年（1929）恢复高小班，时有高小学生35人、初小学生150人，其中苗族学生106人。民国19年，开办完小，更名志华小学。学校在民国前，按清政府规定的教学方式授课。中华民国建立后，按民国教育部规定的教学大纲授课。初小设国语、算术、常识、音乐、美术、手工、习字；高小设国文、算术、历史、地理、英语、自然、修身。国文授课习作皆为文言文。20世纪20～30年代，开设公民课，高小开设三民主义课。40年代后，采用国家教育部审定出版的教科书。学校体育活动亦较为活跃。受内地会强调灵修的限制，志华小学培养出来的学生大多只有小学水平，只有个别学生到外地读初中和高中。1906～1949年间，志华小学为葛布一带培养出上千名小学毕业生，在当地极有声誉。

**大定宽爱二小** 地址在今纳雍县姑开发珠寨。内地会主办。清光绪三十三年（1907）党居仁派杨锡光到发珠寨修建教堂并开始办学，教材为《三字经》《百家姓》和《圣经》。民国6年（1917），安顺内地会派鲍宽爱等到大定设立女执事都会总堂后，发珠寨小学归女执事会管理。民国25年（1936）鲍宽爱去世，命名为宽爱二小。开设国文、算术、音乐、体育、图画等课程，只办初小，高小则需到大定城宽爱小学就读。民国38年学校失火，停办。

**大定宽爱小学** 女执事会主办。创办于民国7年（1918），取名华西两级小学，只办一至四年级。采用复式教学，一、二年级为一个班，三、四年级为一个班。分男女两校。男校由鲍宽爱任校长，女校由程绍光任校长。学生由各支堂选送，每人每月交苞谷35～42斤，油、盐、菜由学校供给。另有部分学生为教会收养孤儿。民国14年（1925），更名崇实两级小学，学生增到300余人。民国23年（1934），鲍宽爱逝世，更名为大定宽爱小学。之后，合并男女二校，全校学生200余人。1918～1949年，宽爱小学培养高小毕业生400余人。中华人民共和国成立后，由人民政府接管。

**大定女子神学院** 女执事会主办。民国23年（1934）开办，主讲人为上海伯特利神学院毕业的姚淑珍，主要讲授《圣经》。学员绝大多数是大定、毕节县的青年妇女，另有独山和织金女青年各1名。学时3年，办完一期即停办。毕业学员大部分回原县教会工作，亦有部分被派到锦屏、黎平等地传教。

**葛布贵州彝苗族圣经学校** 民国27年（1938）开办。内地会主办。创办人为内地会美国牧师刘谷森。学时3年，每年学习3～5个月。学生以能书写记录为合格，年龄不限，生活费用自理。课程有《圣经》、国文、算术。每期招收学生30～40人。民国29年（1940）第一期学生毕业。其后到圣经学校读书的学生增多。学校只得连年增班。民国38年（1949）停办。

**伯特利中学** 民国27年（1938）从上海伯特利保育院迁至毕节，校址在百花女执事教堂内，毕节女执事会主办。时有初中3班，学生58人，校长鄂恩普（女，美国芝加哥大学神学系学士）。经费由上海伯特利教会及重庆保育总会负担，后改由美国教会援华会重庆总会负担。开设课程与一般中学相同，惟每天有30分钟祈祷。1945年8月抗日战争胜利后，伯特利人员迁回上海，学校停办。

**西南边疆民族中学** 循道公会主办。校址在威宁石门坎。民国30年（1941）年，由朱焕章、杨砥中和陇体芳发起筹办，杨砥中任董事长，朱焕章任校长。经费由教会、董事会、苗族捐资各出三分之一。民国32年（1943）开学。开设语文、英语、历史、地理、数学、物理、化学、生物、体育、音乐、美术课。光华小学的毕业生直接升入中学。中华人民共和国成立后由人民政府接管。

**葛布瞽目学校** 内地会主办。民国31年（1942）由苗族女教徒朱美德和汉族盲女子张忠信倡办，给失明青年寻找生活出路。倡议得到驻会牧师罗德伟支持，经费先由葛布教会资助，后由上海福利会负责。学校招收失明青年数十人，学习盲文，也学习各种手工艺。1954年，迁往安顺并入安顺瞽目学校。

**毕节女执事会德生中学** 毕节女执事会主办。民国36年（1947）春，毕节女执事会教士苏宽仁在原伯特利校址创办，招收学生1班，民国37年有学生2班52人，任课教师7人。1951年并入毕节中学。

2.医药卫生。1904～1949年，基督教在境内开设的原医院有石门坎教会平民医院，石门坎教会麻风医院，葛布教会福音诊所，结构教会福音诊所，大定女执事会医院，毕节女执会医院，毕节女执事会撒拉溪麻风医院。这些医院为贫苦病人实行免费或半免费治疗。

附：

## 教会医院简介

**大定女执事会医院** 清宣统二年（1910）内地会英籍传教士文藻开办，以西医治疗方式为患者诊治疾病。民国元年（1912），女执事会传教士鲍宽爱等到大定后接办。民国5年（1916）后单独设立药房和门诊室，门诊分设内科、外科和妇产科。城乡贫苦民众就诊，一律免收药费；对能负担药费的病家，按价收费。中华人民共和国成立后，由人民政府接管。

**石门坎教会麻风医院** 民国初年，柏格理从世界麻风协会争取到捐款，筹建石门坎麻风医院。民国8年（1919），英籍牧师张道惠和苗族传道士杨雅各、张武、钟焕然将麻风医院建成，首批收治病人30余人，为贵州省第一所麻风病院。中华人民共和国成立后，由人民政府卫生部门接管。

**毕节女执事会医院** 民国10年（1921）德国女传教士苏宽仁在毕节城关女执事会教堂内开办。后获国际红十字会援助，医疗器械较为先进，药品亦较为齐全，民众纷纷前往求医问药。民国15年（1926）贵州省主席开禁种植鸦片，毕节城内到处是烟馆。教会劝导民众戒烟并开办戒烟所，不少人戒了烟即成为基督教徒。中华人民共和国成立后，苏宽仁被遣回国，医院停办。

**毕节女执事会麻风医院** 民国20年（1931），苏宽仁在周西成的岳父钱和生的帮助下，在毕节杨家湾撒拉溪购置土地5亩，修建4幢房屋，正式开办麻风医院。首批收治病员30余人，至民国24年，病员增至60余人。20世纪40年代初，女执事会经费中断，医院经费无着落，教会呈请省政府解决。民国31年（1942），省政府决定每年由省卫生署拨法币1200元补助，粮食按人数由地方粮仓支给。民国35年，内地会传教士费济华接管医院。医院治疗药物为美国麻风病委员会捐助的蒲洛明和荻亚松，病人住院最多时达270人。在费氏接办的几年内，康复出院的病人有89人。1951年9月人民政府接管时，尚有病人218名。

3.慈善事业。基督教教会在境内开展传教活动的同时，凡遇旱灾、雹灾、虫灾，基督教各教会即在其传教地域赈济灾民，以彰显基督教的慈善。同时还开办大定女执事会孤儿院、石门坎循道公会孤儿院、毕节上海伯特利教会和女执事会合办战时儿童保育院。

附：

## 教会慈善机构简介

**大定孤儿院** 大定女执事会主办。民国5年（1916）开办，设在女执会教堂内。初期，收养孤儿10余人。民国12年（1923），大定灾荒，不少贫苦民众以草根树皮为食，无法养活孩子，遂有人在夜深人静时悄悄把孩子丢在教堂门口。教会看到后即收进教堂，由女教士符克伯照看。先后收养孤儿百余名。到入学年龄，就入教会学校读书。小学毕业后，学业优秀者，教会给予深造机会；其余的由教会帮助谋求职业。在收养孤儿的同时，还收养一批无依无靠的孤老。中华人民共和国成立后，由人民政府接管。

**毕节战时儿童保育院** 上海的特利教会、毕节女执事会联办。民国28年（1939）开办，设在毕节女执事教堂内，院长鄂恩普。经费由中国儿童福利会募集。难童全是中国儿童福利会从湖北经重庆护送到毕节的小学生。小学毕业后直接升入伯特利中学读初中。抗战胜利后，多数学生返回原籍，少数继续留下学习，不久迁往香港。

**石门坎孤儿院** 循道公会主办。20世纪40年代，开办地址在威宁石门坎雨撒村。院长张文明。收养孤儿22个。教会给的经费不足，张文明一面教孤儿读书，一面种庄稼补助孤儿食用。1950年停办。

4.社会服务事业。1910～1949年，基督教循道公会创办的社会服务事业，一为邮政代办所。清宣统二年（1910），柏格理以石门坎教会与毕节与昭通信息不畅为由，向贵州省邮政总局申请在石门坎办邮政代办所获准，是年8月正式通邮。邮路按教会教堂或教会学校为点连接，路线为：毕节—野马川—水塘—葛布—大松树—陆家营—石门坎—昭通，开毕节边远落后少数民族地区邮政先河。民国6年（1917），葛布教会裴中谦以教会名义向贵州省邮政总局申请在葛布开办邮政代办所获准，葛布至威宁邮路开通，并与石门坎教会邮路相衔接。二为石门坎良种试验推广部。民国31年（1941）由王明基、冯家棂创办，有试种场2亩，房屋3栋，从教会各堂口挑选青年男女10余人参与试验良种，同时学习纺线。织布，而后回各堂口进行推广。

## 二 中华人民共和国成立后的基督教

**基督教的传播** 中华人民共和国成立初期，有基督教徒3.4万人，主要分布在威宁、赫章、水城、大定、纳雍、织金、毕节县的45个区160多个乡镇，有教牧人员349人。1954～1956年，全地区教徒有所增加。1956年，全地区有教牧人员330人，其中牧师11人，总传道、总执事69人，传道、执事250人。1957年后，宗教活动受到限制，大多数教堂被捐献作集体福利事业用房，一部分教牧人员脱离教会参加工作或农业生产，一部分教牧人员在各项政治运动中受到错误对待而离开教会，多数教徒被迫放弃宗教信仰。至1960年，全地区基督教徒1.24万人。1962年，全地区有基督教信徒7000人，教牧人员263人。

1966～1976“文化大革命”中，宗教活动被禁止，宗教信仰活动由公开转为隐蔽，一些宗教职业人员被批斗。

1978年12月中共十一届三中全会后，落实中共的宗教政策，宗教活动逐渐恢复开展。至1982年，全地区有基督教信徒3.2万人，教牧人员46人。1990年，全地区基督教徒6.02万人，有教牧人员251人。1996年全地区基督教徒6.8万人，教牧人员295人。2001年，全地区基督教徒7.65万人，主要分布在全地区141个乡镇，其中以大方、赫章、威宁县和毕节市的乡镇居多。至2003年，全地区有教牧人员364人，其中牧师22人、长老120人、传道222人；有基督教信徒8.52万人，其中毕节3348人、大方7836人、黔西500人、金沙273人、织金2896人、纳雍3776人、威宁2.9万人、赫章3.77万人。

**教堂** 1950年，共有基督教堂（点）168处，其中教堂137处，教点31处，分布于7个县，其中毕节12处，大方19处，黔西1处，织金9处，纳雍15处，威宁56处，赫章66处；其中内地会84处，循道公会38处，女执事会46处，临复安息日会9处。1957年后，94%以上的教堂捐献作福利事业用房，95%以上的教堂（点）停止礼拜活动。至1960年，全地区仅有毕节安息日会、纳雍奶扒教会、织金吹聋教会有宗教活动。1961年，政府批准部分基督教堂（点）开放。是年，全地区开放基督教堂（点）39处。1962年开放72处。

1966年开始“文化大革命”，全部教堂（点）被关闭，大部分教堂（点）被占用毁坏。

1978年后，落实宗教政策，清理退还一些被占用的教堂，且批准逐步开放活动。1982年，全地区开放基督教堂30处。1992年，开放教堂131处，简易场所活动点135处。2003年，全地区开放基督教堂点300处，其中：毕节市25处，大方68处，黔西4处，金沙5处，织金14处，纳雍59处，威宁49处，赫章76处。另外，还有开展正常的基督教活动但尚未批准开放的堂点64处。分别为：市西办文笔山教堂，田坝镇先进村、岔河镇大地、岔河镇浅寨村歹基、阳底乡水塘、燕子口镇小铺、小吉场镇南山、梨树镇廖家院、野角乡元华村马路边、官屯镇官屯村大水沟、朱昌镇宋伍、青场镇青场、田坎乡光脚村上金井、岔河镇浅寨村浅寨、岔河镇桥边村岩头寨、层台镇、小吉场镇小吉、大新桥办事处徐花屯、梨树镇二堡、长春镇倮侬、田坎乡田坎、八寨镇冷水河、龙场镇黄金村石头寨聚会点；大方县68处，分别为：城关东街、响水乡前进村以偖、鼎新乡同心村垭口田、牛场乡九龙村槽子、牛场乡黑塘村平寨、猫场镇永乐村刘家垭口、理化乡理化街、羊场镇朱仲河马家洞、安乐乡营脚村营山、凤山乡杉坪、安乐乡向公村新建、鼎新乡新场村落戛、鼎新乡黑泥村官寨、鼎新乡和平村沙坝、牛场乡乐公、理化乡长春村新庄、安乐乡安乐村新丰、核桃乡核桃村官寨、凤山乡羊岩村大海、六龙四方井四方村、八堡乡桥边、八堡乡元宝村桃园、大山乡松鹤村小寨教堂、城关镇新铺村落坡、城关镇龙井村垭口田、沙厂乡营华村白鹤、响水乡青山村小河、响水乡以拉村茶园、响水乡青山村松林、响水乡官寨村塘坎，响水乡凉水井、响水乡同心、响水乡吊兰村、东关乡罗寨、东关乡金坪村仓边、文阁乡安箐村、鼎新乡风景村乌沙寨、鼎新乡长风村、绿塘乡后坝、猫场镇中坝村麻窝、猫场镇五丫村沙池、牛场乡新中村乌木寨、牛场乡新中村岔河、牛场乡黑仲村马家桥、高店乡石榴村半坡、高店乡安新村新场、马场镇马场村梁子、马场镇新长村水淹坝、马场镇螺孙村、马场镇乐戈村牛吃水、马场镇民丰村岩脚寨、理化乡长春村法窝、理化乡偏坡村金星、小屯乡大田村陡滩、安乐乡平坝村和平、核桃乡营光村老街、三元乡铧口、八堡乡元宝村下坝、兴隆乡狮子村、长石镇红山村海戛、星宿乡棕树村麻窝寨聚会点。黔西县4处，分别为：城关镇教堂、金坡乡街上、钟山乡高峰、协和乡双星村聚会点。金沙县5处，分别为：箐门乡庆丰村三锅庄、马路乡金舟村、岩孔镇新寨村、平坝乡双星村、清池镇中坝村聚会点。织金县14处，分别为：上平寨乡大格、实兴乡新场村海马冲、黑土河乡下朱昌、黑土河乡金鸡村黄泥路、黑土河乡箐口旯旮寨、阿弓镇依聋村麻地窝、熊家场乡白马洞、自强乡支东、纳雍乡爱国村河边、大平乡大草坝教堂、八步镇沙冲村、猫场镇大寨村、猫场镇四甲聚会点。纳雍县59处，分别为：维新镇半坡、维新镇小河边、董地乡硝灰洞、董地乡奶扒小寨、厍东关乡中寨、阳长镇以支达、阳长镇小垭口、阳长镇石板河、老凹坝乡箐脚、龙场镇地尾、化作乡爪仲、化作乡大竹林、姑开乡发珠寨、姑开乡引底再块、姑开乡龙场边、羊场乡戈乐坝、羊场乡发科、锅圈岩乡拉尤凯、锅圈岩乡土补、锅圈岩乡秋呼寨、昆寨乡治落沟、猎场乡岩口三家寨、左戛乡沙冲教堂、厍车关乡李子、阳长镇石板河长箐、雍熙镇海坝、老凹坝乡明家坟、乐治镇猫冲、乐治镇化起河、沙包乡马路坡、水东乡小白岩、寨乐乡马家坝、化作乡耸古、化作乡倮都、姑开乡箐上、姑开乡仡佬寨、姑开乡岩脚、锅圈岩乡木下落、姑开乡高坪寨、姑开乡岩头寨、姑开乡陶家寨、姑开乡以鲁戛、姑开乡白夹、羊场乡奢戛、锅圈岩乡平坝、锅圈岩乡凹猪河、猪场乡湾子寨、猪场乡小泥湾聚会点。威宁县49处，分别是：草海镇福音堂、么站镇抱都、么站镇新房、金钟镇金水村戛尼块、金钟镇独乍沟、炉山镇勤光村凉水井、炉山镇发乐村海戛、炉山镇园林、炉山镇茶园村炉山、东风镇营坝村木城、二塘镇龙卡村毛拉柱、龙场镇艾家坪油榨房、二塘镇铁营、龙场镇元山村灼开、黑石头镇开厂村长海、哲觉镇沧河、哈喇河乡中街、秀水乡新光村清水、斗古乡三营、黑土河乡中坝村黑土河、石门乡石门坎、石门乡年丰村苏科寨、云贵乡平原、龙街镇银桥村天桥、龙街镇风光、龙街镇大寨、龙街镇木槽、雪山镇栽树村切冲、雪山镇红旗村灼乐多、雪山镇妥打村启模戛、大街乡大松、大街乡营中村慕其乐、兔街乡沙坪村鱼鳅湾、兔街乡花坪村桥顶上、羊街镇兴隆厂、羊街镇西华村马拉冲、大街镇大洼塘、小海镇松梁村卯大路、小海镇坪山、板底乡板底、板底乡新胜村新官寨、盐仓镇团结村枧马坝、盐仓镇可介、龙街镇河龙村上海枯、猴场镇新建村妥乐、盐仓镇新发村沧姑、观风海镇野鸡河、观风海镇白沙村、板底乡新华村石椏口教堂。赫章县76处，分别是：城关镇城关、白果镇犀牛塘、双坪乡德卓沟、双平乡儿马冲、双坪乡三望坪、双坪乡大寨、古达乡沙窝上寨、古达乡岩脚寨、威奢乡鱼塘、古基乡着多基、古基乡奶戛箐、达依乡环山、达依乡海戛、铁匠乡合山寨、铁匠乡德茂坪、辅处乡葛布、辅处乡大桥、珠市乡陈家寨、珠市乡板底、珠市乡大冲、珠市乡格达寨、珠市乡以那、可乐乡赵家院、可乐乡公鸡寨、可乐乡色居河、可乐乡岩头上、可乐乡兴营、可乐乡刘家屋基、可乐乡先锋、德卓乡沟边、德卓乡雄坡、德卓乡桃坪、德卓乡水塘、河镇乡一棵树、河镇乡苗营、河镇乡海雀、河镇乡野倮寨、河镇乡寨上、河镇乡花场大寨、河镇乡水井湾、河镇乡矮子坡、河镇乡周坡寨、安乐乡则坪、安乐乡处处沟、安乐乡甘河沟、罗州乡益毛寨、罗州乡双塘、罗州乡飞来块、结构乡结杨、结构乡大毛姑、结构乡以那秋、财神镇摩迂、财神镇大路边、朱明乡法开、朱明乡安甲、朱明乡滑石板、朱明乡安坪、妈姑镇何家冲、妈姑镇鸡骨寨、妈姑镇阿维寨、水塘乡捞地、水塘乡发窝寨、水塘乡杉木箐、水塘乡茶树、水塘乡马圈岩、水塘乡瓦店子、松林坡乡小苏块、松林坡乡姑寨开茶、兴发乡者老河、兴发乡包包寨、兴发乡铜炉上、雉街乡黔鸡村苗寨、雉街乡益母寨、六曲镇院子教堂。

## 第六节　宗教事务管理

### 一　宗教改革

**基督教“三自”爱国运动**　1950年7月，基督教会开展革新运动。1951年1月28日，毕节基督教会在毕节城关白花路10号举行革新大会，宣布《革新宣言》，号召信徒实行“自立、自养、自传”，脱离与各国教会的联系，拥护政府的纲领政策，并制定《爱国公约》，到会信徒150人均在《宣言》上签名。3月2日，威宁县石门坎循道公会发表《三自革新宣言》，拥护中国基督教“三自”方针。5月，织金县8个基督教会参加“三自”爱国运动，673名教徒签名。是年9月14～16日，纳雍县各教会在维新区乡半坡寨召开基督教“三自”革新大会，208名代表和98名列席人员参加会议，通过《纳雍县基督教“三自”革新宣言》和《纳雍县苗族基督教徒给毛主席的信》。10月8日，《新黔日报》第一版刊载《纳雍县基督教会召开革新大会》报道，并全文刊载《革新宣言》和《给毛主席的信》，且配发短评，在全省产生较大影响。1952年12月5～7日，赫章县葛布教会、结构教会联合成立赫章县“三自”革新委员会。随后，威宁四方井教会、大定教会也先后开展“三自”运动。1953年6月6日，复临安息日会毕节布道区与毕节城关内地会联合成立“三自”革新筹备委员会，实行“三自”方针，坚持“独立自主、自办教会”原则。

20世纪80年代后，基督教进一步推进“三自”爱国运动。1986年7月至1990年，赫章、纳雍、织金、威宁、大方等县基督教先后召开第一届代表会，选举产生第一届“三自”爱国运动委员会和教务委员会，制定通过“三自”爱国运动委员会和教务委员会章程。1990～1994年，赫章、织金县先后召开第二届基督教代表会议，修改通过第二届“三自”爱国委员会和教务委员会章程。赫章县还在会期制定通过《赫章县基督教教会管理暂行规定》。2003年，赫章县基督教召开第四届代表会议，修改通过《赫章县基督“三自”爱国运动委员章程》《赫章县基督教教务管理委员会章程》。

**伊斯兰教的改革**　1958年，威宁县根据中共中央批准全国伊斯兰教实行民主改革的意见，结合威宁实际，废除以下条款：

1.废除阿訇、掌教在宰牲中向回族群众索取牛、羊皮和其他财物的制度。

2.改革猪粪栽出来的苞谷不能食用的成见。

3.改革回族穆斯林不能种植烤烟的习惯。

4.改革清真寺专职的经堂教育，主张中阿并重，提倡学习汉语汉文，用汉语汉文宣传伊斯兰教教义，培养新型的宗教职业人员。

5.改革除回族穆斯林举意（乜帖）的钱物外，为群众念经额外再收报酬的制度。

6.除个别地方，基本废除为亡人披麻戴孝、做七日、四十日、百日、周年的习惯。

7.废除危重病人在临终前将其脚、手指甲和胡须全部剪剃干净，在送葬途中，其下辈人为亡人端香炉，亡人安葬后，还在亡人停放过的地方睡守40～100个夜晚的规定。

8.废除宗教主宰婚姻的制度，改革为阿訇不见到人民政府的结婚登记证，不予按宗教仪式给予婚者以招布（确定）。

9.废除男儿童在12周岁以前由阿訇举行逊奈。

## 二　平反宗教冤假错案　清理归还宗教房产

**平反宗教冤假错案**　1957年“反右”期间、1966～1976年“文化大革命”期间，宗教界人士被打成历史反革命、帝国主义走狗和牛鬼蛇神者共231人。其中威宁县杨志诚反革命案受株连的基督教界人士134人。这些人有的被逮捕判刑，有的被劳动教养，有的被管制、批斗。1982年后，毕节地区贯彻执行中共中央《关于我国社会主义时期宗教问题的基本观点和基本政策》，各有关部门给受错误处理的宗教人士平反。1981年，基督教界人士王国珍、王明道、李朝阳等

16人得到平反。1982年初，给被错划为右派人员织金县基督教界人士李锡光等4人平反。是年12月，中共威宁县委、县人民政府给在“文化大革命”中被批斗、被打成牛鬼蛇神的部分基督教人士平反。1983年3月，大方县复查改判基督教界人士程绍光被打成反革命一案认定无罪释放。1984年，纳雍县给在“文化大革命”中被打成反革命的基督教界人士李志林等4人平反。1985年11月4日，毕节地区中级人民法院在威宁召开干部群众大会，改判杨志诚反革命案，宣判杨志诚等4人无罪，恢复杨志诚的名誉和工作籍，并在其原工资的基础上晋升一级，作退休处理。到1987年底，全地区宗教界人士的各类冤假错案全部得到纠正和平反。

**清理归还宗教房产**　中华人民共和国成立后，部分宗教活动场所被机关、学校和其他企事业单位占用。1958年后，一部分寺观教堂被生产队、大队或公社占用。1966～1976年“文化大革命”期间，宗教活动被禁止，部分宗教团体房屋被视为“四旧”而被拆毁，一部分年久失修自然毁坏。

1978年后，通过各有关部门调查、核实，属于宗教团体的房产，原房存在的归还原房；原房虽存在，但归还有困难或原房改作他用已不存在的，说清情况，适当补助，另行选址新建。通过多年努力，大多数宗教团体的房产得到归还或补偿。据统计，全地区应落实宗教团体房产1.56万平方米，到1988年底落实1.31万平方米，占应落实面积的87%。到1997年底，省、地县民族宗教系统共拨款101.59万元，补助维修基督教堂39处，重建4896平方米；拨款38.6万元，补助修复和新建清真寺54座；补助6200元，维修佛教寺庙1座；补助5万元，重建天主教堂1座。

## 三　建立爱国宗教组织

**佛教组织**　1990年10月3日，纳雍县全体佛教徒在老场坡江西庙召开会议，选举成立纳雍县佛教小组。1993年8月，经威宁县政府批准，成立威宁县准提阁佛教管理小组。是年，黔西县亦成立佛教管理小组。1994年，成立织金县佛教协会教务管理小组。1995年4月，金沙县佛教协会成立。2003年11月，毕节市佛教协会成立。

**伊斯兰教组织**　1984年5月，建立威宁伊斯兰教协会筹备组。1988年6月，威宁充实县清真寺民主管理委员会。1990年4月，建立赫章县野里清真寺民主管理委员会。1994年6月，建立威宁县中水镇伊斯兰教教务管理委员会。1997年7月，建立威宁县麻乍乡伊斯兰教教务管理委员会，2001年10月，建立威宁县秀水乡伊斯兰教务管理委员会。

**天主教组织**　1983年，建立毕节县天主教教务管理小组，1994年后改称毕节市天主教教务管理小组。1986年，建立金沙县天主教教务管理小组。1991年，建立黔西县天主教教务管理小组。1994年，建立纳雍县天主教教务管理小组。

**基督教组织**　1984年5月，成立威宁县基督教“三自”爱国运动委员会。是年9月，建立大方县基督教教务管理小组。1986年7月，成立赫章县基督教“三自”爱国运动委员会；成立纳雍县基督教“三自”爱国运动委员会。1987年9月，成立织金县基督教“三自”爱国运动委员会。

1990年12月，成立大方县基督教“三自”爱国运动委员会、大方县基督教教务委员会，实行两块牌子，一套人员、合署办公。1991年，成立金沙县基督教教务管理小组。1992年，建立毕节市基督教教务管理小组，1994年改称毕节市基督教教务委员会。1996年11月，成立金沙县基督教教务管理委员会。

## 四　宗教场所登记　宗教人员培训　宗教理论政策学习

宗教场所登记　1992年，贯彻中共中央、国务院《关于进一步搞好宗教工作若干问题的通知》，把宗教管理纳入依法管理。是年9月，贵州省宗教局、毕节地区宗教处将赫章县作为宗教活动场所登记发证试点，通过成立登记发证领导小组、拟订登记发证实施方案，进行调查摸底，开展宣传，组织培训，实施登记发证。到1993年3月，赫章全县107个基督教堂（点），按照《贵州省宗教活动场所管理暂行办法》，登记58处，整顿19处，撤并29处，关闭1处。1994年，在全地区推开依法登记宗教活动场所所工作，重点搞清宗教活动场所的数量，参与宗教活动人员数量及文化、年龄、性别，活动场所的资产、经济来源、管理制度、负责人、教牧人员和遵纪守法情况。在此基础上，遵照国务院《宗教场所管理条例》和《宗教活动场所管理办法》，按照登记工作程序申报登记材料，经所在乡镇政府审核上报，再经县市宗教活动场所登记发证工作领导小组审查，报县市人民政府审批。到1996年底，全地区登记宗教活动场所工作基本结束。全地区共有宗教活动场所494处，登记316处，临时登记27处，暂缓登记49处，不予登记102处。之后，按照达标1个登记1个原则，到2003年底，登记宗教活动场所419处，其中佛教36处，伊斯兰教78处，天主教4处，基督教301处。

培训宗教人员　1960年8月，威宁县推荐两名基督教徒到重庆神学院学习。1962年7月，宗教部门推荐、贵州省委同意、国务院宗教局批准纳雍县马显文、威宁县朱家琳，到南京基督教会金陵协和神学院进修。1984～1992年，基督教四川神学院为毕节地区培养教牧人员28人。1985～1999年，毕节、赫章、威宁、织金、纳雍、黔西县共举办义工培训班10期，培训义工597人次。通过考试，按立和受任各类神职人员317人。1985年11月21日～30日，贵州省伊斯兰教协会在威宁县城举办首次伊斯兰教教职人员进修班，50余名阿訇、乡老接受培训。其后，威宁县多次组织培训伊斯兰教教职人员。1999年，按照贵州省宗教事务局安排，金沙县、毕节市民族宗教事务局组织部分佛教界人士参加贵阳弘福寺举行的贵州省佛教传戒法会培训学习。通过培训，部分佛教徒获得比丘及比丘尼教职。21世纪初，培训工作持续不断。2009~2011年，全地区先后两批共选派16名宗教工作干部到北京培训；选派各县市民族宗教事务委员会分管宗教工作的负责人到上海培训；地区举办两期宗教工作培训班，培训宗教管理干部和宗教团体负责人130余人；举办毕节、大方、黔西、金沙、织金和百里杜鹃管理区4县1市1区的基督教传道员培训班，培训120余人；又分批组织宗教管理干部和宗教界人士赴云南、重庆、湖南考察学习。

宗教理论政策学习　1981年7月18～31日，贵州省在毕节举办第一期宗教干部专业训练班，组织学员学习马克思主义宗教观、中共的宗教政策和宗教工作专业知识，传达贯彻《全省宗教工作会议纪要》，着重研究解决毕节、六盘水、安顺等地（市）基督教活动混乱问题。毕节专区55人参加学习。1982年4月，中共毕节地委、毕节地区行署召开全地区民族工作会议，贯彻中共中央《关于我国社会主义时期宗教问题的基本观点和基本政策》；随后，各县或召开三级干部会议，或召开宗教工作会议，或召开宗教界人士座谈会，宣传、贯彻中央文件。至年底，全地区2000余人参加学习。1989年，中共毕节地委宣传部、毕节地区行署宗教事务科共同编印《宗教问题解答》5000余册，发至县、区、乡及有关单位。1991年，地区和各县先后召开宗教工作会议和宗教界人士座谈会，学习贯彻中共中央、国务院《关于进一步做好宗教工作若干问题的通知》、赫章县委统战部、县宗教事务科深入全县10个区镇、19个乡镇的宗教活动场所进行宣传，听众1.5万人。1994年，各县采用电视、广播、办专栏等形式，宣传《中华人民共和国外国人宗教活动管理规定》和《宗教活动场所管理条例》。其间，全地区共打印《管理规定》和《法规》共2517份，办专栏26期，影视宣传300次，培训教会骨干308人，培训党政宣传骨干150人；在179处宗教活动场所开展宣传活动，听众7.71万人。是年，地区宗教事务处及纳雍、织金县宗教事务局利用地、县党校干部培训机会，给党政干部讲授宗教理论、宗教政策和宗教知识，570人次听取讲授。1997年，地区民族宗教事务局编印《民族宗教工作手册》6000余册，织金县民族宗教事务局编印《宗教理论和宗教政策资料》600册、金沙县民族宗教事务局编印《宗教理论和宗教政策》2000份，发至乡镇和宗教活动场所。1998年，地委统战部和地区民族宗教事务局举办乡镇领导干部培训班和宗教教职人员培训班，学习宗教理论和宗教政策，40名乡镇干部和48名宗教教职人员参加学习。1997～2000年，中共威宁县委党校举办4期村级后备干部培训班，共240人接受培训，培训期间，均安排1个学期开设民族宗教理论和民族宗教政策课程。2000年，地区民族宗教事务局翻印《贵州省宗教事务管理条例》375份，发至宗教活动场所，组织登记发证的宗教活动场所信徒学习。2005年，全地区开展《宗教事务条例》学习宣传活动。地区民族宗教事务委员会翻印《宗教事务条例》3000册，制作塑料宣传挂片600张，分发到地直部门。各县市、各宗教团体、各宗教活动场所进行宣传学习。同时，各县市分别举办学习《宗教事务条例》培训班，培训从事宗教工作的干部、宗教界代表人士、名宗教活动场所负责人及部分信教群众。同年，地区民族宗教事务委员会还与中共毕节地委组织部、地区扶贫办公室联合举办民族宗教法律法规培训班3期，共培训基层干部400余人。

## 五 “和谐寺观教堂”创建活动

2010年，全地区“和谐寺观教堂”创建活动有序推进。至年底，全区共有100个宗教活动场所基本达到“爱国爱教、知法守法、团结稳定、活动有序、教风端正、管理规范、安全整洁、服务社会”8条基本标准。2011年，地区民族宗教事务委员会下拨21万元专项经费，对各县市“和谐寺观教堂”创建活动进行补助，并组织9个考评小组分赴各县、市、区宗教活动场所开放堂点，对“和谐寺观教堂”创建活动进行指导。同年，全地区民族宗教工作部门协助贵州省宗教局“和谐寺观教堂”创建工作考评组，对毕节地区“和谐寺观教堂”创建工作进行检查考评。经考评，全区109个宗教活动场所“和谐寺观教堂”创建工作全部顺利通过考评验收。

**与省外宗教组织交往** 1996年，大方县民族宗教事务局在《天风》杂志发表文章，介绍大方县基督教堂（点）无自养条件解决建堂资金情况。山东青岛市10余位基督教徒捐款1万元，资助大方县建基督教堂（点）。1998年，中国基督教“三自”爱国运动委员会副主席、上海市基督教“三自”爱国运动委员会副主席沈德荣一行到大方县竹园乡考察，上海基督教“三自”爱国运动委员会决定资助26.18万元援建竹园女子希望小学。是年，广东省湛江市基督教“两会”资助竹园乡革新村联发基督教聚会点3000元修建礼拜活动场所。1999年，沈德荣一行到竹园乡参加竹园女子希望小学落成典礼，并代表上海市基督教“两会”再捐款5万元资助女子希望小学完善教学设备。是年，纳雍县民族宗教事务局牵线搭桥，使纳雍县基督教“两会”争取到外省基督教“两会”援助资金21.4万元。2000年，毕节地区民族宗教事务局先后引进浙江省基督教“两会”资金75.56万元（含物资），用其中的18万元帮助300名贫困学生解决书学费用，30万元帮助赫章县结构乡修建基督教堂，用7.5万元现金和价值近20万元的被子、衣物万余条件（套）帮扶贫困基督教徒。是年，大方县民族宗教事务局引进资金3.1万元，帮助修建基督教堂。

**与港澳宗教组织及友好人士交往** 1996年，香港同胞段昆到大方走访，在大方期间，捐赠4200元港币帮助大方基督教会筹建教堂。1997年5月，香港佛教协会简耀光一行到纳雍县姑开考察，代表香港佛教协会释定然法师捐款7万元，纳雍县政府配套5万元，修建姑开乡定然希望小学。是年，香港佛教协会捐资在纳雍阳长镇修建和平道德希望小学。同年7～9月，经贵州省佛教协会副会长茂青法师引进，香港佛教弟子简耀先捐赠10万元在金沙县安洛乡、平坝乡各建1所福利院，捐赠30万元在安洛乡和湖水乡各建1所希望小学。是年10月，百岁基督教上层人士、香港同胞程绍光到大方考察，捐赠5000元港币给大方基督教会修建教堂，其侄孙女陈小燕捐助港币5万元建立受心助学基金。1999年3月，澳门学园基督教徒传道会会长、基督教宣道堂澳门学园基督教徒道会会长、基督教宣道堂澳门区联会主席兰文钦及其夫人，基督教会宣道堂港澳区会安心工程基金会总干事梁志玲考察纳雍、织金县基督教会和边远民族地区教育，共同向纳雍县猪场民族乡水箐民校捐价值4000余元的课桌凳65套，向180名贫困学生捐书学费1.3万元，向织金县实兴中心小学捐赠价值1万元的课桌凳150套，向龙场箐口村60名贫困学生捐书学费4200元，向毕节市千溪民族乡法朗村民办小学捐修建款4万元，向纳雍县老凹坝基督教会、织金县海马冲教堂捐维修款6万元，向织金县龙场镇箐口村、偏坡村捐养羊扶贫专款3万元，共计捐款16.55万元。是年7月，香港影视明星，佛教徒吕良伟到威宁县麻乍、板底乡雪山镇考察，向麻乍乡三角庄小学贫困学生捐赠价值1万余元的物品，并决定捐助7万元修建三角庄丁力希望小学。2000年，地区民族宗教事务局引进澳门爱心工程基金会捐款15万元，帮助解决500名贫困学生的书学费。2001年6月，香港佛教文化事业有限公司罗兰捐资7万元，黔西县定星乡政府匹配资金

10万元，修建罗兰颂恩布希望小学。

**与国外宗教组织及友好人士交往** 1995年9月，中国教会之友访华团一行13人（基督教徒）到威宁县石门坎、威宁城关基督教福音堂和毕节城关基督教堂参观访问。1998年5月，美国基督教柯教授到威宁县考察基督教活动。

## 六 取缔非法宗教组织 收缴非法出版物 清理整顿寺庙兴建

**取缔非法宗教组织** 1.取缔“生命会”。1978年，“生命会”打着基督教旗号，向纳雍、织金等县的一些教会渗透，并不断发展。1991年1月，地区及各县民族宗教工作部门与地区和各县公安统战、宣传部门配合，历时8个月，查明“生命会”涉及纳雍、织金、威宁、赫章县17个区镇的19个乡镇，活动点33处，首犯1名，骨干分子76名，被骗参加“生命会”的信徒2500多人，查获讲道录音磁带211盒，美国出版的宗教宣传品11本，台湾出版的6本，香港出版的97本，无出版单位的170本，骨干分子笔记本和反动资料119本，还查获首犯和主要骨干分子笔记本以及1980～1990年与海外敌对势力通信联络的信件。根据查获的大量实证，地区公安处上报有关单位批准，依法追究首犯和骨干分子3人的刑事责任，6名骨干分子送劳动教养，对其他骨干分子有的传训、有的进法制学习班，令其认罪悔改。之后，“生命会”又死灰复燃，先后在威宁、织金、纳雍、赫章进行活动，涉及群众240多人。1993～1995年，公安部门再次打击、取缔“生命会”，刑事拘留骨干分子5人，劳动教养8人，收审17人，扣留处罚4人。

2.取缔“门徒会”。1994～1995年，“门徒会”部分骨干分子从陕西、湖北、四川、云南及遵义先后窜入毕节市、黔西、金沙、威宁、纳雍县，打着基督教的旗号散布谣言，采取欺骗手段，设置聚会点，造谣惑众，发展成员，严重危害社会稳定和人民群众生命安全。1995年4月，由地区政法委牵头，从地区公安处、检察院、司法局、中级法院、地委统战部、地委宣传部、地区民族宗教事务局抽调人员组成工作组进行查禁。经调查统计，“门徒会”在5个县市53个乡镇发展成员1.23万人，其中黔西县5600人，毕节市3406人，金沙县3106人，威宁县171人，赫章县170人，设立小分会7个，分会点28个，教会519个。查禁工作组深入基层，采取多种方式宣传教育门徒会成员。共发布《通告》455份，出动宣传车7辆（次），办教育班9个，直接和间接受教育的群众达45万人次。同时，对门徒会少数违法犯罪分子和主要为首者予以打击，依法收审骨干45人，送劳动教养21人，治安处罚134人，传唤608人，扣留外地流窜分子11人。1997年初，“门徒会”复又开展活动，活动范围涉及大方、黔西、威宁、赫章等县的40多个乡镇，裹挟群众3500多人。地区及有关县公安、民族宗教工作等部门配合，再次查禁门徒会，逮捕骨干分子15名，送劳动教养10人，治安处罚103人。但受外来门徒会骨干窜连和影响，一些边远乡村又出现“门徒会”复活活动。2001年，公安机关在打击邪教的斗争中，依法取缔“门徒会”分会点4个，教会17个，教会点（牧养点）100余个，对主要骨干报劳动教养47名，治安处罚199名，教育挽救被裹挟群众5000余人。

3.取缔“通天佛教会”。1995年，织金县的“通天佛教会”在赶场天张贴布告，宣传恐怖邪说，伤害各教派群众之间的感情，造谣惑众，蛊惑人心。织金县民宗局协助公安机关迅速收审主犯，并对有牵连的寺庙和人员进行调查处理，消除隐患。

4.取缔“左坤教”。20世纪90年代初，“左坤教”从安顺传入织金、纳雍、威宁县，宣传左坤是末世使徒，带来血、水、圣、灵的福音，严重干扰正常宗教秩序。1995年，织金县查禁“左坤教”，送劳动教养6人，收审9人，治安处罚42人，其余人员办学习班令其具结悔过。是年，纳雍县拘捕“左坤教”骨干2名。1996年，纳雍县3名“左坤教徒”流窜到威宁县龙洞村活动。经威宁县公安机关查明，送纳雍县公安局，送劳动教养1人，治安处罚2人。威宁县治安处罚“左坤教”骨干3人。

5.取缔地下“小群派”及其变种“福音联合总会”。20世纪90年代，“小群派”从浙江温州、萧山、安吉传入大方县马场镇。至1999年，其活动涉及大方、威宁、赫章、纳雍县的20多个乡镇，受其影响的基督教点19处，基督教徒400余人。“小群派”公开反对“自立、自传、自养”的办教方针，举办培训班，破坏教会的内部团结。1993年3月，在大方县马场镇秘密成立“福音联合总会”，旋即被公安机关依法取缔。

**收缴非法出版物** 1991年，织金县宗教事务局收缴从新加坡和香港传入的《讲道集》和宣传恐怖邪说的宣传品34种91册。1993年7月30日，威宁县宗教事务局在城关基督教堂收缴境外出版宗教刊物59本，基督教笔记本131页，宗教录音磁带8盒和已拍摄的胶卷6个。1997年，纳雍县民族宗教事务局收缴在维新、乐治发现的《信仰的根基》。1998年3月26日，纳雍县民宗局配合县公安局在锅圈岩乡文化一组收缴《信仰的根基》《圣经研究本》共72册。1997～1998年，全地区公安机关收缴从六盘水市、四川成都、广东和台湾、香港等地寄到毕节地区的非法宗教宣传品《信仰的根基》《从空虚到满足》《得圣的秘诀》等12种1000余册。

**清理整顿寺庙兴建** 1985年后，农村出现乱建寺庙现象。1997年，中共毕节地委办公室、毕节地区行署办公室下发通知，要求开展清理整顿乱建寺庙工作。至1998年底，全地区清理整顿滥建寺庙工作基本结束，明确确认全地区属乱建的寺庙共186座，占地2.05万平方米，耗资210.95万元。其中，毕节市76座，金沙县70座，赫章县21座，纳雍县7座，织金县6座，威宁县4座，大方县1座，黔西县1座。经研究决定，有教徒活动、基本具备宗教活动场所临时登记标准，特批为宗教活动场所的18座；建在县城、乡镇、村委会附近，具有一定规模和使用价值的，改作老年活动中心及文化娱乐场所或收归学校、村委会管理作公用场所的129座；拆除建在荒山野岭、路边、岩脚作封建迷信活动场所的39座。2011年，毕节地区宗教事务执法支队正式设立。同年，对30余处宗教活动场所进行调查研究，排查不稳定因素，以维护宗教领域和谐稳定；并加大对乱建寺庙和露天宗教造像治理工作，切实维护正常宗教活动。

# 第四篇

# 民国时期党派　社会团体

# 第一章　自治学社和同盟会

## 第一节　自治学社

光绪三十三年（1907）11月，贵阳张百麟召集黔中名士黄泽霖、钟昌祚、周培艺（又名周素园）等30余人，在贵阳组织革命团体贵州自治学社，响应孙中山推翻清廷的号召。自治学社创办《西南日报》，由周培艺主笔，宣传革命思想。大定府及所辖毕节、黔西、威宁等州县也相继成立分社。

**贵州自治学社毕节分社**　光绪三十三年成立，成员有宁世谦、宁建侯、朱正学、刘大名等人。

**贵州自治学社黔西分社**　光绪三十三年成立，当年发展社员80余人，方伯莺任黔西分社支部长。与此同时，毛仙桥等在打鼓新场组织贵州自治学社黔西第二分社。

**贵州自治学社大定分社**　成员有谭冠英、简书、简宗藩、陈永锡、彭景祥等。

**贵州自治学社威宁分社**　成员有管汉夫等。

## 第二节　同盟会

光绪三十一年（1905），孙中山在日本成立中国同盟会。贵州留日学生平刚等参加同盟会，归国后，平刚任同盟会贵州支部长。光绪三十四年（1908），毕节、大定、黔西、威宁自治分社成员转为同盟会会员。宣统三年（1911）辛亥革命爆发，同年11月，贵州同盟会举行武装起义，成立大汉贵州军政府，毕节人周素园任行政总理。大定同盟会会员简书、谭冠英等率领乡民起义，宣告大定独立，成立大定军政分府。民国元年（1912），唐继尧率滇军入黔，推翻大汉贵州军政府，军政府成员被迫逃往外省。大定军政分府被镇压，部分成员牺牲，其余逃亡。

# 第二章　国民党组织机构及活动

## 第一节　国民党党务指导机构

**党务指导委员会**　民国19年（1930），中国国民党贵州省党部在黔西县建立党务指导委员会，委派张良才任中国国民党黔西县党务指导委员会主任。民国22年（1933），将中国国民党大定县党务指导办事处升格为党务指导委员会，林屏翰、罗时俊、黄惠明、王教鼎先后任指导委员会主任。

**党务指导委员会办事处**　民国19年（1930），中国国民党贵州省党部在大定县建立县党务指导委员会办事处，办事处由周瀛、杨万选、李明甫、赵金帛、彭蔚华、简健、章鼎三组成。民国22年（1933），国民党贵州省党部将大定县党务指导委员会办事处升格为大定县党务指导委员会。民国25年（1936），国民党贵州省党部成立毕节县党务指导委员会办事处，先后任命张继娥、瓦庚先、薛高永为办事处主任。

**党务特派干事办事处**　民国20年（1931）国民党贵州省党部委派毛效良、陈启贤到威宁县筹建党务特派干事办事处。民国21年（1932），党务特派干事办事处未建成，毛效良、陈启贤离开威宁县。民国24年（1935），国民党贵州省党部再次委派陈启贤到威宁县建起国民党威宁县党务特派干事办事处，遂开始发展党员。

## 第二节　国民党县党部

民国24年（1935）起，国民党贵州省党部命令大定、黔西、毕节、威宁县的党务指导机构均改建为县党部。此后，贵州省第四行政区其余各县亦相继建立县党部。县党部设书记长一名，下设秘书、组训、宣传、总务科。继后，由各县县党部召开党员代表大会，选举产生执行委员、监察委员。

**大定县党部**　民国24年，由国民党大定县党务指导委员会改建。民国33年（1944）3月，召开党员代表大会，选举产生执行委员会、监察委员会，邓跃南为县党部书记长、省监委圈定陈宗悫为县监委常委。民国36年（1947）9月，县党部与三青团大定县分团合并，建立党团委员会，邓跃南任书记长，并扩建瓢井、理化、甘棠、羊场坝航空发动机制造厂4个区党部（羊场坝航发厂区党部由贵州省党部直管）。民国37年（1948），省党部委员、大定县长文传声兼任县党部书记长直至解放。

**黔西县党部**　民国27年（1938），由国民党黔西县党务指导委员会改建，内设组训、宣传、秘书、总务科。之后，将大多数区分部升格为区党部。民国37年（1948）春，与黔西县三青团分团合并，由黄自民任县党部书记长。

**织金县党部**　民国19年（1930），织金县城关青年雷肇南、梁德宣等发起并报请国民党镇宁第二区特派员办事处批准，创办党务研究会。民国30年（1941），经省党部特派员审查，吸收部分党务研究会会员加入中国国民党。民国24年（1935）7月，成立国民党织金县党务指导办事处。民国26年（1937），成立国民党织金县党部。民国33年（1944）1月，改组县党部。民国34年（1945），全县共有区分部26个。民国35年（1946），实行分区督导，区分部扩大到37个。喻兆琦为第一任县党部书记长。

**毕节县党部**　民国32年（1943）6月15～18日，召开毕节县第一次国民党党员大会，宣布国民党毕节县党部成立。之后，在县政府、县商会、县工会和毕阳镇等19个乡镇设立党务办事处，建立区分部，发展国民党员。

**威宁县党部**　民国33年（1944）6月建立，设组训、宣传、总务科。选举薛士贤、孙繁贵、朱焕章、冯正鹄、苗成发为执行委员，聂玉同为常务监察委员。省党部执委指定薛士贤为执行书记长。

**赫章县党部**　民国30年（1941），省党部派史荫明到赫章建立县党部筹备处，开展建党部工作。民国31年（1942）1月，成立国民党赫章县党部。

**金沙县党部**　民国30年（1941）成立，内设秘书、组训、宣传科，下辖区党部1个、区分部8个，党员66名。至民国38年（1949），下辖9个区党部、41个区分部，949名党员。

**纳雍县党部**　民国30年（1941）成立，内设秘书、组训、宣传、执行科，时有党员47名。民国34年（1945），全县18个乡镇，除义德、昆寨乡外，其余均设区分部。民国37年（1948），党员发展到956名。

**中国国民党贵州省第四行政区各县组织及党员情况统计表**

单位：个、人

| 国民党县党部 | | | 基层组织 | | | 党员数 | |
|---|---|---|---|---|---|---|---|
| 名　称 | 成立时间 | 县党部书记长 | 直属区分部 | 区党部 | 区分部 | 党员 | 统计时间 |
| 毕节县党部 | 1936.6 | 罗英、颜明璋、何德川、张明远、吴昌祺 | | 21 | 214 | 4160 | 1942 |
| 大定县党部 | 1935 | 汪化鲲、罗有桐、何光第、喻兆琦 | 15 | 4 | 41 | 1082 | 1944 |
| 黔西县党部 | 1938 | 钟华鸣、刘清坡、张昌炯、王式鉴、冯守仁、黄自民 | 25 | 7 | 61 | 1134 | 1942 |
| 金沙县党部 | 1941 | 王琪琳、卢昭鼎、宗希贤、申良久、程澄、肖钦、汪厚荣 | | | | 949 | 1949 |

续表

| 国民党县党部 | | | 基层组织 | | | 党员数 | |
|---|---|---|---|---|---|---|---|
| 名　称 | 成立时间 | 县党部书记长 | 直属区分部 | 区党部 | 区分部 | 党员 | 统计时间 |
| 织金县党部 | 1940 | 喻兆琦、杨文昭、刘玉玺、李文经、周平初、颜享德、孟冬初 | | | 4 | 871 | 1944 |
| 纳雍县党部 | 1941 | 祖堦、林明楷 | | | | 956 | 1948 |
| 威宁县党部 | 1937 | 颜明璋、张镜波、胡治帮、付南华、薛士贤、赵昌黎、祖阶 | | 5 | 31 | 972 | 1942 |
| 赫章县党部 | 1942 | 史荫明、周明文、张士贤、夏承祖 | | | 16 | 324 | 1942 |
| 水城县党部 | | 游永宽 | | | | 539 | 1944 |

## 第三节　国民党党务活动

**宣传活动**　1.宣传国民党宗旨、任务。自民国24年（1935）起，国民党组织宣传孙中山倡导的民族、民权、民生主义；宣传孙中山天下为公思想；宣传《总理遗嘱》，号召国人“革命尚未成功，同志仍需努力”；宣传提倡机关、团体讲究礼义廉耻。民国30年（1941）后，宣传提倡新生活运动，把讲究礼义廉耻贯穿衣食住行之中。

2.抗日宣传。民国27年（1938）西安事变后，大定县多次举行集会，公开提出反对分裂、团结抗日口号，组织学生救国会、妇女救国会，出版学生救国刊物；组建抗日剧团，演出《家园恨》《张家店》《棠棣之花》《西子湖畔》等剧目，慰问抗日军烈属；开展募物募捐活动，筹集抗日经费。

**征求党员**　民国27年（1938）前，国民党组织薄弱，党员极少。民国27年后，国民党组织利用培训教师、训练基层政权人员的机会，集体吸收受训人员加入国民党，将三青团员转为国民党党员。民国29年（1940）4月、34年（1945）1月6日，国民党贵州省党部先后发出《关于中小学教师一概征求入党的训令》，各县党部按《训令》要求，分别举办中小学教师训练班，集体征求中小学教师加入国民党。大定县除采用培训方式集体征求中小学教师加入国民党外，还利用在县训所培训乡、保人员的机会，集体吸收受训人员加入国民党。大定县党员征求人数由200多人增加到1082人。民国38年（1949），所有三青团员全部转为国民党员。

**建立秘密组织**　民国24年（1935），国民党军统局贵州站建立。之后，在毕节专区建立外勤组1个，负责在毕节专区培训人员，建立秘密组织，发展试用通讯员、运用通讯员。民国30年（1941），国民党召开党政军联席会，决定成立内政部战地青年训练团，集中异党人员受训。民国38年（1949）初秋，国民党总统府少将情报处长桂运昌到毕节，召开党、政、军、特应变会议，成立黔西北绥靖公署，下设政务、保警、政工处。傅启学任绥靖公署主任、廖兴序兼任政务处处长、桂运昌兼任保警处处长、赵乍孚任政工处处长。绥靖公署拟以纳雍县白泥屯为游击中心。各县建立反共游击团，并分头到镇雄、威宁、水城活动，组建反共游击预备团和特情小组。

捕杀革命人士　民国19～31年（1930～1942），各县国民党部先后成立，便将协助国民党警特机构人员捕杀革命人士作为其活动要事来办。民国24年（1935），中共毕节地下党员、游击队长范敬章率部在毕节县对坡活动时，遭到对坡区民团大队袭击，范受伤被捕，押送到毕节，县长史南侯下令将其杀害。民国25年（1936）初，红军二、六军团长征到达大定县，建立拥护红军委员会及游击队。大定人士彭新民任拥红会主任，喻金亭任游击队长。红军撤离大定后，国民党反动当局逮捕彭新民、喻金亭及游击队员胡子清和工农群众17人，均遭杀害。是年（1936），中国工农红军川滇黔边区抗日先遣队司令员阮俊臣、副司令员陶树清率部在川滇黔边区活动，蒋介石下令云贵川3省调兵会剿，陶树清在云南镇雄被国民党军队逮捕押送毕节监狱关押，10月被杀害。是年（1936）夏，由红军二、六军团组织领导的抗日救国军第一支队在毕节四乡遭国民党军队清剿，支队司令员席大明在杨家湾被捕，是年9月15日被杀害于毕节大校场。民国27年（1938），国民党特务在织金县再次将中共地下党员王拭逮捕，民国30年（1941）将王杀害于贵州保安司令部防空洞内。民国29年（1940）底至次年1月，贵州省保安司令部逮捕中共地下党员林正良、李绍夫，次年将林、李秘密杀害。民国30年（1941）4月，国民党贵州省第四行政督察专员公署，云南镇雄、彝良、威信独立营及地方民团围剿贵州游击支队，支队司令员赵文海突围后秘密前往四川赤水镇一带活动时，被特务逮捕，杀害于毕节县境公路旁黄桷树下。民国30年（1941），贵州游击支队政委阮俊臣在毕节秘密活动时，被国民党贵州省第四行政区督察专员廖兴序派人秘密逮捕，是年9月15日阮被害于毕节大校场。民国38年（1949）5～10月，国民党中统局毕节督导站主任陈文彬以贵州省调查室毕节区党政军联席会报专任秘书身份，参与策划先后捕押中共地下党员、革命青年、爱国人士40多人，杀害6人。是年11月26日，国民党贵州省第四区行政督察专员廖兴序、毕节保安副司令万邦贞等将在押狱中的革命青年刘近谦、任淑轩、马正帮、刘应康杀害于毕节城郊大水口。

# 第三章　其他社会团体

## 第一节　“三青团”毕节地方组织

民国27年（1938年）3月，国民党临时全国代表大会决定，建立三民主义青年团（简称三青团）组织。贵州省于民国28年（1939）开始筹备，民国33年（1944）正式成立三青团贵州支团部。三青团贵州支团部建立后，采取重点建立和积极培训干部等措施，发展、建立组织。从民国28年到民国36年（1939～1947）先后在毕节、大定、黔西、织金、纳雍、赫章县建立三青团分团部。民国37年（1948），国民党中央实施党团合并，将三青团员全部登记转为国民党员。

**毕节县三青团分团部**　民国28年（1939）贵州省三民主义青年团筹备处派员到毕节县建立三青团筹备处，设主任1人，书记1人。下设总务、组训、宣传3股。主任何竞华。筹备处在毕节师范、弘毅中学、县中学校发展三青团员。民国31年（1942），成立三民主义青年团毕节分团部，下设宣传、组训、总务股。不久，成立三青团毕节县分团部干事会，设干事长1人，书记1人，干事6人，增设女青年股。指派陈光远任干事长。同时，聘请毕节师范学校、毕节县中、毕节弘毅中学校长为干事。民国34年（1945），三青团毕节分团部举办每月一日的青年干部训练班，培训三青团骨干分子。共举办3期，培训72人。受训人员回校后，均担任所在学校的三青团分队长，共建起三青团分队39个，区队16个，执行对校内进步青年监视、向国民党中、军统特务驻校教官汇报情况，向县党部推荐优秀学生参加国民党的任务。1946～1947年间，寒暑假期曾组织学校和社会区队编成19个宣传队到所属19个区镇进行反共宣传。民国31～37年（1942～1948），共发展三青团员507人。民国36年（1947）国民党中央发出国民党与三青团合并的训示后，毕节县三青团部随即将全体三青团员造册登记，上报县党部转为国民党员。民国37年（1948），撤销毕节县三青团分团部。

**大定县三青团分团部**　始建于民国31年（1942）。黔西县三青团员徐王显等4人到大定后，发展三青团员30多人，建立起三青团大定区队。民国32年（1943），三青团贵州支团部派王希张到大定建立三青团大定分团筹备处，设立组训、宣传、总务股，筹组建立临时干事会，在城区中、小学校发展三青团员，首建区分队。民国35年（1946）统计，全县发展三青团员258人，建立区队10个，分队51个。是年9月，召开大定县团员代表大会，成立三青团大定分团部和干事会。民国36年（1947），实行党团合并，三青团并入国民党。

**黔西县三青团分团部**　民国29年（1940）建立三青团黔西县筹备处。民国31年（1942）9

月1日，成立三青团黔西县分团部，内设组训、宣传、总务股。分团部设书记、干事。民国35年（1946）增设女青年股和童子军总干事。是年夏，召开三青团黔西县团员代表大会，选举干事长1人，干事5人，组成分团干事会。黔西三青团发展团员，开始时坚持自愿原则，在黔西中学发展团员，建立组织。民国36年（1947），省团干事长季天行到黔西活动，指导黔西分团部支持黄宇人竞选立法委员，发展团员扩大到黔西联合师范、中正中学、养正小学以及大关、谷里、中坪、定新小学，有的采取按班级集体登记入团办法，建立组织。先后在黔西共建立区队8个，分队若干；在县政府、县党部、县警务局，地方法院、养正学校和中坪、定新、雨化、谷里各建1个分队。其他乡也发展三青团员，但未建立组织。民国37年（1948）春，国民党黔西县党部与三青团黔西分团部合并。此后，党团机构仍各自存在，直到黔西解放。

**织金县三青团分团部** 成立于民国34年（1945），内设组训股、总务股，另有干事3人，录士3人。下辖12个区队、35个分队，有三青团员362名。1948年，同国民党县党部合并，部分团员转为国民党员。

**纳雍县三青团分团部** 创建于民国36年（1947），是年1月，周启政竞选国大代表，利用三青团拉选票，到省城活动筹备成立三民主义青年团贵州支团部纳雍分团部，作其助选机构。特邀大定县牛场坡三青团员周定远为心腹内助，筹组建起三青团纳雍县筹备处，委任纳雍中学教导主任陈益生为三青团区中队长，教员湛鸿祥为副中队长，作为发展三青团员的基层组织。陈益生、谌鸿祥根据县团部指示，凡雍熙镇属中、小学年满16岁以上的学生均发给入三青团的申请表，呈上报批发展为三青团员。短期内，全县共发展三青团员1327人。是年底，县三县青团奉命与国民党合并，凡年在25岁以上者，均转为国民党员。

**赫章县三民主义青年团分团部** 民国36年（1947）8月建立筹备处。之后，共发展三青团员344人，建立35个区队、23个分队，开展三青团的活动。民国37年（1948），三民主义青年团赫章分团部和赫章县国民党县党部合并，三青团员344人都转为国民党员。

## 第二节 同乡会

自明代中期起，从湖南、江西、陕西、四川到今毕节地区的客商及手工业者日益增多，遂逐渐形成以籍贯划分的同乡会组织，以相扶相帮，相救相助。同乡会为自发的群众组织，多有会馆作联谊聚会场所。明、清时期，各州县对同乡会的管理情况不详。民国中期始，各县对同乡会进行团体登记管理，各县同乡会亦有较健全的组织、章程和会规。

**江西同乡会** 明末，江西旅毕（节）商人在毕节城小横街东关桥东侧修建江西会馆。清代，陆续在大定城西街、威宁州城、平远州城、黔西打鼓新场、毕节小坝场、大定瓢井场及黔西州茶园、清池、安底街、威宁州黑章（今赫章）城建起江西会馆。民国27年（1938），大定江西籍人同乡会会址设江西会馆万寿宫内，有会员300余人，办有养正小学；瓢井镇的江西同乡会亦有会员200余人。民国33年（1944）7月，金沙县政府批准金沙县江西同乡会成立。民国34

年（1945），毕节县江西同乡会成立，有会员816人，办有务实、致中、豫章小学，会费收入主要用于会馆开支和办学，其次用于救济本籍旅毕穷困人家。

**湖南同乡会**　清雍正年间，湖南旅毕商人捐资修建湖南会馆。清代，大定湖南籍商人捐资修建湖南会馆，又名三楚宫，馆址在大定城中街。民国26年（1937），湖南旅定同乡会会址设三楚宫，有会员300余人，办有求是小学；瓢井镇湖南会馆有会员170余人。民国期间，毕节建立湖南同乡会，有会员202人，会址设湖南会馆，办有三楚小学和1个小型农场。会费收入主要用于发展文教事业、资助同乡。

**陕西同乡会**　清乾隆二十年（1755），陕西旅毕商人捐资修建陕西会馆，馆址在毕节城内大横街。后改为春秋祠。中华人民共和国成立后改为国营三旅社。民国时期，陕西旅大定瓢井镇盐商亦修建陕西会馆，并成立同乡会，有会员300余人。

**四川同乡会**　清康熙年间，旅居大定的四川籍商人集资在大定城区北部拱宸街修建四川会馆。同治年间，四川璧山、荣昌、隆昌、泸县旅毕商人捐资修建川主庙，地址在毕节城中砂石路牌坊东侧。民国25年（1936），大定四川旅定同乡会会址在川会馆，有会员250人，办有私立惠川小学。大定县瓢井镇亦有四川同乡会，有会员200余人。民国年间，毕节四川同乡会会址在川主庙，有会员300余人，办有蜀益小学。

**湖北同乡会**　清雍正年间，湖北籍旅毕商人集资修建湖北会馆。民国年间，湖北同乡会理事会，监事会负责人有刘超凡、黄家典。

**福建同乡会**　清雍正年间，福建籍旅毕商人集资修建福建会馆。民国时期福建同乡会办有毕节城区第二女子小学和中正小学。

**贵州同乡会**　民国30年（1941），大定成立大定县贵州同乡会，会址设县城中街忠烈宫，会员100余人，多系外籍人先迁入贵州各县，后又落籍大方者。

## 第三节　行　会

**毕节县行会**　1.梅葛会。明代建有寺庙，内塑梅葛像，祭祀传说中古代教民染布的梅葛祖师，属染业行会。每年农历三月初三染行业均集会纪念。庙已毁。

2.三义殿。又名三园宫，位于双井寺后，清同治年间，由屠宰业人员发起捐资修建，祀刘备、关羽、张飞，是屠宰业人员集会之所，又是习武者操习武功之地。

3.孙祖会。清代，建黄州庙，以供奉制革、制鞋业尊为祖师孙膑。每年农历九月十三日，制革、制鞋业人员到庙内举行祭祀活动。庙已毁。

4.老君会。会址在城隍庙，以祭祀金属制品和冶炼业祖师李老君，每年二月初五日，全行业人员到庙内祭祀李老君。

5.机仙会。纺织行会。每年农历九月二十日祭祀机仙圣母黄帝妻嫘祖。

6.鲁班会。清代，毕节城建有鲁班庙，祭祀石、木、泥、竹业祖师鲁班。每年农历五月初七，石、木、泥、竹从业人员到鲁班庙举行祭祀。

7.其他行会。有厨业的詹爷会、火炮业的雷祖会等。

民国30年（1941），根据国民政府《工商业工会法》，毕节县政府按规定取消各业行会，成立毕节县总工会，并将各行会改称为纺织、木、石、成衣、饮食、火炮、五金、理发、砖瓦、陶器、皮革、招待、泥水、弹花、猪鬃、印染行业工会。民间行会活动依旧进行。1952年12月，毕节县人民政府在县工会之下将马车、五金、盐铺、盐摊、纱布、土布、酱油、百货、医药、纺织、皮革、文具、理发、酿酒、印染、茶水行业组成17个分会，后调整为24个分会。自此，各行业工会不再是行会组织，而是中共组织领导下的人民团体。

大定县行会　清代，大定已有商业及手工业者组织的行会。清宣统二年（1910），大定筹建商会，然业务仍由总行会代理。总行会又名财神会，下属有杜康会、螺祖会、张爷会、雷祖会、轩辕会、詹爷会、老君会、鲁班会、机仙会。行会多由各行业师傅组成。行会会首在同行中推选，订有会规，有共同信奉的祖师，以祖师生日或得道日为会期，至期举行祭典和集会，会内重大问题在集会时商定。一些小行业，资金不多，经营范围有限，未加入行会。民国后期，商会及各同业公会相继建立并开展活动，行会组织遂逐渐自然消失。

纳雍县行会　1.轩辕会。从事缝纫业及部分绸缎匹头商行会。会期为每年农历九月十六日，届时从业者集会祭祀轩辕黄帝。

2.老君会。从事五金业行会，会期为农历九月十五日，届时从业者集会祭祀太上老君。

3.鲁班会。木、石、泥水等行会。会期为每年农历五月初七，届时从业者集会祭祀鲁班。

4.皮匠会。皮革业行会。会期为每年农历九月十三日，届时从业者集会祭祀孙膑。

5.药王会。医药业行会。会期为每年农历四月二十八日，届时中、草医人员集会祭祀药王孙思邈。

6.詹爷会。烹调和饮食业行会。会期为农历八月十三日，届时从业者集会祭祀名厨师詹爷。

7.张爷会。屠宰业行会。祭祀三国时张飞。

8.杜康会。酿造业行会。祭祀造酒先师杜康。

9.蔡侯会。造纸业行会。祭祀汉代蔡伦。上述行会，多分别在川主庙集会祭祀。20世纪30年代较为盛行。中华人民共和国成立后废止。

## 第四节　帮　会

哥老会　1.毕节县哥老会。清末民初，哥老会（又名袍哥）由四川传入毕节。1937～1945年，全县18个乡镇有“堂口”（哥老会组织）26个，2万余人。参加哥老会必须遵守堂规，入会人员要说明身家清，己事明，方可加入。每个“堂口”均有明确分工：一排为大哥，又称舵把子大爷，大爷有若干个，分执法大爷与闲大爷。二排为圣贤大爷，因关羽神威大，无人敢当，空位。三排为当家三爷，负责全“堂口”对内、对外、人事、经济、组织发展，实际上是“堂口”的二把手。四排不设。五排称管事，人员较多，其中执法管事称为正五，其他称为闲五。正五统领整个“堂口”的弟兄，且负责迎来送往、主持入会事宜等。五排之下还有幺大，居六、七、八、九、十之后者称为小老幺。

毕节县参加哥老会的有地方绅士、官僚、职员、店员、商人、军人，也有农民和城市苦力劳动者，甚至地痞、流氓、土匪也结义拜把加入袍哥，组织“堂口”。毕节哥老会各“堂口”中，以国民党退役少将、军统特务晏子瑜势力最大，能协调毕节、镇雄、叙永、古蔺县各“堂口”。其袍哥成员只要学会堂规，懂得哥老会的行话，出差旅途中遇到困难，就可得到当地哥老会的保护和帮助。在毕节县各乡（镇）履职的官员，第一件事就是拜访当地袍哥大爷；有的袍哥组织实际上控制着乡、保政权，而乡、保长参加袍哥后自然成大爷。新张、八寨、普宜、龙场、吉场、朱昌乡政权组织，名是乡公所，实际上是袍哥的堂口。袍哥与政权相连迫使一般百姓不得不借助袍哥的关系而求立足之地。民国37年（1948）后，各地“堂口”实际上成为坏人的庇护所，大爷则成为坐地分赃的大老板。中华人民共和国成立前夕，地痞、流氓、会道门头子与国民党反动势力相勾结，利用哥老会的名义组织反共势力，组建反动武装。中华人民共和国成立后，哥老会中一些有罪恶的头目受到惩处，哥老会自行消亡。

2.大定县哥老会。清宣统三年（1911），哥老会在大定（今大方）公开竖“仁”字旗，参加者多为商人、农民、手工业者、士兵，也有少数士绅、知识分子和下级军官。李光廷任龙头大爷。后因观点不一，江小斋另立山头，称“新公口”，江小斋任龙头大爷。“新公口”拥护孙中山推翻帝制、建立民国的主张，贵州自治学社大定分社的主要成员简书、谭冠英、简仲棻、杨景尧均参加“新公口”，联络参加“新公口”的城防营官兵为光复大定的主要武装力量，起义取得胜利。后，杨汉清等竖义字旗，发展成员多系中下层人士。其后，“山堂香水”各帮派亦相继传入，但活动少，影响不大。民国36年（1947），县保警大队长欧觉民组成“义”字“裕民社”，自任龙头大爷；后与“仁”字联合组成“精忠社”，陈兴于为龙头大爷。中华人民共和国成立后，哥老会自行消亡。

3.金沙县哥老会。哥老会何时传入打鼓新场（今金沙县城）不详。民国30年（1941）置金沙县后，哥老会发展较快。民国34年（1945），全县各乡、保均有哥老会“堂口”。民国36年，乡镇长、县参议员和国大代表竞选，候选人各自拉拢哥老会，使城乡哥老会大为发展。民国38年，哥老会更为盛行。国民党募兵团长吴相云将新场及附近的“三面堂口”“五面公会”合并成立总社并任总社长，拥有会众8000余人。1950年，国民党特务与吴相云勾结，裹胁哥老会部分会众参与叛乱。荡平叛乱后，哥老会自行消亡。

4.赫章分县哥老会。民国6年（1912），徐从周在赫章万寿宫开山立堂，名为富贵堂，按仁、义、礼、智、信分类组成，凡入会者须身家清，己事明，本人及父、祖三代无从事过抬轿、吹唢呐、唱花旦、理发、装烟、倒茶等行业的才能入会，本人及母亲和妻子有淫邪行为者亦不能入会，入会费视家庭贫富而定，出银数十两，十数两或数两不等。其码头上常用的开头语为：“云从山高降英豪，富贵堂中福禄滔，长清水内金鱼涌，松柏香烟志气高”。随着哥老会组织的发展，外来有偷盗、诈骗等劣迹者，只要向哥老会的当家三爷、管事五爷接上头，办好言语，即可胡作非为。受害者若找到当家或管事通融，也可清退被哥老会成员诈骗或勒索的财物，叫做吃错还不错。哥老会成员犯罪，可得到包庇窝藏。

民国初年，哥老会在赫章称霸地方。其间，龙头大爷徐从周统领会众千余人，徐乘坐大轿闯进威宁县城，拟与县长商讨维护地方治安事宜。威宁县长避而不见。徐转回赫章时，哥老会弟兄为炫耀势力，聚众迎接。徐回赫章后，在万寿宫设立公堂，坐堂审案，把大河边抢劫犯陈某处极刑。自此，哥老会声势更大，入会者一时剧增。民国7年（1918），省派何宾侯率兵前往赫章镇压哥老会。部队到七星关，把当地龙头大爷金某枪毙。徐从周闻讯，隐匿躲藏。自此，哥老会活动大为收敛。之后，夏隆标在关帝庙开设山堂，任龙头大爷，虽家境富裕，但少威望，收不到入会费，而外地到赫章接头者，络绎不绝，夏不断变卖家产开支，人称饭甑大爷，待家产荡尽后，夏隐退收场。民国24年（1935），黄泥坡徐正信被撤销区长职务后回家开山立堂，被推为龙头大爷。是年冬，徐病故，哥老会活动停止。翌年秋，国民党20军杨森部林伯符营驻赫章，组织四川同乡会，贾炳清为会长，原哥老会的当家三爷夏从周转入四川同乡会，外来哥老会成员仍用其内部关系与之联络。后夏病故，四川同乡会内的哥老会活动即告结束。

**青帮**　1.大定青帮。民国28年（1939），嘉海卫帮“悟”字辈张凤波于新民街设堂收徒，青帮传入大定。后又于玉皇阁、斗姆阁处先后设堂收徒百余人，列为“学”字辈。民国33年（1944），陆军305师陈明仁部林森木团驻大定，林设堂收徒，亦为“学”字辈。此后，学字辈又分别收徒，为“万”字辈，徒众遍及各区乡。中华人民共和国成立后，青帮停止活动，组织解体。

2.金沙县青帮。民国30年（1941），浙江人陈序堂到金沙县立中学任校长。是年冬，陈以青帮“空”字当家师身份在罗马街秦××家设香堂传“悟”字，30余人入帮。翌年6月，为兴五六帮23代成员由仁怀到石场，在薛××家设香堂并传“悟”字，入帮者46人，全系金沙、仁怀两县边境4个乡的乡、保长及地霸。入帮时，须交入帮金（折100斤大米的钱），集体拜香堂，受传秘法一整夜，翌日上午会餐后散去。1950年，石场、回龙、太平、清池等乡的青帮徒众大多参加叛乱，镇反中受到惩处，青帮消亡。

## 第五节　会道门

**一贯道**　1.毕节县的一贯道。民国29年（1940），一贯道传入毕节。分两个支系：受昆明“纯一坛”控制的属师母派，由张天然的妾室孙月英主管；受贵阳和昆明“道基坛”控制的属师兄派，由张天然的大儿子主管。所设道坛，除总坛外，大都设在大、中道首家中各有坛名。道首有师尊、师母、道长（又称前人）、点传师、坛主等，道徒统称为道亲。另外，还有文牍、乩手、引保师等。道务活动称为开坛、入道、传三宝、立愿、扶乩、开班。立愿是一贯道控制道徒的重要措施，道徒入道时，要在神前立誓言，有清口愿（即吃素）、尽力愿、舍身愿、清水愿、领命愿、封口愿，宣誓遵守道规。所谓开班即开会，就是向中、小道守及道徒灌输一贯道教义。所谓扶乩（又称扶鸾），其事由“天才”“地才”“人才”操作，“天才”诡称神仙附体，手扶乩筝闭月横书，实际是将点传师先编好的坛训写在沙盘上，由“人才”将坛训读出，由“地才”抄录，是为所谓神训制造过程。

毕节为一贯道活动的中心，民国32年（1943），总坛真诚坛派人到毕节开荒设坛。民国35年（1946），昆明“纯一坛”派人到毕节，在双井寺设立圣化总坛，管辖大定、黔西、织金、赫章县所设道坛，与师兄派设在百花山的“道基坛”竞相发展道徒，扩展势力。圣化坛不仅在毕节城关活动，且在海子街、福集、螃蟹、田坝桥、犀牛塘、中屯、梨树坪、双华、德后共设坛362个，选道首772名，发展道徒8020名。民国38年（1949），一贯道头目受毕节国民党当局指使，在毕节召开各支道会议，部署应变计划。

2.大定县一贯道。民国36年（1947），一贯道由毕节传入大定，分师尊、师母两派。师尊派掌“道乩坛”，由贵阳总坛派朱前人和道首邵××坐镇，设“节义坛”（又称道极总坛），下分5个支坛，由王××、赵××为点传师。师母派掌“纯一坛”，设“圣臻坛”，罗××为总坛主，下设支坛4个，分坛10个。后以罗××、梁××为点传师，姜××为总坛主。一贯道除在城关三善街、书院街、得胜路设坛布道外，还在鸡场、六龙区发展道徒千余人。

3.金沙县一贯道。受贵阳总坛领导，称先天大道、孔孟圣道。民国38年（1949）5月在城关设3个分坛。

4.威宁县一贯道。民国32年（1943），河北定县一贯道总坛“真诚坛”前人高××到西南开荒，在昆明设立“纯一坛”后，率道首薛××到威宁活动，发展道徒20人，选坛主5人。是年，高××被处决。民国34年（1945）秋。刘××兼任点传师主办威宁道务。次年，引昆明道首到威宁活动。民国36年冬，薛××到昆明领天命成点传师。民国37年（1948），昆明总坛再派刘××等到威宁活动，与县政府官员拉上关系，在威宁立足。民国38年2月，云南昭通前人聂××受命接管威宁道务，自此，威宁一贯道属昭通一贯道领导。是年9月，聂××对100余名道首及道徒作应变部署，转入农村活动。

5.赫章县一贯道。民国33年（1944），毕节前人左××到赫章传道，在城关设立总坛。民国34年（1945），毕节前人刘××派点传师班××接管赫章道务，总坛迁前茅屯。民国37年总坛迁南门口。民国38年，总坛迁城关。此时，毕节派点传师徐××、郑××到赫章大肆发展道徒。此外，中华人民共和国成立前，黔西、织金、纳雍亦有一贯道。

中华人民共和国成立后，各县人民政府明令取缔一贯道。

**归根道**　传入毕节时间不详。其组织分为火、金、水支系。民国18年（1929），火、金支系传入新场，在岩孔、石场、平坝、城关一带活动，主要道首多系反动军、政官吏、土匪及当地反动统治阶级实力派。是年，归根道由云南镇雄传入赫章分县，在六曲河建立佛堂，其后发展到财神、安平、古基、哲庄。民国36年（1947），归根道由毕节传入大定，发展道徒500余人，分布在城关、响水、双山、马场、鸡场、百纳、达溪、瓢井、长石，有道首161名。黔西、织金、纳雍、威宁县亦有归根道。中华人民共和国成立后，人民政府明令取缔归根道。

**同善社**　1.大定（今大方）同善社。民国11年（1922），四川大足县龙水镇同善社派刘××等到大定传教收徒，社址设在县城杜康庙。后由点传师徐××、毕××分别在城关、瓢井建社传教，分设“谦善堂”“大善堂”。民国23年（1934），大定县同善社道徒发展至数千人，分布在全县各区乡，并在县城三善街修建房屋作社址，开办群益粉厂。民国36年（1947）李××任副社长时主办龙华会，两个月后停止活动。

2.赫章同善社。民国11年，四川璧山县八塘场同善社的刘××到赫章分县传教，发展一批绅士入道。民国13年（1924）成立“夏善堂”。次年，在野马川设立事务所。民国16年（1927），贵州省号派曾××到赫章办传习，对信道人员进行传道培训，将“夏善堂”改为“同善堂”。民国23年（1934），在七家湾设立事务所，次年改为“积善堂”。民国33年（1944），道首曾××到湖南衡阳会见“同善社”总头子彭泰荣，返赫章后，在野马川水塘山朱××家召集野马川及城关道首传达彭泰荣指示，声称同善社要统一天下，尊彭泰荣为王，并部署制造花镖为武器，用七寸青布做幡，又传播可避枪炮的咒语，准备暴动。后因地方头目怕牵连家属，不同意而罢休。民国35年（1946），四川“宝成永号”派道首刘××到赫章同善社立一黑幡，名为荡魂幡。民国37年冬，同善社作闭门潜修的应变部署，并进行反动宣传。贵州号首曾昭云伙同四川统号派遣的杨××、吴××以整顿道务为名，到野马川水塘山朱××家，召集水城、威宁、赫章、毕节和云南昭通、镇雄等地道首80余人，办传习20天，并进行反动宣传。1949年中华人民共和国成立前夕，赫章县共有同善堂6个，事务所4个，经堂、会堂室44个，道首100余人，道徒5000余人，成为赫章县境人数最多的会道门。

此外，毕节、黔西、金沙、织金、纳雍、威宁亦有同善社。中华人民共和国成立后，各县人民政府明令禁止同善社。

**儒坛**　民国12年（1923），儒坛传入大定，以去邪驱鬼、卜课算命等手段骗取钱财。20世纪20年代，儒坛由四川传入毕节，以做斋办会、扶乩降谕、编选经书等手段散布妖言。毕节儒坛分三个支系，毕节城县和海子街镇的儒坛，为第一个支，系设坛66个，有道长16人，信徒354人；另外两支系分布在龙场营、燕子口等区乡集镇，设坛10个，有道长12人，信徒131人。中华人民共和国成立后，人民政府明令取缔儒坛。

此外，尚有师公道、师母道、信理天道、白阳道、万全道、善俊坛、元大清、应灵道、五公道、普度道等会道门，中华人民共和国成立后，均明令取缔。

## 第六节　巫　教

巫教无籍可考。据传明代中期由苏法源传入水西。首传弟子有周法清、苏法深等。至清末民初传到严端公等人，已历15代。巫教为融释道儒为一体的多神教。从业人员有坛门者称端公，行术方式主要为庆坛，还搞搭桥、立指路碑、过关、背星辰、打保福、开财门、送鬼等迷信活动。另有一种鬼师，称迷拉，从业者多为土著居民，先由端公或道士为其安位，据说有神灵附体后即可行术。活动方式有跳神、算命、看风水、看蛋、看相、抽签、称命、观水碗等，行术骗财。端公、迷拉不行术时，均与常人一样从事各种职业。

中华人民共和国成立后，历次政治运动对巫教均加以取缔，但从未断绝。20世纪80年代后，多恢复活动。

# 第五篇

# 中国共产党毕节地方组织

# 第一章　民国时期中共党组织与活动

1933年，共产党员林青、缪正元从上海回毕节开展革命活动，1934年1月，林青、缪正元发展秦天真加入中国共产党后，成立中共毕节党支部，制定行动纲领，宣传抗日救国的革命主张，唤醒毕节人民革命意识，为红军长征胜利走出贵州作出重要贡献。中华人民共和国成立后，特别是毕节地区解放后，中国共产党在毕节成立各级地方人民政府，领导全地区人民致力建设社会主义新毕节，在全地区致力加强中共各级地方组织建设，充分发挥各级党组织在社会主义建设中和现实中华民族伟大复兴的过程中的核心力量和先锋模范作用。

## 第一节　中共地下组织

**中共毕节支部**　1934年初，在外地加入中国共产党的毕节人林青、缪正元回到毕节发展党员，成立党的组织。是年1月，吸收秦天真加入中国共产党，随即成立中共毕节地下支部，林青任支部书记。支部建立后，提出4条行动纲领：1.发动武装斗争，创造条件建立苏维埃政权；2.加强对毕节草原艺术社的领导，推动群众性抗日救亡宣传活动；3.加强党的建设，发展党的组织；4.继续设法与党的上级机关取得联系。党支部建立不久，发展毕节头步桥范建章入党，掌握范建章所领导的三四百人武装。中共毕节地下支部的建立，引起国民党的注意。1934年6月，林青、缪正元、秦天真转移到贵阳、安顺等地活动。1935年1月，中共地下党贵州省工委成立后，派负责军运工作的邓止戈来毕节，先后发展邱在先、杨杰、康庆长加入中国共产党，并建立起中共毕节地下支部，邓止戈任支部书记，杨杰为组织委员，邱在先为宣传委员，隶属中共贵州省工委领导。

**中共毕节县工委**　1937年10月，中共贵州省工委派徐健生、熊蕴竹（女）到毕节，与地下党员邱在先、邱在模（女）、葛发声等5人成立毕节专区党的组织清理委员会，徐健生任主任。经过逐个清理登记后，发展宁启鲲、宁启枷、周晓山、宋达兼为中共地下党员。并把清理和新发展的20余名党员，按居住条件和社会职业，划分成立4个支部。1938年1月，召开支部书记会议，讨论同意徐健生以特派员身份代表省工委批准宣布中共毕节县工委成立。邱在先任书记，熊蕴竹任副书记，葛发声任组织委员，邱在模任宣传委员兼妇女委员。

1938年3月，经省工委批准，徐健生带领周晓山、孙煊、张震声赴延安学习，毕节县工委工作由邱在先负责。1939年，邱在先到大定县后，省工委派毕节人王芸生来毕节担任县工委书记，辖9个党支部。先后参加地下党毕节县工委活动的党员有36人，具体是：徐健生、邱在先、邱在模、葛发声、熊蕴竹、宁启鲲、宁启枷、周晓山、周鼎祥、陈国枢、王芸生、孙煊、王锡祯、邱在林、林梦煜、阮明伦、杨杰、陈汉章、雷克勤、王树华、邓明阶、葛发祥、高大瑶、李伯芬、洪文硕、罗克明、范建章、濮存志、胡大尧、宁仿陶、秦天芬、孙光普、宋达兼、刘传铎、李一民、张国卿。

**中共织金县工委** 1936年6月经王栻介绍，省工委委员秦天真批准，方献祥加入共产党，化名朱光华。1937年初，经省工委批准，方献祥等发展张宗钰（女）、张宗玉（女）、覃传芬（女）、张克勤（女）、刘启华（女）、谌志经为中共党员；同年2～7月，发展赵百川、赵百礽、王家桢、王兴让、黄典伍为中共党员。在方献祥的领导下，以黄典伍、谌志经、赵百川、张宗玉为骨干，实行单线联系。同年8月，方献祥到省工委从事秘密交通工作，由赵百川负责。1938年省工委黄大陆派方献祥回织金建立党的组织。1938年1月20日，方献祥在织金城郊鱼山召开有谌志经、赵百川、黄典伍、赵百礽、张宗玉等人参加的会议，传达省工委指示，宣布中共织金县工委成立。选举方献祥为书记，谌志经任组织部长，赵百川任宣传部长，黄典伍任农民部主任，张宗钰任妇女部主任。县工委下设工人、农民、市街、学生、妇女5个支部，先后参加活动的党员56人，具体是：方献祥、张宗玉、覃传芬、张宗钰、谌志经、赵百川、赵百礽、王兴让、黄典伍、苏荣、罗少清、郑树宣、刘忠敏、张宗贤、刘少清、喻芝藩、朱学渊、路鸿恩、胡长兴、王洪臣、高之臣、黄特秀、邓厚莲、王定于、杜振全、彭金荣、毛绍益、罗树方、王华山、黄跃先、陈远钧、王永莲、方本举、王少贞、王家璋、徐兴忠、张宗杰、黄德荣、陈少清、黄少斋、黄义先、王家祯、刘启华、张克勤、黄贵福、方本林、周征莲、王素、王楠、王栻、张家杰、朱厚泽、朱文达、肖元良、朱邦才、张四维。

**中共黔（西）大（定）仁（怀）三县中心县委** 1935年初～1936年初，中央红军和红二、红六军团先后长征路过毕节专区，此期间，受中国共产党革命纲领影响的金沙人蓝运富联系李绍夫、赵促成（中共党员）开展革命活动，横跨云、贵、川三省，团结教育一批进步青年，并以新场（今金沙县城）附近绿竹山为根据地，建立川滇黔边区。1938年10月前，赵促成去贵阳向中共贵州省工委汇报新场革命形势。是年10月，省工委派秦天真到新场，对相关人员进行考察，先介绍蓝运富、李绍夫入党，再由蓝、李介绍林正良、刘星洲、陈炯（女、又名余英）、邱桂华、叶寿昌、朱跃宗、蓝正坤、赵定福、张仁霖、余宗坤、施亮舟、邓德生、陈进德、余宗铭、廖明星、王承云（女）、罗学敏（女）、吴家臣、刘敦矫、祁承先、雷肇中（女）、蓝运槐入党。成立新场总支，下设清池、石场、黔西城区、大定、仁怀5个支部。1939年，省工委干部李绰然到新场检查工作，向蓝运富宣布建立中共黔（西）大（定）仁（怀）三县中心县委。由蓝运富任书记，廖明星为委员。是年3月，省工委介绍张有民到黔西任中心县委委员，3人秘密在黔西东门外河滩上召开黔大仁中心县委委员会，对县委成员作出分工。蓝运富、张有民联系新场、黔西城区和大定党组织；廖明星联系石场、清池和仁怀党组织。黔大仁中心县委成立后，新场总支不再直接领导外地支部。1939

年，中心县委在三重堰设立联络站，成立地下支部，由新场总支领导，先后参加活动的党员74人，具体是：蓝运富、廖明星、张有民、李绍夫、林正良、蓝运臧、刘星洲、陈炯、邱桂华、叶寿昌、朱跃宗、薛正坤、赵定福、张仁霖、余宗昆、陈敬德、罗学敏、施亮舟、吴家臣、卢肇中、蓝运槐、邓德生、王承云、杜华疆、梅利兵、潘四嫂、刘运彬、曾月华、肖继华、蒋学正、毛祖谋、刘星文、蒋元亨、聂德培、谢世忠、罗开发、肖仁琪、司朝昆、莫远志、田茂生、张承业、龙永安、陈云凤、周志达、尹克恂、孙世云、邱在先、张西屏、蔡应达、雷在儒、祁承先、周礼明、刘敦矫、刘光荣、林千、王文渊、赵光智、周光虎、李正科、赵明彬、李正开、刘世伦、王秉娴、徐世荣、陈绍珍、周德华、尤尚佐、尤学龙、陈绍燎、陈云常、胡思惠、曾龙先、高廷辅、黄彦芳。

**中共羊场坝特支**　1943年8月，四川地下党遭破坏，党员万仁慕被党组织隐蔽疏散到大定县甘棠乡，结识蒙廷清，经蒙担保到羊场坝航空发动机制造厂当工人。是年秋，四川地下党员王新民、吴难易先后进入航发厂当工人，与万仁慕接上关系，建立地下党小组，万仁慕任组长。1944年2月，四川地下党员王玉升进入航发厂当工人。1949年初，中共四川省川南工委派党员余辉到航发厂建羊场坝航发厂地下支部，余辉任书记。是年5月，上级党组织决定改建航发厂特别支部，由万仁慕任书记，王玉升任组织委员，李廷任宣传委员，汪国榜任青年委员，李最祥任武装委员，肖杰任军事委员。特支成立后，到1949年9月止，下设航发厂、羊场、甘棠（包括鸡场）、城区4个支部。中共羊场坝地下特支党员为：史光文、王锡其、唐滔林、王世英、吴朝锦、杨光穆、谢汉林、杨绍奎、罗德明、魏中鸣、沈金华、蒙钧、张亚群（女）、殷义文、周发政、蒋有德、吴永福、黄明华、张彩模、彭国钧、杨和昌、傅剑秋、卢克珍、姚淑萍、俞芝蓉、刘玉芬、朱宗文、陈焕林、张瑞符、李奎相、刘光翔、朱林柏、王廷栋、颜少彬、张占清、张久玉、欧德明、欧德全、马正岗、戴光汉。

**中共金（沙）遵（义）特支**　1942年，四川地下党疏散转移到贵州金沙县安底区的党员黄思安、周钧结识致用小学校长吴奉一，被聘当教员。不久，四川地下党陈德昌、何显华通过黄、周二人到致用小学教书。周钧、何显华、黄思安被茶园乡乡长蔡子祥怀疑，周、何由组织调到四川和贵阳，黄由组织转移猿猴场。1944年3月，四川地下党利用陈德昌关系，将党员刘建东转移到茶园小学任教；同年7月，将陈以承、邓应琪转到茶园；同陈德昌接上关系；建立茶园地下支部，陈以承任书记，邓应琪任组织委员，刘建东任宣传委员。1945年春，支部转移到遵义县马蹄、西安寨，建立马蹄、西安寨地下支部。1947年冬，发展欧阳泽仁、胡廷翼、高仁伦入党。1949年3月，建立金（沙）遵（义）特支，陈以承、余辉先后任书记，刘建东任组织委员，熊加林任宣传委员。特支下辖西安寨、马蹄、茶园支部。中共金遵地下特支党员为：熊加林、欧阳泽仁、马文儒、胡承久、万正明、吴福珍（女）、徐敬群（女）、胡媛清（女）、朱治康、袁华舟、陈德富、刘文学、王元文、敖自明、罗盖发、陆正安、卓英贤、王思美、全朝德、张德明、贾树槐、方泽仁、贾朝中、高仁伦、胡廷冀、申银从、王德明、陈德昌、廖林生、邓应琪、汪凡。

**中共毕节县林口支部**　1943年，四川地下党罗昭随国民党四川军队驻毕节时，同毕节人罗天玺结识。1949年5月，在四川省古蔺县介绍罗天玺加入中共组织。是年7月，2人到毕节林口进行革命活动，发展周显文、周启贤、许明杰入党，组建毕节县林口支部。

**中共威宁游击团地下支部** 1949年2～8月，威宁人陆宗棠、张斐然、卢韬、陆思明、陆发奎、安启崇、禹志超等在贵州进行革命活动，引起国民党当局的监视，被迫去云南昭通参加中共滇东特支。后被派回威宁组织威宁游击团，开展武装斗争。在游击团建立党支部，陆宗棠任书记，张斐然、陆思明为委员。参加活动的党员共7人。

## 第二节 中共川滇黔省委

1936年1月28日，在长征途中的红二、红六军团接中央军委以佯攻贵阳姿势，速转黔西、大定、毕节的电令，红二、红六军团首长贺龙、任弼时、关向应指挥所部，进军黔西北。是年2月5日，红二、红六军团到达黔西县，召开黔西会议，决定成立中共川滇黔省委、中华苏维埃人民共和国川滇黔省革命委员会，由任弼时任书记，贺龙、关向应、夏曦、萧克、王震、张子意、甘泗淇、吴德峰为委员，王恩茂为秘书长。是年2月6日，红二、红六军团占领大定县城。2月8日，在大定县城召开千人大会，宣布中共川滇黔省委、中华苏维埃人民共和国川滇黔省革命委员会成立。同时，中共川滇黔省委决定成立大定县拥护红军委员会，彭新民任主任。2月17日，中共川滇黔省委、中华苏维埃人民共和国川滇黔省革命委员会移驻毕节。在驻毕节期间，中共川滇黔省委召开会议，决定成立中共毕节中心县委，由红军干部李国斌任中心县委书记。同时决定成立抗日救国会，由教师肖少斋任主席；成立毕节人民抗日大同盟，由刘竹葆、宁启鲲等人负责大同盟工作。

## 第三节 宣传及统一战线

### 一 宣 传

**抗日救亡宣传** 1934年，中共毕节支部成立，依托毕节草原艺术研究社，以排练演出文艺节目、绘画作掩护，宣传抗日救亡。支部书记林青对草原研究社的要求是：唱歌不唱靡靡之音，演戏要演有进步意义的戏，画人要画刚强的人，文学要写劳苦大众。草原研究社成员教唱《国际歌》《船夫曲》等歌曲。春节期间，排演《暴风雨中的七个女性》《火里跳舞》《敌同志》《最后一吻》等剧目。林青撰写《热血》《悼亡妹》《合唱》等诗歌，改编农民山歌，散发到群众中广为流唱。1936年6月，中共贵州省工委派徐健生回毕节，从做民主人士统战工作入手，与孙师武共同筹办民家俱乐部，由刘端绪任主任，下设宣传股、体育股，徐健生和进步人士王锡珍、葛天琦分别担任股长，在国民党毕节县党部礼堂演出《血战百灵庙》《黄花岗》等抗日爱国话剧，以教育团结群众。1937年“七七”卢沟桥事变后，中共毕节地下组织以抗敌后援会、寒假农村工作团、边远山区农村工作团、学生救国会、抗日话剧团、抗日救亡农村工作团以及读书会作掩护，广泛开展抗日救亡宣传运动。派出党员参加抗敌后援会，编写黑板报，报道平津危急、东北失守等消息，号召群众一致抗日，有钱出钱，有力出力。是年12月，中共贵州省工委派督导员徐健生，党员宁起枷、周晓山、孙煊、邱在陵参加毕节留省学生寒假工作团，到毕节利用演讲、唱歌、壁报、话剧、传单多种形式，深入机关、学校、街道、行业宣传抗日救亡。1938年1～2月，中共织金地下党负责人方献祥利用学生身份，与织金在省读书的30名青年学生，组成织金留省学生寒假回乡工作团，自任团长，高富才、王天禹为副团长。方献祥利用国民党省党部的介绍信，分别拜会织金县长陈虎生、县党部书记长李文经得到允许，在城内和郊区的平桥、杨柳河、荷花池、花红树、坡脚等地开展抗日宣传，歌唱《九·一八》小调，演出《放下你的鞭子》《凤凰城》等戏剧，并张贴、散发《抗日十大纲领》《八一宣言）等传单，连续宣传20余天。是年秋，地下党员邱在先、邱在模、邱在陵通过仔细工作，感化国民党第8初训团政治处科长李凡等人，同意建立毕节孩子剧团，宣传抗日。地下党员邱在模等参加剧团活动，编排《难民曲》《打东洋》《打城隍》《流亡曲》等戏剧和歌曲到大定、黔西、水城等地演出，直至1942年9月。

**创办学校宣传进步思想**　1938年，中共党员孙煊从延安返乡治病，在中共毕节县工委的支持下，同孙师武在海子街窝中屯创办邻里小学，与共产党员李一民、邱在陵和民盟成员阮家英、进步教师吴学敏、周乐天到校任教。学校以进步课本为教材启迪学生增进革命思想。孙煊教音乐课，教唱《延水谣》《黄河颂》《义勇军进行曲》《松花江上》《我们在太行山上》《农家乐》。学校订《新华日报》《解放》《火花》《群众》等杂志和进步书籍，开办流动图书室，上时事课，使学生受到进步思想熏陶。中共新场（金沙）总支，利用各种社会关系，经过多方筹措，在玉屏书院创办玉屏职业中学（今金沙中学前身），分甲、乙、丙班，招收男女生。总支书记林正良和党员蒋元亨、邱桂华、肖济华、周自达等分别担任班主任和教员，向学生传授抗日救亡和革命道理，教唱革命歌曲；利用暑假，到平坝、石场、清池、岩孔、沙土等14个乡镇，宣传抗日救亡运动。中共黔西城区支部，利用学校国语课时间，讲解岳飞的《满江红》、鲁迅的《秋夜》文天祥的《正气歌》，向学生灌输革命思想。组织一小雪光抗日宣传队，利用课余时间排练《旧瓶装新酒》《孙二娘开黑店》《冰天雪地》《医郎打日本》《放下你的鞭子》《游击队之歌》《义勇军进行曲》等节目，或赶场天上街演出，或下乡宣传，号召群众有钱出钱，有力出力，投身抗日救亡运动。

**组织青年阅读进步书籍**　1935年1月，宁起枷根据中共毕节地下支部书记林青指示，从遵义回毕节配合红军开展工作。与毕节草原艺术研究社宁起汉、林绍铭等在林绍铭家中建“我们的读书室”，开展读书活动，先后吸收草原社胡大尧、尹司农、陈中庸、杨家枢、高大璜等参加读书活动。参加读书活动人员每人出一份钱，先后从上海购进《大众生活》《永生》《世界知识》《读书生活》《新生周刊》《政治经济学》《社会发展史》和《革命文豪高尔基》《母亲》《不走正路的安得命》《第四十一》等进步书籍供参加者阅读。时任毕节专署科长的中共地下党员卢育生出钱购买《物种起源》《辩证唯物主义》《唯物史观》等书籍送图书室，供读者阅读。同时，每周星期天到“我们的读书室”与开展读书活动人员座谈，向参加读书活动的人讲解马列主义基本理论，分析国际国内形势。1937年6月，中共毕节县地下工委书记邱在先与熊蕴竹、邱在模、宁朴、阮明伦、陆鸿章商定，租用毕节县威宁街3号开办群益书店，内设阅览室，深受进步青年欢迎。1939年7月，书店被国民党当局查封，另择地兴办起七月文具体育用品社，外卖体育文化器具，内为“七月书店”，为进步青年接受革命思想提供方便。

**号召民众拥护红军** 1936年1月，红二、红六军团长征到毕节，中共贵州省地下工委派督导员徐健生到毕节，组织毕节地下党员，深入商店、旅社、馆子宣传共产党和红军的政治主张，要求市民安心从业，拥护红二、红六军团、中共川滇黔省委、中华苏维埃人民共和国川滇黔省革命委员会驻毕。

## 二 统一战线

1935年4月，中央红军第九军团长征进占大定瓢儿井后，在街上搭台演讲，向群众宣传共产党的主张、抗日救国道理、打土豪分田土的意义，讲解共产党保护民族工商业政策。红军政治部调查瓢儿井的数十家盐店，在保护盐户的同时，没收官僚盐号的盐分给群众。在红军保护民族工商业政策感召下，数十家盐号经理推荐李柴桓、范华清代表瓢儿井工商界，自愿筹集大洋3000元，献给红军作饷用。红九军团到瓢儿井的第三天，八堡六寨苗胞派自然领袖李绍北等人拜会红军，受到红军首长黄火青的亲切接见和盛情款待。4月12日，李绍北带着六寨首领和90多个苗家子弟到八堡街上欢迎红军驻苗寨。晚上，黄火青主持开会，向在场苗族同胞讲解红军的宗旨和对少数民族的政策，帮助其组织苗民自救会，李绍北任主席；成立苗民自卫队，发给步枪10支，子弹200发，李绍北任队长，马顺亭任副队长。

1935年8月，中共贵州省工委委员邓止戈，根据中共中央要求贵州省工委在川滇黔边区搞武装的指示，到毕节建立党的组织，开展统战工作。邓止戈争取到原黔军营长席大明在赫章县哲庄坝组织保家的武装600多人，开驻毕节县城郊接应红军到毕节；派党员康庆长、王冠兰、杨逸民等做原贵州军阀王家烈所部少校参谋周质夫的工作，周质夫率部到毕节配合红军开展工作；康庆长3次到川黔边区联系中国工农红军川滇黔边区游击纵队；红军到毕节后边纵阮俊臣率队到毕节与红军会合。红二、红六军团领导争取到贵州辛亥革命元老周素园的支持，组建贵州抗日救国军，周素园出任司令，邓止戈任参谋长，席大明、周质夫、阮俊臣所部成为贵州抗日救国军的主力。

1936年初，省工委交通员徐健生到毕节与邓止戈一起组织原草原艺术研究社200多名骨干，深入到城内大商号、大餐馆做统战工作，到各行业、各街道群众中秘密宣传共产党的政策。红二、红六军团将进入黔大毕地区时，莫雄率领专署要员，先行撤离毕节城，使红军不费一枪一弹进入毕节县城。红军进驻毕节城后，建立抗日大同盟、抗日救国会等，进步人士李仲群任抗日大同盟主任。肖少斋任抗日救国会主席，下设秘书、宣传、总务处，分别由刘竹筠、刘传均、宁起鲲、宁起枷和红军刘国政负责，配合红军开展创建新苏区的工作。是年2月，中共川滇黔省委委员、红六军团政委王震派红军干部谢中光等人帮助八堡苗族组建苗族独立团，任命李绍北为苗族独立团团长，李正芳为副团长，谢中光任政治委员。发给苗族独立团步枪、弹药和几百块银元，并授予苗族独立团团旗一面。要独立团在每个寨子各建一支游击队。红军经过或驻扎少数民族地区执行严格纪律，深受各民族群众欢迎。红军路过彝族聚居区大定县黄家坝村时，彝族群众帮助红军探敌情、当向导，在各方面给予有力支持，使红军取得黄家坝战斗的胜利。金沙县安洛区彝族人士李仿尧目睹红军尊重少数民族的风俗习惯，不打少数民族中的土豪，赞扬红军好、共产党好。

民国35年（1946），中共织金县工委书记方献祥做争取猫场区区长彭允恭的工作。使彭允恭公开退出国民党，对动摇国民党在织金县的统治影响很大。中国人民解放军渡过白猫河进入龙场时，彭允恭组织群众三四百人到石丫口欢迎，并成立支前委员会，支援解放军胜利渡六圭河解放大定、毕节等县城。

民国36年（1947），毕节县弄虚作假选举国大代表。中共毕节地下组织联合毕节草原艺术研究社成员，组织毕节师范进步学生反对虚假选举，一时间，毕节城乡反虚假选举的标语口号随处可见。

民国38年（1949）3～9月，中共大定羊场坝特支，发动大定县城乡工人、农民、士兵、学生反对国民党征兵、征粮、征税；反贪污、反迫害；要自由、要民主、要职业运动。中共羊场坝航发厂地下支部掀起反对克扣工人伙食费的斗争；农村支部发动反对征兵、征粮、征税的斗争；学校师生发动要民主、要自由、要职业的斗争。中共大定城区地下支部得知贵州CC派头目、大定县长文传声贪污食盐2000多斤的事后，写出“白头贴纸”，张贴大十字、书院街等醒目处，揭露文传声的贪污罪行，轰动大定全县，给文传声沉痛打击。是年春夏之交，织金县境普遍发生春荒。中共织金县地下工委发动农民群众向当地富户借粮度荒，县工委委员黄典五到腾龙镇秘密发动贫苦农民开展借粮运动，以雇工王国斌为首带领三四百饥民借粮度荒，致使龙场街上的大富刘辅仁、杨配贤、许少清等被迫无息贷粮万余斤。

## 第四节 建立革命政权

### 一 中华苏维埃人民共和国川滇黔省革命委员会

民国25年（1936）2月3日，红二、红六军团占领黔西县城，召开会议决定成立中共川滇黔省委、中华苏维埃人民共和国川滇黔省革命委员会。2月7日，红二、红六军团领导任弼时、王震、关向应、夏曦、甘泗淇抵达大定，决定宣布成立中华苏维埃人民共和国川滇黔省革命委员会（简称革委会），贺龙任主席，朱长清任副主席。因贺龙在黔西打鼓新场、三重堰一带指挥部队作战，由陈希云代主席。革委会的主要任务是：发动、团结组织一切革命力量，打倒帝国主义，推翻国民党和封建地主阶级统治，争取中华民族的彻底解放。2月8日，在大定县城关召开千人大会，任弼时宣布革委会成立。2月17日，革委会随即移驻毕节县城百花山福音堂。

## 二　县级苏维埃政权

**大定县拥护红军委员会**　1936年2月8日成立，简称拥红会。拥红会由大定县进步人士彭新民担任，委员有顾炳清、王南轩、喻金亭、赵文华、杨叔文、毛士英、曾幼斋、傅春亭。拥红会代行县级革命政权机构职权。拥红会成立后，发布《大定县拥红委员会令布告》，号召民众拥护共产党、拥护红军。2月8～16日，拥红会在川滇黔省革命委员会领导下，在大定城关地区建立6支游击队，动员大定县2000名青年参加红军，编为红五师十四团，由红军干部肖关匠任团长。在城关组织大定抗日救国委员会、大定抗日救国军。2月17日，红军撤出大定县城，国民党进行疯狂反扑。2月19日，拥红会主任彭新民被国民党当局逮捕，杀害于响水。之后，拥红会成员喻金亭等先后被杀害。

附：

### 大定县拥红委员会令布告

我们大定县是贵州最穷极最偏僻的地方。历年受白军种种苛杂、贪污、土劣压迫的痛苦，弄到饥馑交加，农村破产，十室九空。真是呼天无路，入地无门了。最近，（为）解除水深火热，劳苦功高的红军到临，我们农工全体民众得见天日的机会到了。一桩最满人愿的，就是地方土豪已蒙红军打倒，我们农工由此就得解放，分田地，不再受土豪鱼肉了。不过，我们农工有最恳切的呼声，是将我们健全组织起来，做救国抗日反蒋工作，为红军后援，一致团结起来。末了，我们就有几个口号：

一、由本会通知逃散四乡民众，请红军特别保护；

二、本县真正土豪，请红军查实从速打倒；

三、非真正土豪，请红军查实保护；

四、本县交通商务，请红军指导，本会以便筹备善后；

五、共产党、红军万岁！

大定县拥红委员会启

1936年2月15日

**毕节县苏维埃革命委员会**　1936年2月9日，红军占领毕节，随即成立毕节县苏维埃革命委员会，选举朱绍清为主席。委员会下设宣传、供给处和妇女委员会。宣传处组织毕节草原艺术研究社成员、进步学生及爱国志士组成若干宣传队，配合红军政治机关组建武工队，深入城乡宣传共产党和红军的政治主张；组织工人印刷文件、传单；调查社会情况。供给处组织贫苦民众配合红军武工队打富济贫，救济群众；组织民众加工大米，供给红军部队。妇委会宣传组织妇女，帮助红军缝制军服，护理红军伤员，动员妇女参加红军。

## 三　基层苏维埃政权

中共川滇黔省委、中华苏维埃人民共和国川滇黔省革命委员会在黔西北期间，先后建立黔西滥泥沟，大定瓢儿井、响水，毕节海子街、鸭池、朱昌、何官屯、长春堡8个区级苏维埃政权和95个乡、村苏维埃政权。乡、村苏维埃政权分别是：黔西县的城西、城北、沙窝、沙龙、五里、石门、寄仲、雨明、土城、大关、谷里、甘棠大寨、洪水大寨、高家场、狗场、山海、桃井；大定县的城东、城西、城南、城北、新庄、对江、大屯、小路坡、龙昌坝、高店、新普、小屯、珠场、野坝、甘荫棠、鸡场、六龙、安乐、锅厂、打鸡阆、瓢儿井、兴隆、八堡、新开、阁丫、大寨、双山；毕节县的鸭池、梨树坪、头步桥、草堤、流仓、十八、南箐、朱昌、宋伍、小屯、梓桐阁、双堰塘、长春堡、青丰、下午溪、王官屯、张官屯、哈朗冲、何官屯、海子街、前所、壕沟、滥泥沟、大石头、小坝、硐上、新场、汉屯、中屯、王张、烂泥、邵关堡、毛鸡厂、十三亩、螃蟹、观音、五里坪、果乐桥、层台、母竹箐、烧杠、杨箐、周驿站、杨家湾、兴隆、西方、大坝；赫章县的江南。

附：

### 中华苏维埃人民共和国川滇黔省
### 革命委员会布告

（第四号）

日本帝国主义并吞华北，侵占中国，使全中国民众遭遇到亡国灭种的大祸临头。而卖国贼头子蒋介石公开投降日本，出卖中国，组织（清）一色亲日的南京卖国政府，镇压全国抗日运动与抗日势力。我红军二、六军团为着挽救中国之危亡，数年来与蒋介石进行不断的流血的艰辛的战争。此次转战数千里进入川滇黔边，担负着扩大抗日反蒋的民族革命战争的光荣的神圣的责任。在川滇黔边创造抗日的苏维埃区域与扩大抗日的红军，联合一切反日反卖国贼的势力共同挽救中华民族之危机。

中华苏维埃人民共和国川滇黔省革命委员会是抗日救国政府的中坚支柱，是川滇黔边省广大民众的临时革命政府，他在中华苏维埃人民共和国中央政府领导之下当前担负的紧急战斗任务是：发动团结组织全民族一切反日反卖国贼力量，参加抗日反蒋的民族革命和反封建的土地革命，以打倒中国民众当前最主要的敌人——日本帝国主义、蒋介石和封建地主阶级，求得中华民族的彻底解放；因此，本会特向川滇黔千百万工农群众宣布目前施政方针。

（一）立即组织抗日反蒋为民众谋利益的各级革命委员会，吸引工农群众和一切抗日反蒋爱国战士参加各级革命委员会工作，坚决实现工农群众的利益，创造抗日的苏维埃区域，使之成为抗日反蒋的强固的根据地，粉碎卖国贼头子——蒋介石的进攻。

（二）武装民众进行抗日战争，红军是抗日联军的中坚支柱，本会号召广大工农民众自动加入以扩大抗日红军，争取迅速直接对日作战，并团结广大工农民众及一切爱国志士加入抗日义勇军；本会号召一切反日反蒋的武装队伍（如不愿受蒋贼压迫而携械散在山林之白军二十五军官佐士兵及民团绿林与一切反蒋队伍），不分政治派别，不论成分，一致联合起来，组织抗日救国联军，与红军携手，共同打倒日本帝国主义与卖国贼头子蒋介石，以扩大民族革命战争；本会对于一切愿抗日反蒋的白军官佐士兵当一律优待。

（三）解除民众痛苦，取消一切苛捐杂税，毁灭卖国政府的一切税收机关，如有胆敢继续索取民□□□者定予以最严重的惩罚，过去卖国军声言取消王家烈的苛捐杂税，事实上完全证明是欺骗民众的鬼话，工农群众必须深刻的认识：只有苏维埃才能真正的取消□□苛捐杂税。

（四）激进的改善民众生活，实行土地政策，没收地主阶级和一切卖国贼汉奸的土地财产分给雇农、贫农、中农、士兵、失业者和难民，加紧土地建设，提早春耕运动，实施救灾、培养森林，奖励土地生产，废除高利贷制度，加紧收集粮食以保证红军给养与解决群众□□题，反对浪费粮食现象，宣传群众不要用米熬糖煮酒等，防止□□恐慌；活泼的实施劳动法令，增加工人工资，改良工人生活待遇，救济失业工人与保护妇女□□……

（五）为着保证红军与民众的物质供给，苏维埃政府奖励工商业的发展，准许民族工商业和资本家照常营业，并提倡增加工业生产，私人投资，不得没收商店和惩罚商人，不得任意向商家捐款，实行统一的商业累进税，欢迎外地商人与苏区通商和投资，开发矿业工业，并予以生命财产上之保障，恢复一切交通，整理桥梁道路，恢复电报邮务，以发展苏区交通。

（六）提高苏维埃的文化教育，恢复与创造各种学校，实行免费教育，消灭文盲运动，增加薪资，救济失业的学生、知识分子和专门家。提高民众的政治文化水平，欢迎教师、知识分子、专门家参加苏维埃文化教育事业，并优待他们。准予民众言论、集会、结社、出版等自由，反对卖国政府法西斯蒂教育麻醉与束缚青年爱国思想，反对奴隶式的新生活运动，反对蒋介石镇压学生抗日救国运动。

（七）最后，本会为着保障临时革命政府的巩固与抗日反蒋战争的扩大和胜利，必须以最严厉之手段，惩办一切卖国贼、汉奸及甘心与勾结卖国贼之反动分子，镇压豪绅地主任何反抗之企图，肃清混入革命队伍中的卖国贼侦探与奸细，镇压一切破坏苏维埃、破坏红军、破坏民族战线的反革命活动，并号召工农民众直接同反革命作斗争，以保障革命的彻底胜利。

川滇黔边广大的工人、农民、劳苦群众与一切反日、反卖国贼的民众们一致的起来，为了中华民族与自身的解放，在本革命委员会的领导底下坚决与日本帝国主义及其走狗——蒋介石和封建地主阶级奋斗到底。此布

公历一九三六年二月二十一日

主　席　贺　龙

代主席　陈希云

副主席　朱长清

# 第五节　建立革命武装

1934～1949年间，中共川滇黔省委、中共毕节专区地下组织及中共四川、云南地下组织先后建立起革命武装组织，与毕节专区境内国民党当局展开武装斗争。

**中共毕节支部领导的武装**　1934年1月，中共地下党员林青、缪正元、秦天真在毕节成立中共毕节地下支部，决定发动武装斗争，建立苏维埃政权。不久，发展握有人枪200余名武装队伍的毕节人范敬章加入中国共产党，使其掌握的人枪成为中共毕节地下支部的武装。这支队伍由范敬章率领，在短期内由200多人扩大到500余人；活动在毕节对坡、林口和镇雄坡头、母享一带。1935年2月，滇军鲁道源开赴镇雄、毕节一带堵截红军，被范敬章率队击溃。

**贵州抗日救国军**　1934～1935年间，中共贵州省工委委员邓止戈以省工委负责军运工作身份多次到毕节，与握有一定兵权的进步人士席大明、阮俊臣、周质夫及红军游击纵队政委余泽鸿取得联系，谋划商讨联合抗日。1936年2月9日，红二、红六军团进驻毕节。席大明、阮俊臣、周质夫决定率队接受共产党领导。红二、红六军团领导决定在毕节成立贵州抗日救国军，邀请在毕节地方有声望的周素园任贵州抗日救国军司令，邓止戈任参谋长。贵州抗日救国军下辖3个支队，席大明任第一支队队长、周质夫任第二支队队长、阮俊臣任第三支队队长。红二、红六军团派红军干部到各支队作政治工作。三个支队有人枪3000多。贵州抗日救国军成立，红二、红六军团领导给其规定主要任务是组织地方武装，担任后勤任务，帮助乡村苏维埃政权建立游击团、队，打土豪分田地，动员民众参加红军。邓止戈派席大明到赫章一带开展工作，收编地方绿林武装。是年2月27日，红二、红六军团撤离毕节长征北上抗日，贵州抗日救国军除一、三支队留下200余人由席大明领导，坚持在毕节地方开展武装斗争外，其余由周素园、邓止戈率领跟随红军北上。留下在毕节地方坚持武装斗争的人员在席大明领导下，在赫章的哲庄、财神及毕节县的杨家湾等地袭击敌人，配合红军转战。是年夏末，席大明所部遭国民党二十军一三三师周翰熙旅重兵围剿，席大明等人隐蔽于杨家湾时被敌军收捕。是年11月，席大明被国民党当局杀害于毕节大校场，其余人员失散，武装斗争终止。

**中国工农红军川滇黔边区游击纵队贵州游击支队**　1935年2月，根据中共中央军事委员会关于选拔一批红军留川滇黔边区坚持武装斗争的命令，决定成立红军川南游击纵队，是年6月改称中国工农红军川滇黔边区游击纵队。1936年春，已拥有20多条枪的四川省纳溪县洞子乡人赵文海，找到中共川滇黔边区特委书记刘复初，要求参加革命。根据赵文海的表现，经中共川滇黔特委批准，赵文海被吸收为中国共产党党员。赵文海入党后，中共川滇黔特委决定，以赵文海原有武装同活动在毕节一带的阮俊臣武装合并建立中国工农红军川滇黔边区游击纵队贵州游击支队。由赵文海任贵州游击支队队长，阮俊臣任副支队长。并明确贵州游击支队的主要任务是：第一，以贵州毕节为中心，在黔西北地区创建革命根据地；第二，宣传执行党的政策，把当地穷苦人民组织起来闹革命；第三，保卫地方党组织，建党、建政、建军，巩固农村根据地。此期间，阮俊臣和欧阳崇廷等人争取驻扎在毕节的国民党中央军暂编五旅二团三营中尉连副陶树清。同年5月10日，陶树清率领300多名官兵起义，在毕节杨家湾与阮俊臣会合。是年6月9日，在云南省威信县花躲坝与川滇黔边区游击纵队会合。中共川滇黔边区特委决定，将原川滇黔边区游击纵队和阮俊臣、陶树清部改编为中国工农红军川滇黔边区抗日先遣队。

**中国工农红军川滇黔边区抗日先遣队** 1936年6月，根据中共川滇黔边区特委决定，由中国工农红军川滇黔边游击纵队阮俊臣、陶树清部改编组成。改编后，队伍很快发展到1000多人。是年6月20日，蒋介石电令云贵川三省驻军派部队协助中央军暂编五旅围剿抗日先遣队。国民党当局调遣川军、滇军、黔军及各县民团，在三省边界设防围剿抗日先遣队。面对国民党大军压境的严重局势，部队在阮俊臣、陶树清的率领下，迂回转战在毕节、镇雄一带。是年8月底，在镇雄边界和威信雨撒河一带被国民党三省围剿军围击。陶树清等20多人被围困在珙县小溪口，与主力部队失去联系。9月3日，陶树清在战斗中被俘，后被杀。所剩部队，由阮俊臣与欧阳崇廷各率一部分头突围。欧阳崇廷突围后，转移到织金、水城一带活动。阮俊臣率部突围后，找到中共川滇黔边区特委书记刘复初汇报部队作战受损情况。中共川滇黔边区特委决定任命阮俊臣为贵州游击支队政委，率部回贵州找赵文海部队行动。阮回到贵州未找到赵文海，继续率部活动在川滇黔边一带。不久，阮俊臣与国民党中央军暂编五旅派团长雷大龙谈判，秘密将游击队部分人和武器留下继续开展斗争。1936年10月，带领300左右人编进中央军暂编五旅，以伺机做分化国民党军队工作。受编后，阮俊臣在暂编五旅任大队长（营长），后随军开到贵州桐梓县。

**威宁游击团** 1949年8月，中共昭通地下党派昭通人吴德章、威宁县人陆宗棠、禹志超、安启崇到威宁会同张斐然、禄发奎、陆思明等建立党的组织，开展武装斗争。中共威宁地下支部建立后，支部书记陆宗棠利用国民党军官、勺甫乡乡长卢嵩岚是其舅父的关系，作卢的争取工作，使卢嵩岚毅然表态参加革命，把队伍交共产党。1949年12月，经中国人民解放军滇桂黔边区纵队第六支队批准，在威宁成立中国人民解放军滇桂黔边区纵队第六支队威宁游击团，任命陆宗棠为政委、卢嵩岚为团长，全团有干部、战士498人。威宁游击团成立后，活动在威宁西北部，有效保护川滇、威昭公路，维护龙街、勺甫、大街、云炉等地社会治安。贵州、四川解放后，国民党嫡系张同生部一个师从宜宾逃到云南彝良县角奎镇。1950年1月13日，威宁游击团根据毕节军分区的命令，政委陆宗棠、团长卢嵩岚率3个连与中国人民解放军十六军的侦察营会合，协同作战，将敌军歼灭。1950年3月29日，威宁县委、县政府根据中共贵州省委、省人民政府、省军区发出的通知，撤驻毕节。威宁游击团在驻守威宁期间，先后进行大小战斗30余次，消灭部分土匪，使威昭公路畅通，并建立黑姑、勺甫、云炉、观胜乡政权。1950年4月22日，威宁游击团受命集结观风海阻击国民党十三兵团童登文投诚反叛部队，取得战斗胜利，政委陆宗棠在战斗中牺牲。1950年8月，威宁游击团划归中国人民解放军陆军第四十三师建制。

**威宁县海田游击大队** 1948年6月，中共滇东北地下组织派中共党员朱明华、唐兴才、徐炳武秘密到威宁县海田乡活动，利用朱明华同魏元龙的亲戚关系，做魏元龙的工作，魏元龙同意率部起义。1949年10月，海田游击大队成立，中共滇东北地下组织派余浩负责组成党、团小组，开展对该部的思想教育工作。之后，海田游击大队奉令整编入中国人民解放军，1951年开赴朝鲜抗美援朝，魏元龙任志愿军副连长。

**赫威水速安支队**　1948年7月，中共云南省罗盘地委派地下党员刘安民到水城等地开展革命活动，做争取陈国斌领导的农民武装工作，陈国斌接受共产党的领导，于1949年4月在威宁县境成立二塘游击支队。1949年6月，二塘游击支队召开骨干会议，扩建为赫（章）威（宁）水（城）游击队，争取王正春等40余人参加游击队。1949年9月，中共地下党员段一方受滇桂黔边纵罗盘地委的委派，到赫威水地区接替刘安民工作，指挥游击队沿川滇公路地区开展活动，阻击国民党溃军向云南、国外逃跑。同时，将赫威水游击队改称为中国人民解放军滇桂黔边纵速安支队。支队攻打国民党威宁县政府，两次阻击国民党溃军李弥部一O八、一O九团。赫章县解放后，游击队分别改编为赫章、水城县大队。

**织金县猫场游击队**　1949年9月，中共贵州省工委派党员朱文达、肖元良到织金猫场开展游击武装斗争。朱文达化名马少成，肖元良化名贾方荣，于1949年9月30日从云南省罗平县板桥镇起程，10月6日到达织金猫场，通过上层人物成功开展对杜鸣霄的争取工作，举办干部培训班，宣传发动群众，培养和依靠进步青年赵成功、黄少华、姚兴发、戴锡珍、谢克荣等人为骨干，成立猫场游击队，杜鸣霄任大队长，贾方荣任政治委员，计有230多人，170多条枪。是年12月24日，朱文达到安顺、贵阳向上级汇报工作后，上级派新民主主义青年团员钟竺英等到猫场游击队工作；中共织金县工委派党员王永莲和青年黄玲先到游击队工作，使游击队发展达七八百人枪，活动地区扩大到牛场、化起、龙场等地。1950年1月8日，织金县和平解放，游击队被改编为织金县大队。

# 第二章　中共毕节地区委员会

## 第一节　工作机构

### 一　沿　革

1949年11月28日，中国人民解放军五兵团十六军四十七师解放毕节县城。12月3日，根据中共中央组织部关于《各级党委员会名称的规定》，宣布成立中国共产党毕节地方委员会（简称中共毕节地委）。地委设书记1名，委员若干名；1952年增设副书记。1955年1月，经省委批准，中共毕节地委设立常务委员会。1960年1月，根据省委决定，地委建立书记处，地委书记改称书记处第一书记，副书记改称书记处书记。1961年撤销地委书记处，恢复书记、副书记称谓。

1967年3月18日，中共毕节地委被造反派夺权。1968年2月，根据中共中央关于各级都要建立和加强党的领导的指示，经中共贵州省革命委员会领导核心小组批准，成立中共毕节地区革命委员会领导核心小组，行使原中共毕节地委领导职权。1969年，改称中共毕节地区革命委员核心领导小组。

1971年12月25～28日，根据中共中央关于要按照新党章的规定，及时召开地方各级党代表大会建立各级党委的指示精神，召开中共毕节地区第一次代表大会。大会选举产生中共毕节地区第一届委员会，委员会由委员59人、候补委员5人组成。随即召开一届一次全委会，选举产生常务委员会委员、书记、副书记。1975年8月，中共贵州省委调整中共毕节地委领导班子。地委改设第一书记、书记、副书记、常委。1977年8月，增设第二书记。是年12月，取消第二书记设置。

1983年5月，根据中共中央、国务院关于机构改革的指示精神，中共贵州省委调整中共毕节地委领导班子，取消地委第一书记、常委设置，改设书记、副书记、委员。此后，地委领导班子设置未作变动。

2011年10月22日，国务院批准撤销毕节地区，建立地级毕节市。12月27～29日，召开中国共产党毕节市第一次代表大会，选举产生新一届的市委领导班子。

## 1949～1966年中共毕节地委领导人名录表

| 姓　名 | 职　务 | 任职时间 | 姓　名 | 职　务 | 任职时间 |
|---|---|---|---|---|---|
| 赵欲樵 | 书　记 | 1949.12～1950.5 | 揭子珩 | 副书记 | 1956.8～1959.12 |
| 孟子明 | 委　员 | 1949.12～1952.9 | | 书记处书记 | 1960.1～1961 |
| | 副书记 | 1952.9～1953.10 | 袁良骥 | 副书记 | 1956.8～1958.10 |
| | 书记、书记处第一书记 | 1953.9～1960.12 | 郭乐天 | 副书记 | 1952.2～1959.12 |
| 陈健吾 | 委　员 | 1949.12～1952.9 | | | 1961～1963.4 |
| | 书记、书记处第一书记 | 1960.12～1966.5 | | 书记处书记 | 1960.1～1961 |
| 侯国祥 | 委　员 | 1950.2～1952.9 | 李超臣 | 副书记 | 1959.5～1959.12 |
| | 常务委员 | 1955.1～1960.12 | | | 1961～1965.9 |
| | 副书记 | 1962.5～1966.5 | | 书记处书记 | 1960.1～1961 |
| 郭　强 | 书　记 | 1950.2～1951.2 | 耿焕民 | 副书记 | 1964.4～1966.5 |
| 王林岗 | 委　员 | 1950.2～1952.6 | 郭省吾 | 副书记 | 1965.7～1966.1 |
| 郑统一 | 委　员 | 1950.2～1951.2 | 石双琪 | 副书记 | 1965.7～1966.5 |
| 王之翰 | 委　员 | 1950.2～1952.6 | 张为梓 | 常务委员 | 1956.10～1966.5 |
| 崔建功 | 委　员 | 1950.2～1952.6 | 张晓光 | 常务委员 | 1956.10～1966.5 |
| 罗　英 | 书　记 | 1951.2～1952.9 | 周树芬 | 常务委员 | 1959.3～1966.5 |
| 王国栋 | 委　员 | 1951.5～1952.9 | 王学臣 | 常务委员 | 1959.3～1964.6 |
| | 副书记 | 1953.10～1957 | 程绍祥 | 常务委员 | 1960.3～1966.5 |
| 主惠珍 | 委　员 | 1951.6～1952.9 | 黎武忠 | 常务委员 | 1960.3～1964.2 |
| | 副书记 | 1962.8～1966.5 | 赵春辉 | 常务委员 | 1966.1～1966.5 |
| 主传谟 | 副书记 | 1956.8～1959.12 | 刘凤岐 | 常务委员 | 1966.1～1966.5 |
| | | 1961～1964.4 | 李效敬 | 常务委员 | 1966.1～1966.5 |
| | 书记处书记 | 1960.12～1961 | | | |

## 1966～1971年中共毕节地区革命委员会核心领导小组成员名录表

| 姓　名 | 职　务 | 任职时间 | 姓　名 | 职　务 | 任职时间 |
|---|---|---|---|---|---|
| 梁革新 | 组　长 | 1968.2～1971.12 | 侯国祥 | 成　员 | 1971.6～1971.12 |
| 石双琪 | 副组长 | 1968.2～1971.12 | 主惠珍 | 成　员 | 1971.6～1971.12 |
| 王振江 | 副组长 | 1971.9～1971.12 | 马有义 | 成　员 | 1971.6～1971.12 |
| 黄　尧 | 成　员 | 1968.2～1971.12 | 张庆钊 | 成　员 | 1971.9～1971.12 |
| 胡启荣 | 成　员 | 1968.2～1971.12 | 马国选 | 成　员 | 1971.9～1971.12 |
| 欧阳远 | 成　员 | 1968.2～1971.6 | 石文礼 | 成　员 | 1971.9～1971.12 |

## 1971～2011年中共毕节地（市）委领导人名录表

| 姓　名 | 职　务 | 任职时间 |
|---|---|---|
| 姜健民 | 书　记 | 1971.12～1977.12 |
| 王振江 | 书　记 | 1971.12～1975.8 |
| | 第一书记 | 1975.8～1977.12 |
| 禄文斌 | 副书记 | 1973.3～1977.10 |
| | 第二书记 | 1977.10～1977.12 |
| | 第一书记 | 1977.12～1983.5 |
| | 书　记 | 1983.5～1992.3 |
| 侯国祥 | 副书记 | 1966.5～1967.3 |
| | | 1971.12～1977.8 |
| | 书　记 | 1977.8～1981.6 |
| 主惠珍 | 副书记 | 1966.5～1967.3 |
| | | 1971.12～1979.8 |
| | 书　记 | 1979～1982.2 |
| 姜延虎 | 委　员 | 1986.1～1987.5 |
| | 副书记 | 1987.5～1992.3 |
| | 书　记 | 1992.3～1994.4 |
| 刘也强 | 书　记 | 1994.4～1997.4 |
| 禄智明 | 委　员 | 1988.12～1992.12 |
| | 副书记 | 1992.12～1997.2 |
| | 书　记 | 1997.2～2000.1 |
| 朱生亮 | 书　记 | 2000.1～2003.5 |
| 赵友良 | 书　记 | 2003.6～2006.11 |
| 刘晓凯 | 书　记 | 2006.11～2008.5 |
| 秦如培 | 书　记 | 2008.5～ |
| 石双琪 | 副书记 | 1966.5～1967.3 |
| | | 1971.12～1977.12 |
| 耿焕民 | 副书记 | 1966.5～1967.3 |
| 梁革新 | 副书记 | 1971.12～1977.12 |
| 张庆钊 | 副书记 | 1973.3～1974.10 |
| 李效敬 | 常务委员 | 1966.5～1967.3 |
| | | 1975.8～1977.8 |
| | 副书记 | 1977.8～1986.1 |

| 姓　名 | 职　务 | 任职时间 |
|---|---|---|
| 赵春辉 | 常务委员 | 1966.5～1967.3 |
| | 常务委员 | 1975.8～1977.8 |
| | 副书记 | 1977.8～1983.5 |
| 朱启荣 | 常务委员 | 1977.8～1979.8 |
| | 副书记 | 1979.8～1983.5 |
| 谢　刚 | 副书记 | 1983.5～1986.9 |
| 杨序顺 | 副书记 | 1983.5～1988.6 |
| 王绪才 | 副书记 | 1983.5～1992.12 |
| 王国文 | 委　员 | 1987.10～1988.6 |
| | 副书记 | 1988.6～1990.9 |
| 许正维 | 委　员 | 1988.12～1990.12 |
| | 副书记 | 1990.12～1997.2 |
| 沈　中 | 委　员 | 1992.3～1992.11 |
| | 副书记 | 1992.11～1993.8 |
| 杨智光 | 副书记 | 1994.4～1996.11 |
| 袁　周 | 委　员 | 1992.3～1994.3 |
| | 副书记 | 1994.4～1997.2 |
| 孙公麟 | 副书记 | 1996～1997.4 |
| 吴学香 | 委　员 | 1990.11～1997.2 |
| | 副书记 | 1997.2～2000.1 |
| 周长琦 | 委　员 | 1994.4～1996.12 |
| | 副书记 | 1996.12～ |
| 刘伦才 | 委　员 | 1994.4～1997.9 |
| | 副书记 | 1997.9～2004.11 |
| 彭伯元 | 委　员 | 1997.2～2000.1 |
| | 副书记 | 2000.1～2001 |
| 张群山 | 副书记 | 2001～2003 |
| 吕开邦 | 委　员 | 1997.9～2002 |
| | 副书记 | 2002～2005 |
| 黄家培 | 委　员 | 1997.9～2003 |
| | 副书记 | 2003～2005 |
| 陈庆义 | 委　员 | 1999.6～2003 |

续表

| 姓　名 | 职　务 | 任职时间 | 姓　名 | 职　务 | 任职时间 |
|---|---|---|---|---|---|
| 陈庆义 | 副书记 | 2003～2007 | 徐殿英 | 常务委员 | 1981.1～1983.5 |
| 张吉勇 | 副书记 | 2004～2006<br>2008～ | 陈文轩 | 常务委员 | 1982.1～1983.5 |
| | | | | 委　员 | 1983.5～1990.11 |
| 沈　健 | 副书记 | 2004～2008 | 王同祥 | 常务委员 | 1982.1～1983.5 |
| 秦如培 | 副书记 | 2006～2008 | | 委　员 | 1983.5～1986.1 |
| 曹国江 | 副书记 | 2008.5～2008.7 | 李朝忠 | 委　员 | 1983.5～1986.1 |
| 安金黎 | 副书记 | 2008～2011 | 程郅平 | 委　员 | 1983.5～1986.1 |
| 李　莉 | 副书记（挂职） | 2010～2011 | 杨正才 | 委　员 | 1983.8～1990.3 |
| 周　荣 | 副书记 | 2011～ | | | |
| 张为梓 | 常务委员 | 1966.5～1967.3 | 许西记 | 委　员 | 1990.1～1992.1 |
| 张晓光 | 常务委员 | 1966.5～1967.3 | 杨学军 | 委　员 | 1990.1～1992.1 |
| | | 1975.8～1982.4 | 刘声魁 | 委　员 | 1990.3～1995.11 |
| 周树芬 | 常务委员 | 1966.5～1967.3 | 张继增 | 委　员 | 1990.5～1991.4 |
| | | 1973.3～1977.12 | 段敦厚 | 委　员 | 1990.11～1992.2 |
| 程绍祥 | 常务委员 | 1966.5～1967.3 | 周祖宣 | 委　员 | 1990.11～1992.11 |
| 刘凤岐 | 常务委员 | 1966.5～1967.3 | 傅传跃 | 委　员 | 1990.11～1997.2 |
| | | 1975.8～1976 | 李德清 | 委　员 | 1995.11～1999.8 |
| 杨文碧 | 常务委员 | 1966.5～1967.3 | 赵明仁 | 委　员 | 1996.3～1998.3 |
| 马有义 | 常务委员 | 1971.12～1973 | 龙廷华 | 委　员 | 1996.11～2003 |
| 马国选 | 常务委员 | 1971.12～1973 | 蒙秋明 | 委　员 | 1998.2～1999.2 |
| 石文礼 | 常务委员 | 1971.12～1975.3 | 潘志华 | 委　员 | 1998.5～1998.6 |
| 李大顺 | 常务委员 | 1971.12～1973 | 龚启镕 | 委　员 | 1998.5～2003 |
| 杨兰平 | 常务委员 | 1971.12～1980.1 | 杨兴举 | 委　员 | 1998.5～2004 |
| 袁良骥 | 常务委员 | 1971.12～1980.12 | 李麦武 | 委　员 | 1998.6～2002 |
| 贾全盛 | 常务委员 | 1971.12～1974.4 | 赵英旭 | 委　员 | 2002～2007 |
| 黄　尧 | 常务委员 | 1971.12～1980.1 | 陈庆义 | 委　员 | 1999.6～2003 |
| 杨本和 | 常务委员 | 1973.3～1983.5 | 孙　峰 | 委　员 | 2002～2008 |
| 李国恒 | 常务委员 | 1973.3～1985.5 | 高　鸿 | 委员（挂职） | 2002～2005 |
| 时念好 | 常务委员 | 1978.8～1981.12 | 安金黎 | 委　员 | 2003～2008 |
| 王朝彬 | 常务委员 | 1979.8～1983.5 | 杨华昌 | 委　员 | 2004～2011 |
| 杨培成 | 常务委员 | 1980.9～1983.5 | 李文德 | 委　员 | 2004～2010 |

续表

| 姓　名 | 职　务 | 任职时间 | 姓　名 | 职　务 | 任职时间 |
|---|---|---|---|---|---|
| 沈先启 | 委　员 | 2005～2007 | 苑　荣 | 委员（挂职） | 2008～2009 |
| 张　玮 | 委　员 | 2006～2008 | 杨兴友 | 委　员 | 2009～ |
| 林永菁 | 委　员 | 2006～2011 | 陈　彤 | 委员（挂职） | 2009～ |
| 曹国江 | 委　员 | 2007～2008 | 刘加文 | 委员（挂职） | 2009～ |
| 周　荣 | 委　员 | 2007～2011 | 吴　强 | 常　委 | 2011～ |
| 吴维方 | 委　员 | 2007～2011 | 胡吉宏 | 常　委 | 2011～ |
| 许　庆 | 委员（挂职） | 2007～2008 | 沈绍翔 | 常　委 | 2011～ |
| 郭孟卓 | 委员（挂职） | 2007～2008 | 朱江华 | 常　委 | 2011～ |
| 邓志喜 | 委　员 | 2007～2008 | 杨兴友 | 常　委 | 2011～ |
| 沈绍翔 | 委　员 | 2008～ | 王　祺 | 常　委 | 2011～ |
| 阳成俊 | 委　员 | 2008～2011 | 宫晓农 | 常　委 | 2011～ |
| 朱江华 | 委　员 | 2008～ | 周全富 | 常　委 | 2011～ |
| 吴　勇 | 委　员 | 2008～2011 | 王开俊 | 常　委 | 2011～ |

### 1954～2011年中共毕节地委历任秘书长名录表

| 姓　名 | 职　务 | 任职时间 | 姓　名 | 职　务 | 任职时间 |
|---|---|---|---|---|---|
| 张晓光 | 秘书长 | 1954.10～1955.1 | 朱启荣 | 秘书长 | 1977.9～1983.5 |
| 袁良骥 | 秘书长 | 1955.1～1956.9 | 谢　刚 | 秘书长 | 1983.5～1986.1 |
| 刁振秋 | 秘书长 | 1957.7～1960.1 | 周祖宣 | 秘书长 | 1986.2～1993.3 |
| 孙育乾 | 秘书长 | 1966.5～1967.4 | 吕开邦 | 秘书长 | 1996.12～1998. |
| | 第二秘书长 | 1973.2～1976.5 | 龙廷华 | 秘书长 | 1998.5～2005 |
| 赵春辉 | 秘书长 | 1974.9～1977.9 | 李文德 | 秘书长 | 2005～2011 |

**历任副秘书长**　李德风、邹璜、李登峰、张昌海、罗公平、肖培生、安汝鑫、张志侠、唐光星、糜崇益、聂华、吴康宁、胡显谋、唐衍胪、安宁、王开俊、谌毅业、李俊红、吴愿学（兼）、李绍武、胡曼、石承均、聂宗智、高扬宗、谌贻勇、禄春燕（兼）、张东、徐开焱、谭齐贤（兼）、聂宗筠（兼）、陈旭（兼）。

专职纪检员：王青

## 二　中共毕节地委工作部门

**纪律检查委员会**　1951年6月建立中共毕节地委纪律检查委员会，1956年1月改为中共毕节地委监察委员会。1963年11月，根据省委指示，改中共毕节地委监察委员会为中共贵州省委监察委员会驻毕节地委监察组。1966年“文化大革命”开始后被取消。1979年10月，重建中共毕节地委纪律检查委员会。1983年7月，改为中共毕节地区纪律检查委员会，受中共毕节地委和省纪委领导。1993年后，根据中央指示精神，地、县纪检机关与地、县监察局合署办公，实行一个领导班子，一套工作机构，保留纪检、监察机关名称，履行党的纪律检查和政府行政监察职能。2001年9月，中共毕节地委、毕节地区行署转发《地区机构编制委员会关于毕节地区地级党政机构改革实施意见》，明确地区纪委机关与地区监察局合署办公，实行一套工作机构，两个机关名称的体制，履行党的纪律检查和政府行政监察两项职能，对地委全面负责；地区监察局仍属行署序列，接受行署领导。其主要职责为：1.主管全地区党的纪律检查工作，负责贯彻落实党中央、中央纪委、省委、省纪委、地委关于加强党风廉政建设的决定，维护党的章程和其他党内法规，监督检查党的路线、方针、政策和决议的执行情况。2.主管全地区行政监察工作，负责贯彻落实国务院、监察部、省政府、省监察厅及地区行署有关行政监察的决定，督促检查行署各工作部门及其工作人员以及各县市政府及其负责人执行国家政策和法律法规、决定、命令、国民经济和社会发展计划及行署颁布的有关政策和决定、命令的执行情况。3.负责检查并处理地直党政机关、各县市党的组织和地委管理的党员领导干部违反《党章》和党内法规的案件；受理党员的控告和申诉，必要时直接查处下级党的纪律检查机关管辖范围内比较重要或复杂的案件。4.负责调查处理行署各工作部门及其工作人员、各县市人民政府及其负责人和企业领导干部违反国家政策、法律法规和政纪的行为；受理上述监督对象不服政纪处分的申诉；受理个人或单位对监督对象违纪行为的检举、控告；受理非公有制经济组织和个人对党政机关及其工作人员的投诉。5.负责作出关于维护党纪的决定。制定全地区党风廉政教育规划，配合有关部门做好纪检、监察工作方针、政策、法规宣传工作，对党员、国家公务员和国家行政机关任命的其他人员进行党风廉政教育。6.负责纪检监察工作理论及有关政策问题和纪检监察工作新情况、新问题的调查研究，拟定全地区党纪、政纪的有关政策规定。7.调查研究行署各工作部门、各县市政府制定有关政策和规章的情况，对其违反国家法律和有损国家利益的条款提出修改、补充、建议；变更或撤销县市行政监察机关不适当的决定和规定。8.会同地委、行署各工作部门及各县市党委、政府做好纪检监察干部的管理工作。参与考察、选拔县市纪委、监察局领导班子人选；牵头考察、选拔派驻地直党政各部门纪检监督机构主要负责人及副县级专职纪检干部人选，按干部管理权限报批、任免；组织和指导纪检监察系统干部的培训工作。9.承办省委、省政府、省纪委、省监察厅及地委、行署授权和交办的其他事项。

地区纪委机关与地区监察局内设10个职能室：办公室、监察综合室、宣传教育和调研法规室、党风廉政建设室、执法监察室、纪检监察一室、纪检监察二室、案件审理室、信访室、干部室。中共毕节地区纪律检查委员会（监委）历任书记（组长）：邹文泗、王国栋、李超臣、郭乐天、杨本和、陈文轩、吴学香、刘伦才、吕开邦、张吉勇、林永菁、朱江华；副书记（副组长），王林岗、张清濂、主传谟、杨培成、颜少寒、李育民、陈德风、卢义聪、朱世全、王仁修、杨启义、王德敏、蔡勤生、沈晓春、赵牧、杜培忠、桂黔皖、龙厚群、索绍新、胡良华。地区监察局正副局长：朱世全、杨启义、沈晓春、赵牧、桂黔皖、秦天志、杜培忠、夏远辉、刘燕玲、张超、郭毅、索绍新。

**地委办公室** 1949年12月成立，由地委领导直接管理。1967年3月，地委被夺权后，地委办公室工作职能被地革委秘书处替代。1973年2月，重建中共毕节地委，地委办与地革委办合署办公。1978年11月，地委办、行署办分开设立。2001年10月机构改革时，明确地委办公室是地委的综合办事机构。其职责是：1.负责办理地委的日常工作事务，负责为地委领导工作服务，确保地委工作正常运转。2.负责地委日常文书处理，承办中央、省委文件和党、政、军领导机关及要害部门机密文电、信件及密码的传递和管理；负责人民群众来信来访工作；负责地委档案资料的立卷、归档工作。3.负责地委各种会议、事务工作和地委领导参加重大活动的组织安排。4.围绕中央、省委和地委的总体工作部署，收集处理全地区重大信息、反映动态，及时为领导提供信息服务；负责地委机关计算机局域网的管理和全区党委办公室系统办公自动化有关工作。5.负责中央、省委、地委重大工作部署贯彻落实情况的督促检查和中央、省委、地委领导同志指示的转达和催办落实，及时向领导机关和领导同志报告督办情况。6.围绕地委中心工作，组织力量对全地区政治、经济、社会等重大问题和发展动态进行调查研究，提出具体意见或建议，为地委决策提供参考；负责组织起草地委领导的重要讲话和有关汇报材料，承担地委、地委办公室文件的起草、修改、审核和其他有关文稿的起草、修改工作。7.根据地委领导的指示和有关要求，负责协调地委各部门、群团各部门的工作和地区人大工委办公室、行署办公室、地区政协工委办公室、地区纪委机关、军分区机关的有关事宜。负责对地委各部门、各县市委请示地委的问题提出处理意见，报地委或地委领导审批。8.负责地委机关部分行政事务和国有资产管理工作，负责管理地委机关大院；承担地委重要接待工作。9.管理地委机要局（地委密码工作领导小组办公室）、地委保密委员会办公室（地区国家保密局）、地区信访办公室。10.负责省委机关刊物《当代贵州》的通联工作；负责联系和指导全地区党委办公室系统业务工作。11.完成地委和省委办公厅交办的其他任务。

地委办公室设秘书一、二、三科，信息科、督促检查科（地委督查室）、综合科、行政科、接待科。历任中共毕节地委办公室主任：王维臣、葛文书、戴粹良、张凤朝、魏朝珍、张昌海、肖培生；副主任：张为梓、朱启荣、邱益新、张昌海、肖培生、刘方宽、李维玉、郑仁锡。历任机要局正副局长：周明祥、朱永德、于毅、黄成林。历任保密局局长：王志远、余世常、王纯达、王奇宇。历任信访局（办）正、副局长：李俊宏、胡卫军、曾明祥、唐晓辉、李毅、杨吉贵（挂职）。督办督查局局长禄春燕。

**组织部** 1949年12月3日成立。1951年9月，内设组织科、干部科、党员管理科。至1966年5月，内设组织科、干部科、秘书科。1966年5月，全地区开展“文化大革命”。1967年3月，中共毕节地委被夺权。是年4月，地委组织部职能被地革委政治部组织组取代。1973年2月恢复中共毕节地委组织部建置，内设组织科、干部科、办公室和干部审查办公室。后增设监察科、老干部管理科、青年干部科。1983年，实行机构改革，内设组织科、干部科、办公室、青年干部科、干部培训科。1984年，内设县级科室改为区级科室，设秘书、组织、干部、青年干部、干部培训科。后增设审干办公室、微机室、知识分子工作办公室、经济干部科。1996年6月，毕节地区实行党政工作机构改革，内设办公室、研究室、组织科；干部一、二、三科；干部监督科、干部教育科、知识分子工作办公室、电化教育科。历任中共毕节地委组织部部长：王林岗、王国栋、主传谟、王学臣、李超臣、赵春辉、杨本和、陈文轩、姜延虎、禄智明、段敦厚、沈中、周长琦、张国新、陈庆义、杨华昌、胡吉宏。副部长。李超臣、张清濂、王友成、贾愚山、杨本和、陈文轩、杨培成、刘自贞、宋广生、刘从文、吴学香、李远贵、周明磊、李静森、周长琦、郭正良、胡学林、范元平、李文汉、罗晓平、向义禹、索绍新、李勇、邱旭忠、张基沛、吴雁俊、黄家忠。专职纪检员：彭炎明、索绍新、李云贵。

**宣传部**　1949年12月设立，内设宣传科、干部教育科、干部科、秘书科、地委理论政策研究室。1965年5月“文化大革命”初，其职能被地区革命委员会政治部宣传组取代。1973年4月，恢复地委宣传部。1990年6月，内设毕节地区精神文明建设指导委员会办公室。2001年机构改革，明确地委宣传部是地委主管意识形态方面工作的综合职能部门。其主要职责是：1.指导全地区的理论学习、理论宣传、理论研究工作；代管地委讲师团、地区社会科学界联合会，负责全区哲学社会科学规划工作。2.正确引导社会舆论，指导协调地区各新闻单位的工作。对毕节日报社、地区广播电视局的工作实施方针政策的指导。3.宏观指导、协调全地区精神产品的生产：联系地区文化局（新闻出版局、版权局）；代管地区文联，并在政治方向和方针、政策方面实施领导。4.规划、部署全地区思想政治工作；代管地区精神文明办；配合地委组织部做好党员教育工作，编写党员教育教材；研究和改进群众思想政治工作；5.指导、协调全地区对外宣传工作；研究提出对外宣传工作规划和方案，及时提出区内重大问题和突发事件对外宣传的对策建议；会同有关部门协调涉外、涉港澳台宣传工作；归口管理、统筹协调全地区互联网上的新闻宣传工作；组织综合性和跨地区、跨部门对外宣传活动；指导全地区对外文化交流。6.受地委委托，协同地委组织部管理地区文化局、地区广播电视局的领导干部；会同地委组织部管理毕节日报社、地区文联、地区社科联、地委讲师团等部门（单位）的领导干部；管理地直宣传文化系统各单位未列入地委管理的干部；对县市党委宣传部长的任免提出意见；制定对党委宣传部干部和宣传文化系统领导骨干的培训规划并组织实施；配合有关部门做好知识分子工作。7.提出全地区宣传思想文化事业发展的指导方针；指导宣传文化系统制定有关政策；协调宣传文化系统各部门之间的关系。8.完成地委和省委宣传部、省文明办、省外宣办交办的其他任务。内设办公室、理论科、新闻宣传科、思想政治工作科、干部科。地区精神文明建设指导委员会办公室主要职责是：负责拟定全区精神文明建设的总体规划和年度计划；指导协调全地区精神文明建设活动的开展；组织各种精神文明建设活动，评选地级文明单位；规划和部署全地区农村精神文明活动中心建设；总结推广全地区精神文明建设的先进经验；组织开展重大节日活动及“三下乡”活动。

历任中共毕节地委宣传部部长：陈健吾、王芝圃、揭子珩、杨明远、张润祥、程郅平、张瑞珠、张继增、龙廷华、杨兴举、张玮、朱江华；副部长：孙育乾、杨明远、程郅平、张润祥、吴学良、郭厚芳、谭鹏、朱华清、姜纪伦、徐如庆、高永英、莫兴周、胡高云、李文汉、黄中华、唐光星、何植林、陈贤、司晋、曾凡亚。

**统一战线工作部** 1951年10月建立。1966年5月“文化大革命”开始后，其职权为地革委政治部统战组取代。1973年恢复地委统战部建置。2001年机构改革，明确地委统战部是地委主管统一战线工作的职能部门。其主要职责是：1.调查研究统一战线的理论和方针政策，组织贯彻执行中央、省委关于统一战线的方针、政策；向地委和省委统战部反映情况，提出本地区开展统战工作的意见和建议；检查统战政策执行情况，协调统一战线各方面的关系。2.负责联系本地区各民主党派和无党派代表人士；及时通报情况，反映他们的意见和建议；研究、贯彻党领导的多党合作和政治协商制度及对民主党派的方针、政策；落实中央、省委、地委关于发挥民主党派和无党派代表人士参政议政和民主监督作用的工作，为地委同民主党派进行政治协商做好组织联系工作；受地委委托，向民主党派、无党派人士通报中央、省委、地委指示精神；支持、帮助各民主党派加强自身建设，选拔培养新一代代表人物；协助有关部门帮助民主党派改善工作条件。3.负责调查研究、检查落实有关民族和宗教工作的重大方针、政策问题，向地委和省委有关部门反映情况，提出建议；协调、指导相关部门和单位的工作；联系少数民族和宗教界的代表人物；协助有关部门做好少数民族干部的培养、举荐和选拔工作。4.负责开展海外统战工作；联系香港、澳门和海外有关社团及代表人士；归口管理全区对台工作，做好台胞台属的有关工作；协同有关部门做好侨务工作。5.负责党外人士的政治安排；会同有关部门做好培养、考察、选拔、推荐、安排党外人士担任政府和司法机关领导职务的工作；做好党外后备干部和新的代表人物队伍的建设工作；协助各民主党派、地区工商联做好干部管理工作；协助有关部门管理县（市）委和高校统战部部长。6.调查研究并反映本地区非公有制经济代表人士的情况，协调关系，提出政策建议；团结、帮助、引导、教育非公有制经济代表人士，积极开展思想政治工作。7.调查研究本地区党外知识分子的情况，反映意见，协调关系，提出政策建议；联系并培养党外知识分子的代表人物。8.负责开展统一战线理论、方针、政策的宣传教育工作。9.协助地委做好委托管理单位的干部管理工作。10.指导县市党委统战工作和统战部门负责人的培训工作，协调政府各有关部门的统战工作；受地委委托，领导中共毕节地区工商联党组，指导地区工商联工作；联系、指导地区民族宗教事务局工作；管理地委台湾工作办公室（地区行署台湾事务办公室）；代管省黄埔同学会毕节联络组。11.完成地委和省委统战部交办的其他任务。内设办公室、干部科、业务科。

历任中共毕节地委统战部部长：马有庆、杨明远、李育民、张瑞珠、张宏方、张志侠、赵英旭、吴维方、袁晓玉。副部长：李德凤、郭殿臣、刘传训、黄绍臣、林芳禧、卢义聪、彭世富、马贤俊、杨波、罗志军、谢声华、马光树、杨旭、梁兴华（兼）、李曦、李洪应、蔡燕（兼）、吴学军（兼）。

**政策研究室** 1951年5月建立，1954年11月撤销。1956年建立地委政策调查研究室。1962年5月，根据中央、省委有关精简机构的精神，将政策调查研究室并入地委办公室。1988年9月，地委决定重建地委研究室。1996年6月，将地区行署体改委、经研室、地区开发扶贫、生态建设试验区办公室并入地委研究室，更名为地委政策研究室，实行地委研究室、行署经济体制改革局、试验区办公室三块牌子，一个机构，列入党委序列，为地委、行署综合调查研究、综合管理全地区经济体制改革和负责毕节试验区工作的部门。2001年机构改革，将原行署经济体制改革局承担的国有企业改革职能及经济体制改革调研职能分别划入地区经贸局和行署办公室，明确地委政策研究室（试验区办公室）为地委决策服务的综合调查研究工作部门。其主要职责是：1.围绕党的基本路线、党中央和省委重大决策以及地委的工作部署，对经济、政治、文化、党建及社会发展等方面的重要决策问题进行调查研究，提出意见和建议，供地委决策参考。2.根据地委指示，组织、协同有关部门起草或修改地委有关重要文件、文稿。3.承担有关改革试验、试点任务，掌握改革和发展中的重要情况和区外重要信息，供地委决策参考。4.组织、协同有关部门起草或修改试验区改革试验方案和其他有关文件、文稿；指导、督促各县市和地直有关部门制订相应实施方案和配套措施；负责毕节试验区改革试验的检查督促工作；负责与中央、省有关试验区工作的领导和协调部门的联系，做好与毕节试验区北京专家顾问组的联络和相关服务工作。5.指导督促各县市委承担政策研究、试验区工作职能部门的相应业务工作，加强与地直各部门的合作，发展组织、联络、协调作用。6.承办地委（行署）和省委政策研究室交办的其他事项。

内设办公室、党群社会调研科、综合调研科、试验区工作和农村研究科。历任中共毕节地委政策研究室主任：罗英、揭子珩、葛文书、郭振明、郑仁锡、张志侠、吴学良、赵思俊、张承尧、刘永福、吴愿学、谭齐贤；副主任：张为梓、揭子珩、刘佩谦、王玉升、李效敬、蒋海燕、管绍周、赵思俊、张承尧、周应华、杨忠诚、先武、吴愿学、李晓谷、郭凯、谭齐贤、王明贵、吴参化、孙卫义、杨春明。

**社会部**　1951年5月建立，1959年撤销。部长：主惠珍；副部长：朱广臣。

**工交（政治）部**　1952年2月建立，1965年更名为工交政治部。1967年3月，中共毕节地委被夺权，中共毕节地委工交政治部不再履行其职能。历任中共毕节地委工交（政治）部部长主任：李超、陈德风，副部长副主任：李登峰、刘汉屏、张清濂、张瑞珠。

**农村工作部**　1954年7月建立。1962年6月改名为地委农村政治部，1965年6月撤销。1983年恢复建立地委农村工作部，1988年撤销，历任中共毕节地委农村工作部部长：蒋海燕、王学臣、李朝忠、安汝鑫；副部长：时念好、朱启荣、杨玉山、邵之道、荀兴彬、杨金伦、陈听敏。

**财贸部**　1955年11月建立，1964年3月更名为中共毕节地委财贸政治部，后撤销。历任中共毕节地委财贸（政治）部部长（主任）：李超、周树芬；副部长（副主任）：刘汉屏、李登峰、李启升、仇绍俊、陈京元。

**政法委员会**　1981年建立。1986年8月，毕节地区成立社会治安综合治理领导小组，后改为委员会。中共毕节地委政法委员会与毕节地区社会治安综合治理委员会办公室（简称地委政法委、地区综治办）合署办公，一个机构两块牌子。地委政法委为地委领导政法工作的职能部门，地区综治办为地区社会治安综合治理委员会领导全区社会治安综合治理工作的办事机构。其主要职责是：1.根据党的路线、方针、政策和地委的部署，统一政法各部门的思想和行动。2.研究制定全地区政法工作的政策、措施，向地委提出加强政法工作的对策和建议，对一定时期内政法工作作出全局性的部署，并督促贯彻落实。3.组织、协调、指导全地区维护社会稳定的工作。4.检查政法各部门执行法律、法规和党的方针、政策的情况，研究制定严肃执法，落实党的方针、政策的具体措施。5.支持和监督政法各部门依法行使职权；指导和协调政法各部门在依法相互制约的同时密切配合，指导大案要案的查处工作，研究和协调有争议的重大、疑难案件。6.组织指导全地区的社会治安综合治理工作，督促落实综合治理的各项措施，调查掌握社会治安综合治理工作情况。7.指导推动全地区政法工作重大政策的调查研究，总结新经验，解决新问题，探索进一步加强政法工作的途径。8.研究加强政法干部队伍建设和领导班子建设的措施，协助地委组织部考察、管理政法各部门的领导干部。9.承担全地区维护社会稳定领导小组和地委处理邪教组织"法轮功"和对社会有危害气功组织领导小组的日常工作。10.承办地委和省委政法委交办的其他事项。内设政治部、办公室、研究室、执法监督室；地区维护社会稳定领导小组办公室设在地委政法委。历任中共毕节地委政法委员会书记：吴纯让、袁礼松、姜延虎、朱世光、龚启镕、安金黎、阳成俊、周全富；副书记：陈祥俊、袁礼松、李成杰、郭泽贵、杨建国、罗德藻、王武荣、刘显军、雷浩、周光杰、史迅、陈应华。

直属机关工作委员会　1953年，建立中共毕节地专直属机关委员会，1959年撤销。1962年12月，恢复中共毕节专区直属机关委员会。1966～1976年"文化大革命"期间，其工作中断。1980年恢复重建。1996年，更名为中共毕节地区直属机关工作委员会。2001年机构改革，明确地直机关工委为地委的派出机构。主要职责是：1.负责制订地直机关和企事业单位党的建设规划，领导地直机关和企事业单位党的工作。2.指导地直机关各级党组织加强党的思想、组织和作风建设，组织广大党员学习马列主义、毛泽东思想和邓小平理论，做好党员教育管理和党纪党规教育工作。3.指导地直机关干部教育工作，配合地委讲师团负责地直机关科级干部理论培训，负责地直机关和企事业单位党务干部业务培训工作。4.指导地直机关各级党组织加强党风和廉政建设，实施对党员和党员领导干部的监督，了解地直各部门党员和群众对部门领导干部的意见，及时向地委、地纪委反映地直各部门领导班子、领导干部的情况和问题。5.指导地直机关和企事业单位党组织做好思想政治工作，开展社会主义精神文明创建活动。6.督促地直机关各部门党组（党委）和机关党组织全面贯彻落实《中国共产党党和国家机关基层组织工作条例》，认真履行党建工作职责。7.负责地直机关各部门机关党组织和机关纪委领导班子的组成及履行负责人的职务任免手续和考核、培训工作。属专职机关党委书记、总支书记的，报地委组织部审批。8.负责审批直属党总支、总支部发展党员和预备党员转正。负责对地直各党委、受权党总支发展的新党员进行预审。9.受地纪委、地区监察局委托，归口协调地直机关的纪律检查和行政监察工作，查处党组织、党员、国家机关工作人员违犯党纪、政纪的重要事件；审批科级党员干部和监察对象违反党纪、政纪的处分决定。10.领导地直机关工、青、妇等群团组织的工作。11.承办地委和省直机关工委交办的其他工作。

内设地直机关工会工委、地直机关团工委、办公室、组织部、宣传部、地直机关纪工委及监察室。中共毕节地区直属机关（委员会）工作委员会历任书记：王国栋、贾愚山、李登峰、管绍周、郭均永、史良荣、杨亚林、王向东、罗晓平、陈旭；副书记：王德本、关珠梅、张宏芳、陈玉梅、张书森、刘以军、郭均永、史良荣、吴道贵、杨友先、张景禄、杨新黔、胡良华（兼）、毛勇。

**地区机构编制委员会办公室（地区事业单位登记管理局）**　1950年，成立毕节专区编制委员会，下设军队编制小组、党政民编制小组，负责处理有关机构编制问题。1966年“文化大革命”初，机构编制工作中断。1983年，恢复地区编制委员会。1996年，更名为毕节地区机构编制委员会，下设办公室。地区机构编制委员会均为地委，行署的机构，列入党委系列。2001年机构改革，明确地区机构编制委员会办公室（地区事业单位登记管理局）是地委、行署综合管理全地区行政、事业单位管理体制和机构改革以及机构编制工作的职能部门。其主要职责是：1.贯彻执行党和国家行政管理体制和机构改革以及机构编制管理的方针、政策和法规，研究拟定地方性政策和规章并组织实施及监督检查；研究拟定全地区机构编制工作的宏观规划和年度计划并组织实施；统一管理全地区各级党政机关、人大、政协、法院、检察院机关，各民主党派机关，人民团体机关的机构编制工作。2.研究拟定全地区行政管理体制和机构改革总体方案；审核地委各部门、行署各部门和县市的机构改革方案；指导、协调全地区各级行政管理体制和机构改革以及机构编制管理工作；参与研究修订涉及行政管理体制和机构编制工作的政策和规章。3.审核和协调地直机关各部门的职能配置、调整及职责划分；协调地直机关各部门与县市的职责划分；指导县市与乡镇的职责划分。4.审核地委各部门、行署各部门及地委、行署驻外办事机构的内设机构、人员编制和领导职数等事项；审核报批地县乡党政领导职数和县处级机构设置及领导职数限额；负责地县乡机构编制分类；审核地直机关和全额拨款事业单位统一发放工资的人员编制和实有人数；负责审批地直党政机关各部门内部机构撤销、合并及名称的变更；审核县市党委、政府机关科级机构设立、撤销、更名及合并；分配下达本地区各级党政机关的人员编制；拟定地直机关各部门的编制分配和调整的意见。5.审核地区人大工委机关、政协工委机关、中级人民法院机关、检察分院机关和各民主党派、人民团体机关的机构设置、人员编制和领导职数，办理上述机关的内部机构撤销、合并及更名的事宜，研究提出上述机关人员编制分配和调整、领导职数配备及其内部机构设立的意见和建议。6.研究拟定全地区事业单位管理体制和机构改革总体方案；研究制定事业单位的编制标准和人员结构比例；审核报批地委、行署直属事业单位的机构编制方案；审批地直机关各部门所属事业单位的机构编制、职责范围、人员结构和领导职数；指导、协调各级事业单位管理体制改革、机构改革和机构编制管理工作。7.负责全地区事业单位登记管理工作，建立和实施事业单位登记管理制度；研究拟定登记管理的政策和办法并组织实施；承担地直事业单位的登记管理和年度检验工作；指导各级事业单位登记管理工作；依法保护核准登记的事业单位有关登记事项的合法权益：监督检查事业单位执行《事业单位登记管理暂行条例》的情况，查处违规行为；负责全地区事业单位登记管理信息统计和网络建设。8.严格机构编制管理，对机构编制工作进行调查研究，制定管理办法和措施，逐步达到科学化、规范化管理，监督检查各级机构编制执行情况，查处违规行为；负责地直机关各部门及地直事业单位机构编制管理证的核发、年审换证；负责地直机关、事业单位和社会团体统一代码标志的赋码工作。9.负责行政审批制度改革工作；负责全地区机构编制信息宣传、理论研究、业务培训、统计分析、制度建设及计算机网络建设。10.监督检查全地区各级行政管理体制改革和机构改革方案以及机构编制方针、政策和法规的执行情况，研究制定有关机构编制管理政策、规章制度和纪律的处罚办法，对违反法规和纪律的行为提出纠正、处理意见，并将重大问题及时报告地区编委，并上报地委、行署。11.承办地委、行署和地区机构编制委员会及省编委办公室交办的其他事项。

内设综合科、业务科、登记管理科。毕节地区机构编制委员会办公室历任主任：李静森、胡学林、李文汉、杨亚军、蔡勤生；副主任：韩平、刘祖虹、谢大钊。

**离退休干部工作局** 1983年11月，地委建立毕节地区老干部局，1996年更名为毕节地区离退休干部工作局。地委离退休干部工作局是地委管理离退休干部工作的职能部门。其职责是：1.贯彻执行党中央、国务院和省委、省政府、地委、行署关于老干部工作的方针、政策及规定。2.会同有关部门对全区离休干部和退休干部工作进行宏观管理；指导地直单位和县、市老干部工作部门的工作。3.会同有关部门督促、检查离休干部和退休干部政治待遇和生活待遇政策、规定的落实。4.调查研究老干部工作中的新情况、新问题，并向地委、行署提出解决有关问题的意见和建议。5.负责离休、退休干部的来信来访接待和处理工作。6.负责指导全地区易地安置离休干部工作。7.配合有关部门抓好离退休干部党支部建设，协助有关部门做好老干部的思想政治工作；指导开展老干部科学健康的文化健身活动；配合有关部门做好老干部在两个文明建设中发挥作用的工作。8.加强老干部工作队伍的自身建设，对老干部工作者进行培训，提高老干部工作人员的政治业务素质。9.领导和管理地区老干部活动中心和地直机关老干部离职休养所、地委老干部车队。10.牵头做好关心下一代工作。11.承办地委、行署、省委老干部局和地委组织部交办的其他事项。

内设办公室、离休干部管理科、退休干部管理科。毕节地区离退休干部工作局历任局长：李庆堂、罗进明、高承钰、陈良慧；副局长：罗进明、张吉俊、吴学义、陈良慧、沈善泽、丁西文、吴学梅、吴学相。

**地委台湾工作办公室、行署台湾事务办公室** 1992年5月建立。2001年机构改革，明确地委台湾工作办公室、行署台湾事务办公室是地委、行署主管台湾工作的办事机构，实行一个机构两块牌子，归口地委统战部管理。其职责是：1.贯彻彻执行党中央、国务院对台工作的方针政策，组织、指导、管理、协调全区的对台工作。2.检查了解各县市、各部门、各单位贯彻执行党中央、国务院对台工作方针政策以及省委、省政府；地委、行署对台工作部署的情况。3.调查研究台湾形势和两岸关系发展动向及本地区对台工作情况，提出对台工作的对策、建议。4.组织协调有关部门研究、制定全地区有关涉台的规章和实施办法。5.管理协调毕台两地涉台事务；负责全地区对台宣传，涉台教育和有关台湾工作的新闻发布；处理全地区涉台重要活动和重要事件；归口管理来毕台胞的接待及捐赠工作。6.会同有关部门统筹协调和指导全地区对台经贸工作和金融、文化、学术、体育、科技、卫生等各个方面领域的交流与合作以及人员往来、考察、研讨等工作。7.根据中央和省的有关规定，联络台湾上层人士，指导、管理并协调有关部门对台湾上层的联络工作。8.指导各民主党派、工商联和其他群众团体有关重点人士、重大活动等方面的涉台工作。9.负责地委对台工作领导小组的日常工作。10.完成地委、行署和省台办交办的其他工作。

内设业务科。历任正副主任：韦永正、罗志军、蔡燕、李军。

**中共毕节地委党校（毕节地区行政学院）**　1949年12月，建立贵州省毕节区革命干部学校，1953年3月，经贵州省委组织部更名为贵州省毕节专区干部学校。1956年4月，改名为中共毕节地委初级党校，是年11月，经省委组织部批准更名为中共毕节地委党校，1968年12月撤销。1973年3月恢复重建。1998年地委批准党校兼毕节地区行政学院，1999年4月贵州省人事厅批复：经省政府同意成立毕节地区行政学院，实行党校、行政学院两块牌子一套人员。2009年5月，中共贵州省委批准：中共毕节地委党（毕节地区行政学院）为大专体制副厅级机构规格。中共毕节地委党校是在地委直接领导下培养党员领导干部和理论干部的学校，是党的哲学社会科学研究机构，是地委的重要部门。毕节地区行政学院是培训国家公务员、培养公共管理人员和政策研究人员，开展社会科学院研究和决策咨询机构，是毕节地区行署直属单位。中共毕节地委党校是地委培训领导干部和进行理论研究的直属事业单位。毕节地区行政学院是行署培训、轮训领导干部和国家公务员的学校。其职责是：1.根据地委、行署对干部队伍建设的要求，有计划地轮训、培训副县处级以下领导干部、后备干部、少数民族干部和理论宣传骨干；根据行署安排培训、轮训副县处级以下、副主任科员以上国家公务员，协同组织人事部门对学员在校学习期间的表现进行考核，提出使用建议。2.研究、宣传马列主义、毛泽东思想和邓小平理论，围绕党的中心任务和地委、行署的部署，对全地区重大现实问题开展理论研究，为提高教学质量服务，为地委、行署决策服务，为全地区社会主义物质文明和精神文明建设服务。3.受地委、行署委托，举办领导干部研讨班，学习研讨中共中央、国务院、省委、省政府提出的重大理论问题和方针政策。4.对全地区党校、行政学校进行业务指导，协助省委党校和上级有关部门对县（市）党校、行政学校的改革和发展进行督促、检查、评估。5.完成地委、行署和省委党校、省行政学院交办的其他事项。

内设纪委（监察室）办公室、组织人事处、行政处（保卫处）、基层党校工作处、财务处等6个行政管理处；教务处、学员工作处、对外培训处、信息处、科研处及基础理论教研部、经济管理教研部、公共管理教研部、法学教研部、现代科技教研部、文化与社会发展教研部、图书馆、校刊编辑部、毕节试验区发展研究中心，多党合作理论与实践研究所等15个教学科研业务机构，以及对外培训交流中心、人大干部培训中心、政协委员培训中心等3个对外培训机构、设工会、共青团、妇委会等3个群体组织。校（院）级领导班子分别设校（院）长，常务副校（院）长、副校（院）长、教育长、纪委书记、机关党委书记。中共毕节地委党校历任校长：孟子明（兼）、张润祥、杨明远、王德本、吴学良、朱华清、禄文斌（兼）、沈中（兼）、袁周（兼）、周长琦（兼）、陈庆义（兼）、杨华昌（兼）、胡吉宏（兼）；副校长：陈健吾（兼）、关珠梅、张润祥、郭振明、王中海、刘传训、李巨连、吴兴华、刘传谷、李炳连、刘大伦、付东流（常务）、余大亮（常务）、吴国利、耿泽兴、王向东（常务）、陈清华、谢平贵。中共毕节地委党校委员会历任书记：吴学良、吕开邦、朱华清、胡高云、付东流、余大亮、王向东；副书记：吴兴华、蔡勤生、朱华清、付东流。毕节地区行政学院历任院长：彭伯元（兼）、黄家培（兼）、赵英旭（兼）、曹国江（兼）、吴勇（兼）；副院长：付东流、余大亮、王向东；副院长：李文汉（兼）、吴国利、耿泽兴、陈清华、谢平贵。

**毕节日报社** 1985年建立毕节报社，1999年更名为毕节日报社。《毕节日报》是中共毕节地委的机关报。其职责为：1.宣传党的基本路线、方针、政策，及时报道国内外政治、经济、科技、教育、文化、军事和社会生活中的重大事件。2.坚持正确舆论导向，传播改革开放和社会主义现代化建设的经验、成果，反映人民群众的意愿和呼声，使报纸成堂和政府联系人民群众的纽带和桥梁。3.宣传地委、行署的重大决策和工作部署，传播本地区改革开放和两个文明建设的新进展、新经验、新成就，宣传毕节新形象。4.抓好新闻队伍建设，发展报业经济，不断增强自我积累和自我发展能力。

内设总编室、经济部、社会生活部、周末特刊部、文艺部、摄影部、办公室、广告发行部、报社印刷厂。毕节日报社历任社长（总编）：谭鹏、刘衍奎、刘群峰、张培立；副（总编）社长：刘衍奎、高承祥、韩秉明、刘国学、钟尚豪、刘群峰、李向东、戴淑金、张培立、李建生、刘靖林、禄炳宪。

**地区老年大学（地区老年教育工作领导小组办公室）** 1987年10月建立，下设办公室。毕节地区老年大学（毕节地区老年教育工作领导小组办公室）是地委实施离退休人员理论教育和培训工作的直属事业单位。其职责是：1.贯彻执行党和国家关于老年教育工作的方针、政策和法规、规章，拟定全地区老年教育工作的发展规划、计划和老年大学的教育规划、计划及教务大纲并组织实施。2.落实地区老年教育领导小组的各项决定，负责全地区老年教育工作的协调、指导和督促检查工作；对全地区各级老年学校进行指导。3.对学员实施老有所学、老有所教活动，并组织开展相关服务。4.加强理论研究，探索建设有中国特色社会主义的老年教育规律，逐步实现老年教育的系统化、规范化和科学化。5.开展调查研究，了解和掌握全地区老年教育工作情况，并向地区老年教育工作领导小组提出解决问题的意见和建议。6.承办《毕节老年教育通讯》，收集整理有关老年教育的重要资料，做好与区内外老年学校的联系事宜。7.承担毕节地区老年书法研究会、老年摄影研究会的日常工作。8.完成地委、行署和省老年大学交办的其他工作事项。

内设办公室、教务科、综合科。毕节地区老年大学历任名誉校长：李效敬、朱启荣；副校长：姜延虎、李朝忠、吴兴华、李忠连、谢正发、李正永、李枝胜、蒋新民、朱东风、王青。

**中共毕节地委党史研究室** 1982年成立毕节地区党史征集研究小组，下设办公室，1990年9月改建为中共毕节地委党史工作领导小组及地委党史研究室。中共毕节地委党史研究室为地委研究党史的直属事业单位。其职责是：1.贯彻落实中央和省委、地委有关党史工作的方针、政策、决定和指示，规划、指导和协调全地区党史研究工作。2.承担本地区地方党史资料的征集、整理、编纂和出版工作，向中央、省委党史研究室和有关部门提供毕节地区党史的重要资料；编写毕节地方党史和重要党史人物传记；编辑、审校有关党史书刊。3.开展党史研究，为改革开放和社会主义现代化建设服务；充分发挥党史以史鉴今，资政育人的作用。4.组织重大党史宣传纪念活动；承担本地区重大党史题材的文艺、影视创作史料的核实工作。5.为地委处理有关历史遗留问题提供史料依据和建议。6.组织全地区党史学术活动；培训党史部门的业务骨干。7.指导毕节地区中共党史学会的工作。8.承担地委党史工作领导小组的具体工作。9.承办地委和省委党史研究室交办的其他事项。

内设办公室、征集编研科、科研管理教育科。中共毕节地委党史资料征集研究办公室历任主任：朱启荣、邱亮、谢正发、潘圣群；副主任：邱亮、杨天模、龙大章、谢正发、潘圣群、曾加伦、高隆礼。2010年，机构改革，地区地方志办与地委党研室合并，下设7个科室。党组书记：金国藩；主任：潘圣群；副主任：肖会明、高隆礼。

**中共毕节地委讲师团**　1984年2月建立，1990年加挂地直机关党校牌子。中共毕节地委讲师团（毕节地区地直机关党校）是地委实施在职干部理论教育工作的事业单位。其职责是：1.配合有关部门负责全地区在职干部马列主义理论辅导工作。2.为在职干部理论学习提供辅导材料。3.参与在职干部政治理论培训工作。4.参与和协助做好地委中心学习组理论学习的有关服务工作。5.参与和配合有关部门开展理论宣传和理论研究工作。6.参与和协助有关部门办理在职干部理论教育学习考试、考核的出题、阅卷、登记和上报工作。7.办好地直机关党校，配合有关部门承担地直机关干部学习培训的教学工作。8.承办地委和地委有关部门交办的其他工作。内设办公室、教务科（党校工作科）。中共毕节地委讲师团历任团长：朱华清、姜纪伦、莫兴周、黄中华；副团长：朱华清、郭培英、龙厚华、姬异丹、宋宗霞、徐霞辉、唐光甫。

## 第二节　组织建设

**领导班子建设**　1952年，中共毕节地委组织部针对因缺乏干部，大部分区不具备建立区委的问题，提出加快干部培养的工作方案，获毕节地委批准。是年，中共毕节地委决定选拔干部充实各级领导班子，全专区共提拔干部1587名，其中地级3名、县级50名。1953年，中共毕节地委开始建立后备干部制度，在广泛征求意见的基础上，从后备干部中提拔各级领导干部534名。1954年，地委提拔区级干部468名，充实到89个区的领导班子。是年，根据省委指示，在县委委员超过11人的毕节、织金、威宁、金沙成立县委常委会，各常委会均由5人组成。1955年，提拔地级干部4名，县级干部15名，区级干部278名。当年，全专区县级干部98名，平均每县11名；区级干部516名，平均每区5名、基本解决领导干部缺乏问题。1952～1955年，全专区共提拔少数民族干部51名，占提拔干部的17.4%。1965年，全专区各级领导班子开始出现年龄老化问题。中共毕节地委根据毛泽东主席提出的培养无产阶级革命事业接班人的指示，制定培养提拔新生力量的3年规划，重点培养本地、少数民族、妇女干部，并列出后备干部名单。1977～1980年间，各级领导班子年龄老化的问题再度凸现。1980～1981年，地、县党委先后多次召开选拔中青年干部座谈会，制定规划措施。1981年，结合各县换届，选拔190名35～49岁的中、青年干部进入地直部门和各县领导班子。全地区8个县的正副县长53名，平均年龄47.3岁，比1980年降5.1岁。1986年，中共毕节地委对县、区领导班子作较大调整。调整后的县级领导班子成员105名，平均年龄44.3岁，大专以上文化的占56.19%。同时打破领导干部长期在一地、一个单位任职的状况，实行地直部门与县之间、经济发达县与欠发达县之间、党委班子成员与政府班子成员之间的交流。1988年，地委根据调整结构、优化组合和知识、专业、能力、气质互补的原则，调整充实部分县和地直部、办、局领导班子，并在全地区普遍推行民主评议、民主推荐和民主测评领导干部制度；在黔西、纳雍县进行公开招考副区级领导干部试点。此后，逐步在全地区开展公开选拔领导干部工作。1999年，贯彻执行中组部《党政领导干部选拔任用条例》，在全地区试行领导干部任前公示制、领导干部试用制、任期制、交流制等制度。2000年，地委制发《关于县市党委讨论任免干部实行票决制的暂行规定》。实行领导干部任前、任中、离任前学习教育；在选拔任用干部工作中实行考察失误追究制。2005年，全地区开展党政领导班子和领导干部参考评价试点，并制发《毕节地区乡镇（办事处）党政领导班子和领导干部考核评价试行办法》。2007年，地委制发《关于加强领导班子建设，努力造就一支"想干事、能干事、干成事"的干部队伍的意见》《关于进一步加强领导干部述职述廉工作的意见》。2010年，全区采取"多轮推荐、差额选拔""公开提名、差额考察""公推双选""公推直选""两推一选"方式选拔干部。2011年，在县乡换届中，按照"团结、务实、勤奋、廉洁"的要求，选拔"想发展、会发展，有激情、敢担当，讲认真、重落实，顾大局、讲团结"的发展型领导班子和领导干部。

**干部管理** 1.管理权限。解放初，中共毕节地委对干部实行集中统一管理，由地委组织部负责具体管理工作。管理范围为副区级及其以下干部。1956年，地委按照省委的规定，主管地委委员、各部室、监察委员会所属各科室副职，专署各科、局副职以及与其相当职务的干部。1984年后，地委主管地委、人大工委、行署、政协工委正副秘书长，地委各部、办、委、局正副职，行署各委、办、局党组正副书记和行政正副职，以及相当于上述职务的干部。

2.管理办法。（1）分级管理。1956年3月，中共贵州省委组织部作出分级管理干部的指示。4月，中共毕节地委决定干部管理工作分别由地委组织部、宣传部、统战部、工交部、财贸部、农工部承担。各部分管的属地委管理范围内的干部，各部负责教育、培养、考察和办理具体手续，其任免、调动、退休、奖惩由地委决定。1984年机构改革后，地委下放干部管理权限，地委只管理副县级以上干部，科级及其以下干部由各县及地直部、办、委、局、工会、团委、妇联及事业单位党组（党委）负责考察、任免，部分职务的任免实行备案制。（2）委托代管。1958年10月，省委组织部下发委托下级党委代管干部的文件，地委将部分干部委托各县委代管。代管后，一些地方出现不按组织原则管理干部，并在不同程度上存在干部调不出、派不进的现象。1961年上半年地委收回下放县委代管的干部管理权限。（3）双重管理。1956年2月，中共毕节地委根据省委的指示，对一些单位实行与其上级业务部门共同领导，以上级业务部门为主的干部管理制度。实行双重管理干部的任免、调动、奖惩，需双方取得一致意见后，由主管单位审批办理任免等手续。当时实行双重管理单位有贵州省软木厂。此后，陆续增加邮政、电信、气象、金融、地方税务、工商管理等20多个部门。

**基层组织建设**　1.农村党组织建设。解放后，中共毕节地委对农村基层组织进行多次整顿。1955年结合互助合作运动和粮食统购统销工作，对1045个农村党支部分批进行整顿。主要解决党支部组织不健全，中心任务不明确，组织生活制度不严格和纪律松弛等问题。1956年下半年，对全地区农村党组织进行整顿，为实现农业和私营工商业社会主义改造创造条件。1959年2月，地委批转地委组织部《关于结合农村整社整顿农村党组织的意见》，决定在全专区结合整社整顿农村基层党组织。各地按地委要求，共抽调1789名干部组成295个工作组帮助整顿农村党支部；全专区101个基层党委，814个党总支，3349个党支部，3万多名党员参加。通过整顿，全专区农村党支部中的三类支部由131个降为24个。1962～1966年“文化大革命”前，在全专区开展的社会主义教育运动中整顿基层组织。经过分批整顿，全专区4362个大队党支部中，2489个达一类（好的），1873个达二类（较好）。到1965年末，全专区5097个生产大队中，4495个建立党支部；3.22万个生产队中，6801个建立党小组。

1981～1982年，结合完善农业生产责任制整顿基层党组织。在整顿中，对党员、干部进行中共十一届三中全会制定的路线、方针、政策教育。整顿历时一年多。整顿期间，地、县组织部门在调查研究的基础上，采取先行试点再总结推广的办法对790个公社党委，4457个农村大队党支部，471个县直企事业单位党支部，721个区社企事业单位党支部，312个县机关党支部，943个区社机关党支部进行整顿。整顿结束后，地委对大部分区的领导班子进行调整，对基层党组织普遍进行改选。1987年，中共毕节地委制定《关于加强全区党的基层组织建设的意见》，对农村基层党组织的设置、职责、活动方式以及党员的教育管理、党员在农村改革中的作用、任务等内容作出明确规定。从是年起，地、县、区、乡建立党委议事制度、党务工作汇报制度和管党责任制度。1988年，地委组织部在农村基层组织和全体农村党员中开展党员带头致富，带领群众脱贫致富的活动（简称双带）；在机关、企事业单位和街道党组织中开展创建先进党支部和争当优秀共产党员活动，受到省委肯定，并将毕节地区开展“双带”活动的经验在全省推广。到20世纪90年代初，全地区农村建立起种植、养殖、加工、运输等党群共同致富小组万余个，10万多党员、致富能手、村组干部和20多万贫困农户参加共同致富活动。到1995年，全地区农村党支部、党员共帮带30多万贫困群众，有20多万脱贫。1994年，全地区根据中共中央关于对农村基层组织进行整建的通知，开展对农村基层组织的建设和整顿工作。1997年，按照中共中央关于农村基层组织建设一个好领导班子；培养锻炼一支好队伍；选准一条发展经济的好路子；完善一个好经济体制；健全一套好的管理制度（简称五个好）为标准，组织考核验收，全地区基本实现“五个好”的2220个，占49.2%；接近“五个好”的1460个，占32.4%；三类村党支部312个，占6.9%，村级组织整体功能得到增强。1998～2000年，全地区进行第二轮基层组织整建工作。到2004年末，全地区实现“五个好”的村党支部2886个，占行政村总数的71.9%；实现“五个好”乡镇党委187个，占74.8%。2006年，全区围绕新农村建设主题，在全省率先开展“三创三强”（上下联创、示范带创、城乡共创，强基础、强素质、强机制）活动，开展对农村基层党组织的建设。

2000年，中共毕节地委制发《关于在全区推行农村党支部书记专职化的意见》，要求各县市从县市、乡镇直机关选派一批优秀年轻干部到农村担任党支部书记。到2001年，全地区实施党支部书记专职化的村3295个，占村党支部总数的73%。其中，从县市、乡镇直机关选派任职的1742名，占52%；留任的优秀农民村党支部书记1452名，占44.19%。2010年，推行乡、村两级干部“双考双评双挂钩”（年度考核、动态考核，民主评议、社会公信度评价，与干部选拔任用挂钩、与工资资金挂钩）考核机制。

2.机关党组织建设。1950年开始，地委和各县委陆续在有条件的地、县党政机关中建立起中共基层组织。1953年，地委决定成立中共毕节地专直属机关委员会，负责地专机关中共基层组织建设。1981年，设置中共毕节地直机关纪律检查委员会。1987～1988年，贯彻执行地委规定，按照分层管理、分级负责的原则，实施对地直机关、企事业单位党组织的管理。1996年，改革机构，将中共毕节地区直属机关委员会更名为中共毕节地区直属机关工作委员会。据1999年末统计，地直单位有中共党员7518名，建有40个基层委员会，35个总支部，483个支部。2011年，在机关实施服务先锋工程。

3.发展党员。1951年5月，中共毕节地委贯彻中共中央指示，作出《关于发展党员和建立党组织的指示》，各县委按照严格审查、个别吸收、公开建党的原则，开展发展党员工作，摸索农村建党经验。是年，全专区共发展党员214名。均为脱产干部。1952年7月，地委作出《关于整党建党工作的指示》，要求各级党委结合整党整风，按计划分期分批发展党员。是年，全专区在完成“五大任务”、抗美援朝、土地改革、“三反”“五反”、镇压反革命运动中发展党员2734名，多为农村贫下中农积极分子。1953～1956年，全专区发展党员1.61万名，党员总数2.96万名。全专区有97.5%的乡建起党支部，80%的农业社有党员。1957年，根据中央指示，全专区暂不发展新党员，把党建工作重点放在提高党员质量上。1958～1960年，全专区共发展党员1.66万名。经检查，新发展的党员约有13%不具备党员条件。此后，各级党委两次整顿党的基层组织，对党员进行思想教育，清理不合格党员。1965年末，全专区共有党员5.53万名，其中农村党员4.1万名，妇女党员占党员总数的11%。1966年“文化大革命”初期，全专区各级党组织曾一度瘫痪。1971年进行整党建党后，逐渐恢复建党工作。到1980年底，全地区党员10.28万名。1984年，召开全地区发展党员工作会议，要求各级党组织重点培养发展优秀中青年知识分子、城市和厂矿中的高中文化以上的青年、农村中的回乡知识青年入党。从1988年起，各级党组织贯彻“坚持标准，保证质量，改善结构，慎重发展”的建党工作方针，坚持培养发展有较高文化水平的优秀青年和各行各业第一线骨干入党。到1991年，全地区吸收生产、科研、工作第一线的工人、农民、知识分子和其他先进劳动者入党人数占新发展党员总数的56.4%，35岁以下的占56%，高中以上文化的占49%，妇女占20%，少数民族占40%.全地区党员的年龄、文化结构及分布状况明显改善。1994年，全地区总结推选推荐优秀团员、青年、妇女作党的发展对象制度，收到明显效果。推优的做法得到中组部的肯定，作为经验在全国部分省区发展党员工作座谈会上交流。省委组织部、共青团贵州省委在毕节召开全省推优工作现场会，推广毕节地区发展党员做法。1999年起，推行发展党员公示制，扩大群众监督面，保证发展党员的质量。1995～2005年，全地区共吸收党员5.8万余名。2009年末，全地区党员18.45万名。

4.党员教育。中共毕节地委和各县县委，主要从以下方面开展党员教育工作。一是结合各个时期党的中心任务教育党员。1954年初，地委拟发《从现在起到明年3月在全体党员全体干部和全体人民中展开国家在过渡时期总路线总任务的大规模的全面、正确、系统的学习和宣传运动的计划（草案）》，采取举办短训班方式在全专区党员中进行国家在过渡时期总路线和总任务的教育。1980年，对全体党员进行坚持党的政治路线和思想路线，加强党的团结和统一，加强党的民主集中制和组织性纪律性的思想政治教育。1983年，各级中共组织对党员进行以新党章为主要内容的教育。1984年，全地区组织8万多名党员参加轮训，轮训以中共中央《关于进一步活跃农村经济的十项政策》为基本内容，采取以乡为单位，脱产集中训练的方式进行。通过轮训，使参训人员初步树立起商品经济观点，新的产业结构观念和科学致富观点，落实“增百致富”计划。二是建立健全党员教育工作制度。1961年，农村党组织以支部为单位建立健全一月一次党课制度。1990年起，每年组织地、县直单位党的组织和党员开展民主评议党员活动，并形成制度。1998～2000年，全地区抽调8521名机关干部进乡驻村，协助3210个后进村和部分乡镇进行整顿。通过完善党员工作例会制度，生活会联络员制度，农村党支部、党小组、党员目标管理责任制和民主监督制度，使农村党员教育工作走上经常化、系统化、制度化、规范化轨道。三是集中开展党性党风教育。1999年6月～2001年上半年，分批在地级领导班子领导干部、地直县级、副县级、县市、高校领导班子和领导干部中开展以“讲学习、讲政治、讲正气”为主要内容的党性党风教育。2001年2月～2002年初，在全地区农村开展“三个代表”重要思想学习教育。2005年1月～2006年上半年，在全地区开展保持共产党员先进性教育活动。2007～2009年，主要贯彻学习十七届三中、四中全会精神。2010年，学习贯彻《党员领导干部廉洁从政若干准则》。

**审干工作**　1953年11月，中共中央制发《关于审查干部的决定》，要求在全国范围内开展全面审查干部的工作。1954年9月，中共毕节地委成立审干委员会及其办公室，配备专职干部开展审干工作。同时，确定专区公安处为试点单位。1955年，审干工作在地专机关、党群、政法、财经、企业中的29个单位铺开。1956年初，各县相继成立审干委员会及审干办公室，开展审干工作。审干工作分3期进行，从1954年下半年开始，到1961年底全部结束。通过审干，弄清各级领导机关干部的政治面貌，清除混入中共组织内和干部队伍中的阶级异己分子、蜕化堕落分子；解决一些干部长期没查清的历史问题；从政治上摸清全专区干部队伍的历史情况，为正确执行干部路线，大胆使用干部奠定良好基础。1978年2月，中共毕节地委贯彻落实中共中央“对过去审干遗留的一些问题，应当严肃认真地尽快妥善处理”的指示，要求各级党委对本地区本单位审查干部、落实党的干部政策工作进行一次检查，清理审干积案，根据具体情况，采取有效措施解决相关问题。此后，全地区审干工作和落实干部政策工作结合进行。

## 第三节　宣传工作

**思想政治教育工作**　1.农村思想政治教育。各级党委设立思想政治工作机构，结合各个时期的中心工作开展宣传及思想政治教育工作。1956年春，地委召开第五届宣传工作会议，研究农业合作社的政治工作和在高级社及初级社内开展劳动竞赛问题。1962年，地委印发《关于贯彻执行〈中央关于在农村进行社会主义教育的指示〉的意见》，安排部署全专区农村社会主义教育。是年12月～1963年3月，在农村社会主义教育运动中，组织155万多名成年人学习《农村人民公社工作条例（草案）》。1965年冬～1966年春，农村开展学大寨赶大寨，自力更生、艰苦奋斗，建设社会主义新农村和社会主义教育。1980年，在全地区农村进行完善农业生产责任制教育。1983年，地委制发《关于加强农村思想政治工作和党员教育工作的意见》，全地区农村进行现行政策教育，兼顾国家、集体、个人利益教育，民主和法制教育，计划生育教育，共产主义思想教育。1985年，根据中共中央总书记胡耀邦对云南、贵州工作的指示，地委、行署制发《关于开展“增百致富”大讨论的意见》，决定在当年4～6月，组织万名党政、经济、科技干部下乡，开展增百致富大讨论。通过讨论，拓宽眼界，增强致富意识，寻找致富门路。1989年3月，地委下发《关于认真搞好农村形势教育的通知》，是年6月，在全地区农村普遍开展形势教育，地、县、区抽调2500多名干部组成600多个工作队，分赴农村，联系实际宣讲形势。1991年，全地区农村思想政治工作以社会主义思想教育为主线，以村级组织建设为重点，以建立健全统分结合的双层经营体制为中心，有序展开。1992年冬～1993年夏，分期分批开展乡镇社会主义思想教育。1994年11月，地委、行署召开全地区农村宣传思想工作暨精神文明建设会议，部署农村宣传思想工作暨精神文明建设。此后，农村思想政治工作着重开展党的基本路线和农村政策、社会主义、集体主义、科学文化和移风易俗、民主法制等方面的教育。

2.企业思想政治工作。1984年2月，中共毕节地委召开全地区职工思想政治工作会议，贯彻落实《企业职工思想政治工作条例》，介绍地区化肥厂、地区水泥厂和毕节县轮胎厂开展思想政治工作经验。各地各企业开办职工政治学校，组织职工脱产轮训；定期或不定期开展形势教育和政策教育；继续开展振兴中华读书活动；开展创先进、学先进、赶先进的社会主义竞赛；开展谈心活动，做好后进职工的思想转化工作；建设和运用好各种思想文化阵地加强企业思想政治工作。1990年1月3～4日，中共毕节地委在地区化肥厂召开地直企业思想政治工作经验交流现场会，安排部署全地区企业思想政治工作。是年上半年，各县先后召开企业思想政治工作会议部署企业思想政治工作。据是年5月统计，地直40个厂矿企业均建有政治工作机构，有政工人员220多人；全地区8个县的160余个国营企业，亦建有政工机构，有政工人员480余人。140余个集体企业，有专职或兼职政工人员近200人。1998年11月9日，中共贵州省委表彰1996～1998年度思想政治工作优秀企业和企业优秀思想政治工作者，毕节卷烟厂、金沙县康星植物油有限公司获思想政治工作优秀企业称号，毕化有限责任公司董事长、总经理李杰铭，毕节市水泥厂厂长熊廷顺被推选为企业优秀思想政治工作者。

**理论教育** 1.政治理论学习。解放后，干部理论学习以马列主义、毛泽东思想、邓小平理论、“三个代表”重要思想为主，一定时期结合实际，组织学习政治经济学、科学社会主义、中国革命和建设的基本问题等。1951年8～10月，地委下发《关于学习毛主席著作〈实践论〉的通知》，要求县级以上干部以学习《实践论》为主。1957年，组织地专机关副科级以上干部学习毛泽东著作《改造我们的学习》《整顿党的作风》以及《正确处理人民内部矛盾的问题》。1964年4月，地委批转地委宣传部《毕节地区县委宣传部长座谈会纪要》，要求全专区广泛开展重新学习毛主席著作运动。1968年春，各级革命委员会组织开展宣传、学习、讲用毛主席著作的群众运动，各级各部门以“斗私批修”为纲，举办毛泽东思想学习班，组织干部学习。1971年，结合农业学大寨运动，全地区共举办各类毛泽东思想学习班2.7万期，160万人次进入学习班学习。1972年4月，地区革委会组织县以上干部学习《共产党宣言》和《反杜林论》。1977年，地委根据中共中央的决定，安排部署全地区组织干部、群众学习《毛泽东选集》第五卷。1983年7月，《邓小平文选》出版发行，干部群众学习《邓小平文选》活动全面铺开。9月和12月，地委在党校举办两期副县级以上干部小集中读书班，学习《邓小平文选》中的28篇文章；区、公社主要领导干部和宣传委员，由县委党校分期分批轮训。1985年2月，地委批转地委宣传部《关于在职干部马列主义理论正规化教育的规划意见》，主要学习马克思主义哲学基本原理。1990年起，地、县机关均组织干部学习《马克思主义哲学学习纲要》。1992年，主要学习邓小平视察南方时的重要讲话。1993年11月起，地委安排各级各单位组织党员干部学习《邓小平文选》第三卷。并举办县处级主要领导干部学习《邓小平文选》第三卷学习班3期，全地区136名县处级领导干部参加学习。1998年举行开卷考试，全地区有2.6万名干部参加考试。8月，地委召开全地区学习邓小平理论工作会议，传达贯彻全国、全省学习邓小平理论工作会议精神，贯彻中共中央《关于在全党深入学习邓小平理论的通知》，部署全地区学习邓小平理论事宜。是年9月，地委举办副县级以上领导干部深入学习邓小平理论小集中读书班4期，学习《邓小平文选》第二、三卷，全地区689名副县级以上领导干部参加学习。2007年底到2008年1月，举办5期县级干部党的十七大精神学习班。

2.政治经济学学习。1951年3月，地委成立高级学习班，学习薛暮桥著的《政治经济学》。1959年，地、县机关和地直厂矿各党支部，组织干部重点学习《政治经济学教科书》社会主义部分。1981年，全地区副科级以上干部和从事经济工作干部，学习中共中央书记处研究室编辑的《学习马克思关于再生产的理论》一书。1987～1988年，全地区县以上机关、单位组织在职干部学习《社会主义商品经济若干问题》一书，以增强干部商品经济观念。1994～1995年，全地区各级干部以学习《中共中央关于建立社会主义市场经济体制若干问题的决定》为主，并组织考试。2002年，举办地直县（处）级、科级干部WTO知识培训班。

3.中国革命和建设的基本问题教育。1981年7～11月，各级党组织组织党员、干部和群众学习中共十一届六中全会通过的《关于建国以来党的若干历史问题的决议》，除组织党员、干部集中一段时间学习《决议》外，还在群众中开展宣讲活动，117万多人次听取宣讲。1986年

10月，地委制发《关于认真学习〈中共中央关于社会主义精神文明建设指导方针的决议〉的通知》，要求各级党组织把学好《决议》放在第一位，抓好领导干部和从事意识形态工作干部的学习。1987年下半年，干部学习《建设有中国特色的社会主义》一书。1989年3～6月，全地区在职干部理论学习以省委宣传部、省委讲师团编写的《社会主义初级阶段理论和党的基本路线学习纲要》（简称《纲要》）为主要教材。8月和9月，毕节地区组织在职干部两次参加全省学习《纲要》考试，全地区两次参考干部分别为1.33万人、2204人，及格率分别为96%和98%。1995年8～12月，根据《中共中央关于〈邓小平同志建设有中国特色社会主义理论学习纲要〉的通知》，各级党组织组织干部群众学习《纲要》，并于翌年初，分3期举办副县级以上领导干部学习《纲要》读书班，510人参加学习。2008年，举办为期两个月的“深化三大主题、推动科学发展”解放思想大讨论活动。

社会宣传　1.时事政治学习和宣传。1950年，各级党、政机构在执行清匪、反霸、减租、退押、征粮任务中，大力宣传党的政策和政府法令，打开完成任务的局面。各县、区召开农代会、贫雇农代表大会，村召开农民大会，宣传党的土改政策。1951年，全专区开展抗美援朝宣传，群众踊跃捐献，普遍订立爱国公约。1953～1954年，除结合普选开展普选学习与宣传外，在城乡大规模宣传和组织学习国家在过渡时期总路线、总任务，使其家喻户晓。1956年春，全专区开展农业合作化和《1956年到1967年全国农业发展纲要（草案）》宣传运动。1958年12月，地委下发《关于组织全民学习中共八届六中全会文件的通知》，各级单位组织干部、群众学习《中国共产党八届六中全会决议》《关于人民公社若干问题的决议》文件。1960年冬，广泛向群众宣传地委、专署《关于迅速纠正五风一化和制止强迫命令、违法乱纪行为的10项规定》。1964年春，地委安排全体干部、职工学习中共中央《关于农村社会主义教育运动中一些具体政策的规定（草案）》，同时在农村开展面上社会主义教育运动。1978年12月，中共十一届三中全会召开后，中共毕节地委决定在全地区掀起学习、宣传热潮，使广大干部、群众深刻认识全党工作着重点转移的伟大意义，切实把工作重点转移到社会主义现代化建设上来。1979年8月，各级各单位组织干部开展实践是检验真理的唯一标准问题的讨论。1983年初，地委下发《关于学习、宣传、实施新宪法的通知》，各级中共组织组织干部、群众学习和宣传新宪法。1988年，地委制发《关于深入学习十三大文件，开展党的基本路线教育的意见》，在组织全体干部、职工学习的同时，地、县向农村派出基本路线教育工作队219个，深入农村开展学习和宣传工作。1989年6月，地委、行署召开一系列会议，部署全地区组织学习《中共中央、国务院告全体共产党员和全国人民书》，引导干部、群众正确认识北京发生的政治风波，旗帜鲜明地反对动乱。1991年春，全地区继续开展坚持四项基本原则，反对资产阶级自由化的教育和宣传。1999年8～9月，地委部署各级党组织实施对党员、干部和群众进行马克思主义唯物论和无神论教育，开展揭批和取缔“法轮功”等邪教组织的宣传活动。2000年5～7月，根据上级有关通知精神，全地区组织开展“致富思源，富而思进”教育活动。地委、行署结合教育活动，组织全地区党员、干部和群众开展“西部大开发，毕节怎么干”大讨论。2003年，各级党委和政府按照中央和省要求，强化防治“非典”疫情的宣传工作，使全区人民自觉投入到防治“非典”的斗争中。

2.对外宣传。1980年，毕节地委贯彻执行中共中央《关于建立对外宣传小组加强对外宣传工作的通知》，将对外宣传纳入地县党委宣传部门的工作范围。1993年起，全地区对外宣传工作坚持正面宣传、事实宣传为主的方针，面向区外、省外、国外宣传毕节改革开放取得的成就，宣传地委、行署加快改革开放和经济发展的重大举措，宣传毕节开发扶贫、生态建设试验区，鼓励外商投资的优惠政策和已形成的投资环境，宣传毕节的自然风光和民族风情，提高毕节知名度，吸引投资和人才，促进毕节地区对外开放和经济发展，地委、行署组织完成反映毕节试验区开发扶贫、生态建设、人口控制、自然资源等方面状况的《中国贵州毕节》《我们走过5年》《开发扶贫结硕果》《生态建设传喜讯》《人口控制见成效》《天高任鸟飞》《毕节地区煤化工基地展望》等电视专题片的脚本编写和拍摄；完成反映区内国家重点工程贵毕公路、大纳公路（贵州段）建设情况的《黔西北的呼唤》《走向远方之路》和《隆八铁路启示录》电视专题片的脚本编写和拍摄。是年9～10月，举办《毕节开发扶贫、生态建设5周年建设展览》，共接待参观单位53个，5300多人。2000年，地委、行署决定由地委宣传部牵头，组织新闻采访团赴北京、贵阳、深圳，开展神州大地毕节人采访活动。与此相配合，《毕节日报》、毕节电视台等新闻媒体，开辟神州大地毕节人专栏、专题节目进行介绍。2003年，由孙中山基金会香港委员会主办的《华人世界报》派记者到毕节地区采访，并在《华人世界报》第8、9、10期上连续发表《聚集中国毕节》的长篇通讯，介绍毕节试验区情况。2005年，全国“两会”期间，“两会”新闻中心以“民主党派、全国工商联毕节试验区智力支边结硕果”为题，召开毕节试验区专题新闻发布会。2010年，宣传毕节试验区成立22周年以来所取得的成就和“4·14”会议以来所取得的成绩。

## 第四节　统一战线

**民主人士和非党代表人士的统战工作**　解放初，地委书记赵欲樵、专员孟子明曾拜访贵州辛亥革命元老，随红二、六军团长征到延安的毕节知名人士周素园，请他参加专区支前委员会工作。同时安排民主人士周稚九、李仲群、黄燮南、国民党起义将领刘鹤鸣工作。1950年7月，少数民族自然领袖杨伯瑶任专署民族事务委员会主任；9月，由地委推荐，被中央人民政府任命为贵州省人民政府委员、省民委副主任、省监察委员会委员。金沙县少数民族领袖李仿尧，解放初担任金沙县剿匪指挥部副主任，后任金沙县副县长，1952年任毕节专员公署副专员。此后，统战工作面逐渐扩大到无党派民主人士、资产阶级分子和上层人士、知识分子代表人士、少数民族头面人物、宗教界上层分子、民主党派成员。1962年，有488名统战人士被选为县以上各级人民代表、政协委员、人民委员会委员。

1988年，全地区开展考察统战人士工作，建立279个重点人士的考察材料和卡片。1990年，人大、政协换届，安排非党代表人士64人，其中地区政协工委副主任2人，省政协委员2人，县人大副主任16人，县政协副主席44人；此外，安排担任区级以上实职112人，其中行署副专员1人，副县长6人，区级领导90人。1989～1992年，全地区安排非中共人士担任乡级以上领导干部339人，其中副厅级2人，副县级10人，地直单位正局级1人，副局级9人。是年，地委制定《地委委员、行署党员副专员联系民主党派和无党派代表人士制度》。2010年，地直行署部门党外副职安排人数达6人。

**少数民族统战工作** 毕节地区除汉族外，另有34个少数民族。解放后，地委大张旗鼓宣传中共民族政策，反对大汉族主义，反对民族歧视，反对民族压迫，强调各民族一律平等。1950年，各县先后召开各族各界代表会议和农代会，听取各族各界代表人士对党和政府工作的批评和建议，发挥其协助政府、联系各民族群众的纽带作用，推动完成清匪、反霸、减租、退押、征粮任务。1954年，成立威宁彝族回族苗族自治县，其政府组成人员中，都有其主体民族的人士参与。是年，根据省人民政府指示，大定县率先成立民族乡6个。翌年，各县分别建立民族乡，全专区新建民族乡58个。1992年建并撤后，全地区共有民族乡77个。民族区域自治政策在贯彻执行，促进对少数民族干部的培养使用。1955～1965年间，全专区选送少数民族干部共534人到省、武汉、西南、中央民族学院学习，这些干部学成回来，先后安排重要领导职务。1992年，毕节专区少数民族干部1.41万人，占干部总数的19.6%。少数民族技术干部4411人，其中获中级以上专业技术职称者339人。全地区有县级以上少数民族干部117人，占同级干部总数的24.6%；科级少数民族干部557人，占同级干部的27.5%；乡镇少数民族领导干部1135人，占同级干部总数的13.1%。

**宗教统战工作** 解放初，各级中共组织贯彻执行中共中央关于宗教的方针政策，管理教会活动。实施自主、自养、自传（简称三自）革新教会，坚持独立自主、自办教会、自力更生开展教会活动。对各种宗教神职人员进行思想政治工作，解除顾虑，正常开展宗教活动。1982年4月，召开全地区宗教工作会议，传达贯彻中共中央《关于我国社会主义时期宗教问题的基本观点和基本政策》，要求各级党、政切实按照中央的政策，做好对宗教活动的教育管理。1990年，地委统战部、地区政协工委、地区宗教事务处联合调查全地区宗教情况。据调查统计，全地区信教群众，13.22万人，其中7.1万人信仰伊斯兰教，有清真寺53座，阿訇302人；6.03万信仰基督教，有正式开放教堂119座，神职人员231人；816人信仰天主教，多为老年人和妇女，宗教活动主要在家祷告诵经；佛教寺庙21座，神职人员63人；道教仅少数寺观有活动。

**对台工作与侨务工作** 1.对台工作。1979年起，地区及各县对台工作部采取多种形式开展对台宣传和涉台教育工作。一是召开全地区对台工作会议或台办主任会议，严格按中央对台工作指导方针开展对台工作。二是每年的中秋、春节前夕或中央文告发表时，召开各界人士和台胞、台属座谈会，反复宣传一个中国原则和“和平统一、一国两制”的对台基本方针及江泽民的八项主张，动员台属加强与在台亲人的联系，寓宣传于通信联系之中。三是向回乡探亲的台胞和赴台探亲人员宣传祖国改革开放以来所取得的巨大成就和“和平统一、一国两制”的对台基本方针。截至2000年底，全地区共接待返乡探亲、旅游、考察的台胞4386人次，赴台湾探亲、奔丧的台属308人次。四是吸引台资。据2000年统计，台胞投资185万元人民币创办化工、建材企业；捐赠180多万元人民币用于办学、办电、修路等公益事业。五是登记台胞台属。据2003年底统计，全地区台胞人员1951人；台属6286户，2.5万人。2011年，全区接待回乡探亲、旅游、投资的台胞台商2095人次，接待台属111人，走访台胞台属93户。

2.侨务工作。1982年，地区成立侨联小组。据是年登记，全地区有侨务工作对象202户，600多人，其中归侨15人、侨眷200人，港澳同胞300余人，侨属500多人，分别侨居亚洲、欧洲、美洲、大洋洲的18个国家和地区，其中国外336人，港澳地区167人。至1985年，有通信联系的157户，占总户数的80%；有侨汇的81户，占通信总户数的51%。1984年6月，行署成立侨务办公室，具体抓侨务工作。各县侨务工作仍由地委统战部代管。1996年，全地区共登记归侨20户，侨眷209户，港澳同胞眷属78户，港澳同胞3人。其中县级以上干部7人、中共党员48人、九三学社社员2人、农工民主党党员1人。上述人员的亲属分别在23个国家和地区，235户，1999人。

**联络联系工作** 2009年，制定出台《毕节试验区工作联络联系制度》《毕节试验区联络联系办公室项目报送制度》《毕节试验区联络联系办公室项目跟踪制度》《毕节试验区联络联系办公室汇报会工作制度》和《毕节试验区联络联系办公室工作制度》，完善中央统战部、各民主党派中央、全国工商联和国家有关部委、省有关部门的联络联系机制，形成“中央、省、地、县”四级联络联系网络。2010年，向中央统战部、各民主党派中央、全国工商联、国家有关部委上报文字报告50多份，参与或承担接待中央统战部、各民主党派中央、全国工商联、国家有关部委及省内外统一战线考察调研组赴毕节试验区考察调研协调服务，40多批次上千余人；编发《联络联系工作动态》32期。

**“同心工程”工作** 2010年，由中央统战部牵头，各民主党派中央、全国工商联、东部十省市统一战线等有关方面参与，在毕节实施建设“同心工程”，涉及4大项目，23类，80多个具体项目。2011年，中央统战部牵头投入帮扶资金4000万元，地方配套资金2300万元，在全区9县市区投入资金6390万元，打造9个“同心新村”。中央统战部在京为毕节组织“统一战线参与毕节试验区建设招商引资项目推介联谊会”“2011年全国部分非公有制经济人士及港澳知名人士走进毕节试验区投资洽谈会”，实现签约项目53个，签约资金301.01亿元。

## 第五节 政法工作

中共毕节地委政法委自1981年成立以来，政法委书记由中共毕节地委1名委员兼任，副职领导职数3名。地区综合治理办公室与政法委合署办公，同时地区维护社会稳定办公室也设在政法委，综治办、维稳办主任分别由政法委1名副职领导兼任。政法委成立以来，始终贯彻执行中央和省、地党委的决策部署，紧紧围绕党的中心工作，牢固树立执法为民的思想，充分发挥职能作用，深入开展严打整治斗争，认真落实社会治安综合治理各项措施，加强政法队伍建设和统筹解决影响和谐稳定突出问题，全力维护社会稳定，为毕节试验区各项事业顺利进行提供了强有力的法治保障。

**政法工作** 政法委以创建“平安毕节”为着力点，切实加强政法队伍建设，大力弘扬法制精神，以饱满的热情、旺盛的斗志、不懈的努力，为毕节试验区经济社会又好又快发展创造和谐稳定的社会环境和公平正义的法制环境。一是集中处理信访突出问题，维护公平正义。政法委先后制定《涉法涉诉信访工作制度》《信访工作排查制度》《领导干部接待制度》《政法机关领导大接访活动实施方案》《毕节地区地级涉法涉诉救助资金管理办法》等文件，全面规范信访接待工作，畅通群众信访渠道，认真办理社会、群众关注有影响的重大疑难案件。二是牵头各司法机关积极构建严密的社会治安综合防控体系和长效工作机制，开展全区普法教育规划，推进依法治区进程，积极预防和化解各类矛盾纠纷。加强执法监督，确保司法公正。三是深入开展“打黑除恶”严打整治斗争，严厉打击、严惩各种刑事犯罪和经济犯罪。依法防范和打击危害国家安全的犯罪，预防和处理邪教工作等。四是及时响应党中央和省委、地委的号召，积极参与社会救助和抗灾救灾工作，全力维护抗灾救灾期间的社会稳定工作。五是强化执法为民宗旨认识，不断加强政法队伍建设。重点抓住新任政法领导干部、后备干部和政法机关新进人员的社会主义法治理念教育。开展“以案析理”“以案释法”和“大学习、大讨论”“讲党性、重品行、作表率”等教育培训活动，努力打造政法“五型（学习型、务实型、服务型、廉洁型、创新型）机关”。六是加强反腐倡廉建设，制定切实有效的党风廉政建设和反腐败工作措施，落实“一岗双责”，抓好党建工作，学习先进事迹，加强反腐教育，形成严密的政法队伍反腐防腐“天网”。

**平安建设** 政法委以创建“平安毕节”为工作目标，全面开展平安建设工作。一是按照中共毕节地委的要求，切实开展平安毕节、和谐毕节的创建工作，努力使全区人民群众获得安全感、幸福感。二是开展以“打黑除恶”为龙头的严打整治、命案侦破、“打盗抢、保平安”、打击涉电设施犯罪和“追逃”等各类专项整治行动，确保社会安定，人民安家乐业。三是切实加强民防网、警防网、技防网、保安防护网、调解网的“五防网”治安综合防控体系建设，探索实现了全区地、县、乡、村（街道、居委会、小区）四级防控网络建设体系。四是深入持久地开展禁毒人民战争，以摘掉毒情重灾区帽子为目标，扎实推进全区禁毒工作的全面深入开展。

**维稳工作** 维护社会稳定是政法工作中一项非常重要的工作，政法委在全区维稳工作中做了大量卓有成效的工作，确保了全区社会稳定和谐发展。一是彻底排查、处置、化解了大量的矛盾纠纷，尤其是成功解决了一批可能引发群体性事件的突出矛盾纠纷。二是及时稳妥处置了许多的群体性事件。在群体性事件处置中，各级政法领导深入一线，靠前指挥处置，采取切实有效的工作方法，及时稳妥地将群体性事件处置在初发阶段、萌芽阶段，将负面影响控制在最小范围、可控范围。三是探索建立维稳工作的长效工作机制。进一步落实信访维稳工作领导责任制、完善信访维稳三级劝返工作机制，建立情报信息联络员制度、社会稳定风险评估机制，为抓好维护社会稳定工作提供了良好的运行机制和制度保障。

# 第六节　纪律检查工作

**信访举报**　1951年6月，专区及各县中共纪律检查机关建立后，随即设置信访部门，按信访工作要求受理举报。据统计，1951～1965年，全专区中共纪检监察机关信访举报部门共受理控告、申诉案4931件，结案3820件。1988年，大方县纪委开展赶场天下乡挂牌接待制度，地区纪委在全地区推广大方纪委作法，逐步推行下访接待活动。1993～1995年，全地区纪检监察信访工作按省纪委关于领导重视、队伍适应、制度完善、充分发挥职能作用、密切配合中心工作的要求开展工作，控告申诉案件当年结案率在90%以上，信访问题当年办结率在90%以上，当年结案案件按期结案率在70%以上，优质结案率在80%以上。1995年，地区纪委、监察局在各县市纪委、监察局、地直各纪检组（纪委）、监察室自查的基础上，组织3个组分别检查验收各县市和地直各单位1993～1995年信访举报工作目标管理规划落实情况。通过检查验收，全地区8县市纪委、监察局以及地直37个单位纪检组（纪委）监察室实现达标。1996年获省纪委、监察厅授予全省纪检监察系统信访举报工作目标管理组织奖。1997年，地区纪委、监察局向全地区纪检监察机关提出开展无重信重访、无越级上访（集体上访）、无信访积案活动，落实和加强乡镇、村、村民组的信访组织建设，形成县抓乡镇，乡镇抓村，建设形成村民组的信访网，做到问题出现在哪里就在哪里解决。得到省纪委和省委办公厅领导的充分肯定。继续抓好实现当年信访办结率、结案率提高到100%；按期结案率、优质结案率提高到95%以上的工作目标。1999年，把巩固提高信访举报工作的“四率”和全地区三分之一乡镇实现“三无”信访目标列入全地区各级纪检监察机关的工作目标责任制，长期坚持。2000年，全地区40%以上的乡镇实现信访“三无”，“四率”均达到要求。1979～2000年间，全地区中共纪律检查机关信访举报部门共处理群众来信7.08万件，接待来访人员3.2万余人次，接收电话举报1415人次，有力促进全地区纪检工作的开展。2001～2005年，全地区中共纪检机关信访举报部门共受理群众来信来访和电话举报1.65万件（次）。开展信访办事公开、署实名举报项目试验与调研、下访等活动，设置信访举报办事公开栏733块，扩大群众的知情权；深化下访挂牌接待，巩固和深化信访听证制度，制定和完善《首问责任制度》《信访听证会制度》等10多个工作制度。2011年，推进“零上访乡（镇、办事处）村（居委会）”创建活动，排查信访举报问题2152个，化解2087个，立案调查123件；开展“三访”活动，统筹“三访”化解信访积案专项经费1130万元，接访信访事项2679件，办结2679件，满意率96.34%。

**违纪案件查处**　1951年6月，地委贯彻执行中共中央《关于整党整风的指示》，部署在全专区开展8～10天以整顿工作作风为主的整党整风运动。1952年，遵照中央决定，全专区开展反对贪污、反对浪费、反对官僚主义运动，党的纪检干部参与党委“三反”办公室工作。运动中，96名党员干部因贪污公款受纪律处分。此后，在历次政治运动中，都有一些党员干部违反党的纪律，受到党纪处分。据统计，在1951～1965年间，全专区中共纪律检查机关共查处党内违纪案7334件，其中政治历史问题2547件，贪污等经济问题1329件，违反政策法规问题1784件，官僚主义失职渎职133件，违反政治、组织纪律483件，腐化、赌博问题936件，其他170件。“四清”中，共查处违纪案483件。涉及违纪案件的党员干部，视其情节轻重，分别受到不同处分。1979年10月，全地区恢复和建立中共纪律检查机关，开展对违纪党员案件的查处工作。1980～1992年，全地区中共纪检机关共查处中共党员违纪案5819件，分别给予相应的处分。1995年，地区纪委、监察局结合地区实际，制定对各县市纪委、监察局和地直纪检组（纪委）、监察室的工作目标，实行百分制考核，执行多年，效果较好。是年，地区纪委、监察局检查全地区所办案件，各县市案件审理部门抽查各乡镇及县直各单位所办案件合格率均在98%以上。1998年，与公检法、工商、税务、审计等单位联合制发《关于纪检监察机关在查办案件中加强与公、检、法及行政执法机关联合和配合的意见》，纪检监察机关与有关执法监督机关协调配合联合办案。是年，全地区查处大要案件工作得到省纪委肯定，省纪委派员帮助总结经验，推荐参加中纪委在成都召开的片区会，并在会上作经验交流。是年，地区纪委、监察局被省纪委监察厅评为1993～1997年度全省纪检监察系统案件检查先进单位。自1999年起，地区纪检监察机关将案件质量检查作为一项制度确定下来，每年对县、乡所办案件进行抽查，及时发现和解决问题。据统计，1993～2000年，全地区纪检监察机关共审结涉及贪污、违反政策法规、违反计划生育政策、官僚主义失职渎职、违反组织纪律、腐化赌博等各类案9574件，涉及县处级干部43人，乡科级干部572人。2001年，全地区各级纪检监察机关把查办“三机关一部门”及贪污、贿赂、挪用公款、领导干部违反政治纪律和组织人事纪律、严重失职渎职案件为重点，集中力量，加大力度，突破一批有影响的违法违纪案件。同时，全地区纪检监察机关本着预防为主、教育为主的原则，对领导干部实施谈话打招呼。2001～2005年，全地区纪检监察机关共立案7074件，结案7072件。2006～2011年，立案4871件，结案4871件，处分5351人，为国家挽回经济损失2944.97万元。

**党纪党风教育与党风检查** 1.党纪党风教育。1951年6月～1966年5月，通过查处党内违纪案件、典型案件对党员进行教育。1966年5月～1976年10月“文化大革命”期间，严重干扰对党员的党纪党风教育工作。1976年10月“文化大革命”结束后，逐渐恢复对党员的党纪党风教育。1983年2月，根据《中共中央关于加强党员教育工作的通知》要求，全地区分期分批轮训党员。轮训以中共十一届三中、五中全会精神为主要内容，以《党章》《准则》为教材，对党员进行教育。全地区9.28万名中共党员接受轮训，占91.5%。1987年初，地区及各县党委、纪委及各级党组织，统一部署对党员进行党性党风党纪教育。1989年，地、县纪委先后建立起宣传教育研究机构，配备专职人员和设备，开展党风党纪教育工作。1991年，各级纪检部门组织党员参加省纪委举办的党风党纪知识竞赛，全地区3.54万名中共党员参加竞赛。1994年，地区纪委下发《关于在全区开展反腐倡廉教育的通知》，安排部署党风廉政教育。1996～1997年，针对全地区一些地方和单位存在注重抓经济建设，放松对党员、干部的教育管理，党员队伍中出现群众观念淡薄，不注意走群众路线、群众纪律差，工作方法简单粗暴等问题，中共毕节地委决定在全地区党员、干部中深入开展群众观点、群众路线、群众纪律教育。1999年6月，根据中共中央的部署，在县以上党政领导班子和领导干部中开展讲学习、讲政治、讲正气教育。2000年，地委根据中央和省委的决定和要求，在全地区农村开展“三个代表”重要思想学习教育活动。2005年1月起，根据中央和省委的部署安排，用1年半时间，在全地区开展保持共产党员先进性教育活动。

2.党风检查。1984年，中共中央纪律检查委员会第三次全会要求实行党风检查。自是年起，到1998年，每年进行党风检查，各有侧重地解决党风方面存在的问题。全地区共组织6341名干部，对2907个单位实施党风检查。

廉政建设　1989年3月，地委根据中共中央书记处关于廉政建设和公开办事制度、公开办事结果、依靠群众监督（简称两公开一监督）的指示和省委工作部署，决定成立廉政建设领导小组，开展试点工作。试点分两批进行，全地区400多个单位近2万名职工参加试点。两批试点共出台各种廉政方案制度1687个，为群众办好事实近3000件。自此始，地区和各县纪委把廉政制度建设作为一项经常性的工作。1989～1994年，全地区共制定廉政制度1.07万多个，各种规章制度2088个。此后，地区和各县市纪委在廉政建设工作中开展多项专项治理，治理包括：清理用公款旅游和出国（境）旅游；严格控制会议和各种检查、评比、达标、庆典活动；控制新建和装修办公楼；严禁用公款大吃大喝；清理政法机关经商活动；检查用公车参与婚丧嫁娶活动，均收到较好效果。同时，在全地区推行政务、村务、厂务公开制度。1998年底，中纪委作出《关于实行党风廉政建设责任制的规定》、省纪委拟发《贵州省关于实行党风廉政建设责任制的实施办法》。1999年初，毕节地委、地区行署制定《关于全区党风廉政建设责任制的实施办法》。全地区地、县市党委、政府、人大、政协、纪委率先制定党风廉政建设责任制，明确领导班子及成员在党风廉政建设中应负的责任和责任追究内容。全地区124个副县级以上党政机关、250个乡镇、办事处、596个县市直单位均制定党风廉政建设责任制。同时，毕节地委、地区行署把一些专项治理任务分解到有关行业主管部门，并以签订责任书的形式将责任进行量化和明确，形成一级抓一级，一级向一级负责，层层抓落实的党风廉政建设领导制度。2000年，地区成立党风廉政建设领导小组，加强对党风廉政建设责任制工作的领导。是年，7次检查地直和各县市党风廉政建设的执行情况，检查地厅级单位5个，县处级单位79个。1998～2000年，全地区共立案查处违反责任制规定的各类案件61件，73名领导和干部受到责任追究。2001年，各级各部门将党风廉政建设责任制进行细化责任分解，形成责任网络。2005年，地委办、行署办下发《关于2005年党风廉政建设和反腐各项任务进行责任分解的通知》，重新调整各部门的责任，并严格责任追究。2010年，贯彻落实中办、国办《关于加强农村基层党风廉政建设的意见》，加强对农村党员干部的教育和监督，解决虚报浮夸、与民争利、以权谋私的问题。组织农村基层干部开展反腐倡廉培训2914次近6.48万人，纠正涉农问题116个，涉及金额279.36万元；查处涉农问题99个，涉及金额116.32万元。开展农村资金、资源、资产“三资”管理试点工作，建立农村集体“三资”代理服务中心和工作站，聘请“三资”监督员和信息员，形成“政府领导、中心执行、纪委监督、村级委托”的工作构架。

此外，中共毕节地委、地区行署加强从源头上预防和治理腐败。2001年起，地、县市行政事业单位全面实行会计委派制度，严格执行会计回避、定期学习、定期轮岗、定期汇报工作、考核、责任追究等制度；对领导干部进行经济责任审计；推行政府采购制度；落实收支两条线的规定。2011年，建成省、地、县三级联网的行政审批电子监察系统，参与推进经济责任审计，审计领导干部38人，查出违规资金1254.67万元、管理不规范资金4789.54万元，收缴违纪资金256.7万元；强化政府采购监督力度，全区政府采购金额12.48亿元，节约资金2.12亿元。探索工程建设项目招投标领域“制度+科技”的监督管理途径和办法。全区建设项目184个，中标价近25.37亿元，节约资金1138万元。采取“招拍挂”出让土地149宗，成交价款21.12亿元；采矿权10宗，成交价款214.4万元；督促落实企业国有产权进场交易制度，企业国有产权交易4宗，评估价3002.88万元，成交金额3065.98万元。加强党务、政务、村务及公用事业单位办事公开“进村入户”工作，深化政务公开。

## 第七节　其他党务

### 一　机构编制

**机构管理**　解放初，地委、专署工作部门及事业机构设置，均由省政府或省编委批准。1963年，省要求行政机关工作部门的设立，根据实际工作需要，因地制宜，只求工作任务的归口，不强调机构上下对口，力求减少层次；事业机构的设立，根据国民经济发展计划和实际工作需要，分轻重缓急，力求结构合理；专署工作部门的设置、合并、撤销，由省人民委员会审批，专署工作部门的内部科室设立、合并、撤销，由专署审批；地委和群团参照上述办法审批。地直事业机构的设立、调整由省人民委员会审批；其内部机构的设立、调整、撤销由专署审批。1987年，毕节地区贯彻执行中共中央、国务院，贵州省委、省政府的指示精神，在中央统一部署机构改革前，党政机关和群众团体，一般不再增设新的机构，也不得以任何理由增加机构层次，提高机构规格，不得再成立非常设机构，需要协调的工作，可采取联席会议的形式解决；今后凡增设机构，提高机构规格，都必须按业务归口的原则，由主管部门写出专题报告，报经编制管理部门审核后，提交党委、政府集体讨论审定，由主管领导“一支笔”审批，未经编制部门审核的，一律不予审批；机构的审批权限不能下放，对未经上一级党委和政府批准自行升格的机构，要一律降下来，要对超越权限、违反规定增设的机构，原则上都应撤销。严格审批新设机构和处理机构的升格问题。1992年，地区编委对地直机关、事业单位及其内设机构的建立、合并、撤销、升格等问题的审批权限作出规定：在中央、省统一部署地方机构改革前，原则上停止审批地直机关、事业单位增设科室机构。1998～1999年，对党政群机关的机构实行冻结，停止审批各部门要求增设机构，提高机构规格的报告。2000年后，机构建立、合并、撤销、升格均按规定严格执行。

**人员编制管理**　解放初，毕节专区贯彻中央关于人员编制和经费管理相统一的规定，管理机构编制人员。1956年，机构人员编制管理与经费管理分离，机构人员编制出现超编。1963年，贯彻执行国家制定的相关规定，制止日益严重的机构人员超编问题。一是将编制分为行政、事业和企业编制。二是实行统一领导、分级管理。三是明确管理措施，控制行政编制总额；根据事业单位的性质和特点，采取不同的管理方法管理事业编制。四是规定纪律。上述管理方法在“文化大革命”中被终止。1979年，逐渐恢复1963年规定的管理办法。1987年，根据地委、行署关于加强机构人员编制及经费管理的要求，地区编委、财政局、人行、工行、农行联合制定机关、事业单位职工工资基金暂行管理办法。后经1988年、1990年进行补充和完善，一直沿用至1996年，对防止人员超编起到较好的控制作用。1996年机构改革后，工资基金管理职能划转行署人事部门，工资基金管理与编制管理分离。1991年，地委组织部、地区人事局、地区编委制定全地区机关事业单位增员实行审批的制度：凡机关、事业单位增员，无论空编与否，都必须先报编委办审批，组织、人事等部门凭编委办审批的增员表办理调动等有关手续，财政部门凭编委办审批的增员表拨付相关经费。之后，这一制度经过多次补充完善，沿用至今。2009年，开展机构编制督察，全区党政机关编制共计5344名，实有人数6215名，通过自然减员消化超编人员125人。

## 二　政策研究

**中心工作调研**　1951～1966年，地委研究室开展清匪、反霸、减租、退押、征粮、土地改革、镇压反革命、“三反”“五反”、互助合作和人民公社化运动进行调查研究，向地委提供决策依据。1988年，针对社会稳定问题开展调查研究，拟定《关于加强我区政法工作的意见》，以地委文件印发地直和各县贯彻执行。1993年，在调查研究的基础上，先后提交《齐心协力，千方百计修好贵毕公路》《关于修建隆八铁路的综合报告》以及《关于建设毕节煤炭化工基地的研究报告》等文稿，经地区党政领导班子及有关部门和部分专家充分讨论，纳入地委、行署的决策并付诸实施。1999～2000年，结合农村经济结构进行战略性调整，以及针对财政税收工作受国家削减烤烟、卷烟生产计划，下调“两烟”税率，取缔土法炼锌、炼焦炭，农业税下调和小煤窑关井压产等影响，财政收支矛盾突出的问题，组织开展一系列调查活动，并起草《关于切实推进财源建设，大力加强财政税收工作的决定》《关于调整农业生产结构，推进产业化经营的意见》《关于推进油菜产业化经营的实施意见》，分别由地委行文下发全地区执行。2000年后，针对毕节试验区“开发扶贫、生态建设、人口控制”三大主题开展系列调研。

**热点难点问题调研**　1989年，组织开展家庭承包经营问题调研，对毕节地区1981～1988年家庭承包经营状况、政策引导工作、家庭承包经营在毕节试验区的存在基础及后续政策等方面的问题进行探讨，拟写《毕节试验区家庭承包经营的潜力、前景及后续政策思考》文稿，于1994年获国务院农村发展研究中心农村政策研究成果三等奖。1992年，组织调查适应社会主义市场经济发展需要，探索简政放权、转换政府职能、增强企业市场竞争活力的路子。1998年，开展非公有制经济发展问题的调研。2002年，组织地直有关部门和各县市就加快试验区经济社会发展相关问题开展调研，提出全地区经济社会发展中存在主要问题和政策建议，供地委、行署决策参考。2010年，先后完成发展农民专业合作社调研2次、生态文明家园调研2次、非公经济调研2次、农村改革试验调研3次、建设经济强县和创建明星乡镇调研2次、民族文化旅游资源开发调研1次，其他方面调研3次以上。

## 三　党史研究

毕节地区中共党史研究部门自1981年6月成立以来，积极开展党史资料的征集、研究工作，取得了一系列丰硕的成果，为解决历史遗留问题、划定革命老区、编写地方党史、建设红色教育基地和开展红色旅游等打下了坚实的基础。

**征集党史资料**　1983年初，全区正式启动党史资料征集工作，通过积累大量资料，基本查清了中央红军和红二方面军在毕节地区的革命活动、中共毕节地下党组织建立及其革命活动、中国工农红军川滇黔边区游击纵队在黔西北革命活动的情况；基本查清了中国人民解放军二野五兵团十六军四十七师解放和接管毕节专区各县，建立地、县党政领导班子，开展清匪、反霸、减租、退押、征粮及开展镇压反革命、抗美援朝、土地革命，开展反对贪污、反对浪费、反对官僚主义，开展反对行贿、反对偷税漏税、反对盗窃国家财产、反对偷工减料、反对盗窃经济情报及新中国成立后各个时期的史料征集；同时，收集了历届党中央和国家领导人莅毕考察、调研的许多活动资料。为落实党的干部政策，明确革命身份和烈士身份，丰富党史资料，研究地方党史提供了翔实的史料。

**申报革命老区**　1997年，收集、整理毕节地区革命史料近100万字，代表中共毕节地委、毕节地区行署起草划定革命老区申报请示。1998年，经中共贵州省委、省人民政府批准，毕节地区所辖毕节、大方、黔西、金沙、纳雍、威宁、赫章7县（市）179个乡镇办事处被划定为革命老区，成功地完成了毕节革命老区的申报工作。

**申报建设红色经典旅游景区**　2006年，在地、县（市）委党史研究室的积极争取下，成功完成了毕节、大方、金沙、赫章三县一市境内的中华苏维埃人民共和国川滇黔省革命委员会旧址、鸡鸣三省会议旧址、钱壮飞烈士墓区、红九军团菜籽坳战斗遗址、哲庄坝红军战斗遗址纪念碑和烈士墓园等7处红色经典旅游景区（景点）的申报工作，申报项目全部被列入全省50个红色经典旅游景区之中，进一步提升了毕节地区红色旅游优势，提高了毕节对外的知名度和美誉度。

**考证钱壮飞烈士牺牲时间和地点**　通过调查、考证，在掌握大量史料的基础上，查清了钱壮飞烈士的牺牲时间、地点、经过等情况，得到了有关部门和专家的认可。2001年，通过中共贵州省委党史研究室、贵州省国家安全厅组织有关专家、学者进行论证后，报中央党史研究室和国家安全部确定：钱壮飞同志于1935年4月1日，随中央红军长征时牺牲在贵州省金沙县后山乡。从此，成功地结束了党史、军史上一桩长达60多年的悬案。

**林青烈士故居考证**　林青是中国大革命时期毕节党组织建立初期的第一任党支部书记，也是中共贵州省工委第一任书记。为了搞清楚林青烈士的故居，中共毕节地委党史研究室在毕节县（市）党史研究室的配合下，开展对林青烈士故居及相关问题的考证。通过考证，查清了林青烈士的故居和林青从事革命活动及牺牲的情况，为修建林青烈士纪念馆和开展纪念革命烈士林青活动提供了准确的历史依据。

**鸡鸣三省会议会址考证**　鸡鸣三省会议是中国革命伟大转折——遵义会议之后的第一个新起点，是中共党史上的一次重大会议，会议解决了一系列重大问题。为了搞清楚鸡鸣三省会议会址，中共毕节地（市）委党史研究室、毕节县（市、区）党史研究室组建联合考证工作组，切实开展了对鸡鸣三省会议会址的全面考证工作。通过大量的考证，后来最终查清了鸡鸣三省会议召开的地点——贵州毕节林口的鸡鸣三省村。这一结论，得到了国家有关单位部门和专家的认可，经中办秘书局、国办秘书局商有关部门并报中央领导同意，贵州对鸡鸣三省会议会址及纪念碑进行了抢救性修缮和保护。

**普查革命遗址遗迹**　2004年、2010年，两次组织开展对毕节地区地域内的革命遗址遗迹的全面普查工作，查清了革命遗址遗迹的分布、遗存和保护情况，并提出科学的保护、抢救、建设意见和措施，主动积极与相关部门配合争取资金数千万元，对毕节夏曦烈士纪念碑、中华苏维埃人民共和国川滇黔省革命委员会旧址、红六军团政治部旧址、贵州抗日救国军司令部旧址、鸡鸣三省会议会址、毕节烈士陵园，大方中华苏维埃人民共和国川滇黔省革命委员会旧址、将军山战斗纪念碑、黄家坝阻击战纪念碑，黔西红军强渡鸭池河纪念碑、英雄桥纪念碑，金沙钱壮飞烈士墓、赫章哲庄坝战斗纪念碑等红色遗址遗迹的保护。一系列的保护，大大地推动了当地经济的发展，为全区红色旅游的发展奠定了深厚的基础。

**建设爱国主义教育基地**　毕节地区利用红色遗址遗迹，建设爱国主义教育基地，全面开展红色文化教育。已建成的红色文化教育基地有：毕节的中华苏维埃人民共和国川滇黔省革命委员会旧址、红六军团政治部旧址、贵州抗日救国军司令部旧址、鸡鸣三省会议会址、毕节烈士陵园、毕节草原艺术研究社旧址，大方的中华苏维埃人民共和国川滇黔省革命委员会旧址、将军山战斗纪念碑、黄家坝阻击战纪念碑，黔西红军强渡鸭池河纪念碑、英雄桥纪念碑，金沙钱壮飞烈士墓园、赫章哲庄坝战斗纪念碑等，每逢纪念日、重大活动日，各县（市）都组织广大干部群众和青少年学生到纪念地举行活动，进行革命传统教育和爱国主义教育，每年都有上百万群众和青少年学生到这些革命纪念地参观瞻仰和接受革命传统教育。

**创办党史刊物**　《毕节党史研究》是毕节地区党史研究成果的载体和交流平台，刊物遵循实事求是、秉笔直书、立准立好、以史鉴今、资政育人的宗旨，以研究历史、认识世界、传承文明、创新理论、服务社会为目的，结合党和国家工作大局和地委、行署的中心工作，结合探索世界政党兴衰成败规律，以丰富的内涵和朴实的风格引起人们的关注，激发了全区广大党史工作者和党史学会会员研究、写作的积极性，使广大读者特别是青少年受到历史的正面教育。同时各县（市）党史研究室也相继办起了刊物，如《毕节县（市）党史通讯》《金沙县党史研究》《织金县党史纵横》《威宁县乌蒙史话》《赫章县党史通讯》《纳雍县党史资讯》等。

**出版党史著述** 从全区开展党史研究工作以来，对已收集的原始资料、文物和遗存的遗址遗迹等，进行了全面深入的整理、考证、研究，形成了系统完整的理论资料，相继出版了《中国共产党毕节地区历史》《中国共产党毕节市历史》《中国共产党金沙县历史》《中国共产党威宁县历史》《中国共产党黔西县历史》等5本地方党史正本，准确地总结和叙述了新民主主义革命和建国后党在毕节领导全区各族人民进行革命、建设、改革和发展的光辉历程，成为毕节地方党史的权威专著和向全区广大干部群众、青少年进行革命传统教育和爱国主义教育的生动教材。同时，为了搞好编史、存史工作，先后编印出版了一批珍贵的党史资料。1985年12月出版《中共毕节地区党史大事记（1933～1949）第一辑》，1986年2月出版《烈士传第一辑》、3月出版《红军在黔西北》、4月出版《乌蒙伏虎》，1988年12月出版《中国工农红军川滇黔边区游击纵队斗争史》，1989年6月出版《冀鲁豫边区革命斗争回忆录选》、8月出版《地下党在黔西北的革命活动》和《烈士传第二辑》、9月出版《回顾毕节解放斗争》，1990年11月出版《难忘的峥嵘岁月——红军在清丰乡的革命活动》，1991年4月出版《中国共产党贵州省毕节地区历史大事记（1949.11～1966.5）第二辑》、10月出版《中国共产党贵州省毕节地区组织史资料（1933～1987年）》，1992年6月出版《原湖西地区党史研讨会专辑》，1995年10月出版《深刻变革——毕节地区对资本主义工商业的社会主义改造》，12月出版《撼地惊天——毕节地区土地改革运动》，1996年2月出版《乌蒙磅礴——红军长征在毕节》、5月出版《乌蒙星火——红军在毕节地区组建的游击队》，1999年6月出版《一段值得借鉴的历史——毕节地区60年代社教运动》和《中国共产党毕节地区历史资料征编研工作大事记（1981.2.18～1999.1.12）》、8月出版《主观意志必须遵循客观规律》，2000年2月18日出版《革命老区黔西北》，2001年7月出版《中国共产党毕节地区历史大事记（1991.1～2000.12）（第四辑）》和《毕节地区“文化大革命”运动始末》、12月出版《总结历史面向未来——毕节地区人民公社始末》，2002年7月出版《壮丽史诗巍峨丰碑》、10月出版《从赣东北到黔西北——赣东北军政干部学校毕节校友回忆录》，2004年8月出版《龙腾乌蒙山潮涌黔西北》、10月出版《红色足迹》，2005年11月出版《闪光的足迹》、公开出版《踏遍青山人未老——李效敬文稿选编》，2006年11月出版《中共贵州省毕节地区历史（1934.1～2002.12）（第一卷）》、10月出版《直把千山作玉川》，2007年4月出版《毕节古今人物名录（上册）》、12月出版《中共毕节地委重要文件选编（1978～1992）》，2008年12月出版《中共毕节地委重要文件选编（1993～2003）》《毕节地区党史人物传略》，2009年9月出版《无悔的人生——毕节地区革命干校学员回忆录》和《南北盘江红旗飘——中共滇桂黔边区罗盘地委在贵州的革命斗争史料选编》、12月出版《中共毕节地委重要文件选编（2004～2007）》，2011年12月公开出版《乌蒙山区铺路石——禄文斌文稿选编》等。

各县（市）党史研究室也编写出版了一批党史资料丛书。如毕节县1991出版《中国共产党毕节县组织史资料（1934～1978）》和《贵州省毕节县政军统群系统组织史资料（1949～1987）》，1996年4月出版《中国共产党贵州省毕节县历史大事记（1934.1～1993.12）》，2002年6月出版《中国共产党贵州省毕节市组织史资料（1988.01～2000.12）》，2004年4月出版《中国共产党贵州省毕节市历史大事记（1994.01～2003.12）》，2005年5月出版《中国共产党毕节市历史》等。

专题研究　全区党史研究部门在搞好党史资料图书出版的同时，积极撰写了一些高质量的研讨文章，许多优秀文章被收录于国家级和省市相关出版物或发表于有关报纸杂志。如，2004年毕节地委党史研究室、织金县委党史研究室分别撰写的题为《浅谈毕节地区“文化大革命”时期的教育事业》《试析中华人民共和国1954年宪法的宪政思想》入选中央党史研究室主办的“全国党史系统庆祝中华人民共和国成立55周年学术研讨会”，其作者应邀到张家港出席会议；大方县党史研究室撰写的《大方县发展烤烟生产、促进百业兴旺》被中共党史出版社1998年12月出版的《中国新时期农村的变革》一书选用；赫章县委党史研究室撰写的《乌蒙深山一颗星——赫章县天桥村采矿兴村，脱贫致富奔小康纪实》一文入选中央党史出版社编辑出版的《新时期农村改革·贵州卷》；2007年4月威宁县委党史研究室撰写的《统一战线和民族工作在威宁的实践》一文，被中央党史研究室出版的《纪念中国共产党成立85周年学术研讨会文集》采用，获全国党史系统优秀成果二等奖；毕节地委党史研究室撰写的《科学发展的试验田——毕节试验区科学发展之路》课题入选中央党史研究室出版的大型丛书《执政中国》；毕节地委党史研究室与省委党史研究室、安顺市委党史研究室合著的《毕节、安顺试验区探索科学发展之路》一文获全国优秀成果二等奖，并发表于《人民日报》理论版（2009年9月18日）。另外，在省、地、县三级党史和其他刊物上发表论文1000多篇。2011年，按体例规范要求完成专题《知识青年运动在毕节始末》和《毕节地区6、70年代水利建设》；全面完成《胡锦涛同志与毕节试验区》专题资料的收集整理相关图片和文字资料，完成样书编辑任务。

# 第三章　重大决策及实施

## 第一节　1949～1977年重大决策及实施

**剿匪**　1949年11月25日～1950年1月8日，各县相继解放。1950年3～4月，以国民党贵州省西北行署副主任、毕节专员廖兴序，国民党总统府军事特派员、贵州西北行署警保处处长、特务头子桂永昌，国民党南京警察总队队长、反共救国军第六兵团司令罗湘培为首，执行蒋介石、谷正伦的应变计划，以国民党二七一师为主，改编地方团队，训练地主、恶霸、乡保武装，成立反共自卫救国军、反共救国军、川滇黔游击军、黔西北游击军，加上从外地逃到的国民党军残部，共250余股土匪武装6万余人，乘中国人民解放军驻毕节部队入川作战，新建人民政权立足未稳之机，以纳雍县白泥屯一带为基地，进行叛乱，攻打县、区、乡人民政府和中国人民解放军部队，杀戮人民政府干部和地方群众，抢劫群众财物，奸淫妇女，烧毁积极分子房屋财产。中共毕节地委根据省委指示，确定威宁、水城、纳雍、织金、金沙、赫章县委、县政府暂时撤离县城。上述各县的干部、解放军，全部集中于毕、大、黔公路一线，开展剿匪。1950年4月～9月，中共毕节地委组织力量，配合中国人民解放军四十七师和四十五师一三四团、一三五团先后开展织纳水战役、金沙合围战、威赫合围战，基本消灭成股叛军、叛匪，收复暂时撤离的各县县城。中共毕节地委领导全专区军民转入清匪反霸斗争，彻底肃清残余匪霸。1952年，取得剿匪的全面胜利。

**抗美援朝**　1950年10月，中共中央发出抗美援朝，保家卫国号召。中共毕节地委领导毕节专区各族人民响应中央号召，广泛开展抗美援朝、保家卫国的爱国主义和国际主义教育运动。1951年3月，毕节专区成立抗美援朝委员会，各县相继成立抗美援朝分会，组织机关、学校到城乡宣传，动员捐献，号召青年参军参战。据1951年11月25日止统计，捐献抗美援朝款15.8亿元（旧币），占预计捐献数的132%，尤以毕节、织金、威宁、水城、纳雍县完成最好。大量慰问信、慰问袋不断寄往朝鲜战场。毕节中学400余学生寄慰问信、慰问袋1000余件。志愿军父母写信鼓励儿子英勇杀敌，为国争光。1951年1月13日，毕节军分区政治部发出《关于加强对时事政策的教育，掀起自愿报名参加中国人民志愿军热潮的指示》，要求部队认真执行。1950～1953年，全专区有6774名青年加入志愿军赴朝参战，463名在战场上壮烈牺牲。1952年2月28日，中国人民志愿军归国报告团王非、朱涛，以及朝鲜人民访华团柳道镇等到毕节作报告，报告中国人民志愿军在朝鲜战场的英雄事迹，介绍毕节专区参加抗美援朝立战功的英雄刘兴文（苗）、易才学的事迹，给全专区各界群众极大鼓舞。

**土地改革** 1950年6月，国家公布《中华人民共和国土地改革法》。中共毕节地委在全专区实行减租退押的基础上，派出以地委宣传部长陈健吾领队的专区土改工作队，到毕节县朱昌区帮助进行土改，省委副书记徐运北亲临朱昌指导。1951年4月，毕节地委召开地、县、区干部土改工作会议，要求在先搞试点的基础上，从是年6月开始，到1952年冬，全专区分4批进行土地改革。土改大致分两步走：第一步，在完成清匪、反霸、减租、退押、征粮任务的前提下，组织乡镇武装，开展广泛的诉苦运动，激发农民的阶级觉悟，认清谁养活谁的道理。然后，对地主在经济上清算退赔，在政治上揭发批斗。第二步转入土改。首先宣传土改法；其次按照依靠贫雇农、团结中农、中立富农的阶级路线，划分阶级成分，进行三榜定案；再其次是进行查田评产，将没收征收土地与人口拟定试分方案，留下公用、机动土后，按田土好坏搭配分配到户；最后，召开庆祝大会，颁发土地证。

### 1948年毕节专区土改前土地占有情况统计表

单位：户、%、万亩、亩

| 阶层 | 户数 | 占 | 土地 | 占 | 每户平均土地 |
|---|---|---|---|---|---|
| 合计 | 559428 | 100 | 663.6 | 100 | 11.1 |
| 地主 | 31274 | 5.2 | 319.3 | 48.1 | 102 |
| 富农 | 18026 | 3 | 53.5 | 8.1 | 29.6 |
| 中农 | 207492 | 34.6 | 169.5 | 25.6 | 9.5 |
| 贫雇农 | 330648 | 55.2 | 81.2 | 12.2 | 2.5 |
| 其他 | 11988 | 2 | 3.1 | 0.5 | 2.5 |
| 公田 | | | 37 | 5.5 | |

### 1952年毕节专区土改后土地占有情况统计表

单位：户、%、万亩、亩

| 阶层 | 户数 | | 土地 | | 每户平均土地 |
|---|---|---|---|---|---|
| | 数目 | 占 | 数目 | 占 | |
| 合计 | 623940 | 100 | 704.5 | 100 | 11.3 |
| 地主 | 31224 | 5 | 29.7 | 4.2 | 9.5 |
| 富农 | 18684 | 3 | 27.4 | 3.9 | 14.1 |
| 中农 | 306344 | 49.1 | 340.8 | 48.4 | 10.3 |
| 贫雇农 | 259623 | 41.6 | 567.5 | 37.9 | 1.9 |
| 其他 | 8015 | 1.3 | 1.5 | 0.2 | |
| 公田 | | | 37 | 5 | |
| 农场 | | | 37.5 | 5.4 | |

**“三反”“五反”运动** 1.“三反”运动。1952年1月，中共中央作出《关于抓紧反贪污、反浪费、反官僚主义斗争的指示》。中共毕节地委根据中央的指示和省委的部署，召开地专机关开展“三反”运动动员大会。随即，召开地委扩大会议作部署。各县根据中央指示和省党代会、地委扩大会议精神分别召开大会部署“三反”运动。中共毕节地委及各县委均分别建立“三反”办公室，地、县各机关均组建“打虎队”。运动分4阶段进行：第一阶段，学习文件，提高认识；第二阶段，自我检查贪污、浪费、官僚主义行为；第三阶段，集中精力，反对贪污；第四阶段，查证落实，定案处理。专区要求各县对运动情况进行5日一报。到是年4月底5月初，进入全面查证落实定案处理阶段，各县分别召开公判大会。5月2日，专区人民法院公开审判12名贪污分子。至是年5月底，全专区参加“三反”运动的机关干部和职工共4950人，查证落实有贪污行为者951人，约占干部职工数的20%。

2.“五反”运动。1952年1月26日，中共中央发出指示，要求在全国一切城市向违法的资产阶级开展一个大规模的坚决的反对行贿、反偷税漏税、反盗窃国家资财、反对偷工减料和反对盗窃国家经济情报的斗争。是年2月下旬，地委召开县委书记会议，传达中央关于“五反”运动的指示，决定在城镇工商界中开展“五反”运动。地委从地直机关抽调干部配合毕节县在毕节城关开展“五反”运动，4月2日，毕节城关“五反”运动结束，对1177户工商户进行核查和调查，守法户122户，免予退赔税款的1047户，退赔不罚的6户，补退税款加罪的2户，共补退税金1806万元（旧币）。是年7月，全专区“五反”运动基本结束。1952年冬，纠正“五反”运动中出现的问题。

**农业、手工业和私营工商业社会主义改造** 1.农业社会主义改造。1952年12月，中共中央制发《关于农业生产互助的决议》。中共毕节地委结合传达贯彻《决议》精神，要求在土改结束的地方，引导鼓励农民组织起来开展生产互助。到1952年底，全专区农民自愿组织起临时季节性互助组2.79万个，参加的农户达20.3万多户，占总农户的32.6%，耕地168.4万多亩，占总耕地的23.9%。常年固定性互助组526个，4989户农户参加。毕节县海子街朱学远互助组、织金县二塘陈晏民互助组、化起罗会恩互助组，被树为全专区互助合作的典范。是年，全专区粮食生产达9.8亿斤，比1949年增20.5%。1953年12月，中共中央作出《关于发展农业生产合作社的决议》。中共毕节地委召开会议，制发文件，要求各县在常年互助组的基础上，实行土地入股，统一经营，组建有较多公共财产的农业生产合作社。地委派工作组在海子街办起以朱学远互助组为主体的东方红初级农业生产合作社。织金县办起以陈晏民、罗会恩互助组为主体的马鞍山、老乌山初级农业生产合作社。至1954年底，全专区已办初级合作社达806个，入社农户2万户，占总农户的3.2%。1954年7月底8月初，地委召开农村工作会议，传达贯彻全国第二次农村工作会议精神和省委有关农村工作的指示；总结建立农业生产合作社的经验，拟订1954年冬、1955年春农业生产合作社发展计划，纠正干部重社轻组的急躁冒进情绪。强调各级党委主要领导亲自办社，把中心转移到建社工作上来，进入成批建立初级农业合作社阶段。1956年，全专区基本实现初级形式农业生产合作社。全专区有59.8万多户参加合作社，占总农户的93%。根据中共贵州省委做好初级社升级转社工作的意见，地委作出全专区高级社发展规划：要求全专区高级社达80%左右。根据地委的安排，各县抓住冬闲时间培训建社干部和积极分子，入春掀起建立高级农业生产合作社高潮。至1957年底，全专区建起农业生产合作社6326个，入社农户72.41万户，占总农户的98%.其中高级农业生产合作社4833个，入社农户58.77万户。是年，全专区3589个农业生产合作社粮食增产，743个社保产，1994个社减产。

2.手工业社会主义改造。解放初期，毕节专区工业生产有酿酒、砖瓦、藤竹编织、皮革、五金修理、印染、屠宰、印刷、搬运行业。1954年下半年~1955年，中共毕节地委根据中共中央关于对手工业进行社会主义改造的指示，设立毕节专署手工业管理科。翌年，根据全国手工业生产合作会议精神，专区手工业管理科牵头，组织一批干部深入到县、区、乡对手工业情况进行调查摸底。全专区1.64万从事手工业生产者，一半左右集中在城镇，基本属个体生产，经营收入基本自给。之后遵照中共中央制定的统筹兼顾、全面安排、积极领导、稳步前进的改造方针，中共毕节地委决定各县成立手工业联社，加强对手工业者的领导，帮助解决供、产、销方面存在的问题，帮助组建生产合作社，促进手工业生产的发展。到1956年8月，全专区办起手工业生产合作社（组）347个，社员1.48万人，占手工业总人数的83.86%。据1956年统计，全专区手工业总产值2114.9万元，在1949年998.9万元的基础上增1.1倍。

3.私营工商业社会生义改造。解放初，毕节专区从事工商业的大多数属小商、小贩或小手工业者，主要从事商业、服务业，规模大的极少。解放时，全专区工商业户7292户，从业人员1.19万人，资金63万余元，营业额489万元。属工商业资本家的114户中，多数是地主兼工商业或工商业兼地主，纯属工商业资本家的仅7户，仅一心永酱园资金超万元。1950年2月，中共毕节地委大力宣传中共的工商业政策，解除工商业户的思想顾虑，鼓励民众按照国家政策发展工商业。至1951年，全专区工商户达1.29万户，从业人员1.77万人，资金增加到126.5万多元，营业额上升到1247万多元。1955年1月15日，毕节专区召开财经会议，贯彻中共中央关于对资本主义工商业社会主义改造的方针、政策和省委有关文件。会议拟定对资本主义工商业进行社会主义改造的措施和规划。6天基本实现资本主义工商业全行业公私合营，改造商业户1.05万户，占总商业户的91%。对私营工商业户改造挂牌后，地委要求要继续作好：在基本不动，就地经营和有利于经营、有利于消费的原则下，对个别商业网点进行调整；进行清产核资；对人事作安排，进行工资核定；拟订生产计划，开展劳动竞赛。之后，通过半个月工作，对私营工商业户组织公私合营117个，2646户，占总户数的25.4%；合作商店201个、5.42万户，占52.9%；经营小组1111户，占10.7%；其余分散经营的5191户，全部实行代购代销。

**反右派斗争**　1957年4月，中共中央发出《关于整风运动的指示》。是年5月上旬，中共贵州省委下达《关于贯彻中央整风运动指示的办法》。是年5月3日，中共毕节地委召开宣传工作会议，要求以毛泽东《关于正确处理人民内部矛盾的问题》和《在中国共产党全国宣传工作会议上的讲话》为指导，以正确处理人民内部矛盾为主题，以整风的姿态反对官僚主义、宗派主义和主观主义。整风按照“团结—批评—团结”的方针先在党内进行，以“大鸣、大放、大字报”的方式，动员党外人士向共产党人提批评意见。根据中央、省委的指示，地、县委由统战部、青年团分别召开座谈会，征求党外人士对中共的意见。此后遵照毛泽东《关于组织力量反击右派分子猖狂进攻》的指示，运动转入反右派斗争。1958年夏，全专区反右斗争基本结束。全专区被划为右派分子，送劳改农场改造的1297人；在机关内定右派484人；运动后期少数人被定为漏网右派。1978年5月5日，中共毕节地委根据中共中央的决定成立摘掉右派分子帽子办公室，对原划为右派的予以纠正摘帽，需安排工作的，基本回原单位安排工作。

**实施大跃进，推行人民公社化** 1.实施大跃进。1958年5月，中共毕节地委贯彻中共中央八届二次会议制定的“鼓足干劲，力争上游，多快好省地建设社会主义”的总路线。（1）工业方面。是年8月，贯彻中共中央政治局北戴河扩大会议精神，组织全专区一切力量大炼钢铁，将电力、抽水设施全部撤除用作建炼铁高炉，将高炉所在地的树木全部砍光，用作建炉材料、炼铁燃料。有的地方将社员木架子房撤掉，以充建高炉材料。据统计，是年8月底，全专区共建土高炉5422座，其中投入生产1578座，生产生铁1.57万吨。是年10月2日，中共毕节地委召开各县委书记电话会议，贯彻省委让钢铁元帅升帐的电话会议精神。事后，各县动员所有劳动力参与炼铁大战。全专区有150万劳动力投入放钢铁卫星战斗，占全专区劳动力总数的94%；建造土高炉10.33万座，产各种铁2.74万吨。（2）农业方面。1958年9月4日，中共毕节地委召开扩大会议，制定全专区农业生产跃进计划，将原订全专区生产粮食60亿斤的年计划改为生产172亿斤，要求以深翻土地、密植、早种方式实现粮食计划生产指标。1959年，农村广泛推行土地深翻、粮食种密种早的做法，造成粮食大幅度减产。农业生产的高生产指标，导致国家征购高指标的产生。是年9月中旬，贯彻执行省委三级干部会议精神，要求在国庆节前完成征购任务，全专区以边收边入仓方式放征购粮食“卫星”，向国庆献礼，有的地方粮食未完全成熟便抢收入仓。是年全专区计划生产粮食30亿斤，实际生产9亿斤。金沙县估产粮食4亿斤，实际生产1.2亿斤，分配征购1.2亿斤，全收全征。高征购粮食，导致全专区城乡普遍缺粮，城乡居民多以瓜、菜及草根、树根、草粉、糠粮充饥。是年12月，贯彻执行省委电话会议精神，在全专区推广遵义县南北镇反瞒产私分试点经验及织金县捉鬼拿粮经验，开展反瞒产私分。没粮食可拿，逼着区社干部弄虚作假；否则，被当成鬼被批评、撤职或查办。金沙县9个区委书记，7个被撤职。由于缺粮，在大部分城乡居民中出现干瘦、浮肿以致死亡现象。是年，全专区总人口比1959年少16.9万人。

2.推行人民公社化。1958年8～10月，将全专区9个县的4791个高级社和1515个初级社合并建成政社合一、一大二公的99个公社（即一区一社），建成管理区912个、核算单位4008个、包产单位2.27万个，建食堂2.07万个，社员的锅瓢碗盏和桌椅板凳统交食堂。

**社会主义教育** 1.农村“四清”。1962年2月，中共中央工作会议作出决定，在农村开展清理账目、清理仓库、清理财物、清理工分（简称四清）为内容的社会主义教育运动，毕节专区相应作出部署，适时在农村开展“四清”运动。1963年6月20日～7月5日，中共毕节地委召开扩大会议，安排全专区开展以“四清”为中心的农村社会主义教育运动；先在10个公社进行试点，取得经验后再逐步展开。试点分五步进行：第一步，抽干部进行培训，开好公社三级干部会议，吸收贫下中农代表参加。第二步，通过揭敌情、查上当，帮助干部“洗手洗澡”，主动“下楼”放包袱，搞退赔。第三步，依靠公社三干会训练的骨干，向群众进行阶级教育，访贫问苦，扎根串连，发动贫下中农团结好中农。第四步，组织革命阶级队伍，建立贫下中农组织；对阶级敌人进行说理斗争，处理好四类分子和投机倒把分子。第五步，建立健全干部参加劳动制度，整顿党的基层组织、青年、妇女、民兵组织，改善生产队经营管理，制订生产计划。在试点的基础上，全专区农村社会主义教育运动分两批进行。第一批参加“四清”运动的公社84个，全专区抽调2508名干部组建工作队入村，从1963年11月开始到翌年2月结束。84个公社共有公社、大队、生产队干部9229人，通过“四清”，没问题的占70.8%有一般错误的占23.7%，犯有严重错误的占5.5%。通过两条路线的教育，彻底纠正单干风。第二批从1964年春季开始，全专区共抽3067名干部在249个公社进行“四清”运动。1965年1月，中共中央制发《农村社会主义教育运动中目前提出的一些问题》（亦称二十三条），要求在社会主义教育中着重解决干部的清政治、清组织、清思想、清经济（亦称面上四清），所有制倒退和“走资派”及其幕后操纵者的问题。省、地和其他县共抽调工作队员7226人到毕节县撒拉溪、长春堡、何官屯、燕子口、小吉场、清水铺、杨家湾、林口区开展四清运动。毕节县设立社教工作总团，各区设立社教工作分团，总团分团都建立党委，实际上取代所在县、区、乡的党政领导职权。四清中，社教工作团审查毕节县2605名干部，10%的干部受处理。之后，组织四清工作团，在各县陆续开展“四清”运动，审查和处理干部。

2.机关“五反”“四清”。1963年3月1日，中共中央发出《关于增产节约和反对贪污盗窃、反对投机倒把、反对铺张浪费、反对分散主义，反对官僚主义运动的指示》。是年4月7日，中共毕节地委召开县委书记会议，传达中央和省委的指示和意见，部署在全专区分批有计划开展“五反”，要求领导带头，洗好“温水澡”；大抓思想教育，训练好积极分子；认真纠正错误，改正错误；加强对运动的具体领导。之后，在试点的基础上，全专区展开机关“五反”运动。运动中，出现小坝事件，毕节县海子街区小坝公社党委书记彭德雍被定为破落地主、阶级敌人；将彭德雍问题定为小坝事件，认定是一桩有领导、有计划、有组织的翻案活动。受小坝事件牵连，毕节县海子街区委书记、副书记、区长被停职反省；同时组织开展整风运动，在党政领导机关中搞人人过关。中共毕节地委书记及多名副书记、常委、委员在整风中被戴上为反革命复辟翻案的帽子，一些地、县领导和干部遭到打击迫害。1965年5月，中共毕节地委召开全专区县委书记及驻各县社教工作组长会议，传达贯彻中共中央《农村社会主义教育运动中目前提出的一些问题》，小坝事件得以纠正，彭德雍被无罪释放，另行安排工作，其余受株连的领导和干部亦相应恢复工作。

**农业学大寨**　1964年，中共毕节地委、毕节专署贯彻执行中共中央、国务院关于农业学大寨的决定，组织全专区干部群众开展农业学大寨。全专区农业学大寨在学习山西省昔阳县大寨大队及本地典型经验的活动中逐渐深入展开。是年，地委组织人员深入毕节县海子街区田坝桥公社弯腰树生产队，总结该队在1956～1964年间大搞基本农田改造建设，粮食产量年年增加，改变落后面貌的经验，发出远学大寨，近学弯腰树的指示，号召全专区农村学习弯腰树生产队的经验，把学大寨推向更高的目标。是年4月，贵州省科委、省农业厅、共青团贵州省委在毕节召开全省群众科学实验代表会，参观毕节县海子街区、鸭池区头步桥公社群众科学实验样板，1965年11月，各县分别召开贫下中农代表会议和先进单位代表会议，总结交流经验，树立大寨式旗帜，表扬在阶级斗争、生产斗争、科学实验三大革命运动中取得显著成绩的单位和代表，选出出席专区贫下中农代表会及农代会的代表，并制订通过掀起学大寨、赶大寨、超大寨、学弯腰树、赶弯腰树、超弯腰树的《倡议书》。毕节县林口区生机公社等13个单位被树为全专区农业学大寨先进典型。1966年1月，毕节县鸭池区头步桥公社被评为全国农村科学技术试验先进单位，其代表出席在福州召开的全国农村群众科学试验经验交流会，并在会上作经验介绍。是年8月，国务院对毕节县生机公社在水利建设中取得的巨大成绩发给奖状。1972年3月，中共毕节地委在赫章县召开全地区农村工作会议，会议传达北方农业会议精神和省委的安排意见，参观赫章拖街大队，确定赫章为农业学大寨先进单位。赫章县在1970～1973年间，投工2900多万个，砌石墙、石堤、石坝130多万米，治理沟、河900多处，建水利工程95项，改善增加灌面1.1万亩，建成水平梯田7.4万亩，改良酸性土壤15.6万亩，为农业增产创造条件。粮食比1965年增85%，为解放初的两倍多。是年6月，全省农村工作现场会在赫章县召开。1973年末，赫章县成为全国农业学大寨的先进典型县。1975年12月，地区行署召开县、区、社、大队、生产队干部和上山下乡知识青年代表共5万多人的会议，贯彻地委提出的全党动员，大办农业，苦战5年，为普及大寨县而奋斗的号召，分别制定实现大寨县的规划。翌年，地委先后组织地、县、区干部分3批到山西省昔阳县、河北省遵化县等地参观学习。是年12月，毕节地区贯彻全国农业学大寨会议精神，在全地区掀起农业学大寨，建设高标准大寨县热潮，要求1年把毕节、金沙县建成大寨县。1977年3月，地委总结全地区自全国农业学大寨第二次会议以来农业学大寨的情况，动员各县均要分期成为大寨县，1979年3月，中共毕节地委总结全地区自1964年以来农业学大寨的经验教训，决定撤销毕节地区农业学大寨办公室、毕节地区农田基本建设指挥部，责成地区农林办公室、地区农业局具体负责地区的农田基本建设工作。1980年11月，中共中央转发中共山西省委《关于农业学大寨运动经验教训的检查报告》，中共毕节地委学习贯彻中共中央文件精神，要求各地在妥善解决过去在农业学大寨中出现的问题的同时，更好地贯彻中共十一届三中全会以来中央制定的各项农村政策，发展农村经济，改变贫困面貌。

**“文化大革命”运动**　1966年5月16日，中共中央发出关于开展无产阶级“文化大革命”的通知后，中共毕节地委先后召开地委工作会、宣传通讯报道会和干部职工大会，号召各级党委书记、机关干部参加“文化大革命”，批判“三家村”“燕山夜话”和贵州汪小川的《冲出绝境》《二铺调查》《山寨人家》。是年6月13日，中共毕节地委制发《关于当前文化大革命运动的几点意见》，强调要组织工作组帮助重点单位开展“文化大革命”。随即派出工作组到毕节一中搞“文化大革命”试点。6月15日，经中共贵州省委批准，成立毕节地区“文化大革命”领导小组，领导“文化大革命”运动。6月27日，召开地直单位职工动员大会，总结批判声讨汪小川的成果，安排部署地直单位“文化大革命”。是月28日～7月1日，地直单位贴出大字报7.4万多张，点名批判各级领导干部592人。是年7月10～12日，中共毕节地委召开各县委书记会议，贯彻中共中央7月2日《通知》精神，确定除党群、政法、文教系统、财贸、工交、农林系统的行政部门和已揭发主要领导的问题而不能停下的单位外，其余单位一律暂停“文化大革命”运动。并明确年内开展“四清”运动的毕节县，对“文化大革命”的部署与地直单位略同；未开展“四清”运动的县，只在文教卫生系统（小学和联合诊所除外）中搞“文化大革命”。地直机关开展“文化大革命”的单位70个，参加运动的干部、职工3634人；各县开展“文化大革命”的单位131个，参加干部职工4212人。要求运动时间在两个月或两个半月；暂停搞“文化大革命”的单位，除有斗争对象外，一般在10天之内结束。会后，多数县相继成立“文化大革命”领导小组，下设办公室、专案组。各县召开动员大会后，开展“文化大革命”的单位贴出大字报4万余张，点名批判331人。7月31日止，组织批斗的单位49个，批斗54人，其中省管干部1人，县级干部17人，一般干部36人。是年8月8日，中央广播电台广播《中共中央关于无产阶级文化大革命的决定》，地直机关组织4000多名干部、职工、师生收听。8月10日，中共毕节地委召开地直106个单位6000多人参加的大会，安排各单位用两天学习、讨论，要求把“文化大革命”推向新高潮。同时决定于9月1日、2日、3日在毕节军分区广场召开万人大会，批斗地委常委、行署副专员张为梓，地委委员、公安局长朱广臣，地委秘书长孙育乾，专署办公室副主任罗公平。各县相继召开万人斗争大会。此期间，全地区共批斗领导干部48人。8月27日～9月9日，地委抽调1072名干部组成“四清”工作团，分别在地区和县训练11天后，分赴毕节、纳雍、水城县城乡开展“四清”运动。地直搞“文化大革命”的单位暂停，被批斗的干部集中到大方县瓦厂塘劳动。是年11月8日，贵州大中学校毛泽东思想红卫兵司令部赴毕节调查组和其他一些“红卫兵”组织串连到毕节，张贴炮轰省、地委的大幅标语，提出要找地、县领导座谈，指责其执行资产阶级反动路线；并分头到机关、学校、厂矿、农村调查毕节地委的罪行。在调查中产生分歧意见，形成情绪对立的多派组织。在打倒一切的口号下，地委派出的“四清”工作队被迫撤回。在社会出现各种造反组织的同时，党政机关也出现各种造反组织，形成机关不办公，学校不上课，工厂不生产，地委无法左右的局面。1967年春，毕节地区及各县的“造反”组织酝酿对区内各级党政领导机关实施夺权。1月24日，地区一派“造反”组织夺取中共毕节地委、毕节地区行署的领导权，中国人民解放军贵州省军区干预视为“保守派”夺权，不予承认。3月18日，“造反”派在中国人民解放军毕节军分区“支左”部队的支持下，夺取中共毕节地委、毕节地区行署的领导权。3月29日，毛泽东思想毕节地区革命委员会成立。之后，各县县委、各县政府亦先后被夺取领导权，亦相应成立各县毛泽东思想革命委员会；各部门、各单位造反组织亦相应夺取部门、单位党政职权，成立革命委员会，各级党组织陷于瘫痪。1968年2月，中共贵州省革命委员会核心领导小组批准，建立中共毕节地区革命委员会核心领导小组，行使原中共毕节地委的领导职权。之后，各级中共组织陆续恢复。1971年末，中共毕节地区第一次代表大会召开，选举产生中共毕节地区第一届委员会，地委工作逐步走向正常。1977年5月，中共毕节地委根据中共中央、中共贵州省委的安排，决定集中一段时间深入开展揭批王洪文、张春桥、江青、姚文元四人帮反革命罪行。

# 第二节　1978～2011年重大决策及实施

**落实政策**　1978年4月25日，中共毕节地委召开全地区落实政策会议，传达贯彻中共中央及中共贵州省委关于落实政策的指示精神，部署全地区落实干部政策和给右派摘帽工作。会后，成立地、县落实政策和摘掉右派分子帽子办公室，抽调人员抓落实政策工作。1978年6月20日～7月1日，地委召开落实政策工作会议，听取各单位汇报传达贯彻4月会议精神和开展落实政策工作情况，讨论一批疑难案件，研究部署下一步落实政策工作，确定重点抓好“文化大革命”中造成的冤假错案平反纠正工作；对“文化大革命”前的案件本着有错必纠的原则进行受理，先解决被开除公职、生活无着人员的冤假错案；继续落实知识分子政策的工作，逐步调整学非所用知识分子的工作；做好全部摘掉右派分子帽子工作；作好领导干部的思想政治工作，克服对落实政策的思想抵触情绪。1981年6月，中共中央下发《关于建国以来若干历史问题的决议》。地委和各县委学习贯彻《决议》，全力抓好落实政策，对历次政治运动中的冤假错案，进行全面纠正。1979年2月，毕节地委召开常委会议，对落实干部政策问题提出处理意见：凡属1957年反右派斗争中错划的“右派分子”，必须坚决、迅速地做好改正工作，有些当作坏分子错误处理的，也要认真复查纠正；1958～1960年在整风“反右”、拔白旗、反右倾、反瞒产中错处理的干部，要实事求是地解决甄别平反中遗留的问题；1960～1961年整风整社中受错处理的干部的遗留问题，要实事求是地处理好；凡开展“四清”运动的地方，要认真处理好错处理人员的落实政策问题；“文化大革命”中，特别是1966～1969年3月，许多干部被揪斗关押、揭发批判，有被戴上叛徒、特务、走资派、反革命修正主义分子、反动学术权威等帽子，都是错误的，强加的一切诬蔑之词统统推翻，恢复名誉，对迫害致死的应平反昭雪；反击右倾翻案风是错误的，撤销原地委的有关反击右倾翻案风的文件、部署和意见；审干结论不当的，也应抓紧复查纠正。1978～1993年，地、县落实政策办公室复查纠正结论各类案件近万件。经复查后，其中全错全纠的6500多件，部分错部分纠正的800多件。到1993年末，落实政策工作全部完成。在已复查的案件中，取消戴帽和刑事处分的1600多人，安排适当工作的2900多人，作退（离）休安置的900多人，恢复党籍的900多人；查清和认定中共地下组织7个，中共领导的游击队58支。

**经济体制改革**　1.农村经济体制改革。1980年9月，中共毕节地委召开县委书记会议，贯彻中共中央《关于进一步加强和完善农业生产责任制的几个问题》和中央会议精神。会后，各县、公社分别召开干部会议贯彻；同时，地、县、区、社抽调1.24万余名干部下到社队，帮助落实生产责任制。1981年6月10日，中共毕节地委、毕节地区行署制发《稳定和完善包干到户责任制条例》，要求各县贯彻执行。到1983年底，全地区基本完成推广农村生产责任制工作，实行家庭联产承包责任制的占99%以上，并从种植业扩展到林业、牧业、渔业、开发荒山、荒水以及其他方面。农业联产承包生产责任制还从集体经济扩展到国营农场、林场，生产承包责任由包产到队、到组，逐步承包到职工个人，是年11月，中共中央、国务院下发《关于实行政社分开建立乡政府的通知》1984年，全地区农村实行政社分开，建立800个乡政府，4521个村委会，为稳定农村家庭联产承包责任奠定基础。是年，各县向农民颁发土地承包一定30年不变责任书，并规定具有法律效力，保证农民向土地投资，进行农田基本建设。

2.城市经济体制改革。（1）利改税。1983年4月，国务院批转《全国利改税工作会议的报告》和《关于国营企业利改税试行办法》，毕节地区按照上级的部署，在全地区43户盈利国营工业和182户国营商业中进行利改税。大中型企业实行利税并存，按55%的固定税率交纳所得税；小型企业按八级累进税率交纳所得税，饮食服务业按15%交纳所得税。1984年10月1日起，普遍推行《国营企业第二步利改税试行办法》，施行第二步利改税。从此，企业与国家的分配关系用法律形式固定下来，企业不再按行政隶属关系上交利润。（2）企业经营承包、租赁。1985年起，毕节地区贯彻执行《中共中央关于经济体制改革的决定》。在工业企业中实行经营承包制、租赁制；厂长（经理）负责制。到1988年上半年，全地区773户企业，承包、租赁725户，占企业总数的93.8%。1986年起，毕节地区贯彻执行国务院《全民所有制企业厂长工作条例》《中国共产党全民所有制工业企业基层组织工作条例》《全民所有制工业企业职工代表大会条例》，保证厂长（经理）在企业生产经营和行政管理的法定地位，保证企业职工当家作主的民主权利。（3）改革生产经营管理体制。自1984年起，在企业生产经营管理上实行缩小指令性计划，扩大指导性计划，对全地区50余种工业产品逐步由指令性计划转为指导性计划。到1988年，全地区除卷烟生产作指令性计划外，其余工业品生产作指导性计划。同时，在价格、财政体制、金融体制、劳动和工资制度方面亦作相应的改革。

**政治体制改革**　1.党政机构改革。20世纪50年代，中共毕节地委根据中共中央和贵州省委指示，多次进行精减毕节专区党政机构及人员的改革。此后，先后在1984、1996、2001年进行较大的党政机构改革。1983年2月15日，中共中央、国务院制发《关于地州市党政机关机构改革若干问题的通知》。是年8月，中共毕节地委组织人员调查全地区党政机构现实结构，向省委呈送《关于地区党政群机关机构设置、人员编制的报告》。是年9月8日，中共贵州省委批复同意毕节地委所拟改革方案。机构改革前，毕节地直党政群机关有机构62个，部门领导134人。机构改革后，设置党政群机构39个，比原来减23个；人员编制减为554人，减37.5%，其中部门领导减为96人，减28.4%。省下达毕节地直机关行政编制670人（不含政法机关、税务机关和工会机关编制），实际编制比省下达编制少116人。各县机构改革前平均设置党政群机构58个，实有人员4583人。通过改革，各县平均设置党政群机构39个，比改革前减少19个，平均精减30%；省下达县级行政编制4710名，缺编127名。1993年，地委根据中央及省关于机构改革方案的要求，拟定《毕节地区地级党政机构改革方案》上报省委、省政府。1996年4月获省批准实施。方案拟定地直党政工作机构设置：纪律检查委员会与监察局合署办公，一个机构两块牌子；地委工作机关8个；行署工作机构设置34个。机构改革后，地直机关由改革前的60个工作部门，减为44个；机关人员由1568人减为1144人。各县市机构改革后，党委机构由改革前平均设置12个减为7个，政府机构由43个减为29个；8县市共分流人员1073名，平均减18.3%。乡镇党政机构平均减3个，精减37%；全地区乡镇党政机关人员共精减878名，精减9.1%。2001年9月，中共毕节地委、毕节地区行署转发《地区机构编制委员会关于毕节地区地级党政机构改革实施意见》，改革地直机关机构。改革后，地委工作机构9个，行署工作机构29个。地直机关行政编制精减27%。2001年8月，地委、行署印发《毕节地区县、乡（镇）党政机构改革方案》，确定县级党的工作机构设置8个，乡镇党的工作机构设4个；县政府由原有机构平均设置27个左右精减为25个；乡镇政府机构一般控制在4个以内。通过机构改革，全区地县乡机关行政编制总的精简20%，其中地直精简27%，毕节市精简25%，其他各县精简26%，乡镇精简15.42%。

2.干部人事制度改革。（1）实行国家公务员制度。1996年7月，中共毕节地委、毕节地区行署按照省委、省政府的安排意见，拟发《关于实施和参照试行国家公务员制度的实施方案》及《毕节地区中国共产党机关参照试行〈国家公务员暂行条例〉的实施方案》。1996年8月，全地区开始实施对党政机关现有工作人员过渡为国家公务员的工作。实施国家公务员制度限于各级国家行政机关和行使行政职能，从事行政管理活动事业单位的工作人员（不含工勤人员）。各级党的机关、人大机关、政协机关、各民主党派机关和工会、共青团、妇联等社会团体机关以及其他参照试行单位，均按上述规定执行。经过对现有机关工作人员进行过渡培训和过渡资格审查，按职位任职资格条件进行任命。按照机构改革定职能、定机构、定编制的方案，全地区地、县、乡（镇、街道办事处）机关行政编制1.51万个，共设置各类职位1.51万个。按照职位任职资格，1.46万名符合过渡条件，过渡为国家公务员，党的机关工作者，占职位总数的96.2%。（2）公开选拔县处级领导干部。1994年，中共毕节地委发出《关于进一步加强青年干部培养教育选拔工作的意见》，采取考试与考察相结合的办法，分别于1995、1996、1998年在全地区公开选拔地直部分单位副县处级领导干部。2005年，首次面向全省公开选拔14名副县级领导干部，充实到县级机关领导班子中。（3）试行领导干部任期制。1999年，地委制发《关于在部分地直单位进行任期制试点的暂行办法》，确定在地区卫生局等6个单位进行试点。《办法》规定：进行试点单位的领导干部，任职期限为5年，任期届满，重新考察任命。任满一届的正职领导干部一般要进行交流，确因工作需要，在同一职位上任职不能超过两届；任满10年的副职领导干部要有计划地进行交流，在任职期限内，要保持领导班子的相对稳定。（4）其他。2004年，地委制发《关于进一步深化干部人事制度改革的意见》，在全地区普遍推行领导干部考察预告制、差额考察制、干部任免“票决制”、任前公示制、试用期制等制度。

**社会主义精神文明建设** 1983年，地委决定成立毕节地区共建精神文明领导小组；1990年成立毕节地区精神文明建设委员会，下设办公室。县、区、乡先后建立精神文明建设指导委员会或领导小组，并建立下设办事机构。1999年，制发《关于共建社会主义精神文明的意见》，规定共建社会主义精神文明活动内容为：1.绿化美化村容街貌，改善劳动、工作、学习和生活环境。2.制定乡规民约，解决好计划生育、封建迷信、偷盗赌博、毁坏山林等问题。3.广泛开展创建优美环境、优良秩序、优质服务和学习雷锋；争当五好家庭、三好学生；宣扬好典型，扶正祛邪。4.办好文化室、文化站、青年民兵之家，组织青年民兵和群众学政治、学文化、学习科学技术知识。5.为烈军属、五保户、困难户做好事、送温暖、分忧解难。

自1986年起：1.制定精神文明建设规划。1986年和1992年，地委先后制发关于1986～1990年、1991～1995年间精神文明建设的《意见》和《要点》。1996年，地委制发《关于进一步加强社会主义精神文明建设若干问题的意见》规定：全地区思想道德建设的基本任务是坚持爱国主义、集体主义、社会主义教育；加强社会公德、职业道德、家庭美德建设，引导各族人民树立富民兴毕、建设有中国特色社会主义的共同理想和正确的世界观、人生观、价值观，不断提高思想道德水平。思想建设的首要任务是坚持用马克思列宁主义、毛泽东思想、邓小平理论武装全地区党员、干部和群众；同时，加强爱国主义、集体主义、社会主义和民族团结教育，形成振兴毕节的强大精神动力；以为人民服务为核心，以集体主义为原则，以爱祖国、爱人民、爱劳动、爱科学、爱社会主义为基本要求，加强社会公德、职业道德和家庭美德教育；加强法制教育；加强唯物主义、无神论和移风易俗教育。提出积极发展毕节地区社会主义宣传文化事业，以满足全地区各族人民日益增长的精神文化需求。发展广播电视事业，努力办好报纸刊物；发展文化事业；繁荣文学艺术；发展和繁荣哲学社会科学事业；搞好宣传文化设施建设；深入持久开展群众性精神文明创建活动，切实增加精神文明建设的投入。通过实施以上方面的建设内容，实现在全地区各族人民中牢固树立建设有中国特色社会主义、脱贫致富奔小康的共同理想和坚持党的基本路线不动摇的坚定信念，实现以思想道德修养、科学教育水平、民主法制观念为主要内容的公民素质的显著提高，实现以积极健康、丰富多彩、服务人民为主要要求的文化生活质量的显著提高，实现以社会风气、公共秩序、生活环境为主要标志的城乡文明程度的显著提高，在全地区形成物质文明建设和精神文明建设协调发展的良好局面。

2.建立青少年教育基地。1986年2月，中共毕节地委决定：将中华苏维埃人民共和国川滇黔省革命委员会旧址、抗日救国军司令部旧址、毕节烈士陵园和毕节县杨家湾七星关夏曦烈士纪念碑、金沙县红六军17师师长吴正卿烈士纪念碑、县委第一任书记李旭华烈士纪念碑、毕节县中国工农红军川滇黔边区游击队贵州支队政治委员阮俊臣烈士纪念碑、黔西县沙窝中国人民解放军第十七师十四团政治处主任王文通烈士纪念碑、黔西县红六军团鸭池河战斗纪念碑、大方县将军山、梯子岩纪念碑址作为青少年教育基地。

3.开展讲文明、讲礼貌、讲卫生、讲秩序、讲道德，心灵美、语言美、行为美、环境美，热爱祖国、热爱社会主义、热爱共产党活动。1982年2月，中央办公厅转发中央宣传部《关于深入开展"五讲四美"活动的报告》，把每年3月规定为全民文明礼貌月。省委随即召开电话会议，对全省开展文明礼貌月活动作出安排部署。2月27日，中共毕节地委制发《关于贯彻省委开展全民文明礼貌月活动的电话会议精神的意见》，对在全地区开展全民文明礼貌月活动和"五讲四美"活动作出以下安排：集中力量，综合治理脏、乱、差；树新风，破旧俗，刹铺张浪费、封建迷信、聚众赌博风；开展好全民文明礼貌月活动；继续开展向雷锋学习的活动。3月底～4月，检查评比全地区3月份全民文明礼貌月活动情况，共评出好的和比较好的单位134个，较差的单位37个。毕节地区人民医院、毕节地区百货公司、毕节县第五中学、毕节县防疫站被中共贵州省“五讲四美”工作小组评为全省全民文明礼貌月活动先进单位。1983年6月，全民文明礼貌月活动以搞好饮食卫生、厕所卫生为重点，带动开展治脏、治乱、治差。1984年2月，地委制发《关于开展“五讲四美三热爱”活动的意见》，要求以治理脏、乱、差和开展“三优一学”活动为主要内容，以创建文明单位为主要目标，以转变社会风气为根本目的，努力开创毕节地区社会主义精神文明建设新局面。1985年，地委、行署制发《关于进一步开展“五讲四美三热爱”活动的意见》，要求对广大干部和群众进行思想教育、党性教育、纪律教育和法制教育。

4.创建文明单位文明村寨。1984年，地委制发《关于广泛深入地开展建设文明村（镇）、文明单位活动的意见》，要求全地区各级各部门各单位围绕经济建设加强思想建设、文化建设、民主建设、道德风尚建设和村容、村貌、公益事业建设，逐步把广大农民培养成为有理想、有道德、有文化、守纪律的农民，把农村建设成为高度文明、高度民主的社会主义现代化新农村。同时，切实搞好城镇文明单位建设。至3月底，全地区农村1.5万余个生产队订立乡规民约，占生产队总数的39%；520多个村寨步入建设文明村寨轨道；城镇涌现出一批文明单位。1985年末，地委召开全地区文明单位、先进集体命名表彰会，命名文明单位36个，文明村寨10个，文明户3户，表彰先进单位89个，先进村寨17个，先进个人12名。此后，地委多次表彰和命名精神文明建设先进单位和文明单位、文明村寨、文明户。部分文明单位、文明村寨、文明集镇在全省精神文明建设评比活动中，受省政府表彰或命名。1999年1月4日，毕节地区精神文明建设委员会制发《关于在全地区开展“九创一评工程”活动的通知》，决定从1999年起，在全地区城乡开展创建五好文明县城、文明村镇、文明单位、文明行业、文明学校；文明小区、文明街道、文明院落、文明市场及评选“十星”文明户活动。2000年11月15～16日，中共毕节地委、毕节地区行署召开全区思想政治工作暨精神文明建设“九创一评工程”活动表彰总结会，决定命名表彰文明乡镇13个，文明村寨40个，文明单位27个，文明行业先进单位13个，文明窗口19个，文明学校9所，文明小区8个，文明街道8个，文明院落8个，文明市场7个，十星级文明户80户。各县共评选出星级文明户3.8万户。毕节地区“九创一评工程”系列活动获贵州省文明办嘉许，省级各家新闻媒体多次对毕节地区“九创一评工程”系列活动进行宣传报道。

5.开展振兴中华读书教育活动。1983年10月，地委宣传部制发《关于开展“振兴中华”读书活动的意见》，组织机关、厂矿、企事业单位在职职工、城镇个体劳动者、待业青年、学校学生和广大农村青年开展读书活动。旋即，陆续成立地区及各县、地直单位读书活动指导委员会。读书活动由共青团、党委宣传部门组织报名。地区参照报刊上推荐的读书书目，拟定31种（篇）图书（文章）为阅读书目。1994年，根据中共贵州省委宣传部等单位《关于组织参加全国青少年“爱我中华，爱我家乡”读书教育及作文大赛活动联合通知》精神，中共毕节地委宣传部牵头成立毕节地区“双爱”读书教育及作文大赛组委会，组织开展谈书活动。全地区22.07万名中、小学生参加读书教育活动。通过学校推荐、各县、地直评选，全地区共选送中学、中专学生作文和答卷共895份，地区组委会评出620份优秀作文和答卷上报省，并上报组织读书活动成绩优秀的教师6名，学校团体奖1名，地、县市委宣传部组织奖6

名，新华书店先进集体2名；212名学生获地区读书活动奖。经省组委会评选，毕节地区获省奖励的学生48名，赴京参加北京夏令营活动7人，中共毕节地委宣传部获全国青少年爱我中华、爱我家乡读书教育及作文大赛活动优秀组织奖。1995年2～6月，开展热爱祖国，做“四有”新人读书活动，增办热爱祖国，做“四有”新人作文竞赛。全地区22.16万中、小学生参加读书教育活动。经各级组委会评选，中共毕节地委宣传部、毕节地区教育局获全国组织奖和省组织奖，黔西、纳雍县委宣传部和威宁、金沙县教育局获省组织奖；3名教师获全国教师辅导特别奖，7名教师获省教师辅导优秀奖，7名学生获特等奖进京受表彰。46名学生分别获省优秀答卷一、二、三等奖。

6.开展文化科技卫生下乡活动。自1997年起，根据中央宣传部、中央文明办等11个部委联合通知精神，中共毕节地委宣传部牵头，开展文化、科技、卫生下乡活动。文化下乡发挥文化的社会教育功能，加大群众文化工作力度，引导群众文化消费，用健康有益和丰富多彩的精神生活占领农村思想文化阵地；科技下乡宣传马克思主义唯物论和无神论，普及科学思想、科学精神、科学知识、科学方法，帮助和引导人们划清唯物论和唯心论、无神论与有神论的界限，增强农民识别和抵制唯心主义、封建迷信及各种伪科学的能力，提高农民科技致富本领，努力在农村形成爱科学、学科学、用科学的风尚。卫生下乡普及与群众日常生活密切相关的医疗卫生、科学健身和自然科学知识，巡回医疗和卫生宣传，加强农村基层卫生所（室）建设，发展合作医疗事业，提高农民自我保健和科学养生能力。1997年，文化、科技、卫生下乡，送书8.74万册，送戏385场；举办科技赶集13场，7240人参加；20支医疗队、300人次医务人员下乡，赠送医疗设备81台（套），价值6.3万元。1999年1月30日和2月7日，中共毕节地委、毕节地区行署组织地委宣传部、地区文化局、地区科技局、地区卫生局、地区文联等单位的100余名医务、科技、文艺工作者，分别赴大方县双山镇、毕节市海子街镇开展文化、科技、卫生下乡活动，演出文艺节目二台；为400余名群众义诊，免费赠送价值5000余元的药品；接受1200余人次科技咨询，发放价值8000余元的科技书籍及资料1.15万册（份），优惠出售水稻、玉米、蔬菜种子和农药；为群众义务写春联600余副。到2005年，全地区共开展科技、文化、卫生下乡活动200多场次，参加活动的科技、文艺、卫生工作者约7000人次，赠送图书资料108万册，药品等价值60多万元。

**讲学习、讲政治、讲正气（简称“三讲”）教育** 1999年1月13日，中共毕节地委根据中央要求和省委部署，制发《中共毕节地委关于在县级以上党政领导班子、领导干部中开展以讲学习、讲政治、讲正气为主要内容的党性党风教育的安排意见》。1999年2月12日，中共毕节地委发出《关于成立“三讲”教育领导小组及其办公室的通知》，决定成立中共毕节地委“三讲”教育领导小组，地委书记禄智明为领导小组组长。领导小组下设办公室，办公室设在地委组织部。同时，各县市委及相关工作部门单位成立领导小组及办公室。省委向毕节地委派出联络组，指导毕节地委开展“三讲”教育。毕节地委亦相应地向县市及地直部门、单位派出巡视组，指导“三讲”教育。1999年6月28日～9月20日，历时近3个月，在地级领导班子领导干部中开展讲学习、讲政治、讲正气为主要内容的党性党风教育。是年10月～2001年上半年，分批在地直县级、副县级、县市、高校领导班子和领导干部中进行。教育分4个阶段进行：一是思想发动，学习提高阶段。二是自我剖析、听取意见阶段。三是交流思想、开展批评阶段，四是整改、巩固成果阶段。集中教育结束后，开展“回头看”。“三讲”教育期间，有1.38万人参加地级和地直、县市“三讲”教育动员大会，参与“三讲”教育活动的干部、群众10.63万人次。征求群众意见近7万条，接待群众来信来访7846人次，解决群众反映的问题3743件。全地区在集中整改期间健全680多个制度，提出2343条整改措施。

**“三个代表”重要思想学习教育** 2000年，中共毕节地委根据中共中央及贵州省委的决定和要求，制发《关于在全地区农村开展“三个代表”重要思想学习教育的具体实施意见》，安排在全地区农村开展“三个代表”重要思想教育工作。全地区农村“三个代表”重要思想学习教育采取先试点后铺开，先乡镇后县市直部门，再到农村的方法进行。2001年2月27～28日，毕节市、金沙县66个乡镇率先启动。是年3月初，其余县的乡镇及其站所的学习教育活动全面铺开。3月30日和4月18日，毕节市的66个工作部门和金沙县的10个涉农工作部门开始学教活动。6月中旬，其他666个县市直部门的学教活动全面开展。7月中旬，地委学教领导小组在毕节市长春堡镇、大方县羊场镇、黔西县洪水乡共53个村开展学教活动试点。11月14日，全地区4107个村和193个居委会的学教活动全面铺开。学教活动分学习培训、对照检查、整改提高3个阶段进行。开展学教活动期间，地、县市、乡镇共抽调干部1.01万人次组成不同类型的检查组8个、督察组250个、宣讲组258个、驻村指导组4295个帮助各地开展工作。全地区26名地级党员领导干部和224名县级党员领导干部共建立联系点765个。至2002年1月底，全地区农村“三个代表”重要思想学习教育活动基本结束。学教活动期间，全地区普遍采取“两推一选”、公开选拔等形式调整村级领导班子3177个，成员4835人，新任村干部2260人，解决部分村党支部、村委会班子关系不协调问题。学教活动结束后，地委组织了学教活动回访复查工作。

**开展保持共产党员先进性教育活动** 2005年1月16日起，中共毕节地委根据中央和省委的部署，在全地区中共组织中开展保持共产党员先进性教育活动。教育活动分三批进行，当年12月底，第一、第二批全部结束；12月8日，第三批先进性教育活动开始启动，翌年上半年结束。全地区9264个部门和单位、9044个中共组织，17.3万名中共党员参加集中学习教育活动。教育活动紧紧围绕中共中央“关键是要取得实效”和“真正成为群众满意工程”的要求，结合实际，扎实开展。第一、二批先进性教育活动突出抓领导带头，发挥表率作用；抓制度建设，确保教育质量；抓方法创新，保证学习效果；抓主题实践，丰富教育活动；抓难点突破，实现整体推进：抓整改提高，务求取得实效；抓回头查看，确保动作到位；抓舆论宣传，营造良好氛围。第三批先进性教育活动做好把握精神实质，结合中央、省委的总体要求安排部署；联系农村实际，结合农村党员特点建立“三员”队伍扎实开展学习培训；围绕主题要求，结合建设社会主义新农村的目标要求抓好农村经济建设；找准存在的不足，结合阻碍农村经济社会发展的主客观因素进行深入剖析；服务人民群众，结合老百姓的生产生活困难认真做好扶贫帮困工作。全地区在开展保持共产党员先进性教育活动中总结提炼出建设党员、干部理论学习长效机制、党员教育管理长效机制、群众监督评议长效机制、基层党组织执政能力强化长效机制、领导方式改进的长效机制，被中央先进性教育活动领导办公室以简报形式转发全国所创建的第一批先进性教育活动开展得较好的单位联系指导第二、三批参学单位的指导制度，受到中央先进性教育活动巡回检查组的肯定；中央电视台等6家中央新闻媒体对毕节地区组织全区3938个村党支部书记作"热身"培训的举措进行报道。此外，毕节市千溪乡的试点工作经验作为贵州省唯一的代表到北京参加全国经验交流会。

# 第四章　中共县（市）委员会及基层组织

## 第一节　中共县（市）委员会

**中共毕节县委员会**　1949年11月30日成立，首任县委书记马有庆。1954年10月，中共毕节县委设置常务委员会，常委8名。1956年4月7～12日，召开中共毕节县第一次代表大会，选举产生中共毕节县第一届委员会。会后召开一届一次全会，选举产生书记、副书记、常务委员。至1993年4月，共召开七次代表大会，选举产生七届中共毕节县委员会。其间，县委领导成员的设置曾数次改变。1958年1月，中共毕节县委设置书记处，县委书记改为第一书记，副书记改为书记处书记。1962年撤销书记处，恢复书记、副书记称谓。1966年5月"文化大革命"开始。1967年3月，中共毕节县委被夺权。1968年2月，建立中共毕节县革命委员会核心小组（后改为核心领导小组），行使原中共毕节县委领导职权。1977年，中共毕节县委设置第一书记、第二书记、书记、副书记。1983年取消第一书记和第二书记设置，恢复书记、副书记、常委的设置。中共毕节县委历任第一书记：揭子珩、时念好、谢吉魁、李效敬、王朝彬、李国恒；第二书记：李效敬、赵福亮；书记、马有庆、张西华、郭殿臣、时念好、主惠珍、李效敬、李萍、葛仁敬、赵家全、赵福亮、张宏方、韦应时、许正维、傅传跃、陈万桥；副书记：郭殿臣、徐涛、时念好、王朝彬、孙振启、杨作宪、曹进举、马兰桐、李效敬、阎昭冉、刘锡荣、周玉麟、管绍周、赵福亮、杨官富、乔六金、陈克俊、赵家全、常绍友、吕开邦、韦应时、张明庆、张继增、路喜源、周长琦、黄世维（挂职）、张永福、余昌梯（挂职）；书记处书记：时念好、孙振启、杨作宪、曹进举、刘光海、郝相亭、周德影、任金胜、谢吉魁、李登峰。

1993年12月10日，经国务院批准，撤销毕节县建立县级毕节市。次年4月中共毕节县委改称中共毕节市委。1998年1月22～24日，召开中共毕节市第一次代表大会，选举产生中共毕节市第一届委员会。2003年召开第二次党代表大会，产生中共毕节市第二届委员会。2006年，召开第四届党员代表大会。中共毕节市委历任书记，傅传跃、黄家培、陈万桥、沈先启、周荣；副书记：黄家培、李绍武、杨波、郭正良、张先涛（挂职）、宋兴明（挂职）、胡齐明、杜娟（挂职）、赵明仁（挂职）、王爱平（挂职）、洪江平（挂职）、陈万桥、刘显军、李玉平、刘应诚、曾玉琴（挂职）、蒙秋明（挂职）、沈先启、蒋从跃、宋保平（挂职）、徐忠杰（挂职）、龙泽玉、周光杰、吴学军、高鸿（挂职）、熊灿平、徐忠琴（挂职）、聂宗兴（挂职）、余敏（挂职）、朱晓虹（挂职）、王彬、雷先用、刘建平、聂忠智。

2011年，经国务院批准，撤销县级毕节市，成立县级七星关区。原县级中共毕节市委员会更名为中共七星关区委员会。

**中共大方县委员会**　1949年12月4日，成立中共大定县委员会，张晓光任县委副书记，主持县委工作。1956年5月6～12日，召开中共大定第一次代表大会，选举产生中共大定县第一届委员会。1958年2月，经国务院批准，大定县更名为大方县，中共大定县委更名为中共大方县委。从召开第一次县党代会到2006年，共10次召开中共大方县党代表大会，选举产生中共大方县委员会。中共大方县委历任第一书记：杨本和、李巨连；书记主传珍、吴清卓、吕栋、张晓光、王学臣、揭子珩、杨本和、吴纯让、党传绪、杨金伦、赵福亮、禄智明、张志侠、吕开邦、杨兴举、李绍武、沈晓春、卢林；副书记：张晓光、王学臣、李效敬、董怀芝、司敬思、吴纯让、薛巨明、张兴华、李金泉、杨金伦、李进修、李巨连、张清廉、李慈善、王作海、张福明、刘长明、陈朝彬、刘万钟、路喜源、段敦厚、武孟伟、刘伦才、杨茂坤、龙厚华（挂职）、黄家培、胡高云、罗祥斌（挂职）、谭亚林、杨兴举、谢声华、杨锡昌（挂职）、文连甫（挂职）、陈华（挂职）、吴太成、李森（挂职）、陈万桥、刘祖平（挂职）、张廷喜（挂职）、李绍武、杨亚林、倪小兵、黄仲祥、周绍明、王海（挂职）、陈永新（挂职）、张吉（挂职）、杨云芬（挂职）、向义禹、高兴全、郭荣洲（挂职）、彭华昌（挂职）、李一民（挂职）、侯长英（挂职）、李玉平、郭凯（挂职）、林昌虎（挂职）、谢江道（挂职）、徐国骏（挂职）、张翰时、黄光江、朱钧（挂职）、邓健（挂职）、王开俊、谭文忠（挂职）、蒋成文（挂职）、卢林、孔锦（挂职）、赵永富（挂职）、王健明（挂职）、吴雁俊；书记处书记：董怀芝、田德胜、李金泉、张友儒、李效敬。

**中共黔西县委员会**　1949年12月3日成立；卢绍善首任县委书记。1956年5月10～17日，召开中共黔西县第一次代表大会，选举产生中共黔西县第一届委员会。此后，到2006年，共10次召开中共黔西县党代表大会，选举产生中共黔西县委员会。中共黔西县委历任第一书记，李如川、杨本和、时念好、王朝彬、杨金伦；第二书记：高荣、王朝彬；书记：卢绍善、杨维清、王芝圃、蒋彤、张为梓、李如川、王朝彬、刘秋月、田绍文、郭泽贵、许正维、彭世富、朱世光、刘伦才、梁兴华、张汉周、吴安玉、范元平；副书记：杨维清、蒋彤、杨本和、马茂宗、杜明信、刘万钟、王朝彬、曹志明、安绍清、刘家根、马玉杰、徐中义、时念好、田绍文、郭泽贵、樊林、杜昌远、彭海清、彭世富、李静森、朱世光、陶定卿、胡高云、汲伟（挂职）、刘荣倖、刘伦才、王达金、袁周（挂职）、毛秋生、何志光、张本舍、罗德智、吴太成（挂职）、陈杨（挂职）、张景禄（挂职）、吴奕（挂职）、吴安玉、张义萍、王炳荣、杨伟民（挂职）、唐廷模（挂职）、康庆明（挂职）、邓强（挂职）、汪应立、卢林、江友福（挂职）、沈社林（挂职）、邹竹青（挂职）、宋忠霞（挂职）、王迅（挂职）、黄家耀、肖功勋（挂职）、吴参化（挂职）、王慧（挂职）、蒋从跃、付立铭、杨汉华、阮晶（挂职）、李宁（挂职）、秦宗仁（挂职）、丁琨、李涌、何志勇（挂职）；书记处书记：杜明信、刘万钟、王朝彬、曹思明、于传博。

**中共金沙县委员会**　1949年12月16日成立，李旭华首任县委书记。1955年1月7～17日，召开中共金沙县第一次代表大会选举产生中共金沙县第一届委员会。至2006年，10次召开中共金沙县党代表大会，选举产生中共金沙县委员会。中共金沙县委历任第一书记：赵广玉、王学臣、李如川；第二书记：李如川、马茂宗；书记：李旭华、周化民、王国栋、赵广玉、王学臣、刘传训、宗式敬、管绍周、黄玉贵、彭伯元、廖昌晖、李文德、胡齐明、赵牧；副书记，赵广玉、李蔚、李及蔚、韩冠军、董名范、刘传训、赵后思、蔡芝兰、王芳国、闵德辉、娄秉宜、刘凤歧、陈文轩、李如川、陈富华、黄玉贵、唐德明、周志明、施世海、许正维、彭海清、彭伯元、杨茂坤、王达金、陶定卿、邓生国、廖昌晖、张维林、陈湘（挂职）、周明荣（挂职）、都进前、马培译、徐望北（挂职）、李向东（挂职）、周金毅（挂职）、胡齐明、杜培忠、徐志华、吴长华（挂职）、曾加伦（挂职）、肖会明（挂职）、潘欣（挂职）、高隆礼（挂职）、韩平、李勇、陈永柏（挂职）、张春（挂职）；书记处书记，伊彤、王国民、杨金伦、陶金城、邱继刚、于志高、刘传训、赵后思、石文礼、蔡芝兰。

**中共织金县委员会** 1950年1月成立，李庆宸首任县委书记。1956年5月10～14日，召开中共织金县第一次代表大会，选举产生中共织金县第一届委员会。至2003年，9次召开中共织金县党代表大会，选举产生中共织金县委员会。中共织金县委历任第一书记，杨景春、袁乃勋，第二书记，李超；书记、李庆震、李尚文、杨景春、袁乃勋、赵春辉、孙连德、时念好、刘传训、刘光禹、孙仁培、路喜源、龙廷华、姜主华、毛秋生、张玮、马培泽；副书记：主传珍、吕栋、张绍义、李崇宽、李玉洁、袁乃勋、李明高、吴纯让、宋全泰、孙连德、文仁才、周玉麟、刘国友、刘长明、傅连仲、刘仁贵、王芳国、张宏方、黄玉贵、丁永邦、杨继红、李文彬、龙廷华、邓生国、梁兴华、姜主华、谌贻琴（挂职）、张云飞（挂职）、罗德藻、夏远超、陈宏枢、何萍、王遵安（挂职）、刘亮琦（挂职）、赵牧、潘圣群（挂职）、刘群峰（挂职）、马季（挂职）、沈先启、陈训华（挂职）、罗志军（挂职）、施长均、姚正伦（挂职）、龙毓忠（挂职）、张玮、朱永德、梁和平（挂职）、王天贵（挂职）、王大明（挂职）、祖晓勤、李毕生、潘永明、金智（挂职）、徐尧（挂职）、薛占润（挂职）、陈永柏（挂职）、王世雄（挂职）、李学典、李兵书（挂职）、赖承华（挂职）、甘德富（挂职）、朱永德、高青、王兴明（挂职）、刘建平、胡海、杨德文（挂职）；书记处书记：宋全泰、商毓桢、孙连德、李明高、吴纯让。

**中共纳雍县委员会** 1950年6月成立。1956年5月12～17日，召开中共纳雍县第一次代表大会，选举产生中共纳雍县第一届委员会。至2003年，9次召开中共纳雍县党代表大会，产生中共纳雍县委员会。中共纳雍县委历任第一书记：杨来奎、田泽霞、朱启荣、孙连德；第二书记：刘汉屏、朱启荣；书记：主传珍、袁良骥、杨来奎、李汉亭、田泽霞、郭泽贵、盖朝举、傅传跃、黄体揆、赵英旭、周荣、宫晓农、蒋从跃；副书记：王友成、杨来奎、陈德风、杨玉山、祝朝珍、傅鹤之、郭振民、李顺成、朱启荣、吴纯让、施爱山、唐金键、朝明礼、杨永芬、彭世富、王景达、卢启君、蒋弟元、江先振、林振科（挂职）、陈忠（挂职）、班运秀（挂职）、李德超、乔洪、赵英旭、李显金（挂职）、郭荣忠（挂职）、薛家路、龙从刚、刘显军、张汉周、蔡均、周荣、岑延平（挂职）、钟尚豪（挂职）、徐君显（挂职）、聂华（挂职）、刘步常（挂职）、方云华（挂职）、谭正兵、陈志林（挂职）、吴维勇（挂职）、牛贵河、宫晓农、孙传明、杨洪贤（挂职）、雷洪坤、金世俊（挂职）、蔡燕（挂职）、于毅（挂职）、胡锦民（挂职）、乔震生（挂职）、史迅、袁卓荣（挂职）、王真（挂职）、邓韬（挂职）、郭华、薛春波（挂职）、何玉芳（挂职）、周登涛（挂职）、陈森龙（挂职）、李娥峰（挂职）、郑成芳、高永春（挂职）、李江平（挂职）；书记处书记：李顺臣、祝朝珍、苗秀荷、孙明式、房学运、韩明礼、孙鸿群、王宗海、陈玉清。

**中共威宁彝族回族苗族自治县委员会**　1950年2月成立中共威宁县委员会，王国栋首任县委书记。1954年9月，更名为中共威宁彝族回族苗族自治区委员会。1955年6月，更名为中共威宁彝族回族苗族自治县委员会1956年5月11～16日，召开中共威宁自始县第一次代表大会，选举产生中共威宁县第一届委员会。至2006年，10次召开中共威宁自治县党代表大会，产生中共威宁自治县委员会。中共威宁自治县委历任第一书记：蒋海燕、张淑成、李超、吴纯让、谢刚；第二书记：阎昭冉；书记：王国栋、陈之夫、蒋海燕、杨本和、王德本、禄文斌、国燕勋、程万海、吴纯让、谢刚、郭厚芳、李国恒、刘光磊、李三旗、李克明、王炳荣、杨兴友；副书记：蒋海燕、李遵正、李汉亭、王德本、朱佳仁、方孝礼、国燕勋、禄文斌、朱启荣、张贵芳、卢泮水、王同祥、崔懋德、朱秀英、齐连科、马武学、禄智明、黄平、王建德、马贤俊、林焕隆、禄绍康、刘光磊、陈仁贵（挂职）、董继岗（挂职）、罗学成（挂职）、李三旗、李文汉、刘廷显、倪克敏（挂职）、李克明、李怀明、王福尧、王兴光、桂黔皖（挂职）、黄保勤（挂职）、吴道明（挂职）、吕继俊（挂职）、张玮（挂职）、陈兴华（挂职）、吴恒江（挂职）、向义禹、禄志义、庄红波（挂职）、余洪信（挂职）、安顺才、刁屹国、李典学、施正美（挂职）、代宇（挂职）、刘胜康（挂职）、蒋才勇（挂职）、杨献忠（挂职）、李洪应（挂职）、张安瑾、杨洪立（挂职）、杨昌儒（挂职）、吴学军、王显斌（挂职）、于毅、赵焰（挂职）、陈波、李勇（挂职）、王大洋（挂职）、王海山（挂职）、潘祖才（挂职）、索绍新（挂职）、李苏其（挂职）、冉茂文（挂职）、孙立（挂职）、冯兴忠、赵贵清（挂职）、朱征明（挂职）、梁贵钢（挂职）；书记处书记：王德本、李汉亭、朱佳仁、方孝礼、秦建忠、禄文斌、张贵芳。

**中共赫章县委员会**　1949年12月13日成立中共赫章县工作委员会。1950年1月15日，改为中共赫章县委员会。1956年5月6～10日，召开中共赫章县第一次代表大会，选举产生中共赫章县第一届委员会。至2006年，10次召开中共赫章县党代表大会，选举产生中共赫章县委员会。中共赫章县委历任第一书记：李超臣、刘大嵩、李连城、王同祥、王国兰，第二书记：李连城、王同祥；书记：汪志敏、李超臣、刘大嵩、李连城、李彦林、黄绍臣、王国兰、段敦厚、徐发荣，陶定卿、周应华、范元平、黄光江；副书记：李超臣、刘大嵩、周玉启、张景悦、张文勇、姜毓宣、张广德、李连城、李广振、王同祥、盛庆华、徐胜日、孔照泰、黄绍臣、王国兰、王芝进、郭泽贵、徐发荣、马玉杰、杨光全、安鸣凤、姜延虎、周家兴、罗康钦（挂职）、张以训、赵国生（挂职）、陈秋贵（挂职）、王健、龙晨美、王明灯、周应华、蔡勤生、常履文、胡康寿（挂职）、沈晓春、孙公麟（挂职）、姬异丹（挂职）、康银成

（挂职）、孙月鑫（挂职）、陈放（挂职）、陈德勇（挂职）、徐仁德、王福尧、路晓峰（挂职）、陶启云（挂职）、王德敏（挂职）、张政纲、张玮、安顺光、管绍凡（挂职）、吴坦、安顺才、王志刚（挂职）、李发荣（挂职）、龙泽玉、范元平、万天碧、王洪全、雷浩、翟春宝（挂职）、庞晓（挂职）、贺城（挂职）、彦勇（挂职）、顾掌权（挂职）、夏勇（挂职）、马立、禄春燕（挂职）、熊际翎（挂职）、李龙舟（挂职）、王青怡（挂职）、陈明刚（挂职）、沈先启（挂职）、王兴明、孙逊、陈义超（挂职）、游新建；书记处书记：张景悦、张文勇、张广德、李广振、周凤来。

**中共百里杜鹃风景名胜区工作委员会** 2007年，毕节地委、行署为贯彻省委、省政府将百里杜鹃风景区建设成为“独具特色的杜鹃森林生态休闲旅游度假区”的精神，加快百里杜鹃申报国家级自然保护区、世界自然遗产等工作步伐，根据《中共贵州省委常委专题会议纪要》（九届〔2006〕9号）精神，省机构编制委员会办公室下发《关于设立贵州百里杜鹃风景名胜区党的工作委员会和管理委员会的批复》（省编办发〔2007〕76号），批准《贵州百里杜鹃风景名胜区（贵州百里杜鹃国家级森林公园，贵州百里杜鹃自然保护区）党的工作委员会和管理委员会机构编制方案》，毕节地委、行署下发《关于组建贵州百里杜鹃风景名胜区（贵州百里杜鹃国家级森林公园，贵州百里杜鹃自然保护区）党的工作委员会和管理委员会的通知》（毕地党发〔2007〕19号）文件，毕节地区机构编制委员会下发《关于印发贵州百里杜鹃风景名胜区（贵州百里杜鹃国家级森林公园，贵州百里杜鹃自然保护区）党的工作委员会和管理委员会机构编制方案的通知》（毕地机编〔2007〕120号）文件，撤销毕节地区林业局管理的毕节地区百里杜鹃国家级特色森林资源保护处（毕节地区百里杜鹃国家级森林公园管理处、毕节地区百里杜鹃省级风景名胜区管于理处）和大方、黔西两县的百里杜鹃保护站，组建贵州百里杜鹃风景名胜区（贵州百里杜鹃国家级森林公园，贵州百里杜鹃自然保护区）党的工作委员会和管理委员会，为地委、行署正县级派出机构，实行一套工作班子两块牌子，对百里杜鹃风景区实行统一领导和管理。12月9日，在地委、行署主持下，百里杜鹃党工委和管委会与大方、黔西两县人民政府签订移交托管协议。

党工委书记：黄家耀；副书记：薛占润、杨桦、汪继平、熊灿平、李孝荣。

## 第二节　基层党组织与党员队伍

中华人民共和国成立后，中共毕节地区基层组织快速发展。截至1965年底，全区党支部由1950年的95个发展为5586个，党员由715名发展为54714名，其中有妇女党员5674名，少数民族党员15101名，建有基层党委846个，党总支176个。到1976年底，全区建有基层党委797个，党总支42个，党支部6539个，中共党员93332名，其中妇女党员11223名，少数民族党员24531名。到1987年底，全区共建有基层党委863个，104个党总支，7946个党支部，中共党员发展为128396名，其中妇女党员14681名，少数民族党员32497名。到1997年底，全区建有基层党委333

个，党总支427个，党支部9012个，中共党员发展为156401名，其中妇女党员19567名，少数民族党员40352名。截至2011年12月，毕节地区有中共基层组织8617个，党员192717名。基层党组织中，党委403个，党支部143个，党支部8071个；国有经济党组织415个，集体经济党组织131个，非公经济党组织156个，事业单位党组织2177个，机关单位党组织1707个，其他党组织4031个。党员队伍，大专及以上学历党员48922名，约占25.39%；女党员32427名，约占16.83%；少数民族党员45952名，约占23.84%。

# 第六篇

# 古代及民国时期政权

# 第一章　古代政权

毕节地区的政权，最早可追溯到三代舜封有庳国，接着经历鬼方国、卢夷国、牂牁国、夜郎国、朱提国，秦置夜郎县、汉阳县，汉置犍为郡、牂牁郡、朱提郡，蜀汉置庲降都督府及慕俄格，唐置羁縻州，宋称罗氏鬼国，元、明置土司等政权形式。在历史的演进中，其政权名称多次伴随朝代的改变而改变，但其君长世袭制和九扯九纵管理体制基本不变。直到清朝初年实行改土归流，毕节地区实行封建王朝中央集权统治下的府、县（州）、里、甲政权管理体制。1911年，辛亥革命一举推翻清王朝的统治，成立中华民国，封建体制政权解体。

## 第一节　道　署

明嘉靖二年（1523），设分巡毕节兵备道，管辖乌撒、毕节、赤水、永宁（今四川叙永）卫。清康熙四年（1665），改分巡毕节兵备道为整饬三府分巡贵西道，辖黔西、大定、平远府，兼管永宁、赤水、毕节卫。翌年，道署移驻大定府。康熙六年（1667）七月，裁整饬三府分巡贵西道。十年（1671），复设平大黔威分守道于大定府。康熙二十年（1681），改平大黔威分守道为分巡贵西道，辖安顺、平远、大定、黔西、威宁府，移驻安顺；乾隆十七年（1752）移驻威宁州，兼管大定、安顺、安龙、遵义府；光绪五年（1879）移驻毕节县城，辖大定、遵义、安顺、兴义府及普安直隶州。光绪三十四年（1908），裁贵西道，改设巡警道，主管官吏、警政、地政、疆域版图、礼俗、户籍、禁烟禁毒等，道署移驻贵阳。

明制，承宣布政使为省最高民政长官，与提刑按察使分掌民政、刑狱。由布政使的佐官参政、参议，并分管分守道、督粮道、督册道；由按察使佐官副使、佥事分管提督学道、清军道、驿传道、各处分巡道。明代中期设兵备道，以文官协理总兵军务，其后直至清代，凡重要区域多加兵备之名。分守道、分巡道的主要职责，或掌粮储、盐法，或兼河务、关税，或兼茶马、屯田、水利、学政，或以粮、盐兼分巡之职；兵备道管兵备、治军、操练之事。道员品秩，初制参政道从三品，参议道从四品，副使道正四品，佥事道正五品。乾隆十八年（1753）省去兼衔，均改为正四品。道员为布政司、按察司的佐官，明代的道员分属两司，各有本身的官名。清乾隆年间，取消布政司参政、参议，按察司副使、佥事名称只称守道、巡道，后简称道员。明代，司、道平行，清乾隆后，由于道员脱离司的关系，直接成为司与府厅中间的一级。州、县文书先申报府，府申报道，道送司、司再呈督、抚。明清两代，道不是正式行政区域，道员不一定都管地方行政。

### 明代分巡毕节道名录

| 姓　名 | 职别 | 任职时间 | 姓　名 | 职别 | 任职时间 |
|---|---|---|---|---|---|
| 舒　表 | 副使 | 嘉靖二年 | 沈　闻 | 佥事 | 隆庆六年 |
| 王　浚 | 副使 | 嘉靖五年 | 黄　镆 | 佥事 | 万历六年 |
| 杨　仪 | 副使 | 嘉靖六年 | 胡　宥 | 佥事 | 万历九年 |
| 龚　亨 | 佥事 | 嘉靖八年 | 方万策 | 佥事 | 万历十四年 |
| 韩士英 | 副使 | 嘉靖十年 | 陈性学 | 副使 | 万历十八年 |
| 林茂竹 | 副使 | 嘉靖十二年 | 孙克恕 | 副使 | 万历四十五年 |
| 施　昱 | 佥事 | 嘉靖十五年 | 郑朝栋 | 副使 | 崇祯三年 |
| 蒋春玉 | 佥事 | 嘉靖四十三年 | 王国熙 | 佥事 | 崇祯十年 |

注：缺嘉靖十六至四十二年，万历四十六年至天启年间资料

### 清代分巡贵西道道员名录

| 姓　名 | 任职时间 | 姓　名 | 任职时间 | 姓　名 | 任职时间 |
|---|---|---|---|---|---|
| 董奎武 | 顺治十五年 | 邓之琮 | 康熙五十二年 | 福　连 | 道光二十七年 |
| 樊咸叙 | 顺治十六年 | 李天祥 | 康熙五十七年 | 福　善 | |
| 王国鼎 | 顺治十六年 | 吴应龙 | 雍正元年 | 承　麟 | |
| 刘芳声 | 康熙二年 | 王廷琬 | | 祝尧年 | |
| 陈年谷 | 康熙六年 | 贾扩基 | 雍正八年 | 张　瑛 | |
| 王廷禴 | 康熙十年 | 介锡周 | 乾隆元年 | 汪升禄 | |
| 梁　燧 | 康熙二十年 | 张成基 | 乾隆四十五年 | 邓尔巽 | |
| 徐观成 | 康熙二十二年 | 吕云栋 | 嘉庆四年 | 田　润 | |
| 王　梁 | 康熙二十三年 | 张曾阳 | 嘉庆八年 | 黄宅中 | |
| 高起龙 | | 伊汤安 | 嘉庆九年 | 颜　鼎 | |
| 张奇抱 | 康熙二十九年 | 伊星阿 | 嘉庆十九年 | 奇克慎 | |
| 莫之翰 | | 潘恭辰 | 嘉庆二十年 | 莫超宗 | 同治十一年 |
| 吴应麟 | | 何　金 | 嘉庆二十年 | 余思树 | 同治十三年 |
| 刘维正 | 康熙四十年 | 周廷授 | 道光六年 | 李德义 | 光绪四年 |
| 祖允焜 | 康熙四十五年 | 郑世任 | 道光二十二年 | 张　煦 | 光绪五年 |
| 许兆麟 | 康熙四十九年 | 王发越 | 道光二十五年 | | |

# 第二节 宣慰司 土府

## 一 贵州宣慰司

贵州宣慰司的前身为元代的亦奚不薛宣慰司。元初，亦奚不薛首领阿画扩其地至鸭池河以东，为明代建立贵州宣慰司奠定基础。

明洪武四年（1371），罢顺元路，合水西、水东土司地置贵州宣慰司，设司署于贵竹长官司地（今贵阳城区），以水西首领陇赞霭翠为宣慰使，以水东首领宋蒙古歹（宋钦）为宣慰同知。陇赞霭翠亲领水西48目；宋蒙古歹亲领洪边12马头，并管理贵竹、水东等10长官司。宋氏掌印，朝廷规定水西首领非有公事，不得擅还水西。洪武五年（1372）正月，贵州宣慰使陇赞霭翠、宣慰同知宋钦入朝，诏令其世袭宣慰职如故，隶于四川行省。洪武六年（1373）八月，诏令贵州宣慰使陇赞霭翠位居各宣慰之上。陇赞霭翠死后，其妻奢香进京晋见明太祖，表示愿效力开发西部边疆。奢香返回后，率部开龙场九驿，开赤水、乌撒道以通乌蒙（今云南昭通），联通龙场九驿，从此子孙世袭宣慰使。永乐十一年（1413）二月，贵州宣慰司改隶贵州布政司。正统七年（1442），贵州宣慰使陇知陇辅入朝，英宗赐安姓。明天启二年（1622），贵州宣慰同知安邦彦以贵州宣慰使安位名义，与永宁宣慰使奢崇明联合反明，攻占毕节、赤水、乌撒诸卫，围攻贵阳。崇祯三年（1630），平定奢安事变，贵州宣慰使安位出降，愿将水外2则溪地归朝廷改设流官。次年，贵州宣慰同知宋嗣殷被革职，安氏改为水西宣慰使，仅领水内11则溪。

贵州宣慰司按明制设宣慰使1人，从三品，宣慰同知1人，正四品；副使1人，从四品；佥事1人，正五品；经历司经历1人，从七品；都事1人，正八品。其中，经历司经历多为流官。宣慰使为武职，由吏、兵2部核准世袭。宣慰司官员虽受朝命各有位号，但内部仍沿袭彝族土司政权的土目分治法，自立职位和名号。水西安氏政权实行世袭及军权、政权、族权合一制度。其君长名蔺，又称苴穆，是部族的最高统治者。其宗亲称峨，官名穆濯、祃裔、奕续，权力次于君长。其臣统称阿牧，分别有各层次官名和权力。议事决策者3人，官名更苴、穆魁、濯魁。议事决策者之下，分设政、军执行官。管理政务者2人，官名诺唯、祃葩；管理军事者2人，官名祃写、祃初，下设领兵官，称黑乍。再下设分管各项事务的九个衙门，称九扯，今大方县城东尚有九层衙门遗址。九扯的官名和执掌为：总领众务者，官名阿穆扯，执掌礼仪、户籍、法令者，官名补突、濯苴；执掌官署建筑、门户库藏者，官名拜苏、拜项；执掌畜牧者，官名扯墨；执掌物器材料者，官名项目;执掌保卫者，官名圆约；执掌战事者，官名苏文；执掌宣诵者，官名幕施；执掌祭祀、彝谱者，官名诚幕。水西安氏政权所控制地方，划分若干则溪，为二级地方组织。在水西安氏亲领的48目地，分为13则溪：六幕和于的2则溪在鸭池河以东，包括今清镇、修文、息烽，称水外；在鸭池河以西的11则溪为陇胯、的都、朵你、阿架、法戈、火著、木胯、架勒、以著、则窝、雄所则溪，包括今黔西、金沙、纳雍、大方、织金、水城县及毕节市的一部分，称水内。则溪的头目由宣慰使的宗亲或土目担任。则溪以下置祃裔、奕续以领散地，官名称祃初，形成48目、120祃裔、1200奕续的统治网终，并世袭。

### 明清时期历任贵州宣慰使名录

陇赞霭翠、霭翠陇弟、陇弟渫直、渫直纳考、纳考本哲、本哲陇知、陇知陇铺、安祚、安贵荣、安万钟、安万镒、安万铨、安仁、安国享、安疆臣、安尧臣、安位、安承宗、安坤、安胜祖

## 二　乌撒土府

唐代，彝族乌撒部已强盛，其统治区域包括今威宁、赫章及云南省昭通、鲁甸、彝良。《元史·地理志》记载："旧名巴凡兀姑，今曰巴的甸，自昔乌蛮杂居之。今所辖部：曰乌撒部（今威宁、赫章），阿头部、易溪部、易娘部（以上3部在今镇雄境），乌蒙部（在今昭通），閟畔部（在今东川）；其东西有芒部（今镇雄境）、阿晟（今宣威西北）2部。后乌蛮之裔折怒强大；尽得其地，因取远祖乌撒为部名。"元至元十年（1273），乌撒部附元，置乌撒路招讨司。至元二十四年（1287）升为乌撒乌蒙宣慰司，隶于云南行省。

明洪武十五年（1382）三月，分置乌撒、乌蒙府，隶云南布政司。次年，改乌撒府隶四川布政司。洪武十七年（1384），升乌撒府为乌撒军民府，领可渡、赵班、阿赫关、乌撒巡检司。

明制，土府为文职。土府设知府1人，正四品；同知1人，正五品；通判，正六品，无定员；推官1人，正七品；府属经历司经历1人，正八品；照磨所照磨1人，从九品；检校及司狱各1人，皆未入流（古代官制，九品以下为未入流）。土知府为世袭、由吏兵2部核准。乌撒十府实行世袭及军权、政权、族权合一的政治制度。据《大定府志》载《德初土目安光祖所译夷书》记述乌撒有4大部、8大部、24部。4大部为：塞翁部、塞托部、乃恩部、鹿烘部。8大部、24部在4大部内。8大部为：遵化首目以机（安氏）、德化首目赤兔乌（安氏）、性化首目居好（安氏）、治化首目马摆（安氏）、广化首目阿底（禄氏）、大化首目起处（安氏）、归化首目妈姑（颜氏）、顺化首目雄所（安氏）。塞翁部13目：阿底、阿飞、论诗、马摆、阿依、卜兄、五所白、雄所、妈姑、瓦泥、阿甲、威家、魁握。塞托部11目：居吁、祖慕、戛产底、法窝、布魁、赤兔乌、果木、始塔、拉呼、古打杓、德魁。乃恩部4目：起处、兄姑、杓懿、杓多。鹿烘部4目：以几、洛烘、阿克、奢渣。由部族首领和土目统治所辖地区。

明代，朝廷对宣慰司、土府实行威德并举统治方法，纳入中央王朝的版图。宣慰使和土知府必须定期朝贡，由宣慰使及土知府入朝或遣人向朝廷贡马及方物，否则就要派兵征剿。明洪武五年（1372）正月，贵州宣慰使霭翠、宣慰同知宋蒙古歹入朝贡马及方物，洪武帝赐文绮

袭衣，并诏令霭翠、宋蒙古歹世袭如故。此后，贵州宣慰使定期入朝或遣人入贡。洪武十四年（1381）末，乌撒等部朝贡，明太祖遣征南将军颍川侯傅友德、左副将军永昌侯蓝玉、右副将军西平侯沐英率军攻克七星关、可渡河、乌撒土司大头目那者降，东川、乌蒙、芒部土司皆归附。次年六月，乌撒等处土司复叛，傅友德、沐英率兵进击，大破土司武装，遣兵穷索山林搜捕，诸土司慑惧，相率投降。明军在这一地区建立乌撒、毕节、赤水卫，派官兵屯守。明代270多年间，贵州宣慰使，乌撒土知府多次反抗朝廷，均被镇压。

清康熙年间，清廷在西南地区实行“改土归流”，水西宣慰司、乌撒土府先后改为府，由朝廷派遣流官治理。

### 历任乌撒土知府名录

实卜、阿能、卜穆、禄尼、陇旧、伯关、安得、安承祖、安墨、安云龙、安效良、安真爵、安得、安重圣、安世基

## 第三节 府 署

清顺治十五年（1658），吴三桂领清兵由蜀入黔取云南，水西宣慰使安坤出降，派土目做向导，引清兵取七星关。云南平定后，安氏仍为水西宣慰使，准世袭。次年，乌撒归顺清廷，安重圣袭土知府职。

顺治十七年（1660）八月二十七日，平西王吴三桂以贵州水西、乌撒土司图谋不轨为由，奏准歼剿、康熙三年（1664）闰六月，吴三桂率兵自云南入贵州，进剿水西、乌撒。次年二月，吴三桂杀安坤、安重圣。五月，诏准请设流官，革除水西宣慰司。康熙五年（1666）二月，以水西11则溪地设3府，将法戈、木胯、火著、架勒4则溪地设为1府，府治设于大方城，为大定府。将胧胯、的都、朵你、阿架4则溪地设为1府，建府治于比喇，为平远府。将以著、则窝、雄所3则溪地设为1府，建府治于水西城，为黔西府。是年九月，令改四川乌撒土府为威宁府，改隶贵州。

康熙二十二年（1683）平定“三藩之乱”，安坤之子安胜祖因助清兵剿吴三桂有功，仍袭水西宣慰使，建阿武长官司，以土目阿武为之，均不许干预军民事。是年十一月，命将平远、黔西府改为州，隶于大定府。康熙二十六年（1687）六月，降大定府为州，以大定、平远、黔西州同隶于威宁府。裁永宁卫及普市千户所，改设永宁县；裁毕节、赤水卫，改设毕节县，皆隶于威宁府。

康熙三十七年（1698），安胜祖死，无嗣。总督王继文上疏“水西宣慰使安胜祖大为苗民患，今已病故，与故长官阿武并无嗣，请停袭。所属地改归大定、平远、黔西三州流官管辖。”康熙帝同意，安氏宣慰使遂绝。

雍正五年（1727），将永宁县改隶四川省。雍正七年（1729）十月，升大定州为府，降威

宁府为州。威宁、平远、黔西州及毕节县均归大定府管辖。雍正十年（1732）置水城厅，划大定府亲辖地永顺、常平2里归水城厅管辖；雍正十二年（1734），增设威宁州得胜坡巡检司。乾隆四十一年（1776）划平远州的时丰、岁稔、崇信里归水城厅。大定府共辖3州、1县、1厅及府亲辖地。此后无变化。

据《大清会典事例》记载，清初定每府知府1人，推官1人，挂衔推官1人，督辅左右理事官1人；同知、通判，因事增减无定员；经历1人：照磨1人，知事1人，检校1人，司狱1人，各因地方繁减设立，无定员。顺治三年裁各府挂衔推官1人。大定设府之初，设知府1员，通判1员，推官1员，经历1员，司狱1员，教授1员。康熙六年（1667）裁大定府推官1员。康熙二十六年（1687），改大定府为州，设知州1员，学正1员，吏目1员。康熙四十三年（1704）增设训导1员。雍正七年（1729）升大定州为府，设知府1员，经历1员，司狱1员，教授1员，训导1员，次年增设通判1员。十年（1732）移大定府通判1员驻水城厅。乾隆二十七年（1762），裁大定府司狱。四十一年（1776），增设大定府照磨1员驻水城。此后，大定府署定员无大变化。

按《清朝文献通考》记载，知府官阶为从四品，主要职责为掌一府之政，教养百姓，为州县表率。《清朝通典》记载，知府掌一府之政，统率属县，宣理风化，平其赋役，听取役讼，以教养万民，凡阖府属隶，皆总领而稽核之。通判为正六品，与同知均是知府的佐官，“同知分掌督粮、捕盗、清军、水利诸事；通判分掌督捕、水利诸务。均各量地置员，以佐知府之政治”儒学教授为正七品，训导为从八品；经历正八品。《历代职官表》记载：府经历为知府官署之首领官，即其直辖之内部事务官。除内部事务外，亦以备知府之差遣，习惯上地方官吏之犯罪待讯者，发交经历厅看管。司狱及照磨均为从九品。照磨类似文书，《历代职官表》记载：照磨掌照刷卷宗、掌乡试缮册弥封之事。驻大定城文武机构有：经历司署、教授署、督学署、通判署、大定府仓廒、大定府监狱、大定钱局、火药局、厘金局、照磨署、演武厅、大定协副将署、大定左营游击署、守备署、右营游击署、都司署。

### 历任大定知府名录

| 姓　名 | 任职时间 | 姓　名 | 任职时间 | 姓　名 | 任职时间 |
|---|---|---|---|---|---|
| 宁云鹏 | 康熙五年 | 萧楠年 | 乾隆六十年 | 鹿丕宗 | 道光二十四年 |
| 孟　泰 | | 孙　鉴 | 嘉庆元年 | 黄宅中 | 道光二十五年 |
| 张宏杰 | | 刘　云 | 嘉庆五年 | 存　杰 | 道光二十八年 |
| 王　镇 | | 刘青照 | 嘉庆六年 | 黄宅中 | 道光二十八年 |
| 陈德荣 | 雍正八年 | 杨自强 | 嘉庆八年 | 杨书魁 | 咸丰元年 |
| 介锡周 | 乾隆元年 | 周有声 | 嘉庆九年 | 曹兴仁 | 咸丰四年 |
| 刘世恩 | 乾隆二年 | 项应莲 | 嘉庆十年 | 曹　朗 | 咸丰时 |
| 苏　松 | 乾隆四年 | 孟正笏 | 嘉庆十一年 | 朱右尊 | 咸丰时 |

续表

| 姓　名 | 任职时间 | 姓　名 | 任职时间 | 姓　名 | 任职时间 |
|---|---|---|---|---|---|
| 牛天申 | 乾隆六年 | 安嘉相 | 嘉庆十四年 | 陈　涛 | 咸丰十一年 |
| 杨　汇 | 乾隆十二年 | 陈五色 | 嘉庆十七年 | 胡超龙 | 咸丰时 |
| 诸徐孙 | 乾隆十年 | 王汝琛 | 嘉庆十七年 | 沈西序 | 咸丰时 |
| 钮嗣昌 | 乾隆十四年 | 荣　昌 | 嘉庆十八年 | 鲁经芳 | 同治二年 |
| 四十七 | 乾隆十九年 | 许云霄 | 嘉庆十九年 | 沈西序 | 同治三年 |
| 鹿骢豫 | 乾隆二十二年 | 张世昌 | 嘉庆二十一年 | 刘正朝 | 同治三年 |
| 周世纪 | 乾隆二十六年 | 普　思 | 嘉庆二十二年 | 邓尔巽 | 同治五年 |
| 王允浩 | 乾隆二十八年 | 邓士宪 | 嘉庆二十三年 | 马应镗 | 同治六年 |
| 马元烈 | 乾隆二十八年 | 金　淳 | 道光二年 | 奇克慎 | 同治七年 |
| 王日杏 | 乾隆三十四年 | 陈兆熙 | 道光四年 | 陈鸿翕 | 同治八年 |
| 钟邦任 | 乾隆三十五年 | 张光郢 | 道光五年 | 汪炳璈 | 同治十一年 |
| 李　灼 | 乾隆三十六年 | 赵宜霖 | 道光五年 | 吴宗兰 | 同治十二年 |
| 姚学瑛 | 乾隆三十八年 | 徐玉章 | 道光五年 | 陈鸿翕 | 光绪二年 |
| 汪家济 | 乾隆四十三年 | 杨祖淳 | 道光六年 | 樊葆书 | 光绪二年 |
| 张景宗 | 乾隆四十四年 | 陈　熙 | 道光七年 | 余　撰 | 光绪四年 |
| 董　梁 | 乾隆四十四年 | 刘锡荣 | 道光八年 | 程荣寿 | 光绪六年 |
| 凌　浩 | 乾隆四十四年 | 汪　琳 | 道光十一年 | 杨熙瑞 | 光绪七年 |
| 永　福 | 乾隆四十五年 | 王绪昆 | 道光十二年 | 余　撰 | 光绪八年 |
| 宫绮岫 | 乾隆五十年 | 司　河 | 道光十五年 | 余上华 | 光绪十一年 |
| 色柱纶 | 乾隆五十二年 | 张瀚中 | 道光十六年 | 石廷栋 | 光绪十一年 |
| 戴世佐 | 乾隆五十七年 | 张志诶 | 道光十七年 | 程荣寿 | 光绪十三年 |
| 赵与恺 | 乾隆五十八年 | 徐　鋐 | 道光十八年 | 曹昌祺 | 光绪十八年 |
| 周　纬 | 乾隆五十九年 | 姚柬之 | 道光十九年 | 杨熙瑞 | 光绪十九年 |
| 吴厚恩 | 光绪二十年 | 谢文翘 | 光绪二十八年 | 陶　坤 | 宣统元年 |
| 陈善藩 | 光绪二十二年 | 史鸾书 | 光绪三十年 | 陈廷梁 | 宣统元年 |
| 黎　怀 | 光绪二十三年 | 石廷栋 | 光绪三十一年 | 陈庆慈 | 宣统二年 |
| 刘大琮 | 光绪二十三年 | 刘大琮 | 光绪三十二年 | 陈鸿爵 | 宣统三年 |
| 万良修 | 光绪二十三年 | 王玉麟 | 光绪三十二年 | | |
| 戴斐章 | 光绪二十四年 | 吴嘉瑞 | 光绪三十二年 | | |

### 历任威宁知府名录表

| 姓　名 | 任职时间 | 姓　名 | 任职时间 | 姓　名 | 任职时间 |
|---|---|---|---|---|---|
| 张英才 | 康熙五年 | 陈国柱 | 康熙三十七年 | 姚　谦 | 康熙六十一年 |
| 沈鋐生 | 康熙十一年 | 董宏祚 | 康熙三十九年 | 杨永斌 | 雍正四年 |
| 乔谦己 | 康熙二十年 | 胥连相 | 康熙四十四年 | 吴士鲲 | |
| 辛国兴 | 康熙二十七年 | 佟　铭 | 康熙四十七年 | 陈德荣 | |
| 崔　俊 | 康熙二十九年 | 陈元焕 | 康熙五十一年 | | |
| 宋　起 | 康熙三十二年 | 冯庭棠 | 康熙五十二年 | | |

### 历任平远知府名录表

| 姓　名 | 任职时间 | 姓　名 | 任职时间 | 姓　名 | 任职时间 |
|---|---|---|---|---|---|
| 刘　勇 | 康熙四年 | 邱　业 | 康熙五年 | 阮国祥 | 康熙十二年 |
| 孙　奏 | 康熙二十二年 | | | | |

### 历任黔西知府名录表

| 姓　名 | 任职时间 | 姓　名 | 任职时间 | 姓　名 | 任职时间 |
|---|---|---|---|---|---|
| 王命来 | 康熙五年 | 端木象震 | | | |

## 第四节　州署　县署

依《清朝会典事例》规定：州与县相同，“以具之地大而事繁者升而置之，所统辖一如县制”。

**大定州**　康熙五年置府，二十六年降为州，隶于威宁府。雍正七年十月复升为府。

**威宁州**　雍正七年清廷改威宁府为州，升大定州为府，威宁府署官员移驻大定；大定州署官员：知州、学正、吏目各1员移驻威宁，训导依旧。雍正十二年（1734），增设得胜坡巡检1员。驻威宁州机构：威宁州署、学正署、吏目署、得胜坡巡检司署、威宁镇总兵署、左营游击署、左营守备署、右营都司署、右营游击署、右营守备署、威宁州仓廒、威宁州监狱、厘金局、京铜局、电报分局、京铜公所、火药局、演武厅、接官厅。

**平远州**　康熙二十二年（1683）改平远府为州，州署设知州、学正、吏目各1员。四十三年（1704），增设训导1员。驻平远州机构：平远州署、学正署、吏目署、训导署、平远协副将署、都司署、守备署、城千总署、平远州仓廒、平远州监狱。

**黔西州**　康熙二十二年改黔西府为州，设知州、学正、吏目各1员。四十三年增设训导1

员。驻黔西州机构：黔西州署、学正署、训导署、吏目署、黔西协副将署、都司署、守备署、中军营、大关厘金局、泥河六卡、黔西州仓廒、黔西州监狱。

**毕节县**　明洪武十七年（1384）置毕节卫，二十一年（1388）置赤水卫。清康熙二十六年（1687）六月，裁毕节、赤水卫，置毕节县。雍正七年（1729），划毕节县赤水河以北的大康里归四川，以赤水河以南的八夷屯地属毕节县，编为平定里。八夷屯地为：镇西、阿市、杨柳湾、比肇、家戛、斯栗堡、乐鸿屯、大屯。毕节县署设知县、训导、典史各1员。康熙四十三年增设教谕1员。依《清朝文献通考》记载：知县为正七品，“掌一县之政，亲理民务，其责任与知州同”。依《清朝通典》记载：“知县平赋役，听治讼，兴教化，厉风俗，凡养老祀神，贡士读法，皆躬亲厥职而勤理之。”其下属典史掌狱囚，兼充县署的事务官，品秩为未入流；教谕品秩为正八品。毕节县机构：毕节县署、教谕署、训导署、典史署、毕赤营游击署、守备署、毕节县仓廒、毕节县监狱、毕节厘金局、赤水厘金局、宝黔局、铅局、演武厅。

**水城厅**　清雍正十年（1732）三月，设置水城厅，以利开采、运集黑铅。移大定府通判驻其地，划大定府亲辖地中的永顺、常平2里归水城厅管辖。乾隆四十一年（1776）六月，吏部议准大定府属水城厅通判管理福集厂铅运，每年解额220余万斤，因其管辖地方小，夫马不敷，将平远州的时丰、岁稔、崇信3里就近划归水城厅通判管辖，并增设大定府照磨1员驻水城厅。

附：

## 历任知州、知县名录

### 大定州

姚祖颛　陈嘉采　刘 昆　王廷贵　雷有成　张介眉　苏霖泓　陈嘉会

### 威宁州

赵世燕　李 曜　李肖光　鹿聪豫　姚文光　王明标　刘 标　高 玮　崇士锦　德 永
袁 治　于良均　陈 林　沈 鹏　孙文焕　程正坤　郑五典　许云霄　李秉棍　魏 钧
李 冕　王湛恩　郑五典　王志敬　邹贤曹　司 河　王之杲　司为善　严昌钰　谭 骧
李鸿卓　刘宝箴　张 锳　刘宇昌　丁良嗣　鲁秉礼　孙承祖　乐 韶　盖星阶　陶大铨
周 溶　党思齐　周守正　徐丰玉　朱右贤　寿元渭　钱元善　周宇正　袁 濬　叶如松
顾崑阳　葛绍英　赵 芳　许大伦　陈 鳌　张炳坤　陈席珍　刘肇观　嵩 年　陈 柱
苏忠庭　丁 洋　陈 钰　吴光銮　林品南　诸昌言　罗运厚　林丛茂　饶礼丰　胡 壁
钱 壎　白士熏　邓良臣　何宗伦　李兆梅　郑寅亮　蒋益椿　胡承祖　李兆松　史鸾书
陈嘉谟　杨正发　宝 巽　乔化南　王垂书　李保和　韦 英　金焕勋　温良彝　王人骥
廖映旭　曾文鉴

## 平远州

邱园卜  李文熙  刘　惇  正朝瑞  俞九成  冷宗昱  李和吉  陈正心  龚眉望  甘国垓
朱绍昆  郭士英  祝宗  何　泓  朱粲英  介锡周  苏　松  于　敏  陈嘉会  李乔林
詹　彬  钮嗣昌  郭　振  鹿聪豫  程则明  刘仁惠  王宏业  潘延权  李云龙  杨　焯
李应虞  李　炬  刘宗元  宫绮岫  吴基龙  程　矩  王德屏  程正坤  秦　睿  邱青藜
刘宗元  费承勋  吴民秉  朱　昕  张五诰  周景益  曹　镃  刘若涛  杨皋亮  福　成
许云霄  邵孟峻  宋　简  庆　祥  金　淳  华文标  吴荫暄  王　钰  朱　鼎  德　兴
富勒明安  陆　铮  许华铣  易凤廷  易宝善  严昌钰  觉罗崇兴  汪廷献  雷学洪
吴人杰  谭　炜  乐　韶  陶　坤  施鸣盛  周世海  李宗沆  李　珍  张逢辛  徐丰玉
周　溶  双　荃  马振衢  周守正  阮文藻  周　夔  沈士良  郑训逵  毓　崑  夏成业
龚秉琳  笪佐尧  马树清  段纪传  萧培基  冯　澍  陈　煜  陈昌言  刘应升  魏淑曾
钱　壎  吴树勋  万良修  赵鸿藻  郑德晖  贺　靖  郝庆贵  王维举  刘杭宗韶
周献廷  黄绍光  龚德芳  李钟杰  李大森  陶钟茂

## 黔西州

何　缙  黄秉中  佟山年  周泰生  穆成周  董廷佐  张　份  金　获  陈德荣  鲍尚忠
徐荀龙  苏　松  李应机  王梦桂  冯光宿  赵起楠  蒋　勋  席　书  周文铨  赖光表
程正坤  杨曰试  周师愿  郑万年  席　巽  戴　涵  周　淳  程　浩  孙良慧  谭秀侪
毛宣徽  冯　郁  赫霖泰  钟　蕙  任镇及  邱青黎  顾元揆  李秉忠  程正坤  朱龙藻
张增垿  周景益  许学范  薛清范  陶　廷  薛振基  安　荣  和隆武  穆克登额
李秉炎  刘永安  和隆武  李克辙  安嘉相  保　庆  陈肇英  魏廷玠  徐梦熊  过静和
王镇江  袁汝相  李安中  吴嵩梁  金瑞生  施鸣盛  鲁寿崧  陈　诗  洪大镛  赵泽远
鹿丕宗  鲍时基  达　衡  童　翚  俞汝本  蒋斯崇  何　挺  吴广生  陈炘煜  葛良治
赵崇庆  双　荃  陈　涛  谭　炜  史悠汉  喻怀信  汪维翰  夏成业  何　铤  赵崇庆
龚秉琳  熊钟麟  孙祖植  李　斌  罗澄鉴  茹含章  林福培  李　暹  陈廷梁  札拉芬
孙鼐珍  叶含华  曹昌祺  杨执中  许国荣  白建鋆  黄启泰  罗万华  曹景彝  蒋松华
石　尊  刘华琮  李上理

## 毕节县

邱园卜  方华枟  方瑞合  段如蕙  魏国璘  温而逊  李世禄  柯天健  张　霦  魏　朝
介锡周  李　曜  葛　荃  谢国史  劳孝舆  凌　均  程则明  方世瓒  董朱英  张秉钧
诸元亮  曹祖升  德　坤  王一曾  曹祖升  胡周城  邱　堂  钟　蕙  雷　平  德　永
屈曾发  张效栻  胡翘春  孙文焕  胡翘春  王应枢  邱耀德  萧梅年  张　端  朱辅臣
安嘉相  陈振兴  塔宁阿  邹贤曹  乔大儒  王致敬  胡德英  张　锦  裘申禄  邹贤曹
严昌钰  张中阳  邵孟峻  顾大勋  裴　随  李鸿卓  觉罗文宝  马启翮  邓应台

| | | | | | | | | | |
|---|---|---|---|---|---|---|---|---|---|
| 庞　霖 | 鲁秉礼 | 陶大铨 | 童　翚 | 陶大铨 | 汪自修 | 竺陈简 | 张瀚中 | 何　铤 | 毕楚珍 |
| 寿元渭 | 沈西序 | 钱元善 | 马应镗 | 周　节 | 龚秉琳 | 汪全麟 | 茹含章 | 刘向荣 | 刘应升 |
| 胡大祯 | 汪如春 | 耿光祺 | 王正玺 | 劳炳章 | 谈廷桂 | 陈昌言 | 扎拉芬 | 邹元吉 | 周启江 |
| 龙思湛 | 余骏年 | 吕缉光 | 彭亿清 | 钟昌杰 | 谭瑶林 | 李应华 | 陶钟茂 | 黄道安 | 陈廷佐 |
| 曾　忠 | 黄增益 | 廖继彤 | 陈景范 | 齐绶祺 | 刘大琮 | 龙友松 | 张　骧 | 汪良醇 | 那　森 |
| 林　雨 | 李国恩 | 全壮春 | 彭兴汉 | | | | | | |

## 第五节　清代基层政权

清朝，大定府沿袭明朝里甲制，所辖1厅3州1县42里。其中，大定府亲辖6里：乐贡里292寨，悦服里380寨，嘉禾里150寨，大有里178寨，仁育里176寨，义渐里172寨。水城厅编5里：永顺里67寨，常平里72寨，时丰里84寨，岁稔里83寨，崇信里72寨。平远州编6里：向化里49寨，慕恩里51寨，敦仁里47寨，兴文里50寨，怀忠里50寨，太平里50寨、黔西州编9里：黔兴里，7甲19寨；崇善里，6甲17寨；敦义里，6甲14寨；新民里，5甲11寨；新化里，6甲7寨；永丰里，6甲10寨；平定里，3甲8寨；西城里，5甲13寨；安德里，王目安镇住地。威宁州辖10里：全化里、宣化里、遵化里、德化里、致化里、性化里、大化里、广化里、归化里、顺化里。毕节县辖6里：东里、南里、西里、北里、长乐里、平定里。

清朝规定以户为单位，每户给予门牌。门牌上书写姓名、丁男、口数，外出注明所往，入则注明所来。以10户为牌，10牌为甲，10甲为里（保）。牌设牌头，甲设甲首（长），里（保）设里首（保长）。以10甲首（长）轮流担任里（保）长。当年任职者称现年里长，主管钱粮催征事务；其余9甲首称排年里长，领本甲各户交纳钱粮。甲首（长）负责地方民政、教化和赋税。

# 第二章　民国时期政权

## 第一节　大定府　贵西道

**大定府**　清宣统三年（1911）九月，贵州宣告独立，成立大汉贵州军政府，废除清朝在贵州所设的巡抚、布政司、提法司、提学司及各道，保留府、州、厅、县行政建置。大定府辖黔西、平远、威宁州，水城厅及毕节县。民国3年（1914）改大定府为县。

**贵西道**　亦称黔西道。民国2年（1913）1月，北洋政府颁布《划一现行各省地方行政官厅组织令》，改府、州、厅为县。地方行政组织采取三级制，在省与县之间设立道的建置，道官称观察使。民国3年（1914），改称道观察使为道尹，各县知事承道尹之命行事，如有非常事故则可呈请省巡按使。全省分黔东道、黔中道、黔西道。刘显潜为首任黔西道观察使。道署初驻安顺，民国7年（1918）移驻毕节，辖毕节、大定、黔西、赤水、威宁、水城、织金、清镇、平坝、安顺、普定、郎岱、兴义、南龙、贞丰、册亨、紫云、镇宁、关岭、普安、盘县、安龙、兴仁23县。民国12年（1923）废贵西道，各县直隶于省。

## 第二节　贵州省第四区行政督察专员公署

民国24年（1935），国民党中央势力尾随中国工农红军第一方面军进入贵州，解除贵州军阀王家烈执掌的军政大权。是年5月，改组贵州省政府，推行《行政督察专员条例》，将江西省德安行政督察专员公署移驻毕节，设置贵州省第四区行政督察专员公署，辖毕节、大定、黔西、威宁、水城县。民国26年（1937）11月，将第二行政区的织金县划归第四行政区。民国30年（1941）前后，贵州省推行新县制，调整行政区域较大的县第四行政区析黔西县北境置金沙县，析大定县西南境置纳雍县，析威宁县东境置赫章县。至此，第四行政区辖毕节、大定、黔西、金沙、织金、纳雍、威宁、赫章、水城县。

按民国25年10月30日国民政府军事委员会委员长行营公布《行政督察专员公署组织暂行条例》关于“行政督察专员公署为省政府的辅助机关”的规定。民国30年（1941）10月22日，国民政府行政院公布《战时各省行政督察专员公署及区保安司令部合并组织暂行办法》规定：“为适应战时需要，经行政院核准，将行政督察专员公署暨区保安司令部合并组织，其名为行政督察专员兼保安司令公署。”贵州省第四行政督察专员兼保安司令公署按此规定更名。

**行政督察专员公署职能**　民国25年（1936）10月，经国民政府军事委员会委员长行营训令公布施行的《行政督察专员公署组织暂行条例》第三条规定：“行政督察专员公署设专员一人，承省政府之命，推行法令，并监督指导统筹辖区内各县市行政，其职权为：一、关于辖区内各县市行政计划或中心工作之审核及统筹事项。二、关于辖区内各县市地方预算决算之审核事项。三、关于辖区内各县市单行法规之审核事项。四、关于辖区内各县市地方行政及自治之巡视及指导事项。五、关于辖区内各县市行政人员工作成绩之考核事项。六、关于辖区内各县市行政人员之惩奖事项。七、关于召集区行政会议事项。八、关于处理辖区内各县市争议事项。九、关于省政府交办事项。”《暂行条例》还规定：“行政督察专员公署为筹划辖区内各县市地方行政起见，于不抵触中央及省之法令范围内，得订立单行规则或办法，并应呈报省政府转报行政院及主管部会署备案。但关于限制人民自由，增加人民负担及变更组织或预算者，非经依法核准，不得执行。”第五条规定：“行政督察专员，除特殊情形者外，应兼任驻在地之县长。”第八条规定：“行政督察专员，除有特殊情形者外，应兼任该区保安司令，对于辖区内各县市之保安团队、水陆公安警察及一切武装自卫之民众组织有指挥监督权。”民国38年（1949）4月15日，由省民政厅签呈，贵州省政府委员会第1325次常委会讨论通过的关于提高专员职权方面规定：“1.辖县工作计划应由专员公署核定，转报省政府备查，其工作成绩亦应由专员评定，于年终考核时提供奖惩意见；2.驻辖区各县之省属机关、学校及经常派驻区县工作人员，授权专员代表省政府监督考核；3.驻辖区内之保安团队一律受专员兼保安司令监督考核，在必要时由省保安司令部授权指挥调遣，如各级军佐有违法乱纪事，应以专员之报告为惩罚之依据；4.辖区各县遇有阻挠县政、鱼肉人民者，专员得经行惩办之；5.辖区各县发生重大灾害，必须紧急处置者，专员得先行处理；6.中央或省府委县办理之事务，应通知专员负责监督执行。”行政督察专员公署与区保安司令部合并组成行政督察专员兼保安司令公署后，设专员兼保安司令1人，“承省政府主席兼全省保安司令之命，督察指导辖区行政暨指挥团队绥靖地方事宜，所有对外行文均以专员兼保安司令名义行之”。

**内部机构设置**　1.秘书室。设秘书1人，秉承专员之命，综核文稿，指导各科办理行政事务及主办不属于各科之事务。行政督察专员出巡或因故离职时，由秘书及保安副司令代理其职务。秘书室配备助理秘书、收发、缮写、文印、档案管理员各1人。第一科分管民政、财政。第二科分管建设、教育。以上两科每科设科长1人，科员、办事员各1人；第二科增设技士1人，秉承专员及受主管科长的指挥，办理各种技术事项。

2.视察。行政督察专员公署设视察2人，秉承专员之命，考察辖区内各县地方政务及自治推行状况。

3.区保安。设副司令1人，承保安司令之命，襄理一切保安事宜。

4.参谋室。设参谋3人（其中1人为中校参谋），承保安司令、副司令之命，掌理有关作战计划命令、区内保安团队及民众武力自卫组织的训练调遣及指挥、调制地图、情报战报及分布防区计划、防御工事及其他保安事项和保安处长特交办的事项。

5.副官室。设副官2人，承保安司令、副司令之命，受参谋指导，掌握内外勤务及一切军纪风纪，领发饷械服装及采办一切军用品事项，制发徽章符号，传达命令及其他有关事项和司令、副司令、秘书、参谋指定的事项。6.军法室设军事法官1人，书记2人。7.另设人事科员1人，会计1人，电台报务员2人。

民国贵州省第四区行政督察专员公署历任专员名录

| 姓　名 | 任职时间 | 姓　名 | 任职时间 |
|---|---|---|---|
| 莫　雄 | 24年5月～25年4月 | 肖树经 | 34年9月～36年2月 |
| 赵　璞 | 25年4月～26年10月 | 周希濂 | 36年2月～37年6月 |
| 何朝宗 | 26年10月～30年2月 | 刘鹤鸣 | 37年6月～38年8月 |
| 廖兴序 | 30年2月～34年9月 | 廖兴序 | 38年8月～38年11月 |

注：任职时间民国纪年

## 第三节　县政府（县公署）

### 一　沿　革

民国2年（1913），北洋政府颁布《划一现行各省地方行政官厅组织令》，按照新官制规定，府、州、厅一律为县，县设县公署，县官称知事。翌年初，大定府、黔西州、平远州、威宁州、水城厅均改为县，平远州改县后不久更名为织金县。是年，将威宁县属得胜坡巡检司改称得胜坡分县，设分县公署，隶属威宁县公署。民国7年（1918），将得胜坡分县公署移驻赫章，改称赫章分县公署，仍隶属威宁县公署。分县受本县知事的监督指挥，有审理寻常案件，维持地方治安、征解丁粮杂役之权。民国16年（1927）3月，国民政府下令将县公署改名为县政府，县知事改称县长。民国30年（1941），析置金沙、纳雍2县；31年（1942）析置赫章县。

金沙县原为黔西县属打鼓新场一带，地处黔西、遵义之间，人口繁盛，市场繁荣，交通较为方便，距县城太远，治理困难。民国7年（1918），当地人士即请另设一县。延至民国21年（1932）9月，国民政府核准设县方案，时因贵州政局发生变化，未能实施。民国27年（1938）。贵州省整理各县行政区划委员会拟订方案，维持原设置金沙县案。民国29年（1940）10月1日，成立金沙县设治筹备处。翌年2月，贵州省政府第715次会议通过，划黔西县北境设金沙县。同年7月1日，金沙县政府正式成立，设治于打鼓新场。

纳雍县原为大定县辖地大兔场，民国4年（1915）即有就大定县大兔场分设县治之议，因时局变迁，几经筹划，延至民国21年（1932）9月，国民政府核定设置纳雍县，时值贵州政局变化未实现。民国27年（1938），贵州省整理各县行政区划委员会拟订方案，主张按原案办理。民国30年（1941）2月，贵州省政府第715次会议决定派员成立纳雍县设治筹备处。是年7月1日，纳雍县政府成立，设治于大兔场。

赫章县原为威宁县属地。民国7年（1918）6月，得胜坡分县迁赫章，改名赫章分县。民国20年（1931）8月，赫章分县政府以“赫章实川、滇、黔三省门户，毕、威之间有赫章，犹贵、遵之有息烽”，“匪徒充斥，牵拉抢劫，目无法纪”为由，要求将赫章分县改为正县。10月24日，贵州省政府民政厅训令称：“改设正县一案，事体重大，应俟将来自治区域划编完竣，再行统筹处理。”民国25年（1936），贵州省民政厅呈请在威宁石门坎地方设置新县。翌年10月，贵州省政府决定设置新县事宜一律停止。民国30年（1941）调整各县行政区域，威宁分设两县之议又起，民政厅提出将威宁县第五、六、七、八区划为1县，取名得胜县。是年7月，贵州省第四区行政督察专员公署请改为析置赫章县。8月29日，贵州省政府第773次会议通过，设立赫章县治，建立赫章县治筹备处。民国31年（1942）1月6日，贵州省政府第806次府会通过，成立赫章县政府。是年9月19日，国民政府以壹字19180号指令准予备案。

民国期间，将贵州省80县分为三等，并多次进行调整升降。

第四行政区各县等级划分表

| 年<br>等级<br>县名 | 民国2年 | 民国26年 | 民国30年 | 民国32年 | 备注 |
|---|---|---|---|---|---|
| 毕节县 | 一 | 一 | 一 | 一 | |
| 大方县 | 一 | 一 | 一 | 一 | |
| 纳雍县 | | | 二 | 二 | |
| 威宁县 | 二 | 一 | 一 | 一 | 民国4年升一等 |
| 赫章县 | | | 二 | 二 | |
| 水城县 | 二 | 二 | 二 | 二 | |
| 黔西县 | 二 | 一 | 一 | 一 | 民国4年升一等 |
| 金沙县 | | | 二 | 二 | |
| 织金县 | 二 | 二 | 一 | 二 | 民国29年升一等，民国31年降二等 |

## 二　县政府职权及机构设置

**职权**　民国28年（1939年）9月19日，国民政府制定《县各级组织纲要》规定：县设县政府，置县长一人，其职权为：1.受省政府之监督，办理全县自治事项。2.受省政府之指挥，执行中央及省府委办事项。前项执行中央及省委办事项应于公文纸上注明之。民国38年（1949年）4月15日，由省民政厅呈请，贵州省政府委员会第1325次常务会讨论的关于提高县长职权方面规定：“1.驻县之省属机关，授权县长代表省府监督考核；2.各县临时发生重大祸变，必须紧急处理者，县长得先行处断，再报请省府及省保安司令部核备；3.驻县保安团队之军风纪及剿匪成绩等应以县长之报告为奖惩之依据；4.县田粮处长、税捐稽征处长、警察局长、卫生院长、民卫队副总队长，得由县长遴保，其工作成绩应由县长考核评定：5.县府各科室主管人员，如有重大过失，无论其为省派抑系县遴保任用者，准由县长先行停职，并遴选代理；6.无权监督县府之机关，对县滥发命令时，县长应拒绝之，并报请省府核办；7.团管区派驻各县接兵人员，授权县长监督考核；8.驻县各机关学校或保安团队不得直接指挥乡镇保甲人员，如有必须委办事项，应经由县府转令遵办；9.县田赋管理处、税捐稽征处、警察局（所）、卫生院、民众自卫总队等对外行文，一律承办府稿，以县政府名义行之；10.为应付紧急事故，必须大量开支经费时，县长得就预算内统筹处理，再报请省府认可。

**内设机构** 县政府设民政、财政、教育、建设、军事、地政、社会各科，设科之多寡及职掌之分配，由各省政府依县之等次及实际需要拟订报内政部备案。

1.民政科。掌理全县区划、户籍、乡镇自治、地政、仓储、粮食调节、卫生、抚恤、救济、禁烟、礼俗、宗教、人民团体监督及其他一切民政事项。

2.财政科。掌理全县财政；管理公有财款，编制预算及其他一切财务事项。

3.教育科。掌理全县中等教育、国民教育、社会教育及其他一切文化教育事业。

4.建设科。掌理全县农林、水利、交通、工程、劳动服务、公管事业及其他一切建设事业。

5.军事科。掌理全县兵役、出征军人家属优待慰问、兵役人员抚恤、在乡军人之管理及动员、军事征用、保安、防空一切军事事项。

6.合作室。掌理全县合作行政、合作教育及其他有关合作事业之促进事项。此后，县府内设机构及名称多次作调整和改变。

**人员配置** 县政府置秘书、科长、指导员、督学、警佐、科员、技士、技佐、事务员、巡官，其名额、官等、奉给及编制由省政府依县之等次及实际需要拟订报内政部核定之。秘书承县长之命，掌理机要，核理文件，审订计划，承办职员进退；典守印信，保管文件，办理会计庶务及其他不属各科室之事项；县长因公外出时，代行县长职务。

**县政会议** 县政府设县政会议，每两星期开会一次，议决事项：1.提出于县参议会之备案；2.其他有关县政之重大事项。县政会议规则由内政部定之。民国30年（1941年）起，推行《贵州省各级组织纲要实施计划》，规定各县编制、人员、机构及职权划分。毕节县于民国31年（1942年）实施，其余8县于民国32年（1943年）实施，大致规定各县设县长1人，秘书1人，县政府置民政、财政、教育、建设、军事等科。抗日战争期间，国民政府为要完成征兵、征粮任务，加强其统治，推行政令，县一级政府加设田赋管理处，国民兵团、保警大队、兵役科，同时实行“管教养卫”合一的“新县制”。

**附：**

## 民国时期各县县长（县知事）名录

**毕节县** 邢松乔 聂树楷 陈鸣爵 唐岳五 李佳勋 邓祯祥 郑 诗 赵汝全 王 度 陈世道 史南侯 莫 雄（兼） 赵 璞（兼） 何朝宗（兼） 马仁生（兼） 刘支陶 杨 泉 刘剑魂 陈少山 杨伯明 吴国锋 叶 俊 周剑峰 肖树经 万邦祯 吴庭芳

| | | | | | | | | | |
|---|---|---|---|---|---|---|---|---|---|
| 大定县 | 陈鸿爵 | 周日铭 | 李祖章 | 刘大忠（以上为知府） | | 缪尔绰 | 李厚安 | 刘汲之 | |
| | 覃茂松 | 赵尔嘉 | 张　鉴 | 李厚安 | 梁少甫 | 涂宝煌 | 张福和 | 陈少修 | 彭泽生 |
| | 潘慎勤 | 黄希丞 | 周曾楠 | 司纯庆 | 刘文阁 | 解　江 | 王应九 | 彭启悭 | 杨亮清 |
| | 李永劭 | 董光奎 | 戴和清 | 沈一鹏 | 陈显烈 | 徐道纬 | 陈士杰 | 朱品珊 | 王祖培 |
| | 马仁生 | 安伯英 | 虞育英 | 钱文蔚 | 刘祖纯 | 吴庭芳 | 石　勋 | 文传声 | |
| 黔西县 | 宋银山 | 杨玉堂 | 鲁昌禧 | 鲁平舟 | 鲁光庭 | 何光祖 | 雷　炤 | 赵全生 | 彭成先 |
| | 李安鼎 | 孟遂庭 | 宋执坚 | 王仲肃 | 杨金和 | 孟广炯 | 王廷直 | 舒为龙 | 李永邵 |
| | 陈鸿翥 | 张南屏 | 陈惠民 | 胡　仁 | 徐敬宇 | 黄君穆 | 陈惠民 | 林雁峰 | 万毓昆 |
| | 刘旭光 | 吴星汉 | 唐　绶 | 刘守刚 | 张昭麟 | 俞兆和 | 陸景清 | 邹伟成 | 刘佛师 |
| | 熊志英 | | | | | | | | |
| 织金县 | 冯仲波 | 刘昭汉 | 熊国政 | 黄季桥 | 郎伯舆 | 吴树松 | 李炯初 | 李伟新 | 吴纯武 |
| | 张伯荫 | 张纯秋 | 陈蕴慰 | 黄铸群 | 陈少山 | 关锡臣 | 关宗汉 | 唐楷文 | 张蕴持 |
| | 黄聘三 | 黄寅亮 | 刘桂初 | 杜　浓 | 游亮西 | 商有光 | 犹廉让 | 万世俊 | 叶子充 |
| | 贺梓侪 | 刘钟荫 | 曹　毅 | 陈虎生 | 王　佐 | 张道谐 | 郭大树 | 王克章 | 刘仰方 |
| | 王　佐 | | | | | | | | |
| 威宁县 | 缪尔卓 | 闵绍岩 | 闵永濂 | 陈　焜 | 李鹤征 | 周文谦 | 王其光 | 萧　坤 | 黎师韩 |
| | 金贡廷 | 陈守端 | 陈怀珍 | 周　琦 | 保通渊 | 雷新鸣 | 尚仕贤 | 王泽生 | 严持强 |
| | 龙雨苍 | 杨竹铭 | 陈少山 | 周敷世 | 徐昭鉴 | 王　佐 | 赵文清 | 马　崑 | |
| 金沙县 | 刘宗璟 | 杨仲明 | 朱　岣 | 谭永年 | 范　毅 | | | | |
| 赫章县 | 杨景鲁 | 石　勋 | 杜阜民 | 曹增荣 | | | | | |
| 纳雍县 | 潘白坚 | 李文经 | 邓介仁 | 何荫微 | 刘佛师 | 赖清平 | 谢德光 | | |

## 第四节　基层政权

民国初，各县沿袭清末里、甲制。民国3年（1914）府、州、厅改县后，各县废里、甲，改设区。民国19年（1930），各县调整行政区域，在县以下划分为区、乡、镇。省设立自治筹备处，用10个月训练区、乡公务人员。民国21年（1932）3月，省督促各县组织完成自治形式，并将所得各种调查资料汇编为《各县划编区乡镇报告表》《各县市户口及区乡镇坊闾邻数目统计表》及《贵州省各县区乡镇总分图》。是时，规定县除特殊情况外，每县至少设立4个区，一般不超过10个区；每区以10～50乡、镇组成：百户以上的村庄地方设乡，其不满百户的得联合几村编为一乡：百户以上的街市地方设镇，不满百户的街市仍划为乡；乡镇皆不超过千户。区设区公所，乡设乡公所，镇设镇公所。乡、镇以下设闾，闾以下设邻，以5户为邻，25户为闾。规定城市划分为区、坊、闾、邻4级，5户为邻，5邻为闾，25闾为坊，数坊为区。经过此次整编，县以下行政建置变化很大。据民国21年3月《贵州省各县划编区乡镇报告表》载黔西、威宁、大定、毕节、织金县区乡镇划分情况：黔西县辖10个区：第一区县城划为7镇、7乡；第二区沙窝划为4镇、8乡；第三区桂箐划为5镇、7乡：第四区滥泥沟划为4镇、8乡；第五区三重堰划为2镇、10乡；第六区遇母硐划为3镇、7乡；第七区沙土划为3镇、10乡；第八区安底划为2镇、8乡；第九区新场划为4镇、7乡；第十区石场划为3镇、10乡。威宁县辖16个区：第一区县城划为4镇、25乡；第二区银岩划为9乡；第三区野马划为2镇、13乡；第四区赫章划为3镇、6乡；第五区马户划为1镇、8乡；第六区二塘划为1镇、11乡：第七区皆利划为1镇、8乡；第八区哲觉划为1镇、8乡；第九区牛棚划为2镇、6乡：第十区稻田划为1镇、5乡；第十一区太平划为5乡；第十二区欢和划为6乡；第十三区快乐划为2镇、6乡；第十四区得着划为1镇、6乡；第十五区六曲划为2镇、9乡；第十六区瓜多划为1镇、8乡。大定县辖10个区：第一区三民划为11镇、20乡；第二区凤山划为3镇、14乡；第三区安乐划为4镇、17乡；第四区南河划为3镇、7乡；第五区大公划为4镇、20乡；第六区宣化划为6镇、9乡；第七区海子划为5镇、20乡；第八区维新划为5镇、27乡；第九区双山划为3镇、29乡；第十区井东划为6镇，28乡。毕节县辖10个区：第一区南关划为5镇、15乡；第二区文胜划为4镇、18乡；第三区集贤划为9镇、15乡；第四区普宜划为2镇、12乡；第五区吉安划为3镇、7乡；第六区乐善划为2镇、14乡；第七区通衢划为4镇、9乡；第八区适中划为3镇、18乡；第九区太平划为4镇、10乡；第十区夷化划为4镇、6乡。织金县辖11个区；第一区兴隆划为6镇、25乡；第二区兴文划为2镇、9乡；第三区七星划为3镇、14乡；第四区化起划为3镇、11乡；第五区腾龙划为2镇、10乡；第六区猪场划为4镇、12乡；第七区大坝划为2镇、10乡；第八区凤兴划为7镇、8乡；第九区青龙划为2镇、8乡；第十区复兴划为4镇、12乡；第十一区毕水划为2镇、10乡。

民国24年（1935）5月，国民党中央改组贵州省政府，推行保甲制度，将县以下行政区域分为区、联保、保、甲4级。区设区公所，配置区长1人，办事人员若干人；联保设联保办事处，置联保主任1人，办事人员若干人；保设保公所，有保长、副保长及办事人员；甲无办事地点，由保长指定1人为甲长。

民国25年（1936）10月，国民政府行政院第282次会议通过，民国26年（1937）6月3日公布施行《各县分区设置暂行规定》，区长职责为：承县长之命，总理下列事项；1.关于所属区员、巡官、雇员暨区内保甲壮丁队等之监督指挥事项；2.关于区内民众之组织及训练事项；3.关于中央及省县法令之执行宣达，及区内现状之调查、报告事项：4.关于区内合作事业之指导事项；5.关于区内小学及民众学校筹划设立及监督指挥事项;6.关于区内农林水利之改进事项；7.于区内户口调查、土地清丈、工役分配、卫生、公安、交通之执行事项；8.关于区内各职业团体之监督指导事项；9.关于县政府交办事项。驻在区内之保安部队或警察队，遇有必要时，区长得指导之。

民国28年（1939）9月19日，国民政府制订公布施行《县各级组织纲要》，废除联保，县以下划分为区、乡、镇，对区及区署作如下规定："区之划分以15乡（镇）至30乡（镇）为原则。区署为县政府辅助机关，代表县政府督导各乡镇办理各项行政自治事务；在未设区署之区，由县政府派员指导。区署设区长1人，指导员2～5人，分掌民政、财政、建设、教育、军事等事项，均为有级职；非甄选训练合格人员不得委用。区署所在地，得设警察所，受区长之指挥，执行地方警察任务。区得设建设委员会，聘请区内声誉素著之人士担任委员，为区内乡村建设之研究设计协助建设之机关，由区长担任主席。”《组织纲要》规定：“乡（镇）之划分以10保为原则，不得少于6保，多于15保。乡（镇）划分及保甲之编制由县政府拟定，呈报省政府核准施行，汇报内政部备案。乡（镇）设乡（镇）公所，置乡（镇）长1人，副乡（镇）长1～2人，由乡（镇）民代表会就公民中具下列资格之一者选举之：1.经自治训练及格者；2.普通考核及格者；3.曾任委任职以上者；4.师范学校或初中以上学校毕业者；5.曾办地方公益事务著有成绩者。乡（镇）公所设民政、警卫、经济、文化4股，各股设股主任1人，干事若干人，须有1人专办户籍，由副乡（镇）长及乡（镇）中心学校教员分别担任，并应增设专任之事务员，经费不充裕的地方，各股得酌量合并或设干事。乡（镇）长及副乡（镇）长之任期为2年，连选得连任。乡（镇）长、乡（镇）中心学校校长及乡（镇）壮丁队长暂以1人兼任之，在经济教育发达之区域，乡（镇）中心学校校长以专任为原则。乡（镇）自行举办之事项，应经乡（镇）务会议议决方得施行。乡（镇）务会议由乡（镇）长主持，各股主任、干事均应出席，与所议事项有关之保长得列席。”

民国29年（1940）7月22日，贵州省政府公布施行《贵州省各县划分乡镇办法》：“为实施县各级组织纲要，废除各县联保组织，划分乡镇；乡镇内编制为保甲。凡600户以上之县城或市镇应为镇之组织，其不足为600户之县城，得与郊区混组为镇；不足600户之市镇，得与郊区混组为乡。在同一县城或市镇内，有居民2000户以上者，得划分两镇以上。每镇以辖10～15保为原则，乡之划分以10保为原则，不得少于6保或多于15保：保以10甲为原则，不得少于6甲或多于15甲；甲以10户为原则，不得少于6户或多于15户。”根据上述规定，民国30年（1941）起，各县均先后撤销区、联保，实行乡、镇、保、甲制，以10保为1乡，大乡不多于15保，小乡不少于6保。设乡、镇公所及乡、镇务委员会，委任正、副乡、镇长和乡、镇务委员。乡、镇长主持乡镇务委员会会议，乡、镇各股主任及干事出席，与所议事项有关的保长可列席。乡、镇公所一般设民政、经济、文化和警卫4股，各股置主任1人，干事若干人。乡、镇民代表会议的代表，每保2人，由保民大会选举产生。乡、镇民代表会议的主席，如果是乡、镇代表会议选举的乡、镇长，可让其兼任。乡、镇以下设保、甲两级，原则上以10户为甲，10甲为保，每保多不过15甲，少不过6甲。保设保长和保副各1人，保副兼保丁队队长，由保民大会选举产生，并由乡、镇公所报县政府备案。保长及保副任期两年，连选可连任。保办公处设干事2～4人，分管民政、经济、文化、警卫等事

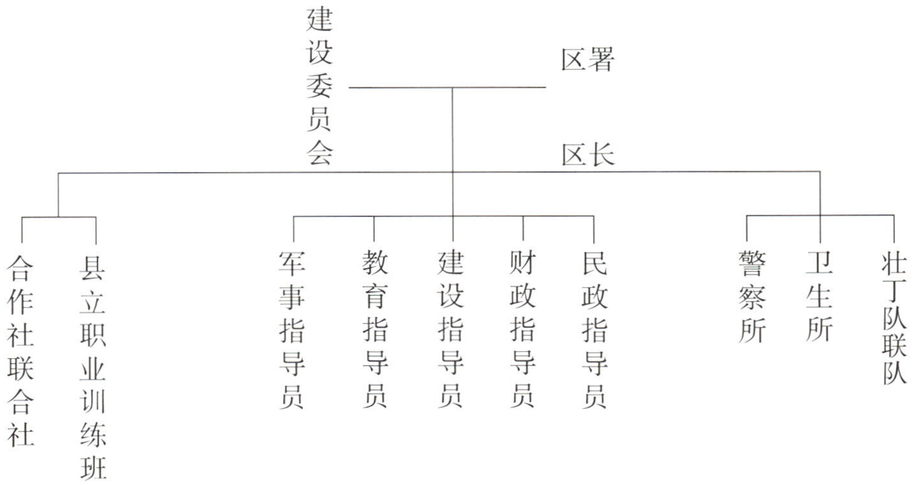

项，由保副及小学教员兼任。甲置甲长1人，由户长会议产生，并由保办公处报乡、镇公所备案。此外，乡、镇民众团体有：农会、工会、教育会；乡镇民众组织有：少年团、壮丁队、妇女会、长老会、在乡军人会。保有合作社、国民学校、壮丁分会等机构；甲设壮丁班。

附：区署组织关系表

附：乡镇保甲组织关系表

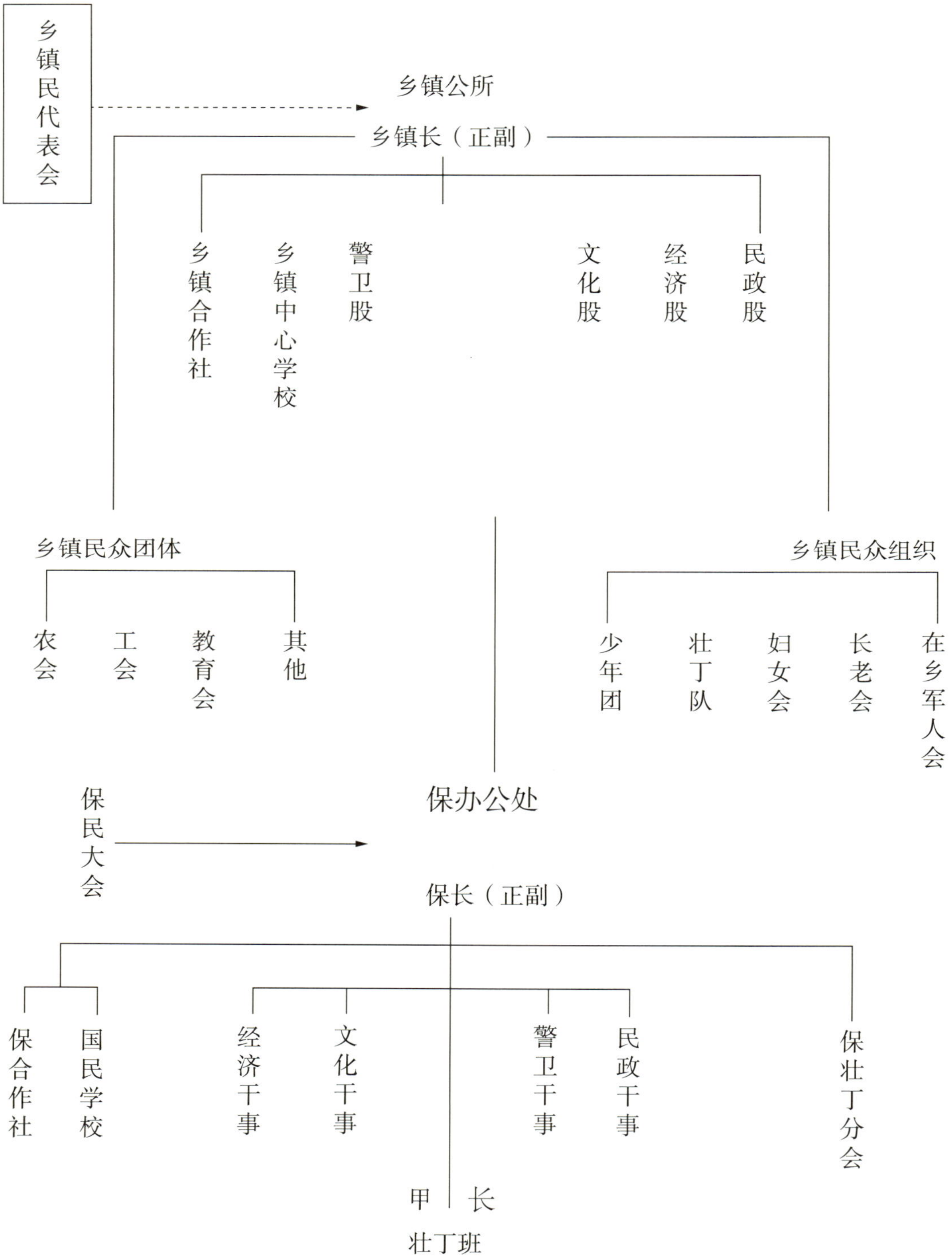

# 第五节　议政机构

民国34年（1945），国民政府筹建国民参议会议，各省、市、县建立临时参议会，筹备建立参议会。贵州省第四行政区各县遵照省府指示，先后建立临时参议会和参议会，监督和咨询政府施政。

**毕节县**　民国33年（1944）7月，成立毕节县临时参议会，议长周骊飞。次年10月25日，国民党毕节县党部县政府联合召开会议，布置各选举乡镇的县参议员，派员到各乡镇协助选举。是年11月初，选举结束，共选出县参议员26人，候补参议员6人。民国35年（1946）1月28日召开第一次县参议会，推选周骊飞为县参议长，罗宾侯为副参议长。是年8月1日，召开第二次县参议会，审议县府有关工作。民国36年（1947）8月26日召开第三次县参议会，选举刘端绪任参议长，林茂煌任副参议长。民国37年（1948）1月9日，召开第四次县参议会，讨论筹备区长候选人，议决公民提交审议和县长交议的事项。

**大方县**　民国2年（1913年）、民国10年（1921年）两次设议会，均因政局多变，不久即散。民国32年（1943）成立临时参议会，议员由县政府征询县党部及各团体意见，按县参议员人数两倍的规定上报名单，由省政务会议圈定。临时参政会议长陈樵孙，副议长杜阜民，议员18人，候补议员5人。临时参议会内设秘书室，承办有关事务；另设3个提案审查委员会，分别审查有关提案24件。休会期间，由正副议长及3名议员组成驻会委员会，负责听取政府各项报告，了解会议决议实施情况。民国34年（1945）12月26日，县参议会成立。议员26名，由乡镇代表会及各团体选出议员产生。议长向懋予，副议长陈燮雍。第一次会议听取县政府关于民政、财政、建设、教育、军事、社会及会计、统计、田粮、税收的施政报告，以及县政府答复参议员对公有财产、户籍管理、国民教育经费、道路修建、救济院基金、田粮税收、兵役等问题的质询。参议会内设秘书室，办理日常事务。由正副议长及选出的3名参议员组成驻会委员会，听取政府报告，了解决议执行情况。民国34（1945）至民国37（1948）6月共召开8次会议，除民国36年撤除城墙修大监一案得以实施外，其余提案、决议均未实施。

**黔西县**　民国33年（1944）12月26日成立黔西县临时参议会，临参会议员18名，候补议员5名，议长胡云村，副议长张昌炯。驻会人员除正、副议长外，另有议员2名，秘书1名，办事员及雇员3名。民国34年秋，全县选出县参议会议员35名，12月末成立县参议会，选出议长徐树猷，副议长胡玉品。正、副议长和3名参议员驻会，内设秘书1人，事务员、录事、公役各2名。参议会会期初定3个月1次，后改为半年1次。民国34年～38年10月，县参议会共开会10次，由于权势争夺，参议会同政府矛盾很深，所议决事项多难实施。民国37年12月，县长熊志英向省主席谷正伦报告，称县参议会是“假民意招牌，挂羊头卖狗肉，挟持政府，影响政令推行，苟不如愿，捏造事实，控告官吏”，更加深议长、部分议员和县长的矛盾，以致酿成截杀县长未遂事件。参与此事的议长、议员共5人被枪决，牵涉的议员逃匿后被撤换。

**金沙县** 民国34年（1945）9月成立金沙县临时参议会，有参议员13名，候补参议员5人，毛儒仁任议长，方仁凤任副议长。是年秋，着手筹备县参议会。民国35年初，全县18个乡镇和各民众团体选举产生参议员25人，建立县参议会，并召开首届县参议会会议。选出议长方仁凤、副议长毛若山。县参议会职权为：决议完成地方自治事项；决议县财政预算，审核县财政决算；决议县单行规则事项；决议县税收、公债及其他增加县库负担事项；建议县政兴革事项；听取县政府报告；提出咨询事项；接受人民请愿及其他法律赋予之职权。县参议会除议长、副议长，下设秘书室办理日常事务。民国35年9月，议长出缺补选，出现舞弊，被省查办。延至次年7月，再次召开参议会补选。金沙县参议会成立后，共召开8次会议。1949年12月15日金沙解放，县参议会随之消亡。

**织金县** 清宣统二年（1910）三月，平远州遵令成立州城议事会，喻培勋任会长。民国元年（1912）南京临时政府通令将州城议事会改为县议会。民国18年（1929）停撤。民国34年（1945）9月，成立织金县临时参议会，议员15人，开始筹备成立县参议会。10月底各乡镇和团体选出参议员33名。12月初举行预备会，推选李名山为参议长，颜亨德、周利民为副参议长，并于12月30日成立大会暨第一次县参议会议，至织金县解放，县第一届参议会共召开11次会议。

**纳雍县** 民国34年（1945）2月22日，成立纳雍县临时参议会，议长卿建锋，副议长陈抚生，议员15人，候补议员5人。是年9月30日，全县以乡镇为单位召开乡镇民代表会议，选举县参议会参议员18名。10月10日，召开县参议会第一次会议，选出参议长杜衡煊，副参议长周岳生。

**威宁县** 民国35年（1946）成立县临时参议会。翌年成立县参议会，由各乡镇及团体选出议员33人，吴鹿蠢任参议长，赵明忠任副参议长。参议会成立后即与政府矛盾重重，几次上告县长王佐贪污枉法。迫于舆论，省府于民国37年撤王佐县长职，赵文清继任县长。8月，参议会要求专员饬令赵文清扣留王佐“以资清算”，政府中部分与王佐密切者称参议会诬告，便不了了之。

**赫章县** 民国34年（1945）9月成立赫章县临时参议会，议员15人，候补参议员5人，议长张镜波，副议长朱允斋。是年11月15日召开第一次临时参议会全体会议，收到政府提交议案6件，各参议员提出的提案34件，并相应召开会议讨论。是年10～11月初，各乡镇民代表会议、各民众团体先后选举产生县参议员21人，候补参议员9人。11月27日～12月3日召开县参议会首届第一次会议，选举朱益斋为议长，徐永锡为副议长。在民国35年10月召开的首届第六次会议上，对全县中小学教师联名控告县财政科克扣教师薪金诉状案，向县财政科提出质询，双方代表应邀到会对质，展开辩论，最后不了了之。县参议会至赫章解放自然消失。

# 毕节地区通志

毕节市地方志编纂委员会　编

方志出版社
Publishing House of Local Records

# 目 录

## 第七篇 人民代表大会 人民政府 人民政协



## 第八篇 民主党派 社会团体

## 第九篇　军　事

## 第十篇 政 法

# 第七篇

# 人民代表大会　人民政府　人民政协

# 第一章　人民代表大会及其常设机构

## 第一节　贵州省人大常委会毕节地区工作委员会

**机构沿革及职责**　1984年9月，贵州省人民代表大会常务委员会在毕节地区设立联络处（下称省人大毕节地区联络处）作为承办工作、了解情况、联络代表的办事机构。是年12月，省人大常委会任命毕节地区联络处主任和副主任。联络处通过宣传社会主义民主和法制，支持和参与普法教育、换届选举，组建村民委员会，组织讨论有关法律法规草案，调查了解法律法规执行情况，促进社会主义民主法制建设，完成省人大常委会交办的任务，围绕省人大常委会例会议题开展调查研究，反映重要情况和问题；通过组织代表视察，反映和转达人民代表的意见、建议，处理人民来信来访，发挥人大代表参政议政的作用；支持县人大常委会依法行使职权，发挥其职能作用，围绕党的中心工作进行调查研究，为党委决策提供基本情况和法律依据。1989年1月28日，贵州省人大常委会通过《关于设立地区工作委员会的决定》，决定在毕节地区设立贵州省人民代表大会常务委员会毕节地区工作委员会（下称省人大毕节地区工委），撤销原贵州省人民代表大会常务委员会毕节地区联络处。同时，通过《贵州省人民代表大会常务委员会地区工作委员会条例》。《条例》规定：地区工作委员会是省人大常委会在各地区的常设工作机构，对省人大常委会负责并报告工作；地区人大工作委员会由主任、副主任和秘书长组成，主任、副主任由省人大常委会任免。

2011年10月毕节撤地设市，12月27日，毕节市人民代表大会常务委员会挂牌，2012年1月3日，毕节市第一届人民大会第一次会议召开。

1984～2011年贵州省人大常委会毕节地区联络处、工作委员会历任主任名录表

| 姓　名 | 职　务 | 任职时间 | 姓　名 | 职　务 | 任职时间 |
|---|---|---|---|---|---|
| 程郅平 | 主　任 | 1984.12～1986.3 | 吴学香 | 主　任 | 2000.3～2004.11 |
| | 副主任 | 1986.3～1991.2 | 周长琦 | 主　任 | 2004.11.～2007.7 |
| 李效敬 | 主　任 | 1986.3～1994.4 | 禄绍康 | 主　任 | 2007.7~2010.3 |
| 禄智明 | 主　任 | 1997.3~2000.3 | 李文德 | 主　任 | 2010.3~2011.12 |

## 1984～2011年贵州省人大常委会毕节地区联络处、工作委员会历任副主任名录表

| 姓　名 | 职　务 | 任职时间 | 姓　名 | 职　务 | 任职时间 |
|---|---|---|---|---|---|
| 王作海 | 副主任 | 1984.12～1989.2 | 张明荣 | 副主任 | 1997.9～2004.3 |
| 程郅平 | 副主任 | 1986.3～1991.2 | 周祖宣 | 副主任 | 2003.4～2005.1 |
| 盖朝举 | 副主任 | 1986.3～1999.5 | 龙廷华 | 副主任 | 2003.4～2005.1 |
| 吴纯让 | 副主任 | 1989.7～1992.1 | 龚启镕 | 副主任 | 2004.9～2005.11 |
| 陈文轩 | 副主任 | 1991.2～1999.5 | 张汉周 | 副主任 | 2005.11～2006.10 |
| 徐发荣 | 副主任 | 1994.4～2001.1 | 郭正良 | 副主任 | 2004.11～ |
| 黄　平 | 副主任 | 1996.11～1997.9 | 路　鸿 | 副主任 | 2006.3～ |
| 乔增南 | 副主任 | 1997.9～2007.7 | 赵英旭 | 副主任 | 2007.7～ |
| 禄绍康 | 副主任 | 1997.9～2004 | 蒋弟元 | 副主任 | 2007.1～2010.9 |
| 李静森 | 副主任 | 1997.9～2003.4 | 杨海琰 | 副主任 | 2007.7～2011.12 |
| 陶正华 | 副主任 | 1997.9～2003.7 | 倪小兵 | 副主任 | 2011～ |

注：陈文轩1994.4～1999.5主持工作

历任秘书长：黄平、姜主华、蒋弟元、姬异丹、王炳荣

1984年9月，省人大常委会议确定地区人大联络处的职责是：调查本地区宪法、法律、法规实施情况，承办省人大常委会交办事项；联系各县人大工作。地区人大工作委员会成立后，根据《贵州省人大常委会地区工作委员会条例》的规定，其职责是：1.对宪法、法律、行政法规、地方性法规和全国人民代表大会及其常务委员会、省人民代表大会及其常务委员会的决议、决定在本地区的实施进行检查、督促，提出建议或向省人民代表大会常务委员会提出报告。2.办理省人民代表大会常务委员会和各专门委员会交付的法律草案、地方性法规草案征求意见的工作；3.听取本地区的国民经济和社会发展计划、预算以及执行情况的汇报，提出建议或者向省人民代表大会常务委员会提出报告；4.督促、检查本地区行政公署、地区中级人民法院、省人民检察院地区分院（简称一署两院）的工作，提出建议或向省人民代表大会常务委员会提出报告；受理人民群众对上述机关和国家工作人员的申诉和意见；接待处理人民群众来信来访；5.听取本地区行政公署及其职能部门、地区中级人民法院、省人民检察院地区分院的工作汇报，提出建议或向省人民代表大会常务委员会提出报告；6.对本地区县级人民代表大会及其常务委员会的不适当的决议，向省人民代表大会常务委员会提出报告；7.参与省人民代表大会常务委员会组织的视察、调查活动；为省人民代表大会及其常务委员会行使职权服务；8.根据省人民代表大会常务委员会的部署和工作需要，召开本地区人大工作会议，传达有关精神、研究工作，总结交流经验；9.联系本地区的全国人民代表大会代表、省人民代表大会代表，及时反映代表的意见和要求，为代表履行职责服务；办理本

地区出席省人民代表大会代表团的有关具体工作；10.培训人大干部；调查了解本地区人大工作情况，协助解决工作中出现的困难和问题；11.协助本地区选举工作机构进行县（市、自治县）、乡（镇、民族乡）换届选举工作；12.承办省人民代表大会常务委员会交办的其他各项工作。

1992年5月，省人大常委会议通过的《贵州省各级人民代表大会常务委员会监督条例》规定："省人大常委会对各地区'一署两院'的工作进行监督，并授权各地区工作委员会对上述机构的工作进行监督"。

内设机构　1984年9月，建立省人大毕节地区工作委员会后，内设办公室、内务司法处、财政经济处、教育科学文化卫生处、代表工作处、民族宗教处5处1室。

2001年，根据《中共贵州省委关于全省各级人大机关、政协机关机构改革的实施意见》和《中共毕节地委关于全区各级人大机关、政协机关机构改革的实施意见》精神，结合省人大常委会毕节地区工作委员会的实际，确定毕节地区人大工作委员会机关设5处1室。

1.办公室。承办地区人大工作委员会会议及地区人大工作委员会主任办公会议决定召开的会议的筹备和会务工作。向地区人大工作委员会提出有关工作的重要议题；拟定地区人大工作委员会的年度议题计划并督促实施；督促检查地区人大工作委员会及地区人大工作委员会主任办公会议决定事项的执行情况；承担地区人大工作委员会综合性文件及地区人大工作委员会领导人讲话稿的起草工作。接受人民群众对地区行署、地区中级人民法院、省人民检察院地区分院和上述国家机关工作人员的申诉和意见，并向地区人大工作委员会提出报告。负责地区人大工作委员会的文电、机要、保密、通信、办公自动化、文印、发行等工作。负责地区人大工作委员会机关的机构编制、干部人事、离退休人员的管理服务、财务、后勤服务、房产基建、国有资产管理、安全保卫、社会治安综合治理、计划生育、行政事务、全区人大干部培训等工作。处理群众来信、接待群众来访，向地区人大工作委员会领导报告来信来访中重要情况和信息。开展综合调研，收集信息、反映动态，督察地区人大工作委员会审议意见的办理情况。负责地区人大工作委员会与省人大常委会和县市人大常委会的联系工作。承办地区人大工作委员会领导和省人大常委会及其工作委员会交办的其他事项。下设秘书科、信访科、行政科。历任秘书长：黄平、姜主华、蒋弟元、姬异丹、王炳荣，历任副秘书长：莫宗毅、何健坤、赵亚宁、赵昌伦、曾加伦、罗孝军。

2.内务司法处。办理省人大常委会和各专门委员会交付地区人大工作委员会的有关内务司法工作具体事项和法律、地方性法规草案征求意见的工作。讨论被认为同宪法、法律、行政法规、地方性法规相抵触的决议、决定、命令，并向地区人大工作委员会提出报告。讨论地区中级人民法院、省人民检察院地区分院以及地区公安局、监察局、司法局、民政局、劳动与社会保障局向地区人大工委作的工作汇报，并向地区人大工作委员会提出报告。听取、讨论内务司法部门专项工作汇报和认为需要汇报的案件，并向地区人大工作委员会报告。调查、了解内务司法部门实施宪法、法律、行政法规、地方性法规的情况，对内务司法方面的重大问题，向地区人大工作委员会提出报告。负责对本地区人大法制工作进行调查、研究。向地区人大工作委员会提出内务司法工作方面的重要议题。负责联系县市人大内务司法工作。承办地区人大工作委员会交办的其他事项。下设法制科。历任内务司法处处长：杨建国、庞晓。历任内务司法处副处长：杨建国、庞晓、顾树昌、范有贤。

3.财政经济处。办理省人大常委会和各专门委员会交给地区人大工作委员会的有关财政经济工作具体事项和财政经济法律、地方性法规草案征求意见的工作。讨论被认为同宪法、法律、行政法规、地方性法规相抵触的财政经济方面的决议、决定、命令，并向地区人大工作委员会提出报告。讨论本地区国民经济和社会发展计划、预算及其执法情况的报告，并向地区人大工作委员会提出报告。听取、讨论地区行政公署的职能部门实施财政经济方面的法律、行政法规、地方性法规情况和专项工作的汇报，并向地区人大工作委员会提出报告。对本地区实施财政经济方面的法律、行政法规、地方性法规情况和财政经济工作方面的重大问题进行调查，并向地区人大工作委员会提出报告。向地区人大工作委员会提出财政经济工作方面的重要议题。负责对本地区人大财政经济工作进行调查、研究。负责联系县市人大财政经济工作。承办地区人大工作委员会交办的其他事项。下设财经科。历任财政经济处副处长：吴开疆、赵亚宁、何家友。

4.教育科学文化卫生处。办理省人大常委会和各专门委员会交给地区人大工作委员会的有关教育、科学、文化、卫生工作具体事项和教育、科学、文化、卫生、人口与计划生育方面的法律、地方性法规草案征求意见的工作。讨论被认为同宪法、法律、行政法规、地方性法规相抵触的教育、科学、文化、卫生、人口与计划生育方面的决议、决定、命令，并向地区人大工作委员会提出报告。听取、讨论地区行署教育、科学、文化、广播电视、体育、卫生、计划生育部门实施教育、科学、文化、卫生、人口与计划生育等方面法律、行政法规、地方性法规的情况和专门工作汇报，并向地区人大工作委员会提出报告。对本地区实施教育、科学、文化、卫生、人口与计划生育等方面的法律、行政法规、地方性法规情况和教育、科学、文化、卫生、人口与计划生育方面的重大问题进行调查，并向地区人大工作委员会提出报告。对本地区人大教育、科学、文化、卫生、人口与计划生育工作进行调查、研究。负责向地区人大工作委员会提出教育、科学、文化、卫生、人口与计划生育工作方面的重要议题。负责联系县市人大教科文卫工作。承办地区人大工作委员会交办的其他事项。下设文教科。历任教科文卫处处长：李珍和、姚绪明、曾玉琴，副长处：罗永益、胡蓉。

5.代表工作处。办理省人大常委会和各专门委员会交给地区人大工作委员会的有关代表工作、选举工作具体事项和法律、地方性法规草案征求意见的工作。讨论被认为同《宪法》《选举法》《地方组织法》《代表法》及相关行政法规、地方性法规相抵触的代表工作、选举工作方面的决议、决定，并向地区人大工作委员会提出报告。对本地区实施《宪法》《选举法》《地方组织法》《代表法》及相关行政法规、地方性法规的情况进行调查研究，并向地区人大工作委员会提出报告。向地区人大工作委员会提出工委及工委成员联系本地区的全国人大代表和省人大代表的方案，提出工委成员和部分省人大代表开展视察、调查的方案，及时反映代表的意见和要求，为代表视察、履行职责服务。参与办理本地区出席省人民代表大会代表团的有关具体工作。督促有关单位认真办理人民代表提出的议案、建议、批评和意见。督促市、县、自治县、乡、镇换届选举工作有关事项。指导本地区代表工作和乡镇人大主席团工作，对本地区代表工作、主席团工作和选举工作进行调查研究，召开有关会议，总结推广先进经验和做法，反映有关问题及意见。向地区人大工委提出代表工作、选举工作的重要议题。办理省人大选任联委及地区人大工作委员会交办的其他事项。下设代表工作科。历任代表工作处处长：王寿之、徐发荣、邓生国、何继坤、刘淑华，副处长：邓泽亮、刘淑华。

6.民族宗教工作处。办理省人大常委会和各专门委员会交付地区人大工作委员会的有关民族、宗教工作具体事项，民族和宗教方面的法规、地方性法规草案征求意见的工作。讨论被认为同《宪法》《民族区域自治法》以及民族宗教方面的法律、行政法规、地方性法规相抵触的决议、决定、命令，并向地区人大工作委员会提出报告。对本地区实施宪法、民族区域自治法和民族及宗教方面法律、行政法规、地方性法规的情况进行调查，并向地区人大工作委员会提出报告。讨论本地区民族自治县的自治条例或单行条例草案，并向地区人大工委提出报告。听取、讨论地区行署职能部门有关民族和宗教工作的汇报，对本地区民族和宗教工作的重要问题进行调查，并向地区人大工作委员会提出报告。负责对本地区人大民族和宗教工作进行调查、研究。向地区人大工作委员会提出民族和宗教工作方面的重要议题。负责联系县市人大民族和宗教工作。承办地区人大工作委员会交办的其他事项。下设民族宗教科。历任民族宗教处处长：陶正华、李琼，副处长：李文汉、李琼。

2006年，增设农村工作处。处长：曾玉琴，副处长：曹琴香。2006年，信访办公室升格为副县级，负责人：黄志玉。2008年机关纪检组，书记：毛勇。2010年设专职机关党委。2011年撤地设市，市人大下设选举任免联络委员会、财政经济委员会、教育科学文化卫生委员会、内务司法和民族宗教委员会、农业与农村委员会、环境与资源保护委员会六大专门委员会以及市人大办公室、研究室、信访室。

**主要工作**　1.工作监督与法律监督。（1）听取和审议报告。根据《贵州省人民代表大会常务委员会地区工作委员会条例》的规定，地区工作委员会每季度至少举行1次会议，听取和审议一署两院及其职能部门的工作报告和实施法律、法规情况的报告并提出意见、建议。会议由工委正副主任主持，工作委员会委员参加，一署两院及其有关部门负责人、各县市1名人大常委会主任或副主任、2名乡镇人大主席、地直机关的全国和省人大代表、地区工委各处室负责人列席。人大地区工作委员会每次在听取和审议各项报告后均作出书面建议、意见，并进行会后跟踪检查督促。工作委员会会议召开的时间和参加人员，由主任办公会议研究确定。每年的工委会议议题，年初由人大工委召集的工委与一署两院联席会议预先商定。

（2）组织和参与人大代表视察。人大毕节地区联络处成立前，人民代表视察工作由专员公署或行政公署、县人民政府组织。1984年10月，人大毕节地区联络处（工委）成立后，每年都派出人员为辖区内的全国人大代表进行视察工作服务，并受省人大常委会的委托，组织辖区内省人大代表视察；每年布置各县市人大常委会组织当地的省、县市人大代表开展视察活动，并将视察情况汇总报告省人大常委会。

（3）执法检查。自地区人大联络处、工委建立后，经常组织或参与检查法律执行情况。1986年，人大联络处组织联合调查组，以赫章县为重点，调查义务教育法实施情况。此后，每年都组织人员或参与有关部门组织的执法检查和监督。先后对村民委员会条例、统计法、未成年人保护条例、企业法、矿产资源保护法、环境保护法、妇女权益保护法、劳动法、水土保持法等法律、法规执行情况进行检查。2011年，对全区贯彻实施环境保护法和《贵州省环境保护条例》的情况进行监督检查。

（4）议案办理。1981～1984年，省人大代表有关毕节地区的议案由省人大直接转交毕节地区行政公署办理。1984年成立毕节地区人大联络处后，省人大代表有关议案由毕节地区人大联络处处理。1981～1984年，省人大转交行署办理的议案48件，全部由地区行署办理完毕。1981年，省人大代表罗成举等4人议案：黔西县91个公社有5%的办公房屋破烂不堪，建议安排一定经费维修。行署研究后决定，从支援不发达地区资金中拨出8万元，地区财政拨款80万元分给各县解决公社维修和建房。1985～1991年由地区人大工作委员会处理提供120件，均办理结束。省人大代表赵家全等4人议案：要求解决毕节城区污染，搞好环境卫生，保障人民身体健康。行署专员办公会议讨论决定将此项工作列入行署和毕节县政府工作议事日程，研究采取以下措施：建立毕节环保监测站、毕节县环境卫生管理站，配备领导和工作人员；拨款17万元处理制革厂污水；调拨汽车3辆用于保护环境卫生；制订环境保护制度，对违反环境保护法的两家工厂作罚款处理。

（5）督促法制宣传教育。地区人大工作委员会除检查督促执法情况外，还经常检查督促法律、法规的宣传、教育情况，一是督促“一五”“二五”、法制宣传教育规划的实施；二是一些新法律、法规开始实施时，地区人大工委领导或发表文章，或作电视讲话进行宣传；三是召开一些新法律、法规执行问题的座谈会，督促这些法律、法规的正确实施；四是组织对一些法律、法规实施情况的调查，总结推广好做法，促进法律、法规的实施；五是进行法律宣传，教育干部群众。1980年，地区人大工作委员会将村民委员会组织法、土地管理法、森林法等15个法律、法规汇编成册，印发给乡、村干部和部分群众学习。1994年12月开展代表法宣传月活动，广泛开展代表法的宣传活动。2011年，审查并通过毕节地区“六次”普法依法治区工作规划报告。

（6）接待处理来信来访。地区人大工作委员会的信访工作由工委办公室信访科专门负责，由秘书长或一名副秘书长分管。信访科制订信访接待制度，编辑《信访信息》，并制订全地区人大系统年度信访工作考核办法，考评各县市人大的信访工作。对重要信访案件，则提交工委主任办公会研究后交办或直接通知“一署两院”有关部门负责人参加研究，责成办理。1989年，大方县坡脚区农民集体上访，反映当地硫磺烟污染严重，致使矿区周围庄稼颗粒无收，群众生活受到影响。地区人大工作委员会领导批阅后交付处理，毕节地区行署针对类似情况，向各县市及地直有关部门下达《关于解决乡镇企业硫磺生产法律问题的通知》，使问题得到解决。

1985～1995、2003～2005年毕节地区人大工委信访统计表

| 年份 | 处理群众来信（件） | 接待来访群众 | | | 上级人大交办案件 | |
|---|---|---|---|---|---|---|
| | | 总人次 | 其中集体来访 | | 交办件数 | 当年办结数 |
| | | | 批次 | 人次 | | |
| 1985 | 45 | | | | | |
| 1986 | 180 | 141 | | | 7 | 6 |
| 1987 | 208 | 201 | 3 | 45 | 19 | 15 |
| 1988 | 351 | 120 | 4 | 55 | 37 | 25 |
| 1989 | 374 | 102 | 5 | 63 | 22 | 17 |
| 1990 | 472 | 204 | 4 | 60 | 5 | 4 |
| 1991 | 403 | 245 | 3 | 75 | 4 | 4 |
| 1992 | 382 | 207 | 8 | 105 | 3 | 3 |
| 1993 | 371 | 242 | 8 | 95 | 2 | 2 |
| 1994 | 383 | 185 | 6 | 68 | 3 | 2 |
| 1995 | 341 | 288 | 10 | 140 | 3 | 1 |
| 2003 | 460 | 549 | 24 | 264 | | |
| 2004 | | | | | | |
| 2005 | 848 | 1177 | | | 101 | 82 |

2.指导县、乡换届选举工作。地区人大工作委员会自成立以来，直接担负领导和办理全地区县、乡人大换届选举工作。先后领导和办理1987年、1990年、1993年、1998年、2003年、2008年的县、乡人大换届选举工作。从1990年开始，县、乡人大普遍实行差额选举；从1993年起，县、乡换届选举由3年一届改为5年一届。每次县、乡人大换届后，地区人大工作委员会都举办培训班，培训新到人大工作的干部。每期培训班均请熟悉法律的专家和工委领导、处室负责人讲授宪法及组织法、选举法、代表法、刑法、民法通则等基本法律，讲述人大制度的特点和历史发展，及履行县人大常委会职权、做好乡镇人大工作的知识，1988年，地区人大工作委员会建立干部培训中心。是年9月1日举办第一期培训班培训学员143名。此后根据需要开班培训。2011年，出台《中共毕节地区人大工作委员会党组关于做好全区县、乡人民代表大会换届选举工作的意见》。

3.联系人大代表和县（市）人大工作。（1）联系人大代表，开展代表工作。一是每年由工委派出工作人员组成秘书组，为参加省人代会的毕节地区代表团服务；二是每次工作委员会会议都邀请地直单位的全国及省人大代表和各县市人大常委会主任、部分乡镇人大主席列席，倾听他们的意见；三是工委领导走访慰问地直单位的全国和省人大代表，深入基层，听取县、乡人大代表的反映；四是每次换届选举后，各县市人大及时培训人大代表，提高他们的民主法制

观念和参政议政能力；五是每次换届后，布置县市及时建立代表活动小组，建立健全符合法律规定和便于实行的代表活动制度，定期开展代表活动；六是各级人大都建立联系代表制度，广泛听取和及时反映代表的意见、建议和要求；七是督促有关部门办理代表提出的方案、建议、批评、意见；八是宣传代表的先进事迹，发挥代表参政议政、监督和带头学法守法，带领群众勤劳致富的作用。

（2）联系县市人大，做好人大工作。一是指导各县市人大常委会依法正确行使监督权、决定权和任免权；二是指导县、乡人大按时举行人代会和常委会例会；三是指导搞好选举工作和代表工作；四是指导开展代表评议活动。1992年地区人大工委指导黔西县人大开展代表评议司法工作试点，取得经验后指导各县展开评议司法工作活动；1994年，安排各县人大组织代表评议“一府两院”工作及组成人员工作；1995年，安排各县人大组织代表评议乡镇干部工作；五是指导搞好人大机关制度建设。地区人大工作委员会每年召开1次全区人大工作会议，传达国家和省有关会议精神，通报有关工作，总结交流经验，讨论和研究人大工作；每月召开1次地区人大工委主任办公会议，讨论和决定全区人大工作；地区人大工作委员会各处、室每年召开1次与各县市人大对口的委室和地直对口部门的工作座谈会，交流工作情况和经验，协调工作关系同时，工委委派人员参加跨省区人大工作联席会议学习交流人大工作经验。1988年9月，在毕节召开首次川滇黔毗邻地区人大工作会议。至1995年，在毕节召开第八次人大工作联席会议，成员单位发展到13省（区）的34个地区（盟、市）。2011年，举办了全省人大内务司法工作会议。

4.完成省人大和中共毕节地委交办的任务。（1）完成省人大常委会交办的工作。切实组织人大工作人员完成省人大常委会交办的以下工作：一是法律法规草案的意见征求工作；二是地、县人大履行职责和开展人大工作的情况报告；三是省人大领导批办的案件；四是督促省人大有关决定、决议的执行；五是省人大责成的调查；六是日常具体工作任务对省人大常委会和各专门委员会交办的每件法律草案的意见征求和地方性法规草案的起草及意见征求工作，采取召集地直和部分县市有关部门人员会议或分别下到部分基层单位召开有关部门及人员座谈会形式，广泛听取意见，认真综合整理，及时上报。

（2）完成中共毕节地委交给的任务。坚持党对人大工作的领导，切实组织人大工作人员完成中共毕节地委交办的以下工作：一是地区人大工作委员会领导按地委要求做好调查研究，参加地委召集的有关会议，参加地区的民主决策；二是地区人大工作委员会领导根据地委统一分工，参与地区党政领导班子成员负责联系县市工作；三是地区人大工作委员会领导根据地委安排，参加检查组检查工作；四是地区人大工作委员会领导受地委指派，专门负责调查或处理某项工作或问题；五是地区人大工作委员会机关根据地委安排，抽人组成工作队到基层帮助工作；六是地区人大工作委员会机关完成地委要求地直机关完成的党建工作、扶贫等各项任务；七是地区人大工作委员会机关人员参加地直机关开展的精神文明建设、文化体育、义务劳动等活动。

## 第二节　县（市）人民代表大会及其常设机构

**县市人民代表大会制度**　1953年起，毕节专区各县实行普选，由选民直接选举镇、乡人民代表，再由镇、乡人民代表大会选举产生县人民代表。1965～1980年，受“文化大革命”影响，选举中断。1981年起，恢复选举，以差额和直接方式选举县人民代表，成立县人民代表大会。1993年以前，各县市人民代表大会为3年一届，1993年起，改为5年一届。

**县市人民代表大会常务委员会**　1981年，各县市依据《中华人民共和国地方各级人民代表大会和地方各级人民政府组织法》规定，召开人民代表大会选举产生县人民代表大会常务委员会（以下简称人大常委会），为县人民代表大会常设机构，人大常委会设主任1人，副主任若干人。县人大常委会内设办公室及若干个工作委员会，分别负责联系、了解、反映有关部门的情况与讨论、修改有关法律、法规草案。其名称及分工如下：1.办公室，负责文书处理，情况综合，上下联系，行政管理，会务、事务及领导交办的事项。2.法制（法律）工作委员会，负责司法方面的事项。3.科教文卫工作委员会，负责教育、科技、文化、卫生方面的事项。4.财经（经济）工作委员会，负责财经方面的事项。5.民族工作委员会，负责民族、宗教方面的事项。6.代表工作委员会，负责代表联系和代表工作。

2001年9月，中共毕节地委下发《关于全区各级人大机关、政协机关机构改革的实施意见》，要求地区各级人大机构改革遵循以下原则进行：1.按照《中华人民共和国地方各级人民代表大会和地方各级人民政府组织法》规定职责，围绕国家的工作大局和县市人大的工作重点，完善机关职能，提高工作质量与研究水平，做好为人大会议和常委会议及主任会议服务的各项工作。2.按照责权一致、关系协调的原则，理顺工作机构与专门委员会的工作关系，规范内设机构的职责权限，加强机关制度化建设，发挥机关的整体功能。3.按照精简、统一、效能的原则，调整机构设置，精减人员编制，优化干部结构，改进工作作风，提高工作效率。全区各级人大机关根据以上原则调整机构设置，精减人员编制，县市人大机关行政编制按照精减18%的比例执行。同时，把精减人员编制与深化干部人事制度改革结合起来，进一步充实熟悉政治、法律、经济等方面知识的专门人才，加强业务工作力量，提高业务人员比例，优化干部队伍结构，提高机关人员的整体素质。

附：

### 毕节地区各县市人大常委会历任正副主任名录

#### 毕节县（市）

乔六全　杨官富　陈永阶　路　鸿　杨国兵　邓俊波　段元欢　汪　宏　李亮全　周平一
王国珍　张世英　王恩华　宋玉海　邓振铭　罗绍文　王顺荣　谢登祥　梅崇喜　兰锦华
邱长辉　杨智文　魏德远　覃有遂　王有端　孙善秀　熊和光　汪寿先　王忠仁　杨智明
安　慧　陈昌祖　李吉华　张　媛　胡家敬　张　骅　肖世华　林学文

## 大方县

王作海　刘万钟　陈朝彬　李相尧　武孟伟　高兴全　李景祥　李玉东　林科甲
王英霞（女）　张正坤　陶正文　王春武　杨成鉴　叶顺枝　李明高　李昌德
陈　璠（女）　吴维济　张世益　王秀峰　王德永　董桂珍　李定远　王成龙　武孟伟
陈世方　杨官文　康朝敏　邱建华　李恩相　陶　平　钟惠明　刘丰俊　单衍丽　杨　洋
李泽贵　尚崇高　李义军　杨章贤

## 黔西县

刘万钟　徐杨录　黄泽汇　唐正云　罗德智　刘荣俸　殷朝鼎　李　钦　李秀庭　牛明江
王德修　陈世彬　夏鸿翔　李鸿开　刘朝仁　张人德　安绍清　张茂安　侯正邦　陈锡珍
袁明久　马天喜　王忠林　黄家一　李维贤　罗智琼　赵维举　饶金伦　宋兴友　杨学军
殷从隆　高亚丽　杨开祥　敖西洛

## 金沙县

王芳国　张国平　黄玉贵　牛治邦　王达全　都进前　黄文发　黄燮南　杨宝君　陈国清
安绍清　韦应江　路玉祥　杨国兴　郑臣斌　曾凡顺　张国平　张荣业　刘光武　赵正乾
毕焱森　杨明生　肖富坤　王良明　何国善　骆国仲　罗太瑜　曾庆军　李正环　魏其凯
蒙　敏　任仕宇　高明华　何国善　姜　文

## 织金县

文仁才　丁永邦　梁兴华　杨忠庭　施常均　陈宏枢　黄文华　金发举　陈国友　杨占禹
张泽民　喻明江　杨开文　陆凤莉　郑明德　张槐盛　姚朋林　李崇举　肖华荣　姜大才
姚显英　安从业　陈荣富　龙昌荣　夏高祥　丁顺勋　李鸿国　陈石光　王桂武　任志艳
樊永明　武　信

## 纳雍县

李顺臣　张钟鸣　王景达　龙从刚　刘民高　杨永芬　李德超　房学运　石俊贤　郭修义
郭遵荣　何兴成　韩保君　杨显忠　郭振荣　左连友　张兴云　蒙文华　谷友莲　苏学超
祝开文　杨传荣　卢凤阳　杨柏祯　王明贵　张德兴　章明轩　周训荣　李正仙　周兴兰
张绍忠

## 威宁彝族回族苗族自治县

马武学　崔懋德　王建德　刘廷显　王兴光　刘青松　王永忠　张本仁　王志臣　马武兴
田步东　熊正国　赵正恭　陶家元　陆堂辉　刘　镕　吴朝深　郭济民　张如学　曾衍民

杨俊菁　虎良智　陈连文　罗英举　张秀玲　李世富　孟仁远　梅世凯　禄应君　卯升煜
禄志义　管彦高　马友省　毛昌义　曾修洪　陶玉良　吴丹玫　马祥宏　周跃宁　罗兴义
王义国　余崇忠　王　梅

## 赫章县

王国兰　安鸣凤　杨光全　常履文　徐仁德　钱超国　岳鼎忠　聂奎武　李正书　唐代学
侯梦增　周光宗　许定昌　葛里宁　李世清　张德忠　王子军　王光宗　邓书洪　王尚英
文治军　万天碧　徐发远　祝德光　杨世霖　张慧芳　郭光清

**县市人大职权**　1981年，各县召开人民代表大会，选举产生常务委员会，按照宪法和法律规定行使监督权、决定权和任免权。毕节地区各县市人大自成立以来，坚持接受中共组织领导，依照法律规定程序，紧密联系人大代表和人民群众，探索经验，正确行使职权，推动各地的经济社会发展。一是做好监督工作。主要通过依法召开县市人民代表大会及人大常委会例会，组织人大代表和人大常委会成员视察、调查，组织代表开展执法检查和评议工作，听取代表和群众反映等形式，履行对县人民政府、县人民法院、县检察院工作和宪法、法律、法规及上级人大的决议、决定执行情况的监督权，对当地经济社会发展重大事项的决定权，对“一府两院”组成人员的任免权。二是代表工作，充分发挥人大代表依法履行代表职责、参政议政。带头学法守法，带头勤劳致富和带领群众致富等作用。

**县市人大常委会日常工作**　1.议案办理。1966年5月前，各县人民代表大会代表议案，经大会审查后，交县人民委员会办公室转有关单位研究办理，承办单位办理完毕后，书面向县人民委员会报告办理情况，县人委会汇总议案办理情况，向下次人代会作议案办理报告。1966年5月～1980年，各县人民代表大会活动中断。1981年，各县人大恢复工作，代表议案经县人大常务委员会审查后，由县人大常委会办公室根据审查意见转县人民政府办公室、县法院、县检察院及有关单位限期办完并报县人大常委会办公室，由办公室汇总成册，书面答复各代表团和议案代表，并向下次大会报告议案办理情况。大方县从八届至十一届人大二次会议，共召开代表会14次，收到议案2713件，均依办理程序全部办理完毕，并书面报告县人大常委会。金沙县在七届人大至九届人大，共召开会议10次共收代表议案2330件，90%以上的议案按程序办理完毕，办理见成效的358件。七届二次会议266号议案，建议及时解决县城饮水卫生问题，县经委和主管局受理后召开专门会议，制订扩大水池、过滤池计划，县政府决定投资5万元扩建，于1983年二季度全部竣工。七届二次会议232号关于杨柳乡石关学校续修议案，转民族事务委员会受理后，决定增拨4万元资金，于1984年初全部竣工，共建校舍819平方米。八届二次会议73号议案，建议建城关镇几条大沟和增修公厕，交政府办理后，拨款13.3万元，全部竣工。八届四次会议关于解决金沙电力问题的议案，政府经多方协商，建成11万伏输变电工程，并入国家电网，解决全县电力不足问题。1981年起，毕节县人民代表陈克俊等议案请求建设毕节县利民水库左右干渠，因利民水库被省列为缓建项目，当年未能解决。1987年，省水电厅批复将利民水库供水工程列入水利部扶贫项目之一，始开工建设，至1991年10月竣工，每日向毕节城区供水1.1万吨，加上原有倒天河水库供水能力，基本满足毕节城区12万居民及工业用水的需要。

2.视察与调查。1981年起，各县人大常委会组织人民代表开展视察、调查活动。1982年3月，毕节县人大常委会人民代表视察龙场营、普宜区部分受灾严重公社，了解群众生活情况和救济粮、返销粮安排使用情况；1985年4月，组织部分人民代表，视察朱昌区乡镇企业发展情况和退耕还林、还草、还牧情况，对存在问题提出建议或意见；1987年12月，组织人民代表视察全县23所中、小学危房改造的安排落实情况，责成县教育局弥补存在的问题；1990年11月，组织部分县人民代表分赴12个区，视察51个乡镇检查利用扶贫资金办乡镇企业的情况，并向人民政府提出治理整顿乡镇企业的意见和建议。1983年5月大方县人大常委会组织两个视察组，分别调查城关部分学校、企事业单位以及3个区、10个公社、19个生产队和一些农户农村普及小学教育、农村实行土地联产承包责任制后对五保户的照顾情况。对涉及全县有关自然生态、集体财产、生产队债权债务清理、扶贫、社会治安、计划生育、法制宣传等重大问题，分别向县委、县人民政府提出建议和意见；1989年3月，安排以区为单位，组织县人民代表开展就地视察活动，参加的县人民代表大会占代表总数的80%以上；1991年，城关镇、坡脚、马场、理化、鸡场、六龙、达溪、瓢井、长石区共组织县人民代表201人，分别对所在区、乡1990年国民经济和财政预算执行情况、计划生育、廉政建设、社会治安、各级人大决议、决定的执行情况和人民群众关心的问题，进行视察与调查，并提出64条建议和批评意见。金沙县人大常委会在1981年10月～1992年，共组织人民代表视察调查36次。

3.信访工作。自1981年，各县成立人大常委会起，均设置人大常委会设信访科，配备专职人员处理来信、接待来访；并有1名副主任分管信访工作。部分县还建立主任接待日制度，由主任、副主任轮流接待来访群众。对重要信访案件，由主任会议或分管主任召开专门会议研究处理：对一些久拖不决的案件，人大常委会还组织人员直接参与调查、督办。1984年后，毕节县城郊双树村4个村民组18.38亩土地陆续被毕节环卫站堆放垃圾10年之久，村民多次反映要求解决土地青苗补偿费，一直未得解决。情况反映到人大常委会后，人大领导签署意见，督促解决。1994年1月，县政府责成环卫站与村委会协商，按每亩补偿青苗费9000元，一次性付给土地被占户，解决多年拖而未决的问题。1993～1994年，威宁自治县人大常委会共接待处理来信来访197件（人次），做到件件有着落。1994年6月24日，县人大常委会主任王建德在大街乡调查了解到该乡教师5、6月份工资未落实，学校提前放假，让教师自找生活费。王建德立即赶到银行营业所，与营业所全体人员研究如何保障教师工资的发放，从开会作出补发教师工资到学校取款到补发拖欠教师工资仅用3小时。1995年初，黔西县人大常委会收到该县花溪乡14名农民联名上书反映地处偏远的花溪、中坪、太来等乡镇出现一股农村流氓恶势力大肆进行偷牛盗马、杀人越货、强奸妇女、敲诈勒索百姓的犯罪活动，有4户群众被逼得流离失所，远走他乡，要求政府及时治理。县人大立即将来信批转县公安局组织力量查处。4月初，县公安局局长、政委带领11名干警深入出事地点调查走访，认定情况属实，立即组织所在乡镇派出所干警集中统一行动，一举抓获流氓团伙。主要犯罪成员24名，缴获各种凶器、土炸弹等，追回被盗耕牛6头，肥猪6头及部分物资。1994年5月，织金县三塘镇落处村农民黄少明3次到人大反映自家1.5亩水田在修水电站时被淹没，1988年至今未解决补偿。县人大派人实地调查，向县政府书面提出解决建议，使6年的上访案件得到圆满解决。1994年7月，大方县羊场镇坪寨村村民何家发到县人大反映，他在1993年10月做过男扎手术，经县计生指导站鉴定，认定手术成功，术后4个月其妻生育第3胎，属保胎结扎。但镇计生工作队仍限期要女方再作结扎手术。人大常委会经调查，认为要女方再结扎是违反政策规定的，向有关部门联系，及时制止这一违反计划生育政策的行为。

## 第三节　乡镇人民代表大会及其常设机构

**会议制度及机构人员**　1953年实行普选，由选民直接选举乡镇人民代表，组成乡镇人民代表大会。乡镇人民代表大会换届选举与县人民代表大会换届同时举行。1987年，毕节地区实施乡镇换届选举，根据省人大常委会《关于新的一届乡级人民代表大会会议选举主席团的决议》，分别选举产生会议主席团，由主席团主持会议，并负责召集本级人民代表大会下一次会议。乡镇人大主席团设主席1人，副主席1～2人，主席（或副主席受委托或主席出缺时）负责召集和主持主席团会议，讨论、决定主席团职责范围内的事项。

**职责及工作**　1988年7月15日，贵州省人大常委会通过《贵州省乡镇人民代表大会主席团工作暂行条例》。1993年11月，省人大常委会将《暂行条例》修正为《条例》。《条例》规定，乡镇人民代表大会主席团主持本级人民代表大会；在人民代表大会期间，负责处理本级人民代表大会的日常工作；主席团每3个月举行1次会议，决定和处理职权范围内的有关事项。规定主席团主席、副主席在本级人民代表大会闭会期间，负责联系本级人民代表，组织代表开展活动，并反映代表和群众对本级人民政府工作的建议、批评和意见，参加本级人民政府召开的重要会议。同时规定，主席团在本级人代会闭会期间，履行下列职责：1.筹备并决定召集本级人民代表大会；2.保证宪法、法律、法规、上级人民代表大会及其常务委员会的决议，决定在本行政区域内的遵守和执行；3.根据本级人民政府的建议，讨论决定本行政区域国民经济和社会发展计划以及本级财政预算的部分变更或者调整；讨论决定本行政区域内的民政工作实施计划；4.听取和审议本级人民政府的工作汇报，监督、支持人民政府开展工作；5.经征得本级人民代表大会代表的过半数同意，讨论、决定接受正副乡、镇长的辞职申请，并报告下一次人民代表大会追认；6.乡、镇长因故出缺，从副乡长、副镇长中决定代表人选，并报上一级人大常委会备案。7.联系本级人民代表大会代表，组织代表视察，指导代表小组活动；8.受理人民群众对本级人民政府和国家机关工作人员的指控和申诉；9.督促本级人民政府和有关单位认真办理代表提出的建议、批评和意见；10.组织指导选区选民依法罢免和补选人民代表；11.办理上一级人民代表大会常务委员会交办的工作事项。

# 第二章　毕节地区行政公署

## 第一节　机构沿革

### 一　毕节专员公署

1949年10月，中国人民解放军第二野战军五兵团由湖南进军贵州。是年11月28日，毕节县城解放。12月3日，成立贵州省人民政府毕节区行政督察专员公署，辖毕节、大定、黔西、金沙、织金、纳雍、威宁、赫章、水城县。毕节区行政督察专员公署驻毕节城关，为贵州省人民政府的派出机关。

毕节专署建立后，立即大张旗鼓地向广大人民群众宣传《中国人民解放军布告》和中共的各项方针政策，深入发动毕节各族各界民众安定社会秩序，进行军事接管，建立人民政权；发出布告通令国民党所有党、政、军、警、宪、特人员，限期到人民政府报到，听候处理。12月上旬，专署先后派出军代表或行政干部接管原贵州省第四行政区的中央及省属交通运输机构、毕节邮政局、电信局、中国农民银行毕节办事处、贵州银行毕节县支行，对以上单位员工，基本上实行包下来的政策。接着派员接管原贵州高等法院第五分院，贵州省高等法院高等检察处第五分检处、毕节地方法院、毕节地方法院检察处及上述机关的附属机构、监狱、看守所。同时，专员公署接管原贵州省立毕节师范学校，专员孟子明兼任校长。此外，全专区共接管中学16所，小学262所。是时，逃往农村的旧政权机构人员在人民政府政策的感召下，陆续到人民政府报到。至1950年2月，全专区共接收9个县的旧职人员786名，公营企业机构人员346名。政府根据不同情况分别作处理和安置。

1951年3月，根据贵州省人民政府指示，贵州省毕节区行政督察专员公署更名为贵州省人民政府毕节区专员公署。是年10月23～30日，毕节专区召开第一届各族各届人民代表会议，选举产生毕节专区人民政府委员会，毕节区专员公署改名为毕节专区人民政府。1952年7月，接贵州省人民政府通知，贵州省毕节专区人民政府更名为贵州省人民政府毕节区专员公署。1955年6月，按贵州省人民政府要求，贵州省人民政府毕节区专员公署改为贵州省毕节专员公署。

### 1949～1967年贵州省毕节专员公署历任正副专员名录

| 姓　名 | 职　务 | 任职时间 | 姓　名 | 职　务 | 任职时间 |
|---|---|---|---|---|---|
| 孟子明 | 专　员 | 1949.12～1959.5 | 杨文才 | 副专员 | 1955.6～1967.3 |
| 张为梓 | 专　员 | 1959.5～1962.5 | 李　超 | 副专员 | 1956.6～1965.4 |
| 侯国祥 | 专　员 | 1962.5～1967.3 | 刘汉屏 | 副专员 | 1956.6～1966.2 |
| 王之翰 | 副专员 | 1950.4～1951.4 | 杨本和 | 副专员 | 1956.6～1964.1 |
| 李仿尧 | 副专员 | 1951.11～1967.3 | 张为梓 | 副专员 | 1962.5～1967.3 |
| 吕　栋 | 副专员 | 1953.7～1954.4 | 张晓光 | 副专员 | 1963.10～1967.3 |
| 张为梓 | 副专员 | 1954.10～1959.5 | 周树芬 | 副专员 | 1964.5～1967.3 |

## 二　毕节地区革命委员会

1967年3月18日，毕节专员公署被造反派夺权。3月29日，经贵州省革命委员会批准，成立毛泽东思想毕节地区革命委员会，取代毕节专员公署。革委会成员由毕节军分区首长、地方革命领导干部、革命群众代表组成，设主任1人，副主任3人，常委11人。是年8月，更名为毕节地区革命委员会。

1970年6月，根据中共中央〔1969〕71号文件精神，毕节地区召开“补台”大会，调整增补地区革命委员会班子，设主任1人，第一副主任1人，副主任9人，常务委员28人。毕节地区革命委员会原辖9个县，1971年，水城县划归六盘水地区，辖毕节、大方、黔西、金沙、织金、纳雍、威宁、赫章8县。1976年10月“文化大革命”结束后，贵州省调整毕节地区革命委员会领导班子，设主任1人，第一副主任1人，副主任5人，常务委员10人。1977年7月，根据中央文件精神，军队领导干部不再担任地方领导职务，贵州省再次调整地区革命委员会领导班子，设主任1人，第一副主任1人，副主任5人，常务委员10人。

### 1967～1979年毕节地区革命委员会历任主任、副主任、常委名录

| 姓　名 | 职　务 | 任职时间 | 姓　名 | 职　务 | 任职时间 |
|---|---|---|---|---|---|
| 梁革新 | 主　任 | 1967.3～1977.7 | 周树芬 | 副主任 | 1970.6～1979.1 |
| | 常务委员 | 1967.3～1977.7 | | 常务委员 | 1970.6～1979.1 |
| 王振江 | 主　任 | 1977.8～1977.12 | 张志铭 | 副主任 | 1970.6～ |
| | 第一副主任 | 1970.9～1977.7 | | 常务委员 | 1970.6 |
| | 常务委员 | 1970.9～1977.12 | 马国选 | 副主任 | 1970.9～1973.3 |
| 侯国祥 | 第一副主任 | 1977.8～1979.1 | | 常务委员 | 1970.9～1973.3 |
| | 副主任 | 1970.6～1977.7 | 石文礼 | 副主任 | 1970.9～1973.3 |
| | 常务委员 | 1970.6～1979.1 | | 常务委员 | 1970.9～1973.3 |

续表

| 姓　名 | 职　务 | 任职时间 | 姓　名 | 职　务 | 任职时间 |
|---|---|---|---|---|---|
| 黄　尧 | 副主任 | 1967.3～1979.1 | 张庆钊 | 副主任 | 1970.9～1974.10 |
| | 常务委员 | 1967.3～1979.1 | | 常务委员 | 1970.9～1973.3 |
| 石双琪 | 副主任 | 1967.3～1977.7 | 禄文斌 | 副主任 | 1977.7～1979.1 |
| | 常务委员 | 1967.3～1977.7 | 朱广臣 | 常务委员 | 1967.3～1970.6 |
| 胡启荣 | 副主任 | 1967.3～1970.6 | 邹吉玉 | 常务委员 | 1967.3～1976.10 |
| | 常务委员 | 1967.3～1970.6 | 张景鲁 | 常务委员 | 1967.3～1970.10 |
| 主惠珍 | 副主任 | 1970.6～1979.1 | 郭振铎 | 常务委员 | 1967.3～1979.1 |
| | 常务委员 | 1970.6～1979.1 | 欧阳远 | 常务委员 | 1967.3～1970.6 |
| 陶启祥 | 常务委员 | 1967.3～1970.6 | 马有义 | 常务委员 | 1970.6～1973 |
| 李吉光 | 常务委员 | 1967.3～1970.6 | 李国恒 | 常务委员 | 1970.6～1979.1 |
| 张晓光 | 常务委员 | 1970.6～1979.1 | 姜健民 | 常务委员 | 1970.9～1979.1 |
| 耿焕民 | 常务委员 | 1970.6～1976.10 | 杨兰平 | 常务委员 | 1970.9～1979.1 |
| 袁良骥 | 常务委员 | 1970.6～1979.1 | 李　萍 | 常务委员 | 1970.9～1977.7 |
| 张润祥 | 常务委员 | 1970.6～1979.1 | 渠时新 | 常务委员 | 1970.9～1979.1 |
| 郭殿臣 | 常务委员 | 1970.6～1979.1 | 李大顺 | 常务委员 | 1970.9～1973 |
| 赵春辉 | 常务委员 | 1970.6～1979.1 | 柴茂春 | 常务委员 | 1970.9～1973 |

## 三　毕节地区行政公署

1979年1月，根据贵州省革命委员会1978年12月8日通知，毕节地区革命委员会改称毕节地区行政公署。原地区革命委员会所属具有行政职能的工作机构归属地区行政公署领导。地区行政公署设专员1人、副专员若干人；设秘书长1人、副秘书长若干人。

### 1979～2011年毕节地区行政公署历任专员、副专员名录

| 姓　名 | 职　务 | 任职时间 | 姓　名 | 职　务 | 任职时间 |
|---|---|---|---|---|---|
| 侯国祥 | 专　员 | 1979.1～1981.6 | 王绪才 | 副专员 | 1987.9～1990.9 |
| 李效敬 | 专　员 | 1982.3～1986.1 | | 专　员 | 1990.9～1992.12 |
| 杨序顺 | 专　员 | 1986.1～1988.11 | 禄智明 | 副专员 | 1990.12～1992.12 |
| 王国文 | 副专员 | 1983.5～1988.11 | | 专　员 | 1992.12～1997.2 |
| | 专　员 | 1988.11～1990.9 | 吴学香 | 副专员 | 1994.4～1997.2 |
| 彭伯元 | 副专员 | 1997.2～2000.1 | | 专　员 | 1997.2～2000.1 |
| | 专　员 | 2000.1～2001.12 | 丁诗建 | 副专员 | 1994.4～2004 |

续表

| 姓　名 | 职　务 | 任职时间 | 姓　名 | 职　务 | 任职时间 |
|---|---|---|---|---|---|
| 张群山 | 专　员 | 2001.12 ~ 2003.6 | 杨继红 | 副专员 | 1996.12 ~ 2007 |
| 黄家培 | 副专员 | 2001.1 ~ 2003.6 | 王明灯 | 副专员 | 1998.6 ~ 2006 |
| | 专　员 | 2003.6 ~ 2006.11 | 胡学林 | 副专员 | 1998.6 ~ 2006 |
| 秦如培 | 专　员 | 2006.11 ~ 2008.5 | 顾　久 | 副专员 | 2001.1 ~ 2005 |
| 曹国江 | 专　员 | 2008.5 ~ 2008.7 | 李秀珍 | 副专员 | 2003.4 ~ 2007 |
| 张吉勇 | 专　员 | 2008.7 ~ 2011.12 | 赵英旭 | 副专员 | 2004 ~ 2007 |
| 周树芬 | 副专员 | 1979.1 ~ 1983.5 | 刘　毅 | 副专员 | 2004 ~ 2007 |
| 张晓光 | 副专员 | 1979.1 ~ 1982.4 | 高　鸿 | 副专员 | 2004 ~ 2005（挂职） |
| 时念好 | 副专员 | 1979.1 ~ 1981.12 | 刘俊杰 | 副专员 | 2004 ~ 2006（挂职） |
| 孙振启 | 副专员 | 1979.1 ~ 1982.5 | 王玉屏 | 副专员 | 2005 ~ |
| 刘福永 | 副专员 | 1979.1 ~ 1983.5 | 张光奇 | 副专员 | 2005 ~ |
| 蒋海燕 | 副专员 | 1981.5 ~ 1983.5 | 张正伟 | 副专员 | 2005 ~ 2006（挂职） |
| 杨景春 | 副专员 | 1981.5 ~ 1983.5 | 谭亚林 | 副专员 | 2006 ~ |
| 杨文才 | 副专员 | 1981.5 ~ 1983.5 | 周　荣 | 副专员 | 2006 ~ 2007 |
| 李仿尧 | 副专员 | 1981.5 ~ 1983.5 | 郭　勇 | 副专员 | 2006 ~ 2007（挂职） |
| 王同祥 | 副专员 | 1982.1 ~ 1986.1 | 曹国江 | 副专员 | 2007 ~ 2008 |
| 王朝彬 | 副专员 | 1982.1 ~ 1985.6 | 安金黎 | 副专员 | 2007 ~ 2008 |
| 程郅平 | 副专员 | 1982.1 ~ 1983.5 | 王　祺 | 副专员 | 2007 ~ |
| 杨智光 | 副专员 | 1983.5 ~ 1994.4 | 宋丽丽 | 副专员 | 2007 ~ |
| 管绍周 | 副专员 | 1986.1 ~ 1986.6 | 许　庆 | 副专员 | 2007 ~ 2009（挂职） |
| 李朝中 | 副专员 | 1986.1 ~ 1990.4 | 郭孟卓 | 副专员 | 2007 ~ 2009（挂职） |
| 陈胜元 | 副专员 | 1988.7 ~ 1991.7 | 邓志喜 | 副专员 | 2007 ~ 2008（挂职） |
| 许西记 | 副专员 | 1990.1 ~ 1992.1（挂职） | 吴　勇 | 副专员 | 2008 ~ |
| 王远海 | 副专员 | 1990.12 ~ 1995.2 | 苑　荣 | 副专员 | 2008 ~ 2010（挂职） |
| 解德蕴 | 副专员 | 1990.12 ~ 1998.4 | 吴安玉 | 副专员 | 2010 ~ |
| 沈　中 | 副专员 | 1990.12 ~ 1992.4 | 陈　彤 | 副专员 | 2010 ~（挂职） |
| 周祖宣 | 副专员 | 1992.11 ~ 2003 | 刘加文 | 副专员 | 2010 ~（挂职） |
| 孙仁培 | 副专员 | 1994.4 ~ 1997.10 | 吴　强 | 副专员 | 2011 ~ |
| 于明汉 | 副专员 | 1994.7 ~ 2001 | | | |

1982～2011年毕节地区行署秘书长名录

| 姓　名 | 职　务 | 任职时间 | 姓　名 | 职　务 | 任职时间 |
|---|---|---|---|---|---|
| 李登峰 | 秘书长 | 1982.2～1983.12 | 龙厚华 | 秘书长 | 1999～2003 |
| 管绍周 | 秘书长 | 1984.1～1986.3 | 胡显谋 | 秘书长 | 2003～2009 |
| 黄克全 | 秘书长 | 1986.3～1988.5 | 王开俊 | 秘书长 | 2009～2011 |
| 刘光禹 | 秘书长 | 1988.5～1991.9 | 杨新江 | 秘书长 | 2011～ |
| 张志侠 | 秘书长 | 1991.9～1999 | | | |

历任地区行署副秘书长：黄维俊、黄泽汇、陈远谋、唐宗举、郭慧轩、黄克全、龙晨美、胡学林、金国藩、聂宗筠、孔庆凯、龙厚华、阮仕君、姬异丹、吴学杰、陈旭、刘兴科、戴淑金、袁锋、章少明（挂职）、叶真文、袁华、周明磊、李兵书（挂职）、胡海、欧阳晓燕、胡育青（挂职）、罗光前、胡元航、胡海、李涌、赵国义、安荣亚、何旭、陈章全（挂职）、罗凌（挂职）、缪建明（挂职）、郭凯、冯兴忠、胡大贵、王兴明、周宏（挂职）、彭剑君（挂职）、马涛（挂职）、赵均壮（挂职）、徐云龙、黄采军、杨新江、傅立勇、吴参化、骆丽红、杨军。

## 第二节　职责及工作制度

1982年4月，毕节地区行政公署制订《毕节地区行政公署几项工作制度》，明确毕节地区行政公署是贵州省政府派驻毕节的工作机构，在省政府和中共毕节地委的领导下进行工作。其主要职责是：1.贯彻执行国务院、省人民政府发布的决议、命令和规定的行政措施；2.改变或撤销所属各工作部门和下级人民政府不适当的决议、命令、指示；3.依照法律规定，任免和奖惩国家机关工作人员；4.执行经济计划、预算，管理本地区的经济、文化建设和民政、公安工作；5.保护全民所有制和集体所有制财产，保护公民私有的合法财产，维持社会秩序，保障公民的人身权利、民主权利和其他权利；6.保障少数民族的权利和尊重少数民族的风俗习惯，宣传贯彻党的宗教政策，帮助少数民族发展政治、经济和文化教育等事业。其具体职能是：1.代省政府管辖各县市。中央和省的方针政策，由地区行署结合本地区实际，制订具体贯彻执行措施，向所辖各县进行部署；省政府的工作布置，通过地区行署向所辖各县市具体安排；地区行署根据本地区实际，制订全地区国民经济和社会发展计划及重大战略措施，检查计划完成情况：行署工作机构设置与省政府工作部门基本对应，各工作机构除向行署负责外，还向省政府的工作部门对口负责，向各县对口单位部署、检查工作。2.地区行署在中共毕节地委领导下工作。一是行署专员在党内是中共毕节地委副书记，行署常务副专员是中共毕节地委委员，地委会议讨论的决议和重大决策，由行署专员分头贯彻执行。二是地委定期召开地委、行署联席会议或联合办公会议，行署领导向地委汇报阶段工作和下步措施，听取地委意见，研究处理重大问题。三是建立中共行署党组和各工作部门党组，以保证党的方针政策在行政机关中得到很好的实施。3.地区行署直接领导一批国有企业，初步形成一级经济实体。全地区财政收入，地直企业上缴的利税占一半左右。4.地区行署直接领导文教、科研机构，培养和掌握相当数量的业务技术骨干。

附：

# 毕节地区行政公署工作规则

## 总　则

一、为了认真贯彻执行《中华人民共和国行政许可法》，使行署各项工作法制化、规范化、制度化，切实履行行政职能，进一步提高行政效能，根据国务院《关于全面推进依法行政的决定》《全面推进依法行政实施纲要》和贵州省人民政府《关于贯彻国务院全面推进依法行政实施纲要的意见》制定本规则。

二、行署领导班子成员在行政工作中，要以邓小平理论和“三个代表”重要思想为指导，以科学发展观统领工作全局，贯彻党的路线、方针、政策，施行国家有关法律法规，在地委的领导下，接受地区人大工委的法律监督和工作监督，接受地区政协工委的民主监督，充分发挥行署各部门和各县市人民政府的作用，保证政令畅通；坚持按照科学行政、民主行政、依法行政的要求，努力提高行政能力和管理水平，全面履行行政职能；实行科学民主决策，推进依法行政，加强行政监督，形成行为规范、运转协调、公正透明、廉洁高效的行政管理体制，建设法治行署。

三、行署领导班子成员要自觉执行关于《建立健全教育、制度、监督并重的惩治和预防腐败体系实施纲要》的规定，认真落实党风廉政建设责任制，专员对副专员的党风廉政建设负责，副专员对分管部门的党风廉政建设负责。

四、行署各部门主要负责人要履行法律法规赋予的职责，坚持解放思想，实事求是，与时俱进，开拓创新；忠于职守，服从命令，顾全大局，全心全意为人民服务；奉公守法、清正廉洁，行政为公、勤政为民，带头依法当好国家公务员。

五、行署各部门要依照法律和行政法规行使职权，进一步转变行政职能、管理方式和工作作风，提高行政效能，做到既各司其职，各负其责，又相互协调，密切配合，切实贯彻行署的各项工作部署。

## 行署领导班子成员及其各部门主要负责人职责

六、行署属省人民政府派出机构，实行专员负责制。专员领导和主持行署的全面工作，副专员协助专员工作。

七、专员召集和主持行署常务会议、专员办公会议。行署工作中的重大事项，必须经行署常务会议、专员办公会议讨论决定。

八、副专员按分工负责处理分管工作。受专员委托，负责其他方面的工作或专项任务，代表行署进行外事活动。

九、专员外出期间，由行署常务副专员主持行署工作；专员和常务副专员外出期间，按排名顺序依次委托其他副专员主持行署工作。

副专员外出时，应向专员或主持工作的副专员报告，其工作由专员或主持工作的副专员临时指定其他副专员接替，并做好工作衔接。

十、专员、副专员之间要加强工作联系，认真负责地做好自己分管的工作。分管副专员需要向专员汇报或向有关副专员通报情况的，应及时汇报或通报。属于省政府和地委、行署已经确定的方针、政策、原则、计划范围内的日常工作，按照分工，由副专员负责处理。副专员处理的紧急事项，处理后应及时报告专员或常务副专员。

十一、行署秘书长在专员领导下，负责协调行署的日常工作及处理专员、副专员交办的事项，主持行署办公室工作。

行署各部门主要负责人在专员领导下，负责本部门的全面工作。

## 会议制度

十二、行署实行行署常务会议、专员办公会议、专题会议制度。

## 行署常务会议

十三、行署常务会议由专员、副专员、专员助理、秘书长，各局、办、委、中心的局长、主任组成。根据议题需要，各县、市长、行署副秘书长、二级局和负有行政职能的公司及重点企业负责人可列席会议。与会人员不得由别人代替，因特殊情况不能出席，经批准可指定有关负责人列席。

十四、常务会议是讨论和处理行署工作中的重大问题的决策性会议，其任务是：

（一）传达党中央、国务院、省委、省政府和地委的重要指示、决定和命令，研究贯彻执行的措施；

（二）研究执行地区人大工委的有关决议；

（三）讨论和审定向国务院、省委、省政府和地委的请示、报告和行署名义发布的决定、通报等；

（四）讨论提请地区人大工委审议审查的有关工作报告和向地区政协工委所作的有关情况通报；

（五）讨论决定各县、市人民政府、行署各部门请示行署的重要事项；

（六）讨论和决定行署机关工作人员的奖惩；

（七）通报经济和社会方面的重要工作情况；

（八）讨论决定行署工作中的其他重要问题。

十五、常务会议原则上每季度举行一次，即每季度下一个月的中旬举行，必要时可临时召开。由专员或专员委托常务副专员主持，出席人员须超过应出席人员的半数时方可举行。

十六、通知列席常务会议的人员，非经批准不得由他人代替或带助手。

十七、行署各部门提请常务会议讨论的议题，事前主办部门应会同有关部门充分讨论（规范性文件应同时交行署法制办提出意见），意见基本一致并形成书面材料，经分管专员或副专员协调和秘书长审查，专员或常务副专员同意，方能提交常务会。提交会议审议的材料应于会前三天送行署办公室秘书科。

十八、参加会议的人员，汇报、发言时观点要明确，简明扼要。汇报工作时间一般不超过半小时，发言时间一般不超过十分钟，以便会议充分讨论，正确决策。

十九、常务会议讨论的文件需要修改的，在会议结束时收回，由起草单位按会议讨论的意见修改，在规定时间内修改后报送行署办公室，经行署领导审查后，再报地委审定或由行署行文。

二十、常务会议讨论决定的事项，凡未确定向外公布的，与会人员应保守机密，不得外传。作新闻报道，需经行署秘书长同意，重大问题请示专员。对会议文件妥善保管，不宜扩散的文件在离会前退回。

二十一、常务会议的组织工作，由行署办公室负责。每次均作记录，议定事项应编写纪要，会议纪要经秘书长审核后，报专员或常务副专员审定签发。每次会议的纪要、记录、文件（包括参考文件、资料）一并存档备查。

二十二、各县、市人民政府、行署各部门贯彻执行常务会议通过的决定和文件的情况，应及时反馈给行署办公室。由行署办公室负责执行情况的督促检查工作。

二十三、常务会议的组织工作和会务工作，由行署办公室负责。

## 专员办公会议

二十四、专员办公会议由专员、副专员、专员助理、秘书长组成。副秘书长列席会议。其他列席会议人员，根据议题需要，本着控制会议规模，精减会议人员的原则，行署办公室提出列席会议人员名单，经秘书长初审后，报召集和主持会议的行署领导确定。

二十五、专员办公会议由专员或专员委托常务副专员召集和主持。专员办公会主要是研究和通报行署工作中的一些重要情况和问题。

二十六、专员办公会议原则上每月举行三次，即每月的第二、三、四周的星期一下午为会时间，必要时可临时召开。议题由专员或专员委托的常务副专员确定，会议纪要由秘书长审核后，报专员或常务副专员审定签发。

二十七、提交专员办公会审议的议题及其相关文本，经部门主要负责人或主持工作的负责人审定签署意见后，必须在星期三下午16:00时前报行署办公室秘书科。此后提交审议的议题，除行署专员特批件外，均列入下一次专员办公会议讨论。

二十八、各县、市人民政府和行署各部门上报专员办公会议题时，必须同时附上涉及议题内容的列席单位名单。

二十九、凡专员办公会讨论报地委审定的议题，议题单位必须按会议讨论的意见，完善相关手续后，于星期二12:00前送交行署办秘书科，以便呈报地委。

三十、专员办公会的组织工作由行署办公室负责。

## 行署专题会议

三十一、行署专题会议由专员、副专员或其委托的副秘书长召集和主持，研究处理行署日常工作中的具体业务问题。根据会议内容通知行署有关部门，以及中央和省驻毕的部门负责人参加。

三十二、专题会议研究处理行署日常工作的具体业务问题，主要是：听取有关工作汇报或通报情况；安排近期内的某项工作：研究处理各县、市人民政府、行署各部门向行署专题请示的事项，以及协调部门之间的重要问题。议题由会议召集和主持人确定。

三十三、专题会议的组织工作由行署办公室有关科、室、办、队、中心负责。会议纪要由有关科、室、办、队、中心拟写、经有关副秘书长审核后，报会议召集和主持人签发。

三十四、专题会议决定的事项，由行署办公室有关科、室、办、队、中心负责督办落实。

三十五、严格控制以行署名义召开的全区性会议及以行署办公室、行署各部门召开的部门会议。

三十六、凡以行署名义召开的全区性会议，必须于会前10天将会议内容（含会议名称、时间、地点、会期、人数、所需经费等）报送行署审批。以行署名义拟在下一年度召开的本部门、本系统的会议，要于本年度12月中旬以前将会议计划报行署审批。

三十七、行署各部门召开的工作会议，一般不邀请各县市人民政府的县市长、副县市长出席，如确需邀请各县市人民政府县市长、副县市长出席的，须报专员或分管副专员批准。

三十八、行署及行署各部门召开的会议要贯彻精简、高效、节约的原则，可开可不开的会议坚决不开，能合并的会议尽量合并召开，而且尽量压缩会议时间，精减会议人员，不得在高级宾馆和风景名胜区开会。在不需要保密的情况下，尽可能采用电视电话会议等快捷、高效、节俭的会议形式。

三十九、凡省委、省政府及工作部门召开的重要会议，行署及行署各部门参会人员回来后，要尽快形成书面材料，提出贯彻落实建议及措施，及时向专员办公会议汇报。

## 请示报告制度

四十、行署在处理行署政务工作中，有关全区国民经济和社会发展目标、财政预算的确定和调整，须经行署常务会议或专员办公会议讨论，提请地区人大工委审议审查，并向地委汇报；行署各项工作管理体制的重大改革、重大基建技改项目的确定或调整，各工作部门的设立或撤销（合并），涉及全区范围和广大人民群众切身利益的重大行政措施以及重要外事活动，应提出意见报地委审定。

四十一、行署各部门对于主管工作中涉及全局性的政策、计划和措施，实施前应向行署请示或报告。各县、市人民政府、行署各部门按半年和年度书面向行署报告工作情况。

四十二、行署各部门受行署委托向地区人大工委报告工作，报告稿形成经部门负责人办公会议集体讨论、主要负责人审核后，报行署讨论或专员、分管副专员审定。

四十三、地区人大工委、政协工委召开的会议，涉及行署工作的，专员或分管副专员必须参加。分管副专员如遇特殊情况不能参加，要向专员报告，由专员安排其他副专员参加。

## 公文审批制度

四十四、行署各部门和各县市人民政府报送行署审批的公文，应当符合《国家行政机关公文处理办法》（国发〔2000〕23号）、《贵州省国家行政机关公文处理实施细则》（黔府发〔2003〕16号）、《贵州省人民政府办公厅公文运转和办理办法》和《毕节地区行政公署公文运转和办理实施办法》的规定。

四十五、行署各部门和各县市人民政府报送行署审批的公文，均由行署办公室按照行署副专员分工呈报，由分管副专员签署意见后，送专员或常务副专员审批。

四十六、审批公文时，对有具体请示事项的，主批人应当签署明确意见，其他审批人圈阅视为同意；没有请示事项的，圈阅表示已阅知。

四十七、行署制定发布的规范性文件，由专员或常务副专员审签；向省政府呈报的请示、由专员或由专员委托主持工作的常务副专员审签。

四十八、以行署名义发文，必须经分管副专员审核签署意见后，由专员或常务副专员签发。

以行署办公室名义发出的规范性文件，经专员或分管副专员审核后授权秘书长或副秘书长签发。

四十九、需要向社会公布的行署文件，须经专员或分管副专员批准。

五十、行署各部门和各县市人民政府报送行署审批的公文，由各部门及各县市人民政府主要负责同志签发。除行署专员、副专员直接交办的事项外，各部门及各县市人民政府的请示、报告，应当报送行署，原则上不直接报送行署专员、副专员个人。

五十一、行署各部门要认真履行各自的行政职能，属部门职权范围内的政务事宜，由部门自行发文；确有必要联合发文的应明确主办部门，讲求时效、注重实际。

五十二、各部门要认真履行职责，切实做好协调工作。请示行署的事项如涉及其他部门的职责，主办部门要主动征求有关部门意见，协办部门要积极配合，取得一致意见后经有关部门主要负责人会签上报行署。部门间如有分歧意见，主办部门主要负责人要出面协调。经协调后仍不能达成一致意见的，主办部门应列出各方依据，提出建设性意见报行署，由分管副专员负责协调或裁定；如分管副专员协调或裁定不了，经专员同意，提交专员常务会议或专员办公会议决定。

五十三、行署办公室对各部门和各县市人民政府报送行署审批的文件，要及时按程序办理，一般在十五日内反馈办理情况。

行署各部门和各县市人民政府报送行署的请示，应在十五日内批复，特殊情况不超过三十日。

## 督促检查制度

五十四、督促检查工作按照综合协调、依法督办、实事求是、分级负责的原则进行。行署督查室是行署领导和组织实施督促检查工作的主管部门，负责对全区政务督查工作的组织、指导、协调和检查。行署各部门要指定有关机构负责督查工作，建立起领导分工负责，职能部门归口承办，督查室综合协调的行政督促检查工作体系，上下紧密配合，搞好协调，形成便捷、畅通、有效的督查组织网络。

五十五、行署领导班子成员和各部门主要负责人要切实把督促检查当作抓好工作落实的重要手段，经常深入群众，深入基层，了解真实情况，对事关全局的工作任务和重要工作环节亲自组织督查，及时发现和解决问题，真正做到求实、务实、落实。行署建立并坚持实行抓落实责任制，定期进行检查。各部门、各县市人民政府要加强对督促检查工作的领导，不断提高督促检查工作的水平。

五十六、督促检查的主要内容：

（一）省委、省政府及省直各部门要求贯彻执行或回复的事项；

（二）省委、省政府领导指示行署研究办理的事项；

（三）地委、行署作出的重大决策和重要工作部署贯彻落实情况；

（四）地委、行署文件中明确规定需要各部门及各县市人民政府报告贯彻落实情况的事项；

（五）行署重要会议需要贯彻落实的事项；

（六）地委、行署领导同志批示要求查办落实并报告办理结果的事项；

（七）行署交办的需要各部门及各县市人民政府进行办理落实的事项；

（八）群众反映强烈、领导十分关注的问题；

（九）其他重要事项。

五十七、行署督察室负责督察各部门和各县市人民政府对省政府和省政府办公厅文件，地委、行署的重要决策、重大工作部署，行署和行署办公室文件，行署会议决定事项及行署专员、副专员批示的落实情况。对重要事项或久拖未决的问题，行署督察室在必要时与地区监察局等有关部门组织联合督察，促进问题的解决。凡行署专员、副专员交办或行署办公室转有关部门办理的事项，承办单位一般应在接到交、转办通知后10日内反馈办理情况，紧急重要的事项及时办理、反馈。行署督察室要适时通报督办情况，并将督办工作纳入对各部门和各县市人民政府目标责任制执行情况的考核内容。

五十八、为保证行署专员、副专员集中精力研究处理工作中的重大问题，除地委、行署统一组织安排的活动外，行署专员、副专员一般不出席各部门及各县市召开的会议，不参加接见、照相、颁奖、剪彩及首发首映式等事务性活动。

各部门和各县市人民政府一般不邀请行署专员、副专员出席会议和事务性活动，确有需要，应当事先报告行署办公室。行署办公室要从严掌握，提出意见报批。

行署专员、副专员一般不为各部门的工作会议签发贺信、贺电，不题词、题名。因特殊情况需要请行署专员、副专员题词、题名和签发贺信、贺电，一般不公开发表。需要雕刻在建筑物上作为永久标志的题词、题名，按中央和省的有关规定办理。

五十九、行署专员、副专员内事活动的宣传报道要从严掌握。行署组织或经行署批准的会议和活动，需要作新闻报道的，须经行署秘书长或副秘书长审定。行署专员、副专员出席部门或地方的会议和活动，地区新闻单位一般不作报道。

六十、专员、副专员的出访计划或出国（境）考察、学习，由地区外事侨务办公室提出报告，按规定程序逐级报批。

行署各部门的负责人出国（境）考察、学习，由地区外事侨务办公室按规定程序，报送分管副专员签署意见后，报专员审批。工作访问原则上不得安排顺访。

六十一、专员、副专员会见邀请来访的国外官方人士，经外事侨务办公室审核后，由接待单位向行署提出请示，行署秘书长安排；会见非官方人士，经地区外事侨务办公室审核后，由接待单位向行署提出请示，行署秘书长按分工分别报专员、副专员自行决定。

会见香港、澳门特别行政区人员，由接待单位提出报告，经地区外事侨务办公室审核后，由行署秘书长按分工分别报专员、副专员自行决定。会见来访的台湾人员及华侨知名人士，由接待单位提出报告，分别经地区台湾事务办公室和外事侨务办公室审核后，由行署秘书长按分工分别报专员、副专员自行决定。

## 调查研究制度

六十二、专员、副专员，行署各部门和各县市人民政府的负责人，要围绕行署的中心工作，围绕关系人民群众切身利益的重大问题，结合分管工作认真开展调查研究，切实帮助基层和群众解决难点和热点问题，对一时解决不了的，要组织有关部门研究，在以后的工作中逐步解决。经过研究未能解决的问题，要及时向上级报告。

六十三、调查研究要讲求实效，力戒形式主义，要深入基层、深入群众、深入实际。在调查研究中，不仅要研究调查对象所处的发展阶段，而且要了解其发展趋势，按照科学发展观的要求，用发展的观点去分析问题和解决问题。

六十四、专员、副专员及行署各部门负责人在外出考察工作时，要减少随行人员，简化接待礼仪，坚持做到轻车简从，不搞层层陪同，不搞边界迎送，不打欢迎标语，不接受基层赠送的礼品。

六十五、专员、副专员下基层调研，需要作宣传报道的，报道内容必须经领导审定同意。调研活动的新闻报道，要突出主题，简明扼要，增强时效性和指导性。

六十六、专员、副专员每年深入基层调查研究的时间一般不得少于2个月。行署各部门和各县市人民政府负责人，也要根据各自的工作重点制定每年的调研工作计划，认真抓好调研工作的落实。

## 外出请假报告制度

六十七、专员外出按省人民政府和地委的有关规定执行，副专员、秘书长外出时，由本人在事前书面或口头向专员报告，经批准后，由有关工作人员负责将外出的时间、前往地点、联系及文件呈送方式等有关事项通知行署办公室秘书科，由秘书科通报其他行署领导。行署副秘书长外出时，由本人在事前书面或口头向分管副专员和秘书长报告，经批准后，须向行署办公室秘书科通报行止日期。

六十八、行署各部门的主要负责人外出（区外三天以上）时，由本人事前书面或口头向分管副专员报告；各县市人民政府县、市长外出时，由本人事前书面或口头向专员或常务副专员报告，经批准后，须向行署办公室秘书科通报行止日期。

## 政务公开制度

六十九、行署实行重大事项决策公开制度。重大事项决策的公开内容是：

（一）全区性的重要事项、重大决策以及全区经济社会发展规划、工作目标及完成情况；

（二）全区经济社会管理的规章制度、规范性文件及出台其他政策措施。

（三）事关群众切身利益或群众普遍关心的重大事项。

（四）机构设置、职能和设定依据的变动以及机构改革涉及人员调整变化情况。

（五）重大突发公共事件的应急处理、重要行政执法行为的处理和执行情况；

（六）行署年度财政预算报告及其执行情况，重要专项经费的分配、使用，重要物资招标采购、重大基本建设项目招投标和社会公益事业重大投资建设以及对国有土地处置情况；

（七）其他需要公开的重要事项。

七十、行署领导班子成员和各有关部门要把政务公开作为提高依法、民主、科学行政能力的重要措施，定期不定期地采取明查与暗访、一般与个别、督察与调研相结合等形式，以求真务实的精神，全面了解和掌握各县市、各部门政务公开工作的真实情况、存在的主要问题。监督各县市、行署职能部门定期或不定期公开应当公开的各种事项，督促各县市、各部门依法纠正不真实、不符合政策规定或与上级规定相抵触的公开内容。

七十一、严格政务公开责任追究，对违反政务公开有关规定的部门、单位和个人，按有关规定追究责任。

## 附　则

七十二、本工作规则于二〇〇七年四月一日起施行。

# 第三节　直属职能机构

## 一　毕节专员公署的直属职能机构

毕节专员公署建立初期，根据建立和巩固政权的需要，设立秘书室、司法科、公安分局、财政科、民政科、建设科、粮食局、工商局、税务分局、教育局、人民银行办事处，接管邮政局、电信局、盐务局。以后，随着各个时期政治形势的变化和各项工作的开展而建立、调整和演变。1949～1966年5月“文化大革命”前的17年间，就先后建立过60个工作机构，至1966年5月，保留39个。

**行署办公室**　1949年12月建立，初称专署秘书室，1956年改为专署办公室，后称行署办公室。主要工作职责是代表行署处理日常事务和协调服务工作。历任正、副主任：时思文、卢绍善、李遵周、李德风、王有成、李登峰、颜少寒、郭海一、周忠成、罗公平、谢刚。

**贵州省人民法院毕节分院**　1949年建立专署司法科，负责承办全专区9个县及专区看守所、附设监狱的一切司法业务和行政领导，科长杨峰（代理）、副科长朱锡九。1951年5月改为贵州省人民法院毕节分院，专员孟子明兼院长，副院长杨峰、张承业、时爱华。1955年3月，毕节分院改为贵州省毕节地区中级人民法院，不再属于毕节专署。

**公安局**　1949年12月建立，原为毕节专区公安分局，1950年8月更名为公安处，1958年4月改称公安局。历任正、副局（处）长：主惠珍、朱广臣、常敬亮、袁廼勋、杨有为、罗公平、田德胜、李杏林、卫玉赞。

**民政科**　1949年12月建立。1951年9月起与人事科合署办公，1952年与人事科分开办公。历任正、副科长：郭殿臣、李登峰、刘贵钦、吕明友、刘广修、任泽长、商毓祯、吴焕禄、张文勇。

**财政局**　1949年12月建立财政科，1951年改为财粮科，1954年恢复财政科。历任正、副科长：朱增运、刘汉屏、张力新、李定远、田博。1957年，财政、税务合并建立财政税务局，1961年财政税务分设，建立财政局。正、副局长：刘慎敏、韩冠军、田博。

**税务局**　1949年12月建立贵州省毕节专区税务分局，1957年与财政科合并建立财政税务局，1961年财政、税务分开，恢复建立税务局。历任正、副局长：李金榜、胡希贤、刘慎敏、周忠成、司敬思、王有成、田生居、殷庆云。

**建设科**　1949年12月建立，1953年撤销，历任正、副科长：赵金阶、程郅平、黄家俊。

**文教局**　1949年12月建立教育科，1951年改为文教科，1956年恢复教育科，1957年改为文教科。历任正、副科长：牛林枫、孙育乾、张承业、张青槐、王大学。1958年4月，文教科与卫生科合并建立文教卫生局。1960年分设卫生局、文教局。历任正、副局长：程郅平、王德本、刘思海、洪延星。

**粮食局** 1949年12月建立。历任正、副局长：李遵周、刘汉屏、王有成、张兴华、赵德功、盖朝举、樊林、李安东、王廷中、邢占隆。

**工商局** 1949年12月建立工商科，负责管理商业、供销工作，历任科长：辛霞光、李超先。1952年撤销工商科。1963年建立工商行政管理局，正、副局长：李崇宽、贺德富。

**盐务局** 1949年12月接管原民国时期的盐务局，1950年改为毕节盐务分局，与盐业分公司实行两块牌子合署办公。1952年撤销盐务分局。历任局长：李超（兼）、黄宏顺。

**邮电局** 1949年12月接管原民国毕节邮政局、毕节电信局。1951年3月，邮政、电信合并，建立邮电部毕节邮电局，负责领导和管理全专区的通信业务。1956年4月，毕节邮电局改为毕节县邮电局。贵州省邮电管理局派邮电督察员驻毕节，管理毕节专区邮电业务。是年6月，建立毕节专区邮电督察办公室。1957年7月改为毕节专署邮电局，与毕节县邮电局并存。1961年11月，专署邮电局与毕节县邮电局合并，改为毕节专区邮电局。历任正、副局长：阎景春、罗阴基、余澄源、张愚田、姚骥、孙本端、张书进、韩文政。

**民族事务委员会** 1950年8月建立，历任正、副主任：杨伯尧、卢嵩岚、时思文、刘毓华、赵世岱、陆棠珍、张文勇、项必英。

**气象台（局）** 1950年1月，毕节军分区接管原毕节测绘所，更名为贵州省军区毕节气象站。1954年改为地方建制，移交毕节县人民政府领导。1958年改建为毕节专区气象台（局）。历任台（局）长：史居佑、郭华斌、宋新廷。

**中国人民银行毕节专区中心支行** 1949年12月建立中国人民银行毕节办事处，1951年更名为中国人民银行毕节专区中心支行。历任正、副行长：李金榜、王德本、张兴华、李宗元、杜明信、苏献、徐立本。

**卫生局** 1951年6月建立卫生科，历任正、副科长：邬浩川、李宗俊。1958年9月，卫生科与文教科合并建立文教卫生局。1960年，分设文教局、卫生局。历任正、副局长：邬浩川、王若桐、陈先福、张兴华。

**人事科** 1951年9月建立，与民政科合署办公。1952年12月与民政科分开办公，1958年4月更名为人事劳动科。1959年8月分设劳动科、人事科。历任正、副科长：张清濂、刘贵钦、王志臣、颜少寒、孙天真、郭海一、李希虞、赵明勤、曹志明。

**供销合作办事处** 1951年建立供销合作科，科长李超。1952年与贸易公司合并建专联社，1955年12月更名为贵州省供销合作社毕节专区办事处，1958年3月与农产品采购局合并建立第二商业局，1961年4月恢复为办事处。历任正、副主任：刘佩谦、李遵周、张兴华、朱协桓、刘传信、袁良骥、李从宽、王清泉、王明忠、吴厚磊。

**贵州省人民检察署毕节专区分署** 1951年6月建立，主惠珍兼任检察长。1952年1月与公安处合署办公，由公安处预审科代行检察权。1955年1月与公安处分开办公，更名为贵州省人民检察院毕节分院，不再属于毕节专署。

**监察处** 1951年10月成立毕节专署监察委员会，王林岗任主任委员。1952年改为监察处，1958年撤销。历任正、副处长：贾愚山、张清濂、徐祥林。

**商业局**　1952年建立商业科，历任正、副科长：李超（兼）、赵厚思、范宗寅、任子珍。1958年3月，合并商业机构，撤销商业局，建立第一、第二商业局。是年9月，合并第一、第二商业局为商业局。历任正、副局长：赵厚思、张兴华、刘传信、时念好、张耀居、任子珍、朱启雪、贺德富、王清泉、李安东、张青槐、张先云、吴厚磊、李崇宽、邹吉玉。

**财贸办公室**　1953年4月建立财政经济委员会，专员孟子明兼主任，吕栋、李超任副主任。1955年7月撤销财政经济委员会，建立财政经济办公室，是年8月更名为财政办公室，1964年5月改为财贸办公室。历任主任：李超、刘汉屏、袁良骥。

**农业局**　1953年建立农林科，正、副科长：杜友新、黄家俊、刘公义。1958年改为农林水利局。1959年改为农业局。历任正、副局长：邵之道、刘福永、邵金、仝昶、吴厚磊、周德影、安启荣。

**交通局**　1953年建立交通科，副科长陶冶、黄家俊。1958年10月改建为交通局，1962年5月撤销交通局，建立工业交通局，副局长刘福永、黄家俊。是年7月撤销工业交通局，恢复交通局。历任正、副局长：王大怀、张凤朝、王明忠、黄家俊、陶冶、颜华。

**计划委员会**　1954年成立计划科，副科长张力心、马洪革。1958年改建为计划委员会，副专员张为梓兼主任，历任副主任：朱德桓、张力心、马洪革、李鸿恩、董怀芝。

**统计局**　1954年建立计划统计科，1955.年11月改为统计科，1957年9月改为计划统计科，1958年9月改为统计工作跃进办公室，1959年并入计委，次年恢复统计科，1961年再次并入计委。历任正、副科长：马洪革、张力心、张丕文、王如柏。1963年2月由计委分出，改建为统计局，李启升、王如柏任正、副局长。

**工业局**　1954年建立工业科，科长夏天一。1958年7月改建为工业局，是年11月撤销工业局，建立冶金工业局，副局长张保荣；煤炭工业局，张保荣兼任副局长；机械工业局，邵炳煊、朱继运任正、副局长；轻工业局，李俊岭任局长；石油化工工业局，局长韩文正；建筑工业局，局长李鸿恩；地质局，副局长岑明昭。1963年6月撤销以上各局，恢复工业局，历任正、副局长：邵炳煊、李鸿恩、周忠成、李俊岭、张为爽、颜华、裴树林。

**手工业管理局**　1954年成立手工业管理科，科长邵炳煊。1958年11月改建为手工业管理局，1962年5月撤销，次年1月恢复。历任正、副局长：邵炳煊、李俊岭、张凤朝。

**贵州省森林工业局毕节分局**　1955年12月建立，正、副局长裴目彬、孟宪录。1958年4月与营林局合并建立林业局。

**农产品采购局**　1956年2月建立，正、副局长汤存瑞、贺开新、范宗寅。1958年3月合并入供销合作社办事处。

**宗教事务科**　1956年2月建立，科长赵世岱。1958年11月合并入民委。

**文化科**　1956年2月建立，副科长刘宗翰，1957年与教育科合并建文教科。

**体育运动委员会**　1956年4月建立，1957年并入文教科，次年4月恢复，毕节军分区司令员兼任主任。历任正、副主任：侯国祥（兼）、程绍祥（兼）、王思敏、刘铁林、吴国栋。

**营林局**　1956年6月建立，正、副局长邵之道、郭华斌。1958年4月与森工分局合并组建林业局。

**中国农业银行毕节专区中心支行** 1956年10月建立，次年6月并入中国人民银行毕节中心支行，1963年6月并入中国人民银行毕节中心支行，1963年12月恢复农行，1965年再次并入人民银行。历任正、副行长：杜明信、刘云峰、黄永寿、徐立本。

**物价委员会办公室** 1957年8月建立，1962年与财办、财贸部合署办公，1963年与工商局合署办公。历任正、副主任及负责人：朱德桓、殷庆云、张力心、周树芬、仇绍俊、李崇宽。

**林业局** 1958年4月由贵州省森林工业局毕节分局与营林局合并建成，历任正、副局长：裴目彬、秦建中、孟宪录、郭华斌、杜友新、王德璋、王宗祥、刘锡忠。

**水利电力局** 1958年11月建立，1961年改为农田水利局，1964年恢复水利电力局称谓，历任正、副局长：裴目彬、田守兰、赖人纪、于志高。

**土地利用局** 1958年11月建立，副局长薛桂芝，1961年撤销。

**科学技术委员会** 1958年11月建立科学工作委员会，与地委宣传部合署办公。1959年与专区科协实行两块牌子一套人员合署办公，1962年5月撤销。1965年2月恢复，更名为科学技术委员会，仍与科协合署办公。历任正、副主任：张为梓（兼）、张晓光（兼）、杨文才（兼）、孙育乾（兼）、朱启荣（兼）、李登峰（兼）、朱佳仁、安启崇、李家庚。

**档案管理局** 1959年4月，中共毕节地委办公室设档案科，管理全专区档案工作。是10月改建档案管理局，同为中共毕节地委，毕节专署的管理机构。同时建立档案馆。1962年10月精简机构，保留档案馆，代行档案局职责。1964年8月恢复档案局，副局长苗秀荷。

**劳动局** 1959年8月建立劳动科，1962年1月更名为劳动局，正、副局长：陶汉一、刘思海。

**经济委员会** 1960年2月建立，1962年5月撤销，是年底恢复，副主任杨景春。

**物资局** 1961年4月建立，1962年5月撤销，是年7月恢复。历任正、副局长：蒋继功、殷庆云、李慈善、梁春明。

**对外经济贸易局** 1961年6月建立，1962年4月并入商业局，1964年恢复。历任正、副局长：张耀居、吕德成、朱启雪、尚其昌。

**农林办公室** 1964年6月建立、历任正、副主任：杨文才（兼）、李登峰（兼）、刘凤歧、邵之道、时念好。

**人防战备办公室** 1965年5月建立备战支前办公室，1966年4月建立人防办公室，并入备战支前办公室成立人防战备办公室，主任李如川。

## 二 地区革命委员会的职能机构

1967年3月29日，地区革命委员会（简称地革委）成立。4月12日，地革委行文设立“文化大革命”领导小组、生产领导小组、保卫领导小组、秘书处，除原公安局、人民防空战备办公室、外贸局、税务局、邮电局、气象台、人民银行中心支行归属地革委领导外，其余机构均由地革委“三组一处”所取代。1970年6月，地革委补台，撤销“三组一处”，陆续恢复原专署所属工作机构，改建为地革委工作机构，到1978年12月，地区革命委员会先后共设43个工作机构。

**政治部**　1967年4月成立文革领导小组，下设办公室，工建交、财贸、宣传、农林水、政法、党群专署机关、农村文化革命、学校工作、干部工作办公室。是年10月改为政治工作领导小组，下设办事机构改为办公室，文革、组织、宣传、教育办事组毛泽东著作出版、毛泽东思想工人宣传队、专案审查、清队办公室，地革委军分区联合接待站。1970年6月，政治工作领导小组改为政治部，1973年撤销。历任正、副组主任（组长）：梁革新、马国选、赵春辉、胡启荣、主惠珍、李萍、李大顺。

**生产指挥部**　1967年4月成立生产领导小组，先后下设办公室，工建交、国防工业、农林水、民政卫生办事组，运输指挥部，退伍安置、上山下乡安置、粮油、银行、政法、打击投机倒把、经济监督、像章办公室，计划劳动安置、备战支前办事组。1970年6月改为生产指挥部，1973年撤销。历任正、副组长（主任）：侯国祥、石双琪、周树芬、耿焕民、郭振铎、欧阳远、张文贵、杨兰平、张庆钊。

**人民保卫部**　1967年4月成立保卫领导小组，下设办公室，专案治安、民政办公室。1970年6月改为人民保卫部、1973年3月撤销。历任正、副组长（主任）：黄尧、石文礼、张晓光、国燕勋、马有义。

**办公室**　1967年4月成立秘书处，1970年6月改为办公室。1973年与地委办公室合署办公。历任正、副处长、主任：李吉光、张昌海、魏太清、蒙腊、胡家福、渠时新、肖培生、刘方宽。

**政法办公室**　1973年3月建立，历任正、副主任：张晓光、国燕勋、吴纯让、郭殿臣、朱广臣。

**公安局**　1967年4月归属地革委领导。1968年3月实行军管，由地区军管会取代其职能，1973年恢复公安局。历任正、副局长：朱广臣、国燕勋、李杏林、陈功堂。

**民族事务委员会**　1973年3月恢复，副主任安启崇。

**人民防空战备办公室**　地革委建立后，均保留人民防空办公室与备战支前办公室。1968年后，地革委重新明确两办负责人，1974年将两办合并，组建人民防空战备办公室。历任正、副主任（含负责人）：朱启雪、李汉宁、杨明远、刘家根、卫玉赞、孙吉春。

**劳动工资局**　1973年恢复，历任正、副局长:陶汉一、梁春明、刘思海、曹志明。

**人事局**　1975年3月建立，历任局长:郭海一、李庆堂。

**民政局**　1970年5月建立，历任正、副局长：商毓祯、张兴华、曹进举、李启升、潘樵民、谢永盛。

**计划委员会**　1973年3月恢复，历任正、副主任：侯国祥（兼）、董怀芝、李鸿恩、陈德风。

**物资局**　1970年6月恢复，历任正、副局长：蒋继功、梁春明、司敬思、赵世岱、杨德朝、贾毓华。

**工业交通工作办公室** 1973年3月建立，1978年改为经济委员会。历任正、副主任：袁良骥、杨景春、颜少寒、韩文政、张清濂。

**工业局** 1970年5月恢复，历任正、副局长：邹吉玉、郭海一、裴树林、宋全泰。

**轻工业局** 1971年12月建立，与手联社办事处实行两块牌子一套人员合署办公。历任正、副局长：李俊岭、张凤朝、朱启雪、于志高。

**交通局** 1970年恢复，历任正、副局长：张凤朝、王明忠、张志范、徐胜日。

**农机管理局** 1975年2月建立，与农机管理站实行两块牌子一套人员合署办公。正、副局长：李慈善、郑臣斌、邵炳煊。

**财贸办公室** 1973年恢复，历任正、副主任：袁良骥、周树芬、孙振启、王有成、卫玉赞、时殿相。

**对外经济贸易局** 1973年恢复，历任正、副局长：吕德成、尚其昌、吴汉英、卫定禄。

**粮食局** 1971年恢复，历任正、副局长：郭海一、邢占隆、李建新、张力心、刘世才、李正华。

**供销合作社** 1974年9月恢复建立，历任正、副主任：李汉亭、刘传信、吴厚磊、王友田、赵德功。

**商业局** 1973年恢复，历任正、副局长：张耀居、张青槐、朱凤池、耿家礼、马德海、贺开新。

**工商局** 1974年8月恢复，历任正、副局长：李崇宽、贺德富、崔维良、王世明。

**财税局** 1970年由原财政局、税务局恢复重建。历任正、副局长：司敬思、王有成、殷庆云、郭陵霄、田博、张治国。

**体育运动委员会** 1968年实行军管，1972年恢复。历任正、副主任：程绍祥（兼）、王华哲（兼）、吴国栋、邓祥荣。

**计划生育委员会办公室** 1972年4月恢复，历任正、副主任：陈先福、李泉水、李仿尧、王若桐。

**教育局** 1970年4月恢复文教局，1972年6月改为教育局。历任正、副局长：王守海、时殿相、王新民、杨思齐、付亚光。

**卫生局** 1970年恢复，历任正、副局长：邹浩川、张兴华、陈先福、王德本、王若桐、李宗俊。

**科教办公室** 1973年3月成立，1978年11月撤销。正、副主任：杨明远、王守海、时殿相、程郢平。

**文化局** 1973年3月建立，正、副局长：魏朝真、洪延星、王延祥。

**广播事业局** 1975年5月建立，副局长李定远。

**农林水办公室** 1973年10月恢复，历任正、副主任：刘凤歧、李国恒、裴目彬、谢刚、宋新廷、刘福永。

**农业局**　1972年恢复，历任正、副局长：刘福永、李汉亭、管绍周、赵世俊。刘锡荣、龙德渊、李金泉、周德影。

**林业局**　1972年恢复，正、副局长：秦建中、杜友新、徐祥林、杨文才。

**水利电力局**　1973年恢复，正、副局长：刘国友、赖人纪、杨作宪、石忠品。

**档案管理局**　1967年4月归地革委领导，1971年恢复地委后，主要由地委办公室领导，副局长苗秀荷、胡裕昌。

**知识青年上山下乡办公室**　1973年10月建立，主任卢泮水、副主任周凤来。

**邮电局**　1967年4月归属地革委领导，1969年12月分设为邮政局、电信局，邮政局受地区革命委员会、省邮政局领导，以地革委领导为主；电信局由军分区、省电信局领导，以军分区领导为主。局长刘传训、副局长徐立本；局长石维新，副局长韩文正、徐志中。1973年12月，两局合并，称邮电局，局长石维新，副局长王立本、徐志中、于连洵。

**气象台**　1967年4月归属地革委领导，1969年6月实行军管，归属军分区领导，1972年移交地革委领导，台长刘锡忠，副台长杨玉山。

**中国人民银行毕节专区中心支行**　1967年4月归属地革委领导，历任正、副行长：杜明信、齐连科、李宗元、徐立本、殷庆云、王云滨、刘传良。

**科技局**　1969年12月建立，负责人及副局长有李家庚、郑琏玉、李吉光。1978年11月撤销，复建科学技术委员会，主任杨明远。

**社队企业管理局**　1977年11月建立，局长陈祥俊，副局长王琼。

**物价局**　1978年6月建立，副局长殷庆云。

## 三　地区行政公署的直属职能机构

1979年1月，地区革命委员会改称行政公署，地区革命委员会原工作机构随即归属地区行政公署领导。随着经济社会的发展，陆续调整增加地区行政公署工作机构。到1995年底止，先后设置工作机构60个。1996年改革机构之后陆续调整，到2005年，行署设置工作部门30个、事业单位11个、驻外办事处7个。1979～1995年，行署先后设置以下工作机构。

**办公室**　1979年1月，地革委改称行政公署，与地委办公室分开办公，为行署处理日常事务的综合办事机构，其职能是：根据国家的方针政策和地委、行署不同时期的工作重点，协助行署领导参与政务，管理事务，上呈下达，协调各部门关系，当参谋助手。办公室由行署秘书长领导。

**政法办公室**　1979年1月后归行署领导，1981年撤销，其业务工作由地委政法委员会承办。历任正、副主任：国燕勋、吴纯让、朱广臣。

**计划委员会**　1979年1月后归行署领导，为行署管理国民经济计划的综合部门，其职能是：根据国家的方针政策以及省委、省政府的指示，编制全地区国民经济、社会发展中、长期年度计划，负责计划的综合平衡和计划执行的监督检查。历任正、副主任侯国祥（兼）、杨景春

（兼）、李巨连、董怀芝、陈胜元、李鸿恩、陈德风、梁春明、孙仁培、黄克全、胡学林、张显良、夏洪域、陈听敏。

**工业经济委员会**　1979年1月归行署领导，改为经济委员会。1986年4月称工业委员会，是行署管理全地区工业交通事业的综合部门，其职能是：宣传、贯彻执行国家及省委、省政府有关经济工作的方针、政策，按照地委、行署的部署和决定，通过统筹、协调、服务和监督，抓好全地区工交工作。历任正、副主任：袁良骥、王国文（兼）、王远海、杨景春、颜少寒、韩文政、吴世英、孙连德、宋新廷、李国恒、朱明荣、孙礼成、张敦会、张天明。

**农村经济委员会**　1990年4月建立，是行署管理全地区农村工作的综合部门。其职责是：贯彻执行国家在农村的路线、方针、政策和措施；协同地直有关综合部门制订农村中、短期社会经济发展计划和实施措施；统筹安排使用农用资金和农用物资。农村经济委员会与开发扶贫办公室、农田基本建设指挥部办公室合署办公。历任正、副主任：解德蕴（兼）、杨金伦、苟兴彬、邱纯信、孔庆明、陈旭。

**财贸经济委员会**　1979年1月，财贸办公室归行署领导，1983年10月撤销。1986年成立财贸经济委员会，作为行署管理全地区财贸经济工作的综合部门，其职能是：宣传、贯彻执行国家关于财贸工作的方针、政策和措施，通过统筹、规划、监督、服务和配合，抓好全地区财贸经济工作。1988年，财贸经济委员会撤销。历任正、副主任周树芬、赵厚思、刘光禹、孙振启、王有成、赵德功、李建新、李定远。

**科学技术委员会**　1979年1月归行署领导，是行署管理全地区科学技术工作的综合性职能机构，其职能是：根据中央确定的关于科学技术工作的方针政策，管理全地区科学技术工作，推进科技体制改革，促进科技、经济、社会协调发展，为全地区经济建设服务。历任正、副主任：杨明远、谌志铭、邵之道、罗公平、王传森、刘承富、李贵斌、王维伦、邹芳智。

**财政局**　1979年1月地革委财税局归属行署领导，是年10月，财政、税务分设，建立财政局，其职能是：贯彻执行国家的经济政策及其他有关政策，执行国家关于财政、预算、财务、会计的法律、法令和规章制度，拟定地区财政预算、财务、会计工作的有关实施细则和补充规定，管理全地区财政收支、管理和监督全区财务活动。历任正、副局长：田博、赵子一、丁诗建、王明灯、文建华、李开琴、袁德琴、李德敏、刘晓益、伍润祥。

**知识青年上山下乡办公室**　1979年1月后归行署领导，主任卢泮水、副主任周凤来。1982年撤销。

**畜牧局**　1979年10月建立，1983年10月与农业局合并。正、副局长：黄绍臣、李金泉、杨作宪。

**农牧渔业局**　1979年1月后归行署领导，1983年10月，农业局、畜牧局、林业局合并，组建农牧林业局。1984年8月复建林业局，农牧林业局更名为农牧渔业局，其职责是：管理全地区农业、畜牧、农垦、水利事业的生产建设，开展农业科研、推广技术、技术服务和技术培训，促进全地区农牧渔业发展。历任正、副局长刘光禹、齐肇熙、杨继红、陈烈跃、刘锡荣、赵世俊、龙德渊、周德影、仝昶、王绪才、王宗祥、张以盛、孙仁培、张志侠、李德辉、凌小玲、杨恒友、李敬丹。

**林业局**　1979年1月后归行署领导，1983年10月与农业局、畜牧局合并组成农牧林业局，次年8月恢复林业局。其职能是：动员全地区人民，采取多种形式开展采种、育苗、造林，护林、合理经营森林资源、推广林业先进技术和经验、以法治林、多渠道集资发展林业，提高林业生产的经济效益、生态效益和社会效益。历任正、副局长：秦建中、卢泮水、孙仁培、邹志斌、杜友新、徐祥林、张文勇、韩准初、李静森、杨文会、施怀远、王炳文。

**商业局**　1979年1月后归属行署领导，其职能是：发挥国营商业的主导作用，大力疏通、扩大和增加流通渠道，领导和安排城乡市场，协调各种经济成分的商业活动，保障供应、繁荣经济。历任正、副局长：张耀居、李定远、沈中、王玉屏、张青槐、耿家礼、马德海、贺开新、赵德功、刘凤顺、张永昌、唐心逸、陈霖、蔡荣德、汤正仁。

**城乡建设环境保护局**　1979年建立环境保护局，1983年10月与基本建设委员会合并，建立城乡建设环境保护局。其职能是：负责全地区城乡建设规划、设计管理，土建工程质量的监督和环境的监测管理、科研、环境保护的综合协调和监督。历任正、副局长：邢占隆、孙连德、陈明显、时爱华、黄正乾、徐本贵、熊良楷、李文德。

**基本建设委员会**　1978年12月建立，1979年1月归行署领导，副主任：郭海一、李鸿恩、吕德成、张凤朝。1983年10月与环境保护局合并建立城乡建设环境保护局。

**物价局**　1979年1月后归行署领导，其职能是：管理物价，监督价格执行，合理安排地方工农业产品（商品）价格和非商品收费，调节商品供求，保持市场价格的基本稳定。历任正、副局长、殷庆云、王琼、蒋伦柱、杨明远、罗志权。

**统计局**　1979年1月后归行署领导，其任务是：准确、及时、全面地反映全地区国民经济和社会发展情况，并进行分析和预测，为政府制定政策、编制计划提供依据；检查和监督政策和计划执行情况；为人民群众管理和监督国民经济、社会事业和进行科学研究提供统计资料。历任正、副局长：李启升、何家兴、王允铎、张为爽、张正才、吴朝蘋、黄景荣。

**工商行政管理局**　1979年1月后归行署领导，其职能是：研究拟定本地区有关工商行政管理的法规，对所有工商企业实行经济监督，保护合法经营，取缔非法经营，维护社会经济秩序，保证国家计划的实施，为巩固和发展社会主义经济服务。历任正、副局长：李崇宽、李银发、赵世俊、贺德富、崔维良、王世明、李良栋、陈永新、陈展法。1995年划归省工商行政管理局领导。

**教育局**　1979年1月后归行署领导，其职能是：宣传贯彻国家的教育方针，结合地区实际，指导、管理和发展全地区教育事业，培养德智体全面发展的有社会主义觉悟、有文化的劳动者，为全地区社会主义建设服务。历任、正副局长：王新民、刘致君、徐如庆、杨思齐、傅亚光、真空如、姚绪明、王国槐、唐华清、胡思敬。

**文化局**　1979年1月后归行署领导，其职能是：指导群众文化艺术活动，管理艺术团体，发展文化、图书、博物事业，繁荣文艺创作，不断满足各族人民对文化生活的需要，提高人民的文化素质和思想境界，为全地区社会主义物质文明、精神文明建设服务。历任正、副局长：魏朝真、洪延星、潘君伟、肖联冰、王延祥、胡耳顺、邱义远、杨小吾、陈放。

**卫生局** 1979年1月后归行署领导，其职能是：管理全地区卫生防疫、医疗、妇幼保健、药政药检、医学教育、医疗器械、卫生基建及财务，努力提高人民健康水平。历任正、副局长：张兴华、王仁修、杜昌远、刘家学、陈先福、王若桐、李宗俊、李泉水、杨明道、王允娟、陈湘、陈晓英。

**劳动人事局** 1983年10月由人事局和劳动工资局合并建成，其职能是：综合管理干部、职工，做好劳动人事制度改革、科技人员技术职称评定。历任人事局正、副局长：李庆堂、刘孝池；劳动工资局正、副局长：梁春明、蔡以根、曹志明、刘继元；劳动人事局正、副局长：郭海一、吴学香、李静森、胡学林、李文汉、丁希文、王玉佩、吴道贵、许平、马平（挂职）。

**工业局** 1979年1月后归行署领导，1984年并入经济委员会，1986年1月恢复工业局。其职能是：管理全地区重工业企业，落实服务项目和措施，发展全地区工业经济，促进经济全面发展。历任正、副局长：郭海一、裴树林、张显良、宋全泰、李安东、柏占录、孙先开、邹芳智。

**体育运动委员会** 1979年1月后归行署领导，其职能是：发展全地区体育事业，不断增强人民体质，为物质文明、精神文明建设服务。历任正、副主任：王华哲（兼）、马会荣、李珍和、邓祥荣、吴国栋、詹贵荣、徐国龙、李森。

**农林水办公室** 1979年1月后归行署领导，1983年9月撤销。历任正、副主任：李国恒、裴目彬、宋新廷、杨文才、郭振明、秦建中。

**轻纺工业局** 1979年1月后归行署领导，1983年并入经济委员会，1984年8月恢复轻工业局，1986年更名为轻纺工业局，与手联社办事处实行两块牌子一套人员合署办公。其职能是：发展全地区轻纺工业资源，发展国有、城镇集体轻纺工业，提高产品质量，建设具有本区特色的轻纺工业。历任正、副局长：李俊岭、张凤朝、王作海、蔡以根、刘远光、周长琦、乔洪、朱启雪、郎春海、唐国杰、朱七斤、林正毅、邬云廊、胡金根、蔡桂候。

**计划生育委员会** 1979年1月归行署领导，原名为计划生育办公室，1983年9月更名为计划生育委员会。其职能是：管理全地区计划生育工作，实现各个时期人口发展规划，使之与经济和社会发展相适应。历任正、副主任：李泉水、王若桐、张发明、刘文珍、杨荧、陈昌国、郭慧轩、熊祯富、张永福。

**民族事务委员会** 1979年1月归行署领导，1983年9月与宗教科合并建立民族宗教事务委员，1984年6月与宗教科分设称民族事务委员会，1990年再次将宗教科并入民委。其职能是：贯彻执行中共中央关于少数民族工作、宗教工作的方针、政策，实施省委、省政府关于民族、宗教工作的决定，管理全地区民族、宗教事务，帮助少数民族发展经济、文化，发展社会主义民族关系，促进各民族团结和共同繁荣。历任正、副主任：赵世岱、安启荣、祝朝珍、郭厚方、陈长友、李珍和、龙德渊、李羡道、杨朝云、马培译。

**民政局** 1979年1月后归行署领导，其职能是：做好基层政权建设、优抚安置、救灾、救济、社会福利、行政区划、殡葬改革、婚姻登记。历任正、副局长：商毓祯、谢永盛、黄体揆、肖宗杰、李启升、潘樵民、唐人伦、黄家源、江先振、方云华、聂宗兴。

**广播电视局**　1979年1月后归行署领导，原为广播事业局，1983年改建为广播电视台，1984年4月改为广播电视局。其职能是：宣传党的路线、方针、政策，传播科学技术知识，丰富人民群众的文化生活、教育、鼓舞全区各族人民进行社会主义物质文明和精神文明建设，指导各县逐步完善广播、电视宣传手段、努力实现技术装备的现代化。历任正、副局长：胡耳顺、李定远、潘君伟、涂云富、李绍武。

**对外经济协作办公室**　1984年5月建立对外经济协作领导小组办公室，1985年更名为对外经济协作办公室1994年与旅游局、外事办公室合署办公。其职能是：负责全地区对外经济协作的政策、信息、服务和指导；建立并拓展招商渠道，论证评估招商项目，组织招商洽谈，兴办招商经济实体，为全地区招商服务，受理外商委托的商务活动，做好“三资”企业的审核、审批、申报和管理；管理全地区旅游事业，开拓扩大旅游资源，积极兴办旅游实体，编制全地区旅游发展的中长期计划并组织实施。历任正、副主任：黄克全、张显良、吕大时、温贤民、沈骥、李忠连、薛启和、刘亮琦。

**水利电力局**　1979年1月后归行署领导，其职能是：管理全地区水利水电建设，为全地区国民经济建设和城乡人民生活提供水源和电源，管好用好全地区已建成的水利水电工程。历任正、副局长：刘国友、王祥林、陆海、乔增南、赖人纪、杨作宪、石忠品、何家兴、常铸国、孙传义、张佑礼、倪小兵、王向东。

**农机管理局**　1979年1月后归行署领导，1983年1月前与农机管理站合署办公，1月后，局、站分开，1984年局、站合并；改建为农机管理站，对外称农机管理局。历任正、副局长：李慈善、邵炳煊、徐祖耀、郑臣斌、赵中文、黎元生、龙毓忠。

**交通局**　1979年1月后归行署领导，1984年4月后，对内称交通公路管理站，对外称交通局。其职能是：领导和管理全地区公路、水路交通运输的行政、运输生产和建设工作，统筹规划和加速发展全地区公路、水路交通，以适应国民经济发展的需要。历任正、副局长：王明忠、徐胜日、路喜源、张志范、冯友谊、张佑礼、邓振才、赖世荣、林茂藻。

**技术监督局**　1979年1月改原计量所为计量处，归行署领导，1980年改为标准计量局，1982年5月改称技术监督局。其职能是：监督管理产品标准、计量器具和产品质量，组织制订、修订企业标准和监督检查各类标准的贯彻执行，组织检定及测试产品计量。历任正、副局长：罗榕森、路喜源、丁希文、周立明、李树堂、邓祥荣、曹进举、张兵、董殿池、杨松、靳传春。

**乡镇企业管理局**　1979年1月后归行署领导，原称社队企业管理局，1983年改为社队企业公司，1984年7月更名为乡镇企业公司，对外保留乡镇企业管理局称谓。其职能是：贯彻执行中央积极扶持、合理规划、正确引导、加强管理的方针及有关政策，综合管理全地区乡镇企业。历任正、副局长：陈祥俊、刘锡荣、王琼、陈卫春、胡学林、李光福、邱继刚、邱长智、高光才、程德华、张世贵、罗建明、杨云芬。

**供销合作社**　1979年1月后归行署领导，1983年9月并入商业局，1984年9月恢复。其职能是：研究拟定发展供销工作的长、短期计划，进行供销社体制改革、发挥地区自然优势，开辟地方资源，扩大市场供应，逐步建立产品基地，把基层供销社办成农民群众的合作商业，成为农村综合服务中心。历任正、副主任：李汉亭、张永昌、王学良、吴厚磊、王友田、赵德功、刘亚光、张以平、张达伟、吴维才、邱俊美、吴维勇。

**公安处**　1979年1月后归行署领导，原称公安局，1980年4月改为公安处。其职能是：加强同反革命分子和其他刑事犯罪分子的斗争，参加社会治安综合治理，维护全地区社会秩序，保卫人民的民主权利，保护人民的生命财产安全，保卫社会主义现代化建设的顺利进行。历任正、副处长：吴纯让、罗堂亮、朱世光、刘锡学、李隆文、赵家全、孙承先、吴福涛、陈新渝、杨光明。

**档案局**　1979年1月后归行署领导，原称档案管理局，1983年改为档案馆（局），1985年1月更名为档案局（馆），是年6月恢复档案局。其职能是：主管全地区档案事业，监督与指导区内机关、团体、企业、事业单位和其他组织的档案工作；同时、负责接收、收集、整理、保管和提供利用本级管理范围内的档案。历任正、副局长：马敏进、苗秀荷、胡裕昌、周光廉、简宗蓉、谢正发、李吉光。

**粮食局**　1979年1月后归行署领导，1983年11月并入商业局，1984年3月恢复并更名为粮油公司，1986年称粮食局。其职能是：组织全地区粮油商品流通，领导和安排城乡粮油市场，按政策保证城市人民和驻军的粮油供应，协调各种经济成分的粮油商业活动。历任正、副局长（经理）：李建新、刘凤顺、彭树人、龚宗祥、张力心、刘世才、李正华、李玉洁、罗广、杨兴元、唐廷模、张春学。

**物资局**　1979年1月后归行署领导。其职能是：编制全地区物资平衡分配计划，负责物资供应、调度、调剂；组织和指导全地区物资流通。随着市场经济体制的建立，其物资管理的功能逐渐消失，主要转向商业性经营活动。历任正、副局长：蒋继功、倪鑫寿、林政毅、赵世岱、杨德朝、贾毓华、朱凤池、杨波、朱国庆、蔡荣德。

**司法局**　1980年10月成立，其职能是：主管全地区司法行政工作，指导和监督全地区司法行政机关执行政策和开展业务，组织管理全地区法制宣传和法制教育工作，组织管理全地区法律顾问处和公证处。历任正、副局长：陈祥俊、李成杰、赵辉云、潘樵民、刘生文、文治国、李鸿海、金汝珍、文连浦。

**人民防空战备办公室**　1979年1月后由行署领导，1984年4月改为行署办公室人防战备科，1985年恢复原名。其职能是：根据“军、政、民统一组织，陆、水、空、管、运综合运用，运、修、防紧密结合”方针和“平战结合”原则，加快和深化全地区人防、交通战备、军供支前工作，按正规化要求将人防工作推向社会化管理，交通战备工作纳入有关单位总体规划，搞好军供站正规化建设，使战备工作发挥经济效益、战备效益、社会效益，做到为经济和社会服务，做到寓战于平。历任正、副主任：刘家根、李鸿恩、于凤文、文治国、孙吉春、杨思齐、李维玉、罗载贵、赵兴文。

**审计局**　1983年5月建立，其职能是：宣传贯彻执行国家关于审计的法律、条例、规定，研究制订本地区的实施细则、规章制度和具体办法并组织实施；参加重要财政、财务规章制度的研究制定；在行署和上级业务部门的领导下，审计监督全区财政经济活动。历任正、副局长：刘锡荣、唐心逸、孙国辉、刘晓益、宋进修、余洪信。

**医药管理局**　1980年10月建立，1983年10分改为医药生产供应公司，1984年2月更名为贵州省医药总公司毕节分公司，1985年9月恢复医药管理局。其职能是：管理全地区药材、药品、医疗器械生产、保证供应，提高质量，保证人民群众的用药需要和安全有效。历任正、副局长（经理）：陈安国、陈霖、耿家礼、杨乾勋、胡家福、柏占禄。

**对外经济贸易局**　1979年1月后归行署领导，1983年12月改为对外经济贸易公司，1984年6月改称对外经济贸易局，与外贸公司实行两块牌子一套人员合署办公，1986年与外贸公司分开。其职能是：规划、管理和协调全地区各类对外经济贸易活动，组织外贸商品基地建设，发展对外贸易，促进横向联合。历任正、副局长（经理）：吕德成、刘传信、陈骥良、李定远、丁希文、尚其昌、吴汉英、卫定禄、孙德魁、吴开疆、杨全景、赵耻宽、李德敏。

**经济研究室**　1986年4月建立，是年6月成立经济体制改革领导小组办公室后，两个机构一套人员合署办公，1988年与试验区办公室三个机构一套人员合署办公。其职能是：调查研究全地区及省内外经济动态，与有关部门共同拟定全地区经济发展战略规划，提出切合实际的政策性、对策性的意见和建议；负责全地区经济体制改革试验的组织协调和监测评估，提出决策建议；根据中央和省的部署，结合地区实际，围绕开发扶贫、生态建设、人口控制和经国务院批准的试验内容，参与制订改革试验方案和分年度实施计划，并检查、督促实施；总结研究经济工作中出现的新情况、新问题、新经验，不断提高试验区决策工作水平。历任正、副主任：何明松、安汝鑫、刘承富、苟兴彬、李德敏、孙传义、李忠连、傅中银、陈伯谦。

**地方志编纂委员会办公室**　1986年4月建立，其职能是：办理全地区地方志编纂的具体业务，配合各有关部门协调、服务和督促，抓好各专志以及各县志的编纂工作。历任主任：陈治恪、李安福、金国藩、潘圣群，历任副主任：糜崇习、吴维轶、肖会明、高隆礼。

**农业区划委员会办公室**　1984年11月建立，原由地区计委领导，1988年8月改为行署工作部门。其职能是：组织农业资源和农业自然生态环境的调查、评价及动态监测；组织农业自然区划；编制农业资源开发利用保护规划并组织实施：负责农业区域开发治理实验区工作，历任正、副主任：赵洪、解德蕴、张以盛、陶鸣銮、杨智文、杨廷芳。

**土地管理局**　1989年5月建立，其任务是：管理全地区土地资源，合理配置土地资源，确保耕地面积的相对稳定：会同有关部门进行土地的估价，组织编制土地利用总体规划、计划和土地后备资源开发规划、计划，并督促检查其执行情况；主管全地区土地征用、划拨、出让，管理和规划土地市场；提出深化土地管理体制和土地使用制度的改革方案，完善改革措施。历任正、副局长：李文彬、薛家路、任光华、胡齐文、赵高义。

**监察局**　1988年1月建立，其职能是：对区内国家行政机关及其工作人员和国家行政机关任命的其他人员执行国家法律、法规、政策和决定、命令的情况及其违法违纪行为进行监察，促进行政活动合法、廉洁和提高效能。历任正、副局长：朱世全、袁镇宇、杨启义、桂黔皖。

**机关事务管理局**　1986年1月由地委行政科、行署行政科、房管所合并建立，副局长薛启和。1987年7月撤销。

**住房制度改革办公室** 1988年5月建立，其职能是：研究提出全地区住房制度改革的具体政策、规划、措施、办法，负责全地区住房制度方案的实施，审批各县住房制度方案。主任陈伯谦。

**煤炭工业局** 1994年12月建立，其职能是：统筹规划、合理开发和利用煤炭资源；优化煤炭工业结构和产业结构，加快煤炭工业生产建设和综合利用、多种经营、第三产业的发展；推动企业转换经营机制，建立现代企业制度，培育煤炭市场；依靠科学进步，改善经营管理，提高经济效益，监督国有资产保值增值。正、副局长：孙先开、张天明、杨家春。

**国家安全处** 1995年6月建立，其职能是：贯彻党和国家有关国家安全工作的方针、政策和法律、法规，分析研究全地区国家安全工作出现的新情况、新问题，向党委、政府及上级国家安全部门提供情报信息和部署全地区国家安全工作；侦察间谍和间谍情报机构、敌对势力及境外反动宗教势力的渗透破坏活动，防范和打击隐蔽敌人的各种破坏活动，保卫国家安全和利益，维护社会政治稳定。处长龙晨美，副处长余胜明、李祖达。

**气象处（台）** 1979年1月后归行署领导，称气象台，1980年1月改为气象局，受省气象台和地区行署双重领导，1983年9月改为气象处（台）。历任正、副处长（台、局长）：刘锡忠、宓建业、杨玉山、林光、吴祥正、滕志刚、袁文达。

**税务局** 1979年10月，财政、税务分开，建立税务局。1982年5月改由地区行署和省税务局双重领导，业务以省税务局领导为主：1983年改由省税务局直接管理。历任正、副局长：司敬思、刘万钟、庞开荣、王明灯、张治国、陈文治、李清邦、马顺霖、张仲俊。1994年9月，税务局分设为国家税务局和地方税务局。国家税务局实行垂直管理，局长王明灯，副局长毛世华、陈文治、张仲俊；地方税务局由地区行署领导，局长丁诗建（兼），副局长王明灯、马顺霖、王建和。

**金融机构** 1979年1月后，中国人民银行毕节地区中心支行由行署领导。是年8月，恢复建立中国农业银行毕节地区中心支行，11月成立中国人民建设银行毕节地区中心支行。1980年，遵照国务院有关指示，银行系统实行银行与地方双重领导，以银行为主的管理体制。是年9月，中国人民保险公司毕节地区中心支公司成立。1984年1月，中国人民银行毕节地区中心支行加挂中国工商银行毕节地区中心支行机构名称，采取“一个机构、两块牌子、资金分开、两套账务”的办法开展工作；是年10月，中国工商银行毕节地区中心支行正式成立；中国人民银行毕节地区中心支行更名为中国人民银行毕节地区分行，行使中央银行职能，领导、管理、监督、稽核、协调各专业银行和其他金融机构的业务工作。1989年4月，中国银行毕节地区中心支行成立。中国人民银行毕节地区分行（含中心支行）历任正、副行长：齐连科、李宗元、萧世贤、刘仁华、张才华、徐立本、王云滨、刘传良、宋钦玉、李洪发、袁雪蓉、黄镇谦、夏永祥、周年国、胡德龙。中国农业银行毕节地区中心支行历任正、副行长：齐连科、王云滨、张宗璞、刘宇光、郭生德、徐立本、尚其昌、宋先元、徐永贵。中国人民建设银行毕节地区中心支行历任正、副行长：张力心、卢泮水、文建群、颜海、孙鸿群、关珠梅、罗邦国、唐玉禄、杜勇。

中国工商银行毕节地区中心支行历任正、副行长：李洪发、马朝培、王成厚、刘祥凤、简常骏、巫清友、张华荣。中国银行毕节地区中心支行历任正、副行长：杨全景、吴位勤。中国人民保险公司毕节地区中心分公司历任正、副经理：郑子亮、刘衍瑜、黄丽珍、吕如庆。

邮电局　1979年1月后归行署领导，1980年改为地区行署与省邮电局双重领导，以省邮电局管理为主。历任正、副局长：石维新、徐志中、李志杰、王民模、王立本、于连洵、李家仁、游必泉、傅畅荣、张家俊、江南、张绍榕、钟兆勤。

驻外办事机构　1987年开始，地区行署先后设立的驻外地办事机构有：驻贵阳办事处，历任正、副主任有黄克全、张自立、吴康宁、陆永兰、杨书松；驻苏州办事处，历任正、副主任：沈骥、张建军；驻广州办事处（联络处），历任正、副主任：刘杰伟、杨全景、罗光前；驻北京联络处，聂宗筠、吕飞任主任；驻上海联络处，赵国义任副主任；驻泸州办事处，幸勇任主任；驻湛江办事处，罗志前、安荣亚任主任；驻北海办事处主任周明磊；深圳办事处，主任周明磊；重庆办事处主任安荣亚。

## 第四节　机构改革

### 一　1996年机构改革

1996年5月10日，根据省委、省政府关于《毕节地区地级党政机构改革方案》规定，中共毕节地委、毕节地区行署发出《关于地直党政机构设置的通知》，确定毕节地区行署设置机构为：行署办公室（另挂外事办公室牌子）、计划局、物价局、经济贸易局、教育局、科学技术局、民族宗教事务局、公安处、国家安全处、民政局、司法局、财政局（另挂国有资产管理局）、人事局、劳动局、地质矿产局、建设局、交通局、农业局、林业局、水利电力局、商务局（另挂对外贸易经济合作局牌子）、文化局（另挂新闻出版局、版权局牌子）、广播电视局、卫生局、计划生育局、审计局、统计局、工商行政管理局、环境保护局、国土局、地方税务局、技术监督局、乡镇企业局、煤炭工业局、农业办公室（另挂农业综合开发办公室、扶贫开发办公室牌子）、人民防空战备办公室。

### 二　2001年机构改革

2001年，毕节地区根据《中共中央、国务院关于地方政府机构改革的意见》《中共中央办公厅、国务院办公厅关于市县乡人员编制精简的意见》《中共贵州省委、贵州省人民政府关于印发〈贵州省自治州、地区党政机构改革方案〉的通知》和《中共贵州省委、贵州省人民政府关于全省市县乡机构改革的实施意见》精神，结合本地区实际，进行党政机构改革。此次政府机构改革，按社会主义市场经济和社会发展的要求，转变职能，实现政企、政事、政社分开，把企业生产经营和投资决策权交给企业，把社会可以自我调节与管理的职能交给社会中介组织；按照精简、统一、效能的原则，调整政府组织机构，精兵简政，优化结构、提高效率；按照权责一致原则，合理划分事权，理顺条块以及行政层级之间关系，界定部门职能分工，相同或相近的职能交由同一部门承担，克服多头管理、政出多门的弊端；按照实事求是，从实际出发的原则，因地制宜推进改革；按照依法行政原则，加强行政管理制度化、规范化和法制化建设，进一步理顺部门内设机构职能关系，精简内设机构和人员编制，优化干部结构，改进工作方式，转变工作作风，提高工作效率。通过改革、建立廉政高效、运转协调、行为规范的行政管理体系，完善国家公务员制度，建设高素质专业化行政管理干部队伍，逐步建立适应社会主义市场经济体制的行政管理体制。

**机构改革内容** 一是转变政府职能，实行政企、政事、政社分开，使行署从大量微观管理事务中解脱出来，集中力量抓好经济社会发展规划、政策指导、执法监督、组织协调以及为企业和公众提供公共服务。第一，切实履行区域经济调节和社会管理职能，按照国家法律、法规和政策，制定区域性经济社会发展规划。把工作重心和主要精力用于加强对农业和农村工作及城乡经济工作的领导，大力发展乡镇企业和第三产业，加强对非国有经济的综合协调和管理，加强对市场的培育和管理，为企业提供良好的外部环境和各项服务，促进城乡经济和社会协调发展。第二，加强对区域经济和社会发展中重大问题的综合协调，加强对宏观经济预测、研究和政策指导，加强行政执法监督和社会管理职能，搞好监督检查，推动经济建设和社会发展。第三，行署各部门结合各自工作特点转变职能。涉农部门从过去以行政管理为主逐步转向以开发服务为主，强化为农业服务功能。按照发展市场经济要求，充分发挥市场配置资源基础性作用。将属于市场的职能交给市场，在宏观调控前提下自行调节。把技术服务、信息咨询职能交给事业单位和社会中介组织。规范社会中介组织，加强对各类社会服务组织和社会中介组织的监督和管理。第四，进行行政审批制度改革，大力减少政府行政审批事项。对于必须保留的行政审批事项，要改进审批方式，规范审批程序，简化审批环节，建立健全审批责任追究制度，加强对审批行为的监督管理。第五，清理和整顿行政执法队伍，改革行政执法体制。加强市场监督和管理，规范行政执法范围和程序，实行相对集中行政处罚权制度，强化行政执法监督机制，清理和整顿现有行政执法队伍，优化执法队伍结构，第六，推进机关后勤服务工作社会化，加强后勤服务机构规范化、制度化建设。要将机关后勤服务保障职能与机关后勤行政管理职能分开，逐步探索后勤体制改革的途径。二是理顺关系。理顺行署与县市政府的关系。行署机关主要做规划、指导、监督、检查、协调和服务，将属于县市政府的职责权限下放给县市政府，充分发挥其积极性和主动性。理顺行署各部门之间的关系，明确界定职责分工，避免职责交叉，相同和相近的职能交由一个部门承担，明确管理权限，建立健全部门协商制度，规范办事程序，完善运行机制。三是调整机构。建立统一的劳动和社会保障机构。将人事部门管理的机关事业单位社会保险、劳动部门管理的城镇职工社会保险、民政部门管理的农村社会保险、各行业部门统筹的社会保险以及卫生部门承担的公费医疗管理职能统一交由劳动和社会保障局承担；国土局、地质矿产局合并，组建国土资源局；不再保留经济体制改革局的牌子，企业改革职能划入经济贸易局，医疗制度改革职能划入劳动和社会保障局，经济体制改革调研职能划入行署办公室；不再保留国有资产管理局牌子，其职能由财政局承担，计划局更名为发展计划局；公安处更名为公安局；水利电力局更名为水利局；商务局（对外贸易经济合作局）更名为贸易合作局；人民防空战备办公室更名为人民防空办公室（交通战备办公室）；老龄委员会更名为老龄工作委员会，其办事机构设在民政局，为正县级建制；撤销轻纺总会，其行政职能划入经贸局；撤销农业机械事业局，其行政职能划入农业局；四是精简机构和人员编制。地区行署机构由现有34个精简为29个，不分组成部门和直属机构，统称行署工作部门。机构名称一律称局、办；内设机构一般称科、室。地区机关（不含公检法司机关）行政编制总数精简27%，由1007名减为735名，减272名，人员编制精简后实行一次性定编定员，3年完成人员分流。按照精简要求重新核定各部门人员编制和领导职数，实行定额定员。按照“带职分流，加强培训，充实企业，优化结构”原则，结合毕节地区实际，多途径、多渠道安排富余人员。五是精简领导班子。行署设专员1名，副专员6名。非领导职务职数按党政领导职务职数的50%配备。行署工作部门设正职1名，副职1～2名；少数工作量大，人员编制较多或对应联系上级部门较多的，可配备3名副职。根据《国务院关于印发〈国家公务员制度实施方案〉的通知》精神，地区行署工作部门的调研员和助理调研员职数，不超过部门领导职数的三分之一。行署工作部门的内设机构，一般设正职1名。副职1～2名。

### 行署机构设置

1.直属行政机构。

（1）行署办公室。协助行署领导处理日常工作的机构。内设行署法制办公室、地区外事侨务办公室、秘书科、综合科、信息科、督察室、财税金融科、工业科、农业科、社会发展科、人事科、行政科、公产管理科、体改调研科、保卫科。外事侨办主任：穆云裳。

（2）发展计划局（挂招商引资局牌子）。行署负责研究提出全地区国民经济和社会发展战略、规划、总量平衡、结构调整以及招商引资、对外经济协作的工作部门。内设：办公室、综合科（信息中心）、投资科、项目管理科（重点建设项目办公室）、产业发展科、招商引资与经济协作科。历任正副局长：张敦华、谭亚林、龙泽玉、雷先用、王钥进、吴参化。专职纪检员黄毓凤。

（3）经济贸易局。行署负责调节全地区近期国民经济运行的综合工作部门。内设办公室、人事教育科、经济运行科、投资与技术科、行业管理科、企业改革科、市场与外经科。历任正副局长：张显良、周遵富、李杰铭、刘亮绮、李逸农、李毕生、先武、黄家耀、林政毅。纪检组长：李毕生、吴道祥。

（4）教育局。行署主管全地区教育工作的部门。内设办公室、人事科、计划财务科、基础教育科、师资教育科、职业教育与成人教育科。正副局长：徐如庆、唐华清、胡思敬、胡清珍、章剑平、谢祥贵。专职纪检员：邓书福、吴学宁。

（5）科学技术局（挂知识产权局牌子）。行署主管全地区科技工作和知识产权工作的工作部门。内设办公室、发展计划科、科技成果管理与体制改革科、知识产权管理科。正副局长：

王维伦、邹芳智、周训明、侯长英、罗晶。

（6）民族宗教事务局。行署主管全地区民族宗教事务工作的工作部门。内设办公室、计经科、宣教科、宗教业务科。历任正副局长：陈长友、梁兴华、李羡道、杨朝云、马光树、康庆明、张永忠、李洪应、彭斯慧。

（7）公安局。正副局长：朱世光、阳成俊、杨光明、吴福涛、陈学银、杨新建、周兵志、罗高华。纪委书记：王跃华。

（8）监察局。与中共毕节地区纪律检查委员会机关合署办公，不计入政府机构。历任正副局长：沈晓春、赵牧、桂黔皖、秦天志。

（9）民政局。行署主管全地区民政工作的工作部门。内设办公室、优抚安置科、救灾救济科、基层政权区划地名和社区建设科、社会福利和社会事务科、民间组织管理科。历任正副局长：肖宗杰、蔡勤生、聂宗兴、康庆明、乔遵、武绍勇、石正友。纪检组长：乔遵、朱钧。

（10）司法局。行署主管全地区司法行政工作的工作部门。内设政治处、地区依法治理办公室、法制宣传教育科、律师公证工作管理科、基层工作科、法律援助工作管理科（法律援助中心）、法规仲裁科、劳教管理科、办公室（计财装备科）。正副局长：夏远超、李鸿海、文连浦。纪检组长：李发荣。

（11）财政局。行署主管全地区财政收支、财税政策、国有资本金基础工作的工作部门。内设办公室、综合科、预算科、国库科、经济建设科、企业科、行政事业财务科、社会保障科、农业科、农业税收科（毕节地区农业税征收管理分局）、会计科、财政监督检查科（毕节地区财政稽查分局）、政府采购管理办公室、外经科、国有资产管理科（清产核资办公室）。正副局长：王玉屏、袁德琴、刘晓益、伍润强、方怡、伍崇峰。纪检组长：方怡、朱晓红。

（12）人事局。行署主管全地区人事工作的工作部门。内设办公室、录用调配科、考核任免奖惩科、培训科、专业技术人员管理科、工资福利与退休科、军官转业安置科（毕节地区军队转业干部安置工作小组办公室）。正副局长：李文汉、沈晓春、许平、杨世海、张光友。专职纪检员：谢平贵。

（13）劳动和社会保障局。行署主管全地区劳动和社会保障行政事务的工作部门。内设办公室、培训就业科、劳动工资科、劳动保障监察科（地区劳动争议仲裁委员会办公室）、养老保险科、失业保险科、医疗保险科（地区城镇职工基本医疗保险制度改革工作领导小组办公室）、社会保险基金监督科。正副局长：吴道贵、刘汉奇、梁和平、梅品伦。纪检组长：吴良平。

（14）国土资源局。行署主管全地区土地、矿产（除煤炭、下同）等自然资源的规划、管理、保护与合理利用及测绘行政管理的工作部门。内设：办公室、法规监督科、地籍管理科、用地管理科、矿产开发管理科、资源环境科、测绘管理科。历任正副局长：薛家路、张政纲、胡奇文、赵高义、王晓灵、周玉柱。纪检组长：余文光。

（15）建设局。行署主管全地区建设行政管理工作的工作部门。内设办公室、建筑业与勘察设计科、城市规划建设科、村镇与风景区建设科。历任正副局长：陈明显、薛家路、熊良楷、陈百方、张春。纪检组长：项培生。

（16）交通局。行署主管全地区公路、水路交通行业的工作部门。内设办公室、计划基建财务科、路政科（路政大队）、法规安全科、人事科。历任正副局长：路喜源、蔡均、邓振才、林茂藻、郭瑾、王爱民。纪检组长：郭瑾、胡世菊。

（17）水利局。行署主管全地区水利行政工作的工作部门。内设办公室、人事科、建设科、农村水利科、规划计划管理科、水资源科（约节用水办公室、水政监察支队）。历任正副局长：李秀珍、常瑜、王向东、张德志、钟爱平、王兴明、何正芳。纪检组长：张袭祥、龙清云。

（18）农业局。行署主管全地区农业和农村经济工作的工作部门。内设办公室、人事科、法规宣传科、农业科、市场与经济信息科、农村能源科。历任正副局长：陈烈跃、王炳荣、杨恒友、李敬丹、钟声、谢定敏。纪检组长：申时洪、吴光辉。

（19）林业局。行署主管全地区林业工作的工作部门。内设办公室、造林经营产业科（地区绿化委员会办公室）、森林公安科（地区森林防火办公室）、林政法规宣传科、人事科。历任正副局长：苟兴彬、胡齐明、李玉平、倪小兵、五炳文、杜培义、傅立铭。纪检组长：昊学坤、张建一。

（20）贸易合作局。行署主管全地区对外贸易、利用外资、国际经济技术合作和商品流通的工作部门。内设：办公室、人教体改科、会统审计科、外经贸科、贸易流通科、内贸市场管理科、物资流通管理科。历任正副局长：赵耻宽、陈春芬、李德敏、蒋才勇、谭齐贤。纪检组长：邵文吉、胡既修。

（21）文化局（新闻出版局、版权局）。行署主管全地区文化艺术、新闻出版和版权工作的工作部门。内设办公室、业务科、文化市场管理（新闻出版、版权）科。历任正副局长：肖联冰、聂华、陈放、杨小吾、刘军、陈汇。纪检组长：颜荷容、陈万前。

（22）卫生局。行署主管全地区卫生工作的工作部门。内设办公室、综合业务科、监督执法科、地区爱国卫生运动委员会办公室。历任正副局长：刘家学、安宁、陈湘、王屏、邓韬。纪检组长：黄大明。

（23）计划生育局。行署主管全地区计划生育工作的工作部门。内设：办公室、业务科、法规宣传科、计划财务科。历任正副局长：张发明、王理春、张永福、熊祯富、葛继红、张基沛。专职纪检员：卢萍。

（24）审计局。行署主管全地区审计工作的工作部门。内设办公室、财政农业审计科、行政事业审计科、企业审计科、固定资产投资审计科、经济责任审计科。历任正副局长：唐心逸、刘晓益、余洪信、陈兴华、肖应刚。

（25）统计局。行署主管全地区统计和国民经济核算工作的工作部门。内设办公室、农村统计科、工业交通和固定资产投资统计科、贸易外经和人口社会科技统计科、国民经济核算和综合科（法规宣传科）。正副局长：王允铎、黄景荣、孙朝红、廖昌昕、王迅。

（26）环境保护局。行署主管全地区环境保护工作的工作部门。内设办公室、监督管理科、计划发展科。正副局长：徐本贵、方云华、潘祖才、乔震生、王霞。专职纪检员：冯廷贵。

（27）粮食局。行署主管全地区粮食工作的部门。内设办公室、市场流通科、储备管理科、财务计划内审科。历任正副局长：孔庆凯、邱俊美、唐廷模、张春学、李德敏。纪检组长：王时全。专职纪检员：邓书福。

（28）乡镇企业局。行署主管全地区乡镇企业工作的工作部门。内设办公室、经济运行科、企业管理科、科技发展科。历任正副局长：李光福、阮仕君、张世贵、罗建明、吴国利、杨云芬。专职纪检员：邓书福、梁军。

（29）广播电视局。行署主管全地区广播电视工作的部门。内设：办公室、宣传科、业务科。正副局长：潘军伟、洪江平、黄采军、张健霖。专职纪检监察员：甘德富。

（30）煤炭管理局。行署主管全地区煤炭行业行政管理的工作部门。内设办公室、安全管理科、规划发展科、行业管理科。历任正副局长：张天明、韩平、刘兴科、杨家春、陈志体、张茂鸣、李敬华、钟南夫。

（31）物价局。行署主管全地区价格工作的职能部门。内设：办公室、价格管理科、收费管理科、监督检查科。历任正副局长：蒋伦柱、孔庆凯、吴学杰、王品达、罗自权。专职纪检员：吴国萍。

2.议事协调机构的常设办事机构。

（1）农业办公室（农业综合开发办公室、扶贫开发办公室）。中共毕节地委、毕节地区行署议事协调机构的常设办事机构。内设7个职能科。历任正副主任：邹志彬、王福尧、赵太芳、陈旭、杨洪贤、彭华昌、傅立俊；专职纪检员：陈世才。

（2）人民防空办公室（交通战备办公室）。地区国防动员委员会的常设办公机构，行署主管人民防空、国防交通的职能部门。内设2个职能科。历任正副主任：文治国、糜崇益、朱国庆、段吉祥。

3.行署委托行使部分行政管理职能的直属事业单位。

（1）档案局。毕节地区档案馆履行全地区档案事业行政管理和档案保管利用职能。内设4个科（室）。历任正副局长：马敏进、刘祖平、吴坦、蒋新民、杨世霖、罗廷湘、李龙舟。

（2）体育事业局。承担全地区体育工作的部分行政管理职能，内设3个科（室）。历任正副局长：李珍和、詹贵荣、徐国龙、李森、吴国利、薛占润、张玉萍。

（3）旅游事业局。行使管理全地区旅游业的行政管理职能，内设3个科（室）。历任正副局长：李忠连、杜娟、薛启和、杨新江、吴万程、袁华、杨孝忠。

（4）畜牧事业局。受行署委托行使管理全地区畜牧事业职能。内部设3个科（室），历任正副局长：李敬丹、杨洪立、冯兴忠。

（5）水库移民局。受行署委托主管全地区水库移民工作。内设4个职能科（室）。历任正副局长：胡显谋、吴学杰、袁泽华、万兴银。

（6）供销合作社联合社。历任正副主任：邱俊美、胡齐文、吴维勇、阚跃、王世雄；纪委书记：周贵林。

（7）房产事业局。（住房制度改革办公室）受行署委托行使房产行政管理职能。内设4个科（室）。正副局长：陈伯谦、杨永华、罗晶、赵亚宁。

4.直属事业单位。

毕节地区地方志编纂委员会办公室。历任正副主任：李安福、金国藩、吴维轶、肖会明。

## 三　2004年机构改革

2004年，中共贵州省委办公厅、省人民政府办公厅印发《毕节地区行署机构改革方案》的通知。同意毕节地区作以下机构调整与职能整合。

1.保留地区经济贸易局，仍为行署工作部门。划入职责：地区劳动和社会保障局承担的负责企业工资总额，经营者年薪和其他主要负责人工资标准审核工作。地区财政局承担的负责企业国有资本金的基础管理、企业清产核资及资本金权属界定和登记管理职责。划出职责：将指导国有企业改革的职责划入地区发展和改革局。将地区安全生产委员会办公室及其职责划入地区安全生产监督管理局。将编制重要工业品、原材料进出口计划职责划入地区商务局。

2.地区行署不单独设立国有资产监督管理机构，国有资产监督管理的相应职责由地区经济贸易局承担。

3.将地区发展计划局改组为地区发展和改革局，为综合研究拟定经济和社会发展政策、指导总体经济体制改革的行署工作部门。划入职责：原地区经济贸易局承担的指导国有企业改革的职责。行署办公室内设的体改调研科及其职责。原地区贸易合作局承担的盐业管理职责。划出职能：将制定农产品进出口计划的职责划入地区商务局。转变职能：推进投融资体制改革。在国家宏观调控下更好地发挥市场机制对经济活动的调节作用，确立企业的投资主体地位，规范政府投资行为，逐步建立投资主体自主决策、银行独立审贷、融资方式多样、中介服务规范、政府宏观调控有效的新型投融资体制。把投资宏观管理的重点转到优化投资结构和产业结构、搞好重大项目布局、防止重复建设，提高投资效益上来。缩小投资审批范围，对企业使用非政府投资建设的符合国家产业政策、非重大项目和非限制类项目逐步实行登记、备案制。减少必须经行政审批投资项目的审批环节，规范审批程序，设定审批时限，提高审批效率和透明度。扩大地方政府用自有资金在公共服务领域投资的权限，完善专家咨询论证制度，提高投资审批的科学性。建立政府投资项目的后评价制度和监督机制、完善投资审批责任制。强化宏观调控中的总体指导和综合协调，切实减少微观管理事务。加强对经济社会发展、改革和稳定的重大问题的研究，综合协调经济社会发展和改革开放的全局性工作。加强对实施可持续发展战略的指导和重大问题协调，促进经济与资源、环境的协调发展。按照走新型工业化道路的要求，加强对工业发展的指导，实施国家产业政策，抓好能源发展战略、规划的拟定和战略储备工作。切实减少行政审批和对经济活动的直接干预，强化研究拟定发展战略、规划的宏观政策的职责。严格依法行政，提高依法行政水平，积极探索运用法律手段促进职能转变，加强和完善宏观调控。其职责是：根据国家、省的国民经济和社会发展战略、中长期规划，研究拟定并组织实施全地区国民经济和社会发展的中长期规划、年度计划，以及基础产业、支柱产业、高技术产业专项发展计划，衔接各主要行业的行业规划。做好社会总需求和总供给等重要经济总量的平衡和重大比例关系的协调，贯彻可持续发展战略，搞好资源综合开发利用、生产力布局和生态环境建设规划，引导和促进全地区经济结构合理化和区域经济协调发展；拟定和协调国土整治、开发、利用和保护的政策，编制建设用地年度计划，参与编制水资源平衡和环境保护规划。研究分析区内外经济发展形势，汇总和分析全地区国民经济和社会发展情况，进行宏观经济的预测、预警。参与组织重要政策措施的贯彻实施；提出实施全地区宏观经济政策及综合运用经济杠杆和对经济运行及时调控的政策措施建议。研究全地区经济体制改革和对外开放的重大问题，组织拟定综合性经济体制改革方案，协调有关专项体制改革方案；提出完善社会主义市场经济体制、以改革开放促进发展的建议，指导和推进全地区经济体制改革。提出全地区社会固定资产投资总规模和资金投向及相关政策措施建议，衔接平衡各种资金来源，引导民间资金用于固定资产投资的方向；向国家政策性银行和商业银行推荐申贷项目，指导政策性贷款的使用方向；规划重大项目和生产力布局；拟定全地区投资体制改革的实施方案，按程序和管理权限负责全地区基本建设项目立项、可行性研究报告审批、备案及审查上报、转报，下达国家、省审批的基本建设项目，安排重点项目的前期工作，会签有关部门的建设项目。研究制订全地区社会发展中长期规划，做好人口与计划生育、科学技术、教育、文化、卫生等社会事业与整个国民经济发展的衔接平衡；推进重大科技成果的产业化；提出经济与社会协调发展、相互促进的政策，协调社会事业发展中的重大问题。研究提出促进就业和再就业、调整收入分配、完善社会保障与经济协调发展的政策建议；研究提出促进全地区服务业发展的规划和措施并组织实施。推进产业结构战略调整和升级，提出国民经济重要产业的发展战略和规划；研究并协调农业和农村经济发展的有关重大问题，衔接农村专项规划和政策；指导工业发展，推进工业化和信息化；拟定煤炭、电力和煤化工等发展规划；推动高新技术产业发展，实施技术进步和产业现代化的宏观指导；协同指导引进重大技术和重大成套装备的消化创新工作。研究分析区域经济和城镇化发展情况，提出区域经济发展和实施西部大开发战略的规划和政策措施；组织编制区域经济发展规划，提出逐步缩小本地区与发达地区差距的政策建议及措施；负责地区经济协作的统筹协调，指导地区经济协作工作。按照省培育市场和发展市场体系的总体规划，培育和发展本地区的市场体系，参与组织拟订全地区重点批发市场、专业市场、要素市场的发展规划、总体布局与调整政策；研究有关政策措施，参与指导监督重要商品的订货、储备和投放；监督管理全地区食用加碘食盐及工业用盐。研究编制全区重点建设项目计划，建好重点项目库，按照《中华人民共和国招标投标法》和《贵州省招标投标条例》指导和协调招标投标活动，对重大建设项目招标投标活动进行监督检查；监督检查重点项目的招标投标和实施情况，协调解决重点项目建设过程中的重要问题；促进重点建设项目按设计要求竣工投产。研究和分析全社会资金平衡；提出直接融资的发展战略和政策建议，编制上报区内企业债券发行计划，监督发展资金的使用；监测和分析利用国外、区外资金的状况；按程序申报利用外资、境外投资和区外投资项目。组织、协调做好全地区以工代赈规划、年度计划和项目实施工作，参与和协调扶贫开发工作。指导、协调各县市、各部门的计划工作，对国民经济和社会发展中长期规划、年度计划执行情况以及招商引资、对外经济协作工作进行检查并提出调整意见。研究拟定招商引资和经济协作的优惠政策措施；负责统筹协调全地区招商引资和经济协作工作，并督促检查；研究拟定招商引资和经济协作的发展方向；参与招商引资和经济协作项目评估、推介、洽谈和协调工作，搞好对外开放和招商引资的宣传报道工作；组织协调本地区参与国内外重大招商引资项目库的建立、维护管理；组织协调本地区参与国内国外重大招商引资活动和经济协作、对口帮扶的重点项目洽谈，并做好跟踪落实、督促管理和服务工作。协调铁路、机场在区内的建设事宜，负责区内铁路、机场的前期准备工作以及建设中的协调工作；协调公路重点项目的前期准备工作。负责国防动员委员会经济动员的有关工作。负责信息中心的管理工作。承办行署和省发展和改革委员会交办的其他事项。地区发展和改革局内设8个职能科（室）。正副局长：谭亚林、雷先用、王钥进、吴参化。专职纪检员：黄毓凤。

4.将地区贸易合作局改组为地区商务局，为行署负责全地区国内外贸易和国际经济合作的工作部门。划入职责：原地区经济贸易局承担的编制重要工业品、原材料进出口计划的职责。原地区发展计划局承担的制定农产品进出口计划的职责。划出职责：将危险化学品经营资格审查、登记发证的职责划入地区安全生产监督管理局。将盐业管理职责划入地区发展和改革局，转变职能：管理、指导、协调全地区商务工作。进一步推进内外贸一体化进程，深化流通体制改革，建立和完善统一、开放、竞争、有序的现代化市场体系，整顿和规范流通秩序，形成国内外市场大流通的格局。取消原地区贸易合作局出口商品商标注册登记后的有关事务管理职责以及指导出口广告宣传的职责。主要职责：贯彻执行国家国内外贸易、国际经济合作和外商投资的方针、政策和法律法规，拟定相关的政策和管理办法并监督实施。研究拟定全地区中长期对外贸易发展战略和促进国内外贸易发展措施，指导全地区开拓国际国内市场工作。协调本地区涉及世贸组织有关事务，指导出口商品的反倾销、反补贴、保障措施的应诉及相关工作。依照授权，管理全地区商品和技术进出口工作。负责向省厅上报企业进出口配额申请计划和执行进出口招标政策，依照授权发放进出口许可证；贯彻落实国家对外技术贸易政策，指导全地区技术进出口，管理技术引进和出口。拟定全地区国内贸易发展规划，培育和发展城乡商品市场，推进流通产业结构调整和连锁经营、物流配送、电子商务等现代流通方式；统筹规划商品市场体系，重点搞好全区性、区域性的商品批发市场、餐饮服务网点和商办工业规划，负责全地区商品市场的监测管理工作；研究全地区物资流通发展战略、行业规划并组织实施，优化物资流通结构。负责全地区区域性批发市场和上规模的商业营销设施的规划布局和专项基金管理；指导全地区内外贸业务统计工作，提供信息咨询服务。依照授权，管理全地区涉外经济活动。负责进出口企业的初审、报批和三资企业的年审；负责外商、台港澳商常驻代表机构的初审和归口管理；指导企事业单位参加相关的外会展，负责进出口企业、“三资”企业、劳务出口等出国团组的审查和报批；指导、协调中国国际贸易促进会贵州分会毕节支会的工作。协调指导全地区利用外资工作。研究拟订全地区吸引和利用外资的有关政策，依照授权，核准全地区外商投资企业的设立及变更事项，指导全地区投资促进和外商投资企业进出口工作，负责全地区外资统计。指导、协调和管理全地区对外经济技术合作工作。会同有关部门组织协调全地区参与国家对外援助的活动和项目；协调、管理全地区对外承包工程、劳务合作、设计咨询工作；归口管理争取境外无偿援助工作。推进内外贸流通营销、物流方式的改革，指导连锁经营、代理制、配送制、贸易运输、国际货代、仓储业的监督管理，促进流通产业现代化。负责全地区商品市场的预测，提出调控市场的政策建议；组织实施关系全地区人民生活的部分重要商品储备和风险基金的管理；负责监督管理拍卖、生猪屠宰市场；负责民族贸易。负责全地区商务行业质量体系认证、达标管理；组织协调科技发展、科技攻关和推广应用工作，组织协调全地区内外贸信息化工作。负责规划和组织实施全地区商务系统人力资源开发和人才培训；组织商务行业专业技术人员的任职资格和执业资格考核及认证。代管中国国际贸易促进会毕节地区支会。承办毕节地区行署和省商务厅交办的其他事项。地区商务局内设7个职能科（室）。正副局长：陈春芬、蒋才勇、谭齐贤、陈志勇。专职纪检员：胡既修。

5.在地区安全生产委员会办公室的基础上组建地区安全生产监督管理局，为地区行署委托行使安全生产监督管理职能的正县级直属事业单位，其人员列入参照试行国家公务员制度范围。

6.将地区计划生育局更名为地区人口和计划生育局，为行署工作部门。调整职能：继续承担原地区计划生育局的工作职责。加强人口发展战略研究及人口与计划生育工作的综合协调，突出对人口规模、趋势、素质、结构、迁移的综合性、前瞻性研究；推动全地区人口和计划生育工作的综合治理，促进人口与经济社会协调和可持续发展。增加拟定全地区人口发展规划和政策；协同有关部门研究制定生殖健康产业发展规划和实施出生缺陷干预工程；协调有关部门做好出生人口性别比治理工作职责。其职责是：贯彻执行中央和国家以及省委、省人大、省人民政府、地委、行署制定的计划生育方针、政策和法律、法规，督察各县市的执行情况；坚持“三为主”，推行“三结合”，综合协调有关单位和社会力量推动人口和计划生育工作的综合治理；协调有关部门建立和完善人口和计划生育的奖励扶助政策。加强人口规模、趋势、素质、结构战略性、前瞻性研究；会同有关部门编制全地区人口发展中长期规划和年度计划；负责人口和计划生育统计，组织实施人口和计划生育抽样调查，参与全地区人口统计数据的分析研究。制订全地区人口和计划生育宣传教育工作的规划，组织开展全民性人口和计划生育宣传教育。组织实施人口和计划生育科学研究的项目，协同有关部门制定生殖健康产业发展的政策措施。综合管理人口和计划生育技术服务工作，围绕生育、节育、不育制定生殖保健服务的规划与规范，发展生殖健康产业；组织协调相关部门开展出生缺陷干预和出生人口性别比治理工作；协调卫生部门做好优生优育、提高出生人口素质的工作；对人口和计划生育技术、药具发放进行指导和监督。编报地级人口和计划生育事业经费和基本建设支出的预算、决算及人口和计划生育药具需求计划；监管直属单位财务和国有资产。制定人口和计划生育系统干部队伍建设和教育培训规划并组织实施。负责全地区流动人口计划生育管理。负责管理人口和计划生育国际援助项目。指导有关人口和计划生育社会团体的工作，承办行署和省人口计生委交办的其他事项。地区人口和计划生育局内设5个职能科（室）。正副局长：王理春、熊祯富、葛继红、张基沛、张经州。专职纪检员：卢萍。

7.在地区行署办内设正县级法制办公室，加挂行署行政复议办公室牌子。其职责是：办理行署行政规范性文件上报备案工作，负责行署各部门、直属事业单位，各县、市制订行政规范性文件的备案审查工作。协调行署各部门、直属事业单位之间在地方性法规、政府规章、规则实施过程中的矛盾和冲突，协调、解决行政执法争议。参与行署重大项目决策论证，为行署重大经济和社会管理活动提供法律咨询、法律审核和法律服务；承办行署作为民事主体涉及的有关法律事务。组织、指导、协调全地区行政执法监督工作，会同有关部门组织实施行政执法责任制和过错责任追究制，组织、协调开展行政执法检查，负责监督管理行政执法人员持证执法，组织、指导集中行政许可、行政处罚和开展综合执法试点。办理行署行政复议、行政应诉事项，指导、监督全地区行政复议、行政应诉和行政赔偿，负责全地区行政复议工作人员的资格审查和管理，指导、协调全地区仲裁机构工作。研究行政处罚、行政复议、行政应诉、行政赔偿、行政许可、行政收费、行政执法以及行政执法中带有普遍性的问题，向行署提出解决问题的意见和建议。组织培训全地区政府法制工作人员、行政复议工作人员、实施行政许可人员、行政执法和行政执法监督人员。指导全地区政府法制工作队伍建设，开展政府法制理论研究和交流，组织汇编政府规章、规则。承办行署和省人民政府法制办公室交办的其他事项。行署法制办公室内设4个职能科（室）。

8.地区行署其他机构维持不变。

经过调整，地区行署工作部门设29个，议事协调机构的常设办事机构2个，受行署委托行使部分行政管理职能的直属事业单位8个。

（1）行署工作部门。办公室（含国防教育工作、法制办、外事侨务办）；发展和改革局（招商引资局）；经济贸易局；教育局；科学技术局（知识产权局）；民族宗教事务局；公安局；监察局（与纪律检查委员会机关合署办公，不计入政府机构）；民政局（内设老龄工作委员会办公室）；司法局；财政局；人事局；劳动和社会保障局；国土资源局；建设局；交通局；水利局；农业局；林业局；商务局；文化局（新闻出版局、版权局）；卫生局；人口和计划生育局；审计局；统计局；环境保护局;粮食局；乡镇企业局；广播电视局；煤炭管理局；物价局（物价检查所）

（2）设置议事协调机构的常设办事机构。农业办公室（扶贫开发办公室、农业综合开发办公室）；人民防空办公室（交通战备办公室）。

（3）受行署委托行使部分行政管理职能的直属事业单位。安全生产监督管理局；档案局（档案馆）；体育事业局；旅游事业局；畜牧事业局；水库移民局；房产事业局；供销合作社联合社

（4）行署直属事业单位。地方志编纂委员会办公室；地区行署政务服务中心。2004年10月建立地区行署政务服务中心，主要职责：①为投资者提供优质服务。办理区内外投资者申报各行政主管部门审批、核发的有关生产性、经营性投资项目批准文件、证照。②简化行政审批程序。现场办理和全程代理涉及行政审批的各种证照和手续。③负责地直各单位行政事业性收费

和中心开展工作产生的收费的缴存。④受有关部门委托，组织建设工程招投标、政府采购和产权交易，组织对国有资产、罚没物的公开拍卖活动。⑤深化政务公开。受理有关行政法律、法规、政策及各种证照申领的咨询、释疑、资料发放、信息发布等事项，推行电子政务。

## 四　2010年机构改革

2010年1月，根据黔委厅字〔2009〕78号《中共贵州省委办公厅、贵州省人民政府办公厅关于印发〈毕节地区行署机构改革方案〉的通知》精神，行署机构进行调整设置。

**地区行署工作部门**　行署办公室、发展和改革委员会、教育局、科学技术局（毕节地区知识产权局）、工业和能源委员会、民族和宗教事务委员会、公安局、监察局、民政局、司法局、财政局、人力资源和社会保障局、国土资源局、环境保护局、城乡规划局、住房和城乡建设局、交通运输局、农业委员会、水利局、商务局、文化和体育局（新闻出版局、版权局）、卫生局、人口和计划生育委员会、扶贫开发办公室、审计局、林业局、广播电影电视局、畜牧水产局、安全生产监督管理局、统计局、旅游局、食品药品监督管理局、人民防空办公室（交通战备办公室）。地区监察局与地区纪律检查委员会机关合署办公，列入行署工作部门序列，不计入行署机构个数。

**行署部门管理机构**　粮食局，由商务局管理。物价局，由发展和改革委员会管理。

**行署直属事业单位**　档案局（档案馆）、水利水电工程移民局、住房公积金管理中心。

**行署其他机构**　供销合作社联合社，为行署管理的全区供销合作社的联合组织。

# 第三章　县（市）乡镇人民政府

## 第一节　县（市）人民政府

### 一　机构沿革

1949年11月～1950年1月，毕节专区所辖9县先后解放，1949年末～1950年初，各县先后建立县人民政府。1950年3～4月，土匪猖獗，严重威胁新生人民政权，根据上级指示，金沙、织金、纳雍、赫章、威宁、水城县人民政府撤到毗邻地方办公。1950年下半年，股匪大部被歼灭，先后收复金沙、织金、纳雍、赫章、威宁、水城6县县城，6县人民政府陆续迁回原驻地。

1950年4月28日，中共毕节地委制发《关于县区政府党委群团整顿编制的指示》，规定县政府设县长1人，秘书室6人，民政科3人，财政科7人，教育科5人，建设科3人，工商科3人，法院6人，检察署6人，监察委员会2人，民族事务委员会5人。公安局设局长1人，秘书室3人，治安股3人，侦查股5人，审讯股3人，看守所长1人，勤杂人员共19人，派出所及武装警察64人。

1955年，根据《中华人民共和国地方各级人民代表大会和地方各级人民委员会组织法》的规定，县人民政府更名为县人民委员会。1967年，改建为县革命委员会，1981年恢复县人民政府称谓。县人民政府接受上级政府和县委的领导，贯彻上级指示、县委和县人大的决议，向上级和县人大负责并报告工作，受县人大监督。其权限是：管理本县经济、教育、科技、文化、卫生、体育、城乡建设事业和财政、民政、公安、民族事务、司法行政、监察、计划生育等行政工作，发布决定和命令，任命、培训、考核和奖惩行政人员。实行首长负责制，设立若干工作部门和乡、镇政权组织，分别处理各方面行政事务。设人民政府设县长1人，副县长若干人。其任职方式：1954年前及1967～1981年由上级任命；1954～1967年和1981年后，由上级党委考核、推荐，经县人民代表大会选举产生。

1993年12月，毕节撤县设市，改建市人民政府，设市长1人，副市长若干人，市政府权限与县同，市政府领导成员任职方式与县相同。

**毕节市（县）人民政府**　1949年11月28日，毕节解放，12月4日成立毕节县人民政府。1951年6月初召开第五次毕节县各族各界人民代表会议，选举产生毕节县各族各界联合政府，1952年6月，按照中央有关指示精神，毕节县各族各界联合政府改称毕节县人民政府。1955年3月，毕节县人民政府更名为毕节县人民委员会。1967年3月，毕节县人民委员会被夺权，成立毛泽东思想毕节县革命委员会，是年9月，经贵州省革命委员会批准，更名为毕节县革命委员会，县长改称革委会主任。1981年6月，恢复县人民政府及县长名称。1993年12月，经国家民政部批准，毕节撤县设市，次年4月，毕节市人民政府成立。2011年10月，毕节撤地设市，毕节市改设区，毕节市人民政府改称七星关区人民政府。

**大方县人民政府** 1949年11月25日大定解放，12月5日成立大定县人民政府。1951年5月31日，召开大定县各族各界人民代表会议，选举产生大定县民族民主联合政府，次年6月复称大定县人民政府。1954年6月，大定县人民政府改称大定县人民委员会。1958年，大定县更名为大方县。1967年4月县人民委员会被夺权，5月1日成立大方县革命委员会，1981年12月，复称大方县人民政府。

**黔西县人民政府** 1949年11月25日黔西解放，12月3日成立黔西县人民政府。1951年5月召开的黔西县第一届各界人民代表会议第四次会议上，选举产生黔西县民族民主联合政府，翌年复称黔西县人民政府。1955年4月改称黔西县人民委员会。1967年3月，黔西县人民委员会被夺权，4月11日成立毛泽东思想黔西县革命委员会，9月更名为黔西县革命委员会。1981年12月，复称黔西县人民政府。

**金沙县人民政府** 1949年12月15日金沙县解放，1950年1月1日成立金沙县人民政府。是年4月8日因匪患严重，金沙县人民政府奉命转移到黔西县城；7月17日，人民解放军收复金沙，县人民政府由黔西迁回原驻地。1951年5月召开金沙县各界人民代表会议，选举产生金沙县民主联合政府，1955年4月改称金沙县人民委员会。1967年2月，金沙县人民委员会被夺权，是年8月26日，成立金沙县革命委员会。1981年6月，恢复金沙县人民政府。

**织金县人民政府** 1950年1月8日解放织金，成立织金县人民政府。是年3月，土匪暴乱，织金县党政机关撤至黔西；6月，人民解放军收复织金，县党政机关迁回原驻地。1955年4月，召开织金县第一届人民代表大会第三次会议，选举产生织金县人民委员会。1967年5月18日，织金县人民委员会被夺权，6月14日成立织金县革命委员会。1981年12月，复称织金县人民政府。

**纳雍县人民政府** 1949年12月16日解放纳雍，1950年1月成立纳雍县人民政府。是年4月8日，土匪暴乱，纳雍县人民政府撤至大定县城；4月15日收复纳雍县城，纳雍县机关返回原驻地。1954年12月，纳雍县人民政府改为县人民委员会。1967年4月，纳雍县人民委员会被夺权，5月成立毛泽东思想纳雍县革命委员会。9月改为纳雍县革命委员会。1981年8月，复称纳雍县人民政府。

**威宁彝族回族苗族自治县人民政府** 1949年12月7日，国民党独立第四师师长兼威宁县长马崑率部起义，16日，解放军部队接管威宁县，威宁和平解放。1950年2月，威宁县人民政府成立。是年3月29日，土匪暴乱，威宁县人民政府机关撤至毕节，9月，收复威宁，县政府机关返回原驻地。1951年8月，召开威宁县各族各界人民代表会议，选举产生威宁县民族民主联合政府。1954年9月，经国务院批准，改威宁县为威宁彝族回族苗族自治区。是年11月召开自治区第一届人民代表大会，选举产生威宁彝族回族苗族自治区人民委员会。1955年1月，国家内务部通知，改威宁自治区为威宁彝族回族苗族自治县，改自治区人民委员会为自治县人民委员会。1967年4月12日，威宁自治县人民委员会被夺权，24日成立毛泽东思想威宁县革命委员会，9月，改为威宁彝族回族苗族自治县革命委员会。1981年6月，复称威宁彝族回族苗族自治县人民政府。

**赫章县人民政府**　1949年12月11日赫章县解放，同月，赫章县人民政府成立。1950年4月9日，土匪暴乱，赫章县政府机关撤至毕节县长春堡区。是年9月17日，收复赫章县，县人民政府机关迁回原驻地。1954年6月，赫章县召开第一届人民代表大会，选举产生赫章县人民委员会。1967年3月27日，赫章县人民委员会被夺权，4月8日成立毛泽东思想赫章县革命委员会，9月，改名为赫章县革命委员会。1980年7月，复称赫章县人民政府。

**百里杜鹃风景名胜区管理委员会**　2007年，毕节地委、行署为贯彻省委、省政府将百里杜鹃风景区建设成为"独具特色的杜鹃森林生态休闲旅游度假区"的精神，加快百里杜鹃申报国家级自然保护区、世界自然遗产等工作步伐，根据《中共贵州省委常委专题会议纪要》（九届〔2006〕9号）精神，撤销毕节地区林业局管理的毕节地区百里杜鹃国家级特色森林资源保护处（毕节地区百里杜鹃国家级森林公园管理处、毕节地区百里杜鹃省级风景名胜区管理处）和大方、黔西两县的百里杜鹃保护站，组建贵州百里杜鹃风景名胜区（贵州百里杜鹃国家级森林公园，贵州百里杜鹃自然保护区）管理委员会，为行署正县级派出机构，对百里杜鹃风景区实行统一领导和管理。12月9日，在地委、行署主持下，百里杜鹃管委会与大方、黔西两县人民政府签订移交托管协议，管理大方县普底乡、大水乡和黔西县金坡乡、仁和乡及大方县、黔西县部分乡镇所涉及村、组。

管委会主要职责是：贯彻执行党和国家的方针、政策和法律、法规及省、地的相关政策；对百里杜鹃风景区实行统一管理，负责百里杜鹃风景区和托管区的经济社会文化建设。编制或修订百里杜鹃风景区总体规划和年度国民经济与社会发展计划，并组织实施。组织实施百里杜鹃风景区和托管区的综合配套改革，建立适应社会主义市场经济和风景区、托管区产业发展要求的现代企业制度、人事制度、劳动分配制度、社会保障制度、风险投资机制和国有资产监管机制，培育发展各类市场和社会中介组织。负责托管区财政管理，调整和优化财政支出结构，完善公共财政体系；编报各类专项资金计划、预算和决算，并监督实施；对风景区和托管区国有资产实行监督管理。负责百里杜鹃景区资源的培育、森林防火和林业有害生物的防治工作；查处破坏百里杜鹃野生动植物资源案件；负责百里杜鹃珍稀、濒危野生动植物保护。加强依法行政和行政执法监督，促进行政管理制度化、规范化和法制化建设。统筹、协调、管理百里杜鹃经济技术协作和招商引资工作，加强旅游管理工作。协调管理区域内企事业单位及有关部门派驻机构的工作。负责托管区基础设施和公共设施的开发建设。领导和管理风景区和托管区内的经济发展、社会事务、煤炭管理、安全生产、计划生育、社会保障、环境保护、行政综合执法等工作；承办地委、行署交办的其他事项。

## 二　施政方式

**政府党组会议**　20世纪80年代，各县人民政府建中共党组，中共党组由中共党员的县长、副县长及政府办公室主任组成。党组由书记或副书记主持会议，不定期召开，有重大问题急需研究时，由主持人临时召集。党组会议主要决定工作机构的设置、调整，重要人事任免、调动；全局性工作部署；党组成员民主生活会等。

**政府常务会议** 1950年～1954年称府务会议，1954年～1967年为人民委员会议，革命委员会建立后称县革委常委会议，1981年后改称政府常务会议。政府常务会议由县长、副县长，县人民武装部部长及政府办公室主任组成，不定期召开，有关部门负责人列席；必要时邀请县人大常委会、县纪律检查委员会负责人参加，以监督政府工作。会议由县长或常务副县长主持，主要内容是贯彻县委和政府党组对工作的安排意见，研究决定关系全局的重大问题决策，包括政治、经济、文化、教育方面的发展规划。

**县长办公会议** 始于20世纪80年代初，由县长、副县长和办公室主任组成，必要时由有关部门负责人列席。县长办公会议定期或不定期举行，主要研究解决分管部门请示的重大问题。会前由分管副县长把急需研究的问题提交政府办公室，由办公室综合后，提交县长办公会议讨论决定。

**政府成员会议** 20世纪80年代前期建立，由县长、副县长、县人武部及各职能部门正职组成，会议由县长或常务副县长主持，一般每年召开1次，主要内容为传达上级党政机关及县委的指示、决定，通报政府工作情况，安排下阶段政府工作，讨论修改向县人民代表大会的政府工作报告，研究工作中的重大问题及解决办法。

**县长分工负责制** 解放初期，各县人民政府仅设县长1人，统管全县工作。1951年起增设副县长若干人，1982年设常务副县长。县人民政府实行县长负责制和副县长分工负责制，县长主持全面工作，副县长协助县长分管政府某些方面工作。各部门向政府请示的问题，凡有原则规定的，由分管副县长负责处理，涉及其他副县长分管的，会同有关副县长办公会议研究决定。对农村工作，县长、副县长实行包区包片责任制。

## 三　县政府职能机构

县政府职能机构因各县具体情况而略有不同，一般有：政府办公室、司法局、公安局、民政局、民族宗教事务局、劳动人事局、监察局、农业经济委员会、农业局、林业局、畜牧局、水电局、教育局、文化局、体育局、计划生育委员会、卫生局、广播电视局、计划委员会、体制改革委员会、统计局、审计局、环境保护局、建设局、物价局、物资局、经济委员会、轻工局、农业机械局、乡镇企业局、交通局、财政局、商业局、粮食局、科学技术委员会、档案局、土地管理局、地方志办公室、农业区划办公室、住房制度改革办公室、对外经济协作办公室、烤烟办公室、酒类专卖局、水土保持办公室、老龄委员会、爱国卫生运动委员会办公室、城管办、城管大队、农调队。

划归省管单位：金融保险机构、国家税务局、地方税务局、工商行政管理局、质量技术监督局、烟草专卖局、邮电局、气象局。

## 四　区级机构

解放后，县以下行政区域几经变更，解放初期，各县沿用民国后期的乡镇保甲区划，设区分管。1950年4月28日，中共毕节地委《关于县区政府党委群团整顿编制的指示》规定，每2万人口建立1个区，全专区9个县共划分为55个区，区设区政府，置区长1人，财粮助理员2人，民政助理员、文教助理员、救灾助理员、治安助理员各1人，文书1人，勤杂4～5人，武装2人。1950年7月后，各县陆续废除镇保甲制，在区以下设立行政村、各县城关设街道。1952年，全专区共设87个区。1953年，区人民政府改为区公所，为县人民政府的派出机构。1954年，按《中华人民共和国宪法（草案）》规定，辖区内县、自治县分为乡、民族乡、镇、各县调整乡镇。此后，各县部分调整区、乡镇。1957年末，全专区共设89个区。1959年3月前后，改建人民公社，由原来的1乡1社改建为以区为人民公社。人民公社既是区级政权机构，又是生产管理单位；乡镇改为管理区。全专区共计建立区级人民公社89个。

1961年，恢复区及以乡建社的行政建置，同时调整部分区、社建置，全专区共设96个区。1983年调整为99个区镇，之后调整为93个区、8个区级镇。其中毕节县15个区，1个区级镇；大方县13个区，1个区级镇；黔西县11个区、1个区级镇；金沙县9个区、1个区级镇；织金县11个区、1个区级镇；纳雍县11个区、1个区级镇；威宁自治县13个区、1个区级镇；赫章县10个区、1个区级镇。区镇公所设区镇长1人，副职不定数。县直机构设在区镇的单位，接受县、区双重领导。区设置武装、公安、司法、民政、农技、林业、水利、畜牧、农机、乡镇企业、运输、邮电、财政、税务、粮食、工商、食品、烟草、供销、教育、文化、广播电视、农业银行等股、所、站、社、室。

1991年2月19日，中共贵州省委、贵州省人民政府发出《关于开展建镇并乡撤区工作的指示》，翌年，毕节地区结束建镇并乡撤区工作，区一级机构撤销。

### 1949～1990年毕节地区部分年度各县所辖区镇统计表

| 年份　区镇数　县别 | 总计 | 毕节 | 大方 | 黔西 | 金沙 | 织金 | 纳雍 | 威宁 | 赫章 |
|---|---|---|---|---|---|---|---|---|---|
| 1949 | 55 | 5 | 9 | 5 | 11 | 6 | 5 | 6 | 8 |
| 1952 | 87 | 17 | 13 | 12 | 11 | 12 | 5 | 9 | 8 |
| 1957 | 89 | 15 | 13 | 10 | 10 | 10 | 10 | 13 | 8 |
| 1962 | 96 | 15 | 13 | 12 | 10 | 12 | 11 | 14 | 9 |
| 1980 | 97 | 15 | 13 | 12 | 10 | 12 | 11 | 14 | 10 |
| 1983 | 99 | 16 | 14 | 12 | 10 | 12 | 11 | 14 | 10 |
| 1988 | 100 | 16 | 14 | 12 | 10 | 12 | 12 | 14 | 10 |
| 1990 | 101 | 16 | 14 | 12 | 10 | 12 | 12 | 14 | 11 |

# 第二节　县（市）机构改革

## 一　2001年机构改革

**毕节市人民政府**　2001年下半年起，毕节市人民政府根据中央、省以及地委行署关于《毕节地区城市党政机构改革方案》要求对市政府机构作以下调整：1.信访办公室设在市委办公室，对外独立开展业务工作；法制科更名为政府法制办公室，设在政府办公室，对外独立开展业务工作；市政府不单独设人防、交通、战备办公室，在政府办公室增挂人民防空办公室、交通战备办公室牌子。2.单独设置机构编制委员会办公室，列入市委工作部门。3.国土局、地质矿产局合并，组建国土资源局。4.合并文化局、广播电视局，组建文体广播电视局，撤销体育事业局，其行政职能划入文体广播电视局。5.城市建设和城市管理机构分设，组建城市管理局，行使有关法律、法规和政策规定的城市管理行政职能，城管监察大队成建制并入城市管理局。6.建立健全城市综合执法局，与城市管理局合署办公，综合执法局的职责是：行使市容环境卫生管理、规划管理、城市绿化管理、市政管理、环境保护管理方面法律、法规、规章规定的全部或部分行政处罚权；行使工商行政管理方面法律、法规、规章规定的对无照商贩的行政处罚权；行使公安交通管理方面法律、法规、规章规定的对侵占道路行为的行政处罚权等。7.人事劳动局更名为人事劳动和社会保障局，原人事劳动局承担的机关、事业单位工作人员的社会养老保险和城镇职工社会保险、民政部门承担的农村社会养老保险、各行业部门统筹的社会保险以及卫生部门承担的公费医疗管理职能统一交由人事劳动和社会保障局承担。8.计划局更名为发展计划局。9.水利电力局更名为水利局。10.老龄委员会更名为老龄工作委员会，其办公室设在民政局。11.撤销政研室，其职能并入市委办公室。12.撤销轻纺工业总会、商务局，其行政职能划入经济贸易局。13.撤销农业机械事业局，其行政职能划入农业局。

毕节市人民政府将原有32个职能机构精简为26个，不分组成部门和直属机构，统称政府工作部门。机构名称一律称局、办；内设机构一般称股、室。1.政府工作部门：办公室（内设外事侨务办公室、法制办公室；挂人民防空办公室、交通战备办公室牌子）、发展计划局（挂招商引资局牌子）、经济贸易局（内设安全生产委员会办公室）、教育局、科学技术局、民族宗教事务局、公安局、监察局（与纪委机关合署办公，不占政府机构限额）、民政局（内设容老龄工作委员会办公室）、司法局、财政局（含国有资产管理工作）、人事劳动和社会保障局、国土资源局、建设局（含规划管理工作）、交通局、（含战备支前运输工作）、水利局（含防汛抗旱、小水电建设工作）、农业局（含农机、区划工作）、林业局、文体广播电视局、卫生局（含爱国卫生工作）、计划生育局、审计局、统计局、环境保护局、粮食局、乡镇企业局（挂煤炭管理局牌子）城市管理局（综合执法局）、物价局（物价检查所）。2.议事协调机构的常设办事机构：农业办公室（扶贫开发办公室、农业综合开发办公室）。3.受政府委托行使部分行政管理职能的事业机构：档案局（档案馆）、旅游事业局、畜牧事业局、供销合作社联合社、房产事业局。相应精简市级机关行政编制。市级机关（不含公检法司机关）按行政编制总数精简25%，编制由810名减为607名，减少203名。乡镇机关按行政编制总数精简15.42%，编制由1184名减为1001名，减183名。办事处机关按行政编制总数精简15.42%，编制由180名减为152名，减28名。同时，精减领导班子职数，市政府设市长1名，副市长5名；市政府工作部门设正职1名，副职1～2名，少数工作量大、人员编制较多的部门，副职配3名。

各县人民政府　按照政企、政事、政社分开原则，其机构作以下调整：1、县政府农业、林业、水利行政管理部门基本保持稳定。结合实施西部大开发战略，林业部门的职能转向保护和发展森林资源上，实施封山育林、植树种草、扩大森林植被，改善生态环境。2.调整和精简专业经济管理部门，撤销政府工业、商业、物资部门和行政性公司，其行政职能并入经济贸易局。撤销农业机械事业局，改建为服务实体，实行政事分开，其行政职能并入农业局。撤销轻纺工业总会，其行政职能并入经济贸易局。3.调整社会保障和资源管理部门。建立统一的人事劳动和社会保障行政机构。人事劳动部门管理的城镇职工社会保险，机关事业单位社会保险，民政部门管理的农村社会保险，各行业部门统筹的社会保险，以及卫生部门承担的公费医疗管理职能，统一由人事劳动和社会保障部门承担。地矿、国土部门合并组建国土资源管理机构，负责土地资源、矿产资源的规划、管理、保护与合理利用。4.将县委办公室、县政府办公室分别设置的信访机构合并设置为信访办公室，设在党委办公室。县政府在原有机构平均设置27个左右精简为25个（煤炭开发任务重的县可设煤炭管理局）：办公室（含人防、国防教育、经济体制改革调研工作；内设法制办公室、外事侨务办公室设）、发展计划局（含招商引资和外协工作，挂招商引资局牌子）、经济贸易局（含非国有经济管理工作）、教育局、科学技术局、民族宗教事业局、公安局（含国家安全工作）、监察局（与纪委机关合署办公，不占政府机构限额）、民政局（内设老龄工作委员会办公室）、司法局、财政局（含国有资产管理工作）、人事劳动和社会保障局、国土资源局、建设局、交通局（含战备支前运输工作）、水利局（含水保、小水电建设和防汛抗旱工作）、农业局（含农机、区划工作）、林业局、环境保护局、卫生局（含爱国卫生工作）、计划生育局、审计局、统计局、粮食局、乡镇企业局、文体广播电视局、物价局（物价所）。此外，设议事协调机构的常设办事机构：农业办公室（农业综合开发办公室、扶贫开发办公室）；设受政府委托行使部分行政管理职能的事业机构（各县根据实际需要从严掌握，一般不超过4个）：档案局（档案馆）、供销合作社联合社、畜牧事业局。可选设的事业局为：旅游工作任务重的县可设旅游事业局，不设旅游事业局的，其行政职能由政府办公室承担；水库移民工作任务重的县可设水库移民局。相应精简县级机关行政编制，一般按行政编制总数的26%的比例精简。同时精减领导班子职数，县政府设县长1名，副县长4～5名；县政府工作部门一般设正职1名，副职1～2名，少数工作量大、人员编制较多的部门，配备副职3名。

## 二　2004年机构改革

**毕节市人民政府**　2004年6月，根据中共毕节地委办公室、地区行署办公室《关于毕节市人民政府机构改革方案的通知》，进行机构改革。经调整：1.保留市经济贸易局为市政府工作部门。划入经济贸易局职责：（1）市人事劳动和社会保障局承担的负责企业工资总额、经营者年薪和其他主要负责人工资标准审核工作。（2）市财政局承担的负责企业国有资本金的基础管理、企业清产核资及资本金权属界定和登记管理职责。（3）原市发展计划局承担的制定农产品进出口计划的职责。划出职责：（1）将市安全生产委员会办公室及其职责划入市安全生产监督管理局。（2）将危险化学品经营资格审查、登记发证的职责划入市安全生产监督管理局。（3）将盐业管理职责划入市发展和改革局。2.市政府不单独设立国有资产监督管理机构。国有企业国有资产监督管理的职责由市经济贸易局承担。3.将市发展计划局改组为市发展和改革局，为市政府综合研究拟定经济和社会发展政策、指导总体经济体制改革的工作部门。划入职责：（1）市政府办公室承担的体改调研职责。（2）市经济贸易局承担的盐业管理职责。划出职责：原市发展计划局承担的制定农产品进出口计划的职责划入市经济贸易局。4.在市安全生产委员会办公室的基础上组建市安全生产监督管理局（挂市安全生产委员会办公室牌子），为市政府委托行使安全生产监督管理职能的直属事业单位。5.将市计划生育局更名为市人口和计划生育局，为市政府工作部门。6.市政府办公室内设市政府法治办公室。7.根据中央和省关于人民防空重点城市要单独设置的要求，将人防战备管理职能从市政府办公室划出，组建人民防空办公室（挂交通战备办公室牌子），为议事协调机构的常设办事机构。经过调整，1.政府工作部门26个：办公室（内设法制办、外事侨务办）、发展和改革局（挂招商引资局牌子）、经济贸易局（含非国有经济管理工作）、教育局、科学技术局、民族宗教事务局、公安局（含国家安全工作）、监察局（与纪律检查委员会机关合署办公，不计入政府机构）、民政局（内设老龄工作委员会办公室）、司法局、财政局、人事劳动和社会保障局、国土资源局、建设局、交通局、水利局、农业局、林业局、文化体育广播电视局（新闻出版局、版权局）、卫生局、人口与计划生育局、审计局、统计局、环境保护局、粮食局、乡镇企业局、城市管理局（综合执法局）、物价局。2.议事协调机构的常设办事机构：农业办公室（扶贫开发办公室、农业综合开发办公室）。人民防空办公室。3.受政府委托行使部分行政管理职能的直属事业单位6个：档案局（档案馆）、旅游事业局、畜牧事业局、房产事业局、供销合作社联合社、安全生产监督管理局（安全生产委员会办公室）。

**各县政府机构改革**　2004年5月，中共毕节地委办公室、毕节地区行署办公室印发《关于毕节地区县市政府机构改革的实施意见》，进行以下政府机构改革。1.县政府不单独设立国有资产监督管理机构，其国有资产监督管理的相应职责由县经济贸易局承担。2.将县发展计划局改组为县发展和改革局。3.将县计划生育局更名为人口和计划生育局。4.在县安全生产委员会办公室的基础上组建安全生产监督管理局，加挂县安全生产委员会办公室牌子，为县政府委托行使安全生产监督管理职能的直属事业单位。

县级政府机构改革，总机构个数（工作部门和直属事业单位）不突破2001年机构改革时的政府机构数。

附：

## 各县市历任正、副县长，革命委员会正、副主任名录

### 毕节市（县）

牛林枫　马有庆　郭殿成　张跃居　孙振启　李登峰　李　萍　葛仁敬　赵家全　韦应时
张铭庆　陈永阶　黄家培　罗永昌　项必英　任金胜　陈永仲　刘　云　曹进举　郝相亭
周德影　黄绍臣　汪　宏　杨官富　王天成　李效敬　周玉麟　张文学　陈全华　李忠业
黎方清　夏桂香　阎昭冉　管绍周　赵福亮　刘锡荣　乔六金　常绍友　张世英　万守武
彭锦章　陶正华　宋玉海　路明英　肖宗杰　张天明　周长琦　陈万桥　杨智文　马顺霖
蔡勤生　熊茂祥　杨国兵　杨家春　路　鸿　王树伦　葛继红　沈先启　胡齐明　阮漫鹰
吴学军　周玉柱　彭斯慧　陈百方　杨智明　刘玉刚（挂职）　龙泽玉　张永达
刘蕴章（挂职）　宋保平（挂职）　徐云龙　周建礼　邓俊波　李吉华　陈广臣　吉　焕
田　勇（挂职）　殷　雄（挂职）　雷先用　沈来生（挂职）　魏　俊（挂职）
龚　霏（女）　姜咏梅（挂职）　吴　涛（挂职）　魏福生（挂职）　孙小井（挂职）
谢培午　魏福忠（挂职）　孙　林（挂职）　万兴银（挂职）　夏晓艳（挂职）　王　彬
聂忠智　谢江道　段彰厚　唐兴全　程桂石（挂职）　周　杰（挂职）　周　亮（挂职）
王太续（挂职）　王　红（挂职）　孙　林（挂职）　王　强（挂职）　陈首榕（挂职）
李俊喜（挂职）　晏　宏（挂职）　赵国红（挂职）　赵均壮（挂职）　王　东（挂职）
刘建平　胡书龙　曾稳长（挂职）　徐　林（挂职）　周祖华　高守军　付　波
马光强（挂职）

### 大方县

蒋　彤　张晓光　陈德风　司敬思　张清濂　葛仁敬　党传绪　刘长明　陈朝彬　路喜源
武孟伟　杨茂坤　黄家培　杨兴举　李登峰　张士昂　李玉东　杨官富　黄克远　郭海一
丁远祥　龙德渊　张世益　李明高　林科甲　李巨连　张二魁　李进修　李慈善　杨金伦
王作海　薛巨明　吴维济　李朝忠　李相尧　朱七斤　叶顺枝　李志远　胡克义　黄正才
王　健　龚宗祥　杨全景　孔庆明　陈洪昆　熊祯富　谢志全　王福尧　吴安玉　刘功永
罗祥斌（挂职）　杨家春　赵大军　陈世方　王守权　徐　平　倪小兵　张　智　宫晓农
张基沛　陈　汇　肖远福　李泽贵　吴学祥　唐兴亚　陈海峰（挂职）　胡元航　李　曦
姚卓彦　司　晋　尚崇高　陈仕才　李玉平　张翰时　余庆国（挂职）　李泽贵　许晓鹏

李　华（挂职）　陈章全（挂职）　刘齐鸣（挂职）　林小川（挂职）　李　卫（挂职）
刘川勤（挂职）　徐霞辉（挂职）　李泽贵　何国忠（挂职）　郑　旭（挂职）
林　松（挂职）　刘　祥　曹琴香（挂职）　余庆国（挂职）　胡廷夺（挂职）
陈　勇（挂职）　王鑫帅（挂职）　陈祖军　邢顶门（挂职）　钟廷雄（挂职）
黄成林（挂职）　管庆良（挂职）　苏　勤（挂职）　陈德奉　李　军　章　育

## 黔西县

卢绍善　蒋　彤　张为梓　李如川　张世昂　刘德科　刘家根　吴俊山　于静芝　徐忠义
田绍文　杜昌远　彭世富　朱世光　刘荣倖　王达金　张本舍　李庆宸　李德凤　李秀庭
于传博　张永昌　龙德渊　袁兴国　陈信才　易才学　王朝彬　刘秋月　马玉杰　丁守信
刘万忠　时念好　徐扬禄　白焕儒　杨远华　张茂安　滕居位　王桂芳　侯正邦　陈远举
胡学林　朱章龙　罗德藻　李文德　袁明久　张义萍　蔡胜国　张世贵　李光文　毕新萍
陈光勋　黄承军　杨昌河　吴安玉　卢　林　付立俊　唐宁山　李孝荣　高亚丽　罗廷毅
杨新江　徐云龙（挂职）　朱东风　高贵林　陈永堂（挂职）　夏赶秋（挂职）　刘建平
蒋从跃　朱靖泓（挂职）　朱恩鼎（挂职）　张　智　吴参化　黄家一　祝朝靖
李建生（挂职）　罗　凌（挂职）　姜周林（挂职）　喻祖常　缪建明（挂职）
李维平（挂职）　高玉玲（挂职）　唐仁勇（挂职）　王　芳（挂职）　赵治中
周　勇（挂职）　李金荣（挂职）　郭　振（挂职）　杨　曦　张　锦　赵　璞　江　涛
李　敏（挂职）　杨绍东（挂职）　于艳斌（挂职）　李　鹏（挂职）

## 金沙县

李旭华　周化民　王芝圃　李德凤　韩冠军　邱继刚　赵后思　刘欲仁　宗式俊　陈富华
许正维　彭海清　彭伯元　廖昌辉　李仿尧　张承业　李乃蔚　陶金城　黄燮南　杨金伦
姜念平　孔祥泰　蔡芝南　牛治邦　杨兴国　路玉祥　刘凤岐　李如川　李海鹏　张世明
陈文轩　王芳国　黄玉贵　唐德明　安绍清　刘臣斌　张国平　张荣业　朱世荣　张发明
杨茂坤　张本舍　王莹芳　张汉周　卓毓湘　张维林　宋勤实　唐中举　李　琼　邓旭明
王理春　王良明　王德芬　余显权　杨振芳　张健霖　何国善　汪家军　任荣虎　胡齐明
赵昌伦　周金毅（挂职）　刘　扬（挂职）　黄应国　何开薇　雷光文　陶明森　刘演林
朱廷祥（挂职）　韩　平　陈孝华　高　青　朱大权（挂职）　方洪琳（挂职）　黄文发
曾庆军　吴　炜　高明华　肖劲松（挂职）　高隆礼（挂职）　夏　勇（挂职）　王　丽
吕　勇（挂职）　胡秀礼（挂职）　卢　苇（挂职）　张发明（挂职）　卢　宏　敖登雪
杨忠强（挂职）　曾益刚　张时龙（挂职）　邹联克（挂职）　朱一多（挂职）
殷红梅（挂职）　赵福美（女）　毛梦溪（挂职）　黄义泉（挂职）　吕洪生（挂职）
朱伟达（挂职）

## 织金县

李庆宸　张润祥　朱德桓　李崇宽　商毓祯　刘汉屏　李建新　张启轩　张振中　刘长明
张宏方　杨继红　龙廷华　姜主华　罗德藻　夏远超　赵世岱　李明高　金发举　宋全泰
敖兴荣　刘国友　刘　廷　赵春辉　孙连德　余连城　王兴友　文仁才　李玉洁　陈国友
刘人贵　王芳国　喻明江　杨占禹　丁永邦　张守芬　李文彬　朱世光　王瑞鹏　李德惠
白焕儒　李绍武　邱俊美　郭汉炎　袁镇宇　杨兴举　刘家仁　李秀珍　安顺才　陶玉顺
陈宏枢　沈先启　杨官文　杨昌河　胡奇文　王　伟　左定超　邹学毅　张　玮　王洪全
杜　娟　方星智　杨　雄　张　智　刘麦青　朱永德　赵　杰（挂职）　吴永华　谢培午
安　南　熊朝云　朱永德　王　玮　方星志　杨　雄　吴永华　谢培午　张　智　熊朝云
高　青　刘建平　袁家艺　彭华昌　安　南　肖龙俊　雷鸣礼（挂职）　张　栋（挂职）
耿建文（挂职）　张　昆（挂职）　杜　峰（挂职）　明忠琴（挂职）　顾　军（挂职）
杨德林（挂职）　李　卡（挂职）　潘发勇（挂职）　杨克军　孙小井　安太敏　郭太辉
罗　丰　胡　海　谭太富　彭　龙（挂职）　何东印（挂职）　房孝春（挂职）
叶章龙（挂职）　高　进（挂职）　张　栋（挂职）　郭　锋（挂职）

## 纳雍县

主传珍　王有成　李顺成　陈德凤　韩明礼　施爱山　田泽霞　孙连德　盖朝举　王景达
卢启君　蒋弟元　黄体揆　乔　洪　薛家路　张汉周　杨占禹　石俊贤　张钟鸣　多守存
杜永华　顾合周　刘光禹　李汉亭　杨文权　吴纯让　王德敬　唐金健　朱启荣　陈兴业
杨永芬　杨景忠　李炳连　张惠英　李光文　杨　荧　杨国兵　李哲生　蔡　军　常利平
胡伯乐　蒙文华　谭正宾　杨柏祯　高焕英　张汉周　周　荣　刘茂高　胡　曼　代　阳
陈恒书　宫晓农　郭正权　张华青　周训荣　周　鹏　胡育青（挂职）　宫晓农　刘茂高
胡　曼　陈恒书　胡育青（挂职）　郭　华　谢江道　周训荣　雷光文　王道森　郭正权
张华青　周　鹏　王海英　杨　奎　吴传林　石寿飞（挂职）　刘纪荣（挂职）
张　波（挂职）　李亚平（挂职）　黄　勃（挂职）　党　云（挂职）　肖朝荣（挂职）
荣同义（挂职）　唐兴赤（挂职）　杨怀东（挂职）　吕　勇　郭太军　龙　颖　李发军
桂祥友（挂职）　吕素琴（挂职）　陈国平（挂职）　罗兴才（挂职）　张　勇（挂职）
金亚林（挂职）　漆顺刚（挂职）

## 威宁彝族回族苗族自治县

王国栋　陈之夫　王观政　蒋海燕　安启崇　禄文斌　田绍文　宋式敬　程万海　禄智明
黄　平　禄绍康　陆堂珍　马武兴　朱佳仁　张贵芳　张本仁　齐连科　朱秀英　刘志奎
娄元顺　国燕勋　吴纯让　刘兆仁　马武学　崔懋德　王学英　王永忠　陆　海　陶家元
杨智光　虎良智　罗英举　张秀玲　林焕隆　安德昌　张钟锡　李光福　马光树　张本舍

向义禹　管彦高　王兴光　王邦英　王福尧　伍崇峰　王国宇　卢　林　杨海琰　李曙光
吴道全　安顺才　汪家军　李　刚　李　鹏　李来昌　禄　俊　陈　嵩（挂职）
郝　宇（挂职）　牛春忠（挂职）　吴学军　吴学祥　赵永富　陈　波　肖明龙　马贤忠
周仕彬（挂职）　方洪琳（挂职）　张经州（挂职）　胡敬斌（挂职）　雷尊国（挂职）
陈　勇（挂职）　蔡映泉（挂职）　李绍武（挂职）　周全书（挂职）　耿志远（挂职）
周锡跃（挂职）　卢志广（挂职）　安　铭（挂职）　阳铭志（挂职）　卢昭兵（挂职）
谢祥贵（挂职）　雷明礼（挂职）　陈　永（挂职）　王远鹏（挂职）　赵卫东（挂职）
田维秋（挂职）　陈建光（挂职）　肖景权（挂职）　蒋岳辉（挂职）　刘　春　祝德光
赵丽娅　禄　云　赵　毅　马友省　马仲华　杨华忠　程　静　马树林（挂职）　丁开斌
蒙爱军（挂职）　王家胜　魏传勇　张青荣　任廷鸿　张于牧　袁兴华（挂职）

### 赫章县

汪志敏　罗永昌　李登峰　张景悦　余志高　黄绍臣　李彦林　安鸣凤　姜延虎　徐发荣
王明灯　周应华　张文勇　李广振　吴绍举　王国兰　聂奎武　杨德兴　徐胜日　周大英
王同祥　张廷昌　李连城　孔昭泰　王之进　郭泽贵　曾朝亮　彭树人　周光宗　林焕隆
李进修　候梦增　陈烈跃　马述良　王正义　高光才　王　健　常履文　胡廷荣　张慧芳
罗　刚　李隆昌　朱章龙　罗昭松　阳廷寿　徐仁德　张德忠　王晓灵　王子军　周传发
朱沛丰　张政纲　文治军　龙泽玉　张慧芳　周训明　徐发远　杨世霖　王永忠　潘祖才
黄光江　范元平　吴学杰　钱超国　李廷贵　李　俊　龙飞诠　姚卓彦　安　铭　王洪全
于　毅　王洪全　孙　逊　钱超国　杨洪立　王永忠　李廷贵　李　俊　龙飞诠　安　铭
于　毅　李兴华　胡明扬（挂职）　杨永学（挂职）　刘开树（挂职）　陈　波（挂职）
陈　鹏（挂职）　张纪达（挂职）　彭玉基（挂职）　陈彦飞（挂职）　廖碧江（挂职）
张海涛（挂职）　王世雄　潘　智　吕　鸣　管庆国　安　玲　马武军　王天军　晏学义

### 百里杜鹃管理区

黄家耀　熊灿平　薛占润　施正军　徐书云（女）　黄中举　刘靖林（挂职）
张永洪（挂职）　杨德林　蒋　志　张玉杰　黄红亚　程朝文　胡茂山　卓英武　郑　毅

## 第三节　乡镇人民政府

解放初，县以下行政组织为区和村人民政府。1953年并村建乡，设乡镇人民政府，村政府改为村民委员会。是年，区人民政府改为区公所，为县人民政府的派出机构，乡镇人民政府成为县以下唯一政权组织。1954年，根据《中华人民共和国宪法（草案）》和《地方组织法》规定，乡、镇人民政府改称人民委员会，乡镇人民委员会由本级人民代表大会选举产生，组成人员为乡、镇长，副乡、镇长及委员；乡镇人民委员会的工作部门一般按生产合作、文教卫生、治安保卫、人民武装、民政、财粮、调解工作需要，分别设立经常性的委员会，主任由政府委员担任。1958年9月，改乡、镇为人民公社。根据中共中央八届六中全会通过的《关于人民公社若干问题的决议》，人民公社实行"政社合一"，为社会主义基层政权组织。是年末，全专区完成建社工作，以乡为单位共建人民公社671个。1959年改为1区1社，全专区共89个人民公社，原公社改建管理区，为公社的派出机构。1961年恢复区和1乡1社的建置，撤销管理区。公社分为公社管理委员会、生产大队、生产队。公社管理委员会设社长、副社长及委员，由公社社员代表大会选举产生。管理委员会下设秘书、民政、财粮、文教、武装、公安、法庭各1人。1967年，改设公社革命委员会，革委会正、副主任由县革委会任命，大队设大队长、生产队设队长。1981年，全地区恢复乡镇人民政府，人民公社不再兼政府职能。乡镇人民政府为乡镇人民代表大会的执行机关，也是国家行政机关的基层组织，主管本乡镇的行政、公安、司法、民政、武装、文教卫生、计划生育、财政税收、农业生产。

1991年2月，根据中共贵州省委、贵州省人民政府《关于开展建镇并乡撤区的指示》，开展"建并撤"，全地区划为245个乡镇，其中镇88个，乡157个（含民族乡77个）。1994年4月，毕节撤县建市，调整部分乡镇建置，撤销毕节镇，设立市东、市西、观音桥、大新桥、流仓桥、三板桥办事处，将生机、亮岩、层台、八寨、田坝桥、水箐、梨树、田坝、大银、放珠10乡改设为镇。至此，全地区共有乡、镇、办事处250个，其中镇97个、乡70个，民族乡77个，办事处6个。1992年，全地区农村结束建镇并乡撤区，新建乡镇人民政府具有实施基层权力和执行上级权力机关、行政机关的决议、命令，管理乡镇区域内经济、政治、文化和社会公共事务的职能。乡镇政府一般设置：1.政府。依法选举的乡镇长1人，副乡镇长1～2人，规模大、人口密集的乡镇设3人。乡镇长负责全面工作，副乡镇长协助乡镇长工作。2.政府办公室。设主任1人，助理员2～4人，承担文秘档案、劳动人事、监察、信访、事务管理职能，了解、掌握和办理全乡镇各项行政事务。3.经济科技办公室。设主任1人，助理员2～5人，其职责是组织指导协调各项经济工作、劳资工作、人口统计和科学技术的推广应用，并按时填报上级规定的有关统计报表。4.计划生育股。设股长1人，助理员1～2人，负责人口管理和计划生育工作。5.民政福利股。设股长1人，助理员1～2人，承担老龄工作，民族宗教事务、村（居）委会、优抚安置、救济、婚姻登记工作。6.文教卫生股。设股长1人，助理员1～2人，承担教育、卫生、文化、体育、广播、影视，事业的管理指导职能。7.社会治安综合治理办公室。设主任1人，助理员1～2人。人员编制少的乡镇政府，不设综合办公室（股），按照职能分工设专职或兼职助理员，分管政府指派的工作。一般设秘书、统计员及人事、经济科技、民政、财政、文教卫生、计划生育、司法治安等助理员。乡镇各专门机构人员编制为：1.执法监督机构：（1）公安派出所。每乡镇建1所，每所不少于4人，协助上级公安机关侦破刑事案件。（2）法庭。划分区域，巡回办案。（3）工商所。（4）税务所。每乡（镇）1所。2.管理服务机构。（1）财政所。每乡镇1所，每所不少于4人。（2）土地管理所。每乡镇1所，每所2人。（3）村镇建设管理所。（4）乡镇企业管理站。视当地乡镇企业发展情况设置。（5）文化广播电视站。每乡镇1站，每站1～3人。（6）教育辅导站。每乡镇1站，每站不少于3人。3.技术服务机构：（1）计划生育指导服务站。每乡镇1站，每站不少于3人。（2）农业技术经营综合服务站。每乡镇1站，每站不少于5人，畜牧兽医任务重的地方，单独设置畜牧兽医站，每站不少于2人。（3）林业站。每乡镇建1站，每站不少于3人。（4）农机站。农机总动力在1000千瓦以上的乡镇建站，每站1～3人。（5）卫生院。每乡镇1院，每院不少于10人，由县市卫生局按现有床位和职工数统一规划、调整，职工原身份不变。（6）乡镇邮电所、农业银行营业所（信用社）、粮管所、供销社等企业，由主管部门管理。乡镇服务体系实行条块结合，以条为主的管理体制，其机构规格为股级。

2001年，各县市实施乡镇机构改革，将乡镇设置过多、过散的农技、农经、畜牧、水产、农机站归并成农业服务中心，将文化、广播电视、精神文明指导站归并成文化服务中心。政府设置机构为：1.社会事务办公室，承担民政、文教、卫生、科技、体育、广播电视、民族、宗教、老龄、残联等工作。2.计划生育办公室，承担计划生育与人口管理工作。3.经济发展办公室，承担经济发展的协调服务和村镇建设等工作。4.城镇管理办公室。县驻地镇和居委会较多的镇设置。机构改革后，乡镇机关按行政编制总数26%的比例精简。乡镇政府设乡镇长1名，副乡镇长3～4名。政府工作部门设正副职1～2名。

### 1952～1992年毕节地区部分年度乡镇统计表

| 年度 | 行政区划 | 合计 | 毕节 | 大方 | 黔西 | 金沙 | 织金 | 纳雍 | 威宁 | 赫章 |
|---|---|---|---|---|---|---|---|---|---|---|
| 1952 | 行政村 | 1534 | 167 | 207 | 229 | 157 | 254 | 105 | 275 | 140 |
| 1954 | 乡 | 1100 | 196 | 140 | 131 | 117 | 138 | 119 | 164 | 95 |
| 1956 | 乡 | 839 | 167 | 106 | 78 | 99 | 89 | 74 | 151 | 75 |
| | 民族乡 | 58 | 8 | 13 | 11 | 3 | 5 | 3 | 1 | 14 |
| 1958 | 人民公社 | 674 | 120 | 105 | 81 | 66 | 88 | 77 | 46 | 91 |
| 1984 | 乡 | 546 | 95 | 62 | 57 | 61 | 75 | 43 | 98 | 55 |
| | 民族乡 | 166 | 14 | 33 | 27 | 18 | 16 | 29 | 1 | 28 |
| | 乡级镇 | 85 | 15 | 14 | 6 | 9 | 10 | 9 | 16 | 6 |
| 1991 | 乡 | 545 | 95 | 62 | 56 | 61 | 75 | 43 | 98 | 28 |
| | 民族乡 | 167 | 14 | 33 | 28 | 18 | 16 | 29 | 1 | 28 |
| | 乡级镇 | 85 | 15 | 14 | 6 | 9 | 10 | 9 | 16 | 6 |
| 1992 | 镇 | 88 | 18 | 10 | 9 | 6 | 11 | 9 | 19 | 6 |
| | 乡 | 80 | 12 | 8 | 4 | 13 | 13 | 6 | 15 | 9 |
| | 民族乡 | 77 | 6 | 18 | 15 | 7 | 8 | 10 | 1 | 12 |
| | 村 | 4516 | 592 | 499 | 740 | 564 | 563 | 479 | 620 | 459 |
| | 居委会 | 241 | 46 | 30 | 39 | 28 | 28 | 28 | 23 | 19 |

# 第四节　建镇并乡撤区后乡镇建置

## 一　毕节县乡镇建置

辖镇18个，乡12个，民族乡6个，592个村民委员会，46个居民委员会。

毕节镇　由原毕节镇和翠屏、大桥、五里、德厚乡及头步桥、观音桥、清丰乡一部组成，辖4个办事处，42个居民委员会、28个村民委员会。

鸭池镇　由原鸭池、十八、草堤、以河乡及头步桥、南箐乡一部组成，辖26个村民委员会；1个居民委员会。

梨树乡　由原梨树、保河、松林、甘河沟乡组成，辖13个村民委员会。

岔河镇　由原岔河镇和双华、木来、草坪乡组成，辖17个村民委员会。

千溪彝族苗族乡　由原沙垮乡和千溪彝族乡及大朗、南箐乡一部组成，辖9个村民委员会。

朱昌镇　由原朱昌镇和小屯、宋伍、花厂乡建成，辖14个村民委员会和1个居民委员会。

阴底彝族苗族白族乡　由原星秀田和野鸡、治中彝族乡及阴底、大朗乡一部组成，辖12个村民委员会。

田坝乡　由原田坝、猫场乡及阴底乡一部组成，辖8个村民委员会。

长春堡镇　由原长春堡镇和王丰乡及清丰乡一部组成，辖20个村民委员会。

撒拉溪镇　由撒拉溪镇和高营（原双龙）、戈座、沙坝乡组成，辖26个村民委员会。

杨家湾镇　由原杨箐镇和七星、戛木营乡组成，辖16个村民委员会。

放珠乡　由原放珠、永安乡组成，辖14个村民委员会。

野角乡　由原野角、快乐、黄泥冲乡组成，辖11个村民委员会。

青场镇　由原青场乡和青松、鲍家乡一部组成，辖13个村民委员会。

大河乡　由原大河乡和青松乡一部组成，辖8个村民委员会。

何官屯镇　由原何官屯镇和大坝、后箐乡的一部组成，辖20个村民委员会。

水箐乡　由原水箐乡及鲍家、后箐乡一部组成，辖12个村民委员会。

对坡镇　由原对坡镇和杉寨乡及大坝乡一部组成，辖13个村民委员会。

大银乡　由原大银、场坝乡组成，辖15个村民委员会。

林口镇　由原林口镇和渭河乡及海戛乡一部组成，辖16个村民委员会。

团结彝族苗族乡　由原团结乡和大渡乡、海戛乡一部组成，辖13个村民委员会。

燕子口镇　由原燕子口镇和沔鱼河乡及太极、小哨乡一部组成，辖24个村民委员会。

亮岩乡　由原亮岩乡及太极、峨峰乡一部组成，辖12个村民委员会。

清水铺镇　由原清水铺镇和高山铺、红岩沟乡及耿官乡一部组成，辖21个村民委员会和1个居民委员会。

**生机乡** 由原生机乡全部及耿官、大渡、峨峰乡一部合并组成，辖18个村民委员会。

**海子街镇** 由原海子街镇和烧杠、沙郘、滥泥、鸭子塘、迎宾、王张、十三亩乡及观音桥乡一部组成，辖38个村民委员会。

**田坝桥乡** 由原田坝桥、螃蟹乡组成，辖8个村民委员会。

**八寨乡** 由原八寨、果乐、新艾、牧郎、金银山组成，辖18个村民委员会。

**小坝镇** 由原小坝镇及汉屯、刘华、中屯、豪沟、王家坝，乡组成，辖21个村民委员会。

**小吉场镇** 由原小吉场镇和大吉、永新、总基乡及斯栗乡一部组成，辖26个村民委员会。

**层台乡** 由原层台乡和斯栗、小哨乡一部组成，辖13个村民委员会。

**普宜镇** 由原普宜镇和沙田、火马、小河、乐都乡组成，辖19个村民委员会。

**阿市彝族苗族乡** 由原阿市、播扎、兴中柳湾、公子河乡组成，辖16个村民委员会。

**龙场营镇** 由原龙场营镇和安顶、白岩、黄金乡组成，辖1个居民委员会和12个村民委会。

**大屯彝族苗族乡** 由原大屯、雅木左泥、烙烘乡组成，辖11个村民委员会。

**田坝彝族乡** 由原青杠乡和田坎、岩脚乡组成，辖11个村民委员会。

1994年4月毕节撤县设市，撤销毕节镇改设6个办事处：市东办事处，辖10个居民委员会，1个家属委员会，42个村民组；市西办事处，辖25个居民委员会，5个家属委员会，27个村民组；观音桥办事处，辖4个村民委员会，30个村民组；大新桥办事处，辖6个村民委员会，69个村民组；流仓桥办事处、辖7个村民委员会，2个家属委员会，71个村民组；三板桥办事处，辖5个村民委员，63个村民组。同时，撤销生机、亮岩、八寨、田坝桥、层台、水箐、梨树、田坝、大银、放珠乡，设生机、亮岩、八寨、田坝桥、层台、水箐、梨树、田坝、大银、放珠镇。撤乡建镇后，各镇所辖行政区域不变。

## 二　大方县乡镇建置

辖10镇、25乡（含18个民族乡）、499个村民委员会、30个居民委员会。

**大方镇** 由原城关镇、新庄乡及对江、花果、大寨、小屯乡一部组成，辖14个居民委员会，25个村民委员会。

**双山镇** 由原双山镇、木革乡及归化、素合、花果乡一部组成，辖19个村民委员会和2个居民委员会。

**猫场镇** 由原猫场镇及大湾、六仲乡组成，辖13个村民委员会和1个居民委员会。

**马场镇** 由原马场镇及螺丝、鼠场、抬沙乡组成，辖21个村民委员会和1个居民委员会。

**羊场镇** 由原羊场镇及陇公乡和妈米乡一部组成，辖10个村民委员会和1个居民委员会。

**黄泥塘镇** 由原黄泥塘镇、甘棠、化联、在拱乡及燕坪乡一部组成，辖15个村民委员会和1个居民委员会。

**六龙镇** 由原六龙镇及五凤乡，燕坪、妈米乡一部组成，辖19个村民委员会和1个居民委员会。

达溪镇　由原达溪镇及雨沙乡及坝子乡一部组成，辖13个村民委员会和1个居民委员会。

瓢井镇　由原瓢井镇及居乐、果邦、中洞、路布乡组成，辖26个村民委员会和1个居民委员会。

长石镇　由原长石镇及石坪、张大乡及山坝、隆里乡一部组成，辖21个村民委员会和1个居民委员会。

东关乡　由原东关乡及白泥、大寨乡一部组成，辖14个村民委员会。

竹园彝族苗族乡　由原竹园、海马乡及大寨乡一部组成，辖11个村民委员会。

响水白族彝族仡佬族乡　由原响水镇及大道、凉山、青山乡组成，辖20个村民委员会和1个居民委员会。

文阁乡　由原文阁、毛栗乡及素合、归化乡一部组成，辖10个村民委员会和1个居民委员会。

绿塘乡　由原绿塘、牛集乡组成，辖8个村民委员会。

鼎新彝族苗族乡　由原鼎新镇和长冲、则鸡乡组成，辖12个村民委员会和1个居民委员会。

牛场苗族彝族乡　由牛场、果宝、中坝乡组成，辖18个村民委员会。

高店乡　由原高店、白布、岔河乡组成，辖11个村民委员会。

小屯乡　由原珠场、龙洞乡及小屯乡一部组成，辖6个村民委员会。

理化苗族彝族乡　由原理化镇及长春、法沙乡组成，辖10个村民委员会和1个居民委员会。

鸡场乡　由原新场、安化及黄泥塘镇一部组成，辖16个村民委员会和1个居民委员会。

安乐彝族仡佬族乡　由原安乐、新民彝族乡及白岩彝族仡佬族乡合并建立，辖9个村民委员会。

凤山彝族蒙古族乡　由原渣坪、凤山及白鹤乡一部组成，辖10个村民委员会。

百纳彝族乡　由原百纳镇、化育乡和草坪、白鹤乡一部组成，辖10个村民委员会。

三元彝族苗族白族乡　由原三元、撮坝、民乐乡及柿树乡一部组成，辖13个村民委员会。

普底彝族苗族白族乡　由原普底、鹏程乡组成，辖17个村民委员会。

沙厂彝族乡　由原沙厂镇和竹戛乡组成，辖8个村民委员会和1个居民委员会。

大水彝族苗族布依族乡　由原大水、坪寨乡及天桥乡一部组成，辖9个村民委员会。

黄泥彝族苗族满族乡　由原黄泥、戛木乡及天桥乡一部组成，辖8个村民委员会。

雨冲乡　由原雨冲、雨革、和平乡及草坪、竹戛乡一部组成，辖12个村民委员会。

核桃彝族白族乡　由原核桃彝族乡、锅厂、高视乡及坝子、白泥乡一部组成，辖16个村民委员会。

八堡彝族苗族乡　由原八堡、新开、中箐乡及上坝乡一部合并组成，辖14个村民委员会。

兴隆苗族乡　由原兴隆、石板、菱角乡及上坝、山坝乡一部组成，辖14个村民委员会。

果瓦乡　由原果瓦、茶园乡及隆里、大山乡一部组成，辖11个村民委员会。

大山苗族彝族乡　由原大山、松鹤、柿树、隆里乡一部组成，辖12个村民委员会。

星宿苗族彝族仡佬族乡　由原星宿、施黎乡及松鹤、和平乡一部组成，辖10个村民委员会。

## 三　黔西县乡镇建置

辖9镇19乡（含15个民族乡），740个村民委员会，39个居民委员会。

**城关镇**　由原城关镇和黎明、幸福、双马、凤凰乡组成，辖28个村民委员会，16个居民委员会。

**重新镇**　由原重新镇和龙塘、石坪乡组成，辖42个村民委员会，1个居民委员会。

**中坪镇**　由原中坪镇和顺石、野马乡组成，辖22个村民委员会，1个居民委员会。

**素朴镇**　由原素朴、朴厚、牛场、马路乡组成，辖44个村民委员会，1个居民委员会。

**谷里镇**　由原谷里镇和莲花、青龙、大水乡组成，辖33个村民委员会，2个居民委员会。

**雨朵镇**　由原雨化、雨明、平坝、龙场乡组成，辖27个村民委员会，1个居民委员会。

**大关镇**　由原大关镇和桂箐、兴隆、鸭池乡组成，辖32个村民委员会，3个居民委员会。

**林泉镇**　由原林泉镇和野坝、西溪、瑶坪乡组成，辖31个村民委员会，1个居民委员会。

**金碧镇**　由原金碧镇和沙龙、红岩乡组成，辖32个村民委员会，2个居民委员会。

**中建苗族彝族乡**　原乡不变，辖9个村民委员会。

**花溪彝族苗族乡**　由原花溪、耿底沙坝、借魁乡组成，辖13个村民委员会。

**仁和彝族苗族乡**　由原仁和、纸厂、桃园乡组成，辖33个村民委员会。

**定新彝族苗族乡**　由原青杠、新阳、定新乡组成，辖24个村民委员会，1个居民委员会。

**永燊彝族苗族乡**　由原永燊、花石、柏杨乡组成，辖20个村民委员会和1个居民委员会。

**甘棠乡**　由原甘棠、礼贤、三角、新田乡组成，辖20个村民委员会，1个居民委员会。

**协和彝族苗族乡**　由原石人、杨柳、协和乡组成，辖26个村民委员会，1个居民委员会。

**太来彝族苗族乡**　由原太来、箐口、长槽、沙寨乡组成，辖29个村民委员会，1个居民委员会。

**钟山布依族彝族乡**　由原钟山、兰花、宅吉、治中乡组成，辖29个村民委员会，1个居民委员会。

**绿化白族彝族乡**　由原绿化、天坪乡组成，辖20个村民委员会，1个居民委员会。

**铁石苗族彝族乡**　由原铁石、安乐、铁盔组成，辖24个村民委员会，1个居民委员会。

**新仁苗族乡**　由原新仁、化竹、化屋、小寨乡组成，辖17个村民委员会。

**金坡苗族彝族乡**　由原金坡乡和石板乡一部组成，辖13个村民委员会，2个居民委员会。

**红林彝族苗族乡**　由原桃井、吉星乡和石板乡一部组成，辖22个村民委员会。

**洪水乡**　由原洪水、长堰乡组成，辖23个村民委员会，1个居民委员会。

**锦星乡**　由原锦星、白泥、凹水乡组成、辖21个村民委员会。

**五里布依族苗族乡**　由原寄仲乡、五里、化石乡组成，辖30个村民委员会。

**沙井苗族彝族乡**　由原高坡、羊耳、陇坤、沙井黄泥乡组成，辖53个村民委员会。

**羊场乡**　由原羊场、猴场乡组成，辖23个村民委员会。

## 四　金沙县乡镇建置

辖6镇，20乡（含7个民族乡），564村，30个居民委员会。

**城关镇**　由原城关镇和干田、玉屏、杨柳、金华、桃园、打坝乡及新水、八角乡一部组成，辖54个村民委员会，15个居民委员会。

**沙土镇**　由原天堂、中心乡和沙土镇及普惠乡一部组成，辖26个村民委员会、3个居民委员会。

**禹谟镇**　由原禹谟镇及协兴、新民乡和鸭院乡一部组成，辖34个村民委员会，3个居民委员会。

**安底镇**　由原安底镇和八里、大寨、民主乡组成，辖18个村民委员会，3个居民委员会。

**岩孔镇**　由原岩孔镇和箐河、箐口、永安乡、上山苗族乡及新水乡一部组成，辖39个村民委员会，1个居民委员会。

**清池镇**　由原清池镇和石路、羊跳、阳波、中普乡组成，辖23个村民委员会，1个居民委员会。

**源村乡**　由原源村镇和石榴乡及普惠乡一部组成，辖23个村民委员会，1个居民委员会。

**官田乡**　由原官田、青山乡和沙土镇、普惠乡一部组成，辖19个村民委员会。

**后山乡**　由原后山、翁贡乡组成，辖18个村民委员会。

**长坝乡**　由原长坝镇和黄泥、昆仑乡组成，辖23个村民委员会。

**木孔乡**　由原木孔、湾子乡组成，辖12个村民委员会。

**茶园乡**　由原茶园、沿河、拥河乡组成，辖22个村民委员会。

**岚头乡**　由原岚头、新一乡组成，辖17个村民委员会。

**化觉乡**　由原化觉、柏坪、和平乡和农民乡一部组成，辖22个村民委员会。

**高坪乡**　由原高坪、木石乡及农民、鸭院乡一部组成，辖18个村民委员会。

**平坝乡**　由原平洛乡、湖水、山岔乡组成，辖19个村民委员会，1个居民委员会。

**西洛乡**　由原西洛、农里、白果乡和八角乡一部组成，辖20个村民委员会。

**龙坝乡**　由原龙坝、小里、金云乡组成，辖16个村民委员会。

**桂花乡**　由原桂花、柿花、滥坝乡组成，辖11个村民委员会。

**石场彝族苗族乡**　由原石场镇、岩上、青木、构皮乡组成，辖23个村民委员会，1个居民委员会。

**大平彝族苗族乡**　由原太平、抬石、环路乡组成，辖20个村民委员会。

**箐门苗族彝族仡佬族乡**　由原箐门、红梓乡组成，辖8个村民委员会。

**马路彝族苗族乡**　由原马路、契默、保安、铸钟乡组成，辖17个村民委员会。

**安洛苗族彝族满族乡**　由原安民镇和大贤、宋坪、木杉乡组成，辖25个村民委员会，1个居民委员会。

**大田彝族苗族布依族乡** 由原大田、绿竹乡组成，辖15个村民委员会。

**新化苗族彝族满族乡** 由原水头、龙凤、新化、笔架乡组成，辖22个村民委员会。

## 五 织金县乡镇建置

辖11镇21乡（含8个民族乡），562个村民委员会，28个居民委员会。

**城关镇** 由原城关镇和北门、花红、白岩、平寨、乡及木戛乡一部组成，辖27个村民委员会，16个居民委员会。

**桂果镇** 由原桂果镇和岔河、新华乡及果化乡一部组成，辖14个村民委员会，1个居民委员会。

**牛场镇** 由原牛场镇和岩寨、二坡、沙坝乡及李井、大陌乡一部组成，辖28个村民委员会，1个居民委员会。

**猫场镇** 由原猫场镇和大寨、新果、小牛场乡组成，辖19个村民委员会，1个居民委员会。

**化起镇** 由原化起镇和鱼塘、和平乡及太平乡一部组成，辖23个村民委员会，1个居民委员会。

**龙场镇** 由原龙场镇和金家坝、讨瓦乡及熊寨乡一部组成，辖20个村民委员会，1个居民委员会。

**八步镇** 由原八步镇和山脚、新场乡及化处乡一部组成，辖21个村民委员会，2名居民委员会。

**以那镇** 由原以那镇和果永、正平乡及包营、落圈乡一部组成，辖17个村民委员会，2个居民委员会。

**三塘镇** 由原三塘镇和大方乡及岩洞口、麻窝寨、落处、磨石乡一部组成，辖27个村民委员会，1个居民委员会。

**阿弓镇** 由原阿弓镇和吹聋乡及普戛乡一部组成，辖18个村民委员会，1个居民委员会。

**珠藏镇** 由原高坪镇和地贵乡及木汪、打刮、高山乡一部组成，辖21个村民委员会，1个居民委员会。

**三甲苗族彝族乡** 由原三甲乡和大戛、木戛、果化乡一部组成，辖14个村民委员会。

**自强苗族乡** 由原自强、支东乡和熊寨乡一部组成，辖11个村民委员会。

**大平苗族彝族乡** 由原五里乡、箐脚、大平乡组成，辖13个村民委员会。

**官寨苗族乡** 由原白马、官寨乡和化处、鼠场乡一部组成，辖16个村民委员会。

**茶店布依族苗族彝族乡** 由原茶店、沙桂乡和店子、海马乡一部组成，辖22个村民委员会。

**金沙苗族彝族布依族乡** 由原金龙乡及包营、店子、落圈、海马乡一部组成，辖20个村民委员会。

**后寨苗族乡** 由原后寨、三坝苗族乡和麻窝寨乡一部组成，辖13个村民委员会。

鸡场苗族彝族布依族乡　由原鸡场、白泥塘、务卜乡及落处、岩洞口乡一部组成，辖24个村民委员会。

中寨乡　由原中寨、普作、大院子乡组成，辖16个村民委员会。

实兴乡　由原实兴、干河乡组成，辖13个村民委员会。

绮陌乡　由原绮陌、阿烈、二塘乡和木戛乡一部组成，辖16个村民委员会。

普翁乡　由原普翁乡和杨柳、太平、果化、大戛、李井乡一部组成，辖12个村民委员会。

上平寨乡　由原上平寨、克老坝、五甲乡组成，辖14个村民委员会。

马场乡　由原马场、凹河乡和大陌乡一部组成，辖14个村民委员会。

营合乡　由原营河、补花乡组成，辖8个村民委员会。

纳雍县　由原纳雍乡之全部和鼠场、杨柳乡一部组成，辖12个村民委员会。

板桥乡　由原板桥、多吉乡组成，辖13个村民委员会。

白泥乡　由原白泥、倮木、水营乡组成，辖15个村民委员会。

少普乡　由原化董、文笔、少普乡及磨中、普戛、歹阳乡一部组成，辖25个村民委员会。

熊家场乡　由原熊家场、新麦乡和打刮、歹阳、八甲、木汪乡一部组成，辖18个村民委员会。

黑土乡　由原黑土乡和八甲、高山、打刮乡一部组成，辖18个村民委员会。

## 六　纳雍县乡镇建置

辖9镇16乡（含10个民族乡），其445个村民委员会，28个居民委员会。

雍熙镇　由原雍熙镇和复兴、新猫场、杨家营、闹地乡及家猫乡一部组成，辖31个村民委员会，15个居民委员会。

阳长镇　由原阳长镇和洞口、堰塘、海座乡组成，辖22个村民委员会，1个居民委员会。

维新镇　由原维新镇和咪布、奢沟乡组成，辖13个村民委员会，1个居民委员会。

龙场镇　由原龙场镇和自戛、以支塘乡组成，辖17个村民委员会，1个居民委员会。

乐治镇　由原乐治镇和蚕箐、碓叉乡及居仁乡一部组成，辖19个村民委员会，1个居民委员会。

王家寨镇　由原王家寨镇和老窑、路嘴乡及家猫、居仁乡一部组成，辖14个村民委员会，4个居民委员会。

百兴镇　由原百兴镇和德科、纳雍河乡组成，辖19个村民委员会，1个居民委员会。

鬃岭镇　由原鬃岭镇和坪山、加戛乡组成，辖19个村民委员会，1个居民委员会。

张家湾镇　由原张家湾镇和补作、丰岩、杓坐乡组成，辖20个村民委员会，1个居民委员会。

勺窝乡　由原勺窝、巴雍、构可、法地乡组成，辖23个村民委员会。

新房彝族苗族乡　由原营盘、以角、黄家屯乡、新房乡组成，辖25个村民委员会。

**库东关彝族白族苗族乡**　由原库东关、梅花箐乡组成，辖10个村民委员会。

**董地苗族彝族乡**　由原董地石关、沙落乡组成，辖16个村民委员会。

**寨落乡**　由原寨落、英底乡及沙家坝一部组成，辖14个村民委员会。

**化作苗族彝族乡**　由原化作、黑塘、以麦地乡及沙家坝乡一部组成，辖14个村民委员会。

**老凹坝乡**　由原武佐镇和果比、老凹坝乡组成，辖22个村民委员会。

**沙包乡**　由原沙包、义中、秀才坝乡组成，辖18个村民委员会。

**水东乡**　由原水东、木城、老包、簸落、箱子乡组成，辖15个村民委员会。

**曙光乡**　由原曙光、坐拱、岔冲、河溪乡组成，辖27个村民委员会。

**姑开苗族彝族乡**　由原引底、姑开乡和凹梳乡一部组成，辖12个村民委员会，1个居民委员会。

**羊场苗族彝族乡**　由原羊场、法窝乡及凹梳乡一部合并组成，辖16个村民委员会。

**锅圈岩苗族彝族乡**　由原锅圈岩、马摆乡组成，辖15个村民委员会。

**昆寨苗族彝族白族乡**　由原昆寨、治沟、建新河乡组成，辖24个村民委员会，1个居民委员会。

**左鸠戛彝族苗族乡**　由原左鸠戛、坡其乡组成，辖8个村民委员会。

**猪场苗族彝族乡**　由原猪场、新寨、自新乡组成，辖12个村民委员会。

## 七　威宁彝族回族苗族自治县乡镇建置

辖19镇，16乡（含1个民族乡），610个村民委员会，22个居民委员会。

**草海镇**　由原草海镇和白马、东山、保家、小山、北镇乡组成，辖45个村民委员会，10个居民委员会。

**么站镇**　由原么站镇和抱都、香厂乡组成，辖18个村民委员会，1个居民委员会。

**金钟镇**　由原金钟镇和文昌、夸都乡组成，辖19个村民委员会，1个居民委员会。

**炉山镇**　由原炉山、结里、腊寨乡组成，辖23个村民委员会。

**猴场镇**　由原猴场镇和人民、联合乡组成，辖16个村民委员会。

**二塘镇**　由原新合、梅花乡全部和东风镇一部组成，辖12个村民委员会，1个居民委员会。

**东风镇**　由原东风镇一部和草坪乡组成，辖15个村民委员会。

**龙场镇**　由原龙场镇和柳树、河块、长海子、开戛乡组成，辖31个村民委员会，1个居民委员会。

**黑石头镇**　由原黑石头镇和蜜蜂、河边、贝古乡组成，辖22个村民委员会，1个居民委员会。

**哲觉镇**　由原哲觉镇和居乐、铁厂、海田乡组成，辖26个村民委员会。

**小海镇**　由原小海镇和朱戛、松山、三道河、金海乡组成，辖14个村民委员会，1个居民委员会。

观风海镇　由原观风海镇和果化乡组成，辖14个村民委员会。

牛棚镇　由原牛棚镇和白碗、雨朵、红岩乡组成，辖20个村民委员会，1个居民委员会。

迤拉镇　由原迤拉镇和仙马、麻窝乡组成，辖14个村民委员会。

中水镇　由原高坎子镇和中河、出水、仙水乡组成，辖19个村民委员会，1个居民委员会。

龙街镇　由原龙街镇和龙河、天桥、马踏乡组成，辖23个村民委员会，1个居民委员会。

雪山镇　由原雪山镇和新街、法地、妥打、灼圃乡组成，辖23个村民委员会，1个居民委员会。

羊街镇　由原羊街镇和蛇街、辅处、兴隆、严家、松林乡组成，辖21个村民委员会，1个居民委员会。

盐仓镇　由原盐仓镇和腰站、高峰乡组成，辖16个村民委员会，1个居民委员会。

大街乡　原建制不变，辖9个村民委员会。

石门乡　由原石门、女姑、云炉乡组成，辖15个村民委员会。

云贵乡　由原云贵、新民乡组成，辖10个村民委员会。

黑土河乡　由原黑土河、新华、白磨乡组成，辖12个村民委员会。

玉龙乡　由原玉龙、田坝、王寨乡组成，辖13个村民委员会。

斗古乡　由原斗古、关口、水塘乡组成、辖11个村民委员会。

秀水乡　由原秀水、清水乡组成，辖14个村民委员会。

哈喇河乡　由原哈喇河、小米乡，组成，辖8个村民委员会。

海拉乡　由原海拉、枧槽、新村乡组成，辖8个村民委员会。

麻乍乡　由原麻乍、得磨、戛利、富乐乡组成，辖17个村民委员会。

岔河乡　由原岔河、恰西、银厂、大寨乡组成，辖17个村民委员会。

新发布依族乡　由原新发布依族乡和坪子、响水、开坪乡组成，辖31个村民委员会。

板底乡　由原板底、登底乡组成，辖8个村民委员会。

双龙乡　由原双龙、凉山、耿家乡组成，辖8个村民委员会。

金斗乡　由原金斗、黑泥、围帐乡组成，辖16个村民委员会。

兔街乡　由原兔街、雨科、高原乡组成，辖13个村民委员会。

## 八　赫章县乡镇建置

辖6镇，21乡（含12个民族乡），457个村民委员会，19个居民委员会。

城关镇　由原双河镇和青山，河边乡及水塘堡乡一部组成，辖16个村民委员会，6个居民委员会。

白果镇　由原白果镇和独山乡组成，辖21个村民委员会，1个居民委员会。

妈姑镇　由原铅丰镇和砂石、天生桥乡组成，辖24个村民委员会，5个居民委员会。

财神镇　由原财神镇和鱼塘、中田、石龙、集发乡组成，辖23个村民委员会，1个居民委员会。

**六曲河镇** 由原六曲河镇和拉乐、新店乡全部及倮歪乡一部组成，辖19个村民委员会。

**野马川镇** 由原野马川镇和山脚寨、大田、毛栗树、金山乡组成，辖24个村民委员会，3个居民委员会。

**水塘堡彝族苗族乡** 由原洗菜河彝族苗族乡之全部和水塘堡乡一部组成，辖14个村民委员会。

**达依乡** 由原达依、海马姑乡之全部及倮歪乡一部组成，辖13个村民委员会。

**兴发苗族彝族回族乡** 由原兴发、野里、铁柱乡组成，辖16个村民委员会，1个居民委员会。

**松林坡白族彝族苗族乡** 由原松林坡、则雄、倮柱、窝乡组成，辖16个村民委员会。

**雉街彝族苗族乡** 由原雉街、发达、戛木乡组成，辖10个村民委员会。

**珠市彝族乡** 由原珠市、诺素、以那、铁矿乡组成，辖18个村民委员会。

**罗州乡** 由原罗州、溪坪、铜厂乡组成，辖20个村民委员会。

**双坪彝族苗族乡** 由原双坪彝族乡和回水、法都、丰沟乡组成，辖26个村民委员会。

**铁匠苗族乡** 由原铁匠、石岗乡组成，辖10个村民委员会。

**辅处彝族苗族乡** 由原辅处、葛布乡组成，辖9个村民委员会。

**可乐彝族苗族乡** 由原可乐镇和大山、麻腮、新民乡组成，辖19个村民委员会，1个居民委员会。

**德卓乡** 由原德卓、德胜、甘河、丰家乡组成，辖14个村民委员会。

**河镇彝族苗族乡** 由原河镇、花场、恒底、花坭、四方乡组成，辖20个村民委员会。

**安乐溪乡** 由原安乐溪、平顶乡组成，辖13个村民委员会。

**结构彝族苗族乡** 由原结构、毛姑乡组成，辖8个村民委员会。

**朱明乡** 由原朱明、安坪、磨角、发开乡组成，辖16个村民委员会。

**古基乡** 由原古基、发保、妥古、钟寨鼓乡组成，辖16个村民委员会。

**哲庄乡** 由原哲庄、罩子、娃多、苏奶乡组成，辖19个村民委员会。

**平山乡** 由原平山、后山、江南、古木乡组成，辖17个村民委员会，1个居民委员会。

**古达彝族苗族乡** 由原古达、响河、石板河、安卿乡组成，辖25个村民委员会。

**威奢乡** 由原威奢、佳娃乡组成，辖11个村民委员会。

# 第四章　人民政协

## 第一节　政协贵州省委员会毕节地区工作委员会

机构沿革　1951年10月23～30日，召开毕节专区各族各界人民代表大会，按照《中国人民政治协商会议共同纲领》和《贵州省各界人民代表会议组织通则》规定，毕节专区各族各界人民代表会议代行人民大会职权。会议选举产生毕节专区各族各界人民代表会议协商委员会，选出主席1名、副主席1名，委员32名。1959年9月，贵州省人民政府编制委员会《关于调整省以下各级人民政治协商机构编制的通知》，撤销毕节专区各族各界人民代表会议协商委员会。1985年2月27日，经贵州省政协第五届委员会常务委员会第十一次会议决定设立政协贵州省委员会毕节地区联络处。其职责是：在省委和中共毕节地委的领导下，学习贯彻中央、省委和地委重要决定、决议和有关工作部署，完成省政协安排的各项工作任务，做好省政协住毕委员的联络联系和服务工作，指导各县政协开展好政协工作，深入各县基层开展视察调研，了解和反映社情民意信息，积极助推全区经济社会建设和民主政治发展建设。1989年1月13日，政协贵州省第六届委员会常务委员会第五次会议通过了《关于政协贵州省委员会驻地区办事机构变动问题的决定》，将政协贵州省委员会毕节地区联络处改为政协贵州省委员会毕节地区工作委员会。1989年6月8日，政协贵州省第六届委员会常务委员会第八次会议协商通过政协贵州省委员会毕节地区工作委员会主任、副主任任命名单，第一次任命地区工委委员17名。自政协贵州省委员会毕节地区工作委员会成立以来，2005年11月17日，政协第九届贵州省委员会常务委员会第十四次会议修改了《中国人民政治协商会议贵州省委员会提案工作条例》，明确了“省政协地区工作委员会和专门委员会，可向同级政协地区工作委员会提出提案”，结束了政协毕节地区工作委员会和专门委员会没有提案权的历史。2006年1月12日，政协毕节地区工作委员会全体委员会议通过了《政协贵州省委员会毕节地区工作委员会提案工作规则》，进一步制定明确了提案办理程序。2010年7月26日，建立健全《政协毕节地区工委民主监督实施办法》，从监督的内容、形式、程序和方法等对民主监督工作进行了规范。2011年10月，毕节撤地设市。2012年1月3日，召开中国人民政治协商会议第一届毕节市委员会第一次会议，政协毕节市委员会成立。

2001年11月，贵州省政协毕节地区工作委员会机关进行机构改革，明确省政协毕节地区工作委员会机关是省政协毕节地区工委的办事机构。其职责是：1.贯彻执行党中央、国务院的方针、政策及全国政协、省政协、中共毕节地委、毕节地区政协工委的重要决定、决议和有关工作部署；组织实施地区政协工委委员会议、主任会议的决议、决定及意见；负责地区政协工委会议的会务；联系、指导和协调各县、市政协机关的工作，反映和帮助其解决工作中的问题；联系地委、行署有关部门，互相配合，搞好协调。2.按照省政协及地区政协工委的安排，负责联系、组织地区内全国政协委员、省政协委员会、地区政协工委委员进行视察、考察、调研等，配合有关部门帮助他们参政议政，知情出力。3.检查、监督本地区有关部门认真办理省政协委员提案，并配合有关部门对重要提案进行跟踪调查。4.研究统一战线和人民政协工作的理论政策，调查研究政协工作的经验及问题，提出解决办法供领导参考；加强本地区各民主党派和各族各界人士的联系，了解和反映社情民意，为党政决策部门提供情况和信息；负责政协工作的对内对外宣传，收集和反映各界人士的意见和建议；处理地区政协工委委员及群众的来信，接待来访。5.围绕地委、行署的中心任务，积极牵线搭桥，开展多层次、多渠道、多形式的科技扶贫、智力支边、咨询服务等活动，为本地区的物质文明建设和精神文明建设贡献力量。6.负责办理省政协、中共毕节地委和毕节地区政协工委领导交办的其他工作。

**1951～2007年贵州省政协委员会毕节地区工作委员会（联络处）历任领导人名录**

| 姓　名 | 职　务 | 任职时间 | 姓　名 | 职　务 | 任职时间 |
|---|---|---|---|---|---|
| 孟子明 | 主　任 | 1951.10～ | 王仁修 | 副主任 | 1994.7～2002.12 |
| 王同祥 | 主　任 | 1986.1～1994.12 | 张志侠 | 副主任 | 1997.10～2007.9 |
| 赵福亮 | 副主任 | 1986.2～1993.3 | 陈晓英 | 副主任 | 1997.10～2007.9 |
| | 主　任 | 1993.3～1994.2 | 李远贵 | 副主任 | 1997.10～2002.12 |
| 杨智光 | 主　任 | 1994.4～1996.11 | 马贤俊 | 副主任 | 1997.10～2002.12 |
| 孙仁培 | 主　任 | 1997.10～2002.12 | 龙厚华 | 副主任 | 2002.12～2007.9 |
| 吕开邦 | 主　任 | 2002.12～2007.7 | 周应华 | 副主任 | 2002.12～2016.6 |
| 杨继红 | 主　任 | 2007.7～2012.1 | 蒋弟元 | 副主任 | 2002.12～2006 |
| 王国兰 | 副主任 | 1986.2～1994.7 | 肖远福 | 副主任 | 2005.11～2011.12 |
| 黄绍臣 | 副主任 | 1986.2～2002.12 | 王明灯 | 副主任 | 2006.3～2008.3 |
| 周平一 | 副主任 | 1986.2～2002.12 | 马光树 | 副主任 | 2007.7～2011.12 |
| 夏立明 | 副主任 | 1989.6～1994.7 | 赵　牧 | 副主任 | 2007.7～2011.12 |
| 张宏芳 | 副主任 | 1989.6～2002.12 | 秦天志 | 副主任 | 2007.7～2011.12 |
| 郭厚芳 | 副主任 | 1994.7～1997.10 | 王　霞 | 副主任 | 2007.7～2011 |

**内设机构**　1986年2月～1989年6月，政协毕节地区联络处设办公室，郭才贵任办公室主任。1989年6月～1996年6月，政协毕节地区工委内设办公室、经济科技处、社会联谊处、宣传教育处、智力支边办公室。1996年6月～2001年9月，政协毕节地区工委设办公室、社会经济处、文化教育处。2001年11月，进行机构改革后，内设办公室、经济科技处、文化教育处、提案法制处、民族宗教处。2011年，省政协毕节地区工委机关设5处（室）4科，即工委办公室、

经济科技处、文化教育处、提案法制处、民族宗教处；其中办公室下设秘书科、行政科、人事劳资科、信息科。

1.办公室。承办省政协毕节地区工委委员会议、全区政协主席、秘书长会议和其他有关会议的会务工作；联系组织本地区全国政协委员、省政协委员、地区政协工委委员进行视察、调研等活动；负责综合性文件和领导讲话稿的起草；负责机关文电处理、信访、机要保密、文印、文书档案等工作；负责机关财务、公产、后勤服务等行政管理工作；负责机关教育培训、精神文明建设、社会治安综合治理、政务公开和计划生育工作；负责机构编制、干部人事工作和退（离）休干部服务工作；编写政协工委大事记；负责与地委办、人大办、行署等有关机关部门的协调工作。历任秘书长：肖培生、林正毅、马贤俊、王达金、陶定卿、傅东流、杜娟。历任副秘书长：颜克华、林正毅、刘祖平、孙晓田、吴雨霞、朱东风、代宇、傅立勇、董安碧、陆海云、姚庆丰。历任纪检组组长：姚庆丰、邵明朝。历任机关党委书记：郭寒燕。

（1）秘书科：承办政协毕节地区工委委员会议、全区主席秘书长会议和其他有关会议的会务工作；联系组织本地区省政协委员、地区政协工委委员视察、调研等活动；负责机关文电处理、文书档案、机要保密、政协工委大事记和文印工作；负责与有关机关的联络和协调等工作；负责处理政协委员和群众来信来访工作。

（2）行政科：负责政协工委机关行政后勤、财务管理、车辆管理、公产管理、经费申报等工作；负责机关计划生育、安全保卫、社会治安综合治理工作；负责政协系统内外的接待工作。

（3）人事劳资科：负责机关的干部人事、劳动工资、年度考核工作；负责机关离退休人员的管理和服务工作，组织离退休人员学习，收集离退休人员的建议和意见。

（4）信息科：负责工委机关重要会议活动的新闻宣传，收集整理政协委员、各族各界人士对国家和地方大政方针的建议和意见：了解和反映社情民意，为工委领导和有关部门提供信息服务；负责与省政协各县、市政协搞好信息交流。

2.经济科技处。负责工业、农业经济贸易、科技等地直有关单位和部门的联络工作；负责联系各民主党派、无党派人士、工商联、工会、共青团、妇联、侨办、台办、非公有制经济的联络工作；并对上述有关工作进行调研；负责联络和联系省政协、地区内县市政协有关专委会的工作和信息沟通。历任经济科技处处长：李德辉、刘祖平、吴朝平、张发明、黄景蓉、代宇。副处长：王平堂。

3.文教卫生处。负责宣传、文化、教育、体育、卫生、计生等地直有关单位和部门的联络工作；对上述工作进行调研；负责和省政协、地区内各县市政协有关专委会的联络和联系工作；负责机关理论和业务学习，并对有关学习和信息进行收集、整理、上报、下发；负责编辑发行文史资料。历任文教卫生处处长：闫树召、张永福。副处长：杨家春、闫树召、代宇、叶章龙。

4.提案法制处。负责检查、督促地区有关部门办理省政协委员的提案、地区政协工委委员的建议，密切与省政协和各县市政协提案法制委员会的联络和联系工作；联系地委办、人大办、行署办、政法系统等有关部门，互相协调配合做好提案法制工作。历任提案法制处处长：吴雨霞。

5.民族宗教处。负责民族、宗教的联络、联系，并对民族和宗教的发展出现的新情况、新问题进行总结、调研；协调关系、化解矛盾、了解和反映社情民意，为有关部门提供情况和信息。历任民族宗教处处长：黄朝凤。副处长：黄朝凤。

6.智力支边办公室。主要职责是：负责与全国政协、省政协、中央统战部、省委统战部和各民主党派中央支边扶贫的对口联系；组织协调政协委员、各民主党派和群众团体开展对贫困地区的智力支边扶贫开发工作。历任智力支边办公室主任：聂流芳、马敏进。副主任：姜羡农、毛秋生、高爱民、邵明朝、陆海云。

7.社会联谊处。负责各级政协委员对毕节社会各界的视察、考察、和调研的联络联系服务，收集、研究、办理相关的提案和社情民意，起草相关的视察、考察、调研报告和工作简报，密切与各级政协社会联谊委员会联系联络，承办毕节地区政协工作委员会领导交办的事项。历任社会联谊处副处长：伍江航、张兴珍。

8.人口资源环境处。负责各级政协委员对毕节人口资源环境的视察、考察、和调研的联络联系服务，收集、研究、办理关于人口资源环境的提案和社情民意，起草相关人口资源环境方面的视察、考察、调研报告和工作简报，密切与各级政协人口资源环境委员会联系联络，承办毕节地区政协工作委员会领导交办的事项。历任人口资源环境处处长：陈孝华；副处长：关锐杰。

## 第二节　主要活动

自毕节建立政协组织，特别是政协贵州省毕节地区工作委员会成立以来，在省政协和中共毕节地委的领导下，在毕节地区行政公署和有关部门的支持和配合下，紧紧围绕和服务于毕节经济社会发展，积极履行“政治协商、民主监督、参政议政”的职能。

1.推进政治协商，发展民主政治。中共毕节地委、毕节地区行政公署高度重视和支持政治协商工作，把“三在前、三在先”原则纳入决策程序，建立健全地委、行署与政协地区工委联系协商制度、政协地区工委主任列席地委委员会议制度、行署及有关部门向政协地区工委全体委员会议通报工作制度、地委行署有关工作部门与政协地区工委专门委员会对口联系制度。以召开全区政协工委委员会议、主任会议和参加地委办公会和其他党政重要会议形式就毕节地区经济社会发展中的重大事项和人民群众生产生活中的重要问题进行协商讨论，有针对性地提出意见建议，为改革发展建诤言献良策。每年定期召开政协毕节地区工作委员会委员会议，邀请毕节地区行署领导、地区中级人民法院、地区检察分院、地区发展改革委员会、地区公安局、地区计划局、地区财政局等部门通报地区区情、地区国民经济及社会发展计划执行情况、地级财政预算、地区公检法工作情况，并充分讨论协商，对事关毕节改革、发展、稳定的热点难点问题提出意见建议。利用政协毕节地区工作委员会领导参加地委和行署重大会议的契机，就全地区政治、经济、文化和社会的重要事项进行协商。2011年，与行署及有关部门围绕《毕节地区国民经济和社会发展第十二个五年规划纲要》进行协商。

2.开展民主监督，强化监督实效。政协毕节地区工作委员会每年召开专题会议，认真研究部署民主监督工作，建立健全了《政协毕节地区工委民主监督实施办法》等制度，从监督的内容、形式、程序和方法等方面对民主监督工作进行规范。开展与纪委、监察等部门民主评议政风、行风，重点对地直单位进行专项监督，明确专委会负责牵头对一个部门实施重点民生监督制度，并把专委会的视察、调研、外出考察学习的选题与被监督部门的工作密切结合，形成了监督中支持、支持中服务、服务中监督的良好格局。政协地区工委每年定期召开第四次会议，各专门委员会报告实施民主监督情况，并组织省、地政协委员对被监督单位进行测评，将监督情况报告和评议意见向地委报告并抄送地直目标管理考核部门，作为考核部门工作实际和评先选优的依据，形成了“党委重视、政府支持、政协主动、部门配合”的良好格局。

3.积极参政议政，助力科学发展。自政协毕节地区工委成立以来，先后就全地区经济体制改革、农村产业结构调整、经济发展战略、脱贫致富战略设想、城镇建设总体规划、计划生育、温饱脱贫规划、农村医疗卫生与防病治病、国营工业、集体工业和乡镇企业的发展与经营管理问题、推广农业实用技术和科技兴农问题、发展农村庭院经济、五年计划、十年规划、加强农用地的保护与利用，以及社会治安、文化教育、惩治腐败等问题进行协商，政协工委提出的多数意见建议得到地委、行署的重视和采纳。在反映社情民意方面，每年搜集、提炼、反映社情民意信息30余条，地委主要领导对《修建沙帽山、响水滩区域公园，满足群众文化生活需求》《毕节城区治安问题亟待解决》等社情民意信息作了批示，促成了一批人民群众关注的热点难点问题的解决。

4.组织委员视察，促进成果转化。政协组织高度重视视察、调研工作，充分发挥自身优势，整合各方面资源，努力提高议政建言的质量和水平。自1990年起，政协毕节地区工作委员会坚持每年组织省政协驻毕节地区委员同地区工委委员开展视察活动。20年来，政协毕节地区工委先后组织委员就全地区科技兴农、企业开展“质量、品种、效益年”活动、供销系统经营情况、发展庭院经济、抗灾救灾、疫病防治、牛栏江流域治理、城市建设、“八七”扶贫攻坚、赤水河流域（毕节地区）实施区域发展规划、农村教育、后续支柱产业发展、生态畜牧业、农民增收、能源建设、农村基础设施建设、新农村建设、农村危房改造、农村饮水安全、工业园区规划与建设等问题进行视察，并形成视察报告，得到了地委、行署领导的充分肯定，部分建议被吸纳进了行署及相关部门的工作中。特别是2010年政协地区工委以主任会议形式先后对全区生态文明家园建设、赫章县“同心水窖”工程建设、全区高速公路建设情况进行了视察，地委主要领导在视察报告中批示。政协地区工委主要领导在省政协十届一、二、三、四次全会上就加快毕节试验区建设的建议、涉农项目监管问题等作大会发言，收到各方关注，新华网、《贵州日报》等媒体作了报道。各专门委员会每年都领题牵头开展专题调研活动，先后就农业产业化、依法行政、中药产业发展、新型农村合作医疗、职业教育、非公经济发展软环境建设等选题开展专题调研，形成专题调研报告，并在每年度第四次全体委员会议上“面对面”与行署及有关部门领导座谈，促进调研成果的转化。政协组织成立期间，根据省政协安排，还多次组织委员到遵义、铜仁、黔东南考察城市建设、发展旅游业、林业建设、公路建设等。

5.关注百姓民生，积极献计出力。政协地区工委紧紧围绕地委、行署的中心工作任务，组织机关干部和政协委员深入基层察实情、听实话、出实招、办实事，在保民生、促和谐工作中积极献计出力。政协地区工委根据地委的统一安排部署，先后在大方县星宿乡、黄泥塘镇，织金县珠藏镇、大平乡、毕节市长春堡镇、赫章县平山乡等乡镇联系点开展扶贫开发、新农村建设、生态文明家园建设、计划生育工作、维稳等工作。政协地区工委领导班子带头，机关干部职工积极参与，到联系点开展“下基层、献爱心”和“4321”结对帮扶工作，帮助协调争取发展项目和资金，有力地促进了联系点乡镇的工作。如，政协地区工委主要领导联系扶贫开发工作的织金县大平乡群建村，经政协地区工委领导多方协调，筹集了800万元的公路建设资金，为该村苗族同胞世世代代渴望的通村公路解决了启动资金，同时还为该乡引进了韩国朝天椒种植，调整了产业结构，助农增收工作取得了新进展。

6.树立精品意识，加强提案工作。政协工委获得提案权后，坚持以打造精品提案为抓手，不断开拓新思路、探索新方法，努力提高提案工作水平。每年第一次全体委员会议上，政协地区工委委员及专委会提交的提案数、立案数以及提案的办复率和满意率均呈逐年上升趋势。政协地区工委主任会议每年都要遴选事关重大民生的提案作为重点督办提案，制定督办方案，现场视察督办，请新闻媒体全程跟踪报道，收到了良好的社会效果。如，原政协地区工委委员卢凤礼提交的《关于拆除麻园综合农贸市场（东心路街中街市场）的建议》的提案，经过三年不懈的跟踪督办，2008年，毕节市政府斥资千万元，终于拆除了“街中街”，还路于民。政协地区工委每年都要明确一件提案作为各专委会重点督办提案，各专委会组织委员对提案的办理进行督办，各承办单位倾力办理落实，提案工作取得了明显成效。

7.打造活力政协，发挥政协优势。政协地区工委坚持把打造“务实政协、文明政协、活力政协”作为一项重要工作来抓，通过开展一系列活动，不断提升政协形象，扩大政协的影响力。在加强领导班子和干部队伍建设方面，着力打造“心齐、气顺、风正、劲足”的政协领导班子，建设好团结、开拓型，学习、和谐型，务实、廉洁型，高效、创新型的政协领导班子队伍，搭建好工作平台，为广大政协干部创造想干事、能干事、干成事的良好环境。政协地区工委在扩大联谊方面，通过组织全区政协主席联谊会的形式，每一次联谊会明确一个主题，全区政协组织围绕主题进行交流，对全区政协加强联系，增进友谊，促进合作起到了积极的作用。

8.加强对外宣传，提升政协形象。政协地区工委在提升政协形象做好宣传工作方面，通过开展“五个一”活动（即每位政协委员每年要提交一份提案，提交一篇调研报告，撰写一篇统战政协理论文章，反映一条社情民意信息，为群众办一件好事实事）和实施“五个一”工程（即在《毕节日报》举办“政协之声”征文活动和在毕节电视台新闻节目中开设“政协之窗”栏目、创办《毕节政协》杂志、举办全区政协书法展、遴选政协理论研讨会文章编辑出版《政协心声》、召开“人民政协与试验区”座谈会），有效地扩大了政协的影响力。政协地区工委每年在《人民政协报》《中国政协》《贵州政协报》等媒体上刊发反映政协地区工委的稿件都在100篇以上，有效地提升了政协地区工委的履职形象。在促进文化发展方面，举办了“庆国庆摄影采风活动”“展政协风采、创和谐政协”书画笔会、出版政协系统散文作品品集《仰望乌蒙》等活动，每年还编辑出版四期《毕节政协》杂志计40万字300多幅图片，受到省内外读者好评，彰显了政协工委机关浓厚的文化氛围。

9.开展智力支边工作，多措并举促发展。扎实开展智力支边工作，为各民主党派中央及省委、全国工商联和省工商联到毕节试验区开展工作牵线搭桥和做好协调服务工作，积极引进资金、人才、项目，努力促进地方经济社会发展。1987年，政协毕节地区工作委员会开始开展智力支边工作。4月，毕节地区行政公署建立地区智力支边联系小组，政协毕节地区联络处办公室设立支边科，负责智力支边日常工作。1989年6月，建立政协毕节地区工委，设立智力支边办公室。支边办本着“发挥优势、突出重点、量力而行、尽力而为”的工作指导方针，将智力支边、科技扶贫的重点放在中小学教师培训和农村微观经济项目的开发与农业科技成果的推广运用上，为其提供技术培训和技术咨询服务。地区智力支边办联系各县支边办促进毕节一中与北京汇文中学结为姊妹学校，为一中和其他中学培训师资1000多人。20多年来，地区智力支边办联系各县区，邀请各民主党派中央、全国工商联及省、地级的专家和技术人员举办农经、良种良法、果蔬、茶叶、药材、蚕桑、畜禽改良、烤烟、菌类栽培等10多个农业实用技术和技能培训办5400余期，培训10万余人次。

10.注重文史资料收集整理，留存历史根脉。1996年起，政协毕节地区工委开始组织人员收集整理文化历史类资料。6月，政协毕节地区工委调整内设机构，设立文化教育处，将收集整理文史资料列为常规工作内容。1995年至1998年，政协毕节地区工委文化教育处参与川滇黔11地州市“南丝绸之路”的文史资料收集整理工作，出版《今古生辉南丝路》一书。从1997～2005年12月，共编辑出版《黔西北文史资料》5辑，150多万字。政协毕节地区工委文化教育处与各县区合作，编辑出版“贵州旅游文史”系列丛书八卷，共200余万字。从2003年开始，全国政协安排征集编写13个少数民族的百年实录，政协毕节地区工委组织力量负责《苗族百年实录·毕节地区卷》《布依族百年实录·毕节地区卷》《仡佬族百年实录·毕节地区卷》的征集编辑工作，到2005年征集到700余万字资料，现存已征集未出版的资料存稿近1000万字。2008年，与毕节地区苗学会共同编印《陶氏兄弟与猪拱箐》，2009～2011年，先后完成《贵州旅游文史丛书（毕节地区卷）》新编图文版文史资料收集整理工作《黔西北文史资料》3辑，《毕节地区苗族百年实录》《咸同烽火》《民情、民意、民声》等书籍，发挥了文史资料“存史、资政、团结、育人”的作用。

11.加强友好往来，互相学习借鉴。政协毕节地区工委通过每年元旦前夕召开迎春茶话会的形式，邀请地区几大班子领导与各族各界代表人士欢聚一堂，畅叙友情，共谋试验区发展大计，增强了各族各界促进毕节试验区发展的凝聚力。不定期通过参加全省九市州地政协联席会、五省十八地州市政协联席会、红军长征沿线政协联系会等方式，积极宣传毕节试验区丰富的自然资源和政治优势，不断扩大对外交流和合作。

12.强化理论学习，积极推进自身建设。认真抓好政协地区工委委员的学习，通过以会带训、各专委会集中学习、赠阅报刊等方式，多形式、多渠道组织政协委员学习党和国家的路线方针政策和新时期统战政协理论，着力提高委员参政议政的能力和水平。四是认真抓好机关的常规学习，积极创建“六型”机关，以开展“勤政廉政为民、忠实践行宗旨”教育、“三个建设年”“四帮四促”等活动为契机，充分调动机关干部职工学习的积极性及主动性。此外，还通过组织外出考察学习、选派干部参加党校和社会主义学院学习等多种方式，不断拓宽学习途径，丰富学习内容，增强学习实效。1996年6月～2001年9月，政协毕节地区工委设办公室、社会经济处、文化教育处。2001年11月，政协工委机关进行机构改革后，内设办公室、经济科技处、文化教育处、提案法制处、民族宗教处。

## 第三节　政协县（市）委员会

1955年8月～1957年3月，毕节、赫章、威宁县相继建立县政协，1966-1976年“文化大革命”期间，停止活动。1976年10月后恢复。同时，大方、黔西、金沙、织金、纳雍相继建立政协组织。

**政协毕节市（县）委员会**　1955年8月24～25日，召开毕节县政协第一届委员会第一次会议，正式成立毕节县政协。至1993年，9次召开毕节县政协委员会，选举产生县政协领导班子。历任政协主席：时念好、李登峰、李效敬、杨官富、段元欢、常绍友；副主席：刘安甫、李仲群、邹守仁、周玉麟、王天成、王国珍、周稚九、邹尚武、夏立明、王国谟、任金胜、项必英、康明友、路明英。刘焕兴、刘宗南、谢维邦、刘正中、陶发贵、刘远尧、邵文麟、罗德轩、胡思敬、赵琼久、聂绍伦、李秀成。1994年1月，撤销毕节县建立毕节市经省政协批准，毕节县政协更名为毕节市政协，毕节县政协第九届委员会转任毕节市政协第一届委员会。政协毕节市委员会（现政协七星关区委员会）历任主席：常绍友、杨国兵、吴坚、吴贤耀。副主席：康明有、胡思敬、刘正中、赵琼久、李秀成、王济云、袁来明、聂绍伦、丰玉兰、孙思禹、邹芝桦、王林中、付立勇、周光乔、王大庆、宋邦友、吕艺华。

**政协大方县委员会**　1981年12月成立。政协大方县委员会历任主席：张福民、李昌德、谢志全、黄仲祥、张智、葛传彦。副主席：张世益、李羡道、杨成鉴、薛巨明、金国光、张镇坤、黄克远、吴世儿、李进修、廖朝栋、刘娜娜、冯宣武、杨合林、颜登明、王德永、邱建华、陈绍发、王中华、毛道安、赵大军、杨洋、姜继彬、文斌、陈绍文、李建华、龙天明、李富军、张琳、李永明、胡卫国、陈亚林、唐婧。

**政协黔西县委员会**　1981年12月成立。政协黔西县委员会历任主席：杨金伦、姚明林、孟庆梅、樊林、张茂安、罗德智、熬怀建、刘麦青。副主席：郝连兴、张昨非、丁守信、张天意、田玉山、王济源、花荣宽、李庆云、滕居位、杨远华、李南风、张茂安、白焕儒、易才学、杨代仁、刘少康、杜昌远、袁明久、吴光棣、王良金、丁圣书、唐正云、吴云贵、张人德、胡长锡、李维贤、黄用利、樊龙跃、高远见、银敦文、黄承军、赵蓉、蒋远辉、顾安忠、蔡天源、熊遴箐、林琴、谢家华、杨丌祥。

**政协金沙县委员会**　1981年6月成立。政协金沙县委员会历任主席：管绍周、陈富华、周志明、王莹芳、张维林、黄文发、王明初；副主席：闵德辉、任子珍、邱明灿、汪东明、马兆松、刘大恩、王发文、胡常智、毕焱森、程金芬、王成忠、林圣博、桌毓湘、张慎言、骆国仲、杨茂坤、王德芬、李正环、赵宝庆、吴炜、黄应国、刘军、任荣虎、李文俊、杨俊。

**政协织金县委员会**　1981年12月成立。政协织金县委员会历任主席：文仁才、敖兴荣、谢明德、王瑞鹏、陈宏枢、王玮、袁家艺；副主席：姬光金、熊俊清、张佛茂、杨绍安、孙敬、刘篪、王际启、张守芳、周天、李仁杰、谢忠俊、王瑞鹏、李德惠、吴信章、陈崇富、安从业、左定超、韩大友、刘厚仁、丁顺勋、胡清珍、谢鹏、禄楚尧、王桂武、何世举、卯明录、田放林、兰薇、胡丰军、张超。

**政协纳雍县委员会**　1981年8月成立。政协纳雍县委员会历任主席：韩明礼、邱益新、李哲生、周兴志、李德超、刘茂高、杨丽霞；副主席：顾合周，李志元、刘来芝、黄显德、韩自壮、刘光华、何兴成、禄新雨、张兴云、刘世亭、朱辅智、王景才、罗志明、胡伯乐、罗程华、王祖鹤、李文杰、肖亚隆、高焕英、李正仙、谭正邦、杨兴华、赫忠政、周兴兰、王佳永、严文忠、杨怡、杨传荣、陈仕才、韩咏梅、宋邦达、杨毅。

**政协威宁彝族回族苗族自治县委员会**　1957年3月成立。政协威宁彝族回族苗族自治县委员会历任主席：王德本、朱佳仁、国燕勋、王永忠、李怀明、禄志义、禄俊；副主席：朱佳仁、马学科、朱文正、马明聪、王天培、朱家林、赵志德、周海波、陈玉竹、卯能昌、陈丌明、庞为尧、于景淮、张明荣、所国均、马鸿恩、张秀玲、蔺立、黄书绅、王邦英、陈二顺、杨智明、王显德、苏文清、吕鸣、李鹏、周乾、金丽华、赵祖禹、马新琼、陈兴志、罗永宽、徐勇、李正超、许如龙、王才军。

**政协赫章县委员会**　1956年12月成立。政协赫章县委员会历任主席：刘大嵩、张景悦、李连城、李广振、马玉杰、聂流芳、王健、王正义、李怀顺、安顺光、钱超国、李丽华。副主席：王明道、李朝阳、徐寿陔、安鸣凤、张景悦、李明远、李玉英、李进修、龙宪良、隋龙勤、刘可芳、汪忠民、文道贤、岳鼎立、王光宗、李怀顺、邓书洪、彭国瑞、李成森、徐礼德、胡庭荣、罗昭朝、刘奕娜、翟绪平、雷影光、徐发远、张慧芳、杨世霖、孙霞、张政、李廷贵、刘宗祥、王润丽、王郁春。

# 第八篇

# 民主党派　社会团体

# 第一章 民主党派

## 第一节 中国国民党革命委员会毕节地方组织

### 一 组织建设

组织创建 中国国民党革命委员会（简称民革）。由中国国民党民主派和其他爱国民主分子创建、具有政治联盟特点、为社会主义服务的政党，是与执政党中国共产党通力合作的八个参政党之一。1991年底，民革中央选择了毕节地区纳雍县作为扶贫联系县，提出了“纳雍不脱贫，民革不脱钩；纳雍脱了贫，民革不断线”的号召，从此拉开了帮扶纳雍的序幕，开启了帮扶历程。2010年在纳雍发展第一个民革党员，2011年发展到5名党员，2011年7月18日成立民革纳雍支部。毕节民革组织自在纳雍建立第一支部开始，就始终把组织队伍建设放在首位。在发展党员的工作中，始终严格按照党章规定、坚持“三高一低”的发展原则发展党员，重点将高学历、高素质、高职称、低年龄的人才发展为党员，并重点倾向社会法制和“三农”领域。随着组织的不断壮大和加强，民革毕节地方组织正不断走向组织化、规范化，制度化的轨道。

政治思想建设 民革毕节地方组织常采取以会代训、考察学习、基层调研、集中培训、参加社会实践活动等方式，加大对党员的能力素质培训力度，着力提高党员的政治思想素质和大局意识。让党员充分学习本党章程，深刻领会本党的宗旨、义务、责任和权利，充分学习中国共产党各个时期的方针政策和指导纲领，时刻牢记本党参政议政、民主监督的基本职能。动员和鼓励每个党员积极发挥主动性、创造性，在各自的岗位上努力发挥自身特长，做出成效。

规章制度建设 建立和完善班子成员分工负责制，建立组织生活、理论学习、党员发展、调研、党费收缴等制度，并严格按制度和职责开展理论学习、调查研究、参政议政等活动。加强党内监督机制建设，根据《中国国民党革命委员会章程》，民革纳雍县工作委员会成立了党员监督小组，规范党员行为，维护民革形象，提高履职能力，推进了自身建设。

### 二 组织活动

参政议政 认真拟定年初工作计划，严格年底汇报总结，奖勤罚懒，提高效率。民革纳雍县总支每年都从各支部中评出部分工作积极、成绩显著的党员进行表彰奖励。推动了工作的有效开展，形成了“以先进促后进”和“比学赶超”的良好氛围。

**政治协商** 每年在两会来临之际，民革各级组织领导班子都要召集党员召开各种会议，研究如何有效地参与政治协商工作。分类组织各行业、各类别的党员深入基层一线开展调查研究，发动各行业、各类别的民革党员利用自身工作优势积极参政议政，组织民革党员积极把调研到的关系民生、经济、社会建设等方面的重点内容撰写成调研报告、提案建议或社情民意，以组织的形式送到“两会”上供党委、政府作决策参考；组织民革党员中的省、市、县人大代表或政协委员在“两会”期间积极抢抓机会发言、提交提案、建议等。多数建议受到了各级党委、政府和职能部门的高度重视，并予以采纳。

**社会服务** 纳雍县民革组织参与举办了纳雍“茶博会”，邀请东部发达地区民革组织参加茶博会，促进东西部茶产业的发展和茶文化的交流，为推动纳雍县茶产业发展、茶品牌打造积极搭建了交流合作平台；组织民革党员考察康养与乡村旅游产业，为打造毕节国际知名山地康养度假旅游目的地提出合理意见和建议；创建社会服务工作载体和平台，为促进毕节试验区政治、经济、文化、社会、环境的和谐发展和法制毕节的建设做实事。组织对部分抗战老兵开展慰问活动，组织各支部到所联系村看望部分困难群众，民革纳雍工委在世界环境日组织对纳雍县城关的困难环卫工人送去米和油，开展慰问活动等；联系社会爱心人士牵手困难学子，助其圆梦。

**民主监督** 在民革中央的统一部署下，民革毕节地方组织以召开配合民革中央做好脱贫攻坚民主监督工作推进会，制定下发了《民革毕节市工作委员会关于配合民革中央做好毕节试验区脱贫攻坚民主监督工作计划》，就全市脱贫攻坚民主监督工作的指导思想、主要内容、工作形式、方法原则、成果汇总、信息报送等进行明确要求，并对各支部监督工作任务进行统一部署。

**促进祖国统一** 一是组织党员参加省里组织的赴台交流学习活动；二是积极为台属寻找亲人；三是开展抗战老兵寻找和看望工作。通过举行抗战胜利纪念活动，继承和弘扬抗战精神，铭记历史、缅怀先烈、珍爱和平、警示未来，促进祖国统一。

## 第二节　中国民主同盟毕节地方组织

### 一　组织概况

1989年3月，中国民主同盟（以下简称“民盟”）贵州省委员会毕节支部成立，时有盟员35人。主委吴燮康，副主委赵琼玖、王厚康。1993年3月，民盟毕节支部改选，主委刁荣生，副主委吴道适。1994年4月，撤销民盟毕节支部，建立民盟毕节总支部，下辖4个支部。民盟毕节总支部主委刁荣生，副主委吴道适。1997年11月，民盟毕节总支部进行换届选举，选举刁荣生为主委，卢凤礼、明生荣为副主委。1999年3月，民盟贵州省委调整民盟毕节总支部领导班子，接受刁荣生请辞，明生荣任民盟毕节总支主委。2001年1月，民盟毕节总支部换届选举，选举明生荣为民盟毕节总支主委，卢凤礼、邹芝桦、刘祖荣为副主委。2005年，民盟总支换届选举，选举卢凤礼为民盟总支主任，邹芝桦、刘祖荣、吴玲娜为副主任。总支下辖6个支部，盟员共154人。

2007年12月27日，在民盟毕节总支部委员会的基础上，建立中国民主同盟贵州省委员会毕节地区工作委员会（简称民盟毕节地区工委），时有盟员162人。民盟毕节地区工委委员14人。其中主任委员1人，副主任委员3人，卢凤礼任主任委员，邹芝桦、刘祖荣、吴玲娜分别任副主任委员。2011年11月，国务院批准撤销毕节地区和县级毕节市，设立地级毕节市，民盟毕节地区工委也随之更名为“民盟毕节市委员会”，时有盟员287人。

## 二　主要活动

**参政议政**　民盟毕节总支成立后，遵循“尽职不越位，帮忙不添乱”的原则，履行民盟基层组织参政议政职责，为毕节地区经济社会发展建言献策：1.参加中共毕节地委、毕节地区行署以及中共毕节地委统战部有关会议，与会讨论研究问题，作有质量、有分量的发言，提出相应的建设性意见和建议。2.按照围绕中心、服务大局的原则，对有关毕节地区社会经济发展的重大问题及社会热点问题进行调查研究，撰写调查报告，形成议案提案，提交每年召开的贵州省政协、毕节市政协会议。1993年至2007年，共提交提案40多份，均产生较好的影响。2002年以后，中共毕节地委在加强党风廉政建设，实行党风监督员制度中，聘请民盟盟员为特邀监察员、行风监督员、特约检察员、人民监督员，发挥重要作用。2008年至2011年，省、地、市三级政协组织中的盟员委员适时提出有关提案96件。3.向有关部门就经济和社会发展中的有关问题提出建议。盟员中的省人大代表、政协委员、青联委员认真履行职责，主动建言献策，发挥参政议政作用。1989年，时任全国政协副主席、民盟中央主席的钱伟长，作为首任中央智力支边支援毕节试验区专家顾问组组长，率领由各民主党派中央选派的专家教授赴毕节县考察调研和中国农科院专家及民盟组织内部专家组赴毕节县就生态系统的治理与保护调研。1995年，全国人大常委会副委员长、民盟中央主席费孝通到毕节试验区考察。费孝通指出：毕节要修路，打开通道，要加强民族团结，走共同致富道路。2008年5月21日至22日全国人大常委会副委员长、民盟中央主席蒋树声率领中央统战部、国家农业部等部委负责人到毕节县调研，为试验区的可持续发展建言献策。2010年10月30日至11月1日全国人大常委、民盟中央副主席李重庵率民盟中央社会服务部部长郭勇，中国农业大学教授、农业经济专家李志明等专家组赴毕节县调研。调研期间，专家组一行分为种植、养殖、基础设施、产购四个专业组，先后奔赴毕节县20多个乡（镇、办事处）50多个点上，深入村寨、企业，对果园、养殖场、水库、食品加工企业等进行深入调研，认真了解农业生产资源，细致掌握种植、养殖情况，全面分析城乡经济发展情况。2011年4月24日全国政协常委、民盟中央副主席、浙江省政协副主席、民盟浙江省委主委徐辉率浙江省相关部门负责人及企业家赴毕节县考察调研。

**服务大局** 民盟毕节总支坚持围绕中，服务大局，着力为民盟中央、民盟贵州省委及其他民盟组织在毕节支持试验区建设搞好服务，使一批批项目在毕节落地实施。1990年，民盟中央协调资金80万元在毕节县水箐镇实施公路修建和输电线路改建工程。1991年，民盟中央调协北京汇文中学与毕节一中结为姊妹学校。并组织民盟教育专家、学者深入毕节县调研，为毕节县培训教师100余名，组织毕节二中的4名骨干教师赴杭州十四中参加为期两个月的培训活动。1994年，民盟中央捐资6万元在毕节县水箐镇修建大湾希望小学。1996年，民盟中央捐资13万元在毕节县何官屯镇修建马鞍希望小学。1999年，全国政协副主席、民盟中央名誉主席、毕节试验区专家顾问组组长钱伟长赴毕节调研并出席“毕节开发扶贫、生态建设试验区”十周年总结暨研讨会议。在毕期间，钱伟长偕夫人孔祥英女士前往大屯土司庄园参观考察，将随身携带的1200元钱捐给当地贫困儿童。从此，钱伟长连续6年在大屯乡每年资助贫困学生10名，每生每年资助120元。2002年，民盟中央副主席张梅颖在毕节县视察“普六”工作，深入基层调查研究，针对毕节县“普六”现状及实际，呼吁教育部对毕节县基础教育给予支持。2003年，民盟中央出资200万元在毕节县杨家湾镇和撒拉溪镇实施旱作农业示范项目。配合民盟中央邀请水利专家组赴毕节县调研，制定倒天河水库综合治理方案，倒天河水库大坝加高工程立项实施。2004年，民盟医疗专家组赴毕节县青场镇开展为期3天的义务就诊活动。民盟贵州省委协调资金23万元对青场镇卫生院进行扩建和出资2万元为青场镇卫生院购买医疗器具。全国政协常委、民盟中央名誉副主席、北大光华管理学院院长、试验区专家顾问组组长厉以宁赴毕节试验区考察工作；民盟中央副主席李重庵率北京市教育专家赴毕节县开展2004年高考指导培训工作；全国政协常委、民盟中央名誉副主席、北大光华管理学院院长、试验区专家顾问组组长厉以宁把个人荣获的日本福岗亚洲文化奖300万日元（约15.15万元）捐赠给毕节县，在三板桥街道修建长亭希望小学；民盟贵州省委组织贵阳医学院6位医学专家到毕节县青场镇开展为期3天的义务就诊。同时，为青场镇卫生院培训3名医务人员、捐赠174件医疗设备；民盟上海市委捐资25万元在梨树镇修建二堡小学；民盟贵州省委捐资2万元在千溪乡扩建千郎沟小学。

2006年，民盟上海市委出资50万元援建的毕节爱民广场露天舞台建设项目开工建设；民盟中央副主席李重庵专程赴毕节县上小河村考察“建设社会主义新农村”。民盟中央出资7.7万元在上小河村发展养殖产业和修建蔬菜大棚，向上小河小学捐赠200套课桌椅和部分办公用具，价值6万元；民盟深圳市委组织盟员企业家赴毕节县进行调研考察，捐资7万余元为上小河村购置电脑、电视、广播器材及办公桌椅；民盟贵州省委组织贵州大学、贵州师范大学8位优秀教师赴毕节县对210名乡镇教师开展英语、计算机、音乐等学科培训；民盟贵州省委向梨树镇上小河小学捐赠价值2万元的体育设施和器材。

2007年，民盟中央把毕节试验区教师培训计划正式纳入民盟农村教育“烛光行动”。到2011年，累计培训教师3万余人次。7月3日至6日，民盟社会服务暨新农村建设研讨会在毕节召开，全国人大常委、全国人大法律委副主任、民盟中央副主席李重庵出席会议并对民盟社会服务工作暨新农村建设的相关工作进行安排部署；民盟贵州省委主委、贵州省文史馆馆长顾久以及全国各省、自治区、直辖市民盟的相关人士参加研讨会。

2008年，民盟中央协调资金360万元修建毕节市第一条通村油路——梨树镇上小河村公路，出资20万元建设的海子街中草药科技种植示范基地，协调首都医科大学附属北京中医院专家组赴毕节县培训医务人员和卫校学生600余人次。民盟贵州省委协调资金700万元修建青场镇卫生院和上小河村卫生室，联系民盟天津市委向毕节捐赠300余件寒衣，协调联系区外友人资助毕节学院2名贫困大学生每年每人2000元，共计1.6万元。是年，在民盟贵州省委开展的“大山的脊梁——感动贵州的教师们”等活动中，赫章县、毕节县4名农村基层教师荣获奖金共15万元。

2009年，民盟中央出资10万元帮助毕节县部分因雪凝灾害房屋受损农户重建家园，协调“东桑西移”和“生猪调出大县”项目在毕节县实施。协调资金70万元在梨树镇上小河村实施白族民居改造工程，协调温州医学院对毕节市中医院进行对口帮扶，并对毕节县医务人员进行“明眸工程”培训；促成深圳市有关学校结队帮扶毕节地区试验高中，促成京康谊德医院同毕节燕氏骨科医院合作。民盟省委协调省卫生厅加大对毕节地区医疗卫生的支持力度，全年投入700多万元。

2010年2月，民盟中央组织中国农业大学8名专家赴毕节县考察，并制定毕节县农业中长期规划；协调资金150万元共建设沼气池1500口；协调国家广电总局正式批准成立毕节县电视台和县级电视台。协调50万元资金援建毕节市鸭池镇金钟小学（现为光汇烛光小学）。民盟省委协调民盟浙江省委下属基层组织向毕节市梨树镇上小河村小学捐赠抗旱救灾资金29059元。民盟贵州省委协调发改资金100万元，改造上小河白族民居和修建养老院；协调民盟深圳市委捐款8万元援建梨树镇小屯村水窖。

2011年1月，民盟中央协调中关村捐资100万元在毕节县实施“教师培训”工程和支持贫困大学生“助学行动”。3月，民盟中央主席蒋树声赴民盟中央副主席李重庵、民盟中央社会服务部部长郭勇率东部十省市民盟组织赴毕节县调研。民盟上海市委向梨树镇二堡小学捐赠打印机、计算机等教学设备，并给学生发放奖学金。7月，民盟中央社会服务部部长郭勇、北京康益德医院院长董瑞、倍肯集团副总裁金刚赴毕节县考察。倍肯集团与区疾控中心、19个镇乡卫生院签订《数字化整体化验室项目实施协议》，并向区疾控中心、19个镇乡卫生院各捐赠一个数字化整体化验室，总价值416万元；北京康益德医院向毕节县捐赠价值110万元的药品，培训医务人员100人次。9月，民盟中央副主席、上海市人大常委会副主任郑惠强率民盟上海市委考察组赴毕节县考察。向小坝中学捐赠60台电脑和1000册图书。9月，同心杯“爱毕节、爱家乡”演讲活动暨中关村教育基金会“烛光助学金”首发仪式在毕节县举行，为56名家庭贫困的学生每人发放2000元助学金。中关村教育基金会“烛光助学金”拟在毕节县连续实施4年，共发放助学金44.8万元。民盟中央协调北京、上海、深圳及东部十省市民盟组织为贫困地区和灾区群众提供各种捐款600余万元，促成签约资金达12.5亿元。民盟贵州省委协调民盟上海市委捐助资金2.24万元，为毕节县梨树镇二堡小学添置办公用电脑、复印机和教师用U盘等；协调有关方面为毕节地区捐赠几何教学软件480套。民盟上海市委援助15万元，地方匹配30多万元在小坝镇修建黄埔图书实验楼1栋。

**社会服务**　1.收集、整理历史资料，在中共毕节市委和市委统战部等单位的支持帮助下，协调筹集资金编印出版反映民盟在毕节市活动近20年的书画册《合作共建——中国民主同盟帮扶毕节市纪实》，作为向试验区建立20周年的献礼和宣传毕节的资料之一。

2.协调落实资金6万元，牵头组织完成《毕节市梨树镇上小河村生态农业园区规划（2008—2020）》的设计、编制工作。

3.协调资金，帮助毕节市梨树镇上小河村养殖户扩大莱茵鹅的养殖规模，协调毕节市畜牧局在上小河村定点开展疫情防病工作。

4.通过“送医、送药、送科技”三下乡镇活动，组织医疗专家到毕节市放珠、八寨、梨树、大新桥、何官屯镇和黔西县素朴镇、定新乡、威宁炉山镇、纳雍县锅圈岩乡文化村等开展义诊活动，接诊群众3000余人次，赠送药具和宣传资料价值4万余元。

5.民盟毕节地区工委组织地直财经支部委员会到毕节市梨树镇养老院看望孤寡老人，赠送价值2000余元的衣物、食品和生活用品；并积极帮助梨树镇协调资金，准备重修养老院。

6.联系民盟深圳市委，促成深圳市高级中学同大方县三中结为友好学校并捐助部分贫困学生学习，并为大方县三中捐赠一些电教器材。

7.在中共毕节地委统战部牵头下，同农工党、九三学社毕节地区工委联合，到纳雍县维新镇开展“国际卫生与科学和平周”活动，对当地村民义诊并开展健康防疫、农业技术、避孕节育等知识的宣传培训，送去药品、资料价值2万余元。

8.联系民盟四川省委，促成四川大学华西医学院对口帮扶毕节地区精神病院。

9.协调卫星广播电视接收设备和广播器材20余套，援助威宁县炉山镇。牵头组织，以华西医院对口帮扶毕节地区精神病院为切入点，最终服务广大精神病患者的“同心·康宁项目”在正式启动。

10.通过民盟成都市委联系成都市血液中心对口帮扶毕节地区中心血站并在成都举行签字仪式。

11.邀请果树和土肥专家到百里杜鹃金坡乡附源村开展“同心·智力支持”活动——果树栽培技术培训，培训果农40余人。

12.邀请成都市卫生局副局长、心理卫生专家刘培毅对毕节卫生学校部分教师和有关医护人员进行《压力与健康专题讲座》培训，培训人员50余人。

13.通过民盟上海市委，联系上海市七宝中学对口帮扶地区民族中学。

14.民盟毕节地区工委机关和全体干部职工向雪凝灾区捐款、四川地震灾区、毕节地区慈善总会、本地旱灾、玉树地震、舟曲泥石流灾区、望谟灾区、见义勇为基金捐款4万余元。

民盟毕节地方组织力所能及的参与毕节地方经济建设中，取得的成绩得到各级领导的肯定，2005年获民盟中央“先进基层组织”表彰、2009年获民盟中央“盟务工作先进集体”表彰、2011年获民盟中央“纪念中国民主同盟成立七十周年先进集体”和“民盟社会服务工作先进集体”等表彰。2004年获民盟贵州省委“贵州省先进民盟支部”表彰、2008年获民盟贵州省委“2002～2007年度参政议政工作先进集体”表彰、2010年获民盟贵州省委“参政议政工作先进集体”表彰、2011年获民盟贵州省委“组织发展工作先进奖”等表彰。

## 第三节 中国民主建国会毕节地方组织

**组织概况** 受中共贵州省委省政府的邀请，中国民主建国会（以下简称：民建）中央主席成思危、陈昌智，副主席冯克煦、陈明德、张榕明、路明、马培华、张少琴等先后多次率团实地考察毕节开发扶贫、生态建设试验区的情况，确定黔西县定为民建中央重点帮扶县，为黔西县科学发展牵线搭桥、出主意，协调资金兴修通村油路，帮助黔西县建设经济繁荣、设施完善、环境优美、文明和谐的社会主义新农村。

民建中央、民建贵州省委和中共毕节地委的直接关怀下，2010年4月9日，中国民主建国会毕节地区支部委员会在毕节成立，后来升格为民建毕节市工作委员会，设主任委员1名，副主任委员4名；内设正科级综合办公室1个，行政编制3人。秦天志出任民建毕节地区支部主任，丹彤出任民建毕节地区支部副主任。

**工作职能** 1.认真贯彻执行中国共产党的路线方针政策和上级民建组织的决议，团结广大会员积极开展参政议政、民主监督和参加中国共产党领导的政治协商，助推毕节市经济社会全面发展。

2.围绕民建中央、民建省委的部署和中共毕节市委、毕节市人民政府的中心工作开展专题调研，积极参政议政，反映社情民意，向市委、市政府建言献策。

3.发挥民建联系经济界的特色和优势，在加快转变经济发展方式、调整优化经济结构、保障和改善民生等方面发挥作用。

4.组织会员学习马列主义、毛泽东思想、邓小平理论、“三个代表”重要思想、科学发展观、习近平新时代中国特色社会主义思想、中共中央大政方针政策及统一战线精神等，加强思想建设、组织建设和领导班子建设。完善工作机制，提高会员素质，增强工作能力，调动会员积极性，为毕节市政治、经济、文化、社会和生态建设贡献力量。

5.维护会员合法权益、反映会员意见和要求、维护安定团结。

## 第四节 中国民主促进会毕节地方组织

毕节试验区建立后，中国民主促进会（简称：民进）中央主席许嘉璐、严隽琪，副主席罗富和等领导多次率团到毕节就试验区建设进行广泛深入调研，明确金沙县为民进中央的对口帮扶县，协调立项建设金沙胜天水库，金沙电厂、黔北电厂等一系列“同心”项目。

在民进中央的直接关怀下，2011年7月18日，民进纳雍县支部委员会成立，2011年9月4日，民进金沙支部成立。

# 第五节　中国农工民主党毕节地方组织

## 一　组织概况

1989年6月17日，中国农工民主党（简称：农工党）贵州省直属毕节支部在毕节召开成立大会，选举产生了第一届支部委员会，主任委员崔保庆，支部委员徐建雄、姜羡农、陈汝绍。

1992年6月进行支部换届选举，主任委员崔保庆，支部委员徐建雄、姜羡农、陈汝绍、汪义强、辜康乐。

1995年11月9日，成立了农工党贵州省直属毕节总支委员会。总支主任委员崔保庆，副主任委员徐建雄、辜康乐，总支委员吴正石、汪义强、程泰山、吴艳霞。总支下设3个支部：毕节地区医院支部（主委崔保庆兼，委员庞小林、吴学义、吴艳霞）、毕节师专支部（主委辜康乐兼，委员李赛、李舒波、郑奎玲）、综合支部（主委吴正石兼，委员李荣华、姜羡农）。

2001年10月，进行总支换届选举。总支主任委员辜康乐，副主任委员庞小林、吴学义，委员吴艳霞、李赛、刘少春、高守军。总支下设了3个支部：毕节地区医院支部（主委陈道忠，委员文万鹏、张凤英）、毕节师专支部（主委李舒波，委员赵发忠、吕冬梅）、综合支部（主委刘少春兼，委员伍荣、邓若平）。

2006年2月，进行总支换届选举。总支主任委员辜康乐，副主任委员庞小林、吴艳霞、高守军。

2007年12月，成立农工党毕节地区工作委员会。主任委员辜康乐，专职副主任委员高守军，副主任委员庞小林、吴艳霞。委员李舒波、范立红、赵发忠、刘少春、陈一川、陈道忠、吕桂荣、卢萍、张德远、邓若平、伍蓉。

截至2011年12月底，中国农工民主党毕节地区工作委员会辖3个支部（毕节学院支部、地区医院支部、综合支部），共有党员133名。其中，有9位党员分别在政协、政府部门和事业单位担任厅、处级实职，有17位党员分别担任省、市两级人大代表和政协委员。

## 二　主要活动

**政治协商**　农工党毕节地方组织成立以来，按照“尽职不越位，帮忙不添乱”的原则，积极发挥参政党的作用。历届主委、副主委及党员中的各级人大代表、政协委员、青年委员积极参与我区大政方针及重大决策的讨论协商，积极参加地委、行署、地区人大工委、地区政协工委、地委统战部和有关部门举行的民主协商会、座谈会、情况通报会、三级干部会、经济工作会等，积极参与民主协商，协商前广泛听取意见，认真准备，坦诚提出意见建议，认真履行参政党职能。共参与各类政治协商会议200余次。

**民主监督**　受聘为“党风监督员”“特邀监察员”“行风评议代表”和“行风监督员”的党员积极开展社会问卷调查、民主评议活动，参加对市质监局、水利局、工商局、地税局、卫生局、农委、检察院等单位的民主监督工作，参加历年公务员录用招考的监督巡视工作，并积极反映社情民意，充分履行自己的职责，发挥民主监督作用。党员中共有10余人次被聘为各类特约人员。

**参政议政**　党员中的各级人大代表、政协委员还按期参加各类会议，认真履行职责，充分发挥人大和政协的平台作用，积极参政议政，通过调查研究，积极撰写调研报告和提案，积极建言献策，较好地履行了参政议政职责。其中，专题调研报告《毕节地区非公有制经济发展软环境建设情况调研报告》被地区政协主办的《毕节政协》杂志摘要刊发，受到中共毕节地委、地区行署的重视；专题视察材料《加强工程建后管理是确保农村饮水安全的关键》被行署批转地区水利局参考采纳；“关于加强全区村医队伍建设的提案”被列为地区政协督办提案，受到中共毕节地委、行署高度重视；社情民意信息分别引起地区城管局、广电局的高度重视，所反映的问题均得到较好解决。《关于积极发展学前教育的建议》的提案，被列为副省长督办提案，被省政协评为优秀提案。在各级人大、政协会议上提交了90余篇提案、议案、社情民意，内容涉及全省、全区经济社会的方方面面。

**社会服务**　农工党毕节地方组织成立以来，共投入和协调资金60万元支持毕节试验区文化教育、医疗卫生、人才培训和劳动力转移等社会事业发展。教育方面：捐助学校3所，资助贫困生100余人，捐赠教学用书和教学设备价值32万余元，举办教育专题讲座近20场次，培训教师和教学管理人员1000余人；文化方面：捐助村文化中心价值5000元体育健身设备1套，捐赠卫星电视地面接收器2套，捐赠文化科技图书价值5000余元；医疗卫生方面：捐赠药品和医疗设备价值20万余元，支持帮扶村卫生室2所，培训医务人员100余人，义诊1.5万人次，协调白内障手术430多例；人才培训和劳动力转移培训方面：共培训各类人才500人次；精准扶贫方面：支持黔西县大关镇桥边村的2户贫困群众“黔西北民居”改造资金2万元。支持灾后重建方面：积极发动党员参与我市雨雪凝冻灾害、四川汶川地震、甘肃舟曲泥石流、青海玉树地震、贵州望谟水灾等爱心捐赠活动，捐赠款物折合人民币2万余元。参加抗击“非典”斗争：2003年总支认真贯彻农工党贵州省委《关于加强“非典”防治工作的通知》，号召党员积极投身抗击“非典”疫情的斗争，在其中发挥了重要作用，作出了积极贡献，党员崔保庆、吴学义、陈道忠、张凤英、刘少春、陈一川、王琳获农工党贵州省委授予抗击“非典”先进个人称号。“中国环境与健康宣传周”和“国际科学与和平周”活动：每年都积极开展相关活动，活动以义诊、健康咨询、知识讲座为主，以基层群众为服务对象。在毕节市七星关区、大方县、金沙县、纳雍县、赫章县等城区和十几个乡镇共开展义诊活动30余次，300余人次参加了活动，共计发放宣传资料3.5万余份，发放各种常用药价值15万元，受益群众近1.5万余人次。

**参与试验区建设**　积极配合联系协调农工党中央、贵州省委及全国各级组织对试验区和大方县的扶贫工作，先后组织了60多批、600多人次的医卫、教育和农业方面的高中级专业技术人员，到以大方县竹园乡、鸡场乡、东关乡和赫章县平山乡、纳雍县维新镇为重点的11个乡镇进行扶贫工作，开展义诊咨询、送医送药、支教活动；积极配合参与“爱德基金会”在大方县大山乡实施农村社区综合发展项目，共投资项目资金1170万元；配合农工党省委邀请重庆中医药研究院的半夏种植专家赴大方县黄泥塘、鸡场、凤山等乡镇对农民进行半夏种植培训。联系香港乐施会捐赠23万元在大方县八堡乡援建沟渠，向大方县受灾养殖户捐赠52万元物资。

协调农工党中央、农工党贵州省委、中国初保基金会向赫章县平山乡卫生院捐赠了价值25万元的药品和医疗器械；组织策划并和地区卫生局联合承办了农工党贵州省委、贵州威门药业“百万基药送基层”捐赠活动，共向毕节地区捐赠了价值30余万元的药品；配合农工党中央、农工党省委协调联系深圳狮子会免费为大方县群众进行白内障手术，免费为大方三中的257名学生进行验光配镜；协调联系农工党北京市委，促使北京中医药大学直属北京东直门医院与毕节地区中医院达成帮扶合作协议，免费接收地区中医院3名医生进修学习；全力配合抓好“贵州毕节贫困山区同心助医工程”项目实施，推动基层卫生事业发展。助医工程分两期进行，第一期为乡村卫生人员举办了5个类别13个班次的培训，培训基层卫生技术人员1158人，覆盖全区9个县（市）。第二期项目主要是帮助完善大方县34个乡镇卫生院和360个村卫生室建设，配合大方县医疗卫生体制改革，逐步实现乡村一体化管理。同时也将继续开展基层卫生人才培训。截至2011年11月30日完成大方县乡村卫生人员培训417名。

协调上海市闵行区光彩事业促进会出资30万元援建鸡场乡营新小学。

农工党毕节地方组织成立以来，全体党员立足本职，为毕节经济社会发展作出了积极贡献，省直毕节总支分别于1996年获国际科学与和平周中国组委会授予的“优秀活动奖”、1998年获国家民族事务委员会授予的“民族团结进步模范集体”荣誉称号、1999年获农工贵州省委授予的“在98年支援抗洪救灾活动中成绩突出”表彰奖、2000年获农工党贵州省委授予的“先进支部”称号、2001年获农工党中央授予的“智力支边扶贫先进集体”奖、“中国农工民主党基层组织建设优秀奖”、2003年获农工党贵州省委“宣传思想工作先进集体”奖、2005年获农工党贵州省委“2002～2004年度党务工作先进基层组织”奖、2006年获中共中央统战部、各民主党派中央和全国工商联联合颁发的“各民主党派、工商联、无党派人士为全面建设小康社会作贡献先进集体”称号；毕节地区工委分别于2008年获得农工党贵州省委“参政议政暨社会服务工作先进集体”奖、2009年农工党贵州省委“全省组织工作先进集体”奖、2010年农工党贵州省委“先进集体”奖；三个支部分别荣获2010年农工党贵州省委宣传工作、组织工作、参政议政、社会服务先进基层支部。

## 第六节　中国九三学社毕节地方组织

**组织概况**　1989年6月，中国九三学社毕节支社建立，夏立明任支社主委，解德蕴任支社副主委，时有社员7名。1991年，中国九三学社毕节支社改选，选举解德蕴任支社主委，陈晓英任支社副主委。1998年，中国九三学社毕节支社改选，选举陈晓英任支社主委，谢定敏任支社副主委。至2003年，中国九三学社毕节支社有社员50名。

主要活动　自1997年起，中国九三学社毕节支社响应中共毕节地委、毕节地区行署的号召，帮扶贫困乡村。是年，将大方县六龙镇作为支社的扶贫联系点，对其贫困村寨进行具体帮扶。1997～1998年，支社多次组织人员深入到六龙镇调查研究，先后组织600余人次对贫困村民进行营养沱育苗移栽、地膜覆盖、分带轮作、绿肥聚垄免耕、杂交玉米种植、绿肥留种、平衡施肥等农业适用技术培训；发放农村医疗卫生常识和农村常见病防治手册1000余份。1997年，支社多方争取资金15万元，建六龙镇长坡希望小学。2000年学校建成，解决长坡村400多名适龄儿童读书难问题。1998年秋，将大方县响水乡定为九三学社支社帮扶点。1998～2000年，支社组织该乡100多人次农民进行土肥、种子、植保等方面技术培训，提供技术服务。同时，在响水乡推广良种及合理施肥、小麦秸秆覆盖还土技术，使玉米平均单产550公斤，平均每亩增产80公斤。2003年，全国防治"非典"期间，九三学社毕节支社组织社员编印《防治"非典"基本知识》，组织社员在田边、街头、学校、诊所宣讲"非典"防治；落实全国"非典"防治电话会议精神，把防非典重点放在农村。2005年1月，毕节支社向九三学社中央呈递关于切实发挥参政党作用，大力推进毕节试验区建设的建议，得到九三学社中央领导的重视，表示拟从多个方面加大对威宁县的帮扶力度。2011年，提交提案260件。

# 第二章　群众团体

## 第一节　工会组织

### 一　组织机构

**贵州省总工会毕节地区办事处**　1950年10月，成立贵州省工会毕节专区办事处，徐传祥任办事处主任。1953年，根据《中国工会章程》规定，将贵州省工会毕节办事处更名为贵州省工会联合会毕节专区办事处。1958年11月，根据全国总工会通知，将贵州省工会联合会毕节专区办事处更名为贵州省总工会毕节专区办事处。是年11月，贵州省委决定将各级工会组织并入同级党委工交部，对外保留牌子，贵州省总工会毕节专区办事处并入中共毕节地委工交部。1959年底，省决定恢复专区办事处建置。1966年，开始“文化大革命”，办事处停止工作，其职能由毕节专区职工代表大会取代。1973年3月，中共毕节地委贯彻中发〔1973〕17号文件精神，制发《关于整顿健全各级工会组织的意见》，决定成立毕节地区工会筹备小组。1975年10月，召开毕节地区工会第二次代表大会，选举产生毕节地区总工会。1979年，根据《中国工会章程》规定，毕节地区总工会更名为贵州省总工会毕节地区办事处。

2001年，毕节地区实施机构改革，明确贵州省总工会毕节地区办事处主要工作任务为：1.贯彻执行党的路线、方针、政策，围绕党和国家工作大局，贯彻执行地委和省总工会确定的工会工作方针和决议，指导全地区的工会工作。2.依照法律和《中国工会章程》，组织和指导全地区各级工会认真落实全心全意依靠工人阶级的指导方针，最大限度地把职工群众组织到工会中来，认真履行维护职工群众合法权益的基本职责，调动和发挥广大职工的积极性与创造性，完成党和政府提出的各项任务。3.围绕职工合法权益的重大问题进行调查研究，向地委、行署和省总工会反映职工群众的思想、愿望和要求，并提出意见和建议；参与制定涉及职工利益的有关规章和政策、措施：对侵犯职工合法权益的重大事件进行调查并提出处理意见；代表职工对安全生产、劳动保护实施监督，参与职工重大伤亡事故的调查处理。4.开展工会政策理论研究；监督检查《中国工会章程》的贯彻执行情况；指导基层工会的民主选举、民主决策、民主管理和民主监督工作；指导基层工会建立健全职工代表大会制度和平等协商、集体合同制度；指导基层工会不断提高职工的思想道德和科学文化技术素质。5.协助县市党委和地直有关部门党委（党组）推荐和管理工会的领导干部；监督检查省总工会毕节地区办事处机关和直属单位党员干部的党风廉政建设情况；制定全地区各级工会干部的管理制度和培训规划，并组织实施。6.承担区内全国和省、地劳动模范（先进工作者），全国、省和地区五一劳动奖状（奖章）获得者的推荐、评选、表彰等具体工作及上述人员的管理工作。7.负责工会经费的收缴、上解、管理、使用和工会资产的管理及工会内部审计工作；参与制定职工劳动福利事业的有关规定和制度，指导协调职工劳动福利事业的工作。8.承办地委、行署和省总工会交办的其他事项。其内设办公室、职工权益保障科、宣教文体科。贵州省总工会毕节地区办事处历任主任：徐传祥、袁廼勋、陈吉忠、蒋弟元、张世贵、郭正良；副主任：周效冉、郝相亭、刘继元、金培斋、张保荣、陶启祥、邱继刚、董俊明、王琼仙、章正南、荣廷芳、靳心原、王爱平、陈明江、陈兴华、顾军。

**产业（局）工会**　毕节地区工会和各县工会在组建本级工会的同时，按照中国工会实行产业和地方相结合的组织领导原则，地、县均建立产业（局）工会。建立地区产业（局）工会的系统有教育、轻工、邮电、金融、农林、财贸、公路运输、水利电力、城建建材、石油化工等。

**基层工会**　20世纪50年代～2011年，毕节地区先后在国有企业、国有控股企业、集体企业、合资企业、外商企业、私营企业、机关事业单位相继建立起工会组织。至2005年，全地区共有基层工会2605个，工会会员20.18万人。2011年，全区基层工会总数6525个，会员总数90.8万人。

## 二　工会工作

**群众生产工作**　1.职工劳动竞赛。20世纪50年代初，全专区工会组织职工开展以增产节约为中心的爱国增产节约捐献运动。1956年2月，召开全专区地方性社会主义厂际竞赛、同工种竞赛签字大会，全专区69个工、商业单位共3805名职工参加竞赛。1962～1963年，全专区广泛开展以支援农业为中心的社会主义劳动竞赛，促进农业生产的恢复。1976年，地、县工会组织职工

毕节地区劳动模范表彰大会（2005年）

开展工业学大庆活动，开展社会主义劳动竞赛。1985年，地区工会发出积极进取、促进改革、把社会主义劳动竞赛活动向前推进的号召，各级工会组织职工开展技术练兵、技术比赛活动。在各行各业中开展献计献策、单项指标能手、创名牌、创新产品竞赛活动。1987年，地、县工会组织国营厂矿企业“双增双节”，厂际劳动竞赛。1997～1999年，在全地区开展建功立业劳动竞赛活动。全地区315户企业开展活动，创经济效益在1000万元以上。2004～2005年，各级工会结合企业生产经营，举办技术培训班100多次，职工5000多人次参加培训；开展技术比武、岗位练兵300多次，参加职工2万多人次；开展技术革新50项，创经济价值2000多万元；职工提合理化建议538条，实施281条，创经济价值1000多万元。2011年，全区开展劳动竞赛企业990家，开展岗位练兵企业850家，开展技能竞赛企业580家，举办职工练兵活动2000多次，参赛职工30万人次。

2.职工技术协作。20世纪50～60年代，各级工会开始组织职工在劳动竞赛中开展推广先进经验、提合理化建议、技术操作表演、传经送宝等技术协作活动。1987年6月，召开毕节地区第一次职工技术协作委员会会议，讨论通过《毕节地区职工技协工作条例》，产生毕节地区首届职工技术协作委员会。是年，云、贵、川3省职工技协第三届交易会在贵阳召开，毕节地区102个单位147个项目参展，展品成交额2589.96万元，名列全省之冠。1988年，各县、厂矿陆续成立职工技术协作委员会或技术小组，开展科协活动。据2000年统计，各级工会所在单位建有职工技协组织24个，技协会员265人。至是年末，技协举办技术培训（讲座）126次，参加职工5.08万人次；由各级职工技协推广新技术项目15个，创经济效益101万元。2011年，选拔技术带头人126人，总结推广先进操作法140项，申报技术创新成果5项，提出建议1.4万条，创经济价值300万元。

3.职工劳动保护。20世纪50年代初，专区工会设置1名劳动保护干事，负责劳动保护工作。1953年，在一些基层工会中设立劳动保护检查员。是年，专区工会组织人员检查全专区厂矿企业安全卫生，发现大量不安全生产问题，督促基层工会建立伤亡事故报告制度，县工会实行定期检查厂矿企业安全卫生制度。1955年，各基层工会相继设置兼职劳保委员。1958年，地直部分基层工会建立起劳动保护委员会。1980年起，基层工会逐渐恢复劳保委员会制度，在生产一线的班组中设置劳动保护检查员；300人以上的企业开始建立劳动保护监督检查委员会，一般企业仍设置劳动保护监督检查员。到1989年，全地区有246个企业工会建起劳动保护监督委员会，555个班组设置劳保安检委员。1996年，地区及各县市均建立劳动法律监督委员会；300人以上的企业组建工会劳动法律监督委员会，为工会参与劳动保护工作提供法律保护。2011年，全区建立1103个劳动争议调解组织。

4.表彰劳动模范。1953年后，毕节专区按照中华全国总工会《劳动模范工作暂行条例》规定，评选、推荐和管理劳动模范。1982年，地区工会组织力量普查登记毕节地区历届全国和省级劳动模范、先进生产（工作）者，上报省总工会，并加强对劳动模范的管理。1995年，地委、行署召开全地区劳动模范表彰大会，表彰劳动模范102名。1998年，地委召开全地区全心全意依靠工人阶级暨加强工会工作会议，会上表彰劳动模范和先进个人103名，先进集体10个。2000年，地委、行署召开全地区劳动模范表彰大会，表彰劳动模范68名。据统计，1950～2000

毕节地、市工会五·一送岗位温暖活动（2004年）

年间，毕节地区受国家表彰的劳动模范、先进工作者19名；受中共贵州省委、贵州省人民政府表彰的劳动模范、先进工作者839名；受中共毕节地委、毕节地区行署表彰的劳动模范、先进工作者337名。中华全国总工会授予毕节地区“五一劳动奖章”。2010年，评选出全国劳模4名，省级劳模25名，省级先进工作者10名。

职工民主管理　1.职工代表大会。1958年，专区工会把在企业中建立党委领导下的职工代表大会制列为工会工作中的重要任务。1965年，专区工会拟定《毕节专区职工代表大会条例（草案）》，并组派工作组到毕节县印刷厂、粮食加工厂帮助建立职工代表大会制。随后，总结两厂经验在全专区推广。1980年，地区工会制发〔1980〕1号文件，要求各级工会推行党委领导下的职工代表大会制，维护职工行使当家作主的权利，加强企业民主管理。之后，职工代表大会在全地区国营企业相继建立。至1991年末，全地区有861个单位建立职工代表大会。2000年，地区工会、地委组织部、地区经贸局联合行文，对企业职代会开展民主评议领导干部提出明确要求。是年，全地区国家、集体企业评议领导干部570人，其中评为优秀的193人，称职的213人，基本称职的97人，不称职的54人，免职的13人。2001年2月，地委召开全地区新建企业工会组建工作会议，部署新建企业工会组建工作。至2002年末，新建企业建立职工代表大会制度的265家，建制率达26%。2010年，全区国有及其控股企业455家，1073个事业单位已建立职代会制度。

2.集体合同制。1989年2月，地区工会根据省总工会部署，要求各县总工会及基层工会在各类企业中推行“双保合同”。1989年4月，地区工会、地区经委联合召开地直国营工业企业厂长、工会主席联席会，研究推行“双保合同”。会后，地区工会、地区经委联合在地区化肥厂进行推行“双保合同”试点，各县总工会也进行试点。1990年底，全地区国营工业企业全面推行“双保合同”。是年底，全地区签订“双保合同”企业87户。1996年，行署发出《关于进一步加强我区平等协商签订集体合同工作的意见》。是年地区工会举办两期平等协商签订集体合同培训班。同时，地、县工会派出人员深入基层企业，帮助修订完善集体合同。从1998年起，地区工会根据省总工会“先建制，后规范，再完善”的要求，一手抓组建，一手抓规范，提高集体合同的质量和履约率。到2000年止，全地区570个单位建立平等协商、集体合同制度，集体合同覆盖3.78万名职工。2010年全区签订集体合同1310家，工资专项集体合同1060家。

3.实行厂务公开。1999年4月，中共毕节地委贯彻省委办公厅、省政府办公厅《关于国有企业实行厂务公开进一步加强民主管理的试行意见》，成立毕节地区厂务公开领导小组，安排全地区厂务公开工作。领导小组下设办公室，办公室设在地区工会。并确定毕节天工建材总厂为地区试点单位。会后，各县市和地区各产业（局）相继成立厂务公开领导小组，并建起工作机构。各级工会按地委关于领导班子要健全、办事机构要明确、实施方案要可行、“一个原则”要掌握、公开重点要突出、公布载体要多样、监督机构要建立、整改措施要及时、公布效果要明显、干部职工要满意的要求，做好厂务公开工作。全地区国有企业、国有控股企业及集体企业相继实行厂务公开。同时，在医院、学校等事业单位中进行政务公开试点。至2004年底，全地区265家国有企业和7家控股企业全部实行厂务公开；107家集体企业实行厂务公开，占73%。全地区724所学校、133所医院、6个科研单位及其他381个事业单位全部实行政务公开。30%以上的非公有制企业推行了厂务公开。2010年，全区非公企业已有1138家实行厂务公开。

## 第二节　共青团组织

### 一　组织机构

**中国共产主义青年团毕节地方委员会**　1950年5月，成立中国新民主主义青年团毕节地方工作委员会。1957年5月，根据中国共产主义青年团第三次全国代表大会的决定，中国新民主主义青年团毕节地方工作委员会改为中国共产主义青年团毕节地方委员会（简称共青团毕节地方委员会）。1962年5月，地委决定撤销共青团毕节地方委员会，将其工作列入地直机关党委工作；次年6月恢复共青团毕节地方委员会。1966～1972年，共青团毕节地方委员会被并入地区革命委员会政治部群工组。1973年4月，召开共青团毕节地区第一次代表大会，选举产生共青团毕节地区第一届委员会。1979年8月，共青团毕节地区委员会改称共青团毕节地方委员会。

2001年，毕节地区实施机构改革，明确共青团毕节地委的主要工作任务为：1.行使中共毕节地委赋予的领导全区共青团、青联、学联和少先队工作的职权，对全区性青年社团组织进行指导和管理。2.参与拟定全区青少年事业发展规划和青少年工作的方针政策和规章，并组织实施；参与拟定有关青年统战工作的政策和规章。3.组织实施有关青少年事务的法规，协助有关部门协调和处理与青少年利益相关的事务，调查青年思想动态和工作情况，研究青少年运动的理论和思想教育问题，反映青少年的利益要求和意见，并提出相应的政策意见或建议。4.组织带领广大青年积极投身西部大开发和富民兴黔的宏伟事业，根据青年特点开展各项活动，在“两个文明”建设中充分发挥生力军和突击队的作用。5.制定共青团组织建设有关政策、规划，组织和实施团员发展、团干培训、推优入党等工作，做好对下一级团委领导班子的协管工作。6.协助有关部门做好大、中、小学生的培养教育、管理工作，维护学校稳定和社会安定团结。7.做好青年统战对象的团结教育工作，维护民族团结，促进祖国统一；做好全区青少年外事工作，加强管理和提供服务，开展对外交流和宣传工作。8.承办地委、行署和团省委交办的其他工作。其内设办公室、团务部。

中国共产主义青年团毕节地方委员会历任书记：陈健吾、王斐章、杨官富、李国恒、陈吉忠、马敏进、乔洪、何萍、谭亚林、熊灿平、高青、赵永富、潘发勇；副书记，李正瑞、孟宪木、王斐章、卢泮水、郑臣斌、邓祥荣、农职双、张品、陈吉忠、李绍武、何萍、廖昌晖、张玮、李玉平、熊灿平、高青、马立、肖明龙、张玉杰、吕勇。

**毕节地区青年联合会**　1989年7月17日，中共毕节地委决定成立毕节地区青年联合会（简称毕节地区青联）。是年9月18～21日，召开毕节地区青联第一届一次全委，选举毕节地区青联第一届委员会主席、副主席。1993年11月25～27日，召开毕节地区青联第二届二次全体委员会议。选举产生毕节地区青联第二届主席、副主席。毕节地区青年联合会历任主席：何萍、张玮；副主席：杜娟、陈长友、周应华、尹兴国、李玉平、唐光星、陈湘、辜康乐、朱维华。

## 二　共青团工作

**组织建设**　1950年2～3月，毕节专区革命干校建立青年团组织，为最早建立的团组织。1951年，专区团工委在专区4个直属机关和3个专业公司建立6个团支部，有团员198名，并于是年9月建立毕节地专机关青年团总支部。此后，共青团组织有较大发展。1962年，全专区有共青团员7.77万名，其中农村团员7.53万名：建起团支部5205个，其中农村团支部4645个。1963～1976年间，受3年经济困难和“文化大革命”影响，区内共青团组织建设和团员发展工作基本停顿。1977年后，区内共青团组织建设和团员发展工作逐步好转。1995年，各级共青团组织贯彻共青团中央《关于加强团的建设若干问题的决定》和团省委《关于改进和加强全省团的组织建设的意见》，开展发展团员工作，是年共发展团员3.75万名。1998年，开始吸收学校优秀少先队员入团，当年发展2.4万名团员，其中1241名是学校优秀少先队员。到2001年末，全地区共有基层团委380个，团工委21个，团总支82个，团支部5180个，团员23.46万名，其中女团员7.08万名；有专职团干部368名。推荐2249名团员加入中国共产党。2011年，加大非公团建力度，创建两新团组织319个，覆盖团员青年2万多人。

**开展讲文明树新风活动**　1981年，团中央发出《学雷锋、树新风、建设社会主义精神文明的通知》；全国总工会、团中央、全国妇联等9个单位联合发出开展以讲文明、讲礼貌、讲卫生、讲秩序、讲道德；心灵美、语言美、行为美、环境美为主要内容的文明礼貌活动的倡议。毕节团地委向各县团委、地区直属各单位团组织作出布置。各级团组织随即召开工作会、誓师会，发出通知、倡议等，进行宣传、动员。是年，团地委决定将每年的3月5日～4月5日定为青少年学雷锋、树新风、五讲四美活动月。3月5日～4月5日，各级团组织均组织青、少年开展有益活动，举办美学讲座；组织青少年清理垃圾、种草种花、美化环境；组织青少年帮助军烈属、“五保户”、困难户做事；医院和商店开展假如我是一个病人、假如我是一个顾客的讨论；学校普遍制订《道德规范条例》；少先队广泛开展“小红花”活动。1994年初，各级团组织以岗位学雷锋、行业树新风活动为基础，以社区服务活动为重点；推动青年志愿者活动的开展。是年3月初，团地委、地区青联组织毕节师专、农校、师范、财校、二卫校、地区医院、养护总段等30多个单位1000多名志愿者开展医疗保健、税法咨询、清扫环境、服务春运等便民利

1996年，共青团毕节地委举办首届十佳青年评选

民活动。1994年，全地区近5万人次参加志愿者活动，组建“五保”“三老”、义务护村护寨等各种青年志愿者服务小组384个，办好事、办实事2100多件，受社会各界好评。1995年初，团地委以扶贫济困为重点，一助一结对服务为主要形式，以3月5～12日为志愿者服务活动周，开展专项志愿者活动。全地区分行业成立青年志愿者服务队，开展为五保户、军烈属、伤残贫困户、老教师、失学儿童送温暖、献爱心，为贫困学校和学生捐款捐物，义务植树，为群众义诊，提供各种咨询服务，张贴宣传标语等形式的青年志愿者活动。是年，全地区有10万名团员青年参加青年志愿者活动，成立青年志愿者服务队或协会35个，8000余名群众受益。1999年，各级团组织组织广大团员青年结合讲文明、树新风活动和学雷锋活动，开展植树护绿、宣传、义诊、义务劳动、扶贫济困、慰问孤寡老人活动，全地区百万青年参加活动。是年，全地区近50万名青年志愿者参加各地开展的活动。是年5月，团省委召开青工会议，毕节地区工商局经济监督稽查队和大方县公路管理处黄泥塘道班被评为全省青年文明号集体；毕节地区防疫站计划免疫科、大方县中医院被命名为全省卫生系统省级青年文明号。到2005年底，全地区共有5万多名团员、青年志愿者参与到公益劳动、扶贫帮困等社会公益服务活动中。同时，各级团组织认真做好大学生志愿服务西部计划的协调服务工作，共招募大学生志愿服务西部计划志愿者326名。其中，来自华中农业大学毕业生徐本禹先后在大方县猫场镇狗吊岩小学和大水乡大石村小学支教，为当地教育事业作无私奉献，成为中央电视台2004年度“感动中国”十大人物之一。

**施行希望工程**　1991年，毕节地区各级团组织组织开展失学儿童情况调查，为希望工程做准备。1992年春，团地委召开毕节城区各级团组织负责人会议，要求组织团员青年为失学儿童奉献爱心。是年7月9日，团地委举办为失学儿童献爱心联谊会，60多个单位200多人参加，当场捐款4000多元。是年底，共收捐款1.55万元；中央、省、地区有关单位资助，共救助失学儿童900多名。1995年，上海申美饮料公司资助20万元在大方县东关乡修建可口可乐希望小学，同时结对救助130名失学儿童。是年，全地区共建成希望小学8所；地、县自筹资金10.41万元，救助失学儿童2852名。1997年，团地委先后向《深圳商报》发送毕节地区1000名待救助贫困失学儿童的情况统计表、《毕节地区教育现状及希望工程实施情况简介》《毕节地区贫困状况及学生失学原因浅析》等资料，通过《深圳商报》介绍，近200名失学儿童得到救助。深圳各界决定在毕节地区投入援建希望小学款1385万元。香港佛教联合会义务工作者简耀光9次带队到毕节地区实地考察，决定在7县1市的29个乡镇投资200多万元，建希望小学29所，救助失学儿童200名。是年8月，团地委与地区教育局联合开展首届希望工程园丁奖及希望工程建设奖、希望工程爱心奖的评选活动，评选、表彰22名园丁奖，44个建设奖和爱心奖集体，57名个人。1992～2001年，全地区希望工程总筹资3979.46万元，修建希望小学315所，救助失学儿童2.12万人，办希望班26个，建希望书库65所。2004～2005年，区内各级团委加大与香港各慈善机构及深圳、山东等地团组织的沟通、联系，共引进希望工程资金2400多万元，新建希望小学123所，救助失学儿童7006名，新建希望书库20个；深圳团市委出资50万元，建立丛飞助学基金。2011年，引进希望小学建议资金2000多万元，新建希望小学10所，启动实施总额1500万元的“壮苗行动”和“山区希望工程基金——幸福校园计划”。

春晖行动　2004年，共青团贵州省委根据唐代诗人孟郊《游子吟》的感人意境，创意、发起大型社会公益活动——春晖行动。2011年，共青团毕节地委按照春晖行动“五个一”（开展好一次团干座谈，抓好一项重点工作，组织一次主题活动，整合一种社会资源，解决一个实际困难）工作思路，召开“春晖行动——我与家乡共发展”座谈会50余次，礼聘春晖使者312余名。向省春晖中心申报春晖家园计划项目9个，经省春晖中心立项，创建大方县核桃乡福星春晖文化小广场、黔西县铁石乡春晖文化广场修建项目等8个省级春晖家园计划项目，每个项目无偿提供5万元资金支持。组织30名女教师赴京参加贵州春晖中心与北京昌平农家女实用技能培训学校开展的培训活动。在省春晖中心的支持下，在全区招收25名小学毕业生到北京北大青鸟附属实验学校学习直至高中毕业，所有费用125万元均由北大青鸟负责。开展春晖行动示范基地创建活动，评选出毕节市尚品佳艺公司等15个春晖行动典型。

青年志愿者行动　2011年，全区有青年志愿者服务站点3415个，服务基地526个，新增注册志愿者总数6000多人；通过发布公告、审核、笔试、体检等环节，共招募省内外优秀志愿者963名在各乡镇、各工业园区开展支医、支农、支教和扶贫等志愿服务；全区组织各类青年志愿者服务活动1400余次，参与人数达2.4万人次，为社会提供近10万小时志愿服务。

2011年，毕节学院青年志愿者在威宁自治县参与暑期宣传工作

## 第三节　工商联合会

机构　1.民国时期的商会。清末，各州、县即出现行业间带有商会性质的帮口、会堂、公所，民国期间逐渐发展成为自由结合的帮会组织，其中较大的有陕西、四川、湖南、江西、福建帮会。民国4年（1915），各县开始成立商会组织。

2.县工商业联合会。1951年7月，各县成立工商业联合会筹备委员会，在县工商科的领导下，开展对工商业者关系的调处工作，向县工商业者宣传党和政府的方针政策及开展稳定市场物价的工作。1956年下半年，各县分别召开会议，成立县工商联执行委员会。1959年1月，各县将工商联合会纳入行政编制，使用经费纳入国家财政预算。1966～1976年“文化大革命”期间，各县工商联被迫停止工作。1983年10月，各中共县委贯彻中共中央关于恢复工商工作机构的指示精神，恢复重建所属工商联组织机构。1993～1994年，全地区各县市工商联先后召开代表大会，选举产生新一届工商联组织，同时成立各县商会。

3.毕节地区工商业联合会。1990年，中共毕节地委根据第六次全国工商联代表大会精神，决定成立毕节地区工商业联络处，在中共毕节地委统战部内设经济科，编制2人，具体负责工商业联络工作。1992年，中共毕节地委、毕节地区行署根据省委、省政府的要求，决定成立贵州省工商联毕节地区办事处。1996年8月22日，地区工商联（商会）举行第一届第二次会议，补选非公有制经济人士熊廷顺、潘绍松、刘义章为副会长。2001年，毕节地区实施机构改革，明确贵州省工商联毕节地区办事处、毕节地区商会的主要工作任务为：（1）发挥参政议政作用，参与本地区经济、社会重大决策的政治协商和民主监督；做好非公有制经济代表人士政治安排的推荐工作；对本地区地方性规章和政策的制定提出建议，并协助贯彻实施。（2）宣传党和国家的方针政策，加强和改进思想政治工作。团结、帮助、引导和教育会员，提倡爱国、敬业、守法，提高会员素质。培养积极分子队伍。（3）组织会员举办和参加对内对外的展销会、交易会，组织会员出国（境）考察访问和开展商务活动，帮助会员开拓国内、国际市场；为会员提供市场、技术、商品信息、会计、融资、咨询、管理等服务。（4）维护会员的合法权益，反映会员的意见、建议和要求，联系有关部门为会员提供法律服务，在会员与党和政府之间发挥桥梁、纽带作用，当好政府管理非公有制经济的助手。（5）开展工商专业培训，帮助会员改进经营管理，完善财务制度，提高生产技能和产品质量。（6）按照有关规定，组织和指导行业工会的工作。做好与香港、澳门特别行政区、台湾地区、世界各国工商社团及工商经济界人士的联系工作，促进经济、技术和贸易合作，协助引进资金、技术和人才。（7）组织和引导会员积极投身“两个文明”建设事业，做好光彩事业的组织、推动、实施工作和智力支边扶贫工作。（8）办好会办服务事业和经济实体；为会员提供必要的证明，协调关系，调解经济纠纷。（9）承办地委、行署及省工商联交办的其他工作。其内设办公室。贵州省工商联毕节地区办事处历任主任：邵文麒、肖远福、杨海琰；副主任：邵文麒、李良栋、赵世俊、宋进修、吴道明、陈永新、邓洪顺、路言平、熊廷顺、刘义章、潘绍松、徐尧。

**工商联（商会）工作** 1.组织建设。1993～1994年，贵州省工商联合会毕节地区办事处组织全地区各县市工商联合会（商会）召开工商人士代表大会，选举产生各县市新一届工商联合会（商会）。1994年，开展会员发展和基层工商联合机构建设。是年，全地区发展新会员800人，28个乡镇组建工商联合会。1998年，组织52名会员加入全国工商信息网，其中个人会员46名、团体会员1名、其他会员5名。2004年，各县组建乡镇商会、行业商会。是年末，全地区有地级商会1个，县级商会8个，乡镇分会67个，街道分会2个，异地商会2个，市场商会5个，同业商会、协会9个。2005年，全地区有工商联（商会）会员6003名。2009年，全区会员总数7392名，基层组织及商、协会131个。

2.非公有制经济人士思想政治工作。1994年，组织全地区非公有制经济人士学习中共十四大、十四届四中全会决定，学习《邓小平文选》第三卷和中共中央、省有关发展非公有制经济的文件。通过学习，非公有制经济人士表示拥护中国共产党的领导，自觉贯彻执行党和政府政策、法令。1996年10月16～19日，地区工商联同地委统战部联合召开全地区非公有制人士思想工作研讨会暨非公有制经济代表座谈会，收到论文16篇，11名代表作大会发言，对促进全地区非公有制经济发展提出建议和意见。1998年，地区工商联召开毕节地区商会一届三次理事会议，传达学习中共十五大精神，做好非公有制经济代表人士的思想政治工作，引导非公有制经济参与国有企业改革、租赁、承包、买断不景气国有企业，帮助解决下岗职工再就业。全地区20户私营企业扩大再生产，通过租赁、承包，吸纳下岗职工2000余名就业。1999年7月下旬，毕节地委、地区行署召开全地区非公有制经济交流暨表彰会，表彰先进企业50多户，先进个人100多名，各级工商联推荐受表彰者占三分之一。2000年，在省委、省政府1999～2000年发展非公有制经济的评选中，毕节地区13户先进企业和9名优秀个人受到表彰，受表彰的优秀个人均是各县市工商联、商会的执行常委。2002年2月，地、县市工商联、商会组织会员学习江泽民《致富思源、富而思进》的讲话，对会员进行致富思源、富而思进的教育，涌现出许多好人好事。2009年12月4日，举办非公经济人士和专干培训班，并安排非公经济人士赴省培训。

3.参政议政。1993年7月中旬，配合地区政协工委、地委统战部、地区工商局，调查全地区个体、私营经济的发展，并撰写调查报告，为地委、行署制发《关于大力发展个体、私营经济的意见》提供决策参考。1999年3～4月，根据省政协安排，配合地区政协工委、非公办调查赫章、纳雍县非公有制经济现状，分别撰写报告送省政协、省工商联和地委、行署。是年5月中旬，地区商会配合地区民族宗教局，调查威宁县非公有制经济发展状况，撰写《民族地区非公有制经济发展状况的建议》送有关部门作决策参考。2000年，以西部大开发，毕节怎么干为主题，进行调查研究，撰写调研报告8篇，在报刊和各级党政部门刊物登载。地区商会撰写的《加快毕节非公有制经济发展》的调查报告经地区政协推荐到省政协和送《毕节日报》刊载发表。全地区各级工商联发挥工商联中各级人大代表、政协委员的作用，围绕非公有制经济发展中存在的问题，提出议案、提案，撰写调研报告，反映问题，提出建议。2003年，在参加省人大、政协会议期间，毕节地区工商联中的人大代表、政协委员作的提案、议案有35件。2010年，提交提案2件。

4.创办光彩事业。1994年4月，在全联七届二次常委会召开期间，由10名民营企业发起光彩事业扶贫倡议后，毕节地区准备129个项目，迎接首批光彩事业考察团到毕节地区考察。10月，全国人大常委、全联常务副主席张绪武率中央统战部、全国工商联光彩事业考察团一行28人，到毕节进行为期4天的考察，签订光彩事业项目26项。1995年，毕节地区工商联开展创办光彩事业成绩突出，被省工商联评为先进集体受到表彰。1997年，省内外企业家在毕节实施扶贫光彩事业项目10个，总投资120万元。2001年，地、县工商联与各级统战部先后建立光彩事业推动委员会（促进会），并建立光彩事业招商引资项目库，组织项目128个。2004年，地、县工商联发起和倡导非公经济人士积极支持慈善事业和公益事业。是年，全地区非公经济人士捐资助学、扶贫济困、救灾、引水等公益捐赠钱物折合人民币200余万元。2010的，完成全国工商联“光彩文库”建设项目，在全区30所小学建有“光彩文库”。

5.招商引资，1994～1996年，地区及各县市工商联共接待福建、天津、上海、河北、山西、河南、海南等省市，新加坡、印尼等国家和中国的台湾、香港地区民营企业家计23批100多人次到毕节地区考察投资，签订合同或达成协议项目17个，涉及资金6200万元，到位资金2465.9万元，有的项目已投产。1998年，组织8县市商会25户企业会员、30多种产品，参加贵州省“8·28”招商引资活动，成交80多万元；组织10户会员企业参加省联组织的1998年泰国与贵州省产品贸易洽谈会。1999年9月中旬，地、县工商联、商会与经贸局、非公办联合组团参加贵州省首次99民营投资项目洽谈会。是年10月，根据省联安排，地区商会与赫章县商会联合组织40余名私营企业家参加昆明世博会。赫章县商会与昆明市官渡区商会结成友好商会。2000年8～12月，地区商会组织会员企业参加在贵阳举办的2000年全国乡镇企业东西合作经贸洽谈会和在昆明召开的全国首次民营企业交易会。在昆交会上，织金县商会签订合同项目2个，金额1300多万元。2001年，地、县工商联组织23名会员赴新加坡、马来西亚、泰国考察贸易。2005年，全地区商会参与招商引资近亿元，组织非公经济人士近百人次到北京、广东、深圳、香港、西藏、武汉考察，参加洽谈会、展销会、交易会、博览会。2011年，参加泛珠江三角地区招商引资推介会，邀请内蒙古鄂尔多斯鄂尔托克前旗时泰天然气公司赴毕考察。

## 第四节　妇女联合会

### 一　组织机构

**毕节地区妇女联合会**　1950年11月，中共毕节地委决定成立毕节专区妇女联合会筹备委员会。1951年1月，成立贵州省民主妇女联合会毕节办事处，1957年改为贵州省妇女联合会毕节专区办事处。1966～1976年，“文化大革命”期间，地、县妇联工作不正常。1975年9月，召开毕节地区第一次妇女代表大会，选举产生毕节地区妇女联合会第一届委员会。此后，毕节地区妇女组织机构一直延续到2011年未变。

2001年，毕节地区实施机构改革，明确毕节地区妇女联合会的工作任务为：1.根据党的中心任务，指导全地区各级妇联依据《中华全国妇女联合会章程》和全省妇代会的决议，开展妇女儿童工作；联系团体会员，并进行业务工作指导。2.组织、指导全地区农村妇女开展“双学双比”、城镇妇女开展“巾帼建功”和“五好文明家庭”活动；组织、动员妇女投身于改革开放和社会主义现代化建设。3.代表妇女参与国家和社会事务的民主管理、民主监督，协助培养和选拔女干部，促进妇女参政议政；组织实施有关妇女儿童的法规、规章，维护妇女儿童的合法权益。4.调查研究全地区妇女儿童的状况和问题，及时向地委、行署反映情况，提出意见和建议。5.指导全地区各级妇联的宣传舆论工作，教育和引导广大妇女增强自尊、自信、自立、自强的精神；表彰各行业先进妇女；开展妇女职业技能培训和妇女干部培训，提高妇女干部素质，促进妇女人才成长。6.加强与社会各界的联系，协调和推动社会各界为妇女儿童办实事、办好事。7.加强与各族各界妇女的联系，巩固妇女的团结，开展同港、澳、台地区妇女组织及海外女侨胞友好联谊，促进祖国统一大业。8.承担地区妇女儿童工作委员会的日常工作，督促检查《妇女发展纲要》《儿童发展纲要》及有关法律、法规的贯彻落实情况。9.承办地委、行署和省妇联交办的其他工作。

地区妇联内设办公室、权益部。毕节地区妇女联合会历任主任：孙天真、王学兰、游凤鸣、唐玉涵、吴秋娥、周长琦、张兵、曾玉琴、张义萍、胡曼、明忠琴；副主任：仇绍俊、孙天真、王学兰、游凤鸣、项必英、李桂芝、赵银娣、吴菊明、许居琼、高永英、张兵、杜娟、曾玉琴、鲁苏华、李曦、刘学敏、张萍、徐忠琴、郑荣、杨丽萍。

**县市妇女组织**　随着地（专）区妇联的建立，各县市亦相应建立妇联组织，配备专、兼职干部，开展妇女工作。

**基层妇女组织**　1956年，全专区建立起基层妇代会1035个。20世纪90年代，随着全地区经济社会的发展进步，凡有一定数量妇女的机关、学校、企事业均建立起妇委会或妇女小组，开展相关妇女工作。

## 二　妇女工作

**宣传贯彻执行婚姻法**　1950年5月1日，《中华人民共和国婚姻法》颁布实施。专区妇联抽调男女干部组成工作组，到毕节县流沧桥乡开展宣传贯彻执行婚姻法试点，逐章逐条向群众讲解婚姻法，讲解禁止重婚、纳妾、童养媳，禁止任何人借婚姻关系索取财物等。之后，在全专区推广试点经验，展开宣传贯彻执行婚姻法，具体解决城乡居民中存在的婚姻问题，使全专区城乡出现按婚姻法办事，提倡婚姻自由、结婚新事新办、不铺张浪费的良好风尚，使婚姻法成为调整婚姻家庭关系的法律依据和保障。1981年1月，国家颁布实施全国人大修改通过的《中华人民共和国婚姻法》。地区妇联同有关部门密切配合，从宣传教育入手，讲解修改内容。1993年3月8日，地区妇联表彰14对50年以上婚龄的金婚夫妇、婚龄在40年以上的银婚夫妇。1994年，根据联合国确定的国际家庭年活动内容，全地区评出美好家庭10户。2011年，以“三人”维权周等为载体，开展普法宣传。

**幼少儿工作**　解放后，境区各级妇女组织将幼少儿教育当作主要工作之一，利用庆祝六一国际儿童节开展相关活动，对幼少儿实施教育。1983年六一儿童节，地区妇联在毕节城区开展独生子女健美儿童活动，参加评选606名，192名评选为健美儿童。全地区组织1.65万名儿童参加六一开展的各种活动。同时表彰优秀辅导员337名，优秀保教职工154名，优秀少先队员1560名，乖娃娃516名，五好家庭815人次。1984年六一期间，地区妇联与有关单位相配合组织对毕节城区1495名婴幼儿；15个园、所的保教员进行体检；对3岁以下半岁以上的独生子女进行评选健美儿童活动，评选出健美儿童288名。1986年六一期间，地区妇联举办全地区首届各类托幼园自制布玩具、教具及儿童书法、绘画、劳作等展览。1991年六一节前夕，地区妇联召开残疾儿童及家长座谈会，送去党和政府的关心和问候。1994年六一期间，地区妇女儿童工作委员会成员分别到毕节市阿市民族乡等慰问贫困及残疾儿童289名，并赠送慰问品。1999年暑假，地区妇联会同毕节军分区举办少儿军事夏令营活动，112名中小学生参加。2000年6月上旬，地区妇联举办两场“救助春蕾女童”义演晚会，收得捐款2.29万元。到2001年，全区共办女童班57个，救助2748名女童入学。2011年，继续实施中石化春蕾助学项目，投入18万元帮助150名女生完成学业。

**评先选优活动** 1981年，各级妇联在三八节期间，表彰三八红旗手4032名，三八红旗集体266个。1983年，全地区评选出参加省表彰的三八红旗集体8个，三八红旗手52名，“五好”家庭80户。并从中选出接受全国妇联表彰的“三八”红旗手24名，三八红旗集体4个，“五好”家庭32户。1994年，地区妇联对全地区1989～1993年“学文化、学技术、比成绩、比贡献”竞赛活动进行总结表彰，表彰先进单位15个，先进个人80名。1995年，召开全地区妇女工作表彰会，共表彰扶贫帮困女能人50名，维权工作先进集体13个及先进个人1名，十佳五好文明家庭12户。1997年全地区评选出“十佳五好文明家庭”10户，并在《毕节报》上刊载。2011年，协调地区电视“百名模范”的推荐工作，推出张永学等12名先进典型。

## 第五节　科学技术协会

### 一　组织机构

**毕节地区科学技术协会** 1959年9月，中共毕节地委决定成立毕节专区科学技术协会，实行科委、科协两块牌子，一套人员，合署办公。1962年，区内实施精简机构，撤销毕节专区科协。1963年11月，中共毕节地委决定恢复专区科协建置，与专区科委实行两块牌子，一套人员，合署办公。1966年5月，开始“文化大革命”，专区科协停止工作。1969年12月，毕节地区恢复科技局建置，履行前科委、科协工作职责。1980年12月，恢复地区科协建置。1983年地区科协与地区科委分开办公。1984年5月30日～6月2日，召开毕节地区科协第一次代表大会，制订《中国科学技术协会章程毕节地区实施细则》，选举产生毕节地区科协第一届委员会。1991年7月23日，召开地区科协第二次代表大会，通过《毕节地区科协章程》。选举产生第二届委员会。

2001年，毕节地区实施机构改革，明确毕节地区科学技术协会的工作任务是：1.开展学术交流、活跃学术思想，促进学科和经济发展，推动决策科学化和民主化，充分发挥学术交流主渠道作用。2.弘扬科学精神，普及科学知识、传播科学思想和科学方法，推广先进技术，开展青少年科技教育活动，提高民族科学文化素质，充分发挥科普工作主力军作用。3.编辑出版科学、技术和科普书、报、刊。4.反映科技工作者的意见和要求，维护科技工作者的合法权益；组织科技工作者参与国家科学技术政策、规章制定和国家事务的政治协商、科学决策、民主监督工作；为科技团体和科技工作者提供服务。5.表彰优秀科技工作者和科协、学会工作者，举荐科技人才。6.开展科学论证、咨询服务、提出政策建议，开展民间科技交流与合作，开展继续教育和技术培训工作，促进科技成果向现实生产力转化；开展外科技交流与合作，促进全地区对外开放和经济发展；接受委托承担项目评估、成果鉴定、专业技术职务资格评审等任务。7.管理所属学会、协会、研究会及科普团体，指导各县、市科协的业务工作。8.承办地委、行署和省科协交办的其他事项。

毕节地区科协历任主席、主任：张为梓、张晓光、杨文才、王治平、韦应时、李文彬、李忠连、李典学；副主席（副主任）：孙育乾、朱启荣、李登峰、朱佳仁、安启崇、李家庚、王治平、胡春雨、陈世玉、吴夔康、颜若平、杨景昭、张掀揭、董孝玲、罗绍松、杨大晋、徐绍英、杨恒友、王朝贵、姚常彦、周云祥。

**毕节地区科技咨询服务中心**　1985年9月成立，编制3人，隶属地区科协领导，对内称咨询服务部。1997年7月撤销；人员合并入地区科技馆。

**毕节地区科技馆**　1988年10月成立，与毕节地区青少年科技活动中心两块牌子、一套人员，编制3人。1997年7月编制8人。

**县市科学技术协会**　1956年，毕节、黔西县成立科学技术普及协会筹备小组、科普组。1958年9月，毕节支会成立。1958年12月，织金县科学技术协会成立。1962年，全专区实施精简机构，撤销毕节、织金、金沙县科学技术协会。1965年10月，金沙县科学技术协会成立。1970年后，各县陆续恢复或建立科学技术协会。1985年，各县先后召开第一次科学技术协会代表大会，选举产生科学技术协会。

**基层科协组织**　1980～1990年，全地区建厂矿科协5个，建区、乡镇、街道等科普协会316个。

**科学技术学会**　1957年11月，毕节县成立兽医学会，成为毕节专区最早的科学技术学术组织。1963年，毕节地区土木工程学会成立。1966年“文化大革命”开始，以上群众科学技术学术组织自然消失。1976年10月“文化大革命”结束，再度建立科学技术学术组织。毕节地区水利学会、煤炭学会、轻工学会、环境保护学会先后建立，并开展一系列的学术活动。至2000年，全地区有各类科学技术学会146个，会员1.42万人。其中地直学会38个，会员5280人。

## 二　科学技术协会工作

**学会活动**　1.学术交流。各学会一般每年举行1次年会，由会员撰写学术论文或学术报告在会上交流。1984～1999年，地县市学会共举行学术交流会480多次，另有700多人参加全国、全省和地区组织的学术交流会，有少数人参加国际学术交流。各学会在会上交流的文章，一般都在各学会会刊上选用，或选送报纸杂志发表，或编印专辑。2011年，征集学术论文69篇，举办学术交流会进行交流。

2003年科协组织计算机竞赛

2.学术讲座培训。1980～1998年，各学会邀请省内外专家和本地区高级科技人员70多人到会讲学，每次听众几十至百余人。1994年，气象、水保、环境、畜牧兽医、麻风病防治、气功等学（协）会共举办47次讲座；举办培训班46期，2700名科技人员接受培训。1996年，水保、医学、气象、环境等学会共举办科学普及讲座19次，5562人听讲。是年，预防、水利、煤炭、林学等学会共举办业务培训班19期，1259人接受培训。

3.学术、技术考察论证。1984年5月，省科协组织省、地两级植物、地理、遗传、气象、园艺、环保等学会成员60人到大方、黔西两县交界处的杜鹃林区考察。考察提出建立杜鹃自然保护区和开发杜鹃旅游区的建议，为省政府所采纳。1987年8月，应地区城建部门委托，地区建筑学会、水利学会、环保学会有关专家8人，对毕节县城区总体规划实施方案进行可行性论证，写出《关于实施毕节城区总体规划考察论证报告》，报送地委、行署作决策参考，使毕节县城区总体规划得以实施。1989年，地区植保学会考察马铃薯癌肿病的分布及危害，引起领导和有关部门的重视，将马铃薯癌肿病列入省、地研究项目计划。1995年，地区水保学会受地区水保办委托，组成技术设计、技术审批组，分别到长治工程各重点防治县市，审查设计成果和论证其合理性。审查论证健全全地区长治工程项目管理体系的内容，保证工程设计方案的科学、合理，使其实施有章可循。

**科学技术普及活动**　1981年6月～1982年2月，地区科协组织专家在地直机关开展科技讲座，每两周举行1次，共11次。继后纳雍、威宁、金沙等县也开展农业科技讲座和培训。1981～2000年，地区科协先后主办科技成就展、建设成就展、云贵川多种经营科技展、优生优育展、科技扶贫效益展、旅游资源展和破除迷信展。1984～1999年，全地区编印推广以下科普读物：地区科协编印《毕节科普报》，出7期，共4.9万份，1986年停刊；毕节县科协编印《科普新苑》；大方县科协编印《科普园地》；金沙县科协编印《科技信息与咨询》《科普资料》等；织金县科协编印《织金科普报》。自1992年，地区科协利用科普车下乡赶科普场，宣传种植、养殖、病虫害防治，以及破除封建迷信的科普宣传教育。地、县科协组织科普网络，至1999年，全地区形成科普网络1400个。这些网点分别由乡、镇、村、街道、个人等专业组、研究会、科普协会、示范站（场）组成，其活动面覆盖全地区90%的乡镇，成为农村推广农业生产新科技的主力军。2000年6月，省科协巡展团到毕节地区展出《崇尚科学文明反对迷信愚昧》，展出两天，毕节地、市机关、学校、部队、企业、街道群众2万多人参观展出。是年9月10～11日，在全地区各县市、乡镇开展展教活动，地区科协与毕节市科协组织科技人员到毕节市林口、清水铺、小坝、阴底和朱昌等乡镇举办大型图片展，放映《破除封建迷信》《神功内幕》及深入揭批邪教“法轮功”等录像，帮助群众提高认识，分清是非，树立科学思想。地区科协及金沙、威宁、织金县科协共制作展板500多块。全地区两个月在所属城区和50多个乡镇开展巡回展出，约40万观众参观展览。2011年，开展社区专题科普讲座11次。

**科技扶贫工作**　1988年，地区科协成立扶贫团，在普及部设扶贫办公室，实施科技扶贫。各县亦设置相应的机构，开展科技扶贫工作。1991～1994年，地县科技扶贫团本着济人以财、不如授人以艺的思路，开展多渠道、多层次、多形式、多学科的科普宣传、科技培训，推广适用技术，使广大劳动者掌握1～2门适用技术。据统计，科技扶贫团成立以来，组织科技人员1.38万人次上山下乡开展技术培训和咨询，办适用技术培训班1.22万期，培训102.38万人次，35.78万人掌握一定技术。1998年，地、县市科协均建科技扶贫联系点，在各自的科技扶贫联系点上，实施中国科协提出的“8111”工程和科学素质工程，开展科技扶贫开发型、示范型项目活动。地区科协在毕节市田坎乡种植柑橘20亩，在织金县双龙和毕节市花厂两个扶贫示范点投入1.5万元，购黑山羊80余只，培训农户科学养羊。2011年，在全区选择100个村、1万户作为服务对象，组织开展“百村万户科普行”活动。

**科学技术咨询活动**　1984年，毕节地区科技协会建立科技咨询服务中心，由地区建筑学会、水利学会、环保学会、煤炭学会、企业管理协会等30个学（协）会的咨询部组成中心服务体系。其活动内容是：技术咨询、决策咨询和管理咨询。地区科技咨询服务中心主要对各成员单位的专业技术服务。咨询中心本部主要结合专业性质，重点搞危房技术鉴定和技术培训。是年，咨询处理危房工程约4万平方米，为国家挽回翻工损失200多万元。至1999年，地区科技咨询中心及其成员单位先后为全地区50多户各类企业进行咨询服务，完成咨询合同60多个。2000～2011年，在“三下乡”、科技项目周等活动期间，各学会均派人参加科技咨询活动。

**青少年科技活动**　1984年，毕节地区青少年科技辅导员协会成立。之后，各县亦成立相应组织，组织青少年开展科技活动。1985年以来，毕节县朱昌中学结合农村实际，建立各种科技小组，开展农作物新老品种种植对比试验，食用菌栽培、天麻栽培、养鱼、养猪、学习无线电知识，开展气象和地震观测等活动。1988年，朱昌中学食用菌研究小组在花厂坪村普及食用菌栽培技术，使花厂坪成为种菌村。朱昌中学组织学生开展校外科技活动的举措，受到当地党政机关、教育主管部门及社会各界好评。1985～1989年间，多次受到省教委和中国科协表彰，三次获全国“小星火杯”奖。1989年，省教委、省科协联合在朱昌中学召开全省第二次青少年课外活动经验交流会。是年12月，中国科协牵头，地区科协与联合国儿童基金会签订合作项目合同，结合本地实际开展青少年课外科技教育，向贫困地区的儿童和妇女进行科普宣传，普及科学文化知识，推广易学有效的科学技术，帮助农民增加家庭收入，改善生活条件。1991年后，地区科协多次开展青少年小发明小论文活动。1998年开展的活动中，经省评选，有两件作品参加是年在香港举办的全国第九届青少年科技小发明会议展览。2011年，组织全区3000余名青少年参加第26届青少年科技创新大赛，组织1728名青少年参加全国中学生生物学联赛（贵州赛区）。

## 第六节　社会科学联合会

**组织机构**　1989年7月19日，中共毕节地委决定成立毕节地区社会科学界联合会。是年11月17～18日，召开毕节地区社会科学界联合会第一次代表大会，讨论通过《毕节地区社科联章程》，选举产生毕节地区社科联第一届委员会。

2001年，毕节地区实施机构改革，明确毕节地区社会科学界联合会的主要工作任务为：1.贯彻党和国家有关社会科学的方针、政策，指导、组织、协调社科界学会、协会、研究会的工作。2.推动社会科学知识的普及工作，开展学术科研活动，组织社科重大科研课题的联合攻关与协作，为党委和政府决策提供理论依据和建议。3.开展社会科学优秀科研成果的评奖活动，表彰奖励社科研究优秀工作者和学会工作者。4.配合有关部门加强社会科学理论队伍建设，培养优秀中青年社会科学人才。5.反映社会科学工作者的意见和要求，维护其正当权益，充分发挥他们的积极性和创造性。6.开展调查研究，编辑出版内部学术资料，组织开展学术报告和学术交流，促进社科理论的宣传普及。7.依照党和国家关于干部教育培训的要求，制定社科联干部教育培训规划并组织实施，提高干部队伍素质。8.承办地委、行署和省社科联交办的其他工作。毕节地区社会科学界联合会历任主席：龙厚华、潘义生、唐光星、聂华；副主席：罗绍松、肖志实、敖行文、吴奕、李虹、明生荣、吴雁俊、胡蓉。

**社会科学工作**　1989年11月，召开毕节地区社会科学界联合会第一次代表大会暨毕节地区社会科学界联合会成立大会。1992年6月，根据中共毕节地委的决定，组织开展毕节地区首届社会科学优秀成果评奖活动，评选推荐40项成果送省参评，决定给147项成果予以奖励，其中一等奖7项、二等奖34项、三等奖59项、特别奖47项。1993年3月，召开会议颁奖。1996年2~11月，组织开展毕节地区第二届社会科学优秀成果评奖活动。是年3月，召开毕节地区哲学社会科学工作会议，表彰1995年度社会科学工作先进集体17个，先进个人14名。是年12月，召开毕节地区第二届社会科学研究优秀成果颁奖大会，获奖成果140项，其中一等奖10项、二等奖30项、三等奖60项、特别奖40项。1997年3月，召开全地区社会科学工作会议，总结1996年社会科学工作，表彰社会科学工作先进集体10个，先进个人15名。2000年上半年，组织开展全地区优秀社会科学研究成果评选活动。是年6月，召开毕节地区第三届社会科学研究优秀成果颁奖大会，获奖成果102项，其中一等奖6项、二等奖19项、三等奖62项、特别15项。2003年1月，组织完成毕节地区第四届社会科学理论研究优秀成果评选。2005年，根据中共毕节地委决定，承办毕节地区第五届哲学社会科学研究优秀成果评奖，组织专家评出优秀成果52项，其中著作类8项，一等奖1项、二等奖2项、三等奖5项；研究报告类8项，其中一等奖1项、二等奖2项、三等奖5项；论文类36项，其中一等奖3项、二等奖6项、三等奖27项。2011年，评出61项获奖成果。

## 第七节　文学艺术联合会

**组织机构**　1988年6月，中共毕节地委决定成立毕节地区文学艺术联合会（简称地区文联），为毕节地区各文学艺术学会、各县市文联、各产业、行业文联（文协）的联合组织，实行团体会员制。1988年12月，毕节地区文学艺术界召开第一次代表大会，产生毕节地区文学艺术联合会第一届委员会。地区文联下设作协、剧协、美术、书法、音乐、电影、摄影、舞蹈协会及《高原》编辑部。

2001年，毕节地区实施机构改革，明确毕节地区文学艺术界联合会主要工作任务为：1.贯彻落实党的文艺工作方针、政策；负责与各团体会员的联络、协调与服务工作。2.组织召开地区文联会员代表大会、委员会议、常委会议和全地区性文艺家协会代表大会以及全地区文联系统工作会和学术研讨等会议。3.组织团体会员的文艺创作、评论、学术交流、人才培训和调研工作，繁荣和发展社会主义文学艺术事业；协同有关部门组织文学艺术活动和重大评奖工作。4.协同有关部门联系、组织与外区、外省文艺界的文化交流活动。5.听取和反映文艺界的情况和意见，维护文艺家和团体委员的知识产权等合法权益。6.负责团体会员的服务工作，帮助团体会员改善文艺家的工作条件。7.主管高原编辑部，指导县市文联的业务工作。⑧承担地委、行署和省文联交办的其他事项。毕节地区文学艺术联合会历任主席：陈学书、潘军伟、姬异丹、罗建明；副主席：肖联冰、杨小吾、陈学书、潘义生、刘国学、刘兴科、禄琴、姜咏梅、李文均。

## 第八节　残疾人联合会

### 一　机　构

**毕节地区残疾人联合会**　1990年成立，是年11月召开毕节地区残疾人联合会第一届代表大会，选举产生第一届理事会。1994年9月，召开地区残联第二次代表大会，选举产生第二届理事会。2001年，毕节地区实施机构改革，明确毕节地区残疾人联合会主要职责为：1.贯彻执行国家有关残疾人工作的法律、法规和方针政策；拟定全地区残疾人事业发展规划和年度工作计划，并组织实施和监督检查。2.听取残疾人的意见，反映残疾人的要求，维护残疾人的权益，做好残疾人服务工作。3.团结、教育残疾人遵守法律，履行应尽的义务，发扬乐观进取精神，自尊、自信、自强、自立，为社会主义建设贡献力量。4.宣传残疾人事业，弘扬人道主义，沟通政府、社会与残疾人之间的联系，推动社会理解、尊重、关心、帮助残疾人。5.开展残疾人康复、教育、劳动就业、扶贫解困、文化、体育、科研、用品用具供应、福利、社会服务、无障碍设施和残疾预防等工作，创造良好的环境和条件，扶助残疾人平等参与社会生活。6.协助政府研究、拟定和实施残疾人事业的政策、规章、规划和计划，指导和管理有关业务。7.协助县市委管理县市残疾人联合会领导班子，做好业务培训工作。8.承担行署残疾人工作协调委员会的日常工作。9.指导县市残疾人联合会的工作，管理各类残疾人社团组织。10.开展残疾人事业的对外交流与合作。11.承办地委、行署及省残联交办的其他工作。

理事长：汪映贵、陈长友；副理事长：简宗桂、孙晓田、李晓谷。

**毕节地区残疾人工作协调委员会**　1991年7月，毕节地区行署成立残疾人事业领导小组，领导小组组长由行署领导担任。领导小组下设办公室、残疾人康复办公室、特残教育办公室。各县相应成立残疾人事业领导小组。1994年5月，毕节地区行署撤销残疾人事业领导小组，成立残疾人工作协调委员会，将原残疾人事业领导小组下设的3个办公室改为协调委员会下设办公室。各县市相应作机构变更。

## 二　残联工作

**残疾人康复**　自1990年起，依据地区行署制订的残疾人康复工作实施方案，地区残联联合有关单位建立健全地、县市康复办公室和康复技术指导组，选择设备较先进、技术力量强的医院建立白内障复明、儿麻矫治、聋儿语训中心。1990～2000年，请专家医疗队及聋儿训练专家15批深入各县，依靠和带动各县技术力量开展康复工作，培训康复技术骨干18名；依靠幼儿园及小学校开办聋儿语训班及弱智儿童启智班4个；争取全国残联无息贷款在金沙县开展康复扶贫试点；分级落实康复专项经费；实行康复对象建档建卡制。2000年，经有关专家检查评估，全地区白内障复明手术后脱残率90%，脱盲率98%，分别超过国家规定85%和95%的要求；儿麻矫治有效率达98%.聋儿语言训练经国家康复处检查验收得分29.3分（满分30分）；通过语训后进入普通学校学习的22%。截至2005年，全地区共完成白内障复明手术9357例，儿麻矫治手术2134例，聋儿语言训练746例，培训弱智儿童518例，完成低视力配镜438例，建社区康复点8个。2011年，完成白内障复明手术2000例，完成3～7岁聋儿康复训练94名，为残疾人发放用品用具近2.56万件，安装假肢114例。

**扶贫解困**　地区成立扶贫解困工作领导小组，制定《残疾人扶贫攻坚计划》《年度工作目标及年度考核办法》。截至2000年，累计上报康复扶贫贷款项目56个，落实康复扶贫贷款到位1561万元，累计脱贫残疾人6.76万人，其中康复扶贫贷款资金扶持脱贫的残疾人3.04万人。2002年，全地区符合条件的残疾人全部纳入最低生活保障。2011年，走访慰问30名麻风病人，补助毕节地区盲人按摩院3万元购置设备。

**残疾人就业**　解放前，残疾人生活主要靠亲人维持。解放后，人民政府对分散在社会上的残疾人采取以包吃、包穿为主的救济措施。土地改革时，对家居农村的残疾人分给住房和土地。1956年后，对无依无靠的残疾人列入“五保”予以照顾。对散居城镇的残疾人，除完全丧失劳动能力者予以救济外，对尚有劳动能力者尽力扶持其技术专长，号召社会各界关心残疾人事业，帮助其实现生活自给。同时，创办残疾人福利企业，拓宽其就业门路，除在各县福利院内开办一些小型手工业、养殖业外，各县城区街道均从事多种多样的福利生产。至1994年，全地区各县市残联采取多种形式开办残疾人理发、家电维修、种植、养殖培训班13期，培训残疾人355人。是年，全地区各级残联兴办和挂靠的经济实体18个，安排133名残疾人就业，累计残联自办经济实体固定资产328.15万元，流动资金131.75万元，创产值225.5万元，创利税21.3万元。全地区913名残疾人个体开业。到1997年末，全地区累计安排残疾人就业2248名，其中个体就业1433名。2001年，地区残联创办毕节地区盲人按摩院，设床位18张，20名学员结业后取得初级按摩师职称后，挑选8名成绩优秀者入院上岗。2002年，大方、黔西、织金、纳雍、威宁、赫章县共建8个按摩分院，集中安置33名残疾人上岗。2011年，完成残疾人就业保障金2500万元的征收任务。

**残疾人教育**　残疾人教育始于民国年间，称为特残教育。当时，全省有两所从事残疾人教育的学校，其中一所即赫章葛布瞽目学校，学校由教会创办，接受美国人津贴。解放后由赫章县人民政府接管，1952年由省教育厅接办合并到安顺盲哑学校。解放后，政府重视残疾人教育，将残疾儿童随班就读列入义务教育检查验收的内容。20世纪80年代，毕节地区建成盲聋哑学校，毕节市开办弱智儿童启智学校，各县也将残疾少年儿童特殊教育纳入当地普及义务教育规划，统筹安排，同步实施。1998年，全地区残疾儿童在校生4148名，进入大中专院校的残疾学生37名。2004年成立毕节地区聋儿听力语言康复中心。2005年，地区盲聋哑学校首届学生参加全国高考，8名学生被录取入学。2011年，实施“通向明天、交通银行残疾青少年助学计划”项目资金1.4万元，资助高中残疾学生12名，残疾大学新生1人。

**残疾人文体活动**　自1990年起，各级残联将有文艺体育专长的残疾人组织起来开展活动。1990～2000年，地区残联先后举办残疾人书画摄影展6次，举办残疾人田径、象棋、乒乓球比赛4次；参加省残联举办的残疾人登梵净山比赛，获团体第6名，单项第2名；参加全省首届残疾人祖国在我心中摄影大奖赛，获3个优秀奖。2011年，组织输送1名盲人象棋、2名聋人飞镖、2名肢残羽毛球、1名肢残游泳选手代表贵州省参加全国残运会。

# 第九篇

# 军事

# 第一章 军事机构

毕节地区，由于地处祖国西南腹地，向来就有“于滇为咽喉，于蜀为门户”和“三省通衢”之称，是历代兵家必争之地。因此，战争频繁，灾难深重。如有文献记载的武丁伐鬼方、卢夷国远征军加盟武王伐纣、庄蹻征服夜郎国入滇、秦略通五尺道，夜郎国被汉使陈立灭、汉军屯平夷、诸葛亮南征、刘深血洗乌蒙山、洪武调北征南、奢安事变、吴三桂剿水西、黔西北苗民起义、红军四渡赤水、乌蒙山回旋战、解放军解放大西南等战事外，还有若干局部战争发生。

## 第一节 明清时期军事机构

### 一 卫 所

明洪武十五年（1382），朱元璋旨令颍川侯傅友德征南，于赤水、毕节、七星关置卫所。兵卫相属，有警则合兵围剿，无事则分兵驻守，以使道路往来通畅。

乌撒卫 明洪武十五年（1382）正月，于乌撒土府府治之西南乌龙山筑城置卫，隶于贵州都指挥使司。清康熙二十六年（1687）并入威宁府。

毕节卫 洪武十七年（1384）二月置，据乾隆《毕节县志》载：“十六年傅友德征南，班师至此，度地宽广，四控皆夷，路当冲要，又因毕节驿，乃奏缴乌蒙卫印信，改建毕节卫，领千户所五及毕节、周泥二站，隶贵州都司，又西领守御七星关千户所。”清康熙二十六年（1687），裁毕节、赤水卫改置毕节县。

赤水卫 洪武二十一年（1388）十月，陕西都指挥马烨征南返回京城，禀奏朝廷，认为泸州与永宁接壤，民族纠纷多，宜置兵。洪武帝准奏置兵，调长安等卫官兵，于当年置赤水卫，隶于贵州都指挥使司。赤水卫北领摩尼千户所，南领阿落密千户所、前千户所，东南领白撒千户所。清康熙二十六年（1687）裁赤水卫。

层台卫 洪武二十一年（1388）置，二十七年（1394）裁。

明制，卫设指挥使司，官员有指挥使、指挥同知、指挥佥事，以及镇抚司镇抚，其下属有经历、知事、吏目。卫以下为千户所，千户所又辖百户所，其官员为千户、百户、总旗、小旗。刑狱归镇抚。凡卫所皆隶于都指挥使司。自卫指挥以下，其官兵多世袭。清代废除卫所制度，设卫的地方都改为州县。

明代，在黔西北地区设有宣慰司、土府，又设有卫所，其地界相互交错。卫、所为军事机构，但又兼管民政，辖有村寨、屯、堡。屯为驻军地，世袭军官与全家住在内，平时屯田垦荒，战争出击征讨；堡为外来汉民定点居住地。外来汉民在屯内垦荒务农，提供军粮。各卫建有卫儒学，朝廷设学官训导、教授；卫、所的钱、粮出纳、刑狱受制于布政司、按察司。明永乐后，在毕节设分守或分巡兵备道，管辖各卫所的民政及刑狱。

## 二　镇协营

清顺治十六年（1659），水西宣慰司、乌撒土府及毕节、赤水、乌撒卫均归清版图。清廷废卫、所，在各卫设守备1人、千总1人，五所各设千总1人。康熙五年（1666），撤销乌撒卫及七星关、摩尼、白撒、阿落密和前所5所吏目；又撤摩尼、白撒、阿落密、前所千总，将4所地并入赤水卫；后撤赤水及七星关千总。康熙二十六年（1687），撤销卫守备3员；千总、经万各2员；教授3员，以毕节、赤水二卫合并为县，革除卫所制，建立镇、协、营。

**威宁镇**　康熙四年（1665）置。康熙二十四年（1685）改为参将营，雍正九年（1731）改为协；乾隆二年（1737）复为镇。历任镇总兵：塔新策、朱万年、柯彩、王朝海、谢英、唐希顺、郭朝政、孟大志、韩忠、杜汉昆、牛射斗、李定邦、麦世位、石礼哈、孔世魁、曾长治、刘顺、李琨、牛射方、施庭专、甘国宝、海中阿、八泰、英泰、王万邦、特成额、敬善、许世亨、七格、武尔衮泰、冯联科、唐文淑、恩特赫、苏勒芳阿、武光琳、松青、善祥。

**大定协**　康熙四年（1665）设镇；雍正四年（1726）改协。历任镇总兵：田十六、张永祥、葛秉正、李超、卢逢耀、李世威、王凤、张宏印、丁士杰。

**平远协**　康熙四年（1665）置镇。康熙七年（1668）改协，镇总兵刘文进。

**毕赤营**　顺治十六年（1659）设置。

**黔西营**　康熙四年（1665）设镇，二十三年改协，嘉庆三年（1798）改营。

# 第二节　民国时期军事机构

**贵州省第四行政区保安司令部**　民国24年（1935），国民党中央部队入黔，在毕节设贵州省第四行政区保安司令部，为全专区最高军事机关，以专员兼任保安司令，指挥驻境保安团队、各县保警大队及区、乡自卫队。司令部有司令、副司令各1人、上校军衔。历任司令：莫雄、赵朴、何朝忠、廖兴序、肖树经、周希濂、刘鹤鸣；历任副司令：梁柱、刘鹤鸣、罗湘培、江仲卿、罗一农、陈祯、王渔帆、蔡国祥、万邦贞、张镇坤。司令部下设参谋室，设中校、少校参谋各1人。其主要任务为：掌理有关作战计划命令、区内保安团队及民众武装自卫组织的训练调遣及指挥、调制地图、情报战报及分布防区计划、防御工事及其他有关保安事项。

副官室，设副官2人，受参谋指导，掌理内外勤务及一切军纪风纪，颁发饷械服装及采办军用品，制发徽章符号，传达命令。军法室，设军法官1人，书记2人。辖直属保安中队，设中队长1员，分队长3员，特务长1员。直属独立第四营，辖两个步兵连，1个机炮连。解放前夕，独立第四营扩编为保安第十二团，团长王孝传。

**毕节防空指挥部** 民国29年（1940），奉令成立毕节防空指挥部，统管第四专区防空事宜。指挥部驻城郊西岳庙。第四区保安副司令兼指挥官，内设参谋室、电台、警卫班。1945年8月后撤销。

**贵毕师管区司令部** 民国27年（1938），毕节设团管区司令部，隶属贵兴师管区。负责接收第四行政区各县新兵入伍，发给被服，进行短期训练后转送贵阳。何朝忠、詹龙光先后任司令。民国30年（1941），撤销团管区，贵阳、毕节团管区合并为贵毕师管区，辖黔西北18个县，配属陆军第六军，副军长周志群兼司令，民国33年（1944）胡佛继任司令。司令部驻贵阳，黔南事变后迁毕节。民国34年（1945），贵毕、贵兴师管区合编为黔西师管区，司令部驻安顺。

**毕节征兵事务所** 民国30年（1941），撤销毕节团管区，设毕节征兵事务所，隶属贵毕师管区。毕节征兵事务所不接收新兵，只承转贵毕师管区对各县的征兵事务，由师管区派部队到各县接兵。民国32年（1943）撤销毕节征兵事务所，各县征兵由政府兵役科负责。

**毕节警备司令部** 民国34年（1945）1月发生黔南事变，国民政府军事委员会决定，设立毕节警备司令部，统一指挥川滇黔接壤地区驻军及保安团队，委胡佛任司令，廖兴序任副司令。司令部驻双井寺，下设参谋处、情报处、副官室、警卫室。1945年8月后撤销。

**黔西北绥靖区司令部** 民国38年（1949）10月，国民党实施应变计划，贵州省主席兼贵州绥靖公署主任谷正伦委派刘鹤鸣为黔西北绥靖区司令，划滇黔公路北侧及第四行政区各县为其辖区，统一指挥辖区内的保安部队。司令部驻毕节。11月，刘鹤鸣率部撤离毕节，12月中旬在水城宣布起义。

## 第三节 中华人民共和国成立后的军事机构

**中国人民解放军贵州省毕节军分区** 1949年12月3日，贵州省毕节军分区成立，下设司令部、政治部、后勤处，各部（处）置业务科（股）。分区机关分别驻毕节县城的福音堂、城隍庙、游击衙门办公。1950年1月31日，人民解放军四十七师奉命从四川移防毕节，执行剿匪任务。中国人民解放军第二野战军第五兵团贯彻中共中央“野战部队地方化，领导一元化”指示，决定四十七师与毕节军分区合为一体。师长郑统一，政委郭强，参谋长郭海波，政治部主任邹文泗分别兼任分区司令员、第一政治委员、参谋长和政治部主任，下辖一四零、一四一团。侯国祥改任分区第一副司令员；赵欲樵任分区第二政治委员。1951年3月5日，四十七师一四一团留毕剿匪，其余部队奉令编入中国人民志愿军序列，开赴朝鲜参加抗美援朝。此后，上级军事机关调整毕节军分区领导班子，侯国祥复任分区司令员，罗英任政治委员，增设干部管理部。分区有直属教导大队，3个警卫连，1个运输连，黔西、大定、织金、威宁、赫章情报站，军邮支局，文工队和分区武装部。下属有9个县武装部和警卫营。1952年5月，分区奉命精简整编，撤部设科，改处为科。司令部改为参谋科，政治部为政工科，后勤处改为后勤科，干部管理部处改为干部科；撤销教导大队、军邮支局、分区武装部、警卫连、各县警卫营及各情报站；建立干部轮训队，组建贵州省军区独立第五营和毕节地区公安大队。1954年，分区机关分别从福音堂、城隍庙、游击衙门迁入新建营区倒柳村办公。1959年5月，分区奉命恢复司令部、政治部、后勤处。各部（处）下置科、室。下辖教导队、独立营、地区公安大队和各县人民武装部。1961年奉令改后勤处为后勤部。1982年7月，毕节军分区独立营入毕节武装支队序列。1986年，分区机关再次奉命精简，撤销科、室，实行部门首长直接领导指挥参谋、干事、助理员。司令部分为作训、动员、军务、通信、机要5个办公室；政治部分为组干、宣传、群保、老干4个办公室；后勤部分为战勤、供应、军械、营管、生产5个办公室和卫生所。1997年恢复科的编制，司令部下辖作训科、军务科、动员科，政治部下辖组干科、宣保科，后勤部下辖战勤科、供应科。1999年司令部军务科、动员科合编为军务动员科。毕节军分区为正师级军事机构，隶属于贵州省军区，同时又是中共毕节地委的军事工作部门，毕节地区行署的兵役机关。解放初期，坚决执行“既是战斗队，又是工作队，又是生产队”的指示和“军事围剿、政治攻势、发动群众三结合”的方针，组织部队及人民武装对国民党顽固残余势力和土匪进行清剿；收编、整编国民党起义投诚部队；维护城市社会秩序，大力组织群众、宣传群众、武装群众，帮助地方接管旧政权，建立人民政权和革命组织。1950年，分区部队及各县、区武装部队，组织剿匪战斗951次，清剿匪徒398股，歼匪近3.6万名，伤匪1307名。同时，发展农会会员28.38余万人、民兵2万余人。随着人民政权的巩固，土匪被剿灭，分区主要负责本地区的兵役、动员和民兵等军事工作，并组织发动民兵预备役人员投入抢险救灾，配合公安机关维护城乡社会治安，完成急难险重任务。

**毕节卫戍司令部** 1956年3月28日建立，毕节军分区司令员侯国祥兼任司令员。其主要职责是：负责军事警卫工作和兵役工作，执行城市守备任务，维护军容风纪，协同地方维持治安。其业务由毕节军分区兼管，不久撤销。

**毕节警备司令部** 1986年7月设立，业务由毕节军分区司令部兼管。主要负责城市警卫、守备、兵役、动员、民兵工作，以及维护军容风纪，协同地方维持治安。1992年按《中国人民解放军警备工作条例》改称为中国人民解放军毕节警备区。

**地（专）、县人民武装委员会** 1961年11月，先后成立，简称武委会。专区武委会主任由地委书记兼任，专署、军分区的主要领导兼任副主任，成员有地委、专署、驻军、宣传、民政、财政、公安、交通、文教卫生、工青妇等部门领导。各县武委会主任由各县县委书记兼任，县政府，县武装部的主要领导兼任副主任，成员有县委、县政府、县武装部等有关部门领导。专、县武委会一般1年召开1次会议，主要研究解决辖区内人民武装工作中的重大问题，组织协调保证人民武装建设，并力求完成任务。武委会是地、县委下设的领导人民群众武装力量的专门机构，其领导均随地委、行署、军分区和县委、县政府、武装部的主要人事变动而调整。1989年9月，地区武委会设立专职办公室，分区参谋长兼任办公室主任，抽调人武干部任专职副主任，处理日常工作事务。

武装部 1.毕节军分区人民武装部。1950年12月，建立毕节军分区人民武装部，隶属毕节军分区领导。1954年12月撤销。

2.县市人武部。1951年，各县相继建立县人民武装部，隶属毕节军分区，受毕节军分区和当地县委的双重领导。下辖81个区武装部，区武装部设部长、教导员各1人，参谋干事2～3人。人员为现役军人。各县武装部设部长、政委各1人，参谋干事3～4人。1954年12月，各县武装部奉命改称为县兵役局，编制分别在40～70人之间。是年，撤销区武装部，置区武装助理员。1960年12月，撤销各县兵役局，恢复各县武装部，为正团级，编制分别在22～25人之间，设部长、政委各1人，副部长、副政委的设置根据需要而定。是年，各县重建区武装部，设公社武装部，区设部长或副部长1人，干事1～2人，公社设武装部长1人，均为地方编制。1984年公社改为乡，全地区配区武装部长101人，干事137人，乡武装部长205人。1986年5月30日，各县武装部奉命改归地方建制。改建后仍称县武装部（副县级），受毕节军分区和当地县委的双重领导，负责本县的军事工作，人员均属地方编制。1992年，取消区武装部。1996年4月各县人武部收归军队建制。

### 1949～2005年毕节军分区历任司令、副司令、政治委员、副政治委员名录

| 姓 名 | 职 务 | 任职时间 | 姓 名 | 职 务 | 任职时间 |
|---|---|---|---|---|---|
| 侯国祥 | 司 令 | 1949～1950.2 | 张暴曾 | 副政委 | 1970.6～1970.10 |
| | 副司令 | 1950.2～1950.12 | 陈福如 | 副司令 | 1981.5～1983.4 |
| | 司 令 | 1950.12～1959.12 | 杜树义 | 副司令 | 1980.4～1983.4 |
| 郑统一 | 司 令 | 1950.2～1950.12 | 周铧华 | 副司令 | 1983.4～1985.2 |
| 程绍祥 | 司 令 | 1960.12～1964.4 | 王丕坤 | 副司令 | 1986.9～1998.12 |
| 黄 尧 | 副司令 | 1964.5～1966.7 | 禄文斌 | 第一政委 | 1979.5～1986.12 |
| | 司 令 | 1966.7～1980.8 | 郭 强 | 第一政委 | 1950.1.31～1951.3.5 |
| 徐殿英 | 副司令 | 1978.2～1980.8 | 赵欲樵 | 政 委 | 1949.12～1950.2 |
| | 司 令 | 1983.4～1983.4 | | 第二政委 | 1950.2～1951.3 |
| 刘兆仁 | 司 令 | 1983.4～1985.4 | 罗 英 | 政 委 | 1951.2～1952.9 |
| 刘声魁 | 副司令 | 1985.1～1986.9 | 孟子明 | 政 委 | 1952.10～1960.11 |
| | 司 令 | 1986.9～1995.7 | 薛 光 | 政 委 | 1964.6～1965.4 |
| 潘志华 | 司 令 | 1995.9～1998.12 | 陈健吾 | 政 委 | 1962.1～1966.5 |
| 吴之徐 | 副司令 | 1992.3～1998.12 | 黎武忠 | 副政委 | 1955.5～1960.8 |
| | 司 令 | 1998.12～2003.3 | | 第二政委 | 1960.8～1964.2 |

续表

| 姓　名 | 职　务 | 任职时间 | 姓　名 | 职　务 | 任职时间 |
|---|---|---|---|---|---|
| 李成林 | 司　令 | 2003.3～2004.6 | 杨文碧 | 副政委 | 1961.8～1965.12 |
| 王　刚 | 司　令 | 2004.8～2005.12 | | 第二政委 | 1965.12～1970.12 |
| 刘鹤鸣 | 副司令 | 1950.2～1951.2 | 姜健民 | 政　委 | 1970.10～1979.12 |
| 蒋开印 | 副司令 | 1957.8～1963.12 | 梁革新 | 副政委 | 1966.4～1971.5 |
| 胡亮俦 | 副司令 | 1964.6～1966.7 | | 第二政委 | 1971.5～1976.10 |
| 杨兰平 | 副司令 | 1970.7～1979.7 | | 政　委 | 1976.10～1981.5 |
| 王华哲 | 副司令 | 1970.7～1979.11 | 王殿臣 | 副政委 | 1978.4～1981.4 |
| 贾全盛 | 副司令 | 1970.10～1974.6 | | 政　委 | 1981.5～1989.7 |
| 杨正才 | 政　委 | 1983.4～1989.7 | 李玉柱 | 副政委 | 1970.10～1978.2 |
| 马化清 | 政　委 | 1990.5～1990.9 | 李　萍 | 副政委 | 1970.10～1974.11 |
| 朱勋耀 | 政　委 | 1990.9～1995.3 | 董英祥 | 副政委 | 1973.6～1982.12 |
| 李德清 | 政　委 | 1995.3～1998.3 | 李彦林 | 副政委 | 1973.8～1979.9 |
| 李麦成 | 政　委 | 1998.3～2002.4 | 郭万祥 | 副政委 | 1979.9～1981.6 |
| 孙　峰 | 政　委 | 2002.4～2005.12 | 王雨亭 | 副政委 | 1979.7～1980.4 |
| 田　炯 | 副政委 | 1952.7～1960.10 | 张文贵 | 副政委 | 1981.6～1983.4 |
| 王培友 | 副政委 | 1960.10～1961.8 | 董登钺 | 副政委 | 1983.4～1986.6 |

## 1949～2005年历任毕节军分区政治部主任名录

| 姓　名 | 任职时间 | 姓　名 | 任职时间 |
|---|---|---|---|
| 王之翰 | 1949.11~1950. | 梁革心 | 1965.5~1966.4 |
| | 1951.2~1952.6 | 张景鲁 | 1966.4~1970.6 |
| 邹文泗 | 1950.2~1951.2 | 王雨亭 | 1970.10~1979.11 |
| 黎武忠 | 1959.12~1960.8 | 田泽霞 | 1979.11~1981.11 |
| 苏　华 | 1960.10~1965.5 | 吴人弘 | 1981.11~1983.4 |
| 冯广旻 | 1983.4~1985.6 | 刘治彪 | 1998.12~1999.10 |
| 雷昌应 | 1985.6~1993.5 | 孙　峰 | 1999.10~2002.2 |
| 冉鄂生 | 1993.5~1998.12 | 周国新 | 2002.2~2005.12 |

### 1950～2005年历任毕节军分区参谋长名录

| 姓 名 | 任职时间 | 姓 名 | 任职时间 |
|---|---|---|---|
| 郭海波 | 1950.2～1951.2 | 童映河 | 1985.2～1987.8 |
| 杨兰平 | 1960.10～1970.5 | 潘志华 | 1988.8～1995.7 |
| 任仰贵 | 1970.7～1980.11 | 王迤南 | 1995.8～1997.7 |
| 李金升 | 1978.12～1979.11 | 王 刚 | 1997.11～2004.8 |
| 刘兆仁 | 1979.11～1983.4 | 黄 兵 | 2004.8～2005.12 |
| 王丕坤 | 1983.6～1986.9 | | |

历任军分区司令部副参谋长名录：宋次中、杨兰平、刘光海、李金升、田宗友、徐国信、刘富清、巩树韬、郝玛喜、张文学、刘昭明、赵德学。

历任毕节军分区政治部副主任名录：贾鲁峰、苏华、尚金城、张景鲁、李玉柱、裴志刚、葛仁敬、于静之、赵世才、张文贵、汪贵发、徐光伟、刘治彪、刘春光。

历任毕节军分区后勤部正副部（处）长名录：张维友、王文通、徐敦伦、王润华、郭振锋、张文勋、肖吉高、李炳书、刘昭明、詹甫才、龙运来、渠时心、郭玉成、苏庆元、刘裕仁、吴俊山、陈云中、王安林、唐绍柏、李炳书、刘志文、彭中华。

3.中国武装警察部队毕节地区支队。1982年6月，中央决定将人民解放军担负地方内卫任务和执勤任务的部队移交公安部门，与公安部原实行义务兵役制的武装、边防、消防警察合组中国人民武装警察部队。中国武装警察部队毕节地区支队由此成立。武警毕节地区支队同时接受武警贵州省总队和毕节地区公安处领导。武警部队实行义务兵和志愿兵相结合的兵役制度，执行人民解放军的条令、条例和供给标准，享受解放军的同等待遇。其建置为正团级，支队机关设司令部、政治处、后勤处、消防科，下辖3个直属中队和8个县中队。1987年3月，武警毕节地区支队将消防科及所属消防中队移交毕节地区公安消防支队领导。武警毕节地区支队机关设司令部、政治处、后勤处，下辖3个直属中队和8个县中队。其主要职责是维护地方社会治安、承担劳教场所服刑人员的看守、看押任务；处置各类突发事件和配合公安机关逮捕、追捕、押解、押运、巡逻、处决人犯。

附：

### 中国人民武装警察部队毕节支队领导人名录

唐锡虞　尚洪祥　王品达　陈昌模　廖绍明　李长安　李安立　郑应忠　蔡云德　刘如华
李发荣　吴长达　王济波　王时华　陈朝映　张圣学　唐前进　魏国洪　李安立　刘明华
郑世平　张正祥　马应红　张建华　杨秀贵　代盛华　梁启禄　黄仁海　赵绍泽　李光书
卢太平　杨永德　韩世伟　朱贵龙　肖景权　赵明文　周　彦　张著业　杨胜友　徐　飞
晏贤亮

# 第二章　驻　军

毕节地区古代驻军，以方国、土司的地方武装为主，而这些武装多是“半民半兵”，即战争时期为兵，太平时期为民，职业兵有限。到汉置平夷县时，成批中原大军入驻。晋、唐、宋、元时，毕节地区因为边疆成为战争重灾区，兵荒马乱成常态。到明朝初年，明军入驻，并实行军屯制，卫、所、屯、哨、营星罗棋布。清代改土归流后，地方武装之分散，国家驻军也少了许多，虽有些地主武装和绿林武装，但是成不了气候。新中国成立后，毕节成为祖国的大后方，先后有少量解放军、武警和消防部队驻扎。

## 第一节　明清时期驻军

**卫所屯军**　明朝，在西南边疆实行军屯制，常备兵定地留戍。兵员实行世袭制，军士皆父子相继，即军户男性分为正丁、次丁和余丁。正丁死亡，次丁和余丁依次递补。卫所官兵平时屯田，战时出征。驻乌撒、赤水和毕节卫，白撒、摩尼、七星关、阿落密和前所官兵数量，一般以10人编为1小旗，5小旗为1总旗，2总旗为百户所。百户所有旗官12人，兵100人；10百户所为千户所，有旗官20人，兵1000人；5千户所为1卫。卫有前中后左右5所，共有官兵5600人。据旧《毕节县志》载：毕节卫颁符验2道，铜牌2面，有官兵5567名。留守指挥官90余名，军械1.5万多件。各卫有掌印指挥，管屯指挥、管操指挥、巡捕指挥、掌屯千户、掌捕千户、镇抚千户各1名，皆世袭。各卫有经历、知事、仓大使、副使、教授各1名，训导2员，上述人员均属流官。旗军出征，按其隶属，冠以总兵、副总兵、参将、游击、将军、守备、把总称谓，无品级定员，战事结束后回原地复原职。

**绿营**　清代称汉兵为绿营兵，并继承和发展明朝的军屯制度，在军事要冲、交通要道安置塘汛兵。驻军指挥机构称为镇、协、营。

1.威宁镇。康熙四年（1665）置，初设有中左右3营，有总兵1员，游击、守备各3名，千总6员，把总12员，兵2200名。康熙二十四年（1685）改威宁镇为参将营，有左右两营，兵1000名。雍正九年（1731）增兵500名，改为协。乾隆二年（1737）复增兵500名，恢复为镇。其中驻威宁城总兵1员，游击2员，千总、把总各1员，兵894名；分防雄所营守备、千总各1员，兵201名；分防得胜营守备、千总各1员，兵201名；分防赫章等8汛兵705名，千总1员、把总7员。道光二十二年（1842），驻威宁城总兵、游击、都司各1员，守备、千总、把总各2员，经制外委5员，额外外委9员；分防在外者为12汛92塘，驻千总2员，把总6员，经制外委7员。

2.大定协。康熙四年置大定镇，设中左右营，设总兵1员，游击、守备各3员，千总6员，把总12员，兵2400名。雍正三年（1725）改为大定协。乾隆二年有制兵1200名，设副将1员，游击、守备各2员，千总4员，把总8员。其中驻大定城副将1员，游击、守备各2员，千总3员，把总6员，兵536名；分防龙场等3汛兵220名，千总1员，把总2员；各塘兵440名。道光二十二年，驻大定城副将、都司、守备各1员，千总2员，把总7员，经制外委7员，额外外委4员，兵427名；分防在外者为3汛53塘，驻千总1员，经制外委3员，兵281名。

3.平远协。康熙四年设镇，设中左右营，总兵1员，游击、守备各3员，千总6员，把总12员，兵2220名。康熙二十三年（1684）改镇为协。康熙三十八年（1699）设制兵1100名，有副将、都司、守备各1员，千总4员，把总8员。其中驻平远城副将、都司、守备各1员，千总2员，把总3员；分防定南等11汛千总2员，把总5员。道光二十二年，驻平远城副将、都司、守备各1员，千总2员，把总4员；分防在外者为10汛55塘，驻千总2员，把总5员。

4.毕赤营。顺治十六年（1659）置。初设有游击、守备各1员，千总2员，把总4员，兵800名。雍正七年（1729）增设外委千总1员，外委把总3员。乾隆二年，驻毕节城游击、守备各1员，把总2员，兵340名，分防七星关等6汛兵360名，千总、把总各2员。道光二十二年，驻毕节城游击、守备各1员，把总4员，经制外委、额外外委各3员，兵507名。光绪五年（1879），驻城游击、守备各1员，千总、把总各2员，经制外委1员，额外外委3员，兵146名；分防在外者有6汛45塘隘，驻千总、把总各2员，经制外委1员，兵146名。

5.黔西营。康熙四年设黔西镇，设中左右营，兵2200名，置总兵1员，游击、守备各3员，千总6员，把总12员。康熙二十三年改镇为协。乾隆二年制兵1200名，驻黔西城副将、都司、守备、千总各1员，把总3员；分防西溪等7汛千总3员，把总5员。嘉庆三年（1798）改协为营。道光二十二年，制兵472名，驻黔西城游击、守备、千总、把各总1员，经制外委、额外外委各2员；分防在外者为8汛58塘，驻千总1员，把总3员，经制外委4员。

顺治十六年至光绪五年（1659～1879）兵员数额统计表

单位：人

| 年号 | 兵额/部别 | 威宁镇 | 大定协 | 平远协 | 毕赤营 | 黔西营 |
| --- | --- | --- | --- | --- | --- | --- |
| 顺治 | 十六年 | | | | 800 | |
| 康熙 | 四年 | 2220 | 2400 | 2220 | | 2220 |
| | 二十四年 | 1000 | | 1200 | 600 | 1200 |
| 雍正 | 九年 | 1500 | 1000 | 1100 | 600 | 1100 |

续表

| 部别/兵额/年号 | | 威宁镇 | 大定协 | 平远协 | 毕赤营 | 黔西营 |
|---|---|---|---|---|---|---|
| 乾隆 | 二年 | 2000 | 1200 | | 700 | 1200 |
| | 四十八年 | 1795 | 819 | 568 | 568 | 942 |
| 嘉庆 | 二十年 | 1519 | 743 | 794 | 527 | 518 |
| 道光 | 二十二年 | 1593 | 732 | 798 | 522 | 480 |
| 光绪 | 五年 | | | | 307 | |

道光二十二年（1842）各镇协营兵数额统计表

单位：人

| 官兵/兵额/部别 | 官兵 | | | | | | | 制兵 | | | | | 合计 |
|---|---|---|---|---|---|---|---|---|---|---|---|---|---|
| | 总兵 | 副将 | 游击 | 都司 | 守备 | 千总 | 把总 | 经制外委 | 额外外委 | 马兵 | 战兵 | 守兵 | |
| 威宁镇 | 1 | | 1 | 1 | 2 | 4 | 8 | 12 | 9 | 94 | 732 | 729 | 1593 |
| 大定协 | | 1 | | 1 | 1 | 3 | 7 | 7 | 4 | 37 | 322 | 349 | 732 |
| 平远协 | | 1 | | 1 | 1 | 4 | 9 | 6 | 4 | 60 | 331 | 381 | 798 |
| 毕赤营 | | | 1 | 1 | 1 | 2 | 4 | 3 | 3 | 41 | 214 | 252 | 522 |
| 黔西营 | | | 1 | | 1 | 2 | 4 | 6 | 2 | 33 | 201 | 230 | 480 |

**练军**　清光绪初，增设大定、黔西、毕节各营练军，以分统带领。分统初驻黔西，后移驻大定。大定练营分中、左、右哨，每哨有哨官1员，教练2员，哨书1员，正兵100名，编为10棚，棚设什长。外有号兵2名，马夫1名，伙夫11名。中哨驻本城，左、右哨官称副哨，隶于中哨，交替出防于外。光绪二十四年（1898），大定练营调防，接防者为西路中营，营置管带1员，仍分中、左、右哨，有正兵360名，其余编制同上述。宣统三年（1911），因辛亥革命爆发调省撤销。

## 第二节　民国时期驻军

**黔军**　1.巡防军。民国2年（1913），贵州省巡防军督带姚嵩率巡防军两个大队驻毕节。巡防军兼管城乡民团武装，维护治安。当年调离，改编为贵州陆军。

2.贵州陆军第一团。民国2年（1913），贵州陆军第一团第一大队进驻毕节。驻防期间，武装镇压哥老会，捕杀帮会首领2人。年底调离。

3.贵州陆军第六团。民国5年（1916），贵州陆军第六团驻防毕节、大定、黔西县，团部驻毕节黑神庙。辖3个步兵营，第二营驻黔西，第三营驻大定。次年调离。

4.黔军第三旅、第十一旅。民国11～12年（1922～1923），袁祖铭定黔后，委易荣黔任第三旅旅长，率部驻西中各县休整。旅部驻毕节道台公署，辖步兵第七团驻大定，步兵第十二团驻黔西，骑兵团驻毕节。民国12年，易旅调离西路，第十一旅接防毕节，是年调离。

**滇军第五军** 民国16年（1927），滇军第五军驻防毕节，军部驻古道路。滇军第五军林秀生一部驻大定。次年回滇。

**国民革命军** 民国17年（1928），国民革命军第二十五军第三旅驻毕节。翌年，第三旅调离，第四旅接防。旅长宋醒率部驻防毕节期间，强化治安。民国20年（1931），第二十五军第七旅进入毕节，宋醒旅移驻大定、黔西，后调贵阳。民国24年（1935）初第七旅调离。

**中央陆军** 1.第一零二师。民国24年（1935）初，中国工农红军长征进入贵州，国民党中央陆军部队追剿入黔，黔军第二十五军被改编为五个师。二十五军第二师柏辉章部改编为陆军第一零二师，于是年5月初奉命到威宁、水城集结待命。师部驻威宁，下辖两个旅、6个团，3个直属连。是年6月，奉命调离贵州。

2.第六十三师。民国24年2月，进驻毕节、大定防堵红军。六十三师师长陈光中，辖两个步兵旅（一八七旅、一八九旅）及师部。一八七旅及直属部队驻毕节，一八九旅驻大定。是年6月调离。

3.第二十三师。民国24年6月，接替六十三师防务进驻毕节、大定，辖六十七旅、六十八旅。师部及六十七旅驻毕节，六十八旅驻大定。是年调离。

4.暂编第五旅。民国25年（1936）3月，进驻毕节，围剿川滇黔边区红军游击武装力量，是年7月调离。

5.第二十军一三三师。民国25年8月，由川入黔接替，驻毕节接替暂编第五旅防务。该师辖2旅4团，第一旅第一团、第二团驻水城；第二旅第三团、第四团驻威宁；师部及师直属队驻毕节。其主要任务是围剿贵州抗日救国军第一支队。是年冬，移驻安顺。

6.第三零五师。民国29年（1940）冬，入毕节、黔西，沿清毕公路、川滇东路驻防。师部先驻毕节，后移驻黔西。

7.第二军第九师。民国31年（1942）5月，进驻毕节整训。驻毕节期间，曾在小校场演习对空射击，在城内进行巷战对抗演习。是年9月调离。

8.第七十六军第二十四师。民国31年（1942年）10月，接替第二军第九师防务驻毕节整训。师司令部驻黑神庙。次年春移驻四川宜宾、泸州。

9.荣誉第二师第四团。民国32年（1943）7月，调驻毕节休整，民国32年（1944），移驻威宁，后去云南归建。

10.第一零八军第二三九师。民国38年（1949）春，奉命围剿游击武装，进驻毕节。是年6月调回四川归建。

11.第八十九军第三四三师。民国38年（1949）6月，接替一零八军二三九师进驻毕节。是年9月，开往滇东地区镇压群众。

12.第八军第四十二师。民国38年（1949）7月，陆军第八军李弥部，奉命由江西开赴云南。

9月中旬从叙永进入毕节入滇，四十二师留驻毕节整补，在毕节、威宁招募新兵。是年10月底从毕节、威宁进入云南，大部被人民解放军歼灭，少数残余逃出国境。

13.第十九兵团。民国38年（1949）11月15日，人民解放军解放贵阳，第十九兵团部向黔西、毕节撤退，其第四十九军二四九师从织金向水城撤退，第二七五师撤至鸭池河。11月下旬，第十九兵团司令部、辎重团、警卫团，第四十九军军部及军直属部队共5000多人先后退驻毕节。人民解放军进抵鸭池河后，第二七五师师长陈德明率部撤至金沙，宣布起义。是年11月23日，第十九兵团及四十九军余部经威宁到水城，然后离开水城去普安。

14.第一零一军第二七一师。民国38年（1949）11月，贵州省保安司令部改编为陆军第一零一军，辖二七一、二七二师。二七一师司令部及保五、保六团驻水城，保十二团留驻毕节。是年12月，师长刘鹤鸣在水城宣布起义。

15.第一零一军独立第四师。驻威宁。1949年12月7日，师长马昆在威宁率部起义。

**补训处部队** 1.军政部第八补充兵训练处。民国29年（1940），军政部第八补充兵训练处入驻毕节。驻毕节期间组训四个步兵团，开赴抗日前线。是年，处本部移驻遵义。

2.军政部第二十九补充兵训练处。民国30年（1941），调驻毕节。该处驻毕节期间组训3个补充团开赴湖南。次年调离。

3.军政部第二补充兵训练处补充第二团。民国33年（1944）驻毕节整训，当年调离。

**辎重部队** 1.陆军辎重兵汽车第五团预备营。民国30年（1941），调驻毕节，营部驻东关坡。营汽车驾驶教育队在毕节、大定、威宁县招收驾驶兵100名，在毕节梓桐阁进行训练。是年冬，驾驶教育队调往西北，预备营归建。

2.军政部独立汽车第五营。民国30年（1941），调驻毕节，营部驻帝君庙，辖4个汽车连，担任昆明至重庆的军运。次年调离。

3.陆军辎重兵汽车驾驶教育第二团。民国31年（1942），调驻毕节。团部驻陕西庙，下辖4个驾驶学兵营，分驻帝君庙、头步桥、茶亭，训练士兵驾驶、修理汽车技术。民国33年（1944）秋调离。

**临时驻军** 1.滇黔联军总司令部。民国6年（1917），进驻毕节。总司令部驻盐务公所。唐继尧曾在小校场检阅步、骑、炮兵协同操练。是年离毕返滇。

2.西防司令部。民国10年（1921），孙勤梁任黔军第五混成旅兼西防司令，驻毕节。两个步兵团分驻黔西、大定、织金、威宁，直属独立营、重机枪连、炮兵营驻毕节，司令部驻道公署。是年，孙部调离，西防司令部撤销。

3.贵州军事办公署总指挥部。民国13年（1924），进驻毕节，总指挥部驻道公署。所属第六团驻黔西、大定；第七团驻威宁、水城；第四团独立第七营部驻毕节。毛光翔派遣第七团进剿威宁回族马昆武装，马昆设伏，零七团被围，团长蒋丕绪被俘。毛光翔急派第六团驰援，马昆部主动撤退，放回蒋丕绪。次年，毛部调离。

4.贵州西路清乡司令部。民国16年（1927），进驻毕节，所辖3个营分驻毕节、大定、黔西县清剿绿林武装。次年柏部调离，西路清乡司令部撤销。

5.毕节军警联合稽查处。民国32年（1943），第四区行政督察专员兼保安司令部与各驻军协商组建毕节军警联合稽查处，以加强毕节城区治安，维护军纪。稽查处设在游击衙门，抽调第四区保安司令部参谋1员、毕节县警察局督察长1员、书记1员处理日常工作。由特二大队抽调一个分队，各部驻军抽调数名武装士兵组成纠察队，日夜巡逻，检查旅社、车站、剧院等场所。1945年8月15日于抗战胜利后撤销。

其他部队　1.交警、宪兵、盐警。（1）交警。①军事委员会交通警备司令部第三团第二营。民国29年（1930），调驻毕节，辖4个连，分驻川滇东路各要站，维护交通安全。②军政部交通警察总队第一大队。民国32年（1943），调驻毕节整训，执行勤务。大队部驻西门外，辖3个中队，翌年调离。（2）宪兵。宪兵第十三团第二营第四连。民国29年（1940）5月进驻毕节，执行勤务，并招收学兵30名。7月底调离。（3）盐警。贵州盐务税警队。民国27年（1938）派驻毕节，队部驻盐务局，辖3个分队，官警40人。毕节解放前夕，盐务税警队队长率部起义。

2.特种部队。（1）空军第五军区第五一六电台。抗战后期，空军总司令部在毕节设直属电台，驻东关坡梨园。抗战胜利后改称空军第五军区第五一六电台，有官兵10多人。民国38年（1949）10月，电台奉命撤至重庆。（2）军政部化学兵团防化连。民国30年（1941）调驻毕节休整训练。次年夏调泸州归建。（3）军政部交通器材总库九十四分库。民国29（1940）驻毕节五里坪，供给川滇东路军运交通器材。九十四分库有库长、库员、士兵10余人。民国34年（1945）撤销。（4）联合勤务总司令部第四十八粮秣被服仓库。联勤总部民国35年（1946）在毕节设立，储存被服、粮食等物资，补给过境部队及驻军。毕节解放前夕，仓库人员焚烧物资后逃离。（5）军政部荣誉军人第九休养院。民国33年（1944）迁驻毕节湖北会馆，下辖7个中队分驻毕节城乡。民国35年撤并入第十二临教院。

3.保安部队。（1）贵州省保安第一团。民国26年（1937），驻毕节整训。1937年7月7日，抗日战争爆发后，奉调贵阳改隶第二预备师。（2）贵州省保安第二团。民国27年（1938）调入。分驻黔西、大定，次年调离。（3）贵州省保安第四团。原为省保安直属第四大队。民国28年（1939）调驻毕节。辖3个中队。民国29年（1940）4月，毕节县发生水箐口儒坛信徒暴动，教徒冲进毕节县城，保安四大队镇压，打死教徒200多人。是年，保安直属四大队扩编为保安第四团，团部驻毕节，所属各营分驻黔西、大定、威宁。民国31年（1942）调离。（4）贵州省保安第五团。民国31年调驻毕节，年底调离。民国37年（1948）再次调驻毕节，第一营驻毕节，第二营驻威宁，第三营驻水城。翌年3月，撤离。（5）贵州省保安特务第二大队。民国32年（1943）3月，由镇远调驻毕节。在毕节、威宁、赫章县执行清剿绿林武装任务，民国35年（1946）调贵阳。（6）贵州省保安第一旅。民国37年（1948）8月组建，旅驻毕节，该旅保安第五团驻毕节、保安第六团驻黔西。民国38年（1949）11月扩编为陆军第二七一师。

# 第三节　中华人民共和国成立后驻军

**野战部队**　1.第十六军第四十七师。1949年11月15日解放贵阳，四十七师24日奉命强渡鸭池河，25日解放黔西、大定两县城。28日，解放毕节县。29日，除留部分人员驻守毕节，协助接管政权外，大部奉命速离毕节，赴四川参加成都战役。1950年1月31日，回毕节驻防，执行剿匪任务。师机关驻毕节县城；一四零、一四一团驻毕节、黔西、大定县。是年7月初，组织进行以金沙为中心的歼匪合围战。合围战持续1个月，计歼匪5100多名，活捉黔西北剿共总司文老洞、副军长杨平舟、黔西北反共救国军副总指挥吴湘云、第十九兵团三二七师师长徐文敬。1951年3月5日，除一四一团留毕节继续清剿残匪外，其余奉命编入中国人民志愿军序列，赴朝鲜参加抗美援朝战争。

2.十五军第四十五师。1950年3月28日奉命分两路从兴仁、安龙向毕节挺进。4月3日，所属一三四团抵纳雍阳长与叛匪保安十二团三营激战，毙匪40名，俘匪41名。4月10日，所属一三三、一三五团进至大定县羊场坝一带驻剿土匪，师部开驻毕节。驻毕节后，在中共毕节地委统一领导下，以师部崔建功为首组建织金、纳雍、水城、郎岱县剿匪指挥部。4月13日与毕节军分区举行军事联席会议，部署对叛匪的作战，与兄弟部队相配合，仅1个月就完成蚌井洞、窗子洞、四方洞攻坚战，收复纳雍、水城、织金县城。是年8月26日，奉命在水城成立以崔建功为指挥长的威赫合围战前线指挥所，展开威赫合围战，是年9月30日结束合围战，歼匪万余人，收复威宁和赫章。1950年12月10日，四十五师奉命编入中国人民志愿军序列，开赴朝鲜参加抗美援朝战争。

3.第四十一师一二一团一营。1970年5月，奉命驻毕执行支工、支农、支左、军训、军管任务。次年夏调离。

4.空军87155部队54分队。1967年11月16日，由清镇调大方县双山区文阁公社营盘山驻防。1970年11月20日，由大方营盘山调驻毕节县海子街区烧缸公社白马山驻防。1985年11月，分队划归云南祥云87155部队。1993年奉命撤编。

**地方部队**　1.贵州省军区独立第五营。1952年4月16日，毕节军分区奉贵州省军区命令，以分区直属3个连、金沙警卫营、大定警卫营一部为基础组建贵州省军区独立第五营。部队分别驻毕节、黔西、大定、金沙县。第五营组建后，番号属省军区，建制及指挥属毕节军分区，亦称毕节分区独立营。1954年8月，改编为贵州省军区公安第四营，其驻地防务不变。1956年2月改称公安独立五十九团二营。1958年12月，奉命撤建。其二连改编为毕节军分区内卫连。

2.毕节军分区独立营。1966年4月，由毕节专区武装警察大队改编组建，下辖两个连、9个县中队。1970年1月，奉命与贵阳军分区独立营换防。是年2月，贵阳军分区独立营到毕节，改为毕节军分区独立营。1970年5月，改编为贵州省军区步兵独立第八营。1977年1月，恢复毕节军分区独立营的称谓。1982年8月，建制撤销，人员移交毕节地区公安处，改建为毕节地区武装警察支队。

武装警察部队 1.公安部队。（1）毕节专署公安分局保卫队。1949年12月3日成立，干部、战士共25人。（2）毕节县公安保卫队。1949年12月成立，有干部、战士16人。1951年12月，编入县警卫营，有干部战士80人。（3）大定县公安保卫队。1950年3月成立，有干部、战士33人。1951年改编为公安连，隶属县公安局，有干部、战士70人。（4）金沙县公安保卫队。1949年12月成立，有干部、战士14人。1951年6月并入县警卫营。是年末，共有干部、战士80人。（5）织金县公安保卫队。1950年1月成立。（6）纳雍县公安保卫队。1950年2月成立，后改为纳雍县公安连。1951年末，有干部、战士60人。（7）威宁县公安保卫队。1950年末成立。次年底，共有官兵69人。（8）赫章县公安保卫队。1950年成立，共有官兵74人。（9）水城县公安保卫队。1950年2月成立，有干部战士64人。（10）毕节专区公安大队。1951年9月，中共中央军委决定于次年上半年将全国公安部队统一整编为中国人民解放军公安部队，隶属于军事系统，担负内卫任务。1952年5月10日，建立毕节专区公安大队。毕节公安大队下辖直属公安中队和9个县中队，兵员812人，其中干部46人，战士766人。（11）毕节专区武装民警大队。1955年5月，国防部批准整编公安部队。当年8月，专、县公安部队一律改为武装民警，归各级公安机关建制。专区民警大队下辖1个直属中队和9个县民警中队，共计360人，其中干部27人。1963年，根据上级指示，毕节专区武装民警大队改为毕节专区公安大队，其建制和领导关系不变，继续实行军事系统和公安机关双重领导体制。专区公安大队下辖2个直属中队和9个县中队，共有官兵750人。1966年7月，中央决定撤销公安部队，统一整编为中国人民解放军，毕节专区公安大队整编为中国人民解放军毕节军分区独立营。

2.人民武装警察部队。（1）武警毕节地区支队。1983年1月成立。支队机关设司令部、政治处、后勤处，下辖3个直属中队和8个县中队。（2）武警水电第一总队第二支队。1999年9月，进驻黔西县洪家渡电站工地，参与洪家渡水电站建设。其编制包括支队机关、1个项目部、1个项目指挥所、6个建制中队。洪家渡项目有5个中队，东深工程指挥所有1个中队。

# 第三章　地方武装　民兵

毕节地区的地方武装，在清朝改土归流前，主要是指方国、土司的军队。改土归流后，方国、土司的军队被瓦解，地方维持社会秩序的就是保安团和部分地主武装。在清末民国初之际，介于社会混乱特别是抗日战争爆发，各县成立自卫队，同时也有一批绿林武装应运而生，有的地方甚至爆发农民武装起义。新中国成立后，人民政府通过剿匪反霸将彻底清除一切反动武装，毕节呈现出历史少有的国泰民安的景象。

## 第一节　清代及民国时期的地方武装

**团防**　清咸丰十一年（1861），太平天国军过境，各族农民起义，驻地绿营兵腐朽衰靡，不堪一击，又值协、营停饷，兵籍虚存。各地乡正、里长相继办理团防，实行坚壁清野。光绪二十九年（1903），大定设团练营，招募团练兵50名，置管带、哨官、书记各1员，经费由公庄局支给。三十一年（1905）裁团练经费，改办巡警。民国元年（1912），毕节、大定、黔西县设团防局，设团防总理，统管城乡民团武装。民国4年（1915），大定设保卫团分局，县属9个区各设团总1人，管理团防事务。各区团防以乡丁为主，每区有乡丁20名，枪20支；县城有乡丁80名，经费由屠宰税提取。后改保卫团分局为团防总局，设团防总理、协理各1员，参赞6员，各区增设副团总。民国13年（1924），大定县城组成联团，在县城设办事处，次年设联合团及民兵教练养战所，由各区选送学兵受训半年后，回区充当教练。是年9月，黔军军事会办公署总指挥毛光翔召集西路各县团防总理会议，委大定陈锡光任团防总监，成立6县团防总监办事处，负责协调6县团防防务。民国24年（1935）后，各县团防相继撤销。

**自卫队**　民国26年（1937）抗日战争爆发，各县设自卫队，组织民众武装，县长兼任总队长。各区乡设自卫队，训练18～45岁青壮年。民国27年（1938），自卫队改称社训总队，各县增派督练员，县城组成公务员队、店员队、学生军训团，区、乡成立壮丁队，由督练员督促训练。民国29年（1940），毕节县将店员队改称防护团，担任敌机空袭或火警防护。民国31年（1942）12月，贵州省军管区司令部派参谋长朱某到毕节县检阅18个乡、镇壮丁，在县城大校场检阅，县城学生军训团、防护团、公务员队，全县受检阅壮丁4000余人，驻军第二十四师军乐队助阅。民国35年（1946）重建乡、镇自卫队，县长兼总队长，县府军事科长兼总队附，乡、镇长兼任大队长，保长兼任队长，小队长由受过军训的学生或壮丁担任，自卫队人数由各乡、镇自定。民国37年（1948），各县将保安警察大队扩编为民众自卫总队。解放初，各县民卫总队官兵有的向人民政府投诚，有的纠合为匪。

国民兵团　民国29年（1940），各县设国民兵团，县长兼任团长，配专职副团长、团附、督练员、副官、勤杂兵，经费由各县财政开支。其任务是组训城乡适龄青壮年及高中、师范学生。民国34年（1945）撤销。

## 第二节　解放后的民兵组织

1950年初，各县在城乡组织人民武装自卫队，保卫新生人民政权。1951年，改称民兵，以乡、村为单位建立民兵中队、分队、小队。1952年，各县贯彻实施《中华人民共和国民兵组织暂行条例》，将民兵划分为普通民兵和基干民兵，逐步普及民兵制度。1958年9月，毕节专区贯彻国家"全民皆兵"的方针，以区、公社及片区为单位，建立民兵师、团。到1959年末，全专区共建民兵师100个，民兵团445个，计有民兵122万多人，其中基干民兵54.9万人。

1962年6月后，毕节专区贯彻中共中央主席毛泽东关于"民兵工作要做到组织落实、政治落实、军事落实"的指示，调整民兵组织，

以县建民兵师，区建民兵团，公社建民兵营，大队建连或排，生产队建排或班；将民兵划分为普通民兵、基干民兵、武装基干民兵。1964年，以县建立武装基干民兵营，以区建立武装基干民兵连，以公社建排或班。到1966年，全专区共建立武装基干民兵营9个，连81个，有武装基干民兵近2万人。

1978年，毕节军分区制订《1978～1980年武装民兵发展规划》，整顿全地区民兵组织。1981年3月，缩小组建范围，减少民兵数量，简化组织层次，撤销民兵师、团建制和武装基干民兵，民兵数量减少58.4%，基干民兵得到加强。1986年，进一步压缩全地区基干民兵，比上年减44.2%。1990年，各县以基干民兵为主体建立民兵应急分队876个，有民兵1.14万人。

2001年，中共毕节地委、毕节地区行署、毕节军分区联合拟定《关于加强民兵应急分队建设的意见》，加强民兵应急分队的建设。至2005年，全地区组建起三支民兵队伍，一是民兵应急分队2400余人，用于承担急、难、险、重任务和维护社会稳定；二是建起民兵高炮团，400多名民兵常年坚守在90多个防雹炮岗上，防雹抗灾；三是建起林业生态建设民兵师，担负植树造林等任务。

1950～2005年的56年间，各县民兵在

2003年，毕节军分区组织民兵参加救灾演习

剿匪平叛、备战、维护社会治安、抢险救灾等方面，发挥重要作用。解放初期，匪患严重，各县民兵配合中国人民解放军清剿。1950年初，大定县组织民兵1000多人，3次配合人民解放军一四一团围剿县内叛匪，消灭叛匪罗湘培部高汉清等大小匪首307名。纳雍县组织民兵6个连，配合人民解放军围剿纳雍县东北部革新、义中、乐治、武佐等地土匪，击毙李维雄等匪首16名，缴获轻机枪3挺、长短枪330多支。1950年6～9月，金沙、威宁、赫章县民兵配合人民解放军部队进行金沙合围战、威赫合围战。1950年12月，纳雍县民兵在白泥屯活捉国民党贵州省第四区行政督察专员、叛匪首要人物廖兴序。1964年10月，毕节军分区奉命组建3个民兵运输团，待命参加抗美援越。1979年，中越边境自卫反击战开始后，毕节军分区奉命组建11个武装民兵机动营、1个有100个床位的民兵野战医院和1个拥有55辆汽车的民兵运输连，并进入支前参战准备状态。同时，组织民兵连、排，守护重要桥梁、水库、油库、渡口和担负铁路沿线执勤。据1978～1992年统计，全地区组织民兵13万多人次投入各种抢险救灾，解救被洪水围困的群众2.5万人，并协助受灾群众重建家园。2003年4月，全区民兵应急分队共扑灭森林火灾24次。2008～2011年，组织民兵参与雪凝救灾、火箭助推器残骸落区工作、救助迫降直升机以及其他救灾任务。

民兵应急训练

## 第三节　兵役制度

**明清时期兵役制度**　明朝，实行土流并治的政治制度，朝廷在设立卫、所军事机构，加强中央对地方的控制。同时，允许土司政治制度的存在。洪武四年（1371），朱元璋封水西首领霭翠为贵州宣慰使，承袭元朝统治者推行的土司制度，洪武六年（1373）诏贵州宣慰使霭翠位居各宣慰之上。实行军权、政权、族权合一。其各级行政机构均设有兵师统领士兵。兵员平时散则为农，战时聚则为兵。宣慰使领土兵，与卫指挥同隶于贵州都指挥使司，隶属明廷兵部管辖。水西兵或协同明廷官兵剿捕，镇压起义；或接受征调戍守他地；或聚集与官兵抗衡。这一制度，一直沿袭到清朝实施改土归流政治制度时。清康熙三年（1664），吴三桂平水西乌撒，分其地设大定、黔西、平远、威宁4府，由流官管辖。雍正四年至九年（1726～1731），清廷力行改土归流政策，解除土司武装，遣军队于土司辖地设立屯堡营汛，水西兵不复存在。至清末，依朝廷规定，实行募兵制。

**民国兵役制度**　民国时期，先后实行以下兵役制度。

1.募兵。民国前期，贵州军阀沿用清末募兵制，各部队招兵买马，扩充实力。后来，虽打着国民革命军的旗号征兵，但仍以募兵为主。民国24年（1935），国民党中央军入黔后，贵州全省逐渐停止以招募方式征兵。

2.收编。民国11年（1922），袁祖铭主黔政，任命易荣黔为黔军第三旅旅长，驻防毕节。易旅在黔西收编地方武装龙质彬部数百人、枪，委任龙质彬为步兵第十二团团长。民国23年（1934），王家烈任第二十五军军长，命第七旅旅长犹禹九收编云南昭通地方武装宝荣光部人枪数百，委宝荣光为步兵第十一团团长；收编赫章地方武装席大明部数百人、枪，委席大明为宝荣光团的营长。这两支部队奉王家烈命令开赴贵阳，由二十五军军事训练处整训。

3.征集。民国22年（1933），国民政府颁布兵役法，实行征兵制。民国26年（1937）抗日战争爆发，按兵役法征兵。贵州省第四行政督察区各县征兵按"三丁抽一、五丁抽二"办法执行。实际是"抓壮丁"，富有家庭为避免亲属被抽丁，出钱找人代替，各地买兵、卖兵之事屡见不鲜，无钱买兵顶替的人只有躲藏逃避，被抓者多系穷人，押送时形同囚犯。新兵逃跑动辄被枪毙，民众对抓兵深恶痛绝。据毕节、大定、黔西县统计，民国时期3县被征集当兵的青年分别是：毕节县1.79万人、大定县2.09万人、黔西县2.08万人。

4.志愿兵。民国24年（1935），中国工农红军第一方面军长征途经黔西、大定、毕节县，有2000多名贫苦青年志愿参加红军，其中加入红九军团的300多人，加入红五师的1700多人。民国25年（1936），中国工农红军二、六军团长征到达黔西、大定、毕节县创建革命根据地，发动5000多名贫苦青年加入红军部队，其中黔西、大定县各2000余人，毕节县1000余人，威宁县数百人。是年，爆发西安事变，国共两党达成停止内战、一致抗日协议。此后，毕节地区不少青壮年志愿参军抗日。民国33年（1944）6月，中国远征军教导第四团在毕节征召兵员出国与日军作战，毕节县36名青年，大定县10名青年应征。是年10月，国民政府当局发表"一寸山河一寸血，十万青年十万兵"的号召，征召知识青年投笔从戎，保卫国土。各县成立知识青年从军征集委员会。毕节县200多名青年学生志愿报名从军；大定县大定中学老师张曙及10名学生报名从军，全县126名青年报名从军。黔西、威宁、赫章、织金、金沙、纳雍、水城县亦有知识青年志愿从军。

**中华人民共和国成立后的兵役制度**　中华人民共和国成立后，根据国家规定，执行以下兵役制度。

1.志愿兵役制。1954年按国家规定，实行志愿兵役制。广大工农青年自觉自愿参加中国人民解放军和中国人民志愿军。参军人员必须经政治审查合格和动员参军委员会批准，方才正式入伍。在此期间，全专区2.13万余名青壮年自愿入伍。

2.义务兵役制。1955年7月，国家颁布实施《中华人民共和国兵役法》，取消志愿兵役制，实行义务兵役制，应征青年为18～22周岁。征集兵员时，广大适龄青年到当地人民政府征兵办公室报名应征，通过政治审查和体格检查合格，县级征兵办公室批准后，依法服兵役。1955～1984年的30年中，全地区义务服兵役的应征青年8.58万余人。

3.义务兵与志愿兵相结合。1984年，国家颁布施行修改后的《中华人民共和国兵役法》规定，实行以义务兵为主体的义务兵与志愿兵相结合的兵役制。即根据部队的需要和本人申请，将部分超期服役的义务兵改为志愿兵，以保持部队一定的技术骨干力量。志愿兵的服役期限，一般不超过14年，年龄不超过35岁。其他方面保留原规定。1985年～1993年，全地区共征集陆军、武警、消防、空军兵员1.49万余人。

4.预备役制度。1955年上半年，毕节专区及各县均按国家规定成立预备役登记办公室，对退出现役置业到非军事部门工作、40岁以下，副排级以上的军官进行预备役登记。1956年，预备役登记和应征公民登记同时展开，当年登记的1044个乡，登记应征公民1.96万余人；登记预备役人员2.26万余人。其中编入一类预备役士兵（18～30岁）3883人，编入二类预备役士兵（31～40岁）3.88万人。1981年，中共中央制发〔1981〕11号文件，要求全国作好预备役登记工作。1982年，全地区恢复预备役登记工作，当年对1981年和1982年退伍军人进行预备役登记，填卡建档。对1980年10月以前的复员退伍军人进行调查摸底，登记35岁以下应服预备役人员，并分别编入一、二类预备役。1984年，颁布施行修改后的《中华人民共和国兵役法》规定，28岁以下退出现役的士兵和18～28岁经过基本军事训练的基干民兵服一类预备役；18～35岁，并编入普通民兵组织的男性公民（含29～35岁的退出现役士兵）服二类预备役；女公民不服二类预备役。依照《兵役法》的规定，各县人武部根据毕节军分区的统一部署，进行一年一度的预备役登记统计和应征公民的登记。具体业务由军分区动员部门和各县人武部军事科承办。当年登记退伍军人2946人；翌年兵役登记8.37万人，退伍军人登记3.53万人。据1986年登记统计，全地区服一、二类预备役的人员达50多万人。根据1998年12月29日新颁布的《中华人民共和国兵役法》和1999年6月30日国务院、中央军委修订发布的新的《中国人民解放军现役士兵服役条例》、2009年8月27日第十一届全国人大常委会第十次会议对兵役法作了一定修改，兵役缺席按照国家有关规定执行。

2003年征兵宣传

# 第四章 防空与战备

## 第一节 沿革与职责

1937～1945年，抗战期间，毕节设防空指挥部，负责毕节城区防空事宜。1966年2月，成立毕节专区人民防空委员会，研究解决人民防空工作问题，拟制防空预案，组织各方面力量，共同完成平时和战时防空任务。1969年10月，人民防空委员会改称为人民防空领导小组，下设办公室。1975年4月，人防办公室与交通战备办公室合并为毕节地区人防战备办公室。2001年，毕节地区人民防空战备办公室更名为毕节地区人民防空办公室（毕节地区交通战备办公室），简称地区人防办。地区人防办既是地区国防动员委员会的常设办事机构，也是行署主管人民防空、国防交通的职能部门。

其主要职责是：1.贯彻执行国家人民防空、国防交通的方针、政策和法律、法规；拟定有关政策、规章；指导、监督全地区人民防空、国防交通的行政执法。2.编制全地区人民防空事业发展战略与中长期规划和年度计划，并组织实施。3.制定并监督实施全地区人民防空建设规划，审核全地区与城市建设相结合的人民防空建设规划；审核、监督全区城市总体规划中的人民防空事项，指导、监督、检查全地区城市和重要经济目标的人民防空建设。4.开展人民防空组织指挥工作；负责地级人民防空指挥所的建设与管理；指导各县市制订城市防空袭预案和各项保障方案并监督检查；组织和指导城市防空袭演练。5.搞好人民防空通信警报建设；协调利用邮电、军队通信网以及其他部门专用通信网保障人民防空通信警报工作。6.负责战时发放空袭警报和实施灯火管制，组织人口与战备物资的疏散和隐蔽；配合要地防空和城市防卫作战，组织消除空袭后果，协助有关部门恢复正常的生产和生活秩序。7.组组织开展人民防空宣传教育，普及人民防空知识和技能；指导人民防空专业队伍训练；组织人防专业队伍完成政府赋予的有关抢险救灾任务。8.组织管理全地区人民防空工程建设。按照人民防空工程防护标准和质量标准，对全地区人民防空工程建设实施计划、技术和质量管理；负责结合地面建筑修建防空地下室项目的设计审批、质量监督和竣工验收，负责管理防空地下室易地建设费的收取和使用；指导全地区人民防空工程维护管理和平时开发利用工作，指导、监督城市地下空间开发建设中的人民防空事项。9.负责人民防空、国防交通的科学技术和学术研究及其成果在工程中的推广应用；负责人民防空行业标准化工作和国防交通正规化建设。10.规划全地区国防交通网络布局；按照国防要求，制订交通运输、邮电通信基本建设规划和计划；协同计划、交通运输、邮电通信部门贯彻国防要求，组织开展建设项目的前期工作。11.拟定全地区国防交通保障计划；组织国防交通保障队伍；负责国防运力动员、运力征用及国防交通物资储备和调动工作。12.战时组织协同有关部门动员交通运力、战备物资及专业保障队伍支援部队作战；平时参与交通保障、抢险救灾工作。13.制定全地区国防林材的购置、储备、管理、使用规划；督促、检查有关部门落实战备物资的储存和更新；组织协调有关部门对战备林材的勘察、设计、公证、保险和验收，根据需要调动战备物资。14.管理人民防空、交通战备经费和资产，对人民防空、交通战备经费使用情况实施监督检查。15.组织开展业务培训，加强干部队伍建设。16.组织协调毕节地区火箭残骸落区安全防护和回收工作。17.承办行署、毕节军分区和地区国防动员委员会及上级主管部门交办的其他事项。

## 第二节　工作开展

**防空建设**　1940～1942年，毕节防空指挥部部署毕节城区防空袭事宜，以梓桐阁为发布警报中心。规定防空信号为：1.旗帜信号：升红旗为空袭警报，升蓝旗为紧急警报，升白旗为解除警报。2.钟声信号：当当当、当当当，反复多次为空袭警报，当当当当，急促不断为紧急警报，当、当、当，间隔缓慢为解除警报。3.警报器：一长声、二短声反复多次为空袭警报，连续短急声为紧急警报；连续长声为解除警报。当发出警报时，全城居民、驻军、学生、机关人员按规定路线往城外疏散隐蔽；防护团分批、班到指定地点值勤。民国29年（1940），敌机常袭扰邻近地区，毕节空袭警报频繁。是年5～6月，敌机多次侵入毕节地区边境，防空指挥部多次发布紧急警报，但未遭敌机轰炸。1966年2月，成立毕节专区人民防空委员会，研究解决人民防空工作的有关问题，拟定防空预案，组织各方力量，完成辖区内平时、战时防空任务。1969年10月改称人民防空领导小组，下设办公室。1971年，人民防空领导小组规定毕节城区军民的疏散方向、路线、隐蔽区域及防空警报信号，明确卫生、防疫、医疗单位抽调人员组成救护队，在空警时抢救伤员；组织群众性的消防队，与消防队配合扑灭空袭造成的火灾。交通部门组织所有车辆负责将主要物资、文书档案、绝密文件转运到安全地带；公安部门配合人武部组织民兵执勤队伍，负责空袭时的治安执勤；军分区、人武部组织民兵设立6个对空射击火力网，以消灭入侵敌机；邮电部门保证空袭时指挥机关的通信畅通。是时，修筑2项防空工程，以备急用。1972年，在毕节县公安局、一小、地区五交化公司安装报警器。1975年，人防办公室与交通战备办公室合并为毕节地区人防战备办公室。2001年，毕节行署贯彻《中华人民共和国人民防空法》《贵州省人民防空条例》，制订《毕节地区行署关于贯彻实施〈贵州省人民防空条例〉的意见》。至2003年，在电信大楼、供电局大楼、移动通信公司修建防空地下室5670平方米。2003年，毕节市编制完成《防空袭预案》，调整市区人防音响警报布局，新购置安装7台警报器，使警报器数量由原来的3台增至10台，新、老城区音响覆盖率达到90%以上。2008年9月完成毕节市城区人防音响警报的统一控制安装。

毕节地区军事日活动（2007年）

**战备建设**　1956年5月，成立毕节专区备战支前领导小组，下设办公室，主要承办战备支前、交通战备、民兵运输、军供食宿工作。1972年7月，毕节地区备战支前办公室改称毕节地区交通战备办公室。1975年4月，交通战备办与人防办合并，成立毕节地区人防战备办公室。其主要任务是：协调各种组织力量，共同完成辖区内的人防、战备支前、交通运输、军供食宿工作。1966年，全专区组建3个民兵运输团，金沙、黔西、织金为第一团，大方、纳雍、毕节为第二团，赫章、威宁、水城为第三团。是年，按每100公里铁路100人，每100公里公路30人，在46公里铁路、682公里国道公路线上设岗护路，直至1984年撤岗。1970年下半年，毕节地区先后组建一个民兵建制师、两个民兵建制团，分别参加湘黔铁路、贵阳磊庄机场、遵义新舟机场建筑工程会战。1984年，人防战备领导小组改称为毕节地区人防战备委员会，办公室改称为毕节地区行署办人防战备科。是年，配合军队执行任务。1985年12月恢复人防战备办公室称谓。1990年7月，人防战备办配合有关部门在毕节县龙场区、金沙县清池区、大方县长石区执行任务。2001年9月，毕节地区人防战备办与林业局联合召开全地区国防林管护工作座谈会，讨论毕节地区国防林管护、更新采伐、抚育间伐、病虫害防治、森林防火、统一规范管护标志和解决林区道路、通信设施问题。

# 第五章 明清民国战事

在毕节地区的历史上，战争是人类主要活动之一，绵绵不断，人们能记住的历史也只有大大小小的血淋淋的战争。从商代武丁伐鬼方，到周初随周武王伐纣，到战国时庄蹻灭夜郎，到蜀汉七擒孟获、唐宋边关战争、元代刘深奢节大战、明初调北征南、清代吴三桂剿水西、清末黔西北苗民起义、解放毕节等，处处都是古战场，处处都有万人坑。直到中华人民共和国成立，战争才逐渐退出毕节历史舞台，毕节才迎来真正的和平建设时代。

## 第一节 明朝战事

**傅友德进军滇黔** 明洪武十四年（1381）九月，明太祖朱元璋命颍川侯傅友德为征南将军，永昌侯蓝玉为左副将军，西平侯沐英为右副将军，统率30万军队入西南，征剿元朝在西南的残余势力。傅友德至湖广后，派遣都督佥事郭英、胡海洋、陈桓分兵5万自永宁下乌撒，自领大军从湖南进军。十一月，郭英、胡海洋、陈桓领兵至赤水河，元朝右丞实卜聚重兵拒挡。诸将欲深入，郭英不许。遂以兵攻下赤水河，离河20里处安营扎寨，时逢久雨，赤水河水暴涨，郭英令兵士斩木为筏，子夜渡河，拂晓时抵进元军营地。元军未及防备，四散惊溃，乌撒土司头目阿容俯首就擒。明军又西击芒部土司武装。傅友德率领大军相继攻克普定、普安，十二月师至曲靖。元梁王命匝刺瓦尔密屯精兵10万设重防。沐英率兵突然进攻，出奇制胜，遂破曲靖。克曲靖后，傅友德自率明军沿格孤山进袭乌撒，沐英领兵进攻云南。乌撒守将、元右丞实卜闻明军后续部队到来，将军队撤走。傅友德占领乌撒，令兵士筑城垣、铺方具，屯兵山冈，以待元军。不久，实卜复率元兵与芒部土司武装前来迎战。仅10余回合，土司头领多中槊坠马死，实卜不支溃逃，被斩3000余人，被缴马匹300余匹。明军乘胜夺得军事要隘七星关，使将领张龙镇守，攻克毕节，令廖权驻守，又攻克可渡河，乌撒土司大头目那者投降。东川、乌蒙、芒部等诸土司也都望风而降。洪武十五年（1382）六月，乌撒等处土司复叛。沐英攻克云南后，自大理回军，会同傅友德进击乌撒。九月，大破乌撒土司武装，土司残部溃逃。傅友德遣兵穷索山林，大力搜捕，诸土司慑惧，相继投降，遂平定。明军随即在这一地区建立乌撒、毕节、赤水3卫5所，派官兵屯守。

**奢崇明、安邦彦反明** 明天启元年（1621），四川永宁宣慰使奢崇明借援辽为名提兵2万，遣将领樊龙、张彤领兵至重庆，杀四川巡抚徐可求及道、府、总兵等20余员，占据重庆。奢崇明自称大梁王，分兵攻合江、纳溪，破泸州，陷遵义，攻破赤水卫城，卫指挥张大壮战死。次年正月，贵州宣慰同知安邦彦与奢崇明相呼应，自称罗殿王，首袭毕节卫城。是时，云南派遣都司杨明廷，中军程坤统兵3000援蜀抵毕节，与安邦彦战。安邦彦买通卫吏阮世爵在城内放火，里应外合，攻陷卫城。杨明廷、程坤战死，卫指挥蒋藩屏，百户卢应藩，奉差指挥张继斗，贵阳通判杨以成及3000官兵均被屠杀，随后安部屠城。陷毕节卫后，安部又攻陷乌撒卫城，杀卫指挥管良相。二月，安邦彦率部攻陷威清卫，围贵阳，分兵陷龙里、广顺，切断贵阳援军。三月，安邦彦分兵攻陷平坝、安顺、安庄，攻安南卫（今晴隆），陷永宁州，永宁知州薛三桂被杀。明廷令湖广、云南、广西官军援贵州。云南派遣都司李天常，指挥黄懋勋、张神武统兵4000援黔。渡盘江至安庄卫时，遭安邦彦部伏击，全军覆没，李天常等战死。此役震动云南，沾益土目设科、补鲊、奈科、李贤、期曲均叛，攻陷沾益、平彝卫。四月，云南遣参将尹启易，守备李加培、周嘉映督兵进沾益。乌撒土目安效良统率水西、乌撒兵3万拒战。云南官兵被围，李、周二将战死。六月至十一月，明廷授贵州总兵官张彦方为平蛮将军，随巡抚王三善讨水西；以总兵官鲁钦总理川、贵、湖广军务，援贵州；加四川总督兼巡抚朱燮元为兵部侍郎，三路共同围剿奢崇明、安邦彦。十二月，王三善从湖广进军解贵阳围。天启三年（1623）五月，朱燮元率部攻克永宁卫，奢崇明逃往毕节龙场营。六月，王三善、鲁钦等分三路进兵。十一月，王三善率总兵官马炯由遵义攻克大定。贵州宣慰使安位逃至火灼堡，安邦彦逃入比喇。王三善久驻大定按兵不动，安邦彦却在比喇重整旗鼓，并派部将陈其愚诈降，骗取王的信任，暗中刺探军情。天启四年（1624）正月，官军在大定粮尽，贵州总督杨述中按兵不援。王三善不得已从大定撤军，安邦彦率部一路袭扰，中军参将王建中、副总兵秦民屏战死。官军败走内庄，后军被安部伏兵切断，王三善率部回救，陈其愚乘乱纵马击王三善，王坠马后自刎未死被俘。安邦彦以酷刑杀王三善于内庄，同时杀总兵马炯、参政岳具仰等参将以下官佐120多人。是年八月，蔡复一继任贵州巡抚，遣总兵官鲁钦、黄钺于十一月攻占比喇。次年正月，鲁钦等从比喇撤兵，渡陆广河时，遭安邦彦部袭击，全军溃散，死者数千人。四川总督兼巡抚朱燮元鉴于黔师屡败，川黔两省不能协同作战，奏请朝廷暂事屯守。天启六年（1626）三月，安邦彦再度进攻贵阳，贵州总兵官鲁钦率兵在杨家海防御，官兵战败，鲁钦战死。崇祯元年（1628），乌撒土目安效良死，乌撒内乱。次年八月，明廷以兵部尚书朱燮元总督云、贵、川、广西、湖广军务，驻遵义。朱燮元令云南兵下乌撒，四川兵出永宁下毕节，亲领大军由陆广三路进攻大定。总兵许成名、参政郑朝栋由四川永宁收复赤水卫后，安邦彦一面派兵分守陆广、鸭池三岔等要点，一面亲自与奢崇明合兵15万，进攻赤水卫。朱燮元授计许成名退至永宁卫，吸引安部主力，派总兵林兆鼎从三岔，副将王国祯从陆广，刘养鲲从遵义，三路进兵攻大定；遣监军副使刘可训等出奇兵从背后夹攻安邦彦。双方战于五峰山、桃红坝。安部据山头，明将侯良柱趁晨雾偷袭，安部不备，兵溃，奔红土川。因道路狭窄，人马不能容，官兵追至又大败，死者数万人，奢崇明、安邦彦均在乱军中被杀。这次战乱，从天启元年（1621）起至崇祯二年（1629）止，双方动用兵力数十万。战争波及云、贵、川三省几十个府、州、县，祸害民众极甚。据清乾隆版《毕节县志》记载："毕节卫经天启间水西安邦彦之乱，老弱死，少壮逃亡，城池、寺观、官舍、民房尽皆焚毁。毕节兵备道副使郑朝栋多方绥靖。崇祯初，请发帑金一万三千两，修筑城垣，招集流离，民怀其德，立祠祀之。"

## 第二节　清朝战事

**吴三桂剿水西**　清康熙三年（1664）二月，水西宣慰使安坤、乌撒土目安重圣起兵反清，据可渡河，围乌撒卫城，迤西守备杨宗道、乌撒卫守备苏进孝、团练都司李天材退入卫城固守。吴三桂奉命督云、贵各镇兵讨安坤、安重圣，连破归集、米裸，直至阿扎屯。遂移师水城，令部将马宝西解乌撒之围，与安坤大战于卧这城。安坤兵败，退至以那，安重圣率余部逃往盐仓。三月中旬，吴三桂统帅云、贵10镇兵，由毕节七星关进入果勇城，令四川总兵刘之复驻兵大定，扼守要冲；令贵州提督李本深统贵州4镇兵，由贵阳至大定六圭河会剿；而屯粮于三岔河，首尾夹击。吴三桂由于在军令中把"六圭"误写为"陆广"，李本深部及川黔两省所运的军粮都屯在陆广。吴三桂兵入水西境后，安坤佯败，诱吴深入，以兵断其后，将吴三桂部包围在果勇城，围困两个月，粮草将尽，外援不至，永顺总兵刘安邦战死，吴三桂受困益深。正在此时，水西土目安如鼎派人侦察黔营虚实，为李本深俘获，经审讯，始知吴三桂被围已久，即率军赴援，与吴三桂里外夹击，安坤败走。六月至十一月，吴三桂分兵多路追剿水西兵。提督李本深、总兵王友进攻克塔寨箐、阿哈箐；总兵李如碧、塔新策进攻米歹河直抵折落河；都统吴国贵、总兵王辅臣在以列击败水西兵，追至天生桥；吴三桂败水西兵于红崖洞，安坤逃到木弄箐。十二月，吴三桂及总兵刘之复、李世辉率兵攻破木弄箐，安坤败走，逃匿于大定法地屯，被吴三桂搜山擒获。不久，安重圣被擒，2人均被杀。安坤、安重圣死后，吴三桂奏清清廷批准，将水西宣慰司所辖十一则溪及乌撒土府辖地改土归流，设置平远、黔西、大定、威宁四府，置流官统治。

**水西助清讨伐吴三桂**　清康熙十二年（1673），平西王吴三桂杀云南巡抚朱国治等，举兵反清。短时间内先后占领云南、贵州数省广大地区。清廷集结重兵讨伐吴三桂。十七年（1678）七月，吴三桂病死湖南。十九年（1680），清军分三路进攻吴部，以绥远将军蔡毓荣总督各路官军平定云贵。命将军吴丹、鄂克齐哈及赵良栋由四川趋云南；将军莽依图、都统马九玉、总督金光祖由广西进取云南；贝子彰泰、穆占和蔡毓荣由湖南攻取贵州。八月，清军收复贵阳、遵义等地，贵州基本平定后，分兵两路攻取云南，由安南攻袭云南门户，另遣奇兵由平远取大定，出威宁，捣其不备，直趋昆明。康熙二十年（1681）正月，蔡毓荣遣贵州提督赵赖、征南将军穆占领兵至平远，与吴三桂部将领夏国相、高起隆部会战。原水西宣慰使安坤之妻禄氏、子安胜祖集合水西土目把从腻、阿武、归宗、化沙袭击吴军，并献米4000担助清军作军粮。闻清军围吴兵于平远，安胜祖派遣土目化沙率土兵至平远，击吴将杨应选于大莫架，又助清军攻击吴军于平远望城坡。吴军退入平远城固守，双方僵持1月余。此时云南告急，吴三桂之子吴世璠催促高起隆、夏国相从平远撤回。高、夏率部撤退后，留将领王会率余部守平远，王会抵挡不住清军进攻，献平远城降。二月初，副都统莽奕禄、游击王成功领清兵4000人乘胜追击，吴将杨应选、张足法逃至黔西据险以守，莽奕禄不能推进。安胜祖率头目阿五等部从间道抄至吴军防守阵地上方，以大原木、石块向下投击，张足法军乱，莽奕禄乘机仰攻，张足法败逃。安胜祖领土兵再击吴军残部于高家桥，斩千余人。杨应选见大势已去出降，黔西平定。莽奕禄偕安胜祖追张足法至大定。大定土目闻故宣慰使安坤之子安胜祖到达，即开城门迎纳清军，擒吴三桂政权的巡抚张维坚献，张维坚被斩于军中。张足法逃至云南，清军收复毕节、威宁。

**缘军在黔西、大定** 清咸丰四年（1854），黔西州灯花教主谭六禄、王三鲊疤组织的缘军与黔北农民军杨龙喜部会合攻打黔西州城，与守城清军、地方团练在城郊大战48天，不利，一部退至黄泥屯驻扎，一部随黔北农民军经大定转至水城。咸丰八年（1858），农民起义的白号军攻破黔西州城，不久转移到黄泥屯与缘军会合。十一年（1861），太平天国军曾广依部进入打鼓新场，与黄泥屯义军取得联系，联合抗击清军。清军三路包围新场，太平军与之激战40多天，退至黄泥屯。各路清军、团练转攻黄泥屯，太平军和缘军分路撤离。同治元年（1862），黄泥屯义军又复壮大。次年，与太平军曾广依、李福猷部配合攻打黔西州城，知州汪维翰集官军、团练死守，义军多次强攻不下，在城郊消灭桂箐团练后，退至大定，在府属乐贡里东北建立绿竹山根据地（今金沙县属），在化竹、以卷建立大营。队伍发展到1000余人，先后攻克星宿椒子山营、烂羊箐安家营、撮坝坎花底河岩洞、三元营、野坝场、鸡场龙潭营、法沙沟洞、石家沟洞、穆家营、果瓦大洞、井场营，方圆3百余里，使根据地与大营连成一片。后被混入以卷大营的武举罗应昌以庆功为名，诱杀白号军头目48人及亲兵200多人，以卷大营陷落，白号军余部撤回绿竹山根据地。同治五年（1866年）正月，缘军再次攻破黔西州城，杀知州罗澄鉴、把总谭兴麟。同治六年（1867）正月，云贵总督及贵州巡抚令贵州提督赵德昌、总兵赵德光率清军、团练数万人分头围攻绿竹山、化竹、安底、黄泥屯义军，双方激战月余，义军阵亡2000余人，根据地失陷，持续10余年的农民起义军被镇压。

**黔西北苗族义军七年战斗** 清咸丰十年（1860）五月，威宁州以机土目的农奴、苗族兄弟陶新春、陶三春以仙姑下凡拯救穷苦百姓为号召，在威宁州韭菜坪召集苗、夷、仲家等族农民1.4万余人参加的“降仙大会”，扯起黔西北苗族起义军旗号，发动起义。起义军首先摧毁以机、青兄、差郎土司衙门，然后进取黔西北要隘七星关。九月，义军袭击七星关，烧毁七星关桥，切断毕节至威宁的交通。十月，苗族义军从毕节阴底袭击撒拉溪，击溃撒拉溪团练，逼近长春铺，另支义军由西路袭击威宁州属野马川、平山铺大道。大定知府鲁经芳派顾昆扬、后期昌率团练从毕节支援七星关，鲁经芳率军由西路进剿野马川、平山铺。顾昆扬在往撒拉溪途中，被苗族义军炮击身亡，团练溃散；后期昌屯兵新屯为后援，闻讯奔退毕节县城，毕节知县汪全麟以无经费为由，先前已解散团练，至此无力支援。鲁经芳率部至十八家地，被苗族义军阻截，屡战不利，只得退回大定。苗族义军在杨柳湾击败周赟所率团练，包围七星关，并于十二月攻克七星关，截断川、滇、黔要道。苗族义军攻克七星关后，起义队伍迅速扩大，大定府汉族义军张油客率众由嘉禾里前来会合，陶三春奉命率部攻占水城厅、郎岱厅。钦差大臣兼贵州提督田兴恕遣参将李有恒赶至毕节，与威宁、云南镇雄官兵合击七星关义军。陶新春率部坚守，双方激战1月余。陶新春从长计议，主动退出七星关，以毕节县、威宁州和镇雄县交界处的猪拱箐为中心，建立峰顶山、海马姑、红岩尖山和骨董山纵横90里、环周300里的根据地，在根据地内，建房3万间，人口10余万，分田于民，实行屯垦制度。咸丰十一年（1861），清军参将李有恒率官军及团练多次进攻峰顶山苗族起义军根据地，均被击退。时太平天国军曾广依、张遇恩部围毕节县城，城防空虚，李有恒急率部自峰顶山撤回县城。陶新春率义军尾追至毕节，与太平军会合，协同围攻县城。太平军围县城70天，首领张遇恩阵亡，曾广依率部撤离，陶新春选派1000余人为先遣队，引太平军至打鼓新场，并护送太平军伤员到猪拱箐根据地养伤。同治二年（1863），太平天国军李福猷、李文彩部3万人因与石达开失去联系，由四川永宁进入毕节，五月到达猪拱箐。陶新春为太平军筹集粮草，资助其回师广西。太平军送给苗族起义军枪炮，帮助起义军在红岩尖山建立生产“石火轮”的兵工厂，并指导义军建立守哨制度。太平军离开猪拱箐后，陶新春启用“太平天国统兵元帅”的篆文印信，自任统帅，以汉族周国瑞和彝族基哉为军师，陶三春为大王，苗族6人，布依族1人为将军，另设有经略、掌柜、宰辅、巨卿、礼师官等职。同治二至五年（1863~1866），苗族起义军转战黔西北、滇东北和川南广大地区，在滇东北两次攻占镇雄州城，踞彝良，并控制昭通大关一带；在黔西北配合苗族起义的岩大五部攻占大定府城；同治五年配合黔北青号军再度攻占大定府城，署贵西道邓尔巽负伤逃走。同治五年，清廷调动云、贵、川三省兵力进攻猪拱箐苗族起义军根据地。以云贵总督劳崇光负总责，四川总督骆秉章统筹支应军需、粮饷，以云南布政使岑毓英为统帅，云南提督刘岳昭驻黔西，贵州提督赵德昌驻安顺，牵制黄号军、黔北青号军等起义军的支援。陶新春据敌情，一面增添营垒，扼守要隘，一面调集陶三春部由滇东北和川南回师。同时，与附近的起义军取得联系，牵制清军。不久，黔北青号军将领何大五率领3000多人绕道四川到达海马姑，苗民起义军岩大五、水城苗族义军领袖祝万春、大兔场苗族义军领袖何玉堂，均派队伍到猪拱箐共同抗击清军。在保卫猪拱箐的战斗中，义军奋力争战，给清兵重大创伤。仅五月初三、初四两天，摧毁清军营垒20余座，杀死清军四、五百人。猪拱箐保卫战历时半年，清军屡战不利。同治六年（1867）六月，岑毓英统帅清军再次进袭猪拱箐。派土目混入苗族起义军根据地，里应外合。陶三春率领起义军与清军激战120天，毁敌营20余座，杀伤清军无数。终因清军人数众多，兵器精良，加之部将大红袍投降清军，为岑毓英出谋献策，终使清军攻陷猪拱箐根据地，陶新春、周国瑞等义军首领力尽被俘；陶三春突围至海马姑亦被俘。是年，陶新春等分别在黔西、毕节被杀。坚持七年的黔西北苗族起义军最后失败。

**太平天国军围攻毕节城** 清咸丰十一年（1861）二月，太平天国军将领曾广依、张遇恩部从安顺进入平远，经以那架、茶店至八步，绕道出天生桥由毕节县南里猪场至毕节。二月中旬，包围县城。是时，守城参将李有恒率兵勇1800人正在峰顶山与陶新春部激战，闻讯，撤回县城防守。陶新春率苗族起义军尾追至城外，与太平天国军会合。太平军前锋攻通津门，后队从南关至望城坡、李芃伍、松树湾，连营青螺山、黄泥坡、厉坊、松山、沙锅塘五处，数万人四面攻城，李有恒固守待援。太平军决开响水滩、三道沟，断城中水道；又在附城东南挖地道，用棺材装火药炸城墙，城中用水灌地道，双方相持不下。三月初九，都匀副将周学桂、杨岩宝奉命进援毕节，至归化塘，与李有恒约定前后夹击。三月十五日，周学桂进攻望城坡，战败，退回头步桥，被太平军包围，被杨岩宝救出，兵勇损失600余人。与城中守将约定二十六日再进击。周学桂留都司黄金标守营，参将王万祥扼守归化桥为后卫，亲自率领杨岩宝、游击熊俊进攻牛苍桥，破桥上卡栅，进至松树湾，后军被苗民起义军截断，周学桂突围退回时受重伤，次日死去；游击熊俊突围时坠河死，参战的大定府团练全军覆没。太平军围攻毕节城70多天，双方相持不下，守城千总高应选被太平军炮击身亡。五月上旬，太平军首领张遇恩在城外观察，被城内炮火击中阵亡。五月十二日，太平军得知总兵吴世康率兵援毕节到达大定，即退出毕节，由曾广依率领从毕节小坝经大定瓢儿井，走黔西新场，与黄泥屯义军会合。贵州总兵吴世康从三重堰与大定知府鲁经芳、副将杨岩宝分三路向新场推进。太平军与之血战40多天，退出新场至黄泥屯。各路清军及团练转攻黄泥屯，太平军退走安底。

**绿竹山起义军攻占黔西、大定** 清同治三年（1864），农民起义军青号军于十月十五日夜趁城防松懈，一举攻占黔西州城。守城游击李忠恕逃往龙潭铺土目安铭团营；黔西知州夏成业被杀。大定知府刘正朝率兵至黔西，企图收复州城，青号军联络苗民军岩大武部支援。十一月上旬，岩大武率部由平远至以那坝，击溃团练何定功、安铭两部，出西溪袭击六龙营。六龙营以大炮轰击，岩大武部屡攻不下，趁大定城防空虚，与毕节猪拱箐陶新春部会合，袭击大定府城。时大定城中仅大定协副将奎光及兵勇不足百名，署贵西道沈西序依靠守备强福练勇为守御。十五日，岩大武部放弃六龙向府城推进，沈西序闻报，令强福督练勇出城防御。岩部夜半袭击府城，城内练勇反为内应，凌晨，岩部由小北门登梯越墙入城。四城火起，沈西序仓皇出走，逃往毕节；奎光受伤后逃鼠场。大定知府刘正朝在黔西孤军粮绝，溃走兔场。黔西、大定两路起义军连成一片。平远州苗族起义军也与之呼应，攻占熊家场，分据三岔河，安顺知府毕大锡率知县罗明书、游击胡云龙弃营逃大岩脚，其所带领的30多营全部溃散，义军乘虚逼近平远州城。义军占领黔西、大定后，贵州巡抚张亮基先后派知府熊梦昌、同知徐承勋、参将邓连升、游击杨双贵带兵进攻黔西州城，屡攻不下。同治四年（1865）二月，云南总督劳崇光，贵州巡抚张亮基奉清廷严谕，“着即遴派兵勇，将黔西、大定等城迅速克复，不得再有稽延”。是年闰五月，劳崇光、张亮基派遣贵州提督赵德昌率兵由平远州鸡场等处转战至黔西；调总兵赵德光、游击叶有贵率兵由开州分路出六广河进黔西，约会熊梦昌、徐承勋各营齐集州城。游击李忠恕督同团首安铭、李国隆、徐铺调集团丁昼夜环攻，从初六至十二日，爬城墙数十次，士卒伤亡甚多，终未能破城。徐承勋以重金买通守城乡民刘大鹏，约定日期，官军由南门爬城，刘在城内接应。十二日晚，赵德昌等派令各军分伏城下，三更后，游击贾必祥、池有莲、徐占先由南门缘梯登城，砍开城门，兵勇、练勇涌入城内。义军与之展开巷战，双方伤亡惨重。义军在首领傅王、车里绝牺牲后退出州城，分路退走渭河、遵义、新场、安底。官军攻占黔西州城后，即移兵围攻大定府城，双方激战于塔山一带。五月二十四日，先锋贾必祥冲至城下，被岩大武火炮击中，负伤败走，死于大定夹马巷。把总何士德、都司徐方中先后阵亡。义军退守府城，赵德光移驻城东火焰山，赵德昌驻军南郊壁挂灯山麓，分兵阻击义军粮道。城中粮尽，义军发生内讧，猪拱箐苗族起义军由西门撤出，退回毕节，青号军也随后撤走，城中守备单薄，士气不振。六月初八日，赵德昌督军直抵城下，砍开东门拥入，义军与之展开巷战，岩大武见孤城难守，率起义军突围，经花鱼洞渡河，进入平远州境。

## 第三节　民国战事

**朱炳章围攻毕节城**　民国18年（1929），贵州发生国军第二十五军军长周西成、四十三军军长李晓炎两派军阀之争。是年5月初，李派收编大定县兔场地方武装朱炳章部。朱炳章联合赫章地方武装席大明部500多人，乘毕节驻军周西城部旅长易绍全主力不在防区之际，由朱昌向毕节县城推进，试图占领毕节城。守城驻军护卫第三连，不敢出击，将东、西、南、北和通津门关闭，朱席二部兵临城下却无法入城，占领虎踞山等处制高点，向城内零星射击，城内守军亦相应还击，双方形成对峙。5月20日，毕节县长赵汝全召集士绅及护卫第三连连长肖军共商对策，决定派街民张炳臣出城与朱炳章谈判，另派县府人员王俊出城求援军。张炳臣与朱炳章谈判，朱炳章提出3日内护卫第三连撤离毕节县城去四川叙永，朱部即不再攻城。次日，护卫第三连尚未撤出，朱炳章侦悉援军将到，便将部队撤到大定县境。攻打北门的席大明部买通城内一苏姓警官及管城门之人，开城门让其部队进城。席部与护卫第三连遭遇，经短暂交火，护卫第三连不支，撤出城外，席大明部进驻易绍全的司令部。第二天，周西成部罗大经团来援，席大明即率部退回赫章县境。罗团离开毕节后，由易旅刘国清团第二营与护卫第三连驻防毕节。6月下旬，朱炳章率部围毕节县城，刘团二营出击，双方交火两天，三天后朱炳章部撤离。7月下旬，朱炳章与李晓炎部旅长宋少其合兵4000余人，沿流沧桥一带再度进攻毕节城。刘团第二营、护卫三连闭城门固守。正当朱、宋部准备攻城之际，易旅主力前来增援，城内守军随即出击，双方激战半日，朱、宋不支撤退。

**水箐乡教民攻进毕节城**　民国28年（1939），毕节县何官屯区水箐乡一带农民以求助菩萨神灵方式反对国民党政府抓兵拉伕，征粮派款。四川人刘某自称“刘半仙”在何官屯乡间设立儒坛，称“神仙显灵，消灾降福”，能画符、画水治病，很多农民深信不疑，入教者甚多。又四处传扬“神仙降旨，真命人主要降世，毕节有大难，信教的人能免灾难”，一时间便发展众多道徒，并封水箐乡人刘亮臣为总坛主。是年有数千人入教，举行上千人的祭坛活动。毕节县长杨芷泉接到“儒坛”活动的报告后，决定取缔解散儒坛，捕捉道首。派第一区区长刘某协助当地乡长、联保主任等“教诲”乡民解散儒坛，并俟机扣押总坛主刘亮臣。鉴于水箐口儒坛势力大，不易解散，将刘亮臣父子诱捕关押在毕节县城。是年4月5日，以儒坛道首为头的教民，手持大刀、长矛、锄头、镰刀，高喊：“枪打不进，刀砍不进，一砍一个白印印，杀！杀！杀！”蜂拥冲进大东门，直冲县政府，砍倒卫兵进入大厅，冲向各科室。守卫县政府的保警队猝不及防，被杀伤10余人，其余的被冲散。时值县长杨芷泉不在县衙，代行公务的县府秘书杨慎予在惊惶中从后门逃出。暴动的教民冲进财政科抢走现金，又冲到侧院，包围保甲训练班，砍死2人，砍伤10人。接着分股冲击专署和设在专署后面的监狱，准备抢出总坛主刘亮臣，受到守监的保安队阻击，多次冲杀，死伤数十人，却不能接近监狱。攻击专署的教民被保安司令部直属中队阻击，死伤甚多。后续入城的众多教民，再次猛攻专署，一度冲到大门口，被守兵击退。晚10时左右，住城外的省保安直属第四大队陈守钧部3个中队分三路向教民反击。凌晨，教民沿北镇关退走。15日下午，保安队将暴动教民留下的近200具尸体摆在小教场，将被俘的10多名教民枪杀，陈尸小教场。17日，陈守钧奉第四行政区专员何朝宗命令，率队赴何官屯捣毁教坛，将已故刘半仙的坟墓掘开取出其尸体，抬到小教场示众。事后何朝宗将事件经过呈报贵州省政府及滇黔绥靖公署，贵州省主席兼滇黔绥靖公署副主任吴鼎昌批复：毕节县长杨芷泉失职，区长刘某隐匿匪情，均扣押，听候处理。第四区保安司令部将总坛主刘亮臣枪毙。

**黔西县“牛角会”的武装斗争**　民国32年（1943）夏，黔西县寄安乡农民洪银章、郭子平、蔡德祖在罗家寨、谢家寨、郭家寨组织同心会，吃血酒盟誓“同生死，共患难”，与政府斗到底，反对拉兵派款、反对拉伕征粮。议定凡遇乡保长出来拉兵，就吹响牛角，众人闻声躲避，如有人被抓，就把人抢回来。邻近各乡以及大定、织金县一些地方也成立同心会、会员发展到3000多人。民国33年农历二月十七日，由洪银章、郭子平、蔡德祖主持各地代表在沙戛坡开会，决定将同心会改名为牛角会，公推洪银章为总会长，郭子平、蔡德祖为副会长兼总管事，郭万超为文书，总会以下设会或分会，研究部署扩大组织，筹集粮草以及斗争策略、组织指挥事宜。继后，各乡召开分会，传达总会决定，并从秘密斗争转为公开斗争。3月下旬，各乡牛角会组织打击前去拉兵的乡、保长，引起全县震动。黔西县长俞兆和、清乡大队长刘信之派部下马骏带兵下乡查询，行至邓家海子，突然牛角声四起，喊杀声山鸣谷应，马骏等掉头逃跑，进城实报。4月3日，俞兆和一面令县保警队及清乡大队加强防守，一面电报第四区行政督察专员兼保安司令公署派兵镇压。4月5日，专署派保安副司令罗一农率区保安中队及驻毕省保安直属特务第二大队一部到黔西，令黔西县保警大队、清乡大队一同行动，围剿牛角会。牛角会探知大兵入境，集中会员1000多人，步枪400多支以及土炮、大刀、梭镖等武器准备迎敌，双方相持3日。后因牛角会骨干曾绍山动摇带领本队人员撤走，其他分队也纷纷撤离，总会失去控制。清乡大队长刘信之趁机诱骗洪银章和谈，将其杀害。8日，罗一农令黔西县保警大队副安文焯率兵攻打牛角会总部，并亲率特二大队、区保安中队增援，遭到牛角会队伍的顽强抵抗，互有伤亡。僵持到5月初，刘信之派人潜入蔡德祖家，将蔡暗杀。又收买牛角会会员岳庆云将郭子平骗去，枪杀于石门坎。洪、蔡、郭牺牲后，牛角会的组织被破坏。

**修筑抗战运输通道**　民国27年（1938）2月，国民政府军事委员会委员长行营命令川、滇、黔3省火速修筑川滇东路，由四川隆昌经泸州、叙永、毕节、威宁至云南曲靖，连接滇缅（甸）、滇越（南）公路，并限期完成。川滇东路全长726千米，其中贵州由赤水河至杉木箐段长359千米，工程艰巨。贵州省成立川滇东路赤威总段工程处，在毕节设贵州省政府建设厅督修赤威段工程处，征调毕节、大定、黔西、织金、威宁、水城县民工6.88万多人参与修筑。民工属征派服役，不付报酬，每人每天供应糙米1斤半，菜金0.1元，经费由地方筹付。川滇东路赤威段264.59千米，当年11月粗通，次年8月竣工通车，威杉段94.4千米同时通车，历时1年零5个月。

# 第六章　红军长征到毕节

## 第一节　红一方面军长征到毕节

中国工农红军在黔西北活动情况示意图

### 一　红军过毕节、金沙

**红军宿营毕节林口乡**　1935年2月5日，中央红军军委纵队在四川水潦分成两路，一路直进云南水田寨，一路渡过岔河进入贵州林口鸡鸣三省村。当天下午，中共中央在鸡鸣三省村召开政治局常委会议，史称“鸡鸣三省会议”。当晚这支红军宿营林口街上。1935年2月12日，红一军团一师等部，从扎西（云南威信）回师东进二渡赤水途中，又宿营毕节县林口街上。林口街离鸡鸣三省处10千米，是云、贵、川三省交界地。红军驻此期间，在驻地老百姓墙上书写："红军是穷人的子弟兵""打土豪，分田地"等标语。同时做到买卖公平，爱护穷苦百姓，深受群众好评。青少年争着参加红军，老年人主动给红军带路，护送红军。

鸡鸣三省

**红军南渡乌江**　1935年3月27日，红一、三、五军团从遵义泮水、苟坝出发，分兵两路向黔西打鼓新场周边的弯子、狗场、翁贡水、后山行进，先头部队经文家田坝、三丈水、进抵乌江北岸沙土区后山乡梯子岩渡口。28日，红军主力抵达安底洋马田、老木孔到大岚头后，一路沿狗场到翁贡水，经石榴乡抵乌江北岸大塘河渡口；另一路经安底长坝、翁贡水到达后山乡江口渡口南渡乌江，是时，国民党薛岳部一个营将江口对岸的手扒岩、观音岩等隘口占领，并构筑起坚固的堡垒，将可登岸的道路封锁，船只扣下。两岸行人来往经过石壁上的羊肠小道，通向木绳架成10米高的索桥，南岸桥头有一个可容几十人的岩洞里，驻守国民党军的一个班，据险阻击红军南渡乌江。29日，红一军团一师三团担任渡江先锋，先派出1个排抢占南岸，先锋排消灭守卫桥头敌人，控制吊桥和渡口，后续部队迅速过江。是年3月30日，中央革命军事委员会领导人毛泽东、朱德、周恩来等随中央直属队和红一军队驻在沙土街上，准备南渡乌江。31日，渡过乌江的红军摧毁敌军在乌江南岸防堵的几个主要据点，随即，中共中央和中央军委领导率部队离开沙土，在后山梯子岩、江口和石榴乡大塘河等处渡口顺利渡江。

中央红军四渡赤水后在金沙后山乡乌江梯子岩、大塘等渡口横渡乌江，兵逼贵阳

## 二　红九军团转战黔西、大定出水城

**掩护中央红军南渡乌江**　红军渡乌江前，中共中央电告留在乌江北岸马鬃岭、长千山一带部队要牵制住敌人，掩护红九军团过江。是时，红九军团的行军路线处于敌军封锁线内，只能选择小路迂回于夜间行动，到达沙土镇时超过规定时间6个小时，浮桥已被看守部队破坏。此时国民党中央军吴奇伟、周浑元纵队的先头部队离沙土镇不远。红九军团处境险恶，前有大江拦路，侧面是吴奇伟、周浑元纵队的五个师，后面有黔军魏金镛师、川军郭勋祺的3个旅。红九军

团连夜向沙土东北急进，走出20里后，又折向西北，向老木孔方向前进。

**菜子坳伏击战** 1935年4月4日，红九军团到达老木孔，发现黔军犹国才部所属魏金镛师正从鸭溪方向开来。军团领导决定在老木孔以南伏击，选择洋马田上面菜子坳为伏击点，先打敌师部，再打其余。5日下午，敌指挥所进入伏击圈。红九军团在军团长罗炳辉指挥下，从正面发起冲锋，七、八团从两翼包抄，一阵猛打，敌溃不成军。已经过去的一个团调头向军团指挥所攻击，被打垮；后面的一个团刚进伏击圈，见前面部队退下来，即组织10多挺轻重机枪火力顽抗，遭到红军部队的猛烈攻击而狼狈溃逃。战斗直打到黄昏结束，击溃黔军3个团，师长魏金镛负伤。红军缴获枪支1000多支，俘敌1800多人，毙伤300多人。

**智取瓢儿井** 4月7日，红九军团接中央军委向毕节大定前进的电令。次日向大定县长岩行进。途中，侦察员俘获国民党十三师一团长姨太太和10多名护送兵，得到团长的许多名片。侦察科长曹达兴化装成国民党军少校营长，率领数名化装成国军侦察兵的战士，直奔长岩，将长岩地方民团70多人缴械，并抓获几名地主。经审问地主陈鸿禄，得知瓢儿井镇上驻着盐防军150多人，街口筑有碉堡，工事坚固，防守严密。红九军团军团长罗炳辉决定智取。9日凌晨，曹达兴带领化装成国民党军人的红军干战，在瓢儿井镇附近俘虏保丁10多名，经教育后，由保丁带路分三路开进瓢儿井镇。在街口，俘虏驻守盐碉的盐防军10名巡逻队士兵，侦察连随即进入区公所，俘虏盐务军区常练人员；七连控制西街和南街，盐防军十三队、十五队相继投降。此后，红九军团在瓢儿井镇休整3天，发动群众打土豪、分浮财、开仓分盐、筹集军饷，并扩充新战士300多人。军团政治部主任黄火青在瓢儿井镇接见大定八堡六寨苗族自然领袖李绍北和苗民子弟，并应邀到八堡做客，帮助六寨苗族组织“苗民自救会”“苗族自卫军”，发给步枪10支，子弹200发。

红九军团纳雍梯子岩突围处

**猫场突围战** 红九军团向毕节前进途中，在毕节小坝乡击溃保安队，得知滇军鲁道源旅驻守毕节，即由小坝折回大定县境。先头部队袭击响水乡柯家桥后，在双山击溃民团和黔军犹禹九部尚国安连的阻截。4月15日，经方竹坝到猫场宿营。当晚，黔军第六团团长刘鹤鸣率部与猫场民团汪部、土匪陈子良部300多人，分三路包围猫场，偷袭红九军团。次日凌晨，敌军首先偷袭红九军团八团阵地，与八团反复争夺高地。军团长罗炳辉组织七、八、九团交替掩护撤退。红军部队在地形不利，道路不熟的情况下突围。敌人凭借有利地形阻击红军，战斗打到下午3时左右，红军部队才突出重围，通过梯子岩，向纳雍方向开去。战斗造成红军部队伤亡400多人，3名团级干部负重伤，损失部分枪弹。深夜到达大定大兔场宿营，次日经三岔河进入水城县境，经水城入云南后，渡金沙江同中央红军主力会师北上。

# 第二节　红二、红六军团长征到毕节

1936年2月2日，中国工农红军第二、第六军团长征进入黔西北。是年1月28日，蒋介石飞到贵阳督战围剿红军，令顾祝同指挥5个纵队追击，川、滇、湘、黔部队堵截。其主力共8个师，1个旅，80个团。

红军占领黔西县　1936年1月下旬，红二、六军团在贵州向西转移途中，遵照中央军委关于"二、六军团可在黔、滇、川活动，应以佯攻贵阳之势，速转黔大毕地区，群众、地形可暂作根据地"的指示，以佯攻贵阳之势，使蒋介石布置在贵阳以西的九十九师及黔西北大门之鸭池河渡口的二十三师，向贵阳调动，红军从扎佐、修文转入清镇县的卫城，直下强渡鸭池河。2月2日凌晨，军团组建120多人的侦察先遣队，在王绍南队长的带领下，到达茶店，驻在关帝庙的贵州保安队40多人还在沉睡之中。侦察先遣队摸掉敌哨兵，将敌全部俘虏。然后直奔鸭池河南岸，占领渡口。是时，担任北岸河防的盐防军1个班逃走，侦察先遣队在船工的帮助下，渡过鸭池河，控制北岸渡口。部队到达后，选择水势较缓的羊子岩滩口架浮桥渡河，3天，两个军团1.8万余人全部到达北岸，进占黔西烂泥沟后，留十八师五十三团驻守烂泥沟和鸭池河岩阻击尾追之敌。五十三团在烂泥沟派出干部做宣传和发动群众工作，并开仓济贫。2月6日，和当地群众联欢，吃团年饭。红军占领烂泥沟，黔西县县长林雁峰弃城西逃。3日，红六军团进占黔西县城。蒋介石再次到贵阳督师，派遣万耀煌、郝梦龄两纵队3个师14个团由遵义进军打鼓新场。先头部队到达三重堰、渭河一带。2月5日，红二、六军团总指挥部召开领导人员会议，决定贯彻执行中央军委1月下旬两次电令指示，在黔西、大定、毕节建立根据地，并根据敌情分3路阻击敌人。第一路由贺龙率四师、六师，萧克率十七师、十八师对付万耀煌、郝梦龄两部；第二路由任弼时、关向应、王震、夏曦、甘泗淇率六军团机关及十六师和五师进军大定、毕节；第三路留十八师和四师各一个营守城防、烂泥沟、鸭池河渡口，同时开展地方工作。

红二六军团强渡鸭池河渡口

攻占打鼓新场　2月6日，敌万耀煌部到达三重堰后停止运动。9日，萧克派1个营在三重堰附近诱敌出动，并在枷担弯一带依山构筑工事阻敌。中午，万部出动，发起进攻，双方战斗激烈。红十七军一营和十八团从新开田赶来增援。因敌众我寡，红军向牛场拨、新开田、大协厂方向撤退。此次战斗，敌军死200余人，红军也有伤亡，红十八团参谋长贺崇禄牺牲。此后，万部两次出兵进攻，均被击退。国军万、郝两部占领三重堰和打鼓新场，严重威胁红军。红十七师于10日绕道袭击打鼓新场，抢先占领制高点大定坡、高岩寺一带。在攻打扼守打鼓新场门户的敌盐碉时，红十七师师长吴正卿壮烈牺牲。当晚，近百名盐防军弃碉逃走。红十七师随即占领打鼓新场。13日，奉命撤离。15日，接总部令到毛窝厂配合作战。是月14日，万耀煌部袭击黔西县城。随后把鸭池河对岸敌九十九师和二十三师接应过河。红军余部撤离黔西。红二、六军团在黔西约10天，派出干部深入7个区154个村寨宣传中共抗日救亡主张，组织贫苦群众打土豪140余户，分浮财给贫苦百姓；建立18个游击队约3000人；开展建立根据地工作，发动贫苦青壮年2000多人参加红军。

**建立川滇黔省革命委员会** 1936年2月5日，红五师到达大定县甘荫棠，大定县县长马仁生逃走。是月6日晨，大定县进步人士彭新民组织大定城居民100多人，出城欢迎红军。上午，红军开进大定县城。2月7日，红二、六军团领导在县城福音堂组织群众集会，成立“中华苏维埃人民共和国川滇黔省革命委员会”，由红二军团军团长贺龙任主席，陈希云任代主席，朱长清任副主席。红军派出武工队分赴鸡场、六龙、瓢儿井、八堡等乡镇，领导建立革命根据地的工作。8～10日，分别建立大定抗日救国委员会，黄谔清任主任；大定拥护红军委员会，彭新民任主任；大定抗日救国团，叶刚任团长。在30多个乡村建立游击队和基层政权，打地主土豪1000多家，没收粮食150多万公斤，银元50多万元，大多分给群众。处决罪大恶极的地主杜保庭。发动2000多名大定青壮年参加红军，新编为十四团，由红军干部肖美臣任团长。2月16日，红军的几个师由黔西县分别撤入大定，二军团直属队和四师到达白腊场，六师到达草坪，十七师到达大山脚，十八师撤到乌溪河西岸阻敌。此时，东面郝梦龄部向煤洞场、黄家坝、革左扑来，北面敌樊嵩甫纵队从仁怀向瓢儿井开进。

**黄家坝阻击战** 红十八师与敌万耀煌部在乌溪激战，阻敌两天后，退到离大定县城10多里的沙坝、黄河一带据险阻敌。17日，红十七师到达白腊场，红二军团直属队、四师、六师到达公鸡山及县城一带迎击敌郝部。18日，红二、六师接总指挥部急电，从大定县城出发经公鸡山

红军黄家坝阻击战纪念碑

急进革左、黄家坝，下午4时左右抵达革左梁子街。此时敌郝部五十四师、新八师已到普底老街至黄家坝一线，从革左梁子上分3路进击黄家坝之敌人。战斗在黄昏时打响，红军直捣黄家坝中心地带的跑马坝，歼灭敌先头部队，占领跑马坝。敌后援部队在刺秋树、火烟洞两地设置第二、三道防线，红军猛攻敌第二道防线，分两路从左右包抄，占领刺秋树阵地，接着进击敌第三道防线火烟洞，与敌激战几小时，杀伤大量敌人。黎明前，红六师完成阻击任务撤离。战斗重创敌郝部先头部队，击毙敌团长1名，营长3名，连以下官兵100多名，伤者更多；缴获轻机枪1挺、长短枪60余支，郝部受挫停滞3天不敢前进。

**将军山阻击战**　2月18日，红十八师防线被敌万耀煌部突破，一部撤向毕节，一部撤向大定将军山。驻大定城内的红五师一部撤向毕节，一部带领大定城关区部分游击队撤向六龙、东关阻敌，大定县城被敌万部占领。红十七师在六龙场接到军团部电，开往大定城西北地域伏击敌万部。19日凌晨，红十七军抵达大定城西北的将军山，与红十八师一部会合，分别埋伏迎击敌人。上午，敌万部尖刀营7个连500多人进入将军山地域，红十七师师长刘转年派四十九团一部绕到敌后侧，将五十四团置于正面，令五十一团截断敌退路，将敌全部包围。战斗打响后，敌多次突围无效，大部被俘，敌营长武宗琦绝望自毙。此战斗中，毙敌100多人，俘虏300多人，缴获步枪300多支，轻重机枪7挺，红军牺牲20多人。24日，敌万、郝、樊纵队向毕节方向逼近，红四师、六师到毕节小坝阻击樊部。25日，郝部进到锅厂，威胁红十七师将军山阵地之北侧；万部主力向将军山进攻，红六军团军团长萧克指挥部队击退万部多次进攻后，接总部电，决定放弃毕节，令十七师撤出将军山。次日，十七师在响水河西岸歼敌一部，撤至毕节梨树坪。当十七师撤至毕节时，红二、六军团总部已撤离毕节县城，十七师也随着撤离毕节。

将军山战役纪念碑

**建立党、政、军组织**　1936年2月9日，红二、六军团进入毕节城。2月17日，中华苏维埃川滇黔省革命委员会由大定到迁到毕节，直到2月25日随红二、六军团撤离毕节。在此期间，红二、六军团在毕节建立中共毕节中心县委，由红六军团民运部长李国彬任书记。中心县委组织4个组，由民运部的4个红军干事负责，分别在毕节城乡建立苏维埃政权，向群众宣传中共

中国工农红军第六军团政治部旧址

的政策、主张，抗日救国的道理，组织群众打土豪、分浮财，同时动员不少群众参加红军。此外，红二、六军团还建立毕节县苏维埃革命委员会、抗日救国会、人民抗日大同盟等政权和群团组织。2月14日，红二、六军团领导接见中共贵州省工委委员邓止戈和贵州地下党联络的3支武装领导人席大明、周质夫、阮俊臣，决定以这3支武装队伍为基础，组建贵州抗日救国军，请贵州辛亥革命元老、曾任贵州军政府总理、在毕节极有声望的周素园出任司令员，邓止戈为参谋长，席大明部为第一支队，周质夫部为第二支队，阮俊臣部为第三支队。

**建立苗族独立团** 2月中旬，红六军派谢有才（谢中光）到大定八堡六寨苗族作苗族群众工作，组织革命武装。第二天，谢有才同9名苗族代表到毕节，红六军团政委王震接见苗族代表，向苗族代表宣传共产党和红军的政策，让六寨苗族同胞成立苗族独立团，并发给每人步枪1支，指定谢有才任政委，苗族自然领袖李绍北为团长，李正芳为副团长。会见结束时与苗族代表合影留念。苗族代表回去后，组织苗族青年在八堡召开苗族独立团成立大会，被反动民团袭击打散，红军牺牲2人。之后，新寨苗胞掩护47名红军伤员养伤，3名伤重员牺牲后，将其安葬并为其立墓碑。

**七星关伏击战** 2月26日，鉴于国民党樊、郝、万3纵队逼近毕节，红军决定撤离毕节继续长征北上，在途经毕节县七星关时，击溃威宁保安杨正荣、文正朝部及七星关西侧平山堡朱益斋、刘洪祥地主武装的阻截。红军到达平山堡时，敌军再次聚焦兵力阻击红军，红军分3路进攻，战斗11次，毙敌30余人，刘洪祥被击毙，俘敌10多人，红军牺牲3人。

**召开野马川军事会议** 红军行至野马川时，敌万、樊、郝部3个纵队尾追而来；敌李觉纵队由织金，郭汝栋纵队从大定向水城、威宁截击红军从安顺方向出走；滇军孙渡纵队在威宁、昭通阻防；川军杨森、李家铨部10多个团在川南沿长江地区围堵。在东、南、西3面受敌的情况下，军团领导在野马川召开紧急会议，分析敌我双方力量、兵力部署、所处地形，决定继续西进，以赫章为中心，在赫章、威宁、镇雄、彝良、宣威一带与敌军周旋，利用乌蒙大山的天然屏障，选择时机，反击和歼灭敌人，甩掉敌人的围、追、堵、截。

**以则河伏击战** 3月7日，红十六师到达威宁板底，红六军团部队到达云南奎香。樊嵩甫、郝梦龄、万耀煌纵队急忙向西北追击；川军二十三师到川、滇边境，向北水江北岸牛街地区阻截。3月8日，红二、六军团总指挥部决定，红四师、十六师、十七师由贺龙率领，从寸田坝、奎香返回50里，进入以则河、法冲河以北的白雨洞，伏击樊嵩甫纵队。红六军团从3

红二、红六军团乌蒙山回旋战，图为从威宁进入云南处

面包围敌樊部先头部队，激战12小时，毙敌400多名，俘敌300多名，樊嵩甫率部撤至赫章可乐。红军向镇雄方向转移。10日，红军击溃当地民团，占领广德关，控制通往镇雄的交通要道。

**哲庄坝战斗**　3月11日，敌万耀煌率后梯队十三师从赫章桃园出发，经哲庄坝开往镇雄。红四师、五师、六师赶到哲庄坝，分3路伏击万部十三师。万部进入伏击圈后，红军围十三师夏旅于桃园，围潘旅于哲庄坝，使其不能相顾。经过1天的激战，歼灭万部两个团，俘敌300多人，缴获轻重机枪30余挺，步枪300多支和一些军用品。13日，在镇雄安耳洞以西、赫章财神堂以北，迅速穿插于郭汝栋、樊嵩甫两个纵队之间，向西北方向突围，跳出国民党军10倍于红军的包围圈，向威宁、宣威方向转战。

## 第三节　红军游击队

### 一　川滇黔边区游击纵队

**建制**　1935年2月，中央红军一渡赤水后，集结于扎西时，根据中共中央革命军事委员会的命令，决定挑选一批红军留在川滇黔边区坚持游击武装斗争。游击队的任务是：打击牵制敌人，配合中央红军战略转移；安置和保护伤病员；建立革命根据地。决定由红三军团六师政委徐策、干部团政委余泽鸿、红八军团民运部部长戴元怀组成川南特委，直属中央领导。选择400多名干部、战士与王逸涛领导的叙永特区游击队合队，组成川南游击纵队。徐策兼纵队政委，王逸涛任纵队司令员（后由刘干臣、余泽鸿、刘复初继任）。纵队下设司令部、政治部、供给处、群众工作团、没收委员会、宣传队，部队编为5个大队。政治部主任余泽鸿，组织部长戴元怀，参谋长刘干臣，副参谋长曾春鉴，供给处长杨德胜，群工团长钟昌涛，特派员龙厚生，司令部指导员李桂洪（女），司令部秘书阚思颖（女），一大队队长董玉清，二大队队长曾正南，三大队队长杨登高，四大队队长梁亚伯，五大队队长董宪山。特委决定在纵队建立中共党总支委员会，阚思颖任总支书记，编为五个支部，在大队建立支部，设指导员。纵队活动地区为川滇黔边区10多个县。6月，纵队在川南地区与地方的南六游击队、红军黔北游击队合队，改称中国工农红军川滇黔边区游击纵队（简称纵队），特委改称中共川滇黔边区特委。

**战事**　1.攻占赫章分县县城。1935年8月上旬，纵队由镇雄进入威宁、毕节边境，在野马川金山乡打开恶霸朱益斋庄园，处决罪大的朱家管事，没收朱益斋财物分给群众。同时，与当地绿林武装头领席大明取得联系，谋划袭击赫章分县县城。由于行动计划泄密，赫章分县县长沈义方调集民团和县府特务队200多人在距县城10里的水坡堵截。8月18日，纵队奔袭县城，在水坡与民团遭遇，战斗持续3个多小时，毙伤团丁10多人，活捉民团头目张耀东，占领县城。纵队在赫章分县县城召开群众大会，公审枪决张耀东。20日，纵队撤离县城。

2.奔袭毕节燕子口。1935年秋，纵队由镇雄玻璃坳开往毕节县燕子口。驻守燕子口的保安中队和民团大队闻讯撤走。纵队占领燕子口后迅速向亮岩进发，占领亮岩街。在亮岩接群众密报，毕节官商在重庆购买布匹、烟酒等大批日用品，由赤水河护路大队护送，用马队驮运正朝亮岩走来。纵队选择有利地形伏击，缴获几十驮物资押至亮岩，除留部分备用外，其余分给当地群众。

3.翠华乡突围。1935年10月下旬，纵队进入黔西县翠华乡犀牛岩脚。翠华乡乡长陇成德获悉纵队即将到来，将家人、财物送至契默洞隐藏，指挥家丁堵截纵队，并向黔西县政府告急。纵队在群众的帮助下，分两路由后山直捣陇家庄园，占领翠华乡公所。不久，国民党军二十三师魏营、工兵六营和瓢儿井盐防军1000多人分路包围翠华乡，纵队组织几支小分队交替掩护撤退，经过几小时的周旋战斗，转移到金沙铸钟地界，然后向仁怀九仓坝方向转移。

**陶树清率部起义**　1936年5月10日，驻毕节的国民党中央军暂编五旅二团三营连附陶树清联络一营官兵起义，投奔贵州抗日救国军第三支队阮俊臣部，在毕节杨家湾会合后，转战到镇雄县花身小坝找到红军游击队，与3支队伍合编为中国工农红军川滇黔边区抗日先遣队。原纵队政委刘复初任先遣队政委，阮俊臣任司令员，陶树清任副司令员。阮部编为第一支队，陶部为第二支队，原纵队人员编为第三支队，部队增到八九百人。6月下旬，蒋介石电令云、贵、川3省调集10多个团的兵力，会剿抗日先遣队。陶树清向特委建议：加强秘密活动，不要歧视起义士兵和绿林武装，开辟新的游击区。特委不但未采纳陶树清的建议，反而认为陶的建议存有“动机不纯”。于7月上旬，纵队甩开一、二支队，单独行动。8月上旬，阮、陶部在镇雄、威信边境被国民党重兵包围，突围后阮部撤至水田寨，陶部被镇雄独立营和暂编五旅许营追至罗布坳小溪，所剩兵力已不多。陶树清退至顺河场隐藏，被独立营搜捕，10月就义于毕节大校场。

**韩家沟突围**　1936年11月中旬，红军游击纵队300多人再度占领毕节燕子口，在石街拦截军阀杨森从四川运往毕节的一批物资。此时，滇军1个营、黔军2个营和川军1个加强营尾追而来。纵队撤到距燕子口10多里的韩家沟，敌川军加强营追到韩家沟。纵队留下第三大队阻滞敌军，主力向川南方向转移。第三大队在完成阻滞敌军任务后，突围与纵队会合。纵队退到水潦，遭川军截击，伤亡失散80多人。转移至云南威信海子坝，又被滇军田营追击，转移到大雪山时，只剩80多人。司令员刘复初因病在群众家治疗，被川军搜捕，关押在泸州监狱。纵队转移到野腊溪，被滇军田营包围，仅有10多人突围，转至水田寨，由地方游击队安排隐蔽。不久，纵队领导成员李清云、龙厚生、曾春鉴、刘少成先后被民团、地霸搜捕杀害。失散的部分队员在川滇黔边区一带，分别参加川南游击队、贵州游击队支队、云南游击支队。

## 二　贵州抗日救国军

**建制**　1934年～1935年，中共贵州地下组织先后两次派邓止戈到毕节开展军运工作，与绿林武装席大明部和阮俊臣部取得联系。1936年2月9日，红二、六军团到达毕节，邓止戈派席大明率部至头步桥一带，迎接红军进入毕节城。同时，毕节地方武装周质夫部亦进入毕节。随后，邓止戈通知阮俊臣部到毕节会合。红二、六军团领导接见席大明、周质夫、陵俊臣，决定以这3支队伍为基础，建立贵州抗日救国军，邀请原贵州军政府总理周素园任司令员，邓止戈任参谋长，司令部设在十字街周素园住宅内。同时，以贵州抗日救国军的名义发表告民众书和致川滇黔地方武装的代电，号召团结起来，反蒋抗日，拥护红军。抗日救国军下属3个支队，第一支队支队长席大明，党代表李光清；第二支队支队长周质夫，党代表廖明；第三支队支队长阮俊臣，党代表欧阳崇庭。共2000多人。根据红二、六军团领导指示，贵州抗日救国军司令部负责组织地方武装、担任后勤任务。决定派席大明率第一支队到赫章一带开展工作，收编改造地方武装，壮大革命队伍。派阮俊臣率第三支队到川南寻找红军川滇黔边区游击纵队，带领纵队到毕节与红二、六军团会合。第二支队留守毕节。2月27日，红二、六军团撤离毕节继续长征。周素园、邓止戈带领贵州抗日救国军第二支队随红军长征。红军到达毕节杨家湾时，对第二支队进行整编，动员支队长周质夫和部分人员回原籍，其余人员编入红六军团十八师五十二、五十三团。红军长征进入赫章，决定留第一支队在当地开展游击活动。席大明率领第一支队在哲庄坝、财神堂、野马川、平山堡、七星关、杨家湾袭击敌人，配合红军转战乌蒙山区。红军离开黔西北后，第一支队坚持到是年夏末，遭国民党第二十军一三三师周翰熙旅围剿，支队长席大明和部分队员被敌军搜捕，部队失散。是年11月，席大明被杀害。

贵州抗日救国军司令部旧址

**第三支队转战川滇黔边区**　第三支队奉命到川南寻找红军川滇黔边区游击纵队，经镇雄、威信境前往川南，由于道路被敌军封锁，部队回师镇雄黄塘，得知红二、六军团已撤离毕节，决定在川滇黔边区开展斗争。3月初，支队在黄塘整训，进行政治教育、军事训练和整顿纪律，阮俊臣等骨干被发展为中共党员。红二、红六军团撤离毕节后，敌万耀煌纵队尾追不舍，其九十九师十四团由毕节金银山向杨家湾靠拢，三支队决定在金银山设伏，掩护红二、六军团北上。战斗从中午持续到天黑，打退敌多次进攻，歼敌80多人，击毙敌副团长，缴枪50余支，支队30多名成员牺牲。1936年3月下旬，贵州省第四区行政督察专员公署人员由四川运200多担物资歇宿燕子口孙家铺，三支队参谋长彭云辉率3个大队，连夜赶到孙家铺截击，战斗1小时，毙敌8人，伤4人，缴获全部物资。是年3月，国民党中央军暂编五旅追击红二、六军团和围剿川滇黔边区红军游击纵队进驻毕节。其二团三营连附陶树清与阮俊臣有旧交。到毕节后，通过阮俊臣结识三支队政委欧阳崇庭，在阮、欧阳的帮助下，决心策动士兵起义，参加红军抗日救国。5月10日，陶树清趁旅长、副旅长赴省城的机会，发动第三营士兵起义，次日到达毕节杨家湾与

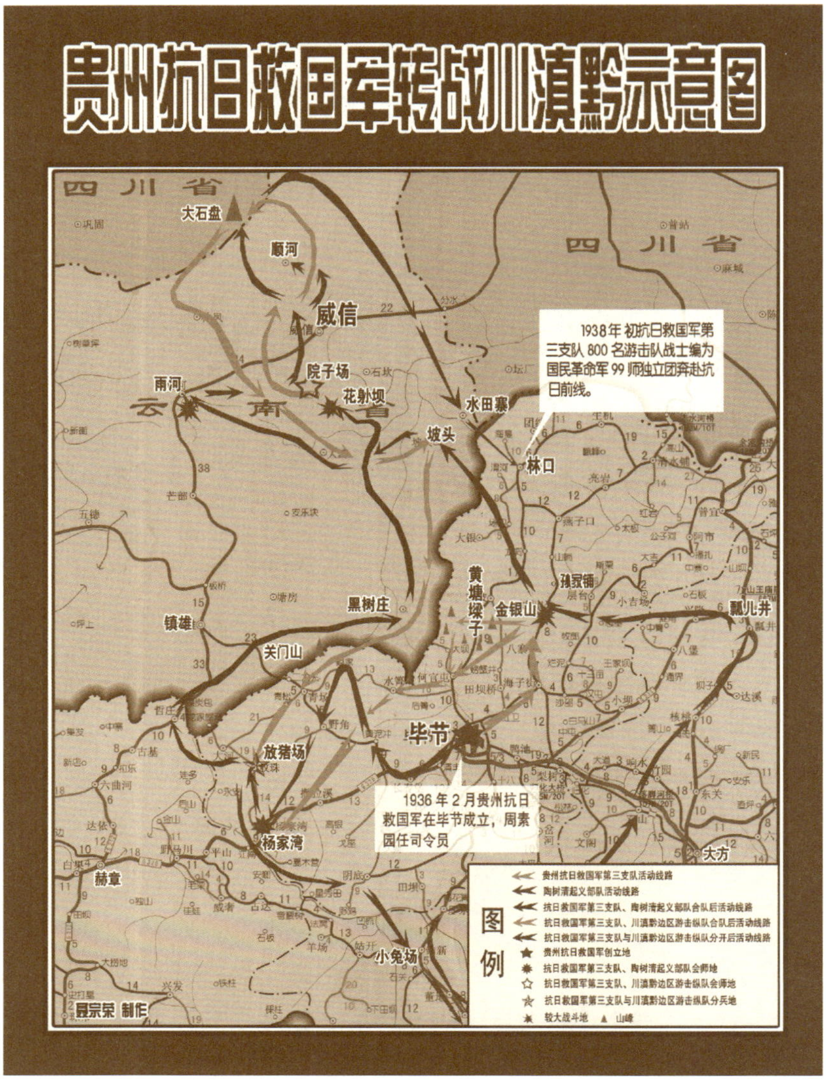


贵州抗日救国军第三支队会合。此后，蒋介石命令柳旅组织围剿。阮、陶二部向赫章方向运动，受敌阻截，转向毕节阴底野鸡乡，击溃当地民团，打开地霸粮仓济贫。支队转移到大兔场休整，获悉暂编五旅雷团、孙团及毕节保安部队从三面追来，转向大定瓢儿井、毕节滥泥田赴黄塘集中。途经毕节金银山时，遭柳旅伏击，支队参谋长彭云辉带领一大队掩护主力撤退时，身负重伤，撤至黄塘后牺牲。在黄塘，支队得知红军游击纵队在镇雄、威信边界消息，决定五大队在原地阻击追兵，其余四个大队向威信方向开进。部队行至镇雄香坝河，与尾追的滇军两个团遭遇，柳旅也赶到香坝河。支队领导指挥四大队抢占左侧高地，阻击追敌，一、二、三大队沿山脚运动，抢占山顶与敌对峙，陶部由右侧穿插，迂回至敌后侧与三大队配合，对敌形成夹击之势。四大队冒着敌人猛烈炮火，打退敌军多次进攻，陶树清率部从敌军侧面进攻，将敌军击溃，退到郭家坟、班鸿沟一带。战斗从下午打到天黑，滇军被歼百余人，支队伤亡百余人。支队乘黑夜渡过香坝河，向花坝转移，次日到达花坝，与红军游击纵队会合，编入中国工农红军川滇黔边区抗日先遣队。是年7月，抗日先遣队解体。红军游击纵队单独行动，阮、陶2部在镇雄、威信边境被敌包围。突围后，陶树清被搜捕杀害，阮部在威信水田寨找到纵队，并奉特委之命，返回黔西北，寻找贵州游击支队。

## 三　贵州游击支队

**建制**　1936年2月，红军川滇黔边区游击纵队在川南兴文县洛柏林石匠田召开会议，决定继续组建地方游击队并创建根据地。是年夏，纵队任命赵文海为贵州游击支队支队长，带领20多名队员到黔西北地区开展组建工作。中共纵队特委指示：一、以毕节为中心，在黔西北地区创建根据地；二、宣传执行党的政策，保护群众利益，把穷苦群众组织起来闹革命，逐步赤化农村；三、保卫和发展地方党组织，配合纵队斗争。是年秋，红军川滇黔游击纵队特委任命阮俊臣为贵州游击支队政委，到黔西北地区寻找赵文海会合。阮俊臣率部到达镇雄罗坎附近时，遭敌军包围。阮俊臣命令黄仇、叶绍奎率四大队向毕节对坡、黄塘方向突围，自己带领两个大队掩护四大队突围后，向毕节林口方向转移。阮俊臣率部突围至水田寨时，又被国民党军暂编五旅等部及地方民团包围，双方展开激战。国民党军暂编五旅旅长柳际明通过四川泸县参议胡恒普与阮俊臣联系，表示愿与阮部谈判。双方谈判达成协议：阮俊臣带300多人以抗日名义参加柳旅，队伍保持原建制，不编散。阮将一个大队交黄于龙、康海平带领继续寻找赵文海，自己带1个大队随柳旅开赴贵阳。之后，柳际明违背不编散协议，将阮部散编，任命阮为柳旅驻贵阳办事处主任。1937年2月，叶绍奎率四大队在毕节红岩开辟根据地，发展成员达800余人。是年6月初，袭击安家坝地主陇吉昌，缴获部分枪支；7月，枪决与大队为敌的地霸黄正光；10月中旬，袭击赫章县水营头刘良德家，缴获步枪40多支及部分弹药。是年10月下旬，叶绍奎接阮俊臣通知，率部到大定、黔西打鼓新场寻找赵文海部，将四大队编为3个团及1个大队，1个特务营，自任司令员，姚显廷任政委，率部向大定转移。是时，贵州当局十分震惊，令毕节保安司令部同黔、大、毕的保安二团清剿。

1940年，贵州游击队以毕节县小横街天民诊所为联系点，与中共川南地下组织唐昌、许智取得联系。此后，支队调整领导人员，扩充为3个大队。是年10月，支队以滇黔交界地高家山为中心，发展成员600余人。支队惩办残害民众的土豪劣绅、民团头目深受群众拥护。

1941年4月，第四行政督察专员公署再次部署兵力围剿游击支队。镇雄独立营陇承尧，用重金收买绿林头目王伯川打入游击支队，里应外合肢解支队。毕节保安四团、镇雄独立营以及地方民团联合围剿。毕节专员廖兴序派便衣特务严密监视阮俊臣、赵文海等人行动，随时准备捕杀。詹绍武带领一大队转移到罗圈岩，内奸王伯川煽动部分人叛离，将詹绍武捕送陇承尧。二、三大队在小干河被保安四团包围。突围后，二大队队长黄华克带10多名战士撤退到镇雄母享附近活动时，被陇承尧部下诱杀；三大队队长黄光明突围失败，下落不明。同时，二大队队长吴清顺率部分人员在关门山被滇军和镇雄团防军包围，经奋勇拼杀突围后，吴清顺在四川江安被敌抓捕入狱。

1941年6月，坚持在毕节开展革命活动的阮俊臣被捕遭杀害。是年8月，坚持在赤水河一带秘密活动的赵文海在赤水镇被便衣特务张云龙违捕杀害在毕节南关赤水河边。至此，贵州游击支队终止活动。

**战事**　1.百腊场九龙山伏击战。1937年12月上旬，叶绍奎率四大队到大定县百腊场，毕节专员兼保安司令何朝宗带领保安中队、保二团1个大队追击。叶部得到情报，将部队转移到九龙山东麓伏击，12月11日，何朝宗率保安中队和土目安开阳部进入伏击圈，叶部猛烈开火，敌军死亡多人，安开阳率部先逃。叶绍奎带领队伍发起冲锋，四大队梭镖队长王正文带领30多名梭镖队员赤脚杀向敌人，何朝宗的副官慌乱逃亡坠马而死。何朝宗逃走，保安中队和安开阳部被击溃。四大队一团长廖中堂带领两个营在老鹰山、坪子上阻击保二团黄大队。叶绍奎率部绕到敌黄大队后侧，与廖中堂部前后夹击，黄大队溃退。战斗毙敌80多名，俘敌90多名，缴获各种枪支130多支，子弹5000多发。四大队游击大队长童德明、梭镖队长王正文负重伤牺牲。战后，部队转移到垄上宿营。是夜，四大队甘绍清带领部属500余人不辞而别。

2.瓢儿井街突围战。1938年1月3日凌晨，保二团从瓢儿井出发，企图偷袭四大队，被哨兵发现，叶绍奎率部转移到革左梁子街上。5日，保二团包围革左，在梁子上用机枪向四大队住房扫射。四大队一营营长刘伯常带领10余人，抢占街口制高点，掩护叶绍奎带领部队突围，向革左田坝撤退。突围时，叶绍奎腿部中弹不能走动，命令一团长廖中堂带领队伍突围。廖中堂带领王松柏、铁金鳌两个营冲出重围，部队伤亡100多人，退到对面山上集结时，保二团又冲上来，不能去接救叶绍奎，只得撤离，转移到小兔场（今纳雍维新）松林寨，廖中堂等领导人开会决定：王松柏、铁金鳌带100多人在小兔场一带活动，打听叶绍奎下落；自己带余部向西转移。在赫章与云南边界奎香附近，廖中堂部被敌包围，突围后仅剩20多人，退回小兔场时，廖中堂被敌杀害，队员失散。王松柏、铁金鳌率部在姑开、古达一带，没找到叶绍奎，将部队带到镇雄郭家河。铁金鳌私投镇雄土霸陇承尧，并杀害王松柏，王部被陇部包围缴械，人员遣散。王松柏的警卫员和队员王三老飞一道携枪逃出，枪决叛徒铁金鳌。以后失散的部分队员陆续参加在水田寨一带活动的黄于龙、康海平带领的二大队。

3.箱子场突围战。1940年10月下旬，支队进驻林口附近的箱子场，林口土目杨砥中闻讯，调集民团和地霸武装800多人包围箱子场，并通知镇雄恶霸陇承尧独立营赶来围攻。支队副司令员詹绍武带领二大队迎战正面之敌，令一、三大队从两侧抢占制高点，沿山梁向林口移动。一、三大队与从两侧上山之敌相遇，凭借控制的制高点打击来敌，致其四散奔逃；二大队从正面向敌发起冲锋，将敌击溃，追击到林口镇上。此时，镇雄陇承尧部赶来增援，支队撤离箱子场。

**开展抗日救国活动**　1938年初，贵州游击支队支队长赵文海秘密赴贵阳与阮俊臣会面，共商游击支队的行动计划。阮俊臣将收藏的一些武器交赵文海带走，被柳旅发觉，将阮逮捕。是年7月，经营救获释，返回毕节与留在毕节对坡、黄塘一带坚持斗争的旧部取得联系。9月，阮俊臣率部与赵部会合。赵文海任支队司令员，阮俊臣任政委，康海平任参谋长。支队下设3个大队，一大队长黄于龙，二大队长路明宣，三大队长詹绍武，并建立起以黄塘、对坡、水田寨、镰刀湾为中心的游击区，组织群众反捐抗租，惩治贪官恶霸。11月上旬，支队交通员许天文在张家冲被乡长张百麟杀害，支队袭击张家，开仓济贫，张百麟逃走。毕节专员何朝宗接报后，令毕节县吴家屯、海子街、燕子口区民团集中到燕子口，围剿游击支队。支队得知消息后，在打鼓坪设伏，来敌遭到沉重打击，死伤数十人，被俘50多人，缴获一批枪支弹药。燕子口区长阮绍伯及副官被活捉。是年，国民党中央军九十九师到毕节征兵，其负责人刘某得知支队的活动情况，派副官到水田寨与支队负责人谈判，利用支队抗日救国的主张，要求整编支队开赴抗日前线。支队召开干部扩大会议征求意见，同意在不编散部队，保留原支队建制的前提下，接受整编。支队大队长路明宣等600多名干部、战士编为中央军九十九师独立团，于翌年2月离开毕节，奔赴抗日前线。赵文海、阮俊臣留下，带领全部继续在川滇黔边区坚持斗争。

# 第四节 地方游击武装

民国25年初（1936），中国工农红军二、六军团长征到黔西北，在黔大毕等地组织游击团、队，开展抗日反蒋斗争。二、六军团撤离黔西北继续长征，北上抗日，这些红军游击团队，一部编入二、六军团参加长征，一部留在云贵川三省边界地区，由地下党组织领导，继续坚持反蒋抗日武装斗争。

**范敬章游击队** 1934年1月，中共毕节地下支部建立，决定发动武装斗争，创建苏维埃政权。不久，支部吸收拥有200多人武装的毕节人范敬章入党，使其拥有的武装成为中共毕节地下支部领导的第一支人民武装。此后，范敬章在两个月内，将200多人枪扩增到500多人枪，在川滇黔边区坚持游击武装斗争，宣传抗日主张，扩大党和红军在边区的影响。1935年2月，滇军鲁道源旅在滇黔边阻击红军时，范部游击队伏击小股滇军。之后，与中国工农红军川滇黔边区游击纵队协同在川滇黔边区活动，打富济贫，引起地方当局和土豪劣绅的仇恨，毕节林口土目杨砥中、兴厂土豪舒焕星先将范敬章的助手陈焕斗杀害。4月，杨砥中纠集土目李小全、李绍全、林口区长吴维章、民团大队长周小培率民团在对坡袭击打散范部。5月，范率部到毕节对坡，被吴维章、周小培率反动民团攻击，战斗中负伤被捕，押到毕节时，县长史南侯下令将范敬章杀害于小校场。范敬章牺牲后，胡昆、周绍先带领所剩游击队人员，退到三道沟一带，与黄仇等再组游击队，后加入贵州抗日救国军第三支队，与阮俊臣所部继续在川滇黔边区战斗。

**中国人民解放军滇桂黔边区纵队（简称边纵）** 亦称海田游击大队。1943年10月组建，大队长魏云龙，教导员余浩。1949年1月，魏云龙在中共党员朱明华等帮助下，带领300多人在威宁县海田举行武装起义，后编入边纵六支队五十二团，魏任一营三连副连长。是年9月，魏云龙受中共滇东北地委书记、边纵六支队政委李德仁派遣，回海田开展武装斗争。魏在海田短期内就建立起一支武装队伍。是年10月，经边纵六支队党委批准，命名为海田游击大队，并派余浩任大队教导员。大队下属两个中队，共304人枪。大队受中共会泽县委和边纵六支队三十二团领导。1949年11月中旬，海田游击大队奉命配合边纵六支队二十六、二十七团主力部队向地霸安尊山盘踞的李子沟、新房子、陆克、堂上、关房、黄家梁子据点发起攻击，攻下3个据点，击毙5人，生浮40多人，缴获枪支40多支。1950年3月下旬，安尊山勾结宣威匪首母庆生部300多人进攻瓦渣河、中寨、许家湾、竹根箐、马头山、石头坪游击区，大肆抢劫财物。海田游击大队与会泽护乡团配合，毙伤匪20余名，安部溃逃。3月30日，安尊山纠集土匪300多人，在川滇东路石竹箐偷袭解放军四兵团运送军用物资车队，海田游击大队配合解放军部队，围剿安尊山，追回被抢食盐3万多公斤。安尊山投靠反共救国军第八兵团，充任匪部第六师师长。是年6月，安部向宣威得录等大举进攻，海田游击大队前往解围，歼敌30余名。1949年12月下旬，国民党军李弥部营长赵焕然命部下回老巢老鸦营。海田游击大队奉命在安丹江口到双东坝一带约六七里之间设伏阻击，重创赵焕然部，赵焕然乘黑夜逃脱。此后，赵焕然写信威胁海田游击大队偿枪赔人。从1950年3月25～30日，连续5天血洗海田游击大队一中队三分队驻守的银厂坡，烧毁住房70多间，捣毁20多间，抢走耕牛80多头，猪100多头，羊1000多只。海田游击大队集中4个分队兵力，猛攻赵匪老巢，摧毁敌碉堡，毙伤守敌6名。8月，赵焕然投靠反共救国军充任团长，再次向银厂坡等处大举进攻。三分队顽强抗敌，解放军四十三师一二七团一营增援，赵部溃逃。1949年10月～1950年8月，经过大、小战斗30多次，俘敌52名，毙敌37名，伤敌众多，缴获轻机枪1挺，长短枪118支，手榴弹和枪榴弹400多枚，各种子弹万余发，并建立起以海田为中心，东西宽约50里，南北长约90里的游击区，建立海田、干河沟、瓦渣河、竹根箐、沙茂营、大雪窝、三益、罗家湾、大寨、银厂坡、蔡家梁子11个村人民政权。1950年10月，海田游击大队奉命开赴云南会泽者海进行整编，大队长魏元龙编入赴朝作战部队，担任中国人民志愿军某部副连长。

**中国人民解放军滇桂黔边区纵队第六支队威宁游击团（简称威宁游击团）** 1948年，曾任国民党军队连长的卢嵩岚回到威宁县四甫乡任乡长，并掌有300多人枪的武装，在当地有较大的影响。1949年9月下旬，中共地下党员陆宗棠、卢韬受中共滇东特别支部指派，带着边纵六支队政委李德仁写给卢嵩岚的亲笔信，以至亲关系探望卢嵩岚，劝其投入革命阵营，卢欣然答应。1949年10月，经中共滇东北地委、滇东特支批准，将卢部编为中国人民解放军滇桂黔边区纵队第六支队威宁游击团。1950年初，国民党军宋希濂兵团第二军七十六师由四川宜宾逃至彝良，盘踞县城角奎。1月13日，威宁游击团接毕节军分区命令，配合解放军十六军侦察营，完成就地歼灭敌人的任务。1月16日凌晨，侦察营直插城内张桐森指挥部，给敌军迎头痛击。天亮后，张桐森摸清情况，重新调整兵力，轮番向游击团阵地发起进攻。游击团凭借有利地形，击退张部多次进攻，并连续夺取几个山头，向敌逼近。战斗持续到中午，经国民党彝良县县长夏运麟调解，张桐森被迫同意投降。战斗共俘敌270多名，毙敌40多名，缴获六〇炮2门，轻机枪7挺，步枪86支。战斗中，游击团6名人员受伤。1950年4月上旬，滇黔边区叛匪猖獗，威宁县党政机关和驻军撤离威宁县城。游击团继续留守威宁西北部地区，确保威宁至昭通的公路畅通，截断云南、贵州边区叛匪的后逃之路。4月22日，游击团接解放军四十三师命令，阻击国民党十三兵团仝登文团。陆宗棠和卢嵩岚命令部队在野鸡河、观风海一带集结待命。清晨，游击团到达回族聚居村黑格地时，敌军正向团箐方向逃窜。卢嵩岚命令各连急行军至团箐梁子截住敌军。陆宗棠率先头部队三连在梨树沟追上敌军后尾，展开激战；仝部见所处地形不利，立即变后尾为前锋向三连阵地猛烈反冲。此时，赶到的游击团一连迅速抢占三连左后侧的转老包一线，二连和四连抢占左前方白岭岩一线。白岭岩是团箐梁子的制高点，二连不顾敌人猛烈的火力封锁，奋勇冲上白岭岩。敌人两个排的兵力，翻过岩口，向主峰扑来，卢韬指挥全连发起冲锋，卢嵩岚在一连阵地看清敌人指挥官，举枪将其击毙，敌人乱作一团。游击团一、二、四连阵地处于正面战场，仝团二线重火器，不间断的射击。接近中午，卢嵩岚被敌弹击中，右臂骨折。陆宗棠下颈和胸部连续中弹，壮烈牺牲。卢韬担负起指挥任务。战斗持续到下午，卢韬领6名战士冲过封锁线，绕到敌人后方高地打击白岭岩下敌人，二连随即发起冲锋，前后夹击，把仝团压到沟下，各连也趁机反击，全团溃散，童登文带领残部逃离威宁。此次战斗，共毙敌43名，缴获机枪1挺，六O炮1门，美式步枪43支，子弹5000余发。游击团有8人牺牲，32人负伤。1948年10月～1950年5月，威宁游击团先后进行大小战斗30多次，歼灭土匪、地霸武装1000多人，并在其控制地区建立中水、黑姑、四甫、云炉、观胜乡人民政权。1950年5月，威宁游击团奉命移驻迤那整训。8月，改编为中国人民解放军四十三师特务团。

# 第七章　人民解放军解放毕节

## 第一节　人民解放军进军黔西北

**国民党在毕节的军事应变**　民国37年（1948），国民党军事调查局（简称军统）贵州站在毕节设工作组、毕节潜伏组，并建立黔西北游击区，选定纳雍县白泥屯为根据地。1949年10月，成立贵州西北行营于毕节，委任傅启学为主任，廖兴序为副主任。桂运昌为警务处长。10月中旬贵州省保安司令、一零一军长韩文焕与傅启学在毕节召开贵州省第四行政警察区所辖各县县长联席会，传达《贵州总体作战方案》，部署应变计划，改组县政府，扩大各县县长权力，实行军政一体化，成立各县反共救国委员会和军政联合办事处，将区乡划片，成立指挥所和办事处。建立黔西北绥靖区，由贵州省第四行政督专员兼绥靖区司令，下设毕（节）、大（定）、纳（雍）纵队，赫（章）、威（宁）、水（城）纵队，黔（西）、金（沙）、织（金）纵队。纵队正副指挥官分别由保安副司令、保安团长、县长等担任。纵队下设防剿大队、民卫总队，由黔西北绥靖区委任大队长或总队长，其兵员来源主要是散兵游勇、乡保和地主武装。提出凡能号召人枪几百的，由保安司令部给予防剿大队长的名义，能号召人枪上千的，给予联防司令的名义。同时，要求组织壮丁成立预备兵团、后备兵团，凡丁壮一律编入。韩文焕、傅启学责令各县县长务必做到守土有责，与城共存亡，提出城可失，乡不可失；乡可失，民不可失等口号，实行物资运光，粮食藏光，人员撤光政策。会后，各县根据会议要求相应作出应变部署，成立以县长为主任委员的反共保民委员会，建立防剿大队以及突击队、守备队、运输队、防护队。廖兴序与毕节县县长吴庭芳召开毕节县戡乱紧急会议，部署具体行动事宜。同时，中统、军统特务头目陈文彬、夏炎、陈开疆集结特务人员成立反共情报小组，布置开展搜集反共游击情报。是年11月初，贵州省主席谷正伦、省保安司令韩文焕又委任刘鹤鸣为黔西北绥靖区司令，辖独立二师、独立四师和二七一师。18日，廖兴序指派第四区保安副司令万帮贞、夏炎、陈文彬为督导员，分别赴赫章、威宁、水城督促组织备兵团，准备实施游击战。

**解放军解放毕节**　1949年10月，中国人民解放军第二野战军第五兵团遵照毛泽东主席关于大迂回、大包围的作战方针，命令五兵团和第十军直出贵州，要求11月15日攻占贵阳，11月25日进占毕节。11月15日，人民解放军第十六军解放贵阳，在清镇稍事休整后，按照第二野战军司令部的命令向毕节进击。此时国民党第四十九军二七五师已利用鸭池河天险，在六广、大关地区布防。十六军决定首先歼灭鸭池河北岸至黔西地区之敌，尔后攻占大定、毕节，截断川滇东路。以四十六师主力正面强渡鸭池河，而后夺占大关，直取黔西；令一三七团于青杠坝偷渡；以四十七师提前渡过白猫河、杨柳河、绮结河、六圭河，断敌黔西退路，而后除以一部协同四十六师歼敌外，主力向大定、毕节进击；令四十八师尾四十六师前进。十七军令一四九团一部尾十六军进驻黔西地区，以掩护当地地方政权开展工作。是年11月20日，十六军四十七师由清镇出发，直抵鸭池河渡口，师首长令师机关指挥员薛宗华率一四一团及师直侦察、工兵分队执行架桥任务。薛宗华一面组织火力压制对岸守敌，一面组织施架桥方案。突击分队利用黑夜在火力掩护下，乘随军携带的渡河工具强渡鸭池河，并击溃守敌，占领北岸碉堡。在友邻部队的配合下，经10余小时的连续奋战，于21日中午架起浮桥，为后续部队开辟道路。驻守对岸的国民党四十九军八二三、八二五团弃守逃跑。四十七师决定由一四一团沿河向上游绕道迂回过白猫河进入织金县龙场，经龙场理河、小纳雍、鼠场、官寨、八步、茶店抵达六圭河渡口，在船工、中共党员熊海清的接应下抢渡六圭河，占领大定羊场坝飞机发动机制造厂，直逼大定县城，截断黔西敌军退路。同时，四十七师一四零团与四十六师一三六团由正面渡过鸭池河，攻占黔西县大关镇，直逼黔西县城，在大关镇击溃敌四十九军八二三、八二五团残部，该军参谋长饶启尧率军部直属队向大定方向溃退。是月25日，四十七师一四〇团和四十六师一三六团从两面夹击黔西县城，在外围歼敌四十九军二七五师一部246人。国民党黔西县县长熊志英率部200多人仓皇逃往织金。驻黔西县的敌保六团被迫投诚，地主武装四处逃散，黔西解放。是日，解放军四十七师一四一团解放大定县城，生俘敌四十九军参谋长饶启尧。是月26日，四十七师一四一团抵达大定归化法寨河时，与保十二团王孝传部遭遇，王部不支，向纳雍县白泥屯方向溃逃。是日夜晚，廖兴序、桂运昌、万帮贞、夏炎逃离毕节；毕节县县长吴庭芳率县自卫队及警察百余人从毕节长春堡、野鸡河逃往白泥屯，黔西北行署主任傅启学则乘车逃往四川。1949年11月28日上午10时许，中国人民解放军四十七师进入毕节县城，毕节解放。

**国民党军队起义投诚**　人民解放军解放毕节后，国民党军已陷绝境，四十九军只剩5000多人，八十九军仅万余人，保安部队万余人。根据这一动向，人民解放军五兵团领导决定尽力争取其起义，首先是驻防鸭池河的国民党军四十九军二七五师，撤离鸭池河退至金沙，师长陈德明率所辖两个团共3000多人于金沙宣告起义。是年12月4日，驻威宁的国民党独立四师师长马崑向昭通和毕节发出通电，宣布起义。毕节军分区司令员侯国祥亲自同马崑会谈，并任命马崑为威宁县解放委员会主任。12月10日，国民党十九兵团副司令王伯勋、八十九军军长张涛、四十九军军长王景渊、黔西北绥靖司令兼二七一师师长刘鹤鸣、黔西南绥靖司令谭本良联合发出通电宣布起义。国民党独二师师长罗湘培随之宣布起义。

## 第二节　平叛剿匪

**平叛**　1950年上半年，国民党党、军、政、特、警、宪人员及地方代表人物2000多人先后向人民政府或解放军投诚，登记悔过。1950年2月后，曾获得人民政府宽大的一些原国民党区、乡、保长与当地土匪、地痞流氓合流，与人民政府为敌；起义或投诚的原国民党军二七一师及其保安第一、五、六、八、十二团在原国民党独立二师师长罗湘培与保一团团长李成举、保六团团长蔡国祥、二七一师参谋长刘剑锋等人的策划下，先后在纳雍、黔西、织金叛变为匪，杀害解放军派往起义投诚部队代表、人民政府工作人员。是年4月3日，保六团在从织金向黔西转移途中叛变，杀害解放军代表12人；4月4日，二七一师师部及保五团于纳雍叛变，杀害解放军代表32人。一些已起义或投诚的原国民党军政要员也相继叛变潜逃。原国民党独立四师军官陈守钧、郭开学在调往大定参加整训途中叛逃潜回威宁，纠集残余势力组织叛乱；廖兴序、桂运昌、王佐在送省整训途中，秘密与二七一师参谋长刘剑锋串通，在黔西叛逃潜至织金与罗湘培会合。以上人员汇集后，组织指挥大规模叛乱行动。1950年4月，大小股匪250多股，人枪10万余，为当时驻毕节专区解放军部队兵员的8倍以上。以罗湘培、廖兴序为首的叛匪中国人民自救救国军第八兵团和贵州省西北行署保安司令部，以赫章、威宁为中心，指挥全专区股匪，并联络滇黔边区的匪首，进行大规模暴乱，严重威胁各中共县委及县人民政府安全。1950年春，根据上级部署，纳雍、织金、金沙、水城、赫章、威宁6县中共县委及县人民政府奉命撤离驻地。1950年3月18日，中共中央发出关于剿匪与建立革命秩序的指示，制定实施军事进剿、政治攻势、发动群众相结合的方针及镇压与宽大相结合，首恶必办、胁从不问、立功受奖的政策，号召新解放区的军民立刻转入剿匪斗争。旋即，中共贵州省委、贵州军区召开多次军事会议，分析全省匪乱形势，总结经验教训，研究制定剿匪方案，决定组织东西两个剿匪集团。东集团由军区参谋长潘炎指挥；西集团由驻毕节专区的四十七师师长兼毕节军分区司令员郑统一指挥。西集团部队有解放军一四〇、一四一团全部和贵阳军分区、遵义军分区、军大五分校及一三九团各一部。同时，人民解放军四兵团第十五军四十五师师长崔建功奉命率一三三团、一三四团、一三五团由兴义进毕节助剿匪叛，中共毕节地委、毕节军分区、人民解放军四十五师领导分析毕节专区匪情，成立剿匪工作委员会和指挥部，根据毕节专区地理环境和匪情，首先对危害强烈、政治影响最大、兵力装备强的罗湘培、廖兴序为首的保安团予以沉重打击，并采取东西两线作战，按重点清剿、铁壁合围、清梳密篦、务求净化原则，展开清剿。从4月11日～5月18日，以四十五师为主的西线部队，一举收复纳雍、水城、织金县城，并重创罗湘培匪部；6～7月，以四十七师为主的东线部队，一举取得金沙合围战胜利，基本上扫清金沙、黔西、大定县股匪；8～9月，西线部队组织实施威赫合围战，一举歼灭盘踞在威宁、赫章一带的罗湘培、廖兴序以及从川南窜入的田动云股匪。同时，各县公安、警卫营、武装工作队、征粮队、自卫队分别参与清剿县境股匪，并消灭大批股匪。通过有力打击，大股土匪被歼，重要匪首相继落网，大部分地区基本得到净化，社会秩序日趋安定。

**金沙保卫战**　1950年初，原国民党罗辉武部从四川窜入遵义、金沙一带，勾结金沙惯匪周天一、周治国、吴湘云、黄明志部秘密策划攻打金沙县城。2月9日晚，各路匪徒4500多人，围攻金沙县城。是时，驻金沙县的人民解放军只有一四一团的两个排、一三九团的两个班。中共金沙县委召开紧急会议，作出战斗部署，号召全城干部、居民行动起来，保卫金沙、保卫人民政权。10日拂晓，土匪开始攻打县城，双方展开激战。在观音洞方向，土匪集中火力轮番攻击，被据守高地的一四一团一营三排坚守阻击，激战一天，土匪终未攻下观音洞阵地。在县政府门外大街，公安局副局长张化文率干警连续打退敌人的进攻。此时，部分土匪从防御薄弱处冲进城里，遭到爱国人士、金沙县人民政府保商队长黄夔南率保商队奋力阻击。是月11日拂晓，人民解放军一三九团、一四九团、一四〇团部分分别别从仁怀、黔西、大定赶到金沙县外围，在敌背后发起攻击，与城内抗击军民内外夹击，土匪四处逃窜，很快结束战斗。毙匪240多人，俘匪400多人。在战斗中，县委书记兼县长李旭华等4人壮烈牺牲。

**龙洞沟战斗**　1950年3月21日，驻黔西县的人民解放军一四零团奉命派二营四连副指导员王金榜率一个排送紧急文件至金沙县委驻地金沙县城。次日返回黔西，途经三重堰渭河龙洞沟大槽时，遭到黄明志、刘俊卿匪部1000余人伏击。尖刀班在石板桥与匪徒遭遇，被匪徒堵住去路；侯家寨方向的匪徒在部队的后面开火，截断退路。匪首黄明志率匪部在左侧的石牛坪坡上向沟槽内猛烈射击，部队处于敌三面交叉火力攻击之中。在王金榜指挥下，全体士战英勇反击，战斗从中午一直打到黄昏，毙匪百余人。终因敌我力量悬殊，全排26名干战壮烈牺牲，6名战士负重伤。

**阳长突围战**　1950年4月3日，中共毕节地委、毕节军分区命令一四一团团直及一营与水城县直机关撤出驻地水城，并令驻水城的原国民党起义部队二七一师师部及保五团同时撤到大定、黔西整训。4月4日清晨，二七一师参谋长刘剑锋率师部及保五团由水城出发，5日到达水城县与纳雍县交界的阳长新房时，与从普定叛变后窜来的原国民党军独立一师师长罗湘培及保十二团相遇，共同策动叛变。解放军派往二七一师的军事代表37人，除毕节军分区政治部主任王之翰等3人临时得到消息撤出，侦察连长刘福山挣脱，军事代表唐迪生被害未死外，其余32人均被杀害。二七一师师部及保五团向罗湘培提供解放军及水城机关4月6日要路经阳长海子峡谷地带的情报。罗湘培作伏击布置，将保十二团放在峡谷后的北面山梁下；保五团占据南面；保一团把守峡谷东部的箐口。4月5日晨，解放军一四一团团直及水城县直机关一行1500多人，在一四一团一营的护送下离开水城向纳雍开进。次日，队伍行至纳雍阳长海子峡谷地带时，遭叛军保一、五、十二团及水城、纳雍的地主武装、土匪5000多人包围。双方展开激战，战斗打到天黑。解放军一四一团一营三连从陈家寨制高点下撤时，已是黑夜，误入悬崖峭壁，28名战士从50多米高的海摩大岩上摔下深谷牺牲。第二天，一营营长李克义率一连和机炮连与叛军中战斗力最强的保五团对峙，双方伤亡重大，终将叛军击退。4月9日，解放军一四一团和水城县党政机关人员在当地农民王绍清、祝德安、杨顺成向导下，从东北方向的五里坪，绕过叛匪的包围圈，击溃尾追敌人，冲出重围，从纳雍县姑开到野鸡河，经毕节县境到大定。战斗中，人民解放军一四一团153名干部、战士阵亡。

**保卫长春堡**　1950年4月10日，毕节军分区警卫连护送赫章县人民政府机关撤离赫章县城，到毕节县长春堡办公。4月17日，正逢长春堡赶场，清晨，匪首罗湘培所属的阮绍伯、林润、朱益斋、刘洪军、石勋、周光荣、吴殿华率匪数千人，分别从朱昌、平山堡、张官屯、吴家屯向长春堡扑来，抢占长春堡周围的制高点，向长春堡发起攻击。警卫连连长张文学一面向毕节军分区报告，一面部署战斗，组织还击，经过几小时的激战，先后夺回东、西、南面的制高点。是时，土匪乘虚攻打北街，其前锋已进入街口。身患重病的连指导员杨永贤带领8名战士和部分伤员迎战，把土匪打出街头，并占领街口的两个碉堡。此后，众匪集中力量向各个山头发起反扑，战斗持续到天黑。次日拂晓，军分区增援部队赶到，向叛匪发起冲击，匪徒四处逃窜。长春堡保卫战共歼匪300多人，3名解放军战士牺牲，6名干战负伤。

**收复纳、织、水** 1950年4月13日，解放军十五军四十五师抵达毕节，与四十七师召开军事联席会议，部署剿匪作战计划。决定先奔袭纳雍，后下水城，再去织金。4月11日，四十五师一三五团从大定羊场向纳雍县开进，14日抵达纳雍北街，与四十七师一四一团二营相配合，兵分三路合击县城。15日突入城内，经数小时激战，歼敌保六团大部和保一团、保五团各一部，俘保六团副团长唐建辉以下600多人，缴获六〇炮8门、迫击炮2门，重机枪5挺、骡马20余匹，收复纳雍县城。4月16日，人民解放军四十五师一三四团奉命奔袭水城，盘踞水城的股匪闻风逃走，收复水城。此后，解放军撤出水城县城，转移他地剿匪，土匪复占水城县城。5月18日，人民解放军四十五师一三五团歼灭盘踞织金县城的股匪，俘获黔西游击纵队参谋长田振武，收复织金县城。6月初，一三五团从毕节出发再次进攻水城，8月9日收复水城。

**蚌井洞战斗** 1950年4月16日，解放军一三四团奔袭水城，叛匪罗湘培部，六十八师参谋长刘剑锋，原国民党军统特派员、黔西北行署保警处长桂运昌、保五团团长兼水城县长何明芳逃往蚌井，与反共义勇军纵队司令杨正斌合股，钻入蚌井洞中。蚌井在一条峡谷中，住有几十户人家，枝芝河从中穿过，村中有一个方石垒成的三层碉堡。河左右两岸离地面高约300米的峭壁上，有两个洞，一个叫偏岩洞，一个叫燕子洞，两洞对面相望互相策应，易守难攻。4月22日，解放军一三四团三营奉命将洞包围封锁与土匪展开冷枪战。战士们将几十斤干辣椒冲成细面，与石灰和匀装在竹筐里，筐里装上炸药并套上手榴弹，然后登上岩顶，将竹筐吊到洞口引爆。经过20多次爆破，洞口土匪有的被炸死，有的被呛得东躲西藏。围困3天，土匪气焰大减。25日拂晓，一三四团三营十连从正面发起4次进攻，未能攻下；十一连从侧面进攻，隐蔽接近外墙，战士路金龙冲上去实施爆破，未准时爆炸，误以为熄火，第二次冲上去再行爆破，第一次炸药包起爆，外墙炸开一大缺口，路金龙当场牺牲。其他战士乘势冲入第一道洞口，击毙匪徒80多人。匪首杨正斌、何明芳见第一道防线被突破，跳岩潜逃，被洞下包围的部队活捉。旋即，解放军干战向洞内喊话，刘剑锋、桂运昌与残匪260多人缴械投降。此后，攻破偏岩洞。蚌井洞战斗结束，缴获六〇炮一门，重机枪1挺，轻机枪9挺，弹药500箱以及大批物资。

**歼灭窗子洞顽匪** 1950年4月下旬，解放军四十五师一三五团在追歼叛匪中，了解到朗岱大厦大土目，国民党国大代表、匪八县游击总指挥李名山的参谋长安克庚，带130名匪徒钻进窗子洞。窗子洞位于郎岱与织金交界处，洞口在绝壁的半腰，离地面有20多米，洞口四周环绕着深谷丛林，悬岩下即为三岔河。安克庚利用山洞的险要地形，储存大量粮食和武装弹药等物资，并用巨石构筑工事，妄图顽抗。4月24日，解放军四十五师一三五团第二、三营在团政委李尚文率领下，从纳雍阳长南下，会同四十七师一个营于29日将窗子洞包围。部队趁黑夜一面在河对岸山上烧起篝火，以吸引敌人火力，一面组织力量在山下连夜修筑一条500米长的交通壕，将长廊封锁。次日清晨，部队从洞顶吊炸药、辣椒面、石灰至洞口引爆，对洞口进行封锁。5月2日黄昏，一三五团二营七连、三营十一连在火力掩护下，用事先捆扎好的长梯子从右侧山脚搭上洞口，不料匪徒从洞口推出大量巨石，砸断梯子，并砸伤洞下的战士70多人，进攻受挫。接着，二营七连机枪手张科怀抱机枪，用绳子拴在腰间，从山顶悬空而下，在洞口上方以猛烈的火力封锁洞口，掩护十一连从侧面进攻。十一连迅速接近洞口，并向洞内投掷手榴弹，趁着烟雾，副班长高连凡首先突入洞口，土匪迅即溃逃。安克庚趁黑夜溜出山洞，躲在一处丛林中，被山下的战士发现抓获。战士们冲入洞中，活捉130多名匪徒。窗子洞战斗，缴获轻重机枪7挺，六零炮3门，长短枪50多支，弹药500箱，鸦片烟数百斤。

**攻破四方洞** 四方洞位于织金县珠藏与熊家场之间东侧大山峭壁中，十分险要，是匪八县游击总指挥李名山盘踞之地。5月7日拂晓，解放军一三五团运动抵近四方洞设伏，察看地形，发炮猛攻，一连围攻6天，因洞口小而深，火力不能命中。而后一面采用辣椒、土烟等物燃烧猛薰，连续向洞内投掷手榴弹；一面展开政治攻势，写标语从山顶吊到洞口，并利用在窗子洞被俘安克庚的女儿、李名山的儿媳喊话劝降。第七天，李名山带着洞内40多名匪徒向解放军投降。5月18日，部队押解李名山去织金县城，沿途遭到李名山侄子、匪保一团团长、匪罗湘培部师长兼第一路指挥李成举率匪3000多人阻击，企图抢走李名山，未得逞。

**攻破杨家洞** 杨家洞位于大定县双山镇落脚河左侧约500米高的绝壁上，洞口向里凹，洞口上端倒垂有石门帘，下有天然石墙，在绝壁上下左右都望不见洞口；洞口的上下均无通道，仅洞口左侧石壁上有一条能容一人沿岩壁贴身接近洞口的毛路，人称天险。1950年4月，匪首徐慕杰、鄢少铭、王玉杰纠集百余名匪徒占据杨家洞；以洞口为依托，扼守双山镇，控制清（镇）毕（节）公路要道，拦劫过往车辆，杀害区、乡人民政府工作人员，抢劫百姓，为害甚大。1950年6月4日，人民解放军一四一团一营和四十七师师直山炮连奉命进剿杨家洞之匪。部队包围封锁杨家洞，四次以火力、政治攻势并用方式争取土匪投降，均未奏效。6月10日拂晓发起攻击，先用山炮轰击，炮弹被洞口倒垂的石帘挡住，不能致命打击。而后连续两次组织突击队施行爆破，将洞口炸开一缺口，途着烟雾，三排长倪仲元带领突击队迅速登上事先准备好的梯子，用手榴弹炸死守在洞口的4名匪徒，快速冲入洞中，击毙匪首鄢少铭，匪众投降。部队进入洞穴深处搜索，经两小时激战，毙匪30多名，俘匪首徐慕杰及匪徒60多名，解救出被土匪抢进洞内的妇女60多名。

**金沙合围战** 1950年5月中旬，中共贵州省委、贵州军区召开剿匪联席会议，贯彻中共中央及西南局关于剿匪工作的指示，会议决定以金沙为中心，在毕节地区东部几县组织一次大的围剿行动，力争将毕节专区叛匪一网打尽。会议决定由四十七师师长兼毕节军分区司令员郑统一指挥，四十五师师长崔建功、贵阳军分区司令员汪乃贵协同指挥。同时，将驻遵义的一三九团第三营、遵义剿匪指挥部的5个连、四十五师一三五团第三营、驻贵阳的五十一七师一四八团一个营、军大五分校部调调归郑统一指挥。是年6月中旬，制定合围计划，合围分3阶段进行；第一阶段为赶，以金沙为中心，由远及近，将各地股匪赶向金沙；第二阶段以挤的方法，将各股匪赶挤在金沙县城外围；第三阶段聚歼，多路进击，将匪一网打尽。自6月中旬起，各参战部队按照合围计划和分工，进行金沙外围的扫荡战。经过20多天的赶“鱼”战斗，至7月5日止，西线毕节、大定的敌人已被赶进金沙县城；南线几个县的敌人，从黔西以东，北渡鸭池河，进入金沙县境；东线的敌人，全部赶过鸭池河；北线敌人大部进入金沙。7月15日，指挥部命令，各参战部队于是日完成一切战斗准备。同时命令一四一团副团长张昭勋率第三营于15日12时出发，22时前占领金沙县城，把土匪从城里赶出城外，以便在安底一带聚歼。一四一团三营在张昭勋率领下，奉命提前袭击金沙县城。部队到达县城，城内土匪不知虚实，仓皇弃城向安底逃窜，三营提前于21时50分收复金沙县城。22时，各部队按指定位置到达以安底为中心的包围线上，并迅速收紧口袋。第二天拂晓，被围在安底的各路股匪开始突围，首先向一三九团正面防线突围，无望后又折向驻一三九团右边、一四八团左边的指挥部方向进攻，被指挥部警卫连击退。战斗打到8时，土匪连续向西突围，伤亡300多匪徒，始终未能突围，再度退回安底方向，企图渡过鸭池河。是时，一四一团三营插进安底镇，土匪的阵脚被打乱。是日14时，郑统一命令部队全线出击，顿时，山野中一片枪声、喊杀声，土匪到处乱窜，纷纷放下武器投降。金沙合围战歼匪5100多人，其中包括文老洞、杨平舟、吴湘云、杨左之、徐文敬、车林兢等团以上匪首30多人。

**威、赫合围战**　1950年4月上旬，威宁、赫章县政府奉命暂时撤至毕节，叛匪陈守钧、郭开学、万帮贞、李明辉、安关鼎等匪首趁机率部占据赫章及威宁县城。4月中旬，匪首罗湘培、瘳兴序策划踞守威宁、赫章，长期负隅顽抗。5月初，率李成举、王孝传、李树春及匪众500多人由织金转移到赫章，盘踞在野马川一带，与威、赫的朱益斋、张翼苍、刘洪钧、朱世熙、安心田、安关鼎、万帮贞、夏炎、陈守钧、邓广廷、朱奎初、苏发鹏等股匪相呼应。罗湘培、廖兴序以匪第八兵团司令和匪黔西北行署主任的名义，收编各路股匪，成立反共救国军滇黔边区游击总指挥部，指挥叛匪四处活动。同时，多方联络，邀约原国民党云南省昭通专员、匪滇黔边区游击总指挥安纯三到赫章商讨唇齿之帮合作办法，集合师团匪首于威宁城关开会，进行沥血盟誓。5月末，罗湘培、廖兴序窜至水城南面的杨梅村，与滇桂黔反共抗俄同盟军司令余启佑商谈共谋游击战略。6月30日～7月11日，罗湘培两次到川南沐爱与原国民党南京交警少将总队长、军统西昌站长、川滇黔反共游击总指挥田动云会晤，成立川滇黔军政委员会，组织以威宁、赫章为中心的川滇黔3省边区游击根据地。1950年8月，人民解放军西南军区命令以驻毕节专区的四十五师为主力，四十三师两个营、曲靖军分区的一个营归四十五师指挥，组成滇黔川康南集团军，剿灭威宁、赫章股匪。并组成以师长崔建功为首的前线指挥部。是年8月26日，中共四十五师委员会下达实施威赫合围战命令，规定各参战部队务必于9月10日到达集结地，16日发起总攻。其部署是：一三五团一个营由水城向西北，曲靖军分区的参战营由宣威向北，合击威宁西部河坝地区土匪罗湘培部，并堵歼向西或向南逃窜之敌；一三四团一个营合击回水塘，两个营合击由川南逃窜到赫章的田动云部；四十三师的两个营从云南昭通向东南进发，合击威宁西部小海子廖兴序部；一三五团的一个营于威宁南追击向西逃窜之敌，1个营及师直由水城向北西合击威宁附近的陈守钧、李成举部，挺进队由城北直入城内，消灭匪指挥机关。战斗命令下达后，各参战部队日夜兼程，直指各自攻击目标。一三五团三营追击安纯三、童登文部

1000余匪徒，连续行军450千米，直追至云南宣威东南的鼠场，捣毁其指挥部，毙敌28名，俘敌132名，余者南逃至富源县狗场，被全部歼灭。9月17日，一三四团二、三营由妈姑进入赫章，当晚击溃踞守的廖兴序、安关鼎匪部，收复赫章县城；19日，分3路尾追从赫章东窜的罗湘培、田动云、廖兴序股匪，一天一夜行程90千米，至赫章小苏块一带追上田动云、廖兴序股匪，经激战，歼匪700多人，田动云、廖兴序乘乱逃脱，田动云只身潜回四川，廖兴序窜至纳雍木孔河被清剿部队和当地民兵捕获。同时，三营的两个连在营长武和尚的率领下，追击罗湘培匪部，连续6昼夜，行程300千米，于毕节白马山一带，全歼罗匪所带的警卫团及匪王孝传的保十二团600多人，王孝传逃脱，只身潜至织金县以那架，不久被捕归案。罗湘培手臂受伤，潜至大定县中箐被大定武工队围捕，10月21日在西里河岩开枪自杀。一三四团一营奔袭威宁羊街，将陈余钧、潘厚昆所带600多连击溃，陈守钧被俘，潘脱逃。李成举率残部逃向织金，被四十五师一三三团在纳雍至织金的途中堵歼，李漏网潜到昆明，至此，反共救国军川滇黔边区游击队第八兵团被全歼。9月27日，四十五师收复威宁县城。威赫合围战歼匪1万余人，其中师职以上匪首61名，并缴获大批武器弹药和物资。

清剿残匪　1.清剿纳雍县残匪。1950年冬，解放军四七师一四一团进剿纳雍县境股匪，“反共救国军川滇黔边区游击纵队第八兵团”团长罗锡铭，营长罗锡光、杨廷彬脱逃。1952年土改工作队入村清匪反霸，2罗及杨逃脱，常在纳雍、水城、赫章县交界地带隐蔽活动。1953年9月，罗锡铭、罗锡光、杨廷彬组成股匪公开抢劫杀人，引起省、地、县有关方面的重视。毕节军分区派一个排到纳雍驻剿。10月底，罗匪潜到武工队驻地，盗走手枪一支、步枪2支、子弹100发。11月7日夜抢劫纳雍县阳长区营业所人民币8000万元（旧币），夺走步枪一支，打伤干部一人。中共毕节地委、毕节专署及专署公安处抽派公安大队及纳雍、赫章、水城县人民武装部、公安局、县中队人员分别组队驻3县结合部追剿。12月，在治昆区干涝洞包围匪部，击毙匪首罗锡铭，余匪逃散。罗锡光逃到拖歪农民家躲藏，被水城县武工队击毙。杨廷彬逃到赫章县保柱岩洞内被擒获。

2.清剿惯匪苏登云。1950年春，赫章土匪叛乱，苏登云任匪中国人民自救救国军第八兵团陈守钧部第三营营长。1950年9月，人民解放军实施威赫合围战，苏匪脱逃，与惯匪文德祥、安正才等12人结成团伙，进行烧、杀、抢、掳，延数年之久。1951～1953年，苏登云股匪行杀作恶16次，杀害40多人，公开抢劫8次，其中4次拦路抢劫行商近百人。1953年下半年，中共毕节地委、毕节军分区组织清剿苏匪指挥部，抽调3个连兵力围剿苏匪。1954年4月6日，苏登云、文德祥、安正才潜至赫章县六曲乡菱角塘苏匪的表姐夫陇吉昌家躲藏。苏匪与陇妻勾搭成奸，密谋暗害陇吉昌。是月16日，陇将苏匪一伙的所作所为告诉本村安德胜，安将情况报告六曲乡政府。中共六曲区委根据安的报告，立即组织干部、公安人员、民兵共12人，分两路赶往菱角塘，将陇吉昌住处所有通道包围封锁。苏登云发现被包围，拼命突围，与六曲区包围人员展开激战。战斗中，匪安正才被击毙，苏登云中3弹被活捉，文德祥逃脱。

# 第八章　拥政爱民与国防教育

## 第一节　拥政爱民

**拥政**　1950年，原国民党部分党政军起义投诚人员纠集地方恶霸武装进行叛乱活动，破坏基层人民政权。毕节军分区以平息叛乱为主，参与地方基层政权的建设。1950年1月～1952年12月，毕节军分区抽调400多名干部，参加和帮助地方政权建设，先后有10多名师、团职干部留地方任地、县领导职务。毕节军分区政治委员赵欲樵、郭强、罗英先后任中共毕节地委书记；分区政治部主任王之翰任毕节专员公署副专员；分区政治部组织科长王国栋任中共威宁县委书记兼县长。1950年2月，毕节军分区召开剿匪工作会议，贯彻西南军区关于剿匪的指示，把发动群众、征粮、剿匪、建政列为主要任务。是年2月22日，毕节军分区发出《关于剿匪字第1号命令》，号召全区部队坚决完成剿匪任务，以剿匪支助地方人民政府建设。是月底，中共毕节军分区委员会与中共毕节地委、毕节专署联合决定从毕节军分区抽调20多人组成毕节城市工作队，帮助地方公安工作。是年3月14日，毕节军分区召开排以上干部会议，司令员郑统一在会上作《关于1950年军队参加生产建设工作的指示》和《关于生产节约的指示》的报告，要求部队指战员关心驻地人民疾苦，用实际行动支持地方经济建设，减轻人民群众的负担。至1950年末，帮助地方建立区政权47个，乡政权142个，农协会3000多个，妇女会200多个，儿童团100多个；区人民武装中队47个。1950年4月，威宁、赫章、纳雍、织金、金沙、水城县党政机关相继撤离到黔西、大定、毕节县，征粮发生困难。中共毕节军分区委员会、中共毕节地委联合下达《关于发展生产、厉行节约，克服目前征粮困难的指示》，要求将剿匪与征粮紧密配合，组织强有力的随军工作队配合征粮；加紧生产，教育干部自觉参加劳动，在院落空地种上苞谷、洋芋等作物。1950年6月15日，毕节军分区向全区部队下达《关于抽调160名干部组织武工队的命令》，并要求全区部队在剿匪斗争中自觉服从中共地方党委的统一领导。是年底，分区所属部队在剿匪中贯彻人民解放军“既是战斗队，又是工作队、生产队”的指示，组织群众、宣传群众、武装群众和帮助地方建立革命政权。分区各部在全专区帮助地方发展农会会员28万多人，发展民兵2万多人。

**遵守双重领导制度**　1949年12月3日，中国人民解放军毕节军分区成立，即根据中共中央关于革命战争时期各级党委应当是该地区党、政、军、民的统一领导机关的规定，教育部队完成由野战军向地方军的转变，提高部队尤其是营以上干部对尊重地方干部、服从地方党委一元化领导的认识。始终坚持：1.中共毕节地委书记兼任军分区、人武部政治委员、中共组织书记职务。1952年10月～1965年4月，中共毕节地委书记兼任军分区政治委员和党委书记。1951年3月～1952年5月，中共县委书记和县长，分别兼任县警卫营营长和政治委员，县委书记兼任县基干民兵团的政治委员。1958～1981年，根据中共中央《关于加强地方党委对军队的领导和密切地方党委同军队关系》的意见，中共毕节地委及各县县委第一书记或书记分别兼任毕节军分区和县人武部的第一政治委员、党委书记或第一书记。1983年6月后，根据《中国人民解放军政治工作条例》中关于军分区、县市人民武装部必须贯彻双重领导制度的规定，主动征询中共地方党委、人民政府和人民群众对军队的意见，克服部队中不正之风，密切军政关系。1984年5月后，中共毕节地委书记不再兼任军分区第一政治委员，只兼任中共毕节军分区党委第一书记。2.军分区、人武部政治委员或司令、部长兼任中共地方委员会组成人员的职务。毕节解放初期，军分区政委兼任中共毕节地委书记，司令员、副司令员、政治部主任分别为地委常务委员和委员。1952～1964年，毕节军分区司令员、政治委员参加地委为常务委员。1967～1980年，毕节军分区正副司令员、正副政治委员先后参加革命委员会、革委会核心领导小组、地委，分别任正副组长、正副主任、正副书记、常务委员、第一书记等职。1981年后，军分区司令员或政治委员参加中共毕节地委委员或常务委员。县人武部部长、政委参加所在县委常委会委员或委员。3.中共地方委员会研究军事工作制度。中共毕节地委建立后，每年召开1～2次常委会或常委扩大会，研究军事工作，并根据全地区情况研究安排部署民兵制度改革、实行《兵役法》以及部队精减整编等问题，指导党、政、军、民协力完成任务。4.武装委员会议军制度。1950年底成立的中共毕节地委人民武装委员会，由地委书记兼任武委会主任，各县武委会主任由县委书记兼任。人民武装委员会年均进行1～2次议军。

爱民　1950～1952年，毕节军分区多次发出指示，要求全专区部队在执行清匪任务中，要帮助驻地群众从事生产活动。1958年上半年，军分区遵照上级关于部队要参加支援农业大跃进的指示，派出干部、战士1000多人次深入农村、工厂开展工作。此后，在农村春耕生产、三秋生产、农业学大寨以及抗灾救灾工作中，毕节军分区都要求全体指战员以实际行动深入农村，支援农业建设。1986年后，毕节军分区大力开展扶贫帮困活动，分区及各县人武部分别抓点，为贫困户传播致富信息，宣传科普知识，引进优良品种，发展多种经营，帮助1.2万户贫困户甩掉了贫困帽子。1988年，毕节地区建立起“开发扶贫、生态建设”试验区，毕节军分区发出《关于大力支援地方开展农田水利基本建设的决定》，要求各级人武部把组织发动民兵参加农田水利基本建设作为支援地方经济建设的一件大事来抓，并抽调干部配合有关县人武部，组织5万多民兵参加以改善生态环境为目标的国际粮援工程——“3356”工程大会战。1989年，开工建设大纳公路，军分区召集毕节、大方县人武部领导研究部署，组织民兵8000多人次，参加第一期工程施工。1991年7月中旬，毕节地区连降大暴雨，造成严重的洪涝灾害。40多万农户受灾。毕节军分区组建抗洪救灾指挥部，组织民兵8371人次参加抢险救灾，抢修铁路30米，公路1.73万米，疏通渠道1.73万米，抢修堤坝3360米，出动车辆57辆次，运输粮食24.6吨、救灾物资70多吨，抢救疏散群众4127人。1995年后，国家实施“八七”扶贫攻坚计划。毕节军分区组织和发动全区官兵和民兵预备役人员采取定点、结对、牵线、用兵等措施，开展民兵连包村、排包组、班包户和“一对一”帮扶活动，共建设扶贫联系点289个，结对帮扶9万多户，在扶贫点建立阅览室267个，购买科技书籍近万册，聘请科技人员组成35个科技扶贫小组，深入农家和田边地角传授农科知识，举办各类科技培训班1450期，培训民兵和群众6.26万人次，树立科技示范标兵878人，科技示范户580户，民兵科技带头人620多人，成立科技信息小组486个，科技帮扶小组319个。分区机关和县市人武部协调资金25万元，新建和维修扶贫点的5所学校，改善18所学校的教学设施；捐款5万多元，救助101名儿童入学。同时，组织民兵和预备役人员新修和整修乡村公路675千米，架设办理电线路266千米，安装办理电管道3.3万米。至2002年，分区机关和县、乡人武部扶贫联系点的12万多名群众基本摆脱贫困。在2008年的雪凝灾害中，毕节军分区组织官兵和民兵预备役人员21万余人次，车辆5000余辆次参与救灾。

## 第二节　国防教育

毕节市全民国防教育办公室是毕节市人民政府的工作机构和毕节市全民国防教育委员会的常设机构，始建于1991年2月，时称毕节地区全民国防教育领导小组办公室，1995年12月毕节地区全民国防教育领导小组更名为“毕节地区全民国防教育委员会”时，亦更名为“毕节地区国防教育委员会办公室”。2002年2月，办公室升为正县级，属毕节地区行署办公室内设机构，单列行政编制2名，其中，主任1名、副主任1名。办公室主要职责是负责全地区国防教育工作的组织、指导、协调和检查，积极配合有关部门搞好政治动员工作。2007年6月，地县（市）直机关工委加挂全民国防教育办公室牌子，负责组织、指导和协调地县（市）直机关开展全民国防教育工作。历任毕节市全民国防教育办公室主任：张坤忠、邱文方、李光福、赖承华、郭毅，副主任：樊章全、吴道明。

# 第十篇

# 政法

# 第一章 民国及以前司法

在毕节地区，古代虽有捕快、衬、吏役、差人、侦探等职业“警察”的人群，但明代前的社会治安是由当地首领（如土司、土目等）兼管，没有警察制度。明代由土司和驻军（屯军）共同维护社会治安。清代实行改土归流后，社会治安由知府、知县（知州）兼管。到清末光绪三十三年（1907），大定始办警察传习所、试办巡警，府、县（州）初设警察局。辛亥革命后，废除帝制警察，设立警备队，以维护社会治安和办理警政事务。

## 第一节 警 察

**清末治安机构** 清末，始设治安机构。光绪三十一年（1905）九月，朝廷下诏：“巡警关系紧要，迭经谕令京师及各县一体举办，自应设衙门，以资统率。”又谕：“各省将军督抚将原有绿营严引淘汰，精选若干营为常备、续备、巡警等军，操练新式枪炮，以成功旅。”从此，各地始设巡警学堂。光绪三十三年（1907）大定知府吴嘉瑞倡办警察传习所，其毕业人员试办巡警；设警察局于府城福禄宫，府城东、西、南、北门设分区。配局长1名，分区长4名，会计、庶务各1名，警士120名。经费从原团练经费提支。是年，府辖各州县设警察署或警察局。宣统三年（1911），辛亥革命爆发，废除帝制，建立民国，府、州、县治安机构撤销。

**民国治安机构** 民国24年（1935）5月，贵州省政府执行民国政府行政院《专员公署组织暂行条例》，在各行政督察区建立保安司令部，由行政督察专员兼保安司令，另设副司令1人，参谋2人，副官2人及军法助理员、办事员、书记员和司书。7月1日，省府制定《贵州行政督察专员公署组织条例》。旋即，在毕节设置贵州省第四行政督察区专员公署、贵州省第四区保安司令部。民国31年（1942）起，遵照国民政府《战时各省行政督察专员公署及保安司令部合并组织暂行办法》和《贵州省行政督察专员公署组织条例》规定：第二科执掌关于户口保甲及区自治3项；关于保安团及铲共义勇队及水陆警察队之编制事项；关于民众武力自己组织及指导事项；关于各区联防会剿事项；关于各区民有枪支调查登记事项；关于惩治匪共与连座法事项；关于安缉胁从与自新分子事项；关于苗民管理事项；关于卫生及禁毒拒毒事项，关于制发各种宣传等事项。

**县治安机构** 1.警察机构。民国2年（1913），毕节、大定、织金设立警备队，以维持社会治安和办理警政事务。随后，其他县亦设立警备队。警备队设警长1人，警兵若干人。民国7年（1918），奉省公署及警察处训令，各县警备队改为保安队或保安警察队。民国16年（1929），执行《贵州省各县公安局组织规程》，县公安局负责维持本县治安，管理一切公安事项，具体为：调查户籍、警卫消防、防疫卫生、救灾、保护森林、渔猎、纠正风俗、其他公务。各县公安局设局长1人，由省民政厅遴员呈准省政府后，由民政厅委任。局长受县长监督指挥。公安局内设其他人员30名以内不等。民国20年（1931），省将县级公安局划分为四等，县级公安局分别为：黔西、毕节公安局二等，威宁县公安局三等，大定、织金、水城县公安局四等。民国21年（1932），取消4级等次，改为甲、乙等，黔西、毕节、威宁县局为乙等，其余县改设为公安警察队，归县府管理，受县长监督指挥。民国25年（1936），贵州省政府制定《各县公安局警佐办事处组织规程》，规定在人口稠密，经济发达的县设公安局；其他各县公安事务由政府第一科（民政科）兼办。依照以上规定，除毕节县改公安局，其余县均设警佐办事处。民国25年（1936），执行贵州省《裁局弃科办法大纲》，撤县公安局、警佐办事处，在县府内设警佐1人，配警士12～20人，管理全县警察事务。民国26年（1937），根据省政府决定，取消县警佐编制，改设保安队或保安警察队，执行驻地警察、司法任务。民国30年（1941）贵州省按国民政府规定实行新县制，裁减归并县公安警察队，复建警察局或警佐室。民国31（1942），省政府决定撤县警佐室，组建警察局、所。至民国33年（1944），9县，设县警察局3个、警察所8个，警察分驻所3个，有警佐5人，官佐86人、警长38人、警士352人。民国34年（1945），第四行政督察区调整警察机构，全区有警察局4个，警察所10个，警察分所3个，派出所3个，共有官佐91人、警长43人、警士450人。民国35～36年（1946～1947）11月，执行贵州省《县级机构调整方案》，织金、纳雍、赫章成立警察局或警察所，纳雍县设警察局的同时，在小兔场（今维新）、阳场、东城、武佐成立警察所。次年改局为所，撤销小兔场等4个警察所。民国37年（1948）12月，贵州省政府制发《为重订本省县级机构调整方案令》，将县级警察机构分三等分设警察局或警察所，未设警察机构的县，警察业务政府第一科兼办。各县警察机构分别为：毕节县设一等警察局，黔西、大定设二等警察局，威宁县设三等警察局，其余各县设警察所，或由县政府一科兼办警察业务。民国38年（1949）下半年，临近毕节解放，各县警察机构人员被编入民众自卫队，成为国民党的应变武装。

2.保安警察组织。民国26～28年（1937～1939），根据省政府第375次常务会议精神、《贵州省各县编组警察大纲》和《贵州调整充实各县保安警察计划》，将各县的区常备义勇队改编为县保警队。改编后，分县有2～10个分队。县保警队队长由县长兼任，队副由省保安处委派。民国31年（1942），配合推行新县制，各县重新检定保警队，第四行政督察区共有保安警察1618人，枪1293支。民国34年（1945）6月，贵州省将各县保警队改属行政督察区兼保安司令部，在各县设专职大队长，保警队仍受县长指挥，民国34年（1945）8月后，国民政府内政部制定《复员计划及调整方案》。至民国37年（1948）6月10日，各县共组建保警大队5个，官兵1920名。1949年11月，各县和省驻的保安部队分别起义投诚或被歼灭。

**民间消防组织及设施**　民国26年（1937），黔西县商会组建消防队，队员以商店店员为主，消防设施由大商户捐款购置。消防用品和设施有射高不过5米的铜制水枪、水桶、抓钩，主要街道置太平缸贮水，并号召居民于门前堆放沙包。民国33年（1944），黔西县商会主持、警察局等单位派人参加，成立消防委员会，下设1个义务消防队、4个分队、12个班。其他地方多无消防组织，一旦发生火灾，由邻里村民自发扑救。

## 第二节 检察机构

在清朝以前，毕节地区还属于半奴隶半封建社会，法制不健全，法制思想被禁止，没有从事法律监督的检察机构和从业人员。清朝改土归流后，法治思想传入，法制工作开始试行，但仍没有从事法律监督的检察机构的从业人员。民国4年（1915）7月，贵州高等审判检察厅毕节分庭成立，毕节地区始有检察机构和从业人员。

民国4年（1915）7月，贵州巡按使龙建章与贵州高等审判、检察厅厅长商定，在贵州镇远县、毕节县分设高等审判厅第一、第二分庭，分别管辖黔东道属32县、黔西道属28县二审案件。大定府及所属州、县均在第二分庭的管辖范围。至此毕节始有检察机构。民国5年（1916）1月27日，贵州宣布独立，成立州县军政府，贵州都督下令撤各审判、检察厅，设立军法团。毕节第二分庭及检察处被撤销。是年，贵州撤销军法局，复建高等审判、检察厅。贵州高等审判厅第二分庭仍设在黔西道内，各县属第二分庭管辖。民国6年（1917）6月，北洋政府司法部下令撤销贵州省高等审判厅第一、第二分庭，设立镇远、郎岱地方审判、检察厅。今毕节地区各县划属郎岱审判、检察厅管辖。民国15年（1926），省主席周西成下令撤销镇远、郎岱地方审判检察厅，各县司法事务由县知事（县长）兼理。民国16年（1927）4月，民国政府实行审检合署，一律撤销检察厅，改各省高等审判厅为高等法院，在法院内设检察处，改地方审判厅为地方法院，在地方法院内设检察处。民国25年（1936），贵州高等法院奉民国司法部令，在镇远设第一分院检察处、郎岱设第二分院检察处，各县均属其管辖。民国29年（1940）10月，在毕节县设立贵州高等法院第五分院及检察处；设立毕节、大定地方法院及检察处。民国34年（1945）2月，部令设立黔西地方法院及检察处。民国35年（1946）10月，设立金沙县地方法院及检察处。民国36年（1947）12月，改贵州高等法院第五分院及检察处为贵州高等法院毕节分院及检察处，辖毕节、大定地方法院及检察处和纳雍、水城、威宁、赫章县司法处。历任贵州省高等法院第二分院检察处首席检察官周光鼎、肖伟、谢况、施以宽、蔡树艺；历任贵州省高等法院检察处首席检察官雷署章、黄昭旸、万世英、吴纯武、袁益华。

## 第三节 审 判

中华民国前，未设有专门的审判机构。清康熙五年（1666）以前，毕节地区为土司政权辖地，所产生的一切刑事和民事案件，均由执掌政权的土司审办。清康熙五年，实行改土归流，设府、州、县，所发生的一切刑民事案件，由知府、知州及县令审办。民国3年（1914），贵州省高等审判厅毕节分庭成立，毕节始有专门审判机构。

## 一　明清时期的审判

**明朝时期审判**　明代，实行土司制度，明洪武四年（1371）置贵州宣慰使司，辖水西领地、水东领地。水西领地位于鸭池河以西，包括今大方、黔西、金沙、纳雍、水城县。是时，朝廷允行水西安氏则溪统治制度。洪武十五年（1382年）置乌撒土府，其领地包括今赫章、威宁县。贵州宣慰使司及乌撒土府均实行军权、政权、族权合一的政治制度，大小土司均为世袭制，所辖区域内民事、刑事案件均由土司裁决。土司有生杀予夺之权。土司、头人设有土牢、水牢，处理一般罪犯。其所制法令，以维持其土司统治服务，土司对农民每年派科，甚至取其牛马，夺其子女，生杀任性，土民敢怒不敢言。

**清朝时期审判**　清代初年至康熙五年（1666）二月，依然实行土司统治制度，其审判机构及审判活动方式均未发生变化。康熙五年（1666）二月，清廷革除水西宣慰司，以水西11则溪地设立大定、黔西、平远府。是年九月，改乌撒土府为威宁府。各府设知府经历、司狱、儒学教授各1员。府设监狱。知府、司狱、后来设的推官，负责承理中大刑民案。之后，黔西、平远、威宁降为州，是时所设吏目，康熙二十六年（1687）元月，裁毕节、赤水卫，设毕节县所置典吏皆为执掌刑狱的官吏。

地方审判刑、民事案件分为四等：州县由知州、知县执行司法审判权，为第一审级，有裁决定笞、徒刑案件之权；府为第二审级，由知府审理产生的刑民事案件；省按察使为第三审级，由按察使审理刑民事案；总督、巡抚为第四审级，禁止军民擅自越诉。清康熙五年（1666），实施改土归流，设县、州、府，始有第一、第二级审判。是时，囿于新旧吏制更替，交通闭塞，清末虽制定颁布施行《大清刑事民事诉讼法草案》《大清新刑律》，但未能普遍推行，形成土流并治、多门审判的司法制度。

## 二　民国审判机构

**专区审判机构**　民国3年（1914），贵州省高等审判厅在毕节设立第二分庭，负责贵西道所辖28个县域内所产生的刑民事案件的审判。庭长徐成恩。民国4年（1915），北洋军阀政府下令撤销。民国25年（1936），贵州省第四行政督察专员公署兼保安司令部执行民国政府军政委员会关于《修正各省行政督察专员及县长兼军法官暂行条例》，成立贵州省第四行政督察专员公署兼保安司令部军法处（室），其主要职责是：审理军法案件和特殊案件，业务上受上级军事机关或保安司令部、国民政府军事委员会委员长行营指导。审判对象为现役军人犯罪或违反军纪人员及非军人违反军事法令者；“赤匪”和盗匪，“地方奸党”扰乱社会治安者；剿匪部队阵前掳逃就近交判者；依法规定制审判者。其职权行使至1949~1950年初，毕节专区全境解放而自然消亡。历任主任：廖兴序、肖树经、周希濂、刘鹤鸣。民国29年（1940）7月，国民贵州省政府执行《中华民国修正法院组织法》和中华民国政府司法部令，在毕节成立贵州省高等法院第五分院，为二审审判机构，管理毕节、大定、威宁、水城刑事、民事案件的审判。同时设立检察处，实行审检合署办案。民国30年（1941），增加管辖纳雍、赫章县的刑事、民事案件的审判。分院内设刑事审判庭、民事审判庭及法警、书记官室和执行处。民国38年（1949）1月，执行中华民国司法部规定，贵州省高等法院第五分院更名为贵州省高等法院毕节分院。分院内设的检察处，在业务上向贵州省高等法院负责，无论审判刑事案、还是审判民事案，检察处皆要派员参加。审判刑事案件，由检察处起诉，审判中派人员出席庭审及合议。1949年秋，中国人民解放军进军贵州，贵州省高等法院毕节分院执行贵州省高等法院、贵州省检察厅命令，将全部行政诉讼文书疏散乡下隐藏，其他案卷留在院内。发给每名检察人员3个月薪金，令其四处逃散。历任院长有：黄亮、傅启奎、周旋冠、吕季智。

**县级审判机构** （1）县级军法室（处）。民国25年（1936）,贵州省第四行政督察专员公署兼保安司令部执行《中华民国修正督察专员及县长兼军法暂行条例》，区内各县设立军法室（处）。县军法室（处）主要负责审理产生在县的现役军人犯罪或违反军纪；非军人违反军事法令；“赤匪”和盗匪，“地方奸党”扰乱社会治安者；剿匪部队阵前掳逃就近交审判者；依法令规定制审判者所形成的案件。民国36年（1947）4月，中华民国政务院下令撤销，各县先后撤销军法室（处）。民国38年（1949）1月，贯彻贵州保安司令部命令，复设各县军法室（处）直至中华人民共和国成立自然消亡。

（2）县级司法处。民国25年（1936），贵州省第四行政督察专员公署兼保安司令部执行国民贵州省政府命令，设毕节、大定、黔西县政府司法处；26年（1937），设织金、水城、威宁县司法处。分别负责县域内的司法行政管理及产生的一般刑事、民事案件的审判。民国30年（1941），置金沙县、纳雍县；民国31年（1942），置赫章县，同时设置县政府司法处，分别负责县域内的司法行政管理和一般刑、民事案件的审判。

**县地方法院** 民国29年（1940），根据国民党贵州省政府决定，撤销毕节、大定县政府司法处，设立毕节县、大定县地方法院。民国30年（1941），撤销黔西县政府司法处，建立黔西县地方法院；民国35年（1946），撤销织金县政府司法处，设立织金县地方法院；民国36年（1947），撤销金沙县政府司法处，设立金沙县地方法院。各县地方法院均为一审法院，分别负责审判县域内产生的刑、民事案件审判。各县地方法院设立时，亦设立检察处。县检察处在业务上向贵州省高等法院毕节分院负责，起诉刑事案件，参与审判刑事、民事案件。1949年~1950年初，毕节、大定、织金、金沙县相继解放，其县地方法院自然消亡。

## 三 民国审判队伍

民国3年（1914），在毕节设立贵州省高等审判厅第二分庭，设分庭庭长、检察官、检察书记官各1名。民国24年（1935），设立贵州省第四行政督察专员公署兼保安司令部军法室（处），配主任（公署专员兼）、军法官各1名、书记2名。民国29年（1940）7月，设立贵州省高等法院第五分院，在院内设院长、推事、书记官录事、狱政、事务、经警、律师职位，共配备53人，其中45名为审判人员，5名为公役人员。

## 四　民国审判管辖

民国25年（1936）上半年，国民政府颁发《中华民国修正法院组织法》，改四级三审制为三级三审制。7月1日，贵州省实施《中华民国修正法院组织法》，除内乱罪、外患罪、妨害国家罪由省高等法院受理一审、最高法院受理第二审（终审）外，其余刑事、民事案件一律由县地方法院（县司法处）受理第一审，省高等法院受理第二审，中华民国最高法院受理第三审。一审为起诉，二、三审为上诉。贵州省高等法院毕节分院属二审受理。贵州省高等法院毕节分院管辖毕节、大定地方法院和水城、威宁、纳雍、赫章司法处。黔西、织金地方法院属贵州省高等法院管辖。金沙地方法院属贵州省高等法院遵义分院管辖。

## 五　民国审判制度

**起诉制度**　民国刑事诉讼法规定，分自诉和公诉起诉刑事案件。民事诉讼法规定，民事案件由当事人自诉。公诉刑事案，由司法机关提起。自诉刑事案件、民事案案件，均应（简易程序除外）使用规定的状纸书写，状纸要向法院或司法处购买。并应按被告人数提出起诉书副本。不使用专用状纸或不用正式状纸的，不予受理。当时毕节区域内经济文化落后，故当事人除有能力聘请律师者外，一般只得找代缮诉状人代写。

**诉讼费用制度**　民国11年（1922）6月，北洋政府颁布《中华民国修正诉讼费用规则》规定征改以下费用：（1）诉讼费，按诉讼标的金额或价额征收；（2）申请或申明费，每件1元；（3）执行费，按诉讼标的金额或价额征收；（4）送达费，每件1角；（5）抄录费，每百字1角；（6）翻译费，每百字2~4角；（7）证人、鉴定人到庭费，每次5角~1元；（8）调查证据费，按实际支出征收。民国16年（1927），国民政府对以上征费规定作出暂准援用的决定。民国27年（1938）9月1日，贵州高等法院制定《诉讼费暂行条例》，规定民事因财产权而起诉标的金额或价额未满25元者免予征费，25~50元征收裁判费2元；逾50~100元征收裁判费3元；逾100~1000元每百元加收3元；逾1000~5000元，每百元加收2元，逾5000~2万元每百元加收1元；逾2万元者每百元加收0.5元，不满百元者以百元计算。诉讼标的金额以银两、铜币或外国货币计算者按市从折为国币；民事非因财产而起诉者征求裁判费6元。同时规定审判费经民事诉讼法定为起诉或者上诉必须具备的各程式，如不缴纳或缴纳不足额，法院即可不经实体上的审判迳以裁定驳回。对于确实无力缴纳诉讼费用的，民事诉讼法虽有“诉讼求助”的规定，但条件甚严，程序繁琐，获准者十不得一，如果败诉，仍须照章缴纳，不得免除。

**审判原则** 民国政府规定实行审判独立的原则，第一审案件一般由推事或审判官1人审判，第二审案件由推事3人组成合议庭进行审判。裁判书经独任推事或合议庭组成人员签名即成立。院长、庭长如未参加该案合议庭不得更改笔录。合议庭评议案件，意见如不一致，采取少数服从多数的原则，但从当时的评议记录可以看出，只要主办推事提出处理意见后，其他2人照例签名同意，合议审判，徒具形式。各地方法院或县司法处设立后，审判案件均系公开进行，惟指定审判日期，向来不事先公告，一般群众对此也不关心，一般案件很少有与案件无关的人到庭旁听。民事诉讼法规定“言词辩论以当事人声明应受裁判之事项开始”，“法院不得就当事人未声明之事项为判决”。推事不作实地调查，只根据庭审中一问一答主观推断下判决，往往有未尽其词即遭败诉。

**辩护制度** 分任意辩护和强制辩护，任意辩护，即一般刑事被告可自行选律师辩护。强制辩护，在最轻刑为5年以上有期徒刑高等法院管辖第一审的案件未经选定辩护人的情况下实施。指定为实施强制辩护的律师，因不能索取高额辩护报酬，其辩护多为应付。

**证据制度** 民国刑、民案件诉讼规定，民、刑事诉讼案件均应有证据认定，诉讼民事案件，当事人举证。同时规定，证据的证明力，由法院自由判断之。由于有以上的规定，审理具体案件时，凭举证者的说辞或审判者的推断，对举证缺乏应有的调查。或因代远年湮，证据不存，或者虽有证据，事实存在，当事人不提，则视为证据不足而败诉。

**上诉制度** 根据《中华民国修正法院组织法》关于二级三审制的规定，贵州省高等法院毕节分院为二审院，负有第二审上诉的职责，无论刑民事案件应开庭审判。

## 六 民国审判执行

民国时期，国民政府规定，案件判决发生效力后，义务人不自行履行的，无论是哪一级人民法院判决产生法律效力的案件，均由权利人申请原第一审法院执行。执行方法有强制、查封和拍卖。执行费用由义务人负担。无论是公诉或自诉刑事案件，均由检察官指挥，判处徒刑案件交由监狱执行；死刑案件在国家司法部发出死刑命令后，由检察官指挥执行。

## 七 民国刑事审判

国民政府的刑事法律规定，凡依照法律应当受到刑法处罚的都为犯罪，都应受到司法机关的审判。刑事诉讼案件分公诉案件和自诉案件两种。公诉案件由检察官向管辖法院提出，公诉案件的审判程序是：检察官陈述要旨后，推事讯问被告，然后，法官调查证据，犯罪事实依证据而定，证据的证明力由法院自由判断。自诉案件由原告直接向管辖法院提出。其程序是：自诉人陈述被告人犯罪事实及证据，然后，由推事讯问被告，调查证据，双方对质、辩论，证据的证明力由法院自由判断。审理终结后，定期宣判，被告人如不服判决，应于收到判决书后在法定时间内向省高级法院毕节分院（或管辖分院）提出上诉。据民国29~38年（1940~1949）统计，贵州高等法院毕节分院受理一审和上诉案件6123件，其中抢劫、匪盗案1560件，占受理案件总数的25%。民国25年（1936）8月31日，国民政府颁布施行的《惩治盗匪暂行办法》，多以兵力、警力不足，交通不便为由，疏于打击。

附：

## 案　例

### 周南轩盗匪案

民国34年（1945），最高法院制发特复字第44号特种刑事判决载：周南轩，男，41岁，农民，住黔西县以那坝。民国34年7月6日，周南轩受伤兵3人的指使，共同在黔西县小石菩萨地方持械拦劫行人冯德先、冯发全等财物。案发后，周南轩被抓获，伤兵3人逃匿。据周南轩供述和事主所述情节，在逃伤兵3人均持手枪，周南轩仅持伤兵给予之佩剑以威吓事主。伤兵3人所获赃物，亦均系被告指明地点而搜获。但黔西地方法院审理中并未考虑具体案情，仍依惩治盗匪条例第5条1款1项之罪，判处周南轩无期徒刑，褫夺公权终身。最高法院复判认为：周南轩“按情节尚非重大，原判以被告素不务正业，与伤兵为非作歹为由，量处法定本刑最高度之无期徒刑，不无失之嫌，应由本院予以撤销，改处有期徒刑15年，褫夺公权10年”。

### 蒋立贪污案

民国37年（1948），黔西县地方法院看守所蒋立携公款出走，被缉拿归案后，黔西地方法院以黔西地方法院37年度特字第18号特种刑事判决：蒋立，男，29岁，原系黔西县地方法院看守所所长。蒋立充任该院看守所长期间，先后擅许已决犯11人在监外住宿。民国37年2月7日被院发现后，蒋立即将监外住宿之已决犯追回，但监犯蒋德舟潜逃无踪。蒋立自知触犯刑章，即起逃走之意。2月19日夜，蒋立携公款850万元，与其妻出走。后蒋立夫妇被缉拿归案。黔西地方法院审理认为，蒋立将款带走显系有意侵占，自应依法论罪。惟查犯罪动机系因擅许监外住宿之监犯蒋德舟脱逃后，害怕追究而起意逃走，又因川资无着铤而走险挪用公款，其犯罪情状实堪悯恕，故减轻其刑二分之一。据上结论，依特种刑事诉讼条例第1条第1款，刑事诉讼法第291条前段，惩治贪污条例第3条第2款，刑法第59条，蒋立侵占公有财物减处有期徒刑3年又6个月。

### 陈少周杀媳案

民国35年（1946）的一天，织金县五里河农民陈少周（47岁，农民），见儿媳喻老三在屋外与一男子偶语，便上前指责，气愤中用杀猪刀将喻杀害。织金县地方法院经过审理，认定陈少周犯杀人罪，依刑法和罪犯赦免减刑令判处其有期徒刑10年。陈少周不服提起上诉。民国36年（1947）7月15日，贵州省高等法院刑事判决：“经审理认为原判并无不合，惟查被告陈少周患疯病痊愈未久，当日见其媳在外与男子偶语，不服指责，因生气愤而出此，其犯罪情节非无可原，宜按法定刑内从轻酌科。乃原判依罪犯赦免减刑令丙项减刑后仍处10年有期徒刑显属实入”，为此将“原判决撤销，改判陈少周有期徒刑五年褫夺公权3年”。

## 毕节县监狱犯人暴乱越狱逃跑案

民国25年（1936）8月13日下午1时，毕节看守所主任看守陈绮衡奉命提取人犯金世珍、孔祥华、袁银州等，外役人员走到看守所花门时，金世珍等人即上门扭门锁，金大喊“难友们快来”。同时在狱人犯便捡石头猛击看守，砸伤陈绮衡和看守刘汉臣、杜恒，并打伤未提的外役犯陈祥。许光先、常有才、刘岗寿、陈绍明趁机将脚镣损坏，拼命脱逃。护守花门的看守黄杰成见情况紧急，便开枪弹压，将冲在最前面的张惠全击毙，才将暴动镇压下来。毕节地方法院对这次暴动越狱进行审查，根据民国刑法第161条，对熊凤祥、陈占奎、周光华、徐方文、王顺和、金世珍等以教唆越狱罪，各判处3年零6个月徒刑；对许光先、常有才、陈绍明、刘岗寿、陈祥因暴动越狱损坏拘禁刑具，根据民国刑法第161条第2项前段，各判处有期徒刑3年。

## 李绍夫、林正良被害案

李绍夫，四川省峨眉县人，少年外出当兵，民国25年（1936）在国民党暂编五旅柳标明部编遣，游落毕节。后在新场安家，受聘到新场一小任教。其间，将大部分薪金充抗日活动经费，并与进步青年林正良、蓝运富等组织乡村教育团到郊区教农民识字，向农民灌输反帝反封建思想，宣传抗日救国。林正良，黔西县新场人。1938春，在新场第一小学组织教员、学生进行抗日救亡宣传，公演《生命与国家》《农民血》《群魔乱舞》《放下你的鞭子》《打东洋》等话剧，并演剧中主角；与李绍夫、蓝运富等组织乡村教育团，自编识字课本，教农民识字，揭露国民党统治的黑暗，宣传抗日的道理。是年10月，中共贵州省工委委员秦天真（毕节人）到新场建立党组织，批准李绍夫、林正良等25人加入中国共产党，并代表省工委宣布成立中共新场总支委员会，指定李绍夫担任总支书记。是年冬，李绍夫利用经常与国民党地方官员、绅士和袍哥接触的机会，以结拜兄弟形式，引导、团结他们一道活动。并选择位于川、黔交界处的绿行山筹建革命据点。派党员打入国民政府机构，掌握地方武装。黔西县政府在新场训练“锄奸自卫队”，李绍夫趁机把“锄奸自卫队”置于共产党领导下，街道居民纷纷响应锄奸号召，积极参加训练。1939年，林绍良受中共新场总支派遣，到石场从事抗日宣传活动，发动民众。制作慰问袋，寄往重庆新华日报，慰问抗日前线的八路军战士。李绍夫等人的活动，致使国民党贵州省党部和保安处深感不安。民国28年（1939）底，国民党贵州省政府责令黔西县政府严加防范，准备伺机逮捕李绍夫。民国29年（1940）上半年，中共贵州省工委令李绍夫转移到贵阳、开阳等地隐蔽，以开旅店、教书等职业作掩护，继续从事秘密活动。由林绍良担任中共新场总支书记。林邀集友人创办新场第一家书店——十友书店；出面促使热心办学的区长刘敬书创办玉屏职业中学。是年夏，林正良发起组织玉屏职中暑期抗日救亡农村工作团，率团到县内外10多个集镇活动。民国29年（1940）底，李绍夫被国民党逮捕，次年1月23日，国民党贵州省保安处将林正良逮捕。李、林2人在狱中遭受严刑拷打，仍坚贞不屈，林正良愤然作诗痛斥国民政府倒行逆施的行为。民国30年（1941）8月7日，李绍夫、林正良被秘密杀害。

### 范敬章、陶树清、席大明、阮俊臣、赵文海被害案

民国24年（1935），中共毕节地下组织领导的游击队队长范敬章率部在毕节对坡活动时，遭区长吴维章、民团队长周效彭等部的袭击，范敬章受伤被捕，用滑竿抬到毕节县城。县长史南侯下令将其杀害于小校场。

民国25年（1936），中国工农红军川滇黔边区抗日先遣队副司令员陶树清与司令员阮俊臣率部在川滇黔边区活动，蒋介石电令云贵川3省调集兵力发动大规模的“三省会剿”。是年8月，陶树清在云南威信顺河场张占云家隐蔽时，遭国民党军柳标明旅部逮捕，残酷地用铁丝穿透其锁骨押送毕节监狱，10月初被杀害。是年（1936）夏，由红军二、六军团组织领导的抗日救国军第一支队留在地方坚持斗争，遭国民党第二十军一三三师周翰域旅在毕节四乡清剿，支队司令员席大明带领少数亲随隐藏于毕节杨家湾，被搜索逮捕。是年11月被杀害于毕节大校场。民国30年（1941）5月，贵州游击支队政委阮俊臣（四川古宋县人）在毕节秘密活动时，被国民党贵州省第四行政区督察专员廖兴序派人秘密逮捕，同年9月15日被杀害于毕节大校场。是年4月，国民党贵州省第四行政区专员公署与云南镇雄、彝良、威信独立营及地方民团对“贵州游击支队”实行围剿，游击支队迂回转战毕节、镇雄边境，终因弹尽粮绝，寡不敌众，陷入敌人重围。司令员赵文海（四川纳溪人）突围后被第四行政督察专员廖兴序通缉。同年8月，赵文海秘密前往四川赤水河镇一带活动时，被特务逮捕，杀害于毕节地界公路旁黄桷树下。

### 刘进谦、马正帮、任叔轩被害案

1949年11月26日，国民党贵州省第四区行政监督专员廖兴序、毕节保安副司令万帮贞等将关押在狱中的革命青年、毕节弘毅中学教师刘近谦（毕节县人，时年23岁）、马正帮、刘应康及弘毅中学学生任叔轩（云南省镇雄，时年21岁）杀害于毕节城郊大水口。

## 八　民国民事审判

民国3~20年（1914~1931），产生的民事纠纷多由民间及地方乡村人员进行调解，仅有少数起诉到法院审理解决。民国20年（1931）4月，中华民国司法行政部颁布《调解委员会权限规定》和《乡镇自治施行法》，乡、镇、村成立调解委员会，办理民事案件调解和依法撤回起诉的刑事调解事项。民国25年（1936）后，审判机关开始受理少数民事案件，大部分民事案件仍由乡、镇、村调解委员会调解。是年下半年，贵州高等法院第五分院共接收民事案324件，审结232件。是年，毕节地方法院收案850件，结案625件；大定地方法院收案625件，结案684件（含上年存案）。民国30~33年（1941~1944），贵州省高等法院毕节分院共受理民事案3798件。民国35年（1946），全专区审判机关共审理民事案1381件。民国36~37年（1947~1948），贵州省高等法院毕节分院共受理民事案1206件，为民国30~33年平均数的95.26%。民国38年（1949），贵州省高等法院毕节分院审理民事案562件，审结345件。

# 第四节 公证与律师

民国35年（1946）9月17日，贵州省第四行政督察专员公署、保安司令部转贵州省政府训令，饬辖区内各县政府令各区乡镇公所，成立区、乡调解委员会，切实办理民刑及调解事项。至民国36年（1947）6月止，威宁县在冯马、乐依、平街等11个乡成立乡调解组织。

**公证机构** 民国24年（1935），国民政府司法院颁布《公证暂行规则》。次年，司法行政部颁布《公证暂行规则实施细则》。据此，民国29年（1940）10月，毕节县地方法院建立公证处；民国30年（1941）9月，黔西、大定县地方法院建立公证处；民国34年（1945）2月，织金县地方法院建立公证处；民国35年（1946）12月，金沙地方法院建立公证处。1949年10月，中华人民共和国成立。1956年，毕节、威宁县设立公证处，1958年撤销。1980年，根据国家司法部《关于公证处的设置和管理体制的通知》，毕节、威宁、赫章、织金、金沙县设立公证处。1981年，大方、黔西、纳雍县设立公证处。1982年后，各公证处根据国务院颁布的《中华人民共和国公证暂行条例》，开展公证业务。

**公证人** 司法机关根据国民政府司法院民国24年（1935）颁布的《公证暂行规则》和民国32年（1943）颁布的《公证法》规定，公证处的公证人由地方法院推事专任或兼任；公证佐理员由书记官专任或兼任。

民国时期，国民政府颁布《律师法》，具备其规定条件，并经检核方可充任律师，民国32年（1943），毕节、大定、黔西、威宁县先后有律师吴光、李邦英、张家璋、陆炳林挂牌执业。

# 第二章　公　安

中华人民共和国成立后，1949年12月3日，贵州省毕节专署公安分局成立，肩负打击各种犯罪，保卫新生人民政府和人民群众的安全，维护地方社会秩序的使命。公安机构体制和职能在公安工作实践中不断深化和完善，人民警察在为毕节地区建设社会主义事业保驾护航中作出了历史贡献。

## 第一节　机构与队伍

### 一　地区公安机关

**机构沿革**　1949年12月3日，贵州省毕节专署公安分局成立，有干警17人。1950年1月，内设秘书、侦查治安科，后增设审讯科。1950年8月，改专区公安分局为专署公安处。1951年6月增设劳改科。1952年增设政治协理室，经济文化保卫科；侦查、审讯科合并为侦审科。1951年11月15日，改贵州省毕节行政督察专员公署公安局为贵州省毕节专区人民政府公安处。1955年11月改毕节专员公署公安处为毕节专员公署公安局。1956年撤销侦审科，成立政治处、预审、侦查科。1957年，将经济文化保卫科并入侦查科。1958年4月2日，改毕节专员公署公安处为毕节专员公署公安局。1960年复设经济文化保卫科。1967年3月11日，成立毕节专员公署公安局毛泽东思想革命委员会。同时，撤销原内设科室，设公安、秘书、政工、治安、审批、改造组。1968年3月5日，成立毕节专区公安机关军事管制委员会，1973年4月1日，撤销毕节专区公安机关军事管理委员会，恢复毕节地区公安局，内设政保、内卫、治安、预审、秘书、政工、劳改科。1975年，增改消防科，外称公安消防大队。1976年，增设武装警察科。1979年2月19日，改贵州省毕节地区公安局为贵州省毕节地区行政公署公安局。12月，撤销劳改科。1980年4月24日，改贵州省毕节地区公安局为贵州省毕节地区公安处。1983年1月撤销消防科、成立武警毕节地区支队，干警转为现役军人。12月，毕节地区施行党政机构改革，地区公安处内设办公室，政治处，经文保、政保、治安、预审科，刑警队，成立林业公安科，地区公安处与地区林业局共管。1987年，毕节地区根据国务院《关于改革道路交通管理体制的通知》和省人民政府相关规定，决定地区交通监理所及各县交通监理站成建制移交地县公安机关领导和管理，改建地区交通警察支队和各县交通警察大队，负责本区域内的交通管理。1987年，成立毕节地区消防支队。1988年12月，设地区公安处国家安全科。是年，地区消防支队升格为副团建置。1989年，增设调查研究室、机动队、后勤及机要科。1990年，增设监察室、法制和户政科。1991年，增设干警培训科。改刑警队为刑侦大队。1992年，撤销机动队，组建防暴大队。1993年，成立毕节地区戒毒中心。1994年，省编委批准地区交通警察支队升格为副县级，各县市公安交警队改称为公安交通警察大队，为副科级。1994年，增设外国人和中国公民出入境管理科。1995年，增设禁毒大队。1996年，地区编委明确地区公安处政治处为副县处级机构。是年9月，毕节地区实行地直党政机构改革，地区公安处内设：办公室政治保卫，经济（文化）保卫、技术侦查、出入境和外国人管理、预审、法制、机要通信、计算监察、后勤财务、审计、信访科、治安、刑侦、禁毒、防暴大队和政治处。公安交通警察支队机构级别、内设机构、人员编制、隶属关系不变。公安消防支队，机构属现役编制，其规格按上级有关规定执行。1998年，改预审科为监所管理支队。1999年，地区编委批准地区看守所为科级机构。地区编委批准成立毕节地区公安处警务督察队。2001年9月，改贵州省毕节地区公安处为贵州省毕节地区公安局。是年12月，毕节地直机关实施机构改革，地区公安局内设：办公室（指挥中心）、政治处（副县级）、国内安全保卫支队，经济犯罪侦查支队、治安警察大队，刑事侦查大队、行动技术支队、监所管理支队，地区看守所（亦称拘役所），强制戒毒所、治安拘留所（亦称收容教育所）、警卫科、科技科、信息通信科、禁毒支队、法制办公室、出入境管理理科、公共信息网络安全监察科、装备财务科、警务督察大队、防暴巡逻警察支队、地区监察局派驻毕节地区公安局监察室、公安交通警察支队、公安消防支队。

2010年机构改革，地区公安局机关政法专项编制为348名（含纪检监察单列编制8名）。其中：局长1名、副局长3名、政治部主任1名、机关党委书记1名；内设机构副处级领导职数38名、正副科级领导职数174名。机关工勤人员编制35名，由财政全额预算管理。

地区公安局设指挥中心（办公室）、警务保障支队、法制处（直属公安分局）、国内安全保卫支队、经济犯罪侦查支队、治安警察支队、刑事侦查支队、技术侦察支队、监所管理支队、禁毒工作支队、出入境管理分局、科技信息通信支队、网络安全保卫支队、打黑除恶支队、警务督察支队、特（巡）警支队（反恐怖支队）、维稳支队、人民警察培训学校、警卫处、审计处20个内设机构和政治部。毕节地区公安局交通警察支队为地区公安局下属行政机构（副县级），毕节地区公安局洪家渡公安分局是毕节地区公安局的派出机构（副县级）。

根据《中共贵州省委办公厅、贵州省人民政府办公厅关于印发〈毕节地区行署机构改革方案〉的通知》（黔委厅字〔2009〕78号）、《中共毕节地委、毕节地区行署关于毕节地区行署机构改革的实施意见》（毕地党发〔2010〕5号），地区公安局职责进行调整：取消已由地区行署公布取消的行政审批事项；加强公安机关防范、打击恐怖活动的职责；加强公安机关应急抢险救援能力建设的职责；加强指导公安队伍思想作风、工作作风建设的职责；加强公安机关维护社会稳定的职责；加强推进以便民和公共服务为重点的治安行政管理改革的职责。

**主要职责** 1.贯彻执行党和国家有关公安工作的方针、政策和法律、法规、规章，结合实际研究制定贯彻意见和措施；领导和监督检查全区公安工作。

2.掌握影响社会稳定、危害国内安全和社会治安的情况，分析形势，制定对策，及时向地委、行署和省公安厅报告有关情况和重要信息，提出处理意见和建议；向所辖县（市）公安机关传达省公安厅和地委、行署的指示，并监督落实。

3.组织、指导本地重大案件和跨县（市）重大案件的侦破工作；协调或直接指挥处理重大治安事故和群体性事件；组织、指导全区公安机关打击破坏经济秩序的犯罪活动，维护本地区正常经济秩序。

4.指导、监督和参与全区公安机关依法查处危害社会治安秩序的行为；依法开展户籍管理、居民身份证、枪支弹药、危险物品和特种行业等治安行政管理工作；指导、监督全区公安机关对国家机关、社会团体、企事业单位和重点工程的治安保卫工作以及群众性治安保卫组织的治安防范工作。

5.承办和指导全区公安机关依法管理本地区中国公民出入境和持普通护照的外国人、华侨以及港、澳、台同胞在本地区居留、旅行、就业等有关工作。

6.指导全区公安消防管理、火灾预防、火灾扑救工作和公安应急抢险救援工作；协助行署落实消防法规定的各项措施。

7.负责全区道路交通安全管理工作并承担相应责任。组织、指导全区公安机关维护道路交通安全、道路交通秩序以及《中华人民共和国道路交通安全法》规定权限内的机动车辆和驾驶人管理工作；依法管理上级公安交通管理部门指定的毕节地区高速公路道路交通安全工作。

8.指导、监督全区公安机关对公共信息网络的安全保护工作。负责信息安全等级保护工作的监督、检查、指导；组织实施网络监控工作。

9.防范、处理邪教组织的违法犯罪活动。组织、指导全区公安机关与“法轮功”、各类邪教、各类有害气功组织的斗争工作。

10.组织、指导、协调对恐怖活动的防范、侦查工作。

11.指导、监督全区公安机关依法承担的执行刑罚工作。指导、监督全区公安机关看守所、治安拘留所、强制戒毒所、收容教育所的管理工作。

12.指导、监督或承办公安机关执法监督、执法过错责任追究、行政复议、听证、应诉、国家赔偿工作以及劳动教养、未成年人收容教养案件的审批工作；承办地区劳动教养委员会的具体工作。

13.组织实施来本地区视察工作的党和国家领导人、重要外宾以及省地主要领导的安全警卫工作和大型社会政治活动的安全保卫工作并承担相应责任。

14.组织、指导全区公安机关开展毒品禁贩、禁吸、禁种、禁制等工作，承担地区禁毒委员会的具体工作。

15.组织实施全区公安机关科学技术工作；规划全区公安机关的指挥系统、信息技术、刑事技术、技术侦察建设。

16.拟定全区公安机关装备、被装、经费等警务保障方案和措施；指导、监督县（市）公安机关警务保障标准、制度的落实工作。

17.按规定权限，对人民武装警察部队执行安全保卫任务实施领导和指挥。

18.按规定权限管理机构编制、警衔和干部人事等工作；制定全区公安机关人员培训、教育、宣传、优抚表彰等方案和具体措施。

19.贯彻落实公安队伍建设的方针政策，拟定落实全区公安队伍监督管理的规章制度和具体措施；组织、指导全区公安机关督察工作；按规定权限实施对干部的监督查处或督办公安队伍重大违纪案件，指导全区公安队伍思想作风、工作作风建设。

20.指导本辖区范围内民航、铁道、森林等部门的公安业务工作。

21.承办地委、行署和省公安厅交办的其他事项。

毕节地区公安局（处）历任正副局长：主惠珍、朱广通、国燕勋、吴纯让、罗堂亮、朱世光、阳成俊、周全富、常敬亮、袁通勋、杨有为、罗公平、田德胜、王玉赞、李杏林、陈功堂、刘锡学、李隆文、赵家全、孙承先、陈兴渝、吴福涛、杨光明、陈学银、杨新建、周兵志、雷浩、罗高华、王跃华。

## 二　县市公安机关

1949年12月～1950年2月，各县先后成立县政府公安局。1955～1956年，先后改为县公安局。1958年，金沙县公安局、检察院、法院合并为政法公安部。1958年8月，根据贵州省公安厅、贵州省人民检察院、贵州省人民法院《关于县政法三机关不成立政法公安部的通知》，撤销金沙县政法公安部，恢复公、检、法三机关建置，1967年，各县公安局先后被造反派夺权。旋即，各县成立革命委员会，下设保卫领导小组，循行公、检、法三机关职权。1968年，各县对公安机关实行军管。1970年，撤销各县保卫领导小组，成立人民保卫部。1973年，撤销各县公安机关军事管制委员会和人民保卫部，恢复公安局建置。1994年，撤销毕节县，建立毕节市，毕节县公安局改为毕节市公安局。

## 三　公安派出所

1950年4月，成立毕节县城关派出所，为全专区第一个公安派出所。1953年底，全专区共成立20个公安派出所，干警120人。1972年3月23日，贵州省公安机关军管会，贵州省人民保卫部作出《关于毕节地区组建公安派出所的批复》，同意建立毕节县龙场区、青场区；金沙县沙土区、石场区；威宁县黑石头区；黔西县重新区；纳雍县鬃岭区派出所。1982年，大方、黔西、金沙、威宁、赫章县共新建40个公安派出所。1991年10月～1992年2月，实施撤区并乡建镇，同时实施每乡镇建1个派出所，共建252个公安派出所，民警1572人，加上各县城关的18个公安派出所，全地区共有270个公安派出所，其中毕节市45个、大方县39个、黔西县31个、金沙县28个、织金县35个、纳雍县26个、威宁县38人、赫章县28个。

## 第二节　政治保卫

### 一　剿匪　反特　镇压反革命

**剿匪**　中华人民共和国成立初期，潜伏在毕节地区的国民党军警和地主、恶霸等残余势力相勾结，策划大规模武装叛乱。1950年上半年统计，全专区有土匪250余股、6万余人，土匪每到一地，残杀人民和中共党政干部，叫嚣国民党要反攻大陆消灭刚诞生的人民政权。4月，中共毕节地委、毕节专员公署、毕节军分区实行党政军一元化领导，成立剿匪工作委员会和指挥部，对匪患实施军事进剿，公安机关配合剿匪部队开展以下工作：

1.消灭匪乱。1950年2月10日，金沙土匪3000多人作乱。公安局长率一四九团一营两个班和县公安保卫队，副局长率干警10余人，分头坚守连续打退敌人多次反扑，坚持一天两夜，增援部队赶到，内外夹击敌人，取得金沙保卫战的胜利。

2.侦破敌特案件。1950年上半年，通过调查搜集情报、掌握敌情，两次开展大清查、大逮捕，在各县共捕获匪首、特务及其他反革命分子、刑事犯罪分子300余名。1950～1951年，侦破匪特案282件。查破国民党潜伏特务廖兴序、桂运昌在威、赫、毕、水设立的反共游击情报站。毕节城关徐子瑜、晏子清与罗湘培、陈守钧、林润匪部秘密联络，输送情报，被地区公安分局侦破。水城县公安局侦破国民党潜伏罗湘培在水城烂坝设的情报网，抓获情报大队大队长陈先之及情报员2人。原国民党李弥部副团长严华潜入威宁县，自称川滇黔反共游击副总司令，纠集匪特阴谋暴乱，被县公安局侦查获悉，捕获军统特务雷云汉等24名罪犯，缴获长短枪12支。黔西县城内国民党民卫大队长刘信之与国民党残余势力赵翔龙、吴湘云、郭家驹秘密勾结，策划里应外合攻占县城，被公安机关侦破。曾为中统特务头子戴笠亲信的金沙县安底区杨志昭，中华人民共和国成立后潜伏下来，策动息烽九庄杨平舟、金沙安底宋聚廉聚匪叛乱，后潜回安底被公安机关抓获。

3.严惩匪首。剿匪中，公安机关结合镇压反革命和土地改革，依照法律政策，惩处一批作恶多端的敌对分子。1950年1月20日，在水城处决叛匪罗湘培部政治部主任廖允之及匪首35人。6月9日，在毕节大校场公审枪决原国民党贵州省西北行署警保处长、军统特务桂运昌和叛军二七一师参谋长刘剑锋、恶霸匪首杨正斌。之后，处决原国民党贵州西北行署主任兼保安司令、军统特务廖兴序，毕节县党部书记长、中统特务吴昌祺，军统特务沈瑶章、匪首阮绍白。7月1日，在织金处决八县游击总指挥、大恶霸李名山及匪首田振武。

4.管训匪徒。1950年7月～1950年底，据毕节、黔西、金沙、织金、纳雍、赫章县统计，共管训土匪、特务1.26万名。黔西县集中管训3299名，其中匪首83名。织金成立管训队，管训人员4339名。毕节县管训501名，缴获一批武器及鸦片。赫章县管训257名，依法逮捕其中98名罪恶大、无悔改的土匪。金沙县管训429名，依法逮捕其中罪该法办的120名。

5.追捕在逃匪首。1950～1952年，公安机关与军分区抽出人员组成追捕组，先后捕获匪首、特务及恶霸近200名。金沙县公安队在岚头山捕获土匪第八兵团九十四军第五师师长宋聚廉。金沙民兵捕获土匪四十九军军长车子阳。纳雍县群众抓获滇黔边区军政委员会主任廖兴序。赫章县公安缉捕组在水塘乡核桃园捕获匪少将高参、军统特务、原国民党水城县党部书记长殷涤非；在云南省镇雄县菜子沟捕获匪师长刘翼昌；在野马川后山洞捕获第三路游击指挥部副指挥朱世熙。1951年2月，在中寨鸡麦坪抓获第八兵团六十八师副师长安兴田。1951年初，织金县公安局分别于岭南羊场、城东龙洞捕获残杀、40多名群众积极分子的匪首李成英、李成虎、曾国治，匪首李成龙负隅顽抗被击毙。纳雍县公安局捕获罗湘培匪部团长余跃先。1952年，军统特务保密局驻贵阳黔站特派员、国民党黔西北行署警保处少校参谋、罗湘培部上校参谋黄锡州被缉拿归案。1959～1960年，执行贵州省委、贵州省人民委员会《关于大协作追捕外逃犯》的决定，专区武装民警大队查清捕回在逃土匪13名。

**反特** 中华人民共和国成立前夕，国民党特务组织在第四行政公署设调查室，各县分设站、组，由中统毕节督导区主任、毕节保安司令部上校视察陈文彬负责督办。贵州省保安司令部第四旅长、独立第二师师长军统特务罗湘培，带大批特务潜伏毕节活动，发展特务人员，多方开展“应变”活动。毕节中华人民共和国成立初期，公安机关依靠广大人民群众开展侦查。1950～1954年，全专区公安机关共侦破特务案28起，逮捕特务分子144人。1958～1961年，全专区公安机关组织专案组，深挖漏网的潜伏特务172名。至此，在毕节的国民党特务基本肃清。1962～1983年的22年间，全地区共破特务案7件，其中，国民党特务案3件。20世纪80年代初，毕节人马贵荣被国民党军情局驻缅北腊戌站特务杨旺发展加入特务组织，担任台湾国民党军情局驻缅XX组云、贵、川三省交通联络员，大肆搜集情报，1991年12月20日，马某某携带情报出境时，被公安机关逮捕。

**镇压反革命** 镇压反革命（简称镇反），分3期进行。1951年2月，毕节专区按照中共中央《关于镇压反革命活动的指示》，开展第一期镇反。公安机关在广泛调查的基础上，5月初在毕节城关举办案件展览，揭露敌人的破坏活动，开展镇反运动。至11月，第一期镇反基本结束，共判处各类罪犯1.1万余人，其中判处死刑2700余人，死缓260余人，有期徒刑7900余人，管制700余人。1951年12月～1952年11月，开展第二期镇反。专区、县公安机关抽调人员组成镇反、扫残调查组，同土改工作队一道发动群众，调查情况，共判处各类罪犯5674人，其中判处死刑1441人，死缓82人，有期徒刑3823人，管制328人。1952年12月～1953年9月，开展第三期镇反。按照西南公安部《关于镇反摸底的指示》和全省第六次公安会议精神，结合本专区实际，重点打击反动会道门头子。此期间，全专区共判处各类罪犯1945人，共中判处死刑39人，有期徒刑1094人，管制812人。通过开展三期镇反，全专区共打击反革命骨干分子1.8万余人，其中判处死刑4000余人。死缓300余人，有期徒刑1.28万余人，管制1800余人。有力促进巩固新生政权，维护社会稳定，保证土地改革顺利进行。1952年9月～1954年，专区公安处先后举办3期政治训练班，集中审查反革命嫌疑人员325人，经审查，逮捕53人，清洗72人。1953年底，中共毕节地委向省委报告全专区镇反判定情况。1954年3月省委批示：毕节专区经过3年多的镇反运动，打击反革命骨干占原有骨干数的94.7%。群众基本发动和组织起来。镇反已基本彻底，同意结束镇反运动。1955年9月17日，中共毕节地委贯彻中共中央《关于展开斗争肃清暗藏的反革命分子的指示》，中共毕节地委成立肃反领导小组，下设办公室于专区公安处。1955年9月～1959年6月，全专区分四批开展内部肃反。第一批，1955年9月～1956年7月，在专直47个单位1247人中开展；第二批，1956年7月～1957年底，在专属厂矿、各县、区机关、中学、完小共1.85万人中开展；第三批，1958年，在各县厂矿、企事业单位、乡镇机关和公私合营单位的18.54万人中开展；第四批，1959年1～6月，在全专区应参加而未参加肃反运动的2.54万人中开展。历时3年零10个月，计23.06万人参加肃反运动。共清查出各种反革命分子和坏分子3000多人，占参加运动总人数的1.6%，挖出特务组织1个4人，国民党党部、区分部26个203人；三青团区队、分队10个40人，反动会道门组织2个72人，现行反革命组织和反动集团69个400余人，查清1.1万余人的一般政治历史问题，并给其作出结论。1961～1962年，中共毕节地委根据上级指示，继续组织肃反运动，全专区699个单位，5.25万人参加运动，查出反、坏分子190余人，占参加运动人数的0.37%。在整个肃反工作中，全专区遵照中共中央关于内部肃反的方针政策，逮捕判刑1000余人，留用改造300人，捕送原籍处理90余人。同时，对内部的犯罪活动也予以惩治。20世纪50年代初，公安机关先后侦破隐藏在中共毕节地委机关任交通班长的彭某某、军分区通信员廖某某内奸案，混入大定县支前委员会的国民党军统特务陈静波潜伏案、赫章公安局政保股侦查员郭某某向国民党特务提供剿匪情报案。1950～1962年，全专区经文保内部共破获反革命案68件，其中特务内奸案5件，反革命集团案18件，反革命标语案45件。

## 二　平息反革命暴乱

**马场事件**　1956年1月，纳雍县姑开区马场乡陈某某为首组织反革命集团神兵大队。陈某某之子陈老四任皇帝兼扫地大王，陈某某干任正保驾兼神兵大队长。先后在水城、赫章、纳雍县发展反革命成员百余人，并制定反革命行动计划。3月4日，陈某某率暴徒20多人袭击马场乡人民政府，捣毁办公用具，烧毁档案，截断电话，吹响牛角聚暴徒300余人，抢劫马场供销社，杀死供销社职工2人，打伤1人。并抢走仓库粮食近5吨，书写反动标语等。区乡干部、民兵和纳雍县公安队赶赴平息，击毙暴徒2人，俘获43人，后依法逮捕15人，经人民法院审判，于8月15日在马场召开公审大会，陈某某等3人被判处死刑，其余12人被判处有期徒刑。

**新民事件**　1956年4月18日，威宁县龙街区新民乡残存惯匪赵某某，富农分子黄某某为首煽动300多人暴乱，攻打乡政府，杀死乡长朱启光和供销社干部向忠荣，杀伤民兵王友方、向石清。事发后，县公安局局长率民警赶赴现场，组织民兵参与平息，当场击毙顽抗首恶分子4人，大部分首恶分子被抓获归案，自动投案登记悔过200多人，收缴大刀、长矛等凶器67件。

**新发事件**　1956年6月20日，水城县平寨乡反革命分子王某某、张某某、龙某某等人在水城、威宁县接合部煽动百余名暴徒攻打威宁县龙场区新发乡政府，杀死县、乡干部职工4人，抢走乡政府保管的火药枪60多支、火药和部分物资。案发后，威宁县领导秦建忠率公安干警和公安队战士连夜赶赴发案地平息，击毙暴徒1名，击伤4人，缴获被抢的火药枪及火药等物资，逮捕首要分子何某某等12人，经审理分别予以判刑。

**平寨事件** 1956年6月21日，水城县平寨乡王某某、王某某为首煽动200多名暴徒攻打平寨乡政府，杀死供销社干部刘清仕、仓库粮管员欧阳华、栓皮收购技术员黄家谷和农业社主任、民兵连长马长发4人，杀伤3人；抢走步枪4支、子弹10发，抢劫供销社和粮食仓库物资。事发后，水城县公安局长组织民兵前往平息，击毙为首分子王某某等6人，抓获骨干17人．缴获抢走的枪弹和物资。其余暴乱首要分子被逮捕判刑。

**大松、玉屏事件** 1958年7月6日，威宁县大街区杨某某率“自由中国南方战区民主红军”暴乱集团成员攻打大松乡、玉屏乡政府，抢走步枪2支、子弹15发，切断电话。案发后，威宁县长、兵役局局长率独立营战士赶赴现场平息，击毙3人，捕获杨某某，缴获步枪1支，11日又捕获1人。暴乱首犯被逮捕判刑。

**古达事件** 1958年7月，四川人张某某，劳改释放后窜到赫章、纳雍、毕节县接合部的古达区，组织反革命集团“忠义党”自称军长，另委任有师、团、营、排长。制定反革命纲领，书写反动标语，散发入党申请书、入党自愿书、登记表。7月20日上午，张某某率王某某、朱某某、陈某某、赵某某、朱某某和古达的地、富、反、坏分子共77人攻打古达乡政府和永乐、中坝农业社的社管会。杀死中共古达乡支部书记张发远、县工作组组长孟昭俊、粮管所干部陈运良、民兵连长罗绍荣，打伤15人。绑走县法院干部许定潘、古达乡乡长余翠珍等7人。抢走步枪4支、子弹12发、电话机1部和供销社现金460元，物资折款2500元，烧毁乡大部分文书档案。事件发生后，中共赫章县委及时报告中共毕节地委，县委书记李超臣率公安武装将暴匪击溃。中共毕节地委成立平暴指挥部，组织部队、民警、民兵1000余人，于22日在纳雍活捉首犯张某某、王某某及其骨干和暴徒271名。缴获一批枪支弹药和“忠义党”的反革命纲领、反动标语多件。1959年2月16日，在古达乡召开公判大会，判处首犯张某某、王某某等8名暴匪死刑，立即执行。

**安乐事件** 1958年9月26日，赫章县中坪乡惯匪杨某某、文某某和云南省彝良县、镇雄县外逃匪首王某某、陈某某纠集反革命分子和坏分子42人，攻打赫章县恒底区安乐乡政府，打伤乡干部梅正祥之妻，被乡干部击退。后经县公安局干警调查，于10月19日抓获首犯杨成举，杨在押中逃跑被击毙。首犯文某某等骨干被逮捕法办。

**发耳事件** 1958年11月26日，以“总帅”沙某某，“副统帅”张某某为首率暴徒46人攻打水城县发耳区公所，杀死区委秘书王景连、供销社主任孙文德、中共发耳乡支部书记包兴林、区青年干部张少达和省农田水利组干部金林5人、杀伤6人，抢走步枪7支、子弹100余发，抢走供销社、营业所、邮电所人民币3500多元和价值500元的物资。事发后，区乡组织民兵近万名，将匪徒围困。毕节专署副专员杨文才、专署公安局局长以及水城县委书记刘福永赶赴发案地，组织民警武装平息暴乱，“副统帅”张某某等20多名首要分子被抓获，“总帅”沙某某被击伤后上吊自杀。1959年11月1日，法院在发耳区召开万人大会，公判23名犯罪分子。

**新民事件** 1958年12月17日，威宁县龙街区新民乡罗某某、罗某某为首纠集40余名暴徒攻打新民乡政府，杀死中共新民乡支部书记安明忠、乡长罗仕华、乡干部龙洪安，切断电话。18日，中共龙街区委组织公安人员和武装民兵、铁路工人200余人赶赴现场平暴，首犯罗姓两人负隅顽抗，杀死铁路工人卿合合，杀伤公安特派员刘明权，民兵郑军、文显成。首犯罗某某等8人被击毙，其余逃窜。19日，中共威宁县委、县公安局领导率队追剿暴徒。20日，毕节军分区司令员侯国祥率部队官兵，公安干警2000余人赶赴事发地追剿1个星期，抓获暴徒20余人。

**白泥事件** 1960年陈某某等12人为首组织忠勇仁义军。是年8月29日，在阿弓公社的阿弓、白泥、倮木、三角、普戛；珠藏公社的磨石等管理区，六枝、新华、普定县境，持枪冲入仓库、商店抢劫粮食、布匹，开枪杀害阿弓粮管所长周谋全、倮木管理区主任左顺芝、中共倮木管理区支部书记陈光华，绑走区乡干部17人。夺走步枪2支，子弹10发，截断电话，烧毁文书档案，张贴反动标语，煽动不明真相群众背走国家粮食505吨，抢走人民币8000多元、布匹1300多尺，食盐500千克及价值23万余元的物资。事件发生后，省、地、县党、政领导，公安部及省、地、县公安机关负责人，毕节军分区、织金县武装部领导亲临现场组织指挥平暴，铁道兵配合地方武装开展军事围剿和政治攻势。经10天追击，击毙暴乱分子4名，抓获18名，缴获一批枪支弹药和刀具。经法院审理，对其176名罪犯分别判刑和管制，主犯陈某某等6人被判处死刑。

## 三　打击现行反革命

**侦破反革命集团案件** 1957年，黔西县大关区以郑某某为首的反革命集团，制订反动纲领，委任职务，刻制元帅、将军印，制作军旗，发展成员300多人，密谋攻打区公所，9月20日被公安机关破获。是年8月，金沙县公安局侦破中华起义反共救民军反革命集团案，其成员涉及金沙、仁怀县17个乡共26人，自封正统1人，元帅2人，军长2人，县长1人，区长3人。是年9月17日，毕节、仁怀县公安局联合破获中国青年英勇挺进军反革命集团案，两名首犯被判处死刑，7名骨干分子被判刑，其余成员登记悔过。1958年8月，黔西县公安局在协和区破获以熊某某为首的反革命预谋暴乱集团案，粉碎其攻打县城，保皇帝登基的阴谋，逮捕首犯及骨干分子23人，缴获帅旗、帅印等罪证。1960年2月，织金县公安局破获国民党起义军反革命集团案，逮捕首犯刘某某等28人，缴获土枪炮10支，布告、纲领等罪证百余件，以及自刻省政府等部门印章9枚。其集团成员涉及黔西、清镇、平坝、普定、织金县共202人。1974年，大方县鸡场公社罗永明为首，先后在大方、黔西、织金、纳雍县辖8个区11个公社发展成员40余人，成立劳动党反革命集团，并任命中央委员16人，计划当年召开中央委员会，选举领导人。后被公安机关侦破，缴获反革命纲领等罪证，逮捕骨干分子。1976年，纳雍县法院干部王某某为首组织反革命集团中国民族党，设政治局、军事指挥部。自称书记，并委任副书记、副总指挥等职。制订暴乱计划，侦察县公安局、武装部及弹药仓库、广播站等单位地形。购备木棒、刀、炸药、雷管，计划行动后切断电话，炸毁桥梁，夺取枪支、抢劫银行、仓库、商店、杀害共产党干部，而后经水城、威宁赴云南越境投靠外国，建立中华联邦共和国，后被地县公安机关侦破。缴获中国民族党章程、命令、党证以及子弹、雷管、炸药、刀等罪证。依法逮捕首犯、骨干14人。

1976年10月，纳雍县龙场区沙坝公社以张某某、李某某为首组织中国救国地下指挥部贵州指挥部（亦称7610自卫团），计划到12月发展1000人，1977年3月5日前完成配备武装和军事设施建设，6月开始武装行动，1980年建立新政权。是年12月13日，纳雍县公安局破案，缴获反革命集团地下工作手册、地下特刊，7610自卫发展规划、证书、印章。逮捕首犯和骨干分子24人。同时，大方、毕节县公安机关亦及时查办县涉案人员。1980年，大方县公安局破获涉及大方、黔西、金沙县的反革命集团中国工农自卫军（又名中华民族党），挖出埋藏的证书、军徽、印章、袖套、袖章、委任状、火枪、匕首、现金等罪证。涉案80余人，首犯刁某某，骨干赵某某、赵某某、苏某某被逮捕法办。1989年，赫章县公安局破获以顾兴华为首串联赫章、水城、威宁县边沿接合部40余人组成的民共党、人民起义军反革命集团案。该集团炮制反革命纲领告全国同胞书，制订“八准八不准”的纪律，侦察赫章县公安局、武装部、武警中队驻地，制作大旗、发出通知，定于8月22日在赫章县韭菜坪汇集暴动。破案后，逮捕首犯顾某某和3名骨干，其余成员均投案自首。

**反美、蒋攻心战斗争** 1975～1984年，台湾特务机关派飞机侵入中国大陆领空，空投反动宣传品；利用对大陆广播向人民展开心战斗争。公安机关坚持对广大干部、群众进行正面教育，号召不收听敌台广播；拾到敌特空飘物全部上交，不看、不信、不传，并及时向当地党委、政府报告，把影响减小到最低程度。据统计，1950～2001年，全地区共破获反革命挂钩案113起，根据情况，分别作相应惩处。1975年10月28日晚，赫章县可乐区新民公社发现台湾国民党空飘物，经组织收缴，获大气球1个，运载反动传单14万多张和半导体收音机、衣物等。1976年9月28日～10月22日，在赫章县哲庄公社，黔西县沙窝、雨朵、大关、素朴、林泉区的16个公社和红林机械厂，威宁县大街公社，毕节县南箐公社、岔河公社、王丰公社，先后发现并收缴台湾国民党空飘反动宣传品300多件（包）和食品等。1979年6月，织金县12个区镇42个公社发现并收缴台湾国民党空飘反动宣传画片、传单7400多张及粮食、衣物。

**侦破反动标语、传单、信件案** 1950～2001年，全地区公安机关共侦破书写、张贴、传播反动标语、传单、信件案708件，分别对作案人进行处理。1978年后，复查“文化大革命”及其以前处理的反动标语、传单、信件案，给予错处理的453件467人平反。

## 四 取缔反动会道门 取缔邪教组织

**取缔反动会道门** 中华人民共和国成立前，毕节地区多数乡镇曾有反动会道门活动，有一贯道、天道、孔孟道等46种。至1949年，设总坛、佛堂、分坛、据点200多个，有道首9400多名、道徒6万多人。1947年，白阳道昆明市西南总坛纯一坛派出大道首刘某某、徐某某、薛某某、汤某某到威宁，以县参议员吴某某、祖某某为支柱，发展道徒1.2万余人，设立威宁总坛，设置职业道首数10人。毕节县的一贯道点传师张建帮自封皇帝，定国名为天德中原华国，刻制玺宝和统兵大元帅印，制定《中原华国土地法大纲》，定国法为孝悌忠信礼义廉耻，拼凑御林军，通过道徒串联匪首恶霸、兵痞流氓，搜集枪支弹药，绳索棍棒，准备武装暴动，后被公安机关破获。1950年，大定县百纳区方家坪的先天国创始人高某某，自称天国圣母，调集大小股匪20余股2000多人，攻打百纳区公所，打死公安班班长等2人，被关押的80余名犯人乘机脱逃。1952年4月，潜逃在外的先天国招兵元帅徐某某、掌朝太师马某某，率众徒23人攻打长石区柿树村，掳走土改干部宗少清，抢走步枪2支，子弹30发，后被公安机关围歼。经审理，判处徐某某等8名首犯死刑。1950年10月8日，织金县公安局捕获一批道首，枪毙一贯道道首2人。1951年1月，黔西县公安局在城关破获“理天道”案，捕获为首者31人。是年4月，专署公安处、毕节县公安局在毕节县抓获反动会道门道首73人，缴获经文850余册，国民党党旗一面，手枪1支。1951年6月，金沙县先天道道首蔡某某与国民党潜伏特务唐某某率残匪、道徒150多人，打着先天大顺天兵团旗号，聚集岩孔区白云山，攻打仁怀县后山乡政府，杀害农会主席杨锡兰等8人，经公安机关追剿，捕获匪特84名，依法枪决4名首犯。1952年4月，金沙县石场区太平乡五公道道首黄某某、贺某某2人自封元帅．率匪徒50余人攻打金沙县抬石、铸钟和大定县大山村公所，杀死铸钟村生产委员黄树云等3人，杀伤3人，抢走步枪4支，子弹48发，后被公安机关平息。5月，水城县公安局破获龙场区反动会道门头目杨某某、李某某为首串联匪徒40余人预谋暴乱案，逮捕首犯8名。7月，威宁县公安局破获白阳道道首陆某某、夏某某阴谋聚众暴乱案，逮捕道首15名。1952年10月，省公安厅发出取缔一切反动会道门的作战指令，1953年2月，毕节专署公安处，逮捕坛主以上道首158名，集训道首253名，登记悔过道首311名，缴获道费大洋3782元，小洋7万余元，银2千克，金戒指10个，大烟10.1千克。3700名道徒退出反动会道门。经过三次取缔反动道会门，83名道首被判处死刑，694人被判处徒刑，依法管制944人。公安机关同反动道会门的斗争方式由大张旗鼓地取缔转入秘密侦查，内线进攻，逐个摸清打击。1954年，威宁县白阳道道首郑某某、邓某某将白阳道改称中道法，提出剪枝保本，封土育根，免受冻损，以待来春的活动策略，图谋东山再起。被公安机关破获后，依法将郑某某、邓某某枪决。1955年1月，威宁县公安局侦破白阳道复辟案，逮捕道首78名，经法院审理，3月29日处决主犯10名。是年4月，毕节县公安局侦破一贯道复辟案，逮捕道首44名。8月，毕节县长春区一贯道道首邓某某率道徒100余人举行暴动，经公安机关和驻军及时围剿，击毙3名，抓获主犯16名。赫章县同善社道首曾某某，串联一批老道首，聚众在十八冲洞中敬神念经，散布谣言，煽动群众入道，被公安机关查处。1957年8月，省、专署公安机关和威宁县公安机关联合行动，打入白阳道内部侦察，将进行复辟活动的道首一网打尽，逮捕道首19人，捣毁活动地洞夹壁墙、暗室15处，缴获道费2200元。1959年1～3月，再次对反动会道门开展取缔活动，逮捕道首18名，管制骨干114名，斗争中小道首142名，缴获反动经书、名册万余件，道费4000多元，查清由反动会道门煽动的求神讨药事件23起，促使419名有罪道首聚集悔过，9826名道徒退道，8877名道徒开斋破戒。据统计，1950～1960年间，公安机关打击反动会道门道首、骨干3000余名，其中枪决80余名，逮捕900余名，管制1900余名，教育争取改造中、小道首6000多名，团结教育4万多道徒会众。1961～1980年间，少数顽固不化的道首秘密串联，以宗教作掩护，从隐蔽转向公开，分散转向集中，公开聚众念经，秘密吸收道徒，进行复辟活动。此期间，白阳道道首操纵复辟活动，蔓延至云南、贵州省4个县（区），共设坛65个，有道首、道徒600多人。1983年9

月，威宁县白阳道第八次复辟活动被公安机关查处，抓获33人。1977～1983年，织金县茶店归根道头目熊少华活动于织金、金沙、黔西、大方、普定、毕节和云南省镇雄等9个县，发展道徒500余人，组建中原佛国人民爱国自卫党，叫嚣要改山河、换乾坤；迎新主，早化佛帮，策划于1985年暴动。1983年10月，被公安机关侦破，逮捕36人，缴获反动纲领、党章、党旗、党证、三师证、大印及各种反动经文、传单、信件50余种1000余件。1985年，赫章县道首曾昭孔在毕节、大方、水城、威宁、赫章县的17个区、47个乡镇进行反动会道门同善社复辟活动，裹胁群众2600多人，公安机关破案后报逮16名道首。1990年，毕节县公安局破获以傅某某为首的归根道复辟案。当年底，国家公安部把毕节作为公安部同反动会道门作斗争的试点。1992年，破获毕节县归根道、威宁县先天大道复辟案。毕节地区地、县公安机关在云南和四川两省公安机关的配合下，先后侦破白阳道、同善社、佛坛、归根道、普度道、一贯道复辟案29件，依法惩处主犯和骨干153名，其中判处死刑4名，判徒刑104名，管制25名，免予刑事处分20名，登记悔过交基层教育管制的中小道首582名。1986年，中共中央宣传部、公安部、司法部根据中共中央批示，编发《严厉打击反动会道门活动的宣传提要》，印发至乡级和机关、学校、厂、场、企事业单位。各县人民政府发布《取缔反动会道门组织，打击从事复辟活动的道首》的通告。公安处政保科编写取缔反动会道门资料3集共8万余字，编写《会道门、封建迷信与宗教的区别》一书，会同地委宣传部编发《关于打击、取缔反动会道门活动的宣传提纲》。经过宣传，对人民群众起到一定教育效果。

**取缔邪教组织** 1987年10月，出现邪教生命会，秘密开办培训班，并派人到水城、织金、威宁、平坝、普定、清镇、贵阳、独山及广西发展成员，在纳雍、织金、威宁、赫章、独山、广西设活动点2355个。生命会将其活动与反动组织呼喊派香港教会研究中心在内地进行重生得救活动，非法组织全范围教会活动融为一体，提出振兴中国贵州省，要使全国福音化，教会国度化，信徒家庭文化基督化。要固守真道，保守机密，使中国成为一个福音化的国家。破案后，逮捕首犯和骨干15名。缴获非法入境的传教磁带211盒，教会宣传品114本，自编反动宣传品289本，外通信数封及日记本。全案涉及河南、浙江、广东、广西、云南等省区，省内涉及贵阳、黔南、安顺、六盘水，裹挟教内外群众2100多人。1994年，外地门徒会骨干窜到毕节地区活动，发展成员，地区公安处开展查禁取缔工作，收审骨干45人，送劳动教养21人，勒令具结悔过306人，治安处罚134人。1995年5月，再次开展查禁门徒会专项治理，经调查，门徒会涉及毕节市、黔西、金沙、威宁、纳雍县的53个乡镇1.23万人。设有小分会7个，分会点28个，教会519个，受骗加入门徒会的中共党员67名，国家公职人员3名，教师3名，村组干部31名，18岁以下的少年儿童3198名。1996年，毕节地区成立查禁取缔邪教组织工作领导小组，组织领导全地区开展查禁取缔邪教组织专项斗争。是年，邪教组织门徒会、圣灵重建教会、观音法门在活动，涉及8个县市70多个乡镇6000余人。毕节市门徒会封任总统、国老、秘书长、外交部长、县长、县委书记，妄图夺取基层政权。织金县生命会骨干长期收听海外“空中培训”广播。圣灵重建教会在纳雍、织金、大方县秘密建立教会，个别香港商人利用经商之机，将非法组织全范围教会宣传品47种91本带入赫章，被公安机关查获。是年，地、县、市司法机关和统战、宗教部门相配合，张贴《查禁取缔邪教通告》500多份，查禁取缔邪教组织活动点82个，抓获邪教骨干分子114人。收缴邪教书刊2000余册。1996年冬～1997年春，邪教活动涉及8县市的104个乡镇268个村，受蒙骗的中共党员、职工、教师、县乡人民代表、村干和群众8161余名。1997年3～5月，地、县市公安机关开展查邪专项斗争，依法逮捕邪教骨干15人，送劳动教养30人，治安处罚308人。取缔邪教组织聚会点105个。举办学习班30余期，教育1100名邪教成员。1999年6月，公安机关再次取缔邪教聚会点144个，教育挽救受蒙骗群众1700多人。是年，共打击摧毁邪教聚会点81个，抓获骨干分子161人，其中送劳动教养33人，刑事拘留6人，治安处罚122人，具结悔过413人。举办邪教成员学习班100个，教育受蒙骗人员8000多人。2000年，全地区查明邪教生命会、门徒会、左坤教组织骨干分子200余人在8县市52个乡镇181个村进行复辟活动，蒙骗群众500多人。被公安机关再次取缔，送劳动教养33人，治安处罚207人。2001年，公安机关取缔门徒会等邪教组织24个，查处骨干分子258人，批评教育43人。举办法制教育活动26次。同时组织开展统一收缴邪教组织法轮功宣传品行动，共查获邪教书籍22本（册），资料7000份，清除传单1500余条，特大型标语50条，查处其犯罪人员32名，2002年，公安机关查禁取缔门徒会等邪教组织59个，处理其骨干分子185人。2003年，公安机关再次查禁取缔门徒会17个，处理骨干分子60人；抓获“法轮功”骨干分子7人，收缴其宣传品700多件。2004年，查获“法轮功”顽固分子31人，收缴其宣传品4000多份。是年门徒会复辟活动涉及8县市88个乡镇，受骗群众2000多人，经公安机关侦破，取缔该邪教组织活动40起，处理为首骨干97人，收缴其宣传品1400多份。2005年，全地区发生“法轮功”案116件，抓获顽固分子11人，收缴其宣传品1500多分。是年，查禁取缔邪教组织门徒会活动4起。2007年，全区发生“法轮功”案（事）件34起，抓获处理“法轮功”顽固分子8人，收缴“法轮功”反宣品1255份（册）；查禁取缔“门徒令”等邪教组织活动23起，抓获处理骨干分子69人，取缔活动点13个。

## 第三节　打击刑事犯罪

**侦查破案**　1949年底～1950年，公安机关刑事侦查由治安部门结合开展清匪反霸、抗美援朝、土地改革、镇压反革命运动，严惩暴乱匪首、恶霸地主以及抢劫、凶杀、爆炸、投毒等现行犯罪分子进行。1951～1952年，全专区共破刑事案1100多件。1953年，根据上级指示，着力打击有现行破坏活动的敌对分子和凶杀、抢劫、惯偷、贩毒等犯罪活动，破案480多件。1954～1955年，全专区破案670多件。1956～1957年，贯彻全省十三、十四次公安会议精神，以打击现行为主，全专区破刑事案560多件。1958年9月，贯彻省十五次公安会议精神，开展无火灾、无积案、无匪患、无盗窃、无骚乱、无烟毒流行、无聚赌的安全运动，扫净发生的案件和积案。是年10月，组织全专区公安干警参加全省群众性破案行动。1959年，掀起破案高潮确保国庆10周年庆典。1958～1959年，全专区共破刑事案900多件。1960年，贯彻第十次全国公安会议精神，案件随发随破，坚决及时打击重大刑事犯罪分子。1961年，执行省公安厅指示，采取拔尖子、枪打出头鸟的办法，严厉打击敌人的现行破坏活动。1960～1961年，全专区共破刑事案860多件。1962～1966年，全专区共破获刑事案1300多件。1967年，执行中共中央、国务院《关于无产阶级文化大革命中加强公安工作的若干规定》，着力打击现行破坏活动和重大刑事犯罪活动。1974年8～9月，公安机关贯彻全省两次整顿社会治安会议精神，开展两次大规模侦破案件行动。第一次共逮捕各类犯罪分子261人，刑事拘留159人，判刑135人，收容审查524人；第二次破案330多件，逮捕各类犯罪分子400多人，刑事拘留330多人。1976年，贯彻第二次全国铁路治安工作会议精神，整顿铁路沿线社会治安。1967～1976年，全地区共破获刑事案1700多件。1977年，贯彻依靠广大人民群众和专门机关相结合的方针，以侦破大要案为重点，组织160多名刑侦专案人员，破获大要案170余件。

1978年，贯彻全国刑侦工作会议精神，整顿、恢复和加强社会治安管理。按全省统一部署，开展3次整顿社会治安统一行动，破获刑事案件400余件。1979年，贯彻全国刑事侦查工作座谈会精神，开展3次破案行动，破获各类案480余件。1980年，组织力量，采取定人、定案、定措施办法，分片包干深入发案多、犯罪活动猖獗地方破案，全地区共破获各类刑事案700余件，抓获各类犯罪分子800余名。1981年，遵照中共中央关于“在经济上实行进一步调整，在政治上实行进一步安定”的指示和省、地政法会议的要求，开展三次集中打击行动，破获各类刑事案790余件，摧毁犯罪集团149个700多人，逮捕刑事犯罪分子1200多人。1982年，摧毁各类犯罪团伙154个，收容审查流窜犯罪人员1000多人，收缴各类凶器8000余件，逮捕各类犯罪分子2900多人。1977～1982年，全地区共破获刑事案3497件。1983～1984年，地、县公安机关先后成立刑事侦查队，负责侦破刑事案件。1983年8月～1987年1月，公安机关遵照中共中央指示，在全地区开展严厉打击严重刑事犯罪活动的斗争。1988年春节前、4月、9月、12月，组织开展打击刑事犯罪统一行动，重点打击流窜、逃犯；盗窃、抢劫、拐卖妇女儿童犯罪活动，共抓获各类违法犯罪分子3000余人，摧毁犯罪团伙206个，抓获“三逃犯”260余名，缴获赃款和赃物拆款25万元。1989年，采取集中打击、专项斗争连片治理、重点整顿、强化管理措施，分别于春节前、4月、7月、9月统一行动，共破案3700多件。1990年，按照上级统一部署，先后在春节、“五一”、国庆节和亚运会期间，开展以破大案、挖团伙、打抢劫、反盗窃、抓逃犯、查安全的统一行动，破获各类刑事案4600多件，摧毁犯罪团伙534个2000余人，缴获赃款和赃物折款100多万元。1988～1990年，共破刑事案1.04万件。1991～1995年，全地区共破获刑事案2.32万件，抓获各类犯罪分子4.61万余名，其中逮捕1.5万余名，缴获赃款及赃物折款共1100多万元。1996年，全地区组织三次破案会战，破案3400余件。1997年，地、县市公安机关开展11次打击刑事犯罪统一行动，破案3400多件。织金县公安局破获以刘尉为首持军用手枪绑架案。威宁县公安局破获文荣宗家被杀案。纳雍县公安局破获姑开乡30余名女中学生被强奸、轮奸团伙案。1998年，实行领导挂案制和定人、定案、定时、定任务、定奖惩制度，先后破案3400余件。1999年，开展破案会战和各项专项斗争，破案3300件。2000年初，地区公安处成立大案、要案督促指导组，开展百日破案会战，组织力量侦破大要案和难案。实施三次破案会战，共破现行案4400多件，破隐漏案1900多件，摧毁各类犯罪团伙470多个1700多人，抓获各类违法犯罪分子

1.17万余人。2001年，地区公安局抽出34名干警，组成两个工作组，由局党委成员带队，赴各县市公安局帮助制定破案方案。各县市公安局成立领导小组，实行分片包干、全警动员。是年，共破各类刑事案4800多件，抓获各类犯罪人员1.24万人，摧毁各类犯罪团伙390个1600余人。2002年，全地区共摧毁各类犯罪集团330多个1300多人，破获各类刑事案件5800多起，抓获各类犯罪分子1.2万多人，收缴非法枪支321支，子弹185发，炸药6400多千克。破获经济犯罪案77件，为国家挽回经济损失1200多万元。2003年，共破获各类刑事案5500件，抓获网上在逃人员1600多名。当年，查获各类刑事犯罪集团300个1000多人，涉案785件；受理各类经济犯罪案66件，涉案金额6700多万元，为国家挽回经济损失470多万元，刑拘37人，逮捕18人，移送起诉16人。2004年，全地区破获各类现行刑事案近5000件，隐积案600多件，摧毁各类犯罪集团380个900多人，抓获各类刑事犯罪嫌疑人3800多人，抓获网上逃犯1800多人；破获各类经济案75件，为国家和人民群众挽回经济损失220多万元。2005年，全地区破获各类刑事案6000多件。2006年，全区共破获各类刑事案6594件，其中八类主要刑事案1614件。2007年，全区共破获各类刑事案件6637起，抓获刑事犯罪嫌疑人员4587人。2008年，全区共破获各类刑事案件7186起，其中八类主要刑事案件1441起。2009年，共立各类刑事案件1.61万件，其中现行案件1.54万件，现行八类主要案件2296件。破获当年案件5697件，破获全部案件7914件，其中破获八类主要刑事案件2023件。摧毁犯罪团伙225个800人。抓获各类刑事犯罪嫌疑人5162名，收缴、追缴赃物折款891.1万多元。2010年，全区共破获各类刑事案件8713起，打掉犯罪团伙263个，抓获犯罪嫌疑人4983人，缴获赃款、赃物折款1亿余元。2011年，全区公安机关共破刑事案件8704起，抓获各类犯罪嫌疑人4922人，缴获赃款、赃物折款共计624.44万元。

**严厉打击刑事犯罪**　1983年8月～1987年1月，全地区公安机关贯彻中共中央《关于严厉打击刑事犯罪活动的决定》，在全地区开展严厉打击刑事犯罪斗争（简称“严打”）。1983年8～12月，全地区共投入8200多人开展“严打”，抓获各类犯罪分子4000多人，摧毁各类犯罪团伙275个1360人；破获各类案2300多件；收缴火药枪165支，各类凶器508件，赃款和赃物折款共9万多元；群众揭发检举线索2100多起，扭送犯罪分子294名交公安机关，152名犯罪分子投案自首。1984年1～5月，投入3500多人，开展严打，抓获各类犯罪人员2900多人，摧毁各类犯罪团伙83个370多人；破获各类案710件；缴获雷管602枚、火管枪2支、各种凶器72件、鸦片11千克，赃款和赃物折款共近4万元。是年6～7月，全地区共抓获各类违法犯罪分子1160人，摧毁各类犯罪团伙60个255人，缴获凶器38件，炸药19千克，赃款和赃物折款共5万多元。1984年8月～1986年1月，组织四次“严打”行动，共抓获各类违法犯罪人员3578人，摧毁各类犯罪团伙167个690人；缴获子弹39发、火管枪24支、各类凶器370件、炸药280千克、雷管985枚，赃款及赃物折款共37万元。1986年2月～1987年1月，三次组织开展“严打”行动，共抓获各类犯罪分子2800多人，摧毁各类犯罪团伙173个750多人；破案1000余件，缴获火管枪15支、子弹194发、凶器237件、炸药300多千克、雷管1500多枚，赃款和财物折款共47万元。开展“严打”，不仅加大对现行犯罪的打击力度；而且突破一批治安死角；反动会道门的复辟活动受到严厉打击；扫荡吸毒贩毒、赌博等社会丑恶现象。全地区社会治安明显好转。

**开展专项打击犯罪行动** 1.治理重点区域。1985年，从各县共抽调85人组成18个工作组，在犯罪分子活动突出的66个乡、8条街道、74个单位开展重点治理，破案265起；逮捕犯罪分子近百人。1988年5月，织金县阿弓区与六枝特区、纳雍县、普定县接界的白泥、吹聋、水营、倮木乡，抢劫、蒙面入室抢夺儿童等案件时有发生，织金县公安局派出工作组重点治理，破获刑事案30件，打掉盗窃团伙3个11人。中共纳雍县委针对百兴、阳长、鬃岭区与六枝特区的接合部抢劫案件频发情况，抽调人员组成工作组前往治理月余，破获抢劫案45件，涉案成员100多人。同年9月，毕节县海子街区和大方县瓢井区接合部抢劫案件突出，毕节县公安局抽调干警42人组织工作组，深入6个片区11个点，整治两个月，破获各类案65件，摧毁抢劫、盗窃团伙17个89人，抓获各类犯罪分子70余人。1989年4月，毕节地委政法委员会在黔西县召开社会治安连片治理工作会议，确定在黔西、金沙、大方、纳雍、织金县接合部的14个区23个乡开展连片治理，地县公安机关抽调干警组成工作队深入乡镇分片包干，地区公安处派出1名副处长督导指挥。5个县共组织公安干警和乡干部1000余人，治理3个月，破案1088件，抓获各类犯罪分子900多人。1990年2月，地委政法委员会在大方县召开全地区社会治安重点区域治理工作会议，决定分3批重点治理305个乡镇的治安。全地区抽派3000多人，组成68个工作组，治理10个月，共破获各类刑事案3400多件，摧毁各类犯罪团伙483个2200多人，抓获各类违法犯罪分子8000多人。1992年5～7月，全地区综合治理25个乡镇社会治安，共破各类案1500多件，摧毁各类犯罪团伙114个500多人，逮捕犯罪分子304人，缴获赃款及赃物折款共38万多元。1993年11月，针对大方、黔西、金沙、织金县接合部治安混乱，盗窃、抢劫犯罪突出的情况，地区公安处在黔西县召开协调会议，部署联手打击，先后破案100余件，抓获犯罪分子165人。1994年5～10月，全地区抽出900多名干警重点治理41个乡镇治安，共破获各类刑事案1000余件，摧毁犯罪团伙143个700多人，抓获各类违法犯罪分子1300多人，召开捕判大会51次，捕判犯罪分子636人。1995年3～5月，地委政法委员会统一部署重点治理39个乡镇社会治安问题。全地区共投入2400多人，破获各类刑事案241件，抓获各类犯罪分子458人，摧毁各类犯罪团伙90个366人，缴获赃款和赃物折款共38万余元。1998年，纳雍县抽出干警50多人，进驻雍熙镇和新房乡，重点治理3个月，破案325件，抓获犯罪分子380多人，缴获赃款和赃物折款共10多万元。2005年，地、县公安机关组织开展治理赫章妈姑、威宁小海、纳雍城关、阳长、新房、毕节、大方接边地区乡镇的治安问题，摧毁30多人、偷牛盗马200多头（匹）的犯罪团伙，突出的社会治安问题得到解决。

2.打击偷牛盗马犯罪活动。1993年，大方县公安局摧毁3个长期流窜于黔西、大方、织金县接合部的偷牛盗马团伙、破案30余件，查清被盗牛马49头（匹），追回耕牛16头，收容审查团伙成员10余人。黔西县公安局赴金碧、五里、沙井等12个乡镇打击偷牛盗马犯罪，破获定新乡何安书、张云华偷牛盗马13头（匹）案。是年，黔西、大方、金沙、织金县联手开展打击偷牛盗马犯罪，摧毁犯罪团伙12个67人，破案152件，追回被盗牛马91头（匹），抓获犯罪分子80余人。1996年，破获偷牛盗马案814件，摧毁犯罪团伙176个，抓获作案人856人，追回被盗牛马401头（匹），挽回经济损失60多万元。2000年，纳雍县公安局派出干警到偷牛盗马案发生较多的昆寨、锅圈岩等地开展专项治理，破案270多件，抓获犯罪嫌疑人28名，追回被盗牛马36头

（匹）。地区公安处组织535名干警到偷牛盗马犯罪活动猖獗的千溪、岔河、阴底、田坝、长春等乡镇开展打击行动，抓获犯罪分子35人，破案54件，缴获被盗牛马33头（匹）。2001年，地区公安局统一部署，各县公安局以城关地区和个别乡镇为重点，开展专项治理。纳雍县公安局抽出25名民警组成工作队重点治理猪场乡，摧毁偷牛盗马犯罪集团6个，破案119件。黔西县公安局在锦星、金碧、钟山等乡镇组织开展3个月的专项治理，破案327件，打掉犯罪团伙8个，抓获犯罪嫌疑人89人，追回被盗牛马44头（匹）。是年，全地区共破偷牛盗马案690多件，摧毁犯罪团伙86个432人，追回被盗牛马518头（匹）。2002年，为群众追回被盗牛马195头（匹）。2003年，全地区破获偷牛盗马案270件，追回被盗牛马192头（匹）。2011年，破获偷盗牛案件61起，追回8头（匹），挽回损失9万余元。

3.打击拐卖妇女、盗抢儿童犯罪。20世纪80年代初，全地区拐卖妇女、盗抢儿童犯罪活动时有发生，且逐年上升。1983年，织金县查获桂果区以李隆海、李志政为首的11人拐卖人口团伙，其成员以做生意、打工、介绍对象为手段，先后在毕节、安顺、普定、织金和云南省镇雄县、宣威诱骗妇女多名，到河南滑县等地出卖。1983年，大方县公安局查获以查祖恩为首的24人拐卖人口团伙在1980～1983年间，以介绍工作等手段拐骗妇女到湖南邵东、衡阳等地出卖。1987年，全地区破获拐卖妇女、儿童案229件，抓获犯罪分子268人，其中逮捕161人。次年，各县成立打击拐卖妇女、盗抢儿童办公室，从政法各部门抽调人员赴10多个省市开展调查，依法逮捕犯罪分子650多人。1992年，地区公安处组织警力赴山东、河南、福建、浙江、安徽省开展“打拐”工作，历时2月，共查清处理拐卖案300多件。1993年2月，金沙县公安局抓获盗抢儿童团伙主犯黄光平、龙开吉，破获盗抢儿童案7件。5月，地区公安处在黔西、大方、金沙、织金县组织开展“打拐”斗争，两个月共破获拐卖妇女案215件，盗抢儿童案12件。1999年，织金县公安局组织工作组赴河北、安徽、江苏等10余省开展“打拐”工作，破获拐卖妇女、盗抢儿童案50余件，抓获犯罪嫌疑人89人。2000年，地区公安处再次部署“打拐”工作，各县公安局抽调干警76人，组成33个工作组，赴江西、山东、福建、安徽、广东、江苏省开展调查取证和解救工作，共破案168件，摧毁犯罪团伙56个210人，抓获人贩子298人，并协助外地办理拐卖案件99起，抓获犯罪嫌疑人86人。大方县公安局刑侦大队破获三元乡等地被拐卖妇女20人、涉及人贩子21人的特大团伙案，破案18件，抓获人贩子10人，受到公安部表彰。2001年，全地区共破拐卖妇女儿童案103件，摧毁拐卖妇女、儿童团伙36个129人。2011年，全区共立拐卖妇女儿童案件74起，破获42起，打击处理犯罪嫌疑人30人，成功解救妇女19人、儿童23人。

4.打击车匪路霸。20世纪80年代后期，车匪路霸案件逐年增多。1992年1月，大方县公安局摧毁以龙跃卫、龙跃海为首的车匪路霸团伙，破获1991年12月发生在高枧乡抢劫大方县运输公司大客车案。1993年1月，黔西县公安局在15天内破获扒车盗窃案12件，抓获犯罪分子12人，缴获价值5000元的物资。同年3月，贯彻贵州省综治办、省公安厅关于打击车匪路霸电话会会议精神，在清（镇）毕（节）公路沿线建立13个公安报警点，派出所实行勤务片区承包制度；成立黔西县鸭池河畔治安联防队，开展巡逻、守候、随车护送。摧毁以清镇市辛店马某某、王某某为首的4人车匪路霸团伙，破获马某某等人在2月13日抢劫贵阳客运公司大客车和贵阳市交通运输公司客车的案件。1994年6月，织金县牛场镇、实兴乡连续发生4起特大抢劫案件。织金县公安局经3个月侦查，告破4案，抓获团伙主要成员高某某等3名犯罪嫌疑人。1996年，毕（节）威（宁）公路和威（宁）水（城）公路沿线，发生多起车匪路霸案。根据省地领导指示，毕节地区、六盘水市警方通力协作，破获车匪路霸案21件，摧毁车匪路霸团伙8个32人。1998年7月15日凌晨，大方县双山镇幺塘路段发生8名蒙面歹徒用石头拦路，持刀连续抢劫13辆过往汽车案，公安处组织80多名专案人员分9路，连续奋战55天，先后到贵阳、清镇、六盘水、毕节市、黔西、织金、大方、纳雍县的47个乡镇103个村寨调查取证300多人次，抓获团伙主要成员周某某等4人。破获织金“3·3”“8·28”，纳雍“6·02”特大车匪路霸系列案。7～9月，全地区共摧毁车匪路霸团伙8个88人，破获车匪路霸案67件。1999年7～8月，在毕节市、纳雍、威宁、赫章县再次发生车匪路霸案，公安机关通过加大公路巡逻、落实各项综合治理措施，9～12月，先后破获车匪路霸案37件，抓获犯罪嫌疑人35人。2000年，赫章县公安局摧毁车匪路霸犯罪团伙两个，破案23件，抓获犯罪嫌疑人16人。2001年，全地区破获车匪路霸案37件。2003年，全地区查破车匪路霸案件20件。

5.追捕逃犯。1983年开展严打，一些犯罪分子逃往外地避风。1996年6月，地县公安机关抽调干警72人，组成25个追捕组，分别到广东、福建、浙江、江苏、云南、四川省，在当地公安部门协助下，抓回各类重大逃犯68人。其中赫章县派出的追捕组，抓回逃犯34人。是年，全地区共抓获“三逃犯”1680多人，其中批捕在逃犯417人，作案后逃跑1251人，“两劳”在逃人员13人。1999年，全地区公安机关梳理1996年以来的“三逃犯”，共清理登记在逃人员2000多人。公安机关一方面进行网上追逃，一方面组织30多个追捕组赴省外追逃。当年共抓获“三逃犯”1357人。2001年，全地区抓获“三逃犯”1198人，其中网上追逃157人，在省外抓获逃犯15人。2006年，全地区抓获网上逃犯1684名，其中抓获年前网上逃犯133名、外地网上逃犯190名。2008年，抓获网上逃犯1818名，其中抓获本地上网逃犯1365名，抓获历年上网逃犯266名，抓获外省、地网上逃犯447名。2009年，抓获网上逃犯1631名，其中本地逃犯1211名，外省逃犯352名。2010年，抓获网上逃犯1527名，分别抓获公安部A级、B级通缉犯各1名。2011年，抓获历年网上命案逃犯70人，抓获外省命案逃犯29名，抓获公安部B级通缉令网上逃犯1名。

6.侦破命案。2006年，破现行命案170件，破案率92.4%。破获年前命案15件。2007年，立现行命案134起，破获124起，破案率92.5%。2008年，破现行命案70起，破案率达95.9%，抓获现行命案逃犯103名。2009年，共发现行命案199件，破获165件，破案率82.9%，破年前积案25件，抓获现行命案逃犯211人，抓捕率91.7%，抓获外省命案逃犯15名，公安部督捕逃犯1名。2010年，侦破现行命案170起，破案率为88.1%，抓获现行命案逃犯254人，抓捕率达95.1%，抓获外省命案逃犯26名。2011年，破获现行命案117起，破获年前积案50起，抓获现行命案逃犯205人。

7.打黑除恶。2006年，在打黑除恶专项行动中，全区公安机关梳理24条恶势力团伙线索，主动打击，一举摧毁犯罪集团8个，逮捕犯罪嫌疑人105名，破获案件155件，移送起诉51人。2007年，黔西县公安局通过近半年艰苦奋战，一举打掉以徐某某为首的“南门帮”和以肖某某为首的“东门帮”，抓获涉案人员60余人，金沙县打黑办在侦办罗某某恶势力团伙过程中，通过深挖犯罪，打掉“蝶恋花”和“三联帮”恶势力团伙，分别破获案件25起、21起，共抓获团伙成员72人，刑拘35人。织金县公安局打掉以敖某某、张某某为首的20余人恶势力团伙，破获案件50余起。此外，毕节、大方、威宁、纳雍五县、市打黑办亦重拳出击，相继打掉毕节市李某某恶势力团伙，大方县李某某恶势力团伙，威宁县赵某某恶势力团伙，纳雍县“七月半”恶势力团伙等。2009年，全区共摸排出黑社会性质组织线索4条、恶势力团伙线索10条，办理黑社会性质组织案件5起，恶势力团伙案件30个，摧毁恶势力团伙27个，抓获犯罪嫌疑人270人，破获刑事案件368件。2011年，摸排出涉黑线索3条，涉恶线索28条，办理黑社会性质组织9个，侦办涉恶案件65起，其中省打黑办认定恶势力团伙44个。

8.侦破经济犯罪案件。2006年，经侦部门组织侦破威宁县威煤公司向外虚开增值税专用发票1308余份，价税合计4.65亿元，接受虚开增值税专用发票2220份，金额1.3亿元，挽回经济损失857.86万元，配合税务机关为国家挽回税款损失3965.52万元。2007年，立案侦办经济犯罪案件91起，破获经济案件74起，为国家挽回经济损失727.98余万元。抓获刑事犯罪嫌疑人员4587人。2008年，侦破经济犯罪案件116起，挽回经济损失647.57万元。2009年，共受理经济犯罪案件121件，立案侦办100件，涉案总金额25901.55万元，破获经济案件121件，为国家挽回经济损失4314.62万元，打击处理犯罪嫌疑人124人。2010年，破获经济犯罪案件111起。2011年，共受理经济案件118起，立案侦办134起，破获111起，涉案总价值1.33亿余元。打击处理犯罪嫌疑人105名，为国家挽回经济损失1579.55万元。

9.打击“两抢一盗”。2011年，全年共破“两抢一盗”案件5821起，其中抢劫案606起，抢夺案241起，盗窃案4974起，打掉抢劫团伙56个抢夺团伙116个340人。

## 第四节　治安行政管理

**户籍、人口管理**　1.户口管理。1950年，毕节、大定、黔西、威宁、赫章县公安局清查登记城关地区常住人口。1951年，贯彻公安部和省户口管理规定，登记城镇户口。1954年1月，专区公安处抽调各县公安局民警47人到毕节县城关帮助清查户口，建立户籍档案。3个月查明毕节县城关8条街共有居民7277户，2.7万余人。是年，赫章县公安局在妈姑镇清理户口，查明该镇有居民1729户，6813人。1956年9月，专区公安处要求户口管理工作做到：建立健全户口登记制度；对重点人口进行列管；加强人口统计，健全办事机构。1957年，全专区1228个乡，80%建立起一般常住人口出生、死亡、迁入、迁出变动管理登记制度。各县城关均建立起公共户口簿。1958年，公安机关执行《中华人民共和国户口登记条例》，开始主管户口登记工作，公安派出所和乡镇人民政府具体开展户口登记。1958年下半年至1984年上半年，各县农村户口（含部分集镇非农业人口）管理工作均由公社秘书和生产大队会计登记办理。1984年下半年后，由乡、镇人民政府办理户口。1990年底，地区公安处设户政科，各县公安局成立户政科（股）。1992年，全地区建镇并乡撤区，城乡户口管理由公安机关管理。1998年，金沙县城关镇被列为全省10个小城镇户籍改革试点单位之一。1999年，全地区公安机关贯彻落实户籍制度改革工作，地区公安处制发《推进我区小城镇户籍制度改革的实施意见》，强调户籍管理方便群众。2000年，地区公安处制发《关于认真贯彻执行黔府发〔2000〕18号文件．进一步加大全地区小城镇户籍工作力度的意见》。至2001年底，全地区共办理小城镇户口1.8万多户57万多人。2003年，地区公安机关制定12条户籍管理措施，为民服务的效率和质量有了提高。

2.人口普查。中华人民共和国成立后，开展了五次人口普查。全地区公安机关与统计、计生、民政部门相配合，开展人口普查工作。1953年第一次全国人口普查，全专区总人口261.37万人；1964年第二次全国人口普查，全专区总人口301.18万人；1982年第三次全国人口普查，全地区总人口521.7万人；1990年第四次全国人口普查，全地区总人口592.57万人；2000年第五次全国人口普查，全地区共160.68万户，632.69万人，其中汉族455.52万人。2010年，第六次全国人口普查，全地区总户数1854772户，总人口6537498人。

3.颁发居民身份证。1987年，毕节地区行署依据《中华人民共和国居民身份证条例》和《中华人民共和国居民身份证条例实施细则》，成立颁证领导小组，组织领导全地区颁发居民身份证工作。1988～1990年，共颁发330.87万人居民身份证，占应颁证人数的91.87%。从1991年起颁证转为日常工作。1995～1999年，全地区新颁发72.93万人居民身份证。之后，公安机关开展临时身份证办证业务，以解决居民外出经商、学习、旅游、打工之需。1996～1999年共为6.54万人办理了临时身份证、边境通行证。2000年，共向制证中心送领证1.71万个。2001年，全年向省公安厅制证中心送领证18.46万人，局办证中心接待群众2780人次，代办证件2118份。2005年5月，地区行署召开全地区人口信息管理系统建设暨第二代居民身份证换发工作会议，7月，完成公安部下达的人口信息系统建设任务。

4.流动人口、暂住人口管理。1950年，全专区办理通行证259张。当时对流入人员，要求住家户、店主、房屋租赁户及时报告登记，民警坚持到居民段查验，掌握流动人员情况。1958年，根据省公安厅指示，专署公安局和毕节县公安局联合组成调查组，调查毕节县城关外来人口，查明外来人口2200多人，其中来路不明的102人。1961年，全专区外流人口3.1万多人，其中金沙县6400人。1962年，全专区收容流入人口2000余人。1970年，全地区农村安置贵阳市疏散人口1310户4330人、城镇疏散人口492户1726人。1977年3月，纳雍县11个区镇中有270户1174人合家搬迁到江西省，后经县、区领导劝导，接回大部分搬迁群众。1978年后，流动人口逐年增多。1985年起，执行公安部《关于城镇暂住人口管理的暂行规定》，公安机关加强对流动、暂住人口的管理。1991年，地区成立流动人口管理办公室，对流出人口进行清理、登记、管理的同时，加强对外来暂住人口和房屋租赁户的管理、办证工作。1996年，全地区有外来暂住人口1.87万人；1997年为1.76万人；1998年为2.31万人、1999年为2.89万人。是年，全地区共出动公安干警、治保人员、联防人员近6000人次，查验3900多房屋租赁户、680多家旅店、220处建筑工地、222家集贸市场、300多家娱乐场所、99处城郊接合部流动人口及暂住人口，查获无合法身份证、无固定住所、无正当经济来源者87人，提供各类案件线索73件，提供打击处理对象材料61件，破获刑事案22件，查处治安案66件，缴获赃款及赃物折款3.19万元。同时，开展为群众办证、送证上门、解答疑难问题6.73万人次，帮助港、澳、台同胞寻亲、办证、解决难题47人次。2000年，全地区外来暂住人口7.49万人。2001年，查明流入人口5.71万人，房屋出租户5479户，办理证照6311人（户），收容遣送"三无"人员643人。是年，清理1998年以来刑满释放和解除劳动教养人员6821人，提供案件线索245条，破各类案95件，抓获犯罪嫌疑人114人。2011年，探索"以证管人、以房管人、以业管人"模式，登记流动人口近102.49万人，流入人口10.89万余人，办暂住证3.98万余人。

**出入境管理**　1.人员出入境工作概况。1949年末～1972年，公安机关未设外事管理机构。1972年后，出入境人员逐步增多。1987～1995年，国家先后批准区内县市对外开放。1987年地区公安处设立外国人、中国公民出入境管理科（简称外事科）。1994年后，毕节市、金沙、纳雍、大方、威宁县公安局相继设立外事科。据资料记载，外国人进入毕节地区始于1895年。至1949年，共有59名外国人在毕节、威宁、大定、黔西、赫章等县居留，居住时间最长达24年。1949年10月中华人民共和国成立，多数外国人离开毕节，其余8名外国人，根据上级通知，于1951年9～10月，分别赴省公安厅办理出境手续。1949～1972年，只有1名朝鲜人、1名越南人在毕节居留，另接待过几次苏联专家到毕节、威宁、赫章考察。1973～2001年，到毕节地区的外国人和港、澳、台同胞1.41万人；同期，全地区出境2808人；此外，毕节卷烟厂和毕节师专还雇请数名常年性外籍工程技术人员、教师协助工作。2003年，受理审批出国（境）申请1138人次，办理证件40人次，接待境外人员2928人次。是年，制定8条出入境管理措施。2004年，受理出国（境）申请人员2221人次，接待外国人855人次，港澳台同胞4497人次。

2.涉外案（事）件。1950～2005年，进出的2万多名外国人和中国人，绝大多数遵章守法，共发生涉外案（事）件146起，其中已查处145起。

**特种行业管理**　中华人民共和国成立初期，按照原封不动、整套接收的原则，人民政府把旧警察机构管理的特种营业接收过来，并对其逐步改造。全地区公安机关结合实际，将无线电器材业、火药制造业、硫磺制造业纳入特种行业重点管理。1951年，执行国家公安部《无线电器材管理暂行条例》《城市旅栈业暂行管理规则》《公共娱乐场所暂行管理规则》《印铸刻字业暂行管理规则》，发动群众加强特种行业管理，清除并打击其行业中的犯罪分子，保证合法经营。1957年，完成私营工商业社会主义改造，特种行业管理范围缩小。1958年底，根据公安部通知，停止执行《公共娱乐场所暂行管理规则》，20世纪60年代初，不再把公共娱乐场所，无线电器材业、火药制造业和硫磺制造业列入特行管理。1966～1967年"文化大革命"期间，公安机关特行管理受到冲击，特种行业经营活动受限制。

1977年后，恢复管理特种行业，先后共出动干警和党政机关干部18.53万人次，清理重点户1.85万余户，旅店658家、马店82个，抓获各种违法违章经营人员和其他犯罪嫌疑人1817人，收缴枪支4支，子弹124发，炸药72.5千克，雷管4021枚，淫秽书籍10本。1979年9月，毕节地区工商行政管理局、公安局、商业局、轻工业局、社队企业局、人民银行毕节地区中心支行、农业银行毕节地区中心支行联合制发《关于贯彻特种行业企业登记管理的通知》，要求各县清理整顿特种行业。11月底完成登记发证。1984年12月，公安部明确旅馆业、刻字业、生产性废旧金属收购业和信托寄售业为特种行业管理范围。1988年，国家公安部明确印刷业、典当业和拍卖业为特种行业管理范围。1991年9月，地、县公安机关清理特种行业，共清查重点户40家，旅店327家，废旧收购12处。至1998年，全地区共有特种行业1133家。其中：毕节市的特种行业334家，占全地区总数的30%。2001年，共清查293家，其中旅店191家，歌舞厅41家，电脑网吧17家，录像放映点20家；下发限制整改或停业整顿通知书25份，督促落实立即整改17家，依法取缔8家。2011年，依托旅馆业，持业管控等信息化管理系统完善管控机制，推进旅馆业信息录入上传工作，旅馆业上传在线率达98%。

**公共场所管理** 中华人民共和国成立初期，公安机关基本沿袭旧警察机构管理模式，管理公共场所。1957年，执行《中华人民共和国治安管理处罚条例》，管理公共场所。1959年12月，专署公安局进行安全检查，查获易燃易爆物品近7000吨，追查各类责任事故176起，发出15份安全建议书。是年11月，专署公安局召开公共场所安全检查现场会，交流经验，确保生产和公共场所安全。1966～1976年"文化大革命"期间，公共场所管理处于停顿状态。1978年后，公共场所数量增加。20世纪90年代，各县城镇先后出现歌舞厅、卡拉OK厅，夜总会、酒吧、网吧、游戏机室等场所，一些不法分子利用公共场所进行违法犯罪活动。1995年执行《贵州省公共场所治安管理办法》，打击在公共场所进行的各种违法犯罪活动。至1998年，全地区共有公共场所1301家，其中毕节市299家，织金县230多家，金沙县40多家，其他县均在百家以上。2001年，根据国务院《关于进一步整顿和规范文化市场秩序的通知》和《贵州省整顿和规范歌舞娱乐服务场所秩序专项行动方案》要求，各县市公安机关结合严打，整治歌舞娱乐场所，查处违法违规场所110家，查破各类案44件，治安拘留89人，罚款166人，其他处理7人，追究刑事责任3人。

**爆炸物品管理** 20世纪50年代初，公安机关管理爆炸物品，主要预防发生各类爆炸事故。1958年贯彻公安部《爆炸物品管理规则》，清理整顿生产爆炸物品厂家、私人作坊，全专区有国营小型化工厂10余家，私人作坊200余家，均发生过不同程度的事故。发生较大的涉爆案30余件，死亡40多人，伤80多人，经济损失81万多元。是年5月7日，赫章县手工业联社石文阁炸药厂试制黄色土炸药，工人违章操作引起爆炸，死3人，伤3人，炸毁房屋6间。是年12月11日，毕节县农水局干部杨大光、徐荣在试制炸药中被炸死。1959年4月，毕节专署公安局制发《关于防火防爆工作的几点意见》，并在全专区连续三次开展群众性的防火、防爆、防事故活动，治安部门重点检查储存炸药、雷管的仓库1022个，责令单位搬迁不符合保管规定的炸药350多吨，雷管5.7万多枚，导火绳近5万米，并帮助生产、储存单位制定管理规章制度，减少事故的发生。1978年后，因生产建设需要，促使爆炸物品猛增。1984年5月，毕节地区行署贯彻《中华人民共和国民用爆炸物品管理条例》，制发《关于加强全区民用爆炸物品管理工作的意见》，成立毕节地区民用爆炸物品管理工作领导小组，领导管理民用爆炸物品。6月，地区召开民爆物品管理工作会议，部署管理工作。1986年11月，织金县物资局被骗走炸药1.2吨，导火绳1500米、雷管1700枚。经地、县公安部门历时半月侦破，4名罪犯被抓获，追回部分赃款及赃物。1987年9月16日，大方马干山牧垦场仓库被盗雷管7100枚，地区和大方县公安机关7天破案，抓获犯罪分子，追回大部分赃物。12月21日，赫章县钢铁厂被盗雷管4000枚，县公安局两天破案，缴获全部被盗雷管。1991年1月，地区公安处召开民爆物品管理工作会议，传达全省民爆物品管理经验交流会议精神，制发《关于切实加强民爆物品管理工作的意见》。1991～1992年公安机关收缴炸药2.94吨，雷管1.15万多枚。1993年9月11日，大方县双山镇公安派出所指导员陈世喜家被人实施爆炸，陈妻被炸伤，地区公安处领导率地、县公安干警侦破，于14日将犯罪嫌疑人抓获。1994年，检查整顿生产烟花爆竹作坊，收缴非法生产的烟花爆竹半成品30多万响。1995年，全地区选择21个重点乡镇建立乡镇民用爆炸物品管理站。1998年5月，根据上级指示，全地区公安机关清理整顿全地区民用爆炸物品生产经营情况，共清理涉嫌单位1525家（处），发现隐患160处，发出整改通知书194份，督促整改落实责任制248家，吊销经营许可证4家，取缔非法生产厂、点66个，取缔非法销售点70个。至年底，全地区共收缴非法流散社会的炸药2.74万千克，雷管9500多枚，导火绳8500多米；刑事拘留1人，治安处罚80人，作其他处理25人；查清烟花爆竹的销售情况及购货渠道。自是年起，调整爆炸物品管理站。至1999年底，全地区有爆炸物品管理站29个，专、兼职管理者150余人。1999年6月，全地区公安机关根据省人民政府要求，开展民爆物品检查。至年底，共检查涉爆单位3000家，发出整改通知206份，现场督促整改225家，收缴炸药26.1吨，雷管1.6万枚．导火索4.93万米，处理违法犯罪人员83人，查结涉爆案件4件，查获非法生产、销售烟花爆竹厂点32家，收缴烟花爆竹4804箱。2000年，全地区公安机关制发《毕节地区烟花爆竹安全管理专项治理实施方案》，开展爆炸物品清理检查。全地区检查涉爆单位2756家，发出整改通知165份，取缔非法生产经营点123个，收缴炸药17.4吨，导火绳562米，烟花爆竹537万箱。是年，纳雍县公安局采取抓防范、找隐患、定责任、严管理的措施，开展防爆工作，全年取缔非法生产爆竹作坊107个，整改隐患202处，清查收缴流失社会的炸药近2吨，雷管7041枚，导火绳1300多米，全年未发生涉爆事故，被公安部、省公安厅分别评为全国治爆先进单位和全省治爆先进公安局。2001年，全地区共清查涉爆单位1788个，发现隐患684处，吊销许可证41个，收缴炸药24吨，雷管5.8万枚，导火绳2万米，黑色火药262.8千克。2003年，全地区开展治爆缉枪专项行动中，检查民爆物品使用单位340家，烟花爆竹生产企业18家，停业整顿94家，提出整改意见600余条；收缴炸药6.3吨，雷管1600多枚，导火绳1万多米；并破获金沙县等一批非法制造、买卖、储存爆炸物品案件。2004年，收缴炸药3.14吨，雷管6175枚，导火绳4000多米。2005年，全省小型民爆炸材库建设现场会在黔西县召开，推广毕节地区经验。是年，全地区收缴炸药3.4吨，导火绳2400多米，雷管8300多枚。2006年，全区共收缴炸药1.47万千克、雷管1.65万枚、导火索1.15万米、导爆索200米、黑火药14.5千克，手榴弹9枚，摧毁非法爆竹生产窝点2个；查处涉爆案18件，打击处理涉爆违法犯罪人员54人。2007年，收缴炸药9220.58千克、雷管1.59万枚。2009年，收缴炸药29.29公斤，导火索85.4米，雷管176枚。2011年，查处涉爆案件14起，抓获犯罪嫌疑人9人行拘7人；收缴烟花2305余件，炸药124公斤，雷管2961枚，导火线4.6米。开展了为期6个月的民爆物品安全管理“大检查大排查大整改”专项行动，全区共检查涉爆从业单位786家，从业人员4523人，涉爆运输车辆65辆；发现隐患452起，整改315起，签订《安全管理责任书》446份，取缔违规运输车辆9辆。

**枪支管理** 中华人民共和国成立初期，有少数人员隐藏有枪，随时危害民众生命财产安全的可能。毕节专员公署、毕节军分区发出敦促反革命分子及一切敌对势力，放下武器，停止顽抗，向人民投降的公告，号召持有枪支的个人主动将枪支交给当地公安或军事机关。1950～1960年，全专区共收缴、追缴各种枪支3万余支、子弹60余发。1960年，毕节军分区、专署公安局联合制发《关于进一步加强枪支管理工作的意见》，要求各县彻底清理整顿枪支，建立严格的枪支管理制度，对带枪人员加强教育。各县人武部、公安局成立枪支管理委员会，专区成立枪支清理领导小组。1963年，纳雍县公安局在清理登记枪支中，挖出1名隐藏枪支弹药13年的反革命分子，缴获步枪7支，子弹100多发。1966～1976年“文化大革命”期间，个别县枪支管理失控，部分枪支用于武斗，人民群众生命财产安全受到威胁。1978年，全地区公安机关和军事部门，执行中央指示，开展收缴武器行动。至1980年，原用于武斗的枪支全部收回。1981年4月后，公安机关按照《中华人民共和国枪支管理办法》首先在内部重新核查所有枪支，逐人逐枪造册登记，并核发持枪证的同时，20余次收缴散失在社会上的枪支弹药，共收缴110余支，子弹400多发，破获非法制贩枪支案20余件，抓获犯罪分子35人，其中逮捕法办20人。11月1日，大方县武装部发现军械仓库被盗手枪7支，子弹1177发，省、地公安机关、昆明军区、贵州省军区、毕节军分区派人协助侦查，25日破案，缴获全部被盗枪弹，4名罪犯被依法逮捕。1986年5月，地区公安处集中各县公安局痕迹检验技术员30多人开展全地区枪支取样建档工作。1992年9月24～26日，全地区开展收缴非法枪支弹药行动，出动公安干警、党政干部、治安积极分子2036人，收缴各种自制枪104支、刀364件以及炸药、雷管、导火绳等，抓获违法者64人。1996年，毕节地区公安处贯彻执行《中华人民共和国枪支管理法》，制发管理意见和规定，清理收回超范围配发的枪支。是年8月，全地区公安机关开展贯彻枪支管理法的法律咨询活动，共设置宣传点67个，出动干警355人、宣传车15辆，张贴、印发《通告》6800多份、标语860多条，办宣传栏10个，受教育群众12万多人。1997年统计，全地区收缴非法持有的民用枪支1486支。1998年初，贯彻公安部《关于启动新版枪支管理证件的通知》，地区公安处成立换发新枪证领导小组。7月，地区公安处培训考核各单位公务用枪人员。1999年4～5月，全地区开展收缴非法持有枪支专项治理。至年底，全地区共收缴非法持有枪支94支。2000年，全地区公安机关，加快新版枪支管理证件办理，完成全地区3000余人新枪证换发工作，同时收缴猎枪、体育用枪992支，3月10日，毕节市公安局出动300余名警力，抓获非法持枪人员27人，捣毁非法制枪窝点2个，破获持枪犯罪案26件，收缴非法枪支30支。2001年，收缴非法枪支892支，子弹716发。是年8月15日，地区公安处和大方县公安局在大方县城关冶炼厂销毁收缴的65枚手榴弹、900余支非法枪支。2003年，全地区收缴非法枪支93支，子弹237发，管制刀具406把。2004年，全地区收缴火药枪73支，子弹2614发，管制刀具253把。2005年，全区公安机关收缴各类枪支34支。2006年，收缴非法枪支186支、子弹631发，军用枪弹65发。2007年，收缴非法枪支53支、子弹232发。

**查禁社会恶习** 1.禁赌。中华人民共和国成立初期，政府号召禁赌。1951～1952年，禁赌53起。1954年，水城县七、八、九区有200多人常在山上聚赌，县公安局对参赌人员分别予以处理。1958年，水城、纳雍、赫章县接合部常有200多人聚赌，相关县对参赌人员作出处理。1963年，经调查，全专区有赌点655处，两万人涉赌。大方、黔西、金沙县接合部的百纳、烂草坝一带常有200～300人聚赌；黔西县金坡、岩脚、朴厚公社360多人参赌，被相关县分别查禁。是年4月，毕节县公安局在城关开展禁赌，取缔赌场200余处，查获赌资1000余元，勒令赌者407人写检查，依法处理13名赌头、赌棍。1965年，专署公安局协同水城、威宁县公安局调查铁路沿线6个区18个公社，查禁赌场3个。1967年，毕节县杨家湾发现赌博75起，丫口生产队40户，38户有人参赌。威宁县草坪，每逢赶场有上百人赌钱，草坪大队第4生产队40%的男子参赌；织金县阿弓区吹聋，每逢赶场天设有4～5处赌摊，公开聚赌。牛场区半坡大队大箐有200多人经常聚赌，相关县公安局一一查处。1969～1972年，全地区城乡市场聚赌频繁，参赌者少则几十人到上百人。金沙县石场区供销社一营业员将上交的2700尺布票和2400元现金全部输光；沙土区沅村公社一社员输现金1000多元，无钱还债，卖掉孩子还。纳雍县张维区杓座公社垮桥生产队53户人家，46户有人参赌；区农具厂22名职工17人参赌，一工人长期赌博造成与妻子离婚，将孩子卖25元参赌。相关县均进行查处。1981年，全地区禁赌453次，涉及866人，缴获赌资1.38万元，手表60块，赌具337件。1984年11月，公安部制发《关于查破和处理治安案件的通知》，规定立查赌博案标准。是年，全地区取缔赌场59处。1985年，根据公安部、最高人民检察院、最高人民法院联合制发《关于严格查禁赌博活动的通告》，查出全地区有参赌人员1.4万多人，其中有在职干部、中共党员和共青团员。毕节、大方、织金县城关查禁赌场50处，取缔球桌40张，追缴赌资1万多元，打击赌头赌棍16名，其中逮捕11人、劳教5人、治安处罚640多人。1986年1月，地区公安处制发《关于严格查禁赌博活动的意见》，各县公安局坚持宣传教育，抓调查研究、登记悔过、典型处理、经常性禁赌。是年，全地区抓获参赌人员5800多人，其中受警告、罚款、行政拘留处分984人，逮捕7人，收缴赌资近3万元。1987年，全地区查禁赌博300余次，抓获赌博者2600多人，缴获赌资5万余元。1989年，各县公安局巡警队查处赌博案406起，处理1800多人，没收赌资6.58万元，罚款3.35万元，没收赌具4400多件。1990年，重点治理的305个乡镇，取缔赌场53处，处理参赌人员1802人。1991年6月，采取统一行动，查禁赌场8处，收缴赌资1000多元、赌具12副。1993年，取缔有赌博活动的牌机128台、苹果碰盘机13台、棋牌室18家、酒吧8家、卡拉OK厅8家。1994年，开展查禁取缔利用游戏机赌博，取缔5家30台游戏机。1995年，查禁赌博点18处，收缴赌资5100多元。1996年2月，与文化、工商等部门配合，取缔赌场70余家，收缴有赌博功能的电子游戏机600余台，电路板80余块，责令11家电子游戏室停业整顿。1997年，毕节地区根据公安部、省政法委、省公安厅要求，两次开展禁赌，取缔有奖游戏机61台。1999年，全地区查处赌博案471件，处理2500多人。地区公安处协同黔西、金沙县公安局，取缔赌场8家，收缴赌资7万多元，赌具165台套，处理参赌人员200余人。2000年，全地区共查处赌博案686件，3320人，收缴赌资174万多元。2001年，全地区共查处赌博案497件，收缴赌资55.7万元。2005年，全地区查处赌博案334件1657人。2011年，查处赌博治安案件120起，侦破赌博刑事案件14起，治安处罚368人，逮捕38人，缴获赌资204.26万余元，收缴赌博机150台。

2.取缔卖淫嫖娼。1950年，以毕节城关镇为重点，清查户口，取缔妓院，改造教育妓女。至

1953年，卖淫嫖娼现象基本绝迹。20世纪80年代后期，卖淫嫖娼现象再现。1987年，毕节城关发现卖淫妇女59人，嫖客41人，经查禁后送劳动教养4人，行政拘留42人，罚款2人。1990年，公安机关开展打击卖淫嫖娼专项斗争，摧毁卖淫窝点7处，抓获卖淫妇女67人，嫖客78人，引诱、容留妇女卖淫233人。后逮捕2人，送劳动教养33人，治安处罚88人，收容教育55人。1991年，公安机关开展打击卖淫嫖娼专项斗争，取缔卖淫窝点8处，抓获卖淫嫖娼人员158名，收容教育卖淫妇女42人。1993年6月、9月，公安机关遵照江泽民总书记“扫除社会丑恶现象切不可手软，必须长期抓出成效”的指示和省公安厅有关通知精神，开展打击卖淫嫖娼统一行动。各县公安局以城关、交通沿线有卖淫嫖娼行为的旅社、宾馆、酒吧为重点开展查禁工作，共查破卖淫嫖娼案115件，查获卖淫嫖娼团伙5个29人，抓获卖淫妇女40人，嫖客120人，依法送劳动教养13人，治安处罚93人，收容教育54人。1994年，根据省公安厅通知，开展调查清理取缔“三陪”色情活动。毕节市公安局强行拆除40余家酒吧、歌舞厅的封闭式包厢。是年10月，全地区开展“扫黄打非”活动，查处卖淫嫖娼案58件，抓获卖淫嫖娼人员121人。1995年，按照上级部署，与工商、文化部门合作，查处卖淫嫖娼案55件，抓获98人。1996年，地区公安处党委决定，8月20日～9月30日，在全地区开展打击卖淫嫖娼专项斗争，在调查摸底的基础上，清查旅社194家，路边店24家、卡拉OK厅89家，茶馆19户，共查处卖淫嫖娼案61件，抓获卖淫妇女96人，嫖客180人，查获卖淫团伙5个22人。是年，全地区共查处卖淫嫖娼案86件，查获卖淫团伙6个26人，查处引诱妇女卖淫的违法犯罪分子33人。打击卖淫嫖娼人员482人。行政拘留34人，罚款294人，警告3人，收容教育76人，劳动教养2人，逮捕4人。1997年，清理查破卖淫嫖娼案93件，打击处理204人，停业整顿旅店28家，拆除封闭式包厢28家，治安处罚34家。1998年，全地区公安机关查处卖淫嫖娼案79件，处理158人。1999年，共查处卖淫嫖娼案75件，241人。2000年，全地区共查处卖淫嫖娼案146件，卖淫嫖娼者379人。2001年，查处卖淫嫖娼案156件，其中卖淫嫖娼团伙13个46人。2011年，检查娱乐场所927家，查处95家；打掉淫秽色情团伙4个，成员19人，查破案件83起，抓获嫌疑人239人，刑拘28人，治安拘留152人，其他处罚54人；解救妇女31人，未成年人16人。

3.查禁淫秽物品。1974年，公安机关根据中共贵州省委《关于清理淫秽小说<少女之心>来源，狠狠打击主犯的通知》，协同有关部门开展调查，发现威宁县牛棚区迤拉中学、黔西县化窝煤矿、赫章113地质队有人传看《少女之心》。113地质队一工人不仅自己看，还转给11个单位的50人阅读，且调戏妇女7人，奸污妇女4人。是年，全地区共收缴《少女之心》202本。1985年，根据国务院和省有关指示，地区公安处抽出干警11人，由分管处长带领，协助毕节县公安局在城关地区查处复制、贩卖、播放淫秽录像案，收缴禁映录像带14盒。至6月，全地区缴获淫秽录像带55盘，收容审查3人，逮捕1人。根据中共中央办公厅、国务院办公厅《关于禁止营业性录像放映和加强录像管理的通知》，配合宣传、广播、司法部门编写印制《查禁淫秽物品宣传资料》1万份，发至各机关、单位、厂矿、农村，广泛开展宣传。1986年，查获走私、制作、播放淫秽录像案18件，逮捕21人。1988年，查获淫秽录像磁带30盘。1989年，地区公安处对47名传播淫秽录像者，送2人劳动教养，治安处罚11人，批评教育34人。另查处贩卖淫秽物品案23

件。1990年，贯彻公安部、文化部、广播电影电视部、海关总署《关于停止进口和播放激光视盘（故事片）的通知》及省人民政府的有关通知，地区公安处、毕节县公安局联合召开大会，对贩卖、传播淫秽录像的72名违法犯罪人员进行公开处理，逮捕2人，劳动教养2人，罚款17人，批评教育51人。1993年3～7月，组织全地区开展“扫黄”统一行动，收缴黄色书刊125本。毕节县组织30多名干警突击检查城关镭射放映厅，治安处罚6个播放淫秽录像，收缴淫秽录像带21盒。是年，全地区共收缴淫秽录像带29盒，淫秽书刊216本。1994～1995年，全地区共收缴淫秽录像制品85盒，淫秽图片1105张，收缴淫秽画册76本。1996年，按照省公安厅的统一部署，地、县市公安部门和工商、文化等部门相互配合，出动461人，车21辆，摩托车23辆，清查营业性录像放映点48个、卡拉OK厅89家、电子游戏机室11家、书店书摊18家，收缴侵权盗版和非法翻录录像带2609盘、激光视盘237张、淫秽录像31盒。1997年3～6月，收缴淫秽录像带36盘、激光视盘211张、非法出版物1018册。1998年，结合“严打”行动，收缴淫秽影碟1118盘、录像带18盘。2000～2001年，收缴非法出版物1832件、淫秽影碟55盘、光碟78张、淫秽物品772件。2004年，全地区公安机关收缴淫秽物品共88件。

4.取缔封建迷信活动。中华人民共和国成立初期，封建迷信活动普遍，多数端公、道士、巫婆、神汉利用迷信活动骗钱害人，有的散布谣言，制造迷信事件，进行反革命煽动，危害社会治安。1954年，毕节部分区、乡出现“蛟龙起身”谣言，受蛊惑群众请神汉做道场，杀猪祭山，到乡镇闹事，县政府组织工作组调查，逮捕蛊惑者2人，事态平息。1955年5月，毕节县十六区发生群众性求神药事件，涉及大方、金沙及云南省镇雄县、四川省古蔺县。毕节县公安局调查逮捕为首制造事件的归根道首张余民、张在福。1957年3月，赫章县31个乡发生求神水、神药，打清蘸等迷信活动。9月，黔西县大关区地富反坏分子利用封建迷信活动煽动群众，蒙骗300多人参加预谋反革命暴乱案，县公安局破案后逮捕为首分子21人。1958年，全专区将442名巫婆、神汉纳入社会改造，以开座谈会、登门教育、宣传政策等方式对3640名迷信职业者进行破除迷信和守法教育。是年5月，毕节县城关镇举办“七无”运动实物展览会，揭露封建迷信的假象及危害，受教育者2万余人。城区50名迷信职业者表示洗手不干，交出迷信工具40套。1963年，纳雍、赫章、毕节、大方、金沙、黔西县统计，产生较大型的封建迷信活动86起，涉及46个公社，180个生产队，参加群众万余人。纳雍县城关镇有迷拉48人、道士18人，算命子6人，收徒骗钱，有的还散布谣言，恐吓群众。大方县长石、六龙区有58个迷信职业者重操旧业，被公安机关处理。大方县瓢井区新开公社沟边生产队会计徐某某保管的现金400多元被盗，徐托人找迷拉李某某、孙某某议定，若找出偷钱人，徐付给报酬200元，李、孙在当地组织“捞油锅”迷信活动，全队39个壮年男子31人被烫伤。大方县公安局依法拘留李、孙2人。1977年，毕节县海子街区金银山分销店营业员朱某某盗窃店内财物怕被追究，准备火烧分销店，毁灭罪证，找迷信职业者打卦后说可以焚烧。8月11日，朱光友点火烧掉分销店，造成经济损失近5万元。破案后，受到法律制裁。1978年，威宁县毛坪公社彭某某，装神弄鬼，自称是玉皇老师降的第一名，是皇帝，改名彭万民，要管万民，蒙骗37人参加反革命集团。破案后依法逮捕5人。1980年，部分迷信职业者重操旧业，黔西、金沙、织金等县先后出现请仙姑、请观音、闹“撮箕神”等封建迷信活动。是年2月21日～3月1日，织金县、四川省綦江县先后发生两起同一罪犯利用迷信手段杀害两户13口的特大凶杀案，罪犯谢某某，利用得道升天谋财害命，将织金县阿烈公社秘书张胜宏的8个子女骗到山洞，用炸药和匕首杀死。另将省煤勘队工人张清宏一家4口和张胜宏夫妻骗到四川綦江进行水道升天，用棕绳将6人分成两串捆绑，各坠100多斤重的石头推入河中。张清宏落水后，挣脱绳索游到对岸向公安机关报案，其余5人均死于水中。破案后罪犯谢某某被依法处决。1989年，全地区公安机关共查处利用封建迷信骗财害人案77件。

社会改造　1951年，公安机关根据公安部、省公安厅的规定，对散居社会、尚不足逮捕法办的匪特、恶霸、反动军政警宪人员和反动会道门头子实行管制。1952年7月起，执行公安部《管制反革命暂行办法》，对相关人员进行社会改造。至1953年，全专区共管制各类反革命分子1693人，1954年增至2422人，次年3548人。1956年11月，全国人大常委会作出《对反革命分子的管制一律由人民法院宣判的决定》，公安机关不再办理管制案件。同年，中共中央制发《1956～1967年全国农业发展纲要（草案）》规定：对地富分子表现坏的，由乡人民委员会交农业生产合作社管制生产；有破坏活动的，由法律制裁。是年，评审地主、富农和反革命分子共2.04万多人，其中表现不好的地主2868人、富农1028人、反革命分子279人，由农业社管制生产。1957年，按照农业发展纲要规定，全专区评审地主、富农、反革命分子2.05万多人，根据其表现，评为改变成分、摘掉帽子、称为社员的5821人，占28.3%；评为后补社员的1.05万多人，占51.2%；表现不好由社内管制生产的4195人，占20.4%。是年8月，遵照中共中央和毛泽东主席指示，发动和依靠群众，结合社会主义教育运动，回击反革命分子、不法地主、富农分子和其他坏分子。至12月，全专区共斗争反革命分子446人，不法地主、富农分子3026人，坏分子648人，依法逮捕各类犯罪分子1604人，给1791人重戴地主、富农、反革命分子帽子。1958年，执行中央少捕、多管、大改造的方针，将右派分子和坏分子纳入监督改造范围。右派分子列入监督改造对象后，与地主、富农、反革命、坏分子合称“五类分子”。全专区共有五类分子9.22万余人，2.1万多人通过评审摘掉帽子，作候补社员的3.19万多人，监督管制生产的1.69万多人，依法管制的4052人，由民办监督改造队集中改造的8383人、待定9842人。全专区共建五类分子档案8.3万余件；占五类分子总数的90%。有87%的乡镇建有四类分子材料登记簿，1150个公社建立记功、犯罪登记簿。1959年4月，毕节专区在黔西县大关人民公社召开政法工作现场会，推广大关公社坚持党团员、群众积极分子、治保会和民兵包对五类分子的监督改造；五类分子订保证书；创建“改造跃进台”及各项监督改造制度等经验。是年，大关经验在全省交流。1960年4月，中共贵州省政法党组在赫章县召开社会改造工作现场会，推广赫章县改造五类分子做法：个个有档案，有改造计划和守法保证书；有领导、群众逐个包人改造；监督改造群众化、政治教育经常化、月评季评制度化。至年底，全专区有五类分子6.92万余人，经评审表现好的占32%，一般的占46%，不好的占17%，有现行破坏的占5%。通过评审，纠正错划五类分子441人，漏划五类分子307人。1962年，贯彻公安部“打击现行要紧，改造要紧，侦查控制要紧”的指示，坚持对五类分子的季查年总评、出门请假、回来销假、来客报告等制度。至9月底，全专区核实五类分子5.59万人。1966年2月专署公安局制发《关于1966年全区公安工作安排》，要求公安机关加强群众性的改造五类分子工作，抓好改造对象落实、组织落实、政策落实。1960年5月以后，社会改造工作处于无序状态。1970年8月，省公安军管会发出《关于普遍对“五类分子”进行一次评审和整建治保会的通知》，由于组织不健全，评审工作只在少数地方进行。1978年，全地区开展清理四类分子工作，在611个公社中共清理3.24万人。遵照中共中央《关于全部摘掉右派分子帽子的决定》，中共毕节地委成立摘掉右派分子帽子办公室，全部摘掉右派分子帽子。1979年，贯彻中共中央《关于地主、富农分子摘帽问题和地、富子女成分问题的决定》，具体办理相关事务。全地区有四类分子5.36万多人，给4.59万人摘掉帽子，占总数的85.6%；纠正错划错戴帽子3797人，占总数的7.1%。在此期间仍戴四类分子帽的3277人，占6.1%。同时，给5.9万余名地富家庭出身子女新定成分。1982年，根据公安部三局在贵阳召开的五省座谈会和省公安厅《关于“四类分子”摘帽工作的通知》精神，给未摘掉“四类分子”帽子的四类分子摘帽。年底，给1548人摘掉四类分子帽子，纠正错划5人。1983年按照公安部《关于给现有“四类分子”一律摘帽子的通知》要求，给1163人摘掉四类分子帽子。全地区完成给四类分子摘帽的工作，社会改造工作结束。

## 第五节　禁　毒

**禁种**　中华人民共和国成立初期，各级党委和政府开展群众禁毒运动。1950年，根据上级关于禁毒的规定，发现种植烟苗者，除动员种植者拔除并给予处分，还追究当地领导者责任。至1952年底，全专区杜绝种植罂粟。1958~1979年，部分边远地方曾出现不法分子种植，公安机关均组织力量铲除。1980年，种植罂粟现象在区内回潮蔓延。1981年4月，中共毕节地委召开全地区政法工作会议，要求各县全面检禁，发现种植，一律铲除。1986年3月，省公安厅制发《关于坚决查禁种植罂粟的紧急通知》，全地区共组织1500多名干部，深入田间调查，发现后立即铲除，对种植者分别给予处理，其中逮捕11人、行政拘留110人，警告46人、罚款311人、批评教育2928人。1991年3月，地区行署制发《关于严禁种植罂粟毒品植物的通知》，织金县公安局领导率20多名干警走村串寨，查出鸡场乡9户人种植罂粟；威宁县查出石门乡麻风村22户人种植罂粟。均责令全部铲除。大方县在11个乡镇的15个村查出19户种植罂粟，除全部铲除外，对情节严重的8人追究刑事责任。1994年3月，地区禁毒委员会制发文件，要求各县以查禁罂粟为禁毒的重点。纳雍县出动公安干警、党政干部1000多人次，全部铲除非法种植罂粟。1999年，公安机关组织开展90天的扫毒大行动，加强巡查，一经发现，坚决铲除，依法处理。2000年，毕节地区贯彻全国禁种铲毒工作会议精神，根据省禁毒委员会安排，组织党政干部、政法干警走村串寨，访问群众，查出有64个乡镇191户非法种植罂粟，均予铲除。2001年，共查处非法种植罂粟者139户。2003年，通过深入调查，铲除非法种植的毒品原植物3.6万株。2005年，全地区铲除罂粟1668株，为历年最少。2006年，铲除罂粟6982株。

**禁贩**　毕节地区位于贵州、云南、四川省接合部，中华人民共和国成立前周边地区鸦片多向毕节集中销往四川、湖南、广西、广东省。1950年4月2日、6月27日，贯彻贵州省人民政府《为禁绝鸦片告全省人民书》，在毕节城关查出鸦片2000多千克，抓获制、贩、运烟毒贩97人。7月，大定县从100多辆马车中，搜出鸦片450千克。1952年，贯彻《贵州省禁毒运动的行动计划》，查出毕节城关烟毒集团93个421人，个体烟毒贩1864人。专、县公安机关组织70多名干警，对715起重大个体烟毒贩犯罪线索进行调查，逮捕毒犯315人、毒贩65人。全专区展开禁烟禁毒运动，各县成立以县委书记或县长为主任的禁烟禁毒委员会，9～11月，全专区开展三次打击毒犯统一行动，共逮捕烟毒犯1310人，收缴鸦片9.61吨、烟具2040套、毒资大洋4257元、小洋740元、黄金6356克、白银4500克、人民币（旧人民币）187万元、手枪1支、子弹117发、汽车5辆、马车16辆；焚烧大烟870多千克，烟具2040套。经过审判，处决烟毒犯6人，判处无期徒刑20人，有期徒刑720人，管制100人，教育释放464人。经过广泛宣传动员，共收到检举揭发材料1914件，检举揭发有烟毒犯罪问题的5962人，并有1617名毒犯亲属规劝毒犯，交出毒品1724千克。1953～1957年，全专区共破获制贩毒品案598件，缴获鸦片550千克。1958年，省公安厅要求在短时间内实现无烟毒流行的目标。毕节专区通过宣传教育，共收缴各类毒品6749千克、烟种3314克，破获贩毒集团79个，逮捕贩毒分子341人。1963～1966年，按照省公安厅党组《关于肃清烟毒危害的意见》，结合社会主义教育运动，开展禁毒工作。共侦破贩毒案6件，抓获涉案人员40余人，其中为首者均予逮捕，其余人员均给予处罚；缴获鸦片116.27千克，烟具84套，毒资人民币3620元、银元554元、银锭105锭，受政府禁毒政策感召，自动交出鸦片11千克。1974～1975年，全地区共破烟毒案34件，抓获作案成员145人，缴获鸦片16.2千克、黄金165克，手表18块、人民币3.05万元，物资折款1169元。经审理后判刑51人、教育释放39人、转外地处理13人，作其他处理42人。1976～1978年，金沙县公安局破获团伙贩毒案3件，涉案40余人，其中涉案最多1件为30人，缴获鸦片5.55千克，毒资3290元，五四式手枪1支、子弹5发。对其作逮捕移送审判机关审判或作相应处罚。1979年，全地区共有烟馆215家，剪夹（拆零卖）户94户，分别给予处罚。1976～1979年，全地区共破获贩卖烟毒案33件，抓获作案成员141人。共缴获鸦片11.9千克、黄金550克、白银7.3千克、玉石1块、手枪1支、子弹19发、手表10名、现金1.93万元。对34名、作案成员判刑，64名教育释放，20名转外地处理，23名作其他处理。1981年5月，金沙县破获以曾某某为首的团伙贩毒案，抓获毒犯21人。1983年～1987年2月，结合开展严厉打击严重刑事犯罪分子，全地区共破获贩卖烟毒案56件，缴获鸦片82.5千克，抓获贩毒人员83人。1987年9月，毕节地、县公安机关破获云南省梁河县许代芬、云南宣威杨家熬、毕节邓书才等人组织的贩毒团伙、缴获鸦片16.5千克。1988年，贯彻执行全国缉毒工作会议和全省缉毒工作会议精神，成立毕节地区缉毒队，各县成立缉毒组，共配备缉毒民警38名。是年，毕节县破获一贩毒团伙，缴获鸦片2.75千克、毒资8430元、烟具2套；黔四县公安局，抓获正在进行毒品交易的2名毒贩，追查毒贩2户，共缴获鸦片1.03千克、毒资800元；是年，地区公安处抓获贩毒分子2名，缴获海洛因350克。1989年，毕节县公安局破获1起贩毒案，当场缴获鸦片3000克；地区公安处破获贵州帮贩毒集团，缴获海洛因350克；地区公安处与威宁县公安局相配合，在威宁县中水区抓获云南昭通的4名贩毒犯，缴获鸦片4千克、毒资6000多元和作案用车1辆；黔西县公安局与大关区交通检查站相配合，抓获贩毒者2人，缴获鸦片13.55千克。1987～1989年，全地区共破获贩卖烟毒案100件，抓获贩毒分子174人，缴获鸦片156千克，海洛因1.1千克，毒资2.4万多元。1990～1995年，全地区共破获贩毒案772件，抓获案犯1082人，缴获鸦片185千克、海洛因16千克、毒资46万多元。1996年，地区公安处禁毒大队改为禁毒支队，除威宁、纳雍县在刑侦内部明确缉毒组（队）外，其余县市禁毒机构单列。1997年，地区设立禁毒指挥部，各县市也设立相应机构。1996～1999年，全地区共破获贩毒案2681件，抓获犯罪嫌疑人3023人，缴获海洛因26.1千克和2.3万零包、鸦片16.1千克；毒资12.2万多元。2000年，毕节地区禁毒委员会制定《毕节地区毒情重点整治方案实施细则》和《毕节地区开展创建“无毒社区”活动实施细则》。4月6日，省、地、县公安机关联手在织金城关破获1个毒品犯罪集团，抓获涉案人20余人，缴获海洛因250克、鸦片75克、鸦片残渣10余千克及黄皮、氯化铵等物资，缴获毒资32万余元，汽车3辆，查封房屋3幢。4月10日，地委、行署召开全地区毒品问题重点整治工作会议，地委、行署领导与8县市党政领导签订2000年禁毒和创建无毒社区责任书。确定68个重点整治乡镇，在93个乡镇创建无毒社区。5～10月，破获贩毒案3件，抓获犯罪嫌疑人10名，缴获海洛因1202.7千克、毒资1000余元鸦片3.18千克。抓获零包贩毒人员40余名，缴获海洛因482克、鸦片350克。2001年，全地区公安机关坚持以开展重点整治和创建无毒社区为中心，结合严打整治，组织开展查缉毒品、百日剿毒会战、冬季禁毒专项斗争。共破获贩毒案569件，抓获贩毒嫌疑人663人，缴获海洛因8.23千克、海洛因零包128包、鸦片4.92千克。同时，加强对易制毒化学品和精麻药品的管理，对药店、医院、工厂、学校、诊所逐个检查，收缴部分化学药品。2003年，全地区公安机关开展创无毒、保净土；打击跨区域贩毒；路上堵、公开查专项行动，全年共破获毒品案625件，抓获犯罪嫌疑人675人，缴获海洛因27.34千克、鸦片4.29千克。2005年，全地区共破获涉毒案件2684起，其中贩毒案629件，缴获冰毒0.32千克、海洛因45.37千克、海洛因零包928包、鸦片1.93千克，抓获贩毒嫌疑人631名。2006年，累计破获贩毒案788件，缴获海洛因29.76千克、冰毒2.05千克、海洛因零包543包、鸦片27.15千克。2007年,共破获毒品案件809起，缴获海洛因47.53千克、鸦片3.13千克，抓获贩毒嫌疑人员904人。2009年，破获毒品案件847件，缴获毒品30.08千克，抓获毒品犯罪嫌疑人881名。2010年，破获毒品案660起，缴获海洛因30.75千克、鸦片2.44千克、冰毒12.09千克、其他毒品8.28千克、抓获处理728人；与沪、浙、粤等有关省市公安机关建立打击外流贩毒长效机制。2011年，组织开展“冬季缉毒破案会战”“春季攻势”和“夏季严打”等缉毒专项行动，严厉打击贩运毒品、种植毒品原植物违法犯罪行为，共破获毒品案件900起，缴获毒品94.34余千克，抓获犯罪嫌疑人971人。

**禁吸**　中华人民共和国成立初期，吸食鸦片者甚众，毕节县40多万人口，吸食者1.8万人，占总人口的4.5%。毕节专区执行政务院《禁绝鸦片烟毒的通令》和省政府要求，颁发禁烟禁毒布告。1950年11月，毕节县城关施行1640名烟民戒烟；黔西县集中2620名烟民限期戒烟；大方县将登记的2000多名烟民分批集体戒烟。1952年，专署和各县明令开设烟馆者立即改营其他行业；对民间散存烟土，限期交出；对吸食者限期登记、限期戒除。否则，根据情况予以惩处。专县卫生部门宣传戒烟方法，研制戒烟药物，设立戒烟所、戒烟医院，配合戒烟。各县公安机关设立2～3个登记处、收缴毒品处。全专区登记吸毒者6415人，向卫生部门领取戒烟药丸20万粒，大多数戒除烟瘾。1959～1962年，部分地方毒品活动复出。1963年，结合农村社会主义教育运动，开展禁毒工作。7～9月，毕节县分两批集中157名吸食鸦片者戒烟，大部分戒掉毒瘾。20世纪80年代，部分已关闭多年的烟馆重操旧业。1981年，全地区取缔烟馆234家，查获吸毒者1161人。1982年8月，中共毕节地委召开会议，传达贯彻中共中央、国务院《关于禁绝鸦片烟毒的紧急指示》和省委、省政府《紧急通知》，部署禁毒工作。取缔地下烟馆349家，查获吸毒人员1659人。1983年8月～1987年2月，结合开展严厉打击严重刑事犯罪，全地区取缔地下烟馆891家，查获吸毒者3955人，分别予以处理。1990年前后，吸毒者由老年向青少年发展，在织金县查获吸毒者中，最小年龄为13岁。由吸食鸦片向吸食、注射海洛因或其他麻醉药发展。1990年3月，地区行署制发《关于监督吸毒人员戒毒的通知》，要求各县成立戒毒所，强制戒毒。4月23日，省公安、财政、卫生厅在织金召开戒毒试点现场办公会，传达全国戒毒会议精神，确定织金县为全省戒毒试点，成立临时戒毒所，并解决部分经费及戒毒药品。5月14日，织金县集中53名吸毒人员进行强制戒毒。各县公安、民政、卫生部门抽调人员，办起临时戒毒所，分期分批集中1181名吸毒者戒毒，初步戒除毒瘾。1991年，全地区开展三次专项禁毒行动，集中900余名吸毒人员入戒毒所强制戒毒。1992～1993年，全地区以办戒毒班方式，集中806名吸毒人员强制戒毒。1994年，地区建立戒毒中心。省地共拨款109万元，给地区及各县市戒毒机构使用，是年，全地区共收戒吸毒者2030人。1995年，贯彻全国人大常委会《关于禁毒的决定》和国务院《强制戒毒办法》。4月，地区公安处在织金召开全地区禁毒专项斗争经验交流会，以谁主管谁负责，以块为主、条块结合为原则，制定“党委、政府包块块，单位包职工，乡镇包农民，街道包居民，学校包学生，家长包子女”责任制，推行强制戒毒，全地区收戒吸毒者1888人次。1996年，全地区投资146万元，建成8个戒毒所（中心），共3930平方米，设戒毒室70间，床位1002个。全地区共收戒吸毒人员2056人次。1997年，全地区共收戒吸毒者2522人，投送495名复吸人员劳动教养。1998年，发现新增和漏统吸毒人员889人，全地区在册吸毒人员5908人。强制收戒吸毒者2637人，报送566人劳动教养。1999年，地区戒毒中心和8个县市戒毒所共配所长9人、指导员4人、民警59人、保卫（民兵）36人、医生9人、护士2人、采取治疗和教育感化相结合、药戒和干戒相结合的办法，施行强制戒毒，取得良好效果。1990～1999年，全地区共查获吸毒人员2.49万人，其中收戒1.71万人次，送劳动教养2879人次。2000年，根据上级要求，调查发现新增吸毒者308人。2001年，全地区共摧毁吸毒窝点278个，收戒吸毒人员2029名，报送510名劳动教养。2003年，全地区强制收戒吸毒2425人，投送249名复吸人员劳动教养。2004年，地区公安局制定《关于进一步规范强制戒毒和复吸报教等工作的若干规定》。摧毁吸贩毒窝点339个，收戒吸毒者2643人，复吸报送劳动教养1024人。2005年，摧毁吸毒窝点312个，收戒吸毒者2552人，复吸报教者930人。2011年，摧毁吸毒窝点95个，强制隔离戒毒吸毒人员2144人，社区戒毒1747人，社区康复248人。

**禁毒宣传**　1950年初，贵州省政府发布《禁烟布告》和《为禁绝鸦片告全省人民书》后，毕节专署相继发出禁烟禁毒布告，大张旗鼓宣传禁毒。10月1日，金沙县召开国庆群众大会，焚烧鸦片96.25千克、烟具数十套。毕节、大定、黔西、威宁均当众焚烧鸦片。1952年7月，执行中共中央宣传部、公安部《关于禁毒宣传的指示》，各县采取召开各族各界代表会、干部会、群众会、控诉会、公审会、毒犯家属会，宣传中央关于禁毒的方针、政策，通过广泛教育动员，共收到群众检举揭发材料1914件，检举5962人。1982年，执行中共中央、国务院《关于禁绝鸦片烟毒问题的紧急指示》和贵州省委、省政府《紧急通知》，分别发布《关于禁绝烟毒的通令》广泛在区内城乡张贴；拟定《宣传提纲》，由各县区乡采用有线广播、黑板报等形式宣传。1990年6月26日，地区公安处在毕节城关开展禁毒法律咨询活动，散发全国人大常委会《关于禁毒的决定》《6・26国际禁毒日宣传提纲》1200份，设点播放《毒品在中国》《毒品对全社会的危害》录像。1991年，地、县分别成立禁毒委员会，采取多种措施宣传禁毒的法律法规、毒品的危害和禁毒的重要性。地区禁毒委员会、地区司法局编印《深入开展禁毒斗争宣传提纲》，发至各县，组织群众学习，并出动宣传车到毕节、大方、黔西县巡回宣传。全地区共组织宣传车5辆，印发禁毒公告及宣传提纲3.5万份，通过广播、电视宣传报道50余次，召开座谈会100余次。1992年6月下旬，地、县组织禁毒宣传咨询活动，党政领导参加街头宣传咨询活动。此后，每年“6・26”国际禁毒日前后，地、县市都组织声势浩大的宣传活动。1994年禁毒宣传活动期间，《毕节报》《毕节晚报》刊发一批反映禁毒斗争的文章，昭示党和政府禁毒的决心，歌颂公安民警机智勇敢和禁毒斗争取得的成果，鼓舞人民群众禁毒斗志。毕节市、黔西、金沙、纳雍县召开声势浩大的公捕公判大会，依法惩处涉毒犯罪分子。1995年，地区公安处选派民警到毕节一中上识毒、防毒、反毒的法制教育课，并组织学生参观戒毒所，帮助青年学生提高抵御毒品的能力。1996年“6・26”国际禁毒日期间，全地区有127名党政领导参加宣传活动，共出动宣传车12辆，制作宣传展板42块，发放各种宣传资料4.5万多份，张贴禁毒标语口号3000多条幅，10余万群众受教育。1997年3月，地区禁毒委员会、社会治安综合治理委员会、地区检察院、法院、公安、司法机关联合拟发《关于敦促涉毒人员主动投案自首的通知》，发至各县市张贴、宣传。是年“6・26”期间，各县市党政领导走上街头参加宣传咨询活动并发表电视讲话。此间，发放宣传资料和宣传画10余万份，出大型展览画板10多块，张贴标语，挂横幅400余条幅；7月3日，组织大中专学校学生开展禁毒知识抢答赛；8月初，各县市开展“热爱生命、远离毒品”万人拒毒签名活动，组织人员深入学校进行法制教育。1998年“6・26”国际禁毒日，各县市共设立12个禁毒宣传咨询点，出动宣传车9辆，办禁毒宣传展板29块，书写标语200多条幅及永久性标语103幅，散发宣传资料4.75万份。10月底，贵州省《爱惜生命、拒绝毒品》禁毒宣传巡回展在毕节展出，3万多各界人士参观。2000年国际禁毒日期间，除组织咨询和宣传活动外，地区公安处抽调11名民警到地直部分大中专、中学担任法制副校长，对学生进行法制教育。2001年6月中旬，省禁毒委员会组织以我为戒、远离毒品演讲活动，先后赴纳雍、毕节、织金巡回演讲，听众3万多人。是年国际禁毒日前后，各电视台（站）在黄金时段播放《毒品的危害》《关于禁毒的决定》《强制戒毒办法》，各学校挂禁毒标语，办禁毒专刊。全地区设宣传咨询点31个，散发宣传资料10万多份，张贴标语、悬挂横幅7010条幅，受教育群众10万多人次。各县市开展拒毒万人签名活动，召开公捕公判大会，公捕公判毒品犯罪分子155名，数十万群众参加大会。12月28日，纪念全国人大常委会颁布《关于禁毒的决定》11周年，地区禁毒委员会制发《关于开展“12·28”禁毒活动的通知》，地、县市均开展声势浩大的宣传活动。2005年12月28日，纪念全国人大常委会《关于禁毒的决定》颁布实施15周年，全地区设宣传咨询点35个，出动宣传车29辆，悬挂标语横幅1954幅（条），发放宣传资料15万余份，制作宣传展板72块，有线电视台（站）均播放禁毒警示片。禁毒宣传遍及城乡，广大群众受到教育。

## 第六节 监所管理

**羁押** 1.监所管理。（1）羁押场所建设。中华人民共和国成立初，接收贵州省第四行政督察区所辖9所监狱作羁押场所。1950～1952年，原监号不够使用，各县公安局均借用房舍设临时羁押场所。1955年，各县新建、改建或扩建看守所。1982年，地区看守所建成投入使用。1999年，金沙、赫章县看守所建成。2001年9月，织金县新建看守所竣工。地县看守所分别由同级公安机关管辖。看守所警戒和押解人犯，由中国人民武装警察部队担任。看守所的监管活动受地、县市人民检察院相关法律监督。

（2）看守所职责。1962年，贵州省公安厅制发《关于试行看守所工作守则的通知》规定看守所管教罪犯，贯彻惩罚管制与思想改造相结合的方针，遵循阶级斗争与革命人道主义相结合的原则，对在押犯实行严格看管，区别对待，配合审讯，向犯人进行认罪服法教育，保证监所安全，达到惩罚和改造犯人之目的；看守关押依法逮捕尚未判决的反革命、特务、间谍分子和其他各种刑事犯罪分子，以及依法拘留的人犯；看守所收押人犯，必须凭公安、检察、法院逮捕证、拘留证副页或法院裁定和押票收押；看守所配备所长1人、副所长1人，下设干事看守员若干人。1990年，《中华人民共和国看守所条例》规定：①看守所是依据国家法律，对被拘押人犯实行武装警戒看守，保障安全；对人犯进行教育；管理人犯的生活和卫生；保障侦查、起诉和审判工作顺利进行。②看守所收押人犯须凭送押机关持有县级以上公安机关、国家安全机关签发的逮捕证、刑事拘留证或县以上公安机关、国家安全机关、监狱、劳动改造机关、人民法院、人民检察院追捕押解人犯、临时寄押的证明文件。③看守所设所长1人、副所长1～2人；根据工作需要，配备看守、管教、医务、财务、炊事等工作人员若干人。

（3）羁押管理。1950～1953年，看守所未配备医生，被关押人员生病送医院就诊或请医生来所治疗。1953年后，各看守所配备医务人员。1956年，专署公安处检查各看守所，查处38名违反政策、打骂被关押人员的看守民警。1961年，看守所根据公安部制定的《看守工作制度》，结合实际修订收押、看守、管理、提审、生活卫生、财务保管制度。1962年4月18日，专署公安局发出紧急通知，传达公安部对金沙县看守所检查发现问题的指示，抓紧清理积案，建立健全制度，严格收押手续。6月6日，专署公安局对金沙县看守所人犯死亡问题发出通报，要求采取切实有效措施，杜绝人犯非正常死亡。1972年，毛泽东主席针对监狱管理不善问题作出重要指示，公安机关及时贯彻执行。4月10～14日，地区公安处召开全地区看守所负责人会议作出规定：①恢复放风制；②解决人犯饮水问题；③制止殴打、虐待人犯行为；④加强对人犯生活卫生管理；⑤严格收押、提审制度。8月，地区公安处制发《坚决贯彻执行毛泽东主席〈关于废除法西斯式的审查方式〉的重要批示的意见》。1992年4月，地区公安处制发《关于“两所”整改的实施方案》，通过检查评比，7个县看守所达标。毕节、威宁县看守所实现10年安全无事故。1993年12月，地区公安处在赫章县召开“两所”管理工作会，在全地区推广赫章县看守所改进监所管理经验。6月8～9日，全省看守所，收容审查所管理工作经验交流会在赫章县召开，会议介绍和推广赫章县看守所强化管理的经验。1996年5月，赫章县看守所被评为全省看守所目标管理先进单位；纳雍县看守所被评为10年以上无事故先进看守所。1997年，公安部拟发《看守所等级评定办法》，决定对全国看守所实行等级化管理。6月，省公安厅制发《贵州省看守所等级评定实施办法（试行）》，规定每年评定看守所1次，一级看守所为全国先进、二级看守所为全省先进、三级看守所为达标。6月17日，地区公安处制发《关于贯彻落实公安部〈看守所等级评定办法〉的实施意见》，并以金沙、赫章县看守所和地区看守所为试点。是年，全省公安机关施行侦审合一改革，将原预审部门转为专门监管看守所、行政拘留所，不再承担案件预审。1998年4月，国家公安部制发《关于开展“严格执法、文明管理”看守所创建活动的通知》，要求通过创建活动，健全看守所的各种工作制度，落实岗位责任制，向社会公开承诺，接受社会监督。地区公安处将地区、金沙、赫章看守所作为试点。6月16日，地区公安处召开全地区严格执法、文明管理看守所创建活动现场会，会上交流地区看守所的经验，公开向社会作出八项承诺：一是对在押人员依法实行文明管理，不打骂、不体罚、不虐待、不侮辱人格。二是保证在押人员依法享有辩护、上诉、申诉、举报、控告的权利。三是保障良好监内秩序，有效防止打击在押人员，欺侮在押人员的行为。四是保证在押人员基本生活条件，伙食按规定标准供应，保持监内生活卫生，定期组织在押人员理发、洗澡，保证每日必要的户外活动时间，有病及时治疗。五是全体民警做到廉洁自律、不接受在押人员亲属的吃请，不索要、收受在押人员及其亲属的钱物。六是对民警的违法、违纪行为，在押人员及其亲属均有权举报，公安机关依法受理，认真查处。七是对因公来所人员热情服务，提供方便，对来所送物的在押人员亲属要热情接待，文明礼貌，对按规定不能接见、送物的予以耐心解释。八是主动邀请各级人大代表、政协委员来所视察，自觉接受监督。

2.监所狱侦。1951年，赫章县看守所通过狱侦，成功破获监所人犯预谋暴动案，受到省公安厅通报表扬。1961年，地、县公安机关在毕节县看守所通过狱侦，破获重大反革命集团案1件。1977年11月，毕节市看守所通过狱侦，成功制止死刑犯卯某某企图越狱案。2000年8月，赫章县看守所长通过狱侦，破获在押人员陈某某1996～2000年参与盗窃50余次的系列团伙案。2000年，全地区看守所共挖出犯罪线索756条，侦破案123件，抓获逃犯和其他犯罪嫌疑人38人，追缴赃物折款近10万元。2011年，全区公安监管场所共提供违法犯罪线索2477条，从中破获各类刑事案件1377起，抓获犯罪嫌疑人621人。

**收容审查** 1.收容审查机构。1950～1969年，专、县公安机关未建立收容审查机构，抓获的流窜犯罪嫌疑人送民政部门的收容遣送站关押，审查处理仍由公安机关负责。1970年3月，毕节地区革命委员会批准，地区公安机关军事管制委员会派公安民警充实地区民政局收容审查所，各县公安机关军事管制小组成立临时收容机构。1975年，地区公安局设立临时收容审查所，由治安科、政保科、秘书科抽干警管理。1980年，临时收容所移入毕节地区民政局收容所，公安局抽干警参加管理，公安收容审查的人员单独关押。1983年，各县成立收容审查站。1984年，地区公安处收容审查所竣工并投入使用。1996年，根据公安部《关于贯彻落实〈刑事诉讼法〉有关问题的通知》，撤销地、县公安机关收容审查站。

2.收容审查对象。1975年，公安部和省公安厅规定：收容审查现行的流窜犯罪分子，重大流窜犯罪嫌疑分子，为流窜犯罪提供落脚点、销赃、窝主，逃避监督改造，流窜作案的地主分子、富农分子、反革命分子、坏分子以及逃跑的劳改罪犯、劳动教养人员和通缉犯。1980年2月，国务院《关于强制劳动和收容审查两项措施统一于劳动教养的通知》规定，下列人员可收容审查：有轻微违法犯罪行为又不讲真实姓名、住址、来历不明的人，或者有轻微违法犯罪行为又有流窜作案，多次作案，结伙作案嫌疑的人。1985年7月，公安部《关于严格控制使用收容审查手段通知》规定：收容审查对象应该控制在有流窜作案嫌疑的人，或有犯罪行为又不讲真实姓名、住址、来历不明的人。1991年6月，公安部《关于进一步控制使用收容审查手段的通知》，重申收容审查对象必须按国务院1980年2月的通知和公安部门1985年7月的通知严格掌握，并强调收容人员必须具有现行违法犯罪行为。认定其流窜作案、多次作案、结伙作案嫌疑的，应掌握一定的事实根据，不能对嫌疑人作任意解释。全地区公安机关均按上述规定执行。

3.对收容审查对象的处理。1950～1969年，对被收容审查对象的审查处理工作，由地区公安局治安科负责。被收容审查人员的生活、卫生由民政部门统一管理。公安部门审查后，无违法犯罪的盲流人员，由公安配合民政部门将其送回原籍。1970年后，对被收容人员的审查由地、县公安机关负责，审查后分别作出处理。审查不清楚，不能作出处理的则送回原籍。1982～1996，全地区共收容审查4.92万余人。据其间12年的统计，共收容审查处理4.27万人，其中依法逮捕1.63万人，送劳动教养2074人，送少年管教所75人，作行政拘留、罚款处理9794人，转外地处理1729人，脱逃116人，解除收审1.26万人。

## 第七节 道路交通管理

管理机构 中华人民共和国成立初期，公安机关未专设道路交通管理机构，交通肇事事故由公安协同交通部门查处。1959年12月，毕节县人民委员会决定，成立毕节县公安局交通民警班，配民警10人，负责管理毕节城区道路交通。1965年，划交通民警班归毕节城关镇管理。1967年6月，毕节县革命委员会决定将交通民警班收回县公安局，并在威西路车站和砂石路各建1个岗亭，执行交通指挥任务。1972年，毕节县公安局在原交通民警班的基础上组建交通民警队。1981年2月，地区公安处批准交通民警队增民警10人。1987年2月，遵照国务院《关于改革道路交通管理体制的通知》和贵州省相关规定，毕节地区行署决定，毕节交通监理所和所属各县交通监理站成建制移交地、县公安机关。除养路费征收工作仍属交通部门负责外，道路、车辆、行人和驾驶员管理，交通安全保障，纠正交通违章，处理交通事故，检验车辆和考审驾驶人员及核发牌证照，交通法规宣传和交通安全常识教育均纳入各级公安机关交通管理部门。1987年6月，贵州省编制委员会、贵州省公安厅联合制发《关于全省公安交通管理机构和人员编制的通知》，明确全省公安道路交通管理体制实行条块结合的领导体制，各地、州、市公安局（处）设立交通科，对外称公安交通警察支队，各县公安局设立交通科，对外称公安交通警察队。10月31日，毕节地区公安交通警察支队成立，下设车辆管理所、秘书科、管理科、后勤财务科、政工科、培训中心。1994年7月，贵州省编制委员会行文明确毕节地区公安交通警察支队为副县级；各县、市公安交通警察队为副科级，并更名为交通警察大队。至2001年底，全地区共有交通警察支队1个、大队8个、中队32个，共有民警284名，协勤人员120人。

**交通安全宣传**　1987年后，交通安全宣传工作由地区交警支队秘书科兼管。1994年10月，地区交警支队成立法制宣传科，履行宣传职责，各县市公安交警大队亦设专职宣传民警。至2001年止，全地区公安交管部门共配专职宣传民警13名。

1995年2月，地区交警支队投资20多万元购置10台摄像机，分发支队法制宣传科和各县交警大队。6月1日起，地区交警支队与地区电视新闻中心联合开办《交警传真》栏目；第四季度增办《每周一队》栏目，宣传报道全地区各县市交警大队道路交通管理工作，全年播放新闻82条。威宁、金沙县公安交警大队在县有线电视台分别开办《交警警示录》和《交警之声》栏目。地区交警支队及各县市交警大队共同拍摄交通安全宣传专题片10部，以案说法，在地、县市有线电视台、站多次播放。9月，在贵州省首届交通安全电视展评赛中，专题片《黔西北生命线上的呐喊》获三等奖，并在贵州电视台《经济900秒》《今晚十点半》栏目播出。1996年4月起，支队在《毕节报》开办《交安热线》栏目，定期刊出反映道路交通管理工作的文章。1996年，地区公安交警支队制发《在全区建立健全驾驶员安全联组的通知》，要求将驾驶员编入安全组内，以便实施对其开展安全宣传教育。至2001年，地直单位共建驾驶员安全联组46个，各县市建安全联组48个，2万多名驾驶员参加联组学习。从1997年起，地、县市交警部门坚持经常对中小学生进行交通安全教育，交通民警深入各中小学播放交通安全录像，上交通安全课。支队在毕节市梨树镇中心校开办希望班，救助50名失学儿童入学，并以此为契机，向学生作讲文明，树新风，告别不文明交通行为讲演，向梨树镇21所小学发出《告别不文明交通行为倡议书》。2000年8月，交警支队和地区广播电视大学合办毕节地区交通安全教育学校，对违章驾驶员进行交通法规和安全行车教育。从建校至2001年底,共有2909名驾驶员参加学习。自2001年起，全地区开展创建交通安全村活动，全地区共创建交通安全村29个。2002年，共建交通安全村18个，交通安全文明社区2个，其中毕节市麻园社区被评为省级交通安全文明社区。2003年，交管部门根据省公安厅、省安委会、省文明办、省教育厅《关于举办贵州省交通安全知识电视大奖赛的通知》要求，组织预赛和决赛，毕节地区选手沈琬卿获全省总决赛第二名。2004年，全地区交管部门举办学习宣传贯彻《中华人民共和国道路交通安全法》知识竞赛活动；政府分管领导发表《道路交通安全法》的电视讲话；开展

《道路交通安全法》宣传日活动。11月，毕节地区安全生产委员会制发《关于开展道路交通安全宣传“五进”活动的工作意见》，地区成立“五进”领导小组，全地区交管部门筹措70多万元购置宣传品10多种，交通安全的宣传进家庭、进企业、进学校、进社区、进村寨。12月15日，地区安全生产委员会召开毕节地区防范重特大事故分析会，向与会人员播放公安部制作的《关爱生命安全出行》的警示教育片，观看人员深受教育。

交通安全管理 1.安全标志设置与事故多发路段整治。1967年，自毕节县在威西路车站和砂石路设立交通岗亭起，又先后在南门口、洪山宾馆门口和松山路增建岗亭3个。此后，毕节县政府投资数十万元，在威宁路、砂石路、桂花路、天河路、洪山路、麻园大道设置隔离栏，实行人车分流。大方县在西大街设立交通岗亭3个、交通标志45块。织金县在城关增设交通指示牌5块，安全宣传牌1块。1990～1996年，地区交警支队先后投资20余万元，在321国道线黔西弯道处建分道线，并增设安全标志牌24块。1991年金沙县投资4.5万元，在326国道线拐弯涉险路段和交叉路口制作交通安全标志45套。1998年，地、县公安交警部门新建永久性反光宣传牌200多块，新建和修复水泥宣传牌10块。1999年，地、县交警部门同交通、养护部门相配合，在重点公路干线危险易滑路段安装警示牌476块，清理占道摊点和堆放物287处。2000年，投资15万元，增设安全标志、标线、标牌200余套，取缔马路市场40余处；投资30多万元，重点治理10个交通事故多发路段，修筑防护墙、防护墩600余米。地、县市公安交警部门通过调查研究，将主要公路干线划分为27个交通管理勤务片区。各片区由管辖县市交警大队负责重点管理，并明确片区负责人。同时，划定15个交通安全管理特控区，31处事故多发路段和37个事故多发点，并落实相应管理措施。对个别因公路设计形成的危险路段，建议有关部门予以改造。2007年，全区共排查危险路段616处，纳入重点治理危险路段71处，修建防护墙66处、波形护栏8500米。2009年，排查事故隐患点段629处，治理199处。

2.交通安全专项治理。1980年起，毕节、大方、黔西、纳雍县相继作出规定，控制过往客货车入城，或只准在规定时间线路上行驶。毕节市对城内出租车实行轮班运行。1990年3月，全地区交警开展安全活动月统一行动，上路查验车辆2.45万余车次，纠正违章3701车次，查扣严重违章车62辆，取缔路障29处，行政拘留36人。1993年7～9月，开展严禁拖拉机、货车载人专项治理，纠正违章载人1864起，暂扣车辆463台次。1995年，毕节市禁止人力、机动三轮车在城区行驶。1998年春运期间，地、县交警深入各客运单位、个体联运户举办驾驶员学习班19期，2235人次参加，交通与客运驾驶员及车主签订《行车安全责任书》1269份，审查1069名客车驾驶资格，并逐一建立档案。1999年全地区开展城区及主干道交通秩序专项治理，出动警力2386人次，警车1058车次，纠正违章1.52万余次，清理占道摊点和堆放物287处。2001年，地区行署成立春运领导小组，地区公安处成立春运公路交通安全工作领导小组，地、县市交警全力以赴投入监理春运，上路检验各类机动车14.3万辆次，处理违章驾驶员4.65万人次．暂扣机动车1081车次，暂扣驾驶证1133个，送251名违章驾驶员进交通安全学校学习，行政拘留12名无证驾驶人员。5～7月，全地区开展集中治理严重超载违章行动，查出违章超载车1.12万余辆，处罚7933人次，吊扣驾驶证56个，暂扣车辆189台，拆除非法改装车450余辆，卸客转载120辆。2002年春运期间，全地区公安交警出动警力1.4万人次，出动警车3724台次，查检客运车辆7万辆次，处理违章驾驶员1.2万人次，暂扣违章机动车507辆次，强制12辆应报废机动车报废，暂扣违章驾驶证981个，送400余人次违章驾驶员到交通安全学校学习，取消8辆春运资格车辆，违章记分921人次，暂扣机动车号牌6副，吊扣严重违章驾驶证27个，行政拘留5人，卸客转运216车次。9～10月，地区交警支队专项整治贵毕公路毕节段交通秩序。支队与大方、黔西交警大队抽调41人，拨款3万元，购置雷达测速仪4台、酒精测试仪1台用于专项整治。先后共出动警力2492人次，警车1039台次，查验机动车辆1.8万辆次，纠正违章5750起，违章记分393人次，送125人次违章驾驶员送进违章学习班学习，罚款40.6万元；纠正行人违章上路近7000人次，行政拘留2人。通过专项治理，事故显著下降。是年，全地区共排查事故黑点78处，治理57处，设置警示标志54块。2003年春运期间，严格执行《贵州省公安厅加强道路交通安全管理12条措施》，加大对各类严重违章的查处力度。此期间，全地区发生道路交通事故19起，死亡20人，受伤21人，与上年同期相比事故降55.8%，死亡人数降28.6%。专项治理客运，对12座以上客运车辆驾驶员进行法规和职业道德教育，签订《安全行车承诺书》2142份，对严重违章超员20%以上的客运车辆驾驶员一律报法制部门审批，处以行政拘留。是年，地区交警支队自筹资金24万多元，建成35M警用常规无线通信网一期工程并投入使用，一线民警工作效率明显提高。该项目获贵州省公安厅科技强警三等奖。9月15日，赫章县公安局交警大队公路巡逻警犬现场追踪抓获犯罪嫌疑人3名，成为全省乃至全国交警系统首例使用警犬现场追踪抓获犯罪嫌疑人的先例。2004年春运期间，排查梳理易冻易滑路段45处；对1544辆9座以上客运车辆发放春运临检合格证；与1700名车主、驾驶员签订安全责任书。8月，毕节地区行署《关于加强乡村道路交通安全管理的通知》，决定在乡、镇成立道路交通管理协勤中队，将全地区300多名乡镇农机专职监理员纳入道路交通协勤管理队伍，缓解警力不足的问题。2～4月，在开展1次短途客运车辆及农用、拖拉机等非客运车辆严重违章的专项治理活动。经过治理，全地区基本消除国省道短途客运车辆超载、农用车、拖拉机、货运三轮车载人现象；县、乡道路短途客运车辆超载、农用车、拖拉机、货运三轮车载人现象明显减少。9～10月，在开展一次对道路事故多发路段，危险路段的专项治理活动，排查出省级督治路段48处。公安交警部门治理完毕8处。2005年，全地区共治理事故多发、危险路段210处，长13.4千米，波形护栏10.3千米，减速带4550平方米；排查新增事故多发、危险路段207处。是年，全地区246个乡镇共聘请交通协管员584人。2006年3月20日起至4月20日止在全区开展为期1个月的春季城乡道路交通安全专项整治活动；根据贵州省创建平安畅通县区实施方案精神，开展畅通县区专项整治活动，改善道路通行环境；从10月26日开始，大战70天，开展预防特大交通事故统一行动。2007年1月19日，下发《毕节地区2007年春运道路交通安全工作方案》，出动警力1.8万人次，出动警车6000余辆次，查验客运车辆9万余辆次，处理违法驾驶员1.5万余人次，行政拘留20人，对超员实行卸客转运386人次；根据地区公安局2007年春节期间贵毕公路道路交通事故次数为零要求，支队机关春节7天出动警车21辆308辆次，出动警力44人616人次，加大对贵毕公路巡逻密度和管控力度；2月20日～3月5日在全地区范围内开展对酒后驾车交通违法行为专项整治工作，纠正各类违法行为217人次，查处酒后驾车4人，查处醉酒驾车1人，暂扣驾驶证6个；4月2日～6月30日在全地区范围内开展为期3个月春季道路交通安全专项整治活动。2008年2月15日～3月31日，支队在全地区范围内开展为期45天的“反违法、压事故、保安全”交通安全集中整治专项行动，共出动警力12666人次、警车2211辆次，设置临时检查点543个，派出督导组244个，登记检查客运车辆25228辆，查处各类违法行为16514起，其中车辆超速809起、客运车辆超员15起、卸客转运121人次、疲劳驾驶8起，深入客运企业302个次，排查客车隐患52起，设立警示标志9个，发放宣传资料56187份；4月1日起，在全地区开展为期7个月的“奥运道路交通安全攻坚战”集中整治；自9月21日开始，在全地区范围内全面启动预防特大道路交通事故百日行动；10月13日起至2009年春运结束在全地区范围内开展今冬明春道路交通安全专项整治攻坚战活动。2009年2月20日～3月30日在全地区范围内开展为期40天的严重交通违法行为集中整治行动；自3月23日开始，在全区范围内组织开展以打击机动车非法运输矿产资源为重点的专项整治行动，共投入警力7160人次，警车1500辆次，设置固定卡点12个，查处各类交通违法行为6万余起，查扣机动车321辆（其中非法运输矿产品车辆121辆），收缴非法矿产品673吨，行政拘留无证驾车运输矿产资源违法人130名，强制解体报废机动车19辆，深入15个村120个村民组摸排登记牌证齐全机动车2092辆，牌证不齐机动车822辆；7月15日起在全地区范围内开展针对酒后驾车违法行为的为期10天专项整治行动。2010年，组织开展城市道路交通违法行为专项整治行动、抗旱救灾期间道路交通管理工作、创建交通秩序示范公路活动、全地区集中整治涉及机动车号牌违法行为专项行动。2011年2月18日～4月30日，开展预防道路交通事故70天集中整治行动；启动“护卫天使行动”，护送学生约1.65万人次，进校园开展文明交通宣传教育30余次，完善校园周边道路交通安全设施8处，查处接送学生车辆交通违法行为141起，查处校园周边道路其他交通违法行为1023起；4～10月，开展“压事故保安全保畅通”集中整治道路交通安全专项行动；4月下旬~6月底，开展打击非法违法生产经营行为专项行动；10月下旬，严格依法查处超速行驶、客车超员、货车超载和疲劳驾驶（“三超一疲劳”）违法行为。

**车辆及驾驶员管理** 1.车辆管理。1987年后，全地区机动车辆统一由地区公安交警支队车辆管理所管理。具体管理机动车辆的登记入户、改型改装、过户、查询、报废、延缓报废、换证、补证及安全性能检验。1989年4月，地区交警支队成立毕节地区检审工作领导小组，负责指导全地区机动车检审验工作。1990年，通过检验，全地区共报废更新各类机动车98辆。1990年开始，金沙县对客运车辆实行一年两检制，1993年改为一年四检制。1991年，地区交警支队运用汽车检测站检验汽车。4～10月，巡回各县共检验汽车7951辆。1992年，检验辖区内1.07万余辆机动车，占应检数的80.4%。1992年底，执行毕节地区行署批转地区公安处《关于清理整顿公安专用车辆号牌及特种车辆安装、使用警报和标志灯具的意见》，组织人力清理。1993年底，省交警总队批准修建地区机动车辆安全技术检测站。1994年7月1日，开始启用“九二式”机动车号牌行驶证，凡新入户、过户、入籍的机动车，一律核发“九二式”机动车牌证，原机动车号牌行车证从是日起终止使用。1994年9月16日，地区公安处交警支队机动车辆安全技术检测站成立并开始运作。1995年2月起，换发公安专用车辆牌照，交警支队清理核查全地区客车档案

1332个；对客车实行季检制度，并对大客车、中巴车驾驶员逐一进行资格审查、路考，发给合格者客运准驾证，方可上路行驶。1996年1月1日起，启用“九二式”公安专用号牌，10月31日起原公安专用车辆号牌作废。1998年，共检车2.21万余辆次。1998年，支队组织业务骨干到县办理221辆扶贫车及其他机动车入户，支队车管所清理未换“九二式”号牌的机动车档案，实行单独分户管理。截至2005年，全地区拥有各类机动车49485辆。

2.驾驶员管理。1988年3月之前，多采用以师带徒、以运代训的办法培训驾驶员。1988年3月，取消以师带徒，以运代训办法，以集中培训方式培训驾驶员。是年，成立毕节地区汽车驾驶员培训中心，委托毕节汽车运输公司承担培训任务，支队派员到培训中心监督指导。第一期培训学员28人。1990年，支队抽出5名干警负责培训中心的管理和教学工作，建立健全教职员、学员守则，实行培训合格制。1996年底，地区行署批准，培训中心更名为毕节地区机动车驾驶员技能训练学校。至1999年，培训中心共培训机动车驾驶员5000多名。12月，执行中共中央办公厅、国务院办公厅《关于军队、武警部队和政法机关不再从事经商活动的通知》，地区机动车驾驶员技能训练学校交给地区交通局管理。公安交警部门通过以下方式管理驾驶人员：组建驾驶交通安全联组94个，组织驾驶员学习交通安全法规，介绍安全行车经验，吸取违章肇事教训，表彰好人好事；通过对机动车驾驶证的初办、换证、补证、转籍、增照、查询、复验、考核、吊扣、吊销、注销及审验，对驾驶员进行经常性、制度性考察、考核，及时发现和查处违章违规行为。

**违章处罚和事故查处** 1.交通违章处理。1988年3月9日，国务院颁布《中华人民共和国道路交通管理条例》。1990年5月1日起施行《贵州省实施〈中华人民共和国道路交通管理条例〉办法》。是年，全地区共查处交通违章27.99万余人次。1992年，全地区查处道路交通违章案39.48万余人次。1996年10月1日，贵州省第八届人民代表大会常委会第二十次会议通过《贵州省机动车交通安全管理条例》。处理交通违章本着教育为主、处罚为辅、屡教不改者从严的原则，并视违章情节和认识态度，分别给予批评教育、书面检讨、警告、罚款、扣证、扣车、注销驾驶证、撤销驾驶证等处罚。凡不能及时处理结案的机动车及驾驶员违章案件，交通管理部门可分别情节轻重，将行车执照或驾驶执照扣留，填发待理证，违章责任人在规定期限内未到交通管理部门接受处理的，根据情节加重处分。据统计，1996～2001年，全地区每年交通违章都在40万件以上。

2.查处交通事故。1962年10月，贵州省人民政府核准省交通厅下发《公路交通规则贵州省补充规定》，1991年9月，国务院发布《道路交通事故处理办法》。公安部制发《关于修订道路交通事故等级划分的通知》。1992年8月，公安部发布《道路交通事故处理程序规定》。是年5月，国家物价局、财政部发布《道路交通事故处理收费暂行管理办法》。交警部门执行上述文件规定，对造成交通事故，尚不够刑事处罚的，给予警告、罚款、扣留驾驶证、吊销驾驶证、治安拘留处罚，对构成交通肇事罪的，依法追究刑事责任。对所有交通事故责任人，根据不同责任，承担相应的经济赔偿。据统计，1990年，全地区共发生道路交通事故213起，死亡78人，伤137人，经济损失27万多元。1991～1995年，共发生道路交通事故676起，年均135起；死亡

484人，年均97人；伤628人，年均126人；经济损失201.71万元，年均40.34万元。1996～2001年，发生道路交通事故767起，年均128起；死亡800人，年均133人；伤761人，年均127人；经济损失507.7万元，年均84.62万元。2002～2004年，共发生交通事故822起，死亡751人，伤545人，经济损失335.63万元。2005年，全地区交警部门执行《道路交通安全法》，强化源头管理和路面控制，最大限度地防止群死群伤交通事故的发生。全地区道路交通事故数、死亡人数、受伤人数分别比上年同期下降25.74%、15.26%、20.7%。2006年，地区公安机关交通管理部门共受理应用一般程序处理的道路交通事故176起，事故造成215人死亡、251人受伤，直接财产损失116.2万元。2007年，全区发生交通事故117起，造成139人死亡，177人受伤。2008年，全区发生交通事故143起，造成178人死亡，204人受伤。2009年，共受理一般以上程序处理的道路交通事故肇事次数为101起，死亡人数为144人，受伤人数为178人，经济损失66.38万元。2010年，全区地发生统计上报交通事故99起，造成126人死亡，208人受伤。2011年，全区共发生一般以上道路交通事故62起，死亡85人，受伤102人，直接经济损失近80.4万元。

## 第八节　消防管理

### 一　消防组织与设施

中华人民共和国成立初期，普遍开展消防工作。1950年1月，织金县公安局在城关组建60人的义务消防队，购置相应消防用具，设置消防设施以扑救火灾。8月，毕节县城关3个派出所动员群众建立1支60人的义务消防队，并购置相应的灭火用具。1952年4月，赫章县公安局在城关建立义务消防大队，分为4个小分队，共有队员168人，并购消防用具，设置消防设施。1958年，赫章县成立县消防委员会，各区、公社分别成立消防分会，共114个，721人，生产大队、生产队成立消防队、组，共1020个6209人。全县共有竹筒水枪3325支，水池658个、水塘1657个、水缸2387个，沙包793个、沙堆1257堆、灭火机726个，防火钩7748把及水桶、抓子等1万余件。1961年，黔西县公安局在城乡共建义务消防队380个、小组1249个，义务消防队员4.34万人，共挖消防水池1926个，制防火抓钩307把，设防火线242条，备防火沙包2.37万个。1988年初，金沙县城关重建义务消防队，集资购置安全帽55顶、消防服55套、消防靴55双、高压水管15根、消防梯3架、消防桶30个、消防抓钩30把、灭火器8个。是年11月1日成立55人的义务消防队，下设4个分队。至2001年止，全地区共有民间消防组织2596个，队员3.6万余人。2011年，全地区乡镇所在地、特色小城（古）镇和民族文化旅游村寨组织多种形式消防队伍979个，大方县黄泥塘等9个乡镇分别组建政府专职消防队。

**公安消防组织**　中华人民共和国成立初期，消防工作由公安机关的治安部门负责。1958年4月，毕节县人民委员会执行国务院《关于加强消防工作的指示》，批准毕节县公安局抽调7人组成毕节县公安局消防班，并由工交、财贸、粮食部门筹资2.3万元，购消防车1辆和部分消防器材。1965年，根据贵州省军区、省编委、财政厅、民政厅、公安厅《关于公安消防民警实行义务兵役制有关问题的联合通知》，毕节、黔西县专职消防班改为现役。次年4月，省公安厅分配消防民警31名，其中毕节22名、黔西9名。1969年5月，毕节地区革命委员会决定，毕节、黔西县消防民警及消防车辆全部移交毕节地区公安机关军管会，建立毕节地区公安消防中队，时有干部战士30多人、消防车4辆及部分消防器材。1969年12月，根据省革委、省军区通知，毕节地区公安消防中队由毕节军分区代管。1974年消防中队由军分区移交地区公安处管理。1975年，毕节地区革命委员会批准公安处增设消防科，对外称毕节地区消防大队。同时，各县公安局相继建立消防股。1976年2月，成立黔西县公安消防中队，有消防官兵16人，先后置消防水灌车2辆、轻型消防车1辆、水泵3台。

1983年1月，根据中共中央决定，成立中国人民武装警察部队毕节地区支队，内设消防科。消防安全工作由武警支队负责。1985年初，经上级批准，威宁县建消防中队1个，有官兵15人，威宁县政府拨10万多元建营房和购置消防车1辆及部分消防器材。1987年3月，撤销武警支队消防科，组建中国人民武装警察部队毕节地区公安消防支队。1988年1月，经省公安厅批准，组建毕节地区公安消防支队直属二中队，编制6个班40人，时有官兵15人。7月1日，地区消防支队派兵驻织金，建公安消防执勤点。是年，地区公安处消防支队由正营级调整为副团级。1990年2月，省公安厅批准成立织金县公安消防中队，编制25人，时有干战12人，消防车1辆，机动泵1台。1992年3月，根据省公安厅消防总队《关于贵州省消防部队防毒抢险队伍建设三年规划》，经报请省公安消防总队同意，组建毕节地区公安消防支队特勤分队，预设3个班，24人，时有干战14人，有登高平台消防车1辆及相应器材。同时，消防支队在赫章县设置消防执勤点，有官兵13名、消防车1辆。1993年5月，组建毕节地区消防支队轮训队，有官兵20人。1994年4月29日，贵州省公安厅令：毕节地区公安消防支队由副团级调整为正团级，支队所属办公室、政治处、后勤处，均为副团级。1996年2月，支队增设副团级防火处。1997年7月，各县市公安局原设立的消防科改为公安消防大队，并由副营级调整为正营级。各县市现役公安消防中队隶属公安消防大队。至2001年，全地区共有消防支队1个、消防大队8个、消防中队6个、轮训队1个、修理所1个、卫生所1个。2002年，全地区消防部队购置消防车4台和抢险救援车，生活给养车各1台。2003年，购置消防车3台、特勤车1台及部分个人防护装备。大方、纳雍、赫章县大队均有消防车2台，其余各县有消防车3台以上。各大队中队的办公用房及生活用房均有改善。地区消防指挥中心配备无线通信设备，支队机关建成局域网、宽带网和金盾网，新建多媒体会议室。全地区各大、中队建成350兆无线通信指挥系统，基本开通公安金盾网，实现干部人手1台微机，各大、中队“119”火警专线达2对以上，公安专线基本达2对。消防基本实现信息化、自动化、现代化。2005年，地区及各县市政府共拨出消防业务经费、装备经费、宣传经费和基层基础设施经费924万元，购置特勤消防照明车2台，5吨水灌消防车和普通消防车2台、大功率8吨水灌车2台。2011年，全区投入2200余万元购置消防装备，先后添置了32米云梯车、25米高喷车、化学洗消车、抢险救援车、12吨大功率消防车、8吨大功率消防车等。根据消防业务的扩大，投入130余万元购置地震救援装备。

**企业消防组织** 1988～1989年，地、县公安消防部门根据省公安厅、经委、劳动局、财政厅《企业、事业单位专职消防队组织条例实施办法》的规定，先后帮助毕节卷烟厂、地区烟叶复烤厂，地区毛纺厂及黔西、金沙、威宁县烟叶复烤厂，毕节、纳雍、织金县林业局组建专业消防队，共有队员320人，消防水车5辆、消防指挥车4辆，并对其人员进行业务技能培训。截至2001年，毕节卷烟厂和毕节烟叶复烤厂消防队奉命出动消防队员500余人次，消防车30余车次，协同公安消防战士灭火。

## 二 火灾预防

**防火宣传** 1954年5月24日，毕节县成立防火安全委员会，随即以发放防火手册，放幻灯片、宣传火灾案例座谈会、作讲演等形式在全县开展防火教育。同时，在重大节日进行防火安全检查，发动群众制定公约，开展防火挑、应战活动，每10户居民中有1名青年参加义务消防队。1958年，毕节县防火安全委员会提出改革炉灶和照明环境，加强组织和设施建设，添置消防器材，作好防火工作。同时要求居民做到穷灶门、富水缸、出门封火、睡觉灭灯、人工防火、户户安全。1959年，金沙县抽调人员组成宣传队，编消防山歌2000多首，快板140多个；演话剧6场、花灯157场。是年，全县共抽调4446人，组成70个检查队、组，在全县66个公社、52个企事业单位宣传、检查消防安全，全县80%以上的成年人受到教育。

1978年11月，地区公安消防队派出人员同毕节城关第八小学师生组成文艺宣传队，到大方、黔西、毕节、赫章县农村、厂矿演出消防文艺节目30多场，10多万群众受到教育。1980年，地区公安处组成防火宣传队，赴各县和安顺等地演出，观众21万多人。1992年10月，地区公安消防支队成立“119”消防宣传领导小组，领导全地区消防宣传工作。1993年6月，毕节地区安全生产委员会邀请沈阳青年歌舞团到毕节演出10场《火与法》文艺节目，观众8000余人。1996～1998年，消防部门在重大节日及“119”期间共发放宣传资料9.8万份，办专栏100期，张贴标语2600余条，电视报道73次，报刊宣传72次。1999年，在“119”和重大节日期间，共组装宣传车36辆次，发放宣传资料2.6万余份，张贴标语1800余条，展出消防图片12版，领导人作电视讲话2次，广播和电视报道20人次，报刊报道15次，在特级防火企业播放消防录像8场。2000年，全地区共组装宣传车34辆，发放宣传资料2.1万份，张贴标语2600余条，出消防专栏51版。同时设立《贵州消防》杂志社驻毕节记者站和毕节电视台驻消防支队记者站。与毕节电视台联合主办消防安全专题节目，全年共播出60期。在各级报刊发表消防文章128篇。2001年，地、县消防部门配合有关单位，完成5000本《中、小学消防知识》课本和1000张《贵州消防条例》挂图的发行。同地区妇联组织“三八”妇女节消防知识竞赛活动1次。2002年，贯彻落实公安部61号令。召开电视电话会和新闻发布会，发放公安部61号令单行本5000册，消防安全重点单位界定标准1万份。向社会首次公告2143家重点单位，举办重点单位消防安全负责人、消防安全管理人和从业人员消防安全培训班16期，培训1113人。到地直单位授课25人次，培训5000余人。另外开展安全月、“119”消防日宣传活动，展出消防宣传展板50块，发放宣传资料3万余份，接受消防咨询2000余人次，张贴消防宣传标语100余幅，宣传消防120余次。2004年，开展消防宣传教育进学校、进社区、进企业、进农村活动；建成毕节地区消防科普教育馆。2005年，全地区投入消防宣传经费40万元，在消防宣传月期间，采用多种形式开展宣传活动，在“119”消防日，举办各职能部门灭火救援演练；组织专人编印20万册“四进”小册子；组织消防知识培训24期5000余人，办理消防安全培训合格证1800多个。2011年，编印13万份宣传资料发放，举办消防安全责任人、管理人及特殊工作人员培训班152期，培训人员5768人次。

**消防安全检查**　20世纪50～60年代，每逢重大节日，在机关、厂矿、企事业单位以及粮食、雷管、炸药、石油、化工等重要物资仓库开展消防检查。1983年，公安消防部门和单位抽调3500余人组成157个检查组，检查2900多个单位的消防安全，发现安全隐患800多处，整改620多处。1992～1998年，地、县公安消防部门组织2900多人，检查4500多个单位的消防安全，发现各类消防隐患5700多处，整改4800多处，发出《火灾隐患整改通知书》91份，停业整改单位52个，处罚单位120多个。2000年，4次组织消防检查，检查989个单位，发现火灾隐患4200多处，当场整改1380多处，限期整改2800多处，取缔非法生产烟花爆竹厂2家、非法经营石油17家，吊销“消防安全合格证”2家，暂扣易燃易爆气体46瓶、生产烟花爆竹卷筒机12台。2001年，组织检查单位800个，发现火灾隐患4300处，当场整改2100处，限期整改2200处，处罚单位138个。2005年，检查单位3350个，查出火灾隐患6370处，下发法律文书1100多份，督促整改火灾隐患。2011年，开展小旅馆、小浴室、小店铺、小娱乐场所、小网吧等“五小场所”火灾隐患排查整治。

**重点消防保卫**　1994年6月，地区消防支队报经省公安消防总队批准，决定毕节地区棉纺厂、毕节卷烟厂、毕节烟叶复烤厂和毕节化肥厂为首批特级防火重点单位。1995年，消防重点保卫工作向各县市延伸，经地区公安处审定，确定全地区一级防火重点单位59个；二级重点防火单位429个。是年年底，全地区开展重点单位消防达标验收，列入第一批达标单位34个，验收合格30个，毕节复烤厂居榜首。1996年5～8月，区内开展百日消防安全活动，公安消防部门分批共组织480多个重点单位，600多人学习消防知识和达标条件，年底验收，200个重点单位达标。1997年验收，214年重点单位达标。1995～1997年，全地区共确定消防重点单位492个，444个达标，占总数的90%。2011年，重新界定900个消防安全重点单位，加强重点单位的监管。

**消防专项治理**　依照《中华人民共和国消防条例》《化学危险物品安全管理条例》规定，施行消防专项治理，重点治理石油、化学、烟花爆竹易燃易爆物品；大型商场、剧场、酒楼、宾馆、饭店、影视场、歌舞厅、卡拉OK厅、游乐场、车站和农村50户以上村寨。1992～1994年，地、县消防部门派出干警261人次，检查276个单位，核发《化学易燃易爆物品消防安全审核意见书》111份，办理“化学易燃易爆物品准运证”246本，“化学易燃易爆物品经营许可证”104本，“化学易燃易爆物品储存许可证”14本，取缔非法加油站27个。1995年，培训公共娱乐场所消防管理人员4期304人；检查公共娱乐场所285个，停业整顿38个，依法取缔17个。地区消防部门配合地区石油公司，专项治理270个加油站、点，培训消防管理人员4期120人，停业整顿11个站点，处罚30个单位（个人），核发准运证27个、押运证42个。2001年8～11月，全地区共举办公共场所和易燃易爆特种行业人员消防知识培训班20期，培训986人。2002年，消防部门完成公众聚集场所、加油站、危险化学物品、集贸市场、党政首脑机关和大中专院校、网吧、消防通道消防安全和整改重大火灾隐患立项工作。2003年，专项治理化学危险品、过氧乙酸、人员密集场所、非公有制经营企业和个体工商户的消防安全，同时完成省立项整改的6起重大火灾隐患工作。2004年，全地区公安消防部门专项治理公众聚集场所、人员密集场所、古建筑、化学危险品、加油站、商住楼和学校的消防安全。采取媒体曝光、追踪报道、政府督办形式，省、地立项整改的8起重大火灾隐患。2011年，组织开展高层、地下建筑等6次消防安全专项整治。

**审核建筑防火设计** 1991年，地区公安消防支队依照国家有关法规和公安部《高层建筑物消防管理规则》的规定，要求建筑设计必须先报经消防监督管理机关审核批准后方可施工，工程竣工后须经消防监督管理机关验收合格后方可投入使用。是年，地区消防支队举办建筑防火设计审核人员培训班1期。1991～1994年，全地区共审核建筑工程216项。赫章县建筑工程项目从图纸会审、选址、施工到验收，实行全程监管。1997～2001年，全地区共审核建筑工程330项，发现未报消防部门审核擅自施工工程23项，未经消防验收合格交付使用工程3项，均分别作出处理。至2001年，全地区共审核建筑防火2136项，处理未报消防审核项目75项，罚款21.5万多元，责令停工单位67个。2002年，消防部门审核建筑防火工程项目127个，验收工程53个。

## 三 火灾扑救

1949年11月24日，国民党部队溃败到大定县乌溪时，纵火焚烧乌溪镇粮仓和民房，人民解放军组织群众抢救，奋战2小时扑灭大火，并将抢救出的粮食分给受灾群众。1969年4月，毕节软木厂因机械发热引燃软木导致火灾，经毕节县消防人员和软木厂职工奋力扑救8小时将大火扑灭，经济损失25万多元。1975年12月25日，毕节县海子街区王张公社社员郑美华家4岁小孩玩火引起火灾，地区消防中队接警后，出动消防车3辆，官兵27人赶赴现场扑救，200多名群众协同，将大火扑灭。除21户受灾，损失经济8万多元外，邻近火场的40多户社员的财产免遭火劫。1979年11月7日，黔西县中坪区顺石公社发生大火，烧死1人伤3人，烧毁房屋129间，损失折款20万元。毕节消防中队接警后，出动消防车2辆、官兵20人，急驰140多千米参加扑火，激战8小时，将大火扑灭。1979年11月27日，毕节运输公司1辆满载桶装汽油的大货车，翻车引起大火，地区消防支队接警后，出动官兵48人、消防车5辆赴现场，经2小时扑救，将火扑灭。1980年2月27日，毕节地区供销社化肥农药仓库发生火灾。消防官兵和广大干部群众奋力抢救，确保毗邻的县武装部弹药仓库及木器社等10多个国营、集体企业和数百户民房的安全，并救出停在库区的汽车19辆。54名消防官兵在现场被毒气熏倒。1991年2月14日，毕节县城关镇中华南路9号发生火灾，支队接警后，迅速调集82人，消防车6辆、通信指挥车3辆，赶到现场，经2小时奋战扑灭大火，除18户人受灾外，经抢救保住县百货公司，土产公司、新华书店等10个国营、集体企业和数百户民房，1500万的资产免受损失。1993年4月7日，毕节卷烟厂德沟露天烟叶堆垛发生大火，消防支队调集消防车6辆、官兵89人前往与当地400多名群众相配合扑救，激战15个小时将火扑灭。此次火灾烧伤13人，经济损失30万元。1995年11月26日，毕节地区邮电局电信综合楼发生火灾，消防支队接警后，调动5辆消防车、76名官兵和两个企业消防队3辆消防车、20名队员参与扑救，经1个多小时奋战将大火扑灭，约价值5000万元的通信设施和楼房免遭火灾。扑救中12名官兵受伤，16名官兵立三等功。1999年11月21日，大方县中街大十字县百货公司发生火灾，烧毁1780多平方米的楼房1栋，直接经济损失87万元。县消防大队接警后，经3小时奋战将火扑灭。

1958年4月～2005年，全地区公安消防部队共参加扑救火灾3965次，出动官兵3.36万人次，消防车5543辆次，约挽回经济损失3亿多元。2011年，全区发生火灾37起，死7人，伤3人，直接财产损失67.13万元，火灾“四项指数”控制在省下达的指标以内。

# 第三章 人民检察

中华人民共和国成立后，各县人民检察署和贵州省人民检察署毕节专区分署相继成立，其机构名称、检察体制和检察职能在检察实践中不断规范和完善。各级检察院逐渐从法院、公安部门独立出来，成为独立行使检察权的执法机构，并在刑事检察、经济检察、法纪检察、监所检察、申控检察、民事检察和行政检察方面做了大量工作，为毕节地区建设社会主义事业作出了历史性贡献。

## 第一节 检察机构

**地区检察机构** 1.贵州省人民检察署毕节专区检察分署。1952年6月1日成立，院址设在毕节城关镇威西路23号。1953年1月，与毕节专区公安局合并，检察职能由公安机关行使。毕节专署公安局局长主惠珍兼任毕节专区检察署署长。

2.贵州省人民检察院毕节分院。1955年1月，改贵州省人民检察署毕节专区检察分署为贵州省人民检察院毕节分院。办公地址由毕节城关威西路23号迁至小教场1号附48号。是时，毕节分院内设侦查监督科、审判监督科、一般监督科、监所劳改监督科、秘书科。1958年，迁回原址。20世纪60年代，其内设机构改设为一、二、三、四、五科及秘书科。1967年，对毕节检察分院实行军事管制，其内设机构被撤销。1975年，实施修改后的《中华人民共和国宪法》，撤销了检察分院，由毕节地区公安处履行检察职能。1978年8月，实施修改后的《中华人民共和国宪法》，复建贵州省人民检察院毕节分院，其内设刑事检察科，经济检察科、法纪检察科、监所检察科、控告检察科、政工科、办公室。1983年，增设法律政策研究室，1984年，增设刑事技术科。1988年3月，中共毕节地区纪律检查委员会在毕节分院派驻纪律检查组。是年9月，增设民事检察科、电大工作站、行政装备科；撤销刑事侦查科，改设刑事侦查检察科、刑事审判检察科。1990年，改经济检察科为反贪污贿赂检察处，改政工科为政治处。1992年8月，改反贪污贿赂处为反贪污贿赂工作局。1997年，毕节地区施行党政机构改革，中共毕节地委批准毕节分院内设：政治部、办公室、法律政策研究室，反贪污贿赂工作局、审查批捕处、审查起诉处、监所检察处、民事行政检察处、控告申诉处、法纪检察处、检察技术处、行政装备处。2001年12月，毕节地区实行党政机构改革，中共毕节地委批准毕节分院保留原设14个机构，将审查批捕处改为侦查监督处、审查起诉处改为公诉处、法纪检察处改为渎职侵权检察处、审查起诉处改为公诉处、法纪检察处改为渎职侵权检察处、行政装备处改为计划财务装备处，增职务犯罪预防处、监察处。2003年，其内设15个工作机构。

历任贵州省人民检察院毕节分院检察长、副检察长：主惠珍、张晓光、李育民、张清濂、薛冠山、朱世全、徐坤、石子友、李连成、周凤来、陈功堂、周国祥、陈世祥、王黎明、李长安、唐纪中、余敏、黄伟、龙晨明、何志勇、吴建忠。

**县检察机构** 1.毕节县人民检察院（署）。1951年8月，成立毕节县人民检察署。1955年，改称为毕节县人民检察院。1967年12月，在“文化大革命”中被实行军管，继而被撤销。1978年恢复重建，1993年12月，毕节撤县设市，更名为贵州省毕节市人民检察院。2011年，因撤地设市，更名为七星关区人民检察院。历任检察长：任金胜、石占全、吴维章、高焕荣、张家文、许观毅、徐永。

2.大方县人民检察（署）院。1951年8月，成立大定县人民检察署。1952年，与县公安局合并。1955年，复建并改为大定县人民检察院。1958年2月，易名为大方县人民检察院，是年3月，与县公安局合并，1962年复建。1967年，在“文化大革命”运动中被军管，继而撤销。1978年复建。历任检察长：朱伟民、袁乃勋、王作海、陈功堂、赵洪恩、阚育昌、黄宇、郑方俊、陈明江、江耀波、齐海。

3.黔西县人民检察（署）院。1951年8月，成立黔西县人民检察署。1952年与县公安局合并。1954年4月，复建并改为黔西县人民检察院。1967年，在“文化大革命”中被军管，继而撤销。1978年7月恢复重建。历任检察长：李如川、曹克明、刘显根、苏正芳、唐纪中、许观毅、张家文、罗高峰。

4.金沙县人民检察（署）院。1951年8月，成立金沙县人民检察署。1955年1月，另名为金沙县人民检察院。1967年，在“文化大革命”中被军管、继而撤销。1978年8复建。历任检察长：王新常、杨宝君、陈贵良、崔俊亭、吴明泽、张播梅、李勇、何志勇、王荣波。

5.织金县人民检察（署）院。1951年9月，成立织金县人民检察署。1955年8月，易名为织金县人民检察院。1967年，在“文化大革命”中被军管，继而被撤销。1978年7月复建。历任检察长：魏杰刚、宋全泰、金发举、商毓祯、丁永帮、薛德惠、杨忠庭、谢向祥、章明轩、廖显东。

6.纳雍县人民检察（署）院。1951年8月，成立纳雍县人民检察署。1955年5月易名为纳雍县人民检察院。1967年，在“文化大革命”中被军管、继而撤销。1978年7月复建。历任检察长：胡培荣、郭振明、孙明式、袁敬密、王敬泉、陈贻范、刘显军、赵荣光、章明轩、康朝猛、邓斌。

7.威宁彝族回族苗族自治县人民检察（署）院。1951年10月，成立威宁县人民检察署。1954年12月，易名为威宁彝族回族苗族自治县人民检察署。1955年6月，易名为威宁县人民检察院。1967年，在“文化大革命”中被军管，继而撤销。1978年复建。历任检察长：刘志元、赵志德、王志臣、周华岳、马贤俊、马贤吉、刘廷显、马新琼、王光强。

8.赫章县人民检察（署）院。1951年8月，建赫章县人民检察署。1955年4月易名为赫章县人民检察院。1967年，在“文化大革命”中被军管，继而撤销。1978年8月复建。历任检察长：周风来、刘庆成、陈友生、常文海、何正国、邓书洪、刘万红、赵贵荣、段建京、余朝芳。

**派驻检察机构** 1.看守及劳动劳教场所检察室。1964年，贵州省人民检察院对毕节专区派驻劳改检察组，检察组驻毕节分院机关，专事监督检察劳改监所。1966～1977年，受“文化大革命”冲击，劳改场所检察监督中断。1978年，各县恢复建立人民检察院，凡县有劳改场所的县检察院均先后向劳改场所派出检察干警施行检察监督。1997年5月，毕节分院制发《关于对派驻看守所、劳改、劳教场所检察工作实行工作日报管理的意见》，决定将派驻各劳改、劳教场所的检察组更名为检察室。1994年8月，毕节检察分院向9个看守所、1个劳教所、两个劳改单位分别设立驻所检察室。坚持长期公办。

2.行业检察室。1987年7月，在地区及各县税务局建立税务检察室。此后，在供销、粮食、金融、商业、烟草、邮电行业先后建立检察室。至1995年8月，在全地区9个行业建立检察室54个，派驻专（兼）职检察人员230人。1995年9月，根据最高人民检察院《关于总结上报整顿各类检察室》的文件精神，撤销区内除税务检察室之外的各类检察室。1997年9月，根据上级指示，撤销设在地区及各县税务局的检察室。2010年1月28日，省人民检察院批准成立百里杜鹃风景名胜区检察室，首任检察室主任陈红。

**检察委员会** 1955年，专区及各县检察机关分别建立检察委员会，在检察长的领导下，处理有关检察工作的重大问题。1967年，检察机关均被军管，继而撤销，其检察委员会亦不复存在。1978年，复建地区及各县检察机关，按照《中华人民共和国和人民检察院组织法》的规定，地区及各县检察院先后复建检察委员会，主要开展下列工作：1.针对检察工作和检察业务中的重大问题进行专题研究；2.对重大疑难案件进行讨论并作出决定；3.对公安机关、国家安全机关、本院刑侦部门提请批捕及公安机关申请复议、复核的重大案件进行讨论并作出决定；4.对拟向人民法院提出抗诉的案件进行抗诉或不抗诉的决定。1999年5月20日，中共贵州省检察院毕节分院党组制定《毕节分院检察委员会议事规则》，发至各县市院执行。

附：

## 毕节地区高级检察官名录

二级检察官：朱世全。

三级检察官：徐坤、王黎明、陈世祥、李长安、赵德学。

四级检察官：唐纪中、赵贵荣、张祥耀、张倬祥、张仲仁、张绍全、张　毅、张四品、张群新、王承湘、王春林、吴道文、吴清书、刘大兴、李安淑、李行全、李湘泉、李勇、李崇松、胡安乾、胡大斌、胡义忠、赵光辉、赵本民、赵发益、程胜华、程登培、陈明江、陈光永、刘光华、罗发庆、罗祥云、罗德明、罗应友、谢向祥、申开祥、段建京、黄伟、吴维章、马新琼、章明轩、郑元俊、郑世学、许观毅、肖世奎、林发祥、罗安学、唐思恩、马贤吉、禄斌、何泽品、何智勇、张永芳、康朝猛、杨质昌、郭光清、钱华、简训武、吴智隆、许传彬

# 第二节 刑事检察

## 一 审查批捕

1955年4月，毕节专区人民检察机关，开始审查批捕罪犯工作。7月，毕节专区开始镇压反革命，各县人民检察院先后共抽派17名干部参加专、县镇反办公室负责案件审查，至11月，共受理公安机关提请批捕案犯3646人，经审查，批捕3536人。1956年初，贯彻省刑事检察工作会议精神，分院制定《有计划、有组织、有领导地把审查批捕工作全面担负起来的决定》，下发各县人民检察院执行。是年，检察机关共受理审查批捕案犯2026名，批准逮捕1204名。1957年，根据中央部署，围绕整风反右和镇反斗争，开展批捕刑事侦查批捕。年初，分院与毕节县检察院共抽出6人，赴毕节县杨家湾区摸底调查，指示各县检察院继续开展肃反工作，及时、合法、准确打击犯罪。8月，分院组织4个工作组，赴各县检察院，监督检查各县镇反工作。检察机关共受理批捕案犯2490人，经审查，决定批捕2658人（含上年积案）。1958年1～6月，根据全省政法会议的部署，各县检察院开展无土匪、无积案、无火灾、无骚乱、无烟毒、无盗窃、无赌博安全运动。6月，参与公安、法院开展以打击贪污、盗窃、强奸、贩毒犯罪破案，采取下去一把抓、回来再分家的办法，下厂下乡就地办案。做到批捕准、起诉准、出庭准；批捕快、起诉快、出庭快；不错、不漏、不冤、不纵、不积、不压；案不过日。至12月，全专区检察机关与公安、法院相互配合，共破重大刑事案485件。是年，共受理批捕案犯5119人，批准逮捕3599人。1959年，贯彻中央“政策上从宽一等，策略上放松一些”的方针和“少捕、少杀，管制也应当比过去少”的政策，依靠党委、依靠群众，就地办案。10月底，毕节检察分院在毕节县人民检察院召开批捕工作现场会，总结推广毕节县人民检察院结合中心，依靠党委、依靠群众；领导参加办案，干部参加劳动，群众参加办案；就地查证，就地批捕，就地起诉，就地宣判的经验。是年，共受理批捕案犯1706人，批准逮捕724人。

1960年，全专区检察机关遵照中央“把阶级斗争搞得更紧一些”和“少捕、少杀、少管制（以下简称‘三少’）”的方针，以安全运动为主题，打击现行犯罪分子。7月，抽调76名检察干部，与公安、法院配合，组成4个工作组深入边沿重点区域开展治理工作，打击现行犯罪，共受理批捕案犯3746人，批准逮捕1631人。1961年1～10月，全专区检察机关贯彻“先放后打”“三宽三严”和“三少”政策，投入整风整社，打击现行犯罪。在施行批捕中，注意区分两类不同性质矛盾，划清“罪与非罪”“现行与非现行”的界限，着重打击危害和破坏党的中心工作的现行反革命分子及重大刑事犯罪分子。11月，配合公安、法院投入以打击杀人、投毒、放火、抢劫、暴乱以及盗窃等重大刑事犯罪分子的社会治安整顿。是年，共受理批捕案犯2809人，审查批捕1630人。1962年7月，全专区检察机关配合公安机关打击刑事犯罪，毕节分院派出工作组赴毕节、大方、织金、威宁、水城县检察督战。是年10月，与专区公安局、法院联合下发《关于加强打击现行破坏活动意见的通知》，强调加强打击反革命集团、预谋暴乱、张贴反动标语、抢粮、宰杀牛马等现行犯罪；贯彻全省政法工作会议精神，加强侦查监督，注重“以事实为依据，以法律为准绳”，稳、准、狠地打击犯罪。是年，共受理批捕案犯889人，决定批捕504人。1963年3月，分院根据最高人民检察院通知，制定《关于上报和审批案件的几点意见》，下发各县检察院执行。是年，全专区检察机关贯彻中央“一个不杀、大部不抓”和“晚捕、缓捕、少捕”的方针，在审查批捕中，注重事实证据，对证据不足或可捕可不捕的一律不捕。是年，共受理批捕案犯861人，决定批捕364人。1964年，遵照中央关于“依靠群众力量，加强人民民主专政，把绝大多数‘四类分子’改造成为新人”的指示，全专区检察机关抽出27名干部，组成8个工作组，深入基层，开展群众专政试点。5月，根据中央公、检、法指示精神，全专区检察机关配合公安、法院打击现行犯罪活动。毕节分院抽出12名干部赴各县检察院参加审查案件。是年，共受理批捕案犯463人，决定批捕324人。1965年，全专区检察机关执行中央“依靠群众专政，少捕和矛盾不上交”的方针，开展对现行犯罪的打击。审查案件着重查犯罪事实、案情和情节，查犯罪原因、查历史和社会关系，正确区分犯罪性质，调查核实检举揭发材料、旁证材料，防止产生冤、错、漏案件。是年，共受理提请批捕案犯1056人，决定批捕445人。1966年共受理提请批捕案犯1130人，决定批捕991人。

1967～1977年，受“文化大革命”影响，检察机关先后被军管和撤销，审查批捕工作由军管会和公安机关行使。

1978年8月，全地区检察机关重建后，10月开始受理审查批捕工作。是年，共受理批捕案63件82人，批捕3件4人。1979年，毕节分院制定《关于贯彻执行中央45号文件的意见》，下发县人民检察院，要求各县院按规定简化审批手续，正确执行法律和政策，搞好审查批捕工作。是年，共受理批捕案犯343人，决定批捕213人。1980年1月，区内检察机关贯彻中共中央关于从重从快惩办现行刑事犯罪分子的决定以及省委的部署，以整顿社会治安为中心，采取“三长”联合，“三员”配合，提前介入公安的侦查活动方法，严厉打击杀人、抢劫、强奸、放火等刑事犯罪分子。是年6月，召开全地区检察机关侦查技术会议，总结批捕工作，组织参会人员学习现场勘验和有关技术准则。是年，共受理批捕案犯759人，决定批捕578人。织金县人民检察院提前介入公安机关侦查预审活动，及时审查批捕谢显吉迷信杀死张明秀等13人的特大案件。

1981年，遵照中共中央〔1981〕21号文件和全国五大城市治安座谈会精神，全地区检察机关抽出30名干警，配合公安机关整顿社会治安秩序，打击刑事犯罪。6月，配合公安、法院，重点打击“五类”刑事案件和团伙犯罪案件的刑事犯罪分子。是年，共受理批捕案犯1053人，批准逮捕923人。1982年，全地区检察机关共受理批捕案犯758人，批准逮捕594人。1983～1987年，全地区检察机关根据中共中央《关于严厉打击刑事犯罪活动的决定》和省委、地委部署，贯彻“从重从快，一网打尽”的方针，投入打击刑事犯罪的斗争，在此期间，共受理批捕案犯1.24万人，决定批捕9752人。1988年4月，全地区检察机关参与打击刑事犯罪统一行动，分院抽派干警协助各县进行“消化处理”，做到及时审查、及时批捕。是年，共受理批捕案犯2830人，决定批捕2357人。1989年5月，根据中央政法领导小组的部署，重点打击流窜犯罪分子。全地区检察机关对报捕案件实行提前介入，参与现场勘验、侦查，熟悉案情，及时批捕。是年，共受理提请批捕案犯

3625人，决定批捕3093人。1990年1～4月，全地区检察机关配合公安、法院开展“扫六害”、反盗窃、抓逃犯、打击车匪路霸、查禁卖淫嫖娼、打击拐卖妇女儿童的专项斗争。5月，根据上级部署，开展严厉打击刑事犯罪分子斗争。是年，受理批捕案犯5264人，决定批捕5014人。

1991年5月，根据省政法委的统一部署，毕节地区公、检、法机关开展严厉打击刑事犯罪分子斗争，毕节分院成立“严打”办公室，抽出35名干警协助各县审查处理。同时，全地区检察机关投入干警218人，出动车辆35辆，实行定人、定案、定时间、保质量，审查案件。是年，共受理批捕案犯4232人，决定批捕3589人。1992年2月，召开全地区检察工作会议，传达贯彻全国第九次和全省第十次检察工作会议精神，要求各县检察机关“快办案、办好案、提高办案质量”，搞好对刑事案件的批捕。4月，分院制定《案件请示报告制度》《信息联系制度》《案件复查制度》《案件审查制度》和《内卷立案归档制度》，下发各县检察院执行。11月，全地区检察机关批捕工作转入重点打击盗窃犯罪。是年，共受理批捕案犯4381人，决定批捕3713人。1993年，开展重点打击车匪路霸刑事犯罪专项斗争。4月，分院召开各县检察院刑事检察科长会议，巡回检查和复查上年产生的批捕后撤案，撤案后批捕及不批捕的情况。5月，全地区检察机关清理1983～1992年的批捕在逃的情况，查出全地区共有批捕在逃犯126人，向公安机关提出要求及时逮捕归案的书面建议。是年，全地区检察机关共受理批捕案犯3754人，决定批捕3219人。1994年，全地区检察机关共受理批捕案犯3991人，决定批捕3454人，1995年，根据全国、全省政法工作会议精神，全地区检察机关配合公安、法院开展打击杀人、抢劫、强奸、爆炸、暴力犯罪、重大盗窃、拐卖妇女儿童、制贩毒品、绑架和带黑社会性质的犯罪团伙等刑事犯罪，8月，重点转入打击卖淫嫖娼犯罪。是年，受理批捕案犯3433人，经审查，决定批捕2706人。1996年，全区检察机关贯彻“严格执法、狠抓办案”的方针开展刑事批捕。4月下旬，抽出干警172人，出动车辆15辆（次），参加“严打”统一行动。受理批捕案犯5016人，决定批捕4528人。1997年，全地区检察机关根据高检院及省十四次检察工作会议部署，按照反腐败办大要案的要求开展刑事批捕工作。8月，分院派出办案骨干深入大方、黔西、金沙、织金、纳雍县院帮助制定措施，抓好批捕工作，总结工作经验，以指导全地区刑事批捕工作。是年，全地区检察机关共受理批捕案犯3006人，决定批捕2461人、1998年，全地区检察机关加强目标责任制，突出打击重点，及时审查案件，作出是否批捕决定，不积压。是年，共受理批捕案犯3586人，决定批捕3068人。1999年，全地区检察机关密切配合公安机关，加大打击严重刑事犯罪活动力度，做到优先办理重特大案件，优先办理专项斗争案件，保证案件在批捕环节不积压、不梗塞。是年，共受理批捕案犯4361人，决定批捕3449人。2000年，全地区检察机关贯彻高检院“公正执法，加强监督，依法办案，从严治检，服务大局”的检察工作方针，及时审查及时批捕刑事犯罪分子。是年，共受理批捕案犯5730人，决定批捕4030人。

2001年，全地区检察机关根据中央社会治安工作会议和整顿规范市场经济秩序会议精神，投入严打整治斗争，在法定时限内办结，无积案、错案。是年，共受理批捕案犯5725人，决定批捕4724人。2002年，全地区检察机关继续参与严打整治斗争，采取定案件、定时间、保质量方法开展工作，无一件错案发生。是年，共受理批捕案件5203人，决定批捕4221人。2003全地区检察机关根据上级指示精神，参与“严打”。坚持依法从重从快方针和“两基本”原则开展审查批捕工作。是年，共受理批捕案犯4379人，决定逮捕3852人。2004年，全地区检察机关参与“严打”斗争，重点打击杀人、抢劫、强奸、绑架、爆炸等暴力犯罪，提前介入公安侦破的重大疑难案304件。是年，共受理批捕案犯3634人，决定逮捕3145人。2005年，全地区检察机关配合公安机关，严厉打击杀人、伤害、抢劫、抢夺、盗窃等多发性侵权犯罪。是年，共受理批捕案件2424件4059人，审查批捕1987件3138人。

2006年，全区检察机关坚持把维护社会和谐稳定放在首位，突出打击黑恶势力犯罪、严重暴力犯罪、“两抢一盗”犯罪及“黄赌毒”犯罪，严厉打击严重破坏市场经济秩序、严重干扰投资环境和招商引资活动、严重危害重大项目建设等犯罪。共受理审查逮捕案2371件4174人，批准逮捕1967件3248人，不批准逮捕384件886人；2007年，共受理审查批捕各类刑事犯罪案件2478件4585人，批准逮捕2144件3840人，不批准逮捕220人；2008年，共受理审查批捕各类刑事犯罪案件2660件4899人，批准逮捕2331件4125人，不批准逮捕735人。2009年，共批准逮捕刑事案件2803件4755人，不批捕761人。2010年，批准逮捕刑事案件2589件4367人。2011年，共批准逮捕各类刑事犯罪案件2343件3940人。

## 二 审查起诉

1951年，检察机关开始承办审查起诉案件。是年，提起公诉470人案。1952~1954年4月，检察机关与公安机关合并办公，审查起诉工作由公安机关代行。1955年4月，毕节检察分院召开全专区检察机关批捕起诉工作会议，自此，检察机关恢复受理公安移送起诉案工作。是年，共受理移送起诉案犯529人，经审查，向人民法院提起公诉案512人。1956年8月起，全专区检察机关贯彻执行中共中央有关肃反的方针政策，重点开展对特务分子、反革命分子等重大刑事犯罪案犯的公诉，对有立功表现的148人案免予刑事处分。是年，全专区检察机关共受理移送起诉1701人案。1957年，全专区检察机关采取一看材料是否齐全，手续是否完备；二看证据是否确凿，主要犯罪事实是否清楚；三看认定罪名是否准确，是否构成犯罪；四看检举、证人证言、物证与供述是否一致；五看引用法律是否适当；六看侦查活动有无违法受理审查移送起诉案。坚持个人审查，集体讨论，检察长批准的原则起诉案犯。是年，共受理移送起诉案犯1362人，决定提起公诉1197人，免诉29人，不起诉136人。1958年，全专区检察机关以“大跃进”的方式开展受理移送起诉案犯，与公安、法院配合，下厂下乡，就地办案，就地审查，就地起诉，就地出庭，24小时内必须向人民法院提起公诉。严厉打击“中华民族复兴团”“西南游击剿共军”等20多个反动组织。是年，共受理移送起诉案犯2734人，决定起诉2694人。1959年6月，全地区检察机关投入防火、防爆和社会治理的斗争，贯彻中共中央少捕、少杀、少管制的政策，对罪犯该起诉的及时向法院提起公诉，可起诉可不起诉的作免诉处理。并注意抓案件事实，抓政策界限，抓案件性质；分清两类不同性质的矛盾，分清现行与非现行的政策界限，依靠群众，就地办案。10月底，召开全地区批捕起诉工作现场会，总结推广毕节县检察院审查起诉案犯的经验。是年，共受理移送起诉案犯983人，决定起诉900人，免予起诉48人。1960年，全专区检察机关共受理移送起诉案犯1412人，决定起诉1371人。

1961年全专区检察机关配合开展整风整社，打击贪污活动。杀人、投毒、放火、抢劫、暴乱、重大盗窃等犯罪活动及审查起诉工作。做到“该捕的必须捕，但要控制，不可捕得过多；该杀的必须杀，但杀人要少，宁可多管制一些”，贯彻“现行从严、再犯从严，抗拒从严”“历史从宽、坦白从宽、从犯从宽”的政策，分清罪与非罪、现行与非现行界限，做到打击准确。是年，共受理移送起诉案犯1173人，决定起诉1000人。1962年初全专区检察机关根据全省政法会议精神，取消“一长代三长、一员代三员和一竿子插到底”的办案制度，执行以事实为依据、以法律为准绳的办案原则，开展对刑事案件的审查起诉工作。是年，全专区检察机关共受理移送起诉案件534人，决定起诉488人。同时，根据高检院、省院的安排，复查1965年以来的起诉案件。经复查，自1956年以来，全专区检察机关共审查起诉案犯1.09万人，其准确率分别为：1956～1957达95%、1958年为89%、1959年为87%、1960年为83%、1961年为78%、1962年为96%。1963年，全专区检察机关贯彻执行高检院《关于审查批捕、审查起诉、出庭公诉的试行规定》和中共中央“一个不杀、大部不抓”“晚捕、缓捕、少捕”的方针，审查起诉公安移送案件。是年，共受理移送起诉案犯454人，决定起诉360人。1964年7月，根据上级部署，毕节分院与公安、法院联合下发《关于及时打击现行犯罪的意见》，贯彻中共中央“依靠群众力量，加强人民民主专政，把绝大多数四类分子改造成新人”的指示，开展审查起诉工作，着重打击反革命集团首要分子、间谍、特务、叛国投敌分子及杀人、放火、抢劫等重大现行犯罪活动。是年，全专区检察机关共受理移送起诉案件283人，决定起诉250人。1965年，全专区检察机关贯彻“依靠群众专政”“少捕”和“矛盾不上交”的方针开展审查起诉工作。是年春，分院根据案件积压情况，派员赴各县调查核实，至5月，共结新老案135件，其中50%案件经调查核实。共受理移送起诉案犯347人，决定起诉290人。

1966～1977年，受“文化大革命”影响，检察机关中断起诉工作。1978年7月，重建全地区检察机关。自11月起，开始受理移送起诉案件。是年，共受理移送起诉案犯40人，决定起诉11人。1979年，全地区检察机关从以下方面开展审查起诉案犯工作：第一，规定受理公安机关移送起诉案件，向人民法院提起公诉；第二，执行稳、准、狠打击犯罪的方针；第三，注重对案件事实证据的审查、调查和核实；第四，正确认定性质，严格区分罪与非罪；第五，可诉可不诉的一律不诉；第六，实行惩办与宽大相结合政策，教育多数，惩办少数；第七，实行个人审查，集体讨论，检察长批准的办案制度；第八，定期复查，纠正错诉案件。是年，共受理公安机关移送起诉案犯293人，决定起诉161人。1980年9月，全地区检察机关根据全国、全省刑事检察工作会议精神，着重开展对五类重大刑事犯罪的打击和起诉。是年，共受理移送起诉案犯849人，决定起诉508人。

1981年，全地区检察机关围绕社会治安整顿，打击刑事犯罪，共受理移送起诉案犯828人，决定起诉605人。1982年，毕节分院先后组织工作组深入各县指导受理移送案件审查起诉工作。同时，各县院开始实行2人办案，分别审理，交科室讨论，检察委员会决定，检察长批准制度。

是年，全地区检察机关共受理移送起诉案犯944人，决定起诉671人。1983年8月，全地区检察机关根据中共中央、省、地委的部署，投入185名干警，配合公安、法院开展严厉打击刑事犯罪斗争，采取以下方法开展受理移送起诉案犯工作：一是贯彻中共中央“从重从快，一网打尽”的方针；二是集中领导、力量和时间，消化处理案件、作好审查起诉工作；三是突出对流氓团伙、流窜作案、杀人、放火、抢劫、爆炸、贩毒、强奸、盗窃、拐卖妇女儿童等刑事犯罪分子的打击；四是提前介入，案到即办，快审快诉，及时出庭；五是正确掌握政策，准确适用法律，严格区分两类不同性质的矛盾和罪与非罪的界限。是年，共受理移送起诉案犯3168人，决定起诉2388人。1984～1987年，参与开展严厉打击刑事犯罪分子斗争，进行受理移送起诉案犯工作。在此期间，全地区检察机关共受理移送起诉案犯8115人，决定起诉6428人。1988年初，根据全地区政法会议的部署，分院发出《开展打击刑事犯罪的紧急通知》，要求各县检察院执行。分院抽出5名干警组成办案组，赴县指导并协调办案。11月，转入打击走私、贩毒和播放淫秽录像的专项治理整顿，分院抽出3名干警参加地委工作组赴威宁县帮助开展治理整顿。是年，全地区检察机关共受理移送起诉案犯2028人，决定起诉1861人。1989年，根据中央和省委部署，全地区检察机关针对发案率居高不下情况，开展以打击流窜作案为重点的专项斗争。在审查起诉刑事案件中加强调查核实，做到及时准确，不错不漏。是年，全地区检察机关共受理移送起诉案犯3466人，决定起诉2561人。1990年，全地区检察机关，继续围绕治理整顿、深化改革、发展经济，着重开展对刑事案件的审查起诉。是年，共受理移送起诉案犯4824人，决定起诉4073人，免予起诉588人。1991年1～4月，全地区检察机关配合公安机关开展禁毒和打击走私犯罪专项斗争。5月，毕节分院成立严厉打击刑事犯罪斗争办公室，全地区检察机关投入干警218人，出动车辆35辆（次）参与严打。毕节分院抽出35人，组成8个办案组，赴各县检察院指导和协助办案。是年，共受理移送起诉案犯3922人，决定起诉3111人。1992年全地区检察机关以“快办案，办好案”，提高办案质量为宗旨，在开展反盗窃专项斗争中开展起诉工作。是年，共受理移送起诉案犯3593人，决定起诉3053人，1993年3月，根据高检院和省院的部署，全地区检察机关配合公安机关开展打击车匪路霸和社会治安综合治理。6月，参与禁毒和打击毒品犯罪统一行动。7月，着重对刑事犯罪和贪污贿赂犯罪的打击。在受理审查起诉案犯中，遵循一要坚决、二要慎重、务必搞准的原则，做到稳、准、狠以准为主打击犯罪。是年，共受理移送起诉案犯3400人，决定起诉2490人，免予起诉370人。1994年，审查起诉案犯做到案件在起诉环节不积压不梗塞，切实把好事实、证据、定性关。是年，共受理移送起诉案犯3731人，决定起诉2981人，免予起诉343人。1995年，全地区检察机关围绕开展打击杀人、抢劫、强奸、爆炸、暴力犯罪、重大盗窃、拐卖妇女儿童、制贩毒品、绑架和带黑社会性质犯罪团伙等，审查起诉刑事案犯。5～7月，分院派员到各县检察院，复查1994年以来作出免予起诉决定的7例案件，经查，除个别案件证据不力外，其余均符合条件。是年，共受理移送起诉案犯2648人，决定起诉2257人。1996地区检察机关继续参与打击严重刑事犯罪的斗争。7月23日，毕节分院对发生在毕节城区的“5·22”张某某绑架勒索、故意杀人一案，依法及时向中级人民法院提起公诉。是年，共受理移送起诉案犯5054人，决定起诉3672人。1997年，分院派出工作组赴各县检察院督促和指导审查起诉工作。是年，开始对依法可能判处3年以下徒刑、拘役、管制、单处罚金的诉讼案件实行简易程序尝试，并取得成功。全地区检察机关建议法院对60余件可能判处3年以下有期徒刑案件作简易程序审理，法院均作有罪判决。是年，全地区检察机关共受理移送起诉案犯2883人，决定起诉2312人。1998年，全地区检察机关依照中央从重从快方针和务必搞准的原则推行审查起诉工作责任制，开展打击毒品犯罪专项斗争。是年，共受理移送起诉案犯3255人，决定起诉2967人，其中毒品案犯74人。1999年，全地区检察机关着重从以下方面施行审查起诉案犯：一是抓案件质量，抓快审快结，保持“严打”声威；二是完善落实办案责任制，改变过去办案只奖不罚的做法；三是因势利导推行主诉检察官试办案制度，增强办案责任心，减少办案时间、环节；四是坚持提前介入的办案方法，配合侦查部门查遗补漏，及时弄清存在问题。是年，共受理移送起诉案犯5228人，决定起诉3182人，决定不起诉171人。2000年，根据中央和省院部署，全地区检察机关投入严打整治斗争，毕节分院成立严打整治领导小组。审查起诉案犯，注重审查犯罪事实、目的、动机，做到证据确实充分、定性准确、确保办案质量。是年，共受理移送起诉案犯5730人，决定起诉3385人。

2001年，全地区检察机关以狠抓办案质量为宗旨，开展审查起诉案犯工作，毕节分院、大方县检察院提前介入，及时审理起诉发生在大方城区的“3·4”特大爆炸案、秦某某杀人案，受到民众好评。是年，全地区检察机关共受理移送起诉案犯6636人，决定起诉4149人。2002年，全地区检察机关配合严厉打击刑事犯罪开展审查起诉案犯工作，在打击严重刑事犯罪的同时，打击带有黑社会性质的犯罪团伙和车匪路霸、流氓恶势力犯罪。毕节分院组织精干办案力量，出庭公诉高检院、省院挂牌督办的王宗义等31人带黑社会性质的犯罪团伙。是年，全地区检察机关共受理移送起诉案犯4272人，依法提起公诉4072人。2003年，全地区检察机关共受理移送起诉案犯4433人，决定起诉4425人。2004年，全地区检察机关在审查起诉案犯中，严把事实关、证据关、准确适用法律关，坚持案件跟踪监督制度，加强案件质量监控，案件质量和公诉水平明显提高。是年，共受理移送起诉案犯3674人，决定起诉2962人。2005年，全地区检察机关加强与法院的协调配合，公诉部门加强规范化管理，努力提高办案质量。分院制定《公诉工作规范化管理暂行办法》，强化办案责任制，严把案件质量关。是年，全地区检察机关共受理移送起诉案犯3634人，决定起诉2922人。

2006年，受理审查起诉案2624件3969人，提起公诉2170件3130人，不起诉21件24人。2007年，受理审查起诉案件2627件4223人，提起公诉2170件3412人，不起诉26人。2008年，受理审查起诉案件2773件4428人，提起公诉2389件3717人，不起诉51人。2009年，提起公诉2744件4165人，决定不起诉63人。2010年，提起公诉2999件4761人。2011年，提起公诉2714件4025人。

## 三　监督侦查活动

1955年，全专区检察机关开始监督刑事案件侦查活动。是年，黔西县人民检察院审查发现8件案件由公安干部捏造6条犯罪材料，对22人报捕；11名公安干部不做调查，将分析估计作证据报捕案2件，予以纠正，对涉及人员作出处理。毕节县检察院发现公安机关在侦查中，追逼犯罪材料致死2人。全专区检察机关通过复查案件，发现公安代批捕案660件、错捕19件、违法侦查19起，后补办法律手续660人，其余均作纠正处理。1956年5月，毕节分院审查黔西县检察院报地委备案批捕17人，发现未构成犯罪4人，事实不清1人，不能以现行论处8人。8月，审查大定县院批捕的461人，发现错捕3人，可捕可不捕27人。12月，毕节分院与地区公安局联合审查毕节县检察院批捕83人，发现执行政策不当46人，材料粗糙35人，均作纠正。1957年2月，根据全省第五次检察工作会议精神，检察机关开展侦查监督工作。水城县检察院改变坐堂办案，就卷审卷的做法，走出去直接参与公安机关侦查活动，防止错捕，并发现和纠正公安侦查中的违法现象。地质局550队发生一起事故，在一次联席会议上，几个单位的领导要求逮捕嫌疑犯，检察长认为证据不足，后通过侦查证明事故与嫌疑人无关，免除错捕。1958年，政法工作“大跃进”，公、检、法“一长代三长”、侦查、检查、审判“一员代三员”，办案采取从侦查到审判一揽子做法，检察机关的法律监督职能被削弱，复查当年批捕案件，发现有问题案126件，其中错捕17件、可捕可不捕的6件、其他问题103件。1959年2月～1961年，全专区检察机关贯彻全党一盘棋，政法工作一盘棋工作方针，实行办案“三员”协作，“三长”决定，党委批准，有事办政法，无事搞生产，大批检察干部下乡蹲点和搞生产，侦查监督基本停止。1962年，区内检察机关根据中共中央工作会议精神和全省政法工作会议精神，逐步恢复检察机关办案制度，开始纠正“一长代三长”“一员代三员”及不按法律程序办案的做法，开展侦查活动监督。是年，全专区检察机关审查报捕的882名案犯，对不够逮捕条件的283人作出不批捕决定，对事实不清，证据不足的139人，退回公安机关补充侦查。1963年，全专区检察机关根据高检院、省院有关指示精神，在审查案件时，注意查证口供与检举是否一致；供述是否合理，有无逼供、诱供；被告与检举人、证明人有无利害关系。同时建立纠正处理制度。是年，全专区检察机关在受理审查报捕案件中，发现冤案3人，错案4人，漏案4人，公安人员和基层干部违法侦查15起，均予以纠正和处理。1964～1966年，全专区检察机关以防错、防漏为指导，与公安建立联系制度，参与案件的现场勘验、预审，对刑事案件侦查活动进行监督。1964年，对不符合逮捕条件的45人作出不批捕决定。1965年，纠正错案8人，揭发新的犯罪案犯7人，纠正定性不当39人。1966年，不批捕166人。

1967～1977年，检察机关实行军管直至撤销，监督案件侦查活动中断。

1978年，重建地、县检察机关，把追诉漏罪、漏犯作为法律监督的重要内容，重点调查织金、赫章县公安人员在侦查中开枪致死人命案。1979年，全地区检察机关贯彻实施《中华人民共和国逮捕拘留条例》，着重监督超法定时限办案及侦查中的违法行为。是年，对不符合批捕条件的65人作出不批捕决定。同时发现超法定时限拘留2起3人，指令有关县检察院予以纠正。1980年，全地区检察机关在审查公安机关报捕案件中，发现错捕8人，漏捕5人，作纠正和追捕处理。纠正威宁县公安机关办理朱天禄强奸案的违法行为。

1982年，全地区检察机关依法追究报捕漏报犯罪案犯37人，纠正错案3人。大方县检察院对公安报捕的彭配方，批捕3个月未移送起诉，向其提出不能超法定时限的意见，公安机关接受意见，并向检察机关提出延长羁押期限的报告。1983年8月开始，全地区检察机关结合开展严厉打击刑事犯罪，采取以下方法监督刑事案件侦查活动：一是提前介入，及时参与现场侦查和预审活动；二是审查报捕案件，防止发生错、漏案件；三是纠正违法和错、漏案件。是年，全地区检察机关共出席现场13次，纠正错案1起。1984年，追捕公安机关漏报批捕案犯68人，发现私放人犯和刑讯逼供案各1件，均作调查处理。1985～1988年，共参与出席现场83次，参与预审89次，调查核实案件材料200余份，召开联席会议73次，处理重大疑难案50件71人，防止错捕146人，追捕31人。1989～1991年，全地区检察机关参与公安出席现场和预审510件次，对519人作出不批捕决定，追捕79人。1992年，毕节分院制定《案件提前介入制度》《案件跟踪制度》和《案件复查制度》，下发各县院执行。1993年4月毕节分院组织各县检察院批捕科科长巡回检查各县1992年批捕后撤案，撤案后报捕、不批捕案件，共查出450件998人，口头或书面提出检察建议17次，公安机关均采纳，并作出纠正。1994年，全地区检察机关对不批捕案、撤案、另案处理、有案不究等实行跟踪。织金县院采取谁办案谁跟踪的方法。金沙县院采取对批捕案的撤案需报检察院审查。纳雍县院在跟踪监督中，发现并办理一件私放人犯案。检察机关在跟踪监督中，发现应追究而未追究的案件，直接立案查处。1995年，全地区检察机关采取定期或不定期方式进行自查、互查、抽查，重点对有罪不究、批捕在逃的跟踪监督。毕节分院派员抽查毕节、黔西、织金、大方县（市）院，发现毕节市41个乡镇自1983～1995年批捕在逃案犯346人，要求公安机关采取措施，及时将案犯逮捕归案。织金县院跟踪监督32个乡镇批捕在逃案犯308人和48名取保候审人犯，对18名不符合取保条件的案犯收监关押。纳雍县在跟踪监督中，发现一起给案犯改小年龄，致不受追究案犯的徇私舞弊人作出处理。1996年6月，毕节分院配合毕节市院采取提前介入方式，跟踪监督毕节城区“5·22”张某某报复绑架杀人案的侦查活动。赫章县院在跟踪监督中依法追捕漏报案犯6人。1997年，全地区检察机关提前介入重特大和有影响的案件137次，增补犯罪嫌疑人36人，提出纠正违法意见38次，对有罪不究、有案不立、以罚代刑的20件案，要求公安机关说明理由，公安机关说明理由8件，立案9件，答复3件。1998年，在侦查监督中，要求公安机关对56件案作理由说明，向公安机关提出纠正意见70余次，办理延长羁押期限手续52件79人。1999年，全地区检察机关共受理有案不立的案件线索59件，审查后，依法通知公安机关要求说明不立案理由的41件。是年，增捕漏报捕案犯24人。针对公安机关在侦查活动中的违法现象，提出书面纠正意见23次，提出口头纠正意见130余次，依法办理延长羁押期限案47件87人。

2000年，全地区检察机关着重实施立案和侦查活动监督。在立案监督方面，实行检务公开，在侦查活动监督方面，推行办案审查监督目标责任制，实行跟踪监督，及时掌握批捕或不批捕案犯的执行情况，及时发现和调查处理问题。2001年，全地区检察机关，通过提前介入，对侦查活动中的违法行为提出纠正意见21件次。毕节市检察院在审查市公安局提请批捕的陈某某为首的盗窃团伙案件中，依法履行法律监督职能，作出增捕魏某某、李某某的决定，并书面建议公安机关对兰某、詹某某进行侦查。是年，全地区检察机关共受理立案监督线索55件，审查后，要求公安机关说明不立案理由43件，事后，公安机关立案14件，说明不立案理由29件，经审查后认为有5件不立案理由不成立，通知公安机关立案。2002年，全地区检察机关共受理立案监督线索36件，经审查，向公安机关提出要求说明不立案理由20件31人，事后，公安机关均予以立案。对公安机关漏报捕的犯罪嫌疑人73人，作出增捕决定。2003年，毕节分院办理延长羁押期限90人，报省院批准延长羁押期限23人。2004年，全地区检察机关纠正漏捕38人，纠正自侦程序违法或认定罪名错误88件。是年，全地区检察机关共办理立案监督案104件，名列全省前茅。2005年，全地区检察机关共受理公安机关应立案而未立案76件，要求公安机关说明不立案理由76件，事后，公安机关主动立案27件35人。通知公安机关立案6件6人，公安机关已立案4件4人。受理公安机关不应当立案而立案的60件95人，公安机关已撤案49件65人。对提请批捕的案犯，增捕26人。2006年，一是针对执法违法和司法不公等突出问题，从群众反映强烈的控告、申诉案件入手，把诉讼监督摆在更加突出的位置，共受理公安机关应当立案而不立案的68件，要求公安机关说明不立案理由68件，公安机关主动立案38件41人，通知公安机关立案4件4人，公安机关执行立案5件5人，对公安机关不应立案而立案的41件51人进行监督。二是加强侦查活动监督，对不构成犯罪、事实不清、证据不足、无逮捕必要的886人作出不批捕决定，纠正漏捕65人：依法决定不起诉24人，追诉漏罪漏犯19人次。2007年，共监督公安机关立案75件83人、监督撤案34件47人；对诉讼违法行为提出纠正意见47件次；共依法追加逮捕123人，追加起诉44人。2008年，对应当立案而未立案，群众反映强烈的124件，建议侦查机关予以立案、对不应当立案而立案的46件，建议侦查机关撤案；对诉讼违法行为提出纠正意见235件次；共依法追加逮捕135人，追加起诉52人，追诉遗漏犯罪事实121起。2009年，对应立未立案件314件，建议侦查机关予以立案；对不应立而立案件633件，建议侦查机关撤案：对侦查活动中的违法情况提出纠正意见218件次；对应逮捕而未提请逮捕、应起诉而未移送起诉的，追捕漏犯140人、追诉漏犯97人。2010年，监督公安机关立案276件，起诉175件。2011年，对公安机关应当立案而不立案的，监督立案146件；对不应当立案而立案的，监督撤案100件；对公安机关应当提请逮捕而未提请、应当移送起诉而未移送的，决定追加逮捕207人、追加起诉102人。

## 四 监督审判

1951年，全专区检察机关以出庭公诉形式对审判活动进行监督。是年，共出庭470次。1952～1954年，检察机关与公安机关合并，中止审判监督。1955年，以试行起诉案件和出庭支持公诉为重点开展审判监督。是年，全专区检察机关共出庭支持公诉72次。大定县法院对该县龙某某因历史上任过伪保、甲长职务和勾结土匪打死3人，被判处有期徒刑7年，宣判后，龙不服，向检察院申诉，经调查核实，除历史问题外，纯系假案，其罪均系龙某某捏造事实，大定县检察院依法监督大定县法院对龙某某作出改判，并对诬陷者作出处理。1956年，根据第二次全国检察工作会议精神，全专区检察机关在以下方面监督刑事审判：一是把好起诉关；二是参与庭审和出庭支持公诉；三是开展清积查错；四是纠正违法和判决不当案件。是年，全专区检察机关受理审查移送起诉案犯，退回补充侦查396人；免诉和不诉329人；不交付审判22件；检察机关撤回起诉17人；不符合起诉条件165人。出席预备庭153次，参与公判公诉59人。8月，开展清积查错，复查1955年1月至1956年已判4486人案件，发现有问题案犯2408人，并对其提出处理意见，意见送达法院后，作出改判793人，无罪释放27人，教育释放39人，免予刑事处分22人，减刑286人，作其他处理89人，补办法律手续1206人。受理不服判决申诉57人，判决不当提出抗诉8人，法院均作出改判决定。1957年，出庭支持公诉863次。1958年，出庭公诉2987次，公判4479人；经复查，发现有问题的案件126人。1959～1961年，审判监督只应付出庭公诉，其他监督被削弱，其间共出庭2488次。1962年，根据省院《关于审查批捕、审查起诉、出庭支持公诉工作的几点意见》，取消“一长代三长”“一员代三员”的办案方式，开始恢复对刑事案件审判活动的监督。是年，全专区检察机关共出庭支持公诉283次。1963年，全专区检察机关共出庭支持公诉234次，占法院审结总数的86%。同时，分院组织各县院复查已办案件477人案件，其准确率占92.6%；发现错误起诉1人，错定性质6人，量刑过重1人，事实不清10人，对错诉及判决不当的均依法作出处理。1964年，全专区检察机关出庭支持公诉68次，参与公判12次，发表公诉词8篇。1965年，全专区检察机关出庭支持公诉218次，根据中央不上交矛盾的指示，其余起诉案件采取依靠群众批斗处理的办法结案。1966～1977年，受“文化大革命”影响审判监督工作中断。

1978年8月，重建地、县检察机关，再度恢复监督审判活动。是年，大方、织金县院3次出庭支持对重大案件的公诉。1979年，全地区检察机关派出支持发表公诉词28篇。1980年，全地区检察机关派员出庭支持公诉374次，发表公诉词127篇。毕节、大方、纳雍、赫章县检察院，对法院判决不当案6件7人提出抗诉，后经毕节地区中级人民法院改判1人，维持原判1人，发回重审2人，分院指令撤回抗诉3人。

1981年，全地区检察机关向法院提起公诉822人，出庭支持公诉691次，发表公诉词276篇。威宁县检察院对法院一审判决朱某某无罪释放一案，向地区中级人民法院提起抗诉，经二审开庭审理，认定朱某某构成犯罪，判处有期徒刑。1982年，全地区检察机关向人民法院提起公诉776人，法院开庭审理714人，检察机关均出庭支持公诉，发表公诉词141篇。毕节分院及赫章、威宁、织金县院，对法院判决不当的5件案件提起抗诉。1983年，开始严厉打击刑事犯罪，公、检、法机关实行混合编组，联合办案，致使检察机关对刑事案件的审判监督不力。是年，向法院提起公诉刑事犯罪案犯2388人，派员出庭支持公诉1871次。毕节县检察院对法院判决不当案13件提出抗诉。1984年，检察机关对法院开庭审理的2234人均出庭支持公诉，发表公诉词202篇。对法院判决出现量刑不准的27人提起抗诉，法院审理后，改判7人。1985年，法院开庭审理863人，检察机关出庭支持公诉，发表公诉词117篇。1986年，法院开庭审理1008人，检察院均出庭支持公诉。是年，威宁县法院开庭审理聂文坤一案，被告亲友未经审判长允许，向法庭提出质疑，审判长令法警将旁听群众赶出法庭，检察院出庭人员认为违法，当庭向审判长提出书面纠正意见。是年，威宁县检察院对法院的违法行为提出纠正意见20余次，对1件判决不当案提出抗诉。1987年，检察机关除派员支持公诉外还在庭审活动中注重从程序，诉讼参加人员的权利、义务、法庭纪律方面进行监督。是年，织金县检察院向法院提出纠正违法行为9次。对“一庭同审二案”的做法当庭提出纠正意见，法院及时作出纠正。大方县检察院对大方县法院判处罪犯李世明无罪提起抗诉后，地区中级人民法院对李世明作出有罪裁定。1988年，全地区检察机关对法院开庭审理的1594人，均派人员出庭支持公诉，发表公诉词30篇，对法院作出无罪判决的3件4人，依法向法院提起抗诉。1989年，全地区检察机关派员出庭支持公诉1194次，发表公诉词463篇，对法院判决不当提起抗诉4件。1990年，毕节分院针对二审监督薄弱问题，召开全地区刑事检察会议，讨论加强二审案件的监督。4月22日，毕节分院根据地区法院的出庭通知，派出人员出席黔西县法院二审龙某某投放炸药包爆炸案。分院出庭人发表出庭意见，认为上诉人龙某某竟在光天化日之下，在干活群众较多的地方投放炸药包，炸伤数名无辜群众，其行为构成爆炸罪，一审法院判处有期徒刑8年正确，建议二审法院驳回上诉，维持原判。毕节地区中级人民法院采纳毕节检察分院出庭人员意见，以上诉无理，予以驳回，维持原判。1991年7月9日，毕节分院派员出席毕节地区中级人民法院在威宁县开庭审理赵某某等盗窃案。庭审中，毕节地区中级人民法院采纳出庭公诉人意见，改威宁县人民法院原判6年为9年有期徒刑。是年，对7件案件提出抗诉，法院改判5件。1992年，毕节分院制定《关于进一步做好出庭支持公诉工作的意见》，下发各县院执行。是年，对人民法院判决不当的3件案件提出抗诉。1993年，检察机关对法院判决不当的7件7人案提出抗诉，法院审结1人，改判1件1人。1994年，检察机关对法院判决案犯2人提出抗诉。1996年，检察机关对人民法院有罪不判的5件5人，依法提出抗诉。1997年，检察机关对法院开庭审理的案件，均派员出庭支持公诉，对法院12件判决不当案依法提出抗诉，并向法院提出纠正违法建议7次。1998年，全地区检察机关对法院8件9人判决不当案依法提起抗诉。1999年，全地区检察机关对法院18件判决不当案提出抗诉。2000年，分院抽出两名干部，专门负责抗诉案件和上诉案件二审开庭的工作。是年，检察机关提起抗诉的案件，均得到人民法院的支持，使原判无罪的雷某某、陈某某伤害案改为有罪判决；使量刑畸轻的陈某某、姬某某、文某某加重刑期；使漏犯潘某某被判处无期徒刑。

2001年，全地区检察机关共提起抗诉案14件。2002年，全地区检察机关追诉犯罪嫌疑人9件11人；对法院8件11人错误判决和裁定案提出抗诉；对案件当事人与法院干警有某种特殊关系，可能影响公正审查的3件刑事案件，依法指令由其他县人民检察院作一审起诉。2003年5月，毕节地区中级人民法院开庭审理大方县检察院提起抗诉的潘某某、杨某某、任某某、杨某某妨害公务、包庇一案，分院派员出庭二审法庭支持抗诉。2004年，全地区检察机关依法追诉漏罪漏犯79人次；对法院审判15件18人认定事实有误，适用法律不当，量刑畸轻畸重及有罪判无罪案提出抗诉。2005年，全地区检察机关依法追诉漏罪漏犯40人，对法院判决有误的16件19人依法提出抗诉，人民法院已改判2件2人，其余抗诉案件在审理中。2006年，对庭审活动违法发出纠正意见书71份；对法院认定事实有误、采信证据及适用法律错误的判决7件11人提出抗诉，收到判决3件6人，其中5人改判。2007年，对刑事判决、裁定提出抗诉15件。2008年，对刑事判决、裁定提出抗诉18件。2009年，对法院确有错误的刑事判决提出抗诉18件，改判7件、发回重审8件。2010年，对法院确有错误刑事判决提出抗诉23件。2011年，提出抗诉8件。

# 第三节　经济检察

## 一　查处经济犯罪案

1951年6月，毕节专区人民检察分署，查处粮食局职工贪污案件。1952～1954年，检察机关与公安机关合并，参与“三反”“五反”斗争。1951～1954年，共查处经济犯罪案54件。1955年，成立毕节分院和各县人民检察院，正式开展经济检察工作。根据高检院和省院指示，结合统购统销、人民币发行，着重检察厂矿、企业和基本建设单位经济犯罪问题，是年，查处经济案2件，其中贪污案1件。1956年，全专区检察机关根据高检院部署，投入增产节约、反对浪费和破坏国家经济政策的斗争。是年，全专区检察机关共查处经济犯罪案64件。1957年6月，各县检察院主要是进行调查摸底和查处经济案件。是年，威宁县检察院调查县供销、粮食系统，发现短缺、少粮现象较严重，从31件案件线索中选择15件进行查处。毕节县检察院查处毕节县粮食局会计冯某某贪污案，调查发现冯某某贪污粮食1.2万斤、盗窃公款3000元逃跑，经努力将其逮捕归案，予以法办。1958年，毕节专区检察分院向各县检察院转发毕节县对该县属单位贪污情况的调查报告，报告显示，1954年后，贪污呈上升趋势，要求各县院深入调查，打击经济犯罪。水城县院调查县属商业、粮食和手工业系统，发现贪污案件线索135人，金额4万多元。是年，全地区检察机关共立案查处贪污案50件。1959年，全专区检察机关根据西南片区检察工作会议精神，开展打击经济犯罪。是年10月，毕节分院拟定工作目标：1.对经济犯罪案件进行摸底，确定案件予以查处；2.配合整社、清理账目；3.进行法制宣传，发动群众检举揭发；4.公开逮捕，打击少数教育多数的措施，查处打击经济犯罪。是年，全专区检察机关共查处贪污案32件97人，待审和在审54人。1960年，全专区检察机关根据地委部署，投入反贪污、反浪费、反官僚主义斗争。全专区抽出检察干部67人，负责调查和审查案件。分院抽检察干部赴金沙县禹漠区调查，发现该区贪污团伙案21件78人，金额近3万元。是年，全专区共揭发有贪污行为的1.9万多人，金额149万多元。经审查，通过法律程序，判刑157人。1961年，全专区检察机关结合整风整社，共立案查处贪污案犯26人。1962年，全专区检察机关遵照高检院和省院加强同违法违纪作斗争的指示精神，结合整风整社、调整工业结构、整顿商业队伍和清仓核资，以查处机关工作人员和基层干部利用职权贪污、盗窃、投机倒把为重点，采取加强领导、专人负责，查处经济犯罪案件。是年，全专区检察机关共查处经济犯罪案件46件。1963年4月，经各县摸底排队及群众检举揭发，排出重点对象88人，检察机关立案查处18人，其中贪污盗窃9人。6月，全专区检察机关开展打击投机倒把的专项斗争，据统计，全专区有375个单位发现贪污、盗窃、投机倒把1000元以上案犯424人，其中贪污盗窃7人，检察机关立案查处141人。1964～1965年，全专区检察机关在打击经济犯罪中，注意区分和处理两类不同性质的矛盾，打击少数、教育多数。1965，查处经济犯罪案81件，其中贪污案27件。

1966～1976年，开展“文化大革命”，经济检察工作中断。

1978年，重建地县检察机关。是年，大方县检察院立案查处贪污案3件。1979年，全地区检察机关共查处贪污案件8件。1980年，全地区检察机关相继成立经济检察科。10月，毕节分院召开全地区检察工作会议，传达贯彻高检院、省院经济检察工作会议精神，总结安排全地区经济检察工作。是年，全地区检察机关共查处经济犯罪案38件，其中贪污8件，为国家和集体挽回经济损失15万多元。

1981年6月，召开全地区检察工作会议，部署查处经济犯罪工作。是年，全地区检察机关共立案查处经济犯罪案100件，逮捕73人，法院作有罪判决62人，为国家和集体挽回经济损失60余万元。1982年，根据中共中央、国务院《关于打击经济领域中严重犯罪活动的决定》和高检院部署，全地区检察机关从4月起投入打击经济领域犯罪活动，毕节分院建立打击经济犯罪领导小组，组织全地区检察干部学习宣传中共中央和国务院《决定》，促使全地区有600人投案自首，退回赃款43万元。是年，全地区检察机关共受理经济犯罪案296件，立案查处140件163人，为国家和集体挽回经济损失39万多元。1983年，纳雍县检察院调查全县粮食、供销、商业、农行、林业部门，发现11个区供销社224人有经济问题，金额达23万多元。黔西县检察院调查县商业系统，发现92人有贪污、挪用公款问题。全地区检察机关通过调查、获取经济犯罪案件线索268件。织金县八步区新场公社信用社会计兼出纳员杨某某，在1973年至1975年间，利用职务之便，先后贪污信用社资金1.18万余元，案发后，织金县检察院对其立案侦查并破案，检察院依法起诉后，杨被人民法院判处死刑。是年，全地区检察机关共立案查处经济犯罪案139件165人，挽回经济损失38万余元。1984年3月，召开全地区经济检查工作会议，据各县院汇报，全地区尚有5000元以上经济案44件46人未查处，涉案金额60多万元，粮食30多万斤。7月，贯彻全省大方现场会议精神，学习大方县院打击经济犯罪的经验。是年，全地区检察机关共立案查处经济犯罪案170件194人，挽回经济损失53万多元。1985年3月，毕节分院针对全地区经济领域犯罪严重，顶风作案突出，犯罪分子手段翻新，猖狂作案的特点，要求各县院采取得力措施予以打击。从4月起，先后抽出38人，组成13个调查组，深入各行业调查，至6月，获取经济犯罪案线索209件。大方县检察院采取清现金、查短款；清物资、查漏洞；清存款、查凭证；清开支、查单据；清销售、查入户；清采购、查入库；清存贷、查手续；清决算、查虚假；清账目、查收支；清往来、查去向的方法，在29个死角死面，获取经济案线索48件。6月，各县院采取定人、定案、定时间、包质量的方法查处案件，分院派员赴县指导，协助办案，各县相继侦破一批大要案件。金沙县烟酒公司职工卓某某，在1983年10月至1985年7月，采取收款不开单，不入银行账，毁灭单据，代扣税款不上交等手段，先后与其岳父庞某某合伙贪污销货款10.62万元。案发后，卓某某携赃款1.6万元化名陈某某，与其妻逃往缅甸棒赛，是年8月7日，被公安机关抓获归案，金沙县人民检察院立案查处后，毕节分院派出办案组配合调查取证，用3个月时间查清全案，向毕节地区中级人民法院提起公诉，法院在金沙县城关公开开庭审理后，认定卓玉贵、庞智伦构成贪污罪，判处卓某某死刑、庞某某无期徒刑。是年，全地区检察机关立案查处经济犯罪案208件236人，为国家和集体挽回经济损失99万余元。1986年，全地区检察机关遵照中共中央指示，从1月开始，全面开展对经济犯罪线索的调查，至3月中旬，获取案件线索170件。是年7月16日，最高人民检察院向全国转发贵州人民检察院毕节分院《贫困地区也能多办案、办大案、办好案》的经验。是年，全地区检察机关共立案查处各类经济案403件。为国家和集体挽回经济损失300余万元。1987年1月，毕节分院在大方县召开全地区打击经济犯罪现场会，会后，各县院学习大方县院经验，开展查处经济犯罪案件。是年，全地区检察机关共立案查处经济犯罪案245件，挽回经济损失83万余元。1988年1月至7月，全地区检察机关集中力量开展查处贪污、受贿等经济案件。是年8月，根据中央〔1988〕5号文件和高检院〔1988〕9号文件精神，毕节分院成立国家工作人员职务犯罪举报中心，至11月，各县院也相继成立举报中心，并挂牌办公，受理举报，先后收到各类经济犯罪案件线索146件。是年，全地区检察机关共立案查处经济犯罪案211件，挽回经济损失280万元。1989年4月，在毕节县召开打击经济犯罪现场会，推广毕节县人民检察院《讲究侦察艺术，提高办案质量》的经验，会后，毕节分院抽出14名干部组成7个工作组到县院督促、指导办案。8月，最高人民检察院、最高人民法院发布《关于敦促贪污、受贿、投机倒把犯罪分子必须在限期内投案自首的通告》，全地区检察机关开展宣传及召开机关干部大会11次，组织人员深入68个乡镇30多个机关单位宣传《通告》精神，获取经济犯罪案件线索639条，405名涉案人员向检察机关投案自首，交出违法金额228.8万元，退赃物折款1.5万多元。是年，全地区检察机关共立案查处经济犯罪案520件，挽回经济损失244万元。1990年2月，中共毕节地委批准，改毕节分院经济检察科为贪污贿赂检察处，各县人民检察院经济检察科易名为贪污贿赂检察科。3月，全地区检察机关贯彻全省打击贪污贿赂工作会议精神，着重查处供销、烟草、粮食、金融部门的经济犯罪。11月，分院举办贪污贿赂展览，并到各县城巡回展出。是年，全地区检察机关共立案查处经济犯罪案469件，挽回经济损失300多万元。

1991年，全地区检察机关共查处经济犯罪案409件，挽回经济损失290多万元。1992年，全地区检察机关着重打击贪污贿赂经济犯罪案。是年8月，经中共毕节地委批准，撤销毕节分院贪污贿赂检察处，成立毕节分院反贪污贿赂工作局。各县院贪污贿赂检察科易名为反贪污贿赂工作局。是年，全区检察机关立案查处经济犯罪案328件，挽回经济损失909万多元。1993年，全地区检察机关共立案查处经济犯罪案214，挽回经济损失553万多元。1994年，全地区检察机关共立案查处经济犯罪案件229件，挽回经济损失468.8万元。1995年，全地区检察机关着重查处吃农、坑农、害农的贪污、挪用等经济犯罪案件。是年，查处经济犯罪案187件，为国家和集体挽回经济损失318万元。1996年3月，分院召开全区检察长、反贪局长会议，传达贯彻全省反贪工作会议精神，落实全年目标任务。是年，全地区检察机关共立案查处经济犯罪案件188件，挽回经济损失310余万元。1997～2000年，全地区检察机关共查处经济犯罪案482件，为国家挽回经济损失1441余万元。

2001年，全地区检察机关共立案查处贪污、贿赂案件116件，为国家挽回经济损失316万元，2002年，全地区检察机关重点查办县处级以上领导干部的贪污受贿案。是年，共立案查处贪污贿赂犯罪案件133件，为国家挽回经济损失1090万元。2003年，全地区检察机关与纪检、监察、审计等部门密切配合，查处经济犯罪案件。全年共立案查处贪污贿赂犯罪案116件129人，共为国家挽回经济损失1379万余元。2004～2005年，全地区检察机关探索和完善职务犯罪侦查一体化工作机制，先后在各县市院实行异地交叉办案，集中160多人，办案41件41人，挽回经济损失1400多万元，实行异地交叉办案后，全地区在保持办案规模的基础上，案件质量发生明显变化；一是大要案所占比例上升，从2004年的43.9%上升到2005年的57.9%；二是贿赂案件比例增高，从2004年的13.3%上升到2005年的28.9%；三是窝案串案增多，从2004年的29件增到2005年的45件，查处行业面扩大，从烟草，金融扩大到包括党政机关在内的10余种行业。2004～2005年，全区检察机关共查处贪污贿赂案246件，其中县处级干部涉案7件7人，为国家挽回经济损失2046万元。1978~2005年，全地区检察机关共查处经济犯罪案4913件，为国家和集体挽回经济损失8614万余元。

2006年，受理贪污贿赂案119件，立案110件128人，其中大案82件，副县级以上要案7人。2007年，立案104件127人，其中大要案98件121人，挽回直接经济损失1863.12万元。2008年，查办煤炭验票站、公路超限运输检测站人员依法受贿案8件18人。2009年，立案侦查贪污贿赂案件85件116人，其中大要案77件，涉及副县级干部4人。2010年，立案侦查贪污贿赂案79件116人，针对农村"两委"人员侵吞支农、惠农款物现象突出，集中开展打击与预防，共立案查办23件42人。2011年，立案侦查贪污贿赂案81件111人。

### 二 查处其他经济犯罪案件

1955～1966年，全地区检察机关共立案查处其他经济犯罪案件73件，其中投机倒把案63件，偷税漏税案4件，诈骗案6件。1978年，全地区检察机关共立案查处其他经济案件19起，挽回经济损失65万余元。

1981年，全地区检察机关调查发现林木案118件，立案查处13件，收回木材4200立方米，挽回经济损失47万余元。1982年，根据中共中央《关于制止乱砍滥伐森林的紧急指示》，查办破坏森林案。是年，共查处其他经济犯罪案55件，其中盗伐森林案51件。1984年，查处其他经济案55件，收回木材2254立方米。1985年，查处林木案3件，收回木材144立方米。1986年，结合全地区税收大检查发现案件线索，查处构成犯罪案。是年，共立案查处经济案88件。1987年，配合税收大检查，打击偷税、抗税和漏税，共查处涉税案42件，追回税款126.9万余元。1988年，共立案查处其他经济犯罪案75件，挽回经济损失69万余元，协助税务机关追缴税款44万余元。1990～1996年，全地区检察机关共立案查处其他经济犯罪案556件，收缴假酒653件，共为国家挽回经济损失80多万元。1997年1月1日起，检察机关原管辖的其他经济犯罪案件，按规定由公安机关管辖，检察机关不再受理。

## 第四节 法纪检察

### 一 查处渎职案件

1954年，黔西县人民检察署查处林泉仓库粮食霉烂1850余公斤案。1956年1～5月中旬，织金县发生非正常死亡35起41人，分院派人前往调查，多因干部违法、误解政策以及家庭纠纷所致。

毕节县吉场区，因医务人员失职，导致麻疹、烧热、白喉、痢疾等传染病流行，造成345人死亡。5月19日，分院配合毕节县院实地调查，对违法失职人员作出处理。是年，全地区检察机关查处渎职案4件。1957年，检察机关立案查处渎职案31件，其中重大责任事故案29件，玩忽职守案2件。1958年，查处渎职案12件，其中重大责任事故案11件，玩忽职守案1件。1959年，遵照西南片区会议精神，查处违法乱纪案件。8月底，毕节分院查处水城钢铁厂工棚倒塌一案。该厂技工邓某某不按操作规程办事，自认为原设施不符要求，擅自修改工棚图纸，省工减料，造成工棚倒塌压死14人，重伤82人，轻伤65人，轻微伤67人，财产损失严重。此案经分院起诉后，派副检察长1人出庭支持公诉，法院对邓某某作出有罪判决。1962年，查处医疗事故案1件。

1980年，毕节分院参与地区纪委、财办、环保办、人事局、公安处调查地区供销社农药仓库失火案。经查，是年6月27日给供销社制作文件柜的木工下班后未灭余火，导致起火，烧毁672平方米库房一幢，农药169余吨，损失折款36万元，造成毕节城区空气、河水严重污染。大方县检察院查处玩忽职守，导致损失汽油29吨案。纳雍县检察院查处乐治区供销社因玩忽职守造成烤烟霉烂变质7万多斤，经济损失4.8万多元。是年，全区检察机关共查处渎职案5件。

1981年，全地区检察机关查处渎职案3件。1982年，毕节县检察院查处地区邮电局职工王某某私拆邮件案。1984年，查处渎职罪3件。1985年1～6月，全地区共发生重大责任事故9起，死37人，伤16人，导致重大经济损失。6月25日，分院召开全地区法纪检察工作会议，排出重大责任事故6起，会后毕节县检察院查处毕节火葬场殡葬车翻车死亡11人、伤19人案。毕节分院查处地区人民医院老鼠咬伤婴儿案。是年，全地区检察机关共查处渎职案13件22人，其中重大责任事故案9件15人，玩忽职守案4件7人。1986年，织金县检察院查处该县烟叶复烤厂玩忽职守案。该厂职工吕某某不按规定测湿、测氧、玩忽职守，造成烟叶损坏29.39万斤，价值30余万元。1987年，分院配合纳雍县院查处纳雍县“1·29”过狮河水库翻船死亡59人，经济损失6万余元案；配合赫章县院查处妈姑区珠市乡电影院房顶垮塌压死8人、伤199人案。织金县院查处以那镇小拱桥联办煤厂瓦斯爆炸案，死亡15人、伤6人。1988年，威宁县院查处二塘区连续发生8起煤窑事故，死32人、伤9人案。黔西县院查处鸭池河许家渡“10·12”翻船死亡12人，经济损失1.2万元案，对玩忽职守者作出处理。1989年，全地区检察机关查处渎职案18件，其中重大责任事故案14件、玩忽职守案4件。1990年查处36件。1991查处24件，其中重大责任事故案22件,玩忽职守案2件。1992年查处46件，其中重大责任事故案40件、玩忽职守案6件。1993年8月6日，召开全地区法纪检察工作会议，传达省法纪检察工作会议精神，对违法乱纪案件的查处作出安排。是年，全地区检察机关共查处渎职案33件。1994年3月，毕节分院与地区劳动局联合发出《关于必须严肃查处煤矿重大恶性事故的通知》。5月，大方县院配合县公安局、乡镇企业局、劳动局、矿管办和安委会对查处龙树煤矿瓦斯爆炸死亡15人、重伤3人的重大事故。10月，织金县院侦破茶店派出所民警将案犯年龄改小，以逃避追究的徇私舞弊案。赫章县院查处妈姑区丫口脚煤矿违章作业，造成瓦斯爆炸死亡11人、伤21人、13人下落不明的重大事故案。是年，全地区检察机关共查处渎职犯罪案43件，其中重大责任事故案34件。1995年11月15日，毕节分院向各县市院发出《关于认真贯彻执行省院法纪检察加快查处“侵权”“渎职”案件的紧急通知的通知》。是年，全地区检察机关共查处渎职犯罪案27件，其中重大责任事故案21件。1996年3～6月，全地区先后发生小煤窑瓦斯爆炸4起，共死亡10人、伤26人，有关县院配合有关单位，及时调查，处理玩忽职守人员。是年，全地区检察机关查处法纪案件112件。1997年，查处渎职案25件，其中徇私舞弊案4件。1998年，围绕反腐败斗争，边整顿边查案，共查处渎职犯罪案22件，其中徇私舞弊案6件、玩忽职守案11件。1999年，查处渎职犯罪案4件。2000年，共查处渎职犯罪案18件，其中徇私舞弊案4件。2001年，查处渎职犯罪案12件，其中玩忽职守案7件。2002年，根据省院召开职务犯罪侦查工作会议精神，坚持有案必办，有罪必查的原则，抓好办案工作。大方县院查处六龙煤炭管理站副站长腾树泉玩忽职守，不及时送达《煤炭安全检查意见书》给业主李贵全，造成无证开采煤井瓦斯爆炸，死亡8人、重伤1人案。是年，全区检察机关共查处渎职案11件，其中玩忽职守案5件。2003年，毕节分院坚持主要及分管领导亲自抓，渎检部门具体抓查处渎职侵权犯罪案，狠抓办案质量，把立得起、诉得出、判得了作为衡量案件质量的基本标准。毕节分院渎检处立案查办大方县政协原副主席赵大军，大方县扶贫办、世行办原副主任刘光禄滥用职权案。是年，全地区检察机关共查处渎职犯罪案13件。2004年立案查处渎职犯罪案15件。2005年立案查处渎职犯罪案18件。是年底，根据高检院指示，毕节分院渎职侵权检察处和各县市法纪检察科更名为反渎职侵权局。

2007年，加大煤矿事故背后渎职犯罪查办力度，查办8件11人。2008年，办理危害能源资源和生态环境渎职犯罪12件20人。

## 二 查处侵权案件

1954年，毕节专区检察分署查处毕节民警罗中祥枪杀宁启玉、公安派出所民警殴打驾驶员案。1955年，检察机关针对在镇反中部分干部无视党纪国法，严重违法乱纪的情况，开始查处侵权案件。是年，通过调查和群众检举揭发，发现乱捕乱押案9件，捆打无辜23人，追逼材料致人死亡2人。毕节县检察院调查基层干部致罗克林上吊自杀案。1956年，根据高检院《加强对违法乱纪案件检查》的指示，毕节分院采取调查与转发典型案例，指导各县院查处侵权案件。5月9日，分院派3名干部赴织金调查42人非正常死亡的情况，并将调查结果报告地委，转发各县，避免类似事件的发生；10月8日，转发织金县检察院调查高克乡乡长苏中全滥用职权、非法斗争致死张黄氏案。大定县检察院配合县监察委员会查处大定县抬沙乡信用社主任赵少全和辅导员陈学武私设公堂，捆绑吊打和关押农民27人，逼死1人、致残1人案。是年，全专区检察机关共查处侵权犯罪案21件。1958年，毕节分院配合公安、法院、监察部门调查毕节县杨家湾区违法乱纪问题。该区部分基层干部，在处理少数缺粮闹粮、禁烟禁毒工作中，采取捆绑吊打、跪碎石、跪玻璃、枪拗、火烧、关押手段，肆意侵犯人权。该区辖11个乡，被严刑拷打群众360人。乡文书金开禄1人打过群众76人，其中死亡5人、残4人、伤9人。案情查实后，对有关违法犯罪人员依法作出处理，对金开禄予以逮捕法办。1959年，根据高检院西南片区会议《关于对违法乱纪不能放弃职守、积极调查报党委处理》的精神，全专区检察机关深入开展查处侵权犯罪。

2月21日，分院配合地、县公安机关调查毕节县朱昌区小屯乡干部违法乱纪情况。该乡少数基层干部以群众消极抗工、不交毒品、开会不到、小偷小摸为由，捆绑吊打群众96人，其中死亡4人、致残50人，检察机关根据不同情况作出处理，其中逮捕31人。1960年，毕节分院派员赴金沙县禹谟区调查。禹谟区有区、社、大队干部498人，其中171人捆绑吊打过群众，被捆绑吊打的群众1200余人，其中致死124人、致残85人。非法搜查群众1455户，搜走物品6500多件，折款2.3万多元。检察机关配合有关部门依法对造成严重后果的54人作出处理，其中判刑41人、交群众管制2人、送劳动教养11人。1961年，全专区检察机关查处严重侵权犯罪案63件。1962年查处41件，其中逼死人命案18件，刑讯逼供14件。1963年查处35件。1964～1965年共查处70件。

1966年"文化大革命"开始后，检察机关法纪检察工作中断。

1978年检察机关根据高检院制定非法拘禁、非法搜查、非法侵入他人住宅（简称三非案）的立案标准，查处"三非"案及其他侵权案件。是年，共查处侵权案9件。1979年，根据调查和群众反映，全地区共发现违法乱纪线索469起。检察机关根据地委领导查清后严肃处理的批示，配合纪检等部门进行调查。毕节分院、毕节县院会同纪检部门调查海子街区烧杠公社丁家寨生产队丁某某被逼死案。是年，全地区检察机关共查处违法侵权犯罪案28件48人。1980年初，分院抽3名干部赴大方、织金、黔西、金沙县调查违法乱纪情况。3月，配合省院到毕节县调查，通过调查及群众来信来访检举揭发，全专区共发现违法乱纪案785件。是年，共受理法纪案94件115人，立案查处10件23人，其中侵权案5件。

1981年，全地区检察机关共立案查处侵权案46件。1982年，共立案查处法纪案20件，其中非法拘禁、刑讯逼供案9件。1983年，根据高检院《切实把法纪检察工作做好的指示》，全地区检察机关查处违法犯罪案37件。1984年4月8日，在黔西县院召开全地区检察工作会议，传达贯彻全国法纪检察工作会议精神，总结推广黔西县院法纪检察工作经验。是年，全地区检察机关共立案查处违法犯罪案30件，其中侵权案27件。1985年6月，遵照高检院会议精神，全地区检察机关，突出重点，查处大要案，分院先后16次派员到各县指导、协助办案。是年，全地区共查处违法犯罪案30件46人，其中非法拘禁案15件27人、刑讯逼供案2件3人、诬告陷害案7件8人、非法侵入他人住宅案4件4人、非法搜查案2件4人。1986年，毕节分院法纪检察科3次派员到金沙县院，协助侦查官实礼等4人以偷鸡为由，非法拘禁、刑讯逼供张某某，对张某某施以捆绑吊打、"鸭儿凫水""吊半边肥"等残忍手段，致张某某失血性休克死亡，用几块木板捆成棺木，露出头手而埋掉。公安机关以属正当防卫、不负刑事责任了结此案，当地群众不平，受害人家属悲愤难忍，继续上告，检察机关立案侦查，查实确属一起严重侵权案，依法逮捕官实礼等人。是年，全地区检察机关共立案查处违法犯罪案114件，其中非法拘禁案35件、非法搜查案3件、诬告陷害案16件、刑讯逼供案1件。1987年6月，召开全地区法纪检察工作会议，传达高检院在安徽合肥市召开的九省市法纪检察工作会议精神，向各县院提出多办案，办大案，办好案的要求。9月5日，在织金县召开全地区法纪检察工作现场会，介绍织金县院办案经验。是年，全地区检察机关共立案查处违法犯罪案273件，居全省之首。1988年初，各县由检察长带队，深入区、乡、厂矿调查摸底开辟案源，共获案件线索621条。是年，全地区检察机关共立案查处违法犯罪案173件，其中大要案39件、非法拘禁案75件、非法侵入他人住宅案49件、诬告陷害案7件、报复陷害案1件。1989年，全地区检察机关共立案查处违法犯罪203件、其中非法拘禁案77件、非法侵入他人住宅案34件、非法搜查案34件、诬告陷害案4件、诽谤案1件。

1990年，检察机关贯彻全国21个省、自治区、直辖市法纪检察工作会议精神，查办违法乱纪案。大方县院重点查处李某某非法拘禁肖某某致残案。大方县六龙区燕坪乡农民李某某与村民陈某某纠纷致陈某某丈夫肖某某致残。检察机关将李某某等4人逮捕归案后，及时向法院提起公诉，依法判处李某某死刑，其他3人分别判有期徒刑。是年，全地区检察机关共受理法纪案470件，立案查处214件，其中重特大案34件，侵权案149件。

1991年，检察机关根据第二次全国侵权、渎职案件侦查工作会议精神，重点查处侵权犯罪案件。是年，共受理违法乱纪案410件，立案查处189件，其中“三非”案件114件。1992年，毕节分院派员到县指导和协助办案18件。是年，全地区检察机关受理法纪案615件，立案查处168件，其中“三非”案90件。1993年，全地区检察机关共立案查处法纪案115件，其中“三非”案31件。1994年，全地区检察院的法纪检察工作围绕反腐败斗争，着重查处三机关一部门工作人员违法乱纪问题。各县院通过多种渠道调查了解，掌握法纪案件线索179件，立案查处132件，其中国家机关工作人员犯罪案17件、刑讯逼供案33件、非法拘禁案52件。1995年8月，检察机关贯彻省查处徇私舞弊案联席会议精神，查处违法乱纪案。毕节分院立案查处织金县公安局刑侦队副队长林珑徇私舞弊案。纳雍县院立案查处邱明亮、饶祥徇私舞弊案。是年，全地区共立案查处法纪案100件，其中侵权案65件。1996年，重点查处司法机关工作人员徇私舞弊案，10月，毕节分院派出两个工作组，分别到县市院检查督战。是年，全地区检察机关共立案查处法纪案112件，其中侵权案10件。1997年，立案查处法纪案75件，其中徇私舞弊案4件。1998年，立案查处法纪案22件，其中徇私舞弊案6件、玩忽职守案11件，刑讯逼供案1件。1999年，根据全国、全省政法工作会议和全国、全省检察长会议精神，查处“三机关一部门”的职务犯罪案件，重点查处司法人员贪赃枉法、徇私舞弊、滥用职权腐败案件。是年，全地区共受理法纪案36件，立案查处17件，其中徇私舞弊案2件、非法拘禁案11件、刑讯逼供案1件。

2000年，立案查处法纪案18件，其中非法拘禁案11件、滥用职权案2件、刑讯逼供案2件。2001年，全地区检察机关共受理法纪案30件，立案查处17件21人，其中重特大案3件。2002年，共立案查处法纪案18件，其中滥用职权案3件，刑讯逼供、暴力取证案各2件。2003年、按照省院要求，加大查办侵权犯罪案力度。是年，共受理法纪案63件，立案侦查18件，其中要案1件、重特大案6件。2004年，根据高检院《在全国检察机关开展严肃查办国家机关工作人员利用职权侵犯人权犯罪案件的专项活动》部署要求，毕节分院督办、参办、提办10件，清理排查21件，全年共受理渎职侵权案67件，立案查处21件30人。2005年，全地区共受理渎职侵权案70件，初查70件，立案查处22件30人。1952～1996年，区内检察机关依照《中华人民共和国宪法》和中共中央的方针政策，查处侵权、渎职案704件。1978～2005年，共受理侵权、渎职案5257件，立案查处2155件。

2006年，立案渎职侵权犯罪21件31人。2007年，立案26件36人，其中重特大案件14件。2009年，立案24件34人，其中重特大案件13件。2010年，立案25件30人。2011年，立案22件29人。

# 第五节　监所检察

## 一　执法监督

1951年，水城县人民检察署开展监所检察工作，检查看守所3次。1952～1954年，检察机关与公安合并，配合公安进行监所检察。1956年1月，检察机关检查看守所、监狱、劳动改造场所和劳动教养机关，对监狱进行月余的清理，发现无手续关押人犯301人，要求补办手续。是年3月，毕节分院根据高检院意见，制定5条监所规定：1.收押人犯是否合法；2.释放犯人是否合法；3.监外执行是否合法；4.奖惩制度的执行是否合法；5.规定的管教制度和各种措施是否合法，管教人员有无违章行为，有无刑讯、虐待犯人，有无贪污、盗窃、敌我不分、丧失立场行为。是年5月，毕节分院、大定、纳雍县院检查所在地的劳改农场、看守所发现专署农场有犯人无卷宗18人，无判决书4人；大定、纳雍县长期关押未处理人犯17人，刑满未释放6人。是年，全专区检察机关与公安、法院配合，对10个监狱、6个劳改队作33次检查，共清理老、弱、病、残、女犯761名，其中教育释放68人，取保释放23人，取保就医29人，提前释放7人，监外执行364人，监外就医45人，假释15人，减刑2人，保外生孩子1人。

1957年，全专区检察机关根据全省第五次检察工作会议精神，贯彻改造第一、生产第二和阶段斗争与人道主义相结合的方针，检查监所。是年4～5月，结合清积查错，完善法律手续，规定送劳改犯人的卷宗时，须有公安提请批准逮捕书，检察院批准逮捕决定书和法院判决书，缺少的要补办完善。9月25日，贵州省人民检察院、贵州省公安厅联合通知：毕节农场、毕节农具厂、砖瓦厂、工程队划归毕节分院检察监督；大定猫场硫磺矿划归大定县人民检察院检察监督；金沙大水农场划归金沙县人民检察院检察监督；黔西岔白农场划归黔西县人民检察院检察监督。全专区检察机关共检查监所14次，检查劳改单位19次，发现违法活动107起。通过检查，威宁、纳雍、黔西、水城、赫章县检察、法院对犯人教育，提前释放8人，假释8人，免予刑事处分3人，减刑4人，改判刑期1人，纠正判决不当1人，补判决96人，查处监管人员违法1人。毕节分院开始对监所劳改单位实行定期检察，大定、黔西、金沙县院固定专人负责监所劳改工作，水城县院开始实行人犯收押制度。1958年3月6日，分院规定：大定、黔西、金沙县院应保证1名检察员驻厂、场检察，其他县院固定人员兼职负责。4月7日，分院制定《监所劳改检查工作大跃进意见》，提出在监狱、看守所、劳动改造场所开展无逃跑、无自杀、无暴动、无行凶、无纵火、无造谣、无盗窃、无反动标语和诗歌、无反动组织、无破坏生产、无吵架殴打、无无理申诉、无隐瞒罪行、无包庇犯罪、无牢头狱霸和自由犯、无传染病流行、无六害、无刑满过期处理、无缺档案犯人、无积案、无违反政策运动，并规定对监所实行10天一联系，一月一小查、一季一大查的检查制度。对违法犯罪案件的报批不得超过1天，起诉不得超过2天。处理留用人员的申诉，本县不得超过2天，外地不得超过7天。5月，传达贯彻高检院《人民检察院劳改检察工作任务和办法》。是年，检察机关在监管劳动改造场所掀起反抗拒改造，坦诚交心，开展技术革新，安全生产等运动，配合公安、法院4次检查10个监所、6个改造场（厂），重点检查44次，视察80余次，联系121次，对改造好的建议人民法院减刑28人，提前释放12人，物质奖励1724人，记功65人，大会表扬907人。1959年，贯彻省第三次劳改检察会议精神。9月，根据中央《特赦令》精神，各县院对犯人宣传教育、摸底排队，至11月，全专区特赦罪犯280名。是年，检察机关共检查监所和劳改单位1182次，视察250次，联系314次，配合公安、法院对改造好和表现积极的罪犯宽大处理1615人，其中提前释放7人、减刑106人，奖励1502人。其间，清理老、弱、病、残人犯107名，其中提前释放8名、监外执行46名、保外就医53名。劳改单位完成总产值709.5万元。1960年6月，在犯人中开展政策教育掀起认罪守法好、思想改造好、劳动生产好、卫生安全好、遵守监规好运动。7月，毕节分院抽干部4人与公安、法院配合，复查毕节、织金、金沙、水城、威宁县的案件。经查，发现保外就医政策执行得不好、执行拘留条例不严肃、乱拘乱押及无手续的问题。发现水城县将年仅10岁的小孩拘留半年之久，超期羁押未处理的14人，其中5年以上的3人。上述5县共发生犯人死亡162人，其中金沙33人。1961年，毕节分院配合公安、法院，重点检查毕节、威宁、纳雍县监狱的执法情况。是年，检察机关共检查监所、劳改场所136次，联系300次。查后，对282名久押不决的人作出处理，纠正错捕143人。同时，制定改进监所管理措施：1.对拘留人员进行清理；2.整顿监狱，健全监规；3.对违法乱纪干部进行处理；4.制定监狱工作规则。1962年7月，各县院检查监所、劳改场所、清积查错，按照捕、判、查、放、转的办法处理。共清理1512名犯人出狱，纠正错押29人，错拘留35人。8～9月，配合法院和有关单位对干部犯罪案件进行甄别，共甄别干部犯罪案88人。是年，检察机关检查监所、劳改场所121次，发现问题35起，其中逃跑4起、组织反革命集团3起、截杀场1起、冤假错案2件。清理老、弱、病、残犯人64名。1963年，分院以毕节县黑石坪煤矿的安全情况为例，向各县院提出加强改造、杜绝逃跑、保证安全、促进生产的执法监督意见。各县院坚持一月一小查、一季一大查，半年一总查的制度。10月，全专区以黔西岔白农场为试点，开展检查劳动场所执法工作。是年，共检查监所、劳改场所79次，撰写专题报告10份，情况反映32份。1964年，根据全国检察长会议精神，分院派员重点调查大水农场、岔白农场、猫场硫磺矿、毕节县农场、黑石坪煤矿，经查，各监所贯彻改造第一、生产第二的政策较好，清理刑满就业人员工作做得较差。1965年，检察机关在清理积案中，发现在押干部犯罪未决案53件，已捕未决39名，关押期有长达半年至4年之久的，后均分别作出处理。

1966年，执法监督工作中断。

1978年，各县院配合公安、法院检查监所、劳改场所，发现以拘代侦、代捕，久押不决现象较严重。1973年前入狱未判决的有8人。各县均采取措施作出处理。1979年4月，检察机关贯彻全国第七次检察工作会议和全省第十一次检察工作会议精神，开展监所和劳改场所检察。分院与毕节县公安、检察、法院联合重点检查毕节县看守所，发现有久押未决犯30人。5月，各县院检查久押未决情况，发现全地区看守所作释放或其他处理的未判决人犯82人。同时，平反冤、假、错案12件。1980年，全地区检察机关贯彻实施《看守所工作制度》和《看守所检察试行办法》，实行1天1查看，1月1小查，1季1大查的监所检查制度；纠正和平反冤、假、错案，共复查纠正14人，其中无罪释放9人；严格登记手续，加强武警执勤，昼夜值班；开展法制宣传，加强对人犯的思想改造。赫章县院规定，对待人犯做到不打骂、不体罚、不虐待、不侮辱人格。织金县院监所检察科同人犯个别谈话100多次，使之认罪服法，主动交代问题。

1981～1983年，各县院根据全国人大《关于惩罚劳改重新犯罪》的精神，配合公安部门检查整顿监所、劳改场所贯彻落实改造第一、生产第二方针的情况，帮助其完善监规、制定管教措施；纠正违法；打击重新犯罪。在此期间全地区检察机关共检查监所314次，办理重新犯罪加刑案151件。1983年，金沙县院在检查看守所时，发现人犯安庆书于1970年10月作案时不满13岁，建议公安机关将安放出。1984年3月，毕节分院派员到织金县看守所检查，发现监室人犯拥挤，有200多人犯患疥疮。4月，根据中央政法委《一切关押人犯的场所要加强防病防疫工作的通知》，着重开展防病防疫安全卫生及执法情况检查，检查发现19%的在押人犯患疥疮，其他疾病占1.9%。针对发现的问题，向公安机关提出建议和改进措施，是年，检察机关检查监所64次，抽查305次，发现对免予起诉人员未释放1起，牢头狱霸1起，不遵守监规3起，打伤人犯1起，纠正违法218次253人；上法制课189次，重点教育罪犯1986人；给劳改、劳教人员上法制课2次，听者5000多人。经宣传教育，111名在押人犯交代余罪，检举揭发犯罪150起236人。1985年3月12日，召开全地区监所、劳改、劳教场所工作座谈会，贯彻全省监所“两劳”工作会议精神。是年，全地区检察机关着重开展以下监所监督工作：1.实行驻所检察和巡回检查，大方县院对猫场硫磺矿派驻4人检察组，毕节县院确定2人驻所检察；2.全区对监狱、看守所及劳改场所检查75次。3.开展法制宣传，上法制课9次，给犯人谈话916人，罪犯交代余罪27件27人，主动检举揭发犯罪22件24人；4.开展综合治理，对四种人进行回访考查，区内有6县共考查257人；5.办理监所管辖案件113件168人；6.建立制度，完善监规。1986年1～9月着重开展清监查积工作。全年共检查监所151次，发现超羁押时限135人，闹事斗殴62件114人，催办超时限案379人次，受理加刑案161人，上法制课217次，对犯人个别谈话565人，对328名四种人进行回访考查。实现全地区监所无积案目标。1987年，根据中央向前、向外、向后延伸（简称三延伸）综合治理方针，检察机关配合公安机关，开展监狱文明管理执法监督。5月，针对全地区看守所超期羁押212名未决犯的情况，向公安、法院提出处理建议，限期清理和办结。是年，全地区检察机关进行监所安全检查30次，抽查12次，上法制课125次，书面催办案件428次，口头催办案件271人次，对97个区、乡、镇的326名“五种人”进行回访考察。大方县院对猫场硫磺矿148名抗改人犯进行谈话教育，50%以上转化。1988年5月，召开全地区监所检察工作会议，传达贯彻高检院转发的山西运城分院监所检察参与社会治安综合治理和广东省梅县分院驻所检察的经验。各县院建立监委会，召开联席会议，考察9个区、镇20多个乡、机关、企业的64名“五种人”。9月，针对严重超时限羁押，向各办案单位提出不积案、不压案，按期结案的建议。催办超期羁押案65人，交付劳改12人。是年，各县院均实行驻所检察，并建立起规章制度。1989年，根据最高人民法院、最高人民检察院《关于贪污、贿赂犯罪分子在限期内坦白自首的通告》，各监所在监所内开展宣传，张贴和宣读《通告》37次，敦促犯罪分子检举揭发犯罪、交代余罪。35

名犯人交代余罪，检举揭发经济犯罪案线索34件34人，交出赃款21.9万元，检察机关检查看守所292次，纠正违法28次，发出超时限案件催办通知276份487次；工场安全检查31次；不定期检查115次；口头和书面纠正违法107次。黔西、金沙、织金、纳雍、威宁、赫章县院考察29个乡、128个村的151名监外执行犯人，发现违法犯罪者5人，依法收监执行，并追究新犯罪行。1990年，全地区检察机关采取上法制课、个别谈话、组织讨论、向人犯家属发公开信的形式，宣传贵州省两院两厅《通告》。在限期内，毕节县看守所有21名人犯检举揭发犯罪线索39件，6名人犯交代余罪。大方县劳改支队检察组办理重新犯罪案30件。

1991年4月，在毕节县召开全地区监所检察现场会，总结推广毕节县院实行监所检察经常化、制度化、规范化的经验。是年，全区检察机关监督考察147名保外就医和取保候审人员；催办超时限羁押案87件136人。1992年4月，毕节分院指令毕节县院对毕节监狱派驻检察组。是年，开展执法安全检查，纠正干警违法1件1人，纠正违法关押2件2人，对超时限羁押87件136人，向有关办案单位提出口头或书面通知。1993年1月，成立毕节县院驻毕节监狱检察室。5月，根据上级意见，全地区各县院派驻检察组改为检察室，并指定和配备人员，挂牌办公。全地区共对8个看守所，1个劳教所，2个劳改场所派驻检察室，其中，毕节监狱监察室改由毕节分院派员入驻。检察机关共开展安全检查161次，催办超时限羁押案1003件1766人。大方县劳改支队查出监室内存放违禁物品173件均予以收缴。1994年1月，检察机关开展监所和“两劳”场所节日安全检查。6月，在赫章县召开全地区文明监室现场会议，推广赫章经验。是年，检察机关共提出催办案件意见333件524人，提出检察建议286条，纠正未将羁押期限算入刑期1件，查办私放罪犯案1件，考察“五种人”46名。是年8月，大方县院驻所检察室发现大方监狱干警周某某于1990年8月3日这天，因罪犯徐某某酗酒殴打其他犯人，周教育徐，徐不听，周用木棒甩去将徐打倒在地，再用皮带抽打徐，致徐于8月7日医治无效死亡。大方县院以体罚虐待被监管人员罪向大方县人民法院提起公诉，人民法院于1995年4月10日依法判处周某某有期徒刑3年。1995年6月，开展清理留所服刑犯人。检察机关通过检查看守所、劳改、劳教场所，消除安全隐患128处，催办超时限案164件，开展帮教活动123次。1996年5～8月，检察机关根据高检院的部署，开展驻所检察达标活动。分院发出《毕节地区检察机关派驻看守所、监狱、劳改、劳教场所检察室达标条件考核细则》，各县院根据《细则》规定，开展检查。通过检察评比，分院、毕节、大方、金沙、织金、纳雍、赫章县院驻所检察室被评为达标检察室。是年，全地区检察机关重点检查无证关押、违法会见犯人、超时限羁押，共提出纠正建议84次，办理管教干部违法犯罪案件3件6人，发现安全隐患69起。1997年，检察机关围绕创建文明监室和驻所检察室达标工作，开展执法监督。10月，毕节分院检查验收各县院。是年，共发现超时限羁押人犯51人，提出催办意见53次，消除隐患14起，对人犯进行教育1130人。1998年，检察机关针对各种安全隐患和违法情况，提出纠正意见和检察建议43条，维护监所和“两劳”场所的正常监管秩序。经年终评比总结，除驻毕节劳教所检察室达标待定外，其余派驻检察室均达标。1999年初，毕节分院下发《1999年全区监所检察工作意见》和《监管安全防范检查，确保监管场所稳定的通知》。分院监督毕节监狱、大方劳改支队1998～1999年上半年评审工作，派员参加对犯人的减刑、假释，配合公安、法院，依靠驻监所检察室掌握的情况，对两名违法减刑的犯人和11名符合减刑条件未报中级人民法院裁定减刑的犯人，向监管机关提出纠正意见，意见均被采纳。是年，检察机关共提出纠正违法通知386份，检察建议380条。2000年，全地区检察机关重点检察监所对犯人施行减刑、假释、保外就医和执行监狱法的情况，全年共提出纠正违法意见504次，检察建议564条，对在押人犯进行法制教育8000人次，对管教干部进行法制宣传300人次。1月27日，毕节市看守所关押的一审被判处死刑的贩毒罪犯杨某某因病死亡，其家属借尸闹监，分院出面作家属工作，并由分院法医化验尸体，查明系自然死亡，闹监事件得以平息。5月23日，大方县看守所反映在押的300名人犯中发现10%的患传染病，分院会同公安处查看，请大方县防疫站、皮防站医务人员实地诊断，发现患有性病的28人、皮肤病的24人，大方县政府拨款3万多元进行治疗，使传染病得到遏制。是年，全地区看守所超期羁押犯罪嫌疑人、被告人1283人，检察机关提出纠正意见1240人次，纠正1026人。

2001年，黔西县院在审查看守所拟报10名留所服刑罪犯减刑材料时，发现有9名罪犯被判处有期徒刑，并被判处罚金，不同意给其减刑。分院针对毕节、大方监狱报请人民法院裁定和需减刑的12名罪犯减刑不当，提出检察建议后，得到法院支持并予以纠正。大方县看守所将被判处有期徒刑7年的1名罪犯留所服刑打家具，大方县院监督作出纠正。纳雍县看守所将被判处有期徒刑10年的罪犯胡某某留所服刑，分院和纳雍县院多次提出书面检察建议，未能得及时纠正，后经省院、地区人大工委、地区政法委的督促之下，得以纠正。是年，全地区检察机关提出纠正超期羁押人犯2451人次，纠正1820人，毕节、金沙县实现无超期羁押现象；共检察刑罚执行中的违法520人次；共提出口头及书面检察建议568人次。大方县院查办大方监狱原二大队一中队队长喻某某虐待被监管人员一案，喻被人民法院依法判处有期徒刑2年，缓刑2年。2002年，检察机关执行高检院《关于监所检察工作若干问题的决定》，开展以下监所执法检查：1.对执行机关拟报减刑、假释不当进行监督2次，纠正4人；2.原黔西县副县长李某某犯受贿罪被判处有期徒刑13年，暂予监外执行，经省院法医鉴定，罪犯李某某的暂予监外执行的条件已消失，建议中级人民法院收监执行，李某某被送监狱劳改。3.3月27日～5月15日，地区人大工委检查全地区看守所执行《中华人民共和国看守所条例》情况，根据检查发现问题，分院提出检察建议17条。4.对1612人超期羁押，提出检察建议1375人次，已纠正1511人。5.依法纠正在刑罚交付执行中存在的违法问题18个。黔西县在清理中，领导带头督促，将17名不符合留所服刑人员送交监狱执行。2003年，依法纠正不按法律规定交付执行以及违法减刑、假释、暂予监外执行417人次；对侦查、检察、审判办案环节超期羁押的120人，提出书面纠正意见110人次。是年，检察机关实现无超期羁押犯罪嫌疑人。5月28日，地区政法委副书记杨建国、分院检察长徐坤率人员赴毕节劳教所检查工作，发现所内93名劳教人员出现浮肿及患病情况，作出具体解决问题指示。2004年，专项检查2002～2004年减刑、假释、保外就医案件，发现违法41起，不符合审批手续的31人，提出检察建议和纠正意见63次。2005年，开展减刑、假释、保外就医专项检察审查执行机关拟报减刑、假释348人，对其中减刑、假释不当的8人提出纠正意见，均得纠正；查办发生在监督场所的渎职侵权案9件；施行办案期限届满提示和纠防超期羁押周零报告制度，保持全地区无超期羁押。是年，共提出检察建议126次，均被监管机关采纳。

2006年，共对监管机关拟报减刑、假释、保外就医的581人进行实体审查和程序审查，对不符合减刑条件的7人次提出纠正意见；共初查监管人员涉嫌职务犯罪案件线索6件，立案33件6人，法院作有罪判决2件4人。2007年，建立健全纠防超期羁押长效机制，始终保持检察环节“零超期羁押”。开展核查纠正监外执行罪犯脱管漏管专项行动，共清理漏管1019人，清理脱管122人；初查监管人员职务犯罪案件线索5件，立案侦查3件3人。2008年，对监狱、看守所呈报中级人民法院减刑、假释的709人，进行同步监督审查。2009年，对监狱、看守所呈报中级人民法院减刑、假释和监外执行的741人，进行同步监督审查。2010年，同步监督审查监狱、看守所提请减刑、假释782件，纠正减假不当86件；8个县市院建立驻所检察室与看守所监控联网，把全部监管活动纳入视频监控。2011年，对监狱、看守所提请中级人民法院减刑、假释和暂予监外执行的1199人开展同步监督审查，监督纠正减刑、假释、执行不当20人，监督纠正监管活动中的违法情形196件，监督纠正监外执行罪犯脱管、漏管27人。

## 二 查处重新犯罪

1955～1956年，检察机关清理打击抗拒改造、破坏生产、脱逃者，共办理重新犯罪案46件。1957年，在检查监所中发现重新犯罪案107起，经核实，拟加刑81人，起诉42人，法院加刑26人。1958年5月，全专区检察机关在开展坦白交心、检举揭发犯罪中，共办理重新犯罪案犯646名。8月，毕节分院与大定县院调查猫场硫磺矿，破获逃跑组织5个48人，办理重新犯罪案97件97人，加刑43人，行政处分54人。1959年，共办理起诉加刑案91人，逮捕重新犯罪11人，记过、警告和批评处分279人。1960年，本着宽严相济和重犯再打的原则，共办理重新犯罪52件52人。1961年，结合整顿监狱，清理拘留人犯，建立监规，共办理抗拒改造罪犯10人，起诉5人，不起诉2人。1962年，依法办理加刑案35件，批捕11人。1963年,根据全国第六次检察工作会议精神，打击有严重破坏活动的重新犯罪。5月，查出毕节机械厂留队人员罗荣华、林启兴破坏机器设备13台，造成经济损失5万多元；罗某某、李某某冒充公安人员、共产党员招摇诈骗案。是年，全专区共发现重新犯罪案33件，办理33件，逮捕12人，起诉加刑19人。1964年，毕节分院9次深入金沙大水农场、黔西岔白农场、大方猫场硫磺矿、毕节农场、黑石坪煤矿检查发现并办理加刑案11件11人，起诉4件4人。是年，全专区检察机关共办理加刑案30件30人，逮捕15人，起诉15人。1965年，结合贯彻执行《劳动改造工作细则（试行）》，打击重新犯罪活动，共办加刑案8件8人。

1978年办理加刑案7件7人。1979～1980年，贯彻1978年12月全国检察会议规定，重点打击组织逃跑，越狱暴乱和抗拒改造犯罪分子。结合对未决犯的清理及安全检查，共办加刑案13件。

1981年，根据全国人大19次会议《关于处罚劳改重新犯罪的决定》，大方县院在配合公安、法院的检查中，发现重新犯罪案10件12人，及时审理办结。9月，毕节分院配合401劳改支队查办重新犯罪案11人，对其中10人作加刑处理。1982年，结合贯彻实施刑法和刑诉法，对犯人实行奖励与处罚相结合的政策，共办理加刑案151件。1983年8月，结合严厉打击刑事犯罪分子贯彻中共中央从重从快方针，通过执法检查、安全检查、打击牢头狱霸，实行综合治理，对违反监规、越狱逃跑、抗拒改造等重新犯罪进行打击。从8月～1986年底，办理重新犯罪案240件320人，法院均作加刑处理。1987～1992年，对看守所和“两劳”场所实行派驻检察室制度，在开展创文明监室的同时，开展打击重新犯罪，办理重新犯罪案168件174人。1993～1998年，重点打击抵制国家狱政方针、政策、规定，抗拒改造，称王称霸，破坏监规，组织越狱等重新犯罪。查处重新犯罪案93件108人，法院均作加刑处理。1999年，办理重新犯罪案17件17人，盗窃犯罪案1件1人，脱逃案16件16人，向法院起诉后，均被加刑。2000年，检察机关共受理查处重新犯罪案20件25人。2001年，共受理罪犯重新犯罪案14件。在办案中，采取提前介入，快捕快诉，及时打击被监管人员的重新犯罪活动。同时开展立案监督：金沙县院对看守所留所服刑罪犯汤应明脱逃40多天追究不立案发出立案通知，使汤受到法律追究。2002～2005年，毕节监狱发生无期徒刑罪犯张某混岗脱逃，监管机关未立案，毕节市院派员提前介入，依法监督监管机关立案，将脱逃罪犯张某抓获归案，经分院起诉后，法院判处有期徒刑3年。此期间全地区检察机关共办理重新犯罪案18件。2006年，办理被监管人员又犯罪案件3件5人。2008年，查办被监管人员又犯罪案件6件8人。2009年，办理被监管又犯罪案件2件3人。

## 三　办理“两劳”人员及家属控告申诉

1956年，全专区检察机关依照公安部部长、最高人民检察院检察长和最高人民法院院长会议精神，开始受理犯人及其家属的申诉、控告。是年，共受理在押犯人申诉44件44人，对绝大部分申诉进行处理和办理，1957～1966年，遵照有反必肃、有错必纠方针，对所受理的申诉、控告，及时复查和办理。此期间，共受理610件，办理561件，均分别不同情况作出处理。1978年，毕节分院复查金沙大水农场92件申诉案件，后平反纠正12件。是年，检察机关共处理犯人及家属申诉、控告2008件。1979～1988年，检察机关遵照中共中央平反冤、假、错案的要求，复查历史老案，共处理申诉控告案214件。毕节分院复查赵某某、李某、程某、周某某4案后，发现错定性质1人，判刑畸重1人，向中级人民法院提出抗诉和改判意见，法院作出改判决定。1989年，复查4件4人。1986年3月杨某某被判有期徒刑8年，送大方猫场硫磺矿服刑，杨不服判决，申诉达100多次，在服刑的4年中，每逢有上级机关领导来监检查时，均就地久跪喊冤。1989年5月9日，毕节分院决定立案复查，复查发现杨确实不构成犯罪被处以刑罚。7月，分院向中级人民法院提出抗诉，中院审理后，于1990年9月17日，宣判杨某某无罪释放。1990～1991年，共受理57件57人，复查36件36人。

1992年，毕节分院根据申诉，复查方某某、刘某某、刘某某、周某某抢劫一案，经查，属于事实不清，证据不足，不能定罪判刑，建议地区中级人民法院按审判监督程序予以纠正。1993～2000年，全地区检察机关共办理申诉310件310人案。

2001年，受理控告、申诉12件，立案复查2件，提出纠正意见1件。毕节劳教所劳教人员蔡志华提出申诉，要求解除已过追诉期限却被强行劳教案，分院调查核实后，向有关部门提出检察建议，使其得到纠正，予以释放。2002～2005年，贯彻高检院、省院认真处理犯人及家属申诉控告的要求，做到有申诉必查，共受理申诉289件，全部予以处理。

## 第六节　申诉控告

### 一　来信来访处理

1951年，检察机关开始处理人民群众来信来访工作。1952年，检察机关与同级公安机关合并，其信访、控告申诉由公安机关办理。1953年，毕节专署作出《认真学习中央、省处理人民来信来访的指示》，要求检察机关认真接待和处理来信来访。1954年，毕节县检察署在城关设置控告信箱，接受群众投诉，开展信访工作。1955年，共收到群众检举土匪、反动军警、反动党团、不法地主、惯盗等来信711件，检察机关自办372件，转有关部门办理125件，直接答复203件，存查11件。1956年，高检院、省院要求检察机关明确专人负责和实行轮流接待群众来访。是年，共收到群众检举揭发材料3168件；受理群众来信来访939件；检察机关自办59件；转办或作其他处理845件；存查35件。1957年，根据高检院《关于加强处理群众投诉工作的通知》，分院和各县院建立信访登记、转办、答复、统计制度，做到来信必办、来人必见，是年，共受理群众来信来访1052件，处理964件，自办53件，转办909件，会办2件。1958年，共受理群众来信来访732件，均做到及时办理，不拖不压。1959～1961年，实行公、检、法“一长代三长”“一员代三员”的办案制度，检察机关信访工作受到削弱，此期间，全专区检察机关共受理人民群众来信来访1291件，自办341件，会办112件，转办790件，存查48件。1962年，完善信访制度，结合复查1959～1961年案件，受理群众来信来访422件，其中自办44件，转办378件。1963年12月～1964年3月，清理1959～1961申诉和信访，处理已办结案，转出催办未结案，同时，受理群众来信来访1204件，办理195件，转办972件，会办22件，直接答复2件，存查3件。1964～1965年，共受理503件，自办103件，转办和作其他处理400件。

1978年，设立毕节分院信访接待室，各县也相应设立信访机构，配备工作人员。是年，检察机关共受理群众来信来访813件，自办13件，转办800件。1979～1980年，执行高检院《关于处理控告、申诉的规定》，着重开展对干部违法乱纪和平反冤、假、错案信访的处理，此期间，全地区共受理来信来访1.16万件，自办225件，会办3件，直接答复15件，转办1.455万件，存查5件。

1981～1982年，毕节分院根据高检院《控告申诉暂行规定》，召开全地区检察机关控申工作会议，贯彻高检院《控告申诉暂行规定》，要求各县院建立相关机构，配备工作人员，专事受理控诉工作。两年共受理群众来信来访8160件，清理信访“老户”47件。1983年，配合严厉打击刑事犯罪开展控申工作，建立检察长联系制度，查处久诉不息信访老户的申诉。毕节分院领导分别接待李某某、吴某某、彭某某、赵某某久诉不息案。是年，检察机关共受理群众来信来访6785件，转办6158件，作其他处理363件，上报15件；1984年，检察机关共受理来信来访6632件，自办378件，转办6239件，直接答复5件。摆摊设点开展法制宣传13次，提供刑事、经济等犯罪案线索81件，处理防止矛盾激化31件，保护养殖专业户、种植专业户、个体经营户15件，清理信访老户上访信46件，撰写信访动态材料16件。1985年4月，地委批转毕节地区检察分院党组《在全区有关单位建立检察联络员的报告》。是年底，赫章、纳雍、大方、金沙、织金县院，先后聘请检察联络员154人。全地区检察机关共设置控告信箱29个，受理来信来访7137件，自办742件，转办6359件，提供案件线索118件；检察长接待来访172人次，阅处重大来信来访283件。赫章县院控申科优先办理“两户一体”的控告申诉，防止和缓解矛盾激化，其经验被省院转发全省推广。1986年，共受理来信来访5836件，自办445件，转办5391件，检察长阅处重大来信来访199件，为国家挽回经济损失17万余元。1987年，受理来信来访6861件，均作出处理。1988年，结合“两打”和整顿社会治安处理来信来访。是年8月，成立毕节分院国家工作人员职务犯罪案件举报中心，至11月，各县检察院亦相继成立举报中心。是年，共受理举报控告线索146件，受理来信来访1.07万余件，自办274件，转办10318件，直接答复128件。1989年8月22日，在大方县院召开全地区检察机关控申检察工作会议，传达贯彻两高《关于贪污受贿、投机倒把等犯罪分子在限期内自首坦白的通告》，总结推广大方县院采取定时间、定任务、定人员，与纪委、监察部门配合，与举报所在单位配合开展控告申诉工作的经验。是年，检察机关共受理群众来信来访9632件，自办199件，转办8020件，直接答复438件。1990年，根据高检院通知精神，全地区检察机关控申部门开展文明接待活动。是年，共受理来信来访1.04万件，办理4274件，转办6093件，会办10件。受理举报案件线索519件，处理19件，办理控申案103件。

1991年，检察机关贯彻高检院《关于认真贯彻执行保护公民举报权利规定的通知》，受理来信来访1100件，受理举报368件，立案查处67件。1992年，毕节地区分院以赫章县院为试点，采取开展法制宣传，深入区乡挂牌接待，设置举报箱的办法开展文明接待活动。是年，检察机关受理来信来访6542件，收到举报材料218件，提供案件线索175件。1993年，以查处不立案决定、不批捕决定、不起诉决定、免予起诉决定案件为主，受理来信来访。是年，共收到举报案件线索351件，受理来信来访6007件，均作处理。赫章县院接待室被省院授予文明接待室称号。1994年，检察机关共受理来信来访6800件，均作出处理；受理举报371件，初查42件，立案8件，自办9件，转办4件。1995年，受理来信来访4665件，均作出处理；受理举报234件，初查28件，移送自侦部门立案9件。1996～1998年，结合施行刑法、刑诉法、赔偿法和开展严厉打击刑事犯罪、控申举报和案件查处，此期间，检察机关共受理来信来访1.24万件。1999年，在金沙县召开全地区检察机关创建文明接待室现场会，总结推广金沙县院接待来信来访经验。5月22～28日，检察机关组织干警148人，分别由检察长带队在各县城关和一些乡、镇开展举报宣传，向群众散发检务公开、受案范围、举报须知资料2600多份，现场咨询3000多人次，受教育群众达11万余人；受理举报案件线索41件。是年，共受理举报案线索890件，初查37件，挽回经济损失46万多元；受理来信来访2481件，均作分流处理，立案复查申诉案32件。2000年，检察机关在开展文明接待室评比验收活动中，共受理来信来访2212件，均作出处理。金沙县院接待室被最高人民检察院授予全国检察机关文明接待室称号并给予奖励；毕节、大方、织金县院接待室被省院授予全省检察机关文明接待室称号。

2001年，检察机关，结合严厉打击刑事犯罪，共受理举报案件517件，自查72件，移送自侦部门419件，转办11件，直接答复15件，存查10件；共受理来信来访2276件，逐一建立台账，及时分流处理，正副检察长29人参加检察长接待日168次，接待群众273人次，批办案件118件。2002年，受理来信来访1738件，均作出分流处理；受理举报线索315件，送自侦部门初查117件，自侦部门立案查处133件，其余转有关部门处理。2003年，检察机关共受理来信来访1294件，均及时作分流处理，共受理举报线索314件，审理查处314件；共受理赔偿申请9件，立案审查2件，决定赔偿1件。2004年，共清理涉法上访案件1771件，确定22件属检察机关管辖的重点案件，采取定人定时认真办理，除2件外，其余案件息诉罢访。是年，共受理来信来访1247件，均作出处理。2005年，检察机关通过多种宣传形式，收到案件举报线索514件，分流处理514件；共受理群众来信来访1247件，其中检察长接待来访群众223件。1955～1966年共受理群众来信来访7844件；1978～2005年共受理群众来信来访14.6万件，全部处理。2007年，共受理群众来信来访1388件，排查涉检信访矛盾纠纷44件，息诉息访34件。2008年，受理群众来信来访992件，审查处理992件，审查处理率达100%，开展检察长大接访活动，接待群众来信来访241件次，排查出涉检信访案件47件。2010年，受理来信来访912件，审查处理912件。2011年，受理众来信来访975件，审查处理975件，排查涉检信访案件9件。

## 二　办理控告申诉案件

1955年，全专区检察机关开始查处控告申诉案件。是年，处理控申案363件。1956年，根据群众检举揭发，调查案件59起。1957年，结合整风反右，根据群众检举控告，共查处控申案件53件。1958年，共受理控告举报案126件，均进行查处。纳雍县检察院据检举控告，查明陈某某在中华人民共和国成立前为匪抢劫，中华人民共和国成立初殴打并杀死人民解放军8人，将陈逮捕起诉法办。1959～1961年，主要针对困难时期人民群众对干部违法乱纪的控告进行调查处理，此期间共查办各类控申案件341件。1962～1963年，根据群众检举控告，调查处理控申案267件。1978～1982年，检察机关共查处控申案件647件，其中属基层干部违法乱纪案件居多。1983年6月，抽出18名控申检察干部配合开展严厉打击刑事犯罪和经济犯罪，查处申诉案件。分院配合纳雍县院查处张某某打伤、逼疯妻子案，对张绳之以法。是年，检察机关查处控申案254件。1984年，共查处控申案件378件，办理干部违法乱纪案221件。1985年，重点查处“告急”信访案件和保护“两户一体”合法权益案件。检察机关采取与有关部门配合，派员与当地政府相结合，思想疏导与解决实际问题相结合，搭桥引路与提检察建议相结合的方法，优先查处“告急”信访案件。至年底，共查处控申案71件，其他案236件。1986年，共查处控申案件445件，挽回经济损失17万余元。1987年，共办理控申案75件，复查历史老案101件，纠正45

件。1988年，共办理控申案107件，挽回经济损失34万余元。1989年8月22日，在大方县院召开全地区检察机关控申工作现场会，总结推广大方县院开展控申工作的经验。是年，全地区共办理控申案件199件；受理举报162件，初查86件。1990年，全地区共办理控申案103件；处理举报519件。1991～1993年，检察机关配合严厉打击刑事和经济犯罪，开展查处控申案件。3年共查处控申案290件。1994～1996年，查处控申举报案241件。1997年，检察机关结合施行《国家赔偿法》，在完成交办案43件的同时，开始对赔偿案件的受理和办理。是年，查处赔偿案1件。1998年，共办理举报、申诉、赔偿申请和交办案80件，均全部结案。1999年，共初查举报线索案37件，挽回经济损失46万余元；办理复查申诉案32件，均全部结案；办理赔偿申请案2件，作出不予赔偿的处理决定。2000年，共初查举报线索26件。立案复查刑事申诉案17件，结案17件；办理刑事赔偿申请案4件，作出不予赔偿决定3件，待定1件。

2001年，检察机关控申部门初查举报线索32件，成案8件；办理刑事申诉案32件，结案30件；办理赔偿案1件。2002年，检察机关控申部门办理来信来访案2件；初查举报线索26件；办理刑事申诉案20件，结案17件；办理赔偿案2件，结案2件。2003年，共办理刑事申诉案件19件；办理赔偿申请案9件；初查举报线索16件；办结上访老户申诉案3件。2004年，办理申诉案件47件。2005年，受理刑事申诉案27件，结案27件，其中立案复查16件。1955～1966年，共查处控申案件886件。1978～2005年，共查处控申案件3132件。2006年，受理举报线索603件，受理控告申诉946件；立案复查刑事申诉案17件；办结清理排查出6件涉财信访案件，依法退还扣押款18.15万元。2007年，共受理各类控告申诉521件，已全部审查处理；受理首次刑事申诉案件339件，按管辖立案复查7件，决定维持4件，不予抗诉2件；受理刑事赔偿申请4件，办结4件，执行刑事赔偿决定3件，支付赔偿金17.5万元；受理职务犯罪线索478件，全部审结，移送立案26件。2008年，依法办理刑事申诉案件29件、刑事赔偿案件6件，退赔各种款项75万余元。

## 三　案件复查

1955年1月，检察机关执行上级检察院指示：公安机关逮捕人犯，未履行由人民检察院审查批准逮捕手续的，应一律补办。是年，检察机关复查补办批准逮捕手续666件。1956年，配合公安、法院组成14个办案指导小组清理积案和错案。共清理积案877件1081人；对清理出的793件错案分别作出处理，共补办法律手续5523件。1957年受理865件，全部处理。1958～1961年，根据中共中央规定，依照有反必肃、有错必纠的方针，复查1958～1960年间产生的案件。4年间，共复查4245件4245人，发现有问题案682件682人，其中冤案21人，错捕336人，可捕可不捕的204人，案件事实不清的122人。清查1958～1960年不批准逮捕9269人，其中发现有问题554人，冤案12人，错捕52人，漏捕6人，案情事实不清26人。复查后，根据不同情况，分别作出处理。1979年，金沙大水农场92名两劳人员不服判决申诉，经分院复查，属冤、假、错案12人，经法院改判刑期6人，无罪释放3人，免予刑事处分2人，减刑1人。是年，检察机关共复查申诉案109件。

1986～1987年，根据中组部通字〔1986〕25公号文件和高检院《关于抓紧复查检察机关经办的冤、假、错案的通知》，毕节分院及各县院分别成立复查领导小组，并抽调41人组成9个复查组，复查检察机关经办的各个时期案件47件，纠正42件，部分纠正2件，维持原处理决定3件。1988年，根据高检院的规定，复查控申案件由突击转为经常，侧重复查不批捕、不起诉、免予起诉案件。1988～1992年，共复查申控案90件。1993年，总结推广织金县院实行查受理、查证据、看真假，查时间、看界限，查认定、看是否失实，查法律、看引用法律是否适当的经验。是年，全地区检察机关共复查控申案16件。1994～2005年，全地区检察机关共复查办理控申案346件。

## 第七节 民事行政检察

1986年10月，根据贵州省人民检察院、贵州省高级人民法院《关于人民检察院对民事、行政诉讼活动实行法律监督试点的通知》，毕节分院，毕节、黔西、纳雍、威宁县人民检察院建立民事行政检察机构，开展民事行政检察工作。1988年，着重选择法人与法人之间、法人与公民之间、公民与公民之间有争议的民事纠纷案件和经济纠纷案件进行办理，共办理民事案7件。1989年，分院组织全地区民事行政干部边学习法律业务边调查研究，选择典型案件试行办理。是年，共办理民事行政诉讼案4件。1990年，大方、金沙、织金、赫章成立民事行政检察机构，开展民事行政案件办理工作。是年，办理民事行政案6件。

1991年，召开全地区民事行政检察工作会议，传达贯彻高检院《关于做好〈中华人民共和国民事诉讼法〉实施工作的通知》和《人民检察院办理民事行政抗诉案件的暂行规定》。是年，共受理民事行政案189件，经审理，立案36件，办结22件。1992年6月，召开全地区民事行政检察工作会议，总结安排工作；9月，组织各县院民事行政检察干部参观学习毕节县人民检察院民事行政工作制度化、规范化的做法。是年，召开地直20多个单位厂长、经理座谈会，组织学习法律及民事行政检察的规定。是年，检察机关共办理民事行政案43件。1993年2月，分院向各县院发出通知，要求各县院选择1～2个企业为重点，建立民事行政检察联系点，为企业提供法律服务。是年，共办理民事行政案52件，向毕节地区中级人民法院提出再审检察建议19件，直接答复当事人11件。1994年，毕节分院调解毕节市普宜镇张某某欠浙江商人吴某某布款5500元案，张不执行调解协议，分院受理吴某某申诉，抗诉至法院并胜诉；分院办理赫章县毛某某、龙某某诉梅某某遗赠扶养纠纷案，携卷三下赫章调查核实，向毕节地区中级人民法院提出抗诉，经中级人民法院再审，撤销原审判决，抗诉获得成功；威宁县院为工厂企业解困，派员帮助县冶炼厂建章立制，追回职工欠款90多万元，挽回经济损失43万余元。是年，检察机关共办理民事行政案件63件，提请省院抗诉6件，向地区中级人民法院抗诉2件，提出再审检察建议28件，服判息诉15件。1995年，共办理民事行政案件41件，提请省院抗诉2件，向中级人民法院提出抗诉4件，提出再审检察建议11件。1996年，推行目标管理责任制，实行定人、定案、定时间的办案责任制。是年，共受理民事行政案52件，对人民法院判决裁定不公的案件提出抗诉，依法进行审判监督，受到人民群众好评。1997～1999办理民事行政案127件，提出抗诉案38件，提出违法再审建议案49件。2000年，共办理民事行政案50件，全部审结；全部提出抗诉31件，提出再审检察建议2件。

2001年，检察机关向地区人大工委和各县人大作专题报告19次；接受人大常委会执法检查11次，听取并落实人大代表对民事行政检察工作提出建议、批评、意见40件（条）。2002年，共办理民事行政案30件，提请省院抗诉6件，向地区中级人民法院提出抗诉4件，提出再审检查建议4件。2003年，执行《人民检察院民事行政抗诉案件办理规则》，切实履行宪法和法律赋予的监督职能，维护社会的公平与正义。是年，全地区检察机关共办理民事行政案39件，提出抗诉案6件，再审检察建议5件，其余案件，均作出驳回申诉或做服判息诉工作结案。2004年，黔西县检察院办理首例支持民事起诉案。该县烟草公司销售人员违规操作，给公司造成600多万元损失，县检察院民事行政检察部门建议并帮助烟草公司进行民事诉讼，经法院审理，判决烟草公司胜诉。是年，全地区检察机关共受理民事行政申诉案157件，立案审查20件，提出抗诉19件，再审检察建议1件。2005年，审查人民法院已生效的民事行政判决和裁定监督民事审判活动和行政诉讼活动。全年共受理民事行政申诉案226件，经审查立案91件，分院提请省检察院抗诉7件，提出抗诉5件，经法院再审、改判4件；查办审判人员、执法人员职务犯罪线索6件，其中2件构成违法，法院作出行政处分。

1988～2005年，全地区检察机关共受理民事行政案1119件，立案审查694件，提请和提出抗诉223件，提出再审检察建议134件。

2006年，受理民事行政申诉案115件，审查立案63件，作息诉处理52件，向省院提请提抗13件，向地区中级人民法院提出抗诉8件，法院再审改判4件。2008年，共立案审查民事、行政申诉案件71件，提请省院和向中级人民法院提出抗诉9件，向基层法院提出的再审检察建议均被采纳。依法息诉民事行政申诉案件73件。2009年，立案审查民事、行政申诉案件53件。对不符合立案或抗诉条件的43件案件依法作了息诉处理；初查审判执行人员涉嫌职务犯罪案件7件8人，初查后因属违纪移送法院作党政纪处理2件2人；开展民事裁判执行、调解活动的法律监督，办理执行监督案件9件、调解监督案件8件。2010年，与地区中级人民法院签订《关于加强对全区民事、行政审判及执行工作法律监督的若干规定》，同步推行民行监督告知制度。审查法院生效的民商判决、裁定书近7000份，对确有错误的民事裁判向毕节地区中级人民法院提出抗诉24件，提请省院抗诉5件，提出再审检察建议22件，法院采纳19件。2011年，全面推行民行检察监督告知书制度，受理民事、行政申诉案件250件，立案审查113件，不立案44件，息诉处理37件；提请省检察院抗诉59件，支抗56件；向法院提出再审检察建议12件，依法办理督促、支持起诉案件284件。

# 第四章 人民法院

1950年1月后，毕节地区各县人民法院和贵州省人民法院毕节分院相继成立，机构名称、审判制度和职能在审判实践中不断规范和完善，并在刑事审判、民事审判、经济审判、行政审判等方面做了大量工作。

## 第一节 机构及队伍

### 一 审判机构

地级审判机构 1949年12月21日，设置毕节专员公署司法科，受毕节专员公署和省高等法院领导，管辖毕节专区产生的刑、民事案件审判，为二审判机构，内设书记组、审判组，下辖毕节专区看守所。代理科长杨峰。1951年5月，根据省决定撤销，成立贵州省人民法院毕节分院，辖毕节、大定、黔西、金沙、织金、纳雍、水城、威宁、赫章县人民法院，内设刑事审判组、民事审判组和办公室。毕节分院为二审法院，受贵州省人民法院和毕节专员公署领导。毕节专员公署专员孟子明兼任院长。1955年3月，贯彻《中华人民共和国法院组织法》规定，将贵州省人民法院毕节分院改为贵州省毕节专区中级人民法院，行政上接受毕节专员公署领导，业务上接受贵州省高级人民法院的监督和指导，同时监督指导各县人民法院的审判业务。1956年，调整其内设机构，设置刑事审判一庭、刑事审判二庭、民事审判庭、办公室、司法科。1966年5月，开展“文化大革命”，专区中级人民法院受到冲击，审判业务停顿。1968年，成立毕节专区公、检、法、司军事管制委员会，取代公、检、法、司机关职能，毕节专区中级人民法院名存实亡，除留少数审判人员留院工作外，其余人员进“学习班”，参加“斗、批、改”。1970年，毕节专区更名为毕节地区。1973年3月，根据中央和省的指示，恢复毕节地区审判机构建置，建立毕节地区中级人民法院。内设刑事审判组、民事审判组和办公室。1975年，将刑事审判组改为刑事审判庭、民事审判组改为民事审判庭，复建司法行政科。1977年8月，改办公室为秘书科。1979年，增设刑事审判二庭、经济审判庭。1980年，撤销司法行政科，成立政治工作科。1983年，实施机构改革，调整内设机构，内设刑事审判一庭、刑事审判二庭、刑事审判三庭、告诉申诉审判庭、民事审判庭、政治处、办公室、研究室、装备科、技术室。

1986年增设行政审判庭。1989年增设执行庭、监察室。1994年，增设法警大队。1997年毕节地区中级人民法院调整充实内设机构，增设民事审判第二庭、经济审判第二庭、立案庭，撤销刑事审判第三庭，改告诉申诉庭为审判监督庭，装备科为行政科，政治处为政治部，改法警大队为法警支队。2002年增设书记官室，撤销经济审判一庭、经济审判二庭。是年，毕节地区中级人民法院内设以下审判及服务机构：刑事审判第一庭、刑事审判第二庭、民事审判第一庭、民事审判第二庭、行政审判庭、执行局、审判监督庭、立案庭、办公室、研究室、技术室、行政处、法警支队、政治部、书记官室。2010年，内设机构有办公室、政治部、刑事审判第一庭、刑事审判第二庭、民事审判第一庭、民事审判第二庭、行政审判庭（毕节中院赔偿委员会办公室）、审判监督一庭、审判监督二庭、执行局（下设执行一庭、执行二庭）、立案一庭、立案二庭、书记官室、司法行政处、纪检组、监察室、研究室、机关党委、技术室、司法警察支队。

毕节地区中级人民法院（专署司法科）历任院长、副院长：杨峰、孟子明、郭殿成、陈祥俊、刘泽才、潘樵民、龚启镕、蒋天才、王建新、黄兴文、朱锡九、张承业、王天翰、时爱华、孙明式，李庆华、徐胜日、袁礼松、刘萍、袁镇宇、龚贤远、陈永新、陈安忠、康海明、龙晨明、唐晓辉、张玉梅、吴永华、王黎明、肖国勇。

**县级人民法院** 1.毕节县人民法院。1950年1月，设立毕节县政府司法科。1951年1月，撤销县司法科，建毕节县人民法院。1958年，设毕节县人民委员会政法部取代公、检、法、司职能。1967年，建立毕节县公、检、法军事管制委员会，对县公、检、法机关实施军事管制。此后毕节县革委会成立保卫部，县法院审判职能被保卫部审判组取代。此期间，毕节县法院处于被撤销状态。1973年5月，恢复重建毕节县人民法院。1994年4月，撤销毕节县建立毕节市，毕节县人民法院改称毕节市人民法院。设：刑事审判庭、少年案件审判庭、立案庭、民事审判庭、经济审判庭、行政审判庭、审判监督庭、执行庭、政工科、办公室、研究室、书记官室、法警队。

2.大方县人民法院。1949年11月，成立大定县政府司法科，负责全县刑事、民事案件的审理。1950年8月撤销大定县司法科，成立大定县人民法院。1958年3月，大定县改称大方县，大定县人民法院改称大方县人民法院。1967年4月，受“文化大革命”冲击，大方县人民法院停止履行审判职权。1973年，复建大方县人民法院。

3.黔西县人民法院。1951年1月22日成立。1967年9月，受“文化大革命”的冲击，黔西县人民法院瘫痪，丧失审判职能。1973年，恢复建立黔西县人民法院。

4.金沙县人民法院。1950年1月成立，1966年8月，受“文化大革命”冲击，金沙县人民法院瘫痪，丧失审判职能。1976年，恢复重建金沙县人民法院。

5.织金县人民法院。1950年8月成立。1966年5月，织金县开展“文化大革命”，县人民法院受到严重冲击，工作瘫痪，1973年10月，恢复重建织金县人民法院。

6.纳雍县人民法院。1950年2月，成立纳雍县人民政府司法科。1951年11月，撤销纳雍县人民政府司法科，成立纳雍县人民法院，1966年5月，纳雍县开展“文化大革命”，县人民法院受到严重冲击，工作瘫痪，1973年8月恢复重建纳雍县人民法院。

7.威宁彝族回族苗族自治县人民法院。1950年9月设立威宁县人民政府司法科。1951年11月，撤销威宁县人民政府司法科，成立威宁县人民法院。1954年11月，撤销威宁县，建立威宁彝族回族苗族自治区，威宁县人民法院改为威宁彝族回族苗族自治区人民法院。1955年6月，改威宁彝族回族苗族自治区为威宁彝族回族苗族自治县，威宁彝族回族苗族自治区人民法院改为威宁彝族回族苗族自治县人民法院。1966年5月，威宁彝族回族苗族自治县人民法院受"文化大革命"严重冲击，工作瘫痪。1973年7月，恢复重建威宁彝族回族苗族自治县人民法院。

8.赫章县人民法院。1949年12月成立。1967年，受"文化大革命"冲击，工作瘫痪。1973年7月，恢复重建。

基层法庭 1.土改人民法庭。1950年6月，中央人民政府颁布施行《中华人民共和国土地改革法》，要求县级人民法院组建土改人民法庭，依法审判人民群众所痛恨的恶霸分子及一切违抗或破坏土地改革法令的罪犯。是年7月9日，中华人民共和国政务院颁布施行《人民法庭组织通则》，规定土改人民法庭的任务是：运用司法程序，惩治危害人民与国家利益的阴谋暴乱，破坏社会治安的恶霸、土匪、特务、反革命分子及违抗土地改革法令的罪犯，处理土地改革中划分阶级成分的争执及其他有关土地改革的案件。至1951年3月，全专区建起8个土改人民法庭，22个分庭。土改人民法庭专门审理土改中产生的案件，有权直接检举和依法逮捕、拘禁和审讯，有权遵循司法程序和制度判处死刑、徒刑、劳役、罚款、没收财产、褫夺公权、当众悔过或宣告无罪，县土改法庭对土改分庭的审判处分有采纳、修改及否定权，并有权审理超越分庭活动范围的案件，并直接提审某些案件。1952年秋，全专区土地改革结束，次年撤销各县土地改革法庭及分庭，少数未结案件移交县人民法院处理。

2.普选人民法庭。1953年1月，中央人民政府委员会颁布施行《中华人民共和国全国人民代表大会及地方各级人民代表大会选举法》。是月30日，中央选举委员会发出《关于基层选举工作的指示》，决定在全国开展第一次选举。是年5月28日，最高人民法院、国家司法部联合发出《关于普选中人民法庭工作的指示》。旋即，毕节专区各县贯彻中央及省的指示，在全专区成立33个选举法庭，审理在普选中出现的争诉及破坏选举的重大案件。普选人民法庭具有调查、逮捕、拘禁及处刑的权力。逮捕、拘禁被告时，除严重的现行犯经法庭庭长同意后，可先执行，事后再补请核实外，一般应先报请专署批准后，方可执行；逮捕、拘禁各级干部，应事先报经县政府、专署，逐级呈报省批准。1954年春，全专区普选工作结束，撤销普选法庭。

3.巡回人民法庭。毕节地区多为深山区、石山区，交通极为不便，民众居住高度分散，民间产生案件、出现纠纷，侦破、判决、调处十分不便；判决案件、调解纠纷，光靠坐堂庭审不能完全解决问题。1954年春，区内各县人民法院将多数选举人民法庭转建为巡回人民法庭，并划分责任区域，由巡回人民法庭具体负责责任区域内重大刑事、民事案件的审理；处理县法院交办的革命军人婚姻案件；配合工作组及当地少数民族代表调解涉及少数民族的民事案件；深入调查了解反革命案件、较大的刑事案件和复杂的民事案件，向县人民法院报告调查了解情况，并提出处理意见；请求县人民法院院长提请审判委员会处理应处徒刑的刑事案件、复杂的公私纠纷案件、干部违法乱纪案件及其他疑难案件。

4.人民法庭。1954年9月21日，中华人民共和国全国人民代表大会第一次会议审议通过并颁布实施《中华人民共和国人民法院组织法》。人民法院组织法规定，基层人民法院根据地区、人口和案件的情况设立若干人民法庭。1955年1月，贵州省召开全省第八次司法工作会议，要求各县市人民法院根据具体情况把巡回法庭改建为人民法庭。1955~1960年秋，毕节专区贯彻实施《中华人民共和国人民法院组织法》，根据省的要求，先在农业合作化运动重点的地方设立人民法庭，然后在其他地方逐步创造建庭条件。此期间，全专区各县人民法院先后共建起派出人民法庭21个。1960年冬，中共贵州省委发出指示，要求全省人民法院建立健全派出人民法庭。旋即，毕节专区贯彻执行中共贵州省委指示，在原建有21个人民法庭的基础上，采用任命区委书记或区委副书记兼任庭长，1名区机关干部兼任审判员的办法，增建79个临时人民法庭。这些人民法庭建起后，及时审理判决农村中产生的各类案件，调处民间产生的各类民事纠纷，较好的解决农村民众申诉难、告状难的问题。是年，全专区审判机关共受理各类案4111件，比1959年上升71.3%。其中，产生在农村的案件比例提高。1961年，贯彻执行中共中央“调整、巩固、充实、提高”的方针，对部分人民法庭进行合并或撤销。1962年，贯彻中共贵州省委，贵州省高级人民法院党组《关于继续加强人民法庭建设和调解工作的报告》，恢复被撤销人民法庭。至1965年，全专区人民法院设置恢复到1区1庭。1966年5月，全专区开展“文化大革命”，区内各县人民法院被“砸烂”，其派出人民法庭亦失去审判职能。1973年，全专区恢复重建审判机关，各县人民法院逐步恢复重建人民法庭。

1982年后，各县根据《中华人民共和国法庭工作试行办法》和贵州省高级人民法院《关于人民法庭工作暂行规定》，配备庭长、审判员、书记员，审理一般民事案件、轻微刑事案件，开展法制宣传，处理来信来访，办理县人民法院交办的事项，审理简要经济纠纷案。1987年起，各地人民法庭开展对当地行政诉讼的处理。1991~1992年，全地区实行撤区、并乡、建镇。1992年，贯彻执行贵州省高级人民法院〔1992〕2号通知精神，将原来的区人民法庭改变名称为所在地乡镇人民法庭。同时划定负责区域，实行巡回办案。至1995年，全地区共有县市派出法庭102个，配备审判人员490人。2002年，各县市法院调整派出法庭，人民法庭由原来的102个减为88个，法庭人员减为314人。其中：毕节县有：鸭池法庭、朱昌法庭、阴底法庭、杨家湾法庭、龙场营法庭、长春堡法庭、青场法庭、吉场法庭、普宜法庭、燕子口法庭、林口法庭、清水堡法庭、海子街法庭、何官屯法庭、市区法庭。大方县有：理化法庭、鸡场法庭、六龙法庭、百纳法庭、沙厂法庭、瓢井法庭、达溪法庭、长石法庭、响水法庭、双山法庭、鼎新法庭、马场法庭。黔西县有：沙窝法庭、雨朵法庭、大关法庭、谷里法庭、素朴法庭、协和法庭、甘棠法庭、中坪法庭、重新法庭、纸厂法庭、林泉法庭。金沙县有：沙土法庭、安底法庭、禹谟法庭、安洛法庭、平坝法庭、岩孔法庭、石场法庭、清池法庭。织金县有：桂果法庭、牛场法庭、猫场法庭、化起法庭、龙场法庭、官寨法庭、八步法庭、以那法庭、三塘法庭、阿弓法庭、珠藏法庭。纳雍县有：鬃岭法庭、阳长法庭、百兴法庭、乐治法庭、居仁法庭、张维法庭、治昆法庭、龙场法庭、姑开法庭、维新法庭。威宁自治县有：幺站法庭、金钟法庭、二塘法庭、龙场法庭、黑石法庭、观风海法庭、牛棚法庭、中水法庭、龙街法庭、大街法庭、羊街法庭、小海法庭、盐仓法庭。赫章县有：青山法庭、兴发法庭、妈姑法庭、可乐法庭、恒底法庭、财神法庭、六曲河法庭、野马川法庭。

2010年，毕节市人民法院下辖朱昌、阴底、鸭池、海子街、何官屯、长春堡、杨家湾、青场、清水铺、燕子口、普宜、龙场、吉场、林口等14个人民法庭。大方县人民法院下辖响水法庭、双山法庭、鼎新法庭、马场法庭、理化法庭、鸡场法庭、六龙法庭、百纳法庭、沙厂法庭、达溪法庭、瓢井法庭、长石法庭12个人民法庭。黔西县人民法院下辖钟山、甘棠、金碧、林泉、绿化、重新6个人民法庭。金沙县人民法院下辖8个法庭。织金县人民法院下辖8个人民法庭。纳雍县人民法院下辖中岭、阳长、百兴、龙场、乐治、居仁、维新、姑开、治昆、张维等10个人民法庭。威宁县人民法院下辖么站、金钟、二塘、龙场、黑石、观风海、牛棚、中水、龙街、大街、羊街、小海、盐仓13个人民法庭。赫章县人民法院下辖青山、兴发、妈姑、可乐、恒底、六曲、野马川、古达、财神9个人民法庭。

## 二　审判队伍

**中华人民共和国成立后的审判人员**　1.来源。1951~1984年，毕节地区审判机关采用以下方法吸收录用审判人员。一是由中共地方党委委派或调任。中华人民共和国成立初主要委派“南下”干部或“西进”干部，亦吸收少量的地方干部。随着时间的推移，主要委派少量的地方干部。二是接收民国省高等法院毕节分院及各县地方法院、司法处遗留下来的审检人员。对其中表现较好或一般的，通过组织学习、培训改造，经过筛选，量才录用。三是吸收录用中国人民解放军军队转业干部。四是吸收经各类学习培训的干部或国内政法大学毕业的学生。1985年后审判机关实行干部人事制度改革，采取公开招考的办法录用审判人员。据统计，1985~2002年，全地区5次公开招考录用374名人员进入地区及各县市审判机关任审判人员。2010年，有法官及其他工作人员133人。

2.审判人员数量变化。（1）毕节地区中级人民法院。1951年，毕节专区人民法院编制11人。1954年增加至14名。1973年，毕节地区中级人民法院编制16人。至2002年，增至129名，为1951年的11.7倍。（2）县市人民法院。1950~1951年，各县建立人民法院，8个县院共有审判人员51名，其中毕节县人民法院7名、大定县人民法院7名、黔西县人民法院9名、金沙县人民法院5名、纳雍县人民法院5名、赫章县人民法院3名。到2002年，全地区县市人民法院共有审判及其他人员514名（不含威宁），是1951年底前的10.4倍。其中毕节市人民法院72名、大方县人民法院93名、黔西县人民法院68名、金沙县人民法院82名、织金县人民法院73名、纳雍县人民法院63名、赫章县人民法院63名。（3）县市人民法院派出人民法庭。1950年6月~1951年3月，毕节专区成立8个土改人民法庭、22个土改分庭。每个土改法庭（分庭）配正、副审判长各1名、审判员若干名。1954年，各县人民法院设巡回法庭，每个巡回人民法庭配审判人员1~2名或2~3名。1950~1959年，8个县人民法院先后共建派出人民法庭22个，并配审判人员。1960年冬，专区决定由区委书记或副书记兼任庭长、1名区机关干部兼任审判员，建起79个临时人民法庭，实现1区1个法庭的目标。1973年，毕节地区恢复地区及各县审判机关建置。恢复重建的人民法庭配庭长、审判员、书记员各1人。全地区100个农村区共建立起100个人民法庭，配300名审判人员。1995年，全地区8县市人民法庭设102个派出人民法庭，配有490名审判人员。审判人员比1973年增38.8%。2002年，区内各县市人民法院调整派出人民法庭，将102个派出人民法庭调减为88个；将490名审判人员调减为314名。

3.法官任命。1998年，毕节地区中级人民法院贯彻执行《中华人民共和国法官法》《中华人民共和国法官等级暂行规定》《中华人民共和国最高人民法院评定法官等级暂行规定》，开展法官等级评定，评出91名审判人员享受法官等级待遇，并按干部管理权限逐级报批。经贵州省高级人民法院和最高人民法院审核批准，评定蒋天才为三级高级法官，评定龚贤远、陈安忠等17人为四级高级法官；评定李兆鸿、邓大璋等20人为一级法官；评定唐晓晖、张萍等27人为二级法官；评定彭星昱、孙歆为三级法官；评定陆川、魏劲、张敏等20人为四级法官，评定张雄、海岚、余萍等4人为五级法官。此后，按照《法官等级暂行规定》第十二条、第十三条、第十四条、第十五条、第十六条及法官等级管理的有关规定，每年都开展法官等级晋升、选升工作。截至2002年年底，毕节地区中级人民法院共有法官107名。三级高级法官有蒋天才、王建新、康海明。四级高级法官有龚贤远、龙晨明、周宗华等24人。一级法官有张玉梅、王建斌、徐宁波等22人。二级法官有唐晓晖、江友福、张敏等23人。三级法官有陆川、魏劲、周艳等16人。四级法官有薛卫东、余萍、赵娟等14人。五级法官有舒平、殷勇等5人。

## 第二节　审判管辖　审判制度　审判执行

### 一　审判管辖

**中华人民共和国成立后的审判管辖**　中华人民共和国成立后，审判机关根据《中华人民共和国人民法院组织法》的规定实行审判管辖。

1.刑事案件管辖。1949年12月1日，毕节专员公署司法科按照国家规定，为二级审判机关，受理专区所辖各县不服一审判决和裁定的案件以及重大反革命案件和刑事案件。1951~1952年，毕节专区中级人民法院贯彻《中华人民共和国人民法院暂行组织条例》的规定，各县人民法院管辖一审反革命案件和普通刑事案件，案情重大的可向专区中级人民法移送。1954年，贯彻《中华人民共和国人民法院组织法》，毕节专区中级人民法院及区内各县人民法院贯彻人民法院组织法、人民检察院组织法关于“有明确的原告和被告，不需要经过侦查的轻微案件，由人民法院直接受理和审判；属于国家机关工作人员、基层干部和企业中的贪污、玩忽职守、侵吞公共财产、侵犯人身权利和民主权利构成犯罪的，由检察机关受理，向人民法院提起公诉；其他需要经过侦查的刑事案件，由公安机关直接受理，经过侦查、预审，移送人民检察院审查，向人民法院提起公诉”的规定，开展对刑事案件的审判，毕节专区中级人民法院主要审判发生在本专区内判处无期徒刑、死刑的普通刑事案件以及不服区内各县人民法院判决或裁定的一审刑事案件。

1980年起，贯彻最高人民法院、最高人民检察院、公安部《关于执行〈刑事诉讼法〉规定管辖范围的通知》规定，伤害案、公然侮辱、诽谤案；抗拒执行、裁定案；暴力干涉婚姻自由案；重婚案；破坏现役军人婚姻案；虐待案、遗弃案由人民法院直接受理。人民检察院直接受理国家工作人员经济犯罪案、渎职案，侵犯公民人身权利和民主权利案和部分破坏社会主义经济案件等罪名，以及人民检察院认为需要直接受理的其他刑事案件。除上述人民法院和人民检察院直接受理以外的刑事案件，均由公安机关受理，然后再按照法定程序处理。1980年，实施《中华人民共和国刑事诉讼法》，按照省的有关规定，各县人民法院管辖判有期徒刑、管制和罚金的第一审普通刑事案件。地区中级人民法院管辖反革命案件和判无期徒刑以上的普通刑事案件，以及外国人犯罪和国内公民侵犯外国人合法权益的第一审刑事案件。1982年,贵州省高级人民法院根据全国人大常委会制定颁布实施《关于严惩严重破坏经济的罪犯的决定》作出法院审判经济犯罪管辖的规定：县（处）级领导干部经济犯罪和重大经济犯罪的第一审刑事案件，由地区中级人民法院管辖。1983年，最高人民法院、最高人民检察院、公安部发出联合通知：中级人民法院在必要的时候，可以决定把某些属于严重危害社会治安的，应当判处无期徒刑、死刑的第一审普通刑事案件，交由县人民法院审判。是年12月28日，再次联合制发《关于判处无期徒刑、死刑的第一审普通刑事案件由中级人民法院管辖的通知》，各县人民法院不再审判管辖判处无期徒刑、死刑的第一审普通刑事案件，已经受理尚未审判的，移送地区中级人民法院管辖。1990年，贵州省高级人民法院、贵州省人民检察院、贵州省公安厅、贵州省司法厅贯彻实施《中华人民共和国全国人民代表大会常委会关于禁毒的决定》，制定《关于我省当前办理毒品犯罪案件若干问题的意见》，对部分毒品案件的管辖作出规定：属于《关于禁毒的决定》第2条第1款第1～5项规定的毒品犯罪案件，即走私、贩卖、运输、制造鸦片1000克以上、海洛因50克以上或者其他毒品数量大的以及其他严重情节的，均由中级人民法院管辖第一审。

2.民事、经济案件管辖。1951~1962年，毕节专区中级人民法院及其所辖各县人民法院对民事案件的管辖基本实行原告就被告的原则，专区中级人民法院按法定程序审理属本院审理的一审民事案件和经济纠纷案件以及审理不服所辖各基层人民法院判决和裁定的案件。

1963年起，执行中华人民共和国最高人民法院《关于民事审判工作若干问题的意见》审判民事案件一般应由被告所在地的基层法院受理，有的案件，如果由被告所在地的法院处理不便时，也可由原告所在地的法院受理。如因受理案件意见不一致时，可协商解决或由上一级人民法院指定受理。可由中级人民法院作一审受理的案件，主要是县一级的主要干部的民事案件；有关省级人民代表、政协委员和相当于大学教授级知识分子的民事案件等。

1986年起，根据贵州省高级人民法院制发《关于第一审经济纠纷案件专属管辖问题》规定，地区中级人民法院一般管辖诉讼标的金额在20万元以上不满200万元的，或者诉讼单位属省以上（含省级）的经济纠纷案件以及不服地区行政管理机关的处分决定或者复议决定而向人民法院起诉的经济行政案件。1993年，执行贵州省高级人民法院《关于第一审民事纠纷案件级别管辖的规定》，基层法院管辖标的金额不满20万元的民事纠纷案件；中级人民法院管辖诉讼标的在20万元以上不满100万元的民事纠纷案件，涉外、涉港、澳、台有关财产纠纷的民事案件以及著作权纠纷案件。是年，根据省高院制定的《关于第一审经济纠纷案件级别管辖的规定》，将县人民法院管辖诉讼标的不满20万元的经济纠纷案件改为管辖诉讼标的不满30万元的经济纠纷案件，中级人民法院管辖诉讼标的30万元以上不满200万元的经济纠纷案件。1998年后，根据上级人民法院的有关规定，各县人民法院管辖诉讼标的不满100万元的一审经济纠纷案件；中级人民法院管辖诉讼标的100万元以上不满1000万元的经济纠纷案件。

## 二　审判制度

**中华人民共和国成立后的审判制度**　1.二审终审制。1949年12月~1950年9月，审判机关贯彻施行最高人民法院、最高人民检察院、司法部关于审判案件实行三级两审终审制的规定，贵州省人民法院毕节分院为二审法院。1950年10月6日，贵州省人民法院下达135号训令规定：“三审上诉案件已受理、无限制，上诉期限为10天，民事案件由二审根据案情决定上诉，已开始执行的重要案件当事人提出上诉，可以上诉。”毕节专区审判机关，根据训令规定审判案件。1951年9月，中华人民共和国政务院颁布施行《中华人民共和国人民法院暂行组织条例》规定：“人民法院基本实行三级两审制。一般的二审为终审，但在特殊条件下，得以三审或一审为终审。”1954年~1978年6月，审判机关贯彻实施《中华人民共和国人民法院组织法》，审判案件实行两审终审制，给案件当事人上诉权利。1979年7月20日，中华人民共和国第五届人民代表大会第二次全体会议通过实施《中华人民共和国人民法院组织法》，规定两审终审为人民法院审判各类案件的基本制度。

2.公开审判制度。1950年，审判机关开始采用公开方式审判反革命罪案件。1951年9月后，审判机关贯彻施行《中华人民共和国人民法院暂行组织条例》关于“人民法院审判案件，除依法不公开者外，均应公开进行”的规定，对犯罪案件实行公开审判。1952年12月，审判机关贯彻贵州省人民法院《关于巩固司法改革的胜利，认真做好司法建设的指示》，将轻微刑事、民事案件纳入公开审判的范畴，在不能影响生产的前提下，采用巡回审判、就地审判方式，吸收更多的群众参加公审案件。1980年后，全地区审判机关贯彻实施《中华人民共和国刑事诉讼法》《中华人民共和国民事诉讼法》，按规定依法公开审判刑事、民事案件，达到打击犯罪、伸张正义、教育群众的目的。1990年，按照最高人民法院及贵州省高级人民法院的要求，凡公开审理的案件，贴出公告或以其他形式先期公布案由、当事人的姓名或名称、开庭的时间及地点，以便群众到庭旁听。

3.辩护制度。1950年起，审判机关贯彻实施《中华人民共和国人民法庭组织法》《中华人民共和国人民法院组织法》的规定，在庭审案件时，给案件当事人辩护的权利。“文化大革命”期间，律师出庭为案件当事人辩护遭到批判和否定，辩护行为被终止。1979年12月，国家颁布实施《中华人民共和国刑事诉讼法》，1991年，颁布实施《中华人民共和国民事诉讼法》，审判机关逐步恢复和健全由案件当事人聘请律师或由审判机关为刑事案件当事人指定律师为其辩护的制度，凡在案件开庭审判前均告知案件被告享有辩护权和最后陈述权。有自主选择律师为自己辩护的权利和自己本身陈述案件的权利。1997年后，贯彻实施《中华人民共和国刑事诉讼法》关于案件庭审时进行举证、质证、认证的规定，坚持庭审案件中的举证、质证和认证。

4.陪审制度。1951年9月，国家公布实施《中华人民共和国人民法院组织法》，规定人民法院应视案件性质，实行人民陪审制。1954年9月，国家颁布实施《中华人民共和国人民法院组织法》，审判机关开始实施庭审案件人民陪审员制度。1955年，全专区共选出人民陪审员187人，采取集中方式轮训人民陪审员。同时，审判机关采取专职陪审和临时陪审相结合的办法，使庭审案件中的人民陪审制度得到长久实施。1979年7月，中华人民共和国全国人民代表大会常务委员会公布实施《中华人民共和国人民法院组织法》《中华人民共和国刑事诉讼法》，对人民陪审员制度作出相应的规定。1980年后，毕节地区按照贵州省高级人民法院、贵州省司法厅《在基层选举时结合进行选举人民陪审员的意见》的规定和要求，选举产生人民陪审员。庭审案件时，人民陪审员有权审阅案卷材料，讯问案件当事人、证人、审查各种证据，参加合议庭进行评议、宣判，并在法律文书上署名，享有审判员同等的权利、承担同等的义务。

5.合议制度。1954年，毕节专区中级人民法院贯彻《中华人民共和国人民法院组织法》，审判第一审案件，除自诉案件、简易民事纠纷和轻微刑事案件由审判员独自审判外，其余的案件一般由审判员1人，人民陪审员2人组成合议庭进行审理；第二审上诉或抗诉案件，由审判员3~5人组成合议庭进行审判。凡是与案件有关问题，均由合议庭组成人员集体研究，作出决定，如果意见不一，按少数服从多数的原则处理。死刑案件和其他重大疑难案件提交审判委员会研究。1979~1991年，审判机关贯彻实施《中华人民共和国刑事诉讼法》《中华人民共和国行政诉讼法》《中华人民共和国民事诉讼法》，在庭审案件中，除对一审轻微的刑事案件、简单的民事、经济纠纷案件的审判由独任审判外，其余案件都由多名审判员或者审判员与陪审员组成合议庭进行审判，一审行政案件一律由审判员组成合议庭进行审判。二审案件、再审案件、死刑复核案件均由审判员组成合议庭进行审判。此后，毕节地区中级人民法院及所辖各县市人民法院对合议庭和审判委员会在案件的决定和处理的权限上都有明确的划分，并形成制度。地区中级人民法院判处无期徒刑以下的刑事案件，案情简单的民事、经济、行政案件，由合议庭研究决定，判处无期徒刑以上刑罚的，改变一审判决的、人民检察院提起抗诉的，以及对案件定性把握不准的刑事案件，重大疑难或影响大的民事、经济、行政案件提交审判委员会研究决定。

6.回避制度。1955年，部分审判机关实施人民法院组织法关于庭审案件回避制度的规定，在庭审案件时实行相应回避。1979年，中华人民共和国全国人民代表大会常务委员会修订、颁布实施《中华人民共和国人民法院组织法》，对庭审案件回避作出补充修订。

## 三 审判执行

**中华人民共和国成立后的审判执行** 中华人民共和国成立后，重建审判机关，并逐渐形成规范有序的审判执行制度。1950~1953年，审判机关审判的案件，均由审判机关主管执行。对于刑事案件，不分刑种，对于民事案件，不分标的大小，凡应由法院执行的，均由原管辖法院执行。死刑公判后，执行的法院具备条件的，由原审法院直接执行，原审法院不具备执行条件的，交当地公安机关执行。死刑缓期2年执行、有期徒刑由原审人民法院交其所辖监狱执行。1954年，区内审判机关贯彻实施《中华人民共和国宪法》《中华人民共和国人民法院组织法》，刑事案件除死刑外，死刑缓期2年执行、有期徒刑和有期徒刑缓刑的案件，由原审法院交由劳动改造部门或者当地公安部门执行。1956年10月后，审判机关根据最高人民法院关于刑事案件执行的规定，死刑交公安机关执行；判处徒刑由人民法院在判决发生法律效力后，交给监狱执行。民事案在法院的判决、调解书等法律文书生效后，原审法院将案件委托给当地人民法庭、基层群众组织或当事人所在单位执行。对刑事案件的判决、裁定中关于财产部分的执行，适用民事案件的执行程序。

1982年3月后，审判机关贯彻实施《中华人民共和国民事诉讼法（试行）》，除法院审判民事案件、刑事案件生效的判决后的财产部分仍由审判法院执行外，行政机关作出的处理决定，依法应由法院强制执行和仲裁机构仲裁裁决强制执行的，均由人民法院主管。对于行政机关申请执行其处理决定的案件或者当事人申请依法执行应由法院强制执行的仲裁裁决的案件，一般由作出行政处理决定的行政机关或者作出仲裁的仲裁机关所在地的基层人民法院执行。1988年9月后，审判机关遵循最高人民法院《关于贯彻执行〈中华人民共和国民事诉讼法〉（试行）若干问题的意见》，在执行案件审判判决、裁定中，对当事人拒绝履行发生法律效力的判决、裁定、调解协议的，首先对其进行法制教育，做疏导工作，使其自觉执行判决、裁定和调解协议。对有条件执行，但屡经说服教育仍无理拒绝履行的当事人，依法采取强制措施予以执行。在执行中，首先及时稳妥采取财产保全措施，运用扣留、提取被执行人储蓄存款或者劳动收入，查封、冻结、扣押、拍卖、变卖被执行人财产或折价抵偿等措施，保证人民法院生效判决、裁定、调解书的依法执行。对于疑难执行案件，向当地党委、人大、政府报告，争取支持，并取得有关部门配合后再采取强制措施执行。1989年，毕节地区中级人民法院设立执行庭，负责毕节地区中级人民法院审理终结发生法律效力的二审民事案件、经济纠纷案件和一、二审刑事附带民事经济案件的民事赔偿等的执行。

## 第三节　审判刑事案件

1950~2002年的53年间，审判机关共受理各类一审刑事案10.19万余件。其中1950~1956年，受理2.07万余件，年均收案2900多件。1957~1966年，受理2.07万余件，年均收案2060件。1967~1976年，受理5700件，年均570件。1977～1978年，受理1714件，年均受理887件。1979~2002年的24年间，全地区受理各类刑事案5.87万余件，并及时予以审结。

2003年起，法院把维护社会稳定作为第一责任，一是依法严惩严重刑事犯罪，坚决贯彻“严打”方针不动摇，把打击锋芒对准严重暴力犯罪、有组织犯罪、毒品犯罪、黑恶势力犯罪以及其他严重危害人民群众生命财产和安全的犯罪，二是依法惩处职务犯罪和经济犯罪，三是全面贯彻宽严相济刑事政策，在依法严厉打击极少数严重犯罪的同时，注重全面落实从宽处理的有关政策，对具有法定从轻、减轻处罚情节的，依法从宽处理。四是切实加强对未成年人的审判工作。逐步完善“集中管辖、圆桌审判、惩处挽救”等符合未成年人特点的审判方式，不断创新“教育保护、犯罪预防、帮教关爱、挽救回归”的工作机制。五是全面推行量刑规范化改革，统一法律适用标准，进一步规范法官的裁量权。

### 2003～2011年毕节地区刑事审判情况统计表

单位：件

<table>
<tr><th rowspan="2">年份</th><th colspan="2">全区人民法院</th><th colspan="4">中级人民法院</th></tr>
<tr><th>受理刑事一审案件</th><th>审结刑事一审案件</th><th>受理刑事一审案件</th><th>受理刑事二审案件</th><th>审结刑事一审案件</th><th>审结刑事二审案件</th></tr>
<tr><td>2003</td><td>2916</td><td>2913</td><td></td><td>358</td><td></td><td>358</td></tr>
<tr><td>2004</td><td>2120</td><td>2117</td><td colspan="2">503</td><td colspan="2">503</td></tr>
<tr><td>2005</td><td>2145</td><td>2102</td><td colspan="2">501</td><td colspan="2">426</td></tr>
<tr><td>2006</td><td>2316</td><td>2265</td><td colspan="2">503</td><td colspan="2">501</td></tr>
<tr><td>2007</td><td>2263</td><td>2238</td><td>190</td><td>180</td><td>399</td><td>363</td></tr>
<tr><td>2008</td><td>2338</td><td>2328</td><td>189</td><td>421</td><td>188</td><td>419</td></tr>
<tr><td>2009</td><td>2970</td><td>2882</td><td>220</td><td>517</td><td>195</td><td>513</td></tr>
<tr><td>2010</td><td>2999</td><td>2968</td><td>219</td><td>534</td><td>217</td><td>534</td></tr>
<tr><td>2011</td><td>2786</td><td>2768</td><td>190</td><td>467</td><td>188</td><td>467</td></tr>
</table>

**审判反革命案** 1.审判匪特反革命案。1949年10月中旬，国民党贵州省保安司令韩文焕、黔西北行署主任傅启学到毕节召开第四行政督察区所辖9县县长会，作应变部署。是年11月下旬至次年初，区内各县先后中华人民共和国成立，国民党残余势力勾结地主武装和地方土匪，策动已起义和投诚的国民党部队和地方保安团于1950年春发动大规模的武装叛变，袭击中国人民解放军，攻打县区人民政府，杀害中国人民解放军军代表和人民政府工作人员，妄图扼杀新生的人民政权。据统计，在匪特暴乱期间，杀害的中共区委书记、区长以上干部10余名，中国人民解放军派驻起义投诚军代表50余名，拦路袭击中国人民解放军部队多起，打死打伤中国人民解放军干部战士200余名。中国人民解放军驻毕部队第四十五师组织指挥部队开展剿灭行动，成功歼灭暴乱之敌。此期间，审判机关贯彻执行中共中央关于剿匪、建立革命秩序的指示和《中华人民共和国惩治反革命条例》，结合剿匪，判处一批罪大恶极的反革命分子，打击反革命分子的嚣张气焰，以确保人民政权的巩固和区内居民的安宁。

1950年10月10日，中共中央下达《关于镇压反革命活动的指示》。毕节专区贯彻执行中共中央的指示，结合清匪反霸、减租、退押、征粮、土地改革、抗美援朝，大张旗鼓地开展镇压反革命运动。1951年6月18日，中共毕节地委决定成立专署清案委员会，中共毕节地委书记罗英任主任，毕节专区公安处处长主惠珍任副主任。各县相继成立清案委员会，6月23日，中共毕节地委清案委员会召开会议，讨论制发《关于吸收党外人士处理反革命案件的几点指示》，要求区内各县要依据不同情况，吸收党外政府委员或各族各界代表参加清案委员会，参与商讨案犯的审查处理。8月30日，毕节专区清案工作结束，共清理反革命案3140件。1950年~1953年9月，毕节专区共开展三期镇压反革命运动，打击土匪、恶霸、特务、反动党团骨干和反动会道门头子等反革命骨干分子1.8万余人。1951~1953年，全专区审判机关共受理反革命案5107件，经过与有关部门配合，及时审理判决。其中，判处4000余名罪犯死刑，判处300余名死刑缓期执行，判处1.28万名有期徒刑，判处管制1800余名。1953年12月，中共毕节地委向中共贵州省委呈报《毕节专区镇压反革命运动报告》。1954年3月8日，中共贵州省委作出批示，同意毕节专区结束镇压反革命运动。毕节专区审判机关根据贵州省委的指示，及时清理审结镇反运动的遗留问题。全专区共受理和审结反革命案1587件。在审理案件中，审判机关严格遵循镇压与宽大相结合的原则，贯彻首恶必办，胁从不问，立功受奖、坦白从宽、抗拒从严、立功折罪、立大功受奖的政策，在追捕漏网潜逃的反革命骨干分子时，凡是民愤罪恶不大，已就地安家就业、洗手不干的分子，一律不予追究；从宽处理一批真诚悔过自新或有立功表现的分子以及民愤罪恶不大已就地安家洗手不干的反革命分子，并运用典型案件公开宣传，促进残余反革命势力的分化瓦解。毕节县召开群众大会，公开宣判处理3名投案自首的反革命分子后，潜伏特务张文彬（原名孙长志）到派出所交代从南京潜伏到毕节的经过及其活动的罪行，并检举同其前来潜伏在威宁、镇远等地的反革命分子多人。1954~1955年，审判机关共受理匪特等反革命案2619件，年均1309件。审判匪特反革命案件，严厉打击犯罪分子的嚣张气焰，有力促进新生民主政权的巩固和社会的安定，促进地方经济发展和社会进步。

附：

## 廖兴序、罗湘培、吴庭芳反叛案

原民国贵州省第四区行政督察专员廖兴序、毕节县县长吴庭芳、贵州省第四行政督察区保安司令部副司令万帮贞等于1949年11月26日将关押在毕节监狱的任叔轩等4名革命青年杀害后逃离毕节。1950年2月19日到毕节县公安局投诚，不久后组织武装叛变，与起义后叛变的国民党贵州省保安司令部第四旅旅长、新编独立第二师师长罗湘培在织金县三塘会晤。廖兴序任黔西北行署副主任，在四川沐爱参与策划西南地区统一行动，制定《川滇黔反共工作纲领》。与罗湘培、国民党云南昭通专区专员安纯三在赫章召开会议，传达四川沐爱会议精神，确定攻打水城等地军事行动计划。是年9月，廖兴序、罗湘培、吴庭芳等人逃匿到纳雍木空河时，被中国人民解放军剿匪部队、民兵捕获。1951年1月28日，贵州省人民法院毕节分院在毕节城关大校场召开大会，公审枪决廖兴序、罗湘培、吴庭芳等匪特、反动会道门头子32名。

2.审判反革命集团案。1950~1955年镇压反革命，反革命残余势力已基本肃清，新生的社会主义制度建立并不断巩固，经济发展、社会稳定，民众安居乐业。全专区反革命案件呈下降趋势。1956~1960年，审判机关共受理反革命案2865件，年均573件，较1950~1955年年均降76.8%。但是，少数漏网不甘心失败的反革命骨干分子仍在兴风作浪；一些暗藏起来的反革命残余分子利用工作中的某些失误，制造谣言，勾结对中共和人民政府不满的分子，组织反革命集团，在一些边远地区发动武装暴动，攻打区、乡政府，抢夺枪支，杀害基层干部，抢劫粮库、商店，危害群众的生产生活，严重影响社会安定和群众生活安宁。1956~1960年，全专区出现多起反革命组织，其中发生反革命暴动10起，涉案暴徒人数最少的40余名，最多的300余名，总计1500余名。暴乱中，杀死干部、职工、群众28名，伤27名。平暴后，区内审判机关依法判处暴乱首犯和骨干分子，判处30名首犯死刑，对其余涉案者，依据其涉案的不同动机及其罪恶程度，分别判处有期徒刑、刑事管制，对被裹胁参与者的一般群众予以教育释放。

附：

## 马场反革命集团暴乱案

1956年1月，纳雍县姑开区马场乡陈大木杆为首组织反革命组织神兵大队。以其子陈老四为皇帝兼扫地大王，陈大木杆自任正保驾兼神兵大队长，陈安民任统兵元帅，陈老大任副保驾，惯匪谢忠荣任带兵大队长，杨国亮任统兵元帅兼带兵大队长，陈子云任统兵元帅兼仓库主任，杨玉华任独立大队长。先后在水城4区、11区，赫章2区，纳雍8区、9区先后发展成员百余名，并制定先打纳雍姑开、维新区公所，继而攻打纳雍、毕节，冲至贵阳，逐步进北京保主登基的计划。是年3月4日，以陈大木杆为首，率20多人袭击姑开马场、文化乡人民政府，捣毁全部办公用具，烧毁全部档案和文件，截断电话，砸坏电话机。此后，以吹响牛角为号，传来300余人集结到马场街上，杀死供销社工作员2名，打伤1名，抢走供销社全部物资，抢走国家仓库粮食近5000千克，并在墙壁上书写反动标语。暴乱发生后，中共姑开区委组织区乡干部和武装民兵30余名，赶赴马场平暴，未成功。次日，纳雍县公安局派出公安队两个班兵力赶到姑开马场将暴乱分子包围，同时以喊话方式开展政治攻势，争取暴徒投降。陈大木杆以迷信方式，鼓励暴徒向平暴部队冲击突围不成，然后率众暴徒向水城方向逃窜，包围部队人员及武装民兵乘势追击，击毙暴乱头目，并抓获暴徒43人，暴乱平息。之后，经毕节专区中级人民法院审理，根据《中华人民共和国惩治反革命条例》第五、八、九条之规定，判处反革命暴乱集团首犯陈大木杆、谢忠荣、张锡珍死刑，立即执行；判处反革命暴乱集团主犯陈老四、陈明安死刑，缓期二年执行，强迫劳动，以观后效；判处反革命暴乱集团骨干分子陈老大无期徒刑，分别判处其他骨干分子有期徒刑或管制。对其余被欺骗参与暴动的群众进行教育，悔过不究。

3.审判反动会道门案。民国末年，反动会道门进入毕节活动。1947年，设在云南省昆明市白阳道西南总坛统一坛派出大道首刘学周、徐中斗、薛建亭、汤启章到威宁，发展道徒1.2万余名，设立威宁部坛，设置职业道首数十人。此后，快速向区内各县扩展。据1949年统计，全专区半数以上乡镇曾有反动会道门活动，有46种，200多个活动场所，道首9400多名，道徒6万余名。骨干成员有日伪汉奸、特务、土匪、恶霸地主、官吏、地痞流氓。中华人民共和国成立前夕，白阳道制定金牌倒挂，暗调贤良的应变方针。其他道种化整为零，暗地串联、发展，乘社会混乱之机，四处进行反革命活动。中华人民共和国成立后，审判机关遵照中共毕节地委、毕节专署关于严厉打击反动会道门的指示和工作部署，开展对反动会道门反革命案件的审理和判决。1951~1953年，三次取缔反动会道门、83名道首被判处死刑，694名被判处有期徒刑，判处依法管制944名。通过取缔组织、打击道首，反动会道门由公开转入隐蔽，从城镇转入农村，从中心地区转入边远结合部地区，重整组织，转入地下继续进行反革命活动。1954~1955年，据统计，一贯道、归根道、天道有道首237名、道徒2万余名，利用群众封建迷信思想，煽动不明真相的群众求神水、讨神药，引起骚乱。1955年8月8日，毕节县长春区一贯道道首曾昭孔串联一批老道首利用赫章县野马川、乌木等地遭受自然灾害和民间迷信思想，聚集在十八冲洞中敬神念经，散布谣言，煽动群众入道。1959年1~3月，查清反动会道门以求神讨药方式煽动群众事件23起。全专区审判机关及时审理，给予犯罪分子严厉打击。1951~1960年，判处80多名反动会道门道首死刑。1961~1980年、少数顽固不化坚持反动立场的反动会道门道首秘密进行串联，以宗教为掩护，公开聚会念经，秘密吸收道徒，进行复辟活动。以白阳道为首，复辟活动蔓延至云南、贵州省的4个县，共设坛65个，有道首、道徒644人。在此期间，全地区审判机关及时受理公安、检察机关送审案件，给予严重犯罪分子严厉惩处。

1978年后，毕节地区审判机关根据反动会道门案件发生在边远落后、封建迷信活动盛行的山区，少数反革命分子常利用群众中存在着的浓厚迷信意识进行煽动和蒙骗的情况，在审判此类案件时特别慎重，通常注意到以下几个区别：1.把犯反动会道门罪与落后群众的一般迷信活动区别开来。2.把犯反动会道门罪与神汉、巫婆借封建迷信进行造谣、诈骗的犯罪区别开来。3.把犯反动会道门罪与宗教团体进行合法宗教活动区别开来，对利用传教进行反革命煽动的，以反革命煽动罪论处。4.把犯反动会道门罪中的反动道首、骨干分子与一般的道徒区别开来，重点打击反动道首和积极参加反革命活动的骨干分子，对那些受蒙骗参加会道门的一般道徒，从轻、减轻或免除处罚，对未进行反革命活动的则不以犯罪论处。1985年，赫章县反动会道门“同善社”道首曾昭孔，在毕节、大方、威宁、赫章、水城的17个区、47个乡镇进行反动会道门“同善社”复辟活动，发展2600多人。1986年3月31日，新华社贵州分社记者陈云珍在《国内动态清样》596期上发表《黔西北贫困山区反动会道门活动猖獗》一文，中共中央政治局常委、中央政法委书记乔石批示：对反动会道门除取缔、严惩其首要分子外，还要揭露其罪行，说明它的危害，以教育受骗上当的群众。各县人民政府均发布《取缔反动会道门组织，打击从事复辟活动的道首的通告》。1983~1998年，全地区审判机关共审理反动会道门复辟案29件，依法判处主犯和骨干153名，其中判处死刑4名，判处徒刑104名，管制25名，免予刑事处分20名。

附：

## 高腊妹组织先天国反革命集团案

1950年9月27日，大定县百纳区方家坪的先天国创始人高腊妹自称“天国圣母”，调集大小股匪20余股2000余人，攻打大定县百纳区政府，打死公安班班长张冠群等2人，使被关押的80余名犯人乘机脱逃。暴乱分子被中华人民共和国成立军击溃后，潜逃的先天国招兵元帅徐汉忠、掌朝太师马子臣纠集潜逃人员，继续顽抗。1952年4月12日，率匪徒23人攻打大定县长石区柿树村，掳走土改干部宋少清，抢走步枪2支、子弹30发。经公安机关派出警力进行围歼，将暴乱平息。

**审判毒品犯罪案** 清代中期，开始引种罂粟，种植面积逐渐扩大，产量增高，成为商家及民众收入来源的一种商品。民国12年（1923），毕节县商会统计，仅县内新记、兴记、黔丰3家铺子共出卖鸦片180担；萧治伦、周德轩、刘熙乙、德太昌4家商户出卖鸦片224担，每两鸦片以银元0.15元计，可换回银元9.7万元。民众食吸鸦片成为普遍。1935年，民国中央政府改组贵州省政府，对烟毒问题采取明暗两手，一方面，转发国民政府的禁令，要求全省严厉肃清烟毒，惩治毒民，查处一批烟毒案件。另一方面，借助禁烟，扩大征收，有的还指派军队人员接护烟商运鸦片过境，收取护商费。

1949~1950年初，毕节专区各县先后解放。1950年，毕节专区贯彻贵州省人民政府《为禁绝鸦片告全省人民书》，区内各县均结合清剿土匪和镇压反革命、土地改革，开展禁烟禁毒运动，打击贩烟毒活动。1952年4月15日，中共中央下达《关于肃清毒品流行的指示》。是年7月23日，中共贵州省委制订《贵州省禁毒运动的行动计划》。毕节专区贯彻中共中央指示和贵州省委的行动计划，开展以根除旧社会罪恶遗毒，禁绝烟毒为目标，以禁运、禁贩为重点的禁烟禁毒运动，清查收缴毒品，严厉打击大犯、惯犯、现行犯。各县均成立以县委书记或县长为主任，政法等有关部门参加的禁毒委员会。是年8月11日~11月20日，全专区禁烟禁毒运动结束，共逮捕烟毒犯1310人。是年，全专区审判机关审理判决烟毒犯罪，有6名烟毒犯被判处死刑，20名烟毒犯判处无期徒刑，720名烟毒犯被判处有期徒刑，464名烟毒犯经教育后释放。1951~1955年，全专区审判机关共受理毒品犯罪案2455件，审结2446件，占受理案件的99.63%，年均受理491件。1956年，受理129件；1960年，受理132件。分别为1951~1955年年平均受理案件数的26.27%、26.88%。1957~1978年，全专区审判机关年均受理毒品案件在100件以内。1958年5月25日，中共毕节地委要求从党内到党外，从干部到群众，坚持政治说服、动员教育的方针，向群众说明交代交毒无罪，存毒有罪，缴烟50克发给7角钱，动员鼓励群众交出存烟。是年，全专区共收缴各类毒品6749.3克、罂粟种3314.5克。1979~1989年，全地区审判机关共受理毒品案174件，平均15.8件。1990年后，国际贩毒集团以缅甸金三角为基地，向世界各地散发毒品。一些贩毒分子把毕节作为贩毒通道，在暴利的诱惑下，本地一些犯罪分子亦卷入毒品犯罪。1991年1月3日，最高人民法院作出《关于严格执行〈全国人民代表大会常务委员会关于禁毒的决定〉，严惩毒品犯罪分子的通知》，是年5月10日，中共毕节地委、毕节地区行署决定成立毕节地区禁毒委员会，要求各级党委、政府坚决贯彻全国人民代表大会常务委员会《关于禁毒的决定》以及贵州省禁毒会议精神，组织开展禁毒。审判机关及时审理毒品案件，严厉打击毒品犯罪分子。1990~1997年，审判机关共受理毒品案件447件，年均59.6件。1999年6月，开展“6·26”世界禁毒日活动，集中宣判55件73名毒品犯罪分子，对4名犯罪分子执行枪决。2000年6月，各县（市）召开公捕、公判大会，共公捕、公判毒品罪犯155名。

附：

## 贩卖毒品案

尹某某，男，1952年3月8日生，贵州省毕节市人，无业，住云南省潞西县公安局宿舍；陈某某，男，1955年9月3日生，贵州省毕节市人，住毕节市水箐镇中营村中营组。赵某某，女，1956年6月29日生，毕节市人，汉族，农民，住毕节市水箐镇中营村中营组。邹某某，男，1955年3月8日生，汉族，高中文化，贵州毕节市人，原系毕节市三板桥办事处综治办主任，住毕节市威宁路9~10号。

1996年9月初，尹某某从云南瑞丽携带海洛因171克到毕节，找邹某某，邹携带0.02厘样品到阳山公园找买主联系出售，因错过交货时间而未成交，将海洛因交还给尹某某。此后，尹某某在毕节期间结识陈某某，通过陈某某认识赵某某、陈某某，尹提出要求陆帮助联系出售海洛因，经陆介绍，将海洛因卖给王某某，约定16日在赵某某租佃的屋内交货，16日，正当尹某某在赵某某、陈某某交货给王某某时，被公安机关当场抓获，查获海洛因151克。经贵州省公安厅鉴定，海洛因含量为37.14%。

1997年7月25日，毕节地区中级人民法院组成合议庭，审理尹某某、陈某某、赵某某、邹某某贩毒案后，作出判决：判处尹某某死刑，剥夺政治权利终身；判处陈某某死刑，缓期2年执行，强迫劳动改造，以观后效，剥夺政治权利终身；判处赵某某有期徒刑15年，剥夺政治权利3年，判处邹某某有期徒刑8年。判决宣判后，尹某某、陈某某、赵某某、邹某某不服，向贵州省高级人民法院提出上诉，1997年11月14日，贵州省高级人民法院以〔1997〕黔刑经济字第181号判决书，判处尹某某、陈某某死刑，剥夺政治权利终身；判处赵某某有期徒刑15年，剥夺政治权利3年，判处邹某某有期徒刑8年。

**审判拐卖、绑架妇女儿童案** 1966年，毕节专区审判机关开始受理拐卖妇女、儿童案件，是年，受理13件，均审结。1973~1981年，审判机关共受理拐卖儿童案39件，平均每年4.33件。从1982年开始，受理拐卖、绑架妇女、儿童案逐年上升，且多为团伙作案。是年，审判机关共受理拐卖妇女、儿童案91件。1987年，全地区破获拐卖妇女儿童案229起，抓获犯罪分子268人，其中逮捕161人，作其他处理107人。次年，各县成立打击拐卖妇女、盗抢儿童办公室，从政法各部门抽调人员赴10多个省市开展调查，获取证据，依法逮捕犯罪分子650名。是年2月，《贵州日报》刊登《纳雍县被拐卖妇女达30多人》一文，引起中共毕节地委、毕节地区行署领导重视，要求纳雍县认真查处。中共纳雍县委召开常委会议决定从公安、检察、法院、司法、妇联抽出15人组成调查组外出调查。次年，各县成立打击拐卖妇女盗抢儿童办公室，从政府各部门抽调人员赴10多个省市开展调查，获取证据，依法逮捕犯罪分子650名。

1983年9月后，审判机关贯彻实施《关于严惩严重危害社会治安的犯罪分子的决定》，对拐卖人口集团的首要分子，或拐卖人口情节特别严重的，可在刑法规定的最高刑以上处刑，直到判处死刑。1984年3月，审判机关根据最高人民法院、最高人民检察院、公安部《关于当前处理拐卖人口中具体应用法律的若干问题的解答》关于认定拐卖、绑架妇女、儿童案情节特别严重的规定：1.拐卖妇女、儿童15人以上，或者拐卖妇女、儿童3人以上，不满15人，手段特别恶劣的；2.盗卖婴儿、幼儿多人或多次的；3.劫持、绑架妇女或麻醉妇女后将其出卖的，后果严重的；4.摧残虐待被拐卖的人致其重伤、死亡，引起其他严重后果的。凡有以上情节，皆认定为情节特别严重，在审判案件时，按刑法最高刑以上处刑，直到判处死刑。1983年8月~1987年1月，毕节地区贯彻中央及省的指示，审判机关配合严厉打击严重刑事犯罪斗争，及时审判受理拐卖人口犯罪案件。1991年9月4日，中华人民共和国全国人民代表大会常委会作出《关于严惩拐卖、绑架妇女、儿童的犯罪的决定》，1992年12月11日，最高人民法院、最高人民检察院作出《关于执行全国人民代表大会常务委员会〈关于严惩拐卖、绑架妇女、儿童的犯罪分子的决定〉的若干问题的解答》。旋即，审判机关按照决定和解答的规定和要求，依法从重打击拐卖、绑架妇女、儿童的犯罪。据统计，1988~2002年，审判机关共受理拐卖妇女儿童案3060件，年均204件。1995~2002年，共受理拐卖妇女儿童案975件，涉案罪犯1539人；其犯罪方法多为本地犯罪分子与外地犯罪分子相互勾结，外地分子作为下家，被拐卖的妇女、儿童卖到外地后，由外地罪犯转卖，造成破案和解救被拐卖妇女、儿童难度大。同时，被拐卖的妇女有的被强奸或轮奸，身心严重被摧残。

附：

## 14人拐卖人口案

林某某，男，1955年生，汉族，福建省古田县凤都公社双株大队人。谢某某，化名王军、杨忠文，男，1951年生，汉族，黔西县林泉区西溪公社高潮生产队人。谢某某，男，1948年生，黔西县林泉区林泉公社人。朱某某，男，1935年生，福建古田县凤都公社双株大队人。王光荣，女，1948年生，初中文化，黔西县林泉区林泉公社青塘大队人。刘某某，女，1954年生，汉族，初中文化，黔西县林泉区林泉公社青塘大队人。刘某某，男，1950年生，汉族，小学文化，黔西县林泉区白泥公社前进大队人。林某某，男，1955年生，汉族，初中文化，黔西县林泉区林泉公社青塘大队人。李某某，男，1947年生，林泉区林泉公社青塘大队人。杨某某，女，1939年生，苗族，黔西县人，住城关县西路83号。周某某，男，1957年生，初中文化，黔西县林泉区西溪公社高潮大队人。马某某，又名幺妹、化名刘某某，女，19岁，汉族，黔西县林泉区林泉公社青塘大队人。谢某某，男，31岁，1949年生，汉族，初中文化，黔西县林泉区西溪公社高潮大队人。

1978~1984年，林某某等14人，先后拐卖妇女38人，有的妇女被拐骗后又参与拐骗，马某某参与拐卖妇女1人同时参与诈骗，杨某某拐卖曾某某、徐某某、何某某，周某某参与拐卖妇女3人，谢某某拐卖罗某某，朱某某参与拐卖刘某某、诈骗吴某某。刘某某参与拐卖吕某某、吕某某、叶某某、杨某某。李某某参与拐卖杨某某。杨某某参与拐卖谢某某、林某某、王某某、陆某某；林某某参与拐卖何某某、何某某，曾居祥参与郭某某、马某某拐卖付某某；郑某某拐卖海某某。白某某拐卖白某某、黄某某，朱某某拐卖白某某、黄某某。彭某某拐卖祝某某。何某某参与拐卖周某某、刘某某、陈某某、姚某某。李某某拐卖刘某某、曾某某、杨某某、刘某某，严某某参与拐卖吕某某、吕某某、叶某某。

1984年3月，林某某、谢某某等14人团伙拐卖妇女案被公安机关侦破。是年3月6日~6月1日，14名涉案人员先后被逮捕。1984年11月25日，毕节地区中级人民法院对林某某、谢某某等14人团伙拐卖妇女案作出判决，判处林某某死刑，剥夺政治权利终身；判处谢某某有期徒刑13年，剥夺政治权利3年；判处朱某某有期徒刑8年；王某某有期徒刑7年、谢某某有期徒刑6年、判处刘某某有期徒刑14年（1年为诈骗徒刑），执行13年；判处刘某某、李某某、李某某、周某某有期徒刑3年，判处杨登科管制2年；谢某某、马某某免予刑事处分。宣判后，林某某、朱某某、王某某、谢某某、刘某某、刘某某、李某某、周某某不服，上诉到贵州省高级人民法院。1985年6月11日，贵州省高级人民法院以（1985）刑上字第302号判决书作出判决：维持毕节地区中级人民法院判决的刑事定性部分，判处林某某死刑，剥夺政治权利终身；判处谢某某有期徒刑13年，剥夺政治权利3年；判处王某某7年；判处谢某某、刘某某、李某某、李某某、周某某各有期徒刑3年。刘某某以拐卖罪判3年，以诈骗罪判1年，决定执行3年。杨某某、马某某、谢某某免予刑事处分。

1985年7月11日，黔西县人民法院在接到贵州省高级人民法院下达判决后，在黔西县城关召开公判大会后，对罪犯林某某执行死刑。

附：

## 绑架杀人案

张某某，男，汉族，1955年生，初中文化，毕节市人，住毕节市松山路1号附11号。

1995年10月，张某某向同学路某某借钱，并请路担保贷款买出租车，遭路拒绝，张因此怀恨在心。1996年5月22日上午7时许，张将其使用的贵F10784云雀牌出租车停在路某某之子路某某上学必经之路水井坡处。路某某走近车时，张向路某某打招呼，谎称送路上学，将路骗上车后，将其打昏。张听见路某某呻吟，将车停下，用匕首把猛击路头部数下，再连杀其胸部、腹部3刀，致路死亡后将车开往河官屯方向，寻找藏尸地方，未藏成。后又驾车返毕节市区，寻找藏尸地点。次日凌晨1时许，将路的尸体藏于古道路96号院墙门正面路边水沟中。

5月30日~6月4日，路分别用驰牌香烟烟盒、锡箔纸给路某某写4封匿名信，恐吓信，索要10万元，并在信中规定以钱换人的标志、信号、出租车行驶的路线等，路某某收到匿名信后，向公安机关报案。

是年6月4日，张某某被公安机关抓获。1996年8月9日，毕节地区中级人民法院组成合议庭公开审理张某某绑架杀害路某某案，以故意杀人罪、绑架勒索罪判处张某某死刑，剥夺政治权利终身。1996年9月26日，贵州省高级人民法院以〔1996〕黔刑核字第118号裁定书作出裁决，判处张孝和死刑，剥夺政治权利终身。

**审判强奸、轮奸妇女、幼女案** 1950~1982年，全地区审判机关共受理强奸、轮奸妇女、幼女案1817件，平均每年55件。审判机关根据《中华人民共和国刑法》规定的量刑标准，从重判决。

1983年1月，中共毕节地委、毕节地区行署贯彻执行《中共中央关于严厉打击刑事犯罪活动的决定》和是年9月第六届全国人大常委会第二次会议作出的《关于严惩严重危害社会治安犯罪分子的决定》，在全地区开展严厉打击严重刑事犯罪活动。1983~1985年，审判机关共审理强奸、轮奸妇女、幼女案1614件，年均403.5件。1986~2002年，审判机关共受理强奸、轮奸妇女、幼女案2489件，年均355.6件。

附：

## 12人抢劫强奸案

李某某，男，1979年生，水城县人，文盲。李某某，又名李真才，男，1976年生，初小文化；李某某，男，1966年生，初中文化。李某某，男，1977年生，文盲。李某某，男，1978年生，文盲；王某某，男，1972年生，初小文化；李某某，男，1979年生，初小文化。龙某某，男，1978年生，文盲。文某某，男，1970年生，初中文化。以上9人均住水城县钟山区二塘乡大庆村。龙某某，男，赫章县人，初小文化，住姑妈区珠市乡。

1988年6月的一天，李某某、李某某在赫章县本村路边对行人进行抢劫，抢走许家岩孟某某的现金50余元，孟反抗被打伤。7月，李某某同文某某、李某某手持火管枪、斧头等凶器在二塘乡冶炼厂后山上，抢劫一个砍柴人，将其身上的现金、手表抢走。10月，李某某、李某某、龙某某在赵某某的邀约下，手持弯刀等凶器，冲进李发平家，赵某某用斧头打烂李家火炉，抢走床单一床，鸡一只（赵某某被追捕时逃跑被击毙）。同月，李某某、李某某在大庆村学校门口持刀拦路抢劫，兴发区孟某某路过此地，被李某某打了两棒，并抢了孟的手表和衣物。是年11月11日，本村女青年王某某在村外遇到李某某，李拦住王某某，要和她发生性关系，王不同意，李某某把王拉下土坎，对王施行强奸。同月13日下午光华区雉街的妇女文某某、陈某某、刘某某、陈某某等11人经过大庆时，李某某、李某某、李某某、王某某等冲出将这些人打散，4人分别拉住上述4人中的1人，对其实施强奸。16日晚，李某某、李某某、李某某等9人，偷文正福的鸡3只杀吃，共同喝酒。此后连夜赶到许家岩，路遇杨贵桥，李某某打伤杨贵桥，杨从身上拿出4元钱交给李某某，才得放行。接着在途中，李某某又抢了周元富的两块电子表和1件衣服。19日晚，李某某、杨某某、李某某、李某某、龙某某等人砸烂陈学友的商店，抢走电池、香槟酒等物。12月11日下午，威宁县艾家坪的妇女田维芳和两个女青年李某某、秦某某经过大庆时，被李某某、李某某拦住，赶走田某某，分别将李某某、秦某某接到隐蔽处使用暴力将二人强奸。从1988年1月，除上述犯罪外，李某某等人在大庆村则泥冲抢劫了许六举、翟朝宣、夏林、孔祥华、钟老么等10余户人家的现金、耕牛等。

1988年12月18日~1989年1月6日，李某某等人先后被拘捕。1990年6月，毕节地区中级人民法院在经过对案件审理后作出判决：以抢劫罪判处李某某死刑，剥夺政治权利终身，以强奸罪判处无期徒刑，决定执行死刑；以抢劫罪判处李某某死刑，剥夺政权利终身；以抢劫罪判处李某某无期徒刑，剥夺政治权利终身，强奸罪判处7年，决定执行无期徒刑；以抢劫罪判处龙正中无期徒刑，剥夺政治权利终身；以抢劫罪判处李某某、李某某、李某某、龙某某有期徒刑15年，剥夺政治权利3年；以强奸罪判处王某某、李某某有期徒刑15年，剥夺政治权利3年；以抢劫罪判处文某某有期徒刑10年、李某某6年。宣判后，李某某、李某某、李某某、李某某、李某某、王某某、李某某、文某某不服，上诉到贵州省高级人民法院。是年6月30日，贵州省高级人民法院以〔1990〕刑字第311号裁定书作出裁定，以原判事实不清发回重审。旋即，毕节地区中级人民法院审判人员进一步核实，作出维持毕节地区中级人民法院〔1990〕第61号判决。李某某不服，上诉到贵州省高级人民法院。1991年2月28日，贵州省高级人民法院以〔1991〕刑上字第611号裁定书作出裁定，驳回李某某、李某某、李某某、李某某、李某某、王某某、李某某、文某某的上诉，维持原判。1991年4月25日，毕节地区中级人民法院对李某某、李某某执行死刑。

**审判抢劫、盗窃案** 据统计，1950~2002年，全地区审判机关共审判抢劫、盗窃案40569件，年均765.5件。

附：

## 聂某某、罗某某等12人盗窃牛马案

聂某某，男，1953年生，汉族，不识字，贵州省毕节县人，住海子街区田坝乡林家湾生产队；罗某某，男，1955年生，汉族，初小文化，云南省镇雄县人，住镇雄县母享区平桥乡海子生产队。陈某某，男，1954年生，汉族，高中文化，毕节县人，住林口区大银乡黄塘大队大水沟生产队。陈某某，男，1960年生，毕节县人，住址同前。陈某某，男，1938年生，汉族，初小文化，毕节县人，住址同前。王某某，男，1962年生，汉族，高中文化，毕节县人，住林口区大银乡黄塘大队毛稗洞生产队。刘某某，男，1957年生，汉族，初中文化，毕节县人，住林口区大银乡石营大队刘家寨生产队。朱某某，男，1947年生，汉族，初小文化，毕节县人，住林口区大银乡黄塘大队养仰天窝生产队。祝某某，男，1960年生，汉族，初中文化，毕节县人，住林口区大银乡石营大队岩口生产队。聂某某，男，1963年生，汉族，高小文化，毕节县人，住林口区大银乡新峰大队长沟生产队。胡某某，男，1965年生，汉族，初中文化，毕节县人，住林口区大银乡新峰大队麻塘生产队。

1981~1984年，聂某某1人或分别伙同罗某某、肖某某、罗某某、罗某某之三弟、陈某某、韩某某父子、王某某、陈某某、陈某某、杨某某、范某某、陈某某、聂某某、马某某、罗某某等先后偷盗马42匹、牛12头，除3头牛和3匹马被失主追回外，其余均被聂某某及其同伙变卖分赃。罗某某除参加聂某某作案外，独自一人或参与陈某某偷盗马5匹变卖分赃。陈某某除参与聂某某、罗某某作案外，伙同陈某某等偷盗马3匹、牛1头，除两匹马被失主追回，其余拒牛马各一头（匹）被陈某某等变卖分赃。陈某某除参与聂某某、罗某某、陈某某作案外，分别伙同陇某某、王某某、朱某某、朱某某、刘某某、张某某、朱某某、范某某、聂某某、宋某某、吴某某等偷盗牛7头、马7匹、猪1头。除1头牛、2匹马被失主追回外，其余被陈某某及其同伙变卖分赃。陈某某除参与聂某某、陈某某、罗某某等作案外，还先后收买姚某某、吴某某、吴某某、陇某某、吴某某、李某某、吉某某、刘某某、祝某某、祝某某、祝某某等偷盗来的马5匹、牛4头，转手倒卖，从中谋利。王某某除参与陈某某等作案外，还分别伙同吴某某、陇某某、刘某某、汪某某、吴某某、吴某某、聂某某、范某某、苏某某、宋某某、杨某某、杨某某等偷盗牛5头、马2匹。除4头牛、2匹马被失主追回或公安派出所清回外，1头牛被王某某与吴某某、陇某某变卖分赃。刘某某除参与马某某、陈某某、王某某等作案外，还和张某某等收买艾显才、艾祖香偷盗的1匹马转手倒卖获利。范某某除参与陈某某、刘某某、王某某等作案外，还伙同陇某某、吉某某偷马1匹，后被失主发现追回。祝某某除参与陈某某作案外，同曹某某、曹某某、曹某某、祝某某偷牛2头变卖后分赃。胡某某参与范某某、宋某某偷盗大坡小学教师宿舍，盗得被子1床、毛毯1张、枕头和木箱各1个、小孩衣物1包；伙同宋某某偷盗韭菜坪喻扬美家羊3只。分别同宋某某、宋某某等偷盗黄牛2头，与宋某某、宋某某、宋某某将所盗黄牛2头拉到四川去出卖。

1983年8月，聂某某、罗某某盗窃牛马集团案被公安机关侦破。1984年底，聂某某等案犯先后拘捕归案.1985年8月28日，经毕节地区中级人民法院审理以〔1985〕刑字第48号判决书对聂某某、罗某某等偷盗牛马案作出判决：以惯窃罪判处聂某某、罗某某、陈某某死刑，剥夺政治权利终身；以惯窃罪判处陈某某有期徒刑10年、以销赃罪判处陈某某有期徒刑3年，执行12年；以惯窃罪判处王某某有期徒刑8年、以销赃罪判处王某某有期徒刑1年，执行8年；以惯窃罪判处刘某某有期徒刑2年、以销赃罪判处刘某某有期徒刑1年，执行3年；以盗窃罪判处朱某某有期徒刑2年、以销赃罪判处朱大发有期徒刑1年，执行2年；以盗窃罪判处祝某某、聂某某有期徒刑2年；以盗窃罪判处胡某某有期徒刑2年、以销赃罪判处胡某某有期徒刑1年，执行2年。宣判后，聂某某、罗某某、陈某某、陈某某、王某某、刘某某、朱某某不服，向贵州省高级人民法院提出上诉，1986年3月25日，贵州省高级人民法院以〔1985〕刑经上字第13号判决书作出判决，除王某某改判有期徒刑6年外，其余维持毕节地区中级人民法院的判决。

**审判故意杀人案**　1950~2002年，全地区审判机关共受理故意杀人案3385件，年均65件。

附：

## 图财害命案

蒋某某，男，1932年生，汉族，水城县四区连水乡人。

1952年10月与龙某某在赫章簸箕沟的锌炉厂做小工相识，同年腊月初四日，蒋同龙等10余人帮蔡背锌到妈姑出售，龙得工资20多万元（旧人民币）。当晚在罗树良家住宿时，趁龙某某熟睡便偷了龙的钱，同时制造假象说自己的钱被偷，喊叫有小偷。第二天，同其他人分手后，龙、蒋二人走到大河边买中午饭吃，蒋拿出钱买饭，龙便问蒋："你的钱也被偷了哪来的钱？"便认定是蒋偷了他的钱，要蒋还给他，蒋不承认，二人边走边吵，碰到一帮驮马队时，蒋怕别人知道，便承认偷了龙的钱，并退了11万元给龙。当晚二人住连山乡陈子祥家。第二天早上，龙蒋找该村妇女组长刘永明解决，蒋一口否认偷钱，刘无法处理，介绍二人找民管队长李隆明解决，李要去驮煤，叫他去找村干部解决。当时蒋便起杀龙之心，与李分手后，带着龙往吊子岩方向走，走进深沟后，趁龙不防备，解下龙的腰带，猛勒龙的脖子，龙挣扎，两人跌入水中，蒋便将龙压在水里淹死后，将龙拖上岸，收去其身上的钱，将龙尸体丢在的水沟边山洞中，用两块大石头压在龙的身上。后被陈家寨郑家小孩打猪草时发现龙小九的脚，便报告村干部。李隆明怀疑是蒋所为，经对蒋的考问，蒋承认全部犯罪经过。

1953年9月10日，水城县法院审结此案，判处蒋本能死刑。

**审判其他刑事案件**　包括爆炸犯罪案件、故意伤害犯罪案件和带黑恶性性质的刑事案件。1950~2002年，全地区审判机关共受理爆炸、故意伤害和带黑恶性质刑事案件23569件。

附：

## 黑社会性质组织案

王某某，男，1956年11月12日生，汉族，毕节市海子镇烧杠南冲沟人，高中文化，个体工商户，毕节市政协委员、工商联合会副会长，毕节市义利建筑公司经理，住毕节市洪南路。毛某某，男，1968年8月30日生、汉族，高中文化，个体户。吴某某，男，1971年3月15日生，毕节市人，汉族，小学文化，无业，住毕节市环城路79号。林某某，男，1969年8月16日生，毕节市人，汉族，初小文化，个体户，住毕节市环城路69号。刘某某，男，1975年11月30日生，毕节市人，汉族，初中文化，无业，住毕节市天河路21号。李某某，男，1969年5月3日生，毕节市人，住毕节市麻园大道陈家祠堂。陈某某，王某某之妻，1957年10月1日生。罗某某，毛某某之妻，1974年2月24日生，住毕节市天河东路23号附22号。陈某某，陈某某之弟，1967年7月10日生，住毕节海子街镇王张街。

1992年，毛某某解除劳动教养后认识王某某，并相互经常来往。毛某某想开服装店，王某某借给毛某某5000元。1996年，为毛担保在毕节工商银行贷款150万元，建成青丰砖瓦厂。自此，毛某某甘愿为王某某效力。毛某某与劳改释放人员吴某某、王某某、林某某纠集在一起，网罗社会上无业人员刘某某、李某某、林某某等数十人。王某某要求毛某某等人，经济上有什么事找他，当哥的有什么事，要随喊随到，并规定，吴某某及其手下、林某某及其手下均听从毛某某指挥和安排。1995年，王某某将其子王某某过继给毕节地区公安处治安科科长张某某做干儿子，拉拢张某某为其服务。

1992~2000年4月12日，王某某及其团伙采取暴力、威胁等手段，有组织地进行违法犯罪活动，非法购买枪支。1995年3月2日，王某某同个体五金老板方某某发生矛盾，毛某某、林某某等人将方从家中喊出殴打，将方强行带到王某某家中给王赔礼。是年夏天，吴某某在毕节军分区门口东江楼饭馆处，无故殴打毕节市荣贵汽车修理厂经理顾某某。1995年12月4日，张某某以给警察配备枪支为借口，与王某某非法买卖枪支10支，子弹2000发。1996年、1999年，张某某将应上缴入库的小口径手枪和常用手枪各1支给王某某使用。

1998年3月6日，林某某在毕节市红茶餐馆与周某某、李某某、李某某等人打斗，腿被打受伤致残。是年4月1日，王某某、李某某、林某某、宋照林得知李某某当晚要到小世界歌舞厅跳舞，然后去师范的房子里去住。随即，毛某某、吴某某、王某某、刘某某、林某某、周某某、李某某等13人乘毛某某、李某某的车到小世界歌舞厅，未找到李某某，改乘出租车到李某某师范住处。林某某、李某某、徐某某带杨某某前去查看，毛某某等在停车处等候。林某某等人与当地居民刘某某、刘某某、刘某某三兄弟发生口角，当刘某某、刘某某追赶林某某等人出门时，毛某某使用从王某某处带来的猎枪，向刘某某开枪，刘某某的脚被打伤。吴某某使用从林某某的小口径步枪向刘某某开枪，打中刘某某头部，致刘死亡。是日晚，毛某某得知刘某某被打死的消息，从王某某、林某某的群友公司得到1.1万元后外逃。毛某某外逃后，王某某不但与其保持联系，而且在贵阳、广州与其多次见面。1998年6月1日，王某某用自己的住房和义利建筑公司的办公楼作抵押，在毕节地区工商银行南桥办事处贷款150万元，用25万元帮毛某某偿还在南桥办事处的欠款，通过肖某某的川滇实业公司的账户，转汇60万元至毛某某事先提供的账户上，供毛某某在广东省东莞市购房、买车，长期逃避公安机关的追捕。在此期间，毛某某和地区工商银行行长马朝培私下交易，马答应借给毛20万元人民币和一辆桑塔纳车。2000年10月3日，毛某某潜回贵阳找马某某，逼马给20万元现金及一部桑塔纳轿车，马说毛已把广东3个杀手喊回去，不给20万元和车，只给5万元。马、毛发生争吵，毛强行将马带到住在省军区招待所二号楼的王某某处，逼马同意王某某出面担保，给他贷款。王某某提出由毛的爱人罗永菊办的企业和王某某担保由马贷款200万元给毛某某办厂。是日中午，王某某、顾某某签订《关于联合发展建筑开发投资的协议书》，准备从事房地产开发，后因案发未实施。1999年某月25日，王某某以其院墙砖为借口，将毕节市建筑老板刘某某工地上的建筑工人冯某某、温某某打伤住院。

1988年夏，毕节地区卫生学校校长赵某某与天河路桃源歌舞厅小姐吴某某相识（化名刘娟）后时往来。是年12月31日，吴某某与其夫熊某某去赵住处将赵喊到其家中，向赵提出承建卫校综合大楼和承包经营卫校学生食堂，赵不同意。熊某某找到卫校书记周某某、副校长黄某某反映说赵与吴有不正当的男女关系，并扬言要到主管部门告赵。是日晚9时，赵打电话给顾某某，告知有要人整他，叫顾找几个兄弟帮他。顾打电话给吴某某，叫吴带几个弟兄去看一下。吴某某邀约顾某某、唐某某、刘某某、邓某某、秦某某、彭某某到卫校找赵和顾某某，分乘两辆车到熊某某家。经赵指认，吴某某等人对熊某某进行殴打。秦某某打熊某某一烟灰缸，邓某某用匕首杀熊右大腿3刀后逃离现场。熊某某经送医院抢救无效，次日死亡。

2000年11月24日，王某某被毕节市公安局刑事拘留。并于是年11月27日、28日分别将隐藏在陈某某妹陈某某住处，毕节市检察院法纪科科长李某某办公桌内及陈某某的鸭圈里追缴到其隐藏的小口径步枪2支、双管猎枪1支、小口径手枪1支、军用掌心雷手枪1支、64式手枪弹49发、小口径步枪弹265发。

2002年9月20日，毕节地区中级人民法院对王某某组织领导黑社会组织案作出判决：以组织黑社会组织罪判处王某某有期徒刑10年，剥夺政治权利5年，非法买卖枪支、弹药罪判处5年、窝藏罪判处7年、偷税罪判3年，并处罚金150万元，追缴所偷税350217.53元，决定执行无期徒刑。以领导黑社会性质组织罪判处毛某某有期徒刑10年、剥夺政治权利5年，以故意杀人罪判处死刑、剥夺政治权利终身，非法持有枪支判7年，决定执行死刑，剥夺政治权利终身，没收位于广东省东莞市中信东泰花园新苑M座308号房1套。以参加黑社会组织罪判处吴某某有期徒刑8年、故意杀人罪判处死刑，剥夺政治权利终身、故意伤害罪判15年，剥夺政治权利3年，决定执行死刑，剥夺政治权利终身。以参加黑社会性质组织罪判处林某某有期徒刑8年、非法持有枪支罪判7年、包庇罪判3年、决定执行17年。以参加黑社会组织罪判处王某某有期徒刑8年、故意杀人罪判15年，剥夺政治权利5年，决定执行20年。以参加黑社会性质组织罪判处张某某5年、非法买卖枪支、弹药罪判无期徒刑，剥夺政治权利终身，非法持有枪支罪判5年，决定执行无期徒刑。以故意伤害罪判处赵某某无期徒刑，剥夺政治权利终身。以参加黑社会性质组织罪判处刘某某有期徒刑3年、犯故意杀人罪判10年，剥夺政治权利3年、决定执行12年、剥夺政治权利3年。以参加黑社会性质组织罪判处李某某有期徒刑3年，故意杀人罪判10年、剥夺政治权利3

年，决定执行10年、剥夺政治权利3年；以参加黑社会性质组织罪判处林某某有期徒刑3年、故意杀人罪判10年、剥夺政治权利3年，决定执行12年、剥夺政治权利3年。以参加黑社会性质罪判处周某某有期徒刑2年、故意杀人罪判5年、决定执行6年。以故意杀人罪判处顾晓东12年，剥夺政治权利3年。以参加黑社会性质组织罪判处彭某某有期徒刑2年，故意杀人罪判3年，决定执行4年。以参加黑社会性质组织罪判处秦某某有期徒刑2年、故意伤害罪判处3年，决定执行4年；以参加黑社会性质组织罪判处唐某某有期徒刑2年、故意伤害罪判3年，决定执行4年。以参加黑社会性质组织罪判处刘某某有期徒刑2年、故意伤害罪判3年，决定执行4年。以参加黑社会组织罪，判处顾某某有期徒刑2年，故意伤害罪判3年、抢劫罪判3年，处罚金1000元，决定执行7年，处罚金1000元。以包庇罪判处陈某某有期徒刑3年、刘某某3年、王某某3年、李某某3年、孙某某2年、陈某某2年、陈某某、沈某某1年零6个月。黄某某、窦某某免予刑事处分。以窝藏罪判处王某某、潘某某、罗某某有期徒刑3年、肖某某1年。判处毛某某赔偿刘某某之父刘大成及亲属、聂某某、陈某某、刘某某、刘某某丧葬费、赡养费、抚育费1万元，赔偿刘某某医药费5000元。判处吴某某赔偿刘某某之父刘某某及亲属、聂某某、陈某某、刘某某、刘某某丧葬费、赡养费、抚育费1万元，刘某某医药费2000元人民币。判处王某某赔偿刘大成等人丧葬费、赡养费、抚育费人民币8000元，赔偿刘某某医药费累计人民币2000元。判处刘某某、李某某、林某某、周某某各赔偿刘某某等人丧葬费、赡养费、抚育费人民币6000元、赔偿刘某某医药费等人民币2000元。判处赵某某赔偿熊某某之父熊某某、范某某人民币8000元、顾某某赔偿熊某某、范某某人民币6000元，顾某某、唐某某、彭某某、刘某某各赔偿熊某某、范某某人民币1000元。判决宣判后，王某某等人不服，上诉到贵州省高级人民法院。2003年11月15日，贵州省高级人民法院组成合议庭对王某某组织领导黑社会性质案进行审理后作出判决：维持毕节地区中级人民法院的判决第三、四、五项和八至十一项判决，判处吴某某死刑，剥夺政治权利终身；判处林某某有期徒刑17年。王某某20年、刘某某12年、李某某10年、林某某12年、周某某6年、顾某某12年、顾某某8年、王某某3年、李某某3年、王某某3年、潘某某3年、罗某某3年、彭某某4年、秦某某4年、唐某某4年、刘某某4年、陈某某3年、刘某某3年、孙某某2年、陈某某2年、陈某某、沈某某1年零6个月，肖某某1年；黄某某、窦某某免予刑事处罚；判处王某某有期徒刑累计33年，决定执行20年，并处罚金150万元，追缴所偷税款350217.53元；判处毛某某死刑，缓期2年执行；判处张某某有期徒刑8年，判处赵某某有期徒刑15年，剥夺政治权利5年。

**审判涉及少数民族人士的刑事案件** 中华人民共和国成立后，审判机关根据辖区多民族杂居，经济文化落后的实际，在审判涉及少数民族刑事案件时，坚持在宪法、法律及民族政策的规定范围内，根据上级有关指示，采取一些特殊办法和灵活措施，照顾少数民族群众的意见，在保证办案质量、增强民族团结、促进各民族共同繁荣的前提下，遵循放宽一点的原则做好对涉及少数民族人士的刑事案件的审判。1950~2002年，审判机关共受理审判涉及少数民族的刑事17536件，占总受理审判案件的17.21%。

附：

## 杀妻、灭子、纵火案

杨某某，男，1932年生，苗族，纳雍县建新河乡人，农民。杨某某由父母包办同王某某结婚。婚后夫妻不睦，经常吵打。杨怀疑王有外遇，矛盾日益加深。1959年6月11日下午，杨在外干活回家，与王发生吵打，杨除以拳脚打踢王外，还用镰刀背毒打王，致王全身青肿。王跑到其婆母聂某某家躲，杨追至聂某某家打王。经他人劝说，二人回家。是日晚半夜时分，王因挨打不服骂杨，并踢杨一脚。杨随即拿凳子猛砸王的头部，再对王进行拳打脚踢，王即毙命。旋即，将王的尸体和年仅1岁半的儿子关在屋内，点燃公社放在其家里的麦草，关门外逃。大火烧毁其房屋，1岁半儿子被活活烧死，王某某尸体被烧焦，并烧死集体耕牛1头，烧毁集体小麦1500斤。之后，公安机关将外逃的杨某某缉拿归案。

经审理，纳雍县人民法院以杀人纵火罪判处杨某某死刑，立即执行。宣判后，杨某某不服，上诉至毕节地区中级人民法院。1959年11月8日，毕节专区中级人民法院作出终审判决：驳回上诉，维持原判。

# 第四节　审判民事案件

1950~1957年，审判机关贯彻执行《中华人民共和国宪法（草案）》《中华人民共和国婚姻法》以及审理民事案件的法律、法规，审理判决民事纠纷诉讼案件。此期间，审判机关共审理各类一审民事纠纷案1273件，占1950~2002年各类一审民事纠纷案件的8.82%。1958~1965年，区内所产生的民事纠纷案件呈大起大落趋势。此期间，审判机关共受理各类一审民事纠纷案1.34万余件，占1950~2002年受理案件的9.74%。1966年5月，开展“文化大革命”，地区及各县革委会保卫部一般不受理民事纠纷案件。1973年，毕节地区中级人民法院及各县人民法院先后恢复，逐步恢复受理和审判各类一审民事纠纷案件。1966~1976年，审判机关共受理各类一审民事案1.01万件，占1950~2002年受理案件类数的7.29%。自1986年起，贯彻实施《中华人民共和国民法通则》，以及贯彻实施后来颁布的新婚姻法、继承法、著作权法、民事诉讼法，规范各类一审民事纠纷案件的审理。1977~2002年，审判机关共受理各类民事纠纷案10.23万件，占1950~2002年受理案件数的74.14%。

2003～2011年，全区法院根据社会转型期民商事案件特点，妥善处理民事纠纷，防止家庭内部矛盾激化，审理大量婚姻家庭、遗产继承纠纷案件，依法保护妇女、儿童和无过错方合法权益，促进社会主义伦理道德和精神文明建设。优先审理涉及“三农”案件，保护农民合法权益，促进农村土地承包经营权和宅基地使用权的合法流转。加强对全区突出的煤炭资源采矿权、自然资源使用权纠纷案件审理，促进全区能源建设。及时审理劳动争议纠纷案件，依法保护劳动者合法权益，促进劳务市场规范。依法审理房地产开发纠纷，及时调处房地产经营利益冲突。加强商标侵权等新类型案件审理，加大知识产权保护力度，努力促进自主创新能力建设。积极保护金融债权，依法维护市场经营秩序、维护交易安全。

## 2003～2011年毕节地区民商事审判情况统计

<table>
<tr><th rowspan="2">年份</th><th colspan="2">全区人民法院（万件）</th><th colspan="4">中级人民法院（件）</th></tr>
<tr><th>受理民商事一审案件</th><th>审结民商事一审案件</th><th>受理民商事一审案件</th><th>受理民商事二审案件</th><th>审结民商事一审案件</th><th>审结民商事二审案件</th></tr>
<tr><td>2003</td><td>1.92</td><td>1.88</td><td></td><td>905</td><td></td><td>902</td></tr>
<tr><td>2004</td><td>1.6</td><td>1.57</td><td colspan="2">907</td><td colspan="2">890</td></tr>
<tr><td>2005</td><td>1.31</td><td>1.28</td><td colspan="2">936</td><td colspan="2">722</td></tr>
<tr><td>2006</td><td>1.19</td><td>1.15</td><td colspan="2">1058</td><td colspan="2">970</td></tr>
<tr><td>2007</td><td>1.26</td><td>1.19</td><td>162</td><td>858</td><td>146</td><td>779</td></tr>
<tr><td>2008</td><td>1.31</td><td>1.24</td><td>140</td><td>1258</td><td>100</td><td>1257</td></tr>
<tr><td>2009</td><td>1.45</td><td>1.34</td><td>119</td><td>1669</td><td>94</td><td>1655</td></tr>
<tr><td>2010</td><td>1.41</td><td>1.39</td><td>111</td><td>1354</td><td>91</td><td>1354</td></tr>
<tr><td>2011</td><td>1.32</td><td>1.29</td><td>28</td><td>1151</td><td>28</td><td>1151</td></tr>
</table>

**审判婚姻家庭纠纷案件**　1950年1~5月，审判机关根据婚姻家庭纠纷案产生的实际及人们长期在婚姻家庭问题上约定俗成的良好道德规范，审判处理婚姻家庭纠纷案。1950年5月起，审判机关按照《中华人民共和国婚姻法》审判处理婚姻家庭纠纷案。1950～2002年，审判机关共受理一审婚姻家庭纠纷案7.28万件，占各类一审民事案件数的52.74%，其中受理一审离婚案4.87万件，占受理一审婚姻家庭纠纷案的66.92%，其他一审家庭纠纷案2.41件，占受理婚姻家庭纠纷案的33.07%。

1.审判离婚案件。1951年11月，贵州省人民法院召开省第三届司法工作会议，要求大张旗鼓地宣传《中华人民共和国婚姻法》，检查婚姻法执行情况，执行陪审制度，做好对婚姻家庭纠纷案件的审判。12月，贵州省人民法院毕节分院召开贯彻执行婚姻法的司法会议，并制发《关于司法工作如何配合妇女运动问题的指示》，要求审判机关紧密结合各地实际情况，开展执行婚姻法的检查，结合检查公开审判有教育作用的婚姻案件，从法律角度宣传婚姻法规，威宁县人民法院派干部到婚姻家庭纠纷发案率较高的城关区10个居委会及村寨蹲点，利用群众进夜校、识字班、文化室学习的机会，向群众宣传婚姻法，结合婚姻家庭实际，给群众提供法律咨询，并帮助基层单位设立调解组织，帮助其调解民间纠纷。1952年7月20日，贵州省人民法院毕节分院在全专区推广威宁县人民法院的做法，要求各县人民法院做好对婚姻法的宣传。织金县人民法院在检查总结贯彻实施婚姻法过程中，发现本院审判员廖志良在1952年1月审理陈么娥诉彭凤远离婚案时，判未满3个月的女孩由陈么娥抚养，以不告为由，不判彭凤远给陈抚养费。离婚后，陈处于哺乳期，无人雇用，陈么娥母女生活无着，陈含泪忍痛以旧币5000元（折新币0.5元）将女孩出卖，自己受雇于他人当保姆度日。织金县人民法院对廖志良进行严肃的批评教育，要求全体审判人员今后不要再发生类似错误。11月20日，中共中央作出开展一个大规模宣传婚姻法、检查婚姻法执行情况的群众运动的决定。1953年2月1日，中央人民政府发出《关于贯彻婚姻法的指示》，要求在全国开展一个大规模的宣传婚姻法、检查婚姻执行情况的运动，摧毁包办强迫、男尊女卑的封建主义婚姻制度；树立男女权利平等、婚姻自由的新民主主义婚姻制度。1953年2月27日，最高人民法院、司法部联合发出《关于各级人民法院积极参加贯彻执行婚姻法运动的指示》，要求各级人民法院组织力量，走群众路线及时正确地处理离婚案件。是年2~3月间，毕节专区至各县先后建立起贯彻婚姻法运动委员会，全专区共抽调各级干部7180名，经短期培训后，深入到3个县的140个乡273个村开展宣传婚姻法、检查婚姻法执行情况的运动。全专区有79.58万群众接受婚姻法的宣传教育。据威宁县人民法院检查统计，1951年4月~1953年1月，因婚姻问题遭迫害致死的男女青年31人，其中被杀死、勒死的各5人，被迫跳岩身亡的1人，上吊自杀的14人，服毒而死亡的4人，其他非正常死亡2人。

1952年全专区因婚姻问题导致69人死亡。审判机关针对区内产生的婚姻问题，审理判决在婚姻问题上的涉案犯罪，确保婚姻法在区内有效实施，是年，审判机关共受理各类普通刑事案件2666件，其中793件为杀害妇女妨害婚姻的犯罪案。自是年起，在判决离婚案中，强调是否有正当理由作为判决的依据，非正当理由不判离婚。其中有把划清夫妻阶级界限为由判决离婚的。1958~1962年，全专区管理一审离婚案3618件，其中1962年受理3123件。1963年，审判机关贯彻执行最高人民法院《关于人民法院若干问题的规定》《关于贯彻执行民事政策几个问题的意见（修正稿）》，纠正前些年间在离婚案时采用“左”的做法，坚持婚姻法规定婚姻自由的原则，处理离婚案件，决定是否判决离婚。从当事人的婚姻基础、婚后感情，查清其夫妻关系是否可以维持。同时，充分考虑到子女的利益和社会影响。坚持注重对离婚当事人进行婚姻法的宣传教育，从有利生产、有利团结、有利社会主义建设、有利改善与巩固夫妻关系出发、多调解，少判离。1966~1976年，审判机关受理一审离婚案5309件。在此期间，审判案件受到“文化大革命”运动的严重干扰，《中华人民共和国婚姻法》不能得到实实在在的贯彻执行，包办、买卖婚姻，早婚、重婚纳妾现象重现，贪图享受、喜新厌旧，草率结婚、离婚现象重现，抢婚、拐婚、虐待妇女时有发生。致使离婚案件出现较多不正常现象。1977~1999年，全地区审判机关共受理一审离婚案3.15万件，是1950~1976年的1.84倍。

（1）审判包办，买卖婚姻引起的离婚案。1950年5月1日，国家颁布《中华人民共和国婚姻法》。是年，贵州省人民法院制发《关于处理婚姻案件几个政策问题的意见》规定：结婚由于包办、强迫，婚后一直没有建立起感情，致不能互相履行夫妻间的义务，一般可判离婚。同时还对处理父母包办子女婚姻，或收养童养媳等问题作出规定。全专区审判机关在受理一审离婚案中，均按照以上规定，审理和判决因包办、买卖婚姻而引起的离婚案件，对一般可以在原来基础上加以改善的婚姻关系，以批评教育的方式，使当事人提高认识，改善夫妻关系。对少数夫妻关系十分恶劣，确没有维系夫妻关系的感情基础的离婚案，审判离婚。1979年制发《关于贯彻执行民事政策法律的意见》，均对处理包办、买卖婚姻作出相应规定。20世纪60~70年代，审判机关贯彻执行以上意见，从以下方面掌握审判包办、买卖婚姻引起的离婚案件：一是包办、买卖婚姻的双方当事人提出离婚要求，双方确实没有建立感情的，应准予离婚。二是对于虽是包办、买卖婚姻，但已结婚多年，生有子女，夫妻间已建立了一定感情的，一方要求离婚，应根据夫妻关系的现状和发展前途进行调解。如调解无效，双方感情确已破裂的，可判离婚。1981年1月1日，国家公布实施修改后的《中华人民共和国婚姻法》。审判机关执行婚姻法第二十五条规定，坚持以夫妻感情是否破裂为界限决定是否判决离婚或判决不准予离婚。同时，应考虑子女的利益和社会影响。若夫妻双方之间充满厌恶、苦恼、悲伤、绝望，应视为感情破裂，可判决离婚。1989年11月21日，最高人民法院制发《关于人民法院审理离婚案件如何认定夫妻感情确已破裂的若干具体意见》，审判机关按照意见关于“包办、买卖婚姻，婚后一方随即提出离婚，或者虽共同生活多年，但确未建立起夫妻感情的，应视为夫妻感情已破裂，一方坚持要求离婚，经调解无效，可依法判决准予离婚”的规定，审理判决因包办、买卖而引起的离婚案件。

（2）审理因重婚引起的离婚案件。1950年，审判机关根据《中华人民共和国婚姻法》的相关规定，审判由重婚纳妾引起的离婚案件。1950年起，审判机关执行中央人民政府《关于有关婚姻法实施若干问题的解答》，对婚姻法实施前的重婚、纳妾，一般不告不理；但女方提出离婚或其他合法要求时，接受并办理。是年10月起，执行中央人民政府法制委员会《关于重婚案件的处理原则》规定，审判重婚、纳妾引起的案件。1952年12月，贵州省人民法院根据中央人民政府法制委员会以上文件精神，提出以下判处重婚、纳妾离婚案的意见，强调在婚姻法施行前发生的一夫多妻，如果相安无事，一般可不告不理；如果发生离婚诉讼，在民事上一般按以下原则处理：一是妻中之一，或妻的全体自动向男方请求离婚，不管是前妻或后妻，也不管有其他理由，均以判准。二是夫向妻中之一请求离婚，如被请求者表示不同意的，应判准离婚。三是夫妻中之一请求离婚，被请求者不同意，如果被请求的是前妻，无其他正当理由，一般不应判离。如被请求者是后妻，一般要判离婚。但根据一般情况分析，认为前妻的婚姻不能坚持，而后妻的婚姻可以坚持时，也可以离大不离小，离前不离后。四是前妻要求夫与后妻离婚，一般可判离；后妻要求夫与前妻离婚，一般不应判离。如有前款后段的情况，也应比照办理。五是如果根据具体情况前妻后妻都不能判离的（如前妻不离婚，也不具备其他离婚原则，而后妻又在怀孕期内等），也可暂时不判离。六是在婚姻法施行后形成的一夫多妻，一律离后不离前。旋即，审判机关根据以上意见，具体判决由重婚、纳妾引起的离婚案件。1959~1961年，国家出现因严重自然灾害所导致的经济困难，区内一部分妇女外流他乡，与有妇之夫结婚，造成重婚的婚姻关系，由此亦生出一些重婚而引起的离婚诉讼案。1963年8月28日，最高人民法院制发《关于贯彻执行民事政策几个问题的意见（修正稿）》作出对于重婚行为根据重婚的原因、情节、后果作出适当处理的原则规定：凡是由于严重自然灾害造成生活困难而与他人重婚的，可不按重婚罪处理，但应进行批评教育。对于重婚问题的处理，既要维持法律的严肃性，也要从实际出发，根据基础的好坏、重婚时间的长短，有无子女等情况进行全面考虑。对原来夫妻感情还好，并有恢复和好可能的，尽量做调解工作，争取与原配偶和好。如原夫妻感情不好，女方不愿回去的；或外出时间长，与后夫感情好，而且已生儿育女的，经动员教育无效，可以说服原夫同意离婚。但对基于剥削阶级腐化思想而重婚、纳妾者，为骗取钱财重婚而屡教不改的，应给予适当的刑事处分，并解除其非法婚姻。审判机关严格按以上规定，审判处理在自然灾害情况下造成严重生活困难而产生的重婚所导致的离婚诉讼问题。1980年，国家颁布实施修改后的《中华人民共和国婚姻法》，坚持和强调严禁重婚、纳妾。审判机关严格贯彻执行婚姻法规定，对于因被拐卖而形成的重婚所导致的离婚诉讼和因喜新厌旧、传宗接代而形成的重婚、纳妾所导致的离婚诉讼，均作判离处理。1984年起，执行最高人民法院《关于贯彻执行民事政策法律若干问题的意见》，按照1983年7月26日最高人民法院、最高人民检察院、公安部《关于重婚案件管辖问题的通知》的规定，由刑事庭处理重婚问题。对离婚问题，根据婚姻基础，重婚的原因和子女利益等情况酌情处理。审判机关根据以上规定，依法审判因重婚、纳妾所导致的离婚案件。

（3）审判事实婚姻所导致的离婚案件。自1952年起，审判机关执行贵州省人民法院《关于处理婚姻案件几个政策问题的意见》，按以下原则处理事实婚姻引起的离婚案件。一是在婚姻法施行前未达结婚年龄而结婚，发生纠纷时双方均达到结婚年龄，并无其他正当原因而请求离婚者，一般不予判离，如双方或一方仍未达结婚年龄，在不违反保护妇女和子女利益的原则下，一般可以判离。二是在婚姻法施行后未达结婚年龄而结婚者，如经利害关系人起诉，应说服教育当事人暂不同居，等满结婚年龄后再结婚。倘说服无效，可以判决宣告婚姻不成立。三是在婚姻法施行后结婚虽应登记，但因本省目前尚未普遍办理结婚登记，一般群众也未普遍认识，只要在其他地方不违反婚姻法，应承认事实婚姻。但在发现此情况时，如当地已举办婚姻登记，应动员双方补办结婚登记，登记的效力，应涉及双方结婚时。四是举行仪式不是结婚的主要条件，但双方自愿举行者也为法律所不禁止。审判机关贯彻执行贵州省人民法院制发的意见，判处事实婚姻所导致的离婚诉讼案件。此后，区内审判机关1953年3月根据中央人民政府法制委员会《有关婚姻问题的若干解释》，承认事实上已结婚而仅缺结婚登记手续的男女，已形成夫妻关系；根据1956年11月4日、1957年3月、1958年3月3日最高人民法院关于处理事实婚姻案件的司法解释，1956年12月，贵州省高级人民法院《关于民事审判座谈会上几个问题的意见》对事实婚姻作出的界定，具体审判由事实婚姻引起的离婚诉讼。1984年起，贯彻执行最高人民法院《关于贯彻民事政策法律若干问题的意见》中关于事实婚姻纠纷问题的处理意见，办理因事实婚姻而引起的婚姻纠纷问题。1989年11月起，贯彻最高人民法院《关于人民法院审理未办结婚登记而以夫妻名义同居生活案件的若干规定》，从以下方面具体审判未办结婚登记而以夫妻名义同居生活而产生的起诉离婚案：一是切实把握时间界限，严格审查构成条件。审判事实婚姻的离婚案件，以1986年3月15日《婚姻登记办法》实施为时限，以前的从宽，只要起诉时双方均符合结婚的法定条件，即认定为事实婚姻关系；之后的从严，要求同居时双方均符合结婚的法定条件，才认定为事实婚姻关系。二是正确运用政策法律，注意有同有别。事实婚姻的离婚案件与合法婚姻，在对于当事人的权利义务关系，所生子女的抚养和财产的分割，均按婚姻法的有关规定处理，两者是相同的。两者不同的是，合法婚姻离婚案，主要看夫妻感情是否破裂，感情未破裂的，调解和好，感情破裂的判决离婚。事实婚姻的离婚案件，经调解不能和好的判决准予离婚。三是确认为非法同居关系的，一方要求离婚或解除非法同居关系，一律判决予以解除，对双方共同生活共同形成的财产和债权债务均按一般共有关系原则处理，双方所生的子女则按照婚姻法的规定处理。审判机关自1994年2月起根据民政部制定的《中华人民共和国婚姻管理登记条例》第二十四条规定；是年4月，最高人民法院制发《关于适用新〈婚姻登记管理条例〉的通知》的规定，对于没有配偶的男女，未经结婚登记即以夫妻名义同居生活的，其婚姻关系无效，不受法律保护，对于起诉到人民法院的，应按非法同居关系处理。至此，法律有条件承认事实婚姻的历史结束。

（4）审判第三者插足引起的离婚案件。自1950年起，审判机关开始受理由第三者插足引起的离婚案件，一般处男重于处女。20世纪50~70年代，审判机关审理一方喜新厌旧提出离婚案件，或因当事人与第三者有不正当男女关系而提出的离婚案件，对道德败坏、喜新厌旧、乱搞两性关系的当事人和第三者，进行严肃的批评教育，对有单位的，建议有关部门给予纪律处分，促使原夫妻和好，对一方有其他的不正当行为，致使夫妻感情完全破裂，不能继续共同生活的，作判决离婚处理。对其中情节恶劣，影响很坏的按通奸罪或妨碍婚姻家庭罪判处。1981年1月，国家颁布施行修改后的《中华人民共和国婚姻法》，对离婚问题作出相应的法律条文规定。1984年4月，最高人民法院制发《关于贯彻执行民事政策法律若干问题的意见》，对审判因第三者插足引起的离婚案件提出相应的意见。审判机关在审理因第三者插足引起的离婚案件时，首先注重分清是非责任，对有过错一方给予批评教育，或建议有关组织严肃处理有过错一方，如原来夫妻关系融洽，感情尚未完全破裂，对方谅解，郑重做好调解工作，即使调解无效，可判决不准离婚。如夫妻感情确已破裂，勉强夫妻关系不仅使双方长期痛苦，还可能激化矛盾，造成不良后果，给予判决离婚。1989年11月起，根据最高人民法院《关于人民法院审理离婚案件如果认定夫妻感情确已破裂的若干具体意见》，对夫妻感情确已破裂，一方坚决要求离婚，经调解无效，依法判决准予离婚。一方与他人通奸、非法同居，经教育仍无悔改表现，无过错一方起诉离婚的；过错方起诉离婚，对方不同意离婚，经批评、教育、处分，过错方仍坚持离婚确无和好可能的；在人民法院判决不准离婚后，过错方又起诉离婚，确无和好可能的，判决离婚。1990~2002年，区内审判机关贯彻执行《中华人民共和国婚姻法》和最高人民法院有关司法解释，审判由第三者插足引起的离婚案件，对那些有过错而又提出离婚诉讼的离婚案件，尤其是原告喜新厌旧、道德败坏而又坚持离婚的案件，在审理中分清是非责任，坚持道德与法律的统一，作出判决。对那些品质恶劣，道德败坏而坚持离婚的当事人，坚持进行严肃批评教育，揭露其腐朽思想，如其行为违反党纪、政纪和法律的，建议或提请有关组织和部门给予相应的处理。在分割财产和确定子女抚养时，做到照顾无过错一方的利益。

（5）审判干部离婚案。1951年，审判机关根据贵州省人民法院《关于有关刑事民事案件及行政业务问题》中有关干部离婚的规定，审判干部离婚诉讼案。一是干部离婚，应经行政领导批准，才能向人民法院提起起诉。二是应根据婚姻法的规定办理。如对方不在同一地，原则上移送到对方所在地人民法院办理，也可委托对方所在地法院传讯对方，以作裁判基础。专区机关干部的离婚诉讼，由省人民法院分院受理；县机关干部的离婚诉讼，由县人民法院受理。是年，贵州省人民法院对审理干部离婚诉讼案件作出补充规定：干部请求离婚，应根据婚姻法的规定处理；南下干部请求离婚，一般应由女方所在地人民法院管辖。审判机关依据上述规定，对干部提出的离婚案件作出具体判决。20世纪50~60年代，审判机关贯彻执行《中华人民共和国婚姻法》和上级司法机关有关法律、法规及司法解释，并坚持主动与妇联、当事人所在单位及有关部门统一认识、统一步调；执行回避制度，当事人申请回避时，予以充分考虑；依法公开审理的案件，根据具体情况吸收有关部门代表参加，对个别需要进行思想工作的案件，对当事人进行摆事实，讲道理的说服教育工作；对需作判决处理的案件，提出意见，报请党委审批后再处理。之后，按与处理其他人士离婚案的法律规定审理干部离婚案件。

（6）审理一方因劳改、劳教，另一方提出离婚的案件。1953~1956年，审判机关根据最高人民法院中南分院《关于劳改罪犯配偶提出离婚如何处理的意见》、最高人民法院《关于已判徒刑的一般刑事犯罪的配偶提出离婚应如何处理的复函》规定，注意以下方面把握和审理因一方犯罪劳改引起的离婚案：一是离婚问题。一方因犯普通刑事犯罪被判处徒刑在执行期间，对方提出离婚的，是否判决离婚，应考虑犯罪的严重与否与刑期的长短，还考虑犯人犯罪性质和其他方面（如是否重婚、奸淫等）和夫妻原来的感情等具体情况，依照婚姻法的规定酌情处理。同时，并注意要求离婚的原告人有无曾经参与犯罪，而借离婚以逃避罪行的情况和逃避没收财产的情况。如一方为被判处徒刑的反革命犯，对方要求离婚的，原则上判处离婚。如被告刑期较短，改造较好的，可酌情处理。二是子女抚养问题。由于人犯在执行徒刑期间，事实上无法尽其抚养子女义务，为保护子女合法利益，应由提出离婚之一方抚养。如年龄较大的子女本人愿由原来和犯人共同生活之亲属抚养，并经亲属同意，亦可准许。三是财产分割问题。离婚后的财产分割，应与一般离婚案件的财产问题同样处理。审判机关按照最高人民法院的复函精神，判决因一方劳教、劳改，另一方提出离婚的案件。1956年10月后，根据最高人民法院关于处理劳动教养人员离婚问题的复函规定，审理一方因劳教引起的离婚案件，鉴于劳教是社会就业，不是刑事处分，处理其离婚与处理一般公民的离婚问题相同。

（7）审理革命军人的婚姻案件。自1950年5月起，根据《中华人民共和国婚姻法》规定，现役军人与家庭有通信关系的，其配偶提出离婚，经得军人的同意。此后，根据1951年贵州省人民法院《关于处理婚姻案件几个政策的意见》，1952年9月，中国人民中华人民共和国成立军总政治部《关于双方均为现役军人的离婚问题处理的函》，1953年最高人民法院中南分院《关于被判处徒刑停止军籍的军人配偶提出离婚如何处理的批复》；贵州省高级人民法院《关于处理革命军人婚姻的意见》，1954年，中国人民中华人民共和国成立军总政治部、中华人民共和国内务部《关于办理革命军人婚姻问题的批复》，1962年1月，最高人民法院《关于人民武装警察部队成员的婚姻是否按现役革命军人婚姻问题处理的批复》，审理判决现役革命军人的婚姻问题。①处理革命军人婚约问题。自1951年起，贯彻《中华人民共和国婚姻法》，革命军人婚约受法律保护。在处理革命军人婚约时，一是对一方系现役革命军人与家庭有通信关系，对方提出取消婚约，须经革命军人同意。二是现役军人与家庭无通信关系的，对方提出解除婚约，1951年6月30日后，如现役革命军人与家庭一年无通信关系，对方提出取消婚约，得准予取消；1950年6月30日以前，如现役军人和家庭已有一年以上无通信关系，自6月30日以后又有半年与家庭无通信关系，对方提出解除婚约，准予取消；三是复查在朝鲜战争中被俘、失踪或下落不明的革命军人解除婚约的案件，凡已判准予解除婚约的，一律改判；四是对于复员、转业军人的未婚妻，未婚童养媳在军人转业后提出解除婚约关系的，也尽可能动员女方放弃请求。②处理革命军人离婚案件。自20世纪50年代起，审判机关贯彻《中华人民共和国婚姻法》和最高人民法院制定的有关规定，从以下方面慎重细致处理现役军人离婚案件：一是一方系现役革命军人，军人家庭有通信关系，其配偶提出离婚，经革命军人本人同意；二是处理革命军人离婚案件时，与革命军人所在部队的团以上政治机关取得联系，并尊重其意见；三是女方在生活、生产上有困难，设法帮助解决，婆媳分家而提出离婚的，做好工作，使婆媳关系重新和好；四是革命军人已离家多年，其妻已经改嫁，或已生育儿女，现革命军人复员，请求恢复夫妻关系时，如其妻愿意恢复，则准其恢复；五是对重婚通奸的，以破坏军婚处理。1962年6月，最高人民法院发出〔1962〕法刑字第110号通知，对处理军人婚姻案件作出指示和规定，要求各级审判机关：一是今后收到这类案件时，应尽速处理，不得长期拖延，更不得拒绝受理；二是提高审理军人婚姻案件的质量，今后此类案件应由基层人民法院审理；三是要主动与有关部门配合，对干部群众进行拥军优属的爱国主义教育；四是各高、中级人民法院接此通知后，即对本地区法院办理有关军人婚姻问题案件，从处理的政策和工作方法等方面进行检查和总结，发现问题及时研究解决。1962年8月，贵州省高级人民法院召开全省人民法院民事审判工作座谈会，讨论部署检查审判军人婚姻问题案件的工作，并组织人员对毕节、黔西县人民法院处理军人婚姻案件的情况进行检查。审判机关检查总结处理军人婚姻案件的工作情况，讨论今后工作思路和方法。1980年9月10日，国家颁布修改后的《中华人民共和国婚姻法》第26条规定：现役军人的配偶要求离婚，须得军人同意。1980年12月29日，中国人民中华人民共和国成立军政治部制发《关于军队贯彻执行中华人民共和国婚姻法的暂行规定》，规定现役军人提出离婚，应持严肃慎重的态度，要不违反法令、不败坏道德。申请离婚者经所在单位团以上政治机关同意，并出具证明，方可到地方婚姻登记机关登记离婚，或向人民法院提出离婚诉讼。审判机关依据修改后的《中华人民共和国婚姻法》及中国人民中华人民共和国成立军总政治部的暂行规定，审理判决军人婚姻案件。1984年，贯彻执行最高人民法院《关于贯彻执行民事政策若干问题的意见》，现役军人提出离婚，由其所在部队团以上政治机关出具证明，依照婚姻法第25条规定处理；现役军人的配偶提出离婚，按婚姻法第26条规定进行审理；军人不同意离婚，教育原告珍惜与军人的夫妻关系，尽量调解和好或判决不离婚；对夫妻感情已经破裂，经做工作和调解，仍然无效，确实不能继续维持夫妻关系的，通过军人所在部队团以上的政治机关，做好军人的思想工作，准予离婚。

（8）审判夫妻一方患精神病或生理缺陷另一方提出离婚的案件。审判机关根据婚姻法和有关法律法规进行审判。①审判一方患精神病，对方提出离婚案。对婚前隐瞒病情，婚后久治不愈；婚后患病，经多方医治不能治愈，对方坚决要求离婚的，做好工作，准予离婚。在准予离婚前，由患者的配偶、亲属和有关单位，安排好患者生活、治疗等问题。②审理因一方生理缺陷和其他疾病的离婚案件。20世纪50~70年代，审判机关对一方生理有缺陷，不能发生性行为的，或患有麻风等症，致使夫妻关系不能维持，经调查属实后，一般作离婚处理。1989年后，依据最高人民法院1989年《关于人民法院审理离婚案件如何认定夫妻感情确已破裂的若干具体意见》：一方患有法定禁止结婚的疾病，或一方有生理缺陷或其他原因不能发生性行为，且难以治愈的，视为夫妻感情确已破裂。一方坚决要求离婚，经调解无效，可依法判决准予离婚。

（9）审判离婚案件中财物分割和子女抚养问题。①对夫妻共同财产的处理。分三方面内容：一是夫妻财产的分割；二是夫妻共同债务清偿；三是夫妻一方生活困难的帮助。关于夫妻财产分割，1950年，国家颁布实施《中华人民共和国婚姻法》，婚姻法第23条规定：离婚时，除女方婚前财产归女方所有外，其他家庭财产如何处理，由双方协议；协议不成时，由人民法院根据家庭财产具体情况，照顾女方及子女利益和有利发展生产的原则判决。审判机关根据这一原则，在判处离婚诉讼案件处理夫妻财产时，对夫妻双方的婚前财产，除已在共同生活中消耗掉的以外，现有的女方婚前财产归女方所有，而男方婚前财产，仍作家庭财产共同分割。1980年，国家颁布修改后的《中华人民共和国婚姻法》第13条规定：夫妻在婚姻关系存续期间所得的财产归夫妻共同所有，双方另有约定的除外。第31条规定：离婚时，夫妻的共同财产由双方协议处理，协议不成时，由人民法院根据财产的具体情况，照顾女方和子女利益的原则判决。自1981年起，区内审判机关贯彻执行婚姻法的规定，在审判婚姻诉讼案件时注意处理好夫妻共同财产的分割问颜。1984年，最高人民法院拟定《关于贯彻执行民事政策法律若干问题的意见》规定：离婚时财产处理，婚前个人财产和双方各自所有财物，原则上归个人所有。改变以前关于女方婚前财产归女方所有，男方婚前财产归双方共同所有的规定。区内审判机关按以上规定，在审判离婚诉讼案件中处理家庭财产问题。关于处理清偿夫妻债务。1950年1月，国家颁布实施《中华人民共和国婚姻法》第24条规定：离婚时，原为夫妻共同生活担负的债务，以共同生活时所有的财产偿还；如无共同生活时所得的财产或共同生活时所得财产不足清偿时，由男方清偿。男女一方单位所欠债务，由本人偿还。1980年，国家颁布实施修改后的《中华人民共和国婚姻法》，审判机关在审判离婚诉讼案件时，严格按《中华人民共和国婚姻法》规定条款，处理清偿夫妻双方共同生活所欠债务。同时，根据离婚时夫妻双方经济能力的具体情况，有的判决由经济能力较强的一方清偿，也有判决由双方分担清偿责任。关于帮助解决夫妻生活困难。1950年，执行《中华人民共和国婚姻法》第25条规定，离婚后，一方如未再行结婚而生活困难，他方应帮助维持其生活。审判机关贯彻执行以上规定，在审判离婚诉讼案件时，对于离婚后即造成女方生活困难的，判决男方在一定时期内每月付给女方一定数额的生活费；而对年老、残废或疾病等实际上无劳动能力又无依无靠的当事人，则判令对方付较长的或者长期的生活费。1980年，执行修改后的《中华人民共和国婚姻法》第23条规定，离婚时，如一方生活困难，另一方应给予适当的经济帮助。审判机关贯彻执行以上婚姻法规定条文，在审判离婚诉讼案件，凡遇此类离婚诉讼案，其处理由离婚当事人的经济情况决定，一般对于帮助的时间要短些，对于帮助者的负担要小些，而且仅限于在离婚时提出，不能在婚后经若干时间再提出。1984年，按最高人民法院《关于贯彻执行民事政策法律若干问题的意见》第14条规定，一方年轻有劳动能力，生活暂时有困难的，另一方可给予短期的或一次性的经济帮助；结婚多年，一方年老残疾，失去劳动能力而又无生活来源的，另一方应在居住和生活方面给予适当的安排，在执行经济帮助期间，受帮助的一方另行结婚的，对方可终止给付。原定经济帮助执行完毕后，一方又要求对方继续给予经济帮助的，一般不予支持经济帮助。②处理子女抚养问题。根据1950年，颁布施行的《中华人民共和国婚姻法》和1980年修改后的《中华人民共和国婚姻法》，关于离婚后，父母对子女仍有抚养和教育的权利和义务的规定。审判机关在审判离婚诉讼案时，从以下方面妥善处理夫妻离婚后，其子女的抚养教育问题。一是处理哺乳期子女抚养的争议。审判机关贯彻执行《中华人民共和国婚姻法》相关规定。在一般情况下，即不允许男方争相抚养，也不允许女方故意推卸抚养责任。贯彻执行1984年8月30日最高人民法院《关于贯彻执行民事政策法律若干问题的意见》第22条规定关于哺乳期内的子女，原则上应由母方抚养，如父方抚养条件好，母方同意，也可由父方抚养的规定，处理哺乳期子女的抚养问题一般坚持以随哺乳母亲抚养的原则作判。二是处理哺乳期后子女的抚养争议。审判机关贯彻《中华人民共和国婚姻法》相关规定。如双方因抚养问题发生争执不能达成协议时，由人民法院根据子女的利益和双方的具体情况判决。根据1984年9月8日最高人民法院《关于贯彻执行民事政策法律若干问题的意见》第22条关于父母对抚养独生子女发生争议时，在有利于保护子女利益的前提下，要考虑不能生育和再婚有困难一方的合理要求的规定，把握以下几点处理哺乳期后的子女抚养问题：对未满10周岁的子女，因其系无民事行为能力人，由人民法院根据父母对子女过去的抚养教育的实际状况和感情状况，父母各自的思想和品德情况，父母各自的抚养条件等，选择更有利于子女成长的一方抚养。对年满10周岁的未成年的子女，因其已具有限制民事行为能力。父母离婚后，其愿意随父或随母生活，征求子女本人的意见，由其自己作出抉择。人民法院一般尊重其意愿。离婚时，男女双方对抚养独生子女有争议的，人民法院在保护子女利益的前提下，对已作了绝育手术的或再婚有困难的当事人当予以照顾。三是确定子女生活和教育费负担。审判机关贯彻执行1950年1月国家颁布施行的《中华人民共和国婚姻法》第20条关于离婚后，父母对于所生的子女，仍有抚养和教育的责任的规定，第21条关于离婚后，女方抚养的子女，男方应负担必需的生活费和教育费全部或一部，负担费用的多寡及期限的长短，由双方协议，协议不成时，由人民法院判决的规定，处理离婚诉讼关于子女抚养问题，在一般情况下，男方对子女生活费和教育费负担，应多承担一些义务。1950年6月26日，中央人民政府法制委员会作出《就有关婚姻法施行的若干问题的解答》强调在国内目前一般的情况下，女方的经济能力不如男方，在义务上还不能与男方完全平等，所以男方在经济上应多负担一些。如女方的经济情况确比男方充裕时，也可负担较男方为多的子女生活费和教育费，也可偿还共同生活时所负担的债务。审判机关审判离婚诉讼案件，贯彻1950年1月颁布实施的《中华人民共和国婚姻法》第21条第一款，1981年颁布实施的《中华人民共和国婚姻法》第22条第一款关于离婚时，男女双方对于子女生活费和教育费的负担，无论是协商解决，还是判决处理，关于给付的期限，一般到子女独立生活为止，或者到子女年满18岁为止。抚养费的数额多少，一般根据当地的生活水平，子女的实际需要和父母的负担能力确定。原则上不能低于当地居民平均生活水准，也不应和父母的生活水平相差过于悬殊。给付办法，根据父母从事的职业而定。有条件的可一次性给付的规定。审判机关贯彻执行1950年《中华人民共和国婚姻法》第21条第2款“关于子女生活费和教育费的协议或判决，不妨碍子女在必要时向父母任何一方提出超过协议或判决原定数额的请求”的规定；1980年修改后的《中华人民共和国婚姻法》第30条第2款“关于子女生活费和教育费的协议和判决，不妨碍子女在必要时向父母任何一方提出超过协议或判决原定数额的合理要求”的规定；贯彻执行中华人民共和国最高人民法院1979年2月2日拟定《关于贯彻执行民事政策法律的意见》第11条关于“子女向父母请求超过原协议或判决所定的抚养费，或者父母的经济情况有较大变化，提出改变抚养费的原决定时，均应由双方先行协议，协议不成，法院再根据实际情况予以适当处理”的规定及最高人民法院1984年9月8日《关于贯彻执行民事政策法律若干问题的意见》第23条关于“子女由于生活和教育的需要，或者父母一方经济情况有较大的变化，因而提出改变原定抚养数额的，应由当事人双方先行协议，协议不成时，根据实际情况判决。在夫妻双方离婚后执行支付子女生活费、教育费的过程中，本着保护子女的合法权利的原则，允许子女根据父母经济条件的变化及自身生活、接受教育的需要，提出变更生活费和教育费数额的合理要求”。

**审判家庭经济纠纷案** 中华人民共和国成立前审判机关无审判家庭经济纠纷案件的文字记录。中华人民共和国成立后，审判机关重视审判家庭经济纠纷案件。

1.审判父母要求子女赡养案件。20世纪50~70年代，城乡生产实行集体化管理，老年人的居住，衣食由集体负责，子女赡养父母的矛盾不突出，审判机关管理父母要求子女赡养案不多。1980年后，农村实行家庭联产承包责任制，生产形式由集体转变为个体，农村个体经济出现发展不平衡，父母要求子女赡养的案件逐渐增多，1986年，审判机关根据《中华人民共和国老年人权益保障法》和其他相关法律法规，从以下方面作好对父母要求子女赡养案件的受理和审判，一是优先立案，优先审理。二是多做调解，争取通过调解协商，妥善解决纠纷，使子女自觉承担起赡养父母的责任。三是妥善解决赡养经费的供给，审判人员根据原告的诉讼请求，双方的经济收入情况和当地居民的一般生活水平，同双方当事人协商解决，再由人民法院酌情判决。

2.审判离婚后一方抚养的子女要求父与母增加抚养费诉讼案件。审判机关依据《中华人民共和国婚姻法》关于父母抚养子女的相关规定，在审理判决离婚诉讼案件中，处理其子女向父或母提出解决其生活费教育费的合理要求，一般以当时男女双方的经济情况和子女的实际需要为依据。之后，根据子女成长增长的要求和父母经济状况的变化，促使离婚后的父母。通过协商增加子女的生活费和教育费。

3.审理非婚子女要求生父母承担抚养费诉讼案件。1950年、1980年颁布施行的《中华人民共和国婚姻法》均作出规定：非婚子女享有与婚生子女同等的权利，任何人不得加以危害和歧视。非婚子女的生父，应负担子女的必要生活费和教育费的一部或全部，直至子女能独立生活为止。审判机关根据以上规定受理审判非婚子女抚养诉讼案件。在审理此类案件主要解决非婚子女的确认。在80年代前由父母提供人证、物证，由审判机关进行综合分析判断认定。80年代，运用现代技术作亲子鉴定，依据对单基因遗传特征的检查分析作出子女与其生父、生母的血缘关系判断。

4.审判对祖父母、外祖父母与孙子女、外孙子女间和兄弟姊妹的抚养、赡养纠纷诉讼案件。1980年前，审判机关根据1950年颁布实施的《中华人民共和国婚姻法》相关条文规定，上述诉讼案件一般由司法行政作调解协议处理，未受理此类案件。1980年，国家颁布实施修改后的《中华人民共和国婚姻法》作出“在家庭关系中，祖父母、外祖父母与孙子女、外孙子女之间，兄弟姊妹之间的权利义务关系，具有补位的性质，往往以一定条件为前提行使权利和履行义务，祖父母、外祖父母对孙子女、外孙子女的抚养义务，只是在祖父母、外祖父母有负担能力，并在父母一方已经死亡，而另一方确无抚养能力，或者双方虽然均未死亡，但都丧失抚养能力，有负担能力的祖父母、外祖父母对未成年的孙子女、外孙子女也有抚养的义务。孙子女、外孙子女对祖父母、外祖父母的赡养义务，只是在子女已经死亡，或者虽未死亡，但确无赡养能力的条件下，才承担赡养义务。兄、姊对于弟、妹，只有未成年的，才有承担抚养的义务。反之，弟、妹对于兄、姊，也只有在兄、姊丧失劳动能力，孤独无依时，由其抚养长大的弟、妹才有抚养的义务”的规定。审判机关在受理审判祖父母、外祖父母与孙子女、外孙子女之间和兄弟姊妹之间的抚养纠纷案件时，按上述法律条文规定的条件查明情况，依法调解或判决负有抚养、赡养义务的当事人承担抚养、赡养义务，非婚生子女的生父母死亡，生母无力抚养，非婚生子女的祖父母符合上述法律规定条件的，也应承担抚养非婚生孙子女的义务。1981年9月，最高人民法院对年老丧失劳动能力又无子女赡养及其他生活来源的人，要求有负担能力的弟妹承担抚养责任的问题作出解答：在已经成年的兄弟姊妹之间，一般情况下彼此没有相互抚养的权利义务关系。只有由兄姊抚养长大的有负担能力的弟妹，或兄姊对弟妹尽过抚助义务的，在兄姊丧失劳动能力又没有生活来源的情况下，基于权利和义务一致的精神，弟、妹应当承担抚养义务。审判机关依据上述法律规定，受理审判或协议此类诉讼案件。

5.审判继父母要求继子女赡养案件。1950年婚姻法规定：“夫对于其妻所抚养与前夫所生的子女或妻对其夫所抚养与前妻所生的子女，不得虐待或歧视。”1980年婚姻法规定：“继父母与继子女之间，不得虐待或歧视，继父或继母和其抚养教育的继子女间的权利和义务，适用本法对父母子女关系的有关规定。”1986年3月21日，最高人民法院《关于继母与生父离婚后所有权要求已与其形成抚养关系的继子女履行赡养义务的批复》提出相应的意见，有负担能力的人，对曾经长期抚养教育过他们的年老体弱、生活困难的人应尽赡养扶助的义务。审判机关根据上述规定，审判此类案件。

6.审判收养关系纠纷案件。（1）关于收养关系的确认。居民历来存在有一定数量的收养关系，中华人民共和国成立前多为无子收养，特为立嗣子，以养老送终，继承家产。中华人民共和国成立后，国家婚姻法，继承法和有关法律明确废除封建主义的婚姻关系，严禁在继承问题上借为死者立嗣子以剥夺合法继承人的继承权行为。对中华人民共和国成立前的立嗣子，须查看嗣子与死者遗孀的事实关系分别处理。死者遗孀同意立嗣，嗣子与死者遗孀共同生活的，法律承认，否则法律不予承认。据实审理中华人民共和国成立至1990年前的收养关系的诉讼案件。1991年，国家制定实施《中华人民共和国收养法》，审判机关依据收养法规定，审理收养关系的诉讼案件。当事人必须举证收养关系成立，一是须订立收养协议。收养协议须经养子女的生父母、养父母同意，被收养人若具有识别能力，先经征得同意，才能收养有效。二是须办理收养手续。一般是经公证机关办理收养公证，或是由公安机关申请因收养变动户口，经公安机关审查批准以养子或养女名义办理迁入登记，收养关系即合法成立。三是群众承认。收养关系公开，不仅为左邻右舍所知晓，也为亲友群众所公认，通过上述形式的收养所形成的收养关系，受到法律的确认保护。

（2）对解除收养关系诉讼案件的审判。收养关系成立后，养父母或生父母反悔；养父母发现所收养的子女有生理缺陷，或者其他疾病；养父母将养子女抚养长成年后，双方关系恶化，继续共同生活对双方不正常生活确实不利而提出解除收养关系。1991年，审判机关根据《中华人民共和国婚姻法》，1979年最高人民法院制定的《关于贯彻执行民事政策法律的意见》，1984年制定的《关于贯彻执行民事政策法律的意见》；1991年后按收养法审理以上要求解除收养诉讼案。对前者要求解除关系，在人民法院查明解除理由，听取被收养人意见后，根据有利于养子女健康成长的原则下，决定是否解除，对第二种解除诉求，一般不予解除。对第三种解除诉求，在一方坚持要求解除的情况下，一般准予解除。在解除关系时，如养父母已丧失劳动能力，养子女应承担养父母晚年的生活费用。在解除收养关系时，养父母要求补偿收养期间养子女的生活、教育费的，属生父母提出解除收养关系的，一般应补偿，养父母提出解除收养关系的，一般不予补偿。收养关系解除后，未成年的被养人同生父母之间的权利义务关系即行恢复，同养父母之间的权利义务关系即时终止。已经成年并已独立生活的被收养人，在解除收养关系后，同其生父母的权利义务关系的恢复，须以书面方式取得双方一致同意。1950~1990年，全地区共受理家庭经济纠纷案2.41万件，占同期民事案件总数的17.4%。

**审判继承纠纷案件** 中华人民共和国成立后，国家先后制定相关法律法规，对公民的继承权作出相应规定。1950年制定的《中华人民共和国婚姻法》，1954年制定颁发实施的《中华人民共和国宪法》，1963年，全国第一次民事审判工作会议制定执行的《关于贯彻执行民事政策法律几个问题的意见（修正稿）》，1985年颁布施行的《中华人民共和国继承法》均为审判机关审判因继承产生的纠纷案件提供明确的法律依据。审判机关在审判继承纠纷案件时主要注重坚持以下基本原则：1.男女享有平等继承的原则。一是公民财产继承权的有无与性别没有关系，男女享有平等的继承权；二是在法定继承权中，继承人遗产的份额，不因男女性别不同而有差别。同一顺序的继承人不管是男是女，继承遗产的份额，一般应当均等。三是在法定继承中，以法定继承顺序，适合于男子的，同样适合于女子；适合父系的，同样适合于母系。四是夫妻在婚姻关系存续期间所取得的财产为共同财产，如因一方死亡发生继承，除另有约定外，将遗产从夫妻共同财产中分出，然后再由合法继承人继承。男女任何一方死亡都一样，决不因性别不同而有区别；五是配偶一方死亡，继承的一方有权自行处分其继承所得，任何人都不得以性别不同而加以干涉。男方可继承女方的遗产再婚，女方可继承男方的遗产再婚。六是有代位继承的晚辈直系亲属，凡是父系继承人有权代位继承，母系继承人也有权代位继承，七是夫妻双方都有按照遗产继承的法律规定处分夫妻共同财产中属于自己份额的平等权利，对于夫妻共同财产，丈夫有权立遗嘱处分属于自己的财产，妻子也有权立遗嘱处分属于自己的财产。

2.养老育幼。切实保护缺乏劳动能力又没有生活来源的人利益权利。一是有抚养能力和抚养条件的继承人，如果不尽抚养义务，被继承人生前可以用遗嘱取消其继承遗产的权利，被继承人没有遗嘱的，在分配遗产时，应当不分或少分给其遗产；二是继承人以外的人，如果对被继承人生前所尽抚养义务较多，应当适当分给其遗产；三是丧偶儿媳对公、婆，丧偶女婿对岳父、岳母尽了主要赡养义务的，可以成为第一顺序的继承人；四是老年人可以与集体组织或者公民签订遗赠抚养协议，按照协议，抚养人承担扶养老人的义务，享有接受遗产的权利；五是婚生子女与非婚生子女有平等的继承权。被继承人的子女先于被继承人死亡的，被继承人子女的晚辈直系血亲可代位继承。分割遗产时要保留胎儿的遗产份额；六是在法定继承中，同一顺序的继承人分配遗产时，对于生活有特殊困难或缺乏劳动能力和没有生活来源的继承人，应当予以照顾；对与被继承人共同生活的继承人，特别是老年人和未成年人，分配遗产时应当多分；七是在遗嘱继承中，遗嘱人设立遗嘱应当为缺乏劳动能力及没有生活来源的继承人保留必要的遗产份额。

3.权利和义务相一致。（1）尽了抚养义务的姻亲可享受继承权，不但享有继承权，而且是第一顺序法定继承人。（2）有的公民虽不是法定继承人或遗嘱继承人，但如果他对被继承人尽抚养义务较多，依法也可分给他们适当的遗产；（3）在遗产的分配上，根据同一顺序继承人对被继承人生前所尽抚养义务的大小也可以不均等，尽义务多的，可多分遗产，尽义务少的，可少分遗产，有能力尽义务而不尽义务的，可不分给遗产；（4）在有遗赠抚养协议时，抚养人按照协议尽了抚养义务的，有权取得遗赠；抚养人不履行协议不尽抚养义务的，不得享有受遗赠的权利；（5）继承人继承被继承人遗产时，应当偿还被继承人的债务；（6）遗嘱继承或遗赠有义务的，继承人或受遗赠人应当履行义务，没有正当理由不履行义务的，人民法院可以取消其继承遗产或接受遗赠的权利。

4.正确处理承诉时效。按《中华人民共和国继承法》第八条关于“继承权提取诉讼的期限为2年，自继承人知道或知道其权利被侵犯之日起计算，自继承开始之日起，超过2年的，不得再提起诉讼”的规定；最高人民法院《关于贯彻〈民法通则〉若干问题的意见（试行）》中关于“继承的诉讼时效按继承法的规定执行，但继承开始后，继承人未明确表示放弃的，视为接受继承，即为共同共有，诉讼时效的终止、中断、延长，均适用《民法通则》的有关规定”的规定执行。1950~1999年，全地区审判机关共审理一审继承案3296件。

附：

## 房屋继承案

毕节县向某某、叶某某为妯娌关系，双方争执之三列两间七柱草木结构房，位于毕节县燕子口区亮岩中街，为其公婆宁某某、宁某某夫妇所造。宁氏夫妇生有三子一女，向某某系宁某某长子宁某某之妻，叶某某系宁某某三子宁某某之妻。宁某某、宁某某夫妇分别于1929年、1946年亡故。1988年12月，向某某以要求继承祖遗房屋为由起诉到毕节县法院。毕节县法院审理认为：宁某某死亡后发生继承已达43年之久，已超过继承法规定的诉讼时效，对向提出继承的理由不予支持，判决驳回其诉讼请求。向不服，上诉到毕节地区中级人民法院。毕节地区中级人民法院在审理后，形成两种意见：一种意见认为，自继承开始之日起超过20年的不得再提起诉讼。根据继承法第8条的规定，应维持原判，驳回上诉。另一种意见认为，根据中华人民共和国最高人民法院《关于贯彻执行〈民法通则〉若干问题的意见（试行）》177条的规定，“继承开始后，继承人未明确表示放弃继承的，视为接受继承，遗产未分割的，即为共同共有”的规定，此案中向要求分割遗产是合理的，应撤销原判，依法改判。毕节地区中级人民法院将该案呈报贵州省高级人民法院，请求裁决。贵州省高级人民法院经过审理形成两意见：一种意见认为：宁氏夫妇于1929年、1946年先后死亡，从后一个被继承人死亡已有44年，所遗房屋除三子宁某某一家居住至今外，宁某某、宁某某、宁某某均于1948年搬出，其后，3个继承人至死均未主张分割祖遗房产，可视为放弃继承。据此应裁定驳回起诉。另一种意见认为：转让继承人向某某提出分割共有房屋，应按分割共同财产的诉讼请求进行处理，但鉴于叶某某一家居住，使用房屋达40多年，为稳定住房秩序，应由叶给予向等转继承人一定补偿。旋即，贵州省高级人民法院请求最高人民法院，最高人民法院认为：宁氏子女生前均未表示放弃继承，根据《中华人民共和国继承法》第25条和《贯彻民法通则若干问题意见》和该案具体情况，宁氏姐弟对父母遗产可视为接受继承，并对未分的房产享有共有权。据此，同意贵州省高级人民法院第二种意见，按分割共同财产的诉讼请求处理，由叶某某给向等转继承人适当补偿。

审判房屋纠纷案　1950~1999年，审判机关共受理审判各类一审房屋纠纷案1.07万件，占此期间受理审判一审民事案件的7.75%，主要以房屋租赁、典当、买卖、拆迁纠纷案件居多。在审判此类案件时，主要根据最高人民法院1963年8月制发的《关于贯彻执行民事政策几个问题的意见（修正稿）》，1979年2月制发的《关于贯彻执行民事政策法律的意见》、1984年9月制发的《关于贯彻执行民事政策法律若干问题的意见》的相关规定进行。

1.审判确认房屋所有权案件。此类案件又分为以下5种类型。

（1）土改遗留房屋确权案件，从以下方面把握审理：①土改时被没收、征收后确权给他人或归集体所有的房屋，现在要求收回的，不予准许。索要房屋使现在产权人受到损害，现产权人要求行为人承担民事责任的，应予支持。②土改时地主房屋部分保留，部分未确权，未确权部分已由他人居住使用至今，现在已无确权依据为由要求收回的，不予支持。③土改时将原房主出租、出售、出典的房屋登记在自己名下，原房主明确无异议，现在又索要房屋的，不予支持。④土改时在外地分得房屋的，不退回原房屋也不另行补给房屋价款。⑤对于地主、富农在土改时应没收而被遗漏的房屋在20世纪60年代以前，按照土地改革法予以没收归国家或集体所有；20世纪70年代后，根据有关司法解释和情势的变更，予以维持现状，不再没收。⑥对由于填发土地房产所有证时发生的一些错登、重登或漏登行为而引起的房屋确权纠纷，注意深入当地向群众调查，查明土改时的具体情况，实事求是地予以处理。

（2）审判城镇私房社会主义改造房屋产权纠纷案。审判此类案件时，注意处理以下方面问题：①维护城镇私房社会主义改造成果。1956年城镇私房社会主义改造政策规定，以50平方米出租房屋为改造起点，凡符合社改规定而已由国家经租的，或者工商业者的房屋随本行业的公私合营已折价入股的，其产权已归国家所有。对私改期间和以前参加合作商店，以及后来由合作小组升级为合作商店和个体商贩转入合作商店的，退股时，应按参加合作商店时年价入股的股金金额退给现金，不退房产等实物。原房主以各种借口强占或损坏已经社会主义改造的房屋引起纠纷的，判令原房主迁出或赔偿；②私房改造在留给房主的自住房产权仍属原房主；③对私有出租的厂房、铺面房、仓库、货栈等工商业用房已经实行无起点改造的，除与房主自住房相适的小量房可以退还以外，一般不再变动。④对当时予以改造确有不当，没给房主留自住房或自住房留得不够而引起的纠纷，应为落实私房政策问题，而由有关部门处理，人民法院不予受理。

（3）审判国家、集体侵占公民合法所有房产案件。1950~1978年，国家、集体单位有侵占公民所有房产问题，房屋所有权一方当事人向人民法院提起诉讼。审判机关根据最高人民法院、城乡建设环境保护部制发《关于复查历史案件中处理私人房产有关事项的通知》规定："一、人民法院在负责纠正历史案件时，对需要作出撤销原判决，发还当时被没收的私人房屋的，在判决前，先与房屋所在地的政府主管部门协商，根据不同情况，分别作出处理。原房还存在，按私房政策规定应发还原房的，及时发还，对一时不能发还原房屋的，可先明确产权；对原房屋变动较大退还原房屋确有困难的，交由政府主管部门根据房屋的现实情况和有关政策，组织有关方面具体办理房屋发还或作价补偿。有关政府部门应积极配合，妥善解决。二、人民法院在审理房屋案件中遇到有关落实私房政策的案件，如私房的社会主义改造遗留问题，'文化大革命'期间被挤占、没收的私人房产问题，中华人民共和国成立初期代管的房产问题，落实华侨、港澳台胞私房问题等，移送当地落实私房政策部门办理。落实私房政策部门从实际出发，严格按照中央的政策规定处理。中央已有规定的，严格依照政策办理，不扩大范围。中央没有规定的，不再开新口子。"的规定，受理审判。

（4）审判有关家庭成员或亲属之间房屋产权纠纷案件。在审判此类案件要注意处理好以下方面问题：①婚姻关系存续期间，夫妻或一方购置，继承接受赠与的房屋除另有约定的外，虽然以一人名义进行产权登记，应确认为夫妻共有。②中华人民共和国成立前一夫多妻家庭婚姻存续期间购置的房屋，如全家人共同生活的，原则上属夫与几个妻共同所有。如几个妻长期分别居住，房产分别登记在几个妻各自的名下，并分别经营管理的，视为房产已作分割，属于几个妻分别与夫共同所有。③父母购置的房屋，产权证上登记的产权人是子女中一人的名字，后来家庭成员间发生产权纠纷，首先查明购置人有无将房屋赠与给登记人的明确意思表示。如房产证上或房屋管理机关的档案中有赠与的明确记载，或有购置人赠与房产的公证书，或有明确证据足以证明购房人在购置房屋时有赠与产权登记人的意思表示的，确认房屋产权人即为契证登记的产权人。如购置人无上述明确的赠与意思表示，且仍由其对房屋行使所有权的，财产权仍确认为购置人所有。④兄弟姐妹共同生活期间，其中一人用自己的资金经营工商业供养全家，并以自己名义购置房产。后来，兄弟姐妹间为产权发生纠纷。如购置的家庭成员间有约定的，按约定处理。没有约定的，产权原则上确认为购置者个人所有。⑤家庭成员共有的房屋，已经分割，并各自独立经营管理，以后又发生产权纠纷的，确认过去的房产分割有效，不再作为共有财产处理。

（5）审判公民间房屋产权纠纷案件。在受理审判此类案件时注意从以下方面把握处理问题：①合伙人以合伙经营的资金或收益购置的房屋，产权登记在合伙人中某一人的名下，发生产权纠纷时，人民法院查明合伙购置的事实，即可据以确认产权为合伙人共有。②双方出资购买的房屋，以一方名义进行产权登记，发生纠纷时，人民法院查明以一方名义进行登记是双方商定的，并有双方共同使用，管理的事实的，应确认产权属于双方共有。如以一方名义进行产权登记，他方明知而不表示异议，又无共同使用、管理事实的，确认产权为登记一方所有，由登记方退回出资款。③非产权人在合法使用他人房产期间，对所使用的房屋进行改建、扩建，与房屋所有人发生产权争议的，如非产权人在对房屋进行改建、扩建或增添附属物前，经过房主同意，双方并对产权有约定的，按约定处理；经房主同意，但对产权归属无约定的，房屋产权仍属原主所有，对改建、扩建或增添的附属物，由房主折价偿付；未经房主同意，非产权人擅自改建、扩建或增添附属物的，产权仍归原房主所有，其因改建、扩建或增添附属物的费用，房主原则上不予补偿。

2.审判房屋买卖纠纷案件。在审理此类案件时，注重处理好以下问题：一是审查买卖双方是否具有合法主体资格。郑重审查出卖人是否房屋所有人，是个人所有还是共有，是按份共有还是共同共有，如系共有，则要查明其他共有人是否同意出卖。共同共有的房屋非经共有人同意不得出售。按份共有的房屋如果出卖，其他共有人在法定期限内，同等条件下有优先购买权。如系出租房屋，在法定期限内，在同等条件下，承租人也有优先购买权。如出卖人不是所有人，则要查明他对出卖的房屋是否有处分权。是否接受共有人委托代为出售，是否是所有人的监护人，依法行使监护权而出售。出售房屋是否损害被监护人的利益等等。对于买房人，则要审查其是否有权购买。按照有关法律法规规定，从1955年起，不准机关、团体、部队、企业等自行购买民房，任何单位不得购买私房。若是机关、团体、部队、企业1955年后购买的民房，属违法违规购房，应按国家有关法律法规处理。二是审查房屋买卖双方的意思表示是否真实。是否有欺诈、胁迫或者乘人之危而使对方在违背真实意思的情况下进行买卖活动；是否以房屋买卖的合法形式进行投机牟取暴利，或者进行其他违法甚至犯罪活动。当事人一方对合同内容是否有重大误解，合同是否显失公平。这虽然应由当事人提出，但人民法院也要依职权进行审查，切实保障买卖双方的意思表示的真实性。三是注意审查房屋买卖合同的法定形式要件是否具备。审判机关贯彻执行1983年12月17日国务院颁布施行的《中华人民共和国城市私有房屋管理条例》关于“买卖城市私有房屋，卖方须持房屋所有权证和身份证明，买方须持购买房屋证明信和身份证明，到房屋所在地房管机关办理手续。任何单位或个人都不得私买私卖城市私有房屋。严禁以城市私有房屋进行投机倒把活动”的规定，确认房屋买卖合同的法定形式要件是否具备。通过审理，查明房屋买卖事实，分别以下情况，依法作出处理：（1）在《中华人民共和国城市私有房屋管理条例》颁布实施前，双方经过协商同意自愿签订合同，且合同内容合法，买方已全部或部分交付价款，并实际使用和管理房屋，只是没有进行所有权转移登记，事后，卖方毁约引起纠纷的，应认为买卖合同有效，责令卖方履行合同，补办过户手续。（2）《中华人民共和国城市私有房屋管理条例》颁布实施后，双方成立房屋买卖合同，但未办理所有权转移登记，事后卖方又将房屋另卖他人，并与第三人共同完成房屋所有权转移登记，买方要求卖方履行合同引起诉讼的，由于第三人已取得合法所有权，原合同已无法履行，原来的买方只能作为债权人要求卖方承担违约责任，并赔偿其一切损失。（3）非所有人擅自出售他人房屋，除所有人事后追认的以外，应确认买卖合同无效，购买人因此受到的损失，由无权出卖人赔偿。（4）部分共有人未取得其他共有人同意擅自出卖共有房屋，如果其他共有人当时明知而不反对，或者有充分根据可以推定其他共有人应当知道，就应认为买卖合同有效。因房屋买卖合同无效而造成对方经济损失的，由有过错一方承担民事责任。双方都有过错的，分别承担相应的责任。（5）国家机关、部队、企业、事业、人民团体等单位未经批准购买城市私房。贯彻执行1956年1月18日中共中央批转中共中央书记处第二办公室《关于目前城市私有房屋基本情况及进行社会主义改造的意见》；1964年1月13日，国务院批转国家房产管理局《关于私有出租房屋社会主义改造问题的报告》；1965年9月11日，国务院财贸办公室《关于供销合作社购买农村生产队、社员房屋问题的答复》中的有关规定，以及1983年颁布实施的《中华人民共和国城市私有房屋管理条例》相关规定，受理审判有关房屋买卖纠纷诉讼案件。国家机关、部队、团体、企业、事业单位在《中华人民共和国城市私有房屋管理条例》颁布实施前后未经批准租用和购买城市私房不受法律保护。对于个别机关及部队、企事业单位等确因工作需要，多年前未经批准购买了城市私房，现在仍需使用的，经购房单位所在地县以上人民政府补办批准手续后，按照最高人民法院1985年8月10日制定《关于国营企业过去已购买的私人房屋未经县以上人民政府批准可否补办批准手续的请示报告的批复意见》规定：可以作为特殊情况处理，承认买卖关系有效。（6）贯彻执行《中华人民共和国城市私有房屋管理条例》第9条第二款关于严厉禁止利用城市私房买卖进行投机倒把活动的规定，受理审判房屋买卖纠纷诉讼案件。如果买房是以自用为目的，或者卖房是为处理自己不需要的或多余的房屋，即不属于利用房屋买卖进行投机倒把。即使房价高，所得利益也不以“暴利”论处，如买卖双方或其中一方是以营利为目的的倒卖房屋，无论从中获利多少，都构成利用房屋进行投机倒把活动。在审理房屋买卖案件中遇到这种问题，一般都一并审理判决。

3.审判房屋租赁纠纷案件。（1）房屋租金纠纷案。审判机关在审判此类案件时，主要依据国务院1983年12月颁布施行的《中华人民共和国城市私有房房屋管理条例》第16条的规定办理，在审理案件中注意处理好以下方面问题：①租赁一方对租金有异议要求调整的，根据国家城乡建设环境保护部1987年2月9日下发的《关于进一步加强城市私房管理工作的通知》第4条关于“当前普遍存在的房租偏低问题，要随着城市住房制度改革的进展，本着既不增加职工负担又考虑出租人的合法权益，积极而慎重的逐步调整”的精神，予以合理调整。②出租人要求给付欠租的，经查明欠租的原因和双方的经济生活情况，合法合理地处理。承租人无故拖欠的，根据《城市私有房屋管理条例》第16条第2款关于“承租人应当按照合同规定交租，不得推交或拖欠”的规定，责令承租人如数偿付；一次给付确有困难的，可以分期给付。审理承租人反诉修缮房屋时，还须勘查房屋实际情况，本着修缮，保障住房安全，承租人付出的修缮费用，可以折抵租金或由出租人分期偿还，实事求是地合并审理。

（2）审判收房纠纷案件。在审理此类案件时，主要注意处理好以下方面问题：①出租人因房屋租赁合同期满，要求收回自住，或者租赁合同未到租期，出租人因住房困难要求收回自住的，根据《城市私有房屋管理条例》第20条关于“租赁合同终止时，承租人应当将房屋退还出租人。如承租人到期确实无法找到房屋，出租人应当酌情延长租赁期限”的规定，从下述两个方面考虑处理问题：一是出租人住房确有困难，需要收房自住的，原则上准许收房，但应当给承租人找房搬家的时间。承租人租房较多，住房比较宽裕的，也可令承租人腾交部分房屋由出租人收回，续租一部分房屋，终止原合同，另订新合同。二是出租人住房情况根据当地住房标准并无困难的，或承租人确实无法找到房屋的，说服出租人继续由承租人租用，双方续订租赁合同，或者酌情延长租赁期限。②依照《中华人民共和国城市私有房屋管理条例》第21条关于"承租人有下列行为：一是承租人擅自将承租的房屋转租，转让或转借的；二是承租人利用承租的房屋进行非法活动，损害公共利益的；三是承租人累计6个月不交租金的，出租人有权解除租赁合同，收回房屋"的规定，判决出租人收回出租房屋。③承租期内的房屋因承租人与他人联营、合伙、发包、网点调整或者合并，分立而变更承租房实际使用人的，不视为转租、分租或者转让。双方有约定的，从其约定。④承租人有下列情形的：一是承租人未经出租人同意，擅自改建、扩建承租房屋；或者擅自改变承租房屋的用途，损害出租人利益的；二是承租人所在单位为其分配了住房，原承租房空闲不用的；三是承租人死亡或者迁出承租房屋，其非共居的亲属要求租房，房主不同意的。出租人要求终止租赁合同，收回房屋的，一般判决允许。⑤出租人出卖租出的房屋，须依法提前3个月通知承租人。在同等条件下，承租人有优先购买权。出租人将出租房屋出卖给第三人后，原租赁合同不满期的，应继续有效，新房主不得强令承租人搬迁。⑥铺面房屋的出租人因自己准备开业，要求收回自用的，根据不同情况，分别处理：一是对承租人居住用的铺面房，出租人在租赁合同期满后要求收回自用的，应当准许。租赁合同未到期，但房主为房客做了合理安排的，也准许房主收房自用。二是对承租人经营工商业用的铺面房，租赁合同期满后，出租人要求收回自用的，也应当准许，但应给承租人较充裕的找房搬迁时间；租赁合同未满期，出租人要求收房自用的，一般不予准许。⑦出租人以租出的房屋属于危房，在租赁合同期满后，要求终止合同，进行拆建的，准许收回房屋，承租人应腾交房屋。租赁合同未满期的，可暂时中止合同。拆建完工后，承租人有权要求出租人继续履行合同，但租金可以适当调整。

4.审判房屋典当纠纷案件。审判机关承认法律政策允许的房屋典当关系，按以下原则：典期届满，出典人按合同约定，要求回赎，按约定处理；合同约定典期届满，逾期不赎作为绝卖，事后，出典人逾期不赎，按约定办理，典权人取得出典房屋所有权；合同没有约定逾期不赎作为绝卖，或没有约定典期的，根据最高人民法院1984年9月《关于贯彻执行民事政策法律若干问题的意见》的相关规定。受理由典当引起的房屋纠纷诉讼案。

（1）出典人回赎房屋。审理判决时注意把握以下情形：①如出典人有权回赎又确无房居住而承典人有条件腾迁的，准许出典人回赎。如承典人除承典的房屋外，确无其他房屋，而出典人又不缺房的，由双方协商将此房屋全部或部分卖给承典人；也可将典当关系改变为租赁关系，终止典当合同，订立租赁合同。②典房屋回赎后，原承典人仍居住使用已回赎的房屋时，产权人如出租，出卖或者继续出典，原承典人在同等条件下有优先权。③典当服务商行所从事的典当业，如以房屋作标的物，尽管是房屋典当，实质是抵押贷款，不能比照房屋典当的有关规定处理，应参照抵押贷款的有关规定处理。④承典人转典房屋应不影响出典人回赎。典契载明期限，承典人只能在典期内转典，超出原典期的部分应确认无效；典契未载明期限的，承典人转典一般不能订有期限，如订有典期而影响原出典人回赎的，转典所定期限无效。转典典价不得超过原典价，超出部分原出典人不负担。

（2）回赎房屋典价折算。由双方当事人协商解决。协商不成，原则上按国家规定的实物价格折算，但也要考虑到双方的经济条件，实事求是，合情合理地予以解决。区内审判机关在受理审判此类案件中考虑到房屋典当往往不足房屋买价的一半，可出房管部门根据回赎时出典房屋的质量和新旧程度估定房价，以其房价的50%为典价回赎价。

（3）回赎时效的中止、中断及延长。区内审判机关在受理审判房屋典当纠纷诉讼案件时，根据《民法通则》的相关规定，在审判中，把下列事件可作为中止时效处理。①“文化大革命”时出典房屋被国家接管的，自接管之日起至落实政策发还之日止，作为中止时效处理。②出租私房社会主义改造时，出典房屋被纳入社会主义改造，以后落实政策发还的，自纳入改造之日起至发还之日止，作为中止时效处理。③出典人为去台人员的，回赎时效的计算，根据《民法通则》第137条的规定，作为特殊情况给予延长。

（4）审判家庭成员或亲属间房屋产权纠纷案件。区内审判机关在受理审判此类案件时，注意从以下方面作审理判决。婚姻关系存续期间，夫妻一方或双方购置、继承、接受赠送的房屋，曾以一人的名义进行产权登记，确认为夫妻共有房屋。父母购置的房屋，房产证上登记的产权人是子女中一人的名字，原则上产权给购置人所有（房屋购置人有赠送给登记人意思表示的出外）。兄弟姐妹共同生活期间，其中一人用自己劳动收入并以自己名誉购置或建房的房屋，后来与兄妹等发生产权争议的，原则上确认归购置者所有，家庭共有房屋已分割的，按实际情况处理。

**审判债务诉讼案件**　审判机关依据中央人民政府1953年2月发布的《关于中华人民共和国成立前银钱业清偿存款付给办法》和国务院1965年3月制发的《关于私营企业实行公私合营的时候，对债务等问题的处理的指示》，按照以下政策原则受理审判债务诉讼条件。

1.废除地主阶级的债权，保护劳动人民的利益：（1）当地中华人民共和国成立前农民及其他劳动人民所欠地主的债务，一律废除。（2）当地中华人民共和国成立前富农欠地主的债务，如地主的全部财产退还欠农民的押金，富农所欠地主的债务可以废除；若地主全部财产不足以退押的，则富农应偿还地主所欠农民债务的一部或全部。（3）当地中华人民共和国成立前工商业资本家欠地主的债务，如地主欠有农民或农会的押金等债务，可以该项债权抵偿；如地主没有要对农民或农会补偿的债务，则资本家欠地主的债务可不予处理。（4）当地中华人民共和国成立前地主所欠农民及其他劳动人民的债务，如地主在土改中只是分得仅够维持其家庭生活的土地房屋，确无其他财产，一般不再追偿；若地主在城市有工商业或其他财产，土改时未变动，有偿还能力的，应予偿还。

2.保护工商业者和富农的利益。（1）当地中华人民共和国成立前凡货物买卖及工商业往来欠账（包括地主、富农兼营的工商业之货物买卖与往来欠账在内），仍依双方原约定处理。（2）当地中华人民共和国成立前农民及其他劳动人民所欠富农的债务，对利息倍于本金的，停利还本；付利已2倍于本金的，本利停付；付利不足本金之1倍的，承认富农的债权继续有效。

3.人民之间的债务继续有效，斟酌债务人的具体经济情况决定偿还全部，一部或免予偿还：（1）当地中华人民共和国成立前农民所欠农民的债务及其他一般借贷，均继续有效。（2）当地中华人民共和国成立前工商业资本家之间的债务，如债务人有偿还能力，并有确实证据的，可偿还一部或全部；若债务人确已无力偿还，或者债权关系证据不足而债务人又不承认欠债的，则可不予处理。（3）处理中华人民共和国成立前劳动人民之间的债务，主要斟酌双方当时经济情况决定，如债务人经济情况很好，可不打折扣；如债务人经济情况不好，可打适当折扣；如债务人经济情况很坏，则可打很大的折扣，甚至可以免予偿还。

4.保护当地中华人民共和国成立后成立的借贷关系：（1）当地中华人民共和国成立后成立的一般借贷关系，包括地主为债权人者在内，其由双方自由议定的契约均继续有效。（2）今后借贷自由，利息由双方议定，政府不加干涉。

5.对私营企业公私合营后遗留的债务，本着从宽处理精神，尽量予以了结，做到一般私股能够保留适当的股权，避免造成负债过多大量破产的现象。

1950~1999年，全地区审判机关共审理一审债务诉讼案2.02万件，占受理一审民事诉讼案件的14.66%。其间，除中华人民共和国成立初此类案件较多外，其余就是1978年后呈逐渐增多之势，1988~1991年，1996~1998分别为审判机关受理民事诉讼案之首。1999年，全地区审判机关受理一审债务案3360件，为1950~1976年受理总数的1.7倍。所受理的一审债务诉讼案件又分为：

1.借贷债务案。（1）中华人民共和国成立前的借贷债务案，审判机关在受理此类案件时，一般都注意查明双方当事人的阶级成分、借贷关系发生的原因、借贷标的额利息及其支付情况，双方当事人现实经济情况等案情，按《新区农村债务纠纷处理办法》的有关规定及立法精神进行处理。凡属于劳动人民欠地主债务的，依法废除。凡属工商业往来欠账或劳动人民之间的借贷债务，则根据当事人双方实际经济生活的情况，合情合理地予以解决。对债务标的是伪币的，参照政务院制发的《关于中华人民共和国成立前银钱业未清偿存款办法》的规定，按出借那一年的折算率折合成人民币计算；对债务标的为黄金银元的，则按偿还时人民银行收兑黄金的牌价折合人民币计算，一般不计利息；对借贷标的为粮食、布匹的，按同种类实物清偿，或以同种类实物的国家牌价计价清偿。

（2）中华人民共和国成立后形成的借贷债务案件。中华人民共和国成立后，审判机关对居民间成立的合法借贷关系依法予以保护，注意从以下方把握借贷的合法性：一是借贷的目的正当。一般为解决生活上的某些困难或筹集生产经营资金而借债。二是借贷关系明确。一般应有书面借据，或有无利害关系的中间人证明，或是有债权人，债务双方承认的。三是借贷标的应是人民币或法律不禁止流通的种类物。四是利息由双方约定。可是有息借贷，也可是无息借贷，但不得乘人之危牟取暴利。在审判借贷纠纷案件中，分以下类型进行具体审理：①生产经营性借贷处理。引起此类借贷纠纷的原因多为违约不还。审判机关在审判这类案件时，注意查明债务人违约不还的真实原因和其实际经济情况。属于债务人故意拖欠不还的，除责令债务人按约定清偿债务外，债权人要求给付逾期利息时，也根据债务人的经济情况，加付利息，以保护债权人的合法权益。属于债务人生产经营亏损而无力清偿的，依据债务人的具体经济情况，或则分期偿还，或则减免部分利息后清偿。②借贷利息纠纷案件。审判机关凡是遇此类借贷纠纷案件，均按1950年10月2日中央人民政府政务院发布的《新区农村债务纠纷处理办法》第九项的规定和1953年8月中央人民政府《关于发放农业贷款的指示》的有关规定，作出审理判决。1984年后，区内审判机关贯彻执行最高人民法院1984年9月拟发的《关于贯彻执行民事政策法律若干问题的意见》及1988年4月最高人民法院《关于贯彻执行〈中华人民共和国民法通则〉若干问题的意见（试行）》的相关规定，审判借贷利息纠纷案件。对借贷双方计利息的，一般从其约。债务人长期拖欠，损害债权人利益，债权人要求补偿逾期利息的，一般按双方的约定计息。债务人经济确实困难的，说服债权人适当减少或让免利息。对于借贷利率明显偏高的，参照1951年2月23日最高人民法院华东分院《关于城市债务处理问题的批复》有关“高利贷债务的处理，就其高利贷部分不予保护，非高利贷部分，仍应判偿”的规定处理。③实物借贷案件。区内审判机关对国家不禁止流通的种类物借贷债务纠纷诉讼案件，一般按以同种类实物偿还的原则进行处理。债务从无实物或以实物偿还不便的，按偿还时国家评定的同种实物议价价格折合人民币清偿。

2.审判生产资料私有制产生的债务纠纷案件。（1）审判改造私营企业为公私合营企业中产生的债务纠纷案。区内审判机关在审判此类案件中，贯彻执行国务院《关于私营企业实行公私合营的时候对债务等问题的处理原则的指示》，注意掌握以下界限，分别不同情况进行处理：①对企业债务，首先区别其是企业之债，还是资本家个人之债。原则上，企业之债按上述指示的规定处理，资本家个人之债，则债权归本人，债务亦由个人清偿。②企业债务属于个人之债还是企业之债难以分清的，对于小额债务，资本家又有清偿能力的，一般判由资本家个人负责清还；如数额巨大，企业资不抵债的，则按指示的规定从宽处理。③清产核资时资本家只投企业债务，隐瞒企业债权并将其作为个人债权求偿的，法院一经查明即视为资本家抽逃资金性质，将债权判归企业所有。

（2）审判农业合作化中产生的债务纠纷案件。1955年，全专区农村由初级农业生产合作社转为高级农业生产合作社，取消土地分红，大牲畜、大型农具折价入社。部分农民认为，一切都入社了，过去相互间的债权债务问题没有了，搞不清偿过去欠债，不断产生借贷纠纷诉讼案件。审判机关在受理审判此类案件时，坚持认定农民之间过去形成的债务关系不能因实行农业合作化而取消，仍然有效，按一般债务案件处理，由债务人清偿所欠债款。

3.审判其他债务纠纷案件。（1）审判因货物买卖引起的债务纠纷案件。这类案件的当事人多是个体工商户，承包经营户、合伙经营者。买卖标的物多种多样，债务性质大多为拖欠贷款。引起纠纷原因有经营亏损无力清偿；货物销售后，贷款不能回收，货物有瑕疵，买方拒不付款；不遵守诚信，故意拖欠不还或买卖关系的成立及标的物所有权的转移缺乏一定的要件。审判机关在审判这类案件时，首先审查形成债务的买卖关系的合法性。然后对违法买卖形成的债务不予法律保护，按照国家规定的法律条规给予审判。

附：

## 汽车买卖纠纷案

1995年11月30日，胡某某、颜某某与杨某某达成协议，购买杨某某所有的万达旅行小客车，挂靠单位为贵州省毕节市物资协作公司。价款为6.8万元，已付6万元，尚欠8000元，约定从交车之日起两月内付清，并约定从交车之日起，杨某某将该车全部手续一次交给胡某某、颜某某。但双方均未到车辆管理部门办理车辆交易手续。1996年3月5日，胡某某与颜某某自行协商将车转让给胡某某。胡某某接车后，该车原挂车主单位毕节市物资协作公司撤销。胡思忠于1996年3月14日向毕节市物资协作公司交纳贵F10378号车1995~1996年12个月的挂户费480元。1996年4月9日，胡某某按毕节地区车辆交易管理所核定4万元的成交金额，缴纳交易管理费8000元，将车转籍到赫章县个协运输分会，车牌号改为贵F80444号。1996年5月3日，胡某某与朱某某达成协议，将车作价5.5万元出售给朱某某，但双方未办理过户手续。1996年5月30日，朱某某将车从赫章开往纳雍县的麻戛营运，被杨某某扣留，并向纳雍县人民法院申请采取财产保全措施。纳雍县人民法院审理判决：1.由被告胡某某给付原告杨某某购车欠款6000元。2.由被告胡某某返还第三人朱某某的购车款3.01万元。争议的贵F80444万达旅行小客车返还归被告胡思忠所有。3.驳回原、被告及第三人的其他请求。胡某某不服，上诉到毕节地区中级人民法院，毕节地区中级人民法院二审认为：上诉人胡某某与原审被告颜某某向被上诉人杨某某购买贵F10387号车后，未及时到有关部门办理过户手续，事后，胡某某与颜某某达成协议，将车转让归胡某某；胡某某虽向毕节地区车辆管理所办理了车辆转籍手续，但机动车登记表及现在的行车证上车主均为杨某某，故该车的所有权人并未改变，双方的买卖关系无效，应由杨某某返还已收胡某某的车款6万元，由胡某某返还杨爽汽车，胡某某将车售给朱某某，仍未办理过户手续，其买卖关系亦为无效。据此判决：1.维持一审判决第二、三条；2.撤销一审判决第一条，改判为：由杨某某返还胡某某购车款6万元，争议的贵F80444号万达旅行车返还归杨某某所有。

（2）审判代购代销货物引起的债务案件。20世纪90年代后，经济发展，居民消费水平提高，不少人为购买紧俏货物，找关系托人代购。有的受托人事未办成，将委托人货款挪用，引起债务诉讼纠纷。也有的托人代销货物，受托人卖掉货物，挪用委托人货款不还，引起债务诉讼纠纷。审判机关在受理审判此类案件时，在查明事实基础上，除责令全部返还款外，委托人要求给付利息的，也责令受托人按国家银行贷款利率付息。

附：

## 18人诉《中国3356项目》以那镇指挥部劳动报酬纠纷案

1991年10月10日，《中国3356工程项目》织金县指挥部与原以那区领导小组、《中国3356工程项目》以那镇指挥部签订坡改梯工程承包合同。合同规定：以那区领导小组、以那镇指挥部（乙方）必须按《中国3356工程项目》织金县指挥部（简称甲方）拟定的实施方案办事，经验收合格，由乙方张榜公布，填表上报，甲方审定，签章兑现。合同签订后，《中国3356工程》项目以那指挥部将以那镇茶林村马槽洞的坡改梯工种承包给张某某18人施工，报酬按工种量计算。1991年11月，张某某等人开始施工，1992年2月竣工，共砌石坎19条，应提劳动报酬粮食11.18万公斤。按合同规定，工程验收合格后，先兑现70%的劳动报酬，剩余30%的劳动报酬1992年9月30日前兑现。张某某等人所做的工程项目经县、镇指挥部验收合格后，张某某等人如期向《中国3356工程项目》以那镇指挥部领得应得的70%劳动报酬。其余30%的劳动报酬，应领取8256.5公斤粮食（折款2122.92元），因以那镇指挥部迟迟不与县指挥部结清工程费用，时过1992年9月30日，县指挥部未将剩余劳动报酬款拨给以那指挥部兑现给张某某等人。张某某等为获取剩余30%劳动报酬，多次往返于以那与织金县城之间，花去费用254元。1994年10月31日，张某某等18人向织金县人民法院提起诉讼，要求《中国3356工程项目》织金县指挥部、《中国3356工程项目》以那镇指挥部支付拖欠的劳动报酬并赔偿损失。织金县人民法院经审理后作出判决：由《中国3356工程项目》织金县指挥部支付原告张某某等18人的劳动报酬2122.92元，并赔偿损失254元，共计人民币2376.92元。《中国3356工程项目》织金县指挥部不服，以原告与县指挥部没有签订任何合同，没有债权债务关系等为由提起上诉。张某某等18人提出答辩，认为原判认定的事实和判决结果基本正确，上诉人的上诉理由不能成立，表示服从原审判决。毕节地区中级人民法院经审理作出判决：《中国3356工程项目》以那镇指挥部将以那镇茶林村马槽洞的坡改梯工程发包给张某某等18人，张某某等18人已按合同履行义务，其工程质量经检验合格，发包方应如数付给劳动报酬；《中国3356工程项目》以那镇指挥部是与《中国3356工程项目》织金县指挥部签订的坡改梯工程承包合同拟定的实施方案进行发包的，因此，《中国3356工程项目》织金县指挥部应履行合同付给张某某等18人全部劳动报酬，并赔偿张某某等18人为索取剩余30%劳动报酬所花的费用。决定驳回被告上诉，维持原判。

（3）审判对合伙人推诿责任引起的债务纠纷案件。20世纪80年代后，区内居民合伙经营农、工、商业的人员增加。但多缺乏明确的书面协议，在经营亏损时，合伙人之间推卸责任而引起纠纷。区内审判机关在受理此类诉讼案件时，在查明其合伙事实的基础后，判决由全体合伙人付债权人承担清偿的连带责任；在合伙人内部，则根据合伙协议的约定，或者按出资的比例，对合伙债务分担责任。

附：

## 合伙纠纷案

1995年8月26日，卢某某、李某某与黔西县大关镇大堰村和金街村签订《安装供用电协议书》，共同承包两村供电工程的安装。约定大堰村和金街村（两村为合同甲方）应保证用电人口在1000人左右，人员增减幅度在100人范围内，每人平均向办理电线路工程集资130元，每户另交安装管理费28元，甲方负责收款支付给卢某某、李某某（合同乙方），乙方负责办理电线路工程的安装，并保证正常通电。合同签订后，卢某某先后向他人借款1.23万元交付李某某用于实施安装工程，李某某出具给卢某某的收款条，对于其中的1.1万元，同意每月按5%的利率支付卢某某利息。收条载明所收款用于安装电线，未载明还款日期。卢某某还向他人借款5000元，与李某某同去贵阳购买工程所需材料和开支差旅费用。输电线路工程安装所需的材料，大部分为李某某向他人购买。工程施工过程中，李某某和卢某某共同投工投劳，并对工程实施监督和管理。1996年8月安装工程完毕，大堰村和金街村尚有部分工程款未支付给乙方。卢某某在向两村收款过程中，遭李某某阻挠。卢某某向黔西县人民法院提起诉讼，要求李某某偿还借款本金1.73万元，利息1.21万元，安装电线的差旅费2000元和安装电线的所得收入。黔西县人民法院经审理后认为：李某某与卢某某共同承包两村输电线路安装工程，并立个人的书面合伙协议，但未对各自提供多少资金、实物、技术等，以及盈余分配、债务承担等事项未作约定，缺乏个人合伙的主要要件，双方均有过错。据此作出以下判决：1.由李某某给付卢某某借款本金1.73万元，其中1.6万元从借款之日起至实际执行完毕之日止，每月按5%的利息计算给付卢某某（1000元从1995年9月4日起计算，1万元从1995年9月6日起计算，5000元从1995年10月5日起计算），并在本判决发生法律效力之日起的15日内本息全部付清；2.卢某某向村收取的1320元，由卢某某返还给李某某，在本判决发生法律效力之日起15日内付清；李某某不服一审判决，以我与卢某某的个人合伙关系是成立的，卢某某自始至终都承认共同承包输电线路工程安装的事实，在《安装供电协议书》和《合伙协议书》中也签字认可，且参与购买供电器材为由向毕节地区中级人民法院提起上诉。卢某某答辩认为判决认定事实清楚，判决恰当。毕节地区中级人民法院审理认为：上诉人李某某与被上诉人卢某某虽未签订书面合伙协议，但共同与大堰村、金街村签订工程安装合同，有明确的经营项目，为完工项目，双方均作了投资，均投入劳动并实施监督管理，具备合伙要件，双方实际上已处于合伙人地位并履行合伙事宜；被上诉人卢某某否认合伙，以其投资款是上诉人借款为由，请求法院判令上诉人支付此款及高息，且合伙期间的债权债务尚未结清，合伙内部的账目不清，对其诉讼请求不予支持。决定撤销原判，驳回卢某某的诉讼请求。

（4）审判设定担保的债务纠纷案件。审判机关依据国家司法部、最高人民法院1954年4月联合制发《关于保护国家银行债权的通报》，1987年1月国家颁布施行《中华人民共和国民法通则》的相关规定，审判此类案件。

**审判损害赔偿案件** 1978年前，审判机关依据《中华人民共和国宪法》中有关保护国家和集体财产，保护人民合法财产权益和人身自由不受侵犯的规定审判赔偿诉讼案件。1979年后，依据最高人民法院1979年2月拟定的《关于执行民事政策法律的意见》，国家1980年颁布实施的《中华人民共和国刑事诉讼法》、1987年1月颁布实施的《中华人民共和国民法通则》，最高人民法院制发《关于贯彻执行〈中华人民共和国民法通则〉若干问题的意见（试行）》的相关规定，审判损害赔偿案件。1950~1999年，全地区审判机关受理审判一审赔偿案1.17万件。其中1977~1999年受理审判9828件，为1950~1999年受理审判总数的83.9%。

1.审判过错责任引起的赔偿诉讼案件。审判机关在审理此类案件时，一般注意掌握以下几点：（1）不法侵害必须是正在进行的，对尚未进行或者已经停止的侵害不能还击。提前防卫和假想防卫过当，要承担法律责任。如果对方已经停止侵害，行为人还去伤害对方，这种报复行为，不是正当防卫，行为人应承担法律责任。（2）防卫不能超过必要的限度，超过必要的限度就是防卫过当。造成不应有的损害的，应当承担适当的民事责任。（3）正当防卫是被迫自卫，完全是防御性的，决不能是进攻性的互相殴打。如果互殴，双方都违法，任何一方都不属于正当防卫。在受理审判具体案件中，凡遇涉及紧急避险而造成的损害赔偿的，贯彻《中华人民共和国民法通则》第129条关于“因紧急避险造成损害的，由引起险情发生的人承担民事责任。如果危险是由自然原因引起的，紧急避险人不承担民事责任或者承担适当的民事责任。因紧急避险采取措施不当或者超过必要的限度，造成不应有的损害的，紧急避险人应当承担适当的民事责任”的规定，并注意审理以下条件：①必须是发生险情并且情况紧急，在没有其他方法可以避免危险的情况下才能采取。②“丢小保大”，即紧急避险行为所造成的损害必须小于不采取这种措施必然造成的损害。如保全的是小的利益，而损害的是大的利益，或者完全可以采用其他损失小的办法来避免危险而不采用，则行为人对造成的损害仍然要承担责任。③采取紧急避险措施的人不承担责任，而应由造成紧急危险的人承担责任；如果找不到造成危险的人，可以由受益人补偿受损人。④因紧急避险造成他人损失的，如险情是由自然原因引起，行为人采取的措施又无不当，则行为人不承担民事责任。受害人要求补偿的，可责令受益人适当补偿。

2.审判特殊侵权损害赔偿诉讼案件。审判机关分别针对以下不同特殊侵权赔偿受理审判具体案件。（1）未成年侵权损害赔偿。依据最高人民法院1979年2月制发《关于贯彻执行民事政策法律的意见》关于“对未成年子女因损害造成他人经济损失，其父母应赔偿”；国家1981年1月颁布施行的《中华人民共和国婚姻法》第17条关于“父母有管教和保护未成年子女的权利和义务。在未成年子女对国家、集体和他人造成损害时，父母有赔偿经济损失的义务”的规定审判涉及案件。

（2）国家机关和国家工作人员侵犯公民权利。根据《中华人民共和国宪法》第41条第三款关于“由于国家机关或国家机关工作人员在执行职务中，侵犯公民、法人的合法权益造成损害的，应承担民事责任”。1988年4月拟发的《关于贯彻执行〈中华人民共和国民法通则〉若干问题的意见（试行）》第152条关于“国家机关工作人员在执行职务中，给公民、法人的合法权益造成损害的，国家机关应当承担民事责任”的规定，受理审判此类案件，并把握以下几点：①这种侵权责任的构成，必须具备两个条件，一是必须是执行职务中的行为。对于执行职务以外的行为，国家机关不承担责任：二是必须是不当的行为，即行为必须具有违法性，对于合法行为，国家机关不承担民事责任。②如果国家机关工作人员在执行职务过程中由于自己的过错致人损害，国家机关承担民事责任后，有权向致人损害的国家机关工作人员追偿。③根据宪法规定，国家机关包括国家权力机关、国家行政机关、国家司法机关以及军事机关等。在一般情况下仅限于这些机关中的工作人员。科技、卫生、文教、体育等事业单位都是独立的法人，这些单位的工作人员执行职务造成他人损害应适用民法通则关于法人民事责任的规定，不适用于国家赔偿责任的规定。

（3）企业法人对其工作人员致人损害的民事责任。审判机关在审判此类损害赔偿诉讼案件时，遵照《中华人民共和国民法通则》第43条关于“企业法人对它的法定代表人和其他工作人员的经营活动，承担民事责任”的规定开展相关损害赔偿案件的审判工作，并注意掌握：法人承担其工作人员致人损害的民事责任是有条件的，即法人只对其工作人员在经营管理活动中由于过错给他人造成的损害承担民事责任。如果法人的工作人员所进行的活动与执行法人业务的经营管理活动无关而致人损害，法人则不承担民事责任，应由行为人承担民事责任。法人在承担其工作人员致人损害的民事责任后，可根据该工作人员致人损害时有无过错和过错程度及其经济状况，责令其承担一定的赔偿责任。对外致人损害的责任应由法人单独承担。工作人员不同法人一起承担连带责任。在民事诉讼中，列为被告的只能是法人，致人损害的工作人员则处于第三人的诉讼地位。

（4）产品质量不合格致人损害赔偿。审判机关在受理此类特殊侵权损害诉讼案件时，依据《中华人民共和国民法通则》第122条关于"产品质量不合格造成他人财产、人身损害的，产品的制造者、销售者应当依法承担民事责任。运输者、仓储者对此负有责任的，产品制造者、销售者有权要求赔偿损失；"最高人民法院《关于贯彻执行〈中华人民共和国民法通则〉若干问题的意见（试行）》第153条关于"消费者、用户因为使用质量不合格的产品造成本人或者第三人人身伤害、财产损失的，受害人可向产品制造者或者销售者要求赔偿，提起诉讼。运输者和仓储对产品质量负有责任，制造者或者销售者请求赔偿损失的，可另案处理，也可将运输者和仓储者列为第三人，一并处理"的规定受理审判具体案件。同时，注意把握以下几点：①产品质量是否合格应根据生产者登记注册的质量技术指标，以及产品广告和产品说明书上记载的各项标准，或者是否符合国家法律或法规规定的对商品使用的卫生、安全要求，或者是否符合国家规定或一般公认的质量标准等来确定。②产品责任的受害者可以是购买者和消费者，也可包括第三人。③受害人控告生产者或者销售者，有管辖权的人民法院应当受理。如果受害人既要求生产者承担责任，又要求销售者承担责任，可由最先收到起诉书的人民法院受理。④如运输者和仓储者对产品质量负有责任，制造者或者销售者请求赔偿损失的，以另案处理，也可将运输者和仓储者列为第三人，一并处理。如果分案处理，产品制造者、销售者承担民事责任后，有权向运输者、仓储者追偿，要求运输者、仓储者赔偿损失。⑤赔偿责任的构成，必须造成人身或财产损害的结果。如产品质量不合格没有造成损害，即是合同责任，而不是侵权责任。⑥产品质量不合格与损害结果有因果关系。受害人完全按照商品情况说明的要求正当使用，发生损害结果，说明损害结果完全是产品质量不合格造成的，二者有直接因果关系。如受害人不按规定的方法使用，因而造成损害，则损害结果是受害人自身的过错造成的，产品生产者、销售者免除赔偿责任。

（5）高危作业致人损害赔偿。审判机关贯彻执行《中华人民共和国民法通则》第13条关于"从事高空、高压、易燃、易爆、剧毒、放射性、高速运输工具等对周围环境有高度危险的作业造成他人损害的，应当承担民事责任；如果能够证明损害是由受害人故意造成的，不承担民事责任"；最高人民法院1988年4月印发的《关于贯彻执行〈中华人民共和国民法通则〉若干问题的意见（试行）》第154条关于"从事高度危险作业，没有按有关规定采取必要的安全防护措施，严重威胁他人人身、财产安全的，人民法院应当根据他人的要求，责令作业人消除危险"的规定，受理审判相关诉讼案件，并在审判中注意掌握以下两点：①在高度危险作业给他人造成损害时，行为人唯一免除责任的条件是能证明损害是由受害人故意造成，而这一点，也要行为人自己负举证责任。②如从事高度危险作业，没按有关规定采取必要的安全防护措施，虽然尚未造成损害，但严重威胁他人人身、财产安全的，当事人诉讼到人民法院，应当根据当事人的要求，责令作业人消除危险。

（6）污染环境致人损害。区内审判机关贯彻执行《中华人民共和国民法通则》124条关于“违反国家保护环境防止污染的规定，污染环境造成他人损害的，应当依法承担民事责任”及《中华人民共和国环境保护法（试行）》第32条关于“对违反本法和其他环境保护的条例、规定、法律和破坏环境，危害人民健康的单位，各级环境保护机关要分别情况，报经同级人民政府批准，予以批评、警告、罚款，或者责令赔偿损失，停产治理”的规定，受理审判因污染环境而引起的损害赔偿诉讼案件。审判人员在具体受理审判此类案件时，一般将其当作特殊的侵权责任处理，除不可抗御或受害人自己及第三者故意或过失造成污染损失外，行为人即使无过错也要承担责任。

（7）由搁置物、堆放物、悬挂物、挖坑、修缮安装地下设施等致人损害的赔偿。审判机关依据《中华人民共和国民法通则》第125条关于“在公共场所、道旁或者通道上挖坑、修缮安装地下设施等，没有设置明显标志和采取安全措施造成他人损害的，施工人应当承担民事责任”和第126条关于“建筑物或者其他设施以及建筑物上的搁置物、悬挂物发生倒塌、脱落、坠落造成他人损害的，它的所有人或者管理人应当承担民事责任，但能够证明自己没有过错的除外”的规定，以及最高人民法院《关于贯彻执行〈中华人民共和国民法通则〉若干问题的意见（试行）》第155条关于“因堆放物品倒塌造成他人损害的，如果当事人均无过错，应当根据公平原则酌情处理”的规定进行受理审判。审判人员在审判具体案件中注意掌握以下情况。①对于建筑物或者其他设施致人损害的民事责任及在公共场所施工致人损害的民事责任，两种特殊的侵权责任所采取的责任。原则都是过错推定的原则，即推定建筑物或者其他设施的所有人、管理人和在公共场所的施工人（包括公民和法人）不能证明自己没有过错的，应推定其有过错，要其承担民事责任。②对于因堆放物品倒塌造成他人损害，当事人均无过错，则应根据公平原则酌情处理。即使致害人能够证明自己无过错，在受害人也无过错的情况下，也可按照公平原则，责令致害人酌情承担一定的民事责任。

（8）饲养动物致人损害。审判机关依据1984年9月最高人民法院制发的《关于贯彻执行民事政策法律若干问题的意见》关于“动物饲养人或管理人管理不善，而致他人人身或财物损害的，应由饲养人或管理人承担赔偿责任”的规定。受理审判此类损害赔偿案件。经审理认定只要饲养动物给人造成损害，动物的饲养者或管理人就应承担民事责任，并注意把握以下方面问题：①由于受害人的过错造成损害的，可免除动物饲养人或管理人的民事责任。如果损害是由饲养人或者管理人和受害人共同造成的，应由双方共同承担民事责任。②由于第三人的过错造成损失的，由第三人承担民事责任，饲养人或管理人可不承担民事责任。如查明损害是第三人造成的，但第三人一时难以查明，而受害人伤势很重，则以先由饲养人或管理人承担民事责任，然后饲养人或管理人再向第三人追偿。如第三人找不到，应由饲养人或管理人承担全部责任。

（9）双方当事人对损害均无过错的损害赔偿。审判机关依据《中华人民共和国民法通则》第132条关于“当事人对造成损害都没有过错的，可根据实际情况，由当事人分担民事责任”及最高人民法院《关于贯彻执行〈中华人民共和国民法通则〉若干问题的意见（试行）》第157条关于“当事人对造成损害均无过错，但一方是在为对方的利益或者共同的利益进行活动的过程中受到损害的，可责令对方或者受益人给予一定的经济补偿”的规定调查判决。对于双方当事人都无过错的损害纠纷，适用公平原则处理，根据实际情况，按受益方以及双方的经济状况分担责任，受益一方或经济状况好的一方可酌情多承担一些责任。

（10）无民事行为能力人、限制民事行为能力人致人损害的赔偿。区内审判机关依据《中华人民共和国民法通则》第153条关于“无民事行为能力人、限制民事行为能力人造成他人损害的，由监护人承担民事责任。监护人尽了监护责任的，可适当减轻他的民事责任。有财产的无民事行为能力人限制民事行为能力人造成他人损害的，从本人财产中支付费用。不足部分，由监护人适当赔偿，但单位担任监护人的除外”的规定和最高人民法院《关于贯彻执行〈中华人民共和国民法通则〉若干问题的意见（试行）》第158~161条的规定，结合具体情况，区别以下情况作出判决：①无民事行为能力人、限制民事行为能力人造成他人损害，有几个监护人的，应首先责令与无民事行为能力人、限制民事行为能力人共同生活的监护人承担责任；如果与无民事行为能力人、限制民事行为能力人共同生活的监护人独立承担民事责任有困难的，可责令同一顺序的其他监护人适当承担民事责任。如夫妻离婚后，未成年子女侵害他人权益的，应由与该子女共同生活的一方承担民事责任；如独立承担民事责任确有困难，可责令未与子女共同生活的一方共同承担民事责任。②无民事行为能力人在幼儿园、学校、精神病院学习、生活或治疗时，受到伤害或者给他人造成损害的民事责任的确认和承担的问题，由于这些单位对这些无民事行为能力人负有一定的监护性质的职责，可视情况决定这些单位适当承担赔偿责任。③限制民事行为能力人有一定的识别能力，又有独立的经济收入的，其违法行为致人损害的民事责任应由行为人和监护人共同承担。致人损害时，行为人为限制民事行为人，即行为发生时不满18周岁，而在诉讼时已满18周岁，本人又有经济能力的，由本人承担民事责任；本人没有经济能力的，由原监护人承担民事责任。行为人致人损害时已年满18周岁的，不论是否有赔偿能力，都由本人承担民事责任。如果没有经济收入，可由抚养人垫付，抚养人垫付有困难的，也可以判决或者调解延期给付。

附：

## 购买使用长虹牌彩色电视机造成财产损害案

1992年5月20日，潘某某在金沙县百货公司购买1台19英寸长虹牌彩色电视机作家庭使用。1994年4月30日上午，在使用该机时出现杂音，斜纹条，无图像。潘将电视机抬去请个体修理户蔡某某修理。蔡打开电视机后盖，取出大线路板，将线路板立起靠放在小线路板内接通电源检修时，机内发生碰电，起高压火花，显像管被烧破裂。潘某某向金沙县法院提起诉讼，要求给予赔偿。金沙县人民法院经审理认为：蔡某某在承接修理潘某某的电视机时，未按操作规程修理。导致电视机显像管被烧坏，应承担民事赔偿责任。判决由蔡某某赔偿潘某某19英寸长虹牌彩色电视机显像管1支。蔡某某不服，向毕节地区中级人民法院提起上诉。毕节地区中级人民法院二审判决维持金沙县法院一审判决。

## 第五节　审判经济纠纷案件

1978年前，审判机关无审判纠纷案件记录。1978年后，随着国家实行改革开放，发展经济，经济纠纷案件渐增。审判机关适应经济形势发展需要，增设审判机构，配备审判人员，专事审判经济纠纷案件。1980年8月起，执行贵州省高级人民法院《关于人民法院经济审判庭收案办法的意见》，审判机关只受不服工商部门仲裁的经济纠纷案件，在尚未开展仲裁工作的一些地方，酌情受理一些经济纠纷案件。12月9~15日，根据贵州省高级人民法院的部署，采取以会代训方式，集中全地区审判机关22名经济审判人员学习有关经济立案和经济司法基础理论、证据理论、办案经验、有关审判程序和制作法律文书。1982年，地县审判机关分别组织经济案件审判人员学习《中华人民共和国经济合同法》及1981年贵州省经济审判工作会议精神总结经济审判工作经验。此后，区内审判机关贯彻全省经济审判工作座谈会精神，取消限制收案范围，受理经济纠纷诉讼案件数量增加。1983年4月后，贯彻贵州省高级人民法院重新印发的《经济收案范围的意见》，具体受理审判经济诉讼案件。1985年起，审判机关贯彻执行最高人民法院《关于审理经济纠纷案件发现违法犯罪必须严肃处理的通知》及相关法律法规的规定，对在审判购销合同纠纷案件中发现的经济犯罪，及时移送公安、检察机关侦查处理。1987年10月20日，贵州省经济审判经验交流会在大方召开，会议推广大方县人民法院办理经济纠纷诉讼案件的经验。会后，毕节地区中级人民法院结合贯彻会议精神，派遣审判人员深入到企业和农村，开展调查研究，了解企业情况，针对调查和办案中发现的问题，提出司法建议，帮助企业完善规章制度，与企业建立司法联络员制度。在农村，帮助乡镇企业排忧解难，涉及乡镇企业的经济纠纷，优先审理结案。要求经济纠纷案件审判工作滞后的县，改变工作滞后的状况，在较短的时间把工作抓好。1988年，审判机关受理经济纠纷诉讼案1125件，较1987年的619件上升81.7%；审结1025件，较1987年审结的576件上升77.95%,审结率为91.11%。

1993年，全地区审判机关贯彻执行最高人民法院、贵州省高级人民法院关于加强经济纠纷诉讼案件审判工作的有关指示，把为经济建设和为市场经济体制建立提供高效、优质的法律服务和法律保障作为经济纠纷诉讼案件的出发点及归宿。同时，根据毕节地区的实际，确定经济审判工作的重点，改革庭审方式，拓宽经济审判工作的路子，提高工作效益。全地区有6个基层法庭成立起经济纠纷调解中心，开展诉前调解，在金融部门设立金融法庭7个，使金融部门的经济纠纷案件得到及时处理。组织巡回法庭，深入到城乡企业就地办案，采取庭审、判决、执行“一条龙”的办案方式，提高办案效率，保护当事人的合法权益，促进全地区经济建设的发展。1994年，针对金融系统资金提贷混乱、贷款逾期不能收回，银行信贷资金困难的问题，开展拆借资金和收回逾期贷款专项审判活动，促进金融市场的正常发展。同时，把为国营骨干企业、乡镇企业和发展农村经济服务作为经济审判工作的重点，加强审判承包、租赁纠纷诉讼案件，促进企业走向市场；主动上门服务，为国营骨干企业、乡镇企业排忧解难，为其提供优质高效的法律服务。是年上半年，审判机关共受理企业承包、联营、租赁案108件，审结88件。1997年，审判机关针对各县市均系农业经济县市的特点，加大对涉农经济案件的审判力度，在审理与建立和巩固市场经济秩序相关的案件中，注意保护市场主体的合法权益，维护市场秩序和正当竞争，制裁各种经济违法行为。审判机关派出经济纠纷诉讼案件审判人员送法上门，召开座谈会，了解企业生产经营及经济合同的签订及执行情况，并随机提供咨询服务和法律服务。1999年，全地区审判机关把涉及国有企业及涉农、涉及国家重点工程建设的经济纠纷诉讼案件作为经济审判工作的重点，审结涉及贵毕公路、内昆铁路、洪家渡电站、金沙火电厂等国家重点工程承包、劳务纠纷、征迁土地纠纷诉讼案数十件；审理国有企业租赁、承包、股份制改革、改组、企业破产纠纷诉讼案件，为国有企业改革发展提供法律保障。1983~2000年，审判机关共受理6.16万余件经济纠纷诉讼案件，审结5.4万余件，审结率87.71%。2001年，审判机关撤销经济案件审判庭，有关经济纠纷诉讼案件归民事审判二庭审理。

**审判购销合同纠纷案件**　20世纪80年代初，审判机关按照各级政府及有关部门制定的政策和规定，审理购销合同纠纷案件，并多以调解方式解决订立商品购销合同双方的纠纷。在审理具体案件中，亦存在着对案由的确定不规范，对案件当事人主体资格、履约能力、违约责任的认定差异较大的问题。1982年起，根据国家颁布实施《中华人民共和国经济合同法》的相关规定，受理审判购销合同纠纷案。1984年后，根据国务院《工矿产品购销合同条例》《农副产品购销合同条例》；最高人民法院《关于贯彻执行〈经济合同法〉若干问题的意见》《关于审理经济合同纠纷案件中具体适用经济合同法的若干问题的解答》，受理审判购销合同纠纷案件。

附：

## 贵州省毕节地区供销社北海综合贸易公司与湖南省衡阳市茶叶总公司综合贸易公司购销合同纠纷案

1994年11月7日，湖南省衡阳市茶叶总公司综合贸易公司同贵州省毕节地区供销社北海综合贸易公司签订购销干红辣椒50吨的合同，约定衡阳茶叶总公司综合贸易公司先付2万元定金，每车货5吨运费为5000元，运到衡阳后又再次协商为每供5吨，运费4700元；并约定毕节方面负责运到贵阳的运费，衡阳方面负责贵阳到衡阳的运费，按实际里程计算，后北海综合贸易公司未收到湖南衡阳市茶叶总公司综合贸易公司的2万元定金，不敢向湖南方向发货，湖南省衡阳市茶叶总公司综合贸易公司多次电话向北海综合贸易公司说明，要求北海综合贸易公司发货到湖南便付款。根据湖南省衡阳市茶叶总公司综合贸易公司要求，毕节地区供销社北海综合贸易公司向湖南衡阳方向发运辣椒15.05吨，货到衡阳后，湖南省衡阳市茶叶总公司综合贸易公司应付给毕节地区供销社北海综合贸易公司货款1.41万元。是年11月27日，毕节地区供销社北海综合贸易公司代表鲁玉华、冷瑛携带着开出的发票到衡阳市茶叶总公司综合贸易公司收款，衡阳市茶叶总公司综合贸易公司，认为毕节地区供销社北海综合贸易公司开具的增值税发票有误，须要更换后能才付清全部货款。旋即，付给鲁、冷6000元，要他们回毕节，把收购所余下的辣椒一同运去湖南衡阳后，一次将货款付清。是年12月7日，鲁、冷随运货车再次到衡阳市茶叶总公司综合贸易公司。是年12月24日，在衡阳市茶叶总公司综合贸易公司向该公司陈仲达出具更改后的增值税发票，要陈立即付给货款。陈仲达推托其他原因而未当即付款。后经多次电话催，衡阳市茶叶总公司综合贸易公司总是以这样或那样的理由一再推托。1995年2月9日，毕节地区供销社北海综合贸易公司派人去衡阳催收货款，时值衡阳市茶叶总公司综合贸易公司已撤销。10天后，毕节地区供销社北海综合贸易公司人员在衡阳市找到原衡阳市茶叶总公司综合贸易公司的陈仲达，陈说货已处理完，钱已花光，待收到别处欠款后再寄给毕节地区供销社北海综合贸易公司，但北海综合贸易公司一直未收到陈仲达汇到毕节的货款。旋即，贵州省毕节地区供销合作社北海综合贸易公司向毕节地区中级人民法院提起诉讼，并申请诉前财产保全，要求湖南省衡阳市茶叶总公司综合贸易公司赔偿其违约而造成毕节地区供销合作社北海综合贸易公司的经济损失。1995年3月13日，毕节地区中级人民法院向湖南省衡阳市茶叶总公司综合贸易公司发出应诉函，经湖南省衡阳市公安部门帮助处理，如数付清毕节地区供销社北海综合贸易公司辣椒款。1995年4月26日，毕节地区北海综合贸易公司向毕节地区中级人民法院递交撤诉申请。是年5月16日，毕节地区中级人民法院以〔1995〕毕中经初字第2号裁定书，同意毕节地区供销社北海综合贸易公司撤诉。

**审判建筑工程承包纠纷案件**　1980年前，建筑工程发生纠纷，多由中共地方委员会，建设、财政部门及施工单位协调解决，审判机关极少审理判决建筑工程纠纷案件。1983年，毕节地区贯彻执行国家颁布实施的《关于改革建设业和基本建设管理体制若干问题的暂行规定》，对建设项目实行工程招标承包制。此后，诉讼到人民法院的建筑工程承包合同纠纷案件增多。

附：

### 毕节机械厂同广东省电白县第四建筑工程公司建筑纠纷案

1988年12月20日，毕节机械厂同广东省电白县第四建筑公司签订合同，合同约定由电白县第四建筑公司承建机械厂铸工车间，面积6480平方米，决算以实际验收面积决算，每平方米250元，总计162万元，一次性包死（含调差），不受定额变动和文件有关规定影响。竣工期由1989年2月20日延至1990年1月20日。1989年3月动工兴建。1989年5月20日，毕节机械厂对施工方案作出调整，并通知建筑方。是年9月26日，贵州省机械研究所对设计作出通知：（17）－（20）跨由15米改为12米，（18）－（19）轴合一个轴线，轴间距为6米的更改设计的5项技术说明，并作（1）－（2）轴线基础岩层变坡的特殊处理通知；是年11月9日，设计单位作出变更通知。1990年4月24日，毕节机械厂通知：清理工部仍按原图修建5间，对十轴线挡风墙中间改为两棵砖柱，其余按原设计不变，并通知广东电白四建公司修建的两间材料库房改为修1间，多余构件按“1987”定额计价结算，柱子、行车梁各2根，屋面梁1架由电白建筑四公司自行处理。1990年12

月8日，毕节机械厂通知该工程烘烤房停建，烘烤房的钢窗移至A轴作安装。该工程设计基础与地质不符，施工中基础超深，双方又签订并结算工程量。施工中，广东电白建筑四公司以市场物价上涨为由，要求变更合同，并提出无款垫修，请求拨工程款，毕节机械厂未作答复。1990年6月28日，贵州省劳改局协调未达成一致意见，却在广东电白建筑四公司请示上作“为工程进度，同意按此意见办”，要求毕节机械厂按批复意见办理。是月11日，广东电白建筑四公司又提出拨付工程款，毕节机械厂将贷款指标给电白建筑公司，电白建筑四公司在中国工商银行毕节县支行自贷36万元投入施工。同月底，广东电白建筑四公司又提出拨付工程款，经省劳改局组织双方调解，按工程进度拨款，并顺延工期至1999年完工，但未签订协议。此后，广东电白建筑四公司再次提出拨付工程进度款，毕节机械厂认为拨付款已超过工程进度，不同意拨款。1990年11月16日，毕节机械厂通知电白建筑四公司，已拨出投资款156万元，160万的工程款除留3万元竣工再付外，投资建设款已基本到位，电白建筑四公司以铸工车间工程需要解决材价差、文件调差、税收等，提出编制预算时技术资料不齐全，图集不全，导致漏项和材差62.8万元，毕节机械厂不同意广东电白建筑四公司要求，双方发生纠纷，建筑工程项目停建，双方请毕节县公证处进行非诉讼调解，公证处意见：市场物价波动，无法作出正确估计，有些项目未列入预算，请毕节机械厂查实上报贵州省劳改局解决。毕节机械厂向毕节县人民法院提出起诉，要求终止合同，由广东电白建筑四公司承担违约金4.86万元，赔偿利息39万元，生产损失100万元，延误工期10.8万元；退还贷款指标30万元。

1991年，毕节县人民法院以〔1991〕毕法经字第054号判决书作出判决：1.毕节机械厂付广东电白四建筑公司156.31万元，扣除已拨款应补付30.31万元；2.贷款利息由广东电白四建筑公司承担从贷款起到1991年7月14日的利息，1991年7月15日后的利息由毕节机械厂承担；3.大型机械进退场、吊装、安折、铺拆轨及停置费按“1987”定额规定，规定以贵阳为半径超过20公里以外的到工地止，按“1987”定额计划标准结算，由毕节机械厂付给广东电白四建筑公司；4.毕节机械厂对购进大型物面板等按“1987”定额进行调差结算付给广东电白四建筑公司。5.广东电白四建筑公司交出该项工程的全部施工设计图等技术资料。判决下达后，毕节机械厂不服，上诉到毕节地区中级人民法院，1992年11月26日，毕节地区中级人民法院审理案件后作出判决：1.撤销毕节县人民法院判决，毕节机械厂付给广东电白四建筑公司款应为142.11万元，扣除己付部分，毕节机械厂收到判决30日内付给广东电白四建筑公司应付余款。2.毕节机械厂给广东电白四建筑公司贷款指标30万元，按双方约定，毕节机械厂承担1991年7月14日工程交付之日止的银行利息65%，余下利息由广东电白四建筑公司承担。3.广东电白四建筑公司交出铸造间及加料平台工程的全部技术资料给毕节机械厂存档。一、二审受理费4.7万元，广东电白四建筑公司承担60%，即2.82万元，毕节机械厂承担40%即1.88万元；一审委托决算费4335元，由双方各承担2267.5元。

审判公路工程纠纷案件　20世纪80年代来，国家在投资兴建公路建设项目增多，随之而产生的公路工程建设纠纷亦增多。审判机关在保证国家及承建者利益不受侵犯的前提下，受理审判公路建设工程纠纷案件。

附：

## 国家交通部公路一局贵毕公路五合同段项目经理部第五工区同广东省五华县东江建筑工程有限公司建筑工程合同纠纷案

1998年初，国家交通部第一公路工程总公司承包修建贵毕公路第五标段（即贵毕公路第五合同段项目经理部），李金元向该经理部承包修建其中一段，将此路段的一部分转包给韦锐川（即第五工区）修建，韦锐川又将自己承包的部分工程转包给广东省五华县东江建筑工程有限公司（以下简称东江建筑工程有限公司）。1998年11月23日，双方签订合同，东江建筑工程有限公司在合同上加盖公章，公司法人江宝灿在合同上签字，五工区黄树生、李照烈在合同上签字，韦锐川未签字。合同规定，韦锐川将自己承包的贵毕公路K77+000至80k+000段公路工程中的桥梁、涵洞基础工程发包给东江建筑工程有限公司承建。工程结算方式在业主方和中标方的有关收费规定标准上，加上韦锐川方负责业主方下浮点数增加收取合理的管理费7.5%的前提下，发包以包工包料形式施工。韦锐川在东江建筑工程有限公司机械、施工技术人员进场施工，收到工程指挥部拨给第五合同段的月进度款后，按双方工程进度比例拨付款项给东江建筑工程有限公司。东江建筑工程有限公司在合同生效时交纳2万元保证金，在东江建筑工程有限公司机械、施工技术人员进入施工场地15天内由五工区退回50%；工程量完成20%时，剩余部分全部退回。1998年11月29日，东江建筑工程有限公司做78K+438、79K+635桥的桥基、桥柱工程和78K+300、78K+380、79K+560、79K+900涵洞工程，其中78K+100、K78K+300涵洞已完工，78K+380、79K+560、79K+900涵洞工程做一部分，79K+635桥承建桥基桥柱工程，78K+38桥承建桥基（土方）部分，在承做78K+438桥基时，因地形问题，对图纸作变更，在原图纸基础上增加1个台墩。1998年12月19日，韦锐川向东江建筑工程有限公司借款4.6万元，已还4万，尚欠0.6万元未还。东江建筑工程有限公司承建工程后，韦锐川未按规定拨付进度款，也未按规定退回保证金。1998年12月16日、1999年3月2日、1999年4月18日，贵毕公路第五合同段项目经理部检查韦锐川、东江建筑工程有限公司承建工程，书面通知韦要罚款，韦未提供罚款单。1999年4月19日，韦锐川将东江建筑工程有限公司承做的工程强行收回，双方就工程款发生纠纷，1999年6月2日，双方结算78K+100、78K+300、79K+560、78K+380、79K+900、79K+635桥基、桥柱及涵洞的工程款37.4万元，但未付结涵洞的墙背填石工程944.2立方米，按路基填筑1个立方6.15元计算，价5806.83元，未结78K+438桥基总4个台墩，工程总量994立方米，承做两个台墩70%工作量，计347.9立方米，每立方米15.25元，计5305.48元，东江建筑工程有限公司在韦锐川处领材料款9.95万元，后退材料计款1.09万元，临时设施费，按中华人民共和国交通部公发（1996）612号文件规定以工程总款4.7%计算，计1.79万元，东江建筑工程有限公司向韦锐川借工程款6.1万元，租韦锐川机械费2.77万元，用韦锐川石方2818.6立方米。旋即，东江建筑工程有限公司将五工区起诉到黔西县人民法院，并提出财产保全申请。2000年5月9日，黔西县人民法院以（2000）黔经初字第120号判决书作出判决：1.广东省五华县建筑工程有限公司与交通部公路一局第五标段第五工区签订的建设工程承包合同无效；2.韦锐川（五工区负责人）给付广东省五华东江建筑工程有限公司工程款38.15万元，借款0.6万元，保证金2万元，临时设施费1.79万元，退材料款

1.09万元，总计43.63万元；3.广东省五华县东江建筑工程有限公司给付韦锐川材料费9.95元，借款6.1万元，机械租赁费2.77万元，总计18.82万元；案件受理费1.125万元，其他诉讼费50元，合计1.13万元，由广东省五华县东江建筑工程有限公司负责3768.4元；韦锐川负担7536.6元；判决书下达后，五工区不服，上诉到毕节地区中级人民法院，2000年8月30日，毕节地区中级人民法院以〔2000〕毕经终字第54号判决书作出判决：驳回上诉，维持原判。上诉案件受理费1.23万元，由上诉人韦锐川负担。

**审判涉及乡镇企业案件**　1978年后，乡镇企业发展，乡镇企业经济活动增加，由此引发的经济纠纷诉讼案增多。自20世纪80年代起，审判机关把服务于乡镇经济发展作为经济审判工作的重要内容，或组成巡回法庭，或由审判人员带案子下乡，或就地收案就地审理，使乡镇企业在发展中碰到的经济纠纷及时得以解决。1989年，金沙县人民法院受理金沙岚头铁厂等乡镇企业起诉的11件纠纷案件，均由巡回法庭在乡、村就地处理解决。自1990年起，纳雍县人民法院把为乡镇企业排忧解难作为开庭专项审判服务的重要内容，抽调人员组成办案小组，由分管经济审判的副院长带队，为乡镇企业清收被拖欠的贷款。20世纪90年代后，赫章县人民法院把经济审判的重点放在为乡镇企业发展服务上。1992~1994年，赫章县人民法院审理涉及乡镇企业经济纠纷案365件，绝大部分在1个月内审结，没有1件超过法律规定的审结期限。青山冶炼厂有58万多元贷款长期被拖欠，造成因缺少周转金而停产。赫章县法院抽出人员组成2个小组，分赴广东、辽宁等地，为其收回贷款45万多元，企业恢复生产。同时为乡镇企业生产经营提建议，堵漏洞，消除隐患。3年间，为兴发铁厂、青山冶炼厂、赫章钢铁厂等20余家乡镇企业提司法建议50余条，同时，为10条家乡镇企业举办法律学习培训班，给企业主要人员讲解《中华人民共和国经济合同法》《中华人民共和国刑事诉讼法》，提高其依法管理生产的法律意识。县法院经济审判庭多次受到贵州省高级人民法院和地县党委、政府的表彰。

**审判其他经济纠纷案件**　审判机关在注重抓好数量较大、对国计民生有影响的经济纠纷案件审判的同时，还注意抓好房产纠纷、技术成果转让时一些产生数量较少，对社会经济影响的纠纷案件的审判。

附：

## 毕节地区民政局诉毕节县房产管理所关于房屋拆迁纠纷案

1992年7月21日，毕节地区民政局和毕节市房产管理所签订房屋拆迁协议，毕节地区民政局拆迁松山路2~8号一片居民区中的毕节县直管的753.84平方米房屋，由地区民政局新建一栋24户住房还给毕节市房管所，协议约定不少于983平方米，还房多出部分由毕节市房管所按决算造价补偿200平方米。1993年10月新楼建成后，毕节市房管所占去1202.1平方米，超出原定面积219.1平方米，按1992年7月21日签订协议约定，毕节地区民政局只按协议签订超出的200平方米，每平方米按有关部门审定的354元计算，向毕节市房管所追要7万元。1993年9月6日，新楼竣工验收。次日，毕节县房管所郑所长借口分管县委领导要他搬家为由，到民政局骗走钥匙，并答应第二天办理付款及有关手续，此后一直未到毕节地区民政局办理手续和付款，毕节地区民政局多次派人找毕节县房管所协商执行协议，毕节县房管所人员总是以这样或那样的借口不执行协议。1994年3月2日、3月25日、5月12日，毕节地区民政局致函毕节市政府、毕节市房改办、房管所及有关领导，一再请求拿出具体办法来，均未见回音；多次派人找房管所法人代表郑所长，都没有明确答复。毕节地区民政局将毕节市房管所起诉到毕节地区中级人民法院，要求毕节市房管所：1. 按协议罚违约金1万元；2. 必须执行双方签订协议第四条一次付清按每平方米354元计算的200平方米房的房屋款7.08万元；3. 房管所占去新楼一栋，计1202.1平方米，计44.05万元，除去拆迁房管所753.84平方米，毕节市房管所应补毕节地区民政局44.826平方米，每平方米354元价计算，应补1.58万元；4.必须自行解决拆迁遗留的问题，其中包括原公房住户没有得到安排住房的问题；5.赔偿间接和停工期间的损失费（1993年11月~1994年6月），每月支出小工费300元，水电费200元，为拆迁公民住房户吕凤仙家一套63.36平方米住房，价值2万元；6.由于房管所拖欠建房款，致使无法与施工单位结算，造成施工单位的拖欠贷款而付利息6720元。毕节地区中级人民法院受理案件后，于1994年7月8日，通知毕节市房地产管理局应诉。旋即，毕节地区中级人民法院经与毕节市人民政府、毕节地区民政局协商，毕节市副市长陈万桥代表被告方承诺给毕节地区民政局建房补款7.08万元，分两次付清：1994年8月3日前付清5万元；1994年10月前付清2.08万元。毕节地区民政局同意不再追究其余损失赔偿。1994年7月30日，毕节地区民政局向毕节地区中级人民法院递交撤诉申请。是年8月1日，毕节地区中级人民法院以〔1994〕毕地中法经初字第3号裁定书裁定：准许毕节地区民政局撤回起诉，案件受理费100元，毕节地区民政局负担60元。

## 第六节　审判行政案件

1982年12月，审判机关贯彻执行《中华人民共和国民事诉讼法（试行）》第三条第三款关于“法律规定由人民法院审理的行政案件，适用本法”的规定和中共贵州省委政法委员会、贵州省高级人民法院、贵州省编制委员会《关于在全省各级人民法院设置行政庭的通知》，设立地区及其市人民法院行政案件审判庭，专事受理审判行政案件。

1987年7月，黔西县人民法院受理黄恩义不服黔西县公安局行政拘留诉讼案，开创区内审判机关审理行政案件的先河。1990年3月6日，贵州省高级人民法院报经贵州省人民代表大会常委会批准，分别在各地州市再选择1个行政审判工作基础较好的县市人民法院进行试点。是年3月10~13日，贵州省高级人民法院在遵义市召开贵州省审判机关贯彻落实《中华人民共和国行政诉讼法》试点工作座谈会，确定金沙县人民法院作为省在毕节地区的试点单位。在试点中，金沙县人民法院根据贵州省高级人民法院的要求，组织全体审判人员深入学习、宣传《中华人民共和国行政诉讼法》，探索审判行政案件的受案范围，审判程序、审判依据。是年，全地区共受理行政诉讼案102件，审结100件，较上年分别增59.4%、117.4%。1993年，审判机关运用行政审判职能，加强对侵犯企业权利行政案件的审理，促进企业经营机制的转换；加强对土地、矿产、工商、税务、环保类行政案件的审理，为市场经济体制的完善创造法律保障条件。1994年，审判机关着重抓有关企业转换经营机制和加强对农民对负担行政案件的审理，依法处理向企业乱收费、乱集资、乱摊派，侵犯企业经营自主权的违法行为；依法处理行政机关加重农民负担、非法要求农民承担费用和劳务的违法行为。1997年，审判机关坚持“保护和教育并重，维护和监护并重”的方针，按照贵州省高级人民法院关于审判工作目标责任制的规定，抓好扩大收案范围，增加新类型案件、提高工作效益等环节，行政审判工作收到良好的效果。2000~2002年，审判机关以促进行政机关依法行政为重点，维护合法行政行为，同时敢于对违法行为予以司法监督，公正审判行政案件。

2003年起，加强对行政相对人合法权益的保护，对行政机关未严格依法行政的，判决行政相对人胜诉；认真执行国家赔偿法，切实维护赔偿请求人的合法权益。支持行政机关依法行政，依法受理房屋拆迁、社会抚养费征收、拆除违法建筑等非诉行政案件。完善行政诉讼协调机制，积极通过协调方式化解行政争议；规范和加强行政非诉执行案件的立案、执行，促进行政机关有效履行社会管理理职能；积极提出司法建议，促进行政机关规范行政行为，推进法治政府建设。

**2003～2011年毕节地区行政案件审判情况统计表**

<table>
<tr><th rowspan="2">年份</th><th colspan="2">全区人民法院</th><th colspan="4">地区中级人民法院</th></tr>
<tr><th>受理行政一审案件</th><th>审结行政一审案件</th><th>受理行政一审案件</th><th>受理行政二审案件</th><th>审结行政一审案件</th><th>审结行政二审案件</th></tr>
<tr><td>2003</td><td>198</td><td>197</td><td></td><td>63</td><td></td><td>63</td></tr>
<tr><td>2004</td><td>245</td><td>244</td><td colspan="2">72</td><td colspan="2">72</td></tr>
<tr><td>2005</td><td>200</td><td>191</td><td colspan="2">116</td><td colspan="2">100</td></tr>
<tr><td>2006</td><td>272</td><td>261</td><td colspan="2">111</td><td colspan="2">106</td></tr>
<tr><td>2007</td><td>399</td><td>382</td><td>8</td><td>128</td><td>8</td><td>127</td></tr>
<tr><td>2008</td><td>393</td><td>362</td><td>28</td><td>131</td><td>28</td><td>131</td></tr>
<tr><td>2009</td><td>416</td><td>358</td><td>20</td><td>177</td><td>20</td><td>172</td></tr>
<tr><td>2010</td><td>292</td><td>284</td><td>16</td><td>118</td><td>15</td><td>116</td></tr>
<tr><td>2011</td><td>263</td><td>257</td><td>14</td><td>137</td><td>14</td><td>137</td></tr>
</table>

**审判公安行政诉讼案件**　1987~2002年，全地区审判机关共受理有关公安行政诉讼案1372件。这些案件主要包括不服公安强制收容审查、劳动教养和扣押等类诉讼案件。

附：

## 黄某某不服黔西县公安局行政拘留案

1987年3月7日，黄某某在黔西县城关镇方天喜家购买牛皮时，与同时在方家购买牛马皮的张某某为争购一张皮子时发生争执。黄辱骂张某某，并打张头部一拳，被在场群众劝阻。事后，黄的女儿刘某某赶到黄与张争执现场，伙同其父黄某某殴打张某某，致张脸部被打成青紫状，腰部软组织挫伤。事后，公安机关派员对黄某某、刘群父女殴打张某某进行处理，对黄某某作出行政拘留10天的处罚决定，并裁决黄付张某某全部医药费。黄某某不服，向毕节地区公安处提起申诉，要求行政决定作出复议。是年，毕节地区公安局处以〔1987年〕第020号裁决维持黔西县公安局的裁定。黄不服，向黔西县人民法院提起行政诉讼。黔西县人民法院对案件进行审理，根据《中华人民共和国行政诉讼法》第一百二十二条第一款的规定，驳回黄某某的诉讼。

**审判土地管理案件**　20世纪80年代末，国家在实施修公路建工厂项目；居民建屋住房增多，国家征用个人使用土地增多，因住用土地而引发的土地纠纷案件日益增多。1988~2002年，区内审判机关共受理土地行政诉讼案570件，审结562件，占98%。审判机关在审理土地管理纠纷行政诉讼案件中，主要依从以下工作原则：一是坚持珍惜和合理利用土地的基本国策，通过依法开展审判土地管理行政诉讼案件，在制止违法占地，化解社会矛盾，提高公民、法人或其他组织依法用地意识，促进土地管理部门依法行政等方面发挥行政审判的职能作用；二是区别案件类型，突出审查重点，规范结案方式。根据案件类型，在审判原则、方法、重点，以及当事人确认、被告举证等方面的特点，依据《中华人民共和国土地管理法》《中华人民共和国行政诉讼法》，突出重点，开展审判活动。三是严格把好受理立案关、诉讼程序关、认定事实关、适用法律关，确保土地行政诉讼案件的审判质量。在审理具体案件时，郑重审查土地管理机关作出的行政处罚是否有法律依据，是否符合法律程序，对处罚正确的，予以依法维持，对处罚错误的，依法予以纠正。

附：

## 织金县平桥村民组村民与桂花乡政府土地纠纷一案

1992年，金沙县桂花乡柿花村拟修该村至果瓦村公路，将平桥村民组白泥田瓦厂宅基地，王朝举责任地、风岩一片土地，哨棚堡集体山林收回作为修公路占地补偿，平桥村民组不服，请示到桂花乡人民政府。1999年6月12日桂花乡人民政府作出处理决定：平桥组瓦窑宅基地、风岩一片土地、王光辉的责任地收回由柿花村处理。平桥组不服，起诉到金沙县人民法院。1999年9月13日，金沙县法院以（1999）金行初字第24号判决书作出判决，维持金沙县桂花乡人民政府的处理决定。平桥组不服，上诉到毕节地区中级人民法院。2000年5月22日，毕节中院以（2000）毕行终字第18号判决书作出判决，撤销金沙县人民法院（1997）金行字第24号行政判决；撤销金沙县桂花乡人民政府于1999年6月12日作出的关于柿花村平桥组群众反映的几个问题的处理意见。一、二审案件受理费200元由桂花乡人民政府负担。

**审判林业行政纠纷案件** 20世纪80年代末，审判机关贯彻最高人民法院《关于贯彻执行〈中华人民共和国行政诉讼法〉若干问题的意见（试行）》，受理审判林业使用权或所有权纠纷案件。审判机关在审理林业权属行政案件时，对各个历史时期的山林确权，注意从实际出发，实事求是，有区别地处理。

附：

## 黔西县中坪区石顺乡龙田村上沟组不服关于上沟组陶家背后山林林木、林地权属裁决案

黔西县中坪区石顺乡龙田村上沟组陶家背后山林20亩，中华人民共和国成立前系地主周芝仁所有，1952年土改时，被人民政府没收，由石龙乡人民政府代管理，后龙田村将其列为集体所有。1989年3月15日，黔西县人民政府根据上级有关规定，制发黔政发〔1989〕第33号裁决书裁定：1952年土改时，上沟村陶家背后没收的山林属国家所有后，龙田村划这片山林为集体所有。按黔西县人民政府〔1989〕2号文件第五条规定，收回属国家所有。裁决下达后，石顺乡龙田村上沟组不服，起诉到黔西县人民法院。1989年6月10日，黔西县人民法院以〔1989〕法行字第1号判决书作出判决：维持黔西县人民政府的裁定。判决下达后，石顺乡龙田村上沟组不服，上诉到毕节地区中级人民法院。1989年10月9日，毕节地区中级人民法院以〔1989〕上字第6号判决书作出维持原判的判决。旋即，毕节地区中级人民法院以〔1989〕行上字第6号函告知黔西县人民法院，石顺乡龙田村上沟组陶家背后山林虽在土改时收归国家所有，但石顺乡管理多年，执行中应考虑到这一事实。案发回，请与有关单位认真研究，合理解决。

**审判开发矿产资源行政诉讼案件** 蕴藏多种矿产，有的矿产储量数百亿吨。20世纪80年代，呈现大量开采，同时也伴随着种种矛盾。这些矛盾，多由矿产地所在政府与有关部门调解，调解不成的，上诉到审判机关判决。1992~2002年，全地区审判机关受理矿产诉讼案56件，审结55件，审结98.21%。

附：

## 不服纳雍县人民政府对矿山纠纷处理案

1989年，周某某开办采煤矿井，1993年办领采矿许可证，采矿范围为东西宽65米、南北长50米。1990年，姚某某开办采煤矿井，1994年办领开采证，开采范围为东以张某某家土地为界，西以张某某家土地为界，东西宽30米、南北长62米。

1995年5月4日，周某某、姚某某所采煤井相互贯通，引起纠纷，反映到纳雍县矿产管理办公室。是年11月6日，纳雍县矿产管理办公室在组织人员进行调查之后，纳雍县人民政府以〔1995年〕第139号文，作出以下处理意见：1.周某某、姚某某采矿证有效，原定采矿界作废。2.原各自采矿后留下的柱归其所有。3.以现贯穿处为中心，各往后退4米，另开隧道，中间矿柱作为保安柱，今后双方协商或政府作出决定。4.必须按规定进行开采，今后擅自贯穿对方巷道者除无条件退

回8米外，没收其矿产品，并赔偿由此而造成对方的损失。5.未经批准，擅自毁灭井口或以其他手段阻碍生产，破坏矿山秩序者，由主管部门注销一切手续，并追究当事人经济和法律责任。处理意见下达后，周某某以处理不合法，不公正，他与姚某某采矿界线清楚，处理意见却作出原定矿界作废，以贯穿点为中心各往后退4米不恰当，贯穿处是周某某的开采范围，姚某某退后4米，仍在周的开采范围，姚侵占了他的开采权为由，起诉到纳雍县人民法院。1996年3月28日，纳雍县人民法院以〔1996〕纳行初字第03号判决书作出判决：维持纳雍县人民政府〔1995〕139号文件的处理。周某某不服，上诉到毕节地区中级人民法院。是年6月20日，毕节地区中级人民法院根据当事人双方均提出待雨季后抽水进行实测的要求，向贵州省高级人民法院提出延期审理的要求。是年7月1日，贵州省高级人民法院作出延期90日审理的决定。是年9月24日，毕节地区中级人民法院作出判决：维持纳雍县政府处理决定，维持纳雍县人民法院一审判决，驳回周某某上诉。

**审判城市建设行政诉讼案件** 自20世纪90年代起，各县（市）城建速度加快，涉及房屋撤迁安置和经济补偿纠纷诉讼案增多。审判机关贯彻执行《中华人民共和国城市规划法》和相关法律、法规，受理因城市建设而引发的行政诉讼案件。对城市建设管理机关在职权范围正确适用法律，按法律程序所作出的正确处理予以维持，对处罚、处理所依据的事实不清、证据不足，严重违反程序的，判决予以撤销。切实保障国家和居民利益不受侵害。1992~2002年，全地区审判机关受理城镇建设行政诉讼案137件，审结132件，占96.35%。

附：

## 不服毕节市房屋拆迁管理办公室行政裁决案

2001年5月14日，毕节市房屋拆迁管理办公室对关于拆迁刘某某、许某某清毕路138、139号房屋的问题以〔2001〕年毕市裁字第05号行政裁决书作出裁决：1.由拆迁人提供天河路侧原市贸易公司3、4号门市（建筑面积40.41平方米）一次性安置给被拆迁人，住宅及设施部分由拆迁人一次性补偿。2.由被拆迁人在本裁定下达之日起15日内向拆迁人一次性支付房屋差价款1.93万元，本裁决书未列附属设施，另行按有关规定处理。3.另由拆迁人提供天河路5号安置房三单元五楼右侧住宅一套给被拆迁人居住至2001年11月30日止。被拆迁人必须在收到裁决书之日内自行搬迁完毕。裁决下达后，刘某某、许某某不服，于2001年5月21日向毕节市人民法院提起行政诉讼。刘某某、许某某在诉讼中称：毕节市房屋拆迁管理办公室以权压人，违法作出毕市裁〔2001〕字第05号行政管理裁决，裁决违反《中华人民共和国民法通则》《中华人民共和国城市房屋拆迁管理条例》的规定，严重侵害本家的合法权益，给我们在精神上造成难以弥补的损失。为此，特请毕节市人民法院撤销毕节市房屋拆迁管理办公室毕市裁字第〔2001〕05号裁决，并赔偿损失0.5万元。裁决认定由拆迁人提供天河路毕节市外贸公司3.4号门市（建筑面积40.41平方米）一次性安置给被拆迁人，并由被拆迁人一次性支付房屋差价款1.98万元。另由拆迁人提供天河路5号安置房三单元五楼右侧一套住房给被拆迁人居住至2001年11月30日止。而我们被拆迁的临街门市建筑面积51.3平方米，住房建筑面积为78.22平方米，土地面积为31.19平方米。安置的门市及楼房与被拆迁的门市及住房面积相差太大，我们不能与之签订协议。另外，由拆迁人向被拆迁人支付安装电表、闭路电视、水表，设施补偿费890元，两次搬家费321元，以什么文件规定差价，我们不知晓。将安置门市及房屋的价格定得高高的，把被拆迁的门市及房屋价格定得低低的，还要补1.93万元差价，不符合《中华人民共和国城市房屋拆迁管理条例》的规定。毕节市人民法院对诉讼案予以受理。

2001年6月13日，毕节市房屋拆迁管理办公室向毕节市法院提交答辩状，并在庭审中辩称：2001年5月10日，我办根据《城市房屋拆迁管理条例》等有关法律规定作出〔2001〕05号裁决，认定事实清楚，程序合法，适用法律规定正确，裁定内容并未损害原告刘某某、许某某的合法权益。因此，原告的诉讼理由不能成立，我办的裁决应得到一审人民法院的维持。关于原告诉称建筑面积的认定问题，原告诉称其临街门市建筑面积为51.3平方米，住房建筑面积为54.07平方米，土地面积为78.57平方米，实属无事实依据。在我办作出裁决前，实地勘测过房屋的结构面积，并依法提取了原告申办房屋产权证时的登记情况，认定该房建筑面积为78.22平方米，土地面积为39.19平方米，比较实事求是，未损害原告的合法权益。这些可从毕节市公证处2001年5月23日绘制认定的面积图上看出，毕节市房屋管理办公室认定大于公证机关实际勘测数，原告的合法权益不仅未被损害，而且是比较优惠的。原告提出的数据没有合法依据。同时，被告在庭审作出以下举证：1.毕市裁〔2001〕05号裁决及送达回证。2.〔2000〕06号通知书及送达回证，在下裁决之前已书面通知原告。3.拆迁办与原告的谈话记录。4.被告对清毕路138、139号房屋勘测图，标明在裁决前已对原告房屋作过实际勘测。5.毕节县房屋产权登记申请审批表。产权证明确载有原告原拥有的房屋面积和房屋结构。6.毕市府〔1999〕11号通告、〔1998〕35号通知。7.裁决申请书。8.毕节市公证处对原告刘某某、许某某房屋的公证书。9.毕节市人民政府对清毕北路138号、139号的限期拆除决定。在庭审对质中，原告对被告提供的3、5、6号证据无异议。对被告提供的1、2、4、7、8、9号举证有异议。认为：裁决对原告的店面安置不妥，应按文件规定另外安置；当时啥都没有谈便通知提出相关的房屋材料，是不符合法律规定的；被告派员勘测时原告无人在家参加，是被告方人员勘测后拿出勘测结果叫原告签字的，是摸底测量，量的是使用面积；第三人申请时未与原告谈拆迁的事，被告违背法律规定；公证书完全是错误的，因为公证人陈某某和拆迁办工作人员陈某某是两姊妹，量出的平方面积不真实；未谈妥便组织强拆的做法不合法。

经庭审质证，毕节市人民法院认为：被告提供的4、5号二份证据不相吻合，与房屋产权证上记载的平方面积及被告自行测量的平方面积均不相符，不具有客观性、真实性、合法性，本院不予采信。被告提供的1、2、3、6、7、9号证据，均系证明被告下发裁定程序的证据，具备客观性、真实性、合法性，依法予以采信。毕节市法院根据上述有效证据作出以下事实认定：原告房屋坐落毕节市清毕北路138、139号，根据毕市府通〔1999〕11号通告，属倒天河治理工程的拆迁范围。根据倒天河治理工程具体规划要求，涉及原告的房屋拆迁，不能就地回迁，只能异地安置。据此，被告对原告的房屋作异地安置。由拆迁人提供天河路侧原毕节市外贸公司3、4号门市一次性安置原告，住宅及设施部分由拆迁人一次性补偿。另由拆迁人提供天河路5号安置房3单元五楼右侧住宅一套给被拆迁人周转过渡。但是，被告认定的关于原告被拆除房屋的拆迁面积与事实不符，且缺乏足够的证据加以说明，法院不予采纳。庭审中，案件当事人围绕被拆除房屋的面积是以房屋产权证记载的为准还是以被告自行丈量的为准进行辩论。毕节市人民法院认为，被告毕节市房屋拆迁办公室接受申请人毕节市倒天河综合治理工作指挥部的申请，对实施倒天河综合治理工程拆迁范围内涉及原告所有的清毕北路138、139号房屋的拆迁安置补偿进行裁决。被告裁决所认定的原告房屋面积与毕节市人民政府于2001年5月22日上午组织有关部门依法对原告上述房屋进行强拆迁时，经毕节市公证处进行现场公证，认定的面积以及原告产权证上记载的房屋平方面积不相吻合，故被告毕节市裁字〔2001〕05号裁决事实不清，主要证据不足。为此，根据《中华人民共和国行政诉讼法》第五十四条第二项之规定作出如下判决：撤销毕节市拆迁管理办公室2001年5月10日所作毕节市裁字〔2001〕05号裁决。本案依法征收案件受理费360元，由被告毕节市拆迁管理办公室承担。

**审判技术监督行政诉讼案件**　20世纪90年代起，审判机关开始依法受理有关技术质量监督的行政诉讼案件，在维护技术质量监督机关行使行政监督权的同时，亦保障商品生产和经营者的合法利益不受侵害。

附：

## 毕节市生产资料公司不服毕节市技术监督局行政处罚诉讼案

1995年10月11日，毕节市技术监督局（下称被告）以毕节市生产资料服务公司用于贸易结算的1000型台秤未按期实行用周期检定，无有效期内的检定合格证而继续使用为由，以毕技监罚字〔1995〕01号行政处罚决定书对毕节市生产资料公司（下称原告）作出以下行政处罚决定：1.责令原告停止使用一切不合格计量器具。2.罚款500元。毕节市生产资料服务公司不服，以毕节市技术监督局未通知其检定时间和处罚显失公正为由，向毕节市法院提起行政诉讼，请求撤销被告毕节市技术监督局的行政处罚决定。

经毕节市法院审理查明：1995年10月9日，毕节市技术监督局3名工作人员到毕节市物资局所属毕节市生产资料服务公司、毕节市金属机电公司检查计量器具。查出毕节市生产资料服务公司和毕节市金属机电公司的台秤均未送检，无有效期内的检定合格证。毕节市技术监督局对金属机电公司作出罚款200元的决定，在向毕节市生产资料服务公司说明罚款时，生产资料服务公司工作人员向毕节市技术监督局人员提出未得到通知检定的时间，不承担责任。旋即，毕节市监督局工作人员将毕节市生产资料服务公司使用的台秤查封，于1995年10月11日作出毕技监罚字（1995）第01号行政处罚。庭审中，毕节市技术监督局向法院提交的计量器具记卡片，记录毕节市生产资料服务公司使用的两台台秤的检定情况。记录载明检定周期1年2次，检定方式是送检，并加盖毕节市技术监督局综合经营部公章。

毕节市法院经庭审认为：被告毕节市技术监督局对原告毕节市生产资料服务公司的处罚认定主要事实清楚，原告应受一定的处罚。但是，被告在对原告进行处罚上有失公正，在工作上也有失误。1.被告在给原告办理的计量器具记载卡上加盖的是下属经营部的章而不是加盖原告单位的公章。2.被告同时检查的是两个单位，两个单位都是同一样的违法事实，而对原告作出加重处罚，显失公正。3.原告作为一个经营单位，长期的经营活动反映无克扣消费者的行为，属守法经营单位。原告使用的台秤未送检应承担一定的责任，只能作一般的处罚即可，没必要作过重处罚。根据《中华人民共和国行政诉讼法》第五十四条第四款之规定，作出以下判决：1.撤销被告毕节市监督局毕技监罚字〔1995〕第01号行政处罚决定书。2.对原告毕节市生产资料服务公司作罚款300元的变更判决。

**审判其他行政诉讼案件**　20世纪80年代初，审判机关依据国家相关法律法规，受理突出经济问题产生的行政诉讼案件，还受理产生的其他行政诉讼案件。

附：

### 行政侵权赔偿案

1989年，胡某某经坪坝供销社领导同意，将分配给白果乡的议价尿素、硝铵等品牌化肥运到平坝区农里乡中心村其岳父官某某家销售。是年7月20日，平坝区公所工作组到农里乡搞计划生育工作，有人向工作组反映说胡某某超生二胎，是月24日，工作组便以胡某某超生小孩为由，以写白条方式，没收胡为其岳父卖的化肥21包，胡某某不服坪坝区公所的行政处罚行为，向金沙县人民法院提起诉讼。1990年11月22日，金沙县人民法院以〔1990〕金行裁字第5号作出裁定：平坝区机关工作人员没收胡某某尿素是事实，但这一行政行为牵涉到计划生育，驳回起诉。裁定下达后，胡某某不服金沙县人民法院的裁定，以举报其超生没有依据，上诉到毕节地区中级人民法院。毕节地区中级人民法院经审理认为：平坝区公所工作组听到个别群众反映胡某某违犯计划生育政策超生小孩，在未作调查取证的情况下，没收胡为他人销售的化肥，胡某某诉到法院，法院应立案依法审理。据此，作出撤销金沙县人民法院〔1990〕金行裁字第5号裁定书，原案发回一审法院依法受理。

## 第七节　立案　案件复查平反　信访

### 一　立　案

1997年3月，地区及各县市审判机关根据最高人民法院立审分离的要求，组建立案庭，专事立案工作。1997年4月~1998年12月，毕节地区中级人民法院立案庭共受理审查各类案件7905件，并依法收取各类案件受理费104.92万元。

**地、县市人民法院立案**　1.刑事案件的立案。立案庭收到公诉机关送达的刑事案件后，根据《中华人民共和国刑事诉讼法》第150条和最高人民法院《关于执行〈中华人民共和国刑事诉讼法〉若干问题解释》第116条的规定，进行程序上的审查，对符合上述规定的进行登记，送刑事审判庭对案件的事实、证据材料进行审查。经审查证据充分、事实清楚的，由立案庭编立案号，填写收案卡和案件审结时限跟踪运行表，并出具文书送交刑事审判庭进行审理判决。对证据不足、事实不清，要求补充相关材料的，即由刑事审判庭拟写提纲，立案庭依照公安部、司法部、民政部、最高人民法院、最高人民检察院、中共中央政法委员会联合制发的《关于〈中华人民共和国刑事诉讼法〉实施中若干问题的规定》第37条的规定，出具补充材料函，送交公诉机关办理补充材料。立案庭即办理移交审判手续，送刑事审判庭进行审理判决。对公诉机关未按上述规定期限补充相关材料的，立案庭即出具文书办理退卷手续。

2.刑事自诉、民事一审、经济纠纷一审、行政一审和执行案件立案。立案庭收到起诉人递交的诉状及相关的材料后，及时予以审查，对材料不足的，通知起诉人进行补充；对符合案件受理条件的，即时填写立案审查登记表，并经院长或分管副院长及庭长审批，并计算出案件的受理费用，转由法院办公室财务部门收取案件受理费，开具收据，立案庭即送达案件受理通知书，诉状和证据收据。编立案号，填写收案卡和审限跟踪运行表，移交有关审判庭进行审理判决或移交执行庭进行执行。对不符合受理条件的，立案庭裁定不予受理。对不属毕节地区中级人民法院管辖的案件，立案庭将有关案件材料移送有管辖权的人民法院进行处理，并及时通知起诉人。对刑事、民事、经济、行政上诉案，立案庭在审查上述材料后，认为案件材料齐全，未超过上诉期限，并已缴纳二审案件受理费的，即进行编立案号、填写收案卡及审限跟踪运行表。同时，出具文书，移交有关审判庭进行审理判决。对民事上诉案件，属一审裁定的不予受理，裁定驳回起诉或对管辖权提出异议的上诉案件，立案庭按非财产案件的标准收取案件受理费，再按上述有关程序及时移送有关的审判庭进行审理判决。

3.申诉案、申请再审案立案。立案庭对申诉案件的申诉人提出的申诉，对申请案件再审人提出的申请材料、有关证据进行审查后，认为需要对案件进行再审复查的，即填写立案复查登记表、呈报院长或分管副院长审批。产生再审程序的，立案庭即进行登记，编立复查案号、填写收案卡，出具立案文书并送交审判监督庭进行立案复查。

4.公诉机关提出抗诉、上级人民法院指令再审、人大督办、中共毕节地委批复结案的立案。立案庭将案件进行登记、编立案号、填写收案卡，出具立案文书并送交审判监督庭进行再审复查并报结果。对有关部门和领导批办的案件，亦进行登记，编立案号和填写收案卡，出具立案文书送交审判监督庭进行复查再审。

5.执行案件及非诉执行立案。由立案庭先行审查，对符合条件的，即编立案号，进行登记，填写收案卡，出具立案文书并送交执行庭进行执行。

6.诉前财产保全案、证据保全案立案。立案庭直接进行审查相关材料，并登记，编立案号、填写收案卡。同时，办理各类案件诉讼费的免、减、缓手续和案件受理费的退费审查。

**乡镇人民法庭立案**　均由人民法庭庭长或指派的专人负责审查立案，所立案号由县市人民法院立案庭统一编制分拨，由各法庭庭长或专门人员负责审查相关材料，对符合案件受理条件的，由人民法庭填写立案审查登记表，经庭长审查同意后，即进行登记和编立案号，填写收案卡，出具立案文书后，交法庭审判人员进行审理判决。

## 二　案件复查平反

1953年9月，毕节专区审判机关贯彻中共中央有关指示和全国第二次司法会议“关于认真检查和处理过去一个时期错捕、错押、错判案件”的指示，清查1950~1953年8月办理的案件，重点清查：以反革命罪被判处死刑或徒刑属于劳动人民的案件；涉及众多的集团案件；在镇反中经乡村所处理的案件；没有人证物证，靠刑讯逼供定罪的案件；案犯长期坚持不承认或其家属一再不服的案件。对于错案发现一件，清查一件，纠正一件。对已在司法改革中清理过的，且问题不大，无群众检举，又没有可怀疑的，犯人本人没有异议或不喊冤的案件，一般不再动。对改判案件，均报上一级法院或主审机关审查决定。审判机关共检查案件1141件，查出错案107件。对查出的错案，根据中共中央和国家的有关政策和法律法令的具体规定，分别不同情况给予处理。凡属被错判案件，一律给予改判平反纠正。对遭受重大损失造成家破人亡的，根据不同的情况酌情给予必要的冤狱补助，做好善后工作，为其挽回政治影响。通过检查和纠正错捕、错押、错判的案件，广大干部受到一次生动的教育。全专区审判工作人员从查处错案工作中吸取经验教训，促进审判工作的制度建设。在复查平反工作中，审判工作人员认真复查和正确适用证据，不偏听偏信和主观臆断。严格区分一些落后群众的错误言论和犯罪的本质区别，坚决执行审判诉讼制度，禁止任何不经司法程序而随意捕人、押人、判刑的做法。坚决贯彻执行有反必肃、有错必纠的原则。对犯人家属喊冤、群众认为捕错的；或只有检举材料而没有经过调查，未经批准而逮捕的；涉及面广，人数众多的集团案件进行重点复查，同时在复查中注意解决好把握的范围和政策界限：1.1955年肃反所处理的反革命案件和刑事案件，全部检查，全部检查毕节专区中级人民法院所审的一审、上诉和复核案件。2.判断案件的正确与否，以处理时的政策规定为标准，不以复查时的政策规定为标准。3.把复查案件分为错判、执行政策有偏差，认定罪行性质不当三种类型，分别进行处理：对错判的案件，依法予以平反，宣告无罪，立即释放，恢复名誉，因错判而造成生产生活特殊或严重损失的，商请民政部门予以必要补助和救济；对执行政策有偏差的案件，根据不同情况依法改判教育释放，免刑或减轻刑罚；对定性不当的案件，按照实事求是的原则，依法予以纠正；对量刑偏轻偏重的，一般不予改判，但对其中个别量刑确实悬殊，群众有意见的，予以改判；对事实不清草率判决的案件，按照法律程序撤销，重新审查处理，确保合法与公正。至1956年，审判机关在政策规定的范围内检查反革命和其他刑事案共2406件，经复查，认定原判正确或基本正确的1986件，占检查总数的82.54%，错判、量刑不当、定性不准、事实不清的420件，占检查总数的17.45%。

1961年底，审判机关贯彻中共中央及国家有关指示，组织审判人员复查1958~1967年审判案件。复查分两个阶段进行，第一阶段复查甄别1958~1967年上半年所判处的各类刑事案件。截至1962年年底，审判机关共受理复查各类刑事案1.09万件，查出冤错案199件，占复查案件总数的1.8%，可判可不判的49件，占复查案件总数的0.44%，检察机关结合复查甄别各类刑事审判案件宣传中共中央实事求是、有错必纠的政策和国家的法律法规，平反甄别工作得到广大干部和群众的理解、支持与配合。9月，复查审结1127件，其中处理正确的90件，处理有各种问题的637件，其中可判可不判的有227人；经复查改判无罪释放、免予刑事处分释放的346人。第二阶段为复查甄别1962~1966年所判的各类刑事犯罪案件。在此中主要是复查甄别1964~1966上半年在开展“清思想、清政治、清组织、清经济”运动中审判机关所审判的各类刑事案件。审判机关组织专门人员共复查带有反革命性质和阶级报复性质的刑事犯罪案137件，涉案140人，其中复查反革命案62件62人，改判无罪的16件16人，免予刑事处分的17件17人，不追究刑事责任的2件2人，减轻刑罚的2件2人。

1975年9月，中共中央、国务院批准，对在押的国民党县团级以上党政军特人员，因历史罪恶被捕判刑或主要以历史问题被逮捕判刑的，参照特赦在押战争罪犯的精神，一律释放并予以公民权。1976年4月，报请省释放安置小组批准，成立毕节地区革命委员会释放领导小组。经审查，毕节地区释放安置在押国民党县团级以上党政军特人员33名，其中宽大释放1名，就业安置32名；留本地安置22名，转请外地安置11名，外地转入本地安置36名，全地区实际安置58名。

1978年7月，贵州省高级人民法院召开全省司法工作会议，部署审判机关开展复查平反“文化大革命”期间产生的冤、假、错案。12月，毕节地区中级人民法院贯彻全省刑事审判工作会议精神及中共贵州省委批转省高级人民法院的会议纪要精神，部署审判机关开展复查平反“文化大革命”期间产生的冤、假、错案工作。至1987年8月，审判机关共复查在“文化大革命”期间所判处的6107件刑事案，经复查属于冤、假、错案，予以纠正27件，其中平反7件，免予刑事处分12件，减轻刑罚8件。

1982年3月，贯彻中共中央批转国家公安部《关于释放和安置原国民党县团级以下党政军特人员的方案》，审判机关按照贵州省高级人民法院的安排，参照1975年国家关于宽大释放原国民党县团级以上党政军特人员的政策规定，由监狱、劳改队整理材料和填写审批表，贵州省宽大释放工作领导机构审批，经地区及各县人民法院制发宽大释放裁定书，公安机关制发释放证书和转业证，将在押符合条件的人员全部释放。1952年，黔西县反革命分子徐少成潜逃到织金县隐藏8年之久，特赦令公布后，自动到公安机关投案自首。

1983年，审判机关严格按照中共中央、国务院《关于处理贪污浪费克服官僚主义的若干规定》和《中华人民共和国惩治犯罪条例》的规定，开始复查“三反”“五反”运动中产生的案件，复查以审判处理案件时的政策和法律作为复查案件的标准，审查原判在认定事实和适用法律、追缴赃款赃物、追诉时效方面存在的问题。对照明显有冤错，原判认定事实失实，或原单位已经复查，移送法院要求审核改判的，依照法定的程序予以平反纠正。对原判主要事实存在，定性正确，但量刑偏重或偏轻，且早已服满刑期的，不作改动、予以维持原判。对于按照当时规定，其行为性质介于从重与从轻之间，当时已作过从轻处罚、或者当时是抗拒坦白，拒不退赃，被从严判处的，均予以维持原判。对部分事实存在，但主要实事失实，而存在的部分事实又系本人主动坦白交代，并积极退赃，且按照当时的政策法律规定也不应定罪判刑或不构成犯罪，虽然贪污的事实存在，但在“三反”“五反”运动之前已经作过交代，已经过组织作过处理，在“三反”“五反”运动中又被重新追究，给予定罪判刑；或者被告人中华人民共和国成立前在民国政府时有一定贪污行为，中华人民共和国成立后被人民政府留用，无新的贪污犯罪行为，在“三反”“五反”运动中作为历史问题被定罪判刑，都予以平反纠正。1984年，审判机关受理复查“三反”“五反”时判处的贪污案69件，按照审判监督程序再审改判13件，占受理案件总数的18.84%，其中宣告无罪的4件，不以贪污论处的2件，不追究刑事责任的3件，免予刑事处分的4件。同时，贯彻执行中共中央〔1983〕10号文件精神，对错判的中共贵州省地下党员21人和地下党领导的游击队队员11人的案件进行复查，并作出正确处理。

## 三　信　访

1950~1954年，专区及各县人民法院设立接待室，接待上访人员，接收来访信件，并根据有关申诉材料的内容和性质，分别转给相关庭室。1955年后，专区及各县院所设接待室，对不服县级人民法院判决或裁定的申诉，一时难以判断出原判决或裁定是否正确的，转给原审法院处理；从审查材料中认定原审判决或裁定是正确的，直接对申诉人进行答复或说服教育，使其自动撤诉，不愿撤诉的，用书面通知驳回其申诉。对重大复杂案件，通过审查申诉信访材料发现原审判决或裁定有误的，即发函调卷审查，按审判监督程序处理。属本法院案件，转给相关庭复查，属县人民法院的案件，建议其立案复查，对咨询国家法律法令和政策及检举控告等非诉讼的来信来访，按贵州省人民委员会办公厅规定办法转给有关部门或单位处理。对来信来访尽可能做到少转多办，能直接明确答复的就明确答复，减少重复上访。同时，根据贵州省高级人民法院的要求，规范信访处理工作，建立起申诉信访的登记、审批、检查、转办、归档、总结、报告制度。

1959年2月，毕节专区中级人民法院按照贵州省高级人民法院的规定，对重大疑难案件和经中级人民法院二审终审且发生法律效力的判决或裁定的申诉，以及中级人民法院催办、催执行的各类申诉案件，由中级人民法院相关审判庭处理，并答复申诉人。

1962年10月，全地区审判机关贯彻全国第六次司法会议精神，相继建立信访接待制度和案件申诉复查制度。改进信访接待机构和审判业务庭之间的关系。对不服法院判决或裁定提出申诉和来访的，根据判决案件时的具体情况和政策法律，审查原审判决或裁定是否恰当，对错案的申诉，及时转给有关的庭室复查处理，予以平反纠正。对有漏判的则转给审判庭补判；对于量刑偏差不大的，一般不予改判的案件，以晓之以理，明知以法的方式，及时答复或通知申诉人。毕节专区中级人民法院在转办申诉案件或材料时，针对存在的问题说明理由，提出建议，要求各县人民法院报告处理结果。对涉及山林、房屋、债务或破坏婚姻家庭、干涉婚姻自由、投机倒把、诈骗等的申诉案件，及时立案，交相关刑庭审查处理。同时，建立起院领导接待来访群众制度，按规定的时间接待来访群众，面对面给来访人员解答问题。据统计，1963年，审判机关审查处理来信来访申诉4716件次，转给有关部门或单位处理的非诉讼信访519件次，占申诉信访总数的11.05%。

1976年，中级人民法院根据贵州省高级人民法院的部署，成立刑事审判第三庭，专门负责接待来访群众，审查处理信访申诉。从11月下旬起，在全地区审判机关中抽调32名审判骨干，受理申诉复查“文化大革命”期间产生的案件，特别是在此期间产生的带政治性质的刑事申诉案件。

1989年3月，中共毕节地委根据贵州省高级人民法院的要求，批准毕节地区中级人民法院建立告诉申诉审判庭。据统计，从1989～1995年，审判机关共审查处理各类申诉再审案1126件，依照审判监督程序再审改判的374件。占再审案件数的33.21%。1988年7月，全地区审判机关建立健全院长接待日制度，以接待来信来访作窗口，接受社会各界人民群众对审判机关审判工作的监督。据统计，1984年~1998年7月，中级人民法院接待室共接待来访人民群众4.62万人次。1997年6月中旬，毕节地区中级人民法院按照贵州省高级人民法院的要求，实行立审分离、审监分离、审执分离制度。信访接待工作由立案庭管理负责。据统计，1997年6月~2000年6月，中级人民法院立案庭共接待来访人民群众5297人次，处理人民群众来信（含非诉讼）6.99万件次。受到上级人民法院和中共毕节地委、毕节地区行署的表彰。

# 第五章　司法行政

在中华人民共和国成立前，毕节地区尚无体制完备的司法行政机构，到1980年毕节地区司法局成立，毕节才有职责明确、体制成熟的司法行政体系。全区司法行政从业人员认真履行普法依法治理、社区矫正、基层人民调解、监狱劳教、法律服务、法律公证、法律援助等职能。

## 第一节　司法行政机构

**毕节地区司法局**　1980年9月19日成立，其职责为：1.组织开展法制宣传工作，普及法律常识，增强干部群众法制观念。2.组织管理公证、律师工作。3.领导人民调解和基层政权司法助理员工作。4.领导管理劳动改造、劳动教养工作。5.协助同级党委管理司法干部。6.管理法学教育，培养法律专业人才，培训司法干部。7.研究、整理和编纂法规，开展法律科学研究。1981年，共设立法制管理科、公证律师管理科、法制宣传教育科、人秘科。1984年，毕节地区实行党政机构改革，毕节地区司法局设政工科、办公室、法制宣传教育科、调解工作管理科、公证律师管理科、司法干部轮训科。1985年，撤销司法干部轮训科，建立司法干部教育科。1991年，调整地区司法局内设机构，共内设办公室、司法科、公证律师管理科、法律宣传教育科、基层工作科、政策研究室、公证处。1996年，毕节地区实施党政机构改革，明确毕节地区司法局为毕节地区行署主管全地区司法行政工作的职能部门，其主要职责是：1.编制全地区司法行政工作的中长期规划、年度计划并组织监督实施。2.监督和指导全地区劳动教育工作。3.制定全地区法制宣传教育和普及法律常识规划。指导并组织实施全地区和各行业的依法治理工作。4.监督和指导全地区的律师工作和律师协会工作，结合管理社会法律服务机构。5.监督和指导全地区公证业务活动。6.指导全地区人民调解和司法助理员工作，指导乡（镇）法律服务工作。参与社会治安综合治理。7.依法行使对仲裁委员会的登记、管理、监督和协调职能。8.管理地区法学教育工作，培训全地区司法行政系统干部，指导全地区法学理论研究，管理地区法学会工作。9.指导全地区司法系统队伍建设工作，协助县、市党委组织部门管理县、市司法局领导干部。10.承办地委、行署和省司法厅交办的其他事项。其内设办公室、法制教育科、法制宣传科、律师管理科、公证管理科、基层工作科、政策法律科、政治处、劳教工作管理科。

2010年，根据《中共贵州省委办公厅、贵州省人民政府办公厅关于印发〈毕节地区行署机构改革方案〉的通知》（黔委厅字〔2009〕78号）和《中共毕节地委、毕节地区行署关于毕节地区行署机构改革的实施意见》（毕地党发〔2010〕5号），地区司法局职责进行调整：取消已由地区行署公布取消的行政审批事项、取消管理社会法律咨询服务机构的职责、取消组织公证员资格考试工作的职责、取消仲裁机构登记管理工作的职责、增加指导管理全区社区矫正工作的职责、加强监督管理法律援助工作的职责。

主要职责为：1.贯彻落实党和国家关于司法行政工作的方针政策、法律法规并承担相应责任；拟定全区司法行政工作的中长期发展规划、年度计划并组织实施。2.承担地区普法和依法治理工作领导小组的日常工作，拟定全区法制宣传教育工作规划并组织实施；指导全区法制宣传和依法治理工作。3.领导、监督毕节劳动教养管理所（毕节强制隔离戒毒所）的工作，指导、监督劳动教养执行和劳动教养场所隔离戒毒工作。4.指导、监督、管理全区的律师工作、公证工作、法律援助工作并承担相应责任。5.指导、监督全区基层司法所建设和人民调解、基层法律服务工作。6.指导、监督社区矫正工作和刑满释放、解除劳教人员的帮教安置工作。7.组织实施全区国家司法考试工作。8.指导、管理全区司法鉴定机构登记工作。9.负责全区司法行政系统的执法监督检查、行政复议、应诉等法制工作和组织、指导全区司法行政调查研究工作。10.负责全区司法行政系统警车、服装等装备的管理工作，指导、监督全区司法行政系统的计划财务和基础设施建设工作。11.指导、监督全区司法行政队伍建设和思想作风、工作作风建设，负责全区司法行政系统的警务管理和警务督察工作；按干部管理权限负责相关干部管理工作，协助各县（市）管理司法局的领导干部。12.承办地区行署和省司法厅交办的其他事项。

地区司法局设办公室（计划财务装备科）、法制宣传科、律师公证工作指导科、基层工作指导科、社区矫正工作科、司法考试科、司法鉴定管理科、法规科、法律援助工作科（地区法律援助中心、劳教工作管理科10个内设机构）和政治部（警务部）。地区纪委派驻地区司法局纪检组，地区监察局派驻地区司法局监察室。占地区司法局机关政法专项编制2名。其中，纪检组长1名，纪检组副组长（监察室主任）1名。地区普法依法治理工作领导小组办公室设在地区司法局，设专职副主任1名（副处级）。

地区司法局机关政法专项编制40名。其中：局长1名，副局长3名，政治部主任1名；正副科长（主任）14名。机关工勤人员编制5名，由财政全额预算管理。

毕节地区司法局历任正副局长：陈祥俊、李成杰、赵辉云、夏远超、潘樵民、刘生文、文治国、李鸿海、文连甫、金汝珍、杨忠明、陈青云、罗华明、胡国祥。

**县市司法局** 1980年，各县先后建立司法局、负责县城内的司法行政事务工作。是年10月15日，毕节地区编制委员会下达各县司法局人员编制和各区司法助理编制通知，各县司法局编制数分别为：毕节、威宁县司法局各9人，大方、黔西、织金县司法局各7人，金沙、纳雍、赫章县各6人。1994年，毕节撤县设市，毕节县司法局改称为毕节市司法局。2000年，各县市司法局工作人员分别为：毕节市10人、大方县17人、黔西县12人、金沙县14人、织金县19人、纳雍县13人、威宁县26人、赫章县14人。

# 第二节　法制宣传

## 一　1950~1985年的法制宣传

**宣传《中国人民政治协商会议共同纲领》**　1950年，各级中共组织和政府结合开展清匪、反霸、减租、退押和征粮，宣传《中国人民政治协商会议共同纲领》。通过宣传，新中国的建国纲领深入人心，受到全专区各族人民的衷心拥护。

**宣传《中华人民共和国惩治反革命条例》**　1950年冬~1951年，配合镇压反革命，大张旗鼓开展宣传镇压反革命。宣传提高警惕、肃清一切反革命分子，防止偏差，不冤枉一个好人；宣传首恶必办，胁从不问，坦白从宽，抗拒从严，立功折罪，立大功受奖政策；宣传镇压反革命，重点罪首、悍匪、特务、恶霸、反动会道门头子和反动党团骨干分子。通过宣传，起到发动群众和震慑敌人作用。

**宣传《中华人民共和国土地改革法》**　1951~1952年，全专区配合土地改革开展《土地改革法》的学习和宣传。宣传土地改革的总路线是依靠贫农、雇农，团结中农，中立富农，有步骤地分别消灭封建剥削制度，发展农业生产。县均召开农代会，区召开贫雇农代表大会，村召开数次农民大会，宣传土地改革法。

**宣传《中华人民共和国婚姻法》**　1953年3月，根据中共毕节地委《关于贯彻婚姻法的指示》，开展宣传贯彻婚姻法运动月活动。重点宣传破除封建婚姻观念，废除包办强迫、男尊女卑、漠视子女利益的封建婚姻制度。宣传持续数年。通过宣传贯彻，男女婚姻自由，一夫一妻，男女权利平等，保护妇女和子女合法利益的新的婚姻观念和新的婚姻制度得以确立。

**宣传《中华人民共和国宪法草案》**　1954年6月15日，毕节专区成立讨论《中华人民共和国宪法草案》（下称《宪法草案》）委员会，孟子明任主任委员。各县先后成立均由县委书记任主任委员的讨论委员会。全专区各中学和毕节师范学校亦成立过论《宪法草案》委员会。7月，各乡先后召开乡人民代表大会，学习和讨论《宪法草案》，到会代表3.55万人。继后，分别召开党、团员、积极分子、互助组长、烈军属、自然村寨群众会进行宣传和讨论。并利用电影、广播、大字报、黑板报、标语、快板、山歌、花灯、幻灯进行宣传。据毕节县统计，至8月中旬共召开各种会议1.02万次，听众85.1万人次。其余各县约有30%的乡报告5~6次，60%的成年人听到报告并参加讨论，群众一般能懂得制定宪法的意义及《宪法草案》的精神和重要内容；有40%~50%的乡作过3~4次报告和讨论，50%左右的成年人听取报告和参加讨论并能大致了解《宪法草案》的主要内容；20%~30%的乡报告过1~3次，30%~40%的成年人听报告。机关干部、教师、职工对《宪法草案》的学习和讨论较为普遍。全专区除纳雍县外，其余县均召开民主人士、工商界人士和少数民族上层人士座谈会，学习和讨论《宪法草案》。少数民族地区则由少数民族干部和积极分子用民族语言进行宣讲。通过宣讲和讨论，群众基本了解《中华人民共和国宪法草案》的主要内容。

**宣传《中华人民共和国刑法》等7个法律** 1979年10月11~15日，中共毕节地委召开全地区民主和法制宣传工作会议，传达全省民主和法制宣传工作会议精神，布置全地区民主和法制宣传工作。会议要求各级各部门要抓好对《中华人民共和国地方各级人民代表大会和地方各级人民政府组织法》《中华人民共和国人民代表大会和地方各级人民代表大会选举法》《中华人民共和国法院组织法》《中华人民共和国检察院组织法》《中华人民共和国刑法》《中华人民共和国刑事诉讼法》《中华人民共和国中外合资经营企业法》的学习和宣传。至11月底，全地区培训民主与法制宣讲员4.6万人，72万余人接受宣讲，各级广播站共播出宣传节目678次；各地共办法制宣传专栏71个，出刊151次。

**宣传《中华人民共和国宪法》** 1982年12月，第五届全国人民代表大会第五次会议通过修改的《中华人民共和国宪法》（下称新宪法）。1983年1~3月，地区司法局编印宣传资料发至县及地直单位供学习参考。5月1日，根据中共中央宣传部、国家司法部的通知要求，各县城开展法制宣传日活动。毕节地县司法局在毕节城区设立法制宣传站4个，地、县司法行政部门的干部、律师、公证人员及地、县公安、检察、法院干警共80余人参加宣传活动，解答法律咨询243件，代写诉讼文书20件，展出图片17套204幅，散发《学习新宪法问答》等宣传材料6万份。部分县在区乡开展法制宣传日活动。赫章县妈姑区、野马川区开展的法制宣传日活动，3万人听广播宣传和观看图片展览，当场散发宣传资料1万份，为群众解答法律咨询112件。农历五月初五，赫章县司法局、县民委组织民族节日集会活动，在结构花场向2万多各族群众开展法制宣传。5月28日，中共毕节地委宣传部、政法委员会制发《关于开展法制宣传周活动的通知》，6月25日~7月1日，全地区开展法制宣传周活动，地区成立法制宣传周筹备领导小组。宣传周期间，深入宣传新宪法的基本精神和内容，并结合宣传有关法律、法令；宣传人民调解制度、律师制度、公证制度；宣传秉公执法的优秀司法干部，宣传自觉遵守法纪、勇于维护法纪的先进人物。行署副专员蒋海燕等分别对地直机关、厂矿企业的干部职工和学校师生作宪法学习辅导报告15场，听众7500人。地、县150名政法、党政工作人员在毕节城关设立法制宣传站、分14个组，多方为群众提供法律服务。其间，放映幻灯27场，代写法律文书36件，解答法律询问399件，赠送宣传资料3.63万份，展出宪法、民诉法、婚姻法挂图3套115幅。接受399件的法律询问，当即处理61件；调查后处理206件；转办115件；限期处理17件。

**宣传维护妇女儿童合法权益** 1984年，根据中央政法委员会、中央宣传部、全国妇联、司法部、全国总工会等13个单位联合下发《关于开展维护妇女儿童合法权益宣传月活动的通知》，2月9日~3月8日，开展维护妇女儿童合法权益法制宣传月活动，宣传宪法、婚姻法、刑法、刑事诉讼法和全国人大常委会关于严惩严重危害社会治安的犯罪分子的决定中有关保护妇女儿童合法权益的条文规定。全地区共培训宣传骨干2.1万人，编印宣传资料4.8万份，撰写广播稿743件，组织宣传队357个，设立法律咨询站326个，组装宣传车24辆，赴433个点进行宣传，出专刊349期。结合宣传教育，调查和处理212件严重侵害妇女儿童合法权益案，打击残害妇女儿童的犯罪活动。

**宣传严厉打击严重刑事犯罪** 1983年，根据上级部署，各级司法行政机关配合严厉打击刑事犯罪，开展法制宣传活动。毕节地县司法局编印宣传资料33种3万余份；到机关、学校、厂矿作法制报告246场，听众7.8万人次。年底，全地区共办法制宣传员培训班42期，培训5594人次；出动宣传车28辆，到82个区215个公社进行法制宣传；办法制宣传专栏67处，墙报34处，出刊995期；放法制宣传幻灯56场，进行有线广播951次；结合公捕公判大会，开展宣传揭露犯罪分子罪行及对社会危害，激发群众义愤，号召人民群众检举揭发罪犯，宣传惩办与宽大相结合的政策，宣传宽严典型案例，促使犯罪分子幡然悔悟，投案自首。在打击刑事犯罪期间，群众检举揭发犯罪线索2727件，扭送犯罪分子98人，173人投案自首。1984年，各司法行政机关配合严厉打击刑事犯罪，共办宣传专栏8254期，展出图片3873幅，出动宣传车961辆次，利用广播宣传1531次，编印宣传资料15种2.78万份。地区司法局编印《乘胜前进，深入打击刑事犯罪》和《法制宣传资料》发至各县和各基层单位；举办法制宣讲1480次，7万多人听宣讲；放映法制宣传电影、幻灯片294场。1985年，司法行政部门配合严厉打击刑事犯罪，共办宣传专栏1071期，出动宣传车344辆，广播宣传161次，编印散发各种宣传资料106种2.1万余份，举行法制演讲3000余次，配合公审宣判宣传110次。

## 二 1986~1990年普法教育（称“一五”普法教育）

**组织领导** 1984年6月，国家司法部在辽宁省本溪市召开全国法制宣传工作现场会，提出用5年时间向全体公民普及法律常识的设想。是年10月，贵州省司法厅派人到毕节，组成省、地联合工作组在大方县开展普法试点。1985年11月25~29日，中共毕节地委、毕节地区行署召开全地区法制宣传工作会议，部署全地区普及法律常识工作任务。1986年1月29日，地委、行署批转地委政法委、宣传部、地区司法局、教育局《关于用五年左右时间向全区公民普及法律常识的报告》，同意《毕节地区普及法律常识规划》。《规划》提出普及法律常识的目的为：使《中华人民共和国宪法》和其他重要法律家喻户晓，使全体公民知法守法，逐步养成依法办事的习惯；学会运用法律武器保障、促进经济体制改革和社会主义经济建设的发展，搞好社会治安综合治理和争取社会治安根本好转；加强社会主义建设和精神文明建设，实现国家的长治久安，为开发毕节地区资源、振兴毕节地区经济创造良好的秩序和环境。9岁以上居民400余万人，均为基本普及法律常识的对象，干部和青少年为普及法律常识的重点象。全地区预定干部用3年，职工用4年，居民和农民用5年时间完成普法任务。1990年2月，毕节地区成立普法领导小组，由地委副书记、行署专员王绪才担任组长，领导小组下设办公室。中共毕节地委制发〔1990〕10号文件规定：1.1990年每村再培训3名普法骨干，每名骨干培训费按10元预算，由地、县两级财政负担；2.普法经费在原有基础上每人再增加0.02元；3.1990年7、8两月为全地区普法活动月。此期间，各县、区及乡镇，以及地区及各县直各工作部门，亦相应建立普法领导小组，设立工作机构，制定普法教育方案，派出干部指导开展普法教育。1988~1990年，黔西县人大常务委员会领导和监督全县普法教育工作卓有成效，被中宣部评为全国普法先进单位，受到表彰，

“一五”普法期间，各级财政共拨出经费138万元，保障普法教育如期完成。

**普法教育内容和要求** 普法学习内容有：《中华人民共和国宪法》《中华人民共和国刑法》《中华人民共和国刑事诉讼法》《中华人民共和国民事诉讼法（试行）》《中华人民共和国婚姻法》《中华人民共和国继承法》《中华人民共和国经济合同法》《中华人民共和国森林法》《中华人民共和国兵役法》《中华人民共和国民族区域自治法》和《治安管理处罚条例》。此外，各单位视工作需要学习法律基本理论和经济法律知识，熟悉同本职工作有关的法律法规。普法根据不同对象，分别使用国家司法部主编的《干部法律常识读本》《职工法律常识读本》《农民法律常识读本》。普法以上法制课为主，自学与其他形式为辅，结合职工学校、农民夜校、干部正规教育，轮训班等形式进行，每年不少于60课时；机关干部采取每月1~2个半天学习或分期分批次学完；农村根据农闲多学农忙少学的原则，结合扫盲进行学习；组织法律报告会、举办法律常识竞赛、演讲；运用报纸、刊物、广播、电视、专栏、橱窗等宣传工具普及法律常识；干部、职工、学生普法工作按部门、系统、行业包干负责，城镇居民普法工作由街道办事处组织安排，农民普法由县区乡政府组织安排。

**普法程序** 1986~1990年普法教育分3个阶段进行。第一阶段为准备阶段，时间为1984年冬~1985年。在1984年11月省司法厅，地区司法局组成联合工作组在大方县试验的同时，全地区开展以下准备工作。一是制定5年法制教育规划，二是全地区分别选择26个单位进行普法教育试点，三是培训普法教育首户3233名，四是为干部职工订购普法读本1.2万册，编印普法辅导教材9种2万份、普法宣传资料26种1.17万份。第二阶段为实施阶段，时限为1986~1990年。1986年7月31日~10月，举办地区领导干部法律知识讲座，3个月讲12次，讲完《法律基础理论》《宪法》和《刑法》。6月~8月中旬，地委举办地直单位县级干部普法学习班3期，每期15天，223名县级干部参加学习，各县亦分别举办法律讲座，开办培训班，实施对干部的法制教育学习。毕节、大方县先后有近4万名干部接受教育学习。1986年，黔西县分别邀请中国人民大学法律系赴黔西开展讲座，贵州省参事室、省法学会、省政法干部管理学院的专家学者为县直单位领导讲授法律知识。县政法、宣传和教育部门抽人深入区乡和基层企事业单位讲法律常识课。是年，全县区镇以上领导干部均学完《干部法律知识读本》。至1987年底，全地区92%的干部基本完成“一五”普及法律常识学习任务。各中学和中等专业学校先后开设法制课，各小学结合思想品德教育课对学生进行法制教育。1988年，全面铺开农村村民和城镇居民普法教育。为村民订购普法教材45.7万册，编印普法资料118种39.7万份，培训普法骨干18.3万人。农村普法以面授为主，同时采取法律知识竞赛、测验、考试等方式对农民进行普法教育。至1990年，全地区参加普法学习440万人，为普法对象的115%，365万人普法学习合格，合格率91.4%。第三阶段为检查验收阶段。1990年8月13~15日，省司法厅厅长王基伦、副厅长李丽双率省法制宣传教育验收工作组检查验收毕节地区“一五”普法工作。实地检查大方县城关镇、对江乡，毕节城关镇两个居委会、地区化肥厂、毕节税务分局听取地区普法领导小组、地区党政军领导关于普法教育工作汇报。对毕节地区“一五”普法工作作出：领导重视，机构健全，措施得当，效果明显，验收合格的评定。省验收工作组代表省法制宣传教育领导小组向毕节地区颁发普法合格证。

普法方式 1.试点。1985年3月，省司法厅、地区司法局和大方县司法局联合组成工作组，在大方县鸡场区新场乡开展普法试点，指导新场乡制订3年普法规划，建立乡、村普法领导机构、组建普法骨干队伍，以《法律基础知识讲座》为教材，进行普法教育。至9月，乡、村两级干部集中学习25次，600余人次参加学习。1986~1987年，各县亦在县域内择乡进行普法试点。全地区共搞普法试点633个，为开展普法摸索工作经验。

2.培训普法骨干。全地区共培训骨干18.27万人，法制宣传员5.2万人。

3.开展普法宣传。1986~1990年，各县分别采取举办专栏、期刊、出动宣传车、利用有线广播，举办法制报告、进行法制报告，进行法制咨询，进行普法动员，举办文艺演出及影前、会前逢场天及配合中心工作，书写普法标语，编印发放宣传材料、图片、放映录像，刊登文章等方式、开展普法宣传、全地区共创办专栏148个、期刊1.16万期，有线广播1.5万余次，法制咨询1080次，法制报告4050次、文艺演出及影前会前、影前宣传1.66万次；出动宣传车1159辆，编印发放宣传材料27.33万份；放映录像250场；刊登文章3.75万篇。

4.开展普法活动月。1990年，地委、行署安排在7~8月开展全地区普法月活动。毕节县各区镇培训乡、村委会、村民组三级骨干3282人。其后，采取承包形式，每个普法骨干负责2~3个村（居）民组，实施对居民面对面辅导学法。县普法办印发城乡民众普法考核试卷，对全县约30万居民进行考核。大方县财政拨款1.1万元，以乡镇为单位举办村、组干部法制培训班，培训骨干5950人。其后，由骨干辅导群众学法，全县16万群众重新参加法律知识的学习。黔西县举办有11万农民参加的法律知识竞赛。金沙县组织30万农民参加学法。其做法被《贵州日报》记者作新闻报道。赫章县召开普法工作三干会，部署普法月活动。全县培训普法骨干7468人，再由骨干配合各村、组定任务、定时间、定质量完成对村民的普法任务。

5.讲授法制课。普法期间，全地区干部职工及学生以上法制课为主，村（居）民以面授为主。五年间，共为各类普法对象上法制课10万课时。

6.开展普法知识竞赛与考核。（1）法律知识竞赛。1986年11月~1987年2月，经地委、行署批准，由地委政法委、宣传部、地区司法局、教育局等28个单位联合举办全地区法律知识有奖竞赛，印发试卷11万份，直接或间接参赛的干部群众50余万人。竞赛规模之大，为法制宣传教育史上前所未有。1988年，全地区组织15万农民参加全国农村法律知识有奖竞赛，参赛人数为全省之冠。各县除组织干部群众参加全国、省、地组织的法律知识竞赛外，还自行组织法律知识竞赛。1986年，毕节县举办全县中学生法律知识有奖竞赛；1988年，举办全县农村法律知识抢答赛1990年，毕节县燕子口区农民向程家因参加普法学习成绩突出，被国家司法部评为全国学法先进个人。大方县3次举办全县法律知识竞赛，机关单位举办10次法律知识竞赛。1988年，黔西县举办全县农村法律知识竞赛；1990年，再次举办农村法律知识竞赛，11万农民参赛；是年寒假，举办全县中小学生法律知识竞赛，7.8万名学生参赛。1986年5月~1992年金沙县8次组织不同人员参与的法律知识抢答赛，3.41万余人参赛。织金县共开展法律知识竞赛32次。纳雍县进行法律知识竞赛16次，4万多人参赛。（2）普法考核。1986~1990年，全地区组织普法对象336万人参加普法考核，362.7万人合格，合格率90%。

## 三　1991~1995普法教育（称“二五”普法）

**组织领导**　1991年6月15日，中共毕节地委、毕节地区行署决定将毕节地区普法领导小组改为毕节地区法制宣传教育领导小组，并调整充实其组成人员。各县也调整充实普法领导机构成员。全地区共建立法制宣传教育领导小组254个，成员1900人，建立法制宣传教育办公室254个，人员1020人。是年7月，地委、行署行文通知，同意地委宣传部、地区司法局《关于在全体公民中开展法制宣传教育的第二个五年规划》。《规划》明确：1.深入学习宪法和有关法律，在广大公民中树立宪法观念，提高维护宪法尊严，保障宪法实施的自觉性，坚定不移地坚持四项基本原则，反对资产阶级自由化，促进全地区政治、经济和社会的稳定发展。2.各级领导干部要带头学法、守法、用法，严格依法进行管理指导。3.各行各业的干部要熟悉本行业、本单位负责执行的以及同自己工作密切相关的法律知识，严格依法办事。4.广大群众要基本了解同自己工作、生产和生活密切相关的法律常识，做到依法行使公民权利和履行公民义务。5.大、中、小学校要进一步完善学校的法制教育体系，努力实现法制教育制度化、系统化、正规化，提高学生的法律素质。6.坚持理论联系实际，学法用法相结合的原则，推动全区各项工作的依法治理。普法对象是：干部、学生、军人、工人、农民、个体劳动者及一切有接受能力的公民。重点对象是：县、团级以上领导干部；执法人员；宣传教育工作者、青少年。普法的主要内容为：1.以学宪法为核心，认真学习刑事诉讼法、民事诉讼法、义务教育法、集会游行示威法、国旗法、国徽法、婚姻法、全国人大常委会关于禁毒的决定和《关于惩治走私，制作、贩卖、传播淫秽物品的犯罪分子的决定》。同时有针对性地选学第一个五年普法时已学过的“十法一条例”的有关内容。2.各地、各单位还要组织学习土地管理法《贵州省实施〈中华人民共和国土地管理法〉办法》矿产资源法、《贵州省乡镇集体矿山企业和个体采矿管理办法》《贵州省计划生育试行条例》《贵州省未成年人保护条例》《贵州省老年人保护条例》。学习全国及贵州省普法主管机关规定学习的其他法律法规。并根据实际需要选学民族区域自治法、森林法、水法、环境保护法、军事设施保护法、文物保护法、食品卫生法。3.各系统、各部门、各单位既要学习上述法律、法规、还要学习上级主管部门安排的专业法律知识。4.学校法制教育内容分层次安排。小学要结合思想品德课进行社会主义民主与法制观念的启蒙教育；中学要进行以宪法为核心的基本法律常识教育；中等专业学校，职业技术学校除按照中学的要求外，还要根据各自的专业特点，学习与本专业有关的法律；大专院校要学习法学基础理论和以宪法为核心的基本法律及与所学专业有关的法律法规。

**普法方式**　1.试点。启动普法阶段，全地区共搞法制宣传教育试点97个，其中农村55个。1991年4~9月，大方县由人大法工委牵头，抽调人员组成工作队，到对江乡开展“二五”普法试点，试点中对江乡将普法工作与社会治安综合治理、与计划生育工作相结合的经验受到省、地领导肯定。其经验在省内各地推广。同期，其他各县亦选择适当乡镇及单位开展试点。

2.培训普法骨干。地区普法宣传教育办公室与地区工商局配合，举办培训班，培训全地区企业法人代表、企业营销人员150余人。全地区共举办培训班1860期，共培训骨干9.4万余人。

3.开展法制宣传。各县市采取举办宣传专刊，召开座谈会、报告会，进行法制广播、电影宣传，举行法律知识竞赛、张贴法制宣传标语。发行《法制生活报》、放映录像资料，出动宣传车的方式，开展普法宣传。此期间，全地区共举办宣传专刊1.37万余期、召开普法座谈会、报告会4568场次，进行法制广播、电视宣传2.57万余场次、举办法律知识竞赛51场次，张贴法制宣传标语2800条，发行《法制生活报》2.82万份，放映录像资料706场，出动宣传车586台次。

**学习、宣传法律法规**　1992年12月，毕节地区以纪念修改宪法颁布10周年为主题，开展宣传月活动。12月4日，地委、地区人大工委召开纪念宪法颁布10周年大会。5日，地区人大工委、地县公、检、法、司及毕节县人大常委会共同组织200余名干警上街开展宪法咨询活动。7日，地区法制宣传教育领导小组召开各民主党派代表、知名人士、先进工作者代表和部分省人大代表座谈会，纪念现行宪法颁布10周年。各县或召开纪念会、座谈会或利用广播、电视等媒体，或办专栏、墙报，或举办宪法知识竞赛，开展宪法宣传教育活动。地区法制宣传教育办公室和地区文化局协同编排小品《二憨替罚》、谐剧《哈经理》、韵白故事《苦果》等文艺节目参加全省纪念宪法颁布10周年法制文艺调演。是年，地区法制宣传教育办公室组织干部学习《中华人民共和国宪法》和《社会主义法制建设若干问题》；印制8万份试卷，2000份复习思考题，发给区内各级干部。6月23日，7万余名干部参加学习《中华人民共和国宪法》和《社会主义法制建设若干问题》全省统一考试，在职副县级以上干部551人参加统考，参考率97%，100%及格，一般干部7.17万名，7.04万人参加统考，参考率98%，及格率95%。1993年初，地区法制宣传教育领导小组制定《1993年法制宣传教育工作安排意见》，要求各单位结合自身业务，组织职工学习有关专业法律法规。其后，地区环保局、统计局、税务局、邮电局等50余个单位制定专业法学习计划，开展学习专业法。1994年6月29日，毕节地、市农业局和地、市司法局组织60余人，在毕节城内设立咨询点，宣传农业法、农业技术推广法、减轻农民负担条例。7月4~9日，组织4辆宣传车，分赴毕节市16个乡114个村307个村民组，开展宣传咨询活动。其后，毕节市农业局抽调472名农技干部和其他干部120人，组成宣传队，分赴全县36个乡镇开展宣传，为乡镇培训骨干5045人次，印发农业法规选编等资料5000余份，20余万人次接受宣传教育。8月5日，地区司法局、地区人事劳动局、地区工会联合组织地、市28个单位1200余人举行游行，庆祝劳动法颁布实施。8月28日，组织50人上街开展劳动法咨询宣传活动，接待咨询人员2500余人，为职工现场解答疑难问题1000余个。1995年，全地区共出动宣传车1080辆次宣传咨询近百次，出墙报540余期，购买、印发宣传资料近10万份，在中央、省、地广播电台、电视台，在《人民日报》《农民日报》《新华每日电讯报》《中国水利报》《中国水土保持》《贵州日报》《毕节报》等新闻媒体发表毕节地区依法防治水土流失的文章、图片上千篇（条、件），在主要公路线、工程区的山岩及坡改梯工地上张贴、悬挂、书写标语万余条，宣传覆盖面80%以上。“二五”普法期间，全地区统计机关开展《统计法》宣传教育，举办普法骨干培训班131期，参加培训人员1.22万人次，全区共印发统计普法资料10万份，办统计法规学习班近400期，学习者达2万人次。地区及各县市分管统计工作的领导和统计人员4951人，学习统计法规考核验收合格，毕节地区统计普法、统计执法检查工作，分别被《中国信息报》《中国统计》《贵州统计》《贵州统计信息》《法制生活报》报道，介绍其成绩和经验。1994~1995年，地区统计局被评为全国执法先进单位，全省普法先进单位，廖昌昕被评为全国统计执法先进工作者，全省统计法制建设先进个人。

**“二五”普法验收** 1995年8月15日，毕节地区法制宣传教育领导小组制发《关于开展“二五”普法考核验收的通知》《毕节地区“二五”普法考核验收评分表》；在是年9月17日，验收大方县“二五”普法工作，9月25日制发《关于成立毕节地区“二五”普法小组的通知》，10月组成验收小组，分赴各县进行检查验收。11月，抽查验收地直单位普法工作。经考核验收，全区8县市、250个乡镇、办事处，4682个村（居）委会和地、县市、乡镇机关、学校、街道、厂矿企业圆满完成“二五”普法任务。

## 四　1996~2000年普法教育（称“三五”普法）

**组织领导** 1996年10月底，地委、行署行文通知，各级法制宣传教育领导小组统一更名为普法依法治理领导小组，下发《关于批转地委宣传部、地区司法局〈关于在全体公民中开展法制宣传教育的第三个五年规划〉的通知》；1997年3月11日，调整充实地区普法依法治理领导小组成员。此后，地区各直属工作部门、各县（市）也健全普法依法治理领导小组及办公室，全地区建立起普法领导小组1280多个。

**普法试点** 1996～2000年，地区普法依法治理工作领导小组以纳雍县，地区国土局和地区中级人民法院分别作为依法治县、行政执法和公正司法试点。

**法制宣传** 1996~2000年，共办法制宣传专刊1.44万期，开展电视宣传3456次，广播宣传4.77万次，出动宣传车4021辆次，悬挂法制宣传标语19.03万条（幅）。1996~1997年，地区文物管理委员会办公室与地区博物馆联合举办文物法宣传活动，展出法制图片180余幅，印发宣传资料1万余份。1997年，各县市畜牧部门开展动物防疫法宣传，共出动人员1474人次，办宣传栏15个，散发宣传资料1710份，印发动物防疫法6000份，发给4400多个村张贴。是年12月，开展公路法宣传。12月1日，毕节公路养护总段和各段处队站悬挂大幅标语120余幅，悬挂大幅布标43幅，出动宣传车9辆，到公路沿线进行宣传。毕节电视台和各县市有线电视台播放《公路法》宣传录像带。中旬，在毕节市南关桥开展公路法宣传咨询活动，散发宣传资料1.2万份，并在《毕节公路报》全文登载公路法，印制1.5万份，分发到段、处、队、站、道班公路沿线乡镇。24日，毕节地市交通局，公路养护总段，地区司法局、地市稽征处，地市运管处等单位联合组织宣传队伍，在毕节城区开展公路法宣传活动，散发宣传资料2万余份。同年，地、县市统计部门开展法制宣传，共张贴统计法制宣传标语2100多张，办宣传专栏80余期，悬挂横幅26幅，广播电视宣传30余次，印发传单5000张，出动宣传车10余台次，培训统计法骨干300余人次。1997~2000年，共计宣传宪法、刑法、刑事诉讼法、国家安全法、国家赔偿法、行政处罚法、行政诉讼法、律师法、老年人权益保护法、煤炭法、公路法、土地管理法、合同法、预防未成年人犯罪法、水土保持法、水法、环境保护法、森林法、农业法、农业技术推广法、劳动法、统计法、文物法、税法和工商行政管理法律法规及《国家公务员暂行条例》等数十个法律法规。此期间，全地区政法系统开展声势浩大的《刑法》刑事诉讼法宣传、咨询活动。1998年，地委政法委、地委宣传部联合在毕节城区举行万人禁毒签名活动，机关干部、企事业单位职工、大、中、小学学生万余人参加签名，庄严承诺远离毒品。1999年，全地区开展90天扫毒大行动。司法行政机关出动警力280余人次，出动宣传车25台次，办禁毒宣传专刊38期，张贴、悬挂宣传标语500余条（幅），制作禁毒展板28块，制作禁毒录音录像带100余盘，播放300余场，数十万群众受教育。是年，地区普法依法治理领导小组办公室和毕节日报社联合在《毕节日报》开辟《法治声声》专栏，每年刊出宣传文章70余篇。各县市分别采用举办专栏出期刊，设宣传点作法制宣传，利用报纸，有线电视开设法制宣传栏目，利用广播，电视邀请人员进行法制宣讲，派出人员指导部门学法，配备村级法制宣传员，发放宣传资料，张贴宣传标语，编发简报，快讯等方式，出动宣传车，对民众进行普法教育。全地区共举办专栏期刊1.17万余期，进行法律咨询90余次，2万余人次提出咨询，设法制宣传点2885个，举办电视、广播、邀请人员进行法制讲座4.1万余场次，派出7560人次指导学法，配备499名村级法制宣传员向村民作宣传，发放宣传资料58.6万份，张贴法制宣传标语5.9万条，出动宣传车2791台次。毕节地区国家税务局结合开展税收业务开展税收法律法规宣传。土地管理部门开展宣传新土地管理法、土地管理法实施条例、测绘法、测量标志保护办法、基本农田保护条例，张贴标语6万余条，悬挂横幅标语280余幅，制作永久性标语476条，散发宣传资料2696份，办宣传专栏28个，墙报240期。举办乡镇、村组干部国土管理知识测试，印发试卷5000份，试卷回收96%。“三五”普法期间，工商行政管理系统组织学习公司法、企业登记管理条例、城乡个体工商户管理暂行条例、反不正当竞争法、产品质量法、消费者权益保护法。5年间，共办宣传专栏965期，出板报649期，广播宣传821次，会议宣传605次，发放宣传资料3.7万份，写宣传标语3856条（幅），进行法律咨询9.54万人次，举办法律法规培训班362期，培训8071人，组织1.32万人次中小学师生听工商法制课。全地区水土保持系统开展水土保持法宣传，共请地、县市领导发表电视讲话45次，出宣传专栏90期，出动宣传车1500辆次，书写永久性标语1200条（幅），张贴临时性标语6万余条，组织人员深入208个乡镇3798个村办水保法律法规宣传专栏1040期，发放《水保法》单行本5000多册，在《水利报》《贵州日报》等报刊发表相关文章385篇，在电视台和县有线台作水保宣传277次。2000年6月，全地区各级关心下一代工作委员会开展禁毒宣传，共张贴标语400余条，展出图片6000余张，发宣传资料3.6万份，播放科普教育片600余场。

**普法教育** 1.试点。1996~2000年间，地区普法依法治理工作领导小组以纳雍县，地区国土局和地区中级人民法院分别作为依法治县、行政执法和公正司法试点。全地区各县市亦在455个点上进行试点。1996年9月5日~12月5日，大方县普法依法治理领导小组抽调23人组成工作队，在黄泥塘镇进行为期3个月的“三五”普法试点。结合普法进行依法治理，制定《依法治村、民主管理规定》、调整和健全村治保会15个，人民调解委员会15个；组织治调联防小组132个，治安联防中队16个，护校队6个，护路队2个；重建“十户联防”组448个。对全镇1316头牛和321

匹马登记建卡。对36名重点人口和18名轻微违法青年立档管理，进行帮教。1997年，省依法治理领导小组办公室将黄泥塘镇的试点经验在全省推广。

2.培训骨干。1997年，地区普法依法治理领导小组办公室举办学习《社会主义法制建设基本知识》骨干培训班两期，培训县市宣传部，司法局领导或普法办工作人员共80人。1998年，地区法治办利用地委党校举办的4期培训班，进行依法治理工作骨干培训。1999年，地区行署办、地区法治办联合举办依法行政骨干培训班，各县市政府办主任、法制科长及地直单位法制工作人员近百人接受培训。2000年，地区法治办配合地区财政局举办全地区财政系统普法骨干培训班1期。1996~2000年，全地区共举办各类普法依法治理工作骨干培训班近4000期，培训骨干18.17万人。

3.经费投入和资料供给。1996年11月，中共毕节地委召开办公会议，确定各县市每年按人均0.05~0.08元的标准作为普法经费列入财政预算。1996~2000年，全地区财政共投入经费545.7万元，其中地区投入143万元。“三五”普法教育期间，全地区共订购《社会主义法制建设基本知识》《“三五”普法法律法规选编》《土法两条例汇编》等普法教育资料数十种9.71万余册，订购发放普法资料20.29万册，印发自编普法资料5.8万册，供民众学习。

4.普法教育方法。（1）建立健全领导干部的学法制度。1996年“三五”普法开始之初，地委决定将法律知识学习列入地委中心学习组学习计划，其后，地区人大工委、行署、政协工委、地纪委中心学习组先后制定和完善学法制度，开展学习法律法规，中共毕节地委党校将学习法律作为干部教育课程。各县也健全学法制度。1996~2000年，全地区干部普法教育。（2）是坚持在每周二、五政治学习时间适当安排学习有关法律法规。（3）是开展法律培训。各县（市）采用开办培训班，上法制课，进行法律知识讲座和讨论，举行法律知识培训学习考试，对民众进行普法教育。“三五”普法教育期间，共办各类法制教育培训班289期，6.91万人接受法制培训；举办法制讲座61次，704人到场听讲；开展法制讨论340多次，3.84多万人参加讨论，举行法律知识培训考试，7.09万人参考，90%以上合格。威宁县各级各部门共举办法律知识考试110场次，2.95万人参加考试。（4）学校普法教育。“三五”普法期间，大、中、小学均开设法制教育课程，对学生进行法律法规教育。从政法机关选派中小学兼职法制副校长和辅导员4484名，上法制课2200多次。各校除利用周会、班会、校会、讲演会聘请司法人员作法制报告，观看法律录像、出墙报板报、办图片展览、进行法制广播等方式进行法制教育外，还在有关部门配合下，拓展教育途径。毕节城区学校配合地区地方税务局，组织6000余名学生开展给爸爸妈妈送税法活动，学生与家长共同解答税收法律知识试卷，共同增长税收知识。地区法治办和毕节劳教所挑选劳教人员到10多所学校进行现身说教。毕节二中普法依法治校成绩卓著，获全省、全国德育先进学校称号。（5）农村普法教育。“三五”普法期间，全地区农村主要采取以下方式进行普法教育：一是通过党训班，乡镇人代会和村组干部会对党员，人民代表、村组干部和积极分子进行法制教育；二是由村法制宣传员利用群众会，办夜校等方式宣讲法律法规；三是通过各级调解人员在调处纠纷化解矛盾过程中，以例释法，向农民宣传法律知识；四是将法制宣传教育寓于税费征收、科技兴农等农村各项具体工作之中。至2000年，全地区80%以上的农民受到普法教育。五是行业普法教育。1996~2000年，工商、税务、物价、土地管理、矿产资源管理、煤炭、技术监督、环境保护等部门，采取多种方式，对行业工作对象进行法制教育。工商行政管理系统共举办企业法人代表、私营企业主和个体工商户法律法规培训班362期，培训8074人。各级国税机关每季度均召开1次纳税人会议，进行有关税收法制教育。全地区煤炭系统建立培训机构6个，配备专兼职教师30人，对煤矿矿长及特种作业人员进行法律法规和安全操作技术培训，共培训4657人。（6）普法知识竞赛。1998年10~12月，地委组织部、宣传部、地区人事局、法治办联合举办地区干部职工普法依法治理知识测试和抢答赛。共发出测试试卷8.1万份，收回7.43万份，回收率91.7%。其中参加测试的副地（厅）级以上领导干部19名，县处级以上领导干部618名。测试成绩90分以上4.27万名，占参加测试人数的57.5%。其后，举办抢答赛，全地区组建17支代表队参赛。“三五”普法期间，赫章县共组织法律知识竞赛和测试133次，参加人员达7.5万人次。1996年，地区妇联组织妇女参加妇女权益保障法知识竞赛。地区煤炭局组队参加省学习煤炭法知识抢答赛，获第三名。1997年，地区财政局组织职工参加省财政厅举办的法律法规知识竞赛，1名职工获一等奖。1998年4月，地区法治办和地区地方税务局联合举办地方税收法规知识竞赛，发放试卷1.3万份。1999年，地区财政局组织职工参加省财政厅举办的全省农业税收知识竞赛，3000余人参赛。是年，地区水土保持办公室举办防洪法知识竞赛，发放试卷4600多份。毕节市组织5.7万人，织金县组织21.7万人参加全省禁毒法律知识竞赛。黔西县组织2744名党员、干部参加省委组织部举办的《党员领导干部选拔任用工作暂行条例》知识竞赛。2000年，地区工商行政管理局组织工作人员和部分生产者、经营者、消费者参加国家工商局、司法部联合主办的全国工商行政管理法律知识竞赛、发放试卷7800份，收回7578份，回收率97.3%。1996~2000年，各级工商行政管理系统共举办法律法规知识竞赛27次。1998~2000年，黔西县洪水乡连续3年举办法律知识竞赛，每次有1000多人参加。

**依法治理** 1997年9月6日，毕节地区法治办转发全国普法办公室《依法治市工作指导标准（试行）》《依法治县工作指导标准（试行）》《依法治村工作指导标准（试行）》《企业依法治理工作指导标准（试行）》同时印发《毕节地区普法依法治乡镇工作标准（试行）》，要求遵照执行。1998年7月，中共毕节地委、毕节地区行署决定成立毕节地区依法治理工作领导小组。7月9日，中共毕节地委作出《关于在全区开展依法治理工作的决定》。10月9日，地区人大工委作出《关于开展依法治理工作的决议》。11月6日，毕节地区行政公署制发《关于在全区开展依法治理工作实施方案》。1998年12月16日，召开全地区依法治理工作暨创建安全文明小区工作动员大会，地委副书记、地区依法治理工作领导小组组长刘伦才分别与各县市负责人签订1999年度依法治理工作目标责任书。会后分别同70个地直部门签订责任书。

1.依法行政。1999年，地区依法治理工作领导小组制定《关于推行部门执法责任制的实施方案》，旋即，各县市也制定部门执法责任制实施方案。分三个阶段推行部门执法责任制。1999年8~9月为宣传、组织、发动阶段。10~12月为清规和建制阶段。本阶段按照职权法定原则、建立和完善部门执法责任制及其相关配套制度。各行政执法部门按照部门执法的内容和程序，先后将涉及本部门执法的现行法律、法规汇编成册，并对本部门所出台的文件进行清理，凡与法律法规相抵触的，一律废止。地区工商局编印《个体私营经济政策法规选编》法规汇编，清理文件、法规共1114个，其中修改23个，废止16个。各部门均制订执法责任制实施细则。2000年1月起为全面组织实施阶段。各级政府和各政府工作部门，推行行政执法责任制，行政执法单位行政执法主体规范，执法范围清楚，执法程序合法，执法公开。各级行政执法部门普遍建立和推行执法公示制，建立和推行验证执法、持证上岗制度。各级政府和各工作部门推行政务公开。2000年，黔西县在政务公开试点的基础上，制发《关于在全县全面推行政务公开的意见》，全县28个乡镇和县直机关以及43个企业推行政务、厂务公开。毕节地区行署聘请北京大诚律师事务所高级律师肖金泉担任常年法律顾问，为行署的重要决策和重大活动提供法律服务。纳雍县、织金县、毕节市和大方县相继组建政府法律顾问组，聘请律师工作者担任政府常年法律顾问，办理和处理法律事务。地区行署和各县市政府充分发挥政府法制工作部门、司法行政部门法律服务职能，为政府依法行政当法律参谋。1996~2000年，文化部门与公安、工商部门配合，依法管理文化市场，共出动管理人员7057人次，出动车辆1225辆次，收缴各类书刊163万余册（张），收缴音像制品2.72万盒，收缴各种机具496台（件），取缔违法经营户134户，没收、罚款27.82万元，有效维护文化市场秩序。1997~2000年，国土管理系统开展清查土地违法案件，共查处土地违法案3.4万件，遏制乱占滥用耕地行为，同时，规范本系统执法纪律和有关制度建设。其中，毕节市国土局办结土地违法案近7000件，罚款120多万元。责令复垦耕地80余亩。1998年，农业部门配合有关部门，查获假冒伪劣化肥530余吨，非法经营化肥4100多吨，有效维护农业生产者的合法权益。是年，兽药监督部门检查兽药市场187次，查出伪劣兽药11种15.34万盒（支），依法予以销毁。1999年，农业植保部门专项检查农药市场，处理无证无照及销售假冒伪劣农药；疫检粮食作物、果树苗木200余万亩，疫检调运烤烟900余万担。是年，渔政管理部门查处重大渔业案4件，检查卖鱼户20户，饮食店38家。2000年，全地区调查农村中小学1085所，查出乱收费项目43个，金额515万元。调查和整顿农村用电收费，为用电农民减轻不合理负担644万元。“三五”普法期间，各县市水土保持部门出台水土保持法配套地方法规40个，查处水土保持违法案288件，执法罚款2.39万元。

2.公正司法。司法机关按照宪法和法律，在制定和完善执法责任制，错案责任追究制、司法赔偿制的同时，进行司法体制改革，推进公正司法。审判机关建立案件新闻发言人制度；强化庭审功能，改革和完善人民陪审员制度；设立立案庭、书记官处，实行立审分离、审执分离、审监分离制度，建立案件督办、督察制度；推行一步到庭，充分给予当事人举证权；相应建立便于审务监督的审判人员、当事人会见限制制度。开展审判质量年，执法年，争创人民满意的好法院、好法官活动，推行院务公开，实施“阳光审判”工程，促进公正司法。检察机关推行主诉检察官制度和检务公开，争创人民满意的基层检察院和人民满意的检察干警活动，开展提高公诉水平活动，实现公正司法。律师、公证、法律援助机构和“148”法律服务专线电话，有力促进公正司法。

3.基层依法治理。至2000年，依法治乡镇、依法治企业、依法治村达80%以上。农村围绕民主选举、民主管理、民主监督和村务公开、财务公开全面开展依法治村、推进农村法制建设。

毕节市市西办事处，海子街、杨家湾、普宜、龙场、吉场镇，开展依法建制、以制治村、民主管理依法治村活动，村级依法治理逐步向法治化规范化迈进。海子街镇陈家院村每月两次向村民进行法律广播宣传；订立村规民约，村民人手1册；坚持治安巡逻，建立治安宣传分队，实行治安责任制；实行村务公开、民主管理。全村民主法制建设、物质文明和社会主义精神文明建设齐头并进。1999年，全村人均年收入1500余元，人均粮食360余千克，涌现出“十星级”文明户190户，文明户253户。三板桥办事处茶亭村处于城乡接合部，治安状况一度不好，依法治村使其治安状况改观。1999~2000年，全村未发生一起治安案件，无一人吸毒。大方县黄泥塘镇箐门村依法治村成绩卓著，先后受到国家司法部和省、地、县司法行政机关表彰。1999年，黔西县以村务公开，财务公开为契机，清理村级财务资金176.4万元，其中个人占用60.2万元，年底收回44.6万元；违纪金额38万元，收回25.6万元；并清理各种往来账款，取消不合理开支，受到村民好评。1999年，金沙全县村（居）委会依法治理工作以民主选举、民主决策、民主管理、民主监督和村务公开、财务公开为重点，建起“明白墙”公示制度取信于民。城关镇金明村选出由村民代表参加的协议会、监事会、理事会、理财小组，清理1997~1999年的村级财务收支，在“明白墙”上向群众公布结果，群众解除疑虑，对村委会的信任度增强。太平乡做到村村制度上墙，家家制度上门，户户参与依法治理。石场乡各村级组织完善《村规民约》，并制订多种规章制度，实施村务永久性、定期性、临时性公开专栏，广泛听取意见，接受群众监督。织金县农村推行民主选举、民主决策、民主管理、民主监督和村务、财务公开，实施依法治理。茶店乡制订乡规民约，村规民约，落实营林管护制度，计划生育审批制度和评比制度，签订社会治安综合治理责任书，普法依法治理责任书、禁毒责任书和创建安全文明小区责任书，建村级巡逻队和护寨护校队，促进乡、村两个文明建设。

4.专项治理。各县（市）对群众关心的热点和难点问题，集中力量依法开展专项治理。毕节市对无牌照电三轮、城市脏、乱、差，治安问题突出区域进行专项治理，对已经形成恶势力的千溪乡法郎村偷牛盗马团伙重拳出击，受到群众欢迎。大方县围绕计划生育、粮烟收购、财政税收、移民搬迁等工作开展专项治理。黔西县先后开展烤烟收购、计划生育、交通运输、文化娱乐市场和药品市场专项治理。织金县对学校乱收费、农民减负和偷牛盗马、拐卖妇女、吸毒贩毒等专项治理。赫章县对锌矿山、铁矿石、炼锌点开展专项治理。均收到良好效果。

5.执法和司法监督。“三五”普法期间，地区人大工委，各县（市）人大常委会，高度重视加强对司法机关的监督。地区人大工委每年均听取行署关于普法和依法治理工作报告，听取3个以上行政执法部门和司法机关司法情况报告，统一组织各县市人大常委会对群众反映较大的案子进行个案评议。毕节市人大常委会对司法机关贯彻《全国人大常委会关于禁毒的决定》和有关行政执法单位贯彻执行环境保护法、水土保持法、保密法和档案法等进行监督检查。1998年，大方县人大常委会制发《关于对归侨侨眷权益保护法执法检查的通知》，召开政协、统战、台办、民族宗教、教育等部门负责人会议，听取关于归侨侨眷权益保护情况报告；1998年8月，派出5个调查组深入15个乡镇，检查贯彻执行农业法和贵州省《农田基本建设保护条例》情况；2000年4月，制发《关于评议大方县司法机关案件有关事项的通知》，评议县公安局，检察院、法院所办案件；5~6月，由县人大常委会牵头，组织有关单位，采取走访、座谈、阅卷、设举报箱、接待案件当事人等方式，检查全县1999年以来社会治安情况和公检法机关执行刑法，刑事诉讼法和社会治安管理处罚条例情况；召开各界人士座谈会150次，调查3000余人次。撰写《关于对全县社会治安执法检查情况的报告》，提出加强和改进全县社会治安执法工作的七条建议。织金县人大常委会定期听取和审议有关法律法规的执法情况报告，开展部门执法检查和评议活动，听取和审议部门主要领导的工作报告及其述职报告，在广泛听取群众意见的基础上，按法律程序和组织程序解决被评议部门在公正司法或行政执法方面存在的问题。纳雍县人大常委会每年均对行政执法部门和司法机关开展执法、司法检查督促和评议活动。威宁县人大常委会通过定期听取和审议有关法律法规执行情况报告，检查评议司法机关和行政执法部门的执法情况。县人大常委会评议公安局、法院、司法局，地税局等20余个单位行风。赫章县人大及其常委会组织省、县人大代表检查有关刑法、刑事诉讼法、行政诉讼法的执行情况；审查评议县人民政府社会治安执法情况、县人民法院执行工作情况和县检察院自侦案件查办情况；每年至少两次听取和审议县政府、检察院、法院工作报告；先后4次听取县“三五”普法及依法治理工作情况报告。1999年8月2~11日，地区行署组织环保执法检查团监督检查各县市环境保护工作，实地检查重点治理和限期治理单位和企业30余家，并抽查部分县市环保部门执法文书档案。对不符合环保要求的企业和单位给予批评，责令限期改正；对少数严重违反法律法规的企业和单位，地区环保局当场作出行政处罚决定。2000年，地区监督各县市和地直城乡建设、地质矿产、煤炭、环保、审计、技术监督、物价、工商、国土、交通、医药、公安、地税、国税机关的执法情况。各级行政执法部门和司法机关健全监督机制，加大执法和司法监督。1996~2000年，全地区工商部门开展内部执法监督检查，共出动823人次，开展执法检查144次，写出检查报告109份。1997年，地区财政局开展财政法规实施情况监督检查，重点检查县市、乡镇国家机关、企事业单位和社会团体执行预算法情况；1998年，拟定《毕节地区会计基础工作规范化实施意见》，发挥财政监督管理职能，规范会计秩序。是年，统计部门开展统计执法检查，6131个单位开展自查自纠，占单位总数的93.1%。2000年，地区民族宗教事务局组织开展民族法律法规实施情况大检查。

**考核验收普法教育**　2000年，地区普法依法治理领导小组拟定《关于“三五”普法和依法治理工作考核验收方案》。是年8~9月，地委、地区人大工委、地区行署、地区政协工委和政法领导带队，组成5个检查组，分赴各县市和地直部门检查验收普法和依法治理工作。经检查验收，4个县市，54个地直部门，91个乡镇属一类；16个地直部门，116个乡镇属二类；2个地直部门，42个乡镇属三类。11月，贵州省依法治理工作检查验收小组来毕节检查验收，充分肯定毕节地区的“三五”普法依法治理工作。

## 五 2001~2005年普法教育（称“四五”普法）

**组织领导** 2001年4月，全国人大作出《关于进一步开展法制宣传教育的决议》，中共中央、国务院批转《中央宣传部、司法部关于在公民中开展法制宣传教育的第四个五年规划》。8月初，省下发《贵州省人民代表大会常务委员会关于进一步开展法制宣传教育的决议》和《中共贵州省委、贵州省人民政府关于转发〈省委宣传部、省司法厅关于开展普法和依法治省工作的五年规划〉的通知》，毕节地区召开普法和依法治区工作领导小组会议，制定《毕节地区普法和依法治区工作五年规划》；9月，地委、行署批转实施规划。各县市和地直部门亦制定“四五”普法工作规划或方案。9月26日，召开全地区总结表彰“三五”普法暨“四五”普法动员大会。此后，各县市相继召开“三五”普法总结表彰暨“四五”普法动员大会。“四五”普法依法治区工作全面启动。2001~2005年间，中共毕节地委两度充实调整地区依法治区工作领导小组组成人员。从2003年起，依法治区、治县、市办公室全部转为常设机构。是年底，全地区各乡镇司法助理员全部收编由县市司法局主管、乡镇协管，确保司法助理员有足够的时间和精力投入本职工作，有效解决普法和依法治理工作在乡镇的断层问题。同时，中共毕节地委、毕节地区行署决定，全地区以总人口计算，按人均0.1元，核拨普法和依法治理工作专项经费。2001~2005年，全地区财政共投入专项经费604.5万元，其中地区150万元。地区和各县（市）法治办配备法制宣传车；微机、照相机、摄像机。“四五”普法之初，各县市按地区要求，切实抓好两个乡镇、两个执法机构、一个司法机关、一所学校、一条街道、一个企业的普法教育和依法治理试点。2002年，全地区建示范点48个。2003年，共在45个单位开展依法行政创建；按30%的比例开展民主法治示范村建设。2001~2005年，全地区共抓各类普法和依法治理示范点341个，民主法治示范村1732个。

**法制宣传教育** 1.领导干部及职工法制教育。①领导干部法制教育。2002年，地委组织部、地委宣传部、地区司法局联合制发《关于加强领导干部学法用法工作的意见》。是年底，在黔西县召开全地区领导干部学法用法经验交流会。全地区各领导机关各工作部门领导干部学法用法全面展开。地委及各县委党校将学习法律知识列为领导干部培训的内容。2004年，地委党校举办培训班40期1655人。地直机关工委和地委讲师团联合举办地直科级干部学习宪法培训班。中共毕节地委邀请北大光华管理学院教授来毕节开办干部讲座。2004年办讲座7次，各级领导干部4140人次听讲。黔西县和赫章县分别邀请省地专家讲授行政法、行政许可法。②职工法制教育。2000年，全地区组织7.69万余名职工参加全省统一组织的学法用法考试，参考率89%，及格率100%。2003年9月，地区人事局组织1.63万名公务员参加依法行政知识考试。工商系统常年坚持组织职工参加“一月一法一讲座”的学法用法活动。金沙县检察院轮流安排业务科室主讲法律知识开展一周一案例的讨论学习。地区人事局每年定期邀请行政领导和司法工作者讲授法律知识。税务系统坚持学习考核制度，考核获优等者，给予奖励，获高等者，给予批评教育。纳雍县1名职工学习被考核获优，给奖金1万余元。

2.学校法制教育。2001年7月，地区教育局行文确定18所中小学为法制教育试点学校。2001年12月，全省教育系统“四五”普法和依法治教工作动员会及全省法制教育经验交流现场会后，区内各级各类学校普遍建立普法领导小组，制定“四五”普法和依法治教五年规划。2002年3月下旬至5月下旬，地委政法委、共青团地委、地区司法局、地区教育局、地直机关工委联合组织全地区36岁以下的青少年20.83万人参加全省组织的法律与公民道德知识竞赛，其中学校师生17.47万人，占83.8%,30名参赛师生获奖。地区教育局、毕节市、大方、织金县教育局获组织奖。2003年7月，各级各类学校组织学生参与地区交警支队举办的学习交通法规知识竞赛，共发出资料及试卷11万多份。2004年12月，召开全地区法制教育工作经验交流会，毕节一中、毕节二中、黔西一小、大方云贵私立中学在会上作法制教育经验介绍。

3.行业学法。2004年4月，地区举办行署专员、各县市长、地直各部门、县直有关部门负责人参加的行政许可法讲座。地区司法局、依法治区办公室举办学习宪法、行政许可法骨干培训班两期，100人参加培训。是年，全地区1.96万名公务员参加行政许可法知识考试；举办学习宪法、行政许可法知识抢答赛，共组织16支代表队参加，大方县代表队获第一名。组织地区代表队参加全省学习宣传“两法”知识电视抢答赛，获第二名。“四五”普法教育期间，各法制宣传部门，各业务职能部门，结合开展业务工作，反复宣传专业法律及政策，解决工作中碰到的具体问题。在洪家渡水电站施工过程中，曾有一身份不明的假冒律师，欺骗性进行非法代理，严重干扰工程施工，地区司法局会同相关单位及时搞清律师的真实身份，揭露其真实面目，有效化解移民矛盾，维护社会稳定。同时，有关部门利用法律法规颁布实施日、纪念日，采取出专刊、办橱窗、挂标语、设咨询服务台、开展知识竞赛、发放资料等形式，宣传相关法律法规。2001~2005年，全地区各级各部门共开展法律宣传咨询9.02万余次；散发各种宣传资料700余万份；张贴法制宣传标语、挂图10.4万幅；办法制专刊5000多期；电视宣传1043次；广播宣传2.97万次；电影宣传327场；培训普法和依法治理工作骨干1529期14.51万人次；订购发放普法书籍34.2万册。

**依法治理**　1.依法行政。2001年，行署作出《关于进一步推进依法行政工作的决定》。是年，各行政执法部门建立、健全执法责任制、执法过错责任追究制、办案责任制、办案程序。2002年7月，贵州省政务公开经验交流会在毕节召开。会后，各级政府及行政机关建立政务公开工作领导小组413个，监督工作小组395个，办各类公开栏806个。2003年初，成立毕节地区行政审批制度改革小组。是年3月，召开地直行政事业单位依法行政动员大会，部署全地区行政审批制度改革工作，将清理行政审批项目纳入“一把手”工程，要求各部门主要领导具体抓好行政审批改革工作。随即，行署及各县市组织专门机构共清理行政审批事项6000多项，取消1600多项，受到省行政审批制度改革领导小组的好评。同时，中共毕节地委政法委制定《关于开展规范执法行为，促进执法公正专项整改活动实施方案》。全地区公安机关在全省率先实行法律文书统一、案件进出口统一、对外法律事务统一制度，促进执法办案能力提高。检察机关实现从个案预防到行业预防、重大工程专项预防向系统全面预防、由检察机关预防向社会预防相结合的转变，在查办重大案件、打击职务犯罪上取得明显成效。地区中级人民法院推行案件流程管理制度，对立案、送达、开庭、合议、宣判的时间作出具体规定，并跟踪监督，确保审限内结案，杜绝超审限现象；建立案件质量日常评查体系，由纪检监察部门对每一件生效案件特别是二审改判、再审改判和发回重审案件进行评查，对不合格案件进行错案追究；推行审判长独任制和审判员选任制，开辟“诉讼绿色通道”，方便农民诉讼，解决老百姓打官司难问题。2002~2003年，司法机关依法处理全地区因各种原因遗漏的647件超期羁押案件。2003年7月，行署责成地区司法局组织4个调查组，分赴各县市进行1个月的法制环境调查。检查总结全地区法制环境建设特别是依法行政方面取得的成绩和经验，分析和找出工作中存在的主要问题，为行署决策提供重要依据。是年9月，行署决定，在全地区工商、国土资源、城建、环保、煤炭系统开展依法行政创建工作。地区成立依法行政创建工作领导小组，领导全地区的依法创建工作。2004年6月，召开全地区依法行政工作会议，交流总结创建工作，探索新时期依法行政的新路子。2004年，行署制定《关于推行部门执法错案追究责任制的实施方案》。各行业执法部门结合自身特点，从有关单位和公民中聘请执法监督员和行风监督员，定期召开会议，听取情况汇报。地区环保局向62家排污企业发出限期整改通知书，向57家排污企业发出事前处罚告知书，对53家排污企业作罚款处罚，均无一家排污企业申请行政复议或提起行政诉讼。地区公路局严格执行公路工程项目法人制、合同管理制、工程监理制，招投标制，使公路工程建设走向规范化。地区质监、安监、审计、物价、统计、民政、国税、教育、卫生部门均未发生行政诉讼案件、行政复议维持率达95%以上，全地区林业系统在“四五”普法期间共查处4611起行政案件，查处率98%，无一例复议、诉讼案件发生。

2.基层依法治理。以“依法建制，以制治村”为主要目标，以推行民主选举、民主决策、民主管理、民主监督和村务公开、财务公开为主要内容，以加强村（居）党支部、村（居）委员会建设为切入点，把基层依法治理与贯彻村民委员会组织法、居民委员会组织法结合起来，加强基层组织建设，开展扶贫攻坚、社会治安综合治理、创建安全文明小区和无毒无盗村（居）活动，健全充实基层调解委员会、治保会、治安巡逻队，明确村级法制宣传员等民主法制建设工作。国家民政部、司法部《关于进一步开展民主法治示范村建设工作》的通知下发后，毕节地区按省要求，实行国家、省制定的《民主法治示范村工作标准》，开展民主法治示范村建设工作。到2005年止，全地区已有1732个村开展创建活动，占行政村总数的38.4%。100%的村居（社区）均建立起调委会、治保会，公开村务、财务，“四民主，两公开”基本落实。

**考核验收**　2005年初，地区依法治区办公室制定《毕节地区依法治区工作考核标准》和《2005年度普法依法治区工作标准》。2003年6月，区内各县市基本完成“四五”普法依法治理考核验收工作；地直部门、单位完成自查自评。7月中旬~9月上旬，全面铺开面上考核验收工作，先后对8县市和地直79个县级以上部门、单位进行考核验收。在79个地直单位中，居一类的31个，居二类的48个。10月27~29日，省“四五”普法依法治理工作检查组到毕节开展考核验收，认为毕节地区“四五”普法依法治理工作领导重视，措施得当，运转正常，效果明显。“四五”普法依法治理工作通过省考核验收组的考核验收。

## 六　2006～2010年“五五”普法依法治区工作

**组织领导**　2006年，全区组织实施《毕节地区2006～2010年普法依法治区工作规划》，形成“党委领导、人大监督、政府实施、部门各负其责、全社会共同参与”的普法依法治区工作格局。各级政府将民主法制建设列入地区经济社会发展目标，在每年的全区经济工作会议中将民主法制建设作为一项重要工作予以安排部署，地区目标办将“五五”普法依法治区工作完成情况列入地委行署年度目标考核管理，地区普法办对各县（市、区）普法依法治理工作完成情况作单项考核。

**普法宣传**　1.普及法律法规知识。一是以“维护宪法法律权威、促进社会和谐稳定”为主题，在全区开展学习宣传宪法活动。组织普法宣讲人员开展宪法学习讲座235场次，听众达63.7万人次。在每年“12·4”全国法制宣传日活动中，确定宣传主题，组织指导各县（市、区）和地直各部门开展宪法的学习宣传。各级各部门坚持把宪法纳入普法重点对象的法制培训和考试内容。二是开展国家基本法律的学习宣传。学习宣传与加强经济社会管理、保障服务民生密切相关的法律法规，利用各项法律公布实施的周年纪念日，适时组织开展相关法律的宣传月、宣传周、宣传日等集中宣传活动。三是及时开展新公布或新修订法律法规的学习宣传。先后将29部这类法律法规列为全区的普法重点内容，组织编写新法知识读本，发放普法资料、宣传挂图102多万册（张），举办专题讲座、培训班457场（次）。

2.重点对象的普法教育。一是领导干部学法用法。落实党委（党组）中心组学法、举办法制讲座、在领导干部参训中设置法制课程、组织普法考试考核等措施。2006～2010年，全区各级各部门共举办各类领导干部法制讲座787场次，3万余人次科级以上领导干部参加了法律知识考试。二是公务员学法用法。2006～2010年，各级各部门重点围绕宣传普及公务员岗位职能的相关法律知识，通过职位晋升公务员、新录用公务员上岗培训增设法律课、举办公务员学法用法征文和书画竞赛、组织公务员法律知识考试考核等措施，培训公务员10.4余万人次。三是青少年学法用法。2006～2010年，全区各县（市、区）坚持课堂教育与课外活动相结合、教育行政主管部门与专业法部门相结合，通过配备中小学法制副校长和辅导员、开展“小手牵大手、父母同学法”等普法教育实践活动，抓好青少年普法教育，增强青少年遵纪守法意识，提高自我保护和抵御违法犯罪侵害的能力。四是企业经营管理人员学法用法。各级各有关部门通过现代网络教育、脱产培训、专题讲座、考试考核等措施，组织企业经营管理人员学法用法，举办法律知识培训班100余期，培训人员1.2万余人次。五是农民群众学法用法。结合农村特点和农民群众需要，各县（市、区）组织开展了形式多样的农村普法教育活动，培训农民工60.9万余人次。

3.开展主题普法教育活动。一是组织开展“加强企业法制宣传教育、积极应对国际金融危机”“保增长、保民生、保稳定”“提升农民法律素质、促进农村社会和谐”“抗击冰冻雨雪灾害、加强法制宣传教育”等系列主题普法教育活动。五年来，各级各部门共举办促进经济发展主题法治讲座、电视专访等专项法制宣传活动986场次。二是重点加强了劳动就业、社会保障、社会救助、房屋征收与补偿、移民搬迁、土地承包流转、国企改制、环境保护、食品安全等方面法律法规的宣传教育，引导广大城乡居民和企业职工依法表达利益诉求，自觉履行法律义务。三是围绕国家和省地的重大部署、战略任务，开展普法教育。先后组织开展了“人文奥运·法治同行”“强区升位·法治先行”等系列主题法制宣传教育活动。

4.“法律六进”。组织编印、免费发放“法律六进”系列读物10种35多万套。一是围绕“法律进机关”，各级各部门建立健全了机关学法用法、培训考试、检查考核等制度，组织开展“领导干部讲法”等活动。二是围绕“法律进乡村”，加强农村普法教育阵地建设，加强“农村法律明白人”“法制宣传员”培训，广泛开展“送法下乡”“送法进农户”等活动。三是围绕“法律进社区”，大力加强社区普法广场、法制长廊、法制宣传电子显示屏等阵地建设，广泛开展“政法干警送法进社区”等送法活动，有效整合律师、公证、法律援助工作者、普法志愿者等力量，开展针对社区特殊人群的普法教育，服务社区群众，促进社区依法管理。四是围绕“法律进学校”，各级各有关部门认真落实中小学法制教育的计划、课时、师资、教材，切实抓好课堂法制教育，深入开展“小小律师”“小交警执勤”等法制实践活动，增强广大青少年的法律意识和法制观念。五是围绕“法律进企业”，各地各有关部门充分利用职工学校和宣传阵地，通过举办企业法治论坛、法制培训、辅导讲座、以案释法等形式，有针对性地开展普法教育，引导员工依法参与企业民主管理、依法维护自身合法权益，促进企业依法管理、诚信经营。六是围绕“法律进单位”，各级各部门通过开展“学法用法示范单位”等创建活动，充分调动各单位的积极性，促进各单位采取各种有效形式，积极向社会宣传与本单位职责相关的法律知识，使之成为法制宣传的窗口，推进各单位自身的法治化管理。

**依法治理和法治创建** 一是开展“民主法治示范村（社区）”创建工作。全区有60%以上的行政村（社区）开展了“民主法治示范村（社区）”创建活动，其中有4个村被授予“全国民主法治示范村”。二是组织开展“依法办事示范单位”创建活动，培植示范典型31个，全区行政执法部门和司法机关普遍建立和完善了执法责任制、执法公开制、执法过错追究制、执法监督制等制度。三是推进“法治城市、法治县（市、区）”创建工作。全区九个市、县、区启动了法治创建工作，其中3个县（市）被授予“全省法治县（市）创建活动先进单位”。

## 第三节 人民调解

### 一 调解组织

1953年，根据第二届全国司法会议和贵州省第五届司法会议精神，在基层选举中建立人民调解委员会，调解一般民事纠纷与轻微刑事案件。调解范围包括婚姻家庭和财产权益纠纷；小额盗窃、一般欺诈、妨害名誉、妨害信用、一般打架斗殴、轻微伤害、毁损、轻微侵占、虐待和干涉婚姻自由。1956年，在高级农业合作社内设立调解小组。1958年，在基层选举中成立乡镇、街道调处委员会。调处委员会在调处民间纠纷时拥有强制权力。

1961年下半年，在公社建立人民调解委员会，生产大队建立调解分会或调解小组。人民法院指导和管理调解组织工作。1966~1976年“文化大革命”期间，绝大多数人民调解委员会不复存在。

1977年后，逐步恢复人民调解组织。1980年，地区及各县建立司法局，管理和指导人民调解工作。1981年，全地区恢复和建立调解组织5129个。纳雍、毕节、金沙县财政拨款，培训部分调解人员。1982年3月22~28日，召开全地区人民调解工作会议，传达贯彻第一次全国人民调解工作会议和全省调解工作座谈会议精神，部署全地区人民调解工作。是年4月7日，中共毕节地委批转《全区人民调解工作会议纪要》，要求各级党委和政府加强对人民调解工作的领导，抓好组织的建立和整顿工作，配备好区、镇司法助理员，发挥调解作用，促进全地区社会治安好转；各级司法行政部门，配合法院和基层人民法庭，抓好调解组织的建设，努力建设一支思想好，作风好，懂业务的调解队伍。在农村公社，建立调委会，大队建立调解小组（或分会），生产队设调解员；在城镇，以居民委员会建立调委会，居民小组设调解员；在厂矿企业单位建立调委会，视车间大小设调解小组或调解员。是年，完成95个区镇768个公社和4182个大队调解组织的整顿工作，分别占应调整数的97.5%、93.3%和94%.各县共拨付调解人员培训专项经费2.8万元，培训调解组织负责人5399人，占应培训数的96.3%。1985年，各级司法行政部门指导和帮助调解组织实现“组织、制度、工作、报酬”落实。建立和完善学习制度，目标责任制度，纠纷调解登记制度。1986年，整顿调解委员会2164个，培训调整人员5303人。

1987年，结合县、乡换届选举，整顿健全人民调解组织。明确分设调解领导小组，村设人民调解组织，村民小组设调解小组或调解员；街道办事处、居委会、居民小组设调解组织；厂矿、企业、车间、班组设调解组织。是年，培训调解人员5008人，整顿调委会3737个。1988年，有调解组织4672个，调解人员2.43万人，全年培训调解人员3077人，1989年，国家颁布《人民调解委员会组织条例》，明确人民调解委员会是村民委员会和居民委员会下设的调解民间纠纷的群众性组织，在基层人民政府和基层人民法院指导下进行工作。司法助理员代表基层人民政府及其派出机关指导人民调解委员会工作。是年，有调解委员会4682个。1990年，全地区有调委会4740个。1995年，全地区建立调委会5186个，有调解员2.98万人。

20世纪90年代后期，以乡镇司法所为主体，吸收乡镇公安派出所、法庭、计生站、土管所、财政所、民政部门负责人组成司法调解中心，依法解决干群矛盾和各种热点难点问题，疏通党群干群关系，调处重大疑难纠纷，指导村调委会的工作；解决跨地区、跨行业的矛盾纠纷；开展法制宣传教育；组织排查不安定因素，制定协调方案，落实协调措施；办理乡镇党委、政府交办的其他司法行政事宜。至2000年，有67个乡镇建立司法调解中心，共建立各级各类调解组织5018个，配备调解人员2.4万人。2001年，8县市全部建立司法调解工作领导小组，120个乡镇、办事处建立司法调解中心开展调解工作。2004年，按照《人民调解工作若干规定》和地委办、行署办批转《关于进一步加强人民调解工作的意见》，健全乡镇人民调委会和村级调解组织，贯彻落实《贵州省司法厅关于加强人民调解员培训工作的实施意见》，采用多种形式有计划、有步骤地培训人民调解员。2007年，全区5034个调委会基本健全完善。2011年，启动道路交通事故人民调解工作，各县市均成立交通事故人民调解室，与检察院联合开展轻微刑事案件人民调解刑事和解工作。

## 二 调 解

20世纪50年代初期，人民调解组织在人民法院指导下，开展一般民事纠纷和轻微刑事案件的调解工作。1955年，织金县人民调解组织共调解民间纠纷4835件；水城县人民调解组织共调解民间纠纷3131件。1958~1960年，人民调处委员会代替人民调解委员会，按照教育为主、惩罚为辅的方针，通过教育、批评、辩论调处民间纠纷和轻微刑事案件。1961年，恢复人民调解委员会，按照《人民调解委员会暂行组织通则》开展调解工作。1966~1976年“文化大革命”期间，人民调解制度被斥为阶级调和遭批判，调解组织陷于瘫痪。1977年后，恢复和发展人民调解工作。1980年，地区及各县建立司法局后，贯彻调防结合、以防为主的调解工作方针，为维护全地区社会安定发挥重要作用。1981~1985年，各级调解组织共调解各类民间纠纷13.89万件。纳雍县百兴区鼠场公社五大队党支部书记、调委会主任尚显禹重视民间纠纷调解，全大队民间纠纷逐年减少。1981年发生纠纷41件，1982年26件，1983年8件，且全部就地调解。五大队成为钱粮年年多，纠纷天天少，人人觉悟高，户户团结好的文明村寨，受到全国妇联表彰。纳雍县曙光乡加科村有13个村民组286户1425人，调解组织健全，实行调解工作岗位责任制。村调委会主任包面，调解委员会委员包片，调解员包户，及时调解民间纠纷。做到一般民事纠纷不出组，较大疑难纠纷不出村，未发生民事纠纷处理不及时转化为刑事案件。同时开展建设文明村寨和评选“五好家庭”活动，至1985年全村评出文明村寨两个，五好家庭152家，和睦家庭256户，好媳妇70人，好妯娌25对，好夫妻50对。全村无赌博、无偷摸、无打斗、无刑事案件发生。1981年，全村发生民间纠纷46件，1982年降为27件，1983年为22件，1984年为12件。连续4年未发生刑事案件和非正常死亡事件。1985年，加科村调委会获国家司法部表彰为先进调委会。

1986~1996年，各级调解组织共调处民间纠纷89.89万件，调解成功率为93.5%。有效防止可能发生非正常死亡330件4881人，防止民间纠纷引起自杀1816件2976人；防止因民间纠纷转化为刑事案635件。金沙县桃园乡打坝村人民调解工作成绩显著，使全村无早婚、无乱砍滥伐林木、无酗酒闹事、无赌博、无盗窃、无斗殴、无刑事案件发生。1988年，在全国防止民间纠纷激化经验交流会上，村调委会主任王朝鼎获国家司法部颁发防止民间纠纷激化先进个人二等奖。

20世纪90年代后期，人民调解由事后调解改变为事前防范，各级司法行政机关和调解组织开展民间纠纷排查调处活动，边排查，边调解、边处理，耐心疏导，秉公执法，把纠纷解决在萌芽阶段。1998年，各乡镇司法助理员会同3万名人民调解员，开展春秋两季民间纠纷排查调处，重点解决有碍生产经营和社会稳定的重大疑难纠纷。影响干群关系容易形成上访的纠纷。把公路沿线、厂矿、企业、集贸市场、社情复杂的乡镇（街道）和与云南、四川及与遵义市、六盘水市、清镇市接边地方，作为工作重点区域。排查调处各类民间纠纷1.93万件，排查各类犯罪线索284条，移交司法机关处理272件，防止纠纷激化引起自杀64件，防止民转刑208件，防止群众性上访94%，制止群众性械斗204件。全年共调处成功4.45万件，调处成功率94%，防止民转刑案280件446人，防止群众性械斗255起，防止群众集体上访101起1359人。1999年春秋两季，共排查民间纠纷1.38万件。调处1.28万件，防止集体上访221件，防止纠纷激化3959件，防止非正常死亡88件93人，防止民转刑案236件260人，检举揭发犯罪线索172条，向党委、政府提司法建议222条，写社情报告72份，开展专项治理308次。截至11月底，全地区共调处纠纷4.55万件，调处成功4.36万件，调处成功率95.8%。2000年，全地区共调处民间纠纷5.09万件，调处成功5.02万件，调处成功率98.5%，防止民间纠纷引起自杀54件70人，防止民转刑案172件355人，防止群众性械斗164件，防止群众性上访132件2215人。

2001年，基层人民调解组织排查纠纷7902起，调处民间纠纷自杀事件76件531人，制止群众性事件121件3009人。调处各类纠纷共3.78万件，调解成功3.65万件，调解成功96.33%。2002年，全地区5151个调委会，调处各类纠纷3.43万件，成功3.32万件，成功98%；防止民间纠纷转化为刑事案186件，制止群众性械斗189次，防止群众性上访155起。纳雍县司法局人民调解工作成绩突出，被国家司法部评为全国司法行政系统人民调解工作先进单位。2003年，各级调解组织调处各类纠纷2.1万件，调解成功2.04万件，成功98.04%，防止民间纠纷引起自杀37件38人，防止民转刑案152件750人，防止群体性上访79件943人。2004年，各级调解组织共调处各类纠纷2.33万件，成功98.7%；防止民间纠纷引起自杀8次8人；防止民转刑案件13件52人，防止群众性上访19件169人。2005年，各级司法行政部门贯彻《人民调解工作若干规定》和《最高人民法院、司法部关于进一步加强新时期人民调解工作的意见》，加强人民调解工作的规范化建设，搞好民间纠纷的集中排查和调处，较好地发挥社会治安综合治理第一道防线的作用。是年，共排查调解民间纠纷4.84万件，调解成功7.73万件，防止民间纠纷引起自杀案9件11人，防止民转刑案113件186人。1981~2005年，各级调解组织共调解民间纠纷近200万起，防止非正常死亡3415起5550人，防止民间纠纷转化为刑事案3053件5321人。

2006～2011年，全区各级调解组织共调解民间纠纷17.38万余件。其中，2011年调解纠纷4.17万余件，预防因纠纷可能引发群体性事件421件，调解成功率达96.3%。

## 三　基层纠纷调解

**家庭纠纷调解**　1983年，金沙县金屏乡雷某与妻子黄某发生口角而致提刀弄棒打斗，雷将小孩背在身上，在腰间捆上雷管炸药，扬言要和妻子同归于尽。司法助理员赶到现场，通过讲法讲理，息事宁人。事后又通过耐心劝导，使雷、黄夫妻重归于好。黔西县重新区新建大队社员付某于1979年10月与宋某结婚，婚后，付不务正业，在外流窜，并因盗马被拘留。放回家后，其妻规劝其务正业，付某不听劝告，持刀与妻拼杀，并提出与宋离婚。大队调委会主任得知后主动上门调处，经过4次说服教育，付某终于改邪归正。1986~1996年，各级调解组织和调解人员共调解家庭纠纷9.9万件，占同期民间纠纷调解总数的11%。

**婚姻纠纷调解** 1986~1996年，各级调解组织共调解婚姻纠纷9.56万件，占同期民间纠纷调解总数的10.5%。黔西县新田乡樱桃村燕某与倪某两家开娃娃亲，时已8年。1987年1月，倪家姑娘在贵阳找到如意伴侣，要求解除原婚约，引起燕家强烈反对，造成矛盾纠纷，村调委会主任先后26次劝解，最后以倪家退还男方彩礼800元和解。1987年6月初，织金县化起区太平乡老乌村民组村民罗某经人介绍与化起镇谢某之子谈婚。罗父提出要谢家送上千元礼金和彩礼才能成婚。罗某反对父亲索取礼金和彩礼的做法，于是年7月4日自行到谢家，成就婚事。7月5日，罗家邀集20余人将谢家房子围住，扬言要踏平谢家，追回女儿。有关部门派员配合区司法助理员及时赶到现场制止罗姓围攻。指出罗父干涉女儿婚姻自由和索要彩礼的错误。7月6日，谢家将罗某送回罗家，罗家为女儿换上新装，谢家当日将罗某接去。事后，罗谢两家成为关系亲密的两亲家。

**邻里纠纷调解** 1986~1996年，各级调解组织调解邻里纠纷11.09万件，占同期民间纠纷调解总数的12.3%。黔西县大关镇大坪村农户陈某家园地里的白菜被邻居王姓人家一群鸡啄食糟蹋，陈家主妇在地里咒骂数次，王家仍未将鸡管理好，陈家主妇将耗子药拌食物放在自家菜园中，王家的鸡吃菜后，5只母鸡被毒死在王家房子周围。王家主妇查死因时在陈家菜园内找出毒品，找陈家吵闹，闹到大关镇调解领导小组。王家吵着要赔鸡，陈家吵着要赔菜，镇调解领导小组指出双方各自的错误，并作现场调查，经过调解议定，陈家被损坏的菜评价15元，王家被毒死的鸡评价26元，由陈家补王家11元，双方接受处理，矛盾得以化解。

**赡养抚养纠纷调解** 1986~1996年，各级调解组织共调解此类纠纷4.03万件，占同期民间纠纷调解数的4.8%。金沙县桃园乡打坝村第三村民组刘氏老妇人有儿子5个。老二最孝顺，不幸病故。老大、老三、老四成家后另起锅灶，对其母不尽赡养之责。只有30多岁仍未成家的老五仍与年迈的母亲生活在一起。每逢古历七月半，刘氏就到老二的坟前哭诉苦情。打坝村调委会得知后，即分别对其子宣讲子女对老人的赡养义务。经调解，其子每年每人各供养老人大米60公斤，钱25元，母子均称高兴。

**财产权益纠纷调解** 山林、树木、水利地界、伙道、债务、赔偿等财产权益纠纷，在城乡国家与集体，国家、集体与个人，个人与个人之间均时有发生。各级调解组织，通过调解、理清是非，明确归属，维护国家、集体和个人财产合法权益。1980年，大方县坡脚区鼎新公社苏某与大湾公社查某为一头牛发生纠纷，苏某说查某偷他的牛，查某说牛是自己调换来的。失主强认牛，牛主不承认。两人闹得不可开交。公社调解委员会主任，根据查某提供的线索，辗转300余里深入调查，查明原委：大湾公社大树生产队社员鲁某用一匹马，从毕节县花基沟罗某处换得一头牛，卖给毕节县小坝查某，查某将此牛与当地李某换得一头大牯牛，由于牛野性不服调教，便请大方县牛集公社骟匠骟割，其后，将牛卖给当地王某，王某又将牛换给查某，查明真相，化解纠纷。纳雍县王家寨小学校园原属居仁中学，修建于1978年，征拨土地8亩。1986年，居仁中学另择校址建校，原校改为王家寨小学。王家村蒲家营村民组部分群众趁居仁中学搬迁之机，侵占校地。学校多次制止，侵占校地村民置之不理。2000年4月，乡政府安排乡司法调解中心前往调处。调查中得知，该村民组17户村民中有12户侵占校地，共占4.1亩。经单独走访和召开群众大会，据理依法耐心疏导，12户均退出侵占的校地。1986~1996年，各级调解组织和调解人员共调解房屋宅基地纠纷6.04万件，占同期民间纠纷调解总数的6.7%；调解债务纠纷5.17万件，占同期民间纠纷调解总数的5.8%；调解赔偿纠纷5.9万件，占同期民间纠纷的6.5%。

**生产经营纠纷调解** 各级人民调解组织根据法律法规和有关政策，从有利生产，有利团结出发，调解生产经营纠纷，保护当事人合法权益。赫章县青山区白果公社煤炭大队刘家三兄弟和姚家两弟兄承包的责任田相邻，刘家的田在水源上方，姚家的田在水源下方，姚家引水必须经过刘家的田，刘家为保水保肥不同意姚家引水。1982年夏，两家因争田水发生纠纷，姚家从水城邀请1名武术师教习武术，刘家也从外地请来两名武术师，准备大打一场。大队调委会闻知此事，首先分别对两家进行法制教育，把武术师辞退，而后一起到田边协商，既要保证刘家责任田肥力不受影响，又要让姚家的责任田能引水灌溉。最后达成协议，在刘家田里作小水沟一条，让姚家从水沟引水，纠纷得以合理解决。1984年，纳雍县张维区丰岩乡老翁村熊某等4户联营承包该乡大滥坝1000亩荒山造林。合同签订后，与老翁村毗邻的联合村王姓10余户人家声称大滥坝荒山是其放牧地，对造林设置障碍。乡调委会人员实地进行调解，宣传富民政策，使联营体正常经营得以保障。1986~1996年，各级调解组织和调解人员共调解生产经营纠纷12.94万件，占同期民间纠纷调解的14.4%。

**坟山地纠纷调解** 此类纠纷时有发生，且牵涉面广。通过调解冰释化解矛盾。1982年7月20日，毕节县龙场区岩脚公社岩脚大队一马姓社员将其父灵柩抬到生产队分给自己的一块地上安葬。距墓穴100余米的山脚下葬有曾、陈、朱、高、任等5姓的一些坟茔，5姓人也居住在附近村寨。此时，一曾姓女老人认为马家把坟葬在顶上，就是骑了曾家龙头，压断曾家龙脉，上山阻止马家葬坟，扬言马家若要埋人就让他多埋几个。上山后，见马家已打好墓穴，正准备下葬，曾姓女老人便跳进墓穴，躺在穴内，声言马家要葬坟除非把自己一起埋葬，否则不准下葬。事态激化，区司法助理员和区法庭干部及时赶到现场，进行调解，指出骑龙压脉的说法是封建迷信思想，不能作为阻挡马家埋坟的理由，马家埋坟是正当的。经调解，化解一场可能转化为械斗的纠纷，维护当事人合法权益。1986年12月，黔西县甘棠区花石乡朱家和三角乡梁家因争坟地，两个家庭各邀集100余人，手持钢钎、锄头、扁担、集于麻窝坟山头。区司法助理员和法律服务所人员赶赴现场，首先制止即将发生的恶性械斗，然后经过半年的调查调解，纠纷彻底解决。

## 第四节 劳动教养

**管理机构** 1.毕节地区劳动教养管理委员会。1990年12月成立，以后多次调整其组成人员，1990~2000年，王绪才、禄智明、吴学香、彭伯元先后担任毕节地区劳动收养管理委员会主任，劳教管委会下设办公室，办公室设在毕节地区公安处。1992年5月，设地区司法局劳动教养管理处，与劳教管委会办公室合署办公，负责承办呈报劳教案件的审批。

2.毕节劳动教养管理所。1992年，贵州省政府批准成立。距毕节市中心2.5千米，占地35亩，由原轻纺建材厂改建而成，为副县级事业单位，编制干警75人，自收自支工人65人。设计收容500人。至2001年，收容劳教737人。1993年3月8日，地区编委下达《关于毕节劳动教养管理所设置内部机构的通知》，明确劳教所下设政治处，管理教育科、劳教大队、戒毒大队、护卫大队、行政办公室、生产经营科、财务科、生活卫生科、保卫科。内设机构的级别为副科级。其后，根据工作需要，内设机构有所调整。至1999年底，毕节劳教所内设机构有政治处、行政办公室、管理教育科、财务科，生活卫生科，生产经营科，保卫科等7个科室和4个大队。至2000年，全所实有干警75人，自收自支干部10人，自收自支职工56人。2000年7月20日，地区国家公务员制度实施领导小组下发《关于毕节劳教所过渡国家公务员制度的批复》，同意毕节劳教所实行国家公务员管理制度。至2003年，毕节劳教所基础设施建设总投资1248万元，建筑1.5万平方米，其中建有办公楼、学员宿舍楼、教学楼、学员餐厅、脱瘾康复综合用房，同居楼、招待所、门岗会见厅。2008年，完成中央预算内专款投资300万元，建成建筑面积4120平方米的劳教人员习艺大楼。

**收容审批及解除劳动教养**　1992年9月5日，毕节地区劳动教养管理委员会、毕节地区公安处、毕节地区司法局联合制发《关于办理劳动教养、少管案件及审批程序的通知》规定：要求办理劳动教养、少年管教要做到事实清楚、证据确凿、定性准确、运用法律条文正确，处理恰当，在侦查取证、查清违法犯罪事实的基础上，对需劳动教养、少年管教的案件，依照法律和有关程序，报地区劳动教养管理委员会审批；送交劳动教养、少年管教人员，必须凭毕节地区劳动教养管理委员会的劳动教养决定书，劳动教养通知书，注销户口、粮油关系通知单。对无上述法律文件或文书与事实不符的，劳动教养管理场所有权拒绝收容执行。1992年12月20日，毕节劳教所首批收容戒毒劳教人员20名。1993年12月10日，毕节地区劳动教养管理委员会根据贵州省劳动教养管理委员会《关于毕节地区劳动教养人员送毕节劳教所收容执行的通知》，行文通知各县：1993年12月1日后决定的男性劳动教养人员就地送毕节劳教所收容执行。

### 1993~2002年毕节劳教管理所收容劳动情况统计

单位：人

| 年份 | 收劳教人员 | 解教 | 年底在册 | 年份 | 收劳教人员 | 解教 | 年底在册 |
|---|---|---|---|---|---|---|---|
| 1993 | 33 | 11 | 42 | 1998 | 470 | 280 | 653 |
| 1994 | 175 | 17 | 197 | 1999 | 406 | 322 | 737 |
| 1995 | 121 | 80 | 238 | 2000 | 356 | 296 | 797 |
| 1996 | 214 | 157 | 295 | 2001 | 330 | 372 | |
| 1997 | 329 | 161 | 463 | 2002 | 491 | 305 | 848 |

**行政管理**　1993年，开展教育改造安全年活动，逃跑率、所内发案率、非正常死亡率均为零，在全省劳教工作会暨表彰大会上受表彰。1994年，根据省劳教局安排，开展百日安全活动和安全月活动，场所秩序稳定。干警每月找劳教人员谈话不少15次，中队每周进行1次劳教人员思想动态分析和安全检查，管教科不定期抽查，做好防逃跑、防内部发案、防非正常死亡工

作。是年，除发生1起意外伤亡事故外，未发生其他方面问题。1995年，毕节劳教所实行管教工作目标管理责任制，顺利通过省劳教局组织的场所管理现代化、教育正规化检查。1997年，毕节劳教所分别于3月1日~6月10日、6月11日~9月19日、9月20日~12月31日，开展百日安全活动，场所安全稳定。是年，被评为防逃跑、防非正常死亡、防所内发案、防重大生产安全事故工作先进单位，受省劳教局表彰奖励。1999年，毕节劳教所贯彻落实贵州省劳教局《关于开展场所“百日安全”竞赛活动的紧急通知》，落实“四防”工作责任制，实现场所安全工作“四无”目标。2004年，毕节地区劳教所围绕制度化、规模化建设目标、制定《升挂国旗制度》《安全管理制度》《现场管理制度》《请求报告制度》《中队管理工作制度》《列队训练制度》《财务管理制度》《班组长使用审批制度》。根据《现场管理制度》和《中队管理工作制度》，中队干警对劳教人员学习、劳动、生活实行现场、直接、面对面的管理，做到现场不离人，24小时不脱管，带领或组织劳教人员进行训练、学习、劳动、文体活动，掌握其思想动态和改造情况，监督检查各项规章制度的执行情况，处理劳教人员的各种纠纷和突发事件。按上级规定的民主管理原则，在中队建立劳动教养人员民主管理委员会，其委员由表现好、办事公道、有一定组织能力的劳教人员担任，经民主推选，由中队决定。民主管理委员会在干警指导下工作，征求和反映劳教人员对管理教育、生活卫生、生产劳动等方面的意见和建议，协助干警进行学习宣传、纪律监督、生活卫生、生产劳动、文体活动的事务性工作。1999年，根据贵州省劳教局《劳教人员班组长管理办法（试行）》，毕节劳教所实行劳教人员班组长助管制。其任务是按照干警要求，督促监督劳教人员遵守各种规章制度，保证劳教人员学习、生活的有序进行。劳教人员来往信件不受检查（除法律、法规有特殊规定的外）。实行劳教所允许劳教人员会见其配偶、直系亲属、三代以内旁系血亲。因特殊情况，其他人员要求会见的，须经所管理部门批准。前来会见人员应持有居民身份证、户口本等证明本人与会见人关系的证件，经劳教所管理部门查验登记。会见应在会见室或指定地点进行。会见时不旁听，但应在干警视线内。劳教人员在法定节假日就地休息。劳教半年以上，表现好的，经劳教所批准，可以准假或放假回家探望。劳教人员直系亲属病危、死亡或有其他特殊情况，需要本人亲自处理并有医疗单位的诊断证明和原单位或街道（乡、镇）的证明材料，可以准假回家看望或处理。

**教育改造**　毕节劳教所成立之初，制定《新收队教育暂行规定》《新收队教育计划》对新入所的劳教人员进行1个月的入所教育，授课时数200学时。主要进行认罪认错教育，劳动教养法规、规章教育，日常生活准则和文明礼貌行为规范教育，配合日常军事化管理进行军事训练、结合生产实际进行安全生产和劳动技能教育。辅助教育有组织观看有教育意义的电视录像等。1995~1996年，邀请地区关心下一代工作委员会领导到所进行帮教。1999年，劳教所协同地区司法局组织现身说教团，先后在毕节财校、毕节一中、毕节农校、地区水电技校、撒拉溪中学、一卫校、二卫校、毕节地区民族中学开展现身说教活动，收到良好效果。平时，教育劳教人员，以政治思想教育为主，结合进行文化教育和技术教育。1993年，开设有《法律常识》《爱国主义教育》《禁毒教育》和扫盲课程及生产技术教育。授课130多课时，入学率、及格率均达100%。1994年，毕节劳教所配备两名专职教师，将劳教人员分为扫盲、小学、初中班进行教学。教学以政治教育为主，以促进劳教人员转化思想矫正恶习为目的。是年上半年，政治教育授课125学时，教学内容为：《思想品德和人生观》《爱国主义常识》《法律常识》、时事政治。同时，完成语文教学72课时，数学教学47课时。思想教育和文化教育均由管教科专职人员任教。在教学中制定有《教学日志》《教师日志》《教学情况分析》和《课堂记录》，制定教育考核制度，以保证教学质量。学员的政治、文化教育入学率100%，合格率80%。1996年开设语文、算术、思想道德修养和法律常识，年授课1010节，其中语文280节、算术295节、思想道德修养205节、法律常识230节。学员各科入学率均为100%，政治教育、文化教育、技术教育合格率分别为100%、95%、80%。1997年12月22日，贵州省劳动教养管理委员会批复同意成立贵州省毕节劳动教养学校。1999年，毕节劳教所组织学员参加全省劳教学员政治课统一考试，平均成绩77.57分，及格率99%。是年，该所干警王卫权获国家司法部授予全国劳教系统教育能手称号。2000年，完成法律常识、人生观、爱国主义、形势教育1894课时；开设驾驶、家禽饲养、家电维修、焊接、建筑等技术培训280课时；文化教育1034课时。2011年，组织强戒学习参加保健按摩职业培训，并获得国家职业资格证书。

**生活卫生管理**　1993年，毕节劳教所执行《贵州省劳教场所生活卫生标准考核升级办法》，开展生活卫生达标活动。达标活动采取百分记分评比方法进行检查考核。考核内容为组织机构、场所环境、内务管理、饮食与卫生管理、医疗卫生、自种自养。标准分为100分，其中组织机构10分、场所环境15分、内务管理25分、饮食与卫生管理15分、医疗卫生25分、自种自养10分。总分80分以上为三级，总分90分以上为二级。是年11月29日~12月8日，省劳教局组织检查组检查评比全省劳教场所生活卫生达标升级活动，毕节劳教所获86.3分，为三级。1995年，毕节劳教所制定生活卫生目标管理责任制。1998年，毕节劳教所在全省劳教场所生活卫生检查评比中获二等奖。自2000年11月起，毕节劳教所执行贵州省劳教局《关于调整劳教人员伙食实物量标准的通知》，调整劳教人员伙食实物量标准：粮食由原来的36斤／人·月，调整为38斤／人·月；蔬菜维持原来1斤／人·天，并在条件允许的情况下增加一定比例的精细菜；食油由原来的1斤／人·月，调整为2.5斤／人·月（含动物油）；肉食由原来的1.5斤／人·月，调整为3斤/人·月；蛋、鱼、豆制品5斤/人·月；调味品2元／人·月；燃料3.5元/人·月。2000年，毕节劳教所在大方县文阁乡瓦厂塘租用土地120亩，租期50年，建立劳教生产生活基地，项目预计总投资80万元。2001年，瓦厂塘生产基地已种植蔬菜100亩，饲养生猪70头。2003年，劳教人员生活费、医疗费得到保障，标准达到省局要求。在劳教学员中开展传染病防治法宣传，学习预防“非典”知识，搞好防毒消毒，禁绝“非典”毒病原体带到劳教学员中，确保劳教学员的身体健康和生命安全。2004年，劳教所按照上级有关规定，管好用好劳教人员生活费，确保劳教人员吃足、吃热、吃熟、吃得卫生；继续加强劳教人员食堂、宿舍卫生管理、定期进行消毒，加强艾滋病及各种传染病的宣传预防工作，对结核病人进行统计、诊断外医，保障劳教人员的健康权益。2011年，投入资金40万元对学员食堂全面改造。

**考核奖惩**　1993年上半年，毕节劳教所制定劳动教养人员考核手册，记录劳教人员遵守纪律制度、学习、劳动等现实表现。实行日记载、周检查、月小结、半年评比、年终鉴定的考核制度，对表现好的劳教人员，分别给予表扬、记功、物质奖、减期或提前解除劳动教养等奖励，对于表现不好的劳教人员，分别给予警告、记过、延长劳动教养期限等惩罚。1993年8月20日，毕节地区劳动教养管理委员会作出《关于对地区司法局〈关于申请授予对劳动教养人员实施奖惩，提前解教、延教和减少劳动教养期限审批权的报告〉的批复》，同意由地区司法局劳动教养管理处负责审批劳教人员的提前解教，延教和减少劳教期限以及承担由此引起的行政复议和应诉工作。自1993年起，毕节劳教所根据《贵州省劳动教养人员百分制记分考核办法》（试行），对劳教人员实行百分制记分考核。对劳教人员的思想改造和劳动生产实行指标分解，逐项定分，据实考核评分，并以考核结果作为劳教人员奖惩和分级管理等级评定的主要依据。考核工作坚持依法管理、严格管理、文明管理、科学管理的原则，注重管理、教育、疏导与考核相一致的原则，干部直接管理与充分发挥劳教人员民主管理委员会参与考核相结合的原则，严肃认真、实事求是，客观公正、公开、公平合理的原则。考核标准分解为：思想改造60分，劳动生产40分。是年12月25日，地区司法局制发《关于劳教人员进行年终总结评比的通知》，作出对劳教人员可根据表现好坏作减期奖励和延期劳教的规定。至1997年，对表现好的621名劳教人员给予减期奖励，给1人立功，给表现差的处罚。

## 第五节　公证工作

1982年，根据《中华人民共和国公证暂行条例》，有选举权和被选举权的公民，符合下列条件之一的，可被任命为公证员：经见习合格的高等院校法律专业毕业，并从事司法工作、法律教学工作或者法学研究工作1年以上的；在人民法院，人民检察院曾任审判员、检察职务，并在司法行政机关工作1年以上，具有高中以上文化程度的；在司法行政机关从事司法业务工作2年以上，或者在其他国家机关、团体、企事业单位工作5年以上，并具有相当中等法律学校毕业生法律知识的；曾任助理公证员2年以上的。经见习合格的高等、中等法律学校毕业生，以及具有同等学历的国家工作人员，可被任命为助理公证员。1987~2000年，由毕节地区司法局呈报，贵州省司法厅批准，共任命毕节地区公证员40名。

1989年，根据国家司法部《公证员职务试行条例》和贵州省职称改革工作领导小组《关于转发贵州省贯彻执行〈公证员职务试行条例〉和实施细则（试行）的通知》精神，进行公证员职务评定。是年5月，地区成立公证员职务评聘工作领导小组，开展公证员职务评聘工作，评出三级公证员9人，四级公证员7人，公证助理员18人。

**公证执业**　1.民事公证。（1）遗嘱公证。公证机关办理遗嘱公证主要审查遗嘱人有无行为能力；遗嘱内容是否是遗嘱人的真实意愿；遗嘱内容是否合法或违反社会公德和公共利益；遗嘱是否对缺乏劳动力而又没有生活来源的法定继承人保留必要的遗产份额；遗嘱程序是否符合规定；遗嘱是否指定遗嘱继承人。1981年，毕节县城关新村路73岁的退休工人刘谢氏带领3个儿子到县公证处立下房产分割遗嘱，使原来3个儿子为争夺房产，矛盾几乎发展到持刀动棒的地步得以解决。1985年，黔西县沙窝区金碧镇有一古稀老人需办理遗嘱公证，然老人年老体衰，不便到公证机关办理公证。县公证处派员3次上门作谈话记录，按程序为其办理公证，并直接将公证书送到老人手中。1987年，大方县公证处上门为老年人、五保户办理遗嘱公证5件。

（2）房屋买卖合同公证。公证机关办理房屋买卖合同公证主要审查房屋买卖合同是否经过房产管理部门审查批准和核价；房屋产权证件是否齐全，合同内容是否真实、合法、完备；房屋产权是否有共同共有人，有无抵押被扣押与查封情况；是否有优先购买权的人，租赁使用关系是否明确；房屋坐落、结构、面积、四至、地面附属物、共有界线范围是否清楚。1981年11月，毕节县税务局与城关公社新桥生产队会计王某签订房屋买卖合同，房价为1.1万元。县税务局到县公证处申请办理公证。公证人员与税务局有关人员到实地调查，经找卖方询问发现王某有混凝土砖木结构4列3间平房一幢，占用蔬菜责任地232.78平方米，系利用职权变相调换而得。据王某口述造价5000元左右，以1.1万元变卖给县税务局（包括地基），属违法行为，公证处拒绝办证。后双方私下成交，被查处。1982年，毕节县办理房屋买卖公证108件。1983年，金沙县公证处办理房屋买卖公证117件，毕节县办理954件，纳雍县办理18件。1991年，大方县政府批转《大方县建设局、土管局、财政局、司法局关于房屋买卖典当、赠与合同须经过公证和征收契税的报告》全县房屋买卖合同公证率100%。

（3）收养公证。公证机关办理收养公证，主要审查收养人、被收养人、送养人是否符合收养、被收养、送养条件，有无正当收养目的。收养不满16周岁子女的，收养人应同时具备下列条件；有完全的民事行为能力；有正当的收养目的；婚后5年无子女，经县以上医院证明无生育能力或已做绝育手术；有抚育被收养人的能力，有配偶者，须双方同意收养。收养人夫妻双方均应年满50周岁。被收养人具备条件为：无精神病或其他严重疾病（收养人同意的除外）；年满10周岁有识别能力的，须征得本人同意；已婚的，须征得配偶同意。送养人应具备的条件为：有民事行为能力；自愿送养；夫妻双方须有两个以上的子女（丧偶或离婚的不在此限）。1986年，赫章铅锌矿职工马某申办收养妻侄为养子的公证。经审查，马某已有4个子女，其收养目的是为让妻侄取得职工子女身份。以进入矿职工子弟技校读书，毕业后分配工作，不符合收养规定，未予办理公证。

（4）遗赠扶养协议公证。办理遗赠扶养协议主要审查遗赠和扶养人是否具有完全民事行为能力，遗赠人是否有一定可遗赠的财产且需他人扶养的公民，扶养人能否履行扶养义务；当事人意思表示是否真实、自愿；协议内容是否真实、合法，条款具备，办证程序是否符合规定。符合上述条件，给予办证，否则拒绝公证。1995年9月22日，金沙县公证处出〔1995〕金证字56号公证书，公证扶养人徐某对遗赠人王某（孤寡老人）尽生养殡葬的责任，享受遗赠人的房产。后因受益人不尽扶养责任，遗赠人向公证机关申请撤销公证。经公证处调查核实，扶养人不尽赡养义务，遗赠人要求撤销公证，说明遗赠内容当事人没有履行。根据《公证程序规则（试行）》之规定，金沙县公证处决定撤销公证。

（5）赡养协议公证。办理赡养协议主要审查当事人是否具有完全民事行为能力，当事人之间亲属关系是否真实；当事人意思表示是否真实、自愿；协议内容是否真实、合法，赡养人应尽义务诸如照顾被赡养人衣、食、住、行、病、葬是否明确具体，协议条款是否完备；程序是否符合规定。1998年3月，金沙县城关镇罗马街居民唐某与其4个子女一同到县公证处，申请办理赡养协议公证。公证处对被赡养人的健康、财产、工作状况、劳动和生活处理能力及子女情况作认真了解，仔细审查赡养人的工作、经济状况及赡养能力，并制作谈话记录。经双方意思表示真实，协商一致后，当场为其代书赡养协议，当事人当即在协议上签字、盖章（手印），并由公证机关出具公证书。是年5月，唐某夫妇相继去世，其子女共同安葬父母，对父母遗产继承份额未发生任何分歧，自觉履行协议中依法明确的权利与义务。

（6）现场监督公证。20世纪80年代后期，公证机关开始办理现场监督公证。1989年4月初，金沙县保险公司在县城开展人身保险摸奖活动，金沙县公证处公证员临场监督，为公证机关开展现场公证监督之首。1992年，大方县公证处为县百货公司、纺织品公司、五交化公司、农资公司、供销社等单位办理有奖销售现场监督公证8件。2000年7月，毕节市公证处为市直机关党委举办的“七一”党建、税务知识竞赛活动进行现场监督公证，并按要素式公证书格式出具公证书。

（7）招工、招生公证。1989年3月，纳雍县火电厂招工考试，考试成绩失真，众多考生哗然。纳雍县委、县政府查明实情、决定重考。县人事局申请实行考试公证，使重考工作顺利完成，干部群众称好。1990年，毕节县公证处办理高等学校定向招生定向分配合同公证672件。黔西县办理定向招生定向分配合同公证310件。

（8）计划生育公证。1992年，纳雍县以承包方式管理计划生育工作。1月7日，县政府与各区镇签订计划生育目标管理责任书，由公证机关依法进行公证。其后，各区镇与各乡签订计划生育目标管理责任书，并进行公证。1994年，金沙县进行计划生育合同公证。至是年9月12日，全县应签订计划生育合同公证对象3.9万户全部办理合同公证。

（9）住房销售公证。1993年，大方县公证处与县房改办商定公房售购合同公证事宜，县房改办行文规定，全县公有住房售购合同必须经过公证后才能领取产权证。是年，大方县公证处办理公有住房售购合同1720件，占办证总数的80%。是年9月，地区司法局在大方县召开全地区房改公证工作现场会，推广大方县的经验。金沙县公证处办理公房出售合同公证642件。

（10）民事公证。2000年7~8月，威宁县公证处为该县烟草系统办理临时工、烟站辅导员《劳动续聘合同公证》500余件。9月，中国农业银行大方县支行根据上级关于农行系统劳动用工单位必须与职工签订劳动用工合同的要求，向大方县公证处提出劳动用工合同公证申请。公证处根据劳动法规定，审定县农行提供的劳动用工合同书内容合法、条款齐备，甲乙双方主体资格明确，权利义务平等，符合办证条件，为其办理劳动用工合同公证140件。2000年，纳雍县公证处为纳雍火电厂4×30万千瓦建设项目提供证明、监督、中介法律服务，对厂区295户农户进行拆迁公证，以公证服务为工程顺利开工提供保证。

2.经济公证。（1）购销合同公证。公证机关办理购销合同公证，主要审查合同购销双方当事人资格，验证法人组织证明和法定代表人身份证明，授权委托书和代理人身份证件；双方当事人对外能否独立承担经济责任，有无必要的经济条件和生产手段及营业执照，双方是否有履行法人的权利能力和行为能力；合同内容是否在其经营范围之内，合法与否；合同条款是否完备，产品名称、品种、规格（质量）和数量、交货方式、交货期限、价格及付款方式、违约责任、合同变更与解除等项明确与否。1984年，大方县农工商开发公司（供方）与四川省巴中华联贸易公司签订一份4000吨铜矿供货合同，合同金额200万元。双方代表持有关手续到大方县公证处申办公证。经两次交谈发现，供方不开采铜矿，又无工商机关批准经销铜矿执照，系靠向黔东南购矿转售给需方，且来货方也一无矿产开采证，二无矿产经销证件。公证处拒绝公证，并指出其合同无实际履行保证，纯属买空卖空。县公证处严肃指出其违法经商的后果，晓以利害，不但不予办证，且与工商部门联系，制止此违法合同的签订，1985年，金沙县大水农工商公司向遵义县农工商公司购高粱1000吨，双方签订合同后到金沙县公证处办理公证手续。中途，供方以高粱提价为由，向购方提出每斤加价1分线，否则不予供货。购方要求公证处解决，公证处同购方一同赴遵义，据理力争，维护合同尊严，为购方避免经济损失1.95万元。1986年4月，自称是河南新乡市贸易公司采购员的黄某，与金沙县烟酒公司签订金额为51万元的窖酒购销合同，到金沙县公证处申办公证。公证处审查当事人法人代表资格时发现黄某既不知道所在单位账号，亦不明白单位有无周转资金。经追问，查清黄某系冒充的采购员。公证处拒绝公证，为金沙县烟酒公司挽回经济损失51万元。

（2）联营合同公证。20世纪80年代中期，公证机关开始办理企业联营合同公证，1985年，黔西县大关区公所和县商业局签订10余万元的联办钡厂合同，到县公证处申办公证。经审查，区公所属党政机关，不是经济实体单位，不能经营企业；其资金来源为移民安置费，违背财经制度，以区委干部兼任厂长，一法人身份不合法，未给予办证。1988年，重庆钢铁厂与大方县乡镇企业局合办硅铁厂，签订联营合同。审理合同中，公证处提出10条补充意见，为双方所采纳。通过回访合同履行情况，了解到乡镇企业局投资未按期汇入硅铁厂账户，违反合同规定。公证处督促乡镇企业局将款及时汇入账户，使合同正常履行。

（3）贷款合同公证。公证机关办理贷款合同公证，主要审查贷款方是否系工商银行、农业银行、建设银行、中国银行及其分支机构和信用合作社，借款方是否系有权使用此项贷款的企业、农业经济集体组织，个体经营户、专业户和农民。借贷合同是否符合国家信贷计划要求，借贷用途是否符合《借款合同条例》有关规定；借款合同是否完备，借款种类、借款利率、借款金额、借款用途、借款期限、还款资金来源及还款方式、保证条款和违约责任等主要条款是否明确。1983年5月1日，纳雍县司法局，县农业银行联合拟定《关于贷款合同实行公证的暂行办法》，发至各区营业所和各公社信用社进行公证宣传，明确规定凡贷款500元以上均须公证。是年，公证贷款合同1376件，经调查回访，履约率98.7%，农行贵州省分行向全省推广这一经验。大方县公证处在办理信贷公证中，对于手续不齐备，抵押、担保财产不属实、多头贷款、重复贷款者，不予公证。贷款合同公证后，各县公证处均注重回访，保证合同正常履行。1986年5月，毕节县公证处受理吉场水泥厂王某向县农行贷款扩大再生产和申请报告公证，报告经区公所、县农行批准同意，公证处审查手续齐备，出具公证书。事后，公证处回访，了解到王准备把贷款汇往广西，与人合伙干贩卖旧票、大小洋、文物等犯罪活动，及时揭露其犯罪，使国家7万元贷款免遭损失。

（4）建筑工程合同公证。各公证机关办理建筑工程合同公证，主要审查：双方当事人资格，包括法人组织证明，法定代表人身份证明，如委托他人代办的，则提交法定代表人的授权委托书和受托人的身份证明。承包单位的营业执照，技术资质等级证书和施工执照等；工程审批文件，包括建设单位的工程批准计划书，城建部门的建筑许可证，设计部门的施工图纸，经建行审核批准的预算表，经建委批准的开工报告；征用建筑用地是否符合《征用土地条例》规定的审批权限；合同合法性，包括资金来源是否正当，物资来源是否合法，双方的权利义务是否平等，合同有无违反现行法律法规和政策；合同条款是否齐全，主要条款应有工程名称和地点，工程面积范围和内容，开、竣工日期，安全设施和责任，工程质量，工程造价，工程价款支付，设计文件和概、预算及技术资料提供，材料供应，双方协作事项，奖惩条款和违约责任等。公证人员还要深入施工现场实地调查，检查施工工地与批准征用土地面积是否符合，与四邻有无纠纷，地基有无问题，通电、通路、通水和工地面积是否落实。经审查合格，予以办理公证。1983年3月30日，纳雍县百兴公社座脚小学与百兴基建队签订教学楼修建承包合同。投资6万元，建筑950平方米，砖木结构，二楼一底，每平方米造价68.31元。由于办理公证，建筑承包单位仅用5个月竣工。经有关单位验收，认定为投资省、速度快、质量好的优良工程，贵州省教育厅给予肯定。是年，纳雍县公证处分别为县商业局、县缝纫社与县建筑公司签订的建筑承包合同办理公证。由于建筑公司无故拖延竣工时间，工程质量不符合合同要求，通过公证处调解，由建筑公司付给县商业局违约金2200元，付给县缝纫社违约金3000元。建筑工程合同公证后，各县公证机关均坚持回访制度，发现问题及时解决，以保证合同正常履行。1986年6月，黔西城关第四小学与县第二建筑工程公司签订房屋建筑承包合同，双方当事人到公证机关申请公证。县公证处审查该工程无设计图纸和基础技术资料，未予办证。事后双方未经公证即按私下协议开工，不久即发生大梁断裂当即死亡1人的事故。建筑承包合同公证中，各县公证处通过办证审查，揭露和制止违约行为，协助有关部门打击经济领域犯罪活动。1988年，大方县达溪区修建电影院，与响水区建工队签订建筑合同。发包方法定代理人龙某受贿2万元，造成影院建筑不符合质量要求，且不能竣工，大方县公证处调处此纠纷中，发现犯罪线索，及时报告检察机关。后龙某被判处有期徒刑3年，受贿款如数收回。

（5）企业承包经营合同公证。公证机关对企业承包经营主要审查：其一，身份证明。发包方、承包方是否符合发包、承包条件，发包方是否有法人资格证明和法定代表人身份证明及本人身份证件，代为申请的，是否有授权委托书和本人身份证件；是否有企业实行承包经营的批文和有关材料；是否有承包前的企业资产审计评估的报告；是否有企业承包经营合同等。承包方如系企业承包，是否有法人资格证明和法定代表人身份证明书及本人身份证件；如系合伙承包，是否有合伙协议和授权委托书及合伙代表本人身份证件，如系个人承包，是否有本人身份证件；代为申请的，是否有授权委托书和本人身份证件；承包经营者是否符合国家有关法律法规和发包方要求条件，是否有承包担保书和抵押物的所有权凭证等。其二，合同效用。合同内容是否真实、合法、条款是否完备。合同条款是否具备承包形式及承包期，上交利润或亏损数额、产品生产计划，产品质量及主要经济技术指标，国家资产和增值，承包前债权债务处理和承包后的资产返还验收，双方的权利义务，合同变更及解除的条件程序，违约责任合同争议处理办法，经济担保及风险基金。经审查，如发包方、承包方符合规定的发包、承包条件，双方意思表示真实，合同内容真实、合法则给予公证；否则，拒绝公证。1988年，大方县委、县政府决定在全县中小型企业推行承包租赁经营责任制。大方县公证处配合企业管理部门制订承包经营责任制规划，研究企业招、投标方案，派公证员出席企业承包开标答辩仪式，评审承包经营者，为双方办理中标公证。是年，共办理企业承包合同52件，租赁合同11件，经过公证的企业承包租赁单位98%。是年，黔西县63家企业到县公证处作承包（租赁）公证。1989年，黔西公证处进行承包合同公证回访，多数企业取得显著经济效益。黔西酒厂超利润145万元，归还贷款和个债50万元。黔西鞋厂两年完成3年承包任务，跨入县级先进企业行列。1987年，大方县坡脚区猫场水泥厂因经营管理不善停产，当地党政领导多次召开会议，寻求使该厂起死回生妙方，均未奏效。1989年，实行招标投标承包公证，效益大增。从是年3月29日合同公证生效至12月8日的8个多月，共生产水泥2800吨，固定资产增值9万元，盈利12万元。至1991年，大方县全部国有企业作承包合同公证。

（6）设备及技术转让公证。20世纪80年代初，公证机关开始办理设备及技术转让公证。80年代中期，赫章铅锌矿机修车间每年亏损约10万元。1987年，该矿根据靠近铁矿山和煤井的地理条件，拟将机修车间改建为拉管车间生产铸铁水管。四川省资阳县机械厂获悉，表示愿意转让设备和技术，以玉成其事。双方派出人员实地考察，经充分协商达成一致意见。资阳县机械厂愿将该厂铸铁水管生产和设备技术转让给赫章铅锌矿，赫章铅锌矿同意付给资阳县机械厂转让费19.84万元。是年3月14日，双方到赫章公证处申办协议公证，经审核，协议书内容真实、合法、可行。转让方代理人朱国仲系资阳县机械厂副厂长，持有资阳县公证处公证的法人授权委托书；受让方代理人肖明发为赫章县铅锌矿机修车间主任，持有法定人矿长廖竹林签字盖章的委托书。根据有关法律法规，赫章县公证处为双方办理公证。后经回访，双方均信守合同。促成赫章铅锌矿于当年8月10日拉管机安装调试成功，提前45天投产。产品质量经技术鉴定，达到国家规定标准。日产铸铁管20吨，全年获纯利8万余元。

（7）农村荒山、耕地承包经营公证。1984年，根据中共贵州省委〔1984〕2号文件规定，公证机关开展土地承包期延长和荒山荒水承包合同公证。是年，大方县公证处在理化区试办耕地、荒山承包合同公证2000余件。1988年，赫章县公证处完成90个乡镇45.67万亩耕地、29.47万亩荒山的承包合同公证，出证10.09万件。1989年，大方县公证处到坡脚区鼎新镇开展土地承包合同公证，参加合同公证农户3144户，土地1.11万亩。1991年，织金县公证处完成全县12个区镇，102个乡镇、561个村、16万农户的土地承包实行公证。

（8）农副产品预购合同公证。1983年，公证机关开始对农副产品预购合同进行公证。公证主要审查预购方是否符合法人条件；被预购方土地数量、质量、劳动力、履约能力和物质保障情况；合同内容是否合法，双方的权、责、利是否平等，条款是否完善，预购农产品的等级、数量是否具体，价格是否符合国家价格政策，是否等价有偿等。1983年，纳雍县百兴区德科分销店与177户农户签订花生收购合同，通过公证，履约率98%,分销店收购花生1.72万千克。1984年，该县办理农副产品购销合同366件。1987年，县政府决定烤烟生产全部实行合同制，依法进行管理，将任务交给县公证处承办。县司法局与县烤烟生产办公室联合起草《纳雍县烤烟生产宣传提纲》，县司法局领导和公证处人员深入区乡给群众讲政策、讲法律，使《提纲》家喻户晓。之后，公证人员逐户审查烟农是否有种烟技术、种烟土地和烤烟房后集中签订产购合同，办理公证。截至3月底，全县共有2.26万户烟农与烤烟收购站签订产购合同，并办理公证，落实烤烟种植8.44万亩。公证之后，县公证处协助有关部门，采取措施，以保证产购合同的有效实施。是年，纳雍县收购烤烟2950吨，为国家提供财税收入244万元。国家司法部将纳雍县对烤烟产购进行合同公证促进经济发展的作法报送中共中央、国务院，同时将有关材料印发各省。1989年12月9日，贵州省司法厅作出《关于给纳雍县公证处记集体二等功的决定》。

（9）林牧副渔业承包合同公证。1984年，根据贵州省人大《关于进一步放宽政策搞活林业经济若干问题的规定》，公证机关开展林业、牧业、副业、渔业承包合同公证。在林业承包合同公证中，注意审查双方的权、责、利是否明确，具体可行；双方是否具备履约能力；四至界限是否清楚，有无林权、林界纠纷；经营管理制度是否健全；合同条款是否完备。是年，纳雍县公证处公证员下到区、乡巡回公证，支持专业户、重点户承包，发展生产，全年为专业户、重点户和经济联合体办证558件。赫章县畜牧局与野里、田坝乡11户养畜重点户签订改养牛贷款合同，经公证按约履行后，绵羊从157只发展到305只，牛从31头发展到53头。野马川区11个小水库均包给农户管理养鱼。江南乡中山村3户农民承包集体水库养鱼。经签订合同并办理公证。7月捕捞鱼时，有数人作梗，阻挠捕捞。公证处协同乡政府及时派员出面排除，保护承包户的合法权益。

（10）荒山、荒水、荒滩、荒地拍卖公证。1995年，大方县根据地区安排，在全县办理荒山、荒水、荒滩、荒地拍卖（简称“四荒”）公证。县公证处与县相关单位召开“四荒”拍卖会议，组织全县各乡镇有关人员进行学习，规范拍卖程序，使拍卖工作做到真实、合法。是年，大方县共办理“四荒”拍卖公证100余件。

（11）企业股份制改造公证。20世纪90年代后期，公证机关开始办理企业股份制改造公证。1997年4月，贵州黔城鞋业公司向县公证处申请办理公司改股份制公证。经公证处审查，当事人具备主体资格，公司章程符合《公司法》有关法律条款及《城镇集体所有制企业条例》有关规定，内容真实合法，改制公平、合理、合法、可行，公证处派员到黔城鞋业公司对董事会、监事会成员的选举进行法律监督，现场公证，依法出具公证书。

（12）联合国及其他国际、地区组织援助资金投放公证。1990年8月，凯尔国际慈善机构在威宁县灼圃、雪山等草场选定投放试探性无偿种草养畜资金200万美元，威宁县公证处参与合同修订，并深入村寨就地办理合同公证438件，为凯尔国际组织对威宁县种草养畜资金投放提供法律服务。1991年，大方县办理联合国贫困地区妇女发展基金贷款公证3件。1992年，联合国教育基金委员会给大方县拨700万元人民币改善教学设备。出资方要求，大方县公证处对此项资金投放办理招标投标公证9件，建筑承包合同5件。1993年，香港乐施会在威宁县投放扶贫养畜专项资金，威宁县公证处人员到马街、灼圃、新街、雪山、陡母等地巡回办证597件。1995年4月，威宁县公证处3名公证员深入石门乡调查，为香港乐施会对石门重点扶贫贷款项目进行公证。

（13）民间经济合同公证。20世纪80年代开始，公证机关办理民间经济合同公证，以维护当事人合法权益。1985年，毕节县八寨乡个体运输户雷某向海子街区营业所贷款8000元，另加自筹资金，购买旧中华人民共和国成立牌汽车1辆。1986年10月，经李某担保，雷将车包给六枝特区平寨镇林某经营，承包3年，每年交付承包费3000元。合同约定，经公证后，先付承包费1000元，同年11月再付3500元，1987年交付4500元，两年交清3年的承包费。因承包方缺乏必要的证明手续，公证处限时要林将手续补齐后，合同才能生效。孰料林向雷交付1000元后，雷即让林将车开走。一去杳无音信。毕节县公证处向六枝公证处和平寨镇发函，请协助调查林的情况。平寨镇复函查无此人，县公证处为雷出函前往六枝清车，追访至木杠镇，得知林系被原单位开除人员，无职无业，长期漂流在外，并获悉林正在普定倒运煤炭。雷追到普定，找到林，见到车，向林收取承包费，林既不付款，也不还车。雷失望而回，请求公证机关伸张正义。县公证处派出两名公证员偕同雷前往普定，请求当地公证机关和监理站协助，将车追回。雷向毕节县公证处赠送"运用法律武器，保护个体权益"锦旗一面。

2001~2005年，全地区司法公证机关共办理各类公证3.04万件。1981~2005年，全地区公证机关办理各类公证文书共79.46万余件。

**2006～2011年毕节地区公证情况统计表**

单位：件

| 年份 | 公证数 | 其中 | | |
|---|---|---|---|---|
| | | 民事类公证 | 经济类公证 | 涉台公证 |
| 2006 | 2719 | 1815 | 862 | 42 |
| 2007 | 2358 | 2028 | 303 | 27 |
| 2008 | 3921 | 3672 | 205 | 44 |
| 2009 | 3477 | 3266 | 135 | 76 |
| 2010 | 2833 | | | 46 |
| 2011 | 3930 | | | 57 |

**公证工作管理** 1.职业道德建设。20世纪80年代初，各县建立公证处。自1987年起，贯彻执行《贵州省公证人员守则》，教育公证人员守则从业。1990年，贯彻执行国家司法部《公证人员清廉服务的若干规定》，要求公证人员必须坚持四项基本原则，自觉贯彻执行中共中央的路线、方针、政策，模范遵守国家的法律法规；公证人员办证要坚持为社会主义经济建设服务，为国家的民主法制建设和国家长治久安服务的方针，把社会效益放在第一位，坚决反对片面追求经济效益的错误倾向。公证人员要养成尊重事实、依法规、讲文明、有礼貌、遵制度、守纪律、拒腐蚀的良好职业道德。公证人员必须忠实地履行职务，严格按照办证程序完成出证工作，不得私自办证，不得违法办人情证、关系证，不得接受当事人的吃请、馈赠，不得向当事

人索贿或谋取其他私利。

2.注册管理。1995年后，根据《中华人民共和国公证员注册管理办法》，司法行政机关对公证员实施注册管理。经统一考试合格并在公证处执行职务的人员，由省司法厅颁发司法部印制的公证员工作执照。依法持公证员工作执照执行公证员职务。公证员工作执照实行年度注册。2000年3月20~24日，地区司法局举办全地区公证员注册培训班，学习有关法律和公证程序、公证书制作，16名公证人员参加培训。

3.建立岗位责任制。20世纪80年代初，各县公证处先后建立岗位责任制。1983年，毕节县公证处实行岗位责任制，要求公证员每人每年办证270件，收费2400元。是年，毕节县公证员办证298件。1984年，全地区公证机关普遍推行岗位责任制。1992年，地区司法局制定公证工作改革方案。其后，各县公证处逐步建立《主任责任制》《办案原则》《调查取证制度》《登记审批制度》《错案追究制度》《集体讨论制度》《请示汇报制度》，以加强公证管理。

**聘请公证联络员**　1982年，纳雍县公证处聘请11个区镇司法助理员为公证联络员，辅助县公证处宣传公证制度，传递公证信息，介绍公证事项，接受公证处的委托回访合同履行情况，根据当事人要求，协助县公证处调解合同纠纷等。1983年7月，地区司法局在全地区公证律师工作会议上推广纳雍经验。1984年，各县公证处普遍聘请司法助理员为公证联络员。公证联络员的聘请逐渐延伸到与公证工作密切相关的部门和单位，公证联络网络日益扩展。

**公证质量检查**　1986年2月20日~3月17日，根据国家司法部和贵州省司法厅关于开展经济合同公证质量检查的通知精神，地区司法局组织检查组对各县公证处1984~1985年上半年的经济合同公证进行抽样检查。检查组共抽查经济合同公证399件。从合同履约率和在经济建设中发挥的作用看，好的和比较好的95%；从公证卷宗材料衡量，好的84件，占抽查总数的21.2%；一般的302件，占抽查总数的75.1%；差的占3.7%。20世纪80年代后期，各县公证机关逐渐开展常年公证服务。1989年，毕节县公证处为8个单位进行常年公证服务，办理各项公证903件。大方县公证处为县针织厂、林业局进行常年公证服务。1990年11月，毕节地区司法局根据国家司法部《关于开展公证机关廉政执法检查的几点意见》和贵州省司法厅《关于在公证机关开展廉政执法检查工作的通知》，召开各县司法局长、公证处主任会议，安排部署廉政执法检查工作。11月21日~12月6日，地区司法局组织检查组赴8县公证处检查廉政执法及办证质量。经检查，全地区公证人员践行《关于公证人员清廉服务的若干规定》，未发现违反《规定》行为。织金、大方县公证处规章制度较完善。同时发现存在有：一是执法不严、审查不细，以致有极少数错误出现；二是证据材料取证不全；三是公证书制作欠规范；四是多数县公证处立卷归档不符合规定的情况，地区司法局提出改进措施。1992年，根据国家司法部和省司法厅的通知精神，开展公证质量检查和评优活动。1993年1月，大方县公证处主任王远德被国家司法部评为全国公证质量先进个人。4月，纳雍县公证处被贵州省司法厅评为先进集体。1995年，根据国家司法部办公厅《关于切实提高公证质量严防错证假证问题的通知》和省司法厅安排，各县市公证处检查1994年办结公证质量，共抽查卷宗265个，其中合格的102个，占38.4%；基本合格的139个，占52.45%；不合格的24个，占9.06%。是年下半年，根据省司法厅安排，各县、市公证处检查

1994~1995年上半年所办公证书。1996年10月，根据贵州省司法厅安排，再次开展公证质量检查活动。全地区共自查2672件，合格率85%,基本合格率15%。1997年9月19日，地区司法局制发《关于开展公证质量检查的通知》，在全地区开展公证质量检查，10月下旬~11月上旬，在各县自查的基础上，地区司法局组织抽查，共抽查1148件，其中合格810件，占74%；基本合格299件，占23%;不合格39件，占3%。1999年8~10月，开展公证质量检查。共检查公证2792件，其中合格的2750件，基本合格的42件，无不合格公证。

公证宣传　20世纪80~90年代，各县公证处均多次请县委、县政府领导在会议上宣传安排公证工作，为公证工作的顺利开展提供保证。1983年5月，纳雍县召开公证工作专题座谈会，要求各部门支持公证工作，办理经济合同公证。

1982年，毕节县公证处编印公证宣传提纲300份，1983年，编印《推行公证制度，促进四化建设宣传资料》300多份，公证图解画报100多套，分发全县各区、社和县直各机关及企事业单位。1982年织金县公证处翻印《公证工作暂行条例》250份，编印《公证业务宣传资料》280份，发至全县基层单位。1983年，金沙县公证处将《公证暂行条例》自制成图片到县内各区作巡回展出，观众万余人次；作公证业务宣讲5次，办专栏5期。1984年，在有关单位召开的会议上，作公证业务宣传12次，出专栏12期。1987年，大方县公证处办宣传专栏5期，广播宣传80余次，编印公证学习资料8期发至各有关部门和单位。1998年，纳雍县公证处采用宣传车、宣传栏、有线广播、标语、咨询等方式，到县内12个乡镇宣传公证知识，听众达14万人次。

1992年4月，纪念《公证暂行条例》颁布10周年，根据国家司法部和省司法厅安排，开展公证宣传月活动。大方县编印散发公证典型案例小册子；并在城中设置广播室，每天定期广播公证知识；上街作公证咨询等。赫章县散发公证宣传资料170份，出专栏1期，广播宣传多次，出动宣传车到城关、妈姑等区镇巡回宣传。根据地区司法局《关于开展〈贵州省公证条例〉宣传月活动通知》，各县市采取召开座谈会、办宣传专栏、作公证咨询服务、发放宣传资料的方式开展公证宣传。同时，结合公证工作实际及典型案例，上门宣传公证知识，开展公证工作。

## 第六节　律　师

机构人员　1.机构。1956年前，未设过律师机构。1956年，建立毕节、黔西县法律顾问处，开展律师工作。1958年撤销。1980年7月19日，毕节地区编委下达《关于建立司法局和各县法律顾问处、公证处的通知》。分配各县法律顾问处人员编制共38人，其中毕节县8人；大方、黔西、织金、威宁县各5人；纳雍县4人；金沙、赫章县各3人。是年，各县均建立法律顾问处，共调进律师12人。1985年，成立毕节地区律师事务所。1986年后，各县法律顾问处先后更名为律师事务所。各律师事务所均为国家出资，经贵州省司法厅审核登记后设立。并按国家有关规定完善其建设。1996年4月8日，贵州省司法厅下达《关于全省律师事务所名称核定使用的通知》，经国家司法部核定的律师事务所有：凯方律师事务所，原名大方县律师事务所；放华律师事务所，原名毕节市律师事务所；建明律师事务所，原名黔西律师事务所；源林祥律师事务所，原名毕节地区律师事务所；欣欣律师事务所，原名赫章律师事务所；草海律师事务所，原名威宁自治县律师事务所。8月14日，贵州省司法厅下达通知，经司法部核定，织金县律师事务所核定为正本源律师事务所，金沙县律师事务所核定为恒发律师事务所。1998年，金沙县民康律师事务所建立，为合伙律师事务所。至2004年，全地区11个律师事务所，执业律师64人。2009年，全区有17个律师事务所。

2.人员。1956年，毕节、黔西县试行国家制定的律师制度，毕节县法律顾问处律师有熊文诗、漆文鼎，黔西县法律顾问处律师有周竹春、史蓝西。1958年，停止执行国家律师制度。1980年，颁布《中华人民共和国律师暂行条例》。1986年，实行全国律师资格统一考试制度，律师必须通过全国统考，经省、自治区、直辖市司法厅（局）审核合格，取得资格后，才能从事律师工作。此后，实行以参加全国统一考试取得资格为主，以考核授予律师资格为补充的律师资格制度。1987年，根据国家司法部《关于聘用离退休人员从事律师工作的意见》，聘请符合条件的离退休人员从事律师工作。1996年，根据《中华人民共和国律师法》规定，律师执业，应当取得律师资格和执业证书，全地区司法机关认真贯彻执行。1980~2000年间，在各律师事务所执业专职律师69人，兼职律师47人，特邀律师27人。至2000年，全地区年检注册律师53人。其中地区律师事务所9人，毕节7人，大方5人，黔西4人，金沙10人，织金8人，纳雍4人，威宁4人，赫章2人。

**律师执业** 1.法律顾问。（1）2010年，全区执业律师120人。根据国家司法部《关于律师担任政府法律顾问的若干规定》，律师担任政府法律顾问，为政府在法律规定的权限内行使管理职能提供法律服务，受政府委托办理有关法律事务。1983年，大方县林业局聘请律师担任法律顾问。为政府行政部门聘请律师任法律顾问之始。2000年6月，纳雍县人民政府行文成立法律顾问组，7月，织金县人民政府成立法律顾问组。是年，毕节地区行署聘请北京大诚律师事务所高级律师肖金泉任法律顾问。2001年，组建县级以上政府法律顾问组8个。

（2）工业企业法律顾问。1988年，地区律师事务所根据国家司法部《关于律师担任企业法律顾问的若干规定》为企业聘用律师担任法律顾问之始。受聘担任毕节卷烟厂法律顾问。1993年，金沙县律师事务所律师为金沙县铁厂担任法律顾问，企业聘请律师担任顾问向县市企业延伸。

（3）商业企业法律顾问。根据《商业企业法律顾问工作办法》的规定，1985年7月，黔西县法律顾问处受县供销社聘请，两名律师为供销社担任法律顾问，之后，商业企业逐渐形成聘请律师担任法律顾问，解决商品交易中碰到的经济纠纷和问题。

2001年，全地区10个律师事务所，先后共担任法律顾问79家；2003年，担任法律顾问72家；2004年，担任法律顾问71家；2005年担任法律顾问145家。2011年，担任法律顾问153家。

2.民事诉讼代理。1980年，始有由律师作民事诉讼代理。

1980~2005年，全地区律师作民事代理诉讼1.15万余件。

3.办理非诉讼法律事务。1980年起，律师开始承办非诉讼法律事务。1985年2月，江苏省湟里县一家花木公司与贵州茅台酒厂签订一份3万余元的花木苗订购合同。交货后，酒厂以货价款2.07万元发票不是花木公司发票为由，予以拒付；又对另外价值1.6万元的天鹅绒草坪以验收不合格为由，不付一定损失赔偿。花木公司委托黔西县法律顾问处代理追索应付款并付损失赔偿。法律顾问处派出律师前往茅台酒厂，经协商，茅台酒厂如数付给花木公司货款2.07万元，并赔偿损失费6000元。1987年，大方县法律顾问处律师为县外贸公司申请仲裁，解决外贸公司与原社队企业局供销公司运输损失赔偿经济纠纷。1980年10月，供销公司承运外贸公司生漆、羊毛不慎翻车，外贸公司损失4406元。事发不久，供销公司撤销，造成该案长期悬而未决。经律师调查得知，供销公司撤销后，其资产被县财政收回，遂向县政府写出申请仲裁请求报告。3天后，县政府即决定由县财政局拨款赔偿。1989年，毕节县律师事务所代理地区劳动服务公司与大方县理化区钟家桥水电站合同纠纷一案。此案诉讼多年，法院一直未能审理结案。双方代理律师经过研究，决定进行庭外调解。经律师召集双方当事人协商，半天时间促成双方达成调解协议，一件缠讼多年的案件得以了结。1980~2005年，全地区律师共办理非诉讼法律事务2730件。

4.解答法律咨询。自1980年起，律师通过接待群众来访，解答法律询问，代写诉讼文书和有关法律事务的其他文书，支持来访人正当要求，说服来访者放弃无理要求或违法要求，消除无谓上访，维护社会安定。1985~2005年，全地区律师共为民众解答法律咨询11.86万人次；为民众代写法律文书4.38万件。

2011年，全区律师共代理各类案件2023件。

法律援助　1998年1月4日，毕节地区法律援助中心成立。之后，各县市亦先后成立法律援助中心，对居民进行法律援助。2000年1月，毕节市残疾人联合会与毕节市法律援助中心联合成立毕节市残疾人合法权益保障部，其职责为从法律和行政的角度提高对残疾人人身、财产权益和其他合法权益的保障能力。5月，毕节市法律援助中心与毕节市妇女联合会联合成立毕节市妇女合法权益保障部，为符合条件的妇女儿童无偿提供法律援助。6月16日，毕节市法律援助中心驻市委信访办工作站挂牌办公，由市法律援助中心指派3名法律专业人员负责处理信访涉法案件，市委信访办派出信访工作人员与法律工作者联合办公，运用法律手段，及时调解各类民间纠纷。对符合法律援助条件者给予法律援助。毕节市法律援助中心组建乡镇巡回工作接待站，利用赶场天，把法律服务送到农村，为群众提供法律援助。2000年，毕节市法律援助中心使用亚洲基金会法律援助基金，成功代理一起贫困残疾人财产损害赔偿案。残疾人穆某将借款购买的电三轮停放在毕节市汽车运输公司北站被盗，穆某找北站索赔，车站拒绝赔偿。穆某到毕节市法律援助中心求助，中心指派两名法律援助工作者承办此案。承办人向汽车北站负责人和市运输公司经理讲明穆某将电三轮停放在汽车北站，当月交给汽车北站月停车费30元。根据《合同法》规定，北站收到月停车费后，双方即形成合法的保管合同关系，保管物被盗，保管人应承担民事赔偿责任。调解未果，承办人遂将此案进入诉讼程序。法院立案，被告毕节市运输公司收到法院应诉通知及传票后，主动找原告人表示愿意调解处理。后经双方多次协商谈判，赔偿穆某5600元。是年，地区法律援助中心为八旬女老人争得赡养费。毕节市郭某早年丧偶，一子一女皆由其抚育成人，成家立业。后郭某再婚，晚年贫病交加，其子称郭某已改嫁，自己不负赡养责任。地区法律援助中心接受郭某援助申请，派员代理诉讼，后法院判决其子每月付给郭某生活费80元。2001年3月15日，地区水电预制厂合同工耿某上班时间左手腕被机器截断，经法医鉴定为4级伤残。耿某向厂方提出经济赔偿7万元，厂方认为耿某系雇用的临时工，未签订劳动合同，且存在违规操作，只能从人道主义出发补助耿某2万元。地区法律援助中心接受耿某法律援助申请，指派两名法律援助工作者作为非诉讼进行代理。通过调查、协调，于2001年7月23日与厂方达成调解协议，厂方赔偿耿某6万元。1999~2005年，全地区律师为居民进行法律援助2703件，为受援者减免收费39.64万元。2011年，全区共受理各类法律援助案件3729件。

**律师工作管理** 1.律师机构管理。自建有律师事务机构后，地、县司法行政机关主要负责律师事务机构设立的审查和申报；负责执业律师登记和执照的审查与申报；代理省司法厅办理律师年检注册。加强律师队伍思想政治工作，把握律师工作的社会主义方向；指导，监督律师事务所；指导律师事务所制定开展业务工作的规章制度；指导律师工作改革；负责组织人员参加全国律师资格统一考试；进行律师业务培训；加强律师职业道德和执业纪律的教育、监督和检查；对律师事务所进行财务审查监督；接受并处理律师违反执业纪律，违反职业道德的控告，实施对律师的奖惩；对律师事务所进行管理；协同有关部门，创造律师执法良好环境；宣传律师制度；组织律师工作经验交流。1987年，地、县司法局组织律师学习《贵州省律师工作守则（试行）》，要求律师严格按守则行事。1991年，各律师事务所贯彻国家司法部《关于印发〈律师十要十不要〉的通知》，组织律师学习《律师十要十不要》，并在律师事务所公开张贴，接受群众监督，以促进律师清廉从业，树立良好的律师形象。1995年，全地区司法行政机关和律师事务所开展律师职业道德和执业纪律教育，教育律师恪守《律师职业道德和执业纪律规范》，忠于职守、坚持原则、不畏权势，敢于排除非法干预，维护国家法制与社会正义。是年，各律师事务所先后建立《目标管理责任制》《考勤制度》《日常工作纪律制度》《政治业务学习制度》《民主管理制度》《财务收支管理制度》《律师从业清廉制度》《重疑难案件讨论请示制度》《卷宗归档管理制度》。

2.财务管理。（1）收费管理。1982~1990年3月，全区各法律顾问处（律师事务所）执行国家司法部、财政部《律师收费试行办法》。1990年4月~2000年，各律师事务所根据贵州省司法厅、财政厅、物价局《贵州省律师业务收费管理办法及收费标准的实施细则》及《贵州省律师业务收费标准》的规定进行收费。（2）经费管理。1985年9月30日，根据贵州省财政厅司法厅《关于公证处、法律顾问处、律师事务所经费管理暂行办法》，毕节地区司法局制定《关于公证处、法律顾问处、律师事务所经费管理暂行规定》。1987年12月，地区司法局制发《关于认真贯彻省司法厅〈贵州省兼职律师、特邀律师酬金的管理办法〉的通知》，对兼职律师和特邀律师酬金管理作出规定。1988年，根据省财政厅、司法厅《关于公证处、法律顾问处、律师事务所经费管理办法的通知》，各律师事务所实行全额管理，定额补助办法，每年由当地主管部门与财政部门共同商定补助，增收节支留用，减收超支不补。法律顾问处、律师事务所按照上年度的收支情况，编制全年收支预算。全年收支相抵（支出包括合同工费用）差额部分，报同级财政审定补助。当年收入超过预算收入部分，5%上缴同级司法行政机关，5%上缴省律师协会；上交后的剩余部分留在法律顾问处（律师事务所），用于建立三项基金，其中事业发展基金占60%，职工福利基金占20%，职工奖励基金占20%。奖励基金发放限额为自给程度达到预算收入60%以上者，其奖金发放限额全年不超过两个月基本工资；自给程度在60%以下者，其奖金发放额不超过一个半月基本工资。

3.律师管理。（1）律师资格考试自1986年起，实行全国律师资格统一考试制度。地区司法局负责组织人员参加全国律师资格统一考试工作。1986~2002年，全地区共1413人报考律师，88名获律师资格。2000年，根据上级有关通知精神，律师实施职务评聘。全地区获二级律师职务的有苏源文、获三级律师职务的有高克勤、高德林、熊书伟、陈英华、贾祥云、邓书元、杨先烈、范建明、黄登银、袁光福、周光才、郭爱群、刘思源、谢卿俊。（2）律师工作执照管理。自1989年6月1日起，根据国家司法部统一规定，实施律师工作执照和律师（特邀）工作证管理，依法取得律师资格并在律师事务所从事律师工作的人员，申请领取中华人民共和国律师工作执照；依照国家司法部规定被聘用的从事律师业务的离退休人员，申请领取中华人民共和国（特邀）工作证。律师工作执照和律师（特邀）工作证每年由国家司法部和各省、自治区、直辖市司法厅（局）注册，未经注册一律无效。是年，经省司法厅审核批准，全地区颁发专职律师执照26个，临时律师执照35个，兼职律师执照7个，特邀律师执照12个。1998年，全地区注册律师71人，其中专职律师35人，兼职律师26人，特邀律师10人。1999年，根据国家司法部关于换发新“律师执照证”决定，地区司法局将换证工作与1999年度律师年检注册工作同步进行，为75名符合条件的律师换证注册。2000年6月18日，地区司法局对全地区专职律师和律师事务所助理律师共65人进行注册前闭卷测试，测试内容为部分法律法规。参测率100%，均分77.09分。是年律师事务所10个，年检注册律师53人。（3）律师培训。1996年后，每年组织律师接受业务培训，无故不参加者予以缓期注册或不注册。1998年4月6~9日，地区司法局举办律师培训班，学习刑法，全地区70余人接受培训。1999年6月25~28日，地区司法局再次举办全地区律师培训班，80名律师接受培训。

## 第七节　其他司法行政工作

### 一　司法考试

2006年，全区司法考试52名上线。2007年，全区司法考试报名337人，其中，法院系统86人，检察系统60人，其他国家机关49人，其他行业232人。实际参加考试316人。2008年，为2007年参加司法考试的77名合格人员颁发国家“法律职业资格证”，其中A照23人、B照2人，C照52人；对101名持证人员进行年度备案。全区380余人参加2008年国家司法考试，134名考生达到合格分数线。2009年，全区共600人报名参考，达到录取分数线的160人。2010年，考试上线212人。

## 二　司法鉴定

2006年，地区司法鉴定管理委员会接待司法鉴定咨询56人次，转交有关机构处理36件。2007年，全区面向社会的司法鉴定机构2家，共受托鉴定案件82件，其中，产品质量鉴定81件，司法会计鉴定1件。2008年，积极拓展司法鉴定机构，全区有司法鉴定机构4家，鉴定人42人。加强对司法鉴定人的培训，组织35人参加省司法厅组织的司法鉴定人初任培训。2009年，调整完善司法鉴定委员会，全区7家鉴定机构共受托检案1017件，其中法医鉴定158件，司法会计鉴定4件，资产评估鉴定15件，煤矿鉴定19件，产品质量鉴定450件，采信率96%。2010年，地区司法鉴定人协会召开第二届理事会，选举产生地区司法鉴定人协会及各组织机构的负责人。全面开展全区司法鉴定机构司法鉴定人执业活动专项检查。全年共受托司法鉴定294件，鉴定结案256件，采用率达100%。2011年，8家司法鉴定机构受托司法鉴定事项184件，采信率达100%。

## 三　社区矫正

2010年，启动社区矫正工作，地区司法局成立社区矫正工作科，成立毕节地区社区矫正工作委员会，在全区选定17个试点全面开展社区矫正工作，组织人员参加社区矫正业务培训，结合实际开展对社区矫正对象的摸底排查。2011年，接受社会矫正对象1647名，解除矫正265人。

## 四　基层法律服务

2007年，全区64个基层法律服务所共办理诉讼案件675件，办理非诉讼事务321件，办理法律援助案件408件，担任法律顾问222家，办理农民工事项66件。2008年，全区65个基层法律服务所、317法律服务工作者共代理诉讼案件594件，非诉讼案件497件，担任法律顾问342家，解答法律咨询11059人次，办理法律援助案件169件，避免挽回经济损失591.4万元。2009年，全区65个基层法律服务所、283个法律服务工作者共担任法律顾问99家，代理诉讼案件1901件，非诉讼案件1444件，调解纠纷4097件，代写法律事务文书2201份，解答法律咨询1.33万余人次，办理法律援助事务176件，避免、挽回经济损失1701.3万元。2010年，以基层法律服务所为依托建立农民工法律服务维权工作站，全区284名基层法律工作者共代理诉讼案件888件，非诉讼案件580件，提供法律咨询1.61万余人次。2011年，共代理各类案件1463件，担任法律顾问291家，解答法律咨询2.65万余人次。

# 毕节地区通志

毕节市地方志编纂委员会　编

方志出版社
Publishing House of Local Records

# 目 录

## 第十一篇 农 业

## 第十二篇　林业　水利



## 第十三篇　工　业

## 第十四篇 烤烟 卷烟

## 第十五篇　交通　邮电



## 第十六篇　旅游业

# 第十一篇 农业

# 第一章　农业管理与农业区划

毕节地区的农业生产历史悠久，按农业地域分异规律，科学地划分农业区是中华人民共和国成立后才开始的。在农业资源调查的基础上，根据不同的自然条件与社会经济条件、农业资源和农业生产特点，按照区内相似性与区间差异性和保持一定行政区界完整性的原则，把全地区一定地域范围划分为若干不同类型和等级的农业区域，并分析研究各农业区的农业生产条件、特点、布局现状和存在的问题，指明各农业区的生产发展方向及其建设途径。农业区划既是对农业空间分布的一种科学分类方法，又是实现农业合理布局和制定农业发展规划的科学手段和依据，是科学地指导农业生产，实现农业现代化的基础工作。

## 第一节　农业管理机构

**行政机构**　1949年12月，建立毕节专员公署建设科，管理农业事业。历任正副科长：赵金阶、杜友新、程郅平、黄家俊、刘公义。1957年撤销农林科，成立农林水利局。局长邵之道，副局长邵金、王德章。1959年撤销农林水利局，成立农业局。历任正副局长邵之道、刘福永、王德章、仝昶、吴厚磊、刘福永、周德影、安启崇。1967年5月，毕节地区农业局革命委员会成立，1968年6月改为毕节地区农业局革委会。革委正副主任为李满枝、陈新民。1970年4月，改为毕节地区革命委员会农业局。历任正副局长刘福永、李汉亭、管绍周、周德影、仝昶、赵世俊、龙德渊、刘锡荣、李金泉。1979年1月，地革委农业局更名为毕节地区农业局。历任正副局长刘光禹、齐肇熙、周德影、仝昶、赵世俊、龙德渊、刘锡荣、李金泉、王绪才、王宗祥。1983年10月，地区农业局、畜牧局、林业局合并为毕节地区农牧林业局，1984年8月，撤销地区农牧林业局，成立毕节地区农牧渔业局。历任正副局长齐肇熙、杨继红、张以盛、孙仁培、张志侠、李德辉、解德蕴（女）、杨恒友、陈烈耀、凌晓玲（女）。1996年6月，毕节地区农牧渔业局更名为毕节地区农业局至2010年。历任正副局长杨继红、陈烈耀、王炳荣、卢林、黄光江、李敬丹、付业春、杨恒友、凌小玲（女）、钟声、谢定敏（女）、胡元航、杨爽、王嵩。

2010年，设立地区农业委员会，为地区行署工作部门。地区农业委员会（地委农工委）设办公室、调查研究、法制科、发展计划科、特色农业基地办公室、科技教育科、市场与经济信息科、农产品质量安全监管科、农业生态与农村能源科、粮油作物发展科、农业企业发展科

（农产品加工业办公室）、人事科12个内设机构。至2011年，历任正副主任有黄光江、王丽、赵太芳、杨云芬、王嵩、卢瑶、刘朝峰。

**局属事业机构** 1.毕节农校。1956年4月建立，称为贵州省毕节农业合作干部学校。1958年7月改建为贵州省农业专科学校。1959年8月，改为贵州省毕节农校。1961年7月停办。是年9月，建毕节专区农业干部学校。1964年8月，恢复为贵州省毕节农校至今。历任校长蒋海燕、肖万林、刘杰伟、肖忠杰、宫晓农、蒋进。历任学校中共组织负责人：杨玉山、王玉秋、王德章、杨荣显、蒋海燕、肖万林、刘杰伟、李秀明、肖忠杰、李静森、宫晓农、蒋进。

2.农业广播电视学校。1984年5月，建立中央农业广播学校毕节分校。1987年更名为中央农业广播电视学校毕节地区分校。1992年更名贵州省农业广播电视学校毕节地区中心分校。1994年，毕节地区中心校开办大专自学考试助学班。

3.毕节地区农业科学研究所。1956年2月，建立贵州省毕节农业试验站，开展主要农作物品种引进、选育和耕作栽培技术的试验，示范和推广。1958年11月，更名为毕节专员公署农业科学研究所。1963年1月，更名为毕节专区农业科学研究所。1967年12月，更名为毕节地区农业科学研究所。历任所长杨玉山、蒋海燕、邵之道、王绪才、鲁信纯、李贵斌、王国良、祖晓勤、付业春。历任所内中共组织负责人：杨玉山、王宗祥、邵之道、魏洪图、李贵斌、蓝光燮、龙国。

4.毕节地区农业技术推广站。1953年，设立专署农林科农业技术指导站，总结群众先进农业生产经验，试验、示范、推广、普及农作物优良品种和丰产栽培技术，开展农民培训，对县、乡、（镇）农技站进行业务指导。1958年，改名农业技术推广组。1962年建立毕节专区农业技术推广站，1967年更名毕节地区农业技术推广站。

5.毕节地区种子公司和毕节地区种子站。1957年建立毕节专署种子组，1961年更名毕节专区种子管理站，1966年改为毕节专区种子公司。1979年2月建立毕节地区种子站，与种子公司合署办公，组织全地区种子基地建设，开展良种鉴定、繁殖和推广；经营各种农作物优良种子业务；收贮部分救灾备荒良种；组织种子专用机械、器械及设备供应和管理。2005年，毕节地区行署贯彻《贵州省农作物管理条例》，撤销地区种子公司，地区种子管理站只履行管理职能。

6.毕节地区植保站、毕节地区农作物病虫中心测报站。1956年，建立毕节专区植保植检站。1963年1月，建立毕节专区测报站，与植保植检站合署办公。其基本职责是：指导全区实施农作物病、虫、草、鼠害防治技术，预测预报主要病虫害，进行植物检疫；建立全区农作物病虫害防治网点；进行病、虫、草、鼠害防治新技术及农药新品种的试验，示范及推广。

7.毕节地区土肥站。1982年3月建立地区土肥站，指导全区土壤改良和实施科学施肥技术，肥料新品种、施肥技术的试验、示范和推广；总结推广群众改良土壤、积肥施肥技术的先进经验。

8.毕节地区农业经济管理站。1984年建立毕节地区农业经济管理站，指导全地区农村经济发展计划、劳力、财力及乡镇生产管理，总结农村新型管理经验；协助办好农村经济体制改革。

9.毕节地区农业执法支队。2010年成立。为地区农业委员会所属正科级财政全额拨款事业单位，履行农业综合执法（相对集中行政处罚权）职责，事业编制13名。其中，支队长1名，副支队长1名。

# 第二节 地势和地理分区

## 一 地势分区

1955~1956年，贵州省农业厅、西南地区农业科学研究所、贵州省农业综合试验站，联合组成高寒山区工作组，到毕节专区调查农业生产情况，协助建立毕节农业试验站。通过调查，按地势和地形归类，将全专区农业区划分为高山、丘陵和河谷三种类型区。1.高山区。包括高山地带及各县丘陵地区的高处。威宁县多数地方在内。其地势较高，气候寒冷，霜期较早，土壤较瘠薄。秋收作物以玉米、马铃薯为主，还有大豆、荞麦、菜豆和小豆，夏收作物以燕麦、春荞为主。大多为一年一熟，少部分为两年三熟或一年两熟，冬季休闲及土地轮歇普遍。荒山草原较多，畜牧业发达。威宁县绵羊占全专区绵羊总数之半，牲畜耐粗饲，抗寒、抗病力强，仔猪易饲养，适当加喂饲料，长膘较快，历年大批外销云南及本省各地。2.丘陵区。包括毕节、大方、纳雍县的多数地方及织金、赫章县部分，复种指数比高山区略高，一年两熟、两年三熟占一定比重。秋收作物以玉米、水稻为主，大豆、菜豆较多；1955年后种植烟叶面积扩大。夏收作物燕麦、春荞减少，油菜、小麦、马铃薯、大麦增多。小麦生育期长，与玉米套作；水稻多为粳稻，是贵州省乃至西南地区粳稻比较集中分布的地区。3.河谷区。含河谷地带及丘陵地区的山间盆地及低洼处，包括金沙、黔西、织金县的多数地方。河谷区气候温和，土质肥沃，水稻种植面积增大，且多种籼稻；夏收作物除小麦、油菜外，蚕豆栽培较多，瘦田、瘦土种大麦、豌豆。旱地以玉米与大豆、菜豆间作，有一定面积种植烟叶。将全专区农业区划为高山、丘陵、河谷区，曾多年作为进行农业生产布局及科研的参照。各县亦根据实际，划分出县内农业区，以指导农业生产。

## 二 农业地理分区

1975年，省农业地理调查队来调查，根据农业生产条件、特点及发展方向的相似性，将毕节地区农业地理划分为3个片区。

**西部农牧区** 包括威宁县全部，赫章县的恒底、可乐、财神、妈姑区和青山区的水塘、铜厂公社，共18个区，158个公社，土地8107.5平方千米，占全地区面积的30.2%。高原、高中山分别占全地区面积的35%和65%。高原上岩石90%以上为石灰系灰岩和白云岩；按地势，分为凉山和半凉山，凉山为多缓丘洼地，半凉山多缓丘盆地。覆盖物深厚，埋藏着丰富的泥炭资源。高中山有灰岩、砂页岩和玄武岩，相间分布，山地上部有较宽分水岭，中部多斜坡，坡面长，下部是谷地。片区以农为主，半农半牧，农牧结合发展。粮食作物以旱粮为主，经济作物种类多，但规模小，生产水平低，发展潜力大。属木材生产基地，是板栗、核桃、梨、苹果的主产区。主要畜种为山羊、绵羊、猪和黄牛，牛、羊多，养猪业较发达，但饲养比较粗放；草场面积大而产量低。畜牧业发展有较大潜力。

**中部农林牧区** 包括毕节、大方、纳雍县全部，赫章县的古达、野马川、六曲河、青山大部，织金县的三塘、阿弓、珠藏和城关区的白岩、平寨、阿烈、中寨、普作公社、以那区的大院、正平、落圈、金龙、包营公社，黔西县的仁和、金坡、石板、桃井公社，金沙县的安洛区和平坝区的白果、三岔、湖水公社、石场区的箐山、红梓、环路、太平、台石公社、清池区的石路公社，共46个区、48个公社，土地1.29万平方千米，占全区土地总面积的48.2%。片区内灰岩分布广泛，约占本片区面积的71%，次为玄武岩和砂页岩，约占29%。中中山地貌约占59.2%，高中山占40%，低中山占0.8%。大致以毕节县大坝公社—大方县绿塘公社—织金县中寨公社为界，将本片区分为东北、西南两个亚区。西南片亚区，即赫章县东部、纳雍、织金县西部、毕节县西南部，多为高中山；大方县的绿塘、百纳、城关、雨冲、沙厂有少量分布。谷地坡缓，便于耕作，山麓至山腰，多开为梯田梯土，坡度渐变陡峻，适宜发展林业，饲养山羊；近分水岭则较平缓，适宜放牧。坡度25度以上的耕地多，应退耕还林。东北片亚区，为毕节县中部和东北部、大方县和黔西、金沙县的少数公社，主要是中中山，边缘有低中山，多为石灰岩，岩溶发育，多山间盆地和岩溶洼地，盆缘山坡及河谷两侧，多梯田梯土。多次生灌丛，适宜养羊。砂页岩山地插花分布，此地带水土流失严重；玄武岩残积物深厚，坡改梯条件较好。全片区以农为主，粮食作物占农作物播种面积的89%，比例过大；牧业较发达，猪、牛的比重大，马、羊发展有潜力；生漆、夏橙著名，可发展。

**东部农业区** 包括黔西、金沙县大部分和织金县东部，共32个区、216个公社，5798.7平方千米，占全地区总面积的21.6%。地貌以低中山丘陵为主，低山河谷占一定比例。岩石以石灰岩为主，次为砂页岩。黔西县多石灰岩丘陵洼地和缓丘洼地，金沙县宽阔的河谷坝子较多，织金县有西南~东北向的平行谷地。本片区属毕节地区水稻、烟叶、油菜籽、茶叶、花生、柞蚕、油桐、乌桕等主产区，农业生产较发达。牧业以猪为主，牛、马有较好的基础。林业薄弱。

## 第三节　综合农业区划

1979年，国务院要求各地摸清农业自然资源及其生产潜力，综合评价自然、经济、技术条件，搞好农业区划。1980年，地区及各县成立农业资源调查和农业区划委员会，组织开展综合农业区划。

### 一　区划内容

地区农业区划包括种植业、畜牧业、土地利用、土壤改良利用、农业经济、林业、水产、水利、水土保持、农业机械、农村能源、农业气候、乡镇企业、城镇建设的资源调查和区划，及综合农业区划。鉴于烟叶生产在全地区经济建设中的重要作用，还进行烟叶种植区划。各专业区划由相关部门承担，综合农业区划由区划办承担。全地区共抽调2331人次，技术干部1231人次投入工作。各有关局组织相应的专业组，在收集历史资料的基础上，开展资源调查或补查，查清农业资源。1980年10月～1982年底，完成各专业的粗线条区划，1983～1985年，完成细线条区划。地区及各县区划办公室，在各专业细线条区划的基础上，编成综合农业区划。先后编写毕节地区农业资源资料汇编、毕节地区综合农业区划统计表、毕节地区综合农业区划各1份，县级综合农业区划报告15份、县级综合农业区划统计表8份、区级综合农业区划报告27份、地县各专业区划194份、专题调查报告520份，计860多万字，280多万个数据，2241幅图件。1989年8月，《毕节地区综合农业区划》由贵州省人民出版社出版；各县综合农业区划也先后由省人民出版社出版。

## 二　综合农业区划分

地区农业区划分原则：一是地质、地貌、海拔高度、光、温、水条件和发展方向的类似性；二是耕作制度、作物布局、矿产资源、畜禽种类、林木特产等分布的规律性；三是主要措施的共同性；四是交通条件、商品市场、经济实力等社会经济条件相对一致性；五是保持与省级区划大体一致，与县级区划衔接，保持乡界完整。

**西部高中山高原山地畜牧、旱粮、温带水果、坑木林区**　片区北面、西面、西南面与云南省昭通、曲靖地区接壤，东南面与六盘水市毗邻。属高中山温凉湿润气候，长冬无夏，春秋相连，降水少，干湿季分明，冬春晴天多、风大、光照强。年均温10.5℃，≥10℃积温2500~3000℃，最冷月1月，均温1.9℃，最热月7月，均温17.7℃，无霜期209天；年降水量900~950毫米；年日照1805小时。与本片区衔接的县级综合农业区有：威宁县全部凉山、半凉山、河谷类型区，赫章县的北部、西部和西南部片区。

**中南部中中山旱粮、水保林、畜牧、工矿区**　片区东部与安顺地区相接，西南与六盘水市相邻，北面与中北片区以六冲河为界。属中中山温暖湿润气候，年均温13.7℃，≥10℃积温3500~4000℃，最冷月均温3.4~3.6℃，最热月均温21.5~22.3℃，无霜期265天。年降水量1200~1500毫米，年降水213~216天，为毕节地区的多雨地带，多大雨暴雨，洪涝灾害频率较高，水土流失重。以旱作为主，一年套作两熟，稻田基本一年一熟。与本片区衔接的县级综合农业区有：纳雍县的全部4个片区，织金县的西南部片区。

**中北部中中山粮豆、烟、漆、畜牧、经济林区**　片区北部沿赤水河与云南、四川省相邻。属中中山温暖较湿润气候，与中南部片区积温相近，年降水1000毫米左右，年日照1335~1445小时。其中毕节县的龙场营、清水铺和普宜区的部分乡村，为河谷温热重旱区。全片区以旱粮套作两熟为主，水田可种油菜、绿肥和小麦，为毕节地区玉米、大豆、烤烟、生漆主产区。与本片区衔接的县级综合农业区有：毕节县、大方县的全部4个片区，赫章县的东北部、东南部两个片区，黔西县的西北部片区。

**东部低中山丘陵稻、油、烟、茶、猪、禽远郊农业区**　本片区北面以赤水河为界与四川相邻，东北、东至东南与遵义地区、安顺地区相接。属低中山温热湿润气候区，光、热、水配合较好，四季较分明。年均温13.8~15.1℃，≥10℃积温4200~4600℃，年降水，南部织金为1444毫米，东部黔西、金沙县为1050毫米，年日照1271~1349小时。水田、旱地以两熟制为主，为全地区水稻、油菜、烤烟、茶叶、油桐主产区。与本片区衔接的县级综合农业区为：黔西县中西部、东南部两片区，金沙县全部4个片区，织金县东北部片区。

农业区划，为合理利用和保护农业资源，制定规划和计划，调整农林产业结构，发展农村经济提供科学依据。1985年以来，黔西、金沙县的农业综合开发项目，织金、纳雍县的国际粮援工程（中国3356项目），以及以区内许多扶贫项目，在争取立项乃至实施的过程中，都使用农业区划提供的资料。黔西县教育局根据农业区划资料，组织编写乡土教材，在学校讲授。1986~2005年，农业区划办继续开展农业资源分析，研究资源变化的态势，撰写出不同年度《毕节地区农业资源综合分析报告》，为全地区农业的发展提供参考资料。

1989年，在地区农业资源和农业区划委员会的指导下，毕节县还公开出版了《毕节县综合农业区划》。

## 第四节　农业发展规划

1988年6月，建立毕节开发扶贫、生态建设试验区。中共毕节地委、毕节地区行署组织编制试验区发展规划，其中子规（1）为《农业发展与生态建设规划》。规划分3个阶段目标：1988~1992年为起步阶段；1993~1996为年实施项目阶段；1996~2000年为基本完成水土保持工程和环境保护工程建设实施阶段、全地区分3个片区进行综合治理：一是国际粮援工程（中国3356工程）片区，包括织金、纳雍县的14个区，面积1742平方千米，占全地区总面积的6.5%。二是全国水土保持长江上游重点防治贵州省毕节地区片区（简称长治工程），含威宁、赫章、毕节、大方县的54个区，16497.67平方千米，占全区总面积61.4%。三是新筹工程片区。采取以下措施实施规划：1.植物措施。退耕还林还草、植树造林、封山育林、人工改良草场、人工种草。2.工程措施。坡改梯、修囤沙工程、修河堤、建人工饮灌水窖、搞好现有水利工程设施配套等。3.耕作措施。提高复种指数、推广良种（含杂交种）、分带轮作、地膜栽培、扩种绿肥。4.防治污染措施。大力搞好技术改造和创新，贯彻有关环保法规，减少废水、废气、废渣排放量。5.政策措施。以完善农村各项承包责任制为动力，调动群众搞好生态环境建设的积极性；以停止新的生态破坏为前提，依法治山、治林、治水；以退耕还林为突破口，合理利用土地资源；发展乡镇企业和多种经营为重点，调整农村产业结构；以推广农业实用技术为途径，促进粮食稳定增长，畜牧业持续发展；以增加农业投入为条件，切实加强规划实施的组织领导。其工程概算和效益评估为：各项投资共16.61亿元，投工6.17亿个，折款9.26亿元，合计25.87亿元。直接经济效益为投资的3.84倍，间接经济效益——生态效益为投资的39.33倍。实施规划达到：农业生态环境明显改善，农业实用技术普遍得到推广，乡镇企业基本形成系列生产。土地利用结构、农村产业和劳力配置结构比较合理，农业资源得到广泛开发利用。农村集镇市场形成一定规模。农业人均纯收入500元；粮食总产量160万吨，农业人均258千克。规划到2000年，水土流失治理6000平方千米。

# 第二章　种植业

从毕节青场瓦窑、赫章可乐、威宁中水等古代人类活动遗址出土的炭化稻谷种子和麻布痕迹得知：毕节地区利用植物的生理机能，通过人工培育以取得粮食、副食品、饲料和工业原料的历史非常悠久。随着种植业科技的进步，毕节渐渐成为粮食作物、经济作物、蔬菜作物、绿肥作物、饲料作物、花卉园艺作物的主产区，为毕节地区人类社会的生存和发展提供了食物安全保障。

## 第一节　种植业结构与区划

### 一　种植业结构

**农作物播种面积**　20世纪后期毕节地区农作物播种面积逐步增长。1949年为592.1万亩。20世纪50年代，年均739.2万亩，比1949年增24.8%；60年代年均875.7万亩，70年代年均944.3万亩，80年代年均984.8万亩，90年代年均1378.8万亩，2000~2005年年均1512.9万亩。播种面积增长，主要依靠扩大复种。2005年，全地区播种农作物1534.4万亩，是1949年的2.59倍；耕地547.9万亩，比1949年减9.3%。2010年，全区播种农作物面积1544.37万亩。

1949年，播种粮食作物占农作物播种面积的94.3%，经济作物和其他作物占5.7%。20世纪50年代末，粮食作物、经济作物、其他作物三者的比例为88.9：7.6：3.5，这一比例基本维持30年。

80年代前期，国家制定“绝不放松粮食生产，积极开展多种经营”农业经济发展方针。地区开始调整种植结构，提高复种指数，扩大播种面积，稳定粮食作物面积，主攻单产，促进粮食总产增长；发展烟叶、油菜等经济作物和其他作物。通过调整，80年代，粮食、经济和其他作物的种植比例为76.1：15.1：8.8，90年代为64.8：14.3：20.9，2000~2005年为62.9：11.4：25.7。种植粮食作物面积的比例下降，但实际播种面积稳中有升，2000~2005年年均951.2万亩，比70年代增13.9%；同期内单产提高为115%，年均粮食总产225.6万吨，增145%。同时，扩大经济作物和其他作物种植面积，种植业产值取得极显著的效益，按1990年价计算，其年均产值：70年代7.43亿元，比60年代增38.9%；80年代11.62亿元，90年代23.16亿元，2000~2005年29.86亿元，分别比70年代增56.4%、211.7%和301.9%。

**粮食作物**　粮食作物按收获季节分为秋粮、夏粮两类。1949年，毕节专区秋粮493.8万亩，产量37.98万吨，夏粮64.5万亩，产量2.69万吨。粮食作物与经济作物的面积及产量比例分别为：88.4∶11.6，93.4∶6.6。1950~2005年，秋粮的面积按年代平均：50年代548.4万亩，60年代582.3万亩，70年代586.1万亩，比1949年增11.1%、17.6%、18.7%；80年代523.6万亩，90年代508.2万亩，2000~2005年，年均537.9万亩，比1949年增6%、2.9%和8.9%。秋粮产量，按年代平均，50年代53.83万吨，2000~2005年172.99万吨，比1949年增长34.6%~355.5%，其中2005年185.32万吨，为历史最高。夏粮，按年代平均，50年代108.7万亩、4.96万吨，比1949年增68.6%和84.4%；2000~2005年406.8万亩、53.46万吨，是50年代的3.7倍和10.8倍。按年代平均，秋粮的面积、产量占粮食作物的比例依次下降，面积从50年代的83.5%，降到2000~2005年的56.5%，产量从91.6%降到76.6%；夏粮面积和产量的比例依次上升，面积从16.5%升为43.5%，产量从8.4%升为23.3%。种植面积大、产量高的粮食作物，清代以前是荞麦和水稻，晚清和民国时期是玉米和水稻。1949年，粮食产量中玉米占54.3%，水稻占31%，小麦0.9%，马铃薯3%，其他作物10.8%。中华人民共和国成立后，小麦和马铃薯种植面积扩大，产量增加。20世纪70年代，形成玉米、水稻、小麦、马铃薯产量占粮食总产的份额为：51.6%、20%、5.7%、10.5%，其他作物12.5%。2000~2005年，变为玉米占46.2%，水稻11.9%，小麦9.3%，马铃薯22.5%，其他作物10.1%。

## 1949~2010年毕节地区年平均农作物种植面积统计表

单位：万亩、%

| 年平均 | 农作物播种面积 | 粮食作物 | | 经济作物 | | 其他作物 | |
|---|---|---|---|---|---|---|---|
| | | 面积 | 占 | 面积 | 占 | 面积 | 占 |
| 20世纪1949年 | 592.07 | 558.21 | 94.3 | 22.02 | 3.7 | 11.84 | 2 |
| 20世纪50年代 | 739.2 | 657.15 | 88.9 | 56.18 | 7.6 | 25.87 | 3.5 |
| 20世纪60年代 | 875.71 | 780.75 | 89.2 | 54.73 | 6.2 | 40.23 | 4.6 |
| 20世纪70年代 | 944.26 | 834.72 | 88.4 | 71.40 | 7.6 | 38.14 | 4 |
| 20世纪80年代 | 984.75 | 749.51 | 76.1 | 148.81 | 15.1 | 86.43 | 8.8 |
| 20世纪90年代 | 1378.82 | 894.16 | 64.8 | 196.66 | 14.3 | 288.0 | 20.9 |
| 2000~2005年 | 1512.95 | 951.23 | 62.9 | 172.75 | 11.4 | 388.97 | 25.7 |
| 2010 | 1544.37 | 954.225 | 61.8 | — | — | — | — |

**经济作物**　经济作物有油料、烟草、糖料、麻类、棉花、药材等。按播种面积计算，1949年油料作物占59.9%，麻类占18.4%，烟草占17.7%，其他占4%。20世纪50年代油料上升到75.8%，烟草为13.4%，麻类和其他为10.8%。20世纪60~70年代，油料占75.4%和57.3%，烟草占20.8%和36.3%，其他为3.8%和6.4%。80年代和90年代烟草面积上升为53.8%、61.5%，油料下降为36.5%、35.9%，其他为9.7%、2.6%。2000~2005年，油料为50.9%，烟草47.6%，其他经济作物1.5%。

**其他作物**　20世纪70年代以前主要是蔬菜。50年代种植蔬菜25.3万亩，占种植其他作物面积的97.6%，青饲料作物占2.4%。60年代种植蔬菜占95.5%，绿肥和青饲料作物共占4.5%。70年代后，种植以上作物面积扩大，2000~2005年平均种植蔬菜133.4万亩，占43.3%，绿肥222.0万亩，占57.1%；青饲料作物33.5万亩，占8.6%。

### 1949~2010年毕节地区年均粮食作物产量结构表

单位：万吨、%

| 年平均 | 总产 | 玉米 | | 稻谷 | | 小麦 | | 马铃薯 | | 其他作物 | |
|---|---|---|---|---|---|---|---|---|---|---|---|
| | | 产量 | 占 | 产量 | 占 | 产量 | 占 | 产量 | 占 | 产量 | 占 |
| 1949 | 40.67 | 22.08 | 54.3 | 12.61 | 31 | 0.34 | 0.9 | 1.24 | 3 | 4.4 | 10.8 |
| 20世纪50年代 | 58.79 | 29.62 | 50.4 | 18.04 | 30.7 | 1.16 | 2 | 2.67 | 4.5 | 7.3 | 12.4 |
| 20世纪60年代 | 65.75 | 33.24 | 50.6 | 14.95 | 22.7 | 2.88 | 4.4 | 4.29 | 6.5 | 10.39 | 15.8 |
| 20世纪70年代 | 92.08 | 47.53 | 51.6 | 18.38 | 20.0 | 5.24 | 5.7 | 9.69 | 10.5 | 11.24 | 12.2 |
| 20世纪80年代 | 106.48 | 54.82 | 51.5 | 18.49 | 17.4 | 5.32 | 5.0 | 15.06 | 14.1 | 12.79 | 12.0 |
| 20世纪90年代 | 159.37 | 68.54 | 43.0 | 22.4 | 14.1 | 19.85 | 12.4 | 30.11 | 18.9 | 18.47 | 11.6 |
| 2000~2005 | 225.60 | 104.31 | 46.2 | 26.88 | 11.9 | 20.92 | 9.3 | 50.75 | 22.5 | 22.74 | 10.1 |
| 2010 | 254.89 | 124.9 | – | 28.29 | – | 5.45 | – | – | – | – | |

注：马铃薯产量按5：1折算为主粮，后同

### 1949~2010年毕节地区年均经济作物面积结构表

单位：万亩、%

| 年平均 | 经济作物面积 | 油料作物 | | 烟草 | | 其他经济作物 | |
|---|---|---|---|---|---|---|---|
| | | 面积 | 占 | 面积 | 占 | 面积 | 占 |
| 1949 | 22.02 | 13.17 | 59.8 | 3.89 | 17.7 | 4.96 | 22.5 |
| 20世纪50年代 | 55.80 | 42.30 | 75.8 | 7.48 | 13.4 | 6.02 | 10.8 |
| 20世纪60年代 | 54.92 | 41.39 | 75.4 | 11.94 | 20.8 | 2.05 | 3.8 |
| 20世纪70年代 | 72.45 | 41.51 | 57.3 | 26.29 | 36.3 | 4.65 | 6.4 |
| 20世纪80年代 | 148.81 | 54.43 | 36.5 | 80.06 | 53.8 | 14.44 | 9.7 |
| 20世纪90年代 | 196.49 | 70.55 | 35.9 | 120.92 | 61.5 | 5.02 | 2.6 |
| 2000~2005 | 172.76 | 87.87 | 50.9 | 82.25 | 47.6 | 2.64 | 1.5 |
| 2010 | – | 93.39 | – | 8.12 | – | – | – |

## 二　种植业区划

1980年，地区及各县农业局承担种植业区划，87名领导干部和科技人员先后参加。各县在广泛收集历史资料的基础上，重点调查本县种植业现状，编写出粗线条种植业区划。根据粗线条区划，专题调查县内各类作物及种植业内部结构，写出报告；同时广泛征求对粗线条种植业区划的意见，并根据土壤普查成果，修改完成细线条种植区划。各县共写出专题报告56篇，80多万字。涉及玉米、水稻、马铃薯、麦类、荞、大豆、菜豆、薏仁、油菜、烟草、蔬菜、苹果、梨、柑橘、茶、绿肥、药材、野生水果资源、作物品种资源、耕作制度、农作物病虫害及天敌资源。地区农业局种植业专业区划组，对口协助各县开展工作，并对各县农作物种植业区划进行验收。在此基础上编写地区种植业区划，将全地区农作物种植业划分为以下片区。

**西部高原、高中山粮、果、烟一年一熟和两熟区**　包括威宁高原山脊冷凉芋（马铃薯）、包（玉米）、荞、油（蓝花籽、冬籽）区；威宁高原缓丘温凉包、芋、豆、果、烟、绿肥区；威宁高中山温热河谷稻、包、烟、果、豆、绿肥区；赫章西南部中切割高原山地~岩溶峰丛芋、包、豆种植区；赫章西部中切割高中山~谷盆包、芋、麦、烟、果、茶种植区；赫章北部高原山地~岩溶沟谷包、芋、豆种植区。

**中部中中山、低中山粮、烟、油、果、茶套作两熟区**　包括赫章东北部中切割中中山~河谷包、稻、烟、麦、油、樱桃、大蒜种植区；赫章东南部中切割高中山~峰丛包、芋、豆、稻、麦、烟、油、蒜种植区；毕节北部中浅切割低山粮作、经作、水果区；毕节西部浅中切割中中山包、芋、麦、豆套作间作区；毕节北东部中切割低山包、稻、麦、甘薯套作间作区；毕节中东部浅切割中中山稻、包、麦、烟、油区；毕节西南部中切割中中山包、豆、芋、麦、烟区；大方西北部中中山、低中山包、稻、烟、油、豆、麦两熟套作区；大方东北部中中山包、芋、麦、豆、杂粮两熟套作区；大方中西部中中山、高中山包、豆、芋、杂粮两熟套作区；大方东南部中中山、低中山包、稻、麦、烟、油两熟套作区；纳雍西北部高原、高中山干凉粮、豆、茶、水果、核桃土特产区；纳雍东北部低中山温湿粮、豆、经作综合发展产区；纳雍东南部高中山湿凉包、豆、杂粮、饲料区；纳雍西南部中中山暖湿包、麦、油、绿肥高产区；织金西半部中中山、高中山温凉多雨粮、饲、药、杂一年一熟和套作两熟区。

**东部低中山、中中山粮、油、烟、茶、桑一年两熟区**　包括织金东半部低中山、中中山温和湿润粮作、经作、水果一年两熟区；黔西西北部中中山温和包、芋、豆、稻一熟区；黔西中西部低中山温暖稻、包、烟、麦、油、豆两熟区；黔西东南部低中山温暖包、稻、烟、麦、油、豆两熟区；金沙西南部中中山中丘温和包、稻、麦、油、绿肥两熟区；金沙中部低山低丘谷地温暖轻旱稻、包、烟、油、麦两熟区；金沙东部低山低丘温熟干旱包、稻、麦、烟、油、甘薯、花生两熟区；金沙西北部低山深切割河谷温热重旱包、稻、麦、油、甘薯、花生两熟区。

同期，地区农业区划办公室编写烤烟区划，地区农技站编写茶叶区划，地区农科所、农技站合编柑橘区划，地区农科所编写大豆区划。

# 第二节　耕作制度

## 一　耕作制度变革

**中华人民共和国成立前的耕作制度**　毕节地区最古老的耕作方式是撂荒撒播耕作制，即放火烧荒，垦殖一年后丢荒几年，俗称“烧荒撒播”。定耕农业形成后的相当长时期，稻田是连作耕作制，冬季休闲。小麦、大麦、豌豆、蚕豆、油菜等夏收作物相继传入后，出现少量水田的一年两熟制。丢荒几年的旱地再种植，演变成轮歇耕作制。直到清代康熙年间（1662~1722），旱地主要粮食作物，皆以荞麦为主。荞麦生育期短，一年春秋两季种植，出现最早的旱地复种耕作制。清代中叶罂粟传入，复种耕作扩大。清道光二十年（1840），贵州巡抚贺长龄曾教民铲罂粟、种木棉，但屡禁不止。民国26年（1937）民国政府强令禁种罂粟，改种小麦、油菜等夏收作物，旱地复种耕作制又有发展。民国37年（1948），全地区夏收作物播种80.91万亩，占耕地面积12.7%，除去轮歇地，复种指数98.1%。中华人民共和国成立前，以连作耕作制为主，同时有复种耕作制和轮歇耕作制。民国时期，连作耕作制的种植制度，水田是一季水稻，旱地有一季玉米或马铃薯、甘薯、小米、薏仁、燕麦、蓝花籽等；玉米地内多混播菜豆并间作大豆，有的还同时间作高粱和向日葵。复种耕作制的种植有小麦水稻、油菜水稻、小麦玉米、马铃薯玉米、油菜玉米、春荞秋荞、冬籽秋荞等。稻田复种的基本方式是接茬复种。威宁县中水，水稻品种生育期长，是谷穗撒籽后排水撒播小麦，小麦出苗后收水稻，属套作复种。旱地小麦玉米两熟制，有接茬复种和套作复种两种方式。白菜型油菜玉米两熟属接茬复种，芥菜型油玉米两熟是套作复种。

**中华人民共和国成立后的耕作制度**　1950~1959年，全地区年均复种指数115.6%，比1949年增16.1个百分点，其中夏收杂粮复种面积占45.3%；油菜、小麦发展最快，是1949年的3.4倍和1.9倍，多为油稻、油包、麦稻、麦包两熟。1961年，专署农业局调查毕节、织金、威宁等5县的8个生产大队，肯定复种夏收作物是发展农业生产的重要途径。1961~1963年，专区农科所在河谷类型区织金县花红公社、丘陵类型区毕节县清丰公社和头步桥公社、高山类型区威宁县龙街公社蹲点，开展耕作制度改革试验和调查研究。河谷类型区两熟制面积大，但麦类比重大，麦稻两熟耗氮量多，肥料不足，影响提高复种效果。针对问题，提倡油菜下田，小麦上山，逐年轮作。丘陵类型区，油菜和绿肥下田，旱地推广芋包、麦包套作两熟，大力发展玉米和豆类间作。高山类型区开辟肥源，改良土壤，培肥地力，扩大高产作物马铃薯和玉米面积，发展粮豆间作，减少轮歇地。1960~1969年，全地区年均复种指数135.7%，比50年代增20.1个百分点。1971年，地区农科所调查全地区8个县的42个公社的耕作制度改革。总结对粮食单产超过《全国农业发展纲要》（亩产800斤）大队的经验。地区革委生产指挥部将毕节县海子街区4个超纲大队的总结印发全地区。1976年8月，地区农业局召开全地区耕作制度改革座谈会，总结耕制改革经验，提出改革的方向和规划，地革委批转会议纪要，发到全地区。1970~1979年，全地区年均复种指数144.4%，比60年代增8.7个

威宁麻乍地膜玉米

百分点。种植制度新增马铃薯水稻两熟，小麦烤烟套作两熟，马铃薯玉米甘薯三熟，半凉山地区发展玉米马铃薯间作。不少社队已形成复种轮作制。20世纪80年代，推广马铃薯玉米、小麦玉米等两熟制的宽窄行双行套作，在宽行内套作绿肥后，形成夏粮、秋粮和绿肥种植制度，使旱地分带种植形成分带轮作。1987年，引进地膜覆盖玉米栽培技术，加快分带轮作推广。1980~1989年，全地区年均复种指数155.4%，比70年代增加11个百分点。新发展的有河谷地带的早熟蔬菜水稻大白菜一年三熟，半凉山地区的马铃薯大豆或菜豆间作。这期间绿肥有较大发展，1979年全地区绿肥面积16.05万亩，1989年59.29万亩，增2.7倍。绿肥参与的种植制度有小麦间作绿肥套作玉米或烤烟，绿肥套作马铃薯套作玉米，玉米（或马铃薯、水稻）绿肥。1988年，地区农技站、土肥站对旱地的几种主要种植制度，研究提出由若干项实用技术配套组装的综合技术，应用于生产。1990~1999年，全地区年均复种指数184.6%，比80年代增28.3个百分点，其中1999年达到192.4%。年均绿肥面积162.03万亩，其中单作45.37万亩，占耕地面积7.6%；间作套作116.66万亩，占耕地19.5%。1999年全地区旱地间作指数183.2%。单位面积轮种豆科养地作物的时间，由50年代的4~5年轮种一次，缩短为1~1.5年。分带种植，于玉米宽行内套播一茬绿肥后，形成同一块地内年际间不同“带”轮作，及两种种植制度不同年份的轮作，使主作物玉米的前作总是绿肥，产量有保证，烤烟不重茬，质量有提高。2000~2005年，全地区年均复种指数200.6%，比90年代增16个百分点。其中2005年为206.2%。年均绿肥面积222.02万亩，共中单作62.17万亩，占耕地面积的11%。2005年，全地区麦包豆套作两熟面积153.74万亩，复合亩产560.1千克；芋包豆套作187.31万亩，复合亩产621.1千克。

## 二　耕作制度分区

1975~1976年，地区农科所两次调查研究全地区耕作制度分区，将区内耕作制度分为3个片区。

**东部温暖气候水田两熟、旱地接茬复种或套作二熟三熟区**　年均温15℃左右，稳定通过10℃的积温4000℃以上，海拔多在1400米以下，包括金沙县、黔西县和织金县东部。发展方向是水田推广油稻、肥稻两熟制，旱地推广麦包豆、油包豆、麦烟套和两熟制，麦包苕、麦包芋等套作三熟制。本片区热量条件可满足麦包接茬复种两熟，但夏旱频率高，夏播玉米不增产，提倡套作为好。本片区是地区内水稻和油菜主产区，坚持油菜和绿肥下田，确保水稻丰收。

**中部温和气候水田两熟、旱地套作两熟区** 年均温13℃左右，稳定通过10℃积温在3000℃至4000℃之间，海拔1400~1900米，包括毕节县、大方县、纳雍县全部，织金县西部、赫章县东部。发展方向是芋包豆、麦包豆、麦烟套作两熟，白菜型油菜接茬复种玉米两熟，芋包荞、芋包芋套作三熟，油稻和肥稻两熟。

**西部温凉气候单作间作一熟、套作或接茬复种两熟区** 年均温11℃左右，稳定通过10℃的积温3300℃以下，海拔1900米以上，包括威宁自治县全部和赫章县西部。发展方向是上等地推广玉米间作马铃薯，中等地推广马铃薯间作玉米或大豆、菜豆，下等地推广春荞秋荞、燕麦秋荞、冬籽秋荞、燕麦套作大豆等两熟制。本片区的轮歇地宜大力发展青饲料生产。

20世纪80年代后，各片区改进发展各种植制度，均加进一茬绿肥，东部、中部绿肥以间套作为主，西部以接茬复种为主。

## 三　种植制度

**一年一熟制** 毕节地区西部和中部海拔较高地方，水田种一季水稻，冬季休闲。旱地只种一季玉米或马铃薯，玉米地间作大豆混播菜豆，属一熟三收。赫章县小韭菜坪山麓，海拔2700多米，种植马铃薯间作春荞，为一熟两收。20世纪70年代，威宁县改上中等地玉米单作为玉米间作马铃薯；改中下等地马铃薯单作为马铃薯间作玉米或菜豆。80年代推广马铃薯间作大豆，均为一熟制。玉米混播菜豆间作大豆，冬季休闲，是清代后期就有的种植制度。种植方式为单行间作。据1982~1985年地区大豆科研协作组研究，中上等地以宽窄行双行玉米间作2~3行大豆，比单行间作复合产量增10%左右，复合产值增30%以上。下等地以单行玉米间作双行大豆的产量和产值高。玉米大豆密度配置对产量的影响大于间作方式的影响。玉米为单作密度，大豆为单作密度的50%~70%，混播菜豆的密度为玉米株数的33%~50%。

**一年两熟制** 20世纪50~60年代，农民就有冬半年在小麦行间种植豌豆、蚕豆、蔬菜的习惯。

1.小麦玉米套作。当时推行的小麦玉米两熟，为套作与接茬复种并存，小麦收后种植玉米不稳产。从70年代起，全地区推广套作，成为主要种植制度之一。套作方式，50年代前期沿用习惯的单行套作，小麦点播；50年代后期推广小麦条播。60年代，一些地方改为小麦播幅1尺，幅距1.8尺或播幅1尺，幅距1.5尺套作，小麦产量提高，但共生期内玉米受荫蔽较大，弱苗较多。1970年前后，有的地方改为幅宽5尺或6尺、小麦播幅1.3~1.5尺套作大窝玉米。1977~1978年，地区农科所进行小麦玉米套作试验，以宽窄行双行套作产量最高，带幅167~200厘米。涉及玉米的种植制度，都以玉米为主，套作玉米的密度为单作密度，小麦密度为单作密度的50%，播种量不变时，麦占地比例大的产量高。80年代推广双行宽窄套作，即分带种植，成为麦包套作的主要方式。

2.马铃薯玉米套作。传统的套作方式为单行套作。20世纪70年代，有的地方改为双行套作，群众总结为“六尺开厢双套双，洋芋苞谷各两行，下面不争地，上面不争光。”1977~1980年，地区马铃薯科研协作组研究套作方式及密度配置。结论为上等地或中等地施肥水平较高时，宽窄行双行套作（带幅183~200厘米）的产量高，玉米为单作密度，马铃薯为单作密度的60%~70%。下等地或中等地施肥水平低时，以双行马铃薯套作单行玉米的产量高，马铃薯为单作密度，玉米密度为单作的50%。80年代推广后，增加施肥量，双行套作成为马铃薯玉米套作的主要种植方式。冬半年种植绿肥，初春绿肥套作马铃薯，4月初绿肥作玉米基肥，套作玉米仍混播菜豆，间作大豆。1978年起，全地区马铃薯玉米套作面积，每年都在百万亩以上。

3.油菜玉米套作或接茬复种。20世纪50年代，种植芥菜型油菜的地方，实行油菜行间套作玉米，但习惯的单行套作不便操作。60年代改为双行套作，沿用至今。种植白菜型和甘蓝型油菜的地方，是接茬复种玉米。白菜型油菜玉米两熟，是传统的种植制度；甘蓝型油菜玉米两熟，始自50年代，分布在地区东部。油包两熟的玉米，均混播菜豆和间作大豆。

4.小麦烤烟套作。20世纪70年代，烟区出现小麦烟叶套作。1978~1980年，省烟科所在黔西县进行小麦套作烟叶研究，肯定不影响烟叶质量，并提出相应的耕作技术。以烤烟的行距为准，条播宽幅小麦，小麦播幅占地面积大，产量较高，减缓粮烟争地矛盾。80年代后，成为地区内主要种植制度之一。1992~1994年，地区烟办进行绿肥烟叶间种试验，在麦行内间作绿肥，第二年4月在绿肥带施无机肥后起垄移栽烤烟。烟叶质量达优质标准，产量比习惯施用厩肥的增产3.4%，生产成本下降25%左右。已大面积推广。

5.小麦甘薯接茬复种。分布在热量条件较高的河谷地带。是20世纪70年代出现的种植制度，产量较高。

6.夏收作物与秋荞、春荞与蓝花籽接茬复种。在半凉山地区的下等地和凉山地区，夏收作物在春荞、燕麦、黑麦、小黑麦、冬籽等收获后接茬复种秋荞。威宁的春荞，还接茬复种蓝花籽。

7.油菜水稻接茬复种。中华人民共和国成立前就有这种种植制度，地区东部种植面积较大，采用白菜型油菜。20世纪60年代，地区内提倡油菜下田，面积逐渐扩大。80年代改用甘蓝型油菜，又用育苗移栽技术，成为东部稻田的主要种植制度。

8.小麦水稻接茬复种。是地区内传统种植制度，主要分布在地区东部。麦稻两熟的产量比一季水稻增30%以上。1964年，中共毕节地委在毕节县头步桥进行样板田试验，麦稻两熟亩产1000.1千克。1971年，地区农科所麦稻两熟亩产达到1014千克。

9.马铃薯水稻接茬复种。1975年，毕节县烧杠公社试种12亩，亩均产马铃薯339.5千克，水稻435千克。马铃薯收获早，作蔬菜上市，价格较高，其茎叶可作水稻基肥。自此，在毕节和一些县的城郊推广。1995年起，毕节市果蔬站采用地膜覆盖稻田薯马铃薯栽培技术，产量提高，面积扩大。

**一年三熟制** 20世纪70年代，区内改革耕制，涌现麦包苕、芋包芋、麦包芋、芋包荞5种三熟制。区内推广二季马铃薯栽培，与麦包、芋包组成三熟制的面积较大。之后二季马铃薯只作为防止马铃薯退化的一种措施应用，面积减少。麦包苕三熟，其种植方式为宽窄行双行套作，因玉米甘薯均为高产作物，复合产量较高，但地区内适宜种植甘薯的地方较少。芋包荞和麦包荞三熟，气候正常年份有种植，但面积少；晴雨失调，玉米受灾的年份和地方，秋荞作为救荒作物，种植面积扩大。

# 第三节　粮食作物　经济作物　园艺作物

## 一　粮食作物

**粮食生产**　1949~1956年，全地区粮食总产持续增长，由40.67万吨增加到73.55万吨，在增长的32.88万吨粮食中，提高单产增长占59.5%，提高复种面积占24.9%，扩大耕地占15.5%。1958年，全专区粮食总产77.79万吨，比1949年增91.7%。这9年年递增率7.5%，除1957年比上年减3.3%，其余各年均比上年增产，是粮食生产最好的时期之一。1959年，粮食产量减为57.86万吨，1960年51.27万吨，分别比1958年减产25.8%和34.2%，1961年、1962年比1961年增产4.9%和13.7%，比1958年减产31%和25.2%，维持在较低水平。1963年、1964年，粮食有所增长，1965年又减少。1967年，81.81万吨，创新1958年后的纪录，增4.9%。这9年年递增率0.54%。1968年，67.88万吨，比上年减17%。徘徊3年后，1971年达90.6万吨，比1967年增10.7%。此后7年，出现3次隔年减产或增产，1年平产。1973年95.14万吨，创新历史水平。1978年110.5万吨，再创新高。1967~1978年，年递增率2.5%。1979年90.57万吨，比上年减18.1%。此后逐年上升。1984年121.35万吨，比1978年增9.8%。这6年年递增率1.6%。1985年91.24万吨，比上年减24.8%。此后3年增产，2年减产。1991年126.51万吨，比1984年增4.2%。这7年年递增率0.6%。1992年120.93万吨，比上年减4.4%。1993~2000年，8年持续增产，年产量从134.87万吨增至231.75万吨，比1991年增6.6%~83.2%，年递增率6.9%，是粮食生产最好的历史时期。同期，粮食总产第二次持续增长，由120.92万吨增到231.75万吨，在增长的110.83万吨粮食中，因提高单产占79.6%，因扩大复种占20.4%。1949~2005年，全地区粮食作物种植44996.9万亩，总产量6184.47万吨。2010年，粮食总产达254.89万吨。

**1949~2011年毕节地区粮食产量统计表**

单位：万亩、万吨

| 年份 | 面积 | 产量 | 年份 | 面积 | 产量 | 年份 | 面积 | 产量 |
|---|---|---|---|---|---|---|---|---|
| 1949 | 558.23 | 40.67 | 1970 | 764.72 | 80.74 | 1991 | 838.39 | 126.51 |
| 1950 | 567.88 | 41.31 | 1971 | 811.96 | 90.60 | 1992 | 829.66 | 120.92 |
| 1951 | 584.67 | 44.85 | 1972 | 811.34 | 83.17 | 1993 | 873.06 | 134.87 |
| 1952 | 600.34 | 48.99 | 1973 | 826.27 | 95.14 | 1994 | 900.98 | 153.71 |
| 1953 | 614.40 | 54.69 | 1974 | 815.63 | 77.82 | 1995 | 912.62 | 157.25 |
| 1954 | 624.28 | 56.62 | 1975 | 815.57 | 94.10 | 1996 | 900.74 | 173.26 |
| 1955 | 643.18 | 60.92 | 1976 | 843.94 | 87.78 | 1997 | 914.93 | 185.94 |
| 1956 | 717.14 | 73.55 | 1977 | 866.36 | 110.34 | 1998 | 986.90 | 210.89 |
| 1957 | 737.73 | 71.14 | 1978 | 920.69 | 110.54 | 1999 | 980.88 | 222.01 |

续表

| 年份 | 面积 | 产量 | 年份 | 面积 | 产量 | 年份 | 面积 | 产量 |
|---|---|---|---|---|---|---|---|---|
| 1958 | 765.79 | 77.97 | 1979 | 875.95 | 90.57 | 2000 | 983.87 | 231.75 |
| 1959 | 715.60 | 57.86 | 1980 | 801.01 | 97.96 | 2001 | 960.42 | 217.67 |
| 1960 | 791.68 | 51.27 | 1981 | 775.39 | 100.52 | 2002 | 953.96 | 219.66 |
| 1961 | 783.37 | 53.77 | 1982 | 748.92 | 102.36 | 2003 | 926.62 | 205.25 |
| 1962 | 757.55 | 58.31 | 1983 | 766.32 | 115.88 | 2004 | 936.39 | 238.22 |
| 1963 | 721.85 | 63.06 | 1984 | 769.42 | 121.35 | 2005 | 946.11 | 247.22 |
| 1964 | 743.60 | 69.63 | 1985 | 695.30 | 91.24 | 2006 | 871.88 | 234.50 |
| 1965 | 787.87 | 67.36 | 1986 | 722.31 | 101.80 | 2007 | 867.92 | 244.14 |
| 1966 | 812.02 | 76.10 | 1987 | 729.22 | 112.49 | 2008 | 915.80 | 262.62 |
| 1967 | 880.15 | 81.81 | 1988 | 733.51 | 103.82 | 2009 | 936.99 | 272.01 |
| 1968 | 778.30 | 67.88 | 1989 | 757.41 | 116.73 | 2010 | 954.23 | 254.89 |
| 1969 | 751.42 | 68.34 | 1990 | 801.12 | 108.29 | 2011 | 963.80 | 191.90 |

玉米　1.玉米生产。（1）中华人民共和国成立前的玉米生产。玉米俗称苞谷，明末清初传入毕节地区，至今有300多年种植历史。乾隆年间（1736~1795）种植面积逐渐扩大，晚清至民国时期，成为主要粮食作物。1949年，全专区播种玉米303.3万亩，总产22.08万吨，占粮食作物面积和总产的54.3%和54.2%。经过自然和人工选择，已形成适应不同生态环境的品种群。清光绪年间（1875~1908），毕节县的坝地种二道早、青壳早，半坡种小白、小黄；20世纪30~40年代，坝地种大白、大黄，半坡种二道早、青壳草，高山种小黄、小白。农民对玉米选种及栽培有一套经验。收获期间进行穗选，将选上的果穗扎成提子，挂在通风处晾干，播种前脱粒。先脱两头的籽粒作他用，用中部的籽粒做种子。强调异地换种或本地不同地块换种。多数只施基肥，离住地较远的地方有不少是点白籽，常是稀播，一般是清明种荞麦，谷雨种苞谷，田间管理强调早中耕除草，一般为头道薅早，二道薅好，三道壅根。

（2）中华人民共和国成立后的玉米生产。全地区玉米年播种面积，20世纪50~70年代在309.15万~312.51万亩，比1949年增1.9%~2.7%。50~70年代，种植面积稳定，单产和总产上升的幅度大体相同。50年代单产95.1千克，总产29.62万吨，分别比1949年增30.6%和34.1%；60年代单产106.2千克，总产33.24万吨，比50年代增11.7%和11.2%；70年代单产153.8千克，总产47.53万吨，比60年代增44.8%和43%。1980年后，调整种植结构，烤烟种植面积扩大，玉米种植面积减少，80年代年均271.19万亩，比70年代减12.2%。此期间，单产上升幅度大，总产上升幅度小。80年代年均单产202.1千克，总产54.82万吨，比70年代增31.4%和15.3%；90年代年均种植玉米233.15万亩，每亩单产293.9千克，总产68.54万吨，比80年代增45.4%和25%；2000~2005年，年均种植玉米246.94万亩，种植面积回升，单产提高，总产大幅增加，年均单产422.4千克，总产104.11万吨，比90年代增43.7%和51.9%。2005年，种植玉米243.86万亩，亩产458.6千克，总产111.84万吨，面积比1949年减19.6%，单产和总产增5.4倍和4.1倍，年递增率单产为3.34%，总产为2.94%。1949~2005年，全地区玉米共种植1.59亿亩，总产2963.38万吨，占粮食作物总面积和总产量的35.2%和47.9%。2010年，玉米种植257.25万亩，总产124.79万吨。

2.玉米品种。（1）地方品种。毕节地区玉米品种资源丰富。1959年，毕节专署农业局编入《毕节专区农作物品种志》的有53个。1974年，按省农业厅部署，各县收集玉米地方品种资源，由贵州省农科院负责整理，于1979年载入《贵州省农作物地方品种资源目录》，其中毕节地区的品种151个。1975年，地区内各县补充收集玉米地方品种，由地区农科所负责整理。1979年归并为51个品种，本地区的玉米地方品种202个。按籽粒类型分，硬粒型占62.8%，马齿型18.5%，中间型13.1%，糯质型3.8%，爆裂型1.8%。按籽粒颜色分，白籽51.2%，黄粒43.4%，杂色5.4%。按生育期分，少于118天早熟种占13.2%，118~146天中熟种66.2%，多于146天晚熟种20.6%；东部金沙县的玉米品种比毕节早10天，西部威宁县晚15天。按植株高度分，300厘米以上的高秆品种占19.3%，250~300厘米的中高秆品种占51.7%，200~250厘米的中矮秆品种占26.2%，200厘米以下的矮秆品种占2.8%。直到20世纪80年代，大面积生产都以地方品种为主，90年代玉米杂交种的面积扩大，但西部的凉山、半凉山，东部、中部的高山和瘦地，还以地方品种为主。玉米地方品种的分布：坝地栽培的品种，耐肥、高秆大穗，产量高，增产潜力大，但对播期要求严格，抗逆性较差，晴雨失调年份，减产幅度大，籽粒多为中间型和马齿型。半山和坡地栽培的品种，适应性较强、较耐旱，遇后期低温年份，减产较小，对播期要求不严，多为中熟、硬粒型。高山栽培的品种，耐瘠、耐前期低温，成熟期对温度要求不严，结实好，产量稳定，多为硬粒型品种，品质特好，唯植株矮小，增产潜力不大。1990年前后，贵州农学院和毕节县农业局协作，调查毕节地区玉米品种分布，将其划分为高山冷湿生态型和温感生态型两类。高山冷湿生态型又分为高山白苞谷生态型、高山黄苞谷生态型两个亚类；温感生态型又分为小黄（白）苞谷生态型、二黄（白）早苞谷生态型、大黄（白）苞谷生态型3个亚类。此期间，全地区先后鉴定出毕节大白、青秆、西山、赫章大白、织金夹黄、金沙大白、毕节大黄等玉米优良品种在生产上推广；通过对地方品种类型、分布及演变规律研究，提出本地区玉米育种的方向和目标；利用地方品种组配品种间杂交种；从地方品种中选育玉米自交系；从地方品种中筛选抗玉米丝黑穗病、大斑病、小斑病、纹枯病等病害的抗源，应用于育种。

（2）品种引进和推广。20世纪50~60年代，地区农科所引进玉米品种87个，地、县种子公司、良种场、农技站也有引进。引进后经过试验，产量高的在县内或全地区推广。1955年专区开始引进玉米品种间杂交种，鉴定后在生产上推广的，有从省农试站引进的五穗白×金皇后、贞丰黄×金皇后。1960年起，开始引进玉米自交系间杂交种，引进途径，由农业系统有关单位从国内农业科研院所引进，及地区农科所从1964年起参加西南区玉米杂交种区域试验、1974年起参加贵州省玉米杂交种区域试验时引进。经试验后推广的杂交种有：忻黄单9号，山西省忻县农科所育成，1968年地区农科所引进；烟山6号，山东省烟台地区农科所育成，1972年地区农科所引进；恩单2号，湖北省恩施地区农科所育成，1973年金沙县农技站引进；中单2号，中国农科院育成，1976年地区种子公司引进；黔单2号，贵州省农科院育成，1975年地区农科所引进；黔单4号，省农科院育成，1976年该院工作组在黔西桂箐蹲点时带来；73单交，四川省雷马屏农场育成，1978年地区农科所引进；兴玉1号，贵州省黔西南州农科所育成，1979年地区农科所引进。1980~1984年，各县进行种植业区划时统计，在生产上使用的玉米引进品种有63个，其中面积较大的有14个：1952年引进的金皇后；1957年从贵州省农试站引进的贞丰黄、五穗白、贵阳黄，从山西引进的阳曲金黄后；1958年从北京农展馆引进的北京马牙，从华北农科所引进的华东396，华平白马牙、安徽白马牙、英粒子、白鹤；1961年从云南引进的普照、黑白；1968年从中国农科院引进的朝鲜黄马牙。80年代，威宁县种子公司从云南引进罗单1号，金沙县种子公司从山东省农科院引进紧凑型液单13号，在县内推广；1997年地区农技站引进紧凑型登海3638和海禾2号，在地区内推广。2000年后，引进宣黄单2号、绿单2号。

（3）杂交种选育与推广。1956年，毕节农试站开始进行玉米品种间杂交种选育，经试验后推广的有五穗白×阳曲金皇后、金皇后×华东396、英粒子×毕节大黄3个组合。1962年，地区农科所引进玉米自交系，1964年开始选育玉米自交系，开始进行玉米自交系间杂交种选育。70年代初，威宁县贝古公社农民参加县南繁队到海岛繁殖玉米杂交种，学会制种技术，组配玉米品种间杂交种在社内推广，大幅度提高玉米产量。1976年秋，地区在威宁召开现场会，推广贝古经验。70年代，应用于生产的有毕单1号、毕单2号，及纳雍县农科所育成的035—6×77。1979年，成立毕节地区玉米科研协作组，1980年起，协作组组织毕节地区玉米杂交种区域试验，至2005年，地区内育成，已通过审定，在生产上推广的玉米杂交种有39个。其中地区农科所育成16个：毕单3~15号、毕三1~3号。其中毕单7号为地区高海拔特殊生态类型区选育的杂交种，威宁县种子公司、农科所参与选育。毕节市农业局与贵州农学院合作育成贵毕201、贵毕301、贵毕302、贵毕304、贵毕401、贵毕402、改良贵毕201。毕节地区种子公司育成毕玉2号、毕玉4号、毕玉6号、毕玉7号。毕节市种子公司育成兴中双交、兴黔双交；毕节市盛农种业有限公司育成盛农1号。黔西县种子公司育成兴获三交、黔西4号。织金县农业局育成织金1~3号。赫章县种子公司育成赫章4号。大方县农科所育成方单1号、方玉1号。上述杂交种基本可适应地区内不同生态类型区域，品质佳质味好的超过90%，受到广大农民欢迎。杂交种类型上实现单交种、三交种、双交种配套，促进了推广速度。1990年，中共毕节地委、毕节地区行署发出《关于加强科技兴农的意见》，把推广玉米杂交种列为发展旱地农业的重要措施。90年代，玉米杂交种年播种超100万亩。2005年，全地区种植杂交玉米171.62万亩，产量88.57万吨，占玉米总面积和产量的70.4%和79.2%。2011年，推广杂交玉米316.04万亩。

3.玉米栽培技术。20世纪50年代初期，农业工作部门针对玉米栽培上存在的土壤瘦薄，施肥量少，或不施肥，种植偏稀，且缺窝断行较重的情况，提出施石灰改良土壤，加深耕层，开辟地源，增施基肥，坡地施用颗粒肥料；每亩密度增到2000多株；精耕细作和采用硝或苦檀子拌种，防止鸟兽和地下害虫危害，争取全苗；推广良种，以促进玉米产量提高。1958年，大方县瓢井公社在收获密沟小麦后，用营养块育玉米苗移栽接茬，首次使用这项技术。60年代初，专区农业局总结威宁县草海公社新光大队的土湿、粪湿、种子湿抗旱播种保苗经验，在专区内推广。1964年，地、县、区、乡开始大办样板田，实行以下栽培改革：改迟播为早播，改稀大窝为合理密植，拉绳定点打窝；推广抗旱播种和舍种保苗、补种补苗的全苗技术；改只施基肥为重施基肥，合理追肥；防治地老虎和大螟。各样板田获得较好收成，不少单产在500千克以上。1966年，引进大窝玉米栽培技术。这项技术有局部加深耕作层，施肥量较多而集中，比习惯密度增加等优点，尤以瘦地增产显著，在新建成的梯土和人造平原上，种植大窝玉米，能保证当年增产，在推广面积一度扩大。70年代，坝地和缓坡地栽培玉米，由原来的单作为主，改变为以套作为主。套作方法沿用习惯的单行套作，带幅83~100厘米，无论是麦包或芋包，共生期内玉米苗受荫蔽较重，全年复合产量虽比一季玉米增产，但玉米产量有所下降。70年代后期，改单行套作为宽窄行双行套作，带幅167~200厘米，明确提出以玉米为主，保证玉米维持单作的密度，坚持套作玉米早播、早管理，促使共生期内玉米植株高过小麦或马铃薯，使玉米不少收，多得一季麦或薯。同时，提出推广玉米育苗移栽技术，以解小麦玉米套作玉米苗弱问题。地区农技站制作营养钵制钵器，分给各县进行示范。是年，织金县大戛公社在1200亩沙滩地上，采用营养钵（坨）育玉米苗移栽，获得较好收成。80年代，地区内对玉米大豆菜豆间作和旱地绿肥研究取得成果，形成小麦间作绿肥或绿肥套作马铃薯后，再套作玉米混播菜豆间作大豆的规范化耕作栽培技术，在提高玉米产量的同时，提高全年复合产量、产值和产蛋白质量。20世纪80年代初，大面积推广种植绿肥，大部分地方把绿肥作为种植玉米的基肥。1987年地区农技站从云南引进地膜玉米栽培技术，当年进行多点试验，种植2400亩，平均亩产413.6千克，比露地玉米增产44.7%。1988～1994年，地区农技站主持，系统研究地膜玉米栽培技术和玉米膜侧栽培技术，总结提出适应毕节地区自然条件和种植制度的地膜玉米栽培技术规范，及玉米膜侧栽培技术。1987～1995年，累计推广363.98万亩，平均单产363.7千克，比露地玉米增产55.7%。这项技术，主要在地区内海拔1400米以上的地方推广。1988年，地区土肥站进行绿肥聚垄耕作试验、示范成功，是促进玉米增产的有效技术，1996年，推广面积超过150万亩，2004年为179.5万亩，占玉米播种面积的73.9%。1990～1991年，地区农科所、农技站，对玉米营养钵育苗移栽技术进行研究，提出营养土配方及育苗、移栽技术规程。同期内，地区农机所研制成功营养钵制钵机具系列产品，至1998年共推广1.06万台（套），加速了玉米育栽技术的推广，是年全地区玉米育栽190.1万亩，占玉米种植面积的72.8%。1994～1996年，地区土肥站进行平衡配方施肥试验示范，玉米配方施肥和加深施，对化肥的利用率达40%，比常规施用提高14个百分点。同时期内，地区种子公司推广玉米种子包衣技术。1999～2000年，地区农业局与贵大农学院实施《玉米100万高产技术应用与研究》项目。项目吸取地区内多年的成果，综合配套组装用于生产，在区内8县市累计完成218.67万亩，平均亩产436.2千克，比前三年平均亩产349.7千克增24.7%。其中大方县文阁乡连片种植207.7亩，亩产833.9千克。最高亩产1031.8千克。同时围绕研究玉米高产超高产栽培理论和技术，提出本地区玉米持续高产稳产的理论基础和技术保障。2011年，推广玉米育苗移栽276.12万亩、玉米地膜覆盖90.51万亩、绿肥聚垄206.2万亩，玉米包衣106.65万亩。

**稻谷**　1.水稻。（1）水稻生产。①古、近代水稻生产。1995年10月，贵州省博物馆考古研究所，在威宁县中水镇大河湾村发掘两座新石器时代古墓。1号墓死者头部下面垫有长72厘米、宽20厘米、厚14厘米的稻谷；2号墓死者下面全部垫有稻谷，厚5厘米左右，近50千克，国内罕见。稻谷虽已炭化变黑，但颗粒饱满，轮廓清楚，属贵州省首次发现。70年代，省考古工作队在赫章可乐、威宁中水发掘战国到西汉初期墓葬，均出土有稻谷，说明稻谷是毕节地区种植最早的作物之一。另据《史记·西南夷列传》"耕田，有邑聚"的记载，说明在汉代以前，坝地的先民已定居从事水稻生产。清康熙三十九年（1700），大定府征粮，田为每亩科米3斗，地为每亩科荞8升。说明直到清代前期，的粮食作物还以水稻荞麦为主。有一些优质水稻品种，赫章和纳雍的五里香，有"上风闻之，五里飘香"的记载，有"一家煮饭十家香"的口碑；金沙翁贡、大方上坝生产的大米，有曾作为贡米的传说。民国31年（1942），国内水稻专家卜慕华考察贵州省水稻，将黔西北粳稻品种与分布在太湖和黄河以北的粳稻进行比较后，命名为高原粳稻。民国33年（1944），黔西县农业推广所针对县内种植糯稻面积较大产量较低的问题，进行糯改籼示范，当年改种3500亩，获得成功。次年引进黔农2号和黔农5782籼稻良种在县内推广。民国36年（1947），贵州省第四行政督察区农场引进浙大46粳稻，中华人民共和国成立后得到推广。栽培水稻以水秧田育秧为主，兼有少量旱地育秧，最早在雨水节令撒秧。讲究早犁板田，忌讳板田过冬；要求犁田一铧挨一铧，宽一尺不如深一寸，深耕如上粪；稻田泡冬、炕冬，忌讳黄昏用。施肥全用厩肥、秧青等有机肥；肥料多的地方，讲究施用冬肥和春肥，肥料少的地方，采用包粪栽秧。强调栽秧当天打田，亩栽5000~7000窝。1949年，全专区水稻种植面积79.35万亩，占粮食作物播种面积的14.1%，总产12.69万吨，占粮食总产的31.2%，单产160.5千克。

②当代水稻生产。20世纪50年代，全地区年均种植水稻91.26万亩，是历史上最多的时期，1956年种植106.1万亩，是最多的一年。年均单产197.8千克，总产18.04万吨，分别比1949年增23.2%和42.2%。60年代年均种植85.51万亩，单产181.2千克，总产14.95万吨，比50年代降9.5%、8.4%和17.1%。70年代年均种植85.82万亩，单产214.7千克，总产18.37万吨，比60年代增4%、18.5%和22.9%。80年代年均种植80.30万亩，单产230.8千克，总产18.49万吨，比前10年面积降6.6%，单产和总产增7.8%和0.7%。90年代年均种植73.51万亩，比80年代降8.4%，单产304.8千克，总产22.40万吨，单产和总产增32.1%和21.1%。2000~2005年，年均种植72.04万亩，比90年代降2%，单产373.1千克，总产26.88万吨，单产和总产增22.4%和20%。2010年，水稻种植面积67.06万亩，总产28.29万吨。

大方小屯梯田

（2）水稻地方品种。毕节地区水稻品种的分布，海拔1500米以上为粳稻区，海拔

1400~1500米为籼粳混合区，海拔1400米以下为籼稻区。从低海拔到高海拔地带，都有糯稻分布。威宁县南部的居乐，海拔2100米，北部的牛棚，海拔2090米，是毕节地区及贵州省水稻分布的最高点。1959年，专署农业局收编入《毕节专区主要农作物品种志》的地方水稻品184个，其中粳稻70个、籼稻73个、糯稻41个。1974年进行品种普查，由贵州省农科院水稻所进行籼稻和糯稻整理，毕节地区农科所进行粳稻整理，于1979年编入《贵州省作物品种资源目录》的毕节地区水稻地方品种255个。加上以后几年地区农科所补查补征整理的184个，共449个，其中粳稻143个、籼稻129个、糯稻177个。通过鉴定，选出一批高产品种在生产上推广。推广面积较大的，粳稻区有乌嘴大白谷、红桩桩谷、铁秆红谷、牛尾驮、黄黄谷、黄腊谷等；籼稻区有麻谷、大白谷、大红粘、黑节谷、侧谷、乌兰粘等；糯稻有高粱酒谷、高糯、红糯、千斤糯、黄腊糯、樱桃糯、黑糯、香糯等。利用地方品种作亲本进行杂交育种，在常规育种方面，毕粳6号、毕粳7号的母本为黄黄谷和红桩桩谷。在杂交水稻育种方面，鉴定出籼稻品种麻壳、毕节麻谷、黔西岩粘，有对野稗不育型具有恢复力的种质；粳稻品种红壳晚谷、羊毛晚谷、黄壳粳粘有与矮籼杂交表现高亲和性的种质，分别与IR36、矮脚南特、秋光等品种杂交，杂交一代的结实粒都在80%以上。

（3）水稻品种引进和推广。①粳稻品种。20世纪50~60年代，专区农科所引进试验推广川大粳，西农175粳、育农1744、老来青、卫国、陆羽132、新乡8号、桂花球、野地捞金、意大利1号；70年代引进科情3号、辽丰24、京引134，清锦、黎明；80~90年代有合系4号、合系25号。80年代，织金县农业局引进推广滇渝1号。通过引进推广，对全地区水稻生产有重要影响的有川大粳、西农175粳和农育1744（简称三粳），1958~1962年，地区农科所经过品比、多点、生产试验，肯定三粳具有产量高、增产幅度大、适应性强、稳产、米质好等优点，并总结提出亩产千斤的栽培技术。1963年，开始在良种良法配套推广，在海拔900~1810米的52个公社的86个生产队示范273亩，平均亩产406千克，比当地主栽品种增产42%。1964年扩大到250个公社的1577个生产队，种植5839.9亩，亩均产370千克，比当地主栽品种增产25.4%。中共毕节地委头步桥样板种植三粳60亩，亩均产435千克，最高产736.8千克；专区农科所种植147亩，亩均产586.8千克，最高亩产740.5千克，国家农展馆在北京展出这一成就。1965年，全专区种植三粳7.83万亩，有水田的1.32万个生产队都试种三粳。头步桥公社种植样板田1201.5亩，占水田面积的74.8%，单产436.5千克。是年10月，贵州省农业厅在头步桥公社召开全省水稻生产现场会；12月，农业部在广东召开南方水稻会议，毕节县头步桥公社在会上交流种植三粳丰栽技术。是年冬，贵州农展馆展出头步桥样板田的经验。1996年，种植三粳26.1万亩，占全区种植水稻面积的29.2%。是年，全专区水稻平均亩产196.5千克，毕节县种植12.21万亩水稻，平均亩产306.5千克，比全区亩产高出56%。毕节、赫章县推广三粳使全县水稻亩产超300千克后，作主栽品种20多年。毕节县海子街区2.17万亩水田，普及三粳，年均亩产400千克以上。籼稻区有不少地方，种植三粳到70年代。推广三粳，属高秆改中矮秆，为地区内水稻品种引进、选育和推广，以及栽培技术改进，做了奠基性工作。

②籼稻品种。1959年，籼稻区引进高原粳进行籼改粳，未成功。1965年，专区种子公司引

进珍珠矮、广场矮和矮脚南特（简称三矮）试种成功，自此籼稻区开始改高秆地方品种为中矮秆品种。引进试验后，推广面积较大的品种，70年代有湘东，广文5号、10号，南京1号；80年代有遵籼3号，桂潮2号、13号，广二矮104，金麻粘，中卷籼。桂潮2号、13号成为80年代籼稻区主栽品种。1976年，金沙县种子公司引进杂稻南优2号试种，亩产762千克。1978年，金沙县在平坝区建立杂稻制种基地，生产杂交种南优2号、南优6号和汕优2号，1981年总结出一套高产制种技术。1986年后，杂稻面积逐年上升，1990年，种植杂稻18.9万亩，推广的杂稻有威优64、481和汕优63。90年代后，引进适应海拔1100~1300米左右的水稻杂交种威优77、D优439、汕优36辐，适应海拔1100米以下的岗优22、12，K优5号和中优838。籼稻区基本普及杂稻，1998年44.55万亩，占全区水稻面积62.5%，平均亩产406.7千克。③糯稻品种。70年代开始引进试验生产上推广的有矮糯、京选糯、虹糯、辽丰10号、台中糯、姬糯、龙虎禾—3、新阳二重糯、贵禾糯9—4等。均为中矮秆，较地方品种产量高、质量好。

（4）水稻新品种选育。1954年，毕节县王张乡农民王永昌，从黄黄谷中穗选育成高原粳稻良种八百粒，在粳稻区推广。1961年出版丁颖主编的《中国水稻栽培学》，曾介绍此品种。1959年，地区农科所开始用杂交方法选育水稻常规种，1972年增加辐射诱变育种方法，至2005年，育成并推广毕幅2号和毕粳6、7、2、11、80、22、37、38、39、40、41、42号。1966年，大方县良种场育成方选3号粳稻；1975年纳雍县农科所育成75—18粳稻，织金县农业局育成织金1号籼稻，均应用于生产。2000年3月，科技部、农业部联合评选“九五”育种攻关成果，毕粳37号以营养品质优异，栽培面积大，被评为优质农作物新品种，成为西南地区唯一被评选的品种，建议在云贵高原粳稻区推广。

（5）水稻栽培技术。20世纪50年代初期，沿用传统的板块水秧田育秧及播种期、密度和施肥技术。1955年前后，推广合式秧田育秧，仍为水秧田，成秧率有所提高；同期推广三角形丛植和四方形丛植，因提高密度，增产效果显著。60年代初推广三粳时，将播种期提早到春分至清明，推广湿润秧田育秧；每亩密度从高秆品种不足1万窝，改为2.1万~2.8万窝，10万~12万基本苗，实行拉绳栽秧；每亩基肥量增加到1000千克，并采用磷化肥做基肥，氮化肥做追肥。得出早播早栽是毕节地区水稻高产稳产的关键，栽足窝数和苗数是高产的基础，施足基肥，合理追肥，前重中轻后补，是高产的保证。70年代，推广薄膜育秧技术，籼稻区推广中矮籼品种，每亩密度1.6万~2万窝，6万~8万基本苗。80年代推广杂稻时，引进推广两段育秧技术，每亩1.6万~2万窝，3.2万~4万基本苗，并采用全层施肥和叶龄指数追肥。90年代初，金沙县将两段育秧的第一段薄膜旱育秧，改为利用塑料薄膜搭成简易温室，利用蒸气作热源进行大批量育小苗，3叶前移栽到秧田。90年代，推广旱育稀植技术，旱育小苗，苗床土消毒后，重施肥，狠控水，促进根系生长，抑制长成老健苗。1998年，推广面积占水稻种植面积的47.4%。粳稻密度改为1.7万~2万窝，5万~8万基本苗。同期多数稻田基肥超过1000千克。2000年后，推广化肥深施，原用作追肥的化肥，77%改为基肥深施，23%作穗肥施用。2011年，推广水稻旱育稀植51.63万亩、两段育秧8.2万亩。

2.陆稻。俗称旱谷，是毕节地区栽培较早的作物之一，近百年来都有零星种植。1955年，省高寒山区工作组调查大定县的陆稻，撰写《改进旱谷栽培技术，发展生产潜力》的调查报告，提出推广点播，淘汰撒播，增施基肥，加强中耕除草等田间管理的意见，强调穗选留种。1959年、1974年两次普查品种，发现区内共有陆稻地方品种14个。80年代初，毕节县农业局从云南引进大白谷等5个品种，在毕节县小吉场等地种植。1983年，种植7084.5亩，亩产139千克。同期，纳雍、威宁、赫章县有一定发展。1985年全区种植2.51万亩。1997年地区农技站引进巴西陆稻9号，在大方县文阁、对江进行试种，效果很好。1998年在地区内进行多点试验，种植2535亩，平均亩产250千克，比本地陆稻增1倍左右，最高亩产400千克。

**小麦** 1.小麦生产。清代《大定府志》记载，自清代起，今毕节地区已有小麦种植。民国时期种植面积有所增加。1949年，全专区种植小麦10.35万亩，单产32.6千克，总产3370吨，占夏粮种植面积和总产的16.2%和12.6%；占粮食作物种植面积和总产的1.9%和0.83%。20世纪50年代，全专区年均种植小麦26.85万亩，单产43.2千克，总产1.16万吨，比1949年分别增1.6倍、32.9%和2.4倍。10年间，总产量增加，种植面积扩大，占65.1%，提高单产占34.9%。60年代，年均小麦种植66.15万亩，单产43.5千克，总产2.85万吨，比50年代分别增146.4%、0.7%和148.3%，扩大种植面积增产占98.7%。70年代，年均种植小麦107.7万亩，单产48.7千克，总产5.24万吨，比前10年分别增62.8%、11.9%和81.9%，扩大种植面积增产占76.6%，提高单产占23.4%。80年代，年均种植小麦73.06万亩，单产75.6千克，总产5.52万吨，与70年代比较，面积下降32.2%，单产提高55.2%，总产上升5.3%。90年代，年均种植小麦175.52万亩，单产113.1千克，总产19.85万吨，比80年代分别增54.8%、49.6%和259.6%。此10年，区内小麦生产发展最快，从1988年起，连续12年持续增长，1999年种植197.97万亩，单产133.9千克，总产26.45万吨，为历史最高水平。2000~2005年，年均种植小麦176.27万亩，单产118.7千克，总产20.92万吨，比90年代年均分别增0.4%、4.9%和5.4%。2005年种植小麦168.7万亩，单产130.6千克，总产22.03万吨，分别是1949年的16.3倍、4倍和65.4倍，是毕节地区中华人民共和国成立后发展最快的作物之一。2010年，种植小麦92.3万亩，总产54509吨。

2.小麦品种。（1）地方品种。1974年，毕节地区进行小麦品种资源普查，查出小麦地方品种35个。1959年，《毕节专区主要农作物品种志》收录其中18个。清代道光年间（1821~1850），栽培品种为毛毛麦，光绪年间（1875~1908）种植毛毛麦、白花麦，民国时期红花麦分布较广，仍有毛毛麦、白花麦。地方品种耐瘠、耐寒、抗逆性强，多为高秆晚熟，产量低，出粉率低。20世纪50年代后期，引种品种大面积栽培，唯有织金县地方品种金黄早小麦，因早熟作为稻田主栽品种多年。

（2）品种引进与推广。民国28年（1939），黔西县农推所引进川麦，在县内种植到60年代。20世纪40年代，贵州省第四行政区农场引进金大2905、中农28、南大2419、矮粒多作试验、推广。50年代初期，毕节专区农场继续推广矮粒多和南大2419，成为区内小麦主栽品种十多年。1962年，全专区种植小麦45.54万亩，矮粒多占75.2%。1956年，毕节农试站引进小麦品种做试验。50年代后期在区内推广山农205、五一麦、特早麦483、碧玛1号，其中特早麦483成为黔西、金沙县稻田小麦主栽品种。60年代，推广丰收、阿夫、阿波品种。1964年起，作为地、县、区样板田的主栽品种，均获较好收成。阿夫、阿波抗锈病、散黑穗病，60年代后期，其种植面积超过矮粒多，作为主栽品种20多年。70年代初期，地区种子公司引进墨西哥小麦品种沙瑞克、长捷姆，因其春性强，生育期短，在两熟栽培中受农民欢迎，后因其产量不高且不抗锈病被淘汰。80年代，地区种子公司、织金县种子公司引进贵农10号、黔荣4号，因其高产，种植面积一度发展较快，后因不抗白粉病，种植面积下降。90年代，引进推广绵阳26、贵丰1号，2000年后，引进推广内麦8号、川麦16号、绵阳29号。

（3）新品种选育与推广。1962年，地区农科所开始采用杂交方法进行小麦新品种选育，至2005年，育成推广毕麦5、6、13、26、10、11、15、16、17号。其中毕麦10号含蛋白质16.6%，营养品质上等，加工品质好。毕麦系列品种，成为近30多年地区内小麦的主栽品种：70年代有毕麦5号；80年代有毕麦5、13、26号；90年代有毕麦13、26、10、11号；2000~2005年有毕麦10、11、15号。毕麦16、17号均为2004年9月省审定通过，刚开始大面积推广。毕麦品种为地区内小麦发展做出重要贡献的同时，还为省内外一些地区的小麦生产做出贡献。80年代，甘肃定西，云南玉溪、昭通，贵州安顺、六盘水引进毕麦13、26号试种成功后，先后从本地区调去两品种的种子72.75万千克，尤以玉溪、昭通调去为多。

3.小麦栽培技术。民国时期，稻田小麦以撒播为主，也有点播，旱地小麦有点播密宽沟，基肥用量低，不追肥。20世纪50年代，稻田小麦改撒播为点播，旱地小麦改点播为条播，产量增加。1957~1958年，各地以卫星地、丰产地方式开展小麦高额丰产栽培活动，小麦栽培技术有进步。是时，专区农科所、农技站总结群众栽培小麦经验，写成《小麦卫星地调查报告》《从大方县八堡的几块小麦看密植与栽培方式》《关于普宜公社党委狠抓指挥田劳动丰产坝小麦获丰收的调查报告》《矮粒多小麦的栽培技术》，供生产应用。1957~1963年，专区农科所根据小麦生产中存在的问题，进行播种量、播种期、种植方式、基肥施用量、追肥时期及用量试验，同时进行丰产栽培，提出小麦综合栽培技术。60年代，各级样板田采用，小麦产量增加，并传播到大面积生产。1964年，中共毕节地委头步桥样板田种植密沟小麦6.3亩，采用改点播为条播，改粗放播种为精细匀播，改少施基肥不施追肥为重施基肥、巧施追肥，改浅耕为深耕，改种后不管为精细管理，防治病虫害等措施，平均亩产409.8千克。70年代，地区旱地小麦栽培，演变为以套作为主，单作小麦主要在稻田。稻田小麦整地较难，出苗率低，适当加大播种量，保证有10万基本苗。旱地小麦套作玉米或烤烟，窄带幅92~100厘米，条播1行小麦，大方县把1行小麦的播幅加宽到33厘米，麦占地33%~36%，播种量为单作小麦的60%（6千克），增产效果显著。80年代，小麦套作玉米，改为宽窄行双行分带种植，带幅度150~200厘米，两行小麦播幅各20厘米，窄行距16厘米，麦占地20%~26.6%，播种量为单作小麦的50%（4千克）。90年代后，小麦套作烟叶，基本是窄带幅；小麦套作玉米，以宽带幅为主，仍有窄带幅，种植规范化水平提高。

马铃薯　1.生产。清初，马铃薯传入，俗称洋芋。传入后的100多年，作为蔬菜。清代，云贵总督吴其濬著《植物名实图考·蔬菜卷》之六，有“阳芋，边疆之地，黔、滇有之”的记载。清道光年间（1821~1850），大定府提倡马铃薯作粮食作物栽培。晚清，马铃薯栽培扩大。民国时期，毕节专区已成为贵州省马铃薯主产区，并形成相应的种植制度。地区西部，海拔1900米以上的半凉山和凉山地带及中东部的一些高山地带，马铃薯春播秋收，属秋粮。中、东部海拔1900米以下的地方，马铃薯是冬末初春播种，夏季收获，属夏粮。1949年，全专区种植马铃薯19.7万亩，平均亩产63.6千克（5折1主粮，下同），总产1.25万吨，占全专区粮食总产的3.1%，夏收马铃薯占夏粮种植面积的16.6%，占夏粮总产的29.5%。20世纪50年代，马铃薯年均播种31.05万亩，单产85.7千克，总产2.66万吨，分别比1949年增58%、34.7%和112.8%。总产量增长，扩大面积占69.2%，提高单产占30.8%。在此期间，秋收马铃薯发展较快，是比夏收马铃薯产量多的唯一历史时期。60年代，马铃薯年均种植46.95万亩，平均亩产91.4千克，总产4.29万吨，比50年代分别增51.2%、6.6%和61.3%。总产量增长，面积扩大占83.6%，单产提高占16.4%。70年代，毕节地区进行马铃薯种植耕制改革，在西部发展玉米马铃薯间作，中、东部发展夏收马铃薯套作玉米，做到玉米不少收，多收一季薯。自1973年起，每年全地区农业工作会议，均讨论扩大马铃薯栽培。1974年，地区农业局组织地、县、区农技人员赴黑龙江、内蒙古考察马铃薯生产。1975年，成立毕节地区马铃薯科研协作组。1976年6月下旬，南方九省（区）马铃薯科研、生产协作会议在毕节召开。1977年12月，省农业厅在毕节召开全省马铃薯生产会议。1978年6月，地区召开马铃薯生产会议。10年间，全地区马铃薯年均种植97.05万亩，单产99.8千克，总产9.96万吨，比60年代分别增106.7%、9.2%和125.9%。总产量增长中，扩大面积占84.8%，提高单产占15.2%；同期，玉米总产量增40%。80年代，全地区马铃薯年均种植139.5万亩，平均亩产107.9千克，总产15.06万吨，比70年代分别增43.7%、8.1%和55.4%。在总产量增长中，扩大面积占85.3%，单产提高占14.7%。90年代，全地区马铃薯年均种植189.58万亩，平均亩产158.8千克，总产30.11万吨，分别比80年代增35.9%、47.2%和99.9%。总产量增加，扩大面积占52.8%，提高单产占47.2%。2000~2005年，全地区马铃薯年均种植239.14万亩，平均亩产212.2千克，总产50.75万吨，分别比90年代年均增26.1%、33.6%和68.5%。总产量年均增20.62万吨，扩大面积占38.1%，提高单产占61.9%；马铃薯成为56年来毕节地区发展最大的作物。90年代以前夏收马铃薯发展较快，近十多年，威宁、赫章马铃薯加工企业发展，促进秋收马铃薯加速增长。2010年，种植马铃薯506.3万亩。

2.品种。民国33年（1944），中央农业实验所从美国引进马铃薯品种赛白果，在威宁县试种成功，应用于生产。50年代引进试验推广巫峡、细叶、丰收，在套作区成为主栽品种10多年。

威宁万亩马铃薯基地

1955年，毕节县林口区迎风农业合作社农民谢礼群，从云南红皮品种中系统选育成早熟品种双季红，休眠期短，适应二季栽培，曾在毕节县推广。1956~1961年，专区农科所调查征集及种植整理马铃薯地方品种69个，分大型晚熟和小型早熟两类。大型晚熟品种主要分布在地区西部，代表品种有河坝、桩桩、扁担、白蛮。小型品种分布在地区中部，代表品种有白花、红花耳块、矮黄皮、毕节乌。1963年和1967年，专区农科所威宁分所和地区牧垦场分别引进米拉品种试验，认定有产量高，适应性强，淀粉含量高，耐贮藏、抗晚疫病、退化慢等优点。70年代，区内主要是推广米拉，1977年种植超过100万亩，直到90年代，依然是地区内种植超过百万亩的唯一品种。同期，推广的品种还有疫不佳、红豆沙、676-4、双丰收、克疫，威宁自治县农科所系统选育成威引28，抗马铃薯癌肿病，80年代扩大栽培种植面积。80年代推广783-1、克选7号、克选10号。1980年用有性杂交方法育成威芋1号，1991年从克疫实生薯后代中选育成威芋3号，均成为主栽品种。1990年地区植保站在防治马铃薯癌肿病研究中，从四川省凉山州昭觉农科所引进高代材料822-17和794-30，参加进行马铃薯癌肿病病源鉴定，表现为高抗癌肿病、晚疫病和病毒病，定名为毕抗01、毕抗02，在威宁、赫章县推广。地区农科所80年代用有性杂交方法育成毕薯1号；1998年与白俄罗斯马铃薯研究所合作，引进其试管苗，育成毕引1号、毕引2号。90年代推广80-24-7和743-39。

3.防退保种。1955~1956年，省高寒山区工作组、毕节农试站调查马铃薯品种退化。据查，地区内马铃薯普遍存在植株矮化，叶片皱缩、卷曲、花叶，薯块变小，产量、食味变差的退化现象，提出进行二季栽培防退保种的措施。将第二季收获的种薯（秋薯）春播，防退效果明显，50年代普遍采用。1956~1961年，专区农科所对此进行研究，得以下结论：适应二季栽培的品种，应具备休眠期短，成熟早，并鉴定出毕节白花、巫峡、丰收、细叶等；秋播前应进行催芽，打破休眠期后再播种，同时研究提出湿沙堆积法催芽技术；播种期7月下旬至8月上旬。70年代，二季马铃薯的面积有扩大，1975年为15.9万亩，以后几年在22万亩左右，催芽技术改用"九二〇"浸种催芽。是年，地区马铃薯科研协作组，再次研究马铃薯品种退化，退化分花叶型、卷叶型、束顶型和矮化型，明确病毒浸染是马铃薯品种退化的根本原因，高温使退化的可能性变成现实条件，品种的抗性是马铃薯退化轻重和快慢的主要因素。此后，地区内采取以下措施防止马铃薯退化：引进选育抗退化品种；在高海拔气温低的地方建立种薯基地；实行二季栽培秋薯留种；推广马铃薯脱毒种薯。1977年，地区农科所从中国农科院引进马铃薯茎尖脱毒技术和病毒测定技术，培育出米拉、河坝等品种的脱毒种薯。1978年，开展脱毒种薯效果试验，脱毒薯亩产454千克，比未脱毒的增产135.9%，在自然条件下连续种植到第6代，脱毒薯的亩产241.6千克，仍比对照增产17.8%；脱毒薯第2~6代，感染病毒的退化株率为1.3%~7%，对照为18%。1987年，地区农科所与织金县种子公司合作，在织金县岩洞口建立67亩脱毒种薯基地，推广米拉脱毒种薯。1992年，威宁县引进马铃薯脱毒种薯生产技术，建立原种生产基地，推广脱毒种薯。1996年，纳雍县农业局在民革中央和中国农科院帮助下，开展马铃薯品种脱毒种薯应用。1997年，中共贵州省委、贵州省政府决定，在省内马铃薯产区的贫困县，实施马铃薯脱毒种薯温饱工程，落实资金，建立快速繁育体系。1998年，织金、赫章县被确定为脱毒种

毕节农科所优质马铃薯育种

薯原种快繁基地。2005年，全地区种植1~3代脱毒种薯50.07万亩，单产275.9千克，比对照增长54.3%。2010年，种植脱青马铃薯303.4万亩，建立马铃薯原种扩繁基地5400亩，一、二级良种扩繁基地30.35万亩，优质良种扩繁基地50万亩以上。

4.栽培技术。秋收马铃薯有单作和间作两种种植制度。单作是传统种植方式，中华人民共和国成立后几经试验，播种期从清明至谷雨，提早到春分前后至清明；密度从每亩1000多窝增到3000多窝，并推广拉绳定点挖窝；改用小薯整薯播种为大、中薯切块播种；基肥量从每亩不足1000千克增到1000多千克，并推广配方施肥技术。间作是20世纪70年代开始发展的种植方式，有马铃薯间作菜豆或大豆、玉米。夏收马铃薯多是套作玉米，传统技术是单行套作，改双行套作后，马铃薯的密度由原来每亩1000~1200窝上升到2000窝左右。播种期，冬至至立春，早播的植株偏矮，成熟期较早，利于两熟丰收。

**甘薯** 俗称红薯、红苕，明末清初传入，清代至民国前期，作为蔬菜。20世纪40年代列入粮食统计。1949年，全专区播种甘薯1.02万亩，单产90千克，总产920吨（按5折1换算为主粮，下同）。近半个多世纪，地区内甘薯有较大发展，2005年种植17.7万亩，单产223千克，总产3.95万吨，分别是1949年的17.4倍、2.5倍和42.9倍。甘薯分布在地区内低热河谷地带。中华人民共和国成立前栽培的甘薯品种，有红心苕、红皮苕、花生苕、白皮苕，其中花生苕适于套作，栽培面积大，至今仍是主栽品种之一。1951年，引进南瑞苕，成为主栽品种20多年。60年代后引进推广的有胜利百号、北京553和徐苕18。传统的甘薯种植制度有单作、玉米甘薯间作或套作。中华人民共和国成立后有油菜（或小麦）甘薯接茬复种、小麦甘薯套作、小麦玉米甘薯套作。甘薯扦插时间在4月中下旬～5月上旬的称为春薯，在5月下旬~6月上旬的称为夏薯，在6月下旬的称为秋薯。甘薯由过去的单一春薯，演变为春薯、夏薯、秋薯并存，以夏薯为主。栽培密度，单作时每亩6000~7000株，套作时为单作60%~70%，比过去增1000~2000株。60年代以前育秧技术，采用土温床育苗，60年代后推广塑料薄膜覆盖育苗。藤蔓管理技术，改传统的翻蔓为提蔓，推广摘心技术。

**豆类** 1.大豆。（1）大豆生产。大豆别名黄豆。20世纪70年代，贵州省考古工作队在赫章县可乐发掘西汉墓葬，发现有大豆，说明汉代已种植大豆。大豆是区内种植分布较广的作物，从海拔500米左右的河谷到2500米左右的凉山都有种植，集中产于地区中部，与玉米间作。毕节地区是贵州省大豆主产区，常年产量占全省的30%~40%。1949年，全专区种植37.65万亩，总产1.11万吨，分别占粮食作物面积和总产量的6.7%和1.4%，平均亩产29.5千克。20世纪50年代，全专区年均种植40.75万亩，平均亩产38.5千克，总产1.76万吨，比1949年分别增21.5%、30.5%和58.6%。60年代大豆年均种植45.76万亩，平均亩产43.4千克，总产2.46万吨，比50年代分别增23.9%、12.7%和39.8%。70年代，年均种植57.32万亩，平均亩产53.7千克，总产3.58万吨，比60年代分别增1.1%、23.7%和25.2%。80年代，年均种植60.69万亩，平均亩产59.1千克，总产3.58万吨，比70年代分别增5.8%、10.1%和16.2%。90年代，年均种植58.53万亩，平均亩产89.4千克，总产5.23万吨，与80年代比较，面积下降3.4%，单产和总产上升51.3%和46.1%。2000~2005年，年均种植55.81万亩，平均亩产125.3千克，总产6.99万吨，与90年代比较，面积降4.6%，单产和总产上升40.1%和33.6%。2003年总产7.63万吨，平均亩产138.2千克，为历史最高。大豆总产量增加，80年代前扩大种植面积与提高单产并重，90年后主要靠提高单产。2010年，种植大豆52.44万亩，总产9.79万吨。

（2）地方品种。1959年编入《毕节地区主要农作物品种志》的地方品种34个。1974年，省组织大豆品种普查，毕节地区征集大豆地方品种材料160份，由安顺地区农科所整理，其中96个编入1979年《贵州省作物品种资源目录》。1981年，贵州省政府作出加强大豆生产的决定。1982年2月，地区农业局成立大豆科研协作组，并参加在全省大豆科研协作。是年冬，毕节农校学生在寒假中收集大豆品种362份，经毕节农校和地区农科所整理鉴定，归并为225个品种。大豆属春大豆类型，早熟种全生育期小于124天，占22.2%，中熟种124~144天，占59.1%，晚熟种多于144天，占18.7%。有适应间作的优良性状，植株以收敛型（62.7%）、有限结荚习性（57.3%）为主，耐荫性强，抗倒伏，抗花叶病毒病。以中粒（百粒重10~20克）和种皮黄色的品种（76.1%）为主。1983年，地区农科所选各县种植面积较大的114个品种，请省农科院中心化验室分析蛋白质含量，平均43.64%，17个超过45%，最高的黔西绿蓝紫47.43%。经试验，提出推广的品种有毕节旱白豆、绿蓝紫、封顶豆、六月黄。毕节旱白豆推广面积最大，在威宁县半凉山地区，比当地主栽品种花脸豆早熟20天，增产显著，成为主栽品种。

（3）品种引进和选育。1957年，毕节农试站引进5个大豆品种。试验后提出满地金品种推广，成为地区内栽培面积较大的品种之一。20世纪80~90年代，地区农科所引进鉴定后推广苏春78-17、湘春10号、冬2等11个品种，种植面积较大的为苏春78-17、贵农84-392。1995年，地区农科所用系统选育的方法育成毕豆2号，品种种子含蛋白质46.1%，粗脂肪16.5%，属优质高蛋白品种，已应用于生产。

（4）栽培技术。清代前，种植大豆，以春荞套作大豆为主，还有燕麦套作大豆及少量单作。清代推广玉米后，玉米大豆间作成为大豆主要种植制度，有单行间作、夹窝间作与玉米混播和撒播等方式。中华人民共和国成立后，由玉米大豆间作，逐步发展为夏收作物套作或接茬复种玉米间作，占大豆种植的80%以上，其余为春荞或燕麦、黑麦、小黑麦套作大豆，茶园大豆、单作大豆、田坎豆等。20世纪50年代，提倡改撒播为点播，玉米大豆夹窝间作及同窝混播的方式基本被淘汰。80年代，地区大豆科研协作组，总结全地区大豆生产经验，写出总结50篇16万字编印成册，为生产应用及科研提供理论依据。通过播种期试验，明确大豆的适宜播期，地区西部为4月中旬~5月上旬，中部为4月到5月中旬，东部为4月。西部、中部晚播遇低温，东部晚播遇夏旱常导致减产。试验提出大豆单作密度为每亩1.8万~2.2万株，改为双行宽窄行间作后，大豆密度为单作密度的55%左右，比传统的间作密度增加1倍。80年代以前，间作大豆不施肥，经试验，每亩施少量基肥和追肥的，大豆单株根瘤132.6~198.5粒，重量1.24~1.58克，比对照增45.9%~118.4%和26.5%~61.2%，大豆增产18.1%~61.9%，与之间作的玉米也相应增产。80年代推广适期播种、合理密植、适当施肥的同时，还推广匀苗、定苗、补苗补种等田间管理措施。

2.菜豆。（1）生产。菜豆，《大定府志》记作四季豆，还有金豆、红豆、道豆等别名。20世纪70年代，区内菜豆开始出口，采用北方芸豆名称。地区内菜豆总产量与大豆相近，50年代初期，年产1万余吨，作杂豆统计。2005年播种66.3万亩，总产8.02万吨；在杂豆产量中，菜豆占90%左右。1973年，毕节、威宁被列为贵州省菜豆出口生产基地，赫章县相继被列入。

（2）地方品种。有多花菜豆和普通菜豆，以普通菜豆为主。多花菜豆分布在地区西部，为蔓生型；普通菜豆分布广，全地区都有种植，蔓后、矮生、绿荚、黄荚、软荚、半软荚、硬荚、粒用、荚用、粒荚兼用，早中晚熟等各类型品种都有。1959年，编入《毕节专区主要农作物品种志》的菜豆地方品种22个。1962~1963年，专区农科所调查各县城郊菜豆品种，征集品种42个，经鉴定，提出推广猪腰子豆、水红豆等5个优良品种。1974年，贵州省进行第二次作物品种资源普查，由毕节地区农科所和贵阳市农科所整理食用豆品种。整理资料送中国农科院品种资源研究所，编入《中国食用豆类品种资源目录》第一集的毕节地区菜豆地方品种45个；编入第三集的品种56个，其中多花菜豆2个、普通菜豆54个。1985年，国家将食用豆品种资源研究列入科技攻关项目，由中国农科院品种资源研究所主持，毕节地区农科所参加。1986~1988年，全地区内征集得560份菜豆品种。1987年，地区农科所选栽培面积较大的92个品种，请湖北省测试中心作品质分析。经分析，粗蛋白含量在18%~27.7%之间，含26%以上的优质型（国家标准，下同）品种8个，占8.7%；含22.5%~26%的中质型品种48个，占52.2%，粗脂肪含量在1.01%~2.25%之间，粗脂肪含量在1.5%以上的优质品种433个，占77.3%，淀粉含量平均为48.8%。毕节地区菜豆地方品种营养成分高，优质品种多，鸡油豆、导结豆、朱砂豆最为突出。1988 ~ 1994年，地区农科所将原保存品种和征集品种播种6次，进行整理归并后，除已编入上述目录的101个品种，还有多花菜豆品种4个，普通菜豆品种299个，1996年编入《中国食用豆类品种资源目录》第三集。先后送283个品种的种子到国家品种资源库保存。

（3）栽培技术。大部分与玉米同窝混播。20世纪70年代以前，大面积玉米密度每亩2000株左右，菜豆1700株左右，菜豆对玉米影响不明显。玉米每亩密度3000多株，混播菜豆改为玉米密度的33%~50%。威宁、毕节、赫章县建立菜豆生产基地，部分改为单作，采用蔓生型品种时，出苗后用树条或细竹竿作支撑；或采用矮生型菜豆品种。地区西部原单作的秋收马铃薯，采取扩行缩窝，保证单作密度，间作矮生菜豆。

3.小豆、饭豆、绿豆。小豆、饭豆（别名巴山豆、懒豆）和绿豆，《大定府志》均有记载，归入粮食类。历来多零星栽培，且多在下等地种植。1959年，编入《毕节专区主要农作物品种志》的小豆品种有鸡油、绿、白、红、麻小豆，饭豆品种有威宁巴山豆，绿豆品种有折角绿豆。1974年普查品种，地区农科所征集的小豆品种有毕节红小豆，毕节红小豆，织金小豆，织金白小豆，饭豆品种有毕节懒豆、大方白小豆，绿豆品种有折角绿豆、黄皮绿豆、大绿豆、细绿豆、绿豆。整理后，种子均送国家品种资源库保存，资料编入《中国食用豆类品种资源目录》第二集。1981~1984年，各县进行品种补查，共查出小豆品种24个，饭豆品种17个，绿豆品种14个。

4.豌豆、蚕豆。（1）生产。豌豆、蚕豆（别名胡豆），属夏收豆类，《大定府志》将豌豆、蚕豆归入粮食类记载。1960年，全专区豌豆、蚕豆播种22.8万亩，总产0.66万吨；1971年播种33.15万亩，总产1.14万吨，比1960年增45.4%和72.7%。1981年播种15.9万亩，总产0.62万吨，比1971年降52%和45.6%。90年代，旱地分带种植，冬半年小麦或马铃薯宽行内种绿肥、豌豆和蚕豆。1998年播种57.75万亩，总产2.66万吨，比1981年增2.6倍和3.3倍。2005年播种54.41万亩，总产3.07万吨，比1998年减少面积5.8%，总产增15.4%。

（2）品种。1959年，编入《毕节专区主要农作物品种志》的豌豆和蚕豆品种各6个。1974年，地区内征集得豌豆地方品种22份，蚕豆品种8份，由贵阳市农科所整理归并为豌豆品种19个，蚕豆品种7个，编入《中国食用豆类品种资源目录》第二集。

（3）耕作制度。豌豆和蚕豆，多在旱地与小麦间作，间作方式随小麦套作玉米方式的改进而改变。70年代初期，大方县大道公社古打大队，实行烟叶地免耕，在烟窝内种豌豆，利用烟窝剩余肥料和烟秆作支撑，使豌豆攀缘生长，最高亩产346.5千克，此方式在烟区推广面积较大。在水稻收获后，稻田免耕播种谷桩蚕豆，河谷地带可收成熟蚕豆，海拔较高的地方，只能收嫩蚕豆，但茎叶可作绿肥。

**其他谷类作物** 1.生产。其他谷类作物，俗称杂粮。属于夏收的有春荞、大麦、燕麦、黑麦、小黑麦，属于秋收的有秋荞、高粱、小米、薏仁、毛稗、红稗等。杂粮单产不高，适应性强。1949年，全专区春秋两季播种杂粮107.25万亩，总产3.11万吨。20世纪50年代，全专区年均种植杂粮148.65万亩，总产5.43万吨，比1949年增38.6%和74.6%。60年代年均种植212.7万亩，总产7.54万吨，比50年代增43.1%和38.8%。70年代年均种植173.7万亩，总产7.8万吨，比60年代面积减18.3%，总产增3.4%。80年代年均种植119.85万亩，总产6.75万吨，比70年代面积减30.8%，总产降13.5%。90年代年均种植147.14万亩，总产11.01万吨，比80年代增28.8%和63.1%。2000~2005年年均种植164.67万亩，总产16.17万吨，比90年代年均增11.9%和46.9%。90年代后，杂粮种植取得较大发展，单产提高。夏收杂粮和秋收杂粮的比例，1949年为50.2%和49.8%，基本持平。以后的56年，秋收杂粮发展的幅度较大，2005年全地区杂粮总产18.24万吨，为历史最高纪录，其中夏收占23.4%，秋收占76.6%。

2.荞麦。（1）生产。荞麦又叫荞子。彝文古籍《物始纪略》对荞麦有专门记述，荞麦是种植较早的作物，至今地区内还有野生荞麦。据1982~1985年威宁县农科所考察发现，地区内有一年生野生苦荞和甜荞，多年生野生苦荞、多年生球状根和块状根野生甜荞5种类型。有散生，也有群落。清代前，荞麦是旱地种植面积较大的作物，《大定府志》载，清康熙年间（1662~1722），大定府征粮，田为稻谷，地为荞麦。清代，传入高产作物玉米和马铃薯后，种植荞麦面积下降。由于荞麦生育期短，一年可两熟，耐瘠、耐寒，主作物受灾后，可作为救荒作物种植，在杂粮中栽培面积较大。荞麦中维生素P（芦丁）和槲皮素含量较高，作为保健食品，有软化血管、降低人体血脂和胆固醇，预防高血压和心脑血管病的作用，近20年，备受社会重视。威宁县建立苦荞生产基地10万亩。

（2）品种。1959年，有11个品种被编入《毕节专区主要农作物品种志》；1981~1984年补查品种，查出品种68个，威宁县分布较多，有苦荞品种27个，甜荞品种17个。威宁县农科所进行荞麦新品种选育，采用诱变育种方法育成黔苦1号，2002年省审定通过；用系统选育法育成黔苦2号、4号，2004年国家审定通过。黔苦2号籽粒芦丁含量2.61%，麸皮芦丁含量6.18%，属国内高芦丁含量品种。

（3）耕作制度。春荞为单作或与秋收马铃薯混播（撒播）。秋荞参与的种植较多，有麦包荞三熟，马铃薯、燕麦、小黑麦、冬籽与秋荞两熟。荞麦播种方式有点播和撒播。50年代，威宁县灼圃乡改干种子播种为温水浸种后播种，改自然授粉为人工辅助授粉，增产效果明显，在威宁大面积推广。60年代推广施用磷肥拌荞麦种，或用作基肥，增产极显著，深受农民欢迎。

3.燕麦。别名莜麦。《大定府志》记载："燕麦状如麦，外有糠模，内有芥子一粒，色黄可食，群苗以此为面，每人制一羊皮袋，盛数升，途饥辄就山涧调食，谓之香面，其地赖此多矣。"燕麦炒面称香面，至今犹存。燕麦耐寒、耐瘠，各县均有种植，地区西部凉山地带栽培尤多，燕麦草营养价值高，为牲畜越冬的主要饲草。1959年，《毕节地区主要农作物品种志》收入燕麦品种7个。1981~1984年补查，有燕麦品种24个。燕麦地方品种属冬性，秋季播种，夏季收获，生育期长。1987年，威宁县农科所参加全国燕麦区域试验，鉴定出春燕麦品1、6号，亩产超过100千克，比本地燕麦增产40%以上，全生育期120天左右，春播，比本地燕麦提前成熟，已在威宁推广。燕麦栽培，撒播、点播都有，撒播面积大，基肥用量低，不追肥。中华人民共和国成立后，一些地方改撒播为点播、条播，施用基肥，取得增产效果。

4.大麦。另名老麦。地区内栽培的食用大麦，品种有六棱大麦、宗大麦、米老麦等。大麦的生育期比小麦短，秋粮减产严重的年份，农民多种大麦。1960年，全专区大麦总产2.37万吨，占夏粮总产22.2%，占夏收杂粮60.6%。80年代，大麦多用为酿造原料，威宁年产大麦千吨以上。90年代初，引进啤酒大麦二棱类品种早熟2号、泸麦4号。地区内大麦多为宽沟栽培，套作玉米，栽培技术多随小麦栽培的演变而改进。

5.黑麦。1964年，威宁县中水区女姑公社第四生产队，从云南省昭通县东进公社宁边大队引进黑麦，属新引进的粮食作物。当年在瘦地上栽培，亩产达150千克。此后面积逐年扩大到全县，1971年，威宁种植黑麦15.45万亩。是年全县夏粮1.44万吨，创历史水平，比上年增88.2%，主要是黑麦产量增加。70年代成为威宁县主要夏收作物，并扩大到其他县。80年代以后黑麦面积有所下降，因其抗逆性强，至今仍在许多地方栽培。

6.小黑麦。1972年，威宁县农科所从北京农科院引进小黑麦，为新引进的又一种粮食作物。是年，小黑麦2号亩产113.8千克，比对照黑麦和小麦分别增产20%和24%。1973年在威宁县13个区的42个生产队试种54亩，平均亩产142.5千克，42个试点均比小麦增产，幅度为31.8%~172.7%；有41个点比黑麦增产41.3%~98.9%。1975年在全县推广1.19万亩，其余各县开始从威宁引种试种，并增加小黑麦3号、小品1号。试验、示范、推广证明，小黑麦适应性强，既有黑麦耐瘠、耐寒、小穗多、抗病的优点，又有小麦小花多、品质好的特点。1976年6月，国家农业部在威宁召开小黑麦生产现场会。是年，从威宁调出小黑麦种1250多吨，供省内外种植。1977年，全地区种植小黑麦8.48万亩。1990~1992年，威宁、织金、毕节县，引进小黑麦新品种劲松5、6、46、53号、黔中1、2号推广。1993年，农业部在织金县召开全国小黑麦生产会议，总结毕节地区种植小黑麦经验，向全省推广。小黑麦的栽培技术，大都参照小麦，其不同点为播种期稍早、播种量稍少。

7.高粱。种植高粱，《大定府志》有记载，种植面积历来不大。1959年《毕节专区主要农作物品种志》收入朱砂红、乌壳两品种，都属糯高粱。1974年普查品种，毕节地区农科所负责贵州省高粱地方品种整理研究，征集品种材料67份，其中毕节地区15份。经4次播种鉴定，归并为18个品种，1979年编入《中国高粱品种资源目录》。1980年进行育性、抗性鉴定，分析籽粒蛋白质、单宁含量，16个品种编入《中国高粱品种志》，其中毕节地区的品种6个，赫章糯高粱蛋白质含量为15.6%，在全国高粱品种中罕见，属优质食用品种。1971~1972年，地区农科所引进晋杂5号等14个高粱杂种进行鉴定和丰产栽培。1973年在所内种植35亩，亩均产610千克，春播忻杂7号，最高亩产882.5千克。鉴定出晋杂5号、忻杂7号和原杂12号，并研究提出亩产600千克的栽培技术，在地区内配套推广。70年代种植面积一度扩大。80年代后，金沙县引进杂交高粱栽培。

8.薏苡。又名薏仁米、薏苡仁、珠珠米、药玉米，是地区内栽培较早的作物之一，至今织金县尚有野生薏苡。薏苡籽粒中含淀粉62%左右，含蛋白质17%左右，还含有维生素B1，是高营养粮食作物。籽粒中含有薏苡仁脂、薏苡内脂，可入药，有补肺、清热、利湿、止泻功效。薏苡是毕节地区的名优土特产品之一，织金县栽培面积较大。薏苡多在中下等地栽培，其根部有药味，可抗地下害虫。20世纪70年代，织金县农科所系统选育薏苡，育成千粒重80克、单株籽粒600粒的高产株系，亩产300千克，投入生产应用。薏苡多为单作，传统栽培技术为清明至谷雨播种，每亩1500窝，播种5~6粒，不匀苗，基肥少，不追肥。80年代薏苡的商品价值增长后，改不选种为精选种，改干种子播种为浸种后播种，密度增到2000多窝，每窝留3~4株，进行追肥。

9.红稗、毛稗、黍、天星米。都属于秋收杂粮，古已有之。《大定府志》《平远州志》等均有记载，现有零星种植。黍，本地称为小米。

## 二 经济作物 园艺作物

**烟 草** 1.烤烟。（1）烤烟生产。民国30年（1941），始有烤烟种植。是年，贵州省农业改进所在毕节、大定、织金县多点试验种植400号品种烟叶。黔西县城关镇刘克明从贵定购回400号烟种，请烟师指导种植。民国35年（1946），全专区有48个区109个乡种植烤烟，当年全省推广烤烟最有成效的8个县中，含毕节、大定和黔西县。1945年8月，抗日战争结束，一些卷烟企业迁回原籍，贵州烟叶市场萎缩，种植烤烟减少。1949年，全专区种植1671亩，亩产28千克，总产47吨。1951年，毕节专署根据省政府关于发展烤烟生产的要求，确定毕节、大定、黔西、金沙、织金为重点发展烤烟县。20世纪50年代，全专区年均种植烤烟3.89万亩，亩产57.7千克，总产2242吨。60年代全专区年均种植烤烟8.34万亩，亩产59.6千克，总产4969吨，分别比50年代增114.6%、3.3%和116.3%。这20年，烤烟生产中存在重产量轻质量问题，中上等烟不到30%。1970年，贵州省革委发出《关于加强烤烟生产的通知》，毕节地区革委会制定促进烤烟发展的措施，收购烟叶实行粮食补贴；1971年、1977年两次提出提高烟叶质量的奖励措施，以促进烟叶生产。1979年，毕节、大方、黔西、金沙、织金县的烟叶产量都超过2500吨，且质量提高，均被列为国家烤烟生产基地县。70年代，全地区年均种植烤烟22.72万亩，亩产90.8千克，总产2.06万吨，分别比60年代增172.4%、52.3%和314.5%。80年代初，国家对烤烟进行改等调价，提高收购价格，实行肥料、燃料补贴。1981年，地区行署拨款100万元，扶持烤烟生产，成立烤烟工作领导小组，下设办公室。1982年，地区农业局制定烤烟栽培技术规范。1983年11月，地区及各县成立烟草专卖局及烟草分公司、县公司，对本地区烟草种植、卷烟生产、销售实行专卖，行政上受上级专卖局（公司）及当地政府双重领导。1984年，地委作出在地区农科所增设烤烟研究室，专事烤烟生产研究。1985~1989年，地区科委组织提高烤烟品质的科技攻关，地区农科所、地区烟办主持，地、县、区40个单位从事烤烟工作的80多名科技人员组成攻关协作组，开展烤烟科研。80年代，全地区年均种植烤烟73.5万亩，亩产109.2千克，总产8.03万吨，比70年代分别增223.5%、20.2%和289.8%。年均烤烟产值2.45亿元，占农业总产值的12.9%，占种植业产值的21.5%。上、中等烟，1981年51.9%，1985年63.5%，1988年69.2%。毕节、大方、黔西、金沙、织金县，年产量超5000吨，纳雍、赫章、威宁县发展为新烟区。80年代末，毕节地区行署提出：烤烟生产坚持品种优良化、布局区域化、栽培规范化，田间管理达到上无花、秆无芽、地无杂草、叶无病虫的要求。90年代，全地区年均种植烤烟113.65万亩，亩产114.5千克，总产13.01万吨，比80年代分别增54.6%、4.8%和62%。1997年种植烤烟173.27万亩，总产20.39万吨，亩产122.4千克，均为毕节地区种植烤烟58年的最高纪录。1998~2005年，国家压缩烤烟生产，地区执行省分配计划，种植73万~83万亩。2000~2005年，全地区年均种植烤烟77.05万亩，亩产118.2千克，总产9.11万吨，与90年代比，面积下降32.2%，亩产增3.4%，总产减29.9%。其中2005年种植83.06万亩，亩产125.6千克，总产10.43万吨；亩产比1997年增2.6%，为新纪录。2010年，种植烤烟68.12万亩，总产9.52万吨。

（2）烤烟区划与香型分布。①烤烟区划。1986年，地区农业区划办公室主持编写《毕节地区烤烟区划》。区划按全国和省的分区指标，以乡镇为单位，划分出4级生态区。地区内属烤烟生产最适宜乡镇254个，占乡镇总数的31.8%；适宜乡镇128个，占16%；次适宜乡镇293个，占36.6%；不适宜乡镇125个，占15.6%。分布在最适宜和适宜区的旱地为513.3万亩，足够烤烟轮作换茬。②香型分布。1985~1989年，地区烤烟品质攻关科研协作组，调查研究全地区烤烟品质，发现地区烤烟香型、质量的地域分布，东部烟区为浓香型高碱低糖优质区，中部烟区为中间香型中碱较优质区，西部烟区为清香型低碱高糖特殊品质区；过渡地带尚有中偏浓香型和中偏清香型。这项研究成果，为各类香型烤烟基地建设和卷烟工业提供了科学依据。

（3）烤烟品种。20世纪40年代，引进烤烟品种8个，栽培面积大的为特字400号、佛光和黄金叶，并延续到50年代。60~70年代引进品种22个，栽培面积大的为黔福1、2号，春雷3号，红花大金元。这期间栽培烤烟，注重产量，引进品种多数为多叶烟类型。1979年2月，全国供销合作总社，国家农林部、轻工部联合制发《提高烟叶质量座谈会纪要》，要求推广优质品种，提高烟叶质量，改变高产品种多、优质品种少的状况。毕节地区贯彻纪要要求，注重优质烟叶品种引进推广，限制、淘汰多叶烟品种。是年，决定大面积推广红花大金元和春雷3号。80~90年代，引进品种8个，栽培面积大的为红花大金元，G28、NC82、K326。1989年，全地区种植烤烟119.69万亩，红花大金元占58.2%，G28占14.2%、NC82占11.3%，其余为K326。2000~2005年，主栽BK82、K326、云烟85和红花大金元。2008年，重点抓红花大金元、韭菜坪二号、贵烟四号、南江三号的开发和推广力度。2009年，全区安排种植南江三号、韭菜坪二号、黔西一号、红花大金元等品种。2011年，自育品种韭菜坪二号推广面积达7万多亩，毕纳一号示范面积达30万亩。

（4）良种繁育。1972年，采取以生产队为主，对当地主栽品种进行自繁、自选、自留、自用的方法进行种子生产。1978年，各县派出技术人员到重点生产队，指导红花大金元良种繁育工作，毕节、大方、黔西县繁育的种子，在保证来年用种后，还调省农产公司2吨。1983年，各县建立烤烟种子繁育基地，由烟草部门统一向农户供种，品种乱杂问题得到较好解决。1984年，中国烟草总公司要求各地按《烟草专卖条例》，严加管理烤烟品种和种子。规定凡未经省级审定的品种，不准用于生产，由烟叶产地的烟草公司负责供应烟农生产用种，烟农不得自留自用。毕节地区加强种子基地建设，派科技人员和烤烟辅导员驻点，进行原种和生产用种繁育，统一供种，坚持至今。

（5）烤烟种植制度。①重茬制。20世纪40~50年代，烤烟种植面积少，多与玉米轮作，重茬比例低。1957年，织金县种植1.98万亩，重茬仅3.3%。60年代，烤烟重茬面积有所增加。1963年，黔西县西溪公社石板生产队，种植烤烟17.5亩，3年重茬占22.4%，烟株发病率达50%，亩产35千克；进行轮作的烟株发病率10%，亩产110千克。此后，大力提倡烤烟玉米轮作制。以生产队集体形式生产解决重茬问题较易。80年代实行联产承包责任制后在村或村民组内进行调整，推行区域化连片（100亩以上），种植烤烟面积扩大，重茬现象一度有发展。②接茬复种、套作复种。50年代，多是用冬闲地种植烤烟，有少量油菜烤烟接茬复种。60年代麦地烟的比例增大。1967年，黔西县种植烤烟3.76万亩，麦地烟占35%。以接茬复种为主，也有套作复种。1970年，黔西县总结以上两种复种方式，明确麦烟两熟，应以烤烟为主，肯定套作能增加早烟比重，提高质量与产量。省烟科所通过对烟叶的分析化验和评吸鉴定，肯定套作烟叶与冬闲的烟叶的品质相同。70年代后，麦烟套作成为地区内烤烟的主要种植制度。80年代地区发展绿肥后，中部和东部烟区演变为麦肥烟两熟，西部烟区为绿肥地或冬闲地烤烟。

（6）烤烟栽培技术。20世纪40年代，采用冷床育苗技术，开厢移栽，每亩1800~2000株，基肥以厩肥为主，每亩1吨多，用粪水或饼肥追肥2次，结合中耕，留杈子烟，留烟籽榨油。50年代，基本沿用上述技术，但有所改变。1956年推广土温床育苗技术成功，移栽期前移，利于提高烟叶产量，取代冷床育苗。1957年，省商业厅、农业厅联合发出通知，要求打顶、抹芽、不留花，曾一度在地区内推广。1958年强调密植，每亩增到3000多株，用牛拉沟移栽代替开厢移栽。60年代初，总结推广留杈子烟经验，打顶抹芽技术中辍。1963年春，国务院工作组到黔西县考察，要求恢复开厢移栽技术，淘汰牛拉沟移栽，密度降为2000多株。1968年，黔西县引进塑料薄膜覆盖育苗技术，试验成功，比土温床育苗提前20天，栽烟期提前。1971年，省农产品公司在黔西县召开全省烤烟生产工作会议，要求大力推广薄膜育苗技术。此后几年，地区内普及薄膜育苗技术，沿用至今。此时期，基肥仍以厩肥为主，但加进磷肥和饼肥30~50千克，追肥增用烤烟专用复合肥。1978年，黔西县严重春旱，该县金碧公社农场4队借鉴外地经验，采用营养钵假植移栽，效果显著。黔西县总结推广这项技术，各县相继推广。1981年，贯彻省烤烟生产会议的要求，全面推广打顶抹芽技术，消灭满园花。1985年，地区决定改变瘦土栽烟多，种植密度大的习惯，将烤烟安排在中上等地种植，密度1500~1800株。1986年4月，省烟草公司在黔西、金沙县召开烤烟移栽现场会，强调移栽规范化。是年，毕节烟草分公司制订《烤烟营养钵假植移栽技术规范》，全地区烤烟密度基本为1500株左右。1982年，威宁县率先引进地膜覆盖栽培技术，地区烤烟科研协作组系统研究地膜覆盖栽培技术，提出操作规程，在西部烟区推广。1986~1988年，地区烟办和毕节烟草分公司在大方县双山区办万亩优质高产优质烟样板田。总结提出地膜烟的肥料施用技术，及在施肥水平较高、氮磷钾肥比例合理的条件下，每亩1000~1300株，可获优质高产；单叶平均重7克以上，烟叶具有良好外观质量，香气质好量足，余味舒适干净，劲头适中，燃烧性良好。1990~1991年，地区烟办主持《毕节地区西部优质烟生产技术开发》，列为地区和省星火计划项目，在海拔1600~2300米的威宁县中水、大街、观风海区，赫章县可乐、恒底区，纳雍县治昆、姑开区实施。项目以营养块假植和地膜覆盖栽培为突破口，总结出一套规范化技术。两年试验10.94万亩，亩产128.6千克，上中等烟比例75%，4万多人种植烤烟脱贫。同期，地区烟办进行用绿肥作烤烟基肥试验，施用绿肥可节省投入，弥补化肥不足，不影响烤烟质量和产量。1994~1996年，地区土肥站进行烤烟平衡配方施肥试验，效果显著，提出相应技术应用于生产。2000年后，引进托盘水床育苗和小苗假植移栽技术，2004年，占烤烟移栽总面积的45%。地区烟草分公司再次对烤烟地膜栽培技术研究，将垄顶由拱形或平垄变成槽形或蝶形，增强保水能力的改进，投入产出比为1：6，受到烟农欢迎。2002年，全地区地膜烟面积达96.8%。已普及平衡配方施肥技术，着重采用控氮降碱措施。2010年，全面推广集约化育苗、地膜覆盖栽培、一控三增（控氮、增钾、增密、增加留叶数）等栽培技术。2011年，实施双行凹空覆膜栽培技术9.16万亩。

（7）烟叶烘烤技术。采用明火或暗火烘烤烟叶。1948年，四区农场进行对比试验，肯定暗火烘烤优于明火烘烤，淘汰明火烘烤。50年代后，均为暗火烘烤。①烤房。20世纪40年代到50年代前期，采用小烤房烘烤烟叶。农业合作化时间，改建为大烤房。1956年，全专区改建老烤房1514间，新建2500间，多为1丈以上高（5路火）的大烤房，有少数为两丈高（7路火）。

此后各地不断改进大烤房。1959年，大方县建成四合一式群体烤房。1967年，黔西、大方县同时从河南引进乔庄式烤房，均获成功，此后几年各县都推广，70年代初在全地区普及，并出现改良式乔庄烤房、夹顶式烤房。1981~1982年，农村实行联产承包责任制后，烤烟生产以户为单位，将大烤房改为小烤房。1981年，地区农技站与大方县农技站合作，研究开发小型简易烤房成功，定名“5·1”式烤房，两年推广4万多间。1984年，大方县理化镇农民谢恂昌研创出“5·4”式火管平走烤房。1985~1986年，大方县科委组织有关专家和科技人员监测和研究该烤房，作出重大改革，正平衡热能利用率达39.49%，比国内其他自然通风烤房高一倍以上。省、地标准计量局为之制定技术标准和能量平衡标准，定名QD-1型火管平走式烤房，1987年通过省级鉴定，1988年推广6.32万间，占全地区烤房总数24.52万间的25.8%。1990年，毕节县税务局，在火管平走式烤房的基础上设计安装蒸汽发生器，进行火力蒸汽参与烘烤烟叶试验成功，定名火力蒸汽烤房。1997~2003年，毕节烟草分公司以立式炉灶气流上升式烤房和立式炉灶气流下降直排式烤房改建为主要类型，重点解决保温保湿差，层距不足，排湿不畅，加热系统技术不合理问题。全地区累计改造16.12万间，占投产烤烟房17.56万间的91.6%。2005年，推广各类智能化热风循环烤房、密集型烤房440座。2006年后，密集型烤房新建力度逐年加大。

②采收。1987年8月，美国、英国的3家烟草公司专家及商务代表，到黔西县看样订货和交流技术，建议将把握采收成熟度作为提高烟叶质量的一条重要措施。90年代，地区内适时采收的比例提高较大。2000年，地区烟办研究出口主料烟成熟度，提出下、中、上部烟叶成熟的标准，在种植出口主料烟基地上推广应用。

③烤烟烘烤工艺。1955年8月，省农业厅制发关于改进烤烟烘烤技术的文件，送毕节、大定、黔西、金沙、织金县各100套干湿温度计及烘烤记录表格。是年，各县举办烘烤技术培训，使一批农民掌握烘烤技术。1984年，贵州省标准计量局制定《Q1-84烤烟烘烤标准》，毕节、大方、黔西、金沙县派员参与验证，连续两年提高烟叶质量，减少青烟比例，并发现不足之处，为省标修订和各县制定实施细则提供依据。1985~1989年，地区烤烟科研协作作组再次以《Q1-84烤烟烘烤标准》为基础，进行烘烤工艺研究，经过2264炕实践，提出“适当降低起火温度，延长变黄时间，提高变色程度”的新工艺，90年代在地区内推广。1999~2003年，地区烟办研究出口主料烟烘烤工艺，提出定色期温度和时间控制新标准。烘烤5.99余万亩烟叶，中、上等烟比例达85%，橘黄色烟比例25%，每千克价值增加0.78元。

④分级扎把。50年代初用9级制。1956年，国家规定实施16级制，要求按标准等级分级扎把交售。地区内各烟区都采取相应措施分级扎把。1959年大方县响水公社竹园管理区，创造签板隔级法和齐头拍板法，提高分级合格率。1979年，响水区分级合格率90%以上，贵州省财办号召全省学习响水区经验。1992年，国家将16级制改为40级制，要求各县烟区分批试行。1997年全地区按规范执行。2000~2002年，地区烟草分公司，针对市场对烟叶的要求，研制成GB2635~92《烤烟》国家分级标准实物培训光碟。2002年第一次用此光碟进行全区性培训，烟叶纯度提高较大，等级合格率居全省第一。

2.晒烟。俗名叶子烟、凉晒烟、山烟、土烟；多年来农民自种自用，自产自销。（1）生产。1949年，全专区种植晒烟3.73万亩，平均亩产29.8千克，总产1111吨。按年代年均统计，全专区50年代3.57万亩，亩产35.9千克，总产1282吨；60年代3.03万亩，亩产42.8千克，总产1590吨；70年代3.47万亩，亩产56.7千克，总产1971吨；80年代6.57万亩，亩产68.1千克，总产4478吨；90年代7.29万亩，亩产93.6千克，总产6830吨；2000~2005年5.49万亩，亩产109.3千克，总产6002吨。最高年产量为1995年7642吨，最低年产为1961年617吨。

（2）品种。晒烟品种，多以产地命名。省烟科所到地区内调查后，列入全省名、特、优品种的有野坝烟、双山烟和陇舍烟。野坝烟分布在大方县理化、鸡场、城关等10多个乡镇，以叶厚、劲大、油分足而闻名省内外。双山烟分布在大方县双山镇及附近乡，叶片大，吸味好。陇舍烟以纳雍县维新镇陇舍为中心，分布在县内半数以上乡镇，味醇正，中华人民共和国成立前常有商贩运销云南、四川、湖南。1983年、1987年，中国卷烟工业标准化质量检测中心，先后对三品种进行分析化验和评吸鉴定：野坝烟和双山烟属雪茄型卷烟，可少量用于混合型卷烟；陇舍烟的香气、余味和劲头相当好。

（3）栽培技术。栽培晒烟，除育苗由冷床改进为土温床、薄膜覆盖育苗外，其余皆为传统技术：小寒至大寒播种，5~6片叶移栽，每亩1200~1800株，基肥为厩肥，每窝0.5千克，有的加50克饼肥。移栽时用清粪水浇淋，移栽半月后追清粪水和中耕；烟株摊蔸开盘时去掉脚叶并追肥中耕；烟株30多厘米高时再打脚叶，每窝用厩肥0.5千克、饼肥50克追肥，结合培土。移栽50天后打顶、抹芽，做到无花无芽，每株留叶7~8片。烟株封行，叶片起“癞疙巴”、呈现“耳朵红、巅巅沟”时收割。剥离后的烟叶，先摊晒1天，至烟筋软而不脆时收回，用草绳编成烟浪，挂晒7天，即可取下叠好堆积发酵。发酵期间常检查，若温度过高，随即散开，散热后又折叠堆积，半月后若烟筋不干，需在晴天摊开再晒，夜间裹紧堆放，待叶色变品种固有的颜色（多为金红色），即可收成。

**油料作物** 1.油菜。（1）油菜生产。油菜为传统油料作物，分布在海拔1900米以下地带，主产区在地区东部。1949年，全专区种植油菜11.56万亩，单产油菜籽33.2千克，总产3835吨。种植面积占夏收作物15.2%，占经济作物面积52.4%，占油料作物面积87.7%。20世纪50年代，全专区年均种植油菜39.32万亩，单产油菜籽29.0千克，总产1.14万吨，比1949年面积增240.2%，单产降12.7%，总产升197.6%。60年代，全专区年均种植油菜38.22万亩，单产20.5千克，总产0.78万吨，比50年代分别降2.8%、29.3%和31.4%。其中1961年种植18.86万亩，单产7.9千克，总产0.15万吨，为中华人民共和国成立后产量最低年份。70年代，全地区年均种植油菜39.98万亩，单产20.7千克，总产0.83万吨，比60年代分别增4.3%、1.0%和5.6%。80年代，全地区年均种植油菜56.64万亩，单产55.5千克，总产3.09万吨，比70年代分别增39.5%、168.1%和272.3%。90年代，全地区年均种植油菜64.1万亩，单产75.8千克，总产4.86万吨。比80年代分别增13.2%、36.7%和57.3%。2000~2005年，全地区年均种植油菜79.77万亩，单产97.1千克，总产7.74万吨，比90年代分别增24.4%、28.1%和59.2%。其中2005年，油菜单产111.1千克，总产10.16万吨，为近半个多世纪的最高纪录。2010年，油菜总产46251吨。

（2）品种。油菜地方品种为白菜型和芥菜型，均属冬油菜。1956~1957年，毕节农试站收集地方油菜品种16个，进行品比试验，其中白菜型10个，芥菜型6个。1957年冬，提出矮油菜、大黄油菜和高油菜品种参加专区农展会。矮油菜为白菜型，属高油分品种，含油量44.2%，大黄油菜为芥菜型，抗旱、耐瘠、耐寒。两品种一度成为主栽种，现仍有种植。1974年品种普查，征集到的油菜品种由省农科院负责整理。1979年编入《贵州省作物地方品种资源目录》的毕节地区油菜品种43个，其中白菜型24个，芥菜型19个。

（3）品种引进和推广。20世纪50年代初，引进胜利油菜推广，是种植甘蓝型油菜的开端。此后，地区农科所引进试验推广的品种，50年代有甘蓝型油菜322、325，白菜型油菜七星剑，芥菜型油菜筑26。60年代推广的甘蓝型品种有云油7号、黔油23，白菜型品种稀水油菜白、白果甜、昆明矮、鄱阳，芥菜型品种遵义竹桠油菜。其中栽培面积大、时间长的稀水油菜白，籽含油量39.1%~44.1%，属高油分品种，适应性强，60年代后期成为主栽品种，直到80年代。70年代推广甘蓝型品种湘油2号，白菜型品种白选8、4号，红林仙。种植面积大的为湘油2号。80年代后，地区东部油菜主产区在推广高油分白菜型品种贵白1号的同时，引进甘蓝型常规种、杂交种、杂交种、单低（低芥酸）和双低（低芥酸、低硫甙）优质油菜品种。大面积推广杂交种秦油2号，优质油菜品种蜀杂1号，油研1、2、5、6号，贵油7号。2005年，全地区种植甘蓝型优质油菜品种59.37万亩，占油菜总面积的64.9%。

（4）栽培技术。历史上，稻田油菜品种为白菜型，多为撒播；旱地用白菜型品种的撒播、点播都有，用芥菜型品种的采用宽沟点播套作玉米。1957~1959年，各县推广油菜丰产坝和小面积高额丰产栽培，均采用点播，并加强田间管理。总结出“匀苗早，苗架好；匀苗晚，光秆秆；不匀苗，一窝毛”的经验，流传至今。1960~1964年，地区农科所系统试验研究油菜栽培，同时进行丰产栽培，用甘蓝品种325，亩产200千克以上，最高245.4千克，总结提出亩产200千克的技术措施。1965年，曾在贵州省农展馆展出。与传统技术比较：一是改进播种期，在白露、霜降之间；二是降低密度，改传统的每亩2000多株为每亩5000~6000窝，1万~1.2万株；三是增施基肥和两次追肥，进行匀苗、定苗和补苗。在样板田上推广这套措施，效果良好。

（5）油菜育苗移栽。1958年，毕节县龙场公社万亩油菜丰产坝，部分采用育苗移栽技术。1963年，地区农科所进行油菜育苗移栽与直播研究：白露、秋分、寒露、霜降4期移栽与同期直播的产量，第一期平产，第2~4期移栽比直播的增产8.4%~18.3%，早成熟2~9天；在相同的生育阶段，移栽的叶面积、根鲜重、容重、根系总长度，根有效吸附表面、伤流量、单株角果数、

金沙县蔫寨万亩油菜基地

角粒数，都优于直播。育苗移栽，前期有利于三秋生产，后期有利于安排夏收夏播；有利于推广生育期较长的高产甘蓝型品种。此项技术曾在样板面上示范推广。80年代后期，地区把推广油菜育苗移栽技术，作为稻田扩大甘蓝型油菜，提高稻田复种的重要措施。1994~1995年，金沙县农技站实施优质油菜高产示范项目，两年共种植20.55万亩，全部实行育苗移栽，单产128.9千克，比示范区前3年平均单产增18%。同时总结提出培育移栽壮苗的标准和措施。1998年，全地区移栽油菜40.07万亩，占油菜种植面积的62.7%，2000年后，种植甘蓝型油菜的地方，普遍实行育苗移栽技术。

2.其他油料作物。有蓝花籽、冬籽、花生、芝麻（胡麻）、苏麻、向日葵、蓖麻。1949年，播种1.62万亩，产量840吨，占油料作物面积和产量的12.3%和17.9%。2005年，种植6.95万亩，产量5783吨，是1949年的4.3倍和6.9倍，占油料作物面积和产量的7.3%和5.4%。花生分布在气温较高的河谷地带，1949年，全专区种植2331亩，总产218.3吨。2004年，全地区花生产量5049吨，为近56年的最高纪录。2005年，全地区种植4.36万亩，总产4232吨，是1949年的18.7倍和19.4倍。花生地方品种有落花生、直立花生、黔西扯花生。中华人民共和国成立后引进红安直立花生、兴义扯花生和中花4号。蓝花籽和冬籽，分布在海拔1900米以上，其含油量为31%左右和19%~21%，可食用。威宁县种植蓝花籽最多的年份2万多亩，产量1000多吨。1998年，1.66万亩，847吨。蓝花籽3~6月播种，当年收；冬籽为秋播夏收。向日葵，全地区均有零星栽培。2003年向日葵籽产量1518吨。

**麻类和棉花**　1.麻类。（1）麻类作物。麻类作物有大麻（火麻）和苎麻，种植历史悠久。中华人民共和国成立后引进栽培黄麻、亚麻和红麻。大麻是雌雄异株，在古代雄株的名称叫枲，雌株名称叫苴，雄株纤维细致，所织麻布较软；雌株纤维较粗，所织麻布较硬。古有“织枲为布，染以草实”的记载。大麻雌株的种子可食用，《大定府志》将大麻归入谷类。中华人民共和国成立前，多数农户有麻园，尤以苗族麻园为好，农民种植麻类，多自给自足，纺纱织布，解决穿衣问题。

（2）麻类生产。1949年，全专区种植麻类4.04万亩，总产727.5吨，单产18千克。其中苎麻占20.8%，大麻占79.2%。20世纪50年代，全专区年均种植麻类4.08万亩，总产976.7吨，单产23.9千克。此后，城乡棉布供应增多，麻类种植呈下降趋势。60年代年均种植麻类2.06万亩，总产430.6吨。70年代年均种植麻类9990亩，总产300.8吨。80年代，麻类价格上涨，麻类生产回升，全地区年均种植1.31万亩，总产466.5吨，其中大麻占50.6%、苎麻占40.8%，红麻、黄麻、亚麻共占8.6%。90年代，全地区年均种植麻类1.92万亩，总产732吨，其中苎麻47.9%、大麻34.3%，其他麻17.8%。2000~2005年，全地区年均种植麻类9162亩，总产649吨，其中苎麻28.6%、大麻22.3%、亚麻49.1%。最低年产量为1978年的151.1吨。

（3）品种。大麻地方品种有大青麻、小红麻、小白麻、小黄麻。1974年普查品种，经贵州省麻科所整理，1979年编入《贵州省作物地方品种资源目录》的16个；80年代初期，各县补查增加7个。优良品种为大方青秆麻（壹），串根型，鲜茎出麻率3.4%，纤维2811支；金沙青秆麻，串根型，鲜茎出麻率3.8%，纤维2191支；金沙松皮麻，散蔸型，鲜茎出麻率3.1%，纤维

3024支。

（4）栽培技术。苎麻的繁殖方法分无性繁殖和有性繁殖。历史上多用无性繁殖，成活率高，保持良种性状，但繁殖系数小。无性繁殖的方法有分蔸繁殖和短根繁殖，串根型品种用短根法，散蔸型品种用分蔸法，有性繁殖用直播或育苗移栽，其优点是繁殖系数大。成年麻园每亩可收种子15~30千克，可直播20~30亩，育苗可移栽100亩左右。苎麻是异花授粉，容易天然杂交，用种子繁殖的麻苗，良莠不齐，苗期要匀除杂苗。大麻用种子繁殖，直播或育苗移栽，直播后匀苗和育苗移栽，要多留雄株。

（5）收获与加工。苎麻收获期以麻秆下部叶片变黄为宜。传统的剥麻方法有扯割和砍割，扯者多。当天刮麻。剥下的麻皮及时浸水1~2小时，使叶片壳吸水变脆易与纤维分离。刮麻一般用手工操作。大麻的适收期为雄株开花后，晴天收获，将麻株剔除枝叶和根麻，按粗细分级扎成直径20~26厘米的麻捆，斜置晾晒，待麻骨干透，用水泡湿后再用鲜草覆盖20~30小时，晒干后剥麻皮，扎成小把置阴凉处晾干。

2.棉花。清末以来，纺纱织布者增多。民国21年（1932），织金县在三岔河、六圭河沿岸引种中棉80亩，亩产10千克（皮棉，下同）。抗日战争时期，地区东部河谷地带，棉花种植一度有所扩大。1949年，全专区种植棉花790亩，总产5.15吨，单产6.5千克。50年代，全专区年均种植棉花3318亩，总产28.5吨，单产8.6千克。60年代，年均种植676亩，总产2.96吨，单产4.4千克。1970年，种植棉6亩，产50千克。此后停止棉花生产。80年代后期，地区建毕节棉纺厂投产。1990年，毕节县农产公司引进棉花在赤水河谷试种，获得成功，次年种植2250亩，总产42吨，亩产18.7千克。1993年，金沙县恢复棉花种植。1997年黔西县开始种植棉花。1990~1999年，全地区年均种植棉花2129亩，亩产52.9千克，总产112.6吨。其中1999年种植2925亩，产量306吨。2000~2004年，毕节棉纺厂停产，棉花种植面积下降，为年均22亩，总产10.2吨；2005年停止生产。

糖料作物　1.甘蔗。明代，有利用甘蔗作原料，土法制糖的记载，多为农户自行压（碾）榨，产品有红糖和砂糖。中华人民共和国成立初期，全专区有制糖个体户320多家。（1）甘蔗生产。1949年，全专区种植甘蔗335亩，亩产772.5千克，总产258.8吨。主要分布在毕节县赤水河谷。50年代全专区年均种植甘蔗577亩，亩产922.9千克，总产532.5吨。60年代全专区年均种植甘蔗295亩，亩产449.7千克，总产132.9吨。70年代全地区年均种植甘蔗552亩，亩产607.1千克，总产335.2吨。80年代全地区年均种植甘蔗309亩，亩产884千克，总产273.2吨；90年代全地区年均种植甘蔗835亩，亩产1031.1千克，总产861吨。2000~2005年，全地区年均种植甘蔗710亩，亩产896.6千克，总产367吨。

（2）品种与栽培。甘蔗栽培品种有川蔗13号、黔糖2号和印度290。传统的栽培方法有宿根繁殖和茎秆繁殖，宿根繁殖较多，节约用种、节约劳动力。茎秆繁殖有春植和秋植两种。春植蔗于冬季或第二年春收获；秋植蔗8~10月种植，第二年10月后收获。

2.甜菜。（1）甜菜生产。1957年，威宁县引进、种植甜菜24亩，亩产239.5千克，总产5.75吨。1958年，各县均引种试种，共种植1.29万亩，亩产493千克，总产6364吨，含糖率

14%~22%。1959年，种植8.75万亩，亩产468.5千克，总产4.1万吨。60年代，全专区年均种植甜菜1.09万亩，亩产149.7千克，总产1635.4吨。1959~1962年，甜菜面积锐减。1965年后，仅有威宁县种植。70年代，大方、纳雍县再度引进甜菜种植，全地区年均种植7348亩，亩产505.7千克，总产1738.7吨。80年代起，只有威宁种植。这10年，年均种植767亩，亩产1067千克，总产818.1吨。90年代年均种植甜菜709.8亩，亩产539.1千克，总产382.7吨。2000~2005年，全地区年均种植甜菜592.8亩，亩产324.9千克，总产192.6吨。

（2）品种与栽培。最初引进的品种为友谊。1959年起，地区农科所和威宁县农科所引进试验推广公系5、6号，波兰1号，甜研5号，双丰5、8号。引进初，不能留种，用种均从北方调入。60年代前期农科所研究成功在本地留种。1959~1962年，专区农科所进行甜菜播种期研究，摸清甜菜在毕节生长发育、块根膨大、糖分积累的规律，提出春播秋收的产量高，可复种夏收作物；夏播冬收（11月）可与部分夏收作物接茬复种；从春分到芒种排开播种，分批收获，利于工业加工。

（3）加工。1958年，毕节、黔西、威宁建成简易糖厂，种植面积较大的公社，建榨糖作坊，采用土法生产甜菜糖，出糖率10%~15%，白糖占5%，还试制出冰糖。1974年，威宁县建成保家糖厂，并经两次技改，1984年，日处理甜菜由30吨增到100吨，同时建成用糖渣生产酒精的车间，后由于甜菜供应不足，除留一车间榨糖外，其余改为加工马铃薯。

茶　1.茶叶生产。毕节地区种植茶树、生产茶叶的历史悠久，《华阳国志》《贵州通志》《大定府志》等史书上多有记载。历史名茶有毕节太极茶、金沙清池茶、大方海马宫茶、织金平桥茶、纳雍姑箐茶，都有作为贡茶的传说。清代，金沙清池茶和织金平桥茶，曾一度可以茶代皇粮。作为贡茶的还有黔西化竹茶。清池、海马宫、平桥等地，因栽培茶树的农户较多，形成自然群落，其他地方茶树均为零星种植。1949年，全专区茶叶产量161吨，茶树面积约1.35万亩。1955年，金沙县大水农场建立茶园813亩，为区内首建茶园。1957年，毕节县民政科建立1200多亩的国营周驿茶场。1959年，专署公安处建立600多亩的大坡茶场。1957年实现农业合作化后，一些种茶有基础的地方，发展集体茶场。1959年，全专区茶叶产量从1950年的167吨上升为492吨，年递增率12.7%，茶园增为4.05万亩，年均产茶299吨，比1949年增85.7%。60年代全区年均产茶305.9吨。1971年威宁县建立340亩国营炉山茶场，1973年纳雍县建立1085亩姑开茶场。1975年赫章县建立2410亩哲庄茶场，1977年黔西县建立2338亩青龙茶场，另有队办集体茶场400多个。1979年，全地区茶园8.29万亩，多数为新建茶园。70年代，全地区年均产茶294.7吨。1970年，威宁县产茶350千克，结束县内不产茶的历史。1977年发展到40.35吨。80年代后，大多数社队茶场承包给有经验的茶农经营，少数划分给农户经营。1984年，集中成片、专业经营的国营、集体、个体茶场500多个。1980年前新建茶园陆续投产，全地区年均产茶585吨，比70年代增98.3%。1988年后，毕节地区实施“三林一茶”生态建设工程。至1992年，新建茶园4.21万亩。规模较大的毕节县杨家湾集体茶场，1990年建立，面积4500多亩。1991年建立的大方县海马宫茶场，实行统一规划，统一开荒种茶，统一加工销售，分户核算的办法，至1995年，开垦种植茶园3500亩。织金县熊家场乡新麦村建立个体茶场500亩。90年代，全地区年均茶园11.56

万亩，采摘7.21万亩，年均茶叶产量850吨，比80年代增45.3%。其中1992年茶园面积最大，13.07万亩；1996年采摘面积最多，8.32万亩，产量最高，1018吨。2000~2005年，全地区年均茶园9.59万亩，采摘6.61万亩，茶叶产量665吨。2006~2010年，茶叶产量分别为678吨、686吨、648吨、657吨、644吨、565吨。2010年，新建茶园10.21万亩，总面积达29.2万亩，其中投产茶园面积13万亩。

2.茶树品种。茶树地方品种有16个，其中金沙县有大牛皮茶、大麦芽茶、红尖茶、小牛皮茶、小麦芽茶；织金县有清贡茶、永久茶、苦丁茶、园茶、鸡嘴茶，其他有大方竹叶青，纳雍姑箐茶，黔西化竹茶，毕节太极茶、苦丁茶，威宁大黑茶，赫章苦丁茶。20世纪60年代引进种植湄潭、石阡苔茶。70年代引进江西小叶茶，湖南、广西苔茶，河南信阳毛尖茶，云南大叶茶。80年代后引进的福建福鼎大白茶，已成为地区内主栽品种，是地区内引进制作名茶遵义毛峰的原料。

3.栽培技术。中华人民共和国成立前种植茶树，灌木型品种种在房前屋后和园边地坎，用种子丛播；乔木型品种多种在坡上。1955年后，发展茶场，多用种子直播。最初10多年建立的茶园，国营茶场管理相对较好；集体茶场管理较粗放，施肥少甚至不施肥，种植后未定型修剪，树冠紊乱，树势过早衰老。70年代后新建茶园，栽培管理技术上有较大进步。80年代起，在新建茶园的同时，地、县农技站抓低产早衰茶园的改造。通过改园改树，对缺窝断行用大茶树定植补齐；在茶行内进行深耕施肥；根据茶树长势，重修剪或台刈，重新培养丰产树冠等措施，早衰茶园得到更新年。

4.茶叶采摘和加工。（1）采摘。采摘茶叶，长期用手采，优点是采摘精细，批次较多，采期延长，茶叶质量较好，适合高档茶和名茶加工，但工效低。70年代后，金沙清池、大方果瓦等地茶场改为以剪采为主。剪采提高工效，降低成本，保证茶青及时下树，增加产量。1997年，赫章县大田茶场试用机采，工效比手工采高25倍以上，但漏采较多，并混杂老梗的老叶。

金沙茶场

（2）加工。茶叶产品以绿茶为主，各茶区都有一套传统的加工工艺。用人工操作，对传统工艺掌握的熟练程度有差异，致使质量不一。70年代一些茶场引进遵义茶机厂生产的110型滚筒，杭州茶机厂生产的55型和45型揉捻机加工茶叶。工效提高，避免手工操作的缺点。90年代末，机制茶叶已达全区茶叶产量50%以上。毕节大坡茶场、赫章哲庄茶场、黔西谷里茶场已引进茶叶精制机具，进行毛茶精制开发成功。1986年，地区农技站引进遵义毛峰制作技术，在种植福鼎大白茶的12个茶场实施成功，生产出遵义毛峰名茶，同时兼炒青茶，在各场内建成多类茶叶品种组合体系，经济效益提高。1995年，周驿茶场研制成功乌蒙毛峰茶，当年经贵州省名茶评审委员会鉴评，乌蒙毛峰被评为贵州省级名茶，是中华人民共和国成立后地区内首次获名茶称号的茶叶品种。1997年，地区林果药茶公司以赫章哲庄茶场、水塘茶场为基地，研制成功道开佛袋泡茶。经国内著名茶学专家陈椽品评后，题词："道开佛茶，高原佳茗；健脑益寿，茶族奇葩。"黔西县的青龙绿茶、黔龙茉莉花茶，行销省内外。2000年起，纳雍县依靠中国茶科所，研究开发出贵茗翠剑、贵茗毛尖、姑箐玉叶、蚕箐翠龙、府茗香、云雾春、纳雍翠片等系列产品。其中贵茗翠剑获2002年世界名优茶评比金奖。2003年，赫章县的赫之茗牌苦丁茶、纳雍县的康茗牌银针茶在第七届中国（广州）国际工业食品工业展览会上荣获金奖。同时，康茗牌茶获国家有机茶认证。

**桑蚕　柞蚕**　1.中华人民共和国成立前的蚕桑生产。《毕节县志》载，清乾隆三年（1738），湖南商人廖某迁到毕节小吉场定居，引种湖桑。《大定县志》载："乾隆初陈德荣为布政使，宋厚为按察使，教民育蚕，大定与焉，是为蚕桑输入之权舆。"《大定府志》中《徐玉章传》记载："道光五年（1825），知府徐玉章以大定与遵义为邻，而民独不知橡茧，乃劝民多种橡以育蚕，蚕事渐兴。"这是发展柞蚕的最早记述。清道光二十五年（1845）和三十年（1850），大定知府黄宅中曾作《种橡养蚕赋》和《劝民种树教》，谓"夫十年之计树木，而橡树则三四年可成林。放蚕利饶而效速，官斯土、民斯土者，可不汲汲图之乎。""多种青冈、橡树，仿行遵义放蚕之法，以为瘠土救民之资。"清光绪十三年（1887），大定府曾购桑苗分到各地栽种，并规定有践踏者罚无贷。光绪三十年（1904）大定府号召农民栽桑，并规定"凡绅耆、军民人等，皆令栽桑二十株，以期普及，如有不遵者，以违抗论。"是年，毕节县开办蚕桑学堂。次年黔西县开办蚕桑学堂。清代从乾隆初起的180多年，大定府历任知府倡导栽桑养蚕和种橡树、青冈放养柞蚕，所辖各县都曾推广，毕节县吉场、燕子口、清水铺等地，坚持桑蚕生产，取得一定成效。民国元年（1912），大定县在小校场栽桑数千株，称为模范桑园。民国5年（1916），大定县、毕节县开办蚕桑讲习所。民国15年（1926），大定县有成片桑园302亩，桑树品种有荆桑、湖桑等。其他各县都建有桑园，毕节县吉场的廖家院，几乎家家栽桑养蚕，多数人家缫丝，纺丝线，织丝帕、丝绸，其丝绸一度比较出名。1949年，全专区蚕茧产量1.6吨，其中桑蚕茧93.8%，柞蚕茧6.2%。

2.中华人民共和国成立后的桑蚕生产。20世纪50年代，全专区年均产蚕茧34.12吨，其中桑蚕茧占57.1%、柞蚕茧占42.9%。9年增产，年递增55.7%，是中华人民共和国成立后发展最快的时期。60年代，全专区年均产蚕茧40.34吨，其中桑茧57.9%，柞蚕42.1%。70年代，全地区年均产蚕茧156.28吨，其中桑茧14.8%，柞蚕85.2%。1979年，全地区成片桑园260.4亩，柞坡3837亩。80年代初期，地区根据蚕茧市场变化调整产业结构，加强桑园建设和桑蚕饲养。建立桑树育苗基地，普遍实行嫁接，建立密植桑园，推广桑树修剪、施肥和桑园间作技术。推广饲养小蚕共育技术。1987年毕节县吉场镇廖家院村190户，共有桑树6.93万株，户均365株，当年产蚕茧3.16吨，多数人家继承缫丝、纺织丝绸传统，产品供不应求。1990年，该村被选为联合国人口基金会“妇女参与发展项目”援助地区，发展栽桑养蚕业。1989年，全地区桑园1671亩，柞坡4260亩，比1979年增5.5倍和9.3%。80年代，全地区蚕茧产量年均88.86吨，其中桑蚕51.4%、柞蚕48.6%，与70年代比较，总产减43.1%，桑蚕茧增97.9%，柞蚕茧减67.7%。90年代，全地区桑园年均2.33万亩，是80年代年均1344亩的17.3倍，1994年桑园4.2万亩，为历史最高纪录；1999年降为1.64万亩，仍是1989年的9.8倍。年均产蚕茧148.32吨，其中桑蚕茧98.8%，柞蚕茧1.2%。1996年产桑蚕茧307吨，为历史最高。由于市场的原因，1996年起，区内7000多亩柞坡，停止放养柞蚕。2000~2005年，全地区桑园面积年均1.72万亩，桑蚕茧产量年均111吨。2009年，蚕茧产量232吨，2010年，减至58吨。

**中药材** 1.中药材资源。清代乾隆至道光年间，各州县志都有关于中药材资源的记载。《大定府志》记载的植物类中药有白芷、桔梗、黄连等97种。1985~1987年，地区医药局根据国务院和贵州省《关于开展中药资源普查的通知》，组织普查队普查全地区中药材资源。普查2445.1万亩，占全区土地总面积的85.5%。据查，全地区中药材资源共1660种，其中植物类中药材1583种，占95.4%。植物类中，低等植物的真菌门11种、地衣门3种，高等植物的苔藓植物门6种、蕨类植物门136种、种子植物门21种、被子植物门1406种。大多数是野生地方种，极少数为中华人民共和国成立后引进栽培种。基本查清植物类药物的产量（蕴藏量、下同）为14.13万吨。调查后撰写成《毕节地区中药资源名录》。对照国内最早的本草专著《神农本草经》所载的365种中草药，有128种，占35.1%；李时珍著《本草纲目》收载的1896种中草药中，有300多种。国家和省要求重点查清的456种大宗药材中，有172种，占37.7%，产量4.36万吨。在植物类药中，发现具有开发利用价值的新药源鹅儿不食草、天葵子、玄参等47种；发现一批疗效好，有一定经济价值的原料药地不容、中华水杨梅、鬼针草等；澄清21个混用品种。

2.中药材资源分布。（1）区域分布。地区西部，野生中药材资源有黄精、独定子、半夏等730多种，产量3.55余万吨，适宜人工栽培药材有潞党参、杜仲、厚朴、人参等20多种。地区中北部，野生中药材资源有何首乌、续断、桔梗等650多种，产量4.75余万吨，适宜人工栽培的药材有云香木、大牛膝、天麻、半夏、白术等20多种。地区中南部，野生中药材资源有独活、前胡、龙胆草等380多种，产量3.99万余吨，适宜人工栽培的药材有黄柏、三七、乌梅等20多种。地区东部，野生中药材资源有玉竹、玄参、天南星等700多种，产量4.35万余吨，适宜人工栽培的药材有石斛、五倍子、白术等20多种。

（2）垂直分布。地区内海拔2000米以上地带，野生药材有小玉竹、香独活、紫草等700多种，适宜家种的有潞党参、大黄、贝母等20多种。海拔1600~2000米的地带，野生药材有牛膝、泡参、茯苓等500多种，适宜人工栽培的有黄连、知母、防风等20多种。海拔1000~1600米地带，野生药材有黄柏、云南勾儿茶、山里红等600多种，适宜人工栽培的有金银花、天冬、吴萸等20多种。海拔457~1000米地带，野生药材有苦楝子、柴胡、官桂等600多种；适宜人工栽培的有地黄、白芷、泽泻等20多种。

3.中药材收购。1952年起，实行中药材统一收购政策。至1959年，全专区年均收购中药材410.8吨。60年代，年均收购1062.3吨，比50年代增158.6%。70年代，年均收购1286.7吨，比60年代增21.1%。80年代起，国家实行统购与放开相结合的政策，除国家管理的杜仲、厚朴、甘草，省管理的黄柏、半夏、石斛仍统购外，其余药材全部放开。10年间，年均统购644.7吨。2005年，人工栽培的半夏产量达1.14万吨。

4.人工栽培。（1）栽培面积。明清时代，就有人工零星栽培中药材。1958年，国务院发出关于中药材生产的指示。是年，全专区种植中药材1605亩。60年代，全专区年均种植中药材708亩。70年代年均4092亩，比60年代增4.8倍。80年代年均2728亩，比70年代降33.3%。90年代年均1.9万亩，比80年代增5.98倍。2000~2005年，全地区年均种植中药材2.26万亩，比90年代增18.8%。

（2）栽培药材种类。地区内人工栽培药材，一是没有，从外地引进栽培的三七、人参、西洋参等；二是有零星栽培，通过外地引种扩大栽培面积的白术、贝母、粉丹皮等；三是有野生种，又从外地引进栽培的有桔梗、玄参、生地等；四是野生种人工驯化栽培成功的有半夏、天麻、杜仲等。1958年后，从外地引进栽培的中药材有31种；野生种栽培成功的草本和木本中药材有35种。2005年栽培50亩以上的有百合、潞党参、续断等19种。

5.栽培技术。杜仲有利用种子育苗、嫩枝节扦插育苗、带根埋条育苗和埋根育苗4种方法，大面积采用种子育苗。90年代推广杜仲环剥再生技术。黄柏和厚朴，主要采用种子育苗后定植。天麻，主要采用无性繁殖。大方县云龙天麻开发有限公司研究成功天麻节材栽培技术、仿野生栽培技术、液体菌种制作技术等，达到国内先进水平；天麻有性繁殖已成功，并采用杂交制种。半夏主要采用块芽繁殖，也可采用种子或株芽繁殖；80年代，半夏与玉米间作，90年代面积扩大后，有单作。潞党参，种子育苗，春秋两季均可播种。石斛，采用分株繁殖。龙胆草，采用分株繁殖，春、秋两季均可进行。2000年后，一些中药材已形成栽培技术管理规范，并建立生产基地。威宁县与贵州省民族制药厂在威宁建金铁锁规范化生产基地；赫章县与贵州大集药业在赫章建半夏规范化生产基地，与贵州同济堂药业在赫章建续断规范化生产基地；纳雍县与贵阳科福制药有限公司在纳雍建前胡、青蒿、南沙参规范化生产基地。

**果树** 1.水果、干果产量和果园面积。（1）水果、干果产量。历史上，多零星种植果树。1949年，全专区水果产量1.34万吨，其中桃占29.2%、李27.2%、梨15.8%、柑橘4.7%、其他占23.1%，干果产量2508吨。20世纪50年代产水果1.78万吨，干果3151吨；60年代1.29万吨，1865吨；70年代1.37万吨、1333吨；80年代2.29万吨、2255吨；90年代3.34万吨、2508吨。21世纪前6年年均产水果5.66万吨、干果3412吨。2000~2005年总产量中，桃占15%，苹果13%、梨12.5%、柑橘7.9%，其他51.6%。其他水果中，中华猕猴桃在地区内为野生水果，80年后人工栽培成功，2005年有1140亩，产量169吨。2010年，全区水果产量6.05万吨。

80年后，引进栽培西瓜、甜瓜和草莓。

（2）果树面积。70年代以前未统计，1979年1.72万亩，80年代年均2.75万亩，1989年5.32万亩；90年代年均11.94万亩；2000~2005年年均15.78万亩，2000年16.91万亩，最高。2010年，全区水果面积达36.71万亩。

2.苹果。（1）品种引进及生产。威宁县中河乡后寨村农民马玉海家有一株苹果树，系其先人在清光绪年间由陕西迁居威宁，带来苹果树枝条在林檎上嫁接的，已100余年，尚在结果。民国14年（1925）和22年（1933），英国传教士带来西洋苹果树苗，在威宁县葛布和石门坎的教堂附近栽培，品种为金冠、丹顶、红星和元帅。1949年两县苹果产量1吨。1953~1961年，威宁县引进国光、元帅、红星、红冠、金帅等10多个品种，用野生海棠梨和红花马蹄苗嫁接成功。县农场规范化种植30亩，作良种示范，效果良好。1975年，威宁县农业局选送中水乡金冠苹果到陕西省铜川和延安召开的全国外销苹果鉴定会参加鉴评，获黄色品种第二名。70年代后期，威宁县从外地调进280万株苹果苗在县内种植，成活率低。同期，威宁农技站与省园艺研究所，共同鉴定出适宜苹果砧木的县内野生湖北海棠、三叶海棠、丽江山定子、西府海棠、锡金海棠和垂丝海棠等，为县内大规模繁育苹果苗作了基础性工作。地区内其他县苹果都有所发展。1959年，全区苹果产量7.5吨，1979年发展到725吨。1984年，省政府批准威宁县为贵州省苹果生产基地；1987年国家农业部将威宁列为西南地区优质苹果适宜发展区。1990年前后，威宁引进优质品种红富士系、新红星系、金冠短枝型系、乔纳金系等早、中、晚熟品种，新建立近万亩高标准苹果园。1997年，威宁红富士苹果获贵州省优质果品奖。1989年，全地区种植苹果2.65万亩，产量3207吨；1999年种苹果8.94万亩，产量5943吨；2005年种植苹果8.52万亩，产量8301吨。2010年，在威宁县新建标准化精品苹果园2.94万亩。

（2）栽培技术。1979年，中国农科院果树研究所在威宁设点，观察金冠苹果花芽形成始期，由威宁县农技站执行，明确金冠品种6月初形成花芽，为苹果夏剪和施肥提供依据。1986~1990年，省农业厅生产处与威宁县果树站合作，研究威宁苹果幼树早结高产技术和低产苹果树改造技术。在白碗乡建立1450亩密植示范园，以黄元帅为主栽品种，红星为授粉树，建园后第4年，亩产515千克，总结出密植、轻剪多留，三芽剪，促早成形为重点的综合技术，在县内推广。通过改造348亩1.04万株低产苹果树，总结出更新修剪、施肥和防治苹果腐烂病为主的综合技术。增产显著，果质变好。1990年培养45名农民果技员，改造2716亩8.18万株。1991~1995年，作为地区重点推广项目。到1996年共改造低产苹果树50.32万株，促进威宁县苹果的发展。

3.柑橘。（1）柑橘生产。柑橘主要分布在河谷地带。织金县五甲三岔河边有几十亩连片实生红橘，树龄已170多年。1949年，全专区柑橘产量625吨。20世纪50年代年均产柑橘644吨，60年代304吨，70年代350吨，80年代1228吨，90年代3146吨，21世纪前6年年均产4452吨。1957~1982年，年均年产量都低于1949年，1970年产213.5吨，为最低产份。2005年5265吨为最高纪录。1985年，全地区柑橘4072亩，1989年发展到1.62万亩；90年代年均2.36万亩，1999年为2.82万亩；2000~2005年年均2.77万亩。2005年3.02万亩。2010年，在毕节市新建标准化精品柑橘园1万亩。

（2）种植区划。1980~1992年，地区农科所考察河谷地带柑橘栽培的历史和现状，将柑橘生产分为赤水河流域甜橙栽培区和乌江水系甜橙、宽皮柑橘混栽区。前者分为2个亚区：赤水河西段早中熟甜橙区，以锦橙、脐橙为主；赤水河东段晚熟甜橙区，以夏橙为主。后者分为5个亚区：乌江流域晚熟甜橙区，以夏橙为主，发展部分锦橙、脐橙和哈姆林甜橙；偏岩河流域大红袍红橘区，主栽大红袍红橘；六圭河、三岔河流域宽皮柑橘区，以兴津、宫川、大红袍橘为主；鸭池河、六广河流域早中熟甜橙区，以锦橙、哈姆林甜橙为主；总溪河、瓜仲河、义仲河、纳雍河流域甜橙、红橘等地方品种区，从地方品种选优良株繁殖推广。1990年，毕节地区政协工委、地区农业区划办，综合考察赤水河谷地带，制定出种植柑橘发展规划，将从毕节县大渡乡柑子花起，到金沙县石路乡鱼塘河边止的88千米地带，划分为10个片区，提出各片区柑橘品种布局、品种改造及应用推广的技术。90年代以来，这一地带已建成地区内柑橘生产基地。

（3）品种引进和改造。柑橘地方品种有土柑、皱皮柑、酸柚、实生甜橙、红橘、金钱橘、香园、宜昌橙。毕节县农业局、地区农科所、织金县红崖柑橘研究所（民营）等单位，从60年代起，先后引进试验后推广的品种有锦橙、血橙、椪柑、夏橙、红橘、华盛顿脐橙、汤姆逊脐橙、雪柑、新会橙、兴津、宫川、松山、龟井、哈姆林甜橙。1966年4月，毕节县农业局在清水铺区沙地召开柑橘生产现场会，进行老品种高接换种技术推广，采用土柑高接红橘，产量大为提高。80年代生产上普遍使用这一技术。90年代，赤水河谷原有老树基本改为优良品种。纳雍县黑塘乡有建柑和皱皮柑橘园1390亩，有的柑橘树龄已160多年。80年代常年产量100余吨。1991年，地区农科所派员进行指导，用哈姆林甜橙、伏罗斯特脐橙、朋拉脐橙和兴津等良种，进行多头高接换种，到1992年共改造4万多株，占果园改造面积的40%。1995年，改造部分总产210吨，总收入42万元，比未改造的增产2.6倍、增值4.8倍。1998年全部改换成优良品种。

（4）栽培技术。70年代，毕节县农业局在清水铺南关、沙地等基地进行柑橘栽培技术研究，总结提出“矮、密、早、丰”的栽培技术，1984年毕节县大面积推广。1980～1995年，地区农科所在毕节龙场区左泥乡及本所内进行柑橘丰产栽培技术研究，提出柑橘建园、定植、施肥、修剪、防治病虫害等综合技术，应用于生产。1988年，织金县红崖民办柑橘研究所学习外地经验，成功应用分裂式建园技术，在县内推广。1992～1995年，毕节市经作站在大屯乡、田坝乡，成功改造600亩低产橘园，亩产由296千克增加到1378千克。总结出扩穴改土，种植绿肥，重施春肥、壮果肥和采果肥，加强修剪，防治病虫害措施。通过技术培训，带动改造低产橘园6184亩。

毕节县清水铺镇柑橘林

4.梨。梨是大宗水

果，各县都有栽培。1949年，全专区产梨2141吨。中华人民共和国成立后，全专区按年代平均梨年产量为：20世纪50年代4607吨，60年代2815吨，70年代4515吨，80年代8012吨，90年代7344吨；21世纪前6年7059吨。1985年，全地区梨园2683亩，1989年6823亩，1999年2.09万亩，2005年3.03万亩。主产沙梨类，有少量川梨类。名优品种为威宁大黄梨，系清雍正八年（1730）前后，从云南省鲁甸引进枝条在顺田坝嫁接成功，现当地带有一株树龄270多年的大黄梨树。清嘉庆年间（1796~1820）建立的顺田坝胡家梨园，为典型大黄梨梨园。威宁大黄梨，大都取此梨园梨树枝条为接穗，以野棠梨为砧木嫁接。1956年，威宁大黄梨被评为中国名梨之一。1959年出版的《中国果树栽培学》，专门介绍威宁大黄梨。1976年中国农科院果树试验站编辑出版的《梨主要品种原色图谱》，威宁大黄梨被收录其中。1977年，省农业厅、农科院、农学院和威宁县果树站，联合调查威宁梨品种，共查出56个品种。品质上等的有褐色品种大黄梨、化渣梨、细皮小黄梨，青绿色品种小白梨、早梨、白皮九月梨；面梨品种有香面梨、自生梨等。80年代初期，各县对梨品种进行调查，纳雍县有黄皮梨、香水梨等25个品种，织金县有沙梨、冬梨等9个品种，赫章县有朱砂梨等9个品种。1986~1900年，省农业厅生产处与威宁县果树站合作，进行低产梨树增产技术研究。通过改造360亩9000多株低产黄梨大树，提出修剪、施肥、施药技术，成效显著。1991~1995年，列为地区推广项目，威宁县果树站承担，共改造低产梨树6.24万株。90年代后期，威宁县发生梨黑腥病，重病区绝收。2000~2004年，威宁县果蔬站以农业措施和药剂措施结合重点防治梨黑腥病，并加强施肥及适用量修剪，基本控制梨黑腥病危害，获得丰收。

毕节县梨树镇退耕发展经果林

5.其他果树。（1）桃。大宗水果，以房前屋庭院栽培为主。1949年产5265吨，占水果总产的29.2%；2005年产9457吨，占水果总产的20.7%。地方品种有大红桃、香桃、白花结桃等20多个，引进品种有水蜜桃、蟠桃、湖北桃等。

（2）李。为大宗水果。1949年产3655吨，占水果总产的27.2%；1992年产5062吨，占水果总产的18%。地方品种有20多个，优良品种有江安李、冰脆李、牛心李、酥李等。

6.野生果树资源。1973~1984年，各县先后调查野生果树资源。据查，全地区野生果树有16科、34属、88种。即秋葡萄、毛叶葡萄、网脉葡萄、刺叶葡萄、复叶葡萄、红果蔷薇、小果蔷薇、刺梨、金樱子、覆盆子、全缘火棘、火棘（救军粮）、豆梨、野海棠、白莓、黄毛草莓、南水杨梅、山桃、野樱桃、山杏、梅、平枝栒子、柳叶栒子、水栒子、毛叶水栒子、宝兴栒子、黑果栒子、小叶栒子、黄杨叶栒子、葡萄栒子、西南栒子、湖北山楂、野山楂、云南山楂、丽江山定子、湖北海棠、垂丝海棠、变叶海棠、西府海棠、锡金海棠、三叶海棠、木瓜、贴梗木瓜、毛叶木瓜、榅桲、移、野枇杷、悬钩子、插田泡、山莓、空山泡、粉枝莓、大果花楸、美脉花楸、矮杨梅、火炭杨梅、榛子、毛榛、毛栗、地瓜（野瓜）、银杏、野核桃、华西枫杨、云南枫杨、枳、宜昌橙（野柑子）、酸枣、中华猕猴桃、狗枣猕猴桃、野柿花、君迁子、四照花、头状四照花、荚迷叶越橘、西藏越橘、宝兴越橘、乌鸦果、猫屎瓜、三叶木通、白木通、木通、鹰抓枫、八月瓜、林子、甘青茶鹿、宝兴茶鹿。野生果中直接食用的有毛栗、猕猴桃、白莓等；加工销售的有刺梨汁、酸木瓜、野苦李等；利用作砧木的有丽江三定子、海棠梨等；人工栽培的有银杏、中华猕猴桃等；医药上应用的有乌梅、山楂等。

**蔬　菜**　1.蔬菜生产。（1）民国及以前的蔬菜生产。明代前，蔬菜生产多以粮菜套种，少单作。明初，实行屯田制，屯田军人从中原带来蔬菜种子和栽培技术，出现以栽培蔬菜为主的菜园子。据《大定府志》载：清道光年间（1821~1850）蔬菜有：白菜、芥菜、莔菜、甜菜、萝卜、胡萝卜、菠菜、苋菜、莴苣、芹菜、油菜、胡荽、茼蒿、大头菜、王瓜（即黄瓜）、南瓜、丝瓜、冬瓜、苦瓜、瓠瓜、金瓜、茄子、豇豆、刀豆、胡豆、四季豆、扁豆、洋芋、红薯、花椒、竹笋、地笋（即地纽子）、筊笋、木姜、芦笋、木槿花、椿菜、山药、荠、葱、蒜、韭、慈姑、芋、魔芋、襄荷、香菌、木耳、鸡纵菌、草菌、蕨、百合、山丹、卷丹、紫苏、萝鬼菜（即柴胡）、菜瓜、土瓜、冻菌等59种。其中排后的13种为野生蔬菜，占总数的22%。民国时期，城郊菜园形成两种类型：一是全年栽培蔬菜的菜园，这类菜地花色品种多，复种指数大，栽培水平高，称为一线菜地或全年园；二是夏半年生产一季玉米，冬半年生产一季大宗蔬菜，称为二级菜地或半年园。城郊生产的蔬菜，还流向农村。当时引进的蔬菜品种有昭通白、简秆白、川白菜、黄秧白、菱角菜、雪球花菜、牛心甘蓝、小叶菠菜、短藤瓜、番茄、棒豆、川姜、青秆莴笋、圆椒等。1949年，全专区蔬菜播种面积11.84万亩，人均37.4平方米。

（2）中华人民共和国成立后的蔬菜生产。20世纪各个年代，年均播种蔬菜和人均蔬菜为：50年代25.26万亩，61.9平方米；60年代38.41万亩，80.5平方米；70年代27.17万亩，41.1平方米；80年代52.31万亩，64.2平方米；90年代111.74万亩，119.3平方米；21世纪前6年133.42万亩，127.2平方米。1991年开始统计蔬菜年产量，是年全地区为76.93万吨，1999年为83.4万吨；2005年为104.95万吨，播种146.05万亩，均为最高纪录。2010年，种植蔬菜250.37万亩，总产为132.72万吨。

1950~2005年，一般以集体或个体创办蔬菜基地的方式种植蔬菜。20世纪50年代农业合作化后，城郊蔬菜转入集体生产，主要是全年园，部分实行粮菜间作套种。是时各县成立蔬菜合作小组，负责县城的蔬菜供销。其间，农村创办集体食堂，蔬菜生产供给亦成集体化。其余时间均由农民在自留地里种植供自用。1971年前后，各县将蔬菜合作小组改建为蔬菜公司。集体生产安排大宗菜多，强调正季播种保证高产，蔬菜不能全年均衡供应。1980年后，一线菜地生产和经营转为由菜农安排。随着城市规模扩大，老菜园减少，蔬菜生产外延，蔬菜供应一度紧张。每年春淡期间，毕节都要从外地调进蔬菜，多的年份，占本地蔬菜上市量的50%。1985年，

威宁县大棚蔬菜

国务院发出《做好城市蔬菜产销工作的通知》，省政府对蔬菜生产供给作出相应要求。毕节地区贯彻国家和省的指示，地区及各县成立蔬菜生产供给办公室加强对蔬菜生产的领导，增加对蔬菜生产的投入，落实近郊蔬菜基地，发展远郊蔬菜生产，加强对新菜农进行技术培训，开展蔬菜科学研究。20世纪80年代开始，创办远郊蔬菜基地，称三线菜地，分两种类型：一是河谷菜地，毕节市田坝乡的田坝村、盘挪河村，大方县对江等地，利用其热量条件好，发展冬季大白菜和早春早熟蔬菜栽培，于1~2月和4~5月淡季供应县城。二是高山菜地，毕节官屯、金银山，大方县的许多村寨和威宁县，利用其气候凉爽的特点，使夏菜延后和秋菜提早于9~10月淡季时上市。两种类型均为非正季播种，称为反季节蔬菜栽培。2005年，大方县1311个村民组，占县村民组总数的33.8%，栽培夏、秋反季节蔬菜8万多亩，远销省内外，每亩纯收入1200多元，已成为一项新产业。同时，一些地方创办大蒜、辣椒特产蔬菜生产基地，如毕节杨家湾白蒜生产基地、大方红椒生产基地。赫章县野马川、古达，毕节市杨家湾、阴底，威宁县中水的优质大白蒜；毕节市，大方、黔西、金沙、纳雍县的优质辣椒，一度为出口商品。2005年，地区实施特色蔬菜示范工程103.29万亩，其中大蒜和辣椒占54.5%。2005年，地区内出现亩产蒜薹2164.3千克的全国最高纪录。2010年，初步形成威宁、赫章、毕节、纳雍、大方、毕节为主的夏秋蔬菜产业带，以大方、金沙、黔西为主的优质辣椒产业带和毕节优质大白萝卜产业园。

2.种植制度。威宁县城郊一线菜地，蔬菜生产以一年两熟为主，也有三熟栽培。毕节市城郊一线菜地，蔬菜生产为一年两熟制和三熟制交替。金沙县城郊一线菜地，以一年三熟制为主。二线菜地，旱地主要是玉米蔬菜两熟，含两熟三收、四收；稻田主要是马铃薯水稻两熟。三线菜地，河谷为早熟蔬菜水稻或玉米两熟，小麦番茄两熟；高山有夏收马铃薯或玉米秋菜两熟及玉米间作夏菜。特产菜地，大蒜主要与玉米套作，传统方式是1~2行大蒜套1行玉米，80年代推广分带种植，改为3~4行大蒜套作双行玉米。辣椒传统是一年一熟，70年代以来，演变为小麦套作辣椒，豌豆、胡豆接茬复种辣椒等两熟。

3.品种。（1）地方蔬菜品种。1959年，《毕节专区主要农作物品种志》编入蔬菜44种94个品种，其中地方品种79个。1962~1963年，专区农科所调查蔬菜品种，各县城郊有蔬菜70种219个品种，其中在栽培15年以上的207个。80年代前期，各县调查，全地区有各类蔬菜品种395个。地方优良品种有毕节白蒜、泡通辣，大方清明白菜、鸡爪辣，黔西胡萝卜，织金胭脂萝卜，纳雍春不老青菜，威宁柳叶莴笋、黑倒结豆。

（2）引进品种。20世纪50年代，区内引进后作为主栽蔬菜品种有：大白菜品种大青口、徐水白，大萝卜品种渐大长、露八分，及印度园茄、长丝瓜、西葫芦等。60年代有天津青麻叶，亦称天津白，作为毕节城郊主栽品种20多年，其他县和农村均有种植。70年代有天津刺黄瓜、云南大花菜、小平顶甘蓝等；引进24个食用菌品种，试验推广的高产品种有平菇黔平1号、华平、金项侧耳，香菇7406、79027，蘑菇金顶蘑、双泡蘑、上蘑1号，凤尾10号及金针菇等。毕节县单作天津刺黄瓜，最高亩产5530千克，各县作主栽品种至今。80年代，蔬菜种子营销市场放开后，近20年，全地区引进蔬菜品种100多个。

（3）现有蔬菜品种。至2005年，全地区蔬菜有13类76种446个品种。白菜类有大白菜、小白菜、菜薹、叶用芥菜、茎用芥菜、结球甘蓝、花椰菜、球茎甘蓝等8种、118个品种。根菜类有萝卜、胡萝卜、根用芥菜、芜青4种、34个品种。绿叶菜类有菠菜、莴笋、莴苣、苦苣、茼蒿、芹菜、茴香、叶恭菜、芫荽、苋菜、冬葵、蕹菜、白落葵、薄荷、罗勒等15种、78个品种。茄果类有辣椒、茄子、番茄3种、39个品种。瓜类有南瓜、黄瓜、冬瓜、瓠瓜、苦瓜、拂手瓜、丝瓜7种、52个品种。葱蒜类有大蒜、大葱、丝葱、胡葱、葱头、薤6种、27个品种。豆类有菜豆、毛豆、扁豆、豇豆、青胡豆、青豌豆6种、25个品种。薯芋类有豆薯、山药、芋、魔芋、姜5种、18个品种。水生蔬菜类有莲藕、茭白、菇、荸荠4种、9个品种。多年生蔬菜类有草石蚕、菊芋、午椿、石刁柏、金针菜、洋禾、竹笋7种、9个品种。食用菌类有香菇、平菇、蘑菇、金针菇、银耳、竹荪、木耳7种、26个品种。杂类蔬菜有嫩玉米、蕺菜、豆芽菜3种。野生蔬菜类有水芹菜、罗鼓菜、苦蒜、蕨薹、荠菜、百合、鸡枞菌、水茄子8种，人工栽培的蕺菜、食用菌类、韭菜等，仍有野生。

4.栽培技术。20世纪50～60年代，专区农科所、农技站总结推广一批蔬菜栽培的先进经验：各县大宗蔬菜正季播种高产技术，毕节城郊金钟队防止莲花白早抽薹的留种和育苗技术；黔西县城郊爱国队胡萝卜出苗整齐技术；茄果类蔬菜育苗移栽及冷床育苗技术。70年代，一些蔬菜生产队建塑料膜大棚栽培黄瓜、番茄成功。推广黄瓜、西葫芦播种时覆盖薄膜，可提早播种期，提早上市，并可种植两季黄瓜。茄果类育苗，改为低畦薄膜小拱棚育苗。地、县农科所，地区牧垦场，各县良种场选后引进食用菌栽培技术，均获成功，推广到农户。80年代后，开展大宗蔬菜提前或延后播种。1986年毕节栽培晋菜3号大白菜，7月下旬正季播种，最高亩产8000千克；破季播种产量虽下降，但价格好。毕节城郊莲花白过去是9月中旬~10上旬播种，次年6~7月上市；现在夏秋两季都有栽培，6~12月均有上市，花菜、莴笋、菠菜、黄瓜等，都已排开播种。蕺菜人工栽培成功，已大量生产，并由最初的春播发展为春秋两季播种，全年上市。大蒜推广地膜栽培，产量显著增长，蒜薹提早上市。食用菌普遍推广代料袋装床式栽培技术。织金县发展人工栽培竹荪成功，千家万户栽培，部分农户种植竹荪脱贫，成为织金县的新产业，竹荪研究课题组撰写的《竹荪栽培与制种技术》被评为国内科普优秀书籍。

**花 卉** 1.人工栽培花卉。居民素有栽培花卉的传统。据《大定府志》记载有31种：兰花、玉兰、辛夷、金凤、玉簪、牡丹、芍药、映山红、虞美人、水仙、秋海棠、西洋锦、西番菊、鸡冠花、绣球花、珍珠、山茶、紫荆、金银花、凤尾、玫瑰、菊花、栀子、木香、蝴蝶花、蔷薇、旱莲、向日葵、月月红、粉团花、桂花。2005年，有人工栽培花卉172种。分为：

（1）草本花卉。一、二年生花卉35种：凤仙花、鸡冠花、一串花、一串紫、五彩辣、万寿菊、三色堇、金盏菊、金鱼草、虞美人、羽叶茑萝、紫罗兰、瓜叶菊、牵牛花、矮牵牛、月见草、含羞草、千日红、紫茉莉、翠菊、百日草、锦葵、美女樱、六月菊、半支莲、金线莲、麦秆菊、羽衣甘蓝、波斯菊、矢车菊、雁来红、雏菊、蛇目菊、满天星、风铃草。多年生花卉46种：菊花、荷包牡丹、芍药、萱草、四季秋海棠、蜀葵、玉簪、四季报春、桔梗、万年青、文竹、山茱萸、君子兰、虎尾兰、非洲菊、吊兰、沿阶草、吉祥草、小白菊、情人草、勿忘我、长寿花、兰花、香石竹、蓝宝石、绿巨人、中国石竹、双石竹、绿宝石、龟背竹、大丽花、美人蕉、唐菖蒲、百合、石蒜、风信子、晚香玉、水仙、仙客来、一品冠、球根秋海棠、剪秋萝、马蹄莲、郁金香、小苍兰、花叶芋。

（2）木本花卉75种：桂花、白玉兰、辛夷、广玉兰、宝华玉兰、牡丹、杜鹃花、山茶、小桃红、白兰花、夹竹桃、梅花、蜡梅、茶梅、栀子、扶桑、碧桃、樱花、贴梗海棠、棣棠花、紫薇、紫荆、八仙花、农香探春、迎春花、木芙蓉、木槿、天竺葵、蔷薇、金银花、花石榴、米兰、西洋杜鹃、吊钟海棠、玫瑰、月季、圆柏、竹类、珊瑚株、金橘、南天竹、苏铁、棕竹、银杏、南洋杉、雪松、柳杉、棕榈、常春藤、黄杨、垂柳、地锦、三春柳、岩石藤、朴树、含笑、榕树、无花果、针葵、荷兰铁、三角梅、洒金柏、龙柏、绒柏、塔柏、红叶李、女贞、瓜子、黄杨、枫叶、蓬莱松、五针松、枸骨、变叶木、发财树、龙抓根。

（3）水生花卉4种：荷花、睡莲、凤眼莲、水竹。

（4）多浆花卉12种：昙花、令箭荷花、蟹爪兰、仙人掌、龙舌兰、芦荟、石莲花、霸王鞭、仙人山、仙人球、玉树、金虎。

2.野生花卉资源。20世纪80年代前期进行农业区划，赫章县农业局调查县内野生花卉资源，计有122科、249属、451种。1985~1987年，毕节地区普查中药材资源，查出既是中药材，也是有观赏价值的野生花卉29科114种。其中木兰科天女花属群落和滇藏木兰，在国内属珍贵稀有种。

3.地方特色花卉。（1）杜鹃。1984~1987年，经省、地有关单位几次调查，发现有杜鹃36种：杜鹃、树形、马缨、美容、羊蹄、蜀、露珠、水红、光柱水红、问客、银叶、暗绿、短脉、多花、四川、大白花、繁花、云锦、岩生、鹿角、黄花、麻花、锦绣、腋花、红毛、锈叶、炮仗花、皱皮、云南、白面、红棕、百合、高尚、蕊柱、紫斑、硬刺。其中前6种分布广泛。1996年，昆明世博园从赫章六曲引去马缨杜鹃、高尚杜鹃、蕊柱杜鹃、紫斑杜鹃和硬刺杜鹃，植于园内。集中分布地是黔西、大方县交界的百里杜鹃林带，为原生植被，有杜鹃23种，有的林山若干种混合分布，有的林山花种单一，国内外罕见。

（2）兰花。可既赏花又赏叶。1994~1997年，地区农科所开展兰花资源整理研究，从全区各县市收集野生兰草40多万株，定植在兰圃进行鉴定。经鉴定，兰花有春兰（朵朵兰）、惠兰（九节兰、夏兰）、兔耳兰、多花兰、建兰、墨兰、线叶春兰、春剑、送春9种，以春兰为多。花瓣有荷瓣、荷型水仙瓣、梅瓣、水仙瓣、奇瓣5种类型；花色有绿、紫、红、白、桃红、黄和复色7种类型；叶型有直立叶、半直立叶、卷叶、扭叶、垂叶、半垂叶和承露叶8种类型；叶色有乌嘴、金边、银边、镐草（叶片半面有黄白色条块）、虎斑和水晶6种类型。

## 2005～2010年毕节地区农作物播种面积及产量表

| 指标 | 单位 | 2005 | 2006 | 2007 | 2008 | 2009 | 2010 |
|---|---|---|---|---|---|---|---|
| 农作物播种面积 | 千公顷 | 1022.95 | 955.27 | 951.30 | 990.62 | 1019.33 | 1029.53 |
| 粮食播种面积 | 千公顷 | 630.74 | 581.52 | 578.61 | 610.53 | 624.66 | 636.15 |
| #夏粮 | 千公顷 | 273.61 | 250.06 | 248.82 | 258.75 | 262.10 | 253.64 |
| #稻谷 | 千公顷 | 47.12 | 44.22 | 44.00 | 45.68 | 45.26 | 44.21 |
| 大豆 | 千公顷 | 36.47 | 34.54 | 34.37 | 35.31 | 34.90 | 34.96 |
| 小麦 | 千公顷 | 102.49 | 61.71 | 61.40 | 57.68 | 57.68 | 61.53 |
| 薯类 | 千公顷 | 182.86 | 173.86 | 172.99 | 201.27 | 214.90 | 224.77 |
| 玉米 | 千公顷 | 162.58 | 166.90 | 166.07 | 165.81 | 167.89 | 171.50 |
| 油料播种面积 | 千公顷 | 65.61 | 50.39 | 50.67 | 56.70 | 60.48 | 62.26 |
| #油菜籽 | 千公顷 | 60.97 | 48.02 | 48.05 | 51.97 | 55.37 | 57.01 |
| 烤烟播种面积 | 千公顷 | 55.37 | 44.54 | 45.53 | 49.33 | 46.98 | 45.41 |
| 蔬菜播种面积 | 千公顷 | 96.58 | 99.72 | 102.28 | 106.40 | 109.01 | 116.35 |
| 粮食总产量 | 吨 | 2472198 | 2344957 | 2441443 | 2626177 | 2720135 | 2548900 |
| #夏粮 | 吨 | 619006 | 580694 | 598564 | 613008 | 262102 | 406067 |
| #稻谷 | 吨 | 286131 | 262622 | 274030 | 287204 | 288460 | 282862 |
| 大豆 | 吨 | 75200 | 72656 | 79787 | 87298 | 89993 | 97915 |
| 小麦 | 吨 | 208385 | 129213 | 130697 | 116536 | 121022 | 54509 |
| 薯类 | 吨 | 641141 | 615798 | 634515 | 739571 | 801118 | 699254 |
| 玉米 | 吨 | 1118465 | 1125299 | 1179146 | 1239761 | 1240349 | 1247901 |
| 油料产量 | 吨 | 107408 | 85626 | 87406 | 92482 | 101417 | 54616 |
| #油菜籽 | 吨 | 101625 | 82939 | 84796 | 84663 | 92718 | 46251 |
| 烤烟产量 | 吨 | 104311 | 85817 | 91502 | 105560 | 98943 | 95226 |
| 茶叶产量 | 吨 | 678 | 686 | 648 | 657 | 644 | 565 |
| 水果产量 | 吨 | 45713 | 46401 | 49611 | 52608 | 54139 | 60538 |
| 蔬菜产量 | 吨 | 1028521 | 985570 | 1097304 | 1187096 | 1260817 | 1327187 |

注：2006~2007年数据根据第二次农业普查结果进行了调整

# 第四节　农作物种子

## 一　地方品种资源

**品种资源普查**　1958~1959年，专署农业局主持农作物品种资源普查，编写成《毕节专区主要农作物品种志》，编入品种651个，其中水稻195个，陆稻7个，玉米62个，小麦38个，马铃薯36个，甘薯6个，大豆37个，大麦4个，燕麦5个，高粱2个，荞麦11个，小米2个，薏苡1个，蚕豆6个，豌豆5个，菜豆27个，小豆4个，油菜21个，花生3个，芝麻2个，苏麻1个，蓖麻2个，向日葵5个，蓝花籽1个，冬籽1个，棉花1个，烤烟4个，甜菜2个，麻类5个，蔬菜94个，果树57个，饲料、绿肥4个。这些品种，1949年前种植599个，50年代引进推广较广的52个。1974~1975年，地区种子公司和农科所主持进行第二次品种普查。全地区除金沙县外，普查登记品种1342份，收集实物1144份。实物按省农业厅分工，送有关单位整理，1979年，毕节地区编入《贵州省农作物品种资源目录》的农作物地方品种612个，其中水稻266个，玉米167个，小麦9个，大麦4个，马铃薯4个，高粱5个，大豆96个，油菜18个，菜豆43个。1980~1984年，各县农业局结合种植业区划，在第二次普查的基础上进行查缺补漏。据查，全地区粮食作物品种共计1452份，豆类392份，经济作物275份。

**品种资源研究及利用**　毕节地区农科所整理研究过的地方品种资源有水稻、玉米、马铃薯、大豆、菜豆、小豆、饭豆、绿豆、高粱，其中粳稻、高粱和食用豆类属省分配整理研究品种，并列为国家整理研究项目。方法是以田间试验为主，对同名异种、同种异名的品种进行归并或编号定名，对其主要经济性状、生育特性、抗逆性、适应性及品质进行鉴定，选出比较好的品种参加品比试验、区域试验、生产试验，将表现优良的品种推荐到生产上应用，50~80年代，推广的地方品种有30多个；其余的作为育种原始材料保存。整理后品种的资料和种子，向国家报送一套，地区保存一套。地区农科所报送国家保存的有530个，其中粳稻82个、食用豆类442个、高粱6个。水稻作为新品种选育应用的亲本，毕粳6、7、80号的亲本都有地方品种；玉米是从地方品种中分离育成自交系，与外引自交系杂交选育杂交种，毕单1、2、8号等玉米杂交种，均有地方系。毕粳11号、毕辐2号是利用地方水稻品种进行辐射处理，诱变育成；毕豆2号是从地方品种中系统选育育成。

## 二　品种引进

中华人民共和国成立前，农民有串换品种的经验。中华人民共和国成立后，地、县农业工作单位根据本地实际进行农作物品种引进。至2005年，全地区先后引进玉米品种160个，玉米品种间杂交种14个，玉米自交系间杂交种206个，热带玉米种质材料65份；粳稻品种530个，籼稻品种113个，杂交稻品种25个，糯稻63个；小麦品种468个；马铃薯品种323个；大豆品种91个；小黑麦、黑麦、燕麦、甘薯、花生、高粱等作物品种56个；高粱杂交种13个；烤烟品种38个；油菜甘蓝型常规品种161个、杂交种24个、优质油菜品种23个，白菜型品种56个，芥菜型品种11个；绿肥品种18个；茶树品种7个；苹果品种34个，柑橘品种182个，桃、樱桃、西瓜、草莓等品种16个；蔬菜品种438个。引进品种的鉴定程序：品种观察鉴定试验→品种比较试验→品种区域试验→生产示范试验→推广应用。

## 三　品种审定及良种繁育

**品种审定**　1980年10月28日，贵州省人民政府办公厅颁布《贵州省农作物品种审定条例》。根据条例要求，省成立农作物品种审定委员会，地区成立品种审定小组，进行农作物新育成品种审定，审定分为国家级、省级、地区级。1987年7月，地区撤销品种审定小组，成立农作物品种审定委员会。1985~2000年，地区级审定通过玉米杂交种22个，粳稻品种2个，小麦品种5个，马铃薯品种3个。2000年，撤销地区级审定。1985~2005年，省级审定通过玉米杂交种17个，粳稻品种5个，小麦品种2个，马铃薯品种4个，大豆品种1个，荞麦品种1个。2004年，国家级审定通过荞麦品种2个。

**良种繁育**　中华人民共和国成立初期，推广的良种，由专区农场负责繁育。1956年，实行农业合作化，农业社建立种子田，采取穗选、块选相结合，严格去杂去劣的方法留种。1958年，国家农业部提出“自繁、自选、自留、自用，辅之以调剂”的种子工作方针，各县建立以县良种繁殖场为骨干，公社或大队种子队为桥梁，生产队种子田为基地的三级良种繁育体系。1966年，专区农科所首次到海南岛进行玉米育种材料加袋繁殖。1970年，区内各县开始到海南岛进行杂交玉米制种。80年代，地区及各县种子公司结合生产的需求，实施统一计划、统一繁殖、统一制种、统一供应的种子生产和经营措施。良种繁殖在依靠国营良种场的同时，还选一些村及村民组、专业户建立特约种子生产基地。1982年，全地区南繁制种由最初的400亩扩大到3000亩。1983年后，改为本地制种，南繁任务主要是育种材料加代。1979~1990年，全地区累计杂交玉米制种12.44万亩，收种子9360吨；繁殖亲本4996亩，收自交系种子430吨。同期内常规品种繁殖种子累计：水稻1333吨，小麦5023吨，马铃薯588吨，油菜77吨，绿肥种3455吨。1992年后，全地区主要农作物的良种繁育，都建立相对集中、适度规模的生产基地。全地区的杂交玉米、杂交水稻、杂交油菜、烤烟种子，马铃薯脱毒种薯均实现统一供种。90年代南繁纳入全省计划管理，省种子公司每年向各地州、市下达育种指标。

## 四　种子贮藏　加工　经营

**种子贮藏**　20世纪50年代，毕节专区贮藏种子由粮食部门负责，由于粮仓不完全适宜贮藏种子，每年种子转商150吨左右。60~80年代，种子部门修建粮仓贮藏种子，由于技术条件所限，仍不适宜种子贮藏，仍有部分种子转商，90年代，全地区陆续建成5300平方米，贮量4000吨的专用种子库房，同时修建种子晒场3700平方米。地区种子公司建成500平方米恒温种子库，可贮藏种子400吨。

种子加工　毕节地区种子加工，长期沿用传统工具和人工操作。至1990年，地区种子经营机构有精选机3台，脱粒机5台，其余仍为传统工具。90年代，地区增加种子加工经费投入，增添部分机械设备。1998年全区有种子精选加工车、种子精选机、精选振动筛、种子包衣机等种子加工机械30多台（辆），加工种子水平显著提高。1996~1998年，地区种子公司开展种子包衣技术研究，筛选出适合地区内不同农作物种子包衣的种衣剂和加工技术。1998年，全地区统一供给杂交玉米种2494.8吨，精选加工100%，小包装、标牌供种占统一供种的20%，包衣处理占5.9%；2005年，包衣处理占供种数的35.9%。1997年起，基本实现统一供给精选加工小包装杂交水稻种子100%。

种子检验　1996年起，地区实施种子产业化工程，地、县种子公司按种子质量标准化要求，健全种子检验制度，对生产、收购、调运、销售的种子，进行田间和室内检验，凡达不到国际二级以上的种子，一律不用。2010年，全区农业部门开展“种子执法年活动”，检查两杂种子25余万公斤，对马铃薯、水稻、玉米种子开展产地检疫和调运检疫执法检查。

种子经营　1980年前，区内种子经销，由粮食供销部门代销，实行以粮换种，分别作价，等量交换，差额付款。1981年，由地区种子公司统一组织零售和批发，由地区农技站代销。由粮食部门负责种子调运。至1990年，地区种子公司经营各种农作物良种4.55万吨，盈利192.93万元。1989年、1991年，国家颁发种子管理条例和农作物种子实施细则，农作物种子调运实行归口管理；主要农作物杂交种经营实行计划管理；农作物常规种子经营，在地、县种子经营管理机构的指导下，颁发“种子经营许可证”，实行多渠道经营。2000年，全国人大颁布《中华人民共和国种子法》，2002年，贵州省人大颁布《贵州省农作物种子管理条例》，全地区逐步开放种子经营市场。2005年，区内有437家经营玉米和水稻杂交种，有168家经营小麦和油菜种子。同时，地区建立种子专业执法和综合执法相结合的执法体系，确保农户用种安全。

## 第五节　土壤　肥料　生物制剂

### 一　土壤调查与普查

土壤调查　1955~1956年，省高寒山区工作组、毕节农试站调查毕节专区土壤，初步查明土壤有黄壤等10类，并将农民对土壤的称谓进行归类，撰写成《黔西北区主要土壤类型分布及利用概况》。1958年7月，贵州省农业厅发出《关于进行土壤调查的通知》，下达调查提纲，要求各县开展土壤调查。毕节专署土地利用局主持，各县组成调查队，9月开始调查，1959年完成。1975年，贵州省农业地理调查队毕节分队调查农业地理。在收集历史资料的基础上进行补充调查后，提出毕节地区土壤分布的规律；对自然土和耕作土壤进行分类和定量，分析各类土壤的生产性能。

**土壤普查**　1979年，按照全国和省土地资源调查，土壤普查技术规程要求，地区及各县成立土壤普查办公室，组织1790人次在全地区8个县97个区镇、792个乡镇、4439个村、4.4万个村民组、32个农林牧场进行第二次土壤普查。普查登记地块26万片，挖掘土壤剖面6.95万个，采集化验土壤样品2.36万个，岩石标本212个，整段标本329块，拍照片1270张，填写统计表、绘制图件、编写文字报告812套，共2648万字。经过普查，基本查清全地区土地、土壤资源，为农业生产和生态建设提供基础材料。1986年10月，通过全国土壤普查科学技术顾问组西南组、贵州省土壤普查科学技术顾问组、贵州省土壤普查办公室验收，认定合格。是年，获农业部科技成果一等奖。

## 二　土壤类型

毕节地区第二次土壤普查，查明土壤10个土类、24个亚类、87个土属、231个土种。在231个土种中，有自然土101个，耕作土130个。在130个耕作土中，有旱作土种90个，水稻土种40个。共有3424.33万亩，占总土地面积的85%。其中，黄壤1112.97万亩，占土壤面积的32.5%；黄棕壤845.77万亩，占24.7%；棕壤76.04万亩，占2.22%；紫色土430.07万亩，占12.56%；石灰土479.82万亩，占14.01%；粗骨土312.71万亩，占9.13%；沼泽土8.3万亩，占0.24%；潮土9.09万亩，占0.27%；山地草甸土12.65万亩，占0.37%；水稻土136.91万亩，占4%。

## 三　土壤资源质量

**民国及以前的土壤肥力等级**　明清时期，有大黄泥、小黄泥、死黄泥、煤山泥、灰包土等数十种。带大字的属上等土，带小、死字的反映土壤熟化程度低，为中、下等土。明代，征粮的标准为上则（等）田亩科米2.35斗，中则田亩科米0.79斗，下则田亩科米0.54斗。按产量高低定土壤肥力等级。《大定县志》将土壤肥力分为上、次、又次和下下4个等级，列出各等级土种适宜种植的作物。民国28~30年（1939~1941），完成土地上报田赋科则，将土壤划分为三等九则（级）。亩收益4石的为一等一则，每减收0.5石，降低一则，至三等一则（第七级）为亩收1石，此后则差改为0.3石，三等二则为亩收0.7石，三等三则（第九级）亩收0.4石。

**土壤普查的肥力等级**　1979年，实施第二次土壤普查，按国家和省制定的评级标准，全地区自然土1820.87万亩，被评为四、五级的称上等，占19.6%，被评为六级的称中等，占48.8%，被评为七、八级的称下等，占31.6%。耕作土1603.46万亩，其中水稻土136.91万亩，旱作土1466.35万亩。水稻土中被评为一、二级的称上等田，占44.9%，有黄泥田、大眼泥田等13个土种；被评为三级的称中等田，占23%，有黄沙泥田、白膳泥田等级12个土种；被评为四级（部分三级）的称下等田，占32.1%，有冷浸田、锈水田等15个土种。旱作土中被评为一、二级的称上等土，占11.9%，有大黄泥土、大土泥土等12个土种；被评为三级（部分二级）的称中等土，占17.4%，有熟黄沙泥土、黄胶泥土等26个土种；被评为四、五、六级（部分三级）的称下等土，占70.7%，有死黄泥土、煤山泥土等52个土种。

## 四　土壤改良利用分区

1985年，地区土壤普查办公室，作出土壤改良利用分区。

**西部高中山、高原黄棕壤、棕壤牧林农区**　含威宁县全部和赫章县西部，土地面积8693.8平方千米，占全地区土地面积的32.4%，有效耕地432.94万亩，占全地区耕地的27.1%。分为西中部高原丘陵黄棕壤、棕壤改土培肥草粮亚区，含2个土片；西缘部高中山谷地黄棕壤、棕色粗骨土、酸性紫色土综合治理林草粮亚区，含6个土片。

**中部中中山、高中山黄壤、紫色土林农牧区**　含纳雍县全部、毕节和大方县大部，赫章县东部、织金县西南部，土地面积1.01万余平方千米，占全地区土地面积37.7%，有效耕地642.26万亩，占全地区耕地的40.2%。分为中东部中中山丘陵谷地黄壤、酸性紫色土综合治理林粮亚区，含5个土片；中西南部高中山谷地黄壤、黄棕壤改土培肥粮草亚区，含3个土片。

**东部低山、低中山、中中山黄壤、石灰土、水稻土农林牧区**　含金沙县、黔西县全部，织金县大部，毕节县、大方县东北部的少部分区乡，土地面积8039.81平方千米，占全地区土地面积的29.9%，有效耕地521.85万亩，占全地区耕地的32.7%。分东部低中山、低中山丘陵黄壤、黄色石灰土、潴育型水稻土高产培肥粮林亚区，含3个土片；东西北部中中山丘陵黄壤、黄色石灰土、酸性紫色土改土培肥粮草亚区，含4个土片。

## 五　土壤改良

**土壤改良**　20世纪50年代起，开始改良土壤，其措施是土改田、瘦改肥、坡改梯。60~70年代，开展农业学大寨，进行坡改梯，出现通过改良土壤获高产的典型。赫章县中坪公社拖街生产队，203亩耕地分布在海拔1700~2000米的瘦黄坡土，1964年前，年产粮食未超过13吨，人均不足150千克。1964年开展农业学大寨，在山顶和陡坡处植树造林，在山脚、山腰缓坡处砌石埂建梯土，在新建成的梯土上施石灰改良土壤，种植大窝苞谷。1970年产粮49吨，人均548.5千克。1975年产粮63.5吨，比1970年增29.6%。1985年全地区垦殖指数增高达46.8%，水土流失严重，上等田土的比例长期在10%左右徘徊，1985年为14.7%。1988年毕节地区建立开发扶贫、生态建设试验区，加强生态建设，按流域进行综合治理，改良土壤取得明显成效。1998年，上等田土比例上升到28.5%，中低产田土降到71.5%。

**上等田土培肥与利用**　1.上等田。培肥措施为兴修水利，保证灌溉；改进耕作栽培技术。20世纪50~70年代金沙县安底区建成水库13个，蓄水1043万立方米。80年代后期，林灌覆盖率达38.9%，生态良好。1991年3.2万亩水稻平均亩产485.3千克，上等田亩产超550千克。50~60年代，地区东部稻田，发展麦稻两熟面积较大，水旱轮作促进土壤改良。种植小麦水稻，耗费土地氮素肥料量大，不利培肥地力。油菜属平地作物，有利水稻丰收。60年代提倡小麦上山，油菜下田。到80年代基本形成油菜水稻两熟制。2005年，金沙县种植水稻16.53万亩，油稻两熟面积接近80%，平均亩产油菜籽132.9千克，水稻488.6千克。

2.上等旱作土。培肥的主要措施是改进耕作栽培技术，增种豆科作物，用地与养地相结合。80年代以来，上等土的复种指数达200%，普遍是两熟四收或五收，形成夏粮、秋粮、绿肥间套轮作。玉米地间作大豆的密度，超过过去3000~5000株，增到8000~10000株，并种有菜豆1000多株。豆科作物改良土壤结构，培肥地力作用明显。90年代，地区土肥站试验成功并推广旱地绿肥聚垄耕做法，加速土壤培肥进程。

**中低产田土改良** 1.施石灰改良。中华人民共和国成立前，农民有施石灰改良土壤的习惯。50多年来，各县把施石灰改良中低产田土作为一条主要措施推广。1956~1966年，织金县给95%的耕地作一次施石灰改良。70年代，赫章县用于改良土壤的石灰达250多万吨。

2.坡改梯改良。1985年，全地区普查土壤，查明在旱作土中，自然坡度＜5°的占20%，5°~15°占27.4%，15°~25°占31.4%，25°~35°占15.1%，＞35°占6.1%，加之林灌覆盖低，造成水土流失严重。多年来，地区一直把坡改梯作为发展农业生产的一项基础措施，坡改梯后保土、保水、保肥能力显著提高。

3.种植绿肥改良。20世纪60年代，毕节地区开始推广种植绿肥，土壤耕层的物理性状和质地得到调节和改善，有效促进粮食增产。1964年，大方县六龙公社红山大队种植绿肥8亩，1971年扩大到587亩，占耕地的34.9%。是年，全大队产粮386.5吨，比1964年增99.2%。

4.绿肥聚垄耕作改良。1988~1991年，地区土肥站试验成功旱地绿肥聚垄耕作法，以毕节县金银山为样板田，连续3年均种植1万亩左右，平均亩产超500千克，比习惯耕作法增产1倍以上。此法使地表径流变为垄沟截流，使地表水变成下渗重力水，减轻水土流失和土壤水分蒸发；改善土壤质地和结构；增厚玉米带的活土层和增加垄内土壤有机质含量。自90年代起，列为地区内、省内重点推广项目。2005年，全地区推广187.5万亩。

5.客土改良。历史上，农民有用客土法改良低产田土的经验。1953~1958年，威宁县用客土法改良25万亩。1985年，地区土肥站总结客土法改良土壤的经验，对黏土型低产田土，用阴沟泥、塘泥、岩层枯枝落叶和油沙改良；对障碍层次型的白胶泥，掺入潮沙、油沙改良；对砾质潮泥土掺入黏土改良。

6.半旱式耕作改良。1987年，地区农技站引进稻田半旱式耕作法。经试验，在冷、烂、阴、毒、薄等低产田的增产作用显著，90年代后，每年地区内推广9万亩左右。

## 六　土壤肥力监测

1988年，地区土肥站在毕节县大兰乡设置第一个土壤监测点。1996年增为9个：毕节市鸭池小灰黄泥土，大方县城关大黄泥土，黔西县城关小黄泥田，金沙县西洛乡小黄泥田和小黄黏土，织金县城关大土泥土，纳雍县雍熙大黄泥土，威宁县草海小黄灰包土，赫章县城关紫砂泥土。监测站均在海拔920~2215米之间。1988年，执行《贵州省耕地土壤肥力监测方案（试行）》。1993年起，执行《贵州省耕地土壤肥力监测技术规程》。各监测点均设置配方施肥区、常规施肥区和空白区。至1998年，土壤有机质、全氮含量均有增长，涨幅是配方施肥区大于常规施肥区，都大于对照。碱解氮、有效磷和速效钾有升有降，配方施肥区和常规施肥区升幅大，降幅小，空白区呈下降趋势。pH值变化基本稳定。1993~1997年，配方施肥区全年复合产量，从每亩489.2千克升到623.5千克，增27.4%；常规施肥区从437千克升到482.5千克，增10.4%；空白区从每亩248千克降为97.7千克，减产60.6%。

## 七　肥　料

**肥料种类**　1.农家肥。中华人民共和国成立前，农户全部施用农家肥，主要是厩肥、人粪尿、灰肥和土粪。民间积制和施用农家肥的经验为：勤垫圈、勤出粪，出圈后用稀泥密封堆积提高肥效；厩肥拌灰、粪水作玉米基肥。20世纪50年代推广高温堆肥技术，一直在生产上应用。1982年第二次土壤普查时调查施肥情况，是年，全地区施用农家肥料1065万吨，平均每亩477千克，其中厩肥占54.2%，灰肥占23.7%，粪水占13.4%，绿肥占5.6%，堆肥占1.7%，秧青占1.4%。1996~1997年，地区土肥站进行农家肥定点调查，随着养殖业发展，厩肥数量增加，每亩施农家肥1519千克，其中厩肥占71.2%，绿肥占10.2%，灰肥占11.1%，粪水占5.1%，秸秆还田占1.5%，堆肥占0.9%。

2.绿肥。中华人民共和国成立前有利用豌豆青、蚕豆青、萝卜青和树木嫩枝绿叶，压田做水稻基肥的习惯，称为秧青。1957~1959年，专区农科所引进油苕、兴义苕等16个绿肥品种试验，1963年提出产量高的晚熟种光叶紫花苕，及其栽培和留种技术。1964~1965年，各级样板田试种光叶紫花苕成功。1964~1969年，全专区年均播种绿肥1.18万亩。70年代，全地区年均播种绿肥10.05万亩。此期间引进66~25箭舌豌豆和早熟苕子试验成功，两品种均比光叶紫花苕早熟。此后，早晚熟品种配套推广，沿用至今。80年代，全地区年均播种绿肥31.35万亩，其中1989年59.29万亩。90年代，年均升为162.03万亩。2000~2005年，年均222.02万亩。1991年3月，省政府在黔西县召开绿肥及夏收作物生产现场会；1994年9月，省农业厅在威宁县召开绿肥生产现场会，推广毕节地区种植绿肥，促进农业发展的经验。

3.腐殖酸肥。1974年，国务院发出推广腐殖酸肥的通知。是年，地区及各县相继成立腐殖酸类肥料办公室，组织生产和推广腐殖酸类肥料，至1977年，共生产、推广73.12万吨。

4.化学肥料。20世纪50年代，地区内开始施用化学肥料，先是农场和科研所施用，主要施氮化肥硫酸铵。60年代前期，各级样板田主要施用氮化肥，以尿素为主；同时推广普通过磷酸钙、钙镁磷肥、磷矿粉。1965年，全地区施用化肥1.25万吨（实物量，下同）。70年代，全地区年均施用化肥5.35万吨，年均农作物播种944.25万亩，平均每亩施化肥5.7千克。氮化肥增加碳酸氢铵、氨水；开始推广钾化肥，用于烤烟生产。80年代，全地区年均施用化肥16.83万吨，平均每亩（播种面积，下同）施用17.5千克，同时推广锌、钼、硼等微量元素化肥及烤烟复混配肥。90年代，全地区年均施用化肥36.84万吨，平均每亩26.72千克，同时推广生物钾肥和水稻、玉米、小麦、马铃薯、油菜复混配肥。2005年，全地区化肥施用实物量53.84万吨，平均每亩35.1千克。2010年，全区化肥肉施用折纯量20.55万吨。

**施肥技术改进**　1986年，国家农业部将配方平衡施肥技术列为全国重点推广项目。1988~1992年，地区土肥站进行主要作物优化配方施肥试验，在各县选有代表性土种，以玉米、水稻、小麦、油菜、马铃薯为对象，每种作物各设40个试点。经试验，确定玉米等5种主要农作物的最佳施肥量及配方。1993~1996年，地区土肥站根据试验结果，试制玉米等5种主要作物的专用复合配肥，并采用目标产量法，办配方平衡施肥示范样板38个，62.55万亩。配方施肥时作物对肥料的利用率平均为42.3%，比常规施肥增18.9个百分点。玉米等4种粮食作物平均每亩增产79.9千克，新增投产比为1：10.5。配方施肥的，当年作物收获后，土壤肥力比播种时提高。1996年，国家农业部把化肥深施技术列为全国推广项目。贵州省由农机部门主持，向各县分配推广任务。黔西、大方、赫章县共推广51万亩。地区农机局从甘肃购进追肥枪700多套，在3县的47个乡镇深施55.5万亩。深施的玉米平均亩产315.6千克，比常规施肥增产10.3%。1997年大面积推广配方平衡施肥，2001~2005年，每年推广100多万亩。

**2005～2010年毕节地区化肥施用折纯量统计表**

| 指标 | 单位 | 2005 | 2006 | 2007 | 2008 | 2009 | 2010 |
|---|---|---|---|---|---|---|---|
| 化肥施用折纯量 | 吨 | 181796 | 188403 | 190227 | 193265 | 201006 | 205538 |
| 氮肥 | 吨 | 105653 | 110156 | 111227 | 112743 | 113738 | 116226 |
| 磷肥 | 吨 | 19329 | 19625 | 19580 | 19702 | 20453 | 20991 |
| 钾肥 | 吨 | 8487 | 9082 | 9249 | 10067 | 12677 | 13623 |
| 复合肥 | 吨 | 48327 | 49540 | 50171 | 50753 | 54138 | 54698 |

## 八　植物生长调节剂和生物制剂推广

**“九二〇”**　又名赤霉素。1969年，毕节地区引进土法生产技术，农技单位生产，广泛用于二季马铃薯种薯催芽，70年代用于杂交水稻制种。

**细胞分裂素**　又名菌肥。1971年，毕节地区引进5406细胞分裂素生产技术，用土法生产。在有泥炭资源的威宁、毕节县生产较多。用于玉米、水稻、马铃薯，增产3.4%~17.8%。

**光呼吸制剂**　1986年，地区农技站引进亚硫酸氢钠，在水稻、小麦、油菜、大豆、茄果类蔬菜等三碳作物上应用，效果显著。每亩施用20克，价0.3元，投产比1：50以上。

**稀土常乐益植素**　1988年，地区烟办引进在烤烟上喷施。至1991年，共施用22.65万亩，增产1885吨，上等烟提高8.9%，均价提高15.4%，平均每亩增值44.7元，投产比1：20.3。

**喷施宝**　1990年，地区植保站引进，在全地区内施用8.38万亩。水稻增产7%，玉米增产

12%，马铃薯增产8.9%。

**水果保鲜膜剂** 1992年，地区科技情报所引进京2B二号水果保鲜膜剂，用于苹果、梨、椪柑、橙子保鲜贮藏。至1994年，共处理230.7吨，苹果、橙子贮藏120天，柑贮藏90天，梨贮藏60天后，效果显著。已在果区推广。

**玉米健壮素** 1990~1997年，地区农技站在威宁、黔西、大方县，施用玉米健壮素8208亩，平均每亩413.9千克，比对照增10.7%。在高密度玉米地施用，效果尤佳。

**多效唑** 1994~1996年，地区农技站引进，喷施套马铃薯490亩，植株高度降低27.8厘米，亩产增9.9%。1997年推广1万亩。

**丰收乐** 1996年，金沙县引进，喷施水稻，增产9%左右。

**水稻移栽灵混剂** 1996~1998年，地区科技情报所引进施用于水稻旱育秧，提高秧苗素质的作用明显。示范1.27万亩，增产8%。

## 第六节 植物保护

### 一 农作物病虫害及防治

**民国及其前的农作物病虫害防治** 民国及其前，有记载的作物病虫害有：乾隆五十八年（1793），威宁麦苗臭。光绪四年（1878）九月，毕节虫食稼。光绪十三年（1887）五月，平远州虫食稼，歉收。民国12年（1923）7月，威宁虫食稼。民国32年（1943）夏末秋初，织金县瑞雪，桂果等9乡镇连片暴发蝗虫为害，成灾2.6万亩，严重者水稻无收。是年，金沙县发生黏虫、稻螟虫、玉米螟，受灾3.96万亩，减产7~9成。民国33年（1944），黔西县农推所调查县内作物病虫害，发现有稻包虫、螟虫、地老虎等14种虫害；小麦腥黑穗病、水稻立枯病等8种病害。金沙县虫灾造成作物大幅减产。民国38年（1949）夏，《黔西县农作物调查》记载，全县发生地老虎、象鼻虫、浮尘子、蚜虫、锈病、黑穗病等危害，损失玉米7.5吨，大豆20吨、小麦15吨、水稻125吨、蔬菜2.5吨。各县有用土农药防治作物病虫害的经验。用桐油石灰拌玉米种，防地下害虫、雀鸟、野兽；用马桑叶、麻柳叶拌玉米种，防地下害虫、雀鸟、野兽；用马桑叶、麻柳叶拌厩肥包粪栽秧，防治水稻食根金花虫；石灰水浸种、淘种，防治麦类黑穗病；用耗子头、苦檀子、断肠草混合煎熬3~4小时，冷却后浸玉米种1~2天防地下害虫；用马桑叶、苦辣子、乌头根、烟叶等晒干磨成粉末撒施，防治水稻负泥虫；用大蒜或苦蒜、马桑叶、黄芩根捣烂按1∶30兑水，喷施防治马铃薯晚疫病。

**中华人民共和国成立后农作物病虫害防治** 20世纪50年代，农作物年均病虫害面积27.01万亩，成灾24.02万亩，分别占农作物播种面积3.6%和3.2%。1952年，国家农业部提出防重于治的方针。全专区大力宣传普及植保知识，推广预防措施。农作物发生虫害病害，用人工捕捉、拔除病株及用土农药防治。后期，推广化学农药六六六、DDT、乐果、赛力散等；同时推广喷粉器、喷雾器等药械。1959年，全专区发生病虫害113.41万亩，防治84.32万亩，占发生面积的74.3%，成灾面积15.61万亩，占发生面积的13.8%。60年代，全地区年均发生病虫灾害37.32万亩，成灾25.36万亩，占农作物播种面积的3.1%和2.9%。这期间，贯彻以防为主、防重于治的方针，采取化学保护与综合性农业技术措施相结合的防治技术防治农作物病虫害。1964年兴办各级样板田，使病虫防治技术得到较好推广，并有所发展。中共毕节地委在头步桥、海子街样板田研究水稻食根金花虫和恶苗病防治技术成功，在地区内推广。70年代，全区年均发生病虫害22.79万亩，成灾13.59万亩，占农作物播种面积的2.4%和1.5%。其中1976年受灾103.95万亩，成灾63.59%。是年，发生黏虫病害36.01万亩，绝收7.05万亩。这期间，地区和各县开展病虫预测预报工作，开始引进高效、低毒、低残留农药托布津、氨基甲酸酯类、菊酯等防治虫害，减少六六六等有机氯农药的使用，减轻污染。80年代，全地区年均发生病虫害531.09万亩，防治238.48万亩，占发生面积的53.4%，挽回粮食损失2.58万吨。年均受灾50.39万亩，成灾27.01万亩，占农作物播种面积的5.1%和2.7%。这期间，灭鼠工作提上植保工作日程，病虫害防治从粮食作物、经济作物发展到果树、蔬菜和牧草，继续引进新农药，在全地区建立植保网点1190个，每点培训1~2名不脱产农民植保员。1985~1989年，植保点出售农药133.8吨，出租喷雾器和喷粉器11.33万台次，指导农民防治病虫害484.23万亩，挽回粮食损失6.52万吨、烟叶2562吨。90年代，全地区年均病虫灾害39.33万亩，成灾24.68万亩，占农作物播种面积的2.8%和1.8%。1990年起，一些乡村以植保网点为基础建立起植物医院，开方抓药，服务上门。1994年有乡植物医院129个，村植物医院41个。是年，全地区发生病虫害853.21万亩，防治613.22万亩，占71.9%，成灾10.84万亩，占发生面积的1.3%。2002~2005年，全地区年均发生病虫灾害725.05万亩，防治494.61万亩，占发生面积的68.2%，挽回粮食损失15.62万吨。此期间，地区植保植检站完成的水稻主要病虫害综合防治技术等6项成果获科技进步和农业丰收奖，其中参与完成贵州省有害生物发生分布与防治治理研究，获省科技进步二等奖。2010年，推广病虫害综合防治800万亩。

## 二　农作物病虫害及天敌资源

**农作物病虫害种类**　1.主要粮食作物病虫害。1955~1957年，省高寒山区工作组、毕节农试站、专署农业科植保组调查毕节主要粮食作物病虫害。发现水稻病虫害有大螟、稻曲病等8种，螟虫为害较重；玉米病虫害有黏虫、绞枯病等10种，以丝黑穗病为害较重；小麦病虫害有麦蜘蛛、锈病等7种，以麦蚜、腥黑穗病为害较重；马铃薯病害为晚疫病，发病率高。60年代新增水稻恶苗病、立枯病，70年代发现水稻细菌性条斑病、水稻尺蛾幼虫、雷火虫，高粱秆蝇。原有水稻稻瘟病发展为主要病害。1986年，赫章县植保站发现马铃薯癌肿病。1996年毕节市植保站发现水稻干尖线虫病。

2.主要经济作物病虫害。油菜病虫害有潜叶蛾、霜霉病等6种，为害较轻。50年代发现烤烟病虫害有炭疽病、地老虎等4种，以炭疽病为害较重。1975年地区农科所调查发现烟芽、花叶病等5种，以烟青虫为害较重。1985年，地区烤烟科研协作组调查发现蛙眼病、猝倒病等6种，为害较重的有地老虎、潜叶蛾、蛀茎蛾等虫害。1992~1996年，毕节烟草分公司调查发现，共有64种，分危险性害虫，有烟芽、烟青虫等12种；偶发性害虫，有烟盲蝽、烟潜叶蛾等9种；次要害虫，有中华草螽等43种。1981年地区农技站调查，发现茶叶病虫害有茶毛虫、小绿叶蝉、赤星病。

3.主要蔬菜果树病虫害。1981~1982年，毕节县城关镇农技站调查，为害十字花蔬菜的病虫害有霜霉病、菜青虫等10种；为害茄果类的有晚疫病、小地老虎等9种；为害瓜类的有白粉病、瓜蚜等5种，为害豆类的有枯萎病、豆荚螟、角斑病；为害葱蒜类的枯叶病、韭螟等4种。1984~1986年，地区农科所调查，苹果病虫害有55种，腐烂病、早期落叶病、梨眼天牛为害严重；梨有病虫害17种，黑腥病、象甲、大食心虫、小食心虫、食蜂为害严重；柑橘病虫害61种，潜叶蛾、瘤壁虱、六点黄蜘蛛为害严重。

**害虫天敌资源** 1979年，地区植保站普查纳雍县害虫天敌资源，发现纳雍县农作物害虫天敌资源有2纲、4目、11亚科、9属、33种。其中，寄生性优势天敌有广黑点瘤姬蜂、红斑束领姬蜂等11种，捕食性天敌有黑斑蛙等4种。1978~1982年，地区农科所调查全地区黏虫天敌，有寄生性天敌黑卵蜂等22种。1992~1996年，毕节烟草分公司调查全地区烟草害虫天敌，计有10目、27科、65种。其中蚜茧蜂、环斑猛猎蝽、草间小黑蛛等对烟蚜有很大的抑制作用；棉铃虫唇姬蜂是烟青虫的重要寄生性天敌，常年对烟青虫的寄生率在20%~30%之间，较早移栽的烤烟，可以充分发挥棉铃虫唇姬蜂对烟青虫的自然控制。

## 三 主要虫害防治

**黏虫防治** 黏虫，俗名天马、行军虫，是粮食作物和禾本科牧草的主要害虫。由于粘蛾的适飞习性，有的年份有的地方黏虫害呈爆发性发生。1950~2005年，大发生黏虫害15次。每次发生，成片作物叶片和杂草被吃光，多达数千亩，严重的颗粒无收。1956~1982年，地区农科所与地县植保站，系统研究黏虫的种群、生活史、各虫代历期，越冬习性、大发生代黏虫迁飞规律、黏虫害预测预报技术、防治技术等。研究发现，有黏虫15种，以“leucania scparta walker”黏虫为主，占总蛾量的68%~79%，次为劳氏黏虫。在毕节全年可发生4个世代，以第二代为大发生世代。以三龄幼虫为害严重。大发生代虫源既有本地一代黏蛾，又有外地迁入黏蛾，以迁入蛾为主，源于毕节东南方向的低海拔地带。研究提出历期法作为黏虫发生期的预测预报技术，为省内采用；提出推广糖液、大草把、黑光灯诱蛾，消灭成虫于孵化之前；推广小草把诱卵，消灭卵块于孵化之前；采用药剂早期防治，消灭幼虫于三龄之前的防治技术；还研究提出以每亩2.1万~4.2万头为水稻的防治指标，已应用于生产。历年黏虫严重发生的威宁县保家公社，1965年6月17日~7月4日，设糖钵257个，诱杀蛾5.1余万头。1975年，毕节县金银山公社在5200亩耕地上插草把37.5万把，其中陈家寨生产队的79.5亩耕地，平均每亩诱卵2372块。

**大螟防治** 1958~1965年，专区农科所通过田间调查和室内饲育，明确大螟每年在毕节发生2~3代，第一代幼虫为害玉米，第二代幼虫为害水稻，大部分幼虫越冬，少部分化蛹并羽化为成虫，发生第三代，冬季取食麦苗。1~3月的气温和降水量影响大螟的发育速度和越冬死亡率，可作预测大螟发生量的依据。大螟产卵于玉米叶鞘内侧，不易发现。经深入研究，认定大螟有趋玉米5~7叶幼苗产卵的特性，玉米8~10叶时为卵集中孵化期。采用六六六颗粒剂，在玉米8叶期前后两次施入心叶内，防治效果显著。以叶片数作指标，为挑治提供条件。此项测报技术和防治技术，在省内推广。80年代初，国家禁止使用六六六农药，改用辛硫磷或甲胺磷防治效果仍显著。

**柑橘叶螨防治** 1988~1995年，地区农科所调查毕节县赤水河谷地带柑橘害虫和无敌，在清水镇南关村橙满园村民组定点5年，研究明确当地柑橘主要虫害红蜘蛛、黄蜘蛛、矢尖蚧的生活习性、消长规律及其与气候因素的关系。从中国农科院柑橘研究所引进主要天敌尼氏钝绥螨，在农科所进行人工饲养繁殖，成螨率79%~93%，月增殖螨群150倍左右。3年两次在南关村释放尼氏钝绥螨10万头，面积10亩。释放天敌昆虫后，加强橘园的农田生态建设，在柑橘内间作花生、豆类、绿肥、萝卜，在四周及空地种蓖麻、苏麻等天敌昆虫的桥梁宿主作物，增加天敌昆虫的食源（花粉），又改良土壤，培肥地力。同时加强橘树的修剪，增强树势。改普治为挑治，减少农药用量。经过几年建设，尼氏钝绥螨成为强大种群，害螨由开始时的每叶60.4头下降为每叶不到5头。柑橘产量增加，果实质量提高。1991~1993年综合防治园平均亩产柑橘752.8千克，比前3年平均亩产增34.4%。到1995年，尼氏钝绥螨已扩散到4000亩，当地橘园害螨得到有效控制。

**烤烟害虫研治** 1.烟草蛀茎蛾发生规律及防治技术。20世纪80年代地区内蛀茎蛾严重危害烟叶生长。1986年发生34.95万亩，占烤烟种植面积的42.1%。1987~1989年，地区植保站研究蛀茎蛾病害。经调查和室内饲养认定：蛀茎蛾在区内海拔1900米以上未见分布，海拔1300米以下为害严重。一年发生4代，第四代幼虫和部分蛹在烟秆内越冬，次年第一代幼虫在烤烟生根期为害，为关键防治期。防治以清洁烟地、处理烟秆、消灭越冬幼虫为主；对第一代幼虫，用水胺硫磷药剂防治，示范4000多亩，效果为71.4%~82.8%。推广后，其为害率降到5%以下。

2.烟蚜消长规律及防治技术。1992~1994年，地区烟草分公司进行研究。认定烟蚜在烟苗移栽初期，迁飞入烟地。其天敌蚜茧蜂、异色瓢虫、草哈寄生率10%，蚜群总量不多。烤烟旺长后期，天敌作用甚微，形成烟蚜高峰，平均单株蚜量威宁55.2头、织金36.4头、金沙65.7头。蚜虫为害烤烟的防治指标为单株20头。蚜虫喜聚集在幼嫩叶片为害，打顶抹芽除去幼嫩叶片，促进烟叶表面组织老化，能抑制蚜虫。蚜群分化出大量有翅蚜飞出烟地。防治蚜虫的药剂，效果在90%以上的有5%烟蚜净等。

3.地老虎在烤烟地的发生消长规律及防治。1993~1995年，地区烟草分公司进行调查和室内饲养观察。据研究，地老虎一年发生5代，第二代幼虫为害假植烟草或部分移栽苗；第三代幼虫为害晚烟及部分团棵期烟株。不同前茬的烟地，烟株受害率为绿肥地＞小麦地＞油菜地＞大蒜地＞冬闲地，烤烟的前作，80%以上是绿肥地和小麦地。地老虎的防治指标为缺株率5%。研究分别提出防治小地老虎和大地老虎混合群技术应用于生产。

4.烟青虫发生消长规律及防治。1992~1995年，地区烟草分公司采用调查和饲养相结合的方法进行研究。研究发现烟青虫一年发生4~5代，以二、三代幼虫为害团棵期至现蕾期烟叶。海拔1500米左右地方，虫口高峰期在6月11~16日，海拔1800米以上的地方，推迟1月左右。烟青虫为害程度，早烟＜中烟＜晚烟。三~四龄幼虫取食量大，以防治第二代二龄幼虫为最好。防治指标为有虫株率15%以万灵1000~1200倍液喷施。

**其他害虫防治**　1.水稻食根叶甲防治。1964年，中共毕节地委在海子街、头步桥样板田中的一些烂泥田发生水稻食根叶甲，虫口密度为每亩20多万头。经调查，此虫在耕层深处越冬，温度升高后，爬到表土层咬食秧根，造成缺窝和三类苗。经试验，栽秧犁田时每亩施六六六粉4千克，栽秧前施磷肥30~40千克，每窝多栽1~2片，效果显著，曾在各级样板田推广。

2.高果秆蝇防治。1972年，推广杂交高粱，发生高粱秆蝇危害，严重地块枯心苗达30%~50%。1974年，地区农科所进行研究，此虫一年发生5~6代，5月中旬~7月中旬，第一、二、三代幼虫均为害高粱。针对其发生规律及生活习性，提出防治技术，效果较好。

3.麦田蚜虫与天敌调查。1978~1980年，地区植保站调查发现，小麦蚜虫主要是长管蚜，次为麦二义蚜。麦地蚜早寄生性天敌有广间小蜂等14种，捕食性天敌有异色瓢虫等15种。经饲育观察发现麦长管蚜繁殖速度快，世代短；异色瓢虫寿命长，捕食量大。据此提出对蚜虫不宜施用农药，加强保护天敌。

4.粉歪鳃金龟子发生规律及防治。1996~1998年，金沙县桃园、民主等乡的旱地作物玉米、烟草、辣椒等受金龟子幼虫（蛴螬）为害。省农学院植保系研究确认：粉歪鳃金龟子在金沙一年发生1代，以二、三龄幼虫为害较重，且有转移为害的习性。提出以50%辛硫磷25克加水2000倍灌根，同时喷射行间、株间，防治效果84%。

## 四　主要病害防治

**玉米丝黑穗病防治**　玉米丝黑穗病是区内玉米的主要病害之一。据地区植保站调查，一般发生年份，全地区因黑穗病损失玉米7500吨左右。农民防治的主要方法是砍出病株。1958~1992年，地区农科所5次研究有关玉米丝黑穗病，进行玉米丝黑穗病浸染试验，确认以土壤浸染为主，次为肥料传病。调查玉米丝黑穗病与播种期关系，发现发病率随播期后延而降低，以清明前后播种为好。先后筛选出20%萎锈灵、0.5%托布津、25%粉锈灵等药剂拌种，防治效果82%~93%，在大面积上推广。鉴定玉米种质资源抗丝黑穗病，从1041份玉米资源中，鉴定出37份抗原材料，分离育成26个高抗玉米丝黑穗病的玉米自交系，利用这些自交育成毕单3号等一批抗玉米丝黑穗病的杂交种，应用于生产。同时为国家提供680份玉米资源的抗病性数据。

**麦类黑穗病防治**　麦类黑穗病有小麦腥穗病和散黑穗病，燕麦散黑穗病和坚黑穗病，大麦坚黑穗病，通称灰包。1957~1958年，专署农业科植保组调查，发病株率在5%~40%之间。1961~1965年，专区农科所研究小麦腥黑穗病，认定侵染途径主要是种子带菌；采用1%~5%石灰水浸1~4天或用0.3%赛力散拌种，防治效果均好，对麦类黑穗病均有效。1964年，在各级样板田普及，后在大面积上推广，全地区麦类黑穗病的发病率降到5%以下。80年代后，区内植保工作机构采取麦类黑穗病挑治办法防治，收效显著。

**玉米大斑病、小斑病防治**　玉米大斑病又名煤纹病、条斑病，玉米小斑病又名点斑病、叶斑病，为20世纪70年代后玉米主要病害。1977~1990年，地区农科所参加中国农科院主持的玉米种质资源抗病性鉴定项目。14年鉴定1050份材料，鉴定出高抗大斑病材料66份，高抗小斑病47份，同时鉴定出高抗大、小斑病的自交系18个。对高抗的玉米资源已开展分离提纯育成新自交系，并进一步育成推广抗大、小斑病杂交种。

**稻瘟病防治** 20世纪70年代，水稻稻瘟病发病率上升，1976年为大发生年，以叶稻瘟和穗颈稻瘟为主。病源菌主要来自病草和带病种子。1975~1982年，地区农科所鉴定1024份抗稻瘟病水稻品种资源，筛选出高抗品种26个，其中京引48、70–42、南粳7号等在生产上推广。1995~1997年，地区植保站研究稻瘟防治技术，提出“抗、压、治”综合防治措施，在大面积上推广，效果显著。1996~1998年，贵州学院植保系与金沙县农业局，在金沙县西洛乡研究稻瘟病，研究发现金沙县有稻瘟病生理小种8个群43个生理小种，占1998年全国稻瘟病生理小种85个的50.6%。通过接种鉴定，确认岗优22为中抗品种，香优、中国香稻为高抗品种。筛选出20%三环唑等农药，防治效果达86.3%~89.6%。

**马铃薯癌肿病防治** 1986年，赫章县、威宁县同时发现马铃薯癌肿病，严重地块绝收。1988~1995年，地区科委立项，将马铃薯癌肿病防治列为重点项目，地区植保站主持，先后进行马铃薯癌肿病疫区普查、流行规律研究、抗病品种鉴定、防治药剂筛选。确认马铃薯癌肿病侵染以土壤带菌为主，带菌肥料亦可侵染，鉴定出抗癌肿病品种威芋3号、毕抗01、毕抗02；筛选出粉锈灵1000倍液浸种2.5小时的防治方法。90年代末，已控制此病流行。

**其他品害防治** 1.小麦锈病防治。20世纪50~70年代，小麦叶锈、条锈、秆锈三种病的盛发期，小麦已进入乳熟或黄熟期，对产量基本无影响。80年代后，叶锈、条锈盛发期出现提前趋势。1997年，全地区小麦条锈大发生，为害面积占播种面积的40%，地区植保站采用95%敌锈200倍液，加药剂总量0.1%的洗衣粉喷雾防治，效果显著，在大面积上应用。

2.水稻恶苗病防治。1964~1965年，中共毕节地委在海子街样板田采用0.3%赛力散液浸种1~2天，秧田期和本田期发病率降到1%以下。1996年5月，黔西县2.6万多户农民种植杂稻V优77，大面积出现恶苗病，严重的全田倒苗枯死。经贵州农学院植保系研究，认定发病原因是制种时施用“九二〇”超量所致。

3.小麦白粉病防治。1992~1996年，地区农科所鉴定2500份小麦，明确小麦主栽品种毒性频率在28%~57%之间，对白粉病表现为中抗~中染；鉴定出高抗~免疫，毒性频率低于10%的抗原材料18个，白粉病生理小种11个。

4.水稻干尖线虫病防治。1996年，贵州农学院、毕节县农业局，在毕节市海子街发现贵州省首例水稻干尖线虫病。1997~1998年研究认定，干尖线虫主要潜伏在谷粒的颖壳和米粒之间越冬，播种带病的种子，线虫侵入幼苗为害。选用无病种子为最好的防治方法，或用40%杀线酯500倍液浸种24小时。

## 五　草害防治

1982~1984年，地区植保站调查农田杂草，发现全地区农田杂草有禾本科等61科、马兰等

320种。杂草为害，每年损失产量11.3%~14.8%。传统的防治法是中耕除草。1965年，黔西县金碧公社等地试用敌稗，稻田杀稗率90%。1975年，地区植保站、农科所，进行化学除草试验。试验证明，稻田施7%杀草丹可湿性粉剂和2%草枯醚乳剂，均不中耕，除草效果为85.5%、97%；施用落虫田还可防治水稻食根叶甲。玉米地用25%除草醚或25%敌草降，油菜地、烤烟地用5%绿麦隆或50%利谷隆，小麦地用24-D类除草剂等防治效果80%以上。试验还提出各类化学除草剂的施用方法。1977~1981年，全区推广化学除草8万多亩。

## 六　鼠害防治

1985~1990年，地区及各县植保站调查鉴定鼠害，认定有鼠种29种，黄胸鼠、褐家鼠为家鼠优势种，黑线姬鼠、高山姬鼠为野鼠优势种。草海周围的高白腹鼠和昭通绒鼠为贵州省新发现鼠种。1985年，地区植保站筛选确定杀鼠醚、杀鼠灵为大面积灭鼠主要药剂，采用鼠迹法、鼠夹法和食饵法等技术对鼠情进行监测，确定灭鼠区域。1994年，全地区多数地方采用第二代抗凝血灭鼠药溴敌隆。90年代后，多数年份防治鼠害为数十万亩。1996年，全地区发生鼠害165.31万亩，防治100.97万亩，挽回粮食损失1.24万吨。至1998年，全区城乡灭鼠762万只。

## 七　病虫预报和植物检疫

**预测预报**　1956年，毕节农试站发出黏虫虫情简报，为第一次虫情预报。50~70年代，地区植保站和农科所均不定期发出虫情和病情简报，测报黏虫、地老虎、大螟、玉米丝黑穗病、麦类黑穗病等。1979年建立毕节地区作物病虫测报站。80年代起，贯彻测报与防治相结合，专业测报与群众性测报相结合的方针，全地区建立23个病虫测报点，按分工开展测报。地区主要测报黏虫、小地老虎、稻瘟病，毕节、大方、威宁参与测报黏虫，毕节、金沙参与测报稻瘟病，金沙侧重测报稻秆蝇，威宁测报金龟子，大方测报螟虫。地区及毕节、威宁、金沙县参加全省黏虫联合测报协作组。纳雍县测报过水稻胡麻叶斑病和玉米丝黑穗病，黔西县测报过水稻稻纵卷叶螟和二化螟，赫章县测报过马铃薯癌肿病。地区烟草分公司不定期发出地老虎和烟青虫简报；地区气象局根据气候资料测报过黏虫。病虫测报对象时有增补。90年代起，增加中长期预报，短期预报准确率达90%以上。2004年，地区植保植检站被评为全国病虫害预报先进集体。

**植物检疫**　20世纪50年代，区内始有植物检疫，其内容为：及时查清发现检疫对象及分布，采取对策；对运入的粮食和种子、苗木进行检疫；对运出的种子进行检疫，出具证明；市场检疫。1957年，专署农业科植保组调查发现有玉米干腐病、马铃薯块茎蛾、柑橘壁虱、柑橘大实蝇、棉花红铃虫、咖啡象虫6种检疫对象。1975年，地区农科所在黔西县良种场种植的扬麦1号和141两品种中，发现毒麦，混杂率1%~2%，全部拔出烧毁。1986年，赫章县发现马铃薯癌肿病，地区植检站组织普查全地区，查清疫区，对疫区马铃薯实行封锁；对非疫区调出的种薯也严格检疫。80年代，查出马铃薯环腐病、水稻白叶枯病、豌豆象。1990年，抽调49名检疫人员，到湛江口岸，对联合国援助纳雍、织金县3356项目的小麦进行检疫，发现有检疫对象假高粱种子，当即销毁。1995年，全地区调检烟叶1.03万吨、粮食110吨、蔬菜1280吨、种子21.7吨、茶叶14.6吨；进行产地检疫，检各种树苗180万株。90年代以来，地、县植检单位年均开出检疫证明150份以上。

## 第七节　农业农技推广

### 一　教　育

**中等专业教育**　1.毕节农校。其前身为毕节农业合作干部学校，1956年创办。校址在毕节县流仓办事处碧玉村，占地130多亩，1958年8月改建为毕节农校。1998年以前，主要从事农业中专教育。2003年，设有农学、植保、经作、经林、农经、农畜产品加工、计算机、牧医专业；西南农业大学、贵州大学、贵州电大函授站；农综、土管、会计电算化、行政管理、农技、林学、牧医、小教8个成人职教大专专业；附属完中；绿丰农牧开发有限责任公司。在校学生1305人，教职工150人，其中高级讲师16人、讲师33人。学校总建筑面积2.68万平方米，有专业实验室22个，多媒体教室3个，校园教学网2个，电化教学教室23个，校内外实习基地13个，图书室藏书4.52万册，多功能运动场8975平方米。国家农业部将毕节农校定为B等二类学校；国家信息产业部授予IT执业技术资格认证培训考试资格，开展办公自动化、网络应用、平面设计的培训考试认证。自建校到今，共培养各类农牧林技术及管理人才8000多人，教师自编或参与编写农业科技专著28本，撰写论文300多篇。

2.毕节地区农业广播电视学校。1980年开办。先后设置农学、牧医、农经、农畜产品加工、机电、市场营销、会计统计、蚕桑、果树、乡村管理10个中专专业；地区农广校本部、毕节市、金沙县分校开办大学专科自考助学班，各专业学制均为3年。课程设置执行中央农广校教学大纲和教学计划。生员主要招收初中或具有相当于初中文化程度的农村基层干部、县乡农牧系统在职人员、农村科技示范户、回乡知识青年。授课形式：基础课由所在地分校邀请有关学科老师开课面授；统开课程由中央农业广播学校聘请主讲教师录音、录像授课，通过电台播出或播放音像教材进行教学。至2005年，累计获中专和大专毕业文凭学员1636人，获专业证书学员3170多人。

**农业干部培训**　1.农业合作社干部及人民公社干部培训。1956年，建立毕节农业合作干部学校，设置农业社经营管理、会计、作物栽培和畜牧兽医专业。1957年3月~1958年6月，办4期，每期3月，共培训农业社干部1475人。1959年在毕节农校内开设3个月短期培训班，培训公社干部1475人。1959年在毕节农校内开设3个月短期培训班，培训公社干部60余人；开设3年制生产能手班，培养公社后备干部50多人。1963~1964年，开办农业会计培训班，办4期，培训公社会计人员419人。

2.农业行政干部培训。20世纪80年代，国家农业部和省农业厅委托西南农学院、西北农学院和贵州农学院、贵州省农干校共培训地区及各县农业工作部门、各县委、县政府分管农业工作的领导干部51名；地委组织部和地区农牧渔业局，在毕节农校开办两期培训班，培训县、区分管农业的干部88人。1997年，由日本知名人士神内出资，地委组织部、地区农办、农业局主持，在毕节农校举办三个月“神内持续农业技术培训班”，共培训各乡镇分管农业的党委副书记、副乡镇长及农技站、畜牧兽医站站长322人。2003~2005年，地区及各县扶贫办举办贫困地区干部培训班488期，共培训3.63万人次。

3.农业技术干部培训。20世纪60年代以来，毕节地区结合各项农业新技术的引进和推广，选派农技干部到省内外接受培训；选送技术干部到省内外农业院校进修；结合地区农业资源开发利用，邀请有关专家来毕节进行学术报告、专题讲座。有400多人到省内外接受培训和进修，2000多人次听学术报告和讲座。

农民技术培训　20世纪50年代，地区农业部门结合推广新技术、新品种、办试验示范点，对农民进行技术培训。60年代，组织农民大办样板田，参与科学实验，开展各种农作物高产竞赛，涌现一批农民技术骨干。1966年，中共毕节地委在海子街、头步桥样板田试验中涌现出的40多位农民技术骨干被外地聘为种植粳稻的辅导员。70年代，全地区有6.3万多农民是公社农科站、大队、生产队农科组的技术骨干。80年代，毕节地区贯彻执行国务院科技兴农方针，加大对农民科学技术培训力度。近20年间，一是坚持多渠道培训农民：地区及各县农口各单位把对农民进行技术培训作为重要工作，2001~2005年，全地区农办、扶贫办投入培训资金3180多万元，培训农民525.22万人次；地区及各县组织、科技、教育、烟草、乡镇企业、供销、科协、共青团、妇联、政协等涉农支农部门都结合本部门工作，开展农民培训。二是开展多层次培训：除地县涉农支农部门外，乡镇和村民委员会都组织培训。1992~1995年威宁县中水镇，举办培训班34期，培训农民4438人，与农广校配合，开办园艺中专班，培训学员50人。三是在农村实施项目带培训：结合实施农业综合开发、星火计划和科学计划、丰收计划、农业实用技术推广等项目进行培训，1996~1998年，实施毕节地区百万亩粮食高产综合配套技术研究与应用，培训农民88.75万人次，9.15万人成为技术二转手，80%以上农民学会实用技术一项以上。四是对农民进行文化技术素质培训。全地区教育部门以实施燎原计划方式，举办农民文化技术学校1000多所，结业20多万人。2004~2005年，地区及各县农业办公室开展农村劳动力转移培训，培训1.36万人，转移输出贫困劳动力1.1万人。至2005年，全地区有9万多农民获农民技术资格证书，2.93万人获农民技术职称，14.28万农户成为科技示范户。

## 二　科学研究

农业科研　1950年2月，贵州省第四行政区农场改建为毕节专区农场，1956年2月改建为贵州省毕节农业试验站。1955年，贵州省农业厅、西南农业科学研究所、贵州省综合农业试验站组成高寒山区工作组，来毕节协助建立毕节农试站。1956年就调查中发现的一些问题开始田间试验，写出总结17篇，计30万字。两年调查和试验，为本地区农业科研奠定基础。1959年秋，专区举办建国10周年农业成就展，评选出专署农科所44个优良农作物品种等5项成果参展。1958~1962年，各县建立农科所。这期间，专署农科所承担国家和省组织的小麦等作物的区域试验，与各县农科所、农场组成地区内各项作物区域试验网，加速作物品种的鉴定。1962年，毕节专区组织农科人员学习，贯彻“出成果、出人才，为当地当前生产服务”的科研工作方针，建立正常科研秩序。专区农科所引进鉴定出西农175粳、玉米北京马牙、小麦阿夫、油菜325等一批优良品种应用于生产。进行耕作制度和综合栽培技术研究，粳稻亩产大面积550多千克以上、小面积772千克，玉米亩产大面积400千克以上、小面积612.2千克，小麦亩产大面积300千克以上、小面积391.1千克，油菜亩产大面积150千克以上、小面积245.5千克。专区农科所，1956年有科技人员5名，1965年增加到43名。1966年，“文化大革命”开始，农业科研受到严重冲击。地区农科所的科研专业组被撤销，农科人员到所内各生产队参加劳动，科研活动一度停滞；1971年恢复专业组，科技人员与四级农科网结合进行试验示范和推广。是年，地区农科调查全地区农业生产、耕作制度及粮食平均亩产超过《农业发展纲要》社队的经验，认定发展间套轮作，提高复种指数，是发展毕节地区农业生产的必由之路。同时修改本所玉米、粳稻、小麦等作物育种目标。1975年，成立毕节地区马铃薯科研协作组，进行马铃薯玉米套作研究，解决推广马铃薯中存在的问题。1978年，毕节地区种植业有14项成果获省科学大会奖，毕麦5号选育获国家科学大会奖。

1978年，中共毕节地委、毕节地区革命委员会贯彻国家和省科学大会精神，作出整顿、充实现有科研所决定。一是增加科研人员。1978年地区农科所有科技人员36名，2005年增加到107名。二是改善科研设备。至2005年普遍使用计算器、微机计算。土壤肥料分析，由简单速测到可进行多元素定性定量分析。已能进行烟叶品质的一般分析化验和谷物蛋白质、淀粉、脂肪测定。三是采取协作研究方式实施重大科研项目。1979年成立玉米科研协作组；1982年成立大豆科研协作组；1984年成立烤烟品质攻关协作组；1990年成立马铃薯癌肿病防治研究协作组。四是农业实用技术研究由单项向综合发展。玉米自交系选育，育成一批骨干自交系，《自交系449选育》，1993年获省科技进步二等奖，《自交系441》，获1992年地区科技进步一等奖。1980~2005年，育成玉米杂交种39个、粳稻品种7个、小麦品种7个、马铃薯品种7个、大豆品种1个。

1985~1989年，地区烤烟品质攻关协作组，研究认定区内烟叶叶色以正黄、金黄为主，其次为淡黄、深黄，有少量橘黄；香气以中间香型为代表，有一定比例的中偏清香型、中偏浓香型、浓香型和清香型，并查明其地域分布，探明烟叶质量与海拔高度、热量、降水量、地形、土壤质地和种类、土壤肥力等生态条件，以及与品种和栽培技术的关系，为建立各类型烟叶生产基地提供科学依据。地区农技站完成《黔西北旱地耕作技术研究与推广》项目，形成地区内较为完整的旱地农业耕作技术体系，1993年获省科技星火二等奖。1996~1998年，贵大农学院与毕节地区农业局完成《毕节地区百万亩粮食高产综合配套技术研究与应用》，1999~2000年完成《玉米100万亩高产技术应用与研究》，同时开展20多个专题研究，提供技术储备。1999年、2001年，分别获省科技进步二等奖。1978~2005年，全地区种植业获地区级、省部级、国家级科学大会奖、科技进步奖、科技星火奖共303项，占获奖总数的35.1%。

1981~1983年，贵州省政府拨出专款，设置农业技术改进推广奖。由省农业厅评审一、二等奖，报省政府批准为省级奖；地区农业局、畜牧局评三、四、五等奖。共评奖3次，本地区获奖432项，其中省级一等奖4项、二等奖22项；地区局级奖三等106项、四等185项、五等115项。

1990年，国家农业部和省农业厅开始评农业丰收奖，每年1次，至2005年，毕节地区获奖70项，其中种植业50项、养殖业20项。

## 1981~1983年毕节地区获省级农业技术改进推广奖名录

| 年度 | 项目名称 | 获奖等级 | 主要完成单位 | 主要完成人员 |
|---|---|---|---|---|
| 1981 | 贵州黏虫迁飞研究 | 一等奖 | 地区植保站 | 陈世贤 王匡恒 胡奇文 |
| | 平坝区油菜大面积丰产 | | 金沙平坝农技站 | 高光才 马兆松 |
| | 威宁高寒地区推广绿肥总结 | | 威宁县农业局 | 石兴文 解德蕴 余国贤 任民政 李齐民 |
| | 黔西县烤烟栽培技术总结 | 二等奖 | 黔西县农业局 | 黎德忠 |
| | 毕节“5·1”式简易烤房设计与使用效果 | | 地区农技站 | 杨学超 庞开荣 李大斌 |
| | 金沙县杂交苞谷增产效果显著 | | 金沙县农业局 | |
| | 采取有效措施抓好大豆生产 | | 大方县农业局 | |
| 1982 | 红芸豆提纯复壮及推广先进技术获得大面积增产 | 二等奖 | 大方县达溪区农技站 | |
| | 生产队财务清理和会计制度改革 | | 金沙县农技站 | |
| | 积极推广良种，改进栽培技术，促进新水公社水稻增产 | | 金沙县农技站、种子公司 | |
| | 三塘区大面积单作大豆获高产 | | 织金县农业局 | |
| | 农村经济调查成果及其分析 | | 地区农业局 | 文美政 张国宣 龙德渊 郭 宽 |
| | 建立病虫防治网点积极为千家万户服务 | | 地区植保站 | 蒋超凡 陈世贤 樊焕碧 张正林 陈延松 |
| 1983 | 毕节县第二次土壤普查 | 一等奖 | 地区土壤普查办 | 杨大晋 田玉成 鲁韵兰 刘友运 |
| | 贵州省黏虫联合测报1981~1983年工作总结 | 二等奖 | 地区中心测报站 | 陈世贤 王匡恒 胡奇文 |
| | 我们是怎样搞好苞谷制种的 | | 毕节县种子公司 | |
| | 绿肥免耕取得新成果 | | 赫章县农技站 | |
| | 玉米杂交制种创新局面 | | 黔西县种子公司 | |

## 1990~2005年毕节地区获农业丰收奖名录

| 年度 | 项目名称 | 获奖等级 | 主要完成单位 | 主要完成人员 |
|---|---|---|---|---|
| 1990 | 贵州省毕节等五县杂产玉米综合增产技术 | 农业厅一等奖、农业部三等奖 | 地区农技站，毕节、黔西、金沙、赫章、织金县农技站，地区种子公司，省农技总站 | 左文涵 王树伦 聂勋芹 蓝光昌 董锡茂 卢发忠 郝鸣殷 胡贵忠 樊文斌 张朝松 熊楚国 李管赢 刘开智 张以盛 陈锐熙 宋立玉 丁成书 罗昌发 钟才胜 张国翔 |

续表

| 年度 | 项目名称 | 获奖等级 | 主要完成单位 | 主要完成人员 |
|---|---|---|---|---|
| 1990 | 开拓增产途径，积极施用“喷施宝” | 三等奖 | 地区植保站，金沙、大方县植保站 | 王匡恒 张寿书 陈烈耀 窦美明 杨富祥 马永林 朱世廉 唐克红 符　培 赵莉莉 吴必芝 陈庭松 |
| | 地膜玉米夺高产，灾年粮食有发展 | | 毕节县农技站、毕节县土肥站，海子街区、吉场区农技站 | 罗德轩 聂绍伦 林生南 江宇铭 靳天淑 刘　荣 刘红敏 李兴芝 陈筑生 董武祥 钱德钊 黎　华 胡宪玲 董武勇 李宗祥 |
| | 金沙县10万亩油菜高产示范 | 二等奖 | 金沙县油菜高产示范技术组，沙土区、城关区农技站 | 陈友林 吴　平 蔡世均 陈培相 戚忠顺 李良森 刘译钊 易世桂 何光贵 |
| | 黔西县旱地分带轮作实用技术配套，促进粮食产量稳步上升 | 三等奖 | 黔西县农技站、土肥站、种子公司 | 尹显华 李石榴 龚正祥 王天书 刘家祥 王述伦 王明义 罗　建 苏德义 白　翔 李建华 姜　犇 |
| | 金沙县中、高海拔地区杂稻推广获丰收 | | 金沙县农技站，平坝区、岩孔区农技站 | 熊楚国 刘瑞祥 成凤雄 胡忠明 赵世庆 张登祥 谢德尧 陈常万 杨绍华 韩明英 陈思哲 余有才 |
| | 黔西县搞好综合技术配套夺取夏粮丰收 | | 黔西县农技站、土肥站、种子公司 | 陈兴祥 吴云贵 熊立国 杨　林 钟才胜 刘兆宇 梁　灿 钟荣华 李书文 符　培 代云新 刘德韩 |
| 1991 | 毕节县金银山、八寨坪万亩旱地农业综合丰产技术 | 一等奖 | 地区土肥站、毕节县土肥站、地区农业局、毕节县农业局、金银山乡政府 | 杨大晋 聂绍伦 陈必静 赵玉芳 周汝勤 罗振东 谭廷甫 刘亚明 刘红梅 阮　惠 肖珍贵 罗德轩 尚家俊 吴　敏 张明文 周晓平 顾　燕 杨兰兰 张光旭 丁华远 |
| 1991 | 金沙县依靠科技兴农“五普及”促进粮油丰收 | 二等奖 | 金沙县农技站、土肥站、农经站 | 熊楚国 杨成书 周正举 胡显钊 吴　平 韦光玉 喻　静 张怀松 高　林 任成华 刘金德 黄世忠 陈天华 杨耀华 董连华 |
| | 毕节地区杂交玉米综合增产技术 | | 地区农技站，毕节、黔西、金沙县农技站 | 陈烈耀 王显立 赵玉芬 吴鹤池 聂勋芹 罗绍轩 杨秀勤 陈兴祥 龚正祥 钱茂勃 詹相才 李永佳 万文栋 范守国 张绍炎 |

续表

| 年度 | 项目名称 | 获奖等级 | 主要完成单位 | 主要完成人员 |
| --- | --- | --- | --- | --- |
| 1991 | 黔西县依靠科学技术夺取小麦油菜丰收 | | 黔西县农业局、黔西县土肥站、种子公司、农技站 | 蓝光昌 钱茂勃 王树清 李安兵 杜万福 赵明昌 张大华 孙竹清 周文模 明泽芬 邓 敏 蒋 兴 王亚平 张时祥 黎廷开 |
| | 赫章县实施“温饱工程”取得显著效益 | | 赫章县农技站、种子公司、野马川区、兴发区农技站 | 郝鸣殷 王必兴 刘开智 谢德盈 徐礼德 杨联瑞 姚明全 陶仁勇 王天英 赵成章 钱超文 赵德光 |
| 1992 | 毕节等五县杂交玉米综合增产技术 | 一等奖 | 地区农技站，毕节、黔西、金沙、赫章、纳雍县农技站 | 左文涵 夏勋芹 胡贵忠 熊楚国 蓝光昌 郝鸣殷 陈胜举 张荣达 孙良辉 陈兴祥 周正举 杨连瑞 杨锦华 宋立玉 张朝松 胡显钊 姚明全 龚正祥 赵玉芬 李忠祥 |
| | 毕节地区推广马铃薯高产栽培技术 | 二等奖 | 地区农技站，大方、纳雍县农技站 | 张荣达 王文秀 陈胜举 彭玉淑 杨锦华 马忠和 郭正全 张加宏 苏 衔 陈太华 赵家伟 周家江 黄 勇 蔡丽荣 胡建风 |
| | 黔西县实施综合技术杂稻获高产 | 三等奖 | 黔西县农技站，城关、甘棠农技站 | 丁成书 刘兆宇 钱茂勃 张大华 魏立凡 赵忠明 钟学华 陈怀远 董用银 梅松华 彭安怀 庄太华 |
| | 金沙县推广分带轮作粮食获丰收 | | 金沙县农技站，石场乡、城关镇农技站 | 何元林 詹相才 杨成书 李 杰 万文栋 何江敏 晏仕明 赵中全 胡思明 周晓容 姜义凯 何 龙 |
| 1993 | 毕节地区农村经济综合效益改革 | 二等奖 | 地区农经站，金沙、赫章、纳雍县农经站 | 翟应琼 郭正海 董莲华 黄光明 陈卫举 张正修 刘庆友 李安兵 钟麦平 胡家银 王 萍 周光文 文建军 彭科红 徐忠明 |
| | 金沙县推广杂交玉米综合配套技术 | 三等奖 | 金沙县农技站，岩孔、城关镇农技站 | 詹相才 熊楚国 周正举 胡显钊 晏仕明 李 杰 何江敏 曾家玉 谢德尧 胡思明 周晓容 徐志江 |

续表

| 年度 | 项目名称 | 获奖等级 | 主要完成单位 | 主要完成人员 |
|---|---|---|---|---|
| 1994 | 毕节地区种用绿肥获粮烟增产 | 农业厅一等奖农业部二等奖 | 地区及威宁、赫章、毕节、织金县土肥站 | 杨大晋　解德蕴　陈烈耀<br>张明文　谭廷甫　周汝勤<br>陈必静　杨　波　周晓平<br>张光旭　谬鼎科　王天书<br>李绍辉　李　海　张农荣<br>李阳胜　谢　文　林明义<br>陈天华　余世洪 |
| | 威宁自治县推广马铃薯增产技术 | | 威宁县农科所、农技术站、土肥站、植保站 | 宁选根　宫明方　王文秀<br>安顺光　宋志成　曹文才<br>赵家蔚　赵庆洪　孔祥荣<br>吴必芝　赵庆忠　马永林<br>李文远　刘文贤　王邦英<br>胡跃忠　周云跃　吴世才<br>吴长凯　苏远芳 |
| | 金沙县杂交稻高产栽培技术推广 | 三等奖 | 金沙县农业局、农技站，西洛乡农技站 | 熊楚国　詹相才　何江敏<br>李　杰　胡显钊　周正举<br>晏仕明　蔡上军　钟自费<br>任成华　何　龙　胡思明 |
| | 黔西县杂交水稻综合增产技术 | 三等奖 | 黔西县农技站，城关镇、甘棠乡农技站 | 蓝光昌　赵树明　陈兴祥<br>杨　林　钱茂勃　钟才胜<br>孙竹青　陈国虹　李竹青<br>李安兵　陈怀远　梅松华 |
| 1995 | 优质油菜高产示范 | 二等奖 | 金沙县农技站 | 李　杰　熊楚国　詹相才<br>何江敏　胡显利　周正举<br>晏世明　邱　星　汪家政<br>蔡仕钧　聂祥宏　卢洪伦 |
| 1996 | 大力推广良种良法促进小麦增产增收 | 二等奖 | 地区农科所，毕节市、大方县、织金县农业局 | 王国良　付业春　钟　声<br>唐映军　阮友茂　彭玉淑<br>裴能周　钱德钊　刘顺祥<br>罗承鑫　罗光琴　余　季<br>徐明珍　赵　彬 |
| | 毕节地区综合配套措施防治稻瘟病喜获丰收 | 二等奖 | 地区植保站，金沙、黔西、织金县植保站 | 张　玲　庞学义　杨光明<br>龙　玲　董　勤　黄光亮<br>吴维举　武　卿　杜伦友<br>李焕峰　符　培　李　丹<br>杨富祥　王治忠　余文礼 |
| | 杂交玉米综合增产技术 | 三等奖 | 金沙县农技站，城关镇、长坝、木孔乡农技站 | 熊楚国　周正举　胡显钊<br>李　杰　何江敏　邱　星<br>况才俊　袁光辉　蔡仁均<br>谢德尧 |

续表

| 年度 | 项目名称 | 获奖等级 | 主要完成单位 | 主要完成人员 |
|---|---|---|---|---|
| 1997 | 纳雍县杂交玉米综合高产技术 | 二等奖 | 纳雍县农技站，雍熙镇、勺窝乡、鬃岭镇农技站 | 苏　衍　郭正权　陈胜举　赵庆祥　郭正海　李隆全　何开祥　张志萍　熊家义　张怀正　龙　进　程洪学　刘国珍　徐　松 |
| | 毕节地区旱地农业综合高产配套技术 | 农业厅一等奖农业部二等奖 | 地区土肥站，毕节、大方、黔西、金沙、织金、纳雍、威宁、赫章县土肥站，威宁龙街镇、大方凤山乡、赫章古达乡、毕节八寨乡农技站 | 杨大晋　谭廷甫　陈必静　张明文　郑远红　谢　文　王天书　张农荣　汪忠华　廖鼎科　李维贤　赵德光　李阳胜　林明义　蒯劲松　张光旭　杨　波　路海英　杨兰兰　陈天华　张　箐　孙家珍　阮　惠　蒋安勤　刘少达　梁正容　陈　杰　喻富国　史洪远　梅　涛 |
| | 毕节市水稻旱育浅植技术推广 | 二等奖 | 毕节市农业局、毕节市农技站、土肥站、海子街镇农技站 | 樊　斌　陈秋平　徐　立　周启江　徐明珍　徐　琴　沈承荣　刘　芹　石明红　吴鹏刚　杨永忠　邓　博　聂祥春　孙良海　苏专明 |
| | 1996~1997年度杂交稻高产技术推广 | 三等奖 | 金沙县农技站，西洛乡、茶园乡、龙坝乡农技站 | 何江敏　周正举　熊楚国　胡显钊　何学平　李　杰　邱　星　聂祥宏　赵世友　谷云贵　任成华　李厚才 |
| 1998 | 毕节高海拔生态区玉米杂交种及高产配套技术推广 | 二等奖 | 地区农科所，威宁、大方、赫章县农业局 | 王国良　阮培均　龙　国　孙祥荣　刘德凤　张先进　陈胜举　李儒亮　张　政　陈远明　苏　衍　王　锦　余　丽　罗仕文　赵庆洪 |
| | 赫章县普及推广水稻旱育浅植及配套增产技术 | 三等奖 | 赫章县农技站，平山乡、野马川镇农技站 | 姚明全　张　政　林观德　罗兰军　武　卿　李光明　喻富国　周光龙 |
| | 黔西县杂交玉米育苗移栽综合增产技术 | 二等奖 | 黔西县农技站，谷里镇、钟山乡农技站 | 王亚平　蓝光昌　彭　伟　杜万福　刘兆宇　杨兆珍　吴钊翘　吕吉元　张崇林　江　奔　赵明国　黄如学 |
| | 毕节等五县（市）杂交水稻综合增产技术 | 三等奖 | 地区种子公司，金沙县、黔西县种子公司 | 谢定敏　孙　宁　赵宝庆　赵思学　李荣富　罗昌发　姚明发　黄荣海　胡庆焰　邓培廷　周训宪　李　华 |

续表

| 年度 | 项目名称 | 获奖等级 | 主要完成单位 | 主要完成人员 |
|---|---|---|---|---|
| 1999 | 毕节地区小麦高产示范工程 | 二等奖 | 地区农技站 | 王　嵩　聂晓文　胡建风　聂宗顺　徐　立　刘德风　王亚军　胡显钊　罗承鑫　吴　嵩　王文秀　黄文林　肖　莉　成玛丽　陈祖瑶 |
| | 毕节地区杂交玉米综合高产技术 | | 地区种子公司 | 谢定敏　孙　宁　王显立　李建华　周训宪　潘国元 |
| | 纳雍县马铃薯持续丰产栽培技术 | 三等奖 | 纳雍县农技站、种子公司，鬃岭镇农技站 | 陈胜举　何开祥　吴　蒿　李隆全　李　伦　尚显祥　左　伦　赵庆祥　郭正海　王志侠 |
| 2000 | 毕节地区150万亩旱地粮肥分带间套作综合配套高产技术 | 二等奖 | 地区农技站，毕节、大方农技站 | 王　嵩　胡建风　聂晓文　王文秀　张荣达　黄文林　徐明珍　刘德风　王亚军　李文远　罗承鑫　吴　嵩　姚明全　黄　勇　聂宋顺 |
| | 小麦主要病虫害综合防治技术推广 | 三等奖 | 地区植保站 | 刘红梅　虞秀兰　龙　玲　李　丹 |
| 2001 | 贫困山区万亩杂交玉米综合增产技术 | 三等奖 | 赫章县六曲河镇农技站 | 翁基云　李　俊　徐　铮　谌贻勇　肖福文　范学敏　徐本涛　孙　勰　韩升跃　张红梅 |
| | 毕节地区六县杂交玉米种子包衣及配套技术 | 二等奖 | 地区种子公司，威宁、赫章县种子公司 | 潘国元　孙　宁　谢定敏　王显立　吴学忠　赵恩学　仇学艳　龙明江　杜万福　何幼平　李建华　邓贵才　安　阳　邓培延　周训宪 |
| 2003 | 马铃薯综合配套高产技术 | 二等奖 | 地区农业局，威宁、大方县农业局 | 谢定敏　潘国元　王炳荣　胡建风　刘红梅　胡　辉　宁选根　孙家珍　郑美荣　陈　黎　钱德钊 |
| | 马铃薯癌肿病综合治理技术推广应用 | | 地区植保站、赫章县植保站 | 刘红梅　陆绍炎　虞秀兰　胡贵忠　李　丹 |
| | 水稻主要病虫害综合防治技术推广应用 | 三等奖 | 地区植保站 | 刘红梅　陆绍炎　虞秀兰　胡贵忠　李　丹　龙　玲 |
| 2004 | 贵州省马铃薯癌肿病发生分布与防除治理技术推广 | 一等奖 | 地区植保站、赫章县植保站 | 李　丹　陆绍炎　高　飞　廖华刚　陈丽珍　周启江　方　军　穆　绘　余文礼　吴　俊　张国升　舒銮斌 |

续表

| 年度 | 项目名称 | 获奖等级 | 主要完成单位 | 主要完成人员 |
| --- | --- | --- | --- | --- |
| 2004 | 小麦条锈防治技术推广应用 | 二等奖 | 地区植保站，赫章、大方县植保站 | 刘红梅 陆绍炎 虞秀兰 赵 芳 李 丹 龙 玲 董 勤 莫纯碧 余文礼 冯明义 陈年恒 袁时应 邱跃声 李慰传 黎 藜 |
| | 大方县玉米系列杂交种示范与推广 | 三等奖 | 大方县农业局农科所 | 郑美荣 胡元航 李永明 邓光明 姚明发 |
| 2005 | 毕节地区100万亩蔬菜优质高效示范工程 | 农业厅一等奖<br>农业部二等奖 | 地区农业局，威宁、大方、纳雍县农业局 | 谢定敏 郭国雄 潘国元 吴浪平 宁选根 王 蒿 刘红梅 张 军 聂晓文 郑美荣 张大华 李启华 杨 艾 杨秀勤 黄文林 董恩省 胡 辉 李从信 陈 黎 胡建风 |
| | 毕单系列玉米杂交种配套高产栽培技术推广 | 二等奖 | 地区农科所 | 付业春 范厚明 先 新 梁黔云 孙良辉 刘朝峰 雷恩昌 罗仕文 谭荣欣 梅 艳 姚明全 马国芳 尚显祥 王崇伦 罗新颖 詹会泽 潘正康 吴大学 赵 维 |
| | 玉米重大病虫害综合防治技术推广应用 | | 地区植保站，毕节、金沙、黔西县植保站 | 刘红梅 李 丹 龙 玲 黄纯碧 王良益 陆绍炎 蒋 勇 丁绍斌 马永林 高 飞 熊延绪 张 玲 朱启芬 廖华刚 蔡元芬 |

注：未注明农业厅、农业部的获奖等级，均为农业厅奖

## 三　农技推广

**清代及民国时期的技术推广**　清乾隆年间（1736~1795），大定府数次从外地引进桑蚕，请蚕师来教民种桑、养蚕和缫丝。道光年间（1821~1850），引进推广柞蚕。此后历任知府都推广种桑树和青冈，饲养家蚕、放养柞蚕。光绪三十年（1905），大定府要求每人种桑20株，并在毕节、黔西开办蚕桑学堂，传授栽桑、养蚕、缫丝知识。清初，开始种植玉米、马铃薯和甘薯。晚清，玉米已是旱地主要粮食作物；马铃薯由最初作为城郊蔬菜栽培，发展到农村粮食作物栽培。民国初期，毕节、大定、织金县建立桑园，开办蚕桑讲习所，推广桑蚕。20世纪30年代，黔西县水稻糯改籼成功，扩大籼稻良种种植面积；织金、金沙县引进棉花在河谷地带种

植成功；毕节、大定、黔西、织金引进推广种植烤烟，民国36年（1947），有140多个乡种植烤烟，年产烟叶5000吨。

**中华人民共和国成立后的技术推广** 1.传统农业技术推广。传统农业技术包含农民生产经验和农谚两部分。农户常有总结推广农业技术的传统。把一些行之有效的经验总结成谚语，推广和运用于生产中。《毕节地区志·农牧渔业志》记载关于种植业的农谚有160条。其中耕作技术方面有一年不犁板，十年板不转；冬月犁田腊肉香，腊月犁田豆腐汤，二月犁田喝米汤等35条；选种方面有好种长好苗，好葫芦出好瓢；换种如上粪等6条；栽培技术方面有春荞霜后种，秋荞霜前收；寒露早，立冬迟，霜降种麦正当时等52条；种肥、施肥方面有积肥如积谷，粪坑当粮仓；冬粪肥田又肥秧，春粪肥秧不肥田等10条；田间管理方面有三分种，七分管；秧子薅得嫩，犹如上道粪等25条；农作物与气候方面有冻惊蛰，晒清明，庄稼有个好收成；处暑若遇连阴雨，纵然结实也难留等43条。中华人民共和国成立后，地区农业部门推广现代农业技术的同时，一直把总结推广农民生产经验，作为一项重要工作。2002年出版的《毕节地区志·农牧渔业志》载，总结推广一度在生产上发挥作用的农民生产经验有65项。其中，威宁县草海公社以粪湿、窝内土湿、种子湿播玉米种保全苗的经验曾在省内推广。20世纪50年代，总结推广土农药防治病虫害技术，在农业生产中起到重要作用。有的经验为科学研究提供依据。1962~1964年，专区农科所试验后提出石灰水浸麦种防治麦类黑穗病技术属于此类。有的经验为领导部门提供决策依据。1970~1971年，区内粮食亩产超《纲要》大队所采用的农业技术带有规律性：水田种植西农175等粳稻良种一季超纲，旱地施行麦包、芋包两熟制超纲；超纲社队的复种指数，比全区平均数高出20多个百分点。地革委号召全区推广他们的经验。

2.现代农业技术推广。20世纪50年代，采用组织工作组蹲点，以点带面，扩大实用技术覆盖面，办培训班进行技术培训的方式推广。1957~1958年，毕节农业合作干部学校培训农业社干部，受训人员大多成为使用和推广农业实用技术的带头人。主要推广良种小麦矮粒多、南大2419，甘蓝型胜利油菜，玉米金皇后，水稻浙大46、800粒，马铃薯巫峡、细叶、丰收，苹果金冠、红星等。推广水稻合式秧田育秧和丛植技术，二季马铃薯栽培，改小麦撒播为点播条播，改油菜撒播为点播。1957~1958年，各地种植高产卫星地和丰产坝，对栽培技术有促进，开始推广施用氮化肥及化学农药防治病虫害。1960年8月，毕节专区贯彻中央中央关于全党动手，大办农业、大办粮食的指示，地、县、区、乡大办样板田，实行领导干部、技术人员和农民技术骨干相结合，试验、示范、推广相结合，良种良法配套与必要的物资投入相结合，组织科学实验小组，开展各类作物高额丰产为主要内容的科学实验。推广良种水稻西农175粳、川大粳和农育1744，玉米北京马牙、华东396、普照，小麦阿夫、阿波、丰收，油菜325、稀水油菜白，同时推广这些良种的综合丰产栽培技术。推广三粳及亩产千斤栽培技术在区内外影响最大。1965年，全专区种植三粳水稻7.83万亩。1965年11月，全省粳稻生产会议在毕节召开。会后，省农业厅组织贵州农学院、毕节地区农科所、农技站编写《西农175粳、川大粳、农育1744亩产千斤操作规程》印发全省。贵州省科委把三粳丰产栽培技术研究和推广，列为省重点项目，毕节地区农科所、农技站主持，其他地州、市农科所、农技站参加。1966年，地委在海子街、头步桥办样板，地区农科所派出40多名农民技术骨干和工人，到省内其他地区辅导种植三粳。4月，贵州省科协、团委、农业厅在毕节召开全省农村科学实验小组代表会议，参观海子街、头步桥科学实验小组的活动，并听取汇报。10月，毕节头步桥公社被评为全国农村科学实验先进单位，专区科委、头步桥公社参加在福州召开的经验交流会。是年全专区推三粳26.1万亩。70年代，各县以农民技术骨干为基础建公社农科站、大队和生产队农科组形成四级农科网。此十年间，全地区改革耕作制度，扩大夏收作物马铃薯和小麦种植面积。推广马铃薯良种米拉，成效显著。1978年，全地区种植马铃薯177.15万亩，总产15.88万吨，比1970年增2.26倍和1.84倍。1976年6月，南方马铃薯科研生产协作会议在毕节召开。1977年12月，全省马铃薯生产会议在毕节召开。

1978年12月，中共中央作出《关于加快农业发展若干问题的决定（草案）》；1980年1月，国家农业部发出《关于加强农技推广工作的意见》；1981年3月，国家农委、科委、农业部等12个部委联合下发《关于切实加强农业科技推广工作加速农业发展的通知》；1983年7月，全国人大颁发《农业技术推广法》。中共毕节地委、毕节地区行署贯彻执行以上决定。先后发出《关于大力发展粮食生产的意见》《关于对大力推广农业实用技术、开展创高产竞赛活动达标奖励的暂行规定》《关于加强科技兴农工作的意见》《关于发展绿肥、杂交苞谷生产、推广地膜、油菜科学种植的暂行办法》《关于切实加强农业和农村工作的决定》《关于认真贯彻落实中共中央和省委加强农村工作提高综合生产能力的意见》。以上规定和意见助推农业技术推广，取得显著成绩。1980年前后，整顿、健全地、县、区农业技术机构。90年代初撤区并乡建镇，新建乡镇全部建立农技站。农村实行家庭联产承包责任制后，公社农科站、大队和生产队农科组自然消失，农技推广转为面向千家万户。农业部门与青年、妇女组织协同工作，通过引导和扶持，发展一批农科户、专业户、重点户。

1980~2005年，全地区农技推广分为：1.推广绿肥种植。1980年种植11.48万亩，2005年为212.08万亩，占耕地的38.7%，其中1988年开始试验绿肥聚垄耕作，1992年鉴定通过，2005年187.5万亩，占种植绿肥面积的61.3%。2.推广杂交玉米。1985年25.95万亩，2005年171.62万亩，普及率70.4%。1987年引进地膜覆盖技术，2005年推广163.63万亩，普及率67.1%；1996年推广包衣技术，2005年推广80.15万亩。3.推广杂交水稻。1985年1.22万亩，1998年后籼稻区基本普及。4.小麦、马铃薯分带轮作与良种推广。80年代推广分带轮作种植。2005年普及89.2%。80年代推广毕麦13号等小麦系列优良品种，基本代替60年代推广的阿夫、阿波。90年代推广马铃薯脱毒种薯，2005年脱毒种薯1~5代种植105.64万亩。5.油菜优良品种推广。1990年引进推广优质甘蓝型油菜等品种在东部种植，2005年基本普及。

2010年，推广各项农业适用技术的组装集成应用，全区推广玉米育苗移栽技术278.21万亩、玉米地膜技术149.41万亩、绿肥聚垄技术206.2万亩、玉米包衣技术106.65万亩、水稻旱育稀植技术33.46万亩、两段育秧技术9.46万亩、油菜育苗移栽技术95.33万亩；推广杂交玉米322.4万亩、杂交水稻50.26万亩、脱毒马铃薯303.4万亩，测土配方施肥680万亩、旱地分带轮作多熟385万亩、宽厢宽带高效栽培技术21万亩。

# 四　农场　茶场

**农场**　1.专区及县农场。1950年，改原毕节县四区农场为毕节专区农场，隶属专署建设科，场址不变，在毕节城郊大水口设分场。1951年秋场址迁至毕节县德沟，有耕地478.5亩，其中水田200亩。是年，大定、黔西、金沙、织金、纳雍、威宁、赫章相继建立县农场，1952年4月，省人民政府颁布《关于贵州省1952年各专县农场工作的规定》，规定农场承担省或专区组织的区域性试验，繁育、推广良种。1953年，专署农场改隶专署农林科，7个国营农场有土地6406亩，其中耕地2691亩。1956年，专区农场改建为贵州省毕节农业试验站。1962年，将专署农场毕节城郊大水口分场划隶毕节县成立县农场。1965年，毕节专区各县国营农场，先后改为良种示范场，为事业单位。1987年、1988年、1997年，金沙、毕节、黔西县扩大城市建设规模用地，先后撤销县良种场。

**茶场**　1.国营茶场。（1）毕节地区周驿茶场。1956年建高桥农场，隶属毕节县民政科。1957年迁毕节县杨家湾区周驿，更名周驿农场。1964年隶属省民政厅。1975年隶属地区民政局，1979年省民政厅批准改名周驿茶场。茶场有茶园1277亩，生产周驿绿茶、周驿毛峰，1995年新开发乌蒙毛峰。

（2）毕节地区大坡茶场。1959年，属专区郭家湾农场大坡分场。1975年改为毕节地区茶、水果农场，1978年改为毕节地区大坡茶场，有茶园680亩，隶属地区财办。1985年改属地区经委，1988年改属地区外贸局，1996年改属地区商务局。

（3）金沙大水茶场。原属地区公安处管理，建有500亩茶园，1983年，交金沙县，隶属金沙县大水实业公司。

（4）威宁炉山茶场。1971年建场，作为知青落户点。1978年转为农垦企业场，有茶园740亩，隶属县农业局。

（5）纳雍县东风茶场。1987年建场，场址纳雍县鬃岭镇，有茶园650亩，以炒青绿茶为主，隶属纳雍县民政局。

2.集体茶场。（1）纳雍县姑开茶场。1973年建立，由姑开乡政府管理，时有茶园1100亩，以炒青绿茶为主。80年代始，由个人分片承包经营。

（2）赫章县哲庄茶场。1975年建场，隶属哲庄乡政府，有茶园240亩，以炒青茶为主。1983年承包给个人管理，1992年承包给毕节地区林果药茶开发公司经营。1995年，承包给个人经营。

（3）黔西县茶场。1977年建于黔西县谷里镇，原名谷里茶场、青龙茶场，有茶园2838亩。1987年5月，国家工商行政管理总局批准注册青龙绿茶和黔龙茉莉花茶，行销省内外。

（4）威宁县炉山乡办茶场。1987年建场，由威宁县政府、县农业局、炉山乡政府贷扶贫款所建，有茶园5500亩，其中1590亩由乡政府管理，其余茶园实行分户管理。

（5）毕节县杨家湾茶场。1990年建场，有茶园4500亩，其中属杨家湾的茶园3000亩，放珠乡茶园1500亩。镇、乡政府统一管理茶园贷款、技术、物资、加工和销售；农户按照谁种植、谁所有的原则，管理茶园。

2000年后，纳雍县在中国茶科所帮助下，18个乡镇建36个茶场，开发有姑箐、贵茗翠剑、蚕箐翠龙、府茗香、纳雍翠片、云雾春等茶叶品牌。

3.个体茶场。（1）大方县竹园乡海马宫茶场。1991年，大方县政府、县水保办、竹园乡政府发动海马宫村农户开垦茶园3500亩。茶园实行统一规划、统一种植、统一加工销售，分户管理和核算。以生产炒青绿茶为主。

（2）金沙县清池茶场。茶场分布在金沙县清池镇和马路乡，茶园3000亩，清池镇占80%多。为家庭茶园，个体经营。1986年，清池镇政府创办清池茶叶加工厂，进行集中加工、销售。1992年，实行统一规划，谁开荒、谁种植、谁所有，新增茶园4000亩。

（3）织金县熊家场乡新麦茶场。1990年，地区林果药茶公司支持熊家场乡新麦村林业大户王常鹤，开辟500亩茶园，种植福鼎大白茶。

# 第三章　养殖业

从毕节城郊出土的汉代陶制品“微型养猪场景”的作品和其他遗址出土的家畜骨骼证明，毕节地区利用动物的生理机能，通过人工饲养、繁殖，将牧草和饲料等植物能转变为动物能，以取得肉、蛋、奶、羊毛、山羊绒、皮张、蚕丝和药材等畜产品的历史很久远，与人类到毕节地区活动的历史相当。在毕节地区，养殖业是农业的重要组成部分，与种植业并列为农业生产的两大支柱。

## 第一节　畜牧业管理

**地区畜牧业行政机构**　1949年，畜牧业由毕节专署建设科分管。1953年，由专署农林科分管。1957年8月，由专署农林水利局分管。1959年，由专署农业局分管。1967年5月，由毕节地区革命委员会农业局分管。1979年10月成立毕节地区畜牧局，局长黄绍臣，副局长王德章、杨作宪、李金泉。1983年10月，由地区农牧林业局分管。1984年8月，由地区农牧渔业局分管。1996年6月，由地区农业局分管。2001年10月，地区畜牧事业局成立，2007年，开展畜牧兽医体制改革，畜牧事业局改名为畜牧兽医局。至2011年，历任正副局长李敬丹、牛贵河、杨洪立、冯兴忠，总畜牧师王勤。

2010年，根据《中共贵州省委办公厅、贵州省人民政府办公厅关于印发〈毕节地区行署机构改革方案〉的通知》和《中共毕节地委、毕节地区行署关于毕节地区行署机构改革的实施意见》，设立地区畜牧水产局，为地区行署工作部门。地区畜牧水产局设办公室、人事科、畜牧科、兽医科、渔业科、市场信息科、法制科7个内设机构。至2011年，历任正副局长牛贵河、陈文忠、申小云、马贤忠、王勤，总畜牧师王勤、王峰。

**主要职责**　1.贯彻执行中央和省有关畜牧渔业和饲料工业发展及动物卫生方面的方针、政策和法律、法规，承担畜牧、兽医、渔业、饲料行政执法工作。

2.开展有关畜牧渔业和饲料工业发展调查研究，及时向地委、行署反映情况，提出建议；参与研究拟定全区畜牧渔业和饲料工业发展的政策措施、中长期战略规划以及畜牧渔业产业结构调整的意见。

3.研究拟定全区畜牧渔业产业化经营政策措施与发展规划，促进畜牧、渔业产前、产中、产后一体化经营。

4.拟定全区畜牧、兽医、渔业、饲料等科研培训、技术推广及队伍建设的有关政策措施；组织畜牧、兽医、渔业重大科研课题技术攻关和行业科研成果鉴定、推广。

5.负责全区畜牧渔业生产统计、调度及相关信息收集和信息系统建设，预测并发布畜禽水产品和饲料产品供求信息。

6.负责畜牧、渔业引资、引智工作和有关国内国际经济交流与合作工作；会同有关部门组织和指导全区畜牧、兽医、渔业技术职务资格评审和行业技能等级考核、评审工作。

7.研究制定全区重大动物疫病防控计划和应急预案，指导、协调扑灭疫情。

8.管理全区动物防疫、卫生监督、医政药政、官方兽医及执业兽医管理工作；负责兽医实验室生物安全管理和动物产品安全监管等工作。

9.承办地区行署和省农委交办的其他事项。

局属单位 1.毕节地区畜牧兽医科学研究所。1963年2月建立，取名毕节专区畜牧科学研究所，1979年改为现名，隶属地区畜牧局，从事主要畜禽地方品种调查、鉴定；良种引进驯化和培育、杂交组合选育和推广；畜禽饲养管理技术和疫病防治技术研究和推广。1990年6月升格为副县级单位；所长李敬丹、胡耀华，党委书记陈启洪。

2.毕节地区兽医防治检疫站。1962年前，设兽医诊断室。是年，改建为畜牧兽医站，与畜禽品改站实行两块牌子，一套人员。1979年10月建制独立，1983年定名毕节地区兽医防治站；1988年，建地区畜禽卫生监督检查所，与兽医防治站合署办公，称兽医防治检疫站。其职责是：调查和普查全地区畜禽疾病，掌握疫病发生动态，组织开展防疫注射及疾病防治；对市场牲畜、肉品及运输出境的牲畜、皮张、肉品进行检疫、检验；依法管理兽药市场；培训民间兽医。

3.毕节地区畜禽品种改良站。1962年建立，与畜牧兽医站合署办公，实行两块牌子，一套人员。1979年，两单位分开，建立毕节地区畜禽品种改良站。负责指导全地区畜禽饲养管理，改进推广饲养管理技术，引进畜禽良种进行试验、示范、推广；改良本地畜禽品种；推广生猪经济杂交和牛冻精配种改良。

4.毕节地区饲草饲料站、毕节地区饲料产品质量检查站。1984年12月建立毕节地区林草站，1985年改名毕节地区草地站。1988年，建立毕节地区饲料监察站，与地区草地站合署办公，实行两块牌子，一套人员。是年草地站更名饲草饲料站。1992年，饲料监察站更名饲料产品质量检查站。其职责是：指导全地区草场建设、管理和改良；指导农耕地间套作牧草和退耕还草；引进牧草、饲料新品种，进行试验、示范和推广；参与畜牧综合执法，依法查处伪劣饲料。

5.毕节地区液氮站。1979年9月建立，1982年6月投产。其任务是生产液氮、氧气，冷冻大牲畜配种流动精液。每年为各县市牛品种改良提供液氮1.6~1.7万公升，流动精液3万粒左右；为医疗卫生和农业建设提供氧气8000多瓶。

6.毕节地区水产站、毕节地区渔政管理站。1979年3月建立毕节地区水产站。1988年7月建立毕节地区渔政管理站，与水产站合署办公，实行两块牌子，一套人员。其职责是：贯彻实施国家有关渔业生产法规；指导全地区水产生产、管理；引进鱼种、鱼苗及其他水产品种试验、示范及推广；引进、试验、推广养鱼等新技术。

7.毕节地区天力畜牧发展有限公司。1988年9月，建立毕节地区畜牧开发公司，为事业单位，实行企业管理，隶属地区行署。1990年改隶属地区农牧渔业局，2001年隶属地区畜牧事业局。1998年12月，公司改制，实行股份制，建立董事会，改建为毕节地区天力畜牧发展有限公司。其职责是根据地区畜牧业资源，与区内畜牧养殖基地、专业示范户结合，开发加速畜牧产业化进程。

2007年，根据《省人民政府关于印发贵州省兽医管理体制改革实施方案的通知》及《毕节地区行政公署关于印发毕节地区兽医管理体制改革实施方案的通知》等文件精神设立地区动物卫生监督所，为地区畜牧兽医局管理的副县级全额拨款事业单位；撤销地区兽医防治检疫站，组建地区动物疫病预防控制中心，为地区畜牧兽医局管理的副县级全额拨款事业单位，同时下发人员编制配备标准。2010年，撤销原与法制科合署办公的地区畜牧执法支队，设立地区畜牧执法支队，为地区畜牧水产局所属正科级财政全额拨款事业单位，履行畜牧综合执法（相对集中行政处罚权）职责。

## 第二节　畜牧业生产结构　区域规划

### 一　畜牧业生产

**中华人民共和国成立前的畜牧业生产**　毕节地区的畜牧业生产历史悠久。赫章县可乐汉墓的墓砖上，绘有人骑马牵引马车的图像。《黔书》载有《水西马、乌蒙马说》篇章；《中国近代农业科技史》把水西马、乌蒙马列为清代名马；《中国现代养马》将黔西马记载为唐代名马之一。元至元二十年（1283），建有亦奚不薛牧马场，是元代13个大牧马场之一。明代，设置茶马司管理马的生产和交易，从洪武至嘉靖（1368~1566）的200年间，长期在以布、盐、茶易马。洪武十八年十二月丁巳（1386年1月13日）一次易马6729匹。明清至民国时期，赫章可乐、威宁法地成为黔西北仔猪集散地，优良猪种可乐猪成为威宁、宣威火腿的主要原料，毕节猪鬃一度销往外地。牛耕的普及，促进养牛业发展。养羊业尤其是绵羊的发展，为毛纺业提供原料，最早的毛制品毡衫（又名被毡、毡衣），元至元二十七年（1290）开始作为贡品。明初绵羊和毡衫生产，都有一定规模，乌撒（今威宁）的岁赋中，有毡衫1500领一项。民国时期，威宁成为贵州省的毛纺中心，产品有毛毡、毛毯、毛线、毛呢、毛衣袜等，从业人员3300多人。民国29年（1940），贵州省产羊毛4471.5吨，第四行政区占86.3%。秦汉时期，已有猪的饲养，多为圈养少为放牧。饲养以青粗饲料为主，适当搭配精饲料，至今仍在农村养猪业中应用。阉割畜禽技术，早有应用。民间流行的相畜术，对畜禽选种选配，提高品种性能，起到很好作用，至今仍在流传。1949年，全专区存栏大牲畜40.47万头（匹），生猪56.77万头，羊25.68万只；出栏肥猪25.6万头，羊3.86万只，牛2.33万头；肉类产量1.43万吨，人均6.7千克；畜牧业产值为1.51亿元。

中华人民共和国成立后的畜牧业生产　1950年3月，贵州省人民政府发布《严禁宰杀耕牛的布告》。1953年，中共贵州省委号召开展爱国增产运动，提出“畜牧业要实行选种选配，大量增殖牲畜，改善饲养管理，加强兽疫防治”。全专区执行省的指示和决定，有计划地发展全民所有制、集体所有制畜牧业，鼓励和扶持农民养畜养禽，实行“公有户养，养用合一”“私有、私养公助”的方针，大力保护和繁殖猪、牛、马、羊；注意保护山地草地资源，给农户划适当数量饲料地，留足集体饲料粮，将国营粮食加工企业的农副产品返销农村作饲料，允许社队、畜贩往返产销地自由买卖，根据社员生产条件派购生猪，收购畜产品分等按质论价，调整菜牛、菜羊收购价格。1950~1957年，全专区畜牧业连续增产，年均大牲畜存栏49.97万头（匹），生猪存栏72.46万头，羊存栏35.32万只，分别比1949年增23.5%、27.6%和37.5%。年均出栏牛2.89万头，肥猪出栏32.95万头，羊出栏6.3万只，分别比1949年增24%、38.7%和37.3%。平均出栏率：牛7.4%、猪47.5%、羊15.9%。肉类产量年均1.82万吨，人均占有肉量7千克，分别比1949年增27.3%和4.4%。1958~1962年，全专区年均存栏大牲畜53.93万头（匹），生猪46.05万头，羊37.2万只，分别比1950~1957年均增7.9%、减36.5%、增5.3%。年均出栏牛3.15万头，生猪19.72万头，羊5.58万只，分别比前8年年均数增9%、减40.2%、增5.3%。年均出栏牛6.6%，生猪46.2%，羊14.3%，分别比前8年年均数减0.8个、1.3个和1.6个百分点。肉类总产量1.24万吨，人均占有肉4.2千克，均低于前8年，且低于1949年。1963~1965年，专区贯彻《农村人民公社工作条例》，规定生产队要保护和繁殖役畜及其他大牲畜；生产队有权经营本队的草地和确定集体牲畜的饲养方法；奖励保护、喂养、使用役畜和防治役畜疾病成绩显著的单位和个人，鼓励社员发展家庭饲养业。3年年均存栏：大牲畜58.37万头（区），生猪87.23万头，羊44.19万只。年均出栏牛3.47万头，肥猪39.13万头，羊6.62万只。以上各项均创新历史水平。肉类总产量2.26万吨，人均占有7.3千克。1966~1978年，畜牧业生产强调“以猪为首”，推行集体养畜，控制牲畜集市贸易，冻结畜产品收购价格。13年的牲畜存栏数比1963~1965年年均数有一定增长，出栏率低于1963~1965年年平均数，且年份间有起伏。年均存栏大牲畜70.49万头（匹）、生猪108.75万头、羊60.67万只；其中1973年羊存栏68.23万只，1975年大牲畜存栏76.5万头（匹），1978年生猪存栏129.81万头，均创新历史水平。年均出栏牛4.16万头、肥猪50.76万头、羊9.42万只。年均肉类产量3.44万吨，人均占有肉量8.3千克。

1979~1988年，农村实行家庭联产承包责任制，大牲畜实行折价保本、分户饲养、养用结合、繁殖归己或产仔分存等责任制；其他牲畜由农户自主饲养。地区提高部分畜产品收购价，开放城乡畜产品市场。畜牧业持续发展。大牲畜年均存栏90.32万头（匹），10年持续增长，1988年109.47万头（匹），比1978年增49.6%，年递增率4.1%；生猪年均存栏186.87万头，10年持续增长，1988年236.47万头，比1978年增82.2%，年递增率6.2%；羊年均存栏69.8万只，比前一时期增14%，牛年均出栏1.51万头，出栏2.2%，为地区内牛出栏最低时期。肥猪年均出栏95.67万头，出栏53.1%，其中1988年出栏136.7万头，比1978年增130.9%；出栏率60.7%。羊年均出栏15.08万只，出栏率21.9%。肉类年均产8.19万吨，年人均占有15.3千克；1988年人均占有25千克，比1978年增212.5%。1988年，畜牧业成为重点产业之一。1996年，中共毕节地委、毕节地区行署作出把毕节地区建成畜牧业大区的决定、1997年发出《关于加快畜牧业发展的决定》、1998年发出《关于加快畜牧业产业化进程的意见》。根据地区的意见和决定，地区农业局编制《毕节地区畜牧业发展战略暨规划》。2003年，地委、行署再次拟发《关于加快发展生态畜牧业的实施意见》，提出把发展畜牧业作为农业和农村经济结构战略性调整的突破口。1989~2005年，全地区畜牧业持续发展，年均存栏大牲畜130.62万头（匹），生猪305.29万头，比前一时期分别增44.6%、63.4%；羊67.11万只，下降3.8%。年均出栏牛11.38万头，肥猪200.78万头，羊26.57万只，分别增653.6%、109.9%和69.6%。年均产肉22.78万吨，年人均占有肉量33.8千克，增178.1%和110.9%。2005年，存栏大牲畜151.31万头（匹），生猪399.95万头，羊84.23万只；出栏牛20.98万头，肥猪303.39万头，羊43.24万只；产肉35.08万吨，人均占有肉量48.2千克。均为历史最高水平。2011年，猪、牛、羊、禽存栏分别达293.26万头，79.64万头、49.97万只、1401.45万羽，出栏分别达273.95万头、17.39万头、28.67万只、1164.57万羽；肉、蛋、水产品分别为31.98万吨、2.48万吨、5696吨。

## 二　畜牧业结构

**产值结构**　1949年，全专区畜牧业产值1.51亿元（90不变价、下同）。占农业总产值的25.5%；1953~1957年，2.42亿元，占22.9%。1961年产值6033.6万元，占13.6%。1962年起产值波动式上升，至1973年2.57亿元，占农业总产值的20%左右。1979年，2.7亿元，比1973年增5.7%。以后，产值逐年上升。1988年8.22亿元，占农业总产值的25%左右。1998年11.32亿元，占36.1%。1999年，11.66亿元，占农业总产值的30%。2000~2005年，增至16.43亿元，占农业总产值的39.6%。历年来全区畜牧业产值中，生猪产值所占比重最大，1991年开始，占70%以上，2005年为81.1%。2011年，实现畜牧渔业产值80.26亿元，占农业总产值的比重为37.78%。

**畜种结构**　居民饲养的家畜有黄牛、水牛、马、驴、骡、猪、绵羊、山羊、狗、猫、兔、梅花鹿、野鸡。1949~2005年，各主要家畜以牛单位折算，全地区由65.37万个增至310.59万个，增375.1%。其中牛由34.72万个增至138.76万个，增299.6%；马（含驴、骡）由5.71万个增至19.44万个，增240.4%；生猪由18.92万个增至133.3万个，增604.5%；羊由6.01万个增至19.08万个，增217.5%。以牛单位计算各主要家畜在畜种结构中的比例：1949~2005年，牛由53.1%降为44.7%，马由8.7%降为8.2%，猪由29.0%升为42.9%，羊由9.2%降为6.1%。

**母畜结构**　1988年，全地区大牲畜繁殖母畜36.65万头（匹），占大牲畜总数的32.6%；牛繁殖母畜27.81万头，占32.8%；马繁殖母畜7.84万匹，占32.3%；猪繁殖母畜18.84万头，占7.9%；羊繁殖母畜32.69万只，占45.5%。2005年，全地区能繁母畜为：大牲畜46.89万头（匹），牛40.79万头，马6.09万匹，猪30.91万匹，羊22.73万只；分别占总数的30%、30.9%、25.1%、7.7%、34.4%。繁殖母畜数量均有所增长，其所占比例均有所下降。

## 1949~2005年毕节地区部分年份畜种结构统计表

单位：%、个

| 年份 | 牛单位合计 | 牛 | | 马 | | 猪 | | 羊 | |
|---|---|---|---|---|---|---|---|---|---|
| | | 牛单位 | 比例 | 牛单位 | 比例 | 牛单位 | 比例 | 牛单位 | 比例 |
| 1949 | 653732 | 347254 | 53.1 | 57125 | 8.7 | 189242 | 29.0 | 60111 | 9.2 |
| 1957 | 960697 | 534303 | 55.6 | 80042 | 8.3 | 250374 | 26.1 | 95960 | 10.0 |
| 1962 | 703015 | 428828 | 61.0 | 54869 | 7.8 | 148212 | 21.1 | 71106 | 10.1 |
| 1965 | 1097144 | 548837 | 50.0 | 75690 | 6.9 | 353840 | 32.3 | 118777 | 10.8 |
| 1978 | 1296978 | 581605 | 44.8 | 139483 | 10.8 | 432701 | 33.4 | 143189 | 11.0 |
| 1988 | 2040505 | 889114 | 43.6 | 194370 | 9.5 | 788244 | 38.6 | 168777 | 8.3 |
| 1998 | 2516764 | 1117310 | 44.4 | 207035 | 8.2 | 1039212 | 41.3 | 153207 | 6.1 |
| 2005 | 3105912 | 1387567 | 44.7 | 194419 | 6.3 | 1333173 | 42.9 | 190759 | 6.1 |

注：每头黄牛为1个牛单位，每头水牛为1.3个牛单位，每匹马（含驴、骡）为0.8个牛单位，每3头猪为1个牛单位，每只山羊为0.22个牛单位，每只绵羊为0.25个牛单位。

## 1988~2005年毕节地区部分年份畜种结构统计表

单位：万头、匹、只、%

| 年份 | 大牲畜 | | 牛 | | 马 | | 猪 | | 羊 | |
|---|---|---|---|---|---|---|---|---|---|---|
| | 母畜 | 比例 | 母畜 | 比例 | 母畜 | 比例 | 母畜 | 比例 | 母畜 | 比例 |
| 1988 | 36.65 | 32.6 | 27.81 | 32.8 | 7.84 | 32.3 | 18.84 | 7.9 | 32.69 | 45.5 |
| 1990 | 39.57 | 34.1 | 31.08 | 34.5 | 8.48 | 33.3 | 19.36 | 7.7 | 30.99 | 42.2 |
| 1995 | 39.72 | 31.4 | 31.87 | 32.2 | 7.85 | 29.1 | 21.82 | 7.7 | 20.43 | 38.4 |
| 1998 | 43.03 | 32.6 | 34.46 | 32.5 | 8.51 | 33.8 | 22.07 | 7.1 | 27.17 | 40.6 |
| 2005 | 46.88 | 30.0 | 40.79 | 30.9 | 6.09 | 25.1 | 30.91 | 7.7 | 32.74 | 34.4 |

注：母畜指能繁殖的母畜，比例指母畜在其畜种总数部的百分比。

**肉类结构** 有猪肉、牛肉、羊肉、禽肉、兔肉和马、驴、骡肉，其中猪肉最多。1986~2005年，比例发生变化，猪肉比例下降，其他牲畜肉的比例上升。此期间，全地区肉类总产由10.87万吨上升到35.08万吨，增222.9%。其中猪肉产量由10.22万吨上升到29.98万吨，增193.2%，比例由94.1%下降为85.4%；牛羊肉产量由2502吨上升到3.15万吨，增11.6倍，比例由2.3%升为9%；马属动物肉类由1989年的693吨上升到3154吨，增355.1%，比例由0.4%升为0.9%。

**养殖体系结构** 中华人民共和国成立前，畜牧业养殖为私有制。从20世纪50年代到70年代，饲养大牲畜和羊，以集体所有制为主，所有权和经营权归集体所有，国营和农民饲养的比例小。猪和家禽则多为农民养殖，部分为国营养殖场养殖。1965年，全地区大牲畜存栏62.5万头（匹），其中国营占0.2%；集体经营占93.8%；农民自营占6%。生猪存栏106.15万头，其中国营占0.3%，集体经营占6%，农民自营占93.7%。羊存栏51.48万只，其中国营占0.7%，集体经营占56.3%，农民自营占43.0%。80年代后，牲畜养殖逐步转向以农户为主，联合、集体、个体规模经营和国营畜牧场经营等多种经营形式并存。1996年，毕节地区进行农业普查，查明全地区有大牲畜100.7万头（匹），其中农户自营占99.96%，其他方式经营占0.04%；生猪254.27万头，其中农户经营占99.89%，其他经营方式占0.11%；羊45.82万只，其中农户经营占99.2%，其他经营方式占0.8%；家禽682.38万只，其中农户经营占99.97%，其他经营方式占0.03%。2000年后，区内各级政府鼓励乡村建立畜禽养殖小区，推进畜牧养殖向规模化、专业化和产业化转变。2005年，全地区建有畜禽养殖小区104个，其中生猪养殖小区44个，肉牛养殖小区44个，肉羊养殖小区8个，家禽养殖小区3个。进入小区从事规模生产的农户5444户。同时，发展规模养殖场、养殖大户2726个（户）。2011年，规模养殖量达19%，有省级龙头企业2个，地级龙头企业11个。

## 三　畜牧业区划

1980~1985年，毕节地区开展畜牧业资源调查及区划工作，全地区先后组织250多名科技人员开展工作，近千名畜牧兽医人员为区划提供数据和情况。区划为粗线条和细线条两个阶段，实测各种牲畜体尺8000多头（匹、只），获数据10万多个，采集牧草标本1000多种，实测各种草地样方2000多个，并对畜禽疫病、野生动物等作调查，收集大量历史资料。1982~1985年，各县相继完成县级畜牧业区划。1985年地区农牧渔业局完成《毕节地区畜牧业区划》。

**西部高原温凉湿润绵羊、山羊、黄牛、生猪基地区**　含威宁县全部、赫章县西部，是地区内畜牧业的重要产区，有贵州牧区之称。此片区海拔多在1900米以上，面积1325.1万亩，占全地区总面积的32.9%。1984年有羊、牛、猪、马138.2万头（匹、只），户均养畜6.94头（匹、只），人均占有肉量18.5千克，为省内最高。片区内以羊居多，绵羊占全地区绵羊总数的80.4%，占全省绵羊总数的69.1%，山羊总数亦为全区之首。片区内有50%~80%的农户饲养母

威宁县生态畜牧业

猪，每年生产仔猪80万~100万头，除供应区内外，还供应邻近的云南省30万~40万头。片区内有草地280.81万亩，占全地区的21.2%，在海拔2700米以上仍保存有较完好的原生植被。在利用的草场中，有1000亩以上的天然草场28片约80万亩，但牧草产量低，质量差。另有人工草地8.54万亩。每牛单位有鲜草5341.5千克，农作物秸秆963.5千克。放牧密度大的地方践踏严重，水土流失加剧，草场退化明显。

**中北部高中山、中中山温和湿润猪、黄牛、禽、兔饲养区**　包括毕节市、大方县全部、赫章县东部和黔西县西部山区。海拔多为1400~1800米，面积1176.96万亩，占全地区面积的29.3%。有草场192.91万亩，每牛单位有鲜草6550千克，农作物秸秆2650千克。猪为舍饲、半舍饲。坝区水牛增多，绵羊、山羊减少。本片区是黔西马的主要产区。片区内畜牧业科技力量较强，技术装备相对较好，畜禽生产具备一定基础。

**中南部高中山、中中山温和湿润猪、禽、奶牛城镇服务型畜牧区**　包括纳雍县全部及织金县西南部，地形地貌与中北部相似，面积540.87万亩，占全地区面积的13.4%。有草场128.71万亩，每牛单位有鲜草1263千克，农作物秸秆1655.5千克。片区内坡度大，林草覆被率低，水土流失严重，牧业收入为全地区最低。片区无烟煤资源丰富，是待开发的工矿、城镇型农牧结合区。

**东部低中山、低山温暖湿润猪、禽、牛、羊、蜂发展区**　包括金沙县全部、黔西县大部和织金县东北部。海拔1400米以下，面积984.28万亩，占全地区面积的24.4%。草场142.48万亩，其中灌丛草场占66%，草丛草场占29.9%，每牛单位有鲜草5589千克，农作物秸秆2784千克。畜种中水牛多，占全地区水牛总数的52.8%，也是鸭鹅主产区，片区内水热条件较好，粮食生产水平较高，户均养畜最少。猪禽的出栏率、商品率较高。片区内草场面积较少，是以舍饲为主的牧业生产区。

## 四　畜牧业规划

**1980~2000年畜牧业发展规划**　1981年，地区畜牧局组织编写《毕节地区1980~2000年畜牧业发展规划》。规划分两部分，第一部分是1985年、1990年和2000年畜牧业发展指标。第二部分为完成各项指标的措施：1.落实畜牧业政策、稳定、完善、提高生产责任制；2.搞好草山草坡建设，大力开展人工种草；3.积极发展饲料加工，提高饲料利用率；4.继续抓好农户家庭饲养，积极发展畜禽饲养重点户和专业户；5.加快牲畜品种改良；6.搞好畜病防治；7.抓好渔业发展；8.加强畜牧水产科学研究和技术推广；9.有计划发展牧工商联合企业；10.加强党和政府对畜牧水产工作的领导。规划提出2000年主要指标：大牲畜存栏105万头（匹），猪存栏192万头，并提前于1988年完成大牲畜存栏109.47万头（匹），猪236.47万头。1988年，中共毕节地委、毕节地区行署主持编制毕节试验区发展规划，其中子规划一为《农业发展与生态环境建设规划》，将畜牧业的发展分为1989~1992年、1993~1995年、1996~2000年三个阶段，并制定各阶段牲畜存栏、出栏指标和肉类产量指标。2000年，规划生猪出栏200万头，实际完成227.96万头，规划人均占有肉量28.9千克，实际完成38.6千克；规划大牲畜存栏160万头（匹），实际完成138.36万头（匹）。

**毕节地区畜牧业发展战略暨规划** 1996年，中共毕节地委、毕节地区行署作出把毕节建成畜牧业大区，把畜牧业建成地区支柱产业的决定。1997年，地区农业局组织编写《贵州省毕节地区畜牧产业发展战略暨规划》。是年10月31日，邀请有关专家在北京论证规划。本规划将区内畜牧业分为三个发展阶段：1997~2000年，通过畜牧业结构调整和技术准备，为产业化开发打下基础；2001~2005年，大力发展以企业为龙头，以基地为龙身，以专业示范户为龙尾的多种畜产品系列产业群；2006~2010年，基本形成畜牧业产业化的生产体系，成为毕节地区国民经济的支柱产业。

**毕节地区生态畜牧产业发展规划（2008~2020年）** 2008年，根据《毕节试验区改革发展规划（2007~2020年）》制定。规划对2010年、2015年、2020年畜产品产量、畜牧业产值、农民收入、畜牧业生产、畜产品商品基地建设、市场建设、畜牧业生产体系提出要求。到2020年，全区肉、蛋产量分别达107万吨、6.6万吨，畜牧业产值200亿元以上，畜牧业产值占农业总产值的比重达55%以上。农民来自畜牧业的收入占纯收入的1/2以上。畜牧设施完善，支撑体系健全，产业化经营水平进一步提高，基本建成现代畜牧业。同时对优质肉牛产业带、优质肉猪产业带、优质肉羊产业带、良种繁育体系、动物保护体系、饲草饲料生产和草原生态保护体系、动物产品质量安全体系、优质畜产品生产体系、畜产品加工体系、市场体系作出规划。

**毕节地区草食畜牧业发展规划（2008~2020年）** 2008年，根据《毕节试验区改革发展规划（2007~2020年）》《毕节地区畜牧产业发展规划（2008~2020年）》制定了《毕节地区草食畜牧业发展规划（2008~2020年）》。规划分生产现状、有利条件、发展潜力、制约因素、发展思路与目标、规划布局与建设重点部分。提出2020年发展目标为：改良型草地和人工草地保留面积达300万亩，年农作物秸秆加工转化利用率分别达80%以上；牛、羊能繁母畜比例分别达60%以上和70%以上。形成草食畜牧业整体协调、功能完善和谐生态产业化生产格局。

**毕节地区草地生态畜牧业发展规划（2008~2015年）** 2010年制定，明确草地生态畜牧产业发展方向。即整合科技扶贫、石漠化综合治理、扶贫整村推进、三江源生态保护、巩固退耕还林成果接续产业和退牧还草等项目，综合发展草地生态畜牧产业。

## 第三节　畜禽品种改良与饲养

### 一　猪

**生猪生产** 20世纪60~70年代和21世纪初，赫章、黔西、毕节出土秦汉时期文物中，有黑陶猪和猪圈的陶栏杆及猪的骨骼。赫章可乐出土的黑陶猪，与现代可乐猪极为相似。1986年，张仲葛在《出土文物所见我国猪品种的形成和发展》一文中指出：“东汉黑陶猪的原形应是今黔西猪的祖先。”汉代到明代初期，农户养猪只为自食、积肥和向土司缴纳岁例。明代，推行屯田制，屯田军人从中原带来先进农牧业技术，养猪业开始发展，并在市场上交易。清代，养

威宁县生态畜牧业

猪业成为农家主要副产品。随着养猪商品经济的发展，形成许多母猪繁殖中心和仔猪集散地，赫章可乐、威宁法地成为较大的仔猪集散中心。其中可乐的仔猪集散，从清代中叶到民国的100多年，一直是云、贵、川接壤地区的中心。清道光年间（1821~1850），可乐赶场日，仔猪上市量达1000头以上。同治年间（1862~1874），市场出现猪鬃交易。光绪初年（1875），毕节成为贵州省猪鬃交易四大市场之一。光绪三年（1877），大定府开征肉捐。1937~1945年入境人员猛增，对畜产品尤其是肉类的需求量增大，一度刺激养猪业发展。据《贵州近代经济史》载：民国28年（1939），全省猪不下340万头，尤以威宁猪不惟本省内销，且远销云南，宣威火腿多为赫章县猪肉加工制作。此时期，猪鬃成为贵州省出口之大宗，毕节成立有猪鬃加工厂，生产猪鬃外销。腌腊肉、干肉技术的传入和普及，均有效促进养猪业的发展。地区内的名优食品——威宁火腿，至今已有600多年历史。1949年，全专区生猪存栏56.77万头。1950~1959年，年均存栏70.41万头，年均出栏31.09万头，平均出栏率44.5%。60年代年均存栏71.45万头，出栏32.85万头，出栏率51.6%。70年代年均生猪存栏99.93万头，出栏57.52万头，出栏率49.8%。80年代，农业实行联产承包责任制后，家庭养猪成为生猪生产的主体，持续增长。全地区生猪年均存栏196.81万头，出栏103.97万头，出栏率54.4%，分别比70年代增96.9%、80.8%和4.6百分点。90年代，全地区生猪生产持续增长，年均存栏249.98万头，年均出栏171.94万头，出栏率62.9%，比80年代分别增27%、65.4%和8.5个百分点。2000~2005年，生猪年均存栏359.64万头，出栏257.61万头，出栏率74.4%，比前10年年均数分别增43.9%、49.8%和11.5个百分点。近十多年，生猪出栏饲养周期缩短，饲养水平提高。2010年，生猪年末存栏318.3万头，年末出栏274.34万头。

**猪种** 1.地方品种。1951~1955年，西南地区农科所、贵州省畜牧试验场4次派员调查毕节专区地方猪品种。据查，全专区有赫章可乐猪、毕节朱昌猪、大定百纳猪、黔西黄毛猪、金沙安洛猪、织金五花猪、纳雍张维猪、威宁法地猪8个地方猪种。1975年，由贵州省牧科所主持，云、贵、川3省涉及的县、市派员联合调查3省接壤地方猪种。在毕节地区调查毕节、赫章、威宁、纳雍县，建议将分布在乌蒙山区、金沙江流域的贵州可乐猪，云南大河猪、盘河猪，四川冕宁黑猪、凉山猪归并，定名乌金猪。1979年，南京农业大学陈效华教授调查三省接壤地区猪种，认可乌金猪之名，编入《中国猪品种志》。1976年，有可乐猪能繁母猪16万头，占乌金猪能繁母猪总数的53.3%。可乐猪适应性强、耐粗饲，肉质鲜美，后腿发育良好，属高原山地放牧舍饲型。生产区以赫章可乐为中心，与可乐相邻的威宁、赫章2400多平方千米范围内为主产区。毕节、大方、纳雍、黔西、金沙等县均有分布，已推广到滇东北。织金花猪，主产于织金县三塘、阿弓、珠藏、以那架等地，分布于安顺、六枝、普定、清镇、贵阳等地。属贵州地方优良猪种关岭猪支系。早熟易肥，腹脂率高，多选择作油脂利用。1977~1978年，中国农科院将贵州省作为全国猪种资源调查的试点。贵州省农业局畜牧处组织省、地（州、市）有关畜牧单位参加调查。调查后将毕节地区的可乐猪、朱昌猪、百纳猪、仁和猪、安乐猪、张维猪、法地猪和水城吕沙猪、盘县坪地猪，归并为可乐猪；织金五花猪，归并为关岭猪。以后编入《贵州畜禽品种志》《贵州省畜禽品种图谱》。

2.猪种引进。1939年、1948年，两次引进四川荣昌猪。20世纪50年代各县引进苏联大白猪（简称苏白猪）、约克夏猪、巴克夏猪。60年代引进内江猪、梅山猪、淮阴猪、长白猪。70年代引进新淮猪、大约克猪、陆川猪、北京黑猪、宁乡猪、吉林黑猪。80年代引进斯格猪、杜洛克猪、汉普夏猪、北高加索猪。90年代后引进和更新长白猪、苏白猪、杜洛克猪、汉普夏猪和大约克猪。荣昌猪、长白猪、苏白猪等，可直接在生产中应用；长白猪、苏白猪、杜洛克猪作猪种改良的父本品种，与本地母猪进行杂交，杂种优势显著；淘汰不适应本地自然条件和粗放饲养的陆川猪、宁乡猪。四川荣昌猪，具有早熟、生长快、耐粗饲、繁殖能力强、肉质细嫩、皮薄的优点，区内20世纪30~90年代不断引进。

**猪种改良与选育** 1.杂交改良。自民国28年（1939），区内始有杂交改良猪种。是年，贵州省农业改进所畜牧兽医系从四川引进荣昌猪公猪10头、母猪55头投放到威宁县，改良威宁黑猪。民国30年（1941），威宁县繁殖纯种荣昌猪200头，可乐猪×荣昌猪的杂交一代猪2000多头推广到水城、贵筑等地。到民国33年（1944），生产白色杂交猪1.7万头，推广到龙里、开阳、修文、清镇、息烽、平坝县。民国34年（1945），贵州省建设厅发布《关于推广白猪办法》，把推广白猪作为各县的中心任务之一，种源多由威宁输出。民国37年（1948），四区（毕节行政区）农场再次引进荣昌猪繁殖推广。1955年，根据贵州省《家畜改良初步规划》，各县畜牧部门分别引进荣昌猪、苏白猪、中约克夏猪和巴克夏猪改良本地猪，改良目标为选育生长快、耗料少、产肉多、肉质好，肉脂兼用的杂交组合。60年代，本地猪×苏白猪为推广最多的杂交组合，其次为本地猪×长白猪的杂交组合。两个杂交组合的杂种优势在于产仔多、窝重大、生命力强，产仔数比本地母猪提高9%~10%。杂交一代猪育肥性能好，增重快，230日龄体重达90~100千克，饲料报酬4∶1。其中长本杂后腿发达，可制作火腿，在威宁、赫章备受欢迎。70年代猪改列为全省畜禽品种改良的重点，要求母猪本地良种化，公猪引入良种化，商品猪杂交配套化。各县畜牧部门引进苏白猪、长白猪等良种公猪；地区牧科所和县种畜场，繁殖推广这些猪种。此期间，地区牧科所向各县推广优良种猪5000多头。1973年，地区牧科所、织金县畜禽良种场，引进猪的人工授精技术，在区内推广，有效提高优良种公猪的利用率，并减少疾病传播机会和节省公猪饲养费用，为各地群众接受。1977~1980年，织金县畜禽品种改良站试验常温保存猪精液，猪精液保存120小时有效。1980~1982年，提供28万毫升猪精液，输配母猪

1.4万头次，平均一次输配受胎率80%以上，经复配，受胎率95%，平均每窝产仔8.1头。80年代以来，区内改良猪种由选育肉脂兼用型，转为肉脂兼用型与瘦肉型并重。1982~1986年，地区牧科所开展商品瘦肉型猪杂交组合筛选，选出胴体瘦肉率48%以上的组合，可乐猪×杜洛克、（可乐猪×苏白猪）×杜洛克、（可乐猪×长白猪）×杜洛克。其中可乐猪×杜洛克胴体瘦肉率52.2%~53.8%，比其母本可乐猪的饲料报酬高25.4%，瘦肉率高12.1个百分点。推广后，成为近20年区内猪改的主要杂交组合。三种杂交组合均在生产上广泛应用。2000~2002年，威宁县畜牧局试验选出（可乐猪×杜洛克）×长白猪，胴体瘦肉率58.2%，后腿比例29.3%，成为火腿的上好材料，在县内推广。1990年，全地区有良种公猪1547头，猪改点739个，其中人工输配点50个，生产杂交肥猪占肥猪的80%，纳雍县达91%。此后，年份间良种公猪数、猪改点（含人工输配点）有所变化，2003年为241个，每年人工输配数在10万头以上，杂交肥猪占肥猪的80%以上。2011年，推广杂交猪358.73万头，其中三元杂交猪227.88万头。

2.本地品种选育。民间长期沿袭只重选种，不重选配；只重母猪选择，不重公猪选育；以外貌选择为主、参照亲代及后裔生产性能选择为辅；只重个体选择，忽视群体选择；多选用小公猪配种的传统做法。威宁、赫章一带随群放牧，野交乱配现象普遍。地方猪种选育程度低，出现品种退化现象。1976年，赫章县革委制定可乐猪选育计划，建立赫章县野里可乐猪选育场、县种猪场及26个公社养猪场，进行可乐猪选育。80年代初期，可乐猪被列为国家重点保护的地方优良猪种。1986年，赫章县品改站在可乐镇成立可乐猪提纯保种中心，在60户农户中建立保种核心群。1991年，因经费不足，选育终止。1996年，地区牧科所提出《可乐猪保种选育及开发利用》，被列入省、地“九五”科技重点项目。至2002年，在可乐猪中心产区，建立12头公猪、140头母猪的保种选育核心群，通过5代选育，母猪产仔数，成年公、母猪体尺、体重，生猪肥育性能，瘦肉率等指标均较选育前提高。7年共选育合格母猪5000多头，仔猪2.7万多头，并建立健全可乐猪及其杂交猪良种繁育体系示范基地8个，饲养种猪1400余头，扭转可乐猪良种猪数量锐减的状况。项目经贵州省科技厅主持鉴定，受到好评，认定目标成功实施，对贵州省地方良种猪基因的保存与利用具有示范作用。

3.贵州白猪培育。1972年，地区牧科所与黔西岔白农场合作，以苏白猪杂交改良可乐猪，研究培育贵州白猪。至1980年，经3个世代级进杂交后进行横交固定，建立起贵白品系。1972~1982年，推广贵白猪8000多头，至今生产上仍在应用。1983年，撤销岔白农场，更换课题主持人，培育工作终止。

4.饲养管理技术。历史上传统养猪方法：高山地区以放牧为主，辅以必要的熟食饲喂；平坝地区以舍饲为主；农户多以粗饲料为主，辅以部分精料。传统养猪，拉长生猪生长期，出栏、产肉、商品率低。20世纪50~70年代，基本沿用传统的饲养技术。80年代，地区推广生猪经济杂交，适度规模经营；改深坑湿圈饲养为干平圈饲养，改农家饲料熟饲为配合饲料生饲，改吊架子育肥为直线育肥，改自然交配为人工输配，改喂长寿猪为适时屠宰；提高出栏率，降低死亡率。1987年，金沙县推行上述方法饲养生猪，1989年底，全县发展到2.92万户，占养猪户的30%，饲养生猪20.07万头，占全县饲养量的48%。出栏肥猪9.32万头，占全县出栏量的54.9%；

生猪每年存栏10.75万头，占全县年末存栏的43.3%。90年代，推广新法养猪技术，实行三推五改。五改按原做法不变，三推为推广经济杂交、仔猪提前补食、猪病综合防治。

## 二　牛

**生产**　历史上的养牛业，为畜牧业的重要组成部分。明清时代，随着耕地面积扩大，牛是主要役力。清代中叶，牛皮作为商品出口；晚清，牛皮成为出口之大宗。民国时期，牛饲养得到一定发展。1949年，全区存栏牛33.31万头，其中黄牛28.61万头，水牛4.7万头。20世纪50年代，全专区年均牛存栏43.04万头，比1949年增29.2%，其中黄牛37.58万头，水牛5.46万头。到1957年，达到51.61万头，创历史最高纪录。年均出栏率为7.3%。60年代，全区年均牛存栏49.69万头，比50年代增15.4%，其中黄牛43.82万头，水牛5.87万头。1969年存栏55.1万头，为新纪录。10年年均出栏3.44万头，出栏率7%。70年代，全地区年均牛存栏58.13万头，比60年代增16.9%，其中黄牛49.46万头，水牛8.67万头，分别比60年代增12.9%和47.7%。年均出栏4.03万头，出栏率6.9%。1978年4月，国家计委批准毕节地区为全国商品牛生产基地，威宁、赫章、织金、毕节县为基地县，1979年增加大方、纳雍县。80年代，全地区年均牛存栏71.93万头，其中黄牛60.21万头、水牛11.72万头，分别比70年代增23.7%、21.7%和35.2%。1989年存栏88.04万头，为历史新纪录。年均出栏1.83万头，出栏率2.5%，为最低时期。90年代，全区年均牛存栏98.84万头，其中黄牛81.85万头，水牛16.99万头，比80年代分别增12.3%、13.1%和8.5%。其中1999年109.48万头，创历史新高。年均出栏7.92万头，出栏率8.8%，比80年代增3.3倍。2000~2005年，年均牛存栏119.71万头，其中黄牛99.83万头，水牛19.88万头，分别增21.2%和17.0%。年均出栏16.97万头，出栏率14.9%，比前十年年均增114.3%和6.1个百分点。2002年，大方县安乐草场、织金县启孝肉牛场，成为省内首批注册生产活牛出口的肉牛育肥场。2005年，全地区牛存栏132.01万头，比1978年增137.9%。2010年，牛年末存栏93.75万头，年末出栏17.38万头。

20世纪50年代，区内引进饲养乳牛，至2005年，全地区有乳牛5.05万头，年产牛奶426吨。2010年，年产牛奶35吨。

**品种与改良**　1.地方品种。黄牛属西南山地型役肉兼用品种。威宁、大方、金沙县，以集中产地名命名为威宁板底牛、大方安化牛、金沙绿竹牛，其他县市，一般以县市命名。1981~1982年，贵州省农业厅畜牧局主持调查省内畜禽品种，将威宁、赫章、毕节、纳雍县的黄牛定名为威宁黄牛，编入《贵州省畜禽品种志》。将织金黄牛归并入关岭黄牛命名盘江黄牛。威宁黄牛为小型役肉兼用品种，善于爬山越岭，吃苦耐劳，粗放饲养。地方水牛品种，属沼泽型，其体质结实，结构匀称，性情温顺，耐粗饲，生命力强，役力较大，持久性好，使用年限长。1982年省农业厅畜牧局主持调查，将其归并入贵州水牛品种。贵州水牛，根据体型大、中、小，分为黔北型、黔中型、黔南型。毕节地区水牛多属黔中型，部分属黔南型。

2.品种引进与改良。1953年，毕节专署农场引进黑白花牛。1957年，威宁县引进黑白花牛、爱沙尼亚红牛、吉林红牛等公牛共83头，作为父本品种，与本地母黄牛杂交，改良品种；随后各县相继开展牛的杂交改良。改良选育乳役兼用和肉役兼用的杂交一代。1958~1977年，筛选出本地黄牛×黑白花组合，其杂交一代适应自然条件和饲养管理条件，体重、役用能力及肉乳兼用性能均有较大提高，深受农民欢迎。1978年，地区畜禽品种改良站引进牛冷冻精液（颗粒）及人工授精技术。1979年，建立地区液氮站，至1998年，为全地区牛改提供冻精46.64万粒，品种有黑白花、辛地红、西门塔耳、利木赞、爱沙尼亚、海福特、圣格鲁迪斯、短角牛、摩拉、尼里等。1980年起，各县建输精室，购液氮车、液氮罐、显微镜、输精器等配套技术设备，推广牛冻精输配技术。是年，全地区设牛冷配改良点124个。1980~1990年，全地区累计输配19.46万头，输配产犊率40.5%，产犊成活率95.46%，并筛选出本地黄牛×西门塔尔、本地黄牛×辛地红。1981年国家农业部评比全国商品牛基地县，威宁、毕节、织金、大方、赫章县被评为先进县，受国家农业部表彰。20世纪80年代，涌现一批牛改科学技术先进典型。1981年7月，毕节县畜禽品改站从省牧科所引进超低温冷冻黄牛精液制作技术，利用液氮为冷源，在-96℃超低温条件下成功制作辛地红牛冻精。1982年，毕节县用自制冻精输配，得辛本杂一代600多头。是年12月，贵州省牛改技术交流会在毕节召开，总结推广毕节县的经验。1984年，纳雍县乐治区畜牧兽医站，经几年探索研究，提高冻配技术，是年输配255头，输配产犊率61.7%。大方县品改站开展三合激素促母牛发情进行冻精输配试验，注药121头，发情112头，占92.6%。一次输配受胎率53.2%，复配后提高为76.5%。1985年8月，经省畜牧局品改站组织鉴定，在省内4个地、州、市，32个县推广。1982~1986年威宁县小海点，累计输配母牛6767头，产活犊4320头，输配产犊率63.2%；连续15年单罐输配450头，为南方输配标准的3倍，名列全省首位。1993年初，贵州省召开牛品种改良工作会议，采取招标形式，实行任务与资金挂钩，威宁、毕节、大方、织金、纳雍县获牛改任务。是年，设牛改点37个，均超额完成农业厅规定的任务。1991~1995年，全地区累计输配母牛5.99万头，产活犊2.79万头，输配产犊率46.6%。从1978年试点，到1998年，全地区累计输配29.77万头次，产犊12.91万头，输配产犊率43.4%。1998年，省品改站批准毕节地区品改站从美国引进安格斯牛细管冻精（省内首次），改良本地黄牛。至2001年，累计输配本地黄牛2.81万头，产活犊7064头，输配产犊率41.8%。安格斯牛与本地黄牛的杂交一代，20月龄平均体重345.3千克，比同龄本地牛增40.6%，效益显著，省冻精站向全省推广。2001~2005年，同时采用两种方法进行牛改，年冻配点300个以上。5年累计输配45.56万头，产杂交牛犊21.76万头，输配产犊率47.8%。其中2005年输配11.53万头，产犊6.76万头，产犊率达62.5%。2011年，全区379个牛冻配改良点输配能繁母牛13.52万头。同时，推广牛的本品种改良。在冻配改良不能到达地方，评选出当地的优良种公牛挂牌配种。1998年，全地区挂牌的种公牛271头，配种6850头次。

3.黄牛改良效果普查。1989年4月，6个商品牛生产基地县被列为普查重点，涉及29个区72个乡218个村562个村民组。普查历时3个月，共测定黑本杂、辛本杂、西本杂、爱本杂1~3代牛2438头，本地黄牛886头，获数据1.99万余个。杂交牛的体形外貌比本地黄牛显著改进，多数趋向父本特征，弥补本地黄牛胸窄、尻尖发育差的不足。据织金县花红村牛饲养户的7头黑本杂统计，1939天产奶1.7万千克，平均日产奶8.8千克，比本地黄母牛产奶量增3.5~4倍。屠宰8头骟牛，黑本杂头均净肉117千克，比本地黄牛增46.1%。威宁县畜牧局测定，每天工作6小时，黑本杂一代耕地2.46亩，比本地黄牛多耕1.08亩。各种杂交牛均能耐粗饲，抗病力也强。

**牛饲养技术** 饲养耕牛，分舍饲、放牧和舍饲与放牧相结合。1954年冬，威宁县灼圃乡发生严寒，全乡饿死牛15头、马3匹、猪56头、羊60只，杨孔德互助组采用轮换草场放牧，冬天喂热水，并适当加盐喂料；分圈饲养、勤垫圈、勤出粪、勤洗刷，以铡草用槽喂牛的方法饲养牲畜，29头牲畜无一死亡。此经验曾在全区推广。1953~1980年，各县因地制宜，普遍提出加强饲养管理，改进饲养技术，建立专业队伍，订立爱畜公约；实行定饲养人员、定畜圈畜群、定草料、定繁殖、定劳动报酬；勤添草料、勤垫圈、勤出粪、勤喂盐、勤消毒的饲养管理措施。1980年，在进行大规模草场建设的同时，引导农民采用秸秆氨化、青贮、微贮技术，将农作物秸秆加工成营养丰富的饲料喂养耕牛。1988年，织金县花红乡的花红、黑石村，发展奶牛饲养户41户，饲养奶牛72头，养牛户根据不同季节，采取间作套种的方式种植青饲料120亩，取得较好的经济效益。1992年，织金县官寨乡鸡场坝村养牛能手宋兴双，采用种草和农作物秸秆氨化饲养牲畜120多头（只），受到省、地、县的表彰和奖励。1994~1995年，毕节市，威宁、大方、织金、纳雍县实施商品牛生产技术应用与推广丰收计划项目，采用后期集中育肥技术，对1149头牛进行育肥39天，头均增重27.8千克，头均获利65.75元，投入产出比1：1.84。证明用草场放牧，利用农副产品、农作物秸秆加工处理后饲喂，可在短期内育肥。1994~1998年，威宁县麻乍乡戛利村推行秸秆养牛、种草养牛，全村黄牛存栏从523头增到701头，增长34%，出栏从115头增到670头，增加4.8倍，户均出栏1.37头，出栏率43%。

## 三　马

**养马业** 养马历史悠久。赫章县可乐西汉墓葬出土文物中有马的骨骼，其墓砖有马车、人骑马的图像，说明秦汉时代，马已用于生产和生活中。另据史料记载，各族人民，尤其是彝族先民，早以养马著称。所养马匹，除役用外，还作为交通工具，用于生活、战争。据《大定府志》载：蜀汉诸葛武侯经营南中时，夷人“出其金银、丹漆、耕牛、战马，给军国之用”。据《中国现代养马》载：“唐宋以来，蜀马、大理马、黔西马均以良马知名，并在各地设马市，以茶盐换马匹。”《贵州古代史》载：“自唐宋以来，各王朝均在贵州购买以马匹作为军用”。南宋时，成为重要的军马供应地之一。宋周去非《岭外代答》载“产马之国，曰大理、自杞、罗殿、毗那（今织金县）。”宋时还有“西南夷自昔出良马，而产于罗鬼者尤良”的记载。元至元二十年（1283）在今黔西、大方一带建立亦奚不薛牧马场。元、明两代，仍沿袭旧例设马市。明代在政权机构内增设管理马匹交易的官员。据《明实录·太祖洪武实录》载：洪武十七年到二十九年，从输出马3.3万匹；霭翠及其妻奢香、子安的上贡马匹2929匹。输出马匹延续到嘉靖年间，历时近200年。清代养马业仍有发展。民国时期，马仍是主要的交通、运输动力。1949年，全专区存栏马7.14万匹。20世纪50年代，全专区年均存栏马8.17万匹，比1949年增21.9%。60年代年均存栏8.73万匹。70年代年均存栏14.99万匹，比60年代增71.6%。80年代，年均存栏22.03万匹，比70年代增47%。90年代后，乡村汽车运输量增多，马运输量下降，养马业发展减缓。90年代，全地区年均马存栏23.87万匹，比80年代增8.4%。2000~2005年，年均马存栏25.67万匹，比前10年年均数增7.5%。2005年，全区马属牲畜共24.3万匹，其中驴796匹，骡7968匹。

品种与改良 1.品种。《大定府志》及《黔书》载，马有水西马和乌蒙马两个地方品种。据《中国近代农业科技史》载：晚清，国内有水西马、乌蒙马、蒙古马和南番马四个品种有名，水西马主要分布在贵州，乌蒙马主要分布在云南。20世纪50~80年代，贵州省农业厅多次组织调查全省马品种。查明贵州西部的毕节、六盘水、黔西南等地马均属西南山地型，是国内主要的马品种，名为黔西马。安顺、贵阳、黔南等地亦有饲养，编入《中国马品种志》，名为贵州马。1994年，全省有黔西马75.9万匹，毕节地区占35.1%。其体格矮小，外貌清秀，体质结实，行动敏捷，温驯而悍威。毛色以栗骝色为主。黔西马耐粗饲，适应性强，劳力、挽力和驮载能力强，速度快。驮马一般1.5岁开始使役，载重可超体重的50%。据测定，中等个体成年驮马（公）负重100千克，日行20~30千米，行走于群山小道之间，稳健灵活；挽马自3岁使役，成年挽马能拉750千克，日行20~30千米，使役年龄超25年。作为乘骑，行走快速而稳当。在黔西、大方、纳雍县的养马区内，有一种体高1米左右，体重仅100~125千克的小型矮马，能驮80~100千克。

2.品种改良。20世纪50年代，专区建种马场、各县建畜禽品改机构先后引进阿拉伯马、卡巴金马、卡玛拉依马、蒙古马、伊犁马，与本地马进行杂交改良。地区种马场引进良种马进行繁殖。60年代，各县从北方引进驴与本地马杂交，繁殖骡。20世纪90年代，终止对地方马品种的改良。

马饲养技术 草山草场比较宽的高寒地带，常年以放牧为主，农区则为放牧与圈养相结合。马饲草主要是青草、稻草及玉米秸秆，饲料多以玉米、榄豆为主，一般在使役时加喂。农家养马，一般有添加夜草习惯，民间有“马无夜草不肥”的经验。冬天喂温水，热天喂冷水，冬春喂农作物秸秆，夏秋以割山草喂为主。补料有食槽，饮水有缸，草铡短后与细料拌匀喂。运输用马外出亦戴上嘴袋装料，夜归圈槽喂，每夜添草两次，出工前喂一次精料。常打扫马厩环境卫生，对马匹常刷常洗，修蹄钉掌，以保持马匹膘力及精力，供劳作时使役。

## 四 羊

羊的生产 是贵州省主要产羊区。从近代赫章县可乐出土西汉时期的陶羊、东汉时期的铜羊和用羊毛擀制的毡衣等文物，说明秦汉时期养羊业已具有一定规模。宋元时期，毡衣已成为贡品。元至元二十七年（1290），一次进贡毡衣1000领。明洪武十七年（1384），乌撒的毡衣被纳入赋税。清代，羊毛成为出口商品。民国时期，威宁毛制品有毡、毯、呢、线及线织品，有专门生产的合作社、作坊，全县从业人员达3000多人。历史上，半产品多为毛、皮产品。

1949年全省绵羊存栏14.31万只，毕节专区12.06万只，占84.3%；全省山羊存栏23.58万只，毕节专区13.62万只，占57.8%。中华人民共和国成立后，20世纪50年代，全专区年均羊存栏36.57万只，出栏5.49万只，比1948年增42.4%和42.2%，出栏率15.8%。60年代，年均羊存栏46.73万只，出栏7.01万只，比50年代增27.8%和27.7%，出栏率15.7%。70年代，羊年均存栏63.02万只，出栏9.46万只，比60年代增34.8%和34.9%，出栏率15.2%。80年代，羊年均存栏70.32万只，出栏16.34万只，比70年代增11.6%和72.7%，出栏率23.5%。1989年存栏绵羊36.42万只，是近半个世纪中最高的年份。90年代，羊年均存栏60.67万只，出栏18.22万只，与80年代比较，存栏数减13.6%，出栏数增11.6%，出栏率34.6%。2000~2005年，羊年均存栏76.23万只，出栏35.92万只，比90年代增25.5%和97.0%，出栏率49.4%；羊存栏数、出栏数、出栏率均为历史最高时期。2005年全区羊存栏84.23万只，出栏43.24万只，出栏率52.3%，除绵羊外，均创历史最高水平。2010年，羊存栏75.03万只、出栏34.84万只。

**绵羊** 1.羊毛产量。本地绵羊系粗毛体系，异质毛被，多为农家擀毡用。20世纪50年代后，改良绵羊，绵羊毛被由粗毛逐步改良成细毛和半细毛，产量增加。1971年，全地区产羊毛93.1吨；1971~1975年，全地区年均产羊毛171.82吨；1976~1980年，年均产羊毛311.1吨；1981~1985年，年均产羊毛357.94吨；1986~1990年，年均产羊毛750.74吨。1989年产羊毛958吨，创历史最高纪录。1990年后，毛产量下降，1998年365吨，与80年代初的产量相当；2001年404吨，2005年375吨，半细毛占79.7%。2010年，羊毛产量405吨。

2.地方品种。绵羊地方品种为威宁绵羊，属藏系山谷型粗毛羊，主产威宁，赫章、毕节、大方、纳雍、织金以及水城、盘县等地亦有分布。威宁绵羊适应性强，行动灵活，异质毛被，由中粗毛、两型毛、绒毛等多种纤维组成。全身被毛覆盖较差，母羊全年产毛0.6~0.75千克，公羊1.32千克。秋季发情配种，次年产羔，一般为一年一胎一羔；双羔率5%~10%，产羔率78%~82%，成年去势羊屠宰率为45.3%。

3.品种引进。民国31年（1942），中央畜牧实验所与贵州省合作，在威宁建立绵羊场，引进兰布莱羊，利用杂交改良本地绵羊。20世纪50年代引进考力代羊、新疆细毛羊、斯达夫洛波羊、美利奴羊、新哈杂交羊。70年代引进罗姆尼羊。80年代，引进考力代、罗姆尼羊。90年代引进小尾寒羊。1958年从新疆引进优良细毛羊品种2000多只，80年代引进罗姆尼羊1770只，主要放在威宁种羊场、地区牧垦场等国营牧场饲养。引进品种多数作为父本与本地绵羊杂交改良；考力代羊、罗姆尼羊、小尾寒羊等经驯化后，推广用于生产。

4.细毛羊品种选育。1959年，威宁、赫章、毕节、大方、纳雍县畜牧局及威宁种羊场、地区牧垦场，分别用美利奴羊、斯达夫洛波羊、新疆细毛羊做父本，与本地母羊杂交，培育细毛杂交羊。1964年后，威宁雪山牧场、新山牧场及甘家院牧场建立绵羊改良点。在几个杂交组合中，选出威宁绵羊×美利奴（简称美本杂）细毛羊，在社队饲养条件下，每只年产毛量2.9千克，主体细度为60~64支纱，1973年，威宁县有6万多只，占当年绵羊存栏数的40.6%。1974~1976年，威宁县畜牧局在县内进行杂交羊鉴定和分类整群，累计鉴定6.87万只，细毛杂种羊82.4%，同质和基本同质的一、二类细毛杂种母羊达62.1%，三类为21.6%，四类为16.3%。鉴定分类后，生产上直接应用一、二类母羊，继续改良三类母羊，淘汰四类母羊。

5.贵州半细毛羊培育。1973年，国家农业部将贵州划属西南半细毛羊改良区。10月，成立贵州半细毛羊育种协作组，由省牧科所主持，毕节地区牧科所，威宁、赫章、毕节、大方等县畜牧局，威宁种羊场，地区牧垦场参加。协作组拟定《贵州半细毛羊培育方案》，其育种方法是：以考力代、罗姆尼、林肯羊等半细毛羊品种为父本，与培育中的美本杂（本地绵羊×美利奴）细毛羊一级母羊杂交。毕节地区利用美国考力代羊与本地绵羊杂交取得成果，开展培育，进展较快。1979年，选育出基本符合育种目标的考细杂组合：（威宁绵羊×美利奴）×考力代。是年，贵州省被列为国家半细毛羊基地，主要基地是毕节地区。1982年，全地区以考细杂为主的半细毛羊繁殖到3.4万多只，占绵羊存栏数的12.6%。通过鉴定，作为阶段成果推广。1984~1990年，省、地科委将《贵州半细毛羊培育阶段成果推广》列为重点项目。项目由毕节地区牧科所主持，抽调35名技术干部组成协作组，在威宁种羊场、地区牧垦场以横交固定方式培育贵州半细毛羊品种核心群；同时在威宁、赫章、毕节、大方的13个区17个乡扶持养羊科技示范户162户，建立贵州半细毛羊育种片区。通过互交选择，羊群基本达到一、二级。1990年测定，一级母羊占56.2%，其体形外貌、繁殖性能、产毛性能和羊毛品质，达到育种目标，对的自然生态条件和粗放的生产管理方式具有良好的适应性，羊毛同质率90%左右，羊毛主体细度为56支纱，遗传性能基本稳定。同期内调剂种羊1.2万只，发展重点、专业、养羊示范户1277户，推广扩大贵州半细毛羊种群。1990年，全地区半细毛羊17.64万只，比1982年增4.2倍，占绵羊总数的50.1%。1971年，全地区24.77万只绵羊产毛93.1吨，以粗羊毛为主。1990年全地区35.23万只羊产毛量767.7吨，半细羊毛53.9%。同期内羊只增42.2%、羊毛增7.24倍。

6.饲养技术。历史上，以家庭饲养为主，多与牛马共同放牧。配种、产羔季节，补饲少量精料。中华人民共和国成立后，改进饲养技术。1958年地区牧垦场开始研究提高绵羊饲养管理技术。1981年，总结出合理利用草场，控制载畜量；抓好放牧，适当补饲精料；根据气候条件，调整产羔期；及时防治疾病及驱虫灭疥；加强个体选择，加快羊群更新，缩短世代间隔；普及人工授精技术，充分利用优良种公羊，提高群体生产性的管理技术。60年代起，饲养细毛羊和半细毛羊500只左右。1963年平均只产毛2.3千克，1972年3.87千克，1981年5.16千克。1984~1987年，赫章县畜牧局采取发展养羊科技示范户和专业户，进行适度规模经营种草与养羊结合，弥补饲草不足；加强技术服务，防治羊疾病等措施，扶持904户，种草5万多亩，增加饲草10万多吨，每户养羊20~30只，驱虫灭疥11.98万只次，绵羊死亡率下降到1.8%，全县绵羊总数增加。1983~1990年，甘肃草原生态研究所、威宁县畜牧局在威宁灼圃及塔山联合开展人工种草示范，以“绵羊宿营法”改良草地。1987年，18户科技示范户承包人工草场7000亩，养绵羊3500只，商品率达95%。

山羊 1.品种。山羊，属南方山地型，地方品种有威宁、毕节、大方、赫章、纳雍黑山羊，金沙沙土麻羊及马头山羊、蓑衣山羊、白山羊，以威宁黑山羊为代表品种。据《威宁自治县志》载，黑山羊曾作为贡品。20世纪80年代，省畜牧局组织调查，将毕节地区、六盘水市的黑山羊归并定名为贵州黑山羊；金沙县沙土麻羊归并入黔北麻羊。马头山羊无角、颌下有须，主产威宁、赫章。1997年地区品改站调查，占存栏山羊的8%左右。马头山羊生长发育快，羊肉膻味轻。1988~1992年，地区牧科所在赫章县石板河苗族乡研究马头山羊的繁殖与推广，扶持100户科技养羊示范户，每户饲养羊30只。系统观察与测试马头山羊的习性及生长发育过程，提出相应的繁殖和饲养管理技术。1988年，马头山羊1900只，占山羊总数的6%，1992年5000只，占山羊总数的50%。1997年，赫章县马头山羊的比例占山羊总数的13.1%。

2.黑山羊本品种选育。1998~2001年，地区牧科所在赫章县兴发、古达、雉街，织金县实兴、桂果，纳雍县雍熙，毕节市何官屯、对坡8个乡镇，建立黑山羊核心群、基础群，进行开放式选育，建成3万只优质羊组成的品种群，每年向社会提供优质种羊6000多只，商品羊1.4万多只。

3.品种引进。50~60年代，各县曾引进白色奶山羊饲养，并与本地黑山羊杂交，得杂种白山羊。2003年，引进波尔山羊27只，设人工授精点，改良本地黑山羊。

4.养殖技术。饲养山羊，历来以放牧为主，收牧后与其他家畜混圈饲养。1985~1995年，地区牧科所蹲点调查农村养羊，总结推广选种选配、适度规模饲养、种草和秸秆加工技术、强化春秋驱虫防治疾病，推广改湿圈混养为干暖单圈饲养；改全放牧为因地制宜，放牧与舍饲相结合；改扔地草为筐、架装草补饲；改靠天养羊为合理补盐补料。1994~1997年，地区牧科所承担省计委下达毕节地区黑山羊生产技术开发项目，在区内5个县市14个乡镇实施，推广上述饲养技术。14个乡镇的山羊存栏数由3.5万只发展到5.5万只，年出栏1万多只，累计向省内外提供优良种羊1万多只。三年累计羊产值1950万元，养羊纯收入850多万元。1997~1998年，地区牧科所在全区8县市100个乡镇实施黑山羊基地建设项目，建立商品羊生产示范基地。项目实施两年，年平均存栏黑山羊11.71万只，其中能繁母羊9.99万只，出栏商品羊10.2万只，与项目实施前三年年均数比较，分别增107.8%、142.4%和179.6%。养羊总产值年均4516.76万元，养羊直接收入2517.17万元，户均1678.11元。

## 五　兔

**养兔业**　清代，已有养兔的记载。中华人民共和国成立后，养兔业有所发展。1958年，毕节地区引进安哥拉等品种饲养。1962年曾发展到10多万只。1963年，养兔业衰落。70年代后期，国际市场兔毛价格上涨，刺激养兔业发展。1980~1982年、1985~1986年，区内出现饲养长毛兔热潮。1982年，饲养超10万只，产兔毛超10吨。养兔业发展较快的毕节县燕子口区，当年收购兔毛5吨多。1998年，全地区兔存栏8.35万只，出栏4.44万只，兔肉产量67吨；2005年全地区兔存栏4.05万只，出栏3.43万只，兔肉产量51吨。

**品种引进**　兔的地方品种为短毛兔，属皮肉兼用品种，被毛多为白色，耐粗饲，抗病繁殖力强。20世纪50年代后引进毛用兔种安哥拉兔、皮肉兼用品种青紫蓝兔，著名中型皮用品种力克斯兔、中型皮肉兼用品种日本大耳兔、西德长毛兔饲养。上述引进品种，多为70年代以来地区内饲养量较多的品种。

**饲养与管理**　农民养兔，一般采用笼养。笼3~4层，兔笼一般宽50厘米，高60厘米，长70厘米，每层长度按地势安排。笼内底板多用竹片制成，留有缝隙，底板下设置倾斜粪板，同时按兔笼的长宽比例，备置产仔箱。饲养多是以青草料为主，精料为辅；青料优质多样化，精料多品种。合理搭配含蛋白质高的混合饲料。有经验的农民对饲草进行清洗、切细，对饲料进行粉碎，定时定量，区别饲喂，提高草料的适口性和利用率。每天清扫兔笼两次，并经常用白矾水、漂白粉、来苏水等消毒药品消毒，保持兔笼干燥、无恶臭，随时观察兔的生产情况。

## 六　家　禽

**鸡**　1.生产。赫章可乐出土的汉代文物中有陶鸡，证明养鸡已有2000多年历史。2005年，全地区鸡存栏1190.57万只，出栏931.32万只，分别占家禽存、出栏数的85.4%和85.5%。中华人民共和国成立初，全专区鸡肉占肉类产量的1%左右，90年代上升到3%~4%；2005年达4.5%。50年代初期，全专区年均产鸡蛋100吨左右，2005年达1.71万吨。

2.品种。（1）地方品种选育。肉鸡地方品种有威宁黄鸡、毕节黄鸡、芦花鸡、乌骨鸡、竹斑鸡。优良品种为威宁黄鸡和乌骨鸡。威宁黄鸡主产于威宁县大街、龙街，赫章、水城县有分布，1996年普查有144.23万只。威宁黄鸡耐粗、耐寒、耐潮，体质结实，结构均匀，骨骼粗壮，羽毛紧密。公鸡羽毛色黄红，成年鸡体重2.4千克；母鸡羽毛多为黄麻，成年鸡体重1.9千克，年产蛋75~120枚，蛋重54~64克。本地乌骨鸡主要散养于农家。1993年，毕节地区牧科所征集和扩群选育本地乌骨鸡，闭锁繁育原种群。1998年完成4个代次选育，存栏乌骨种鸡800多只，每年提供种鸡5万余只。乌性率从67.1%提高到88.2%，黄羽自繁后代羽色纯合度55.5%，定名为黄羽乌蒙乌骨鸡。20周龄体重1586克左右，年产蛋近130枚，蛋重44.3克。

（2）品种引进。20世纪50~90年代，先后引进来航鸡、金华洛克鸡、洛岛红鸡、芦花鸡、新汉县鸡、澳洲黑鸡、贵农黄鸡、伊莎褐壳蛋鸡、罗曼褐壳鸡和艾维茵肉鸡。引进推广品种，多与本地鸡合群饲养，以改良本地品种。农户饲养的杂交鸡，个体大，产蛋量和产肉量增多。90年代引进法国伊莎公司育成的蛋用品种鸡伊莎褐壳蛋鸡，年产蛋280余枚，蛋重60~65克，成年母鸡体重2.25千克左右，适应性强。

3.饲养技术。传统饲养法，以鸡灶式饲养为主，忙时则让其自由觅食，多数地方农民至今还在沿用此种饲养方法。20世纪80年代以来，农村、城郊涌现许多养鸡场、养鸡专业户，运用现代饲养管理技术，在干燥、便于排水、日照条件好的地方修建鸡场，以集群方式，采购饲料饲养。采用热水袋、煤油灯、温室或孵化机进行孵化。孵化前注重种蛋的选择、保存、运输、消毒，孵化时掌握好适宜温度、湿度，搞好通风换气、翻蛋和凉蛋。对雏鸡、成鸡、产蛋鸡及肉鸡的饲养管理，根据其生理特点采取不同措施。雏鸡出壳至7日龄，温度32℃~35℃，以后每周降低2~3℃,直至与气温一致；室内相对湿度为55%~60%；密度（只/平方米）按周龄掌握，1~2周龄40~30只，3~4周龄30~20只，5~6周龄20~15只。并且有相应的饲料营养搭配标准，同时强化鸡新城疫预防与其他疾病防治。育成期，每天保证有8小时光照，每平方米鸡舍养5~6只，根据生产方向给予营养搭配。产蛋鸡从20周龄开始，每周增加1小时光照，直至每天16~17小时，并根据产蛋量适当增减饲料，控制进食，及时育肥出售淘汰鸡。饲养肉用鸡，采用平养不换垫料，日粮供应采用高能量蛋白饲料，自由采食和饮水，少喂勤添，多次供料；生产上采用全进全出制，适时出售或屠宰。

**鸭**　鸭的地方品种为麻鸭，引进品种有北京鸭、康贝尔鸭、樱桃谷鸭。1998年，全地区存栏66.73万只；2005年存栏108.98万只，出栏44.78万只。1991年，全地区产鸭蛋1235.6吨，占禽蛋产量的11%；2005年产鸭蛋1823吨，占禽蛋产量的10.6%。养鸭户普遍采取自由放牧与舍饲相结合，饲养混合雏鸭，早期育肥多余公鸭上市，中期进行鸭种及商品蛋生产，后期强化饲养育肥。鸭补饲较少，饮料营养单一，管理较粗放。一些养鸭大户采用谷壳炒热保温批量孵化繁殖，效果良好；饲养雏鸭，用碎玉米煮熟喂养，周龄日喂5次，2周龄日喂4次，3周龄日喂3次，三周后赶小鸭到水田放养。饲养种鸭，春季延长放牧时间，补以谷物、糠及动物性饲料；夏季注意防暑；秋季换羽后继续产蛋，及时补充饲料；冬季上午迟放，下午早收，补充饲料。注意防治鸭病。

**鹅** 鹅地方品种，有灰鹅和白鹅，曾引进狮头鹅。优良地方品种为织金白鹅，成年公鹅体重4.5～5.5千克，最重6.5千克，成年母鹅体3.5~4.5千克，年均产蛋45枚，蛋均重165克。1996年，地区作种鹅品种普查，织金白鹅存栏25万只，占全地区鹅存栏数的90%左右。全地区鹅生产发展较快，1990年存栏数4万多只，1998年为36万只；2005年93.86万只，出栏29.17万只，产鹅蛋1040吨。农户饲养鹅，饲养规模小、管理粗放，以放牧自由采食为主。鹅主要食草，适应性强，各地都有饲养。1990年，地区牧科所在毕节县朱昌镇进行人工孵化鹅试验，总结出塑料袋水温平箱孵化技术。先在毕节县推广，效果很好，随后开展研究综合饲养技术。1992年，在朱昌镇进行短期育肥鹅试验，80日龄鹅即可出售，比一般饲养方法缩短一半时间。此技术在地区内推广，收效好。1994年，地区牧科所引入雏鹅1200只，投放到农村作饲养示范，户养30~50只鹅的效益较好；多喂青饲料，少喂精料，投入产出比为1：1.92。1995年，在毕节市海子街镇发展养鹅专业户235户，饲养商品鹅5.7万只，同时建成一座年产雏鹅10万只的孵化室。1996年，黔西县钟山乡小坝村建成养鹅专业村，其产品大量销往广东、海南。是年，织金县实兴乡建成4000多只种鹅群基地。1997年，赫章县古达乡建成1万只鹅的供种孵化场。

毕节县八寨镇林下养禽

## 2005～2010年毕节地区畜牧生产产量

| 指标 | 单位 | 2005 | 2006 | 2007 | 2008 | 2009 | 2010 |
|---|---|---|---|---|---|---|---|
| 肉类总产量 | 吨 | 350815 | 294189 | 263037 | 284080 | 306806 | 319240 |
| #猪肉 | 吨 | 299765 | 253447 | 223827 | 241702 | 260426 | 269447 |
| 牛肉 | 吨 | 25057 | 14754 | 15852 | 19022 | 20600 | 21990 |
| 羊肉 | 吨 | 6484 | 3896 | 3719 | 4548 | 4893 | 5400 |
| 家禽肉 | 吨 | 16304 | 20302 | 17531 | 18809 | 20796 | 19075 |
| 奶类产量 | 吨 | 426 | 417 | 480 | 447 | 421 | 35 |
| 山羊毛产量 | 吨 | 8 | 8 | 8 | 5 | 9 | 49 |
| 绵羊毛产量 | 吨 | 367 | 366 | 359 | 346 | 400 | 405 |
| 蜂蜜产量 | 吨 | 41 | 46 | 52 | 65 | 88 | 177 |
| 蚕茧产量 | 吨 | 137 | 281 | 212 | 115 | 232 | 58 |
| 禽蛋产量 | 吨 | 19982 | 14545 | 14995 | 24503 | 18143 | 25414 |
| 大牲畜出栏头数 | 头 | 245999 | 136218 | 143322 | 181753 | 218069 | 215783 |
| #牛出栏头数 | 头 | 208821 | 117097 | 121941 | 147227 | 183195 | 173844 |
| 猪年出栏数 | 头 | 3033911 | 2570462 | 2319454 | 2505010 | 2764701 | 2743435 |
| 羊年出栏数 | 只 | 432412 | 233276 | 220693 | 272929 | 290745 | 348414 |
| 家禽出栏数 | 只 | 10869206 | 11775980 | 10342693 | 11364832 | 12635459 | 12772974 |
| 大牲畜存栏头数 | 头 | 1563079 | 1048957 | 1060051 | 1174340 | 1177891 | 1128392 |
| #牛存栏头数 | 头 | 1320063 | 807566 | 831792 | 945110 | 974405 | 937521 |
| 猪年末存栏数 | 头 | 3999519 | 2888160 | 2863524 | 3300214 | 3215125 | 3183010 |
| #能繁殖的母畜 | 头 | 309101 | 231053 | 243400 | 362796 | 380343 | 331519 |
| 羊年末存栏数 | 只 | 842297 | 402199 | 409439 | 583243 | 656080 | 750265 |
| 家禽存栏 | 只 | 13934158 | 11432990 | 11730133 | 12999513 | 13901026 | 13543257 |

注：2006~2007年数据根据第二次农业普查结果进行了调整

# 第四节　饲草　饲料

## 一　饲　草

**草场**　20世纪50年代初期，区内有天然草场1230万亩、占土地面积的34.3%。至2005年的50余年间，由于开垦耕地，营造森林和利用牧草，草场面积、草地质量均明显变化。1957年，全专区有草场1127.85万亩，比50年代初减8.3%。1985年共有草场744.98万亩，比1957年减33.9%。其中500~1000亩的892片，1000~5000亩的787片，5000~1万亩的153片，1万亩以上的43片。主要分布在地区西部，中部次之，东部较少，1万亩以上的连片草场各县均有，威宁县23片，最多。80年代后期，加强生态建设，加速植树造林，森林覆盖率上升，草场面积下降，1992年为666.9万亩，比1985年减10.5%。1993年，实施退耕还林还草，草场面积有所增加，1998年747.4万亩，比1992年增12.1%。2002年全地区每年退耕还草4万多亩。2008年，全区有天然草地747.3万亩、林间草地390余万亩，宜牧荒山荒坡330余万亩。

**天然牧草资源**　1.草场资源。1975年，贵阳师院教授黄威廉参加贵州省农业地理调查队毕节分队，调查毕节地区草场资源，撰写《毕节地区草场资源利用评价与畜牧业发展》，将草场划分为草场型、草场亚型和草场组3级。并将草场型草场划分为草坡草场、灌丛草场和疏林草场；按地势、地貌和林种，将草场亚型草场划分为11个；以次生植物群落的优势品种划分草场组44个。

（1）草坡草场。含五个草场亚型、18个草场组。高原草坡草场：含羊茅、知风草草坡草场；画眉草、白草草坡草场；野古草、火绒草草坡草场；野韭菜、马先蒿草坡草场。高中山草坡草场：含鸭茅、蕨草坡草场；青茅、鹅冠草草坡草场；雀麦、翻白草草坡草场；火绒草、白蒿草坡草场。低中山草坡草场：含五节芒、白茅草坡草场；白茅、芒箕草坡草场；营草、野古草草坡草场；芒草、蕨草坡草场。丘陵低山草坡草场：含拟金茅、黄茅草坡草场；细柄草、白茅草坡草场；五节芒、拟金茅草坡草场；蕨、沙草草坡草场。河谷草坡草场：含白草、画眉草草坡草场；五节芒、芦苇草坡草场。

（2）灌丛草坡草场。含4个草场亚型、20个草场组。高原灌丛草坡草场：含高山栎、杜鹃灌丛草坡草场；高山柳、蕨灌丛草坡草场；冷箭竹、杜鹃、苔草灌丛草坡草场；杜鹃、栒子灌丛草坡草场。高中山灌丛草坡草场：含杜鹃、乌饭树灌丛草坡草场；高山栎、小叶山柳灌丛草坡草场；矮杨梅、南烛灌丛草坡草场；红果蔷薇、栒子灌丛草坡草场。低中山灌丛草坡草场：含胡枝子、榛子灌丛草坡草场；毛栗、盐肤子灌丛草坡草场；小果蔷薇、红子藤刺灌丛草坡草场；红子、青刺尖藤刺灌丛草坡草场；化香、盐肤木灌丛草坡草场；槲栎、蕨灌丛草坡草场。丘陵低山灌丛草坡草场：含白栎、芒箕灌丛草坡草场；栎、白茅灌丛草坡草场；映山红、小果南烛灌丛草坡草场；红子、云实藤刺灌丛草坡草场；夹迷、鼠李灌丛草坡草场；小果蔷薇、金樱子藤刺灌丛草坡草场。地区内以灌丛草场分布广、面积大。

（3）疏林草场。含2个草场型，7个草场组。针叶疏林草场：含青松（华山松）、黄松（云南松）疏林草场、马尾松疏林草场、杉木疏林草场、柏木疏林草场。阔叶疏林草场：含高山栎疏林草场、栎类（栓皮栎、麻栎）疏林草场、杂木（桦木、白杨、瑞香）疏林草场。各草场组中，羊茅、知风草草坡草场，画眉草、百草草坡草场，野青茅、鹅冠草草坡草场，五节芒、白茅草坡草场，菅草、野古草草坡草场，雀麦、翻白草草坡草场为一等草场。其草群质量优良，禾本科、豆科牧草占50%以上，莎草科、菊科、杂草及灌木占30%，草群利用率60%，鲜草亩产量250千克以上，坡度10度以下，水源较近。威宁、赫章12个最大草场中，一等牧地为百草坪草场、板底草场和灼圃草场；二等牧地为斗姆凶草场、西凉山草场、梅花山草场、雨磨山草场、韭菜坪草场；三等牧地为大老岭草场、麻窝山草场、银厂草场、岔河草场。威宁草海周围分布有湖滨莎草杂类沼泽草地，是贵州省内这种类型草地的主要集中分区。

1981~1985年，调查草场资源，全地区各类草场744.98万亩，占总土地面积的18.5%，其中草坡草场占33.8%，灌丛草坡草场占48.8%，疏林地草场占9%，零星草场占6.3%，人工草场占2.1%。草场，面积从零星到相对较大，万亩以上草场，65.2%分布在2000~2900.6米地带，其余分布在1600~2100米地带。牧草枯黄期，在3~6个月内，随海拔升高而增长。草场质量和利用率随海拔升高而降低。饲草资源，除各类草场外，还有田坎、田边、地边、路边、沟边、河边零星分散土地和休闲地生长大量优质牧草，是农区草食牲畜饲草的主要来源。1984年，地区鲜草产量，草场285万吨，田土坎等零星分散地127万吨，农耕地126万吨，后两类鲜草产量占鲜草总产量的47%。天然草场牧草的利用率较后二者低。2008年，全区天然草地，年可产草300多万吨，宜牧荒草坡和林间草地，年产草360余万吨，改良型草地和人工种草地，年产鲜草175余万吨。

2.牧草资源。1956年，省高寒山区工作组和毕节农试站调查牧草，发现39种有发展和利用价值。1975年，贵州省农业地理调查队毕节分队调查发现有主要牧草136种。1980~1984年调查，全地区有牧草45科378种，其中常见的178种：含多年生牧草108种，二年生23种，一年生39种，水生草本饲草8种；优良牧草51种，其中多年生的有羊茅、青茅、香茅、黄茅、鼠尾草、疏花雀麦、白草、五节芒、鸭嘴草、知风草、雀稗、柳叶箬、结缕草、狗牙根、三叶草、牧地香豌豆、苜蓿、黑麦草、芒草、细柄草、百脉根、杏叶沙参、西伯利亚三芒草、细叶白脉根、窄穗鹅冠草、紫花苜蓿、黄花三叶草（出血草）、黄花苜蓿。二年生的有白顶早熟禾、锡金早熟禾、紫云英、野豌豆、卵花甜茅、草木樨、天篮、黄花野豌豆、广西野豌豆。一年生的有看麦娘、弓果禾、熟地草（1、2）、大狗尾草、小狗尾草、早熟禾、剪股颖、画眉草、尽草、蟋蟀草、柔枝莠竹、鸡眼草。水生饲草有水葫芦。另外，可供牲畜采食枝叶或叶片的还有藤本、灌木、乔木和竹类共70种。其中优良的有葛藤、粉葛藤、白刺花马棘、小槐花、锦鸡儿、山蚂蝗、胡枝子、刺梨。

**草场建设**　1.人工草场。人工种草分：农户采用粮草间套作和林草间作的方法种植饲草；在原有以禾本科牧草为主的天然草场上，播种豆科牧草，称人工改良草场；对原有的天然草场耕犁后，混播禾本科和豆科牧草。1953年，威宁县灼圃乡试种牧草2亩，获得成功。50年代中、后期，威宁种羊场和马干山牧垦场开始种植牧草，最多时种2000亩。20世纪60~70年代，威宁县一些社办牧场，曾种植牧草。1980年，国家农业部畜牧总局、中国民航总局专业航空局，协助贵州省在威宁县龙街区飞播牧草；次年全国有16个省、区的代表在威宁召开飞播牧草现场会，对在威宁飞播牧草成功予以肯定。至1985年，全地区累计种草45.9万亩，其中飞播11.8万亩，威宁灼圃草场飞播当年成苗67.7%，亩产鲜草793千克，次年亩产鲜草1000多千克，为天然草场鲜草产量的5~7倍；牧草粗蛋白含量提高8.4~11.4倍；植被覆盖增35%；土壤中的氮、磷、钾和有机质含量分别提高56%、133.3%、30.1%和27%。1985年，毕节地区被评为全国草地建设先进地区，受国家农牧渔业部奖励。1990年，全地区累计种草75万亩，其中规范化管理，轮区放牧，效益显著的草场3万亩；以人工播种牧草草场为主的13.2万亩；部分播种牧草的40.8万亩。1999年，中共中央、国务院决定在西部地区实施退耕还林还草工程。2000~2001年，大方、黔西、赫章县启动实施，2002年其余5个县实施。2000~2005年，全地区人工种草108.99万亩，2005年人工种草24.35万亩，配套养牛8.46万头，养羊8.03万只，养猪14.6万头，养禽38.29万只。2008年，全区有改良型草地和人工种草保留面积70万亩。

2.草地畜牧业建设。1983年，威宁县被国家列为南方草地畜牧业建设项目试点县。项目由甘肃省草原生态研究所主持，贵州省畜牧局、威宁县畜牧局、贵州农学院参加。试验在威宁灼圃、马踏、高峰、瓜拉、戛利草场进行。研究在威宁自然条件下人工草场的丰产栽培技术、防止人工草场退化技术、草场配套养畜禽技术。至1985年，新建和改良人工草场3.3万亩，草种基地900亩，草地工程围栏2.77万亩，周长4.82万米，饲养黑本杂交牛和黄牛2608头，半细毛羊1.55万只；收获干草3570吨，草种338.1吨，出栏牛784头、绵羊1.21万只，产羊毛121吨、鲜奶154吨，畜产品产值338.3万元。同时提出人工草地丰产栽培、防止退化、配套养畜技术。1986年，贵州省农业厅与甘肃草原生态研究所联合，在威宁建立贵州省高原草地试验站，实施国家“七·五”科技重点项目“云贵高原草地养畜试验”。3月，草地试验站和威宁县在灼圃建立6户联营示范牧场。示范场以专业户为经营单位，实行以户独立经营核算，自负盈亏。到1990年，牧场种植和改良草场1.01万亩，专业户由6户增到18户，共承包草场7000亩，年均饲养绵羊、牛、猪、兔等3500多只（头），商品率达95%，户均收入为当地农民的10倍，并为人工草地建设，天然草地改良及草畜配套发展，提出有效措施。5年间为全省培训技术干部和农民技术骨干1.2万人次，为全省输送人才，提供草地建设和草畜配套发展经验，发挥示范作用。是年，美国凯尔集团与中国农业部签署贵州省威宁自治县草地绵羊项目协议，要求在威宁灼圃、雪山退耕种植草地1500亩，至1989年，人工草地植被覆盖率比天然草场提高35%，优良牧草90%以上，牧草产量比天然草地高9~12倍，牧草粗蛋白比天然草场高36.7%。1990年4月，中国国际经济技术交流中心在山东省召开国外民间组织工作交流会，充分肯定威宁种草项目。是年下半年，澳大利亚凯尔组织派专人到威宁参与凯尔项目工作，并由凯尔项目经理聘请美国、澳大利亚专家到威宁实地考察设计第二阶段凯尔项目。是年，省、地科委将“织金县轿子山草场建设与利用”列为“七·五”星火计划项目，由贵州农学院与织金县畜牧局承担。先在轿子山建立3093亩人工草地中心示范场，将种草技术、饲草青贮技术、晒制干草及保藏技术、牲畜饲养管理及疫病防治技术等融为一体，总结提出草地建设及草畜配套发展经验。将中心场周围的草地承包给农户经营，中心示范场负责技术服务，承包户均取得显著的经济效益。2010年，编制《毕节地区草地生态畜牧业发展规划（2010～2015）》，整合资金3亿元发展草地生态畜牧业。

3.引种推广牧草。1955年，省高寒山区工作组引进紫花苜蓿等5种牧草，在大定县农场种植，紫花苜蓿、意大利黑麦草和高牛尾草，抗寒、耐瘠，鲜草产量高。是年，威宁种羊场引进牧草鉴定，红三叶、白三叶、黑麦草适应凉山地带气候条件，三种牧草混播，比单一播种鲜草产量高。1957~1959年，马干山牧垦场引进数十种牧草种植试验，适应当地自然条件的有红三叶、白三叶、黑麦草、鸭茅等，以两种以上混播，鲜草产量高产稳产。此后，均在场内大面积种植。以后，推广到专区内的一些集体牧场。20世纪70年代开始，地区牧科所、地区饲草饲料站、省高原草地试验站、织金县畜牧局、威宁县草地站引进牧草数十种，经试验后推广用于生产。70年代有聚合草、串叶松香草；1980年，有球茎草芦、多年生黑麦草、杂种黑麦草、鸭茅（鸡脚草）、甜高粱、巴东红三叶、大叶白三叶、苦荬菜；90年代以来有四倍体黑麦草、意大利黑麦草、多花黑麦草、雀麦、羊茅、黑穗画眉草、早熟禾、光叶紫花苕、紫云英、百脉根、高秆菠菜等。织金轿子山草场采用多年生黑麦草、红三叶、白三叶、鸭茅、扁穗雀麦、球茎草芦和高株狐茅混播组合，其产量和抗逆性优于对照组合红三叶、白三叶、黑麦草。

4.栽培技术。1983年始，甘肃草原生态研究所、贵州省高原草地试验站及地、县饲草饲料站，试验研究人工草地栽培管理技术。经试验研究，适宜春播为3~5月上旬，秋播为8~10月。种子田和刈割为主的牧草可采用单一草种条播，播种量按每平方米300~500粒计算；放牧地用几种牧草混播。播种后30天检查，每平方米苗数不足250株的补种。苗期每亩用尿素5千克追肥一次，每次刈割后再追肥；放牧的，冬前追一次磷肥（25千克）拌圈肥1500千克，春后追一次氮肥。清除杂草，防止草场退化。采用工程围栏或生物围栏，保护草场实施划区轮牧。常见的主要牧草病害有红三叶根腐病、白粉病、锈病、褐斑病；黑麦草锈病、网斑病、褐斑病；白三叶白粉病、褐斑病、锈病等。黏虫是草场的主要害虫，造成损失较大。威宁灼圃草场，毕节金银山草场，织金轿子山、大坪草场，都遭受过黏虫严重危害，采用农作物黏虫的方法防治。

**灌木林资源** 灌木林是山羊的主要饲草。1985年，全地区有灌木林258.2万亩。此后实施封山育林，1995年增到396.6万亩。2005年增到500多万亩。1994~1996年，地区牧科所开展灌木林放养山羊载畜量研究。测定上中下等级的灌木林地，每亩产鲜叶、鲜草分别为4413千克、3110千克和2147千克，平均3223千克。2008年，有灌木林579.6万亩，年产可饲嫩枝叶200多万吨。

## 二 饲 料

**饲料资源** 1.精饲料。主要有玉米、麦类、豆类、薯类、糠麸、油枯等，其中玉米数量最多、品质较好。1949年，全专区玉米产量22.08万吨，部分作饲料。2005年，全地区产玉米111.84万吨，作饲料的比例增大。小麦加工面粉后的麦麸是较好的精饲料。2005年，全地区产小麦22.03万吨，按20%出麸率，可产麦麸4.41万吨。马铃薯可作牲畜饲料。2005年全地区产60.17万吨（已按5折1换算主粮）。豆类是重要的蛋白质饲料。2005年，全地区产豆类15.54万吨。油菜饼蛋白质含量34%~38%，1980年后，多用油菜饼作生产饲料的配料。2005年，全地区产油菜籽10.16万吨，可产生油饼3.36万吨。2005年，全地区产稻谷28.61万吨，可产7.15万吨米糠。2010年，全区产油菜籽4.62万吨、稻谷28.28万吨，可产丰富的油饼、米糠等猪饲料资源。

2.青饲料。青饲料包括青刈饲料和农作物藤蔓等。可供刈割的青饲料有野生无毒的草本植物、藤本植物，木本植物的叶和水生植物水浮莲、水葫芦等。人工种植青饲料20世纪50~60年代有芜青（蔓青），1980年后，农区种植青饲料的面积增大，品种有苜宿、聚合草、串叶松香草等。2000年，全地区种植青饲料作物24.93万亩，2005年36.1万亩。农作物的藤蔓有红苕藤、南瓜藤、豆类青叶等，还有蔬菜的边叶、残叶。

3.粗饲料。主要是农作物秸秆。据统计，全地区年产玉米秸秆130多万吨，稻草30多万吨，多作为大牲畜饲料。其他有燕麦秆、豌豆秆、蚕豆秆、油菜秆、荞子秆、小麦秆等，年产量90多万吨，燕麦草属优良饲草，可用作冬季雪凝大时牛、羊的主要饲草。

**饲料加工** 农家长期以砍碎、磨碎、铡短、浸泡、加热煮熟等方法加工调剂饲料，现仍普遍应用。20世纪50年代始，先后推广农作物秸秆青贮、微贮和氨化技术。1997年、1998年、1999年，毕节市，赫章、大方县被国家农业部批准为秸秆养牛示范县市。1998年，全地区加工秸秆30.6万吨，配套养畜23.36万个黄牛单位，出栏商品畜7.7万个黄牛单位；2003年，加工秸秆71.05万吨，比1998年增132.2%，加工全地区秸秆的35.1%，配套养畜47.33万个黄牛单位。2005年，全区加工农作物秸秆84.19万吨。自“十一五”以来，至2008年，农作物秸秆加工处理利用率达28.6%。2011年，处理利用农作物秸秆108.64万吨，秸秆利用率达32%。

1.发酵饲料。20世纪50年代，推广发酵饲料和糖化饲料，先在农牧场使用，后推广到社队。1968年后，集体养猪业发展，发酵饲料推广量增大；1976年后，撤销集体养猪场，发酵饲料产量下降。

2.青贮饲料。1957年，各县利用农作物秸秆制作青贮饲料，共制作143窖648.5吨。此后，威宁种羊场、地区牧垦场每年青贮玉米秆数百吨。一些社队也推广制作少量青贮饲料。1991年后，毕节、黔西、织金、纳雍县，普遍推广青贮饲料。1998年，全地区制作青贮饲料19.87万吨，占加工秸秆的64.9%。2005年，全地区制作青贮饲料45.9万吨，占加工秸秆的54.5%。

3.微贮饲料。1995年，国家农业部、科技部要求各地示范、推广农作物秸秆微贮饲料。是年，毕节地区引进秸秆微贮技术，在大方县归化村村民石连荣家微贮麦秆200千克取得成功。地区农牧渔业局要求各县市充分利用氨化窖，试验推广秸秆微贮。1996年，区内所有秸秆养畜示范点均推广使用微贮技术，成功微贮秸秆4000多吨。1998年，全地区微贮秸秆量增到2.9万吨，占秸秆处理数的9.5%；2005年微贮秸秆17.88万吨，占秸秆处理总数的21.2%。

4.氨化饲料。1991年，地区饲草饲料站引进秸秆氨化技术，进行试验示范，用氨化秸秆配青草养牛，日增重量0.6千克，比常规饲养提高35%。1992年，中共毕节地委、毕节地区行署将推广氨化秸秆发展商品牛羊生产列为地区重点经济建设项目。1998年，全地区制作氨化饲料7.83万吨，占加工秸秆的25.6%。2005年，全地区制作氨化饲料20.41万吨，比1998年增160.7%，占加工秸秆的24.2%。

5.草粉。1988~1990年，织金县畜牧局与贵州农学院协作，以绿肥光叶紫花苕作原料，开发草粉生产技术，建成织金县浓缩草粉饲料厂。草粉厂采用烤烟烘房烘干苕子，其青干草粉含粗蛋白20.4%，作牲畜蛋白质、维生素补充饲料。秋季，饲料厂加工大豆、菜豆等豆类秸秆草粉，在区内开辟一条节粮型发展畜牧业的路子。2003年，全地区加工绿肥草粉3.19万吨。

6.饲用绿肥。20世纪60年代，全地区推广绿肥，2005年，发展到212.08万亩，主要品种有光叶紫花苕、早熟苕子和66-25箭舌豌豆。最初绿肥只是作肥，种植面积扩大后，有一部分转为肥饲兼用。2001~2005年，织金县有近5万农户将绿肥改为饲料，过腹还田，促进养殖业、种植业共同发展。2007年，绿肥转化利用养畜达到70%。2008年，种植绿肥300余万亩，年产鲜草450余万吨。

7.饲料添加剂。农户及畜牧场所购进营养添加剂添入饲料饲养牲畜，其营养性添加剂有维生素、微量元素、氨基酸、尿素等；非营养性添加剂有抗生素、促长剂、保护剂等。1998年，全地区累计推广各类添加剂2.09万吨。饲料添加剂虽用量少，作用大，但成本高，使用过量有副作用，推广难度大。

**配合饲料**　1979年，区内始有饲料工业。至90年代中期，各县先后建立起饲料加工厂，生产猪饲料、鸡饲料。至1990年底，全地区有各类饲料加工厂（点）35个，单班生产能力6万吨。当年生产饲料1.14万吨，预混料5吨，草粉64.05吨，松针粉4.5吨。有的厂有10个以上配方，能针对猪鸡等畜禽不同生育阶段，生产不同配方的饲料。1998年，全地区有饲料加工厂（点）25个，生产配合饲料3.29万吨。有饲料营销点600多个，全年共购进推广各类配合饲料9.24万吨。此后，从外地购进配合饲料的成本低，区内多数饲料生产厂（点）关闭。2003年，全地区生产配合饲料1621.3吨；饲料经营户1008家，销售饲料22.56万吨。2005年，全地区生产工业饲料3641吨，引进销售15.06万吨。

**饲料监测**　1988年，成立地区饲料监察站，监测区内饲料生产、销售。是年，配置各种检测设备，选派技术人员到省参加饲料检测技术培训；全地区配备饲料监察员16人。1990年共检验样品22批次。此后，作为畜牧综合执法内容之一，每年都例行检验，样品有多有少。2011年，饲料抽检，202批次。

# 第五节　畜禽疾病防治

## 一　畜禽疾病种类

**畜禽疾病调查与普查**　1.畜禽疾病调查。1955~1956年，贵州省高寒山区工作组、毕节农试站调查威宁、赫章、大定县绵羊寄生虫病，发现有蠕虫21种，其中以捻转畏虫、肝蛭虫、结节虫、肺丝虫严重。1985~1986年，织金县兽防站采用绵纶筛兜集卵法，检查6064头耕牛粪便，得知各种寄生虫的感染率：新蛔虫9%，前后盘吸虫5.6%，肝片吸虫5.5%，胰阔盘虫2.5%，线虫33.4%。新蛔虫和肝片吸虫为害最大。此后，改普遍投药驱虫为先粪检后投药，效果显著，投资减少。1987~1989年，地区兽防站调查各县绵羊、山羊寄生虫区系，用直肠采粪镜检绵羊1634只、山羊551只，剖杀绵羊96只，山羊22只。检出绵羊寄生虫16科23属37种，优势种为肝片寄生虫等6种，其中绵羊住肉孢子虫为省内首次检出。检出山羊寄生虫9科9属14种，优势虫和有捻转血矛线虫等5种。感染率高且多混合感染，平均每只绵羊感染寄生虫5~8种。调查为制定防治措施提供科学依据。1987~1989年，地区兽防站对纳雍、毕节县畜禽疾病进行血清学调查，共检样品3041头份，其中血清2908份、血片133片。检出疾病15种，其中牛、羊蓝舌病，鸡马立克氏病，牛、马锥虫病为地区内首次发现；鸡霉形体病，猪、羊布氏杆菌病在两县尚未有实验室诊断依据。1992~1994年，地区兽防站调查织金、毕节、赫章、威宁县畜禽寄生虫区系，共剖检猪、牛、马、羊、犬、兔、鸡、鸭、鹅等740头（匹、只），收集虫体17.22余万条。经鉴定，有5门、8纲、18目、42科、95属、194种。其中吸虫43种，绦虫31种，线虫89种，棘头虫3种，原虫8种，蜘蛛虫20种；省内新纪录27种，人兽互通寄生虫33种。按畜禽分：猪21种、牛47种、羊61种、马42种、犬6种、兔7种、鸡22种、鸭18种、鹅9种，总计236种。

2.畜禽疾病普查。1978~1979年，按国家农业部要求，在毕节、大方、黔西、金沙、威宁、赫章县普查畜禽疾病。据查，有畜禽疾病226种，为害严重的有猪瘟、猪肺疫、猪丹毒、仔猪副伤寒、牛出败、牛气肿疽、炭疽、马腺疫、羊疥癣、鸡瘟、禽霍乱等。1979年，全地区猪死亡率12.2%，猪瘟、猪肺疫导致死亡的超60%。1987~1988年，毕节县根据国家农牧渔业部的要求和省安排，第二次普查畜禽疾病，普查年度为1949~1988年。毕节县以流行病学调查和实验室血清诊断相结合，采集血样473头份，检查血清1565份，查出疾病186种。经实验室血清诊断，新发现猪弓形体病，牛、马焦虫和鸡支原体病。

**畜禽疾病种类** 1.传染病。共53种。按畜禽种类分，其中猪15种，为害严重的有猪瘟、猪肺疫、猪丹毒、仔猪副伤寒、猪传染性胃肠炎、炭疽；牛12种，为害严重有牛出败、气肿疽、恶性水肿、牛瘟、炭疽；马8种，为害严重的有马腺疫、马鼻疽、炭疽；羊9种，为害严重的有羊快疫、羔羊痢疾；禽7种，为害严重的有鸡瘟、支原体病、禽霍乱、鸡白痢；兔1种，兔巴氏杆菌病。

2.寄生虫病。全地区畜禽寄生虫病235种。其中猪20种，猪蛔虫、细颈囊尾蚴、肺丝虫为多发病；牛60种，肝片吸虫、前后盘吸虫、犊牛新蛔虫、蜱、捻转胃虫、牛皮蝇、肺丝虫、牛血虱为多发病；马55种，马鼻蝇、马晓虫、混睛虫病、马园线虫、马副蛔虫为多发病；羊71种，肝片吸虫、羊疥癣、肺丝虫为多发病；鸡32种，蛔虫、鸡艾美尔球虫、棘沟赖利绦虫、四角赖利绦虫为多发病；鸭18种，蛔虫、片形皱缘绦虫、艾美尔球虫、棘沟赖利绦虫、四角赖利绦虫、矛形剑带绦虫、普氏剑带绦虫为多发病；鹅4种，棘沟赖利绦虫、予形剑带绦虫、普氏剑带绦虫为多发病；兔9种，兔球虫、犬弓首蛔虫为多发病。其中人畜共患的有肝片形吸虫、猪囊尾蚴等32种。

3.普通病。畜禽普通病93种。其中猪26种，常见病为感冒、便秘、痢疾、风湿、难产、产后瘫痪、乳腺炎、胃肠炎；牛29种，常见病为瘤胃鼓气、前胃弛缓、瘤胃积食、创伤性网胃炎、重瓣胃阴寒、胃肠炎、难产、胎衣不下、子宫脱出、钉伤、眼疾；马20种，常见病为痉挛疝、肠梗阻、腹膜炎、肠扭转、钉伤、难产、便秘、马鞍伤；羊13种，常见病为前胃弛缓、胃肠炎、前胃积食、前胃鼓气、感冒、羊下痢、羊便秘、难产、腐蹄病、羊口疮；禽5种，常见病为禽下痢、禽嗉囊炎、嗉囊积食。

4.中毒性疾病。畜禽中毒性疾病22种。其中猪8种，常见病为亚硝酸盐中毒（饱泔病）、食盐中毒、酒糟中毒、烂红苕中毒、霉玉米中毒；牛6种，常见病为青冈叶中毒、霉稻草中毒；马2种，常见病为霉饲料中毒；羊5种，常见病为霉饲料中毒、有毒植物（主要为闹羊花）中毒、食盐中毒；禽1种，有机磷中毒。

## 二　畜禽疾病防治与中西医结合

**民国及其前的畜禽疾病防治**　民国前，已有《元亨疗马集》《猪经大全》《牛经大全》《活兽慈丹》及《本草纲目》在民间流传，民间兽医按验方治疗牲畜疾病，并以家传或拜师的方式世代相传。民国20～25年（1931～1936），区内流行牛瘟，毕节、大方、黔西、威宁、织金县牛死亡1.2万头，猪瘟、鸡瘟时有发生。民国31年（1942）贵州省政府拟发《贵州省兽疫防治实施办法》，民国35年（1946）12月6日拟发《贵州省各县市举办兽医防治训班及组织情报网方法》，将畜牧兽医纳入防治管理。自民国36年（1947）3月起，贵州省建设厅与农林部西南兽疫防治处举办全省兽防人员训练班。民间兽医仍是区内畜禽疾病防治的主要力量。

**中华人民共和国成立后的畜禽疾病防治**　1.防治人员。1950年，贵州省农林厅举办全省畜禽疾病防治培训班，毕节专区派员参加培训，专区内始有正规畜禽疾病防治技术人员。1952年，专区各县、区、乡成立民间兽医协会，定期交流兽医技术。1958年后，首批农业院校毕业的科技人员充实到区内畜牧兽医单位。2005年，全地区有兽医专业技术干部近1000名、民间兽医2400多人，有以阉割畜禽为业的骟匠500多人。2008年，全区有专业技术干部1181人，村兽医防疫员3320余名，90%以上行政村配有专职兽医防疫员。

2.防疫及扑灭疫情。1950年，农林部召开全国消灭牛瘟和口蹄疫座谈会，提出“封锁、隔离、消毒、毁尸”的技术要求，拟发《扑灭牛瘟暂行办法》。1952～1954年，毕节专署组织牛瘟防疫大队，开展给健牛注射兔化牛瘟弱毒疫苗，对死牛、病牛作无害处理，牛瘟被消灭。此后，每年进行畜禽防疫注射。50年代，主要由各地民间兽医协会进行春秋两季畜禽防疫注射。因组织不健全，注射量较少。60年代，区内县、区及部分公社建立兽医防治站，开展防疫注射。1965年起，预防注射以猪瘟为主，同时预防牛出血性败血症和牛马炭疽病。1966年6月，专区农业局、商业局联合举办猪医生培训班培训1271人。70年代，全地区以防治猪瘟为主。1975年，全部公社建立兽防站。全地区50%～60%的生猪接受防疫注射，年预防注射190万～250万头。80年代预防注射以猪瘟、鸡瘟、炭疽病、狂犬病为主，兼注射防治猪肺疫、猪丹毒、仔猪副伤寒、牛出血性败血症、牛气肿疽、禽霍乱等。1958～1983年区内狂犬病绝迹。1984～1990年，各县相继发生狂犬病，及时列入预防。10年间猪瘟注射密度达60%～70%。1987年，毕节县进行第二次畜禽疾病普查，控制或接近控制牛马炭疽、牛气肿疽和马鼻疽；减轻猪瘟、猪肺疫、猪丹毒、牛出血性败血症和鸡瘟的危害程度。90年代，施行强化畜禽保险、保健和畜禽防疫双轨制，除预防注射狂犬病外，基本与80年代相同。预防注射猪瘟疫苗280万~300万头次以上，注射密度在70%~80%，猪瘟基本得到控制。连续多年开展猪丹毒、牛炭疽、牛出败、鸡新城疫的预防注射，有效防止其蔓延。2001~2005年，增加预防注射禽流感；提高防疫密度，发放配套免疫标志，2004年完成399.94万枚。2001年起，在全地区定点抽样调查动物死亡率，调查82个乡镇，288个村，5433个村民组，1.7万余农户，24万多头（匹、只）畜禽以上，且一定数年不变。是年，各种畜禽死亡率为：牛0.73%、马0.89%、猪1.8%、羊1.33%、禽7.5%，均在国家规定控制指标内。此期间，全地区畜禽存栏数、出栏数显著增长，预防注射工作量相应增大，每年畜禽发病死亡率有所变化，均未超过国家控制指标。2005年，家禽死亡率4.5%，比2001年下降3个百分点。2011年，全年接种口蹄疫疫苗838.14万头份、高致病性禽流感疫苗1671.71万羽份、高致病性猪蓝耳病疫苗663.08头份、猪瘟疫苗684.98万头份、鸡新城疫疫苗1600.46万羽份，监测样品总体免疫水平达80%以上，均达到国家规定要求。

3.其他畜禽疾病防治。1955年4月，威宁县378头牛相继发生中毒病，死亡73.8%。经省兽医实验室调查，并进行人工复制试验，确诊为采食新发嫩青冈叶中毒。1954~1958年，威宁种羊场、大方马干山牧垦场从新疆引进细毛羊2000余只，90%感染疥癣病，被全部治疗扑灭。1955~1956年，省高寒山区工作组和毕节农试站调查羊寄生虫病，与大定县兽医诊所、威宁种羊场用硫化二苯胺灌肠治疗结节虫，用2%硫酸铜溶液灌肠治疗捻转胃虫，用0.1%碘溶液气管注射治疗肺丝虫，用四氯化碳皮下注射治疗羊肝蛭，均收到较好效果。1957年，省兽医实验室在威宁用苦楝片驱绵羊道线虫，疗效95%。1986年，地区兽防站调查山羊、绵羊寄生虫区系，选用广谱高效、低毒驱虫新药丙苯咪唑进行驱虫，每千克体重投药15毫克，驱虫率达100%，在地区内推广。至1988年，给56.42万只羊驱虫。1986~1988年，区内养羊地方普遍流行羊疥癣病，地区兽防站调查发现，粗毛羊发病率12.8%，死亡率2.4%；半细毛和细毛羊发病率62.5%，死亡率28.1%，采用杀灭菊酯、敌百虫、林丹乳油、辛硫磷进行药浴治疗，取得良好效果。

1987~1990年，黔西县流行一种原因不明的猫疾病，县畜牧局研究确认为猫泛白细胞减少症，成功试制出脏器灭活疫苗，注射1259只病猫，18只因反应死亡，其余的在9个月内未重复发病，此项研究在省内属首次。1990年，地区牧科所采用新药露它净治疗羊腐蹄病，治疗羊123只，治愈率95.1%，比原用药物疗效高2~3倍，在地区内推广。1993~1994年，地区兽防站选未经猪瘟疫苗免疫接种的健壮仔猪，作口服左旋咪唑增强猪瘟免疫试验，其免疫保护率为100%，未试验的为75%；同时还能驱除猪仔肠道寄生虫，在生产上推广。1995~1999年，毕节市兽防站调查市内牛有寄生虫19种、羊有31种；检查1218头牛和1274只羊粪便，分别查出虫卵9种和11种，感染率均为100%。选用高效、低毒、价廉、使用方便的丙硫咪唑和左旋咪唑，对23.15万头次牛、7.22万只次羊进行驱虫。驱虫后体重提高，死亡率降低，能繁母畜产犊成活率提高，年经济效益近百万元。1995~2001年，地区兽防站制定寄生虫病防治原则：牛268.7万头次、羊152万只次、猪1032.4万头次，马51万匹次、禽1579.8万只。牛羊增重创经济效益6166万元，投入产出比为1∶5.9。

**中西兽药** 1.西兽药。1950年开始，从外地购兽用化学药品。1976年，大方、黔西、织金、金沙、威宁、毕节县兽防站，曾试制一些简单化学药品针剂，配制生理盐水、氨基比林等。

1990年，织金城关兴办兽用药厂，生产兽用硫酸钠和青霉素钾，销售地区内外。90年代，地区天力畜牧发展有限公司黔西北兽药厂，生产有青霉素钾、链霉素、安乃近注射液、氨基比林注射液、安痛定注射液等10多个品种。同期，贵州海盾生物科技有限责任公司，以中草药为原料，研究开发具有自主知识产权的虾康颗粒兽药，2003年，国家科技部批准为高新技术产品，列为国家级新兽药，主要治疗对虾病，深受沿海对虾养殖场欢迎。

2.兽用中药。据调查，兽医常用的植物类中草药有党参、桔梗、杜仲、半夏等200余种；动物类中药有地龙（蚯蚓）、乌梢蛇、蛇胆等16种。矿物类中兽药有滑石、朱砂、硫磺、雄黄、石灰、食盐6种。

**中兽医技术和中西兽医结合**　中兽医的传统技术"一根针、一把草"经济实效。吴道适、王国梁收集整理，编辑成《毕节专区民间兽医验方》，1960年，由毕节专区人民出版社出版。许多验方，至今仍在应用。地区内预防大牲畜一般疾病，推行中兽医"看槽保健"技术，每年春、秋两季，给牛、马服用中草药配制的保健药，对防治牛、马寄生虫病和普通消化道疾病效果良好。1975年，毕节地革委农业局在黔西县召开推广电针麻醉进行牲畜外科手术和治疗牲畜疾病技术现场会。是年，四川农学院举办西南地区中兽医进修班，地区兽防站、毕节农校派员进修。1980年，地区畜牧局举办中兽医培训班，30多名中兽医技术骨干接受培训。1989年，地区兽防站举办人工培育牛黄培训班，64名中西兽医接受培训。通过多次培训，乡村民间兽医大部分能掌握中西兽医结合的治疗技术。

## 三　检疫检验及药政管理

**市场检疫**　20世纪60年代初期，地区内始有牲畜市场检疫。1978年后，重点抓生猪的集贸市场和产地检疫。20世纪80~90年代，农村集贸市场年均检疫畜禽80万余头（匹、只），开展产地检疫的集贸市场也逐年增多。1998年，检疫市场200个，占全区集贸市场的80%，全年检疫各类畜禽102.09万头（匹、只），补注猪瘟疫苗75.76万头、猪肺疫菌苗1.62万头，猪丹毒菌苗7.58万头、炭疽菌苗6.33万头、牛出败菌苗2.37万头，检出各种病畜5842头（匹、只），并及时进行治疗和无害化处理。2001~2005年，年均检疫各类牲畜百万余头（匹、只）。2011年，完成牧畜产地检疫118.63万头（只）。

**运输检疫**　区内运输牲畜检疫，始于20世纪60年代初，以公路运输检疫为主，主要检疫外贸出口牲畜、皮张及肉品。90年代后，检疫面扩大，1998年，全区共设公路运输检疫点（卡）28个，检疫活畜38.41万头（匹、只），检验猪肉9236吨、牛肉48吨、牛皮8120张、马皮1527张、猪皮5655张，消毒车6978辆。

**肉品卫生检验**　1963年3月，国家农业部、对外贸易部、商业部联合颁发《肉品卫生检验试行规程》。区内根据规程的规定，展开肉品卫生检验，着重检验炭疽、猪瘟、猪丹毒、猪肺疫、肺丝虫、细颈囊尾蚴、肺蛭及蛔虫等疫病，同时提出检出病畜的处理办法。1978年后，畜禽及副产品经营市场开放。1985年8月，省人民政府颁布《贵州省农贸市场畜禽检疫及肉品检验暂行规定》；1985年9月，国家商业部、农牧渔业部、卫生部、工商行政管理局联合颁发《关于加强活畜检疫和肉品检验工作的紧急通知》。全地区兽防工作单位根据上述文件要求，通过考试考核，成立兽医卫生监督员和兽医卫生检疫队伍，依法对农贸市场的畜禽肉品进行卫生检疫。1988年，设置毕节地区畜禽卫生监督检查所。1998年1月1日，贯彻实施《中华人民共和国动物防疫法》。至2005年，全地区年均检疫家畜胴体10余万具，检出病猪、病牛、病羊胴体1000具以上。2011年，完成屠宰检疫畜禽42.06万头只。

**药检与药政管理** 1980年，区内未设置专门的兽药检验机构实施兽医药政管理。需检验时，请毕节地区药品监督检验所进行检验。根据《兽药管理条例》，地区兽防站管理区内的兽药生产与经营。1989年，全地区配置专职兽药监察员9名，1992年增加到26名。1990年，各县共审查批准办理300多个兽药销售点。2000年，国家工商行政管理局、农业部发出《关于农资市场“打假”整治联合执法工作方案》，毕节地区加强畜牧业综合执法，检查兽药的生产经营。2005年，全地区畜牧业综合执法人员70名，清理整顿与畜牧业有关的农资市场806场次，检查生产、经营企业2756个。查处违法违纪案93件，查获假劣兽药1363.3千克、饲料5944.2千克，价值5.3万元。2011年，检查兽药、饮料经营户4299户次，查获不合格兽药6.01公斤。

## 第六节 渔 业

**渔业生产** 中华人民共和国成立前，渔业主要靠河、湖、塘自然增殖，养鱼技术原始。1949年，全专区鱼类产量3.7吨，人均不足2克。中华人民共和国成立后，全地区渔业逐步发展。1950年，全专区水产品37吨。1958年，修建一批山塘水库，增加养鱼水域，开始在一些有水源保证的稻田养鱼，当年养殖水产906亩。1964年，全专区生产成鱼80.5吨。1966～1979年，全地区年产水产品60～100吨。1979年，地、县相继成立水产站，负责管理指导渔业生产。1980年，全地区水产品163吨。80年代，全地区年均产水产品468吨，1998年980吨，比1980年增5倍。90年代，继续发展山塘、水库传统养鱼技术，同时推广网箱养鱼、高密度流水养鱼，省水产局在纳雍、赫章县开展稻田养鱼扶贫工程、稻田生态养鱼工程建设。1990～1999年，全地区年均水产品1073吨，比80年代增129.3%；1999年为1430吨。2000年后，全地区稻田生态养鱼成效显著。2002年，全地区稻田生态养鱼3834.5亩，平均亩产105.5千克。2005年，全地区水产品总产量1902吨，比1999年增33%，为历史最高纪录。其中内陆水域捕捞787吨，占总产量41.4%，内陆水域养殖1115吨，占总产量的58.6%。内陆水域养殖2.67万亩，其中池塘养殖8820亩，湖泊养殖1620亩，水库养殖1.54万亩，其他养殖810亩。另有稻田养鱼2061亩。2011年，全区水产品产量5696吨，水产养殖面积达1252公顷（折合为1.88万亩）。

**渔业资源** 1.水面资源。1995年，据《贵州省毕节地区土地资源》载：全专区水域面积33.15万亩，其中河流水面20.4万亩、湖泊水面1952.4亩、水库水面（库容≥10万立方米）2.49万亩、坑塘（库容＜10万立方米）水面2.37万亩、苇地285.7亩、滩涂7.15万亩、沟渠4.82万亩、水工建筑985.6亩。至2005年，东风水库、洪家渡水库、索风营水库相继建成蓄水，全地区水面大幅增长。洪家渡水库库容49.47亿立方米，为渔业发展提供优良基础。2005年，省组织专家论证通过地区畜牧局编制的《洪家渡库区渔业规划》。是年，全地区稻田111.46万亩，其中灌溉水田58.1万亩，可供养鱼34.07万亩。

2.鱼类资源。（1）本地鱼类资源。1985年，《毕节地区水产资源调查与区划》记载，全地区鱼类有7目、14科、72种，其中鲤形目鲤科51种，占全地区鱼类总数的70.8%，鲍亚科的毕节中华倒刺鲅品种，被载入《中国鲤科鱼类志》。全地区鱼类中，经济鱼类超过95%，主要有鲤鱼、鲫鱼、草鱼、鲢鱼、鳙鱼、青鱼、长春鳊、三角鲂、胡子鲶、黄鳝等。21世纪初，区内始有研究应用其他鱼类资源。草海红鲫，是稀有体色野生鱼类，既能观赏又可食用，属地区特色水产品种。2000～2002年，地区水产站研究草海红鲫，提出驯化养殖技术。2004～2005年，地区水产站与青岛海洋大学合作，研究野生裂腹鱼人工驯养技术，已初步成功。2009年，繁殖培育规格型腹鱼苗种15万余尾。

（2）品种引进及杂种优势利用。1955年，威宁县引进青鱼、草鱼、鲢鱼、鳙鱼，投放草海养殖，为引进鱼种的开始。80年代，各县常从外地购进大量鱼苗，引进荷色红鲤、荷元鲤、元江鲤、白鲫银鱼、非洲鲫鱼等。1987年，金沙县安底温泉引进罗非鱼投放繁殖成功，生产至今。织金县引进革胡子鲶（又称埃及胡子鲶）饲养成功。90年代引进建鲤，成为地区内鲤鱼主要饲养品种。地区水产站引进太湖新银鱼卵，投放黔西附廓水库养殖成功，成为乌江水库、东风库区及威宁新华水库饲养的鱼种。同期，引进七星鱼。2000年4月，黔西县科技局引进特大黄鳝1.5万条，饲养1年，个体均重0.34千克，亩产1864.2千克，净增重1576.3千克，亩纯收入1.79万元，已建立繁殖基地在县内推广。2004年，引进金鳟、虹鳟和杂交鲟鱼试养，均获得成功。

1989～1991年，地区水产站用引进的荷包红鲤、兴国红鲤、元江鲤和散鳞镜鲤进行组配杂交，选育出荷元杂等3个杂交组合，所生产的杂种一代鱼种，受精率、孵化率均达80%多，成活率40%以上，共培育出寸片鱼35万尾，推广后，杂交鲤鱼比其亲本和本地鲤鱼都显著增产。2007年，引进高背鲫5.1万尾，史氏鲟2万尾、丁岁4000尾3个鱼英新品种进行养殖试验成活率达80%以上。

（3）其他水产资源。①底栖动物。区内底栖动物有中华圆田螺、背角无齿蚌、水丝蚓、蛭、细足米虾、中化绒蟹等31种。底栖动物是坑塘、水库、湖泊鱼类饵料资源的主要部分，有的属经济水产品，腹足类分布在沉水植物较多的威宁草海及大型水库；坑塘的沉水植物区，长角涵螺、田螺分布最广；瓣鳃类分布在地区东部气温较高，水较深的稻田、坑塘和排水沟渠狭面的凹底层；寡毛类和摇蚊幼虫，全地区大小水域均有分布；虾类数量少，主要分布在草海。②两栖类、爬行类动物。两栖动物只有大鲵，又名娃娃鱼，属国家珍稀二类保护动物。分布在金沙县偏岩河上游及黔西渭河。主要食物为鱼、虾、蛙类和蛇等。的爬行类动物有鳖和龟。主要分布在金沙安底河、黔西鸭池河、威宁牛栏江和可渡河。③水生植物。常见的水生植物有芦、荻、菰、稗、李氏禾、荆三棱、席草、慈姑、旱苗蓼、满天星、莲、喜草、莲子草、菱、荇、菜茨安、睡莲、花奚、水浮莲、风眼莲、芜萍、满江红、槐叶萍、水葫芦、菹草、苦草、轮叶黑藻、汉浮草、聚草、轮生菜、马来眼子菜、眼子菜、光叶眼子菜、穿叶眼子菜、龙须眼子菜、海棠花、黑藻、泽泻、水葱、蔗草、两栖蓼、耳菱、苦藻等。

**养鱼** 渔具　捕捞　1.鱼苗鱼种生产。1963年，黔西县农业局在岔白农场建鱼苗繁殖场，生产鲤鱼苗，并引进草鱼、鲢鱼、鳙鱼水花培育鱼苗，1977年停办。1973年，地区兽防站在大方县瓦厂塘建池和备亲鱼，次年生产鲤鱼苗20余万尾。1975年，黔西县青浦塘建鱼池15亩，自繁鲤鱼苗，并引水花，培育草、鲢、鳙鱼150万尾。1978年，大方县则鸡塘鱼场成功孵化出第一批鲢鱼、鳙鱼苗56万尾。是年，织金县良种场建鱼种场，繁殖草、青、鲢、鳙鱼苗，次年育得100万尾；至1985年，累计孵化鱼苗1000多万尾。1982～1983年，赫章县鱼种场孵化鱼苗30余万尾。1985年，纳雍县鱼苗场自繁鲤鱼水花62万尾，培育夏花鱼14.5万尾。1990年，全地区生产鱼苗2405万尾，培育大规格鱼种298万尾。此后，每年生产的鱼苗逐年上升。1998年，全地区有国营鱼种场6个，有集体繁殖鱼苗点3个，个体培育鱼苗点17个，全年生产鱼苗4066万尾。2000年后，全地区年生产鱼苗5000万尾以上。2011年，生产鱼苗0.54亿尾，鱼种250吨。

2.坑塘养鱼。1956年，区内始有坑塘养鱼。是年，毕节县政府派人到湖北、广东学习养鱼技术，引进鲤鱼品种投放坑塘饲养。1964年，全地区坑塘养鱼253.6亩，1980年发展到1789.5亩，亩产99.5千克。80年代，农民承包集体坑塘养鱼。1990年，全地区坑塘养鱼8061亩，亩产256.7千克，比1980年增350.5%和157.9%。90年代，金沙县幸福生态渔业专业村坑塘养鱼最高亩产达375千克。2005年，全地区坑塘养鱼8820亩，比1990增9.4%。

3.水库养鱼。1958年，毕节县开始在倒天河水库养鱼。此后20年，全地区水库养鱼在100亩左右徘徊。1979年，国务院明确水库养鱼由水电部经营管理。区内一些水库兴建鱼池发展渔业。1990年，全地区水库养殖1.49万亩；1998年近2万亩，产鱼264.5吨；2005年为1.54万亩。

4.湖泊养鱼。区内湖泊养鱼主要在威宁草海。1955年，省农业厅引进草鱼、鳙鱼、青鱼、鲢鱼鱼种，投放草海。1986年，省水产部门在草海100亩水面作双层围网养鱼试验，投放鱼苗11.1万尾，其中草鱼占91%，鲤鱼6%，鲢鱼3%，获得成功。1990～1993年，地区水产站在草海200亩水面围网投放草鱼。2005年，全地区湖泊养鱼1620亩。

5.稻田养鱼。1965年，毕节县大兰、五里坪、德厚乡进行稻田养鱼试验。1958年，金沙、黔西县作稻田养鱼试验。1975年，毕节县沙邵公社稻田养鱼400亩。此期间，稻田养鱼，均为平板式，产量不高，不影响水稻。80年代，地区水产站引进推广半旱式垄稻沟和巴头坑等稻田养鱼技术。1986年，大方县对江采用半旱式垄稻沟养鱼15亩，亩产36.8千克，稻谷增产8%，次年扩养120亩。1988年，毕节水产站在朱昌推广平板式稻田养鱼1024.5亩，亩均产鱼26.1千克；次年扩大到1560亩。1990年，纳雍水产站推广田头坑养鱼252.8亩，平均亩产30.4千克，并在田头坑培育越冬鱼苗成功；次年扩大到500亩，平均亩产83.2千克，创省纪录。1998年，纳雍县红星村稻田养鱼扶贫工程30亩，平均亩产104.8千克，产稻谷501千克，鱼稻双丰收。2000年后，稻田生态渔业兴起，每年都在2000亩以上。2004年为3579.5亩，平均亩产鲜鱼132.2千克。

6.流水、网箱养鱼。（1）流水养鱼。1979年，金沙县水产站在安底区八里乡引温泉水养鱼成功，随后修池13口，面积10亩，饲养罗非鱼、草鱼、鲤鱼。是年，毕节电厂利用冷却池流水养鱼成功；1986年，利用另一股热水进行温流水养鱼132平方米，次年获商品鱼6300千克，折合亩产31.82吨。1989年，地区水产站、金沙水产站、省水产科学研究所协作，在金沙城郊建流水养鱼池1200平方米，进行高密度流水养鱼，次年，亩产成鱼14.2吨。1998年，全地区流水养鱼1.31万余平方米。2000年后，一些火电厂相继修建温流水养鱼池，流水养鱼面积扩大。

（2）网箱养鱼。1981年，省农业厅发给毕节地区养鱼网箱32个，当年分到各地试验，效果不佳。1986年，黔西县附廓水库管理所在库内进行网箱养鱼，当年生产成鱼40多吨。此后网箱养鱼面积逐渐扩大。1990年，全地区网箱养鱼1300多平方米；1998年发展到4719平方米。其间，织金县东风库区网箱养鱼，每立方米产成鱼365千克。

7.渔具及捕捞方法。（1）渔具。区内制造和使用渔具的历史悠久。毕节县青场瓦窑遗址发现铸造鱼镖的石范及石网附坠45件，经中国科学院地球化学研究所用C 14测定，其绝对年代距今3210±175年。长期以来，区内捕捞的网具多用棉、麻、蚕丝等编制，网索用麻、棕制成，浮子为木制，钓、镖、叉刺、卡子用金属制成，渔笼类多用竹编制，以及捕鱼用的小木船等。有的用鱼鹰、水獭配合进行捕捞。20世纪70年代后，区内捕捞的网具、浮子和一些容器等多采用化纤和塑料制品，所使用的网具有刺网、三层刺网、拖网、撒网、抬网、扳罾等。鱼种场（点）还配有各种规格的鱼种箱、鱼苗网和鱼种网等渔具。80年代后，增添网箱养鱼、流水养鱼设备，开始使用机动船捕鱼。

（2）捕捞方法。区内捕捞鱼类，长期以小型为主，使用小木船、鱼鹰和水獭、网拦水花、撒网捕捞。水库（塘）捕捞方法，20世纪70年代前多用三板船撒网；70年代后期，开始采用刺网和三层网捕捞，80年代，大型库区开始用机动船捕捞。小型塘库，旱季进行“清基”清除库塘底障碍物，便于雨季捕捞；同时采用“赶、栏、刺、张”的协作方法捕鱼。湖泊捕捞，威宁草海用传统的小须笼、小刺网捕捞；1984年引进网帘和须笼组成的捕鱼技术，取得较好效果。

**特种水产品养殖**　1.蛙类养殖。1985年，赫章县城郊刘兴明引进牛蛙养殖成功。1987年，大方县对江刘义章建牛蛙养殖场，有蛙池20.8亩，孵化池20个，次年底，有成年牛蛙1.5万只，种蛙1350只，幼蛙10余万只，蝌蚪50多万只，产品畅销。此后，毕节、黔西、威宁、金沙等县，相继有人养殖牛蛙。90年代，市场滞销，牛蛙养殖逐渐衰退。1998年，地、县水产站进行稻田养蛙1000亩，取得成效；此后每年有一定养殖面积。

2.河蟹养殖。1987年5月，省水产科研所在威宁草海进行河蟹养殖试验，放入幼蟹645只，个体均重10克，养殖7.5亩，10月26日收蟹110只，个体均重144克。1988年再试验，放幼蟹702只，饲养6个月，获成蟹702只，个体均重110.3克。1996年，黔西县水产站在龚家海子围栏养蟹10亩，10个月个体均重由10克增长为185克，最大个体243克。1998年，湖北省监利县与贵州省环保局联合在草海发展200亩河蟹围栏养殖。是年全地区养殖河蟹208亩。2000年后，河蟹养殖面积有扩大。

3.甲鱼养殖。1994年，金沙县安底温泉养殖甲鱼8.5亩，同时建8个共120平方米温室饲养甲鱼。引进甲鱼种30对，次年繁殖200多只。是年，织金县养殖甲鱼40亩，获得成功。

4.大鲵养殖。2011年，有大鲵养殖示范点7个，养殖面积3800余平方米，引进有大鲵亲本180

余组，鱼种3900余尾，饲养成活率均在90%以上。

**鱼类饲料** 1.植物饲料。有豆饼、糖饼、玉米、小麦、大麦、薯类、大豆、米糠、稻谷、面粉脚、酒糟、醋糟以及黑麦草、苏丹草、红三叶、聚合草、菜叶、瓜蔓、浮萍、细绿萍、槐叶萍、苦草、轮叶黑草、菹草、眼飞菜、水葫芦、水花生等。还有大豆、玉米、稻、薯类、瓜类等作物的叶。

2.动物性饲料。有蚕蛹、蚯蚓、田螺、湖螺、蚌类、鱼粉、小杂鱼、鱼内脏、血骨粉、虾壳粉、羽粉、水蚯蚓、摇蚊幼虫、轮虫、枝角类、桡足类及原生动物。

3.配合饲料。20世纪80年代，区内饲料厂曾生产鱼类配合饲料。1990年，饲料加工厂减少，从四川、贵阳等地购进鱼类配合饲料。

**鱼病防治** 1.鱼病。1985年、1991年，地区水产站调查区内鱼病，发现有非生物性疾病、传染性疾病和侵袭性疾病3类28种。非生物性疾病中，泛池病发生在气温较高的地带；感冒和冻伤主要发生在温凉地带；跑马病（又称饿病）、泛地病，发生在放养密度大的鱼苗点和生产场。传染性赤皮病、肠炎病、烂鳃病、水霉病等，发病率以草鱼为高，鲤、鲢、鳙鱼次之。侵袭性疾病鱼虱、猎头蚤病、舌状绦虫病等，一般在未采取防病措施水库、山塘和池塘发生。上述鱼病害，以草鱼赤皮病、烂鳃病、肠炎病为害最大。

2.防治。1990年，毕节县河尾村发生草鱼赤皮、烂鳃、肠炎病，养鱼户余纯洋用生石灰兑水全池泼洒，用大蒜等拌饲料投喂，基本未发生死鱼。黔西县用敌菌灵治疗草鱼出血病；金沙县用硫酸铜液合剂治疗粘孢子虫病；大方县用五倍子液治疗胡子鲶白皮病；地区鱼种场用敌百虫治疗寄生虫病，用孔雀石绿治疗水霉病，用漂白粉、生石灰清塘防病，均取得良好效果。中草药中，用辣蓼粉或艾治疗肠炎、烂鳃病有效；用菖蒲与蓖麻叶、松针粉合用治疗赤皮病、烂鳃病有一定疗效，与食盐、人尿合用，全池泼洒，能预防水霉病；贯众与土荆芥、苦楝皮合用，煎后混于豆饼中投喂，治疗侵袭性疾病效果良好。

**渔政管理** 1979年，国务院颁发《水产资源繁殖保护条例》后，金沙、黔西县政府颁布实施细则，保护县内水产资源。1984年5月，省政府颁布《贵州省渔业生产管理条例》。1986年《中华人民共和国渔业法》颁布；是年5月，贵州省农业厅制发《贵州省鱼苗鱼种生产经营管理办法（试行）》。全地区贯彻实施中，大方县率先对入境鱼苗鱼种进行检疫。同时，毕节地区行署发布《保护威宁草海自然资源的通知》，实行捕捞许可制度，规定最小网目不小于6毫米，每年4~7月为禁渔期。1988年，地区渔政管理站成立。随即，各县相继建立渔政管理站。此期间共处理渔政案件和渔业纠纷126起。2001年，地、县渔政站参加全省执法大检查，查处区内违规案18件。2002年初，国家农业部发出《关于在长江流域实行春季禁渔制度的通知》，首次于4月1日至5月31日实行禁渔。按省农业厅统一部署，毕节地区组织50名渔政执法人员，开展为期两月的禁渔宣传和渔政执法行动，查处违规捕捞10例。此后每年4~5月，都进行宣传和渔政执法。

2011年，在长江流域、珠江流域禁渔期间，张贴禁渔标语457条，发放禁渔通知376份，印发《中华人民共和国渔业法》等宣传资料1300多份。开展禁渔打非执法检查113次，出动执法车67辆次、执法船26艘次、执法人员315人次；取缔抬网19具，没收电鱼机具8具，违规网具20

张；查处非法渔船2艘；立案处理违法案件5起，罚款金额1200元。渔业生产安全宣传教育活动89次，渔业船舶清理整17次，检验渔业船舶415艘，检验率达93.53%，确保全年无渔业安全生产事故发生。

## 第七节 养 蜂

### 一 历史与现状

古代和近代养蜂业　东晋常璩《华阳国志》记载“平夷产茶蜜”，证明区内养蜂业已有2000多年历史。最早的蜂种为野生，人们用烟熏的方法，使蜂离巢而取蜂蜡。有经验者，将斗笠、毛盖及其他物品为诱饵，诱回蜂群，饲养于木桶、竹笼框或其他框子内，置放在房前屋后或屋檐下；有的放在山岩下，任其生活在野生、半野生状态。同时，在饲养中学会分群技术。这种养蜂方式相传至今。民国时期，区内养蜂多为零星饲养，从低热河谷到高寒凉山都有分布。气候较温暖的金沙县沙土、安底、平坝、岩孔等地，曾有20%的农户养蜂。沙土牙渡河边的张金禄家，20世纪40年代养蜂50多群。1949年，区内养蜂不足1万群。

当代养蜂业　1950年，《贵州省农业生产奖励办法（草案）》规定：“家庭养蜂，其收入不论多少，一律免征负担。”1957年，省农业厅推广新法养蜂技术，专区各县均引进推广。1958年，大方县长石公社建立14个中蜂养殖场，饲养中蜂720群。1959年，根据国家农业部关于养蜂应以人民公社为主的规定，区内原有养蜂基础的公社、大队、生产队，纷纷建立集体养蜂场；国营农场和劳改农场，扩大养蜂场规模。是年末，全专区养蜂5.28万群，占全省养蜂群的19%。农户养蜂多用传统饲养技术，每群年产蜜2~3千克，质量差。此期间，国营和集体蜂场从无到有，由于改良饲养技术，蜂蜜的产量和质量均优于个体养蜂。1960~1962年，多数集体蜂场解体，私人养蜂下降。1963年，全国养蜂会议提出推广中蜂改良饲养，发展集体养蜂。贵州省农业厅提出大力推广中蜂科学饲养，改变中蜂生产落后面貌的要求。毕节专区贯彻国家和省的决定，推广中蜂活框过箱饲养技术，年产蜂蜜比桶式养蜂增10倍。是年底，全专区养蜂4144群。1965年，蜂群数接近1959年水平。此后5年，养蜂业处于停滞状态。1972年，贵州省召开养蜂工作会议，提出发展集体养蜂，鼓励社员家庭养蜂，推广科学饲养技术。毕节地区贯彻会议精神，研究制订发展养蜂规划和措施。1973~1974年，地区内中蜂普遍暴发囊状幼虫病，损失严重。1974~1976年，地、县农业、供销、外贸部门，先后引进一批意大利蜂投放生产，采用科学技术养蜂，蜂群发展较快。1975年，金沙县沙土公社东风大队茶盘生产队，派社员周国祥到贵州省农科院学习养蜂技术，学成回队创办养蜂场，至1980年，蜂群由31群发展到184群，其间出售蜂种85群，生产蜂蜜16吨。70年代，外省蜂农运蜂群来地区内放养，追花夺蜜，少时2000~3000群，多的年份1万群左右。80年代初，区内农村实行家庭联产承包责任制后，养蜂以家庭为主，囿于饲养技术落后，蜂群数量减少。80年代中期，蜂产品价格上涨，再次促进区内养蜂业发展，涌现出一批养蜂专业户。金沙县沙土的周国祥饲养中蜂4群，意蜂26群，年产蜂蜜1156千克。1980~1989年，全地区年均养蜂3.84万余群，年产蜂蜜231.41吨。1988年养蜂4.78万群。90年代，年均养蜂2.06万群，产蜜93.2吨。2000~2005年，每年养蜂群1万多群，产蜜量50~60吨。2010年，产蜜量达177吨。

## 二　蜂　种

**中华蜜蜂**　区内蜂群为中华蜜蜂（简称中蜂），属东方蜜蜂的一个亚种。20世纪50~80年代，省农业厅多次组织人员调查省内蜂种。据查，威宁和赫章西部的中蜂，属云贵高原生态型，以黑蜂为代表；赫章东部，毕节、大方、纳雍、织金西部的中蜂，属过渡型，以麻蜂为代表；织金东部，黔西、金沙的中蜂，属贵州山地型，以黄蜂为代表，即地区内中蜂（工蜂）的体色，具有黄、麻、黑三种类型，随海拔增高，逐渐由黄到麻到黑。蜂王有两种体色，一为赤褐色，俗叫枣色蜂王，为基本色，占蜂王总数的80%以上；次为黑色。中蜂，为经过长期自然选择的地方良种，适应复杂多变的自然和生产条件，善于采集零星蜜源，采集距离远，每天采集时间长，采用科学饲养，每群年产蜜40~50千克。不产王浆，产花粉。一般一年分蜂1~3群。3~5月油菜花期为分蜂旺季，乌柏蜜源多的金沙沙土，可进行二次分蜂。

**意大利蜂**　意大利蜂属西方蜜蜂的一个品种，简称意蜂。1959年，大方县引进；1961年，毕节县引进。1974~1976年，地、县农业、供销外贸部门大批量引进意蜂。1990年，全地区有意蜂4028群。意蜂的工蜂腹部为黄褐色，有黑色边条纹，全身披有淡黄色绒毛；体形大、吻长、群热大、采集力强，对花冠深、开花时间长的蜜源利用率高。一般意蜂年产蜜80千克以上，产王浆0.5~0.8千克，花粉2.5~5千克。

## 三　蜜源植物

**春季蜜源植物**　1.油菜。除威宁外，各县均有种植，共种植80万~100万亩，花期2月下旬~4月中旬。其花蜜黄白色，属国家二等蜜。2.苕子。全地区均有分布，种植面积超过油菜。金沙的苕子花期3~4月，毕节4~5月，威宁5~6月；苕子蜜乳白色，浓度高。3.紫云英。各县均有分布，花期3月上旬~4月上旬，花蜜结晶细，香味正，属国家一等蜜。4.刺槐。多分布在公路两旁，纳雍、织金县《3356工程》栽植有成片刺槐，花期4月上旬~5月上旬，花蜜透明，气味香甜，属国家一等蜜。5.柑橘。主要分布在河谷地带，花期3~5月，花蜜黄白色，香甜。此外还有蚕豆、豌豆、甘蓝、冬子、萝卜、李、桃、苹果、梨、杨梅、樱桃、红果蔷薇、柳、核桃、刺梨，其花期多在3月或3~4月间。

**夏季蜜源植物**　主要有：1.白三叶。花期4~5月，蜜质浓度大，色淡黄，气味芬芳。2.乌桕，又名卷子树，花期6月上旬~7月上旬，流蜜量大，蜜质浅琥白色，甘甜。3.春荞。5月开花，荞花蜜白，味甜浓腻。4.蒲公英，生长集中，花期4~5月，强群可采蜜粉，花粉对蜂群繁殖极为有利。5.女贞，花期5~6月，在乌桕流蜜期开花，有得蜂群繁殖。还有金银花、胡萝卜、梧桐花、漆花树、悬钩子花、马鞭草、大豆、拐枣、南瓜、香椿、苏麻、木樨草、盐肤木等，以上植物茶花期少数在5月或7~8月间，多在5~6月、6~7月间。

**秋季蜜源植物**　主要有：1.秋荞。春秋两季均有，秋季较多，花期长。2.黄荆条，分布范围大体与乌桕同，花期7月中旬~8月下旬，与乌桕花尾期相接。3.向日葵。花期7~8月。4.香薷。又叫野木姜花、月香草，海拔1000~2300米区域内均有成片分布，且有不少分布在公路沿线，便于转移放蜂，追花夺蜜；花期9月下旬~11月，为深秋至初冬的重要蜜源，蜜质芳香味浓。5.菊科野花。种类繁多，花期9~12月，生长比较集中，流蜜期较长，强群采蜜较丰，歉年也可采足越冬饲料。还有芝麻、益母草，花期均在7~8月。

**冬季蜜源植物**　有以下植物：1.千里光。花期8~12月，蜜鲜黄色，有芳香味。2.柃木。又叫野桂花，主要分布在金沙县，花期11月至次年2月，蜜质透明，有玫瑰香味。

## 四　饲养管理

**传统管理**　早期对蜜蜂的利用，为掠夺式捣毁蜂巢取蜜蜡。随后将树干挖空成树桶，将蜜蜂诱回饲养，树桶两头加盖，盖上留有小孔，便于蜜蜂自由出入。以后利用竹木制作蜂箱，用木制作的蜂箱，两头加盖；用竹制作的，夹缝间糊牛屎，以保持箱内黑暗、干燥及保温。将箱悬挂或用本架支撑放于房前屋后或庭院四周。管理粗放，割取蜜蜡时，对蜜蜂损害较大，且蜜质差，产量低。

**饲养管理改进**　1.蜂箱改进。20世纪60年代，引进朗式蜂箱，又称标准蜂箱。当时有16框横卧式蜂箱和12框方箱。由箱身、箱底、箱盖、副盖组成；副盖为铁纱布；内装10个巢框，可容纳7400个工蜂巢房。除蜂王产卵之外，还可贮蜜粉。70年代，集体养蜜场全部采用标准蜂箱活框过箱技术，农户养蜂也基本普及标准蜂箱。各地还一度使用过横卧式蜂箱。2.饲养技术改进。先在国营和集体蜂场进行试验示范，主要是春、夏、秋、冬分季定饲养管理技术，根据蜜源和季节进行转地饲养。春季，定时轮收，视流蜜和进蜜情况，每隔3~5天收取1次，并采取早繁蜂、早育王、早放王、早换王、早分蜂的措施，壮大蜂群蜂势和蜂群数量。夏季，以采蜜为中心，采取强群双箽采蜜，繁殖育蜂，做到繁殖、采蜜两不误。秋季，前期在勤取蜂蜜，提取蜜脾的同时，壮大蜜蜂群势；中后期注意留足越冬饲养，做好蜂群蜂势调整和防寒保暖。冬季，保存蜜蜂实力，确保安全越冬，做好次年蜂群发展准备工作。这套改进的技术，逐渐推广到个体养蜂户，80年代，养蜂专业户广泛应用，并在不断改进中。3.转地饲养，一年四季，人不离蜂，一个蜜源接着一个蜜源，进行追花夺蜜，促进蜂群恢复和发展，提高蜂蜜的数量与质量。区内转地饲养，意蜂为长途，中蜂为短途。20世纪50年代后期，区内一些规模较大的蜂场，开始在小范围内转地追花夺蜜。70年代，外省转移来区内的蜂群数增多，加之区内意蜂群数扩大，促使各地蜂场和养蜂大户转移饲养，并形成一些相对固定的路线。

**蜂病防治**　蜂病有欧洲、美洲幼虫腐臭病，中蜂囊状幼虫病、痢疾病、蜂蛹病、蜂蜡病、大小蜡螟等。20世纪70年代前期，中蜂囊状幼虫病流行，中蜂受损较大。赫章县社员曹正科当时有蜂21群，经过药物治疗与过箱合并，基本未受损失。意蜂抗蜂螨病能力弱，时有发生。采用强力巢房熏染螨剂，配合1、2号螨剂使用，效果良好。

**蜜、蜡割取** 老蜂群一般一年割蜜2次，分别在5月和9月进行。当年新分蜂群，一般9~10月割取1次。取蜜在白天进行，要求操作轻稳、不伤蜂。割取蜜、蜡时需用棕色布扎好脸部、再用竹皮或蒿枝熏烟，将蜜蜂赶到蜂桶另一头，露出蜂脾，割取巢脾（保留3~4脾）。割下的蜜脾放置在干净的竹筛内，下层用铁锅装蜂蜜，将蜜脾捣碎时，蜂蜜即流入铁锅中；再用棕丝包扎挤出余蜜。取蜡时，将蜂蜡碎屑放入锅中用水煮熔化，放置冷却，即可取出凝结在水面上的蜂蜡。20世纪50年代，区内开始推广摇蜜机，先在国营农场的蜂场使用，以后推广到养蜂农户。

# 第八节　养殖技术推广

## 一　养殖业教育

**畜牧技术干部培训** 1950年，省农业厅举办兽医干部培训班，专区派员参训，参训人员结业后成为专区内首批兽医技术人员。1959年，创办毕节专区农业技术干部学校，设牧医专业，培训初级畜牧兽医人员。至21世纪初，共培训200多人。1962年，派4名兽防站长到省农干校学习。1981年，开办毕节地区农业广播学校。至1998年，招收牧医专业588名，同时，培训在职畜牧人员。1984年，省农业厅举办牧草培训班，毕节地区派出80名畜牧技术干部接受培训。20世纪80年代始，多次派牧医技术干部到贵州农学院、西南农学院进修。

**培训农民畜牧技术骨干** 1957~1958年，毕节农业合作干部学校培训社队干部200多名，每期3个月。其间，应威宁、赫章县邀请，派教师到县区办养猪、养羊培训班，每期20~30天。1972年，地区农业局举办牧医培训班，培训毕节、黔西、威宁、赫章县农民技术骨干160人。1975年，全地区所有公社均成立社办公助兽防站，地县分别多次培训公社兽防人员。80年代后，多次培训农村畜牧重点户、专业户、科技示范户、养殖大户及养殖人员。

## 二　科　研

民国28年（1939），贵州省农业改进所从四川引进荣昌白猪65头，在威宁县饲养并改良本地猪成功。1951年，毕节专区农场引进黑白花牛和来杭鸡，饲养成功。1956年，省高寒山区工作组、毕节农试站调查毕节专区畜牧业，撰写出《绵羊寄生虫病的调查研究及初步防治方法》、《大群养猪和耕牛安全越冬的调查研究》《野生绿肥牧草的调查和几个优良牧草品种试种观察结果》，发现绵羊有寄生虫21种，并经试验，提出防治药剂，收到较好效果。是年，毕节县引进池塘养鱼和稻田养鱼技术及鱼种，均获成功。1955年，威宁种羊场引进考力代半细毛羊，进行驯化和纯繁研究，经过引入、变形、初选、整顿、培育提高的研究积累，明确其生产性能指标之间的相关关系，确认考力代羊适应威宁自然条件，有较高生产性能，遗传稳定，已应用于生产。20世纪50年代，区内开始猪、黄牛、绵羊品种改良，以引进品种为父本，本地品种为母本，进行杂交。猪、牛以杂交一代投入生产；通过杂交，培育细毛羊。各县先后引进荣昌猪、苏白猪、约克夏猪、巴克夏猪饲养；威宁县引进黑白花牛、爱沙尼亚红牛、吉林红牛饲养；威宁种羊场、地区牧垦场引进考力代、美利奴、斯达洛夫和新疆细毛羊；还引进草鱼、青鱼、鲤鱼、鳙鱼，投放草海饲养；大方县引进意大利蜂饲养。1962年，建立毕节专区畜牧科学研究所，开展猪、牛、羊和家禽品种引进和改良研究。1959年开始，培育细毛杂交羊。70年代初，威宁县畜牧局鉴定6.87万只杂种羊，细毛羊占82.4%，同质和基本同质的占62.1%；以美利奴与本地羊杂交育成的细毛羊为优。1973年，毕节地区开始培育贵州半细毛羊，地区牧科所、牧垦场、威宁种羊场参加。1978年，选育出基本符合贵州半细毛羊育种目标的考细杂组合：（本地羊×美利奴）×考力代。此期间，地区兽医站在大方县归化公社新民大队孵化出大批量鲤鱼苗；大方县马场公社则鸡塘鱼种场成功孵化出鲢鱼、鳙鱼苗；金沙县利用安底八里温泉试养罗非鱼成功，开创温泉流水养鱼。

1978年，地区品改站引进冻精液（颗粒）及人工配种技术，改良本地黄牛；1979年建立地区液氮站，生产大指颗粒冻精用于牛改；同时筛选出西（西门塔尔）本杂、黑（黑白花）本杂、辛（辛地红）本杂等优良组合。1998年，地区品改站从美国引进安格斯牛的细管冻精用于牛改，效果显著。1982~1986年，地区牧科所鉴定选出瘦肉型商品猪二元杂交组合杜本杂、长本杂，三元杂交组合杜长本杂；织金县品改站试验成功在常温条件下保存猪精液120小时的技术措施；2000~2002年，威宁县在普及杜本杂的基础上，选出三元杂交组合长杜本杂。1996~2002年，地区牧科所实行保种选育与开发利用并举，选育合格可乐母猪5000多头，扭转可乐猪数量锐减的局面，提高瘦肉型商品杂交猪的质量。1985~1989年，地区牧科所组成科研协作组，推广贵州半细毛羊阶段成果，在推广中继续培育出达到育种目标的贵州半细毛羊；1990~1994年，引进小尾寒羊，进行驯化繁殖成功；1998~2001年，进行山羊本品种选育，在农户中建成优质山羊品种群。2011年，是年，地区牧科所《可乐猪高产配套系（母系）选育》项目完成核心基础建设210头，扩繁群建设600头；《乌蒙乌骨鸡蛋用品系培育》项目采用群体选育方法进行F2代种鸡的继代工作，选育种鸡2471只；《国家现代肉牛产业体系》项目组建威宁黄牛选育核心群300头；《毕节地区优质野生牧草资源选育及利用研究》项目建立10个草地建植示范点，筛选出金荞麦等7种常见野生牧草进行保护性种植及生物学习性观测，选育适于毕节地区不同地域、不同气候的牧草品种。地区水产站《昆明裂腹鱼集约化养殖试验示范》项目2011年产卵23万粒左右，繁殖出鱼苗15万尾，投放鱼种5.5万尾；与中国水产科学院长江水产研究所合作，在国内首次实现鲈鲤人工繁殖。

20世纪80~90年代，地区及各县兽防站多次进行畜禽疾病调查与普查，为防治提供依据。1980年，开始大面积人工种草，经多年试验研究，在草场管理、改良技术上，有显著进步。秸秆青贮、微贮、氨化技术引进开发成功。引进荷包鲤鱼等品种，开始鲤鱼杂交优势利用；开发生态稻田养鱼技术；高密度流水养鱼和网箱养成鱼技术成功应用。

1978~2005年，毕节地区养殖业共获地区级和省部级科技成果101项，占获奖成果总数的11.7%。1981~1983年，获农业技术改进奖114项，其中省农业厅评审后报省政府批准的一等奖12项、二等奖72项。1990~2005年，获农业丰收奖20项，由省农业厅评奖。

## 三 技术推广

**传统养殖技术推广** 地区内传统养殖技术，多以农谚方式总结推广。相畜术谚语有：头上生八卦，嘴大脖子粗，后腿穿套裤（指腿皮松而下套），鼻梁三道箍（优良可乐母猪的特征）；腰长骨架大，一定是好猪；长猪短马高脚牛等11条。选种选配谚语有：母畜好，好一窝；公畜好，好一坡；奶头齐，钉子奶，一定会带崽（指选种母猪）；单颈沙包肚，下儿无其数（指选母牛）；黄牛在三月，水牛在九月（指母牛发情、适宜配种时间）；老配早，少配晚，不老不少配中间（指经产母畜在发情初期配，初产母畜在发情后期配）。饲养管理的谚语有：活不活在食，长不长在管；要得牛喂好，天天勤垫草；幼犊怕过冬，老牛怕春风；雨草过三刀，无料也上膘（指马饲草要铡短）；同块草地一样草，不同放法不同膘等22条。以上传统养殖技术，有的至今仍在流传应用。

1981~1983年获省级农业技术改进推广奖名录

| 年度 | 项目名称 | 获奖等级 | 主要完成单位 | 主要完成人员 |
|---|---|---|---|---|
| 1981 | 飞播草场试验 | 一等奖 | 威宁县畜牧局 | 桂熙珊 罗英举 许牛保 赵德新 |
| | 冻精输配牛改已见成效 | 二等奖 | 毕节县畜牧局 | 聂绍芳 聂绍熙 杨光本 聂绍关 曾庆文 蔡仁学 |
| | 贵州半细毛羊阶段培育 | | 地区牧科所 | 李学高 李孟年 李云龙 郝树昆 毛端智 |
| | 草场建设试验及生产实践 | | 赫章县畜牧局 | 缪熙和 张朝鲜 陈道尧 |
| 1982 | 威宁畜牧资源调查与区划 | 二等奖 | 威宁县畜牧局 | 张明忠 桂熙珊 郭显明 |
| | 开展市场检疫 | | 地区畜牧局 | 李亿能 付 翔 刘吉春 |
| | 畜禽疫病普查资料汇总 | | 地区畜牧局 | 凌小玲 陈德芳 阮正祥 罗晓松 罗宗逊 |
| 1983 | 推广冻精输配技术，改良本地黄牛取得显著成绩 | 二等奖 | 威宁县畜牧局 | 祖家声 付照忠 张光辉 张光边 |

## 1990~2005年获农业丰收奖名录

| 年度 | 项目名称 | 获奖等级 | 主要完成单位 | 主要完成人员 |
|---|---|---|---|---|
| 1990 | 毕节地区绵羊生产喜获丰收 | 二等奖 | 地区品改站，威宁、赫章县畜牧局，地区牧科所 | 贺树昆 郭显明 李孟年 张光辉 刘仰辉 王勤 杨光奎 帅亮红 刘忠胜 曾顺武 李忠海 梁祖敏 |
| | 采取综合技术措施，促进生猪稳步发展 | | 毕节县品改站，海子街、吉场、环城区兽医站 | 蔡仁学 邓旭 陈清彦 杨光本 刘汉乾 张昌永 张继华 王万能 高连发 曾晋山 徐彦松 胡小鱼 郑德群 葛富发 赵双银 |
| | 黔西县搞好科学养猪，促进生猪发展 | 三等奖 | 黔西县畜牧局，黔西县品改站、草地站 | 吴家骥 黄志远 宋兴友 宋志忠 陈盈伦 欧德洪 程俊生 张明远 封祖滇 卢鹰 张邦宇 王宇平 |
| | 金沙县应用科学技术促进渔业生产全面发展 | | 金沙县水产站、地区水产站、省水产科研所 | 刘清木 康觉非 杨振芳 钱世雄 李光智 张绍华 王平 王昌华 骆光华 郭依平 徐磊 毛永文 |
| 1991 | 黔西县采取综合措施，促进养禽业发展 | 三等奖 | 黔西县畜牧局、品改站、草地站 | 吴家骥 宋兴文 王玉平 欧德洪 宋兴忠 程俊生 张明远 黄远志 封祖滇 张邦宇 陈盈伦 刘厚明 |
| | 金沙县采用综合技术措施促进生猪发展 | | 金沙县品改站、草地站、兽防站 | 林圣博 黄显玉 夏德华 罗先锋 杨振芳 王弟强 钱仕雄 |
| 1992 | 毕节地区推广冻精输配改良本地黄牛成效显著 | 二等奖 | 地区品改站，威宁、毕节、织金县品改站 | 冯兴忠 刘仰辉 陶宗釺 祖家声 周光乔 罗永全 何开先 杨光本 邱郁文 黄志明 黎西举 乐莫仁 陈昌荣 袁军 张断华 |
| | 黔西县建立母猪基地提高仔猪品质 | 三等奖 | 黔西县畜牧局、黔西县品改站、黔西县草地站 | 吴家骥 宋兴友 王玉平 张邦宇 张明远 程俊生 欧德兴 陈盈伦 封祖滇 崔明智 项华明 何安耀 |
| | 毕节县农村庭院坑塘养鱼高产示范 | | 毕节县水产站、地区水产站、毕节县畜牧局 | 李敬章 许路 王平 王再文 唐承胪 周晓波 姚义才 詹会祥 周明 王利华 薛朝春 毛世贵 |
| | 金沙县实施牲畜免疫改革技术 | | 金沙县兽防站，沙土、城关镇畜防站 | 林圣博 杨振芳 周昌明 雷石群 张成华 毛登举 刘维华 王从芳 曾以明 邓卿 李光福 张强 |
| | 纳雍县生猪杂交改良推广效益显著 | | 纳雍县品改站，王家寨、雍熙镇兽医站 | 何先开 李成刚 陈学俊 夏发林 周政友 杨维远 葛发权 罗明英 邹植棠 方仕奔 饶荣友 徐延学 |
| 1993 | 大方县推广养牛综合配套技术 | 三等奖 | 大方县畜牧局、大方县品改站、百纳乡兽防站 | 周凯 刘茂实 周明杰 曾维华 刘仁俊 黄富益 罗明明 孙启伦 杨国庆 李国华 蒙光辉 王永祥 |
| 1994 | 大方县推广生猪综合增产技术 | | 大方县畜牧局，百纳、瓢井乡兽防站 | 杨国庆 周凯 曾维华 杨茂实 周明杰 李昌军 杨兴婷 刘家奇 蒙光祥 王才学 杨兴文 秦中智 |

续表

| 年度 | 项目名称 | 获奖等级 | 主要完成单位 | 主要完成人员 |
|---|---|---|---|---|
| 1995 | 秸秆氨化养畜成果显著 | 三等奖 | 织金县畜牧局，织金县草地站、品改站、兽防站，织金县科委 | 张瑞熙 吉政文 李艺 安秀平 张怀月 周毅 梁龙 彭俊 彭雄 韩德焕 彭红 王永全 卿忠林 杨庆刚 李应红 张青杰 |
| 1997 | 推广综合技术，大力发展黑山羊生产 | | 大方县畜牧局、大方县品改站、百纳乡兽防站 | 曾维华 杨兴婷 蒙光祥 杨立强 曾以锋 谢蕊 周佳清 刘茂实 薄鲁琴 刘家奇 万廷友 刘龙楷 |
| 1998 | 毕节地区100个乡（镇）黑山羊基地建设 | 二等奖 | 地区牧科所，威宁、赫章、金沙县畜牧局 | 李敬丹 李孟年 刘章忠 陈荣 周佳清 周大荣 王洪敏 刘晓益 蔡尔康 高安平 张庆忠 陈文华 金深逊 陈万芬 |
| 1999 | 毕节地区推广秸秆养畜技术 | | 地区饲草饲料站 | 吴道全 王兴华 王明进 李敬丹 赵思渝 李雷 王思才 周佳清 张洁 刘厚明 彭俊 杨树奎 徐光佑 彭远江 罗先锋 |
| 2000 | 毕节地区推广人工种草及配套养畜技术 | | | 吴道全 王兴华 王明进 李敬丹 赵思渝 丁远华 李雷 王思才 罗耀 顾丽群 刘厚明 张洁 何开先 叶胜平 彭远江 |
| 2003 | 毕节地区牲畜W病防治与成效 | 一等奖 | 地区兽防站 | 曾志明 王勤 阮正祥 马惠琴 张自奇 杨阿沙 李竹 邱声 龙厚怡 邹茂华 张强 杨福芬 胡永柱 朱武清 全开元 姚燕 王芸华 何虎 熊和琴 王晓妮 |
| 2005 | 高寒山区稻田立体生态渔业技术 | | 地区水产站，赫章、黔西县水产站 | 詹会祥 王平 张学武 王勤 王宪玲 安全平 李迪金 唐慧 张丽玲 杨维敏 徐磊 潘艳琼 唐承胪 张胜沾 |

**现代养殖业技术推广** 民国28年（1939），威宁县引进65头荣昌猪饲养，到民国34年（1945），全县有荣昌猪和本地猪的杂交猪1.7万头，从民国30年（1941）起，每年向省内输出杂交仔猪。1952年，毕节专署批准组建牛瘟防疫大队，1954年牛瘟消灭。1959年8月，省农业厅在威宁县龙街公社灼圃管理区召开全省绵羊饲养现场会，推广灼圃分群管理，划片轮收，养好种公羊，实施人工授精，抓膘抓配，保胎接产，做好防疫卫生工作的经验。1964~1965年，每年均组织2000多名防疫人员，在春秋两季开展以消灭猪瘟为主的牲畜传染病预防注射，1964年注射各种牲畜144万余头（匹、只），其中猪79万余头。1965年，全区建立公社兽防站372个，占公社数的38.7%；1975年，全地区789个公社全部建立社办公助的畜牧兽防站，有牧医人员1015名，生产队防病员1.18万名。经过培训的社队兽医、防疫人员成为区内畜禽疫病防治骨干。1980年后，猪改采取设人工输配点推广长本杂、杜长本杂等瘦肉型杂交组合，1990年基本普及生猪

经济杂交。90年代，在推广“两推五改”的基础上推广“三推五改”（仔猪补饲）的新法养猪技术，在全地区形成传统养猪技术与现代养猪技术相结合，逐步扩大现代养猪技术的格局，猪存栏数、出栏数持续发展，出栏率由50.4%提高到78.4%。改良黄牛，实施由本交改为推广颗粒冻精与细管冻精设点人工输配与本品种选育相结合，以冻精输配为主的措施，促进杂交牛发展。培育推广贵州半细毛羊，大幅度提高羊毛的产量和质量；推广山羊选种选配及“四推五改”组装配套饲养技术，促进山羊发展。推广优良草种及人工种草；推广秸秆青贮、微贮、氨化技术；推广饲用绿肥及绿肥草粉；推广配合饲料等，显著提高饲草饲料量。改春秋两季注射防疫，为强化畜禽保险、保健和畜禽防疫双轨制，推广常年防疫与产地、市场、运输检疫及门诊治疗相结合的综合防治技术，注射密度达70%~80%，2001~2005年，畜禽死亡率均在国家控制指标内。推广水库、湖泊、山塘及稻田养鱼，均取得明显效果；鱼种生产成绩显著。

## 四　牧场　渔场

**国营牧场、渔场**　1.毕节地区牧垦场。1956年2月，贵州省公安厅在大定县六龙乡渣坪乡马干山筹建，定名大定畜牧场，隶属省农业厅畜牧局，占地4515亩，其中水面112亩，场长张学仁，党支部书记杨荣显。1958年2月扩建，改名贵州省马干山牧垦场，隶属中共贵州省委农工部，土地2万亩，其中耕地0.5万亩，场长王虎文，副场长主传真，党支部书记刘子明。1962年6月，改为毕节地区牧垦场，隶属地区农业局。历任场长刘慎敏、杨玉山、王世英、孙培廉、谢佐珊、何启忠、彭德刚、李显忠，党支部、党总支、党委书记杨荣显、杨玉山、王世英、孙培廉、谢作珊、李显忠。主要繁殖细毛羊、半细毛羊，繁殖苏白、长白等良种猪，向生产上提供良种羊、良种猪。为贵州省10个现代化草地畜牧业示范点之一。

2.毕节地区种畜场。1958年，建毕节专区种马场，隶属地区农业局，场址毕节县德厚公社。1962年迁至毕节县松林公社，有土地1763亩，其中耕地68亩。1978年，改为毕节地区种畜场，隶属地区畜牧局。主要任务是繁殖并向生产提供良种猪。

3.毕节地区鱼种场。1982年10月建立，场址大方县归化镇瓦厂塘，隶属地区畜牧局，有水面610亩，耕地60亩。水面建鱼苗、鱼种池27亩，亲鱼池5亩，其余为成鱼池和蓄水池。

4.毕节县金银山畜牧场。1958年建，场址毕节县金银山滮水岩，有草山草坡1200亩，耕地300亩。

5.毕节县金银山牧草良种繁殖场。1984年建立，有土地1136亩；1998年扩大为3524亩，耕地785亩。

6.威宁县种羊场。1954年建，位于盐仓区高峰乡，原名贵州省威宁畜牧场，隶属省农业厅，1956年改名威宁种羊场，隶属县畜牧局。7.威宁新合草场。1979年建，位于二塘区新合公社，隶属县畜牧局，有土地3450亩，其中耕地500亩。8.赫章县鱼种场，1978年建，有水面8.5亩。

**集体牧场、渔场**　1.赫章县野里牧场。1956年建，场址赫章县兴发区野里公社中营大队，以饲养猪、羊为主。

2.威宁雪山牧场。1958年建，场址大街区狗街公社，以饲养绵羊为主，1983年撤销。

3.金沙县温泉鱼种场。1978年建，场址金沙县安底镇小龙井，隶属县畜牧局。有鱼池6口，利用温泉水提前繁殖家鱼、鲤鱼、非洲鲫鱼等良种鱼苗，供应其他鱼种场和养鱼专业户。

4.金沙县张家湾鱼种场。1987年建立，隶属县畜牧局，有鱼塘1333.4平方米，1993年撤销。

5.金沙县川洞鱼种场。1987年建立，位于安底镇川洞水库侧，隶属县畜牧局，有链式分布鱼塘13口，78亩。

**民办畜牧场** 1.大方县民办畜禽良种场。1985年建立，场址大方县城南塔山脚，有猪舍96间，年养猪1000多头。1991年8月，繁殖场转让给县职业中学作教学实习基地。

2.毕节市素琼养殖场。1988年建立，属个体乡镇企业，场址毕节市五里坪。

**股份制畜牧场** 毕节试验区生态畜牧业发展中心有限责任公司是经毕节地委、行署同意，按照毕节试验区生态畜牧业发展要求建立的集草场建设、种畜禽饲养、调运、销售为一体的畜牧业产业化龙头企业。公司成立于2007年7月10日，有在职职工58人，其中高级畜牧师3人、畜牧师8人、兽医师12人。

2007年,投入资金2000多万元，用以改造圈舍、种植牧草、种畜（禽）购进、服务体系建设。采取“公司+协会+农户”的运作模式，实行统一管理、统一技术服务、统一销售的方式，与农户签订养殖合同，按比例分成。已建成优质肉牛基地4个，优质肉羊基地4个，优质鹅基地2个，乌蒙乌骨鸡基地1个，种植牧草45708亩，购进能繁母牛1722头，种羊40196只，种鹅2000羽，与2673户农户签订了养殖合同。

获得国家级标准化示范场称号的养殖场：金沙县绿健牧业禹谟镇金坝养猪场、大方县凤山乡马干山市牧垦场、金沙县瑞利乌蒙农牧科技公司岩孔镇黑牛养殖场、纳雍县王家寨镇鹏腾科技园养羊场。

获得省级标准化示范场称号的养殖场：大方县天宇牧业安乐乡尚寨村养羊场、威宁县贵州高原试验站灼甫种羊场。

获得省级标准化示范场项目的养殖场：七星关区何官屯种羊场、赫章县兴发乡大海子海发种羊场、黔西县洪水乡永丰村志毓牧业养猪场、黔西县金碧镇新富村黔港牧业养猪场、金沙县沙土镇观堂村钬淋公司养猪场、织金县龙场镇美满村利丰种羊场、大方县黄泥塘镇润和合作社养牛场、七星关区撒拉溪镇兴隆合作社养牛场、七星关区顺洪合作社何官屯镇新华养猪场、双山新区梨树镇联合村金海生猪养殖公司、七星关区鸭池镇河坝村凯哥养猪场、纳雍县雍熙镇燎原长隆特种养殖合作社蛋鸡养殖场、纳雍县乐治镇蚕箐蛋鸡生态养殖场、黔西县杜鹃办事处大兴社区韦寨明智养猪场、金沙县源村乡旺农公司养牛场、金沙县官田乡正禾牧业公司养猪场。

# 第四章 农业机具与气象服务

毕节地区农业历史悠久，先民在长期生产过程中不断创造生产工具。20世纪70年代以来，在赫章县可乐出土的新石器时代文物中，有石刀、石斧等生产工具，石杵、石碓、石磨盘等粮食加工工具；可乐西汉墓葬的墓砖上绘有人骑马牵引马车的图案，说明当时已有运输用的马车，还出土有青铜锄、铧和锸等耕作农具，距今有2000多年。明清时期，水车、吊桶、龙骨车等提水工具，在水稻产区普遍应用，生产传统农具的铁匠、木匠、篾匠遍及城乡。传统农业生产的耕作、排灌、收获、运输、脱粒、粮油加工均使用配套农具完成，传统农具对农业生产发展起过重要推动作用。各地使用的碾坊、磨坊、榨房，也都是使用传统工具。20世纪50年代，粮油加工等工副业，仍以传统农具为主。随着生产和社会经济发展，一些传统农具虽被淘汰，仍有许多沿用至今。

天气变化预测方面，在古代有用历法揭示气候季节性变化规律的历史，但对短期的天气变化预测，主要是利用甲子推算，有时候不应验。新中国成立后，毕节地区成立了比较完善的地、县气象机构，形成由农业气象观测、地面气象观测、天气雷达观测、卫星云图观测为主要手段的气象综合探测体系，建立了以人工影响局部天气变化的防洪防雹防雷电安全管理为主要内容的防灾减灾体系，能够精准预测短期天气变化情况。

## 第一节 传统农具

### 一 耕作农具

**犁** 由犁辕、犁盘和铧口组成。犁辕、犁盘用杂木制成，铧口用生铁铸造。耕地时用牛牵引，人操作。分水田犁和山地犁，山地犁轻便，操作省力，但耕地深浅不易掌握。

**耙（耙子）** 用于破碎土块，平整田面。分钉齿耙、木耙、滚耙。钉齿耙为木质长方形框架，长120厘米，宽87厘米，两边长木枋上装13齿铁钉交错排列，铁钉为长3厘米、上宽2厘米、下宽1厘米的长方形。木耙、滚耙均为木质结构。木耙长枋上装有木钉。滚耙中间装有一根可转动的圆木，圆木上装有短木齿。均用牛牵引，人操作。

**锄（锄头）** 铁木结构，分挖锄、薅锄和点锄。挖锄分宽口、窄口，用于旱地播种前的整地和播种时开沟或挖窝，也用于中耕。薅锄用于中耕、除草，有的用于播种。点锄用于补种和在玉米行间点播豆类、绿肥。

**钉耙、耙梳** 均为铁木结构。钉耙，古称铁耙，用于挖（出）厩肥、堆肥，由3根17~20厘米长的圆锥形铁齿构成。耙梳，用于扶田坎；由4根扁平铁齿构成，铁齿横断面成椭圆形，中间厚边缘薄。

**镐、铲** 镐又称十字镐，叶长33~40厘米，耳居中部，两端各长17~20厘米，一端口宽3.3厘米，另一端较尖。铲，分平铲、尖铲，平铲叶长20~26厘米，口宽13~17厘米，尖铲叶长23厘米，口呈半圆形。

**木榔头（木槌）** 在木柄上装一坚硬的圆柱体木料，用于碎土。威宁县农村普遍使用。

## 二 排灌农具

**水车（筒车）** 形状似车轮，直径4~6米，车架用竹木和藤制成，边缘装竹筒。安装在河岸水流速较快地方，靠水能冲动，转动时，竹水筒顺势入水中舀水，转到高处时竹筒内水流入水槽，再经水渠流入田内。水车是古老的提水设施，20世纪60年代后，广泛推广灌溉机械，水车日益减少。

**龙骨车** 木质结构，车身呈凹形。由刮木板、水槽、木齿轮、车架组成。刮木板形似龙骨，一节一节连成一串，分手摇和脚踏两种。脚踏式龙骨车，两人站在车架上，脚踏转轮，带动木齿转动，将水由水槽内提出。

**扯水桶（戽斗）** 主体为一个高40~50厘米，直径30~35厘米的木桶，木桶上用4根绳栓住，两人分头各牵两绳索，一起一落从低处向高处汲水入田。

**抽水筒（龙竿）** 是柱塞泵的初始形态。用圆木或楠竹制作而成。将圆木中心挖空或去掉楠竹内腔竹节，直径15~35厘米，长短不限，然后用一根带柄的木棒，将皮革等物捆在木柄上，装入筒身内腔作活塞，水筒底制一活门。使用时先灌水，再来回拉动提水。

## 三 收获农具

**镰刀** 铁木结构，形体分月牙、秤钩和锯齿。月牙镰使用广泛，多用于收获水稻、麦类、油菜和其他作物秸秆，重0.2~0.3千克，木棍作柄。秤钩镰刀把较短，形体似秤钩，又叫弯刀。锯齿镰形体似钓鱼钩，有排列整齐的锋利锯齿。

**板斗** 又名板桶。木质结构，正方形，斗口边长150~170厘米，斗底边长略小于斗口，斗深50~60厘米，四壁略有倾斜，作收获水稻脱粒用。

**连枷** 脱粒农具。用一根长1.5米，木质好的木棍，一端用皮带或韧性较强的植物纤维拴在另一根较短稍粗木棍的一端而成。使用时，双手握短而粗的一根，甩动另一根木棍拍打收获堆放在晒坝上的农作物，使籽粒脱落。

风簸　亦名风车。作稻谷加工后分离米、糠用。木质结构，前身为圆鼓形大木箱，箱中装有4~6片薄木板制成的风扇。手摇风扇轴上的曲柄，转动产生风力。圆鼓顶上为盛谷斗，下面两个方向不同的斜装木槽，车身后面为杂物出口。作业时，盛谷斗内的谷物徐徐下落，圆鼓内产生的风将杂物吹出风口，谷物落在车身正面的斜槽流出。

## 四　粮油加工工具

碾子　分碢碾、辊辗。碢碾的主体是一个木制或石砌的圆台，周围砌成石槽，圆台中心装一根轴，用一根或两根木棍各装一个碢轮架在轴上，由人或牲畜牵引，使碢轮的轴为中心，沿圆槽回转，碾轧槽中谷物，用水作动力的叫水碾。辊碾，用石砌成，又称石碾，由碾台、碾辊、碾架和中心枢轴构成，由人力或畜力推拉碾架，使碾辊绕中心枢轴转动，利用碾辊的压力和搓擦力把谷物碾成粉。

石磨　为古老的谷物加工工具，分小手磨、拉杆磨、腰磨、水磨。赫章县可乐镇马家湾新石器时代遗址出土有石磨盘，古称磑。磨盘上下两扇各刻齿纹，转动上扇磨盘，粮食经过磨眼在上下磨盘间被粉碎成颗粒面或浆。小手磨体积小，用单手转动；拉杆磨体积较大；腰磨用人力或畜力推动；水磨装上木制叶轮，以水为动力。

砻　用于稻谷脱壳成米。形状与磨相似，由上臼、下臼、摇臂和支架组成。分土砻、木砻。土砻的上下臼用柳条或竹编制成笼形，填上黏土，并镶上木或竹齿片。木砻上、下臼由木材做成。推广砻谷机和碾米机后，砻被逐渐取代。

石碓　为古老原始的谷物脱壳和粉碎工具。最初是土碓，之后演变为陶碓，再演变为石碓。简易石碓，由石臼和碓杵组成，碓杵木质或铁质，其大小和形状多样，多数家庭都有。简易石碓改进有脚踏碓、畜力碓、水力碓。

土榨　亦称油榨。木质结构，分母榨、撞杆榨。母榨为立式，撞杆榨为卧式。为中华人民共和国成立前唯一榨菜油工具。出油率低，劳动强度大。20世纪50～60年代，逐渐被榨油机取代。

箩柜　木质结构，加工面粉时筛面用。

簸箕和筛子　竹制品，规格多种。簸箕用于扬去粮食中的杂物。筛子分粗筛、细筛、罗筛等。

## 五　其他工具

运输工具　传统的运输工具有马车、板车、鸡公车、双轮手推车、拖船、背架、木桶、粪桶、扁担，及竹制的背箩、挑箩、花篮、挑撮、担篮、驮篮等。驮篮与马鞍、驮架配合，用于畜力运输。

畜牧饲料工具　有铡刀、马槽。

捕鱼工具　有鱼漂、鱼钩、石坠、渔网、笼豪及小木船等。

## 第二节　现代农机应用

1952年，区内引进喷雾器。后几年，引进新型农具双轮双铧犁、七寸步犁、脱粒机等。1957年8月，贵州省“八一”农业机器拖拉机站建成，是运用机械耕地的始点。是年10月1日，威宁县在城郊召开机耕、机耙现场会，用两台拖拉机犁地、耙地，参观者逾万人。拖拉机耕地深23~25厘米，既快，又平整，不少农业生产合作社与“八一”拖拉机站签订耕地合同。1957年末~1958年，“八一”拖拉机站耕地1.95万亩，耙地3170亩，播种399亩，加工农副产品1412小时，运输11.89万千米，压坝压路3197亩。

1958年，各县先后建立农机厂，掀起改良农具群众运动，大搞滚珠轴承化，运输车子化、滑丝化，研制出许多适用的半机械化运输农机具，仿制、试制各种播种农具及收获农具。1964年，建立毕节专区农机厂，实行农机修理和制造相结合。各县农机厂多以生产传统农具为主，同时仿制一些引进试用后适宜的农机具。1963~1966年，每年使用机械耕地数万亩。当时推广的脚踏稻谷脱粒机，在地、县、区样板田应用，有的地方应用至今。

20世纪70年代，毕节地区贯彻全国农业机械化会议精神，在加大农机化事业投资的同时，建立地、县农业机械管理局、农机研究所和农机管理站，具体管理和实施农业机械化工作；凡拥有农业机械10台以上或大、中型拖拉机3台以上的公社，均建立农机站，负责公社的农机化工作。全地区10个农机厂，陆续试制、仿制一批汽油机、柴油机等农用动力机械及耕作、脱粒、农副产品加工机械，加上农机供应公司引进的农用器具、机械，大批量推广，成绩显著。1979年，全地区农业机械总动力17.23万千瓦，比1970年增7.2倍；有大、中型拖拉机1154台，小型拖拉机1206台，配套农机具1347台，分别比1970年增8.2倍、12.7倍和11.9倍；机耕面积8.37万亩，占适宜机耕面积的8.9%；机电灌溉面积72.83万亩；机械插秧面积573亩；农用机动运输车1370辆；农副产品加工机械6223台，比1970年增2.1倍。榨油机取代土油榨。机动脱粒机950台，比1970年增12.5倍。但是，农业机械修造力量薄弱，相当部分农业机械不配套，维修不配套，造成一定浪费。

80年代初，农村实行联产承包责任制，集体所有的农机具大部分折价转卖给农户经营。1983年，全地区机耕面积仅有2980亩，为1979年的3.6%，是年，中共中央1号文件确定农民有购买和经营农业机械的自主权，农民购买使用农业机械积极性提高。1989年，全地区有大中型拖拉机1889台，小型拖拉机3996台，分别比1979年增195.6%和451.9%，多用于运输。是年，全地区机耕地3.06万亩，为1979年的35.1%。农副产品加工机械1.52万台，比1979年增143.5%。各县涌现出一批农机户、农机专业户、农机个体协会，为周围农民服务，取得一定收益；同时还涌现出一批农机修理员。

90年代，农机市场除国营农机公司外，涌现出非公有制的农机经营企业。1999年，全地区农用机械总动力71.36万千瓦，比1979年增314.2%；有大中型拖拉机2386台，小型拖拉机1.43万台，比1989年分别增26.3%和257.4%；拖拉机配套农具646台，为1979年的47.9%；农用柴油机3498台，机动脱粒机1603台，农用运输车4200辆，农用水泵2893台，农副产品加工机械3.06万台。除拖拉机配套农具少于1979年外，其余各项机械的拥有量均为历史最高水平。

2005年，根据中共中央和贵州省委要求，全地区贯彻执行购置农机补贴政策。是年，全地区有农机修理点1210个，农机户5.21万户，其中农机专业户1.29万户；有乡村农机化服务组织81个，从业人员823名。全地区农机总动力139.94万千瓦，大中型拖拉机1.14万台，小型拖拉机1.36万台，拖拉机配套农具784台，农用排灌电动机6505台，农用排灌柴油机1.48万台，农用水泵2.18万台，农用运输车1.01万辆，机动脱粒机8930台，农副产品加工机械14.05万台。除拖拉机配套农具低于1979年，小型拖拉机低于1999年外，其余各项均创新历史水平。农副产品加工机械发展尤为显著，通电农村普及碾米机、磨面机等，有的不通电地方使用柴油机发电带动碾米机、磨面机进行加工。水碾、石磨和石碓被取代。

2011年，全区农机总动力达238.34万千瓦，其中拥有拖拉机2. 6万台，耕整机1. 98万台，排灌溉机械2.6万台；有农机服务组织178个，其中农机专业合作社5个，农机户7.69万户，其中农机专业户2.3万户；农机投入2. 32亿元，农机经营总收入11. 19亿元，农机经营净收入5. 43亿元。是年，全区完成农机购置补贴资金3622万元（其中：中央补贴资金2979.55万元，省级购置补贴资金637.15万元，县级购置补贴资金305.4万元，农民投入6704.09万元），补贴购置各类农机具9897台套，其中：拖拉机2001台、微耕机4534台、挖掘机22台、起垄机1485台，中耕机95台，受益农户6088户。

## 一　耕地整地机具

**耕地机具**　20世纪50年代，开始引进、使用农业机械。1954年引进轻、中、重双轮双铧犁；1955年引进无轮一铧犁；1956年引进双轮一铧犁，山地犁，七寸步犁；1964年引进双向单铧犁，经试用，均不适宜，未能推广。1957年，引进LXF-4-25型悬挂四铧犁，LXD-4-35型悬挂四铧犁，LXZ-3-35型悬挂三铧犁，LXZ-3-35型悬挂三铧犁。上述机具大都集中在威宁“八一”拖拉机站，分别与东方红-54/75型、东方红-54型、铁牛-55型、丰收-35型、热特-35型等型号拖拉机配套，耕地效果好。其中LXF-4-25型悬挂四铧犁、ZS-3-30型深耕三铧犁，和ZXZ-3-30型悬挂二铧犁，区内各县均引进使用。1966年，引进东风-12型栅条犁与手扶拖拉机配套使用。80年代初，农村实行联产承包责任制，这些机具除农科所、农场、牧垦场继续使用外，农村使用很少。1966年，毕节县农具厂将1955年引进的无轮一铧犁，改进制成铁犁，农民不习惯使用，推广不多。80年代后，农具厂重新生产铁犁深受农户欢迎，成为农村主要耕作农具之一。

**整地机具**　1957年，贵州省威宁“八一”拖拉机站从波兰引进3-PLDB-1.0型中型钉齿耙4台，用于碎土、松土。此后，相继引进GNP-2.4型29片双列圆盘耙，PQZ-2.5型24片缺口重耙，上农-63A型旋转耕作机，IGZ-125型、IGZ-150型和IGZ-130型等旋耕机，以及上海-150型旋耕机。以上整地机具都用拖拉机牵引作业。1979年，全地区有各种机耙214台、旋耕机396台。80

年代后，整地机具数量减少。1988年，机引耙和旋耕机分别为78台和25台。90年代后，旱地整地机具有所发展。2005年，全地区有大、中型拖拉机配套农机具366台，小型拖拉机配套农机具418台，有耕整机1250台。2011年，全区有耕整机1.98万台。

## 二 水田整耕机 拖拉机 种植及施肥工具

**水田整耕机** 1987年，毕节地区引进黔山IGZ-12型水田整耕机。水田整耕机功率小，独轮驱动，单人乘坐能完成犁、耙全套作业，小巧灵活，操作简单，维修方便，成本低、效益好，适合于山区稻田耕作使用。1988年，织金县农机局购进10台，在三甲乡试用两年，耕田2000多亩，减缓麦稻、油稻两熟区夏收夏种劳力紧张的矛盾。2000年后，引进推广IGS-45（20）型小金刚水田耕作机及整耕机。

**拖拉机** 1957年，贵州省威宁“八一”拖拉机站成立，有拖拉机15台。之后，全专区拖拉机拥有量逐渐增多。1986年有1814台，其中丰收-27型758台，丰收-35型749台；其余型号为东方红-28型、30型、40型、54型、60型、75型，U-455型，丰收-20型、30型、35型、37型、40型，铁牛-55型，上海-50型，昆-40型，江河-37型，泰山-35型，千里马-28型等，每种型号均几台或数十台。1966年，区内引进手扶式拖拉机4台。手扶拖拉机转变半径小，使用方便、灵活，综合利用好，发展较快。1971年，全地区有285台，1988年增到3577台，主要型号为工农-5型、7型、10型、11型、12型；东风-12型。80年代，盘式红星拖拉机在逐年增加。1988年，仅赫章县就有1400多台。同期，引进小四轮拖拉机。1997年，毕节地区振兴机械厂生产的T150变型拖拉机结构简单，载重力强，驾驶安全。90年代以来，拖拉机大量增多，除少数作耕地用外，多数用作农村运输。2005年，全地区有大中型拖拉机1.14万台，动力32.32万千瓦；小型拖拉机1.36万台，动力12.87万千瓦。2011年，全区有拖拉机2.6万台。

**种植机** 1956~1960年，先后引进6行、7行、10行人力播种机和畜力7行播种机（BX-7型）；赫章县机械厂、毕节县农具厂曾试制过各类播种机，推广面积较小。1957年，赫章县野马川农具厂，借鉴湄潭县制造的插秧机设计，制造出湄潭式木制插秧机，1958年曾大量生产使用。1960年，全专区引进、制造推广插秧机。是年，黔西县有6831台，毕节县有8117台。1970年，毕节地区再次购买推广插秧机。1971年，毕节县海子街区红卫桥公社桥边生产队，购买1台广西-65型手动插秧机，1972年试插20亩，效果良好，毕节县曾大力推广。1973年毕节县有插秧机107台。1976年4月，地区在海子街召开插秧机插秧现场会，推广毕节县经验。是年，毕节县引进东风-12型、黔-Z型机动插秧机。但是，不论是人力还是机动插秧机，都对秧苗素质的要求严格，而农机与农艺的矛盾一直未解决好，影响机械插秧的推广。80年代后，实行个体联产承包后，育秧更难满足机插要求。1988年，全地区有手动插秧机104台。2005年，地区农机中心在金沙县实施水稻机械化示范项目，引进水稻插秧机8台。2007年，水稻插秧机达129台，2008年再新增5台，全年完成机插秧面积3.28万亩。

**施肥机器** 1966年，黔西、大方、赫章县农机局，承担农业部下达的玉米深追施化肥技术推广任务。当年引进化肥深施器（追肥枪）7000余套，次年引进1000余套，两年完成深追施化肥111万亩，增产效果明显，此项技术沿用至今，且扩大到其他县市。20世纪80年代后期，推广玉米育苗移栽技术，许多地方采用手工营养块、营养坨育苗。1992年，地区农机科学研究所开始研制营养钵制钵机具，先后成功研制出人力单筒、双筒制钵器，多孔塑料模制钵器，人力手摇式、踏骑式制钵机，人力营养块切割机，GZB-Ⅰ机动制钵机，GZB-Ⅱ机动制钵机。每个机具各有适宜的用户，且钵体有不同规格，可供用户选择使用。人力单筒和双筒制钵器，每小时可生产500个以上，钵体直径在45~70毫米，高度50~60毫米，适宜种植面积10亩以下的农户使用；经济较发达，科技兴农工作先进的乡村，可选择机动制钵机，每小时生产3000个，成型率98%。GZB-Ⅰ型钵体40~70毫米之间，GZB-Ⅱ型70~100毫米。至1998年，地区农机所与农技部门合作，在各县市办营养钵制器示范培训5万多人次，在全地区推广10.62万台（套）。同时，引进云南省大理生产的人力手摇式制钵器、人力踏骑式制钵器和2ZB-70SM机动制钵机。地区农机所研制生产的营养钵制钵器具，推广到省内其他地州、市和四川、云南省和重庆市。营养钵除用于玉米育苗移栽，还用于烤烟苗假植移栽。

## 三　排灌机械　植保机械　收获机械

**排灌机械**　1.农用抽水机。1955年毕节县引进6台煤气机抽水；1957年织金县珠藏区建1座33.1千瓦的煤气机抽水站。20世纪60年代初，开始用汽油机抽水。1964年，毕节专区机械厂生产Q581汽油机，全地区曾普遍使用。后因汽油供应紧张，价格较贵，而被柴油机和电动机代替。随着电力的发展，电动机配套水泵可抽水，配套加工机械可加工粮、面等食品，电动机使用量增多。1956年织金县购进29.44千瓦的旧柴油机和水泵各1台，在县城北郊抽水打田，是最早使用柴油机抽水。60年代后普遍使用柴油机抽水。2005年，全地区有农用排灌电动机6505台，动力2.22万千瓦；有农用排灌柴油机1.44万台，动力5.49万千瓦。2011年，全区有排灌机械2.6万台，机灌26.3万亩。

2.电动农用水泵。1956年，毕节县在头步桥等地建成4个水轮泵提灌站，1985年毕节县水轮泵站增为59处。旋即，其他各县均有水轮泵抽水站。1959年，赫章县水电局购进一台潜水泵安装在城关河边提水灌溉。1966年，织金县城郊鱼山旁边建一座电灌站，用20千瓦的电动机带6K-12型离心泵；以后该县陆续建20个电灌站，离心泵有2K-6型、4K-12型、6K-18型等。撞锤式（水锤式）自动送水泵，织金县安装较多。20世纪80年代后，国内多数水轮泵生产厂家转产，维修配件来源短缺，致使许多水轮泵站被撤销。2005年，全地区有农用水泵2.18万台。

3.喷灌机。各县曾在城郊及有条件的区镇试用，黔西县试用效果最好，在县内推广，1998年，该县拥有喷灌机构1097套。其他县使用时间不长。

**植保机械**　1952年，专区农场购进工农-0.5型单管式喷雾器，用于防治作物病虫害；1953~1957年，区内农村实行农业合作化，广泛地推广使用。同时，推广手动丰收-5型手摇喷粉器。1972年，全地区有手摇喷雾和喷粉器4823台。70年代初，开始推广背负式手动喷雾器和喷粉器，同时推广机动工农-6型、工农-36型、东方红18型、工农-7型压缩喷雾器，机动喷雾

（粉）用药量小，雾滴细，药雾覆盖面宽，深受生产队欢迎。1981年，全地区有523部。农村实行联产承包责任制后，受农户购置能力和技术水平所限，全地区机动喷雾（粉）器的拥有量下降，1988年仅11部；手动喷雾（粉）器的拥有量增加，1988年为6462部。果树区使用丰收-3型踏板式喷雾器。1990年后，全地区农作物播种面积扩大，植保工作量相应增加，防治病虫害机具增加。

**收获机械** 1.脱粒机。20世纪50年代，各县引进脚踏打谷机，各县农机厂进行仿造生产推广，因其脱粒干净，田间操作方便，集体、个体生产使用较多。1954年，贵州省供销社、农业厅分给毕节专区一批手摇玉米脱粒机，使用效果好，但机体庞大、笨重，未能推广在生产上。同时，地、县农科所、各县农场引进小型机动玉米脱粒机，因其脱粒干净、破碎率小，玉米芯完好，工效高，操作方便，地区农科所沿用多年，一些生产队亦采用。60年代，区内各级样板田均使用脚踏打谷机脱离稻谷。1971年，全地区引进机动脱粒机51台，因其脱离水稻、小麦效率高，劳动强度小，各县农机厂仿制推广，脚踏打谷机使用逐渐减少。1977年，威宁县农机研究所与地区农机研究所等有关单位协作研制成功STZF—800草海牌多用脱粒机，适于脱离小黑麦、小麦、黑麦、大麦。1980年后，农村实行家庭联产承包责任制，农户多用脚踏打谷机。1981年，全地区有机动脱粒机1319台，1988年剩111台；有脚踏打谷机654台。90年代，农村小麦种植面积扩大，机动脱粒机数量增加。2005年，全地区有脱粒机8930台。2008年，全区有机动脱粒机1.3万台。

2.烘干机。1975年，部分生产队引进烘干设备用于烘干粮食，但效果不好。1977年，毕节地区农机研究所提供堆放式烘干机设计图，毕节轻机厂生产280台，投入生产使用。1978年，贵州省农机局分给毕节地区各县庆丰—0.5烘干机291台，烘粮食及烤烟。这些机具未能得到较好的推广使用。

3.割晒机。1978年，毕节地区引进一批工农—69—108型割晒机，用手扶拖拉机作配套动力，分到各县试用推广。由于培训工作跟不上，效果不好。

4.割禾机。1989年，区内引进割禾机收割水稻，工效提高。2004年，金沙、黔西县引进联合收割机试用，动力185千瓦。2005年，全地区有联合收割机8台。

5.马铃薯挖掘机。2004年，地区农机研究所引进第一代马铃薯挖掘机作小面积试用改进研制。是年，在威宁县成功挖掘马铃薯500亩，填补省内空白。2005年投入生产使用。

## 四　农副产品加工机械　畜牧业机械

**压面机** 中华人民共和国成立前，部分县从云南引进手摇压面机，压面工效提高。60年代中期，引进推广机动压面机。1979年，毕节县农机厂设计制造出卧式和面机，与电动压面机配套；织金县农机厂相继研制出立式和面机。80年代后，机动压面机逐渐代替手摇压面机。

**机动碾米机** 50年代初期，赫章县粮食局引进两台碾米机与18.4千瓦柴油机相配套加工稻谷。1959年，毕节专区农具制造厂成功生产电动碾米机，在全专区推广。以后，农机管理部门引进推广的卧式铁滚筒碾米机动力2.2~6千瓦，因其结构简单，制造容易，维修方便，农村广泛使用。铁筋砂辊碾米机，又叫卧式钢砂碾米机，因其以碾削为主，对米粒的压力小，产生碎米少，在籼稻区推广较多；碾制粳稻时，米粒的光洁度比较差。粮食部门引进砻谷机，因其脱壳力高、产生碎米少，原有土砻被取代。1985年，地区农机所研制生产的LJ-6.3型橡胶辊筒式砻谷机，粮食部门使用效果良好。

**磨面机**　80~90年代，农机部门引进推广的小钢磨，动力2.2~6.6千瓦，因其结构简单，价格较低，城镇农村普遍使用，主要用于加工麦类、玉米，也能加工水粉、豆腐、米浆。

**茶叶加工机具**　70年代，一些规模较大的茶场引进110型滚筒，55型和45型茶叶揉捻机加工茶叶，工效提高，避免手工操作杀青不匀的不足；2000年，机制茶叶已占茶叶产量的50%以上。90年代，毕节大坡茶场等单位引进采茶机精制机具，进行毛茶精制开发。赫章大田茶场引进采茶机具进行机采，工效比手工摘提高25倍以上，保证茶青及时上树，节省采茶开支，但漏采严重，并混杂老梗老叶。

2005年，全地区有农副产品加工机械14.05万台。

**饲料粉碎机**　1957年，毕节县农机厂试制饲料粉碎机，是最早的畜牧业机械。1966年该厂试制生产的306型饲料粉碎机，经省农机部门组织鉴定，符合国家标准，1973年，织金县农机厂试制并指生产9F-32型青饲料粉碎机；1988年，设计生产40型饮料粉碎机，供县内加工绿肥草粉、豆秆草粉等粗蛋白饲料，有的用户用9F-30型粉碎机加工米面成功，使该机销售量增加。

**秸秆氨化加工机械**　2003年，地区农机所研制成功的RQ-168秸秆揉搓切丝机，用于加工秸秆氨化饲料和秸秆微贮饲料，可提高其利用率。

2008年，全区有饲草料加工机械2.6万台。

**其他畜业机械**　引进雏鸡孵化器、手摇牛奶分离器、手摇立式奶油搅拌器、劲锤式粉碎机、畜力搂草机、牧草打捆机，提供给不同地方不同行业使用。

## 五　农用运输机械　农田建设机械

**农用运输机械**　中华人民共和国成立前，农业运输主要是人背马驮，也有人、畜力胶轮大车。赫章县可乐汉墓的墓砖上，绘有人骑马牵引马车的图案。20世纪50年代，人、畜力胶轮大车的胶轮，在木滚轮圆周上附着胶带，轮心未安装轴承。60年代后，随着区、乡开通公路，胶轮车增多，车轮改为充气轮，并在轴心安装轴承。1972年，全地区有人、畜力胶轮大车7096辆，1988年增至3.25万辆。60年代初，始有农用运输汽车。1972年，全地区有15辆，1979年有66辆，1988年有691辆。2005年，全地区有农用运输车1.01万辆，动力37.58万千瓦。农用挂车，由轮式拖拉机牵引，运输农副产品的机具，载重量1～7吨，分别由5～12马力手扶拖拉机、12马力小四轮拖拉机、20～30马力和50马力以上的拖拉机牵引。有时农用汽车后也加挂车。

**农田基本建设机械**　20世纪60～70年代，农机部门引进推土机、松土机、铲运机、羊用碾、平地机投入大规模的农田基本建设，有效推进农田基本建设开展。其中推土机械就有东方红-75型推土机40台、东方红-60型推土机6台、东方红—54型推土机3台。

## 第三节　农机修造及供应

**农具制造和修理**　各地地理环境差异较大，传统农具种类较多。自石制、青铜制演变为铁制农具以来，其生产方式均为手工操作。乡村民间铁匠靠走村串寨，一盘红炉，师傅带徒弟上门加工修理农具。匠人中不少是农忙从事农业，农闲从事农具生产和修理。明洪武年间（1368~1398），在实行屯田制，屯垦需要大量农具。屯田军人多来自中原，在带来先进农耕技术的同时，也带来先进农具生产方式，涌现出一批常年从事农具制造和修理的手工作坊。其后，城乡都有这类作坊，城镇作坊相对集中，毕节城的铁匠街因此而得名。1952~1956年，全专区8个县城和92个区镇，全部成立农具生产合作社或铁木合作社。主要生产锄头等传统农具；同时，对一些农具作改进，木轮车改成胶轮车等。1958年，县、区农具厂（社）规模一度扩大。以后，从业人数时有增减，厂名时有变更，其生产内容和方式未变。20世纪80年代以来，农村涌现一批生产铁、木、竹传统农具的生产企业，保证农业生产发展对传统农具的需要。

**农机制造**　1958年，各县农具厂引进车床、钻床等一批现代机械设备，仿制生产脚踏打谷机、玉米脱粒机、手摇压面机等农机具。毕节县农具厂试制生产滚珠轴承成功，受省、地表彰。1962年，黔西县农机厂试制成功Z-400型碾米机，生产5756台，畅销省内外。1965年，建毕节专区农机厂，至1971年，先后生产306型、280型饲料粉碎机、200型碾米机、20型水轮泵、1500型多用脱粒机、小型柴油机等。1971年，全地区有10个农机修造厂，拥有各种设备758台，技术人员近百人，具备生产抽水机、柴油机、发电机、电动机、水轮泵的能力。生产农副产品加工机械尤多，大批量推广，多数是各县制造。1974年，贵州省机械厅决定由省统一定型生产乌江-12型S195柴油机，选定毕节地区农机厂为全省3家主机生产厂之一，负责生产铸件、机体、气缸盖部件和柴油机总装；毕节、大方、黔西县农机厂生产部分零部件。至1980年共生产柴油机2000余台。1985年，全地区农机企业实行体制改革，以一业为主，开展多种经营。1987年，毕节地区振兴机械厂加入贵州省红星拖拉机（集团）公司，生产红星拖拉机牵引铰接装置总成等多种配件；1997年，与贵州省山地农机研究所合作，研制成功振兴150T系列变拖，成为企业主导产品。2001年，有12个品种14种规格。2005年，具备年生产600台变拖农用车的能力。

2007年初，毕节地委、行署从云南引进一家载货汽车生产企业。该企业兼并了原毕节振兴车辆厂，组建毕节地区力帆骏马振兴车辆有限公司，并于2007年9月至2009年5月进行一期技改并投产，投产后年设计生产规模为5万辆"振兴"牌系列变拖农用车，达到每年20亿元以上的工业产值，新增就业岗位3500个以上，产品畅销西南市场。

2009年5月，力帆骏马获国家工业和信息化部批准在毕节生产汽车资质后，又投资33亿元，在毕节市小坝镇征地2000余亩于2010年8月9日在毕节高新技术产业基地开工启动二期技改项目，从而形成年产20万辆轻卡、小卡、微卡，6万辆中卡，5万辆重卡生产能力的贵州力帆时骏振兴集团；2011年9月6日二期技改工程竣工、新产品下线。

**农机修理** 1958年，威宁八一拖拉机站成立，内设修理车间，承担单位拖拉机中、小修理业务。是年，各县组建的农具厂，承担脱粒机、胶轮大车等修理业务。1961年，中共毕节地委作出加强农机修理力量培训的指示，要求大修不出专区，中修不出县，小修不出区。各县农具厂派人员到威宁八一拖拉机站学习修理技术。1962年，各县能承担拖拉机中、小修。1964年，筹建毕节专区农机修配厂，设计能力为年大修拖拉机100台次；后改为毕节地区农机厂，实行农机修造结合。70年代，引进、推广农机具增多，农机修理业务有所发展，职工队伍增多；城镇街道和轻工单位相继成立集体农机修理厂（店），农机修理在区内形成行业。1980年后，地县农机厂部分退休职工和停薪留职职工，开设个体农机修理门店。1988年，全地区个体修理农机企业93个，170多人从业；毕节、大方、黔西、威宁达到大、中修不出县，小修不出区镇。2005年，全地区有农机修理员1210人。近10多年，每年春耕和三秋生产季节，地、县农机部门，都要抽调技术力量组成义务检修小组到农村帮助检修农机具。2005年，义务检修各种抗旱农机具1556台次；培训当地农机维修和操作人员2400人次。是年，全地区检修各类农机具13.08万台次。2011年，组织投入农机维修服务队31个、农机人员1.12万人次，采取定点与村户相结合的方式，开展农机检修服务活动。检修拖拉机1.51万台次、其他农业机械2.58万台次，确保春耕、三秋生产期间投入的作业机械正常运转，不误农时。

**农机供应** 中华人民共和国成立前，无农机供应业。1951年，各县供销合作社及其基层社相继建立，基层社实行代购代销农具。1953年，铁、木、竹个体手工业者逐步进入合作社，1956年联合成为集体合作社，终止个体自产自销农具的经营方式。合作社按计划生产，供销社包销。1958年，各级供销社分设农资公司或门市部，统购统销地方生产农具，并引进脱粒机等新式农机具。60年代初，地、县工交部门引进抽水机、拖拉机等大型农业机械，分到农村基层；供销社根据拥有的机械，组织购进供应零部件，常出现不协调情况。1966~1967年，根据省要求，成立地、县农业机械供应公司，统一引进和营销农业机械及其配件。到1988年，全地区地、县农业机械供应公司，累计购进1181万元农机产品，销售1356万元，库存262万元，盈利175万元。1990年后，农机市场涌现出非公有制农业机械经营企业及其销售点。2004年，全地区经营农业机械的非公有制企业、销售点278个。

## 第四节 农机推广、研究与培训

**农机教育** 1.学校教育。1971年9月，纳雍中学开办农业机械班，招收初中毕业生47人，学制两年，开设翻砂、钳工、刨工、钻工专业课。1978年，省政府批准建立毕节地区农业机械化学校，隶属毕节地区农机局，省农机局兼管教学业务。学校规模为在校学生300人，开设农机管理、农机修造、农机化专业。学生由地区统招。79届学制两年，其余各届均为3年，1988年改为4年。1986年，建立毕节地区工业学校。是年8月，毕节地区行署决定毕节地区农业机械化学校与毕节地区工业学校合署办公，实行两块牌子，一套人员。学校合并后，由地区经委领导，农机专业教学业务由省、地农机局兼管。从建校到2005年，为地区农机系统输送中等农机技术人员912名。

2.短期培训。1957年后，威宁八一拖拉机站3次为毕节专区各县培训拖拉机驾驶员和农业机械操作能手。其中培训拖拉机驾驶126名。从1963年起，专区和各县相继开展拖拉机手、内燃机手、修理工和其他农机管理人员的培训，培训时间一般为半年。至1973年，全地区拥有各类农业机械使用人员近1万人。1974~1978年7月，毕节地革委决定办农机培训班，培养农机化骨干，共办5期，培训300多人。毕业的学员经交通监理部门考试，全部合格。至1979年，全地区拥有各类农业机械使用人员近2万名。是年，培训人员3693名。1980年，地区农机局在大方县举办1期修理人员培训班，培训农机修造人员50名。通过培训，受训人员达到三级拖拉机修理工应知应会标准。1981~1983年，共培训1304人。1984年后，接受农机培训的人数上升，受训的对象有农机户、农机专业户、农机服务组成员、农机修理员；培训内容主要以各类农业机具操作技术为主，同时也培训农机管理、农机监理、农机技术人员。2000年后，各县市相继成立拖拉机驾驶培训学校。2005年，经省农机局实地评审通过，取得拖拉机驾驶培训资格许可证，使农机驾驶员培训考试步入规范化。是年，全地区培训各类农机人员1.57万人次，其中农机操作人员1.34万人次，占85.4%；举办拖拉机驾驶员培训班51期，培训合格驾驶员1435人。2011年，全区培训农机手4.51万人次。

**农机科研**　1963年，黔西县农业机械研究所建立。1976年地区及各县先后成立农机研究所，开展农机研究制造。1968年，黔西县农机研究所研制成功自然通风烘干设备，是年7月省科委召开的烘干设备现场会上受到好评，确定在全省推广。威宁县农机所、地区农机所协作研制成功STZF-800草海牌多用脱粒机，1981年获省科技成果四等奖，以后曾作技术转让给上海市某区农机厂。毕节县农机研究所、地区农机所协作研制的7CDZX-1.5型自卸拖车，1982年获地区科技成果三等奖。1977年，威宁县农机研究所研制的CH-100型农用半机械化自卸拖车，与手扶拖拉机配套使用10多年，结构牢固，自卸性能、制动性能良好。地区农机所研制，用于玉米育苗移栽和烤烟假植移栽的营养钵制钵机具系列产品及推广，1999年获地区科技进步二等奖；RQ-168秸秆揉搓切丝机，2005年获国家专利。20世纪80年代，地区农机所面向社会，开展技术咨询服务，接受委托研制成功刺梨压榨机、合绳机、LJ-6.3型橡胶辊筒式砻谷机，片状大理石加工系列机械、DM-500型抖麻机、CM-500型捶麻机、JYB型双缸液压打包机等。其中QG-550型大理石切边机、MS-60型大理石圆盘磨，1988年均获地区科技进步四等奖。地区水电设备修造厂研制的DSB-10型立柱式电动手动两用打包机，1982年获地区科技成果三等奖。1997年，毕节地区振兴机械厂与省山地农机研究所合作，以SZ-12型拖拉机为基础，经过重大改进，研制成振兴150T变型拖拉机，达到国标和部标要求，1998年获省优质新产品奖，2000年获地区科技进步二等奖。2010年，地区农机研究所开展机械化保护性耕作在贵州山区旱作农业上的应用研究、毕节烟区烟叶生产机械化技术及机具应用研究、毕节地区马铃薯全程机械化生产技术集成配套应用、生物质能烟叶烘烤技术集成研究与示范、肉牛饲料资源与养殖废物循环利用工程技术研究与示范、生物质能烟叶烘烤技术集成研究与应用、丘陵山地小型农机具技术研究与示范、秸秆气化技术及省柴煤炉具推广示范点项目；根茎收获机、秸秆气化烟叶烘烤供热装置获国家实用新型专利。

**农机具推广**　1954年，开始推广双轮双铧犁等农具。1957年，建立威宁八一拖拉机站，开始田间机耕作业。60年代，各县相继建立拖拉机站，开展代耕、推土、压坝、排灌、农副产品加工及运输服务；一些社队购买脱粒机、抽水机、碾米机、磨面机用于生产或粮食加工。70年代，一些县国营拖拉机站下放，农机化的经营服务转为以社队集体为主。80年代，农业机械化以农户为主。此期间，不论集体或个体，国家均给予扶持。1957~2005年，随着农用机械的推广使用，农用机械总量渐增，全地区农业机械的总动力和台（辆）数为：1957年为549千瓦，47台（辆）；1970年为1.56万千瓦，2887台（辆）；1980年为12.57万千瓦，1.52万台（辆）；1990年为32.47万千瓦，3.66万台（辆）；2005年为139.95万千瓦，8.79万台（辆）。至2005年，在生产上传统农具与新式农具并存。耕作、种植、收割以传统农具为主。磨面、压面、碾米、榨油等农副产品加工以新式农机具的应用面广。农业运输上，应用马车、拖拉机、农用汽车的运输量在逐年增加，人工背挑的劳务逐步减轻。"十一五"期间，全区农机总动力达224.3万千瓦，年均递增12.06%；挂牌拖拉机达2.57万台，年均递增3.05%；农产品粗加工动力机械达58.98万千瓦，年均递增6.92%；农用排灌动力机械达9.3万千瓦，年均递增3.25%。配套机具、大型复式及多功能机械发展加快，农机装备结构进一步优化。秸秆粉碎还田机、化肥深施机、提灌机等农机具普及力度进一步加大。2011年，全区农机总动力达238.34万千瓦。

**农业机械区划**　1980~1985年，毕节地区实施农业机械化区划。县农机研究所承担，区划分地、县两级。经相应工作程序，将全地区的农业机械化分为：

1.东部低中山、低山农、牧机械区。1983年，此片农业机械总动力7.17万千瓦，占全地区的37.8%，多于其他片区，农业机械化有较好基础。其发展方向是：在加强农机技术培训、管理、经营，管好现有农业机械的基础上，发展耕地整地、提灌、植保、收获、脱粒、运输、烘烤等机械，合理配套；逐步更新农副产品加工机械，加强以经济作物生产和加工机械的研制和推广，积极发展为城镇服务的农副、畜禽及渔业机械。

农业机械销售

2.中北部中中山农、牧、林机械化区。1983年，此片区农业机械化总动力6.51万千瓦，占全地区的34.3%；片区内通电的村民组占44.5%，人均用电9.1千瓦时，高于其他片区，为农机的发展提供较好条件。其发展方向是：发展以耕地整地为主的机具，扩大田间机耕作业面积；推广新型加工机具，促进农副产品加工机械化；推广排灌机械，增强抗旱能力；扩大有效灌溉面积；积极发展林、牧业机械和农用机动车辆。

3.中南部中中山农、林、牧、工、副机械化区。本片区坡度大，公路密度低，对农业机械化影响较大。1983年拥有农业机械总动力2.65万千瓦，占全地区的10.4%。其发展方向是：发展农副产品加工机具；随着草山草坡的建设，推广草场垦复机具，饲草收割、加工机具；种植业机械条件较好的局部地区，尽可能推广田间机械作业。

4.西部高原山地农、林、牧、果机械区。本片区地面较平坦，土层深厚，作物栽培较单一，有适宜机械耕作的条件，是地区内农机发展较早的片区，有一定的农业机械化基础和管理水平。发展方向是：巩固和发展旱地田间机械耕作；发展畜牧业机械，包括草地垦复、牧草生产、收割、加工、储运等机械及畜产品加工机械；发展苹果、梨、核桃等鲜果和干果的采摘、加工、保鲜等机械。

## 第五节　农机管理

### 一　机　构

**管理机构**　1953年，专署农林科内设农机组，管理农业机械（具）工作。1957年，成立专署工具改革办公室，统一管理农机具生产。1959年，专署农业局内设农机科，管理农业机械工作。1962年，成立专区农机领导小组。1972年，成立毕节地革委农业机械化领导小组。1975年3月，成立毕节地区革命委员会农机管理局和农业机械管理站，实行两块牌子一套人员合署办公。1979年1月，更名毕节地区农机管理局，归毕节地区行署领导。1983年1月前，与农机管理站合署办公。是年1月后，局、站分开。1984年，局站再次合并改建成农机管理站，对外称农机管理局。1996年，更名毕节地区农业机械事业局。历任局长李慈善、邵炳宣、徐祖耀、马培译，副局长邵炳煊、郑臣斌、陈永仲、赵中文、黎元生、吴奕、龙毓忠。2001年11月，撤销毕节地区农业机械事业局，组建毕节地区农业机械服务中心，为毕节地区农业局下属正县级事业单位。先后担任中心主任有马培译、杨雄、吴学杰，副主任有吴奕、龙毓忠、顾掌权、秦保卫、赵力永。2011年4月，更名为毕节地区农业机械事业局，局长吴学杰，副局长秦保卫、赵力永。

**企、事业机构**　1.毕节地区农机供应公司。1966年成立，1975年，隶属地区农机局。主要职责是经营各类农业机械及其配件，回收和修复内燃机高压油泵等农业机械的部分易损坏配件。

2.毕节地区农业机械研究所。1975年11月建立，隶属地区农机局。主要职责是根据毕节地区不同历史时期农牧业生产对农业机械的需求，进行研究、开发、推广，或引进、改制、推广。

3.毕节地区农机安全监理所。1985年建立，隶属地区农机局。主要职责是监督管理全地区农机安全，尤其是对农用拖拉机的交通安全。

## 二　农机管理

**劳动管理**　1957年，威宁八一拖拉站的基本劳动组织形式，是以拖拉机为单位，每台机组配2名正式工人，带2名实习学员，配犁耙机具进行耕耙作业。社、队农机员，实行亦工亦农的劳动制度，评工记分，参加集体分配。1975年后，各地农业机械基本实行定机车、定人员、定农具、定作业区的劳动组织形式，并根据当地实际情况制订劳动管理制度。1979年10月，贵州省农机局制发《关于加强社队农机站经营管理试行办法》，地区按此办法执行。1981年后，农机经营户自行管理。

**机务管理**　1980年前，区内农业机械均属国家或集体所有，普遍实行社有社营、队有队营、社有队营的经营体制。1977年前，多数机械处于只营不管状态，机械完好率低，经营效益差。1977年，推行农业机械定领导、定机手、定时间、定任务、定质量、定报酬管理制度，要求农用动力机械与作业机具合理配套，合理编组，开展复式作业，禁止超负荷工作；农机人员按作业计划合理调车，减少空转率；制订各项机械作业质量标准公布，实行群众监督，建立验收制度；坚持防重于修、养重于治的原则，严格进行保养。1980年，全地区开展拖拉机保养升级竞赛，对评审过的拖拉机按级标号挂牌，建立技术档案。1982年，全地区实行农机生产责任制，明确相关方的责、权、利，兼顾国家、集体和个人利益，经济效益明显提高。1985年后，户营农机日益增多，农机经营户自行管理机务。

**财务管理**　1975年前，区内拖拉机站执行国家农业部制定的国营拖拉机站会计制度和地、县财政局制定的财务制度，管理财务。1975年后，执行省农机局颁发的《贵州省农村人民公社农机站机务、财务管理办法》。1980年，根据省政府农机局要求，执行会计核算、财务决算、经济活动分析、财务人员交接规章制度。20世纪80年代后，农机户的财务自行管理。

**基层农机服务管理**　1983年11月后，根据省农机会议精神，毕节地区所有农机管理站，逐步改成以法规管理为主，行政手段为辅。1984年后，区、乡农机服务站逐步改建为经济实体，与农村农机户、农机专业户、农机个体协会紧密联系，形成基层农机服务网络。

**农用柴油管理**　1980年前，农用柴油及润滑油供应，由计委下达指标，由石油部门负责供应，实行优惠价格。囿于农用和非农用柴油的界限难以划分，影响农用柴油优惠价格执行。1982年，毕节县农机局实施《贵州省农业用油、机械节油及管理办法》，与有关部门协商，采用以下办法管理农用柴油供应：农用柴油的供应指标由农机部门掌握分配，在进行农机普查、造册登记的基础上，指标分配到各区，由农机站开出三联单，经县农机局审核后，到石油部门购油。1983年，全地区推广这一做法。1984年1月起，毕节地区的农用柴油由各县农机部门按计划核定分配，石油部门根据计划，定类供应农用柴油。是年，地、县成立农用柴油分配管理领导小组，协调解决农用柴油供应的有关问题。1986年，根据《贵州省农用柴油分配、供应、管理办法补充规定》，各县农机局参与管理救灾柴油。1987年，贵州省政府制发《关于完善粮食订购合同制度的几项规定》，将粮油挂钩的柴油指标交农机部门管理。是年，各县农机局除通过农机普查、年检审，对三证不全和高油耗机械停止供油外，并先后推广金属净洗剂、油料净化三通管改道、负压阀节油技术，以及小型柴油机不拆卸检测技术，均取得较好的节油效果。1984年，农机部门与石油部门协商，在一些农业用油机械较多的区，增设农用柴油供应点，方便农机户，减轻其开支。

**农机监理**　1955年，国家农业部颁发《农业机械拖拉机站暂行机务章程》。1960年，省农业厅制定《国营农场、拖拉机站、人民公社暂行机务章程》；1964年，颁发《关于加强拖拉机机务管理工作的暂行规定》。1957年至20世纪70年代前期的拖拉机机务管理，由地、县农业局、交通局、公安局协同，按上述规定管理。1975年，成立地、县农机局，由地、县农机局、交通局、公安局协同管理。1981年，拖拉机交通监理由交通监理所管理。1985年，地、县农机安全监理所（站）成立，接管农机安全监理工作。是年，核发牌证2881副；占农用拖拉机保有量的78.3%；年核审拖拉机2671台，占核发牌证数的93%；核发驾驶证3100本，占驾驶员的100%；路检路查拖拉机3760台次，纠正违章749次，处理农机事故14次。1986年，毕节地区建立农机考试员制度，规定拖拉机驾驶员考试必须由农机考试员主持，并按全省统一标准命题和评定成绩。1982年起，地、县农机监理部门，分期分批对1984年以来核发证件的1899人次农用拖拉机驾驶员进行安全教育。此后，年检、年审、发证和路检农用机械，成为农机监督部门经常性工作。2005年，贯彻《中华人民共和国交通安全法》，加强农机安全管理。全地区核发农机驾驶证2.25万本，新增1435人。其中持拖拉机驾驶证的1.53万人；纳入牌证管理的机动车2.72万辆，报废拖拉机4659台；年检机车1.56万辆，检验合格1.52万辆，签订农机安全责任书2.13万份，发放宣传资料2.72万份，2.38万人次接受安全宣传教育。全年上路检查4.09万人次，检查农用机车5.3万台次，查处违法违章驾驶员1.16万人次，参加政府组织的安全综合检查24次，全年发生农机事故9起，死亡12人，重伤19人，未突破控制指标。2010年，加强对拖拉机、联合收割机登记证书、号牌、行驶证发放和驾驶证申领工作制度，加强年度检审验和换牌换证工作；与拖拉机驾驶员签订责任书2.89万份；开展农机安全生产宣传教育206场次，发放宣传资料6.29万份；组织路检路查1. 22万人次，查验机车1.59万台次，处理无牌机车788台，无证驾驶713人，违法载人202台；开展打非治违专项行动136次，排查农机安全隐患196起，整治打击非法违法机车714台；地县两级农机监理部门建立了农机安全生产信息平台，黔西县被农业部、国家安监总局确定为全国农机平安示范县。2011年，开展“平安农机”创建活动，出动农机人员5810人次，整治拖拉机2.59万台次。

**整治农机市场**　20世纪90年代中期至2005年，毕节地区农机市场发展迅速，假冒伪劣农机产品出现，农户利益直接受到侵害。地区农机服务中心，遵照国务院整顿和规范市场经济秩序的要求，每年联合工商管理、质量技术监督等部门，组成整顿和规范农机市场秩序专项治理工作组，整治全地区农机市场。2003年，制定《整顿和规范农机市场秩序工作实施方案》；2004年，发出《关于做好农机打假工作的通知》；2005年，制发《关于做好2005年农机打假工作的通知书》《整顿和规范农机市场秩序工作实施方案》，确定整治农机市场的重点和目标。是年，共出动268人次，印发宣传资料2.14万份，检查农机产品经营企业及销售门市236个，受理举报案11件，查获假冒伪劣农机产品208台，涉案金额11.56万元，取缔无证经营户3户，打掉拼装制假窝点1个，罚款0.82万元，挽回经济损失7.5万元。坚持不懈地监督检查，有效保护广大消费者和经营者的合法权益。2007年，地、县市农机部门与工商、质检部门配合，共出动打假执法人员63人次，印发各种宣传资料8000多份，检查农机产品经营企业46个，受理举报案件7件，查获假冒伪劣农机产品38台件，涉案金额3.56万元，取缔无证经营户3户，罚款0.52万元，挽回经济损失1.5万元。

# 第六节　气象台站建设

## 一　气象台站

民国26年（1937）3月，贵州省建设厅在毕节县建立测候所。民国38年（1949）毕节县测候所归属国民政府中央气象局管辖，改名毕节气象台。民国26年至民国31年（1937~1942），黔西、威宁、纳雍、大定县建立雨量站。民国32年（1943）12月，国民政府中央气象局在威宁县建立直属测候所。民国34年（1945），国民政府航空委员会曾在毕节县建立气象机构，开展气象观测，属重庆空军等五气象大队管辖。

**毕节地区气象台（处）**　1950年1月，毕节军分区接管毕节气象站，定名为西南军区毕节气象站；1952年7月，更名为贵州省军区毕节气象站。1953年12月，毕节气象站移交毕节县政府领导。1958年8月，建立毕节专区气象局，实行两块牌子，一套人员，归属毕节专署领导。历任台（局）长史居佑、郭华斌、宋新庭。1967年4月，更名毕节地区气象台，隶属毕节地区革命委员会。1969年6月实行军管，归属毕节军分区领导；1972年12月移交毕节地革委领导，正、副台长为刘锡忠、杨玉山。1979年1月，归属毕节地区行署领导。1980年1月，更名毕节地区气象局，属贵州省气象局、毕节地区行署领导。1983年9月更名毕节地区气象处（台）；1988年7月至今，称毕节地区气象局。其主要职能是管理毕节地区气象工作。2005年，毕节地区气象局管辖8个县市气象局、1个国家气候观象台，1个探空站，3个国家气象观测站一级站，4个国家气象观测站二级站，1个一级农气站，1个二级农气站。2009年1月，国家气候观象台更名为国家基本气候站；国家气象观测站一级站更名为国家基本气象站，国家气象观测站二级站更名为国家一般气象站。截至2011年，有215个乡（镇）加密区域自动气象站。

历任正、副局（台、处）长刘锡忠、杨玉山、林光、万木林、宓建业、李鹏章、袁文达、曾光善、胡跃文、康学良、张普宇、吴祥正、滕志刚、李兆萍、常履福、黄桔梅、谢明、罗京义，纪检组长李兆萍、黄桔梅。

**县市气象（局）站**　1950年，威宁县测候所改名威宁县气象站，1956年建立黔西县、大方县气象站，1957年建立金沙县气象站，1958年建立织金、赫章、纳雍县气象站。此后，各县相继将气象站改建为气象局。

## 二 台站建设

**气象设备** 气象观测设备。1937年，毕节测候所开始地面常规观测。1950年后，气象观测项目增加，精度提高。1950年增加0厘米、30厘米地温、云高、日照观测；1954年增加云向、云速、气压观测；1958年增加5厘米、10厘米、15厘米、20厘米曲管地温；1980年增加40厘米、80厘米、160厘米、320厘米直管地温；1961年增加虹吸雨量计；1963年增加达因自记风向风速计；1968年增加电接风向风速仪；1982年增加遥测云计。至此，能观测地面气温、气压、湿度、风向、风速、云状量、能见度、降水、日照、蒸发量、地温、雪深、电线结冰等项目。1955年，毕节台和威宁站，配备经纬测风仪，开展5500米以下高空的风速、风向观测。1960年，威宁站配备49型探空仪（1966年更换为59型），进行高空气压、温度、湿度、风向、风速观测。1978年地区气象台配备雷达，开展降雨、防雹观测。1995年，地区气象局开始气象卫星综合应用系统建设，1997年建成地级9210工程，VSAT卫星通讯双向站投入业务运行；同时完成县气象局PCVSAT单收站建设和地、县网络建设，实现国内通信和气象资料实时传输。2002~2005年，完成各县气象自动站建设。2005年地区局安装风云2号气象卫星接收站，2006年完成省、地、县三级气象专线网络建设。毕节新一代天气雷达投入业务应用，实现天气实时跟踪监测，气象信息快速、准确接收和传输。

**气象数据和信息化建设** 2007年，建立多轨道预报预测业务体系和天气、气候、生态、雷电、人影5个多轨道产品库，决策服务产品包括专题服务材料、重大天气预报、雨情公报、森林火险等级预报、雷电预警、地质灾害气象等级预报、农业气候评价等，覆盖5个轨道产品。全区所有自动气象站纳入区域天气观测站序列，制定《毕节地区区域加密自动气象站业务运行管理规定》，规范自动站运行管理、维护保障、数据传输存储及资料应用等工作。2010年，开通毕节气象信息网，用户可通过互联网调阅自动站实时监测数据，实现气象资源社会共享。

**气象科研** 1980年6月17日、18日，发生两次特大暴雨天气，造成严重危害。地区气象局进行“806”特大暴雨分析，发现产生特大暴雨天气背景及原因，为以后的预报提供借鉴。1981年，完成《毕节地区夏季暴雨分析及短期预报模式》，用此模式多次试报，准确率67%以上。1982年，完成《贵州西半部夏季（6~8月）降水谱分析与西太平洋副热带高压研究》，发现夏季降水存在7天准周期，并与西太平洋副热带高压活动周期同步，肯定7天降水振荡周期具有实践的天气学意义，提出定量预报指标，对提高夏季降水气预报准确率有较大的参考作用。1989~1991年，完成《毕节地区专家系统设计及短期预报》，建立毕节地区暴雨专家系统，应用该系统对毕节暴雨进行预报，在微机上运行5~8分钟即可输出结果，经3年试报，准确率83%，达到省内先进水平。1990~1991年完成《毕节地区雷达探测及短时冰雹预报客观综合模式》，建成全地区冰雹数据库，提出雷达回波强度等5个因子，建立预报短时冰雹天气及一般雷雨天气的判别方程，1992年试报，准确率100%。1992~1994年，完成《毕节地区主要农作物产量气象预报方法研究》，通过对1961~1994年，完成《毕节地区主要农作物产量气象预报方法研究》，通过对1961~1990年各县气象资料与粮食总产量数据进行数理统计，分别建立水稻、玉米、小麦等主要粮食作物产量与气象因子关系的函数方程式。1995~1997年试报，准确率95%以上。1994~1996年，完成《高炮防雹效果检证及提高防雹效果的途径》，通过对1950年以来的冰雹灾情资料，毕节10余年高炮作业及雷达探测资料进行数理统计，肯定高炮防雹效果及应改进的事项。这些科研项目的完成，有效提高气象台站天气预报及地区内人工防雹的质量。1981~1996年，毕节地区气象部门获毕节地区科技成果奖19项。2007年，自行开发《两要素接收和传输平台》在全省推广应用，《气象信息通用浏览系统》在全区推广应用，并被四川省泸州市气象局应用。2008年，自行开发《短时临近实时业务系统》在全区推广应用。2010年，开展韭菜坪风电功率顶板技术方法研究；与地区林业局合作开发森林火险监测预警系统投入运行，实现每小时一次的森林火险气象条件动态监测；自主研发的《地县气象通用浏览系统》《毕节地区强降水预警系统》投入应用。

## 第七节　气象服务

### 一　综合农业气候区划

1981~1986年，毕节地区区划办公室完成全区综合农业气候区划，为农业生产提供可靠的气候依据。

**气候类型区划**　根据贵州省气候带的划分标准，将全地区划分为：

1.温热区。类似省中亚热带气候区，包括金沙县沙土、安底、岩孔、平坝、清池、城关区，毕节县龙场、普宜、清水铺区沿赤水河的乡，海拔<1000米，≥10℃年积温4500~6000℃，其初终日间隔数230天以上，最冷月平均气温4~6℃，年极端最低温-8~-2℃。热量资源丰富，无霜期长。

2.温暖区。类似省北亚热带气候区，包括金沙县禹谟、安乐、石场区，黔西、织金、纳雍、大方、毕节县，赫章县古达、野马川、青山、六曲区。海拔1400~1800米，≥10℃年积温3300~4500℃，其初终间隔日数190~230天，最冷月平均气温2~4℃，历年极端最低温-15~8℃。

3.温凉区。类似暖温带气候区，包括赫章县兴发、妈姑、财神、可乐、恒底区和威宁县。大部分在海拔1800米以上，≥10℃年积温2500~3500℃，其初终间隔日数160~230天，最冷月平均气温0~2℃，年极端最低气温-20~-10℃。

**综合农业气候区划**　1.东北部低山河谷温热干旱区。包括金沙县沙土、平坝、岩孔、安底、清池区大部分乡；毕节县龙场、清水铺、普宜区部分乡，海拔1000米以下，最低点海拔475米。主要为低山丘陵及河谷地带，地表切割强烈，山高坡陡，河谷幽深。年平均气温15℃以上，≥0℃积温5500℃以上，≥10℃积温4500℃以上，最冷月平均气温4℃以上，最热月平均气温24℃以上，开春早，无霜期长。年降水量<1000毫米。全年日照1100小时左右。夏旱频率较高。

2.东南部低中山温热湿润区。包括金沙县城关、禹谟、石场区和平坝、安底区部分乡，毕节县普宜、燕子口区和吉场区部分乡，黔西县协和、素朴、大关、雨朵、甘棠、城关、沙窝、林泉、谷里区，织金县城关、龙场、化起、猫场、珠藏、牛场、桂果、八步、阿弓、以那架区，大方县鸡场、马场、长石区，纳雍县乐治、居仁区。海拔大部分在1000~1400米之间，地面起伏较和缓，以山间盆地和河谷平坝为主，耕地较集中连片，土地较肥沃，水利条件较好。年平均气温13~14℃，≥0℃积温5000~5000℃，≥10℃积温4000~4500℃，1月均温3~4℃，7月均温22~24℃，年降水量1000~1600毫米。全年日照1100~1400小时。主要灾害性天气，北部干旱，织金县南部暴雨和冰雹较重。

3.中北部中中山温暖干旱区。包括金沙县安洛区，毕节县城关、鸭池、海子街、吉场、朱昌、长春铺、阴底、杨家湾、青场区，大方县响水、双山区，赫章县野马川、六曲河、青山、古达、财神区东南部，黔西县中坪、重新区，威宁县牛棚区田坝、玉龙、王寨乡和金钟区夸都、文昌、围帐、黑泥乡及牛栏江河谷地带。多数区乡海拔在1400~1600米左右，地形起伏不平，河流切割强烈，水土流失较严重，田少土多。本类型区年均温12~13℃，≥0℃积温4500~5000℃，≥10℃积温3500~4000℃，1月均温2~4℃，7月均温21~22℃，年降水量1000毫米以下。全年日照时数1100~1800小时。春季冰雹频繁，春旱较重，秋季低温冷害时有发生。

4.中南部中中山温暖湿润区。包括黔西县纸厂区，大方理化、坡脚区，纳雍县城关、中岭、龙场、维新、张维、治昆、百兴、阳长、姑开区，织金县三塘和阿弓区西部。多数区、乡海拔1400~1600米，热量条件与中北部温暖干旱区相似，雨量丰富，年降水量1000~1400毫米。其中4~9月降水量850~1300毫米。全年日照时数1300~1500小时。灾害性气候为暴雨、低温、冰雹。

5.西中部高中山温和夏湿春旱区。包括赫章县财神、可乐、恒底、兴发、妈姑区；威宁县二塘、龙场区和金钟区金水、结里、开戛乡，黑石区哈喇河、贝古、得磨、居乐、哲觉乡，牛棚区红岩、雨朵、关口乡，中水区后河、中河、仙水乡，大街区兔街乡，羊街区辅处乡；毕节县河官屯区和长春铺区沙坝、黄泥乡，青场区鲍家、野角乡；大方县百纳、沙厂、瓢井、达溪、六龙、城关区；纳雍县治昆区西部。本类型区大多数海拔1600~2000米之间，年平均气11~13℃，≥0℃积温3700~4500℃，≥10℃积温3000~3500℃，1月平均气温1~3℃，7月平均气温19~21℃，年降水量800~1200毫米，年日照时数1500~1700小时。主要气候灾害为低温霜冻和春旱。

6.西部高中山高原温凉湿润区。包括赫章县妈姑区诺素、铁厂、珠市乡和兴发区野里、木戛乡，威宁县城关、么站、黑石、大街、观风海、盐仓、龙街、羊街、牛棚、小海区和中水区东部。海拔2000~2900.6米，年平均气温11℃以下，≥0℃积温4000℃以下，≥10℃积温3000℃以下，1月平均气温0~2℃，冬有-10℃以下低温，7月平均气温16~18℃，年降水量900~1200毫米，其中4~9月降水量700~900毫米，10~5月降水量250~350毫米，干湿季分明，冬春旱明显。全年日照时数1800小时左右。主要灾害性气候为春旱、低温和霜冻。

## 二　天气预报

**短期天气预报**　时限为1~2天。1958年，毕节气象台派员赴山西晋北地区学习天气预报经验，返毕后利用小区天气图分析系统及历史气象资料，结合动植物对气候的反应，进行分县天气预报。是年，各县学习云南镇雄县补充天气预报的经验，相继开展本县短期天气预报。1960年，毕节气象台学习四川大、小模式配套方法，建立本地区降水预报模式。初始，各台、站开展寻找预报指标的研究活动，在收集天气谚语和看天预测经验的基础上，结合气象资料图表的点绘分析，使预报结果更符合客观实际，提高预报的准确度。1973年，地区气象台采用数理统计方法进行预报，准确度高于传统预报方法，随即在各县气象站推广。地区台和各县站结合自己预报的经验，开展选择预报因子研究，使建立的预报模式或方程更加完善和有效。1974年，毕节气象台配备28型电传收讯机（1988年更换为100型），取代手抄。1977年配备117传真机，接受中央气象台的传真气象，传真图部分取代自填天气图。1980年，各县气象站配备123传真机，直接接受中央气象台的传真，预报效率提高。1987~1988年，沟通毕节到贵阳、大方、黔西、织金、纳雍、赫章的高频电话通信，天气预报的传输效率提高。1990年后，省、地、县专线网络建成，地区及各县站均能快速、准确接收和传输气象信息；加上一批预报课题的完成和应用，提高短期天气预报的准确率。1998年6月，地区气象局电视天气预报制作系统建成；1999年1月，“121”天气预报电话自动答询系统开通；2004年7月，地区气象台开通领导手机气象信息短信息平台；2005年5月，毕节电视台天气预报节目正式播出。这些措施，满足广大群众收看天气预报，随时了解气象信息的需要。

**中期天气预防**　预报时限3~10天。地区气象台和各县站，在开展短期天气预报的同时，先是采用省气象局天气预报广播，结合本台气象要素和天、物象演变，进行中期天气预报。其后，通过个例分析，归纳演变特征，制作要素曲线或综合时间剖面图，建立本台天气过程模式，制作中期天气预报。之后，配备传真机，利用中央气象台48小时、72小时北半球天气形势预报图作参考，结合本地气候要素进行预报。20世纪90年代，实现国家、省、地、县气象局内部通信和气象资料实时传输，中期天气预报的准确度提高。2005年7月5日，地区气象台结合数值预报结果，作出7~9日毕节将会出现雷雨天气过程，为人工增雨抗旱作业作出准确预报。

**长期天气预报**　时限1月至1年。从20世纪60年代开始，地、县气象台、站用要素曲线、综合时间剖面、气候资料分析、数理统计、音律关系、相似年等方法，进行月、季、年长期天气预报和专题天气预报，为农业生产服务。1981年，地区气象局完成《毕节水稻低温冷害分析及预报》，经对历史上产生、导致水稻严重减产的8月低温，进行分析研究，选择出头年秋季温度等气象因子，用投标预报当年8月是否出现低温，为制定水稻生产措施提供重要依据。是年，金沙县气象站，以当地春后雪120天有大雨的农谚为线索，经深入分析历史资料，提出金沙县夏季旱涝预报模式。1992~1994年，地区气象局完成《毕节地区主要农作物产量气象预报方法研究》，作出当年的产量预报，和当年可能出现的不利气候因子预报。

## 三　人工影响天气

人工影响局部天气主要是指防雹增雨（简称人工影响天气）。毕节市人工影响天气工作开始于1968年，至今已有近50年的历史。50年来，各级党委、政府非常关心和重视人工影响天气工作，人工影响天气工作持续稳步发展。全市8县（区）都开展了人工影响天气工作，并成立了专门的人工影响天气领导和组织机构，各地都落实地方编制。从1968年进行土法（土火箭）人工防雹作业开始，其间大致可分为三个不同的阶段，即人工影响局部天气的初步探索阶段；以土火箭作业为主、高炮作业为辅的群众性土法人工防雹增雨试验阶段；以高炮作业为主新型火箭作业为辅的专业化人工防雹增雨阶段。

由于毕节市是典型的喀斯特岩溶地区，石漠化非常严重，冰雹、干旱等气象灾害比较频繁，直接影响人们的生产、生活和工作，人工影响天气对减轻冰雹、干旱等气象灾害造成的损失、在服务毕节试验区生态建设方面发挥了重要作用。

**防雹增雨设备**　1968年，地区内始有气象防雹作业。当时研制出土火箭防雹；70年代初引进空炸炮。此期间，土火箭和空炸炮在制造和发射时曾多次发生人员伤亡。1978年，采用“三七”高射炮防雹和人工增雨，效果良好。1982年全地区由最初的4门增至21门。2005年，全地区有“三七”高炮90门，新型车载火箭发射系统7套，并配备无线电台、对讲机、移动电话和计算机网络等多种通信联系方式。到2011年，全地区不仅拥有卫星云图、天气雷达、三七高炮、新型火箭、计算机、无线电台、移动电话、卫星定位仪等先进的设备，而且作业点全部建成了标准化炮站。在科研上获得重大突破，形成了一个比较完整的科学决策体系和防灾减灾服务体系。建立了从冰雹预报、干旱预测、实时监测、作业组织实施、作业效果评价等综合的人工影响天气作业指挥系统。全地区人工影响天气工作主要是增雨防雹作业，同时在消云（雨、雾）、增雪等方面进行试验性研究。全地区共有高炮108门,新型火箭发射系统25套；标准化人工增雨防雹作业站点110个；作业人员和各级指挥人员600余人。

**人工防雹**　1965年地区气象台编制《毕节县冰雹路线图》，1966年编制《毕节地区冰雹路线图》，为人工防雹提供依据。70年代初，威宁县气象台用松枝、杂草、杂木堆积闷烧产生烟雾防霜，有一定效果；1973年又在火堆中加入黄磷，用以增温增烟。是年，省气象局在毕节县杨家湾开展“三七”高炮防雹试验。1975～1978年，省气象科研所分别在毕节何官屯桥子山、松林公社设置移动气象雷达，用土火箭作防雹试验；1980～1982年，大方、黔西、金沙、纳雍、织金县相继开展高炮防雹。1994～1996年，地区气象局检验高炮防雹效果，验证其有效范围为半径4千米，防雹投入的经济效益为1:2.3。随着新型天气雷达、新型计算机系统、新型通信系统的引进，防雹投入所产生的经济效益将大大增加。

2003年7月17日下午，境内大范围遭受大风、冰雹、雷雨袭击。地区气象局人工影响天气办公室利用711雷达作跟踪观测，根据回波演变发展作出冰雹预警预报，下午2时30分开始从西到东陆续有炮点开始作业，晚9时结束。全地区43个炮点54次实施防雹增雨作业，用弹1258发，最大限度减少灾害性天气带来的损失。2007年4月13日，受高空低槽影响，我区毕节、大方、黔西、金沙、织金等地出现了大面积冰雹灾害天气。地区人影办通知各县（市）人影部门密切监视天气变化，随时作好战斗准备。15时，地区人影办作业指挥室指挥员根据毕节新一代天气雷达回波资料，启动毕节地区人工影响天气作业指挥系统，通知毕节、大方、黔西、金沙、织金等县（市）人影办和各相应炮点，作好一级战斗准备。16点13分，毕节市对坡炮点开始作业，紧接着毕节市黄泥，大方城关、坝子、竹园、松树、文阁、鸡场、黄泥塘、羊场坝，黔西城关、林泉、长堰、锦星、甘塘、钟山、金碧，金沙平坝、打坝、大田、新化、长坝、高坪，织金少普、鸡场、白泥、化起、龙场、牛场、八步、金龙、茶店等炮点相继申请作业时间和进行作业，整个作业过程持续到19点10分，共有20个炮点得到作业时间，进行23次作业，用弹702发。其中大方城关、松树，黔西林泉、锦星、金碧等5个炮点降了冰雹，冰雹最大直径6毫米，炮点保护范围内无冰雹灾害。作业后普降小到中雨，个别炮点降了大雨，以织金少普的27毫米为最大。2007年4月21日晚上雷达回波显示冰雹云的范围包括了我区东部地区。地区人影办和东部各县人影办通力合作，抓住有利时机申请到作业时间，共组织4个作业点进行了作业，用人雨弹217发：金沙岚头炮点在22时25~26分作业，用人雨弹32发，作业前雷电激烈、风大，作业后降小到中雨夹小雹，额度8粒/平方米，3小时内降雨5.2毫米，未有灾情；金沙平坝炮点在23时25分到26分作业，用人雨弹105发，作业前雷电激烈、风大，作业后3小时内降雨13.5毫米，无雹；织金白泥炮点0时9分到10作业，用人雨弹20发，作业前无雨，作业后中雨夹雹（1时11~12分）直径5毫米，密度30粒/平方米，3小时降雨6毫米，未有灾情；黔西金碧点0时40~41分作业，用人雨弹60发，作业前雷电激烈、风大，作业后3小时内降雨0.4毫米，无雹。这次冰雹天气过程，由于地区人影办和金沙、织金两县人影办准备充分，组织得力，有备无患，成功避免了可能的冰雹灾害。

**人工增雨**　1978～1989年，地区气象台在金沙、黔西县进行人工增雨试验，用土火箭和高炮发射碘化银炮弹，取得降雨效果。2002年冬～2003年春，境内出现持续时间长、温度高、蒸发量大的冬春连旱天气，各地市均发生不同程度旱灾。地区气象局在4月2日、5月2日、5月3日、5月19日、5月26日实施大范围防雹增雨作业，作业后普遍降雨，旱情缓解。2005年5月，各县市出现不同程度干旱。地区气象局对人工增雨作出部署，5月17日下午3点51分开始，相继有22个炮点开展人工降雨作业，均收到增雨效果。是年6月中旬～7月初，受副热带高压影响，境内出现持续高温少雨天气，西部干旱较为严重。根据天气监测，7月8～9日，有雷雨天气。地区气象局组织各地业务人员，各乡镇炮点严阵以待。7月8日下午14点30分至21点42分，全地区共发射增雨炮弹2140发，火箭弹22发，82个乡镇出现中雨以上降水；7月9日，组织第二次增雨作业，32乡镇降下大雨，解除全地区半月之久的干旱。是年7月中旬，洪家渡首台机组发电，但截至6月中旬，电站库区水位离发电水位尚差22.91米。6月15日，毕节地区5县市的30个炮点、28门高炮、5辆车载火箭，在洪家渡上游联合实施人工增雨作业，使水库水位上涨12.13米。7月4日、5日继续实施增雨作业，使水库水位超过发电水位，确保18日正式投产发电。

2009年入春以来，毕节地区全区气温普遍偏高，雨日多，但雨量小，西部三县（市）尚未下过一场透雨，旱情比较明显，部分乡镇出现人畜饮水困难，已严重影响生产生活和城市供水安全。为缓解当前旱情，根据毕节地委行署领导指示，地区人影办积极协调，在省人影办和地区气象局的统一领导下，在贵阳市气象局和大方、织金、金沙等县气象局的支持下，经过周密部署和充分准备，抓住6月19日的有利时机，在全区范围内组织实施了大规模人工增雨作业，作业后增雨效果明显，毕节城区降水量达49.7毫米，西部三县市严重旱情已基本得到缓解。这次作业地区人影办抽调大方、织金、金沙三部火箭车和相关技术人员到毕节，省人影办出动火箭车和移动雷达车各一辆、贵阳市气象局派出火箭车前往毕节支援。移动作业点主要设置在毕节城区水库上游的何官屯、百家哨、野角黄泥等乡镇。19日13时40分，毕节新一代天气雷达观测到有较强回波自云南镇雄向我区威宁、赫章、毕节移动。地区人影办作业指挥中心立即向空域管理部门申请增雨作业时间，14时08分，随着指挥员一声令下："方位西北，射角55度，点射扇形射击，用弹量10发"，毕节市黄泥炮站打响了第一炮，拉开了此次人工增雨作业的序幕，紧接着对坡、下营、金银山、大银、大河等炮站相继开始了增雨作业。作业过程一直持续到20日凌晨02时30分，共投入"三七"高炮61门，作业69炮次，用弹2352发；车载火箭9台，作业13炮次，用弹59枚。作业覆盖面积13600平方公里。 根据地区气象台通过区域加密自动气象站监测到的雨情数据，到20日08时，毕节城区降水量达49.7毫米，赫章平山降水79.3毫米，威宁羊街降水58.4毫米，三县市严重旱情已基本得到缓解。受到当地政府及群众的好评。是年随后又抓住6月25日和28日的天气过程，再次成功实施人工增雨作业，使旱情全部解除。

2011年入春以来，全区气温普遍偏高，降水偏少，出现了严重的春旱，部分乡镇出现人畜饮水困难，已严重影响生产生活和城市供水安全。目前虽已进入汛期，但尚无明显降水，气温将持续偏高，干旱进一步加剧。面对严重的旱情，积极组织协调，争取省人影办的大力支持，人员到位，弹药准备充足。全区94门高炮、15台火箭发射装置、500余名作业人员夜以继日坚守工作岗位，时刻监视着天空，只要有一丝增雨的希望，都用100%的努力争取作业。终于，在以下几个时次捕捉到战机，有力地实施了人工增雨作业，极大地缓解了旱情。

6月13日，毕节、赫章、大方三县市10个炮站先后进行12次高炮和火箭增雨作业，用炮弹41发，火箭12枚。作业后赫章县作业区域城关、罗州、朱明、达依、平山等地普降中到大雨，毕节市作业区域下营、黄泥、海子街等地普降小到中雨，其中毕节市黄泥、海子街作业后有小雹，但无灾。

6月17日，全区8县市25个炮站先后进行33次高炮防雹增雨作业，用弹422发；大方、毕节、黔西多个炮站先后进行5次火箭增雨作业，用火箭16枚，其中省人影办来大方黄泥塘协助增雨作业，本次作业区下游普降中到大雨。

6月18日，全区7县市29个炮站先后进行41次高炮防雹增雨作业，用弹496发；黔西、织金、赫章先后进行11次火箭增雨作业，用火箭20枚。其中省人影办到织金茶店、八步协助增雨作业，作业后普降中到大雨。

6月22日，赫章、威宁2县市14个炮站先后进行23次高炮防雹作业，用弹664发；毕节市2个站高炮增雨2次，用弹19发，毕节市1个炮站进行2次火箭增雨作业，用火箭8枚，地区人影办火箭车到大方黄泥塘协助增雨2次，用火箭6枚。作业后威宁、赫章、毕节、大方、织金等县市作业区域普降大到暴雨。

6月26日，威宁、赫章、毕节3个县市12个站点进行13次作业，用弹192发，作业后普将中到大雨。

8月4日，按照毕节地委行署安排，毕节地区气象局人影办在省人影办鼎力协助下，按照预订方案，黔西周边县人影办全力配合，在地区气象局局长、指挥长张普宇的周密指挥下，开展了一场大规模的人工增雨作业，力争缓解黔西重旱区旱情和增加洪家渡水库蓄水。省气象局局长向红琼、行署副专员吴安玉、省人影办副主任邹书平亲临现场指导。本次行动省气象局派出雷达车、气象应急指挥车各一部进行现场探测，提前安排部署，合理设置移动火箭作业点，根据卫星云图和雷达回波演变情况，准确作出判断，抓住时机，指挥高炮、火箭实施作业。本次作业黔西、织金、纳雍、大方等县高炮增雨作业11站12炮次，用弹187发，火箭增雨作业8站15炮次，发射火箭弹40枚。作业后，黔西全县普降大到暴雨，雨量最大的乡镇（大关）达到148毫米，黔西旱情得到明显缓解，受到了当地政府和人民群众的高度评价。

到2011年底，毕节地区全年投入102门高炮、25套火箭发射系统，平均每年实施人工防雹增雨作业近1000次，用弹3.0万发、火箭弹300枚，累计防护耕地635万亩，有效减轻了冰雹和干旱等灾害性天气的危害。

## 四 防雷减灾

**防雷装置普查和检查** 2008年，开展防雷装置普查和检查。对全区2932所中小学校防直击雷系统、电源系统、信号系统等进行摸底排查，有2441所学校无防直击雷设施，合格率为17%。检查煤矿防直击雷装置580家，合格率为25%。对重点单位、危爆场所进行筛网式普查，并对重点易燃易爆单位进行重点检测，在检查的多家中，合格率仅为30%。2009年，对全区中小学校教室、宿舍、办公室等的防直击雷、感应雷、防雷电波侵入综合防雷安全进行排查。全区普查的2996所学校中，未安装防直击雷设施占98%，已经普查的学校472所，中学62所，小学410所，未安装防直击雷设施占整个校舍的97%。

**雷电风险评估** 2009年3月，与贵州省防雷减灾中心联合进行了毕节水泥有限公司100万吨水泥、40万立方搅拌站项目雷电风险评估工作。

**安装防雷设施** 2008年，争取中国气象局项目资金，为毕节市朱昌中学、赫章县白果镇中心小学、大方县黄泥塘镇眉井村大寨小学、威宁县龙街镇龙街小学、金沙县城关镇玉屏小学和织金县绮陌乡墨峰村完小等6所农村中小学校争取到防雷工程项目资金13.8万元，无偿给6所农村中小学的建筑物、配电系统、计算机、多媒体、广播和卫星接收等电子设备安装防雷设施。

**雷电防护装置的安全检测、防雷图纸审核** 2009年2月，开展全区雷电防护装置的安全检测工作，对辖区内新建建（构）筑物进行跟踪检测，对高危场所、防雷重点单位实行一年两检并签订检测协议，向合格单位出具防雷装置检测报告，对存在隐患的下发隐患通知书责令其及时整改。完成各类新建建（构）筑物检测出具检测报告92家、对存在隐患的单位下发隐患通知书8家，检测覆盖率为65%以上。完成新建、改（扩）建工程防雷图纸审核20家；下发施工设计审核意见书12家、竣工验收报告13家、核准书19家。组织防雷图纸审核培训班一期。2010年2月，全面开展全区雷电防护装置的安全检测工作，对高危场所、防雷重点单位，如加油站、炸药仓库、学校等，实行一年两检并签订检测协议。完成新建、改（扩）建工程防雷图纸审核28家；竣工验收报告10家；核准书42份。对私自安装雷电防护装置、拒绝进行雷电装置安全检测、安装不合格雷电防护装置等违反法律法规行为责令整改。2011年1~12月，全面开展全区雷电防护装置的安全检查工作，对新建建（构）筑物进行跟踪检测，对易燃易爆项目、人员密集场所进行年度检测，对存在隐患的下发隐患通知书，并责令整改。完成新建、改（扩）建工程防雷图纸审核97家；颁发防雷装置设计核准书68份，防雷装置竣工验收合格证24份。

# 第五章　乡镇企业

## 第一节　发展历程

20世纪70~80年代，省考古工作队先后发掘赫章县可乐、威宁自治县中水、毕节县青场的战国到西汉墓200多座，可乐新石器时代晚期遗址、汉代遗址各一处及青场瓦窑遗址。在发掘的文物中，有新石器时代晚期遗址出土的石斧、石刀、石杵、石磨；陶片、陶纺轮，瓦窑遗址出土石范和部分青铜残片、残渣、残条及陶纺轮。经中国科学院地球化学研究所测定，其年代为公元前3210±175年的商末周初。这是本地区金属铸造有物可证的最早时期。出土秦汉时期的文物有大批石器、陶器、青铜器及麻布、漆器等。其中青铜器数量较多，有生产工具、生活用具、兵器、乐器和装饰品。铜柄铁剑、立耳铜釜和铜鼓等的铸造技术，已由整铸发展为分铸合模及焊接合模。还出土剑基内模外范、戈外范、纹饰模及熔铜坩埚等用于铸造的器具。当时已有专门的手工作坊和能工巧匠。汉代，民间已绩麻为布，到宋代，绩麻织布在苗族中更为普遍，并有蜡染、扎染。元代，已由最初的手摇纺车发展为脚踏纺车。宋元以来，畜牧发展促进皮、毛加工，皮制成革，再制成革器。许多革器又与漆器联在一起，“缉皮为器，饰以朱丹，大者箱柜，小者匣”，盂盘皆用漆皮。威宁用羊毛擀制成毡衣（披毡）、毡毯，元大德元年（1297），毡衣作为贡品。明清两代，农村副业有较大发展。明初，在实行屯田制，涌现出一批制造和修理农具的铁器手工作坊，并传遍各县城镇。改变过去铁匠师徒走乡串寨修造农具的方式。明代，炼铁有一定规模，清代有发展，威宁岔河铁厂有炼铁炉27座，采冶工人数百。威宁生产的铁锅、铁勺、马掌，自晚清至民国，畅销外。铅、锌冶炼，清代有较大规模发展，雍正七年（1729），在毕节设运铅局，输出铅锌，供四川、湖北、北京等地铸钱，历时百年，从事铅锌矿采冶者多时万余人。陶器制造历史悠久，清代遍及各县，大定的居仁（今属纳雍县）碗厂和威宁牛棚碗窑，均有一定规模；毕节县烧缸（现为烧杠），因当地生产红陶缸人户多，以所产陶缸种类多、质量好而得名。

民国时期，威宁县从事毛纺织人员，多时3000人以上，生产手工毛线、毛线织品、机制粗毛呢、毛毯等。县设毡业工会和毛纺织生产合作社。抗日战争时期，用铁木机械生产平板布、斜纹布和线袜、手套等产品的人户和小厂，多时5000多家，有铁木机械近1.5万台。

民国及其以前，一些行业有过光辉的历史，生产出有名的产品有：大方漆器，织金石砚、砂锅，威宁火腿、荞酥，金沙回沙酒、禹谟醋等。

20世纪50~70年代，区内社队企业经历曲折艰难过程。1953~1957年，施行农业合作化，农村“五匠”组成合作社，各县城和区镇都相继建立铁木生产合作社、砖瓦生产合作社等。县铁木生产合作社改建为农具厂。各区（镇）和农业社，根据资源办有小煤窑、小砖瓦厂、小加工厂、小农具厂等，为农业合作社积累资金，投入扩大再生产。农业社组织集体副业生产的同时，允许社员经营家庭副业。大定县长石乡新建水碾坊7间，油榨房13间，砖瓦厂、硫磺厂、纸厂各1个，煤井13口，畜牧场1个。多数为社办或社联办，个别为社员集资联办。

1958年人民公社化，随即是1959~1962年国家经济困难，社队企业纷纷下马。1961年毕节地委、毕节专署纠正“五风一化”，撤销公共食堂，重新划社员自留地，确定“三级所有、队为基础，以生产队进行独立核算”，调动农民生产的积极性。1963~1965年，一批社队企业得到恢复和发展。

1966年开展“文化大革命”后，发展社队企业被误认为不务正业、重副轻农，走资本主义道路。“文化大革命”前期，许多社队企业关闭。1970年，许多社队企业恢复兴办。至1975年，全地区有社队集体企业1409个，多为小水电、小煤厂、农机农具厂、砖瓦厂、硫磺厂、林场、养猪场等。

1977年1月，中共毕节地委、毕节地区革委提出大力发展社队企业，充分利用本地资源发展林场、茶场、蚕场、畜牧场，有条件的地方，办小煤窑、小化肥、小水泥、小硫磺、小农机、小水电等，支援农业，积累资金，壮大社队经济。要求各部门支持社队企业，逐步把产、供、销纳入国家计划。1978年，中共十一届三中全会召开后，毕节地区贯彻全会关于“凡是符合经济运行原则，宜于农村加工的农副产品，要逐步由社队企业加工。城市工厂要把一部分适宜于农村加工的产品或零部件，有计划扩散给社队企业，分不同情况，实行低税或免税政策”的精神，全地区投资180万元，新建社队企业111个。1979年，国务院制发《关于发展乡镇企业若干问题的规定（试行草案）》，对乡镇企业实行“积极扶持、合理规划、正确引导、加强管理”的指导方针。中共毕节地委、毕节地区行署采取相应措施，调整乡镇企业，实行关、停、并、转，给企业自主经营、独立核算、自负盈亏权利，允许创办各种经济成分的乡镇企业。是年，全地区乡镇企业2999个，从业人员3.93万人，总产值2279.8万元，营业收入2554.6万元，税82.1万元，利润573.3万元。

1982~1983年，农村实行联产承包责任制，全地区乡镇企业减到1300多个，从业人员2.39万~2.62万人，企业总产值、营业收入、上缴税金超过1979年。1983年1月，中共中央发出《当前农村经济形势的若干问题》的通知，1984年，中共贵州省委、省人民政府下发《关于大力发展乡镇企业若干问题的决定》。中共毕节地委、毕节地区行署贯彻中共中央和省委的指示，加强对乡镇企业的领导，充分发挥地区内的资源优势，多方引进资金、人才，助推乡镇企业发展。此期间，个体经营的乡镇企业发展加快。1986年，全地区有个体经营乡镇企业6.43万个，从业人员12.61万人，占乡镇企业和从业人员总数的85%和54.9%。至1989年，全地区乡镇企业有农业、工业、建筑、交通、商业、服务和其他7大类、13小类，生产上千个产品，其中煤炭、硫磺、石膏、锌、铁锅、砖、瓦、沙、石、中小农机具等，占社会产量的70%~90%；新型建筑涂料、瓷铀、硅铁、精锌、锌基合金、超微细化工产品、涂层织物等，填补区内空白，有的填补省内空白；许多乡镇企业产品进入城市市场，超微细硫酸钙、二氧化硅、沉淀硫酸钡、重晶石进入国际市场，为国家赚取外汇。全地区乡镇企业出现国营、集体、个人齐上，区办、乡办、村办、户办、联办并举势态，乡镇企业成为大部分农村的经济支柱。1980~1989年，全地区共投入财政资金3067.17万元，全地区乡镇企业年均3.61万个，从业人员9.44万人，总产值2.21亿元，营业收入2.29亿元，税582.78万元，利1889.81万元。其中1989年乡镇企业9.49万个，从业人员26.85万人，总产值5.51亿元，税2067.17万元，利6465.47万元，均创新纪录。

1990年5月后，毕节地区贯彻国务院颁发的《中华人民共和国乡镇集体所有制企业条例》，管理乡镇企业生产经营。1992年，毕节地区贯彻执行邓小平视察南方重要讲话，乘国家实施开发西部之机，提出把乡镇企业办成"一把手经济"，推行目标管理责任制，建立激励机制，实行集团承包。乡镇企业管理部门总结织金县矿产品产、供、销、运输、安全一条龙管理体制，金沙县农民股份合作办企业等经验推广全地区，促进乡镇企业发展。1994年，中共贵州省委、贵州省人民政府表彰全省先进乡镇企业，毕节地区获二等奖；全省9个营业收入超5亿元的县市获明星奖，毕节市、赫章县名列其中；23个营业收入超亿元的乡镇获奖，赫章县野马川、妈姑镇榜上有名；19个先进村获奖，赫章县前山村、毕节市翠屏村名列其中；50个先进企业获奖，毕节地区上海锌厂赫章分厂、赫章县山脚冶炼厂、赫章冶炼厂、金沙县黄磷厂、金沙县铁厂、毕节市信通精锌厂、威宁自治县映海锌厂名列其中。1998年，毕节市、赫章县、金沙县被评为全省发展乡镇企业先进县，纳雍县、威宁自治县、大方县、织金县被评为全省发展乡镇企业图强县，毕节市翠屏村、赫章县前山村被评为全省发展乡镇企业先进村，金沙黄磷厂、赫章诚达公司、织金无烟煤厂、毕节市水泥厂、威宁龙威铁厂、毕节市顺弘建筑公司、赫章鸿飞锌冶有限公司、威宁映海锌厂被评为全省先进乡镇企业。1996年前，毕节地区推广密闭还原净化炼硫技术；制定毕节地区土法炼硫环境保护政策，要求尚未运用此项技术的厂家限期改正。1996年、1998年，国家决定取缔、关停"十五小"和土法炼铅锌、土法炼硫磺，毕节地区及时制定改进措施。

1990~1999年，全地区乡镇企业年均9.88万个，比80年代年均增173.8%；从业人员30.43万人，增222.4%；总产值52.97亿元，营业收入54.98亿元，均增22.9倍；税8028.25万元，增12.8倍；利5.05亿元，增25.7倍。其中1999年乡镇企业13.98万个，从业人员46.45万人，总产值154.04亿元，营业收入156.61亿元，税1.99亿元，利14.71亿元，均创新水平。

1999年，中共毕节地委、毕节地区行署根据中央和省有关精神，召开乡镇企业工作会议，强调解放思想，抓住机遇，加快发展，实现全区乡镇企业的第二次创业，在巩固提高现有乡镇企业的基础上，大力培育龙头企业，不断增强发展后劲。要求全地区乡镇企业的经济成分，在以集体企业为主的基础上，增加个体企业、股份制企业、合资合作企业，通过努力，涌现出一批营业收入100万元以上的企业。至2004年，全地区营业收入500万元以上乡镇企业196个，其中500~1000万元的119个，1000万~5000万元的68个，5000万~1亿元的6个，1亿元以上的3个。一些领域已有高新技术企业。贵州海盾生物科技有限公司研究开发的虾康颗粒，被农业部批准为国家级新兽药，2003年国家科技部批准为高新技术产品。农产品加工开发方面，出现公司+基地+农户的龙头企业。港冠公司在威宁县投资6000万元建成的威力淀粉有限责任公司，年生产淀粉2.6万吨，需马铃薯16万吨，为农民增加6000万元收入。全地区有5个农副产品加工和制造企业获无公害农产品认证、绿色食品认证和有机食品认证。其中威力淀粉厂获贵州省绿色产业促进会的绿色食品认证、北京兴国环球认证公司的ISO9000质量认证、北京恒通认证公司的HACCP产品质量安全认证；黔西水泥建材厂等4个企业获得质量体系认证。

2000~2005年，全地区乡镇企业年均11.1万个，比90年代年均数增12.3%；从业人员42.04万人，增38.2%；总产值192.94亿元，增264.2%；营业收入202.87亿元，增268.9%；税4.98亿元，增457.5%；利21.67亿元，增328.8%。2002年，全地区乡镇企业发展到15.23万个，经整顿，2003年减为6.22万个，下降59.2%，其余各项指标均有下降，但产业结构向优化发展。2005年，全地区乡镇企业第一、二、三产业比例为2.7%、63%和34.3%，支农涉农产业发展较大。是年，全地区乡镇企业总产值214亿元，营业收入215.54亿元，税6.63亿元，利25.08亿元，比1999年分别增38.9%、27.6%、223.2%和70.4%。其中税利占营业收入的比例，80年代年均10.8%，90年代年均10.6%，2000~2005年年均12.9%，2005年为14.7%。34.2万农民工从业，人均收入7206元。

2009年，全区乡镇企业累计完成增加值117.53亿元，其中累计完成工业增加值71. 82亿元；累计实现营业收入427. 33亿元；实现利润总额49. 59亿元；上缴税金12.08亿元；从业人员44. 96万人；转移农村劳动力43.38万人，从业人员年均工资9974元，农民人均来自乡镇企业的收入达644元，占农民人均工资性收入的三分之一强。

## 第二节　行业类别

### 一　农业企业

据1979年后统计，乡镇企业中的农业企业，1979年848个，从业9586人，总收入135.8万元；80年代年均187个，从业2078人，总收入85.72万元；90年代年均286个，从业3507人，总收入1.14亿元；2000~2005年，年均533个，从业1.02万人，总收入4.5亿元。

**种植业**　1.农场。20世纪70年代后期，集体农场发展较快。1978年全地区58个，面积6.66万亩，产粮256.43万千克。80年代后，农场土地列入承包。

2.食用菌开发。20世纪80年代，毕节地区推广香菇、竹荪等食用菌栽培，各县均涌现出一批个体或集体办的食用菌栽培场，食用菌制种专业户。织金县至1995年，全县1.5万多农户7万多人种竹荪脱贫。是年9月，民营贵州东方之花实业有限公司在织金组建，形成公司+基地+农户生产经营方式。2001年、2002年，公司销售3146万元和3661万元，2003年被毕节地区定为农业产业经营龙头企业。

3.果园。水果和干果，是农村的传统副业。1950年，全地区水果产量1653吨，其中桃

33.4%、梨30%、李23.3%、柑橘3.8%，杏、花红、枇杷、柿子、樱桃、葡萄、苹果等共占9.5%；产干果2688.4吨，其中核桃72.9%、板栗27.1%。1979年，全地区水果1.73万亩，总产1.19万吨，干果总产1776吨；2004年水果15.08万亩，总产6.71万吨，干果总产4510吨，分别增7.72倍、4.64倍和1.54倍。1979年，全地区产苹果725吨、柑橘472吨；2004年为8163吨和4577吨，增10.2倍和8.7倍，是区内增长较快的水果。近30年的发展中，涌现出多处成片果园，部分归属乡镇企业。威宁县中水镇建立水果公司，设苗圃场和示范果园各两个。织金县鼠场乡红崖彭兆荣等几户农户联合育柑橘苗30万株，在红崖村发展柑橘园580亩供应县内需求。

4.药材场。1958年，始有以社队集体方式人工栽培中药材1605亩。1970年发展到6660亩，栽培较多的有路党参、半夏、柴胡等。1983年后，农户栽培药材增多。1997年，全地区种植中药材3.92万亩。栽培较多的有杜仲、天麻、厚朴、五倍子、乌梅等。1984年，大方县理化镇农民高永祥联合6户农民，建立林药联营公司，承包荒山1200多亩，种植杜仲、黄柏、白术等中药材，当年收入5万多元，高永祥被评为省科普先进工作者。同期，大方县化联乡冯安鑫创办化联林药场，承包荒山和退耕还林地1.38万亩，以栽培杜仲为主，同时饲养梅花鹿39只，多次受到省、地、县表彰。1995年建立的大方绿色产业资源开发责任公司，承包双山镇红星村荒山4000亩，种植芦荟、天麻等中药材，并进行药材加工。

5.茶场。1953~1957年，一些种植茶树有经验的生产队，创办社队茶场作为副业。1979年，全地区有队办茶场400多个，场均有茶园不足200亩；公社办茶场3个，茶园6348亩。1982年后，社队茶场多承包给农户经营，有的分到农户。社办赫章县哲庄茶场、黔西县谷里茶场、纳雍县姑开茶场，经营较好。黔西县谷里茶场被评为贵州省预备级企业。1988年后，茶园面积扩大。毕节市杨家湾茶场，1990年建成茶园4800亩，贷款、茶种、种植技术、加工、销售，由镇政府统一管理，实行分户核算，农户按谁种植、谁所有的原则，管理茶园，茶场农户年收入40~50万元。1999年建立的贵州金沙县茶叶专业合作社，实行合作社+基地+农户的产业化管理模式，建茶园3200亩，带动765户茶农从事茶叶专业化生产，合作社年收购茶青120多吨，成为区内农业产业化经营重点龙头企业。纳雍县大自然开发有限责任公司、纳雍县府茗香茶业有限责任公司、纳雍县贵茗香茶业有限责任公司、纳雍县雍熙茶叶有限责任公司，合理规划全县18个乡镇的36个茶园，建立公司+基地+农户模式，分别新建茶园3000~5000亩，改造一批老茶园，带动基地周围农户受益。

养殖业　1.生猪养殖。20世纪70年代，社队养猪场一度有较大发展。1978年，全地区有养猪场705个，年末生猪存栏1.38万头。1979年有养猪场230个，养猪5602头。80年代，撤销集体养猪场，有个体和联办养猪场兴起。1985年，大方县民办畜禽良种场年养猪1200~1400头，1985~1991年，向社会提供良种种猪167头、杂交仔猪2804头，向市场提供商品猪892头，为农户母猪配种1646头（次）。1991年8月，将猪场转让给县职业中学作教学实习基地。1988年，毕节建立个体素琼养殖场，次年末，存栏母猪15头，生猪150头，出栏肥猪250头，收入10.5万元；1998年，存栏生猪850头，出栏肥猪500头、良种猪20头，收入65万元。

2.牛羊养殖。1953~1957年，半凉山、凉山地区的社队办以养羊为主，兼养牛、猪的集体牧场较多。1979年有23个，养羊3324只、牛447头。1958年建立威宁雪山牧场，以繁殖商品羊、种羊及生产羊毛为主。1980年有基础羊群600余只，后备羊群200余只，每年生产的羊，除保留基础羊群后，提供周边农户饲养和向市场提供商品羊，每年向市场提供优质羊毛2吨多。该牧场1978年曾获省农业厅表彰，1983年撤销。1987年，威宁灼圃草场将部分草场承包给专业户办家庭牧场。至1990年，18户农民承包草场7000多亩，年均饲养绵羊、牛、猪、兔共3500多只（头），商品率95%，户均收入为当地农民的10倍。2003年，建立织金县肉牛有限公司，肉牛销售到香港、浙江、广西等地。2004年营业收入300万元以上。

3.家禽养殖。鸡、鸭、鹅等家禽养殖，是农家的重要副业，养鸡遍及农户。1983年以来，涌现出一批养禽专业户，有的办起家庭养鸡场。养鹅发展尤快，1995年毕节市海子街镇建成一个年产雏鹅10万只的孵化室，发展养鹅专业户235户，饲养商品鹅5.7万只。1996年，黔西县钟山乡小坝村建成养鹅专业村，织金县实兴乡建立4000多只鹅群基地。1997年，赫章县古达乡建立1万只鹅供种孵化场。2005年，全地区家禽存栏1086.92万只，出栏542.43万只，产禽肉1.63万吨，产蛋约2万吨，比1990年分别增89.1%、51.5%、203.6%和86.3%。其中2005年鹅存栏93.86万只，是1990年的19.5倍。

4.水产养殖。1953~1957年，有山塘的社队开展坑塘养鱼。1964年有253.5万亩。1975年，一些水源条件好的社队，兴修一批鱼池或改造低洼地为鱼池，坑塘养鱼面积增加。1980年，坑塘养鱼1789.5亩。此后，乡、村或村民组公有的水面，由农民承包养鱼。1987年，大方县对江农民企业家刘义章引进牛蛙养殖，建蛙池20.8亩，孵化池20个，1988年底有成年年蛙1.5万只、蛙种1350只、幼蛙10余万只，销往外地。毕节、黔西等县相继出现牛蛙养殖，后因销路不畅而衰退。1990年，全地区坑塘养鱼8061亩。90年代，出现赫章县中田生态渔业专业村，金沙幸福生态渔业专业村及毕节河尾坑塘养鱼专业村。

**林业** 1957年，成立高级农业合作社，社员私有山林树木折价入社，山林较多的农业社需护林造林，全专区出现247个林业专业队（组）。1958年后，改为社队办林场，全地区有社办林场393个。80年代，社队林场大部转为乡、村集体林场，同时允许个人承包荒山造林，经营个体林场。1984年，金沙县湖水党委书记杨民生留职停薪，创办高原营林合作社，至1986年，发展为133户737人，造林1.73万亩，大批量生产中药五倍子，多种经营取得好效果，被评为省劳模、全国绿化劳模。2005年，全地区集体、个体林场经营面积200多万亩，造林50多万亩。

## 二　工业企业

**矿产采冶** 1.铅锌采冶。1950~1959年，采冶铅锌，以炼铅为主，规模不大，年产量30~308吨之间。自1979年，采冶铅锌规模扩大。是年，地区社队企业局筹建赫章县兴发、野里、青山，威宁县银厂坡、中水、石门坎、盐仓、云贵，织金县桂果等10处铅厂，每年投资5万元。当年，全地区产铅锌2.5万吨。1980年后，以炼锌为主。1995年末，全地区炼锌乡镇企业3853个，分布在毕节市，赫章、威宁、纳雍县，集中在赫章、威宁县，从业人员5.1万人，产值8.11

万元，占全地区乡镇企业总产值的26.5%，以土法冶炼为主。1996年，国家取缔土法炼锌，各地通过技术引进研发，锌冶炼取得新进展。2004年，全地区乡镇企业营业收入100万元以上的企业462个，其中锌系列企业20个；1000万元以上的企业78个，其中锌系列企业16个，占20.5%。分别是：威宁县梅山锌厂1.22亿元、华夏锌厂1.22亿元、华冠锌厂7654万元，威宁县锌苑锌厂5007万元、骏马锌厂4902万元。赫章县鸿创公司5770万元，赫章县妈姑集成锌厂3800万元、凯捷锌业公司3704万元，赫章县聚诚锌业公司1740万元、贵龙锌业公司1700万元。毕节市七星锌厂3000万元、杨家湾镇联兴锌厂1800万元，毕节市杨家湾宏图锌厂1500万元、杨家湾镇宏达锌厂1500万元，威宁县召联冶炼厂1406万元，毕节市杨家湾镇站坡锌厂1000万元。此外，上海锌厂赫章分厂、赫章县山脚冶炼厂对锌系列产品开发均作出过贡献。据统计，1979~2005年，毕节地区乡镇企业共采锌铅矿204.02万吨，从云南购进锌铅矿石，冶炼锌171.39万吨、铅28.63万吨，同时建有氧化锌矿浮选厂、硫化锌矿浮选厂。锌产品有粗锌、精锌（0号~4号）、锌氧粉、锌基合金、锌皮等。

2.煤炭开采。毕节地区无烟煤炭资源丰富，也有部分烟煤。1953年前，由私人开采。1954~1957年，由社队开采。1975年，织金县珠藏区高坪公社办有大队、生产队煤厂40个。其中大队办8个，生产队办32个。1980年后，社队煤厂转为乡、村或村民组煤厂，有的承包给个人经营。此后，出现个体和股份制采煤企业。1979年，全地区乡镇采煤企业228个，从业7515人。1989年发展为6677个，从业5.75万人。1996年国家明令取缔小煤窑，1988年为5726个，从业8.48万人。2004年108个，从业1.2万人。乡镇企业的原煤产量随着采煤设备和技术进步持续增长。20世纪50年代平均19.59万吨、60年代年均67.71万吨、70年代年均127.83万吨、80年代年均289.39万吨、90年代年均851.36万吨，2000~2005年年均1526.03万吨，乡镇企业产煤量，占全地区产煤总量的85%以上。1950~2005年（缺1977、1993年）总产量2.17亿吨。2004年，地区乡镇企业营业收入100万元以上的企业462个，其中煤系列企业296个，占64%；1000万元以上的企业78个，煤系列企业占24个，占32.1%。其中2000万元以上的有金沙县高坪鑫达煤矿、高坪金达煤矿。区内西部有烟煤开采，近20年，年产量在30~45万吨之间。国家取缔土法炼焦后，威宁乡镇企业采用新技术成功炼焦。1998年组建的威宁县结里煤焦有限公司，为采煤、选煤、炼焦为一体的民营企业，属地区内重点乡镇企业。

3.硫磺采冶。清代，已有炼硫行业。1949年中华人民共和国成立前夕，区内各县均有硫磺冶炼。1952年，全专区产硫磺480吨，其中大定县402吨，占83.8%。其后，硫磺生产持续不断。传统炼硫技术为沟罐法和平箱集气法，污染严重，磺厂周围寸草不生。20世纪90年代初，强行推广地区环保局引进、研究改进的GKZH-4型炼硫技术（即密闭还原净化法），有效控制污染，磺厂周围植物生长如常，同时提高硫磺产量。1979年，全地区乡镇硫磺生产企业产硫磺4538吨，20世纪80年代年均6069.7吨，比1979年增33.8%；90年代年均9.61万吨，比80年代增14.8倍；2000~2004年年均8.7万吨，比90年代年均减9.5%。1979~2004年，共采硫磺矿石847.5万吨，炼硫磺136.1万吨（缺1993年）。1999年，全地区经营收入超100万元乡镇硫磺生产企业8个，超千万元的有金沙县供销硫磺厂1305万元、安洛三块田硫磺厂1110万元。2004年，营业收入100万元的乡镇硫磺生产企业4个，其中超千万元的毕节市林口硫磺总厂1002万元。

4.铁矿采冶。民国时期，各县均有以土法采冶铁矿，1949年，全专区生铁产量1105吨。1949年至20世纪70年代前期，社队企业沿袭以土法冶炼生铁。1950~1957年，全专区产铁在1270~5295吨之间。1958年大炼钢铁，全专区建炼铁炉10.33万座，产生铁3.5万吨。1959年产生铁6.11万吨，创新纪录。1962年降为100吨。1965年增至4195吨。1966~1969年生铁冶炼停顿。1970~1979年，全地区社队企业年均产铁2448.6吨。1980~1989年，全地区乡镇企业年均产生铁4037.8吨，比70年代增64.9%。1990~1999年，年均产生铁6.45万吨，是80年代的15.97倍。1998年产12.74万吨，创新纪录。2000~2005年，年均产生铁22.02万吨，比90年代增241.4%。2004年39.83万吨，为历史最高纪录。是年，乡镇企业营业收入1000万元以上的企业78个，其中铁系列企业18个，超亿元的有威宁县二塘福利铁业1.87亿元；超5000万元的有金沙县沙铁合金厂7887万元、赫章县道坤铁业公司5600万元。1978~2005年，全地区乡镇企业采铁矿石2278.8万吨，炼生铁187.9万吨。

5.铜采冶。炼铜历史悠久。清咸丰年间（1851~1861）威宁德著（今赫章德卓）陈姓办的铜厂，使用车铜技术将所炼的铜加工成锅、盆、戥等铜器出售，光绪三年（1877）已采用煅炭（焦煤）炼铜。清末，办有10家民营铜厂。1937~1945年，抗日战争时有4家。1958年，威宁县办铜厂45个，产毛铜412.15吨。1959年，部分小厂合并到铜厂河铜厂，产铜460吨。20世纪80年代，主要开采铜矿石销售。1987年，威宁有铜矿采选企业1个，从业45人，产值11.95万元，1990年铜矿采选企业发展到9个，从业人员125人，产值31.95万元。1988年，纳雍县与中国人民解放军某部联营，在纳雍县法地采选铜矿，当年产10吨，1990年产804吨。

6.磷矿开采。1965年，建黔西县磷肥厂，采用当地磷矿石制成普钙，其后纳雍、威宁、织金县相继建成磷肥厂，生产普钙、钙镁磷肥、磷矿粉。1975年，共生产磷肥1.19万吨，1977年1.31万吨。此后，大方、毕节、金沙县相继建磷肥厂。1984年，全地区生产磷肥2.7万吨，为历年最高产量。1990年，金沙县与贵州省电力局黔能电力总公司合作，在金沙城郊建立股份制企业金沙黄磷厂，以当地磷矿石、硅石和优质无烟煤为原料生产黄磷，1998年产1.46万吨，营业收入8359万元，上缴税金840万元，被评为全省10个明星乡镇企业之一，获利税百家企业称号，其产品出口印度、德国、法国。2004年，全地区乡镇企业营业收入上100万元以上的462个，其中磷系列企业5个，超2000万元的有金沙县黄磷厂6700万元、磷化工有限责任公司2004万元。1979~2004年，全地区共开采磷矿石174.43万吨。

7.大理石开采加工。大理石矿主要分布在织金、纳雍、大方县和毕节市。品种有晶墨玉、残雪、汉白玉、金鱼、檀风、沉香、木纹石、蜓科化石等。历史上大理石作为工艺品开发，形成区内名特产品织金石砚等100多种工艺品。20世纪80年代后，作为建筑板材开发。1985年前后，纳雍县化作乡每天有三四千农民从事大理石开采。纳雍维新大理石厂，1999年营业收入101万元。1980~2003年，全地区乡镇企业开采大理石286.24万立方米，生产不同规格的板材销售省内外。

8.重晶石开采加工。各县均有重晶石，织金县蕴藏量较大。1970年，建立织金化工厂，用重晶石生产硫酸钡。1984年，织金县星光化工厂与新加坡卢光亚合资建华亚有限公司，生产超微细重晶粉末，微细度1微米，产品销售国外，织金县东山化工厂生产的硫酸钡，销售至日本和东南亚，2004年营业收入280万元。是年，织金重晶石厂营业收入759万元。1979~2004年，全地区乡镇企业工采重晶石250.95万吨。

9.铝矾土开采加工。以织金县蕴藏量大。当地居民开采铝矾土，一是直接销售铝矾土矿，二是以铝矾土作原料加工成耐火材料销售。1978年，织金县创办马场耐火材料厂，至1995年，生产销售铝矾土近2万吨，从业人员600多人，1994年、1995年被评为地、县先进乡镇企业；1998年产铝矾土3万吨，营业收入128万元。织金县牛场凹河公社耐火材料厂生产的耐火材料，销江西景德镇、湖南醴陵和地区瓷厂。2004年马场联办厂，铝矾土营业收入360万元，牛场镇小河耐火材料厂营业收入160万元。1979~2004年，全地区乡镇企业生产铝矾土276.38万吨。

10.石膏开采。石膏主产于威宁。中华人民共和国成立前就有农民挖石膏矿出售。中华人民共和国成立后作为乡镇企业开发，仍以开采销售石膏矿产资源为主。1979~2004年，全区乡镇企业开采石膏矿29.31万吨。

11.其他金属采冶。地区内还采冶锰、锑、铟、镉、锗、银、镍等，数量不多。

2007年，全区乡镇企业由分散式发展向适度集中连片式发展转变。形成毕节市林口团结硫磺产业集聚区、大方县东关建材产业集聚区、金沙县岚头采矿制造产业集聚区、金沙县新化煤炭产业集聚区、纳雍县鬃岭煤炭产业集聚区、威宁县二塘工业集聚区、赫章县南线采矿冶炼集聚区等7个乡镇企业产业集聚区，入驻企业共347个，从业人员2.48万人，生产总值34.06亿元，工业增加值1.05亿元，上缴税金2.74亿元，产值和税收分别占乡镇企业生产总量的13.63%、33.09%。

**农副土特产品加工**　1.大米、面粉。粮食加工，随着电力的发展，逐步由人力变为电动机械加工，并成为乡镇企业重要组成部分。1990年，全地区农村有碾米磨面加工机械1.62万台。1978年，全地区有大米和面粉加工企业347个，从业人员1134人；1987年533个，9632人；1997年1.09万个，1.93万人，营业收入4.15亿元。

2.粉条。加工粉条的主要原料有大米、豆类、荞麦和马铃薯。1980年，地区内乡镇企业加工粉条12.5吨。80年代后，有较大发展。1983~1989年，年均2607.7吨，其中1988年6090吨。1990~1999年，年均9976.5吨，其中1999年1.4万吨，2000~2004年，年均2.15万吨，其中2001年2.62万吨，为历史最高水平。

3.马铃薯淀粉。有用土法加工马铃薯淀粉的技术，为马铃薯产区农户的一项副业，但不成规模。1982年，威宁县从修文聘请技术人员，在城关东风公社、七区牛棚公社办马铃薯粉条及淀粉加工厂。1987年，引进资金及技术，建立威宁马铃薯粉条加工厂，年加工马铃薯3000吨，产值210万元。2004年，由国务院侨办和省侨办牵线，香港港冠国际有限公司与威宁县人民政府签订马铃薯淀粉加工项目协议，投资6500万元，建贵州省威宁威力淀粉有限公司，年加工马铃薯16万吨，产淀粉2.6万吨，产值1亿元，利税1500万元。

4.油料。毕节地区的油料加工，分以油菜籽为原料加工的菜油和以油桐为原料加工的桐油。至50年代初，多为私人油榨坊加工。1953~1957年，油榨坊折价入社，油料加工由社队经营。1958年后，随着全地区油菜种植面积扩大，一些社队又新建榨油坊（厂），并逐步用榨油机取代土榨。1990年，全地区农村有榨油机280台。20世纪50年代，全地区年均加工食用植物油

2099.7吨、60年代年均加工1337.6吨、70年代，年均加工植物油1848吨。1984年全地区油料加工的乡镇企业5个，从业人员121人。1998年595个，从业人员1328人，加工食用植物油2.2万吨，非食用植物油741吨，营业收入4962万元。2001年，加工食用植物油4.11万吨，为历史最高。1992年，加工非食用植物油3909吨，为历史最高。金沙县世纪香植物油脂有限公司，原名沙土油榨社，已开发生产出一、二级油和色拉油、高烹油等产品。2000年，营业收入2350万元，2003年被评为毕节地区农业产业化重点龙头企业，世纪香牌产品被评为毕节地区优质农产品。

5.豆制品。大豆制品加工历史悠久，主要以手工加工豆花、豆腐干、豆豉等。大方豆豉、大方沙坝豆腐干名闻遐迩。民国24年（1935），大定阁鸦引进用大豆生产豆棒和腐皮技术，经3~4年发展到100多户，后传至大定县城。1956年，大定县成立手工业豆棒生产合作社，从业人员119人。1957年，生产豆棒1300吨，为历史最高。豆棒成为大方县名豆制品。1987年纳雍县建腐竹厂，年产100吨杜鹃牌腐竹。是年，毕节县建豆浆晶厂，生产洪山牌速溶豆浆晶。两个产品均在1988年首届中国食品博览会上获银奖。1989年，毕节豆浆晶厂开发生产速食豆腐花，1990年被列为省优秀新产品。此期间，有还生产大豆超微细豆粉、机制腐皮和豆油。黔西县平桥粉丝厂，用豌豆、蚕豆为原料生产粉丝，年产2吨。1999年，建立大方县石老祖公豆制品有限公司，生产豆干、腐竹、腐皮、豆棒等大豆系列产品，年营业收入200多万元，成为重点乡镇企业。

6.荞麦制品。明洪武年间（1368~1398），贵州宣慰使奢香给明太祖做寿，由厨师丁成久以本地荞麦面制成荞酥作礼品上贡，明太祖称为南方贵物。荞酥生产技术留传至今。1968年，威宁县建立荞酥厂，生产30多个品种荞酥。20世纪80年代，威宁县农科所请有关单位分析化验本地苦荞，其维生素P（芦丁）和槲皮素等黄酮成分含量较高，可作保健食品。威宁采用特殊工艺酿造出荞醇，曾获中国国际名酒节消费者信得过奖、全国新技术新产品博览会金奖。赫章县白果镇建立贵州省赫章县黔丰荞麦业有限公司，生产苦荞系列食品，其中黔丰牌苦荞三高谊营养麦片被中国绿色食品认证中心认定为绿色食品，毕节神州荞酒科技有限公司，用苦荞代替大麦作原料，成功酿造苦荞啤酒，获国家专利。

7.辣椒系列制品。辣椒是毕节地区特色蔬菜，有大方线辣等优良品种，曾出口东南亚。过去多以干辣椒销售往省内外。20世纪90年代中期，开始大规模加工辣椒制品销售。建立以加工辣椒系列产品为主的重点乡镇企业有：大方县琼芳食品厂，注册商标琼芳牌香字辣椒系列；贵州省黔西县沁源风味食品厂，生产佳佳牌剁椒和泡椒，销售国内20多个省市，2003年营业收入140万元；贵州金沙冠香坊调味品有限公司，生产冠香源牌糟辣椒、泡辣椒，糍粑油辣椒，风味油辣椒，2004年，营业收入2600万元；织金县马师傅食品厂，开发香辣料、特香辣红油、特色脆臊等马师傅牌系列产品，2004年产值956万元。金沙县木孔乡以木孔特产小尖椒作深加工原料，建立贵州省富甲实业有限责任公司、金沙隆喜发展实业有限责任公司，带动当地辣椒生产发展，1997年种植尖辣390亩，2004年种植8123亩，户均产值3048元。

8.茶叶。2000年起，纳雍县4家茶叶龙头企业，研制开发的贵茗翠剑、贵茗毛尖、姑箐玉叶、蚕箐翠花、府茗香、云雾春、康莨针茶、翠龙、纳雍翠片等茶叶品牌，取得较好的经济效益和社会效益。2001年，贵茗翠剑获全国第四届中茶杯二等奖，2007年7月获世界名优茶评比金奖，产品销日本、韩国、新加坡等地。2003年，康茗银针茶获贵州名特优农产品称号、中国国际博览会金奖、通过OTRDG有机茶检测认证，2004年获蒙顶山杯国际名茶金奖，被中国消费者基金会推介为国家质量合格达标放心产品。是年，金沙县茶叶专业合作社开发的清水牌清池毛尖系列品种茶叶，获贵州省名牌农产品、毕节地区优质产品的称号；纳雍蚕箐翠龙，被评为贵州省名牌农产品。2004年，府茗香茶在中国青岛国际名牌与专利博览会上获金奖。

1979年，全地区乡镇企业粗加工茶叶2.35吨，80年代年均加工15.32吨，90年代年均加工11吨，2000~2005年年均加工39.25吨；最高的2004年为10.3吨。

9.魔芋。传统加工魔芋的方法为：将魔芋切片后晒干保存，再粉化加工成魔芋豆腐食用。1987年，大方县建立两家魔芋精粉厂，年产精粉800吨，魔芋精片系列产品2500吨，年营业收入3000多万元，利润568.18万元、税金538.35万元。

10.核桃乳。1995年，赫章县建立赫之林食品饮料有限公司，以县内产的核桃仁为原料，购进专利技术，生产赫之林牌核桃乳系列产品。是年生产核桃乳15吨，次年生产2478.2吨，1998年达1.42万吨，产品销售到北京、上海、深圳等城市。2003年度被评为贵州省名牌优质产品，2004年取得出口经营权。

11.酿酒。民间酿酒的历史悠久，且普遍。晚清到民国时期几乎无村不酿，织金县以那区有酿酒户500多户。1952年，国家对酿酒和经营酒实行专卖管理，取消私人酿酒。20世纪80年代，毕节地区涌现出一批规模较大的酿酒乡镇企业：金沙县源村窖酒厂，毕节县龙场区龙凤酒厂、燕子口区雄师酒厂，织金县牛场区文诚宫保酒厂、牛场新场酒厂、化起和平酒厂、城关酒厂、以那酒厂，赫章县旮穴酒厂等。1980年，全地区乡镇企业生产白酒247吨，1990年生产1.33万吨。2000年生产16.07万吨，比1990年增长11倍。2004年生产18.85万吨，创最高纪录。其中，毕节龙凤酒厂的青龙大曲，1986年在地区商品展销会上评为第一。金沙源村窖酒厂生产的金沙窖酒，1988年在中国食品博览会上获金质奖；毕节龙凤酒厂的乡情窖、乡情醇、龙场营大曲，1998年在省“金凤杯”乡镇企业酒类评比中分别获金、银、优秀奖。

12.罐头。20世纪80年代中期，区内乡镇企业开始生产肉食和水果罐头。1987年，威宁生产火腿罐头142吨。至2002年，年产量在10~100余吨间徘徊。2003年，增至1728吨。水果罐头主要是赫章、毕节县加工的樱桃罐头，赫章加工的红果蔷薇罐头，90年代，因产品市场销售不畅而停产。

13.糖制、乳制品。（1）糖制品。河谷地带农户种植甘蔗，自行压（碾）榨、熬糖，产品有红糖、砂糖。中华人民共和国成立初尚有个体制糖户320户，年产糖15吨左右。1953 ~ 1957年，制蔗糖作为生产队副业。1958年，区内推广种植甜菜，一些社队建糖坊制作白糖、红糖。1983年后，河谷地带仍有种植甘蔗制糖。古老的糖食品有窝丝糖、核桃糖、芝麻糖、米花糖等。1978年，糖食加工逐渐恢复。1986年产糖151.5吨，1999年达2507.1吨，2004年513吨。

（2）奶制品。1988年，织金县花红乡花红、黑石村，41户农民饲养奶牛72头，年产鲜奶23.6吨，除销售鲜奶，还制成乳制品销售。此后，各县出现奶牛饲养，销售鲜奶和制作乳品，2001年全地区生产乳制品1.58万吨，2004年生产3.04万吨。

14.酱油、醋。酱油和醋生产历史较长。清代，毕节县有一品斋、一心永两家麸醋生产作坊。民国时期有稻香村、荣生祥等4家生产麸醋的商号，产品销售内外，时有“宣威火腿璧山布，大定豆豉毕节醋”之说。清光绪时期（1875～1908），现金沙就有酱油和醋生产。民国30年（1941），金沙县富生同酱油和禹谟醋、安底醋都为名牌产品。直至1954年，皆为个体生产经营。1955年，酱油、醋生产实行公私合营，安底和禹谟醋厂转为供销社经营。1987年，全地区生产酱油、醋的乡镇企业17家，从业297人；1999年138家，从业437人，产值1768万元。金沙县安底供销合作社醋厂，2003年营业收入1299万元，安底醋被载入《中华传统食品大全》，曾获毕节地区首届名优产品银奖、全省调味品工业产品优秀产品、贵州全省同行业产品评比二等奖。金沙禹谟供销合作社酱醋厂，建于1956年，现有原料生产基地6000亩，带动2000余户农民从事原料生产，年营业收入810万元。2003年，被评为贵州省A级质量诚信企业、毕节地区农业产业化经营重点龙头企业，产品连续被评为贵州省名牌产品、名牌农产品，毕节地区优质产品。2004年，毕节观音桥晁林酱醋厂、素琼酱油厂营业收入均超过200万元。

2009年，针对农产品加工企业规模小，技术创新能力不够强，质量安全标准体系不完善，政策扶持不到位等问题，全区乡镇企业主管部门推进农产品加工业发展，以优势农产品加工为支撑抓好农产品加工企业体系建设，逐步构建起以辣椒、马铃薯、茶叶、豆制品和中药材为主的农产品加工业体系，把农副产品加工业培育成全区继矿冶业之后的又一优势产业，成功申报黔西县农产品科技示范园区为农业部命名的全国第二批农产品加工创业基地。

**日用品制造加工** 1.陶瓷。制陶业是开发较早的一项手工业。清代，平远城东门外砂锅市居民烧制的土陶砂锅，以平远锅驰名。民国33年（1944），全县年产砂锅28万个，销往省内外。1992年远销日本。清代建立的居仁碗厂，1949年中华人民共和国成立前夕，有280多户，600多人，年产碗18万多件，1960年后，年产300万~600万件。品种由无花纹的白坯半釉土碗，发展为有花纹的土壶、碟、钵等。清代建立的威宁县牛棚区拉鸡寨白碗窑，民国时期成为当地较大的产业，多时有三分之二的农户以从事白碗生产为主，三分之一的农户以白碗生产为副业。1954年后，各地的陶瓷业由私营转为社队企业，1980年后实行承包经营，威宁白碗窑年均产品19万余件。毕节县生产陶瓷器的乡镇企业有金银山碗厂、烧杠坛罐厂、永安碗厂、阴底坛罐厂、层台砂碗厂等。1949年，全专区生产日用陶瓷产品239.9万件，1959年947.4万件，1979年全地区生产284.2万件；1980~1989年年均510.4万件，其中1988年1261.9万件；1990~1999年年均572.5万件，其中1999年1050.1万件；2000~2005年年均1625.2万件，其中2000年2874.1万件，为历史最高纪录。

2.服装。20世纪80年代前，缝纫业以代顾客加工和生产大众化服装为主。近20多年，服装加工企业有较大发展。1980年，全地区有缝纫企业11个，加工成衣5.73万件；1989年，6174个，从业7315人，加工成衣634.28万件，产值950.86万元；1999年4686个，从业8927人，加工生产成衣超2000万件，产值3.38亿元。2004年加工成衣1303万件。

3.制鞋。全地区乡镇企业鞋厂，1980~1989年，年均生产皮鞋1.09万双，1990~1999年年均生产65.04万双，2004年增到502万双。1986年，黔西县塑料鞋厂开发出微发泡布鞋，之后开发出橡塑底布鞋，均受到省内外消费者欢迎。1988年发展成拥有286名职工、180台设备、年产40个品种和规模30多万双的企业，1999年被评为贵州省先进企业，生产的黔城牌布鞋，成为客商争相定购的抢手货。2004年，全地区生产布鞋52万双。

4.铁锅。1977年，区内乡镇企业始有铸造铁锅生产。1978年生产1.16万口。1978~2005年，有26年产量在5万~125.41万口之间，1996年产9568.12万口，为历史最多。乡镇企业铸造的铁锅除在本省销售外，还销往云南、四川省。

5.家具。出现生产家具的乡镇企业，产品有木制家具和塑料家具。木制家具的产量，1980~2005年，全地区生产木制家具价值1.3亿元。1992年，生产塑料家具500件，1997年生产22万件。

6.农具。乡镇企业以铁、木、竹、石等为原料加工农具。其中耕作农具有犁、锄、耙、梳等，收割农具有板斗、围席、风簸、背箩、箩筐、连枷、晒席等，农产品加工器具有碓、石磨、簸箕、筛子等。1978~2004年，全地区共生产农具2.34亿件。

7.编织品。区内以竹、藤、棕、柳作原料编织的产品有藤兜、花盘、藤箱、藤椅、提篮。毕节、金沙县有竹藤社。1986~2004年，全地区乡镇企业编织品收入1.48亿元，其中1990年24万元，2002年2866万元。

8.兽药。20世纪80年代，织金成立兽药一厂、二厂。之后，兽药二厂与东山化工厂合并，更名为贵州超强兽药厂。其成熟产品有青霉素（C）钾、链霉素和复方氨基比林，年产值800多万元。1999年，该厂产品获贵州省兽药监察所质量信得过推荐产品、中国质量监督情报协会合格产品铜奖；2001年，生产的青霉素（C）钾系列兽药被中国技术监督情报协会定为国家质量合格达标产品。是年，毕节成立的贵州省海盾生物科技开发有限责任公司，集中药材种植、研究开发、销售于一体，其产品虾康颗粒被批准为国家级新兽药和高新技术产品，畅销东南沿海地区。

9.复混配肥。20世纪80年代，金沙沙土、织金等地建立复合肥厂，按烟草部门提出的氮、磷、钾比例，生产复混配肥，使用效果良好。

10.烟花爆竹。1986年，烟花爆竹生产成为区内乡镇企业生产经营项目之一。是年，全地区生产烟花爆竹22.89万饼。1987年，有烟花爆竹企业162个，从业529人，生产52.31万饼，产值75.15万元。1992年有企业372个，从业1265人，生产烟花爆竹264万饼，产值238万元。1999年，生产烟花爆竹115万箱，产值2146.07万元；2004年产值1122万元。

11.造纸。中华人民共和国成立前，各县均有土纸生产。1959年，建有公社办纸厂46个，黔西县谷里公社纸厂生产的黄板纸较为有名。1978年，全地区有乡镇造纸企业12个，从业112人，产机制纸91吨，产值9.52万元；1983年4个、71人，产土纸24吨，产值6万元；1988年企业151个、从业895人，生产土纸1150.9吨、机制纸108吨，产值148.36万元；1998年有企业207个、从业860人，生产土纸1350.66吨、机制纸678.2吨，产值913万元；2004年生产土纸2421吨、机制纸1136吨。

**小水电站**　20世纪50~70年代，区内小水电建设以装机容量500千瓦以下的小二型电站为主，多为社队办小水电。1958年，大方县第一个水电站长石水电站建成发电，装机20千瓦。1978年，全地区共有社队办水电站553个，装机11.87万千瓦。80年代，区内以发展装机容量500

千瓦以上的小一型水电站为主，其中多数为乡镇企业。织金县建成水电站14个，威宁县建成11个，纳雍县建成4个。至1988年，原有的小一型水电站，在运行的有221个，装机4.63万千瓦，比1978年降60%和52.6%。其中威宁县建有146个，装机1.21万千瓦，正常运行的35个，占总数的24%。全地区不同时期小水电发电量分别为：50年代年均45.7万千瓦时，60年代年均854.8万千瓦/时，70年代年均3544.7万千瓦时，80年代年均3431.7万千瓦时，90年代年均6549.8万千瓦时，2000~2005年年均1.13亿千瓦时。

## 三　交通运输业　建筑业

**交通运输业**　1953~1980年，有以集体方式成立交通运输企业，进行客货营运。据统计，全地区1979~2008年间，乡镇运输企业及从业人数和收入分别为：1979年303个、950人、收入103.05万元。20世纪80年代年均9142个、1.05万人、收入2740.91万元，其中1989年2.19万个、2.38万人、收入8052万元；20世纪90年代年均2.24万个、2.61亿人、收入4.26亿元，其中1999年3.32万个、4.16万人，1997年收入13.1亿元；2000~2005年，年均2.34万个、3.5万人、收入19.94亿元，其中2001年3.63万个、5.11万人，2004年收入23.1亿元，均为历史最高纪录。1980年，有集体和个体货车26辆、客车1辆。1990年，有个体、联户货运汽车664辆、客车205辆，各种拖拉机2852台，摩托车2660辆。2005年有货运汽车1.01万辆，客车1000辆，拖拉机2.5万台。自90年代中期起，乡镇企业中出现汽车配件生产和轮胎翻新企业。1998年曾翻新轮胎6300只，2000~2005年，每年翻新3000~4000只。

**建筑业**　1.建筑企业。1953~1957年，各县始有社队办砖瓦厂。20世纪80年代以来，有的建筑企业同时承担建筑施工和建筑材料生产。1981年，中共党员、毕节县观音桥乡熊家寨村民熊廷顺，带领全寨30多户人家，开山碎石打砂，办砖瓦厂、建筑材料预制品厂。1985年，组建毕节县乡镇建筑公司，进城承包建筑工程。1994年，更名毕节市顺弘建筑工程有限公司，公司经济实力壮大，员工从1985年的180人增到2005年的1400多人，其中技术人员200余人；注册资金从6万元增至1508万元，流动资金从8万元增至2500多万元，固定资产发展到2500万元。至2005年底，累计完成项目200多项，建筑工程合格率100%，优良率60%。1999年晋升为国家二级建筑企业。公司以建筑为主，兼营多业，由员工投资兴办水泥厂、房地产开发公司、化工材料有限公司、采石厂、机砖厂、预制厂、运输队、五金店、不锈钢厂、养鸡场，总投资9000余万元。2003年，营业收入6780万元，上缴税金384万元。公司30多次被评为全国及省、地、市先进乡镇企业、先进建筑企业、重合同守信誉先进企业、管理先进企业、纳税先进企业。1995年组建的毕节地区诚然乡镇建筑有限责任公司，下设4个施工队。至2005年，每年完成工程2000多平方米，总产值1000万元以上，质量、安全率均达98%，合格率100%。1998~2004年，连续7年获省级重合同守信用企业称号。据统计，全地区1979~2005年间乡镇企业建筑企业个数、从业人数、总收入是：1979年47个、1454人。80年代年均1335个、9023人、1314.4万元；90年代年均2573个、2.5万人、2.37亿元。2000~2005年年均2676个、3.27万人、12.6亿元。

2.建筑材料。传统建筑材料生产有石灰、黏土砖、黏土小青瓦、砂、石等。1959年始有水泥生产，其后有小型空心砖、异型抗震砌块砖、波瓦、钢筋混凝土槽板、小梁构件、三角板等水泥构件生产。1980年后，有机制黏土砖、硅酸盐山土免烧砖、页岩砖、煤渣砖、页岩空心砖、页岩地陶砖、页岩异型砖、瓷砖、氧化锌矿渣砖、石棉瓦、机制黏土瓦等生产。1983年5月，毕节地区水泥生产经验交流会在金沙召开，介绍金沙县水泥厂的经验。1991年，大方县建材厂的水泥立窑耐火窑砖双面使用法新工艺获国家专利。1993年，金沙县沙土镇金星瓷砖厂建成投产，日产多规格瓷面砖4.5万块，年产值324万元。1994年，毕节市建材工业公司的页岩砖系列产品开发研究，获地区科技进步二等奖。据统计，1979~2005年，全地区乡镇建筑企业生产水泥424.49万吨，生产水泥砖53.34亿块，水泥瓦577.05亿块，水泥预制构件8566.87万立方米；手工和机制黏土砖、页岩砖共203.56亿块；手工和机制黏土瓦891.04亿块；石灰1.74亿吨；砂石9.75亿立方米。2004年，全地区营业收入100万元以上的462个乡镇企业其中有水泥系列企业21个，制砖企业17个，砂石系列企业8个。产值500万元以上的企业有毕节市水泥厂1068万元、金沙县拓牌水泥有限责任公司1045万元，毕节市大新桥沙石厂1600万元、毕节市大新桥达新沙石厂1200万元、毕节市灵峰水泥厂660万元、黔西县大新桥办事处大新桥村水泥预制厂611万元、金沙县中心水泥厂900万元、金沙县西洛白云水泥厂550万元、威宁县草海水泥厂825万元、大方县水泥一厂827万元、黔西县渝贵水泥有限公司808万元、黔西县水泥建材厂801万元，织金县碳素水泥厂615万元，纳雍县雍熙镇骏发水泥厂527万元；毕节市翠屏砖厂672万元、毕节市航联砖厂500万元。

## 四 批发零售贸易

**企业** 1978年后，商品批发零售贸易逐渐发展。据1986~2003年统计，全地区乡镇企业商品批发零售企业及从业人数分别为：1986~1989年年均企业1.64万个、从业2.17万人；1990~1999年年均2.04万个、2.89万人，比前4年均数增24%和33.6%；2000~2003年年均2.99万个、5.91万人，比前十年年均增46.5%和29.2%，其中2003年从业6.87万人，为历史最多。

**产品销售** 1.内销。乡镇企业产品内销渠道为：企业自销，地、县市乡镇企业供销公司经销或代销，国营商业和供销社收购转销。据1979~2005年统计，全地区乡镇企业商品批发零售内销总收入559.21亿元，其中销售农业企业商品22.96亿元占4.1%、轻工企业商品133.09亿元占23.8%、重工业企业商品403.16亿元占72.1%。

2.外销。有的乡镇企业产品销往美国、加拿大、法国、印度、澳大利亚、新加坡、日本等国。批量出口的有超微细硫酸钙、二氧化硅、沉淀硫酸钡、重晶石、铸铁等13种，其中精锌、超微细碳酸钙、二氧化硅等7种产品免检出口。1986年，全地区乡镇企业外销产品收入622万元，其中矿产品362万元，土特产品260万元。1985年，大方县对江乡农民刘义章成立农工商开发公司，经营芸豆出口业务，1986年出口3600吨。1987年，乡镇企业出口销售矿产品收入412.7万元，土特产品销售收入544.37万元。1988年，销售矿产品收入1515.68万元。1994年，出口化工产品、畜产品收入614.4万元。1994年，间接出口收入187万元。1995年，向外贸部门交售出口产品收入2466万元。1999年向外贸部门交售出口产品收入4617万元。2000年，出口黄磷7108吨、硫酸钡1368吨，总收入1.08亿元。2001年，金沙黄磷厂生产的黄磷销往印度、法国，收入4100万元；赫章诚达锌业公司外销精锌收入6620万元。2003年，直接出口销售化工产品收入1600万元、矿产品收入211万元。

### 五　旅游服务业

20世纪80年代中期起，地区内旅游资源开发步伐加快，旅游服务业成为乡镇企业的一个新兴行业。据统计，全地区乡镇旅游企业1986~2002年部分年份收入为：1986年97.2万元；1990年1659.42万元，比1986年增15.9倍；2000年7.61亿元，比1990年增44.9倍；2002年达9.97亿元，为最高纪录。2000年，纳雍县代办点组织2000多人次外出旅游，营业收入200万元。住宿、饮食服务有发展，属乡镇企业的织金金西旅馆于1984年建成开业；1999年位于织金县北大街的贵州东方之花酒店有限公司成立；2004年，大方县大方红楼酒店开业，为二星级酒店。

## 第三节　重点企业　产值　营业收入

### 一　重点企业

**毕节市**　顺弘建筑工程有限公司、林口硫磺总厂、市水泥厂、贵州海质生物科技开发有限公司、七星锌制品厂、灵峰水泥厂。

**大方县**　石老祖公豆制品有限责任公司、绿色产业资源开发有限公司、琼芳食品厂、县水泥一厂、九龙天麻公司。

**黔西县**　绿色工程生态示范场、县水泥建材厂、金阳气体有限责任公司、沁源风味食品厂、赵老五食品厂。

**金沙县**　黄磷有限责任公司、金捷磷化工有限公司、金遵铁业有限公司、兴黔建材厂、兴岚工业贸易公司、冠香坊调味品有限公司、世纪香植物油脂有限公司、县铁合金厂、安底供销合作社醋厂、禹谟供销合作社酱醋厂、茶圳专业合作社。

**织金县**　贵州东方之花实业有限公司、贵州超强兽药厂、星月工艺厂、马场乡小河耐火材料厂、马场耐火厂、欣联水泥厂、马师傅食品厂、隆富肉牛有限公司。

**纳雍县**　骏发水泥厂、电冶化工厂、大自然开发有限责任公司、府茗香茶业有限责任公司。

**威宁自治县**　结里煤焦有限公司、锌苑福利锌业有限责任公司、威力淀粉有限责任公司、草海水泥建材有限责任公司。

**赫章县**　赫之林食品饮料有限公司、聚诚锌业有限公司、鸿创锌业有限公司、科达锌业有限公司、凯捷锌业有限公司、道坤铁业有限责任公司、三合锌铁有限公司、乌蒙山钢铁有限责任公司、龙腾铁厂、黔丰荞业有限公司、诚然乡镇建筑有限责任公司。

## 二 产 值

**县市乡镇企业产值** 1984年，毕节县3201万元、金沙县2183万元、赫章县1988万元、纳雍县1979万元、织金县1910万元、威宁县1857万元、大方县1643万元、黔西县1297万元；1990年，毕节县1.16亿元、威宁县1.05亿元、赫章县9270万元、纳雍县9119万元、金沙县8920万元、织金县8367万元、黔西县6326万元、大方县6171万元；2000~2004年年均，金沙县4.24亿元、毕节市3.81亿元、纳雍县2.23亿元、赫章县2.19亿元、威宁自治县2.14亿元、织金县1.85亿元、大方县1.49亿元、黔西县1.44亿元。

**产值较高乡镇** 1986年，全地区乡镇企业总产值100万元以上的乡镇64个，占全区乡镇总数的8.7%。毕节县11个：翠屏、头步、大桥、五里、大兰、长春、清丰、何官屯、大坝、观音桥、林口，翠屏乡379万元，最高。大方县5个：新庄、渣坪、猫场、普底、对江，新庄乡380万元，最高。黔西县1个，金坡乡，产值158万元。金沙县13个：干田、玉屏、平洛、岩孔、新化、安民、高坪、岚头、安底、拥和、木孔、湾子、沙土，岚头乡228万元，最高。织金县10个：东山、北门、三甲、白岩、凹河、马场、牛房、大陌、少普、高坪，少普乡488万元，最高。纳雍县10个：猫场、复兴、阳长、杨家营、勺窝、鬃岭、维新、王家寨、居仁、百兴，猫场乡252万元，最高。威宁县7个：草海、六洞、东风、草坪、新合、结里、炉山，东风镇422万元，最高。赫章县7个：青山、白果、铅丰、砂石、铁厂、大田、野马川，铅丰镇671万元，最高。

1990年，全地区乡镇企业总产值100万元以上的乡镇94个，占乡镇总数的12.8%。毕节县14个：翠屏、德厚、大兰、大桥、五里、头步桥、海子街、观音桥、燕子口、亮岩、吉场、林口、渭河、团结，林口镇707.4万元，最高。大方县6个：新庄、对江、大寨、白布、黄泥、在拱，新庄乡504.7万元，最高。黔西县1个：纸厂乡，产值157.8万元。金沙县19个：农里、平洛、石场、清池、新化、安民、大田、禹谟、高坪、化觉、新民、安底、大寨、长坝、昆仑、岚头、木孔、拥和、沙土，新化乡486.2万元，最高。织金县8个：化起、太平、鼠场、以那、多吉、少普、高坪、高山，少普乡415.3万元，最高。纳雍县26个：猫场、复兴、张家湾、勺窝、鬃岭、阳长、河溪、北塘、梅花箐、东关、维新、化作、以支塘、寨乐、龙场、武佐、果比、乐治、居仁、王家寨、老包、百兴、雍纳河、座拱、姑开、张维，鬃岭镇537.9万元，最高。威宁县7个：金钟、东风、草坪、猴场、新合、炉山、结里，东风镇855.3万元，最高。赫章县13个：青山、白果、洗菜河、兴发、野里、砂石、铁厂、罗州、六曲河、哲庄、山脚、大田、野马川，山脚乡412.1万元，最高。

2000年，全地区乡镇企业产值100万元以上的乡镇、办事处175个，占乡镇总数的70%。毕节市31个：鸭池、长春堡、林口、流仓桥、梨树、吉场、青场、田坝桥、市东、三板桥、燕子口、朱昌、千溪、水箐、野角、市西、撒拉溪、大新桥、八寨、何官屯、亮岩、清水铺、阿市、杨家湾、海子街、观音桥、龙场、生机、田坝、放珠、岔河，市西办事处5.76亿元，最高。大方县20个：大方镇、百纳、文阁、高店、达溪、六龙、普底、长石、瓢井、大山、黄泥、东关、马场、核桃、果瓦、双山、凤山、理化、响水、星宿，大方镇1.86亿元，最高。黔西县23个：金碧、红林、甘棠、洪水、素朴、五里、大关、重新、谷里、花溪、雨朵、沙井、金坡、林泉、锦星、中坪、中山、新仁、仁和、太来、绿化、协和、定新，金碧镇1.34亿元，最高。金沙县24个：城关、安洛、禹谟、官田、石场、太平、沙土、岩孔、安底、化觉、清池、桂花、新化、源村、西洛、岚头、平坝、龙坝、木孔、长坝、高坪、茶园、大田、马路，城关镇6.13亿元，最高。织金县32个：熊家场、牛场、黑土、龙场、绮陌、大坪、中寨、金龙、城关、以那、八步、三甲、后寨、白泥、纳雍、鸡场、茶店、马场、猫场、三塘、板桥、桂果、实兴、阿弓、普翁、自强、珠藏、少普、化起、官寨、上坪寨、营合，城关镇1.83亿元，最高。纳雍县20个：雍熙、张家湾、百兴、水东、姑开、化作、老凹坝、董地、鬃岭、锅圈岩、维新、新房、乐治、曙光、左戛、阳长、昆寨、沙包、寨乐、羊场，雍熙镇1.76亿元，最高。威宁县13个；草海、中水、牛棚、迤那、黑石、龙街、二塘、金钟、哲觉、炉山、羊场、云贵、东风，二塘镇5.35亿元，最高。赫章县12个：妈姑、六曲河、兴发、珠市、野马川、铁匠、德卓、雉街、古基、河镇、可乐、结构，姑姑镇5.37亿元，最高。

**产值较高的村**　1990年，全地区村乡镇企业产值50万元以上的86个。毕节县6个：双树、翠屏、桂花、金钟、倒天河、德厚，双树村450万元，最高。金沙县29个：旭华、金明、太极、平桥、红卫、红岩、黎明、阴河、河塘、联合、院河、新龙、新泥、金岩、顺江、幸福、关心、高仓、南丰、龙江、大树、金凰、洋坝、岩元、红旗、新华街、牛市街、解放街、禹谟街，联合村127.14万元，最高。织金县19个：西山、四方、星秀、北门、白岩、群光、群星、大陌、新果、营合、和平、齐心、跃进、老乌山、红岩、松林、茶林、水塘、广群，广群村190万元，最高。纳雍县13个：猫场、后寨、砂锅寨、黄包包、老鸡场、关寨、罗家寨、朝阳、化作、以支塘、木花营、小坝、龙场，化作村135万元，最高。威宁县4个：明河、光明、茶园、新庄，新庄村285万元，最高。赫章县15个：石板、小山、新营、黄泥、大营、河口、小白果、天桥、民联、拱桥、新厂、冲子、下街、前小、大田，前小村280万元，最高。2004年，全地区乡镇企业营业收入有7个亿元村：毕节市市东办事处双树村1.25亿元、天河村1.13亿元、麻园村1.02亿元，金沙县新化乡双井村1.12亿元；纳雍县鬃岭老鸡场村1.2亿元；赫章县妈姑镇新厂村2亿元、珠市乡青杠村1.18亿元。

## 三　营业收入

**营业收入超亿元乡镇**　2002年，全地区乡镇企业收入超亿元乡镇71个，占总数的28.4%；2004年42个（缺黔西县），占7县市乡镇总数的18.9%，其中毕节市10个：市西办事处6.47亿元、市东办事处4.9亿元、长春堡镇1.96亿元、撒拉溪镇1.67亿元、杨家湾镇1.62亿元、鸭池镇1.42亿元、林口镇1.25亿元、大新桥办事处1.03亿元、岔河镇1.02亿元、何官屯镇1.02亿元；大方县2

个：大方镇3.6亿元、六龙镇4.63亿元；金沙县15个：城关镇8.29亿元、新化乡5.23亿元、沙土镇4.63亿元、禹谟镇2.2亿元、木孔乡2.11亿元、源村乡2.1亿元、西洛乡1.93亿元、岩孔镇1.7亿元、岚头镇1.65亿元、安底镇1.52亿元、清池镇1.2亿元、化觉乡1.22亿元、长坝乡1.11亿元、石场乡1.11亿元、高坪乡1.01亿元；织金县3个：城关镇2.53亿元、猫场镇1.9亿元、珠藏镇1.72亿元；纳雍县4个：鬃岭镇2.97亿元、雍熙镇2.93亿元、阳长镇2.12亿元、勺窝乡1.68亿元；威宁县2个：二塘镇9.11亿元、草海镇7.21亿元；赫章县6个：城关镇5.75亿元、妈姑镇4.11亿元、珠市乡1.65亿元、白果镇1.17亿元、水塘乡1.03亿元、兴发乡1亿元。

营业收入超百万元企业 2002年，全地区乡镇企业营业收入超100万元企业304个，其中毕节市35个，大方县13个，黔西县2个，金沙县73个，织金县83个，纳雍县44个，威宁县20个，赫章县34个。营业收入5000万元以上的企业6个：毕节市顺弘建筑公司，威宁县二塘福利铁业公司、华夏福利锌业公司、梅山福利锌业公司、华冠福利锌业公司，赫章县道坤铁业有限公司。2003年，全地区乡镇企业营业收入100万元以上的企业392个，比上年增28.9%。收入5000万元以上的企业7个，增加威宁县锌苑福利锌业公司。2004年，营业收入500万以上的企业197个；超百万元的企业462个，比上年增17.8%。超百万元企业中：煤矿企业292个，金沙县高坪鑫达煤矿3750万元，最高；钢铁企业36个，威宁二塘福利铁业1.87亿元，最高；水泥企业17个，毕节市水泥厂1068万元，最高；砖瓦企业18个，毕节市屏阳砖厂672万元，最高；建筑企业4个，毕节市顺弘建筑公司3480万元，最高；铅锌企业20个，威宁梅花山锌矿1.22亿元，最高；砂石企业8个，毕节市木桥砂石厂1600万元，最高；调味品企业5个，金沙县冠香坊调味品公司1200万元，最高；化肥、耐火材料、化工、重晶石矿、水电、硫磺冶炼、硅冶炼、农副产品加工、烟花爆竹、兽药、肉牛养殖、屠宰场、药品销售、贸易、运输、饮食服务等行业企业62个，收入1000万元以上的有金沙县黄磷厂6700万元、兴岚贸易公司3502万元、城关屠宰场3100万元、沙土世纪香植物油厂1008万元；毕节市弘宗房地产公司3100万元、南桥大药房2900万元、鸭池镇长兴物资公司1600万元、林口硫磺总厂1002万元；织金县东方之花竹荪厂3120万元。

## 第四节 企业管理

### 一 技术引进、培训和技改管理

技术引进 1980年1月，中共毕节地委拟发《关于大力发展农业、繁荣农村经济、活跃城乡市场的意见》。地、县社队企业局根据意见要求，把技术引进、消化、吸收作为发展社队企业的关键问题，组织管理人员、企业技术骨干赴外地考察学习，引进技术、人才和资金。1986年5月，中共毕节地委、毕节地区行署组织全地区县乡镇企业管理部门和有关单位人员到四川、湖北、江苏、上海、北京考察，与这些省市的有关部门洽谈，达成44项经济技术协定，其中地区乡镇企业局承办9项。1981~1989年间，全地区共从外省、市、区引进乡镇企业技术项目84项，引进技术人才375人，新建赫章县铅锌浮选厂、硫化锌矿冶炼厂、青山冶炼厂、上海锌厂赫章分厂、草子坪铁矿，金沙电极糊厂、活性炭厂、岚头铁厂，纳雍县居仁钛白粉厂、居仁镍选厂、电冶化工厂，大方县生漆涂料厂、氧化镁加工厂、涂层织物厂，织金县星光化工厂、高山化工厂、欣联水泥厂，黔西县明胶厂、尼古丁厂、钡盐化工厂，威宁县马铃薯淀粉加工厂、新合磷肥厂，毕节县林口铁厂。1985年，赫章县青山冶炼厂从上海引进技术，当年生产精锌641吨，为毕节地区乃至西南地区第一家生产精锌的企业。2000年，全地区精锌冶炼厂发展到17家。1990~2005年，全地区乡镇企业引进以下主要技术：赫章县野马川冶炼厂引进电池锌皮生产技术，山脚冶炼厂引进高纯锌氧粉生产技术，古达冶炼厂引进精锌熔析炉。1993年前，多用土法及引进各项技术炼硫化锌矿，污染严重。1992年，地区乡镇企业局引进国家环保局、国家农业部推广的75-1型炼焦技术，在威宁结里建成年选原煤10万吨、炼焦3万吨的炼焦厂。金沙县引进黄磷生产技术，建成黄磷厂，利用当地磷矿石和硅石，生产出优质黄磷。1993~1995年，贵州山鹰锌业公司赫章冶炼厂，引进硫化锌矿焙烧脱硫制成硫酸技术，再用竖罐冶炼粗锌成功，促进硫化锌矿利用。1993年，赫章县白果联营精铅厂，引进电解铅新技术，替代沿用多年的观音炉炼铅，生产出精铅。2000年以来，纳雍县聘请中国茶科所专家指导研究开发出的贵茗毛尖、姑箐玉叶、贵茗翠剑、蚕箐翠花、府茗香、云雾春、纳雍翠片等中高档茶叶新品种。2004年，毕节地区行署要求淘汰用土窑和1.7米以下立窑生产水泥企业，大方县水泥厂、织金县欣联水泥厂，引进干法旋窑成功。

**培训** 自20世纪80年代以来，毕节地区乡镇企业主管部门采取以下方法，组织实施乡镇企业技术业务培训：一是与省乡镇企业局、地区行署法制办联合举办行政执法培训班，对地、县乡镇企业局的执法人员进行培训，系统学习《中华人民共和国行政执法法》《中华人民共和国乡镇企业法》《乡镇企业执法办法》等法律法规。至2005年全地区有近80名行政执法人员获“贵州省乡镇企业执法许可证”和“贵州省行政执法证”，具备行政执法资格。二是举办规模以上乡镇企业负责人经营管理培训班、职业技能培训班和理论知识学习班，使数万名从业者管理能力得到提高。三是针对全地区乡镇企业现状，举办乡土人才培训班、企业从业人员培训班，自1979年起，培训数百期数十万人，培训内容有农副产品加工、机制砖生产技术等。2008年全区共有乡土人才30603人。四是选送乡镇企业技术人员，到省内外接受培训，接受一年以上培训的200人，接受半年培训的2300人，接受3个月以内培训的7200人。

**技术改造** 1.硫磺冶炼技改。1989年前，采用平箱集气法和沟罐法炼硫磺，大量二氧化硫气体逸出严重污染厂区环境，硫回收率30%左右。采用以上方法炼硫只用块矿，大量矿粉及炉渣被当作废物抛弃，既造成浪费，又污染环境。1972~1988年，大方县云龙硫磺厂、猫场硫磺厂，毕节县渭河硫磺厂、团结硫磺厂，黔西县硫磺厂先后采用回收硫磺废气生产硫酸的方法进行技改，取得一定成绩，但炼磺窑中逸出的二氧化硫仍然超标。1978年7月，省社队企业局在毕节县林口区召开现场会议，推广此法。1989年，地区建设环保局引进土法炼硫环保技术，三次建窑试验作重大改进后，1991年初通过省级鉴定，形成GKLH-4型炼硫技术，矿粉和煤渣也可入窑冶炼，每吨硫磺矿耗、煤耗分别降低63.8%和38%，硫回收率提高，磺块质量达到国家标准。是年，地区行署制定《毕节地区土法炼硫环境保护技术政策》，规定对老厂限期按GKLH-4型技术改造。国家环保局派员到毕节调查后，向国务委员兼国家环保委员会主任、国家科委主任宋健汇报。宋健批示：“毕节经验很好，值得推广。”1991年6月，国家农业部乡镇企业司、国家环保局，在大方县召开硫磺生产现场会，推广GKLH-4型炼硫新技术。

2.粗锌冶炼技改。至20世纪80年代，沿用马槽炉冶炼粗锌，严重环境污染，锌回收率低于50%。1985年，赫章妈姑铅锌厂马槽炉改为爬坡炉，锌回收率提高，煤耗和罐耗降低，但建炉受地形限制。1990年前后，先后引进马鞍炉、八卦炉、靠背炉、六角炉、四方炉冶炼锌。马鞍炉炼粗锌回收率超50%，曾一度在生产上使用。八卦炉投资较大。靠背炉、六角炉和四方炉，粗锌回收率达到70%~80%，煤耗省20%，减轻污染环境，很快代替马鞍炉。1995年，赫章县野马川祥瑞铅锌有限股份公司引进竖罐炉冶炼粗锌成功，回收率90%，吨粗锌煤耗从13.6吨降到4.1吨，降低69.8%，污染物排放在国家标准内。竖罐炉炼锌在全地区推广。2000年，赫章县兴电冶炼厂采用电炉湿法炼粗锌成功，成本低，利润大，污染轻微。

3.精锌冶炼技改。1985年，赫章青山冶炼厂引进碳化硅单体单塔冶炼工艺，生产精锌。1988年，上海锌厂赫章分厂改单塔为单体双塔，用无烟煤代替有烟煤。1990年进行第二次技改，将单体双塔改为三塔联体，为国内首创。生产的精锌达到0号和1号标准，吨精锌煤耗从1.1吨降为0.9吨。

4.铁冶炼技改。1972年前，铁矿冶炼基本采用土法。1954年前用木柴或木炭作燃料，是年改用焦煤作燃料，1972年，国营砂石铁厂建第一座13.5立方米高炉后，乡镇企业铁厂逐步淘汰土法，建不同容积的高炉。1989年，金沙县岚头铁厂试验用白煤代替焦炭铁，取得成功，降低炼铁生产成本。

5.水泥生产技改。2007年起，指导具有代表性的纳雍县骏发水泥厂、威宁县草海水泥建材有限责任公司等水泥企业开展水泥磨的增产降耗、提高废渣利用及立窑电收尘装置的技术改造，利用废弃物掺熟料进行粉磨的废渣综合技术，降低企业的生产成本，减少城市固体废弃物的排放。

此期间，地区乡镇企业局组织调查重要行业的生产技术。1989年6月提出《关于认真解决乡镇企业硫磺污染的意见》，行署批转全地区执行。地县市乡镇企业局与环保部门配合，推广普及GKLH-4型炼硫技术。组织推广赫章县野马川锌厂引进竖罐炉炼粗锌技术，推动区内炼锌行业继续发展。

## 二　企业经营管理

1977年9月，地区社队企业局成立后，把抓好社队企业经营管理作为重要工作职责。1981年9月，召开全地区社队企业会议，研究社队企业经营管理，要求：1.各企业做好业务、统计、会计核算等方面资料的原始记录，使核算企业经营成果，考核、计算工人劳动成果有依据。2.建立、健全以岗位责任制为中心的各项规章制度，明确各个岗位、各个环节的经济责任，并建立相应的奖惩制度。3.处理好公社、大队、生产队与企业，企业与工人之间的关系，建立相应的经济合同制，调动各方面的积极性，维护生产责任制的严肃性。4.加强企业员工的政治思想工作。会后，地、县社队企业抽调人员，组成工作组深入企业，帮助完善经营管理制度，促进企业提高经济效益。1981年，全地区有社队企业4361个，三分之一的企业在经营管理上存在不同问题，在工作组帮助下，不同程度地得到解决。

**生产安全管理** 中华人民共和国成立前，区内民办小煤窑、小铅锌矿井，生产方式原始，无安全设施。中华人民共和国成立后，其安全生产条件逐步得到改善。1953~1957年，从事煤炭采掘，铅锌、铁矿采冶的乡镇企业，配备矿井安全管理人员，负责矿井安全生产管理。1977年，地、县成立社队企业局，均有一名副局长分管社队企业安全生产，每年深入企业检查1~2次，配合劳动、公安、安全部门检查1~3次，责令定期改正检查出的问题；对无安全措施的企业予以封闭；对造成重大伤亡事故的责任人依法追究刑事责任。1978年起，地、县社队企业局加强对矿长、安全员、瓦斯检验员、放炮员的培训，是年培训7000多人次，1984年增到2万人次。1979~1980年，地、县社队企业局、工商管理局联合登记社队企业，调查安全生产状况，帮助企业排除影响安全生产隐患。1981年初，地区社队企业局拟发《关于加强农村社队煤矿和各种生产经营管理通知》，对不符合安全生产规定条件的企业不发给营业许可证；将安全生产作为每年的一项重要工作安排、检查、总结。从是年起，地区乡镇企业局安排资金为煤炭开采企业购置部分安全生产器具。是年12月，金沙县新化煤矿发生瓦斯爆炸，35名井下作业人员死亡，省政府办公厅向全省发出通报，国家劳动总局派员到金沙县查处；黔西县封闭协和区内不具备开采条件的50口小煤井。是年，地区社队企业局举办煤矿、铅锌矿瓦斯检查员培训班。1983年，黔西县成立煤炭安全生产领导小组，4次协同区乡开展安全检查，全县百万吨煤死亡率7人，比上年少13人。1985年，黔西县乡、村自办、联办煤矿激增，仅私人办煤窑就有300多个，大多未申报，以致全年发生煤炭事故23起，死亡32人，伤27人。地、县乡镇企业局及有关部门人员多次到现场查处。是年，赫章县乡镇企业局举办安全培训班8期，为大小煤窑配备瓦检器等安全设备。1986年1~3月，黔西县乡镇企业局登记全县煤矿、煤窑，封闭煤窑34口；各区举办安全培训班，10天培训600多人，促使煤炭生安全好转。全年百万吨煤死亡率45人，比上年减70人。是年，赫章县乡镇企业局配备安全员14名，各乡镇建立矿山管理办公室，抓好生产，全年整顿大小煤矿1171处，当年未发生安全事故。纳雍县整顿小煤窑905个；威宁县封闭不符合条件的矿井56口，有效避免安全事故。1987年，威宁县乡镇企业局培训瓦检员30人，购置瓦斯检查器50台，分给瓦斯浓度较大的厂矿使用。大方县配置瓦检器21台，矿灯1200盏。各县安全生产条件有所改善。1988年，地、县乡镇企业局分别与行署、各县政府签订《矿山安全生产专项责任书》，把安全生产纳入年度目标管理。全地区贯彻执行矿产资源法，坚持每季度检查1次安全生产。是年，全地区乡镇企业产煤593.31万吨，发生事故73起，死亡110人，较上年减34.5%。1989年，毕节、大方、赫章县办煤矿安全员、瓦斯检查员培训班，107人受训，全部发给合格证书。赫章县检查煤矿井1044口，对869口不符合开采条件的限期整改，封闭112口，占10.7%。

1990年，全地区共组织1255人次，检查乡镇企业安全生产197次，查处安全隐患1297个，封闭723个无证煤窑。办矿长培训班6期，培训矿长305人，270人获合格证书；办安全员、瓦斯检查员、放炮员培训班21期，培训1293人，985人获合格证书。是年，投资112.25万元，用于建立煤矿安全生产管理体系。至1990年，全地区累计用于煤矿安全生产的资金2800万元。1991年，全地区百万吨煤死亡率比上年降18%。1992年，全地区发生安全事故69起，伤亡181人。事故发生后，对死者作善后处理，对伤者送医院治疗，对事故责任人作刑事拘留，通报全地区。1995年，根据国家劳动部、农业部，省劳动厅、乡镇企业局的通知，成立毕节地区乡镇企业安全生产综合管理领导小组，下设办公室，负责全地区乡镇企业安全管理。1995~1997年，培训乡镇、村采煤企业矿长106人、安全人员17.84万人，年均培训率97%。从严培训重点岗位管理人员，坚持持证上岗；严肃处理相关违规人员。每年，地、县、乡镇均开展安全检查，对重点矿山的安全隐患进行集中整治。对违反安全的企业限期整改，停业整顿；对严重违犯安全的坚决取缔。1997年，全地区乡镇企业非煤矿山死亡率为万分之五，低于省规定指标。2000年，全地区乡镇企业发生安全事故266起，死亡287人，比省下达控制数多67人，受伤197人，经济损失257.3万元。其中一次死亡3人以上的特大事故26起，死亡156人，占总数的54.3%。2001年，全地区乡镇企业开展安全生产整顿治理工作，地、县乡镇企业局全年检查447次，办宣传安全生产专栏320期。是年，全地区乡镇企业发生事故1起，死亡1人。2002年，地区与各县市签订安全生产目标责任书。2003~2004年，地、县乡镇企业局重点抓烟花爆竹生产企业的安全生产。地区乡镇企业局制发《毕节地区乡镇企业烟花爆竹企业恢复生产必备的安全条件》，规范烟花爆竹生产企业的生产行为。与公安部门配合，进行检查验收，恢复10家符合条件的企业生产；对5家存在安全问题的进行整顿后，11月恢复生产，关停1家。2005年，落实安全生产责任制，要求各企业切实抓好安全生产条件改善。

2009年，开展各项安全生产专项整治，按照《全区乡镇企业隐患排查治理工作方案》和《非煤矿山安全生产隐患排查治理攻坚战行动实施方案》，制定《打击非法采煤（矿）工作长效管理实施意见》《全区乡镇企业冬季安全生产专项行动实施方案》，开展安全生产“三项行动”“六个攻坚行动”和“安全生产百日督察专项行动”，加强对非煤矿山安全生产重点区域监督管理，排查非煤矿山企业1139家次，查出各类安全隐患2272条，其中，一般隐患2265条，重大隐患7条。证照齐全的非煤矿山企业共发生安全生产事故6起，死亡6人，占行署下达控制指标的21.43%。

**财务管理**　1.管理制度。1977年，地、县社队企业局建立，将建立财务管理制度作为加强财务管理的重要内容。1981年1月，地区社队企业局、财政局联合拟发《关于加强我区社队企业财务管理补充意见》，对全地区社队企业财务管理工作作出具体规定：慎选会计人员，稳定财会队伍，聘用财会人员，大队以下企业由公社报区审批，公社企业由区报县审批，区企业由县审批；加强培训辅导，建立健全财务账；逐步实行定额管理；搞好企业资金管理，对国家资金打埋伏者，作违反财经纪律处理；企业必须民主理财；作好利润分配，上交以10%~20%为宜。此后，不同企业的财务管理制度，有一定变化，但基本沿用上述规定。

2.资金来源。（1）财政扶持资金。自1977年起，地区财政开始投入乡镇企业建设资金。1977~1980年为1195.73万元。1981~1985年为916.75万元。此期间，一部分社队企业被分解承包，地区财政投入乡镇企业的资金减少。1986~1989年，地区财政拨给385.7万元。1990年起，中共毕节地委、毕节地区行署决定每年由地区财政拨1000万元，各县拨300万元，投入乡镇企业建设及生产经营。2009年，争取到中央财政现代农业生产发展奖励资金和省乡镇企业发展资金500万元，纳雍、金沙各250万元，扶持茶业种植、加工企业，建设市场体系和农民合作组织；争取到省乡企局对大方县对江生态示范园、黔西县沁塬风味食品厂、金沙县城关镇景明畜禽养殖专业合作社、黔西县三阳植物油工贸有限公司、纳雍县府茗香茶叶有限公司等20家乡镇企业无偿扶持159.6万元。

（2）借贷资金。1986年12月，毕节地区行署制发《关于发展乡镇企业的若干暂行规定》，为乡镇企业贷款创造条件。全地区乡镇企业向银行贷款，1978~1985年年均246.62万元；1986~1990年年均2008.3万元。1991年增至6013万元。2002年，24家企业贷款170万元作建设发展资金。

（3）自筹资金。1995年，毕节地区贯彻执行中共贵州省委、贵州省人民政府《关于大力发展农村基金会的决定》，筹集乡镇企业发展基金。资金来源：纳入财政预算，按地区安排1万元、县市安排3%的比例进行预算列支；在每年乡镇企业新增税收中返还30%；从每年矿产资源管理费中拨70%；每年管理费、维简费的节余部分。是年，每县市进行3个试点。1996~1999年，全地区8县市、250个乡镇（办事处），4510个村、240个城关街道均集资。1998年，地区乡镇企业局成立乡镇企业合作基金会，2004年8月撤销。自筹资金除用于建设企业发展生产，还用于分配社员和发展教育事业。

（4）引进资金。1977~1987年，毕节地区从省内外引进资金813万元。1988年，引进外资合作、合资企业3个，引进外资276万美元，为乡镇企业增值1010万元，提供税金108万元。至1989年，全地区累计引进资金4484.5万元，投资到铁、煤、锌、黄磷、电石的开发加工。1990年3月，中共毕节地委、毕节地区行署作出《关于进一步发展乡镇企业的决定》，要求各地做好引资工作。2000年，纳雍县引进资金5亿元。其中六枝矿务局投资1.8亿元，在鬃岭兴建180万吨煤井；水城矿务局投资1.2亿元，在鬃岭兴建120万吨煤井；林东矿务局投资1亿元，兴办100万吨煤井；广东韶关客商投资500万元，开发水东钼镍矿。2003年，西洋肥业公司投资4.76亿元，在赫章县建680立方米生铁冶炼炉，年产生铁80万吨。2004年，港冠公司在威宁投资6500万元建成威力淀粉有限责任公司，每年为农民增收6000万元。2005年，全地区共引进资金10.76亿元，新建项目204个，新增固定资产9.94亿元。其中纳雍、织金、赫章县共引进6.6亿元，占引资总额的61.3%。以煤矿开采、非金属矿和金属矿为主的采矿业，共引资5.57亿元，占引资总额的51.8%；农副产品加工、铁锌冶炼加工、焦化及化学制品为主的制造业，共引进资金3.31亿元，占总数的30.7%。2007年，全区乡镇企业引进资金14.49亿元，其中采矿和制造业行业引进资金13.63亿元；2008年，引进资金15.49亿元；2009年，引进资金21.75亿元，其中8月农业部在贵阳举办的特色农产品加工业博览会上，毕节地区引进农产品项目7个，引进资金8750万元。

（5）企业利润。1996~1999年，全地区乡镇企业年均创纯利10.23亿元，2000~2005年年均20.99亿元。2008年，全区乡镇企业实现利润总额43.12亿元；2009年实现49.59亿元。

## 三　计划统计管理　劳动人事管理

**计划统计管理**　1.计划。1979年，地区社队企业局开始编制全地区社队企业发展计划。计划分五年计划和年度计划。五年计划纳入地区国民经济发展计划，归入农村经济发展计划。自“六五”计划起，地区乡镇业局均适时或编制全地区乡镇企业发展计划；或提供材料，由地区计委编入地区发展计划内。1991年编制10年发展计划。主要内容为确定不同时期地区内社队（乡镇）企业发展方向、发展重点。组织各县、各部门、各企业间的协作，合理布局乡镇企业，正确处理企业与企业间的相互关系。年度计划主要包括：乡镇企业数、从业人员、产品总量、总产值、总收入、税金、利润分配、新建、技改、扩建、续建、人才培训、新产品开发、企业整顿、物资申报等。

2.统计。1978年，地、县始对社队（乡镇）企业生产经营进行统计。1981年，地区社队企业局建立生产调度室，开展生产调度统计工作。此后，乡镇企业经营统计工作从未中断。1997年，乡镇企业行政管理部门共配备统计人员227人，其中大专以上文化136人，占59.9%；持有统计证人员10人，占4.4%。较大的乡镇企业配备有统计人员1137人，其中大专以上文化140人，占12.3%。持有统计证人员45人，占4%。乡镇企业行政部门和企镇企业统计，均按国家农业部制订，国家统计局批准的统计报表要求填报。乡镇企业较多的区、乡镇和村，有专职或兼职人员负责乡镇企业统计工作。

**劳动人事管理**　1.人事。1977年，地区社队企业局协助各县社队企业局抓好人事配备。要求各县局抓好区、社乡镇企业管理站的机构建立和人员配备。1982年前，社队企业的负责人由所属社队任免，正职均为公社、大队的副职兼任，或由公社、大队党政任命。从业人员由生产队抽调。1982年后，地、县乡镇企业局与同级经委配合，共同做好乡镇企业领导的选拔任用。1984年起，集体企业的厂长、经理，由企业职工选举产生，职工由企业招考聘用。1986年起，乡镇企业实行招标承包，由中标者作企业厂长、经理，承包期满后自然免除；职工由承包人选用或招考录用。新建企业，由企业从农村招聘农民作合同制工人，合同期一般为3年。

2.工资。1981年前，集体所有制社队企业职工工资实行评工记分，厂队结算，回队分配。1982年后，乡镇企业均改为企业直接付工资给职工个人。工资形式，一般实行固定工资加奖金。

3.劳保福利。乡镇企业均按照国家劳动保护规定，发放劳动用品。1983年前主要发放物资。1983年起，多数企业将实物折成现金发给职工。发放物品主要有：劳保服、围腰、手套、安全帽、袖套、鞋、毛巾、短裤、肥皂等。发放劳保用品，企业根据经济状况具体实施，并规定使用时间。煤矿、兽药厂、磷肥厂、水泥厂、冶炼厂、建筑公司和部分从事高空、高温、井下作业的企业，发放保健食品。保健食品有白糖、食油、茶叶、猪肉、白酒、冷饮等。1984年后，保健食品改为折现金发放。

## 四　管理机构

1977年前，社队企业由地区农业局经营管理科负责管理。1977年10月，建立毕节地区社队企业局，内设政工、秘书、业务、供销科。1979年2月，更名毕节地区人民公社企业管理局，增设安全科。1982年更名毕节地区社队企业公司，对外称地区社队企业管理局，内设办公室、政工科、财务计划科。1984年，撤销毕节地区社队企业公司，建立毕节地区乡镇企业局。2004年，内设办公室、经济运行科、企业管理科、技术开发科；行政编制14人，事业编制28人。2008年，局机关内设办公室、科技发展科、企业管理科、经济运行科、安全科。2010年，机构改革，乡镇企业局撤销。

地区乡镇企业局的主要职责：1.贯彻执行国家有关乡镇企业的法律、法规和方针政策；依法管理和监督乡镇企业的生产经营活动。2.编制全地区乡镇企业中长期发展规划和年度计划，并组织实施。3.组织、指导乡镇企业系统的企业管理、生产经营、外贸、统计分析、财务审计、考核发证、安全生产、工业卫生和环境保护工作。4.制订并组织实施全地区乡镇企业的基本建设和技术改造计划；指导乡镇企业建设项目的投资管理、项目责任制的建设和招商引资工作。5.组织指导乡镇企业的科技进步、新产品开发，推广新技术、新工艺、新设备和新材料；参与对乡镇企业的产品质量、标准计量工作监督管理；编制并组织实施职工教育培训计划；组织并开展乡镇企业专业技术职务评聘工作。6.管理好国家和地区扶持乡镇企业的各项资金；依法收取管理经费和生产科技开发基金。7.指导乡镇企业的用工制度改革，协调劳资关系；组织开展劳动保护和劳动保险工作。8.帮助企业解决发展中遇到的困难问题。9.审批乡镇企业的资产评估机构，组织、指导乡镇企业的资产评估和集体资产的管理工作，推行和完善乡镇企业股份制等现代企业制度；结合小城镇发展，指导乡镇工业小区等的建设。10.指导乡镇企业的思想政治和企业文化，推动企业物质文明和精神文明建设。11.承办行署和省乡镇企业局交办的其他事项。2010年，机构改革，乡镇企业局职责由农委、工能委承担。

地区乡镇企业局历任局长陈祥俊、刘锡荣、王琼、陈卫椿、胡学林、李光福、阮仕君；副局长王琼、邵继纲、邱长智、程德华、高光才、张世贵、罗建明、杨云芬、吴国利；历任中共毕节地区乡镇企业局党组书记陈祥俊、陈卫椿、胡学林、李光福、阮仕君，历任中共毕节地区乡镇企业局纪律检查组组长罗仕祥、邓书福、梁军。

# 第六章　农村能源

## 第一节　能源资源

**煤**　据《贵州通志·土民志》记载：清初“平远一带，苗民烧煤取暖已为普遍习俗”。自民国3年（1914）丁文江在威宁勘察煤资源，到1949年，民国政府经济部地质调查所、资源委员会西南矿产勘测处、贵州省地质调查所先后在进行6次、长达15年的煤矿勘查。20世纪50～60年代，贵州省地质局赫威水队、毕节综合地质队、贵州省煤田地勘公司地测大队，完成织金、大方、毕节、赫章、纳雍及黔西至金沙一带的煤田普查。1970～2005年，贵州省煤田地勘公司174队、142队、113队、地测大队，在区内进行煤田区域勘查、普查和详查。查明全地区含煤面积为1.2万平方千米，占总面积的45%。其中大型煤矿床9个，中型煤矿床13个，小型煤矿床9个，矿点30多个，泥煤矿点2个；探明储量256.9亿吨。人均占有930多千克标准煤，超过全国丰能区人均标准（800千克）。区内各县人均占有标准煤超800千克的有织金、纳雍、大方、黔西、金沙县。查明的煤炭地质储量中，无烟煤占94.6%，烟煤占5.4%；灰分西高东低，威宁香炉山矿床灰分27.6%，织金松山矿床灰分10.8%～11.1%；硫分东高西低，织金新华矿床含硫量0.32%～7.23%，赫章妈姑矿床含硫量低于0.15%。20世纪80年代年均开采367.88万吨，90年代年均986.42万吨，2000～2005年年均1678.63万吨。其中2005年为2576.7万吨。是年，煤炭管理部门执行省、地有关政策，落实由合法煤矿限价，定点、定时、定量，凭证供应农民生产生活用煤的规定；在无煤矿的乡镇，规划煤炭经营站点，设置煤炭市场供应农民生产生活用煤。是年，供应农民生活用煤458.1万吨，户均2.91吨，其中供应贫困人口99.9万吨；财政直接补贴1465万元，煤炭让利及免费等间接补贴6834万元。2011年，供应农民生活用煤340万吨，占年度目标的101.8%。

**薪柴**　山多，薪柴资源丰富，历史上曾是农村的重要能源。中华人民共和国成立后，充分开采利用煤炭资源，薪柴资源利用减少。但在一些无煤且离煤炭产地较远的乡村，薪柴仍是重要能源。薪柴资源，随森林资源的变化而演变。1953年，全专区森林覆盖率15%。其后由于乱砍滥伐，过度采樵和开垦，森林资源遭破坏，到1975年，覆盖率仅5.8%，接近无薪柴资源界限。1976年，开展植树造林和制止乱砍滥伐活动，森林资源呈回升之势。1981年，中共中央放宽农村经济政策。1983年，实行林业“三定”后，全地区用材林基地建设、营造薪炭林步入正轨。1985年，森林覆盖率8.5%。是年，地、县农村能源研究组调查薪柴，全地区有薪炭林6.45万亩，占有林地的1.9%，加上林地和荒山草丛，每年可产薪柴79.37万吨。1988年，毕节地区开发扶贫生态建设试验区成立后，加速林业建设。1995年森林覆盖率升到26.1%，其中薪炭林18.3万亩，占有林地面积的2.8%，每年可提供的薪柴100万吨以上。2011年，全区森林覆盖率达41.5%，可提供的薪柴大幅增加。

**水能与电力资源** 有长10千米以上、流域面积在20平方千米以上的河流193条，总长4960.2千米，河床密度平均每百平方千米18.47千米，总落差9.58万米，河床平均比降1.9%，理论水能蕴藏量221.89万千瓦，可开发160.98万千瓦，其中可供小水电开发70.3万千瓦。1992年，全地区小水电装机容量6.2万千瓦，发电3928万千瓦时。1992～2005年，区内上马一批国家西电东送水电建设项目，加快水力能源建设的速度，同时利用煤炭资源建大型火力发电厂，将煤转化成电力能源。全地区农村用电快速发展，2005年，用电农户144.15万户，已占总户数的91.5%，用电量达27356万千瓦时。2010年，农村用电量达78476万千瓦时，用电农户达170.2万户，通电村数达3603个。

**沼气** 1984年，地、县农村能源研究组调查，全地区各种作物秸秆总量185.69万吨，人畜粪便总量156.75万吨。随着复种指数提高，农作物播种面积增大，畜牧业持续发展，农作物秸秆和人畜粪便总量均超200万吨。区内农作物秸秆除部分作饲草和燃料外，大部分垫圈作圈肥施用。20世纪80年代，区内推广用作物秸秆和人畜粪便混合，在特制的沼气池内沤制沼气作能源使用，一口沼气池容积8～10立方米，每年2～11月，可产沼气420立方米，其热效率可达60%，可满足5口之家10个月的生活用能源。沼液可浸种、养猪、养鱼、养牛，沼肥（沼液和沼渣）可作粮食作物、蔬菜、果树的肥料。1988年，全地区建沼气池536口，此后每年都有修建。2000年后，地区加大发展沼气能源建设力度。是年，全地区建沼气池780口。2001年地、县农业局举办沼气生态农业培训班12期，培训876人次，修建沼气池3160口，开展沼液、沼肥综合应用示范。2002年3月，中共毕节地委、毕节地区行署制发《关于切实做好2002年农业和农村工作的意见》，要求农村沼气建设要与畜牧业发展和生态建设结合起来，发展养殖→沼气→种植一体化的生态农业道路。是年，全地区建沼气池1.2万口，建沼气生态示范村25个。2003年，全地区新建沼气池8938口，新建沼气生态示范14个2180户。沼液浸种51.87吨，喷、浇施作物9万亩，沼肥作基肥施用9.12万亩。2004～2005年，全地区建沼气池3.83万口，建沼气工程示范村79个，结合沼气建设改猪圈2.24万个，改厕所2.09万个，改厨房2.24万个；施用沼液和沼肥于粮食、蔬菜、果树作物上，面积共123.36万亩，沼液养猪15.22万头，养牛1.33万头。2005年，全地区使用沼气能源的农户5.23万户，占总农户数的3.32%，以每户1口沼气池计算，共生产沼气2195.9万立方米。2010年，使用沼气的户数达19.83万余户。

**太阳能、风能与地热能** 1.太阳能。据威宁县气象站观测，威宁县境太阳辐射量多年平均值4704.2千焦耳／平方厘米；据地区区划办计算，其他各县每年每平方厘米千焦耳数为：纳雍县3975.6，赫章县3896.6，毕节市3779.3，黔西县3763，大方县3675.6，织金县3515.8，金沙县3351.3。多年平均年日照时数，威宁县1769.8小时，系省内日照最多的县，1981年为高值年2003.9小时，1995年为低值年1499.1小时。其余各县市由西向东，日照时数逐渐减少：纳雍县1415小时，赫章县1380.5小时，毕节市1304.5小时，大方县1279.6小时，黔西县1259小时，织金县1166.9小时，金沙县1096小时。日照百分率：威宁县40.3%，纳雍县31.7%，赫章县31.6%，毕节市29.2%，大方县29.1%，黔西县28.3%，织金县26.3%，金沙县24.5%。地区利用太阳能，至2005年，仅有少数城镇居民安装太阳能热水器。至2011年，全区所有县市城区楼顶，大多安装太阳能热水器；农村经济富裕地区，供水条件好的地方也安装有太阳能热水器。

2.风能。区内除威宁县及其他县的一些高海拔山地外，其余地方的有效风能密度小于50瓦/平方米，属风能不可利用区。威宁县风力最大地方一般为海拔2000米以上的南北向槽谷地带和2400米以上的山脊。按有效风能下限每秒5米计，威宁县60%地带属风能可利用区，面积3777平方千米，按风能密度136瓦/平方米计算，理论储量5.14亿千瓦，以0.3利用系数折算，可利用风能1.54亿千瓦，其中1573.75平方千米的地势较高区有效风能密度平均达160瓦/平方米以上，可利用风能7.55万千瓦，属风能利用较佳区。1992年，雪山和灼圃草地安装5台风能发电机组，效果很好。1986～1990年，织金县轿子山草场，利用风力发电，每天发电100多千瓦小时。2010年8月，总投资5.3亿元，装设28台风力发电机组，总机组、42百万瓦的韭菜坪风电场一期工程开工建设。年末，总投资近6亿元，装设33台风力发电机组，总装机49.5兆瓦的二期工程开工建设。2011年4月，总投资20亿元，总装机30万千瓦的华能乌江源风电项目开工。

3.地热能。1984年，发展18个地热点，分布在毕节、大方、黔西、金沙、织金和纳雍县。金沙县安底区八里乡温泉，出口水温48℃，修建温泉流水养鱼池，饲养非洲鲫鱼、尼罗河鱼，并建立温泉鱼种场，孵化繁殖鱼苗，供县内饲养。其他各点，正在开发利用。

**人、畜力资源** 1979年，全地区机耕地8.37万亩，为历史最高纪录，占当年全地区农作物播种面积的0.83%。99%以上的耕地田间作业全靠人、畜力完成。1984年，全地区有农业人口535.77万人，其中农村劳动力187.95万人。有黄牛57.67万头，其中役牛37.47万头；水牛11.27万头，其中役牛7.69万头；马、骡、驴共21.89万匹，其中役用15.5万匹。总计役畜共60.66万头（匹），以每头役畜折0.7匹马力计，相当于42.46万匹马力。若以每役畜每年劳动100天，每天4小时计，则每年做功相当于1.25亿千瓦小时，合5267.97万吨标准煤。2011年，全区大牲畜存栏973380头，役畜随着农村生产、生活条件的改善有所下降。

**商品能源** 20世纪50年代初及以前，城乡夜间照明多用植物油作主要燃油。民国时期，引进照明用的煤油（时称洋油）。50年代后至80年代，农村照明用能源主要是煤油。1984年，全地区生活用（照明）煤油8587.12吨，生产用煤油92.69吨。商品能源还有汽油和柴油，在农村主要用于农业机械，1984年，全地区用于农业机械的柴油和汽油共1831.78吨。全地区农业机械总动力11.87万千瓦，平均每千瓦油19.3千克，为1980年全国平均数的28.4%。油料供不应求，绝大部分机械处在吃不饱状态，阻碍全地区农业机械化的发展。2005年，全地区农业机械总动力139.95万千瓦，其中柴油发动机动力113.57万千瓦。是年，全地区农用柴油消耗5385吨，平均每千瓦4.74千克。2010年，全区农业、机械总动力224.33万千瓦，有大中型农用拖拉机4566台，小型手扶拖拉机19208台、农用运输车28136台，农用水泵75535台，农用油料消耗量骤增。

## 第二节 能源结构

20世纪50年代，全专区年均产原煤19.48万吨。当时农村能源除煤炭外，还有薪柴和作物秸秆。到50年代末，农村已多以煤炭作燃料，一些无煤而交通不便的农村，仍使用薪柴和秸秆作燃料。60年代，全地区年均产原煤67.12万吨，为50年代的3.45倍，70年代年均产154.8万吨，为60年代的2.32倍，为农村提供了丰富的能源。60年代中期，水能资源开始转化为电能，1965年建成小水电站27座，发电能力803千瓦，到1979年，农村发电能力达1.38万千瓦。有少数农户开始利用电能作生产和生活能源。70年代，大力推广农业机械。1979年，全地区农业机械总动力17.23万千瓦，比1970年增7.2倍，农村生产能源中的燃油和电力增加。一些无煤的生产队，薪柴仍是重要能源。

80年代，全地区年均产原煤363.45万吨，为70年代的2.35倍，仍是农村主要能源。此期间，一些无煤乡村营造薪炭林，增加可利用能源。1984年，全地区农村总耗能556.66万吨标准煤，其中生活用能源486.95万吨标准煤，占总能耗的87.47%，生产用能69.71万吨标准煤，占12.53%。生活用能源种类折算标准煤：煤炭387.02万吨，占79.48%；薪柴85.36万吨，占17.53%；烧用秸秆11.65万吨，占2.39%；电力（照明）1.69万吨，占0.35%；煤油1.23万吨，占0.25%。生产用能源种类折算成标准煤：煤炭65.52万吨，占93.99%；燃油2.47吨，占3.54%；电力1.57吨，占2.26%；薪柴0.15吨，占0.21%。生活生产用能源，均以煤炭为主。

1990~2005年，煤炭、电力和燃油在农村能耗中明显增长。生活用能源中增加沼气，并逐年增长。其中电力增长：1995年农村用电量9004.74万千瓦时，为1984年的4.2倍。2005年，农村用电2.74亿千瓦时，比1995年增203.7%；农村生活用煤炭占全地区煤炭产量的17.8%，农业人口人均678.4千克；农村生产用煤超过生活用煤。煤炭仍是农村的主要能源。用燃油照明被用电能照明逐步取代；农业机械增加，对汽油、柴油的需求量增大，但柴油长期供不应求。薪柴仍是重要农村能源，用量在10%以内。利用沼气能源，从无到有，2005年超2000万立方米。

2005～2010年，电力在农村能源中增幅较大，用电户数从2005年的144.15万户增至2010年的170.2万户，用电量大增，电视机、洗衣机、电饭煲等家电在农村普及。使用沼气的户数也从2005年的38284户增至2010年的198316户。农村能源结构呈现多元化状态。

## 第三节 能源综合区划 能源管理

### 一 能源综合区划

1985年6月，地、县成立农村能源研究组，调查全地区农村能源，各县调查组编写农村能源综合区划。1985年，地区农村能源研究组在验收各县农村能源区划的基础上，编成《毕节地区农村能源综合区划》，将全区地分为一级、二级能源区。一级区，反映农村能源的丰富程度。以人均占有主要能源资源的总量表示。具体指标：人均占有800千克标准煤为丰能区，人均占有400~800千克标准煤为一般区，人均占有400千克以下标准煤为欠缺区。二级区，反映优势能源和能源结构。划分标准：在各个一级区范围内，以各优势能源的先后顺序排列，组合成多能源的二级区。按此等级系统，把全地区农村能源资源划分为3个一级区，9个二级区。

能源丰能区 1.小煤窑、沼气、薪柴、小水电丰能区。包括毕节县西部、西南部、北部和东北部的29个乡，大方县西南部、西北部、中部和东北部的54个乡，黔西县东部、南部、北部和中部的66个乡，金沙县西北部、东部、中部、西南部和东北部的33个乡，织金县除西北、西南角外的87个乡，纳雍县西北部、南部和西南部的20个乡，威宁县东南部的6个乡，赫章县北部、东北部、西北部、南部和东南部的79个乡，共374个乡，占全地区乡镇总数的46.9%，48.56万户，占全地区总户数的44.89%，243.43万人，占全地区总人口的45.4%。本区能源资源折算标准煤52.07亿千克，人均2139.1千克。其中煤42.31亿千克，占资源总数量的81.2%；生物质能折7.70亿千克标准煤，占14.8%；小水电资源折2.06亿千克标准煤，占3.9%。煤是本区优势能源，年产煤量是全地区产煤量的84.3%。由于受地质构造制约，仍有少部分乡的一些村缺煤少煤。本区对生物质能的需求相对较少，1984年烧用薪柴折合标准煤1.48亿千克，占能源总量的2.8%。小水电资源比较贫乏，农村照明主要靠煤油。农村生活生产用能，几乎全部为煤，人均生活耗煤1400千克，是全省人均生活耗煤的5.2倍，浪费严重。本区能源发展的方向是：合理利用煤炭资源，积极发展水电和火电，推广节煤省柴炉灶，减少浪费，大力造林，保护环境。

2.小煤窑、小水电、沼气、薪柴丰能区。包括毕节县西部、北部的12个乡，金沙县西北部的2个乡，纳雍县西南部、西北部、中部、南部34个乡，赫章县西部、东北部的7个乡，共35个乡，占全地区总乡数的6.9%，9.19万户，占总户数的8.5%，44.57万人，占总人口的8.5%。本区能源资源总量折算标准8.22亿千克，人均占有1846.2千克。其中煤6.16亿千克，占资源总量的74.9%。小水电资源折1.16亿千克标准煤，占14%。生物质能折9051.08万千克标准煤，占11%。本区生活用能主要是煤炭，薪柴、秸秆等生物质能的使用量不到1%，已开发的小水电能基本满足农村照明。农村能源建设的重点是在提高采煤能力的同时，积极推广节煤灶。充分开发小水电，发展林业，改善生态环境。

3.薪柴、小煤窑、小水电、沼气丰能区。包括威宁县除东南部6个乡以外的106个乡，占全地区总乡数13.3%，13.99万户，占总户数的12.9%，71.55万人，占总人口的13.4%。本区各种能源资源总量折算标准煤8.04亿千克，人均占有量1124.1千克。其中薪柴折2.33亿千克标准煤，煤1.44亿千克，小水电资源折1.97亿千克标准煤，沼气资源折2.3亿千克标准煤。薪柴是本区的优势能源，人均占有量折326.2千克标准煤，分别是全省、全国薪柴量人均占有量的2.9倍和3.9倍。煤是本区的主要辅助能源。可开发的小水电资源折标准煤人均可达275.3千克，开发量占可开发量的3%，开发量基本满足照明用电，由于居民居住分散，线损较大，有的乡村还是油灯照明。本区太阳能辐射能为每平方厘米460.5万~502.3万焦耳，风能有效密度每平方米>130瓦，是全省太阳能、风能最佳区，未开发。本片区面积较大，属能源丰富区，但分布不平衡，缺能户较多；

有的乡村习惯烧柴，采樵量大，1984年过樵薪柴9710.17万千克，占合理取樵量71.2%，森林植被遭到破坏。本区能源建设的发展方向是：合理调整林种比例，增加薪炭林，充分开发小水电，开发煤炭资源，改进炉灶，提高热利用效率，加强对沼气、太阳能和风能的开发利用。

4.小水电、沼气、薪柴、小煤窑丰能区。包括毕节县西北部和东北10个乡，大方县4个乡，纳雍县东南角的水东乡，共15个乡，占全地区总乡数的1.9%，2.02万户，占总户数1.9%，9.27万人，占总人口的1.7%。本区各种能源资源总量折算标准煤1.35亿千克，人均1460.8千克。其中小水电资源可开发9.69万千瓦，按年发电2500小时计，可折算为1.02亿千克标准煤的电能，人均1099.9千克，是全国人均占有小水电量的12倍，是本区的优势能源。生物质能折标准煤2585.01万千克，煤炭765.57万千克。本区小水电、沼气资源丰富，但开发利用低，煤炭资源贫乏，是能源开发利用矛盾较为突出的丰能区。其农村能源发展的方向是：以发展小水电为主，改灶（炉）节能，因地制宜发展沼气，扩大薪炭林。

**能源一般区**　1.沼气、小水电、薪柴一般区。包括毕节县北部的大桥乡，大方县北部、东北部和东南部的15个乡，金沙县西北部、东南部的6个乡，纳雍县6个乡，共28个乡，占全地区总乡数的3.5%，3.11万户，占总户数的2.9%，15.59万人，占总人口的2.9%。本区各种能源资源总量折标准煤7773.75万千克，人均498.7千克。其中可制沼气的农作物秸秆和人畜粪便折标准煤4194万千克，占资源总量的54%，是本区优势能源；小水电资源折标准煤2176.23万千克，占资源总量的28%，是主要辅助能源；薪柴折1403.52万千克标准煤，占资源总量的18%，是主要生活燃料。1984年，沼气和小水电未开发或未充分开发利用，生活用能靠购进煤炭，辅之薪柴和部分秸秆。其能源建设措施应着眼解决能源短缺问题，大力推广沼气，把剩余农作物秸秆还田保肥；营造薪炭林，推广节柴炉灶；积极开发小水电；改善交通条件，保证煤炭输入畅通。

2.小水电、沼气、薪柴、小煤窑一般区。包括毕节县东北部、西南部的17个乡，纳雍县东北部、西南部的13个乡，共30个乡，占全地区总乡数的3.8%，4.71万户，占总户数的4.3%，21.73万人，占总人口数的4.1%。本区各种能源资源总量折算标准煤1.2亿千克，人均551.6千克。其中小水电可开发量5.74万千瓦，按年发电2500小时计，折合标准煤6041.9万千克，占资源总量的50.4%，是本区发展重点。可沤制沼气的农作物秸秆和人畜粪便折标准煤4952.22万千克，占资源总量的41.3%，1984年，没有利用生产沼气，大量秸秆作生活能源烧用，既浪费又造成有机肥料不足，大办沼气，是本区能源潜在优势，且有利秸秆还田和改善生态环境。煤炭、薪柴是群众习惯用的主要生活燃料，煤储量少，占本区能源总量的3.1%，主要靠输入；薪柴占5.2%，应大力发展薪炭林。

3.小煤窑、沼气、薪柴一般区。包括毕节县3个乡、大方县的民主乡，共4个乡，占全地区总乡数的0.5%，5027户，占总户数的0.46%，2.51万人，占总人口的0.47%。本区能源资源总量折算标准煤1380.28万千克，人均549.2千克。其中煤炭558.89万千克，占资源总量的40.5%；秸秆和人畜粪便折标准煤706.83万吨，占51.2%；柴薪柴折标准煤114.56万吨，占8.3%。解决本区农村能源短缺的途径：改善采煤条件，提高采煤能力，建造节能省煤炉灶；推广沼气，使秸秆还田保肥；大力发展薪炭林；照明靠国家电网输入。

**能源欠缺区**　1.沼气、薪柴、小水电、小煤窑欠缺区。包括毕节县西南部、北部及东北部的34个乡，大方县西北部、西南部和东南部的23个乡，黔西县西部、北部和南部的24个乡，金沙县北部、西北部、西南部和东南部的46个乡，织金县东北部、北部的15个乡，纳雍县西北部、西南部7个乡，赫章县3个乡，共152个乡，占全地区总乡数的19.2%，20.49万户，占总户数的18.9%，99.17万人，占总人口的18.5%。本区各种能源资源总量折算标准煤2.77亿千克，人均279.5千克。其中可作沼气资源的生物质能折标准煤2.14亿千克，占资源总量的77.2%；小水电主要分布在赫章、织金、金沙、大方片区，折标准煤2541.03万千克，占资源总量的9.2%；薪柴折标准煤3575.61万千克，占12.9%；煤炭在大方、纳雍片区有少量分布，占0.7%。本区可供实际消耗的燃料很有限，大量靠区外输入煤炭。小水电资源分布不平衡且开发程度很低，已开发的小水电不够照明用。本区能源的发展方向是：发展沼气，营造薪炭林，改革炉灶，推广省柴灶，节约用能，减少浪费，充分开发小水电。

2.沼气、小煤窑、小水电、薪柴欠缺区。包括毕节县东部的以河、保河等18个乡，大方县东北部、西北部、东南部和西南部的13个乡，共31个乡，占全地区总乡数的3.9%，5.61万户，占总户数的5.2%，27.94万人，占总人口的5.2%。本区各种能源资源总量折算标准煤6610.14万千克，人均266.6千克。其中沼气资源折标准煤4570.50万千克，占资源总量的69.1%；煤占11%，是习惯的主要燃料；薪柴折标准煤249.71千克，占3.8%，是主要辅助燃料；小水电资源折标准煤1062.29万千克，占16.1%。本区生活燃料欠缺量大，可供实际应用的煤和柴人均不足50千克，主要靠区外输入。实际开发的小水电不够照明，相当部分农户靠油灯。解决本区能源的措施是：发展沼气，开发小水电，发展薪炭林；改善交通情况，便于煤炭输入。

## 二　能源管理

1980年前，农村生活用炉灶，大多数是老式土炉灶，浪费较大。1984年，地区能源研究组调查农村能源，当年农村生活用能，浪费25.06亿千克标准煤，占总耗能的51.5%。农村生产用能，多采用传统技术，土法生产，能源浪费突出。1984年，毕节地区及各县根据国家颁发的农业法、森林法、草原法、水土保持法、水污染防治法、基本农田保护条例、基本农田保护区环境保护规程等法律、法规，成立农村能源农业环境保护办公室，强化能源管理、保护和利用。1986年，地、县成立农村能源农业环境监测站（办）。1996年，毕节地区行署决定，地区农村能源农业环境保护办公室及监测办（站），均设在地区农业局。

农村能源农业环境保护办公室成立后，密切与有关部门配合，依法贯彻执行农村能源利用与保护的方针政策，负责全地区农村能源农业环境监测，编制年度统计报表；落实农村能源环境目标管理责任制的各项指标。生活用能源，主要推广新式节煤、省柴炉灶，改建老式炉灶。截至2005年，全地区60.65万户农户采用节煤、省柴炉灶，占总农户数的38.5%。生产用能方面，1990年后，乡镇硫磺冶炼企业推广密闭还原净化法新技术，淘汰传统平箱集气法技术，吨硫磺煤耗从2.5吨下降为1.55吨，节煤38.5%。1994~2005年，全地区产硫磺135.68万吨，节煤128.89万吨。1995年引进竖罐炉冶炼粗锌，取代传统的土法炼锌，吨粗锌的煤耗从13.6吨下降为4.1吨，节煤69.8%；2000~2005年，全地区产粗锌106.88万吨，节煤1015.4万吨。砖瓦生产上推广轮窑、隧道窑，水泥生产上改造机立窑，采用回转窑，均取得显著节能效果。1986~1988年，地区内推广QD-1型火管平走式烤房6.32万间，其热能利用率39.49%，比其他自然通风式烤房提高1倍以上。1981年，全地区农村户均生活耗煤3577.9千克，其中45%用于煮粮食。2000~2005年，全地区年销售配合饲料15~24万吨用于养猪，节约部分煤炭。2007年，推广地区农机研究所研制的秸秆气化炉450台套。

# 第十二篇

# 林业　水利

# 第一章　林　业

毕节从古至今都有良好的森林生态系统，其不仅能够为人类经济生活提供多种物品，更重要的是森林生态系统还能够调节气候，保持水土，防治与减轻旱涝、风沙、冰雹等自然灾害，还有净化空气、消除噪声等功能。毕节人叫原始森林为箐，而今以箐为名的地方很多，说明在毕节的历史上原始森林遍布，长时期保持着不自觉的生态平衡。在中华人民共和国成立后，毕节地区有两次人为活动对森林生态系统产生了严重的影响：一是20世纪50年代末期的大炼钢铁运动，对森林乔木古树大量砍伐，破坏了森林植被结构，削弱了森林的生态功能；二是20世纪70年代末农村实行土地联产承包责任制后，过度的毁林开荒，导致大面积的水土流失。到1988年成立毕节开发扶贫生态建设试验区后，人为破坏生态环境的行为才得到有效遏制，森林覆盖率才逐渐恢复上升。从而保障了森林资源的长期存在，实现森林效益的永续利用。

## 第一节　林业调查　区划和规划

### 一　森林资源调查

民国时期，用踏查目测法调查局部森林资源。民国30年（1941），威宁县调查黄梨、花红、核桃，查明全县年产黄梨4万千克、花红1500千克、核桃4500千克。民国31年（1942），汪至荣调查纳雍县鸡场、杓左大坡、苏家营、瓜仲河、寨乐，发现有森林580公顷。毕节县调查拱拢坪有森林46.67公顷、8000多株，其中松占70%；白马山有松、杉和杂木混交林20公顷，其中松、杉占60%。民国32年（1943），周兴仁调查纳雍县化董、张家湾、巴雍、左乙河、羊场响水坡、罗家箐，有森林211.83公顷、26万余株，树种为白杨、桦木、杉木、青冈、马尾松、华山松和枫香。民国33年（1944），黔西县调查森林资源，计有森林1.42万公顷，树种有杉木、青冈、白杨、柏木、冬青、松和杂木。彭国儒调查大定县钟箐、文阁和木空河，有森林119.67公顷。民国35年（1946），织金县调查24个乡镇，共有人工林1.11万公顷。民国36年（1947），赫章县调查宜林荒山荒地，全县共有5.76万公顷。民国32年（1943）后，四区农场曾多次调查大定县油桐，查明大定县有60多万株。

1953年开始，贵州省林业厅调查队采用调查、踏查方法，调查毕节专区森林资源。1957年汇总，全专区有森林41.9万公顷，活立木蓄积339.04万立方米。1955年开始，省森工局黔西栓皮采购办事处先后调查大定、纳雍、威宁、赫章县栓皮资源。大定有栓皮栎32万株，赫章县有68.8万株。1959年，调查全专区果树资源，调查发现全专区有栽培果树63种、野生果树55种，初步查明果树资源的数量和分布。是年，专署林业局勘测队，综合调查威宁县黑石头林区、毕节县大渡河国有林区、纳雍县野麦地林区、大方县百纳林区，为采伐林木提供设计资料。据查，黑石头区有林地1.23万公顷，占总面积的59%，总蓄积87.9万立方米，主要树种为云南松，伴有罗汉松、黄杉、柏木、栓皮栎、山茶、八角，在民宅周围有核桃、花红、桑等。林权80%属社、队所有。毕节县林口区大渡河国有林58.6公顷，总蓄积7022立方米，均为成熟林，马尾松占99%，间有少量栓皮栎、柏木。

1974~1975年，应用系统抽样方法清查全地区森林资源。1974年9月，抽调林业干部、技术人员和工人126人，在省林勘院技术人员指导下，在金沙县开展3个月试点。1975年3月，各县成立领导小组，抽调645人，组建99个野外勘查小组，调查3.99万个样点。是年11月完成调查。查清全地区有森林15.7万公顷，林木蓄积733.5万立方米，调查精度为95.9%和93%。1979~1980年，毕节地区抽调230人，组成36个作业组参加省总体森林资源调查，外业完成按4×4千米坐标布设的1670个固定样地调查，并设置明暗标志；同时完成18株解析木和69个土壤样品采集分析。经省、地检查26个样地，精度达97.9%。

1981~1982年，地区林科所调查毕节县乡土树种，调查8个区、20个乡的28点，采集树木标本500号，鉴定出主要乡土树种135种，分属54个科。表现良好的用材林有泡桐、光皮桦、香椿，经济林有核桃、板栗、乌桕、油茶，水土保持林有旱冬瓜，光皮桦、臭椿、杨树、柏木。1982~1985年，地区林业局组织调查全地区126个漆树品种，调查漆树代表植株570株，采集树皮标本570号，蜡叶标本2850号。基本查清漆树农家品种资源及分布，全地区鉴定出15个漆树农家品种。其中优良品种有肤烟皮、粉皮大木、灯台大木和小大木；普查发现的特殊类型有异叶漆、冬瓜叶和五籽漆。1983年，纳雍县林业局调查全县乡土速生树种。调查55个乡、180多个村，鉴定出17个主要乡土速生树种，分别对其形态特征、特性、分布范围、适应环境、经济价值作评述。1984年，毕节地区组织人员参加森林资源连续清查的复查，复测复位1670个固定样地，复查林业用地样地594个。与1979年比较，有林地和疏林地减20个，灌木林地增19个。1984年9月~1987年3月，全地区组织192人用系统抽样法进行森林资源二类调查，调查发现全地区有林地22.9万公顷，木材蓄积量827.1万立方米。

1990年6~11月，毕节地区组织194人参加森林资源连续清查，重新引点定位1670个固定样地。经林业部、林业厅检查，样地复位率为99%，样木复位率为96%。1994年5月~1996年8月，地区林业局根据省林业厅安排，以数理统计为基础，采用抽样调查和作业小班调查相结合的方法，进行全地区第二次森林资源二类调查，第三次森林资源连续清查。1998~1999年，开展天然林资源保护工程区资源现状调查和分类区划调查。1999~2000年，开展森林资源第四次连续清查。1999年10~12月，毕节市林业局采用航天遥感技术，利用美国TM1~5号卫星照片，区划判读全市土地利用现状、森林资源现状，经实地验证合格，填补区内森林资源调查使用遥感技术的空白。2005~2006年，全地区开展森林资源第五次连续清查和第二次森林资源二类调查。

## 二 其他调查

1979年，威宁县林科所、贵州农学院林学系，在威宁县新华乡发现一种野生油茶，经有关专家鉴定，确认是新品种，定名威宁短柱油茶，约分布在3300多公顷土地上。1980~1986年，贵州省科学院组织200多人次科技工作者在草海进行科学考察，先后撰写24篇报告，汇编成《草海科学考察报告》。1982~1984年，黔西县林学会调查县内油桐，将黔西县油桐划分为小米桐、蓑衣桐、大米桐、座桐、五爪桐、柿饼桐6个品种。1984年，贵阳师范学院、金沙县林业局的科技工作者，联合考察金沙县冷水河谷，初步摸清冷水河谷中亚热带常绿植物群落的原始状态。在17平方千米的河谷内，生长高等植物500多种。1984~1987年，地区林业局在毕节、大方、金沙、织金、纳雍、赫章县开展苗木标准化调查。经调查国家、集体和个人培育的华山松、杉木、柳杉、喜树、楸、梓树、北京杨、泡桐、香椿、漆树、杜仲一年生苗，平均苗高和地径达到国家1、2级苗标准的有华山松、杉木、泡桐、漆树、杜仲苗，接近国标的有柳杉、香椿苗。产量达到国标的有华山松、香椿苗，接近国标的有杉木、柳杉苗。1985~1987年，贵州软木厂，毕节、大方、金沙、纳雍、威宁县木材公司、木材加工厂、采育林场，完成工业企业普查。1987年，各县调查乡村林场，经查，全地区有乡村林场286个，占地3.26万公顷，有林地1.74万公顷；有场员1791人。1989~1991年，地区林科所调查全地区板栗地方品种，经评选，毕节油沙板栗、威宁辅处板栗为地方优良品种。

## 三 区 划

**林业区划** 1980年10月~1982年，各县开展林业粗线条区划。1984~1985年，各县进行林业细线条区划。1985年10月，地区林业局开始编写《毕节地区林业区划》，是年12月通过地区农业区划委员会验收。将全地区林业划分为：

1.西部高原、高中山云南松、华山松、栓皮栎、核桃用材林、防护林、经济林区。包括威宁县及赫章县恒底、可乐、妈姑、兴发区和财神、青山区部分，面积88.34万公顷，年降水800~900毫米，年日照1800小时。林业用地27.28万公顷，其中森林12.3万公顷，覆盖率13.9%，林木蓄积438.89万立方米。用材林中云南松、华山松、栎类居多，经济林以核桃、漆树、栓皮栎为主。其发展方向，用材林以发展云南松为主，建立坑木林基地，加强水源涵养林和水土保持林建设，扩大森林面积。至2000年，林业用地增至34.36万公顷，森林覆盖率升至40.9%，用材林、经济林、防护林、特用林和薪炭林分别为占40%、20%、30%、6%和4%，林木蓄积达1804.9万立方米。

2.中部高中山、中中山针阔叶树、漆树防护林、经济林区。包括毕节、大方、纳雍县及金沙县西部、织金县西南部、赫章县东北部和黔西县西北部，面积114.56万公顷，年均温11~14℃，年降水900~1300毫米。林业用地28.64万公顷，其中森林10.53万公顷，覆盖率9.2%，林木蓄积333.51万立方米。华山松为用材林优势树种，经济林以漆树、核桃为主。其发展方向是：提高森林覆盖率为主，严格控制水土流失，形成良好生态环境，发挥经济林优势，提高林业产量、产值。至2000年，林业用地增至35.4万公顷，森林达47.26万公顷，覆盖率为30.9%，防护林占42.1%、用材林占31.6%、经济林占21%、特用林和薪炭林占5.3%林木蓄积增至1371.7万立方米。

3.东部低中山、低山松、杉、柏、油桐用材林、经济林区。包括织金县东南部、黔西县、金沙县除去划入中部片区部分，面积58万公顷，年均温13℃以上，年降水大于1000毫米。林业用地12.35万公顷，森林覆盖率6%，林木蓄积84.73万立方米。用材林以马尾松、杉木、柏木为主，油桐是经济林中的优势树种。其发展方向是：发展用材林、经济林及果木林。至2000年，林业用地增到21.55万公顷，森林13.68万公顷，覆盖率升到23.6%。用材林、防护林、经济林、特用林和薪炭林分别占40%、30%、20%、5%和5%。

**漆树区划**　1987年3月~1988年8月，地区林科所完成《毕节地区漆树区划》，将全地区分为：1.最适宜区。（1）东北部中中山、低中山大木漆区。包括金沙县西部、黔西县北部、大方县东北部和毕节县东北部25个区，面积46.02万公顷，平均海拔1307米，年均温14℃，年降水1013毫米。常年产漆100.6吨，每平方千米漆树密度5821株。以大林漆为主，肤烟皮、红漆大木、灯台大木为优良品种。

（2）西北部高中山、中中山大木漆区。包括毕节县西部、纳雍县西部及赫章县东北部的17个区，面积32.69万公顷，平均海拔1587米，年均温13.3℃，年降水865毫米。常年产漆37吨，每平方千米漆树密度为3018株。以大木漆类型为主，肤烟皮、粉皮大木为优良品种。

2.适宜区。中部中中山、低中山大木漆区。包括毕节县东南部、大方县西南部、黔西县中西部、织金县西北部和纳雍县大部的40个区，面积71.04万公顷，平均海拔1400米，年均温13.6℃，年降水1134毫米。常年产漆43.1吨，每平方千米漆树密度1619株，以大木漆为主，肤烟皮、白杨为优良品种。

3.次适宜区。（1）东南部低中山、丘陵大林漆、小木漆区。包括金沙县东北部、织金县东北部、黔西县南部和毕节县小少部的24个，35.79万公顷，平均海拔1000米，年均温15℃，年降水947毫米。常年产漆20.6吨。

（2）西部高原、高中山大木漆区。包括威宁县的大部分和赫章县西部的19个区，76.69万公顷，平均海拔2037米，年均温11.4℃，年降水931毫米。每平方千米漆树，密度361株，常年产漆10.4吨。

## 四　规划设计

民国19年（1930），毕节、大定县成立中山林场，两县政府将地点、经营面积、人员、经费、育苗及造林计划写成设计书呈报省农矿厅审批。

1956年底~1957年，省林业厅调查队、省林勘院，先后规划设计毕节专区21个国营林场。在调查社会、经济、自然条件的基础上，根据国家和本地建设用材的需要，确定林种、树种，并提出具体的整地、栽植、抚育、护林防火措施，预算分析经济效益。

1965年，根据中共贵州省委用10年左右时间绿化全省的要求，专区及各县林业局编制1966~1970年计划和10年林业发展规划。1966~1970年全专区规划造林13.3万公顷，其中用材林占70%，经济林占30%；封山育林8万公顷。

1972年3月，省林勘院设计毕节、赫章飞机播种造林5.02万公顷，有效面积2.6万公顷，主要种云南松。1973~1978年，各县均开展商品用材杉木基地的规划设计，全地区营造杉木基地0.78万公顷。1975年，各县及77个重点产漆区编制1976~1980年漆树发展规划，全地区规划1980年前新种植漆树1亿株。

1980年9月~1981年1月，地区林业局组织毕节、大方、黔西、金沙、织金、纳雍、赫章县23名科技人员，在金沙进行用材林、油料林基地造林规划设计试点。1983年完成全部规划设计。随后各县先后开展速生丰产用材林基地设计。1981年4月，地区林业局根据地区行署制订的毕节地区经济发展长期规划，制订全地区1981~2000年林业发展规划，规划全地区森林增到106万公顷，占全地区总面积的40%。1986年5~7月，省林勘院组织32人，赴纳雍、织金县进行《中国3356》项目造林规划设计的外业。项目规划4.41万公顷，划为3293个小区，共设计25个造林树种。1988年，地区林业局制订《毕节地区1989~1991年林果药茶发展规划》，提出3年内营造速生丰产用材林、经济林、果木林各1亿株，新开辟茶园1.33万公顷。

1988年8月，中共毕节地委、地区行署编制《毕节地区开发扶贫、生态建设试验区发展规划》。规划1989~1992年，营造速生丰产用材林、经济林、果木林各1亿株，种植茶1.4万公顷，建成威宁、赫章水果基地1.33万公顷，1993~1995年，植树造林、退耕还林取得突破性进展。1995年森林达33.33万公顷，林木蓄积达1200万立方米。1996~2000年，造林、封山育林33.33万公顷，森林53.33万公顷，林木蓄积达1500万立方米。

1990年11~12月，地区林业局组织毕节、大方、织金、纳雍、赫章县33名科技人员，在毕节进行长江中上游防护林体系建设工程分县总体设计，经省林业厅组织专家审定，获得通过，由省林业厅报林业部备案。长江上游防护林体系工程毕节地区总体规划主要指标为：按造林方式区分：工程造林40.32万公顷，其中人工造林36.65万公顷，封山育林4.3万公顷，未成林地补植0.32万公顷，低产林改造0.05万公顷；按林种划分，防护林20.06万公顷，用材林12.84万公顷，经济林6.96万公顷，特用林0.46万公顷；总投资3.99亿元。是年12月，国务院三线建设调整改造规划办公室，根据国家关于开发四川省攀枝花市、贵州省六盘水市经济规划，在成都组织编制《1991~2000年攀西——六盘水地区林业发展规划》，毕节地区林业局派员参加。规划中涉及毕节地区林业发展项目为：坑木基地林2万公顷，速生丰产林基地4.3万公顷，造纸原料林基地1万公顷，栓皮栎林6670公顷，防护林3万公顷，漆树基地林2.2万公顷，核桃1万公顷，杜仲、黄柏、厚朴共1.1公顷。

1999年，地区林业局编制《毕节地区林业十年发展规划》。规划要求：2005年，毕节地区有林地达66.67万公顷，森林覆盖率24.8%，其中用材林占50.2%，防护林占25.9%、经济林占20.4%、其他林种占3.5%。2010年有林地达80万公顷，其中防护林占40%、用材林占30%、经济林占25%，其他林种占5%。1998~1999年，黔西、金沙、威宁、赫章县启动天然林资源保护工程，2000年在各县市实施。2000~2001年，大方、黔西、赫章县进行退耕还林工程试点。2002年，全地区各县市全部启动。

2002年7月，地区林业局邀请国家林业局中南调查规划设计院，考察研究百里杜鹃，编制《百里杜鹃国家森林公园总体规划》。是年10月24日，省专家组评审规划，省林业厅对规划作出批复。2004年，地区林业局完成《毕节地区森林和野生动物自然保护区现状及发展规划》。规划提出到2010年全地区再建8个自然保护区，自然保护区将达6.14万公顷，占全地区国土面积的2.28%。2005年，地区林业局编制完成《毕节“开发扶贫、生态建设”试验区“十一五”生态环境建设规划》。经地区行署批复上报省林业厅、省发改委，再上报国家林业局。是年9月1日，国家林业局召开会议，听取汇报规划编制情况，对规划作出明确肯定。2008年，中共毕节地委、毕节地区行署制定《毕节试验区改革发展规划（2008～2020）》明确了生态环境建设目标。要求到2020年，森林覆盖率达43%左右，两江上游生态屏障基本形成，生态环境根本好转。是年，完成《贵州草海湿地生态环境综合治理总体规划》，并经国家及专家审定通过。

## 第二节　植树造林

### 一　种　苗

**种子采集**　清代及民国期间，林木生产者按需要采集树种，漆树、杉木、柏木等16种树种采集较多。20世纪50年代，全专区年均采集种子240.23吨。1950年，全专区采种0.6吨。1951年，采种1.06吨。1956年，采种284.04吨。1957年10月，全区召开种苗会议，总结群众采种经验，传授采种技术。次年全专区采种1002吨，为历史上最多。但所采集种质量较低，一些母树遭损害。60年代，全专区年均采种110.77吨，比50年代减53.1%。1964年，采种纳入生产队经营，由林业或供销部门与生产队签订林木种子收购合同。是年，全专区采种319.79吨。1966年，毕节专署行文提出适时采种，不采幼树、生长不良和受病虫危害的种子，及时加工处理种子，加强种子贮藏保存的要求。是年，采种149.78吨，种子质量有所提高。70年代，全地区年均采种122.12吨，比60年代增10.2%。1972年、1975年黔西县林业局收购加工马尾松种子15吨。1977年，毕节地区革委行文规定：凡有种源的地方，要留足自用种，对这些地方，国家不给种苗和经费补助。1978年9月，中共毕节地委要求：尽量采集本地乡土树种、速生树种和珍贵树种，保护好母树，严禁“杀鸡取卵”或修枝采种；搞好种子调剂，按等价互惠互通有无。80年代，全地区年均采种206.74吨，比前10年增69.3%。本年代初，农村实行联产承包责任制，涌现出一批林业重点户、专业户、科技示范户和联合体，为采集树种创造良好基础条件。1984年采种462.05吨，为最高年采种量。90年代，全区年均采集种子236.53吨，比80年代增14.4%。2000~2005年，全地区年均采种146.67吨，比90年代减37.1%。

**种子调拨**　1956年，毕节地区始从甘肃省天水县调进华山松种子4000千克。1967年，从贵州省黎平县调进杉木种4017千克。70年代，从铜仁地区和黔东南州调进杉木种5.36万千克，马尾松种子10吨。80年代，从云南省曲靖地区调进云南松种子157.2吨、滇柏种子3.3吨；从安徽省嘉山县调进黑松种子6吨；从福建省福清县调进刺槐种子20吨；从福建、浙江、湖北及本省其他地、州调进杉木、柳杉、龙柏、缨珞柏、银杏、珙桐、雪松、檫木、杜仲、厚朴种子。1991~2000年，调进182.1吨。2000~2005年调进种子95.3吨。在调进种子中，除珙桐不易发芽，黑松生长较差外，其他树种生长良好。同时，先后调给贵州省其他地州市及越南民主主义共和国华山松、漆树、核桃和板栗种子，计160余吨。华山松在外地生长良好。

**良种选育**　20世纪50年代，林业部门评选毕节地区漆树、核桃品种，确定大木漆、串核桃为区内良种，予以推广。1964年10月28日，毕节专署决定在威宁县大街和盐仓分别建立华山松母树林，实行全封山育林，严禁任何单位采伐。1976年7月，地区林业局组织各县技术人员在赫章水塘林场进行杉木、华山松良种选育培训。此后，各县进行杉木、华山松的优树选择，共选出杉木优树30株、母树林3.33公顷，华山松优树260株，母树林25.33公顷。是年，贵州农学院林学系、地区林业局、赫章县林业局，在水塘林场建立华山松无性系种子园2.13公顷，1979年完成36个无性系嫁接，成活93.1%。1984年选出优势明显且比对照稳定的7个优良无性系。通过控制授粉和混合授粉进行有性繁殖，测定单、双亲子代，选出优势强，比对照增30%多的5个优良家系、5个高特殊配合力组合。1990年，水塘林场建立第一代种子园13.33公顷。1977年11月，织金县桂花林场选杉木优树47株，建立种子园5.4公顷，定植2年实生苗砧木3302株，1980年嫁接完毕。1978年，威宁县林业局在南屯征用106.66公顷土地，建立华山松良种基地，由林业部、省林业厅、县林业

威宁自治县最高峰营养袋育苗（2007年）

威宁自治县最高峰营养袋育苗已经成林（20011年）

局联营。1980年开始定砧，1982年采用五株树对比法和种群筛选法，在本县、赫章县水塘村和省内其他地方选出优树160株，入园无性系153个。至1987年共嫁接33.53公顷，成活95%以上。建成优树收集区1.46公顷，收集无性系150个。1988年营造子代测定林6.67公顷。1989年4月，通过林业部验收。1983~1984年，地区林科所调查8个国营林场和23个乡村林场的6666.67公顷华山松林，评选出Ⅰ级优树95株、Ⅱ级优树14株。1984~1992年，地区林科所在大方县理化镇马龙岩建立漆树品种园5.33公顷，进行农家品种比较试验，评选出红漆大木、小大木为优良品种，其产漆量比其他品种高两倍以上。同时进行漆树品种家系半同胞子代测定，评出红尖灯台大木漆和粉红皮两个品种的家系子代，产漆量高，性状稳定。1989~2003年，地区林科所调查评比全地区板栗地方品种，选出毕节油沙板栗和威宁辅处板栗两个优良品种。同时选出优树10株，繁殖成无性系；并鉴定出Ⅰ级优势无性系5个、Ⅱ级2个，在毕节市田坝乡林场建立地方品种优良无性系采穗圃3.33公顷，向生产提供穗条48万枝。2000年，省林业厅批准毕节市建核桃良种基地56公顷，赫章县建采种基地673.33公顷；威宁县建华山松良种基地46.24公顷。2003年，批准威宁县建华山松采种基地3345.33公顷。

**树木引种**　清末，有人引进油茶在大定果瓦、茶园种植。民国时期，大定县中山林场从外地引地柳杉种子育苗栽培成功。1956年后开始大量引种。据不完全统计，至21世纪初，共引进外地树种67种。1958年，赫章县从望谟引进黄豆树、从广西引进蓝桉、从邯郸引进白榆，育苗均获成功。栽植黄豆树因管理不善未能保存，蓝桉在六曲、江南、城关定植1000株，生长良好，至1976年最大单株高13.8米，胸径23.5厘米。白榆在各地均生长良好，现全地区都有种植。1966年3月，省林科所毕节漆树核桃研究站，从四川西康引进冷杉、云杉种子，在毕节县大水口育苗，种子未出土。是年，毕节县苗圃站从贵阳引进柳杉、厚朴、水杉、大关杨、油橄榄育苗，获得成功。柳杉栽植后长势良好，年均高生长为50~120厘米，现全地区均有栽培。油橄榄栽植后未结果。1968年，赫章县林业局从贵阳引进两株2年生水杉苗在水塘林场定植，至1985年树高22.5米，胸径24.8厘米。1972年春，金沙县林业局从独山引进油橄榄育苗，在县苗圃站栽植，长势良好，且已结果。同期，金沙县苗圃站引进楠竹种子育苗、造林成功。1975年经林业部引进火炬松、湿地松于拱拢坪林场、水塘林场栽植，初期长势强于华山松、云南松，以后长势一般；赫章县从江西九江引进日本花柏种子，育苗成功后植于庭园，长势较好；从黔东南引进台湾杉种子，在县国营苗圃育苗成功。70年代末，从外地引进日本黑松、二球悬铃木、三球悬铃木、日本樱花、千头柏、龙柏、滇柏、夹竹桃、侧柏、日本冷杉、沙兰杨、大关杨、北京杨、南京杨树种，大部分生长良好。

80年代初，金沙、毕节、大方、纳雍县引进意大利杨，生长优良，抗性强。1980年，地区林科所从河南省罗山引进罗山大板栗育苗成功，1年生苗平均高30厘米，1983年在毕节县海子街区烧缸乡、环城区大桥乡定植，1986年挂果，1988年果粒平均重14.3克，与原产地同。1980年，地区林科所引进73个杉木地理种，在赫章县平山林场进行育苗试验，1982年调查苗高及地径，有明显差异，湖北通山，湖南新晃，四川古蔺、彭县，贵州省麻江、习水、余庆的种源，均优于地区内种源。1981年黔西县林学会，从广西恭城引进对年桐（油桐）、湖南慈溪引进葡萄桐种植，1985

年单株产6.8千克、7.9千克，比对照本地小米桐增1.8倍、2.3倍，含油率60.39%、60.2%，其油脂的酸价、皂化价和折光指数均达国家出口标准。1983年，大方县林业局从江西九江引进鹅掌楸在鸡场化联林药场育苗成功，已栽植。1984年，省林科所引进日本落叶松在水塘林场育苗成功，已造林。1984年，地区林科所从省内外引进33个漆树品种，在大方县马龙岩建漆树品种园5.33公顷，1992年选出适宜区内栽植的云南泡桐皮品种，在生产上推广。1985年，赫章引进美国花旗松种子育苗成功。1986年，地区林科所从湖北宜都引进池杉种子育苗成功，1988年在金沙和黔西县营造试验林、人工林共168.67公顷，1998年平均株高7.6米，胸径9.2厘米。1991～2003年，地区林科所从外地引进11个板栗品种接穗，均嫁接成功，定植于毕节市田坝乡林场，经鉴定，选出华光板栗、毛板红、郯城3号、早丰、九家种5个优良品种，并建立采穗圃和试验林。1999年4月，金沙县林业局引进中国林科院育成的杨树新品种中林美荷杨，扦插成活78.1%，比对照意杨高31.9个百分点，生长势强，2002～2003年，金沙县已种植66.67公顷，8000多株。

育苗　民国14年（1925）成书的《大定县志》，对林木育苗有详细记载。民国19年（1930），毕节县在城郊大校场建立4.2公顷苗圃场，至民国24年（1935）培育苗木100万株。民国25～38年（1936～1949），各县共建立苗圃37.7公顷，共育苗744.82万株，树种有杉木、松、杨树、梓树、漆树、板栗、核桃、香椿、柳树、刺槐、乌桕、油桐、棕榈、青冈、盐肤木、冬青、银杏、女贞、杜仲、华山松、栎类等。

1950～1956年，林木育苗主要由国营农场完成。专署农场育漆树、梓树、板栗、乌桕苗3.82万株，大定县农场育漆树、梓树苗26万株，织金县建立国营苗圃；部分农业生产合作社也建苗圃育苗，1956年育苗84.53公顷。1957年，各县先后建立国营苗圃。1958年，新建98个社办林场开展育苗。是年，全专区育苗697.47公顷。1950~1959年，全专区共育苗1735.73公顷。1959~1962年，林木育苗量锐减。1962年撤销国营苗圃，全专区育苗13.07公顷。1966年，全专区育苗425.1公顷，1969年，减为99.33公顷。60年代，全专区共育苗1280.34公顷。70年代，林木育苗多是社队林场及国营林场承担。1977年，省革委批复林业厅《关于恢复国营林业苗圃的请示报告》，恢复林业苗圃、毕节、黔西、金沙、织金、赫章、威宁县先后恢复苗圃，经营面积38.87公顷。10年间，全地区共育苗2848.47公顷。80年代，实施林业“三定”政策，推行苗木商品化，促进育苗发展。1987年，大方、金沙、织金、纳雍县林业局，率先推行重点育苗、合同育苗，由林业局与育苗承包户签订合同，苗木出圃后以质论价。10年间，全地区共育苗4822.42公顷。90年代，全地区推广容器育苗技术，提高苗木质量。1989~1995年，纳雍县《3356工程》林业组共育苗467.6公顷，其中营养袋育苗90万株。2000年、2002年省林业厅审批下达毕节地区区内林木种苗工程项目13个。2001~2004年，全地区完成育苗2448.25公顷，生产合格苗木裸根苗7.81亿株；容器育苗2.73亿株。裸根苗为杨树、楸树、檫木等32个树种苗，容器育苗为华山松、柳杉、马尾松等14个树种苗。2008年，大田育苗面积262.8公顷，育苗9086万株，营养袋育苗4865万袋。2009年，草拟《关于加快林木种苗产业，扎实推进生态建设的意见》。明确地区财政每年拿出200万元用于种苗工作。2011年，全区育苗面积448.23公顷，生产合格苗木近1.11亿株。

## 二　植树造林

**造林进展**　民国19年（1930），毕节、大定县成立中山林场。民国29年（1940），省建设厅实施强制垦种植树，区内依章实施。民国30年（1941）元旦，赫章县在城外文昌阁、狮子山建立林场，3年栽植3.73公顷，成活楸木、白杨、杉木、罗汉松、梓树1.27万株。民国31年（1942），大定县造林23.33公顷、1.2万株；黔西县栽植松、杉、青冈、白杨等6.92万株，均定名为抗战建国纪念林。是年，毕节县在韩家坡栽植白杨、青冈、滇杨5.53公顷、8000株，命名为抗战建国林场。民国32年（1943），大定县造林76.33公顷，私营保育林场有25个，分布在20余个乡镇，名为新贵州纪念林或专员纪念林；黔西县植树141.84万株，命名为新贵州纪念林；金沙县植树6.87万株，建保育林42处。民国36年（1947），贵州省第四行政督察区将各县造林列入政绩考核。

新中国成立后，各级政府重视造林工作。20世纪50年代，全专区年均造林7882.4公顷。1950年，织金县造林2.53公顷。1954年，贯彻国家造林育林的规定，全专区造林2501.8公顷。1956年，全专区在创办农业合作社中造林2.17万公顷，囿于造林技术粗放，造林质量较低。1958年5月，中共毕节地委制定《毕节地委关于抓紧雨季大力开展造林运动的意见》，要求全专区从群众到机关、学校、普遍开展造林，是年，共造林2.78万公顷。有的地方缺种苗挖野生苗造林，成活率低，形成一山造林两山空。60年代，全专区年均造林1.03万公顷，比50年代增30.73%。1963年，贵州省召开社会主义农业建设先进单位代表会，毕节专区35个单位受表彰。1963~1965年，区内实行由社队林场和专业林场从事常年林业生产，国营林场实行工人造林、育林和出包给社、队造林、育林相结合的办法。全专区造林面积连续增长，1965年为2.42万公顷，比1962年增13倍。是年11月，中共毕节地委、毕节专署发出《关于贯彻“中共贵州省委、省人委关于大力植树造林发展林业生产的决定”的通知》，要求机关、厂矿、学校、部队和一切企事业单位的一切人员必须参加植树造林。次年，全专区造林3.38万公顷，创新纪录。70年代，全地区年均造林2.24万公顷，比60年代增117.3%。1974年，新建社队林场91个。1975年，毕节、大方、黔西、金沙、纳雍、赫章县在执行省林业厅《营造商品用材杉木基地林》项目中带动营造其他树种林。是年，全地区造林3.42万公顷，比1966年增1.2%。1976年，省林业厅在黔西县雨朵召开全省基地林现场会。1976年、1978年，毕节地区贯彻会议精神，全地区造林分别为3.55万公顷和4.34万公顷，刷新历史纪录。

1980年，开展确定山林权、划定自留山、确定集体山林管理责任制。1981年6月，中共毕节地委、毕节行署制定《稳定和完善包干到户责任制条例》，规定有条件的地方，每户可划3~5亩宜林荒山作自留山，由社员植树种草，长期使用；社员在房前屋后，自留山和生产队指定的路旁、沟旁、河旁、水库旁种植的木、竹，归个人所有，可继承；社员承包的土坎、田坎、地角种植的漆、桐、桑、茶、棬、果树，谁种谁有，也可收益分配。80年代，全地区年均造林3.76万公顷，比70年代增67.79%。1983年，全地区造林6.02万公顷，比1978年增38.8%；1984年，造林6.9万公顷，为1950~2005年的最高年造林纪录。1988年，国务院批准毕节地区建立开发扶贫、生态建设试验区，发展林业成为生态建设的重要内容。1990年，中共毕节地委、毕节行署作出《关于搞好造林绿化，加快生态建设的决定》，要求全地区1990~1992年，营造速生用材林各1亿株，新建茶园1.4万公顷；办造林绿化示范点225个，造林近2万公顷。同时，先后争取到联合国世界粮食计划署《中国3356》工程、国家长江上游防护林体系建设工程、全国水土保持长江上游重点防治区贵州毕节地区片区工程。以上方面均促进90年代地区林业稳步发展，年均造林4.26万公顷，比80年代增13.3%。

2000~2005年，毕节地区实施林业部主持的天然林资源保护工程、退耕还林工程，年均造林4.08万公顷，比90年代年均减4.2%，2002年造林6.42万公顷，为最多年份。1950~2005年，全地区共造林145.19万公顷。2011年，造林6.91万公顷。2008年，国务院批复了《岩溶地区石漠化综合治理规划大纳（2006~2015年）》，将毕节地区8个县（区）全部纳入工程建设范围。2008~2011年，毕节地区以绿色发展为基本理念，坚持保护优先、自然修复为主，实施山水林田路院合治理，着力加强林草植被保护与恢复，着力发展草食畜牧业，着力推进水土资源的合理利用，加快构建区域人与自然和谐发展的新局面。共完成治理岩溶面积1292.09平方公里，治理石漠化面积495.9平方公里。其中封山育林育草21283.82公顷；防护林4040.4公顷；经济林14130.73公顷；薪炭林483.87公顷；中药材种植等787.12公顷；人工种草8240.16公顷；改良草地769.48公顷；棚圈建设155212平方米，饲料机械1341台，建青贮窖36494立方米；建坡改梯1052.92公顷；建排灌沟渠40.46公里；沟道整治工程0.6公里；建谷坊23座；建沉沙池187口；建蓄水池（小水窖）459口；建田间生产道路129.85公里；建输水管道71.39公里。

**造林用途区分**　1.用材林。据1950~1990年统计，全地区造林83.67万公顷，其中用材林占74%；1991~2005年，用材林的比例略有下降。1950年，织金县在凤凰山联片营造杉木林0.67公顷。1955年开始，威宁县组成第一个集体造林单位，中水区新华村组成林业互助队，至1964年造林160公顷，封山育林23.33公顷。黔西县林泉区摩底寨出生于清道光二十三年（1843）的贫苦农民杨幺公，自30岁起在家乡栽植杉、松，不间断几十年共栽13.33公顷，却被地主占有。中华人民共和国成立后山林收回，用4年的时间补植、抚育，1956年入社。1956年、1957年杨幺公被评为贵州林业劳动模范，并获林业部奖。1958~1959年，全专区先后建19个国营林场，营造用材林。1966年，织金县太平公社老乌山大队团支部，组织15人的青年造林专业队，坚持10年育苗造林，共营造青年林60公顷，育苗3.33公顷，1977年被评为全国新长征突击标兵。1975年，各县以集体林场为依托营造用材基地林，至1980年，全地区共营造商品用材杉木基地林8498公顷，1987年普查保存5667公顷，保存率85.3%，10年生杉木平均高3.8~7.6米，平均胸径4.2~10.2厘米。70年代全地区营造用材林1.89万公顷，占造林总数的84.3%。1985年，区内林业部门向国家银行贷款营造速生丰产用材基地林，造林单位或个人营造1公顷基地林，由林业部门当年贷款300元，以后5年每年贷抚育款50元，15年期满时由贷款者偿还1立方米木材。两年，全地区营造用材林9.17万公顷，其中速生丰产基地林2万公顷。1989~1995年，纳雍县《3356工程》项目林业工程，造林2.26万公顷，多是用材林，保存率96%~100%。2005年，全地区营造用材林2695公顷，占造林总面积的15.3%。2006~2011年，全区共营造用材林3655公顷。

2.经济林。区内经济林树种有漆树、核桃、板栗、油桐。1950~1990年，全地区营造经济林18.93万公顷，占造林面积的22.6%。1950~1961年，全地区营造漆树林3133.33公顷，保存率70%；核桃林3333.33公顷，保存率85%；油桐树2912.87公顷，保存率70%；茶树414公顷，保存率68.4%；乌桕林120公顷，保存率70%。1962年10月，各县调查漆树、油桐资源，全地区有漆树948万株，可割漆的430万株，油桐800公顷。1963年5月，毕节专署批转专区林业局《关于加强油茶林垦覆管理的报告》，是年金沙县垦覆油茶193.2公顷，营造油桐林143.13公顷；大方县中洞公社种植漆树33.33公顷，10万余株。1971年7月，商业部在大方县召开8省生漆棕片生产收购交流会，与会人员参观中洞公社漆树栽培。1974年9月，召开全地区核桃生产经验交流会；是年召开全地区漆树移栽现场会。1975~1976年，大方县八堡公社种植漆树100万株。1976年6月，召开贵州省林业工作会议，会议印发赫章县法都公社发展核桃的经验。1976年12月，毕节地区革委发出《关于搞好今冬明春林业生产的意见》，要求大力种植核桃、油桐、乌桕、茶。次年全地区营造经济林3324.4公顷。1980年10月，行署同意地区林业局报告，决定大方县为漆树县，吉场、燕子口等32个区为漆树区，并适当减免漆树县区的征购粮，从当年起，实行平价、议价各半的办法，生漆奖售粮由1：1改为1：5，谁种谁有，权属不变。1980~1982年，全地区共营造经济林1.35万公顷，占造林面积的46.9%。1982年3月，毕节地区行署发出《关于保护漆树资源、发展生漆生产的意见》，规定对专业林场或专业组当年人均种漆千株以上，社、队群众当年人均种漆3株以上，成活率85%以上者，给予发展奖。1982~1985年，大方县种植漆树1.17万公顷，3720万株。1980~1990年，全地区营造经济林2.88万公顷。1995年，全地区有漆树3800多株，正常年景年生产生漆400吨，成为全省生漆重点产区；栽培核桃3000公顷，占全省50%以上，年产核桃2500吨；全地区年产栓皮700吨以上，成为全国重点产区。1979年，全地区果园1150.53公顷，水果总产1.19万吨，2005年1.03万公顷、4.57万吨，分别增7.99倍、2.84倍。

3.防护林。1957年，威宁县中水区新华村在全地区率先开始营造防风林带，至1974年，全地区共营造防风林带3千米。1962年，全地区营造防护林53公顷，1963年、1964年、1972年和1974年，全地区分别营造防护林519.73公顷、166.67公顷、133.33公顷和133.33公顷。1978年起，每年均营造防护林。至1989年，全地区共营造防护林3650.95公顷，占同期内造林的0.84%。1989年后，毕节地区实施长江中上游防护林体系建设工程、长江上游重点防治区贵州毕节地区片区工程，防护林建设取得较大进展。1990年，全地区营造防护林1.03万公顷，占当年造林的18.6%，其中人工造林5722.2公顷，封山育林4553.33公顷。1991年营造1.3万公顷，占造林面积的29.8%。2005年，全地区营造防护林1.53万公顷，占当年造林的84.3%。2006~2011年，全地区营造防护林3.13万公顷。

4.薪炭林。1983年，开始营造薪炭林，当年营造43公顷。1990年营造316.87公顷，为营造薪炭林较多的年份。至2005年，薪炭林的总面积不足造林面积的1%。2006~2011年，全地区营造薪灰林1534公顷。

5.特种用途林。特种用途林多指采种用的母树林和新建的种子园、品种园及风景林等。1964年，威宁县大街、盐仓区建华山松母树园220公顷。1976年，赫章县水塘林场建华山松无性系种子园2.13公顷。1977年，织金县桂花林场建杉木种子园5.4公顷。1978年，威宁县林业局在南屯建华山松良种基地106.66公顷。1980年赫章县林业局在海马姑乡建漆树品种园1.41公顷。1981~1990年，各县在县城周围建风景林150公顷。1985年，地区林科所在大方县马龙岩乡建漆树品种园4.67公顷，在毕节城郊营造漆树速生丰产试验林3.2公顷。1990年，赫章县水塘林场建华山松第一代种子园13.33公顷。1996年，地区林科所在毕节市田坝乡林场，建板栗优良品种采穗圃3.33公顷，板栗早实丰产试验林1.13公顷。2000年，赫章县建退耕还林工程采种基地673.33公顷，威宁县建天然林资源保护工程华山松良种基地42.64公顷，毕节市建核桃良种基地56公顷。2003年，威宁县建种苗工程华山松采种基地3345.33公顷。

**退耕还林**　退耕还林，在自然坡度>25°的耕地进行。1979~1985年全地区第二次土壤普查，>25°的耕地20.94万公顷，占耕地总面积的19.5%，其中35°以上的有6.05万公顷。1980年，赫章县在野马川区独山、山脚公社进行退耕还林试点，两公社应退耕569.33公顷，当年退耕还林377.9公顷。1982年夏，中共毕节地委召开县委书记、县长会议，讨论控制水土流失的对策，决定把退耕还林作为控制水土流失的一项重大措施。1983年冬~1984年春，全地区组织370人的工作队，在2600公顷土地上开展19个退耕还林试验点。1985年，中共毕节地委决定对退耕还林1公顷的农户，返销粮562.5千克、补助1125元。是年，全地区退耕5.1万公顷，还林2.84万公顷。1986年，全地区退耕还林2.05万公顷。此后，因钱粮补贴不能持续，退耕还林暂停，少数已退耕地方出现复耕。2000~2005年，全地区在实施退耕还林还草工程中，完成退耕地造林7.73万公顷。2011年，退耕还林荒山造林0.64万公顷。

织金普翁乡退耕还林工程区

**"四旁"植树和义务植树**　民国时期的20世纪30年代，毕节县清毕公路城街口至头步桥段种植行道树，树种为梓树；毕节、威宁开始在川滇东路种植行道树，树种为梓树、楸树、垂柳、滇杨。40年代，毕节县在清毕公路毕节县新植梓树1万余株，补植刺槐6420株；大定县、黔西县在清毕公路县境内植行道树3.29万株、3.78万株，种滇杨、垂柳、白杨、桦木等。至1946年，两县完成清毕公路行道树种植任务。黔西县还种植县城行道树2000株，赫章县种植川滇东路行道树1.5万株。1950年，金沙县义务植树6万株。1958年，中共毕节地委号召在宅旁、村旁、路旁、水旁（以下称四旁）植树。次年，全专区完成四旁植树1130万株。此后每年都完成一定的四旁植树。60年代，全专区年均完成四旁和义务植树587.1万株。1965年，地直和毕节县单位在毕节关门山以划片方式义务植树造林47公顷。1967年完成四旁和义务植树1717万株，为历史最多年份。70年代，全地区年均完成四旁和义务植树899.1万株，比60年代增53.1%。1970年1月，毕节地、县革委，军分区、人武部联合下发《关于贯彻春季造林通知开展城区造林的安排意见》，要求各单位在1965年划定的造林区内，春节前后用4~8天，开展补植和造林活动，做到包栽、包活、包抚育、包成林。1978年2月，地直单位1.01万人次，在城郊梅花山高标准带状造林35.9公顷。1979年初，全国五届人大常委会第六次会议，决定3月12日为全国植树节。是年3月5日，中共毕节地委批转地区林业局《关于庆祝植树节，开展全民造林的报告》，要求各地组织广大干部、群众，用1~3天开展植树造林绿化环境纪念活动。80年代，全地区年均完成四旁和义务植树1449.4万株，比70年代增61.2%。1982年开始，毕节军分区开始绿化营区，至1986年，种植梧桐、柳杉、樱花、桂花等20多种林木及花卉2万多株，已绿化面积占应绿化面积的95%，先后被毕节行署、省人民政府、昆明军区、成都军区评为绿化先进单位。1983年2月2日，地直单位1100多名干部、职工，在城郊阳山种植水杉、柳杉、樟树6000多株，完成毕节森林公园1.5千米长的林带营造任务。1985年，大方县公路养护段在清毕路大方两路口至归化的新改建路段栽植行道树1.83万株，成活率69.8%，次年补植，并被省评为公路绿化先进单位。1986年2月，地区绿化委员会把城郊扫把山划定给地直单位绿化，当年地直单位4932人次到扫把山义务植树9.88万株，次年2400多人次再次到扫把山义务植树3万株，同期，地区林业局在扫把山高标准营造柳杉、意大利杨、沙兰混交义务植树示范林3.3公顷；全地区在112千米公路旁栽植行道树4.82万株。1987年11月，贵州省绿化委员进行全省城市绿化评比，毕节军分区、地区中医院、行署幼儿园、地区中波台、毕节县酒厂被评为全省绿化先进单位。90年代，全地区年均四旁和义务植树为903.3万株。2000~2005年年均为613.8万株，2004年完成绿色通道造林201.33公顷。2011年，完成义务及四旁植树1119.3万株。

**飞机播种造林**　飞机播种造林（简称飞播造林）始于1972年。1971年冬，省林业勘测设计院在毕节、赫章设计飞播造林，地区林业局派员参加。飞播造林树种为云南松。1972年4~5月，中国民航贵州管理局选用磊庄机场，用伊尔14型飞机，采用单机复程式作业，在毕节朱昌区乌箐、长春区茅坪、林口区罩子山、燕子口区老道山，赫章兴发区韭菜坪，飞播作业5.02万公顷，其中有效面积2.59万公顷。1985年调查，保存3979公顷。80年代，6年在威宁县境进行飞播造林，树种均为华山松。1983年，作业3644.33公顷，有效面积1998.2公顷。1984年调查，774.4公顷有苗，每公顷平均密度7215株。1987年调查，675公顷有林，每公顷平均密度为6000株。1985~1989年，连续5年飞播，合计作业5.04万公顷，有效面积3.87万公顷，有林面积2.14万公顷；有林面积占有效面积的55.3%。1990年，调查1985年飞播造林成效，4853公顷有林，占有效面积的69.7%，平均树高0.91米，最高2.05米，平均地径3.3厘米，最大地径6.8厘米，已郁闭成林。90年代，6年均在威宁境内进行飞播造林，合计有效面积8.41万公顷。1999年2.05万公顷，面积最大。2000年飞播造林1.73万公顷，2002年飞播造林1.71万公顷。2004年，飞播造林1934公顷。

**造林工程项目**　1.《中国3356》项目。联合国粮食计划署立项，在织金、纳雍县的14个区、

中国《3356工程》纳雍蚕箐工程

64个乡413个村实施，涉及51.1万人。1988年12月1日开工，至1993年，完成造林4.45万公顷，超计划29.6%。项目区森林覆盖率由施工前的8%，增加到30%。1994年11月通过省验收，1996年7月通过联合国粮食计划署竣工认证。

2.长江中上游防护林体系建设。林业部项目。1989年9月，毕节、大方、赫章被列为试点启动县。1990年5月，织金、纳雍县参与执行；之后黔西县被列入。工程实行点、线、面结合，造、封、管结合，防护林、用材林、经济林结合。至1998年，完成造林33.1万顷，为总体设计的113.5%，其中重点工程16.8万公顷。累计投入资金2242万元，其中国家1229万元，占54.8%；省242万元，占10.9%；地区536万元，占23.9%；县市232万元，占10.3%。

3.天然林资源保护工程。1998年，国内发生特大洪灾，中共中央、国务院针对国内天然林资源过度消耗而引起生态恶化的现实，提出实施天然林资源保护工程，维护和改善生态环境，满足社会和国民经济发展对森林多功能的需求。1998～1999年，黔西、金沙、威宁、

长江上游生态保护工程百里杜鹃湖林区

赫章4县先启动。2000年，各县全面实施。2001~2005年，共完成造林3.87万公顷，其中封山育林2.97万公顷，修复管护碑牌1444块。国家投资新建5个天保工程苗圃、2个良种基地。2011年，落实森林资源管护面积96.06万公顷，启动天保工程二期建设。

黔西县西溪生态自我修复封禁区

4.退耕还林还草工程。1999年，中共中央、国务院作出实施退耕还林还草工程的决定。2000~2001年，大方、黔西、赫章县启动。2002年，区内各县市实施。各县市按照国家关于“林定权、树定根、人定心”，“谁退耕、谁造林、谁经营、谁收益”的规定，采取以粮代赈、个体承包方式，对退林还草农户，每亩一次性补助种植费50元，每年每亩补助原粮150千克，现金20元。补助年限，先按经济林补助5年，生态林补助8年，到期后，根据农民实际收入情况，需要补助的，再继续补助。从2004年起，粮食补助改发现金。要求实施退耕还草农户承担抚育管护的责任和在补助期限内每退一亩需完成两亩或两亩以上宜林荒山荒地造林任务。至2005年，全地区完成退耕地造林7.73万公顷，宜林荒山荒地造林8.8万公顷，封山育林1.2万公顷。2002年补助现金1110万元，全部兑现。2003年补助粮食6017.2万千克，占计划补助的44.3%；补助现金1007.2万元，占应补助的55.6%。是年，全地区完成3.63万公顷退耕地造林的林权登记，占应登记数的98.8%，发放林权证9942份。2005年，兑现粮食补助金1.57亿元，占应兑现数的67%，兑现现金补助886.9万元，占应兑现数的42%。

毕节地区2005～2010年林业生产情况表

| 指　标 | 单位 | 2005 | 2006 | 2007 | 2008 | 2009 | 2010 |
|---|---|---|---|---|---|---|---|
| 当年造林面积 | 公顷 | 39067 | 36152 | 28474 | 28297 | 37014 | 28895 |
| #当年人工造林面积 | 公顷 | 32667 | 14800 | 13196 | 6851 | 9198 | 9293 |
| #用材林 | 公顷 | 2667 | 2060 | 2878 | 1578 | 1254 | 333 |
| #经济林 | 公顷 | 172 | 78 | 134 | 2508 | 5357 | 7145 |
| #防护林 | 公顷 | 36228 | 34014 | 25462 | 2765 | 30403 | 21417 |
| 当年退耕还林面积 | 公顷 | 29600 | 12333 | 8667 | 10000 | 7333 | 4665 |

## 三　育　林

**封山育林**　1959年，全地区开始大规模封山育林，计4.21万公顷。60年代中断4年，其余6年封山育林1.4万公顷。70年代中断4年，6年封山育林8.19万公顷，比60年代增4.8倍。1979年，每年都进行封山育林。80年代，全地区共封山育林13.89万公顷。1987年前，未进行规划设计，多由林业部门指定地点，在一些社队制定乡规民约，由社队自己解决护林人员报酬，或轮流管护。是年，林业部制定《封山育林管理暂行办法》，要求对封山育林进行规划设计。是年，省林业厅决定在5年封山育林期内，按每年每公顷补助15元，并要求地区也按15元补助。1989年，全地区有专职封山育林管护人员577人，树立封山育林碑580块。90年代，全地区共封山育林30.07万公顷，为近半个多世纪封山育林面积最多的年代。2001~2005年，毕节地区实施天然林资源保护工程、退耕还林还草工程均有封山育林。此期间，全地区封山育林10.49万公顷。1959~2005年，全地区封山育林68.3万公顷。2006~2011年，全地区封山育林10万公顷。

**幼龄林、中龄林抚育**　1956年，毕节地区始有幼林抚育，是年赫章县抚育幼林73公顷。1957年，纳雍县一次抚育幼林133.3公顷。1959年，贯彻省政府大抚、大育指示，当年全地区抚育幼龄林3.08万公顷。此后，每年均开展幼龄林抚育。60年代，1967年抚育1.49万公顷，为最多年。1978年抚育2.06万公顷，1988年抚育2.2万公顷。2002年抚育4.67万公顷，2005年抚育3.65万公顷。1978年，始有中龄林抚育，每年抚育1.43万公顷。以后每年均进行抚育。2008年森林抚育1.73万公顷。2011年，实施中幼林抚育面积0.61万公顷，其中中央财政补贴项目面积0.36万公顷。

**迹地更新和次生林、低产林改造**　1.迹地更新。1959年，毕节专区实行人工更新和封山育林更新相结合，当年更新变地4461.7公顷，其中人工更新1476.6公顷。以后大多数年份均开展迹地更新，至1990年，全地区累计迹地更新2.54万公顷，其中采用封山育林更新1.53万公顷，人工更新1.02万公顷。1991年后，全地区天然更新面积多于人工更新。

2.次生林、低产林改造。1963年，毕节地区开始次生林改造，是年改造104.1公顷。1976~1982年，全地区改造次生林1429.1公顷。1984~1997年，金沙县造林公司、金沙县平坝乡高原营林生产合作社、地区林科所，在平坝乡的八一、龙庄、漆树、金锋、上仓、下仓村研究残次林营林技术。根据残次林立地条件和现状，分别采用小块状改造、带状改造、封山育林、择伐后补植耐荫针叶树、更新造林等措施改造残次林。1995年，调查森林二类资源，6个村森林2737.2公顷，活立木蓄积8.15万立方米，分别是1985年的7.63倍和3.8倍；森林覆盖率58.7%、林灌覆盖率68.7%，比1985年分别增19.8个和15.6个百分点。至1998年，推广改造残次林3352.7公顷。

1984年，区内开始改造低产林120公顷。1985~1990年，共改造1722.2公顷，其中国营林场改造572.9公顷，占33.3%。

**中德财政合作贵州省森林可持续经营项目（简称中德项目）**　2003年，国家林业局鼓励贵州省林业厅针对造林项目提出申请，以获得德国的援助和支持。2005年6月举行的两国政府间会谈中，德国政府确定一笔450万欧元的赠款，将由德国复兴银行（KFW）拨付，用于支持中德合作贵州省的林业项目。2007年6月29日，由KFW和“财政部代表中国政府”签订了项目的财政协议。2008年4月25日~5月12日，贵州省林业厅、财政厅和财政部作为中方代表会签了分立协议。贵州省林业厅项目办于2008年11月1日与德国GFA公司签订了咨询合同。2008年11月2日，在首席技术顾问开展第一次咨询任务时，项目正式启动。

项目总的实施期限为7年2个月。中德双方同意给中德合作贵州林业项目提供7990万元，其中中方资金3859万元，占总额比例的48.2%。德方资金（德援资金）4140万元（450万欧元），占总额比例的51.8%。毕节市及涉及的大方、金沙、黔西、百里杜鹃共计2083.86万元，占总额比例的26.1%。

根据项目技术要求，项目共分为贵阳市息烽、开阳两个县和毕节市大方、金沙、黔西、百里杜鹃4个县区实施。实施森林面积3.5万公顷，涉及579个村民组。其中毕节地区实施面积2.1万公顷，占全省面积的60%，涉及347个村民组。

根据中德财政合作贵州省森林可持续经营项目2011年进展报告，全省完成了39个FMU的组建，完成了45个乡48个村的信息传播，召开动员会议109次，发放宣传资料21500份，完成了32个森林经营方案的编制，规划面积12024.6公顷，开展158个小班的间伐，面积849.5公顷，其他营林措施3235.2公顷。毕节市完成了32个FMU的组建，完成了39个乡29个村的信息传播，召开动员会议62次，发放宣传资料16700份，完成了20个森林经营方案的编制，规划面积7582.5公顷，开展92个小班的间伐，面积452.9公顷，其他营林措施2349.7公顷。

## 第三节　森林保护

### 一　森林防火

**制度、组织及措施**　清光绪年间，朝廷始有森林防火规定。民国3年（1914）、21年（1932），国民政府两度颁布森林法，对放火、失火烧毁森林者作出处罚规定。民国25年（1936），贵州省政府发布《贵州省政府防止烧毁森林的办法》，各县执行，防范发生森林火灾。1951年，黔西县26个乡镇、221个村成立护林委员会、护林小组或打火队。1953年，黔西县成立护林委员会。1956年，省人委发布《护林防火暂行办法》；专署成立生产防火办公室，营林局、公安局抽调人员负责护林防火。1957年4月，毕节专署发出《关于加强护林防火工作的意见》，要求各县、区、乡成立护林防火指挥部或办公室。至1958年，全专区建立各级护林防火委员会600个，防火队2866个，开设防火线2520千米，设置护林防火牌3317块。1965年1月，毕节专署印发保护森林布告，严禁放火烧山、毁林开荒、烧山驱兽、烧灰积肥、烧山造林，有组织地使用生产用火，严防造成森林火灾。是年3月，各县根据省军区司令部、公安厅、高级人民法院、检察院、林业厅的联合通知，相继成立护林防火办公室。1973年，地区及各县革委相继成立护林绿化指挥部或指挥所。次年，纳雍县建立各级护林防火组织331个，配护林员853人。

1975年，地区在纳雍县召开护林防火工作会议，推广堰塘社办林场“发动群众，订立护林公约，管护山林”的经验。1984年地区及各县相继成立林业公安机构，负责护林防火工作，各级绿化办公室不再承担森林防火工作。1987年，毕节地区成立护林防火指挥部，下设办公室在地区林业局。1989年，毕节地区决定在71个区镇建立森林防火指挥机构，配备护林员1962人，初步形成森林防火体系。自1990年起，全地区森林防火工作，实行谁主管、谁负责，层层签订责任状。2001年，地区护林防火指挥部办公室与地区林业局公安科合署办公。2010年，毕节地区森林防火指挥部办公室正式建立。

森林火灾　中华人民共和国成立前，居民时有烧山开垦，烧山放牧、驱兽行为，常引发森林火灾。20世纪50年代，森林火灾年年都有发生。1954年，黔西县发生森林火灾223次，受灾2399公顷，烧毁林木380万株。1956~1958年，全地区每年发生森林火灾958次，受灾6.24万公顷。60年代，全地区共发生森林火灾525次，受灾森林7522.1公顷。70年代，除去未统计部分，全地区发生森林火灾523次，受灾9991.3公顷。80年代，全地区共发生森林火灾601次，受灾4432.9公顷，其中1989年发生17次，受灾11.7公顷，为1954年有统计以来最低年份。90年代，全地区发生森林火灾498次，受灾760.9公顷，森林火灾毁林率0.2‰。这10年，是全地区发生森林火灾次数和受灾面积较低的年代。2000~2005年，全地区发生森林火灾876次，受灾1505.5公顷，毁林率0.4‰。其中2003年发生331次，受灾725.9公顷，毁林率0.9‰。1954~2005年，据不完全统计，全地区发生森林火灾4204次，受灾5.58万公顷。2011年，发生森林火灾22起，火场面积39.7公顷，受害森林面积11.93公顷。20世纪60年代以来，查处引发森林火灾的责任人，损失严重的，受到法律制裁。1964年4月，赫章县倮歪乡孙某某烧毁杨山坪子云南松33.3公顷，被判有期徒刑3年；1981年赫章县白果公社的罗某某烧毁中龄林11.2公顷，被判有期徒刑2年，缓刑2年；1985年，赫章县安朗乡的钱某某，烧毁林木56.7公顷，被判有期徒刑3年。

## 二　林业有害生物防治

林业有害生物的防治　清代及民国时期，无林业有害生物防治的机构和人员，任其自生自灭。1949年10月，中华人民共和国成立后，自20世纪50年代始，开始对林业有害生物中的病虫害采取人工防治措施。1979年，毕节地区开展森林病虫害普查。1980年，建立赫章县水塘林场松梢螟，毕节县拱拢坪林场华山松流脂病，纳雍县化作林场针叶蜂，漆树缩叶病，化作林场赤腹舞毒蛾，金沙县石仓林场杉天牛测报点。1982年，毕节地区首次采用生物防治技术。1985年，首次采用营林措施防治森林病虫害1270公顷。1986年，首次开展苗木产地检疫和木材、种苗、药材、花卉等的调运检疫。当年完成苗木产地检疫54.3公顷2852.5万株，木材调运检疫300立方米。是年，预测预报工作实行承包责任制，各测报点与地区森林病虫防治检疫站签订合同。1992年起，毕节地区实施国家林业局制订《森林病虫鼠害防治目标管理办法》，防治森林有害生物。至2011年，全市89.27万公顷森林发生有害生物，其中病害5.0万公顷，占5.6%；虫害74.35万公顷，占83.29%；鼠兔害9.86万公顷，占11.04%，有害植物0.06万公顷，占0.07%。年均有害生物成灾率1.37‰，均未超过当年最低指标；年均防治率71.9%，测报准确率92.9%，苗木产地检疫率99.1%，均超过或达到当年的管理指标。

2009年，《毕节“开发扶贫、生态建设”试验区林业有害生物综合防控体系基础设施建设项目》获国家林业局立项批复实施，项目总投资698万元，其中中央投资安排558万元，地方配套解决140万元。2011年，全地区发生林业有害生物7.3万公顷，成灾害面积260公顷，灾害率0.3‰，低于省下达3‰的控制指标；无公害防治率100%，超过规定指标85%；监测准确率95.5%，超过规定指标85%；苗木产地检疫率100%。

1980年后，据森林病虫的发生发展趋势建立健全测报点。至2005年，分别在金沙、威宁、纳雍、赫章、黔西建国家级中心测报点，在毕节、大方、织金建省级中心测报点，形成较健全的森林有害生物测报网络体系。虫害防治，由单一防治幼虫发展为防治幼虫发展为防治幼虫与诱杀成虫结合，由中高毒的农药防治发展为高效低毒的无公害防治，采用仿生制剂灭幼脲、生物制剂白僵菌等无公害药剂防治松叶蜂、松毛虫、蚜虫、蚧壳虫等，害虫受白僵菌侵染后，虫体死亡速度较快，死虫体内的白僵菌又快速繁殖扩大再次侵染，防效显著且无污染，防治整体水平提高。

**森林有害生物调查**　1.森林病虫害普查。1979~1980年，按省林业厅统一部署，省林科所、贵州省农学院林学系、地区林科所联合普查毕节地区森林病虫害。据查，森林主要病害有：华山松落针病、煤污病、根腐病，云南松赤枯病、落针病、根腐病，马尾松赤枯病，杉木黄化病，漆树瘿螨病，核桃细菌性黑斑病、枝枯病、膏药病、毛毡病，松、杉猝倒病。主要虫害有：松梢小卷蛾、粉蚧、松尺蠖、双条杉天牛、杉宗天牛、漆树金花虫、核桃金花虫、核桃果象、云南油杉毒蛾、云斑天牛、金龟子。

2.普查森林植物检疫对象。1991～1992年，地区林业局根据省林业厅统一安排，组成普查队调查区内100个乡镇成片林木4222.3公顷，四旁及行道树22.23万株，查出国内森林植物检疫对象泡桐丛枝病、枣疯病，并查明其分布区域。

3.专题调查六种森林植物检疫对象。1997~1998年，根据省林业厅安排，毕节地区林业局组织人员调查区内136个乡镇、11个国营林场的3.7万公顷林地。调查华山松、柏木、杉木、板栗、漆树，查出国内新的森林植物检疫对象锈色粒肩天牛、板栗疫病，同时发现杉木缩顶病。

4.调查华山松害虫。2001~2004年，地区森林病虫防治检疫站调查各县市华山松主要林区，发现有华山松害虫21种，分属2个纲、6目、11个科，并查明其分布和危害情况。

5.普查林业有害生物。2004~2005年，按省林业厅统一部署，地区林业局组织56人调查全地区250个乡镇、办事处，12个国营林场，17个苗圃场，34处木材经营加工点，共70.33万公顷林地，占全地区林地的85.8%。发现林业有害生物137种，其中病害51种、虫害69种、鼠兔害8种、寄生性种子植物3种、蜱螨3种、软体动物2种、有害植物1种。发现外来森林有害生物松林线虫病和紫茎泽兰。主要虫害有云南木蠹象、松褐天牛、云斑天牛、云南松毛虫、马尾松毛虫、云南油杉毒蛾、舞毒蛾、松叶蜂、栗瘿蜂、栎黄枯叶蛾、竹节虫、金龟子，主要病害有泡桐丛枝病、华山松煤污病、松落针病、松材线虫病，以及鼠、兔害。

**森林病害防治**　1.云南松赤枯病、落叶病等混生型病害防治。1974年，纳雍县发现云南松林针叶发黄，1976年化作林场九个坡林区的333.3公顷云南松幼龄林死亡，1977年感病面积扩大到5666.7公顷。据查，病害虫害同时发生，多为赤枯病、赤落叶病、落针病、根腐病混生。纳雍县林业局试制纳林764杀菌烟剂，纳林763杀菌、杀虫烟剂，纳林761、762杀虫烟剂，送林业部安阳林药厂鉴定后，生产50多吨，用于化作林场云南松病害防治，效果显著。

2.华山松落针病防治。1976年，毕节拱拢枰林场的华山松发生落针病，感病率83%，感病指数42。是年8月，用621烟剂防治200公顷。1979年调查，防治效果显著。

3.华山松煤污病防治。1972年，发现华山松幼林感染煤污病。1984~1987年，地区林科所调查毕节、大方、黔西、纳雍、威宁、赫章县39个样地、1743.5公顷林地，发病面积66.2%。发现其病原为球蚜，每年5~9月出现两次球蚜高峰期，之后出现霉菌生长高峰期。通过药剂防治试验，提出50%甲胺磷乳剂2000液、50%速灭丁乳剂2000倍液及741烟剂等药剂，及其施用剂量和施用时间，防治效果良好。1986年开始在发病严重的拱拢坪、平山林场开展大面积防治，至1988年共防治2269.7公顷。

4.漆树瘿螨病防治。1979年，纳雍县土产公司发现和平公社队办林场16.3万株漆树，多数叶片萎缩卷曲，严重的叶片枯死，植株死亡。1980~1985年，省林科所、地区林科所调查大方、纳雍、赫章县漆树，发现病害主要发生于漆树苗圃及幼林。课题组通过接种试验，确认病原为瘿螨。漆树病发期与瘿螨繁殖期同步，瘿螨繁殖期3~9月，高峰期8月，漆树发病期亦为3~9月，危害严重期亦为8月。通过药剂防治试验，提出50%久效磷乳剂1000液、波美0.5~0.7石硫合剂，大面积防治效果均在87%以上。1985年，毕节、大方、织金、纳雍、赫章县，开展漆树瘿螨病防治，苗木出圃时作浸泡处理，用40%久放磷乳剂1000倍液加敌敌畏混合处理感病率10%以上的苗木9880株，防治效果100%。幼林用40%久效磷乳剂1000倍液喷雾防治160公顷，效果显著。

5.华山松根腐病防治。1984年，拱拢坪林场400多公顷华山松发生根腐病。通过修枝抚育、砍出重病株、清除死亡株后，4~5月在距离病株主干40~66厘米处，绕树挖深10厘米的圆形小沟，然后施石灰进行防治，防治效果显著，控制病害蔓延。

6.杉木幼林病害防治。1989~1990年，织金桂花林场257.5公顷杉木幼林普遍感病。地区森林病虫防治检疫站和林科所，在桂花林场采用施肥、修枝、喷施农丰菌等措施，对杉木幼林病害进行防治试验，有一定效果。

7.松材线虫病预防和防治。2005年1月，金沙县源村、木孔、官田新发现松材线虫病。地区森林病虫防治检疫站，按照《贵州省松材线虫病预防和除治工作目标管理责任书》的要求，层层签订预防和除治工作目标管理责任状，实施预防工程12.61公顷，除治0.247公顷。1993年，赫章县古基中寨林场50公顷华山松近熟林全部死亡，2007年威宁县沙子坡华山松林遭受大面积危害。松叶蜂是毕节市近20年来的主要林业有害生物之一，年发生面积1.159公顷，采用除虫菊酯类、灭幼脲等喷雾及白僵菌防治，防效显著。经多年连续防治，该虫在赫章、威宁两地仍有发生，但虫口密度明显降低。

**森林虫害防治**　1.云南油杉毒蛾防治。1951年，云南油杉毒蛾由镇雄县传到赫章县六曲河区古基乡。1958年，以赫章县六曲河区为中心的5个区25个公社发生云南油杉毒蛾危害，受害6000公顷。毕节专署营林局与当地各级领导组织人工捕杀2250千克；采用6%可湿性“六六六”100倍液喷撒，11小时后害虫死亡率86.6%。1962年，赫章县平山林场发生油杉毒蛾为害，200公顷林木呈干枯垂死状。林场采用（6）Ⅲ—A型杀虫烟剂，在林中用火堆放毒杀，效果显著。1989年5月，省林科所和地区森林病虫防治检疫站，在赫章县六曲河、野马川区，试用菊酯类和灭幼脲混合稀眯1：2000倍液，喷雾防治云南杉毒蛾990.9公顷，效果达95%以上。

2.天牛防治。1961年，毕节县德厚公社4个生产队的156株树龄30年以上的核桃，受天牛危害，1965年死112株。毕节专署林业局派员调查，用石硫合剂或80%敌敌畏混合面粉，阻塞残存的44株大树及33株幼树的虫眼，收到防治效果。

3.松尺蠖防治。1966年，毕节县拱拢坪林场及毗邻6个公社的2200多公顷南松发生严重松尺蠖危害，平均虫口密度400头/株，多者达1100头/株。除人工捕杀外，还采用敌百虫和“六六六”防治，效果90%以上。

4.杉梢小卷蛾防治。1975年，金沙县岩孔区红蜂公社林场80公顷林木受杉梢小卷蛾危害，县林业局采用“六六六”粉喷施的方法，防治效果达92%。

5.松梢螟、杉木天牛等虫害防治。1977年，纳雍县化作林场1866公顷云南松发生松梢螟、松梢小卷蛾、杉天牛、松褐天牛、小蠹虫、象鼻虫、松蚜虫等虫害，采用县林业局研制的纳林761杀虫烟剂防治，效果良好。

6.赤腹舞毒蛾防治。1978年，纳雍化作林场建新河林区667公顷铁坚杉、华山松混交林发生赤腹舞毒蛾虫害，大片林木针叶被吃光，90%的被害株嫩梢干枯萎缩。1979～1980年，纳雍县林业局在灾区设点，对其生活习性及发生规律进行观察，并进行防治试验。1980年蔓延到1334公顷，虫口密度高的达1072头/株，一般达250~300头/株。经采用柴油作溶剂，杀虫净或杀虫快作溶质，按2：1搅拌，用超低容量喷雾机喷洒，1小时后6龄幼虫死亡率达98%~100%，效果显著。

7.松叶蜂防治。1984年，区内470多公顷林区发生松叶蜂为害。次年，威宁县新华林场100公顷林木松叶蜂成灾，松树针叶全被吃光。经采用“六六六”烟剂防治，第二年受害林木恢复正常。1989年，金沙县禹谟区二年生华山松基地林中发生松叶蜂害，导致13.3公顷幼树死亡。

8.松梢螟防治。1985~1986年，有6926.7公顷林木发生松梢螟危害，用药剂防治612.7公顷。其中，赫章县平山林场哨上工区，8~13年的300公顷幼林较为严重，有虫株率76%，虫口密度为每株8~24头，45%枝梢受害干枯。

9.漆黄叶甲防治。1984年，纳雍县高坡发生漆黄叶甲危害，虫口密度为60~125头/株。1986年，533.3公顷漆树林发生漆黄叶甲危害，采用马拉硫磷、氧化乐果、敌敌畏等喷雾防治1~3龄幼虫效果较好。1987年，毕节县朱昌区花厂乡林场80公顷漆树发生漆黄叶甲危害，采用人工捕捉幼虫，7天得2705千克。

10.云南松毛虫工程治理。国家级项目。2000~2002年，在毕节市、金沙县实施，由地区森林病虫防治检疫站主持，3年累计治理4.77万公顷，其中采用措施防治占83.7%，采用生物防治占12.4%，采用化学防治占3.8%。治理前，项目区内有松毛虫分布2万公顷，成灾10%，最大虫口密度706头/株，老熟幼虫最大体长13厘米，21条重500克。经治理，两县市云南松毛虫得到有效控制，平均虫口密度降为0~15头/株。

11.云南木蠹象工程治理。2002~2004年，为省级项目，2005年列为国家项目，在威宁县实施，地区森林病虫防治检疫站主持。治理区4.69万公顷，平均虫口密度173.5头/株，危害严重的虫株率达80%以上，成灾2.73万公顷，导致218万株死亡。经过以无公害措施为主的治理，发生面积降至2.41万公顷，降49%，其中轻度发生占65.5%，中度占24.9%，重度占9.6%，虫害得到基本控制。

12.舞毒蛾防治。2000年以来，赫章县水塘林场的华山松林，连续发生舞毒蛾等虫害，造成林木成片死亡，虽经多年防治，虫害未能有效控制。2005年，在害虫幼虫期使用仿生制剂灭幼脲和化学制剂菊酯类进行混合喷雾，防治330多公顷，虫口死亡率85%以上。7月4日~8月15日，成虫羽化期采用灯光诱杀，共诱杀成虫2269.6千克，林木有卵块率从原来的30%降低为零；2007年，采取灯光诱杀、人工收集卵块、烟雾防治等措施，诱杀以舞毒蛾为主的各种成虫80余公斤，收集卵块42383块，防治成效80%以上，成效显著。

13.柳杉云毛虫。2009年越冬期调查期间，首次在大方、纳雍、织金等县区的多个乡镇发现，主要危害杉木，虫口密度高达392头／株，有虫株率72.5%，对杉木和柳杉威胁较大，虫口密度大时可将植株针叶取食光，通过采用菊酯类喷雾防治，次年林木均恢复生长，一片葱绿。

14.核桃扁叶甲。2009年，核桃扁叶甲在纳雍县羊场乡凹梳村大发生，该乡有128公顷的核桃受害，部分植株虫口密度高达几十万头／株。2010年纳雍县发生核桃扁叶甲403公顷，采用仿生制剂和化学药剂混合喷雾防治，有效降低了虫口密度。

15.褐喙尾。主要分布于大方县果瓦乡，织金县以那镇、桂花林场，金沙县城关镇、马路乡等地，该虫食性杂，不仅危害桦木、栎类、杉木等多种林木，还可危害农作物，严重时寄主叶片被食光，远看一片枯黄，形似火烧。2006~2011年，全市发生面积0.353万公顷，采用菊酯类喷雾防治0.246万公顷。森林鼠、兔害防治1991~2011年，全地区累计发生森林鼠、兔害9.85万公顷，防治5.51万公顷，占55.9%。鼠、兔害得到一定控制。

## 三 林政管理

**山林权属** 民国时期，森林分属为国有、族有、私有。1951~1952年，实行土地改革，地主、富农所有森林及果木林，面积大者收归国有，面积小和零星林木，分给乡、村和农民，并颁布发土地证，承认农民私有山林权。1953~1956年，农村实行农业合作化，社员的山林、树木折价入社，入社林木属集体所有，同时给农民留一定自留山、自留林、自留树。1958年，农村建立人民公社，取消私有林，合作社的山林全部归公社集体所有。是年，建立国营林场，宜林荒山及林木属国家所有。1961年初，农村开展整风整社，农民房前屋后的树木归其所有。是年，大方县35片约3450公顷国有林委托人民公社代管。1962年10月，毕节专区贯彻《中共中央关于确定林权，保护山林和发展林业的若干政策规定》，专署林业局和威宁县林业局在威宁黑石头公社河坝大队进行“山林分级管理，发展林业”试点。1963年2月，中共毕节地委肯定试点做法，批转在全专区执行。其山林权的管理办法为：在土地改革时收归国有的山林，仍归国有，委托给当地生产队经营管理，按龄级由国家发给一定的森林管理费，到林木收益时适当奖励；原属村有林，归大队所有，固定给山林所在生产队管理，直到林木收益时，按龄级由大队和生产队分成；土改时划归行政组集体的山林，改给农民的山林，均折价归生产队所有，由集体经营，固定给作业组（或包山组）看守，到有收益时，按龄级提取1%~3%的报酬；在生产队地界内的果树、经济林、孤立木随地走，果树和经济林包给附近农户长期经营管理，收益分配办法，按各生产队具体情况而定；房前屋后和自留地的果树、经济林木归社员所有。由各县政府颁发“集体山林所有证”。

1980年12月起，全地区开展稳定山林权，划定自留山、责任山，确定林业生产责任制（简称林业三定）。至1983年5月，发证生产队占开展“三定”工作的80.9%，划定自留山14.28万公顷、责任山2.54万公顷，落实边界和制订各种管护责任制的森林10.35万公顷，处理林权纠纷3456起，涉及林地3937公顷。1984年，毕节地区贯彻《贵州省关于进一步放宽政策搞活林业经济若干问题的规定》，涌现林业重点户2449户，承包宜林荒山6538.1公顷，当年造林1797.2公顷；林业专业户216户，承包宜林荒山1035.5公顷，当年造林577.3公顷；联户林场129个，承包宜林荒山2.3万公顷，当年造林2430公顷。1985年，国有林1.59万公顷，占有林地的7%；集体和私有林21.31万公顷，占有林地的93%。1995年，全地区有林地43.7万公顷。其中国有林2.43万公顷，占5.6%；集体林41.04万公顷，占93.9%；其他林2295公顷，占0.5%。2000~2005年，地区实施退耕还林还草工程，实行谁退耕、谁造林、谁经营、谁收益，国家给予一定补贴，退耕者有“退一还二还三”的义务，工程中产生的林权属个人所有。

**集体林权制度改革**　2007年，按照《省人民政府关于开展深化集体林权制度改革工作的意见》，毕节地区启动集体林权制度改革工作。2009年在推进完成林权主体改革工作的同时，开展林权配套改革工作，出台《中共毕节地委办公室毕节地区行署办公室关于进一步搞好金融服务林业工作的意见》《毕节地区森林资源资产评估管理暂行办法》《毕节地区森林林木林地流转管理暂行办法》等文件。至2011年，完成主体改革勘界确权面积103.45万公顷，区划宗地86.7万宗；发放林权证56.11万本，发证面积101.85万公顷；调处林权纠纷1294件，面积2.4万公顷。林权勘界率、确权发证率、纠纷调处率分别达99.47%、97.93%和94.1%。

**森林资源保护**　1958年，大炼钢铁，各地砍树作燃料。毕节县吉场区砍成片的原始森林2667公顷，2万多立方米作烧炭木材；大方县伐光森林3330多公顷，黔西县砍伐林木7.5万立方米。是年7月，毕节专署发出《关于制止用栓皮树作炼铁高炉燃料的通知》。60年代初期，区内毁林开荒和乱砍滥伐林木严重。黔西县毁林22.5万株。黔西县重新公社顺石管理区，村民挖蕨林毁林133.3公顷。毕节县撒拉溪等4个区，乱砍滥伐森林1080立方米。威宁县乱砍滥伐森林2170公顷，损失木材2500立方米。赫章县发生乱砍滥伐1500起，砍伐林木11.4万株，毁林开荒450起，毁林80公顷。1963年，毕节专区贯彻执行《森林保护条例》，林木实行凭证采伐。规定公社审批10立方米，采伐10立方米以上必须报县政府批准，采伐国有林须报省林业厅批准。1965

年1月，毕节专署印发《保护森林布告》。1969年冬，赫章县平山、野马川、后山公社30个生产队，进入平山林场开荒，使平山林场损失林木154公顷。70年代，地区内11个国营林场，被附近生产队毁林开荒4700多公顷。

1980年，大方县652个生产队均发生乱砍滥伐各种林木12.6万株。金沙县沙土区青山、后山等2个公社的国有林和集体林受严重破坏，砍伐各种林木1000多立方米。是年，织金县发生乱砍滥伐案1000件，砍伐各种林木2万立方米，毁林开荒1333.3公顷。是年5月，毕节地区行署发出《关于保护森林资源制止乱砍滥伐、毁林开荒的紧急通知》。1981年，实行采伐国有林、集体林须由林权所有者提出申请，经批准后发给采伐证，凭证采伐，若无证采伐，以乱砍滥伐论处。1982年，全地区查处498件毁林案，判处25个严重毁林罪犯有期徒刑，收回木材1500立方米，罚款1.1万元。1984~1986年，林业公安共查处毁林案377件，查收木材910立方米。1987年，又一次发生严重的乱砍滥伐，毁林5万多立方米，11个国营林场的林木不同程度地遭到侵占，抢砍和盗伐。是年5月，中共毕节地委、毕节地区行署决定派出由地、县公安、法院、检察院、工商和林业单位组成的联合调查组，调查毕节县青场区鲍家乡乱砍滥伐林木。6月，在青场区召开制止乱砍滥伐现场会，对组织、煽动盗伐集体林的4名罪犯依法逮捕，对参加的另外9人，依法处以行政拘留10~15日，清理没收盗伐和滥伐的木材343立方米，赃款2450元。对无证收购木材的6个单位罚款9400元，补交林业基金4099.7元，加收林业基金1205.5元。对291户参加砍伐林木的农民，处以罚款或补栽树木。此后各县均召开制止乱砍滥伐现场会，依法逮捕一批毁林罪犯。1991~2005年，发生盗伐案491件，查处477件；滥伐案601件，查处586件；违法侵占林地532起，查处497起。这些案件导致损失林木4167.2立方米，损失幼树211.3万株，损失林地292.8公顷。

2006~2011年，全市共立案查处各类涉林行政案件4814起，其中：盗伐林木案件142起，滥伐林木案件472起，违法使用林地案件524起，违法运输木材案件2601起，非法收购经营加工木材案件715起，乱捕滥猎、非法收购、出售、携带野生动物及其产品案件81起，违反种苗管理规定16起，其他案件263起。损失林地478.3公顷，损失林木2898.5立方米，损失幼树217.8万株，没收木材10850.2立方米，罚没收入275.1万元，补交林业费金0.5万元，赔偿损失35.0万元，没收野生动物110只，没收苗木2.9万株，补种树木9.6万株，行政处罚7281人。2011年全市共立案查处各类涉林行政案件338起其中：盗伐林木案件12起，滥伐林木案件66起，违法使用林地案件61起，违法运输木材案件143起，非法收购经营加工木材案件13起，乱捕滥猎、非法收购、出售、携带野生动物及其产品案件7起，违反种苗管理规定1起，其他案件11起。

**木材流通管理**　民国时期，主要以纳税的方式进行木材流通管理。1951~1953年，专区内木材流通凭省伐木公司毕节支公司、县贸易公司、供销合作社的发货票起运。1954年起，凭省森林工业局的计划调拨单、毕节森工分局的木材检尺单、税务局监印的发货票运输木材。1963~1984年，森木企业和其他单位转运木材，凭木材运输单起运，出境木材凭木材调拨通知书、木材检尺单、检验钢印、发货票运输。1985年，开始使用木材运输证。运输木材出县时，由经营单位持有关手术到县或地区林业局办理出境木材运输证，证券随货同行，木材检查站凭运输证、发票、检尺单放行。当年核发木材出省运输证54份、木材784立方米；木材省内运输证783份2148立方米，木材流通券9752份3160立方米。1986年起，区内木材流通，由经营单位持商品材或自用材采伐证，到县林业局缴纳手续费后办理省内运输证，到地区林业局办理出省木材运输证。是年，开始实行木材和其他林产品运输检疫，木材检查站验运输证、检疫证、检尺单、发货票后放行。1991~2005年，区内共办木材运输证1.27万份，木材13.37万立方米，林副产品1926.3吨，其中出省运输证916份，木材1.85万立方米，林副产品999.8吨。木材检查站验证放行1.01万车（人）次，木材7.78万立方米；处罚违章3617车（人）次，木材1.02万立方米，罚款74.5万元，补交林业基金46.6万元。2011年，共办木材运输证1630份，准运木材2万立方米；处罚86车人次违法运输木材行为，涉案木材53.46立方米，罚款1.53万元。

毕节小坝镇千年古银杏

**珍稀动植物保护** 1975年前，未制定珍稀动植物保护措施，1975年后，各县对古、大、珍稀树相继实行挂牌保护。2009年，毕节地区林业局组织对全地区古大珍稀树木进行普查，并建立数据库管理。1976年，黔西县革委行文要求加强保护葵花松。1977年，威宁县行文加强保护黄杉、紫檀。1979年7月，省林业厅下文加强保护威宁短柱油茶。1985年，毕节地区行署印发《保护草海自然资源通告》。是年，省政府批准建立草海省级自然保护区，保护国家一类保护动物黑颈鹤等4种，二类保护动物琵鹭等11种；国家三级珍稀濒危保护植物海草花、黄杉。是年省林业厅决定威宁县妥打为白冠长尾雉保护点，保护点内除白冠长尾雉外还有红翅绿鸠等8种国家二级保护动物。1986年，黔西县政府行文保护渭河的国家二级保护动物大鲵。1991年，大方县政府批准建立大方县福建柏县级自然保护区，对国家二级保护植物福建柏及森林生态系统进行保护。1992年，金沙县政府

草海黑颈鹤

批准建立冷水河自然保护区，保护区内有珍贵稀有植物南方红豆杉等11种，珍稀动物猕猴等20种。1992年，威宁县政府批准建立威宁县妥打白冠长尾雉县级自然保护区，对保护区内白冠长尾雉及其生境进行保护。是年，草海自然保护区升级为国家级自然保护区，保护区内黑颈鹤、琵鹭等保护动物得到更好保护。1999年，金沙县政府批准保护箐门乡的福建柏和红腹锦鸡、白腹锦鸡。2000年，威宁县政府批准建立黄杉县级自然保护区，对黑石、哲觉、么站、草海，麻乍、金斗等乡镇内国家二级保护植物黄杉及其森林生态系统进行保护。2001年，毕节地区行署批准保护百里杜鹃及杜鹃林内的林麝等5种国家重点保护动物。2002年，毕节地区行署批准保护罩子山的国家重点保护动物穿山甲等6种；2005年批准保护乌箐的国家重点保护植物红豆杉、西康玉兰、厚朴，重点保护动物游隼、猫头鹰等6种。2007年，百里杜鹃自然保护区升级为省级自然保护区。

# 第四节　森林利用

## 一　木材生产及购销

**木材采伐**　中华人民共和国成立之前及其成立之初，未设立木材采伐的专门机构，亦未对采伐木材作任何限制，全由林木所有者自由采伐，这种做法一直延续到1958年。1954年，毕节专区根据省人民政府决定，成立国营森工机构，对采伐木材进行管理。1954年3月，毕节专区贯彻中华人民共和国政务院关于有计划采伐木材的规定，按省下达计划指标采伐木材。专区调整分配木材采伐计划指标。1956年，毕节专员公署计划委员会、贵州省森林工业局毕节分局统一下达林木采伐计划指标，这种做法一直延续到1980年。1981年，毕节地区贯彻中共中央、国务院《关于保护森林发展林业的若干决定》，将国家统配材、地方用材、国营林业单位和其他部门自用材纳入采伐计划采伐计划，由地区计委和林业局联合下达，并规定不允许县、区、乡加码和进行计划外采伐。1985年，贯彻中共中央〔1985〕1号文件，规定凡需采伐木材的单位和个人，必须事前提出申请，注明采伐木材的用途、地点、面积、材种、株数、更新方式，由林业部门派人现场调查，批准后发给木材采伐证。1990年，毕节地区林业局根据森林法实施细则和林业部、省林业厅要求编制《毕节地区1991~1995年森林采伐限额》，1993年获地区科技三等奖。1991年，实行采伐需经林业部门批准，运输木材需经检查站验证。至2005年，全地区共办木材采伐证3.4万份，采伐2.57万公顷，活立木蓄积36.6万立方米，其中商品木9.76万立方米。2011年，办理采伐许可证1023份，采供面积2751.1公顷，采伐蓄积7.24万余立方米。

**木材收购**　中华人民共和国成立前及中华人民共和国成立初，未设专门的木材收购机构，全由木材所有者在市场销售。1952年，贵州省森林工业局在黔西县设置木材收购站，是年收购木材1.2万立方米。1954年，省地森林工业部门与计划部门联合下达木材采伐、收购计划，收购木材由森林工业部门依计划进行。这种收购方式一直延至1985年。1952~1959年，森工部门年均采伐收购木材2.67万立方米，其中收购量占38.2%；1960~1969年，年均3.52立方米，收购量占52.5%；1973~1979年，年均8015立方米，收购量51.6%；1980~1985年，年均4530立方米，收购量68.9%。1975年前，收购木材价格采用固定林山价、费用包干，按里程计价的办法进行。自1975年起，采用固定基价加里程运价的办法进行。1985年，贯彻中共中央〔1985〕1号文件，放开木材开放市场，木材价格随行就市。

**木材销售** 1985年，由林业部门执行统一分配，计划调拨规定，按“先中央、后地方，先省外、后省内，先农业、后工业，先生产、后基建，保证重点、全面照顾”的原则销售，销售价格由物价部门审批。1985年后实行随行就市，议购议销，除林业部门进行木材销售外，凡具备规定条件的单位和个人，经林业和工商部门批准，也可进行木材销售。

## 二 森林化工

**软木制品** 1954年，林业部、省森工局有关人员与苏联专家考察毕节、安顺、兴义专区栓皮栎资源，确定由林业部投资在毕节建立贵州软木厂。1956年4月开建，1957年2月建成投产，生产1000毫米×500毫米×500毫米软木砖。1958年，增加软木瓶塞、软木救生衣等软木制品。1959年生产软木砖6758立方米，创历史最高水平，被评为全国群英会先进单位，获林业部优质高产奖。1966年增加生产软木纸。1970~1971年，增加1000毫米×500毫米×50毫米软木砖和各种规格的软木管。1986年，贵州省标准计量局颁布栓皮、软木砖、软木管、软木纸标准。1987年，工商部门审批注册黔峰牌软木砖商标，获贵州省优质产品称号。1990年，开发出新产品签名球芯。是年，黔峰牌软木砖获林业部优质产品称号；软木产品系列标准和计量标准，分别被评为国家标准化四级和计量三级。1963年前，贵州软木厂的产品调拨权归林业部和省轻工局，主要通过外贸部门销往苏联和东欧国家。1963年停止出口转内销。1957~1990年，共生产软木制品7.87万立方米，销售软木砖7.65万立方米，销售收入2665.09万元，其中出口1.84万立方米，创外汇196万美元。90年代，由于原料和市场的变化，贵州软木厂出现亏损，1998年破产。

**其他林化工产品** 1958年，全专区建林化工厂45个，产品有栲胶、活性炭、芳香油、松香等。60年代初停产。

## 三 木材加工利用

木材加工利用有悠久历史。200多年前，毕节县箱子街木匠制作樟木箱销售，驰名省内外，箱子街也因此得名。民国20年（1931），毕节专区成立17个行业工会中，木业工会位于其中。

中华人民共和国成立后，木业加工逐步发展。1950年，全专区有个体木业手工业从业人员900余人。1952年，毕节县成立群星、红星、新星合营家具生产合作社，年生产家具2000多件。1953~1954年，城市木业手工业者，多以合作社形式经营，农村仍以个体为主，从业人员1778人。1954~1985年，木材加工主要由林业、供销、轻工部门组织进行。1985年后木材加工国营、集体、个体并存。国营木材加工主要由贵州软木厂木工车间、各县木材公司、威宁采育林场和各国营林场组织生产。1958~1974年，在山场加工板材、枋材，共生产锯材6.06万立方米，其中枕木7725立方米。各县木材公司自营木材加工，生产柜子、床、椅子、桌子出售。威宁采育林场建立木材加工车间，加工门、窗、汽车箱架、包装箱；威宁县林业局成立木材加工厂，生产家具、汽车箱架，产品销往云南、四川和各县，1988年被评为省林业系统先进企业。桂花林场、拱拢坪林场，均办有木材加工厂，生产家具和办公用具。供销、轻工部门所属的木材加工厂，主要生产木制农具、家具、木秤杆、酿酒用具等。1964年，全专区有木业加工企业16户，生产木制家具1.63万件；龙骨车、风车、挞斗、粪桶、犁头、耙子等农具17.6万件，常年3万多件。木秤杆采用乌木和黄杨木作原料，全地区常年生产5万把。80年代后，原材料减少，产量有所下降。

90年代后，各县市城区关新增许多家具店，有的办有加工车间，加工木材，制作家具，从业者本地外地人皆有。

## 四　林特产品

**生漆**　生漆生产历史悠长。民国28年（1939），大定县生漆销售量占全省的37.8%。1949年，全专区产生漆38.5吨，1950年142.4吨。毕节专区为全国生漆重点产区之一，毕节、大定、黔西、金沙、织金、纳雍、赫章皆为全国生漆基地县，其中毕节、大定、金沙、赫章县，常年年均产量50多吨，大定县达75吨。1958年，全专区产生漆236.8吨，为50年代的最高水平。1961年产69.3吨，为1950~2005年的最低水平。1978年产漆237吨，1989年产漆363.9吨，2005年产漆436吨，2008年产漆469吨，2009年产漆421吨，2010年产漆455吨，2011年产漆469吨。境内生漆质量好，尤以方漆为上品，其漆酚、三稀漆酚、漆酶含量高，水分少，乙醇不溶物少，表干时间长，具有燥性强、漆膜光洁、坚韧耐磨、耐温、耐腐优点，在国际贸易中享誉甚高。

**漆器**　漆器生产与生漆生产的历史同样悠久，明洪武年间（1368~1398）曾作为贡品，清道光年间（1821~1850），大定漆器盛极一时，生产作坊遍及大定城，从业者达近千人，有漆城之称。中华人民共和国成立后，大方漆器加工从个体发展到国营漆器厂，在继承传统工艺的同时，学习引进外地先进技术，漆器产品发展到400多种，年产3万多件。

**漆蜡**　历史上，漆农有将漆籽生产成漆蜡的经验。1949年后，由供销部门收购漆籽加工漆蜡。至1984年，全地区共收购漆籽8.46万吨。1964年收购5526吨，为历史最多年。

**核桃**　毕节地区是贵州核桃主产区。1949年，全专区产核桃1838.5吨，其中毕节、大方、织金、威宁、赫章县产量在200吨以上，威宁县常年产400多吨。1949~1990年，全地区年均产核桃1770.9吨；1991~2005年，年均产2783.9吨。1988年3908吨，为历史最多年。2005~2011年，年均产核桃5996.7吨，2011年达8892吨。地区内有7个核桃品种类型。

**油桐籽、桐油**　油桐主要分布在黔西、金沙县，其余县海拔底地带亦有分布。区内油桐多为林粮间作或散生。黔西县油桐有6个品种类型，1981年引进广西恭城的对年桐、湖南慈利的葡萄桐。历史上，在没有电和煤油时，百姓照明多用油桐籽加工成的桐油点灯照明。民国26年

（1937），全专区产油桐籽2877.2吨。1949~1990年，年均产油桐籽3844.5吨，1967年8004.4吨，为历史最高年。2008年119吨，2009年114吨，2010年114吨，2011年119吨。桐油的质量好，其折光指数、酸价、皂化价均达到国家标准。

**栓皮** 栓皮栎主要分布在威宁、赫章县。1952年前，栓皮未被利用。是年，生产栓皮672吨。1953年，经苏联专家斯马耶夫鉴定，确认区内栓皮质量弹性好、杂质少，居世界第二位。1977年收购1034吨，为历史最多年。至1990年，毕节地区有31年收购栓皮，年均收购392.1吨。

**板栗** 各县均产板栗，其中生产于威宁、赫章县，毕节市。板栗优良品种有辅处板栗、油沙板栗。1949~2005年，全地区年均产板栗425.9吨，其中1958年1141吨，为历史最高年，2005年产656吨。2008年1040吨，2009年1020吨，2010年930吨，2011年975吨。

**刺梨** 野生刺梨多生于土埂、路旁、灌木林中，各县市均有分布。1989~1991年，地区林科所调查，全地区年产鲜刺梨2085吨。主产县为毕节、大方、黔西、纳雍。1991年，全地区有刺梨汁加工厂7家，产品销往省内外，还出口马来西亚。

**竹荪** 气候温和湿润，利于竹荪生长。竹荪天然分布于竹林中，每年5~6月出荪。1983年，织金县研究成功竹荪人工栽培技术，在全县推广。其主要栽培原料为青冈、桦木、竹类。1995年，织金县有5万多户栽培竹荪550万平方米，总产220吨，产值5500万元。1998年，产460吨。

尚有乌桕籽、棕片、五倍子、油茶籽、猕猴桃、杜仲皮、黄柏皮、厚朴皮、天麻、野生木耳、香菇、银耳等林产品。乌桕籽主产于金沙、黔西县，1949年，全专区产乌桕籽370吨，1984年931.2吨，为最高年产量。棕片以大方、黔西、金沙、织金县为多，1949年全专区产50.3吨，1987年产573吨，为最高年产量。1949年，全专区产油茶籽18.7吨，1966年产176.2吨。1949年，全专区产五倍子68.4吨，1965年288.3吨，为最高年产量。

### 2004年毕节地区主要林产品情况表

| 指标 | 单位 | 毕节地区 | 毕节市 | 大方县 | 黔西县 | 金沙县 | 织金县 | 纳雍县 | 威宁县 | 赫章县 |
|---|---|---|---|---|---|---|---|---|---|---|
| 生漆 | 吨 | 440 | 195 | 109 | 24 | 8 | 22 | 22 | 10 | 50 |
| 油桐籽 | 吨 | 76 | 18 | 12 | 24 |  | 2 | 4 | 16 |  |
| 油茶籽 | 吨 |  |  |  |  |  |  |  |  |  |
| 乌桕籽 | 吨 | 9 | 9 |  |  |  |  |  |  |  |
| 五倍籽 | 吨 | 26 | 6 | 7 | 4 | 2 | 4 | 1 |  | 2 |
| 棕片 | 吨 | 218 | 51 | 32 | 18 | 17 | 85 | 4 | 8 | 3 |
| 松脂 | 吨 | 7 |  |  |  |  | 2 | 5 |  |  |
| 竹笋片 | 吨 | 128 | 73 | 31 |  | 6 | 13 | 5 |  |  |
| 核桃 | 吨 | 3815 | 234 | 193 | 55 | 38 | 156 | 98 | 794 | 2247 |
| 板栗 | 吨 | 695 | 82 | 76 | 43 | 23 | 36 | 54 | 219 | 162 |
| 紫胶（原胶） | 吨 | 8 | 8 |  |  |  |  |  |  |  |

续表

| 指标 | 单位 | 毕节地区 | 毕节市 | 大方县 | 黔西县 | 金沙县 | 织金县 | 纳雍县 | 威宁县 | 赫章县 |
|---|---|---|---|---|---|---|---|---|---|---|
| 银杏（白果） | 吨 | 5 | 5 | | | | | | | |
| 山核桃 | 吨 | 12 | 7 | 1 | | | 4 | | | |
| 花椒 | 吨 | 414 | 173 | 24 | 11 | 12 | 50 | 48 | 42 | 54 |
| 小杂竹 | 吨 | 6579 | 2366 | 1131 | 766 | 112 | 801 | 504 | 712 | 187 |
| 其他 | 吨 | 1029 | 43 | | 84 | 5 | 67 | 13 | 739 | 78 |

**2005～2011年毕节地区主要林产品情况表**

| 指标 | 单位 | 2005 | 2006 | 2007 | 2008 | 2009 | 2010 | 2011 |
|---|---|---|---|---|---|---|---|---|
| 生漆 | 吨 | 436 | 423 | 421 | 469 | 421 | 455 | 700 |
| 油桐籽 | 吨 | 74 | 152 | 125 | 119 | 114 | 114 | 119 |
| 油茶籽 | 吨 | 250 | 236 | 251 | 230 | 360 | 7 | 9 |
| 乌桕籽 | 吨 | 14 | 11 | 1 | | 1 | 2 | 3 |
| 五倍籽 | 吨 | 29 | 28 | 26 | 28 | 34 | 27 | 36 |
| 棕片 | 吨 | 201 | 141 | 109 | 121 | 176 | 132 | 132 |
| 核桃 | 吨 | 2328 | 3222 | 6330 | 6442 | 6505 | 8258 | 9240 |
| 板栗 | 吨 | 656 | 786 | 1071 | 1040 | 1020 | 930 | 975 |

# 第五节　林场　苗圃

## 一　国营林场

民国19年（1930），毕节、大定、黔西县成立中山林场。中华人民共和国成立后，自行解散。

1958~1960年，区内建立20个国营林场，隶属县林业局，负责宜林荒山荒地的造林护林，贯彻以林为主，林粮间作，综合利用，多种经营方针，开展造林、护林和粮、油、肉、菜生产。1964年，国营林场减为8个，分别是：毕节县白马山林场、场址海子街镇；毕节县拱拢坪林场，场址杨家湾镇，下设朱昌分场；大方县大海坝林场，场址大方镇大海坝；织金县桂花林场，场址城关镇；纳雍县纳雍林场，场址雍熙镇；纳雍县化作林场，场址纳雍县化作乡；赫章县水塘林场，场址水塘堡乡丫巴山；赫章县平山林场，场址平山乡。1966年，建立金沙县石仓林场，场址平坝乡；威宁县新华林场，场址黑土河乡，1971年恢复黔西林场，场址谷里镇。11个国营林场建场时，共经营6.07万公顷，2005年为2.49万公顷，建成一批以松、杉为主的用材林基地，以漆树、杜仲、板栗为主的经济林基地。

1975年，桂花林场率先在区内开展林场伐材加工利用。1978年11月，地区林业局在桂花林场召开多种经营、综合利用现场会。次年有7个林场建起小型木材加工厂，生产包装箱、桌、椅、凳。1984年，林场生产、经营放开，经营涉及工业、运输、商业、服务业、养殖业、酿酒业、果树和药材种植，产品销往省内外。2003~2005年，7个林场被批准建立森林公园，林场办森林旅游产业，并初具规模，水塘林场的森林旅游成为支柱产业之一。

2006-2011年，2007年贵州百里杜鹃管理区成立，原大方县大海坝林场九龙山工区划归管理区管理，设立了百里杜鹃九龙山国有林场，隶属百里杜鹃管理区林业局。2007年11月，贵州省委、省政府在《关于进一步推进毕节试验区改革发展的若干意见》中提出："按照分类经营的原则，把试验区国有林场全部划定为生态公益型林场，纳入金额拨款事业单位管理。"全区积极推进国有林场改制转型。全市共建有国有林场12个，经营面积4.097万公顷，活立木蓄积230.2万立方米，林场职工1306人。从2008年开始，针对国有林场面临的经济围困、职工生活困难、资源保护压力大、发展后劲乏力等问题，地区积极谋划并不断推进国有林场改革工作。通过深入细致的摸底调查、反复研究，按照公益型事业单位改革方向，全面推进国有林场改制转型。2009年6月将毕节市拱拢坪和白马山两国有林场纳入财政金额拨款事业单位管理，成为全区第一个将国有林场纳入财政金额拨款事业单位管理的县，为推进全区国有林场改革带好了头。到2010年6月，全市12个国有林场全部纳入县级财政全额拨款事业单位管理。实现了改革第一阶段目标。之后，紧紧围绕如何推进国有林场发展壮大问题，从建立激励机制、完善内部管理、加强队伍建设、着力发展产业等方面不断深化改革，取得了初步成效。

## 二　集体林场

1955年，威宁县中水区新华农业社杨老幺等12个农民联合造林，建立第一个集体林场。1957年，区内农村建农业高级农业合作社，农民将山林树木折价入社，造林护林需要专业组，全地区贯彻林业部关于"在森林面积大或宜林荒山多的农业生产合作社，应成立林业专业队，以搞好林业为主，兼营农业"的指示。是年，区内具备条件的地方，先后建起林业专业队247个，经营森林或宜林荒山2.83万公顷。1958年，农村成立人民公社，办起社、队林场383个。

1960~1962年，国民经济发生困难，多数社、队林场解体，全专区尚存78个。1963~1966年，国民经济恢复，毕节专署要求巩固、发展社办林场。1967年，社、队林场发展到720个。1967~1970年，受"文化大革命"的冲击，全地区林场减为237个。70年代，响应中共中央关于绿化祖国号召，集体林场逐渐恢复。

80年代初，农村实行家庭联产承包责任制，实施林业"三定"，社、队林场大部分成为乡镇、村集体林场。1985~2011年，毕节地区在实施国家重大生态建设项目中进行速生丰产林基地建设，本着治理一片山，造上一片林，留下一批人，兴建一个林场，管好一片林的原则，扶持集体林场，大部分林场有项目，经费有保证，林场较为巩固。是时，全地区有集体林场943个，经营面积12.16万公顷，造林面积6.63万公顷。

## 三 个体林业

民国时期，多数山林树木属地主、土目所有。

1952年，毕节专区进行土地改革，农民分得部分零散的山林树木。农业合作社后，农民将山林折价入社，其房前屋后、自留地埂边树木仍归农民所有。1960年，中共毕节地委批示各县，对社员房前屋后种植的零星树木，永远归社员个人所有。1963年冬，中共毕节地委要求各县贯彻省委工作会议精神，“生产队可把社员房前屋后的零星果树和竹林划给社员，并鼓励社员在房前屋后或生产队指定的地方种植果树和竹木。这些树木永远归社员所有”。1964年，开展“四清”运动，把农民栽植的自留树当作解决所有制和公私关系的问题进行清理；1967年，把自留山、自留树当作资本主义尾巴割掉。

1981年6月，中共毕节地委、毕节地区行署制定《稳定和完善包干到户责任制条例》，规定有条件的地方，每户可划3~5亩宜林荒山作自留山，由社员植树种草，长期使用。社员在房前屋后、自留山和生产队指定的路旁、沟旁、河旁、库旁种植的木、竹，永远归个人所有，可以继承。社员承包的土坎、田边、地角种植的漆、桐、桑、茶、桊、果树可谁种谁有，也可收益分配。是时，开展林业“三定”，鼓励个体林业发展，农村涌现出一批林业重点户、专业户、科技户及联户林场。1983年11月，省林业厅召开表彰会，毕节地区所属乡林场、联户林场获一等奖1名、二等奖2名、三等奖10名，林业重点户、专业户、科技示范户获一等奖2名、二等奖4名。1990年，林业重点户、专业户、科技示范户和联合体办的个体林场503个，经营面积3.45万公顷，造林1928.3公顷。

2000～2005年，实施退林还林工程，退耕农户完成退耕地和宜林荒山荒地造林16.5万公顷，这些林木均属个体。

从2007初开始，全区全面开展以“明晰所有权、放活经营权、落实处置权、保障收益权”为主要内容的深化集体林权制度改革。到2011年，完成勘界确权面积10288万公顷，发放林权证561117本。进一步落实林木林地的所有权、经营权、收益权和处置权，使林权管理逐步走上规范化道路，调动林农的积极性，推动试验区林业生态建设逐步向深层次发展，个体林业得到快速发展。

## 四 国营苗圃

民国19～36年（1930～1947）省建设厅、农矿厅先后批准毕节、大定、黔西、纳雍、威宁、赫章县建立苗圃，培育县内造林所需苗木。20世纪50年代，各县均建立国营苗圃，1960年撤销。1977年，贵州省革委批准毕节、黔西、金沙、织金、威宁、赫章县恢复建立苗圃。苗圃隶属县林业局，实行事业单位企业管理。苗圃地由县政府划拨，6个苗圃共有29公顷，职工105人。至1989年，累计育苗9600.7公顷。1990年11月，金沙县苗圃站获林业部授予全国先进苗圃站称号。

2000～2005年，区内实施天然林资源保护工程、退耕还林工程，省林业厅批准建林木种苗工程项目13个，其中新扩建苗圃9个，面积124.2公顷，原有3个，共12个苗圃。新建赫章、威宁县华山松采种基地4018.7公顷，毕节市核桃良种基地56公顷，威宁县华山松良种基地46.2公顷。

## 第六节　林业教育、科研与技术推广

### 一　林业教育

**教育**　清光绪三十年（1904），毕节县开办桑蚕学校；次年，黔西县设官立桑蚕学堂，为区内近代林业教育的开端。民国5年（1916），大定县在高等小学内附设桑蚕讲习所，培养学员20多名。1958年9月，毕节专区创建林业中学15所，在校学生500人。毕节县白马山林业中学在校学生60名。是年12月，与白马山林场合并。次年，毕节大水口林中并入白马山林中，在校学生300多人，1960年停办，12名学生转入省林校，其余学生回原籍。1966年4月，省林业厅批准建立毕节专区林业学校，校址赫章县平山林场，招生50名，开学不久，因“文化大革命”而停办。1974年，毕节农校增设林业专业，学制2年，招收学生50名，学习森林树木学、造林学、森林防火、森林病虫害防治、森林经营学、水土保持等专业课程。1976年，毕业分配工作。1991~2005年，争取省教委、省招生办批准，贵州省林业中等专业学校，在毕节地区实行单独招生，共招收林业、森林资源保护、园林等专业学生560名。地区林业局与毕节农校合作，在毕节农校经作专业内开设经济林木班，1995年、1996年，招收中专学生60名。1997年委托贵州农学院林学系，面向毕节地区招收经济林大专定向生40名。2003年，贵州省林校、西南林学院在毕节、赫章建立函授教学点，招收林业专业大专在职学生80名。毕节农校、贵州大学林学院在黔西、纳雍建立函授教学点，招收林业专业大专在职学生80名，并开展各类在职学历继续教育，共有800多人分别提高学历，大专以上500多人，研究生11人，为地区林业建设提供人力资源保证。

**技术培训**　1958年，纳雍林业工作站从各区抽调林业辅导员、乡长、大队党支部书记，集中到县进行1个月的林业技术培训。1959年，专署林业局在毕节县白马山林场举办林产化工培训班，培训技术骨干40名。1975年前后，地区林业局在毕节举办核桃嫁接培训班，培训核桃生产区农民数十人。1983年，地区林业局举办木材检尺培训班，培训各县木材公司和威宁伐木场的检尺人员，结束时进行考核定级。1985年，毕节行署在毕节农校举办一期农干班，50名分管农业的区委副书记或副区长参加林业知识培训。是年，地区林业局在毕节县举办两期培训班，培训林业专业户、重点户、科技户和联合体骨干540名。1986年、1987年地区林业局在织金桂花林场、大方县大海坝林场举办森林病虫检疫员和预测预报员培训班。1987年，地区林业局编写

《中国3356》项目工程技术手册5000册，下发项目区纳雍、织金县培训领工员2427人、农民9.76万人次。1991~2005年，采取自主培训、委托培训、抽调培训、参与培训、结合长江上游防护林工程、退耕还林、天然林保护工程培训，举办森林经营管理、造林技术、种苗培育、林木采伐、经济林木栽培和嫁接、森林资源保护、林业有害生物防治、林业科技推广应用、森林资源清查、林政执法等培训班，共培训党政干部300多人，专业技术人员800多人，技术工人1400人次，护林员2000多人次、农民40多万人次。2011年，通过各种形式培训农民5000余人次。

## 二　林业科研

**森林资源调研**　1.综合调研。1975年，各县进行林业资源清查。1984~1987年、1994~1996年、2004~2006年，地区林业局组织3次森林资源二类调查，查清当时地区森林资源现状及变化动态，经评价分析，提出对森林资源利用的意见，为地、县制定一段时间内林业方针、政策，对林业资源的管理、应用提供科学依据。1999年，毕节市林业局采用航天遥感技术，利用美国TM1–5号卫星照片，对全市森林资源进行判读，并经实地验证合格。

2.单项资源调研。1979年11月，贵州农学院林学系、威宁县林科所联合在威宁新华乡调查发现野生油茶，经专家鉴定，确认是一新品种，定名威宁短柱油茶。1981年，地区林科所调查毕节县乡土树种，查明主要乡土树种135种，其中有适宜营造水土保持林、经济林、用材林的速生树种12种；1982~1984年，调查全地区漆树资源，查清本地区漆树有两个类型15个品种，其中有肤烟皮等4个优良品种，新发现异叶漆、冬瓜漆和五籽漆3个品种。1982~1984年，黔西县林学会调查油桐品种，查清黔西县有6个油桐品种，4个为优良品种。

**林木良种引进、繁育和选育**　1979年，威宁县林业局在南屯建立华山松种子园。1989年，通过林业部和省林业厅验收。1979~1990年，赫章县科协、林业局，地区林业局，贵州农学院林学系联合在水塘林场建立华山松无性系种子园，选出7个优良无性系，5个优良家系。1980~1982年，地区林科所引进73个杉木地理种源，在平山林场试验育苗，明确湖北通山、四川古蔺等8个地方杉木种源都优于本地种源。1981年，黔西县林学会从广西、湖北引进桐油品种试种成功。1982~1989年，地区林科所从河南引进罗山大板栗种植，比本地品种早实、早熟。1984~1992年，地区林科所进行漆树品种试验，鉴定出3个优良品种和2个优良家系品种。1986~1998年，地区林科所引进池杉，营造试验林人工林成功。1989~2003年，地区林科所评选出两个板栗优良地方品种的10株优树，繁育成无性系；引进国内11个板栗品种，鉴定出5个良种，在毕节市田坝镇林场建立优良无性系和外引品种采种圃。1999~2002年，金沙县林业局，引进中国林科院育成的新品种中林美荷杨种植成功。

**林木栽培及营林技术研究**　1977~1980年，毕节县苗圃站进行杨树二根一杆扦插试验，优于一根一杆扦插。1979~1980年冬，地区林业局冬季在室内嫁接核桃成功。1980年，赫章县林业局调查研究华山松人工断梢、折干、倒伏，提出华山松在不同立地条件的营林技术。1982年，毕节县林业局进行泡桐快速育苗试验成功，总结提出相应的技术措施。1983~1985年，赫章县林业局进行漆树幼林抚育试验，增施肥料对树高、径粗、产漆量均有明显的促进作用。1984~1993年，地区林科所进行漆树栽培技术研究，总结提出漆树同产的技术措施。1984~1985年，地区林科所进行泡桐幼苗施用三十烷醇和磷酸二氢钾试验，可提高泡桐苗质量，并提出施用技术。1985~1990年，地区林业局在毕节县何官屯区研究提出大面积粮桐间作速生丰产栽培技术，促使泡桐平均株高12.5米，平均胸径15厘米，粮食产量增16.2%。1984~1995年，金沙县造林公司、高原营林生产合作社、地区林科所联合在平坝乡进行残次林营林技术研究，采取相应技术措施，使森林面积、活立木蓄积分别增7.36倍、3.79倍，森林覆盖率增19.8个百分点，达58.7%。1988~1990年，织金县林业局在黑土乡蒙坝河上游进行小流域综合治理试验，通过造林和封山育林，小流域森林覆盖率由16%升到33.5%，通过林业部验收。1989年，地区林科所用98%浓硫酸处理漆树种子，获得发芽率比常规处理提高9倍，且出苗快的效果。

1990~1991年，《中国3356》项目织金县指挥部研究织金县林业生产、林种结构配置，提出1991~1995年、1996~2000年林种配置方案，被织金县政府采纳应用。1995~1998年，地区林科所成功进行核桃春季室外嫁接技术试验，提出最佳嫁接方法。1997~1999年，黔西县林业局在马尾松、杉木、板栗等林木上施用稀土，取得好效果，总结提出施用技术。1999~2002年，地区林业技术推广站，完成核桃高效嫁接技术研究，嫁接成活率70%以上，嫁接成本与育苗周期降低50%，金沙县林业局对几个树种进行ABT生根粉应用试验，取得显著效果，提出对圆柏、银杏、香樟树种的应用技术。2001~2003年，地区种苗站进行营养袋两段育苗及基质配方优化技术研究，营养袋两段育苗效果显著，提出营养土优化配方方案及两段育苗技术。

2001~2006年，地区林科所完成《贵州省核桃嫁接苗标准研究》课题。在对全省核桃嫁接苗生产情况进行了解分析的基础上，对毕节及周边6个地（州、市）嫁接苗生长质量、育苗技术和经营管理进行调查分析，用K–均值聚类法制定了贵州省地方标准《核桃嫁接苗生产技术规范》（DB52/T502–2006）。2006~2010年，地区林科所完成《贵州省核桃丰产栽培技术规程》的制定。标准起草组根据毕节地区是贵州省核桃主产区的实际，在总结毕节地区多年核桃科研成果和生产实践，充分利用已完成的科研成果，于2007年5月起草完成《毕节地区核桃生产技术规程》，印刷成册发至全区林业单位及核桃产区果农，规范毕节地区核桃生产，并在赫章县按照该规程开展核桃标准化生产示范。深入贵州省其他核桃主产区，对核桃生产情况进行调研摸底调查。在认真总结了毕节地区各县市（区）施行《毕节地区核桃生产技术规程》的情况，开展的核桃标准化生产示范和相关试验示范，研究全国核桃生产主要省（市）区的核桃生产经营先进技术，结合贵州省核桃生产经营实际，对《核桃丰产栽培技术规程》（草案）进行修改完善，完成了《核桃丰产栽培技术规程（征求意见稿）》的制定。根据在省内广泛征求到的意见，进一步认真研究并两次修改完善，形成了贵州省地方标准《核桃无公害生产技术》（DB52/T595–2010），2010年6月24日由贵州省质量技术监督局发布，于2010年7月24日起实施。2007–2011年，地区林科所完成《山苍子人工原料林基地丰产技术研究》《林木种质资源清查》、《核桃低产林改造技术研究》三个研究课题。2009年，《核桃优良性状选择与繁殖利用》通过省级鉴定。2011立项研究《核桃嫩枝扦插繁殖技术研究》《核桃优良农家品种扩繁及丰产栽培技术示范》《日本甜柿引种嫁接栽培试验》等。

**林业有害生物防治**　1974年，纳雍县化作林场云南松林，发生大面积混生型病害赤枯病、赤落叶病、根腐病，还兼有虫害。1976~1977年，纳雍县林业局试制纳林761等4种杀菌、杀虫、杀菌兼杀虫烟剂，用于防治，效果显著。1976年，拱拢坪林场云南松发生松尺蠖为害，发生华山松落针病，经喷射敌百虫、六六六和施用621烟剂，病虫均被有效控制。1979~1980年，省林业厅部署，省林科所、贵州农学院林学系、地区林科所组队，普查毕节地区森林病虫害，基本查清其主要林树种的病虫害种类、分布及为害情况。1979年，纳雍县和平公社17万株漆树发生叶片卷曲萎缩，导致植株死亡82.4%，病因不明。1980~1985年，地区林科所、省林科所研究其病因，经接种试验，确认是瘿螨致病，研究提出防治技术，防治效果在87%以上。1984~1987年，地区林科所研究华山松煤污病，确认病原为球蚜，并研明其发生规律，提出防治技术。2000~2002年，地区森林病虫防治站和毕节、金沙森防站承担国家松毛虫工程治理项目，毕节、金沙被列为工程区。通过营林、生物防治、化学防治，防治效果极显著，总结提出毕节地区松毛虫综合治理技术。

2001~2004年，地区森林病虫防治检疫站组织力量开展毕节地区华山松害虫种类调查及主要害虫防治技术研究，查清了全区华山松的害虫种类，首次在国内使用生石灰处理伐桩防治松褐天牛，防治效果达97.75%，并对松尺蛾、叶蜂等六种主要害虫进行系统观察研究，以无公害防治、生物防治、物理防治等组装配套措施，成效显著。2007年，由省林科院、市森防站组织开展云南木蠹象寄主植物挥发物活性成分的鉴定与应用技术研究，该项目被列为国家“948”项目，并于2011年、2013年获得两项国家专利。

**喀斯特山区生态环境综合治理技术**　2005~2007年，地区林科所、毕节学院环境生命科学系共同完成国家“西部开发科技行动”重大课题《喀斯特石漠化生态区植被调查及优势植物评价与利用研究》，初步划分出毕节喀斯特山区的主要植被类型，分析了植被主要特征及自然演替恢复过程中的变化，筛选出适宜毕节喀斯特石漠化生态修复的优势植物；在进行产地因子与植物适生相关分析的基础上，得出立地类型划分的主导因子，提出立地类型划分，划分出256个立地类型，适生乔木、灌木、草本植物种类及相应的栽种技术；从岩溶发育区的自然和社会因素的综合性出发，分析喀斯特生态区影响造林成效和植被恢复障碍性因子，提出生态恢复对策及植被恢复措施；在毕节市普宜镇建立3155.4亩桑树示范基地；大方县雨冲乡建立3113亩杨树示范基地。通过科技部验收。2007~2010年地区林科所、地区水保办、中科院西双版纳热带植物园共同完成国家“十一五”科技支撑计划课题《喀斯特山区水土保持与综合防治技术集成研究与示范》。以防治水土流失、遏制石漠化、改善生态环境，实现可持续发展为目标，集成水土流失治理与植被恢复综合技术措施，实现增加农民收益，减少环境压力，破解喀斯特地区水土流失、环境恶化、和贫困的三大难题。建立了喀斯特植被恢复潜力评估、植被恢复人工诱导综合技术体系各1套，筛选开发出构树、亮叶桦、雷公藤等三种乡土化植物；在集成推广先进技术、优化模式的基础上，尝试社区发展与水土保持综合整治相结合的公众参与模式、水土保持综合治理技术集成模式和农村生态循环经济模式，建立了相应的水土流失评价、监测、预警系统1

套，提供了一套地方水土流失防治体系和对策方案；开展了完成喀斯特退化植被及其恢复障碍因子研究，建立了区域恢复潜力综合评判和田野评判模型。选择小流域开展优化生态系统设计及合理生态组合模式研究，提出封育治理的类型、年限、方式、组织管理措施和抚育方式；以大方县桶井村为水土保持与社区发展的新农村建设综合示范区，开展生态农业循环经济集成技术研究并进行示范，完成示范区面积2458公顷，辐射推广面积5117公顷。课题还申请了两个实用新型专利，发表论文6篇（其中有5篇在中文核心期刊发表），完成地方标准《核桃无公害生产技术》，培养研究生7名，培训农民10705人次。通过科技部验收。2009年地区林科所《炼硫污染地段植被恢复研究与示范》课题获立项实施。

## 三　林业技术推广

1958年，威宁县推广斧锯并用采伐技术，使伐桩由70厘米降到20厘米以下，节约木材1.18万立方米。1974~1975年，各县推广应用系统抽样调查法，清查森林资源，提高资源调查数据的精度和可靠性。

1983~1985年，毕节县林业局推广泡桐快速育苗技术，培训3500多人，育泡桐苗1326.4万株，金沙县苗圃站成功推广杨树扦插育苗技术，各县相继推广。1985年、1987年，地区林科所研究提出漆树瘿螨病、华山松煤污病的防治技术，随即在全地区推广。1988年，金沙县林业站推广此技术，为珍稀树种的无性繁殖提供可靠保证；地区林技站在全地区内推广全光喷雾技术，扦插成活80%以上；大方县推广红漆大木等漆树优良品种330多公顷。

1990~2005年，金沙县林业局将ABT生根粉技术应用于扦插和实生苗移栽，成活率大为提高，已应用到圆柏、香樟、银杏10余个树种，处理苗木3500多万株。黔西县林业局成功应用稀土于杉木、马尾松、板栗等林木生产上，并推广400多公顷。金沙县推广残次林营林技术3352.7公顷。地区林科所、毕节市田坝乡林场为全地区提供地方优良板栗品种无性系和引进优良品种穗条49万多枝。地区林技站在毕节市田坝乡、大方县兴隆乡建立地方优良核桃品种示范基地26.7公顷，推广嫁接苗10万株，推广嫁接成活核桃70%以上。地区林技站派员学习蜂窝纸容器育苗技术后，在地区内办培训班，在全地区广泛推广应用蜂窝纸容器育苗技术。毕节市海子街镇、大方县小屯乡推广此技术，育苗400多万袋，成活率达85%。地区林业种苗站推广营养袋两段育苗技术于柳杉、喜树、华山松等14个树种，育苗2亿多株，苗木合格90%以上。地区林技站与赫章县配合实施《贵州省赫章县退耕还林综合配套技术推广示范》项目，被评为全省四个示范基地之一；配合大方县实施《大方县漆树速生丰产栽培技术推广示范》项目，2005年作为作省林业推广工作会议的参观项目。

2007年，完成国家重点项目赫章县高海拔地区退耕还林综合配套技术推广，投入资金45万元，实施《岩溶山区石漠化治理及植被恢复技术示范》《短周期工业原料用材林培育技术推广示范》《保水剂应用技术推广》《油茶引种嫁接栽培试验》4个项目。

2009年，成功申报中央财政林业科技推广示范资金跨区域推广示范项目《贵州省大方县典型石漠化地段（小流域）植被恢复技术集成推广与示范》，项目总投资130万元。2011年，成功申报中央财政林业科技推广示范资金跨区域推广示范项目《核桃优良农家品种扩繁与丰产栽培技术示范》《石漠化山地核桃栽培技术示范》，每个项目投资100万元。

# 第七节　林业管理

## 一　机　构

**管理机构**　民国时期，林业工作由第四行政督察区专员公署二科分管。1949年12月，毕节专员公署建设科分管林业工作。1953年，毕节专署建立农林科。1954年7月，省森工局在威宁县设贵州省森林工业局威宁栓皮办事处，1955年12月更名为威宁栓皮采购办事处，1956年1月，改建为贵州省森林工业局毕节分局，迁驻毕节。中共党组书记裴目彬，成员夏玉环、罗公平，局长裴目彬，副局长孟宪禄。1957年6月，建立毕节专员公署营林局，局长邵之道，副局长郭华斌，中共党组书记邵之道，成员郭华斌、刘恭义。1958年4月，专署营林科与森工分局合并，建立毕节专员公署林业局，内设人秘科、营林科、林化科、计划财务科、林业勘测设计队。局长裴目彬、秦建中，副局长孟宪禄、郭华斌、杜友新、王德璋、王宗祥、刘锡中。1967年3月，专署林业局更名毕节地区革命委员会林业局，内设秘书组、政工组、营林组、森工组、计划财务组。革委会副主任梁维松、秦建中、刘同林、陈凤仙；局长秦建中，副局长杜友新、徐祥林、杨文才、张文勇。1974年11月，成立中共毕节地革委林业局党组，组长秦建中，成员杜友新、徐祥林。1980年4月，地革委林业局更名毕节地区林业局，内设秘书科、政工科、营林科、森工科、计划财务科。局长秦建中、卢泮水，副局长杜友新、张文勇、徐祥林；中共党组书记秦建中、卢泮水，成员杜友新、徐祥林。1983年10月，中共毕节地委决定，地区农业局、畜牧局、林业局合并，建立毕节地区农林牧业局。局长齐肇熙，副局长张以盛、孙仁培；中共党组书记齐肇熙，成员张以盛、孙仁培、王宗祥；纪检组长王宗祥。

1984年8月，中共毕节地委决定，撤销地区农牧林业局，建立地区农牧局、林业局。林业局内设办公室、政工科、计划财务基建科、业务科，1985年1月增设林业公安科，1987年增设林政资源管理科，1993年2月，取消业务科，恢复营林科、森工科。1996年机构改革，地区林业局内设办公室、人事科、计划财务基建科、造林经营科、林产工业科、林业公安科。2001年10月，内部机构改为：办公室、人事科、造林经营产业科（地区绿化委员会办公室）、森林公安科（地区森林防火办公室）、林政法规（宣传）科。2010年，设立地区林业局，为地区行署工作部门。地区林业局内设办公室、人事科、造林经营产业科、森林公安局、林政法规（宣传）科5个内设机构。至2011年，历任局长孙仁培、邹志彬、苟兴彬、胡齐明、李玉平、倪小兵、索绍新，副局长邹志彬、韩淮初、杨文会、李静森、师怀远、王炳文、杜培义、付立铭、李曙光、高守荣、彭华昌。

**主要职责** 1.负责全区林业及其生态建设的监督管理。贯彻执行国家林业工作的方针、政策和法律、法规及发展战略规划。拟订林业发展的地方性政策、规章草案并监督实施。组织开展森林资源、陆生野生动植物资源、湿地资源和石漠化状况的调查、动态监测和评估。承担林业生态文明建设的有关工作。

2.组织、协调、指导和监督全区造林绿化工作。制定全区造林绿化的指导性计划，拟订相关地方标准和规程并监督执行。指导、监督各类公益林、商品林的培育和天然林保护工程、退耕还林工程等林业重点工程建设。指导植树造林、封山育林和以植树种草等生物措施防治水土流失工作，指导、监督全民义务植树、造林绿化工作。承担地区绿化委员会的具体工作。

3.承担森林资源保护发展监督管理的责任。组织编制并监督执行全区森林采伐限额，监督检查林木凭证采伐、运输和经营加工。组织、指导林地、林权管理及其登记、发证和森林资源资产评估工作。依法审核、审批办理林地征用、占用和临时占用手续。

4.组织、指导陆生野生动植物资源的保护和合理开发利用。编制并监督执行陆生野生动物资源年度利用限额。指导森林和陆生野生动物类型、湿地类型自然保护区的建设和管理。拟订全区重点保护陆生野生动物、植物名录。监督管理古树名木保护工作。负责珍稀、濒危野生动植物保护和管理工作。

5.承担推进林业改革，维护农民经营林业合法权益的责任。拟订集体林权制度、国有林场等重大林业改革意见并指导监督实施。拟订农村林业发展、维护农民经营林业合法权益的政策措施，指导、监督农村林地承包经营和林权流转，指导、监督林权纠纷调处和林地承包合同纠纷仲裁。

6.监督检查各产业对森林、湿地和陆生野生动植物资源的开发利用。拟订林业资源优化配置政策，指导林产品质量监督。指导山区综合开发。

7.承担组织、协调、指导、监督全区森林防火工作的责任，组织、协调、指导专业森林扑火队伍的防扑火工作。承担林业行政执法监管的责任，指导全区森林公安工作，监督管理森林公安队伍，指导全区林业重大违法案件的查处。指导林业有害生物的防治、检疫工作。

8.参与拟订林业及其生态建设的财政、金融、价格等经济调节政策，组织、指导林业及其生态建设的生态补偿制度的建立和实施。编制部门预算并组织实施，指导管理全区林业基本建设工作，组织申报重点林业建设项目，监督管理地级林业国有资产。编制林业及其生态建设的年度生产计划。

9.拟订全区林业科技发展规划，组织重大林业科研、技术攻关和科研成果的鉴定、推广。指导林业对外合作工作。负责专业人才培训和林业队伍建设工作。指导全区农村林业社会化服务体系和林业专业合作组织建设。

10.承办地区行署和省林业厅交办的其他事项。

**绿化委员会、护林防火指挥部** 1963年1月，成立毕节专区绿化委员会，下设办公室于专署林业局。1966~1976年“文化大革命”期间，撤销绿化委员会。1982年2月，复建毕节地区绿化委员会，1986年撤销。1987年1月复建毕节地区绿化委员会。历届绿化委员会的主任由专员或副专员兼任，2001年起，地区绿化委员会办公室与地区林业局造林经营产业科，实行两块牌子一套人员。

**地区林业改革发展办公室** 2010年设立，为地区行署设在地区林业局的副县级行政机构（人员占地区林业局机关行政编制）。主要职责是：承担组织指导林业改革发展工作;指导、监督集体林权制度改革方针政策的落实;组织拟订林业发展、维护农民经营林业合法权益的政策措施并指导实施;指导农村林地林木承包经营、流转及林权管理;指导、监督林权纠纷调处和林地承包合同纠纷仲裁；指导全区林业社会化服务体系和林业专业合作组织建设。

1963年4月，毕节专员公署护林防火指挥部成立，1967年撤销。1973年，毕节地区革命委员会护林绿化指挥部成立。1987年7月，毕节地区护林防火指挥部成立，指挥部办公室设在地区林业局。历届指挥长由副专员、革委会副主任兼任，副指挥长由公安局、林业局等单位的副局长兼任。2001年起，地区森林防火办公室与地区林业局森林公安科，实行两块牌子一套人员。

**地直林业事业单位** 1.地区林科所。1979年4月成立，为财政全额拨款事业单位，隶属地区林业局，科研工作受地区科技局、林业局及上级主管部门指导。主要职责是贯彻中央、省、地区有关科技改革的决定，抓好本所科研体制改革；坚持科研为生产服务方向，拟定、申报林业科研长远规划、年度计划，经审批后组织实施，完成各项科研课题；开展林业科学技术咨询和技术扶贫工作；承办上级交办的工作。

2.地区森林病虫防治检疫站。1985年9月成立，事业单位，隶属地区林业局。主要职责是宣传贯彻执行《植物检疫条例》《森林病虫害防治条例》及有关政策、法规，履行植检职责，对违反有关规定者依法处置；负责督促各森林病虫测报点和测报人员做好预测预报工作，编报林业有害生物防治计划、方案，组织现场扑救、防治的技术指导；指导做好森林植物产地检疫，杜绝带虫害、病菌的种苗调进区内，控制森林病虫蔓延；负责林业有害生物防治、检疫的器械和药剂选购、保管和发放；承办上级交办工作。2003年，地区森林病虫防治检疫站达到国家标准站要求。

3.地区林政资源管理站。1984年12月成立，隶属地区林业局，与林业局业务科两块牌子，一套人员。1987年与林业局林政资源管理科两块牌子，一套人员。1996年撤销林政资源管理科，地区林政资源管理站为独立事业单位。主要职责是调查、总结、推广各县贯彻林业“三定”政策经验，完善林业生产责任制，协同各县解决林业纠纷；负责林木采伐、运输、检查证件的审定、管理和核发工作；监督森林资源消耗，确保森林生长量高于消耗量；配合有关部门管理林木市场，查处无证采伐、运输和经营木材及其他毁坏森林资源案件。承办领导交办的工作。

4.地区林业技术推广站。1984年11月，建立地区林业中心站，事业单位，隶属地区林业局，1987年1月，改为地区林业技术推广站。其主要职责是：参与完成地区林业发展总体规划，指导社会造林、基地造林规划设计，推广采种、育苗、造林、育林、多种经营利用的先进技术；收集省内外林业科研信息，结合地区实际推广应用；制订林业技术培训计划，承办地区林业技术培训，指导各县林业技术培训；组织森林资源调查，配合有关单位搞好森林资源管理及综合经营利用；监测森林资源环境效益，配合有关单位设置森林资源环境效益监测站，指导开展测报工作；建立森林资源管理档案；做好林业技术咨询和扶贫工作；承办上级交办的工作。

5.地区林业种苗站。1965年10月，曾建立专区林木种子站，在“文化大革命”中被撤销。

1999年11月，建立地区林业种苗站，与地区林科所合署办公，两块牌子一套人员。其主要职责是贯彻执行《中华人民共和国种子法》及林业站、林业厅有关林木种苗的法规、政策，负责全地区林木种苗业务；核发林木种子生产、经营许可证，并进行年检；制订区内林木种子生产及调运计划；指导林木良种基地及采种基地建设，提高基地供种能力和地区内使用林木良种的比例；制订林木育苗计划，指导各县苗圃场苗木生产、技术培训，推广先进育苗技术；查处违运苗木；配合地区物价局制定苗木最高限价，规范苗木市场秩序。

6.地区百里杜鹃保护处。2001年10月建立，为地区林业局下属副县级事业单位。其主要职责是对百里杜鹃国家级特色森林资源，进行保护管理、建设和开发利用。

7.毕节地区防治石漠化管理中心。2007年成立，主要职责为组织修订全市石漠化治理工程中长期规划和制定年度计划；指导监督石漠化治理工程项目的实施、检查和竣工验收工作；编制全市石漠化治理工程重点项目可行性研究报告，做好项目争取的协调工作和组织实施；监督石漠化治理工程资金的使用和管理；开展石漠化工程技术推广人员培训工作。

8.毕节地区城市绿化管理办公室。2008年成立，主要职责为负责城市公共绿地的规划、建设和管理，绿化规划区内公共绿地的改造和更新，以及园林绿化建设项目施工质量的监督；受市绿化主管部门的委托，承担临时占用公共绿地项目的审核和报批；负责公共绿地、专用绿地、风景林和古树名木的巡查保护；负责系统内绿化技术业务指导和绿化技术人员业务培训；承担绿化苗木和花卉的生产及节假日市区重点部位的花卉布置等工作。

9.毕节地区天然林资源保护工程管理办公室。2008年成立，主要职责为负责天然林资源保护工程建设的组织实施和管理；指导天然林资源保护工程规划及实施方案，负责工程运行的监督管理、年度及阶段的检查验收；协助工程建设技术推广、人员培训、试点示范、持续产业发展和宣传工作；负责工程信息及资料的收集、整理、汇总和统计上报。

**地直林业企业单位** 1.贵州软木厂。1956年4月动工修建，1957年2月投产，厂址毕节县东关坡，属副县级全民所有制企业。主要产品为软木砖。1998年破产。

2.地区木材工业公司。1962年9月，建立中国木材工业公司贵州省毕节分公司，与专署林业局为两块牌子一套人员。主要业务是组织、协调全专区木材生产、销售和计划编制、管理。1966~1976年“文化大革命”期间被撤销。1975年9月，毕节地区革委批准建立地区木材公司，1982年撤销。1984年2月，地区林业局决定再建地区木材工业公司，1986年5月撤销。

3.贵州省威宁采伐林场。1963年4月，省政府批准建立。场址威宁县黑石头区。场党务、行政属威宁县委、县政府，业务由地区林业局管理。下设德磨、富乐、马脖采伐队，安家沟、三棵树国有林更新队，木材收购组，汽车队，木材加工厂。职工544人。1978年，中共毕节地委决定将贵州省威宁采伐林场划给威宁县管理，改为威宁县国营采育林场。1963~1978年，林场共生产木材19.1万立方米，占威宁县木材产量的38.4%。

4.地区林果药茶开发公司。1988年10月建立，副县级国有企业。其主要任务是开发毕节地区林果药茶资源。

# 二 管 理

计划管理 1.营林生产计划。民国19年（1930），贵州各县政府设置建设科管理森林业务，营林生产计划由政府训令各县建设科执行。民国29年（1940），贵州省政府颁布《扩大造林五年实施办法》，统一下达造林任务。民国36年（1947），赫章县拟定5年造林计划，计划造林637公顷。是年毕节县拟写《毕节县完成第二期五年造林呈文及计划书》上报省政府主席和省建设厅长，计划5年内植树1000万株。

1949年末~2005年，毕节专区将营林生产计划作为经济发展计划重要内容之一。每十年由地区林业局编制一个林业发展规划，一个五年营林业计划；或由地区林业局编制送地区计委，或由地区计委征求林业局意见后，纳入全地区国民经济发展计划，报中共毕节地委、毕节地区行署批准，由林业部门执行。年度营林计划，按行政系统分级管理，由省计委下达到省林业厅和地区计委，地区计委征求地区林业局意见，综合平衡后分项、分林种下达到各县，并抄送地区林业局。1984年前，执行营林生产计划情况，由各级林业部门逐级汇总上报。1985年由地区林业局、财政局、统计局、计委抽人到各县检查验收，地区林业局以书面方式报告地委、行署和省林业厅。1988年起，执行营林生产计划情况，由各县自查，地区复查验收，省绿化委员会、省林业厅抽查验收，逐级上报政府和林业部门。

2.营林项目计划。20世纪80年代起，国家先后在毕节地区实施速生丰产用材林基地建设、中国3356项目、长江上游防护林体系建设工程、三林一茶、退耕还林工程、天然林资源保护工程。这些工程项目，均由地区林业局与承担项目县共同编制项目计划，在执行中根据当年完成情况及总计划任务，作出下年度计划。

3.森工生产计划。20世纪50~70年代，森工生产任务由地区林业局编报地区计委和省林业厅，由计委纳入经济发展计划。每年年底预安排第二年计划，5月底前下达各县，由各县政府行文安排有关区、乡组织生产。计划指标包括总产值，主要产品产量、质量，物资消耗量，汽车运材量，劳动生产率。1970年前，木材自给有余，每年调出5000~1万立方米。调剂的少量材种，由地区林业局编制计划报省林业厅，由省厅安排货源和运力。同期，生漆、核桃、油桐籽、栓皮等林副产品的生产计划，由地区计委下达。1971年后，根据供销状况组织林副产品生产。80年代起，地区将各类用材列入总体计划，由地区计委下达到各县。

4.基建计划。1958年后，建立国营林场，每年省计委、省林业厅都安排专项经费实施营林基建项目。1987年后，拱拢坪、黔西、桂花、新华、纳雍林场仍维持基建投资，属基建林场；白马山、大海坝、化作、石仓、平山、水塘林场转为经营林场，省给予定额拨款，超支自补。1976年起，在区一级逐步建立林业工作站，基建经费由省林业厅安排；1986年起，改为林业部、省林业厅、地、县按比例配套资金。地、县林业局，地区林科所，技术推广站，森林病虫防治检疫站均由省安排基建经费。2000~2005年，在实施退林还林工程和天然林保护工程中，地区林业局根据项目目标，提出种苗工程计划上报省林业厅。省林业厅审查后批准下达毕节地区新建林木种苗工程13个，总投资1429万元，其中中央1210万元、地方配套219万元。

**财务管理** 1.林业行政、事业财务。接受同级财政局和省林业厅双重领导。林业事业财务资金主要来源于财政拨款、预算外资金、国营林场基本建设投资、国营林场生产收入等。预算外资金含林业厅下拨的专项经费，地、县留成育林基金。主要经费开支含营林机构经费、森保经费、勘察设计费、科研经费、培训经费、良种推广和社队造林补助费。每年由地区林业局汇总向林业厅报决算。行政财务资金是地方财政预算拨款，每年由地、县林业局向地、县财政报决算。

2.森工企业财务。森工企业财务主要由省森工局、林业厅管理。1954年，威宁栓皮采购办事处，实行森工企业财务报账制，经营栓皮的利润上交，开支经费由省森工局统一报账、支付。1955~1956年，毕节森工局、威宁栓皮采购办事处，执行工业会计制度，采用借贷记账法。1958年，森工利润改交地方财政；1960年实行利润留成；1962年利润改交林业厅。1966年各县相继成立木材公司，其中毕节、大方、金沙、威宁县木材公司执行工业会计制度，黔西、织金、纳雍、赫章县木材公司执行商业会计制度。1971年，木材公司财务统一执行工业会计制度，采用借贷记账法。1972年开始，提取更改资金，不同年份提取更改资金的比例有所变更。1979年，省财政厅、林业厅核定毕节地区森工利润亏损指标10万元，实现利润1.51万元。1980年，实行森工企业包干，包干基数由省财政厅、林业厅核定，超基数部分的利润实行分成，至1982年，全地区10个企业，除威宁木材公司亏损，其余均盈利。1983年全地区森工企业实行利改税，当年上交所得税18.91万元，企业留利26.93万元。1985年，实行第二步利改税，森工企业财务体制下放各县。1988年起，森工企业推行经营承包责任制，实行包干利润承包。

3.育林基金管理。1964年，专署林业局按国家有关政策，开征集体林育林基金。收购或直接组织采伐集体林的单位，每立方米（或100根）缴纳4元，称甲种育林基金，上交省林业厅，主要用于采伐迹地更新和竹林垦复。社队向森工部门交售每立方米木材（或1000根竹）缴纳3元，称乙种育林基金，由县林业局用于缴纳育林基金社队，进行迹地更新、育林、护林和林地垦复。1972年起，采伐国有林也缴纳育林基金，由县林业局上交省林业厅，主要用于国有林区的采伐迹地更新，荒山荒地造林、育林和护林。1986年起，育林基金不再分甲种、乙种，征收标准改为：由经营单位按集体林农出售木材、楠竹价的15%，向所在县林业局缴纳。集体或林农直接销售的，按第一次成交价的15%，由用户向所在县的林业局缴纳。等外材、杂竹、五把一杠和竹制品，由经营单位分别按林业局缴纳。等外材、杂竹、五把一杠和竹制品，由经营单位分别按林农出售价的10%、10%、5%和5%缴纳育林基金。省、地、县按3：2：5的比例提留育林基金。国营林场的育林基金30%上交给县林业局，70%林场留用。1988年后，征收标准改为：产区木材经营单位按其收购后的第一次销售价的12%缴纳育林基金。2005年，缴纳比例为20%。

4.基建财务。分森工基建财务和营林基建财务，由地区林业局统一计划，分级管理，地区按工程进度及用款计划拨款，基建单位掌握使用。森工企业向地区报决算，地区汇总后向省主管部门报决算。资金来源于国家预算内拨款、木材更改基金、基本建设贷款、自筹资金、利润留成资金等。

**安全生产管理** 1957年7月，毕节森工分局编制《林业安全生产技术操作规程》和《伐木工人采伐操作图式》。1959年4月，毕节专署林业局拟发《加强林业生产工人劳动保护的意见》。威宁伐木场成立安全委员会，各工队成立安全小组，坚持对职工进行安全教育，每周上一次安全生产课。贵州软木厂制定领导不检查不放过，事故原因不查清不放过，制度不健全不放过；开展安全生产评比，树立安全生产标兵制度，防范工伤事故。1961年1月，专署林业局成立安全生产委员会，3月发出《做好安全生产的通知》，要求县局、场、工队都要有一名领导抓安全生产工作，定期检查安全生产措施落实情况。对木材采运，作出5条安全规定。坚持工伤事故汇报制度，发生工伤事故必须在24小时内向专署林业局汇报。此后的40多年，地区林业局一直设有负责安全生产的科室。1952~1990年，全地区林业、森工生产，因安全事故死亡10人、重伤24人、轻伤103人。

# 第二章　水　利

毕节地区的年均降水量1089毫米，是水利资源较为丰沛的地区。但是由于降水的季节性特征和喀斯特地质地貌的特殊性，导致雨季不能大量蓄水而引发洪灾，旱季工程性缺水引发旱灾的问题突出。中华人民共和国成立后，各级党委政府带领当地人民群众兴修了大量的水利工程，抑制水患，增加灌溉，开发水利资源，改善生态环境，为毕节地区生态文明建设作出了重要贡献。

## 第一节　水资源管理

### 一　机构及管理

**水资源管理机构**　1988年9月，毕节地区编委制发〔1988〕037号文，批准地区水电局增设水资源办公室，负责毕节地区区内的水资源管理工作。次年10月水资源办公室更名为水政水资源办公室。1988~1992年，各县相继成立水政水资源办公室。2001年6月，地区水政水资源办，更名为水政水资源科。至2005年底，全地区共有水政水资源工作人员173人。2011年，开展河道巡查145次，查处各类水事违法案件14件，结案率100%；调解水事纠纷26件，调解成功率100%。做好水利行政事业性规费征收工作，依法征收水资源费85.62万元、水能资源有偿出让金228.7万元、水土保持设施补偿费115.94万元。

1992年11月，地区水电局开展行政复议工作。1993年，毕节地区中级人民法院作出〔1993〕5号决定，设立毕节地区中级人民法院驻毕节地区水电局执行室，各县市法院相继批准授牌建立县市水利局执行室。

1998年，组建地区水政监察支队，各县市组建水政监察大队，组建金沙花滩、黔西附廓水政监察中队，挂牌开展工作。任命专兼职监察人员161人。2002年，新建倒天河水库、安底片区中队。2007年7月，毕节地区水政监察支队从地区水利局水政水资源科分离出来，成为地区水利局所属正科级全额拨款事业单位，负责涉水法律法规的贯彻落实，调解县（市）之间的水事纠纷，查处影响较大的水事违法案件，实施行政处罚和水资源费等的行政征收。

2010年，机构改革后水资源科（节约用水办公室）的职责为：负责水资源的统一规划、管理和保护工作；组织实施取水许可制度、河道采砂许可制度和水资源费征收制度；拟定县

## 1991年毕节地区及各县地表水资源开发利用情况表

单位：万亩、万人、万立方米、亿立方米、%

| 县名 | 耕地 | | | 人数 | 田耗水量 | 土耗水量 | 人耗水量 | 工业用水 | 总耗水量 | 地表水资源总量 | 开发利用率 | 备注 |
|---|---|---|---|---|---|---|---|---|---|---|---|---|
| | 合计 | 田 | 土 | | | | | | | | | |
| 毕节 | 98.89 | 10.83 | 88.06 | 107.2121 | 5414.60 | 8805.73 | 4288.48 | 400 | 1.8909 | 15.3 | 12.36 | 1.耗水定额<br>田：500方/亩·年<br>土：100方/亩·年<br>人：40方/人·年<br>2.缺牲畜用水统计数 |
| 大方 | 81.24 | 10.59 | 70.65 | 83.8266 | 5296.45 | 7064.95 | 3353.064 | 25.0 | 1.5739 | 16.2 | 9.72 | |
| 黔西 | 72.75 | 15 | 57.74 | 72.3318 | 7501.50 | 5774.39 | 2893.272 | 125.94 | 1.6295 | 12.5 | 13.04 | |
| 金沙 | 54.38 | 16.92 | 37.46 | 53.6580 | 8460.45 | 3745.57 | 2146.32 | | 1.4352 | 10.5 | 13.67 | |
| 织金 | 69.52 | 16.51 | 53.01 | 80.2587 | 8256.30 | 5300.81 | 3210.348 | | 1.6767 | 19.5 | 8.6 | |
| 纳雍 | 52.53 | 7.01 | 45.52 | 64.9867 | 3505.55 | 4551.56 | 2599.468 | 55.0 | 1.0712 | 14.7 | 7.29 | |
| 威宁 | 111.01 | 1.97 | 109.07 | 89.7139 | 984.45 | 10906.69 | 3588.556 | 285.0 | 1.5765 | 25.1 | 6.28 | |
| 赫章 | 60.04 | 2.27 | 57.78 | 52.8920 | 1132.50 | 5777.83 | 2115.68 | 540.0 | 0.9566 | 14.0 | 6.83 | |
| 全区 | 600.35 | 81.11 | 519.25 | 604.8798 | 40553.30 | 519424.53 | 24195.192 | 1431 | 11.810402 | 128.0 | 9.23 | |

## 1991年毕节地区主要环境水质情况表

| 河名 | 站名 | pH | 氯离子 | 总硬度 | 溶解氟 | 氨氮 | 高锰酸盐指数 | 氰 | 砷 | 酚 | 六价铬 | 汞 | 水质级别 | 超标污染物及超标倍数 |
|---|---|---|---|---|---|---|---|---|---|---|---|---|---|---|
| 三岔河 | 牛吃水 | 7.9 | 3.70 | 93.2 | 7.6 | 0.35 | 1.1 | 未 | 0.025 | 未 | 0.005 | 未 | Ⅱ | |
| 三岔河 | 三岔河 | 7.8 | 3.56 | 110.0 | 8.0 | 0.01 | 1.4 | 未 | 未 | 未 | 0.005 | 未 | Ⅱ | |
| 倒天河 | 徐花屯 | 8.2 | 1.29 | 110.0 | 4.1 | 0.23 | 0.6 | 未 | 未 | 未 | 0.008 | 未 | Ⅲ | |
| 倒天河 | 毕　节 | 8.2 | 7.60 | 114.0 | 6.2 | 10.1 | 1.8 | 0.128 | 0.013 | 未 | 0.014 | 未 | Ⅳ | 氨氮（9.1）　氰（0.28） |
| 六冲河 | 七星关 | 8.0 | 1.89 | 86.6 | 7.7 | 0. 07 | 0.8 | 未 | 0.010 | 未 | 0.002 | 未 | Ⅱ | |
| 六冲河 | 洪家渡 | 7.8 | 1.87 | 95.9 | 7. 1 | 0. 36 | 0.9 | 未 | 未 | 未 | 0.005 | 未 | Ⅱ | |
| 赤水河 | 赤水河 | 8.2 | 1.98 | 96.8 | 7.4 | 0. 06 | 1.2 | 未 | 未 | 未 | 0.005 | 0. 0006 | Ⅲ | |

注：1.资料来源于《贵州省1991年河流水资源公报（水质部分）》；2.上面的数据皆为中位值

## 毕节地区选用测站水面蒸发量统计表

蒸发量以毫米计

| 站名 | 实测年份 | 年数 | 蒸发器型式 | 多年平均蒸发量 | | | | | | | | | | | | | 相当于E601蒸发量 | |
|---|---|---|---|---|---|---|---|---|---|---|---|---|---|---|---|---|---|---|
| | | | | 1月 | 2月 | 3月 | 4月 | 5月 | 6月 | 7月 | 8月 | 9月 | 10月 | 11月 | 12月 | 全年 | 折算系数 | 年蒸友里 |
| 威宁 | 1952～1979 | 28 | 20 | 78.8 | 103.9 | 169.4 | 178.9 | 157.3 | 120.5 | 144.3 | 131.7 | 104.0 | 73.1 | 67.5 | 69.4 | 1398.7 | 0.64 | 895.2 |
| 草海 | 1953～1958 | 9 | 601 | 48.2 | 49.8 | 85.2 | 100.3 | 92.8 | 68.2 | 93.3 | 90.7 | 69.0 | 46.7 | 49.0 | 40.3 | 833.5 | | 833.5 |
| 赤水河 | 1956～1978 | 23 | 80 | 29.6 | 36.3 | 77.6 | 107.3 | 109.3 | 102.2 | 151.7 | 140.3 | 101.3 | 54.9 | 39.9 | 29.3 | 927.7 | 0.96 | 940.5 |
| 牛吃水 | 1958～1979 | 21 | 601 | 37.7 | 49.8 | 93.4 | 122.5 | 121.4 | 109.2 | 137.7 | 132.1 | 102.6 | 69.2 | 52.5 | 37.5 | 1065.8 | | 1065.8 |
| 七星关 | 1972～1979 | 8 | 80 | 36.5 | 59.6 | 92.2 | 101.2 | 98.5 | 95.2 | 137.1 | 128.0 | 101.2 | 78.3 | 48.8 | 38.1 | 1014.7 | 0.96 | 974.1 |
| 响水滩 | 1954～1957 | 4 | 80 | 17.5 | 30.1 | 69.7 | 93.7 | 94.4 | 107.0 | 137.5 | 118.7 | 86.2 | 42.6 | 38.3 | 23.7 | 859.4 | 0.96 | 824.9 |
| 对江 | 1959～1965 | 6 | 80 | 36.6 | 44.8 | 87.5 | 127.4 | 140.4 | 111.5 | 159.0 | 145.4 | 121.7 | 67.6 | 50.9 | 37.8 | 1130.6 | 0.96 | 1085.4 |
| 洪家渡 | 1958～1979 | 22 | 601 | 30.4 | 39.9 | 76.3 | 105.4 | 108.9 | 100.7 | 147.2 | 130.8 | 99.8 | 68.6 | 47.1 | 35.1 | 990.2 | | 990.2 |
| 织金 | 1975～1979 | 5 | 80 | 34.5 | 52.4 | 83.3 | 119.0 | 105.0 | 116.4 | 156.6 | 154.1 | 118.8 | 82.0 | 40.4 | 47.8 | 1110.3 | 0.96 | 1065.9 |
| 平桥 | 1961～1966 | 6 | 80 | 28.3 | 43.3 | 82.2 | 118.5 | 124.7 | 105.2 | 160.7 | 141.4 | 101.7 | 54.9 | 41.9 | 26.8 | 1029.3 | 0.96 | 988.0 |
| 火石坝 | 1972～1979 | 8 | 80 | 28.6 | 40.7 | 73.2 | 97.8 | 96.4 | 104.7 | 154.4 | 144.5 | 93.2 | 70.4 | 38.7 | 32.6 | 97.52 | 0.96 | 936.2 |
| 石牛口 | 1957～1979 | 21 | 80 | 23.3 | 29.1 | 59.1 | 84. | 80.7 | 84.3 | 127.2 | 114.5 | 85.3 | 5L1 | 33.4 | 23.4 | 795.4 | 0.96 | 762.4 |
| 黔西 | 1958～1979 | 22 | 20 | 39.8 | 52.9 | 107.9 | 150.0 | 142.6 | 143.7 | 209.1 | 186.7 | 138.9 | 83.9 | 60.4 | 42.1 | 1358.0 | 0.64 | 869.2 |
| 毕节 | 1952～1979 | 28 | 20 | 32.0 | 46.3 | 89.7 | 122.0 | 115.7 | 116.7 | 167.0 | 145.1 | 104.5 | 60.4 | 47.1 | 34.1 | 1077.6 | 0.64 | 689.6 |

（市）间水量分配方案并组织实施；组织水功能区的划分和向饮水区等水域排污的控制，监测江河湖库的水质，审核水域纳污能力，提出限制排污总量的意见；组织建设项目的水资源论证和用水、节水评估；组织编制全区计划用水，节约用水和城市供水的水源规划并监督实施；承办水资源公报的编制与发布工作。组织建设项目的用水、节水评估工作；组织编制全区计划用水、节药用水和城市供水水资源规划并监督实施。

水政监察支队的职责为：指导全区水政监察和水行政执法工作；协调并仲裁部门间及县（市）间的水事纠纷，查处区内影响较大的水事违法案件；承办水行政复议、应诉案件工作；组织安排全区水行政普法宣传教育工作。

**水资源法规贯彻实行** 1992年8月17日，贵州省人民政府发布《贵州省水资源费征收管理办法》，1993年8月1日，国务院发布《取水许可制度实施办法》。毕节地区行署及水利主管部门，宣传贯彻以上水资源管理法规，加强水资源管理。1989年5月，毕节地区水电局制发《关于我区河流分级管理的决定》。之后，地县区水政水资源办公室与地县司法局联合开展宣传水法及有关水法规的活动，并在《毕节报》全文刊登水法，撰文介绍全地区水资源情况。1992~2011年，每年中国水周、世界水日，地县水行政主管部门都要组织开展宣传有关水资源管理法规的活动。

**取水许可制度** 1992~2005年，全地区对小（二）型及其以上取水工程进行取水登记1542处，颁发取水许可证1367处。颁发取水许可证，为征收水资源费奠定良好基础。

**水行政执法** 1990年5月，贵州省水利电力厅制发〔1990〕黔水政电通政字第81号文，确定金沙县为贵州省首批建立水行政执法体系试点县，制定《金沙县水资源管理暂行规定》《水事案件调查处理暂行规定》《进一步实施取水许可制度》等文件，建立水政监察员执法队伍，查处水事案件26件。1990年10月开始征收水资源费。1991年10月，省、地水利电力部门组织人员检查验收全地区建立水行政执法体系试点情况。1990年9月，1991年3月及9月分别在织金、大方、纳雍县举办二、三、四期水政干部培训班，143人参训。1991年7月，地区及各县水政办组织7人参加省水政干部培训。是年，省地水利部门审批任命毕节地区水政监察员77人。1991年7月~1992年12月，大方、毕节、威宁县人民政府分别拟定贯彻执行水法，加强水资源管理的规定和意见。1992年10月，毕节地区开始对各县取水大户征收水资源费。1993年全地区普遍开展征收。至2005年底，全地区共征收水资源费3191.79万元。

**毕节地区分区及河流降水量、径流量估算成果表**

单位：平方千米、毫米、亿立方米

| 名称 | 面积 | 平均年 | | | | 不同保证率年径流量 | | | |
|---|---|---|---|---|---|---|---|---|---|
| | | 降水深 | 径流深 | 降水量 | 径流量 | 20% | 50% | 75% | 95% |
| 毕节地区 | 26853 | 1031 | 476 | 277 | 128 | 154.22 | 124.59 | 104.98 | 70.03 |
| 长江流域 | 25737 | 1034 | 480 | 266 | 124 | 148.82 | 120.57 | 100.98 | 76.98 |
| 一、乌江区 | 17812 | 1072 | 523 | 191 | 93.2 | 109.82 | 91.57 | 75.68 | 61.53 |
| 1.三岔河 | 3313 | 1183 | 682 | 39.2 | 22.6 | 26.4 | 22.3 | 19.3 | 15.5 |

续表

| 名称 | | 面积 | 平均年 | | | | 不同保证率年径流量 | | | |
|---|---|---|---|---|---|---|---|---|---|---|
| | | | 降水深 | 径流深 | 降水量 | 径流量 | 20% | 50% | 75% | 95% |
| 2.六冲河 | | 10224 | 1064 | 495 | 108.8 | 50.6 | 59.1 | 49.8 | 43.3 | 34.4 |
| 其中 | 干流上段 | 2316 | 889 | 415 | 20.6 | 9.63 | 11.4 | 9.44 | 8.09 | 6.36 |
| | 干流下段 | 5785 | 1160 | 562 | 67.1 | 32.5 | 37.7 | 32.1 | 28.1 | 22.7 |
| 3.落脚河 | | 2123 | 994 | 398 | 21.1 | 8.46 | 9.98 | 8.28 | 7.1 | 5.31 |
| 4.野济河 | | 2081 | 1000 | 500 | 20.8 | 10.4 | 12.7 | 10.1 | 8.3 | 6.11 |
| 5.偏岩河 | | 1316 | 1013 | 435 | 13.3 | 5.73 | 7.16 | 5.56 | 4.47 | 3.15 |
| 6.乌江干流 | | 878 | 1018 | 438 | 8.94 | 3.85 | 4.46 | 3.81 | 3.31 | 2.70 |
| 二、赤水河 | | 2865 | 998 | 394 | 28.6 | 11.3 | 13.7 | 11 | 9.1 | 6.85 |
| 三、金沙江 | | 5060 | 927 | 377 | 46.9 | 19.1 | 25.3 | 18 | 13.2 | 8.3 |
| 珠江流域：西江区 | | 1133 | 953 | 370 | 10.8 | 4.19 | 5.4 | 4.02 | 3.1 | 2.05 |

## 毕节地区分区及河流降水量、径流量估算成果表

单位：平方千米、毫米、亿立方米

| 行政区域 | 面积 | 平均年 | | | | 不同保证率年径流量 | | | |
|---|---|---|---|---|---|---|---|---|---|
| | | 降水深 | 径流深 | 降水量 | 径流量 | 20% | 50% | 75% | 95% |
| 威宁 | 6317 | 942 | 397 | 59.5 | 25.1 | 32.5 | 23.8 | 18.1 | 12 |
| 赫章 | 3236 | 893 | 433 | 28.9 | 14.0 | 16.8 | 13.7 | 11.5 | 8.84 |
| 纳雍 | 2436 | 1208 | 603 | 29.4 | 14.7 | 17.1 | 14.5 | 12.6 | 10.2 |
| 毕节 | 3415 | 975 | 448 | 33.3 | 15.3 | 18.2 | 14.9 | 12.6 | 9.8 |
| 大方 | 3547 | 1068 | 457 | 37.9 | 16.2 | 19.1 | 15.9 | 13.6 | 10.4 |
| 黔西 | 2516 | 1006 | 497 | 25.3 | 12.5 | 15 | 12.2 | 10.5 | 7.92 |
| 织金 | 2872 | 1317 | 679 | 37.8 | 19.5 | 22.6 | 19.3 | 16.7 | 13.6 |
| 金沙 | 2531 | 996 | 415 | 25.2 | 10.5 | 12.9 | 10.2 | 8.41 | 6.21 |
| 全区 | 26853 | 1031 | 476 | 277 | 128 | 154 | 125 | 104 | 79 |

## 毕节地区分区及河流降水量、径流量估算成果表

单位：平方千米、毫米、亿立方米

| 县市 | 名称 | 面积 | 平均年 | | | | 不同保证率年径流量 | | | |
|---|---|---|---|---|---|---|---|---|---|---|
| | | | 降水深 | 径流深 | 降水量 | 径流量 | 20% | 50% | 75% | 95% |
| 威宁 | 金沙江 | 4400 | 941 | 380 | 41.4 | 16.7 | 22.2 | 15.7 | 11.5 | 7.18 |
| | 西江 | 1133 | 953 | 370 | 10.8 | 4.19 | 5.4 | 4.02 | 3.1 | 2.5 |
| | 三岔河 | 784 | 935 | 531 | 7.33 | 4.16 | 4.95 | 4.08 | 3.5 | 2.75 |
| | 全县 | 6317 | 942 | 397 | 59.5 | 25.1 | 32.5 | 23.8 | 18.1 | 12 |
| 赫章 | 金沙江 | 660 | 833 | 361 | 5.5 | 2.38 | 3.09 | 2.26 | 1.74 | 1.12 |
| | 三岔河 | 478 | 989 | 531 | 4.73 | 2.54 | 2.99 | 2.49 | 2.13 | 1.67 |
| | 六冲河干流上段 | 1857 | 870 | 416 | 16.2 | 7.72 | 9.11 | 7.57 | 6.49 | 5.1 |
| | 六冲河干流下段 | 241 | 1026 | 560 | 2.47 | 1.35 | 1.57 | 1.34 | 1.16 | 0.95 |
| | 全县 | 3236 | 893 | 433 | 28.9 | 14 | 16.8 | 13.7 | 11.5 | 8.84 |
| 纳雍 | 三岔河 | 654 | 1283 | 714 | 8.39 | 4.67 | 5.5 | 4.62 | 3.99 | 3.23 |
| | 六冲河干流下段 | 1782 | 1180 | 561 | 21 | 10 | 11.6 | 9.9 | 8.6 | 7 |
| | 全县 | 2436 | 1207 | 603 | 29.4 | 14.7 | 17.1 | 14.5 | 12.6 | 10.2 |
| 毕节 | 赤水河 | 1417 | 973 | 442 | 13.8 | 6.27 | 3.29 | 6.11 | 5.04 | 3.74 |
| | 六冲河干流上段 | 459 | 950 | 416 | 4.36 | 1.91 | 2.25 | 1.87 | 1.6 | 1.26 |
| | 六冲河干流下段 | 578 | 990 | 562 | 5.72 | 3.25 | 3.76 | 3.21 | 2.79 | 2.27 |
| | 落脚河 | 961 | 976 | 399 | 9.38 | 3.83 | 4.52 | 3.75 | 3.21 | 2.53 |
| | 全县 | 3415 | 975 | 448 | 33.3 | 15.3 | 18.2 | 14.9 | 12.6 | 9.8 |
| 大方 | 赤水河 | 742 | 1073 | 346 | 7.96 | 2.57 | 3.11 | 2.52 | 2.08 | 1.59 |
| | 六冲河干流下段 | 1254 | 1127 | 561 | 14.1 | 7.03 | 8.16 | 6.96 | 6.05 | 4.92 |
| | 落脚河 | 1162 | 1007 | 398 | 11.7 | 4.63 | 5.46 | 4.53 | 3.89 | 2.78 |
| | 野济河 | 389 | 1062 | 499 | 4.13 | 1.94 | 2.37 | 1.88 | 1.55 | 1.14 |
| | 全县 | 3547 | 1068 | 457 | 37.9 | 16.2 | 19.1 | 15.9 | 13.6 | 10.4 |
| 黔西 | 六冲河干流下段 | 455 | 1037 | 560 | 4.72 | 2.55 | 2.96 | 2.53 | 2.39 | 1.79 |
| | 野济河 | 1527 | 981 | 498 | 15 | 7.61 | 9.28 | 7.38 | 6.09 | 4.49 |
| | 乌江干流 | 534 | 1040 | 438 | 5.55 | 2.34 | 2.71 | 2.32 | 2.01 | 1.64 |
| | 全县 | 2516 | 1006 | 497 | 25.3 | 12.5 | 15 | 12.2 | 10.5 | 7.92 |
| 织金 | 三岔河 | 1397 | 1337 | 802 | 18.7 | 11.2 | 13 | 11.1 | 9.63 | 7.84 |
| | 六冲河干流下段 | 1475 | 1297 | 561 | 19.1 | 8.28 | 9.6 | 8.19 | 7.12 | 5.79 |
| | 全县 | 2872 | 1316 | 679 | 37.8 | 19.5 | 22.6 | 19.3 | 16.7 | 13.6 |

续表

| 县市 | 名称 | 面积 | 平均年 | | | | 不同保证率年径流量 | | | |
|---|---|---|---|---|---|---|---|---|---|---|
| | | | 降水深 | 径流深 | 降水量 | 径流量 | 20% | 50% | 75% | 95% |
| 金沙 | 赤水河 | 706 | 965 | 347 | 6.81 | 2.45 | 2.96 | 2.4 | 1.98 | 1.52 |
| | 野济河 | 165 | 1023 | 498 | 1.69 | 0.82 | 1 | 0.8 | 0.66 | 0.48 |
| | 偏岩河 | 1316 | 1013 | 435 | 13.3 | 5.73 | 7.16 | 5.56 | 4.47 | 3.15 |
| | 乌江干流 | 344 | 985 | 439 | 3.39 | 1.51 | 1.75 | 1.49 | 1.3 | 1.06 |
| | 全县 | 2531 | 996 | 415 | 25.2 | 10.5 | 12.9 | 10.2 | 8.41 | 6.21 |

## 毕节地区地下水中碳酸盐岩岩溶水（Ⅰ）、基层裂隙水（Ⅱ）、局部松散堆积层孔隙水（Ⅲ）的贮量及有关参数表

单位：平方千米、亿立方米

| 地下水类型 | 面积 | 地下径流模数1/秒·平方千米 | 地下水储量 | 占全区总面积的比例 | 富水等级 | 备注 |
|---|---|---|---|---|---|---|
| Ⅰ | 12711.9 | 7.0 | 27.94 | 47.4% | 强–中等 | |
| Ⅱ | 14055.3 | 1.0 | 4.41 | 52.3% | 强–弱 | |
| Ⅲ | 61.5 | 0.1 | 0.02 | 0.2% | 弱 | |
| 合计 | 26828.7 | | 32.37 | | | |

## 毕节地区地下水资源估算成果表

单位：平方千米、亿立方米

| 流域 | | 面积 | 年径流量 | | | |
|---|---|---|---|---|---|---|
| | | | p=20% | p=50% | p=75% | p=95% |
| 毕节地区 | | 26853 | 39.88 | 30.55 | 24.7 | 17.26 |
| 长江流域 | | 25737 | 38.52 | 29.31 | 24.03 | 16.631 |
| 一、乌江区 | | 17812 | 28.27 | 21.46 | 16.88 | 12.12 |
| 1.三岔河 | | 3313 | 4.95 | 4 | 2.85 | 2.16 |
| 2.六冲河 | | 10224 | 16.85 | 12.82 | 10.45 | 7.8 |
| 其中： | 干流上段 | 2316 | 3.47 | 2.57 | 2.21 | 1.6 |
| | 干流下段 | 5785 | 10.69 | 7.99 | 6.75 | 4.95 |
| | 落脚河 | 2123 | 2.69 | 2.26 | 1.49 | 1.25 |
| 3.野纪河 | | 2081 | 2.59 | 2.08 | 1.41 | 0.893 |
| 4.偏岩河 | | 1316 | 1.85 | 1.2 | 1.09 | 0.722 |
| 5.乌江干流 | | 878 | 2.03 | 1.36 | 1.08 | 0.549 |

续表

| 流　域 | 面积 | 年径流量 | | | |
|---|---|---|---|---|---|
| | | p=20% | p=50% | p=75% | p=95% |
| 二、赤水河 | 2865 | 3.99 | 3.12 | 2.54 | 1.85 |
| 三、金沙江 | 5060 | 6.26 | 4.73 | 4.61 | 2.66 |
| 珠江流域：西江区 | 1133 | 1.36 | 1.24 | 0.665 | 0.625 |

## 毕节地区地下水资源估算成果表

单位：平方千米、亿立方米

| 县名 | 面积 | 年径流量 | | | |
|---|---|---|---|---|---|
| | | p=20% | p=50% | p=75% | p=95% |
| 威宁 | 6313 | 7.73 | 6.21 | 5.42 | 3.54 |
| 赫章 | 3236 | 4.61 | 3.36 | 2.97 | 2.06 |
| 纳雍 | 2436 | 4.10 | 3.31 | 2.65 | 1.94 |
| 毕节 | 3415 | 5.09 | 4.38 | 3.14 | 2.23 |
| 大方 | 3547 | 5.24 | 3.04 | 3.17 | 2.5 |
| 黔西 | 2516 | 4.21 | 3.30 | 2.26 | 1.42 |
| 织金 | 2872 | 5.37 | 4.51 | 2.97 | 2.17 |
| 金沙 | 2531 | 3.53 | 2.43 | 2.12 | 1.39 |
| 全区 | 26853 | 39.88 | 30.55 | 24.7 | 17.26 |

## 毕节地区及部分县市地下水资源开发利用情况表

（1991）

单位：万立方米

| 县市 | 工矿企业实际取水 | 生活实际取水 | 农业灌溉实际取水 | 各类取水合计 | 耗费水量 | 发放取水许可证 | 开发利用率（‰） | 备注 |
|---|---|---|---|---|---|---|---|---|
| 毕节 | 343.34 | 137.13 | | 480.47 | 480.47 | 31 | 10.9 | 按平水年 |
| 黔西 | 184.2 | 7.86 | | 192.06 | 192.06 | 3 | 5.8 | 按平水年 |
| 金沙 | 0.6 | 1.36 | 33 | 34.96 | 34.96 | 6 | 1.4 | 按平水年 |
| 织金 | 5 | | | 5 | 5 | | 0.1 | 按平水年 |
| 威宁 | 2.59 | 2.8 | | 5.39 | 5.39 | 3 | 0.08 | 按平水年 |
| 全区 | 535.73 | 149.15 | 33 | 717.88 | 717.88 | 43 | 2.2 | 按多年平均储量 |

## 二　水旱灾害

**水灾**　1.成因及特征。毕节地区地处黔西北乌蒙山区，山高坡陡，地形复杂，夏季受热带高压季风和青藏高原冷锋低槽的影响，局部地区易出现历时短，强度大的暴雨。暴雨降临时，山溪洪水陡涨陡落，洪水总量不大，但降值高，时间短，危害大。雨水浸泡、冲刷陡坡地带松土，山坡因而崩坍，洪水冲刷坡土，夹带泥沙，水打砂壅，损毁庄稼、村舍，造成毁灭性灾害。岩溶发育，洼地、麻窝地、山间盆地多，其排水通道多依靠溶洞排泄。暴雨降临，山洪暴发洪水带夹泥沙，阻塞排水通道，造成涝灾。洪水带夹泥沙，壅入低洼河谷地带，造成河床淤塞，致使河水通行能力下降，淹没沿河两岸农田村舍和城镇。

在毕节地区历史上曾多次出现因降暴雨形成的毁灭性灾害。据史载，明弘治十三年（1500）九月威宁、清康熙九年（1670）黔西、道光元年（1821）威宁、民国27年（1938）5月毕节，都因暴雨而造成山洪暴发，淹没、冲毁农田、房屋及淹死和压死人畜的记录。1949年5月，金沙县青池降暴雨，洪水猛涨，冲毁田土数千亩，青池街上泛滥成河，十多人被淹死。

1953年9月，金沙县境降大暴雨，洪水泛滥，县城内200间房屋倒毁，6人被淹死；1954年7月，纳雍县以支塘乡降暴雨，洪水致使狗头山产生大峭坡而形成泥石流，覆盖村民5户，压死17人，阻断河流，河水壅高20米，淹田1130亩；是年，毕节县降暴雨，倒天河河水猛涨，城区箱子街、大横街水深1米多，多数民房、商店、仓库被淹，损失惨重。

1976年6月，织金县连续遭受暴雨洪水灾害，全县12个区镇，102个公社11万多亩田土受水灾，其中水打砂壅不能恢复的5万余亩；1982年5月，纳雍县猫场公社木井生产队连降暴雨夹冰雹，造成严重滑坡，冲毁民房17间，死亡37人；1984年，金沙县安洛区新华乡因暴雨洪水产生山体滑坡，压死30人，毁民房5幢。1991年7月上旬，区内各县普降大雨、暴雨和特大暴雨，受灾田土195.14万亩，成灾87.95万亩，粮食减产1.33亿公斤，倒塌房屋1.59万间，死亡110人、2200头大牲畜，冲毁大量水利、交通、通信、电力设施。威宁二塘至水城铁路、公路一度中断，猴场电站坝基冲垮约30米，厂房全毁，金沙至沙土、黔西至中坪的公路因水淹中断。1996年5月、7月，毕节、黔西、纳雍、赫章县遭受暴雨、特大暴雨袭击，造成国家、民众的严重经济损失。

2.水灾的分布及频次。水灾多发生在每年的5~8月，各县市历史上曾多次出现过大水灾，而以威宁、织金县较频繁。织金县靠近贵州省的暴雨中心，年降水量和汛期降水量均居全地区之冠。威宁县海子、麻窝地多，一遇大雨和暴雨，排水通道受阻，形成大面积淹没。据历史资料记载，自明弘治十三年（1500）至中华人民共和国建立的450年间，全区共出现大水灾72次，平均每6.3年1次。1950~1991年的41年间，发生大水灾8次，平均每5.1年1次。插花性小水灾，几乎年年有。1949~1991年，发生大水灾的频率加快，主要是毁林开荒，乱砍滥伐林木，生态环境严重遭破坏造成。

3.抗洪抢险。20世纪60年代初，成立毕节专区防汛抗旱指挥部，职责是确保汛期水利工程、交通、邮电及城市村镇人民生命财产安全；重点是确保水库安全度汛。此后，各县均成立防汛指挥部其工作一直延续至今。80年代中期，区内实行水库汛期地方行政首长包库责任制，汛期水库的防汛抢险工作，均由水库所在地的地方政府首长组织实施并负责。要求一是抓汛前检查，针对水库存在的问题，及时除险加固，检修闸门，启闭设备和引洪设施等，并制定水库汛期调度计划；二是作好防汛抢险物资准备；三是组织以当地民兵为主的抢险队伍；四是维护好通往水库的通信、公路，以畅通信息，遇有险情及时组织力量抢险保平安。

旱灾　1.旱灾成因与特征。春夏两季常处于西太平洋副热带高压气流的控制下而久晴不雨，常出现全地区性春旱和夏旱。春旱严重而频繁，多出现在3~5月，10~15天不降雨即出现小旱，15~30天不降雨即出现中旱，30~50天不降雨即出现大旱。有时年份冬季降雨少，出现冬春连旱，不但夏收作物大幅度减产，广大农村人畜饮水十分困难。西部威宁、赫章县因紧靠云南，冬春季常受西南暖气流影响，晴天多，风速大，春旱尤为严重。夏旱多出现在6~8月。其成灾面积虽不及春旱大，但对水稻、玉米等作物的危害很大。由于夏季气温高，蒸发量大，一般只要7~10天不降雨即开始出现小旱，10~15天不降雨即出现中旱，15天以上不降雨即出现大旱。

2.旱灾分布与频次。旱灾分布总的趋势是春旱西部重于东部，夏旱东部重于西部。北边的赤水河，东边的偏岩河，中部的六冲河、白甫河，西南边的可渡河，西部的牛栏江等河流地带均为毕节地区的高温干旱区，其中尤以金沙的沙土，黔西的林泉，大方的鸡场、双山，威宁的牛棚，毕节的杨家湾等地为典型的干旱区。全地区在清朝时期有8年旱灾记载。民国的38年间有6年出现全区性大旱灾的记载，平均6.3年出现1次。中华人民共和国成立后，全地区旱灾产生频率加快、程度加重。据地区气象局统计，1950~1991年的42年间，共出现全区性大旱灾11次，平均每3.7年1次。11次大旱中，两年夏旱，九年春旱或冬春连旱。1979年，全地区出现前所未有的冬春夏连旱，大旱191天，经济损失严重。2009年9月1日～2010年3月22日，出现自1961年有完整气象记录以来最严重的一次秋冬春三季连旱。

3.防旱抗旱措施。旱灾是最大的自然灾害，全区长期坚持采取“防、抗、救”的措施。“防”，坚持不懈地开展山、水、林、田、路综合治理在内的基本农田建设和水利建设，充分开发利用本地区的水资源，增强调蓄能力。“抗”，灾情发生，调动一切可调动的人力物力抗御灾害对生产生活的危害。“救”，调动一切力量，挽救灾害造成的损失，对群众实施救助，帮助尽快恢复正常生活生产秩序。

## 毕节地区各个历史时期水灾情况记实统计表

| 时期 | 年代 | 灾情 |
|---|---|---|
| 明代 | 弘治十三年 | 九月，威宁大雨，冲坏庐舍、桥梁，田土淹二百余处，死三百余人。 |
| | 嘉靖三年 | 三月，威宁雷、雨、雹，海水溢。 |
| | 万历七年 | 毕节乌平铺大水，民被淹。五月大水至东门、漂没关厢民房。 |
| | 万历二十九年 | 毕节大水 |
| | 万历三十一年 | 毕节大水 |
| 清代 | 康熙五年 | 五月、七月毕节大水，水入东门。 |
| | 康熙六年 | 织金大雨，溪水侵城，民舍尽毁。 |
| | 康熙九年 | 织金大雨滂沱，溪水侵城，民舍尽行倾毁。 |
| | 康熙二十年 | 织金大雨水。 |
| | 康熙三十四年 | 威宁水淹为灾，大饥。 |
| | 康熙三十五年 | 威宁自五月下雨到八月方止，泛滥漂没，荞麦不登，夏季大饥。 |
| | 康熙四十七年 | 四月，威宁、赫章大雨八日。五月，毕节大水，淹没民舍无算。 |
| | 乾隆四年 | 五月，威宁黑库寨陡降冰雹，山水暴涨，冲去山脚下居民四户，草房十间，被灾害者共三十五户。 |
| | 乾隆六年 | 六月，毕节大水，北城崩，淹民房，死六人。 |
| | 乾隆十三年 | 四、五月，大定大水。北门外冲坏民房，坏柯家桥、落折桥。 |
| | 乾隆十四年 | 三月，织金大水，坏田、屋，漂没人畜无算。 |
| | 乾隆二十八年 | 三月末，黔西牛场暴发山洪，冲坏民房八十一间，淹死一百零三人，其中有过往挑盐和买马者三十四人。 |
| | 乾隆四十一年 | 夏，威宁大水，冲坏田禾。 |
| | 嘉庆十一年 | 七月，威宁大水。 |
| | 道光元年 | 威宁后所，溪水陡涨，平地水深八、九尺，淹死一百三十多人，冲塌民房六十三间，冲失木桥数座。 |
| | 咸丰六年 | 七月，威宁连雨四十余日，海水涨至城南斗姥阁门外。 |
| | 咸丰九年 | 织金八步涨水十余丈，数月始消退。 |
| | 同治十年 | 四月，毕节大水，漂没城内房舍，淹死数人。 |
| | 同治十一年 | 四月，大定大水。五月，毕节大水。 |
| | 同治十二年 | 五月，大定大雨，城根冲没。五月，毕节大水。 |
| | 光绪四年 | 五月，黔西大水，鸭池河供水位特大特高。六月，毕节大水，长春堡漂没数人。 |

续表

| 时期 | 年代 | 灾情 |
|---|---|---|
| 清代 | 光绪十年 | 金沙偏岩河大水。 |
| | 光绪十三年 | 五月，织金大水。 |
| | 光绪二十五年 | 七至八月，大定淫雨伤稼。 |
| | 光绪三十三年 | 八月，威宁大雨，山水陡发，淹坏海子岸边苞谷十之四、五。 |
| | 光绪三十四年 | 六月，大定大雨，山洪暴发，北门桥冲毁。 |
| | 宣统元年 | 大方大雨三日，山洪暴发，屯河神护桥冲毁，水翻对江大桥，只存三个拱圈。 |
| | 宣统二年 | 五月，黔西煤洞场、清水塘等处，山水暴发，涨水十余丈，冲毁田亩及器物，淹死多人，灾情较重。 |
| 民国 | 3年 | 六月，威宁大雨，猴场河大桥被冲毁。 |
| | 6年 | 秋，黔西淫雨成灾，田中稻谷尽行生芽。 |
| | 7年 | 威宁春夏连雨，三秋淫雨为灾，全县秋收仅有四成。黔西七、八两月雨水过多，田禾不扬花。 |
| | 13年 | 五月，威宁连降大雨，庄子上至耿家坝二百余里河岸冲坏。 |
| | 26年 | 七至八月，织金淫雨连绵，稻谷不扬花结实。 |
| | 27年 | 四月，威宁水灾，冲没秧苗，损失重。五月，毕节大雨，冰雹又兼山崩，人畜被淹没或压死者各数十计。 |
| | 28年 | 织金二、六区水灾严重。 |
| | 30年 | 八月，毕节暴雨，落水洞至海子坝一带禾苗全淹。 |
| | 32年 | 五月以后，威宁淫雨为灾，数月内仅晴数天，苞谷不结实，收成百不得一。五月二十三日大定县大雨成灾，平街民房被冲毁，县城南、北、中、西门城墙倒数十丈，南门外桥被山洪冲断。 |
| | 36年 | 六月，金沙大雨，洪溪一带，田有千百亩及人畜被冲。 |
| | 37年 | 四月，金沙降雹，大者如拳，小者如桃，雹停洪涨，庄稼被毁，庐舍为墟，受灾之广，灾情之重，为该县设置以来之空前惨剧。夏，纳雍县大雨连月。 |
| | 38年 | 五月，金沙清池大雨，街上成河，冲毁田土禾苗数千亩，淹死十八人，冲去房屋五幢，风雨打坏房屋三十余栋，粮食、什物、牲畜、家具损失甚大，约值大洋六万余元；六月，大定淫雨成灾，损失惨重。 |
| 中华人民共和国成立后 | 1952 | 春夏之际，纳雍、毕节、大定、赫章、威宁县相继出现暴雨冰雹灾害。 |
| | 1953 | 7月，威宁暴雨成灾，冲毁堤岸，受灾784户共3600余人，冲去房屋17间，死3人；8月，金沙县降雨193.3毫米，出现自1918年以来最大的一次暴雨洪水，7个区遭受洪灾，受灾田土27万亩，倒塌房屋1753间，冲毁拦河堰85道，筒车199架，死亡33人。 |
| | 1954 | 7月，纳雍大雨，7月24日以支塘狗头山大滑坡，滑坡长度1300米，约28万立方米，淹没村民5户，压死17人，沟水壅高20米，淹田1130亩，形成长3300米的湖泊，受灾34户共1721人，公路受阻，赫章也受水灾。8月9日夜，织金大水，淹田3000多亩。 |
| | 1960 | 7月，织金大雨成灾，水稻田受灾2.6万亩，旱作物受灾2.4万亩。 |

续表

| 时期 | 年代 | 灾情 |
|---|---|---|
| 中华人民共和国成立后 | 1964 | 大方县6月26~29日降雨220.5毫米，洪水冲垮房屋281间，伤3人，冲垮水库两座，沟道237条，堰沟134处，受灾13.27万亩，阻塞消水洞183个。 |
| | 1968 | 6月~7月中旬，纳雍出现暴雨和特大暴雨。毕节、黔西均有山洪成灾。8月，毕节大暴雨，冲垮双河口水库土坝，冲毁田土3700多亩、房屋49间，死12人。 |
| | 1971 | 纳雍县连降暴雨，全县遭受洪涝，冰雹袭击10余次，死亡32人，伤66人，受灾9.3万亩。 |
| | 1972 | 8县78个区连续遭受洪水、冰雹袭击，死亡14人，伤121人，打死耕牛60头，冲毁打坏房屋1.62万幢，夏粮受灾61万多亩，损失1728.5万多公斤。 |
| | 1973 | 3~5月，赫章县共下37次冰雹。 |
| | 1976 | 6月，织金县暴雨成灾，冲毁田7844亩，土9845亩，桂花坡水库垮坝，冲毁1000多亩农田。 |
| | 1977 | 是年雨水多，入汛早，暴雨强度大，次数多，造成严重灾害。4月22日，5月5日、10日，6月17~18日，毕节地区5次共降水97毫米。受灾34.23万亩，冲毁未成水库10座，电站引水建筑物5处。倒塌房屋2435间，死亡37人。4月13日~7月25日，大方县7次暴雨，受灾11.14万亩，116个公社，冲毁房屋150幢，损坏2803间，死17人，伤30人。损失产量183万公斤，冲毁水利设施、引水工程37处，水轮泵8处。6月，织金县两次暴雨造成严重洪灾，受灾11.6万亩，冲垮小（二）型水库一座，房屋1918幢，死亡20人，伤4人。 |
| | 1978 | 1977年冬至是年5月，均无透雨，产生少见大旱。大旱后，又遇洪灾，全地区有5个县、38个区193个公社受灾45.88万亩，7.7万亩无收，损失粮食2.45万公斤，房屋倒塌1699间，死6人伤11人，冲坏小（二）型水库3座，山塘57口，堤坝360处，水轮泵站16处，水电站2处。 |
| | 1979 | 6月，威宁大雨，潘家岩大滑坡，倒塌房屋32户，田、土被淹没。8月，毕节、大方、金沙、纳雍、赫章县部分区社遭受冰雹和涝灾。 |
| | 1980 | 6月，织金县暴雨成灾，淹没茶山电站，冲垮羊硐电站20多米引水渠，冲倒鼠场电站电杆60多根，桂花水库大坝被冲垮，冲毁农田数十亩。 |
| | 1981 | 6月24~28日，毕节县暴雨成灾，全县15个区镇13.18万亩受灾，死7人，倒塌房屋69幢，冲垮河堤216处。 |
| | 1982 | 4月16日，5月4、8、10日织金县连续遭4次雹、风、雨灾害，10个区22.11万亩夏收作物受灾，损失粮食792.5万公斤，油菜籽133万公斤。61.26万亩大秋作物受灾，损失产量389万公斤。房屋倒塌815幢，损坏4430幢，被洪水冲走、淹没、雷击死61人，受伤146人。5月上旬，毕节、大方、纳雍、威宁、赫章县遭水灾，损失严重，其中纳雍县猫场公社水井生产队，严重滑坡冲毁民房17间，死亡37人。 |
| | 1983 | 是年，汛期提前10~15天，大雨暴雨连续出现。据统计，全区受灾108.73万亩，成灾39.38万亩，受灾人口60.35万人，死亡105人，倒塌房屋2512间，损失粮食1715万公斤，冲毁堤防1315处138.03平方千米，水库垮坝1处，渠道134.36千米，渡槽6座，小水电站38座，桥梁16座，通信线路166杆。6月大雨，赫章为受灾严重的县。 |

续表

| 时期 | 年代 | 灾情 |
| --- | --- | --- |
| 中华人民共和国成立后 | 1985 | 5月中旬后，全区遭受风雹洪灾袭击，6月下旬~7月初雨量尤为集中，受灾141.45万亩，成灾28.56万亩，绝收5.23万亩，死亡68人，倒房1666间，冲毁堤防1155处，171.52千米，渠道92.57千米，淹没水电站13座。大方、黔西、织金、纳雍县最严重。6月24~29日，纳雍降雨162.1毫米，其中28~29日降122.3毫米。6月26~30日，威宁降雨239毫米。6月，织金降雨308.9毫米，比历年同期多15.5毫米；6月27~29日，降雨59.4毫米，27日20时~次日8时，降雨83.5毫米。 |
| | 1986 | 6~9月，除黔西县外，其余各县降水偏多。据统计，全地区洪涝面积142.9万亩，受灾121.5万人，死亡44人，倒塌房屋1593间，损失粮食1477.5万公斤；冲坏河堤1571处，5850千米，冲坏渠道133千米，淹没小水电站14座。毕节、大方、织金、威宁、赫章县较严重。 |
| | 1987 | 4月9~13日，毕节、黔西、织金、威宁县，5月15~24日，毕节、大方、黔西、威宁县部分区，10月5~13日，毕节、大方、黔西、金沙、织金、纳雍县先后遭冰雹、洪灾，10月底止，全地区受灾90.01万亩，损失粮食1329.11万公斤；死亡59人，倒塌房屋1235间；冲毁堤防293处、25.84千米；冲毁渠道28.99千米；经济损失605.04万元。7月5日下午4点半，赫章县妈姑锌矿区突降暴雨，山洪暴发，淹没街道，冲毁房屋及物资，死亡16人。 |
| | 1988 | 6月下旬和8、9月，金沙、织金、黔西、纳雍、大方和毕节县的部分地方，发生洪涝灾害。据统计，到9月底止，受灾110.59万亩；成灾43.33万亩，粮食减产4978.68万公斤，倒塌房屋1274间，死亡48人，直接经济损失1389万元。 |
| | 1989 | 全地区各县发生12次暴雨，毕节、大方、黔西、金沙、织金、纳雍县最为严重。冲坏水利水电工程共65处，农作物受灾123.06万亩，成灾66.78万亩，粮食减产3.01万吨，倒塌房屋1455间，死亡18人，损失粮食9334吨。 |
| | 1990 | 3月底4月初和8月初，全地区除威宁、赫章外，其余6县发生雹、洪灾；6月中、下旬及9月下旬全地区发生雹、洪灾，织金最重。据统计，全地区受灾69.13万亩，成灾34.2万亩，粮食减产4.12万吨，损失1.03万吨，经济损失1350.02万元，受灾88.83万人，致残9人。房屋倒塌907间，冲毁堤坝201处27.47千米，渠道76.32千米，塘坝72座，渡槽7座，小水电站3座。 |
| | 1991 | 是年5月~6月中旬，全地区连续40余天持续高温少雨，为50年所罕见。其中毕节、大方、金沙、威宁县延续到6月底。7月1旬~8月上旬，各县普降大、暴雨和特大暴雨。7月2日~4日，降雨400毫米，7月2日21时~3月18日21小时降雨159毫米。7月1日，织金县城降雨105毫米；7月2日17时30分至3日5时~11点半，威宁二塘降雨392毫米；8月9日20时~10日8时21小时毕节县城关，降雨113毫米。以上降水均造成洪灾。 |
| | 1992 | 4月6~8日，纳雍县连续遭受3次雹灾，降雹最长30分钟，最大雹粒直径5厘米，重灾区冰雹积厚10厘米以上。全县受灾19个乡2345个村民组，受灾农作物57.9万余亩，毁坏民房3339间，毁畜圈961间，烤房2299间，死亡大牲畜23头（匹），伤51头（匹），损失折款2560万元。 |

续表

| 时期 | 年代 | 灾情 |
|---|---|---|
| 中华人民共和国成立后 | 1993 | 4月25~28日，毕节、大方、织金、黔西、纳雍、威宁县先后遭受冰雹袭击，受灾乡镇45个，夏粮受灾54万多亩，损失产量2700多万公斤，油菜受灾5.7万多亩，损失产量200多万公斤，春播粮食作物和已移栽的烤烟受灾近100万亩，损坏民房8万多间，直接经济损失5000多万元。<br>5月7日，织金县金龙、茶店、八步、龙场、太平等乡镇的73个村遭受暴风、冰雹、洪水灾害，损坏民房2400余幢，其中倒塌415幢，损坏畜圈241间，直接经济损失1255万元。<br>5月，金沙县遭受洪灾，本县西洛河水库库尾磷酸厂被冲毁，磷酸流入水库中，县水电局的网箱鱼2万余公斤及库区存鱼被毒死殆尽。 |
| | 1994 | 4月20日，毕节、大方、黔西、织金、纳雍、赫章县的67个乡镇遭受特大冰雹灾害，夏粮受灾95.5万亩，损失产量5860万公斤，油菜受灾14.2万亩，损失产量583.6万公斤；苞谷受灾65.2万亩，损失种子54.8万公斤，秧田受灾1.1万亩，损失种子27.6万公斤，毁坏烤烟苗床21.8万厢，民房14万幢，死亡8人，伤299人，死大牲畜254头（匹）；冲毁公路34处22千米，毁坏电杆148根，直接经济损失1.21亿元。 |
| | 1995 | 6月29~30日，织金县连续遭受暴雨袭击，降水度受灾，其中重灾乡镇18个，253个村。共计损坏房屋832间、畜圈276间、烤房155间，死1人、伤18人，损失耕牛2头、猪3头，冲毁公路6处0.32公里，以及部分田土，经济损失折款1592万元。<br>7月11～14日，织金县先后两次遭受暴雨、冰雹袭击，有14个乡镇的210个村受重灾，共损坏房屋1984间（倒塌784间）、畜圈684间（倒塌104间）；公路塌方6处，340米；狂风吹断直径10厘米以上树木9900株，死4人、猪4头，经济损失1584万元。 |
| | 1996 | 5月22~24日，赫章、织金、黔西、大方、纳雍、毕节、威宁县发生特大洪涝、冰雹和狂风灾害。81个乡镇862个村6374个村民组受灾。夏收作物绝收24.62万亩，损失产量3395万公斤，秋收作物受灾101.75万亩，损失种子316.73万公斤，移栽烤烟受灾15.08万亩，毁坏民房1.56万幢，倒塌86间，死亡26人，失踪10余人，伤240人，打死大小牲畜1199头（匹、只）；毁坏公路95.8公里，全部经济损失2185万元。<br>6月5~10日，织金县茶店、三甲、城关等16个乡镇遭受洪涝灾害，其中重灾乡镇8个，毁坏房屋674间，畜圈293间，烤房122间；死伤各1人；公路塌方48处共168千米，阻断公路26处，冲垮桥梁1座，造成经济损失1246万元。<br>7月1日，黔西县遭受特大暴雨袭击，全县9个乡镇3.94万农户受灾，尤以城关、金坡、洪水、仁和、谷里、钟山、林泉7个乡镇为重。全县粮食作物受灾29.4万多亩，成灾24.4万多亩，绝收9.4万多亩，经济作物受灾7万多亩，成灾5.6万多亩，绝收2.6万多亩，倒塌房屋3356间，死2人，毁坏公路77处，河渠2800米，塘库155座，泵站88座，直接经济损失1.5亿多元。<br>7月1~2日，织金县桂果、实兴、化起、龙场等12个乡镇160个村遭受洪涝灾害，尤以化起、龙场等6个乡镇94个村灾情最重。毁坏房屋2945间，畜圈492间，烤房175间；冲毁公路156处，共41公里，冲毁河堤4处；死耕牛1头，经济损失共2399万元。 |

续表

| 时期 | 年代 | 灾情 |
| --- | --- | --- |
| 中华人民共和国成立后 | 1997 | 5月4日，从4月下旬以来，织金县以那、猫场、上平寨等乡镇先后遭受洪水袭击，27个村、199个村民组、6390户、2.63万人受灾，粮食作物受灾2290公顷，其中绝收1360公顷，造成粮食减产1588吨；经济作物受灾320公顷，其中绝收130公顷，造成油料减产250吨。毁房屋210间，其中倒塌16间，冲垮河堤1780米，毁变压器1台，狂风吹断树木210株，直接经济损失1527万元。<br>5月7日，18时30分，近百年未遇的特大暴雨袭击大方县黄泥塘镇和鸡场乡的9个村，造成房屋、畜圈、烤房倒塌和毁坏，农作物受灾，321国道和210省道共6公里地段行道树1160多株被狂风吹断，电杆折断，光缆通信线路受损，交通堵塞，通信中断。<br>6月5日，毕节市阴底、田坝、小坝、小吉场、长春堡、青场等乡镇遭暴雨和冰雹袭击，受灾1.58万公顷，重灾8230公顷，绝收达1761公顷，损坏房屋2610间，直接经济损失2800多万元。<br>6月27日，下午3时50分，赫章县财神镇遭罕见冰雹、大风、洪水袭击，冰雹大风持续半小时，造成700多亩烤烟、2100多亩苞谷绝收，损坏烤烟房59幢，折断各种树木12万多株，打死羊73只，猪5头，经济损失460多万元。<br>7月2日，毕节市18个乡镇、办事处遭暴雨袭击，何官屯、朱昌、鸭池、流仓桥、海子街、市西、市东、观音桥、长春堡的部分地方被淹。截至3日下午5时，全市受灾人口17.3万人，13人受伤，3人死亡，农作物受灾1.62万公顷，其中粮食作物1.51万公顷、经济作物1130公顷，成灾6403公顷，绝收1138公顷，粮食损失5322吨，烤烟93吨，房屋倒塌910间，死亡大牲畜13头，冲毁公路120米，经济损失1421万元。 |
|  | 1998 | 7月29日，下午3时许，织金县7个乡镇的90个村遭受大雨冰雹灾害，农作物受灾3030公顷，损失产量2970吨，损坏房屋650间，其中倒塌220间，直接经济损失841万元。<br>8月6日，晚，毕节市持续8小时的大暴雨，造成洪涝灾害，全市41个乡、镇、办事处和595个村受灾，农作物受灾5730公顷，损失粮食产量9000吨，烤烟产量73.5吨；房屋、耕地、公路、桥梁、沟渠、输电线路、通信线路等毁坏严重，直接经济损失1447万元。次日凌晨4时，毕节城区遭受洪灾，松山路、威宁路、桂花路、清毕路部分机关、居民受淹。<br>8月7日，晚，金沙县12个乡镇连续10小时暴雨，156个村受灾，因灾死亡1人，伤6人；倒塌房屋568间，受灾农作物2.59万公顷，损失粮食产量4912吨、烤烟产量358吨，直接经济损失1949万元，城关关门垭隧道进口处发生特大山体滑坡、崩塌土石方32万立方米，拱圈被压塌36米，12个乡、镇及到仁怀的交通、通信中断。 |
|  | 2000 | 5月7日，毕节市、大方、黔西、金沙、织金、纳雍县相继发生特大风雹洪涝，有64个乡镇、57万人口受灾，死亡29人，失踪8人，直接经济损失逾亿元。 |

续表

| 时期 | 年代 | 灾情 |
| --- | --- | --- |
| 中华人民共和国成立后 | 2001 | 入汛以来，特别是6月中旬和下旬，7月上旬、8月中旬。地区中东部、南部及西部县市出现8次强降雨过程。雨量集中，全区汛期总降水量7896.4毫米，与历年同期平均偏多15%,因洪涝灾害造成全区8县市126个乡（镇）受灾，受灾人口151.55万人，倒塌房屋211间，农作物受灾143.93万亩，其中粮食作物96.2万亩，成灾102.63万亩，其中粮食作物65.67万亩，绝收面积14.92万亩，其中粮食作物7.3万亩，减收粮食13.51万吨，因灾造成39人死亡，660头大牲畜死死亡，中断公路4条次，损坏输电线路10.68千米，损坏堤防504处，73.33千米，损坏灌溉设施3处，损坏水电站一座，洪涝灾害造成的直接经济损失1.18亿元。 |
| | 2003 | 6～7月份，3次强降雨过程，全地区154个乡镇遭受洪涝灾害，受灾人口94.05万人，倒塌民房1182间，死亡3人。农作物受灾6.45万公顷，成灾4.53万公顷，绝收0.69万公顷，减收粮食5.53万吨，死亡牲畜358头，毁坏公路14.5千米，输电线路42.22千米，通信线路16.37千米，堤防84处9.63千米，堤防决口9处221.5米，直接经济损失1.5亿元。 |
| | 2004 | 全地区132个乡镇遭受不同程度洪涝灾害，受灾人口83.67万人，民房倒塌463间，死亡20人；农作物受灾5.09万公顷，其中成灾2.41万公顷，绝收0.42万公顷，减收粮食3.99万吨；毁坏公路路基路面16.15千米，输电线路11.48千米，通信线路13.8千米、堤坝堤防63处5.46千米，直接经济损失7135万元。汛期发生地质灾害4次。 |
| | 2005 | 全区共有105个乡镇遭受洪涝灾害，受灾人口60.57万人，民房倒塌941间，死亡15人，农作物受灾37.03千公顷，其中成灾19.98千公顷，绝收3.93千公顷，减收粮食3.67万吨，毁坏公路7.75千米，损坏输电线路4.2千米，损坏堤防26处共1.68千米，直接经济总损失7634万元： |
| | 2006 | 全区54.47万人遭受洪涝灾害，倒塌房屋584间，死亡11人，农作物受灾2.82万公顷，其中成灾1.77万公顷，绝收0.28万公顷，减收粮食1.34万吨，直接经济损失6605万元。 |
| | 2011 | 6月~10月出现暴雨17站次，其中6月8站次、7月4站次、8月1站次、9月2站次、10月2站次（黔西测站没有出现暴雨），各县区不同程度受灾。 |

## 1952~1990年毕节地区部分年份发生旱灾天数与同期降水量对照表

单位：毫米

| 年份 | 旱期天数 | 同期降水量 | 灾情 |
| --- | --- | --- | --- |
| 1952 | | | 6月，全地区旱灾严重，毕节、大方、黔西、金沙县为最。 |
| 1965 | 92 | | 3~5月，威宁、赫章春旱严重，小春作物减产。 |
| 1960 | 92 | 82 | 自1959年冬以来，全地区出现冬春连旱，受旱110多万亩，其中64万亩绝收。 |
| 1963 | 150 | 57.3 | 1962年12月~1963年4月，全地区出现冬春连旱，西部4县大旱、东部4县中旱。 |
| 1966 | 120 | 65.9 | 1~4月，全地区出现冬春连旱，西部地区较为严重。 |
| 1972 | | | 全地区严重春旱，122万亩农作物受灾。 |

续表

| 年份 | 旱期天数 | 同期降水量 | 灾情 |
|---|---|---|---|
| 1978 | 89 | 54.4 | 全地区229万亩农作物受旱，134条河断流，1521个山塘水库干涸。损失粮食5000万公斤。 |
| 1979 | 191 | 103.5 | 全地区483万亩农作物受旱，215座小（二）型水库、3079个山塘干涸，150万人、70万头大牲畜饮水困难，38.7万户、189万人缺粮。不少地方出现人员浮肿，人口外流。 |
| 1981 | | | 全地区135万亩农作物受灾，粮食减产1.6亿公斤。 |
| 1988 | 151 | 140 | 全地区174万亩农作物受灾，粮食减产4800万公斤。 |
| 1990 | | | 全地区220万亩农作物受灾，粮食减产1.25亿公斤。 |

## 1951~2011年毕节地区部分年份发生旱灾情况实录表

| 年代 | 灾情 |
|---|---|
| 1951 | 3~5月黔西、毕节县春旱严重，小春作物歉收，水稻、玉米栽种不及一半。 |
| 1952 | 6月，全专区夏旱严重，毕节、大方、黔西、金沙县最重。 |
| 1955 | 3~5月，威宁、赫章春旱严重，小春作物减产。 |
| 1958 | 3~5月，全地区春旱严重。 |
| 1959 | 7~8月，全地区出现夏旱。东部4县大旱，西四县中小旱，水稻、玉米减产。 |
| 1960 | 全专区出现冬春连旱，受灾110多万亩，其中64万亩绝收。 |
| 1961 | 6~8月，黔西、金沙、织金、纳雍县20~29天连晴夏旱，威宁、赫章、毕节出现7~14天小旱。 |
| 1963 | 1962年12月~1963年4月，全地区发生冬春连旱，西四县大旱，东四县中旱。 |
| 1964 | 7月，全专区除威宁县外，其余县均出现19~24天的夏旱。 |
| 1966 | 1~4月，全地区出现冬春连旱，主要旱区在西四县。8月，东四县出现15~38天夏旱，其余各县有7~13天的小旱。 |
| 1970 | 8月，毕节、金沙、黔西县出现23~31天的夏旱。其余各县有7~13天的小旱。 |
| 1972 | 全地区发生春旱，受灾122万亩，黔西最重。 |
| 1975 | 3~5月，全地区春旱严重，7月，威宁、大方、金沙、黔西县出现20天以上的夏旱。受灾165万亩，其中水稻26.4万亩。 |
| 1978 | 2~5月，全地区春旱严重，受旱229万亩，减少粮食5000万公斤，134条河流干断，1521个山塘、小水库干涸。 |
| 1979 | 全地区出现冬春夏连旱191天，受旱483万亩，215座小水库、3079个山塘干涸，150万人、70万头大牲畜饮水困难，38.7万户、189万人缺粮。 |
| 1981 | 6月下旬~8月中旬，全地区各县连晴高温，出现大面积夏旱加伏旱，受灾135万亩，秋粮减产1.6亿公斤。 |
| 1985 | 4~5月，全地区雨量稀少。大方、黔西、金沙、纳雍、织金、威宁县出现春旱，受灾83.5万亩，其中7.4万亩绝收。 |

续表

| 年代 | 灾情 |
| --- | --- |
| 1986 | 自1985年冬起，至1968年5月，全地区出现冬春连旱151天，受旱89.8万亩，其中金沙县最重，6~7月，各县出现插花性夏旱和伏旱，受旱40.7万亩，干死农作物9.1万亩。 |
| 1987 | 全地区出现严重春旱150天，受灾110万亩，毕节、赫章、威宁县尤为严重。毕节县干旱缺水，40万人饮水困难。 |
| 1988 | 5~7月，全地区各县出现高温干旱，金沙、黔西、织金、纳雍县尤为严重。全地区受灾174万亩，粮食减产4800万公斤。 |
| 1989 | 5月，威宁、赫章、毕节县春旱，7~8月复遇61天夏旱，毕节县尤为严重，受旱面积95.4万亩，绝收16.4万亩，粮食减产750万公斤。 |
| 1990 | 全地区出现春旱，7~8月又出现20~30天的夏旱，全地区受旱220万亩，粮食减产1.25亿公斤。 |
| 1991 | 5~6月中旬，全地区出现春旱，毕节、黔西、赫章县尤为严重。 |
| 2001 | 全区8县市215个乡镇受灾，以金沙、黔西两县最为严重。农田受灾277.6万亩，成灾167.84万亩。绝收49.9万亩，粮食减产21.44万吨，全区8条河流干枯断流、干枯水库10座，山塘90座，造成93个乡（镇），247个村，98.49万人和24.53万头大牲畜饮水困难，直接经济损失2.825亿元。 |
| 2002 | 2002年一季度，全地区气温持续偏高，4月上旬、5月中旬，分别有7天左右遭到中等强度春旱，农作物受旱124.5万亩，干涸水库7座，因旱造成人畜饮水困难12.87万人/4万头。 |
| 2003 | 2月下旬～5月下旬，毕节地区出现高温少雨天气，全地区各县市均出现特大春旱，全地区年均降水量109.6毫米，比历年同期减少42.2毫米，水利工程蓄水量比同期减少36.93%，导致小麦、马铃薯、油菜等农作物严重减产。玉米、烤烟、水稻、树苗种植严重影响，不能按季节及时下种或移栽，已下种的农作物大批枯死。7月下旬～8月下旬，出现高温少雨天气，各县市均出现不同程度的伏旱，给大秋农作物带来严重损失。全地区农作物受旱73.63万公顷，占实播面积的80.56%，成灾17.71万公顷，绝收2.83万公顷，因旱造成粮食减产14万吨，经济作物损失1.98亿元，因旱造成152.13万人 / 780.56万头人畜饮水困难。 |
| 2004 | 2月下旬至3月中旬发生春旱，8月上旬发生伏旱，全地区农作物受旱面积近2万公顷，成灾面积0.77万公顷，因旱造成粮食减产0.76万吨，经济损失159万元。 |
| 2005 | 全区农作物受旱50.56千公顷，成灾16.2千公顷，绝收1.29千公顷；因旱造成粮食减产3.77万吨，经济作物损失1810万元。 |
| 2006 | 全区农作物因旱少种1.1万公顷，受旱面积17.5万公顷，其中成灾10.79万公顷，绝收2.85万公顷；因旱造成粮食减少33.12万吨，经济作物损失33.12万吨。 |
| 2009、2010 | 2009年9月1日～2010年3月22日，毕节地区降水偏少、气温偏高，出现自1961年有完整气象记录以来最严重的一次秋冬春三季连旱。期间降水量为652毫米（威宁）~1117.4毫米（织金），较常年偏少125.9毫米（大方）~293.5毫米（黔西）。全区平均降水较常年同期偏少54.1%，其中黔西最少，较常年同期偏少69.1%全区大部分平均气温较常年同期偏高1.2℃以上，其中威宁最高，较常年同期偏高2.3℃。 |
| 2011 | 从春季到夏季，降水持续偏少气温偏高，干旱重，时间长，损失大。7~8月的晴热高温少雨天气，使干旱迅速发展，且与农作物需水关键期相遇，呈现干旱发展快、影响范围广、多因素叠加、受害程度深等特点。8月4日的降水仅使旱情得到暂时有限缓解，8月6日以后持续晴热天气，使干旱再次发展和蔓延，呈现加重趋势。 |

# 第二节 水利工程建设

## 一 民国及其前的水利建设

民国《贵州通志》载：明嘉靖九年（1530）始设毕节兵备道，以（韩）士英为之。士英至毕节，增月墙、凿隍池，引城外水入城，以备汲食。道光二十九年（1849）纂修的《大定府志》中载有黄宅中《水西谣》：“居近者引涧水激轮，其法如水磨，而制作特巧捷，谓之磨香车。”此为利用水能作机械动力的最早记载。用竹木制水力机械提水灌田的筒车，现广见于金沙、黔西、织金、毕节县的河谷地带，沿河两岸农田多用筒车灌溉。20世纪60年代，各地新修水利工程或机电提灌站作灌溉之用，筒车灌溉逐渐被取代。又据《威宁县志》载：“清光绪十九年（1893），总镇苏元瑞开凿草海，大著成效，惜未尽全功而去，无人后继，则河道游于旧矣。”此为百余年前整治草海的记录。

民国23年（1934），国民政府农林部在贵州西部设立农田水利黔西防旱督导站，管辖黔西、大定、毕节、威宁、兴仁、安顺等县防旱事务，主要调查相应办之农田水利工程，以资权衡轻重举办。防旱督导站曾作过些农田水利用调查规划，但未实施。

至1949年底，全专区仅有少数简陋的塘堰、引水渠、筒车等水利设施。有效灌溉面积19.2万亩，保证灌溉9.6万亩。全专区90%以上田土均为望天田土，每逢干旱，只有受灾减产。

## 二 中华人民共和国成立后的水利建设

1951~1957年，水利建设以引水工程和山塘、机械提灌为主，同时，起步小型水库建设。1952~1954年，先后建成毕节县头步桥大沟、大定县长石区锅圈洞大沟、织金桂果大沟、金沙黎明大沟、毕节卫星大沟、大方九股水等引水工程。1956~1957年，先后建成毕节豪沟乡，大方马场乡五家塘，黔西雨朵区大海子、甘家海子，金沙城关戴家堡等一批机械提水站；建成毕节头步桥、威宁中水乡、赫章城关小型水电站，实现毕节专区水电建设零的突破。1957年初，建成水城县排灌工程德坞、窑上小（一）型水库，是年底，建成毕节县倒天河水库及水电站，结束毕节县城区靠煤油灯和蜡烛照明的历史。是年冬，贯彻中共中央、国务院《关于今冬明春大规模地开展兴修农田水利运动的指示》，在全专区广泛开展农田水利建设。1958年，毕节专区贯彻中央提出的以蓄水为主、小型为主、社办为主的治水方针，全面开展水利建设，建成大方县毛栗水库、官田水库，黔西县附廓水库，金沙县西洛河水库，威宁县女儿姑水库；建成织金西湖水库、康家河水库，大方县双峡水库、金坝水库，黔西县西溪水库，金沙县文家桥水库、箐河水库、花滩河水库等一批小（一）型至中型水库。1959~1960年，地区水电局组织全局技术力量，开展黔西北水利网查勘规划，拟将威宁草海及罐子窑水源引入六冲河，并在六冲河上游

年久失修，排洪槽垮塌堵塞，排洪不畅。1952年，赫章县人民政府组织野马川群众进行修复，仍不能完全消除上游田坝遭水患之害。1957年冬，地区水利部门进行勘测设计和施工，加固渠槽，扩大断面，裁弯取直上游河道，加固加高河堤，排洪畅通，洪涝灾害减轻。

（2）可乐防洪灌溉工程。赫章县可乐区的可乐河常生水患，两岸500余亩田土时常遭灾。1974年，地区水利勘测设计部门勘测设计可乐防洪工程，提出在可乐河上游修建江岩、上游两个小（二）型防洪水库，并开展水土保持工作。1976年，地区计委、水电局批准可乐防洪灌溉工程。1976年3月~1978年5月，实施建成红岩水库，防洪保护面积5000亩，可乐田坝洪灾大为减少。1978年，毕节地区计委、水电局批准建设可乐防洪工程上游水库，水库为浆砌石拱坝，最大坝高36米，库容413万立方米，干渠9.5千米，灌溉6000亩，防洪保护4000亩，1980年工程缓停。

（3）赫章县城防洪续建工程。1998年，赫章县水利局设计上报县城防洪续建工程，省、地水利工作部门纳入2001~2005年水利扶贫中小河流治理工程规划，防洪能力由8年一遇提高到20年一遇，建防洪堤8.8千米，清障4.4千米，排洪渠0.35千米，保护1.5平方千米城区面积。2002~2005年，实施治理河道1196米，兴建防洪坝833米。

**人畜饮水工程** 明嘉靖九年（1530），毕节兵备道韩士英至毕节，引城外水入城，以备汲食。民国8年（1919），英国传教士到威宁石门坎传教，发动教徒、学校师生出义工修建1300余米的引水渠及架设木槽引水解决用水困难。1958年，大方毛栗水库建成，修建灌溉渠道至双山镇附近，并沿渠道旁修蓄水池解决沿途群众用水。1979年，毕节地区贯彻全国水利工作会议精神，下达专项经费20万元，安排解决4万人的饮水困难。是年12月，地区财政局、水电局联合行文，安排金沙县安底镇人畜饮水工程。1980年，毕节地区贯彻全国农村人饮工作座谈会议精神，安排威宁白玉、赫章城关和妈姑、纳雍城关、黔西钟山协和、金沙大田6处人饮工程。1986年后，国家每年拨给毕节地区一批粮棉和工业品，以工代赈方式，建设人畜饮水工程。至1991年底止，全地区共解决129.26万人、94.36万头畜的饮水困难。1993~2005年，毕节地区按国家解决人畜饮水困难的要求，实施渴望工程和解困工程，至2005年，全地区累计解决498.93万人、258.17万头（匹）牲畜的饮水困难。

**农村饮水安全工程** 2005年以来，国家在“渴望工程”“解困工程”解决群众“有水喝”的基础上，开始启动实施能保证群众“喝好水”的“农村饮水安全工程”。截至2009年12月，毕节地区农村饮水安全工程累计解决184.73万人的农村饮水安全问题。2009年底，按照国家水利部、国家发改委有关要求，对全区饮水安全现状进行调查，全区已解决和未解决的共有472.13万农村群众存在饮水不安全问题，已实施解决184.73万人，除去2010年已下达资金计划的解决人口后，还需解决饮水安全问题的236.71万人的项目已编制进入“2010~2013年饮水安全规划”上报省水利厅和水利部。2011年，实施了总投资近7.01亿元的125万农村群众5.75万学校师生的饮水安全工程。

**城镇供水** 1.毕节城关供水工程。1960年前，毕节城关居民皆饮用河水或泉水。1960年建立县自来水公司，设管道输倒天河发电站前池水饮用。1964年扩建倒天河水库，拓展管网日供水

5000吨。1982年，地县水利部门提出加高倒天河水库大坝的方案。1987年，经省水利厅批准将利民水库纳入扶贫项目，1991年，工程竣工，日供水1.1万吨。至2005年，经除险加固加高后的倒天河水库，库容1500万立方米，基本保证城市居民用水和城区工农业用水。

2.大方城关供水工程。60年代前，大方城关居民主要饮用井水。1979年，大方县水电局建自来水公司，以冒河井为水源向城区供水。1986年后，由国家投资，地、县匹配，建成水源水库向城区供水。2001~2003年，实施兴建成坝高35.3米，容量123.05立方米的小箐沟水库，保证城区供水之用。

3.黔西县城关供水工程。1960年前，黔西县无自来水，城关居民多取用贯城河水。附廓水库渠道建成后，实行按季节供水，因水质污染，无法满足居民用水需求。1964年，黔西县人民政府决定在西门河建一座提水站。1982年，打井三口，亦未解决城区供水。1984年，黔西县政府责成县水电局论证上报附廓水库供水工程设计，经地区水电局审定，报省水电厅批准，列入1985年小型农田水利建设计划。1986年12月，建成投资102万元的附廓水库供水工程。1987年1月，经地区水电局、地区财政局组织验收投入使用。附廓水库供水工程建成水厂一座，输水管道长8577米，日供水达6300立方米，城区供水紧张缓解。

4.金沙县城关供水工程。1968年前，金沙县城无自来水。之后，县人民政府在贯城河建提水站向城内供水，依然不能解决城关居民的用水。1980年建成总库容243万立方米的白果水库，其蓄水除用于农田灌溉外，余水供给城关居民饮用。1985年，经金沙县水电局设计，报地区水电局审定，省水电厅批准，将金沙县城供水纳入1986年小型农田水利建设计划。1986年7月，建成投资86.25万元的金沙县城供水工程，满足金沙城关居民的用水。

5.织金县城关供水工程。1963年前，织金县城关居民饮水主要是井水和河水。1963年，县水电局用小型水利费建提水站抽龙滩水向城区供水。1972年县城建局建立后，自来水站由城建局管理经营。

6.纳雍县供水工程。1963年前，纳雍城关居民饮用水全靠提取井水。1963年建成大海坝小（二）型水库，1964年向城区供水。1974年，从木介河建提水站补充供水。1980年，县水电局提出设计报告，从闹地引水至大海坝以补充水源不足。1982~1984年，实施建成引鱼田小河、伍家冲两股水源引入大海坝工程，但依然未能很好解决县城居民用水。1991年，规划从吊水岩水库向城区输水，并建成自来水厂，铺设管道12千米，但仍未从根本上解决城关居民用水。2005年冬~2006年春，县城供水紧张达1月余，县人民政府决定收购汉氏公司承建的供水工程，整修引水渠道4.97千米，安装管道3.43千米，工程于2008年上半年投入使用。

7.威宁县城关供水工程。1964年前，威宁县城关居民饮用主要靠井水。1975年，威宁建成羊街水电站，由电站供电抽水供城区，但因水量小，不能满足县城居民用水。1987年，经省水电厅批准，将杨弯桥水库配套工程纳入国家水利部扶贫项目。1990年，建成装机5×55千瓦，主输水管道长14.3千米，日供水5000吨的供水工程。

8.赫章县城关供水工程。1963年，赫章县自筹资金引进南门泉水解决县政府机关用水。1977年，自筹资金建日供水1000立方米的擦耳岩抽水站；1979年12月，赫章县水电局上报城关人畜饮水设计，经地区水电局批准兴建管道长3700米的洞山泉水饮工程。1985年11月，经省水电厅、财政厅批准扩建四方岩人饮工程，1986年建成投入使用。

**水窖** 毕节地区大部分缺水户，多零星居住在高山地带，集中解决饮用水难度大、投资成本高。1984年4月，地区水电局组织全地区水利部门的技术人员赴云南省巧家县考察学习推广修建水窖的经验，但仅有个别县做试验推广。1987年，地区水电局审批毕节县青松、赫章县妈姑人饮工程报告时，说服动员县、区、乡干部及工程技术人员试验推广修建小水窖，并由县组织有关人员到巧家参观学习，经尝试，取得成功。1989年后，全地区各级政府及水电部门在全地区广泛推广修建小水窖，解决人畜饮水困难。至1991年底，全地区已建成水窖2.72万个，蓄水量58.34万立方米，灌溉3.44万亩田土，解决15.2万人饮用水问题。1993~2005年，继续推动水窖建设，解决了无水源的分散农户饮用困难，全地区建水池44座，水窖4.8万个，蓄水88.97万立方米。1997~2005年，全地区实施渴望工程、解困工程，修建水池和小水窖，重点解决贫困缺水地方的人饮困难。地区水电局组织地、县工程技术人员拟定规划，调查缺水贫困地区情况，分期分批实施。至2005年底，全地区完工渴望工程1434处，安装管道1.32万千米，建水池6572个，蓄水37.25万立方米，水窖3.36万个，蓄水62.23万立方米，解决158.23万人，85.7万头（匹）牲畜的饮水。截至2005年底，全地区累计建水窖10.88万个，容量209.6万立方米，水池6572个，容量37.25万立方米，解决了173.43万人/95.496万头牲畜饮水困难。2010年，完成中央统战部援建赫章“同心水窖”建设任务，解决5.1万人的农村饮水不安全问题。

附：

## 1994~2011年毕节地区水利基础设施建设概况

1994~2000年，实施“八七”扶贫攻坚计划期间，地委、行署把水利基础设施建设作为扶贫攻坚的一项重要措施，实施水利扶贫，推进脱贫致富。至2000年，全区共投入水利基础设施建设资金4.08亿元，超过前40年投资总和。此期间，新建“蓄、引、提”工程27处，新增灌溉面积37.62万亩（含旱地水浇地），使全区农田灌溉面积达90.53万亩，排涝保护面积达40余万亩；新建乡镇供水工程234处，日供水能力9.3万立方米；新建毕节、黔西、金沙等县市防洪工程和织金县克老坝、纳雍县乐治排洪工程；修建加固堤防142公里，完成27座病险水库除险加固工程；综合治理小流域183条。

2001~2005年实施“十五计划”期间，全区以加强农村人畜饮水工程、防洪保安、病险库处理、水土保持生态环境建设、旱地灌溉和节水灌溉工程建设为重点，开展水利基础设施建设。全区水利系统5年累计投入水利基础设施建设资金7.39亿元，新增、改善、恢复灌溉面积47.79万亩，解决农村人饮127.92万人，治理水土流失面积2720平方公里。此期间，2003年整修加固水库山塘187处，下达病险库治理任务1座；2004年下达治理病险库任务11座；2005年继续实施病险水库除险加固治理，整修山塘132处、渠道防渗改造176公里、加固堤防18公里、新建改建0.13万千瓦提水站、新建水池水窖1.23万个、修复水毁工程14处、疏浚河道21.5公里。

“十一五”期间，全区水利基础设施建设坚持兴利除害结合、开源节流并举、防洪抗旱并重，以实施“三小”（小山塘、小水池、小水窖）工程为主的雨水集蓄利用为基础，蓄、引、提、排、节水相结合，积极推进大型灌区续建配套建设，水库除险加固工程实施中小型灌区配套建设工程，分期分批治理病险水库。此期间，全区水利基础设施建设投资增大。2006~2009年，中央、省、地、县市各级年度水利系统投入资金累计15.53亿元，比“十五”期间投资总和增210%，其中2008~2009年各级年度投入资金共12.37亿元，加上“烟水配套”项目资金、农发水利项目资金、以工代赈水利项目资金、石漠化综合治理项目中用于水利的资金以及小水电社会资本投入等，两年投入水利基础设施建设的资金约10.86亿元。

其间2008年8月，水利部与贵州省政府签署了《水利部、贵州省人民政府共同推进毕节试验区水利重点扶持对口支援工作合作备忘录》，水利部和贵州省政府明确共同投资重点扶持对口支援毕节试验区的水利建设。通过4年的努力，全区水利基础设施建设得到持续发展。

2006年，全区完成新增有效灌溉面积21.3万亩（有效灌面达到117.93万亩），改善灌溉面积0.5万亩、恢复灌溉面积6.25万亩，分别占计划的111%、100%、104%；整修山塘132处，渠道防渗加固修复165.9公里，加高加固堤防16.5公里，新建村镇供水工程127处、水窖水池1.4万多个，修复水毁工程6处，疏浚河道13.5公里，解决农村人畜饮水9.03万人（头），12座（中型2座、小一型10座）病险水库除险加固工程全部完工并通过验收，综合治理水土流失158.4平方公里。

2007年，完成新增有效灌溉面积35.65万亩，有效灌面达到140.5万亩，改善、恢复灌溉面积10.44万亩，新增节水灌溉面积5.89万亩，渠道防渗加固204公里，加高加固堤防17.5公里，疏浚河道6公里；建设村镇供水工程56处、农村饮水安全工程192处、水池水窖1.59万个、输供水管道1339.69公里，解决20.24万人的农村人饮困难；2007年下达7座（4座小一型、3座小二型）病险水库除险加固工程建设任务；综合治理水土流失228平方公里。

2008年，全区修复水毁工程18处，新增渠道防渗96.7公里，加高加固堤防7公里，疏浚河道9.2公里，下达除险加固小水库投资计划27处（14处小一型、13处小二型），整修山塘76处，建设村镇供水工程81处、农村饮水安全工程684处，解决100万人的农村饮水安全问题；总投资194万元的赫章县白果镇节水灌溉示范项目工程建设基本完成，金黔灌区节水续建配套项目中一标段黔西灌区工程建设即将完成，织金大新桥水库、金沙胜天水库相继开工建设；完成水土流失治理面积147.5平方公里。

2009年，大型灌区续建配套与节水改造工程、水源建设工程持续推进；下达病险水库治理投资计划16处（1处小一型、15处小二型）；22座（19座小一型、3座小二型）；病险水库的除险加固工程进入竣工阶段，完成总投资1664万元的一批小型农田水利工程、“三小”水利工程和水毁修复工程建设，新增有效灌溉面积35.3万亩，有效灌面达到209.36万亩；改善、恢复灌溉面积4.92万亩；完成60万人的农村饮水安全项目建设，建成烟水配套工程面积112.87万亩；水土流失治理完成投资1620万元，综合治理面积达313.62平方公里。“十一五”期间，全区水利基础设施建设总投资23.43亿元，为“十五”期间的3倍多。全区有效灌溉面积从117.93万亩增加到248.87万亩，建成1996处农村饮水工程，解决了250多万人的农村饮水不安全问题。

2010年，全区水利基础设施建设总投资达15.9亿元，病险水库除险加固、小型农田水利建设、中小河流治理力度加大，新增有效灌溉面积39.51万亩，解决57.7万农村群众、9.24万农村学校师生的饮水安全问题。

2011年，区内实施总投资7亿多元的农村群众饮水安全工程，开工建设的中型水库工程建设有序推进；启动47座病险水库除险加固工程、5个县市的山洪防治非工程措施项目，累计实施23个小流域治理工程；组织抗旱打井133口，建成农村抗旱应急水源工程140处。

# 第三章　农田水利建设与水土保持

## 第一节　农田水利建设

### 一　蓄水灌溉工程

中华人民共和国成立前，建有少量山塘，蓄水量313万立方米。小（二）型以上水库及其他水利设施皆为中华人民共和国成立后所建。据2005年统计，全地区蓄水工程89处，大型水库1处，中型水库5处，小（一）型水库38处，小（二）型水库125处，总库容2.67亿立方米，设计灌溉46.7万亩，有效灌溉面积33.8万亩，保证灌溉面积22.3万亩。

截至2009年底，全区已建成水库161座，其中：中型水库4座，小（一）型水库38座，小（二）型水库119座，全区蓄水水利工程总库容22115万立方米，兴利库容18679万立方米。

**中型水库**　全地区共有中型水库4座，总库容0.7亿立方米，设计灌溉面积6万亩，有效灌溉面积3.8万亩，保证灌溉面积2.8万亩。

1.毕节倒天河水库。水库位于毕节城北约3千米处，具有供水、发电、防洪和灌溉功能。1956年始建，坝高13米。1959～1964年扩建。1959年加高大坝，设计坝高33米，总库容1420万立方米，1960年停建。1964年大坝加高至23.5米，总库容1020万立方米，发电装机864千瓦，日供水1万立方米，设计灌溉面积6800亩。1998年，倒天河水库纳入2001～2005除险加固规划。2001年动工，2005年建成投入使用。大坝加高扩建工程右坝肩砌筑至高程1548.3米，新增灌溉面积0.68万亩，实灌1.36万亩，日供水1.1万立方米。

2.大方东风电站水库。位于大方县城西约10千米的白甫河，是一座发电专用水库。1978年建成，为砌石重力拱坝，总库容1128万立方米，发电装机3200千瓦。

3.黔西附廓水库。位于黔西县野济河源头，距县城17千米。拱形圬工重力坝，1958年建成。1959年，坝基出现漏水通道，坝身漏水。20世纪60年代初，作大坝防渗和基础灌浆处理，坝增高至27.7米，库容1190万立方米，干渠长57.75千米，设计灌溉4.1万亩，有效灌面最高年份2.6万亩，发电站装机240千瓦，是灌溉面积最大的水库。1985年11月，启动黔西县城供水工程，增设水厂一座，供水主管道8.6千米，1987年1月完工供水，日供水5000吨。1998年，将附廓水库纳入2001～2005年水利发展规划，加高加固大坝，2001年动工，2005年完工。加固扩建后，总库容12.5万立方米，新增灌溉面积2.8万亩，恢复灌溉面积0.7万亩。

4.威宁县杨湾桥水库。距县城约14千米，坝高13.6米，均质土坝，库容3622万立方米，是蓄水量最大的水库。1958年建成，但未发生效益。1987年，国家将水库建设列为国家水利部扶贫项目，对大坝枢纽作整修和防渗处理，建新提水站一座，输水管道14.3千米，年供水量110万吨，解决县城5.4万人的饮水，设计水浇地1.4万亩，实际灌溉2000亩。1990年，工程竣工。1991年，用以工代赈投资增建提水站一座，输水管道26千米，解决小海镇和耿家乡的人畜饮水和水浇地1.02万亩，1993年，工程竣工，投入使用。

5.金沙胜天水库。地处金沙县城以南的金沙河，距县城2.5公里，总库容1250万立方米，是一座综合利用型水库，其主要任务为灌溉、防洪、供水，供水对象主要为下游一带的乡镇人畜饮水，防洪对象为县城。水库蓄水后，可解决31.5万余亩田土的灌溉、1.2万人和7800头大牲畜的饮水问题。

6.织金县大新桥水库工程。位于桂果镇新平村骂陇小河与戈仲伍小河下游的小干河大新桥处，距县城12公里，是一条以灌溉为主，兼顾改善、解决渠道沿线人畜饮水困难的中型水库枢纽工程。水库建成后，年平均供水总量1865.8万立方米，新增及改善花红、绮陌、三甲坝区农田灌溉面积33506亩，是织金城市用水和煤磷化工、火电等工业用水后备水源。水库工程规模为建设砼面板堆石坝一座，坝高45.04米。

2008年，金沙胜天水库、织金县大新桥水库相继开工。2011年，总投资19658万元（2010年调概）的金沙胜天水库，总投资24093万元（2010年调概）的织金大新桥水库中型水库主体工程基本完工。是年，开工建设总投资5.67亿余元的纳雍金蟾、黔西附廓水库加高扩建、大方岔河3座中型水库，并下达资金3.08亿元。

**小（一）型水库**　全区共有小（一）型水库38座，总库容1.2亿立方米，设计灌溉28.6万亩，有效灌溉面积12.6万亩，保证灌溉面积10.6万亩；坝后附设电站17座，装机2885千瓦，1991年度发电173.2万千瓦时。其总库容和保证灌溉面积分别为全地区小（二）型以上水库总数的51.8%和57.9%。

**小（二）型水库**　全地区有小（二）型水库125座，总库容0.39亿立方米，设计灌溉面积12.1万亩，有效灌溉面积6.4万亩，保证灌溉面积4.9万亩。平均每座有效灌溉面积520亩；坝后附设电站装机550千瓦，1990年发电164.5万千瓦时。至2011年，全区已开工建设金沙花滩河水库、大方小箐沟水库、大方东郊水库、纳雍大坪菁水库等4座小型水库。

**山塘**　全地区有山塘697处，总库容1150万立方米，有效灌溉面积11万亩，保证灌溉面积4万亩，平均每座山塘保证灌溉面积59亩。50年代，大方县鸡场乡有山塘99口，解决当地5000余亩稻田的灌溉。

**水库除险加固**　1.病险水库数量。1998年，地区水利局根据上级业务主管部门的要求，普查中型以下水库，经调查，全区共有病险水库有112座，其中中型4座，小（二）型水库38座，小（二）型水库70座。根据运行时间与现状拟定2001~2005年病险水库处理规划和水利发展规划，报省水利厅批准，决定首先对全地区1个中型水库、10个小（一）型水库进行除险加固。分别是：赫章板桥水库（中型）、扇子田水库、红岩水库，纳雍鞍山水库、红旗水库，大方牛集水库、新源水库，织金吹聋水库，威宁尖山水库、响水水库、新华水库，新建毕节龙官桥水库，黔西沙坝河水库，金沙宝塔山水库。

截至2011年，已下达投资计划的病险水库共62座，其中已完成除险加固建设任务并竣工验收的水库14座〔2座中型，12座小（一）型〕，正在实施48座〔17座小（一）型，31座小（二）型〕。

2.除险加固实施。赫章县板桥水库（中型），经大坝防渗，溢洪道改造，库容从原来的994万立方米增至1050万立方米。扇子田水库，经坝体防渗，拓宽溢洪道，库容259万立方米，兴利库容236万立方米，供水90万立方米，灌溉用水90万立方米，改善灌溉面积0.08万亩。红岩水库，经坝体、坝基防渗，拓宽溢洪道，总库容从原来的286万立方米增至319万立方米，防洪库容66万立方为主，兴利库容218万立方米，供水50万立方米，灌溉用水50万立方米，改善灌溉面积0.1万亩。纳雍鞍山、红旗水库经坝体防渗，溢洪道改造。鞍山水库库容，258万立方米，防洪库容28.4万立方米，兴利库容215万立方米，供水50万立方米，灌溉用水50万立方米，改善灌溉面积0.08万亩；红旗水库总库容从原367万立方米增至400万立方米，防洪库容71万立方米，兴利库容36.7万立方米，供水50万立方米，灌溉用水50万立方米，改善灌溉面积0.1万亩。大方县牛集水库，新源水库经坝体防渗，拓宽溢洪道。牛集水库总库容，由原123.5万立方米，降至115万立方米，防洪库容28.2万立方米，兴利库容80.5万立方米，供水235万立方米，灌溉用水200万立方米，生活及工业用水35万立方米；新源水库总库容从原来155.7万立方米增至178万立方米，防洪库容74.6万立方米，兴利库容153.6万立方米，供水280万立方米，灌溉用水280万立方米，改善灌溉面积0.1万亩。织金县吹聋水库，经坝体防渗，改造溢洪道，总库容122万立方米，防洪库容116万立方米，兴利库容98万立方米，供水30万立方米，灌溉用水30万立方米，改善灌溉面积0.1万亩。威宁县尖山水库、响水水库、新华水库经坝体防渗，拓宽改造溢洪道，改造放水设施。尖山水库总库容195万立方米，防洪库容91.6万立方米，库容125.5万立方米，供水120万立方米，灌溉用水70万立方米，生活及工业用水50万立方米，改善灌溉面积0.1万亩；响水水库，总库容100万立方米，防洪库容21万立方米，库容74万立方米，供水57万立方米，灌溉用水17万立方米，生活及工业用水440万立方米，改善灌溉面积0.1万亩；新华水库，总库容462万立方米，防洪库容155万立方米，兴利库容363万立方米，供水190万立方米，改善灌溉面积0.3万亩。

## 二　坝工建筑

1958~2005年，全地区共建高度15米以上的各类大坝133座，其中土坝74座，占55.64%；土石混合坝10座，占7.52%；黏土斜墙干砌石坝座1座，占0.75%；圬工重力坝6座，占4.5%；砌石拱坝41座，占30.83%；混凝土拱坝1座，占0.75%。

1958年，建成大定县坝高18米的毛栗水库水坝，为均质土坝，是全专区第一个建成的水库大坝，库容100万立方米，设计灌溉面积8000亩。20世纪70年代，将此坝加高至31.9米，总库容增至387万立方米，设计灌溉面积1万亩，有效灌溉面积3230亩。威宁县新华水库砌石拱坝，坝高49米，为区内水库最高坝，总库容462万立方米。毕节利民水库，坝高43.6米，砌石拱坝，为区内第二高坝。总库容723万立方米，设计灌溉面积15万亩，1974年兴建，1982年缓建。1987年，将利民水库续建工程列为水利部扶贫项目，进行大坝防渗处理，修建输水管道11.5千米，隧道一条长1563米，日供水1万吨，补充解决毕节城12.4万人的用水问题。1991年，经竣工验收，投入使用。

50~60年代，以建筑土坝为主，现有小（二）型水库的土坝多数是此时期修建。70年代，始有水泥生产，从此，多用水泥建水库拱坝。建得最早的砌石拱坝为1966年建成的大方县对江水库砌石拱坝，其坝高9米，弦长84米，弦高9.3米。唯一的混凝土双曲拱坝为大方县六龙水库大坝，其坝高25米，库容18万立方米，坝底厚1.5米，弦长60.36米。

区内水库大坝多数建筑在石灰岩地区。4处中型水库大坝全建在石灰岩地区；41座小（一）型水库大坝，23座建在石灰岩地带。在石灰岩地带建水坝，因其地质情况复杂，易产生漏水和基础失稳。织金县红阳水库大坝，是区内唯一的黏土斜墙干砌石坝，坝建在下三叠纪茅草铺强岩溶灰岩上，大坝建成后右坝严重漏水，左坝和坝基也有渗漏，斜墙曾在靠右岸坝端处产生塌陷，经多次处理，方正常运行。有的大坝在建时利用有利地质条件，成功建坝。黔西县水淹坝水库大坝，在岩溶洼地落水洞修建的均质大坝，利用落水洞前一层页岩隔水层，成功建坝。毕节倒天河水库大坝，为圬工重力坝，建筑时利用库区内栖霞底部煤系隔水层和坝址优越的地形、地质条件，在二叠纪栖霞灰岩上筑坝，效果良好。大方县东风电站砌石重力拱坝建在三叠纪九级滩泥岩和玉龙山灰岩的交界地带，岩层化倾向上游，工程布置上利用泥岩的坚实作拱坝基础，在岩溶横谷内建坝成功。

**土坝** 20世纪50~60年代，区内建造的水库大坝多为土坝。建土坝具有施工比较简单，易被群众掌握的特点。同时，常常被人们忽视前期工作，由于技术力量、质量监测、保证措施跟不上，建筑起的大坝易成为险病坝。全地区74座土坝中，绝大多数是均质土坝，威宁县李子沟、赫章板桥、纳雍鞍山水库大坝，坝高均为37米，为区内最高土坝。建筑土坝水库，多数采用本地坡、残积高塑性黏土筑坝。在岩溶地区修建土坝，在比较详细掌握水文、工程地质情况的基础上，利用地质上的有利条件能避开不利因素，黔西县水淹坝水库大坝，毕节宋官水库大坝的建筑为成功的筑坝范例。

**拱坝** 20世纪70年代，始有以拱坝的形式建筑水库大坝。全地区拱坝42座，其中砌石拱坝41座，混凝土拱坝1座；26座坝高于15米。金沙县有拱坝水库15座，占全地区总数的37%，最高为新华水库大坝，高49米。在所有拱坝中，毕节市的利民水库大坝和纳雍县的过狮河水库大坝为双曲拱坝；大方县的东风水库大坝、吊兰电站大坝为重力拱坝；红卫水库和三岔沟水库大坝，为三心拱坝；干河沟水库大坝为双心单曲拱坝；其余均为定圆心等外半径拱坝，中心角多在80~120度之间。在泄洪布置上，多为坝顶溢流，溢流单宽流量最大的是东风电站大坝，设计洪水单宽每秒22.8立方米。弦高比最大的是对江电站大坝，坝高9米，弦高比9.33，为全区之冠。厚高比最小的小沟水库大坝，坝高20.13米，厚高比0.05，坝身除4.5米高的基座厚度为2米外，其余均为0.8米厚的浆砌条石，是毕节地区乃至全贵州省最早的部分周边缝拱坝。

在计算方法上，除少数拱坝工程采用拱冠梁法外，多数工程采用纯拱法计算；在胶结材料方面，砌石拱坝多采用水泥水浆，有的采用细骨料混凝土为胶结材料；在坝体防渗方面，在坝身设一层混凝土防渗心墙，一般厚度0.3~0.5米。

**圬工重力坝**　全区共有6座水库大坝为圬工重力坝，1957年修建的毕节倒天河水库大坝，为修建最早的圬工重力坝，原高13米，1964年加高为23.5米。最高的重力坝为大方移山水库大坝，坝高38米。库容最大的黔西附郭水库，其大坝高27.7米，库容1190万立方米。

**干砌石坝**　全地区仅有织金红阳水库大坝为干砌石坝，坝高38.6米，采用上游黏土筑斜墙防渗体。总库容696万立方米。

**土石混合坝**　最大的土石混合坝为赫章红岩水库大坝，坝高37米，库容286万立方米。建成后两岸绕坝渗漏，作过简单处理，未能奏效。1998年，列入2001~2005年水利部水利扶贫规划，作坝体、坝基防渗，拓宽溢洪道处理，库容增至316万立方米。其次为纳雍红旗水库大坝，坝高26.8米，库容367万立方米。

## 三　引水灌溉工程

明嘉靖四十五年（1566），孙良才在毕节城关修建纳五沟（又名：官沟），自响水滩凿石引水，灌溉毕节城北一带稻田。清康熙四十五年（1706），毕节知县柯天健重建。皆为有史记载的最早引水工程。

20世纪50年代，修建金沙花滩河渠道。1963年，列为省基建工程进行改建和整修，由毕节专区农水局负责勘测设计和施工，核定干支渠长24千米，设计灌溉面积4940亩，1985年有效灌溉面积增至6000亩。1985年，省水利厅批准兴建花滩河水库，输水干渠仍用原花滩渠道扩建并向后延伸，有效灌溉面积增至8000亩，保证灌溉面积6000亩。50年代始建的金沙幸福渠道工程，1985年进行整修防渗，设计灌溉面积7089亩，实际2600亩，整修渠道长14.9千米。1958年，动工修建织金程家河渠道。1963年续建完成，干渠长37.54千米，设计灌溉面积7800亩。50年代始修的金沙民乐渠道，80年代进行扩建、整修和防渗，干支渠共计5条30千米，设计灌溉面积4010亩，实际灌溉面积4000亩。1953年修建的毕节头步桥引水灌溉工程，为最早的无坝引水工程，同时建的大方长石锅圈洞引水灌溉工程，工程在时任中共大方县长石区委书记薛巨明带领下进行，其事迹曾被上海人民出版社编绘成连环画书《深山里的区委书记》向全国发行。工程有效灌溉面积28.8万亩，保证灌溉面积24.1万亩。此后，曾先后修建织金南门大堰、大方九股水渠道。

据1991年底年报统计，全地区引水灌溉工程1308处，有效灌溉面积28.8万亩，保证灌溉面积24.17万亩，其中小（一）型工程3处，有效灌面1.5万亩，小（二）型工程203处，有效灌面13.5万亩。

## 四　提水灌溉工程

全地区提水灌溉工程共253处，设计灌溉面积5.3万亩。电力机械提水设备5208千瓦，有效灌溉面积3.8万亩，保证灌溉面积3.6万亩，分别占设计灌溉面积的73%和67%。保证灌溉面积为全地区总保证灌溉面积的14.4%。提水灌溉工程主要集中在黔西、金沙县，有效灌溉面积3.1万亩，保证灌溉面积2.8万亩，电力机械设备4110千瓦，分别为全地区的80%和79%。1965年建成的毕节县福集电灌站为全地区最大的电灌站，设备容量112千瓦，扬程29.3米。设计灌溉面积2100亩，其有效、保证灌溉面积均达到2000亩。金沙梯子岩电灌站容量最大、扬程最高，两台装机268千瓦，扬程185米，设计灌溉面积500亩，保证和实灌面积为400亩。

**机械提灌工程**　50年代初，先后建成毕节豪沟、大方任家塘、黔西大海子、金沙代家堡机灌站。至2005年统计，全地区尚有机械提灌工程21站，30台，多分布在黔西、金沙，机械容量300千瓦，均为柴油机，设计灌溉面积1604亩，有效和保证灌溉面积1444亩。

**电力提灌站**　1964年，毕节专区农田水利局勘测规划毕节城关建设电力提灌工程。经1966年修改补充，共计规划建站26处，34台，1221.6千瓦，设计灌溉面积2.02万亩，输电线路58.3千米，设计扬程11~55米之间。1966年底，建成26站，26台，1066千瓦。至1976年，全地区尚有电力提灌7站，9台，411千瓦，设计灌溉面积4505亩，实灌3530亩。之后，各县陆续建起一批电力提灌工程，且多在黔西、金沙县。两县共计98站，140台，占全地区电力提灌工程的77%、81%，设备容量3810千瓦，占总数的77%，保证灌溉面积1.84万亩，占总数的72%。80年代，黔西县建成白泥、野坝电灌群。白泥电灌群装机15台，198千瓦，设计灌溉面积3930亩，扬程7~25米之间；野坝电灌群装机6台，100千瓦，扬程11~20.7米之间，设计灌溉面积1580亩，有效灌溉面积1580亩。据1991年统计，有电力提灌工程127处、172台，设计容量4980千瓦。有效灌溉面积2.73万亩，分别占94%、73%。

**水泵提灌**　1965年，大兴水轮泵提灌建设。是时，地区抽调10余人组成3个工作组配合省工作组开展工作。1965~1966年，共建成水轮泵站464站776台，灌溉面积2.14万亩，发电装机2885千瓦。由于后期管理维护差、配件未能及时解决，一部分报废，一部分改为电灌站、发电站。至2005年，全地区共有水轮泵站95处，166台，设计灌溉面积1.27万亩、有效灌溉面积9822亩，保证灌溉面积8632亩。最高扬程水轮泵站为金沙县沙土小龙塘水轮泵站，总扬程286米，灌溉面积1000亩，被乌江水电站回水淹没，改为电力提灌站。最大灌溉面积的水轮泵站为毕节水银湾水轮泵站，大方对江水轮泵站，金沙县三把车、小沟水轮泵站、纳雍老凹岩脚水轮泵站。其中效益最好的是纳雍老凹岩脚水轮泵站，设计灌溉464亩，实际灌溉达到设计要求。

## 五　节水灌溉及雨水集蓄利用

**节水灌溉**　1998年，毕节地区根据国家水利部要求，拟定全地区2001~2005年17.92万亩节水灌溉面积发展规划，其中低压管灌溉面积3.9万亩、其他节水灌溉面积4.45万亩、新增灌溉面积8.98万亩；决定在2001~2005年间，黔西、金沙县实施金黔灌区节水配套工程、金沙大水节水示范项目工程。2000年4月，毕节地区勘测设计院编制金黔灌区节水配套工程规划，规划灌区覆盖金沙、黔西县42个乡镇，灌溉渠道长3870.7千米，灌面31.77万亩。

2001年5月、2003年4月省计委、省水利厅批复实施一、二期工程，2003年完工，恢复灌溉面积7.22万亩，新增节水灌溉面积11.51万亩；渠道取消工程建筑物改造21处，渠道防渗加固18条112.41千米，恢复219.8千米，续建4.3千米，其中金沙文家桥、西洛河片区11条69千米，黔西水淹坝、附廓片区7条43.21千米。2005年，进行渠道防渗、改造、恢复骨干渠道2条16.5千米，渠首工程2处，渠系主要建筑物15座及渠系小型建筑物46座，田间U型渠道32千米，灌溉实验重点站1处，其中，金沙西洛河片区箐河总干渠7.3千米，渠首工程2处，渠系主要建筑物4座及渠系小型建筑物33座，田间U形渠道22千米，灌溉实验重点站1处，黔西附廓片区附廓工左干渠9.2千米，渠系主要建筑物11座及渠系小型建筑物13座，田间U形渠道10千米。2003年竣工投入使用。

2000年10月，毕节地区勘测设计研究院完成金沙县大水节水示范项目勘测设计和编制实施方案，并经地区水利局、计划局及省计委、水利厅，水利部批准实施。新增节水灌溉面积2000亩。2001年9月动工，2002年4月完工，完成渠道防渗16.2千米，新建渠道1千米，建成500立方米水池3个，提水站1个，安装管道425千米。实际完成节水灌溉面积2000亩。

毕节地区大中型灌区建设主要包括金黔灌区、红旗灌区、威西灌区、草海灌区、松坪灌区、宋官灌区六个灌区的建设，规划新增和改善灌溉面积102.01万亩，项目总投资100978万元。其中，2011～2015年，实施六个灌区续建配套，新增和改善灌溉面积91.72万亩，项目总投资为85178万元；2016～2020年，继续实施金黔灌区，新增灌面10.29万亩，项目投资15800万元。2010年5月，纳雍县红旗水库灌区烟水配套、节水改造水利工程在龙场镇正式开工建设。红旗水库灌区工程设计灌溉耕地5.1万亩，为项目区纳雍县猪场、龙场、寨乐、沙包4个乡镇38个行政村3.65万人和1.82万头大牲畜提供生活饮水水源。工程计划2012年5月底前全部竣工。2011年，总投资1800.45万元的红旗中型灌区主体工程已完工。

**雨水集蓄利用**　2005年，毕节、赫章启动投资240万元的集雨项目，完成威宁中型节水改造与续建配套项目规划上报。

## 六　水浇地工程

1979年，毕节地区规划喷灌21处，面积1.36万亩。试喷4处，灌面3100亩，分别是：威宁河坝2000亩，大方下坝场、归化各300亩，织金城关东山300亩。实施喷灌需投入大量资金，4处试喷点施行试喷后，仅有威宁河坝持续运行两年后停止运行，其余3点均未运行。

1988年8月，贵州省水利厅和毕节地区、毕节县水利局组织人员赴云南玉溪考察学习采取水利措施发展烟叶生产经验后，在毕节县松林乡烤烟基地建喷灌试验站，经一年比较，烤烟增产30%~40%，中上烟达72.3%，产值提高70%，每亩烤烟增收100~200元。1990年5月，地区邀请有关领导、专家对试验课题进行分析、评估，决定在全地区推广。至1991年，全地区有水浇地7.82万亩，其中毕节2.48万亩，大方7545亩，黔西1.04万亩，织金5790亩，纳雍6255亩，威宁1万亩，赫章5955亩。

1993~2005年，全地区新增水浇地16.57万亩，恢复灌溉面积85.11万亩，新增灌溉面积23.19万亩，改善灌溉面积19.85万亩，新增除涝面积1.25万亩，节水灌溉面积16.16万亩。

## 七 烟水配套工程

2006年，地区水利局和烟草局共同成立烟水配套工程规划设计和建设管理办公室，负责全区烟水配套工程的规划设计和建设管理。根据有关规定共同制定《毕节地区烟水配套工程建设管理实施细则》《毕节地区烟水配套工程竣工项目验收办法》。全区各县市分别编制完成烟水配套工程建设规划，并通过审查，上报省水利厅及省烟草局批准实施。根据规划，全区“十一五”期间共实施烟水配套工程551处，覆盖基本烟田169.32万亩，为规划任务数的100.79%。至2010年，全区烟水配套工程共投入资金7.95亿元，实施工程198处，受益面积100.63万亩，提升了烟区农作物抗击自然灾害的能力。

## 八 大型水库

**东风水库** 拱坝，库容10.24亿立方米。兴利库容4.9亿立方米，防洪库容、年末蓄水量6.18亿立方米，年来水量63.23亿立方米，工程总价23.6亿元，拱高162米。

**洪家渡水库** 位于黔西、织金两县交界处的乌江干流上，大坝高179.5米，坝址以上控制流域面积10874平方公里，多年平均径流量48.9亿立方米。水库总库容49.47亿立方米，调节库容33.61亿立方米。水库于2000年11月8日正式开工建设，2001年10月15日实现截流，2004年底，洪家渡水库三台机组全部并网发电。

**索风营水库** 地处修文与黔西县交界的乌江干流六广河河段，大坝为混凝土碾压重力坝，由河床溢流坝段和两岸挡水坝段组成，坝高115.米，水库库容2.01亿立方米，正常蓄水位837米，为日调节水库。工程自2001年1月筹建，2002年开工，2002年12月18日截流。工程淹没耕地1557亩，迁移安置人口1320人。

**毕节夹岩水利枢纽工程** 毕节夹岩水利枢纽工程位于六冲河干流毕节市与纳雍县的界河上，初选坝段位于毕节市田坝镇潘家岩脚，坝址以上集水面积4369平方公里，库容15.05亿立方米，估算总投资117.97亿元。工程实施后，最长输水主干线路约240公里，可覆盖毕节地区除威宁县及百里杜鹃风景名胜区之外的七县（市）及遵义市中心城区、仁怀市、遵义县，年可供水量10.35亿立方米，解决灌溉面积126万亩，供水人口300万人，发电装机10.2万千瓦。

2011年，成立由省水利厅和毕节行署主要领导任组长、毕节地区地直相关单位负责人为成员的项目前期工作领导机构，明确由省级牵头开展相关前期工作和前期工作经费以省级投入为主等重大问题。年初，形成规划报告送审稿。4月，水利部组织对夹岩水利枢纽工程规划报告进行审查，8月，规划报告经水利部水利水电规划设计总院复审通过。年底完成夹岩水利枢纽工程项目建议书咨询稿、夹岩水利枢纽工程规划水文水利及水能专业报告、夹岩水利枢纽工程规划地质专业报告、夹岩水利枢纽工程规划城镇供水规模论证报告、夹岩水利枢纽工程规划灌区规模论证报告、夹岩水利枢纽工程规划首部枢砂专题报告、夹岩水利枢纽工程对洪家渡电站的影响报告等专题报告。

## 毕节地区大中型、小（一）型水库一览表

单位：米、万立方米、亩

| 水库名称 | 库　址 | 坝高 | 坝型 | 总库容 | 设计灌溉面积 | 有效灌面 | 建设年份 | 备　注 |
|---|---|---|---|---|---|---|---|---|
| 一、中型水库 | | | | 6960 | 60300 | 38000 | | |
| 倒天河水库 | 毕节县城关 | 23.5 | 圬工重力坝 | 1020 | 5300 | 2000 | 1956年始建<br>1959～1964年扩建 | 装机975千瓦 |
| 附廓水库 | 黔西县 | 27.7 | 拱形圬工重力坝 | 1190 | 41000 | 36000 | 1957年始建<br>1963年扩建 | 装机240千瓦。 |
| 东风电站 | 大方县 | 30.0 | 砌石拱坝 | 1128 | | | 1970年 | 装机2×1600千瓦 |
| 杨弯桥水库 | 威宁县 | 13.6 | 均质拱坝 | 3622 | 14000 | | 1958～1990年 | 解决威宁城5.4万人饮水、水浇地7000亩 |
| 二、小（一）型水库 | | | | 11990.06 | 286121 | 125999 | | |
| 宋官水库 | 毕节县长春镇 | 17.72 | 土　坝 | 370 | 10100 | 679 | 1956.12 | |
| 利民水库 | 毕节县官屯镇 | 43.6 | 砌石拱坝 | 723.0 | 15000 | 1000 | 1980.12 | 转为毕节城关供水 |
| 毛栗水库 | 大方县文阁乡 | 31.9 | 土　坝 | 387 | 10000 | 3230 | 1958年始建<br>1980年扩建 | |
| 牛集水库 | 大方县绿矿乡 | 17.7 | 土　坝 | 123.5 | 5194 | 3600 | 1963.12 | |
| 移山水库 | 大方县牛泥塘镇 | 38 | 圬工重力埂 | 520 | 11000 | 9335 | 1979.4 | |
| 官田水库 | 大方县长石镇 | 26 | 土　坝 | 285 | 10900 | 9090 | 1959.7 | |
| 新源水库 | 大方县长石镇 | 20 | 土　坝 | 155.7 | 含在官田水库中 | | 1969.8 | |
| 劈山水库 | 大方县马场镇 | 5.5 | 土　坝 | 287 | 1500 | 1000 | | |
| 城关水库群 | 大方县城关镇 | | 土　坝 | 303.05 | 5000 | 5000 | 1956～2003 | 共包括7座水库 |

续表

| 水库名称 | 库　址 | 坝高 | 坝型 | 总库容 | 设计灌溉面积 | 有效灌面 | 建设年份 | 备　注 |
|---|---|---|---|---|---|---|---|---|
| 干河沟水库 | 黔西县 | 36.5 | 砌石拱坝 | 314 | 10000 | 7400 | 1985.7 | |
| 水淹坝水库 | 黔西县沙井乡 | 19.7 | 土　坝 | 349.0 | 8650 | 8650 | 1966 | |
| 青甫塘水库 | 黔西县林泉镇 | 天然海子 | | 169.45 | 5420 | 4820 | 1965～1984 | |
| 卷洞门水库 | 黔西县仁和乡 | 15 | 圬工重力坝 | 121.4 | 4000 | 120 | 1961.4 | |
| 野那沟水库 | 黔西县中建乡 | 18.2 | 土 坝 | 101.91 | 3500 | 3500 | 1975 | |
| 西洛河水库 | 金沙县平坝镇 | 27.655 | 土 坝 | 775 | 21506 | 15000 | 1957年始建<br>1980年扩建 | |
| 菁河水库 | 金沙县桂花乡 | 21.5 | 土 坝 | 230 | 11380 | 11380 | 1966.11 | |
| 白果水库 | 金沙县平坝镇 | 24.5 | 砌石拱坝 | 243 | 120 | 120 | 1970 | |
| 文家桥水库 | 金沙县安底镇 | 33.3 | 砌石拱坝 | 346 | 14200 | 10400 | 1977.12 | |
| 木蓑衣水库 | 金沙县长坝镇 | 30 | 砌石拱坝 | 183 | 8380 | 3200 | 1981.6 | |
| 川洞水库 | 金沙县安底镇 | 13.38 | 砌石拱坝 | 397 | 文家桥内 | | 1977.12 | |
| 红阳水库 | 金沙县三塘镇 | 39.6 | 黏土斜墙干砌石坝 | 696 | 10251 | 6000 | 1971.12 | |
| 吹聋水库 | 织金县阿弓镇 | 10 | 土 坝 | 122 | 2500 | 2000 | 1970 | |
| 红旗水库 | 织金县猪场乡 | 26.8 | 土石混合坝 | 367 | 11600 | 500 | 1959年始建<br>1978年扩建 | |
| 鞍山水库 | 纳雍县百兴镇 | 37 | 土 坝 | 258.5 | 10000 | 350 | 1976.10 | |
| 过狮河水库 | 纳雍县居仁镇 | 37.6 | 砌石拱坝 | 320 | 9000 | 3680 | 1985.12 | |
| 冲子河水库 | 威宁县黑石镇 | 17.5 | 砌石拱坝 | 120 | | | 1978.3 | |

续表

| 水库名称 | 库址 | 坝高 | 坝型 | 总库容 | 设计灌溉面积 | 有效灌面 | 建设年份 | 备注 |
|---|---|---|---|---|---|---|---|---|
| 李子沟水库 | 威宁县哲觉镇 | 37 | 土坝 | 120 | 3000 | 0 | 1981年 | |
| 冒水水库 | 威宁县金钟镇 | 17.5 | 土坝 | 160 | 6000 | 200 | 1976年 | |
| 新村水库 | 威宁县新村林 | 22.8 | 土坝 | 150 | 3000 | 0 | 1980年 | |
| 尖山水库 | 威宁县龙场镇 | 20 | 土坝 | 250 | 5000 | 1500 | 1975年 | |
| 乐溪水库 | 威宁县护山乡 | 13.5 | 土坝 | 120 | 5000 | 500 | 1975年 | |
| 雪山水库 | 威宁县雪山镇 | 19 | 土坝 | 300 | 9000 | 900 | 1984年 | |
| 新华水库 | 威宁县后河乡 | 49.0 | 砌石拱坝 | 462 | 18000 | 4000 | 1982年 | |
| 邓家营水库 | 威宁县白碗乡 | 21 | 土坝 | 387 | 7000 | 200 | 1970年 | |
| 范家田水库 | 威宁县白碗乡 | 16 | 砌石坝 | 113 | 5000 | 100 | 1970年 | |
| 响水水库 | 威宁县白碗乡 | 16.5 | 土坝 | 150 | 5000 | 400 | 1977年 | |
| 公鸡寨水库 | 赫章县水塘乡 | 27 | 土坝 | 116 | 3000 | 2000 | 1974年 | |
| 扇子田水库 | 赫章县平山乡 | 29 | 土坝 | 310 | 2926 | 4000 | 1959年始建<br>1965年扩建 | |
| 深沟水库 | 赫章县 | 29 | 土坝 | 110 | 3000 | 2225 | 1974年 | |
| 板桥水库 | 赫章县兴发镇 | 37 | 土坝 | 994 | 12000 | 防洪保护<br>6000 | 1957年始建，<br>1980年12月续建 | |
| 红岩水库 | 赫章县可乐镇 | 37 | 土石混合坝 | 286 | | 防洪2700亩 | 1978年5月 | |

## 毕节地区部分病险库处理技术统计表

单位：米、平方米、万立方米

| 工程名称 | 坝型 | 坝高 | 库容 | 主要病险情 | 处理时间 | 处理技术措施 | 处理工作量 | 处理效果 |
|---|---|---|---|---|---|---|---|---|
| 杨弯桥水库 | 土坝 | 13.6 | 3266 | 基础漏水 | 1989~1990 | 灌浆 | 3520 | 良好 |
| 红阳水库 | 土石混合坝 | 38.6 | 688 | 基础、坝身漏水 | 1988~1989 | 灌浆、塑膜 | 15007200 | 良好 |
| 箐河水库 | 土坝 | 21.5 | 230 | 坝基漏水 | 1981~1983 | 灌浆 | 3494 | 良好 |
| 红旗水库 | 土坝 | 26.8 | 267 | 坝基漏水 | 1986~1987 | 灌浆 | 1800 | 良好 |
| 扇子田水库 | 土坝 | 29 | 254 | 坝身漏水 | 1987~1988 | 滋浆 | 1400 | 良好 |
| 险峰水库 | 土坝 | 14.3 | 41.4 | 坝身漏水 | 1988 | 塑膜 | 1480 | 良好 |
| 野鸡水库 | 土石混合坝 | 14 | 12 | 坝身漏水 | 1989~1990 | 塑膜、柔毡 | 2100 | 良好 |
| 崔家沟水库 | 土石混合坝 | 22.5 | 36 | 埋身漏水 | 1991 | 柔毡 | 3400 | 良好 |
| 龙家槽水库 | 土石混合坝 | 17 | 52 | 坝身、涵洞漏水 | 1989 | 塑膜 | 200 | 良好 |
| 蛾项井水库 | 土石混合坝 | 14 | 37 | 坝身、涵洞漏水 | 1987 | 塑膜 | 2000 | 良好 |
| 大岩洞水库 | 土石混合坝 | 14 | 31 | 坝身漏水 | 1989 | 柔毡 | 2360 | 良好 |
| 大海坝水库 | 土石混合坝 | 13.5 | 17.5 | 坝身漏水 | 1986 | 塑膜 | 1850 | 良好 |
| 大水沟水库 | 土石混合坝 | 21.6 | 23.8 | 坝身漏水 | 1986 | 塑膜 | 2730 | 良好 |
| 青山水库 | 土石混合坝 | 12 | 12 | 坝身漏水 | 1992 | 塑膜 | 1000 | 良好 |
| 堰石灰水库 | 土石混合坝 | 9 | 18 | 坝身漏水 | 1989 | 塑膜 | 1500 | 良好 |

## 毕节地区水库坝高15米以上大坝坝型统计表

单位：座、%、米、万立方米

| 坝型 | 数量 | 占大坝总数 | 最高坝 | | 形成库容最大坝 | | | 拱坝 | | | | | |
|---|---|---|---|---|---|---|---|---|---|---|---|---|---|
| | | | 名称 | 坝高 | 名称 | 坝高 | 总库容 | 原高比最小坝 | | | 弦高比最大坝 | | |
| | | | | | | | | 名称 | 坝高 | 原比高 | 名称 | 坝高 | 厚高比 |
| 均质土坝 | 74 | 55.64 | 板桥水库李子沟水库 | 37 | 杨湾桥水库 | 13.6 | 622 | | | | | | |
| 土石混合坝 | 10 | 7.52 | 鞍山水库 | 37.4 | 经旗水库 | 26.3 | 367 | | | | | | |
| 黏土斜墙干砌石坝 | 1 | 0.75 | 红阳水库 | 38.6 | | | 788 | | | | | | |
| 圬工重力坝 | 6 | 4.51 | 移山水库 | 36 | 附廓水库 | 27.7 | 1190 | | | | | | |
| 砌石拱坝 | 41 | 30.83 | 新华水库 | 4.9 | 东风电站水库 | 30 | 1120 | 小沟水库 | 20.13 | 0.05 | 对江电站 | 9 | 9.33 |
| 混凝拱坝 | 1 | 0.75 | 云龙山水库 | 22.3 | | | 18 | | | | | | |

注：全地区共有坝高15米以上水库133座

## 毕节地区小（二）型以上水利工程灌溉用水统计表

单位：处、立方米、万立方米、万亩

| 项目＼县市 | 毕节 | 大方 | 黔西 | 金沙 | 织金 | 纳雍 | 威宁 | 赫章 | 合计 |
|---|---|---|---|---|---|---|---|---|---|
| 工程处 | 96 | 44 | 110 | 96 | 80 | 26 | 37 | 24 | 513 |
| 灌溉用水 | 1445 | 3192.5 | 2819.8 | 4123.9 | 2919.06 | 769.2 | 947.1 | 438 | 16654.56 |
| 实灌面积 | 3.76 | 2.77 | 3.75 | 6.35 | 4.6 | 1.54 | 1.5 | 1.03 | 25.3 |
| 每亩供水 | 384.1 | 1151.4 | 751.1 | 649.5 | 634.4 | 500 | 633.7 | 426.1 | 641.36 |

## 毕节地区国家管理水利工程灌溉供水统计

单位：万立方米、亩、立方米

| 工程名称 | 灌溉用水 | 实灌面积 | 每亩供水 |
|---|---|---|---|
| 倒天河水库 | 84 | 1800 | 467 |
| 宋官水库 | 24 | 450 | 533 |
| 移山水库 | 200 | 1600 | 1250 |
| 毛栗水库 | 250 | 2000 | 1250 |
| 牛集水库 | 175 | 3500 | 500 |
| 城关水库群 | 265 | 2900 | 914 |

续表

| 工程名称 | 灌溉用水 | 实灌面积 | 每亩供水 |
|---|---|---|---|
| 附廓水库 | 1760 | 20000 | 880 |
| 水淹坝水库 | 32.6 | 450 | 724 |
| 干河沟水库 | 107.2 | 1050 | 1021 |
| 西洛河水库 | 1600 | 19000 | 842 |
| 文家桥水库 | 428 | 11150 | 384 |
| 箐河水库 | 170 | 9380 | 181 |
| 木蓑衣水库 | 80 | 2500 | 320 |
| 红阳水库 | 272 | 8600 | 316 |
| 程家河渠道 | 75 | 708 | 1059 |
| 花滩河渠道 | 360 | 6500 | 554 |
| 民乐渠道 | 2.5 | 4000 | |
| 过狮河水库 | 135 | 2700 | 500 |
| 新华水库 | 185 | 3200 | 578 |
| 合计：19处水库 | 6205.3 | 104488 | |

## 第二节　水土保持

### 一　水土流失

**成因**　由于自然与人为因素的作用，自20世纪60年代中后期，水土流失严重。1.自然因素。主要表现在以下诸方面：（1）气候因子。毕节地区雨量充沛，降雨在时间和空间分布极不均匀，多集中在每年的5~9月，而且降雨强度大。据气象部门统计，1980年，黔西县火石坝降雨每小时94.3毫米；1981年，毕节七星关降雨每小时62.4毫米；1982年，何官屯降雨每小时80毫米；1984年，纳雍县维新区降雨每小时73.5毫米；1985年，毕节鸭池镇降雨每小时87.9毫米。在其他时间其他地方降雨每小时40~60毫米的常出现，每当发生强降雨过程，都会侵蚀冲刷土壤造成严重的水土流失。每年的5~9月，全地区水土流失量占全年流失量的90%以上。

（2）地形因子。区内60%为中高山区、石山区，地形坡度大于15度的占土地总面积的76.04%。坡度越大、坡长越长，降雨时汇集的地表径流量越大，对土壤的侵蚀和冲刷更严重，造成的水土流失量就越大，在是中高山区、石山区，水土流失尤为严重。

（3）岩性因子。毕节地区地层结构复杂，其地表出露的岩石有：碳酸盐岩类占总面积的63%；煤系砂页岩类占15.6%；砂页岩、紫红砂泥岩类占12.9%；基岩类占5.8%；泥质岩类占

2.1%。其中砂页岩、砂泥岩硬度小，易风化，岩层破碎，一遇洪水冲刷，易造成水土流失；煤系砂页岩硬度不大，透水性小，自然肥力差，植被一经破坏，水土流失加快；基岩类岩层破碎，其地表植被一经破坏，水土流失易发生沟蚀。已垦为坡耕地的，不加防治，易发生细沟状面蚀。

（4）土壤质地因子。毕节地区土壤种类较多，有黄棕壤、黄壤、紫色土、石灰土和水稻土等。黄棕壤、黄壤黏性强，透水、透气性能差，易产生地表径流；抗冲性能差，易被冲刷，产生沟蚀。紫色土、石灰土含沙量大、黏性小、较松散，透水透气性能强，易被雨水冲刷而流失。这类土壤占全地区耕地的21.2%。此类沙砾耕地一半左右厚度在15厘米以下，虽然透水性强，但渗透量小，易产生地表径流，造成水土流失。

（5）植被因子。全地区植被为云贵高原常绿阔叶林地带，其原生植被基本被破坏，均为次生植被。林地覆盖率由1953年的26.8%减为1984年的14.9%。林地覆盖率降低，降水地表径流冲刷土层加剧，水土流失程度加深。

2.人为因素。（1）开垦陡坡种植。据1979年统计，全地区平均每年新开荒地21万亩，农垦率达46.4%，比全省高138%。1980年，毕节县农垦率为47.2%，比1949年增63.04%，平均年开荒2.99万亩。与此相反，1982年，全地区林地占总土地面积的17.5%，比1953年的26.8%减34.7%，年均减12.5%；牧草地减28.6%。

（2）乱砍滥伐，破坏植被，生态恶化。据林业二类调查统计，1958年“大炼钢铁”、1960~1962年经济困难时期，1980年农村实行生产责任承包期，森林反复遭受过量伤毁，全地区森林覆盖率从1953年的15%降到1985年的8.53%，森林减少293万亩，年均递减9.8万亩，土地失去植物遮蔽及根系固土作用，涵养水分能力降低，增加地表径流，加剧土地侵蚀。

（3）人口盲目增长。据统计，1949年，全地区人口密度每平方千米90人，人均耕地2.6亩，1990年每平方千米232人，人均耕地1亩，增1.58倍，耕地递减1.6倍，人类掠夺自然资源求生存，客观上造成水土流失的加剧。

（4）耕作制度落后，土地利用不合理。毕节地区地处高寒山区，60%为山区、33.3%为丘陵，长期沿袭落后的耕作制度，土地利用不合理，产业结构单一，用地只管种不管养，一些地方25度以上陡坡耕地亩产只有25~40千克，人为地造成水土流失的发生。

（5）矿山开采，交通、水利设施建设无水保措施，人为造成新的水土流失。矿山开采日益增加，同时缺乏科学可行的水保措施，毁坏农田、污染水源及环境的事件灾害发生。大量的山体遭到破坏，水土流失加大。

**水土流失程度与分布**　1959年前，年平均土壤侵蚀模数为每平方千米553吨；1980年增到2902吨，1990年5446吨。年平均土壤侵蚀模数逐年加大。同时，水土流失面扩大，1980年为1.09万平方千米，占辖区面积的40.67%，其中轻度流失面占总流失面的51.29%；强度占15.06%；剧烈度占7.04%。年流失泥沙3166万吨，平均剥蚀土层2.1毫米。1990年，贵州省水利电力厅公布全省水土流失卫星遥感统计，毕节地区水土流失面积1.68万平方千米，占辖区面积的62.7%；其中极强度占19.06%；剧烈度占11.61%。年流失泥沙总量为9165.3万吨，年均剥蚀土层厚度为4毫米。威宁县水土流失广度为70.7%，平均侵蚀模数为每平方千米4917吨；纳雍、毕节、赫章、大方、织金县水土流面积率分别为68.9%、67.9%、66.5%、66.7%、64.4%；每平方千米侵蚀模数分别为6445吨、5970吨、5510吨、5254吨、6240吨。黔西、金沙县水土流失面积率分别为34.9%、46.2%，每平方千米土壤侵蚀模数分别为4959、4347吨。全区水土流失强度，中部和西部严重，东部较轻。

**水土流失危害** 1.毁坏土地，严重影响农业生产。全地区每年流失泥沙9165万吨，相当于损失51万亩耕地20厘米厚熟土的耕作层。20世纪80年代以来，因水土流失，剥蚀表层土，每年平均造成2万多亩耕地石化；每年造成土地损失有机质274.6万吨，全氮14.6万吨，全钾93.1万吨，全磷5.8万吨。养分流失，地力下降，中低产田土占总耕地的85.29%。1949~1991年的40余年间，区内农业尽管施用化肥量不断增加，农业适用技术持续深入推广，全地区农业粮食平均亩产仍然只有151千克。

2.淤塞塘库、毁坏水利设施，阻碍水利化发展。水土流失，大量洪水泥沙冲打淤塞塘库、水渠，毁坏水利设施，缩短塘库使用寿命，1978年，威宁新华水库建成，库容410万立方米。1982年实测，淤积泥沙92万立方米，占总库容的22.44%，年均淤积18.4万立方米，只能运行20年。1981年，实测赫章县红岩水库，库容260万立方米，淤积38.15万立方米，占总库容的14.7%。1992年8月一场暴雨，将织金县红阳水库刚配套建成的30余千米干渠全线淤积，其中80%因泥沙冲击而遭到严重破坏，致使灌区万亩良田失去灌溉保证。

3.造成水源枯竭，人畜饮水困难。严重的水土流失，致使土层减薄，涵养蓄水能力降低，水资源白白流失；裸露地块水分蒸发过快，造成全地区有212.8万人，185万头牲畜饮水困难。

4.人民生命财产遭受严重威胁。据史料记载：1949~1991年，年年都有不同程度的灾害发生，平均一年一次小灾，二年一次中灾，三年一次大灾。1974~1976年，连续发生洪涝、低温、冰雹灾害，150万~187万亩农作物受灾，占播种面积的23.96%~29.07%；1979年，全地区225.54万亩农作物受旱灾，占播种面积的35%；1982年，全地区340.59万亩农作物受冰雹洪涝灾害，占播种面积的52.86%。毕节县长春堡区长春公社裸衣大队，中华人民共和国成立初山清水秀，林茂粮丰。1965年后，毁林毁草开垦陡坡2312亩，造成生态环境脆弱。1971年4月一场暴雨，洪水暴发满山流，坡上刮成光石头，坝子堆成沙石丘，冲毁5户人家，倒塌房屋35间，损失粮食9万多千克，300多亩良田坝子只剩下50余亩。1977年，织金县大戛乡遭受暴雨袭击，冲毁防洪堤12千米，护岸3000米，小（二）型水库一座，小水电站一座，清织公路改线5千米，箐苗沟100多户被迫搬迁，被泥沙埋没田土1450多亩，整个坝子变成砾石滩，粮食总产量由95万千克下降到27.5万千克。1982年5月10日，毕节县发生一场暴雨，朱昌、长春、青场、阴底、杨家湾、官屯、鸭池区34个公社，136个大队，1824个生产队，4.24万户受灾，受灾36.69万亩，损失粮食100万余公斤，死亡21人，伤38人，冲毁房屋1346间，冲垮河堤60处，拦山沟1268条。1982年5月10日下午5时，纳雍县猫场公社木井生产队，遭受暴雨袭击，雨量45毫米，降雨强度每分钟2.25毫米，顿时山洪暴发，全村34户161人，房屋倒塌33户，死亡37人，伤31人，死亡大牲畜10头，损失财产3万多元。

## 二　水土保持机构

**水土保护机构**　1954年8月，省农林厅成立金沙水土保持站。1958年，水电厅建立，金沙水土保持站归口省水电厅管理。1962年6月，省水电厅将金沙水保站划归毕节地区水电局管理。1962年11月，毕节专署决定将金沙县水保站下放给金沙县农办管理。1982年3月，成立毕节地区水土保持委员会，行署副专员杨文才任主任，下设办公室在地区水电局。之后，各县相继成立水土保持委员会及办公室。1985年3月，王国文副专员为地区水土保持委员会主任，1988年6月，成立全国水土保持重点防治区毕节片区规划领导小组。1989年4月，撤销水保规划领导小组和水电局水保办，成立毕节地区水土保持领导小组及其办公室。是年9月，中共毕节地委、毕节地区行署决定将地区水保办升格为县级事业单位，隶属水电局，定编12人。各县水保办为副区级事业单位，隶属水电局。织金、纳雍定编5人，黔西、金沙定编6人，毕节、大方、威宁、赫章定编8人。1990年11月，毕节地区行署决定恢复毕节地区水土保持委员会。同时，国家长江上游水土保持委员会办公室行文明确在毕节地区设立长江上游泥石流、滑坡预警系统二级站1个，预警观测点1个。1991年5月，建立长江上游水土保持重点防治区滑坡、泥石流预警系统毕节二级站，科级事业单位，隶属地区水保办领导，定编8人；预警观测点设在大方县城关。1991年6月，毕节地区编办行文决定地区水土保持办公室定编16人，办公室下设行政秘书科、技术科和监察科。1992年2月，贯彻《中华人民共和国水土保持法》，调整充实毕节地区水土保持委员会，地委书记禄文斌为顾问，行署专员王绪才为主任，解德蕴、乔增南为副主任。

2000年，增加毕节地区水土保持监测分站，2007年1月增加世界银行贷款项目办公室。2011年，水土保持办公室调整为综合科、生态建设科、监督管理科、监测科、长江上游水土保持重点防治区滑坡泥石流预警系统毕节二级站5个正科级内设机构，核定事业编制29名。共有职工28名，其中，主任1人，副主任2人；专业技术人员20人，工勤人员4人。专业技术人员中，高级工程师10人，工程师3人，经济师1人，助理工程师5人，技术员11人。

**水土保持工作**　20世纪80年代前，始有零星、单项水土保持工作开展。50年代，部分地方开展群众性的治山、治水运动，60~70年代开展农业学大寨，进行坡改梯农田基本建设。自80年代起水土保持工作有计划、有组织、有步骤、有目标地展开，从单纯治理流失，转为防、治、管综合开发。1981年10月，长江水利委员办公室，组织人员考察长江流域水土流失重点县，贵州省选定毕节县作为重点考察县。考察组由工程师余剑如带队，分水文地质、土地侵蚀、社会经济、林业植被专业进行历时一月的考察。1983~1987年，省水电厅下达水土保持专项经费645万元，在全地区46个点开展小流域综合治理试点，分别是：毕节县城关镇翠屏、大桥、大兰、头步、德后乡，鸭池区南箐、十八、草堤乡，官屯区后箐、水箐乡，吉场区总基乡；大方县马场区马场乡，理化区陇公乡沙坝村，长石区官田水库库区；黔西县甘棠区新开田乡，沙窝区水淹坝水库库区，金沙县城关镇四周郊区，安底区文家桥水库库区，岩孔区岩孔乡望云、白云村，清池区保安乡；织金县城关区大戛、化垮河流域，纳雍县雍熙镇猫场、复兴乡，维新区维新乡，姑开区姑开乡；威宁县中水区新华水库库区，黑石区冲子河水库流域，龙场区尖山水库库区，金钟区冒水水库库区，牛棚区响水、邓家营水库库区；赫章县野马川河流域所辖青山区独山乡，古达区威奢、佳娃乡，野马川区山脚、毛栗、大田乡、野马川镇。1985年，地区将115万元水土保持专项经费切块分配到相关单位，8个县69万元，占60%，地区水保办49万元，占40%。切块指标5年不变。1985年5月25日，水利电力部计财司到毕节地区考察，建议毕节地区作出防治水土流失规划，选一条较大流域报送水利部，争取列入国家补助项目。是年6月，地区水保开始对治理乌江上游一级支流六冲河流域进行规划。

1988年10月，经国务院批准，毕节地区列入长江上游水土保持重点防治区。1988～2010年，先后实施长江上游水土保持重点防治工程、贵毕公路水土保持生态建设大示范区工程、水土保持世行贷款/欧盟赠款项目等。

## 1989～2005年毕节地区长治工程治理情况统计表

| 项目 | 累计 | | | | 1989年 | 1990年 | 1991年 | 1992年 | 1993年 | 1994年 | 1995年 | 1996年 | 1997年 | 1998年 |
|---|---|---|---|---|---|---|---|---|---|---|---|---|---|---|
| | 合计 | 长治 | 国债 | 大示范 | | | | | | | | | | |
| 1.治理面积（平方千米） | 7626.69 | 7484.53 | 108.57 | 33.584 | 470.73 | 748.73 | 696.33 | 715,27 | 426.2 | 829.33 | 656.67 | 656.67 | 697.27 | 614.53 |
| 分项合计（万亩） | 1144.059 | 1122.64 | 16.39 | 5.038 | 70.61 | 112.32 | 104.45 | 107.29 | 63.93 | 124.4 | 98.5 | 98.5 | 104.59 | 92.18 |
| 坡改梯 | 83.075 | 82.65 | 0.33 | 0.093 | 4.9 | 7.27 | 7.97 | 7.78 | 5.15 | 9.45 | 4.06 | 4.06 | 7.5 | 8.68 |
| 水土保持林 | 279.461 | 274.38 | 3.77 | 1.31 | 14.95 | 25.74 | 20.41 | 22.01 | 17.37 | 33.97 | 19.98 | 19.98 | 28.72 | 23.51 |
| 种草 | 65.472 | 65.35 | 0.12 | 3.541 | 4.43 | 7.15 | 9.67 | 10.78 | 2.8 | 6.91 | 5.65 | 5.65 | 4.32 | 5.58 |
| 封禁治理 | 334.934 | 323.51 | 7.88 | 0.075 | 16.85 | 26.97 | 23.98 | 24.83 | 17.29 | 41.55 | 29.57 | 29.57 | 27.44 | 25.29 |
| 经济果木林 | 130.585 | 129.73 | 0.78 | 0.019 | 9.05 | 15.56 | 13.56 | 13.38 | 7.88 | 13.09 | 11.19 | 11.19 | 10.05 | 4.83 |
| 保土耕作 | 2505.534 | 247.02 | 3.5 | | 20.43 | 29.63 | 28.87 | 28.51 | 13.34 | 19.43 | 28.05 | 28.05 | 26.56 | 24.28 |
| 植物护埂（千米） | 348.79 | 348.79 | | 15 | | | | | | | | | | |
| 蓄水工程（座） | 2526 | 2475 | 36 | | 2 | 5 | 216 | 53 | 79 | 115 | 66 | 66 | 73 | 55 |
| 引水渠堤（千米） | 196.99 | 196.04 | 0.95 | | 7 | | 10.15 | 11.12 | 5 | 32.82 | 4.15 | 4.15 | 13.86 | 7.58 |
| 谷坊、拦沙坝（座） | 1700 | 1666 | 34 | 6 | 12 | 185 | 110 | 178 | 104 | 196 | 36 | 36 | 142 | 114 |
| 沉沙凼（个） | 1332 | 1298 | 28 | 0.181 | | | 10 | 7 | 55 | 25 | 11 | 11 | 42 | 33 |
| 拦山沟、排水沟（千米） | 1043.588 | 1036.74 | 6.67 | | 53.8 | 199.3 | 103.97 | 78.356 | 66.5 | 41.41 | 41.61 | 41.61 | 51.7 | 47.35 |
| 作业道路（千米） | 93.17 | 91.37 | 1.8 | | | | | | | | | | | |
| 河堤（千米） | 2.3 | 2.3 | | | | | | | | | | | | |
| 节柴灶、沼气池（口） | 742 | 704 | 38 | 37.19 | | | | | | | | | | |
| 2.土石方量（万立方米） | 13791.161 | 13456.34 | 297.63 | 14.01 | 87.87 | 1001.52 | 1156.41 | 1515.506 | 780.648 | 1860.82 | 1860.82 | 970.53 | 1053.42 | 673.75 |
| 3.群众投工（万个） | 15718.71 | 15453.25 | 251.45 | | 1013 | 1502.29 | 1570.23 | 1493.54 | 888.59 | 1593.84 | 1593.84 | 1104.22 | 1437.81 | 1035.8 |
| 4.下达经费总计（万元） | 21815.01 | 23690.01 | 1072 | | 384.5 | 809.2 | 748 | 710.8 | 723.5 | 1477 | 1477 | 1411.6 | 1566.3 | 1287.9 |
| 1.国家补助小计 | 16005.61 | 18043.61 | 889 | | 323 | 715 | 652 | 628 | 641 | 1338 | 1338 | 1238.5 | 1081.1 | 1039.4 |
| 水利基建、水利基金 | 7400.11 | 7160.11 | 240 | | 120 | 108 | 132 | 108 | 121 | 595 | 595 | 527 | 4410.1 | 412.4 |
| 农业综合开发资金 | 7919.5 | 7919.5 | 9 | | 203 | 607 | 520 | 520 | 520 | 743 | 743 | 711.5 | 640 | 627 |
| 国债 | 649 | | 649 | | | | | | | | | | | |
| 以奖代补（2000年） | 37 | 37 | | | | | | | | | | | | |
| 2.地方匹配小计 | 5809.4 | 5646 | 163 | | 61.5 | 94.2 | 96 | 82.8 | 82.5 | 139 | 139 | 173.1 | 485.2 | 248.5 |
| 省级 | 3085.5 | 2947 | 111.5 | | 41 | 62.8 | 64 | 52 | 52 | 74 | 74 | 115.4 | 323.5 | 127.3 |
| 地区 | 1533.8 | 1468.8 | 65 | | 20.5 | 31.4 | 32 | 30.8 | 30.5 | 65 | 65 | 57.7 | 161.7 | 121.2 |

续表

| 1999年 | 2000年 | 2001年 | | | 2002年 | | | 2003年 | | | | 2004年 | | | | 2005年 |
|---|---|---|---|---|---|---|---|---|---|---|---|---|---|---|---|---|
| | | 小计 | 长治 | 国债 | 小计 | 长治 | 国债 | 小计 | 长治 | 国债 | 大示范 | 小计 | 长治 | 长治生态 | 国债 | 长治 |
| 227.33 | 254.33 | 263.62 | 234.57 | 29.05 | 243.21 | 214.91 | 28.3 | 272.231 | 225.847 | 12.8 | 33.584 | 182.12 | 137.3 | 6.4 | 38.42 | 156.57 |
| 34.1 | 38.15 | 39.56 | 35.19 | 4.37 | 36.482 | 32.235 | 4.245 | 40.835 | 33.878 | 1.92 | 5.038 | 27.41 | 20.6 | 0.95 | 5.85 | 23.42 |
| 3.01 | 3.69 | 3.55 | 3.34 | 0.21 | 2.834 | 2.771 | 0.063 | 2.5 | 2.408 | | 0.093 | 0.91 | 0.85 | | 0.06 | 1.48 |
| 9.39 | 10.64 | 14.71 | 13.48 | 1.23 | 12.562 | 11.352 | 1.21 | 13.65 | 12.34 | | 1.31 | 2.41 | 0.72 | 0.36 | 1.33 | 0.66 |
| 203 | 1.91 | 0.87 | 0.87 | | 1.205 | 1.205 | 0.32 | 0.32 | | | | 0.38 | 0.26 | | 0.12 | 0.09 |
| 11.81 | 12.98 | 11.87 | 10.92 | 0.95 | 12.379 | 10.771 | 1.608 | 16.488 | 11.027 | 1.92 | 3.541 | 14.35 | 10.34 | 0.6 | 3.41 | 12.5 |
| 4.46 | 6.38 | 5.46 | 5.15 | 0.31 | 5.062 | 4.748 | 0.314 | 4.874 | 4.799 | | 0.075 | 1.23 | 1.07 | | 0.16 | 0.92 |
| 3.35 | 2.55 | 3.1 | 1.43 | 1.67 | 2.44 | 1.39 | 1.05 | 3.003 | 2.984 | | 0.019 | 8.14 | 7.36 | | 0.78 | 7.77 |
| | | | | | | | | | | | | 66.79 | 66.79 | | | 282 |
| 122 | 314 | 177 | 172 | 5 | 59 | 56 | 3 | 116 | 96 | 7 | 15 | 231 | 210 | | 21 | 656 |
| 20.6 | 6.5 | 34.16 | 34.16 | | | | | | | | | 7 | 6 | | 1 | 36.91 |
| 143 | 128 | 59 | 58 | 1 | 51 | 37 | 14 | 71 | 52 | 19 | | 38 | 38 | | | 76 |
| 108 | 157 | 104 | 99 | 5 | 109 | | 6 | 33 | 27 | | 6 | 141 | 124 | | 17 | 449 |
| 82.95 | 123.32 | 14.38 | 13.73 | 0.65 | 27.51 | 23.38 | 4.13 | 48.5 | 42.88 | 0.38 | 0.182 | 16 | 15 | | 2 | 30.6 |
| | | | | | | | | | | | | 16 | 14 | | 2 | 77 |
| | | | | | 1.9 | 1.9 | | 0.4 | 0.4 | | | 0 | | | | |
| | | | | | | | | | | | | 324 | 286 | | 38 | 418 |
| 888.3 | 1058.07 | 905.73 | 714.96 | 190.77 | 544.04 | 316.52 | 48.41 | 442.57 | 397.78 | 7.6 | | 227.52 | 173.79 | 2.88 | 50.85 | 223 |
| 702.8 | 819.26 | 818.46 | 634.3 | 184.16 | 459.76 | 495.63 | 26.64 | 391.28 | 364.14 | 13.13 | 37.19 | 166.13 | 136.36 | 2.25 | 27.52 | 186.06 |
| 1292.1 | 1689 | 2300.5 | 2057.5 | 243 | 2072 | 1862 | 189 | 2313 | 1933 | 380 | 14.01 | 2330.6 | 2029.6 | 42 | 260 | 2061 |
| 897.1 | 1162 | 1718.5 | 1518.5 | 200 | 1539 | 1350 | 189 | 1688 | 1448 | 240 | | 1739 | 1449 | 30 | 260 | 1472 |
| 290.1 | 441 | 956.5 | 956.5 | | 820 | 820 | | 240 | | 240 | | | | | | 1472 |
| 607 | 721 | 525 | 525 | | 530 | 530 | | | | | | | | | | |
| | | 200 | | 200 | 189 | | 189 | | | | | 260 | | | 260 | |
| | | 37 | 37 | | | | | | | | | | | | | |
| 395 | 527 | 582 | 539 | 43 | 533 | 512 | 22 | 583 | 485 | 98 | | 591.6 | 579.6 | 12 | | |
| 295 | 457 | 412 | 412 | | 400 | 400 | | | | | | 111.5 | | | 111.5 | 99 |
| 100 | 70 | 170 | | 43 | 133 | 112 | 22 | | | | | | | | | 490 |

## 1989～2006年毕节地区实施长江上游水土保持治理统计表

单位：万亩

| 项目 | 累计 | | | | 1989年 | 1990年 | 1991年 | 1992年 | 1993年 | 1994年 | 1995年 | 1996年 | 1997年 | 1998年 |
|---|---|---|---|---|---|---|---|---|---|---|---|---|---|---|
| | 合计 | 长治 | 国债 | 大示范 | | | | | | | | | | |
| 1.治理面积（平方千米） | 7791.43 | 7649.27 | 108.57 | 33.59 | 470.73 | 748.73 | 696.33 | 715.27 | 426.2 | 829.33 | 656.67 | 697.27 | 614.53 | 227.33 |
| 分项合计（万亩） | 1168.838 | 1147.42 | 16.39 | 5.038 | 70.61 | 112.32 | 104.45 | 107.29 | 63.93 | 124.4 | 98.5 | 104.59 | 92.18 | 34.1 |
| 坡改梯（万亩） | 83.865 | 83.44 | 0.33 | 0.093 | 4.9 | 7.27 | 7.97 | 7.78 | 5.15 | 9.45 | 4.06 | 7.5 | 8.68 | 3.01 |
| 水土保持林（万亩） | 281,051 | 275.97 | 3.77 | 1.31 | 14.95 | 25.74 | 20.41 | 22.01 | 17.37 | 33.97 | 19.98 | 28.72 | 23.51 | 9.39 |
| 种草（万亩） | 65.492 | 65.37 | 0.12 | | 4.43 | 7.15 | 9.67 | 10.78 | 2.8 | 6.91 | 5.65 | 4.32 | 5.58 | 2.06 |
| 封禁治理（万亩） | 341.994 | 330.57 | 7.88 | 3.541 | 16.85 | 26.97 | 23.98 | 24.83 | 17.39 | 41.55 | 29.57 | 27.44 | 25.29 | 11.83 |
| 经济果木林（万亩） | 131.855 | 131 | 0.78 | 0.075 | 9.05 | 15.56 | 13.56 | 13.38 | 7.88 | 13.09 | 11.19 | 10.05 | 4.83 | 4.46 |
| 保土耕作（万亩） | 264.214 | 260.7 | 3.5 | 0.019 | 20.43 | 29.63 | 28.87 | 28.51 | 13.34 | 19.43 | 28.05 | 26.56 | 24.28 | 3.35 |
| 植物护埂（千米） | 462.79 | 462.79 | | | | | | | | | | | | |
| 蓄水工程（座） | 1870 | 1819 | 36 | 15 | 2 | 5 | 216 | 53 | 79 | 115 | 66 | 73 | 55 | 122 |
| 引水渠堤（千米） | 160.08 | 159.13 | 0.95 | | 7 | | 10.15 | 11.12 | 5 | 32.82 | 4.15 | 13.86 | 7.58 | 20.6 |
| 谷坊、拦沙坝（座） | 1750 | 1716 | 34 | | 12 | 185 | 110 | 178 | 104 | 196 | 36 | 142 | 114 | 143 |
| 沉沙凼（个） | 1797 | 1763 | 28 | 6 | | | 10 | 7 | 55 | 25 | 11 | 42 | 33 | 108 |
| 拦山沟、排水沟（千米） | 1150.008 | 1143.16 | 6.67 | 0.182 | 53.8 | 199.3 | 103.97 | 78.356 | 66.5 | 41.41 | 41.61 | 51.7 | 47.35 | 82.95 |
| 作业道路（千米） | 150.11 | 148.31 | 1.8 | | | | | | | | | | | |
| 河堤（千米） | 12.09 | 12.09 | | | | | | | | | | | | |
| 节柴灶、沼气池（口） | 1311 | 1273 | 38 | | | | | | | | | | | |
| 2.土石方量（万立方米） | 13791.161 | 13456.34 | 297.63 | 37.19 | 87.87 | 1001.52 | 1156.41 | 1515.02 | 780.648 | 1860.82 | 970.53 | 1053.42 | 673.75 | 888.31 |
| 3.群众投工（万个） | 15718.71 | 15453.25 | 251.45 | 14.01 | 1013 | 1502.29 | 1570.23 | 1493.54 | 888.59 | 1593.84 | 1104.22 | 1437.81 | 1035.8 | 702.82 |
| 4.下达经费总计（万元） | 25504.11 | 23099.11 | 1029 | | 389.5 | 809.2 | 748 | 710.8 | 723.5 | 1477 | 1365 | 1597 | 1381.5 | 1292.11 |
| （1）国家补助小计（万亩） | 20202.61 | 19223.61 | 979 | | 323 | 715 | 652 | 628 | 641 | 1338 | 1191.5 | 1076 | 1092 | 897.11 |
| 水利基建、水利基金（万亩） | 11267.11 | 11267.11 | 330 | | 120 | 108 | 132 | 108 | 121 | 598 | 480 | 436 | 465 | 290.11 |
| 农业综合开发资金（万亩） | 7919.5 | 7919.5 | | | 203 | 607 | 520 | 520 | 520 | 743 | 711.5 | 640 | 627 | 607 |
| 国债（万亩） | 979 | | 649 | | | | | | | | | | | |
| 以奖代补（2000年）（万亩） | 37 | 37 | | | | | | | | | | | | |
| （2）地方匹配小计（万亩） | | 3875.5 | | | 61.5 | 94.2 | 96 | 82.8 | 82.5 | 139 | 173.1 | 521 | 289.5 | 395 |
| 省级（万亩） | 3532.8 | 2674.8 | | | 41 | 62.8 | 64 | 52 | 52 | 74 | 115.4 | 359.3 | 168.3 | 295 |
| 地区（万亩） | | 1210.8 | 22 | | 20.5 | 31.4 | 32 | 30.8 | 30.5 | 65 | 57.7 | 161.7 | 121.2 | 100 |

续表

| 1999 年 | 2000 年 | 2001 年 | | | 2002 年 | | | 2003 年 | | | | 2004 年 | | | | 2005 年 | 2006 年 |
|---|---|---|---|---|---|---|---|---|---|---|---|---|---|---|---|---|---|
| | | 小计 | 长治 | 国债 | 小计 | 长治 | 国债 | 小计 | 长治 | 国债 | 大示范 | 小计 | 长治 | 长治生态 | 国债 | 长治 | 长治 |
| 254.33 | 172.21 | 263.62 | 234.57 | 29.05 | 243.21 | 214.91 | 28.3 | 272.23 | 225.847 | 12.8 | 33.58 | 182.12 | 137.3 | 6.4 | 38.42 | 159.91 | 161.4 |
| 38.15 | 25.83 | 39.56 | 35.19 | 4.37 | 36.482 | 32.237 | 4.245 | 40.835 | 33.878 | 1.92 | 5.038 | 27.41 | 20.6 | 0.96 | 5.85 | 23.99 | 24.21 |
| 3.69 | 2.34 | 3.55 | 3.34 | 0.21 | 2.834 | 2.771 | 0.063 | 2.5 | 2.408 | | 0.093 | 0.91 | 0.85 | | 0.06 | 1.57 | 0.7 |
| 10.64 | 8.78 | 14.71 | 13.48 | 1.23 | 12.562 | 11.352 | 1.21 | 13.65 | 12.34 | | 1.31 | 2.41 | 0.72 | 0.36 | 1.33 | 0.82 | 1.43 |
| 1.91 | 1.35 | 0.87 | 0.87 | | 1.205 | 1.205 | | 0.32 | 0.32 | | | 0.38 | 0.26 | | 0.12 | 0.03 | 0.08 |
| 12.98 | 8.67 | 11.87 | 10.92 | 0.95 | 12.379 | 10.771 | 1.608 | 16.408 | 11.027 | 1.92 | 3.541 | 14.35 | 10.34 | 0.6 | 3.41 | 13.08 | 6.48 |
| 6.38 | 3.61 | 5.46 | 5.15 | 0.31 | 5.062 | 4.748 | 0.314 | 4.874 | 4.799 | | 0.075 | 1.23 | 1.07 | | 0.16 | 0.79 | 1.4 |
| 2.55 | 1.08 | 3.1 | 1.43 | 1.67 | 2.44 | 1.39 | 1.05 | 3 | 2.98 | | 0.02 | 8.14 | 7.36 | | 0.78 | 7.63 | 13.82 |
| | | | | | | | | | | | | 66.79 | 66.79 | | | 100 | 296 |
| 314 | 185 | 177 | 172 | 5 | 59 | 56 | 3 | 116 | 96 | 7 | 15 | 231 | 210 | | 21 | | |
| 6.5 | | 34.16 | 34.16 | | | | | | | | | 7 | 6 | | 1 | | |
| 128 | 57 | 59 | 58 | 1 | 51 | 37 | 14 | 71 | 52 | 19 | | 38 | 38 | | | 75 | 51 |
| 157 | 151 | 104 | 99 | 5 | 109 | | 6 | 33 | 27 | | 6 | 141 | 124 | | 17 | 449 | 465 |
| 123.32 | 21.28 | 14.38 | 13.73 | 0.65 | 27.51 | 23.38 | 4.13 | 48.5 | 42.88 | 0.38 | 0.18 | 16 | 15 | | 2 | 92.53 | 44.49 |
| | | | | | | | | | | | | 16 | 14 | | 2 | 71.67 | 62.27 |
| | | | | | 1.9 | 1.9 | | 0.4 | 0.4 | | | 0 | | | | 8.77 | 1.02 |
| | | | | | | | | | | | | 324 | 286 | | 38 | 393 | 594 |
| 1058.07 | 580.56 | 905.73 | 714.96 | 190.77 | 544.04 | 316.52 | 48.41 | 442.57 | 397.78 | 7.6 | 37.19 | 227.52 | 173.79 | 2.88 | 50.85 | 223 | |
| 819.26 | 473.11 | 818.46 | 634.3 | 184.16 | 459.76 | 495.63 | 26.64 | 391.28 | 364.14 | 13.13 | 14.01 | 166.13 | 136.36 | 2.25 | 27.52 | 186.06 | |
| 1460 | 1504 | 2052 | 1439 | 200 | 1911 | 1359 | 189 | 2128 | 1467 | 380 | | 2058 | 1479 | | 260 | 1721 | 2151 |
| 1036 | 1084 | 1639 | 1439 | 200 | 1548 | 1359 | 189 | 1797 | 1467 | 330 | | 1739 | 1479 | | 260 | 1472 | 1405 |
| 315 | 639 | 877 | 877 | | 829 | 829 | | 1467 | 1467 | 330 | | 1479 | 1479 | | | 1472 | 2151 |
| 721 | 445 | 525 | 525 | | 530 | 530 | | | | | | | | | | | |
| | | 200 | | 200 | 189 | | 189 | 330 | | | | 260 | | | 260 | | |
| | | 37 | 37 | | | | | | | | | | | | | | |
| 424 | 420 | 413 | | | 363 | | | 331 | | | | 319 | | | | 249 | 746 |
| 354 | 274 | 263 | | | 230 | | | 186 | | | | 179 | | | | 99 | 664 |
| 70 | 146 | 150 | | | 133 | 112 | 22 | 145 | | | | 140 | | | | 150 | 82 |

# 第十三篇 工业

# 第一章　能源工业

1949年前，工业基础薄弱，仅有11户小型工业企业，产值占工农业总产值的4.3%。中华人民共和国成立初，毕节专署接管毕节电灯厂、黔西中坪纸厂、金沙天灵纸厂、赫章县妈姑锌矿、大定羊场坝航空发动机制造厂、川滇东路第四酒精厂，对毕节县的耿记、俊丰、加明、维生、工合、金星、恒济、黔西县群益、大定县群力、威宁县新通酒精厂采取调整公私关系、调整负担、实行加工订货措施，引导其走集体化道路。1956年，着重抓电力、原煤、建材、森工、食品等18个项目及8个水电站的建设。1958～1962年，实施第二个五年计划，新建和扩建毕节地区电厂、蛋粉厂、黔西电厂、化窝煤矿，毕节、黔西、威宁、赫章县农机厂，毕节、大方、威宁、赫章、金沙、织金、纳雍县粮油加工厂和一批基础工业、支农工业和食品工业。20世纪60～70年代，建起一批化学、建筑材料工业；80～90年代，建起一批烟草、纺织企业。经过50年的建设，形成初具规模的能源冶金、机械、食品、烟草、化工、轻纺工业体系。

## 第一节　电　力

**电力工业**　1.火力发电。民国30年（1941），国民政府在大定县羊场坝建立飞机发动机制造厂，用两台苏制SBE发动机改燃煤气，带动两台德制500千瓦发电机发电，供全厂使用。到1949年，仅有小型火电厂、站11个，装机容量104千瓦，低压线路不到150千米，用户不足250户，从业172人。1956年，先后投资兴建黔西、威宁、毕节、纳雍、大方六龙火电厂，装机多在200千瓦以下。1959年，第一座500千瓦火电厂在

洪家渡水电站正式发电（2004年）

毕节县建成运营。1965年省计委调1500千瓦汽轮发电机组给黔西县，1970年3月黔西火电厂建成投产。1973年将贵定电厂1500千瓦发电机组调拨给该厂，1975年7月建成投产。1981年国家电网架通黔西，火电厂停产。1986年，地区经委将2×1500千瓦汽轮发电机组无偿调拨给赫章县钢铁厂，净值153.02万元。1987年，全地区发电装机容量7.4万千瓦（不包括自备及报废厂、站）。1985～1995年，全地区先后扩建、新建有纳雍1×3000千瓦火电机组、威宁1×3000千瓦火电机组、黔北4×12.5万千瓦火电机组、纳雍火电一厂4×30万千瓦、纳雍火电二厂4×30万千瓦、黔北电厂4×30万千瓦、大方电厂4×30万千瓦。至2005年，以上火电厂均建成投产，装机650余万千瓦。

2.水力发电。1957年毕节县建成头步桥水电站，装机容量20千瓦。1958年建成毕节县水电站，由省投资兴建倒天河引水式1×1640千瓦水轮发电机组。1964年建坝后式1×110千瓦机组，1965年建2×250千瓦引水式水轮机组，均当年投产。20世纪60年代，建成织金县平桥电站、金沙县鼓新电站、纳雍县鱼洞河电站、赫章县海马姑电站，均为单机200千瓦以下小水电站。各县还建成一批水轮泵发电站，总装机容量2885千瓦。1966～1976年，先后建成金沙县长征电站（2×1600千瓦）、大方县东风电站（2×1600千瓦）、赫章县卡上电站（2×1000瓦+1×1600千瓦）、威宁县羊街二级电站（2×1000千瓦）、纳雍县义中电站（3×320千瓦）。加上小火电站，毕节、黔西、威宁、赫章县电站装机容量超过1000千瓦。1978年后，各县

纳雍火电一厂正式发电（2004年）

索风营水电站投入运行（2006年）

又先后建成一批装机容量1000千瓦以上的骨干水电站和大批100～1000千瓦的小型水电站。1987年新增机容量就达7700千瓦。1991年底，全地区已建成各类水电站141座/253台，总装机6.2万千瓦，占全地区可开发利用水能资源的5.2%。1994年，全地区小水电站为122站/229台，装机6.02万千瓦，年发电量1.49亿千瓦时。90年代末，洪家渡电站（3×20万千瓦）、索风营电站（3×20万千瓦）、引子渡电站（3×12万千瓦）相继动工兴建。至2011年，全地区水电装机容量达190万千瓦。

**电网建设和供电**　1952年，毕节专区发电2万千瓦时。1965年901万千瓦时。1975年4733万千瓦时。1987年9945万千瓦时，其中工业用电5121万千瓦时，农业用电3448万千瓦时，交通运输业用电6万千瓦时，市政生活用电1316万千瓦时，分别占总量的51.4%、34.7%、0.6%、13.3%。1991年，全地区发电2.23亿度。1981～1988年，毕节地区先后投资180余万元改造毕节城区供配电线路，由6千伏电压改为10千伏电压，并改造变压盘89台，1984年，建成全省第一个地区级电网。1984年8月，大方东风水电站——毕节火电厂——水牛屯电站35千伏水火联络线建成，实现小区域电网供电，网内总装机1.86万千瓦。1987年，黔西林泉至毕节110千伏输电线路形成供电。1989年，投资460万元，建成水（城）——砂（石浪）50千米110千伏输变电工程。上述两项输变工程与遵义三合至金沙城关110千伏输变电工程和普定至织金110千伏输变工程，连接国家电网入国家供配电计划。1991年底，毕节、大方、黔西、金沙县的小水电与国家电网联网供电。1994年底，全地区架设高压输电线路4977千米，低压配套线路6709千米，变电器容量27.45千伏安。1995年，全地区有7个县市主要靠小水电供电，以县为单位建小电网。全地区245个乡镇有204个乡镇通电，占83.27%；4533个村2621个通电，占57.82%；53.67万户通电，占39.58%。2001年，供电量完成5.12亿千瓦时，全区有110千伏变电站9座，变电容量21.5万千伏安，35千伏变电站11座，变电容量4.53万千伏安，110千伏线路343千米，35千伏线路450千米，固定资产净值3.16亿元。2006年，完成供电量13.33亿千瓦时，建成220千伏线路119.9千米，在建110千伏线路57千米，110千伏变压器2台，容量10万千伏安。2011年，完成售电量44.7亿千瓦时，开工电网建设项目271个，投产220千伏威宁输变电工程、110千伏小坝输变电、威宁迤那镇农网改造和梅花山片区农网改造等151项工程，是年，完成电网建设投资16.86亿元。

## 第二节　煤　炭

**煤炭企业建设及煤炭开采利用和管理**　1.煤炭企业建设。《贵州通志·土民志》载：清初“平远一带苗民烧煤取暖，已普遍为习俗”。20世纪50年代前，煤炭仅作生活燃料。民国3年（1914），丁文江调查威宁地层及矿产。1927年，乐森勘查大方煤田。1937～1945年间，国民政府地质调查所和资源委员会矿产勘测处派专家调查煤、铁、铅、锌等矿产，撰写《贵州西部地质矿产》《威宁妈姑煤田地质简报》。1949年后，地质部门勘查毕节地区煤炭资源。探明保有储量247.3亿吨，泥煤1亿多吨，占全省总储量50%多。1994年，国家煤炭工业局确定全国20

黔西清龙煤矿矿井首采（2004年）

个重点产煤地区和110个重点产煤县市，毕节地区和所属纳雍、织金、大方、金沙名列其中。20世纪50年代起，随着国民经济和建设事业的发展，相继建成毕节垭关煤矿、黔西化窝煤矿、金沙新化煤矿、大方六龙煤矿、威宁炉山煤矿、织金凤凰山煤矿、纳雍鬃岭煤矿。1957年6月，新建毕节垭关煤矿，当年采煤1350吨。此后经过技术改造，增添新的采掘设备，原煤产量逐步增加。1973年，产煤3.1吨。1974年10月，国家投资150.71万元建彭家坟山新井。1981年第一采区采尽。1982年，省投资200.48万元建成年产5万吨第二采区新井。同时架设毕节至垭关10千伏专用输电线路。黔西纸厂区金坡乡化窝煤矿，始采煤于民国年间。1955年区供销社组织29户农户成立集体煤联社，1958年改为纸厂区手工业煤炭生产合作社。1956年正式成立国营黔西县纸厂化窝底煤厂，年产煤1万吨。1967年划归省办，改名贵州省黔西煤矿。新建年产原煤21万吨的矿井。1975年10月，省将煤矿下放给黔西县革委管理，改名黔西县化窝煤矿。1983年省报请国家煤炭部批准，扩改为年产9万吨。1985年改造工程结束。1988年底，有职工448人，固定资产原值617万元，流动资金92万元，井巷总长2000米，全厂占地17.57万平方米，建筑2.03万平方米，有各种设备181台（件）。20世纪90年代~21世纪初，国家先后在建成金沙、纳雍火力发电总产黔西、大方火力发电厂。相应在陆续建起纳雍鬃岭煤矿（300万吨／年）、纳雍比得煤矿（120吨／年）、金沙林华煤矿（150万吨／年）、金沙龙凤煤矿（240万吨／年）、纳雍五轮山煤矿（450万吨／年）、金沙石场煤矿（120万吨／年）、黔西磨盘山煤矿（150万吨／年）、大方小屯煤矿（150万吨／年）、大方对江煤矿（150万吨／年）、大方五凤煤矿

毕节循环工业园区（2008年）

（120万吨／年）、织金肥田煤矿（240万吨／年）、织金文家坝煤矿（240万吨／年）。2011年，全地区有煤矿545个，完成产量5036万吨。

2.煤炭开发利用。毕节地区烟煤占0.43%，无烟煤占99.57%。从威宁二塘经赫章妈姑至可乐，以西为烟煤，以东为无烟煤。烟煤除民用外，大都采用土法炼焦，供冶炼使用。清光绪三年（1877），威宁德著铜厂已使用焦煤炼铜。焦煤产品有团焦、泡焦、平底式瓮焦、堆式瓮焦。1985～1986年，威宁县工交企业供销服务公司等与六盘水市经济开发总公司联办下藤桥焦化厂，采用流槽洗煤，萍乡炉炼焦，年产冶金三级焦和接近冶金三级焦炭3万吨。20世纪80年代，全地区年产焦煤30万～35万吨。1990年产39.4万吨。无烟煤除民用外，作为氮肥、电石等化工原料、燃料。可按60%比例掺入焦炭炼铁。1981～1983年，毕节地区化肥厂改造上海产SHL-25-Ⅰ型锅炉，用本地产无烟煤替代有烟煤作燃料。热效率比一机部技术规范要求高出12%，并能燃烧煤矸石、造气煤粉；吨氮煤耗降低106千克；一台锅炉全年节煤742吨；节省烟煤购买、运输费用11万元。此项锅炉改造为国内首创。1984～1985年，织金县城关镇新兴磷酸厂采用无烟煤，经过精选、热处理、粉碎、热化，用石油焦炭作铺料生产电极糊获得成功，克服运用原工艺生产时黄烟对环境污染，同时也降低生产成本提高产品质量。1980～1985年，金沙县轻工业公司用无烟煤开发出硝酸钾易燃煤球，用火柴可点燃，燃烧时间7小时，温度为65～80℃，供取暖用。2007年10月，毕节市煤电化一体化项目煤电化一期工程开工，该项目建成后年产甲醇22万吨，二甲醚15万吨，年创产值12亿元。2011年，开工建设中石化织金煤制烯烃，黔西煤化工，金沙煤电化一体化项目。

3.煤炭生产管理。1997年，毕节地区行署决定将原毕节地区乡镇煤矿清理整顿领导小组更名为毕节地区依法办矿整顿煤炭生产经营秩序领导小组，负责全地区煤炭生产的清理整顿。此后，黔西、纳雍、金沙县成立整顿领导小组，清理整顿企业。1998年，毕节地区行署制发〔1998〕11号文件，在全地区推开煤炭订货、运输、票征、价格、结算统一管理。同时，按照国家煤炭工业部和省煤炭工业厅的有关指示，要求全地区各县市，凡无“采矿许可证”的乡镇煤矿，经过这一年整顿仍不具备颁发“煤炭生产许可证”条件的乡镇煤矿；在国有煤矿井田范围内开具有双证的乡镇煤矿和国有煤矿矿办小井无“煤炭生产许可证”的煤矿，一律关闭。受到省煤炭厅表彰并获10万元奖金。1999年1月，成立贵州省毕节地区煤炭行业关井压产领导小组，黔西、纳雍县相继成立关井压产领导小组，开展清理整顿。是年6月24日，省煤炭厅制发《关于下达1～5月全省关井压产情况的通知》，在毕节地区关井1149处，压减煤炭产量135.57万吨，依法对破坏、干扰关井压产的人实施行政、刑事拘留或逮捕，处理一批在关井压产中犯错误和工作不力的干部，促使关井压产顺利开展。2000年1月，贵州省经委下达《关于下达2000年全省煤炭生产总量控制指标的通知》，给毕节地区生产控制指标560万吨，3月3日，毕节地区计划局制发《关于下达毕节地区2000年国民经济和社会发展安排计划的通知》，安排2000年全地区原煤产量计划为578万吨，超年计划的3.2%。2000年5月23日，毕节地区共关闭、取缔非法和布局不合理煤矿1575处。截至2000年12月31日；3万吨以下矿井通过联合改造为3万吨以上矿井的审批手续截至12月31日；12月20日后地区关井办组织人员到各县市检查，凡不符合办证条件的，吊销有关证明，并予以关闭。2010年1月，地区煤炭局与地区经济贸易局等单位职能整合，成立毕节地区工业和能源委员会。

1993～2000年毕节地区原煤产销统计表

单位：万吨，万元

| 分类 / 年份 | 原煤生产 | | 原煤销售 | | 税金 | | |
|---|---|---|---|---|---|---|---|
| | 产量 | 产值 | 销量 | 收入 | 合计 | 其中 | |
| | | | | | | 缴税 | 规费 |
| 1993 | 790 | 44240 | 710 | 35500 | | | |
| 1994 | 859 | 48104 | 809 | 40450 | | | |
| 1995 | 1158.98 | 64611 | 961.95 | 55997 | 2036 | 973 | 1063 |
| 1996 | 1266.14 | 66812 | 1288.2 | 83710 | 3132 | 1711 | 1472 |
| 1997 | 1055.45 | 57180 | 1074.4 | 69835 | 3831 | 2359 | 1421 |
| 1998 | 1054.45 | 56994 | 1067.36 | 72503 | 7342 | 3154 | 4188 |
| 1999 | 690.97 | 36882 | 704.79 | 48114 | 12134 | 5460.3 | 6673.7 |
| 2000 | 571.64 | 31350 | 583.1 | 44156 | 17080 | 7686 | 9394 |
| 合计 | 7446.63 | 406173 | 7192.8 | 450265 | 45555 | 21343.3 | 24211.7 |

# 第二章　化学工业与医药工业

古代，因战争需要、毕节先民在岩洞岩脚等处挖硝泥熬硝，在煤山地区挖矿烧硫磺，上山砍树烧炭，制造火药。民国20年（1931），毕节乡村出现一批烧制硫磺、土碱的手工作坊。其间，生产肥皂、蜡烛原料多靠外地供应。1949～2005年，逐渐建起一批化学工业企业，形成一定规模的化学工业生产体系。

## 第一节　化　肥

1958年前，毕节地区农用化肥靠向外地购进。1956年，金沙县供销社组织城镇居民创办磷矿肥厂，靠人畜力，运用简单工具开采磷矿，生产磷矿粉。1958年，金沙县建成第一个小磷肥厂，当年生产钙镁肥110吨。1965年10月，贵州省建委、省化工局批准建立黔西县磷肥厂，建年产硫酸4000吨、浓酸矿浆法普钙1万吨生产线，1966年5月建成投产。1973年更新设备，新增硫酸生产能力1000吨。1988年，省经委批准技改为年产硫酸1.5万吨、普钙4万吨，1991年投产。

毕节化肥厂（1986年）

1965年，织金县利用织金城关红旗社星宿田生产队建年产1万吨钙镁磷肥的织金县磷肥厂，几经周折，1975年建成第一期工程投产，年产磷矿粉2万吨。1988年技改工程竣工投产，形成年产钙镁磷肥1.5万吨的生产能力、1999年生产能力为年产钙镁磷肥2万吨，实际生产1.67万吨。1966年始建毕节地区化肥厂，1971年投产，年产0.5万吨合成氨，配套生产2万吨碳酸氢铵。后经过7次节能技术改造，生产能力扩大26倍，形成年产13万吨合成氨、20万吨尿素的生产能力，兼生产碳酸氢铵、食品$CO_2$、复混肥、碳酸丙烯酯、塑料编织袋。其生产的尿素为贵州省名牌产品。其装置水平及生产技术指标在全国同类型企业474家中居第28位，在全省小氮肥企业中为第一。1997年，贵州省政府批准改制为贵州省毕化有限责任公司。1971年始建黔西氮肥厂，1976年投产，年产碳铵1.2万吨。1982年进行技改，设计年产碳铵2.8万吨。1987年12月竣工投产。1974年起，兴建纳雍县磷肥厂，1976年建成投产，年产磷矿粉肥5000吨。1977年成功改扩生产高炉钙镁磷肥。是年6月，因受电力、生产原料、气候条件制约，无法延续生产。是年6月停产。1974年始建大方县化肥厂，1979年10月建成投产，年产碳铵1.2万吨，由于连年亏损，1986年停产。1975年建成威宁县磷肥厂，年产磷矿粉肥1万吨。1979年扩建，年产高炉钙镁磷肥1万吨。1988年扩建，1990年投产，年产高炉钙镁磷肥3万吨。1988年建成大方县磷肥厂，年产普通过磷酸钙3万吨。1983年3月始建毕节市磷肥厂，1991年2月建成投产，年产普通过磷酸钙1.5万吨。

### 1966～1999年毕节地区化肥生产统计表

单位：千吨

| 年份 | 氮肥 | 磷肥 | 年份 | 氮肥 | 磷肥 | 年份 | 氮肥 | 磷肥 |
|---|---|---|---|---|---|---|---|---|
| 1966 | | 2.91 | 1975 | 3.84 | 6.06 | 1984 | 4.28 | 1.25 |
| 1967 | | 2.77 | 1976 | 2.95 | 4.06 | 1985 | 3.8 | 1.6 |
| 1968 | | 2.34 | 1977 | 5.83 | 6.52 | 1986 | 5.4 | 2.29 |
| 1969 | | 1.02 | 1978 | 9.75 | 5.72 | 1987 | 6.19 | 2.87 |
| 1970 | 0.09 | 4.03 | 1979 | 2.99 | 0.55 | 1988 | 9.1 | 3.18 |
| 1971 | 3.09 | 2.78 | 1980 | 3.36 | 0.89 | 1989 | 11.48 | 4.09 |
| 1972 | 3.82 | 7.01 | 1981 | 3.07 | 1.31 | 1990 | 10.7 | 7.04 |
| 1973 | 0.95 | 1.5 | 1982 | 3.63 | 2.38 | 1991 | 12.63 | 22.75 |
| 1974 | 0.2 | 4.28 | 1983 | 3.25 | 2.35 | 1992 | 9.91 | 15.35 |
| | | | | | | 1999 | 30.11 | 59.6 |

注：缺1993～1998年统计数

# 第二节　橡胶与化工原料

民国31年（1942），川滇东路运输局在毕节县城东东关坡开办华盛翻修轮胎合营工业社，为毕节地区首家橡胶工业企业。1962年1月，毕节县交通修配厂开始翻修轮胎；威宁、赫章、大方县已有翻修轮胎生产。1971年国家拨款36.22万元，在毕节城关五里坪新建毕节县轮胎厂。1983年自制12-20大型节段硫化机，三开式硫化机，改革生产工艺，采用双向传热流化工艺生产，效益显著。1984年3月更名为毕节县橡胶厂。11月输出技术，与湖南岳阳市联建湘黔联合翻胎厂。年翻新胎756万条，还产通用皮、布鞋胶底，密封圈、汽车篷布、罩衣等橡胶制品。1988年产值157万元，实现利润29.6万元。单胎经济效益居全国同行第二位，质量为全省第一。1995年生产翻新加厚胎。1999年翻新胎1万条，职工1068人，固定资产原值340.8万元，净值281.5万元。

**化工原料工业**　化工原料产品主要有硫磺、硫铁矿和黄磷。民国20年（1931），毕节乡村办硫磺、土碱等生产手工作坊，规模小，数量少，先后停产。

1.硫磺生产。1951年，贵州省劳改局在大定猫场建硫磺矿。1958年建大方云龙硫磺厂，职工300余人，年产磺块500吨。1962年，关停。1965年重建，建成容矿5吨炼磺炉52只，次年6月全部投产。因污染严重，大方县人代会决议关停。1982年改建为大方县建材厂。1965年建黔西县中寨硫磺厂，年产650吨，次年10月建成投产。1977年，投资24万元进行扩建和技术改造。1988年末有固定资产值149万元，职工138人，实现利润2.2万元。2000年，全地区硫磺生产企业46家，从业3132人。

1949～1995年毕节地区硫磺生产统计表

单位：千吨

| 年份 | 产量 | 年份 | 产量 | 年份 | 产量 | 年份 | 产量 | 年份 | 产量 |
|---|---|---|---|---|---|---|---|---|---|
| 1949 | 0.12 | 1958 | 5.89 | 1967 | 4.38 | 1976 | 9.21 | 1985 | 9.18 |
| 1950 | 0.15 | 1959 | 9.51 | 1968 | 0.11 | 1977 | 12.4 | 1986 | 13.14 |
| 1951 | 0.02 | 1960 | 5.64 | 1969 | 0.45 | 1978 | 14.05 | 1987 | 15.7 |
| 1952 | 0.31 | 1961 | 2.76 | 1970 | 4.39 | 1979 | 11.56 | 1988 | 12.3 |
| 1953 | 0.45 | 1962 | 1.59 | 1971 | 4.58 | 1980 | 10.27 | 1990 | 17.4 |
| 1954 | 0.52 | 1963 | 1.18 | 1972 | 6.19 | 1981 | 8.76 | 1992 | 28.16 |
| 1955 | 1.14 | 1964 | 1.67 | 1973 | 7.83 | 1982 | 7.43 | 1995 | 50 |
| 1956 | 1.86 | 1965 | 2.02 | 1974 | 8.32 | 1983 | 6.6 | | |
| 1957 | 2.61 | 1966 | 3.33 | 1975 | 9.48 | 1984 | 7.51 | | |

注：缺1989、1991、1993、1994年统计数

2.黄磷生产。1989年，贵州黔能企业集团公司与金沙县国有资产投资公司联建贵州省金沙黄磷有限责任公司，主产工业黄磷，附产磷铁、稀磷酸。1995年，组建贵州金沙黄磷厂进出口公司。金焱牌黄磷销英国、意大利、德国、捷克、西班牙、南非、印度、澳大利亚、日本、韩国，以及中国的台湾、香港地区。1994年跻身全省税收百佳企业和利润百佳经济效益企业，被评为全国环境保护先进单位。1995年被评为全国乡镇化工先进企业。1996年被贵州省政府评为先进乡镇企业。1997年，被国家外经贸部评为全国自营出口先进生产企业。1997年与捷克共和国F—INVESTas公司合资兴办贵州金捷磷工有限公司。经10年建设，形成年产黄磷1.5万吨、磷酸4000吨的生产能力，拥有资产8700多万元，年创外汇1000多万美元。1995年7月兴建黔西县黄磷厂，占地3.6万平方米，总投资1808万元，当年投产。年产2500吨。3.硫铁矿生产。20世纪80～90年代，开采冶炼硫铁矿发展较快。据统计，1983年1.65万吨，1984年3.67万吨，1985年1.75万吨，1986年2.32万吨，1987年1.71万吨，1989年9.05万吨，1990年33.1万吨，1991年12.32万吨，1992年17.23万吨，1995年26.3万吨，1997年77.92万吨。

## 第三节　医　药

医药工业企业。毕节具有丰富的中药材资源，民国及其以前，没有中成药的工业化生产，中医所用膏、丹、丸、散，多从外地购进，少数为私人诊所和药店自制。1958年，建立毕节地区中医成药联合制药厂，生产六味地黄丸、归脾丸、壮筋健肾片、虎骨酒。1962年因管理不善而撤销。1968年，毕节县医院建立“六·二六”制药厂，生产独角莲软膏、白药、山枝茶糖浆、千里光片以及各种酊剂，后因管理不善停产。1970年，在地区药材公司药品分装室基础上建立毕节地区制药厂，以后20多年投资550万元，改造技术和更新设备，生产能力逐步提高，其生产的倍酸甲酯、鞣酸苦参碱、黄连素形成较好的品牌。1985年，毕节地区制药厂被评为省内（85）板药典合格标准第一家。1974～1976年，毕节县改革传统中草药制剂剂型，按西药制剂方法，生产20多种中草药制剂。毕节县杨家湾医院生产的鸡屎藤注射剂。临床效果良好。2.西医药工业企业。1955年，毕节地区人民医院调配颠茄合剂、炉甘石软膏等10余种药品。1967年，地区医院制剂室制成功离子交换水，用于外科手术，24小时内连续输入6000毫升无热源反应。20世纪70年代，各县医院调配和生产一般酊剂、合剂、膏剂、生理盐水。1978年，毕节地区人民医院根据采用重蒸馏水生产大输液的主张，新购3台不锈钢蒸馏器及锅炉设备，用9间新房生产大输液。1983年投产，生产周期由12小时减为4小时，各项指标均达国家《药典》的规定。1984年以来，纳雍、黔西县医院大批量生产西药制剂。1989年，毕节地区医院生产的西药30多个品类，200多个品种。各县市医院生产西药达13品类110多个品种。

# 第三章　建材工业　冶金工业　机械工业

## 第一节　建　材

赫章、黔西、毕节等地发掘的汉墓中发现有西汉时期的砖瓦等建筑材料出土。明洪武二十五年（1392）都指挥使李焕以砖砌毕节城墙，并且使用石灰为黏合料。清乾隆四十五年（1780），毕节知县胡翘春改砖城墙为石城墙。明清时期（1368～1911），出现砖瓦生产作坊，砖瓦生产技术显著提高。1931年，毕节县砖瓦业工人组建毕节泥瓦业工会。1949年后，除生产砖瓦之外，水泥及水泥预制件、大理石板材、涂料等建筑材料广泛开发利用。

**砖瓦工业**　民国时期，各县普遍生产砖瓦，生产规模和技术也有很大进步，多为个体私有或合股经营。1949年后，砖瓦业发展较快。1952年，全专区生产砖995万块，瓦1981.2万片，分别比1949年增58.7%和5.33%。1958～1959年，掀起工农业生产大跃进，各县均投资兴建砖瓦厂生产砖瓦。1961年调整国民经济，停办各县砖瓦厂，保留毕节专区砖瓦厂。1976年，全地区共生产砖1.49亿块，创历史最高纪录。1981～1985年，乡镇砖瓦工业迅猛发展，全部砖瓦生产为乡镇集体企业和农村个体户所取代。1985年，全地区共生产砖4.43亿块，其中国有企业生产678.3万块，占1.53%；瓦3.1亿片。1986年8月，建毕节市页岩砖厂，占地6万多平方米，建筑1.41万平方米，设备633台件，总投资434.4万元。1988年10月6日一次点火成功投产。1989～1995年累计生产1.2亿块。1994年，页岩资源开发研究获毕节地区科技进步二等奖；节能平顶隧道窑多种产品同窑焙烧技术经专家鉴定处于全省领先水平。开发新产品页岩空心砖、栏杆砖、工业烟囱砖、页岩质地砖、花盆等9个产品，其中页岩空心砖在全国砖瓦质量检查评比中为一等合格品，全国砖瓦质量检测中心授予砖瓦质量国家监督优秀企业铜匾。毕节市推广使用空心砖，被评为全国墙改工作先进市。是年，经国家企业评价中心贵州省分中心、贵州建材工业局评为贵州省建材百强企业。1995年，全地区共生产砖2.83亿块，创历史最高纪录。1999年，毕节地区共有国有、骨干集体砖瓦生产企业11家，固定资产原值1987万元，净值1685万元，职工931人，全地区规模以上企业生产砖标准砖326688亿块，非金属矿物制品32.67万块。

## 1949～1999年毕节地区砖瓦生产统计表

计量单位：亿块、亿片

| 年度 | 砖 | 瓦 | 年度 | 砖 | 瓦 | 年度 | 砖 | 瓦 |
|---|---|---|---|---|---|---|---|---|
| 1949 | 0.063 | 0.188 | 1965 | 0.455 | 0.881 | 1981 | 0.869 | 0.783 |
| 1950 | 0.068 | 0.197 | 1966 | 0.056 | 0.132 | 1982 | 1.406 | 0.801 |
| 1951 | 0.078 | 0.185 | 1967 | 0.037 | 0.109 | 1983 | 1.960 | 1.040 |
| 1952 | 0.100 | 0.198 | 1968 | 0.052 | 0.116 | 1984 | 3.467 | 1.635 |
| 1953 | 0.110 | 0.208 | 1969 | 0.103 | 0.108 | 1985 | 4.434 | 3.052 |
| 1954 | 0.144 | 0.264 | 1970 | 0.110 | 0.238 | 1986 | 5.190 | 4.778 |
| 1955 | 0.167 | 0.320 | 1971 | 0.333 | 0.862 | 1987 | 5.883 | 5.334 |
| 1956 | 0.129 | 0.457 | 1972 | 0.247 | 0.466 | 1988 | 6.458 | 5.523 |
| 1957 | 0.210 | 0.414 | 1973 | 0.241 | 0.581 | 1989 | 6.800 | 4.633 |
| 1958 | 0.523 | 0.927 | 1974 | 0.387 | 0.474 | 1990 | 6.334 | 4.772 |
| 1959 | 0.650 | 1.382 | 1975 | 0.458 | 0.546 | 1991 | 7.527 | 11.040 |
| 1960 | 0.395 | 0.418 | 1976 | 1.492 | 1.656 | | | |
| 1961 | 0.058 | 0.114 | 1977 | 1.324 | 1.554 | | | |
| 1962 | 0.047 | 0.118 | 1978 | 1.100 | 1.180 | | | |
| 1963 | 0.080 | 0.288 | 1979 | 1.459 | 1.657 | 1995 | 8.230 | 2.901 |
| 1964 | 0.217 | 0.477 | 1980 | 1.196 | 1.181 | | | |

注：缺1992～1994年、1996年统计资料

**水泥工业** 1958年前，不产水泥。1959年，建蛋窑生产水泥，是年生产293.2吨。1960年，水泥生产企业全被关停。1966～1976年，毕节地区引进外地技术，国家投资769万元，先后兴建毕节地区水泥厂、黔西县水泥厂、毕节县水泥厂、金沙县水泥厂、织金县水泥厂、赫章县水泥厂、威宁县水泥厂。1970年，推广河南辉县蛋窑烧水泥经验。

毕节水泥厂（1989年）

农民企业家熊廷顺创办的毕节市水泥厂

1971～1980年，全地区共建土立窑（蛋窑）水泥生产线13条，设计生产能力3.5万吨。1980年，全地区水泥生产能力8.5万吨，实际生产水泥5.02万吨。1981～1990年，毕节地区水泥工业发展迅猛。到80年代末，全地区共投资3500余万元，改造大方县水泥厂、黔西县水泥厂、金沙县水泥厂、织金县水泥厂、威宁县水泥厂、大方猫场水泥厂、金沙县沙土水泥厂、赫章县砂石水泥厂生产技术改造，建立机械化立窑生产线。1990年，全地区有水泥生产企业26家，生产能力34.3万吨，其中机械化立窑水泥生产线10条，生产能力28万吨。2000年，全地区有水泥生产企业46户，年生产能力134万吨，实际生产66.5万吨。2005年，全地区水泥产量达97.84万吨，2011年水泥产量达391.35万吨。其中毕节地区水泥厂建厂时间早，生产规模大。该厂始建于1966年，至1976年始建成2.5米×10米塔式机立窑生产线1条，建设投资668.42万元。1984年达5万吨设计生产能力。1985年9月，省经委批准扩建2.5米×10米塔式机立窑生产线1条，年生产水泥6万吨，1988年7月投入生产。同时对原有矿山及老生产线部分工艺进行改造。新线技改总投资1341.5万元。1992年，经省计委、省建材局推荐，被国家建材局、国家能源投资公司列为贵州省机立窑节能新技术综合改造示范线。1992年，完成原料预均化、生产微机配料、窑体综合改造等12项机立窑技术，年生产能力达7万吨。1979年国家建材工业部认定为大力推广散装水泥先进单位。1984年，被国家建材局西南管理处认定为大力推广散装水泥先进单位。1993～1995年，先后被评为省建材行业质量管理先进企业、省建材行业六项综合经济效益指数达国家标准企业、贵州省用户信得过企业、贵州省百强建材企业、省先进财会工作集体、全省利税百佳。1983年，首家实现地区工业企业年利润超100万元，累计上缴国家税利2600多万元。实施企业改革，推行一业为主、多种经营、多种所有制共存的方针，建建材分厂，生产销售大理石、花岗石板材和混凝土预应力板；集食宿、娱乐、购物、停车于一体的11层天工大酒店；建股份制金龙钢铁有限公司，建10立方米球式热风炼钛炉一垒，年产生铁6000吨；股份制天灵石油有限公司年进销汽油、柴油及各类润滑油、润滑脂1000余吨。1999年兴建年产22万吨水泥迴转窑（湿法）生产线。1999年全厂生产能力为年产普硅水泥30万吨，有固定资产原值3727.2万元，净值2103.6万元，职工758人。

### 1971～1999年毕节地区水泥产量统计表

单位：万吨

| 年度 | 产量 | 年度 | 产量 | 年度 | 产量 | 年度 | 产量 | 年度 | 产量 |
|---|---|---|---|---|---|---|---|---|---|
| 1971 | 0.01 | 1977 | 3.78 | 1983 | 7.2 | 1989 | 16.29 | 1995 | 23.9 |
| 1972 | 0.01 | 1978 | 5.44 | 1984 | 8.09 | 1990 | 17.1 | 1996 | 28.3 |
| 1973 | 0.15 | 1979 | 5.01 | 1985 | 9.58 | 1991 | 19.54 | 1997 | 40 |
| 1974 | 0.3 | 1980 | 5.02 | 1986 | 11.75 | 1992 | 19.85 | | |
| 1975 | 0.73 | 1981 | 3.49 | 1987 | 11.19 | | | 1999 | 66.5 |
| 1976 | 1.22 | 1982 | 5.6 | 1988 | 13.2 | 1994 | 21.5 | | |

注：缺1993、1998年统计资料。

**水泥预制工业** 1974年，经省经委、省水电厅批准，毕节地区投资44.45万元，兴建毕节地区水泥预制厂。该厂原为事业单位，隶属地区水电局。1980年改为事业单位，企业管理，自负盈亏。1980年，新建毕节地区砖瓦厂预制厂、织金县建材厂、金沙大水农场预制厂、威宁县水泥预制厂、威宁预制厂、黔西水泥厂待业综合社。1986年，毕节地区水泥预制厂进行技改，将普通钢筋混凝土电杆工艺改为预应力钢筋砼制杆工艺。其等径电杆制杆工艺属全省首创。新工艺钢材用量降低45%，成本下降28%，产品合格率提高18%，最高达99.98%。1995年，进行第二次技改，电杆合格率达98.5%，水泥压力管合格率94.4%。1991～1993年，连续3年获省级重合同守信用单位荣誉称号。1994年，经贵州省建筑材料行业产品质量监督检验站检验，所产电杆达到国际要求，取得合格证。1996年，其产品成为国家质监部门两次以上监督检验合格产品。1997年被评为资金信用AAA企业和贵州省产品畅销国有工业企业之一，经营规模居全省建材第63位，所产水泥电杆被定为畅销产品。1998年水利部混凝土电杆产品质量检验测试中心检验其环形预应力砼电杆，获得许可证。1990年，毕节地区乡以上水泥制品和石棉水泥制品企业13个。是年8月，毕节市灵峰水泥厂建成全地区第一家商品混凝土搅拌站，民用建筑、市政工程和道路建设始用商品混凝土。1999年，全地区生产水泥电杆8.28万根，水泥预制构件867.94万立方米。

### 1976～1999年毕节地区主要水泥制品产量统计表

单位：根、立方米

| 年度 | 电杆 | 预制构件 | 年度 | 电杆 | 预制构件 |
|---|---|---|---|---|---|
| 1976 | 107 | | 1986 | 4944 | 4531 |
| 1977 | 1132 | | 1987 | 20165 | 24712 |
| 1978 | 1300 | | 1989 | 4525 | 1.58万吨 |
| 1979 | 2450 | | 1990 | 3531 | 13649 |
| 1980 | 2185 | | 1991 | 7163 | 10035 |

续表

| 年度 | 电杆 | 预制构件 | 年度 | 电杆 | 预制构件 |
|---|---|---|---|---|---|
| 1981 | 5579 | | 1992 | 7255 | 156808 |
| 1982 | 5462 | 498.9 | 1995 | 30433 | 591739 |
| 1983 | 4255 | 3357 | 1996 | | |
| 1984 | 5288 | 4331 | 1997 | 2046 | 2203370 |
| 1985 | 3702 | 2996 | 1999 | 82765 | 8679428 |

注：缺1988年、1993年、1994年、1998年统计资料。

**大理石板材工业**　毕节地区大理石资源丰富，以晶墨玉、残雪为主，储量达501万立方米，主要分布于毕节市、大方、织金、纳雍县。民国时期，民间多采用加工石砚、笔筒、压纸条。亦有少数农村居民采用薄板材盖房。1984年，纳雍县化作乡开发天然大理石薄板用于建筑工程。1985年，省建立贵州省大理石资源开发办公室。此后，一大批大理石工业企业陆续在建立并投入生产。1987年5月，国家建材局局长林汉雄到毕节地区视察指导大理石资源开发。是年，全地区大理石板材加工企业发展到30余个，除毕节地区大理石厂、纳雍县大理石厂为国营企业外，其余均为集体、私营企业，从业近400人，加工板材14.31平方米，90%为切边毛板，10%为粗磨或精加工板材。其产品大都是粗加工板材不能直接用于装饰，缺乏市场竞争能力。2000年，毕节地区有大理石板材加工企业15个。从业175人，固定资产产值248.8万元，净值192.7万元，均为集体和私营企业。

## 第二节　冶　金

明洪武二十八年（1395），乌撒、毕节、水西地方始办铅矿。成化十一年（1485），大定铸造大铜钟1口，高136厘米，重600～700千克。清康熙年间（1662～1722），毕节县大吉、小木拉、落溪、野狼沟、官沟开办铅、锌、铜冶炼厂，年产铅40万斤。著名的德卓铜矿从明末到清乾隆、嘉庆时期，曾有3万～4万民工开采冶炼，所产铜质量甚佳，驰名全国。光绪五年，威宁人胡礼重办岔河铁厂，有炼铁炉27座，民国14年（1925），在毕节设毕、威、水矿务局，勘测矿产资源，并在威宁开办铁矿。是年，严重干旱，产生严重饥荒，德卓铜矿饿死近300人而停办。民国时期，除几户豪绅在赫章妈姑经营外，只有一些小手工业者进行少量开采冶炼。1949年，毕节专区私营冶金企业4家，年产生铁0.11万吨、钢60吨、锌240吨、铅26吨、产值52.6万元，占全地区工业产值的5.4%。1950～1952年，没收官僚资本的赫章锌炉改为白锌厂，兴建赫章兴发铁厂、纳雍群力联营社等公私合营冶金企业。贵州省工业厅统购赫章属铅锌炉，组建赫章铅锌矿。1957年，全地区有省、县国营冶金企业3户，年产生铁110吨、毛铁178吨、锌1800

吨，铅213吨，创产值748.3万元，占全专区工业产值的18.29%。1958～1962年，毕节专区执行省委全民办钢铁的指示，大力发展钢铁工业。1958年，建高炉10.33万座，投入150万人，产低质生铁6.4万吨。1965年，全专区有0.95平方米铅鼓风炉2座，年产7500吨；锌蒸馏炉4座，年产1320吨；2立方米氧化锌鼓风炉3座，年产2400吨；0.8立方米悬浮炉1座，年产3万吨；36.6立方米生铁冶炼高炉5座，年产近4万吨。1966～1976年，受"文化大革命"影响，钢铁工业生产不正常，生铁产量最高的1972年为3200吨，最低的1970年为800吨。1977年，冶金业有所发展。1979年，全地区独立核算冶金企业24家，其中黑色金属企业8家，有色金属企业16家，生产生铁5117吨、铅1.5吨、锌77.5吨，完成工业产值961万元。2000年，规模以上冶金企业20家，生产生铁6.48万吨，锌3.31万吨，精锌1303吨，年产值45.22亿元。2000年，冶金工业企业49家，其中黑色金属冶炼18家，采选7家；有色金属冶炼15家，采选9家。赫章铅锌矿已列入国家关闭破产计划未计入内。

**黑色冶金工业** 1.矿山开采。探明铁矿石储量2.79亿吨，占全省51.73%，含铁45%左右，矿山主要分布在金沙、威宁、赫章县。赫章县铁矿开采较早，规模较大。1974年，开采2000吨。1979年为1.14万吨。1995年74万吨。1998年生铁市场疲软，铁矿石开采量一度下降。1999年，独立核算集体铁矿开采企业7家，年总开采能力百万吨。1999年开采铁矿石53.3万吨。2010年开采铁矿石63万吨。

### 1974～1999年毕节地区铁矿石开采量统计表

单位：万吨

| 年度 | 产量 | 年度 | 产量 | 年度 | 产量 | 年度 | 产量 | 年度 | 产量 |
|---|---|---|---|---|---|---|---|---|---|
| 1974 | 0.2 | 1980 | 3.81 | 1986 | 19.69 | 1992 | 41.37 | 1998 | |
| 1975 | 0.97 | 1981 | 4.38 | 1987 | 37.32 | | | 1999 | 53.3 |
| 1976 | 3.14 | 1982 | 5.29 | | | | | | |
| 1977 | 3.36 | 1983 | 6.0 | 1989 | 35.06 | 1995 | 74.0 | | |
| 1978 | 4.97 | 1984 | 5.59 | 1990 | 33.76 | | | | |
| 1979 | 1.14 | 1985 | 30.81 | 1991 | 31.01 | 1997 | 69.47 | | |

注：缺1988年、1993～1994年、1996年统计资料

2. 冶炼铸造。1949年前，黑色冶金工业企业均为私营和个体手工业作坊。赫章县兴发乡邓贡廷有炼铁炉1座，将所产生铁运到纳雍县苦瓜河炼成土钢，制造七九步枪，称邓造枪。1950年毕节专署土产委员会投资1000万元法币扶持兴发铁厂，更名公私合营兴发铁厂；投资1000万元法币扶持纳雍县维新区建兴河（苦瓜河）钢厂、拖歪钢厂，合资3000万元法币，月产土钢3吨，更名祥力联营社。纳雍县工商科投资500万元法币扶持补洒铁厂，年产毛铁10吨。1951年8月，毕节县修配业同业公会联合纳雍建兴河、拖歪、补洒，赫章兴发等钢铁厂建立公私合营毕节专区第一钢铁厂，有炼铁炉2座、炼钢炉3座、加工炉6座，是年生产毛钢6568千克，条钢4828

千克。因联营厂家相距遥远，木炭不能供应，成本过高，1年后终止联营。1956年，建纳雍县农具厂、毕节县铁厂。1957年共生产生铁127吨。1958年6月，中共毕节地委执行省委全民办钢铁的指示，在掀起大炼铁炼钢炉热潮。是年，全专区用于钢铁工业建设投资2942万元，建起炼铁高炉10.33万座及其他一些附属设施。所产生铁多为不合格产品。1959年，中共毕节地委确定小高炉减为200座。专署投资在威宁县二塘区建立7.5立方米小高炉2座，1960年3月竣工投产。1961年搬迁至赫章县砂石乡，更名毕节专区砂石铁厂。1961～1962年，毕节县铁厂、大方县阁雅铁厂、黔西县纸厂区铁厂、毕节专区砂石铁厂先后关停。到1970年，只有省属水城铁厂生产生铁。1971年，恢复建设赫章砂石浪铁厂，次年投产。更名毕节地区铁厂。有7.5立方米高炉1座，年产生铁0.25万吨，1972年新增13.5立方米高炉1座，年产生铁0.65万吨。1975年，金沙县木孔铁厂建成投产、当年产生铁981吨。1979年全地区共产生铁0.51万吨。1985年，毕节地区铁厂新建50立方米高炉1座，年产生铁2万吨。是年，全地区共有独立核算黑色金属冶炼企业4家，职工2493人，完成工业总产值250万元；生铁产量1.17万吨。1998年8家企业完成工业总产值852万元，生产生铁3.99万吨。1995年以来，铁厂数量多，生产能力小，产品单一，档次低，生产成本高，缺乏市场竞争能力。自1994年起，赫章钢铁厂连年亏损，1999年4月停产。1999年，全地区8户黑色金属冶炼企业，有5户亏损。

### 1949～1999年毕节地区生铁产量统计表

单位：万吨

| 年度 | 产量 | 年度 | 产量 | 年度 | 产量 | 年度 | 产量 | 年度 | 产量 |
|---|---|---|---|---|---|---|---|---|---|
| 1949 | 0.11 | 1960 | 0.13 | 1971 | 0.13 | 1982 | 0.05 | | |
| 1950 | 0.09 | 1961 | 0.2 | 1972 | 0.32 | 1983 | 0.44 | | |
| 1951 | 0.12 | 1962 | 0.01 | 1973 | 0.21 | 1984 | 0.8 | 1995 | 9.3 |
| 1952 | 0.13 | | | | | 1985 | 1.17 | | |
| 1953 | 0.09 | | | 1975 | 0.18 | 1986 | 2.04 | 1997 | 16.19 |
| 1954 | 0.13 | | | 1976 | 0.08 | 1987 | 3.44 | 1998 | 3.99 |
| 1955 | 0.03 | | | 1977 | 0.33 | 1988 | 2.75 | 1999 | 6.48 |
| 1956 | 0.02 | | | 1978 | 0.53 | 1989 | 2.69 | | |
| 1957 | 0.03 | | | 1979 | 0.51 | 1990 | 3.99 | | |
| 1958 | 2.46 | | | 1980 | 0.36 | 1991 | 2.39 | | |
| 1959 | 0.87 | | | 1981 | 0.03 | 1992 | 4.26 | | |

注：缺1963年～1970年、1974年、1993年～1994年、1996年、1998年统计数

**有色冶金工业** 1.矿山开采。已探明铅锌储量59.37万吨，其中硫化矿占30%，氧化矿占70%，主要分布在赫章、威宁、毕节、纳雍县。明洪武二十八年（1395），乌撒、毕节、水西始开铅矿。清雍正十三年（1735），开办赫章莲花、妈姑白铅厂。莲花厂规模宏大，昼夜万马载

砂，采、冶工人上万，年产500～600万斤。同时开采锌、铜矿，供当地冶炼。民国时期，有色冶金矿山开采均是私人经营，手工作业，生产力低，规模小。1949年后，开采规模扩大，品种增加。1985年，全地区有独立核算有色金属矿采选企业6个，职工903人，完成工业总产值226万元。其中，赫章矿产品厂集矿产资源综合开发、产品深加工及多种经营贸易为一体，拥有资产8015万元，其中固定资产5182.1万元；下辖铅锌矿分厂，铅锌浮选分厂，白锌分厂，铁矿分厂，明珠钢铁厂和劳动服务公司。1997年和香港港天中国投资有限公司合资兴建年产氧化锌粉6000吨的宏成化工厂。1987～1998年，创产值2亿多元，向国家上缴利税4000多万元。1994～1997年，先后被评为贵州利润百佳工业企业，多次被省评为重合同，守信用单位；贵州省产品最畅销工业企业。1994年，厂长胡良成被贵州省有色局、有色金属管理协会评为贵州省有色金属行业优秀厂。1998年，联合5家独具法人资格的相关企业共同组建贵州中冶矿业股份有限公司。1999年，有色金属采选企业5家，职工2611人，固定资产原值302.7万元，净值217.5万元，规模以上企业生产锌精矿含锌量1303吨。2010年开采锌矿16.6万吨。

2．有色金属冶炼。清雍正五年（1727），开办榨子厂、黑铅银厂，冶炼铅、锌、铜，年产量达100多万斤，其产品运往四川、湖北及京城供铸币用。民国时期，多有小手工业者在赫章妈姑土法冶炼。1949年，全专区生产锌240吨，铅26吨。1950年，毕节专署财政经济委员会没收赫章县参议长朱益斋在赫章妈姑所有的炼锌炉4节，由赫章县工商科代管。1953年发展为28节。1951年3月，贵州省工业厅统购赫章属炼锌炉352节，水城属16节。是年10月，赫章县铅锌业有铅锌炉265节，从业人员2000余人，全部划归赫章铅锌矿。到1957年，全专区生产锌1800吨，生产铅213吨。1958年，全专区生产锌2927.7吨。1965年，全专区产锌1005吨。1966～1976年，“文化大革命”期间，企业生产受影响。1974年，全地区仅生产锌0.5吨。1980年生产锌244吨，铅18.7吨。1986年，全地区有色金属冶炼企业7个，完成工业总产值685万元、生产锌4220吨。1996～2000年，毕节地区贯彻国务院〔1996〕31号文件，整顿治理“十五小”工业企业，取缔严重污染环境的土法炼锌炉3844只，1999年，应关停的土法炼锌炉基本关停。受利益驱动，还有近800只土法炼锌炉继续冶炼。

威宁土法炼锌（1993年）

1949～1999年毕节地区部分年份锌产量统计表

单位：千吨

| 年度 | 产量 | 年度 | 产量 | 年度 | 产量 | 年度 | 产量 | 年度 | 产量 |
|---|---|---|---|---|---|---|---|---|---|
| 1949 | 0.24 | | | | | 1982 | 0.013 | | |
| 1950 | 0.20 | | | | | 1983 | 0.002 | | |
| 1951 | 0.89 | | | | | | | 1995 | 35.0 |
| 1952 | 1.43 | 1963 | 0.81 | 1974 | 0.0005 | 1985 | 0.07 | | |
| 1953 | 1.43 | 1964 | 1.05 | 1975 | 0.16 | 1986 | 4.22 | 1997 | 84.66 |
| 1954 | 1.46 | 1965 | 0.98 | 1976 | 0.12 | 1987 | 7.20 | | |
| 1955 | 1.53 | 1966 | 1.31 | 1977 | 0.11 | | | 1999 | 33.14 |
| 1956 | 1.58 | | | 1978 | 0,10 | 1989 | 9.02 | | |
| 1957 | 1.80 | | | 1979 | 0.08 | 1990 | 22.09 | | |
| 1958 | 2.93 | | | 1980 | 0.24 | 1991 | 24.54 | | |
| 1959 | 2.76 | | | 1981 | 0.03 | 1992 | 26.46 | | |

## 第三节 机 械

清光绪三年（1877），威宁得著铜厂用锻炭炼铜制作铜锅、铜盆、铜壶。民国16年（1927），大定县大兴铜厂利用杨家河水力自制水力鼓风机炼铜。民国28年（1939），国民政府航空委员会在大定县筹建第一航空发动机制造厂，职工1600多人，制造塞克隆九缸飞机和汽车配件。民国34年（1945）上半年，试制飞机发动机获成功，共生产G105型航空发动机30多台。1950年，中央重工业部航空局成都四一一厂接管羊场坝飞机发动机制造厂。1952年7月，四一一厂将羊场坝厂址及部分设备移交毕节专署财政经济委员会。20世纪初期，各级政府把机械工业的重点放在农业机械上。通过把私人作坊组织成手工业社、组，新建和扩建毕节专区农具厂、毕节修配厂、毕节小五金厂。1952年，毕节专区农具厂建成投产。是年，全专区机械工业完成总产值0.5万元，占全专区工业总产值2.3%。1957年，全专区机械工业完成总产值38.8万元，占全区工业产值1%。1958年，毕节机械厂试制成功G581型3.5马力汽油机，次年投入生产。1964年“三线”建设时，从外地迁到黔西县林泉区的红林机械厂，主要生产多型号的飞机发动机燃油泵及自动调节装置；迁到大方县羊场坝的金江机械厂，主要生产飞机各种液压泵，两厂隶属航空航天工业部。20世纪80年代中期，军工系统在毕节地区的企业陆续迁出。1965年，毕节地区机械工业完成总产值552万元，占全专区工业总产值的10.16%。是年4月成立毕节专区农业机械厂。1972年试制S195型12马力柴油机；至1979年底，共生产3000台。1988年改名为毕节振兴机械厂。1966～1976年受“文化大革命”影响，机械工业生产起伏落差大，最低为1969年完成总产值360万元，最高的1975年1167万元。1979年，毕节电瓷厂进行基建技改，到1988年，基本实现电瓷生产机械化。1998年，成为电力工业部34家高压电瓷定点生产厂之一。1999年，毕节地区规模以上机械工业企业17家，职工1180人，完成工业总产值1.01亿元。生产工业瓷1542吨，粮食加工机械431台，小型拖拉机159台，汽车配件值119.2万元。至2011年，毕节地区重点发展载货汽车、新能源汽车等装备制造基地。

附：

## 贵州省毕节机械厂简介

其前身为毕节专区农具厂。1952年改名新生修配厂，属毕节专署公安处。1978年更名贵州省毕节机械厂，属省劳改局。位于毕节城区天河路，拥有固定资产1069万元，占地7.86万平方米，职工574人，19%具有大专以文化程度。曾生产农用水轮泵，Q581汽油抽水机等农用机具。1962年开始生产解放GH102、CA141、东风BQ140等车型的变速器、离合器、汽缸盖、汽缸体、进排气支管、水泵总成、空气压缩机总成。开发生产G105Q，C2643、4100，M—130，EQ145，CH151柴油车系列产品10余种。年工业产值达850万元。1998年4月，所生产EQ—140变速器壳获贵州省地产最畅销产品称号，成为中国汽车配件联合经销成员单位。1994年，完成铸造车间异地技术改造。可达年产6000吨合格铸件，成为全省最大的铸造生产厂。1996年起为电业行业生产高压电瓷、电力绝缘子钢脚等配套件。1999年生产各种产品9469台（件），实现工业产值270万元。

### 1952～1990年毕节地区机械厂产值统计表

单位：万元

| 年份 | 产值 | 年份 | 产值 | 年份 | 产值 | 年份 | 产值 | 年份 | 产值 |
|---|---|---|---|---|---|---|---|---|---|
| 1952 | 0.5 | 1960 | 831 | 1968 | 426 | 1976 | 1094 | 1985 | 1009 |
| 1953 | 16.1 | 1961 | 445 | 1969 | 360 | 1977 | 1544 | 1986 | 1311 |
| 1954 | 14.9 | 1962 | 390 | 1970 | 361 | 1978 | 1644 | 1987 | 974 |
| 1955 | 33.9 | 1963 | 363 | 1971 | 733 | 1979 | 1554 | 1988 | 1180 |
| 1956 | 33.3 | 1964 | 405 | 1972 | 942 | 1980 | 949 | 1989 | 1082 |
| 1957 | 38.8 | 1965 | 552 | 1973 | 1008 | 1981 | 948 | 1990 | 1485 |
| 1958 | 1198 | 1966 | 494 | 1974 | 1005 | 1982 | 1162 | | |
| 1959 | 2641.3 | 1967 | 477 | 1975 | 1167 | 1983 | 964 | | |

**通用机械工业** 1964年，首批生产适宜山区提水灌溉的水轮泵共41台。1967年，全地区生产100台。1974年生产127台，其中黔西县农机厂生产77台，赫章县农机厂首批生产离心泵50台。1975年共生产60台。到1987年，毕节地区累计生产农用水泵2486台。20世纪年代，生产的水泵品种杂机型落后，竞争力差，生产日趋萎缩，市场被区外所生产水泵占据。

**农业机械工业** 民国时期，毕节地区农业生产粗放，手工操作，畜力犁耙，主要农具有锄、犁、耙、镰刀，都是私人作坊手工制造。1949年，毕节地区手工业生产铁制小农具12.9万件。1952～1956年，毕节专区农具厂、毕节修配厂、毕节县小五金厂建成投产。1957年全专区共生产铁制小农具77.7万件。1958～1962年，先后建大方县农具厂、黔西县农具厂、纳雍县农具厂、威宁县农机厂、毕节县农具厂、金沙县农具厂、织金县农机修造厂，并相继投产，多数产品质量低劣。金沙县、织金县的农机修造厂，前者关停，后者转为集体企业。1965年，毕节专区农机厂建成，全地区国营农机企业8户，共生产铁制小农具88.3万件。1966～1976年“文化大革命”，农机生产时起时落。1979年毕节地区独立核算农机企业11家，职工1447人，完成总产值386万元。1984年，全地区农机企业14家，职工1250人。1985年后，毕节地区农机工业产品缺乏竞争能力，经济效益差，黔西县农机厂、毕节县农机二厂转产烟叶复烤，纳雍县农机厂转产大理石产品。毕节地区振兴机械厂、毕节市农机一厂开发新产品。

附：

## 重点企业简介

**毕节市农机厂** 1958年由手工、铁器、木器三个合作社合并而成，占地9225平方米，建筑6000平方米，各种设备49台（套），设铸工、金工、锻工、钳工车间和生产技术、财务、供销、仓储、保卫科。1985年后，生产打谷机、磨粉机、大小打砂机、烟叶打包机、电动压面机、钢磨、打米机、马车底盘、钢管犁、回风炉、防盗门；同时承接车、刨、铣零星加工，金属翻砂。

**毕节地区振兴机械厂** 始建于1964年，厂址毕节市望城坡，占地3.5万平方米，拥有金属切削机床、锻压、折弯、剪板、焊接、热处理、铸造设备130余台。1965年完成初步扩建。1966年生产稻谷脱粒机3750台，开发生产280型及306型饲料粉碎机，修理全地区的大、中型拖拉机。1967～1971年，受“文化大革命”影响，除生产农副产品加工机械之外，生产四开印刷机及相配套的打眼机、压平机。1973年成功开发出S195柴油机，促成1975～1977年全省小柴油机生产会战。由毕节、铜仁地区、黔东南州农机厂分别承接S195柴油机机体、缸盖、曲轴、连杆、球墨铸铁件、齿轮盖、冲压件及总装生产线，年生产能力1万台。毕节地区农机厂为S195柴油机生产主导厂。到1978年，形成机体及缸盖生产能力1000件，总装年产2000台。1978年，职工415人。1980年生产柴油机2000台。1983年企业产品结构调整，柴油机生产下马，毕节地委将其划归地区水电局主管，更名毕节地区水电设备修造厂，生产水泵、安装导洪管、处于半停产状态，是年亏损379万元。1984～1995年，先后为贵阳齿轮厂、贵州家电厂、贵阳红星拖拉机厂、贵州汽车制造厂等厂家生产零部件。1996年，与湖南省邵阳拖拉机改装厂合作生产SL－12型变型拖拉机，1997年与贵州山地农机研究所合作开发振兴150T变型拖拉机，经省级鉴定合格投产，并在1977～1978年获贵州省优秀新产品奖。2005年成为省内获得变拖生产推广许可证。振兴牌变拖有10个品种，16种规格，可满足不同层次农户的需求，除在本地区销售外，销往省内各地区及云南省镇雄县。2000年通过IS09002质量认证，获省名牌产品称号。通过1997～2000年技改，形成单班生产600台，双班生产1200台的生产能力。1999年，毕节地区规模以下农机生产企业共生产粮食加工机械431台，小型拖拉机159台。2007年，毕节振兴机械厂改制，组建毕节地区力帆骏马振兴车辆有限公司，年设计生产规模为5万辆"振兴"牌系列变型农用车。2009年，投资33亿元在毕节高新技术产业基地开工启动二期技改项目，形成年产20万辆轻卡、小卡、微卡，6万辆中卡，5万辆重卡生产能力的贵州力帆时骏振兴集团。

**金属制品工业** 1953～1957年，毕节县小五金厂、黔西县五金厂等骨干企业相继建成。1963年，生产剪刀1400把，菜刀2.09万把。1963～1965年施行调整、压缩生产规模。1965年，生产菜刀8700把。1975年，全地区金属制品生产企业120个，完成产值561.7万元，生产菜刀1.12万把，黑白铁制品82.65吨，日用粗铝制品11.74吨，铁制家具10.95万件，匠作工具19.52万件。1977年，全地区金属制品企业127个，完成产值503万元。1980年后，非公有制的金属制品业发展快速。至1985年，全地区独立核算集体金属制品企业27个，职工1029人。产品由黑白铁金属制品发展到铝合金制品。

# 第四章　轻工业

新石器时代晚期，居民就能生产土陶器具。战国时期有土酒作坊。明洪武年间，大方、毕节、威宁有手工业者从事皮革生产，制造皮箱、皮匣、皮盘。明嘉靖年间（1522~1566），大方曾设纺织局。清朝中叶，皮革、酿酒、陶瓷、土纸业较发达。大方皮革专业户生产皮葫芦、皮烟盒、皮漆盘等8类39个品种，漆器作坊遍及大街小巷。1937～1945年，抗日战争时期，本地商人和外来商人联合兴办一批轻工业企业。大方有鲁丰布厂、群益酒精厂；黔西有复兴布厂、酒精厂；金沙有天灵寺纸厂；赫章有酒精厂；毕节有毛麻纺织社、民生厂、新黔卷烟厂、化工厂、恒恒公司猪毛厂、川滇东路运输局酒精厂、毕节罗亚北号袜店。此期间，纺织、服装、皮革、印刷、陶瓷、土纸、五金制品、家具等行业有较大发展，相应成立纺织、成衣、五金、木、石、水泥陶瓷、金银制作、酿酒等17个行业公会。

## 第一节　纺　织

1950年后，毕节地区筹建一批轻纺企业。1956年，全地区轻纺集体企业完成产值1375.6万元，比1953年增139.3倍。1957年，手工业轻纺集体企业362户，从业1.77万人，完成工业总产值1578.2万元。1958年，全专区296户轻纺集体企业过渡为国营企业。国营轻纺企业13户增加到57户，职工由469人增加到2627人，生产比1957年下降50%。1961年，调整关停部分轻纺企业，全专区轻纺国营企业19户，职工961人。1962年11月，轻纺集体企业恢复到262个，社员1.05万人。1965年，全专区轻纺集体企业完成产值1125.43万元，占全专区轻纺工业完成产值的90%以上。1966～1976年，受“文化大革命”影响，轻纺业发展缓慢。1976年，全地区轻纺工业总产值2689万元，与1966年相比，年增7%。1977年，全地区轻纺工业完成产值3308.2万元，比上年增23.3%。1978年后，贯彻中共十一届三中全会精神，加强企业整顿，引进新技术，开发新产品，新建或扩建毕节毛纺织厂、毕节棉纺织厂、毕节麻纺织厂等骨干企业。1984年，全地区纺织工业企业190个，职工1.46万人。1988年，全地区9户纺织企业，职工2186人，完成轻纺工业总产值8510万元。1999年，毕节地区规模以上纺织企业有：毕节地区棉纺织厂、毕节地区毛纺厂、毕节地区麻纺厂，职工2000多人，完成工业总产值2690万元。

**麻纺织工业**　毕节地区麻纺织业起始早，发展慢，多为家庭生产。1951年，接收私营企业李仲衡毛麻纺织社，命名毕节麻毛纺织厂，月产麻毛布1094疋。1952年转为国营，年产麻布3000～4000米（宽33厘米）。1988年，建毕节地区麻纺织厂。至2000年，有4800锭厂房及配套通用工程，安装2400锭长纺设备，年产纯麻纱3800吨，职工189人。1998年3月由贵州省贵森公司租赁经营，当年生产麻纱119.15吨，产值228万元；1999年生产麻纱38.1吨，产值105万元。

**棉纺织工业** 民国时期，从中原迁来毕节的商人带来棉纱和棉纺织技术，毕节始有织布厂和棉纺织户。1950年，毕节棉纺织户1918户，3377人。1953年3074户，6676人。产品有三二布，七八布，男女单棉纱袜、毛巾和棉絮。1954年，棉花供应减少，部分棉纺织户转产，从业人员减为4118人。1955年，各县城关手工业棉纺织户先后组建12个棉纺织组（社），390人，1个棉袜加工生产小组，38人。1956年手工业合作化，组建9个棉纺织社，4个弹花社。社员近2000人。1958年，8个县棉纺社先后转为国营织布厂。1959年，全专区生产土布425万米。1961年国营织布厂转为集体所有制。由于棉纱供应不足，全地区保留10个棉纺织社，社员1000人。1979年，全地区10个棉织厂（社）生产棉布46万米，绒手套50.1万双，棉纱袜2.05万双，民用线156.8吨，加工棉絮99.03万斤，鞋口带648.34万双。1985年，大方县王鹏章创办大方针织厂，投资120.5万元，厂房1.36万平方米，针织设备102台，当年建成投产，年生产成衣10万件。毕节县针织厂，投资88万元，改造厂房和技术设备，当年投产。1988年棉纺行业8个企业完成工业产值482.12万元，实现利润20.88万元。1988年，兴建毕节棉纺厂，设计规模3万棉纺锭，实际2.18万锭。1993年完工，1994年正式投产。1995年生产棉纱2108吨，产值2585万元；其后逐年下降，1999年生产棉纱1141吨，完成总产值1512万元。

毕节棉纺厂（1995年）

**丝纺织工业** 明嘉靖年间，大方曾设纺织局，组织发展民间纺织业。直到1949年，丝纺织业均为个体手工业和农户养蚕缫丝。20世纪70年代，大方县供销社农副产品加工厂有缫丝、织绸车间，生产绸布及绸被面。1982年生产丝织品5万米。1983年后停产。

**毛纺织工业** 毛纺业发展较早，元明时期，居民即能制毛毡。明嘉靖年间（1522～1566）毕节能制红毡。清康熙年间（1662～1722）大定府产毛毡。民国年间，外国传教士带来手纺毛线技术，毛纺织品生产在威宁迅速发展；抗日战争时期发展到全地区各县。产品有毛线、毛织品、毛呢、毛毡、毛毯。其间，先后成立威宁毛纺织生产合作社、毡业公会和毕节毛麻纺织

毕节毛纺厂生产出第一批毛毯（1988年）

社，从业达3000多人。1950年，威宁毛纺织社、毡业公会停产。1951年毕节县毛纺织社转为公私合营，1952年转为国营。承担国家棉、麻纺织任务，生产毛毡、床毡、桌毡和椅垫。1961年下马。1958年，威宁县民政科组建威宁福利事业地毯厂，招收本地残疾人员，生产毛线、毛线衣、床毡、毡帽。1959年批量生产地毯。1960年转为国营企业，更名威宁毛制品厂，以毛纺生产为主，地毯和毡制品为辅。1981年改造生产技术，生产规模达400毛纺锭，有毛纺专用设备42台。1983～1985年，先后为都匀毛麻纺织厂、徐州第四纺织厂、安顺地毯厂和昭通毛纺厂加工毛纱和混纺毛线。1984年，国家纺织工业部吴文英部长到贵阳，听取毕节地区有关人员汇报后，派4人到毕节考察，决定投资2400万元，新建具有粗梳毛纺织、染整能力的毕节地区毛纺织厂，规模为1040毛纺锭，年生产能力5万条。粗呢绒40万米。1985年9月动工，1986年建成投产。年产能力为中粗绒线100吨，兔羊毛针织纱50吨。1988年共有职工1154人，生产毛毯3.75万条，粗呢绒10.08万米，中粗绒线10.08吨。兔羊毛针织纱5.82吨，完成工业总产值778.4万元，盈利21.3元。此后，连年亏损。1986年，威宁毛制品厂停止对外加工，为毕节毛纺织厂收购原料、加工洗净毛；继续生产粗毛线外销。1995年，改制为威宁毛纺有限责任公司。

针织工业　1983年8月，大方县王鹏章组织待业青年创建大方县针织厂，当年生产腈纶羊毛衫裤1.26万件，完成产值13万元。地区轻纺局安排124万元进行技改，建成腈纶衫和纯羊毛衫两条生产线。1986年，毕节年生产5万件羊毛衫裤的棉毛制品厂，黔西县年生产3万件腈纶羊毛衫裤的织带厂建成投产。1988年新建毕节地区羊毛衫厂，投资288万元，年产羊毛衫20万件，职工124人。1991年后以一业为主多种经营，从事炼锌、制药、房地产。1994年组建毕节地区士心工贸有限责任公司。1992年停产羊毛衫。

## 第二节　服装鞋帽

居民生产服装鞋帽，历来是来料加工，手工制作。民国30年（1941）前后出现使用缝纫机制作服装的私营缝纫店，规模不大。1950年后逐渐发展。1988年，全地区有服装、鞋帽生产厂

14家，均为集体企业，职工1376人，生产服装49.14万件，总产值1196.67万元。20世纪90年代，多数服装鞋帽生产企业因缺乏竞争力，生产逐步萎缩，只有个别企业勉强维持生产。

**服装工业** 1950年，毕节县城关从事服装生产的个体户57户，由行业公会组织为解放军47师加工被服。1951年，大方县城关组织7台缝纫机的同义联营社，承接来料加工。1952年，黔西县供销社组织缝纫工5人成立黔西第一缝纫加工组。1954年后，服装生产组合并为缝纫生产合作社。1957年，全专区缝纫社19个，社员700余人，拥有缝纫机374台，完成总产值208.4万元。1958年，服装社相继合并，改建国营被服厂。1961年，相继转为集体所有企业。1962年，全专区缝纫厂社44个，生产成衣54.05万件，总产值260.61万元。1970年后，增加电动机地轴拖带，平缝机、锁眼机、电动剪刀、电熨斗。1979年，乡区缝纫社划归乡镇企业局管理。全地区仅保留14个服装厂、社，年产能力29万件，产值578.39万元。1981年，省、地主管部门安排技改资金，为毕节县服装二厂新建生产大楼，增设先进生产设备，形成年产毛料高、中档服装7万件的能力。1985年之前，毕节服装一厂设童装车间，年产约2万件。1985年，吴瑞琛等8人自带缝纫机组建毕节城关童装生产组，后改名毕节县童装厂，年生产能力5万件。1986年，毕节县服装二厂试制羊皮革服装。注册商标为虎踞山。1988年，毕节县制革厂新建羊皮革服装车间，次年正式投产。1998年停产。1990年后，服装滞销，生产下降，除金沙服装厂、毕节服装工业公司、毕节地区毛纺厂生产少量服装外，其余服装生产企业相继停产。1999年，全地区服装行业规模以上产值2380万元，生产服装0.18万件。

**制鞋工业** 1950后，各县先后建立鞋厂、制鞋合作社或制鞋生产小组。1955年，全专区生产鞋1.54万双，1964年生产5.12万双。1988年，全专区4个鞋厂，固定资产197.03万元，职工363人。生产注塑布鞋，塑料布鞋、童鞋、皮鞋等。（1）布鞋生产。1958年、1963年，毕节、大方组建专业布鞋生产厂，从业107人，年产3万双。1958年，毕节城关17家个体户合建毕节城关鞋厂，生产布鞋和拖鞋。1964年，并归毕节县制鞋厂为布鞋生产车间。1967年，大方县成立制鞋社，生产松紧鞋、方口鞋，1975年增加生产塑料底布鞋。1971年，全地区生产布鞋8.36万双，为历史最多。1989年，各县鞋厂停止生产，布鞋生产先后停产。（2）塑料鞋生产。1961年，黔西县成立黔西县制鞋生产合作社。1974年试制1台圆盘注塑机，生产注塑布鞋。1975年改名黔西县塑料鞋厂。1988年建成年产50万双注塑布鞋生产线。1984年，织金县城关成立织金县城关健美童鞋厂，试生产注塑童鞋。1987年政府安排扶贫贷款30万元建厂房和购置设备，童鞋年生产能力达20万双。1988年生产童鞋，旅游鞋5.04万双，完成工业产值17.64万元。1977年，织金县制鞋厂向毕节县买1台旧炼胶机，自制1台酸化罐，试制成功解放鞋，因橡胶供应无保障而停产。（3）皮鞋生产。1941年，毕节县城有春民制鞋厂、美最时鞋厂和川滇东路运输局消费合作社皮鞋生产小组，年产浅口皮鞋约2000双。20世纪50年代，累计生产皮钉鞋4.64万双。60年代，停止生产土钉皮鞋，从四川购进皮革生产浅口皮鞋和反帮皮鞋。1979年，全地区生产皮鞋8.08万双，总产值175.54万元。1988年，全地区生产皮鞋16.1万双。其中，毕节县皮鞋厂产量达9.07万双，工业产值164.46万元。1990年后，因产品滞销而停产。1995年卖给外商。3.制帽工业。历来无专业制帽生产厂，由缝纫社、厂兼生产。产品有解放帽、工人帽、儿童帽，1956年后，年均产帽约1.5万顶。

# 第三节 制革陶瓷

## 一 制革工业

民国至20世纪50年代初，个体制革手工业只能生产火秋皮，1956年，毕节县鞋厂在城关双树湾建制革车间生产底革、里革和油浸革，年削皮不到2000标准张。1979年，改建为毕节县制革厂，经技改和扩建，年制革能力达5万标准张。1980年8月，威宁县鞋厂建成年产3万标准张的制革车间。1981年7月，省二轻工业厅皮鞋处组织全省制革厂技术人员30余人到毕节制革厂进行技术交流，开发出猪、牛修面革、猪、水牛底革、油浸革和苯胺革等产品。1982年，完成猪修面革、转鼓干加油工艺、水牛修面革、猪修面革的试制科研项目，1984年毕节县制革厂与成都科技大学联合承担国家科委《稀土盐及铬、锆、铝合金属合鞣剂在云贵绵羊皮服装手套革上的应用》攻关课题，先后试制成功绵羊皮服装革、山羊皮服装手套革、猪皮头层、二层劳保及民用手套革、水牛皮石磨蓝革、猪、牛软鞋面革、麂皮服装革等产品。1988年，省经委批准投资515万元扩建，形成生产30万张绵羊皮，皮革服装3.11万件，皮手套9.33万双的绵羊皮制革、制件生产线。年生产能力制革10万标准张。1988年制革5.66万标准张，完成工业产值241.6万元。曾有1.2万双皮手套通过省外贸进入国际市场。1998年，产品滞销而停产。

## 二 陶瓷工业

赫章县可乐乡马家湾新石器时代遗址，曾发现陶器残片数百片。黔西县发现的汉墓出土陶制舞蹈俑、托案俑、托筝俑以及镇墓俑。民国时期，陶瓷制品由人民生活必需品发展到简易工艺品。1949年，毕节专区有个体陶瓷手工业户和农兼副业户882户，从业近1000人，生产土陶239.9万件。

**土陶工业** 1954年，毕节地区陶瓷个体手工业专业户1113户，从业2276人，产值5.88万元。1956年，全地区先后组成11个生产合作社，社员967人。1958年，部分手工业陶瓷社转为国营，社办陶瓷社50个，从业达1000余人。1959年，地区产土陶988.1万件。1961年，除毕节县金银山陶瓷厂、杨家湾碗厂、纳雍县居仁碗厂外，国营陶瓷厂恢复集体所有制。手工业集体陶瓷厂、社14个，从业1213人，公社陶瓷厂减为14个。1962年居仁陶瓷厂恢复为手工业生产合作社。1979年，厂址在区、乡的手工业集体陶瓷厂、社划归乡镇企业局管理，轻工系统只保留赫章县雪窝碗厂和威宁南屯碗厂。

**电瓷工业** 1967年，毕节县陶瓷厂利用原毕节水泥厂厂房改建陶瓷厂，1970年建成投产，年产日用瓷62.68万件，158.43吨瓷，产值11.23万元。之后，省、地投资技改，生产规模扩大。1979年，固定资产达144.37万元，职工247人。生产日用瓷251万件，工业瓷521.44吨。1988年基本上实现生产机械化，年产日用瓷700吨。贵州省计委和省机械工业厅，将毕节电瓷厂定为贵州省唯一以生产工业瓷为主、日用瓷为辅的高压电瓷生产厂。产值182.48万元。1998年成为国家中二型企业，电力工业部34家高压电瓷定点生产厂之一。是年，其产品通过陡波合格试验，质量达到国际标准。主要产品有22万伏及以下电压线路电瓷、电站电瓷100余个品种。其悬试产品X-4.5、XP-100获1986年省优产品称号。针式产品PQ-10获1990年全国行业评比一等奖、贵州省优质产品奖。防污棒形电站电瓷ZSW2—110/4获1990年贵州省优秀新产品三等奖。其高原牌盘形悬式绝缘子被贵州省经贸委、贵州省技术监督局命名为贵州省名牌产品。国家经贸委推荐该厂XP-70、XP-100、XWP-70、XWP-100、ZXW-35/4、ZXW2-110/4为第一批、第二批全国城乡电网改造所需主要设备产品。产品畅销贵州、云南、四川、湖南、广东、深圳等省市。至1998年，形成线路电瓷、电站电瓷、铁道棒形等8大类，100余个品种，年生产电瓷2500吨，2000年9月通过IS09002质量体系质量认证。2003年12月，毕节电瓷厂改制为毕节高原电瓷有限公司。

## 第四节　造纸印刷

### 一　造纸工业

**手工造纸业**　明清时期，已有个体手工造纸业，产品有毛边纸、文化纸、抗水纸、白皮纸、草纸。民国11年（1922），金沙县天灵寺熊和尚经办有近百年历史的天灵寺纸厂，工人30余人，生产天林纸品质优良，供贵阳报社印报之用，为民国时期贵州五大名纸之一。1943年，大定县建抗战纸厂，黔西县建中坪纸厂，年产毛边纸400担左右。两厂均在1945年8月后停产。1947年，生产白皮纸33.2万刀，草纸30.5万刀。1950年，全专区个体手工业、专业造纸115户，从业181人，完成工业产值1.5万余元。1951年，黔西中坪纸厂更名黔西造纸厂，恢复生产，当年产毛边纸1000担。金沙县接管天灵造纸厂，并恢复生产。同时建国营纸厂。1952年大定县建星光纸厂。金沙、大定县造纸厂年产能力均在20～30吨。1953年，金沙灵造纸厂停产。1954年，全地区手工业造纸专业401户，从业645人，完成总产值16.76万元。1958年，全专区国营纸厂8个，社办纸厂46个，从业1092人，年产土纸700吨。1960年土纸市场饱和，产品积压。1961年，全专区保留毕节县大坝纸厂、大方县联合社两个国营纸厂，织金县三塘纸厂、毕节县渭河公社纸厂、黔西县素朴纸厂、威宁县居乐公社纸厂，年产土纸251吨。1964年，机制纸大量进入毕节市场，土纸滞销，一些纸厂先后转产、合并、停办。1966年，全专区只保留金沙县造纸厂、纳雍县姑箐纸厂、纳雍县糯克纸厂、纳雍县梅花纸厂，职工117人，年产能力60吨。

**机制纸工业**　1959年，大方县联合社土纸车间（原星光纸厂）试制成功机械造纸机，生产一面光低档书写纸，但产量不稳，质量不高，销路不畅，1964年停产。1967年筹建毕节地区造纸厂，年产1600吨。1979年投产，当年生产机制纸581吨。到1982年，共生产书写纸、包装纸、有光纸5000多吨，年均生产450吨，仅为设计生产能力的四分之一，连年亏损，到1981年吃光全部投资。1983年12月，毕节造纸厂并入地区复烤厂，其造纸设备，部分卖给四川，部分无偿调给毕节县包装装潢厂。

## 二　纸箱工业

1985年，毕节县工艺美术社利用银行贷款和地区经委拨款，投资137万元，调入原毕节造纸厂1575双缸双网造纸机，在毕节望城坡建毕节县包装装潢厂，年产瓦楞纸600吨，纸箱150万个。1987年建成投产。1995年，毕节地区投资304万元，租用地区酒厂五里坪部分厂房，吸纳酒厂部分职工，建立佳盛包装有限公司，年产瓦楞纸箱600万平方米，内盒100万平方米，产品覆盖全地区及六盘水市及相邻的云南、四川省部分地区。1999年，在册职工66人，完成产量115万平方米，产值302万元。

## 三　印刷工业

清光绪年间，毕节人魏云皋、陈天仁开文顺书局、仿古书店、使用木刻、石印向社会提供表册簿籍印制服务。毕节学宫雕版印制《毕节县志》7册。民国33年（1944），毕节人刘熙乙购进四开印刷机1台，毕节始有铅印。20世纪40年代，除《西黔》报采用铅印外，毕节专区各县印刷业均是年木刻、石印、数量很少。毕节使用套色石印，印制糖、茶、烟商标，及印制作业本、信笺、信封、表册、发票。1950年，解放军部队接管《西黔日报》印刷组，印制《冲锋报》，随后移交给地方政府，印制《毕节大众》。1954年初，以之为基础成立毕节专区印刷厂。旋即交毕节县，更名为毕节县印刷厂。1954～1956年，大方、黔西、金沙、织金、威宁县先后建立印刷生产合作社，承接木刻、石印业务。1957年威宁县印刷厂建成，购置石印机、圆盘机各2台开展印刷业务。1958年，各县办县报，印刷生产合作社转为国营印刷厂。赫章、纳雍县政府投资新建印刷厂。1961年，威宁、金沙、织金县印刷厂改为集体所有制合作工厂。1970年，地区及各县印刷厂进行设备改造，购置使用对开机、切纸机、自动铸字机。地区印刷厂、黔西、大方、赫章县印刷厂承担《毛泽东选集》《毛主席语录》和中、小学课本的印刷业务。80年代，印刷业技术进步较快，先后采用照相制版、电化铝烫印、贴花印刷工艺技术。1988年，毕节地区共有印刷企业9家，其中国营企业4家，集体企业5家。共有职工567人。1989年，毕节报社印刷厂从北京引进光华计算机——汉字激光照排电子出版系统设备，配置SBF1000晒版机、XDY760显定影机、J2108型对开单色胶印机、J4103型四开单色胶印机、理光1010八开单色胶印机及切纸、装订等设备。除印刷《毕节报》外，还承印《毕节文化报》《草海报》《毕节师专学报》。是年，毕节地区印刷厂再次进行技术改造，彩印生产扩大到12万色令。1998年后陆续购进部分设备。至1999年，有印刷速度为1.5万张／小时的德产CD102-4+XL海德堡四色胶印机、北大方正NT-ROP2.0版平板扫描仪MICRTEK2000、SEYP115SUL程控切纸机及激光照排系统等设备。铅印车间主要印刷部分中、小学教科书，并承接各类社会印件，彩印车间主要印制毕节烟厂卷烟包装条盒、盒皮。被国家定为中二型企业。1999年职工320人。全年生产单色印刷品4291令、多色印刷品10.97万对开令，完成产值912万元，实现利税121万元。1999年，全地区规模以上印刷企业5户，职工398人，完成产值1222.5万元。私人和集体印刷企业，随着经济建设需要而发展。

## 第五节　食品工业

**粮油加工工业**　1.大米加工。20世纪30年代前，居民加工大米，多用脚碓加工。自20世纪30年代起，盛产水稻的地方出现私人修造水碾坊，面向社会提供加工大米服务。1949年后，由粮食部门委托私商或个体户加工大米。1952年实行会碾，由粮库管理员到加工现场监督。是年10月，毕节专区粮食局用1辆美国道奇车改装成流动制米车加工大米。为机械制米之始。随后，各县陆续兴办大米加工工厂。1955年，委托集体副业为国家加工，是年专区加工大米5.42万吨。1956年，私营粮食加工239户，从业637人。20世纪60年代，使用柴油机和煤气机带动打米机加工大米。1966年，全专区加工大米基本实现半机械化，共加工大米2.23万吨。一些人民公社和生产队陆续购置打米机械，兴办加工厂，为社员加工大米。1966～1976年，“文化大革命”期间，区内粮食加工受到一定影响。1976年，全地区粮食部门加工大米1.98万吨。1978年粮食部门加工大米2.36万吨。1989年，粮食工业企业推行承包责任制，实行价拨经营，全区加工大米81.48万吨。1996年，大米加工企业停产改行。

2.面粉加工。1949年前，没有面粉加工企业。1949年后，政府允许私商建立面粉加工厂。受国家粮食部门委托加工面粉。1954年，全专区加工面粉1547吨。1955年加工1820吨。1956年，各县私营面粉厂实行公私合营。面粉加工执行国家粮食部规定统一牌号和等级质量标准。1958年起，粮食部门逐步将小钢磨改65型磨粉机。1963年，毕节面粉厂建成投产，平均日产2000袋。各县陆续建立加工车间，按国家粮食部新颁等级质量标准加工生产。1978年按国家标准计量局定的等级加工生产。1981年，全地区生产面粉企业17个，年加工4.82万吨。是年加工面粉1.98万吨。1982年通过抓管理、上等级，建成5个日产等级面粉1000包的面粉车间，全地区加工面粉6.75万吨、1990年实行以销定产。1996年，全地区共有面粉加工车间8个，生产能力4.54万吨。1991～1996年，全地区共加工面粉9.61万吨。其后，加工数量逐年减少。至2000年，只有毕节面粉厂有少量加工，其他全部关停。

3.面条加工。1950年前，主要由私商、个体户经营面条加工。1951年，粮食部门开始经营面条加工。1956年，粮食部门委托私营企业加工面条。1957年，居民对面条需要量增加，各县粮食部门陆续购置面条机，建立面条厂或车间，加工面条。70年代，粮食部门大力发展面条生产。1985年，全地区面条加工厂4个，新建食品厂32个。1986～1996年，全地区共加工面条5.45万吨。21世纪以来各地均涌现一批特色面条加工小企业。

4.油脂加工。1953年前，多以私营榨房加工油脂。1954年，国家实行统销食用油料，各县利用原有土榨加工食用油。1955年，各县供销社派专人负责组织加工。推广辽宁省李川江大豆榨油操作经验，普遍提高出油率30%以上。全专区1160台土榨全部开工，共加工菜籽1.28万吨，收回油脂3960吨。1957年油脂业务划归粮食部门经营。是年，全专区压榨油菜籽1.67万吨。1959年，全地区加工菜籽1.34万吨，产成品油4547吨。1961年，实行油脂就地加工，收油不收料。1963年，全专区油榨684台，开榨372台。是年1～10月，加工食用油607吨。1974年添置部分95型和90型机榨。1976年，采取机榨土榨交叉复榨办法，全地区共加工食用植物油1758吨。1980年，黔西县试行软化轧胚一次压榨成功，菜籽出油率33.73%。赫章县改进油脂车间，试制自动平炒锅成功，年加工油菜籽400吨。1982年，全地区油脂工业压榨各种油料3250吨，年利润46万元。1983年，黔西、金沙、织金县油脂厂进行技改。1985年，分别建成浸出车间，年压榨油菜籽80.49万吨，当年生产油脂6426吨。1985年油脂实行多渠道经营，粮食部门收购的油菜籽逐年减少，油脂生产逐渐下降。1990年后，黔西、织金油脂厂基本停产。金沙油化厂原是金沙县粮食局直属库综合加工小厂。1983年，被省列为技改油脂加工企业。1984年、1985年连续投资113.63万元建成金沙县粮食局油厂，日处理油菜籽50吨，精炼油脂20吨。1986年投资146.5万元进行第二期技改，扩大预榨生产能力，新建浸出车间，引进日处进油脂30吨的浸出设备。更名贵州省金沙油脂化工厂。1989年，贵州省政府确认为省先进企业；其产品被评为贵州省优质产品。1994年投资3000万元引进西德日产50吨全套连续精炼植物油生产线，1995年5月投产。浸出能力从30吨增加到100吨；由单一生产二级油发展到生产色拉油、高级烹调油、高级调和油等油品系列。日压榨菜籽200吨，生产油脂80吨，油饼120吨。2002年加工菜籽4万吨，生产等级食用油1.5万吨，年销售收入超过1.2亿元，有固定资产4200万元，员工263人。生产康星系列产品。康星商标被贵州省工商行政管理局认定为著名商标。先后在贵阳、遵义、水城、毕节、重庆、昆明等地设立销售公司，销售网点进入全省和地州市，并进入四川、云南、广东、湖南、江西、福建省和广西壮族自治区。90年代，以其贵州省油脂行业规模最大、技术装备最先进、销售网络最广、品种知名度最高的条件成为国家大（二）型食品加工企业。2011年，贵州康星油脂（集团）公司通过引进大西南矿业集团实施技改，项目总投资1.5亿元，年处理油料10万吨，储油能力2万吨，年创产值5亿元以上。

**酒类饮料酿造工业**　1.酒类生产。酿酒业起源较早，比较普遍。且长期多为自产自销的小作坊。1925年，金沙张开林酿出窖酒，刘开庭酿出回沙酒。1942年，川滇东路运输局在毕节、赫章开办酒精厂，大方县办私营群益酒精厂。1943年，贵州省政府在黔西办中国资源委员会贵州分会黔西酒精厂，1947年关闭。1950年，毕节专署接管川滇东路运输局酒精厂，后交毕节县管理，更名毕节县酒厂。大方县接管群益酒厂。两厂生产苞谷白酒。1958年，毕节县酒厂试制成功毕节大曲。1951～1958年，各县先后办起9家国营酒厂，职工从1951年的67人增加到500多人。毕节县酒厂、金沙县沅村酒厂生产中级白酒，其他酒厂均生产一般苞谷白酒。1951年，全地区产苞谷白酒281吨，1959年2100吨。中级白酒产量不高，毕节大曲年产10～20吨，金沙窖酒不到50吨。60～70年代中期，计划分配酿酒用粮大幅减少，白酒产量减少，严重供应不足。在此期间，全地区利用野生原料作代用品酿酒500余吨。1963年，金沙窖酒被评为贵州名酒。

“毕节大曲”异地技改扩能建设项目开工（2009年）

1978年后市场开放，集体、私人酿酒作坊增加，国营酒厂白酒积压。各酒厂努力开发适销对路产品。毕节酒厂生产二粮液、春酒、福头、灵峰大曲等；金沙窖酒厂生产金泉液、新源村等；金沙城关酒厂增加50°苞谷白酒用福、禄、寿、喜为名，瓶装上市。毕节、金沙酒厂着重发展中级酒生产。毕节大曲、金沙窖酒分别由年产500吨扩建到2000吨。是年，地区轻工业局从省轻工科研所引进麦麸酱香型白酒工艺技术，建年产600吨中级酒的毕节地区酒厂。1987年郭家湾农场解散，其白酒生产车间并入地区酒厂。1985年黔西县酒厂试制生产曲酒。20世纪80年代，新开发的中级酒有：毕节地区酒厂的碧春、黔西的九狮大曲、金沙的龙洞窖酒、赫章的穴窖酒、织金的天宫大曲。大方酒厂恢复生产方酒。全地区中级酒年生产能力发展到4500吨。1988年，毕节地区酿酒企业16个，职工1779人，生产饮料酒7289吨，其中中级酒2933.95吨，完成工业总产值1839.59万元。1977年，毕节大曲被列为省管窖曲酒。1986年金沙窖酒再次被评为贵州名酒。1991年停产，改产金沙回沙酒、双回沙酒。1999年，全地区规模以上酒类饮料酿造企业4户，职工357人，完成工业产值393万元。2000年，毕节市酒厂改制为贵州三源喜酒业有限公司。2009年，毕节大曲异地技改扩能，项目总投资5亿元，建成后将年产基酒1万吨，成品酒包装能力达3万吨。2007年，毕节地区酿酒厂改制为贵州毕节碧春酒业有限公司，年产酱香白酒450吨。湖北宜化集团增资扩股改制贵州金沙窖酒酒业有限公司，公司基酒产能从800吨/年扩建到20000吨/年，产值逾10亿元。

2.饮料生产。1985年，金沙县试产刺梨原汁成功。经省科研所测定，每100克原汁含VC300毫克。1986年投资56万元扩建为年产2000吨刺梨原汁的大方刺梨饮料厂。1986年8月，经贵州省科学技术委员会和省地矿局第二水文地质工程大队鉴定，金沙岩孔矿泉水达到国家饮料矿泉水标准，有益于人体的微量元素。1984年，毕节县电池厂改建为毕节县饮料厂。年产汽果酒饮料1000吨。生产橘橙、刺梨、猕猴桃、菠萝等品种饮料。1987年5月，经省经委、省财政厅批准列为省重点开发项目，成立金沙天然矿泉饮料公司，投资67.6万元，规模3000吨。1988年投产。2001年成立贵州赫之林食品饮料有限公司，以生产加工植物蛋白饮料核桃乳为主营产品，2010

年公司重组，产品销售额1875万元，2011年产品销售额2500万元。

**制糖工业**　明清时期，居民用玉米或大米作原料制糖食用的习惯，也有个体户熬制饴糖，加工成核桃糖、米花糖、窝丝糖于集市出售。1959年，中共毕节地委号召一手抓钢铁，一手抓制糖，全专区种甜菜11.2万亩、甘蔗1589亩、共制糖1906.4吨。1958年建成威宁县保家糖厂，日处理甜菜30吨。当年完成制糖车间和锅炉房，后因经济调整停建。1970年投资10万元建成日处理10吨甜菜车间，当年产赤砂糖7吨、1973年投资20万元安装日处理30吨甜菜设备，次年投产，产糖26.65吨。1974年省轻工业厅投资53万元扩改日处理30吨为50吨。1979年6月国家轻工业部、财政部联合拨款200万元扩建为日处理100吨。1980年建成试车生产。1982年，拨款18万元新建日产4000公升酒精车间，1983年投产。1986年后，制糖车间，因亏损严重而停产。1959年，日处理甜菜20吨，毕节县糖厂因甜菜减产停产。后在毕节县城关酒厂内建土法制糖车间，年产糖7吨左右。威宁县酒厂内建一机械化制糖车间，因原料不足，每年只开机生产10多天。大方县马干山牧垦场糖厂，未投产即下马。至此，没有制糖企业。

**肉类加工工业**　至20世纪年代末，尚无肉类加工企业。1958年，各县食品公司自建屠宰场；新建毕节地区肉联厂，1976年建成，日宰猪500头加工肉食供应贵阳、六盘水及当地。1992年，投资100万元进行技术改造，建库容1000吨冷库1座；日宰杀菜牛200头、宰杀羊500只、宰杀生猪500头的生产线各1条；罐头生产线1条。1993年、1994年、1995年纳雍、织金、黔西分别建肉联厂。毕节地区肉联厂分别入股三个厂与其联合经营。所生产牛羊肉均由地区肉联厂外销。1992年，地区肉联厂获国家商检局“出口食品厂、库注册证书”，产品商检、动检合格率达100%。产品出口伊朗、伊拉克、俄罗斯、朝鲜、法国、日本和中国香港、澳门地区，国内销往京、津、沪和东北、东南沿海地区。1999年，毕节地区肉联厂职工274人，完成工业产值1325万元，生产牛肉655吨，猪肉1478吨。90年代末，各县食品公司肉类加工车间均陆续停产。

**调味品及副食品工业**　民国时期，各县已有采用家庭作坊生产糖果糕点、调味品及副食品加工销售。糖果糕点品种繁多，调味品以醋、酱油为生，副食品以大豆制品较普遍。清朝末年，四川人卓常武在黔西打鼓新场开办富生同酱园，产品分头油、二油、三油。其质量优良，深受欢迎。1956年，富生同酱园联合洪顺永酱园、益洪仁酱园、益兴隆酱园转为公私合营，更名工农酱园。1978年改为蔬菜公司酱油厂。1984年改名金沙县富生园酱油厂。1996年与私人合股经营，1997年停产。1945年，谢作如等人在毕节开办一心永酱园，分设四川璧山、贵州安顺和毕节三处经营。产品有豆瓣酱、酱油和醋，醋质量最佳。1955年10月改制为毕节县公私合营一心永酱园。1956年1月，万兴镕、一品斋、恒通、荣森祥四家公私合营企业合并到一心永，成为酱醋糖果生产车间。1987年投资55万元扩改为年产1000吨醋的一心永升醋厂，隶属毕节县食品公司。1956年建成威宁县调味副食品厂，主产酱油、甜醋、荞酥。1985年投资22.1万元扩改甜醋车间，年产能力500吨。1988年职工49人，产值13万元。1958年毕节县投资25万元建成毕节蛋粉厂。1960年划归毕节地区商业局管理。所产蛋粉出口苏联。1962年停产蛋粉，改产糖果饼干。更名毕节地区食品厂。1982年地区财政拨款62万元，引进上海饴糖机、饼干机；新建年产1200吨二级酱油车间，因原料价格与经济效益的矛盾未能解决，停产饼干，酱油车间改作酿酒车间，设备无偿调拨给毕节县食品加工厂酱油车间。1959年，威宁县商业局，荞酥厂建成投产。1982年拨款扩改，新建现代化厂房和红外线烘烤设备，产品质量有所提高。其生产荞酥品种有洗沙、白糖、玫瑰、火肘、水晶、枣梨。1984年，因生产不景气而停产。当时威宁城关有个体荞酥生产户约30家，其产品除有传统的洗沙、白糖外，还增加火腿、牛肉等品种。1987年，毕节县建速溶豆浆晶厂，次年建成投产。其产品通过省鉴定，获贵州省优秀新产品奖和中国首届食品博览会银奖。系列产品速食腐花初试成功。1988年工业产值18万元。80年代各县个体、集体糕点厂、副食品厂发展很快。至20世纪90年代，大部分国营糕点厂、副食品厂基本解体，或合并到其他企业。

## 第六节　其他轻工业

**竹藤棕草制品工业**　1.竹藤棕草制品业。历来以农副业生产为主，各县县城有为数不多的竹腾制品个体手工业者。1949年后，开始有组织的生产竹藤制品。1951～1956年，全专区共组建8个竹藤棕草制品集体合作社、厂，社员387人，固定资产9.32万元。产品4大类18个品种，年产棕制品50吨、竹品3.5万件、雨伞4万把、藤制品2000件。1975年后，有7个社、厂转产或停产。1988年，仅存毕节县雨伞厂。1999年，有规模以上竹藤草制品企业1户，职工62人，年产值918万元。

2.竹制品工业。适宜多种竹类生长，竹制品生产历史悠久。农民自种竹，自制竹器供日用或作为家庭副业编制竹篮、撮箕、背篓、晒席、囤箩、围席等生活生产用具出售。1951年，毕节县李银州、林志祥在五龙桥建新明雨伞厂。1952～1953年，毕节、大定、黔西、金沙县建立竹器生产小组，自产自销或给销售社加工竹器。1953年，毕节周宗元、张元本等18人建毕节县雨伞加工生产组。1956年，分别组织5个竹器社，社员302人，年产竹制品3.5万件，大部分由县供销社收购。是年，两社（组）合并为毕节县五星制伞合作社。1957年，改名为毕节县手联社雨伞合作工厂，1964年，燎原藤竹社并入，建毕节县雨伞厂，内设藤竹制品，雨伞车间或棕制品加工组，生产竹骨纸伞、竹骨布伞，后增加大红伞、油布伞和花布伞。20世纪70年代，竹制品生产大幅下降。1971年，产竹农具1.7万件，比1956年降52.1%。1975年，织金县竹器社曾试制床、椅、桌及书、碗、衣柜和沙发、茶儿，但质量不高，销售不畅。1975年后，多家竹器制品厂、社转产生产其他物品。

3.藤制品工业。1935年，四川人刘子涛来毕节生产藤制品。1944年，毕节县小坝乡段启贤从四川请来技工张俊卿等4人在小坝生产藤制品。毕节市场藤制品均为两家所产。1956年，刘子清等组建毕节县藤制品生产组。1956年改称毕节燎原藤竹社。1958年更名毕节县手联社藤竹猪鬃合作工厂。1964年与毕节雨伞合作工厂合并，更名毕节县手联社藤竹雨伞厂。其制品有车椅、藤椅、茶儿、沙发、安全帽、手提包。1956～1958年，金沙县竹器社生产少量藤制品。

4.棕、草制品工业。农村妇女，历来以稻草，包谷壳编制草鞋、背垫、草墩、蒲团、草席、草荐等生活用品，作为家庭副业。1954年，大方县成立草鞋社，生产草鞋、草席。后更名大方县纤维社，停止生产草鞋，1956年成立金沙县棕器社和毕节雨伞厂棕器组均生产棕制品。3个社年产50吨，其中金沙棕器社为40吨。其棕制品有床垫、棕绳、棕刷、棕衣。

5.木制品工业。民国时期，木制家具以个体手工业、农兼副业为主。各县城有2～3家私营小作坊。1950年统计，全专区木匠业850户，从业900余人。其生产木制品有床、桌、椅、凳、箱、书柜、碗柜、衣柜、衣架、洗脸架、火盆架、沙发以生漆为涂料，且绘有各种花纹作装饰。毕节县海子街木制品生产相传有200多年的历史，以生产香木箱而得名。1952年，毕节县城关成立群星、新星、红星合营家具生产合作社。此后，其他各县均建有规模不等木制品生产厂社。1954年，全专区木制家具生产个体手工业户1700多户，从业1778人。多为机关、学校、群众团制作木制用具。1956年，毕节、大方、金沙县组建木器生产合作社，其他县在建筑社内成立家具生产车间，生产木制家具和部分农具。1964年，全专区木制品企业16户，生产木制家具1.63万件，各种农具17.63万件。1978～1979年，全地区城镇11个建筑企业和铁木社，分别划归城市建设局和乡镇企业局管理。毕节、大方、金沙木器社停止木材计划供应，市场木材价格走高，木器企业生产下滑的情况下，大部分职工外出单干，或以厂房开旅社以维持生计。

**工艺美术品工业**　1.大方漆器。大方漆器生产始于明洪武年间，明末清初，漆器生产较发达，工艺水平很高。大方有胎金漆与北京的雕漆、山西的云雕、四川的光雕、甘肃的填彩漆器齐名。清道光年间（1821～1850），大方漆器作坊遍及街巷，从业近1000人。道光六年（1826），官府征集精品，大方县髹漆界特制的朝珠盒、朝帽盒、凤冠霞盒、满汉席全堂餐具均列入贡品。贡品皮胎描金葫芦、内存餐具仍保存于北京故宫博物院。清光绪年间，陈大贵在龙王庙办漆器工场，有学徒工10余人，清末停办。民国时期有万寿宫、宝光斋10余家漆器工场。规模一般10多人。工场主多属漆工高手。产品共10余类，50多个品种。1937～1945年间，所产明花皮盘、皮箱、烟盒远销云南、四川、湖南、广西等省（区）。1945年生产皮箱1760个、皮烟盒15.12万个。1947年大方漆器在巴拿马博览会上获银质奖章。1954年，大方县成立漆器合作小组2个，各10余人。1956年并为合作社，职工106人。1957年县手联社拨款建厂房288平方米，年产值8.01万元。1958年1月转为合作工厂。9月转为县属国营漆器厂，职工230人，完成产值19.84万元。是年，两次派人到福州学习布胎、制漆、髹漆工艺，引进台花、印锦、赤宝砂、薄涂采绘、嵌蛋壳、台花着色等品种，增加到200多种。产品开始外销到苏联及东欧国家。1959年，大方漆器厂，为人民大会堂贵州厅制作一对特大花瓶。1962年后，因质量和市场因素，产品滞销、积压。1972年，贵州省美术漆器公司拨款3万元给漆器厂试制新产品，增加蚌壳盒、鸭子盒、东洋瓯、圆坛绣瓶。1979年产量3万件，盈利2.02万元。1981年职工63人，产量2.21万件，产值6.89万元。1982年增加高档家具生产。制作直径32米五彩嵌花遵义会议会址镜盘、台花茶几、赤宝砂沙发送人民大会堂贵州厅陈列。1983年，所产赤宝砂蚌壳盒被评为省优秀包装产品。1984年，部分产品被评为省优秀旅游产品。1985年增产围棋盒，与云南围棋子配套出口日本等国。同时进行漆画创作。1986年5月全国漆画展评，大方的《龙宫奇观》《乡间小路》《石头寨》分别获工艺奖、创作奖《新娘》被中国美术馆收藏。9月，《绣球杜鹃》《夜》

获省优秀奖。1988年开始为茅台酒、玉屏箫生产包装盒。20世纪80年代后，个体制作漆器作坊增多，集体和国营生产厂生产下降。2000年，大方漆器厂生产漆器3.5万件，完成产值200万元。在厂职工102人。2008年，大方县获得“中国漆器之乡”称号。

2.织金石雕。织金县所产大理石是优质石雕材料。织金砚台历史悠久，明代曾作贡品供皇室和翰林院使用。清代曾作礼品馈赠邻国。清光绪年间，艺人始在砚盖上该字绘画且焊上焊料，形成石雕艺术。产品为砚台、笔筒、笔架、压纸条、灯具、花瓶、石匾。民国时期，织金石雕品种增加、工艺日新。1913年织金砚台在贵州工艺展览会上获特等奖；1939年选送参加全国工艺品展览，获金质奖；1943年参加全国艺术品展览，获二等奖。1944年，织金县石雕生产户16家，从业41人，产石砚1.55万块。1948年产石砚约3万块。1957年，织金县聘请县内有名石雕艺人及有技术专长的人员，组建织金县雕刻厂，形成规模生产。雕刻技术由平刻发展到透雕。雕品多次在全国轻工业美术品展览会上获奖，销往东南亚、日本及欧美一些国家。60年代，织金雕刻厂更名织金大理石工艺厂。80年代，多数技术人员自行制作石雕工艺品，有的技术工人离厂单干。90年代，织金县集体、个体石雕生产户50多家。其中规模较大的是织金县星火工艺厂。1989年，其产品在全国星火计划成果适用技术展览交易会上获银质奖。3.威宁地毯。1958年，威宁县民政局组建地毯厂。1962年更名威宁毛制品厂。1995年改制为威宁毛纺有限责任公司。威宁地毯以威宁盛产的羊毛为原料，工艺精湛，具有地方特色和民族特色，价廉物美，曾送人民大会堂，并出口东南亚国家。威宁毛纺有限责任公司地毯年产2万平方米。2000年生产800平方米。其商标为乌蒙牌。

**烟草工业企业**　1937年前，尚无烟草工业。1937年，日本发动侵华战争，东南沿海部分商人逃到西南各省避难，有的商人采取前门开店，后门设作坊形式，使用手推式卷烟工具（木推子）从事个体手工卷烟生产。民国30年（1941），毕节县城出现合股集资、集体经营手工业卷烟，毕节县建有新黔卷烟厂、利群、战友、四喜、民族、灵峰、六合卷烟厂（社）；黔西有三零、乐陶、荣利、荣军第一、荣军第二、寄生，兄弟卷烟厂（社）。这些卷烟厂社规模小，日产卷烟一般在50～60条，最多生产百余条。产品有钻石、555、灵峰等20个牌号香烟。民国34年（1945），十二临教院和第九休养院伤残军人合股，在毕节创办“三五卷烟厂”，手工卷制宝塔牌香烟。1946年购进手摇木轮切丝机、卷烟机，更名荣誉烟厂。1947年购进25马力引擎和卷烟机各1台生产卷烟。1948年，又增加木炭汽车引擎1台。

**烟叶复烤工业**　1977年5月，毕节地区财政拨款30万元省供销合作社毕节办事处自筹10万元，创办毕节地区烟叶复烤厂，征地54亩，建厂房1650平方米，购置WBL-20千瓦微波加热干燥复烤机1台，当年复烤烟叶98.55吨。1979年建成3000平方米烟叶席和二、三车间，微波复烤机增到8台。1980～1983年，累计复烤烟叶3786吨。1984年与地区造纸厂合并，更名毕节烟叶复烤厂，增加微波复烤机2台，当年复烤烟叶1.08万吨。1985年，新建一条蒸气烟叶复烤生产线，新增生产能力7500吨，当年烤烟叶1.9万吨。1987年建成一条出口片烟生产线，精选出口片烟。1988年底止，年综合生产2.5万吨、产品销往全国25个省市。1982年，毕节、大方、黔西、金沙县分别建起烟叶复烤厂。1985年，织金、纳雍、威宁、赫章亦分别建立烟叶复烤厂。1986年8月毕节县复烤厂并入毕节地区烟叶复烤厂。至1990年，毕节地区9家烟叶复烤厂和两个复烤车间，装配微波复烤线29条，蒸气复烤线10条，土复烤线2条，职工1556人，年复烤烟叶12.5万吨，占全省的39.4%。1999年，毕节地区8个独立核算烟叶复烤企业，共生产复烤烟叶6.8万吨。2005年，毕节地区烟叶复烤厂打叶生产加工烟叶96.26万担，销售调拨烟叶123.3万吨。2011年，毕节复烤厂加工烟叶43.96万担，产出成品片烟1.38万吨。

**卷烟工业**　1949年，手工卷烟业90余户，生产仿冒金鼎山、南洋牌香烟。1950年，专区整顿卷烟生产，确认手工卷烟11户，从业85人。1952年民营卷烟厂基本停业，唯利群烟厂维持到1954年。1974建毕节卷烟厂。卷烟、包装、切丝等设备，均利用原利群卷烟厂使用的废旧机器，从贵阳烟厂调入久置不用的联合包装机1台，抽梗、压梗机各1台修复使用。是年，试制卷烟40箱。1975～1977年，陆续增添生产设备23台，职工增至155人，生产能力近万箱。1978年省通知毕节地区卷烟厂停产，主要设备及原辅材料，折价处理给云南省昭通卷烟厂。1981年初，毕节卷烟厂恢复生产。1982年形成2万箱生产能力。1983年共有卷烟专用烟机47台（套），加工及其他辅助设备共108台，基本实现机械化，年生产能力达7万箱。1988年，10万箱老线设备改造与20万箱新线全部竣工，当年生产卷烟26.01万箱。至1999年，烟厂相继引进国外MARK8-MAX1卷烟机4组，SASIB-6000横包机2组，GARANT卷接包16组，英国5000kg/h制丝设备1套，引进法国LOCA-2卷接机配以意大利SASIB-6000横包机1组，购进YJ14/YJ23卷接机5组，淘汰YJ11卷烟机9台和YJ21接装机4台，购进YJ嘴棒成型机6台。全厂10个生产车间、4个辅助车间及1个运输车队。20世纪90年代，毕节卷烟厂占地32万平方米，建筑15万平方米，职工1710人，其中各类专业技术人员652人，拥有国际90年代先进水平的干冰膨胀烟丝生产线，虹霓制丝线，普洛托斯、帕西姆高速接包机组10组。固定资产7.8亿元，年生产能力45万箱。1991～2000年，毕节卷烟厂生产销售卷烟313万箱，销售收入88.82亿元，税金39.95亿元，占毕节地区同级财政收入50%。最高年产38.3万箱，销售收入14.95亿元，税金6.62亿元，利润4311万元。连续6年进入全国500家最大工业企业和500家最佳经济效益企业。所生产驰、大洋、大自然、圣火、红杏、草海牌系列产品在全国20多个省市销售。特醇驰牌香烟被评为全国名优卷烟、全国质量优等品。大洋、圣火、红杏、评为贵州省名牌产品、贵州省优质产品。2000年，毕节地区卷烟厂生产卷烟29.6万箱，销售29.5万箱，销售收入8.7亿元，税金3.9亿元，亏损4780万元。2005年，毕节卷烟厂完成卷烟生产34.87万箱，实现产值22亿元。2011年，完成生产任务42.15万箱，实现产值39.67亿元。

**林业工业企业**　1.木材采伐工业。民国及以前，无专门木材采伐和经营企业。1952年，贵州省森林工业局在黔西设置黔西木材收购站，收购当地生产的原木锯材。威宁、金沙县较大面积的国有林由国营森林工业企业采伐，各县集体林，由社队采伐生产，森林工业机构收购。1954年，毕节地区森林工业机构按省下达的计划，当年采伐林木567立方米。1960年，威宁县采取手工和机械相结合的办法，每人每年采伐木材100立方米，创全省森工系统木材生产最高劳动生产率，受省林业厅、省总工会表彰。1954～1990年，全专区森林工业共采伐木材35.48万立方米。从1956年起，由各县木材公司、威宁采育林场、各县国营林场、贵州软木厂木工车间组织木材加工生产。1980年后，国家开放木材市场，各县木材公司由原来的垂直管理改为地方管理。

1983年，省将贵州软木厂下放毕节地区管理。各县木材公司面临资源危机，森工企业普遍实行法人代表经济承包，生产经营、劳动人事、资金使用、效益分配由法人代表自主，初步解决企业吃大锅饭的问题。1985年，威宁县森工企业组织企业人员在沙子坡营造坑木林基地2000公顷，加强森工企业后备资源培育。2001年，全地区林产工业销售收入295万元。2005年，办理林木采伐许可证1330份，采伐7943.6公顷。2011年，办理采伐许可证588份，采伐面积948.86公顷。

2.木材加工工业。清《大定府志》载，木材加工历史悠久，民间匠人将原木解制成板、枋，制作家具、农具和盖屋。毕节县城箱子街个体木匠制作的樟木箱子，天然芳香，又防虫蛀，驰名省内外，延续200多年历史。民国20年（1931），毕节成立起木业公会。各县县城都有2～3家私营木业生产作坊。1950年，毕节专区个体木材生产手工业户80多户，从业900多人。1952年，毕节县成立群星、新星、红星合营家具生产合作社，年制作家具3000多件。1954年，全专区木制家具手工业户1700多户，从业1778人。此后，林业单位、供销系统和轻工系统组织木材加工生产。1957年2月，贵州软木厂成立木工车间，生产软木砖包装箱。1963年，各县木材公司自营木材加工。制作家具销售。1964年，各县供销、轻工部门所属木材加工厂16户，制作家具1.63万件、农具17.63万件。1965年，威宁采育林场建立木材加工车间，购置木材加工机具，加工门、窗、汽车箱架、包装箱。1958～1974年，全地区生产锯木6.06万平方米。1985年5月，威宁县林业局成立木材加工厂，生产家具、汽车箱架销售，1988年被评为省林业系统先进单位。1985年7月，毕节县拱拢坪林场在毕节城郊大水口成立木材加工厂，生产家具和办公用具。1987年，纳雍县木材公司成立木材加工厂，加工门、窗、家具和办公用具销售。此后，开放木材加工市场，林业工业生产多由私人经营。

3.林化工工业。1954年，林业部和贵州省森林工业局派专家到毕节、安顺、兴义考察栓皮资源后，决定投资36.11万元在毕节建软木厂。1956年4月动工，1957年2月19日正式投产。当年生产软木砖2439立方米。1958年新增生产软木瓶塞、软木救生衣。1959年贵州软木厂生产软木砖6758立方米，创历史最高纪录，被评为全国先进单位，获林业部优质高产奖。1963年，贵州软木厂仅生产软木砖。1965年，派人到上海学习技术，回厂自制压模机、木模机、搅拌机、剖纸机。1966年正式生产软木纸、软木塞。1970～1971年，增加生产软木砖和软木管，后因销路不畅停产。1979年贵州软木厂恢复软木砖、软木纸生产。1987年贵州软木厂黔峰牌软木砖商标经工商部门审批注册。是年，黔峰牌软木砖获林业部优良产品称号。1990年后，因生产原料紧缺而长期停产。

# 第五章　技术革新与技术改造

## 第一节　技术革新

历史上，毕节地区地处边远，交通闭塞，科学文化落后，长期以人、畜力和木、铁制工具从事生产活动，生产效率低下。秦修五尺道通云贵，西汉唐蒙筑从僰道到牂牁的通道。元光六年（前129）置邮亭，自僰道至平夷，带来先进生产技术和铁斧、铁犁、铁锄、铜制容器、陶器。今威宁、黔西能用黏土制砖块、瓦坯、高温烧成砖瓦。宋、元时期，汉人不断迁入，带进朱砂、雄黄、金、银、铁生产技术。明初实行屯田制使用铁犁、铁耙、铁锄、铁镰、桔槔、水车、翻车等提灌工具。随着生产力的发展，采矿业、冶炼业颇发达。

造纸业　《大定府志》载，明嘉靖间，各府卫均产纸，分染布、烧纸、白纸。民国时期，纸品增加草纸，竹纸、皮纸、毛边纸、五彩纸、黄板纸。生产设备有池、甑、碾、槽、帘。制作工艺：将原料置池中加石灰浸泡，加热蒸煮、碓舂绒，装入纸槽，以帘舀之，晾干即成。20世纪60年代，毕节地区造纸厂生产机制纸。20世纪90年代，农村个体纸厂沿用传统工具生产皮纸、绵纸、竹纸、草纸。

纺织业　1977年，在赫章县可乐乡发掘新石器时代遗址，发现两件陶纺轮，中心对穿孔，呈锥形圆柱体，表明当时居民能纺织。毛纺织始于蜀汉，宋元至盛。元大德十一年（1307）始有用羊毛擀制毡衫作贡品。明初朝廷确定乌撒贡赋有毡衫一千五百领一项。其毡衫生产已颇具规模。清道光年间（1821～1850），大定府设立纺织局，教民栽桑养蚕和丝织，从事纺织业者数千人。民国9年（1920年）大定县陈其诗办中合织布厂，织棉纱窄布。民国16年（1927）大定县刘云绩购3台手摇织袜机办织袜厂。民国35年（1946）全专区拥有轧花、纺纱、摇纱、织布铁木机近1.5万台，生产平板布、窄布、棉袜、毛巾。1959年，建立前纺、织造、综合、针织车间，生产低档袜子、手套、编织带、劳动布。60年代，新建毛纺、棉纺、麻纺、丝织、针织工业企业。1.毛纺技术。威宁依托多产羊毛优势，建厂制作盖毡、垫毡、披毡、桌毡、毡帽。清末威宁引进纺毛线技术，生产毛线和毛织品。民国31年（1942），赫章县葛布的娄玉屏和辅处的管佩生创制木制织呢机，生产全毛或半毛粗呢。纺毛、编织、造毯、制毡备有机具和工艺，能编制各式纺织品，染出不同的花色，产量大增。1950年，威宁建毛制品厂，土法生产粗毛线、粗毛衣，擀制披毡、毡垫、毡毯。1959年派人到天津学习地毯纺织技术。1975年添置平毯机、锅炉及洗染设备。1982年自制粗梳机，利用纺地毯纱的设备，生产出中粗毛线。1985年兴建毕节地区毛纺厂，建有洗选和梳纺染整车间。所有机具均为国内80年代设备，生产杜鹃花牌毛毯系列产品，全毛和混纺呢等呢绒。1987年引进上海纺织科学研究院兔毛变性处理技术和设备，开发出兔毛含量较低的兔羊毛混纺毛毯及兔羊毛针织纱。1988年技术人员经过反复试验，采取优选和毛油和间接加油方法，解决兔毛加油结块以及飞毛、落毛等技术难题，使兔羊毛纱中兔毛含量有较大增加，填补贵州省此项产品的空白。

2.麻纺技术。明宣德年间（1426～1435），织金有人用葛、麻织出葛布、麻布和葛麻混纺布。嘉靖年间（1522～1566），毕节、威宁能制麻线、麻布。是时，水西、乌撒一带彝族、苗族家庭妇女普遍种麻、纺麻线、织麻布，由纺1根纱的手摇纺车改为纺4根纱的脚踏纺车。50年代，毕节县毛麻纺织社引河水作动力带动铁木机。毕节县私营新光化工厂用苎麻制成白云丝。1988年兴建的毕节苎麻纺织厂，购置国产长毛纺织设备，采用毛式平型精梳工艺和环锭纺纱法，所用纺织机械，均为国内定型产品。按国际上通用乌斯特CV%值对纱线的均匀度的考核标准，进口乌斯特Ⅲ型仪器，生产出口产品。3.棉纺技术。清代以来，从事纺棉纱织布者逐渐增多，多用木机织窄布。民国14年引进铁织机，生产宽布。80年代，纺织企业购进捻线机、高速并纱机、槽筒机、摇纱机、排线机、卷染机、脱水机、验布机、折布机，建立前纺、后纺、印染车间，提高质量，增加花色品种。1988年兴建毕节地区棉纺厂，所用设备为国内先进机械。

**针织业** 1983年兴建大方县针织厂，拥有12台手摇横机。1985年技改，增加28锭槽筒机、针织横机、半自动纹板提花横机、六针三结胖花机、日本产卡片式自动提花横机。1987年引进纯羊毛衫后整顿工艺设备，生产纯羊毛衫。1988年兴建毕节地区羊毛衫厂，主要技术由上海纺织厂工业局退休者协会提供，聘请中国纺织大学教授作指导，生产高档羊毛衫。

**矿冶业** 1.炼矿。清代，已有以铸造铧口为业的匠人。是时，水城厅有以木炭炼铁。民国后期，纳雍建兴河一带以生铁炼土钢。赫章邓贡廷以生铁炼钢，以土钢造七九步枪。20世纪50年代末~60年代，仍以土法炼铁：炉体内砌青石，上抹耐火泥，前后各留一孔，分别作铁水出口和鼓风之用。装填矿石和木柴燃料，点火冶炼。1972年砂石铁厂建13.5立方米高炉，用焦炭炼铁。1981年建第二座13.5立方米高炉。1987年建成50立方米高炉。1989年金沙县岚头铁厂学习山西经验，利用白煤代替焦炭炼铁成功。

2.炼铜。炼铜始于五代时的后汉时期（947～950），在今赫章德卓开办陈家铜厂。乾隆八年（1743），铜川河铜厂开槽73口，设炉50座，用高炉烧炼，每火用锻炭7000斤，铜矿万斤，合炭逐层铺于炉中，风箱鼓风，约两昼夜熔化一炉，每炉约出铜八百余斤。

3.炼铅。炼铅始于明，盛于清，规模较大，但技术落后。直到民国，炼铅者就前代弃置废渣所在地建炉，炉高1.8米，圆筒状，下宽上窄，底部外径约2米，内径1米；顶部内径40厘米，用耐火泥土筑成，炉后置风箱鼓风。每炉每日盛废渣约1吨，焦煤300斤，得铅多寡视渣之优劣而异。多者可得百二十斤，少者三四十斤。

4.冶锌。始于民国初。砖砌长方形土炉，高约0.8米，中置蒸馏罐。罐为陶器，底尖口圆，高约0.7米。矿砂煤沫混盛罐中，近口处用沙泥敷呈凹形盛锌器，旁留小孔。顶部盖以陶质盖，以泥涂抹密封，留一小孔，其位置与下层小孔之位置一左一右相对。锌受热变为气体，由盛锌器之小孔上升经顶盖冷却，即凝结于盛锌器内。一日烧一炉。炉宽可置三罐称一桥。通常炉长12桥或18桥。每罐可得4～5两毛锌。熔铸成锌块出售。

**陶瓷业**　生产陶瓷历史悠久。据出土文物，可追溯到4000多年前。传统的生产方法是：用牛踩泥，用手拉坯，用柴烧窑，涂釉有棕、黄、绿、红以及混合彩色。产品有坛、罐、缸、钵、碗、杯、盂等用具及观音、财神、猫、虎、狗等工艺品。1967年筹建毕节地区陶瓷厂，有破碎、碾压、磨细过筛、除铁、调浆、抽浆、脱水、练泥、成型、上釉、烘干、装窑生产流程，均使用机械化和半机械化设备。1971年投产后开发出贴花、青花、釉上彩、釉下彩的细瓷及工艺美术品瓷砖。1982年，就地取材烧制白色炻器的胎釉配方试验成功，成为全国第二家烧成白色炻器的厂家。所生产炻器，经检测，釉面白度>50度，热稳定性为200℃，烧成温度为1280℃。1972年引进高压电瓷技术，生产出E-6、E-10、E-10T、P-10M、P-15T、PQ-10T、X-4.5、XP-10高压电瓷。1988年建立调压室，拥有变压器、万能材料试验机、卧式拉力机、电动抗折机、离子发生器、膨胀系数测定仪和冷热试验设备。1989年生产出悬式绝缘子、针式绝缘子、防污绝缘子、棒式支柱、瓷横担，断路器瓷套、变压器瓷套、电站支柱、跌落式熔断器、交流高压熔断器和一些220kV超高压电瓷产品。1984年以本地原料为主，用两种配方烧成的高压电瓷，经鉴定，其机械强度可满足220kV高压针式、悬式、棒式绝缘产品的需要。1984年对匣钵原料分析测定，找出匣钵体热稳定性差、结构疏松、耐火度低的原因。重新采用新原料，试验多种配方，改进制作工艺，匣钵体质量大大提高，煅烧合格率达100%，使用次数从2～8次提高到20次左右，消除落渣、烟熏、火刺缺陷。

**漆器**　漆器产于大方，其传统工艺有制坯、灰地、漆地、采饰工序，每道工序有若干环节，一般为40多道。漆器胎坯材料为牛、马、羊生皮。产品有百余种。髹饰技法有隐花、明花、描金、描金加彩、青退光、花漆、五彩。1958年成立大方县漆器厂以后，引进和改进以下工艺：1. 髹饰技法从平绘发展到雕刻、镶、嵌、填、堆、增加台花、台花加彩、印锦、五彩嵌花、银刻、宝砂、宝砂台花、薄涂彩绘、嵌蛋壳、台花著彩、宝砂描金、色地描金20多种；引进丝网印刷术研制漆料套板印刷代替手工绘画，保证批量生产产品图案一致。2. 采用新涂料。生漆仍用于高档美术品外，建立腰果漆树基地以降低生产成本；采用聚氨酯类新涂料以增加漆画透明度。3. 胎坯除用牛、马、羊皮胎外，改用麻布、棉布、纱布、木料、塑料作胎料。4. 改半转木胎车床为全转木胎车床，改手工打磨为机械打磨，提高车削、打磨的速度和质量。

**石雕**　清光绪年间（1875～1908），织金人黄乾昌利用当地所产大理石为原料，手工加工成多种形态的石砚。经过粗打磨后，绘上图案，按图雕刻，以白色石粉拌和黏接剂填入刻纹，凝固后打磨、抛光。以后在石粉中加入各种颜料，按图案要求填充彩色，经久不褪，成为独特的平雕嵌色技术。至今仍为大宗产品使用。1986年，成立织金星火大理石工艺厂，新增工艺有浮雕、立雕、塑雕、镂空雕；产品百余种，除石砚外，还有其他用具和工艺品。加工工具向机械化发展，使用锯石机、对剖机、切边机、精切机、磨光机，使产品规格化、批量化生产。

**砂器**　各县均有生产，以织金砂锅、砂罐、砂壶等炊具最著名，不仅造型美观，表面光滑，且经久耐用，用以煎药或烹制食物，无金属炊具的副作用。砂器制作方法已沿袭300年：以胶泥、白泥、无烟煤粉、按比例配合制成坯料，车制成各种器皿。因其可塑性不如陶土，必须揉成条一层一层往上接，待稍干后，用白泥粉作釉料糊于内面，用瓷器打磨光滑，然后置炉上烧。炉极简易：平地挖一坑，旁开一风道口置一木板作简易风箱，炉内垫碎瓦，置煤于上，点火鼓风，置砂坯于炉上，覆以大砂缸，约20分钟即烧成，再经过烟熏即成光亮器皿。近年来，不断进行坯料配方和模具压坯的研究和试验，以降低砂器气孔率，提高砂器质量。

**开展技术革新和技术革命活动**　1950年，毕节县新光化工厂吴学仁研制成功苎麻制品白云丝。1952年，白云丝在贵州省物资交流会展出，受到广泛关注，省通报各地学习推广。1954年，省政府在遵义召开全省首届酿酒专业会议，学习四川泸州酒厂酿造白酒先进操作工艺，专区各县派代表出席。会后，大方、黔西、金沙县通过学习四川泸州酒厂经验，年节约苞谷107万斤。黔西县国营酒厂出酒率达34.5%，耗粮下降到34.25%，劳动力减少12.5%。酿制的45°苞谷白酒，经省评酒会议鉴定，理化指标达到标准，色香味俱佳。1958年，黔西县吴传光使用无烟煤炼铁获得成功，毕节专署号召全区各县学习吴传光的炼铁经验。毕节、大方县相继试验成功。铅锌冶炼改马槽炉为风眼炉、梭渣炉、爬坡炉、可提高回收率20%。纳雍县居仁陶瓷厂试验以煤代柴烧陶瓷成功，提高产品质量，结束用柴烧陶瓷的历史。1960年，毕节专区贯彻中共中央《立即掀起技术革新和技术革命运动的指示》，毕节专署在威宁县羊街公社召开水力加工现场会，推广其用水槽引水，推动水轮机运转，带动碾米、磨面、锯木、打浆、弹花等农副产品加工经验。据是年底统计，全专区新建水力站157处，加工点241个。制水轮机285台，可节约劳动力2861个。是年7月，毕节机械厂试制成功新型球煤铸铁。1959年，该厂试制成功7.7立方米炼铁高炉，320千伏安变压器和磨床、车床、床、刨床、钻床、锻锤等20多种新产品。推广四川贫氧鼓风炼磺经验，硫磺回收率由26%提高到52%。在农业机械工业企业中推广硬模铸造、高速切削、多刀多刃自动走刀，创造小机床并联生产大件机械工艺。水城煤矿煤油厂从炼焦中回收煤焦油，试验分离出汽车油、轻柴油、重柴油、润滑油、沥青和硫酸钠等15种产品。黔西化工厂提炼黄连素，从废鬃毛中提炼胱胺酸均获成功。全专区在组织技术革新和技术革命活动中共提出技术革新建议1.84万条，应用3600条，列为全地区推广的48项，企业的半机械化、机械化程度由1959年的10.8%提高到57.1%，较好解决生产和建设的一些工艺技术问题。

**技改挖潜**　1978年1月，全国农业机械化会议提出到1980年基本实现农业机械化。毕节地区决定首先改造和武装农机修造企业。全地区拥有车、钻、磨、铣、刨、钳和齿轮、螺纹、组合机床1228台，锻压设备260台，其中农机企业分别占69.2%和80%，并配备大型、高精度机床各5台，大型锻压设备2台，高频电炉3台，扩建3个厂房，满足生产需要。按省农业机械化领导小组要求，进行195-12马力柴油机会战。是年，全地区安排218.55万元，主要用于能源、建材、轻工业技术改造。其中轻工业153.63万元，用于大理石、漆器、毛制品、陶瓷、制革、制药特色轻工业品的填平补齐和挖潜工作，试制成功打字纸、有光纸、1.5万伏高压悬式、蝶式瓷瓶、线路保险、建筑瓷砖、皮鞋成型胶底、猪革出口劳保手套等60多种新产品。

**轻工业技改**　时至20世纪70年代，大部分轻纺工业企业设备简陋，产品单一，效益差，积累低。1978年后，打破全民、集体和部门投资界限，按项目计划给予投资。首先解决缝纫和制鞋加工业，新建改建厂房，购置新型加工机械。各县多数企业都采用电剪、电动缝纫机，锁边机、锁眼机、熨烫、上线机、粘胶机，整理、整形、红外线烘烤机。在毕节缝纫一厂投资65万元，新建毛、呢、皮服装生产车间和门市部，新建威宁县民族服装厂。到1983年，全地区县以上集体缝纫、制鞋业14个企业共投资292.78万元；“三项费用”和“五小”技措补助共投资325.5万元；重点扩改地区食品厂、威宁荞酥厂、大方豆棒厂，新建符合食品卫生标准的加工房，更新现代化生产的饴糖、饼干生产联合机和机械化生产二级酱油生产线。投资301.46万元，给19个制鬃、制革、造纸、电池、玻璃制品企业，购置设备、新建厂房。

能源工业和基础工业扩改　1975～1983年，共投资2335.52万元，在全地区县以上煤炭、电力、化工、建材等国营工业企业进行技术改造。煤炭普遍进行矿井、风井改造，更新井下防护装置，新增安全设施，配备救护车，架设专用输电线路，新建部分浴池、食堂、职工宿舍。同时，共投资864.7万元，在区内化学工业企业中进行技改，以提供工艺生产能力。毕节地区化肥厂由生产5000吨合成氨改为生产1万吨；黔西化肥厂由生产3000吨改为生产7000吨。投资888.43万元，在全地区11个建材工业企业中进行技改。地区建材厂由手工制砖、土窑烧制改造为机械化生产。

## 第二节　技术改造

技改优惠政策　1982年9月，中共十二大提出到二十世纪末工农业总产值翻两番，一半要靠现有企业的技术进步。1984年2月，毕节地区行署制发《关于进一步放宽搞活国营企业的若干暂行规定》，规定县属企业提取的折旧资金全部还给企业使用；地属企业除上交中央30%外，70%留给企业；财政投入集体所有制的技改资金，一律采取有偿无息借贷，到期收回，用于建立集体企业发展基金。1986年7月，毕节地区行署制发《关于进一步增强企业活力的补充规定》，明确凡有技术改造任务的企业，3年免征调节税；以技改项目竣工投产前1年实现的利润为基数，新增部分的所得税全部返还企业，一定3年不变。凡创全国名优产品，地区一次性奖给企业5万元，厂长、总工程师或主要技术负责人工资向上浮动两级，连续两届保持的转为固定工资，创省、部优产品的，一次性奖给3万元，厂长、总工程师或主要技术负责人工资向上浮动一级，连续两届保持的转为固定工资；地区评定的优秀产品，给予一次性奖金，免征奖金税。厂长、总工程师或主要技术负责人任职期间产品倒牌，停发浮动工资，恢复牌子后发放浮动工资。1981～1985年，全地区通过省、地、县和引进外地资金，共安排企业技术改造项目248个，计划投资1.4亿元，完成投资1.04亿元。全地区乡以上工业总产值由1980年的1.26亿元增加到1985年的3.68亿元，5年翻一番半。2001年，全地区实施技术改造项目23项，其中中央项目7项，地方项目16项，完成技术改造投资3.59亿元。“十一五”期间，全地区争取到中央、省级淘汰落后产能补助资金2686.5万元，淘汰土法炼锌和炼焦炉3939节，炼铁产能159.95万吨、焦化产能81.5万吨、造纸产能0.08万吨、电力产能0.9万千瓦、水泥产能64万吨、铅锌产能21.83万吨。

**技术改造与技术合作** 1985年1月，国务院制发《关于技术转让的暂行规定》。1986年7月，毕节地区行署制发《关于推动横向经济联合的暂行规定》。1985～1987年，全地区先后与全国24个省、市、自治区建立横向经济联系，共签订协议235份，实施项目120个，其中引进资金项目27个，到账资金2285.95万元，引进技术、管理项目93个，协作物质折金额5380万元；引进人才475人，其中大专文化程度的340人；登记注册的联合组织69户，从业3338人。1997～1998年，全地区完成经济技术合作项目188个，引进资金12.15亿元，其中国外资金1.96亿元，省外资金6.04亿元；劳务输出2.37万人。使用这些资金在新建起一批煤炭、采矿、冶炼、加工以及种植、养殖业等企业。同时使一批企业技改项目得以实施。1996年，深圳对口扶贫毕节地区以后，商定天工建材总厂22万吨回转窑和赫章矿产品厂12万吨／年菱铁矿焙烧两个协作项目。1986～1988年，全地区共完成技术改造资金1.47亿元，1981～1985年“六五”计划时期完成总投资额的141.22%。除续建项目外，新开工项目取得显著效益。

**技术改造与技术扶持** 1981～1985年后期，毕节地区行署明确要求凡列入计划的扩改项目，在企业技术改革可行性报告的论证评估中，强调应用新技术、新工艺、新装备，坚持推广国家经委、计委在1981～1990年间推广的120项新技术，由外延扩大再生产转向内涵扩大再生产，让较少资金取得较大经济效果。毕节电瓷厂1984年引进先进技术和生产工艺，新建一条35kV高压电瓷生产线，生产多品种高压电瓷，是年实现利润14万元。毕节地区农机厂新建一条玛钢生产线，与省有关厂联合加工摩托车配件，1985年盈利127万元。毕节县橡胶厂通过技术改造，提高轮胎翻新质量，开发新产品橡胶帆布，成为西南三省独家生产的产品，采用聚氯乙烯和乙烯醋酸共聚物替代40%橡胶，生产橡胶仿底革，降低成本。毕节县制革厂与成都工业大学联合攻关，采用脲—铬鞣制新工艺，试制成功绵羊皮服装革。1983年后，地、县经委、地属各工业主管部门的较大厂矿都建立技术开发科或技改办公室，从事技术改造和技术进步工作。凡是技改工作，实行经委、计委、科委、财政、银行、物资等部门共同磋商，做到计划上平衡，经济上合理，技术上先进和财力物力的协调。地区财政每年投入400万～500万元资金用于技改；除按省经委要求建立健全项目报告、审批、验收、报表等程序制度外，拟制《更新改造项目基层计划表》为主管部门掌握项目现状，又为经办银行提供按计划拨款和用款监督的依据。

**技术改造与效益提升** 1980～1985年，毕节地区投资1.04亿元，实施企业技术改造248项，取得明显经济效益和社会效益。全地区乡以上工业总产值由1980年的1.26亿元增加到1985年的3.68亿元，增192.76%，平均年增14%以上。1986～1990年，毕节地区工业企业技改从挖潜、革新、改造扩大到技术开发、技术引进、技术改造、质量管理、技术革新。到1990年底，实际安排项目115项，已竣工投产101项，实际完成投资2.26亿元，是1981～1986年完成投资的2倍多，年均增24.35%。全民所有制企业新增固定资产1.81亿元，项目投产品新增产值2.52亿元，占全地区乡以上工业产值5.32亿元的47.44%。1990年全地区实现利税1.78亿元。1991～1995年，一些企业应用新技术、新工艺，引进国内外先进设备。毕节卷烟厂引进意大利Pro+oSGDX卷接设备和德国虹尼制丝线；金沙油化厂引进德国50吨／日植物油生产线；制鞋厂引进意大利片皮设备；毕节化肥厂增设4万吨尿素装置，都使企业产品品位提升。此期间，全地区技术改造投资实际完成4.26亿元，是1986～1990年的1.9倍。共安排技改项目163项，竣工投产133项，新产品完成155个。1995年，全地区完成乡以上工业产值19.19亿元，是1990年的2倍。新增产值9.85亿元，其中通过技术改造增产值6.38亿元，占69%。1996～1999年，投资4.18亿元，实施79项工业企业技术改造，共竣工投产65项。2007年，引进云南力帆骏马车辆有限公司兼并毕节振兴车辆厂，组建毕节地区力帆骏马振兴车辆有限公司，一期技改工程于2009年5月投产，2009年11月投资30余亿元并引进22家配套厂家投资30余亿元，在毕节市小坝镇征地2000余亩进行二期技改项目，形成年产10万辆轻卡、5万辆低速汽车、2万辆重卡的生产能力。

技术协作　1985年，毕节地区行署作出《毕节地区对外开放提供优惠的试行规定》，先后组织各县和地直有关部门负责人4批72人，到外省、区考察学习，洽谈经济技术协作项目，签订意向型和实施型引进项目53个，其中联办或产品补偿贸易形式项目15个，引进协议资金2674万元。主要有以下两种形式：一是从国内外引进先进技术，先进设备，提高企业现代化水平。毕节卷烟厂引进莫林-8卷烟机、4卷接包联合机，英国制丝生产线。黔西县甘棠区以20万元技术设备转让费引进全套设备与工艺技术，兴建1500吨电石厂。并与辽宁省丹东电池厂以技术协作形式共建5000吨电石生产线一条。黔西县电池厂以5万元转让费从无锡查桥电池机械厂引进R20型塑料电池盖生产线，为西南地区第一条生产线。黔西化工厂用20万元转让费向天津市化工研究所引进一步法制取沉淀硫酸钡，产品包销。织金县星光涂料厂从上海引进超细微化工原料气流粉碎技术专利和小型样机一台，委托省内军工企业将样机仿型放大，生产出国内第一台BQF-1000型多功能超音速内循环气流粉碎机，粉碎的矿粉粒度可达1500目以上。大方县建材厂从江西引进山土烧砖技术。1986年10月，其产品测试数据，被国家建材公司引为部级生产标准。毕节酱菜厂用5000元技术转让费从昆明永香斋引进玫瑰大头菜加工技术，1987年10月，其产品在全省调味品行业评比会上以95.14分成绩获全省酱菜第一名。地区酿造厂用8万元专利转让费从省轻工研究所引进酱香型酒快速酿造技术，创制酱香型55°碧春酒和碧醇，在中国白酒协会举办的全国酱香型白酒质量风味座谈会上经专家评选，碧春酒为向消费者推荐的除茅台酒、郎酒以外的36种优质酱香型白酒之一。二是以贸易补偿形式从国内外引进资金加快当地经济建设。赫章县从1984～1986年引进资金累计812万元，占全地区同期引进资金数的48%。大部分用于铁、锌矿产品开发。金沙与航天工业部3653厂各投资325万元，兴建金沙联合碳素厂，形成年产1万吨电极碳素生产能力；与重庆钢铁厂采用补偿贸易形式，引进资金技术建7座竖炉，形成年6至7万吨焙烧铁矿的生产能力。毕节卷烟厂与杭州、四川、陕西省市联合生产花溪、乌江、红西湖、川贝、青藏、利群、双头凤牌香烟。三年间，外加工卷烟约占全厂卷烟年产量的40%～50%。毕节地区大理石厂用补偿贸易形式，从香港宝石材商品公司引进资金23.95万元，新建大理石板材2万平方米粗磨生产线，产品运往香港，年创汇26万元。2005年，组织区内30余家企业参加西安中西部投资贸易洽谈会、第二届“珠三角”经贸洽谈会、广州中小企业博览会等，签约项目资金15亿多元。2011年，地委、行署出台《关于加强招商引资工作进一步扩大开放的意见》，设立投资促进（招商）局，组建招商分局。是年，签约项目570个，总投资4894.94亿元，实现招商引资实际到位资金608.08亿元。

1981~1988年技改固定资产投资分行业情况表

单位：万元

| 年份 | 煤炭 | 化工 | 电力 | 机械 | 冶金 | 建材 | 轻纺 | 森工 | 烟草 | 合计 |
|---|---|---|---|---|---|---|---|---|---|---|
| 1981 | 47 | 28 | 33 | | | 66 | 268 | | | 442 |
| 1982 | 36 | 29 | 7 | 7 | 55 | 66 | 734 | | | 886 |
| 1983 | 146.17 | 67.45 | 167.8 | 6.03 | | 109.61 | 641.74 | | | 1138.8 |
| 1984 | 146 | 92 | 162 | | | 589 | 537 | 25 | | 1651 |
| 1985 | 105.5 | 27 | 25 | 33 | 703 | 853 | 1854 | | 1187.2 | 5499 |
| 1986 | | 53 | 53 | | | 781 | 4464 | | 2134 | 6126 |
| 1987 | | 163 | 320 | | | 1106 | 564 | | 1927 | 4132 |
| 1988 | 186 | 803 | 39 | | 2848 | 164 | 449 | | | 4373 |

# 第六章　工业企业管理

## 第一节　管理机构

清雍正八年（1730）在毕节设宝黔局，专事制造铜钱。嘉庆初年，大定府设纺织局教民纺织。民国时期工业管理隶属建设科。民国30年（1941）6月，贵州省政府在威宁设黔西铁矿筹备处，1年后撤销。

1949年12月3日，毕节专员公署成立，设工商科。1952年10月撤销。1954年专署工业科建立手工业管理科。11月改称手工业管理局。1958年，专署设冶金工业局、煤炭工业局、地质局、石油化工局、机械工业局、轻工业局、建筑工程局。是年4月1日，成立毕节地区工业办事处，与手工业管理局合署办公。

1960年2月，毕节专署成立经济委员会，下设办公室、工业科、交通科。1961年6月，中共毕节地委决定，将机械工业局、地质局、煤炭工业局、冶金工业局合并组建为工业局，石油化工局与轻工业局合并为轻化工业局。1962年5月地委决定：除手工业管理局外，经济委员会与工、交各局全部撤销，组建工业交通局。是年，恢复经济委员会。1963年6月恢复工业局。1967年3月，成立毕节地区革命委员会（以下简称地革委），下设生产领导小组。原经济委员会、工业局、手工业管理局、交通局合并为工业管理局。

1970年，毕节地革委生产领导小组改建为生产指挥部，重建工业局。1971年12月建轻工局、与手工业办事处两块牌子，一套人员，合署办公。1973年3月建立工业交通工作办公室。1975年2月建农机管理局，与农机管理站两块牌子合署办公。1978年工业交通工作办公室改名经济委员会。

1979年，恢复毕节地区行政公署建置，撤销毕节地区革命委员会。1983年10月，撤销行署财贸、农村办公室，经济委员会，组建毕节地区经济委员会，管理全地区工交经济和协调日常工交经济工作，履行统筹、协调、监督、服务全地区工交经济工作职能：参与地区计委为行署组织制订工交经济长期、中期、年度计划；组织各县经委、地直有关主管部门对企业的生产、运输、原材料及重要物资进行必要的调度。协调解决经济活动中涉及财政、金融、物价、税收、劳动及安全生产问题；会同有关部门，组织、培育各类市场，发展第三产业，提高综合经济效益；归口管理企业进步工作，负责组织制定企业技术改造、技术开发和对外经济技术合作项目计划并组织实施，促进科学技术转化为现实生产力，制定全地区企业技术进步的政策措施，推动产业结构调整；贯彻执行《企业法》《国营企业转换经营机制条例》及省的实施办法，总结推广执行中的经验；掌握区内外经济信息，分析经济形势，及时向行署报告经济运行中的重大问题，提出解决问题的建议；负责工业产品的质量工作，组织有关部门研究制定提高产品质量的政策、标准和规划，并组织实施。1986年4月，地区经济委员会更名为毕节地区工业经济委员会，以后逐步转变职能，成为协调、监督、服务工业经济综合管理部门。

1996年，中共毕节地委、毕节地区行署决定：撤销地区工业经济委员会、地区工业局、地区外协办，合并组建毕节地区经济贸易局，其职能为：1.参与研究、制定全地区国民经济发展战略目标及其中长期规划和年度计划，会同有关部门编制、下达落实和监督实施全地区工交、商贸年度经济运行调节方案。2.会同有关部门制订和实施全区工业、交通、通信、内贸、外贸等领域近期内优先或限制发展的有关技术经济政策。3.对宏观经济运行进行监督、分析和预测。4.协助有关部门培育和建设市场。5.负责全区企业改革工作，参与制订和实施工业企业、流通企业改革方案；会同有关部门做好国有资产的监管工作；组织指导企业法制工作；指导生产、流通部门的行业管理和联系有关行业协会工作。6.参与中小型国有企业领导班子建设和企业思想政治工作。7.对非国有企业进行宏观指导。8.归口管理全地区企业技术工作。9.负责全地区“三电”工作和推广散装水泥工作，指导包装、食品行业管理工作。10.接受省化工、冶金、机械、建材、有色金属等行业厅局的业务指导，编制全地区上述行业的长远规划、年度生产计划并组织实施。11.负责对外贸易经济协作工作。12.收集、整理国内外，省内外经贸信息，研究连接区内外市场的方针、政策。为全地区经济决策和经济工作服务。13.归口管理工业学校、地区化肥厂、地区水泥厂、地区振兴机械厂、地区对外经济协作公司、地区联合运输公司和地区散装水泥办公室。14.承办行署、省经贸委和省各有关行业厅局交办的其他事项。毕节地区工业经济综合管理机构历任主要负责人：李霞光、李超、孟子明、张凤朝、邵炳煊、王大怀、李峻岭、刘汉屏、杨景春、周吉玉、郭海一、袁良骥、王国文、王远海、朱明荣、袁镇宇、张显良、周遵富、陈恒书。

2010年1月，机构改革，由原地区经济贸易局、地区煤炭局、地区乡镇企业局、地区非公有制经济发展中心和地区城镇集体工业联社等单位职能进行整合，组建毕节地区工业和能源委员会，为行署正县级工作部门，是全区工业能源和信息化建设行政主管部门。委机关内设办公室、政策法规科、经济运行科、规划发展与投资科、煤炭管理科、煤矿建设监管科、电力协调科、化学工业科、装备工业科、工业园区建设协调科、安全生产管理科、市场监管科、企业改革发展科、人事教育科、节约能源办公室、中小企业科、非公有制经济（城镇集体工业）指导科、资源能源综合利用科、消费品和原材料工业科、信息化推进科、通信发展与保障科、监察室，有在职职工74人，离休人员7人，退休人员52人；委属事业单位有地区工业学校（正县级），地区煤矿勘测设计院、地区工业和能源行政执法支队、地区煤炭工业办公室等3个副县级事业单位和地区工业能源信息技术服务中心、地区散装水泥办公室、地区非煤矿山安全生产监督管理站等3个正科级单位，7个事业单位共有在职职工188人，退休人员41人。

# 第二节　管理体制

**经营管理**　工业生产具有悠久历史，但由于经济文化落后、交通闭塞局限，长期处于手工操作状态，工业发展极为缓慢。1949年后，政府接管和改造官僚资本工业企业并对其进行社会主义改造。1954年，把手工业生产小组与供销生产社逐步过渡为生产合作社。1956年，全地区78%以上的手工业者由个体经营变为集体经营，生产资料由私人所有制变为集体所有制，基本上实现全地区手工业合作化。1957年3月，中共中央决定在企业中推行党委领导下的职工代表大会制。1961年9月，贯彻中共中央调整、巩固、充实、提高国民经济方针，制定《国营工业企业工作条例（草案）》。毕节专署经省政府批准实行精减管理机构。1962年1月合并毕节专区轻工业局、工业局成立毕节专区工业局，组建毕节专区手工业管理局及所属各县手工业生产合作社联合社。经1961～1963年的整顿和调整，全专区工业生产布局、产业结构、管理体制趋于合理。自1966年5月"文化大革命"开始，工业企业职工思想极度混乱，工作生产秩序受到严重破坏，企业陷于瘫痪状态。1966～1976年间，地区及各县工业经济管理机构几经变更，亦相应采取措施开展工业经济管理工作，均不能扭转生产急剧下降的局面。许多企业制度被破坏，消耗无定额，质量无标准，原料无保护，设备无维修。1976年10月后，毕节地区行署采取以下措施，加强对全地区工业经济的管理，逐步消除"文化大革命"对工业经济的负面影响，使全地区工业经济朝着持续、稳定、协调方向发展。

1.推行厂长负责制和承包经营责任制。地区工业管理部门实行简政放权，在劳动人事、技术开发、财务管理等方面下放19条权利给企业，使厂长（经理）能有效地行使其经营决策、生产指挥、机构设置、干部任免、职工招聘及奖惩、技术创新和产品开发、产品价格、销售、分配等权力。1984年9月，地区行署批准地区化肥厂《厂长负责制试行草案》《厂长副厂长职责》以及各科室的《职责》和考核标准。是年，全地区重工、轻工、邮电、交通运输等行业推行企业经济承包责任制，企业厂长（经理）同主管部门、企业车间、班组签订年度经济承包合同。

2.调整管理体制和企业结构。1985年11月，中国烟草总公司召开新纳入国家计划内60家烟厂整顿工作会议后，毕节卷烟厂正式划归新组建的毕节地区烟草公司。1994年12月，成立毕节地区煤炭工业局，煤炭工业纳入行业管理。

3.建立信息网络，发展横向经济联合。1984～1985年，毕节地区工建交企业及其主管部门分别建立经济技术信息中心、科技情报中心。所属8个县、地直国有企业及其主管部门有64家建立信息机构和专、兼职信息员，与13个大中城市企业建立资料交换关系，定期参加西南四省五方经济技术会议。1984～1990年，21家工业企业34项联合协作项目已投产。

4.严格执行全面质量管理，创优质产品。

**质量管理**　1.执行质量标准。私营工业和个体手工业产品，从未有技术指标和质量标准，凭工人的经验和用户的评价优胜劣汰。20世纪50年代仍无产品质量指标。1962年，毕节地区经济委员会针对当时地区主要产品，搜集国家、部颁、省定暂行质量标准；国家、部、省没有颁布标准的，根据有关资料和企业产品测定的现行数据制订地区标准作为检查依据，汇集成38种《工业产品质量标准》。1963年1月，由毕节专署工业交通局印发各有关企业执行。

附

## 毕节地区工业产品质量标准摘录

原煤，①灰分国家规定不超过40%，本区优质无烟煤，必须控制在20%～30%之间。②含矸率大于50毫米的石子为矸，不能超过2.5%。③水分不能超过5%。④发热量7000大卡。

锌，以六号锌为准：①最高标准，含锌99.995%。②最低标准，含锌97.5%，以下为不合格产品。

铅，最高标准，含铅成分99.994%；最低标准，含铅99.5%。

生铁，①含硫量一级不得大于0.06%，二级不得大于0.1%。②含磷量：低磷铁不大于0.1%；普通铁不大于0.11%～0.3%；高磷铁不大于0.31%～0.7%。

铁矿石，含铁量大于40%；含硫量小于0.15%;粒度5～25毫米之间。

焦炭，灰分不超过15%；含硫量不超过1%；色泽为银灰色，不得有半焦、泡焦存在。

硫磺，1956年出口商品暂行标准：总硫量，特级最低99.8%；一级、二级99.5%，三级99.0%；含砷量，特级不超过0.02%，一、二、三级均为0.02%；含硒量，特级不超过0.002%，一级0.002%，二级0.025%，三级0.04%；色泽为淡黄色，均匀一致，无黑块，无杂质。

手工砖：规格5.3厘米×11.5×24厘米；质量，青砖每立方毫米抗压100～150千克，红砖每立方毫米抗压75～100千克；重量，每1000块重3.5吨；色泽均匀，声音清脆，不翘面，不破裂，不缺角。

2.开展质量月活动。从1978年起，每年8月定为全国质量月。1978年第一个质量月活动。毕节地区根据国家有关要求抽调各部门、企业领导和工程技术人员278名组成质量检查团，下设5个分团，23个产品质量行检组，分析检查16类产品质量。一边宣传，发动群众揭露产品中存在的质量问题，一边采取听、看、查、议、评的方法进行产品评比。检查发现织金县农具厂生产的台秤存在质量问题，责令该厂即停产1周整顿，逐项修订零部件和整机质量标准。对已出厂的台秤，走访用户，无偿检修；对库存台秤逐台拆卸检查，撤换不合格质量标准的零部件。地区拨给改造经费4万元，作为引进先进铸造工艺和必要检测手段的费用。黔西县电池厂自查14.16万只电池中发现720只废品，次品2332只，全部报废，受到商业部门好评。1979年，地区抽131名领导干部和技术人员组成13个行检组，检查评比煤炭、电力、化工、建材、轻工68个厂、社的35种产品。在可比的22种产品中，有19种恢复和超过本企业历史最好的水平。1980年，将常年质量管理工作和质量月活动结合起来，加强技术基础工作，对所有产品的质量指标认真检查，具体落实；制订产品升级规划，努力发展新产品；推广全面质量管理，抓试点推广成功经验。全地区试制成功打字纸、有光纸、1.5万伏高压悬式、蝶式瓷瓶、线路保险、建筑瓷砖、皮鞋成型胶底、猪革出口劳保手套等60多个新品种。培训120多名全面质量管理干部。地区轻工局考核7种产品，6种产品质量比上年有所提高。1981年，在工业生产连续3年下滑的情况下，以调整为中心，提高经济效益为重点，加强工业生产质量管理。1982年，省把当年作为“质量年”，要求各企业做到最优质量，实现最适生产，最低消耗，最佳服务。毕节地区经委制发《1982年推行全面质量管理工作意见》，对地区重点产品实行质量月报表。轻工业系统列入考核13种产品，15项可比指标，稳健率为75%。地区建委针对小水泥质量不稳定的状况制定12项攻关措施，经过1年努力，质量水平由三类地区提高到二类地区。1983～1984年，在整顿，扭亏增盈的同时，产品质量明显提高，经检查测试，11种重点产品10种质量提高，列入质量考核的产品稳定提高率达90.1%。毕节县制革厂生产的皮革，在全省同行业评比中，二类牛皮修面革和猪皮修面革均获第一。新增产品38种。1985年，毕节地区经委转发省经委《关于深入开展工业产品质量大检查的通知》，要求企业增强质量意识，开展全面质量管理，把责任落实到机台、班组和个人；不合格的产品不准出厂，不得计算产量产值；不合格的原材料，不准投料、组装；已公布淘汰的产品不准生产和销售；没有产品质量标准，没有质量检查监督机制，没有质量检测手段的产品不准生产；不准弄虚作假，以次充好，伪造商标，假冒名牌。全地区工业产品质量大检查统计：被检产品119种，质量稳定率为70%，符合部标、省标、全标的95种，占87.7%。地区化肥厂碳酸氢铵100%合格。贵州省软木厂所产软木砖，一级品率83.17%。二级品率15.92%。三级品率0.53%，废品0.38%。是年，全地区新增百余种新产品。2005年9月，毕节市质量监督局组织多家企业，在毕节爱民广场开展“奉献优质产品，构建和谐社会；质量在我手中，用户在我心中”的“质量月”宣传活动。向群众散发宣传资料，开展宣传咨询服务，受理投诉，保护消费者的合法权益，展示打假治劣的成果。2011年，全地区共出动执法人员203人次，执法车辆86辆次，对辖区内企业进行检查97家次，发放宣传资料2.2万份，有88家企业参与“质量月”活动。

3.促进质量达标。1986年，国家经委、省经委相继召开采用国际标准工作会议，要求到1990年有40%左右的主要产品在性能和质量上达到发达国家70年代末～80年代初的水平。毕节地区举办全面质量管理辅导员培训班，培训质量标准管理检测人员。全地区33名质量标准管理检测人员接受培训。1987年4月，毕节地区244人参加第一次全国TQC电讲统考，及格182人。先后举办TQC培训班8期，1274人参加学习，1012人参加统考，934人及格并取得证书。1988年后相继举行5次统考，2336人报考，1840人参加考试，及格1519人，1523人取证，占本系统职工总数的11.7%。1988年6月，毕节地区行署决定进行首届名优产品评选，对取得地区以上奖项产品，颁发毕节地区首届名特优产品“光荣册”。

### 1979～1999年毕节地区荣获国优、部优、省优产品名单

| 年份 | 产品名称 | 生产单位 | 得奖级别、名次 |
|---|---|---|---|
| 1979年 | 大方漆器 | 地方国营大方漆器厂 | 荣获“省优产品”称号 |
| | 女单上衣 | 纳雍服装厂 | 全省质量评比第五名 |
| 1980年 | 男单上衣 | | 全省质量评比第四名 |
| 1981年 | 男童长裤 | | 全省质量评比第一名 |
| | 女单长裤 | | |
| 1982年 | 男涤卡上衣 | | 全省质量评比第二名 |
| | 女春秋衫 | | 全省质量评比第一名、全国第八名 |

续表

| 年份 | 产品名称 | 生产单位 | 得奖级别、名次 |
|---|---|---|---|
| 1984年 | 二类牛修面革 | 毕节县制革厂 | 全省质量评比第一名 |
| | 猪修面革 | | |
| | 女式苗族服装 | 威宁服装厂 | 全省表演评比二等奖 |
| 1985年 | 汽车翻新轮胎 | 毕节县橡胶帮 | 全省翻新胎里程试验应耗6408公里/毫米名列第一 |
| | 男西装 | | |
| | 女西装 | 毕节县服装二厂 | 全省西服质量评比第一名 |
| | 水西大曲酒 | 黔西县酒厂 | 全省窖酒质量评比推荐为“新秀” |
| 1986年 | “晶光牌”硫精锌矿 | 贵州赫章铅锌矿 | 省优质产品奖 |
| | 男童白涤纶摆西装 | 金沙县服装厂 | 省“三童”评比“创优奖” |
| | 虎头童帽 | 毕节县服装厂 | 省“三童”评比“创优奖” |
| | 发泡牛仔童鞋 | 大方金枫鞋厂 | 省“三童”证比“创优奖” |
| | 羊皮革男童鞋 | 毕节县服装厂 | 省“新优美杯”奖 |
| | 发泡男童鞋 | 大方金枫鞋厂 | 省“新优美杯”奖 |
| | 橡塑料发泡男鞋 | 黔西县塑料鞋厂 | 省“新优美杯优秀新产品”奖 |
| 1987年 | 女呢时装 | 毕节服装厂 | 省“新优美杯”纪念奖 |
| | 泡泡袖衣时装 | 织金服装厂 | 省“新优美杯”纪念奖 |
| | 女呢时装 | 毕节服装二厂 | 省“新优美杯”纪念奖 |
| | 男长袖树脂领懒衫 | 毕节服装厂 | 全省质量评比第三名 |
| | 注塑发泡童鞋 | 黔西塑料鞋厂 | 全省质量评比第一名 |
| | 注塑发泡平跟男鞋 | 大方金枫鞋厂 | 全省质量评比第一名 |
| | 注塑发泡童鞋 | | 全省质量评比第二名 |
| | 注塑高插跟女鞋 | | |
| | 杜鹃花全毛提花毯 | 毕节毛纺织厂 | 省轻纺第三届优秀新产品一等奖 |
| | 黄果树牌钢琴 | 毕节地区钢琴厂 | 西南三省职工技协交易会最佳展出项目奖 |
| | 丰字牌金沙窖酒 | 金沙县窖酒 | 省四届名优评比银奖 |
| | 毕节大曲 | 毕节县酒厂 | 省四届名优评比银奖 |
| | 碧春酒 | 地区酿酒厂 | 中国名酒协会向消费推荐的除12家名酒外36种优质酱香型白酒之一 |

续表

| 年份 | 产品名称 | 生产单位 | 得奖级别、名次 |
|---|---|---|---|
| 1987年 | 龙泉窖酒 | 金沙县禹漠酒厂 | 省商业、粮食、劳改系统《习酒杯》大奖赛铜奖 |
| | 林酒 | 黔西县林泉酒厂 | |
| | 溶王酒 | 织金县以那酒厂 | |
| | 玫瑰大头菜 | 毕节县玫瑰大头菜厂 | 省行业评比酱菜类第一名 |
| | 乌蒙牌红烧牛肉罐头 | 地区肉类联合加工厂 | 省优质食品奖 |
| | 乌蒙牌糖水樱桃罐头 | | |
| 1988年 | 注塑高插跟元口女鞋 | 黔西塑料鞋厂 | 省行业质量评比第一名、优秀产品证书 |
| | 平绒元口女平跟鞋 | | 省行业质量评比第四名、优秀产品证书 |
| | 高尔夫仿毛中山装 | 毕节服装二厂 | 省行业质量评比第一名、优秀产品证书 |
| | 纯毛兰华达呢中山装 | | 省行业质量评比中档服装第一名，优良产品证书 |
| | 毛呢中山装 | 毕节服装厂 | 省行业质量评比高档服装第二名，优良产品证书 |
| | 涤纶华达呢中山装 | | |
| | 涤纶华达中山装 | 大方服装厂 | 省行业质量评比高档服装第三名，优良产品证书 |
| | 海军呢中山装 | 金沙服装厂 | 省行业质量评比高档服装第四名，优良产品证书 |
| | 涤纶中山装 | 织金服装厂 | 省行业质量评比高档服装第四名，优良产品证书 |
| | 孔雀绿单套装 | 毕节服装二厂 | 省优秀设计评比第二名、一等奖 |
| | 新式彝族女装 | 威宁服装厂 | 省优秀设计评比第五名、二等奖 |
| | 熟猪鬃 | 大方制鬃厂 | 轻工部出口产品展会铜奖 |
| | 草海牌香烟 | 毕节卷烟厂 | 首届中国食品博览会金奖 |
| | 毕节大曲 | 毕节县酒厂 | |
| | 乌蒙牌红烧牛肉罐头 | 地区肉联厂 | |
| | 洪山牌速溶豆浆晶 | 毕节县速溶豆浆晶厂 | |
| | 杜鹃牌腐竹 | 纳雍县腐竹厂 | |
| | 织金天富牌咀烟 | 毕节卷烟厂 | |
| | 夏橙牌咀烟 | 毕卷卷烟厂 | |
| | 乌蒙片糖水樱桃罐头 | 地区罐头食品厂 | |
| | 前河牌糖水樱桃罐头 | 赫章副食品厂 | |

### 1997~1998年毕节地区获贵州省名牌产品名录表

| 年份 | 产品名称 | 规　格 | 产品生产企业 |
|---|---|---|---|
| | 金沙回沙酒 | 53% | 贵州金沙窖酒厂 |
| | 熊头青防蛀防风羊丝被 | 210cm×179cm·5kg | 毕节毛纺织厂 |
| | 黔城牌模压运动鞋 | 7cm—26.5cm | 贵州黔城鞋公司 |
| | 驰牌烤烟型卷烟 | | |
| | 大洋牌烤烟型卷烟 | | 毕节卷烟厂 |
| | 圣火牌烤烟型卷烟 | | |
| 1997 | 康星牌高级烹调油、高级食用调和油 | | 贵州金沙康星植物油有限公司 |
| | 兴威牌小包装火腿 | | 贵州威宁火腿制品有限公司 |
| | 织牌织金竹荪干品 | 一等品 | 织金县竹荪开发总公司 |
| | 金牌工业黄磷 | | 贵州金沙黄磷厂 |
| | 大方牌工业硫磺 | | 贵州大方硫磺矿 |
| | 天工牌普通硅酸盐水泥 | 425R | 贵州毕节水泥厂 |
| | 红杏牌烤烟型卷烟 | | 毕节卷烟厂 |
| | 高原牌盘型悬式绝缘子 | Xp-100 | 毕节电瓷厂 |
| 1998 | 新威牌薯片 | 袋装 | 中外合资新威园技发展有限公司 |
| | 贵乌牌普通硅酸盐水泥 | 425R | 贵马建材有限公司 |
| | 黔城牌布鞋 | | 贵州黔城牌鞋业公司 |

**企业恢复性整顿**　1977年3月全国计划会议后，毕节地区根据全国计划会议要求，适时开展工业企业恢复性整改。1.整顿领导班子。对“软、散、懒”的班子进行必要的整顿；2.加强职工队伍建设；3.初步整顿管理制度，制定以岗位责任制为核心的各项规章制度；4.做好检查评比工作。经过整顿，全地区工业企业逐渐恢复正常工作和生产秩序，工业经济效益日趋见好。结合企业恢复性整顿，成立毕节地区工业学大庆办公室，调集194名干部组成45个工作组，深入企业组织职工开展工业学大庆活动，力争在1976～1980年间，全地区有三分之一的工业企业建成大庆式企业。在此期间，经过学习评比，威宁县农机制造厂、黔西县农业机械制造厂被评为贵州省大庆式企业；纳雍县砖瓦厂制坯班，为贵州省工业学大庆红旗集体；毕节地区水泥厂、毕节县农机修造厂、毕节县轮胎翻新厂、大方县印刷厂、黔西县磷肥厂、黔西县化工厂、金沙县新

化煤矿、赫章县水泥厂、威宁县炉山煤矿、赫章县妈姑煤矿、赫章县邮电局、国营金江机械厂被评为贵州省工业学大庆先进单位；国营金江机械厂技术员田茂贵、贵州省地质局113地质队六机场指导员张万益，纳雍县煤矿采煤工马启明，黔西县酒厂烤酒工马成举被评为贵州省工业学铁人标兵；金沙县汽车队队长徐永光、赫章印刷厂机印车间负责人饶明友、毕节县针织厂车间主任卯必先、毕节地区农业机械厂工人谭惠祥、织金县酒厂革委主任李国仲、贵州省地质局110地质队警卫耿成弼被评为贵州省工业学大庆先进个人。

调整工业经济结构　1979年8月，召开全地区工交会议，贯彻中共中央关于调整、改革、整顿、提高的方针。会议决定立足现有企业，扬长避短，搞好产业结构调整。行署决定关闭毕节大坝硫磺厂、大方雨龙山煤矿、织金平寨煤矿和城关煤矿。1980年5月，将污染环境，水泥产品质量不过关的毕节县水泥厂合并给地区瓷厂。将毕节广播器材厂并给毕节县广播站。1981年2月，贵州省经济委员会下发《关于抓紧制定关停并转方案的通知》，毕节行署4月25日制定《毕节地区国民经济调整方案》，认为毕节地区国民经济重点在产业结构调整，一是加快金沙窖酒和毕节大曲两个省中级名优白酒的发展，到1982年形成各年产500吨能力；在地区灯泡厂扩建玻璃制品车间，形成年产1000吨能力；在地区软木厂新建一条包装内外盖生产线，与两个酒厂配套。二是扩改毕节卷烟厂，到1982年形成5万箱生产规模；增大地区复烤厂规模，年复烤烟由5万担扩大到8万担。三是对制革、陶瓷、制鞋和成衣企业进行改造，扩大规模。行署把《方案》报省后，得到省政府和有关部门认可。1981年，省计委、省建委联合行文，确定停建毕节地区汽车大修厂、农业机械学校，缓建瓷厂隧道窖。毕节行署组织有关部门现场调查，提出建议。经省裁定：地区瓷厂隧道窖材料均已齐备，缓建则需维护费8.9万元，以续建为好：地区大修厂由交通局移交轻工局，作毕节卷烟厂易地改造之需，债权债务由毕节卷烟厂负责；为满足毕节山区农业机械制造维修，排灌机械技工的培训，请保留毕节农业机械学校项目。三项均获批准，惟瓷厂隧道窖建成后未使用。在深入企业调整中，行署决定关停黔西火电厂、大方云龙硫磺厂、金沙肥皂厂、毕节地区无线电厂。经1979～1981年调整，毕节地区全民所有制工业企业由原来341户调整为274户，工业产值比1979年增加17.41%，达1.28亿元。

工业企业管理整顿　1982年，毕节地区贯彻执行中共中央、国务院《关于国营企业执行全面整顿的决定》，开展工业企业管理整顿。首先按照领导班子要革命化、年轻化、知识化、专业化的要求，整顿企业领导班子，实现企业领导班子的新老交替。在全地区87户工交企业中，56户企业启用年富力强，具有专业知识，德才兼备的年轻干部，基本上解决班子老化问题，形成以40多岁干部为主体的梯次年龄结构。其次，不断完善企业内部的经济责任制，按照企业生产特点，坚持责、权、利相结合的原则，采用包、保、协形式，将企业承担的经济责任层层分解、落实到车间、科室和班组。把以产量为主的超产奖励制改为以考核利润为主，同时考核产量、质量、成本、消耗、安全的经济责任制，按超盈利量提取盈利奖；制定新的工作标准和考核办法，保证厂规厂法和经济责任制度贯彻执行。第三，增强企业管理各项基础工作。1985年，全地区采用国家标准160个，比整顿前增加1.2倍。计量器具配备率达83%以上。经过整顿，职工队伍素质有了提高，厂风厂纪得到改善，职工劳动出勤率一般提高3%～7%，工时利用率提高5%～10%。1986年7月，国务院制发《关于加强工业企业管理若干问题的决定》，毕节地区行署在地区经济委员会内设企业管理领导小组办公室；指导“抓管理，上等级，全面提高素质”的工作。地区审定毕节地区化肥厂、金沙油脂化工厂、黔西塑料鞋厂为省级先进企业，毕节地区印刷厂等8家企业为省级预备先进企业。按照省加强企业管理领导小组办公室制定的考核标准，对企业管理基础工作进行查原始台账，访用户意见，看生产现场等活动。通过考核评比，确认地区化肥厂、水泥厂、印刷厂、纺织厂、烟叶复烤厂，毕节县塑料机电厂，黔西县水泥厂，金沙县油脂化工厂、水泥厂、赫章县上海锌厂赫章分厂、山脚冶炼厂为毕节地区工业企业管理基础工作达标合格单位。1991年12月，执行国务院《关于停止对企业进行不必要的检查评比和不干预企业内部机构设置的通知》，全地区停止对企业的各种检查性评比。1994～1995年，毕节地区经委组织全地区国有工业企业干部学习《中华人民共和国全民所有制工业企业会法》《全民所有制工业企业转换经营机制条例》《企业会计准则》《企业财务通则》等建立现代企业制度的有关文件。结合整顿企业管理全地区共举办培训班73期，参加学习4200人次；地区经委组织培训班8期，培训300人。1995年1～10月，全地区列入考核的67户国有工业企业完成工业产值8.49亿元，实现销售收入9.24亿元，税金3.71亿元，分别比上年同期增17.8%、25.67%、50.54%。至是年底，完成与省政府签订的亏损额1170万元，利润总额260万元的扭亏增盈任务。1995年，毕节地区整顿工业企业管理重点放在企业改革上：地区毛纺织厂、地区振兴机械厂划小核算单位，企业内部剥离出自主经营自负盈亏，自我约束的核算分厂车间，有的小单位或生产线承包经营；抓好黔西县氮肥厂、农机厂、化窝煤厂、硫磺厂租赁后的运作；调查金沙县水泥厂、黄磷厂的股份制改制工作，帮助其健康发展；帮助金沙县黄磷厂兼并县农机厂，赫章县水泥厂兼并县副食品厂；检查、总结黔西县水泥厂拍卖给职工后情况，定期调查大方县酒厂、毕节市酒厂、大方节能化工厂、威宁毛制品厂、威宁农机厂等停产企业。1999年，根据国务院国发〔1992〕30号文件精神，审查各县市申请出口经营权的生产企业。至是年底，金沙黄磷厂、赫章山脚冶炼厂、赫章山鹰锌业股份公司、地区棉纺织厂、赫章诚达锌业有限公司获国家批准自营进出口经营权。按照国经贸企〔1992〕176号文件规定标准，1996年申报认证贵州省金沙油脂化工厂、毕节卷烟厂为国家大型二档企业。1997年，申报认证毕节地区化肥厂、毕节地区印刷厂、毕节地区瓷厂；金沙黄磷厂为国家中型一档企业。1999年12月报省经贸委，省统计局认可备案，决定金沙油脂化工厂、毕节卷烟厂、赫章矿产品厂、金沙黄磷厂为大型二档企业；毕化有限责任公司、毕节天工建材总厂、毕节地区印刷厂、贵州诚达锌业有限公司、毕节毛纺织厂、赫章山脚冶炼厂为中型一档企业：毕节地区瓷厂、赫章铅锌矿为国家中型二档企业。

1980年，由省投资5万元在毕节头步桥建毕节农业机械学校。1982年建成，1986年并入毕节地区工业学校。1985年，经省政府批准成立贵州省毕节地区工业学校，为全日制综合性工科普通中等专业学校，校址毕节市城区双树路，占地近百亩，校舍建筑3.49万平方米。设农业机械化、汽车拖拉机修理、采矿工程，工业与民用建筑、机械制造、计算机及应用、机电设备维修、村镇建设、城镇规划、乡镇企业管理、家电维修等专业。实验楼2854平方米，实习工厂880

平方米，设物理、化学、生物、公差、金工、钳工、电工操作、电子电工、计算机网络、瓦斯检测、综合采掘、煤矿通风、汽拖电气、汽拖结构、建筑拉压试验、油泵试验台、矿山机电、焊工、实验室及机械加工、铸造、汽拖修理生产实习车间，有一坡三档绞车实验场1个，计算机教学室2个，专用教学设施齐备；图书馆1032平方米，校本部藏书2.95万余册，电子阅览室1个；运动场1万平方米，有带300米跑道的综合运动场。学校以求实、进取、文明、创新为校训，以教书育人、管理育人、服务育人、环境育人为宗旨，为毕节地区培训初等合格工业企业专业技术人员服务。建校以来，为社会输送合格中等职术人才近万人，各种层次的人才培训9000余人次。2005年12月，贵州省教育厅评估认定为省级重点中专学校。2011年，毕节地区工业学校招收普通中专及函授大、中专新生1716人，毕业生就业安置502人，就业率达98%。完成32个普通中专班，1个大专班，19个函授班教育教学及4981人的煤矿安全技术及企业从业人员培训教学工作。

**管理制度建设试点** 1986年初，毕节地区根据省政府安排，选择毕节地区化肥厂作为地区建立现代企业制度试点单位。是年7月5日，省政府批准实施。1997年11月28日，贵州毕化有限责任公司挂牌运作。同时，金沙县被列为贵州省改革试点县，选择金沙县黄磷厂作为金沙县建立现代化企业试点单位，建贵州金沙黄磷厂有限责任公司，试行董事会、监事会和厂长各司其职，本着精干、高效、科学的原则完善财务、供销、生产技术、劳动人事等机构，对企业的相关业务进行协调管理。同时，建立国有资产安全增值、盘活存量资产、扩充增量资产、重大投资和贸易的有效监控，资金和原料流动的合理调度，保持较低资产负债率等一系列科学合理的内部组织管理机制。1999年8月13日，地区在毕节洪山宾馆召开金沙黄磷厂建立现代企业制度实施方案论证会。是年9月，地区行署批准金沙黄磷厂有限责任公司挂牌运营。

贵州金沙黄磷厂机构设置图

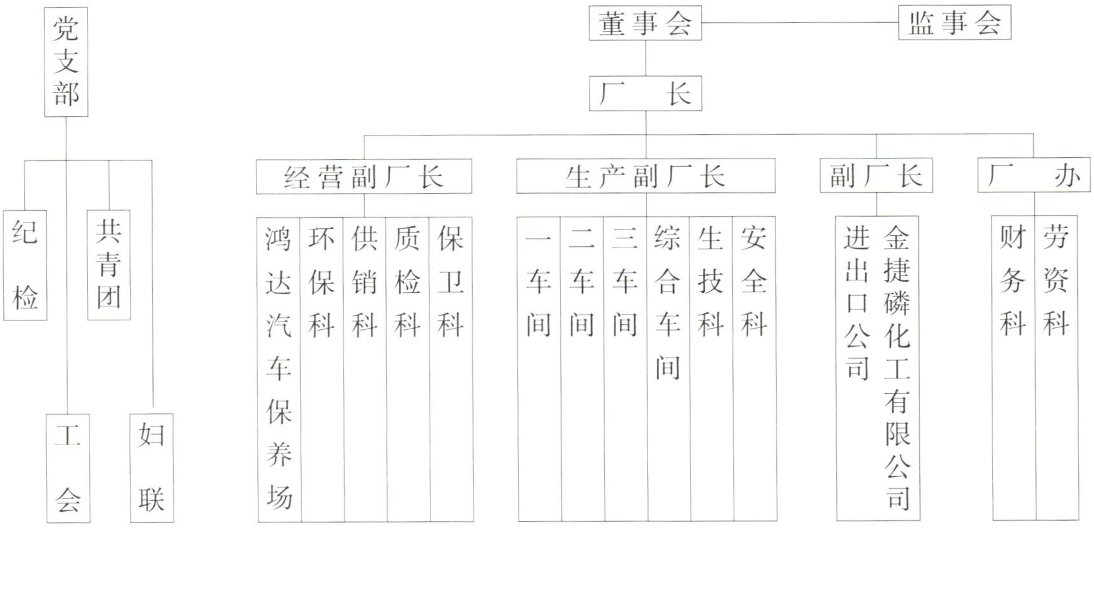

1996年12月2日，国家烟草局同意成立,贵州驰宇集团、贵州驰宇有限责任公司。集团以贵州驰宇有限责任公司为核心企业，吸收毕节卷烟厂、毕节复烤厂、毕节烟草分公司所属企业、相关企业为集团成员，以毕节卷烟厂为龙头，本部设八部、二办、一所、六分公司，下设八个子公司，拥有固定资产10亿元，职工9000人，其中科技人员2000人。1996年12月，驰宇集团和驰宇有限责任公司在贵阳授牌。2006年，毕节地区烟叶复烤厂改制为毕节地区顺泰烟叶有限责任公司，实现组织机构调整，人员重组，生产经营模式发生转变，启动第二期打叶线建设。2007年，毕节卷烟厂改制为贵州中烟工业公司毕节卷烟厂。

**实施管理制度改革** 1997年，金沙县将工业企业管理制度改革列为当年向人民承诺的办好的实事之一，立足金沙县的实际，坚持一厂一策，一企多策，急事急办，特事特办。在确保国企资产不流失的情况下，采取一些阶段性让利措施，推动企业管理制度改革。油化厂实行股份制改造，国家股五年不参与分红，五年后的红利仍交企业有偿滚动使用；明确凡购买危困企业房地产业的，减半征收或全免所有城建、土管有关费用；省政府规定职工补偿安置掌握每年按工龄发给1～2个月工资，金沙县区别对待，油化厂通过民主讨论，决定每个工龄按3个月工资计算。至2000年底，全县54户国有企业，列入改制的县属企业44户，改革面达81.5%。改革分别采取组建有限责任公司和股份制改革，辅以兼并、破产、拍卖、参资经营、切块搞活的形式。44户列入改革的企业，实行兼并3户，合并2户，股份合作制2户，开发安置1户，拍卖4户，租赁经营1户，自带资金参资风险责任经营2户，切块搞活4户，粮食流通体制改革10户，改变经营形式10户，托管1户，其他4户。同时，其他县亦相应对县的工业企业施行现代企业管理制度改革。2005年，根据省政府关于国有资本从一般竞争性领域的中小企业基本退出的要求，行署召开全区国有企业改革工作暨国有资产监管工作会。全地区列入改制计划，国有中小企业306户，157户已实施改革改制，至2011年基本完成国有中小企业改革改制。

**毕节地区工业企业及相关单位1985～1998年获省部级奖名录表**

| 获奖年份 | 获奖单位 | 授奖单位 | 获奖名称 |
|---|---|---|---|
| 1985 | 毕化有限责任公司 | 省政府 | 1985年受安全生产先进单位 |
| 1986 | 毕化有限责任公司 | 省政府 | 贵州省增产增收先进企业 |
| 1988 | 毕化有限责任公司 | 化工部 | 完成1987年全国增产化肥任务贡献突出 |
| 1989 | 毕化有限责任公司 | 化工部 | 1986～1988年全国化工安全生产先进单位 |
| 1989 | 毕化有限责任公司 | 省政府 | 省级先进企业 |
| 1987 | 地区中药资源普查办公室 | 省政府 | 全省中药资源普查先进集体 |
| 1986 | 赫章电力公司 | 省政府 | 贵州省先进企业 |
| 1987 | 赫章电力公司 | 国家电力公司 | 全国“三为服务”先进单位 |

续表

| 获奖年份 | 获奖单位 | 授奖单位 | 获奖名称 |
|---|---|---|---|
| 1986 | 地区印刷厂 | 省政府 | 全省增产增收先进企业 |
| 1994 | 毕节市页岩砖厂 | 建材局 | 全国优秀企业铜奖 |
| 1997 | 金沙黄磷厂 | 化工部 | 全国乡镇化工先进企业 |
| 1998 | 金沙黄磷厂 | 农业部、对外经济合作部 | 全国乡镇企业出口先进单位 |
| 1994 | 纳雍县乡企局 | 国家农业部 | 全国乡镇企业安全管理先进单位 |

# 第三节　安全生产

## 一　安全事故

1950年11月，劳动部通令要求加强职工伤亡报告办法，按周填送当地劳动局。1952年2月，省财政经济委员会转发政务院财政经济委员会《关于修订颁发工业交通及建筑业职工伤亡事故报告办法报告表式及编制说明》。1954年12月，金沙县岩孔区新民乡农民自动组织25人挖煤，12日挖破水仓，瓦斯浓度过大，死3人；2名抢救者跌落煤洞淹死，造成5人死亡，1人重伤。此事见报后通过读者来信举报，查明金沙县12月间各区煤窑死8人，伤11人。1955年3月26日，省政府财政经济委员会第五办公室行文通报金沙县煤窑的严重伤亡情况。1958年，全专区共伤亡1372人，其中死亡288人，重伤314人，轻伤762人，残废8人。地直和毕节、金沙、赫章县及水城煤矿事故伤亡622人中，矿场40人，中毒48人，爆炸48人，跌倒78人，挖神仙土92人，淹死3人，火灾32人，其他276人。1959年5月30日，大方县对江硫磺矿挖神仙土打死2人。专区建筑公司威宁二塘工地工人用炸药炸鱼，淹死1人。6月9日，水城煤矿风井风机停止运转约20分钟，井内瓦斯浓度骤升至8%左右，致使瓦斯爆炸死亡5人，伤3人。6月18日，威宁钢铁厂炼铁炉发生一氧化碳中毒17人。6月24日，毕节县官屯乡硫磺厂矿洞垮塌死亡5人。据1959年上半年不完全统计，全专区共死亡108人，伤436人。8月21日，中共织金县布苗铁厂委员会书记召开车间干部会议，丢香烟蒂头引起室内存放的火药爆炸，与会9人全被烧伤，后7人死亡，烧毁房屋一间，损失人民币2500元，被盖10床，衣物、公债等2万余元。1960年，全专区发生事故5起，死亡6人，伤3人。2月6日晨，水城煤矿新斜井202五分层发生局部冒顶，当班10人中5人被埋，经抢救，3人死亡，1人脚受挫伤。

1975年，发生瓦斯爆炸和井下垮塌等事故50起，死亡60人，伤48人。其中国营煤矿事故11起，死亡4人，伤8人。1976年2月22日，赫章县国营城关煤矿瓦斯检查员检查发现9工作面瓦斯浓度7.8%，风井风机处浓度升至4.7%。副矿长傅某某不让检查员出井报告瓦斯浓度，即率一班（8人）从采硐进入工作面拆钢轨，钢钎大锤碰撞钢轨产生火花，引起瓦斯爆炸，在场8人死亡，一名推车工重伤，瓦斯检验员和一名打点工轻伤，井巷严重摧毁，全矿报废。1979年，全地区发生事故75起，死亡93人，重伤58人。其中社队企业死亡86人，重伤44人。7月10日，金沙县新化公社煤厂工人在煤巷内用打火机吸烟，引起瓦斯爆炸，致7名采煤工死亡，2人重伤，经济损失1.1万余元。7月17日，毕节县清塘大队煤窑11名工人入井挖煤，地面工罗某到井内找打气筒，进井约2丈，感到热浪冲来，回头跑出。脸、胸、手被烧伤，井内11人全死亡，事后查明井内瓦斯浓度10%以上。7月20日，织金县二坡公社煤厂大雨导致屋后塌方，将土墙房埋没，屋内5名工人死亡。7月28日18时雷雨交加，毕节县王官大队煤井瓦斯积聚，雷电沿导线传入风机接线盒，产生火花引起瓦斯爆炸，死亡4人，伤6人。

1980年，全地区发生事故161起，死亡92人，重伤70人，轻伤2人。2月28日，威宁县龙场区纸厂大队半坡煤窑因工人用两节电筒改装五节电筒，产生自感火花导致瓦斯爆炸，死亡8人，重伤1人，轻伤2人。12月28日，金沙县新化公社煤厂发生瓦斯爆炸，死亡10人。1981年，全地区发生事故50起，死亡115人，重伤50人。5月1日，大方县毛栗、文阁公社联办煤厂发生瓦斯爆炸，死亡10人，轻重伤11人，直接经济损失1.6万多元。大方县政府和毕节地区行署分别向上级写出事故处理报告：瓦斯检验员未经培训，且认罪态度好，留党察看1年；当天值班的安保副厂长不问瓦斯情况安排生产，撤销党内职务和副厂长职务；煤厂负责人党内警告，地区社队企业局副局长写出检查，作批评教育。12月27日，金沙县国营新化煤矿发生瓦斯爆炸，造成35人死亡的特大恶性事故。事故发生后，金沙县政府、毕节地区行署、省煤炭管理局负责人率有关人员到现场组织抢救，组织联合调查组调查处理。国家劳动总局、煤炭部派出人员到新华煤矿了解事故情况，慰问死者家属。经查认定，金沙新华煤矿发生严重瓦斯爆炸，造成35人死亡，属重大责任事故，并提出对事故处理意见。省政府批复毕节地区处理意见：撤销王某某矿长职务，同瓦斯工顾某某一起移交司法机关追究刑事责任，副矿长朱某某、欧某某受撤职处分，工业局长孙某某行政记过处分。金沙县政府对事故负有重要领导责任，检查不深刻，应进一步作出检查。1982年，全地区发生事故50起，死亡48人，重伤70人。7月16日，威宁县营坝大队煤矿发生瓦斯爆炸，死亡10人，与其井巷相通的区社联办煤厂死亡3人，轻伤1人。毕节地区行署10月23日向省政府报告：责令二塘区和县社队企业局作深刻检查；撤销李某某副厂长职务并向公社和区写出书面检查；营坝煤厂厂长李绍明、区社联办煤厂副厂长翟某某给予党内警告处分。省政府批准上述决定并指示：对二塘区有关领导也应给予适当的行政处分。1983年，全地区发生事故59起，死亡63人，重伤39人。8月13日，毕节县后箐公社私人煤窑发生瓦斯爆炸，死亡14人，重伤10人，轻伤2人。9月1日，毕节县小坝公社屋基生产队私人煤窑因工人所用电筒与连接铜丝摩擦发生火花引起瓦斯爆炸，死亡10人，重伤1人。1984年，全地区发生事故78起，死亡180人，重伤64人。其中死亡10人以上的事故1起，死亡3人以上的11起。9月8日，金沙县新化乡院合村4人联办未经批准的煤窑，因井下水泵电源线与电缆接头处接触不良跳火引起瓦斯爆炸，死亡10人，重伤2人，轻伤3人，直接经济损失1.1万元。9月24日，地区行署向省政府报告，同意金沙县政府的调查报告和处理意见：对厂主邓某某、王某某追究刑事责任，其他相关人员受到相应处分，责成安洛区公所作深刻检查。1985年，全地区发生事故129起，死亡207人，重伤101人。3月2日，织金县烟叶复烤厂建厂挖挡土墙违反操作规程，土方垮塌，死7人伤1人。行署副专员杨智光率地区经委、城建局、劳动人事局负责人到现场调查，协助处理善后工作。9月1日，黔西县周营化窝煤厂因电工、瓦检员、调度员违章作业造成瓦斯爆炸死亡8人，直接经济损失5.17万元。1986年，全地区发生事故303起，死亡336人，重伤201人，7月20日，金沙县安底区岚头乡铁厂工地后壁保坎垮塌，塌下土、石、水泥构件4.5万多立方米，压倒两座20米高的高炉烟囱，两座热风炉，1号炼铁高炉（13.5立方米），两间值班房和一些未曾安装的设备，直接损失40万元。1987年，全地区发生事故116起，死亡153人，重伤82人。死亡3人以上的重大事故13起。4月18日，织金县以那区茶林村李某某等联办无证无照独眼井，既无安全规章制度又无安全设施。因1号尖子用8磅锤猛击钢钎锲煤，发生火花引起瓦斯爆炸，死亡16人，重伤5人。6月10日，织金县政府向毕节地区行署呈送调查处理报告、8月3日行署向省政府报告；煤窑负责人李某某、李某某移交司法机关追究刑事责任；区乡镇企业管理负责人刘某某经管7年大部分时间在家干私活，给予留用察看处分；以那区分管安全工作副区长李某某不重视安全工作，事故发生后未及时组织抢救，撤销其副区长职务；给予以那镇镇长张某某行政记过处分；以那区秘书李发银未经讨论，私自给李某某等人申报民政贷款3500元，给予行政记过处分；织金县乡镇企业局局长王某某工作马虎对以那区乡镇企业管理工作瘫痪情况熟视无睹，给行政记过处分。1988年，全地区发生安全事故119起，死亡155人，重伤80人。

20世纪90年代，各级政府重视，全地区安全生产工作大为改善；但由于利益驱使，部分私人在无证照、无安全设备情况下滥挖乱采煤炭，一些国有煤矿管理不善，每年都发生一些较为重大的安全事故。1993年4月21日，毕节市犀牛煤矿发生瓦斯爆炸，死亡4人。1995年4月，黔西县金坡乡茶园煤矿瓦斯爆炸，死亡4人，伤2人。毕节市长春王官村煤矿瓦斯爆炸，死亡12人，伤1人。10月26日，赫章县妈姑垭口脚煤矿电火花引起瓦斯爆炸，死亡14人，伤17人。1996年7月3日，纳雍县勺窝乡张应良煤矿瓦斯爆炸，死亡3人。1997年11月26日，金沙县新化乡大竹村煤矿瓦斯爆炸，死亡17人。1998年3月20日，毕节市垭关煤矿瓦斯爆炸，死亡7人，重伤1人。8月毕节地区行署行文通报织金、金沙县煤矿发生重大瓦斯爆炸伤亡事故。10月19日，金沙县新化乡乡办煤矿发生瓦斯爆炸死亡36人。1999年1月16日，赫章县妈姑肖家冲煤矿瓦斯爆炸，死亡36人，伤8人。2000年1月7日，毕节地区行署行文通报纳雍县鬃岭镇“11·14”重大瓦斯爆炸事故，并作出处理意见。7月11日，黔西县红林乡沟底二号煤井瓦斯爆炸，死亡6人、马4匹。8月20日，赫章县姑基乡岩脚煤井瓦斯爆炸，死亡8人，伤1人。10月，毕节地区行署作出《关于对赫章县古基乡发裸村营盘组岩脚煤矿发生重大瓦斯爆炸事故调查处理报告的批复》，决定对事故主要责任者移送司法机关追究刑事责任，对乡党委书记陈某某给予党内警告处分，对姑基乡政府处以1000元罚款。是年，全地区共发生事故266起，死亡287人，受伤197人，造成经济损失357.35万元。2001～2006年，全地区煤炭生产发生死亡事故843起，死亡1482人。2007～2011年，全地区合法煤矿发生事故322起，死亡462人。

1993～2000年毕节地区矿井事故统计表

| 项目 | | | 1993 | 1994 | 1995 | 1996 | 1997 | 1998 | 1999 | 2000 | 累计 |
|---|---|---|---|---|---|---|---|---|---|---|---|
| 起数 | | | | | 30 | 49 | 42 | 33 | 26 | 29 | |
| 人数 | | | 104 | 143 | 77 | 80 | 160 | 170 | 111 | 120 | 965 |
| 其中 | 3人以上 | 起数 | | | 5 | 9 | 14 | 13 | 10 | 12 | 63 |
| | | 人数 | | | 21 | 35 | 55 | 69 | 50 | 66 | 298 |
| | 10人以上 | 起数 | | | 2 | | 5 | 4 | 2 | 2 | 15 |
| | | 人数 | | | 25 | | 72 | 81 | 45 | 30 | 253 |

## 二　企业安全制度建设与企业安全生产检查

1978年10月，中共中央发出《关于认真做好劳动保护工作的通知》。同时，国家计委、经委、劳动总局发出通知，重申切实执行国务院1963年《关于加强企业生产安全工作的几项规定》和1956年制定的《工厂安全卫生规程》《职工伤亡事故报告规程》。毕节地区行署及各县政府按照通知和规程的要求，尽一切努力，避免企业生产事故发生。

1981年3月，国家经委等部委和全国总工会发出《关于开展安全活动的通知》，根据国务院决定，每年5月组织全国工业企业开展安全月活动。5月，毕节地区行署召开全地区安全生产紧急会议，要求各县及地区有关部门组织人员认真学习国家有关文件，开展安全卫生宣传教育，树立安全第一思想；开展安全卫生大检查；做好安全生产管理干部和技术人员培训工作；加强领导，切实抓好企业安全生产工作。地区行署制发〔1981〕080号文件，要求各县、各部门、各企业认真执行。5～6月，各县对631个社办、队办煤窑进行安全检查，封闭100多个不符合开采条件的小煤窑，对有严重隐患的300多个小煤窑强令停产限期整改。投入100多万元补助社队小煤窑改进安全措施。毕节石油公司五里坪仓库存在严重隐患，拨款改迁高压输电线路，安装避雷装置，搬迁仓库附近农户，改造道路、围墙。1983年，毕节地区成立安全月活动领导小组及其办公室，召开电话会议和地直办、委、局负责人紧急会议，部署开展安全大检查。5月，地区组成3个检查组到部分县和地直厂矿督促检查。之后，各县各单位组织104个检查组深入区、社、队进行小煤窑的检查、登记、发证厂工作。据不完全统计，全地区小煤窑3199个，其中社、队煤窑320个，发证的64个，限期停产整顿的226个，封闭的40个。私人煤窑2395个，基本符合生产条件的567个，有重大隐患封闭的316个。共查锅炉76台，占全区总数的67.9%，有重大隐患的12台；当即停炉2台，限期改造10台。9月组织两个组深入8个县和部分区、社抽查。同时，开展安全技术培训。地区化肥厂组织职工学习有关安全工作文件和安全操作规程。地、县国营煤矿举办安全技术培训班，对特殊工种进行专业训练。地区社队企业局举办两期骨干煤窑负责人和瓦斯检查员培训班，培训100多人。是年，地、县共办安全技术班88期，培训2009人，其中锅炉培训班两期89人，煤矿安全人员培训班9期320人，工会劳动保护人员培训班76期1565人。1984年1月，毕节地区经委转发劳动人事部、国家经委《关于做好1984年新年、春节前后和第一季度安全生产工作紧急通知》。7月，转发省经委、劳动局、煤炭管理厅《关于对全省地县煤矿“五消灭”，情况进行检查的通知》和《贵州省地方煤矿“五消灭”标准》，切实消灭独眼井，消灭自然通风，消灭明火、明电放炮，消灭明火、明电照明，消灭明闸刀。毕节垭关煤矿基建矿井配套设备完善，实现“五消灭”受到省表彰，获合格证。大方县人民政府、地区化肥厂被命名为贵州省安全生产、文明生产先进单位。

1985年3月，毕节地区行署根据省府要求成立毕节地区安全生产委员会，办公室设地区劳动人事局，其下4个专业安全办公室；防火、防爆安全办公室、交通安全办公室、防尘防毒办公室、矿山安全办公室。各县亦成立相应机构。6月，地区安委会召开全地区安全工作会议。10月14～29日，根据省经委通知，地区经委会同劳动人事局联合抽调10人组成安全设备检查组，检查黔西、织金、大方、毕节县32个县属企业和11个地属企业。检查发现，大方县轻工机械厂管理井然有序，车间工场整洁文明，多年未出现安全设备事故。毕节县垭关煤矿安全生产制度健全，管理严谨。但多数煤矿安全设备管理工作与生产发展不相称。存在一定影响生产安全问题，要求采取改进措施。地区乡镇企业局拟订《毕节地区乡镇煤矿安全管理暂行办法》，经行署批准下发试行。

1987年3月4日，毕节地区行署拟发《关于加强乡镇煤矿安全工作意见》要求重视安全生产，坚持安全第一；提取的维简费60%返还煤矿进行安全技术改造，40%作为各级安管机构活动费和培训费，其中40%返还区，40%留县，20%上交地区；按照国家矿产资源法、矿山安全条例和省有关文件，由分管县长组织各有关部门成立整顿班子，切实搞好整顿，建立安全生产规章制度，落实责任制，各级政府分管领导负领导责任，乡镇企业局分管安全的领导负第一责任，煤矿主要领导负直接责任。3月10日，地区行署制发《关于搞好1987年安全工作的意见》。要求百万吨死亡率控制在30.6人以内，抓好防火、防爆和锅炉等受压容器的检查和年检工作。7月9日，地区行署召开安全生产会议，贯彻国务院《关于加强安全生产管理的紧急通知》和省安全工作会议精神，部署下半年安全工作。

1988年9月，地区行署组织安全生产检查组，检查地直22个厂矿企业领导安全意识、安全管理制度、隐患及整改、事故处理，并检查锅炉、油库、消防设施、电器线路、生产危房和爆炸物品。检查发现地区化肥厂、建材厂、水泥厂、毕节卷烟厂、烟叶复烤厂安全生产，地区毛纺厂、印刷厂、振兴机械厂、肉联厂、制药厂、畜产品加工厂、毕节电厂、汽车大修厂安全生产较好。之后，总结以上厂矿搞好安全生产的经验在全地区工业企业中推广。是年，地区经委制定安全工作职责：1.严格贯彻执行国家安全生产的方针、政策、法规和上级指示。2.建立健全安全生产责任制；3.做好事故的报告、调度、统计、分析，认真处理事故；4.表彰先进，推广安全生产经验；5.抓好安全教育培训工作；决定对今后安全工作实行安全目标责任制考核。达不到安全目标的企业不能升级，不能评先进。坚持执行安全否决权。2001年，按照国务院68号文、国办发明电25号文及黔煤安监办字〔2001〕55号文的要求，督促生产许可证年审合格、纳入整改范围的493处矿井加大整改力度，全面实行停产整顿。2002年，制定《煤矿安全定期检查制度》和《煤矿安全动态巡查制度》，地、县煤炭局和乡镇煤管站对煤矿安全生产进行定期检查和动态巡查。2005年，完成483处煤矿通风能力核定，497处煤矿瓦斯等级鉴定、229处煤矿生产能力核定。2006年，煤矿企业建立重大安全隐患排查、治理、报告制度及煤矿负责人、生产经营管理人员入井带班等规章制度。2007年，行署出台《关于进一步促进煤炭工业健康发展的意见》。派出6个督察组到8县市开展工作，排查出511个次煤矿，查出隐患4390条，其中重大隐患279条，整改3591条。2008年，开展安全生产百日督察专项行动。2009年，全地区开展隐患排查治理行动1582井次，查出一般隐患2.23万条，整改隐患2.14万条。2010年，地委、行署出台《关于做好2010年安全生产工作的意见》《地区安委会关于做好2010年安全生产工作的实施意见》。是年，全地区查处安全生产非法违法行为1.26万余起，关闭和取缔不符合安全生产条件企业43家，关闭小煤矿23个，关闭不具备安全生产条件的煤矿136个，关闭非煤矿山181个。2011年，地委、行署下发《关于做好2011年安全生产工作的意见》，修改完善《毕节地区“十二五”安全生产规划》，把机制、制度建设纳入规划主要内容。

## 三　安全生产目标责任

1988年5月16日～17日，地区经委召开地直工交系统安全设备会议，贯彻省安全生产会议和设备会议精神，分别落实省经委下达的伤亡控制指标：千人死亡率0.15‰，千人重伤率0.35‰，地县煤矿百万吨死亡率7.5人以下。毕节地区千人死亡率0.027‰，千人重伤率0.157‰，未超出控制指标，地县煤矿百万吨死亡率39人，超过控制指标。是年，地区经委共下发文件12个，召开安全和设备会议4次，进行安全检查8次，向省经委申报安全技术措施项目8个。1990年，省经委下达毕节地区安全考核指标是：千人死亡率0.13‰，千人重伤率o.3‰，地县煤矿百万吨死亡率10人。是年，全地区千人死亡率0.07‰，重伤率0.05‰，地县煤矿百万吨死亡10人，实现稳中有降。地区经委分别于3月、6月、11月召开安全工作会议，传达上级指示，总结安全月活动，安排安全工作；全年组织3次安全大检查，发现各种隐患148条，并及时整改。省经委安排毕节地区企业12个安全技术措施项目，拨款35万元，消除一批事故隐患。

1991年，省经委下达毕节地区指标为：千人死亡率0.11‰，千人重伤0.22‰；地县煤矿百万吨死亡10人。毕节地区发生死亡事故2起，死2人，重伤5人，千人死亡率为0.02‰，重伤率为0.011‰，地县煤矿未发生死亡事故，各项指标未超出规定，受到省经委表彰。是年1月28日，地区酒厂汽车因严重超载翻车，死亡3人，伤23人。4月13日，黔西氮肥厂车间厂房倒塌，打坏部分设备。是年12月12日，毕节县垭关煤矿下采区瓦斯爆炸，烧毁全部设备，直接经济损失12万元。地区经委在春节、五月安全生产周进行安全大检查。省经委领导分别于4月、9月、12月到毕节地区20多户企业进行安全检查，拨款35万元帮助6户企业治理粉尘，增添安全保护措施。1992年，省经委下达毕节地区工交系统伤亡控制指标为：千人死亡率0.11‰，千人重伤率0.22‰，地县煤矿百万吨10人。毕节地区县以上工交企业死亡2人，千人死亡率为0.045‰，重伤

4人，重伤率为0.09‰；地县煤矿重伤4人，无死亡。事故发生率稳中有降。年内地区经委组织4次安全大检查；发现问题，及时要求整改。省经委拨给毕节县橡胶厂25万元，毕节县明胶厂3万元实施污染治理项目。毕节地区经委拨给毕节瓷厂锅炉维修2.5万元，振兴机械厂除尘2万元，地区毛纺厂电缆沟整修1万元，地区肉联厂配电设备2万元，大方机械厂危房改造4万元。省地安排安措项目共7个，总投资59.5万元。11月7日七届人大第28次会议通过《中华人民共和国矿山安全法》，毕节地区安委会、经委等单位联合行文，要求各县贯彻矿山安全法，加强对乡镇煤矿和热点矿山的安全管理。

1993年，省经委下达毕节地区经委系统千人死亡率0.105‰，重伤率0.215‰，地县煤矿百万吨死亡9.5人。是年，全地区工交系统死亡4人，重伤5人，分别为0.09‰、0.12‰，未超控制指标，地县煤矿百万吨死亡15.6人，超过控制指标。是年，毕节地区经委先后下发安全生产文件13个，工交系统进行9次安全检查；2月、9月检查各县企业，检查5月安全生产周，7月检查防洪工作，11月检查建筑业；抽调人员检查工业企业，12月检查地直企业设备。省经委拨款17万元分别给毕节县制革厂建空压机站，赫章县铁矿通风及运输设施，黔西县水泥厂立窑收尘，大方县建材厂危房改造，毕节县针织厂配备消防设施。毕节地区经委安排安措项目6个，财政拨款17万元；毕节县垭关煤矿自筹3万元，地区财政拨5万元抢修集运大巷；织金县磷肥厂自筹7.5万元，地区财政拨4.5万元，检修高炉煤气除尘设备；大方县建材厂自筹10.3万元，地区财政拨4万元大修锅炉；毕节县大理石厂自筹5.4万元，地区财政拨3万元，购置消防设施及烘房；毕节电厂自筹5.5万元，地区财政拨1.5万元，修建汽机车间隔音室；地区毛纺厂自筹0.5万元，地区财政拨1万元改造梳纺车间。1994年，省经委、地区安委会下达毕节地区工交企业伤亡控制指标；千人死亡率0.1‰，重伤率0.213‰，地县煤矿百万吨死亡8人。是年，全地区工交企业死亡1人，重伤2人，煤矿死亡1人，死亡率为0.024‰，重伤率0.047‰；地县煤矿百万吨死亡5人，均未超过控制指标。省、地经委共安排毕节地区安全技措项目11个，拨款31.5万元。1995年，省经委下达毕节地区工交系统千人死亡率0.105‰，重伤率0.2‰；地县煤矿百万吨死亡9.5人。是年，全地区工交企业死亡2人，重伤3人，分别为0.045‰、0.067‰，未超控制指标；地县煤矿死亡3人，百万吨死亡率15人，超过控制指标。

1996年，省经委下达毕节地区工交企业伤亡控制指标为：千人死亡率0.08‰，重伤率0.18‰；地县煤矿百万吨死亡9.5人。是年，全地区死亡3人，重伤3人，分别为0.06‰、0.067‰；地县煤矿死亡1人，百万吨死亡率为5人，均未超过指标。1997年，省经委下达毕节地区伤亡控制指标：工交企业死亡4人，重伤7人；地县煤矿百万吨死亡9人。是年，全地区发生事故7起，死亡7人，重伤5人：其中地县煤矿事故2起，死亡2人。死亡人数超控制指标。1998年，毕节地区工交企业发生事故9起，死亡14人，重伤5人，其中地县煤矿事故5起，死亡9人，重伤4人。2001年，全地区发生各类事故321起（重特大事故28起），死亡365人，受伤195人，经济损失455.9万元，与上年比，事故次数上升20.7%，死亡人数上升27%，经济损失上升27.6%。2005年，全地区发生各类安全生产事故495起、死亡503人，与上年相比，分别下降15%和14.7%。2011年，各类死亡人数比省年初下达的控制指标234人少68人，比6月调整指标208人少51人；较大事故指标控制在省下达考核指标范围内，杜绝了重大及以上事故。

### 四　实施安措项目

1986年开始，省经委、毕节地区经委每年均拨数十万元安排一批企业的安措项目，每个项目都经考察、审查，签订合同，专款专用，施工中主管部门严格监督、检查，保证工程按期完成，竣工验收。织金磷肥厂除尘净化系统损坏，污染生产环境，发生过工人煤气中毒事件。地区经委拨款4.5万元，企业自筹7.5万元，大修高炉，消除污染和漏风，产量由70吨增加到90吨。贵州软木厂车间无除尘设施，切皮、打碎、风选中大量粉尘污染环境，危害工人健康。省经委拨款3万元，企业自筹5万元，装上密封收尘设备，粉尘由50千克/立方米降到5千克／立方米，消除污染，原料利用率由70%提高到80%～85%。

1995年7月中旬，毕节城区连日大雨，山洪暴发河水猛涨，企业厂房、仓库普遍进水，部分企业停产，城区地直工交企业直接损失500多万元。根据受灾轻重，地区财政拨款救助部分企业。1996年3月13日，毕节地区经贸局转发省经委《关于填报重大事故隐患报表的通知》，并对全地区国有骨干工业企业进行重大事故隐患调查。共调查8个行业中31户企业，查出重大事故隐患60项。地区财政局拨款42万元帮助11户企业进行安全技术改造，地区经贸局向省经委争取拨款10万元为4户企业治理隐患，各企业自筹近百万元治理隐患。1999年，毕节行署乡镇煤矿维简费投入1165万余元，小煤矿购置抽风机、矿灯、瓦检器、安全帽、防爆开关，有效改善一批骨干矿井的安全生产条件。驰宇集团挤出近300万元资金改善基层站点安全设施。地区经贸局安排技术措施资金99万元，整改24个项目。省经贸委安排8.5万元给3户企业搞安措项目。

2001年，投入近2亿元整改493处矿井。2004年，有510处煤矿安装瓦斯检测监控系统，7处煤矿安装瓦斯抽放系统，135处煤矿采用单体液压支柱、悬移支架或金属摩擦支柱支护。2005年，上报4个煤矿双回路供电项目和13个煤矿瓦斯抽放系统的试点项目。2006年，对全地区2004～2005年经省批准的19个煤矿专项技改项目中已建成的12个项目进行竣工验收，这批项目实际完成投资1843.85万元。2007年，上报37个项目，获省煤矿安全专项技改资金180万元。2010年，地区行署共投入安全生产资金2900万元。

## 第四节　劳动保护

**工业卫生**　1979年3月，国务院批转国家劳动总局、卫生部《关于加强矿企业防尘防毒工作的报告》，毕节地区防疫部门组织力量，对省、地、县44个厂矿5568名职工进行检查。查明已患硅肺病者481人，占受检人数的41.5%，接触铅、锰、苯、汞、硝基甲苯有毒物质作业人员2100人，32.8%铅中毒患病。1984年7月18日，国务院制发《关于加强防尘防毒工作的决定》。1985年3月24日，召开全地区工业卫生工作会议，学习《决定》，制定《毕节地区开展工业卫生工作实施细则》，在行署安全生产委员会下设防尘防毒办公室，1985年3月～1986年10月组织职工体检和企业生产作业点测尘测毒。领导和协助县以上厂矿企业完成职工健康建档建卡工作。地区先后5次召开会议布置检查职工健康建档建卡工作，印发宣传资料3650份；1985年4月～1986年7月，举办建档建卡培训班两期，培训106人，学习国务院《决定》《工厂安全卫生规程》、工业卫生知识和建档建卡规范。抽调医生和防疫人员203人组成10个体检和测尘、测毒专业队，开展“双建”和检测工作。地区选择地区水泥厂作为建档建卡试点和验收示范点，并以该厂“双建”工作为基础统一全地区“双建”工作验收标准和评分方法。地区水泥厂被评为省、地“双建”工作先进企业。1985年11月，毕节地区组织“双建”工作组，检查地直和各县“双建”工作，发现少数县和部分厂矿领导对“双建”工作不够重视。行署成立以分管副专员为组长的毕节地区“双建”工作领导小组，责令各县和地直各门组织力量检查。1986年9月，地区组织有关部门负责人和医护、防疫技术人员157人，组成10个“双建”验收组，深入地、县164个厂矿验收，验收确认全部完成“双建”工作，2.05万余名职工全部建立档、卡，2.02万名接受体检，体检率98.26%，接触有害物品者9400人，9156名作职业性体检，体检率97.4%。查出尘肺76人，可疑尘肺1414人，职业中毒5人，各种毒物吸入59人，有害作业点670个，检测547个，采样667个，有害作业点合格214个，合格率39.12%。2002年，完成全地区皮鞋加工坊和使用苯及苯化合物企业的调查，对毕节复烤厂车间22个粉尘点、17个采光点进行卫生检测。2003年，地区疾病预防控制中心对毕节地区烟厂1803名职工进行职业病检查，检查率为94.89%。一般体检发现各种异常症状161人。2007年，地区疾控中心对厂矿企业620人进行健康检查，842人进行职业性体检，对烟叶营销等单位车间61个粉尘点、65个噪声点、236个采光点进行采检监测。2011年，地区疾控中心对厂矿企业2000余人进行职业病体检，建立健康档案。

**矽肺流行病调查**　1988年5月下旬～1993年5月30日，毕节地区根据国家卫生部《关于开展全国尘肺病流行病学调查总结计划和全国尘肺病现状调查实施方案》，开展尘肺病流行病学现状调查。地区设立肺流调办公室，各县设立流调组负责组织领导流调工作。23名医务人员参加流调工作。全民所有制及县以上集体所有制企业163个，接尘厂矿122个，接尘6378人，受检6099人，X光照片6099人；诊断尘肺患者231例，其中硅肺17例，硅肺合并结核3例；煤工尘肺193例，煤工尘肺合并结核13例；水泥尘肺2例，陶工尘肺2例，铸工尘肺1例。现患病例206例，其中硅肺17例，硅肺合并结构3例；煤工尘肺173例，煤工尘肺合并结核10例；水泥尘肺2例，陶工尘肺2例，铸工尘肺1例；结核合并率6.1%。死亡病例25例，均属煤工尘肺。全地区煤工尘肺占88.34%，在12个工业系统中，煤炭系统检出率最高，皆因大多数煤矿通风较差，均未进行湿式作业，作业人员不习惯使用防护口罩，煤矿劳保条件很差，造成采煤工尘肺病例特高。

**工业企业尘毒治理**　20世纪80年代前，毕节地区多数企业工艺装备落后，缺少防尘防毒设施。加上治理不力，作业环境尘毒浓度大大超过国家允许的排放标准。1984年，国家作出《关于加强防尘防毒工作的决定》，地区行署、各县政府和有关部门对防尘防毒工作高度重视。1985～1986年，在全地区厂矿企业中进行职工健康建档建卡工作；1988～1989年，对全地区企业尘肺病进行流行病学调查；要求新建、扩建和技术改造项目，其尘毒治理和安全设施必须与主体工程同时设计、审批，同时施工，同时验收、投产使用；要求加强治理尘毒危害严重的老企业，采用新工艺、新技术、新设备，使之达到国家排放标准；劳动部门、卫生部门建立健全监察制度，充实监察监督人员，配备检测手，帮助企业监测尘毒情况，制定、落实治理尘毒的技术措施，监督企业尘毒治理。从1988年开始，各级卫生部门坚持每年对尘毒严重的工矿企业进行作业场所有害因素的监测，对长期在尘毒环境作业的职工进行职业体检，发现尘毒超标的企业要求限期整改，对检出有职业病的职工分别进行换岗、休养和治疗。

## 第五节　工业企业环境保护

**环境保护制度建设**　1983年12月31日，国务院召开第二次全国环境保护会议，毕节地区行署根据全国环保会议精神，建立健全企业排污收费制度，规定企业缴纳一定数额的环境补偿费用，为治污积累资金；制订环境影响评价制度，规定企业在新、改、扩项目中，从立项开始，对项目的选址、可行性研究、工程设计，投产后对周围环境产生的影响进行调查、预测和评价，并提出防治的对策和措施，然后报请环保主管部门批准；“三同时”制度，规定新建、改建、扩建基本建设项目，技术改造项目，自然资源开发项目，其防治环境污染和生态破坏的设施，必须与主体工程同时设计，同时施工，同时投产和使用；排污申报登记和排放许可制度；污染事故报告制度：规定排污单位发生事故，周围环境可能受到严重污染、威胁到群众生命财产安全时，向环保部门和有关部门报告，并向群众通报，及时采取有效措施防止事故的扩大和危害加重。2004年，地区环保局研究制订《毕节地区炼锌业环境保护技术政策管理规定（试行）》，报行署批准执行。2005年，拟定《毕节地区煤炭采选业环境保护技术政策规定》《毕节地区炼铁业环境保护技术政策规定》，报行署印发执行。2009年，实施《毕节地区主要污染物总量减排统计办法》《毕节地区主要污染物总量减排监测办法》《毕节地区主要污染物总量减排考核办法》减排“三大体系”建设。2011年，制定《毕节地区污染源自动监控系统和环境质量自动监测系统运行管理办法（试行）》，完成13家国控、省控重点污染源的自动监控（监测）有效性数据审核。

**工业企业污染源调查**　1.工业污染源调查。1986年9月～1987年4月，毕节地区行署根据国家环保局等部委部署，在全地区进行工业污染源调查。地区行署成立以分管副专员任组长，地直相关单位为成员的工业污染源调查领导小组。调查工作由地区环境监测站负责。此期间，共调查工业企业585户，占全地区工业普查数592户的99%。对85户企业进行建档。其中详查重点污染源企业50户，普查535户；实地监测厂矿企业46户，取得数据441个，其中水184个，粉尘25个，噪声232个。技术组人员分片到各县，深入到所有详查企业，具体了解废气、废水、废渣的排放与治理的情况。确定全地区各县、各行业各系统的主要污染源和污染物。基本查清全区四大水系和三个重要水体所接纳的工业废水和主要污染物总量。建立健全全地区各工矿企业在生产工艺、生产管理、资源和能源利用、污染排放与治理等方面的污染源档案，为区域环境管理、环境质量、环境规划、环境科研以及综合防治提供科学的可靠的依据。1987年4月，调查结果，经贵州省工业污染源领导小组鉴定，并通过验收，其调查成果获全省第二名。1988年获国家环保总局、科委、经委、统计局、财政部联合颁发的优秀奖。2008年，全地区污染源普查，有重点污染源752家，一般工业污染原1124家。

2.乡镇工业污染源调查。1978年后，乡镇企业发展迅速，严重污染亦随之而来。1990年8月～1991年2月，毕节地区行署根据省政府办公厅〔1990〕97号文件，成立毕节地区乡镇工业污染源调查领导小组，共调查企业1.96万个，占总数的38.2%;小炼锌、小炼焦、小砖瓦、小水泥、小造纸、小煤窑、小酿酒、小炼硫为调查重点。调查证实：全地区乡镇工业以废气污染为主，其负荷比几乎为100%；以赫章、威宁、毕节县污染为最严重；小炼锌、小炼硫、小砖瓦污染最重，全地区乡镇工业污染经济损失占调查的8个行业产值的13.8%，相当于小炼焦和小酿酒两个行业工业产值之和。1995年，全地区共有乡镇企业污染源3.68万个，其中毕节市6587个，大方县4930个，黔西县3878个，金沙县4052个，织金县3561个，纳雍县2395个，威宁县7173个，赫章县4217个。1996年，全地区乡镇企业污染源共排放废气153.15亿立方米，废气二氧化硫4.84万吨，氟726.51吨、烟尘8.86万吨、粉尘47.21万吨。是年，全地区乡镇共治理废气11亿立方米。全地区工业污染源75个，其中毕节市30个、大方县8个、黔西县7个、金沙县10个、织金县10个、纳雍县2个、威宁县6个、赫章县5个，全年共排放废气48.28亿立方米；工业污染源废水排放量692.18万吨，主要有7种污染物：氧化硫1848.52吨，化学耗氧量376.36吨，挥发酚0.54吨，氰化物1.98吨，硫化物5.95吨，砷2.96吨，油类45.93吨。

1997年，毕节地区乡镇企业污染源年排废水502.5万吨，其中主要污染物年排放量为：Cd2.52吨、Pb0.89吨、As0.02吨、挥发酚0.27吨、CN1.53吨、油类10.05吨、COD0.04吨、SS0.53吨。

**废气、废水、废渣治理**　1977年4月，国家经委、建委、财政部和国务院环境保护领导小组联合制发《关于治理工业“三废”开展综合利用的几项规定》，要求企业依靠群众和经营管理，改革生产工艺，采取综合利用措施，把“三废”消灭在生产过程中。1983年，国务院制发《关于结合技术改造，防止工业污染的几项规定》。自此，毕节地区根据国家有关规定、指示，开始治理工业“三废”。

1.污染物排放总量控制。1998年2月12日，毕节地区行署制发《关于在全区实施污染物排放总量控制的通知》，规定对排放总量控制管理：（1）各县市将指标分配到各污染源单位，实行分级管理；（2）全地区污染物排放总量控制计划由地区环保局、地区计划局、地区经贸局负责监督实施。毕节地区行署行文规定：①1999年以前坚决取缔土法炼锌和土法炼焦；②对全地区0.97/h以上锅炉限期整治，并在2000年前达标排放，到2000年治理无望，经济效益差的污染源坚决关闭；③强化型煤和燃气炉灶的推广以降低原煤消耗量，凡因硫效果达不到标准的型煤一律不准生产和销售，到2000年不使用燃气灶的饮食餐馆，由工商部门和城管部门坚决关闭；④各级经济管理部门积极配合做好“两土”的取缔和技术改造工作，国家明令禁止的生产项目以及六价铬、汞排放项目，乡镇企业一律不准立项上马。根据1998年工业污染源排放情况，毕节地区行署办公室公布1999～2000年重点工业污染源单位名单，并明确各重点污染单位必须办理污染监测手续，申办排污许可证和制定达标计划书获批准后方可继续生产。

2.重点污染企业环保整治。（1）金沙黄磷厂年产黄磷达万吨，生产每吨黄磷废渣近9吨；排放废水40～70立方米，耗水120立方米，废水中有元素磷、氟化物、氰化物等有害物质；排出电炉尾气3000立方米，中含一氧化碳和少量氟化物、元素磷；所使用锅炉其尾气有二氧化碳等有害气体和烟尘。金沙黄磷厂长期坚持环境保护和污染治理，1995年被国家环境保护局、国家农业部评为环境保护先进单位。到1997年10月止。先后建污水循环池两群31个，长2962米污水沟1条，冲渣水循环池4个，堆渣场2个，尾气加热器4个，处理磷渣的硅钙肥车间1个，处理年产磷泥5000吨稀磷车间1个，渣坝1条，投资7万元绿化厂区。环保投资共365.4万元，占总投资的9.6%。1997年6月，贵州省环境监测中心监测验收金沙黄磷厂环保设施，除氟化物和二氧化硫外，各项指标均低于国家排放标准。

（2）毕化有限责任公司是有大量废水、废气、废渣产生的省级重点污染单位。公司严格执行“三同时”，加强环境保护，治理“三废”化害为利。1984年，经省化工厅批准为化工无泄漏工厂。1995年，被化工部授予清洁文明工厂称号。

（3）毕节天工建材总厂，是省重点污染源单位。1998年，全厂排放工业粉尘99.46吨，排放二氧化硫106.24吨。1998～2000年，对1号立机窑生产继续治理达标，拆除2#立机窑生产线后技改为22万吨回转窑生产线，其污染大大低于立机窑，保证全厂粉尘排放达标。工程总投资641.81万元。此后，对其他一般扬尘点及室内收尘改造，使污染物排放总量达标。同时，对厂区环境进行绿化美化。

3.取缔土法冶炼。土法炼锌，土法炼焦（简称两土），在赫章、威宁等县由来已久，排放大量有毒有害废气废渣，污染空气，水源，危害人民健康，毁坏农田、作物及草木，生态环境遭到严重破坏，浪费资源，贻害子孙，为广大人民和各级政府所关注。国家和省环保部门多次派员来毕节地区检查，提出整治意见。1997年，贵州省政府《关于取缔关停小土焦和土炼铅锌工作问题的请示》报国家环保总局，国家环保总局《复函》批示，对毕节地区取缔“两土”作出明确指示。毕节地区行署根据国家环保局的指示和省的要求，与有关县市签订“两土”取缔责任书，县市政府与有关乡镇签订责任书，乡镇与业主建立责任制，分片区召开会议，宣传教育。1998年5月，毕节行署派出地区环保局、监察局人员分别到毕节市、赫章和威宁县督察“两土”取缔情况，检查证实：4月30日，沿326国道两侧的“两土”已取缔99%。到1998年6月30日，全地区共取缔土法炼铅锌炉2822只的73.5%。

4.推广土法炼硫环保技术。炼硫是区内乡镇工业第二大污染源。炼硫矿区内草木不生，土地荒芜，生态环境严重破坏。70年代末，地区引进云南镇雄CKLH-4型土法炼硫环保技术，改敞开分散排放废气为密闭集中高空排放。毕节地区原有乡镇炼硫厂326个，年产硫磺块1.27万吨。根据毕节地区行署《毕节地区炼硫行业环境保护技术政策》，投资210万元，对毕节市1个，大方县5个硫磺厂进行环保技改，在织金县新建1个科硫试验厂。7个厂年产硫磺7600吨，占全区乡镇硫磺产量的59.79%。经技改后地区环保局监测，入炉矿石硫利用率平均54.3%，提高23.1%；吨产品矿石成本175元，减少128元；吨产品成本330元，减少80元；吨产品排放硫840千克，减少

80千克；吨产品排放废渣11吨，减6.7吨。厂区二氧化硫日平均浓度0.03毫克／立方米，炉台二氧化硫日平均浓度0.76毫克／立方米，为十四分之一到三十四分之一。生产环境得到有效保护。全地区普遍推广此技术。凡敞开式炼硫厂于4月30日前强行关闭，不准生产；整改后经地区环保局认可方准生产。省属大方硫磺厂限两年内完成技术改造，逾期不改造，报省政府批准关闭。

治理工业企业污染管理　80年代后期，毕节地区排污企业防治污染和其他公害、保护环境开展两方面的工作：一是环保列入企业计划，行署每年与各县、各部门签订环保目标责任制，建立从厂长（经理）到每个职工的责任制，实行生产全过程控制，推行清洁生产，减少或消除污染物的产生和排放，进行废物回收和综合治理。到1996年，全地区有工业企业废气治理设备106套，年治理废气27.77亿立方米，年除烟尘4.03万吨，处理率58.5%，34个厂矿有工业废水治理设备34套，年处理废水2948.64万吨。乡镇企业有废水治理设备63套，治理废水33.94万吨；治理废气11亿立方米。二是控制排放总量。1995年国家环保局审议通过《全国污染物排放总量控制总体方案》，把对环境影响在的12种主要污染物作为全国总量控制重点。毕节地区行署制发《毕节地区2000年12种污染物计划排放量的通知》，将指标分解下达各县市，纳入环境保护目标责任制，各县层层分解落实到各企业，保证排污总量得到控制。毕节电厂废渣排放量最大，1980年该厂成立劳动服务公司，组织职工家属办煤渣砖厂，生产煤渣砖，减少污染，节省企业费用，解决家属就业问题，为国家增收创税。1986年安装1台消烟除尘器，大大减轻废气污染。

## 第六节　职工福利与社会保险

1951年2月，政务院发布《中华人民共和国劳动保险条例》。1953年1月制定修正实施细则，对不同类型的工资福利待遇作出规定。毕节地区工业企业职工工资待遇按国家规定执行，职工福利待遇由于受先生产后生活思想的制约，未严格按国家的规定执行，欠债很多。据1985年普查，全地区592户企业劳保福利支出594.48万元，比1980年增加152.2%；有职工住宅3.22万平方米，医疗卫生机构29所，卫生技术人员194名，床位164张；企业自办小学9所，在校学生3025名，中学5所，学生1764名。以上方面均低于国家标准。1959年后。国民经济发生严重困难，大幅降低企业职工的粮、油、副食品供应标准,企业职工依然坚持生产，搞生产大跃进，体力消耗极大，营养不足，健康状况陡降，出现不同程度的干瘦浮肿。

1960年8月，中共中央发布《关于开展以保粮、保钢为中心的增产节约运动的指示》，毕节专署要求各企事业单位一手抓生产，一手抓生活，低标准，瓜菜代，管好粮食，办好食堂，劳逸结合。要求企业厂矿办好以下4件事：一是利用闲土地种粮、种菜、饲养家禽家畜，以改善职工的生活，增强其身体素质，促工业企业生产。1961年11月调查，7县（除大方县）和水钢、水煤等6个省、专厂矿，共种地3846.8亩，其中省、专属企业平均3.3人一亩，县属企业1人一亩；共养猪1279头，建农场25个，专业人员356名，收粮食5万多斤，洋芋、红薯108万斤，蔬菜203万斤，饲养耕牛48头，存栏猪1279头，鸡、鸭、鹅2890只。这些农场直至70年代初才撤销。二是大搞代食品活动。根据上级指示，厂矿企业大部分办代食品加工厂，加工蕨根粉、玉米芯粉、叶蛋白、糠麸粉、人造肉精和小球藻。机械部门配合代食品生产，设计制造粉碎机、打浆机、电磨供给单位使用。由于加工粗糙，饥不择食，造成职工便秘和肠胃疾病，出勤率降低。三是要求领导进食堂，干部下厨房，督促办好职工食堂。规定办好食堂的标准；主食吃足，副食多样，粗粮细作，吃得熟，吃得卫生，手续简便，方便群众。四是搞好职工困难补助。据当时调查，1961年职工生活指数比1957年上涨80%左右。全地区职工平均（含家庭供养人口）每人每月生产费在6元以下的占17.51%，其中县属企业占20.81%。职工欠债户多，困难大。要求各级党组织和工会深入调查，把生活福利费和困难补助费送到困难职工手中，维持其最低生活水平。

1978年后，随着经济的发展，职工工资待遇和生活福利均有明显改善。据普查统计：1980年全地区职工2.56万人，工资总额1729.4万元，年人均工资676.5元；1985年职工3.93万人，工资总额3318.8万元，年人均工资844.76元。5年增加168.25元，增加率为24.87%。

# 第七章　三线建设

1964年7月下旬至8月上旬，根据中共中央“调整一线、建设三线”的战略决策，中共中央西南局和国家计委在四川西昌召开西南三线建设长远规划会议，对西南三线建设进行具体部署。会上，明确西南三线建设四川、贵州是重点，并对一些重大项目建设作了初步安排。会议作的规划主要包括四个方面内容：1.以六盘水为中心的煤矿基地建设；2.修建成昆、滇黔、川黔铁路，形成西南环线；3.建设以重庆为中心的军工项目；4.建设攀枝花钢铁基地及其相应供电设施。

西昌会议 使毕节地区成为三线建设的重点地区之一。

## 第一节　具体部署

### 一　支援“8892”、“8901”国防工程建设

8892工程是1969年2月15日毛泽东亲自批示的三线建设项目之一。根据中央的统一安排部署，在贵州省革委、省军区的直接领导下，毕节地区先后派出6个基干民兵连1018人的队伍于1970年8月7日到达了施工现场。为了保证施工质量、保证民兵身体不受损伤，到达目的地后，首先进行了身体检查。体检后全区1018人中，有18人因身体问题被送返回乡，余下的1000人投入到了紧张而枯燥的施工中。由于劳动量大、生活艰苦，两个月后，工地上出现了偷跑现象和不安心工作的情绪。为了稳定队伍，丰富民兵业余生活、鼓舞士气和充分调动大家的工作积极性，毕节地区“8892工程”分指挥部向地委、军分区作了上工以来的第一次报告。请求地革委、军分区寄去一些学习用的政治书籍、毛泽东刺绣画像、国旗、党旗以及锣、鼓等，以便多开展活动，稳定军心。1970年10月26日，地区革委生产指挥部向工地作了回复，同意解决学习和宣传用具，并同时寄去了地革委、军分区对全区支前民兵的关心和支持，从而鼓舞了广大民兵士气和劳动干劲，在上级规定时间内，如期完成了“8892工程”指挥部下达的任务，并获得了工程指挥部和省军区的好评。

8901工程“是毛泽东亲自批准建设的国防工程之二，也是三线建设项目之一。根据中央某领导“要把国防工程抢在敌人发动战争前“修好”的指示，省革委、省军区决定从毕节地区抽调2000名民兵配合兄弟单位完成此项任务。毕节地区作出参加8901工程“建设的决定之后，同时给各县下达了任务。全区8个县每个县组建一个连。大方、黔西、金沙、织金四个连编为一个

营，毕节、纳雍、威宁、赫章四个连编为一个营。地革委、军分区要求：各县革委、人武部要统一研究审定，严格按照规定配齐民兵排、连、营、团的干部，认真做好民兵政治思想动员工作，准备开赴工地。–根据以上要求，毕节地区8个县迅组建了民兵连，在地革委、军分区领导的生产指挥部的统一调度指下，大方、黔西、织金、金沙4个连组成的民兵营于1971年3月份开赴施工现场，毕节、纳雍、威宁、赫章4个连组成的民兵营于4月份到达工地。

## 二　参加湘黔铁路大会战

湘黔铁路是在三线建设项目即大量兵工厂转移期间开工的。根据国务院、中央军委批转的《湘黔、枝柳铁路建设会议纪要》和贵州省革委、贵州省军区关于修建湘黔铁路的指示、命令精神，毕节地区核心领导小组、毕节军分区党委联合以毕办发( 1970) 203号文件下发了《关于动员民兵参加湘黔铁路大会战的命令》，决定在毕节地区九（当时水城县还属于毕节地区）个县动员4万名民兵组建1个民兵师，下属9个团（每个县各建一个团），配合铁路专业施工队伍进行修路会战。要求参加铁路会战民兵的条件首先应是政治思想好、身体健康、能坚持正常施工的劳动者，最好是有一定技术的农村“五匠”民兵，以便担负带有技术性任务；女民兵必须是没有家庭牵挂者；在农村插队的知识青年，只要符合条件，亦可动员参加。动员的任务为：毕节县6300人，大方县4700人，黔西县4400人，金沙县3300人，织金县4800，纳雍县3800，水城县4200，威宁县5300人，赫章县3200人，合计4万人。1970年9月，地革委成立了由侯国祥任组长，杨兰平、马国选任副组长的支铁领导小组，领导小组下设办公室。在支铁领导小组的领导下，全区师、团指挥部在9月底进入了指挥位置，4万名支铁民兵于10月底分期分批抵达施工现场，开始了一场艰苦而光荣的湘黔铁路大会战。

## 三　兴建人防指挥坑道

毕节人防指挥坑道的建设属于三线建设的地方性项目。 1970年12月13日，毕节地区人民防空领导小组和人民防空办公室向地革委、军分区提交了《关于兴建地区人防指挥坑道的报告》。《报告》强调：由于美帝、苏修已在我国周围建立了上百个军事基地和各种类型的战略轰炸机基地和导弹发射基地，并经常以我国的大城市、重要工矿区、交通枢纽和军事要地等为目标进行演习；妄图实现其颠覆我国政权，称霸和重新瓜分世界的罪恶阴谋；贵州是我国战略大后方，是三线建设的重点，毕节地区是其组成部分，是美、苏修对我国发动侵略战争时进行突然袭击等破坏活动的目标之一。因此，全区人民要与全国人民乃至全世界人民一道团结起来，从现在开始，要有所准备地以革命战争消灭侵略战争。同时，为保证在突然事变发生的时候，不致于措手不及，在敌人袭击的条件下，能很好地、不间断地组织指挥全区党、政、军、民进行反袭击破坏斗争，，坚持战时生产和运输不受影响，能够顺利支援前线坚决、彻底、干净、全部地歼灭入侵之敌。根据中央批准的军委办事组《关于加强全国人防空工作的报告》和全国人民防空领导小组的指示精神及贵州省革委批转省人民防空领导小组《关于我省1970年人民防空工作意见的报告》，地区人防领导小组研究确定：一是由地区人防办公室负责具体筹划，兴建地区人防指挥坑道。当时，经过省军区领导亲临指导和踏勘比较后，地区人防指挥坑道地点选定在毕节县城关镇虎踞山。在进行多次地形测量，绘制了地貌图、标定了坑道走向、计划了坑道长度、宽度、高度和工作间设置后，经地革委同意并拨款36万元兴建，（追加20万元经费由省革委帮助解决）。1971年5月5日，由于上级一直未解决追加经费，地革委人民防空领导小组再次召集人防办、总段工程队负责人及军代表共同研究并决定：工程暂按36万元施工，能完成多少工程，人防办和总段要随时向地革委、军分区报告。之后，由130多人组成的工程队开到虎踞山下，开始了紧张而艰苦的坑道挖掘工作。1972年坑道一期工程完成，全长为390米，净宽2米，坑道中心至拱顶高2.7米，坑道边至起拱高2米，全部用0.3米厚的混凝土闭护。

1970年3月5日，黔西县人民防空领导小组对城关地区战时疏散区域、防空警报、信号、灯火管制、防空勤务和组织指挥等工作进行部署。花了一年多的时间，在县城学宫坡开挖防空洞，从坡脚至坡顶定为人防基地。在县城附近4公里的地段上，选定22个现有深、干、平、厚，有饮用水源，可以住人和存放各种战备物资的自然山洞为防空之用。同时，全县人工开挖小型防空洞462个，能容3280多人。为作好战时人口疏散，县人防领导小组拟定预备实施方案，成立相应的指挥、卫生、抢救、消防、通讯、警戒、防特、防奸和对空监视哨等组织。

## 第二节 建设企业

### 一 黔西红林机械厂

黔西红林机械厂是国家三线建设的一个重要项目，1964年开建，1974年竣工投产。位于黔西县红林乡政府旁的一个大穿洞里，洞高20米、宽30米，长200米，厂房为三层框架结构与现交的钢筋混凝土建筑，有200多个房间，主要有热处理车间、非标制造车间、材料仓库、产品设计室、装配试验车间、机修车间、铸造车间、锻造车间、表面处理车间、装配车间等，形成一套完整的生产流水线。有职工2600多人，机床设备350多台。主要研究和生产多种型号发动机的燃油泵和自动调节装置。其中，R V—04汽油泵柴油泵，在20世纪80年代达到国际先进水平，出口美国B.K.M公司。其交错发展插齿法、A B S塑料袋装饰镀工艺，荣获航空工业部颁发的厂际质量优胜流动红旗，1983年荣获贵州省先进企业称号。1985年国务院“三线办”决定将黔西红林机械厂搬迁到贵阳。

### 二 大方羊场坝机械厂（国营金江机械厂）

1965年国家“三线”建设战略部署，南京金城机械厂、株洲331厂、西安430厂以及部分院校，在大方羊场坝中国航空发动机制造厂旧址上创建国营金江机械厂。全厂的建筑面积的25115平方米，职工2000多人，拥有各种机床362台。主要生产高压柱塞泵、液压马达、高低压齿轮泵和电动离心泵等式。其产品在辆液压行业中处于领先地位，英美同期水平相当。产品，除供应国内需要外，还出口美国、埃及、巴基斯坦、约旦、朝鲜等国家。1983年，根据国家第三机械工业部通知，搬迁去贵阳。

## 三　水城煤炭基地

水城煤炭基地（从煤矿分布和开采范围的角度又称水城矿区），位于黔西煤田腹部，地处今六盘水市钟山区、水城县及毕节地区纳雍县、威宁自治县、赫章县境内，东西长110公里，南北宽66公里，总面积为7130平方公里，已开发地区主要属原水城特区。处于贵州西部高山峡谷区，受长江、珠江水系的强烈切割，背斜成山，向斜成谷，山峦起伏，沟壑纵横，一般海拔在1500~1800米之间，系全国罕见的地形地貌。含煤构造，有结里、二塘、大河边、神仙坡、土地垭、小河边、比德、格目底等向斜以及加戛、勺佐等背斜。含煤面积1298平方公里。煤种齐全，煤质优良，有焦煤、气煤、肥煤、瘦煤、贫煤和无烟煤等，已开发出的煤炭，属全国紧缺的低灰、低硫、低磷主焦煤和气肥煤，是冶金、动力、化工、建材等行业的理想用煤。

基地内，建有水城矿务局，原系国家统配煤矿机构，负责领导经营管理已开发的汪家寨、大河边、老鹰山、红旗、小河（石板河）、木冲沟、顶拉和那罗寨煤矿等矿厂企业。

1964年10月15日，老鹰山立井提前一个月开工。11月13日，汪家寨平硐提前恢复掘进。11月15日，汪家寨斜井提前半年多开工，同时，开工建设小河3号井和白岩脚矿井。1966年3月15日，大河边矿井在没有电源的情况下，靠油灯照明，用手镐掘进，肩挑人背，提前8个月开工掘进。1966年8月1日，木冲沟矿井仅用20天的准备，采取工农结合办法，修公路、平整场地、架设临时电源、安装施工设备，提前8个月开工掘进。至此，5对大中型矿井，3对小型矿井及近40项辅助工程相继施工，开展了大会战。矿井开工后，矿区指挥部集中人力、物力组织快速施工，采取地面多开口、井下多开头等缩短工区的办法，实行中心突破，纵横穿插，全面推进。

1966年末，矿区中5对大中型矿井共打开46个出口，立即抓紧实现主巷道与各采区、风井贯通。1965~1970年，共投资29026万元，完成巷道117813米，竣工各类房屋面积306251平方米。

1970年后，主要厂矿和辅助项目陆续简易投产，为扭转北煤南运形势，供给三线建设用煤，促进水城经济和社会发展，发挥了作用。

## 四　水城钢铁厂

水城钢铁厂，是贯彻执行毛泽东主席“备战、备荒、为人民”的指示，加强西南三线建设的重点配套项目之一，系贵州最大的钢铁联合企业。主要厂矿企业有观音山铁矿、赫章铁矿、平黄山铁矿、炉山铁矿、石灰石矿、白云石矿、焦化厂、炼铁厂、炼钢厂、轧钢厂、烧结厂、动力厂、水电厂、机修厂等。

经国家计委批准，水城钢铁厂建设工程，列入国家第三个五年计划内。计划从1966~1968年，建成年产50万吨生铁规模。1968年，国家计委又给水钢建设项目增加年产40万吨钢、30万吨钢材的生产任务，要求在1972年完成。由于“文化大革命”干扰，原定建设规模未能按期实现。

1964年7月，西昌会议确定，六盘水的煤与攀枝花的矿石实行“钟摆式运输”的基本思路。在1965年西南三线建设指挥部召开的会议上，根据水城在煤、地下水、电力及铁矿资源等方面的有利条件，确定在水城选点建设钢铁厂。

1966年初，厂址初选在水城放马坝，此地四周山峦上，青冈树挺拔茂密，故水城钢铁厂对外代号称为“青冈林林场”，又称“6032”工程。经研究比较，鉴于放马坝地势较开阔，与当时“靠山、隐蔽、分散”的三线建设项目选址原则不适宜，加之此地处于泥质灰岩滑坡地带。最后决定，水城钢铁厂主体厂址选择在水城东北郊大、中、小三块田地区。

1966年1月13日，冶金部下达水城钢铁厂设计任务书。同时，根据中央指示，由鞍山钢铁公司包建，骨干力量由鞍钢抽调，主要设备由鞍钢搬迁或加工制作，统配物资由鞍钢承担，矿石除水城观音山铁矿解决部分外，主要与四川渡口攀枝花钢铁基地实行煤炭和铁矿运输协作交流，靠渡口铁矿供给。

根据中共中央、国务院部署要求，1966年2月，张子雄率领鞍钢18名先遣人员赶到水城。随即，长沙地质勘探队，武汉钢铁设计院，昆明冶金设计院，鞍钢设计院、鞍山焦炭耐材设计院、铁道部第2设计院等，也陆续赶来水城开展工作。

1966年3月，中共贵州省委在水城召开关于水城钢铁厂建设的厅局长会议，宣布成立中共水城钢铁厂委员会和水城钢铁厂建设指挥部，由鞍钢副经理陶惕成任书记，张子雄任副书记；陶惕成任指挥部指挥长，尹玉华、刘剑萍、谢良、姚英、周树芬任副指挥长。

为加强水钢的领导力量，中共贵州省委、毕节地区、黔东南州和水城县委等，均派出强有力的领导干部，参加水钢建设的领导工作。

民工开进水钢场面（邓崇高　摄）

1966年6月，水钢建设工程正式破土动工，第一次建设大会战开始。参加会战的施工单位，有第3冶金建设公司、鞍山矿山公司、鞍山阀门厂、第7冶金建设公司及铁路建设2局等20多个单位，毕节地区组织了大批民工参加。从9月起，从5省及18个市县集结了一万多名人员进入工地，人数最多时达3万多人，形成第一次大会战高潮。

1969年，第1座焦炉出焦，1970年，第1座高炉投产。

## 五　水城发电厂

水城发电厂，代号为“5722工程”，又称“300号信箱”，坐落在水城汪家寨附近天生桥水帘洞，总装机容量10万千瓦。全厂总占地面积526.39亩，生产厂区建于一块狭长月形平地上，长500余米，宽150米。四面环山，东南与西北山形陡峭，东北与西南山形稍缓，主厂房紧依西山而建。

为适应三线建设需要，满足六枝、水城矿区及水城钢铁厂建设供电需求。1964年9月，西南电力指挥部会同华东电力设计院决定在水城选点，几经踏勘而选定厂址。1965年3月，国家计委批复西南电力指挥部对厂址的选定报告。

1966年3月，华东电力设计院副院长薛怀琨，率领设计队进驻天生桥东南山坡上，这里野兽出没，荒无人烟。设计队员们动手搭帐篷，盖简易房屋，开始进行电厂规划设计。初步方案按三线建设战略原则要求设计，总装机容量为30万千瓦，其中，两台5万千瓦机组建在露天，4台5万千瓦机组及变压器、主控制室、升压站等建在洞内，烟囱依山而建。

1966年7月，中共中央西南局第一书记、三线建设委员会主任李井泉，三线建设委员会第一副主任程子华、第二副主任彭德怀及西南三省领导听取了薛怀琨汇报，并视察了现场，初步决定厂址建在天生桥附近狭长地带。随后，水电部行文同意建厂。同月，水电部党组和西南电力指挥部联合行文，决定成立六盘水电力指挥部，负责六盘水地区电力规划、设计、施工和生产任务。水电部还决定，六盘水地区电力生产设备及生产管理等工作所需人员，由华东电力管理局对口包干负责。

建厂初期，由华东地区调来参加建设的职工，响应党组织“进得来，站得住，展得开”的号召，自力更生，艰苦创业。无住房和办公地点，就在荒坡上自己动手盖油毛毡房。无生活用水，就用瓷盆、水桶到河里、井边去汲取。主副食品须到几公里以外购买，没公路，车无法运送，就用人抬回。电厂的开拓者们，就是在如此艰苦的条件下，开始工程的筹建工作。

电厂建设，依靠共产党的动员组织，八方支援，通力协作。为尽快修通公路，给电厂施工创造条件，贵州省公路第5处职工和民工，艰苦奋战，快速作业。于1967年初，修通了厂区公路。从四川调来的国家建委土石方第5公司，承担开挖一、二期工程的出线洞和出渣洞及变压站基础，公司职工全力拼搏，向坚硬的山体岩石开凿，完成了任务，为电厂的建设创造了条件。

建厂工程正在热火朝天进行时，“文化大革命”的冲击波来临，加之实行“靠山、分散、进洞”和“先生产，后生活”方针等失误，建厂周期达近14年之久，使原定1968年建成发电的计划未能如期实现。且厂址处于山沟低处，严重受到洪水的威胁。

1974年，第1台机组投产发电。1978年12月，第2台机组交付使用。

## 六　水城水泥厂

水城水泥厂，位于水城东郊响水河畔。原名万山石灰场、建材125厂。1970年12月，正式定名为水城水泥厂，相继隶属于国家建材工业部、贵州省建材工业局、六盘水市。

为满足生产建设需要，建材部国家计委建议，尽快在水城建设一个自行设计、自行制造成套设备的水泥样板厂，并为制造援外成套水泥设备提供依据。1966年，经国家计委批准，水城水泥厂就在从无水泥生产的水城土地上应运而建。

1966年4月，建材部计划司、基建局及北京水泥工业设计院、西南地质分公司303队和水城水泥厂筹建处等单位，相继到达水城，组成工作组，进行建厂条件调查和选择厂址工作。6月，工作组向贵州省委汇报调查和选址情况后，中共贵州省委、省人民政府根据国家建委和建材部意见，决定在水城响水河畔牯牛山麓建厂。

1966年8月，建材部矿山公司第4工区首先进入现场，承担土石方工程及厂区场地平整施工任务。水城水泥厂刚开始建设，即受到“文化大革命”的干扰，又因铁路专用线施工力量不落实等原因，一度停建。

1968年7月，国家建委下达文件，对水城水泥厂的建设工期和施工力量重新作安排，要求力争在1970年底建成投产。1969年上半年~1970年初，土建施工力量陆续进厂，土建施工全面开展。

1970年5月，建材部部长赖际发来水城水泥厂视察，在全工地5000人大会上，宣布水城水泥厂会战指挥部成立，发出一年内第1条工艺线建成投产的号召。国家从20多个省、市、自治区分别调来建设队伍和技术人员，支援水城水泥厂建设，掀起了建设会战热潮。经过各方协作共同努力，1971年12月1日，第1条工艺线建成投产。

附录：

### 以血肉之躯铸就的光辉历史

——追忆毕节地区21000名民工支援水城铁路建设的历史片

王如柏

为了加快铁路建设步伐，1960年，经中共贵州省委安排，由毕节地区征召21000名民工和抽调数百名在职职工，奔赴水城县支援铁路建设。

毕节地区当成一项重大的政治任务，成立了毕节地区支援铁路建设委员会，任命老红军、副专员周树芬为主任，并在地区机关抽调若干名县级干部为助手，其中先后调入的有地区商业局局长王清泉、服务局局长朱启雪、交通局局长黄家俊、粮食局副局长王庭忠等。后来中共毕节地委又专门召开一次扩大会议，对21000名民工的征召和相关问题作出安排决定。

## 中共毕节地委扩大会议的决定

1960年1月12日，中共毕节地委向各县县委发出[60]010号地委扩大会议决定。这份文件是六盘水三线建设中的一件十分珍贵的历史文物。

中共毕节地委的这份文件，主要内容为："地委扩大会议对支援六枝到水城这段铁路的建设问题，作了认真的讨论，并作出相应的安排。认为这段铁路的修建，有着重大的政治意义和经济意义，是我区1960年的中心任务。各县要在人力物力上，必须保证作好。会议决定从全区征召民工的任务如下：毕节县3600人、大方县3000人、金沙县2700人，织金县2700人、黔西县2500人、威宁县1700人、纳雍县2000人、赫章县1800人、水城县1000人。以县为单位成立民工大队、以公社为单位成立民工中队、以管理区为单位成立民工分队。"

要求各县接到文件后，应立即布置民工的征召和在职职工的抽调工作，务必于1960年3月底以前开赴水城和六枝的施工沿线，交给铁道部第二工程局，在他们的统一指挥下，投入铁路建设大决战。

## 21000名民工从毕节奔赴水城支援铁路建设

1960年3月，由周树芬带领的支铁大军浩浩荡荡地开进水城。委员会的办公地点就设在水城县政府机关大楼内。民工到水城后，就成建制地交给了铁道部第二工程局。从六枝到水城这段铁路承担施工任务的主力军就是这个局。机械化的施工和重点工程就是由他们完成，大批民工就是在他们的指挥下做辅助工。

经过六年时间的艰苦奋战，到1966年3月4日，最后一根钢轨在观音岩大桥接轨；3月10日，在梅花山举行贵昆铁路通车典礼，宣告毕节地区21000名民工的支铁任务胜利完成。在整个施工工程中，百分之八十以上的工程量是铁道部第二工程局的丰功伟绩。然而以血肉之躯、拼体力劳动，最苦、最累、牺牲最多、伤残最重的则是这批民工，他们作出了重大贡献。因此，六盘水人民是不能忘记这段光辉历史的。

进入二十一世纪，六盘水市建起了一座规模宏大的三线建设博物馆，又编印了一卷《三线建设志》，对这21000名民工和数百名在职职工的贡献却没有任何记载，这是个很大的史记遗漏。

如今，曾经在支铁委员会中担任过领导工作并掌握有大量第一手资料的老同志们，如周树芬、王清泉、朱启雪、黄家俊、王庭忠，还有当时的威宁副县长马武贤、赫章副县长张广德、水城县副县长班邦英等等，均已不在人世。唯一剩下一个后期调入分管后勤工作的我——王如柏，因调入时间短，掌握的第一手资料不多，但出于历史责任感，虽我已年近九十，也勉力写出这篇追忆文章，希望能让牺牲者含笑九泉、让伤残者安度晚年、让21000名民工的光辉历史流传后世。

## 修一段空中铁路和地下铁路

贵昆铁路六枝到水城段全长137公里，从六枝的大用站起到水城的葡萄箐站止，共设大小16

个站。这是一段十分艰险的施工路段。沿线地质构造复杂，地上是在险峰、峡谷、沟壑交错中穿越，地下则是与暗河、瓦斯、断层搏斗。

其中最为艰险的一段要数从六枝的岩脚寨隧道起，到水城滥坝的巴巴店隧道止，全长只有77公里，就有长短隧道36个，大小桥梁107座，是一段桥隧密集、桥隧相连，出洞就是桥，过桥便是洞的地段。36个隧道总长度为35341米，占全路段的45.9%。107座桥梁总长度约为28000米，占全路段的36.3%。桥隧加起来就占到全路段的82.2%。所以，这段路被人们誉为“空中铁路和地下铁路”。

36个隧道中，超过1000米以上的隧道就有11个：其中，大竹林隧道6074米、花苗隧道3843米、茨冲隧道3680米、岩脚寨隧道2641米、三家寨隧道2147米、锅瓦隧道1750米、花赖隧道1580米、猴儿关隧道1480米、王家沟隧道1225米、二道岩隧道1086米、石家峰隧道1002米。由此可见，这段地下铁路是十分艰险、宏伟、壮观的。

在梅子关、二道岩、关寨、小冲头四个站之间，有七八处是在悬崖陡壁处施工，修不通运输便道，汽车上不去。所需的钢材、水泥、碎石、水、生活物资全靠民工从山脚下一背一背地踩着崎岖山路，往山顶上送。一个隧道或一座桥梁就需上万吨的物资，不知要花去民工多少血汗？仅这一段路上就发生多起摔死、摔伤民工的事件。

聚集在这77公里路段施工的筑路大军约有5万人。其中，主力军是铁道部第二工程局下属的几个处。凡是机械化施工的项目或重点工程，都是由他们承担；毕节地区带来的民工和当地政府组织的民工共约3万余人，在铁道部门的指挥安排调度下，主要从事辅助工的工作，如施工场地的平整、挖填土石方、搬运物资等，大部分是从事体力劳动。使用的全是手工工具，就是钢钎、大锤、十字镐、铁铲、锄头、撮箕等，较为先进一点的，就只有手推车。广大民工就是这样凭血肉之躯创造了这段光辉历史。

## 高昂劳动热情决胜艰苦生活条件

1960年到1967年是个特殊的年代，国民经济刚刚复苏，政治运动就接踵而来，先是“四清”，后是“文革”。因此这段铁路的修建，既是在轰轰烈烈中开展，又是在政治运动中折腾。

从铁路职工和广大民工的愿望来说，都希望早日建成，好改变云贵高原一穷二白的面貌，因此，劳动热情都很高。在全路137公里的工地上，10余万筑路大军，在高山峡谷中安营扎寨，声势十分浩大，大小工地上红旗招展，到处都是激励劳动热情的标语口号。

由于经济下滑，物资缺乏，工地职工们的生活条件更加艰苦。相对来说，铁路系统职工的生活条件要比广大民工好得多，生产有劳保用品，住宿有简易工棚，人人有御寒衣被，工人最低工资每月也有100元左右。在这些方面，民工就差远了，按征召民工的文件规定，民工没有工资，只发少量的生活费，每月出满勤的也只有30~35元，连最低生活都很难维持，很多民工连买草鞋的钱都没有，只好赤脚上工地。民工们在这样的生活条件下，使用的又是手工工具，从事着体力劳动的工种，上工前又没有经过安全培训，因此工伤事故经常发生。

## 无名英魂永垂千古

1966年3月，贵昆铁路通车庆典之后，接省劳动局和地区劳动局通知，要求支铁委员会将这段铁路施工中的民工伤亡人数作一次核查总结上报。这项工作安排给朱启雪局长组织人员办理。最后是由朱启雪起草总结报告，后附两项表格，一项是牺牲民工花名册，由我负责抄录；另一项是致残民工花名册，由刘克宽负责抄录。

我记得，牺牲民工花名册共抄录了7页，牺牲民工合计是130人左右；刘克宽抄录的致残民工花名册有15页，合计约有300名。

派驻水城县的支铁委员会虽是个独立的机构，却没有正式编制。全体工作人员都是从毕节地区党政机关中抽调来组成的，职工工资都是由原单位发放。“文革”期间，经费来源中断，也就彻底瘫痪了，全部文书档案也在此期间被毁。

原安排1967年上半年要办的一件大事，就是为牺牲的民工申报烈士英名录，为致残民工申报抚恤金，就因支铁委员会受到“文革”影响而没有办成，致使他们成为永远的无名英雄。但有幸的是，能留下这篇追忆的历史片段，总算可让后人缅怀。（转载自2017年7月5日《毕节日报》第4版文化专刊）

# 第十四篇

# 烤烟　卷烟

# 第一章　烤烟种植

1949年全区种植仅1800亩。中华人民共和国成立后，烤烟生产逐渐恢复和发展，1955年种烟1.63万亩，产烟叶923吨。1956年，面积扩大3.3倍，产量增加2.71倍。以后，受农业以解决粮食短缺为主影响，烤烟滑坡，产量最少的1961年仅1241吨。中央对国民经济实行“调整、巩固、充实、提高”的方针后烤烟产量回升，1965、1966两年在1959年的基础上平均增长38.99%。受“文化大革命”的冲击，其间产量下降。“文化大革命”结束后国家适时调整奖售政策，并加大资金扶持，烤烟长足发展。1978年达3万余吨。20世纪80年代，年均增长15.2%，成为区内主要产业，1988年种植超百万亩，产量过十万吨。随着生产的发展，技术不断革新，20世纪80年代以来普遍进行区划调查，推行区域化生产；确定当家品种，建立良种繁育基地；逐年加强科技服务，大规模培训烟农，开展科学种烟。促使平均单产从四五十公斤提高到百公斤以上。20世纪90年代，全地区年均种植烤烟113.65万亩，亩产114.5千克，总产13.01万吨，比80年代分别增54.6%、4.8%和62%。1997年种植烤烟173.27万亩，总产20.39万吨，亩产122.4千克，均为毕节地区种植烤烟58年的最高纪录。1998～2005年，国家压缩烤烟生产，地区执行省分配计划，种植73万～83万亩。2000～2005年，全地区年均种植烤烟77.05万亩，亩产118.2千克，总产9.11万吨，与90年代比，面积下降32.2%，亩产增3.4%，总产减29.9%。中华人民共和国成立后，人民政府十分重视烤烟生产建立烤烟生产管理机构，将烤烟种植正式纳入国民经济计划，进行统一安排。1983年冬，地、县成立烟草专卖局、烟草公司，对烟草种植、卷烟生产与销售实行全面的行政管理，经营管理烟草行业的产供销、人财物、内外贸业务，结束了烟草分散经营管理的历史。

## 第一节　种植推广

### 一　引　种

民国27年（1938），贵州农业改进所试图开发卷烟原料，遂在贵定、金沙、平坝等县采集土烟65种进行研究，以选出能制作卷烟的品种；又从山东烟叶试验场、广西的柳州、贺县等地购进从国外移植的烟苗多种，在贵阳进行品种对比栽培试验。结果，美国弗吉尼亚种“黄金叶”，产量高、质量好、吸味香气与外观色泽均臻上乘。时值国民政府禁止种植、贩运、吸食鸦片，失去税收，即倡导种植烤烟。民国28年（1939年）3月29日贵州省政府主席吴鼎昌致电广西省政府主席黄旭初，求购美烟种子32.5公斤，以资推广。5月6日，广西省农事试验场选赠寄来美国（QRLNOCOHOSHANLLNE）烟籽56克。于是，民国29年（1940年）起在贵定试种推广。是时，日寇入侵，华北、华东一些地区沦陷，邻近湘桂两省部分卷烟工业迁入贵州，引起消费变化，原料紧缺，刺激生产。其次，省外一些疏散来毕人员、工商业者，也不乏富余资金，懂得烤烟生产技术。兼之区境自然条件和物质资源都宜种植烤烟。少数有识之士，率先引种试种，逐渐推广。他们虽非开发资源以富民，但为后来发展烤烟生产起到奠基作用。

民国30年（1941），黔西县城关镇刘克明（云南大学土木工程系毕业）从贵定购回烟种，雇请烟师，首在城关南门吊井坎试种烤烟120亩，并带动冯少华等人分别在肖家井、茶家沟、化陇种植120余亩。整地、育苗、移栽、管理、采摘、烘烤等技术全由烟师指导，收获干烟两万余公斤。金沙县教会会长、商会办事王义兴，从四川省简阳县购进烟种“400号”，在城关玉屏乡租地4亩，雇人试种成功。是年，大定县沙厂区黄泥乡在贵阳读书的余志仁购得烟种回家，雇工种植，获利较丰，带动乡邻仿种。

民国32年（1943），区内各地陆续有人引种。织金县牛场区乡绅王利森、丁守谦合伙在区镇附近坪子上、杨家湾、杉树林、枫香林等四片集中种植烤烟110多亩，由当时贵州省烟草股份有限公司董事丁道谦（织金县人）洽购种子、咨询技术，又从贵定请来2名烟师，常年雇用长工13人，农忙临工百人，由烟师指导，专人管理，施用优肥。除去各种生产投资，纯收入银元8000余元。是年，区内已有16个区，25个乡试种烤烟，黔西占半数。至民国35年（1946），全区种植烤烟已推广到48个区109个乡。黔西、毕节、大定名列全省推广烤烟最有成效的8个县之中。同年，曾在四川联络农业专家和教授集资兴办农场的原芜湖海关分关长赵清尘，以其农业技术之长，选择离城较近的毕节县鸭池乡，购地、租地30余亩，雇工自办家庭农场，亲自指导，种植烤烟，亩产百余公斤，中上等烟和低次烟各半。大定县中学教师王国模也在城郊试种烤烟成功。

民国36年（1947年），区境已有140多个乡种植烤烟，总产5000吨。黔西、毕节、大定产量较多。抗日战争胜利，原来一些卷烟工业迁回原籍，市场萎缩；官商勾结，压级压价，盘剥农民，烤烟生产受到挫折。到民国38年（1949）全区烤烟种植面积约1800亩。总产47吨，比1947年下降99%，仅占全省产量的0.6%。

引种试种阶段，烟叶品种不一，耕作水平粗放，烘烤技术缺乏，所产烟叶大都质次量低。黔西、织金试种贵州农业改进所试验推广的黄金叶，产量较高，质量较好。毕节、大定、金沙等县最初引种“400号”，俟后推广有佛光、大红花等。但农民喜种多叶烟，求量不求质。最初试种，引种者雇请烟师，从整地、育苗、移栽、管理到采摘烘烤都进行指导，投入产出，效益明显。各地仿种推广，多数缺乏技术，修建烤房资金困难，只能因陋就简烘烟，故排湿升温不灵，甚至采用明火烘烤，所烘烟叶质次价低。织金县城关镇邓厚昌曾于民国35年（1946年）致函贵州农业改进所，要求提供良种、烤房设计、生产技术资料。民国36年（1947年）贵州省建设厅发放良种，要求各地推广，毕节、大定、黔西等县还印发《烤烟种植》《烤烟栽培》等资料。民国37年（1948），贵州省第四区（毕节地区）农场总结了明火与暗火烘烤烟叶的效应情况，广为散发，但由于群众文化技术素质差，且缺乏具体指导，虽有所行动，但效果不明显。

## 二 发 展

中华人民共和国成立前，毕节区内虽已种植烤烟，属试种、推广阶段。由于种植分散、耕作粗放、技术落后，在农业经济中并无地位。中华人民共和国成立后，各级政府认真贯彻农业"以粮为纲，多种经营"的方针，在国家扶持和有关部门密切配合下，综合开发资源，烤烟生产逐渐发展。特别是中共十一届三中全会以来，农业经济体制改革，农民商品意识增强，生产热情更高，烤烟生产已成为广大农民脱贫致富之路，国民经济的主要支柱。

1951年，毕节专员公署为贯彻省人民政府"繁荣农村经济、增加农民富力、改善人民生活、大力发展烤烟生产"的指导思想，区内确定毕节、大定、黔西、金沙、织金5县为重点发展地区。经过土地改革，农业互助合作，烤烟生产稳步发展。1956年，各级政府和有关部门加强领导，对烤烟的扶持资金、供应物资和技术培训都安排得比较落实。是年，烤烟产量达到3428吨，比1949年增长72.9倍。织金县猫场区加强领导，落实计划，专人管理，总结出"一增"（增施肥料）、"三好"（苗好、栽好、管好）、"五早"（早准备、早育苗、早移栽、早追肥、早烘烤）的丰产经验。1957年，全县推广猫场经验，烤烟产量比上年增长50.8%。1958年，毕节县小坝公社创造平均亩产166.6公斤高产纪录。《关于加强烤烟生产的通知》明确规定："为解决生产队因种烤烟影响粮食收入的问题。对收购烤烟实行粮食补贴办法，即每收购50公斤黄烟补贴粮食25公斤，每收购50公斤青烟补贴粮食15公斤。"1971年、1974年又对收购烤烟作以质量为中心的奖售政策规定，到1978年，全区烤烟种植面积33.06万亩，总产达3.3359万吨，比1969年分别增长3.9倍、10倍。总产量占全省41.1%。产值占农业总产值比重由1969年的1.03%增加到7.38%。毕节、大方、黔西、金沙、织金5县产量都分别超过2500吨。次年均被列入全国41个烤烟基地县。

1979～1988年，全区总产71.9445万吨，比改革前29年总产量增加2.03倍。其间也有升有降，呈马鞍形发展。十一届三中全会精神在广大农村贯彻落实，建立包产到户的家庭联产承包责任制，调动群众生产积极性。加上1980年，烤烟改等调价，1981年，国家又提高烤烟价格，是年全区总产5.2508万吨，比上年增加1.18倍，全国烤烟饱和有余。1982年，国务院国发（1982）122号文通知，"要求各地严格按照国家计划控制种植面积，防止盲目发展"。1983年，国家六委、部、局《关于严格控制1983年烤烟种植面积的紧急通知》，对超计划多种烤烟而影响粮食生产的，一律不减粮食征购任务，不增加调入和统销指标；超计划收购的烤烟税金全部上交中央财政；烤烟收购中超过国家规定实行加价和价外补贴的要坚决取消；超计划或无计划交售的烟叶，一律向下浮动20%价格收购；取消粮食奖售，化肥奖售只限黄烟，不奖青烟和等外烟。是年，全区烤烟总产5.2627万吨，比上年下降25.73%。

1984年，中国烟草总公司对烤烟生产提出“计划种植，主攻质量，优质适产”的方针。地委、行署深入调查研究，分析论证区内发展烤烟生产得天独厚的优势，1985年向中央邓力群写信，反映发展“两烟”（烤烟、卷烟）生产的要求。得到中央和省委的重视和支持。几年调减粮食征购任务，促成烤烟生产迅猛发展。是年，全区烤烟总产10.2611万吨，首次突破十万吨大关，比1983年增长95%。俟后各地应用烤烟区划成果，合理调整烟区、连片集中，择优发展；建立健全种子管理制度和良种繁育体系；推广以“三化”（良种化、区域化、规范化）为中心的烤烟适用技术，层层蹲点建立优质烟示范基地。1988年，全区烤烟生产又创历史最高水平。总产达11.8980万吨，比改革前的1978年增加2.6倍。总产量超过500吨的区就有69个。烤烟产值占农业产值比重也由1978年的7.38%增加到15.37%。列入国家基地县的毕节、大方、黔西、金沙、织金的产量都分别突破5000吨，5个基地县的总产已占全区产量的76.9%。地处高海拔的纳雍、威宁、赫章3个县的产量都分别超过国家初建基地县的标准。总产量已接近中共十一届三中全会前5个基地县的产量。

中共十一届三中全会后，烤烟大发展彻底解决卷烟原料长期供不应求的困难，但又出现中上等烟不足，下低等烟过多的矛盾。国家在大力推广科学种烟、着力提高烟叶质量的同时，相应调高上等烟和部分中等烟的收购价格，降低下低等烟价格，拉开等级差率，实行优质优价政策；化肥奖售也按等级分档，引导农民主攻质量，效果比较明显。1981年、1985年、1988年收购的中上等烟比例分别为51.98%、63.50%、69.18%。1986～1988年，中美（伊顿财团）合作改进中国烟叶质量试验，把区属金沙县列为全省3个试验县之一，试验结果，烟叶质量超过设计要求，获得中外烟草专家的好评。

1988～1993年，全区共种植烤烟689.54万亩，年均114.92万亩；累计烤烟产量79.26万吨，年均13.21万吨。烤烟质量大幅度提升，烟叶开始出口。其间1988～1992年，全区累计收购烟叶53.3万吨，收购总值达17.03亿元，提供烟叶产品税6.47亿元。20世纪90年代初，全区烤烟年产量达11万～12万吨，占贵州全省当时年产量的40%以上，成为全国仅次于云南省曲靖地区的大烟区。1993年，全区烤烟产量高达15.19万吨。

1994～2000年实施“八七”扶贫攻坚计划期间，全区共有244.97万户农民种植烤烟681.35万亩，向国家交售烟叶38.37万吨，收入52.56亿元，人均收入500余元，实现烤烟农特税11.76亿元。1994年，因受烟叶生产政策调整影响，全区烤烟产量下降到11.15万吨，较上年降36.25%。1995年，全区烤烟生产实现恢复性发展，烟叶产量达12.17万吨，收购量上升到9.7万吨。1996年，全区烤烟种植面积达117万亩，组织投入生产扶持费1.2亿元，专用化肥和烟用物资8.99万吨；收购烟叶16.67万吨，其中上等烟41.9%，中等烟39.5%；收购总值15.33亿元，人均收入225元，占当年贫困户人均收入的50%以上；实现烟叶特产税1.9亿元，8县市的烟叶特产税分别占县市财政总收入的39%～67%；区内烟叶畅销全国126家卷烟厂，并打入美国、日本、加拿大、泰国等国际市场，创全区烤烟生产发展史上的辉煌。1997年，全区烤烟生产出现无限制扩张，烟叶收购量高达20多万吨，超当年收购计划的76%，烟叶库存积压达5万吨，亏损10多亿元。1998年，全区烤烟生产下滑，当年烟叶总量降至8.91万吨；1999年，实现恢复性增长，当年烟叶产量

10.3万吨；2000年，全区烤烟产量又降到9.68万吨，比上年降6.4%。

进入21世纪，全区贯彻落实国务院对“两烟”生产严格实行宏观调控的决定，坚持“控制总量、提高质量、调整布局、改善结构、增加效益”的指导方针，坚持“计划种植、合同收购”，种植计划向适宜区和最适宜区集中、向基础好和种植水平高的乡村集中、向种烟能手和种烟大户集中，促进烤烟生产上水平上台阶。2001年，全区烟草部门安排烤烟生产资金5920万元，组织调供烤烟专用复合肥3.67万吨、钾肥4873吨、地膜831吨扶持烤烟生产。当年烟叶产量8.37万吨，实际收购4.67万吨，其中上等烟占15.08%，上中等烟占76.92%，每公斤均价比上年增75.65元，上中等烟比例和每50公斤均价为1998年以来的最高水平。烤烟商业环节销售收入（含税）26.17亿元，烟叶销售毛利3.73亿元，交纳各种税费2.34亿元，资金回笼13.66亿元。当年，全区创办各类优质烟基地39.3万亩，占全区烤烟合同种植面积的53.11%，收购烟叶量占收购总数的67.15%。2002年，全区共投入烤烟生产资金7896万元，组织供应烤烟专用化肥4.78万吨、地膜2397吨扶持烤烟生产。当年，全区烤烟产量9.19万吨，实际收购7.26万吨，其中上等烟占29.7%，中上等烟占87.16%；每50公斤烟叶销售收入比上年增53.22元，烟农卖烟收入5.49亿元。按烤烟年度（2001年7月～2002年6月）计算，全区共销售烟叶7.4万吨，年末烟叶库存0.55万吨，从1998年以来第一次实现产销基本平衡。全年实现烤烟农特税1.09亿元，比上年增0.45亿元；商业环节烟叶销售毛利4.32亿元，比上年增0.59亿元，实现税利1.47亿元，资金回笼12.45亿元。2003年，全区共投入烤烟生产扶持资金7240万元，供应烟用化肥4.61万吨、地膜2475.45吨。当年，全区烤烟产量8.01万吨，收购烟叶6.93万吨，其中上等烟占29.62%，中等烟占53.34%。烟农卖烟收入4.19亿元，较上年少1.3亿元。2004年，全区共投入烤烟生产扶持资金1.04亿元，其中烟草企业投入7560万元，地区和县市财政投入2800万元。当年，全区烤烟产量8.95万吨，收购烟叶8.35万吨，其中上等烟占44.15%，中等烟占44.36%。实现烤烟农特税1.49亿元，在完成历年库存烟2500吨的基础上，当年收购烟叶全部完成订销。烟农卖烟收入7.48亿元，比上年增3.3亿元。全区烟叶销售进入产、销平衡最好态势。2005年，全区以保规模、保结构、提质量、增效益为工作重点，抓实良种育苗、平衡施肥、适时移栽、合理密植、地膜覆盖、适时打顶、合理留叶、科学烘烤等关键生产环节，烤烟生产取得增产、增收、增效的好成绩。当年全区共投入烤烟生产扶持资金1.67亿元，烤烟种植面积84.9万亩，其中烤烟地膜覆盖栽培占种植面积的96.28%；烤烟总产10.43万吨，收购量9.65万吨，其中正等级烟叶8.15万吨，占收购量的84.46%；实现烤烟农特税1.8亿元，比上年增3000多万元；烟农实现收入9.12亿元，较上年增1.6亿元。

2006年，全区坚持以稳定规模、控制总量、加强基础、强化管理、提高质量、增加效益为工作重点，烤烟生产按市场经济规律实现平稳发展。全年投入生产扶持资金2.55亿元，种植烤烟67.95万亩，烤烟总产8.58万吨；收购烟叶8.34万吨，实现烤烟农特税1.6亿多元。2007年，全区坚持以主攻单产、突出特色、提高质量、增加效益为工作重点，烤烟生产整体水平明显提高。当年投入烤烟生产扶持资金1.1亿元，专用基肥3.7万吨、硫酸钾2633.83吨、地膜1794.7吨；种植烤烟68.3万亩，烤烟产量9.15万吨，收购量8.46万吨，其中上中等烟占79.11%，橘色烟占66.83%；完成收购总值8.57亿元，实现烟叶特产税1.71亿元，是年投资2.61亿元实施烟水配套（建小水窖解决烟缺水困难）工程，覆盖基本烟田37.7万亩，烟区可持续发展后劲增强。2005～2007年，全区完成国家烟水配套工程投资3.7亿元，建设项目115个，覆盖基本烟田55万亩，同时解决烟区近20万人、10多万头牲畜的饮水困难。自试验区建立至2007年的20年间，全区共种植烤烟1837.7万亩，年均91.9万亩；收购烟叶196.1万吨，年均9.8万吨；上中等烟比例由1988年前的50%～60%提高到80%；全区烟农种烟收入108.89亿元，年均5.44亿元；上交烟叶特产税27.08亿元，年均1.35亿元；经过烤烟生产布局的调整，全区种烟面积由高峰期的150多万亩调减到80万亩左右，种烟乡镇、村、农户由高峰期的220个、3000余个、46万多户分别减到150个、近1560个、11.6万余户。2008～2009年，全区坚持推进烟叶生产基础设施建设和现代烟草农业建设，共种植烤烟152.4万亩，收购烟叶20.45万吨，实现烟叶税5.76亿元，年均76.2万亩、9.9万吨、2.88亿元。与2007年相比，在种植面积、种植农户减少的情况下，烟叶收购量增17%，烟叶税增54%。其中，2009年烟叶均价比全省平均水平高6.37元，烟农户均收入达2.27万元。烤烟生产逐步实现从数量效益型向质量效益型的转变。2010年，全区种植烤烟乡镇153个、村1187个，其中万亩以上乡镇13个、千亩以上村175个，共种植烤烟69.54万亩；收购烟叶9.75万吨，实现收购总值13.5亿元，烟农现金收入14.7亿元，烟叶税收2.97亿元。2011年，全地区收购烟叶119.43万担，完成计划的57.45%，上中等烟比例88%，担烟均价838元，实现烟叶收入近21.94亿元，烟叶税2.11亿元，烟农售烟收入10亿多元。

## 三　布　局

**烤烟区划与香型分布**　1.烤烟区划。1986年，地区农业区划办公室主持编写《毕节地区烤烟区划》。区划按全国和省的分区指标，以乡镇为单位，划分出4级生态区。地区内属烤烟生产最适宜乡镇254个，占乡镇总数的31.8%；适宜乡镇128个，占16%；次适宜乡镇293个，占36.6%；不适宜乡镇125个，占15.6%。分布在最适宜和适宜区的旱地为513.3万亩，足够烤烟轮作换茬。

2.香型分布。1985～1989年，地区烤烟品质攻关科研协作组，调查研究全地区烤烟品质，发现地区烤烟香型、质量的地域分布，东部烟区为浓香型高碱低糖优质区，中部烟区为中间香型中碱较优质区，西部烟区为清香型低碱高糖特殊品质区；过渡地带尚有中偏浓香型和中偏清香型。这项研究成果，为各类香型烤烟基地建设和卷烟工业提供了科学依据。

**主产县**　境内烤烟生产，先在东部地区发展，1956年以前，只黔西、金沙、织金、毕节、大定5县（以下简称东5县）种植。其中黔西在中华人民共和国成立前已是全省10个万亩县之一，1951年省农业厅将其列入全省13个重点恢复发展烤烟生产县份，毕节专署财委也将黔西县列为恢复发展烤烟生产重点。全县1948年产量曾达1000吨，1949年降为300吨，1950年仅25吨。县政府决在种植、施肥、烘烤等环节给烟农以经济扶持。1953年12月省农业厅以黔西县为重点向毕节专区下达1954年烤烟生产任务，计5000亩，其中黔西县4000亩，大定、毕节两县各500

亩。是年，东5县种烤烟面积7700亩。1956年，全区实现农业合作化，在东5县大力发展烤烟生产，黔西县种植面积在上年基础上增加3763倍，达到4.17万亩，大定县在1700亩基础上增至4700亩，其余3县在2000亩基础上增至七八千亩。在全区总产量中，黔西县占47.43%，大定县占8.28%，其余3县占13.45%～15.63%。至1959年，全区种植面积逾10万亩，毕节、大方万亩以上，金沙、织金2万亩以上，黔西3万亩以上，东部烟区形成。其间，织金县用猫场区成为全国烤烟丰产典型。1962年国务院将黔西县列为烤烟生产重点县（是贵州省5个重点县之一），连续两年派工作组，就该县烤烟生产、收购情况进行调查研究，对提高单位面积产量、质量和烘烤、分级扎把技术等问题提出建设性建议，生产逐步恢复。1964年区内认真贯彻中央“以粮为纲，全面发展、多种经营”方针和全区三级干部会所定“区分散，队集中”的布局原则，烤烟生产又出现兴旺景象，1965年产量创纪录，1966年再增产，达9987吨。其中，黔西县2886吨。占全区比重的28.90%。毕节县产量也在2000吨以上，占全区比重的21.08%，位次由第五上升为第二。1972年贯彻国务院“保证计划面积，主攻单产，提高质量”方针，以黔西县为先导，推广麦套烟、地膜育苗、营养盅率移植、乔庄烘烤技术。至1978年，东5县在1966年基础上，面积扩大1.6倍、单产提高281.72%、产量增加2.34倍，其中：黔西县近9000吨，毕节、大方县各6000多吨，织金、金沙县各300多吨，成为全省发展较快的烟区。1979年，全国供销合作总社棉麻烟局、农林部农业局、轻工部食品局安排1979年烤烟基地县生产规划，区内东5县被列入基地县。全国基地县1979年烤烟生产规划，要求毕节地区东5县种植面积达到241万亩、单产114公斤、总产2.7515万吨、收购量2.625万吨、上等烟7.07%、中等烟55%。对基地县，国家以每亩25公斤复合肥（折合标准化肥50公斤）予以扶持。是年，按基地县规划指标东5县面积超17.51%、单产超25.25%、总产超28.91%、收购量超25.88%，5县中，毕节县完成规划任务最好，面积超31.67%，单产超11.30%，总产超53.58%，取代黔西成为全区产量最高县。进入80年代，自实现联产承包责任制起，东5县以大方、毕节两县发展较快，1982年两县接近黔西县水平，1983～1988年大方县产量5年位居全区第一；毕节县1987年处于第一位，5年第二位。

中华人民共和国成立后，西部种植烤烟时间较晚，1965年以前，纳雍县多数年份不足千亩，个别年份3000亩左右，威宁，赫章两县只百余亩。1966年威宁、赫章县1000多亩，纳雍县2700亩，之后几经反复，种植面积逐渐扩大，至1974年3县种烟均万亩左右，产量1822吨，占全区总产量11.86%，形成烟区。1982年实行联产承包责任制，赫章县产量5196吨、纳雍县3519吨、威宁县3348吨，均超过金沙、织金两县被定为全国优质烟基地县时的水平。1983年3县产量2.0416万吨，占全区总产量的19.90%。1988年产量增至2.5470万吨，占全区总产量的21.41%。西3县中，威宁县发展最快，纳雍县次之，赫章县又次之。威宁县之所以发展快，在于调整布局，因地制宜。1985年，该县按照生产优质烟叶所需光照、温度、水源、土壤、肥料以及技术力量等条件，对全县情况进行调查研究，确定30个乡为发展烤烟生产重点，同时试验地膜覆盖保护性栽培法。1886年一面将烤烟种植朝4条水系（牛栏河、格老河、二塘、杨柳）河谷地带集中，一面在半凉山盆地推广地膜覆盖栽培，重点乡扩大到35个。威宁、纳雍、赫章3县，1988年产量分别是1982年的2.75、2.01、1.77倍。惟种烟历史较短，技术水平低于东5县，解决高海拔积温的膜盖栽培未能全面推广，单产较低。1988年，3县平均单产90.32公斤，与东5县同期平均的120.27公斤比较，差29.95公斤。

**万担区** 以收购量衡量产量，1977年的万担（500吨）区11个，占是年总区数96个的11.46%。即：黔西县沙窝、雨朵、大关、甘棠、重新、林泉区，大方县响水、马场、理化区，毕节县海子街区，金沙县禹谟区，均属东部老烟区。1978年万担区增加到27个，黔西县沙窝区发展到3万担以上，织金县猫场区、赫章县六曲区成为万担区。1979年万担区又增到37个，毕节县海子街区3万担以上。1982年万担区54个。其中：1万～3万担者43个，3万～5万担者10个，毕节县海子街区5万担以上。1985年万担区，增至62个，占全地区99个区的62.63%。其中：1万～3万担者39个，3万～5万担者20个，大方县响水区、黔西县林泉区、金沙县安底区均达5万担以上。1988年，万担以上区69个。计：毕节县15个，大方县12个，黔西县11个，威宁县8个，金沙县7个，织金县6个，纳雍县、赫章县各5个。其中：1万～3万担区37个，3万～5万担区27个，5万担以上区5个；毕节县朱昌、海子街区逾6万担，相当于金沙、织金县定为全国优质烟基地县时生产水平。

朱昌区在东部地区属新烟区，1977年以前发展较慢，1977～1979年县农产公司派技术员在该区常年蹲点，在推广技术上下功夫，逐渐扩大种植面积，1978～1980年连续3年生产烟叶万担以上。1981年有宋五、岔河、花厂、双华4个公社（乡）列入县重点烟区。按照县委、县政府布置，派技术员10余人在岔河公社常年蹲点，县税务局派人会同税务所在宋五公社蹲点。其余5个种烟社（乡）由区机关干部负责。当年，4个重点公社，（乡）面积扩大1.59倍。产量增加3.54倍，全区产量达1610吨，单产由上年76.5公斤提高到119公斤，自此跨入3万～5万担区行列。至1987年，除1986年有所下降外，连续6年3万～5万担，1988年逾6万担。

海子街区属老烟区，曾经是地委农村工作重点，自70年代后期成万担区起，其发展形状呈波浪式，起伏较大。1977年～1978年为1万～3万担区，1979年进入3万～5万担区行列，1980年不及3万担，1981年又为3万～5万担，1982年在全区首创5万担记录，之后连续3年降到3万～5万担，1986年又不及3万担，1987年复入3万～5万担行列，1988年逾6万担。金沙县安底区、大方县沙厂区也与海子街区相似，时上时下。

大方县鸡场区发展较稳定，1979年成万担区，1980年不及万担，1981～1983年1万～3万担，1984～1987年3万～5万担，1988年逾5万担。除1988年5个5万担以上区外，有黔西县林泉区于1984年、1985年、大方县响水区于1985年逾5万担，此两区烤烟发展有反复，1986～1988年3万～5万担。

随着万担区的发展，毕节卷烟厂和省外卷烟厂（烟草公司）在万担区建立烟叶基地。1986年毕节卷烟厂在4个县的4个万担区试建烟叶原料生产基地，次年基地扩大到所有属县8个万担区，约定烟厂投资扶持生产，基地按计划向烟厂调拨烟叶。1987年初，天津市烟草公司选择毕节县海子街、鸭池、环城3个万担以上区，建立2万亩烟叶原料基地，由毕节县烟草公司安排生产、地区复烤厂复烤烟叶，向天津提供2500吨复烤烟叶；天津向基地投入生产扶持费60万元，300吨化肥指标（或平价与议价差价12万元），并负责支付基地建烟叶仓库贷款80万元，3年内每年42240元利息。1988年，又签订3年合同，将生产扶持费增加到80万元。是年，北京卷烟厂选择纳雍县乐治区、江苏省烟草公司选择织金县建立原料基地，分别为1.5万亩、4万亩。

**种烟乡**　中华人民共和国成立前曾有189个乡镇种过烤烟，占区辖800个乡的23.62%。中华人民共和国成立后，以黔西县为重点，在东5县恢复烤烟生产。至1956年，除西3县曾种过烤烟的18个乡尚未恢复生产外，全区种烟乡173个。至1959年，种烟乡329个，占总乡数的41%，其中黔西县乡乡种烟。至1969年，区属8县均种烤烟，除赫章县种烟乡只占该县乡数的38%外，其余7县种烟乡均超过该县总乡数的50%。

1978年，全区种烟乡600个，占总乡数的75.12%，其中：黔西县90个，占100%，毕节100个，占80%，金沙70个，占79.54%，织金80个，占79.28%，纳雍60个，占74.07%，大方77个，占70.64%，赫章54个，占60.64%，威宁69个，占58.47%。

中共十一届三中全会后，烤烟生产进一步发展，至1989年，全区种烟乡759个，占总乡数的94.85%，仅41乡未种。2005年，全地区种烟乡、镇156个，烟农16.27万户。

**生产单位**　20世纪50年代前半期，烤烟生产以农户为单位，1956年实现农业合作化，由农业生产合作社集体经营。当年全区农业社5567个，有860个社种植烤烟，占15.45%，种植面积7.01万亩，每社平均81.51亩。1958年公社化后，烤烟由生产队经营，1963年全区生产队29391个，种烟队1.1万多个，占37.43%，每队平均4.56亩，规模小且分散。1964年初全区三级干部会明确“区分散，队集中”原则，对烤烟生产布局作调整。当年种烟队调减到8571个，占总队数2.9081万的29.47%，种植面积恢复到6.76万亩。1981年实行经济体制改革。以户为生产单位，7县（缺织金县）种烟农户31.46万户，占总农户83.42万户的37.71%，平均每户种烟1.17亩。之后，随着烤烟生产的发展，种烟户不断增加，出现布局不合理现象。1985年在全区范围内调整布局，选择宜烟土地种烟，将生产计划尽量落实到有技术的农户，提倡转包土地扩大经营范围，种烟户压缩到38.78万户，占总农户数102.79万户的37.73%，平均每户种烟2.52亩。据大方县统计，种烟农户由1982年的10.51万户压缩到7.55万户，调减28.16%。至1988年，全区种烟户45.73万户，占总农户120.54万的37.94%，平均每户种烟2.32亩，黔西县种烟农户最多占50.91%，大方县次之占46.47%,纳雍县最少占26.26%，其余毕节42.62%、赫章39.14%，威宁34.75%、金沙33.46%、织金26.82%。户均种植面积最多的金沙县，计3.71亩，纳雍县次之3.04亩，威宁县最少，计1.46亩，其余5县在2.08～2.49亩之间。

1987年连片种植在全区普遍推广，79个产烟区中有56个区办大、中、小型连片种植437处，其中：千亩以上17处、500亩以上134处、其余200～500亩，合计种植面积14.5万亩，占全区总种植面积的13.6%。是年，黔西县林泉、沙窝、雨朵、甘棠、重新5个区选择42个乡（镇），建立25个攻关点，做测土施肥，品种比较、烘房改造等7项试验，使连片种植向科学化方向发展。毕节县充分运用烤烟区划成果，集中烟田于宜烟土地，以松林乡500亩连片种植为样板，全面推广“三化”。1988年，全区连片种植面积10.6万亩，占总种植面积的10%，其中千亩以上14片、500亩以上39片、300亩以上90片、余为100亩左右。毕节县松栋乡500亩示范点向集中管理方向发展，不仅统供良种，而且集中育苗、统一移栽期、统一栽培技术，使单产达160.5公斤，较全区平均单产112.3公斤多48.2公斤，是全区平均数的142.92%，上中等烟87.40%，较全区平均多

18.36%，公斤均价3.74元，比全区平均价多1.23元，参与连片种植农户户均收入2507元。

2011年，组建烤烟专业合作社7个，家庭种烟农场101个，种植专业大户8657个，三种种烟主体户均种植面积1.78公顷，生产组织化程度明显提高。

## 四　烤烟栽培烘烤技术

**烤烟栽培技术**　20世纪40年代，采用冷床育苗技术，开厢移栽，每亩1800～2000株，基肥以厩肥为主，每亩1吨多，用粪水或饼肥追肥2次，结合中耕，留杈子烟，留烟籽榨油。50年代，基本沿用上述技术，但有所改变。1956年推广土温床育苗技术成功，移栽期前移，利于提高烟叶产量，取代冷床育苗。1957年，省商业厅、农业厅联合发出通知，要求打顶、抹芽、不留花，曾一度在地区内推广。1958年强调密植，每亩增到3000多株，用牛拉沟移栽代替开厢移栽。60年代初，总结推广留杈子烟经验，打顶抹芽技术中辍。1963年春，国务院工作组到黔西县考察，要求恢复开厢移栽技术，淘汰牛拉沟移栽，密度降为2000多株。1968年，黔西县引进塑料薄膜覆盖育苗技术，试验成功，比土温床育苗提前20天，栽烟期提前。1971年，省农产品公司在黔西县召开全省烤烟生产工作会议，要求大力推广薄膜育苗技术。此后几年，地区内普及薄膜育苗技术，沿用至今。此时期，基肥仍以厩肥为主，但加进磷肥和饼肥30～50千克，追肥增用烤烟专用复合肥。1978年，黔西县严重春旱，金碧公社农场4队借鉴外地经验，采用营养钵假植移栽，效果显著。黔西县总结推广这项技术，各县相继推广。

1981年，贯彻省烤烟生产会议的要求，全面推广打顶抹芽技术，消灭满园花。1985年，地区决定改变瘦土栽烟多，种植密度大的习惯，将烤烟安排在中上等地种植，密度1500～1800株。1986年4月，省烟草公司在黔西、金沙县召开烤烟移栽现场会，强调移栽规范化。是年，毕节烟草分公司制订《烤烟营养钵假植移栽技术规范》，全地区烤烟密度基本为1500株左右。1982年，威宁县率先引进地膜覆盖栽培技术，地区烤烟科研协作组系统研究地膜覆盖栽培技术，提出操作规程，在西部烟区推广。1986～1988年，地区烟办和毕节烟草分公司在大方县双山区办万亩优质高产优质烟样板田。总结提出地膜烟的肥料施用技术，及在施肥水平较高、氮磷钾肥比例合理的条件下，每亩1000～1300株，可获优质高产；单叶平均重7克以下烟叶具有良好外观质量，香气质好量足，余味舒适干净，劲头适中，燃烧性良好。1990～1991年，地区烟办主持《毕节地区西部优质烟生产技术开发》，列为地区和省星火计划项目，在海拔1600～2300米的威宁县中水、大街、观风海区，赫章县可乐、恒底区，纳雍县治昆、姑开区实施。项目以营养块假植和地膜覆盖栽培为突破口，总结出一套规范化技术。两年试验10.94万亩，亩产128.6千克，上中等烟比例75%，4万多人种植烤烟脱贫。同期内，地区烟办进行用绿肥作烤烟基肥试验，施用绿肥可节省投入，弥补化肥不足，不影响烤烟质量和产量。1994～1996年，地区土肥站进行烤烟平衡配方施肥试验，效果显著，提出相应技术应用于生产。2000年后，引进托盘水床育苗和小苗假植移栽技术，2004年，占烤烟移栽总面积的45%。地区烟草分公司再次对烤烟地膜栽培技术研究，将垄顶由拱形或平垄变成槽形或蝶形，增强保水能力的改进，投入产出比为1：6，受到烟农欢迎。2002年，全地区地膜烟面积达96.8%。已普及平衡配方施肥技术，着重采用控氮降碱措施。2010年，全面推广集约化育苗、地膜覆盖栽培、一控三增（控氮、增钾、增密、增加留叶数）等栽培技术。2011年，实施双行凹空覆膜栽培技术9.16万亩。

烟叶烘烤技术　引进种植烤烟时，采用明火或暗火烘烤烟叶。1948年，四区农场进行对比试验，肯定暗火烘烤优于明火烘烤，淘汰明火烘烤。50年代后，均为暗火烘烤。20世纪40年代到50年代前期，采用小烤房烘烤烟叶。农业合作化时间，改建为大烤房。1956年，全专区改建老烤房1514间，新建2500间，多为1丈以上高（5路火）的大烤房，有少数为两丈高（7路火）。此后各地不断改革大烤房。1959年，大方县建成四合一式群体烤房。1967年，黔西、大方县同时从河南引进乔庄式烤房，均获成功，此后几年各县都推广，70年代初在全地区普及，并出现改良式乔庄烤房、夹顶式烤房。1981～1982年，农村实行联产承包责任制后，烤烟生产以户为单位，将大烤房改为小烤房。1981年，地区农技站与大方县农技站合作，研究开发小型简易烤房成功，定名“5·1”式烤房，两年推广4万多间。1984年，大方县理化镇农民谢恂昌研创出“5·4”式火管平走烤房。1985～1986年，大方县科委组织有关专家和科技人员监测和研究该烤房，作出重大改革，正平衡热能利用率达39.49%，比国内其他自然通风烤房高一倍以上。省、地标准计量局为之制定技术标准和能量平衡标准，定名QD-1型火管平走式烤房，1987年通过省级鉴定，1988年推广6.32万间，占全地区烤房总数24.52万间的25.8%。1990年，毕节县税务局，在火管平走式烤房的基础上设计安装蒸汽发生器，进行火力蒸汽参与烘烤烟叶试验成功，定名火力蒸汽烤房。1997～2003年，毕节烟草分公司以立式炉灶气流上升式烤房和立式炉灶气流下降直排式烤房改建为主要类型，重点解决保温保湿差，层距不足，排湿不畅，加热系统技术不合理问题。全地区累计改造16.12万间，占投产烤烟房17.56万间的91.6%。2005年，推广各类智能化热风循环烤房、密集型烤房440座。2006年后，密集型烤房新建力度逐年加大。

烤烟烘烤工艺　1955年8月，省农业厅制发关于改进烤烟烘烤技术的文件，送给毕节、大定、黔西、金沙、织金县各100套干湿温度计及烘烤记录表格。是年，各县举办烘烤技术培训，使一批农民掌握烘烤技术。1984年，贵州省标准计量局制定《Q1-84烤烟烘烤标准》，毕节、大方、黔西、金沙县派员参与验证，连续两年提高烟叶质量，减少青烟比例，发现不足之处，为省标修订和各县制定实施细则提供依据。1985～1989年，地区烤烟科研协作作组再次以《Q1-84烤烟烘烤标准》为基础，进行烘烤工艺研究，经过2264炕实践，提出“适当降低起火温度，延长变黄时间，提高变色程度”的新工艺，90年代在地区内推广。1999～2003年，地区烟办研究出口主料烟烘烤工艺，提出定色期温度和时间控制新标准。烘烤5.99余万亩烟叶，中、上等烟比例达85%，橘黄色烟比例25%，每千克价值增加0.78元。

分级扎把　50年代初用9级制。1956年，国家规定实施16级制，要求按标准等级分级扎把交售。地区内各烟区都采取相应措施分级扎把。1959年大方县响水公社竹园管理区。创造签板隔级法和齐头拍板法，提高分级合格率。1979年，响水区分级合格率90%以上，贵州省财办号召全省学习响水区经验。1992年，国家将16级制改为40级制，要求各县烟区分批试行。1997年全地区按规范执行。2000～2002年，地区烟草分公司，针对市场对烟叶的要求，研制成GB2635-92

《烤烟》国家分级标准实物培训光碟。2002年第一次用此光碟进行全区性培训，烟叶纯度提高较大，等级合格率居全省第一。

## 第二节 品种与科技

### 一 品 种

20世纪50年代初期，以种植佛光、400号为主，间有产量较低的劣质品种。50年代后期至70年代，因烟叶需求大于供给，多叶高产烟叶品种流行于境内，品种多、乱、杂。1979年起，"良种化"提到议事日程，逐渐引进和推广云南培育的红花大金元和美国于1967～1978年育成的良种，同时注意良种繁育，先特约种烟户育种，后建立繁育基地，在统一供应烟农良种的前提下，于1981年开始良种化工作，至1985年基本实现良种化。

**品种演变** 中华人民共和国成立前，沿用佛光、400号和小黄烟、琵琶叶、柳叶烟，此5个品种，除400号外，其余亩产只有50公斤左右，质量较差，逐渐被淘汰。400号，因既适宜肥沃土壤，又适应山区栽培，成熟较快，易于烘烤，1956年后在区内广为使用。1956年贵州省农林厅发给多叶烟种2公斤，在黔西、毕节、金沙等县的农业生产合作社和黔西、金沙两县农场试种，以后虽明令不予推广，但烟农视烟田烟株生产茂盛，节密叶多，误认为良种，相互传播。1961年1月23日省农业厅以（61）农种字第011号文分发叶数为35～40片的黔福一号、黔福二号种子84.5公斤给毕节专区，专署分发黔西、毕节、大方、金沙、织金、纳雍6县推广。是时，值烤烟供不应求之际，黔福一号、黔福二号的推广，使多叶型烟种在区内取得合法地位，种植时间较长。至70年代初，推广省农业厅发的黔福三号、春雷一号、春雷二号、春雷三号、特字400、金星6007诸品种。其中，除特字400为适产品种外，其余仍属多叶高产品种。之后，尽管黔西、毕节、大方等县从云南省路南县引进红花大金元优质适产良种，但未能推广。1974年毕节县在头步桥公社金钟生产队培育多叶高产品种，从乔庄多叶烟中繁育出毕金1号。1975年以前黔西在桂箐公社将红花大金元与本地品种杂交，育成单产125公斤的桂新1号，1975年该县又用黔金一号与桂新1号杂交育成单产250多公斤的新品种。自50年代后期至1978年，前后20余载，区内种植品种，名目繁多，既杂且乱，除上述品种外，尚有特字401、长脖黄、湄黄、大金星、小金星、金选一号、黔工二号、小红花、白花大金元、581、5008等，总共约30种。1979年2月12日，供销合作总社、农林部、轻工业部联合下达的《提高烟叶质量座谈会纪要》要求改变"高产品种多、优质品种少"的状况。据此，境内开始注意良种的引进和推广。是年，毕节县派出技术人员在朱昌区宋五公社院子队蹲点指导繁育红花大金元种子地20亩，所获种子，次年推广试种成效显著。1982年育种123亩，除了重新由路南引进红花大金元原种继续繁育获种子920公斤外，还从福泉烟科所引进美国1969年育成推广的G–28良种试繁获种子75公斤。G–28引进告成，开引进国外近期优良品种之先河。之后，美国1971–1978年育成推广的良种G140、NC–

82、NC-89先后传入区内。1984年毕节行署将红花大金元定为全区当家品种。1988年，在区内使用较普遍的当家品种有红花大金元、G-28、G-140、NC-82、NC-89等5种，此5个品种的生产样品，经测定不乏化学成分较为理想的优质烟叶。其中：NC-82和红花大金元在全国评吸中总分获得第一名和第二名。2008年，重点抓红花大金元、韭菜坪二号、贵烟四号、南江三号的开发和推广力度。2009年，全区安排种植南江三号、韭菜坪二号、黔西一号、红花大金元等品种。2011年，自育品种韭菜坪二号推广面积达7万多亩，毕纳一号示范面积达30万亩。

良种培育　1972年，根据全省烤烟工作会议的部署，区内产烟县以生产队为单位，以现有品种为基础，按照“自繁、自选、自留、自用”的“四自”方针培育良种，因当时重产量轻质量，视多叶高产烟叶品种为良种，培育品种多系多叶型。1978年全省烤烟工作会议提出全省以红花大金元和春雷三号为当家品种，做好良种繁育工作。此规定使繁种具有明确的目的性。据此，区内产烟县派出技术人员重点抓红花大金元的提纯复壮工作和技术指导。是年，黔西、毕节、大方3县既完成省农产品公司2000公斤种子的上调任务，又满足县内供种所需。次年初，省农产公司部署特约户育种，毕节县朱昌区宋五乡特约繁育红花大金元种子地20亩成功。

1981年省农产品公司部署特约种烟户繁种。次年，毕节县农产品公司特约地区农科所和郭家湾农场以及海子街、阴底、鸭池、环城4个区的烟农繁育良种1.23亩，获红花大金元种子920公斤（其中套袋种15公斤）、G-28种子75公斤，春雷三号种子40公斤。1983年该公司为提高种子纯度，只委托地区农科所独家繁种，公司派李炳黔、陈文举密切与农科所合作，繁种工作较成功，既完成省公司的上调任务，又为下年度县内推广良种奠定了基础。

建立良种繁育基地始于1983年。是年，地区农产公司组织参观团赴云南省路南县考察，学习繁种技术，引进红花大金元原种，大方县农产公司率先在羊场乡建立良种繁育基地31.5亩，收获红花大金元种子325公斤。次年，中国烟草总公司提出解决品种多、乱、杂和烟叶质量低的问题，要求按《烟草专卖条例》严加管理，规定：凡未经省级审定的品种不准用于生产，生产单位不得自留自用种子，烟叶产地的各级烟草公司要负责审查供应烟农的烟种。这一指示，使地县烟草公司强化了“良种化”意识，坚定了建立繁育良种基地的决心。区内除赫章县外的7个县10个点建立红花大金元原种繁育地12亩，良种繁育地343亩。金沙县的种子地全部施行营养块假植。至收获，所有的繁种基地均获成功，不仅为下年度统一供种作好准备，而且向铜仁、黔南、黔西南等地（州）提供原种40多公斤、良种350多公斤。至1985年，良种繁育点扩大到14处，面积470亩，据毕节、黔西、金沙、织金4县统计收良种1947.5公斤。其中：红花大金元占69.1%、NC-82占13.7%、G-140占15.4%、G-28和NC-89占1.8%。1988年，全区有良种繁育点15处，总面积892亩，繁育品种有红花大金元、NC-82、G-140、NC-89、K-326、G-28外，金沙县有NC944、MC-373，赫章县有云烟二号，全区所繁良种，可保证区内年种120万亩烟田之需。

供种　由农业、供销（商业）部门向生产单位的供种，在50~70年代，或因缺种而供，或为推广多叶高产品种而供，但数量不多，主要靠自繁、自留、自用。为实现“良种化”的统一供种，区内始于1981年。是年，金沙县红花大金元良种推广面积占总种植面积的65%。黔西县由农产公司统一供应良种的面积占总种植面积的90%。1983年，毕节、大方、赫章等县基本实现统一供种，红花大金元良种的供给面积占种植面积的80%。统一向烟农供给良种，成效显著。据毕节县调查，该县青场区以30公斤红花大金元良种统一供给烟农，使烟叶质量普遍提高，每50公斤平均价（以下简称均价）较上年增加20.50元，增长40%。全县因推广良种提高烟叶质量，使均价在上年基础上，净增12.55元。次年，毕节行署明确规定：红花大金元为全区当家品种，凡多叶型杂劣品种一律淘汰。1985年全区实现统一供种，在97.75万亩烟田中，红花大金元占62.20%、G-28和NC~82，占25.58%，良种程度达到87.78%。次年，全区统一供给的良种有红花大金元、G-140、NC-89、G-28、NC-82等，良种面积77.72万亩，占种植面积83.22万亩的93.39%。黔西县为促进良种化，无偿发给烟农225公斤良种。毕节县将良种分成12.5万包，按种烟户苗床厢数供种，使统供良种落到实处。1988年，全区种植面积105.9万亩，使用统供良种面积88万多亩，良种面积占86.25%。其中：红花大金元占58.2%、G-28占14.3%、NC-82占11.3%、云烟2号占2.45%、其他品种占13.75%。2000~2005年，主栽BK82、K326、云烟85和红花大金元。

21世纪以来，毕节地区加强种子基地建设，派科技人员和烤烟辅导员驻点，进行原种和生产用种繁育，统一供种，坚持至今。

## 二 科 技

毕节地区烤烟生产，长期以来主要引进和消化传统栽培技术,发展较慢，直到1984年实现烟草行业一体化、把烟草作为区内主要产业后，烤烟生产才有科技课题的系统安排。卷烟生产基本处于引进、消化技术，科技研究如“星火”。

烟草行业一体化以前，烟草科技工作分别由政府农业、轻工等部门的科技机构管理，经营烟叶的供销社等部门协同实施。烟草行业一体化以后，烟草公司设置烟叶栽培技术推广站，专事烟叶科技工作，地区行署烤烟生产办公室组织烤烟品质攻关科技研究。卷烟科技归烟草公司管理。烤烟科技一方面总结推广行之有效的技术改进，一方面施行引进技术和改进技术的课题研究。1956年大方县农技站总结茶盘式育苗法，在全区推广。1957年专区农水局总结4县土温床育苗法，辑入《西南农业科学》期刊。1959年大方县农技站总结改进烤房通风孔经验，《贵州日报》《大公报》《人民日报》予以报道。是年该县创造的烟叶梭线绑杆法，辑入《中国烟草栽培》丛书。1967年黔西县引进消化河南乔庄式烤房及烟叶调制技术，改变过去土办法，节约了燃料，提高了烘房的通风、排温的灵敏度。1968年黔西县供销社总结引进薄膜育苗技术，解决了高寒地区育苗期地温低的问题，提早烤烟生长期，受到省农产品公司的重视，号召各地大力学习推广。1970年黔西县试验成功麦烟套作，为有效地解决烟粮争地矛盾，闯出了一条新路子，全国烤烟优质高产协作组重点烟区考察组，到该县考察时给予肯定，认为很有推广价值。1978年黔西县创造营养钵移植，增加了烟苗的养分，缩短了还苗期，解决了烟苗前期养分不足，为后生长打下了基础，省财办号召全省推广。

烤烟生产技术课题研究，始于1957年。是年，地方国营毕节农场接受烤烟良种区域试验课题，由贵州省福泉烟草试验站负责指导。试验品种有金元、维司塔47、特字400号。试验方法，随机排列重复4次，分16小区，每区6厢，每厢40株，共2.15亩，按科技试验要求严格操作规程，对收获烟叶进行工艺性状鉴定和化学成分分析。试验结果，认定金元、维司塔47两个品种无论产量或质量都优于特字400号，适宜区内种植。1978年，黔西县农产公司在沙窝区金碧公社蹲点，选择农场四队和中坪五队进行不同烤烟品种、不同种植密度、不同施肥方法、不同麦烟套种方式等4项科技课题试验，为当地科学种烟提供参考资料。1981年地区农技站在毕节县海子街区田坝桥公社，作改造烤房课题研究，试验成功适应烤烟分户经营的“5·1”式简易烤房。1985年，地区科委与地区烤烟生产领导小组办公室、烟草专卖局、分公司、农牧渔业局、标准计量局、农科所等单位协商，建立毕节地区烤烟品质攻关协作组。科研项目为：良种繁育、品种比较、优质烟栽培技术、品质调查、种植区划、烘烤技术。根据协作组的部署，各县烟草公司相继予以实施。大方县烟草公司选择理化、双山、达溪、沙厂、六龙、百纳、长石等区设点，分别就良种繁育、品质调查、优质栽培、烘烤技术等明确课题研究承担人。当年全区进行良种繁育、品比试验、品质调查、施肥试验、烘烤试验5个课题、38个点的试验。1986～1988年，各县继续进行课题选点试验。黔西县的营养块假植移栽对比试验、地区农科所的烤烟地膜覆盖试验、地区农科所对全区烤烟品质的调查、黔西县对黔Q1-84标准烘烤法的试验、分公司技术推广站与纳雍县烟草公司配合进行的优质烟生产试验等，都作出了试验成果小结，开创了区内全面开展烟草科技活动的局面，积累了资料，促进了科学种烟。其中地区农科所完成的《毕节地区烤烟品质调查》课题，获地区1990年科学技术进步二等奖。1987～1988年，根据省烟草公司的安排，各县烟草公司参与全省烤烟品种区域试验，对区内推广烤烟良种的特性特征、适应范围、栽培技术要求提供了较为可靠的依据。

2005年，全地区推广集约化育苗45.97万厢，烤烟地膜覆盖栽培5.45万公顷，占移栽面积的96.28%；种植密度每亩控制在1100株左右；推广各类智能化循环烤房、密集式烤房440座。通过加大适用技术的普及力度和新技术的开发，提高毕节地区烤烟生产整体科技水平。2011年，在全省烟草商业科学技术大会上，毕节烟草获省部级科技进步奖4项，地厅级科技进步奖8项；秸秆气化烘烤烟叶供热装置获发明新型实用技术专利；培育地方特色品种3个，出版专著4部，发表科技论文30多篇。制定“十二五”科技发展规划，明确“四个突出、四个推进”的技术重点。投入3700余万元科技经费，实施7大类、29项、53个试验课题，其中自主立项项目课题达到29个、占54.7%，创新工作逐步涵盖“两烟”生产经营和管理。与河南农大的战略合作深入推进，2011年技术合作项目5个，即：影响毕节地区烤烟上部叶发育的机理揭示及调控措施研究、现代烟草农业单元基地建设模式创新研究、毕节特色烟叶质量风格形成的机理及化学基础研究、循环经济“畜沼烟”一体化模式研究、以品牌为导向的原料体系研究取得实质性进展，在威宁建立首家不适用鲜烟叶的工程化处理站。科技创新基础设施进一步完善，技术中心建设全面推进，启动烟叶质量监测站的建设。科技创新人才队伍建设得到进一步加强，在烘烤调制、特色烟叶开发、品种选育应用、企业管理等方面的专业技术人才逐步显现，有2人获得高级专业技术职称任职资格；品种选育继续保持领先地位，黔西1号品种通过省级审定，毕纳1号品系在全国西南片区品种区试中表现较好，综合评价第一；《毕节地区烤烟种植区划》一书正式出版，获得地区科技进步三等奖；《应用系统选育方法培育毕节地区烤烟新品种》及《企业全面风险控制体系研究与应用》2个项目通过省局验收；共申报专利5项，其中2项获授权、3项获受理。

## 第三节　管　理

**党政管理**　中华人民共和国成立后，人民政府十分重视烤烟生产。1951年，毕节专员公署要求各产烟县建立烤烟生产指导组，将烤烟种植正式纳入国民经济计划，进行统一安排，结束了长期以来自产自销的历史。1955年11月，毕节专署以专农〔55〕字第71号通知，明确指示烤烟是毕节、大方、黔西、金沙、织金5县特产之一，为完成国家分配全区2.8万亩种植计划，各县必须在年底前将任务落实到区、乡、农户，为便于管理和技术指导，任务不能过于分散，种植必须相对集中。1956年，专署指示将原隶属于农业系统的烤烟生产指导组改由专署直接领导，组织专业干部和科技人员下县巡回检查，帮助推广种植技术，总结经验。1957年，省人民政府指示烤烟必须着重提高单位面积产超和品质。专署除要求各级必须有专人负责管理外，对生产各个环节的成功经验和出现的问题，专署通报进行推广或纠正。

1960年，由于自然灾害影响，粮食减产，烤烟滑坡，卷烟供应紧张，为迅速恢复生产，毕节地委先后4次召开烤烟生产电话会议，要求加强对烤烟生产的领导。黔西、大方、织金等产烟重点县都指定由农工部长具体领导，全面负责。1962年，按照地委、专署意见，各县设置经济作物办公室，把烤烟生产任务列为当时贯彻大包干政策的重要内容之一，并大力宣传“以烟抵粮”政策和烤烟奖售政策。织金县化起公社结合大包干政策精神，对烤烟生产采取抓组织领导，种子调剂，生产技术，管理措施，做到思想落实，任务落实，土地落实，定领导、定面积、定劳力、定时间、定报酬、定肥料、定烤房的“七定、三抓、三落实”措施，责任到队、到组、到人，效果明显。各县陆续采取相似包干形式，使烤烟生产逐步恢复。1964年，由于自然灾害，全区有2100多个生产队缺乏烟苗，专、县党政领导亲自主持，采用现金购买、以物换物、以工换苗、支援赠送等方式进行串换调剂，共调剂烟苗2000余万株，保证了种植计划。毕节地委为探索烤烟高产优质的新路子，指示各县必须掌握重点进行试验，组织力量在毕节县海子街区豪沟公社和鸭池区头步桥公社建立大面积科学实验试点。在豪沟公社种植烤烟684亩，产值9万多元，占该社粮烟总收入的48.1%。

1979年，全国建立41个烤烟基地县，其中包括毕节、大方、黔西、金沙、织金5县。毕节地委、行署指示各县要把提高烤烟质量作为工作重点，狠抓关键措施，总结经验，以点带面。1980年，全区农村体制改革停滞不前，影响农民生产积极性，烤烟种植计划没有完成，地委组织部分县、区领导赴四川省参观学习后，及时制订出《关于进一步落实党的农村经济政策的十条规定》，允许“定产到组”或“包产到户”。同时，还决定加强对烤烟生产的投入，每年拿100万元作为发展烤烟生产资金。毕节县政府规定，完成烤烟种植计划90%以上、交售计划90%

以上、均价65元以上的区，按全区烤烟收购总值的1.5‰计发奖金；达到两个条件的区，按1‰计发，只达到一个条件的区，按0.5‰计发。

1981年，全区农业生产体制均由过去的队为单位集体种植变为农户个体经营，原有的烤烟专业队（组）自然解体，地县党委、政府要求以村组为单位，依靠烟科户、重点户进行传、帮、带，强调区乡负责干部进一步加强领导，运用责任承包形式，落实管理措施。1984年，根据生产发展的需要，地区行署调整烤烟领导小组，由副专员任组长，并重新组建烤烟生产办公室，抽调得力干部专职办公，直属行署领导，随后全区县、区、社均建立起自上而下的烤烟生产指挥系统，从有关部门抽调577人深入生产第一线。5月，地委在织金县召开全区县委书记会议，明确提出“全面发展，多种经营，发挥优势，走农工商发展之路”的方针。经过讨论，一致认为烤烟是全区一大拳头产品，是组织第二个经济翻番的支柱，应该在现有基础上，狠抓单产和内在质量的提高，逐步形成配套的系列化生产。1985年，省政府决定，全省一律不收购青烟。年初，地委、行署分析研究市场上中等烟叶紧缺、下低等烟积压的情况，要求全区认真贯彻“计划种植、主攻质量、优质适产”方针，召开烤烟工作会议，统一思想，增强质量意识，对数量、质量作出明确规定，强调科技兴烟，以质取胜。之后。由地区烟草生产领导小组办公室牵头，组织烟草、供销、农业等有关部门参加，在大方县双山区建立万亩优质烟示范点。

1986年，地委、行署除强调把主攻烟叶质量作为烤烟生产的指导方针外，还要求均价达95元以上，强调党政部门齐抓共管，各级要有专人负责，使地区这一资源优势得以充分发挥。各县都相继配了专职烟县长、烟区长、烟乡长，纪委、人大、政协等部门都把烤烟生产纳入重要议事日程，从人力、物力、财力上为烤烟生产服务，形成五大班子齐抓共管局面。是年，在行署的重视支持下，地县农业区划委员会，组织烟草、气象、农业等部门的专业人员，完成了毕节地区烟草区划工作。由于上、中等烟达75%以上比例和烟叶长度等要求，脱离全区烟农实际生产水平，挫伤了烟农的生产积极性。为保护烟农的种烟积极性，使烤烟稳定发展，从实际出发，地委行署多次向省反映，最后确定毕节、大方、黔西、金沙4县收购烟叶的上、中等烟比例为70%，织金、纳雍、威宁、赫章4县为65%。为确保烤烟生产稳步发展，1988年，地委、行署根据“计划种植，主攻质量，优质适产，坚持改革，提高效益”的指导方针，坚持以良种化、区域化、规范化种植，提高烟叶质量，增加上中等烟比重，注重经济效益为目标，作出“新、老烟区一起上，数量、质量同时抓”的战略部署，先后制定《烤烟优质丰产奖励办法》《筹集烤烟生产扶持费的规定》和“三持平”（即与邻省接壤边境收购点收购价格、验级眼光、奖售补贴持平）、“四不变”（即十五个级全额收购不变，验级眼光保持上年水平不变，化肥奖售标准不变，及时兑现价款和奖售化肥不变）、“五不准”（即不准烟农把烟叶卖给省外区外；不准地区内县与县、区乡与区乡之间加价抢购；不准私人倒卖贩运烟叶；不准压级收购、抬级上调；不准收“人情烟”“后门烟”）的收购政策，以及财政包干下伸区乡和烤烟增收分成规定，明确以1987年收购实绩为基础，1988年增收部分，省地县实行三、二、五分成。大方县为调动区乡干部积极性，决定各区完成县下达的收购计划后，超计划收购部分的税收，除按比例上交中央外，其余部分全部给区，县不分成。各级政府还从人力、财力、物力上大力支援烤烟生产，全年全区投入烤烟生产的资金1800多万元，肥料3万多吨，有1.037万名干部职工、科技人员深入生产第一线帮助生产管理，烤烟产量创历史最高水平，收购11.3万多吨，上中等烟比例达69.18%，收购总额28704万余元，烟叶税收突破亿元大关。地区行署年末召开全区烤烟生产总结表彰大会，50多个单位和200多名烟农受到表彰。

2001年，在国家“控制总量、提高质量、调整布局、改善结构、增加效益”方针指导下，中共毕节地委、行署结合地区实际，以市场为导向，坚持“计划种植，合同收购”，加大烤烟种植布局调整；大力实施“科教兴烟”战略，重点抓好烤烟良种、育苗、平衡施肥、三段式烘烤、四项技术推广和国际型优质主料烟的开发。是年，全区签订烤烟产购合同20.02万份，合同订购7.8万吨；移栽面积49333.3公顷；实际收购4.667万吨。其中上等烟15.08%，上中等烟76.92%；每50公斤担均价375.63元，每公斤均价比上年增加75.65元。2005年，毕节地区各级有关部门贯彻落实中央、省委1号文件精神及省、地烤烟工作会议精神，围绕省政府下达的收购8.4万吨烟叶的目标任务，坚持市场引导、计划种植、主攻质量、调整布局的指导方针，按照保规模、保结构、提质量、增效益的工作重点，进一步整合管理和技术，烤烟生产取得增产、增收、增效的好成绩，全年完成烤烟移栽5.66万公顷，为地区下达各县、市指导性种植面积的102.91%，涉及种烟乡、镇156个，烟农16.27万户。

2011年，全区围绕省政府下达的收购1.39万吨烟叶目标任务开展烤烟生产收购，按照“转方式、调结构、重品质、突特色、上水平、促发展”的总体思路，严格执行国家生产收购计划，应对烤烟生产形势的变化和严重干旱天气，加大烤烟政策宣传力度，强化科技兴烟措施，大力推进烟叶基础设施建设和现代烟草农业建设，烤烟生产在大旱之年取得明显成效。是年，全区完成烤烟种植面积5.58万公顷，涉及种烟乡镇159个，种烟农户2.93万户，烟叶收购总量达5.97万吨，上等烟比例34.28%，中等烟比例54.57%，完成收购总产值10.01亿元（含每担30元新技术推广补贴），实现烟叶税1.93亿元。烟农售烟收入加上旱灾救助补贴及处理不适用鲜烟叶补贴，累计现金收入达13.5亿元，大灾之年做到烟叶减产但烟农基本不减收。

**业务管理** 全区烟草业务管理，20世纪50年代由农业部门负责生产技术，商业部门负责收购调拨；尔后，逐步转由供销社负责烟叶收购调拨，农业部门弥助指导生产技术；1984年地县烟草公司组建后，农、工、商、产、供、销、人、财、物等全部交由烟草公司负责。

1951年1月，贵州省农林厅行文下达计划，安排毕节地区种植烤烟3万亩，产量1500吨。并决定黔西县为全省11个烤烟重点县之一，毕节县、大方县为全省11个次产烟县之一。文件还要求凡原产烤烟地区，要大力恢复生产，有重点地推广或交换良种，加强技术指导，尽快恢复到新中国前产烟最高年的生产水平。4月，毕节专区贸易公司专门召开土产会议，解决烤烟经营范围和面向农村等问题。1955年初，省农林厅从瓮安等4县农推站抽调烤烟技术人员4名，到大定、黔西、金沙、织金4县农推站（组）工作。10月，省农林厅根据国家农业部《关于农业技术推广站工作指示》要求，决定在全省区所在地先设置100个农业技术推广站，分配毕节专区设11个，1957年基本上达到每区1站。1962年，按照大包干政策精神，专县两级农、商部门抽调干部57名，组成20多个工作组，配合基层干部深入社队，帮助落实烤烟种植任务，制订管理措施，共落实种植面积5.6939万亩，占当年全区种植面积的71%。1963年，部分干部群众存在重粮轻烟思想，苗床粗糙，管理不认真，加上冰雹灾害，缺苗情况严重。专区农业局及时向专署专题汇报，并以《农业生产简报》指出烤烟生产存在的问题。毕节县供销社督促各区供销社认真检查缺苗情况后，立即从云南省镇雄县购进烟苗250余万株，供销社补贴运杂费用，按购进价供应社、队，保证种植任务的完成。专区农推站针对以往烤烟种植遍地开花，零星分散，技术指导难，及烟粮争地、争肥料、争劳力，产品质量差等问题，密切配合供销社，深入区、社、队，本着“区分散、队集中”原则，对土地进行合理调整，帮助妥善安排劳力、肥料，保证粮、烟两不误。1977年，省供销社确定全省的12个烤烟生产基地县中，包括毕节、大方、黔西、金沙、织金5县。各县供销社农产公司均把烤烟生产列为本部门的首要工作。

1979年，全国确定41个烤烟基地县，毕节地区有5个县被列入，地、县供销社都把烤烟生产的中心转向主攻质量。地区供销社专门设置科研科室，配备专职干部；地区农产站向科研部门购进烤烟栽培技术书籍，发至各产烟县学习参考。1980年，地区供销社要求各烤烟社、队按专业队（组）组织生产，生产任务落实到队，定产到组；集体种植，专人管理，或集体种植，包产量、产值，分户管理，专人烘烤；包产到户的，可以实行几户联种，分户管理，专人烘烤；或自种自管自烤。不管采取何种形式，都一视同仁，签订交售合同；售给肥料，发放预购定金。地区农业部门指导各县对“五·一”式简易烤房进行试点，为各县培训技术骨干120多人，随后又以县为单位，培训县、区、社干部6000多人，辅导员和烟农3.8万多人；地县农业局印发提高烤烟质量和单产的技术知识读物6万多册；毕节县供销社无偿向贫困烟农发放饼肥5.5吨；银行部门发放烤烟贷款30多万元。

1984年，地县烟草公司相继建立，烟草系统实行“农工商、产供销、人财物、内外贸”集中统一管理。毕节烟草分公司根据国家对烤烟应大力提高外观和内在质量要求，结合地区存在的“营养不良，发育不全，成熟不够，叶小片薄”弱点，拟定出优质适产技术规范，其主要内容包括选用良种、育稀苗、扶壮苗、坚持营养块假植育苗、开厢稀植、重施底肥、早施早追、打顶抹芽去脚叶、成熟采摘、小火稳升温、慢变黄等技术要点，对全区生产进行指导。各县公司均先后建立良种基地，实行统一供种。1987年初，毕节烟草分公司成立生产调度办公室，及时掌握生产情况，反映、解决存在问题，为领导决策、指导工作提供依据。是年，全区投入烤烟生产的干部职工4848人，出动宣传车650车次，办墙报730期，利用电影放映宣传180场次，发行宣传资料15.3万多份。1988年，地、县烟草部门依靠政策发动群众，大力宣传优质优价政策和15个等级全额收购、不卡比例、价格不再下浮等政策，给烟农吃定心丸，同时选派干部、科技人员深入村户帮助规划，技术指导。全区烤烟种植面积达100.59万亩，收购1137万吨，收购量占全省收购总量的41.33%。

2011年，地区烟草公司出台《毕节地区提高优质烟叶有效供给实施方案》及相关考核考评办法，进一步提高思想认识，将优化烟叶结构、提高优质烟叶有效供给能力作为烟叶工作的重中之重来抓，制定具体的操作执行方案，明确田间消化鲜烟叶的部位、标准、作业流程及要求。各县市分公司结合实际细化操作执行方案，制定详细考核办法，责任到人，全力开展结构调整和不适用鲜烟叶处理工作。全地区成立田间处理鲜烟叶工作小组386个，人员2012人、组织召开群众会3500余次，参会烟农达10万余人次，发放“调结构、提质量”和“不适用等级鲜烟叶图标”宣传手册6万余份，印发公开信1.5万份，悬挂横幅300余幅，购置处理设备58台套，设置处理坑（池、点）14万个。

**专卖管理** 烟草专卖，在中国历史不长。民国4年（1915年），国民政府决定采取“官督商销”的公卖制，颁布《全国烟酒专卖暂行简章》，是中国近代国家实行烟草专卖之始。后经几次修改，欲弃旧图新，终因专卖制本身弱点和政府官员腐败，外国资本入侵，国家烟草专卖制并未完全实现。民国34年（1945）又取消国家对烟的专卖，仍实行高额统税制。

中华人民共和国建立后，1951年，区内地、县成立专卖事业管理处（所）。开始，仅限于酒类专卖。1953年，鉴于烟草专卖条件尚不成熟，国家决定对卷烟实行工业生产，商业包销政策。1963年，中央决定试办中国烟草工业公司（托拉斯），实行高度集中统一管理。毕节地区内未及试办。1965年，恢复由国营商业隶属的糖业烟酒公司，对卷烟实行统一收购、调拨、分配，这对于增加财政收入，维护市场秩序起着重要作用。

中共十一届三中全会后，全国推行改革、开放、搞活经济的方针，1981年5月，国务院决定烟草实行专卖。1983年9月，国务院颁布《烟草专卖条例》，国家设立烟草专卖行政管理机构——国家烟草专卖局；烟草生产和烟草制品的专用设备、物资等的经营管理机构——中国烟草总公司；划分烟草专卖品和烟草专卖管理品；征收烟草专卖品高额产品税（烟叶税率38%，卷烟税率按甲、乙、丙、丁、戊级分别为60%、60%、56%、50%、47%，雪茄烟税率47%，烟丝税率35%）强制烟叶制品和生产设备专用物资等注册；烟草专卖实行许可制度；烟草制品和烟草生产专用设备、物资等的进出口业务，均由中国烟草总公司统一办理审、报、批手续并组织实施；托运烟草专卖品，必须核发准运证；违反专卖法规者，国家各级烟草专卖局管理机关，有权按烟草专卖法规查处。1984年，国家烟草专卖局发布《烟草专卖条例施行细则》。是年，区内地、县烟草专卖局（公司）成立，专人负责烟草专卖管理工作。到1986年，烟草系统完成组建、上划工作，行业集中统一管理已经形成。地、县烟草专卖局设立专卖科（股），基层烟草站配备专卖检查员，公安、工商、税务、物价、交通等有关部门紧密配合，形成上下垂线、左右为网的专卖管理体系。全区烟草系统内部共有专卖管理人员249人，其中，地、县专职管理人员31人，发挥监督、协调、服务职能。

烟草实行专卖之初，地、县烟草专卖局采取张贴通告，印发《烟草专卖条例》《烟草专卖条例施行细则》，利用电视、广播等形式，宣传贯彻专卖法规，提高烟草系统职工和广大消费者，对烟草专卖的认识。并对卷烟批发、零售网点进行普查登记，坚持批发一个闸，零售多渠道原则，始终把烟叶收购、调拨、卷烟批发业务，掌握在地、县烟草公司手中。

批发零售同点一律实行专卖许可制度。1985年末，全区核发零售专卖许可证11222份。1988年5月，地区烟草专卖局贯彻全国统一换发烟草专卖许可证指示，发出通知，部署统一换证；换证，整顿双管齐下，保护合法经营。年末，全区国营、集体、个体卷烟零售网点13307户，比1985年增加18.6%。

烟草实行专卖后，各县根据《烟草专卖条例》规定，经常对烟草市场进行检查、监督、整顿。1987年，受消费超前热浪潮影响，市场名优卷烟紧俏，违章经营增多，毕节地区烟草专卖局、公安处、工商局、税务局、物价局两次联合发出《关于认真贯彻〈烟草专卖条例〉加强卷烟市场管理的暂行规定》和《关于加强卷烟专卖管理的通告》，在城乡张贴。

2001年，毕节地区烟草专卖管理查处专卖案件424起，捣毁地下烟厂1个，制假窝点5个，罚没收入27万元。2005年，全区查处各类专卖违法违规案2264件，捣毁地下制假窝点1个，罚款328.11万元。2011年，加大专卖内部监督管理力度，对“两烟”计划、合同签订、烟叶收购、“两烟”销售等重点环节进行监管，规范企业经营管理行为。严厉打击非法经营行为，全年共出动打私打假1.32万余人次，破获省级网络案件1个，查处各类烟草专卖违法案件325起，查获卷烟620.77万支，查扣烟叶155.27吨。移送公安机关立案侦查14起，拘留41人，判刑8人，罚款35.98万元。开展卷烟市场专项整顿活动180多次，依法查处卷烟违法案件52起，查获卷烟数量133.03万支，抓获涉案人员24人。联合打击非法经营烟叶违法犯罪活动，分别与云南省昭通、曲靖市局，四川省泸州市局，重庆市黔江区局，贵州省遵义市局等共同签署联合打击烟叶违法犯罪工作协议，并在全区联合执法，统一行动，联合打击，各计其功。在烟叶收购期间，查获万斤以上案件10余起，查获违法烟叶76.69吨。与重庆黔江区局联合办案，成功破获“10·30”非法经营烟叶网络案件，查获烟叶近4.36万公斤，案值105.59万元。

**企业管理**　中华人民共和国成立后，烟草行业的农工商分属于农业、轻工业、商业（国营商业和供销合作社）管理经营。中共十一届三中全会后，针对烟草行业的高税特殊性，改革行业管理体制，对烟草实行产供销、人财物、内外贸集中统一的管理和经营，形成农工商贸一条龙的组织形式，这是国家对烟草行业管理体制的一项重要特殊改革。在烟草行业内部实行总公司、省公司、分公司、县公司分级管理体制。总公司、省公司、基层企业（包括分公司、县公司、工厂）三级核算。本着精减、效能、减少层次，加速商品流通，提高经济效益的原则，1983年组建贵州省烟草公司毕节分公司，随后相继成立各县烟草公司、区烟草站。1986年烟草系统上划时，全区设有分公司、复烤厂、卷烟厂各1个，县烟草公司8个，县复烤厂4个，区烟草站91个，共106个单位。从此，全行业集中统一管理走上正轨。

1984年，毕节烟草分公司设置卷烟调拨站，对毕节地产卷烟实行统购包销。1986年，为避免产销脱节，减少环节，方便经营，又将卷烟调拨站划归卷烟厂，实行厂站合一，产销合一，参与市场竞争，信息直接反馈，利于改进品种结构，提高质量，促进产销。

企业生产经营，实行厂长全权指挥、党委保证监督、职工民主管理的厂长（经理）负责制，赋予厂长（经理）经营决策、干部任免和收益分配等权力。为进一步增强企业活力，1987年，毕节烟草分公司对地区烟叶复烤厂试行承包经营责任制。1988年，全区烟草系统按照上缴利润递增包干的方式，统一向省公司承包；分公司按照“包死基数，确保上缴，超收多留，歉收自补”的原则，对所属企业发包。各基层企业分别向分公司、县公司承包，承包期一定三年不变，同时实行任期目标责任制。全区除毕节、威宁、赫章3县外，其余各县均与所属区级烟草站签订承包经营合同。黔西县烟草公司改革过去“统一管理、两级经营、指标考核、统负盈亏”为“统一管理、承包经营、两级核算、自负盈亏”，对各区烟草站，核定承包任务，实行基数招标，公开招聘承包人，推行承包经营责任制，调动了企业职工的积极性。全县烟草系统887名职工，就有598名深入乡、村、组配合203名辅导员和区、乡村干部，对全县所有种烟村实行划片包干，落实计划，责任到人。是年收购烤烟17393吨，比上年增长42.37%，加工复烤出口烟1100吨，比上年增长2.2倍，实现利润411.3万元，比上年增长1.03倍，为国家提供烤烟产品税1596万元，比上年增长55%，实现利润、创汇、税收均为历史最好水平。该县甘棠区烟草站收购烤烟2175吨，比上年增长92%，9个产烟乡有5个乡翻番，4个乡增幅均在50%以上。织金县烟草公司承包以后，所属各区烟草站按“两烟”购销任务、利润、费用水平、资金周转等7项指标为考核内容，向县公司签订承包经营合同。

2001年，毕节地区烟草专卖局（公司）精简机关机构，实行定编定岗管理。机构从92个减少到72个，机关管理人员从1345人减少到708人。对烟草站财务实行报账制管理，对黔西、赫章、纳雍3个挂杆复烤厂实行停产，在全系统开展清产核资工作，对库存无价值烟叶47万多担进行报废。烤烟收购全面推选原收原调和收购单据日封管理，烟用物资实行统一招投标采购。

毕节地区卷烟工业出现在1941年，多系手工制作，半机械设备极其简陋。1974年5月建立毕节地区卷烟厂。1977年成为低水平机械化企业，年产卷烟2590箱。1978年，省轻工局令其停业转产。中共十一届三中全会作出工作重点转移到社会主义现代化建设上来的战略决策，给贫穷山区带来复苏烟草工业的气候。1981年初省政府同意毕节地区卷烟厂恢复生产。随着改革开放方针的深入贯彻，地委、行署将烟草工、农业列为开发地方经济支柱产业，焕发起人民群众发展烤烟、卷烟工业的积极性，卷烟生产连续翻番。卷烟产量由1981年6000多箱，发展到1983年1.6万多箱，1988年过26万箱，年产值1.91亿元（1980年不变价），占全区工业总产值的37.83%，占轻工业总产值的74.56%；8年累计固定资产投入6000多万元，创产值4.4亿元，产品销全国21个省（市）。顺应烤烟、卷烟生产的发展，1977年地区建起第一个烟叶复烤厂。复烤厂的建立不仅基本结束了初烤烟外调的历史，而且加工出口烟叶。1991～2000年，毕节卷烟厂生产销售卷烟313万箱，销售收入88.82亿元，税金39.95亿元，占毕节地区同级财政收入50%。连续6年进入全国500家最大工业企业和500家最佳经济效益企业。所生产产品在全国20多个省市销售。特醇驰牌香烟被评为全国名优卷烟、全国质量优等品。“大洋”“圣火”“红杏”被评为贵州省名牌产品、贵州省优质产品。2011年，毕节卷烟厂完成生产任务42.15万箱，实现产值39.67亿元。

# 第二章　烟草工业

## 第一节　烟叶复烤

### 一　概　况

毕节地区是贵州省烤烟主要产区，种植烤烟有较长历史。20世纪70年代以来，产量逐渐上升，1972年，烤烟收购数量突破万吨大关，1975年达2.5万余吨，约占全省收购量的三分之一。1977年以前所收烟叶，全额运往贵阳、贵定等地复烤后再行调出。但区内多数县地处高寒，交通不便，收购季节集中，常因仓容不足，运输紧张，烟叶霉变损失情况时有发生。1974年，毕节卷烟厂恢复生产后，区内原料也要运贵阳复烤后再运回生产，不仅造成迂回运输，也给卷烟生产带来不便。按国务院关于农产品加工应就地就近的指示精神，毕节地区党委和地区革命委员会于1976年经过反复研究论证，决定由地方政府投资，地区供销社经办，兴建烟叶复烤厂。地区供销社为此写出专题请示报告，经贵州省供销社同意，于1977年5月开始筹建。厂址选在距城约7公里的鸭池区头步公社花果生产队，征用土地3.6万平方米，地区投资40万元（其中财政30万元，地区供销社10万元），招收职工21人，修建厂房165平方米，搭盖临时简易货棚300平方米，购置微波复烤机1台，于是年12月29日试产成功，次年复烤烟叶278.56吨，结束了毕节地区盛产烟叶而无复烤能力的历史。1979年，在中共十一届三中全会路线指引下，尽管地方财力窘迫，仍陆续拨款83万元以扩大生产能力。自建厂房300平方米，微波复烤机增至4台。

继地区复烤厂的建成投产，辖区属县陆续兴建复烤厂。1979年，产烟重点的黔西县，烤烟产量达万吨，县农产品公司为减轻仓储压力，投资11万元，因陋就简，将城南烤烟收购棚改建复烤车间，建成一条土复烤生产线投产。1981年，大方县人民政府借一些厂矿需要关、停、并、转之机，决定自筹资金建立县烟叶复烤厂，利用原县农机训练班、汽车修理厂的土地房屋，以及前县水泥厂土地与附近耕地互换，在县城北郊花牌坊定址，于是年11月动工筹建，投资102万元，购进微波复烤机6台；1982年又投资238万元，增添微波复烤机2台，修建机房350平方米，仓库1200平方米，于1982年8月正式投产。投产时有职工75人，雇请临时工377人，厂划归县经济委员会领导，是年复烤烟叶1450吨。黔西、金沙两县也于1982年由财政投资兴建烟叶复烤厂，均利用旧厂房进行改建，黔西利用原县化肥厂旧址，金沙县在城关区玉屏乡黎明二队原农机厂铸工车间处建厂，各购置微波复烤机2台，分别于是年8月、10月相继投产。

1983年，毕节地区行署遵照国务院有关整顿企业的指示精神，结合地区实际，决定将地区造纸厂空余厂房改建为烟叶复烤车间，安装微波复烤机2台投入生产。是年10月，为有利于发挥全区烟叶优势，加强经营管理，提高经济效益，纠正和克服重复布设厂的弊端，地区行署专员办公会议作出决定，将地区造纸厂按建制合并给地区烟叶复烤厂。至1983年底，全区已建成烟叶复烤厂4个，年复烤能力2.5万吨，1983年实际复烤1.3632万吨，占是年全区收购量的28.43%。

1984年，全区烤烟产量已达8万余吨，辖区8个县中，有半数县年产量超过万吨，最少的县也达3500吨，因而出现全区性兴办复烤工业热潮。次年，在各县政府支持下，有毕节、织金、纳雍、威宁、赫章前河、赫章后河等复烤厂和大方羊场坝复烤车间动工修建，绝大部分作到当年投产。这批新建复烤厂鉴于当时微波复烤工艺已不能满足用户要求，除赫章前河复烤厂和大方羊场坝复烤车间外，都购置蒸气复烤机进行生产。至年底，全区形成县县具有复烤加工能力的局面。

1986年7月，为有利于统一计划、统一调度、发挥优势，地区行署决定将毕节县复烤厂和地区复烤厂合并，实行统一管理，统一核算，统一经营。次年，为便利卷烟生产，根据地区行署意见，又将原毕节县复烤厂原有设备、厂房、仓库、人员划交毕节卷烟厂作为一个车间。

至1988年底，全区共有复烤工业单位10个（不含毕节卷烟厂复烤车间），其中，属烟草系统管辖的有毕节地区复烤厂、大方县复烤厂、黔西县复烤厂、金沙县复烤厂、威宁县复烤厂共5个；属政府部门管辖的有织金县复烤厂、纳雍县复烤厂、赫章县前河复烤厂、赫章县后河复烤厂、大方县羊场坝复烤车间共5个。至1990年，毕节地区9家烟叶复烤厂和两个复烤车间，装配微波复烤线29条，蒸气复烤线10条，土复烤线2条，职工1556人，年复烤烟叶12.5万吨，占全省的39.4%。1999年，毕节地区8个独立核算烟叶复烤企业，共生产复烤烟叶6.8万吨。

贵州省烟草公司毕节地区烟叶复烤厂（2008年）

2001年，毕节地区烟草专卖局（公司）对黔西、赫章、纳雍3个挂杆复烤厂实行停产。2005年，毕节地区烟叶复烤厂打叶生产加工烟叶96.26万担，销售调拨烟叶123.3万吨。2011年，毕节复烤厂加工烟叶43.96万担，产出成品片烟1.38万吨。

## 二　地区直属复烤工业

**生产设备**　毕节地区烟叶复烤厂始建时，地区革命委员会要求做“当年基建，当年投产”。

厂筹建组于1977年5月派专人赴凯里国营宇光电工厂委托试制微波复烤机，12月，宇光厂派出工程技术人员，到复烤厂帮助安装调试，试车成功，台时产量200公斤。1978年，又向宇光厂订购微波复烤机，至1979年，微波复烤机增至4台。1981年，经地区财贸办公室同意，再向宇光厂订购4台微波复烤机和1台时产量800公斤的双管微波复烤机。次年复烤机运回，由于厂房未修好，未曾使用。地区造纸厂转产时，双管机借给纸厂复烤车间，另4台于同年安装完毕，投入生产。地区复烤厂与造纸厂合并后至1984年底，共有微波复烤机10台，年生产能力达万吨以上。

由于微波复烤生产的烟叶颜色淡、灰尘多，不受用户欢迎，1984年10月，经地区行署同意，投资348万元，向西南高峰机械厂订购一条年产7500吨的大型蒸汽复烤生产线，计有MQ11301回潮机1台，MQ11303单室复烤机1台（包括6间烤房、1间凉房、3间潮房所需的成套设备及烟片回收装置），MQ304A液压打包机2台，MQ305提升机2台，于1985年10月下旬投入生产。

1986年，为扩大复烤烟的出口创汇业务，以蒸汽复烤机为蓝本，参照黔西县复烤机辅机模式，设计加工以生产片烟为主的蒸汽复烤机。次年初，经地区经济委员会和贵州省烟草公司同意作为技术改革项目，中国农业银行贵州省分行向毕节地区农业银行增加复烤厂技术改革贷款150万元给予支持。对片烟蒸汽复烤机的链条、打包机、散热器、风扇等组合标件，分别委托河南省许昌烟草机械厂和许昌烟机配件厂生产，其余机件均由动力车间自行加工制作。1987年7月，该机由许昌烟机配件厂和复烤厂动力车间协作安装，月底完成，开机运转，性能良好，年生产能力增加7500吨以上。在增添烟机的同时，对打包机、锅炉等配套设备，也陆续购置。截至1988年底，全厂共有微波复烤机10台、蒸汽复烤机2台、4吨锅炉2台、打包机21台，其中电动打包机13台、液压打包机8台，年复烤烟叶能力（按5个月生产期计）3万吨。有客车6辆，282座，货车23辆，年运货能力327.5万吨公里。

**厂房**　毕节地区复烤厂建厂时，征用土地面积3.6万平方米，建起第一栋165平方米砖木结构的厂房，同时自己动手用篷布和木料搭起300平方米临时货棚，为第一台复烤机安装投产奠定基础。次年，为安装第二台微波复烤机，将原厂房延伸建筑65平方米的电源间，2台复烤机合并为下一车间，共230平方米。1979年，厂又自建300平方米的上一车间。1982年，为准备安装再次向宇光厂购进5台微波复烤机，修建940平方米的第二车间。1984年，原纸厂的复烤车间作为第三车间。1985年，经地区经济委员会批准，在原纸厂抄纸车间的基础上修建蒸汽车间，于是另建653平方米的第三车间，修建的蒸汽车间作为第四车间，建筑面积1904平方米，其中新建1104平方米，改建800平方米。1987年，增建片烟蒸汽车间作为第五车间，建筑面积1486平方米。在建设主厂房的同时，选烟、晾烟、配电、锅炉等辅助厂房也随之增建。截至1988年底，共建成生产厂房5个车间，面积5513平方米；选烟、晾烟房10幢，7697平方米；配电、锅炉、钳工用房930平方米，形成动力厂房基本完备，辅助厂房配套齐全的格局。

**仓库**　1980年6月，与地区建筑公司签订2000平方米仓库施工合同，于次年3月竣工。1981年底又委托毕节县社队企业建筑工程队修建仓库5000平方米。1985年蒸汽车间投产，烤烟收购量大幅度上升，仓容量严重不足，把仓库建设列为“七五”期间的重大项目。1987年竣工两幢仓库，面积共1.132万平方米。同年片烟蒸汽车间投产，又陆续修建几幢简易仓库，并改部分选烟房作仓库使用。截至1988年底，全厂共有存烟仓库13幢，建筑面积24330平方米，总容量为1.2万吨；其他物资仓库7幢，面积2137平方米。由于仓容不足，从1981年起，引进密封贮存技术以缓解仓储压力，1987年开始连续租用毕节军分区1440平方米仓库存烟。至1988年，共密封贮存烟叶3万多吨，仅1988年就密封贮存7244吨，占当年入仓烟叶数量的26.1%。

截至1988年底，全厂占地面积11.655万平方米，其中建筑生产用房1.414万平方米，仓库2.6467万平方米。

**职工** 建厂时，筹建组人员绝大多数系地区供销社系统借调，由于无招工指标，筹建缺人，通过地区财贸办公室与地区劳动部门协商，借用30名指标，在上山下乡知识青年中抽调作亦工亦农使用，工资由基建费用解决。第一台微波复烤机试产成功后，根据地革劳〔1977〕148号《关于安排地直单位招收新职工通知》精神，在原借用人员中招收21名投入生产，加上陆续调入职工，全厂共26人。生产所缺劳力，在城镇待业青年中临时雇用。

随着生产发展，职工逐渐增加，1983年底，166人，1984年增至425人，其文化程度为：大学2人，大专2人，中专16人，高中119人，初中213人，初中以下73人。至1988年底，全厂共有职工569人，其文化程度为：大学1人，大专11人，中专27人，高中183人，初中283人，初中以下64人。与1984年比较，高中以上文化程度（含中专）上升6.39%，初中以下文化程度下降5.91%。

**产量、产值** 1978年投产时，由于仓库未能按期交付使用，初烤烟购入也少，年生产能力虽达2000吨，但只购入初烤烟385.35吨，投入复烤278.56吨，收回成品烟266.45吨，产值67.1万元（按1980年不变价格计算）。1979年，微波复烤机增至4台，也只购入初烤烟984.65吨，除去末级烟，投入复烤763.96吨，收回成品烟726.3吨，产值183万元。1980年，2000平方米仓库竣工。1981年，又一幢2000平方米仓库交付使用，并引进密封储存技术，初烤烟购入量大幅度上升，是年生产成品烟4249.5吨，为上年1195.5吨的3.55倍，产值1070.9万元，为上年301.3万元的3.55倍。1985年，蒸汽复烤车间建成投产，生产成品烟叶18981.8吨，为1981年的4.46倍，产值4783.4万元，为1981年的4.47倍。1988年，生产成品烟叶2.47328万吨，产量产值均比1985年增长30.3%。11年累计共收购初烤烟12.19万吨，其中末级烟6115.3吨，共投入复烤11.2846万吨，收回成品烟10.9483万吨，产值27589.7万元。1986~1988年，根据省烟草公司安排，由中国烟草进出口公司上海分公司来人指导，加工出口烟叶，共调出出口烟654.35吨，创汇141.8万美元。

2005年，毕节地区烟叶复烤厂打叶生产加工烟叶96.26万担，销售调拨烟叶123.3万吨。2011年，毕节复烤厂加工烟叶43.96万担，产出成品片烟1.38万吨。

**销售数量** 投产后，省供销社于1978年以黔供农产字第162号文明确规定：毕节地区复烤厂只作为烟叶复烤加工单位，原则上只烤毕节县所产烟叶，其调拨供应权，全属地区农产公司。故1982年以前，只管加工，产品全由农产公司销售。1982年，随改革开放政策的施行，统管情况有所松动，在完成国家调拨计划后，所余产品允许向外联系销售；经主管部门衔接计划后执行。

1985年，省烟草公司具体明确，从当年起，省只下达调贵阳特需上中等烟计划，其余烟叶，自寻销路，向外签订合同，报省公司批准执行。是年，购进初烤烟2.0586万吨，比上年增长20.65%，其中上中等烟比例只占总购入数的59.25%，低于省政府要求上等烟3%、中等烟

63%、上中等烟合计66%的比例。是年全国烟叶产大于销，给销售造成困难，仅签订4500吨销售合同，以致年底库存占压量达1.6万余吨，比上年增长51.6%，扫除省地下达的中等烟计划，库存上中等烟比例仅占44%。为适应变化了的市场供求关系，不得不以高于库存上中等烟比例销售，以减少库存损失，由此尚余4000余吨下低等烟无法销售。

1986年，对库存下低等烟，根据上级指示降等降价不超过50%的原则，决定按规定销售价格下浮35%处理，计算损失与影响正常利润共195.5万元，但仅售出300吨。随后，全厂先后派100多人次外出推销烟叶，跑遍28个省、市、自治区，行程20多万公里，向城固、澄城、保定、张家口、长沙、曲沃、琼山、湛江、呼和浩特、新郑、梅州、徐州12家烟厂销售8000余吨。3月下旬，又主办有22个厂家参加的烟叶订货会，除销售出一批难以销售的下低等烟外，还签订1万吨的新烟销售合同，基本上卸掉了库存占压包袱，比原计算损失减少150余万元。1978~1988年，全厂共销售复烤烟9.7987万吨，占总生产数的89.5%。

2011年，毕节复烤厂为贵州中烟公司、江苏中烟公司、山东中烟公司、浙江中烟公司等10加工业企业加工烟叶43.96万担，产出成品片烟1.38万吨，打叶复烤出厂片率62.79%，综合得率94.67%。

流向　1982年改由主管公司安排调拨计划由厂直接调拨、直接结算，根据经营情况的变化，厂专门设置供销科，配备专职人员，在国家计划指导下，与省内外烟厂开展了业务活动，产品销路渐广。是年计划外烟叶销往杭州、广州、长沙、常德、南昌、武汉、上海、沈阳、乌鲁木齐等地。1985年，省政府再次下文明确，上等烟叶调拨分配权属省烟草公司，下达的各项计划必须保证完成，在完成计划后，库存尚有多余产品应积极向外洽销，尽量压缩库存。为适应烟叶产量日益增长的新形势，全厂抽调包括离退休干部在内的职工组成4个工作组，到全国各地卷烟厂进行接触，洽谈业务，逐步建立良好关系，产品销售市场，逐渐拓宽。

至1988年底，产品先后销往除西藏、北京、台湾以外的27个省、市、自治区的百多个厂家和美国、苏联、联邦德国、东南亚和香港地区。每年需要烟叶250吨以上的厂家，除本省外，尚有内蒙古呼和浩特卷烟厂，江苏淮阴卷烟厂，浙江杭州卷烟厂，湖北武汉、当阳、建始卷烟厂，广西钟山卷烟厂，四川蓬安卷烟厂和天津市烟草站。在国家颁发甲级烤烟型卷烟生产许可证的厂家中，仅1986~1988年，就有19个厂用原料配方生产甲级烟牌号34个，计有：天津厂的恒大、郁金香；呼和浩特厂的钢花、大青山；徐州厂的云龙、红杉树；淮阴厂的淮阴；杭州厂的杭岐、杭州；芜湖厂的迎客松、芜湖；南昌厂的南昌；济南厂的将军；武汉厂的红双喜、大桥、辉煌；当阳厂的长坂坡、喜喜；长沙厂的白沙、长沙；常德厂的金芙蓉；梅州厂的梅州；湛江厂的金运；什邡厂的三角、菊乐、天下秀；贵阳厂的贵烟、黄果树、遵义、花溪、甲秀；毕节厂的草海；城固雪茄烟厂的公主；天水厂的奔马。

2011年，毕节复烤厂为贵州中烟公司、江苏中烟公司、山东中烟公司、浙江中烟公司等10加工业企业加工烟叶。

效益　毕节地区烟叶复烤厂建厂至1988年，逐步建立健全管理制度，推行以定额承包为主要内容的经济责任制，生产发展稳定正常，烟叶霉变损失少，未出现过重大火灾盗窃及交通车祸等伤亡事故，经济效益比较明显。年共销售复烤烟9.8万余吨，销售收入35397.7万元，实现利润总额

2808.3万元，为固定资产投入额1270万元的2.21倍，其中，1981~1988年，每年利润总额比上年增长的百分比为：42.1%、142.2%、52.9%、79.5%、124.7%、25.2%、-3.3%、-7.2%。11年共上交税利2845.6万元，其中上缴利润2384.4万元，交纳税金461.2万元（其中营业税447.5万元）。从1984年起，企业开始按规定留利，五年共留利1078.9万元，其中用于固定资产571万元，占52.9%，用于职工福利221.2万元，占20.5%，用于奖励基金286.7万元，占26.6%。

**体制改革** 毕节地区烟叶复烤厂的管理体制，从建厂至1988年，经历了支部书记负责制、党委领导下的厂长分工负责制和厂长负责制的过程，经济责任制由计时工资制逐步过渡到计件工资和承包经营。

建厂初期，全厂实行支部书记负责制。车间科室分别管理，生产车间按时计酬，根据出勤时间计发工资。中共十一届三中全会后，1982年在经济体制改革浪潮推动下，开始对生产车间实行定额管理，核定各车间产量、产值和物资消耗定额，超定额，按超过数量计发奖金，初步体现了“多劳多得”的分配原则。

和地区造纸厂合并后，人员增多，技术力量增强，1984年厂被批准为副县级企业，建立厂党委，实行党委领导下的厂长分工负责制。根据地区经济委员会、财政局、劳动人事局《关于对企业放宽政策搞活经济的意见》，制订出《放宽厂内生产车间、职能科室自主权的办法》，明确规定车间对产量、产值、安全生产、人员工资、设备及低值易耗品实行单项承包，视完成情况进行奖励；车间科室有权调换本车间科室人员；厂部按定员定额指标拨给的副工，基层单位可以择优录用，节约用工的工资，基层单位与厂部各按50%分成年终，厂长根据盈利情况和评比结果，对表现好、贡献大的职工按1%至3%的比例晋升一级工资；对浮动工资或奖金，车间科室根据劳动出勤、安全生产、遵纪守法等情况，有权自行决定和处理；完不成定额指标或造成重大经济损失者，除扣回全部职务补贴外，再加扣奖金，按厂级领导60%、车间科室领导40%、其余人员20%从奖金总额中扣除，完不成基本利润额，在扣掉全部奖金外，扣罚厂领导5%、车间科室领导4%、其余人员2%的年基本工资。

这种单项节约超产奖的形式，虽然促进了生产，但仍存在“吃大锅饭”的弊端。为摸索出一条责权利相结合、以责利为主的责任制，于1984年11月在第一车间采用承包方式进行试点。对产量、产值、人员工资、中餐夜餐费、小工费、低值易耗品等全部进行定额包干。这个车间承包后，实行8小时工作制，做到人停机不停，接班人员提前作好上班准备，每班代班长配合操作工随时检查设备运行情况和产品质量，不合格产品立即返工。该车间试行承包一个月的结果：设备运行率为1390.67小时，比10月的1287小时提高8.06%；产量为748.56吨，比10月的580.92吨增长28.86%零星材料、电耗降低近70%；生产人员平均工资147乏，比10月的65元提高126.15%。经过总结，于是年12月起，在各车间推行这种定名为“集体有限超定额计件工资制”的承包模式，同时制订《岗位经济责任制通用实施细则》，对9科1室1校4个车间规定了考核内容、标准、办法，每月进行考核。全厂还拟订出5个档次（0.9 ~ 13），按超定额计件比值计发工资到车间科室，再由车间科宝按各自承担的职责轻重，进行第二次分配，拉开了工资档次，较好地解决了“吃大锅饭”问题。全年总产值比上年上升61.6%，实现利润总额比上年增长79.5%。

1986年初，根据地区行署指示，全厂实行厂长负责制和任期目标责任制，并组成厂务委员会以协助厂长正确决策，重新制订以提高产品质量为主要内容的工作责任制。同时选拔部分开拓型人员进入中层领导机构，结合“增产节约、增收节支”，企业面貌一新。

1987年，在上报贯彻“三个条例”（厂长工作条例、厂党委基层组织工作条例，厂职工代表大会工作条例）实施细则中，对厂长的责权作了明确规定：厂长必须制订年度责任目标，提出实现目标的措施，保证产品质量达到国家规定标准；厂长对企业拥有国家规定的生产指挥权，经营决策权，干部任免权，收益分配权和对职工进行奖惩等权利，这就从制度上保证了厂长全面负责、党委保证监督、职工民主管理的新的企业领导体制。是年，企业法和企业承包条例下达，全厂把原实行的质量和奖金挂钩办法与承包经营责任制结合起来，实行三级管理，对所辖的12个科室5个车间131个班组，按上级下达的产量、质量、技术改造、劳务计划和本厂自筹项目，实行逐级分解下达，并向毕节烟草分公司签订为期1年的经济承包合同。国务院《关于加强工业企业管理若干问题的决定》颁布后，根据地区行署《关于做好企业升级工作的实施意见》，由9人组成“深化企业改革领导小组”，制订出企业升级规划，修订和完善车间科室岗位责任制、定员定额制和行政工作责任制，并于1988年向分公司报送为期3年、每年保证税利递增10%的任期目标，同时对全厂安排了具体承包方案：供销科承包初烤烟进厂和复烤烟销售，指令性计划以外的生产扶持费补贴和烟叶进出厂的质量等指标；质检科主要承包原烟验级质量、分级扎把和终端产品的质量等指标（其标准不得低于上年水平）；仓储科主要承包初、复烤烟的贮存质量、霉变、标准库损及安全等指标；生产车间主要承包产品产量、质量、消耗、安全、综合治理等指标。

## 第二节　卷烟生产

境内丝烟加工，始于何时无史料可考，1945年有作坊10家，解放前后发展为16家。随着卷烟进入市场，丝烟渐少，至1963年无从业者。卷烟工业发端在20世纪40年代，停产于50年代，70年代一起一伏，80年代再度兴起，且发展迅速；其间，历经手工操作、半机械化生产、完全机械化连作，1988年产量达到26万箱。产品销往21个省（市），终被评为全国500家大工业企业之一，“草海”牌香烟获首届中国食品博览会金质奖。

### 一　手工烟草加工

**丝烟**　晒烟（土烟）有200多年历史，以晒烟制成丝烟始于何时，无历史文献记载。在卷烟未进入境内前，农村消费以晒烟为主，城市消费以丝烟为主，丝烟作坊适应消费者需求而产生。1935年，四川人刘仁江在大定县城关以晒烟为原料加工经营。毕节县民国时期档案记载：1936年城内有“永森祥”“钰泰祥”“隆昌永”“云吉祥”4家烟庄，从业18人，资本3850元

（法币）。其中：由曾荣生经营的“永森祥”，资金2000元，从业8人。1945年，国民政府财政部贵州区货物税局毕节分局，对辖区丝烟生产作过调查，共有丝烟店10家。其中：毕节、黔西县各3家，金沙县2家，织金、大定县各1家。1949～1950年，全区有丝烟作坊16家，其中：毕节县8家，大定县6家，黔西、纳雍县各1家。

1951年，大定县税务局按照税收管理办法，对该县丝烟作坊生产情况作过登记，1月至2月，县内徐记“江荣”、孙记“鸿兴”、樊记“大森”、周记“同兴”、张记“大兴”5家烟庄，以1204公斤烟叶，剔除筋梗，加上菜油、姜黄，捆成25捆，上榨榨紧后，用刨刀刨成丝烟964公斤（平均每捆刨丝烟38.60公斤），月产丝烟近500公斤。其中经营较好的樊记“大森”、张记“大兴”烟庄，月产可达150～200公斤，其余不及100公斤。同期，区内丝烟作坊生产情况大体与大定县相似。1952年以后，卷烟市场日渐扩大，卷烟销量急剧上升，1953年人均购买卷烟2.74包，是1952年人均0.46包的5.96倍，1959年人均达到8.9包，是1953年的3.25倍。消费者嗜吸卷烟倾向，加上地、县专卖机构本着以卷烟代替丝烟，促进卷烟工业发展的指导思想，对丝烟生产不予扶持，致使丝烟作坊逐渐减少，至1963年黔西县纳入公私合营的原“利生”作坊歇业为止，全区无丝烟生产。

**卷烟**　卷烟工业始于1941年，时值日寇侵犯广西进逼贵州，外地卷烟运入困难，本地引种烤烟成功，毕节县刘熙乙举办“新黔卷烟厂”；随后大定县出现“平民卷烟厂”生产卷烟。1944年，黔西县史良飞兴建“三零烟厂”；金沙县杨少林从思南县带来烟丝卷制“玉竹兰”香烟。之后，随着抗日荣誉军人教养院内迁和逃难者入境，其中有卷烟技术者与本地工商业户联合举办卷烟厂，相继出现毕节县“战友”“四喜”“民族”“荣光”等烟厂和“六合卷烟社”，黔西县“乐陶”“荣利”“荣军第一”“荣军第二”“寄生”“兄弟”等卷烟厂。这些卷烟厂，除个别独资生产外，多系合股经营。设备均为木质手推式卷烟机具，俗称木推子，规模大者有木推子二三十架，小者三五架，一般十架左右。日产量一般为五六十条（每条10包，每包有20支装和10支装两种），最多百余条；产品有“钻石”“555”“灵峰”“金球”“联珠”“战友”“四喜”“美人蕉”“民族”“黔光”“宝塔”“荣誉”“誉军”“野是”“三零”“合作”“兄弟”等牌号。这10多家私营手工卷烟企业，除个别经营有方、管理尚可，因而生产时间较长外，多数只一两年生存期。临近解放，毕节、黔西、大定、纳雍等县出现不少个体卷烟生产者，凭一两架木推子制作卷烟，产品多系冒充“企鹅”“南洋桥”等牌号，致使卷烟市场混乱。据毕节专区卷烟会议总结报告记载：毕节解放初期全区约有70余家手工卷烟生产者，经过整顿至1950年年底尚存11家。1951年起相继停业，至1954年所有私营手工烟作坊（厂）连同黔西县公安局劳改队卷烟厂全部停业。

毕节县新黔卷烟厂，在区内10多家手工卷烟厂中，稍具企业规模。该厂由当时贵州永岸边销区官盐委托商运销营业处总管理处总经理刘熙乙创办，刘任烟厂总经理，原骏记烟店店主罗斌候任经理，合股经营，股东若干人。厂址，初期在毕节城关轿子街肖家祠堂内，逾一年，生产规模扩大，迁至双井寺三义殿。职员有经理、会计、出纳等，工人由初期20余人发展到60人，女工居多。主要生产工具为术推子，由初期10架发展到近30架。每架由1人操作，每推1次制1长条烟卷，切断成70毫米商品烟3支或4支。烤烟原料，先由贵定县购入，后以黔西、毕节县购进为主，贵定县购进为辅。生产工艺，由聘自贵阳市的史元明师傅全权负责，切丝、炒丝、配料、加香、烘丝、卷制、烘支、包装等工序一应俱全。生产管理从严，上工序半成品非经技术师傅检查不得进入下一道工序，凡不符合质量要求者进行返工；发现生产场地丢弃抛撒原材料必追查责任，处以罚款。产品，除首创即获好评的“555”（20支包装）、“钻石”（10支包装）牌外，尚有“灵峰”“金球”“联珠”等牌号；因“555”牌香烟质优而价格相当，曾一度占领毕节市场，远销云南省昭通、四川省叙永等县。该厂只经营3年，由于总经理无暇顾及，宣告停业。停业后，所存物资折价转让给经理罗斌侯，罗之子继续生产“555”牌香烟和白包无牌号次品。

## 二 半机械卷烟生产

半机械卷烟加工只出现在毕节县，发端是1946年“荣军卷烟厂”（“利群烟厂”前身）；1948年有“灵峰烟厂”。两厂各有一二台卷烟机、切丝机，设备简陋。“灵峰烟厂”生产“灵峰”“翠屏”牌卷烟，经营年余，短暂即逝。“利群烟厂”有十来年历史，其兴衰起伏即是毕节地区半机械卷烟历程。

**沿革** “利群烟厂”属合资私营企业，前身是“荣军卷烟厂”由抗日荣誉军人段兴敬、张志云、陆继棠、张成仁、李朝臣、李华生等合伙组成，后有荣军何俊杰、李世科、李西铭、王芝兰等相继集资增股，以手工卷烟起步，厂址在中华南路少白楼（人民剧场地址）。开业近一年，产销两旺，股东增多，资本扩大，遂于1946年初发展成为半机械卷烟，厂址迁至珠市街黄忠庙内，更名荣誉卷烟厂。1948年，毕节城关商人纷纷投股，股东达到80余人，股金8万多元（旧币），机构完备，制度健全，1949年冬，毕节县城解放前后只停产3日。但是，多数股东对政府政策持怀疑态度，自解放之日起即有退股者，短短1月多时间（至1949年底）股金急剧降为4万多元。1950年人民政府新建人民银行，需黄忠庙地址，该厂迁至双井寺三义殿内，更名“利群烟厂”。人民政府对该厂持扶持态度，工商部门协助采购烤烟原料，国营贸易公司组织供应卷烟盘纸、监制经销所产卷烟产品。是年退股之风仍炽，年底又退股2万多元。退股动摇企业生存，加之设备落后，缺乏竞争能力，生产日趋衰退，至1954年第一季度不能继续生产，宣告停业。停业后大部分员工由政府安排工作，机器设备先由毕节县商会保管，后由毕节县土产公司废品收购经理部收购。

**生产组织** 荣军卷烟厂1947年形成生产规模，有员工80多人，另视生产情况而雇用临时工，旺季临时工多达170人左右。厂部有经理、副经理、厂长各1人，常务主任5人，保管、门市、事务各1人，除会计室外，均不设办公室，生产、供销、财会、行政等工作由上述人员分工负责，无虚职。生产工段按工艺流程设：烟叶房（选叶、抽筋）、烤烟房（烘烤）、机房（切丝、卷烟）、烟丝房（炒丝、烘丝、加香料）、装烟房（包装成品）。股东急剧增加的1948年，成立理事会和监事会，选举产生理、监事主任各1人。1950年，有职员8人，工人97人，在毕节县工会领导下建立基层工会，选举产生工会主席1人、委员3人，除代理厂务负责人为资方代表外，其余职工均履行入会手续成为工会会员，基层工会参与生产管理。至1954年停业前夕有员工31人。

**分配制度** 员工一律免费用膳，一日三餐。工资实行实物代金，以产品“金鼎山”牌香烟为主，每条“金鼎山”香烟市场价格浮动于银元三四角至一元之间，工人月工资香烟12至28包（每条25包），折合0.48～1.12条，极微薄；领导或职员月工资香烟3~10条，是工人工资的7～9倍；技师月工资香烟50条，大大优厚于领导、职员工资。除月工资外，员工参与盈利分红，每半年结算盈亏，盈利时领导及职员可得香烟50～150条，工人可得15～30条，员工按所得红利一定比例折价入股。盈利时股份分红，按入股份额分配，半年一次或一年一次。

**设备、原材料** 建厂初期手工卷烟，卷烟机具为木推子由几架发展到20多架。1946年，从贵阳购进小型3号卷烟机1部、6寸切丝机1部；无动力设备，采用木架支撑木轮，人工摇动木轮带动烟机。次年，再购进1部小型3号卷烟机；增添1部汽车引擎发动机，做动力设备。曾自备石印机4台，自制盒皮。烤烟原料，初期以贵定购进为主，黔西次之。以后，主要来源于黔西，在毕节弥补不足。

**产品** 起初沿用荣军在广西时生产的“宝塔”牌名，自制“双鸡”牌。未几，由何俊杰、郑全州、陆继棠、张仁富4人组成配方研究小组，每天清晨，不洗漱，即逐一评吸贵阳各种名牌卷烟，集思广益，积累经验，历时3月余，先后研究出“金鼎山”“爱杰”“金园”“三得利”等牌号配方。配方用料有香精、糖精、酒精、八卦丹、仁丹、桂枝、蜂糖等，曾有喷洒鸦片烟水危害消费者的行为。6个牌号产品中，“金鼎山”颇有声誉，除畅销毕节县城乡外，还销往境内威宁、赫章县，省外镇雄、昭通、叙永、泸县等地。1951年8月毕节专区土产访问团访问四川，川南百货公司要求每月供给“金鼎山”等卷烟160箱。产品产量，解放前年产约1万～2万箱（每箱50条；每条25包，每包20支，一箱2.5万支），1950年实产840箱，以后逐渐减少，工会工作报告记载，1952年元月~8月份只生产164箱，均20余箱。

## 三　机械卷烟生产

**概况** 1974年由地区财政局投资15万元，利用东关坡地区电讯器材厂旧厂房，修复旧设备，建成毕节地区卷烟厂。系地方国营企业，隶属地区轻工局。至此，中断20年的卷烟工业得到复苏。

毕节地区卷烟厂投产后3年（1975～1977年），由小批量生产起步逐渐向年产万箱卷烟规模发展，产品逐渐开发，产量逐1年上升，产值大，税金多，被各级政府重视，正式列入地方工业计划。至1978年8月，省轻工局根据国家计划委员会、轻工部、财政部、商业部、供销合作总社关于清理计划外烟厂精神，视该厂为计划外烟厂，通知停止卷烟生产，转产其他产品。自此至1980年，以库存烟叶、盒皮加工低次品，低价出售，损失1.8万元；以低于账面50%价格，变卖综合式卷烟机、烘丝机、包装机、散热器鼓风机6台（套）给云南省昭通卷烟厂，损失7.8万元。

该厂曾拟转产标准件制品、小五金、日用家具，均未获批准。

1980年获省政府同意后，地区卷烟厂维修厂房、增添设备，于1981年初恢复生产。是年4月4日，省计委、经委、轻工厅领导至该厂考察，认为：毕节地区发展烤烟生产条件好，有优势；提出“争时间，抢速度”，“年底达到2万箱设计能力”。由于原厂址扩建困难，在完善2万箱设计能力的同时，行署指示，将厂址迁至望城坡地区汽车大修厂旧址，按5万箱设计能力着手改建。12月省长办公会讨论决定并签署意见，同意10万箱设计规模。1982年元月30日，地区成立“扩建10万箱卷烟生产筹备领导小组”和指挥部，取代“5万箱卷烟生产筹备领导小组”，由35人组成办事机构，从厂房建设、设备购进、工艺设计、技术培训等方面加紧筹备工作。至1983年5月，易地扩建工程投产，有121台（套）专机运转，基本实现生产机械化，年生产能力达10万箱，厂名改为“毕节卷烟厂”。同月14日国务院以国发〔1983〕84号文件通知，准予纳入国家计划内卷烟厂，隶属中国烟草总公司贵州省公司。

1984年10月，行署召开会议，研究毕节卷烟厂的扩建工程，旨在大发展，确定新建年产20万箱生产线。次年2月27日，行署召开各县县长会议，动员集资扩建20万箱生产新线（不包括10万箱老线）。1986年5月3日，省计委、经委、烟草公司、建行贵州省分行以及省化工设计院，对毕节卷烟厂20万箱扩建工程设计方案进行论证：综合生产能力20万箱，完成20万箱新线后，逐步淘汰10万箱老线。1987年2月，省烟草公司正式批准毕节卷烟厂实施20万箱技改工程，限定技改后生产能力20万箱，规定新线投产后老线厂房改作他用。1987年，毕节卷烟厂除了从国内购进较先进的制丝、卷接、包装机，从英国购进莫林8卷接机外，8月，由地委书记禄文斌领队，组成有烟草总公司、省公司、毕节分公司和毕节卷烟厂人员参加的7人赴美考察组，取“投资少、外汇省、见效快”之长，购进美国汉商公司转手彼得斯堡市烟厂停产闲置的格兰特卷接包机16组。1988年5月19日，行署为加快卷烟厂技改工程速度，成立卷烟技改工程领导小组，取代厂内1985年2月成立的扩建技改领导小组。至年底，毕节卷烟厂累计固定资产投入6400多万元，占地近350亩，建筑面积近12万平方米，有两条生产线，年产可达30万箱，制丝基本实现连作，卷烟、接咀、包装等连作机组达到15台（组），大部分工序实现连续化，成为区内设备最先进的工业企业。当年生产卷烟26万箱，产值近2亿元，在全区工业总产值中比重超过三分之一，实现税收1.7亿多元，占全区财政收入半数以上，成为毕节地区经济支柱，在国家大中型工业企业中占有一定席位。1989年，生产卷烟253万箱，实现产值1.89亿元、税金1.7亿元。

至1990年，毕节卷烟厂先后引进国外NARK8-MAX1卷接机4组，SASIB-6000横包机2组，GARANT卷接包机16组；英国5000kg/H制丝设备1套，法国LOGA-2卷接机配以意大利SASIB6000横包机1组；购进YJ14/YJ23卷接机5组，用以淘汰YJ11卷烟机9台和YJ21接装机4台；购进YJ嘴棒成型机6台。全厂拥有制丝线、卷烟生产线、复烤线各两条，嘴棒生产线一条。是年，生产卷烟22.21万箱，实现产值1.86亿元、税金1.7亿元。20世纪90年代毕节卷烟厂加强企业技术改造，拥有90年代国际先进水平和干冰膨胀烟丝生产线、虹霓制丝线，普洛托斯、帕西姆等高速接包机组10组，先进卷烟接包设备占全厂设备的90%，企业固定资产达7.8亿元，年生产能力达45万箱。1991～2000年，全区生产销售卷烟318万箱，实现销售收入88.82亿元、税金39.95亿元，占全区同期财政收入的50%。其中年产量最高的1997年，生产卷烟38.3万箱，实现销售收入14.95亿元、税金6.62亿元、利润4311万元。生产的驰牌、红杏、大洋、大自然、圣火、草海等系列产品在全国20多个省市具有知名度，驰牌、特醇驰牌被评为全国名优卷烟、质量优等品，大洋、圣火、红杏被评为贵州省名牌产品、优质产品。2000年，生产卷烟29.6万箱，销售29.5万箱，实现销售收入8.7亿元，税金3.9亿元，入库税金4.05亿元。此期间，1997年毕节卷烟厂改制，贵州驰宇集团、贵州驰宇烟草（集团）有限责任公司挂牌成立，标志毕节“两烟”生产进入集团化经营阶段。

进入21世纪，试验区烟草工业贯彻“调整结构，稳中求进”的方针，以市场为导向，以调整产品结构为重点，提高产品质量和档次。实施二氧化碳膨胀制丝线、打叶复烤生产线等项目建设，全面应用烟草薄片、膨胀烟丝、打叶复烤等生产技术，降低物耗，提高质量，开发国内外市场所需的低焦、低毒害卷烟产品，发挥品牌效益，提高市场占有率，逐步扩大烟叶和卷烟出口量。2001年，生产卷烟33.87万箱，销售卷烟33.87万箱，实现销售产值10.59亿元、税金4.17亿元，入库税金4.33亿元，在扭转上年亏损9310万元的同时，盈利85万元，卷烟企业实现扭亏为盈，开始步入良性发展轨道。2002年，卷烟生产坚持把“提高品牌集中度，提高品牌结构，提升品牌盈利水平，降低经营费用”作为企业品牌和市场建设工程的核心来抓，取得明显效益。当年生产卷烟31万箱，销售卷烟31.83万箱，单箱销售收入3543元，同比增381元；实现销售收入11.27亿元、税金4.65亿元、盈利2427万元。2003年，卷烟生产坚持结构提升和效益增加原则，强化基础管理，加大结构调整，推进技术创新，各项主要经济指标达到历史最好水平。当年生产卷烟34万箱，销售卷烟35.41万箱，分别比上年增9.68%、11.25%；单箱销售收入（含税）3813元；实现税费5.56亿元，入库税金5亿元，全年盈利5203万元，比上年增114.38%；利税总额同比增1亿元以上。2004年，卷烟生产根据“大企业、大市场、大品牌”的发展要求，坚持打造优势品牌，稳步拓展市场。当年生产卷烟34万箱，销售卷烟34.9万箱，实现销售收入（含税）17.3亿元，单箱销售收入（含税）4957元；实现税费7.2亿元，入库税金6.3亿元；全年综合盈利1.62亿元，利税总额同比增2.74亿元。驰牌系列卷烟产销量达15万箱，销售区域从年初的8个省区拓展到18个省区，省外市场销量同比增1.9万箱。年内完成星光“驰”、佳品“驰”、精品“驰”、五星珍品“驰”、混合型“驰”等6个品牌的开发，其中星光“驰”、佳品“驰”等卷烟投放市场后保持较快增长速度。

2005年，根据国家烟草专卖局“深化改革、推动重组、走向联合、共同发展”的方针，下半年贵州卷烟工业企业整体整合为贵州黄果树烟草集团公司，毕节卷烟厂由生产经营型转变为生产管理型。在管理模式和运行体制发生根本性变化的情况下，毕节卷烟企业及时调整工作思路，加大技改力度，加强管理，落实集团公司下达的各项指标。当年上半年生产卷烟18.16万箱，销售卷烟18.15万箱。其中驰牌系列卷烟销售16.3万箱，单箱收入5061元。实现税费4.34亿元，利润6889万元，入库税金3.87亿元。全年生产卷烟34.87万箱，其中生产驰牌系列产品28.6万箱，实现产值22亿元。2006年，“十一五”国民经济和社会发展计划实施后，贵州驰宇集团毕节卷烟厂坚持推进技术改造，规范基础管理，加强质量管理，促进卷烟生产发展。当年生产卷烟36.17万箱，实现产值17.56亿元，单箱产值4856元。2007年，生产卷烟38.47万箱，比上年增

毕节卷烟厂驰牌香烟生产线（2007年）

6.36%，其中生产联营烟11万箱，占总产量的28.59%；实现产值21.56亿元，单箱产值5605元，入库税金11.22亿元。1988～2007年的20年时间里，共生产卷烟627.9万箱，年均31.4万箱；销售收入192亿元，年均9.6亿元；入库税金88.2亿元，年均4.41亿元。2008年，生产卷烟39.84万箱，实现税收12.96亿元。2009年，生产卷烟40.57万箱，单箱产值6957元，实现税收14.47亿元，分别比上年增1.83%、17.52%和11.65%。2010年，生产卷烟41.63万箱，实现产值32.67亿元；完成卷烟销售18.9万箱，同比增1.32万箱；实现销售收入27.03亿元，同比增4.59亿元。2011年，完成生产任务42.15万箱，实现产值39.67亿元，实现税利24.2亿元。

1974～2000年毕节地区卷烟生产统计表

单位：箱、万元

| 年份 | 生产卷烟 | 销售收入 | 利润 | 年份 | 生产卷烟 | 销售收入 | 利润 |
|---|---|---|---|---|---|---|---|
| 1974 | 40 | 2.81 | | 1984 | 45700 | 1967.08 | 147.14 |
| 1975 | 876.8 | 56.78 | | 1985 | 86200 | 4644.76 | 100.65 |
| 1976 | 1416 | 92.09 | -17.21 | 1986 | 102800 | 6732.98 | 88.53 |
| 1977 | 2590.4 | 174.43 | -21.91 | 1987 | | 14000 | |
| 1978 | 1410.5 | 87.61 | -19.63 | 1988 | 260100 | 19100 | -1991.52 |
| 1979 | 848 | 59.35 | -12.48 | 1989 | 253000 | 18900 | -5888.83 |
| 1980 | 100 | | | 1990 | 222100 | 18600 | -6523.71 |
| 1981 | 6084 | 437.09 | -66.69 | 1991～1999 | 3130000 | 888200 | |
| 1982 | 7750.4 | 456.83 | -31.45 | 2000 | 296000 | 87000 | -4780 |
| 1983 | 16672.9 | 749.38 | 32.14 | | | | |

**厂房** 20世纪70年代建厂时规模小，占地少。只有原地区电讯器材厂厂址8亩土地，投产后3年中征用土地1 5.42亩，共计占地23.42亩。80年代易地改建，随着规模逐步扩大，3次征用土地。1981～1983年，除占用原毕节地区汽车大修厂厂址17亩外，征用土地16亩；1985～1987年再征地139.67亩；1988年又一次征地108.18亩。至1988年全厂占地面积近350亩，分为4个片区：望城坡厂本部片区，占地260多亩；离厂本部不足1公里的杨家塘片区，为烟叶库、运输车队所在地，占地

33.18亩；毗邻厂部工农桥职工住宅区，占地25.8亩；东关坡老厂片区，占地25.4亩，此片区先后作生产车间、烟叶库、职工培训之用。20世纪90年代，毕节卷烟厂占地32万平方米。

初建厂时因陋就简，所用地区电讯器材厂厂房只1091平方米，其中生产用房350平方米，仓库384平方米，生活用房357平方米。1975～1977年，新建改建厂房5929平方米，其中除1712平方米（占28.88%）为仓库，500平方米（占8 43%）为宿舍外，其余均为生产用房。1981～1984年，两地建设厂房：东关坡老厂厂址按完善年产2万箱生产能力施工，除有偿调入地区邮电局坐落厂区仓库1栋323平方米外，新建发酵房、烟叶库、成品库、油库以及宿舍等共计4050平方米；望城坡新厂址按年产10万箱生产能力施工，除接收汽车大修厂生产用房4434平方米、生活用房980平方米、共计5414平方米外，新建改建厂房2.0073万平方米，其中生产用房1.5266万平方米，生活用房4807平方米，分别占新建改建总面积的76.05%和23.95%。生活用房所占比例过小，唯资金所限，几次削减项目。1985～1988年，按照完善10万箱老线、增加20万箱新线、组建集体经营综合车间、新建年产万吨复烤烟叶生产线建设方案，在厂属4个片区内大兴土木，既大量增加生产用房，又尽量满足职工宿舍等生活用房需要。4年间，新建改建以及划转房屋的面积达8781 7平方米，是前10年建筑面积总和36080平方米的2.38倍。至1988年，总建筑面积11.9283万平方米。其中：复烤、发酵、制丝、卷烟等9个主要车间3.9581万平方米，占总面积的33.18%；动力、电器、空压、维修4个辅助车间4263平方米，占总面积的3 57%；仓库4.2893万平方米，占35.96%；宿舍2.4893万平方米，占20.87%；行政、生活及其他用房7653平方米，占6.42%。

20世纪90年代，毕节卷烟厂建筑15万平方米。2001年，建筑面积达18万平方米。

**设备**　1974年有2台小型卷烟机、1台6寸切丝机，是毕节县土产公司废品仓库内沉睡20余年的废旧物资；2台包装机、1台抽梗机、1台压梗机，是贵阳卷烟一厂淘汰待处理品。这些机器，多数缺零部件，有的过于锈损，经修复，只2台卷烟机、1台包装机勉强投入生产。

1975～1978年，生产机械发展到23台（套）。其中：锅炉、发酵设备、17寸和14寸切丝机、烘丝机、空气压缩机、磨刀机9台（套）；750支/分钟新中国卷烟机1台，810支/分钟综合式卷烟机2台，400支/分钟中型卷烟机4台；机修设备车、钻、刨、铣床以及供电系统变压器等共7台。设备不能配套成龙，机械化水平较低。

经过1981～1983年易地改建，大量增添机器设备，实现由发酵、制丝到卷烟、包装完全机械化，年生产能力达10万箱。1983年投产机器设备有121台（套），其中，直接用于卷烟者107台（套）。于发酵有风机、散热器、真空回潮机、除尘器、离心风机等39台（套），于制丝有抽梗、压梗、蒸梗、解把、打叶、切尖、润叶、切丝、加香、烘丝机，以及皮带运输机、振槽、空压机等，共38台（套）；于卷烟有新中国卷烟机5台，综合式卷烟机12台；于包装有小包机1台，直包机12台。

再经过1985～1988年大发展，大部分工序实现连续化，年生产能力达到30万箱。4年中，除在国内10多个省市购进较先进的200多台（套）机器设备而外，还购进英国制莫林8二手卷接机9组，德国制二手格兰特卷接包机16组。1988年投产主要设备是：蒸气、微波复烤机各1组，分别以47台（套）、62台（套）机具。

组合成制丝生产线两条；用于平烟卷制、包装机器，分别为55台（套）、22台（套）；用于嘴烟卷制，有国外产卷接包机6套，卷接机9套，国产卷接机2套，卷烟机10台，接嘴机13台，直包机9台，其他辅助设备21台（包括1台进口磨刀机）。

20世纪90年代，拥有国际代先进水平的干冰膨胀烟丝生产线，虹霓制丝线，普洛托斯、帕西姆高速接包机组10组。2001年，企业装备有投资2000多万元的质量三级监测站和科研机构，国际先进水平的设备装备占企业生产能力的90%。

**产量、产值**　1974年9月试产，当年产试销品40.2箱。次年进入批量生产，边生产边扩建厂房，增添设备，产量从1975年的876.8箱，发展到1977年的2590.4箱，在地区工业中占有一席之地。1978年8月被省轻工局视为计划外烟厂，通知转产；10月正式停业。是时，厂内库存烟叶100多吨，印有商标盒皮2万多张，价值50多万元，无法变卖，为减少国家损失，征得主管部门同意，于1979年，依料配方，加工低档卷烟出售。两年共产卷烟2249.5箱，只及1977年一年产量的86.84%。自投产至完全停止生产，6年间累计生产卷烟7172.9箱，绝大多数产品为乙级和丙级，极少甲二级，均系无嘴70毫米短支。每箱平均产值659.52元，总产值473.07万元。

1981年恢复生产，旨在开发地方烟草资源，发展地方经济，以半年多时间进行筹备，重新购置设备，迅速投产，当年生产卷烟6084箱，是前6年总产量的84.82%，单箱产值718.43元。较前6年年均值增加8.93%。至1983年，10万箱生产线运行投产，生产能力大增，产量达到16072.9箱，是1981年的2.64倍，实现第一次翻番。是年，因适应农村需求，开发丁、戊级产品，平均每箱产值只466.24元，较1981年均值减少35.10%。1984年产卷烟45659.9箱，是1983年的2.84倍，翻第二番。至1986年，产量达到102798.3箱（包括与省内外烟厂联营产量，以后产量均如此），是1984年的2.25倍，翻第三番。产值达到6732.98万元，占全地区工业总产值29660万元的22.70%，占轻工业产值18491万元的36.41%，成为区内轻工产业支柱。是年全区轻工产值较上年下降33.38%，惟卷烟工业增值2000多万元。1988年，新增20万箱生产线正常投产，设备较先进，工艺较完善，产量翻第四番，达到260093.8箱，是1986年的2.53倍。实现产值19099.04万元，占全区工业总产值50481万元的37.83%，占轻工业产值25615万元的74.56%。是年，全区工业总产值较1987年增加13036万元，其中卷烟工业增值8516.04万元，占全区工业增值总数的65.33%；全区轻工业普遍减产，惟卷烟工业大幅度增产，使轻工业产值在1987年基础上增加1074万元，增长4.38%。考察毕节地区工农业结构变化，1985年以前的36年间，工业产值在工农业总产值中比重，多在20%以下，仅两年略超过20%；1985年以后，由于卷烟工业大发展，连续3年在20%以上，至1988年达到31.6%。

1987年、1988年，由于增大甲乙级烟比例，发展嘴烟生产，单箱产值分别为733.46元、734.31元，比最高的1981年增加2.09%和2.21%，比最低的1984年增加70.25%和70.45%。

1985～1988年，累计固定资产投入5566.19万元，其中：除专用资金投入561.7万元，各县集资450万元外，主要为银行贷款。同期累计产值40879.78万元。自建厂起14年累计实现固定资产投入6412.59万元，累计产值44963.23万元。

20世纪80年代，毕节卷烟厂职工对地方工业发展做出贡献。70年代人均创产值6051元，创产值最多的1977年，人均11254元。80年代前4年，年人均创产值19892元；后4年，年人均创产值45133元；1988年人均创产值53097元。就全员劳动生产率而论，70年代尽管机械化水平低，而劳动生产率在全区工业部门中也处于领先地位，自批量生产的1975年起，至1977年全员劳动生产率，分别是全区全民所有制独立核算工业全员劳动生产率平均数的2.37、3.76、4.18倍。80年代，不断购进国外先进设备，着力追赶国际70年代和80年代技术水平，机械化和现代化程度高于区内其他工业部门，与区内全民所有制独立核算工业部门相比，1983年是全区平均数的2.54倍，1986年是全区平均数的8.62倍。1988年卷烟工业全员劳动生产率70590元/人，是全区全民所有制独立核算工业全员劳动生产率轻工业类30321元/人的2.23倍，重工业类4219元/人的16.73倍。

20世纪90年代，毕节卷烟厂固定资产7.8亿元，年生产能力45万箱。2001年，年生产能力45万箱，国家指令性生产计划34万箱。“八五”“九五”期间生产卷烟318万箱，销售收入89亿元。

**产品等级** 毕节卷烟厂主要生产烤烟型卷烟。70年代以乙、丙两级为主，甲级卷烟属于试产，数量很少。在1974～1979年总产量甲、乙级占82.66%，丙级占17.18%，甲级只占0.16%。牌名有：“夏橙”（甲二级）、“倒天河”（乙一级）、“红玉兰”（丙级）、“翠屏山”（乙二级）。1981～1984年，甲级卷烟进入批量生产，比例上升到2.08%；为满足农村需求，开发丁、戊级卷烟，其生产量分别占1.08%和28.71%；乙、丙两级卷烟比例相应下降为26.11%和41.1%，各级次品共0.92%。4年中，除继续使用70年代“夏橙”“翠屏山”牌名、将“红玉兰”改为“紫玉兰”、以“锦鸡”取代“倒天河”而外，开发“草海”（乙一级）、“乌蒙山”（乙一级）、“七星”（丙级）、“乾坤”（丙级）、“云峰”（戊级）等适销产品，试产“贺喜”（丁级）牌名，时仅1年。1985年尤其是1986年以后，为适应市场销售向高中档次发展趋势，执行中国烟草总公司对卷烟结构进行。大调整指示，毕节卷烟厂充分利用其技术改造后的生产能力，着眼于生产乙级以及甲级卷烟。1987年，全年生产卷烟144289箱，其中：甲级卷烟6883箱，占4.77%，乙级卷烟119868箱，占83.07%，甲、乙两级比例达到87.84%，与全国1986年甲、乙两级卷烟平均比例58.77%比较，超出29.07%。1988年，卷烟产量增至260094箱，其中：甲级卷烟5282箱，只占2.03%；乙级卷烟是上年的1.99倍，达到238550箱，占91.72%；丁、戊两级5438、10824箱，分别占2.09%和4.16%。1985年后，先后开发自营产品“九洲”（丙级）、“草海”（甲二级）、“吉庆有余”（乙二级）、“百事达”（甲二级）、“织金天宫”（乙一级）、“木兰花”（乙级）、“伎乐天”（乙级）、“蓬灯”（丁级）、“一串红”（戊级）等产品；与贵阳、成都、太原、淮阴、四川、杭州等卷烟厂联营产品有：“花溪”（甲级）、“甲秀”（甲二级）、“双头凤”（甲二级）、“乌江”（乙级）、“红西湖”（乙级）、“利群”（乙级）、“川贝”（乙级）、“大运河”（乙级）、“青城”（乙级）、“凯旋门”（乙级）等。1988年自营产品有：“草海”“夏橙”“乌蒙山”“织金天宫”“木兰花”“莲灯”“云蜂”“一串红”及联营产品“花溪”“川贝”“红西湖”“青城”“大运河”等牌号30个品种。

1991～2000年，毕节卷烟厂所生产特醇驰牌香烟被评为全国名优卷烟、全国质量优等品。“大洋”“圣火”“红杏”被评为贵州省名牌产品、贵州省优质产品。2001年，企业产品以“大洋”“驰”“圣火”“红杏”系列为四大骨干品牌。“大洋”“驰”牌为两大主力品牌；

“大洋”系列作为优势品牌，被列为省管“六大名烟”之一。

**流向**　毕节地区的卷烟有销往省外历史，20世纪40年代创卷烟工业，即与四川、云南两省有购销往来；70年代卷烟工业复兴，“红玉兰”“倒天河”等牌号卷烟在四川颇有市场；80年代大发展，省外卷烟市场以四川为基地，逐渐向其他省市辐射。1984年销往四川、辽宁、福建、云南、广东等5省，1985年增加内蒙古、河北、广西，1986年再增北京市和江苏、新疆，1987年产品市场覆盖面增大到上海市和山西、浙江、河南、江西、山东、湖北、湖南、甘肃、青海等省，至此毕节卷烟流向全国21个省市（不包括本省）。在1984～1988年销售44.57万箱（不含联营产品）产品中，销往省外者18.79万箱，占销售总数的42.16%。1988年前省外销售每年1万～2万箱，最多接近3万箱，只占销售总数的25.35%～38.17%；1988年省外销售达到9.36万箱，相当于前4年总和，占当年销售总数1728万箱的54.1 8%，是地区内销售数4.73万箱的1.98倍，是区外省内销售数3.1 8万箱的2.94倍，呈面向全国趋势。在21个省市销售市场中，首推四川，1984～1988年销往四川省8.88万箱，占同期省外销售总量的47.21%；5年间发展曲线类似马鞍形，前两年分别为1.54万箱、2.52万箱，继两年降为1.02万箱、0.78万箱，1988年又复上升为3.02万箱。其次江苏，1986年仅500多箱，1988年发展到两万多箱，3年合计销售3.21万箱，占同期省外销售总数14.12万箱的22.73%。再次广西，1985年、1986年只销售约百箱，1987年增加到3000多箱，1988年逾万箱，4年台计1.55万箱，占省外销售总数的9.06%。再其次辽宁，从年销售1000多箱，发展到3000～4000箱，5年共销售1.57万箱，占省外销售总数的8.36%。其他，除甘肃两年销售9000多箱、内蒙古4年销售7000多箱、山西两年销售7000多箱、北京3年销售6000多箱而外，余者数量较少。

流向区外省内产品，数量不多，但有发展前途。1984年只销售4000多箱，1985～1987年每年万箱左右，1988年猛增到3.18万箱，是前4年总和的91.38%，占当年销售总数的18.43%，5年合计销售6.66万箱，占同期销售总数的14.94%。

地区内销售量呈上升趋势，从1984年2.33万箱增加到1988年4.73万箱，5年合计销售19.12万箱，占同期销售总数的42.90%，与同期省外销售量大体相当。

1991～2000年，毕节卷烟厂所生产驰、大洋、大自然、圣火、红杏、草海牌系列产品在全国20多个省市销售。2001年，产品主要销往四川、东北、江苏、江西、两湖、浙江、内蒙古、山西、河北京津、新疆、青海、宁夏、云南、广东等市场。

**效益**　毕节地区卷烟工业执行国家税收政策，以国家规定高税率寓禁于税，按照税务部门规定交纳税金，累计实现税收37033.65万元，成为地区财政收入支柱。

20世纪70年代，烟厂规模小，产量少，实现税金不多。1974年试产，税务部门扶持新生企业予以免税。1975～1979年，分别甲、乙、丙、丁、戊卷烟等级，按66%、66%、63%、60%、40%税率，交纳工商税累计214.67万元，年平均42.93万元，税额最高的1977年69.70万元，最低的1979年22.18万元。1981～1983年，仍然交纳工商税，1984年起以交纳产品税为主，除甲、乙两级卷烟税率仍按66%计征外，其余丙、丁、戊三级税率分别改为56%、50%、32%。1981～1988年卷烟产量翻4番，税金也基本上翻4番，8年累计实现税金36818.98万元。卷烟税收迅速增长，成为地区财政支柱，自1985年卷烟税收占全区财政收入的四分之一强起，逐年上升，1988年占

57.19%。毕节地区财政收入之所以从1984年10192万元发展到1988年30244.3万元，卷烟产品税上升是主要因素，在财政净增数20052.3万元中，卷烟产品税净增数15749.31万元，占78.54%。从1985年起，财政能够逐年递增20.4%、20.5%、32.3%、54.6%，也由于卷烟产品税以161.4%、43.9%、98.9%、84.6%速度逐年递增的结果。自1975~1988年13年间，毕节卷烟厂职工，增产增税，为国家积累建设资金作出贡献。70年代年人均创工商税3013元，创税最多的1977年人均4500元，最低的1979年人均1450元。80年代人均创工商税（产品税）以万元计，1983年近万元，1981年、1982、1984年万余元，1985～1987年2.42万～3.88万元，1988年达到4.72万元。

70年代恢复发展起来的毕节卷烟厂，至1988年，走过亏损→盈利→亏损历程，亏损10载，盈利4载。建厂初期，生产设备简陋，工人素质较差，产品质量不稳定，1974～1977年累计亏损51.18万元，地方财政补贴50.26万元。1978～1980年累计亏损49.84万元，主要是停产损失，财政补贴33.91万元。80年代旨在大发展，由于不断增加新设备，不断扩大生产规模，劳动力素质和管理水平都跟不上形势的发展，1981年亏损66.96万元，1982、1983年继续亏损，分别为31.45、15.54万元。3年间，地方财政对烟厂采取“亏损包干，减亏留用”“亏损补贴包干，减亏对半分成”“按销售数量，每箱平均补贴32元，减亏四六分成”等政策，虽财政补贴136.56万元，但促进卷烟厂增收节支、增产节约，使产量翻番，单箱亏损由1981年111.04元下降到1983年10.24元，亏损总额逐年递减过半数。至1984年，通过全面整顿，加强经营管理，提高产品质量，企业扭转亏损，跨入盈利行列。是年，实现利润149.1 4万元（其中61.89万元，占盈利总额的41.50%，为降税增利所致），平均每箱盈利32.66元。所获利润的33.2%（49.51万元）交上级财政部门，其余66.8%留存。1985年起由于原辅材料大幅度提价，加上管理松弛，实现利润逐年下滑，3年利润额依年次分别为100.6万元、88.5万元、5.08万元。

1988年复入亏损行列。是年，销售卷烟258745.2箱，销售亏损1995.59万元，单箱亏损77.13元，扣除营业外收支净额亏损总额仍为1991.52万元单箱亏损76.97元。在经营的40种产品中，盈利者12种，盈利额219.2万元；亏损者28种，亏损额2214.79万元。盈利品种中，首推联营“红西湖”，计盈利110.64万元；次为联营“花溪”；计盈利17.6万元。亏损最大的是销售最多的。70毫米精装、84毫米精装、84毫米平装“草海”，共计亏损1597.68万元，占亏损总额的72.14%；其次为联营70毫米精装“川贝”，亏损293.25万元，占亏损总数的13.24%；其他为70毫米精装“乌蒙山”、70毫米平装“莲灯”、70毫米精装“青城”（联营）、70毫米平装“二串红”、84毫米平装“乌蒙山”、70毫米平装“云峰”、84毫米平装“木兰花”、70毫米精装“大运河”（联营）等，亏损十万元至数十万元不等。

至1988年间亏损年份累计亏损2210.56万元，盈利年份累计盈利343.28万元，盈亏相抵亏损1867.28万元，占税金累计数37033.65万元的5.04%。其中：70年代亏损数101.02万元，占税金数的47.06%；80年代净亏损1766.26万元，占税金数的4.80%。

1986年10月，毕节卷烟厂增设卷烟调拨站，从此有商业利润，至1988年共实现商业利润156.94万元。其中：1986年2.03万元，1987年73万元，1988年81.91万元。

“八五”“九五”期间，企业实现销售收入89亿元，实现税利40亿元，占地区同期财政收入的一半以上，是毕节地区第一纳税大户。2008年，生产卷烟 39.84 万箱，实现税收 12.96 亿元。2009 年，生产卷烟 40.57 万箱，单箱产值 6957 元，实现税收 14.47 亿元，分别比上年增1.83%、17.52% 和 11.65%。2011年，完成生产任务42.15万箱，实现税利24.2亿元。

**经济体制改革**　1983年以前，毕节卷烟厂属地方国营企业，归毕节地区轻工业局管理，纳入地方财政预决算。1983年，国家设立烟草总公司，统一领导、全面经营管理烟草行业产供销、人财物、内外贸业务，毕节卷烟厂被批准为国家计划内烟厂，本应纳入国家烟草行业统一领导、全面管理。当时烟草企业尚未上划，故实行行业与地方双重领导，劳动工资、干部管理、财务管理仍由地方政府有关职能部门负责。至1986年5月，毕节行署根据贵州省人民政府《关于烟草企（事）业单位上划烟草总公司统一管理有关问题的通知》，将毕节卷烟厂所有产供销、人财物、内外贸管理移交贵州省烟草公司统一管理，地委、行署只负责党组织领导与思想政治工作。之后，又于1987年2月，贵州省烟草公司执行中国烟草总公司决定，直接管理毕节卷烟厂。

厂内管理体制，1987年以前实行党委领导下的厂长负责制。前期（1974～1983年）党支部（或党委）领导全厂工作，对重大问题作出决定后交厂长负责执行；后期（1984～1987年10月），按照“党委集体领导，职工民主管理，厂长行政指挥”原则，划分职权范围。1987年11月，根据中共中央、国务院颁发《中国共产党全民所有制工业企业基层组织工作条例》《全民所有制工业企业厂长工作条例》《全民所有制工业企业职工代表大会工作条例》实行厂长负责制。厂党委施行思想政治领导，职工代表大会行使民主管理权力，厂长负责生产指挥、统一领导经济管理工作。自实行厂长负责制起，推行厂长任期目标责任制，按照企业素质、技术发展、经济效益、职工福利4个方面，确定到1990年必须实现17个目标。1988年，产量完成数是年35万～40万箱目标中最低目标的74.31%；产值完成数是3亿～4亿元目标中最低目标的63.66%；产品税完成数超出最低目标年1.5亿元的13.20%，是最高目标年2亿元的84.90%；新建职工宿舍3140平方米，接近1万平方米目标的三分之一。

企业生产经营自主权，自1984年执行毕节行署贯彻国务院《关于进一步扩大国营工业企业自主权的暂行规定》所制定的《进一步放宽搞活国营企业的若干暂行规定》以及1986年中国烟草总公司贯彻国务院《关于深化企业改革，增强企业活力》所下达的《深化烟草企业改革的意见》以来，逐步扩大。于人事劳动管理，厂长有权提名副厂长、任免中层干部、选用工人做干部、招聘专业人员；可以决定用工招工、奖惩职工以及机构设置。于工资奖惩，有权改革工资奖惩制度，决定职务和岗位津贴，确定调资升级时间、对象，自行选择工资分配形式。于计划管理，执行指导性计划，有权调整产品结构，1986年产销挂钩后，允许面向全国供货。于生产经营决策，有权择优选厂实行跨地区联合经营。

# 第十五篇

# 交通　邮电

# 第一章　交　通

毕节地区，向来以山高路险而出名。在古代，人们只能靠人背马驮地在山涧孔道中搬运商品，传递信息。因此，“蜀道难，黔道更难”的俗语广为流传。在毕节，秦通五尺道、汉开南夷道置邮亭、明开九驿、民国修汽车路，虽各有突破，却没有从根本上解决毕节交通艰难的问题。新中国成立后，特别是建立毕节开发扶贫生态建设试验区以来，毕节有了高速公路网、铁路干线和飞机场。“洞天福地，生态毕节”与世界的距离因立体交通网络的形成而拉近了。

## 第一节　古道　关隘　古桥　大车道　索道

### 一　古　道

五尺道　秦初，秦将常頞奉秦始皇之命所筑，乃是在春秋时期的民间走私通道上，经凿、砌、扩改造而成。起于成都，经僰道（今四川宜宾）、南广（今云南镇雄）、平夷（今贵州毕节）、乌撒（今贵州赫章、威宁），再经今贵州水城，进入云南曲靖，经昆明至大理，是南丝绸之路的东线（有的文献又叫南线）。之后，与僰道经越嶲（今四川西昌）过泸水（金沙江）入大理的旄牛道（汉代司马相如所筑，是南丝绸之路的西线）相连接后，经云南永昌出境，进入“身毒（今印度）”。因道路不同于秦朝常制，仅宽五尺，故称“五尺道”。其中，从僰道至平夷这一段又叫“八亭道”。《华阳国志》云：“自僰道、南广有八亭，道通平夷。”

夜郎道　自符关（今四川合江）至遵义，分一道转入今金沙，经今大方瓢井、毕节层台，进入毕节过七星关，再至赫章，这一古道，叫夜郎道。唐蒙两度入夜郎，开辟了从僰道（宜宾）南丝绸之路连接“僰青衣道”分出至夜郎腹地的“夜郎道”，并联合夜郎匡合南越，使夜郎道继续南行出夜郎（今贵州安顺）境，为鼎新汉室作出了不可磨灭的贡献。夜郎道在毕节，西出七星关与五尺道重合，南下安顺与南夷道重合，并经水西（今大方）境内。西汉末，夜郎王不服汉，怂恿周边小邑反，被汉将陈立斩杀，夜郎灭亡，退出历史舞台。贵州著名学者侯安哲在《夜郎初步研究》中报告：夜郎国的陆路交通大致可分南北和东西两大干线，其他若干支线。两条南北干线，一条是秦代常頞所开的五尺道，另一条是汉武帝元光六年（前129）向西南设置邮亭之道，即唐蒙计划修建的通往牂牁江的道路。两条东西干线，一条是庄蹻入滇之道，即从镇远，经黄平、贵定至贵阳，再西经安顺、关岭、盘县入云南。另一条是从四川合江沿赤水河至今大方瓢儿井经毕节至威宁入云南，也是当时的一条大道。

**南夷道** 汉建元初年，汉武帝令蜀开通南中道。僰道令受命修筑，修建数年"费功无成，百姓愁怨"。适逢中郎将唐蒙奉命入夜郎，以道不通，执令行斩。随督兵夫赶修，自僰道（今四川宜宾地）经南广（今云南镇雄）连通平夷（今毕节）。元光五年（前130）夏，武帝复使唐蒙发巴蜀卒治南夷道，开僰门，通南中，自僰道指牂牁江（今红水河）。《安顺志·牂牁夜郎二郡本末》载，南夷道即今叙州（宜宾）经永宁（叙永）、毕节、水城、郎岱、镇宁、贞丰、册亨，放乎红水江上之道也。元光六年（前129），南夷道建成。另一线南夷道刚从毕节大方、织金至安顺、兴义出两广。汉晋时取用频繁，蜀汉建兴三年（225），蜀相诸葛亮统军南征，所属马忠部即取道南夷道进军牂牁郡。

**西南夷道** 《贵州通志·前事志》载，唐蒙略夜郎，"因通西南夷道，发巴、蜀、广汉卒，作者数万人"，开辟自今毕节经威宁、宣威而止于南宁（今曲靖）道路。据《四川古代交通路线史》考证，西南夷道沿古五尺道南下，进滇东北盐津、大关、昭通而趋大理，道经盐津石门关，又称石门道。

**泸州、永宁—乌撒（今威宁）驿道** 别称纳川道、乌撒入蜀旧路。《贵州通志·前事志》载，将永宁至毕节一段列为汉唐蒙开辟之夷道首段。《新唐书·南蛮》中载"（韦）皋督诸将分道出，或自西山，或由平夷，或下……纳川与南昭会"，已取经此古道。宋时则常为军旅取用。元时，此古道已成为川、黔、滇的骨干通道，并进行整治，设置邮传。明代，此道交通繁忙，时人称为川滇孔道。洪武十四年（1381），明太祖朱元璋命傅友德为帅，统领大军征讨云南，派胡海洋率郭英、陈恒兵5万自永宁趋乌撒，并在摩尼（今叙永摩泥）、白崖（今毕节亮岩）、层台外建立驿站，翌年（1382）在七星关修筑城堡。洪武二十三年（1390），景川候曹震奉命再次整修此路，并自永宁至沾益设邮传48所，今毕节地区设赤水河驿、层台驿、毕节驿、周泥（今周驿）、瓦甸（瓦店）驿、乌撒驿、可渡驿及10站和2递运所，驿道号称通衢，使客往来络绎。清代，称为川滇驿道。民国初，清滇军李洪祥援川、护国军蔡锷讨袁，取此古道进军。民国27年（1938），修建川滇东路，赤水河至杉木箐段取线，大抵沿用此道。

**播州—水西大道** 南宋理宗宝祐年间（1253～1258），拓建播州（今遵义）经打鼓新场至水西大道。清代，播州—水西大道设置有牛场泊、三重堰、新民里3铺。

**水西—毕节大道** 元世祖至元十九年（1282），调兵进讨水西，翌年（1283）二月，战事平息，七月设置亦奚不薛宣慰司，留军驻守，并令开道自水西连通毕节。

**中庆（今昆明）—乌撒—叙州驿道** 至元二十八年（1291）二月，云南行省上疏朝廷，辟由中庆经曲靖、乌撒、乌蒙、庆符（今高县）至叙州驿道，亦称石门道。在乌撒境设3站。

**龙场九驿** 亦称九龙驿道。洪武十七年（1384），贵州宣慰使霭翠妻奢香主持修筑龙场经水西至毕节驿道。东接镇远沿抚水河通湖南沅江，北通播州连接四川，西经乌撒沟通云南。龙场九驿在今毕节地区设置谷里驿、水西驿、西溪驿、金鸡驿、阁鸦驿、归化驿、毕节驿。是时，整治水西经打鼓新场至播州大道，在今毕节地区设渭河、沙溪驿。

**安顺普利驿—腊尔里—比喇坝（今织金）—大定大道、威清驿（今清镇）—镇西卫（今卫城）—比喇坝大道**　天启年间（1621～1627），明军征讨四川永宁宣慰使奢崇明、乌撒土目安效良叛军，陆续整修贯通。清代，威清驿—平远—乌溪大道，在大定府设有颠波河铺、马场铺、雷打坡铺、小虎场铺、平远铺、青岗铺、六圭河铺、比渡坡铺、穿心铺。

**千岁衢**　在今大方县南部，起于高店乡石桅杆村，止于马场镇大石板村，长2083米。据千岁衢碑文载：大定城西南路险，“曲折如羊肠，陡峻如悬，虽剑阁栈道不过如此，行者甚苦！”明嘉靖年间摄贵州宣慰使诰封昭勇将军安万铨，为乡里交通便利计，捐白银三百余两，于嘉靖乙巳年（1545）秋七月壬午，募工修凿，砌为石路，次年四月告成。水西庆民“喜今日往来之便，免昔日攀缘之劳”，“过者相与仰天公寿，愿公千岁”，故名“千岁衢”。

**清镇—宣威驿道**　康熙三年（1664），清军征讨水西，转战于大定、黔西、平远，伴随军事行动，开拓整修道路。从清镇经鸭池河至黔西驿道与龙场九驿交会于黔西，续行过大定、毕节、威宁进入云南，形成清镇—宣威驿道，并设置37铺（站）。清镇—宣威驿道在毕节与通四川乌撒—叙州驿道相接。

### 清镇—宣威驿道大定府境铺站名称及间隔里程表

单位：里

| 序号 | 站铺名 | 里程 | 序号 | 站铺名 | 里程 | 序号 | 站铺名 | 里程 |
|---|---|---|---|---|---|---|---|---|
| 1 | 鸭池河 | | 14 | 羊场坝 | 10 | 27 | 黑章 | 40 |
| 2 | 滥泥沟 | 10 | 15 | 穿岩 | 15 | 28 | 冷水 | 20 |
| 3 | 四方井 | 10 | 16 | 青塘 | 10 | 29 | 水槽 | 25 |
| 4 | 空桐树 | 10 | 17 | 大定 | 10 | 30 | 青石 | 35 |
| 5 | 打鼓寨 | 15 | 18 | 阁鸦 | 15 | 31 | 四铺 | 25 |
| 6 | 黔西站 | 15 | 19 | 落折河 | 10 | 32 | 二铺 | 25 |
| 7 | 以那 | 15 | 20 | 双山 | 10 | 33 | 在城 | 30 |
| 8 | 新铺 | 10 | 21 | 沙子哨 | 20 | 34 | 十里 | 15 |
| 9 | 松树沟 | 20 | 22 | 归化 | 10 | 35 | 么站 | 20 |
| 10 | 西溪 | 10 | 23 | 梨树坪 | 10 | 36 | 青头 | 20 |
| 11 | 乾堰 | 10 | 24 | 毕节站 | 25 | 37 | 顶站 | 25 |
| 12 | 罗青 | 10 | 25 | 鸦关 | 30 | 38 | 滇黔界 | 20 |
| 13 | 乌溪 | 10 | 26 | 高山 | 10 | | 全程 | 630 |

**乌撒—叙州驿道** 清代中期毕节至永宁界设有观音铺、木樨铺、孙家铺、小铺、白岩铺、清水铺、高山铺、赤水铺等铺。

**民间古道** 清代，应军事行为及物流之需，乡村大道长足发展。大定府亲辖地有：出府城小北门经锅厂、打鸣阆（今达溪）、瓢儿井、毕节县普宜至四川叙永；出府城东门经六龙、公鸡山、板房（今百纳）至打鼓新场；出府城西门经高家店、马场、木空河，沙子坡、至者落交水城厅界。黔西州：拓宽州城经三重堰、打鼓新场、沙溪、岩下至卧牛河；三重堰经老木孔、元村至苦茶园；州城经蛇场、洪家渡至平远州城。威宁州：由清镇—宣威驿道线上阿红卡起，经瓦渣汛、腻书河至牛栏江入会泽；由州城经保家桥、耿家屯、长胜汛、李子坪、得胜汛、官防海、滥箐、沙子坡、催往、凉水井、稻田坝入恩安（今昭通境）：由李子坪分路经狗街子、花篱巴、拖色戛、天生桥入彝良；由州城北起经处汛（今辅处）、可乐、板房（今六曲）入镇雄：由州城东南经冒水井（今金钟）、艾家汛入水城厅。平远州：从州城起向东北经中机、白射、笼其至黔西州。毕节县：从县城起经黄泥冲、吴家屯至镇雄：县城向南经库东关、兔场、治沟至水城厅。

**京铜运道** 清代滇铜进京取乌撒—叙州驿道，从东川起经威宁、毕节到永宁，沿永宁河水运泸州，北运京师；乾隆十一年至十四年间（1746～1749），滇铜运至毕节地界白沙河口顺赤水河而下入川。

**工矿驿道** 据《贵州通志·前事志》载，光绪二十年（1894），矿务局以威宁北海距矿山较下江为饬，锌铅冶炼公司在北海试开煤矿，恰适冶炼要求，遂复筋沿山修路，制造牛车运输煤炭，就近冶炼，这是贵州史载第一条矿山驿道。

**运盐道** 黔西北及邻近地区素仰川盐供应，驿道承受运输食盐通道，亦称运盐道。明、清时期运盐道：1.永岸盐运输：川盐经水路至永宁沿驿道经摩泥、赤水河到毕节分3路，一经赫章至威宁；一经兔场下水城至盘县；一经大定、黔西至滥泥沟。永岸盐另一路由摩泥分道，经瓢儿井、大定、平远至安顺。2.仁岸盐运输：川盐经水运至仁怀茅台，经鲁斑场入岩孔、打鼓新场、三重堰、谷里至滥泥沟。

## 二　关　隘

**七星关** 位于毕节市西南杨家湾镇，紧邻赫章县。明洪武十五年（1382）建，是乌撒—叙州驿道要塞之一。七星关群山耸立，沟壑纵横，峭壁危崖，崖下六冲河水激荡，铿然有声，间有七峰绣错，形似北斗，以此命关。关前立坊，额题黔服雄关。明万历三十一年（1603），贵州进士潘润民赋《七星岩》曰：“鬼斧何年劈，崭岩北斗齐。攀萝穿石磴，倚伏蹑危梯。”326国道贯通其间，雄关已成通途。

**北镇关** 位于毕节市西北郊，为古代兵家必争之地。明万历六年（1578），毕节兵备副使黄镆取其势，上建楼台，后废。清乾隆二十二年（1757）重建楼台，题名北镇关。伫立关口，东西两山耸峙险峻雄奇，关南沟谷筑一小径而上，为通向云南镇雄要道。现北镇关古楼台已不

复存在，仅存古关址，关址楼台基石长6米，宽1.7米、高2.95米；中设半圆形拱门，宽2.4米、高2米，进深1.7米。2001年6～7月，民间集资重建关楼，于关北发现古双泉——洗心泉、来复池，并有乾隆年间重修洗心泉、来复池石记碑刻1块和道光元年（1821年）立四棱碑1块。

二龙关　位于毕节青场镇与云南省镇雄县交界处，地势险峻，古代为毕节通镇雄之要隘，现公路贯通其间。

乐聚关　位于大方县城西南境约15千米处，高岗峻岭，左环带水，右连峭壁，怪石参差，路道奇险。

落折关　亦名凉风洞，位于大方县双山镇街东，临落脚河为龙场九驿通道。1977年清毕公路改线经此，拆毁。

织金关　位于织金城东5千米，山峰相连，跌宕起伏，通省城要隘，关内行走，两旁山崖幽深险峻。

猴儿关　位于纳雍县南曙光乡曙光街西部，是纳雍阳长镇进入白泥屯（今百兴镇）险要关口。关口呈半圆形悬崖峭壁，顶部中间一小河临空而下，飞过公路落入河潭。关口两翼陡壁呈扇形，高百余米，人不能攀登。清康熙三年（1664），水西宣慰使安坤率部在此据险抗击清兵。

可渡关　位于威宁县南部，是川滇古驿道上雄关之一。昔日行人过此，需缘壁而行。

万松关　亦名诸仙背。位于威宁县西北，距县城约70千米，与云南省昭通市接界。冈岭盘旋，树木参天。

石驼关　位于威宁城东两千米处，峭壁如削，昔日为威宁州城进水城厅必经之路，关壁上镌有“金碧凝辉”四个大字。

## 三　古　桥

东关桥　原名川济桥，俗名晏公桥。位于毕节城区箱子街与中华路相交倒天河上，始建于明洪武二十一年（1388），3孔石桥，长24米、高5.2米、宽约5米，通四川永宁要道。20世纪50年代，原铺青石板桥面，70年代改铺混凝土。1990年用钢筋混凝土加固桥身并加宽至10米，桥两侧设护栏。1999年，治理倒天河，将其拆除改建。

南关桥　原名通津桥，毕节城区倒天河上。原为2孔石拱桥，孔径宽6.5米、高4.1米、长23米。

1954年、1974年两次拆修，建成石礅钢筋水泥桥。1978年，再次改建加宽，增设两侧人行道。

**五龙桥** 位于毕节市城区倒天河上，明代修建，年久倾圮。清康熙三十八年（1699）重建5孔石拱桥，长60米、宽3.8米，孔径6.5米，两侧以100厘米×38厘米×35厘米的粗条石砌成桥栏，立庙桥头。民国20年（1931）建亭于桥上憩息，后庙、亭均毁。1991年，因桥梁拱圈多呈裂缝，左岸桥堤引道塌陷，毕节县政府投资24万元，集资10万元，建成跨径30米双曲拱桥，通行大型车辆。

毕节五龙桥（1985年 ）

**七星关桥** 位于毕节市杨家湾镇七星关下，跨七星河，为古川黔滇驿道上要津。河两岸峰峦耸峙，河流湍急，前人以篾为缆，排船为桥以通往来。明永乐十四年（1416）夏，铸双铁柱立于两岸，系铁索七根，缆木船五艘为桥。弘治年间（1488～1505），改建木桥。嘉靖年间（1522～1566），改建为石孔桥，明末为乌撒所毁。清顺治十六年（1659）复建，3年垮塌。康熙五年（1666）再建，二十七年（1688）水涨桥塌；三十七年（1698）改建木桥；五十四年（1715）大水冲毁两柱，桥毁。乾隆九年（1744），募捐改建于旧桥下游，历经3年，砌石墩，架木为桥，桥上建瓦房，十九年（1754）五月，毁于大火；二十年（1755），毕节县知事董朱英捐银在离旧桥墩数十步重建，于水中砌2石墩，两岸以大石密砌石墩，桥面以大木叠盖3层，桥上建瓦房14间，每间两旁内设坐板供人止憩，外设轩窗以蔽风雨，桥两端设门启闭，各建一坊。民国28年（1939），兴建川滇东路，改建为石墩、钢架、木板铺面公路桥。1965年在桥下游数十米处重建跨径40米、长50米、宽6米的石拱公路桥，原桥残留两岸石墩。

**落脚河桥** 位于大方县双山镇东落脚河上，是龙场九驿道上重要桥梁。建于清代同治年间（1862～1874）石拱两孔桥，长53米，宽10米。1978年1月，修建大方县东风水电站。桥被淹没。1980年，清毕公路改线，利用古桥作拱架垫脚，修建主孔1、引孔2的落脚河大桥。因新、老两桥相叠，别称桥上桥。

**大渡河桥** 位于大方县鸡场乡与黔西县凹水乡接壤处大渡河上，是龙场九驿道上重要桥梁。明万历十八年（1590），水西土目安邦母子募捐银1150两聘工兴建，万历二十年（1592）完工。桥为圆弧式石拱桥，长66.5米，5孔，中2墩立于河中，桥端2孔通水渠，供排灌，桥高13米。桥面铺砌片石，宽约6.6米。黔西县境桥头立界石一方，阴镌黔大交界4字；大方界桥头立彝、汉建碑记各 1 方，现移藏于奢香博物馆。大渡河桥历经400余载，虽藤萝蔓挂，苍劲之姿依存。2004年4月6日，洪家渡水电站关闸蓄水，桥被淹没，大方县政府将桥按原型，使用同样石材缩型建于奢香博物馆内。

**西溪河桥**　亦名劝善桥。跨大方县、黔西县交界西溪河上，贵毕公路西溪公路桥下侧，长63余米，宽7.3米，是龙场九驿道上重要桥梁。始建失考，清康熙五十九年（1720）重修，工久未成。道光二十五年（1845），大定知府王绪昆会同黔西知州鲁寿松倡募捐资重建，桥头竖大方、黔西分界碑。西溪桥是黔西县古八景之一的溪桥断雪。

**朵泥桥**　位于黔西县谷里镇和甘棠乡之间皮甲河上，为黔西通修文古驿道上重要桥梁。明洪武二十三年（1390），奢香夫人主建修成2孔石拱桥，每孔4.7米，全长15.5米。

**鸭池河铁索桥**　跨黔西、清镇交界鸭池河，曾是清镇—毕节驿道上重要桥梁，建于清代，毁于咸丰八年（1858）。其后无力再建，改用滑索纤渡。

**袁家桥**　位于金沙县城关关门垭隧道出口处100余米的西洛河上。始建失考。民间相传，清嘉庆年间（1796～1820），湖南籍人袁皮匠（成禄）捐银兴建，故名袁家桥。桥为4孔拱石桥，每孔跨径4米，长34.1米。1962年，建金沙城关至岩孔公路，利用此桥修复毁坏部分。1990年，于上游20米处建钢筋混凝土桥，此桥保留供人畜通行。

**月华桥**　位于织金县城内贯城河上。据史载，明洪武十七年（1384），奢香巡视比喇，驻于河东，来往不便，临时搭一便桥，取名碎石桥。清顺治十八年（1661）改建，因桥成之夕有月华，故名。桥为圆弧拱结构，石块砌成，长19米，跨径16米，高7米，呈阶梯式桥面，净宽4.8米。中华人民共和国成立后，重新整修，用水泥勾桥墩裂缝。

**日升桥**　位于织金县城回龙潭之右侧，亦称新桥。清康熙五十四年（1715），绅民侯加爵、翟云慧等捐资兴建。桥长18米，单孔石桥，跨径13米，高7米，桥面为阶梯式，宽5.4米。因下游有月华桥，故名日升桥。

**万缘桥**　亦名牛场河桥，跨织金县东部牛场河上。每值夏秋骤雨，众壑奔腾，牛场河湍急澎湃，常漂没人畜，阻滞交通。清雍正三年（1725），曾建石桥，未几为山洪冲毁。乾隆十九年（1754）正月，里人张喻等捐钱献粮，倡导重建．群起捐献开工，翌年八月告成。桥为万人集资所建，故名万缘桥，时人为之立碑，志其善举。桥筑于地势险阻，悬崖之上3孔石拱桥，长约37米，宽6.8米，高10米，至今完好，成为省道清（镇）水（六盘水）公路主要桥梁之上。

**比古桥**　今称文家桥，位于织金县南部与普定县交界处。建于清乾隆年间石拱桥，古通安顺驿道要津之一，今为省道黄泥塘望漠公路

明朝初年的奢香九驿的织金万缘桥

利用。

**喇叭桥** 跨纳雍县伍佐河上，是织金纳雍古道上重要桥梁。据《纳雍县志》载，明代贵州宣慰使安氏修驿道时就已存在。桥系单孔石拱桥，两端桥基筑于河岸岩石上，桥长20米，宽4.5米。桥旁立石碑2方，一为道光二十年（1840）春立，另一为咸丰三年（1853）六月初一立。

**果伟桥** 位于纳雍县阳长镇街南，跨阳长河上，是毕节至水城古驿道上要冲。清嘉庆二十五年（1820），乡绅捐资始建，道光元年（1821）完工。桥系双孔石拱桥，长51米，宽7.01米，高于水面19.7米，两孔上肩部各有2孔，距桥西侧100米处大路坎下立有水西宣慰使安坤的六世孙安家元书写碑文2方。

**可渡河桥** 跨威宁县与云南宣威县交界可渡河上，是川滇古驿道上重要津梁。建桥处谷深岩险，水流湍急。两岸乡民只能相呼而不能相聚。始建不详。清康熙三十年（1691），云贵总督范承勋于旧桥下游改建石桥，并作《可渡河记》："以桥关政务，今幸落成也；梁曰可渡，今诚可渡矣！"后被洪水冲毁。雍正二十年（1742），建木桥于上游，又被洪水冲毁。乾隆五十三年（1788）再建石桥。

**阿基车桥** 位于赫章县可乐乡丰沟村，跨六冲河上游后河。清代为威宁州经葛师、哲庄、镇雄入蜀道上桥梁，建于道光三年（1823）。桥长20米，单孔石拱桥，高10米，宽3.5米，两侧有精凿石料栏杆。民国初年（1912）山洪暴发，卷没桥栏。

## 四　大车道

中华人民共和国成立初，人民政府陆续拨款补助区乡整修部分驿道和乡村道路，群众称之为运粮路口或马车路。此后，又相继安排资金补助社队发动群众投劳，新建、改建通行人畜力车的大车道。随着时间推移和社会发展，这些大车道相继被改建为公路。据统计，全地区大车道：1954年，1180千米；1958年，5150千米；1990年，5713.2千米；2002年，1805.84千米。

## 五　索　道

**关口铁索桥** 位于威宁县斗古乡西北7千米处，始建不详。原为竹索加溜筒构成。民国年间改用铁索，全长500米，距江面30米，现保存完好。

**大石头溜索桥** 位于威宁县海拉乡花果村大石头村民组，跨牛栏江，由民间伍氏兄弟集资修建。

**迎春—花梨溜索** 位于威宁县大街乡迎春村和赫章县辅处乡花梨村之间的洛泽河上，钢索一端系于古柳上，另一端系于大石深埋土中。河两岸各置一滑轮，用一根柔韧皮带环套其上作牵引装置，钢索上悬一木制方形载人大斗，人立于斗中，拉动皮带，跨越25米宽河面。1999年6月，迎春村村民投资修建。

**三盘索子桥** 位于黔西县铁石乡，跨鸭池河。溜索由粗、细两根绳索及一溜筒构成，系于两岸岩石上。粗索用茅竹编织而成，上套溜筒；细索用粽绳。过河时，溜筒吊着人，细索系牢胸腰，滑动过河。溜筒高出水面4米左右，溜索随水涨河面增宽加长，有约20米、30米、50米3个规格，故称三盘索子桥。绳索一般使用1～3月更新1次。

## 第二节　公　路

民国23年（1934），清（镇）毕（节）公路建成通车，成为毕节地区公路交通之嚆矢。民国28年（1939）8月，川滇东路赤（水河）杉（木箐）段，工程告竣。民国31年（1942）8月，威（宁）昭（通）公路初通。至中华人民共和国成立，有过境公路3条，全长630千米，每百平方千米仅2.356千米。

中华人民共和国成立后，贯彻执行“民工建勤，民办公助，以工代赈”公路建设政策，1953～1958年先后建成威（宁）水（城）公路、黄（泥塘）安（顺）公路、毕（节）纳（雍）公路，实现县县通公路。1958年2月，根据省建设地方公路网的规划，贯彻中央关于建设公路“以地方为主，依靠群众普及与提高相结合方针”掀起公路建设热潮。1975年，全地区实现区区通公路，通车里程3946千米，初步形成地区到县、县到区的路网结构。

1986～1990年，国家实施“七五”建设计划，投入毕节地区“粮、棉、布”及配套资金5738.97万元，新建县乡公路1109.09千米，改建公路183.67千米。1991～1995年，国家实施“八五”计划，投入毕节地区工业、粮食及其他配套资金3224.60万元，新建公路224.7千米，改建公路231.3千米；投入3356国际粮援工程资金360万元，建简易公路45千米；投入1.9亿多元，建成全地区第一条高等级大（方）纳（溪）公路。1996~2000年，国家实施“九五”计划，投入毕节地区以工代赈资金1050.6万元，新修县乡公路1200多千米，改建139.5千米。1995年12月地区自筹资金0.8亿多元，建成高等级贵毕公路毕节出口段。1996年5月11～14日，时任中共中央政治局常委、书记处书记、国家副主席胡锦涛视察毕节，称贵毕公路毕节出口段为志气路。2000年，中共毕节地委、毕节地区行署将改造全地区干线公路列为基础设施建设的重中之重。2001~2005年，计划投资12.94亿元，改造国道1条，省道5条，县道8条。2001年11月，国家投资19.92亿元建成贵毕高等级汽车专用公路，成为毕节地区上通巴蜀，下达两广的便行之道。2002年5月，赫章县野马川至威奢公路，三岔河至罗州公路通车，全地区实现乡乡通公路。2003年起启动村村通公路、旅游公路和矿山公路建设。是年，地区至各县油路工程完工。地区到各县3小时以内到达。是年底，全地区公路里程达10538.48千米。2004年，启动通乡油路工程。1991～2005年，全地区新建公路4836.1千米，改建公路2684.9千米，路网总体质量明显提升；114个乡镇通油路，71%的行政村通公路。2005年来，全地区公路总里程12469千米，平均每100平方千米有公路46.43千米。其中一级公路12.78千米，二级公路500千米，三级公路1400.5千米，四级公路4489千米。建有一级汽车站1个，二级汽车站7个；85%以上乡镇通油路；95%行政村通公路。初步形成以高速路为骨架，二、三级油路为支撑，乡、村公路为基础，纵贯全地区，通达四邻，安全便捷公路网络。“十一五”末，全地区公路总里程达到22815公里，农村公路建设共投入资金约38.99亿元，完成农村公路建设16941公里。公路等级大幅提高，其中：一级路17.33公里，占0.07%；二级路615.4公里，占2.69%；三级路1419.6公里，占6.22%；四级路9981.8公里，占43.75%；等外级公路10781公里，占47.27%。

## 一　国　道

有G321、326国道过境。G321国道过境道含贵毕高等级公路修文六广河大桥至毕节城郊三板桥段、大纳公路大方两路口至毕节普宜大河口段。G326国道过境道含外寨桥至金沙城关段，大方至金沙段、毕节至威宁段、威宁至杉木箐段。全程611.27千米。

**贵毕高等级汽车专用公路**　1993年1月，贵州省政府决定将建设贵阳至毕节公路列为1993～1997年工作任务之一。是月，毕节地区与修文县达成建设协议。1995年，国家交通部将贵毕公路建设列为1996～2000年计划重点建设项目。是年8月开工建设，修文扎佐至大方落脚河段147.5千米，由省高建公路开发公司承建，落脚河至毕节段30.8千米由毕节地区负责建设。2001年11月19日，贵毕高等级汽车专用线全线贯通。此公路东起贵（阳）遵（义）高等级汽车专用公路扎佐立交桥，向西经修文县农场、小箐、跨六广河大桥进毕节地区境，过黔西县素朴、钟山、谷里、城关、林泉越西溪峡谷入大方县黄泥塘、羊场坝、在大方镇郊两路口与大纳高等级公路相接，过双山、归化，进入毕节市二堡、头步桥、止于毕节市城郊三板桥。全长178.3千米，路段140余千米。全程属高等级路面，扎佐立交桥至归化为封闭路段。总投资19.92亿元，其中毕节市三板桥至大方落脚河段，由地方财政累计投资1.6亿元。全线一级路22.16千米，二级路156.14千米；隧道6座；桥梁151座，其中特大型桥9座，大型桥20座、中小型桥122座，平均每1.18千米有1座桥，互通式立交桥12座。贵毕高等级汽车专用公路全长214千米，比原毕节到清镇公路缩短28千米，行车时间由原8～9小时缩短为3小时，与大方至纳溪公路衔接，承担四川、重庆与两广辅助通道。2001年，国家将贵毕公路扎佐至大方城郊两路口划入G321国道广州至成都公路，两路口至毕节市三板桥划入G326国道秀（山）至河（口）线。

贵毕二级全封闭公路正式通车（2001年）

**大纳高等级公路**　1983年12月31日，中共中央总书记胡耀邦视察毕节，指示“从毕节大方修一条公路直达泸州，通向长江，开发地下资源，尽快使人民富裕起来”。1985年5月，贵州、四川省计委、交通厅向国家计委、交通部上报大纳公路项目建议书。1987年7月，交通部批复同意建设大纳高等级公路，贵州境按山岭重丘区二级公路标准建设，特别困难地段不低于山岭重丘三级公路标准。工程概算投资1.02亿元。是年12月15日，开工建设大纳公路毕节地区段，1992年12月建成通车。工程造价9146.94万元，实际支出8930万元，结余216.94万元。1993年5月5～8日，贵州省交通厅组织验收，评为优良工程。此公路起自大方县城郊两路口，向北经核桃、瓢儿井、石坪，毕节市普宜镇，经赤水河湾潭大桥进入四川省，止于四川纳溪，全程280.5千米，毕节地区段90.85千米，其中高等级二级路83.77千米、二级路7.08千米；隧道2座799米；桥梁28座1279延米。1996年，国家交通部决定将贵州境段改建为水泥混凝土路面。1997年1月投资1.9亿元动工兴建，1998年建成。2001年，大纳公路取代原川滇东路毕节至四川段，成为G321国道的部分。

**G326国道外寨桥至金沙城关段**　民国32～36年（1943～1947），金沙县民间集资法币16.65万元，修成城关至外寨桥便道式土路。1951年，金沙、遵义县协商改造白（腊坎）金（沙）公路，拓宽路基，降坡改弯。金沙县动员民工修建，国家补助粮食25吨，用工3万多个，于是年10月18日恢复通车。1952年，省交通厅投资2.08亿元（旧币）改造全线，建筑桥梁、增添涵洞，路况提高。1978～1982年，省公路局投资78万元改造外寨桥至城关唢呐桥11.8千米路段，毕节公路养护总段承担路基拓宽、沥青表外铺筑工程，达国家部颁三级油路标准。2000年，国家投资2.7亿元，改造金沙城关至贵（阳）遵（义）高等级公路龙坑镇段，2001年金沙县境外寨桥至城关段建成路宽12米的二级油路。

**G326国道方沙段**　民国31～32年（1942～1943），省拨特工费2.5万元法币，征集民工修筑大定县城至百纳公路，修17千米毛路便丢弃。1958年，大方、金沙县组织民工修建本县境路段。1959年，大方镇至沙厂段59.2千米粗通，金沙县完成14千米路基。1965～1966年，金沙县自筹资金1万元，省补助9万元，地区民委补助5万元，县里组织民工2800余人修建城关至安洛29千米路段，1967年1月通车。1969～1973年，地区筹资29.5万元，安排大方县13.5万元，金沙县16万元，再次发动群众修筑所余路段。1975年11月，两县筑路交会于安洛河，全线贯通。1990年，划入326国道。2001年，省安排方沙段为三级油路改造工程，总投资5340万元。其中国债资金4800万元。以工代赈资金540万元。是年大方县城至凤山段工程动工。2003年改造工程基本结束。由原长106.2千米缩短为96千米。

**G326国道毕威段**　起自毕节市郊三板桥经长春堡、撒拉溪、杨家湾、过七星关大桥、野马川、赫章城关、妈姑达威宁县草海镇，全程166千米。民国25年（1936），国民政府决定修建川滇公路。1937年7月7日，日本侵华战争爆发。民国27年（1938）2月，国民政府命令川、滇、黔省火速修建，限当年10月底完成。是年3月，贵州省政府成立川滇公路贵州赤（水河）威（宁）总段工程处，负责公路建设。4月，征调赤水、仁怀、黔西、大定、毕节、织金、威宁、水城、郎岱县民工共5万余人动工修建，按工程量发给民工生活费；征调贵阳等五六个县市石工1.4万余人参加修建桥涵挡墙工程，省建设厅设督修赤威工程办公处于毕节。11月10日，赤水河至威宁段初通。公路不合标准，行营再令赤威段工程处征调民工按标准赶修。民国28年（1939）8月工程告竣，移交川滇公路管理处赤杉段改善工程处管养。川滇公路建成，较之走川黔线连重庆和四川、西北地区与昆明之间里程缩短200多千米。中华人民共和国成立后，不断整修改建川滇公路赤杉段。1950年，先后2次抢修七星关桥及被毁路面。1953年，采用以工代赈，投放大米504吨，人民币8000万元（旧币），用工33.6万工日，整修路面桥涵，清除塌方。1964年，四川省交通厅对赫章县境路段择重拓宽、降坡、改弯，在七星关老桥下游约百米处重修七星关大桥，1966年5月工程完工。路面除毕节县城郊为沥青表处理外，余为泥结碎石路面。1990年毕威段划入G326国道。2001年，省将毕威段列为贫困县三级油路改造工程，并重建七星关大桥，总投资1.55亿元，毕节公路管理局组织施工。至2003年，全段路面达三级油路标准完工。2005年在原七星关桥上游百余米处，总投资600万元，长193.25米的七星关大型拱桥完工。

**G326国道威杉段**　原川滇公路一段，起自威宁县城草海镇，经黑石头、哲觉、杉木箐入云南省宣威市，100.218千米。民国21年（1932），民国25年（1936）10月1日开工。特工由云南省承担，土方工程由威宁征派民工修筑，自备伙食。云南省资助新滇币8万元补助威宁民工伙食。民国28年（1939）3月路基完工，4月由贵州省征调毕节、盘县、威宁县民工2万余人铺筑路面，7月完工，8月通车。1990年，威杉段划入G326国道。2003年，省将威杉段列为县际三级油路改造工程，由毕节地区公路管理局组织施工。预算总投资5891万元。是年10月，改建计划经省计委批复，年底动工修建。2005年，油路改造工程完工。

**大方两路口至毕节城郊三板桥段**　为G321、326共用路段。

2004年，贵州省启动G326国道毕节地区境路段安全保畅工程，投资近1000万元。安装警示标志513块，划设交通标线265千米，震动减速标线108平方米；在急弯、陡坡、连续下坡、视距不良路段修建防护栏3810米、墙式护栏2.32万余米。

**G56杭瑞高速公路**　起于浙江杭州，终于云南瑞丽。杭瑞高速公路遵义至毕节段主线172.028千米，2008年12月28日开工建设；毕节至都格段主线138.841千米，其中与G76厦蓉高速同步建设共线段主线48.011千米。

**G76厦蓉高速公路**　起于福建省厦门市，终于四川省成都市。厦蓉高速公路毕节为清镇-织金—纳雍—毕节—黔川界。2008年6月9日，清镇至织金段开工，2010年12月28日织金至纳雍段、毕节至生机段举行开工动员大会。

## 二　省　道

省道S102线、S209线、S211线、S212线、S307线过毕节地区境长682.15千米。

**S102贵烟公路**　东起贵阳市三桥，向西经清镇、平坝、安顺、六枝、水城、钟山，进入威宁县山王庙，过金钟、草海、小海、迤那、中水，至烟堆山进入云南省昭通市。长160.72千米：

1.威宁至烟堆山段。原称威昭公路。民国19年（1930），云南省计划修宣威至昭通公路，其路线从宣威起经威宁桂家营后，过牛街子趋昭通，甩开威宁县城，经威宁县长及民众代表报请，云贵2省协商，改线过威宁县城。民国25年（1936）10月1日开工修建。由云南省调滇军第二旅与威宁征调民工修筑，并由云南酌拨滇币18.9万元补助民工伙食，民国29年（1940）路基告成。民国30年（1941）7月15日，威宁县征调民工9110人开工铺路。民国31年（1942）8月，路面铺修完工。通车后未组织养护，长期失养导致交通中断。1950～1952年，威宁县政府组织民工用8.53余万个工日，投放大米500吨，铺路21万平方米，完成土石方4万多立方米；并组织养护，保证正常通车。2003年，草海镇至烟堆山段列为贵州省县际三级油路改造工程，总投资6078万元。2003年12月，由毕节公路管理局负责改建，2005年完工。

2.威宁至六盘水市界段。原称威水公路。民国31年11月至37年3月（1942～1948），省拨法币3887万元由威宁征8000余民工修建威宁城郊鸭子塘至野窝坪37千米路基，后因资金不足停建。1951年5月2日至8月17日，省交通厅派测量队测设威宁至水城公路。是年9月上旬，威宁县组织金钟、二塘两地民工1000余人施工。同时毕节专区筑路委员会协调威宁、水城县采用以工代赈方式，按工程定额发放粮食（雨天、民工生病酌发口粮），后因故工程稍停。1952年7月，省交通厅派第三施工队主持施工，威宁、水城县再次组织民工与省劳改大队800余人突击修筑。1953年3月1日完工通车。全段共投放粮食按大米计划1215吨，动用69.96万工日。省将威水公路划归大（山哨）威烟公路。1965年，改建拓宽威宁县境严重影响行车的路段。1990年，大威烟公路划为省道102线，山王庙至烟堆山段为泥结碎石路，路宽6.1～11.2米，三级路60余千米，余为四级路，桥5座113延米。2000年，毕节公路管局贷款5921万元改造威宁至水城公路威宁县境段，历时2年，改造为二级油路。

**S209黄望公路**　北起大方县黄泥塘向南经鸡场、过六圭河大桥入织金县，经茶店、八步、绮陌、织金城关、珠藏、熊家场、过文家桥出织金县，经普定、安顺、宁谷、猫云、紫云、打易、止于望漠，全程498.1千米，毕节地区黄泥塘至文家桥段长109千米。民国30～33年（1941～1944），省公路局拨法币60余万元修筑黄安（顺）公路，未成。1951年省公路工程队组织全线施工；大定、织金县组织民工修筑县境路段。1952年2月，六圭河至织金县城北门完工，8月修筑县城至文家桥段；年底，大定县竣工。1953年5月下旬大普公路全线贯通，是年12月5日通车。投入民工156.78万个工日，投放大米2351.5吨，建桥7座156延米。1985年2月，投资402万元，建成长223.4延米钢筋混凝土六圭河大桥。2000年，省公路局、毕节地区行署达成协议，投资1800万元，按山岭重丘区三级沥青路面标准，改造织金县城关至文家桥段公路。是年4月初动工，2001年10月完工。2002年，黄泥塘至织金县城段列为省贫困县油路改造工程，总投资5300万元。2003年，除六圭河洪家渡库区淹没段需改线和重建六圭河大桥未完工外，其余工程完工。2004年4月10日至2005年1月31日，在已被淹没六圭河大桥上游800余米处，新建六圭河大桥，2005年大桥完工。

**S211居纳公路**　北起大方县境大纳高等级公路线上瓢井镇居乐，向西南经兴隆，八堡、新开，毕节市小坝、中屯、保河至贵毕公路线上二铺。再从流沧桥起向南经朱昌、花厂、纳雍县库东关、维新、化作、于雍熙镇郊与S307省道交汇，全长143.69千米。居纳公路是毕节地区公路网干线之一：

1.居二公路。1964年，投入资金27万元，大方、毕节县采取民办公助，按省道标准修建。1967年，全线贯通。1976～1977年，动工改造，1979年列为县道。1988年7月，毕节县组织民工兴建二铺至保河公路，1989年建成。1994年毕节地区交通局组织勘测保河经中屯至小坝接头公路，1995年毕节市组织力量整治市内路段。1996年居二公路全线贯通。2001年居二公路和毕纳公路合并为省道S211线。

2.毕纳路段。民国31～32年（1942～1943），曾经过勘测动工修建毕节县境一些不成形毛路，之后丢弃未用。1955年复筹修建，省安排资金11.4亿元（旧币），由毕节、纳雍县抽调交通、财政、民政、工会、卫生部门人员，动员组织民工，采取半建勤方式修筑。按县乡道标准修筑毕节县流沧桥至纳雍维新段，1956年初，全线贯通。两县共投入工日38.5万个，投资23.4万元。1956年，纳雍县境维新至城关段动工兴建。1958年3月10日工程告竣，共投资60.5万元。是年4月，毕节养护段接养毕纳公路全线，投资18万元，改线拓宽全线10个路段19千米，尔后陆续改建部分路基、桥梁。1991年，划为毕（节）纳（雍）水（城）省道。2001年，省普查全省公路，将居二公路和毕纳公路共划为省道S211线。2002年，贵州省实施通县油路工程，流沧桥至纳雍100.85千米列为扶持贫困县三级油路工程，总投资6180万元。2003年底，除3座小桥外，其余工程全部完工。2004年初，全段工程告竣，5月下旬经省公路局组织验收。

**S212煤兴公路**　北起于赫章县与云南省镇雄县交界处煤灰包，向南经哲庄、古基、六曲河、达依、赫章县城、七里店、大捞地、史打戛、珠市、过红花岭出赫章县入六盘水市钟山区、盘江、刘官、忠义、止于兴义市西郊坪东，长473.26千米。赫章县境长90.5千米。原属水（城）镇（雄）公路，2001年，定为省道S212线，以赫章县城为界分北、南两段。北段。原称赫（章）镇（雄）公路。1956年，毕节专区下拨1.1万元，赫章交通科组织技术人员测设城关至六曲河段。1958年，县筹资4万余元，发动群众修筑，1963年完成简易工程，通行汽车。1967年，地区交通局、赫章县交通局组队测设六曲河至煤灰包段。省、地陆续补助资金34万元，赫章县投入14.5万元。1969年11月动工，1972年2月基本完成，共投入40多万个劳动工日，是年11月通车。此后，省交通厅、财政厅补助19万元修整路面。1984年，投资20万元改建整修城关以北12千米，基本达四级公路标准。2003年初，省将煤灰包至城关50千米路段列为油路改造项目，投资3273万元。是年动工改建。2004年初，完成改造工程，5月下旬经省公路局验收。南段。史打戛至珠市段，原属妈（姑）珠（市）公路，1958年，专区公路工程队按简易公路标准勘测，赫章县组织群众修建，年底竣工。1958年，赫章县段自筹资金修建七里店至白云脚完成部分路基。1965年，省交通厅投资27万元。是年5月18日再次动工。其后追加补助11万元。1976年完工。1975年水城铁厂投资87万元，自行组织修筑白云脚至史打戛段、珠市至红花岭到水城木冲沟段，其中，白云脚至草籽坪路段中2千米路线穿行于峭壁悬崖，需在山腰开凿，并有半隧道70米，省计委指定赫章县组织施工。1976年，除草籽坪段因故停建外，其余路面工程完工。1979年，地区拨4万元再行开工，1980年下达支援不发达地区资金8万元、民族经费20万元续建。1982年工程竣工，七里店至红花岭全线贯通。1982年，省交通厅投资88万元改建拓修七里店至木冲沟段，7月1日动工，1984年3月工程结束，是年9月10日～13日，省交通厅组织验收，除个别纵坡超限外，其余符合四级公路标准，10月1日交付使用。2001年，省定为S212省道一部，并由毕节公路管理局启动路面油路改建工程，2003年，油路工程完工。

**S307清水公路** 东起清镇市区向西经占街、流长，从三岔河上凹河大桥起进入毕节，经织金县马场、小黄河、牛场、普翁、三甲、城关，绮陌乡石猫猫、板桥、以那，过伍佐河大桥入纳雍县老凹坝、乐治、雍熙、鬃岭、阳长，出丰家丫口入水城县，止于滥坝，全程279.6千米。分凹河大桥至织金城关段，石猫猫至雍熙镇织纳公路段，纳（雍）水（城）公路雍熙镇至丰家丫口段。除织金城关至石猫猫10.54千米与S209省道共用不纳入计程外，计程187.6千米。2001年定为S307省道。

1.凹河大桥至织金城关段。1956年春，毕节专署公路工程队勘测织金城关至牛场47千米简易公路，年底投资40万元，采用民办公助形式组织沿线区、乡民工修建。1957年竣工。1958年3月，省交通厅下达3.8万元，织金县自筹资金1万元，织金县组织群众修建。后因资金问题，1960年初停工。1963年10月27日，省交通厅投资13.5万元按六等甲级公路标准复建，11月下旬，织金县组织4500余名民工施工。1965年3月8日全段竣工，共投资18.3万元。1966年，投资130万元建成三岔河上长111.6延米凹河大桥，连接到占街公路。1993年初，省计委批准立项天（龙）小（黄河）至三甲公路油路改建工程，共投资4600万元。2001年9月油路改造工程完成。2002年，省批准立项改造清镇市流长至小黄油路改造工程，总投资1980万元。2004年5月下旬，油路工程完工，交付使用。

2.织纳公路段。1959年初，纳雍县筹建雍熙镇至乐治18千米公路，专区公路工程队按六等乙级标准测量设计，是年动员民工修建，1960年停建。1964年初，省批准立项投资21万元复工。1971年春工程完成，共投资40万元。1972年，纳雍县组织民工修通纳雍老凹坝至武佐河公路毛路。1980年，国家下达支援不发达地区发展资金，织金、纳雍县采取民办公助方式发动民工修建纳雍老凹坝至织金以那架公路。1981年春动工，1984年4月10日，石猫猫至老凹坝段建成，投资164.7万元，此后，先后由省公路局投资8万元作全线修整；1985年投资6万元改乐治街1千米路线。2003年，省将织纳公路段列为县际油路改造工程，总投资4662万元。2004年3月4日，按部三级油路标准开工改建，截至2005年完成路面工程75千米。

3.雍熙镇至丰家丫口段。民国32年（1943）1月，国民政府曾按乡道标准，投入法币4500元，征调民工修筑，是年3月停工。1958年4月，毕节专署决定按简易公路标准修建纳雍至水城公路。上路5000余名民工，除建桥工程人员给予定额补贴外，其余人员作义务工。1960年3月19日，工程基本完工，共用资金19.5万元。1965年，省交通厅投资30万元进行全面整修，路况提高。1987年，省交通厅投入406万元，改造雍熙镇至丰家丫口段。1988年11月动工，1990年10月工程结束，共计新建、改建路段11.45千米，大小桥梁2座112.7延米。1995年，民革中央与纳雍县政府、中共毕节地委、毕节地区行署共同争取国家投资2000万元，改建纳水公路为三级油路，1998年改建工程竣工。2000年，国家投资1.14亿元，再次改造雍熙镇至丰家丫口段，是年12月24日动工，2002年4月全段改建成二级油路。

**S20毕威高速公路** 是铜仁至宣威高速公路的重要组成路段。起于毕节市城南龙滩边,止于威宁城北周家院子，路线全长约125.5公里，全线采用双向四车道高速公路标准建设，项目总投资86.44亿元，2009年9月30日开工。

**S55黔织高速公路** 是赤水至望谟的重要组成路段。起自黔西县石板，止于织金县绮陌，全长约35.34公里，全线采用双向四车道高速公路标准建设，项目总投资约26.54亿元，2009年9月30日开工。

## 三　县　道

据1990年统计，有县级公路1536.8千米。2001年，贵州省第二次普查公路，统一编号县道，毕节地区境有75条，共2418.44千米。其中跨地区间县道11条737.17千米。2005年统计，长2532.02千米。

**X004线占毕公路** 原321国道清（镇）毕（节）公路一段，东起清镇市占街，向西北经卫城、新店，跨鸭池河（乌江）大桥入黔西县大关、绿化，从黔西城关起与贵毕高等级汽车专用公路并行、经林泉、过西溪到大方县黄泥塘、羊场、大方、双山、毕节市梨树、头步桥，止于毕节市区西南郊，全长181千米。其中二级路16.05千米，三级路123.99千米，四级路40.96千米；高级水泥路7.28千米，次高级油路173.72千米；桥12座，622延米。属境路段147.4千米，分别由黔西、大方、毕节养护段按政区界线实施管养。民国17年（1928）初，贵州省路政局筹建清毕公路，2月10日派员按干道支线标准勘测设计，是年7月勘测完毕，9月复勘。由省划分为清镇、黔西、大定、毕节4段，4县府设置路政分局，负责修路土方工程，石方、桥涵、挡墙发包承办特工。分别拨给黔西银元8000、大定1.5万、毕节2000补贴民工。民国18年（1929），省内军阀混战，经费支绌停工。民国19年（1930），黔、大、毕3县政府应各界人士之舆情，向绅商、富户募捐筹款，复征民工修建（大定自筹1.5万元）。民国23年（1934），3月25日，省召集织金、广顺、清镇县县长暨民众代表在清镇协商，筹集清镇县境路段筑路经费，议决由织金、广顺县分摊，织金承担1.5万元，清镇征工修筑；同时省府加紧督导黔西、大定县工程，是年12月，工程全线竣工。民国27年（1938）7月，省成立清毕路整修工程处，拨法币5万元，改善鸭池河渡船、码头及附属设施；是年秋，国民政府行政院拨款6万元法币改善黔、大、毕3县路面，次年2月开工，4月交养路工区接办。民国30年（1941），大定县羊场坝建立飞机发动机制造厂，航空委员会编制大定至毕节通行8吨拖车改造工程，预算200万元法币，报行政院审批，民国33年（1944）4月拨款开工。民国36年（1947）冬，省公路局征调沿线民工整修全线，黔、大、毕3县共征用民工4.6万个工日，整修路基边沟155千米，捶备碎石3570立方米。1950～1953年，采取以工代赈投放大米320吨，用民工21.3万个工日，整修路面、边沟、涵洞。1957年，省投资30万元，1958年7月1日建成长120米钢桁架加柔性吊桥。是年5月～10月，投资31万元，动用民工3500人，改造急弯、陡坡25处，长28千米；投资12.8万元，建毕节城郊连接川滇公路长6.3千米的环城南路。1966年，投资20万元，改建大方县境长526延米响水桥。1979年投资20万元在毕节县城郊流仓桥之上重建流仓桥。占毕公路大方县境城关经响水至归化石母猪段，路穿行峭壁险峻老鹰岩和窄如刀削的小梁子地段，下临深谷，每逢严冬，屡屡封冻，交通受阻。1976年，地区交通局提出改线计划，经省批准立项，经毕节公路养护总段勘测，决定从大方县城北门起改向西北落脚河、双山至石母猪，全长25.2千米，比原线缩短9.4千米，按部颁山陵区三级公路标准修建。1977年，省公路管理处批准150万元包干，地区交通局、大方县政府组成改线工程指挥部，组织13个民兵连1300余人施工。养护总段负责路面工程。1984年10月1日，工程竣工通车，投资280万元。1990年，清毕公路划入广州至成都321国道线。1991年初，中共毕节地委、毕节地区行署决定，并报经省同意，实施改造清毕路地区境油路工程。1994年，油路改造工程完工。1997年10月，在原鸭池河吊桥下游约100米处建成长176米箱型拱桥。2001年11月，贵毕高等级汽车专用公路建成，列为G321国道线，清毕公路清镇至占街段划入S307省道线，占街至毕节段定为X004县道。

**X005线天小公路织金县境段** 天小公路起自平坝县天龙镇，向北过三岔河上斯拉河大桥入织金县境，经上坪寨、克老坝、新果、猫场、大寨，止于S307省道线牛场镇小黄河，长58千米，织金县境段长28.3千米。该线是连平坝、安顺捷径，也是到织金洞旅游路线之一和织金至贵阳复线。1950年底，牛场、猫场区发动群众建成小黄河至猫场简易公路12千米。1966年10月～1967年底，织金县利用修筑地方公路补助款5万元，群众投工投劳建成猫场至上坪寨大车道。1987年，织金县争取省交通厅以粮棉布折款40万元拓宽小黄河，经猫场至新果段公路，是年12月动工，1989年4月工程完工，验收达到四级公路标准。1987年，省交通厅以扶贫资金投资288万元，修建贯通织金、平坝县之间接头公路，1988年初按四级公路标准动工，1990年8月12日完工。1993年初，省批准立项天小公路全线并延至三甲、织金洞油路改建工程，共投资4600万元。1997年5月，天小公路改建油路工程竣工投入使用，其中高等级水泥路面1.8千米，次高等级油路56.2千米。2001年核定为跨地区县道X005线。

**X013线（艺大公路）赫章县境段** 南起六盘水市钟山区汪家寨艺奇，北至赫章县境S212省道线上大捞地，全长68.8千米，是赫章县南部乡镇与六盘水市联系通道。公路赫章县境段从与水城县交界的狗玟丫口起，经雉街、兴发、野里到大捞地，计程45千米。1965年修建兴发经野里、大捞地至县城公路。1979～1982年建成兴发到雉街公路，1990年全线贯通，共投资111.52万元，验收达四级公路中级路面。2001年，核定为跨地区县级公路X013线。

**X017线六珠公路织金县境段** 起自六枝，止于织金县境S209省道线上珠藏，全程75.8千米，是织金县煤炭外运公路。从与六枝交界凉水井起，向东北经擦耳岩、阿弓、少普至珠藏，计程41.5千米。1957年4月，测设珠藏至阿弓31千米路段，9月，珠藏、阿弓区以民工建勤方式修筑，1958年3月建成马车道，1959年整修拓宽成简易公路，称珠阿公路。1971年，阿弓至凉水井10.5千米路段修建竣工，珠阿公路改称珠凉公路。1978～1980年，安排资金18万元改造路线，改线拓宽阿弓至擦耳岩段。1985年以路政经费8万元，裁弯取直、路田分离织金境全段，路况改善。1989年，省调整公路，与六枝特区境卡房经新华至凉水井公路合称为珠卡公路。2001年，省定为跨地区县道六珠公路X017线。

**X018线普织公路织金县境段** 南起普定，向北止于织金县城关，全长82.5千米．织金县境路段从与六枝特区交界重依山起，经实兴、桂果至城关，计程44.5千米。1959年11月，织金县动工修建城关至桂果段22.5千米，修筑13.5千米至山王庙报停。1965年12月，结合矿产资源开发筹资再建。1970年11月竣工，称城桂公路。1979年定为县级公路。1986年省以粮棉布物资折款110万元安排修建桂果至重依山段22千米。是年11月18动工。1988年6月30日竣工通车。1989年，与普定县段合称普织公路。2001年，省核定为跨地区X018县道。

**X019线六纳公路毕节地区段** 六纳公路起于六枝，止于纳雍县雍熙镇，计程97.8千米。织金境段自与六枝交界起，经鸡场、木货，过天生桥入纳雍县境张家湾、补作、猫场，止于雍熙镇，长55.1千米。其中织金县境17千米，纳雍县境38.1千米。1970年秋，纳雍县筹建雍熙镇至张维（张家湾）公路，1972年地区安排15万元动工，后陆续投资23万元，1975年竣工，毕节地区实现区区通公路。1978年地区安排资金18万元，择重改建整修全段。1974年织金县建成木货至鸡场段5千米。1986年省公路局投资14万元动工修建鸡场与六枝交界段。1987年9月完工。1978年投资9万元建成张家湾至天生桥段毛路。1987年，省再次投入扶贫资金42万元改建张家湾至天生桥段公路。1989年秋，省投放粮布折合65.9万元，织金县组织民工修木货至天生桥段。1990年8月完工，六纳公路全线开通。2001年，省核定为跨地区X019县道。2003年，省及相关地市县总投资8009万元改造六纳公路为三级油路。毕节地区境59.8千米（含X754织鸡公路重复线）投资3786万元。是年10月3日动工，2005年7月完工。

**X023线三扬公路金沙县境段** 起自遵义县三合镇，止于金沙县杨柳，计程79.85千米。金沙县境段从偏岩河沙三大桥起，向西经官田、沙土、岚头、安底、禹漠，止于X720线公路线上杨柳，长69千米。2001年划为跨地区县道。清代至民国，沿线是打鼓新场至遵义、贵阳要道，是金沙县东部重要交通线。1958年7月，金沙县财政局筹资2.5万元、粮22.5吨，组织沙土、安底、禹漠区民兵1107人修建杨柳至禹漠12千米公路。是年12月建成通车。1959年11月，县筹资8万元勘测、设计禹谟至沙土38千米公路。县委、县政府动员沙土、安底、禹谟区民工2800余人修筑，历时5个月，1960年建成通车。1965年金沙县要求沿线3个区以民工建勤方式维修达部颁简易公路标准。1965年，沙土区动用运粮补助款2000元购买炸药、雷管，沙土、官田公社组织群众投工投劳，修通沙土至官田简易公路。1969～1971年先后投资17万元整修。1972年，毕节地区计委报请省交通厅批准，将偏岩河石牛口渡口改渡为桥。省交通厅批准投资133.17万元，省公路局投资24万元建沙三大桥。1979年7月18日，长215延米沙三大桥建成。1982年，省交通厅投资25万元，整修全段公路，达到部颁四级公路标准。1999年，全面改造三扬公路。2003年3月，安底至杨柳段建成三级路。2001年，省自筹资金1026万元，改造为次高级油路，2003年工程竣工。

**X024线新岚公路** 起于遵义县境G326国道线上新坪，向南从偏岩河大桥起进入金沙县境，过木孔、止于X023县道岚头镇，长23.75千米，金沙县境段17.3千米。岚头至木孔段1965年建成。木孔至新坪段，1967年5月动工，1969年12月竣工。2001年划属跨地县道。

**X025线艾大公路** 起于威宁县S102省道上艾家坪，止于六盘水市钟山区大湾，长16千米，威宁县13千米。1958年兴修内昆铁路，修筑艾大公路作便道。1964～1965年全线整修。2001年划属跨地区县道。

**X700线大二公路**　原属毕（节）镇（雄）公路毕节县境段。从毕节市境G326国道线上白家哨大箐起，向西经野角、青场、止于与云南省交界二龙关，长29.2千米。1956年初，云南省镇雄县交通局来毕节县协商，决定联合修筑毕镇公路。是年7月启动筑路工程，镇雄负责全线施工技术和土石方工程并投资14.11万元，10月25日毕节县境段破土动工。1957年4月初全线工程告竣，12月毕节、昭通专区交通科组织验收，符合简易公路标准。1958年3月，贵州省交通厅投资3.8万元，择重改建急弯、纵坡及部分路基。其后经多次改造，到1988年达四级公路标准4.06千米，等外级公路25.14千米；全线为中级泥石结构路面。1990年，省核定为县道。2001年划为X700县道。

**X703线毕赤公路**　原属川滇公路（东线）一段，起自毕节市郊、向北经海子街、八寨、燕子口、亮岩、清水铺，止于与四川省交界的赤水河，长87.47千米。民国25年（1936），国民政府决定修建川滇公路。民国27年（1938）2月，国民政府军事委员会委员长行营令川、滇、黔3省火速修建，11月10日毕赤段粗通并举行竣工仪式。1953年，省投资兴建赤水河钢桁大桥。1954年元旦通车，结束与四川省往来船渡历史。1964年经贵州、四川省协商，由四川省交通厅组织力量择重拓宽、降坡、改弯部分路段。此后经过不断改造全线有二级公路4.5千米，三级公路13.05米。四级公路17.68千米，等外级公路52.24千米，高级路面9.35千米，次高级路面15.39千来。中级路面62.73千米，并划属321国道一段。2001年，省定为X703县道。2004年，毕节公路管理局组织实施毕节至赤水河82.776千米三级油路改造工程，投资5063万元。2005年底，路基镶边完工65千米，涵洞完工110道，防洪及排水工程完成7.81万立方米，路面底基层完成16千米，路面工程完成15千米。

**X704线毕杨公路**　起自毕节市区西北郊新桥（六洞桥），向北经何官屯、对坡、林口，转向东北柱中、生机，再转向东南至清水镇杨柳湾，长96.76千米。1958年，毕节县发动群众修建新桥至何官屯10千米路段，1959年完工。1965年，毕节专署拨款6万元作拓宽整修。1959年何官屯区发动群众修建何官屯至对坡19千米段，未竣工。1965年，再次发动群众修建，省、地交通部门补助1.85万元作施工费用，1971年完成。1986年国家以棉布、粮折款76万元，以工代赈修建对坡至林口核桃段25.7千米。1988年4月竣工，经省交通厅验收，达四级公路标准。核桃至林口段6.3千米，利用燕林公路整修而成。毕杨公路北段杨柳湾至生机15.76千米，利用养路费投资3万元，于20世纪60年代初建成，1988年，利用国家投资粮、棉布折款88.9万元，于1989年建成生机至柱中段，1990年建成林口至柱中段，至此毕杨公路全线贯通。2001年，省核定为县道X704线。2002年2月28日，省、地、市共投资585万元动工改造全线。是年11月27日，路基镶边、路面整治工程结束，经省、地交通部门组织验收，定为全省公路改造优良工程。

**X707线头牛公路**　起至毕节市头步桥地区烟叶复烤厂，向南经草坪、岔河、木来、戈乐、过黑沙地入大方县，在牛集与X717县道相接，长42.06千米，是毕节市通往九洞天风景区捷径。1959年，毕节县投资11.67万元，组织15个区镇民工、县师范学校、农校、卫校师生在1个月内建成。1962年，毕节县补助0.9万元，鸭池区组织民工修建头步至鸭池3千米路段，当年建成通车。1975年，国家补助2.68万元，鸭池、草坪公社组织群众建成鸭池经草坪到岔河段，接通头步至戈乐段。1985年国家以粮、棉布折款43.69万元，组织沿线劳动力修建戈乐经黑沙地至牛集段。1986年建成，全线贯通。2001年省核定为X707县道。是年5月，毕节市动工改造头牛公路，12月25日路基镶边、路面改造工程竣工。

**X712线大纳公路**　起自大方县城郊，向南经对江、高店、后槽、马场，跨木空河入纳雍县境，过沙包、义中，在十二湾与S307省道相接，至纳雍县城雍熙镇，长68.68千米。据《大定府志》记载，清代该路线为大定府与水城厅通道。民国31–34年（1942～1945），国民政府投资法币约4万元，建成大定城关至马场人、畜力车通道。1953～1957年，曾多次整修通行畜力车。1958年，重新勘测设计修建大方至马场段，1959年建成通车。1985年以粮、棉布物资折款178.5万元，其中大方县46.5万元，纳雍县132万元，修建马场至十二湾公路。1986年，大方、纳雍县以民办公助方式开工。1988年上半年建成通车。7月经省交通厅组织验收，符合四级路中级路面标准。1989年，全线列为县道。2000年，投资285.3万元，对全线路段镶边和路面整治。是年11月底全线竣工。2001年定为X712县道。2003年，国家及省地县总投资3711万元，改造为三级油路。2005年，油路改造工程竣工。

**X715线石林公路**　起自大方县境大纳高等级公路线上石坪，向东南经长石、隆里、大山、星宿，至百纳与G326国道交叉，过普底，入黔西县红林、桃林，止于林泉，长92.12千米。1958年，黔西县林泉区发动群众建成林泉至桃井公路。是年，大方县组织民工建成瓢井经石坪至长石大车道。1959年按简易公路标准改建完工。1969年修建桃井至百纳公路，1971年建成通车。命名为林（泉）百（纳）公路。1969～1971年，大方县以民办公助方式，发动群众建成百纳至大山段公路。1973年投资11.5万元动工修建长68延米的隆里桥，1975年完工。1977～1978年，安排17万元，建成长石至大山段公路。1979～1980年秋，追加8万元，整修百纳至长石路段。1989年，省将林百公路、百长公路、长石至石坪公路合称为石林公路，列为县道。2001年，省核定为X715线石林公路。

**X720线黔金公路**　自黔西县城关起向东北经黎明、定新、重新、过乌箐桥入金沙县杨柳，止于金沙县城，长74.6千米。民国32年（1943），金沙县政府向全县16个乡筹募资金19.64万元法币，修筑金沙至黔西公路，未果。民国34年（1945）,省组织测设全线，黔西、金沙县征调民工动工修建，黔西修至三堰毛路，金沙修到乌箐毛路。1951年复筹议修建，因工程预算与计划金额相差过大，省交通厅决定暂不开工。1956年，国家投资15.86万元修建，基本沿民国时期开挖毛路。是年1月25日，黔西、金沙县动员民工以民办公助方式修建，1957年7月竣工，10月1日通车，称金黔公路。1989年，省交通厅调整公路线，将金沙城关经岩孔，过寒婆岭到仁怀县水口寺路合称为黔水公路，定为县道。2001年，省将黔（西）金（沙）公路定为X720县道。是年国家投资4320万元，将该线四级泥结碎石路面改造为三级次高等级油路，毕节公路管理局组织施工，2003年工程竣工。

**X724线黔沙公路**　起自黔西城关南门外肖家井，向南经凤凰到沙窝，长13千米。1958年7月，黔西县沙窝区发动群众修建，9月完工。1976年建成沙窝至五里段约10千米乡道。1983～1985年。整修完成路段，改善路况。2000年，修建五里至洪家渡8.58千米公路，并作全线改造。2001年改建三级路27.56千米，四级路4.02千米；高级路面4.02千米，次高级路面27.56千米。是年，省核定为X724县道。2003年，省决定将X724县道延伸至织金为黔织公路，改建为长43千米二级油路，总投资1.58亿元。2004年完成全线测设工作，2005年经省发改委批准，12月动工修建。

**X740线金海公路**　起自金沙县城关，向北经西洛、平坝、湖水、清池、转向西南马路，过马洛河上卧牛河桥入毕节市龙场营、大屯、转向西南普宜、阿市、小吉场东方红、止于海子街，长181.15千米。金沙县境段城关至平坝乡平洛。1959年建成简易公路，时称金平公路。1987年按部颁四级公路标准改造金平公路，1988年完工。1978年国家补助4万元建成平洛至湖水段简易公路。1990年，国家再次以工业品折款41.5万元，按四级公路标准改造平洛至湖水公路，1992年完工，延伸至箐门、环路、太平到清池乡道。1974年以民办公助形式建清池至马洛河支流水边河遇仙桥段拖拉机道，1986国家以粮、棉布折款32万元续建，1988年建成。毕节市段。1953年建成海子街至沙部约4千米大车道，1955改建为汽车道。1959年发动群众修建沙部至小吉场段，1960年停工。1964～1965年，省交通厅投资13.5万元，按简易公路续建，1965年底建成。1962年省交通厅补助10万元，按简易公路标准动工兴建普宜至龙场营段。后追加24万元，以省道标准续建。1967年省交通厅追加4万元，地区财政补助5万元，年底工程完工。1969年，地区和毕节县决定联通小吉场东方红至普宜段公路，投资32万元，是年11月25日开工，1970年7月1日竣工通车。1979年，省将海子街至龙场营段列为县道。1991年，国家计委将毕节县龙场营至金沙县遇仙桥段公路列入建设项目，采用以工代赈方式要求毕节地区按部颁四级公路标准勘测施工，1994年底路基工程完工。1995年4月，全长80延米马洛河上卧牛河大桥建成，全线贯通，当月15日验收通车。2001年，全线路基镶边，路面整治工程结束，路况改善。2002年，毕节市上报省要求立项改建油路。2005年7月，金沙县投入资金2000多万元，按三级油路标准，改造城关至石场40余千米路段。

**X748线三八公路**　织金县起于S307省道线上三甲，经织金洞附近关谷山庄，止于S209省道线上八步，长19.6千米。1985年7月～8月26日，织金县交通局按部颁三级公路标准测设八步至织金洞公路。是年11月20日，省投资100万元包干，1987年3月竣工，总投资132.9万元。1986年，省拨款60万元修建三甲至官寨段公路，按三级公路标准修建，由织金洞筹备处主持施工，是年6月动工，1987年春工程竣工。1988年底工程结束，三八公路全线告成，列为县道，20世纪90年代中期三甲至织金洞改建为油路。2001年，省将三甲经关谷山庄至八步定为X748县道，关谷山庄至织金洞2千米路段定为X749县道。2004年八步至关谷山庄段改建为油路。

**X754线织鸡公路**　起自织金县城西门口，向西南经平寨、后寨、三塘，止于鸡场，长50.11千米，是织金县通往六枝特区的交通线。1959年，织金县自筹资金6万元，发动群众修通县城至三塘公路，1965年，省交通厅安排20.4万元，要求按简易公路标准修至三塘，因其工程艰巨，再追加14.4万元，共投入75万个劳动日，于1967年9月完工，称城三公路。1972年秋，织金县先后投资25.6万元，采用民办公助，生产队记工分方式修筑三塘至鸡场公路。1973年1月29日竣工，称织鸡公路，1979年列为县道。1989年，将木货至鸡场段划入六（枝）纳（雍）公路，改称织木公路。2001年，省调整公路改称为X754县道，称织鸡公路。其中木货至鸡场段与X019线共用。2003年，省立项改造织鸡公路，国家及省地县共投资2966万元。

**X768线赫奎公路** 起自赫章县城关镇后河桥，向西北经大河边、中田、财神、朱明、可乐、以则，止于云南省奎香，长94.69千米。1958年秋，赫章县投资23万元发动群众修筑从六曲河经财神、可乐至恒底公路，1964年7月19日竣工通车。1980年省以支援不发达地区发展资金45万元，安排改造从城关后河起经大河边中田至财神公路。1984年，因新线路羊撬岩等地工程艰巨，延宕工期，报请省交通厅同意，投资40.3万元，先建恒底河镇至云南省奎香公路。1985年1月动工，1986年1月竣工。是年，省交通厅投资151万元续建后河至财神段公路。1987年，省以扶贫资金投入316万元，按四级公路标准改造全线。9月1日动工，1990年6月30日竣工，共新建改建55.5千米，整修37千米。2001年，省核定为X768县道。2003年，省将城关至可乐59千米路段列为三级公路改造工程，投资1121万元，由赫章县组织实施。2005年，从后河桥头至财神23千米油路建设正式开工。

**X774线平维公路** 起自赫章县G326国道线上平山乡小蒜地，向东经卡房、古达、过弯腰树入纳雍姑开、引底、至维新鸡场垭口与S211省道相接，长61.1千米。1958年，赫章县动员群众修平山小蒜地至古达16千米路段，未成。1968年投资22万元开工建设，共投入劳动43.2万个工日，于1971年建成通车，称平古公路。1967年底省交通厅投资12万元，要求包干建纳雍县境姑开至维新鸡场丫口16.1千米路段。由于引底至姑开陡坡峭壁、危岩凌空，加之投入资金缺口大，工程完成一半停下。1972年省追加10万元续建，1973年10月1日竣工通车，称维姑公路。1985年，以粮、棉布物资折款和地县投资计115.4万元，安排投建古达至姑开段公路，1988年，赫章、纳雍县工程相继完工，1989年列为县道，称平维公路。2001年，省核定为X774县道。2003年，省将平维公路列为三级路改造工程，计划总投资1200万元，由赫章、纳雍分别组织施工，2004年全线改造成三级公路标准。

**X778线大格公路** 起自威宁县境S102省道线上大山营，向北经雪山、龙街、云贵、止于贵州、云南交界格拉河，长84.7千米。1956年，威宁县交通科勘测大山营至龙街段公路，沿线小海、大街（雪山）、龙街区按民办公助方式组织民工施工，1957年完成路基。1958年国家建设内昆铁路，西南铁路局第三工程处，负责勘测设计、组织施工龙街至格拉河段公路，大格公路全线贯通。1962年内昆铁路下马、大格公路交地方使用。是年，省交通厅批准为县道。1972年，省安排12万元整修全线，威宁县组织群众实施整修，1973年3月完工。1976～1997年改造大山营处1.2千米路段，1978年新建格拉河大桥。1979年，投资30万元，拓宽整修格拉河悬岩路基、路面及100米长的半隧道。1979年列为重要县级公路。2001年，省核定为X778县道。

## 四　企事业专用公路

1958年，纳雍县煤厂修建从县城至矿区4000米专用公路。为毕节地区中华人民共和国成立后最早修的厂矿公路。1966年，毕节专区马干山煤矿修建从凤山至矿区7000米长四级公路。1971

年前后，113地质队在赫章县修建垭都至铁矿山8000米矿山公路和木戛至珠市8000米长矿山公路，妈姑锌矿修建从大树脚至大坪子3000米长四级沥青路。据1990年统计，全地区厂矿公路共24条，137.6千米。其中大方县境7条39.8千米，金沙县3条21.8千米，织金县7条34.5千米，纳雍县2条8千米，赫章县5条33.5千米。1991年8月28日～1992年3月，地区在毕节城郊修建长6.1千米茶亭至塔山微波通信站专用公路，1992年2月19日～5月15日，投资84万元修建从毕节城区环城北路至纱帽山电视差转台长4.2千米专用公路。是年，纳雍县计划投资3900万元，修建鬃岭至压落箐、阳长至小巷口、鬃岭至大河路口、猴儿关至五山、阳长至以角6条总长65.74千米矿山公路，供纳雍水电一、二厂建设使用。当年5月动工建设并建成。地区计划修建总长402.5千米的24条矿山公路，供纳雍、金沙、黔西、大方火电矿及相关炼矿建设使用。其中：纳雍县建设114千米，含二级路3条25千米，矿区联络线6条89千米；金沙县86千米，内含二级公路2条38.5千米，矿区联络线2条57千米；黔西县8条137.5千米，含二级公路3条78.5千米，矿区联络线5条59千米；大方县4条，其中二级公路65千米，2005年，纳雍实施建设龙背梁子至沙田、烂木桥至丰家丫口，计程13.7千米，年底已完成投资980万元，路基11千米，路面8千米。是年毕节市完成千溪至路朗，岔河至戈乐。矿山、通村两用公路建设。

## 第三节　“村村通”工程

中华人民共和国成立后，毕节地区在修建省、县公路的同时，亦修建大量乡村公路。据1990年统计，全地区有乡村公路151条，计1761千米。2000年统计，全地区乡村公路1890千米；250个乡、镇、办事处中有245个通公路；4508个村中，有2951个通公路。2001年，国家实施西部大开发，促进乡村公路建设。是年，全省第二次全国公路普查，全地区纳入统一编号乡村公路146条，总长2015.76千米。2002年，黔西县完成桂箐至协河、龙泽河到甘棠乡公路镶边改造工程。是年5月，赫章县投资154万元，建成野马川至威奢公路；投资234万元建成三岔河至罗州公路。至此全地区实现乡乡通公路。2002年12月6日，地区领导干部会议提出在实施通乡油路工程的同时，争取5～7年，全地区90%行政村通公路。计划投资3048万元，改造、新建乡村公路26条，627.24千米。是年底统计全地区有45.6%乡镇通油路，71%行政村通公路。“十一五”期间，全地区完成农村

农村道路硬化

公路建设16941千米。

## 第四节 公路桥梁 隧道

### 一 公路桥梁

民国17年（1928），始修清毕公路起，至民国26年修威昭公路、川滇公路赤水河至杉木箐段，共兴建和利用古桥梁55座，这些公路桥梁多为建筑标准低、类型单调的中小桥梁。1954年1月和1958年7月先后在赤水河、鸭池河架起大桥。至1958年底，全专区共有公路桥梁60余座。1985年2月，六圭河钢筋混凝土箱形连续梁桥建成，结束毕节专区公路交通船渡历史。桥梁结构起步跨入现代模式。1992年11月26日，大纳高等级公路建成通车，全路建桥梁27座，其中大桥4座，桥型分别为桁式组合拱桥、双曲拱桥、石拱桥。2000年年底统计，全地区共有公路桥梁355座，其中特大桥3座，3475延米；小桥261座，5127延米。2001年11月19日，贵毕高等级汽车专用公路建成通车，178.3千米公路线上，建有桥梁151座，其中特大型桥9座，大型桥20座，小型桥122座，总长1.1万余延米，平均每1.8千米有桥一座，桥梁之多，创当年吉尼斯世界纪录。桥型从传统石拱桥到吊桥、连续钢构桥、桁架拱桥、箱型桥、双曲拱桥、下型梁桥、井字梁桥。

**六广河大桥** 位于黔西县与修文县交界的六广河上，是贵毕高等级公路线上跨径最大、桥墩最高的单箱连续钢构T梁桥，是亚洲同类公路桥梁中最高一座，总投资6300万元，长564.2延米，宽12米，桥高103米，距水面306米，主跨240米。

**冷家寨大桥** 位于鸭池河黔西县一侧，与六广河大桥相连，为预应力混凝土连续钢构桥，长437延米，宽12米。

**黔西素朴沙子田坝大桥** 位于黔西素朴沙子田坝贵毕高等级公路线上，为预应力混凝土连续钢构桥，长240延米，宽12米。

**黔西龙洞弯大桥** 位于黔西龙洞湾贵毕高等级公路线上，为预应力混凝土连续钢构桥，长360延米，宽12米。

**西溪大桥** 位于黔西、大方县交界处西溪河贵毕高等级公路线上。为预应力砼加劲悬索桥。长700.68延米，宽12米，距水面298.7延米，黔西县境岸索塔高67米，大方县境岩索塔高42米。飞架河两岸跨度338延米，时为贵州

黔大高速西溪特大桥

省第一。桥梁建筑技术含量高，在国内属首创。

**西溪干沟大桥**　位于大方县一侧，贵毕高等级公路线上。紧靠西溪大桥，为预应力砼桁架拱桥，长312延米，宽12米。

**乌溪大桥**　位于大方县黄泥塘镇与羊场镇之间贵毕高等级公路线上。跨乌溪河，为单箱连续钢构T梁桥，长373延米，宽12米。

**猫猫洞大桥**　位于大方县境贵毕高等级公路线上，长345延米，宽12米。

**小阁鸦大桥**　位于大方县境贵毕高等级公路线上，钢构桥与T梁桥（旱桥）相连，长508延米，宽12米。桥梁建筑地表形态复杂，地层松散，形态特异。

**干沟大桥**　位于大方县境贵毕高等级公路线上，长197延米，宽12米，为贵州省山岭重丘区二级公路第一座桁式组合拱桥。

**毕节大桥（落脚河大桥）**　位于大方县双山镇贵毕高等级公路线上，为预应力加劲悬索桥，横跨法寨河上，总投资5000多万元。全长507延米，宽12米，桥面距水面278米。

**归化大桥**　位于毕节市与大方县交界的贵毕高等级公路线上，横跨归化河，为预应力混凝土悬臂桁架拱桥。投资399万元，1993年2月动工修建，1994年11月建成。全长154延米，宽12.5米．最大跨径120米，净空高67米，桥紧贴两岸绝壁巉岩。2003年4月，经查验大桥存在严重质量问题，上报省、地主管部门，并向法院起诉，追究其责任，是年12月26日炸毁大桥。2004年2月11日，投资607万元，由省桥梁公司在原地新建大桥，是年12月26日完工。实际总投资950万元。新桥全长164延米，主跨113.4米，为钢筋混凝土箱型拱桥。

**三板桥大桥**　位于毕节市城郊贵毕高等级公路终点。1997年，投资400多万元，4月动工修建。2000年11月建成，为预应力混凝土箱型连续梁桥，长159.42延米，宽12.9米。

**余家沟大桥**　位于毕节市普宜镇境大纳高等级公路线上，投资154.95万元，于1991年12月建成，为桁式组合拱桥。全长111.5延米，宽9米，3孔，最大孔径80米，净空高81米。时经数超载车行碾压，造成桥面两条伸缩缝及相邻桥面板破损下陷，2003年7月7日交通中断。是月9日由省桥梁公司实施抢修，21日完工。2004年1月25日，在大桥上游重建箱型拱桥，全长153延米，桥面净宽7米，人行道宽2×0.75米，人行道上、下游侧设钢筋混凝土防捶墙，于2004年10月1日开放通行。

**湾潭大桥**　位于毕节市大屯乡与四川省古蔺县交界赤水河上，为大纳高等级公路毕节地区境终点处的特大桥。投资225.1万元，于1991年12月建成，为桁式组合拱桥。全长150延米，宽10.1米，3孔，最大孔径100米，净空高22米。

**大水沟大桥**　位于毕节市大屯乡境大纳高等级公路线上，距湾潭特大桥约1.45千米，为钢筋混凝土双曲拱桥。长101延米，宽9.4米，3孔，最大孔径55米，净空高75米，1991年12月建成。

**七星关桥**　G326国道线上重要桥梁，位于毕节市杨家湾七星关下，跨毕节市、赫章县交界六冲河。川滇公路修建之初，利用古桥墩台架木梁，铺木枋构面成公路桥。未几，改用钢架梁木面桥。1964年，四川省交通厅桥梁工程队利用国家补助四川、贵州改善重点工程补助款，将桥位移于老桥下游约百米处，拆除另一古桥墩台，新建长67.7延米，宽8米，桥孔1，跨径48米，净空高8米的空腹式石拱桥。1966年5月5日建成通车。2001年，326国道毕节至威宁草海镇段列入油路改造工程，在老桥上端新建193.25延米长的大型七星关拱桥。预算投资近600万元，2003年6月7日开工，2004年建成。

**万寿桥** 又称总溪河桥，位于S211省道线上，横跨总溪河。清道光十七年（1837）9月，由毕节县绅士糜肇端等人捐银倡建，次年4月告成，历经几次洪水淹袭，桥身依然完好。1958年，毕节至纳雍公路建成，改造为圆弧式石拱公路桥，长43.8延米，宽7.2米，单孔、跨径20米，桥高33米。1981年，纳雍县人民政府将其列为县级文物保护单位，桥南头立有古四棱碑记2方和文物公告石方。

**六圭河大桥** 位于S209省道大方、织金县交界处的六圭河。1983年开工建设，1985年2月建成，前后投资402万元。桥长219.6延米，宽8.4米，6孔、最大跨径38米，净空高12米。2004年4月6日，洪家渡电站关闸蓄水，大桥淹没于库区之中。2003年1月17日在原桥上游800米处重建六圭河大桥。2004年底建成。新桥长256延长，宽12.5米，最大跨径195米，为钢筋混凝土厢型拱桥。

**凹河桥** 位于S307省道线上的织金县与清镇市交界的凹河上。1958年，毕节专区公路工程队勘察设计。是年11月8日，织金组织工匠破土动工，建石墩台木桁结构桥。1960年12月，桥体建成下部后停建。1963年，投资40万元复建。1964年7月，省交通勘察设计院重新设计，建石拱结构桥，省交通厅桥梁工程大队承建，1965年3月动工，1966年秋完工。桥长180延米，宽8.6米，高35米，5孔，最大跨径60米。

**武佐河桥** 位于织金、纳雍县交界的武佐河S307省道线上。石拱桥，长52延米，宽7米，净空高21.5米，1孔、跨径42米。1980年，毕节地区概算20万元，地区交通局设计。1981年9月，纳雍县主持施工，1983年4月工程竣工，共用投资17.5万元。

**阳长大桥** 位于纳雍县阳长镇三岔河S307省道线上。1955年12月建成石拱桥，长110延米，宽8.3米，净空高14米，4孔、最大孔径60米。

**鸭池河大桥** 位于黔西县与清镇市交界的鸭池河X004县道上。民国23年（1934），清毕公路通车，在鸭池河设渡口摆渡通行车辆。1956年，贵州省及毕节专署决定改渡为桥，省建委主任徐健生亲临现场勘定桥位。经省公路局勘测设计建钢桁构加劲柔性单孔悬索吊桥，净跨115米，桥面宽5.5米，桥面至低水位60余米。桥两端各设钢筋混凝土门塔一座，高15.5米，塔背两端引道两旁各有一固定主索锚坑，主索安装10根桁架，上铺装木仿，再铺

鸭池河吊桥（1958年）

铁皮固定。1957年春投资30万元，省公路局桥工队承担桥下部构造建筑，交通部第一工程局桥梁工程处主持上部构造架设安装，1957年7月1日建成。鸭池河大桥建成后，省交通勘察设计院编写《吊桥设计实例》一书，为各大专院校采用吊桥工程参考教材。1997年10月，在原桥下游靠吊桥处重新建成箱型拱架桥，长176延米，宽10米，3孔，最大孔径120米，净空高52米。

落脚河大桥（2009年）

**落脚河大桥** X004县道上重要桥梁。位于大方县双山镇落脚河，为石拱桥。桥长128延米，宽8.9米，净空高14米，3孔、最大孔径71米。原清代同治年间落脚河上，建有2孔石拱桥，是古驿道重要津梁。1977年，改清毕公路大方经响水至归化石母猪段，原古桥桥位过低，决定利用古桥为拱架垫脚建造石拱新桥。1977年6月动工兴建，1980年4月建成，总投资为45.66万元。新桥主孔跨于古桥之上成为桥上桥，时为贵州省跨径最大石拱桥。

**斯拉河桥** X005县道上重要桥梁。位于织金、平坝县交界处，跨三岔河石拱桥。桥长151.6延米，宽8米，净空高22.3米，3孔、最大孔径60米。1987年，省以扶贫资金共投入117万元，由省交通勘察设计院勘测设计，织金县交通局承办兴建，1990年8月竣工。

**沙三大桥** 箱肋双曲拱桥。位于金沙、遵义县交界的X023县道上，跨偏岩河石鸭渡。1971年，省交通厅投资50万元，金沙县组建。1979年5月，工程竣工，共投资134万元。8月19～21日，经省、地交通部门验收，评为优良工程。桥长215延米，宽8.5米，净空高68.7米，5孔、最大跨径68米。

**赤水河大桥** 毕节市X703县道终端，位于毕节市与四川叙永县交界的赤水河。1939年，川滇东路通车之初，架设木便桥与设置渡口维持交通。民国30年（1941），川滇东路管理处指示桥工处与昆明行商洽议，修建钢桁架桥，桥工处承建桥下部，昆明郑华公司负担上部构造、安装。民国33年（1944）下部墩台完工，上部工款未到位搁置。民国34年（1945）初，美国驻沾益飞机场负责人曾准拨款援建，川滇东路管理局主管人将援款移作他用。1952年，由省公路局设计，改用半穿式钢桁架桥，1954年元旦建成。长118.1延米，宽4.4米，净空高7.8米，3孔、最大孔径37米。

**木空河大桥** X712县道上重要桥梁。位于大方、纳雍县交界木空河上。1986年，用粮棉布安排兴建，纳雍县主持兴建石拱桥。1988年5月竣工，总造价87万元。桥长95延米，宽7.5米，净空高23.4米，3孔、最大孔跨径60米。

**隆里桥** X715县道桥梁。位于大方县长石镇与大山乡交界处的第尔河上，石拱桥。1988年1月建成通车，桥长68.5延米，宽7.5米，净空高12米，1孔、跨径40米。

**卧牛河桥** X740县道重要桥梁。位于金沙县与毕节市交界的马洛河上，1993年12月建成钢筋混凝土双曲拱桥。桥长80延米，宽8米，净空高72米，1孔、跨径54米。

**则姑桥** 赫章县境X768县道桥梁。1988年5月投资8.5万元建成石拱桥。长55延米，宽7米，净空高11米，1孔、跨径43.3米。

**响水桥** 位于大方县两（路口）至石（母猪）公路线上，跨响水河，原属清毕公路上桥梁。民国23年（1934）兴建清毕公路时发包建造。建成通车后，与两端引道结合不甚协调，桥墩呈现位移，难以适应大荷载车辆通行。1964年毕节公路养护总段安排重建，大方养护段主办。1966年，在老桥下游百米处，投资20万元，建成全长52.6延米，净宽7米，3孔，沥青混凝土桥面石拱桥。

**法寨河桥** 位于大方县两（路口）至石（母猪）公路线上，跨法寨河。民国33年（1944）由清毕公路工务段发包建成，石拱桥，4孔，长47.3延米，宽10.2米。

纳雍河大桥位于纳雍县百兴至六枝特区边界彭家岩公路线上，跨纳雍河。1971年建，1987年投资9万元改建为钢筋混凝土拱桥。长86延米，宽7米，净空高19.7米，5孔，最大孔跨径60米。

## 二 公路隧道

20世纪80年代始，公路隧道出现在毕节地区公路交通线上，截至2005年止，共有公路隧道13座。

**九子岩隧道** 位于贵毕高等级公路黔西素朴境段九子岩，2001年建成通车。长90米，行车道8米，人行道1×2米。

**高家岩隧道** 位于黔西素朴高家岩，紧邻九子岩隧道。2001年建成，长990米，行车道宽8米，两侧人行道各宽1米。

**大苗关隧道** 位于黔西县林泉镇贵毕高等级公路线上，长370米。

**营盘坡隧道** 位于大方县黄泥塘镇境贵毕高等级公路线上，长240米。

**龙洞隧道** 位于大方县羊场镇和小屯乡间贵毕高等级公路线上，长90米。

**关门山隧道** 位于毕节市城区西南郊贵毕高等级公路终端段。1996年10月，投资900余万元动工兴建，2000年11月建成通车。长272米，行车道宽10米，两侧人行道各宽1.5

贵毕路关门山隧道开工

米，高8.83米，净高5米。

**山王庙隧道**　位于大方县境大纳高等级公路线上。总投资812.5万元，1989年12月20日动工，采用新奥法锚喷技术施工，局部用管棚法施工；采取曲墙式钢盘混凝土浇筑作隧道拱砌。1992年11月20日建成。长657米，行车道宽7米，人行道宽0.75米×2，边缘高5米，中心高6.36米。

**驮马路隧道**　位于大方县境大纳公路线上，中心桩号1559.1千米。投资87.42万元，1990年3月动工，1991年8月完工。长142米，行车道宽7米，人行道宽0.75米×2，净高6米。

**关门垭隧道**　位于金沙县城关关门山下，X740县道起点。1986年，省交通厅用粮、棉布物资折款、省公路局机动金共10.5万元，金沙县自筹14万元。1987年6月30日动工，1988年12月20日建成。投资94.6万元。洞长352米，行车道宽7.5米，人行道宽0.65米×2，净高5米。

**发泥窝隧道**　位于金沙县马路乡境X740县道上，隧道中心桩号距县城88.45千米，1991年底动工，1994年建成。长47米，行车道宽7米，人行道宽0.75米×2，净高6米。

**马路河隧道**　金沙县马路乡境X740县道上，距发泥窝隧道2.05千米，1991年底动工，1994年竣工。隧道长120米，行车道宽7米，人行道宽0.75米×2，净高7米。

**吊水岩隧道**　位于纳雍县鬃岭至勺窝公路6.75千米处，长283米，行车道宽3.5米，人行道宽0.5米×2，高4.5米。1986年修建鬃岭至勺窝公路，县以粮、棉布物资折合10万元投建，1988年建成使用。为最早建成的公路隧道。

**水依沟天然隧洞**　位于织金县城关至绮陌乡阿烈村乡道上，天然石洞，长约380米。20世纪60～70年代，经几次拓宽整修可通行汽车，比绕道行车缩短6千米。

## 第五节　铁路　内河航道

### 一　铁　路

铁路分建成铁路和在建铁路两类。建成铁路有贵昆铁路威宁县境段，内昆铁路威宁县境段，以及水大铁路威宁县境段。在建铁路有黄桶铁路织金县境段。

**贵昆铁路威宁县段**　从葡萄箐经梅花山、罗盘地、树舍、扒挪块，跨可渡河入云南省，计长44.66千米。有桥38座共2.72千米；隧道37座总长21.63千米，其中以梅花山隧道著名。2002年5月13日，内昆铁路全线开通营运，梅花山至昆明段列为共用线。

**内昆铁路威宁县段**　1956年开工建设内昆铁路。1960年，内江至安边140千米建成通车。1965年，梅花山至昆明落成，作为贵昆铁路西段于1966年3月正式营运。安边至水富于1966年建成运行。1998年6月26日，水富至梅花山段开工，总投资116.3亿元；6月29日威宁县段正式动工。铁路线从云南省昭通进入威宁县中水，向东南经迤拉、朱戛、小海、草海、金钟，止于梅花山，长121.28千米，设11个站点，投资近40亿元。在段内建有中水镇老煤特大桥，大桥桥墩最高82.65米、8孔、17墩，跨度64米，长768.18米；观风海镇李子沟特大桥长1031.86米，其中10号桥墩高161.1米，仅次于德国欧罗巴大桥2号墩。李子沟特大桥是我国第一座钢结构连续组合梁特大桥。2001年9月19日，水富至梅花山段全线铺通。2002年5月13日，内昆铁路全线开通，货流量最大区段1400万吨／年。2003年12月1日，全线开通客运，每日过往威宁县境客车8对。威宁火车站，是中心站，占地520亩，铺设到发线4股（含正线）、牵出线1股、货物线4股，货物年到发能力43万吨，其中地方20万吨。

内昆铁路威宁老锅厂段（2001年）

**水大铁路威宁县段** 水城矿务局煤炭运输专用线，兼有客、货运输。1972年建成。起自六盘水市钟山区火车西站，经威宁县猴场、新合，止于钟山区大湾镇，威宁县境段长11.9千米，设有下腾桥站；有桥10座，649.79延米；隧道7座1706千米。

**在建隆黄铁路织金县段** 隆黄铁路北起四川省成渝铁路上隆昌县，向南经泸州、纳溪、叙永，进入毕节、织金，入普定止于贵昆铁路线上黄桶站，全长497.4千米。北段隆昌至纳溪83千米20世纪90年代建成，2004年11月18日纳溪至叙永77.5千米动工。1992年国家计委审批立项建黄桶至织金段。铁道部按地方铁路建设列入计划。1995年7月15日，全国人大常委会副委员长、民盟中央主席费孝通致信中共中央总书记江泽民，建议国家尽快安排计划修建隆黄铁路。是年11月28日，贵州省计委、四川省计委联合向国家计委报送《关于上报隆黄铁路泸州至织金段建设建议书的报告》，请国家批准立项，列入“九五”计划，争取十五期间开工建设。1997年5月19～25日，全国政协副主任，专家顾问组长钱伟长率领毕节试验区第三届顾问组考察毕节，并提请中央和有关部委批准修建隆黄铁路。2004年初，国务院将隆黄铁路列入《中长期铁路网规划》；中共贵州省委、省政府作出

黄织铁路隆重开工（2005年）

《关于加快我省实施西部大开发的实施意见》，把黄织铁路作为省“十一五”期间必须建成的重点项目。是年9月11日，铁道部评审通过黄桶至织金铁路可行性研究报告。2005年4月30日，黄织铁路段动工兴建，全长63.9千米，织金县境段30千米，投资13.5亿元，由铁道部控股，兖矿贵州能化有限公司、五凌电力有限公司、安顺市和毕节地区有关企业分别参股，合资建设。

## 二　内河航运

全地区河流属高原山区雨源型河流的上游段，易涨易落，河岸陡峭，河床滩多水急，难以航运。居民在河流平缓地段用木船运煤及岸口摆渡。1995～2000年的5年间，国家在河道上先后建起索风营、东风湖、洪家渡水电站，在库区间通航里程达369.6千米，其中六级航道125.7千米，七级航道31千米，等外级航道212.9千米。建有码头10余座。20世纪末统计有渡口152个。2005年，各县市人民政府批准渡口125个和5家民营水运企业。

**赤水河毕节地区界段**　据《大定府志》记载：清乾隆十年（1745），大定知府王允浩会同遵义知府陈玉殿分别督工整治府辖境赤水河段，通航运输铜、锌铅和川盐。后，两岸高山泥石流下，未整治，遂阻通航。20世纪50年代，政府曾组织力量疏浚，金沙县境界9千米河段，可行小船下至仁怀县，上至毕节县里匡岩。在里匡岩设置的物资仓库，辐射毕节县龙场营、青杠、田坎；金沙县清池、石路、马路、保安的地方物资进出。1958年，省交通厅第二航道工程队投资2.68万元整治毕节县大河口至里匡岩河段，年底停工。清池、龙场营通公路后，汽车运输物资，河道被遗弃。

**乌江北源六冲河**　1.毕节市阴底乡星秀田至纳雍县库东关乡猴场约35千米河段，1958年前可通行载重1吨小木船。是年，省交通厅派人组织踏勘，决定整治从毕节七星关至猴场近70千米河道开发通航。1959年12月，专署交通科在纳雍维新召开毕节、纳雍县开发六冲河通航会议。1960年2月，毕节县动工疏浚七星关至星秀田河段，时逢国家经济困难时期，无果而停。1962年11月～1963年1月、1963年8月，毕节县两次疏浚，淘滩炸礁，可通行载重3吨小木船，七星关至星秀田段，尚待整治。X706宋（伍）阴（底）公路、X774平维公路通车后，七星关至猴场段河道僻外边远，难有民间小船航行其间，未形成有效运力。

2.纳雍县万寿桥至达那渡口13千米河段。1995年，纳雍县旅游开发公司开发乌江第一漂——总溪河漂流。漂流河段在起点和终点设简易码头。3.洪家渡水电站库区。2004年4月6日，位于黔西、织金县之间洪家渡水电站关闸蓄水，在正常蓄水位时，干流回水可上溯达84.89千米。库区南岸支流底纳河、武佐河、后河，正常蓄水位时，回水里程分别为11千米、9千米、3千米；北岸支流凹水河、木白河、百甫河，正常蓄水位时，回水里程分别为21千米、11千米、16千米。2005年整治库区航道，预期整个库区六级航道可达61千米，七级航道达94.89千米。在建和筹建客、货及旅游码头有洪家渡码头、纳雍县下木空码头，客运和旅游码头有大方县九洞天码头，客、货码头有黔西县西溪码头和大方县龙口码头。

**乌江南源三岔河**　2003年，建成引子渡水电站，库区位于织金县与平坝之间界河上，水库正常蓄水13.88平方千米，回水近49平方千米。2003年5月，库区蓄水，起步水上航运，等外级航道49千米。

**乌江中游鸭池河段航道** 1.东风水电站库区。1989年1月电站截流形成鸭池河、三岔河、六冲河三个库区。水库正常蓄水时，三岔河回水至补宜河口，长40.5千米；六冲河回水至重阳，长46.4千米。通航里程：电站大坝至三岔河、六冲河汇合处化屋基7.7千米；三岔河段化屋基至织金县凹河段28千米；六冲河段化屋基至织金县龚家渡口32千米，共67.7千米。码头有：黔西县八仙洞、化屋基码头、织金县下红岩码头，均以旅游业为主。2005年，整治东风电站库区，使67.7千米航道为六级标准，24.9千米尾水段达七级航道标准。

2.索风营水电站库区。位于黔西县和修文县、清镇市之间。2002年11月电站截流，2005年12月蓄水发电，库区回水至鸭池河大桥下，通航里程36.6千米，有简易码头两座。

**乌江中游乌江渡库区** 1984年乌江渡水库形成后，金沙、黔西县库区可航行机动船。其中黔西素朴与修文县六广至电站大坝干流之间库区通航达76千米，其中毕节地区界河段62千米，偏岩河源村渡口以下通航27千米，野济河在黔西县花溪、中坪乡镇界河以下通航20千米。金沙县化觉码头，年吞吐货物10万吨，客运量1万人次，是最大库区码头。其他简易和小型码头有金沙县官田、源村、后山，黔西县素朴和太来。

**渡口** 中华人民共和国成立前，赤水河、六冲河、三岔河、鸭池河、牛栏江零星分布有渡口。中华人民共和国成立后，随着公路建设增多，渡口作用逐渐降低，只有远离公路和桥梁渡口还被群众所利用。1985年，贵州省港航监督处毕节监督站成立，开展港航监督管理。此后，各县整治、审批、管理渡口。据2002年统计：全地区有渡口152个，其中毕节市有渡口24个，其中财政补贴4个，其余自办；大方县渡口23个，财政补贴4个，其余自办；黔西县渡口30个；金沙县渡口7个；织金县渡口40个；纳雍县渡口21个；威宁县渡口5个；赫章县渡口2个。2005年，各县市政府批准渡口减为125个。

## 第六节 交通管理机构

**驿、站、铺** 境内古驿站始见于汉代。《史记集解》记载：西汉元光六年（公元前129），南夷始置邮亭。《华阳国志》载：自僰道、南广有八亭，道通平夷。元代改为驿站。据《经世大典·站赤》载，世祖至元二十八年（1291）二月，云南行省将中庆—叙州驿道乌撒境设置畔、乌撒、阿都站，任命官员，派兵驻守，配备牛马，以供使臣往行和军需辎重的运输。明代驿政，按日程远近设置驿、站、铺。陆路以马作运力，车作运具的称马驿；用人工扛、抬、背，称站或递运所；专送公文，通达军情称急递铺；水路码头称水驿。洪武十四年（1381）整修纳溪—毕节—乌撒—交水（今沾益）驿道，在毕节卫境设阿永、层台驿（站）。其后设周泥、在城（今威宁）驿和周泥、黑章、瓦甸、乌撒、普归德（今黑石头）站及黑章、乌撒递运所。洪武十七年（1384），奢香夫人开龙场九驿，在水西、毕节卫置谷里、水西（黔西）、西溪、金鸡、阁鸦、归化、毕节驿和毕节站，配驿丞7名、吏8名。清初驿政沿袭明制，并新辟整修清镇—黔西、清镇—平远—乌溪、黔西—打鼓新场—遵义大道，设置铺递。康熙中叶后，改革驿政，裁驿设铺，规定驿用马，站用夫，铺用兵。驿政管理，省由督抚设粮驿道经营。驿站的置、废、并、移，由督抚题奏皇帝和兵部批准。交通繁忙驿道设释站，由省署委驿丞掌管，并受所在府、州、县的知府、知州、知县管理，专司邮传迎送，依制供应过往官员食宿和夫马车船。其余驿道，计程改置铺递，供递送书信。经康熙三十三年（1694）至道光时期多次改并，大定府境驿站概行裁撤，改设54铺，配铺兵83名。其中大定府17铺，铺兵19人；黔西州10铺，铺兵14人；平远州10铺，铺兵17人；毕节县铺，铺兵16人。光绪晚期，大定府境铺递尽数裁撤，驿政毁坏。

**路政分局、建设科**　民国15年（1926）夏，贵州省倡修公路，设立贵州省政府路政局，明令修建公路沿线的县设路政分局。民国17年（1928）春，清（镇）毕（节）公路开始筹建，遵照规定，黔西、大定、毕节县成立路政分局，县长兼任分局长，负责征工筹款，修筑清毕公路。民国18年（1929），省路政局改为贵州省建设厅公路处，路政分局改称公路分处，仍以县长兼任分处长。民国24年（1935），贵州省第四行政督察区专员公署成立，设置建设科，掌管农林交通事权。民国31年（1942），各县建设科相继成立，履行管理交通职能，并配备技士1～2人，办理交通业务。建设科统管交通体制延续至1949年11月毕节解放。

**毕节地区交通局**　1949年11月28日，毕节解放。12月，成立毕节专员公署建设科，统管农林交通业务，随即接管毕节业务所、车站、工务总段、交通管理站。1951年11月18日，成立毕节专署群众运输站，隶属建设科和物资调整委员会，管理群众运输。1953年初，专署交通科从建设科析出，配置6人，负责交通业务，承担县、乡公路建设管理工作，国道和省道工程施工管理由省直接承担。1954年5月，按照省交通厅决定，群众运输业务划归专、县交通部门管理。1958年初，成立贵州省毕节专员公署工交局，负责管理全专区工业、交通。10月，专署工交局分管专署工业局、交通局。专区交通局设置正、副局长各1名，办事员5名。1962年5月，复设后撤专署工交局，再次恢复交通局。1967年3月，地区经委、工交政治部和工业、轻工、交通局合并为工交革命委员会，交通业务由地区革命委员会生产领导小组工建交办公室取代。1970年6月，毕节地区革命委员会调整机构，恢复交通局，称毕节地区革命委员会交通局。1976年，机构调整，交通局内设置秘书、运输、公路科。

1979年7月，将毕节地区革命委员会交通局改称贵州省毕节地区交通局。1984年毕节地区机构改革，改交通局为毕节地区交通公路管理站，属事业单位，对外保留局名称，内设人秘、运输、公路路政和财务科，5月撤销公路路政科，设置公路科、路政科。改毕节地区交通公路管理局为毕节地区交通局，增设审计科，撤销交通运输科，地区运输管理站。1990年1月，地区交通局调整内设机构，设人秘、财务、审计、公路、路政科。编职21人。1996年，毕节地区党政机构改革，制发《关于印发〈毕节地区交通局职能配置、内设机构和人员编制方案〉的通知》。毕节地区交通局职能为：加强对全区公路交通发展战略和政策措施研究，统筹规划公路交通建设布局、规模和比例关系，负责资金投入总量和投向宏观调控及调控机制的建立与完善，强化交通法制建设，培育交通运输市场，负责运政、路政、港政水上交通安全监督管理，加强运价、规费和局属单位国有资产的监督管理，做好信息引导、组织协调。其主要职责，地区交通局是行署主管全地区公路、水路交通行业的职能部门：

1.贯彻执行国家有关发展交通方针、政策和法规，结合毕节地区国民经济和社会发展需要，研究制定全地区公路、水路交通行业发展战略、方针和政策，并监督执行。

2.组织编制全地区公路、水路交通行业发展规划，制定交通基础设施建设、固定资产投资、运输、科技、教育中长期计划和年度计划，并监督实施，负责行业统计工作。

3.负责全地区公路、水路交通的行业管理和运输组织管理，对关系国计民生的重点物质运输，紧急物资运输进行必要的调控；负责交通战备和交通通信工作。

4.会同有关部门培育和管理全地区交通运输市场、交通基础设施建设市场和公路勘察设计市场；建立和完善信息、联运、服务体系，统一管理全区城乡公路、水路客货运输，加强运输服务的行业管理，引导交通运输业优化结构，协调发展。

5.负责全地区公路及其设施的建设、养护和管理，组织重点交通工程建设的实施；负责全地区公路运政、路政管理，依法保护公路产权。

6.指导全地区交通规费的征收稽查和审计监督工作，归口管理公路、水路收费站、卡的收费。

7.负责管理全地区汽车维修市场和驾驶员培训行业、汽车综合性能检测行业。

8.负责全地区港口、航道及设施建设、维护和管理，负责水上港航监督、船舶检验、船员培训考核及水上安全管理。

9.推广交通科技新技术、新产品、组织重大科技开发，推动行业科技进步，负责归口交通工业产品的认证和质量监督。

10.指导交通行业人才教育、培训、交流、劳动工资和学会，协会工作。

11.会同有关部门研究制定有关交通行业的政策。

12.承办行署和省交通厅交办的其他事项。内设机构和人员编制：（1）内设办公室、计划财务科、审计科、人事科、公路科、路政科、运政科。（2）机关行政编制24名，其中局长1名，副局长3名，纪检组长1名，正副科长（主任）10名，单列5名（后勤人员3名、离退休人员2名）。2001年，毕节地区实施党政机构改革。是年10月22日，中共毕节地委制发〔2001〕53号文件，规定地区交通局是毕节地区行署主管全地区公路、水路交通行业的工作部门，内设办公室、计划基建财务科、路政科（挂路政大队牌子）、法规安全科、人事科，行政编制18人。其主要职责：①贯彻执行国家有关交通行业发展的方针、政策和法规，结合毕节区国民经济和社会发展需要，研究制定全地区公路、水路交通行业发展战略和政策措施，并监督执行。②拟定全地区公路、水路交通行业发展规划、中长期计划和年度计划，并监督实施；负责公路、水路交通行业统计工作。③负责全地区公路、水路交通运政、路政管理，统一管理全地区城乡公路、水路客货运输，加强运输服务业的管理，对关系国计民生的重点物资运输，紧急物资运输进行必要的调控；负责交通战备和交通通信工作。④会同有关部门培育和管理全地区交通运输市场、交通基础设施建设市场和公路勘察设计市场；建立和完善信息、联运、服务体系，引导交通运输业优化结构，协调发展。⑤负责全地区公路、水路交通基础设施建设、维护、质量监督和造价管理，组织实施省和地区重点交通工程建设，依法保护公路产权。⑥指导全地区交通规费征收稽查和审计监督，归内管理地区内公路、水路收费站、卡的收费。⑦负责管理全地区汽车维修市场和驾驶员培训；汽车综合性能检测。⑧负责全地区港口、航道及设施的建设、维护和管理，负责水上港航监督，船舶检验，船员培训考核及水上安全管理。⑨会同有关部门负责局属系统机构编制、干部人事和劳动工资工作及交通行业人才预测、干部教育、培训、交流。⑩承办行署和省交通厅交办的其他事项。历任毕节地区交通局正副局长：王大槐、杨景春、张风朝、徐胜日、冯友谊、路喜源、蔡均、王明忠、黄家俊、陶冶、梁春明、刘福承、颜华、张光范、张佑礼、邓振才、赖世荣、林茂藻、郭瑾、王爱民、安顺才、何运军、王邦富、程静、张昆。历任党组书记及党组成员：路喜源、蔡均、张佑礼、邓振才、赖世荣、林茂藻、吴太成、郭瑾、胡世菊、王爱民、安顺才、彭中华、吉焕、蒋志、杨曦、王布丰、陆明朝。

**地区交通局直属管理单位**　1.贵州省港航监督处毕节监督站。1982年3月成立，隶属省港航监督处，负责毕节地区内河船舶检验和海事调处工作。费用列入省港航监督处事业活动费，党政、业务受地区交通局领导。

2.毕节地区内河航运管理中心站。1985年10月成立，隶属地区交通局，差额拨款事业单位，负责内河航运管理。

3.毕节地区公路勘察设计队。1987年地区行署批准在毕节地区交通局工程队的基础上成立隶属毕节地区交通局，负责全地区公路规划、测设和施工指导。后更名为毕节地区公路勘察设计所。

4.毕节地区交通工程队。1965年成立，隶属毕节地区交通局，事业单位。编制20人。负责地方公路测设和指导施工，后改为毕节地区公路勘测设计所。

5.毕节地区公路运输管理处。1988年4月，在原地区交通局运输科，运输管理总站的基础上建立，隶属毕节地区交通局，负责全地区公路运输的管理工作。

6.毕节地区公路处。2001年，毕节地区行署批准在原地区交通局公路科的基础上建立，隶属毕节地区交通局，副县级全额拨款事业单位，内设计划、工程建设科，编制13人。负责编制全地区公路建设养护发展规划，中长期计划和年度计划及县、乡公路建设、养护及组织实施。

7.毕节地方地区海事局。2002年，撤销毕节地区港航监管处，航务管理处而设立，隶属毕节地区交通局，全额拨款副县级事业单位。2005年，毕节地区交通局下属管理机构有：公路处、公路运输管理处、毕节地区海事局、毕节地区公路规划勘测设计所，交通建设工程质量监督所。

附：

## 贵州省毕节汽车运输公司简介

1949年11月，接收第四运输处毕节业务所，东关坡修理厂和省属车站，并动员召回司机、技工46名，组织投入生产。1950年9月，威宁县接收车站、材料库，经接收部队缴获转交地方汽车21辆，省调汽车15辆及随车司机、技工；共计汽车36辆，职工102名。是年10月6日，专署决定成立毕节汽车运输分公司，受省、专区双重领导。1951年10月，国营西南区联运公司贵阳分公司成立，设毕节联运支公司取代毕节运输分公司，时有职工150余人。1952年，交通部所属国营运输公司贵阳分公司并入联运公司贵阳分公司，设运输段于毕节，与联运支公司并存，专事管理车辆。将黔西、大定、织金、威宁、妈姑群众运输站改为联运站。1953年初，毕节运输段与支公司合并为运输联运分公司。1954年4月，省运输联运公司撤销，成立省交通厅运输局，1955年8月，毕节运输联运公司改为业务所。1958年，专署与省交通厅商定，改组毕节业务所，于当年6月6日成立毕节汽车运输公司，时有职工866人，货车126辆，客车5辆，并在威西路旧站址重建毕节汽车站。1963年底公司运力达229辆，其中客车22辆。1971年，划拨货车104辆、客车4辆给六盘水筹建汽车运输公司，实有汽车229辆，其中客车41辆。1990年，全公司共有在职职工1854人，共有客货车432辆，将客运和货运分站经营，于毕节汽车站原址投资250万元重建客站大楼，货站迁于翠屏路新建站内。到2004年止，贵州省毕节汽车运输公司，使用土地27.31万平方米，固定资产16亿元，职工1349人。下辖一级汽车客运站1个，在建一级汽车客运站1个，二级汽车客运站7个，乡镇汽车客运站1个；长途客运分公司1个，货物营运分公司1个，客运子公司3个。拥有客运车辆372辆，其中大型和中型高级客运车辆有103辆。经营往返福建、浙江、广东、广西、四川、云南、重庆等省市省际长途客运班线；省内贵阳、遵义、安顺、六盘水等跨区客运班线和地区内7县1市的县际客运班线。公司下辖车辆一类维修企业2个，车辆二类维修企业5个，车辆综合性能检测站2个（1个在建），汽车驾驶员培训学校1所。属全地区唯一拥有道路旅客运输二级经营资质的企业。2008年9月，位于毕节城东新区、总投资近2000万元的毕节东客站竣工投入使用。

**公路养护管理机构** 1.清毕路工务段（养路工区）。民国23年（1934），清（镇）毕（节）公路全线建成通车，初令沿线县政府征区乡民工轮流养护。民国26年（1937）8月，省建设厅车务总段组建清毕路黔西养护工区，10月归建设厅公路局领导。民国27年（1938）撤销。是年10月16日，恢复黔西养护工区，设10个道班，配管理人员、技术工人、测工、特工、道工、渡工共168人。民国32年（1943）1月，改称清毕路工务段。民国34年（1945）3月，清毕公路移交川滇东路管理局，次年复交省局民国36年（1947）下半年，恢复工务段，仍隶属公路局。民国38年（1949）9月统计，全段10个道班连同管理、技术人员共148人。

2.川滇东路工务局（赤杉段工程处）。民国27年（1938）底，西南公路运输管理局奉命兼办川滇公路管养事业。次年4月1日，呈准在昆明设立川滇东段办事处，在毕节县城东关坡成立下属赤（水河）杉（木箐）段改善工程处。工程处下设赤杨（家湾）、杨威（宁）、威杉分段，29个道（飞）班，共708人。是年8月1日，川滇东段办事处，改组为川滇公路管理处，隶属交通部，赤杉段改善工程处隶属其下，在分段下共增设8个支段，道（飞）班增至32个，员工增至893人。12月赤杉段改善工程处改称赤杉段工程处。民国30年（1941）6月1日，赤水河、七星关桥渡工程段并隶于赤衫段，随即增设赤水河渡口管理所。是年7月，川滇公路管理处由昆明迁驻毕节在昆明设办事处。12月1日川滇公路管理处改组为川滇东路工务局，下属赤杉段工程处调整机构，按序列分第四到第八个分段，支段概行裁撤，道（飞）班不变。人员减至765人。民国31年（1942）初，撤销哲觉管理站，赤水河管理所移置叙永，改称为养路费征收站。民国32年

（1943）3月，川滇东路工务局改隶交通部公路总局。民国33年（1944）2月，川滇东路再次调整机构，设秘书、人事、总工程师、桥渡工程师室，总务、工程、监理、会计、材料科及电台3个、机车厂、路警四中队，昆明和泸县办事处、3个工程处、2个桥工总队。下辖10个分段、3个桥渡工段、长舵江渡口管理所和6个养路费征收站，赤杉段再次裁减工人，道（飞）班不变，每个道班定额11人。民国34年（1945）2月，川滇东路工务局与川滇东路运输局合并，组成川滇东管理局，更隶于国民政府军事委员会战时运输管理局。1945年8月15日，抗日战争胜利后，川滇东路管理局改隶于交通部公路总局。民国35年（1946）3月，交通部公路总局在昆明成立第四区公路工程管理局，接并川滇东路管理局，重建机构，管养川滇东路。赤杉段工程处由第四区公路工程管理局接管改组，另设管养赤杉段机构。

3.毕节工务总段。民国35年（1946）春，交通部公路总局第四区公路工程管理局改组赤杉段工程处，筹建毕节、威宁工务总段。毕节工务总段管养川滇东路161千米路段，威宁工务总段管养198千米路段。3月1日，毕节工务总段成立。民国36年（1947）初，第四区公路工程管理局调整机构，3月停止筹建威宁工务总段，由毕节工务总段统摄川滇东路赤杉段管养事权，下辖赫章、威宁工务段及赤水河渡口管理所。11月，增设直属毕节工务段。毕节段管养赤水河至周驿131千米，赫章段管养周驿至威宁121千米，威宁段管养威宁至杉木箐107千米。民国37年（1948），划毕节、威宁管理站隶毕节工务总段。民国38年，工务总段共有员工370人，其中段部16人，赤水河渡口管理所48人，2管理站10人，毕节工务段101人，赫章工务段98人，威宁工务段97人。

4.贵州省毕节公路管理局。中华人民共和国成立初，毕节专员公署建设科先后接收第四区公路工程管理局毕节工务总段及所属毕节、赫章、威宁工务段，赤水河渡口管理所和省公路局管辖的清毕公路黔西工务段。1950年4月，撤销工务总段，充实基层，其余机构不变。是年11月前恢复养路，并参与民工抢修遭受破坏之路桥工程，维护公路交通。1951年，省交通厅收回统管国、省道，黔西段改称大定段，增设鸭池河渡口管理所。1952年，工务段更名为公路养护段，大定段复称黔西段。是年毕节段道班8个，员工105人；黔西段道班8个，员工104人；赫章段7个道班，员工96人；威宁段8个道班，员工112人。1954年，撤销赫章段，其养路业务归并毕节段。1958年2月，省调整专区养路机构，毕节公路养护段更名为贵州省交通厅毕节专区公路中心养护段，隶属专署交通科（局）领导，统管全专区干线公路养护业务。黔西、威宁养护段改为县养护段，增设织金县养护段和大方、金沙、纳雍、赫章县养路工区，统隶中心段，管养各县公路。道养里程从1953年的692千米，增至1046千米。1959年，再度调整公路养护机构，赫章、纳雍工区并入毕节中心段，大方、金沙工区并入黔西段。1960年，中心段相继组建工程队和机车组。1962年7月，中心段改为毕节公路养护总段，复归省管。复建大方、毕节、纳雍、赫章养护段，金沙仍为养护工区，改黔西、威宁县段为养护段，统归总段领导。中心段工程队、机车组合并为独立核算单位，称毕节公路养护总段工程队。全总段共有职工1206人，其中管理人员113人。1965年，撤销大方、赫章养护段，分别并入黔西段、毕节段。1966年，联结省际和周边专县主要公路实现专业养护。是年“文化大革命”开始，省将公路养护机构下放地区管理。

1968年初，成立革命委员会取代总段职权。1969年10月，恢复成立大方、赫章养护段。1977年，机构改组，行政办公室不变，建立工程技术、财务、劳动人事、保卫、机料科和政治处。1978年，将金沙养护工区改建为金沙公路养护段。1979年5月，总段收归省管。1983～1985年，先后调整充实总段机构，改工程技术科为生产科，保卫科为公安科，增设宣教、组干、路政科和企业整顿办公室。推行建立总段长负责制、经济责任制、目标管理责任制、安全生产管理办法、道班管理劳动组合暂行条例。1984年，推行生产责任制，实行分级管理。按投资包干、节约分成的经济指标考核。班组推行优化组合，实行定养护里程、定人员、定养护投资、定路况绿化路政管理、定材料机具；保路况指标、作业计划及实物工程量、备料数量及材料消耗、安全生产及出勤率、班务管理及文明建设。制定好路杯竞赛考核评比标准。1988年再度调整工作机构，撤销组干科、政治处，建立党委办公室，改宣教科为教育科，企业整顿办公室为改革办，增设质监科和审计科。1989年初，8个段机关建立生产、财务、机料、路政股和办公室。1990年，总段内设有生产、质监、机料、路政（路政大队）、财力、审计、公安、教育、劳动人事9科，党委、行政、改革办公室，直属工程队和8个养护段，下辖113个道班。职工1564人，其中管理人员239名，养护工人1352名。1998年，贵州省毕节公路养护总段更名为贵州省毕节公路管理局，全地区8县市公路养护段更名为县市公路管理段。全局事业编制人员1800名，其中局机关85名，局长1名，党委书记或副书记1名，副局长3名，总工程师1名，纪委书记1名，工会主席1名；正副科长（主任）24名。所属8个公路管理段各配领导3～5名。局内设办公室、养路工程科、路政管理科（路政大队）、技术科、财务科、审计科、设备物资科、人事科、宣传教育科、公安科、党委办公室、团委、纪检（监察）室及直属单位有：公路工程处、公路机械处和收费站管理办公室。局机关职责：贯彻执行国家、省有关公路工作方针政策和法规，并负责组织实施对所管养公路的养护、管理，保证公路处于良好技术状态；编制公路养护年度计划并经批准后负责组织实施；会同地方政府，组织对重大自然灾害造成的公路损毁进行抢修；负责所管养公路路政管理，依法保护路产路权和维护公路的正常秩序；负责所管养公路国有资产的管理和调配；负责所管养公路交通情况调查，观测公路使用情况，掌握各项技术经济指标，充实和修订公路路况技术档案；定期组织检查公路工程设施的技术状况，提出或审定各类养护工程技术措施和方案；参与组织新、改建工程的竣工验收；负责对公路养护机械的配备标准及其相应的技术指标提供配置；公路主要物资的采购、供销和管理；掌握国内外公路科技发展动态，积极引进、开发、推广公路养护新技术、新材料、新工艺，组织科技交流和专业人才培训；承办政府和省交通厅、公路局交办的其他工作。

2002～2004年，国家连续投资2.94亿元用于管养干线公路改造工程，毕节地区公路管理局负责组织实施。2003年5月9日，根据省公路局调整公路系统机关内设机构的通知，撤销公安科、收费站管理办公室，设置安全监督科、公路收费管理科。是年6月起，公路管理局强化对超限运输车辆的卸载管理。到9月底，在各县设置12个超限运输卸货场，配备便携式检测仪15台，国定式检测仪1台（2004年增加3台），年底共检测超限运输车辆23.57万辆次，卸载7267辆，卸货1.56万吨，超限率由卸载前的95%下降到4%。2005年公路局管养公路共1449.25千米。其中国道361.94千米，省道561.84千米，县道465.14千米，分道60.37千米。贵州毕节公路养护总段历任总段长、副总段长：解占山、何秀云、郑云亭、朱运甲、周起荣、郑同福、吴太成、赖济谦、雷晏平、陈朝荣、张伟明、李焕章、刘树必、黄家俊、张国海、伞贵海、杨道德、李文发、章征宇、刘雨鑫、刘大明；贵州毕节公路管理局历任党委书记、副书记：张伟明、周起荣、郑同福、吴长华、吴太成、赖济谦、伞逢学、周明荣；毕节公路管理局历任局长、副局长：吴太成、章征宇、丁昭平、刘大明、袁春喜、吴明友、李显全、葛军、黄正华。毕节公路养护总段支部书记：解占山；总支书记：刘维。

5.贵州省交通厅毕节征费稽查处。民国28年（1939）12月，川滇公路管理处在贵州省第四行政督察区设哲觉、威宁、毕节、赤水河段交通检查站。民国31年（1942）8月撤哲觉站，迁赤水河站于四川省叙永。改威宁、毕节、赤水河为养路费征收站，主管验发汽车牌照、驾驶人执照、征收养路费。民国32年3月，川滇公路公务局设监理科，统管川滇东路行车监理和养路费征收业务。民国35年（1946），公路总局四区局将养路费征收站为交通管理站，并下放工务段管理。毕节设南、北管理站，隶属毕节工务段；威宁交通管理站由威宁工务段管理。民国37年（1948）3月，毕节南北管理站合组为毕节交通管理站，办公地址设北站，南站称毕节交通管理站南关登记处，办理行车登记和征费事宜。中华人民共和国成立后，接管毕节、威宁交通管站。1954年8月，成立毕节车辆监理所，下辖威宁交通管理站，隶属省交通厅。1958年，改隶毕节专区。1962年收回省管。1964年，成立黔西交通管理站。1966年3月，更名为贵州省交通厅毕节车辆监理所，辖毕节、威宁、黔西监理站。负责全专区车辆牌证核发、年度检验、驾驶员技术考核、执照核发、交通安全管理和机动车辆养路费的征收。1967年，监理所改隶毕节专区。1968年监理所成立革命委员会。1973年，成立大方、金沙、织金、纳雍、赫章监理站；改威宁、黔西管理站为监理站；撤销毕节监理站，毕节县交通监理由毕节地区监理所直接管理。1979年初，监理人员统一监理服装、佩戴臂章及监理证件执行任务。是年10月，监理所改隶省交通厅。1980年，改毕节地区交通监理所贵州交通厅毕节交通监理所，内设办公室和监理、管理、政工、养征、财务股。1985年5月，根据省经委《关于农民个体或联户经营运输业有关问题的暂行规定》，将农用拖拉机交通监理从监理所监理业务中划出，由地区农机部门进行监理管理。同时，监理所按照国发文件规定，开征车辆购置附加费。1986年10月，根据国务院和省改革道路交通管理规定，改革监理系统体制，机动车养路费、车辆购置附加费征管业务由交通部门管理，交通监理业务成建制移交毕节地区公安处管理。1987年2月7日，成立贵州省交通厅毕节养路费征收所，隶属省交通厅，科级事业单位，下设办公室、政工科、养征财务科，各县设养路费征收站。是年8月，养征所成立养路费稽查队，各县成立养路费稽查组。1990年2月，毕节养路费征收所更名为贵州省交通厅毕节征费稽查所。1993年12月，毕节征费稽查所更名为省交通厅毕节征费稽查处，为省征费稽查局所属副县处级事业单位；各县征费稽查站更名征费稽查所，隶属征费稽查处属副科级事业单位。1994年，原属毕节地区车辆购置附加费征收所（站），更名为贵州省毕节地区车辆购置附加费征收办公室，与征费稽查处合署办公。1995年起征费稽查处开征公路建设费，1996年起代征教育附加费，1998年起开征拖拉机养路费，设大纳公路线上东关收费站、普宜收费站和织金三甲收费站，征收行车通行费。2004年9月1日起，东关、普宜三甲收费站交由毕节公路管理局管理。2004年起，代征教育附加费划转出。是年12月31日，车辆购置附加费办公室业务和人员及财产划归国家税务局。成立贵州省国家税务局毕节车辆购置附加税办公室。2005年，征费稽查处内设：办公室、政工科、财务科、征管科、稽查科、直属所，下设大方、黔西、金沙、织金、纳雍、威宁、赫章征稽所，共有职工66人。其职能配置，①征收汽车、摩托车养路费；②征收拖拉机养路费；③代征车购费。其主要职责：①宣传和执行国家有关养路费征收法律、法规、规章和政策；②宣传和执行国家有关车辆购置税征收的法律、法规和规章；③依法对车主征收养路费、车购费；④依法上路上户对拖欠、漏缴养路费的车辆和偷漏养路费严重的路段进行稽查、催缴欠费；⑤按规定对新增、转籍、过户、改装、报废车辆养路费缴纳情况进行稽查办理有关手续；⑥对各种车辆缴纳养路费情况进行年度稽核；⑦负责全处依法行政、政务公开工作；督促指导检查执法情况；⑧负责全处公路养路费、车辆购置税征收票据（证）的领用、保管、缴销、审核、结存工作。⑨负责全处固定资产、稽查人员服装、执法车辆、计算机等主要装备的统一管理；⑩负责全处党务、纪检、监察、行风建设和群团工作，负责全处机构编制、劳动人事、工资、离退人员管理；⑪负责全处征稽人员的党纪、政纪、法纪、职业道德教育和岗位培训，负责全处精神文明建设和职工队伍建设；⑫承办省交通厅和省征稽局以及地方有关部门和领导交办的其他事项。毕节征费稽查处（所）历任正副处（所）长：申庆林、程德宣、靳天祥、胡家春、龙光亮、葛向前、程斯琪。历任党支部正副书记：申庆林、靳天祥、杨正柯。

附：

## 贵州省毕节高等级公路管理处简介

2001年10月14日组建，隶属省交通厅下属事业单位，处机关设黔西县城穿心大道2.2千米处。下辖修文县小箐至大方县归化13个收费站，其中修文县2个、黔西县5个、大方县6个；另置大方和黔西2个路政中队。全处共有职工250余人。管养从黔西县冷家寨大桥头至大方县归化143.5千米里程（含匝道），其中有隧道5座，地下通道和涵洞253道，人行天桥47座，桥梁85座。

# 第二章　邮　电

毕节地区虽然山路崎岖，但邮传的历史很早。秦代通五尺道即有邮传，汉代设邮亭，唐宋有驿道，元明设驿站，清代设邮局的基础上开拓电信业务，民国时邮电事业有进一步发展。新中国成立后，毕节地区的邮电事业得到长足发展，实现了邮电业务现代化，在通政通商通民等方面作出骄人业绩，为毕节地区经济社会发展作出了重要贡献。

## 第一节　机　构

**邮驿**　古代传递政令、军报的组织机构。秦始皇嬴政二十六年（前221），统一六国，朝廷派常頞开筑由四川通向云贵高原的五尺道，以沟通中原地区与西南地区联系。此道北起今四川宜宾，经云南盐津、镇雄至贵州毕节，经赫章、威宁，南抵云南曲靖。五尺道的开通，始为邮驿的基础。汉武帝元光五年（前130），犍为郡使都尉唐蒙治南夷道。次年，南夷道修通，开通自今四川宜宾经叙永、毕节等地的驿道。西汉王朝于今贵州毕节设置邮亭，后于其沿线相继设置邮亭，供邮使往来。汉武帝时，南夷道通，皆置邮亭，唐蒙又治西南夷道，一线由今四川宜宾、筠连、高县、珙县及云南镇雄通毕节，复由毕节通威宁、宣威延至曲靖，置威宁邮亭；一线由毕节经大方、织金至安顺、兴义出广西、广东。隋、唐时期，从长安通向南诏（辖今云南、四川南部、贵州西部），有石门驿道。此道北起宜宾，经威宁，南抵曲靖。威宁驿道通毕节驿。石门驿道以北与子午驿道连接。从唐开元起，南诏反叛，诸酋长各立疆域，战乱频繁，南夷、西南夷二道荒闭。元代至元二十年（1283年）七月，由亦溪不薛宣尉司开驿路通云南。再开辟南夷、西南夷二道，邮驿始复通。是时，今毕节地区有普日德、乌撒、瓦甸、黑章、周泥、毕节、层台、白崖、赤水9驿。明洪武十五年正月初七日（1382年1月21日），建立贵州都指挥使司，是时设在黔西北的乌撒、毕节、赤水、永宁卫，隶属贵州都指挥使司管理。其邮驿亦由都指挥使管辖。是年，明军进攻云南大理。二月初三，圣谕水西、乌撒、东川、芒部、沾益诸酋长，“令遣人置邮驿通云南，宜率土人随其疆界远迩，开筑道路，准古法，以六十里为一驿”。当时设置赤水、白崖、层台、周泥、黑章、瓦甸、乌撒、普德归；乌撒、黑章递运所。以传递军报，运送粮草。洪武十七年（1384年），贵州宣慰使、彝族首领霭翠之妻奢香修驿道，立龙场九驿，以此报效明廷。龙场九驿起自贵阳城西四十里的威清（今清镇市）、龙场、六广（今修文县境），进入今毕节地区，经谷里、水西、奢香（今黔西县境）、金鸡、阁鸦、归化驿（今大方县），至毕节驿，与川滇驿道连接，是明时贵州通往四川、云南的驿道之一。洪武二十四年（1391），自今四川叙永经赤水、毕节、威宁至沾益设置邮传十八铺，以递文移。

附：

## 明代在今毕节地区设置驿、站、所名录

驿：谷里驿、水西驿、奢香驿、金鸡驿、阁鸦驿、归化驿、倘唐驿、乌撒驿、周泥驿、毕节驿、层台驿、赤水驿、阿永驿、普市驿。

站：赤水站、阿永站、摩泥站、永宁站、普市站、周泥站、黑章站、瓦甸站、普德归站、倘唐站。

所：乌撒递运所、黑章递运所。

清代，大定府传设有驿递、铺递。驿递以骑马送公文，铺递以铺夫铺兵步行递送公文。川黔滇驿道沿袭明制，除在毕节县、威宁州仍设置驿站外，又在府、州、县地方设置铺。乾隆三年（1738）大定府额设乾堰塘、簸罗箐、乌西、羊场、路穿岩、九里箐、底塘、阁鸦、落脚河、双山、沙子、归化、梨树平、穿心塘、比渡坡、青岗、六归17铺，每铺设铺兵2名，大定府经管。平远州额设头塘、二塘、则溪、裸龙、头塘、古牛口、新塘、凤凰山、猪场、穿洞、熊家场11铺，每铺设铺兵2人，平远知州管理。黔西州额设鸭池河、滥泥沟、四方井、穿桐树、打鼓寨、在城、那坝、新铺、松树沟、西溪10铺，每铺设铺兵2名，黔西州管理。威宁州额设黑章、水塘、莲花、清石、四铺、二铺、在城铺、腰站、箐头、站顶、青石、水槽、冷水沟13铺，每铺设铺兵2名，威宁知州管理。毕节县额设黄花头步、二铺、观音、迎宾、木犀、孙家、小铺、白岩、清水，高山、赤水、丰乐、长冲、鸦关、高山、撒拉、乔坡、石虎、平山、乌蒙21铺，每铺设铺兵2名，毕节知县管理。道光二十二年（1842年）裁大定府经管的羊场、青岗、归化铺兵各2名及阁鸦铺兵1名；裁黔西州经管的打鼓寨、在城、西溪铺兵各1名及鸭池铺兵2名；裁威宁州经管的青石、水槽、冷水、腰站、站顶铺兵各1名。宣统三年（1911），铺递裁撤。民国5年（1916）1月30日，设大定行军驿站，站长由县公署在职人员兼充，驿卒以警备兵兼充。是年8月1日裁撤。民国6年（1917）11月，复设大定行军驿站，民国7年9月裁撤。

**清末及民国邮政机构** 贵州邮政创始于清光绪二十七年（1901），在省城首设贵阳邮政局，隶属岳州（今湖南岳阳市）邮界管辖。光绪三十二年（1906），据贵州省地方志载："黔省僻处深山，风气闭塞，近有毕节县杨绅汝楷禀，请于省宪各府、州、县增设邮局，以便开通民知，裨益新政，当奉批准，饬查推广，如邮费不敷局用，或将塘兵岩饷田租息酌拨津贴。"1907年，贵阳副邮区派邮务员叶采生前往黔西州、大定府、毕节县、威宁州建立邮政机构。是年，黔西州首先开办邮政代办所（下称代办所）。设大定府内地邮政支局；设置毕节县邮政代办所；设威宁州邮政代办所。代办所由省邮政视察给照，委托商号代办。隶属贵州副邮区管辖。光绪三十四年（1908）三月，毕节县杨家湾设代办所。是年五月，大定府内地支局改为代办所，在毕节设内地

支局。宣统二年（1910）四月初一，原由岳州邮界管辖的贵阳副邮区，改为独立邮区与北京直接联系，管辖全省邮务。是年，设置平远州、水城厅代办所。次年，设置新场代办所；在大定府属地有毕节内地支局1处；有黔西州、大定府、毕节县、威宁州、平远州、水城厅及杨家湾、新场代办所8处。民国2年（1913）11月17日，贵州邮务管理局成立，将清末大定府属地的府、州、厅、县所置的内地支局、代办所改为邮局，且均转为二等邮局。民国9年（1920），将威宁代办所改为三等邮局。民国10年（1921）4月20日，将水城代办所改为三等邮局。民国12年（1923）5月14日，将新场代办所改为三等邮局。民国25年（1936）4月，成立织金代办所，为三等邮局。民国3年（1914）4月1日，设立赫章代办所。民国29年（1940）成立赫章邮局。次年，赫章邮局裁撤，改设代办所。民国33年（1944）设立赫章邮局。民国6年（1917）设立大兔场代办所。民国30年（1941）成立纳雍邮局。贵州邮政总局依据开办业务的繁简和数量核定邮局等级。邮局等级经常变动。民国34年（1945），毕节、黔西、威宁为二等甲级邮局；大定为二等乙级邮局；金沙、织金为三等甲级邮局；水城、纳雍、赫章为三等乙级邮局。是时，各县邮局在县城以下设置代办所、信柜。民国25年（1936），各邮局管辖的代办所、信柜：分别为：毕节局管辖赫章、赤水河、石门坎、葛布、亮岩、燕子口、野马川、结构、四方井、菩萨代办所；八寨坪、孙家堡信柜；大定局管辖六龙场、瓢儿井、小河、双山、兔场（今纳雍）代办所；理化信柜；威宁局所管代办所有：威宁局管辖得胜坡、凉水井代办所，金斗铺、卢底、大街子信柜；水城局所管有德坞信柜；新场局管辖：洋水、安底场、沙土场、鲁班场、茅坝场、石场代办所；中心场、岩孔信柜。

1912年9月～1951年3月，毕节邮局历任局长：周守愚、李培皋、胡朝强、魏绍君、王刚、颜永茂、陈均衡、郑大道、高维周、罗阴基。

**中华人民共和国成立后的邮政（邮电）机构**　地区邮政（邮电）机构。1951年12月5日，毕节专员公署军事委员会接管毕节邮局、电信局。1951年3月26日，邮局、电信局合并，成立毕节邮电局。全局职工63人。根据贵州省邮电管理局通令，1953年11月20日，毕节邮电局改为毕节专区邮电中心局，其职能是：在当地党委、政府及省局领导下，指导和监督本专区所属各县局工作。1956年4月12日，毕节邮电中心局改为毕节县邮电局，辖毕节县邮电事务；是年4月，省局委任贵州省邮电管理局派驻毕节专员公署邮电督察员。6月1日，设立毕节专员公署邮电督察员办公室，受省局委托，对辖区9个县局监督检查。次年8月1日，毕节专员公署邮电督察员办公室改名为贵州省邮电管理局派驻毕节专员公署邮电督察员办事处。次年12月22日，成立毕节专员公署邮电局，撤销邮电督察员办事处。专局负责对辖区各县局监督、检查、指导。专局设立办公室、邮政股、电信股、机要股、计财股及初级邮电学校、邮电器材厂、并管辖长途电信线务站。1961年12月11日，根据贵州省第13次邮电工作会议决定，毕节专员公署邮电局、毕节县邮电局合并，成立毕节专区邮电局，实行局、科、班（组）三级管理。专区局除管理全专区邮电事务外，并兼办毕节县现业。专区局内设办公室、人事保卫科、计划财务科、邮政科、电信科、机要通信科、郊区科。科（室）下设班（组）16个。郊区科管辖毕节县邮电支局10个，邮电所6个，邮政代办所1个。1962年12月17日，郊区科改名为县内邮电科。1963年12月，调整专局内部机构，设行政办公室、人事科、保卫科、计划财务科、邮政科、机要通信科、电信科、技术室及邮电检查组。1967年9月16日，成立毕节地区邮电局革命委员会，内设“文化大革命”办公室、生产管理办公室，1969年12月25日，毕节地区邮电局革命委员会分设为毕节地区邮政局、毕节地区电信局。邮政局内设生产组、办公室、后勤组、机要通信组、计财劳资组。1973年12月25日，地区邮政局、地区电信局合并复设毕节地区邮电局，其内设办公室、保卫科、总务供应科、计划财务科、劳动工资科、邮政科、机要科、电信科、技术科。1974年1月20日，增设农村邮电科，撤销毕节县电信局。1976年7月1日，设立邮车站。1980年后，地区邮电局二级机构不断调整变动。到1988年末，地区邮电局二级机构18个，班组27个。1994年3月14日，地区局成立储汇科。1995年5月8日，成立毕节地区邮电局威宁路邮政电子化支局，承办电子化业务。是月，成立天河邮电支局。9月14日，地区局成立报刊发行邮件投递公司，负责全地区报刊发行、投递工作的经营、管理。12月，地区局专业机构改革：成立邮政运营部，负责全地区及本局邮政经营、监督检查、业务管理等工作，撤销邮政科、机要科、邮政视察室、邮政调度室。成立邮政速递公司，负责领导分拣封发、机要营业、市内邮电分支机构，负责组织开展各种速递业务和属于传递性质新业务。储汇科改名邮政储汇局，其工作性质不变。邮车站改名为邮政运输局，主要承担以毕节为出发点的各路自办、委办邮运工作。1996年，将地区局农村邮电科改设为郊区邮电局，负责领导和管理毕节市各农村支局所；负责毕节市农村邮电的生产经营、运行维护及其他综合性管理。是年5月16日，成立洪山路邮电支局，编制6人，隶属于速递公司管理。6月18日，将邮政速递公司和报刊发行邮件投递公司，分别更名为毕节地区邮电局邮政速递公司和毕节地区邮电局报刊发行邮件投递科。9月11日，成立地区邮电局机要科，与邮政运营部合署办公，负责领导和管理全地区的邮电机要业务工作，原速递局机要业务划归机要科管理。1998年10月29日，毕节地区邮政局、电信局正式挂牌。至此，全区邮政、电信分营运行。11月，毕节地区邮电局兴邮实业有限责任公司筹建运行。1999年3月，毕节—贵阳夜班、毕节—纳雍—水城两条邮路由运输科划拨到兴邮公司经营管理。是年7月8日，全区第一家邮购超市在毕节市南桥商场正式开业。2000年5月25日，成立毕节地区邮政投递局，下设办公室、信报箱组、投递班。人员编制暂定为23人。8月，地区局原邮票公司更名为邮票局；原速递公司更名为速递局；原商函广告公司更名为商函广告局；邮购公司更名为邮购局。2001年8月27日，成立毕节地区邮政局信息技术分局，撤销信息技术科。该分局业务上接受省邮政信息技术局的统一领导，暂编7人。是年12月1日，撤销毕节地区邮政局兴邮实业有限责任公司。

2002年5月，相继成立毕节地区邮政局代理业务部、毕节地区邮政局科技科、毕节地区邮政局劳动服务公司、毕节地区邮政局物流业务科、地区邮政局物流配送中心。代理业务部与经营服务部合署办公、科技科挂靠信贷技术、物流业务科挂靠运行维护部。2003年1月，邮政运输科、邮购局、物流配送中心划由中邮物流贵州省毕节分公司统一管理。6月1日，洪山支局、麻园支局划归营销科管理。7月1日，大客户营销服务部与经营服务部合署办公，单设立邮政视察室。

2004年5月10日，商函广告礼仪局分设为：毕节地区邮政局函件局、毕节地区邮政局广告礼仪局。5月28日，根据贵州省邮政报刊零售本制改革的规定，成立毕节地区邮政报刊零售公司，暂编10人。

2005年2月21日，撤销毕节地区邮政局广告礼仪局，成立毕节地区邮政局速递礼仪科，与局营销科合署办公，毕节地区邮政局函件局更名为地区局商函广告局。5月24日，成立毕节地区邮政局贯彻IS09000标准办公室，与毕节地区邮政局综合办公室合署办公，暂编1人。是年底，毕节地区局，调整内设机构，设立储汇、函件、速递、物流、报刊、集邮、代理专业局，负责全区本专业的组织经营管理、业务指导及对市场的研究和开发；设立城区局和郊区局；设置机要科（处理中心）、信息技术分局、投递局；设立市场部、计财部（审计科）、人力资源部（党群办）、监督检查部、网运部、综合办公室、公安科、离退休工作部。2007年，完成地、县两级机构改革。地区局机构设置为20个三级部门、1个四级部门，其中8个职能部门、3个生产支撑部门、10个经营部门。在县局机构设置上，按B类县局和C类县局划分，分别设立四个五级部门和三个五级部门。2008年，中国邮政储蓄银行毕节地区分行成立。

毕节邮电局、专属邮电局、地区邮政局历任正副局长：阎景春、罗阴基、陶冶（军代表）、姚骥、余澄源、张愚田、张书进、张文源、付建德、徐志中、姚凤如、赵明德、孙本端、欧阳全（军代表）、梁树桥、王立本、刘传训、石维新、于连洵、李志杰、王民模、傅畅荣、游必泉、钟兆勤、胡永波、陈健、李萍、余卫国、王万松、甘勇、何伟。

毕节地区邮电局革委会正副主任：刘以平、余信江、陶启祥。

历任中共毕节地区邮电局党组成员：王民模、李家仁、张家俊、钟兆勤、付畅荣、赵家永、张绍榕、江兰、张绍勤、黄健、周群、胡永波、陈健、李萍。

2.县市邮政（邮电）机构。1949年11月～1951年1月，各县相继解放，各县邮局、电信局均由军事管制委员会接管。1951年2～6月，除将大定、黔西、威宁、毕节邮局、电信局合并成立邮电局外，赫章、织金、纳雍、金沙、水城县先后成立邮电局。1952年，依据主要条件（每月营业收入、每月业务量、邮运关系）和参考条件（政治、经济、文化）划分为1～5等局。五等局以下为营业处。经省局10月24日核准。9个县邮电机构，毕节划为四等局，大定、黔西、金沙、织金、纳雍、水城、威宁、赫章均划为五等局。1969年12月，根据国务院、中央军委关于"对电信部门实行军事化领导，归军队管理"的指示，各县邮电局分置为邮政局、电信局。1971年2月，水城县邮政局划归水城特区邮政局，毕节地区邮政局终止对水城县邮政局的管辖。1973年9～12月，根据国务院、中央军委"将邮电体制调整合并，撤销军管，恢复邮电部及邮电局"的批示，纳雍、大方、黔西、金沙、织金、威宁、赫章县邮政局、电信局先后合并复建邮电局。至1998年10月，全区各县邮电局又分为邮政局和电信局，全区邮政、电信分营运行。直至2005年。中华人民共和国成立以来，各县邮电局（邮政局）基本上实行局、班组及支局（所）二级管理。唯黔西局自1985年起实行局、股、班组及支局（所）三级管理。

⑴大方县邮电局（邮政局）。清光绪三十三年八月十四日（1907年9月21日）设立大定府内地邮政支局。次年五月，迁往毕节，改设大定府邮政代办所。民国2年（1913）8月20日，恢复大定府内地邮政支局。是年12月31日，成立大定县三等邮局。次年升为二等邮局。1951年2月1日，大定邮政局、电信局合并，成立大定邮电局。是年5月，核准为丙种邮电局。1952年10月，核准为五等局。1955年11月，核定为七等局。1957年升为六等局。1958年更名为大方县邮电局。1969年12月，大方县邮电局分设为大方县邮政局、大方县电信局。1973年11月合并为大方县邮电局。1998年10月再次分设为大方县邮政局、大方县电信局。

⑵黔西县邮电局（邮政局）。清光绪三十三年八月初五（1907年9月19日）创设黔西州邮政代办所，为第一个邮政代办所。民国元年12月26日，成立黔西二等邮局。民国2年12月降为三等邮局，民国3年7月升为二等邮局。民国21年（1932）5月，改为三等邮局。民国36年3月，核准为二等乙级邮局。1951年2月15日，黔西县邮、电两局合并，成立黔西邮电局。是年5月核准为丙种邮电局。1952年10月，核准为五等局。1955年11月，核定为七等邮电局。1969年12月，黔西县邮电局邮、电分设。1973年12月，邮、电二局合并，恢复黔西县邮电局。1998年10月，邮、电分设，成立黔西县邮政局和电信局。

⑶金沙县邮电局（邮政局）。宣统三年九月初二日（1911年10月29日），设立新场邮政代办所。民国元年12月31日，核准为二等邮政代办所。民国12年（1923）5月14日成立新场三等邮局。民国34年（1945）核准为金沙三等甲级邮局。1951年4月9日，成立金沙邮电局。同年5月10日核准为丁种局。次年10月24日，核准为五等局。1955年11月1日，核准为七等局。1969年12月金沙县邮电局邮、电分设。1973年12月，金沙县邮、电两局合并，恢复金沙邮电局。1998年再次邮、电分设，成立金沙邮政局和电信局。

⑷织金县邮电局（邮政局）。宣统二年六月二十七日（1910年8月2日），开办平远州邮寄代办所。民国元年12月31日，改为二等邮寄代办所。次年12月31日，改为织金邮寄代办所。民国25年（1936）4月，成立织金邮政局。民国30年（1941）核准为三等乙级邮局，民国33年7月1日，核准为三等甲级邮局。次年核准为三等乙级邮局。1951年5月10日，成立织金邮电局，核定为丁种局。1952年10月24日，核准为五等局。1955年11月1日，核准为七等局。1969年12月，织金县邮电局邮、电分设。1973年12月，织金县邮、电两局合并，恢复织金县邮电局。1998年织金县邮电局邮、电又分设，分为织金县邮政局、电信局。

⑸纳雍县邮电局（邮政局）。民国6年（1917）12月16日，开办大兔场邮政代办所。民国30年（1941）4月17日，成立丁种邮政局。民国34年（1945）核准为三等乙级邮局。1951年3月10日，成立纳雍县邮电局。同年5月10日，核准为丁种局。次年10月24日，核准为五等局。1955年11月1日，核定为七等局。1969年12月，分设为邮政局、电信局。1973年9月28日，纳雍县邮、电两局合并。1998年10月，再次分设为县邮政局、县电信局。

⑹水城县邮电局（邮政局）。宣统二年九月初四日（1910年10月6日），成立水城厅邮政代办所。民国元年12月，核准为二等代办所。民国2年12月，改为水城县邮政代办所。民国10年4月20日，成立水城三等邮政局。民国34年4月，核定为三等乙级邮局。1951年6月1日，成立水城县邮电局。1952年10月，核准为五等局。1955年11月1日，核准为七等局。1966年7月9日，在水城县设立水城特区邮电局，隶属贵州省邮电管理局管辖。1969年12月，水城县邮电局分设为水城县邮政局、电信局。1971年3月划归水城特区邮政局管辖。

⑺威宁县邮电局（邮政局）。光绪三十三年八月二十二日（1907年9月29日），开办威宁州二等邮政代办所。民国2年3月20日，设立威宁二等内地邮政支局。民国9年（1920）成立威宁三等邮政局。民国34年（1945年）核准为二等甲级邮局。民国37年（1948）10月，核准为二等乙级邮局。1951年3月1日，威宁邮、电两局合并，成立威宁邮电局。是年5月，核准为丙种局。

1952年10月，核准为五等局。1955年11月1日，核准为七等局。1957年核准为六等局。1969年12月，威宁县邮电局邮、电分设。1973年11月19日，威宁县邮、电两局合并，恢复威宁县邮电局。1998年10月，再度分设为威宁县邮政局、电信局。

⑻赫章县邮电局（邮政局）。民国3年（1914）4月1日，设立赫章邮政代办所。民国29年（1940）成立赫章三等乙级邮局，同年5月核定为丁种局。次年10月，核准为五等局。1955年11月1日，核准为七等局。1969年12月，赫章县邮电局邮、电分设，1973年11月，赫章县邮、电两局合并，恢复赫章县邮电局。1998年，再度分设为县邮政、电信局。

3.邮电分支机构。中华人民共和国成立初，城乡未设有邮电分支机构。到1954年6月，全地区农村区镇所在地共有分支机构151个，均委托私人代办。

从1954年下半年起少数邮政代办所转为邮政营业所（自办机构）。到1955年5月，全部邮政代办所移交区供销合作社办理。1956年，多数代办所转为自办邮电所。到1957年农村邮政分支机构143个，其中邮电所92个，代办所51个。各农村区公所驻地都有邮电所。1958年12月～1961年12月，农村邮电机构全部下放给人民公社管理委员会，设立人民公社邮电局，实行人民公社管理委员会和县邮电局的双重领导，在管理区内设立邮电所，归公社邮电局领导。1962年1月，将公社邮电局全部收回，作为县邮电局的农村分支机构；将区公所所在地的邮电机构改称邮电支局。1969年12月，将农村邮电支局分设为邮政营业所、电信营业所。1970年年末，全区农村分支机构达208个，其中自办机构197个，委办机构11个。1973年12月，将邮政营业所、电信营业所合并，复建邮电支局。到1975年全区农村分支机构121个，其中自办机构111个，委办机构10个。1988年末，有自办邮电支局90个，其中89个设在农村；邮电所26个，其中23个设在农村；邮政代办所（委办机构）5个，其中设在农村的4个。至2003年，全地区邮政局所138个，有职工642人，除地、县邮政局外，尚有分支机构130个，其中115个分布在农村。同时，全地区建村邮政代办点236个。至2006年全区农村延伸村级代办点371个，新型农村综合服务网点43个，邮政服务覆盖毕节地区95%以上的乡镇。

**邮政机构管理**　清代末期，邮政机构属邮传部管辖。中华民国时期为交通部的下属企业。邮政局其组织管理、人员、设备、业务、经费、规章制度等，都由上级主管部门垂直领导管理，不受地方政府领导。邮局只设局长一个，不设副职。中华人民共和国成立后，邮电机构由贵州省邮电管理局统一领导管理，同时接受地方政府领导。自1980年起，实行主管部门和地方政府双重领导，以主管部门为主的管理体制。

## 第二节　邮　路

### 一　清末和民国时期邮路

清光绪三十三年十二月二十一日（1908年1月25日），经北京邮政总局批准建立毕节至四川永宁（今叙永）七日班邮路，并命将大定府内地支局迁往毕节，以便管理。光绪年间，大定府有贵阳经清镇、黔西、大定、毕节、威宁至云南宣威邮路；贵阳至平远乌西邮路；毕节经赤水河至四川永宁邮路。

宣统三年（1911）八月开辟毕节经云南镇雄至昭通邮路。九月增辟新场至遵义邮路，继后建立毕节至水城邮路，平远州至安顺邮路。

宣统年间，大定府的府、州、厅、县驻地均设立了邮政机构。是时，各邮政代办所与毕节内地支局的距离和邮程分别为：距大定府代办所95华里下同，邮程1天；距黔西州代办所215华里，邮程2天；距威宁州代办所320华里，邮程3天；距水城厅代办所500华里，邮程4天；距平远州代办所182华里，邮程2天。清末，邮件运输方式均为步传（又称旱班）。邮差将邮件运送到城乡。

民国2年（1913），贵阳至毕节邮运线，昼夜兼程邮班由贵阳延伸到大定府，毕节到贵阳的信函运转速度由4天半缩短为3天。民国5年（1916）1月30日，大定行军驿站，设立贵阳至毕节、毕节至遵义邮道。传递速度：昼间，加急文件每小时至少行10里，特别加急文件每小时至少行20里。加急和特别加急文件到站后，停留不得逾10分钟。夜间加急每小时至少行8里，特别加急，每小时至少行10里。加急、特别加急到站后，停留不得逾15分钟。凡加急、特别加急文件，发件人均于外封背面加贴排单、盖骑缝印或公署图记，以为凭证，并置号簿以便稽考。民国初期，仍沿袭清末自办邮差邮路行走。当时，毕节与贵阳间为逐日兼程邮班，毕节与永宁间为7日邮班。随着川黔盐业贸易的发展，毕节与永宁、泸州之间的盐商贸易往来频繁，邮件传输迟缓的状况已不适应，毕节、大定、新场出现盐商自行派专差传送信件。由此，邮局不得不改善邮运状况，增设邮运路线，是年，邮局在此条邮路增加3名邮差，改7日邮班为间日邮班。大定至四川无邮路，当时县城有邮路通往瓢儿井，瓢儿井与四川之间有贸易往来，盐商派专差传送至四川的信件。大定邮局将县城至瓢儿井邮路延伸到赤水河，与毕节至永宁邮班连接。黔西州至遵义鸭溪邮路，原规定邮差每天要跑100里，难免延误。后将邮差每天行程缩短为60里，在鸭溪与遵义到赤水厅的邮路连接，使邮差能在新场休息，新场的盐商派有专差运送邮件，邮局新增加1名邮差，6日班改为3日班。民国7年（1918），的邮差邮路有12条，邮路长度为2907里。

### 民国7年（1918）邮班运行情况统计表

单位：里、人、万里

| 路线 | 里程 | 频次 | 全年跑班 | 步班人数 |
|---|---|---|---|---|
| 清镇至毕节 | 380 | 昼夜兼程逐日班 | 13.94 | 10 |
| 毕节至永宁 | 330 | 每天两班 | 6.01 | 4 |
| 威宁至昭通 | 190 | 六日班 | 1.16 | 1 |
| 大定府至赤水厅 | 225 | 每天两班 | 4.1 | 2 |
| 黔西至鸭溪 | 240 | 三日班 | 2.9 | 2 |
| 安顺府至平远州 | 175 | 三日班 | 2.12 | 2 |
| 郎岱至水城厅 | 250 | 六日班 | 1.5 | 2 |
| 大定府至水城厅 | 290 | 六日班 | 1.74 | 1 |

续表

| 路线 | 里程 | 频次 | 全年跑班 | 步班人数 |
|---|---|---|---|---|
| 毕节至威宁 | 310 | 昼夜兼程逐日班 | 11.28 | 8 |
| 刀靶水至安底场 | 102 | 五日班 | 0.74 | 1 |
| 黔西州至平远州 | 130 | 三日班 | 1.59 | 1 |
| 镇宁至兔场 | 285 | 六日班 | 1.71 | 1 |

民国27年（1938），贵阳至清镇、黔西、大定至毕节开辟汽车邮路，由贵州公路局汽车承运，逐日班，由贵阳发出之邮件二日到达毕节。

各县至贵阳邮班运行情况分别为：黔西至贵阳212里，邮件逐日发班1次，一天到达；大定县距贵阳318里，邮件逐日发班1次，2日到达；毕节县距贵阳411里，邮件逐日发班1次，2日到达；威宁县距贵阳711里，邮件逐日发班1次，5日到达；织金县距贵阳336里，邮件2日发班1次，3日到达；水城县距贵阳411里，邮件2日发班1次，4日到达。民国30年（1941），贵阳至毕节的汽车为逐日班，班期不固定，来往由5件交邮差班运输，遇有车开行即交公路局汽车代运。自民国33年（1944）2月29日起，毕节至叙永，毕节至威宁开辟汽车邮路，由川滇东路运输局毕节总站汽车承运邮件。这两条路线只运送局与局之间互发邮件，对途中所互寄各局间来往邮件仍交邮差班运递。1937年7月，抗日战争爆发后，邮路不断增加，到民国33年（1944），邮路由民国7年的12条增加到21条，邮路长度由2380里增加到4225里。计有：贵阳至毕节经黔西、大定；毕节至纳雍经小兔场、龙场；毕节至水城经小兔场；毕节至镇雄经吴家屯；毕节至赤水河经燕子口、清水铺；毕节至威宁经杨家湾、野马川、赫章、妈姑；黔西至谷里；黔西至织金；新场至鸭溪经泮水；新场至茅台经鲁班；新场至刀靶水经安底、沙土；织金至安顺经普定；大定至赤水经瓢儿井、小河；大定至纳雍；纳雍至镇宁经阳长西、六枝、大弄、落脚；水城至盘县；水城至郎岱；威宁至宣威；威宁至昭通经得胜坡；威宁至水城；赫章至昭通经菩萨、结构、葛布、四方井、石门坎等邮路。1945年8月抗日战争胜利后，原敌占区迁来毕节的机关、银行、商店、学校迁回原地，毕节地区邮路萎缩，减至9条，邮路长度由4225里缩为1869里，缩减55.8%，邮运日程，当日到达的只有黔西，3日到达的有织金、大定、毕节，4日到达的有威宁、水城，七日到达的有赤水河。1946年，贵阳至毕节邮路由贵州公路局汽车承担，曲靖至泸县邮路由川滇东路运输局汽车承担。邮件运量改为重件200千克，每月两班。轻件由邮差班运递，并增加毕节至赤水河邮差邮路。当时，邮路只通达到县城及邮路沿线的乡镇。县城以下未设邮路线，靠人背，徒步传递。此种邮传方式直至解放。

## 二 中华人民共和国成立后的邮路

**邮路** 1.邮路设置。1949年底，已置有至省内外邮路共15条，单程1815千米，分别是：毕节至清镇，间3日班，232千米，单行程5日12小时；毕节至赤水河，间1日班，99千米，单行程

1日9小时；威宁至昭通，间3日班，126千米，单行程1日12小时；普定至水城，间3日班，156千米，单行程1日9小时；黔西至金沙，间3日班，72千米单行程1日4小时30分；毕节至赫章，间1日班，90千米，单行程6小时40分；赫章至威宁，间1日班，95千米，单行程1日5小时；威宁至水城，间3日班，82千米，单行程一日12小时；黔西至织金，间3日班，99千米，单行程1日12小时；大定至赤水河，间五日班，138千米，单行程2日6小时；大定至纳雍，间3日班，222千米，单行程3日9小时；岩脚至纳雍，间3日班,54千米，单行程11小时；水城至毕节，间5日班，150千米，单行程2日12小时；金沙至鸭溪，间3日班，72千米，单行程1日3小时；金沙至刀靶水，间8日班108千米，单行程1日11小时30分。1950年，各县国民党溃军、土匪扰乱，邮路受阻，邮路班期不正常。威宁、水城、纳雍、赫章至省、专邮件绕道云南昭通经转。贵阳至毕节邮路，及县与县之间交发的邮件交军队汽车带运，或派军队护送。到1951年春，社会秩序好转，各条邮路班期逐步恢复正常。自1951年8月起，贵阳经清镇、黔西、大定至毕节邮路，委托贵州国营汽车运输公司带运重件，以200千克为限，其他邮件仍由自办步班运递。是年10月，由清镇至毕节邮件改为马车班邮运，撤销步班邮路。1956年4月1日，开辟贵阳至毕节自办汽车邮路，撤销马车班。贵阳至毕节自办汽车，每旬五班，单日头日至大定，次日至毕节。此外，还利用委办汽车代为运送。自1958年5月25日起，贵阳至毕节自办汽车邮路改为逐日班，往返均为1日。同时，停止委办汽车运送邮件。1955年5月，威宁至宣威、威宁至昭通步班邮路改由昆明至昭通线客运汽车带运邮件。自1956年起，各条省内干线步班邮路相继改为委办汽车带运邮件，邮件传递速度加快。1958年9月23日起，毕节至威宁邮路改为自办邮政汽车，同时，利用委办汽车运送邮件。1961年底撤销，毕节至威宁自办汽车邮路。1957年，毕节至纳雍公路竣工通车后，除自办旱班邮路运邮外，同时利用毕节运输公司客车带运邮件。1959年，开辟毕节至纳雍自办汽车邮路，每旬3、6、9日开行，同时利用委办汽车带运邮件，每旬1、4、7日开行，撤销自办旱路邮路。1961年12月，停驶毕节至纳雍自办汽车，邮件由委办汽车运输。1962年，毕节至纳雍115千米，利用委办汽车1、4、7日班，自办汽车3、6、9日运递往来邮件，机要兼普邮，押运员2人；毕节至威宁172千米，委办汽车，运递赫章、威宁往来邮件，逐日班，机普专押，押运员7人；威宁至昭通122千米，委办汽车，间日班机普合押，押运员2人；织金至大方（黄泥塘）69千米，委办汽车，逐日班，机要专押，押运员3人。同年12月15日，裁撤毕节至纳雍自办汽车邮运线，恢复贵阳至毕节自办汽车邮运线，停止贵阳至毕节委办汽车邮运线。是年12月15日，贵阳至金沙，改交贵阳至毕节自办汽车运往黔西，再由金沙委办汽车邮运。自1964年12月起，毕节至镇雄改为汽车运邮线，全长75千米，间日班。1965年6月10日起，安顺至威宁自办汽车改为第一天住六枝，第二天绕行二甲至威宁，第三天由威宁返安顺。至此，县以上邮路实现邮运汽车化，以往人背马驮的靠体力劳动成为历史。是年12月起，将安顺至威宁、安顺至水城间日班邮车改为安顺至水城至威宁逐日班邮车。1966年5月20日，开通贵阳至织金委办汽车邮路，裁撤安顺至织金自办汽车邮路，织金往返各地邮件均由贵阳经转。1969年2月，新开金沙至遵义南白镇委办汽车邮路，机普合押，全程68千米，逐日班。1970年3月，开通毕节至叙永委办汽车邮路，全程183千米，两局各派1名押邮件员押运。是年12月，贵阳邮车总站下放1辆嘎斯51型邮车给毕节邮政局。是年9月，毕节至镇雄委办汽车邮路改为自办汽车邮路。1976年7月1日，毕节地区邮电局邮政汽车站成立，当时有邮政汽车7辆，摩托车6辆，管理人员、修理工、驾驶员共18人。并自同日起，新开辟毕节经赫章、威宁至大湾（水城）的自办汽车邮路，全程218千米，并在大湾建立转运站，以加快威宁、赫章、毕节及镇雄、威信等县的邮件、报刊运输速度。同日起由毕节地区局负责派押大湾至贵阳火车邮路，同时停止利用毕节至威宁客车运送邮件。1978年10月15日，撤销纳雍至水城委办汽车邮路，贵阳发往纳雍的邮件，改发贵阳至毕节自办汽车邮路运送，由毕节局经转。水城特区邮电局封转纳雍的邮件改发毕节至水城自办汽车邮路，由毕节局经转。1980年，毕节地区局邮车站邮政专用汽车有8辆。除运送毕节至赫章、威宁、水城往来邮件外，有时还承运由毕节经转纳雍的大宗邮件。是年，将毕节至水城邮路机普专押改为机普合押。自1982年5月1日起，金沙至遵义、金沙至黔西的往返邮件，利用运输公司的客车带运。1985年，贵州省邮电管理局为毕节邮车站更新邮政专用车4辆，以加快转道毕节至六盘水市的往来邮件。1986年7月1日，新开辟水城至纳雍自办汽车邮路，76千米。逐日班，机普合押；撤销毕节至纳雍委办汽车邮路，毕节至纳雍邮件由水城经转。至1988年底，经省调整，属毕节地区各局管辖、派押的邮路有：毕节经赫章、威宁至水城自办汽车邮路，256千米，1日班由地区局管辖、派押；威宁至昭通，委办汽车邮路，122千米，1日班，由威宁局管辖、派押；金沙至黔西，委办汽车邮路，76千米，1日班，由金沙局管辖、派押；金沙至遵义，委办汽车邮路，91千米，1日班，由金沙局管辖、派押。贵阳至黔西、大方、毕节邮路，253千米，1日班，由贵阳邮政局管辖、派押；水城至纳雍邮路，76千米，1日班，由六盘水市邮电局管辖、派押；云南威信经镇雄至毕节邮路，85千米，1日班，由威信邮电局管辖、派押；贵阳至织金邮路，156千米，1日班，由贵阳邮政局管辖、派押。1988年，地区邮车站有邮政车5辆，其中，载重5吨的有4辆，载重4吨的有1辆。全站职工20人，设置驾乘组、机修组。1994年，省政府批准邮政自办邮运兼营客运，以克服邮运成本太高难以为继问题。1994～2004年，毕节地区邮政（电）局先后购置客运车22辆，分别承担毕节至贵阳夜班邮件快运、毕节至威宁、毕节至纳雍、毕节至龙场营、毕节至清水铺的邮运。

2.干线邮路。贵州省在的邮路干线有：

（1）毕节至贵阳逐日班，254千米，每天对开3班。上午两班，贵阳局承担。下午1班，由毕节局承担。2001年改由贵阳局负责。2004年，邮客兼营车全面退线。

（2）毕节至威宁邮客兼营车，逐日班，173千米，对开，由毕节局承担，负责毕节至威宁及其沿线邮政网点的全部邮件报刊的往返运输。2003年7月，根据贵州省邮政局的安排，购置3辆大货车，增开毕节至威宁到水城的货运邮车，252千米，由毕节局承担，负责毕节至赫章、威宁的沿线除特快专递邮件以外的其他邮件报刊的往返运输及毕节至水城的全部邮件的往返运输。随着邮客兼营车辆的退线，2004年改为委办邮路。

（3）毕节至纳雍邮客兼营车，逐日班，110千米，当天往返，由毕节局承担，负责毕节至纳雍及其沿线邮政网点全部邮件报刊的往返运输，随着邮客兼营车辆的退线，2004年改为委办邮路。

（4）毕节至织金邮客兼营车，毕节局承担，负责毕节至织金及其沿线的全部邮件报刊的往返运输。随着邮客兼营车辆的退线，2004年改为委办。

**农村邮路** 1950年有县至区步班邮路10条，单程计728千米，分别是：毕节至朱昌，往东经头步桥南绕鸭子塘朱昌环形回毕节，计邮程44千米，1天半环形1次；毕节至普宜往北经海子街、小吉场，再北上经大吉、阿市至普宜，折南绕经猴子桥、火烧铺回小吉场，再由原路经海子街回毕节，计邮程往返156千米，邮运员2名。毕节至林口至赤水河，经何官屯、对坡到林口，由林口至燕子口，南下绕经毕节去赤水河支线回毕节。间日往返124千米，邮运员2名。大定至响水，步班间5日，邮运员1名，24千米。大定至百纳镇，步班间5日，邮运员1名，单程54千米。大定至鸡场，步班间5日，邮运员1名，39千米。金沙至清池镇，步班间8日，邮运员1名，单程159千米。黔西至朵朵坝，步班间6日，邮运员1名，单程120千米。黔西至谷里，步班间6日，邮运员1名，单程20千米。赫章至大街子，步班间4日，邮运员1名，单程132千米。1953年4月，执行邮电部、贵州省邮电管理局调整邮运行程及负荷量标准规定：步班邮运员平均日行程30～40千米，平均日负荷重量20～30千克；马车班平均日行程40～60千米，平均日负荷量200～450千克；马班平均日行程30～60千米；平均日负荷量50～100千克。是年6月起，邮运员、乡邮员试行集体休班，每月不超过4天。1957年，农业合作化高潮，邮路有较大发展。县内邮路由中华人民共和国成立初期的10条增加到54条，单程长由728千米延长到2154千米。1958年，毕节、黔西、织金、威宁、金沙、纳雍县实现简易公路邮运车运。至此，全专区95个区镇实现区区通邮，其中委办汽车邮路2条，自行车邮路2条，步班邮路49条。1958年～1962年，上级要求做到中央报纸当天到省、省报当天到县、县报当天到公社，邮电部门采取打破区界，避免重复路线的办法重新划线调整，县内邮路由1957年的54条，2154千米，增加到85条，2650千米，使87.4%的区能当天看到县报。1960年～1961年7月，全专区县内邮路由85条，2650千米，压缩为76条，2380千米。从60年代起，各县运输部门陆续开通由县通达区、乡的汽车班，促使全地区邮运机械化程度提高。到1966年，全专区县内委办汽车邮路由1957年的2条增加到12条。1970年，又新开县内邮路15条，499.5千米，其中摩托车邮路4条，269千米；自行车邮路6条，133千米；步班邮路5条，99.5千米。是年7月，毕节局开辟毕节至小吉场邮路全程118千米，利用本局小吉普车、摩托车及运输公司1、4、7日的定期班车，采用自办与委办相结合的办法运送海子街、小吉场、普宜、龙场营区的邮件，结束过去邮件要3天多才能到达的历史。1975年，全地区县内邮路有52条，全程1947千米，其中委办汽车邮路12条，摩托车邮路22条，自行车邮路15条，步班邮路3条。逐日班到达的线路43条，2日班到达的9条。

1978～1988年，国家实行改革开放政策，县内邮路发展较快，到1988年，全地区县内邮路扩大到60条，总长度为2229千米，其中委办汽车邮路25条，1267千米；摩托车邮路14条，524千米；自行车邮路12条，204千米；步班邮路9条，234千米。1日到达的36条，2日到达的23条，3日到达的1条。其中，私人承包的县内邮路6条，150千米。1994年～2004年，上级允许邮政邮客兼营，各县市开通以下客邮运路线：1.毕节至龙场营邮客兼营车、逐日班，108千米，自办邮路，每天对开，毕节局承担，负责毕节至龙场沿线海子街、汉屯、小吉场、普宜邮政网点的邮件报刊往返运输。2004年邮客兼营退线，改为自办小货车邮运，当天往返。2.毕节至清水铺邮客兼营，逐日班，76千米，自办邮路，当天往返。毕节局承担。负责毕节至清水铺沿线燕子口、林口、亮岩邮政网点的邮件报刊往返运输。2001年改为委办。3.毕节至对坡逐日班，35千米，2000年前自办，2000年后改为委办邮路。负责毕节至对坡沿线何官屯邮政网点的邮件报刊往返运输。4.毕节至青场，逐日班，47千米，委办，负责毕节至青场沿线野角邮政支局服务范围邮件报刊的往返运输。5.朱昌至阴底逐日班，26千米，委办，负责朱昌至阴底沿线邮政网点邮件报刊的往返运输。6.燕子口至林口，逐日班，18千米，先自办，自行车班，1999年委办，负责从燕子口至林口的全部邮件报刊往返运输。7.海子街至汉屯逐日班，11千米，先自办，自行车班，2000年改为委办，负责海子街至汉屯全部邮件报刊的往返运输。

**农村投递路线**　中华人民共和国成立前，交通不便，多数区乡不通邮。中华人民共和国成立初，全专区农村沿袭中华邮政时期的邮路线，1953年前，由信柜、代办所揽收兼投区乡附近的邮件，其他邮件则由寄件人、收件人到就近的信柜，代办所交寄、自取。群众为了一封信得走几十里路。1953年起，农村邮路不断增加。至1956年，全专区有乡村投递员235人，农村邮路扩大到627条。1958～1962年，各县都出版发行县报。1958年，根据国家邮电部、省邮电局关于县报当天到的要求，农村投递线路由上年的13212千米延伸到14833千米，比上年增12.27%，实现乡乡通邮，农村邮件、报刊投递速度加快。1959年6月，所有人民公社都能看到当天的县报；邮件、报刊由乡邮员投送到生产大队和部分生产队。由于盲目追求高速度，影响通信的社会效益和经济效益。1959～1962年，国家调整压缩农村邮路和投递频次，全专区农村邮路由1958年的14833千米，缩减为7883.5千米，降46.85%。1965年8月，地区局派工作组到毕节海子街区推行乡邮员亦工亦农轮换工制试点。是年，全专区招用亦工亦农乡邮员59人，经短期培训后，采用定人员、定路线、定投递点、定班期、定时间的方法（简称五定），分配担负乡邮投递。1966～1976年“文化大革命”期间，对乡邮投递的行之有效的排单，乡邮员“五定”规章制度被否定，农村投递服务质量下降。1978年以来，农村投递频次几经调整，到1988年底，全地区800个乡镇全部通邮；4511个行政村中，有3204个村通邮，占71%；3.49万个村民小组，2.28万个通邮，占65.2%。1988年，全地区有农村邮路281条，总长度为11314千米，其中：摩托车邮路28千米，自行车邮路1477千米，步班邮路9809千米。在281条农村邮路中，私人承包的投递路线16条，共361千米。至2005年，毕节市辖区有农村投递路线47条，均为周3班，农村镇内投递路线17条，均为逐日班。投递路线总长2540千米，其中自行车投递路线680千米，步行投递路线1860千米。

**县城投递**　中华人民共和国成立后，各县城投递根据不同邮件、报刊投递规定，投递方式分为按址投递和窗口投交两种。按址投递的邮件，由邮局城市投递员按照邮件封面书写地址送交收件人；窗口投交的邮件，在邮局营业窗口投交收件人。1951年，全地区9个邮电局，设有县城投递段道11个，配备专职城市投递员11人，其中毕节县城有段道3个，投递员3人，其余8个县城均设投递段道1个，投递各1人，沿袭旧法步行投递。1953年始，毕节邮电局投递员率先骑自行车投送邮件、报刊，继后，各县局投递员先后使用自行车投递邮件、报刊。1978年后，各县城市建设迅速发展，县城区不断扩大，人口逐年增加，投递的邮件、报刊量逐年增大。到1988

年底，全地区共设44个投递段道，城市投递员44人，其中毕节投递段道14个，投递员14人；黔西投递段道6个，投递员6人；织金投递段道5个，投递员5人；赫章投递段道3个，投递员3人；金沙、大方、纳雍、威宁各有投递段道4个，投递员各4人。是年，毕节县城投递报纸杂志762.48万份，给据邮件27.68万件，总包3.39万个，平信159.78万件；有投递摩托车2辆，自行车12辆，分发工作处理台12张。至2005年有投递段道17条，其中自行车投递路线10条，摩托车投递路线3条，汽车投递路线4条。2000年新增包裹投递车1辆、新增和更新特快专递投递车3辆。1997年底增加机要投递车1辆，机要投递由摩托车投递改为汽车投递。

## 第三节　邮政业务

邮政业务主要是函件、包件、汇兑和报刊的实物传递。清末时期，邮政局所经办的业务有：平信、挂号信、快信、明信片、报纸类、印刷品、包裹、汇兑。民国时期，邮政局所分别经办信函、明信片、新闻纸、印刷品、贸易契约、商务传单、货样、小包邮件、挂号邮件、平快邮件、快递挂号邮件、保价邮件、国内包裹、国内普通汇票、高额汇票、代办所汇票、电报汇票、邮政储金、节约建国储蓄券以及简易人寿保险，代售印花税票。中华人民共和国成立后，全地区邮政（电）局所办理函件、包裹、汇兑、报刊发行、集邮、邮政储蓄业务。其中函件、包裹、汇兑、报刊发行是邮政的传统业务。

**函件**　1.普通函件。中华人民共和国成立初期，各邮政局所沿袭中华邮政各项函件业务办理收寄传递。50年代，国家邮电部多次调整邮政函件业务，最后确定为信函、明信片、印刷品、盲人读物。其中信函是函件的主要业务。以上业务，全专区各局所都办理。1956年，毕节邮局曾一度发生邮票脱销，采取信封加盖邮资已付戳记，用以代替邮资。是年4月1日，成立毕节军分区军邮五分局二站（简称军邮站，下同）。是时，根据国家邮电部邮政总局，中国人民解放军总参谋部军邮总局《关于革命军人实行免费交寄平信的联合通知》，各县邮局自即日起，对部队机关收发室收集现役军人平常信件、明信片，凡加盖三角形红色免费军事邮件戳记的，实行免费收寄传递。从1953年1月1日起，各局所停办国内平常快递、挂号快递业务。自是年2月1日起，停办代售印花税票业务。1957年9月1日，执行国家邮电部（1957）邮业密字等9号、中国人民解放军总参谋部通邮字第27号的联合通知，撤销毕节军分区军邮五分局二站，全专区各县邮电局办理免费军事邮件寄递业务，军事机关对现役士兵交寄的免费平常信件加盖免费军戳记后，指定人员集中向邮局窗口交寄。从1960年10月11日起,全区各级邮电局所开办特种挂号业务，规定用户使用统一印制的特种挂号信封，其准寄粮票、布票、食油票、粮食转移证、户口迁移证、中国共产主义青年团组织关系。并规定布票不得超过15市尺，粮票不得超过60市斤。自1967年4月19日起，放宽邮寄粮票和布票限额，规定机关单位可自封交寄粮票150市斤，最多以1000市斤为限；布票500市尺为限，油票2市斤为限。1961年8月15日起，停办收寄现钞保价信函业务。1966年9月1日起，实行免费收寄传递毛泽东著作及画像，至1969年5月1日取消免费寄递，改按印刷品收寄计费传递。1969年4月1日，根据中央军委关于取消战士寄平信免费的决定，各级邮局自是日起，凡现役士兵寄平信，一律按标准收费。同时，停办挂号信回执业务。1980年5月，各邮电局开展宣传编码活动。是年7月1日起，根据国家要求，开始推行邮政编码制度，凡邮寄函件均要写明寄、收地的邮政编码。1981年1月1日起，邮电局所增办保价印刷品业务，每件最高限量5千克，每件最高保价金额100元。是年7月。恢复办理国内挂号信回执业务。自1984年10月起，执行《中华人民共和国兵役法》第二十五条关于“义务兵从部队发出的平信免费寄递”的规定，各邮电局、所恢复办理义务兵免费寄递平信业务。从1986年7月1日起，根据邮电部、国家物价局联合文件关于：“1.凡原按印刷品邮寄的各种通知、请柬、稿件、提货单、合同、票据、照片、入场券、报表，一律按函件邮寄；2.经过出版行政机关批准，印有统一书号的书版报纸、期刊和教材，仍作为印刷品邮寄；3.凡不能作为印刷品邮寄又不属于信函交寄范围的纸质品、资料等，一律按包裹邮寄”的调整规定办理相关寄递业务。1987年11月10日起，毕节地区邮电局先在毕节县开办国内邮政快件业务。次年5月起，各县局均开办邮政快件业务。

1988年在“中国邮政贺年（有奖）明信片”的基础上，开发具有宣传企业形象、产品性质的邮品，企业拜年卡。1999年开始办理礼仪邮资封业务。2.机要函件。自1957年4月起，机要通信成为邮政（电）部门的一项专门业务，设有专门机构，人员具体负责。当时在收投县以上党政军机关机要文件的同时，将收投范围扩大到国民经济各部门。1959年又扩大到县以下的区机关单位。到1961年，全专区收投单位已发展到205个，收寄机要文件达9.01万余件，投递机要文件6.57万余件。1980年7月扩大省内机要文件的收投范围。到1985年，全地区机要文件的收投单位已扩大到286个。收寄机要文件4.27万余件，投递进口机要文件5.74万件。1986年根据贵州省机要通信局要求，减少县以下机要文件的收投。至1988年全地区收寄机要文件达3.54万余件。

包件　1955年对用户和公私合营企业邮寄棉布包裹，以实需零剪衣料为限，禁止邮寄整匹棉布。从1957年4月起，收寄包裹和快递小包由原500克为起重计费，降为100克为起重计费。快递小包按照信函程序处理，实行按址投递亲交，重量限500克，寄费比普通包裹加收50%。1960～1962年，群众邮寄食品和日用品包裹增多。全区包裹业务量由1959年的3.8万件，到1960年增加到5.9万件。1963年起，全区邮政部门办理对现役军人、公安部队及其家属、凭证明收寄军服、军被、军用雨衣和蚊帐、挂包、水壶等军用包裹。1979年7月起，全区各局开“乙类保价包裹”业务。凡包裹价值30元以上的个人包裹一律按乙类保价包裹收寄和处理。同时，执行收取逾期保管费。1981年5月起，邮电局所恢复办理代收货价业务。凡属包裹、快递小包及保价包裹均可作代收货价交寄。代收货价手续费每件三角。代收货价邮件的代收货价金额每件最多以5000元为限。1984年对收寄烟草包裹作了限量邮寄的规定：用户交寄卷烟、雪茄烟，每次以10条为限，两种合寄不得超过20条。邮寄烟丝、烟叶每次以5千克为限，两种合寄不得超过10千克。以上四种烟，合寄重量不得超过15千克。1986年7月1日起，遵照邮电部邮政总局、国家物价局的联合文件通知，各邮电局所将包裹分为民用包裹和商品包裹，商品包裹比民用包裹加收500%的邮资。1978年，国家经济发展，居民经济交往增多，邮政包裹收寄量剧增，个体工商户邮寄的包裹占较大比重。1988年，全地区包件量达14万多件，其中出口4万多件，进口9万多件，转口1000多件，全地区出口包件业务收入17.4万元。同时，纸品包裹业务深受用户欢迎，1990年业务量达9946件。1988年，国家邮政局调整包裹资费，邮寄包裹一律按保价收寄，保价费按1%收取，最低收取1元，最高每件以100元为限。2000年9月，执行国家邮政局包裹免费直投到用户手中政策，深受用户欢迎。

汇兑　1.汇兑网点。清宣统二年（1910）九月，批准毕节内地支局为乙类汇兑局，为开办汇总业务之始。民国元年（1912）10月30日，批准黔西州邮局为乙类汇兑局。1914年1月1日，批准大定府（驻地）开办汇兑业务。上述三处汇兑局，均隶属贵阳邮区汇兑局。民国30年（1941）9月，威宁、水城、金沙、织金、纳雍、大定、黔西、毕节邮局都开办汇兑业务。民国33年（1944），通汇的代办所共计34处，其中：大定县6处，金沙县8处，黔西县6处，威宁县10处，毕节县3处，织金县1处。中华民国时期，各地邮局开办的汇票有：普通汇票、小额汇票、电报汇票。普通汇票各等邮局均办理。民国2年（1913）前，每张普通汇票不超过10元。从次年起，汇额提高到100元。民国14年（1925）汇额提高到1000元，民国19年（1930）提高到2500元，并开办限额10元的小额汇票，由各邮政代办所办理。是年，省邮政管理局批准毕节、黔西、大定邮局开办电报汇票业务，并核准毕节、黔西、大定为电报转汇局。民国33年（1944），各局电报转汇局及其所辖兑付局属辖为：遵义辖金沙，安顺辖织金、纳雍，毕节辖水城、威宁。黔西、大定转汇局无所辖兑付局。民国34年（1945）5月，贵州邮区使用20～50万元巨额电报密码局13处，其中有毕节、黔西、大定3处，直至中华人民共和国成立。1953年2月1日起，专区及各县邮（电）局及赫章县妈姑邮电支局都办理收汇普通汇款业务，兑付普通汇款和收汇、电付电报汇款业务。各邮电支局、邮电所只办理收汇和兑付普通汇款和电报汇款业务。1979年前每笔汇款最高限额300元，1980年为5000元。邮电公事汇款不限额。随着国家经济社会发展，汇总网点增多，至1994年，仅毕节市汇总网点增至23个，为民国33年（1944）的3个增加7倍多。网点从业人员48人，1994年底汇总开发3.1万张，金额2948.4万元，兑付14.26万张，金额9769.2万元。1998年底汇兑开发6.6万张，金额6395.6万元；兑付19.68万张，金额16639.9万元。2002年共开发5.7万张，金额11431.7万元；兑付25.22万张，金额28051.7万元。2003年新增威宁路电子汇兑点。2004年开发4.7万张，金额23612万元；兑付37.66万张，金额54202.2万元。全市共开办24个电子汇兑网点，从业人员50人。

2.汇兑分工。1953年2月前，汇兑在银行与邮政间没有明确分工。1953年3月1日，根据国家对金融管理的规定和邮电部关于银行与邮局关于汇兑分工的通知，各局所只办理群众的个人汇款，一律收取现金，不收票据。国家机关、企事业单位和集体等单位汇出的公款，一律由银行办理，物资采购费，也由银行办理。国家机关和集体单位汇出属个人的款项，根据汇款单位的意愿，由邮局或银行办理。自同日起，各局停止办理高额汇票。1980年9月，中国人民银行、邮电部发出《关于汇兑业务与分工办法的补充通知》，个人大额汇款银行亦可办理，汇费按邮局规定，取消每笔汇款额300元最高限额的规定，款额超过30元的可收受支票，但支票应经银行办妥转账手续后，方可开发汇票。

3.汇兑方式。1954年前，邮政汇兑采用中华邮政“三联式汇票”方式进行，即由汇款人填写汇款申请单后，将汇款申请单连同汇款一并交给营业员汇票单，称为汇票外走。汇款人除交付汇款外，还要负担用挂号信寄递汇票的费用。1955年3月1日，国家发行新人民币，各局所自即日起，使用新汇票，停止使用旧汇票。是年9月停办定额汇票。新汇票改为按汇款金额剪格式填写两联式，一联交汇款人用挂号信邮寄给收款人（汇票外走）；一联由发汇局内走寄往兑付局（汇票内走）。从1959年4月起，普通汇票改为信汇方式，即由汇款人填写汇款通知单后，将汇款通知单连同汇款一并交给营业员，由收汇局开发汇票，在内部传递，取消汇票由汇款人自寄的方式，收款人凭邮局投递的汇款通知单和证件领取汇款。电报汇款由汇款人填写电报汇款通知单后，将单式边连同汇款交给营业员，营业员收取汇款，开发汇票，送交汇兑检查员编发电报拍发到兑付局，兑付局凭收汇局的电报开发电汇通知单通知收款人，收款人凭证件领取汇款。电汇按照普通汇款收费外，每笔汇款加收电报费1元，附言每字按7分收费，以20字为限。1988年，全地区开发汇票计21.63万张，比1952年的2.09万张增长9.7倍；比1980年的13.31万张增长62.5%。2001年3月，毕节邮政实现了汇兑业务计算机处理并和全国联网，结束了104年传统手工处理汇兑业务的历史。至是年底，全区七县一市县城邮政营业业务处理全部实现电子化，提高了汇兑业务处理的效率。同时，开办2小时汇款。实时汇款、回执汇款、礼仪汇款业务，已满足客户用邮之需。

报刊发行　1.报刊发行概况。中华人民共和国成立前，邮局均办理报纸、杂志订销业务。1949年，全国报纸经理会议和全国邮政会议先后提出报刊发行和邮政合一的建议，1950年经中央人民政府政务院批准在全国实行。从1950年8月16日起，办理报刊发行业务，1952年9月26日，毕节邮电局接办本埠报纸《毕节大众报》的订销业务。是年12月，各邮电局接收办理由各地新华书店发行的杂志业务。到1957年，全专区报纸累计发行量，由1952年的143.7万份上升到385.8万份，增1.68倍。累计发行杂志量由1952年的14.5万份上升到51万份，增2.52倍。1958～1960年，邮政单位贯彻国家邮电部关于邮政业务以报刊发行为纲的指示，根据专区下达发行报刊的指令性规定，层层下达到单位，将订数落实到个人。1958年“大跃进”时期，农村大多数公社、生产大队、生产队和厂矿、车间、班（组），都订有中央级的《人民日报》《红旗》杂志和省级的《贵州日报》《团结》杂志和本县的县报等报刊。1958年全区报纸累计发行量达1528.6万份，比上年增2.96倍；杂志发行量达122.9万份，比上年增1.41倍。1959年，各邮电局根据国家邮电部第十一次全国邮电工作会议和贵州省第十二次邮电工作会议精神，开展反对采用强迫摊派办法发行报刊，从1960年起，报刊发行工作开始走上正轨。1966～1976年，全国、全省大量的报刊停刊，邮局报纸、杂志发行量减少。到1970年全地区报刊发行累计量，由1965年的1028.9万份下降到805.3万份，减少26.97%。1977年后，报刊发行量开始回升，到1975年报刊发行累计1640.1万份。从80年代起，全区邮电部门注重于报刊的普及和各种科技报刊的宣传收订，落实城乡投递，开创报刊发行新局面。到1980年底，全地区订销报刊累计2018万份，1985年升到2333万份，多数农村乡、镇和行政村都订有报纸。到1987年报刊订销量由1985年2333万份，上升到2723.5万份。1988年，由于全国报刊价格上涨，加上报刊发行费率提高，及非邮发报刊的增加等因素，全区报刊发行量下降。年末，报刊发行累计2502万份，较上年减8.15%。

2.报刊发行方式。从1953年1月1日起，各级邮电局贯彻邮电部、国家出版署《关于改进报刊发行具体方法的联合决定》，发行报纸、杂志实行预收预定制度。全国各种报刊预订期为每年2、5、8、11月份。订户定期预订报刊，要向邮电局、所预付报刊订费。报纸按月收订，杂志按季收订。为满足部分读者未能按时订到报刊的需要，报纸可破月订阅，杂志可破季订阅。订阅报刊，一般由订户到邮电局、邮电支局、邮电所办理订阅手续，距邮电局、所较远的订户，可由投递员、乡邮员或代办所代收报刊费。订户可在本单位的报刊发行站办理订阅手续。根据邮电局颁发的《社会报刊发行站组织管理办法》，对社会报刊发行站（员）依据收订个人订阅报刊总额5%以内奖励或发给酬金。各级邮电局发行报刊，按照有关规定要向报刊出版社收取一定的发行费作为业务收入。1994年8月，报刊发行业务改为计算机系统处理，结束长达40多年手工处理业务的历史。1995年10月，将报刊发行业务从原属于邮政科中剥离出来，成立投递发行科，主管投递，发行业务。2000年7月，投递和发行分离，分别成立投递科、发行科，以强化发行专业管理职能。是年，累计发行报纸679.9万份，累计发行杂志年量53.8万份。2001年，累计发行报纸561.1万份，比上年减17.5%;累计发行杂志52.7万份，比上年减2.04%。2003年9月，报刊发行新电子软件系统投入使用，明显提高报刊发行处理、查询质量。2004年，全地区累计发行报纸695.9万份，比上年增10.58%，累计发行杂志64.1万份，比上年增16.12%。2005年1月，全面改进升级报刊发行计算机系统，实现全省报刊发行微机联网运行。明显提高报刊发行工作效率。

3.报刊零售。中华人民共和国成立后，各邮局除担负报刊发行、杂志的预收预订外，还承担报纸、杂志的零售。1956年，毕节县即设立报刊亭，办理报纸、杂志的零售业务。是年，零售报刊110种，零售数额占整订数额的16.38%。1978年后，地区及各县邮电局协办理报刊零售业务。各邮电局根据自身情况，分别设立报刊亭、报刊门市或报刊零售员承担零售业务。1986年，地区邮电局邮政科对报刊零售员实行经营承包责任制，根据国家所有、个人经营，按数提成，滞销自负原则签订经营承包合同。由此，取得良好的社会效益和经济效益。2004年5月，根据省政军报刊零售体制的要求，成立毕节地区邮政报刊零售公司，报刊零售业务实行专业化经营。是年6月，全地区报刊零售专业化经营开始模拟运行。

**邮政储蓄** 民国8年（1919），国民政府决定办理邮政储蓄。民国25年（1936）7月，贵阳邮政局开始办理邮政储蓄。民国32年（1943），贵州邮政局核定毕节、黔西、大定列入储金局，办理储蓄业务，直至中华人民共和国成立。中华人民共和国成立后，中华人民共和国政务院决定由国家邮政部门接管原邮政储金汇业局。1950年，邮电部邮政总局、中国人民银行总行联合作出《关于银行、邮局商订储汇业务协议书的指示》明确邮局仍可照就办理个人储蓄业务。各邮局继续办理邮政金业务。1953年9月1日停办。1986年3月，中国人民银行、国家邮电局联合制发《关于开办邮政储蓄的通知》，是年4月制发《关于充分发挥邮政系统的优势，积极开办邮政储蓄的通知》决定各地邮政部门恢复办理储蓄业务。1987年3月，地区邮政局恢复办理邮政储蓄业务。随后，各邮政局贯彻邮电部关于“多办、快办、办好”的方针，开办邮政储蓄业务。是年底，除黔西外，其他县均开办邮政储蓄业务，共7个储蓄点，收储余额109.7万元，超省下达80万元的储蓄指标。1988年6月底，黔西局邮政储蓄也开业。至此，各县城均设有邮政储蓄点。到年底，全地区邮政储蓄户9.92万余户，收储余额348.3万元，比上年增2.18倍。1989年，全地区邮储余额为565.29万元，储蓄收入比上年增62.3%。到1990年，全地区邮储额达850.7万元，毕节县海子街、鸭池、杨家湾支局开办邮储点，储蓄额达13.08万元，并初步摸索出农村开办邮储的路子。1993年，地区局在毕节县80%的农村支局办起邮储点。是年10月，小吉场支局邮储余额已突破百万元大关，海子街、鸭池支局分别达80万元和60万元的储蓄余额。1994年，毕节市邮政储蓄网点达13个，从业人员35人。是年底储蓄余额为1438.92万元，比上年增2.52%。至1996年毕节市邮政储蓄网点达17个。1998年，邮储余额达9601.74万元，比1994年增5.67倍，从业人员42人。同年，毕节市威宁路邮政储蓄所开始使用计算机处理业务。1999年6月，威宁路邮政储蓄所与全国邮政金融计算机联网，可办理活期全国通存通兑，并开始发行邮政金融借记卡。2001年邮储余额达1.32亿多元。是年，新增洪山、麻园储蓄点。2002～2003年，毕节市城乡21个邮政储蓄点使用计算机处理业务，与全省本地网连接，实现所有网点活期全省通存通兑。2004年底邮储余额2.89亿元从业人员56人。2008年，中国邮政储蓄银行毕节地区分行成立。

**集邮**　1955年5月，中国集邮公司成立，并出版发行《集邮》杂志。是年，全专区唯毕节局代售纪念邮票、特种邮票、美术明信片。1956年，毕节县邮电局直接联系中国集邮公司，开展代销集邮业务，出售特种邮票、纪念邮票、美术明信片及其集邮品。1958年1月，毕节局被省局确定为办理中国集邮公司集邮邮票业务。继后其他县局陆续开办代销集邮业务，到1965年全地区涌现出一批集邮爱好者。1966年“文化大革命”开始，视集邮为封、资、修活动而被禁止。1969年3月起，集邮业务被迫停办。1970年，各邮电局将所有库存的集邮邮票及集邮用品清理上缴省局。

1978年后，集邮在全国各地陆续恢复。1982年，地区局恢复出售集邮品，全年销售集邮邮票7万余元。1983年2月13日，地区局集邮门市部开业。到1985年全地区各县分别设立集邮门市部或集邮台，出售特种邮票、纪念邮票、首日封、纪念卡、纪念币、邮折、邮刊，并兼售量齿尺、放大镜、集邮册、胶水纸等集邮品。1983年9月17日，成立毕节地区集邮协会。到1988年底，威宁、金沙、赫章县和黔西红林机械厂、毕节一中相继成立集邮协会。1983年5月1～5日，地区邮电局、地区文化局联合举办，首届全区集邮展览，展出各种专集、单套邮票及各种首日封、小型张、纪念卡、戳记。至1988年5月，全地区共举办5次集邮展览，其中两次举办青少年邮展。金沙、威宁、赫章县也曾举办集邮展览。毕节一中成立集邮协会后，先后举办3次集邮展览，黔西红林机械厂举办集邮展览2次。1984年10月1～4日，举办全地区“国庆35周年集邮展览”，展出藏品85框，标准贴片1000个，各种邮票5869枚，集邮品172件，参展受到启发和教育，扩大集邮在民众中的影响，全地区集邮爱好者由1983年的200余人，发展到1988年的3000余人；集邮协会会员1983年60人，1988年261人。1987年8月，在北京举办的“中华全国青少年集邮展览”中，毕节集邮协会会员，毕节一中学生杨宇的专题集邮展品《邮票与中国语文》受到首都青少年的喜爱，荣获展览的铜奖，为贵州夺得唯一的一块奖牌。到1988年，一些集邮爱好者的集邮藏品，在省、地集邮展览中获奖。1994年起，毕节地区局经营集邮业务，采取预订和零售方式，在毕节、大方、黔西、金沙、威宁、赫章、纳雍县邮局所在地设立销售营业点。

2004年实现销售额140万元。是年4月4日，毕节地区邮票公司为毕节撤县建市发行纪念封、戳各一枚；5月8日为纪念毕节市威宁路邮政电子化支局开业，发行纪念封、戳各一枚；10月27～29日，毕节一中协会举办第九届集邮展览，展出24部邮集，2300多枚邮票，513张贴片，发行纪念戳一枚。1996年11月6日，毕节地区集邮协会召开第四次代表大会。聘请名誉会长许正维、吴学香、丁诗建、龙廷华；顾问王民模；选举产生会长钟兆勤、副会长王益友。是年12月13日，地区集邮协会推荐地区财校学生潘垒，参加贵州省文化厅、省教委、省集邮协会举办的中小学学生集邮知识有奖竞赛，获一等奖。1997年6月13日～15日，毕节地区集邮协会举办迎香港回归集邮展览，共展出23部邮集；10月18日，地区集邮协会推荐两部邮集参加97全国集邮展览。毕节一中学生胡新雨的《追赶时间（时与速）》邮集获镀银奖；毕节一中学生刘世宇的《看邮票学物理》邮集获铜奖。1999年9月11～12日，毕节地区集邮协会举办纪念建国50周年邮票展。展出我国1949年～1991年发行的普通邮票、纪念邮票、特种邮票、“文化大革命”邮票、航空邮票、欠资邮票、军用邮票大全，共展出60框。2000年，地区集邮协会与毕节日报社联合在《毕节日报》上开办《集邮园地》专栏，每周1期，刊载集邮知识文章。是年12月11～12日，毕节一中集邮协会举办第十三届集邮展，展出集邮14部。2001年7月30日，毕节一中学生刘蕾蕾的《看邮票学党史》邮集，在参加全国青少年集邮展中获镀银奖。10月12～13日，毕节地区集邮协会召开第五次代表大会，聘请名誉会长朱生亮、吴学香、龙廷华、钟兆勤。选举产生会长胡永波、副会长王益友。2002年8月26日，毕节一中集邮协会被全国集邮联合会授予集邮先进集体称号，王益友被授予集邮先进个人。同年12月6日，毕节地区集邮协会、毕节一中集邮协会被贵州省集邮协会授予集邮先进集体称号。王益友、胡高志、丁文山、马健被授予集邮先进个人。是年12月2～4日，毕节一中协会举办第十五届集邮展览，共展出邮集19部。2004年地区邮政局制作《百里杜鹃》《黔西北之旅》个性化卡书共1000个，制作《织金洞》《锦绣威宁》个性化卡书共4050个，向海内外发行，销售额达51.6万元。2005年8月10日，织金邮政局制作发行的《织金洞个性化邮册》在上年制作发行1500册、创收25.2万元的基础上，签订制作3500册的协议，实现收入49万元。

**特快专递** 1994年7月，邮政部门在邮政快件的基础上开辟邮政特快专递业务，包括特快专递函件、特快专递包件，资费计重单位为200克，分2000千米以内和2000千米以外两个区域计费，每件最高限重20千克，整体不可分的重量限度为25千克。1996年，最高限重调整为28千克，是年9月1日，开办超常规特快专递邮件业务，对直达邮路每件邮件最大重量不超过60千克，长度不超过105厘米，长度和长度之外的最大横周合计不超过300厘米。是年12月1日起，开办国内、国际特快专递收件人付费业务。1997年开办特快专递代收货款业务。2004年，计重单位调为500克，分3个区域计费。

**商函广告** 1998年，地区邮电局开办商函广告业务，经营邮资封片、DM中邮专送广告，户外广告业务。2004年4月，毕节地区邮政局成立商函广告局经营商函广告业务。经营邮资明信片、企业拜年卡、邮票信封、DM专送广告、DM办县报、户外广告，当年业务收入150万元。

# 第三章　电　信

## 第一节　电　报

有线电报　1.电路。清光绪十二年（1886）十二月，清政府设昆明经曲靖、宣威、威宁至毕节电报线，次年3月竣工，设毕节电报局，缪桂卿任局长，为贵州开办电报之始。是年5月，开通毕节至泸州、贵阳的电路。光绪十九年（1893），开通毕节至威宁电路。光绪三十三年（1907）三月，开通毕节至黔西电路。民国3年（1914），开通毕节至大定电路。民国16年（1927），增设黔西至新场电路。至民国28年（1939），省际电路有毕节至叙永、毕节至宣威；省内电路有毕节至贵阳、毕节至威宁、黔西至贵阳、黔西至新场、毕节至赤水。民国32年（1943），开通威宁至水城电路。民国38年（1949），有省际电路毕节至叙永、威宁至榕羊（今宣威）；通贵阳电路有毕节至贵阳、大定至贵阳、黔西至贵阳；毕节通县电路有毕节至威宁、至黔西、至大定。中华人民共和国成立前夕，电报线路遭到国民党匪特的严重破坏，全靠无线电路维持电报通信，1950年下半年至次年6月，陆续恢复毕节至叙永、毕节至泸州、贵阳至毕节、威宁至榕羊、毕节至威宁、大定、黔西的电报电路。1955年4月，毕节为全区中心转报局。纳雍、水城、威宁、赫章与毕节有线电路相通；贵阳有电路通达黔西、大定；黔西有电路通达金沙、织金。另有赫章通妈姑，大定通羊场坝。有线电报电路开始向农村发展，的省际电路有毕节至叙永、毕节至泸州；威宁至榕羊；省内电路有贵阳至毕节、贵阳至黔西、贵阳至大定、毕节至威宁、毕节至赫章、毕节至纳雍、毕节至水城、织金至普定、大定至羊场坝、黔西至金沙、黔西至织金、赫章至妈姑，共12条。1961～1963年，电报电路作调整和压缩。至1965年，有省际二级电路1条，省内电路由17条减为10条。1985年，随着行政区划和电报经传路由的改变，省内电路均改为电传电路。1988年末，有电报电路14条，其省内二级电路9条，县内电路5条。1989～1993年，先后开通毕节至全国各地电路，电报通发各地。

2.报机设备。自清末电报传入至民国时期，一直使用人工电报机。1947年7月以前使用莫尔斯机收发电报。8月，毕节至贵阳用音响机收发电报，是全省最早使用音响机与贵阳通报的局。1949年初，大定、黔西使用音响机同贵阳通报。是年11月，毕节电信局有有线人工电报机3部。中华人民共和国成立后到1953年各县用振荡人工机通报。1959年，专区局装用“51”型电传打字机与贵阳通报。是时，全专区有振荡人工机19部、键盘凿孔机2部、莫尔斯符号收报机1部，“51”型电传机2部。1965年，在毕节装设六路载波电报机。1969年，开始使用晶体管振荡人工机，取代电子管振荡人工机。1971年，黔西装设电传机与贵阳通报，次年底，全地区有电传机6部，十六路载波机1部，晶体管人工电报机19部。1976年，毕节装设五单位双机头自动发报机1部，开始由人工发报向自动发报发展。至1985年，各局用电传机通报，实现收发电报电传化。是年10月，毕节装设“BD477”型电子电传机与贵阳通报。1987年，毕节装设“BDC80A”型中文译码机译电，译电速度加快。到1988年，有电传机24部，载波电报机12部，五单位自动发报机4部。

3.电报业务。清光绪年间，有毕节、威宁、黔西、开办电报业务；民国3年（1914）起，大定、金沙、水城局先后开办电报业务。1937年7月7日抗日战争爆发后，民国政府迁都重庆，时局变化造成电报业务量上升，1945年8月抗日战争胜利后，电报业务量下降。民国27～29年（1938～1940），其报务次数分别为4.37万次、5.36万次、6.98万次。1946～1949年只有毕节、威宁、黔西、大定县城开办电报业务。1950年，金沙、织金、纳雍、水城、赫章局开办电报业务。至1951年，有10个自办局所开办电报业务。同时，电报业务量逐渐上升，至1952年，全专区电报达3.3万份。1959年，有122个局所办理电报业务，其中农村109个。1960年达21万份、1965年9.5万份、1978年17.1万份。1980年降至107个，其中农村99个。1988年，有116个局所办理电报，其中农村107个。是年，全地区电报业务达29.9万份。

**无线电报**　民国24年（1935）7月6日，国民政府陆军通信兵团驻湘无线电第二分队迁至毕节，驻城内大街设无线电台，呼号CNB，波长112~120米，电力15瓦，三级真空管式，供军用。民国27年（1938），设贵州省无线电台第四分台在毕节专署内，次年县城设贵州银行、聚康银行无线电台。1941年，设中央银行、农业银行、交通银行无线电台，川滇东路运输局毕节分台，《西黔日报》社无线电台，装备15瓦哈特莱民收发机和手摇发电机，直接与系统联系，自成网络。1949年毕节解放时，有线电路被敌人破坏，全靠无线电台通话联系。1952年，恢复毕节至贵阳、至威宁的有线通信，无线电路改为备用。1953年水城、纳雍、金沙、织金局无线电台改为备用。1962年，设无线电台9座，其中邮电部门4座。1975年7月，将毕节至织金、威宁、赫章无线电路，组成毕节地区无线电通信第二网络。1977年9月，地区邮电局增设150瓦报话两用无线电台。1981年11月，地区邮电局增设单边带400瓦话台。1988年，有11个系统，90个单位设无线电台，各类发射设备288部，邮电部门有毕节至贵阳、织金、威宁、赫章4条无线电路。1990年，电报电路达14条，实现汉字自动译码，电报进入全国自动转报网，年发电报最高位3263份。

## 第二节　固定电话

**有线电话**　1.电路。有线长途电话始于民国25年（1936）。是时有黔西至贵阳、大定至黔西两条线路。民国32年（1943），有毕节至叙永、宣威至威宁、昭通至威宁3条省际有线电路。有清镇至黔西、黔西至金沙、贵阳至黔西、黔西至大定、大定至毕节、毕节至威宁、威宁至水城7条省内电路。民国37年（1948）6月，贵阳至毕节电路装用H1单路载波机，为全省至专区的第一条载波电路。后经抢修，到1951年初，各条电话先后恢复通话。1956年，长途电话电路有16条。到1988年增加到92条，其中二级省际电路3条，二节省内电路89条，电路总数中明线载波电路74条。1990年更新设备，毕节至贵阳长话有自动电路达9来9去；半自动电话有4条14去。毕节至纳雍自动长话电话5来5去。长线加挂毕节至黔西长途明线97对千米；毕节至大方长途杆线42对千米，逐杆检修15806根。长途电话电路达104条，其中长途自动电话电路30条，半自动电路12条。1992年，建毕节至水城微波通信工程的路、水、电、房塔等基本建设，同时建成毕节无线寻呼中心。完成毕节至金沙新民桥127对千米的加线加担，清镇至站街16对千米换线，毕节至赫章94对千米的部分杆线，使长途线路传输质量改善。开通毕节至威宁、贵阳、叙永、遵义等新载波设备。同时安装好毕节至各县自动电路6来6去或7来7去。毕节至贵阳自动电路增到15来15去。1993年，完成三大通信建设任务。实现毕节与各县市话自动化和长途直拨化。贵州省第一条地到地数字微波电路，毕节至水城480路数字微波开通，增毕节至贵阳直拨电路到45来45去，长途电话畅通各地。

2.机械设备。（1）长途电话交换机。民国34年（1945），置有长途交换机4部，毕节、威宁、黔西、大定各1部。民国37年（1948），毕节局新增2部，电话总容量43门。1959年，有长途交换机9部，总容量200门，其中毕节20门4部。1961年6月，毕节局装设“550”型共电式交换机，容量为26门6席。1965年，大方、金沙、纳雍、威宁、赫章采用长途、市内交换机合设。是年，有长途交换机10部，总容量为260门。1988年，有共电式长途交换机110门22席，其中毕节80门16席。

（2）载波增音机。民国30年（1941），毕节安装英式SOB单路载波增音机，用于重庆经毕节至昆明电路增音。民国37年，（1948）6月，毕节安装至贵阳H1单路载波机，为贵州省专区所在地安装使用载波机之首。1951年10月，毕节安装CS三路载波增音机，以替换渝昆电路原SOB单路增音机。1958年，毕节至贵阳开通BBO三路载波机。1959年，拥有载波机11部。1961年，毕节装设八一型十二路载波机开通贵阳。1965年，拥有载波机21部，载波电路容量26路。1978年，拥有载波机29部。1985年末，毕节至贵阳开通ZZD型高十二路载波机。1988年相继开通毕节至纳雍、黔西、大方ZZD型高十二路载波机。至此，拥有载波机50部。1990年，毕节安装120千瓦柴油发电机组，更新安装6端12路载波机。1992年，组建计算机中心，配备3台微机，更新其他机具设备，进行综合利用。

3.业务。民国时期，长途电话服务点稀少，1949年末，只有毕节、威宁、黔西、大定县城所在地开办长途电话业务，农村无长途电话服务，且主要为政、军、商界服务，服务量小。民国30年（1941）去话1396次，民国32年（1943）去话1720次，36年（1947）全专区任务接线1.53万次。中华人民共和国成立后，长途电话服务逐步发展。1950年金沙、织金、纳雍、水城、赫章及该县妈姑区先后设立电信营业处，各县城均开办长途电话业务。从1953年始，长话服务点逐步向农村区镇扩展。是年，办去话服务4.2万张。1959年，开办长途电话业务的自办邮电局所有105处，其中农村局所98处。1965年，办去长话服务17.4万张；1969年办7.9万张；1978年，办

19.1万张。1988年，全地区124处自办邮电局所，117处开办长途电话业务，其中农村107处。是年，办去话服务43.8万张。

市内电话　1953年，电信部门陆续接管地方电信，通过机械合并工程，将装于县政府的电话交换机并入各县邮电局。1959年，有市内电话局9个。大方、金沙、纳雍、赫章交换机容量均为100门，黔西、织金、水城均为150门，威宁为200门，毕节为300门，总计1350门。接入邮电局交换机的电话机1037部。1964年6月，毕节市内电话由磁石式改为共电式电话。是年末，有共电式局1个，磁石式局8个，交换机容量为1570门，接入邮电局交换机的电话机1240部。1978年，毕节市内电话由600门扩容为900门，实占593门。1979年9月，威宁将原磁石式200门交换机拆除，新装设HJ905型纵横制自动交换机600门，最早使用自动电话的县局。至此，全地区交换机总容量2900门，其中毕节900门，威宁600门，黔西300门，大方、金沙各250门，织金、纳雍、赫章各200门。接入邮电局交换机的电话机1794部。1984年6月，金沙新装设HJ976型纵横制500门自动交换机。1985年6月，毕节装设HJ921型纵横制2000门自动交换机。1987年9月，黔西又装设HJ921型纵横制1000门自动交换机。1988年末，有自动局4个，磁石局4个，交换机总容量6100门，其中自动4100门，磁石2000门，接入邮电局交换机的电话机4160部。1990年，毕节县市话实现自动化容量达3000门，1992年有市话电话机2783部。1993年市话用户达400户，有市话电话机3008部，每百人拥有电话机0.42部。至12月28日，毕节全县开通7000门程控电话，机型为S-1240。开通长途电路510线。1994年12月18日，毕节程控电话市话扩容1万门，长途扩容1684线。1994年毕节本地网长途局扩容1040线，至此长途线路达到3000线。1995年4月11日，金沙县邮电局程控电话开通，容量4000门，机型为S-1240。1995年6月3日，织金县邮电局程控电话开通，容量4000门，机型为CC08。1995年7月8号，纳雍县邮电局程控电话开通，容量3000门，机型为CC08。1995年8月19日，大方县邮电局程控电话开通，容量4000门，机型为S-1240。9月30日，威宁县邮电局程控电话开通，容量4000门，机型为CC08。11月11日，黔西县邮电局程控电话开通，容量4000门，机型为S-1240。12月16日，赫章县邮电局程控电话开通，容量3000门，机型为S-1240。1997年8月9日，毕节本地网电话号码由6位升至7位，区号0857，毕节本地网市话容量达3.3万门。1999年全区乡乡通程控电话，至此，毕节电信进入大发展时代，为了提供更为丰富的业务，满足用户不同需求，2006年4月1日毕节本地网汇接局上线运营，机型ZXJlO-B，

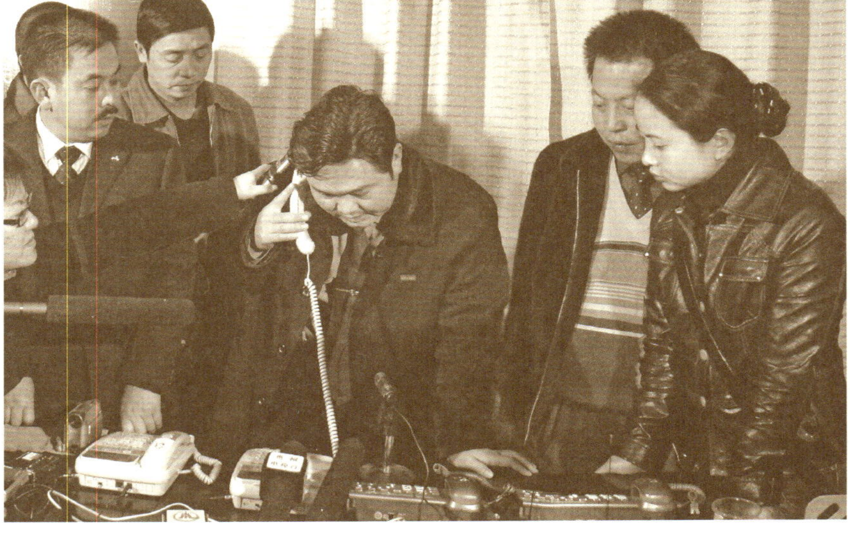

不带用户。2008年11月，软交换设备TG/SG建成运营，机型为中兴UMG8900，主要负责AG/EPON/GPON用户接入。到2011年，毕节本地网七县一区电话容量达到70万门，其中，TDM市话容量达20万门，农话容量25万门，软交换用户达25万门。2005年，毕节本地网长途交换机设备扩容3000线，达到6000线。随着2006年中兴汇接局建成，2010年软交换SS建成使用，长途话务疏通可通过汇接局和软交换分流。

黔西县林泉镇韦寨新农村综合信息服务站

农村电话　1.农村电话建设。民国14年（1925）从黔西创办城乡电话开始，至民国27年（1938），毕节、大定、黔西和织金4县各有交换点1处。各交换点的交换机均设在县政府内，其交换机分布为：毕节8门交换机1部；黔西、大定10门交换机1部；织金5门交换机1部。各交换机均为西门子磁石式。民国35年（1946），各县均设有交换点，共有交换机14部，电话机78部。中华人民共和国成立后，农村电话逐步发展。1956年，各县伴随农业合作化发展，开始建设县以下农村电话网路设备。到1957年，全地区有县内交换机97部，总容量为1670门，实占1250门，电话机1293部。翌年7月，实现乡乡通电话。1959年末，农村交换机容量发展到3437门，实占3317门，电话机3650部。1962年，开始整顿农村电话，在保证重点的同时，压缩公社以下不能维持的杆线设备。至1965年，农话交换机总容量4670门，电话机2350部，交换点125处。1972年，大方县在全地区最早安装使用农村电话载波机。至1978年，农话载波机发展到16部，其中毕节6部，大方2部，赫章8部。1986年，毕节装设环六路载波机两套和金沙环四路载波机1套；织金在全地区首先使用特高频无线电话，沟通织金县城到织金洞旅游区的通信联络。1987年3月至1988年，毕节局的长春、海子街、燕子口、小吉场、清水铺支局交换机，能直拨毕节城区内市话用户，实现农村电话半自动拨号。据是年统计，农话交换机总容量4410门，其中实占2985门，环路载波机（主机）分部，环路载波机（分机）18部，特高频收发讯机1台，电话机2609部，用户交换机容量520门，农话182路。

2.电话用户。中华人民共和国成立前，城乡电话发展缓慢，装机户少。1949年末，只有电话用户37户。中华人民共和国成立后，农村电话用户随着农村电话建设发展而增加。1953年，129户。1957年，增至1212户。1959年，全专区农话服务62.9万张。1960年达3578户。是年，全专区农话服务144.2万张。1962年，随着调整国民经济，农话用户开始减少。1962年，全地区用户为2481户，1964年为2023户。1966～1974年，受“文化大革命”影响，农村电话用户继续减少。其中，1969年，全专区农话服务35.5万张。至1970年为1994户。1978年，农村电话装机户逐步增加。其中，

1986年，全地区农话服务90.2万张。到1988年末，用户为2616户，农话服务97.3万张。

## 第三节　移动电话

1994年10～12月，毕节地区电信局根据贵州省邮电管理局安排，开始建设模拟移动通信系统。1995年12月，第一代模拟电话系统（称为“大哥大”）开通，由毕节地区邮电局经营管理，地区邮电局设无线电话科，各县市局由一个班负责移动通信工作。1995～1996年，各县市均只设一个发射铁塔和一个基站，全地区只设一个交换机房。是时，由于第一代模拟通信系统及通话终端存有的诸多缺陷和昂贵的运营成本，制约着电信企业的快速发展，也给用户带来较大的经济负担。

移动电话进入农户

1996年，贵州省邮电管理局决定在毕节建设GSM数字移动通信系统，取代模拟通信系统。1998年5月，第一个数字移动电话系统开通，无论其技术性能及运营成本均为模拟移动通信所不可比拟，有力促进邮电企业的发展，之后，移动电话网络建设发展，基站及发射铁塔在各乡镇普遍建立，移动电话网络终覆盖全境，移动电话用户遍及城乡。同时，根据国家关于将信息产业引入市场竞争的决定，打破电信产业由电信独家经营局面，先后建立起电信、移动、联通及铁通移动电话公司，经营无线电话业务。

附：

### 移动电话经营公司选介
### 贵州省移动通信公司毕节分公司

1999年8月，移动通信业务从毕节电信局分离出来，组建贵州省移动通信公司毕节分公司，同

毕节电信大楼

时。各县相应组建移动通信公司，独立经营。

公司成立之初，共有员工162人，其中分公司63人；拥有固定资产7800万元；有通信机房682平方米，无营业场地；织金、黔西、纳雍县共有办公场地188.4平方米，毕节分公司搭建80平方米办公用房作临时办公。至是年12月底，完成业务收入2868.8万元，为上年移动通信业务收入的2.3倍；移动通信用户净增3515户，达1.47万户。

2000～2008年，先后投入17亿元专项建设经费建设通信网络，形成覆盖城乡的移动通信网，并渐进实现从模拟系统换代到GSM数字系统，到第三代移动通信的过渡，从微机传输过渡到光缆并全部转换为光传输系统。全地区建基站1587个，载频从161块增到1.09万块；MSC从3万门发展到165万门；VLR从3万门发展到225万门；HLR从无到有，发展到230万门；传输线路从无到有，达1.14万千米。2001～2003年7月，建成乡乡通移动电话工程，至2007年完成村村通移动电话工程。

据统计，2001～2008年，毕节移动在线用户从8.86万户增至145.32万户；业务收入从8000万元增至8亿余元；业务网点从8个发展到5989个。2011年，毕节移动公司在线用户数超过200万户。

## 中国联合通信有限公司毕节分公司

2001年3月成立，为中国联合通信有限公司贵州分公司的下属分支机构，主要经营移动通信、数据通信、国内国际长途通信、互联网、电信增值业务和国家批准的其他电信业务。是年，毕节分公司建成GSM基站62个，CDMA基站13个，建成包含各县及沿途乡镇的本地网传输光缆830千米，移动电话交换局1个，网络容量达5万多户；基本建成覆盖各县、国道、省道沿线及主要经济发达乡镇的GSM移动通信网络。是年10月，各县市在内的省内二干光缆和本地网光缆开始投入使用。

2002年，公司G网和C网总容量达9.1万户，建成覆盖全地区的基础传输网络，光缆总长1200千米。移动通信用户超过4.3万户，市场占有率达26%。

2003年，共建成160个基站。5月GSM七期和CDMA三期工程开工，到11月全部建成投入使用。当年公司G网和C网交换容量18万线，建成覆盖全地区光传输网络，建成500多千米光线，使公司投入运行光缆总里程200多千米。

2004年，建成G、C网基站149个，建成光传输线路928千米，开通微波33兆，新增1个C网BSC，并对G网BSC进行扩容；对关口局进行搬迁并升级为综合关口局。C网完成三期二阶段110基站的建设，实现乡乡通。

至2005年，毕节联通分公司已经发展到内网设10个部门，外辖8个县级分公司，网络覆盖各县市所有乡镇，重要交通干线、大中型厂矿企业、各大旅游点。CDMA网络实现乡乡通。业务区现有光缆3000千米，已形成以光传输为主、微波传输为辅的模式。移动电话网上用户15万余户，长途通信网、数据通信网、IP电话网及互联网已在联通全国。

# 第十六篇

# 旅游业

# 第一章　旅游资源

毕节地区的旅游业，由于受交通等条件的限制，起步较晚。从20世纪80年代开始，毕节地区先后推出以织金洞、九洞天、草海、百里杜鹃、韭菜坪等为代表的高品相的自然风景名胜区；推出以黔西观音洞古人类活动遗址、可乐古夜郎都城遗址、大方奢香博物馆、大屯彝族土司庄园、象祠遗址、七星关古城等为代表的高品质人文景观景区；推出中共中央鸡鸣三省会议会址、钱壮飞烈士纪念馆、红军强渡鸭池河纪念地、将军山战斗遗址、中华苏维埃人民共和国川滇黔省革命委员会旧址、红军乌蒙山回旋战遗址等为代表的高品位红色旅游景区。为毕节发展旅游业奠定了坚实的基础。

## 第一节　自然景区及景点

织金洞　中国著名的喀斯特风景名胜区，原名打鸡洞，位于织金县城东北23千米官寨乡东街口，东距贵阳市151千米，南距安顺市112千米，西距毕节135千米。1980年4月发现。1984年7月，北京举办贵州溶洞资源展览，打鸡洞奇观引起轰动，为世人所知。1985年7月9日，更名为织金洞。1988年8月1日，国务院将织金洞风景名胜区列为中国第二批国家级重点风景名胜区。

织金洞大壁画

1992年被评为全国风景旅游40佳景区之一。1994年10月30日，第三届国际旅游洞穴大会吸纳织金洞为国际旅游洞穴协会成员单位。2004年3月19日，国土资源部批准织金洞为国家地质公园。2005年10月，《中国国家地理》征集评选中国最美的地方，织金洞被评选为洞穴旅游第一名。

织金洞具有开发价值深度12.1千米，70多万平方千米。已开放6.6千米，20多万平方米，最宽处175米，最高处150米，一般高宽40～100米。已开放12个景区，47个厅堂：

1.迎宾厅。高80余米，宽50余米，长200余米。厅内受洞口阳光照射，长满苔藓。岩溶堆积物形如巨狮、似玉蟾、岩松。厅顶一侧阳光透过直径10余米天窗直射洞底。天窗边缘成串滴落水珠，阳光照耀下如挂万千金钱，被称为圆光一洞天，又名落钱洞。厅旁一小厅中，高10余米一棵钟乳石，犹如原子弹爆炸后生成的蘑菇云，称蘑菇厅。站在厅中一直径4米圆形水塘旁，可观石笋和洞窗在塘中倒影，曰影泉。

2.讲经堂。宽50米，长200米。厅内一个300余平方米水潭，为全洞最低点。潭中有一高20米钟乳石，底围10余米，形如3层宝塔，将水潭一分为二，取名日月潭。宝塔顶坐一“佛”，如聚神讲经，东侧半圆形石台上众多罗汉齐集旁听，似手捧经卷、托腮凝思、问讯于邻或低头默思。洞壁上色彩齐备天然壁画，呈山峦、林海、田野景象。潭北为陡坡，沿石径盘旋而上，伸手可触厅顶，名摩天岭，其左侧九棵石柱毗邻成排，如蟠龙从洞底直至顶棚，称九龙撑天，是全洞洞顶最矮处。

3.塔林洞。又称金塔城，1.6万余平方米。100余座塔状沉积物，呈金黄色，最高者30余米，底部直径约20米。群塔将景区分成11个小厅，其间石笋、石柱、石幔、钟旗遍布，形态各异。“蘑菇潭”水清如镜，潭中无数石蘑菇影随波动，潭前石花成片；“石鼓”面平中空，水滴鼓上叮咚有声。厅内相对两株“石松”，一株高5米呈现黑褐色，上小下大呈塔形，酷似针叶的钟乳石成片凝结在主干上；另一株高20米，层层叶面上如覆白雪，叶背呈黑色，名雪压青松。

4.万寿宫。洞内先期堆积从洞顶坍塌下的如山巨石，后期在上覆满岩溶沉积物。沉积物形成圆形或椭圆形穴罐。穴罐旁是鸡血石，其色晶莹绯红，酷似孔雀开屏。有3尊高10～20米酷似寿星沉积物，被称为万寿山。洞顶和厅壁由黄、白、红、蓝和褐色交织，构成无与伦比的图案。

5.望山湖。为长170米，宽40余米地下湖。此处为洞中枢纽，可通各大景区。湖边钟乳石呈黑色，最大一棵高达10余米，树身布满千万颗黑色石珠，上端右侧呈白色，如雪花被覆，名铁树银花。湖东北岸是陡峭斜坡，由此路分两条，一条缘18盘，绕27拐，登441级石梯进“南天门”，入“灵霄殿”；另一条登422级石梯进“北天门”，入“广寒宫”。立湖边仰望“南天门”，只见雾霭缥缈。

6.江南泽国。长1.1千米，5万多平方米。分“漫谷长廊”“北海陇”“宴会大厅”“江南泽国”4部分。漫谷长廊洞壁上钟乳石奇异多彩；宴会大厅1万多平方米，平坦干燥；北海陇，数条形式游龙沿石坝蜿蜒伸展，钟乳石林立，中有一深潭，潭中9棵石笋，名清潭九笋；江南泽国，流水、湖泊、水塘、水田相互交错，流水潺潺，田水如镜。

7.雪香宫。长300米，岩溶沉积物如茫茫雪原，冰柱四立，玉帷高挂，俨然一派北国风光。其间有20多块谷针田、梅花田；20多个大小不等的石盾；数十面红色透明钟旗，叩之如钟声；

100余株石竹形成竹苑，意趣横生。20余米高洞厅顶棚“卷曲石洞”，布满数万晶莹透亮卷曲石，中空含水，弯曲横生，甚至向上生长，无不令人叫绝。

8.灵霄殿。高40米，5000多平方米。两壁垂下五彩斑斓石帘，俨然天宫帷幕。殿内钟乳石洁白无瑕。正中一棵石柱拔地而起，直撑顶棚，名擎天柱。柱后20平方米水池，石莲漂浮水面，称瑶池。

9.广寒宫。长400米，宽100余米，高70多米。宫内群山耸立，陡峭险峻，山峰间开阔平地，地下湖泊横陈其间。60余米高的“桫椤树”，长满成千上万朵石灵芝；17米高“霸王盔”，酷似古代武士头盔；50米高“石佛”，巍然屹立；17米高“银雨树”，亭亭玉立，洁白有光，号称国宝。

10.十万大山。7万多平方米，最宽处175米，最高处150米。洞内地势起伏，石峰耸峙，重峦叠嶂。山间云雾缭绕，有金色塔山，成林玉树，有似螺旋状高大螺旋树柱。洞内“珍珠厅”，石珍珠晶莹闪烁。“金鸡独立”石钟乳为织金洞标志。长600米，宽4～8米，古溶洞河道遗迹依稀可见。新增辟黄土高原、金鼠宫2个景区为织金洞增添奇葩。洞外5平方千米范围内，集天生桥、天窗谷、罗圈盆、峡谷、伏流为一体，映衬织金洞的瑰丽多姿。

**恐龙湖**　距织金洞1.5千米。2001年6月，国家水利部组织专家考察，确认恐龙湖集谷、崖、洞、水、林、石自然风光为一体，融雄奇、险峻、秀幽特色。定为国家首批水利风景旅游区。恐龙湖为洞中湖，湖洞口侧有绵延500余米、高400多米形似鸭嘴恐龙的峰峦，其形态各异，洞上有洞、桥上有桥、湖上有湖、月上有月。进入景区，左前方山顶一弧形拱桥，跨越在恐龙湖的大穿洞之上，称为桥上桥。入洞可乘小舟荡漾在平如镜又波光粼粼湖面上，也可沿600余米栈道，欣赏洞湖宽阔平静，高大雄伟。出湖洞，置身于500多米高竖井底。夏季，万燕云集啁啾于井壁崖间，井壁上方不远处石坡上，是明朝后期贵州宣慰使辅佐安邦彦宅第遗址，现残存石墙、碑刻，石雕。竖井前方，是横跨河宽100余米，高200余米，总长500余米的雄姿伟岸天生桥。穿过天桥，洞湖水从坝上翻滚而下，直泄前方约900米处一长方形竖直黑洞中成伏流，注入六冲河。

**碧云湖**　位于织金县城北25千米209省道线上八步镇街南，距织金洞14余千米、洪家渡电站大坝12千米。碧云湖原是一小盆地，每年夏季水淹成塘，时称则溪塘。淹没时多则1个月，少则2～3天，水位自行消退。1974年6月，连降暴雨1周，形成湖泊，多有红尾鲤鱼出现。1984年，湖泊消失干涸。1992年，中共八步镇党委、镇政府决定恢复湖泊，将14个消水洞用石块、水泥砂浆砌成烟囱式圆柱围住，雨季让地下伏流泛水从烟囱口流出，旱季湖水退到烟囱顶部，形成南北长2500米，东西宽1500米，最深处20米天然湖泊，命名为碧云湖。同时，在湖西南旁开发长700余米，高6米，宽15米碧云洞。碧云洞洞底平坦，主洞12厅，二层洞4个厅。厅内各种造型钟乳石比比皆是，布局适宜。碧云湖湖光山色如画，碧云洞洞景奇观如神，既是游览观光之地，又是避暑纳凉好去处。

**草海**　位于威宁自治县县城草海镇西南部，内昆铁路南侧，蓄水27.5平方千米。东北距毕节市区170千米，东距六盘水市区78.3千米。1985年7月，省政府将草海定为省级自然保护区。1992

威宁草海

年10月，国务院公布草海为国家级以高原湿地生态系统和珍稀鸟类为主的综合性自然保护区。保护区120平方千米，其中积水区域45平方千米，农林用地35平方千米。草海内藻类植物8门91属，高等水生植物20科26属37种，被誉为草的世界；鸟类155种，誉称“鸟的乐园”；鱼类9种，两栖类动物19种，是融保护、科研、旅游为一体的综合性自然保护区。其年平均气温11.6℃，冬无严寒夏无酷暑。草海的鸟，多达10万只以上，有留鸟、冬候鸟、夏候鸟、旅鸟等，隶属15目39科。属国家保护一、二类鸟类有黑颈鹤、白头鹤、白鹳、黑鹳、游隼、白琵鹭、雀鹰、草原雕、灰鹤、白尾鹞、红隼等数十种。每年冬季常有3种鹤类在草海栖息越冬，其中黑颈鹤为唯一高原鹤类。美国鹤类基金会认为，草海是世界上最佳湖泊观鸟区。每年10月13～25日，黑颈鹤从四川若尔盖地带飞来草海越冬，次年3月12～25日返回，数量多时达800只左右，越冬灰鹤达2000只以上。1982年春，中国科学院古脊椎动物与古人类研究所和贵州省108地质队联合考察草海南岸王家院子村北，发现旧石器晚期遗址堆积物9层，出土腹足类、鲤、剑齿象、马、牛、鹿等化石和石核、石片等工具32件，刮削器28件、尖状器4件。

**乌江源** 乌江上源三岔河源头二塘河，源于威宁县城草海镇东北15千米、326国道南侧盐仓镇境营洞村乌蒙山麓石缸洞。其潺潺的清泉，从山洞中流出。不远处汇合花鱼洞、黑鱼洞出水。乌江源集雨涵养0.8万公顷百草坪草场，海拔2400～2800米。站在海拔2833米祖安山顶上，四野波状起伏，羊茅、野古草、梅氏画眉草、沿阶草、知风草、莎草、翻白萎陵菜、火绒草等满山遍野，牧草间有箭竹、杜鹃、棒子、高山栗等灌丛，植被覆盖率70%～90%。百草坪北部，有保存完好的明洪武年间修筑乌撒古驿道残段，长10余千米，宽1.7米，青石铺砌蜿蜒于草地灌丛间。

**百里杜鹃林区** 位于黔西、大方县接壤连绵山峦中，含黔西县红林、金坡、仁和三个乡，大方县普底、大水、沙厂、百纳、黄泥塘五个乡，呈环状分布，长约100多里，150余平方千米。花区南缘有贵毕高等级汽车专用公路，北部、西部有326国道，花区内有旅游公路和步行游览道路。花区中心金坡距黔西县城26千米，普底距大方县城45千米。普底、金坡相距13千米。1984年起，经有关部门专家学者多次考察、鉴定，世界5个杜鹃花亚属，百里杜鹃花区占4个，品种有23种。每年暮春3月杜鹃花竞相开放。4月进入繁花期直至5月。2007年，建立百里杜鹃风景名胜区。2011年国家旅游局批准百里杜鹃风景名胜区为国家AAAA级旅游景区。

中国百里杜鹃风景名胜区

总溪河景区　亦称乌江第一漂。起点为211省道万寿桥，距毕节市区40千米，纳雍县城61千米。从杨傍码头坐漂流船顺水而下，经银子湾、烧香地景点，到总溪河第一峡—环形峡。出环形峡，经硝洞，过石壁清泉、胜家浪、长浪、鸡心石，到大清弯滩，其河宽阔、幽静，白鹭、野鸭和不知名水鸟时而下潜，时而上浮于碧水之上。走到猫儿石、前洞子，两岸青峰壁立，离河面高150余米的宣慰大洞。顺流而下，过前峡、奇峰峡、滩长浪急的五簸浪，到河道蜿蜒渐窄一线天。这里两岸连绵青峰、悬崖峭壁上倒挂的绿树、藤蔓在微风中摇曳，狭窄的天空大有天开一线壮丽景观。过一线天，前方岩壁上泉眼中撒出一股清泉，落在河岸阶梯般石壁上，形成三级小瀑布，称为三叠泉。下游白鹤洞，每逢雨季，洞内泉水飞泻而下，横跨河流直抵对岸，犹如白龙过江。白鹤洞以下，河宽水缓，船过三块石、赵家洞，两岸枝叶、藤蔓倒垂河岸，三五成群猕猴在林间嬉闹，有时还可见到河边饮水野山羊。经过石龙消水到达那渡口，全程13千米。

九洞天　在总溪河漂流下游约3千米处。距毕节市区78千米，大方县城57千米，纳雍县城35千米。九洞天景区总长7千米，平均海拔1200米，年均气温11.8℃，由水旱溶洞、伏流、天生桥、石林、悬崖绝壁、峰丛幽谷组成。在其中约5千米长伏流上开有9个天窗，集古、奇、秀、险、幽为一体。第一洞原名大穿洞，又称月中天，洞高70～100米，3800平方米，分前中后3洞厅．前厅高大空旷，洞顶挂着众多钟乳石，如苍穹中银河繁星；黄白相间石幔圆形凹壁，如彩云托月。沿左侧栈道蜿蜒而上进入中厅，

九洞天

钟乳石形态各异，有似葡萄灵芝书签、珍珠、挂帘；有似龟鹰、龙虎，恰似一幅幅大型壁画。中后厅交界处山石突裂，可见蓝天。后厅岔道极多，溶洞贯串，故有迷宫之称。洞内装机1280千瓦小型瓜仲河水电站，是目前国内最大溶洞电站。第二洞名“雷霆天”，长800米，洞外河水翻越大坝，汹涌澎湃，涛声如雷。高100余米的洞顶钟乳石垂挂，琳琅满目。洞内水平如镜，有舟可渡，可直达第八洞天，亦可沿栈道迂回步行。第三洞即“金光天”，洞顶高者100余米，低处30～40米，流水叮咚。阳光经天窗斜射水面，如蓝色火焰从岩底冉冉升起，光怪陆离。四周悬崖灌木丛生，群鸟翔于绿树洞天之间，令人陶醉。第四洞名“玉宇天”，洞上端有2个天窗，与第五洞天相连，洞穿洞、大洞套小洞，中上二层为旱洞，下洞水路迂回曲折。沿左侧栈道而上，斜峰之下一侧洞，洞中石笋如石佛、石人林立，栩栩如生。林木山石错落有致，俨然天然林园。第五洞名“葫芦天”，洞内有两潭，4000平方米，形如葫芦。乘小舟游览，可尽情领略洞内外湖光山色。攀至绝壁上连环洞，可见云霄洞的第七洞中大如车轮的水晶钟。第六洞“象王天”，有一巨象站立水中，昂首仰望。长300余米，高100余米险峻崎岖地下水廊，称“落魂峡”，与第五洞阴塘峡、七洞猫儿峡合称“地下三峡”。落魂峡激流拍岸，砰然有声。每逢端阳节前后，彩蝶群集岩壁，隔岸观望，如石头开花，鲜艳夺目，蔚为奇观。第七洞天“云霄天”，因右壁有2万余平方米云霄洞得名，洞内由若干洞厅组成。进入云霄洞，洞内岩浆凝结为“万顷良田”“营盘”“水晶葡萄”等奇观。第八洞天“宝藏天”，高50米，宽75米，3面绝壁环抱，绝壁半腰托出“观音坐莲台”等“石雕”，岩上杂生树木，雀鸟啁啾。第九洞天原名“仙人洞”，现称“大观天”。一高80米、宽50米、横跨50米的天生桥横空而过。桥下宽敞，两侧峭壁对峙，壁上有相对的“藏金洞”“五眼洞”，均有小道相达。五眼洞结构奇特，洞内有楼可登，楼上5个瞭望孔似洞眼，可一览洞内风光。通过天生桥洞远望下游赤壁，恰似巨幅中国地图镶嵌于蓝天与丛山之间，是九洞天又一奇观。

**东风湖**　位于黔西县与织金县交界的鸭池河段。1994年7月，建成长268米，高168米，顶宽8米的东风电站大坝而形成，库容8.63亿立方米，水面19.06平方千米。湖区两岸为气势恢宏崖壁。景区鸭池河畔八仙洞旅游码头距贵阳市88千米；三岔河凹河旅游码头距贵阳市80千米；六冲河下红岩旅游码头距黔西城37千米，距织金洞7.7千米。从贵阳乘坐汽车，沿占（街）毕（节）公路到鸭池河进入景区，先是鸭池河上三桥并列壮美奇观映入眼帘。三座形态、结构、建筑风格不同的大桥横卧在两岸峭壁上，构成一幅壮美的自然、人文风光画。鸭池河黔西一侧，距大桥2千米小箐坡顶屹立着红军强渡鸭池河天险纪念碑。进入东风湖畔八仙洞处，俯视湖面微波荡漾，轻舟如梭；拦河大坝气势恢宏，泄洪出水，银浪飞溅，声震河川；沿湖两岸，奇峰耸立，秀岭连绵。八仙洞长770米，洞内钟乳石千姿百态，石花、石幔、石笋遍布岩壁。出洞下至八仙洞码头，坐上游船，逆湖而上，可达凹河码头，下红岩码头。在深幽碧透的湖水中，波光潋滟，犹如在长长的峡谷画廊中漫游，可尽情领略喀斯特山水风貌。湖岸崖壁，多尚在三五十米之间，崖壁后青山远衬，层次纷繁。崖壁上青、灰、红、白色杂呈，壁缝间铁扫把、红刺莓、野木姜子等灌木丛生簇长；其间崖豆藤、山毛藤等藤蔓植物相拥相缠，攀附崖壁间。集崖溶壁画大成莫过于化屋基三岔河处，一长百余米，高数十米巨轮似的山耸立在三岔河与六

“中国十大喀斯特美丽湖泊”

冲河汇合处，临河石壁如刀砍斧劈壁画，与左、右高耸灰白石崖对峙形成两河雄峻峡谷。汇合口前四周崖壁如屏风把湖面围住，崖壁多在50米以上，壁面间红色中夹以青灰色。崖顶上后方群峰连绵、错落有致，形状各异。化屋基苗寨后笋子岩，海拔1311米，高出湖面340米，三面环水，四面绝壁，岩顶宽约千余平方米，其上绿树成荫，崖壁上藤蔓缠绕，人迹罕至。令人称奇是顶上有泉水。林中的腐殖土里，生长有天麻、香菇、灵芝、天冬等名贵中药材和山珍。船沿三岔河库区上行，有“小三峡”的美称。峡谷入口处，千米长库区宽敞明亮，随之两岸悬崖峭壁、崇山峻岭将湖水紧紧围住。右边湖水撞击岸边燕子洞，又被反弹回来，洞壁上岩浆凝成钟乳石，神似千万只燕子吸附其间。过燕子洞，进入“小三峡”。这里，悬崖林立，直插湖底，峭壁森严，倒刺青天。幽蓝湖水，给人一种凉飕飕感觉。前行，一股吊桶粗细的悬泉，破崖而出，撞崖击壁，捣珠碎玉，飞漱湖中。前行，半崖中传来“呜”“吱”猴鸣。数十只顽猴在半崖间，有的攀援悬崖，有的在树枝上跳跃，有的侧身注目游船，抓耳挠腮。上行1个多小时，两边一座座青山相连，一层层梯田绕行其间，一条公路倚山蜿蜒而下，跨过一座钢混结构的弓形大桥，即是凹水河大桥。坐船从化屋基沿六冲河上行或从六冲河下洪岩码头，景色最佳处要数大河边、点葫芦、甲卧、卷洞门、三岔河河段。大河边前方峡谷口，一青色石山高约80余米，形似屏风，与右岸数道石梁相对，山岚横行，仿佛锁住水路。阳光迷茫的早晨，山色深沉，水波清静。点葫芦口最有三峡意境，两边石山斜交水面，中间远山三峰高耸，山体青灰微茫，山顶白雾秀云缭绕，神奇飘逸。甲卧河段峡谷，谷口两山对峙，绿荫密布，中部称人头山石坡突然切入水面，其后山峦隐约四五层，山色由深黛往后变成浅灰，由浓至淡，一派朦胧美感。卷洞门峡谷的两坡如相对张开两扇门，门内两平缓石山相对如小门微闭，给人一种“天门中断楚江开”感觉。回望驶出的峡谷口，湖岸秀峰山峦，形态各异，神态万千。化屋基三岔河口，百余米长，数十丈高船形山横亘在河口，临河石壁如刀砍斧劈的巨幅壁画，与左右高耸的灰白石崖对峙形成通往鸭池河雄峻的峡谷。

洪家渡水库　2004年4月洪家渡水电站大坝竣工而形成。水库干流回水长84.89千米，库容44.97亿立方米，水面80.54平方千米。库区山峦重叠，山地丘陵、盆地，交错分布，融喀斯特山水风光、人文景观、民族风情为一体。湖尾距九洞天风景区1.5千米，距东风湖坝区40余千米。库区中有以下景区。

1.洪家渡电站大坝景区。此处置有度假、游乐、游船码头等设施，可游观高179.5的水库大坝。

2.寄仲湖休闲度假区。此处水面开阔、多汊多港湾，湖岸多缓坡山丘，湖右侧岸边筹建水上乐园，含游泳、游乐、射击、跑马场地和自行车赛道及康乐中心；在3000余平方米的果园内，享受农家乐田园美食；五里乡境湖岸右侧观洞天湖地观音崖；在小坝村牧马场，欣赏水西马。

3.凹水河峡谷寻古探秘体验区。此处可观峡谷岩、游奢香古驿道、大渡河桥，彝文古碑刻、西溪大桥，欣赏锦星乡境茶艺表演和品当地所产茶。

4.六圭湖彝族文化风情区。此处可观平静湖水、幽静湖湾、伸入湖区半岛，体验彝族风情、观彝族庄园和大方县湖岸从古生代寒武系起经奥陶系—石炭系—二叠系—中生代三叠系—侏罗系到新生代第四系不同地层古生物动植物化石之地。

5.白布河峡谷风光景区。在宽50～2000米库区内，可观四面环山，绕绿拥翠，山环水，水抱山，山水相连的高峡平湖，赏峡谷关隘，看地质构造，上岸游千岁衢、观彝文碑刻和仙字洞景观。

6.水西山水画廊观光景区。可观湖岸大寨，小寨体验布依族民族风情。

7.纳雍县境木空河乡村景区。此处为游人在湖区休闲旅游之余，上岸观苗族风情，看苗族跳花舞，游古战场营盘遗迹。由此上行1.5千米即可到九洞天风景区旅游。

**乌江渡库区风光**　1979年建乌江渡水电站而形成。干支流共回水156千米，将原来30余个峡谷、10余个槽谷夷为平湖。从黔西县素朴与修文县六广之间至野济河入乌江库区有7峡25景。从白马峡起，依次为猴愁峡、飞龙峡、赤壁峡、象峡、剑劈峡、恋春峡；有名景点苍鹰搏击、白马奔野、长虹岩、镇龙峰、花苗绣裙、雄狮啸天、青龙洞瀑布、翠岭恋春、姊妹峰。金沙县与修文、息烽县之间界河库区段，林、泉、洞与山、水组合，构成雄、险、奇、秀天然景观。从金沙县化觉码头乘船而下，湖水时而开阔时而狭窄，时而水回峰转，时而水天一色。“大鹏展翅”以下30余千米，峰峻水秀，沿途有仙人洞、刀削岩、鲤鱼跳龙门、腰线岩、悬洞等天然景点和三丈水森林公园；有清康熙年间，水西宣慰使安坤据险抵抗吴三桂的柏坪花间营盘；有1935年3月29日，红一方面军四渡赤水后，在后山乡大塘口、江口、梯子岩等地，南渡乌江转战云南，北上抗日的渡口；有建在金沙县后山张家垭口的钱壮飞烈士墓及陈列馆。

**索风营峡谷**　为修索风营水电站形成的库区。水库容2亿多立方米，水面5.7平方千米，峡谷库区长36千米，两岸奇峰挺拔，悬崖险峻且多瀑布、溶洞、古树、奇石。两岸秀丽群峰，夹岸排列，各显异姿。从水面望天空似“一线天”。两岸岩壁经风雨剥蚀，形成形态各异的自然花纹，如一幅幅色彩绚丽的山水画卷。水道曲折，滩险水急，右侧老鹰岩，形如苍鹰凌空展翅。上行到黔西县铁石乡花桥村与清镇市暗流乡沙田村之间三盘索子桥，一棵拳头粗绳索系于两岸岩石上，两岸行人用溜筒滑绳而过。

**三丈水森林公园**　位于金沙县后山、官田乡、沙土镇之间，乌江渡水库岸边，面积66.5平方千米。其内植物茂密，4000多公顷。乌江渡水库碧绿如蓝。景区内原一冒水洞，长年流水不

索风湖

断，不时有金黄色鲤鱼从洞口出入，每逢雨季，一日内洞内出水三涨三落，故名三丈水。乘船从乌江渡库区进入三丈水，右岸岩壁似一仙鹤。前方姊妹岛。岛后近似月牙湖，5公顷水平静如镜。湖左上方，一高大天生桥（上穿洞），壮观宏伟；右方不远处三丈水溶洞，高1.7米、宽2米，进深3.5千米，下船进洞游览，洞内支洞3个、宽大洞厅8个，石柱、石笋、石钟乳各异。景区内王家坪溶洞共3层，上层高大宏伟称云霄宝殿；中层金碧辉煌，称金銮殿，与之相联水帘洞溪，峡谷幽深。溶洞内除有多姿石钟乳外，洞壁上还有酷似文字的象形花纹，是人为，还是自然形成，至今还是个谜。从水尾翁贡水弃船徒步涉水而上，沿途溪流、峡谷、森林、悬崖、巨石组成峡谷风光，更富诗情画意。转从翁贡水支流那杵河源头响水沟顺势而下，一路流水叮咚，有峰丛、洼地、伏流、溶洞做伴；下游桃花谷，水流奔腾形成4级瀑布，落差40余米，水花夹雾气迎面而来，令人神清气爽。步入乌江库区主航道，两岸大悬崖、峰丛、村寨共同构成人文与自然风光景区。

**油杉河景区**　位于大方县东北部的雨冲乡，由油沙河、曾家寨、金星、草坝和星宿乡漆树、合山、峻岭村构成，景区面积148.9平方千米。326国道穿过景区东南缘，715县道穿过景区西南缘，隔九龙山山地，与百里杜鹃景区相邻。景区内一般海拔1400米以上，最高点后河天门峰海拔1810米；最低处油杉河出大方县境处海拔800余米，相对高差350～1000米。河流、沟涧10余条。形成巉岩峭壁、深壑幽谷、山高水低、大起大落的典型喀斯特峰丛切割槽谷地形。油杉河路险难行，使大面积原始森林和次生林得以保存。其中乔、灌木50多科，100多属，300余种。森林覆盖率80%以上。众多植物中的福建柏，约10万株，连片生长3万余株，50多公顷。被村民视为神树红豆树，其中一株树龄约600年以上。由78株组成银杏树林，胸径1米9株，最大一株胸径2.1米，整个林子枝叶繁茂，遮天蔽日，状若山丘。称之为千年矮黄杨树，其中特大3株长于古墓上，树干盘根错节，树冠圆浑蓬茸，苍翠欲滴。林间有古朴苍劲白杨树、硕大古丝栗树和杜鹃，还有许多不知名树木、植物。油杉河源头响水河及支源后河，分别流淌15千米后汇合，其落差达700米左右。河水时而汹涌奔放，时而连绵跌宕，时而宁静幽邃，时而平缓舒展。天门峰，诸峰之首，群峰皆环拜拱卫，玉壶峰、神女峰、文笔峰、孔雀岩、母子岩、夫妻岩、望夫岩、擎天石等诸峰神采飞扬。响水河畔贴肚岩，200多米长绝壁巍然耸立，到油杉河下游路突然在此中断，只好借壁上天然隙缝作栈道，行人路过，须贴着肚子擦岩而过，身后百米峭壁毫无遮拦。登临响水河中部马鬃岭，环顾四周，山峦沟壑一览无余。宣慰屯，当地人称仙宇蹬，乃油杉河第一名山，山麓响水河、后河汇合成油杉河，此山平地拔起，三面环水。顺看如擎天一柱，侧看似巨大屏障，远看群峰一峦，近看削壁千仞。登临极顶，可见一小观音庙，其下河段，茫茫“林海”，至今少有人涉足。

**冷水河自然保护区** 位于金沙县西北平坝乡三岔，大田乡大田、绿竹，箐门乡箐门、红梓，太平乡环路、太平，石场乡石场，桂花乡滥坝结合地带。冷水河长征电站大坝以上流域28.3平方千米。保护区东临740县道。2002年，金沙县修建740县道上湖水至冷水河旅游公路，以方便旅游探幽。保护区内海拔700～1500米，河谷两岸岩如刀削，河床狭窄深陷，阳光甚少。至今仍保持原始状态。沿河两岸奇峰突兀，古木参天。两岸高等植物不下500种，四季常青。树木中，不乏分布众多古树，树龄多在250年以上。珍稀植物有南方红豆杉、福建柏、百日青、三尖杉、天师栗、香果树、厚朴、黄檀。保护区内冷水河，流水清澈见底，从源头至长征电站水库近20个瀑布相连成群。湖四周四大山岩，临北石峰，形如回首少妇，远眺南岭似盼郎归，取名为金子岩；西北高岩犹如被刀削下，直插河中，岩下有一长1千米，宽仅0.66米的小道，取名腰线岩；东南“荫夹沟”出口，两岩间距不到10米，相向而立，天空如一丝银线，名一线天，又名两合岩；两合岩一侧，一清泉从200多米高岩顶倾泻而下，紫烟升腾，声振数里，故名彪水岩或名彪水岩瀑布。湖四周竹木丛生、清山滴翠，倒影如画；湖内常有野鸭成群飞来，亦是鸳鸯常驻游弋之地。坝下河道和引水渠至电站厂房4.25千米地段，河水迂回曲折，时伏时出，沿岸7个溶洞，洞内钟乳石各具特色。保护区有长40厘米，直径3厘米大蚯蚓和大鲵、红腹锦鸡、红腹角雉、猴、穿山甲、帚尾豪猪、狼貉、江西豺、水獭、猪獾、大灵猫、果子狸、林麝、小鹿、毛冠麝、苏门羚、野猪、金钱豹等，还有多种鸟和蛇类。

**西洛湖风光** 位于金沙县城西北13千米平坝乡境，地处乌江和赤水河分水岭地区。景区有一坝一湖两山。出县城过吊匡岩，进入连绵10余千米长，3～5千米宽的西洛大坝，仲春油菜花一片金黄，金秋稻浪起伏，蔚为壮观。坝子中小桥流水，鸭凫鱼游。西洛湖，为人工湖，水面56公顷，最深处40余米。湖周山岭绿荫蔽日，白鹤飞翔；湖心4公顷大小岛屿。湖区西侧石仓林场，有林地4600多公顷。其间，600多公顷杉木林郁郁葱葱，与岩溶奇观遥相呼应。林间众多清泉，缓缓流淌，或成瀑布或为湍流。湖区有太平山等数十个山头，由金沙县湖水高原营林生产合作社多年实行封、管、造、营，形成2600多公顷林地，森林覆盖率50%以上。林间原有珍稀树种福建柏、三尖松等苍劲挺拔；新植水杉、栀子、漆树、杜仲、盐肤水、滇柏、黄檗郁郁葱葱，林间套植金银花和魔芋，生机盎然；步入林海，倍感清爽舒适。

**天河公园**　位于毕节市西北郊约2千米。20世纪40年代初，曾动工兴建雷瀑新村公园，未成。1993年，省、地水利部门支持，毕节县水利部门筹资约200万元在倒天河水库大坝以下河道南侧起建，占地1000平方余米。北侧是花园式水厂。公园入口是仿古四柱三门二层重檐土红色钢筋混凝土结构牌楼，门前雄踞一对红砂石雕狮。进牌楼左侧门与23米的长廊连接，长廊末端与顶长25米、高4.7米流线型滚水坝相接。出长廊左拐跨高拱桥，沿狮子山麓傍水混凝土小径穿凉亭，跨过钢筋混凝土结构巨龙上小经。小径尽头右侧，一长15米木板浪桥跨于河面。小径前是一座高约10米的八角形荷亭。亭内围栏座椅相对排列，亭下菱形荷池塘凹凸处设置石质方桌和石礅，供游人小憩。池水明如镜，幅幅荷叶飘水面，成群鱼儿忽隐忽现，在荷叶丛中追逐。荷亭至水库大坝建有5个水池，第1个普通游泳池；第2池为跳水游泳池，设有高低3个跳台；第3池为标准游泳池；第4、第5是赏鱼池、钓鱼池。5个水池呈现多字形布局，池边置太阳伞遮荫，旁有休息室10间，男女更衣室35间，男女淋浴室各1间。在游泳池左侧沟渠上，建有面宽2米、净空高2米、跨度3米传统石拱造型云桥，桥右端台地上一片草地和500平方米露天舞场。拾级而上，到灶拱山麓小吃一条街和“怡园”。怡园内植有牡丹、芍药、玫瑰、紫丁香、白玉兰等名花异草。怡园与狮子山麓天河宾馆相对应，中为停车场。出怡园，沿西南方向水泥小径，一路上有12生肖塑像、贞寿石坊、碑林到观音洞。登灶拱山陡峭石级，进入山腰“仙岩洞”。洞前人工开凿平台，可凭栏静观水库大坝雄姿和千亩碧波湖面。洞内分上下层，中有一池相隔。洞深百余米，宽20余米，钟乳石琳琅满目。出洞登山顶凉亭，近看与狮子山顶凉亭两厢对应，狮子山如一头正欲跳跃的雄狮；脚下灶拱山俊秀挺拔、浑厚雄状；公园精巧玲珑；远眺点点村落，散居湖畔。公园内水杉、银杉、银杏、棕榈、桂花、樱花、龙柏、玉兰等挺拔俊秀、郁郁葱葱。灶拱山与狮子山之间垭口、置有公园南大门，关隘式的城楼大门高4米，边长12米，城楼门前有一对石狮，默默守护。

**拱拢坪森林公园**　位于毕节市西南326国道旁，距市区41千米。景区平均海拔1800米，森林15.24万公顷，森林覆盖94%。公园内溪流纵横，红旗、金鸡塘、阳鹊溪水库各具特色。公园内有约2000公顷的华山松、柳杉等人工林，有针阔叶混交林、杜鹃灌木林、刺竹林等植物景观，还有高原沼泽湿地、草地。园内有长500米、宽200米、深300米的天坑和宽300米、高100米、蜿蜒4000米的地缝及百米飞瀑。2005年，国家林业局将其定为国家级森林公园，现已开放天坑奇观、柳杉茂林、杜鹃花山、阳鹊溪水库、天宝峡寻宝、野角谷地缝、水井王冲草甸等景点。

**七星关峡谷景区**　七星关山、沟壑纵横，绵延数千米。其间7座山峰形似七星，俗称七星岩。七星关自古以来上扼入滇咽喉，下控巴蜀之门户，为军事要隘。据《汉书》《元史》《七星桥碑记》记载：七星关与胜境关、娄山关为贵州省三大关隘。新建成长193.25米的七星关大桥跨越七星河，326国道穿行其间。沿七星关古桥边汉初修筑的南夷道石梯而上，灌木掩映崖壁上有七星关摩崖《应星桥记》。另一块则刻在峭壁上“汉诸葛武侯祃祀处”。摩崖旁有观音洞和观音阁、阁前牌坊遗址。沿摩崖洞旁驿道而上到“七星窝”，当地人称“仙人脚迹”，紧邻有马蹄印3个。再上行是红六军团政治部主任夏曦墓和夏曦烈士纪念碑。上行200余步，到毛公建牌坊处，现仅存1米高石座1个，座上雕刻的7条龙活灵活现，“奉令建坊”4字清晰可辨。牌坊后百余步，便到七星关千户所城遗址。旧城遗址建于明洪武十五年（1382年），周长450丈，雉堞800垛，设东门、北门。站在古城遗址上，遥望逶迤群山，奔流六冲河，河对岸平山乡层层梯田和鱼池、樱桃历历在目。

**韭菜坪石林** 位于赫章县城南54千米的珠市彝族乡以那片区，亦称千亩石林。石林内石峰林立，奇石密布，造型奇特，风姿迴然。石林景观分为三部分。一片为藤石相缠盆景式景区。一片以裸石为主，石峰嶙峋。另一片是石中有水，水间有石，石水相抱。在石林地下，多有溶洞，不少溶洞相互连通，大小不一，洞中有洞，幽深莫测。洞内石帘垂壁，钟乳石晶莹剔透，千姿百态。以燕子洞最有名、最为奇险。洞口呈圆形笔直而下，深不可测，洞口神奇长出一根石柱，洞内数以万计燕子栖息。不远处，1330多公顷草坪与石林紧紧相连。2003年，韭菜坪被定为省级风景名胜区。

**赫章国家森林公园** 2004年，国家林业局批准建立。

1.水塘景区。326国道穿林而过，西距草海51千米，东距赫章城关15千米，北距可乐50千米，南距韭菜坪石林40千米。园内植物覆盖98%，植物250余种，其中属国家重点保护植物12种。各种野生动物30余种，大小溪流10余条。绿林中有公鸡寨水库，库容116万立方米，其泄水下游形成瀑布、潭水8个。漫步林间道路，松、杉等高大植物与竹类、蕨类植物相伴相依。景区内有珙桐园、红豆杉园、牡丹园、紫薇园、杜鹃园、中草药植物园、蕨类植物园。公园内设有停车场、打靶场、观鱼池、动物园、餐馆等，既可休闲、娱乐、避暑，又可品尝美味佳肴。

2.平山景区。位于赫章县城东约30千米，326国道穿林而过。景区16.58平方千米。进入林中，一缕缕微风带着清新醇厚气息沁人心脾。镶嵌在林中扇子田水库，荡小舟其上，让人心荡漾。平山大小山塘、水库16个，闲暇可垂钓于一泓碧波。

**斗篷箐森林公园** 位于纳雍县城雍熙镇南，面积1万余亩。斗篷箐大山泉涌清溪，在山间构成一瀑布群，进公园一瀑布高悬10米，宽3.5米有余，在阳光照耀下，呈现五颜六色光环。顺山而上前行500米是一处三叠瀑布。溪水在磨光大顽石的平面上缓缓流下，第一级未有水花，悄无声息涓涓流下。二叠瀑布汇入三角形水槽，在急陡而凸凹不平的水槽中溅起一串串水花。在高约1米左右的平缓处分成几绺，有的在灌木林的石缝中若隐若现；有的若滚动冒泉，直泻深潭，此即三叠。在浓密大森林半山腰映山坡林中，吊兰花、朝天罐、鸡冠花、杜鹃花，各具姿色。钻入箐林，到处是猕猴桃、野葡萄、山梨子、大毛桃、小板栗、胖拈胶。夏天，还可采摘蔷薇果、牛角莓、栽秧莓、荞饭莓、红茨莓、白草莓。经雍熙镇、县林业局、水电局踏勘、划界、规划，斗篷箐成为人们休闲、度假地。

**灼圃草场** 位于威宁县雪山镇境，距县城50千米，平均海拔2400米以上，景区面积1.2万余公顷。是中国著名畜牧学专家蒋为兰亲自带队建设的中国南方畜牧业基地。天然牧草有羊茅、发草、梅氏画眉草、金雀花、百脉根、鸭芋、牧地香豌豆、蛇含萎陵菜等数十种，栽种有多年生黑麦草、多花黑麦草、红三叶、白三叶、紫花苕子等。灼圃草场，曾有加拿大、美国、澳大利亚、新西兰等10余个国家专家、学者考察、观光。亦常有踏至灼圃旅游、观光者。

**妥打自然保护区**　位于雪山镇南部，洛泽河、拖洛河上游分水岭地区。保护区600余公顷，林灌覆盖80%。林区一片葱绿，高大白栋、川滇桤木、云南松，低矮的大白杜鹃、火棘、胡颓子、滇榛、矮生椽子、南烛、红果蔷薇穿插其间，地面是密密匝匝的蕨类、过路兰、仙鹤草。林间有鸢、雀鹰、普通鹰、白尾鹞、红隼、白冠长尾雉、白腹锦鸡、灰鹤、红翅绿鸠等鸟类130多种，穿山甲、斑羚等20余种动物。

## 第二节　人文景点

**织金古城**　清朝以前称比喇，清初易名为平远，1914年改称织金。织金城坐落在群山环抱小盆地中央，古有72泉，享有泉城美誉，又因山清水秀、泉美洞奇、气候宜人而素有小桂林和小春城之称。城区内各种奇峰异石、摩崖石刻、庵、阁、寺、庙、绿树、碧潭、拱桥、飞瀑相映成趣，构成优美山水画卷。其中文物古迹达74处之多。1992年6月20日，县城被列为省级历史文化名镇，是观光游览、休闲度假、访古寻踪之地。其著名景点有：

1.财神庙。位于县城中，始建于明末，重建于清乾隆四十八年（1783）。木结构，38脊，4重檐悬山顶式，成宝塔状；十八翼角底下系18个铜铃，每个翼角下均用各式各样兽形木雕撑拱。底层通面宽16.76米，进深12.15米，并列5间。2、3、4层按比例逐渐收缩，均由脊梁正中伸出呈宝塔状。挡山边脊檐，由侧面观之，形成3个重叠人字形。所有门窗为镂空雕或浮雕的各类花纹或图案。1986年故宫博物院研究员、古建筑专家单士元亲临织金考察评价“财神庙是特殊古建筑，国内没有见过，只有日本大阪无寿阁与此类似”。

织金财神庙

织金东山

2.东山寺。位于织金县城东郊一突兀石山腰间。建于清康熙八年（1669）。寺庙由山门、前

织金鱼山黑神庙

殿、正殿、钟楼、观音阁构成。阁前俯瞰，全城尽收眼底。寺、阁间有108级曲折石径相连，石径左沿栏杆由108节石龙构成，头起于阁旁，尾止于寺后，蜿蜒起伏。东山上有3层溶洞。上层观音阁后慈云洞，洞内钟乳石形似观音。中层打拳洞，洞内宽敞平坦，是昔日僧侣习拳练武之地。下层由大小不同溶洞构成，分布在山麓东南一带，形成洞上、洞下有洞，洞中有洞。山上石刻壁题共16处。西南山麓，原有七级石塔数座，现尚存建于清乾隆三十八年（1773）、嘉庆三年（1798）佛塔两座。

3.鱼山。位于织金县城东北郊一小圆山上。清代，相继在山上建有黑神庙、济账亭、藏书楼、且住亭、鱼池和花圃，并有名人题词摩崖多处。鱼山南面隔猪巴巴龙潭、黄泥龙潭、瓦窑龙潭和隆兴寺构成“三潭滚月”与东山寺对峙，西濒大、小堰塘组成双潭对镜（俗称双堰塘）奇妙景观。

4.保安寺。在县城东北11千米处，307省道旁一独秀石峰西洞处，距织金洞9千米。寺始建于清道光二十四年（1844），前临仲机河，河岸一片田畴，寺庙由保安寺、观音阁、地母庙3座建筑物组成，是国内古建筑中享有盛誉的附岩建筑。

5.马厂森林公园。在县城西南3千米处。1958年6月，经省林业厅调查设计后，县政府在贯城河上游广衮山原上建桂花林场，营造针、阔叶林，共1750余公顷。马厂森林公园绿化300余公顷，连接1500多公顷葱茏山岭，岭上10余种杜鹃花。

**凤山寺**　在县城草海镇东北0.5千米凤山上。凤山寺由正殿、左右配殿，前殿组成，占地5000平方米。建寺时间不详，清咸丰七年（1857）七月，烧毁山门及两边厢房。同治六年（1867）四月重修，并增设山门前戏楼、正殿后三清殿、小观楼、大观楼。其建筑布局由南向北依山势逐级抬升，寺周古树参天。1966～1976年，“文化大革命”中，凤山寺遭受损坏，主体建筑尚存。1983～1988年，政府拨款、社会集资修复凤山寺，山前砌300余米石阶，建通山公路，寺周植华山松、水杉、扁柏、刺槐、榆树等7万余株。

**奢香墓**　位于大方县城北郊洗马塘畔。明洪武二十九年（1396），贵州宣慰使摄政奢香病逝。明王朝遣使参加祭奠葬礼，加谥为大明顺德夫人并赐以朝衣锦帛，按正三品规矩结合彝俗墓建风格营造。清康熙三年（1664），吴三桂剿水西，毁于兵燹。清道光十三年（1833），再次营造。后虽经修护，到1949年时只存清代石墓和罩碑。1979年，大方县将墓修复。1985年，国家、省、地、县政府拨款修葺奢香墓。奢香墓，规模、结构恢复原貌，墓园占地2万余平方米。墓前依地形筑砌两道保坎勒石平台，各高1.5米。第一平台长46.8米，中为9米宽9级踏垛，踏垛左右为栏板、立柱浮雕各3块，平台左右用36块白石双面虎头纹图案浮雕栏板、36根石虎头立柱镶嵌而成；第二平台长23.4米，中为9级踏垛，左右各安栏板。

奢香墓

**中华苏维埃人民共和国川滇黔省革命委员会大方旧址**　坐落在城关文星街福音堂内。1936年2月6日，中国工农红军二、六军团长征占领大定，7日正式成立中华苏维埃人民共和国川滇黔省革命委员会，办公地点设在福音堂内。2月17日，川滇黔省革命委员会迁驻毕节。1985年，省、县两级政府拨款修复主楼为3层楼木结构建筑，中楼正面悬挂1984年1月萧克将军书《中华苏维埃人民共和国川滇黔省革命委员会旧址》横匾，底层为接待室，中、上两层为陈列、展览室。

**历史名城大方镇**　始建于明崇祯九年（1636）。清朝曾是大定府治所，民国时为大定县治所，中华人民共和国成立后为大方县治所，数百年间，留下一定数量的文化遗迹，为人们的游览之地。

**奢香博物馆**　位于墓园东南，占地1600平方米，为中国西南地区第一个以民族历史人物命名的历史博物馆。全馆由门厅、中堂、后楼、廊房组成。正门石阶下草坪上塑立奢香夫人铜像。全部建筑为青砖墙面，青瓦屋顶，红漆廊柱，雕花门窗，牛脚斗拱；歇山式屋脊，两端角挑呈现蛟龙翘首之状；坎肩式排列的半门半窗配有精美木雕鹿、鹤、雁等图案。馆内置6个陈列室，收藏彝文碑刻、古彝文文献、钟铭、木雕、青铜器，彝族服饰、民间乐器、民俗物品，大方县农民画等。

**将军山战役遗址**　1936年2月17日，中国工农红军二、六军团及中华苏维埃人民共和国川滇黔省革命委员会撤离大定，红17师行至距大定县城6千米的七家田村，遭遇围追堵截的国民党中央军万耀煌、郝梦龄部，红17师的50、51团与敌军激战1个半小时，全歼敌军7个连。1986年，毕节地区行署、大方县政府拨款在七家田村杨梅坡立纪念碑以示纪念。整个建筑占地3200平方米，从山麓建108级10.4米宽混凝土踏垛上至广场，踏垛中留2米宽花池。广场占地1140平方米。前安两道立柱混凝土花板栏栅，后面靠山筑长40米、高1.92米保坎，左右通环山小径路，也立有混凝花板栏栅。广场中央纪念碑，高13.35米。其中碑座高2米，长宽各3.5米，四方嵌大理石，前后刻正楷直书铭文，左右刻战场画面。碑身基部2.2米见方，向上延伸15.35米成塔形，正面嵌大理石，上刻萧克将军书“将军山之役纪念碑”。碑顶为1.95米宝盖。

**九层衙遗址** 位于大方城东7千米羊场镇陇公村五指山。唐总章二年（669）为彝族君长莫翁居住，又为唐万岁通天二年（697）旧姚州遗址。衙接彝族“九扯九纵”的等级秩序而建。总占地7000平方米，石基均以等块条石扣砌。衙东半里许有石围井1口。左后山旁系街市，右山湾处为花圃鱼池。衙院早圮，惟余九层土和石阶基础。头、二、三层有小段石基，土中留存大量残砖碎瓦。

**中国航空第一发动机制造厂旧址** 位于326国道线上羊场镇，距大方县城12千米。1943年建成，生产赛克隆G105型航空发动机。全厂占地120万平方米，分生活、生产区，生活区设在地表，生产区设乌鸦洞内，洞分3层，底层990平方米、中层800平方米，上层700余平方米，幽静宽敞洞厅是当年精工车间所在地。距乌鸦洞1.5千米清虚洞内是附属发电厂、翻砂厂、螺旋桨厂，洞内厂房虽已毁废，但岩溶沉积物却是一大景观。经贵州省青年探险协会、省科学院山地研究所、贵州师范大学地理系实际考察、测量，清虚洞实为巨大天生桥，总高178.25米，净空高105.58米，拱跨最大处127.35米，最小处77.69米，桥身长400米，宽200米，超过1993年吉尼斯世界纪录黎平县高屯天生桥。

**阁鸦古驿道** 位于大方县城西北10余千米东关乡至双山镇之间。是明洪武十七年（1383），奢香夫人主持所开龙场九驿之一。全长15千米，今仅存5千米，宽3～4米。驿道为石阶梯，依山傍水，蜿蜒曲折。驿道上有落脚河古桥。1980年4月，清（镇）毕（节）公路改线，在古桥之上建成长128.4延米落脚河石拱大桥，又名桥上桥，枯水期古桥依稀可见。古驿道、落脚河大桥与300余米处悬崖之上飞架的毕节大桥古今相映。

**赫章可乐古遗址与古墓葬文化遗址** 距赫章县城60千米。彝文典籍《西南彝志》称可乐为柯洛洛姆，与当时的轮古洛姆（成都），勒波洛姆（昆明）齐名。历史上曾有过300多年的兴盛，后来神秘消失。1959年起，经数十年的发掘，在可乐地方发现大量古资料和文物，呈现以下文化遗址。

古遗址有：1.汉代前遗址。分布在可乐坝子北部柳家沟，亦称柳家沟遗址。遗址高出可乐河河床50米，共分3个堆积层。第一层厚20～80厘米，灰褐土内夹有红烧颗粒土，出土陶片较多。第二层厚50～140厘米，红烧木炭层，遗物为石器、陶器等。第3层厚80～140厘米，黄色土，以陶片居多，经整理有罐、杯、碗等，陶质为夹砂粗陶。石器有打制、磨制2类，分刀、凿、钵、斧、磨石、弹丸等。

2.汉代遗址。位于粮管所至姜子林包一带，长400米，宽250米，高出河床30余米。遗址从东到西分前、中、后3部分。前部出土大量兵器，东南侧有夯土城墙，东北面为悬崖；中部出土钱币和生活用具；后部出土石磨盘、擂钵等。出土文物做工精细，其造型和花纹具有中原文化特色。

古墓葬有：分布在河边、水营、柳家沟、陆家坪子、姜子林包、猪市包、祖家老包、罗家责任地。有以下几类：

1.汉前古墓葬。主要分布在可乐河南岸，以祖家老包居多，墓型为长方形竖穴土坑，规模小，无封土、无棺椁。葬俗属全国罕见“套头葬”，死者头部用篾席等编织物包裹，套以铜釜，双足套铁釜。随葬品最多者10余件，置于头部、腰部，以陶、铜、铁器为主，无金银饰品，有生活用具、生产工具、兵器和少数漆器及一些骨、料石等。

2.汉代墓葬。分布在可乐河北岸坡地上。墓型规模较大，有棺椁、墓道。分砖石墓、土坑墓2类。砖石墓有单室墓和夫妻合葬多室墓；土坑墓分长方形竖形土坑和带墓道竖形墓坑。随葬品有生产工具、生活用具、兵器、装饰品和钱币等，质地为金、银、铜、铁、玉和编织物；另有“摇钱树”、陶屋、陶制水塘和稻田模型，陶猪、鸡、牛、羊等冥器。

3.辅处汉墓群。位于可乐西南20余米辅处，1958年兴修水利中发现铜鼓、多处古墓和随葬品。1960年11月～1979年，贵州省博物馆多次组织人员考察和征集民间文物，其墓葬群分布于辅处与威宁县交界洛泽河两岸丘陵上，墓葬方式与出土文物与可乐相同。墓葬有土坑墓葬、砖墓葬、石砌墓葬：出土有铜鼓、兵器、生产工具、生活用具、装饰物、钱币等。其中一面铜鼓，数件兵器收藏于省博物馆。考察时还发现分布具有一定规律的古炼铜窑子、窑子形似葫芦，小口、鼓腹，深约2米，口仅容1人上下，内部火烧痕迹呈深红色，结构坚硬，无回填土。

**梯子岩红军战斗遗址**　位于大方、纳雍县之间九洞天风景区中梯子岩，又称鸡飞岩。1935年4月15日凌晨，中国工农红军第九军团长征途经大定猫场，遭国民党黔军第六团和地主武装袭击，造成伤亡400多人。红九军团经过一天一夜战斗，突出重围，通过梯子岩天险，顺利地向纳雍方向挺进。1985年，大方县人民政府在猫场小学广场靠街处建占地1000平方米，高3.48米的平顶塔式纪念碑一座，以缅怀在猫场战斗中牺牲的红军英烈。

**化屋基苗寨**　位于东风湖三岔河畔，由东西长4.5千米，南北宽3.5千米，由3个苗族村寨组成。这里居住的上百户苗族人家，仍保留独特民俗风情。化屋基苗族属歪梳苗支系，能歌善舞，其无伴奏多声部民歌，堪称一绝。多部声民歌、民舞、民风、民俗独具一格，有贵州省苗族歌舞乡之称。每年农历三月十二日，湖畔岔河村花坡节，有多声部无伴奏演唱。

**大屯土司庄园**　位于毕节县东北部，距市区100千米，是赤水河流域八大土司庄园保存最完好的一座。大屯土司庄园系毕节彝族余氏土司庄园，清道光元年（1821），由余象仪主持始建，其子余建文按唐代建筑风格仿日本招提寺格局并结合彝族风情扩建而成；庄园坐东南向西北，占地6000余平方米。具有较高的建筑文物价值，为全国重点文物保护单位。

**三官寨**　位于大屯乡境，距土司庄园3.5千米。三官寨民风古朴，风光秀丽，保持着源远流长彝族文化和古朴的生活习俗，是贵州省20个重点民族文化村镇之一。当地居民保存独特的民风民俗、语言、文字、服饰。收藏的彝文古籍，有坝数、额数、周数几类。内容涵盖天文、地理、历史、物始、命理、历算、宗教、哲学、伦理、道德，极具有重要研究价值。现其中一部分被征集珍藏于毕节地区彝文翻译组，一部分收藏于寨内陈、王、罗等姓氏家中。

**观音洞文化遗址**　位于黔西县沙井乡锦山村境，为旧石器文化遗址，距县城30余千米。南距东风湖风景区下红岩码头8千米。洞四周群山耸立，林草覆盖，坡地半山腰露出洞口。洞为石灰岩，高出洼地15米，海拔约1450米，主洞长90米，宽2米～4米、高2米～8米，中段洞向南、向北分开，分别长15米和30米，宽1米～2米。1964～1973年，经4次考古发掘，共出土4000余件旧石器和23种哺乳动物化石。经专家考证，石器经人工打制而成，其加工艺术和复杂程度与北京人的石器相似，也有较明显差别，确认这片地方20多万年前就有古人类活动。2001年，沙井观音洞被列为国家文物保护单位，考古界有“北有周口店，南有观音洞”之誉。

**水西公园** 位于黔西县城东郊，占地6万平方米。民国元年（1912），由乡人姜皤溪选址筹建。经数十年建成，内有彝族女英雄奢节衣冠坟、观音阁、文峰书院、尚书坊，有楼、寺、亭、阁、池、花圃、假山。为游人休闲娱乐之佳处。

**古象祠遗址** 位于黔西县城东20余千米素朴镇牛场村境，南距321国道4千米，东距贵阳70余千米，与六广河特大桥、六广河景区、索风营峡谷景区相邻。象祠所在九龙山主峰灵博山，占地600余平方米。明、正德三年（1508），水西贵州宣慰使安贵荣出资翻修象祠，请王阳明作《象祠记》，后被收录于《古文观止》一书中，流传至今。象祠平台前左右两端，对称耸立两根高约12米，周长约10米天然石芽，当地居民称之为麟角或龙角。石芽下分别有泉水流出，人称龙眼或龙泉。象祠奉象，国内少有。

**李世杰墓** 位于黔西城南15千米的雨朵镇扯泥坝村。初建于乾隆六十年（1795），占地2238平方米，分天、地、人三台。墓地立有御碑、华表、石人、石马、石虎、石羊。墓院位于田坝小山上，四周青山环抱，景色秀丽。

**钱壮飞烈士墓和烈士陈列馆** 钱壮飞，浙江省湖州市人。1934年随中央红军长征，遵义会议后任中央军委副秘书长。1935年3月29~30日，中央军委进抵金沙县沙土，准备南渡乌江，钱壮飞只身深入敌封锁区后山乡乌江边上侦察敌情，踏勘渡江路线，不幸被当地土匪杀害。后由当地群众将遗体埋葬于后山乡梯子岩。1977年8月，迁葬于张家垭口公路侧。2003年，国家安全部、省安全厅、中共贵州省委党史研究室、中共毕节地委、行署、金沙县委、政府斥资81万元再次修葺钱壮飞烈士墓，并在墓附近建钱壮飞烈士陈列馆。

**安底温泉** 位于金沙县安底镇023县道上。安底镇街西部小龙井村内温泉水源自地下1278.62米深处，常年水温48℃，流量15升／秒。属质地优良复合型硫、碳酸—钙、镁、钠型天然医疗矿泉水，含锶、溴、碘、硒等18种微量元素和微量镭、铀、氡等放射性元素。1998年建成金沙温泉度假村，占地3.3公顷，建有浴室、游泳池、客房（含别墅）、多功能会议室、办公楼、健身房、歌舞厅，附设有射击训练场。度假村内四周松、杉、柏等常绿树相间。

**“鸡鸣三省”会议旧址及鸡鸣三省大峡谷** 位于云南、四川省交界处的林口镇鸡鸣三省村，距镇街西北12千米。1935年1月29日，中央红军一渡赤水后，2月5日中午，中共中央在鸡鸣三省村

鸡鸣三省纪念碑

召开政治局常委分工会议，进一步固化了毛泽东在党和红军中领导地位。1995年1月，中共毕节地委、毕节地区行署在纪念中国工农红军长征60周年之际，在林口镇鸡鸣三省村树碑纪念。萧克将军为纪念碑题写“鸡鸣三省”碑名，左右两块碑文记载为纪念中国工农红军长征60周年立碑的缘由和寓意。靠近老鹰岩边俯瞰，岩壁千仞。谷底黔滇界河渭河与川滇界河倒流水汇合成川黔界河赤水河，奔腾流去。一条弯弯曲曲羊肠小道直通谷底三岔河边，艄公居住的茅草屋痕迹和当年红军舂米的三个石碓原样依在。从谷底向四面高处仰望，三峰夹江而倚，山水相拥，人立谷地，见山峰奇聚，似人似兽，引人入胜。

**中华苏维埃人民共和国川滇黔省革命委员会毕节旧址** 位于毕节市区百花路福音堂内。1936年2月17日，红军二、六军团将川滇黔省革命委员会由大定迁驻毕节福音堂。川滇黔省革命委员会先后在毕节组建毕节抗日救国军、人民抗日大同盟、贵州抗日救国军、苗民自卫军；在黔西、大定、毕节县51个村镇组建游击队、农民协会和土地委员会，建立革命根据地，动员5000余人参加红军。是年2月27日，川滇黔省革命委员会随红军二、六军团撤离毕节，途经赫章进云南北上抗日。1985年，中共毕节地委、毕节地区行署筹办纪念川滇黔省革命委员会建立50周年活动，维修旧址大门楼、礼拜堂、牧师住宅、办公楼，将大伙房改建成亭廊式建筑，1986年6月，毕节地区行署成立地区博物馆，以川滇黔省革命委员会作博物馆，向群众开放。

**红六军团政治部旧址** 位于毕节市中山路，原为安息会。1936年2月，红二、六军团长征到达黔西北，创建黔大毕革命苏区，开展了一系列革命实践活动。红六军团政治部设在毕节市城区中山路12号原安息会内，政治部主任夏曦和政治委员王震等领导同志在此办公。红六军团政治部旧址，现为国家重点文物保护单位，是第三批国家级国防教育示范基地。

**贵州抗日救国军司令部旧址** 位于毕节市和平路74号。1936年2月14日，红二、六军团领导组建贵州抗日救国军。贵州省辛亥革命元老、原贵州省军政府行政总理周素园任司令员，中共贵州省工委委员邓止戈任参谋长，领导由贵州地下党掌握的三支绿林武装组成的三个支队，共3千多人的贵州抗日救国军，红六军团政治部派出部分党代表参加工作，司令部设周素园住宅。司令部旧址建于清末，占地650平方米，坐西北向东南，二重檐悬山式木结构，青瓦屋面，1楼1底，面阔5间。1985年，省、地、县拨专款维修，按原貌将已磨坏木结构换成钢混结构。旧址兼作毕节市文管所办公室和文物陈列室。

**毕节烈士陵园** 位于毕节城郊倒天河畔郎家山包，占地8公顷。1956年始建，1958年建成革命烈士纪念碑。1985～1986年，纪念中国工农红军长征途经毕节50周年，省、地拨款规划建设。1987年，省人民政府将其列为省级历史纪念地。2001年4月30日，国务院批准为全国重点烈士纪念建筑物保护单位暨国家级爱国主义教育基地。2003～2004年，投入140万元对陵园全面整修。陵园依山而建，地形自然形成四级台地。牌坊式大门左侧是供人休憩和购物“沁园”，其旁是长5米，宽3.5米的双龙戏水壁，双龙嘴出水淌入90余平方米池中。进门拾级而上，左有原中国工农红军二、六军团领导廖汉生题写“红军北上过黔西，艰苦创业志不移；三座大山齐推倒，四化宏图更可期”题词。右有原贵州省地下党负责人邓止戈题词：“在毕节地区牺牲殉难的先烈们，你们为人民的解放贡献了你们的生命，你们这种全心全意为人民服务的精神，永远是子孙后代的旗帜和好榜样”。再向上行是高5.8米，宽12米钢筋混凝土结构四柱三门牌坊。牌坊前两边各有一个雕刻细腻、栩栩如生雄狮，牌坊横额为贵州省老一辈革命家秦天真书写“烈士陵园”四个大字。再上行，是高大巍峨的龙门牌坊，坊高6米，宽4.7米，横额正面题词为“烈士千古”，背面题词为“浩气长存”。坊前左右各1个“龙凤鼓石”。环顾四周，被华山松、马尾松、白杨、杜鹃、山花等树木绿色屏障包围。坊后草坪，为中国工农红军第六军团政治部主任夏曦陵墓。夏曦墓左右两侧各50米处建有琉璃瓦凉亭，邻近是中共毕节地下党武装斗争负责人范建章，中国工农红军川、滇、黔抗日先遣队司令员阮俊臣、副司令员陶树清，贵州抗日救国军第一支队司令员席大明、第三支队政委欧阳崇廷，中国工农红军川滇黔边游击纵队贵州支队司令员赵文海等革命烈士之墓。顺夏曦墓后中心通道踏级而上，路边立着原贵州省副省长徐健生、秦天真等人题写石碑。再上100余级台阶到陵园顶，矗立着12米高烈士纪念碑，碑基占地36平方米，碑为青石质地，重檐歇山式，攒尖宝顶，立在须弥座上，正面阴刻仿宋体“革命烈士纪念碑，”左侧中共毕节地委、毕节地区行署题词：“继承烈士的革命事业，学习烈士的革命精神”。右侧毕节军分区题词：“功在人民，虽死犹存。”碑背面刻写解放毕节、清匪反霸、土地改革斗争中牺牲的烈士名单。碑后40余米是烈士墓群。伫立碑前，极目远眺，群山连绵，此起彼伏。西北方300～400米处是天河公园，公园背后是蓄水1080多万立方米的倒天河水库。

**陕西庙**　亦称春秋祠或陕西会馆。坐落于市内中华南路中段，始建于清康熙年间。庙原为仿唐建筑风格的正方形群体。乾隆二十年（1755）知县董朱英重修，前为戏楼，后为关圣殿，左右为厢房。中部院坝演戏时可容纳观众近千人。清朝以来，戏楼多有陕西籍商人聚会，故称陕西庙。1934年1月，中共贵州毕节地下组织负责人林青领导的草原艺术研究社以此作活动据点，组织青年编演现代生活题材的歌剧、话剧，宣传进步思想。现保存较为完整是古戏楼。

**灵峰寺**　坐落于毕节市区西南郊灵峰山半腰，为毕节古八景之一。灵峰山，海拔2017米，其峰顶有雾即雨，无云则晴，视为灵。据传元末明初，滇籍高僧燃指和尚云游至灵峰，见灵峰山巍峨壮丽，便四处行医化缘，募资建成仿中原地区唐代寺庙白云古刹，清代更名为灵峰寺。乾隆二十年（1755），知县董朱英集资扩建寺院为弥勒佛殿、释迦牟尼佛殿和观音殿，并凿泉、砌池、建桥，增厢庑、花厅、亭阁、花圃、禅房。中殿左右两壁塑有十八罗汉像。寺外古木参天，草木葱

灵峰寺

茏，鸟语花香，只一径出入。清同治年间在山顶建高10余米石塔1座。后逐年被毁。现仅存灵峰纪胜碑和10余块碑碣。寺庙前2株600余年古杉和燃指和尚所植两株玉兰仍生机盎然。2株玉兰均高20余米，胸径0.7米，20世纪90年代，国家旅游局鉴定为全国第一玉兰花。2001年5月13日～10月17日，群众集资13万元重建主殿工程，集资1万余元保护寺前2株古杉。

**李子沟大桥**　位于威宁拖洛河上游李子沟，为内昆铁路威宁段路桥，全长1031.86米，50米以上桥墩7座，其中从西向东数第10和11号桥墩，高达107米。大桥、李子沟云海、隧道融为一体，成为内昆铁路一大景观，与周边草海、灼圃草场、妥打自然保护区，万亩荞麦田，构成一道自然和人文景观。

**草海镇清真寺**　位于威宁县城人民北路。原寺是城内马坡清真寺，始建于清雍正年间（1723～1735）。咸丰七年（1857），失火烧毁。民国时期，当地回民集资修建，1950年遭受破坏。1984年6月，省、县人民政府共投资12.7万元，征求穆斯林民众意愿改建于现址。整个寺院集中体现阿拉伯建筑风格，立于正面邦克楼，顶望月亭，用绿色穹顶作亭尖，浑厚圆弧线与各层半圆拱门窗浑然一体，融入阿拉伯式风格。穿过厅堂入四合院后殿，后殿顶以独立亭阁趋应，托起三层宝瓶式塔，塔尖正对西方麦加圣地方位。前殿、后殿与两厢组合成挑檐拱脊，蜿蜒起伏、回廊画阁的中国古典式建筑群。宽敞大殿内厅装饰素洁、典雅，全殿铺以红色地毯，殿西北角置放移动式“敏拜尔”。每当重大节日，成千穆斯林便以寺为中心，开展节日活动。

**向天坟墓群**　位于盐仓镇东大、小坟梁子，有向天坟10余冢，其埋葬时代为汉蜀至北宋年间。向天坟分两类：规模较小的向天坟，以毛石砌成椭圆形石墙，直径10～20米，依山而建，靠山一面石墙与地表齐平，另侧高出地面2米以上。中央一封土，直径3～4米，高1米。也有周围砌石墙，中央用土填平成封土堆的。规模较大向天坟2冢，其一为椭圆形大封土堆，基部南北长45米，东西宽29米，封土堆顶部长27米，宽15米，高10米，周围有三道半圆形石砌墙，北有阶梯，石墙间距2.5米、4米、3.5米。另一冢形状相似，三道石墙间距为8米、15米、5米，封土顶端是1～2米圆形凹穴，朝向北斗星，死者葬于坑中。

**敖家坟石雕**　位于金沙县西北部石场乡鹿寨村，由南北两组墓群组成。北墓群建于清光绪二十九年（1903），南墓群建于清光绪三十一年（1905），相距30米，共有墓碑7座，共嵌石碑、石匾28块和不同内容书画作品形态各异，书法有楷、行、草、篆。两墓群共占地1200余平方米。墓群石刻，书法有较高的鉴赏、研究价值，有石刻瑰宝之说。

**毕节大南山苗寨**　燕子口镇大南山村，距城区25公里，为一苗族自然村寨，通村公路进入寨子。文化浓郁，民风淳朴，苗语纯净。1956年11月，由“全国苗族语言文字问题科学研究会”论证，确定为“苗语川滇黔方言标准音点”，被海内外苗族同胞称为“现代世界苗族人的故乡”。因寨中妇女套在衣服外的“苗褡褡”服饰，像鸦鹊尾羽一样，称“鸦鹊苗”；又因很久以前男女衣服都绣有或染有花，故又称为“花苗”。但通过有关苗族人士论证，大南山苗族与林口鸡鸣三省苗族同属于“花苗”支系，因历史以来，两地的苗族不仅同源，而且女性头饰上都有一圈红色毛线（或红色丝带）盘绕。近年，有专家专门研究大南山，集辑出版有大南山芦笙舞曲谱集。大南山苗族芦笙磋步舞属于群舞，一般需要几十个人一起跳，舞蹈气势恢宏、雄壮豪迈，勾步变化多端，踏步声音浑厚，磋步动作灵活，每一个动作都不同程度再现了苗族先民们在大迁徙过程中的历史烙印，自然忧郁、悦耳动听的芦笙舞像是怀着深深的思念，每一个音符都在诉说那段艰辛的历史。且男子在跳舞时，可用双鼻孔同时吹奏两只芦笙，这需要相当的功力。

**银练山庄** 离县城雍熙镇西南17千米307省道旁马鬃岭。马鬃岭集雄、奇、险为一体，春天鸟语花香，夏天飞瀑银练，秋天满山红叶，冬天原驰蜡象。每逢晴日，上午10时，山下是浓雾笼罩，山顶早已烟消云散，站在公路上，见吊水岩瀑布从两山之间悬空而下，犹入银练切入浓雾之中。进入峡谷，瀑布自天而降，晶莹的水帘，阳光直射，彩虹随波涛飞舞，景色奇丽，故名银炼山庄。瀑布顺陡峭岩石而下分3叠，第一叠从两山之间石隙凌空下泻130米；二叠高约30米，透明晶莹水帘，富丽多姿；三叠高约60米，如万练倒悬，倾入峡谷中溅起弥漫飞沫。从峡谷底到马鬃岭小天池分2路，一路从左方半山上绕盘山公路，转10余圈到天池。另一路是攀登天梯电站引水管道旁架设铁栏扶手到天池。此时见到小天池，仿佛是一面天赐镜子在群山秀色及蓝天白云之间。幽静水面上，野鸭和水鸟星星点点。每年四五月，漫山遍野杜鹃花是又一景观。雄踞山顶有高60米微波塔，如一把倚天宝剑站在山顶，方圆、百里内大小乡镇，马鬃岭煤矿区，尽收眼底。农历五月端阳节，十里八乡少数民族汇集在小天池与大梁子之间数千平方米的草坪“跳花场”。可观看到斗牛、摔跤、角力、赛马等节目，还可观览纳雍县独有苗族舞蹈“滚山珠”和彝族舞蹈“搓子舞”。

**毕节地区主要景点调查评价一览表**

| 资源名称 | 资源分类 | 所在市县 | 评价等级 | 备注 |
|---|---|---|---|---|
| 大屯土司庄园 | 名胜古迹类 | | 国家级 | 国家级文物保护单位 |
| 三官寨 | 民族风情类 | | | 省级民族村寨 |
| 中华苏维埃人民共和国川滇黔省革命委员会旧址 | | | 省地级 | 省级文物保护单位 |
| 烈士陵园、夏曦墓 | | | | 国家级烈士陵园 |
| 贵州抗日救国军司令部旧址 | | | | 省级文物保护单位 |
| 红二、六军团政治部旧址 | 名胜古迹类 | | | |
| 陕西庙戏楼（贵州省第一个地下党支部活动旧址） | | 毕节 | | |
| 鸡鸣三省纪念碑 | | | | 市县级文物保护单位 |
| 灵峰寺 | | | 市县级 | 毕节古八景之一 |
| 倒天河 | 休闲健身类 | | | |
| 七星关摩崖 | 名胜古迹类 | | | 省级文物保护单位 |

续表

| 资源名称 | 资源分类 | 所在市县 | 评价等级 | 备注 |
| --- | --- | --- | --- | --- |
| 奢香墓、奢香博物馆 | 名胜古迹类 |  | 世界级 | 国家级文物保护单位 |
| 九洞天 | 地文景观类 |  |  | 省级风景名胜区 |
| 古城三塔 | 名胜古迹类 |  |  | 省级历史文化名城 |
| 大方民间绘画 | 民族风情类 |  |  | 中国民间绘画之乡 |
| 清虚洞天生桥 | 地文景观类 | 大方 | 省地级 | 超过吉尼斯世界纪录 |
| 西溪大桥 | 行业设施类 |  |  | 贵毕公路特大桥 |
| 油杉河 | 生物景观类 |  |  |  |
| 阁鸦古驿道 | 名胜古迹类 |  |  | 省级文物保护单位 |
| 九层衙遗址 |  |  |  | 省级文物保护单位 |
| 中国航空第一发动机制造厂 | 名胜古迹类 |  |  | 名胜古迹类蒋介石旧居 |
| 梯子岩红军战斗遗址 |  | 大方 | 市县级 | 古驿道天险 |
| 法寨河 | 水域风光类 |  |  |  |
| 三丈水 | 水域风光类 | 金沙 |  | 省级森林公园 |
| 冷水河 | 生物景观类 |  | 省地级 |  |
| 西洛湖 | 水域风光类 |  |  |  |
| 安底温泉 |  | 金沙 | 市县级 |  |
| 钱壮飞烈士墓 | 名胜古迹类 |  |  | 国家级国安教育、爱国主义教育基地 |
| 敖家坟石雕 |  |  |  | 省级文物保护单位 |
| 百里杜鹃 | 生物景观类 | 黔西大方 | 国家级 | 国家级森林公园省级风景名胜区 |
| 观音洞古文化遗址 | 名胜古迹类 | 黔西 |  | 国家级文物保护单位 |
| 水西公园 | 休闲健身类 |  |  | 元、明、清历史文化遗迹 |
| 洪家渡 | 水域风光类 | 黔西织金 |  | 乌江水电开发龙头电站水库 |
| 化屋基苗寨 | 民族风情类 |  | 省地级 | 苗族歌舞之乡 |
| 六广河大桥 | 行业设施类 |  |  | 贵毕公路特大桥 |
| 索风营峡谷 | 水域风光类 | 黔西 |  |  |

续表

| 资源名称 | 资源分类 | 所在市县 | 评价等级 | 备注 |
| --- | --- | --- | --- | --- |
| 古象祠遗址 | 名胜古迹类 | | 市县级 | 省级文物保护单位 |
| 李世杰墓 | 名胜古迹类 | | 市县级 | 省级文物保护单位 |
| 柯家海子群 | 水域风光类 | 黔西 | | 天然湖泊群 |
| 织金洞 | 地文景观类 | 织金 | 世界级 | 国家级风景名胜区 |
| 东风湖 | 水域风光类 | 织金黔西 | 国家级 | 东风电站水库 |
| 恐龙谷 | 地文景观类 | | | 一线三槽 |
| 财神庙 | 名胜古迹类 | | | |
| 东山寺 | 名胜古迹类 | | 省地级 | 省级文物保护单位 |
| 鱼山 | 名胜古迹类 | | | |
| 长角发苗寨 | 民族风情类 | | | 苗族文化生态博物馆 |
| 牛场屯古战场 | 名胜古迹类 | 织金 | | 丁宝桢 |
| 保安寺 | 名胜古迹类 | | | 省级文物保护单位 |
| 小妥倮苗寨 | 民族风情类 | | 市县级 | |
| 实兴苗族射弩之乡 | 民族风情类 | | | |
| 碧云湖 | 水域风光类 | | | 天然湖泊 |
| 马厂森林公园 | 休闲健身类 | | | |
| 总溪河 | 水域风光类 | | 国家级 | 省级风景名胜区 |
| 弯子苗寨 | 民族风情类 | 纳雍 | 省地级 | 苗族滚山珠之乡 |
| 宣慰府遗址 | 名胜古迹类 | | 市县级 | 省级文物保护单位 |
| 斗篷箐森林公园 | 休闲健身类 | | | |
| 银练山庄 | | 纳雍 | 市县级 | |
| 珙桐林区 | 生物景观类 | | | |
| 可乐古遗址 | 名胜古迹类 | | 世界级 | 国家级文物保护单位 |
| 韭菜坪石林 | 地文景观类 | 赫章 | 省地级 | 省级风景名胜区 |
| 水塘森林公园 | 休闲健身类 | | 市县级 | 国家级森林公园 |

续表

| 资源名称 | 资源分类 | 所在市县 | 评价等级 | 备注 |
| --- | --- | --- | --- | --- |
| 草海 | 水域风光类 | | 世界级 | 国家级自然保护区 |
| 凤山寺 | 名胜古迹类 | | | 省级文物保护单位 |
| 板底彝族村寨 | 民族风情类 | | | 彝族古傩戏撮太吉 |
| 灼圃草场 | 行业设施类 | | 省地级 | 观光农业 |
| 妥打自然保护区 | 生物景观类 | | | 省级自然保护区 |
| 六桥烟柳堤 | 名胜古迹类 | | 市县级 | 威宁古八景之一 |
| 李子沟大桥 | | | 省地级 | 内昆铁路特大桥 |
| 石门坎伯格里故居 | | | | |
| 草海旧石器文化遗址 | 名胜古迹类 | | 市县级 | |
| 向天墓 | | | | 省级文物保护单位 |
| 乌江源 | 水域风光类 | | | |

# 第二章　旅游开发

## 第一节　旅游规划

1956年10月13日，织金县人民委员会首开保护人文景观先河，拟发《关于保护城关景区的通知》，规定不准在东山、鱼山、双堰塘等9处景观地开山采石。1971年3月～1972年4月，威宁县在草海实施排水造田，造成人为破坏，使草海成为耕地、沼泽，候鸟、留鸟失去生存环境，1979年春，省革委副主任秦天真考察草海，给省提出恢复自然生态的建议。是年7月，省人大常委会决定成立恢复草海蓄水指挥部，领导实施恢复草海自然生态工程。至1982年，草海恢复蓄水2700万立方米，水面27.5平方千米。国家一类保护珍稀鸟类黑颈鹤、白头鹤、白鹳、黑鹳、游隼，二类保护动物白琵鹭、雀鹰、草原雕、白尾鹞、红隼应季来草海栖息。1980年3月5日，省人大常委会主任徐健生，副省长吴实到织金考察旅游资源，指示织金县组织人员勘察溶洞资源。是年4月8日，规模宏大的打鸡洞被发现（1985年更名为织金洞），1985～1999年，省、地、县财政陆续投入资金1300多万元，开发建设洞内景观和旅游通道，洞外旅游管理服务设施，引资建织金洞宾馆、天谷山庄。1984年4月，徐健生得知黔西、大方二县交界杜鹃花已经开放，即前往查看，见满山遍野的杜鹃花，确认为是一大旅游资源。后经省领导及专家考察踏勘，将其划为保护区，辟为旅游点向世人开放。是年5月，徐健生率省机关工作人员考察总溪河、九洞天、桃源洞风光。20世纪80年代，各县重视旅游资源，纷纷组织人员，聘请专家考察旅游资源，并将开发、建设旅游景点提上议程。1985年，省地筹办纪念中国工农红军二、六军团长征途经毕节五十周年纪念，斥资先后修缮大方县城区的川滇黔省革命委员会旧址，毕节县城区的川滇黔省革命委员会旧址，毕节红六军团政治部旧址，毕节贵州抗日救国军司令部旧址，毕节烈士陵园；兴建七星关景区夏曦烈士纪念碑，黄家坝阻击战纪念碑，九洞天旁红九军团猫场战斗烈士纪念碑，红军（二、六军团）强渡鸭池河纪念碑，金沙县沙土镇钱壮飞烈士纪念碑和城关镇吴正卿烈士纪念碑，赫章哲庄坝红军战斗遗址纪念碑。开展中国现代革命史和爱国主义教育，充实完善红色旅游景点。1985年10月，贵州省人民政府将草海列为省级自然保护区；1992年10月，国务院公布草海为国家级自然保护区。省政府、国家环保局先后投资400多万元修建综合管理处办公楼，疏浚1500米长河道，建管理处2座游船码头，设标本室、分析化验室、观鸟点、建草海宾馆。1984年起，大方县先后共投入资金200多万元开发九洞天景区，初步完成游览栈道、洞厅修整、观景平台、洞内照明、景区绿化工程；1984～1999年，省地及大方，黔西县财政共计投资200万元，修建百里杜鹃景区内旅游交通及服务设施。1988年1月，国务院批准奢香墓为全国重点文物保护单位。1985～1994年，国家及省、地、县财政共拨款325万元，修葺奢香墓，建奢香墓园。1987～1999年，省、地和黔西、织金县有关单位共投入资金120多万元，修成004县道（原清毕公路）至八仙洞码头1.8千米长专线公路，八仙洞内游览道路、灯光照明，八仙洞码头和绿化工程，织金洞至下洪岩码头7.5千米长三级专用柏油公路和下红岩旅游码头。1988年2月，国务院公布毕节市大屯土司庄园为全国文物保护单位。1994年国家文物局拨专款60万元进行保护性维修，修复大堂、维修雅堂、风雨桥、门楼、轿厅等建筑，使其成为民族文化和传统习俗的旅游地。1996～1999年，省地及纳雍县财政共同投资70余万元，以工代赈10万元，集资入股6万元，实施总溪河乌江第一漂工程，修建漂流起讫点万寿桥至达那码头和达那至716县道400米长，7米宽公路，购置橡皮筏11艘和救生衣等装备及车2辆。

1995年6月，中共毕节地委、毕节地区行署决定成立毕节地区旅游发展战略规划领导小组，编制毕节地区1996～2000年旅游发展规划。1996年8月27～28日，中共毕节地委、毕节地区行署在威宁召开全地区旅游发展战略研讨会，邀请省政府、省旅游局等有关部门的领导和专家出席研讨会，共商毕节地区旅游发展事宜。是年12月，《毕节地区旅游发展战略规则》经省评审通过。1997年始，各县市相继编制旅游开发规划。2000年初，织金县政府成立旅游开发领导小组，将全县名洞、名景、名镇、名人列为全县发展旅游的总体规划，决定投资900万元，建设织金洞景区基础及服务设施。2001年，织金洞管理处投资60多万元，修建景点公厕7个：深圳保安公司投资1800万元，完成天谷山庄工程建设。1999～2001年，国家和省给毕节地区投入1627.6万元，用于旅游事业建设。是年9月12日，地区计划局安排风景名胜区2000年投资92万元用于织金洞及威宁、黔西县旅游事业建设。是年，中共毕节地委、毕节地区行署与省交通厅达成协议，决定从地区财政中拨出1亿余元，配合省交通厅争取3年内基本解决全地区公路交通面貌，使景区交通及通讯基础设施状况逐渐改善，接待能力增强。2001年4月，大方县投资50万元，维修县城到花区中心公路约60千米路面，并对公路沿线违章建筑，随意堆放垃圾、建筑材料等进行清理排除，对占道经营进行整顿。黔西县改造县城至野坝27.2千米公路为三级柏油公路。是年，赫章县争取省、地投入对可乐古遗址、古墓群保护管理前期资金共35万元，用于制作界桩120个和4个永久性文物标志碑牌，取缔保护区内开山采石、取土烧砖40余处。金沙县三丈水省级森林公园、官田生态旅游区分别共引资2000万元投入开发建设。2002年3月，织金县完成《织金洞国家重点风景名胜区、织金古城东山景区基础设施建设与旅游资源保护项目》可行性研究报告编制和申报，拟投资5121.2万元开发县城东门外双堰圹—鱼山—东山—穿洞—蛇冲1.2平方千米区域内旅游项目。争取将其纳入国债资金投资。是年7月25日，北京林业专家和地区国土局、旅游局、公路局、文化局，大方、黔西县及百里杜鹃景区乡镇负责人，讨论国家林业局中南林业调查规划设计院专家编制的《百里杜鹃国家森林公园总体规划大纲》，提出突出杜鹃花与民族特色，在花区中心普底和金坡建设旅游购物服务一条街，建跑马场，栽四季花卉，建一两片枫叶林。同时开发九洞天旅游区、中国第一航空发动机制造厂旧址、天生桥景点，扩大旅游观赏内容。是年10月10日投资400万元对草海污水治理工程开工建设，修筑草海镇至西海阳关山截污干线13.5千米，排入草海污水基本上得到控制。是年，省、地及大方县交通部门共投入230万元，拓宽改造716县道后槽至九洞天37.4千米公路。2002年1月，地区旅游事业局编制《毕节地区旅游发展总体规划纲要》。先后与省旅游局、建设厅、文化厅、国家旅游局人教司领导、专家，先后实地考察彝族村寨、法寨河漂流、织金洞、草海、百里杜鹃、东风湖、九洞天、川滇黔省革命委员会旧址、奢香博物馆等处。随之，各县、市相应编制旅游总体规划，整理毕节地区旅游景区（点）名录上报省旅游规划中心及旅游局。2003年1月23～25日，《毕节地区旅游发展总体规划》经省评审通过。是年8月，行署召开专员办公会议，批准实施。2011年，建成旅游公路190余千米，织金洞旅游度假区投资2030万元对洞内灯光进行改造，大方贵州宣慰府古城，彝族风情街，黔西水西公园基本建成。

### 毕节地区规划开发建设重点旅游项目表

单位：万元

| 旅游线路 | 旅游区（点） | 建设项目 | 投资金额 |
|---|---|---|---|
| 贵阳→东风湖→织金洞 | 东风湖 | 东风湖大坝码头设施及接码头公路建设 | 150 |
| | | 贵阳站街至织金凹河码头公路改造 | 200 |
| | | 化屋基、群建村苗寨民居改造、环境保护 | 120 |
| | | 化屋基、群建村苗寨娱乐 | 60 |
| | | 东风湖沿岸退耕还林还草还竹 | 110 |
| | 织金洞 | 织金洞内动态灯光改造及音乐配置 | 100 |
| | | 织金洞出口及多条游览线路设计 | 140 |
| | | 织金洞高科技展示洞穴成因 | 20 |
| | | 安邦彦旧居遗址保护及步道建设 | 50 |
| | 恐龙谷 | 恐龙谷旅游公路及安全步道建设 | 60 |
| | | 小妥倮苗寨建设及歌舞娱乐 | 50 |
| | | 天谷山庄度假娱乐 | 40 |
| | | 喀斯特博物馆建设 | 20 |

续表

| 旅游线路 | 旅游区（点） | 建设项目 | 投资金额 |
|---|---|---|---|
| 贵阳<br>→<br>百里杜鹃<br>→<br>奢香博物馆 | 百里杜鹃 | 百里杜鹃花区步道、车场、表演场、公厕建设 | 50 |
| | | 百里杜鹃花区标志系统建设 | 20 |
| | | 百里杜鹃花区退耕还林还花建设 | 120 |
| | | 百里杜鹃花区彝苗村寨改造及歌舞娱乐 | 80 |
| | | 百里杜鹃花卉四季科研 | 30 |
| | 西溪大桥 | 西溪大桥开口、道路、公厕建设 | 140 |
| | | 西溪大桥贵毕路桥梁及奢香龙场九驿展示 | 50 |
| | 奢香博物馆 | 奢香博物馆馆舍扩容建设 | 100 |
| | | 奢香博物馆古籍、文物等收集、挖掘、整理、陈列 | 50 |
| | | 奢香博物馆彝族歌舞及服饰展示 | 40 |
| | | 罗甸国都城旧址及九层衙遗址保护包装建设 | 50 |
| | | 大方县奢香文化广场建设 | 120 |
| 贵阳<br>六盘水<br>草海 | 草海 | 六盘水至草海中途游客公厕 | 20 |
| | | 内昆铁路线至草海旅游专列 | 350 |
| | | 草海入口改造治理 | 80 |
| | | 草海珍禽博物馆建设 | 100 |
| | | 草海阳关山度假休闲娱乐 | 100 |
| | 威宁县城 | 威宁星级宾馆建设 | 500 |
| | | 威宁县城环境整治及建设 | 220 |

## 第二节　景区建设

自2000年始，赫章县水塘林场，职工自筹资金20万元，省、地、县投资500余万元，在场内修建休闲、娱乐设施，购置游艇，建成珙桐、红豆杉、紫薇、杜鹃、中草药等7大植物园。2003年7月8日，中共毕节市委、市政府通过媒体征集评选市区新八景，市内居民及在外地的毕节人纷纷参与。是年12月24日，市政府综合各方意见，评选出南桥虹霓、那鲁洞天、天河乐园、五龙翡翠，陵园圣地、百花红迹、阳山松涛、北镇雄关新八景。是年，地区着眼拓宽旅游建设集资融资渠道，以国家投资、地方筹资、社会融资、利用外资多元方式筹集旅游建设资金，坚持做到谁投资谁管理，谁开发谁受益。10月，金沙县太极绿产有限责任公司与英国加浦控股有限公司合作开发太极村张家湾距县城3000米自然环境建度假村。内建三星级宾馆、游人居、休闲居、跑马场、冲浪游泳池、儿童乐园、农业观光园、民族文化村、溶洞景观、八卦阵景点。英方共投资5906.38万元，金沙县负责承建。2003年，省、地投资改造大方县城经九洞天至纳雍县712县道为三级柏油路；投资180万元整修大方县百里杜鹃景区旅游公路；大方县投资40万元规划洪家渡景区和九洞天景区；黔西县建成野坝至百里杜鹃景区金坡的三级柏油公路。

是年，国家、省、地共向毕节市投资270万元，用于建设大屯土司庄园、三官寨、小河景区和七星关古驿道、小天桥道、烈士陵园旅游设施总体维修工程。2004年4月，洪家渡水电站大坝建成下闸蓄水，库区水域80.54平方千米，蓄水44.97亿立方米，成为贵州省面积最大湖泊。是年9月2日启动规划《洪家渡旅游开发建设规划》设计。是年，地区组织人员专题研究红色旅游，认定红色旅游资源丰厚，红军长征途经时留下丰富的遗迹，经国家和省确认，有7个县市，179个乡镇属革命老区，价值和地位突出，应成为红色旅游发展区域。2004年，全地区共投资1570万元，引资和利用社会资金近1亿元用于旅游景区、景点和旅游基础设施建设；招商引资22个项目，共投资3亿元，改善织金洞、百里杜鹃、草海重点景点基础设施。2005年2月，中共中央国务院下发《2004～2010年全国红色旅游发展纲要》，将毕节地区纳入黔西北红色旅游区。是年，启动赫章县国家森林公园规划建设，计划2016年完工。是年3月1～6日，应地区行署邀请，中国社会科学院研究员薛永应到毕节帮助地区作旅游业策划，提出毕节地区实行自然风光、历史遗迹和民族文化资源并举的旅游发展战略。是月，国家安全部协调省、县投资1700万元，修筑由金沙县沙土镇经三丈水森林公园至钱状飞烈士陵园19.2千米三级沥青油路。毕节市投资60万元，改造林口镇林前村至鸡鸣三省村12千米四级路。至是年3月，地区评审通过金沙、织金、黔西旅游发展总体规划。是月，组织专家评审通过织金洞、九洞天、百里杜鹃、韭菜坪旅游区（点）建设控制性详规，且进入实施。是年4月，完成《洪家渡旅游规划》编制，毕节市提交旅游规划编制送审稿；威宁、赫章县启动编制旅游规划；大方、纳雍县踏勘旅游景区（点），着手编制开发规划。织金洞投资160万元新建下红岩观光园，投资200万元，深挖扩展双堰塘和凉浆河，筑砌堤岸，植树、栽花、种草、建凉亭，辟为南湖公园，供游人休闲、垂钓、划船；政府和社会筹资12万元保护城郊桂花村千年桂花树；投资100余万元建设红堰民族村，投资80多万元建设群建民族村。纳雍县投资700多万元开发建设翠云山庄，结合开展整村推进扶贫，选择枪杆岩村，作为乡村旅游的开发重点。毕节市新开发朱昌镇乡村旅游点、润森植物观光园。是年，地区旅游事业局编制15个招商引资旅游项，组队分别参加中国、贵州黄果树瀑布节、宁波旅游投资洽谈会。促进和引导旅游业利用社会资金5607万元建9个旅游发展项目。协调地区财政局，向省财政厅、省旅游局申报5个旅游项目发展资金，补助经费20万元。协调地区发改局，向省发改委申报旅游项目2个，补助资金12万元。是年，完成2004年在建旅游项目5个6700万元；编制毕节地区2006～2010年24个重大旅游建设项目规划建议。1993～2005年，全地区建立森林公园10个。其中国家级森林2个，省级森林公园4个，县级森林公园4个，共6.7万公顷，初步形成具有特殊地理环境和浓郁的民族风情黔西北森林旅游新格局。

## 2006～2010年毕节地区旅游项目建设统计表

单位：万元

| 项目名称 | 项目承办单位 | 建设规模和内容 | 建设地点 | 总投资 |
|---|---|---|---|---|
| 织金洞风景名胜区旅游基础设施 | 织金洞管理处 | | 织金洞景区 | 19007.4 |
| 恐龙谷水利旅游区 | 毕节地区华禹水利集团 | 游览区、配套服务设施建设 | 恐龙谷景区 | 1141 |
| 东风湖旅游区 | 黔西县旅游局 | 基础设施及服务设施建设 | 东风湖 | 2600 |
| 百岛湖旅游度假区 | 黔西县旅游局 | 景区道路、楼台亭角、游艇、生态、娱乐场地、环保设施、水、电、通信设施建设 | 黔西县 | 3000 |
| 织金古城东山景区基础设施 | 织金县旅游局 | 门禁系统、给排水工程、电力电信及环境整治 | 织金县城 | 5121 |
| 百里杜鹃国家森林公园基础设施和生态 | 百里杜鹃管理处 | 停车场2万平方米，人行步道1.68万米，生态建设5766.2公顷 | 百里杜鹃景区 | 3165 |
| 六广河峡谷旅游区 | 黔西县旅游局 | 观光游船、溶洞探险、苗寨风情、河滩休闲、蹦极运动旅游项目 | 六广河 | 3000 |
| 毕节市大屯土司庄园民族风情旅游 | 毕节市旅游局 | 三官寨民族生态博物园、土司庄园景区、东风桥、经果林景区开发建设 | 毕节市大屯乡 | 5310 |
| 七星关——拱拢坪森林公园景区建设 | 毕节市旅游局 | 保护开发七星关名胜古迹、拱拢坪森林公园建设 | 毕节市 | 6850 |
| 朱昌镇农业生态旅游观光示范区 | 毕节市朱昌镇政府 | 农业观光、东湖休闲区、八仙洞娱乐区基础设施 | 毕节市 | 5808 |
| 金沙冷水河森林公园 | 金沙县旅游局 | 3个游览区建设、1个度假村及旅游服务接待设施 | 金沙冷水河森林公园 | 2000 |
| 金沙县三丈水森林公园 | 金沙县旅游局 | 修建旅游公路45千米、码头3个、旅游服务接待设施、供电及给排水工程、景区开发 | 金沙县沙土镇 | 7900 |
| 金沙县小河度假村 | 金沙县旅游局 | 1.5平方千米度假村设施 | 小河 | 1000 |
| 九洞天风景名胜区 | 纳雍县旅游局 | 修建码头、清理河道、建信息中心、栈道、改造公路、水、电及安全设施、生态建设开发溶洞及民族风情、农家乐 | 纳雍县维新镇 | 4500 |
| 木空河乡村旅游区 | 纳雍县旅游局 | 生态建设，交通、水、电改造，修建码头，移民新村改造及民族风情园建设 | 纳雍县沙包乡 | 3000 |
| 威宁民族文化村 | 威宁县旅游局 | 征地200亩，修建民族村寨3处、旅游设施9处、旅游接待设施 | 威宁县草海镇 | 940 |

续表

| 项目名称 | 项目承办单位 | 建设规模和内容 | 建设地点 | 总投资 |
| --- | --- | --- | --- | --- |
| 太阳城草海旅游度假村 | 威宁县旅游局 | 征地100亩、修建集娱乐、休闲、消夏避暑为一体的服务设施 | 威宁县草海镇 | 1900 |
| 赫章韭菜坪风景名胜区 | 赫章县旅游局 | 游客步道、观云海亭、旅游标牌等基础设施建设 | 韭菜坪风景区 | 4500 |
| 赫章县古夜郎遗址 | 赫章县旅游局 | 9.4平方千米内可乐遗址保护与旅游基础设施 | 赫章县 | 1774 |
| 赫章县国家森林公园 | 赫章县旅游局 | 景区旅游接待、服务设施 | 赫章县 | 4298 |
| 红色旅游经典景区设施 | 毕节市旅游局 | “鸡鸣三省”纪念碑、会议旧址、纪念馆、旅游公路，红色旅游文化中心、活动接待中心、红色文化广场、贵州抗日救国军司令部遗址 | 毕节市 | 1100 |
| 大方县菱角苗族风情村 | 大方县旅游局 | 改建旅游公路7千米、修建游客接待站1处、新修民族文化活动场 | 大方县兴隆乡 | 88 |
| 大方猫场战斗及梯子岩突围战遗址 | 大方县旅游局 | “红九军团在大方”革命纪念馆及附属设施、猫场战斗烈士纪念碑及园林、梯子岩突围战遗址建设 | 大方县 | 132 |
| 大方将军山战斗遗址 | 大方县旅游局 | 园林、步道建设、观景亭、烈士群雕、管理房、水电等基础设施建设 | 大方县 | 130 |

## 第三节　基础设施建设

### 一　旅行线路

至2005年进入毕节地区旅游，以乘汽车为主，次为坐火车旅游。2003年实现主要旅游景区专线油路化，实现乡乡通移动电话。2004年，开通毕节地区旅游信息网。游客可从省内贵阳市、遵义市、安顺市、六盘水市和四川省泸州市、云南省宣威市及昭通市乘汽车进入；可从四川方向、云南方向及省内六盘水市方向乘内昆铁路火车进入威宁。水上游，可分别乘汽车抵达。区外进入区内旅游线路，1997年2月，国家旅游局向国内外游客推介全国35个王牌景点和16条旅游专线，织金洞风景名胜区被列为奇山异水游王牌景点第5条专线，与黄果树瀑布、龙宫、红枫湖等国家级风景区构成旅游环线。1999年3月15日，毕节地区旅游局通过《毕节日报》向外推介全地区5条旅游精选线路：

1.花山2日游：贵阳—羊场镇（星云宫）—大方奢香夫人墓—普底—金坡宿花山—贵阳；

2.贵阳—织金洞（宿织金洞宾馆）—奢香夫人墓—普底（宿花山）—金坡—贵阳；

3.花山1日游：贵阳—金坡—普底—贵阳；

4.花山、乌江第一漂3日游：贵阳—金坡—普底（宿花山）—毕节—乌江第一漂—毕节（宿毕节）—贵阳；

5.花山、乌江第一漂、草海4日游：贵阳—金坡—普底（宿花山）—毕节—乌江第一漂—毕节（宿毕节）—草海（草海宾馆）—六盘水。

2003年1月31日，地区旅游局通过《毕节日报》向外推荐8条春节旅游黄金路线。

1.东风湖—化屋基苗寨—织金洞—恐龙谷；

2.织金凹河—化屋基苗寨—织金洞—恐龙谷；

3.洪家渡—织金洞—恐龙谷—小妥倮苗寨：

4.织金古城—织金洞—东风湖—贵阳；

5.六广河特大桥—西溪河特大桥—大方奢香博物馆—九洞天—毕节革命圣迹；

6.韭菜坪—威宁草海—灼圃草场；

7.六广、西溪河特大桥—大方奢香博物馆—毕节革命胜迹—威宁草海；

8.大方奢香博物馆—大屯土司庄园。

是年2月20日，全地区旅游行业人员汇集毕节天工大酒店，贯彻中共贵州省委、省政府《关于加快旅游业发展的意见》，共商加快旅游业发展大计。其中，自当年起，至2007年在全地区旅游业中推行所有权与经营权分离，鼓励社会投资旅游基础设施建设，推出3条精品线路，形成3个旅游增长中心。1.观光与休闲旅游线路：贵阳—东风湖—织金洞—织金古城—黄果树—贵阳；

2.民族文化与观光旅游线路：贵阳—百里杜鹃—奢香博物馆—贵阳：

3.高原生态与避暑度假旅游线路：贵阳—六盘水—威宁—赫章—毕节—大方—贵阳。同时配套开发乌江画廊游览水路：洪家渡—东风湖、总溪河—九洞天、六广河—三丈水，完善百里杜鹃、韭菜坪、大屯土司庄园、可乐夜郎文化遗址和可乐汉墓群旅游公路建设。2004年9月，旅游局通过《毕节日报》推介国庆黄金周毕节精彩自驾车3条旅游线路。（1）历史文化1日游：毕节—大方奢香博物馆—瓢儿井古盐道—溜耳河风光—毕节大屯土司庄园—大跃进遗址炼铁小高炉群；（2）高原风光3日游：第一天，毕节—七星关—赫章（午餐、办理住宿）—最高峰韭菜坪石林—赫章（晚餐住宿）。第2天，赫章—夜郎公园（水塘林场）—威宁（午餐、办理住宿）—草海—威宁（晚餐住宿）。第3天，威宁—凤山寺—百草坪—赫章（午餐）—拱拢坪省级森林公园—毕节。（3）岩溶风光3日游：第1天，毕节—桥梁博物馆—洪家渡水电站大坝风光—天谷山庄（午餐、办理住宿）—织金洞—天谷山庄（晚餐住宿）。第2天，天谷山庄—东风湖—群建苗寨（午餐观苗族歌舞）—东风湖—织金（晚餐住宿）。第3天，织金—恐龙谷—黔西（午餐）—水西公园—毕节。

2004年12月，中共中央办公厅、国务院办公厅印发实施《2004～2010年全国红色旅游发展规划纲要》，以遵义为中心的黔北黔西红色旅游区是国内外具有影响的旅游目的地。毕节地区以毕节市区为中心，编排2条红色旅游路线。从遵义、贵阳进入毕节：（1）烈士陵园—沔鱼河风景区—鸡鸣三省会议旧址；（2）长春堡—拱拢坪森林公园—七星关夏曦纪念碑。是年3月26日，地区旅游局与交通系统协商，每年4月10日～5月8日，杜鹃花节期间开通毕节市至百里杜鹃花区的旅游专线班车，实行车票、景区门票一票制购票方式。是年4月，建成金沙县沙土至钱壮飞烈士牺牲地专线三级油路。是年，向省旅游局申报黄果树—织金洞、织金—黔西、草海环海大道、韭菜坪石林4条旅游公路列入省旅游业第十一五规划；争取大方—九洞天至毕纳路、大纳路线上普宜—大屯土司庄园、毕威路—百草坪旅游公路列入贵州省“十一五”规划的旅游交通规划。

## 二　旅游住宿

截至2005年，有三星级饭店1家，二星级饭店13家，一星级饭店3家。2011年，有星级饭店42家。

**洪山宾馆**　位于毕节市城区洪山路、桂花路、拥军路交汇处，1956年6月1日建成中楼，20世纪80年代、90年代兴建西楼、东楼。中楼现已拆除。东西2楼简洁、清新、悦目。客房有高中低档之分，餐饮部、小吃部一应俱全，宽敞舒适大小会议厅和停车场，二星级规模给人温馨的享受。

**腾龙凯悦酒店**　原名毕节宾馆，位于毕节市区中心桂花路中段，建筑2.22万平方米，其中主楼17层（含地下室）1.19万平方米，1997年建成，二星级宾馆。设有中、高档套房104套，均有暖气设备，高档房间设有空调。宾馆内设有展销厅12个，每个展厅150余平方米。有游戏、台球、保龄球、卡拉OK用房和舞厅。500余平方米大餐厅和高级餐厅，大餐厅可供500人同时就餐，楼顶为观景露天茶座，地下室610平方米可停放小车10余辆。裙房为商场，并设有露天游泳池。主楼前道路、花坛、停车场等协调幽雅。2005年，对毕节宾馆按四星级标准进行装饰，是年12月更名后的腾龙凯悦酒店重新对外营业。

**天工大酒店**　位于毕节洪山路，集住宿、餐饮、娱乐、购物、停车、会议为一体的综合性多功能现代饭店。1999年8月被评定为“一星级”旅游涉外饭店，2001年8月升为二星级旅游涉外饭店。客房从套房、标准间到普通标准间布置时尚典雅、新颖大方、简洁明快，有直拨电话、电视、独立卫生间和24小时冷热水供应。餐饮部，南北大菜不断推陈出新；商务中心提供快速打字复印服务和因特网网络服务、收发传真服务、国际国内长途电话；酒店有两会议室，可用于各项商务研讨会、培训会、展示会、订货会租用；酒店娱乐中心设有电子娱乐室、卡拉OK厅、KTV包房、休闲屋顶花园，有方便适时停车服务，可随时为顾客提供洗衣服务。

**水西宾馆**　位于黔西县城水西公园旁，二星级，设有中高低档客房60余间200多个床位。高档房间设置华丽，有全套卫生设备及沙发、彩电、电话、空调；中低档房间收费合理，舒适安全。

**大方东风宾馆**　位于县城西大街中段，具有园林式后院。拥有3幢三层小楼，内设有豪华套间、标准间、商务标准间、单人间及3人间共50余间。豪华套间和商务标准间配有宽带网电脑。另设有小型会议室、棋牌室、多功能厅。

**纳雍宾馆**　位于县城中心。内设有豪华标准间、套房、标准客房。拥有大型停车场，典雅餐厅、美容美发室。

**织金宾馆**　位于织金县城中共织金县委大院内，占地1000多平方米。内设高级房间34间，普通房间30间，一次能接待客人60余人。内设餐厅1次可供70人就餐。另设有卡拉OK厅、大小会议室，有停车场、程控电话、闭路电视同时可代办各种服务、租车旅游。

**织金洞宾馆**　位于织金洞景区。属贵州省旅游涉外定点单位。占地1000余平方米，亭园内种花木，环境优美。有标准房间及餐厅，1次能接待旅客60余人住宿，200人就餐。

**雅贤酒店**　涉外旅游酒店。位于织金县城北大街。内设客房、餐饮、桑拿、KTV，并可欣赏茶道表演。各个档次客房配有闭路电视、空调和装有宽带上网接头。餐饮除南北大菜外，有当地名菜；桑拿有冲浪大池、药池、海盐池、木桶浴（含鲜花浴）、紫外线干蒸房、周身浴房和针刺浴屋。

**草海宾馆**　位于威宁县城草海镇渔市路。属贵州旅游局设涉外定点旅游单位，可接待小型旅游团队。客人可免费使用望远镜观看草海景色。高档套房18个床位，设有卫生间、洗澡间、闭路电视；中低楼房间32个床位，设闭路电视。小型会议室能容纳40人开会，卡拉OK厅可供50人娱乐，餐厅可容120人同时就餐。

**黑颈鹤大酒店**　位于草海镇建设东路19号，二星级。内设有停车场，可同时停放80部大小车辆。宾馆内有鱼池、花园共设床位153个，其中高档套间50个床位，设有暖气、闭路电视、直拨程控电话：中低档房103个床位。餐厅可供60人同时进餐。

**威宁县政府招待所**　位于草海镇中心广场后。内设70个床位高档房间，带淋浴、卫生间、地毯、闭路电视；中低档房间234个床位。有大型会议室4个，小型会议室8个。设有大中小餐厅，可容纳500多人同时就餐；内设有清真馆可供60余人同时就餐。停车场可同时停放大小车辆40多辆。

**威宁穗苑宾馆**　位于县城星光开发区，集桑拿洗浴、足疗、休闲为一体，内设单人间、单人套房、豪华套房、家庭套房、二人标间，一次可住80余人。设有可供30人开会的会议室。

**赫章县飞歌大酒店**　位于赫章县城关商业中心，距汽车站3分钟路程，为集餐饮、住宿、停车、美容、保健为一体综合服务单位。

### 毕节地区主要宾馆、招待所、酒店、旅社一览表

| | |
|---|---|
| 毕节市 | 洪山宾馆、毕节宾馆、天工大酒店、银鹤大酒店、天河宾馆、翠屏宾馆、卫生局招待所、烟草局招待所、农业局招待所、凯旋大酒店、车站招待所。 |
| 大方县 | 红楼酒家、南天大酒店、东风宾馆、奢香宾馆、县招待所、教育局招待所、金达酒家。 |
| 黔西县 | 水西宾馆、莲城宾馆、龙华大酒店、新宇大酒店、洪湾宾馆、鸿雁宾馆、县委招待所、政府招待所、国营一旅社、车站招待所。 |
| 金沙县 | 金沙宾馆、金丰宾馆、黄金大酒店、县政府招待所、公路局招待所、五龙山庄、政府招待所、县委招待所、金沙温泉旅游度假村。 |
| 织金县 | 织金宾馆、织金洞宾馆、金叶宾馆、雅贤宾馆、平远酒店、政府招待所、织金洞招待所、烟草公司招待所、金西旅馆、东方之花酒店、国营旅社、天谷山庄。 |
| 纳雍县 | 金雍宾馆、良源大酒店、金叶大酒店、经实大酒店、邮政招待所、客车站招待所、纳雍宾馆。 |
| 威宁县 | 黑颈鹤大酒店、穗苑宾馆、草海宾馆、政府招待所、鸿雁宾馆、兵站旅社、汽车站招待所、工行招待所。 |
| 赫章县 | 汉阳宾馆、狮山宾馆、鸿都宾馆、邮政公寓、教育招待所、财政局招待所、政府招待所、飞歌大酒店。 |

# 第三章　旅游管理

## 第一节　产业政策与行业管理

1994年6月，设立毕节地区旅游局，与地区对外经济协作办公室合署办公。其主要职责是；管理全地区旅游事业，开拓扩大旅游资源，兴办旅游实体，编制全地区旅游发展的中长期规划，并组织实施。1996年6月7日，毕节地区实施机构改革，设立毕节地区旅游事业局（下称旅游局），纳入行政管理事业机构。局内设业务科、综合科、秘书科，并受委托承担中国贵州国际旅行社毕节办事处业务。编制15人。1995～2001年，各县先后设立旅游局，为所在县市政府的旅游行政管理机关。

1995年7月21日，中共毕节地委、毕节地区行署决定成立毕节地区旅游发展战略规划小组，下设办公室，办公室设在地区旅游局内，承担毕节地区旅游事业发展规划，经两年多的考察，规划，拟定《毕节地区旅游发展战略规划（1995～2010）》。1996年12月，获省审查通过。1997年11月，召开全地区旅游工作会议，将纳雍县总溪河漂流定名为乌江第一漂。1998年3月15日，首次派员参与贵州旅游产品推介团到北京、天津推介本区旅游产品。是年9月1日，毕节地区在织金举办中国贵州首届竹荪、溶洞节暨丁宝桢诞辰180周年学术研讨会，使全地区三大旅游精品（含百里杜鹃、草海）的宣传载体促销手段初步配套完善。

2001年，地区旅游局下发《关于加强旅游安全工作的通知》，成立旅游纠风领导小组。4月9日，拟发行风建设工作意见。是年五一黄金周前夕，地区旅游局检查地直及各县旅游定点单位安全及服务质量，责令定期整改存在问题，节后，召集15家旅游企业负责人座谈会，对建设毕节旅游大区提出建议。是年12月11日，中共毕节地委，毕节地区行署拟发《关于加快旅游业发展促进旅游大区建设的意见》，要求提高旅游服务质量，培育稳定旅游市场；12月18日，召开全地区旅游工作会议，传达国家及省旅游工作会议精神，要求各县市拓宽投资、融资渠道，增大旅游基础设施建设投入；扩大宣传，加快旅游产品开发；搞好培训，提高旅游从业人员业务水平和服务质量，将毕节建成乌蒙山水文化旅游区。会后，各县市政府根据当地情况，分别编制旅游建设发展规划。是年，毕节地区机关实施机构改革，将地区旅游局的原设3个科改为：办公室、规划开发科、质量管理科。

2002年1月21～23月，中共毕节地委、毕节地区行署在织金县召开旅游理论研讨会，会间，与会者交流论文41篇，向地区行署及各县政府提出以下发展旅游建议。1.建立协调有序的政府主导机制；2.编制高起点地方旅游规划；3.制定发展旅游政策；4.抓好旅游各项基础设施建设；5.抓好旅游整体形象宣传和旅游环境的不断优化；6.积极扶持旅游企业。使旅游成为可进入、可停留、可享受、可体验的舒适、安全、健康环境。是年，地区旅游局制订实行机关科室和各县市旅游局双向《目标考核责任制》。经年终考核，主要工作目标，均取得突出成绩，黔西、织金县旅游局获一等奖。

2003年2月，召开全地区县市旅游局长会议，贯彻《中共贵州省委、贵州省人民政府关于加快旅游事业发展的意见》，要求各县市把发展旅游事业作为发展经济的后续产业来抓，并注重检查、督办落实，是年，地区旅游局完成织金——黔西特色旅游区、威宁——六盘水特色旅游区的申报审批，并经行署批准实施。是年9月25日，召开全地区旅游行业单位代表会议，成立毕节地区旅游行业协会。

2004年，地区旅游局对全地区51家旅游企业实行旅游企业质量监督员制度，各旅游企业设置1名质量监督员，负责对本企业的旅游接待情况进行全程监督、跟踪服务。地区旅游局首次圆满解决毕节市城区参与千名老人长江万里游行，树立旅游行业部门依法办事良好形象。是年初，地区旅游局拟定《旅游培训计划》，规范全地区旅游培训工作。是年6月，启动编制《毕节地区洪家渡旅游区总体规划暨控制性详规》10月10～12日，中共毕节地委、行署在毕节洪山宾馆召开全地区旅游工作会议，要求各级党委、政府和相关部门要以省发〔2002〕20号文件要求，做好旅游发展工作。是年，毕节、黔西、织金、威宁、金沙5县完成旅游规划工作。年终，地区旅游局在全省旅游业务目标考核中荣获一等奖。

2005年，毕节地区根据中共中央办公厅、国务院办公厅关于《2004～2010年全国红色旅游发展规划纲要》要求，结合保持共产党员先进性教育，加强对革命遗址、遗迹的调研和建设力度，整合资源，打造品牌，完成省“十一五”红色旅游规划有关配合工作。2005年，地区旅游局督促指导大方、纳雍、赫章县编制旅游发展规划；金沙、织金等县编制《化觉喀斯特自然生态旅游区总体规划》、麻窝村、红艳民族村、下红岩观光园、群建民族村、南湖景区（点）编制旅游详规。按照省旅游局和地区发改局要求，报送《毕节地区旅游业“十五”计划执行情况及“十一五”计划的发展思路》。2011年，成立大方油杉河管理委员会、赫章阿西里西风景区管理处、大方慕俄格古城管理处、金沙冷水河管理委员会等景区（点）管理机构，形成景区（点）“统一保护，统一管理，统一开发，统一建设，统一营销”的格局。毕节地区旅游事业局历任正副局长：李忠连、杜娟、薛启和、刘亮琦、杨新江、吴万程、袁华、杨孝忠、戴淑金、吴大敏、施正军。党组书记及成员：李忠连、杜娟、薛启和、刘亮琦、杨新江、吴万程、袁华、杨孝忠、徐晨贵、戴淑金、吴大敏、施正军。纪检组长：徐时贵、赵艺。

**行业管理** 1994年6月，毕节地区根据《贵州省旅游行业管理暂行规定》《贵州省旅游涉外定点单位管理实施细则》《贵州省旅游质监管理工作规则》规定，对申报定点涉外旅游单位、企业实地考察，符合条件，依权限逐级审批上报；对定点涉外旅游单位、企业实行服务质量等综合管理。1994～1999年，先后审批黔西水西宾馆、鸿雁酒楼、毕节宾馆、天河公园、金沙金丰宾馆、织金东方之花酒店、毕节地区外事旅游车队为省级涉外定点单位；毕节市飞达根雕厂，毕节熊头旅游工艺品厂，威宁毛织有限责任公司、新威国际发展贵州有限公司，织金竹荪开发总公司、织化大理石工艺品服务部为贵州省旅游商品定点生产企业；金沙黄金大酒店为旅游定点单位；毕节金石旅游广告策划制作公司、灵山秀水度假村为旅游企业。每年会同公安、消防、工商、卫生、质监等部门对旅游单位、企业进行2次以上检查，填写上报年度审查表。1998年7月9日、1999年1月18日，对检查中不符合规定、未按规定限期整改的地区杜鹃大酒店、银鹤大酒店取消其涉外定点资格，吊销“旅游涉外定点经营许可证”。1998年1月，接到省旅游局转办投诉草海宾馆服务质量存在问题通知，经与草海管理处、威宁县政府协商，2月作出相应处理，并上报省旅游局。是年7月，对地区外事旅游车队拟定章程、制度，按章程制度实施业务管理。2000年1月27日，成立全地区第一家非公有制旅行社，杜鹃旅行社。是年4月14日，经地县批准，大方县非公有制九洞天资源开发有限责任公司，挂牌成立。9月1日，在织金举办中国首届竹荪溶洞节暨丁宝桢诞辰180周年学术研究会区内百里杜鹃、草海、织金洞旅游精品宣传载体、促销手段初步配套完善，自成体系旅游精品市场框架基本成型。

2001年2～4月，地区旅游局先后拟发《关于加强旅游安全工作的通知》《毕节地区行风建设的工作意见》。4月21～30日，地区旅游局成立2个检查组检查全地区旅游单位、企业安全及服务质量。各重点旅游景区（点）、星级宾馆、县市旅游局先后开展“我与行风建设和旅游发展”讨论。是年，贯彻落实国务院《关于进一步加快旅游业发展的通知》，对旅游资源实行统一规划，属地行政管理、部门行业指导、企业自主经营原则。对旅游景区（点）开发，实施统一规划，避免同一景区（点）多头管理，盲目开发，低水平重复建设现象。是年7月，在启动《毕节地区旅游发展总体规划》同时，着手对洪家渡库区、七星关、小河、大屯土司庄园、奢香博物馆、九洞天、东风湖、金沙温泉等自然、人文旅游景观规划考察前期工作。是年，地区旅游局成立行风治理领导小组，加大对旅游企业、单位管理力度。先后聘请地区人大工委、交警、交通、工商、民主党派、新闻媒体人员担任行风监督员，分4批次对全地区旅游景区（点）、宾馆（饭店）旅游定点单位、企业检查、治理和整顿。是年，44家各类旅游企业、单位无一被旅客投诉。地区旅游局、织金洞管理处、天工大酒店被省旅游局评为行风治理先进单位。2003年4月25日，会同地区卫生监督所疾病防治中心、公安和消防部门检查毕节市城区洪山宾馆、毕节宾馆、杜鹃旅行社、华禹旅行社、天河公园等旅游企业安全，对查出存在不足问题，责令其限期整改；5月12～16日、25～28日，分组赴大方、织金、纳雍县检查。6月1日，按照《贵州省旅游管理条例》规定，撤销2002年对毕节地区聚丰园旅游开发有限公司经营法寨河漂流旅游项目的批复文件，其漂流项目经营权由大方县旅游局重新申报。8月22日，召开全地区旅游工作会议，对旅游产品旅游管理、规划设计、宣传促销、导游、服务质量等项提出具体要求。是年贯彻实施《行政许可法》，规范行业审批，对具备申报星级条件宾馆（饭店）进行检查评审，全年新增3星级黔西县莲城宾馆1家，2星级宾馆（饭店）5家，1星级宾馆饭店2家，旅行社门市部3家。

2005年，贯彻实施“行政许可法”，按照省旅游局〔2005〕39号文件精神，将旅游定点单位审批权下放给各县市旅游局，成立毕节地区星级饭店评定委员会，在全地区旅游景区（点）、旅游饭店、旅行社推广实施《旅游饭店星级的划分与评定》《旅游行风对客人服务的基本标准》

《旅行社国内服务质量要求》，受理、审批拱拢坪森林公园、威宁黑颈鹤大酒、贵州旅行社毕节分社6家旅游定点单位、1家旅行社分社、9家旅行社门市部、2家星级饭店标牌。清理、规范杜鹃、华禹旅行社的设置、人员资质、服务质量、财务账目、经营收入管理。是年3月底，地区旅游局按照行署要求，与黔西、大方2县协商，游客进入百里杜鹃实行一票制。是年，集中力量整治草海景区秩序混乱和中旅贵阳旅行社黔西营业部工作秩序混乱问题。

附：

## 旅行社简介

贵州省毕节杜鹃旅行社　2000年1月27日经地区旅游局审核批准成立。旅行社奉行以人为本人诚实守信经营理念。下设金沙、黔西、大方门市部；专业旅游车队1个，有各种高、中、低档车40多台，有集漂流、休闲、娱乐为一体的法寨河，奢香谷风景区，并拥有一支品德优良、素质过硬的专业导游队伍和旅游组团及接待能力。组织本地团体、散客赴全国各地旅游和接待各地来毕节参观、旅游、考察等项目。地址：毕节洪山宾馆，电话：8251578。

毕节华禹旅行社　2002年8月24日经省旅游主管部门批准成立。隶属毕节地区华禹水电（集团）有限责任公司。公司拥有国家级水利旅游景区恐龙湖，休闲疗养中心金沙温泉度假村。拥有一批高素质管理人员和导游队伍，奉行优质、高效、安全、快捷、完美服务宗旨。以优惠价格、优质服务、良好信誉经营国内旅游的组织、招徕、接待及配套服务，承办国内各型各类会议，开展各种旅游服务项目，代订客房、机票、车票、船票及租车业务，并同国内各地优秀旅行社建立优质高效的服务网站。地址：毕节市桂花路，电话：8221987。

贵州神州旅行社有限公司毕节分社　隶属中国神州旅游集团。2004年10月设立毕节市联通大道营业部，拥有高素质旅游经营管理人才和专业导游队伍。以优质、周到的服务，低廉的价格经营九寨沟专线、云南专线、北京专线、海南专线、北海专线。2005年经申报批准改设毕节分社。

旅游培训　1994～2001年，地区及各县（除毕节市外）先后成立旅游局。1994～2000年，先后派送行业管理人员参加在武汉举办的全国星级宾馆条件评审员培训班，中国旅游干部学院老、少、边、穷地区旅游局长培训班，全省首届县市旅游局长培训班，全省首期出国旅游业务人员培训班、全省旅游质量监督培训班，全省导游人员资格培训学习。2001年，贯彻执行中共毕节地委、毕节地区行署《关于加快旅游业发展促进旅游大区建设的意见》，全地区加强对旅游行政管理人员及执业人员培训，共培训旅游人员500人次。2002年，7批次选派管理人员102人赴天津中国旅游管理干部学院西部地区旅游局局长培训班、深圳市经理进修学院毕节旅游干部培训班、国家旅游局年度旅行社年检工作培训班学习。分3批次选派76人参加省旅游规划高级培训班、全省旅游市场开发管理培训班培训。是年，地区邀请国家旅游局人教司司长肖替辉、给中共毕节地委、毕节地区行署部分领导，地直有关部门领导和业务骨干、毕节师专部分师生，有关企业从业人员共142人讲授旅游理论和旅游业务。地区旅游局分4批次组织旅游从业人员216人进行业务培训。2003年初，地区旅游局拟定《旅游教育培训计划》。2月，采取以会代训方式，邀请地区统计局对各县市旅游统计人员进行统计业务和统计法律法规培训。4月8～12日，举行全地区首届旅游景区（点）导游员培训班及资格考试，全地区旅游景区（点）33名工作人员接受培训、参加考试，全部获得贵州省旅游区（点）导游员资格。11月5～10日，地区旅游局组织各县市旅游局负责人到黔东南、安顺、遵义考察学习；是月，组织行政管理人员随省团赴四川、广西、云南、湖南考察学习，赴法国参加溶洞考察培训班接受培训。是年，全地区各旅游单位自办各种培训班43期，1142人次接受培训。2004年，拟定《旅游教育培训计划》，采取请进来、走出去方式，开展旅游培训。3月9日～4月8日，组织全地区旅游干部30人，赴深圳市接受旅游管理理论与实践考察培训。是月，选派9名管理人员参加省旅游局举办旅游行业行政执法人员岗位培训。5月、10月，地区旅游局选派负责干部赴北京大学光华学院受训学习。5月29～30日，全地区6名旅游景区（点）导游员参加全省旅游区（点）导游员资格考试，全部合格。6月3日，举办全地区导游词撰写培训班。9月20～24日，地、县6名分管旅游工作的领导，参加省分管旅游工作领导干部培训班学习。10月，全地区选派4名旅游部门行政管理干部参加省旅游溶洞资源开发培训班接受培训。

2005年5月31日，地区旅游局举办全地区旅游消费抽样调查培训班。是年上半年，毕节市旅游局先后组织人员到花溪、青岩、水城等地考察学习，并与市扶贫办、市教育局配合，开办农村劳动力转移技能旅游培训班；纳雍县旅游局组织专业人员上门培训翠云山庄管理和服务人员。共办旅游业务培训班80多次，参训3800多人次。是年9月，地区旅游局在全地区抽调10名旅游干部参加中国旅游干部管理学院举办的2005年旅游质量管理政策与监督培训班学习；11月，派出6名星级评定员参加全省旅游饭店星级标准评定培训班学习，14人参加饭店法律纠纷预防处理和安全管理培训。

2011年，举办旅游统计培训2期50人次，组织选派旅游行政管理干部赴江西景德镇、北京市委党校、湖北宜昌、深圳等地参加旅游干部管理培训班，共60人次。组织乡村旅游从业人员岗前及服务礼仪等培训，培训班9期，1000多人参加培训。

## 第二节　宣传营销

毕节地区山水神奇，人文风情浓郁。清光绪《大定府志》记载大定府城有铜壶滴漏、风竹扫雪、珍珠涌泉、南壁挂灯、雨洒金街、两眼三炮、白衣秀士、螺堰耀金八景；《黔西州志》记载黔西城有东山夕照、西桥断雪、印山浮玉、龙潭夜月、渭滨鱼窦、石牛夜饮、源水三涨、一涧轰雷八景；《平远州志》记载平远城有东寺晚钟、西山早雪、回龙涌瀑、凤岭朝宗、穿洞流云、三潭滚月、双流激浪、墨峰从秀八景；文浪北腾、圭峰笏峙、双潭对镜、榜山东挂、神龙蛰影、吕祖仙踪、三石连标、日落碑现、云洞天开、瀑泻珠跳、玉屏展彩、鱼山十二小景。《威宁州志》，描述威宁城八景为：凤饮龙泉不计年，轻舟稳系草湖边；六桥烟柳横银海，半节松涛戛玉泉；东寺晚钟天上落，西山霁雪镜中悬；霞明鱼市菱歌起，闪翅黄莺扑岛前。《毕节县志》记载毕节城八景为：翠屏旭日、东壁朝霞、响水轰雷、丰落秋成、双峰脱颖、南山雨霁、龙潭夜月、灵峰仙境；记载七星关八景为：翠屏旭日、七星映斗、石柱当阳、三山拱瑞、狮象挽水、印浮江面、斧柄仙踪、驿道春秋；记载赤水河沿岸入景为印盒高悬、天鼓时鸣、西潭夜月、雪山耸翠、炉山烟起、羊江夜泛、金鲤春秋、猿窝樵唱。这些旧志记载只限于风景名胜部分。而多数自然风光、历史遗迹、民族风情鲜为人知。

1964～1973年，中国科学院著名教授裴文中与省博物馆专家多次到黔西县发掘黔西县沙井乡锦山村观音洞，获4000多件石器制品和23种哺乳动物化石。经鉴定系中国最重要的旧石器时代早期文化遗址，距今20多万年前就有人类在此繁衍生息，命名为观音洞文化。考古界定论为："北有周口店、南有观音洞"。1975年，上海科教电影制片厂摄制《中国古人类》科教片展示观音洞许多文物。随后国家文物出版社出版《观音洞—贵州黔西旧石器时代初期文化遗址》一书；贵州电视台录制《黔西古城》风光片，详细介绍观音洞文化，提高毕节地区考古旅游知名度。1980年3月5日，省人大常委会主任徐健生、副省长吴实到考察百里杜鹃、九洞天、总溪河自然风景资源，指示勘察自然风景以便保护开发发展旅游业。是月8日，在官寨乡发现打鸡洞（下称织金洞）溶洞奇观。1982年1月24日，光明日报登载《银色宫殿——乾宏洞》报道，引起世人关注。1984年，徐健生提出将贵州溶洞在北京组织一次大型展览，重点宣传打鸡洞，7月20日，《中国贵州溶洞奇观摄影展览》在北京展出，引起轰动，一时，打鸡洞被推向全国、推向世界。1985年第一期《人民画报》以天下奇观——贵州打鸡洞为题，刊登文章和景观照片。是年6月，中共中央书记处书记胡启立视察打鸡洞，建议更名为织金洞。7月9日，省旅游局批复织金县政府报告，同意将打鸡洞更名为织金洞。1984年，开放织金洞接待游客，洞中千姿百态、色彩缤纷、玲珑晶莹、奇伟瑰丽的岩溶沉积物景观吸收众多游览者，无不拍手叫绝。织金洞外无洞天成为游人的普遍观感。此后，中央电视台及多家媒体到织金洞拍摄报道。挥毫题咏的党和国家领导人、著名学者、专家、教授、社会名流200多人。织金洞成为中国旅游胜地40佳之一，与黄果树瀑布、龙宫、红枫湖共同构成贵州西部旅游环线。1984年，省、地、县在大方、黔西县交接地发现面积130余平方千米原始杜鹃林带，《贵州日报》《人民日报》等17种报刊，《中国年鉴》《贵州一览》等8种书籍，美国出版《中国旅游》先后报道、登载《百里杜鹃》林区景观文章和照片。上海电影制片厂、贵州电视台联合制作《百里杜鹃》风光艺术片在省及中央电视台播放。广东和珠海电视台、《中国旅游报》相应用录像、文字、图片作专题报道。自1992年起，黔西、大方县定每年4月8～16日为杜鹃花节。节前毕节地区均要在贵阳举办新闻发布会。1984～1986年，贵州电视台、中央电视台、中央新闻电影制片厂相继拍摄《纳雍风光》《鸭池河畔访化屋》《黔西风光》和以草海为主题《回声》风光电视片。毕节地区绮丽景色，浓郁民俗、民情渐为世人所知、所晓。1990年7月，台湾《黔人》杂志推出《黔西风物》专号，共刊登黔西风景名胜照片18幅，文字介绍44篇约9.5万字。1992年6月11日，李鹏总理在第二届世界环境与发展大会上，向会议秘书长斯特朗赠送巨幅国画《草海复甦》，引起各国与会贵宾兴趣。

1995年，毕节地区旅游发展战略规划小组成立，统筹领导全地区旅游资源勘察、规划及宣传。印发宣传画册和专刊《纳雍——欢迎您》《毕节欢迎您》《天下第一洞——织金洞》《织金洞》《贵州西部的金三角——织金》《中国百里杜鹃之乡——黔西》《乌蒙之花——大方》

《杜鹃王国——大方》《草海——野生动物的王国》《草海——国家级自然保护区》《毕节旅游》《风景名胜》。制作总溪河、九洞天、织金洞、油杉河自然保护区、草海、百里杜鹃、东风湖、奢香博物馆和奢香墓等音像制品。1997年“5·28”贵州省招商旅游活动会，1998年，“8·28”贵州省与台商旅游及经贸洽谈会，毕节地区旅游局均组队参加推展。在1998年8月28日，省招商旅游经贸洽谈会发放《毕节旅游》宣传资料4500份、旅游宣传画册100份、风光照片3000张，制作宣传图片、旅游区介绍资料100余幅。是年，奢香博物馆举办奢香逝世600周年纪念活动暨彝学会活动。1999年2月28日，香港《文汇报》旅游专版刊载介绍国家级、省部级风景名胜区图片及文字资料，吸引市民兴趣。3月15日，省举办贵州省旅游推介会中，行署及行署驻京联络处、地区旅游局在推介会上，散发4000多份宣传织金洞、草海、百里杜鹃等旅游景区宣传资料，引起与会人员关注。5月，毕节组队参加昆明世博会和旅游交易会期间，毕节4个展位共发放宣传资料6000余份。是年，完成全地区主要景区旅游风光VCD光盘制作。

2000年4月，民盟中央领导及专家考察毕节市小河风景区。毕节地区与织金县共同举办中国贵州首届竹荪溶洞节暨丁宝桢诞辰180周年学术研讨会，山东省、四川省深圳市、贵州省、毕节地区地县相关部门负责人、专家、学者及丁宝桢后裔，参加会议。是月，地区组队参加重庆经济协作区第二届旅游促销会。杜鹃、织金洞旅行社分别与新疆、西安、重庆、成都旅行社达成互组派旅游团队到织金洞、百里杜鹃旅游协议。10月30日~11月2日，受地区邀请，省旅游局、贵州师范大学、省旅游投资有限公司、省地理学会、省地理研究所专家、学者考察毕节实施旅游大区建设，建议毕节地区应加强旅游品牌的建设和宣传。

2001年,毕节地区举办第22个世界旅游日活动，全区旅游部门，组队参加国家及省旅游局组织的各种旅游促销会，推介宣传毕节地区的旅游景点。6月19~24日，组队到成都参加2001年中国国内旅游交易会，散发景区宣传招贴画、旅游招商引资项目及名优旅游新产品、土特产介绍书籍共4000余册；9月，派员参与省旅游局组团参加第五届厦门投资贸易洽谈会；12月，派员参与国家旅游局组团赴日本参加2001国际旅游促销会。是年，通过《人民日报》《中国旅游报》《广州日报》《华南新闻》《华南新闻》《羊城晚报》《深圳南方报》发表毕节旅游景区文章、毕节民族风情和西电东送工程宣传图片；《贵州日报》《毕节日报》以及毕节电视台等媒体加强对全区旅游景区宣传。是年12月18日，召开全地区旅游发展工作会议，会议要求从以下方面加强全地区旅游宣传，提高旅游景点的知名度。1.毕节人应树立热爱毕节、了解毕节、宣传毕节整体宣传观念，利用政务、商务、会务、考察、学习等机会，向外宣传毕节；2.积极参加各类旅游宣传交易会，与外省区，特别是各类旅游企业建立营销关系，吸引国内外旅游团队前来观光、旅游；3.通过办好杜鹃花节、草海观鸟节、织金溶洞节等旅游节日，扩大重点景区、景点知名度；4注意分析国内客运市场，抓住重点，找准市场，有计划地开展促销活动。宣传中要考虑经济效益，避免无计划、低水平、低品位、无影响力的小规模分散活动。2002年2月，地区旅游局从全地区30多位摄影作者中征集1200余幅展示民族风情、自然风光、历史文化的作品，选用156幅精美图片，编纂成大型旅游画册《神奇乌蒙》，发行区内外。4月3~11日，毕节地区组成旅游团，参加南京市举办2002年中国国内旅游交易会。交易会期间，向来自全国各地35个展团、4600多家旅游客商和众多南京市民发放《神奇乌蒙》《天下第一洞——织金洞》《百里杜鹃》《高原草海》《恐龙湖风光》等画刊、光碟、旅游指南共1万多份，南京市民对毕节山美、水美、纯朴民风赞叹不已。是月，地区旅游局通过《毕节日报》，向社会征集毕节地区旅游景区（点）解说词。是年，省、地旅游局组织大方、织金、威宁县和织金洞管理处参加在重庆市举办贵州毕节、重庆旅游推介会。毕节以神奇乌蒙、清凉世界为题推出神奇的乌蒙山水文化、清凉宜人的山区气候、洞的王国、杜鹃花的世界、鸟的乐园、多民族风情特色旅游。22日，重庆市中心广场，成千上万市民冒雨观看毕节苗族民间舞蹈——滚山珠，古朴精湛的舞姿吸引众多市民驻足观看，准备的1000多盘《喀斯特王国——毕节》《织金洞》等光盘被索取一空。推介会期间，重庆、泸州等地40多家旅行社对毕节表现出浓厚兴趣，会后20多家旅行社兼程到织金洞、草海等风景名胜区实际踩点考察，经考察，表示将毕节旅游纳入他方市场。是年十一黄金周期间，织金洞共接待来自重庆、四川游客6081人，比2001年同期增长21.08%。2003年4月，地区旅游局配合重庆电视台记者赴威宁、赫章、大方、织金、黔西县，拍摄《千里乌江》宣传片。是年7月，邀请重庆市旅游局组织旅游考察团到织金县，共同商讨织金洞、恐龙谷、东风湖等景点的整体组合及在重庆市场的推介。制作《彝风不老——三官寨》《乌蒙绿龙拱拢坪》《磅礴乌蒙》光碟及《黔西北之旅》，省电视台到赫章县拍摄《踏访夜郎》电视专题片。是月23日，在三官寨举办彝族火把节，共有5000多人观看彝风彝俗。8月4日，毕节地区行署批准执行《毕节地区旅游发展总体规划》，提出建立政府主持、联合促销的促销体系，政府管理部门的形象宣传与旅游企业的产品营销分工合作，形成综合性宣传促销合力；全方位地利用公共媒体、电子网络及科技手段，参加旅游交易会，举办旅游节庆活动，在主要客源地设立办事处等，提高促销效果：宣传促销经费在各级财政部门拨出专款基础上，多渠道筹措宣传经费，逐步形成符合市场经济规律的旅游促销投入、产出良性循环机制，同时，提出旅游产业形象策划主题口号：1.针对国内游客提磅礴乌蒙览胜、古彝圣地探秘，推介海外市场是夜郎古国、古彝风情；2.不同景区的不同形象促销主题口号：百里杜鹃——游天然花园、访奢香故里；草海——草上荡舟、水中观鸟；织金洞——黄山归来不看岳、织金洞外无洞天等；3.不同客源地区形象促销主题口号分别是：四川、重庆市场——神奇乌蒙、清凉世界；省内市场——天下名洞观毕节、天然花园游毕节、海上观鸟到毕节、古彝风情寻毕节。2004年3月30日、4月19日，地区行署、地区旅游局在贵阳召开2004中国贵州杜鹃花节新闻发布会和织金洞新旅游线开通暨荣获国家地质公园新闻发布会，全省20余家新闻单位和20家旅行社参加。是年，组织地区旅游企业参加国内多个旅游交易会、促销会，9月8～14日参加重庆旅游专题推介会期间，向旅游界卖清凉，推出神奇乌蒙山水、清凉宜人的高原气候、丰富多彩的民族文化和历史文化亮点。地区旅游局与重庆市渝中区旅游局签订《旅游合作协议》，约定在加强区域旅游合作中，共同打造无障碍旅游区，促进两地旅游业共同发展。是年，邀请台湾旅游考察团、深圳市旅游界考察团赴毕节考察。《中国国家地理》杂志第10期贵州专辑《山地省的文化》刊载：《石门坎："炼狱"还是"圣地"？》《大西南神秘王国——夜郎》《中国历史上第一个航空发动机制造厂》等图文并茂文章，向国内外发行。旅游局编制《黔西北之旅》邮折、《神奇乌蒙，清凉世界》宣传页、《曙光照亮黔西北——记红军转战毕节》图册向省内外发行；设计开通毕节地区旅游信息网站。

毕节地区首届旅游产业发展大会（2007年）

2004年12月，中共中央办公厅、国务院办公厅印发《2004～2010年全国红色旅游发展规划纲要》，毕节地区被列入红色旅游规划地之一。发展红色旅游既是经济工程又是文化工程，《毕节日报》、毕节电视台加大宣传1935年中央红军、1936年红军二、六军团长征途经毕节建立革命政权及红军游击队情况。地区旅游事业局制作《曙光照亮黔西北》光碟500盘、《探神奇乌蒙、游红色之旅》宣传折页3000份，以及《神奇乌蒙、清凉世界》手提袋1万个，参加由省旅游局组织在北京举办的“贵州红色之旅大型情景展”旅游推介活动。3月3日，邀请中国社会科学院研究院薛永应考察赫章县可乐文化遗址，提出赫章县打造夜郎牌建议。7月11日，地区旅游事业局等地直单位配合织金县政府，在洪家渡库区湖畔茶店民族乡红艳村举办毕节地区首届布依族农历六月飞歌节，首次向游人展示毕节地区布依族民情风情。按照中共贵州省委、省政府的要求和中共毕节地委、行署统一部署，筹备2005中国·贵州黄果树瀑布节和织金分会场活动，8月18日织金分会场举行开幕式。节日期间，发放旅游景区（点）宣传折页、画册、光碟万余份，旅游行业协会与台湾观光学会签订《关于加强旅游合作的框架式协定》。织金洞以规模宏大、景观壮丽辉煌，备受推崇。2005年初，《中国国家地理》杂志社征集评选中国最美的地方，织金洞以90分高分在全国400余个已开放

旅游洞穴中获第一名。《中国国家地理》2005第10期以中、英、日等文本向国内外发行。织金洞以国家重点风景名胜区、中国旅游胜地40佳之一、岩溶博物馆、国家地质公园、中国最美洞穴第一名。是年，随着内昆铁路通车，326国道、102省道油路完工，到草海旅游人次增多。区内各县市城郊乡村游也吸纳大量区内游客。旅游卫视《城市请柬》栏目，第二、三、四版块对毕节地区自然景观、夜郎文化、民族风情的推介，观众对毕节这块土地有更多了解，到毕节观光，旅游人更多。2011年，毕节地区派团参加法国巴黎旅展、西安旅交会、重庆旅交会、贵阳避暑季等推介活动。利用南方卫视、贵州卫视、贵州旅游网、香港文汇报等媒体宣传毕节地区旅游资源和旅游产品。

## 第三节　旅游产品

毕节地方饮食，历史悠久。小吃富有浓郁的地方特色和民族特色。毕节菜具有典型的辣、酸、香黔菜风味，其中分辣香、咸甜、鱼香、煳辣、酸辣、麻辣、红油、椒盐、糖醋、宫爆、粉蒸等类。

**毕节汤圆**　馅心配方独特，制作小巧玲珑。馅心有玫瑰、洗沙、蜜枣、冰片、芝麻、桃仁、樱桃、橘饼，分甜油两类制作。选用当地新鲜上等糯米，用水浸泡后用石碓舂成细粉或推成浆滤干，再用冷水或热水揉成鹌鹑蛋大小，内包馅心。制作汤圆讲究外观花样，形状有三角形、圆形、扁豆形。用净水煮熟后食用。

**脆臊面**　毕节市脆臊面吃法与燃面类同，以康家、刘家脆臊面有名。其制法是用上等面粉配以鸡蛋和土碱，擀成细面条，蒸后晾干成油渍黄色。制作佐料脆臊时，用猪臀肉肥瘦分开，切成细方粒，先将肥肉粒放进锅内熬出一半油后，把瘦肉粒加入炸脆，滤尽清油，参入适量酱油、醋，少量红糖、甜酒液，制成黄色酥脆肉臊。吃时，将面条放入滚烫沸水中稍煮一下捞出盛于碗中，伴以脆臊、辣椒面、细葱等佐料。吃时，盛一碗肉菜汤边吃边喝菜汤。

**毕节王傻子烧鸡**　其特征色黄、油亮、皮脆、肉酥享誉数十载。制作时，先选用无病、肌肉结实当地土鸡。杀后洗净抹上白酒，放入烧沸的油锅内炸成酱红色，捞出滤干油，置于鼎罐中，视鸡量盛入汤和香料。根据鸡老嫩情况确定汤烧时间，一般1个半小时出锅。出锅的烧鸡味鲜香可口、冷热皆宜，不须加入任何佐料，吃后开胃健脾。

**骟鸡豆腐（豆花）**　大方、毕节一带制作豆腐（豆花），先将宰杀洗净骟鸡去骨切成肉末或肉丝，在豆浆未点酸汤前，先将鸡肉末、肉丝放入滚开的豆浆中，再点酸汤制成骟鸡豆花，煮熟后再配以辣椒粉和豆豉制的辣椒水蘸着吃。现毕节在骟鸡豆花基础上，推出乳鸽豆花。

**火草粑**　毕节称火草粑，大方称茅香粑。清明前后，采自山野间火草，将火草淘洗净后略煮一下，然后连汁带叶菜与晚米（粳稻）粉或玉米粉等一道调成面团，分包馅或不包馅2种，包馅分甜馅和咸馅，蒸熟即可食用。火草粑呈淡绿色，软糯适口，清香怡人。

**糕粑**　大方县名小吃，用粳稻米粉作糕，砂糖作馅，蒸熟后即可吃。

**黄豆制品** 有豆干、豆腐皮、腐竹、豆棒、豆豉等系列制品，为名优特产。其中毕节、大方臭豆腐干、豆豉，大方豆棒、豆腐皮，纳雍腐竹、豆腐皮最具特色。制作时选当地上等黄豆，温水浸泡制浆，用纱布过滤，去渣将浆煮沸，用酸汁或卤点过后，用纱布包压，再用稻谷草分层堆放，两天后即可作烤、炸、炒食用。臭豆腐还需发酵，起菌丝即可烧吃。豆腐皮、腐竹、豆棒在制作豆浆滚开时用扇子扇风，不断揭皮后以不同形状固定，晾干或烘干即可。豆豉则用黄豆煮熟后，在竹筐内用当地豆豉叶压盖十来天即成豆豉，可装成罐头或晒干食用；也可捣细，揉成团晒干成豆豉粑，食用时拌以辣椒或其他配料炒制成菜。大方羊场镇穿岩村沙坝豆干，小巧精细、柔韧性好、口味绵实，可炒、烤、煎、炸、煮。大方新近推出糍粑豆干，将臭豆干在烙锅上用菜油烙过，将其片开，夹入炒熟心子，再包上薄薄一层热糯米糍粑，可烤、烙、炸吃，麻、辣、香味均有。

**黄粑** 是大方、黔西、毕节人喜爱食用的小吃。其制作方法是将晚米、糯米、大豆等磨成浆，经大火、文火蒸制成。黄粑中黔西黄粑、大方黄粑具有特色，色彩黄而不俗，味道纯正清新，柔糯绵软。

**麻辣脆——大头菜** 具有麻、辣、脆特殊风味，可消食、下气、治黄疸、利小便、消渴、治热毒风肿。大头菜又名蔓菁。其制作方法一：将大头菜洗净切成薄片，放入沸水中滚烫快速捞出放于竹制容器上晾去表层水分，也可不放入沸水滚烫直接晾干，用辣椒粉、花椒粉、红糖、酱油、曲酒、五香粉、麻油等拌匀，即成麻、辣、脆、香、鲜、嫩和咸甜适度食品。制作方法有二：将大头菜洗净去须根，晾干后加盐放入坛中密封月余，再取出晾晒1～2天，拌入适量花椒粉、红糖、五香料揉匀再入坛密封贮存1月左右，即成大头菜，可凉拌或作炒菜配料。

**金沙羊肉粉** 用当地黑山羊为原料，去皮加各种香料煮熟，切片加到煮烫熟米粉中，加入原汁羊肉汤，有的吃时还加酸菜，味道鲜美。

**织金发粑** 用上等白米置于水中浸泡膨胀，加15%左右熟米，混合打磨成浆，倒入有酵母木桶里，发酵8～10小时，加适量碱水避酸成为生料。蒸时用猛火，蒸具冒大气后，加入白糖，盖紧蒸具蒸1小时，揭盖后趁热撒上芝麻，即成发粑。发粑细软香甜，富有弹性，老少皆宜。

**宫保鸡** 清光绪年间，织金牛场人丁宝桢任四川总督时，用此菜待客得名。制作时，用肥嫩仔鸡为原料，去骨后切成指头大小鸡丁，拌以湿淀粉、糍粑辣椒、姜、葱、热汤等调料，用旺火爆炒而成。炒后肉质鲜脆、辣香味浓、油而不腻。宫保鸡流传很广，是名菜之一。

**薏仁米食品** 薏仁米又称珠珠米。织金人不论逢年过节、大小宴会都以薏仁米制成八宝饭、珍珠金鸡汤、老少健身糕、汤圆粉子面或蒸肉鸡、炖猪腿。既营养丰富又可健脾、补血之功能。

**织金荞凉粉** 将甜荞或苦荞去壳盛于纱布口袋中，用温水浸泡，发胀后用手反复搓揉挤出浆汁，将荞浆倒入锅内加温并不停搅动，熟后倒于盆式器皿中，冷却后即成色白透明凉粉。吃时讲究蘸水，蘸水用少量香霉豆腐捣成糊，加入食醋、酱油、大蒜汁、麻油（或香粉）、葱花、辣椒面、味精、少许炒酥黄豆（或椿豆），搅匀拌即成。用特制凉粉刮将凉粉一层一层刮，横竖交叉放入碗内，用筷子搛起放在蘸水里蘸过后入口，口味别致。如有松花蛋，加一个在蘸水里，更为可口。

**竹荪汤**　用竹荪加入鸡肉汤或猪肉汤即成竹荪汤或竹荪圆子汤，是织金、纳雍招待客人一道美味佳肴。

**纳雍火把鱼**　武佐河产细鳞鱼，肉肥味美。制火把鱼时，先选1～2两重的小鱼去掉肠肚，用长20厘米左右竹签穿连成串，置于青杠柴上烘烤直至烤熟黄为止。风干后，将鱼从串上逐一取下，骨、肉分别剔出，用沸菜油将鱼骨炸脆作干盘用，鱼肉用猪油、植物油混合和盐、味精、姜、葱蒜、红油辣椒、鱼香菜等入锅内炒至适时，铲出即可食用，味道鲜美。

**猪米肠**　产自纳雍县彝族人家。入冬后取猪细肠洗净漂白，将淘净糯米盛入簸箕或盆内，与肥瘦相宜猪肉末、猪血、食盐、香料面拌匀，装入肠内，捏紧用线每隔5～6寸扎成小节，用针扎小孔使其透气不破裂，用甑或蒸笼蒸熟为止。作夜宵或早点时，用蜂糖煮甜酒开水作饮料，其味喷香；若用甜酒酿子与麦酱、辣椒酱混合浇上烤透，更是皮脆肠香；装肠时若加小豆沙作成豆沙米肠，更别有风味。

**纳雍干锅羊**　用当地黑山羊羊肉切成片，在烧有辣椒的油锅中干炒，熟后即可食用，其肉质鲜嫩，可口。

**燕麦炒面**　威宁、赫章、纳雍县产食品。用淘净滤干的燕麦用砂锅炒，炒时加上少许花椒后用磨推、筛细即成炒面（可用磨面机加工）。吃时，用碗盛入炒面加少许糖，用沸水搅拌即可吃用，吃之香、麻、甜三味俱全。

**威宁荞系列食品**　威宁县种荞历史悠久，素有荞乡之称，最高年产近2万吨。荞分苦荞、甜荞，营养价值苦荞高于甜荞。苦荞面加入香甜配料做成糕点——荞酥，明朝初起被誉为南方贵物，现是著名糕点。荞粑、荞饭、荞酒、荞炒面、荞凉粉、荞疙瘩煮酸菜红豆汤，形成威宁饮食荞文化。荞酒、荞益粉、荞炒面等系列食品长期食用，对高血压，高血脂、高血糖尿病和抗癌变有较好的疗效。

**马铃薯食品**　威宁马铃薯驰名省内外。马铃薯洗净可切丝切片、切颗，用以烧、煮、炒、蒸、烙、炸单吃、与其他菜混合吃均可。加配料蘸着吃，其味无穷，令人大饱口福。到威宁不吃红烧排骨炖马铃薯、马铃薯炖鸡、油煎马铃薯丝饼、火腿焖马铃薯是一大憾事。马铃薯粉条，晶亮美观，韧性长，耐煮可口。

**赫章干锅鸡**　将当地土鸡杀后去羽毛洗净切成块，在开水中浸泡后，用高压锅蒸压5分钟左右，放在有辣椒的油锅中炒熟即食。炒制时不放水，香味独特。

**赫章全羊火锅**　用膘肥体壮黑山羊，放入沸腾开水中汤皮刮洗干净褪毛，把羊置于柴火架子上，轮番熏烤，直到全身脆黄。将心、肝、肾、肚、肠与羊肉一锅煮即成全羊火锅。

**大方生漆漆器**　毕节地区气候、土壤等自然条件适宜于漆树生长，全区各县市均有漆树分布，尤以大方、赫章县毕节市分布较广。大方生漆有“方漆清如油，照见美人头，荡起虎斑色，提起钓鱼钩”之美誉。大方漆器与茅台酒、玉屏箫笛并称为贵州省“三宝”。漆器产品始于明洪武年间，生产杯、碗之类粗犷漆具用品。明末清初首创皮胎漆器制品，中华人民共和国成立后在皮胎、纸胎、木胎基础上，引进脱胎、布胎等制作技艺。制漆技术引用透明漆技，其产品色调单一变为多样。髹饰在传统缕嵌填漆、嵌片、描金、隐黄基础上，增加宝砂、台花、台花着色、印锦宝砂描金等。纹饰从传统花卉、山水、鸟兽、鱼虾、人物到吸收优秀民间图案。清朝年间特制上贡的朝珍盒、朝帽盒、凤冠霞帔盒、满汉全席餐具、皮胎描金葫芦现存于北京故宫博物院。葫芦朱地描金，中间竖直线开启为两半，内装杯、盘、碟、碗、筷，可供10人进餐之用。1915年，在美国旧金山召开的国际博览会上，大方漆器与扬州漆器同时获奖，此后，大方漆器多次在国际国内获奖。1959年，大方特制一对高2米多，直径1米多，采用“嵌隐”技法装饰漆器大花瓶存放于人民大会堂贵州厅。1991年，大方漆器厂被列为贵州省旅游产品定点生产企业。大方漆器既是日用品，又是工艺品，花色品种120多种，其欣赏与实用价值闻名国内外。

**大理石雕焊制品** 织金、纳雍县盛产大理石，品种有10余种，经加工后板材石质细腻，表面光泽如镜，在省内外市场上享有盛誉。织金县大理石雕焊工艺品，起于晶墨玉大理石雕焊而成。织金石砚，元明清时就以其坚硬、细致、光洁；天然花纹形如绘画，美观大方；研墨细腻均匀，不涩不枯，极善发黑；加盖能抗热御寒，墨汁保持浓度数日不枯，不生怪味，不吸尘土而闻名于世，曾作为贡品供皇室或翰林院使用。清光绪年间，城内黄乾昌、黄庆昌兄弟在砚盖上刻字绘画，雕刻后焊上焊料，发展砚台盖面艺术。民国28年（1939），织砚在全国工艺品展览上，获金质奖。民国33年（1944），参加全国艺术展览，获二等奖。大理石雕从方形发展到多种形态，产品发展10余种，雕焊工艺从单色画面发展为多色画面，雕艺从平雕发展到浅浮雕、深浮雕、镂空雕、立雕。1956年，红色大理石荷叶砚，黑、白大理石印章各一枚被故宫博物院收藏。1959年国庆10周年，织金大理石雕焊工艺品送北京参展，受到好评，产品照片载入《中国工艺美术》大型画册。20世纪70年代，周恩来、廖承志等国家领导曾以织砚赠送日本贵宾。现织金县从事大理石雕焊工艺品生产人员1000余人，年生产工艺品10万余件，远销港、台和日本、韩国及东南亚。

**泥沙陶器** 毕节市海子街烧杠红陶（土陶）制品坛罐、花钵；纳雍县新猫场砂锅；织金县城砂锅是远近闻名的土特产品，尤以织金砂锅声誉高。织金砂锅古名平远锅，至今已有300余载历史。其制法是：用胶泥晒干舂成粉末，按比例加入经烧后未成灰残煤舂成细沙和煤灰，用水拌匀揉成泥条，照模型放在手转木盘车上转动，稍干后用白泥浆糊面或绘画各式图案，用瓷片打磨、上釉，放入地炉经1000℃余度高温烧红后放于木屑之上，用特制大砂锅盖住，经过木屑烟熏后即成各式砂锅制品。成品砂锅用于煮饭、炒菜、炖鸡、煨肉，烧制名贵菜肴，其味清香而不易变质。砂罐用作沏茶或煎中药，茶味及药效持久。民国以来织金砂锅就销省内外，近年远销国外。20世纪80年代以来，革新砂锅生产技术，增加产品，除生产砂锅鼎罐外，还生产火锅、格格锅、蒸钵、烙锅、火炉、香炉等用品。贵州电视台、北京电视台到织金拍摄专题片播放。1987年，法国友人罗西女士采访县城砂锅街后，撰写用黏土制成的精品，发表在美国华盛顿《陶瓷学》月刊上，引起读者关注。河南嵩山少林寺定做一批古朴别致砂罐，制作少林砂锅饭，供游客使用。1992年出口日本砂锅、砂罐、蒸钵，深受日本人称道。

**天麻** 多年生草本植物，别称赤箭、定风草、神草、独摇枝、鬼督邮、山萝卜。李时珍

《本草纲目》记载天麻有“主诸风湿痹，四肢拘挛，小儿风痫惊气，利腰膝，强筋气，久服益气，轻身长年”之功效。素有天麻之乡之称誉，其中大方、赫章、毕节、纳雍、黔西5县市是天麻主产地。天麻分为春麻冬麻两种，均有补脑强身、壮阳健体、增益力气作用，主要用于治疗头晕目眩、肢体麻木和小儿惊风。用于蒸鸡或炖肉，是滋补佳品，常食用可收到良好效果。20世纪80年代后，人工栽培技术成功，产量逐渐增高，畅销国内外。其中，大方县常年产量0.5万千克，最高年产10吨。

**竹荪** 竹荪又名竹花、仙人伞，为世界上珍贵食用菌之一，被誉为真菌皇后、真菌之花。竹荪体中富含19种氨基酸，多种维生素和微量元素，具有显著的滋补作用和提高人体抗病能力。可防治高血压病、降低胆固醇，减少腹壁脂肪贮积，肠炎以及多种神经血管系统疾病。竹荪作菜肴，质地脆嫩疏松，宜烧、炒、焖、扒、烩、涮和泡酒；不论荤、素，总保持松脆鲜美特色。可单用，可作搭配荤素料。竹荪芙蓉汤、竹荪银耳是贵州名菜，竹荪肉汤在温高季节能保持数日味鲜。1985年，织金县人工栽培试验成功。1987年，竹荪人工栽培技术的研究与推广列为毕节地区星火计划，织金、纳雍县成为栽培大县，织金竹荪成为著名商品。

**大蒜** 毕节市南部、西南部杨家湾、阴底、长春堡一带，海拔1500～1700米地带，土壤中性至微酸性，气候温凉湿润，适宜种植大蒜，是贵州省大蒜生产基地。其地种植的白皮大蒜、红皮大蒜，其产品头大、饱满，瓣粒郁香，营养丰富，具有防癌功效。食后可杀菌、消炎、解毒、清热、降压，防治肠炎、脑炎、冠心病，增进食欲、消除疲劳、振奋精神，是毕节市出口主要产品，畅销远东及东南亚。

**茶叶** 气候、土壤适宜于茶树生长，其种茶历史悠久。自清朝起茶叶不但向朝廷进贡，而且大宗运售周边地区。毕节茶叶以绿茶为主，野山茶苦丁茶次之。2004年，纳雍县产府茗香牌茶叶系列在青岛市参加国家知识产权局举办的第二届中国国际专利与名牌博览会评比中，荣获金奖。赫章、大方、黔西将野生苦丁茶引种为人工栽培，春采摘嫩叶蒸熟晾干即成。品时，沸水泡后，色泽翠绿，味甘微苦，有特殊理疗作用，具有清热解毒、降压等功效。是理想保健、抗衰老佳品。产于赫章县赫之林牌苦丁茶是上乘佳品。

**威宁火腿** 以宰杀去毛后的乌金猪（可乐猪）后腿为原料，用配制香料和食盐腌好，放入卤具浸泡7～10天后捞出放平，用磨石等重物压干水分，然后用苏麻秆、辣椒秆熏上一夜，再用柏树枝、松树柴熏1月以上，置于干燥处晾挂保存。火腿经腌熏，当年食用也可以，隔年以上才精美。放3年以上的，即使不煮不蒸，切成薄片，其色粉红，芳香沁人心脾，生吃也美味无穷。用蒸、炒，香气洋溢，令人生津满口。火腿含有19种氨基酸、9种微量元素、5种维生素、多种蛋白质。食用方便，易于携带，居家食用，馈赠亲友，是难得佳品。

**刺梨** 毕节地区野生刺梨量多、果实大、肉质厚，可食部分占4/5以上，果香浓郁，酸甜适口，回味悠长，果肉富含维生素C、D和人体所需多种氨基酸及其他元素。其中维生素C含量是猕猴桃的10倍，柑橘的50倍，蔬菜的100倍；维生素D含量，为柑橘的120倍，蔬菜的150倍。金秋时节，到乡村旅游，坡旁地埂金黄色刺梨让人喜爱。毕节市饮料厂生产刺梨汁年产400吨，既是消夏解暑清凉饮料，又是制中成药引子，销往贵州、广州、北京，远销日本。1986年，贵州农学院在大方建立刺梨品种改良基地，开发利用刺梨资源。

**苗族蜡染**　毕节地区苗族服饰图案绘制多采用蜡染工艺。在黔西、织金、大方、毕节等县市苗族聚居区，蜡染制品已作工艺品销售。其制作方法是：将特制的黄铜蜡刀蘸上已溶化的蜂蜡液，把所需花纹图案绘制在白色布料上，然后置于炮制好的蓝靛染缸中渍染，待浸透布料变蓝后，用沸水烫脱蜡液呈现蓝底洁白图纹。再用彩色丝线或用五彩颜色，点缀于花纹图案中，呈染、绣混合的蜡染品，其色彩蓝白分明，朴素古雅。

**苗族刺绣**　分挑绣、刺绣、缀绣、剪贴绣。挑绣是将布料的设计图案抽去若干经纬纱线后，用彩线在布面上绣成几何图案；缀绣是在布面上绣以浮雕式图案，配以色彩；剪贴绣是用纸剪好各种花纹图案，在剪空的图案底面铺垫五彩布料，沿图案边缘扎固，呈现各种色彩图案紧贴现象，是具有地方特色工艺品。

# 毕节地区通志

毕节市地方志编纂委员会　编

方志出版社
Publishing House of Local Records

# 目 录

## 第十七篇 城乡建设 环境保护

## 第十八篇　商业　贸易　金融业

## 第十九篇 财政 税务

# 第十七篇

# 城乡建设　环境保护

# 第一章　城镇建设

三十万年前，毕节地区就有人类在此休养生息。先民们在各个不同的时代创造了大大小小的聚落，这些聚落经过几千年的发展，变成了今天的城镇。本章从明代的城市建设肇始，记录了从明代到现代的各县县城建设的经历。从卫城建设到县城的建设经历了不同的功能，不同时代的规模，不同时代的建造技术和建筑规划设计理念。重点记录了中华人民共和国成立后城镇建设在规模上、技术上、规划上、前瞻性上的日新月异的发展。城垣、居民、公共设施的不断摒弃和创新，特别是随着社会的不断发展，十分注重广场、体育场所、文化娱乐设施、给排水、交通、环卫设施的不断完善建设及城镇的不断扩大，范围的延展，给人以清晰的发展脉络的展现。浓墨重彩地抒写了站在未来的眼光，面对发展形成的格局，对城镇的规划注入了前瞻理念，同时对新兴的城镇建设及未来设计的管理专业化，以及一些区内具有特色的集镇的建设发展。

## 第一节　建设规模

### 一　明清时期的城垣建设

明洪武十四年（1381）初，明廷派兵驻永宁、毕节至云南驿道沿线，建赤水、层台、乌撒、毕节卫，白岩、周泥、黑张站、水西城。明末筑大方、比喇城。

**毕节卫（县）城**　洪武二十一年（1388），普定侯陈桓、靖定侯叶升领兵屯田毕节，首建毕节砖石城垣，周围6里2分，高1丈5尺，厚1丈3尺，开四门；东曰武安（大东门），西曰西定，南曰镇南，北曰拱北，设楼铺32所、雉堞2700余垛。正统十四年（1449），守备都指挥林晟调征率兵于外，水西兵乘虚攻城，其母蔡氏率家僮、百姓守城，无水遂凿城墙东南向一穴引水入城，后建城门称通津门（水东门）。嘉靖八年（1529）暮春至八月，副使韩士英在通津门外建月城，凿池其中，以备敌围时取水用。万历六年（1578），兵备副使黄镆，从月城至通津桥砌石堤200余丈，以防月城以西河水冲刷城基，址后为铁匠街。崇祯十年（1637）水西夷目杓佐、化沙叛，以城大难守，截去正西一壁及南北两角，城周围仅820丈。洪武后300余年，兵燹战乱，毕节城垣几度被毁。清乾隆四十五年（1780），知县胡翘春重修毕节石城，除原五门外，于城东北开猫城门。伴随修筑城垣，屯田军民在永清河两侧建房定居，名桥溪村。之后，城内居民住宅以长庆山为中心向东西方向延伸，形成贯穿武安门的街道（今解放路）。洪武二十三年（1390）建广惠祠（城隍庙）于今财校坡前，其街曰广惠街；建英济祠（武庙，又称关圣殿）于长庆山前，祠前成南北向街道，与东西向的广惠街交叉，形成十字街。明初建川济桥（宴公桥，后名东关桥），大东门至川济桥一段名响水街（今箱子街）。清康熙二十六年（1687），毕节撤卫建县。雍正八年（1730），清廷在毕节城内设宝钱、鼓铸局铸造钱币运京师发行。铸造业的发展带动各行业的发展，城外东北、东南一带逐渐形成街道。东北为永宁街（今双井路、惠泉路）；东关桥以东沿河石板驿道建成大、小横街；从税门口向南至五龙桥建成大定街（今珠市街）；税门口西折（今砂石路）；河上建通津桥（今南关桥），沿城垣辟威宁街；越镇南门口辟顺城街（后称半边街，今威西路）。永清桥（今松山路十字路中暗桥）以南，沿永清河一段有民宅（后称轿子街，今松山路）。镇南门至虎踞山麓桥边，为桂花街。宝钱、鼓铸局的设立，江南、陕西、湖广、江西、四川、福建等省商贾、工匠迁入毕节，以地缘关系建寺庙作同乡会馆。江西客商在东关桥东边建晏公庙（后称万寿宫，今六小址），陕西客商在大横街建春秋祠（又称陕西庙），福建客商在珠市街建天后宫（今百乐门影剧场址），江南客商在城北4里之大桥附近建江南会馆，各省客商还在今人民剧场处建税房，在内洽谈商务。20世纪50年代，毕节城垣大部分被拆除。铁匠街和西门路各存半截石垣。

**大定府城**　东汉安帝、顺帝至蜀汉、唐、宋时期，其在黔政权中心均设在大方白札戈。原城垣为石城。明崇祯九年（1636），水西土司阿乌迷等献地，镇将方国安始建城，名大方，后毁。清康熙三年（1664），吴三桂发兵剿水西，上书朝廷，建议在水西地设四府，以大方城为大定府，康熙六年（1667）知府宁云鹏、总兵刘之夏重建城垣，周围934丈，高1丈5尺，开4门。康熙十九年（1680）正月，城垣被毁。乾隆十三年（1748），云贵总督张允随批呈贵州巡抚孙绍武请发帑银1.17万两，交知府杨汇重建府城。次年正月竣工，周围1639丈，城墙高1.5丈，雉堞高4尺，垛口873个，设炮台6处，水关3处。同治年间，大定城垣、楼台多次被毁。光绪六年（1880），巡抚岑毓英阅兵至大定，拨款交知府程荣寿修理楼台、石栏、甬道、城门，建南北城楼。光绪二十九年（1903），知府谢文翘以罚款改修南北城楼，新建东西城楼。巡抚曹鸿勋题颂：东曰静楼，内署华藻扬清；西曰星见楼，内署榛苓在望；南曰威畅楼，内署屏翰黔服；北曰泽洽楼，内署控引滇黔。

**乌撒卫、威宁州城**　明洪武十四年（1381），傅友德军克乌撒，设乌撒军民府。洪武十六年（1383）正月初七日，于乌撒军民府腹地置乌撒卫指使司，当时以砖筑城，周围1080丈2尺，高1丈2尺，厚2丈，开4门。康熙四年（1665），吴三桂率军平水西，灭乌撒，置威宁府，增修府城。雍正十年（1732），乾隆二十六年（1761）3次增修城垣，乾隆五十年（1785）知州袁制详重修城垣，为石城，周围1026丈5尺7分，城垣高1丈2尺，雉堞高5尺，957垛。开4门，东曰迎晖，西曰丰登，南曰延薰，北曰毓秀。威宁城内筑两条街，从东门到西门，穿城1华里3分，原分为3段平均宽2米，现为解放路；南门至北门，加城外两端长2华里余，宽2米。在城中心两街交汇处为十字街口。

**水西城、黔西州城**　明洪武十五年（1382）三月，安陆侯吴复领赣州军卫官军至水西，选地名郭张（果中），兴土筑城，至五月完备，命名水西城，周围9里3分，城墙高1丈8尺，开4门。清康熙四年（1665），吴三桂领兵平水西，水西城被毁。康熙五年（1666），知府王命来、总兵李如碧在水西城原址建黔西城，为土垣。乾隆二十四年（1759），知州赵起楠改土垣为石垣，并置五门：大东门称迎辉门，小东门称凝霞门，南门称向化门，西门称宝城门，北门称拱震门；同时于东西南北筑炮台4座；咸丰六年（1853），知州赵崇庆于城垣西南角内筑池，开暗沟引河水入池，并修月城围护，以备战乱时城内军民用水。光绪三年（1877），知州扎拉劳改修北门至小东门一段城墙，向内收缩百余丈，将原在城内的双龙井、龙王庙隔于墙外。城内有东南西北4条街，街宽3~5米，巷宽1~2米。

**比喇城、平远州城**　原为仡佬王把瑞城，明代称比喇大箐、比喇城。崇祯八年（1635），云贵川桂军务总督兼贵州巡抚朱燮元上奏朝廷在比喇一带设12个州，并在比喇等地筑石城。吴三桂率兵剿水西，毁比喇石城。将比喇更名平远并设府治，首任知府属僚刘勇以茨围城，史称茨城。康熙五年（1666），知府邱业改茨城为木城。康熙七年（1668），知府邱业与总兵刘文进拆木城筑土城，并开五门：东曰迎旭，南曰毓秀，西曰来爽，北曰永安，小东门曰春登。乾隆十三年（1748），清廷下诏，令知州郭振领库银1800余两建石城，正月兴工，次年十一月竣工，周围826丈，城墙高1丈，仍开五门，上建两层楼房，城墙外有护城壕，深1丈，宽1丈2尺，建上下水关，沿城墙险要处筑城楼5座。平远州，城内外街巷有：州衙前长寿街、聚宝街、经司巷、广通街；东门朝阳街，东门外织金街、察院街、宾兴街；南门通顺街，南门外交济街；西门长兴街、顺城街；北门清宁街、将军街；小东门兴隆街、天柱街。

**层台卫城**　洪武十三年（1380），建层台城于今毕节市区东北35千米的层台镇官厢城村，周围600余丈，设4门。洪武二十一年（1388）设层台为卫城，洪武二十七年（1394）废卫置赤水前千户所。明万历六年（1578），兵备副使黄镆继建官厢城，明末毁于兵燹。现层台卫城仅有原衙署屋基、衙署照壁上12个厚雕小石狮及部分厚约1.5米，高3～6米不等的古城垣段。

**白岩站城**　明洪武十三年（1380）建白岩站城（今毕节市区东60千米川黔道侧的亮岩镇），周围40余丈，供邮递，属赤水卫辖。清康熙二十六年（1687），划归毕节县长乐里，仍为站，同治年间废。

**周泥站城**　洪武十三年（1380）建白泥站城（今毕节市城区西南43千米杨家湾镇的周驿），周围长40余丈，供邮递。已废。

**黑张站城**　洪武十四年（1381），征南将军傅友德下属陈桓在今赫章县城南（土城坪子）筑黑张站城，方围里许，开4门，供邮递。已废。

**七星关城**　洪武十五年（1382）建七星关城，周围450丈，雉堞800垛，设2门；东曰武亭，北曰大定。隶乌撒卫。永乐年间，改隶毕节卫。已废。

**可渡河桥汛城**　位于威宁县城南45千米处的可渡河上，为明清云贵两省交通孔道。明初，该处建有木桥。方围里许，设东西2门。清康熙三十年（1691），云贵总督范承勋改修石桥，后毁于洪水。雍正十二年（1734），又建木桥，亦毁于洪水。现存石桥，乃民国6年（1917）建。已废。

## 二　民国时期的县城建设

**毕节县城**　清光绪五年（1879）至民国3年（1914），毕节城为贵西道驻地。民国24年（1935）后，为贵州第四行政督察区专员公署驻地。1911年辛亥革命后，毕节城有街巷41条，全长1.25万米，均为石板街面，主街宽5～6米，其他街道宽3米左右。多数公私建筑依旧。

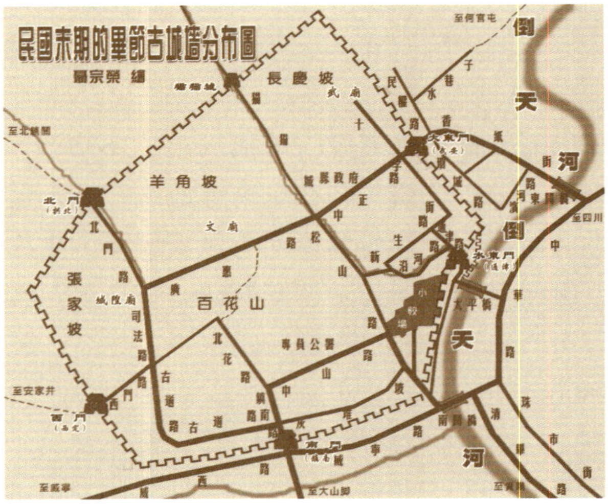

民国时期的毕节县城古城墙

毕节县城水东门石板路

民国20年（1931），在百花山顶建成砖木结构礼堂校舍，创办县立初级中学。民国19～24年（1930～1935），贵州省主席周西成督办建成清镇至毕节公路后，从五龙桥至砂石路，形成清毕路。民国26年（1937）抗日战争爆发，赶修四川泸州经毕节至昆明的川滇公路，国民党政府把毕节作为物资储备和粮秣供应的重镇，将川滇公路通过的大小横街、砂石牌坊、威宁街、半边街，从5米拓宽为8米，将石板路面改为砂石路面。是时，一些富有人家还在东安路、双井路、中华北路、威宁路、清毕路口、珠市路修建10余幢砖木结构三、四层盒式楼房。民国32年（1943），毕节专员公署将威宁路铁匠街口接头处靠南关桥城墙拆除一段，建从威宁路口沿小校场南侧去中山路专员公署的通道。

**大定县城**　清末至民国初，大定已形成街道16条，全长6550米，到民国初年，铺石街道多已损坏。民国6年（1917），赵尔嘉任大定县长，铲除南北长街旧砌，铺以新石，又补葺四门城楼，改修东门大路。民国19年（1930），清毕公路建成后，在南北长街西侧沿公路建与南北街平行的新街。民国36年（1947）3月起，县政府征集民工翻修街道。11月修筑环府路。

**黔西县城**　民国初年，黔西县城主街为东南西北4条，总长1512米，宽3~5米，路面部分石板，部分泥沙。有大小巷道16条，总长1743米，宽1～2米，均为泥沙路面。民国19年（1930），清毕公路修通，在城南公路沿线逐渐形成新街。民国25年（1936）县城发生火灾，近一半房屋毁于大火，后逐年修复，多为穿斗木结构青瓦房和部分青砖瓦房。民国28年（1939），黔西汽车站从南门外迁至城中心老川会馆（今影剧院处）。民国30年（1941），将城中心大府坝中央一排房屋拆除，拓宽街道，铺成三合土路面。40年代，黔西县城办有两所中学，1所简易师范，3所小学，均未建校舍，系利用寺庙、书院等办学。

黔西县中山乡猫山村布依族八阵图古村落

**金沙县城**　民国30年（1941）3月，置金沙县，治所设于打鼓新场。清末到民国初年，打鼓新场已成为川黔商品重要集散地，居于黔北、黔西北四大重镇之首。当时有1条由南向北长2.6千米的羊叉街，其间穿插大小巷道10余条。民国36年（1947）秋，金沙县政府组织修成治路河棠桥；从曹家湾修中正路抵河棠桥；修中山路抵秦家桥；从羊叉街至中正路与成治路交会处为中华路；接中华路经坳口上皮匠湾、骡马街抵秦家桥为民族路；秦家桥至小街子为光明路；从羊叉街口开民生路抵中正路，从中华路北开民生路抵中正路；从皮匠湾口开民权路抵中山路；将中正路与成治路的交会处40亩荒地辟为体育场。改万家巷为民众巷，改碓窝巷为博爱巷。新场街上和郊区有9井、18庙。9井：关门垭皂角井、上羊叉街四方井、下羊叉街龙井、万家巷子方井、碓窝井、文昌宫沙沟井、万寿宫水井、洗布塘冒沙井、水码头冒沙井。18寺庙：八景宫、万寿宫、川主庙、万寿寺、寿福寺、观音洞、玉皇阁、三圣宫、西文庙、高崖寺、关圣殿、龙王庙、药王庙、牛王庙、火神庙、文昌阁、黑神庙、观音堂。

**织金县城**　民国元年（1912），改平远州为平远县。国民3年（1914）中华民国内务部改平远县为织金县。城内街道无变化。民国21年（1932），县政府筹集大洋1.5万元，在城关东、西、北段，各修长200～280米，宽8米的砂石路面。在南关修花红长途路5500米，也为砂石路面。县政府增修房12间，忠烈祠1间、县立中学3间。民国23年（1934），修法院4间、参议会3间。民国32年（1943），修体育场，占地32亩。

**纳雍县城**　原名为大兔场，大定县辖地。建场于清嘉庆（1796~1820）年间。道光期中已形成街道。民国30年（1941）置纳雍县，成为纳雍县治所驻地。建县后，将主要街道建成沙石路面。民国34年（1945年）建大操场。民国38年（1949）前，县城不足1平方千米，人口不到5000，房屋9.12万平方米。民国时期，已形成东至臭水井，南抵栅子门，西到水巷子口，西北到黑神庙，东北到何家寨的城区。城内有1条主街，其余均是小巷。镇上有黑神庙、财神阁、山王庙、地母庙、文昌阁等庙宇和万寿宫、川祖庙等会馆。

**威宁县城**　民国初期，威宁县城主要街道有两条：一条由东门至西门，长1.5千米，宽2米，分为3段，东为胜利路，中为公园路，西为西宁路；一条从南门至北门，名威昭路，长1000余米，宽2米。东门有中山路，长500米，宽4米；复兴路，长200米，宽4米。另有铁匠路、赖子巷、洋芋巷。所有街巷除公园路铺石块，其余均为泥沙路面。民国时期，城内新建筑极少。仅有几家制荞酥、糕点和酿酒的作坊；有20余家经营食盐、布匹和百货的商店，铺面最大为16平方米。至1949年，城内建筑6.09万平方米。

**赫章县城** 民国7年（1918）设置威宁县赫章分县公署。治所得胜坡，后迁赫章。国31年（1942），置赫章县，治所驻赫章城关。是时，赫章县城只有一条街，由丁字口分段，西段至老车站为上街；东段至大石桥为下街，街面为川滇公路过境路段，砂石路面，长1.5千米宽5.5米。沿街房屋均木结构瓦房或草房。另有3条路：一条起丁字口至大操场，长约150余米，宽5米多；过大操场至中学，长约470米，宽4米左右，泥土路面；一条从县府门口，在上街北侧并与上街平行，西至上街邮电局，宽3.5米；一条从下街中段，北绕县府后至大操场，长320米，宽3.5米，泥土路面。

## 三　中华人民共和国成立后的城乡建设

1953年后，社会日趋安定，经济建设恢复，城镇建设起步。是时，针对党政机关、学校、企事业单位办公用房和职工宿舍破烂、拥挤、不足的情况进行改造、修建和扩充。50年代，全地区共建各类1～3层砖木结构的党政机关、企事业单位办公用房、职工宿舍49.64万平方米。各县城大力整顿市容市貌，改直、拓宽、填平主要街道，建成混凝土或沥青路面，疏通排水沟渠。城内河道改直拓宽、疏浚，加固河堤，防洪抗灾。1956～1978年间，大力发展水电、火电建设，8个县城用上电灯，结束煤油、蜡烛照明历史。1985年，毕节县城总体规划编制完成，报省人民政府批准实施。1993年，其余7县城的总体规划编制先后完成并按程序报批实施。1998年，县城规划区面积117.9平方千米，建城区49.22平方千米。与50年代相比，城市面积扩大4倍。地区行署和各县市政府决定城市建设按照：改造旧房、建设新城的规划进行。80%以上的旧房、街巷、道路被拆除重建。每个县城均建成2～4个新的街区和开发小区，2～4条宽20～40米的大街，扩大新的城市框架和路网。街面道路有双向4车道、6车道、绿化隔离带、快车道、慢车道、人行道。人行道下设管线沟、排污沟、上盖活动板块。部分8～20层的钢筋混凝土结构大楼，错落有序地排列在大街两旁。垂直升降电梯、扶手电梯，进入部分商厦、宾馆、医院、办公大楼、居民楼，各类街灯照亮街区。2011年4月，《毕节—大方城市总体规划〈2010~2030年〉》获省政府批准实施。至2011年底，全地区城市建成区面积由2006年的52.33平方千米 增至111.2平方千米 。

**毕节地区各县市城镇建设规划统计表**

单位：平方千米

| 县市名 | 规划区面积 | 建成区面积 | 县市名 | 规划区面积 | 建成区面积 |
|---|---|---|---|---|---|
| 毕节 | 30 | 11 | 纳雍 | 12.5 | 4.5 |
| 大方 | 17 | 8.78 | 威宁 | 15.6 | 4.34 |
| 黔西 | 12.5 | 4.8 | 赫章 | 12 | 5.2 |

续表

| 县市名 | 规划区面积 | 建成区面积 | 县市名 | 规划区面积 | 建成区面积 |
|---|---|---|---|---|---|
| 金沙 | 11.3 | 7.3 | 合计 | 117.9 | 49.22 |
| 织金 | 7 | 3.3 | | | |

**毕节城区** 规划30平方千米，建成区11平方千米。1988 ~ 1999年，共拆迁改造旧城区128.54万平方米，拆迁旧房23万平方米，新建商品房、安置房76万平方米，新区开发建设1631.7万平方米，新建各类房屋87万平方米。改造建城黔西北商贸城，投资7.3亿元。11年间，建成长1212米，宽30米的洪山路；长500米，宽30米的洪山南路；长430米，宽10米的拥军路；长500米，宽25米的文笔路；长1030米，宽20米的松山南北路；长1450米，宽32米的麻园路；长2300米，宽8米的环城北路；长4300米，宽34米的环城东路；长150米，宽30米的行署通威宁路新路。总长1.19万米，共投入资金6920万元。21世纪初，毕节城区启动新城区建设。2002年，毕节市弘宗、东园、兰苑、华联等9个小区建设投入2.1亿元，建成面积8.2万平方米。2005~2011年，毕节城区推进城东新区、南部新区、德溪新区、碧海新区建设；进行以倒天河治理，改造人民公园、阳山公园，毕节市东出口道路、麻园路、东升路、环东路、迎宾路改扩建和南部新区路网为主要内容的“一河两园六路”建设，建成碧阳大道、百里杜鹃大道、草海大道、党校路等道路。

**大方县城** 规划17平方千米，建城区8.78平方千米。1982 ~ 1990年，依托旧城建新城，新建楼房16.6万平方米，占城内房屋总面积的15.87%。城区85%以上路面建成沥青路和混凝土路面，主要街巷总长1.54万米，面积5.4万平方米。新建西大街长3.3千米，宽34米；兴方路长660米，宽12米。2002年，大方县新民小区和贵西大道开发区等新区建设总投资达3830万元。“十一五”期间，完成城市道路改造近20千米，累计完成房地产开发投资9.77亿元，累计竣工面积68.24万平方米，其中住宅8.3亿元，竣工面积58.5万平方米。至2011年，大方县城启动金龙新区建设，实施迎宾大道、杜鹃大道、九驿大道、丰登大道、环东路改造工程等城市路网建设。红旗小区、新民路小区、贵西苑小区开发初具规模。

**黔西县城** 黔西县城有街道34条，共长20.83千米，面积10.5万平方米；高中级混凝土路11.46千米，面积7.46万平方米；城市房屋69.07万平方米，是中华人民共和国成立前的7.97倍，其中，住宅48.68万平方米，人均8.04平方米。1993年7月，实施县城中心区南移规划，在县城东南面建水西开发区，4平方千米，建水西大道长2.2千米，宽46.8米，新增城市道路11.32千米，14.3万平方米，新增城市房屋2万多平方米。2005年，县城建成区面积6.87平方千米。“十一五”期间，黔西县实施了迎宾大道、莲城大道“白改黑”，县城6条主干道人行道改造，建成了文化路、迎宾西路、迎宾北路、文化西路、行政中心路网、花都大道、杜鹃大道、龙潭路等城市道路50余千米；建成了水西广场、东山广场、大吉桥广场、行政中心广场、水西公园，杜鹃广场、太极广场、湿地公园等水西河沿河两岸等休闲娱乐场所；建成安居小区、水西园经济适用房小区、园丁小区、黔龙新城小区、电厂生活区、龙山城市花园、福临国际小区、迎宾路南侧高层住宅区等商住小区。至2011年，县城建成区面积12平方千米。

**金沙县城** 20世纪50～70年代，城区主要改造建设旧街道，先后对工农街、解放街、胜利街、和平街、民主街、光明街实施改造。1983年起步，1985年编制完成县城总体规划，1986年经省政府批准实施。改造城区大小道路10条，新建中华路、长安街，长1811米。中华路宽25米，长安街宽20米，其余街道均宽6米，硬化1.05万平方米。拓宽改造河滨路，东起红岩桥，西至喷喇门大桥，长2000米，宽15米。新建、改建跨河大桥4座，跨径总长137.8米，修建关门垭334米长公路隧道。更新、改造路灯，城区有0.25千瓦彩色水银灯371盏。中华人民共和国成立前，城区房屋8.89万平方米。至1992年，低矮破旧房屋基本拆除，新建砖混凝土、5~9层以上钢筋混凝土结构楼房于主要街区及广场，面积7.46万平方米，为中华人民共和国成立初期的8.38倍。1994年，金沙县城旧城规划区内批准改造项目165个，建筑面积3.19万平方米，投资480万元。1997年，完成中华、长安商住开发小区建设，占地22.9公顷，总投资近2亿元。2000~2004年，县城旧城改造审批建设项目1152个，建筑面积28.91万平方米。“十一五”期间，投入7500万元，完成总长17.68千米的河滨路等5条老城区主干道路铺设沥青和人行道改造；投入9326万元，建成污水处理厂、垃圾填埋场及配套设施，完成《金沙县城市总体规划（2011~2030）》修编。

**织金县城** 中华人民共和国成立前，城内有各类住房7927平方米，1992年增至8.32万平方米。低矮破旧房屋多数被拆除，新建房屋多是砖混凝土、钢筋混凝土高层建筑，61.46万平方米，占房屋总面积的81.2%。城内道路总长2.34万米，街巷全经拓宽、改直、填平，95%以上建成沥青和混凝土路面，7.04万平方米；主要街道安装路灯162盏。省、地、县拨款对主要古建筑进行维修和油漆彩画。2004年，织金县完成安居路、向阳路、玉屏路等道路改扩建1.84千米，完成金北路道路工程堡坎、排水沟、管线沟、毛路铺设等工程。“十一五”期间，完成第二轮《县城总体规划》，投入3亿元改造县城主街道，改扩建城市道路34千米，改造新华路历史文化名城风貌，完成平远广场建设一期工程、文昌阁广场建设、双堰塘景观工程和古城改造工程，金北路、金中路、安居大道等路段铺设沥青工程，实施鱼山、南门、向阳桥、登高路等住宅小区建设。

**纳雍县城** 规划12.5平方千米，建成区面积4.5平方千米。1978年后，改建、扩建、新建主街4条，宽8～24米，街巷15条，宽5～12米，共长1.46万米，其中混凝土、沥青路5140米，5.02万平方米。到1992年，城区房屋41.81万平方米，为1949年的30.97倍，40%以上的房屋为砖混凝土、钢筋混凝土结构，高3～7层以上，其中住宅27.22万平方米。“十五”期间，城市道路达30千米；纳雍供水厂建成投入使用；新建沿河大街。2006年，启动旧城拆迁和新城区建设，建设博骜丽都、城南雍熙御园、昌宏盛世雍熙城等商住小区。“十一五”期间，县城旧城区道路改造实现油化、硬化。新区首期路网投入使用，发展大道动工建设，初步形成“一桥飞架居仁，两翼东南扩展”的城市空间骨架。实施旧城区环境整治，完成城市棚户区、城中村改造2536户，新建商品住宅约80万平方米，竣工面积约50万平方米。

**威宁县城** 70年代，开始改造老城区，基本拆除土墙茅舍。70年代末，将平街、言嘉路、民享路、威宣路从4～6米拓宽到4.5～12米。80年代将中山路、江西路、威昭路、南泉路从3～4米拓宽到4～8米；并疏通、加深、加宽排水沟渠，安装路灯，路面铺以沥青、混凝土。新建东西路，人民中、南、北路，草海路，鱼市路，健康路，共长5259米，宽8～31米，全部建成沥青、混凝土路面，县城由4.5平方千米扩大到7.7平方千米。人民中路原为西郊过境公路，现成为贯穿城中心宽31米大街。新街西侧高低错落有序排列3～7层以上建筑。雄伟、宽敞、琉璃瓦顶，具有阿拉伯风格的清真寺坐落在人民北路。人民中、北路和建设东、西路交汇处建成街心花园。绿化145公顷，其中园林37公顷。1992年，城区有房屋57.4万平方米，是解放初期的9.41倍，比1985年增加16.05%。2007年以来，实施老城区提升战略，投资2591万元，新改扩建城市道路5778米；建成君怡广场、新欣商贸城、新欣苑等商住小区。2009年，改造老城区解放路、中山路、民享路、文化路、言嘉路等道路，建设城镇道路10050米。至2011年，完成日供水3万立方米的城区自来水工程，开发建设草海明珠苑、草海印象、高原明珠、阳光海韵等商住小区。

赫章县城　80年代中期完成县城总体规划后，即进行旧城改造和新区开发，将旧城弯曲、狭窄的街道改直、拓宽、降坡、填平处理。旧城区建成主街11条，总长8千米，其中沥青、混凝土路面4千米。至1992年，全部拆除城区土墙茅屋，大部拆除木瓦房，新建高3～8层以上的砖混凝土、钢筋混凝土结构房屋，面积39.6万平方米，是中华人民共和国成立前的59.25倍。到1998年，城区共有街道28条，总长1.81万米，其中硬化路面长4300米。2003年后，启动旧城改造工程。“十一五”期间，完成老县武装部片区、老党校片区、老城关镇片区、百货公司片区、城北农贸市场片区等9个旧城改造项目。至2011年，实施西城区开发、夜郎大道建设，建成县城污水处理厂和垃圾填埋场，完成县城主街道白改黑、绿化亮化工程和22个市政基础设施项目。

## 第二节　城镇建设规划

### 一　民国时期的规划

毕节县城　民国30年（1941），毕节县作县城建设初步计划。1. 清洁饮水。于东关桥、太平桥、南关桥三处取水，各设沙滤缸2只，清水缸1只，每月派员赴各沙滤缸消毒。此处水井4口，修建改善，加高井壁，上盖石板，制井栏，设汲水眼2个，以辘轳取水。2. 引水工程。自响水滩筑石沟引入大东门北侧，经县府街出南门至大河为干线。再接支线两条：一是恒泰桥出水东门；二是十字街出大东门经箱子街设汲水站五处，总计路线约6千米。3. 疏浚河沟。贯城河日渐淤塞，一遇涨水，各街均被淹没，拟加疏浚。沿街各户备渣柜渣篓，指定城郊倒垃圾灰渣点十处。4. 修建公厕三处。5. 设置公共浴池。6. 建公共游泳池。勘定在倒柳村湾、徐家湾滩、郑家梨园等处修建。7. 市街路整理。制定《毕节市街路整理计划图》和计划表，拟将各市街路面、侧沟分段分期逐步整理。8. 筹建中正公园。经择定城北文笔山脚至文庙后及县政府右侧一带200余亩建中正公园。9. 设市街电灯。城北倒天河水位颇高，可用发电供城区照明。10. 公共体育场。拟将城小校场空地，筹建公共体育场。11. 设立图书馆。拟定大横街陕西庙作民教馆址，设立图书馆。上述《市政建设初步计划》均未实施。

**大定县城**　民国37年（1948），大定县政府制定县城建设规划：1. 拟修筑大定至纳雍、金沙、瓢井等6条道路，完成大定至纳雍、金沙两路45千米土方工程。2. 征集民工将街道一律加宽为6米，坡度减足80%以下。翻修中正路、环府路。3. 开辟1700平方米体育场一处。4. 将庆云阁及莲花池花木、道路予以整修建亭榭供市民游息。5. 拆除城厢危险建筑物太平阁、南山寺荒废寺庙。6. 恢复农业推广所。7. 林业。县育苗19.7万株，辟苗圃20亩，采集树种4000万粒。

**金沙县城**　民国36年（1947），金沙县政府按1∶1500绘制县城建设计划图：1. 县城区域在建县前原打鼓新场的基础上有所扩大。2. 拟定新辟：和平路、城治路、博爱路、民生路、中正路与中山路、建国路。上述道路中华人民共和国成立前基本实现。3. 对原街道改造和新辟街道建设，从建设审批程序、道路走向、长度、宽度、路面、房屋建筑、道路绿化、资金筹措、施工限期等均作明确规定。4. 对体育场、公园、林场、车站、邮电局、银行、游泳池等公共建筑和公共事业建设都作出布局。上述规划，有的基本实现。公园、游泳池、林场、建国路、行道树、街旁房屋建筑均未实现。

**织金县城**　民国21年（1932）1月5日，织金县政府制订《关于织金县城南门至北门桥一带拆房扩大路计划》，南门至北门桥一带应拆住户20户，最宽处拆退4.8尺。南门至关圣殿一段，民国19年（1930）1月发生火灾，已让出路基，不再拆房。是月，县政府呈省建设厅：织金11个区，离清镇卫城、黔西滥泥沟（大关）较近的4个区前往清毕公路卫城至大关段修筑公路，其余各区负责整个城内市街及南关外花红树之长途路一段。于民国20年（1931年12月1日）开工修建，共计5555米，加上桥梁、涵洞、侧沟工程，需用大洋1.5万元，由负责修筑市街路各区长会同地方绅耆开会摊派每区2500元建成。民国37年（1948）制订营建计划：勘测县城体育场后旧大府地址之一部建中山堂；于适当地点设置公墓一所；修补公共浴池及公共厕所；修理市街下水道及两旁排水侧沟，备双轮大垃圾箱，于郊外指定地点倒垃圾。

**赫章县城**　民国30年（1941）建县，县基本建设委员会作县城建设初步规划：市街新建房屋，一律距公路5尺修建。上街至下街空地统限本年12月底前开始营建房屋。地主无力营建房屋者得向政府登记，代为招典或出卖以兴建房舍。上街至下街公路两侧地基每亩典价租金，由县政府建筑委员会按实评定。地基出典者，典期3年，期满由县财政委员会评定连续典价及租金，续典3年为1期，原承典人有续典权。6年期满后，地主有力收回时，需征求原承典人同意。收回之典期内，承卖房屋地主有收买优先权。上下街两侧空地，过期不修建住房亦不登记者，便没收或给地主处以罚款。新建房屋，建筑人须先登记领取建筑图样；自绘图样非经许可，不得擅自营造。房屋建筑分三期实施：第一期自民国30年（1941）2月～次年3月，自上街至下街沿川滇东路两侧修建；第二期民国30年4～7月，自后街沿后河一带营建；第三期民国31年（1942）7月后，自平街一带营建。

## 二　中华人民共和国成立后的规划

1978年前，毕节、黔西、织金县对县城建设的短期、局部规划。

**毕节县城建设规划**　1958年，地区和毕节县制定毕节城区工业和市镇建设发展规划：拟在城东南望城坡至头步桥一带，建肉食厂、罐头厂、蛋粉厂、电厂；城东北建软木厂、木材公司；城北建机械厂；市中心繁华地段的砂石路拓宽至22米，铺三合土路面，街旁建人民剧场、新华书店、民贸公司、花纱布公司和百货公司；威宁路拓宽至22米，街旁建县电影院、邮电局和地区农业局；扩建清毕北路，街旁建人民银行、毕节影剧场。上述规划未完全实施，砂石路、威宁路只拓宽至14米，人民剧院只建成门面。

**黔西县城建设规划**　1953年、1957年，黔西县两次对市政建设做过粗线条规划，都未付诸实施。

**织金县城建设规划**　1975年、1976年织金县政府两次制定《城镇10年发展规划》。1980年，根据全国城市、农村规划会议精神和国务院颁发的《城市规划条例》，地、县均成立分管专员、县长抽任组长的规划领导小组，地县基本建设委员会抽调规划技术人员设立办公室，负责对各县城进行调查、测绘，编制总体规划，交有关部门讨论修改，经地县人大、行署、县政府讨论通过，报省政府批准执行。

1980年以后的各县城市建设规划：

**毕节县城建设规划**　1980年底，制定《毕节镇总体规划图片、说明书》，经县委、县人大、县政府、县政协及有关部门审议通过，于1983年2月报地区行署，行署报省政府。是年，省政府批准执行。规划分近期至1990年，中期2010年，远期2050年。城市性质为地区政治、经济、文化中心；烟草、酒类、食品、皮革、服装、鞋帽为主的综合性生产城市；城市人口11～12万，农业人口4.7万，共15.7万～16.7万。规划范围：市区，东至流仓桥、北至响水滩、西抵教育学院、南至大兰村驻地。近郊为5个乡，占地30平方千米。

1. 规划布局。（1）工业用地分三个片区：城东为工业区；大桥、五里坪一带为轻工业区；东郊为重工业区；新辟南郊工业区。（2）政治、商业中心：老城仍为政治中心。商业中心区以威宁路、清毕路、中华路、东安路、天河路、松山路为主，南关桥为全城中心。1995年，新建成的桂花路、洪山路、拥军路已成为新商业区。新建桂花、双井两处综合农贸市场，双树湾为牲畜、竹木市场。（3）居住用地：改建与扩建相结合，以改建老城为主。近期扩建3个地段：洪山宾馆到鸭池草堤毕节监狱，郭家湾，二中到地区建筑公司采石场。④科教用地：师范学校、卫生学校、财校改作小学，逐步把大专、中专、技校迁往德沟。

公共建筑

2. 公共建筑。（1）商业网点。主要街道房屋底层为商业服务用房，新设3个商场，两个菜市场，两个农贸市场。（2）扩大地区医院，新建第二医院或战备医院。（3）设地区农业银行、人民银行、保险公司。县新设农业银行、人民银行、建设银行及10处储蓄所。（4）邮电建设：新建自动化电信大楼，邮电所5处。（5）新建电影院5处，科技文化馆、青年馆、体育馆、游泳馆、图书馆、历史博物馆、展览馆。

3. 供水。自来水厂近期供水能力达日产3万吨，远期达日产5万吨。（1）改造长庆坡水厂，达日产水1万吨。（2）1998年，新建倒天河新水厂，近期达日处理水2万吨，远期日处理水4万吨。（3）在倒天河水库上游建龙官桥水库，作城市供水、防洪主体工程。

4. 电力、电信。（1）电源规划。架设毕节到大方东风电站35千伏输电线路，改造城区输电线路，近期开发白布河，远期开发六冲河上游的麻布河、红岩、七星关、夹岩、仙人洞。装机11.6万千瓦。（2）电信。改电话为自动电话，近期安装2000门，远期安装4000～5000门。

5. 交通道路。城区分为外环道与街道两部分。（1）外环道规划。改建北环道，路面由7米加宽到8.5米。新建环东路长3.9千米，宽10米。南环路，近期从农机研究所新建路去精神病院，并在野猫洞接南环路，全长2.2千米。北环线从良种场经湾子队到外贸站与老北环路相连，全长1.5千米。（2）街道。主干道3条。人民剧场到茶亭，长3000多米。人民剧场到客车站宽23米，客车站到翠屏路宽20米，翠屏路到茶亭宽16米。清毕路经双树路到望城坡，长4010米。中华路经双井路转东安路，长7276米。次干道有：松山路、松山北路、天河路、桂花路、拥军路、洪山路、洪南路，宽12～16米。桂花路、洪山路、洪南路、拥军路与军分区大操场北侧新建大桥连接麻园路，成为主干道。古道路、司法路、胜利路、箱子路等老街，不够7米宽的加宽到7米。铁匠街一侧，拆除房屋，宽14～16米。河东中华南北路西侧，拆房建路宽5米。

2009年毕节学院路（改造后的环东路）

6. 公路交通。改扩建毕贵线、川滇公路毕泸线、毕纳水线。新建毕节至镇雄线。国家规划从四川隆昌经毕节、大方、织金去黄桶铁路，东站建在海子街。

7. 商业。城市规划加宽南关桥至70米为市区心脏，建中心商业广场，建一集会广场，3个农贸市场，3处停车场。

8. 园林。（1）扩建人民公园，从6.84万平方米扩大为9.43万平方米。（2）开辟灵峰寺游览区。（3）从关门山至宋关水库建立以森林为景观的公园。（4）开辟小河至黑穿洞游览线。

2010年2月，《毕节市城市总体规划（2009~2030）》获省政府批复。规划期限为2009~2030年。城市性质为：毕节地区政治、经济、文化和信息服务中心，川、滇、黔三省交界地区的重要节点城市和商贸、物流集散地，以能源工业、循环经济产业为主，山水特色突出、生态良好的宜居城市。到2015年，城镇人口60万人；到2030年，含毕节和大方在内，城区人口达100万、城区面积达100平方千米的“双百”城市规划。

1. 城市空间结构与功能分区。（1）城市以白马山森林公园为绿心，以自然山林、农田菜地、生态绿地为分隔，围绕森林公园分片组织、集中布局，形成“一心五片”的组团式城市空间形态，一心指中心区，五片包括海子街片区、小坝～中屯片区、鸭池～梨树片区、松林片区西片、甘家桥片区。（2）功能分区。中心片区政治、文化、商贸、金融、信息、通信中心。海子街片区居住生活、商贸。鸭池～梨树片区工业、仓储、物流混合区。甘家桥片区以居住、建材工业职能为主。小坝～中屯片区为工业集中区。松林片区为工业片区。

2. 公共设施布局。（1）行政办公用地。①城南新区地区行政中心，保留中心片区内一定的地区单位。②建设城东新区市级行政中心办公区。③在海子街建设1处集中的区级办公区。（2）商业金融业用地。在环城东路以东、农科所以西、毕节学院以北、蜂包山以南围合的区域形成城市商业中心。（3）文化娱乐用地。在城南新区建设市级文化活动中心。（4）体育用地。保留和改造三板桥体育场；在德沟、海子街、梨树新建体育场。（5）医疗卫生用地。在中心区的城南、城中、城东的新建区域和海子街片区配套布局医疗卫生设施；在五里坪、甘家桥、小坝等分别布置1处综合医院。（6）教育科研设计用地。保留财校、工校、农校、师专等中等专业学校和高等职业技术学院用地，整合教育资源，建成职业技术学院和毕节学院。（7）历史文化遗产及其他公共设施。保留城内历史文化遗产，并加以维护和维修。在城东分别新建社会福利设施、流浪人员救助站和儿童福利院；在海子街布置1处社会福利院设施。（8）中小学校及托幼设施。整合中小学校教育资源，合并和扩建学校。

3. 道路交通规划。（1）铁路及站场：在德沟设毕节火车客站。（2）汽车客运站：保留中心区西侧、水西田的客运站；在环城东路和麻园路交叉口建设毕节市客运枢纽；在德沟布局1座一级汽车客运站。（3）高速公路：建设杭瑞高速公路、厦蓉高速公路、毕威高速公路、环城高速公路。（4）城市大环、小环：建设“快速路+城市干路+杭瑞高速公路+毕威高速公路”组合的毕节市中心城区环线，将毕节市的主要片区、大方县的飞雄、竹园、双山、松林等片区有机连接。（5）中心片区环线：利用城市西北环线、贵毕大道、南外环线、东外环线等城市干路，建成中心片区环线。

4. 给排水工程规划。（1）水源。毕节城区水源为倒天河水库、利民水库、拟建龙官桥水库、扩建宋官水库拟建龙官桥水库、归化水库、六冲河提水。（2）水厂布置。保留毕节水厂、扩建倒天河水厂，新建梨树水厂、海子街水厂、南箐水厂、小坝水厂、松林水厂。（3）给水管网布置。规划在管网中设2000立方米高位水池3座。（4）排水体制。采用雨污分流制。（5）排水分区。设市中心上游区、市中心下游区、海子街片区、甘家桥片区、鸭池～梨树、松林西片、小坝7个排水系统。（6）排水管渠布置。旧城区充分利用现状排水管渠，沿倒天河两岸设污水截流沟。在新区布置污水和雨水排水管渠。（7）污水处理厂。规划扩建流沧桥污水厂，新建德沟污水厂、海子街污水厂、甘家桥污水厂、小坝污水厂、鸭池污水厂、松林污水厂等城市污水处理厂。

5. 能源工程规划。（1）电力负荷与用电量预测。预测近期负荷190MW，用电量9.1亿千瓦时，远期负荷为420MW，用电量为30亿千瓦时。（2）电网规划。增容毕节220千伏变电站为3×150MVA；新建头步桥110千伏变电站；新建城中变，近期主变容量为2×50MVA，远期为3×50MVA；新建松林片区110千伏变电站，主变容量2×50MVA；新建小坝片区110千伏变电站，主变容量2×40MVA。增容安家井变电站；改造东关变电站及海子街变电站。（3）配电网规划。城区配电网采用中压10千伏，沿道路敷设。（4）路灯照明规划。新建和改造道路时应考虑路灯照明。

6. 电信、邮政工程规划。（1）固定电话预测。近期电话普及率达28部/百人，电话实装数达11.2万户，程控交换机扩容至14万门。远期城区电话普及率达40部/百人，电话实装数达26万户，程控交换机扩容至35万门。（2）局所规划。在新区新建一处模块局。远期新建小坝、海子街、二堡等电信分局或模块局。（3）线路规划。沿主要道路下铺设，形成通信管道网。（4）移动通信规划。在新城片区及工业园区增设4～6座基站。逐步实现GSM/CDMA和3G等不同层次的网络。（5）邮政规划。新增城市报刊亭、邮政支局。

7. 绿地系统规划。（1）规划目标。规划期末中心城区绿地率30%，绿化覆盖率35%，人均公共绿地7.9平方米。（2）规划结构。中心城区绿地系统以带状绿地为纽带，以背景绿地为基底，以城市公园为节点，构成城市绿核+城市绿化节点+滨河绿带、沿道路绿化带+背景绿地的多层次的绿地系统。（3）公园绿地。公园绿地总面积516.0万平方米。建设虎踞山公园、城南文化公园、东山公园、人民公园、望湖公园、城东公园、火烧坡公园、白石公园、二堡公园等市级公园。新建长地埂公园、梨树公园、龙蟠山公园、德沟西公园、营盘公园等区级公园，头步公园、新机坡公园、茶亭公园、安家井公园、东关公园、灵山秀水公园、五里坪公园、德沟东公园、新店公园、草堤公园、上楼坡公园居住区级公园。

8. 历史文化资源保护规划。（1）单个文物保护。国家文物保护单位：贵州抗日救国军司令部旧址、中华苏维埃人民共和国川滇黔省革命委员会旧址和红二、六军团政治部旧址。省级、市级文物保护单位：陕西庙戏楼、长春观音阁、惠泉寺、毕节城墙等。（2）历史街区保护。和平路和中华南路。（3）非物质文化遗产保护。强地方传统民俗、民间艺术、民间戏曲、传统节日、传统工艺作坊等非物质文化遗产的整理和保护。

9. 环境保护、环境卫生工程规划。（1）水环境质量目标。倒天河水库、利民水库、宋官水库、龙官桥水库等按Ⅱ类水体进行保护。（2）空气环境质量目标。中心城区应达到的二级标准；特定工业区的环境空气质量按三级标准控制。（3）声环境目标。按《城市区域环境噪声标准》控制规划城区内各功能区的噪声污染。（4）固体废弃物处理目标。工业固体废弃物处理率2015年达到60%，2030年达到100%。城市生活垃圾无害化处理率到2030年达到100%。（5）环卫设施。设置130座水冲式公厕。设置14座洗车场。设置20座垃圾转运站。（6）垃圾处理场。沿用现垃圾填埋场设施。在福集新建1处垃圾处理场。

10. 综合防灾规划与地下空间开发利用。（1）防洪。中心城区防洪标准近期采用50年一遇，远期采用100年一遇。（2）抗震防灾。规划抗震设防标准为6度，一般工程和建、构筑物按相应标准设防，城市生命线工程提高1度进行建设。（3）消防规划。在现状基础上增加7个消防站，中心城区消防站总数达10个，其中中心片区5个、海子街2个、鸭池～梨树2个、甘家桥1个。小坝建成专职消防队。（4）人防规划。新建10层（含）以上或基础埋深3米（含）以上的民用建筑，按首层面积标准修建6级以上的地下防空室；其他民用建筑的新建与改造，应建设相应的人防工程。在市东新区拟建1处人防指挥中心，在地区行署所在拟建1处人防指挥所。

**大方县城建设规划** 1983年8月，由县城镇规划办公室调查，编制城镇建设总体规划，绘制1：2000地形图，经多次讨论修改，报县人大审议通过，1986年8月省政府行文批准。

1. 规划年限：近期1990年，远期2000年。

2. 用地规模：现建城区用地116.2公顷，到2000年用地475.09公顷。

3. 城市布局：（1）工业区。县城清毕公路北段两侧，现复烤厂、建材厂、水泥厂、豆腐厂一带。（2）住宅区。县城西部集中成片建房为新增住宅区。（3）政府机关区。县城西部南部为县镇机关建设区。（4）学校区。县城南部现卫校西北侧为新建大中专学校区。（5）蔬菜基地。县城东部江西坡、新庆乡原有菜地为近期蔬菜种植区。（6）科技、文化、体育中心。科技中心规划在县城南部，现中医院西侧；文化中心在县政府东侧；体育中心在城南清毕路与人民路交叉口西北侧。（7）商业区。保留现人民中路一带传统商业区，在人民路与书院路交叉口西北面建商业贸易中心。（8）园林绿化。城南大海坝为自然风景区，城北奢香公园为园林重点绿化区域。（9）医疗卫生。保留县医院和中医院，在城镇新中心西大道西侧建一所综合医院。街道。在县城西侧新建一条与人民路平行的新庄路（西大街）与贵毕公路连接。农贸市场。在规划范围内设4个农贸市场。城内3个主要农副产品交易，城北货运站西侧市场以牲畜和粗杂农副产品为主。仓储区。生活物资仓库主要设在城镇东北侧；危险品仓库设在近郊。对外交通。清毕公路过城内3.9千米段按22米红线改造。按三级路标准改建至金沙大路。按四级路标准修建大六（龙）路。将汽车站迁至清毕公路西北侧。供水。近期利用城关水库群，调剂水量220万立方米；远期建理化区河坝水库、龙井沟水库，增加库容521万立方米，作城市供水水源。排水。近期建设项目和完善合流制排水系统工程，结合小区开发和旧城改造，配套安排水管线敷设和附属设施建设，远期实行分流和建污水处理厂。供电。近期城内最大供电负荷为4484千瓦，年供电2242万千瓦时；远期为1.59万千瓦，年供电量9554万千瓦时。扩建城北35千伏变电站。城市供电逐步形成10千伏电网，城区新增4个10千伏配电站。邮电通信。在城中心人民南路建邮电大楼一栋。将人工交换机改为自动交换机，近期安装自动电话500门，远期1000门。在南北两个小区各设一个邮电所。环境保护。在水源保护范围内搞好山林绿化，不新建工业企业；处理有污染的工业用水；凡工业及民用炉的排烟必须经过除尘、脱硫处理；新建工业必须有环保措施。

2010年2月，《大方县城总体规划（2009~2030）》获省政府批复。规划期限为2009～2030年。其中近期2009～2015年，远期2016～2030年。近期全县总人口达108.0万人；远期全县总人口达123.0万人。城市性质为毕节地区中心城市的有机组成部分、省级历史文化名城，以能源化工和高新技术产业为主，中药制药和传统加工工业优势突出，黔西北高原风貌特色浓郁的旅游城市。

1. 城市空间结构、功能分区。（1）空间结构城市以自然山林、农田菜地、生态绿地为分隔，分片组织，集中布局，形成“双城多组团”的城市空间结构。（2）功能分区。①老城区职能以历史文化名城保护、商业、娱乐、居住为主。②新庄～小龙昌～东关片区以行政办公、居住、文化娱乐、对外交通服务等为主。③双山片区以居住、商贸、科教、交通运输服务等为主。④飞雄片区以机场服务、居住、文化娱乐为主。⑤新铺片区职能以工业为主。⑥松林片区职能以居住、行政办公、商业、工业等为主。⑦竹园片区职能工业及仓储为主。

2. 中心城区公共设施布局规划。（1）行政办公用地。启动新庄行政办公区建设，在双山建设片区行政中心。（2）商业金融业用地。县级商业服务中心布置在新庄。老城片区、双山商贸为副中心。（3）文化娱乐用地。保留老城区文化娱乐设施。建成大方古彝文化博物馆、游乐园、新庄文化设施。（4）体育用地。在双山片区布置1处综合体育用地，在双山西侧布置1处片区级体育场，在新庄片区布置1处体育用地。（5）医疗卫生用地。保留既有医疗卫生设施。新建7处综合性医院、1处专科医院。（6）教育科研设计用地。保留老城区的教育科研设计用地，在双山片区布置1处教育科研设计用地。（7）历史文化遗产及其他公共设施。①修缮、整治老城区历史文化遗产。②在小龙昌、东关分别新建1处社会福利院、1处社会救助站，在双山布置1处社会福利院。（8）中小学校及托幼设施。整合中小学校教育资源，合并和扩建中小学校。中心城区共布置34所18～24班小学、22所18～24班中学。

3. 综合交通规划。（1）公路网及站场规划。建设杭瑞高速公路遵义～毕节段、大方～黔西高速公路、大方东关～清丰环城高速公路、大方～纳雍二级公路，提升大方～纳溪公路、小坝～居乐公路达二级标准。改造长石～黔西公路达到二、三级标准；改造大方～织金公路为三级公路。适时改造贵毕公路大方～归化段作为城际间联系干道。改造大方～竹园公路和大方、双山之间的公路为城市联络线。保留老城区汽车客运站。启动新庄新区、东关新区、双山片区汽车客运站建设。（2）铁路。成贵快铁在东关附近设大方客站。加快隆黄铁路建设前期工作，做好昭（通）吉（首）铁路的建设准备工作。（3）航空。建成毕节机场。

4. 城镇给排水规划。（1）水利设施规划。2015年前，抓好岔河、龙井沟、典桥嘎水库和龙潭口引水工程建设。2016～2030年，建设响水水库。争取落脚河提水、六冲河调水等工程。（2）供水水源。供水水源采用地表水或地下水。（3）供水设施规划。在改扩建或新建自来水厂。（4）排水体制。中心城区、中心镇及重点生态保护应采取雨污分流制。（5）污水处理。中心城区及中心镇采用二级处理达标后排放或农灌。

5. 民用生活能源结构规划。（1）城镇生活能源结构与普及率。中心城区以管道煤制气和电能为主要能源，瓶装液化气为辅助能源。（2）电力负荷与用电量预测。近期全县用电负荷94.25MW，用电量4.22亿千瓦时；远期全县负荷196MW，用电量9.0亿千瓦时；近期人均用电量243千瓦时/年，远期人均用电量574千瓦时/年。（3）电源规划。到2015年共有8座110千伏变电站，容量为806MVA；10座35千伏变电站，容量为154MVA。至2015年新建高压线路6回。对原有的110千伏和35千伏变电站进行扩容或升压改造。（4）高压走廊。预留高压走廊。（5）城镇燃气设施规划。在新铺工业区建生产规模19万立方米/吨的煤气厂，在双山片区设置1座8万立方米储配站。

6. 电信及邮政规划。（1）用户与电话普及率。全县近期电话普及率11.7部/百人，电话预期实装用户数12.6万户，远期电话普及率23.4部/百人，预期实装用户数27.8万户。其中近期农话普及率8部/百人，远期农话普及率16部/百人。全县近期移动电话普及率16部/百人，远期移动电话普及率31部/百人。（2）电信设施规划。扩容程控电话、移动交换机，增设移动基站，加大对网络的优化工作。（3）邮政规划。合理布局报刊亭、邮筒。各邮政局所建成电子化局所。

7. 科技、文化、广播与体育设施建设。（1）科技设施。建成企业科技创新服务中心、科技馆和农业科技培训中心。（2）文化设施。到规划期末，在中心城区分别建成影剧院、图书馆、文化馆、博物馆、美术馆、青少年活动中心各1座。（3）广播电视。2015年全县实现广播电视有线网络数字化整体平移，2030年关闭模拟电视信号。到2030年，全县广播综合人口覆盖达98%，电视综合人口覆盖率达99%，有线电视联通乡镇100%。（4）体育设施。到规划期末，建成县级体育活动中心和高原训练基地。

8. 医疗卫生与社会福利设施建设。（1）医疗卫生设施。在中心城区建成综合医院2座、专科医院2座、疾控中心和急救中心各1处。（2）社会保障和福利设施。建成2所具有养护、医疗、康复等多功能的老年福利机构。建成2处流浪人员救助管理站和2处未成年人救助保护中心。（3）殡葬设施建设。近期建成县城殡仪馆。

9. 城镇防灾减灾规划。（1）城镇防洪标准。中心城区近期采用30年一遇防洪标准、远期为50年一遇防洪标准。（2）城镇消防。到2015年，中心城区拟新建1座标准型普通消防站；到2030年城市消防站的总数为6座。（3）抗震防灾。城市、中小城镇的公共建筑、高层建筑和城市生命线工程设施均应按照6度设防，一般工程不设防。（4）人防规划。到2030年，城市人均人防工程隐蔽面积应达到1.0平方米左右，建成1个功能比较健全的疏散指挥中心。（5）地质灾害防治。按照重要程度将全县划分为重点防治区、次重点防治区和一般防治区等三类地区，分类进行地质灾害防治。

**黔西县城建设规划** 1983年初，黔西县城镇规划领导小组办公室编制出1984～1990年、1984～2000年《黔西县城总体规划》。1984年1月，县委、县人大、县政府、县政协讨论通过。1986年1月，省政府批准实施。

1. 城区范围。总面积为999万平方米，东至凉风洞，西至氮肥厂，北至瓦窑，南至监理所。现建成区用地46.55万平方米，占规划面积的4.66%；到2000年，建成区用地为229.77万平方米，比现增4.93倍。

2. 规划时期。近期1984～1990年；远期1991～2000年。

3. 城市布局。工业区。工业发展用地主要在城南，用地19.05万平方米，占城区面积的1.91%，占建成区用地的8.29%。仓储。建在城南山地中，用地17.02万平方米，占城区总面积1.7%，占建成区用地的7.4%。对外交通。清毕公路过城区段，长1.5千米，宽7～8米。规划改道，西起向阳桥，南至加油站，长1.6千米，红线宽7～11米，占地1.73万平方米，计划2000年完成。长途汽车站规划在原车站配套发展，占地7486平方米。在城南建公共停车场，占地27亩。生活居住区。规划用地172万平方米，占建成区用地的14.77%，人均43平方米。住房占地，规划为52万平方米，占建成区用地的22.61%，人均13平方米。改造旧房，建房提高2～3层；在东南西3个路口建公共建筑和居民住房；新建居住小区，计划1990年前在城北上风方向征地1.33万平方米，建成2.4千米长的北新路，红线控制宽15～19米，有计划地安排居民在道路两侧建新房，层数控制3～4层。公共绿化。规划在2000年前，继续将附廓水利沟后山坡绿化，扩大水西公园区，增大水面4.99万平方米，植藕养鱼；东郊烈士陵园增种松柏等常青树与花卉；计划在观农台山冈四周再种植株矮小而美观的树木；在近期内种速成美观法国梧桐绿化街道，南门河两岸多植杨柳；由机关、学校、街道划片包干山地绿化。公共建筑：在规划期内建筑占地增至46万平方米，人均1165平方米。增设商业网点：在城东新建综合性商业大楼一栋；在小环路、东门桃子湾、北正街、向阳桥至西门大桥等地建农贸市场，约2.5万平方米。2000年前，新建中学、农校各1所，幼儿园两所，共需占地4.5万平方米。1984年在东门十字路口新建1000座电影院一栋，占地333平方米；在县体委后征地1.2万平方米，辟为足球场、排球场。新建100个床位住院部一个，占地1.2平方米；在城南新建中医院一所，占地4995平方米。道路改扩建、新建。需用地36万平方米，占建成区用地的15.65%，人均9平方米。新建长590米，红线11～15米的南新路；长2400米，红线15~19米的北新路；修补长2000米，红线12米的外环路；县东、县南和县西3路全长2300米，宽仅6～7米，城区主道，拓宽红线为11～15米。供电：计划近期将6千伏电压升为10千伏，变电站容量增至2×4000千伏安，石板塘电站建成后，黔西——石板塘35千伏线路和国家电网并连运行以保证城区用电。电讯：规划从东门十字路至西门十字路，从大府坝至南门丁字路，埋设365米长的电缆；从邮电局至县北路埋设地下交频电缆；从南门丁字口沿清毕公路东西两段架设5.4千米架空电缆；市话交换机容量发展为1125门，市话话机增加到1125部。

1998年，省政府批准《黔西县县城总体规划1995~2010年》。

1. 规划期限：1995~2010年，16年。

2. 城市规划区。在城关镇镇域范围的基础上扩大为北至附廓水库，南至天坪，西至野坝，东至黎明，总用地100平方千米。

3. 县城性质。全县的政治、经济、文化中心，一定地域范围内的物资集散地，加工工业和原材料工业基地。

4. 县城规模。（1）人口规模：近期（2000年）7.3万人，远期（2010年）12.0万人。（2）用地规模：人均80.6平方米，城市建设用地967.2公顷。

5. 用地发展方向。规划确定东南部为城市用地发展方向。

6. 规划布局。规划设三个集中的工业区：西北部为轻工业区，西南为重工业区，东南为一般工业区。居住用地在西门河以北旧县城一带往北发展。规划在水西大道与水西路交叉处设一商务中心区和一个行政办公区，东部为文教科研体育区，商业金融用地沿主要道路两侧布置。沿清毕路和外环路设置两个仓储区。规划设三片一线集中的公共绿地和多片生产防护绿地及山林绿地，规划在贵毕公路入城处及现客车站处设两个对外交通区。

2005年，省政府批准《黔西县城总体规划（修编）（2002~2020）》。规划期限：2002~2020年；近期2002~2006年；远期2007~2020年。

1. 县城总体布局。（1）城市性质。黔西县的政治、经济、文化中心，以能源工业为主，具有独特自然风光和多元文化的旅游服务城市。（2）城市规模。①人口规模。2020年县城人口达到18万。②用地规模。城市建设用地控制在14.6平方千米，人均81.2平方米。（3）用地发展方向。县城的南部及东南部为城市用地的主要发展方向。（4）空间布局形态。以老城为依托，以南北向主干道及环线为伸展轴，以绿色生态空间为分隔，集中布局，分片发展，形成一城两片的组团城市空间布局形态。

2. 空间布局规划。以贵毕公路为分隔，在规划期内将形成双城结构，老城为“水西片区”，新城为“城南片区”。（1）水西片区。强化政治、文化、商贸、金融、信息、通信、旅游及工业职能。人口控制在12万左右。（2）城南片区。以居住和公共设施为主的片区。人口控制在6万左右。

3. 县城公共设施与中小学布局规划。（1）行政办公。对老城的行政办公用地采用改造与扩建的方式。（2）商业金融业。①商业服务业。在清毕路、五号路、十八号路等城市主干道集中布置商业服务业用地。②金融保险业。金融保险业与商业服务业共同沿城市主要干道集中布置。③旅馆业。沿水西大道、十八号路集中布置2~3处三星级宾馆。④市场。在主要经济联系方向的出入口，集中建设大型专业批发市场。（3）文化娱乐。集中连片在城市中心地带、广场周围布置文化娱乐用地。（4）体育用地。布局两块体育设施用地。（5）医疗卫生。保留老城医疗卫生用地，增建3所医院。（6）教育科研设计。在县城北面建成全县科技活动中心。（7）中小学校。保留现有中学、小学，新增13所小学，10所中学。幼儿园结合居住用地布局。

4. 县城道路交通规划。（1）对外交通规划。①改造葡萄井的“T”字形互通式立交为“十”字形互通式立交。②保留水西大道中段客运站，在城南片区外环线上布局一座客运站。（2）客运交通。①建立以公交为主的方便快捷的城市客运系统；②加强客运配套设施的建设，在长途客车站、大型公共设施处设置换乘枢纽。（3）货运交通。①规划外环线为货运主干线。②重点发展专业运输车队。③在城南片区布局货物流通中心。（4）道路系统。①道路等级。县城道路等级按两级控制：干路和支路。干路控制在25~40米，支路控制在12—15米。②道路网。采用方格、环形加放射的路网形式。③交叉口规划。与贵毕公路相交的道路均采用下穿的不互通立交。其余道路交叉均为平交。④城市广场。在长途客运站各布局一处交通集散广场，保留水西大道口广场，在行政中心和城南片区中心各规划一处广场。（5）交通设施。①公共停车场。布局28个停车场。②公共加油站。保留现状加油站，增加布局3个加油站。

5. 县城给水排水工程规划。（1）供水水源。附廓水库、雨灌河水库、富源水库为黔西县县城主要供水水源，地下水作补充水源。（2）供水标准。居民综合生活用水定额近期200L/人·d，远期250L/人·d，供水普及率100%。（3）供水规模。规划水厂在附廓水库坝后右岸，供水规模近期为4万立方米/天，远期8.3万立方米/天。（4）输、配水管网。水厂出水管采用两根DN900的球墨铸铁管，输水管长9千米。保留原有三座高位水池，新增两座容积为2000立方米高位水池。（5）排水管网。利用地形及道路坡度，依据分散、便捷的原则布置雨水管。（6）污水处理厂。位于城市东南面，处理规模近期3.2万立方米/天，远期6.6万立方米/天。

6. 县城电力电信工程规划。（1）用电负荷。近期（2006年）电力负荷19000千瓦，用电量8550万千瓦时；人均年用电850千瓦时；远期（2020年）电力负荷6.03万千瓦，用电量2.53亿千瓦时，人均年用电1406千瓦时。（2）供电电源。规划电源以贵州电网索风营电站为主供电源，110千伏六林线为备用电源。供电电压等级为110/35/10千伏。（3）供电网络。新建索风营至城东110千伏架空输电线，新建35千伏城南变电站。改造和加强10千伏配电网。（4）电网管理。改造110千伏、35千伏及主要10千伏变电站，配电网自动化、营业自动化。（5）道路照明。道路照明照度要求主干道15~20LX，次干道10~15LX。高压走廊宽度110千伏为20~25米，35千伏为15~20米。（6）电话预测。规划近期（2006年）电话机总数2.5万部，电话普及率25部/百人。远期（2020年）电话机总数7.2万部，电话普及率40部/百人。（7）电信网络。近期完善光同步网SDH。新建城南电信端局。程控交换机近期扩为3万门，远期扩为9万门。（8）电信管道。主干道管孔24~12孔，次干道管孔12~6孔。（9）邮政设施。完善邮政服务设施，邮政网点服务半径0.7千米。

7. 环境卫生规划。（1）规划指标。生活垃圾和粪便无害化处理率：近期（2006年）30%，远期（2020年）100%。机械清运率为100%。垃圾及粪便量标准：1.1kg/人·日。（2）环卫设施设置。规划新建公厕40座。设洗车场10座，垃圾转运站10座。（3）垃圾填埋场。近期垃圾仍在凉风洞填埋，远期在距县城10千米的大堰建一处理能力200吨/日的综合垃圾处理场。

8. 县城绿地系统规划。（1）规划目标。①近期。县城绿地率不低于30%，绿化覆盖率不低于35%，人均公共绿地不小于2.5平方米。②远期。县城绿地率35%，绿化覆盖率40%，人均公共绿地8.5平方米。（2）布局。构建覆盖县城的点、线、面结合，协调布局的绿地系统。

9. 县城环境保护规划。环保措施：严格执行环境影响评价和“三同时”制度；改变县城燃料结构；加强城市绿化；建设完善城市排水及污水处理系统；加强水源地的保护；加强对驶入县城车辆的管理。

10. 县城燃气规划。（1）县城燃气气源为管道石油液化气。（2）供气范围为规划县城范围，人口18万。（3）规划气化率近期（2006年）为50%，气化人口5万人（15600户）；远期（2020年）气化率85%，气化人口15.3万人（47800户）。

11. 县城综合防灾规划。（1）防洪规划。防洪标准。规划确定黔西县城洪水重现期为20年一遇。（2）防洪规划。①自五把车坝起，至陈家坟山止，区间河段长5.47千米，经截弯取直后河段长变为4.58千米。②沿河道修建3×3米的排洪沟2.4千米。（3）抗震防灾规划。黔西处于贵州基本烈度6度区以下，属不设防城市。（4）消防规划。按每个消防站的消防责任区面积为4—7平方千米考虑，规划黔西县城消防站达3个。（5）城市人防规划及地下空间开发利用。按人均占有隐蔽工程面积0.5平方米建设人防设施。

**金沙县城建设规划**　1984年11月，金沙县完成《金沙县城总体规划》，经县委、县人大、县政府、县政协讨论通过，1986年，经地区行署审查，省政府批准实施。

1. 规划年限。近期1985～1990年，远期1991～2000年。

2. 用地规模。规划用地282.24万平方米，人均62.78平方米。

3. 城市布局。（1）工业仓库用地。辟城西北八角乡为新工业区。新建炼铁厂、大理石板材厂、硅铁厂、肉类联合加工厂、水泥预制构件厂，占地8.29万平方米，将酱油厂、纸厂、玻璃厂、拉丝厂、农具厂迁八角，占地2.6万平方米。辟城东南面为仓库区，将盐业、五金、农机仓库迁入区内。大型中转、储备仓库仍在环城东路两侧。（2）交通用地。将穿城而过的遵义至黔西、毕节的公路改道城东南面，隔离机动与非机动车道；汽车站、监理所、公路养护段，县车队迁到东环城路侧。（3）生活、居住、行政、文教、体育、卫生等建筑。①公共建筑中的镇级行政办公楼底层作为商业门市，县级机构相对集中于成治路、科学路、河滨路北端一带。②文化体育区。新建400米跑道运动场；在原灯光篮球场周围再设两个篮球场；运动场南面设文化宫、少年宫、科技广场，图书馆迁到此。③一、二中，一、二、三小在原地适当扩建；城关中学、光明小学迁到光明路南；玉屏小学迁红岩路南；在城东南北各段各建一所幼儿园；在农科所南新建农业技术学校；党校迁紫金街重建。④适当扩大县医院、联合医院，并在院内设立卫生学校、防疫站；在城北河滨路建中医院；城北、城南建妇幼保健院和县第二医院。⑤建设以河滨路为中心的商业区。（4）城区道路建设、园林、绿化。①新辟环城东路、环城北路、光明路、打鼓路、文化路、红岩路、林荫路；延长成治路东端和生产路、紫金街。新增道路总长1.33万米，21.7万平方米，平均宽8.8米。②贯城河两岸重点绿化，部分河湾建楼、台、亭、阁；城北两河汇合处建烈士陵园；城内以戴家堡为中心与河对岸的河滩及田野相配套建设游览区；继续做好街道和城内山头绿化工作。（5）供电、供水。①供电。近期规划投资100万元，将长征电站2×1600千瓦电网与环路电站1×1000千瓦并网；投资150万元，修建3×320千瓦的安洛红联电站，建成后与长征、环路电站并网。远期投资60万元，由遵义三合变电站架输电线路至城区变电站；投资约15万元，增设15台配电变压器，总容量1500千伏安。②供水。近期，将高岩寺水厂扩大，在太极图附近建低位水厂，日供水4725立方米，人均120升／日，普及90%；远期，将太极图水厂扩建为4000立方米／日，利用偏岩河建南郊水厂，规模为6000立方米／日。日供水1160立方米，人均180升／日，普及率达100%。③排水。将排水体制由合流制过渡到截流制。近期将秆道排水沟普及率从40%提高到60%；新建截流沟1465米；远期将街道排水沟普及率提高到80%，新建截流沟4660米。④污水处理。近期主要解决医院、工厂污水初步处理排入截流沟，经一级处理和氧化处理后排入偏岩河；建占地1.2万平方米，日处理污水1.2万立方米的污水处理厂，总投资266.5万元。远期通过截流沟将污水道至玉屏乡下游经一级处理和氧化处理排入偏岩河；新建占地1.2万平方米，每日处理污水1.2万立方米的污水处理厂，原污水处理厂改为鱼塘或藕塘，投资501.9万元。

2006年，省人民政府批准《金沙县县城总体规划（2005~2020）》实施。规划期：2005～2020年，近期2005～2010年；远期2011～2020年。城市性质为全县政治、经济、文化中心，以发展能源、煤化工配套服务业、农产品加工业为主的小城市。2010年县城总人口为11万人，2020年为15万人。规划县城建设用地发展方向为：向西北（西洛河沿岸用地）方向发展。

1. 县城总体布局。（1）空间结构。采取集中组团式布局模式，为“两河两轴，三片一网”的空间结构形态。①两河——西洛河和偏岩河；②两轴——旧城峡谷内近期发展轴和八角至西洛远景发展轴；③三片——贯城河上游片区、贯城河下游片区和西洛河片区；④一网——城区生态绿化网。（2）功能分区。①贯城河上游片区为行政、居住、综合、对外交通、特色工业；②贯城河下游片区为工业、居住、旅游服务；③西洛河片区为居住、教育科研。（3）居住用地布局。规划居住用地为365.69公顷，人均居住用地24.38平方米。（4）公共设施用地布局。①规划公共设施用地275.88公顷，人均18.39平方米/人。②规划行政办公用地12.6公顷。规划在二十二号路北端建造行政办公中心，另在各个相对独立的片区设置相关行政办公用地。③规划商业金融用地140.7公顷。近期在改建老城区两处农贸市场，在新城区新建一农贸市场。远期在西洛河片区新建一处农贸批发市场。④规划文化娱乐用地42.93公顷。建设白云旅游服务带；近期在新城区地段建设青少年活动中心和文化馆；中老年活动中心设在二十四号路西侧。⑤规划医疗卫生用地14.24公顷。保留县医院、中医院、血站及妇保站等现有医疗卫生设施，在新城区地段新建疾病控制中心。⑥规划体育用地14.59公顷。保留电厂运动场，在新城区地段新建一体育场，在西洛河片区预留一块体育用地。⑦规划教育科研用地49.49公顷。规划在西洛河片区设置教育科研区。（5）工业用地布局。规划工业用地134.77公顷。在偏岩河下游布置工业用地。保留五里坡和黔北电厂工业用地。（6）仓储用地布局。规划仓储用地18.81公顷。规划仓储用地位于黔北电厂东北面。（7）对外交通用地布局。规划对外交通用地2.88公顷。（8）道路广场用地布局。规划道路广场用地171.14公顷。（9）市政公用设施用地布局。规划市政公用设施用地14.08公顷。（10）绿地布局。规划绿地167.15公顷。其中，规划公共绿地120.83公顷。（11）特殊用地布局。规划特殊用地2.05公顷。

2. 道路交通规划。（1）对外交通。加强对外交通设施与城市道路系统的衔接，高速公路从县城东南部通过。改造西北环线。近期作为运煤线，并承担过境交通功能；远期运煤和过境交通功能由新民（城关）—龙坝横向公路承担。保留、改建城区原有两处汽车站。（2）道路系统。①规划目标。完善片区内部交通网，构建快速通畅的城市道路系统。②道路网。采用自由式的路网形式。③道路等级。城区干道红线宽度为25～35米，支路红线宽度为15～25米。④交叉口。杭瑞高速公路交叉口规划为互通式立交，其余交叉口均采用平面交叉口。⑤广场。建设交通集散广场、游憩集会广场、县政府市政广场、八角打鼓文化广场。（3）交通设施。①公共停车场。公共停车场面积按常住人口人均0.8～1平方米配置。②公共加油站。保留现有2座公共加油站；在县城主要出入口及大型停车场附近设置。

3. 绿地系统规划。（1）规划目标。县城绿地率不低于30%，绿化覆盖率不低于40%，人均公共绿地不小于8平方米。（2）规划布局。形成以公共绿地为主，生产防护绿地为辅，包括公园、街头绿地、园林生产绿地、防护绿地以及道路绿化、山头绿地在内的绿地网络系统。（3）公园绿地。①近期建设代家堡公园，远期建设体育公园；②开发建设社区公园。（4）生产绿地。在西洛河下游建苗圃生产基地。

4. 景观规划。（1）保护高岩寺、玉清宫、金龙寺、天宁寺等宗教寺庙建筑；保护桥梁、广场、标志性建筑等近现代建筑；保护河流交汇点、公园等自然景观点。（2）河道景观轴：包括一个主轴（偏岩河景观轴）和一个副轴（西洛河景观轴）。

5. 电力电信工程规划。（1）负荷预测。预测近期县城负荷为44200千瓦，年用电量14000万千瓦时；远期县城负荷为89000千瓦，年用电量达33000万千瓦时。（2）电源规划。金沙110千伏变电站东移，增容为1×20MVA+1×31.5MVA+1×40MVA，新建金沙县城西35千伏变电站（远期升压为110千伏变电站），主变容量为2×5000千伏A（远期2×40MVA）。（3）用地规划。金沙变东移，以留出城东小区的建设用地。（4）电网规划。县城供电电压等级为10千伏。（5）高压走廊。设置高压走廊。（6）固定电话预测。近期县城的市话实装数达33000门，电话普及率达29.5部/百人。远期实装数为57600门，电话普及率达37.6部/百人。（7）电信设施规划。近期交换机分期扩容至40000门，远期县城交换机容量扩容为72000门以上。（8）电信设施规划。城区电信线路均进入地下铺设。（9）移动通信规划。扩大移动通信覆盖面。

6. 给排水工程规划。（1）用水量标准。人均综合生活用水量标准近期为200L/人·d，远期为250L/人· d。（2）用水量。近期3.7万立方米/吨，远期6.0万立方米/吨。（3）水源选择。县城水源为胜天水库、小洋溪水库、西洛河水库、白果水库、龙井河和盐井河。（4）给水处理厂。近期保留现状玉屏水厂规模0.25万立方米/吨，西郊水厂规模2.5万立方米/吨。南郊水厂规模1.0万立方米/吨，远期扩建南郊水厂规模3.5万立方米/吨，玉屏水厂为补充水源。（5）水源水质控制标准。水源一级保护区达国家《地表水环境质量标准》的Ⅱ类水水质标准，二级保护区达国家《地表水环境质量标准》的Ⅲ类水水质标准。（6）输、配水管。西洛河水库至西郊水厂输水采用两根DN300的球墨铸铁管，管长26千米，小洋溪水库至南郊水厂输水采用两根DN400的球墨铸铁管，管长14.2千米，配水管网呈环状布置。（7）排水体制。近期合流、分流制并存，新建项目严格按分流制建设。远期逐渐过渡到分流制。（8）污水水量。近期3.0万立方米/吨，远期4.8万立方米/吨。（9）排放标准。污水处理厂出水须达《城镇污水处理厂污染物排放标准》中一级排放标准的B标准后方可排放。（10）污水处理厂。雨田污水厂近期处理规模：1.5万立方米/吨，远期5.0万立方米/吨。（11）排水管网布置。污水管沿城市道路人行道下或慢车道下敷设污水干管。

7. 燃气工程规划。县城燃气气源为管道煤制气。气源厂设在县城北面农里附近。气化人口：近期7.7万人，远期13.6万人。

8. 环境保护规划。（1）环境保护规划目标。大气环境质量：县城大气环境质量近期达到《环境空气质量标准》Ⅱ级标准，远期好于《环境空气质量标准》Ⅱ级标准；水环境质量：偏岩河县城河段水质近期达到《地表水环境质量标准》Ⅲ类标准，远期好于《地表水环境质量标准》Ⅲ类标准；声环境质量：县城严格执行《城市区域环境噪声标准》，城市区域环境噪声近期达标区覆盖率为70%，远期达标区覆盖率为90%。（2）环境保护措施。①地面水环境。规划近期2010年污水处理率达到50%，规划远期2020年污水处理率达到80%。②大气环境。按照城市功能区的划分，进行大气环境分区并制订相应保护对策。（3）工业固体废弃物。加强固体废物的收集和堆放管理。

9. 环境卫生规划。（1）主要指标。近期垃圾产量为170吨/日，垃圾清运率100%；远期垃圾产量为190吨/日，垃圾清运率100%；（2）环境卫生设施。①垃圾中转站。规划需建10座垃圾中转站。②车辆清洗站。规划需建6座车辆清洗站。③公共厕所。设置25座公厕。④废物箱。在主要街道按标准配置废物箱。⑤垃圾填埋场。建设规模：100吨/日，总库容100万立方米；服务年限：2006~2022年；建设地点：金沙县猫猫岩。

10. 综合防灾规划。抗震防灾规划，规划按地震基本烈度六度设防，城镇供水、供电、通信、急救中心等生命线工程按七度设防。

11. 人防规划。人民防空"实行长期准备、重点建设、平战结合的方针，贯彻与经济建设协调发展、与城市建设相结合的原则"。

12. 防洪规划。县城按20年一遇的防洪标准进行规划。

13. 消防规划。县城设消防培训基地和三级消防站。

**织金县城建设规划** 1983年12月，织金县完成县城总体规划。是年发现织金洞。织金县政府根据省政府的指标，将织金县城建成旅游城市。补充修改织金县城建设总体规划。1988年1月，省政府批准实施《织金县城建设总体规划》。

1. 规划年限。近期1985～1990年，远期1991～2000年。

2. 用地规模。近期2.84平方千米，远期10平方千米。东至荷花池，西至半扇门，北抵水阴沟，南抵冒沙井。

3. 规划布局。以西环路为界，辟城西煤炭工业区；旧城略向西北发展，为生活居住区；县医院、双堰塘、三中，东环路以东为文物名胜风景区；城东北为地方工业区；在城西南、东南植造一定规模的人工森林，以净化城区空气。

城区主干道和车站。⑴南北向建两条平行街道，一是拓宽两外环路，从外贸站经二小到新车站，再转弯至一中交叉路口到大石岩，沿原有公路到下寨，道路红线32米；二是从狗桥经建筑一公司、三中、东门街口、双堰塘、二中至磷肥厂，道路红线20米。⑵新华路（老街），作商业步行街，道路红线22米。⑶东西向建4条街道，从下寨桥过河至西瓜洞，道路红线20米；从二小南侧路口到建筑一公司，道路红线25米；从双堰路到大水沟至西环路，道路红线20米；从重兴桥到木杉寨，道路红线30米。⑷车站。在城北入口处的物资局仓库路口城南入口处冒沙井各建车站1个。

工业与仓库用地。⑴城东北辟为工业区。城内有污染的工厂逐步向城东搬迁；城内对环境影响小的小厂、小作坊在原地改建；城北马家寨作粮食和副食品加工厂及机修厂用地；洗煤厂、矿区、水泥厂迁至绮陌或水阴沟一带。⑵仓库相对集中在火车站西面的杨家田、南面马家寨、北面烂田冲新建3个大型仓库；原油库迁至南郊塔山脚一带山洼。

生活居住用地。⑴以大街为中心，以两条南北向街道之间的区域为一般生活居住用地。⑵东山至榜山东侧地段，规划为别墅型居住区，也可安排科研、高校用地。⑶矿区生活居住用地在西南北大街一侧。

主要公共建筑。新华路主要建商业性设施；马鞍山、三潭滚月为旅游宾馆区；大府头为体育中心；体育场与二环路之间、电影院至双堰塘为科技、文化、教育、娱乐场地；原有一、二、三中、师范等学校扩建，新建中学两所、职业中学3所，小学4所；在城北马家寨北面和城南狗桥附近增设医院两所。

园林绿化。在沿街一带植树、插柳、种竹，利用沿河空地建花圃；搞好新大街和隔离带绿化；沿铁路线植20米宽的隔离林带；在穿过城区的高压走廊下植50米宽的绿化带；加强风景名胜古树保护和名胜古迹四周的绿化；组合好东郊公园的建设与绿化；加强单位庭院绿化。

新区建设与旧城改造。新区建筑一般在5层以上；旧城街面建筑要保持原有历史风格，具有多样性和地方性特征的街巷，要保持原有风貌。东山、鱼山、穿洞留云、蛇冲、三潭滚月、三石联标、日落碑现景区约60万平方米，在马鞍山等地建高档宾馆和别墅。在森林公园建工人疗养院，供人民群众休养、游憩，青少年进行野营活动。截流鱼山及附近几股泉水汇成人工湖，为东郊公园增添湖光山色。

2006年，省人民政府批准《织金县县城总体规划（修编）（2003~2020）》实施，规划期限为2003～2020年，近期2003～2007年；远期2008～2020年。城市性质为省级历史文化名城，全县政治、经济和文化中心，煤磷化工产业配套与服务基地、旅游服务城市。

1. 县城居住用地布局规划。（1）规划布局。①“主城区”形成城北、城西、城南、花红4个居住区。②绮陌片区形成与工业用地相配套的居住区。（2）中小学教育设施布局。①幼儿园：设置13所独立的幼儿园。②小学：设置小学12所。③中学：设置7所中学。将现有四中和职业中学合并成一所中学。

2. 县城公共设施用地布局规划。（1）行政办公用地布局。①县政府办公用地紧靠“圭峰笏持”，规划搬迁公安局和检察院。②中共织金县委办公用地保留不变。③在织金新城内布置一片集中的行政办公用地。（2）商业金融服务设施用地布局。①设置沿新华路、贯城河以及从西门至三楚会馆3条传统风貌商业街。②新建大型商业设施安排在古城外，沿县城主干道设置。③在各组团或片区中心设置组团级商贸服务中心点或中心带。④依照县城形态结构特征，确定7处较大型的市场用地。⑤安排6个二星级或以上标准的宾馆用地。（3）文化娱乐用地布局。①改建为大府头文化广场。②县文化馆位于大府头文化广场形成县城文化中心。③保留县图书馆。④在县城南部区和绮陌片区各建一个分区级文化馆（兼图书馆）。⑤保留位于古城内文化路与新华路相交处的影剧院用地。（4）体育用地布局。规划在小营盘东面、雨农桥（狗桥）和五中北面设置县体育中心。（5）医疗卫生用地布局。①改造县医院设施和布局。②扩展县中医院用地规模。③改扩建和新建6所综合职能医院。（6）专科院校与科研设计用地布局。①预留织金师范学校发展用地。②改建省煤田地质局织金174队。

3. 县城道路交通规划。（1）铁路线路及火车站场。设置织金和绮陌两个火车站。（2）过境公路与长途汽车站。①过境公路：修整县城五个对外方向出口公路的线形，提高公路等级。②长途客车站：保留现状长途汽车站1处，另新设置长途汽车站4处。（3）县城道路骨架。①县城道路网：采用环形网状结构布局县城路网。②道路等级：干路红线宽为24~40米；支路红线宽度为15—20米。（4）步行交通。分别在历史古城内、主城区南部的商业中心设置步行商业街。（5）广场。设置9处县城广场或街头小广场。（6）停车场。设置10处县城公共停车场。

4. 县城绿地系统规划。（1）小型绿地布局。利用县城内的石岩或小山岭以及单位附属院落绿地，形成遍布全城的绿点。（2）带状绿地布局。沿织金河水道、化跨河水道、过境交通道、外环路以及铁路沿线等，设置防护隔离绿带。（3）大型绿地布局。以登高山公园、西郊公园和东山鱼山景区组成公园绿地。

5. 县城景观系统规划。（1）景观廊道。①构建贯穿县城的连续滨水景观廊道；构成山脉景观廊道；构建五条横向山丘景观廊道。②沿县城主干道和商业步行街构建景观廊道。③在主城区形成综合景观廊道。（2）通过设立绿地、风景区等方式将织金八大景、十二小景即“圭峰笏持”“洄龙涌瀑”“双潭对镜”“文腾搏浪（又称文浪北腾）”“东寺晚钟”“三潭滚月”“三石连标”“日落碑现”“南笔生（增）辉”“玉屏展彩”“墨峰耸秀”等景观予以保护和再现。

6. 县城给水工程规划。（1）用水量预测。近期总用水量1.88万立方米/日；远期总用水量9万立方米/日。（2）供水水源。①工业企业用水为自备水源，并作为县城景观水体和排水受纳水体。②保留龙潭泉水为县城水厂水源。③启用鱼井水源为县城水厂水源。④争取大新桥水库立项建设。⑤龙潭水源、鱼井河水源、大新桥水库水源枯水期合计供给县城用水9万立方米/日以上。（3）水源控制与保护。控制龙潭、鱼井河上游和大新桥水库集雨范围内的污染源。（4）水厂。①望城坡水厂近期投入生产。老水厂保留使用。两座水厂总供水能力达到2.5万立方米/日。②远期新建小营盘水厂。（5）给水管网。采用统一给水管网系统。新建高位调节水池4座。（6）消防给水。①县城消防用水量为972立方米。②消防用水由市政给水管网供给。

7. 县城排水工程规划。（1）排水体制。采用雨、污分流制。（2）县城污水量预测及县城污水厂。①近期污水量约1.3万～1.5万立方米/日；远期达5.4万立方米/日。②建设污水处理厂二座。采用“二级生物处理工艺”。（3）排水管网。新区雨水管网和污水管网按规划与新区道路建设、用地开发同步实施。

8. 县城电力工程规划。（1）用电量和用电负荷预测。①近期：最高用电负荷不超过1.7万千瓦。②远期：总负荷将达7.6万千瓦。总用电量将达2.2亿千瓦时。（2）220千伏变电站规划。在冷坝村设置织金220千伏变电站一座，2007年前建成投产。（3）110千伏变电站。①变电站扩容至2×40MVA。②黄织（隆百）铁路织金110千伏牵引站应随铁路同步建设。（4）35千伏变电站。①近期保留使用三道坡35千伏变电站。②新建35千伏变电站四座。③文家坝35千伏变电站为文家坝矿区专用。④近期在主城区东北端规划新建35千伏变电站一座，替代三道坡变电站。⑤在主城区西南白泥塘电站原35千伏输电线路入城处，增建35千伏变电站一座。⑥在绮陌新建35千伏变电站一座。⑦对绮陌片区内用电负荷较大的工业企业，允许自备35千伏专用变电站（5）高压走廊。①保留原有110千伏高压走廊，增加110千伏输电线路两条。②新建110千伏及35千伏线路高压走廊保护区宽度采用下值：110千伏——20米；35千伏——15米。

9. 县城电信工程规划。（1）电话普率预测及交换机容量。预测近期县城固定电话普及率为21部/百人，程控交换机扩容至3.5万门以上；远期县城电话普及率超过35部/百人，程控交换机扩容至9万门。（2）电信局房规划。在主城区新建电信综合大楼，在绮陌、师范学校设电信模块局。（3）电信设施规划。①县城电信电缆采用地下管道敷设。②在县城内通过的二级光缆和县内骨干光缆应随县城电信管道建设，移入县城电信管道内。

10. 县城环境保护规划。（1）空气环境保护规划。东山鱼山风景区和五指山岩溶生态风景保护区划分为环境空气质量一类区；主城区与绮陌片区东部的生活居住区划分为环境空气质量二类区；绮陌片区西部的工业用地划分为环境空气质量二类区。（2）水环境保护规划。地表水域分类保护目标划分。东山鱼山风景区和五指山岩溶生态风景区地表水环境质量达二类水域功能标准；织金河与化跨河在主城区段地表水环境质量达三类水域功能标准；织金河在绮陌片区段地表水环境质量达四类水域功能标准。（3）环境噪声控制规划。环境噪声分区控制目标。东山鱼山风景区符合0类标准，居住、文教单位为主的区域符合1类标准，居住、商业混合区的区域符合2类标准，工业区符合3类标准。

11. 县城环境卫生规划。（1）废弃物总量预测。近期日产粪便100吨，生活垃圾80吨；远期日产粪便200吨，生活垃圾160吨。（2）废弃物处置原则。①粪便：以无害化处理为原则。②生活垃圾处理无害化、资源化和效益化。③其他固体废弃物。建筑垃圾：近期作为回填土和低洼地段填埋相结合，远期建立建筑弃土堆放场；医院垃圾：单独清运，以集中焚烧为主，不能采取填埋方式；有毒有害、放射性垃圾，按环保标准和规定处置。（3）环卫设施规划。①环卫公共设施。设置48座水冲式公共厕所。沿街设果皮箱。②环卫工程设施。设置25个垃圾收集转运站。在县城对外交通干道入城口处设洗车场。生活垃圾卫生填埋处理场布置在北郊外大荒坡老虎沟内。

12. 县城燃气工程规划。（1）用气量。2020年县城总用气量达8万标立方米/日。（2）气源选择。采用文家坝煤矿的矿井气。（3）站点建设。在文家坝矿区设置集气站，在主城区西部设置县城储配站。（4）管网布置。配气管网采用中压A级单级系统。

13. 县城综合防灾规划。（1）防洪规划。①防洪标准：采用20年一遇洪水设防。②防洪措施：实施防洪二期工程；加强河道管理；做好县城上游的水土保持工作，改善流域植被；建立综合防灾指挥组织体系。（2）消防规划。①建立完善的消防体系，在主城区新建消防指挥中心，在绮陌片区内新建消防站一座。②消防给水、消防通信、消防车道、消防通道等严格按国家规范、标准进行建设。（3）抗震规划。县城新建各类建筑物和构筑物，根据其使用功能的重要性划分为甲、乙、丙、丁四类，其中甲、乙类提高1度按7度设防，丙、丁类按6度设防。（4）人防规划。人防隐蔽工程面积不小于0.5平方米/人。

14. 历史文化名城保护规划。（1）古城历史建筑的保护要求。分级保护，“整旧如旧”。（2）古城历史建筑的保护策略。①古城保护以保护单体古建筑为重点，带动“历史地段”乃至整个历史文化名城保护。②将公共建筑的寺庙殿阁及古民居民舍纳入保护范围。

**纳雍县城建设规划** 1981年、1984年，纳雍县政府先后组成规划领导小组，制定县城总体规划。1985年6月，经县人大第九届常委会第五次会议审议通过，报行署审查上报省政府。1987年6月，省政府批准施行。

1. 规划年限：1986～2000年。

2. 规划范围：东至旮旯河，西至双水井，南至小中寨，北至杨家河，10.24平方千米。其中农用地、菜地4.15平方千米，果园、苗圃0.31平方千米，道路、沟渠、河湖3平方千米，其他2.78平方千米。

3. 城市布局：（1）道路。从老街至小河边建桥，经大十字至大操场，全长1.8千米，宽为16米；新建自盐巴仓库跨马店包至武装部街道，长1.2千米，宽8米；改建武装部跨山王庙经二中接新街街道，长950米，宽15米；改建供电所至五眼桥跨关寨街道，长1.2千米，宽6米；改建关寨经老场至公鸡山街道，长1.3千米，宽6米；改建小河边至关寨街道，长1.1千米，宽6米；改建农具厂跨大松山至养猪场的街道，长1.1千米；改造小河边跨口湾接新桥的环城过境公路。（2）公共建筑。打米厂至气象站段，新建百货大楼、邮电大楼、文化宫、运动场、青少年宫；小河边至关寨段建工人住宅区；山王庙建退休职工宿舍；将原县医院旧房改作体育馆，新建县医院于大松林右侧；在文昌阁建三中或师范。（3）供水。近期加高现有水厂的储水池，容量增至7000立方米，建水塔1个；远期在文昌阁新建水厂。（4）园林。培植猴子岩为近期公园；培植“三八”妇女林作远期公园；在文昌阁大量植树，1990年作森林公园。

2006年4月，《纳雍县县城总体规划（2003~2020年）》经省人民政府批准实施。规划期限为：2003~2020年；近期2003~2010年；远景到2050年。城市性质为纳雍县域的政治、经济、文化中心，以煤电产业为依托，旅游服务小城市。至2020年，城市人口规模为10万人，其中非农人口为72500人，从事非农产业的农业人口为17800人，暂住人口为9700人。

1. 用地布局。（1）用地发展方向及空间拓展战略。采取“北改南拓、南下东进”的城市空间拓展战略及“土地储备、土地置换”的城市土地经营策略。（2）总体布局结构。城市空间结构为“三心、四轴、四点、四片”。三心：即旧城区南面的公共服务设施（体育、文化、医疗、教育）中心、城市西南面的城市商业金融中心、卡拉河东片区的行政、商业为主的公共设施中心。四轴：发展大道、经五路是主要轴线；新径路是县城的次要发展轴线。四点：一点为旧城区提供公共服务的商业、行政中心；二点为南面新区西片区为工贸居住片区配套的公共服务中心，三点为南面新区东片区为中心绿地、行政中心居住片区配套的公共服务中心，四点为靠近未来的火车站场形成的工业仓储中心。四片：旧城片区、卡拉河西面新区的工业物流居住片区、行政及公建中心居住片区，卡拉河东面新区的行政商业居住片区。

2. 用地规划。（1）行政办公用地。集中整合旧城区原有的办公用地，将部分行政办公迁至南部新区行政中心。（2）商业金融用地。保留老城区中的现有商业网点。在南部新区建设高档次商业街区。（3）文化娱乐设施。结合体育中心的建设，布置县级图书馆、文化馆、少年宫，形成县级文化娱乐中心。（4）体育用地。在南面新区兴建现代化体育中心。（5）医疗卫生用地。对县级医院进行新建、扩建、改建。在新区规划一所疾病控制中心。居民点设社区卫生健康服务站。（6）教育科研设计用地。完善原有的职业技术学校，建设电视大学及大中专职业院校。（7）工业用地规划。到2020年，老城区的工业基本全部搬迁至规划的阳长工业园区。县城工业用地位于县城的西南，快速路沿线，靠近城市主要出入口。（8）仓储用地规划。规划远期结合城市出入口、外环快速路、铁路运输线，规划物流产业片区，集中布置普通仓库。

3. 综合交通体系规划。（1）公路交通规划。规划四条对外道路：毕纳公路、发展大道、织纳路、新径路。（2）城区道路交通规划。①道路网规划。形成“两横、一纵、两环”的道路骨架，片区内形成结合地形的自由格局的道路布局形式。两横：纬一路、发展大道。一纵：新径路。两环：老场路、纬五路、经五路、毕纳路组成的县城西片区的环路。环东大道、发展大道组成的县城东片区的环路。②道路等级结构。城市道路分主干路、次干路、支路三级。③交通设施规划。发展大道与新径路相交位置建设商业广场；在城南行政中心区建设市政广场。在卡拉河东新区建设市民休闲广场、市政广场。规划增加3个中型加油站。④停车场。规划新增大型社会停车场5个。

4. 绿地及景观系统规划。（1）绿地系统规划结构。①绿地系统规划结构。结合县城的水系，以城市公园和公共绿地为绿化节点，形成以城市内部的沿河绿地系统为网络，突出“水、山、城”相融合的城市特征。②公共绿地。建设城南公园、森林公园、滨水绿地、街头绿地、绿化广场。③生产防护绿地。在新区西面布置苗圃用地。（2）景观系统规划。形成“河流、绿地、山体”相统一的空间景观网络。

5. 市政工程规划。（1）给水工程规划。①规划指标。规划至2020年，规划采用0.2万吨/（万人・日）的生活综合用水量标准，日变化系数为1。②规划项目。规划近期采用吊水岩水库水源，远期采用吊水岩水库水源与鱼洞河地下水源相结合的方案。（2）污水工程规划。在老城区北建设一个污水处理厂。污水管网采用雨污分流制。（3）雨水排水工程规划。确定老城区排水区、城南新区排水区、城东新区排水区。（4）电力工程规划。规划电力总负荷8万千瓦。规划新建三个110千伏变电站。（5）邮电通信工程规划。电话普及率为50%。在城南新区内设电信模块局1座，在城东新区设电信模块局1座，首期设备容量不小于20000门，行政中心区规划建设综合电信楼。（6）燃气工程规划。适量开发焦原煤气资源，并以液化石油气混空气作补充和调峰气源。规划新增调压站4个。（7）广播电视工程规划。①建设新广电中心。规划至2020年，在新区建设广电中心。②建设宽带、双向有线广播电视传输网。有线广播电视传输网升级和改造。③扩大广播电视覆盖面。（8）环境卫生设施规划。①垃圾处理场。规划建设一处新的垃圾填埋场。②环境卫生设施规划。规划区新建公共厕所18座。

6. 环境保护规划。至2020年，空气达到国家《环境空气质量标准》Ⅱ级标准。水源水质达到国家《地表水环境质量标准》Ⅱ类标准；污水综合处理率达到100%。固体废弃物综合利用率达到80%以上；至2020年，实现垃圾无害化处理率达到80%。环境噪声值小于56dB；交通干线噪声值小于68dB；按城市功能区达标，噪声达标区覆盖率为80%以上。

7. 综合防灾规划。（1）防洪规划。卡拉河防洪标准达到20年一遇。（2）消防规划。消防站1处，为一级站。沿县城主要道路每100~120米设置消防栓一处，在旧城区结合旧区改造开辟消防通道。（3）人防规划。规划按人均占有隐蔽工程面积0.5平方米的人防工程面积标准设置人防工程，共需5.0万平方米。

8. 旧城改造。（1）调整用地结构，对污染大、运输量大的工厂和仓库搬迁到阳长工业区内；对效益不佳的企业也考虑迁址和转产，将其用地性质转为商业或居住用地，以发挥更佳的土地经济效益。（2）打通并尽可能拓宽小街小巷，使旧城区的道路逐步完善。（3）进一步完善和强化新径路、毕纳路、中华路的商贸功能。（4）加强城市绿化建设，利用优美的生态环境建成城市公园和城市滨水公园。（5）进一步完善和强化新径路、毕纳路、中华路的商贸功能。

**威宁县城建设规划**　20世纪80年代中期，威宁县政府作威宁县城建设规划。

1. 规划年限：近期至1990年，远期至2000年。

2. 用地规模：东从鸭子塘西至农科所，北从周家山南至草海边，建设用地16平方千米，已建成区2.64平方千米。

3. 城市布局：（1）街道。人民路从威中到南门至火车站为一级路，红线30米；建设路为二级路，红线24米；草海路特定红线22米；其余为三级路红线12米。（2）建杨湾桥水库配套工程，风登山水厂，安装杨湾至风登山输水管、提水站，建成后日供水增到2000吨。（3）排水。生活污水仍采用合流制；在农科所建占地3996平方米日处理2500吨的污水厂；盛家坟以西工业发展区废水，分别进行一级处理和土塘渗透自净处理。（4）供电。规划区内用电需2640万千瓦时，供电能力增加一倍以上；增修天生桥电站，装机容量5000千瓦，与羊街电站并网入水城特区国家电网。（5）园林绿化。修复六洞桥、凤山寺、神仙洞等古建筑；辟葡萄井40万平方米作公园和绿化地；修复玉皇阁和大佛寺，并扩大四周土地作市内公园；继续绿化街道和单位庭院。（6）政法、商业、文娱、体育等建筑。在威宁民族中学后和老干部宿舍南侧，新建看台灯光球场，400米跑道田径场、游泳池、旱冰场；在威宣路万寿宫附近建综合文娱影剧院，1200席；新建幼儿园一座；在将军坟建清真寺一座；在汽车站十字路口建东风民族百货大楼、供销大楼、农工商和外协开发公司等大楼；在人民路两侧建劳动服务公司、烟草局、供销公司等建筑；在草海边和丁字路口建县政府、法院、公安等大楼。

2006年，开展《威宁彝族回族苗族自治县县城总体规划（2007~2025年）》的修编工作，2009年经省政府批复实施。规划期限为2007~2025年，近期为2007~2015年，远期为2016~2025年；城市性质为全县政治、经济、文化中心，以发展旅游业为主的高原生态旅游城市；城市规模规划到2015年城市人口达15万人左右，到2025年达30万人左右，建设用地规模2015年达到11.3平方千米左右，到2025年建设用地规模达25.5平方千米左右；城市规划区包括草海镇、双龙乡、小海镇的行政区规划范围和羊街镇的一部分区域。规划范围为南、西南抵草海保护区湿地界线，东以收费站为界，北至马草洼，西达陈选屯、五孔桥，城市发展方向依托现状，结合自然山体，实施南退北进，西移的发展战略，在大力发展新区的同时，着力进行旧城改造，并结合远景发展需要，预留城市备用地，为威宁县城的进一步拓展创造条件。

**赫章县城建设规划**　1983年底，编制出县城总体规划配套方案。1984年底，经县委、县人大、县政府、县政协审议通过第二套方案，报行署审查上报省政府。1987年6月，省政府批准施行。

1. 规划年限：近期1990年，远期2000年。

2. 规划范围：东起金钟山，西至河口村大石头，南北以山腰为界，含城关镇、白果镇的17个村，15平方千米。

3. 城市布局：（1）工业仓库用地。运输量大的工业置于城东黄泥坡至金钟山一带；污染小的轻手工业置于城内居民区内；仓库置于城北戴家湾与七里店一带。（2）交通道路。建南环路作川滇公路过境线；建东环路作水城公路过境线；建九零路、南门路作城内南北向的主干道，红线28米。（3）公共设施。在城南置商业中心区、体育运动区和文化娱乐区；城北置商务区和行政办公区；城东置商务区；城西置商业网点。（4）绿地。设4个集中的公共绿地和数片生产防护绿地、山林绿地，在白果与城关之间置一个绿色禁建区，以林果种植为主，调节县城气候。（5）供水。1993年引用沙口地下水，新建规模为5000吨／日自来水厂，解决城内用水。（6）排水。排水采用截流与合流体制。在河流下游花果山脚下建规模为5256吨／日污水处理厂。（7）供电。以卡上电站为主加毛家洞电站，最大负荷4889千瓦，并在城北建35千瓦变电站1个，主变电2台，各为3000千伏安和2000千伏安。

2006年6月，《赫章县县城总体规划（修编）（2004~2020）》，经省人民政府批准实施。规划期限为2004~2020年，近期2004~2010年，远期2011~2020年。

1. 县城总体布局。（1）城市性质。全县的政治、经济、文化中心，以发展矿产业、农副产品加工业和旅游服务业为主，具有夜郎文化特色的小城镇。（2）城市规模。①人口规模。近期县城人口为6万人，远期为8万人。②用地规模。至规划期末县城规划范围控制在12.6平方千米，城镇建设用地6.32平方千米，其中近期城镇建设用地4.19平方千米。（3）县城空间布局形态。以城关镇为依托，以326国道县城段为伸展轴，以绿色禁建空间为分隔，组团式布局，分片发展，形成一城两片的布局结构。①老城片区。老城以前河为界，划分为城北组团、城南组团和夜郎组团三部分。②白果片区。采用方格网和环状路网形成，吸纳老城疏散的人口和工业，强化政治、文化、商贸、金融、信息、通信、旅游及工业职能，为县域副中心。（4）县城规划结构。①居住。为老城的城北居住小区、城南居住小区、夜郎居住小区和白果片区的白果居住区。②公共设施。划分为一个城镇中心（集行政、文化娱乐、教育科研、体育及商业服务为一体）和一个城镇副中心。③工业。规划期末将现状水泥厂、复烤厂及山鹰公司迁出县城迁至全县工业园区，县城工业划分为两片：老城以东工业区、白果片区。④仓储。在县城主要对外出入口处设二处仓储区。⑤绿化。集中与分散相结合，在各片区均设置公园。（5）公共设施用地。规划公共设施用地121.67万平方米。①行政办公。保留老城的县级和镇级行政办公用地，另在夜郎组团和白果组团集中布置行政办公用地。②商业金融、文化娱乐用地。保留老城商业金融设施用地，规划三块文化娱乐用地，布局青少年活动中心、电影院、展览馆和博物馆等。白果片区采用沿街与集中布置相结合方式布局商业金融、文化娱乐用地。③体育用地。在县农机局以南建一处400米标准体育场，另在白果片区中心建一处250米小型体育场。④医疗卫生用地。规划老城除保留现状存在的福田医院和中医院外，另在城南组团建一疾控中心，白果片区建一规模为80床的医院。⑤教育科研设计用地。在白果片区集中设置教育科研用地。⑥市场用地：紧邻白果片区，沿326国道县城段集中设置市场用地。⑦其他公共设施用地：保留现状的疗养院用地。（6）工业用地。规划工业用地86.78万平方米。主要划分为两个工业区：①规划期末将水泥厂、复烤厂及山鹰公司迁出县城至全县工业园区。②规划在白果片区形成的较为集中的新城一、二类工业小区。（7）仓储用地。规划仓储用地10.12万平方米，靠近县城主要出入口。

（8）对外交通用地。规划对外交通用地20.36万平方米，包括老城的长途客运站及326国道县城段。（9）道路广场用地。规划道路广场用地93.86万平方米。（10）市政公用设施用地。规划市政公用设施用地11.12万平方米，由水厂、污水处理厂、变电站、消防站、加油站和供气设施组成。（11）绿地。规划绿地253.71万平方米。（12）特殊用地。规划特殊用地2.13万平方米。

2. 县城道路交通规划。（1）对外交通规划。①过境交通由326国道县城段和212省道承担。②长途客运站保留老城客车站。（2）客运与货运交通。①客运交通。建立以公交为主的方便快捷的城镇客运系统；加强客运配套设施的建设，在长途客运站，大型公共设施处可设置换乘枢纽。②货运交通。结合过境公路形成货运主干路。（3）县城道路系统规划。①道路等级。干道红线控制在25~30米，支路红线控制在15~22米。②道路网。老城基本保留现有道路骨架，以自由式为主；白果片区采用方格状和环状路网为主的形式。③道路交叉口规划。城镇道路相交为平面交叉。④城镇广场。在老城汉阳路以南、客车站和变电站之间规划一处游憩广场；改扩建人民广场；在白果片区及夜郎组团中心位置各设一处游憩广场。（4）交通设施规划。①公共停车场。设33处社会公共停车场。②公共加油站。至规划期末县城共有10处加油站。

3. 县城绿地系统规划。（1）绿地系统规划指标。①近期指标。老城绿地率不低于20%，新区绿地率不低于30%，县城绿化覆盖率不低于35%，人均公共绿地不小于6平方米。②远期指标。老城绿地率不低于25%，新区绿地率不低于35%，县城绿化覆盖率不低于40%，人均公共绿地不小于10平方米，公共设施绿地率不低于35%，工业、仓储、对外交通线路绿地率不低于20%。（2）绿地系统布局。规划将大营山、磨盘山、狮子山、黄泥坡的自然山体，通过前河和后河沿岸的防护绿地连接，共同构成城镇的绿色生态空间骨架，结合县城外围的生态绿地、农业绿地、休闲绿地等组成县城的生态绿化圈。（3）公共绿地。集中建成一处中心公园（狮子山公园），建成六个居住区公园和小区游园。沿前、后河两岸建设滨河绿地，局部建成带状公园。通过道路绿地、滨河绿地等带状绿地，将分布于县城的综合公园、居住区公园（小区游园）及街旁绿地连接起来，构成绿地系统网络。（4）生产绿地。规划水塘林场为大型苗圃。（5）防护绿地。规划县城防护绿地主要是：沿工业园区与其他用地边界处设防护绿化隔离带。

4. 县城给水排水工程规划。（1）用水量标准及用水量。居民综合生活用水标准近期160L/（人·d），远期250L/（人·d）。（2）水厂建设和水源选择。①近期新建狮子山水厂，规模1.0万立方米/吨；②中远期扩建狮子山水厂，规模达3.5万立方米/吨，公鸡寨水库和岔河水库作为备用水源。（3）配水管网。沿县城道路铺设市政供水主干管。（4）水源保护。近期对洋洞小河水源划定水源保护区。（5）排水体制。排水体制采用雨、污分流制。（6）污水量。污水排放系数0.8，近期城镇污水量1.1万立方米/吨，远期城镇污水量3.2万立方米/吨。（7）污水处理厂建设。规划近期在前河下游新建市政污水处理厂，处理能力1.0万立方米/吨。（7）排水管网。沿前、后河边建污水截流大沟，城镇干道下埋设污水干管。

5. 县城电力通信工程规划。（1）预测负荷及电量。预测近期县城用电负荷为1.732万千瓦，用电量为6450万千瓦时；远期县城负荷为3.044万千瓦，用电量为12102万千瓦时。（2）变电站规划。近期老城与新区均由赫章110千伏变电站供电；远期随着赫章县城电力负荷的发展，规划将赫章变改造增容。（3）电网规划。近期10千伏电力线路以架空方式为主。高压线路沿道路东、南侧人行道敷设。（4）高压走廊。远期新建的35千伏、110千伏线路不应在城镇上空跨越。（5）预测用户及电话普及率、交换机容量。预测县城近期固定电话用户数为17780户，普及率为30部/百人。移动电话用户数达20520户，普及率达34.1部/百人；远期预测赫章县城预期固定电话普及率达40部/百人，固定电话实装数达31860门。移动电话用户数达33350户，普及率达41.7部/百人。

6. 县城环境保护规划。（1）环境空气质量标准，县城为二类区。（2）地表水环境质量标准。生活饮用水备用水源地公鸡山水库和岔河水库为Ⅲ类水体，远期达到Ⅱ类水体，县城段河流为Ⅲ类水体。（3）城镇区域环境噪声标准。县城划分为两类区域，居住、商业、工业混杂区为2类标准适用区；县城道路交通线两侧区域为4类标准适用区；分别执行《城镇区域环境噪声标准》中2类和4类标准。

7. 县城环卫工程规划。（1）垃圾及粪便产量。近期城镇垃圾产量为120吨/日。（2）县城环卫设施设置。近远期新建下列环卫设施：水冲式公厕30座，占地面积100平方米/座，垃圾转运站7座，转运能力20吨/座；占地面积150平方米/座，附属建筑面积100平方米/座；设洗车场4座；环卫管理及停车场用地：占地约1500平方米。（3）垃圾处理场。垃圾处理场设于田湾湾冲，服务年限为20年。

8. 县城燃气工程规划。（1）气源。县城燃气气源为管道煤制气，计算低热值3500×4.18KJ/N立方米。（2）供气范围及供气对象。供气范围为规划县城范围，供气对象为居民用户、公建用户和部分工业用户。（3）气化率。气化率近期（2010年）为50%，气化人口3.0万人；远期（2020年）为80%，气化人口6.4万人。（4）气源厂。煤气气源厂建在白果片区东南面。

9. 县城综合防灾规划。（1）防洪规划。确定县城按重现期为20年防洪标准设防。（2）抗震防灾规划。规划确定县城建筑按6度设防。（3）消防规划。设消防站为2个。（4）人防工程规划。城市规划区新建民用建筑，按照国家和省有关规定修建防空地下室。在确保战略效益的前提下，兼顾社会效益和经济效益。

**毕节—大方城市总体规划**　2011年4月，《毕节—大方城市总体规划（2010~2030年）》经省人民政府批复实施。规划期限为2010~2030年。近期2010~2015年，中期2016~2020年，远期2021~2030年，远景展望至2050年。城市性质为国家“开发扶贫、生态建设”试验区的核心及示范窗口，西南地区重要的综合交通枢纽和现代物流中心，以新兴产业为基础的山水园林宜居城市。

1. 中心城区规模。至2015年人口规模为65万，建设用地为95.5平方千米；至2020年人口规模为105万，建设用地为130平方千米；至2030年人口规模为160万，建设用地为190平方千米，毕节市的建设用地为118平方千米；至2050年人口规模控制在220万左右，建设用地为267平方千米。

2. 中心城区空间结构。“一体两翼，一轴三核，一带六园”。（1）一体两翼。以毕节—大方“双城一体”建设为核心，重点建设中部的城市发展新区，带动东西两翼即西部毕节老城区和东部大方县城区的同城发展。①中部城市发展新区。依托梨树新客站和飞雄机场等大型综合交通枢纽，承接区域消费人群，提供产业、展贸、商业、教育医疗、休闲娱乐、郊野游憩等职能。②西部毕节老城区。以毕节行政中心、城东片区和德溪片区为核心区，该区以居住、商业和文娱功能为主导，构建整个毕节地区的西部居住生活中心。③东部大方县城区。包括大方县城区、西南侧的新铺工业组团、东北侧的东关工业组团和西北侧的竹园物流组团。（2）一轴三核。“一轴三核”指以依托东西交通走廊及城市发展空间形成的城市发展轴，串联西部毕节老城区、中部城市发展新区、东部大方县城区三个公共服务核心。①城市空间拓展轴。毕节老城区—松林新城—双山产业基地—大方县城的一条城市拓展轴，是城镇化的动力轴；毕节地区的城市拓展依托此轴线，分别由毕节老城区和大方县城两端向中部推进，逐步形成毕节地区的新城市格局，实现以点连线，以线带面的发展。②西部毕节行政文化核心。指毕节地区行政中心，规划期内打造毕节地区政治经济文化中心，以行政职能为首位，兼顾文化、娱乐等服务功能，建设歌剧院、博物馆、图书馆、文化馆等公共服务设施，同时围绕该核心发展房地产、星级酒店等。③中部综合服务核心。在城市发展新区内打造包含旅游集散、行政办公、商业金融等多功能集合的服务核心。围绕梨树新客站形成区域性商贸、办公、酒店等服务核心，同时依托便利的交通条件，建设成为区域性旅游集散地。结合新区的进一步向南延伸建设毕节—大方一体化发展的新行政文化中心。④东部经济文化服务核心：建设大方经济技术开发区、新铺工业园区、竹园物流园区三大产业区的经济服务中心，配套综合办公、商业金融、酒店接待等服务功能，在新城形成经济交流核心。结合历史文化名城的打造，形成古彝文化的传播和交流中心。（3）一带六园。在中心城区内自北向南形成产业发展带，串联黔西北生态工业园区、竹园物流园区、小坝产业园区、双山高新技术产业园区、大方东关产业园区（含毕节试验区大方药品食品工业园）、新铺工业园区六个园区，为城市发展提供集中化的就业空间。

3. 中心城区综合交通规划。（1）航空。规划毕节机场位于飞雄，机场飞行区按4C级规划，近期按3C级建设。（2）铁路。规划毕节地区形成“三横三纵”铁路主干网络。三横：包括国家规划的成（都）贵（阳）高铁、昭（通）黔（江）铁路，省地规划的水（六盘水）纳（雍）织（金）铁路；三纵：包括国家规划的隆（昌）黄（桶）铁路，省地规划的毕（节）水（城）兴（义）城际铁路、金（沙）黔（西）织（金）城际铁路。规划设置四个铁路站点，分别为梨树主客站、竹园主货站、大方北站与大方南站。（3）高速公路。规划毕节地区形成“三横三纵三联络”的高速公路网络。横一：由遵义至毕节、毕节至威宁、威宁至宣威等高速公路组成。横二：由息烽至黔西、黔西至大方等高速公路组成。横三：由清镇至织金、织金至纳雍、纳雍至六盘水等高速公路组成。纵一：由遵义至黔西、黔西至织金、织金至普定等高速公路组成。纵二：由毕节至生机、毕节至纳雍、纳雍至六枝等高速公路组成。纵三：由威宁至昭通、威宁至六盘水等高速公路组成。联络一：北环高速。联络二：南环高速。联络三：毕节至镇雄高速公路。（4）轻轨。规划在横一快速路、居二路、梨纵二路、松纵二路、松横一路、松双一路等的道路断面设计中，预留两条“十字形”轻轨线路。（5）城市快速路。规划快速干道5条，形成

“二横三纵”的城市快速路系统。（6）城市主干道。在现状公路网及城市干道网络的基础上进行毕节—大方双城一体化的城市干道网规划布局。规划主干道128条，其中东西向63条，南北向65条。（7）城市次干路。道路红线宽度一般不小于24米。（8）城市支路。规划城市支路的平均密度控制在每平方千米3千米。

4. 中心城区景观风貌规划。保护和充分利用“山——水——谷”自然山水格局和传统景观风貌要素，塑造具有山地特色和文化气息的园林城市。景观系统的结构为“一廊、三轴、多节点”。一廊：是指“Y”形自然景观走廊，结合峡谷公园和自然山体，纳入松林谷生态公园，在城市中心形成一条多线延展的城市景观长廊；三轴：是包括一条自然景观轴和两条人文景观轴线。白马山—文阁自然景观主轴—显山露水：以自然景观为主体，充分展现城区的山水景观格局，将白马山、松林山谷等重要景观资源进行串接。毕节—大方人文景观主轴：以毕节地区地域文化特色景观为主体，展现民风民俗为宗旨，串接系列的城市广场、文化公园、城市特色街区等；松林—双山人文景观：以新城为背景，将现代元素与传统的人文景观相结合，展现时代特色的地域文化景观特征，打造毕节—大方的文化名片与符号。多节点规划各个景观中心由城市主次中心和组团中心等组成。重要景观节点由城市主要公园，重要历史文化景观点组成。一般景观节点由区级公园和街头绿地、门户节点等组成。

5. 中心城区历史文化名城保护规划。延续毕节—大方与其外部环境形成的“山、城”相互统一、协调的空间格局及自然轮廓。重点保护好大屯土司庄园，贵州抗日救国军司令部旧址，中华苏维埃人民共和国川滇黔省革命委员会旧址，红二、六军团政治部旧址，奢香墓，中华苏维埃人民共和国川滇省革命委员会旧址等文物古迹；保护好落脚河、响水河、青龙山脉、将军山脉、云龙山、大小海坝等自然山水构成的生态环境，保护好陕西庙戏楼、长春观音阁、惠泉寺、慕俄格古城、庆云楼、莲花塘等古建筑。

6. 中心城区市政基础设施规划。（1）给水工程规划。①用水指标。至2030年总用水量为72万立方米/吨，服务人口160万人。②水厂规划。至远期2030年，规划区内共有13个水厂。（2）排水工程规划。①排水体制。规划区的旧城区，近期采用截流式合流制，远期逐步改造为雨污分流制；新建城区采用雨污分流制。②污水工程规划。污水量，至2030年，平均日污水量为53万立方米/吨。规划远期至2030年中水回用率达到25%，中水需水量为13万立方米/吨。污水处理厂规划，至远期2030年，规划区内将有12个污水处理厂。远期总处理量53万立方米/吨。服务人口160万人。③雨水工程规划。雨水系统布置严格遵守高水高排、低水低排、分散排放的原则。（3）燃气工程规划。①气源规划。长输管道到达前，采用车载压缩天然气或车载液化天然气，以管道方式供给用户；长输管道到达后，采用长输管道天然气。毕节—大方燃气气源为天然气，瓶装液化气为补充气源。②供气量。规划区管道天然气的供气规模为18709万立方米/年，高峰小时用气量为84798N立方米/时。（4）环卫工程规划。①规划目标。生活垃圾和粪便无害化处理率：2030年达100%；生活垃圾清运率：100%。②垃圾处理厂规划。中心城区规划远期2030年，全地区共有生活垃圾无害化处理设施3座，处理能力1600吨/日。（5）电力工程规划。中心城区负荷预测。预测远期电力负荷需求为119.8万千瓦。（6）通信工程规划。①通信需求预测。

至规划远期，规划城市中心区固话需求为93.8万门，数据用户为64万个，移动用户为128万户，有线电视用户为48万个。②通信端局规划。至规划远期，中心城区需要新建四座通信端局。③邮政工程规划。规划区现状有地区邮政局和大方县邮政局，规划远期将地区邮政局作为毕节邮政总局。

7. 中心城区环境保护规划。污染控制目标。（1）工业废水处理达标率：2015年60%，2030年80%；（2）城市生活污水处理率：2015年80%，2030年90%；（3）工业废气处理率：2015年60%，2030年80%；（4）工业固体废弃物处理率：2015年60%，2030年80%；（5）城市区域环境噪声达标区覆盖率：2015年60%，2030年80%。

8. 中心城区综合防灾规划与地下空间规划。综合防灾规划。（1）规划目标。在城镇防灾减灾规划中，要注重与实际结合，具有可操作性，远期与近期互相协调。建立"以防为主、以救为辅"的综合防灾体系。（2）防洪排涝规划。中心城区防洪标准按100年一遇执行。（3）消防系统规划。到规划远期设置23处消防站。（4）抗震防灾系统规划。毕节中心城区设防标准为Ⅵ度。设立指挥中心1处。（5）城区人防系统规划。在市政府设全市指挥中心。独立人防工程应有两个以上不同朝向的出入口，并根据功能设置，最小占地不小于50平方米。

## 第三节　街道建设

20世纪70年代，各县城内均建成一条以上混凝土或沥青路面的主要街道。20世纪80年代，地区和各县共拨款3781.5万元，将各县城主要街道全部硬化，90%次要街道和巷道也建成混凝土路面。

**毕节市城区**　共有大小街道43条，全长1.64万米，其中主要街道为：1. 中华路。北从双井路向南到砂石路口，长610米，宽8米，人行道宽1.5米，1972年改建混凝土路面。2. 砂石路。东向西侧到南关桥，长210米，宽20米，人行道宽1.5米，1970年改建混凝土路面，为全城商业中心。3. 威宁路。东从南关桥十字路口向西到威宁路、桂花路、镇南路十字路口，长313米，宽20米，人行道宽1.5米，1978年改建混凝土路面，现为沥青路面。4. 威西路。东从十字路口接威宁路，过汽车站接翠屏路，长370米，宽8米，东北侧人行道宽1.5米，1973年改建混凝路面，现为沥青路面。5. 清毕北路。南从市粮食局前向西至砂石路，长450米，宽14米，人行道宽1.25米，1970年改建，混凝土路面，现为沥青路面。6. 清毕南路。北从市粮食局前向南至大转盘，长130米，1999年扩为宽20米的高等级混凝土路面。7. 桂花路。北至威宁路、威西路十字路口向东南至洪山宾馆，长680米，宽23米，双向4车道，两侧人行道约宽5米，路中心为绿化隔离带，1988年建成，混凝土路面，现为沥青路面。取消路中心绿化隔离带。8. 洪山路（含洪南路）。东南自洪山宾馆向西南接贵毕大道，长1210米，宽30米，双向4车道，路中心为绿化隔离带，1990年始建，混凝土路面，现为沥青路面。9. 贵毕大道。从洪山南路口向东至二堡，长12.25千米，宽23米，人行道宽2×5米，1995年建成，混凝土路面。现为沥青路面。10. 天河路。南至箱子路向

毕节洪山宾馆中楼

北至响水滩，长960米，宽20米，人行道各宽2米，1986年建成，混凝土路面。现为沥青路面。11. 松山北路。南从市政府门西侧、十字路口至北环路，长600米，宽14米，人行道各宽2米，1989年建，混凝土路面。12. 松山南路。北从市政府门西侧十字路口至南关桥十字路口，长430米，宽8米，人行道宽1.5米，1987年改建，混凝土路面。1998年降坡、拓宽、改建成宽20米的高等级混凝土路面。13. 拥军路西段。西从洪山宾馆向东至军分区"八一"广场，长430米，宽12米，人行道各宽3米，1985年建，混凝土路面，现改建为沥青路面。14. 麻园路。西从清毕北路，东到环东路，1994年建成，长1450米，宽32米。至2004年，完成威宁路、洪南路、砂石路、客车站前广场道路改扩建。2005年，完成威宁路、洪山路、广惠路、中山路（含镇南路）、桂花路、解放路、清毕北路、拥军路、箱子路数千米的改扩建工程。至2011年，毕节城区建成长930米，宽45.5米的迎宾路；长4606米，宽43米的环东路；长1997.21米，宽40米的东升路；长2610米，宽为43米的草海大道一期，启动长950.71米，宽34米的草海大道二期工程；主路长1.728千米，道路总面积约为10万平方米的百里杜鹃大道；实施碧阳大道改扩建、新建长11.58千米，宽43米的碧海大道等道路。

**大方县城区**　旧城有主街4条、巷道7条。主街为从南到北的一条长街，共长1908米，由南起解放街—人民路—人民中路北接—人民北路——庆云路，宽6～14米，1977年改建。清毕路经

毕节碧阳大道夜景（2008年）

毕节东客站（2008年）

解放路南端，与人民南、中、北路平行，与庆云街北端交汇，形成交通路，长1831米，宽8～12米，1984年改建，沥青路面，现已破损。至1988年，完成全部旧城街巷混凝土路面改造，共长1.17万米。1994年，建成与人民路，交通路平行的西大街，长3290米，宽34米。80年代末建奢香路，长200米，宽31.3米，混凝土路面。至2011年，大方城区改造奢香大道、环东路等道路；启

动建设长1.92千米，宽52米的迎宾大道，长5.98千米，宽40米的杜鹃大道，长6.14千米，宽42米的九驿大道，长1.53千米，宽32米的丰登大道。

**黔西县城区** 民国23年（1934）前，黔西城区有主街4条，全长1512米，宽3～5米，为石板路；有巷道16条，全长1743米，为泥沙路面。民国24年（1935），清毕公路通车，县政府决定将大府坝鄢家巷口路中间的房屋全部拆除，使县府东、西、南、北路从3～5米，拓宽至5～7米，并将石板路改为三合土路面。1975～1985年，改建、新建城区道路，将砂石、泥土路面铺成混凝土、沥青路面。到1986年，城区街道总长13.3千米，12.62万平方米，其中高级路面6.7千米，8.1万平方米。旧城主街东起黔金路、西接桥西路、公园路、县东路、县西路、复兴路横穿全城，全长2185米，宽6~8米；南北向主街县南路、县北路，长分别为580米、360米，宽8米，街、巷均为混凝土路面。1993年7月，始建水西大道，东段为金黔公路0.2千米段，南段起于东门大桥至南门小桥，西段从南农贸市场沿河至建行宿舍前跨桥接321国道线，共长3.425千米，宽25米。1995年，始建水西大道开发区主干道，北起水西大道东段、中段交汇处，南接G321国道和贵毕高等级公路，长2200米，宽46.8米。至2011年，黔西县城建成长2200米，宽46.8米的莲城大道，长530米，宽40米的迎宾路，长262米，宽16米的文峰路，长808米，宽16米的恭勤路等道路，启动建设长4214.52米，宽48米的花都大道，长1313.106米，总宽度40米杜鹃大道等城市道路。

**金沙县城区** 至1989年，有街巷20条，全长1.04万米，多为混凝土路面，其中主干道光明街，长1485米，宽10米；河滨路长1840米，宽15米；紫金街长413米，宽7.5米。20世纪90年代后，建成由南向北横穿，长941米，宽14米的中华路为骨架的中华路小区，由东向西穿过县城，长870米，宽20米的长安街为骨架的长安商业住宅小区。至2004年，金沙县城区建成326国道接口至河边427米段15米宽道路及与一号路相交300米段25米宽道路，长407米，宽16米的二号路。至2011年，建成新老城区和产业园区二号路、三号路、四号路、七号路、十二号路等主干路网，完成总长17.68千米的河滨路等5条老城区主干道路铺设沥青。

**织金县城区** 共有主要街道街巷38条，共长2.43万米，其中主街5条，长2020米。1978～1985年，城区6211.6米的路面铺上混凝土。1985～1993年，将总长8418米的环西、环东、西湖、官寨大道和小巷31条，全部铺上混凝土。城区道路硬化路面占全城道路总长度的75.49%。新毕北路、新华南路为旧城中心大道，长1554.2米，宽9.6～14米，混凝土路面。1993年2月，织金县政府筹资，实行统一征地、设计、修理、规划和投资，采取边修街边建房，水电、通信一步到位，绿化与排污同步进行的办法，开发北门小区。建成南起牛王洞，北抵大寨，南北延伸3千米的北门大街。北门开发区主干道中山大道，长586米，宽46.6米。2004年，改扩建安居路、向阳路、玉屏路等道路1.84千米，实施金北路道路工程。2005年，完成西大街道路改造1.4千米。至2011年，建成南碧路、城防路、迎宾大道、沿河路、西湖大道等城市道路。

**纳雍县城区** 主要街道4条，共长1915米，宽8～24米；街巷3条，共长9785米，宽5～12米。混凝土路面8175米，占街道总长的69.87%。1978～1990年改建和新建。1978～1984年，改建北起县武装部，西南至汽车站的县府路的贯城中心大道中华路—新街路，全长1515米，宽

8~24米，混凝土路面。2004年，完成城南开发区、师范路、气象路改扩建1.44千米。至2007年，投资3000多万元，完成县城环城路改造和文化广场至小河边车站4616米道路改造。至2011年，新区首期路网投入使用，改造农贸街、工贸街、茶林路、县医院至职中等旧城道路，动工建设发展大道。

**威宁县城区**　主要街巷26条，共长1.54万米，主街9条，长5989米，宽11～13米，中华人民共和国成立前均为泥沙路面。1979～1990年，进行拓宽、取直、降坡、延长改造，路宽由原来的3～6米拓宽为11～31米，大部分铺成混凝土路面，少部分为沥青路面。人民中路，汽车站至邮电大楼，长550米，宽31米，混凝土路面，1984年改建，为城区中心。建设西路，东起汽车站，西至复烤厂，长572米，宽22米，混凝土路面，1984年新建。草海路、建设西路至草海管理处，长975米，宽22米，混凝土路面，1988年新建。解放路，原东门至邮电大楼，长630米，宽11米，混凝土路面，1979年改建。新光路、新兴路，位于威宁民中西侧，1995年9月建成，分别长1080米，宽37米；长450米，宽10米。2007~2010年，投资305万元，改造长430米，宽23米的建设西路；投资224万元，改造长560米，宽15米的向阳路；投资300万元，新建长500米，宽24米的水保办至四中段的进站道路；投资60万元，改造长1300米，宽8米的凤山收费站至凤山寺的道路；投资171万元，改造长491米，宽10米的新欣路；投资206万元，改造长557米，宽10米的沿河道路；投资699万元，新建长1164米，宽24米的公园路；投资581万元，新建长776米，宽12米的地震台路。

**赫章县城区**　中华人民共和国成立前只有沿川滇公路过城段一条街，长1500米，宽5.8米，有巷道3条，共长1100米，宽3.5～4米，均为泥土路。1985～1990年，整修、改建、新建街巷道路9条，共长4960米，混凝土路面4390米，占88.5%，其余为沙石路。解放路，为川滇公路的过境段，东起大石桥，西至邮电局，长1500米，宽7～10米，1986年改建，混凝土路面。前河路，位于前河北岸，长900米，宽18米，1989～1990年建成，混凝土路面。1998年建成的90路，长520米，宽21米；南门中路长240米，宽32米；小康一路长215米，宽20米；小康二路长215米，宽10米。2001年，建成长628米，宽8米的建南路，北路长491米，宽7.5米。2004年，投资925万完成汉阳路、广惠路、解放路改扩建4.4千米。2005年，完成广建南路改扩建1.2千米。至2011年，建成夜郎大道等城市道路。

## 第四节　公共设施建设

### 一　城镇路灯及桥梁

**路灯安装**　1999年，毕节市在各街巷安装路灯475盏，桂花路、洪山路等主要街道还安装光控节能强光高压钠灯69盏。2002年，在砂石路、洪山路等路段安装高杆灯。在松山路、南门口、洪山路等路段安装交通行驶指挥灯。2009年，毕节城区在倒天河畔安装红色“中国结”路灯160盏。从20世纪70年代~2003年，大方县在县城17条街巷安装路灯250余盏，其中汞灯44盏，2009年，大方县西大街安装路灯200盏。至2003年，黔西县在县城15条街巷安装路灯116盏，2011年，黔西县在水西大道安装杜鹃花标志灯300盏。改革开放以来至2010年，金沙县更新，改造城区路灯增设河道灯3000多盏。至2003年，纳雍县在县城街巷安装路灯200余盏，其中钠灯30盏，汞灯26盏；织金县在县城14条街巷安装路灯200余盏，2011年，织金县在背街背巷新安装路灯500余盏。至2005年，赫章县在县城街巷安装路灯266盏，至2007年，赫章城区内安装路灯600多盏。至2005年，威宁县在县城街巷安装路灯116盏，至2011年，威宁县城安装或替换路灯1600余盏。

**主要桥梁** 1. 毕节市城区主要桥梁有17座。大桥。1993年改名为大新桥，位于城北倒天河上，大新桥办事处近旁，为3孔石拱桥，长20米，宽6.5米。

六洞桥（原名新桥）。为北环路跨倒天河之公路桥，6孔石拱桥，长40米，宽7米。1987年建的长20.3米，宽8.2米，高15.6米，钢筋混凝土双曲拱桥；1998年在天河市场之间建钢筋混凝土拱桥，1999年在建设路口建预应力钢筋混凝土桥，通向东安路口。

东关桥。建于明初，为箱子街接小横街，跨倒天河之桥，双孔石拱，原长12米，宽5米，1990年12月加固拓宽，两侧以钢筋混凝土梁，上加人行道，现长30米，宽10米，并建有护栏；2000年春拆建为钢筋混凝土大桥。

太平桥。原位于水东门外跨倒天河之双孔石拱，建于明末，今位于新街市场口，1984年加固拓宽，两侧加钢筋混凝土人行道，长25米，宽9米，并有钢管护栏，2000年拆除新建。

南关桥（原名通津桥）。建于明万历年间（1573～1620），双孔石拱，原长24米，宽8米，高4米。70年代改建，长20米，宽26米，高5米。

公园桥。为公园路去清毕路跨倒天河之桥，建于60年代，3孔石拱，长28米，宽6.5米，高6米。

五龙桥。清毕北路去郭家湾跨倒天河5孔石拱，长80米，宽高均6米，建于清康熙三十至三十八年（1691～1699）。1991年6月至11月改建为跨度30米的单跨钢筋混凝土双曲拱桥，长120米，宽9.6米，两侧有钢筋混凝土栏杆；1995年，在五龙桥北约80米处跨河建钢筋混凝土单跨双曲拱桥，为麻园大道连通拥军路之大桥，长65米，宽30米，用花圃隔离，分快车道、慢车道、人行道。

流沧桥。位于城东南2千米跨倒天河的清毕路上之石桥，原为清代建，名阜安桥，双孔石拱。70年代后期新建，长50米，宽10米，跨度23米单孔石拱。路家桥，位于城东南21千米德沟跨倒天河之双孔石拱平桥，清代建。

五龙桥（摄于1985年）

甲秀桥。位于城东3千米许德沟跨北流自螃蟹井小河上的单孔弧卷式石拱桥，清代建。环东路大桥，距城2千米，毕节师专附近跨倒天河之钢筋混凝土单孔桥，1991年竣工，长56米，宽24米，跨度30米；1998年，师专建成跨河接环东路大桥，跨度30米，高20米，宽20米。

永兴桥、桂花桥。为单孔石拱，长8米，宽6.5米，明代，建清乾隆二十年（1755）重修，1973年5月拓宽建新桥，单孔石拱，长10米，宽22米，今已成为桂花路北端的暗桥。

碧阳大桥。2010年9月建成通车，横跨倒天河，与碧阳大道相连接，为独塔单索面斜拉桥，桥梁全长251米，宽33.5米，双向6车道。

郭家湾高架桥。2010年12月建成通车，桥梁全长472米，双向四车道。

2. 黔西城区主要桥梁9座。东门桥。建于清嘉庆年间，双孔石拱，长21米，宽4米，高6米，原为金黔公路桥。水西大道建成后，改建为钢筋混凝土结构，宽30米，改称东门大桥。

南门桥。位于县南路上，3孔石拱，长26米，宽5米，高6米，清毕路通往城内的必经之桥。

西门桥。建于明洪武年间，为鸡窝石垒砌而成，3孔石拱桥，连九驿道之桥，长22米，宽5米，高6米，历经600余年，至今尚完好无损。

向阳桥。3孔石拱桥，1970年5月，黔西煤矿投资建，长64米，宽高均10米，为黔西跨西门至化窝煤矿公路桥。

西门新桥。位于水西大道西段，单跨石拱跨度30米，宽15米，1994年建成。

水西大道西段桥。位于水西大道，钢筋混凝土板桥，跨度14米，宽12米，1996年建成。

一中桥。位于水西大道中段，钢筋混凝土梁肋曲拱桥，桥跨24米，宽12米，1998年建成。

燕山大桥。位于水西大道接燕山街处，钢筋混凝土板桥，桥跨2×13米，宽12米，1999年建成。

迎宾路桥。桥长12米，宽46米。

3. 金沙城区的主要桥梁5座。沙棠桥。位于城东郊，跨洗马塘，民国36年（1947），县长谭永年拨款建，长16米，宽7米，高5米，木板面桥。80年代改建的钢筋混凝土板面，拓宽9米，并置钢管护栏。1997年拆除改建为钢筋混凝土平桥，长25米，宽12米，高7米。

红岩桥。古为驿道要桥，今为金黔公路要桥。原为窄狭石拱桥，1987年改建为长24米，宽10米，高8米的坚固石拱桥。桥栏装置霓虹灯4组。

唢喇门桥。位于城南金黔道上跨偏岩河上，为清代新场人秦光远出资建造，长18米，宽7米，高5米，4墩3孔石拱，原有石栏已毁，1983年建钢筋混凝土栏杆，1988年加宽桥面。

中华桥。为连接开发区与旧城的跨河大桥，钢筋混凝土曲拱，长57米，宽25米，高8米，1993年建成。

袁家桥。原名新场桥。五跨曲拱石桥，坐落城西北郊，与县城一山之隔，现与关门垭隧道相连，系金沙通向岩孔入仁怀县茅坝、鲁班场的要道，长46.2米，宽4.25米，高7米，桥面铺设石板呈弧形，正中部分平直，两侧有栏杆。清乾隆甲午年（1774）湖南皮工袁成禄创建，屡遭水坏，袁倾其家产再建。袁死后又毁于洪水，新场人任衡补资续建，人称袁家桥。中华人民共和国成立后，一直为公路桥，1989年在离该桥60米处新建公路桥，亦称袁家桥。

4. 织金城区主要桥梁2座。新桥。位于贯城河南端，原为城基桥，下有水关闸门，故名上水关，长22.62米，宽5.4米，高5.8米，石拱桥。

太平桥。长22米，宽11.3米，高7.3米，位于新华东路。原桥1979年被洪水冲垮，同年改建。

5. 纳雍城区的主要桥梁2座。六孔桥。位于城南官寨去张维的公路上，原名官寨桥，石拱，长4.5米，宽4米，高3.5米，1958年改建为6孔石拱，长63米，宽8米，高15米。

大新桥。桥跨25米，宽8米，高12米，1957年建成。

6. 威宁城区主要桥梁1座。名六洞桥，圈拱石桥，位于城南1千米的六桥烟柳堤上，清同治年间重建，高1.8米，全为錾石砌成。

7. 赫章城区主要桥梁3座。大石桥，位于城东跨前河入城之桥。清雍正元年（1723），威宁守备马似龙拨款将木桥改建为单孔石拱桥，长17.5米，宽6.7米，高10米，桥墩建于两岸岩石上，坚实，长期不变形。

后河桥。位于城北后河的水（城）镇（雄）公路上，两跨钢筋混凝土双曲拱桥，3孔石拱，长56米，宽8.7米，高7.5米。

建设桥。位于城南跨前河的90路与前河路交接处，为两跨钢筋混凝土桥，长12米，宽4米，高3.5米，是连接新旧城区的主要桥梁。

## 二　给排水、交通、环卫设施建设

**给排水设施**　中华人民共和国成立前，各县城无给排水设施，全饮用井水、河水，50年代末逐渐建水厂引水库之水向城区供水，利用自然沟及修明沟排水。70年代后，政府逐年拨款，修建城区下水道排水。

1. 毕节城区。（1）供水。中华人民共和国成立前，城区居民挑贯城河水，城东双井寺前和城南刘家祠堂附近的井水饮用。中华人民共和国成立初，鉴于河水被生活污水污染，人民政府组织各街打井10余个。1957年，在城东北两千米处建成倒天河水库。1960年建猫猫城自来水厂，日产水400吨，设水站8个，向城区部分单位居民供水。1964年，扩建改造猫猫城自来水厂，建成容量380立方米，日产4000吨水，增设管道2.49万米，将供水延伸到全城。1978年，建长庆坡水厂，从倒天河水库大坝前老鸹滩至蓄水池埋设直径300毫米的进水管2000米，日产水增到5000吨，供水扩大到城东德沟农科所，城东北毕节五中，城东南毕节烟厂。1987年，于老鸹滩增加8Y-18扬程水泵2台，日增进水2000吨，日供水7000吨。1988年，省拨款，地县投资在倒天河水库前新建日处理水2万吨的倒天河水厂。埋设从城西北21千米的官屯镇利民水库到水厂的管道，输水供应毕节城区，最大日供水量1.7万吨，人均日用水从76升增至136升。1998年7月，在毕节城东营盘山始建日产10万吨的自来水厂，铺设5.8千米的输水管道。2000年建成试运行，2001年建成投入使用。

（2）排水。中华人民共和国成立前，毕节城区主要街道利用两侧沟渠排水，因年久失修，失去排水功能。中华人民共和国成立后，虽经多次维修，仍不能从根本上解决排水问题，每逢大雨，给市民生产、生活带来极大危害。1971～1974年，在清毕北路、砂石路、威西路两旁修均宽0.8米，总长520米的下水道。1976～1980年，修建镇南路下水道，长130米，宽1.5米，深0.8米；中山路，290米，宽1.5米，深0.8米；老桂花路，石砌盖，长840米，宽1.2米，深0.8米；广惠路，石拱，长320米，宽1.6米，深0.8米；松山路，石拱，长450米，宽、深各1.5米；古道路，石砌盖，长400米，宽1米，深0.6米；威宁路，石砌盖，长410米，宽1米，深0.8米；解放路，石砌盖，长270米，宽1米，深0.6米；司法路，石砌盖，长600米，宽1米，深0.6米；箱子路，石砌盖，长160米，宽1米，深0.6米；百花山，石砌盖，长160米，宽1米，深0.6米；和平路，石拱，长350米，宽1.6米，深0.8米；双井路，石拱，长280米，深1.5米；东安路，石砌明沟，长240米，宽、深各0.8米。1982～1984年，修建胜利路、水巷子、环东路、太平路、铁匠路、珠市路、新生路、沿河路、文峰路、惠泉路2×3004米下水道，石砌盖，长各500米，宽各1米，深各0.6米。1986～1988年，修建天河路，石砌，长700米，宽1米，深0.5米下水道；拥军路，石拱，长190米，宽1.5米。深0.8米；松山北路2×1210米。1988～1995年，新建的桂花路，石砌盖，长840米，宽1.2米，深0.8米；洪山路、洪山南路、贵毕路、麻园路修建与路同长，宽1.5米，深0.8米。至2011年，毕节城区完成倒天河综合治理一、二期工程，在河西岸修建安装排水管道；启动倒天河综合治理三期工程。

毕节水厂

2. 大方城区供排水。（1）供水。中华人民共和国成立前，大方城居民饮用井水，城内以有99口井闻名遐迩。直至20世纪70年代，政府机关、街道居民均饮用井水。现尚存48口井。1999年4月，县政府投资21.5万修复水井。随着城市建设的发展，工业和生活用水大量增加，井水已不能满足需求。1978年1月，县政府投资15万元，以冒沙井为水源，在城北一中后山建蓄2400立方的水池1个。1983年，投资15万元，建容量800立方米的水池1个，埋设供水管道4100米。1986年，引距城5200米，宋家沟水库水入城，建日净化4000吨水处理厂一座、3750吨蓄水池3个，埋设直径250毫米进水管5.2千米，200毫米进水管1000米，供水管7640米，1989年竣工投入使用。1998年，新建1000立方米水池3个，敷设输水管道6750米，安装CD50×50抽水机组一套。到1999年，城镇供水普及率达85%，受益人口29.39万人。2003年，大方县完成扩建东郊水厂、城区供水管网改造。2004年，完成输水管线4.8千米。至2011年，建成敞口龙潭和双龙洞应急提水工程，缓解县城用水困难。

（2）排水。1977年后，在整修城区所有街巷路面时，修建下水道，主要街道的重要路段修建长涵洞，基本解决城内排水。

3. 黔西城区供排水。（1）供水。1958年，在城西北12千米处建成附廓水库，以流经城区的北干渠引水，在城区狮子山南麓建成700立方米的蓄水池，向县党政机关及附近居民供水。1965年4月～1970年3月，县投资31万元，在西门外准提庵建容量为400立方米蓄水池一座，建水泵一套，供水站10座，抽河水入池使供水延伸到大府坝。1972～1974年，县投资128.8万元，在团山坡建成1200立方米的进水池、滤水池，安装水泵一套，铺设8寸供水管道844米，引水至准提庵水池，埋设由水池至西门的8寸供水管道1.3万米，大府坝至东门2.14千米，缓解城区供水。1977年，准提庵水池崩塌，自来水中断。1978年4月，县投资12万元，在三官殿后新建1200立方米蓄水池，改造供水设施，增加供水面，但仍未解决对水的需求。1982～1983年6月，投资104.6万元，在东门田坝打井3口，建成容量为400立方米的中位水池，2000立方米的高位水池。因地下水含钙、镁、磷矿物质较高，将3口井封闭。1985年，省水利厅拨款98万元，建附廊水库城关供水工程，提水站1座，建容积108立方米水塔一座，埋设库区至城区输水管道8577米，容量1000立方米高位水池1座，城区日供水3000吨，人均96公升。1997年，水厂供水规模扩大为日供水1万立方米。2001~2005年，黔西县完成供水主管改扩建67.74千米。2004年，建成3万吨给水扩建工程，城市供水能力达330万吨/年。

（2）排水。在清代就有一定规模，以明沟或暗沟排水。至民国时期，城区有6条石壁、石底暗沟对城区排水起主要作用。分别为：从鄢家巷口起至南门口，转刘家湾，直抵南门外小河，全长180米，深2米，宽1米，县西路、民主路的污水从此沟排入南门外小河；从北门鸡市巷起，至炮台脚抵南门外小河，全长140米，深0.6米，宽0.8米，现教育局至鸡市巷口和县北路的污水从此沟排出；从西门口至鸡市巷口，全长1100米，深1米，宽0.7米，龙家巷、杨家坝两条小暗沟的污水从此沟排出；从龙家巷至中框巷，全长50米，深0.5米，宽0.6米；从杨家坝至西门储蓄所，全长60米，深宽各0.4米；挑水湾的暗沟全长150米，深0.4米，宽0.3米。中华人民共和国成立后，加大城内排水设施建设力度。1951、1952年，在整修街道时，拨款整修两侧明沟，实施暗沟清淤和维修；1975年，政府拨款3万元，在西门城内新建从建筑一公司门口至大府坝，转县南路，接南门外小河的暗沟，全长540米，深1.6米，宽1米；扩建挑水湾暗沟70米，深2米，宽1米。县教育局以东，江西湾、公园一带雨水污水亦经此沟泄入东门外小河。1975年，城内东西南北几条主街铺沥青路面时，在路面两侧安道牙石作为明沟石壁，深、宽约0.3～0.4米的明沟排水。1982～1985年，新建排水沟20余条，总长3545.68米，总投资8.57万元。1987年，新建排水沟长124米。1993年，开始建设水西大道，主街道下修2×2米净空排污沟1650米，支街下修1.2×1.8米，1×1.6米，0.8×1.6米等断面排污沟1100米。2001~2003年，黔西县拓宽加深排污大沟25千米。2009年，动工建设贯城河治理工程，在河道两侧埋设排污管网。

4. 金沙县城供排水。（1）供水。1972年前，城区居民饮用环城而流的偏岩河水和城内井水。1972年，县政府投资在城关高岩寺建水厂，在偏岩河张家湾段建泵房提水，日供水1400立方米，人均日供水53公升，70%的城关居民用上自来水。1985年，投资96.45万元，从县城以西白果水库，铺设1.03万米输水管道引水至高岩寺水厂，铺设1.2万米供水管道向城区供水，日供水4000立方米。1994年，投资706万元，建南郊水厂。1997年建成玉屏水厂，日供水2000立方米，解决城南新区供水。1999年，改造高岩寺水厂，日供水1万吨。2003年，开工建设西郊水厂。2004年，改造南郊水厂，供水能力提升到月供水5000吨。2010年初，启动日供水7000吨马鞍山水厂应急工程。

（2）排水。数百年来，金沙城区自然形成羊叉街大沟；万家巷、碓窝井大沟；文昌宫、胡家马巷大沟；水巷子大沟；猪市坝大沟；皮匠湾大沟；秦家大沟；杨家马店大沟接纳油沙坡、大定坡山水排水沟渠。清代，新场发展为居民2000多户的场镇，住户集资疏浚、整砌排水大沟，并在几沟合流处和过街沟段盖上石板成为阴沟。民国时期，排水沟年久失修，渠道残破，淤塞，每逢暴雨，邻沟住户都遭水淹。1953年、1955年，两次对排水大沟进行整修、清淤。1984年，政府投资104.5万元，铺设城区街道混凝土路面，改造街道两侧屋檐沟和文昌巷、胡家马巷大沟、水巷子大沟和皮匠湾大沟过街沟段，沟槽均用石块和水泥砂浆砌成，上盖青石板或水泥板。1986～1987年，政府拨款改造：猪市坝大沟，万家巷、碓窝井大沟，羊叉街大沟，羊叉街、皂角井两沟合流处至河滨路沟段，秦家大沟，杨家马店大沟。改造总长1900米，排水沟宽1.2～1.4米。20世纪90年代初，对县城老排污沟改造。至2003年，完成对16处排污沟的维修改造，总长4383.7米；完成贯城河两岸从沙南门大桥沿河至红岩桥排污截流大沟修建工程，总长4021.55米；完成326国道一中路口至新城区二号路段1440米排污管埋设。2004年，完成新城区一号路、二号路3500米排水、排污管道的铺设，完成拉丝厂小区的排水排污工程。至2007年，县城新老城区已建成基本适应城市发展的排污设施网络。2010年，实施体委段排水工程，污水处理厂排洪工程，张家湾逸夫中学应急排水工程，光明中学段排水工程，中心市场排水工程等，投入资金44.28万元。

5. 织金城区供排水。（1）供水。20世纪中期前，城区居民生产生活均用县城河水或泉水。1966年，县投资1万元，机关职工集资0.5万元，机关职工和部分居民义务投劳，在巷昌道建120立方米自来水厂。日供水量30吨，向机关、学校、食堂、饭店供水。1982年，国家投资38万元，在西山修建1000立方米的高位调节水池，较好解决城区居民生产生活用水。1985年，省建设厅补助20万元，在龙潭侧安装2台水泵提水，日供水3840吨。1986年，地县投资48万元，在龙潭附近兴建水质净化厂，日产水7500吨。1992年，新建水厂1座，日供水7776吨。2001年，织金县自来水工程建设项目国家补助资金200万元。2003~2004年，完成自来水管网新建和改造12.7千米。2008年，开工建设总投资24000万元的大新桥水库，2011年建成蓄水，工程可确保城区供水和城关、绮陌、三甲三乡（镇）3.35万亩农田灌溉。

（2）排水。20世纪60年代以前，织金县主要街道都是利用街两侧明沟和街巷自然斜坡排水入贯城河。每逢大雨，雨水一时排泄不出，满街横流，常常流入住户。70年代开始整修街道，修建排水暗沟。1979年，修建城北路728米，两侧石拱暗沟。1980年，修建南北大街1966米；支前路430米；十字街76.5米；新华东路粮食局门口—东门技校门口944米；清泉路122.4米；城南路豪头菜场—南办事处326.8米；两侧石拱暗沟。1983年，修建文化路两侧369米石拱暗沟；新民路183.6米单边暗沟；田径运动场607.5米四边石拱暗沟。1984年，修建玉屏街215米单边石拱暗沟。1986年，修建新华西路、文化路进口—大街出口处856.8米、新华东路太平桥头—粮食局门口152.9米、健康路376米两侧石拱暗沟、前进路54米单边水泥盖板暗沟。1987年，修建和平路346.6米单边石拱暗沟。1988年，修建新民路财神庙—月华桥头163米单边石拱暗沟；南笔路662米两侧石拱暗沟；小校场257米单边石拱暗沟。2004年，完成金北路排水沟工程。2010年，织金县污水处理厂建成投入使用。2011年，建设和完善城市污水管网3.5千米。

6. 纳雍县城供排水。（1）供水。1965年前，城镇居民饮水均为城郊井水。1965年，县政府先后投资200万元，从城区南20多千米的闹地村长岭岗引水到大海坝水库，铺设37千米管道向城内供水，年供水300.12万吨。同时安装电泵提水以弥补枯水季节供水不足。1981年扩建水厂。1992～1994年，总投资150万元，从城区西南加戛乡吊水岩水库引水入城，日供水4000吨。2002年，新水厂开工建设，是年完成投资380万元。2003年，引进美国汉氏公司投资建设城市供水项目。2004年，完成输水管线22.7千米。2005年，文昌阁水厂建成投产，生产能力为2.5万吨/天，配套的吊水岩水厂输水管线长15千米，城区配水管网14千米。2011年，建成县城应急供水工程茶树梁子工程。

（2）排水。20世纪80年代后，纳雍县改造县城主要街道，修建路旁排水暗沟2.7千米。1981年，改建中华大街，建长270米，宽1米，深1.2米的主排洪沟。1989~1997年间，修建织纳路入口道排水边沟370米，党校至张维路出口排水边沟245米，环城路排水边沟1800米。2003年，引进美国汉氏公司投资建设城市污水处理项目。2010年，总投资3874万元的县城污水处理工程建成投产。

7. 威宁县城供排水。（1）供水。1955年前，城内居民饮用井水或河水。1956年，建容量500吨的上祭山蓄水池，安装水泵抽龙王庙井水入池，埋设200米管道向城内供水。1964年，省补助6万元，在牛家院打井一口，辅之龙王庙井水供应。1975年，在龙王庙新建容量800立方米水池，加上祭旗山蓄水池日供水1800吨。1987年10月，总投资66.39万元，建杨湾桥水库配套提水输水工程，在水库坝后建装机3×75千瓦一级提水站1座；埋设水库至凤登山水厂输水管道11.73千米；在凤登山建装机4×37千瓦的二级提水站1座，抽水上山顶压力池；埋设凤登山至县城供水管道1.07万米，次年向城内供水。1988年，改造供水能力扩大到7000立方米/日一直沿用至今。1989年底，埋设主要街道输水管道1.15万米。

（2）排水。1978年前，城内靠土质明沟排水。1979年起，陆续扩建、改建和新建主要街道，修建街道两侧石头泥砂浆砌铺排水沟，并加盖水泥板。1990年止，共改建排水沟28条，总长1.43万米。2002年，开工建设截污沟工程，次年截污沟完成投资560万元。2010年，污水处理厂竣工并投入试运行，该工程总投资5921万元，占地面积17亩，日处理污水1万吨，铺设配套管网38千米。

8. 赫章县城供排水。（1）供水。中华人民共和国成立前及中华人民共和国成立初，赫章县城居民皆饮用河水。1963年，县政府拨款在城东南龙洞山建163立方米的蓄水池，抽引龙洞山泉入池，埋设管道向城区供水。1986年，投资在城东南四方岩建容量800立方米的蓄水池向城区供水。1993年，投资450万元，在城西南建日供水5000吨水厂，向城区供水。2003年，引进美国汉氏公司投资建设城市供水、污水处理项目。2004年，完成输水管线5千米。

（2）排水。1981～1990年，将城区所有改造街巷路面，在街巷两侧建排水暗沟。1986年，县财政拨款3.3万元建两条石块水泥砂浆砌的排水沟：一条自农机站向南流入前河内，长200米；一条起自丁字路口100米处向南流入前河内。2010年，污水处理厂建成试运行，该项目总投资2507万元，新建污水收集输送管网29271米。

交通设施　历史以来，各县城规模较小，街道狭窄弯曲，坡度大，人员来往皆步行。20世纪40年代，毕节城内曾出现过载客马车，往返城内和郊区。80年代后，各县城实施改造街道，拓宽、改直、降坡、铺平多数街道，逐步建成混凝土或沥青路面，自行车成为普遍的交通工具。80年代末以来，各县城交通发展到两轮摩托、三轮摩托、出租车、公共车、交通车、公交车。

1. 脚踏三轮车。1989年，毕节城内出现两轮黄包车，很快被脚踏三轮车淘汰。1990年，脚踏三轮车超百辆，1992年发展到近200辆。1995年10月，取缔脚踏三轮车。

2. 机动三轮车。1991年，各县城区出现机动三轮车，群众称为电三轮。1998年，毕节市区机动三轮车共670辆，其中2人座500辆，3人座，170辆。

3. 出租车。1993年初，毕节市区出现数辆出租车，到1998年发展为335辆。2011年发展为450辆。

4. 交通车、公交车。1989年，毕节城内、郊区试行两路公交车：一路从威西路—翠屏路—教育学院往返；二路从城东南清毕南路—头步桥往返。个体经营的小客车多跑县市之间和城区与乡镇之间。毕节市和部分县郊的厂矿、学校、企事业单位配有交通车接送职工、学生上下班或上学。2002年，毕节城区设置6条线公交车为城内居民、职工、学生和外来旅客提供方便。一路车往返天河公园，至流仓桥；二路往返安家井至流仓桥；三路往返文笔小区至地区水电技工学校；四路往返观音桥办事处至洪南行署办公中心；五路往返天河村至郭家湾地委党校；六路往返茶亭至泰丰园。2011年，毕节城区公交车线路增至9条，公交车总量达96辆，七路往返花牌坊至草堤，八路往返碧阳大桥至茶亭，九路往返福音堂至阳山公园大门。此间，黔西、纳雍等县亦在城内开通公交车两路。

环卫设施　20世纪70年代及以前，各县城建公厕，设简陋垃圾箱、环卫车。80年代后，各县市购置自动装卸垃圾汽车和铁制大垃圾箱取代原垃圾箱及环卫车，新建大街和一些主要街道，新建一批造型美观的水冲式公厕。街头设立各种造型的果皮箱。毕节城区1993年后，逐步在中山路、胜利路、桂花路、洪山路设立有盖有轮的园桶垃圾箱与封闭式自动装卸垃圾的汽车配套。到2003年统计，全区共建公厕123座，其中水冲式66座；运垃圾车48辆，其中，冲洗车3辆，吸粪车7辆；建垃圾填埋场8座。

## 三　广场、体育场所、文化影视娱乐场所

**广场**　有较大广场6处：毕节军分区大操场（现拥军广场）。50年代中期，由于松山路小校场和清毕北路南侧的大校场改作建设用地，毕节军分区在五龙桥西南侧，河道与洪家山之间建大操场，占地2万余平方米，成椭圆状。后地区体委在周边设400米跑道，亦为地、县举行大型集合的场所。1995年，在五龙桥北侧，建成大桥1座以连接麻园大道与拥军路，大操场西北角改作大道，现建成拥军广场，供市民休闲、娱乐和体育运动。毕节地区体育中心。1988始建，1999年建成，长3200米，宽280米，占地131.4亩。毕节师专运动场。1995年毕节师专在环东路侧建，内有400米跑道和足球场。金沙县鼓韵广场。原人民广场改造而成，占地1.2万平方米。织金县体育场，位于城东南沿河路、新华东路、健康路之间，清代为平远协台衙门旧址，民国初年毁。民国34~35年（1945～1946），织金县长郭大树，喜好足球，将此地辟为足球场。中华人民共和国成立后，增建为运动场。外有环形400米跑道，内有足球场，两个篮球场，跑道南侧还有一灯光球

赫章夜郎广场（2009年）

毕节八一广场（2006年）

场，场周绿树成荫。赫章县夜郎广场。位于城南汉阳中路中段，2006年竣工投入使用，总面积1.32万平方米，有牛、虎、龙图案组成的大门，广场圆形中心有台中央有虎头铜釜雕像。

**体育场所**　中华人民共和国成立前，各县均没建有符合标准的体育设施和训练场地。毕节和织金县城有3个清代练兵用的广场（毕节的大、小校场，织金平远协台）当运动场用，各县各有几个到十多个土质篮球场。据统计，中华人民共和国成立后至2004年，全地区有标准运动场7个，小运动场75个，田径场14个，足球场8个；有固定看台灯光球场10个，标准篮球场1766个，非标准篮球场322个，室内篮球场1个；有排球场17个，羽毛球场27个，门球场10个；有乒乓球馆1个，乒乓球房10个、乒乓球场288个；有体操房4个，体操场11个，健身房8个，健身场1个，有室内游泳池2个，室外游泳池12个，天然游泳池1个；有网球场3个，棋牌房4个，台球房2个，保龄球房1个，室外射击场2个，击剑房4个，健身路径8条。功能齐全最大的是地区体育中心。

**文化、影视娱乐场所**　20世纪30～40年代，各县城都没有文化公共设施。有些年份，毕

节、大定、黔西、织金等县城，有四川来的艺人在庙宇中唱川戏。各县城虽在民房或庙宇中设民众教育馆，但很少开展活动。毕节县民众教育馆仅组织篮球赛。抗日战争初期，毕节县曾在广惠路文庙西门内厅设简易图书馆。1940年，镇雄土司安蕴时筹资在中华北路建蟾宫大戏院，供外来的艺人演出，1947年该剧院毁于火灾。中华人民共和国成立至今，全地区有电影公司9个，电影院（含影剧院）37座，放映队369个。地区直属毕节人民剧场，位于毕节市城区中华南路与砂石路交接处，系根据1959年毕节城市建设总体规划兴建的大型剧场，供大型歌剧，放映用。毕节地区电视台。90年代，全地区兴建电视转播台82座，电视卫星地面接收站29个。1979年，地区广播电视局在毕节城北郊海拔1700米的沙帽山顶建电视转播台。1986年4月，又在沙帽山顶建卫星地面接收站。1997年，建毕节电视台，覆盖毕节大部分地方和川滇黔3省毗邻11县市部分地方。1999年，地区电视台在毕节城区洪南路兴建14层框架结构电视大楼，5100平方米。1988年，全地区有县文化馆8个，6120平方米；群众艺术馆1个。1997年，毕节市在松山路和中山路丁字路口将市文化馆改建成5层钢筋混凝土结构建筑作市群众艺术馆。至2005年，全地区共有县图书馆8座，藏书45.73万册。地区图书馆综合大楼，藏书50万～100万册，另藏《四库全书》76箱。毕节地区共有8个新华书店。2009年，毕节市科技文化中心（“一院三馆”）开工建设。项目位于毕节城区南部新区碧阳大道南侧，包括影剧院、博物馆、科技馆、图书馆、地下车库等，总用地面积114945.2平方米，建筑总面积76336.05平方米。

毕节人民剧场

## 第五节　城区开发建设

1986年，毕节地区进行毕节城洪山小区详细规划和建设试点，按照先地下后地上，先修路后建房的原则，改造桂花路，新建洪山路。实施给排水、照明和通信电缆一起配套建设，对进入小区建房的单位实行统建代建，按规划设计实施综合建设和管理。之后，地区继续进行洪山南片区的综合开发建设。同时，各县市以地区为示范，相应建立县城，启动小区建设规划编制和综合开发。1993年，完成13个小区详细规划编制，按照“统一规划，合理布局，因地制宜，综合开发，配套建设，依托旧城，建设新区”的方针，开展小区建设。

毕节市城区　1. 洪山小区。占地25万平方米。到1994年8月，共拆迁安置440户，拆除危房2.83亿平方米，完成代建房5.5万平方米，新建住宅989套、门市211个，组建农民新村2处，建筑1.2亿平方米，新建安置周转房2.33亿平方米，为单位统建代建房屋和部门及自建房屋共5万余平方米。小区新建、改建和扩建道路8条，共长2800米，5.27亿平方米，其中洪山路长710米，宽30

毕节县城（1985年）

毕节城区（2008年）

米；桂花路长710米，宽22米。新建3640平方米的桂花集贸市场和5000余平方米的农副产品批发市场。新建排污沟4485米。改建邮电通信电缆5400米。

2. 洪南小区及贵毕公路出口路段。1993年9月22日，行署成立洪山南片区综合开发指挥部。1995年12月，完成洪山南路和贵毕路城区出口段路面工程。洪山南路长490米，宽30米，贵毕路城区出口段长12.25千米，宽23米，路中有绿化隔离带。

3. 天河小区。1986年动工兴建，占地34.9万平方米，新建房屋34.6万平方米，其中安置房和商品房8033平方米，代建房2178平方米，单位自建房33.52万平方米，修建公厕2座，新建农贸市场1个，1832平方米，新建钢筋混凝土桥以连接河东西两边市场；新增门市60个；新建街心路灯花坛1个；新建排水、排污沟渠548.2米；拓宽改造天河路面，长960米，宽20米。

4. 麻园小区。1993年12月动工道路建设工程，占地26.64万平方米，1994年底建成。麻园路长1450米，宽32米，是一条集绿化、电力、通信，给排水基础设施配套的高等级混凝土道路，两侧人行道各宽4米。在麻园路两端与清毕路交叉处，修建跨度30米、宽37米的钢筋混凝土双曲拱单孔大桥，贯通河东面的环城东路、麻园路与河西面的拥军路、洪山路、洪山南路与贵毕大道，明显改善毕节城区交通拥堵状况。小区建设期间共拆迁285户住户，住房1.92万平方米，修建安置房2538平方米，拆迁户均迁入新房。

麻园转盘

5. 文笔小区。文笔小区按规划面积1600亩，其中居住用地1190亩，可居住7000～8000人；区内规划建幼儿园1个，占地40亩，建筑2900平方米，新建小学一所，占地10.32万平方米，建筑5260平方米。1996年，毕节市在城区东北文笔山麓北环西路北侧兴建文笔住宅小区。之后，建成宽16米，长280米，从文笔山麓基督教堂前到北环西路的文笔路。文笔路南端与北环西路和松山北路相交成十字路口。西北侧各建一条10米宽的道路，使教堂前的道路呈“y”状。道路两侧兴建商业、金融、文化、居住用房。

行政办公中心（2009年）

6. 城东新区。地处学院路、麻园路、双树路和望城路围合内，规划面积为3.05平方千米，是毕节市新行政办公中心所在地，是全市的政治、经济、文化、娱乐、科技信息和商业服务中心。至2011年，市行政中心、市检察院、市公安局、兴隆佳园、白金府邸等项目建成使用。

7. 南部新区。2005年开始规划建设，位于毕节主城南部、贵毕大道两边、倒天河与南部潘家大山之间的浅丘地上，西起贵毕路与洪山南路交叉口，东至断桥沟，规划范围内用地规模为4.30平方千米，居住用地面积133.53公顷。至2011年，建成毕节地区行政办公中心、科技文化中心，在建碧阳国际、博泰地产、招商花园城等开发建设项目。

8. 德溪新区。2010年启动建设，位于毕节市老城区东部，东至化肥厂，西接市行政办公中

毕节南部新区动工建设（2005年）

心，北至观音桥，南抵贵毕路，规划面积11.87平方千米，涉及一镇两办事处八个村。建设周期计划5年，定位为毕节市交通、物流、商贸、旅游、生态园林城区，划分为商务金融、现代物流、体育运动、生态宜居、高校、中心绿地等六个组团。新区基础设施建设计划5年内建设道路25条50余千米，桥梁20余座，河道治理13千米，景观绿化70万平方米，安置房20万平方米。

9. 碧海新区。规划范围东至海子街镇伍老河村，西接毕节老城区组团，南北紧邻自然山体，整个新区在地形上呈条带状分布，东西长约11千米，南北宽约1.5千米，规划用地面积23.6平方千米，包括海子街镇及田坝桥镇的部分行政范围。成贵快铁、隆黄铁路、昭黔铁路、夏蓉高速等交通要道都将从新区内贯穿而过。新区内基础设施涉及道路125千米，大小桥涵5座，河道5千米，沿线景观24万平方米，初步估算投资125亿元。碧海新区路网建设包括碧海路、观水路公路。碧海路起点起于花牌坊接环东路，终点接海子街前所处，全长11.58千米，宽43米，桥

路同宽，设计时速40千米/小时，双向6车道，城市Ⅱ主干道，项目总投资11.24亿元。观水路起点接水西大道至纱帽山公园接口处，道路全长5.9千米，总投资3.5亿元，道路等级分别为城市主干道Ⅱ级，支路Ⅱ级，道路宽度15～25米。

**大方县城区**　1.西大街小区。1994年，建成大方县城内的西大街，为房地产开发者带来商机。之后的1年间，征地73.34亩，拆迁37户旧危房，修建商品住宅楼8幢，1万余平方米。1985～1995年，大方县实施改造旧城建设新街。低矮破旧的土墙茅屋、木房大多数被拆除并建起新房，沿西大街新建3～10层的砖混和钢筋混凝土结构楼房，16.6万平方米，占城内房屋总面积的15.87%，人均居住面积提高到11.44平方米，居民居住条件改善。2002年，大方县完成新民、杨家沟、三善街小区详细规划。2003年，完成县商贸中心和集贸市场详规。

2. 金龙新区。2010年，启动建设。位于城区西部、北部，紧邻大方县城，规划面积12.7平方千米。新城区主要交通干道有迎宾大道、杜鹃大道、九驿大道、丰登大道，建成后与老县城形成六横六纵城市交通网络格局。土地以商业用地、居住用地为主，政务办公、公共设施用地为辅，建设大方县的新的政治、经济、文化、居住、商业商务、旅游接待中心，毕节——大方中心城市之一。

3. 顺德新区。2011年启动建设。规划区域为东至慕俄格古城、大纳路东关境西侧，西至金龙新区、循环经济园区、贵毕公路，南抵大方县城，北至毕节七星大道东关境段南面，区划总面积14. 38平方千米。顺德新区规划为集建材、家居、汽车、机械商贸等为一体的综合性新区。

**黔西县城区**　1993年，黔西县始建水西大道，亦逐步开始建设水西大道开发区。开发区以水西大道为主骨架向西侧延伸。开发区规划4平方千米，至2005年，新建城市道路11.3千米，城市排污沟12.6千米，新修桥梁5座，拓宽改造桥梁1座，新增供水主管道1.45千米，新建城市房屋35万平方米，以水西大道为中心的新城区已初具规模。2002年，完成水西园经济实用住房小区二期详规。2003年，进行东方花园、迎宾园等4个小区的详规编制。2005年，编制黔西北花园小区、红旗小区，粮食局开发区详细规划。南部新区位于黔西县城已建城区南部，南起绿化乡老鸹河村（南环线），北至城关镇城东村（横一线），西到城关镇金凤村（纵一线），东抵甘棠乡映山村（纵五线）。新区规划用地总面积约23.14平方千米，建设用地18.74平方千米，规划人口26万人。定位为黔西城市建设的主要拓展区，积聚城市商业中心、商务中心、文体中心、客运中心于一体，富有地域山水特色的宜居新城。

**金沙城区**　1. 中华路开发小区。以中华路为框架，从南向北横穿县城，全长950米，宽25米，混凝土路面，占地79.92万平方米。

2. 长安商品住宅小区。以长安路为骨架。自县城中心沙塘桥起，向西沿河而下，西段与中华路南端交汇，全长897米，宽20米，占地66.6万平方千米。小区规划用地117.4亩，1992年动工建设，至2005年已建成商品房8幢，120套，1.16万平方米；单位集资建房4幢，6800平方米；代建工程18个，2006.94平方米；140户居民沿街购地自建住宅；单位购地建商业和办公综合楼多幢。长安街大多是2～4层别墅式建筑，底层为商店，2～3层为住宅或办公楼，设计新颖，形式多样，错落有序，外装饰多为铝合金门窗与色调柔和的瓷砖贴面。2002年，金沙县完成新城区部分修编性详规。2003年，启动蜂子岩小区建设。2004年下半年因清查、冻结土地，县城新城区停止开发建设。至2007年，形成以新车站为主体向东南两个方向辐射的建筑群，车站附近2000米内已成街市。东南环线公路两侧，建设初具规模。

纳雍县城区　1. 农贸市场小区。占地2.93万平方米，建屋5.2万平方米，道路1.6万平方米，绿化600平方米。1992年动工，1997年竣工投入使用。

2. 沿河小区。占地1.29万平方米，建屋11.61万平方米，道路3.86万平方米。沿河路长840米，宽24米，混凝土路面，1996年动工，2001年竣工投入使用。2002年，完成城南开发区的修建性详规。2005年，完成新城中心区控制性详细规划和勘测设计。2008年10月，启动新城区道路建设。2011年，新城区长8.23千米的发展大道开工建设，"一桥飞架居仁，两翼东南扩展"的城市空间骨架初步形成。

织金县城区　2002年，织金县编制法星路、星鱼路、大府头文化中心广场修建性详规；2003年，编制平安小区、金秀小区等七个小区的修建性规划。2007年，建成黔美花园小区。2010年，完成县城中心城区，城北片区控制性详细规划。

织金县金北大道（2010年）

威宁县城区　2002年，威宁县完成新城区控制性详细规划；2005年，完成新城区修建性详细规划。至2008年，县城新区共完成投资6415万元，征地73.38公顷。建成长7千米，宽40米的进站大道，占地8.04公顷的草海火车站站前广场。以草海火车站为龙头的县城新区初具规模。2010年，启动建设奥体花园、草海国际生态养生基地一期、西城花园等项目。

赫章县城区　城南商业经济小区。采取先建房、后修路的方案和预征地的办法，一次性地将小区主大街及两边的建设用地征用，再按规划和项目计划安置建设用地。道路占地费用由建房用地单位和个人承担。经过两年多的建设，城南小区主大街九零路基本建成，两旁建起高楼，小区建设初具规模。1992年，县城部分个体户申请宅基建房，政府采用个人集资的办法进行开发，各建房户先预交1.6万元集资款，县建设局负责完成通水、电、路工程后，再按规划给集资户安排104平方米的宅基自行建房。1年余，60户个体户集资96万元，建成长270米，宽10米的混凝土小康路，两旁建起高4～6层楼房。1993年，县城有200余户居民和农民申请在开发小区建房。县政府采取先由县建设局先贷款建街和基础设施，后按工程造价向住户收资还贷方法，共开发建起长1100米的5条街道后，再安置住宅基地给申请建房户建房。1988～1994年，赫章县城共开发新街11条，总长5.3千米，共6.5万平方米。让居民、单位沿街建房1.98万平方米。之后，赫章县完成龙源路等5个片区详细规划。2005年，完成城东小区、环城路居住区、沿河夜郎文化区一条街详细规划。老县武装部片区，建成后称广建路。2004年开工，2005年竣工，占地面积7850平万米，空地和绿化面积450平方米，街道长146米，宽14米，新建商业住宅小区总建筑面积2.6万平方米。党校片区，位于新、老城区结合部，2005年开工建设，2007年第一期工程竣工，2008年第二期工程竣工，占地1.76万平方米，建筑面积4.7万平方米。老城关镇政府片区，2005年开工，占地面积5207平方米，建筑面积1.86万平方米。百货公司片区，2006年动工，占地面积4551平方米，建筑面积1.95万平方米。城北农贸市场片区，2007年开工，占地面积6300平方米。

## 第六节　城镇绿化与园林

**绿化**　1. 街道绿化。中华人民共和国成立前，各县城几乎没有街道绿化。中华人民共和国成立后，伴随街道的改造建设，逐步产生街道绿化举措。至2005年，仅有少数街道绿树成荫。在毕节市区有公园路、清毕北路一段，中山路行署大院一侧种有行道树，且形成绿树成荫。织金县城沿河路两侧种的法国梧桐已绿树成荫。20世纪90年代后，各县市开发建设的新区，多数相应进行绿化建设。毕节市的桂花路、洪山路、洪南路、贵毕路出口段、麻园路，皆种有桂花、香樟等常绿行道树，同时建有常绿灌木隔离带。大方县城西大街、黔西县城水西大街、赫章县城九零路皆种有常绿行道树，且有绿色隔离带。

2. 城镇周边绿化。中华人民共和国成立前，各县市城镇周边生态状况良好，皆为山清水秀。中华人民共和国成立后，城镇周边自然生态遭到严重破坏，山清水秀之状几乎不在。1978年后，各县市在确保原保留下的林木不再受损坏的前提下，注重城镇周边地面的绿化。毕节市东北五里坪至德沟之间的山岭，经多年绿化，形成延绵数千米的茂密山林。毕节阳山森林公园，亦是1958年后逐渐由人工培植起的树林构成。毕节城北后河山上，亦是茂密树林所覆盖。同时，各县市亦相应注重对城镇周边的地面绿化。

3. 单位绿化。中华人民共和国成立后，一些单位把单位环境绿化作为重要建设内容。毕节军分区所在地、洪家山一带，中华人民共和国成立前系黄土山坡，如今院内山丘全被苍松翠柏覆盖，四季常青，空气清新。1978年，始建毕节师范专科学校，建设区内无一棵树木，如今校园内林木葱茏。毕节卷烟厂、复烤厂、公路养护总段，林科所、农科所等单位，经过十多年的绿化、美化环境。卷烟厂、复烤厂被行署授予花园式工厂称号。赫章农林畜牧局，自建1.5万平方米人工湖1个，引前河水入湖，四周砌以青石堤岸，沿堤垂柳依依，湖中碧波荡漾，泛舟湖中，信步堤上，环境和空气十分清新。

**林园**　1. 森林公园。百里杜鹃国家森林公园。位于黔西、大方两县交界处，2007年建立百里杜鹃风景名胜区，是迄今为止中国已查明的面积最大的天然杜鹃林带。整个杜鹃林带延绵50余千米，宽1~3千米，呈半月形分布。公园总面积180平方千米。百里杜鹃属贵州西北部次生地带性植被中保存最好的一部分，初步查明公园内有马缨杜鹃、大白花杜鹃、水红杜鹃、露珠杜鹃、锈叶杜鹃、映山红、树形杜鹃、狭叶马缨杜鹃、美容杜鹃、团花杜鹃、银叶杜鹃、皱皮杜鹃、问客杜鹃、腺萼马银花、多花杜鹃、锦绣杜鹃、贵定杜鹃、暗绿杜鹃、复瓣映山红、川杜鹃、百合杜鹃、多头杜鹃、落叶杜鹃等23个品种，占世界杜鹃花5个亚属中的4个、贵州70余种的三分之一。2011年，国家旅游局批准百里杜鹃风景名胜区为国家4A级旅游景区。百里杜鹃已成为贵州西线旅游的重要风景区。

毕节阳山森林公园。位于毕节城西南约3000米处，为一由东向西南延伸约3千米的山谷，两山层林叠翠，四时常青，山岑崖畔，长满山茶、杜鹃等山花；清泉从密林深处潺潺流出。山谷西南尽头为山封锁，原称关门山。1954年在此建林场，1984年辟为公园，占地500亩，种有月季、桂花、茶花、女贞、万年青等观赏花木2万余株。供游山观赏。另公园辟有苗圃，植有细叶黄杨、法国梧桐、各种柏树、香樟、柳杉、水杉、银杏、紫荆、花石榴、樱花、北京杨，为城市绿化美化提供商品苗本。公园山谷入口处环城南路南侧为毕节学院附中。沿山谷北侧公路缓缓登山，上行一千米多，过一城楼式仿古城门，再直行数百米，上建有天然游泳池，向左过石桥，在林间建有多栋古朴美观的林区干阑式房屋，茅草盖顶，圆木为墙，作茶座、餐馆、舞厅。再往山顶行有径通往密林深处。夏秋季节，常有游人上山游玩。

毕节国家森林公园。位于毕节市，地处云贵高原东侧梯级斜坡地带的乌蒙山区，园内总面积4133公顷。公园由拱拢坪、乌箐岭、白马山等三个景区组成，共有自然景点63个，人文景点5个。园森林面积3782公顷，森林覆盖率91.5%，森林植被以针叶林和次生天然林为主。

织金森林公园。位于县城西南，民国时期，每年植树节及中华人民共和国成立后，年年在园中植树，多年形成森林公园。

赫章森林公园。由平山林区和水塘林区组成。公园总面积4733公顷，森林覆盖率87.8%。公园森林资源丰富，有植物2000余种，华山松、杉木、柳杉等组成的人工林林相整齐，有国家一、二类保护植物珙桐、水杉等18种，野生动物有117种，其中国家一、二类保护动物有金雕、林麝、猕猴等32种。

2.城市公园。毕节天河公园。位于毕节城区西北2千米处大新桥办事处以西倒天河水库坝下河谷中。占地1平方千米多。1985年，毕节地县兴建倒天河水库。20世纪80年代后，逐渐在坝下建游泳池及其他设施，供游人娱乐。同时在倒天河响水滩下约100米处建起天然游泳池。1993年，毕节市水利电力部门发动职工集资200多万元，建筑完善园内设施，形成公园。20世纪90年代末，毕节市将大新桥辟为风景旅游区。从大桥至天河路的公路已建成沥青路面。天然游泳池到大桥以上河段两侧已建有盖板的排污沟，做到清污分流，并建多道滚水坝，分段蓄水、养鱼，供游人垂钓和泛舟。河道西南侧，有苍松翠柏覆盖、楼亭阁碑屹立的烈士陵园。大桥东北约6千米有新开发的小河那鲁米风景

赫章县森林公园

区，绵延5千米河谷。公园入口处建有仿古四柱三门：层重檐土红色钢筋混凝土结构牌楼，门前雄踞一对红砂石雕成的大石狮。游人进牌楼后不直走较宽的公路，而左拐向南越过跨河的高拱桥，沿山麓河岸混凝土小道，穿过几座凉亭和长廊，行约300米，走过一条似从山顶奔腾而下正向河中吐水的钢筋混凝土结构的红色龙头下，龙头侧镌有“神龙戏水”四个大字，来到一个多角形的荷池，池中建有荷亭。荷亭西南到大坝，建有多个水池：第一个是普通游泳池；第二个水深3.8米，有高低两座跳水台的游泳池；第三个是标准游泳池；第四、第五是观赏鱼池，钓鱼池。第二个游泳池后场围以花墙。所有游泳池中的水都是不断流的净水。从西南方拾级而下，可去露天舞场和“小吃一条街”。再拾级而上，进入花园的怡园，有卡拉OK厅和游客休息室。出怡园，向西南沿石级穿过贞寿石坊，过石坊登石阶数十级到可鸟瞰公园全景的盘山道上。山道上建有碑林，其中有记刻苏东坡和郑板桥的笔迹和兹录郑燮书曹操《步出夏门行·龟虽寿》的石碑。过碑林来到观音洞，洞中宝座上立着约两米高的观音彩色像，供善男信女朝拜。从盘山道攀登陡峭的石级，可进入仙人洞，洞深100余米，内有一高宽约50米的大厅，厅中钟乳石琳琅满目。出洞可达西南山顶之原亭。与西南山相对的东北山顶，亦有溶洞和凉亭。山顶可远眺人烟辐辏之市区和附近疏落的村庄。

毕节人民公园。公园占地近4万平方米，三面临河，为清代、民国时期练兵场大校场的一部分。1957年，改建为地区劳改农场，陆续在其中建成牡丹园、芍药园、海棠林、春梅林、腊梅林、碧桃林、芙蓉林、桂花林、石榴林等花圃。1983年、1984年，县政府先后拨款修建温室、花圃、围墙，将园内主干道建成混凝土路面，建园门和门房，塑像3尊。入园正面，高台上立着绰约多姿的兰花仙子白色塑像。右侧梅花型的水池，中央喷泉常向蓝天喷射万缕银丝。园内到处苍松翠柏，鲜花盛开。绿树掩映下，有门球场、旱冰场、蹦蹦床、小火车等，老人、青年、儿童各得其乐。北侧猴山，猕猴攀登跳跃，追逐嬉戏，十分逗人。鹿房内有梅花鹿和四不像。南隅花圃围墙上刻绘着：东壁朝霞、龙潭映月、响水轰鸣等毕节原八大景。公园西北侧有水面7700平方米的人工湖。湖中建长曲桥、凉亭。湖南畔建二层仿古娱乐楼房，850平方米。公园南侧有4500平方米的水面已开发建成投入使用。2007年，投资2262.26万元对人民公园进行维修改造。改造后的公园占地面积5.28公顷，结构按“一心、两轴、六园”的城市休闲公园模式建造。

毕节人民公园（2010年）

黔西水西公园。位于县城东0.5千米的狮子山麓，占地6万平方米。元代在园内葬奢节衣冠墓于内。明正德初年（16世纪初年）建观音阁，并铸大铁钟悬于阁内，后毁于战火。清雍正四年（1726），知州陈德荣捐资在文峰山上建观文塔。乾隆四十四年（1779）修复观音阁。乾隆

黔西水西公园（2010年）

五十五年（1790）兵部尚书、黔西人李世杰出资在文峰山侧建文峰书院。乾隆末年，清廷树立旌表坊，以表彰李世杰（俗称李世杰坊、尚书坊）。咸丰八年（1882），乡人捐资修复寺院、菩萨像。民国初年，黔西秀才姜皤溪筹资募款开辟公园，维修观音阁，增建荷池、正厅、丰山亭等建筑，请名人雅士题词、写诗、书联于厅、亭内，并广植花木，经10余年苦心经营，于民国19年（1930）依黔西古称。改名水西公园。民国32年（1943）因中华民国总统蒋介石巡视黔西到此一游，更名中正公园。1954年，黔西县政府拨款整修黔西公园，更名为黔西人民公园。1966～1976年，"文化大革命"中，园中碑记、古迹、花木多数被损坏。1980年后，黔西县政府配备人员、拨款、建设、管理人民公园，在修复碑记、古迹的同时，依山形地势兴建茶厅、温室、花坞、月后宫、杜鹃亭、三角亭、水榭，且融为一体，遥相辉映。

黔西观农台，亦称狮子山公园。位于黔西县城狮子山，占地7000平方米。狮子山，原为清雍正初年（1726年前后），黔西知州陈德荣偕友登山遥观农事场所。两年后，俞汝奎书刻观农台于石壁上，至此称狮子山为观农台。乾隆四十二年（1777）春，知州赫林泰在山顶辟一平台建一朱栏篷顶，形若小舟。此后不断修缮，种植花木。数任知州、名士、多会于此，或吟诗或作赋，多刻于石壁上。清末和民国时期，年久失修，中华人民共和国成立后一段时间，一些单位和住户随意占地建房，毁坏石刻。石壁上仅残存诗画5方和"观农台""镇城宝狮"石匾。1978年黔西县建电视差转台于观农台，后逐年植树种花，建楼阁画亭，修莲池曲径。狮子山公园虽小，其景别有情趣，常为人们休闲的好去处。

纳雍雍西公园。位于旮旯河与杨家河交汇处。民国前，此处山高林密，道路不通，常有群猴嬉戏，古称猴子岩。猴子岩南高北低，岭南较宽阔。1958年，沿南坡种植大量翠柏，现已成荫，岭北坡陡，灌木丛生，杜鹃、山茶、兰花遍野。仰望南方，马鬃岭高耸入云，俯视东西，河水岩下流淌。1984年辟为公园，南北长2000米，东西均宽300米，占地6.7万平方米。现已建有寺庙、门厅和林中小径，并种植有奇花异树。

3. 烈士陵园。毕节烈士陵园。位于毕节城区2千米大新桥办事处郎家山包，占地79.92万平方米。地形如一只欲飞的凤凰，左右绵绵群山，背毗天河水库。经多年规划设计施工，已建成绿树成荫，青松苍翠的祭扫旅游陵园。1987年，贵州省人民政府行文将其列为省级历史纪念地。陵园前面设雕塑双龙图案的照壁和大理石雕装饰的大厅，大厅里有中共中央领导人王震、萧克的题词。门前有镌刻精湛的龙凤石鼓、石狮，双龙嘴里吐出涓涓泉水，流入壁下荷花池。陵园依山势而建，自然形成四级台地。第一台地沿照壁一侧的阶梯拾级而上，行90余步达高5.8米，宽12米的四柱三门牌坊。前门两边各有一个雕刻细腻、栩栩如生的雄狮。大门横额为秦天真书写的烈士陵园4字，门楣正中镶嵌有红色五角星，巍巍屹立，雄伟壮观。登上80余级石阶上第二级台地，有高6米宽4.7米龙门牌坊，正面横匾题词烈士千古，背面横额题词浩气长存。牌坊前有石雕抱鼓一对，镌有二龙抢宝和双凤朝阳浮雕图案。穿过牌坊，在一圆形空地中央是原中国工农红军第六军团政治部主任夏曦烈士陵墓和墓前汉白玉石坊、石柱。左右各有一条宽约3米的水泥通道，两旁苍松翠柏，绿树成荫。尽头各有一座朱红圆柱，琉璃瓦翘角，六角攒尖仿古双骥小亭，高5.5米，占地12.5平方米，内设靠背栏杆和桌椅供游人小憩。再登138级台阶到最高台地，台地上矗立着一座高12米的革命烈士纪念碑。碑基占地36平方米，碑正面阴刻“革命烈士纪念碑”7个大字，重檐下四方浮雕五角星及姿态各异的鸽子。碑左侧题词“继承烈士革命事业，学习烈士革命精神”。右侧题词“功在人民虽死犹存”。纪念碑背面镌刻在解放毕节、清匪反霸、土地改革等革命斗争中牺牲的革命烈士名单。纪念碑周围共建有坟墓121座，安葬着在毕节地区英勇牺牲的革命烈士。

大方大海坝烈士陵园。位于大方城东南2千米的大海坝告谷山。陵园为天然林地，建于1957年。1972年建公墓。园内立有纪念碑、建有纪念堂、望湖楼。红军、解放军烈士墓和纪念碑临湖而立。

黔西烈士陵园。位于黔西城东南500米的猫儿山麓，临金沙至黔西公路左侧。占地1.53万平方千米，建于1956年10月。大门前矗立着高20米、宽25米的红花大理石三门牌坊。牌坊上浮雕着烈士的各种英雄形象。入园是100米长的林荫大道。园林两侧为烈士生平事迹的展厅和管理办公室及接待室。园林由两级平台和后山组成：一级平台为占地502.5平方米，半圆形的绿草地，边缘围以两米高的红砖围墙，正中铁门上铸有黔西烈士陵园6个大字。大门前有12级青石台阶。门内正面10米处是纪念碑。纪念碑体用红石组建，碑座为正方形，长3.6米，高0.42米。碑为三层：第一层为工字形，高1.6米，宽2.79米，正面阴刻200余字，赞红军长征路经黔西和中华人民共和国成立初期清匪反霸、土地改革等革命斗争中牺牲烈士的事迹，后面记述建碑概况，两侧浮雕着向日葵花环；第二层为碑的主体，正面镶有黑色大理石阴刻镏金草书“革命烈士永垂不朽”8字；第三层四面皆为浮雕五角星、红旗组成的图案。碑盖平顶，出檐、垂脊翘角。第二平台为烈士墓地，占地450.5平方米。台地边沿一排青松翠柏。墓地有84冢烈士陵墓。第二平台后是秀丽的猫儿山山头，满山苍松翠柏，郁郁葱葱。

织金烈士陵园。位于织金县城南500米的桑园林地，建于1956年。墓地为长方形，坐西向东，分上下两级台地。下面一台有烈士墓36冢，上面一台有烈士墓24冢。四周石砌围墙，钢筋混凝土大门，门额上书织金革命公墓。大门到二级墓地是长61米的草坪，草坪左右有苍翠绿郁的柏树。墓地中央耸立着高约11米的革命烈士纪念碑，碑座为五面錾凿青石方柱；底座是三级如意踏垛的须弥座，边长4.1米；第二级是晶墨玉大理石板镶嵌成的匾额，匾额正面镌刻建碑序文和建碑年代，匾额北面书刻潘贞合等40位烈士的姓名，匾长1.84米，宽0.94米；石匾额上起三级台阶式云盘再竖碑身，碑身为方柱体，正面用7块晶墨玉大理石镶嵌而成，上刻命烈士纪念碑7个大字，背面是革命烈士永垂不朽8个大字；碑首为正方体上加逐级缩小的三级方台，正方体正面雕刻凸形五角星。碑前有砖砌空花栏杆。1981年，织金县人民政府公布为县重点文物保护单位。

纳雍烈士陵园。位于城北陵园路第一小学后山丘上。1950年4月后，陵园中有烈士墓18座，竖有石碑两块：一块是四十七师立，一块是四十五师一三五团立。1973年县拨款扩建，并在四周建长1.5万米的围墙。

## 第七节　城市管理

**城市管理机构**　2007年6月，成立毕节地区城市管理局，属毕节地区建设局下属正县级财政拨款事业单位，履行全地区城市及城镇综合管理职能。内设办公室、市政公共管理科、城市管理科、环境卫生管理科、园林绿化管理科、法规宣传科。各县市亦成立城市管理机构。

**市政基础设施管理**　1. 道路管理。2010年，各县、市在城区主干道安装钢质道路隔离栏6000余米。城区“白改黑”工程已完成了各主、次街道的沥青混凝土铺筑44000平方米，修复城区人行道松动地砖1000余平方米。2011年，累计改造吸水砖铺设7000余平方米，完成花岗岩地砖铺设8000余平方米，维修路面13840平方米，完成绿化隔离栏安装8540米，安装123套人行道护树板，更换井盖342块，安装河道护栏410米，道路“白改黑”投资约2015万元。投资16.16万元对城区道路标志牌进行完善，投资372万元对城区破损路面进行修复。

2. 排水设施管理。2010年，铺设、改造排水（污）管道总7679余米，更换排水（污）检查井井盖570套，雨水箅340套。2011年，完成清理排污沟43次共3423余米，疏通雨箅井2500余次，更换排水（污）检查井井盖228套，雨水箅176套，投入153万元规范硬化城区排污管沟、路面坑洼600余平方米。

3. 路灯管理。维修、改造路灯1300盏，市政道路和管网完好率达90%；全年亮灯率保持在99%，照明设施完好率保持在98%，路灯故障修复及时、开关灯时间准确率、灯容灯貌合格率都达到了国家规定标准。2011年，新安装路灯674盏，维修路灯16258次，投资260多万元，实施背街小巷亮化工程，分批、分段逐步解决城区背街小巷的照明，实现了市政路灯98%以上的亮灯率。

**市容环境卫生管理**　1. 道路清扫保洁。主干道时时有人，次、支干道天天有人，实行了主要街道18小时巡回保洁，洒水次数由原来的每天2次增加到每天3次以上，夏季晚上还加洒1次，提高了路面的洁净度。对临街门店、单位、住户的垃圾全部上门收集，确保垃圾“日产日清”，垃圾清运、转运率达98%以上。2010年，清运生活垃圾、粪便40余万吨。

2. 环卫基础设施建设及管理。（1）垃圾填埋。2008年，纳雍县开工建设垃圾填埋工程。日处理垃圾80吨、处理渗滤液50吨，总库容40.27万立方米，占地面积约120余亩。工程总投资2470万元。2009年，金沙县建设垃圾填埋工程。2010年，织金县投资5400万，新建大荒坡垃圾填埋场。目前，进场道路已经修建完毕，场区永久道路基本修建结束，目前整个工程已获省环保厅批准试运行。（2）公厕改造、治理。2010年，全地区实施公厕旱改水的改造工程，由专人进行管理。搞好公厕保洁，坚持每月两次的消杀，保持室内外墙面干净，保证定期清洗蹲位、便槽污垢。2011年，新建公厕8座，旱厕改造水冲式公厕45个。（3）垃圾箱（筒）。全地区垃圾袋装化达到70%，生活垃圾收集点达到80%，逐步取消散装垃圾。抓好分类垃圾的回收和综合利用，在全地区90%的干道上设置美观、耐用，并能防晒、阻燃的分类废物箱，共计安装、更换垃圾箱（筒）1696个。2011年，设置垃圾箱、果皮箱3600多个，购置压缩式垃圾车20辆、收集车辆26辆、手推式垃圾车200辆，分布到城区各主次街道、背街小巷，实行定时、定点、音乐提示收集。（4）加强垃圾转运站、车辆管理。定期对各种设备进行保养、检修，确保设备正常运转、安全工作。

3. 加强渣土管理，整治渣土运输。重点抓了工地车辆清洗平台建设，督促建设单位落实和确保工地净车上路。定期监督各工地渣土运输情况，及时发现撒漏现象，迅速组织清扫。对未经许可或不按许可运输渣土的进行严管重罚，确保了城区渣土运输规范有序，保持城市道路清洁。2010年，共整治、规范建筑施工场地64处，清运城区建筑垃圾200余吨。2011年，查处车辆的污染行为386起，制止不文明行为650余起。

4. 加强市容市貌管理工作。定点管理和日常巡查相结合、日常管理和集中整治相结合，强化整脏治乱工作。2010年，全地区共纠正、查处乱设摊点7471起，店外占道经营8800多处，夜排档10976起，违章占道停车5157起，清除乱张贴、乱涂写945万多处，治理乱张贴和乱悬挂标语、广告、乱散发传单185人（次）。清理违章占地广告牌灯箱广告等2000余次，拆除不规范遮阳（雨）篷及广告牌200多个，查处噪音扰民900余起。强化规范化管理，坚持责任制，全地区共有7800多个单位签订了责任书，签约率、上墙率均达90%。2011年，依法取缔占道经营或作业15211次，全地区共拆除违章建筑373处；拆除违章、破旧广告牌5094处；拆除高、危广告牌2536处；铲除野广告31196处，取缔“牛皮癣”窝点8个。

**园林绿化管理**　以创建省级“生态园林城市”为目标，对全地区原有公园、广场进行了升级改造，种植各类树种52200余株，补植补种行道树400余株，新砌筑行道树树池116个，摆放鲜花20余万盆、杜鹃花3万余朵，补植广场1000余平方米，改造绿篱4000余平方米。2011年，增加绿地面积1537746平方米，加强森林公园防火安全监管，检查进园车辆4000余车次。

**城市交通秩序整治**　2010年，发放宣传资料14万余份，教育处罚交通违章行为4756起，拖、锁违停车辆1200余辆，拖走公务违停车辆百余辆，行政拘留40余人，整治出租车乱收费175车次，教育从业人员273人次，促进出租车辆更新50余辆。2011年，查处机动车辆乱停乱放人行道4445起。

# 第二章　集镇建设

司马迁在《史记·西南夷列传》中记录："西南夷君长以什数，夜郎最大……皆魋结、耕田，有邑聚。"毕节地区古时就是夜郎属地，"有邑聚"已是两三千年历史，而大多数"邑聚"已不可考，留下无数历史的遗憾。本章所记述的集镇建设，主要是记录了毕节地区明清以来形成集镇（"邑聚"）的过程。重点记录了新中国建立以来，尤其是改革开放以来毕节地区集镇形成发展乃至具有一定规模的过程。简略记述了各级政府对集镇的规划、投资、创建及促进其发展，使其形成一定规模和功能的事实。列举了区内11个重点集镇为例，介绍其地理位置、区位优势以及政府对其进行的规划、实施以至形成的较齐全的基础设施和功能。并简述了在集镇建设中对"五古一特"的保护与建设。

## 第一节　建设规划

自清代以来，经济社会逐步发展，形成一定数量的集镇。这些集镇，在清代前，多为县治所在地，在民国及中华人民共和国成立后的几十年间，多为区治所在地。成为一方政治、经济、文化中心，成为居民生活所需物资、国家建设所需物资集散地。这些集镇除有较多的居民聚集居住外，一般建有学校、医院、乡镇党政机关和商业等企事业单位。1993年，实施撤区并乡建镇，相应增建一定数量的集镇。据1998年统计，全地区共建有326个集镇，其中98个为建制镇所在地，146个为建制乡所在地，82个为居民聚集居住较多的经济文化较发达地方。

1984年前，各集镇虽有较大发展，但其建设基本处于无序状态。乱占乱建普遍，造成大量土地资源浪费。1984年，全地区启动农村集镇建设规划，1985年全面开展。其间，省建设厅拨款16万元，行署拨款20万元，各县建设局与地区建设局签订合同，定时间、定经费、定成果，制定建设规划。规划根据各个集镇的历史、现状、资源优势，控制和节约用地；科学规划街道，公共建筑、供水、排水、电力、电信、农贸市场。1987年6月，全地区集镇规划工作基本完成，共完成规划465个，其中：毕节42个，大方57个，黔西93个，金沙39个，织金59个，纳雍45个，威宁44个，赫章80个，地区规划设计室6个。之后，各乡镇建立起集镇建设管理委员会，制定管理办法，依法管理。规定集镇的一切建设及用地，拆迁安置，新建街区住户人口，建设资金等必须按规划、法规进行。全区集镇建设总体规划基本完成后，即转入重点集镇规划和建设。省建设厅拨款9万元，行署拨款2.7万元，作为重点集镇建设补助经费。全地区共选择18个重点集镇：毕节青场、清水铺、朱昌镇；大方黄泥塘镇、文阁乡；黔西重新、大关镇；金沙安底、沙土镇；织金牛场、龙场、猫场镇；纳雍龙场、维新镇；威宁羊街、金钟镇；赫章六典河、野马川镇。地区规划设计室负责纳雍龙场镇等几个集镇的规划，制作沙盘7个，为全地区集镇规划作出示范。进入20世纪90年代，毕节地区行署每年都要召开小城镇建设工作会议，每年由财政拨款100万元，用于集镇奖励代补助和扶持资金。各县市所辖乡镇，按规划要求，重点抓集镇基础设施建设，一是建设规模化的市场；二是完善集镇道路管架；三是重新建设过境公路。截至1999年，全地区集镇道路建设453千米，道路面积371.21万平方千米，路面硬化律70%。道路网的形成，促进建设用地的合理开发。同时，通过自筹资金、筹工等及省、地、县财政补贴方式，解决自来水设施的问题。至1999年末，全地区集镇自来水日供水量1.19万立方米，集镇缺水状况有所改善。各乡镇配合国家电力部门实施农网改造，及电信部门电信现代设施建设，所有乡镇村通电，用上程控电话。配合政府实施普及、普九教育和相关文化建设。每乡镇建起中学、文化活动中心，多数乡建起小学，有的乡镇办起图书馆。毕节市海子街镇办起图书馆，藏书1.5万册。

“九五”期间，91个建制镇全部完成总体规划编制，65%集镇编制总体规划，建制镇新建房屋楼房比例达63.7%，集镇达60.9%。2010年，全地区启动35个特色小城镇建设。全地区各级投入特色小城镇规划编制经费约358万元。

## 第二节　重点集镇建设

20世纪90年代，根据建设部及贵州省政府关于集镇建设的要求，实施重点集镇建设，以示范带动其他集镇建设。至1998年，毕节地区有金沙县安底集镇被列为国家建设部“国家625重点工程试点集镇”建设；毕节市清水铺、撒拉溪、长春堡、普宜集镇，大方县羊场、六龙集镇，黔西县钟山、大关集镇，金沙县沙土、石场、新化集镇，织金县猫场、金龙、官寨集镇，纳雍县百兴、龙场、王家寨、鬃岭集镇，威宁金钟集镇，赫章县野马川、白果集镇，被省政府列为贵州省“双百”试点集镇建设。这些集镇在国家投资的基础上，通过引资、自筹和集资方式，按省政府批准的建设规划方案实施建设，给其他集镇建设起到较好的示范作用，纷纷各尽其能，规划实施集镇建设，促进地方经济发展。至1999年，全地区集镇公共设施建筑面积比1990年增1412万平方米，使集镇公共设施建筑面积增至496.62万平方米；集镇地住宅建筑面积达821.24万平方米，基本消灭土坯房、茅草房和危房。集镇建成区达6939.05万平方米。

“九五”期间，全地区累计投入小城镇建设资金约7.5亿元，修建或改造道路95千米，修建住宅175万平方米。公共建筑85万平方米，生产性建筑21万平方米。小城镇居民人均居住面积达到9.47平方米。91个建制镇有供水设施，97%的建制镇和85%的集镇通电，建制镇和集镇全部开通电话。2008年，明确50个重点镇并从中选取5个乡（镇）作为特色小城镇建设试点。2010年，全地区启动35个特色小城镇建设。全地区各级投入特色小城镇规划编制经费约358万元，投入特色小城镇建设资金共计2.1亿元，新改扩建小城镇道路46.37千米，新建、改扩建农贸市场11个。

附：

## 集镇建设选介

**纳雍县龙场集镇**　位于纳雍县城西北28千米，往北距毕节60千米，往东距大方50千米，往西距六盘水市45千米。清乾隆年间建场，清末成为大定县西路重要集镇。中华人民共和国成立后先后成为区、乡、公社、镇治所在地。至2000年，全镇治所在地有人口1784人，面积4.5平方千米。民国时期龙场仅有1条长500余米的街道，人口90余户，500余人。建有庙宇3座，利用庙宇办小学1所。20世纪70年代末，街路发展到6条，总长2.3千米；建砖木结构平房20栋，为区镇机关、供销社、学校和医院的办公室，教学及从事业务用房。1984年被省和地区列为“双百”试点集镇建设。至1992年，除原6条街、路外，新建街道6条、道路3条、广场1个。街路总长2.43千米，面积2.85万平方米。街道均为混凝土路面。广场名兴龙广场，长宽各80米。街路两旁新建2～3层砖混结构楼房17栋，门面1.26万平方米。120户居民自筹资金沿街修建商店（厂坊）住宅相结合楼房，共9640平方米。促使龙场街道日趋整齐、美观。1984年，纳雍县交通局投资34万元，龙场镇民众投工投劳，修通由纳雍经自戛到龙场公路，比原通道缩短9千米。修通龙场经苏麻地至化作公路，龙场到毕节缩短12千米；龙场区拨款2.1万元，粮食0.5万斤，单位个人集资0.27万元，建成自来水厂，供给集镇居民生产生活用水。1985年，纳雍县建成吊水岩水电站，架通龙场输电线路，解决龙场集镇的居民用电。1988年，国家冶金部中南冶金厂投资45万元，在龙场修中南冶金厂、龙场大理石厂，产值百余万元。以后陆续有商家来龙场投资办厂，先后共办起大理石加工厂23家，其加工石材销往国内外各地。贵州省科学院生物工程研究所投资27万元，建龙场镇糖浆厂。据统计，至2000年，龙场镇有商店50余家、副食品加工22家、旅社5家、照相和家电维修5家、建材销售公司1个、建筑队2个、砖瓦厂13个、打石场2个；集镇60%以上人口就地从业。

**大方县黄泥塘集镇**　西距大方县城25千米，东距黔西县城47千米，地处321国道线与黄泥公路交界处。黄泥塘原为一片山坡耕地，1978年，鸡场区治所移驻，在黄泥塘建镇。1981年，成立黄泥塘镇建设领导小组，1984年作建镇总体规划，确定1990～2000年建设目标。

大方县黄泥塘镇

1984～1992年，共投资3000余万元，实施建设项目40个，修建各类房屋6.03万平方米及市政基础设施和服务设施，形成至今布局基本合理、整齐、美观的集镇格局。建镇初集镇大街为一段高低起伏相差3米余的公路，严重影响车辆通过和人员行走安全及其他基础设施建设。镇里组织当地居民投工4000余个，挖填土石方4300立方米，砌石护坡保坎500米，将原街改建为长2000米、宽18米的沥青路面平直街，成为全省很少设有快车道、慢车道、人行道、绿化隔离带的集镇街道。1991年，完成《黄泥塘镇详细规划》并付诸实施。其间修建容量800立方米、2400立方米的蓄水池各一个，安装供水管1050米，基本解决集镇居民生产、生活用水；建成装机容量200千瓦的乌溪水电站，解决镇上居民生产生活用电；基本建成连接县城的电信通话网络；镇政府坚持数年在每年植树节前后，组织居民在集镇周边植树造林；镇上各单位办公楼前均建有花园、花池，种植绿化树3000余株，绿化1700平方米。每逢赶集天，其周边有2万～3万民众到黄泥塘赶集。

**赫章县野马川集镇** 位于326国道毕节至赫章段上。西距赫章县城19千米，东距毕节市区77千米。清代属威宁州宣化里，民国31年（1942）后为赫章县野马川乡，中华人民共和国成立后为赫章县第八区治所驻地。历来为邻近片区的经济文化中心。野马川河流经野马川镇15千米，形成2～5千米不等宽的淤积坝子，其土质肥沃，盛产稻米、油菜和烤烟等农产品。产煤炭和瓷土，且优质易于开采。其所产的陶瓷在民国期间产品尤多。野马川乡有陶乡之称，其陶瓷产品远销云南宣威、昭通和四川宜宾、叙永等地。历史上，野马川人有利用威宁、赫章县境所产铅锌矿炼铅锌的传统。中华人民共和国成立后，野马川民众炼铅锌，有的年份多达千吨以上。1987、1988年先后办起两个精锌冶炼厂，年产精锌9000吨，产值在3000万～5000万元之间。同时，野马川镇利用丰富的樱桃资源办起山珍食品厂、樱桃罐头外销。全镇1.3万农村人口，50%以上的就业于乡镇企业。80%以上的较富裕居民沿集镇街道两旁建起百余幢3～5层高的砖混、钢砖结构楼房，有个别的还建起别墅，买小轿车。集镇上原有上下两条街道，总长5.3千米。主要路段均硬化为混凝土路面。上街辟为农贸市场，建大棚、广场、摊位，供二、五、八日赶集用，每逢赶集日，皆有数万人。下街为车辆行驶通道。1998年，在上、下街南面建一条混凝土路面大街，长400米，宽12米，街道两侧均建起高为数层的楼房。中华人民共和国成立后的50～80年代间，随着赫章县建起南冲、毛栗、毛家洞、卡上水电站，架设10千伏输电线路通野马川，完全解决野马川集镇居民的生产生活用电。70年代，在野马川后山建高位水池，引马槽沟水库水入池，埋设水管输水到镇上，供应居民生产生活用水。80年代，埋设6000米直径2.5寸的输水管道，引抽毛栗水库的水入池，补充镇上居民用水的不足。野马川，有326国道过境西通赫章、威宁，东通毕节，向外行走，较为便利。20世纪30年代，就设有邮政代办所。现设有邮电所，均可办理电报、程控电话、邮件投递业务。中华人民共和国成立前镇内仅1所小学，现有完全中学1所，小学6所。同时拥有电影院、电视差转台、电视卫星地面接收站、医院等设施。居民衣食住行、文化娱乐、教育就医较为方便。

**金沙县安底集镇** 位于金沙县境东北中心地带。集镇西北距金沙县城32千米，东北可通遵义新坪，交通较为方便。20世纪80年代，金沙安底镇市政建设发展快速，新建起中小学、邮电所、烟草站，电管站、自来水站、电视地面接收站等设施。46家农户修建商住楼，共1.18万平方米，总投资220万元。除拥有较发达的商贸业外，镇上建有醋厂，生产安底醋销往各地，远近闻名。

**金沙县沙土集镇**　位于金沙县境东部，东有公路通遵义三合镇接贵遵公路往贵阳，北有公路接遵金黔公路转遵义，西有公路通金沙县城。沙土建镇于清朝年间，距今有300多年历史，至民国，已有700米长的街道，300米长的小巷。沙土镇为沙土区的政治、经济、文化中心，镇上居民1300多户，近7000人，50%以上为农业人口。中华人民共和国成立后至80年代，镇上仅有粮库、供销社、区公所等单位建有10多栋砖木结构平房或2层楼房，无其他基础设施。镇上居民建房基本处于无序状态，乱搭乱建普遍。1985年后，省、地、县建设管理部门将沙土镇规划建设列入议程。是年，派出人员对沙土镇建设做粗线条规划。次年，省建设厅将其建设纳入省集镇建设试点。1987年，县建设局、交通局派员前往沙土镇作实地勘查规划。国家建设部村镇建设司、省建设厅领导亲临现场作规划指导。是年，完成建设规划报省审批实施。1987～1990年，新建与改造新旧街道总长2000米，打通老商业街区必要的通道，拓宽、硬化路面，修排水沟。向东延伸建成长750米的混凝土路面新商业区。建成环镇过境公路，改变公路穿镇而过的状况。4年间，新建各种房屋4万多平方米。镇东为工业区，至官田乡公路一带建有水泥一、二厂，复合肥厂、电石厂、硅铁厂。文教、商业区建有书店、邮电所、供销社、自来水厂、电视差转站、灯光球场、中学。用电靠乌江水电站的输电，建成变电站一座，满足镇内居民生产生活用电之需。街道均安装路灯。镇上商贸交易活跃，每逢赶集日，有近2万人入集，交易金额由以往的4～5万元变成今日的15万元左右。

**毕节市朱昌集镇**　位于毕节市城区南20千米的朱昌坝子，原名猪场。明为屯军地。相传明末桂王朱由榔路过猪场，更名为朱昌。清代复名为猪场。民国建朱昌乡，为乡治驻所。中华人民共和国成立后皆为区、镇治所驻地。1956年修毕纳路过朱昌，形成长300米，宽7米的街道。1994年，上级建设部门派员帮助做建设总体规划，分期实施。之后，镇政府投资33万元，动员当地居民投工投劳，改造老街，浇筑混凝土路面，修改农贸市场和长730米、面积8760平方米的砂石路面的过境公路。1994年后，当地机关单位和居民沿街道建筑3层以上楼房，共4.8万平方米，其中民居楼房150余幢，0.8万平方米。人均居住面积由6.1平方米提高到9.1平方米。工商户由原来的5户增到371户。

**大方县文阁集镇**　位于大方县城以西。东北有公路通往双山，长9千米；北有公路通往归化，亦为9千米。文阁原为双山区所辖文阁乡治所驻地，1993年撤区建镇并乡后亦为乡治所驻地。原有一条街。1993年后，文阁乡政府贯彻地区集镇建设工作会议精神，组建集镇建设领导班子，政府投资20万，组织群众投工投劳，修建宽21米，长1050米的混凝土路面街道。建街心花园2个，街道两旁花台50个。在街道两旁逐步修建起乡政府办公楼，邮政代办所、学校等单位用房和60余幢民居楼房。有20余家工商户，设有农副产品加工作坊等。几年间，引进资金近2000万元，兴办硫磺、煤炭、养猪、养马等产业。

**毕节市普宜集镇**　位于毕节城东北80千米处。清代及民国时期为运盐中转点之一，中华人民共和国成立后为区、镇治所驻地。1958年，毕节县修通海子街经吉场普宜到龙场营公路，同时联通普宜至大方县城、毕节县乐都、火马公路。1993年，建成大纳公路，途经普宜镇。至2000年，普宜建有4条街道，其中普龙路1000余米，宽7～8米，中心街长80米，宽9米。1988年，镇中心两条街道浇筑混凝土路面。同时安装自来水，接通猴子桥水电站电源，解决集镇居民用水用电问题。每逢赶集日，有万余人入集。

**黔西县钟山集镇** 地处黔西县东部贵毕大道98千米右侧，距县城24千米，东距贵阳89千米，为黔西县东部经济发展中心。明代，钟山位于水西通元子、贵阳驿道上。清代属黔西州崇善里。民国21年（1932）置黔西县平原镇，31年改置钟山乡。1998年5月，钟山乡完成钟山集镇总体规划和中山大道详细规划。钟山集镇面积30亩，规划面积1.22平方千米，辖1个居民委员会，两个村。街上连片建成区住户540户，人口2500人，其中非农业人口570人。近期规划人口0.5万人，远期1.5万人，建成的中山大道长1.5千米，宽20米，浇筑混凝土路面。建占地1万平方米农贸市场1个，建成日产300吨自来水工程，供居民生产生活用水。

**织金县猫场集镇** 位于织金县东部，分别与织金县马场乡，安顺市新秀区、平坝、普定县相邻，集镇人口1.2万人，为织金县最大集镇，也是织金县经济较发达的集镇。距织金县城63千米、安顺市西秀区77千米、安顺天龙火车站48千米、普定县48千米、清镇73千米、贵阳市区108千米。有织金东大门之称。明末清初，猫场即成为贸易兴旺集镇，康熙三年，猫场为平远兴文里辖地，民国时为兴文镇治所驻地。1952年后为织金县二区（猫场区）治所驻地。猫场为贵州省最大的竹荪、皂角精专业市场，赶集日入集人数在5万～6万人之间，最高时可达8万人，年交易额8900多万元。1995年，猫场被列为贵州省“双百”小城镇建设试点。1997年，毕节地区建设局规划设计室完成猫场集镇总体规划编制。规划集镇建设用地80.77万平方米；建新街为集镇主干道，标准二级，长1.3千米，行车道12米，两侧人行道均为3米。改建老街为次干道，标准二级，长1.2千米，行车道宽10米，两侧人行道均为3米。建3.5万伏变电站一座，780立方米水塔两座，开通2000门程控电话和无线传呼。1998年，上述工程均已建成投入使用。是年，毕节地区行署将猫场列为全地区50个建设试点集镇之一，织金县将其列为全县10个集镇建设试点之一。2000年，织金县作猫场5年建设规划：1. 新建长2.5千米，行车道宽10米，两侧人行道及绿化带均10米的大街；2. 建1.2万平方米的综合农贸市场，设固定摊位1000个，并设工商、税务、公安部门办公场所及茶水站、寄存处、公厕。3. 建日供水3000吨的自来水厂，新增供水主管道5000米，解决1.5万集镇人口的用水。上述工程按计划兴建。

**威宁县黑石集镇** 位于威宁县西南部，326国道线穿集镇而过，距威宁县城52千米。每逢赶集日，入集人数万余。1998年前，黑石集镇建设滞后，市场拥挤、杂乱，影响经济发展。1998年，黑石镇政府，作沿326国道线建设纵横辐射经济带规划，投资70万元，建成长700米，宽10米，路面为混凝土质的道路。2000年，黑石镇政府联系上级有关部门，再作黑石集镇建设规划，规划拟建色地海开发小区，并获镇四届人大二次会议通过。规划小学建设面积近3平方千米，建长960米，宽20米的新欣街；长490米，宽12米的文化街，预期总投资580万元。同时，沿街修建单位办公室及居民住房。工程分两期实施，2001年建成。

**“五古一特”保护与建设**　2010年，召开全地区历史文化“五古”（古城、古镇、古村寨、古建筑、古驿道）保护与建设启动会，纳入全地区《毕节地区历史文化“五古”保护与发展规划（2010～2015）》项目130个，保护建设总投资近10亿元。至2011年，地委、行署计划斥资约25亿元（累计完成投资5．4亿元），对以织金古城、大方宣慰府、奢香博物馆等为代表的133个历史文化“五古”项目进行修缮和重建。是年，全地区共开展历史文化“五古”保护建设项目31个，完成投资4．2亿元。2011年，全地区启动特色小城（古）镇建设74个，建设项目500个，预计总投资25．5亿元，完成投资15．2亿元。小城（古）镇镇区路网、特色民居（房屋立面整治）整治改造、路灯、集镇农贸市场、生态小公园（休闲小广场）、垃圾污水处理设施等建设项目有序推进。毕节市海子街古镇，大方县雨冲集镇、六龙古镇，黔西县谷里古镇、素朴古镇，金沙县后山古镇，织金县熊家场集镇，纳雍县勺窝集镇、王家寨古镇，威宁县秀水集镇，赫章县六曲河镇等一批“规模适度、特色鲜明、功能完善、产业配套、生态良好”的特色小城（古）镇不断涌现。

纳雍县水东乡相子村苗族古村落

织金县官寨民族乡

# 第三章　住房建设

20世纪90年代以来，毕节地区在发展房地产业的同时，逐步进行管理探索，制定政策法规，进行严格规范管理。此间产生了商品房、经济适用房、廉租房等适应不同经济条件层次住房需求者的住房。为了房地产市场的有序发展，相关部门在严格监管的同时，从地区到各县市也面对市场发展和需求趋势，制定发展的详细规划和布局预案。

## 第一节　城镇及乡村住房建设

**城镇住房建设**　1984年以前，城镇建设房屋，基本处于无规划状态。1984年底，地区行署遵照国家建设部、国家统计局《关于开展全国城镇房屋普查的通知》和省人民政府的部署，成立城镇房屋清理领导小组，组织领导全地区开展城镇房屋建设清查工作。1985年3月，地区行署拨款3500万元资助各县开展房屋普查。地区与毕节县房屋普查办公室联手以毕节城区清毕南路为试点，逐街、逐巷、逐幢、逐户开展清查，以取得经验扩大到全地区开展房屋清查。1986年3月底，各县清查工作结束。通过普查，查清全地区城镇房屋建设情况，为各级政府制定城镇建房政策，编制建设规划，加强城镇房屋管理提供准确依据。普查统计，至1985年全地区城镇房屋526.04万平方米，其中钢结构2048平方米，占0.04%；钢筋混凝土结构10.36万平方米，占1.97%；砖混结构283.55万平方米，占53.9%；砖木结构132.73万平方米，占25.23%；其他结构99.19万平方米，占18.85%。除63.66万平方米为高4～6层楼房建筑外，其余在高3层及其以下。房屋随着时代和经济发展而变化。50年代，政府机关、企事业单位、学校、医院修建一些砖木瓦顶结构的平房或1～2层、少数3层的楼房。1961～1965年，一些单位修建部分用石头或土坯垒成的建筑以补办公住宿用房之不足。1965～1970年，基本未修房屋。70年代，地区和各县兴建一批砖混结构的房屋。80年代后，城镇房屋建设进入较大发展时期，修建起大量砖混结构、钢筋混凝土结构的楼房。1990年，全地区城镇修建钢筋混凝土结构楼房100.25万平方米，占当时房屋总面积的16.28%。规定在新建开发小区内建房，各类建筑须建5层以上，以解决建房用地困难。1990年，全地区城镇拥有4层以上建筑楼房153.33万平方米，为1984年房屋普查时的2.4倍，为全部楼房的24.9%。其中有部分楼房8层、10层或10层以上。1990～2005年，城镇房屋建设往高层发展，17层的地区经贸大厦，18层的毕节供电大楼，为当时最高大楼。2011年，全地区城乡住房建设完成投资271.76亿元。

**乡村房屋建设**　据2000年统计，有村寨2.26万个，其中，中心村寨3006个，基层村寨1.96万个。长期以来，多数乡村房屋建设处于无序状态。到1999年，全地区有62个中心村、基层村寨编制建设规划，多数缺乏规划建设条件。较好的有织金县官寨乡小妥倮村。金沙县新华乡新良村，赫章县天桥村。是年，全地区村寨建设用地84.29万亩，建农村住宅7064.07万平方米，大部分住宅建设零星分散，且建筑年代较早，草房、土墙房、瓦木结构房屋占大多数，少部分为砂石墙房。20世纪90年代，国家实施西部开发采用国家投资，群众集资，修乡村公路、架设输电线路，建人畜饮水工程和渴望工程的办法，推动乡村房屋建设。至1999年，国家向毕节地区投入5928.32万元，用于村寨建设。富裕起来的农户拆旧房建新房，而且采购新建筑材料装修房屋，添置电视机、电冰箱等电器。赫章县天桥村，位于高山环抱之中，坡陡、谷深，有726亩贫瘠的耕地，只出产玉米和马铃薯。1978年后，天桥村党支部严格贯彻国家农村政策，利用当地矿产资源优势，创办乡镇企业，走脱贫致富之路。从1987年起，在抓好农业的同时，开始采矿、炼锌，到1995年，变成赫章县的首富村，人均纯收入2300元。纷纷建房造屋，建起砖混结构房屋。20%以上的农户还用瓷砖、马赛克、水磨石等作房屋内外装饰，添置彩电、洗衣机、冰箱和组合家具。

2008年，在黔西、纳雍两县启动危房改造试点工作，投入农村危房改造资金4144万元，改造农村危房1225户，建筑面积73634平方米。2009年，扩大试点工作，竣工5692户，完成投资21218.51万元，建房375127平方米。2010年，开工危房改造122047户，竣工117844户。引导农危改户按黔西北民居特色建设77471户，投入建设资金388352.35万元。2009年起，在全地区开展生态文明家园建设。地县财政及各部门直接投入资金近5亿元，建成“黔西北民居”6.3万户。

## 第二节　房地产开发经营及管理

**房地产管理机构**　20世纪80年代前，城镇未建有房地产管理机构。80年代开始按统一规划建设，规划区所有建设用地，由政府统征后，建设局按新区建设详细规划实施管理，实行统一开发、统一建设。地、县建设局下设城市规划、建筑设计、建筑施工、房产开发公司等职能部门。1996年，地区及毕节市成立房产事业局，负责地直单位和市辖房产房籍资料管理和房产交易。其余各县由住房制度改革办公室管理，后相继成立房产管理事业局。

**房地产开发市场及管理**　1. 房屋产权管理。1987年，国家建设部通知，要求各地进行房屋产权登记发证。1988年，地区及各县市建设局均成立城镇房屋产权登记发证工作办公室。拥有房屋产权的单位和个人，提出申请，呈报房屋产权所有人姓名、房屋地址、结构、修建时间、占地面积、建筑面积以及房屋平面图。经产权登记、发证办登记、造册、查实后，发给拥有房屋产权证明。至1990年，全地区共办理登记发证单位680个，房屋266.9万平方米；登记发证私房主1.87万户，房屋146.8万平方米。2001年，进行换证售房，全地区换发新房屋所有权证近3000个，办理抵押登记和发放房屋他项权证630个，审核房屋确权办证3000余宗，归档3000宗，办理商品房证2325户；2002年，全地区办理房屋所有权证1800个，其中办理商品房证800多个，办理私房证300多个，“他项权证”1200多个；2003年，全地区共审批办理房屋所有权证6285个，其中商品房初始登记3260余宗，私房初始登记1365宗，二手房交易1660宗，办理商品房预售许可证62件，发放他项权利证4200个；2004年，全地区共发放房屋所有权证1700多个，审批办理商品房预售许可6件，办理发放他项权证1300余个。是年，在开展房地产权属登记管理创先达标活动中，毕节市、大方、金沙、纳雍县经省建设厅复核验收达标。2005年，赫章、织金县房地权属登记管理经省厅复核验收达标。2011年，毕节地区房产局办理各类房屋登记6436件：一是商品房预售许可12件，批准预售面积30.42万平方米，项目总投资2.3亿元；二是商品房买卖合同备案1858件，备案面积19.54万平方米，备案金额8.37亿元；三是各类房屋所有权登记2006件；四是房屋抵押登记2560件。

2. 房地户籍资料、档案管理。全民所有制房屋和集体所有制房屋的户籍资料由产权单位存放和管理。中华人民共和国成立初期接收的公产、寺庙产、会馆产、绝产和没收的房产以及私人房产等的户籍资料，50年代均由地县财政科管理；60年代后，归口地县建设房屋管理所管理。1985年普查房屋，明确产权，发给房屋所有权证明后，无论全民所有制单位和集体所有制单位修建的房屋以及中华人民共和国成立初期接收和没收的公产、寺庙产、会馆产、绝产以及私人房屋均重建档案，由建设局所属房屋管理部门统一管理。城市主要建筑档案由质量监督单位管理。1996年地县房产局建立后，由房屋局管理。90年代末到21世纪初，房地产户籍资料、档案管理逐步规范，进入规范化、专业化、电脑化的科学管理程序。2002年，全地区住房档案归档2000余宗；2003年，归集体房档案1.28万宗；2004年，共归档地直住房档案和房屋抵押档案4500多宗，微机建档1400多户。是年，考核赫章县产权户籍规范化管理达标，并将有关申报材料上报省建设厅。2005～2006年，归集地直住房档案和房屋拆押档案8000多卷，微机建档8000多卷。2009～2011年，整理产权档案6万多卷。

3. 房屋维修管理。房屋维修管理，原则上谁建设，谁有产权，谁负责管理维修。20世纪80年代后期修建的周转房，多户共用一幢，维修问题很多，实行由产权单位为主管理维修。实行房改制度，住户享有部分产权时，维修由建设单位负责，产权全部属住户私有后，维修由住户自行负责。

4. 房产交易、租赁管理。从20世纪50年代到1985年，全地区未开展房产交易活动。干部、职工住房由所在单位分配，住房人调离时，由原分房单位收回另行分配。两个不同单位的住房人，互相调换住房，经住房人双方所在单位同意可进行调换。单位集体调离，原使用房屋交给当地政府，付给适当费用。1986年后，各县城按规划改造旧城，开辟新区，房屋实行统建，大量拆迁户需要安置，地区及各县市在新区内新建商品房、周转房卖给拆迁户。地区和各县放宽建房政策，打破城市户口限制，允许外地客商、农村富户进城买房、买地建房、经商办企业。城市改造和新区开发，由地县建设局实施，房产交易和房产市场也由地县建设局、房产局管理。1985年前，城市房屋租赁和房产交易长期处于停滞状态，只有极少量私房出租。1985年后，国家逐步放开房地产政策，城市出现大量房屋租赁。城市主要地段建筑出租给私人经商。

90年代末～2000年，全地区房地产市场管理及开发，以加快改革步伐为动力，促进住房建设，拉动地方经济发展。2001年，毕节地区推行住房分配货币化改革，兑现住房存量补贴近200万元，解决230户无房产和未达标的职工住房困难。对已获全部产权并取得市场准入许可证者，采取上市时补交土地收益的办法予以解决。同时，加大住房建设投入，提高经济适用住房在住房建设中的比例。是年，投入住房建设资金3.9亿元，房改房上市交易335户，核准预售商品房16万平方米，其中经济适用住房4万平方米。2002年，毕节地区基本形成住房二级市场开放体系。严格按照有关法规规范管理商品房销售。坚持对进入市场的商品房在通过综合验收后进行初始登记管理，办理产权证时，同时查验商品房使用说明书和商品房质量保证书，保护消费者合法权益。是年，制定《毕节地区房地产交易中心管理办法》，建立毕节地区房屋交易中心，鼓励开展房地产中介服务，以满足市场需求，引导市场发展。是年底，全地区兑现存量补贴200余万元，近300户无房职工和住房未达标的职工住房困难得以解决；建成经济房19.8万平方米，共2330套。2003年，结合毕节地区实际，一是推进住房制度改革，针对住房分配货币化改革面临问题，提出实施意见，经地委、行署同意，在地直党政机关及全额拨款事业单位进行住房分配货币化改革；二是加强住房资金监管、归集、使用，严格按照“房资委决策，房资办运作，银行设专户，财政监督”的原则，严格管理使用公积金，坚持一年一审计住房公积金制度，并将审计情况向社会公布。据年末统计，全地区建房款余额3100万元，归集住房公积金1.75亿元；三是启动居民住房消费。是年，全地区有房开企业和房地产中介机构近百家，注册资金2亿多元。投资2.4亿元开发房地产，竣工商品房48万平方米，销售43.6万平方米；开工建设经济适用房23.57万平方米，计划投资1.18亿元，竣工11.24万平方米，完成投资5380万元；四是举办毕节地区房地产交易展示会，展示各类商品住宅60余万平方米，成交2万多平方米，成交3700多万元。2004年下半年，地区行署拟发《关于在党政机关、全额拨款事业单位进行职工住房存量补贴核算的通知》，完成地直农业、乡企、教育、国税、文化等14个单位职工住房存量补贴的测算。受行署委托，地区房产局初步核定地直职工住房补贴资金需求量。12月23日，地区人大工委61次会议原则通过《毕节城区住房分配货币化改革方案》。是年，地直住房资金余额3300万元，全地区归集公积金2亿元。地直共发放公积金贷款530户，贷款2300万元，扶持职工住房消费。是年，全地区房地产开发规模达68万平方米，完成开发投资近2.76亿元，竣工55.2万平方米，预销售47.3万平方米。全地区经济适用房计划竣工6万平方米，计划总投资3000万元，实际完成总竣工6.9万平方米810套，完成总投资3890万元，销售住房5.9万平方米。2005年，全地区房地产开发规模68万平方米，完成开发投资2.83亿元，竣工56.2万平方米，销售46.18万平方米；经济适用住房竣工5.2万平方米610套，实际完成投资2600万元；简化贷款手续，推进公积金贷款，全地区累计发放公积金贷款1.13亿元，为2812户中低收入职工改善住房条件，其中，地直累计发放贷款9695万元，比上年增28%。至2011年，完成房地产开发投资91亿元，建成各类商品房310万平方米；开工建设1.48万套户保障性安居工程；全地区累计归集住房公积金近31.36亿元。

**房地产执法监督管理**　2001年，针对地区房地产开发及商品房销售过程中出现的不正之风，地区房产部门报经行署同意，专项治理房地产市场。召开全地区清理整顿房地产市场会议，发放毕节地区房地产市场清理专项执法检查自查登记表，由所管辖的房地产企业按要求进行自查，实事求是地报告存在的问题和整改措施。之后，房产部门与工商及相关部门联合采取综合检查与专项治理相结合的方法，针对存在问题提出整改措施，限期整改。2002年，《中华人民共和国房地产管理办法》，建立租赁许可制度，严格清查房地产开发及商品房销售中的各种违法违规行为。地区房产管理部门与相关部门相配合，加强对房地产开发企业、中介服务机构的管理，监督检查这些企业、人员的资质、资格，严防不合格人员上岗，扰乱房地产市场。至2003年，针对房地产开发中手续不齐全、违章开发，发虚假广告、欺诈销售等不良现象，地区房产部门，结合房开企业资质年检进行清理整顿，对部分信誉差、违章操作的公司要求在自查的基础上，对其经营行为向消费者和主管部门作出说明并限期整改。2004年，地区房产部门成立执法检查组，重点检查市民投诉多的建设项目、物管企业、房地产中介机构的经营行为。总结经验，向全地区推广，取得良好效果。2005年，地区房地产管理部门一是按省建设厅统一安排，严格把关，对全地区房开、物管、拆迁企业开展年度资质年检；二是实行商品房预售制度、按揭合同备案制度、房屋租赁制度，贯彻实施《物业管理条例》，加强房地产广告管理；三是贯彻中共宏观调控政策，针对各类商品房房价持续上涨的情况及存在问题进行专项调查并落实整顿措施。经调查测算，毕节城区房屋售价上涨25.65%，除地价上升、拆迁费用增加、建材涨价、贷款利率上调、开发周期延长因素外，也存在投机性投资、恶意炒作的问题。房产管理部门对投诉较多的房开（中介）企业进行重点整顿，严格按有关规定作严肃处理，惩治不法行为，对抑制房价上涨起到良好作用。2011年6月和11月对地区房开企业、物业服务企业及中介机构开展专项整治行动。

**综合开发房地产**　1986年，各县进行县城建设总体规划实施小区详细规划和建设，同时进行房地产综合开发。1990年，开始建设14个小区。1986年，地区成立毕节洪山小区开发建设领导小组，在建设局内设办公室，开始毕节洪山小区建设和房地产综合开发。1989年成立毕节地区房地产开发总公司，负责具体实施洪山小区建设和房地产综合开发，到1990年，开发房地产0.55平方千米。与此同时，各县城先后完成小区详细规划，并成立房地产开发公司，负责具体实施小区建设和房地产综合开发。1990年，毕节基本完成天河小区、松山北路小区建设，开发房地产0.46平方千米；赫章完成前河小区建设，开发房地产0.63平方千米。到2003年，已建成的毕节洪山、天河、麻园、贵毕（洪南），大方西大街，黔西水西大道，金沙中华、长安，织金北门、新宿，纳雍的市场、沿河，威宁的草海、星光，赫章城南等开发区。上述综合开发区，街面宽多在20米以上，部分有39米多。到1998年，全地区城镇新区开发1631.7万平方米，新建各类房屋87万平方米。从2002年起，各县按总体规划实施新区规划建设。是年，毕节市完成新城区建设规划，开展新城区“八一”广场等3个片区建设规划编制；大方县完成新民、杨家湾、三善街小区详细规划；黔西完成水西园经济适用小区二期详规；金沙县完成新城区部分修编详规；织金县完成总规修编，法星路、星鱼路、大府头文化中心广场修建详规；纳雍县完成沿河、城南开发区建设详规；威宁县完成新城区控制性详细规划；赫章县完成龙源路等5个片区详细规划。2003年，黔西、织金县完成第三轮总规修编并通过审批，其余各县市进行规划编修。地区委托重庆市规划院完成编制毕节城市南部新区控制性详规；毕节市完成新城区详细规划并开始实施；大方县完成县商贸中心和集贸市场详规；黔西县进行东方花园、迎宾园等4个小区的详规编制；织金县编制修建平安小区、金秀小区等7个小区规划。2005年，完成金沙、赫章县城市总体规划第三轮修编评审；组织评审纳雍县城东南新区控制性详规，威宁县新区修建详细规划；毕节市长城花园、怡景花园、瑞丰新城修建性详细规划，南部新区南北安置小区建设方案，完成毕节地区城镇体系规划编制；大方县完成文化保护区规划及人民广场、黔西北花园小区、红旗小区、粮食局开发组团详细规划；黔西县完成青龙煤矿生活区、经济适用住宅小区、金茂休闲购物广场详细规划；金沙县完成旧城改造详细规划和部分专业规划；织金县完成金西商贸城详细规划；纳雍县完成新城中心区控制性详细规划；威宁县完成新城区修建性详细规划；赫章县完成城东小区，环城路居住区，沿河夜郎文化区一条街详细规划。

## 第三节 住房制度改革

1949年前，毕节地区住房百分之百私有制。中华人民共和国成立初期，住房作为土地附着物，与土地改革一道进行重新分配。即没收官僚、地主、战犯和反革命分子的多余住房无偿分给没住房的穷苦人家居住。之后，城镇实行福利分房制度，单位公用房和职工住房主要由国家或单位投资建设，居住者只需支付少许租金即可，新房建设后，单位领导和资历老的职工优先搬进新房，旧房分给等着住房的职工。1995年毕节开始实行住房改革，把干部职工已经居住的住房卖给职工，没有住房的干部职工可以按照自身的职级标准集资建房。这时的住房改革政策，调动了国家、单位和个人共同投资建房的积极性，缓解了长期以来住房困难的问题。2000年，毕节地区行署出台《毕节地区住房分配货币改革的通知》后，集资建房停止，城镇居民住房一律向房地产公司购买商品房居住。

**公积金管理** 为适应城市居民住房制度改革的需要，毕节地区于2005年4月组建正县级参照公务员法管理事业单位的住房公积金管理中心。毕节地区住房公积金管理中心以来，认真贯彻落实《住房公积金管理条例》和国家、省、市各项住房公积金政策规定，以“便民、高效、廉洁”为服务宗旨，以住房公积金归集和使用为重点，以确保资金安全和提供优质服务为主线，加大归集力度，积极发展个贷业务，加强信息化建设，紧紧围绕本部门职能目标任务，不断实现了住房公积金归集稳步增长，贷款规模不断扩大，管理更加规范有序，为改善干部职工特别是中低收入家庭住房条件发挥了积极的作用。截至2011年底，全市累计归集住房公积金36.36亿元，同比增长30.21%；累计发放住房公积金贷款26亿元，同比增长29.17%；累计提取住房公积金7.12亿元，同比增长45.82%；累计实现住房公积金增值收益1.1亿元，上缴城市廉租住房补充资金0.59亿元。

# 第四章　建筑业

毕节地区建筑企业从无到有，发展成为具有较大规模优良企业，从传统建筑发展到当代建筑形式的进程。区内传统建筑、中西结合建筑和一些各种用途的当代大型厂矿、交通、商场、体育场馆、学校、医院及办公用建筑设施，分别代表各类不同用途建筑的建造及对新技术的运用、技术改革创新。本章着重记述了建筑设计管理、对建筑施工企业的管理、建设工程招投标管理、工程质量的管理、建筑法规的严格执行和质量监测的细节管理。

## 第一节　建筑企业

民国前，建房，尚无专业建筑队伍，一般皆由能工巧匠打样施工，其建筑技艺在师徒间相传，世代相袭。一般只能建木结构的一、二层房屋。官府修建工程，由政府下令，乡镇征集民工，指派工匠承建。士绅、官户建住宅、寺庙，由头人雇工，略给少量报酬，招之即来，工竣则去。1937～1945年，抗日战争爆发，江浙一带难民纷纷逃难进入贵州。一外省营造商来到毕节，专事房屋营造。更多的是散布在城乡的个体泥、瓦、木、石、油漆工匠，由行业工会做松散联系或由私人营造商约集从事房屋建造。这些工匠有事聚合从业，无事回归原居地另寻业谋生。1941年，国民政府修建大定羊肠坝航空发动机制造厂，建筑工人皆由外地招来。1947年，大定县政府饬令建营造厂，组织木、石、泥、水工匠承建房屋，因无房可建而解散。

1950～1953年，毕节、大定、黔西、织金、威宁、赫章城区相继成立建筑工会，把建筑工匠纳入组织。县城建房、修缮，皆由建筑工会派人修建。纳雍城区成立互助组1个，制作木质家具，修建木结构房屋。1953～1956年，各县建筑工会皆转为建筑合作社，纳雍县木业社转为木业合作社。1958年，大方、织金、金沙、威宁、赫章县把建筑合作社改为国有建筑公司。黔西县将建筑合作社改为建筑公司。1961～1962年，国民经济出现严重困难，地区建筑公司下马，仅留部分职工搞修缮工程。各县建筑公司均改为建筑合作社，将部分工人下放回乡从事农业生产。1978年后，经济发展，建筑业亦随着发展，农村建筑队伍大批涌现。上等级建筑企业由1983年的18个发展至1995年的48个，从业人员由1983年的7000余人发展到1995年的1.75万人；各类技术人员1621人。据1983～1995年统计，全地区建筑企业共完成各类房屋建筑竣工198.97万平方米，总产值3.32亿元，向国家纳税1214万元。2002年，全地区就位施工企业50家，从业人数

15750人，技经人员总数2396人，项目经理1750人，拥有注册资金38359万元。至2011年，全地区有毕节地区市场开发建筑公司、毕节地区铨盛建设发展有限公司、毕节建筑工程集团有限责任公司等建筑施工企业50家。

附：

## 建筑企业选介

**毕节地区建筑工程总公司**　1952年2月，成立毕节专区建筑业工会。1956年6月1日，以建筑业工会为基础组建毕节专区建筑工程队。是月25日，改建毕节专区建筑公司。1962年，国家调整国民经济，公司下马，除留少数职工组成修缮队外，其余下放自谋职业或转入毕节县建筑第一、第二合作社。1963年，成立毕节专区建筑工程队。1965年6月25日，专署决定恢复重建毕节专区建筑工程公司。曾先后隶属地区工业局、地区建委，后隶属毕节地区建设局。20世纪90年代初，公司有职工760人，专业技术人员45人，其中高级工程师2人、工程师8人、助理工程师3人、施工人员15人、技改小组成员3人。有建材试验室1个、100吨万能试压机1台，有水泥有化试验、土质分析、砂石分筛含水率测定等仪器设备。时为毕节专区唯有的国有二级建筑施工安装企业。公司下属3个分公司，一个综合加工厂。1963~1989年，公司先后承担数以千计的工业与民用建筑项目，曾参与省红展馆、省军区宿舍等工程建设，获荣誉奖。共完成工业与民用建筑65万余平方米，总产值4500余万元，除按国家规定上缴税金外，还更新设备、改善职工居住环境和兴建公司办公楼。1982年，被评为省级先进施工企业，并出席全国先进施工企业、先进集体、先进个人代表大会。1987年以来，受建筑市场开放的冲击，公司连年亏损，到1994年底，累计亏损338.04万元。

中共毕节地委、毕节地区行署按照中央深化国有企业改革的精神，将公司重新组建为毕节地区建筑工程总公司，在政策上给予倾斜扶持。到1999年底，完成建安产值6418.87万元，上缴税金308.31万元，实现利润473.98万元。2010年，对公司进行改制，由贵州毕节大众房开公司增资组建贵州毕节建筑工程集团有限责任公司，注册资金5000万元。

**毕节地区城乡建筑工程公司**　建于1978年。1987年重新组建，隶属地区建设局，三级施工企业。公司在激烈的竞争中，赢得市场。20世纪90年代初，公司由原来资金不足18万元，职工80多人，发展到拥有资金280多万元，职工542人。其中拥有工程师、助理工程师、技术员等13人，中级施工员22名。全员劳动生产率，从原来的人均4000元／年，提高到1.7万元／年。1987～1999年，公司先后承建工程项目96个，实现产值9483万元，上交国家税金510万元。竣工验收项目合格率100%，优良工程逐年上升，连续7年无质量事故，无工伤死亡事故、无有害治安违法事故、无其他责任安全事故。1990年以来，公司曾多次被评为建筑系统先进集体，重合同、守信用，全国税法宣传教育合格单位，受国家、省、地、县表彰和奖励。

**毕节公路桥梁工程公司**　公路工程施工二级兼工业与民用建筑四级。国有企业。公司拥有资本金2626.4万元，固定资产3036.5万元，有职工783人，工程技术人员127人。

**毕节市顺弘建筑工程有限公司**　1985年4月，经县建设主管部门批准，成立毕节县乡镇企业建筑公司，隶属毕节县乡镇企业局。公司在经理熊廷顺、副经理张弘宗的领导下，艰苦创业，开拓进取，以信誉求生存，以质量求发展赢得市场。公司产值年年上升，员工增到1400多人，各类工程技术人员200人，注册资金增加到2500万元，固定资产发展到2500万元。20年来，共完成工程项目200余项，50多万平方米，纳税千余万元，捐资兴办公益事业百余万元。公司由三级施工企业晋升为二级施工企业，先后30多次被全国及省、地、市评为先进集体建筑企业、重合同守信用先进企业、QC管理先进企业、纳税先进单位等。1995年，改名为毕节市顺弘建筑工程有限公司。

### 毕节地区建筑企业统计表

| 企业名称 | 成立时间 | 职工人数 | 资质级别 | 企业名称 | 成立时间 | 职工人数 | 资质级别 |
|---|---|---|---|---|---|---|---|
| 毕节地区建筑总公司 | 1965 | 760 | 2 | 毕节市建筑三公司 | 1963 | 380 | 3 |
| 毕节地区城乡建筑工程公司 | 1978 | 542 | 3 | 毕节市建筑四公司 | | 325 | 4 |
| 毕节地区隆兴建筑有限责任公司 | 1994 | 434 | 3 | 毕节市建材建筑工程公司 | 1986 | 250 | 3 |
| 毕节地区鑫盛建筑有限公司 | | 298 | 3 | 毕节通达建筑工程有限公司 | | 200 | 3 |
| 毕节公路桥梁有限公司 | | 783 | 公路施工2级，民用建筑4级 | 毕节市道桥工程公司 | | 6 | 4 |
| 毕节地区诚然乡镇建筑有限公司 | | 451 | 3 | 毕节市轻工建筑公司 | 1972 | 225 | 4 |
| 毕节地区市场开发建筑公司 | | 196 | 3 | 毕节市建筑有限公司 | | 100 | 4 |
| 毕节地区公路工程公司 | | 1050 | 3 | 毕节市翠屏建筑有限公司 | | 500 | 4 |
| 毕节地区退伍军人两用人才建筑公司 | | 314 | 4 | 毕节市实力建筑装饰工程公司 | | 328 | 4 |
| 毕节地区志诚建筑工程处 | | | 4 | 大方县第二建筑工程公司 | 1980 | 640 | 3 |
| 毕节地区电力建筑工程公司 | | 263 | 4 | 大方县第一建筑工程公司 | 1980 | 200 | 3 |
| 毕节市西建筑工程公司 | | 226 | 4 | 大方县第四建筑工程公司 | | 280 | 4 |

续表

| 企业名称 | 成立时间 | 职工人数 | 资质级别 | 企业名称 | 成立时间 | 职工人数 | 资质级别 |
|---|---|---|---|---|---|---|---|
| 毕节市顺弘建筑工程有限公司 | 1984.4 | 1400 | 2 | 大方县市政建设工程有限责任公司 |  | 2259 | 3 |
| 毕节市建筑一公司 | 1956 | 341 | 3 | 大方县城乡建筑有限公司 |  |  | 3 |
| 黔西县建筑工程公司 |  | 210 | 2 | 大方县古建筑工程公司 |  | 210 | 4 |
| 金沙县第一建筑工程公司 |  | 266 | 3 | 纳雍县建筑公司 |  | 410 | 3 |
| 金沙县第二建筑工程公司 |  | 186 | 3 | 纳雍县建筑一公司 |  |  | 4 |
| 金沙县教育建筑有限责任公司 |  | 330 | 4 | 威宁县建筑工程公司 |  | 330 | 3 |
| 织金县建筑装饰工程公司 |  | 178 | 4 | 威宁群力建筑工程公司 |  |  | 3 |
| 织金县第二建筑工程公司 |  |  | 4 | 威宁草海镇建筑工程公司 |  | 280 | 4 |
| 织金县市政建设工程有限公司 |  |  | 4 | 赫章县建筑工程总公司 | 1955 | 150 | 3 |
| 织金县城乡建筑公司 |  | 300 | 4 | 赫章县城关镇建筑工程公司 |  |  | 4 |
| 织金县星火建筑有限公司 |  | 140 | 4 | 赫章县建筑装饰工程公司 |  |  | 4 |

## 第二节　建筑类型及结构

### 一　传统建筑

毕节地区传统建筑历史悠久。明代前，土著民族仡佬、彝、苗族人民建造过许多具有民族特色的城堡、村寨。据《大定府志》载：清康熙时仡佬王宫遗址还留存于今织金县城外西南1里。明洪武年后，随军入黔的汉族工匠与当地土著居民合作，在城乡建造城垣、衙署、寺院、庙宇、民居、桥梁、牌坊、塔、碑、墓葬。毕节、威宁、大方等城垣，明初为石基砖城，黔西为土城。因战乱，城垣屡毁屡建。清初所建城垣多用规整錾石以石灰砂浆黏合砌成，一般加雉堞（俗名垛口）高5米左右、厚4米左右。城门洞上，均建有高2层、斗拱飞檐的城楼。寺院、庙宇，多有高台基，雕饰精湛的须弥座、大檐柱、歇山顶、重檐斗翘、雕龙塑凤、菱花雕窗、彩色壁画。民居大部分为夯土墙草顶，贫穷人家还用细树条、玉米秸编扎成门扇。温饱人家的土墙草屋一楼一底，楼面为树条扎成；房屋多左右对称各2间，中为堂屋。富有人家多两正两厢组成四合院，拼成前堂、后寝。结构多为青瓦顶、穿斗式木构架，山墙下半部为土坯墙或斗砖墙，纯木结构也不少。建造方法是：一般先穿斗排柱，一排木架柱称为一列，一般贫民家仅2~3列，富有人家多达10列以上，有5柱2瓜、7柱6瓜等。维护结构有木板壁或编竹灰泥壁，或沙土夯成的土墙壁。山区石料丰富，有用石块砌墙、石板盖房的。林木较丰富地区多用井干式壁体或干栏式结构。建筑造型与长江一带民居相似。举高方面，匠人按古相传：葺屋7分，瓦屋6分，即草房脊举高等于进深的1/7，瓦房为1/6。间架结构尺寸按“要得发不离八”的习俗，柱高多为1丈6尺8寸、1丈3尺8寸、2丈3尺8寸等。一颗印楼房，楼上柱高7尺，楼下8尺，所谓“七上八下”的陈规构造。

平面布置形式分散式与“一颗印”两种：分散式布置即正房与厢房不相连接，彼此间有相当距离，庭院较大，多纳阳光；“一颗印”布置是正房与厢房相连的四合院，房屋外墙方正如印。因房屋密接所以天井（庭院）较小，少受烈日暴晒，富户多建居此式房子。

尚存的古建筑，以寺院、庙宇为主。由于自然侵蚀和50年代初及1966~1976年“文化大革命”多已损毁，现存较少。

附：

## 传统建筑选介

**毕节文庙（旧时亦称学宫）** 位于毕节城内广惠路。清康熙二十九年（1690），知县方瑞合将虎踞山学宫迁长庆山之正中（今地区医院址）。乾隆十四年（1749）、二十年（1755）、二十二年（1757）间，知县凌均、董朱英多次重修。文庙坐南向北，依缓坡而建。临街向南巍立高约8米、长近50米、厚约70厘米的土红色墙。墙上方有青花碎瓷镶嵌的4个阳文楷书大字“万仞宫墙”。墙东西各有一拱门，拱门上各书“礼门”“义路”2字。“礼门”“义路”东西侧各立下马碑1块，碑上均刻有“文武官员至此下马”8字。红墙东西端各有一辕门。进东西辕门，沿石径行约50米，左右转过东、西向的木坊。木坊上中，东坊刻“德配天地”4字，西坊刻“道冠古今”4字。过木坊入广场。红墙前东、西方，跨街各立东、西向石坊一座，坊高3层，4柱3门，东方中门上方刻“金声”2字，西坊中门上方刻“玉振”2字，两方中门2柱前后，各踞4个石狮。广场位于石墙后，约3000平方米。广场北端凿有围以石栏的半圆形泮池，泮池上跨石拱桥。登石阶10多级，上一铺以石板的平台，中巍立4柱3门、3层的棂星门石坊，石坊中门2柱前后亦居4石狮。过棂星门，登石阶20多级，须过东西宽约8米，南北长约6米的小平台，再登60多级长石阶，上大成门。小平台和长石阶东西，各立东西向的青瓦硬山顶斗砖墙房1栋，东为忠孝祠，西为节义祠。登上长石阶，即过南北向的大成门。大成门是黄筒瓦、翘檐、砖墙建筑，中为面阔约8米的过厅，左右各一室。大成门东西各立南北向前有围墙小院的青瓦砖墙房一栋，东为乡贤祠，西为名宦祠。过大成门，再登30级石阶，踏上铺以1000多平方米的石板平台。平台中部隆起约1米多高，约200平方米正方形的天赐台。台前方上10多级石阶，上踞高10多米，面阔约18米，进深约10米的大成殿。殿为砖墙木结构建筑，歇山顶，飞檐斗拱，盖黄色筒瓦。脊上两端塑有两条头均向脊中宝顶的龙，两龙以青花碎瓷为鳞，龙尾高翘。大殿雕花门窗均朱红色，殿内矗立8根两人合抱的朱红大柱，柱脚均有雕饰精湛的石礅。大殿正中錾石雕砌的须弥座上之木龛内供奉大成至圣先师孔子牌位，东西独立的石砌木龛内，东供奉复圣颜子与述圣思子，西供奉宗圣曾子与亚圣孟子。大殿前檐正中，高悬大成殿立匾。东西高悬7块皇帝钦颁的金字横匾，即：康熙二十三年（1684）的“万世师表”、雍正四年（1726）的“与天地参”、嘉庆三年（1798）的“圣集大成”、道光元年（1821）的“圣协时中”、咸丰元年（1851）的“德齐帱载”，同治元年（1862）的“圣神天纵”。大成殿东西厢房为东庑、西庑。东西庑为对称的青瓦砖木墙结构房屋，面阔约15米。东庑南端与西庑北端，各隔出2间作斋宿室、更衣室。大成殿西侧有后山门通后山。后山大树参天，灌木丛生，后山北为城墙，后山南前较大成殿高约10米的芳草坪上有一座北向南的崇圣祠，青瓦木结构砖墙房，房前小院围以约3米高的红墙。民国27年（1938）前，文庙内设县立男子小学；民国27年后内设省立毕节师范学校，男小迁今百花山一小址。1952年，专署拆文庙建专区医院。

**毕节灵峰寺**　位于毕节市城区以西约3千米的灵峰半山，据碑记建于元末明初。清乾隆二十一年（1756），知县董朱英重建灵峰寺，并凿泉、砌池、建桥、修路、树坊。建殿院3重，厢庑、花厅、亭阁、花圃、奇树、禅房俱有。山门前阳台宽敞，可凭栏乘凉观景。山门前有600多年古杉两株；入山门大佛殿前有明代燃指和尚所植玉兰两株。古杉、古玉兰至今犹存。二殿内有鱼池，池上跨石拱桥。桥下殿堂方向石壁有精雕细刻的石龙头，清泉从龙嘴淙淙入池，金色鲤鱼嬉游于池水中。灵峰之巅有塔，始建于明天顺年间。初为木塔，清同治十二年（1886）改建为石塔，高3丈3尺，底径1丈，有碑。1958年，灵峰寺被拆，1966年“文化大革命”初，石塔被毁。灵峰寺被毁后，当地群众用遗留的碑碣建仓库，留下纪胜碑和其他10余块碑碣。纪胜碑长1.93米，宽0.83米。楷体竖书，凡28行，娟秀典雅。

**织金财神庙**　位于县城中心，坐北朝南，北、西北、南三方对着三条街。始建于清初。乾隆四十八年（1783），平远州民捐资重建。据财神庙碑记载，设计建造者为父女俩，工未竣父去世，女继掌墨建成，故有父女巧匠建阁之说。财神庙为木结构建筑，共38脊，4重檐，悬山顶式，宝塔形状。底层后面是偏厦。18个翼角底各系一个铜铃，微风吹动，叮当作响。庙有4层，底层通面阔16.76米，进深12.15米。并排5间。偏厦阔14.46米，进深3.1米，亦为5间。左右、后为靠坐栏杆走廊。庙左有偏殿一间，面阔3.5米，进深4米，庙右围墙上原有土地庙1座，内存大钟及碑，碑上记有修建财神庙的历史。1966年，碑被毁，大钟不知去向。庙正面是石拱山门，宽2.57米，高2.8米，置木门关闭，正对中心大街。第2、3、4层，逐层按比例缩小，均由脊梁正中伸出，成宝塔状。档山边也有脊檐，由侧面看去，形成3个重叠的人字形。每个翼下均有各式各样的兽形木雕撑拱。顶上1层供有魁星，是建庙时用丁木在顶层雕刻而后建楼的，无法取下。后魁星被雷击落于庙后院中。1952年扩建北门大街时，财神庙右稍间被拆一角。1967年，财神庙被改为红旗大楼，庙内的木雕和石雕遭受严重破坏，翼角上的吻兽和脊檐角上的鳌头均被毁，各层楼的木雕花棂窗被拆改为方格玻璃窗。财神庙建筑奇特、壮观，艺术价值高，据古建筑专家鉴定，其建筑造型全国独有，仅日本有一座古建筑与之相似。1985年11月2日，省人民政府公布为省级文物保护单位。1989年划归文化部门管理。1991年，省文化厅拨款32万元按“修旧如旧”的原则维修。2006年国务院公布为第六批全国重点文物保护单位。

**织金文庙** 又名圣宫，位于县城北端，坐北朝南，南北长169米，东西宽47.5米，建筑2586平方米。文庙始建于清康熙五年（1666），初为全茅草覆盖。康熙二十五年（1686）后逐步易盖筒瓦。正面最前是外墙，墙左右两端往后东西是黑色大理石牌坊，左坊上刻“德配天地”，右坊上刻“道冠古今”。两坊之间为长方形、方石板铺镶的院坝，坝后为红墙。红墙左右两端各有黑色大理石牌坊，高5.5米，宽3.65米。两坊造型相同，雕有麒麟喷火、仙鹿含草图案和石抱鼓、石壶。石抱鼓中间各嵌着两根8棱梅花石柱，每对石柱上3米和4.5米处，上下横置两根石横梁，横梁雕有二龙抢宝、双狮戏珠图案。上下横梁之间各嵌长2.5米、宽1米的石匾。左坊石匾镌“礼门”，右坊石匾镌“义路”，字大0.64平方米。两坊下分别立下马牌2块，上刻“文武官员到此下马”8字。入礼门、义路即泮池。池上跨圆桥，桥上建小亭。泮池后为石阶数级，阶上左右为1米高的浮雕石柱和镶嵌空花石板的石栏杆，石栏杆柱顶有狮、象或兔等浮雕。栏杆往后是棂星门，为6柱3门，中门上刻“棂星门”，左、右门上刻“玉振”“金声”。门高5.41米，阔2.25米。门前植6株等距离古柏，毁于1986年。左右为对称朝房，朝房后为对称的名宦祠、乡贤祠。棂星门后是大成门，悬山顶式建筑，199.95平方米，并排3间，中为过道，前后均有廊。大成门后是大成殿，硬山顶式建筑，并排5间，封火山墙高于屋脊，7架梁，柁峰支撑系雕刻木坊，栏额照枋上浮雕八仙，龙凤图案。殿上悬挂康熙二十三年（1684）颁发的康熙手迹“万世师表”匾额和雍正五年（1727）“生民未有”、乾隆二年（1737）“与天地生”、嘉庆元年（1796）“圣集大成”、道光元年（1821）“圣协时中”等御书匾额。殿前下5级踏跺，石跺正中斜嵌圆形，底方盘龙。踏跺下为天赐台，台左右置浮雕石柱、空花石板栏杆。台前正中有直径0.85米、底八角形、面圆形的浮雕盘龙。台前左右各立高3.27米、宽1.09米的石碑。左碑镌先师孔子赞并序，右碑刻颜、曾、思、孟四子赞并序，均系康熙二十五年（1686）御制颁行天下，州府勒石置立。殿前左侧为西庑及坐望所，右侧为东庑及尊洗所。东西庑前分植金桂、银桂各1株。大成殿后为崇圣祠，又名启圣宫，系硬山顶式建筑，左右封火山墙均高于屋脊，并排5间，前有廊，内供奉孔子众徒中72圣牌位。民国时期文庙办男一小，至今仍为城区一小。现棂星门、大成门、崇圣祠已拆除，泮池后及天赐台的浮雕石柱栏杆已毁。1980年9月，公布文庙为县级文物保护单位。2006年国务院公布为第六批全国重点文物保护单位。

**织金文昌阁** 又名梓潼阁，位于城内东部。清嘉庆七年（1802）知州周景益建，光绪九年（1883）举人谢忠良劝捐重建。阁高20米，为三重檐八角攒尖顶木结构建筑。1层为长方形，通面阔13.45米，深8.81米，118.91平方米；前排4柱，柱基为面圆、中八棱、底四方形石墩；四周回廊置木扶坐栏杆；四角为木雕斜撑翘首，屋面小青瓦；明间装雕花六合门，次间、稍间装半壁花窗，内壁上刻谌小堂书写的柳体《阴骘文》。2层为六角形，正面四合花窗，其余五面为圆形“寿”字花窗，正面花窗上方挂文昌阁横匾，八翼角下垂吊木雕瓜柱，屋面为八角攒尖顶，盖青色筒瓦，宝顶为葫芦形。翼角为鳌头吻兽。各层翼角下均吊铜铃，风吹摆动，叮当有声。阁前文昌宫始建于康熙初年，由正殿、天赐台、左右配殿和山门组成。正殿为悬山式木结构建筑，通面阔16.55米，深9.5米，158.15平方米。正殿前为高约1米、宽约10米的正方形天赐台，石板铺面。台前中部为7级石梯，梯中央为一石雕盘龙。天赐台前左右均为木结构配殿，左配殿建于民国16年（1927），为织金同善社全体社员出资建造。1963年，织金城区三小建操场，将右配殿移建于正殿左前方，并拆毁天赐台。最前面的山门为石木结构，大理石檐柱，分为明间和左右次间，明间又名望水厅。山门和移建的右配殿均已拆毁。1981年，省、地区、县拨款维修文昌阁，屋面改盖玻璃筒瓦，翼角改为龙吻，屋顶安置葫芦宝顶，并安装美观的铜锥形避雷针。1985年11月，省政府公布文昌阁为省文物保护单位。2006年国务院公布为第六批全国重点文物保护单位。

**织金东山寺**　位于城东0.5千米处，一拔地而起高60米的石山腰，建于清康熙八年（1669），以后几经重修。寺院由正殿、前殿、钟楼、鼓楼、山门组成。正殿名梵帝宫，系5间并排悬山式木结构建筑，通阔18.71米，进深7.75米，九架梁，木浮雕花枋支撑，瓜柱雕各式花纹，青瓦屋面。前殿亦悬山式木结构建筑，四翼角翘首，阔21.52米，深8.72米，前有斜形靠背栏杆，走廊为上山通道，如悬空楼阁。前后殿之间左厢为钟楼，构成梯级四合院。钟楼内原悬铸铁大钟一口，相传钟声可达20千米以外，故名东寺晚钟。钟楼与钟今已无存。寺后30米处有一洞，洞前有观音阁，阁前可俯瞰全城。寺阁间有108级曲折石径相通，石径左沿栏杆由108节石龙构成，龙随石径起伏，全长58.5米。山上有石刻题壁16处。其间，清同治年间军门提督赵达庵书刻“佩剑披云”，字大如斗，笔力遒劲；民国时期织金县长王佐题刻的“出岫云蒸”，圆润浑厚，笔法欧苏。还有多处小字题刻。山西南麓有白绵石塔数座，均为七级墓塔，现仅存建于乾隆三十八年（1773）的临济宗三十七世塔和建于嘉庆三年（1798）的临济宗三十八世塔两座。1985年11月，省政府公布东山为省级文物保护单位。2006年国务院公布为第六批全国重点文物保护单位。

**威宁凤山寺**　早名真武观，俗称上帝庙，位于城东北0.5千米的飞凤山，寺因山得名。寺始建于明代，祀供北极真武。凤山寺坐北向南，由真武大殿、左右两厢和下殿构成闭式四合院。清咸丰七年（1857），左右两厢和下殿毁于火。同治六年（1867）修复。沿中轴线增建三清殿和下殿戏台，两厢后侧建小观楼、大观楼。建筑自南而北依山势逐级抬升，占地5000平方米。前殿面阔3间、进深两间，明间两扇大门各刻一尊护法神像。前置踏跺和一对浮雕云龙华表。华表高3.5米，直径0.4米，龙身盘绕在云蒸雾霭中，神态栩栩如生。柱础为浮雕石狮，线条简练，造型古朴，狮毛纷披，昂首翘望，身负石龙。左右配殿均为并排3间，通面阔11.5米；进深1间，通进深8.5米，盖小青瓦，置六抹头方格窗棂。左配殿为禅房，右配殿是过厅，后壁置1圆门通向大观楼侧院。下殿（戏台）为单棚卷顶屋面。戏台两边各立1根6棱石柱，下置蹲踞式石狮柱础，上有联，屋面已毁，石柱对联尚存。大、小观楼为歇山顶建筑，面壁置冰裂纹隔扇，楼上四面皆窗。大、小两楼由过廊相通。登楼凭栏，远可眺望草海，近可俯瞰城郭。大观楼前有錾石镶砌的灵潭，5米见方，深1米余，进水处嵌1石雕龙头，造型粗犷，淙淙细流由龙吻吐入潭内，终年不竭。潭沿上方石“镶灵潭”2字，乃州官邓良臣书。正殿并排3间，面阔13.8米，进深1间，7.6米，廊深2.1米，通进深9.7米。面壁置六抹头斜方格隔扇。殿内正中须弥座上神龛内供武真塑像。殿前月台高1.3米，长3米，宽2米，上置石鼎式香炉。月台两边各置踏跺进入正殿。“文化大革命”中，凤山寺部分建筑被毁，主体建筑尚存。寺周数百株古松依然苍劲挺拔，掩映寺院。凤山寺已修复，山前重砌300余级石阶，环山公路已修通。1984年，在寺周种植华山松、刺槐、水杉、榆树、扁柏等7万多株，并引龙王泉水入灵潭。1985年，省人民政府公布凤山寺为省级文物保护单位。

**威宁玉皇阁** 位于威宁文化路中段一侧，建于清顺治末年至康熙初年，由正殿、左右配殿和前殿构成封闭式四合院，占地1500平方米，外有山门。正殿分上、中、下三层。底层由四面推出的单棚卷顶抱厦构成歇山式四角翘檐屋面；中层为八角重檐；上层为重檐八角攒尖顶。撩檐坊上利用多变化的斗拱重叠角梁，使翼角翘起。3层阁宇由6根大柱直通，承托曲线玲珑的屋面。正殿面阔3间，宽8.1米，进深5.5米，前带廊，面壁置六抹头长方格隔扇，屋面盖筒瓦。上两层八面皆窗，可凭栏眺望威宁城全貌。上置琉璃沟头滴水。两层翼角重合一线，下层龟吻，上层凤吻。凤头回顾宝顶，脊上耸起羽毛。翼角撩檐下方支以卷叶浮雕斜撑。宝顶通高约2米，由两个净瓶重叠组合，紫铜合金铸造，阳光照耀，金碧辉煌。宝顶铸于康熙初年，上屋檐下有横匾，镌“万神朝礼”4字。左右配殿场面阔3间，宽11米，进深6米，廊深1.5米，通进深6.5米，悬山顶，上盖小青瓦，前檐下有过廊，面壁全系六抹头冰裂纹隔扇，过去为禅房。前殿为九脊歇山顶式，面阔5间，宽13米，进深7.5米。左右稍间较窄，为推出的抱厦。抱厦檐与殿下檐连成一体，形成歇山顶结构。下檐柱上施重叠角梁，使翼角向外伸出起翘，屋顶举折平缓。脊线刚柔并举，使建筑庄重大方。1965年，翼角被打坏，宝顶和山门被拆除，主体建筑梁架结构保存完好。1985年，省人民政府公布为省级文物保护单位。

**纳雍史家街宣慰府遗址** 位于纳雍县城东7.5千米的乐治镇史家街。原为水西土司修建的卧这城堡，清康熙三年（1664），吴三桂平水西时被烧毁。道光初年，安氏后裔在遗址上建规模较大的四合院供奉祖宗。“文化大革命”时期，宣慰庙被拆毁建乐治小学，钟鼎被砸，石碑不知去向。现移址面积1万平方米，四周有长约1000米的石墙围绕，府第坐北向南，门前残存一拥壁，拥壁长22米，高2.5米，厚1.5米；两壁石墙均高5米，长22米，墙体光滑。进大门即为宽敞庭院，基石与五级雕花石坎尚存。庭院东西侧各有一卷洞门，门已圮。出洞门后有一条石板铺就的通道。庭院东侧尚有一段高低不一的残墙，长约120米，高2米，刻有条纹图案。遗址内有许多柱础，均1米见方，出土0.2米，其上凸起的圆面直径0.6米。遗址两侧原为安家的绣楼、厨房、金银库等，建在小山沟旁，已圮，仅存石坎，高4米，长约30米，厨房下的小石桥仍在，高约4米，宽2.8米，单孔。1980年9月，省人民政府公布为省级文物保护单位。

**金沙凤鸣山寺** 旧名大石包庙，亦称杨家祠堂，位于城西北61千米的中普乡，因坐落于杉树坪山脉延伸之“飞凤点水”山梁上而命名。寺始建于清咸丰六年（1856），为大石包杨姓供奉观音和杨氏历代祖宗牌位的庙宇，坐西朝东，约300平方米，穿斗式木结构建筑。中轴线上自东向西为香花台、观音殿、玉皇殿，南北有两厢房，呈四合小院，四面均有门出入。前殿为悬山式，面阔3间，4列七柱架，小青瓦顶。殿内柱间穿枋上对称分布浅雕吉祥花纹图案。前后8条穿枋翘撑殿檐，面栏有扇格花窗大门，两次间各有1扇格花窗户。明间排列观音等15尊木雕像，两次间为禅房。后殿为歇山式，面阔3间，两次间较窄，系6暗柱及141柱隔成。面栏为六合大门。殿檐四角微翘，殿顶平缓。殿内正向排列玉皇大帝等木雕像19尊；背向供奉杨氏历代祖宗牌位。1952年，土地改革时，杨氏祖宗牌位被拆除，现存全部寺庙及34尊木雕像。1986年，金沙县人民政府公布凤鸣山寺为县级文物保护单位。

**毕节大屯土司庄园（彝族建筑）** 系余达父之父余象仪于清道光元年（1821）始建，后经余达父扩建而成。整座庄园坐落在一绵延起伏的山腰之间，占地6000余平方米，坐东南向西北，依缓坡渐次升高。建筑物单庭独院，以中轴对称，呈三路三重堂宇巡回结构。中间三重堂与左右两边三重堂既各自独立，又相互贯通。建筑群，既注重建筑物的纵向发展，又考虑它的平面延伸。建筑设计既考虑整个建筑的完整性，又注重三路三重叠之间不同的功用及建筑特点。中路为建筑的主体，依次为面扩5间的大堂、对厅（二堂）、正堂。大堂高耸于3米高的石阶上，占地225平方米，雄伟挺拔。大堂上设藏砚楼，前、后、右三面设回廊，后面为歇山顶，左面为悬山顶。从大堂向后，依次为第二层的对厅和第三层的下堂。对厅及上堂除在规模上略小于大堂外，其建筑风格与建筑物上的雕刻，均严格遵守整个建筑群的整体统一性。左路建筑依次为轿厅、客厅（雅堂）、西花园、祠堂。祠堂后设厨房，在这里与中路连通。在这路建筑群中，雅堂为四面雕花的回廊木房。客厅与祠堂之间是西花园，在占地不大的花园中，有两口环亭鱼池，池上横卧风雨桥，桥上设飞栏椅。鱼池四周，各有条形花坛种有四季花草，与池中游鱼相映成趣，构成一幅给人闲适幽逸情趣的自然风景图。右路东花园、客房、仓房和碾坊。在右路建筑群中，东花园引人注目。东花园又称亦园，园中有3个花池。打开整个三路三重堂的建筑平面图，整个建筑摆布，按虎的变形图所设计。1988年，大屯土司庄园被国务院列为全国重点文物保护单位。

**大方斗姥阁建筑群** 位于城北外里许，建于清道光末至咸丰年间，进山门有房3间。第一重殿，有房5间，祀老君、药王。第二重殿院前有方池1亩，中有庆云楼，系宣统三年（1911）知府陈庆慈建。楼前有翰墨池，广不盈尺，原为污泥蔓草遮掩。上有清泉滃然淙出，其味甘凉，经疏浚，有精雕细镂的盘龙石一块，龙头口内有圆宝石一颗，潺潺流水由龙口喷出。第三重为斗姥阁，有正殿5间，左右两厢各3间，后客房3间。正殿前左右各有方池1亩，中置小巧玲珑的石山，池中游鱼款款游动。客房内窗明几净，为游人憩息之处。庭前左右，植金桂、银桂各1株，中秋佳节，香飘四方。桂叶背面，都有稻谷粒大的黑色圆点，每个圆点上都有1个清晰可见的贵字，须用指甲着力刮之，才能刮去。第四重是大佛殿5间，3尊大佛和两旁十八罗汉，栩栩如生。其后为普陀岩，岩下深潭，潭水清冽，四时不盈不涸。第五重四龙阁，有正殿5间，祀吕祖，登阁上钟鼓楼，可环顾全城。20世纪50年代初绝大部分建筑已被毁，仅存庆云楼，今已摇摇欲坠。

## 二　中西混合建筑

1840年，爆发中英鸦片战争，自此，西方列强纷纷踏进中国国门建领事馆、洋行、银行、宅居、教堂及其他建筑。这些建筑迥然异于中国传统建筑模式，将西方流行的砖木结构和木构架技术以及卷廊式与欧洲古典式的建筑风格风貌传入中国。这种外来的建筑技术、风貌与中国固有的建筑技术、风貌相混合，形成中西混合式的建筑风貌。同时，或多或少的影响建筑技术和风格的转变。

附：

### 建筑选介

**赫章葛布教堂**　位于赫章县城西75千米处的葛布乡葛布村民组。1905年，英国传教士党居仁到葛布传教，号召教徒献工献料，动工兴建，次年建成。教堂为小青瓦砖木结构建筑，下设4厅，面阔30米，进深10.3米，高8米。两端设小间、中间和大间，可容1000人。大厅内设木栅栏，备长条木凳百余。1910年被火焚，1911年重建，为砖木结构建筑，大小如前。1917年，英国传教士裴中谦增建传教士宿舍1幢，造型为西式砖木结构楼房，内设卧室、餐室、客厅等。砖墙为双层中空，设有壁柜、壁炉、壁橱。庭院内种竹栽花，育植梨、苹果和牧师从英国引进的莲花白、胡萝卜。1968年，教堂大厅被拆除，宿舍保留至今，现为葛布小学办公室和宿舍。1985年，赫章县人民政府拨款2万元重建教堂大厅。内设讲道台1座，长宽各4米，连接讲道台有1长5米的木栅栏回廊，厅内备有木长条凳数十，供信徒做礼拜时座。

**毕节福音堂**　位于城区百花路8号院内，占地约2000平方米。礼拜堂居中，其他建筑布于四周，计有女传教士楼，客房、职员伙房、大小住房、医药房、佣人住房、奶牛房、办公房、门房等13幢房屋。今除佣人住房、奶牛房、大小伙房已拆外，余保存完好。福音堂所有建筑均中西混合式。礼拜堂和女传教士楼为砖木结构，其他为木结构。女传教士楼坐南向北，为长方形重檐十字悬山式3层面阔3间，进深2间。1层为地下室，2层和3层均有回廊，3层回廊有木栏。拱式门窗，窗顶有雕花纹饰。台基长17.27米，宽12.85米，高0.35米，占地226.8平方米，进深约30米，高约10米，东面为礼拜堂入口，设南北两门。堂内可容1000人，设长条靠背木椅十条。北墙下设高约1米的石砌讲道台。讲道台前用木栏将堂内分为两部分。面北墙设上下两排窗。教堂东部屋顶设钟楼，中华人民共和国成立后钟楼已拆。

**百花山吴颂平别墅**　位于毕节城内百花山脚（百花山路西侧），二楼一底3层。系毕节县海子街镇前所落丈田吴颂平20世纪40年代末所建。楼房仿民国黔军师长柏辉章遵义公馆式样施建，砖木结构，楼房四周有拱卷回廊，四面落水，深檐，瓦顶，圆卷门窗，外装饰局部采用中国传统艺术。此楼房为典型的中西混合式，1999年被拆除，另建住宅。

**大定羊场坝航空发动机制造厂**　位于大定县城东南15千米处清毕公路线上羊场坝的乌鸦洞内。1942年，国民政府所建。钢筋混凝土结构和钢结构，5层楼房。厂房和办公用房均在洞中。另有两个溶洞：一个命名为2号洞，作发电车间；一个命名为3号洞，内建仓库等用房。在洞外，修建办公楼、影剧场综合楼、商店、医院、学校、住宅、电站、水厂等。这些建筑多为3~4层砖木混凝土结构，小青瓦屋顶，青砖墙体。影剧院为砖柱承重木构架建筑。厂区占地数百亩。1965年，军工企业金江机械厂从南京迁来羊场坝，利用航空发动机厂址建厂，并大为扩展。1983年，金江机械厂迁修文，大方县利用厂房办烟叶复烤厂、副食品加工厂、钛白粉厂、民族化工厂等。

## 三　当代建筑

1952～1957年，专县直属机关陆续修建一批2～4层砖木结构办公及业务用房，累计建筑面积39.63万平方米。建筑设计注重功能和经济效益，讲究坚固、适用，建筑形式简朴、沉稳。1958～1960年，全专区建筑起一批"干打垒"房屋。这些建筑以石山墙承重，构以木檩、木椽，覆盖小青瓦或石板平顶，木门窗，其优点较省钱、坚实，但粗糙、简陋。1960～1966年，贯彻国家"调整、巩固、充实、提高"经济调整方针，城镇房屋建筑量减少。当时，在实施国家"三线"建设战略的同时建设一批用于生产及生活的房屋，总面积9.56万平方米，其中工业房屋建筑2.98万平方米，民用建筑6.58万平方米。1962～1968年，专县机关及企事业单位共修建各类用房3.02万平方米，比50年代修房减36%。70年代，各级党政机关企事业单位共建各类用房15.24万平方米，为60年代建房的2.8倍。1978年~90年代，国家实施改革开放，有力促进经济发展，各类房屋建筑规模增大。1983～1998年，全地区城镇建筑各类用房247.76万平方米，是1971～1978年建筑各类用房的5.23倍。1982年，全地区城市居民居住房屋104.88万平方米，人均居住房屋5.09平方米。1993年，全地区33.11万城镇居民居住房屋287.5万平方米，人均居住房屋7.54平方米。1999年，全地区58.78万城市居民居住房屋639.1万平方米，人均居住房屋10.87平方米，为1982年居住面积的2.14倍。1982年前，城市居民住房成套率很低，多数县城几乎没有成套住房。90年代后，城市居民住房成套率和设计水平提高，功能日趋配套齐全，除卧室、伙房之外，一般有客厅、盥洗室、厨房、厕所及阳台，部分住宅还有较为华丽的装饰。

**城区房屋建设**　1985年前，城镇除党政机关、企事业单位陆续建起一定数量的办公用房、职工住宅外，一般城市居民居住的几乎是旧木房。1985~1995年毕节市贯彻"统一规划，合理布局，因地制宜，结合开发，配套建设"方针，通过改造旧城，开发新区，大为改善城市人口居住条件。此期间，全地区共在城镇建成安置房和周转房7.87万平方米，代建房屋8.94万平方米，拆除危旧房屋7.51万平方米，安置拆迁户562户。10年间，全城新建住房76.6万平方米，总投资3.96亿万元。职工住宅从1985年的18万平方米增加到34.5万平方米，职工人均居住13.64平方米，分别增91.6%和67.8%。此期间，大方县将改造旧城与建设新区结合起来，低矮破旧的土墙茅屋、木房大多数被拆建新房。西大街沿街新建高3～10层的砖混和钢筋混凝土结构楼房16.6万平方米，占城内房屋的15.87%，人均居住面积增到11.44平方米。90年代前，黔西县旧城改造滞后，从1993年起，开始实行依托旧城建设新区的规划，在城东南开发建设水西大道，采取国家、集体、个人共同筹资的方法，筹集2亿多元资金投入建设，在建11.3千米城市街道的同时，新建城市房屋35万平方米。其余县在促进城市基础设施建设的同时，注重配套进行各类用房的建设。

**工业建筑建设** 1. 冶炼、机械工业建筑。（1）冶炼建筑。赫章县矿产资源丰富，土法炼铁、炼锌历史悠久。70年代以来，兴建两座现代化冶炼厂：砂石铁厂，原用土炉冶炼，后来建成13.5立方米和50立方米现代化高炉各1座，年产生铁由1.6万吨提高到4万吨。厂区修建多幢砖混凝土和钢筋混凝土框架结构厂房和办公楼、医院、职工宿舍、幼儿园等建筑，建筑面积2万余平方米。80年代后，赫章发展土法炼锌厂7000多个，在青山兴建上海精锌厂赫章分厂。分厂冶炼炉、精锌升华炉、冷却塔，钢筋混凝土排架结构厂房，办公楼、职工住宅矗立厂区。（2）交通、机械工业企业建筑。有汽车修配厂、机械厂、农机厂、轻工机械厂20余个，其中规模较大企业有：毕节汽车运输公司汽车修配厂。厂房系钢筋混凝土装配式排架体系，由3个不等跨组成，有钢筋混凝土三铰拱屋架，6米长×1.5米宽预应力钢筋混凝土肋形屋面板，屋脊两侧设有通风光天窗，内设20~100吨位的钢筋混凝土桥式钢桁架行车、T型钢筋混凝土吊车梁。该厂装配的杜鹃牌大、中型客车，质量优良，造型美观大方；还进行各类大、中、小汽车的修理。毕节机械厂，是从20世纪50年代的劳改金工班发展起来的，设有铸造、锻压和金工3个车间和其他为生产服务的科室。20世纪60年代修建砖木结构单层厂房多幢。20世纪80年代末建有钢筋混凝土排架结构单装单层厂房，内设钢筋混凝土T型吊车梁桥式行车。此外还有空压机房、加料台以及办公楼、宿舍等建筑。全厂占地约60亩，建筑1万余平方米。地区农业机械厂，后改名振新机械厂。20世纪60年代初，建有4幢砖木结构厂房，建筑约2000平方米；20世纪70年代建有15米跨钢筋混凝土三角屋架砖混结构厂房，建筑1500余平方米，此外，有办公楼、仓库、试验室、住宅等建筑。

2. 轻纺工业建筑。毕节地区较大轻纺工业企业建筑有：

金沙窖酒厂（原名金沙回沙酒厂）。建于1917年。厂房原建在安底斗滩，故当时命名为斗酒厂，年产4吨。1957年在金沙城北9千米的大水、左新、沱村建两个分厂，其厂房为钢筋混凝土框架结构厂房，7000平方米；5层钢筋混凝土酒库，装有电梯；厂房内设有桥式行车，钢筋混凝土T型行车梁；45米高砖砌烟囱；职工宿舍、办公楼等配套设施齐全。

毕节酒厂。1942年创办，老厂位于河边，有两幢钢筋混凝土排架结构单层厂房，上有装配式钢筋混凝土三绞拱屋架，6×1.5米预应力钢筋混凝土肋形物面板，柱距6米，红砖填充墙体。车间内筑有窖坑，有桥式启重行车和电动单轨吊车。1985年，在纱帽山麓新建厂房两幢，为老厂房规模比的两倍多。构筑物上有圆筒仓，附近有高位水塔、45米高烟囱。设有5台锅炉，9台单轨起重机，8台皮带输送机以及斗提机、自动制机、池中衡、冲刷瓶机、酒罐、酒桶料斗、包装机等。为设备较先进的中型酿造企业。

毕节毛纺厂。系轻工部“七五”期间在毕节投资兴建的国有毛纺企业，位于毕节城东南郊双树路侧，占地9.7万平方米。房屋建筑3.92万平方米。主厂房结构类型属钢筋混凝土锯齿形体系。整体结构系装配式构件组成。柱网柱距为12.15米×12.15米。砂石垫层钢筋混凝土杯形基础，预制钢筋混凝土T型柱，预制12米跨通风大梁，七字形屋架，非预应力预制钢筋混凝土空板，二毡三油卷材防水层屋面。其结构为双梁锯齿形，在挑出成T字形的柱上，平行搁置两根钢筋混凝土预制落腹大梁，上铺钢筋混凝土天沟板，构成整个厂房的支风道。支风道一侧竖装钢筋混凝土预制天窗架的双层玻璃窗。锯齿形屋脊顶端设有钢筋混凝土预制排汽塔，塔内有活动调节板，使通风构件与结构构件合为一体。屋面板由搁置在落腹大梁上的七字形屋架支承。主厂房四周为6米单跨单层辅助用房，其中有4间相对的鼓风空调室，以及车间办公室、职工休息室、更衣室、值班室、厕所、储藏室、调度室。主车间两侧的辅助房设有夹层为主风道，使主风道与支风道相通。酿造车间在天沟内侧挑有钢筋混凝土悬臂小沟，以排去斜屋面望板上的蒸气水滴。为防潮防尘在烘层殿车间内墙壁上涂刷9遍聚氯乙烯。除染整车间为耐酸耐碱的菱苦土地坪外，其他都为水磨石地坪。装饰为配色水刷石墙面。辅助房多为钢门窗、夹矿棉板防火门，防火设备配套。整个建筑设计合理，布局紧凑，符合纺织生产要求。

毕节苎麻纺织厂。位于毕节市城区东郊3千米的杨家塘，厂址在毕节师范高等专科学校与毕节棉纺厂之间，全厂占地215亩，建筑5.76万平方米。主要厂房为脱胶、梳理、纺纱和织布车间，附属房屋为供电供水、污水处理、采暖通风、除尘等建筑。厂房系湖南省轻工设计院设计，毕节地区建筑工程公司承建。梳纺、织布车间为单层柱网装配式锯齿形排架结构。基础的柱网部分为独立钢筋混凝土杯形基础，部分为300沉管桩基础；附属房屋为200毫米厚素混凝土基层砖砌大方脚条形基础。柱网由12000×8400、12000×7200、9000×7200（毫米）基本柱网组成，柱顶标高4米。三角形屋架置于东西向的钢筋混凝土通风大梁上。车间屋面为钢筋混凝土预应力倒槽板，附属房屋面为钢筋混凝土预应力空心板。上安装钢筋混凝土预制天窗，风道板为预应力钢筋混凝土预制板。空调室部分为现浇钢筋混凝土墙体和楼盖。整个车间屋面保温层用膨胀珍珠岩；屋面防水为2布5胶。主车间的地坪工程有：菱苦土地面、耐酸地面和水泥砂浆地面。室内粉刷：顶棚为水泥砂浆抹光刷白；柱子刷可赛银；风道底刷水泥砂浆抹光后再作30厘米水泥膨胀珍珠岩保温层；外墙为干粘石。重型构件为：通风大梁中最大的为毫米1200×1500毫米，重6.8吨／品；柱子2.7吨／根；三脚架2.16吨／品；墙梁3.59吨／品。

毕节地区棉纺厂。位于毕节市东南郊望城坡，南隔清毕公路与毕节地区烟厂相对，西侧为毛纺织厂，东侧为苎麻纺织厂，北邻毕节市粮库。主厂房、机修车间、综合楼、职工宿舍等21项主体工程建筑4.38万平方米。工程项目由山西省轻纺工业设计院设计，毕节地区建筑工程公司承建。厂纺织车间建筑2.55万平方米，长159.72米，宽159.46米，呈方形。厂房属单层柱网锯齿屋面，预制装配整体式排架结构；四周附属房屋为单层砖混结构；柱网由8.4米×13.5米和8.4米×10米两种基本柱网组成，柱顶标高4.2米；主体结构为预制钢筋混凝土屋面盖板、双T型板、∏型天窗架、东西向风道梁、风道底板；柱为牛腿柱；基础为现浇杯形基础。四周附属房屋为6米跨度，屋面为长向钢筋混凝土预应力1.5米×6米空心板，东西附房端部设有总通风道，风道底板除空调室为现浇钢筋混凝土板外，其余均为预制板。预制构件最重的是通风落腹大梁，每品∏×1=2.1×13.5，9.8吨。屋面保温层为矿棉板，防水层为三布五胶。室内地坪有水磨石、菱苦土、耐酸瓷板、不发光水泥石屑及水泥砂浆地面。风道板处砌筑加气混凝土砌块后抹以水泥砂浆，外墙面装饰为水刷石。

毕节地区印刷厂。1954年兴建。位于毕节市城区南郭家湾。占地2.02万平方米；房屋建筑2.14万平方米，其中工业厂房2230.67平方米，职工住宅1.29万平方米。1988年扩建厂房4876.65平方米。1992年、1993年，先后新建职工住宅4500平方米、3773.26平方米。生产车间为钢筋混凝土框架结构多层厂房，位于贯城河西南岸，设计为灌注桩基承台承重基础。由于邻近河床，水位高，承担施工的地区建筑工程公司采用冲抓成孔加压排水浇灌施工工艺，完成混凝土浇灌工程。

毕节制革厂。厂址位于毕节市城区南郭家湾贯城河畔。占地14.5亩，生产用房及辅助生产用房1.16万平方米，职工住宅3304平方米。拥有主要设备300多台（套），固定资产（原值）241.5万元。

3. 化学工业建筑。化学工业建筑有：毕节干电池厂、塑料厂、毕节地区化肥厂。其中毕节地区化肥厂规模最大。该厂位于毕节市鸭池镇头步桥清毕公路左侧。1966年兴建，1971年投产。初建时，生产规模为年产5万吨合成氨、2万吨碳酸氢氨。1984～1994年，先后5次技改，形成年产4万吨合成氨、6万吨尿素、2万吨碳酸氢氨的生产能力，并能生产复合肥、普钙、硫酸。该厂占地总面积9.56万平方米，其中生产经营占地7.19万平方米，生活福利设施占地2.62万平方米，建筑物2.78万平方米，职工住宅1.95万平方米。生产尿素的主厂房，为钢筋混凝土多层框架结构，高30米，各楼层装有生产和其他设备。其基础为人工挖孔钢筋混凝土灌注桩基础。二氧化碳压缩车间为大型运转设备厂房。厂房内设有15吨桥式行车1台，厂房结构为钢筋混凝土排架结构。设备采用铆板式基础，厂房下为钢筋混凝土灌注桩基础。20吨、26米高锅炉房，为二层钢筋混凝土框架结构。锅炉安装在2层。1979年建的干煤车间屋面结构为芬格式钢木组合屋架。工业循环水系统，由集水沟、热水循环池、冷热水泵房和16米高的钢筋混凝土3层冷却塔组成，供生产用水循环使用，以减少污水排放和节水。直径为800毫米的合成框架以及用于设备安装、检修操作用，高40米的钢筋混凝土构筑物，其基础均为钢筋混凝土板式基础。此外，还有64米高的尿素选粒塔、32米高的精炼框架、35米高的的砖砌烟囱。

4. 建筑材料与建材工业。（1）木材。明代、清代乃至民国时期的房屋建筑，无论官署、寺庙以及民宅，多为木构瓦顶房屋。木材量少，多靠外地调入供给建筑市场。（2）石料。毕节地区石料资源非常丰富，而且质地优良。明、清以来，城垣建筑用石头，房屋建筑多以石为基础，以石为坎，以石为阶。岩石均为水成岩，可开采的石料有3种：一是青石，石料层次均匀，质地坚韧，可根据建筑要求开采成形，有的用于刻石碑、立牌坊，有的用筑堤坝、砌保坎，有的用于建房基、砌梯级；二是石灰石。石灰石蕴藏量十分丰富，织金、赫章以及毕节大桥等地的石灰石煅烧的石灰，质地细腻，颜色纯白，黏结性强，除用于浆砌墙体外，大量用于室内粉刷。最主要的还有大量可煅烧水泥的石灰石，还有能煅烧白水泥的低铁石灰石。另外毕节地区还出产可作建筑装饰板的瓷土和石膏。织金、纳雍、大方县大理石储量丰富，经查明藏量达191.5亿立方米，质地优良；主要以“晶墨玉”“残雪”驰名国内。毛主席纪念堂、首都机场、八达岭长城碑亭都选用织金大理石。1985年，织金、纳雍正式建立大理石厂，大量生产。1986

年，全地区有织金东山大理石厂，纳雍县大理厂、龙场镇大理石厂。这些厂生产的产品远销上海、广州等地。（3）砖瓦。毕节地区烧制砖瓦有悠久历史。从毕节市城郊虎踞山、文峰阁、杨家塘和赫章可乐镇出土的汉墓中，发现用黏土砖砌建墓室，并有大量的陪葬陶艺品。出土的汉砖多为米黄色，有一尺方砖、楔形拱券砖、墙砖。楔形拱券砖长8寸4分，顶宽8寸2分，底宽6寸，厚2寸1分，顶底呈菱形，格内浮雕类似东汉时期龙虎纹印饰面，制作精致，敲击时响声如磬。墙砖长1尺，宽5寸，厚2寸。元代后，民居屋面的小青瓦，庙宇屋面的筒瓦、瓦当、瓦舌等都是黏土烧制的。康熙二十六年到同治十三年（1687~1874）的180多年间，毕节在东门、南门外，建大小横街、威宁街，城附近的殷官屯、洪家山，西门外和城北文笔山下，建起许多砖瓦窑，烧制各型青砖青瓦，其种类有空斗墙砖、民居墙砖、铺地方砖，9寸厚的空斗维护墙体的青砖、5寸小青瓦。这些建筑材料一直烧制到民国末年至中华人民共和国成立初。中华人民共和国成立后，建材工业兴起并不断发展。1953年，地区公安处劳改科在城南洪家山建立劳改砖瓦场，用手工烧制黏土砖。1958年，该厂交地区工业局管理，改为毕节地方国有砖瓦厂，用机械年生产800万块标准砖。1988年撤销。此期间，各县亦建有规模不等的砖瓦厂，生产砖瓦供建筑所需。1985年，毕节县委托毕节城乡建筑设计室设计，毕节建材建筑公司施工，建设毕节县页岩砖厂，建节能平顶隧道窑，采用三混两搅，湿塑成形，人工干燥技术焙烧砖坯。1988年10月～2005年，生产优质标准页岩砖3000万吨，供应毕节建筑市场。（4）水泥。毕节地区有着丰富的石膏和质地优良的石灰石，为水泥生产提供良好的自然资源。中华人民共和国成立前，毕节地区不生产水泥。建筑用水泥靠外购。1957年，毕节地区建筑公司在城北倒天河畔，建厂生产水泥，由于设备简陋，效率很低，很快停产。1966年，开始筹建地区国营水泥厂。之后，各县亦相继建起一些小型水泥厂，生产水泥供本地建筑所用。地区水泥厂为全地区较大规模的水泥生产厂，位于毕节市城区东南约3千米的清毕路和贵毕路出城段一侧，1976年建成投产。建厂初年产水泥5万吨，1986年技改后，提高到10万吨。建筑面积9266平方米，由贵州建筑设计院设计，毕节地区建筑工程公司承建。厂内设备有：Φ2.5X10米机械化立窑1座，Φ2.5×5.5米球磨机2台，Φ3米选粉机2台，Φ28成球机1台，其他烘干、破碎、提升、运输、包装等机械设备共90余台，装机1384千瓦。土建工程有30米高钢筋混凝土立窑房、15米跨距钢筋混凝土落腹梁烘干机房，25米高钢筋混凝土提升架、14座直径765米钢筋混凝土斜漏斗，砖混结构的碎石、生料、熟料的水泥圆筒仓，45米高砖砌烟囱。（5）水泥预制构件。1979年，国有企业开始引进制作非预应力钢筋混凝土翻转脱模空心楼房面板和素混凝土空心砌块技术，在房屋建筑中推广使用。80年代在全地区普遍推广使用。1983年，全地区生产水泥预制构件3357立方米；混凝土砌块1.6万立方米。1986年，全地区有建材企业12家，从事各种预制构件生产。一些建筑企业，在施工现场因地制宜就地生产预制构件，自产自用。

5. 烤烟、卷烟工业建筑。（1）烟叶复烤工业建筑。20世纪70年代前，尚无烟叶复烤工业。80～90年代，先后兴建8家烟叶复烤厂，每年烤烟叶10多万吨。1977年，地区在毕节城东5000米的鸭池乡原地区纸厂的厂址上兴建毕节地区烟叶复烤厂，占地10.7万平方米，房屋7.56万平方米；设备有烟叶抽梗、复烤生产一条线，微波复烤机10台，年复烤烟叶8万余吨。主要建筑有大跨度钢筋混凝土全框架结构烟叶复烤车间，钢筋混凝土多层框架烟叶仓库和15米跨钢拉杆半砖砖拱仓库，5层砖混结构办公楼及职工住宅楼等。（2）卷烟工业建筑。民国年间，毕节富商刘熙乙兴办卷烟厂，规模较小。1972年，毕节地区在毕节城东北部的东关坡建毕节卷烟厂。1981年扩建，迁建于毕节城南望城坡。毕节卷烟厂占地30万平方米，房屋总建筑16.7万平方米。主要建筑有：多幢钢筋混凝土多层全框架生产车间，基础为人工成孔钢筋混凝土灌注桩；多幢钢筋混凝土全框架或半框架仓库、发酵房及砖混结构办公室、食堂、服务楼、职工住宅；有45米高的砖砌烟囱和钢筋混凝土框架高位水塔。拥有90年代先进水平的八大专机200多台。除国产设备外，还先后从美、英、意等国引进制丝机、卷烟机组和自动包装机组。引进设备占全厂设备总数的30%。年产卷烟37万大箱。

**交通建筑**　汽车站场分别设在各县市城区，均属于毕节汽车运输公司。

1. 毕节汽车站。1987年国家交通部拨款150万元，省拨款450万元，拆除旧车站站房，改建为占地1.1万平方米的新汽车站，其中钢筋混凝土框架结构主体建筑4600平方米，包括1200平方米候车大厅，270平方米售票厅；6层框架结构办公楼1000平方米；发车库4个和保养库12个，共1200平方米；行李房、货运处、询问处共430平方米。货运站为钢筋混凝土排架结构，6×1.5米大型预应力钢筋混凝土肋形屋面板，沥青油毡防水屋面，内设有单轨吊车。毕节东客站。2008年竣工投入使用，投资近2000万元，占地面积70.26亩，主体工程5560平方米，停发车场地2万多平方米。

2.大方汽车站。50年代建，原在交通路北段，占地2298.1平方米，站房建筑面积593.92平方米。1989年12月，改建在县城西大纳公路东侧，占地1.2万平方米，站房三层，砖混结构，建筑面积3124平方米，房后为停车场。

3. 黔西县汽车站。占地8789平方米，50～70年建的砖木结构建筑面积2994.14平方米。80年代新建砖混结构综合楼，内设售票厅、候车厅、办公室、发车库，建筑面积986.31平方米。

4. 金沙汽车站。占地8846.88平方米，车站用房为砖木结构，建筑面积面积1512.16平方米。

5. 织金汽车站。1976年在城西征地8.6亩兴建，设有办公楼、售票和候车厅、发车库，建筑面积1672.12平方米，职工住宅面积825.84平方米。

6. 纳雍汽车站。占地1000平方米，有砖混结构用房1幢，建筑面积500平方米，停车场500平方米。1998年建新站，站房为框架结构5层楼房，内设售票厅、候车厅、办公室、发车库，建筑面积2000余平方米。

7. 威宁汽车站。50年代建站，站址在葡萄井。1986年，在城北建新站，设有售票、候车、发车、办公室。建筑面积1270.29平方米，停车场面积4200平方米。

8. 赫章汽车站。20世纪40年代为西南运输处赫章汽车站，中华人民共和国成立后在原址建新站，有砖混结构售票、候车、发车、办公等用房4幢，建筑面积1500平方米，混凝土硬面停车场面积2811.06平方米。

**邮电通信建筑**　从清末在大定府创设电信、邮电机构起，到民国时期设立邮局、电信局，均系租赁私人临街房屋营业，未建邮电业务用房。1951年1～6月，全专区邮局、电信局合并为邮电局后，专署将原国民党毕节在乡军官联谊会在清毕北站经管的八一三饭店4层砖木结构楼房1幢拨给毕节邮电局办公营业，建筑面积260平方米。各县邮局系租赁或购买民房办公营业。1985年，地区邮电局新建电信综合大楼1幢。大楼系钢筋混凝土框架结构（局部砖墙承重），为设地下室的5层楼房，建筑面积1847平方米。基础为4米、三支点，钢筋混凝土带形基础；屋面非预应力预制混凝土大孔空心板楼屋盖，满铺钢筋网片，系刚性防水屋面。功能布局有：载波机、载波电报机、自动电话交换机、移动无线电话微波机、长途电话操作室、电力室、柴油机房、电话机械设备房等用房。1998年，电信局将临街1幢大楼拆除，动工兴建21层电信综合大楼。

商贸建筑　中华人民共和国成立前，各县城商号门市多沿用清代所建的瓦顶木结构房屋。20世纪20年代，毕节商人李春亭在大横街南口东侧仿昆明少白大酒楼式样兴建少白楼建筑群。临街是店铺；店铺后是四合院，四合院左右厢房是厨房和客房；四合院正房是酒楼。酒楼为5层亭阁建筑，由8根圆木柱落脚支承房屋群体、穿斗抬瓜挑檐，高9米多，飞檐重叠，每层有菱花雕窗，是当时毕节一优秀建筑，占地约70平方米，建筑面积300余平方米。酒楼所用瓷器全是江西景德镇烧制，所用瓷器上均有少白楼3字。30年代中期停业。1958年建人民剧场时将酒楼拆除。40年代初，毕节大商人刘熙乙创办恒猪公司，在箱子街距东关桥不远处南侧建1幢砖木结构硬山式瓦房。该房系斗砖砌墙体，人字屋架，木质玻璃窗，车制细圆木防护条，木楼板楼3层，占地230平方米，建筑面积582.5平方米。中华人民共和国成立后该房屋为地区供销社所有，1997年拆除。同时，在中华北路开稻香村糕点店的商人曾鑫泉，在威宁路开布匹店的商人吉振华、罗德泽，在清毕北路口开八一三饭店的毕节在乡军官联谊会等均建瓦顶3～4层砖木结构西式楼房。1950～1984年间，毕节地区国营商业系统按行业陆续修建办公、营业、仓库、生活服务等配套建筑。据1985年统计，全地区共有商业用房47.84万平方米，其中国有33.31万平方米，占69.8%；集体10.46万平方米，占21.9%；私有3.6万平方米，占7.5%；其他4060平方米，占5.8%。1985～1990年，新建国有商业服务用房共5.86万平方米，集体商业服务用房共2.12万平方米，各县商业门市和服务馆所大都改建、扩建或新建。

附：

## 毕节地区1950～1990年建设商贸建筑选介

毕节百货大楼　位于砂石路和清毕北路交接的丁字路口。1956年建，砖木结构，为封闭式商场建筑。建筑为木房架、木檩、木椽、青瓦屋面、木质门窗，两面临街，临砂石路一端为圆弧形。大楼为石基础，青砖墙，木楼板，木楼梯，高3层均为营业厅，建筑面积1854.96平方米，为50年代初期较大型建筑。毕节地区建筑公司设计和施工，这时期各县城也修建百货公司门市楼房。

地区百货公司二门市综合楼　1974年建于清毕南路，属壳扁平砖拱楼层，高4层，一层为营业厅，2～4层为住宅，1/4砖扁平拱，每层均浇灌钢筋混凝土圈梁，平毛石基础，青砖墙体，底层为白石子水磨地坪，楼道为水泥砂浆地坪，木质门窗，平屋顶围绕空花女儿墙，楼层后外廊进宅，建筑931平方米。

**毕节市南桥商场** 亦称桥边饭店。位于威宁路口南关桥头南侧。1974年建，为两面临街凹形砖混结构建筑，主体5层，其他4层中，1～2层为营业厅、理发室，3～4层为旅社部、办公室。各层均为水磨石地面，木质门窗。建筑面积4600平方米。是当时毕节县城一大建筑。近年来，外墙装饰以贴面瓷砖，用大理石镶嵌橱窗门柱。毕节建筑一公司施工。

**地区民族贸易公司大楼** 位于威宁路、威西路、桂花路、镇南路交接的十字路口北侧，南临威宁路、西临镇南路。1989年建，钢筋混凝土框架结构，8层，建筑6394平方米。1～2层为营业厅、3层为仓库，其他为地区民族宗教局办公用房。楼屋面结构为现浇钢筋混凝土框架梁铺以预制钢筋混凝土空心板，转角处钢筋混凝土梁成翼形射出状，形成翼角斜出短挑檐（盖以水泥防琉璃筒瓦）。屋顶上有攒尖八角亭，六方嵌玻璃并设椅作望月亭，可俯瞰城垣。主楼南临威宁路东侧一壁用彩色马赛克饰面，上塑民贸大楼4个浮雕大字。1楼门面为大理石装饰，其余外墙以白色贴面砖。三楼设有露天阁廊，廊上装有玉兰灯杆和彩色玉兰花灯。铝合金门窗，设有楼梯和电梯。由毕节地区建筑设计室设计，广东珠海一公司施工。

**毕节地区百货批发公司大楼** 位于松山路西侧。1986年建，钢筋混凝土框架结构，8层，建筑4588.3平方米。底层门面和营业厅方形柱装饰以晶墨玉大理石，悬臂大雨篷，外墙嵌茶色贴面砖，各层均为水磨石地坪，铝合金门窗柜，窗嵌茶色玻璃，门为铝合金卷帘。1～3层为营业厅，其他层为货仓、办公等用房。主楼南后侧设有钢筋混凝土圆筒体电梯，圆筒体外壁为钢筋混凝土螺旋人形楼梯，圆筒顶上为玻璃幕墙八角攒尖亭阁，在亭内可环视和俯瞰市景。筒体、亭阁与主楼浑然一体，显得古朴典雅。

**经济技术文化交流中心** 建于毕节市城区经济交流中心洪山开发片区主干道桂花路上，前面临桂花路，长约116米；南临文化路，长约60米；北毗邻地区公安消防指挥中心，长约113米，后（东）临生活路，长约88米。占地13.3亩，建筑2.22万平方米，为综合性服务大楼。主楼为钢筋混凝土框筒剪力墙结构，塔楼，17层（含地下室），高65.6米，建筑面积1.19万平方米。1～3层为商场，裙房7375平方米，作地方名优土特产、农副土特产品等经销用。设常年用展销厅12个，每个展厅150余平方米，共1800平方米，作8县市和地直单位展销其产品所用。4～7层和第16层为办公业务、科技展览、培训以及娱乐等用房。此外，还有邮电通信室、金融办公室、营业室、建筑面积各40平方米，地下室610平方米，可停小汽车10余辆。8～15层为宾馆，建筑面积5740平方米，设有中高档套房104套，均有暖气设备，高档房间有空调设备。5层有100余平方米的大会议室、50余平方米的小会议室。6层为8县市常驻用房以及烹饪、面食加工、食品储藏等，建筑400余平方米。设有500余平方米的大餐厅。另有高级餐厅、高级客房设在17层，屋顶为观景娱乐露天茶座。横式铝合金窗带，重点部位镶嵌彩色玻璃。塔楼内筒为电梯井，筒外为双跑钢筋混凝土人行楼梯，楼梯外沿为铝合金栏杆。塔楼的入口方位和塔楼前的道路、花坛、喷水池、水榭、草坪、花木及不锈钢花饰栏杆等的布置，协调、幽雅。中心为贵州工学院设计，由国家中建四局二公司施工，1997年全部竣工。

**毕节地区百货大厦** 位于桂花路。1990年兴建，钢筋混凝土框架结构，5层（含地下室），建筑面积1735平方米，前（西）临桂花路，右（北）临市场路，两街转角为圆形，左（南）与经济技术文化中心大厦连接，属该中心的裙房建筑。大厦为封闭式商场。外墙饰以条形瓷砖，晶墨玉大理石嵌贴门柱，横式铝合金窗嵌以大幅茶色玻璃，底层为陶板地面，其他层为水磨石地面，内墙涂瓷粉。平面布局为井式环行回廊商场，中设施转悬臂楼梯，1～3层为营业厅，第4层为办公、仓库等用房。屋顶为露天花园，地面铺茶色陶板，建有曲径、花合、鱼池、葡萄架、假山，并点缀各式优雅彩灯，花园中设有露天茶座。系贵州工业大学设计，中建四局二公司施工。

金融建筑　1938年，国民政府所属中央银行、农业银行、交通银行、合作金库等金融机构均在毕节设分支机构。几家银行皆是租房营业。1945年8月后，国民政府在毕节所设金融分支机构先后搬走，仅存贵州银行在毕所设分支机构，亦是租用房屋办公营业。中华人民共和国成立后，金融业逐步发展，陆续新建房屋作办公营业用。50年代初，工商银行毕节县支行在清毕北路东侧建3层砖木结构综合楼，建筑面积1000平方米；人民银行毕节专区支行改建珠市路东侧的旧贵州银行办公营业用房，建筑面积2000平方米。70年代末~80年代初，工商行毕节地区中心支行在松山东路侧兴建5层砖混结构综合楼，建筑面积2000平方米，钢窗、水磨石地坪、外墙墙体贴褐色贴面砖。综合楼为地区建设局设计室设计，地区建筑公司施工。1981年，毕节地区保险公司在松山路与新华路转角处建高6层砖混结构，两面临街，弧形转角，建筑面积1158平方米办公、经营用房，底为营业厅，2层为办公室，3～6层为职工住宅。80年代后，人行、工行、农行、建行在各县设立的分支机构相继兴建各类用房。1990年，建行毕节地区中心支行在毕节县桂花路两侧建钢筋混凝土全框架结构，建筑面积4200平方米的综合性大楼，主楼11层，附楼4层，外墙装饰白色瓷砖，内墙涂仿瓷粉。主楼为钢筋混凝土桩基承台基础，其他为钢筋混凝土十字交叉带形基础，楼层为彩色水磨石嵌玻璃条地坪，底层和顶层为花岗岩地坪。大楼内设营业大厅、大小会议室、办公室、微机室、舞厅、职工娱乐室、电梯井、总机屋。主楼与附楼设计关系协调，附楼的屋顶为主楼侧的花园。建筑造型平面空间组织自成体系，内部装饰堂皇，重点部位嵌以彩色玻璃，衬以金色不锈钢圆柱和大理石方柱、花岗石地坪。整幢建筑与前面的花坛、常绿灌木丛和广玉兰浑然一体。该楼房为贵州省建设银行建筑设计研究所设计，广东珠海建筑一公司毕节工区施工。1992年，建设银行毕节地区中心支行在支行大楼后兴建干部培训中心服务大楼，7层，全框架结构，建筑面积4000平方米，设计引进全新宾馆概念，集标准客套房、娱乐室、餐饮室、停车房等功能于一体，内部装饰华丽。农行毕节地区中心支行1990年建，在桂花路建行毕节地区中心支行对面。主楼9层，局部10层，不含地下室，建筑面积4017平方米，全框架结构。办公营业大楼两面临街转角处为圆弧形，圆弧部分为茶色玻璃幕墙到顶，悬臂大雨篷，铝合金门窗。门厅为铝合金大幅茶色玻璃落地推拉门。内部为水磨石地坪，部分贴彩色地板砖，内墙为仿瓷粉墙面。外墙贴条形瓷面砖并用花岗石装饰墙垛，大雨篷沿边塑以“中国农业银行毕节地区中心支行”金色大字。建筑内部的平面空间组织与建筑体型的关系紧凑合理，使用功能完善，设有钢筋混凝土双跑步梯和电梯。地下室为停车房和货物库。该建筑为中建四局科研设计所设计，中建四局二公司施工。是年，建行赫章县支行建成高5层，局部6

层的半框架结构业务楼，外部设全铝合金门窗，竖向为铝合金窗嵌大幅茶色玻璃形成的幕墙，门后为圆弧形。1991年，人行织金支行兴建一幢建筑面积2020平方米的综合楼；织金县保险公司兴建7层、全框架结构、建筑面积1160平方米的综合楼；建设银行织金县支行兴建9层、全框架结构，建筑面积2100平方米的业务大楼，基础为振管成孔灌注桩，贵州工业大学设计研究室设计，织金城乡建筑公司施工。

**文化事业建筑** 20世纪30~40年代，各县城都没有文化公共设施。有些年份，毕节、大定、黔西、织金等县城，有四川艺人在庙宇中唱川戏。各县城在民房或庙宇中设民众教育馆，但很少开展文化活动。毕节民众教育馆设在今地区工会址，1幢2层土墙，木结构瓦顶建筑，由民教馆与工会共用。抗日战争初期前，毕节县曾在广惠路文庙西门内过厅设简易图书馆。1938年，在文庙设省立毕节师范学校后，原图书馆房舍成为学校教职员宿舍。1940年，镇雄土司安蕴时、安恩普、安平山集资在毕节中华北路建蟾宫大戏院。戏院系砖木结构、人字屋架、四面落水小青瓦屋面，青砖外墙，板灰条假排面，土筑外围墙，木枋铺镶戏台，木长条凳，建筑408平方米。1947年，剧院毁于火灾。中华人民共和国成立后，文化事业建设逐步发展。1988年统计，全专区有电影公司9个，电影院（含影剧场）37座。1959年，毕节专区规划拟在毕节城区中华南路与砂石路交接处兴建剧场，1966年建好排面后停工，1979年续建竣工。剧场高4层，砖混凝土与钢筋混凝土结构，平毛石基础，青砖砌体。观众厅为21条跨芬克式钢屋架，18米台口钢桁架梁，型钢檩条，配钢筋水泥大瓦屋面，由门厅、观众厅、舞台组成。观众厅为弧形、12%的视线坡度，设2层钢筋混凝土悬臂挑楼和挑厢。楼座阶梯由门厅两侧步上，楼座有疏散长廊。舞台为木枕上铺木枋再胶贴五合板上漆，能满足弹性要求。舞台能满足演出大型歌舞剧，台前设乐池。舞台后两侧为卫生间、化妆室、道具室。剧场2100座。门厅楼层为放映室、机房和休息室。建筑面积4600平方米。立面仿罗马教堂式样，于门厅前设6根1米直径锥形圆柱，中间4根分两组并立，下有须弥座方形柱础，柱顶嵌塑上大下小方形柱帽承托，造型别致。建筑最初设计者为宋尚达，毕节地区建筑工程公司修改设计并施工。全区共有新华书店8个，建筑面积3700平方米。1975年，地区新华书店在毕节中华南路与砂石路转弯处建，半框架砖混结构；两面临街，转角库凹型立面，为当时设计最新颖的综合性大楼；楼高4层，钢筋混凝土现浇屋顶，大框架橱窗，每层均为白石子水磨石地面，底层为图书营业厅，楼层为办公室、会议室、图书发行和业务洽谈室等，建筑面积1033平方米。建筑位于老河床地带，采用毛石混凝土和平毛石相结合的基础。地区建筑工程公司设计并施工。1979年，地区广播电视局在毕节城北郊海拔1700米的纱帽山顶建电视转播台。上建机房和50多米高的发射铁塔。1986年4月建卫星地面接收装置。1988年，全地区8个县文化馆建办公经营用房，建筑面积6120平方米。全地区共有县图书馆8座，建筑面积1924平方米，这些图书馆房全都较简陋，到1988年共藏书45.73万册。90年代，全地区已兴建电视转播（差转）台82座、电视卫星地面接收站29个。1966年，地区图书馆大楼建成投入使用。大楼位于桂花路东侧的文化路，占地14.2亩，建筑面积6400平方米，规模为藏书50~100万册。整个建筑由3个八角形的7层书库合成的主楼和4层的裙楼组成。除书库外，还有8个成人阅览室、2个儿童阅览室、1个老年阅览室和各类办公室、会议室，可容纳800~1000人同时阅览。主楼为机械冲抓或孔灌注承台桩基础，裙楼钢筋混凝土条形基础；预制预应力空板楼面；现浇钢筋混凝土屋面。八角形书库主楼底层设有约2米高的缓冲层，可满足和开辟内外交通路线、采光、视线的要求。主楼与裙楼间，各层均以回廊连通。内部装饰简洁，水磨石嵌玻璃条地面，铝合金门窗，重点部位镶嵌晶墨玉大理石。外墙嵌白色条形贴面瓷砖。时为贵州省地、州、市较大图书馆。贵州省建筑设计院设计，毕节地区建筑工程公司施工。1997年，地区广播电视局报经国家电视总局批准建立毕节电视台，覆盖毕节大部分地方和川滇黔3省毗邻11县（市）部分地方。1999年，在毕节城区洪南路动工兴建14层地区电视台框架结构的电视大楼，建筑面积5100平方米。2009年，在毕节城区南部新区碧阳大道南侧建设毕节市科技文化中心（“一院三馆”），包括影剧院、博物馆、科技馆、图书馆、地下车库等，总用地面积114945.2平方米，建筑总面积76336.05平方米。

**体育事业建筑**　中华人民共和国成立前，均未建筑过标准合格的体育设施和训练场地。毕节、织金县以清代练兵场作运动场。各县修筑几个至十几个土质篮球场作运动场，这些篮球场多设在学校内。新中国建立后，政府重视和发展体育事业，陆续修建一些体育设施。据1988年统计，全地区有简易田径场3个、简易游泳馆2个、混凝土面篮球场497个、排球场14个、射击场3个。其中规模最大较为标准的是毕节地区体育中心。1988年，中共毕节地委、毕节地区行署决定在毕节威宁路与清毕路交汇处建毕节地区体育中心。建成后的毕节地区体育中心，前临威宁路与教育学院，北接毕节运输公司汽车保养场和贵毕公路高架桥，与阳山公园隔路相望的翠屏村三板桥。中心长3.2千米、宽280米，占地131.4亩。体育中心由体育馆、综合练习馆、游泳馆、田径运动场组成，是现代园林式体育建筑群，建筑面积4.2万平方米。田径运动场位于体育中心南角，坐南朝北，除用作田径、足球训练竞赛外，还可用作召开万人以上集会的场地。田径运动场由主席台、门厅和两端圆弧看台组成。其最大长度210米，最大宽度130米，东西两端各设15级看台，南北两方各设10级看台，看台底下为6380平方米的各种体育用房。运动场2.86万平方米，可容纳1.56万人观众。运动场设有出口通道门6道。主席台前正中设有现浇钢筋混凝土人字双分楼梯。椭圆形看台的圆弧两侧各设有楼梯2道，形如龟脚。主席台下层两端的第二开间各设双跑楼梯上主席台。在主席台下层前设4条100米室内跑道长廊，有6个水冲式厕所。田径场正门一侧为体校用房，另一侧为教室，每间教室可容纳50名学生上课。弧形段看台下最下层为运动员宿舍、器械训练房、保管室；楼上为招待所，可容纳200人住宿就餐，有餐厅1个，男女浴室各1个。运动场中设有104米×68米国际标准的绿茵足球场，有8条36米半径的半圆式400米标准跑道。有跳高、跳远、三级跳远、撑竿跳高、标枪、铁饼、铅球、链球等标准田径场地和3000米标准障碍跑场地。主席台上可容200人就座，主席台的顶盖挑篷为12米跨现浇钢筋混凝土悬臂梁板，上有冷胶布防水层。主席台顶盖置于挑蓬后端，利用空间的架空部分作广播、评论、新闻录像室。主席台侧还设有两用食堂各1个，供领导人、来宾和运动员就餐。主席台上设有6排固定刚性玻璃靠背椅，其座面镶嵌400毫米×300毫米×30毫米灰白色大理石。主席台设水曲板后墙裙，银色镀锌管杆，石膏板顶篷涂刷白乳胶。台后外装饰为乳白色大理石钢砖外墙贴面，框架柱梁及斜梁镶嵌乳白色大理石和8块嵌贴红色花岗石的预制半圆形装饰板。底层有圆形大雨篷，铝合金板和周边墙板喷涂黑色聚酯漆，光亮夺目。运动场中的足球场与田径场是按国家和国际标准设计的，其基层是在自然土上铺以小块石、碎石、粗细炉渣、锯木末作隔离层，再铺以细炉渣、高黏土、石灰，按比例配合成跑道面料，弹性强，软硬适度，并能阻止泥沙渗入基层，同时方便以后翻修面层。弯道坡度按设计标准施工，满足于惯性安全要求。跑道面层的铺筑精细，温度合适，平整度高，碾压适度。田径运动场设有两条内外环沟，22条盲沟，填以滤水性强的猫头卵与内环沟相通，构成排水网络，雨后15分钟内场地积水即可完全泄出。足球场面层铺以沃土种上草，还设有喷水设施，可使跑道保持湿润和足球场草坪保持常绿。体育馆为体育中心的主体设施建筑，全框架、跨度54米×54米网架结构，建筑面积6686平方米，可容纳观众3500人。馆内设通道门8道，楼上4道供观众出入，楼下4道供工作人员、运动员、宾客出入。设主席台、裁判台各1个，可各容70人左右。设常用电路2对，应急电路1对、电动记分牌2块。体育馆正门楼下两侧为体委机关办公用房、总机室；右门楼下为运动员、裁判员、休息室；左门楼下为贵宾休息室、会议室；后门楼下设可供台球、音乐、舞蹈、象棋、围棋比赛等多功能厅堂，内设水冲式厕所各4个。场内地面为拼花木地板。综合练习馆建筑面积3459平方米，内设篮球馆、排球馆、羽毛球馆、乒乓球馆、体操馆、武术馆、摔跤馆、击剑馆、举重馆、器械训练室等10个馆室。每个馆室设器械保管室、运动员更衣室等功能设施。游泳馆建筑面积3833平方米，2层框架结构，可容纳观众800余人。内设50.01米×25米标准游泳池1个，装有电子计时触板；设泳道10条；池浅端1.8米，深端2.1米；池底、池壁均镶嵌白色瓷砖。馆内设通门3道、楼上前后各1道供观众出入，正门楼下1道供工作人员、裁判人员、运动员出入。正门楼下设男女更衣室、男女浴室、消毒池各1个，还设有办公室、保管室、水下观察室、厕所各1个。附属工程有容2个3吨无烟煤锅炉的房屋1座，机器房1座、并设水净化、水消毒等设施。整个体育中心建成后，可成为省级、国家级高水平运动员高原训练的良好基地。2011年，对体育场进行改造，增加观众看台钢结构屋面等。

**教育事业建筑**　50～70年代，教育机构的各类用房，一部分利用中华人民共和国成立前留下的木结构、少数砖木结构的老房屋（多是危房）；50年代后期修建部分教学用房，设计只能考虑坚固、适用，未考虑标准、质量。

1. 小学教育建筑。据1998年统计，全地区有小学3173所，校舍185.25万平方米，其中毕节市494所，38.46万平方米；大方县502所，23.37万平方米；黔西县417所，18.78万平方米；金沙县327所，21.66万平方米；织金县395所，19.03万平方米；纳雍县333所，23.29万平方米；威宁县398所，22.97万平方米；赫章县307所，17.69万平方米。至2011年，全地区有小学2817所，校舍295.63万平方米。其中规模较大的学校有：

毕节市第四小学，为全地区最大一所小学。1975年，在公园路西侧建1幢4层砖混结构的教学楼，建筑面积1032.6平方米。1984年地区行署和毕节县政府拨款48万元，在学校大操场南侧兴建1幢4层混合结构教学楼，建筑面积2330平方米。1996年，在学校东北侧原校门处（公园路与桂花市场转角处）兴建3幢新颖的5层教师住宅楼，总建筑面积7840平方米。

毕节市第一小学。占地6900平方米。1980年建成砖混结构青砖墙体3层教学楼，建筑面积

1300平方米；1991年建成砖混结构水刷石墙体3层教学楼，建筑面积1020平方米；1993年集资建成6层砖混结构教师宿舍，建筑面积1200平方米；1997年8月建成5层框架结构教学楼，该楼造型美观，正面钢砖贴面，铝合金门窗，建筑面积1500平方米。

大方县城关小学。占地面积8665.63平方米，70～80年代建3幢砖混结构教学楼，建筑面积3522.6平方米。

黔西县第一小学。占地面积62.17万平方米，校舍建筑面积共4281.32平方米，教职工宿舍面积1642.24平方米。

黔西城关第三小学。占地面积1.12万平方米，公用房建筑面积1787.36平方米，教职工宿舍1592.42平方米。

金沙县城关第一小学。校舍建筑面积2300平方米。城关第二小学，校舍建筑面积2400平方米。

纳雍城关第一小学。教学用房1817平方米，教师住宅面积1948平方米。

威宁城关第一小学。占地面积34亩，校舍面积6315平方米。

赫章城关第一小学。占地面积16亩左右，建有公用楼房1幢，面积2908平方米，3层砖混结构教职工住宅1幢，面积2027平方米。

2. 普通中学建筑。据1998年统计，全地区有普通中学182所，校舍建筑面积56.41万平方米。其中毕节24所，11.49万平方米；大方县34所，86.91万平方米；黔西县19所，7.02万平方米；金沙县29所，8.34万平方米；织金县15所，4.73万平方米；纳雍县15所，5.44万平方米；威宁县29所，5.44万平方米；赫章县17所，5.26万平方米。至2011年，全地区有初中392所，普通高中81所，校舍面积分别为165.2万平方米和89.38万平方米。其中规模较大的学校：

毕节第一中学。位于毕节桂花路，占地面积4.53万平方米，建有混合结构、砖混结构、钢筋混凝土框架各类房屋26幢，面积2.62万平方米。为贵州全省校舍最好的学校之一。

毕节第二中学。位于毕节市城区东文峰路，占地面积近2万平方米，房屋面积9776平方米。

大方县第一中学。位于交通路，有中华人民共和国成立前留下的房屋和20世纪50～80年代兴建的各种结构办公和教学用房27幢，面积1.1万平方米。

黔西县第一中学。占地面积3万多平方米。1999年，有混合结构教学、礼堂、图书室等公用房屋5683.13平方米，教师宿舍4427.72平方米。

黔西县第二中学。位于大府坝，占地面积1.25万平方米，原有各种结构公用房屋3621.9平方米，教职工宿舍3295.69平方米。1986年新建砖混结构实验楼1幢，1171.6平方米。

金沙县第一中学。占地面积4.58万平方米，有各种结构的公用房屋14幢，7954.6平方米。

织金县第一中学，占地面积2.33万平方米，有砖混结构4层教学楼1幢，2200平方米；5层教学楼1幢，2000平方米；3层实验楼1幢，1000平方米；食堂250平方米；教师宿舍1215平方米。

织金县第二中学。占地面积6.13万平方米，教学用房3749平方米，办公用房1265平方米，教职工宿舍7791平方米，学生宿舍521平方米，服务用房748平方米，均是建砖混结构。

纳雍县第一中学。教学用房5708平方米，教职工住宅4051平方米。

威宁县第二中学。位于城关民享路，占地面积30亩，有4层教学楼1幢，1929平方米；实验楼1幢，546平方米。共8654平方米。

赫章县第一中学。共有房屋7518.36平方米，有混合结构3层教学楼3幢，2341.77平方米。

威宁石门民族学校。学校占地13亩，校舍5005.5平方米。

毕节地区民族中学。位于毕节市城区郊郭家湾，与地委党校毗邻。占地面积5.19万平方米，高中教学楼、综合实验楼3幢，7550平方米；学生和教职工宿舍4幢，6900平方米；生活后勤用房1250平方米。教学楼房形成松散大四合院、成“L”形的综合实验楼雄踞东南方，北翼为高中教学楼，西翼为初中教学楼，与位于西南也成“L”形的图书楼、教师办公楼相对。这几幢钢筋混凝框架结构4层楼房将民族风格与现代化的建筑风格，较好地结合起来，几幢楼房四方墙面均饰以灰白色贴面砖，墙立面有多根圆形蓝色到顶立柱，屋顶四周屋面均有斜面水挑檐，盖以翡翠色琉璃瓦。楼层均为水磨石地坪，铝合金门窗。

大方百纳民族中学。学校占地面积1.13万平方米，校舍5490.08平方米。

威宁民族中学。占地面积5.06万平方米，校舍6005.9平方米。

3. 高等学校建筑。

毕节学院。其前身为毕节师范高等专科学校。学校占地面积146.52万平方米，校舍8.42万平方米，其中：教室2.46万平方米，图书馆2602平方米，实验室400平方米，室内球场1个559平方米，简易体操房300平方米，标准田径场1个9000平方米，系行政用房2296平方米，礼堂2370平方米，学生宿舍2.53万平方米，学生食堂1450平方米，生活福利用房1276平方米，教职工住宅1.74万平方米。1994年后，学校修建围墙、图书楼、1580吨蓄水池和连接环东路跨度45米高15米的大桥；1.5万平方米的新教学大楼、5000平方米的艺术大楼、1.3万平方米的新学生宿舍即将动工兴建。6层教学楼是毕节师专最突出的建筑，钢筋混凝土结构，楼屋面采用纵横向受力，使楼屋面篷顶整齐美观；楼面板为预制非预应力钢筋混凝土6.5米跨双孔大板，外廓为现浇钢筋混凝土结构，屋面建有钢筋混凝土预制空化页片框架葡萄架和凉亭等。在屋面可俯瞰学校全貌。此楼为省建筑设计院设计，毕节地区建筑工程公司施工。

毕节教育学院。位于阳山森林公园口，学院占地面积8.79万平方米，校舍1万余平方米，其中较大型的建筑为5层砖混和半框架教学楼3598平方米，行政用房3552平方米，教师住宅和学生宿舍4000余平方米。

4. 中等师范学校建筑。毕节地区共有中等师范学校4所：

毕节师范学校。占地面积4.66万平方米，校舍1.76万平方米，其中教学楼、音乐楼4500平方米。

黔西师范学校。占地面积6216.86平方米。1987年有砖混结构教学、公用房屋8319.1平方米，教职工宿舍2898.64平方米。1988年，新建混合结构教学楼1166平方米。

威宁民族师范。占地面积3.27万平方米，校舍8883平方米。

5. 地区直属中等专业学校建筑。共占地14.65万平方米（不含织金技校），校舍建筑面积7.96万平方米。

毕节地区工业学校。位于毕节市城区东南双树路东北侧韩坪子，学校占地面积6.56万平方米，总建筑面积1.88万平方米。

毕节地区农业学校。坐落于毕节市城区东郊德沟河畔，距市中心3.5千米，占地面积1.07万平方米，校舍2.2万平方米。

毕节地区卫生学校。位于毕节市城东北惠泉路口，校园占地面积2.07万平方米，校舍1.52万平方米，其中有4层框架结构教学楼1幢2200平方米，1988年建。教师住宅、学生宿舍1.4万平方米。

毕节地区财贸学校。位于毕节市城区西北古道路口左侧张家坡，占地面积2.9万平方米，校舍1.91万平方米。建有坐北向南4层教学楼，东侧为5层办公楼，西侧6层学生宿舍楼。篮球场东建有5层教职工住宅楼1幢，运动场西侧有4层教职工住宅2幢。

毕节地区水电技工学校。位于毕节城东南流仓桥，占地面积1.8万平方米，校舍4499平方米。

6. 地县党校建筑。毕节地区共有地县党校9所，共有校舍建筑面积4.26万平方米（不含威宁党校）。

中共毕节地委党校。位于毕节市城区东南郭家湾，校舍2.08万平方米。其中多功能综合教学楼，3000平方米；图书楼2144平方米；半框架结构4层学员宿舍楼4幢，5422平方米；4层教职工宿舍楼，1198平方米；食堂2022平方米。另有教职工住宅楼5幢，约7000平方米。

中共毕节市委党校。位于天河路，房屋4044.39平方米。

中共大方县委党校。位于新民路，校舍建筑面积3037平方米。

中共黔西县委党校。位于金黔公路侧半边街，占地面积6957平方米，校舍2984平方米。

中共金沙县委党校。位于紫星街，占地面积922.59平方米，校舍2368.89平方米。

中共织金县委党校。位于头道坡，校舍2336.9平方米。

中共纳雍县委党校。房屋2090平方米。

中共赫章县委党校。位于前河路，共有房屋4961.33平方米。

中共威宁彝族回族苗族自治县委党校。位于鸭子塘，校舍建筑面积11019平方米，占地36590平方米。

**医疗卫生事业建筑**　新中国成立后，毕节地区先后投入大量资金建设卫生医疗建筑设施，逐步提高居民的卫生医疗水平。

1. 医疗建筑。从地区到乡镇均建有医院，其医疗用房随着国家、地方经济发展获得改善。规模扩大的医院有：

毕节地区医院。位于毕节城内广惠路，有房屋3.54万平方米，其中70年代建4层混合结构住院部2399.7平方米；80年代建4层混合结构门诊大楼2441.36平方米；90年代建5层3143平方米混合结构外科大楼，5层混合结构2701.9平方米综合办公大楼；1992年建成框架结构住院大楼，主楼高9层，局部8层，6295.5平方米。大楼内除人行步梯外，设有垂直升降设备（电梯），还设有采暖系统和供氧设施中心。有手术室、分娩室、放射等设施，各层分设内科、外科、妇产科等病房。医院内还建有医疗技术人员和其他工作人员住宅楼多幢，共1万余平方米。

毕节地区中医院。位于城区清毕南路与麻园大道大转盘右侧50余米处。有房屋1.94万平方米。其中60年代建3层砖混结构综合楼2443.5平方米；1987年建环城南路砖混结构住院部，4000平方米；1997建成综合门诊大楼6000平方米，框架结构，人工挖孔灌注桩基础，设悬批大雨篷，铝合金大幅窗带，白色贴面砖装饰的墙面，蓝玻璃窗，室内墙壁采用高级乳白粉饰。为地区建筑设计室设计，地区建筑工程总公司施工。

毕节县医院。位于城区双井路与惠泉路、东安路交接处东南侧龙盘山下，房屋1.01万平方米，其主要建筑为70年代建的4层混合结构综合楼3475.05平方米。

大方县医院。位于城区书院街。70年代建4层混合结构医疗用房1864.55平方米；80年代，建2层砖混结构楼房5幢2005.51平方米；3层混合结构楼房2幢，4170.7平方米。

黔西县医院。位于黔西城区法院路，占地面积8500平方米，用房6124平方米。

金沙县医院。位于城区人民巷，有多幢医疗用房5944.51平方米。

织金县医院。位于城区健康路，有医疗、公用房屋6698.99平方米，住宅2764平方米。

纳雍县医院。位于城区东北大松林右侧，1981年兴建门诊部、住院部等医疗用房3800余平方米。

赫章县医院。位于城区建设路，共有房屋8989.55平方米，其中混合结构5532.24平方米，砖木结构3243.61平方米。医院主大楼3层，混合结构1762平方米。

赫章县福田友谊医院。位于县城新区小康路，是一所中西医院，为深圳福田区援建，占地面积2万平方米，建砖混结构房屋4幢，1.03万平方米。

威宁县医院。

2. 其他规模较大的卫生机构。

毕节地区医药公司综合营业楼。位于松山路与胜利路交叉口，为三面临街建筑，框架结构，主楼7楼，其他5层，建于1986年，2500平方米，为毕节城区较新颖的建筑。

毕节地区妇幼保健院门诊大楼。位于洪山路西北侧，高6层，钢筋混凝土框架结构，3000平方米，为综合性医疗建筑。

毕节市卫生防疫站。位于城区箱子路东口附近河道西岸，有70年代建5层混合结构办公、实验楼，1352平方米。

**党政机关办公用房建筑**　1. 地委、行署机关大院建筑用房。中共毕节地委、毕节地区行署驻毕节城区中山路5号。清道光年间为书院，同治年间为考棚。入大门过空地为坐北向南瓦顶木柱斗砖墙3开间的大堂。大堂东侧隔墙为坐北向南2层中西合璧式房屋1幢。楼上下均有加廊，楼下为斗砖墙，圆拱西式窗；楼上为木板壁，中式窗；屋顶为瓦盖、卷棚、翘角。用房建于清康熙元年（1662），原为游击署；光绪五年到宣统三年（1879～1911），民国2~12年（1913～1923）为贵西道署。民国24年（1935），贵州省第四行政督察区专员公署驻所。此间有建于清初的瓦顶木结构头门、大堂、二堂、后堂、厢房、库房、官厅等约30间。1947年，周希濂任四行政区专员，在后堂建砖墙、西式窗、瓦顶、3开间平房1幢，供其住宿。大院西北部原为杨家公馆。1953年，专署在距大门30～40米处建3层大礼堂1幢；地委拆除原大堂建会议室，拆除二层中西合璧式房屋，于其后建3层方盒式办公用房。上述房屋均瓦顶砖木结构。70年代末，拆除所有旧房，兴建多幢较现代化楼房，硬化道路、地坪，建花园、砌假山、修水池、筑亭阁，绿化、美化院内环境。20世纪50年代，先后建地委书记办公楼，2层砖木结构，544.14平方米，木楼梯、木楼面、别墅型；3层专员办公楼，砖混结构，1100平方米；建位于行署办公楼东侧3层砖木结构办公楼，1313.64平方米。1978年，建设局、物价局3层办公楼，1995年加为5层，1450平方米。1983年，地委办公大楼位于前院西部，地区文化局、旅游局、统计局办公大楼位于后院西部，建两幢均为5层的大楼，为毕节首次采用共享空间和引入室内卫生间配套设施的建筑，砖混结构、各为3758平方米，门厅廊柱为大理石贴面，水刷石外墙面，室内为预制水磨石地坪，左右四层屋顶为花园。1987年，建行署机关综合楼，5层，6464平方米。1994年，建地区计划委员会办公楼，5层，框架结构，1800平方米。是年，建5层经贸局、卫生局办公大楼，1800平方米。1995年建地委机关综合楼，7层，框架结构，2047.35平方米。2010年，搬迁至南部新区新行政中心办公。

2. 其他地直机关办公建筑用房。

地区公安局。位于桂花路北口西侧，共有办公用房4641.93平方米，住房7483.74平方米，其他建5层机关综合大楼，砖混结构，1450平方米。1992年兴建1幢主体6层，局部7层全框架结构、造型新颖的综合楼，4000平方米。

地区检察院。与公安处为邻，70年代建有4层混合结构办公楼，1688.33平方米。1988年建5层混合结构住宅楼，1119平方米。

地区中级人民法院。1989年，在公安处左前方建办公用房，1540.72平方米，住宅3410平方米，还建有5层半框架结构商住楼1幢，2354平方米。1993年，在桂花路17层大厦南侧文化路新建全框架大跨度法庭大楼，2500平方米。贵阳长城设计公司设计，地区建筑工程总公司施工。

地区科学技术局、地区科学技术委员会大楼。位于桂花路东侧一中对面，6层框架结构，3742平方米。1987年建，立面为竖线条到顶，衬以铝合金窗，晶墨玉大理石门柱，为80年代后期较新颖的建筑。

地区工商行政管理局、乡镇企业局办公楼。位于天河路南东侧，砖混结构，2400平方米。

地区财政局、地区环保局、计量局、规划设计办公楼。位于文化路地区图书馆对面，砖混结构，4500平方米，1986年建。

地区供销贸易公司。位于箱子路、天河路丁字口东北角箱子路北侧，7层，集贸场、旅社、住宅为一体的综合建筑。1995年统计，地区党政机关大院共有房屋5.67万平方米，其按结构分为：框架结构6107平方米，砖混结构3.49万平方米，砖木结构1.35万平方米，其他结构2133.69平方米；其中办公用房1.96万平方米，文化体育娱乐用房4565.05平方米，住宅2.52万平方米。

3. 毕节县党政机关办公楼建筑。50年代初期，毕节县党政机关仍沿用旧县署房屋办公。均为清代兴建的瓦顶木结构平房。50年代中期开始改建、新建。80年代，旧县署和邱家花园的瓦顶木结构房屋全部拆除，代之以砖木结构、砖混结构、钢筋混凝土结构的楼房。1993年撤县设市后，1994年建宽阔、壮观的市政府大门，1997年建成新颖的市政府、市委办公大楼。1997年，市委、市政府大院中各类房屋共有建筑2.58万平方米。其结构分：框架结构8700平方米，混合结构1.23万平方米，砖木结构4700平方米。2005年搬迁至城东新区的新行政中心办公，建筑面积35677平方米。

4. 毕节县（市）机关其他建筑。市人民政府礼堂，位于市政府大门后约30米处，上对市政府大门，框架结构，前、后部5层，中部主体3层，3600平方米。市政府老办公楼，位于礼堂东后侧，2层，砖木结构，800平方米。松山宾馆，位于礼堂西侧，坐东向西，面向松山北路，一、二号楼均为6层，与一号楼相连的餐厅为3层，混合结构。市人大办公楼，位于礼堂后院东侧，南邻市政府老办公楼，坐东向西，3层，混合结构1261平方米。市政府综合楼，位于后院东侧，南邻市人大办公楼，主体4层，两翼3层，混合结构，3500平方米。市政协办公楼，位于后院西侧，坐西向东，南邻松山宾馆，隔花园与市人大相对，3层，混合结构。市委老办公大楼，与市政府老办公楼相同，主体4层，两翼3层，1600平方米。市委、市政府新办公大楼，位于后院北面正中，坐北向南，南隔花园水池与礼堂相对；东厢为市政府综合楼、市人大办公楼、市政府老办公楼；西厢为市委老办公楼、市政协办公楼、松山宾馆，形成松散式大四合院。8层，全框架结构，外墙均饰以淡褐色贴面砖。立面3楼为大雨篷，下撑两根不锈钢包饰的圆柱，上为会议室；4～8层均为蓝玻璃铝合金横向通窗，1层为地下室（车库）。登十余级水磨石宽台阶，过雨篷，进入高3层的门厅。门厅西侧的楼梯和门厅正面4楼走廊均设不锈钢栏杆，各层室内均为水磨石地坪，高级粉饰，水曲板墙裙，豪华灯，设有升降设备。

5. 大方县机关房屋建筑。中华人民共和国成立初，中共大定县委、县政府机关设在原民国大定县政府院内。其机关用房为同治三年（1864）、道光年间改建，同治十二年重建的府署衙门。1952年，在大院上中略前建2层砖木结构楼房，作为县政府办公用房，楼房坐东向西，808.66平方米。位于政府办公室前建砖木结构楼房，441.88平方米，作县委组织部、县纪委办公用房。60年代建县委办公楼，3层砖木结构，1474.92平方米。70年代在政府办公楼北侧建大礼堂，坐南向北，砖混结构。1980年，改建为3层砖混结构楼房，1356.66平方米。1986年，在县政府办公楼后建政府第二办公楼，6层，砖混结构。1989年9月，在县政府办公楼北侧建5层砖混结构，1394.43平方米办公楼，作县纪委、财政局办公楼。80年代，对县委办公楼作改建加层为2140平方米。1990年，在县机关大院内北侧建5层砖混结构，2579.91平方米办公楼，作县人大、政协办公用房。

6. 黔西县机关房屋建设。中共黔西县委、县政府机关设在原民国县政府院内。1955年，在原县署后建坐南向北3层砖木结构，1489平方米的楼房，作县政府办公用房。1984年后，逐渐扩建为8490平方米的办公楼。1956年，在县政府办公楼东面建坐北向南，3层1634平方米的砖木结构办公楼，作县委办公用房。原县委、县政府使用的州署衙门办公用房改作县民政局、劳动局的办公用房。1972年，在县政府办公楼南对面原州署礼堂处建坐南向北、高2层，1007平方米的砖混结构办公楼，1984年拆除，在距县政府办公楼右前约30米处建高5层，2228.82平方米砖混结构办公楼，作政协、人大办公用房。是年，在县委办公楼东侧建坐东向西，高3层，2228平方米砖混结构办公楼，作县计委办公用房。1992年，在东山路建坐南向北，高5层，1200平方米办公楼，作县人大常委会的办公用房。上述建筑共占地1.8万平方米。

7. 金沙县机关房屋建筑。民国30年（1941），金沙设县治时，将新场镇3000平方米的万寿宫大庙改作县署办公用房。1950年，中共金沙县委、金沙县人民政府接用。1958年，在紫金街、成治路西侧，建占地1.58万平方米的县委、县政府机关大院。1979年，在县政府办公楼后建坐北向南，高5层，3106.23平方米，砖混结构楼房，作县政府办公用房。1986年，在县政府办公楼东侧建坐北向南，高4层，1266平方米砖混结构楼房，作县人大办公用房。是年，在县政府办公楼西侧，建坐西向东，高5层，1066平方米砖混结构楼房，作县政协办公用房。70年代，在县委大院西侧，紧靠县政府大楼，建坐北向南，高3层，118.65平方米砖混结构楼，作广播电视局办公用房。80年代，在县政府办公楼东侧，建坐西北向东南，高3层，735.66平方米砖混结构楼房，作县建设局、土地管理局、文化局办公用房。同时，在县政府办公楼西侧，建坐西向东，高2层，592.06平方米砖混结构楼房，作县政府行政科办公用房；在县委大院东侧，建高3层，731.24平方米砖混结构楼房，作科技局、科协办公室；建坐南向北，118.65平方米，砖混结构政府大院门厅。

8. 织金县机关房屋建筑。（1）县政府办公建筑。1950年，县人民政府设在旧县署内，沿用旧房。50年代中期至80年代中期，逐渐拆旧房建新房，形成占地1.19万平方米办公楼和住宅楼的四合院。院中为喷水池和花园，院内主要楼房有：县人民政府办公楼，位于院内稍后正中，坐西向东，4层，2196.49平方米。50年代末建成，位于政府办公楼后，坐西向东，294.3平方米2层砖木结构的楼房作县司法局的办公用房。60年代建成，位于政府大院大门内右侧，坐北向南，高2层，425.33平方米砖木结构楼房，作县经委办公用房。70年代建成，位于政府办公楼北侧，坐北向南，高3层，2471.92平方米砖混结构楼房，作县审计局、财政局、民宗局办公用房；位于政府办公楼后，坐南向北，465.33平方米砖混结构楼房，作民政局办公用房。1987年建成，位于政府办公楼南侧，坐南向北，高4层，1350平方米砖混结构的楼房，作县政协办公用房；位于政府办公楼后，坐西向东，高4层，1600平方米砖混结构楼房，作县人大办公用房。1995年建成，位于政府大楼后侧，坐南向北，高4层，1200平方米砖混结构楼房，作档案局办公用房。位于县人大办公楼后北侧，建2940.63平方米，砖木、砖混结构楼房，作县人武部办公用房。（2）县委机关办公建筑。中共织金县委机关驻织金县城河坝原文滕书院内。中华人民共和国成立初沿用书院旧房办公。60年代，在大院门内约50米左侧，建坐西向东，高3层，1538.27平方米砖木结构的县委办公楼。同时，建成2688.47平方米的县委机关其他公共用房。70年代建成，位于县委大院内，背倚织金河，坐东向西，811.26平方米的广播电视局办公楼。80年代建成，位于县委大院北侧，高5层，1220平方米砖混结构的县工会办公大楼。

9. 纳雍县机关房屋建筑。中共纳雍县委、县人民政府机关和县人大、县政协同在一个大院内，位于县城东北部县府路。县委机关在大院西部，政府机关在大院东部，人大、政协在大院东南部。（1）县政府机关办公建筑。至1987年，县政府房屋2.12万平方米，其中住房5613平方米。1957年，建成高2层1100平方米砖木结构办公楼。1981年改建为高4层砖混结构，2700平方米的办公楼。（2）县委机关办公建筑。至2005年，纳雍县委机关用房建筑1.15万平方米，其中住宅3965平方米。1978年建成砖混结构的县委办公楼，主体3层，局部4层。（3）人大、政协机关建筑用房。县人大、县政协办公用房2100平方米，住宅楼1幢，1000平方米，1982年建成。（4）县机关院内其他办公建筑。县财政局房屋2027平方米，广播电视局房屋1925平方米。物资局房屋6162平方米，其中住宅1382平方米。县总工会，1985年建成办公楼、住宅楼各1幢，共1639平方米。（5）驻县机关大院外的县直机关办公建筑。县法院，位于县府路两端，先后于1975年、1982年建成砖混结构办公楼和住宅楼，1538平方米，其中住宅244平方米；县检察院，位于法院以北，房屋1566平方米，其中住宅869平方米；县公安局，位于织纳路南侧，房屋6654平方米，其中住宅1391平方米；县招待所，位于县府路，原有房屋2113平方米。1985年建6层砖混结构宾馆大楼，2842平方米。

10. 威宁县机关房屋建筑。中共威宁县委、县人民政府建立后，驻原民国威宁县政府驻地，沿用其遗留下的房屋。从50年代~1988年，中共威宁县委、县政府逐渐在原驻地拆旧房建新房。1989年，在草海路建成高5层，7867平方米砖混结构的县委、县政府办公楼，同时建成位于县委、县政府办公楼旁，高4层，3791平方米砖混结构的县人大、政府办公楼；建成位于草海路，高5层，1073平方米砖混结构的县法院办公楼。1989年建成，位于县委、县政府办公楼附近，高5层，1001.69平方砖混结构的县检察院办公楼。1990年建成，位于健康路，高5层，1272.9平方米砖混结构的县老干部活动中心。

11. 赫章县机关房屋建筑。（1）县政府办公建筑。民国31年（1942）赫章设县，并建成县政府建筑群，县府大院坐东向西，共有瓦顶木结构平房15幢，计100余间，分为4重。1950年，赫章县政府沿用旧县府房舍，后经逐年拆建，至90年代初，共有房屋1.56万平方米，其中砖混结构1.23万平方米，砖木结构3287.8平方米。1953年，在政府大院北侧，建坐南向北，高2层，220平方米砖木结构办公楼。1969年，在县政府旧办公楼南侧建坐南向北，高2层，200平方米砖木结构的县政府机关办公大楼。1975年，建成坐东向西，高4层，1367.44平方米砖混结构的县政府办公楼。1974年，在政府大院北侧建坐北向南，高3层，745.88平方米混合结构的政府办公楼右二楼。1981年，在政府办公楼对面建高3层，884.06平方米砖混结构的县招待所老楼。1986年，在县招待所老楼对面，建高4层，1958平方米砖混结构的县招待所新楼；在县政府大院内建2438.63平方米的财政局办公用房，224.62平方米砖木结构的财政局职工宿舍。（2）县委办公建筑。县委大院，位于建设路国民党县党部旧址内，共有房屋9536.08平方米，其中砖混结构6825.55平方米，砖木结构2488.29平方米。1985年，在县委大院内建高4层，2520平方米砖混结构的县委办公大楼。

**宗教建筑** 较大的宗教建筑有：1. 威宁清真寺。威宁城内的清真寺原在马坡。清雍正十三年（1735）建成，咸丰七年（1857）被毁。民国时期回民集资修复，“文化大革命”中被毁。先后被毁的威宁清真寺，其造型、结构类似寺庙，瓦顶木结构或斗砖结构。1984～1985年，人民政府拨款在威宁城乡修复50多座清真寺。在城内北门大十字建造一座阿拉伯中亚风格的清真寺。该寺为砖混结构，中部高3层，其他高2层，中3层上为霸王盔式圆顶，770平方米。2. 毕节基督教堂。清末和民国初年，毕节城区建有3座基督教教堂：一为原十字街的天主堂；二为百花山福音堂；三为中山路安息日会礼拜堂。天主堂已拆建县法院，其他两座教堂建筑尚存。福音堂今为中华苏维埃人民共和国川滇黔省革命委员会旧址。息安日会今为红六军团政治部旧址。1990年8月，在城北文笔山脚新建欧洲基督教教堂风格的新教堂，砖混结构，高3层，1170平方米。

## 第三节 建筑勘测设计

**建筑设计机构** 中华人民共和国成立前，无专业建筑设计机构。民间兴建房屋或其他建筑，系建设主向雇请工匠提出要求，由工匠中的掌墨师绘出形象草图，房主同意，即可施工。施工过程中，东家如有意见，亦可边协商、边改、边建。1983年后，外地建造商进入毕节，将建筑设计与建筑施工相结合，在毕节城东安路、中华北路、威宁北路等街道两侧修建10幢3～4层砖木结构，方合式民用楼房。1941年，国民政府在大定羊场坝建航空发动机厂，从全国12个城市调来建造工程设计人员作建厂工程设计。此后到20世纪70年代后期，实施工程建筑，多采用以下方式进行：一是沿袭传统方式，实施民间及一般建筑，不作专门设计，请施工者按习惯经验，根据建设主的要求进行。二是聘请具有专门设计技术的个人或请外地设计机构作工程设计，然后按设计图纸施工。1979～1984年，地区及各县建筑设计机构先后建立，分别承担本地及外地一些单位的建筑设计。

1. 地区设计室。1979年建立。其前身为20世纪50年代毕节地区建筑公司成立的勘察设计组。1970年勘察业务划归地区水利局，地区建筑公司勘察设计室改为建筑设计室。1979年5月，将地区建筑公司建筑设计室划归毕节地区建设委员会管理，改名为毕节地区建筑设计室。1979～1982年，地区建筑设计室有专业人员5人，其中工程师3人。1987年12月，地区行署将地区建筑设计室改为地区规划设计室，隶属地区建设局。1984年10月，将地区规划设计室分为毕节地区城乡建设规划设计室和地区建筑设计室。是时，地区建筑设计室有专业技术人员6人，其中高级工程师1人，工程师5人。1986年11月，地区机构编制委员会批准，地区建筑设计室为事业单位，企业管理，自负盈亏，编制15人。是时，建筑设计室有专业人员3人。1989～1992年，地区建筑设计室有专业人员8人，其中高级工程师1人，工程师3人。1992～1997年，地区建筑设计室有专业人员7人，其中工程师3人。先后有舒继乾、杨永兴、陈百方任过设计室主任。1979～2005年，完成19项建筑项目的设计（其中有的项目为综合项目），其中最大项目有毕节烟厂综合项目，设计建筑面积1.8万平方米，毕节地区民族中学综合建筑项目，设计面积2万平方米。

2. 县市建筑设计机构。（1）毕节市建筑设计院。1979年成立，国有企业，丙级资质，有专业人员25人，其中工程师4人，助理工程师9人；经济师1人，助理经济师1人。其前身为毕节县建筑设计室、毕节县城乡建筑设计室。1996年改为毕节市建筑设计室。1991～1996年，完成建筑设计17.26万平方米。1996年后，先后共完成8个较大型建筑项目的设计。1996～1997年，设计中共毕节市委、毕节市人民政府办公楼建筑工程，获较好的经济效益和社会效益。（2）大方县设计室。1982年成立，时为大方县建筑设计组。1984年6月，改建为大方县建筑设计室，事业单位。1987年6月，被批准为丁级设计企业，经营工业与民用建筑设计和城乡建设规划。1988年，有专业人员8人，其中工程师1人、助理工程师4人、技术员3人。1991～1992年，完成设计建筑面积3.75万平方米。（3）黔西县规划设计室。丙级设计单位企业，1984年5月建立，经营工业与民用建筑设计和城乡建设规划。1991～1992年有专业技术人员16人，其中高级工程师1人、工程师2人、助理工程师3人、技术人员13人。自成立后，共完成8.5万平方米的房屋建筑工程设计。（4）金沙县建筑设计室。1982年成立，为毕节地区建筑设计室金沙设计组。1984年改建为金沙县建筑设计室，丁级设计单位，1988年末，有专业人员6人，其中工程师1人，助理工程师3人，技术员4人，1991～1992年完成3.86万平方米的房屋建筑设计。（5）织金县建筑设计室。1976年成立织金县建委建筑设计组，1982年为地区建筑设计室织金设计组。1986年8月30日，成立织金县建筑设计室，丙级设计单位。1995年，有专业人员9人，其中工程师2人，助理工程师3人，技术员4人。1991～1995年共完成2.95万平方米的房屋建筑设计。（6）纳雍县规划建筑设计室。1981年建立地区建筑设计室纳雍设计组，1984年改建为纳雍县规划建筑设计室。1987年定为丁级设计单位，经营全县工业与民用小型建筑设计，有工程师1人，助理工程师1人，技术人员10人。1991～1992年，共完成2.93万平方米的房屋建筑设计。（7）威宁县规划建筑设计室。1984年7月成立毕节地区建筑设计室威宁设计组。1987年5月，改建为威宁县规划建筑设计室，有专业人员9人，其中工程师3人、助理工程师3人、技术员3人。1991～1992年共完成3.86万平方米的房屋建筑设计。（8）赫章县城乡建设局规划设计室。1981年10月成立。1982年，县编制委员会定为赫章县业余设计组。是年，成立地区建筑设计室赫章设计组，1983年改建为赫章县城乡建设局规划设计室，丁级设计单位。1991年，建立赫章县建筑设计室，负责工业与民用建筑设计，有工程师1人，助理工程师6人，1991～1998年共完成2.59万平方米房屋建筑设计。

**建筑勘测机构**　20世纪50年代，建立毕节专区建筑公司建筑勘察设计室，进行建筑工程勘测及设计。1970年，地区行署将地区建筑公司勘察设计室的勘察业务划归毕节地区水利局，成立毕节地区水利电力勘测设计队，建筑设计仍为地区建筑公司业务。1975年，成立毕节地区勘测设计院，共有专业技术人员97人，共有高级工程师10人、工程师21人、助理工程师34人，技术员32人。该院拥有各种测量仪器40余台，各类钻机、灌浆机、物探仪10余台，岩土试验仪器10余台，并建立计算机辅助设计工作站，有80多台各类微机、绘图仪、晒图仪，业务范围遍及水利水电工程和土木建筑行业各个领域。1975～2005年，完成水利水电勘测设计、工程监理及地勘测量，设计工程辐射毕节地区及邻近地区。其间完成主要规划设计项目：水库工程61项，防洪规划设计3项，人饮工程8项，水电站工程15项，民用建筑工程32项，工程总承包3项。完成地质勘探、地质普查67项，工程勘探设计300余项，水利工程防渗处理和施工13项，工民建基础勘探33项，设计118项。完成主要测绘：三角和导线584点、水准1364.5线密度，地形图测绘63.7

平方线密度，纵横剖面1057.2线密度。由该院设计的毕节利民水库、金沙红卫水库、纳雍过狮河水库，威宁新华水库等获省优秀设计奖。20世纪90年代以来，涉足岩力学试验、水分析技术咨询、工业与民用建筑设计和基础地质勘探工作。1992年以来，该院完成住房、公路、桥梁等基础勘探项目40余项，完成房屋建筑设计32项。毕节地区勘测设计院为国家建设部确认的乙级勘测设计单位。

**城市规划设计机构**　1984年前，将规划和设计合为一体。是年，将地区建筑规划设计室一分为二，建地区规划设计室、地区建筑设计室。地区规划设计室为事业单位，城市规划设计资质为丙级，编制19人，有高级工程师3人、工程师4人、助理工程师5人、技术员2人。拥有电子计算机、绘图机、扫描仪、复印机、晒图机及测绘仪器等先进设计和GPCAD城市规划作图软件，具备用现代科学手段编制城市规划能力。主要承担中、小城市和小城镇总体规划的编制，城镇详细规划设计，城镇给排水、道路工程、园林绿化工程等规划设计和小城镇建设科研工作。毕节地区规划设计室自组建以来，完成《赫章县城双河镇总体规划》的编制，并通过评审批准实施。完成地区64个集镇总体规划和建设规划的编制，并通过评审批准实施。其“国家625重点工程”的《金沙县安底镇总体规划》成果获省建设厅规划设计二等奖，省级第三次优秀规划设计三等奖。抽调人员参加毕节地区风景旅游资源考察，并协助地区建设局风景园林管理科完成百里杜鹃、九洞天申报国家级风景名胜区的资源评价报告。协助毕节市进行城区倒天河上游改造治理规划，参加行署组织的全地区小城镇建设调查工作。1999年后，先后完成毕节市、金沙县、威宁县14个重点集镇的总体规划和建设规划，完成4个集镇开发区的详细规划设计。

## 第四节　建筑施工技术

**地基基础施工技术**　民国时期及以前，居民建木结构房屋，多在房屋柱基处挖基坑安基石，然后将其夯实，再将柱头立于基础上。明清时期建较大较高房屋，在柱基石下砌筑砖墩（亦称磉礅），每一柱基石下用磉礅的称单位磉，檐柱和金柱间距离较近，二柱磉礅连称二连磉，转角处可四连砌称四连磉。磉石之间砌的基石称连磉石。磉礅之间砌砖墙，与柱基础下一块砖水平，用以挡土，逐渐演化成连续条形石基础，一直延续至今。缺石地区采用砂、石、土拌和分层夯实，代替石基础。做这种基础施工，仅适用于1～2层建筑。3～6层城镇房屋建筑仍普遍采用石砌条形基础。做这样的基础建筑施工，对基土大都没经过地质勘查，全凭经验进行基础施工，往往造成大挖大填，以致延长工期，增加造价。1985年后，房屋建筑项目增多，高层建筑数量增加。面对毕节地区发育的喀斯特地质，岩溶水育成的溶槽、溶沟、溶隙以及石牙普遍存在，地基基础起伏变化大，均匀性差，易造成建筑工程事故的实际，建筑施工企业尤其注重对工程基础的科学处理。1988～1995年，施工单位在建筑毕节地区体育中心田径运动场时，其主席台及两侧看台地基正处在坡积土上，岩层起伏变化大，通过钻探也不能掌握整个基础地质状况。在人工挖孔过程中，遇到大孤石、漂石堆和石牙，与钻探掌握的地质状况截然不同。施工单位针对基地复杂的地质状况，采用静压爆扩方法，錾去牙石，凿开基岩，再浇灌钢筋混凝土独立柱基，收到较好工期、质量和效果。工程竣工后，经质监验收被评为优良工程。20世纪90年代初，兴建毕节自来水厂，其建设地处毕节市城区北天河水库大坝下河岩东侧，地质情况复杂，溶沟和溶槽内多夹弱土层和软弱透镜体。施工单位采用浅埋基础的施工方法，錾去牙石、凿平基岩，除去溶沟、溶槽内的软弱土层和透镜体，再进行基础施工，收到较好的施工效果。80年代初，毕节地区财经干部学校建设5层砖混教学楼，建成后不到1年即出现墙体、地坪多处开裂，地圈梁拉断。后经过勘探发现，地基属不同类型的岩土和变化较大的基岩，导致房屋不均匀下沉。此后，采用排水涸结方法，免除房屋继续下沉。1956年建赫章政法大楼时，用土法纤探地基，穿过表面沙结硬壳体后，用4米圆钢纤探未见基土的黑色透镜体淤泥质黏土层。设计者修改施工方案，摒去深基础或桩基础施工方案，将地基扩宽，以物理学性质较好的表层硬壳体作持力层，收到较好施工效果。以此方法处理基础施工，所建房屋40余年，仍牢固安全。复杂的地质状况，使建筑房屋地基在软硬相差较大，易造成地表建筑物的不均匀沉降，形成建筑事故。自20世纪70年代起，建筑施工单位多采用设沉降缝的施工方法把建筑物分为两个或两个以上部分，使大部分建筑物均能建筑在坚固的基础上。施工单位在建筑8层以上楼房时，若遇硬度悬殊地基时，均采用留沉降缝的方法处理地基施工。1985年，施工单位实施1.36万平方米毕节地区毛纺织厂主厂房时，其地基部分压缩性较高，局部部分压缩性较低，若不加处理，建起厂房后即会产生不均匀沉降。施工单位在基础施工中，将软土去掉，再填上3：7砂碎石并夯实，将槽隙中的软土夯实，再用钢筋混凝梁板跨越，收到良好施工效果。此后，地区建设2.92万平方米的地区棉纺织厂主厂房，经地勘揭示其地基有原土、填土和岩石三种不同地段，存在较大的硬软差距。施工单位以不同方法进行基础施工，在建筑物落于原土的柱下，置砂于50厘米的碎石夯实后，再置钢筋混凝土柝形基础；在填土区，经重锤夯实后，再用振管成孔灌注砂石柱以固填土；在岩石区，铲平裸露岩石或孤石，再将基石錾至柱下要求的深度，再错褥垫，使基三区段的建筑物沉降速率一致。20世纪80年代末，地区建5.76万平方米的毕节地区麻纺织厂主厂房，其基础存在软硬不均问题。施工单位在软地基部分采用300毫米直径的振管成孔灌注承台桩基；在硬基部分以500毫米砂石垫层浇筑钢筋混凝土柝形基础。附房为条形基石。为引进控管成孔灌注施工技术。地基软土层通常为古老池塘中的泥炭、淤泥质、冲填土及杂填土，以及高压缩性或流塑性黏土层，具有强度低、压缩性高、均匀性差、渗透性小特点，建筑在软土地基上的建筑物产生的沉降大、不均匀沉降和沉降延续时间长。从20世纪80年代起，引进人工挖孔灌注桩基础，并普遍应用在软土基础施工。20世纪80年代末~90年代初施建毕节卷烟厂16.7万平方米的各类建筑时，多幢生产车间和制丝车间及办公楼、仓库等；地区化肥厂的合成车间、尿素生产主厂房；1995年建成6000平方米的地区中医院综合楼；1998年建成9700平方米的工商银行毕节支行综合楼，均采用混凝土护壁人工挖孔灌注桩基础。1988年建成4876.65平方米的地区印刷厂彩印车间；1990年建成6400平方米的地区图书馆大楼；毕节市财政大楼等均根据基础地质为多年冲积层和淤泥土层而采用混凝土成孔灌注桩。

**混凝土技术**　1. 非预应力混凝土技术。20世纪60年代，毕节地区建筑公司引进，并逐渐在全专区推广应用。初，专区建筑公司设小型混凝土构件预制场，生产门式3.6米长，0.4米宽；3.6米长，0.5米宽的无肋槽形楼面板，用于建筑办公楼和住宅，后全专区广为采用。1978年，地区建筑公司从湖南3厂进小梁无筋拱板楼盖技术，应用于房屋建筑。小梁无筋拱板结构由倒T形小梁和拱板两种结构件组成，小梁跨度一般为3600毫米，拱板波长1300毫米以下，矢高为十分之一波长，板宽500～600毫米，板厚30毫米。梁与拱板之间、拱板与拱板之间用1：2的水泥砂浆灌缝。1976～1978年，地区建筑公司运用此项技术建京剧团1000平方米住宅、地区供销社2000平方米办公楼，收到良好效果。除满足用户使用要求外，造价和材料指标较钢筋混凝圆孔空心板每平方米省造价20余元，节省钢材50%、木材3%、水泥13%左右，省建委将小梁拱板列为设计研究项目之一。

2. 翻转脱模非预应力回圆孔空心板技术。70年代中期，引进并普遍运用于房屋建设中。其制作工艺是：用角钢组焊成半圆形托架以支承内外膜，内膜铺上隔离层（一般用棉布），外膜涂刷隔离剂，置于直径60毫米的钢筋笼中，浇筑1～2厘米细石混凝土，用平板振动器振实后即翻滚于平整后砂垫层上，再浇水养护达70%的强度。

3. 预应力混凝土技术。1980年，毕节地区建筑公司从四川乐山、云南昆明引进振动轴心管拉模成型机，生产预应力混凝土构件板运用于房屋建筑。预应力混凝土结构比一般钢筋混凝土构件轻20%，节约钢材20～30%。在生产运用过程中，相应对预应空心板的截面尺寸和生产工艺促改进，将低碳冷拔丝作制作预应力混凝土结构件的生产材料所生产出的预应力混凝土结构面、房架、檩条、行车梁，效果显著。其改进技术，先后在各县建筑界推广。此后，毕节地区建筑公司采用土法与先进技术相结合方法生产1.5米×6米的大型预应力混凝土肋形尾面板4万多平方米。建毕节地区、毕节市酒厂，毕节地区化肥厂、毕节汽车运输公司等单位用房，均用大型预应力混凝土肋形屋板面。

4. 真空吸水混凝土技术。1988年，毕节地区第四建筑公司从外地引进用于毕节市城区长610米，宽32米，厚20厘米的洪山路混凝土路面工程。应用真空吸水混凝土技术实施路面工程和其他工程，具有提高混凝土强度、减轻劳动强度、缩短脱水时间的优点；使地面既美观又防滑，已在全地区普遍应用。

5. SWN高效早强减水剂应用技术。1996年，毕节地区建筑公司引进应用于洪南路、贵毕大道宽32米、长5.7千米段路面工程的浇筑。加入减水剂配制混凝土浇筑路面，按水泥用量的10%将SWN减水剂掺入，可减少15%的水泥用量，促使混凝土早强、增强、增塑及抗渗、抗冻。用这种方法制作混凝土浇筑的洪南路5.7千米路面工程，提前一个月竣工验收，获优良工程。此项技术已在全地区建筑行业普遍推广。

6. 冷扎扭钢筋混凝土大楼板面技术。1990年，黔西县建设局局长花荣宽从北京引进应用于房屋建筑，在同等强度条件下，1吨冷扎扭钢筋，可代替1.6吨普通钢筋、代替预应力钢筋0.9吨。每平方米冷扎扭钢筋大楼板比普通非预应力钢筋大楼板节约钢筋2.48千克；比预应力钢筋大楼板节约钢筋1千克，综合节约造价7.6元。此项技术已在全地区建筑行业普遍应用。

# 第五节　建筑管理

**设计管理**　20世纪80年代，毕节地区根据国家及省的规定，制定以下条规，实施建筑设计管理：1. 设计单位必须严格负责制，认真校核单签，搞好设计方案的经济比较，对设计质量负责到底。设计单位在进行施工设计时，要编制设计概算，使设计概算真正起到控制投资的作用。初步设计必须经过县市建设局审查，才能列入年度计划。建设单位和施工单位都不能随意修改设计，如果增加设计内容，必须报原审批单位审批。2. 必须按照国家规定，对设计单位进行资格审查，核定等级，报请上级发给证书。对无证设计和私人设计要坚决取缔。3. 各建设单位要求进行设计时，必须使计划部门和上级主管部门批准该部门可行建筑的文件和投资计划到县建设局联系办理设计。县设计室承担不了的，由县建设局委托经过批准的等级较高的设计单位负责设计，凡未经过县建设局审查的图纸，均属不合格，建设银行拒付工程款。4. 设计人员设计完毕后，除交设计蓝图、设计文件给有关单位外，须交设计蓝图、底图、设计说明书（含主要结构设计计算书）和工程概算书各1份给设计室存档。

**施工管理**　20世纪80年代，毕节地区根据国家及省的规定，制定以下条规，实施对建筑施工管理：1. 所有单位、个人欲在县城规划区内新建、扩建和改建任何建筑物，都必须持主管部门批准的有关建筑项目文件，向建设管理部门申请，经实地踏勘，确定对环境污染的性质、程度、范围和治理措施，测绘正规地形图和建设项目总平面布置控制图、规定的建筑红线、建筑层数和立体造型，发给建筑许可证后，方能进行招投标。定标后，甲乙双方应根据国家《经济合同法》之规定，签订施工合同或协议书。施工单位须持合同协议书到建筑管理站办理手续，然后报县市建设局和建设银行备案，方可施工。2. 工程动工时，必须经建设管理部门实施放线。如弄虚作假，擅自动工、改变施工图纸和施工位置，突破规划建筑红线，不按建筑许可证要求施工，当地政府和建筑管理部门要强行制止，责令自行拆除，退回原规定位置，否则，视为违章建筑，吊销其建筑许可证，处以罚款，并派人强行拆除，以料抵工。3. 施工单位应对所承建的工程队认真负责，按照设计图纸、施工规范与质量要求进行施工。决不允许任意改动图纸和违章作业。施工质量监督部门、规划建设管理部门有权对施工中的质量进行检查监督，不符合施工质量的，有权令其返工或停工。4. 工程竣工后，甲乙双方应邀请建设局、规划设计者、建筑质量监督站、建筑管理站、建设银行和有关部门进行验收，经验收符合质量要求，有关部门须在验证书上签字，方能投入使用。

**建筑施工企业管理**　20世纪80年代，毕节地区根据国家及省的要求，制定以下条规，实施对施工企业的管理：1. 凡未经建筑施工主管部门批准的施工企业，不得从事房屋建筑施工。已获得施工执照的企业，应按照企业的等级及自身的技术力量、施工设备，从事允许范围内的施工。凡超自身等级规定范围进行冒险施工，造成事故者，要追究法律责任。2. 对工程的安排，本着开展竞赛、择优承包的原则，实行招标、投标的方法进行承建。国有、集体、乡镇和外来的施工企业均可参加投标。3. 外来建筑施工队伍，必须持有关证明到建筑认证管理站登记，提供有关资料，接受资格审查合格后，方可参与投标承包工程。不允许无照施工。4. 企业内部管理主要采用合同承包办理，公司和下属厂队都签订有关工程承包内部管理合同。双方主要领导均在合同上签字，按合同签订的内容进行管理。

建设工程招标投标管理 20世纪50年代~80年代中期，建设房屋由建设单位与施工方单位为乙方，签订合同，进行承包，按合同核定预算造价、工程款支付办法、工期要求进行承发包。1984年9月后，贯彻执行国务院《关于改革建筑业和基本建设管理体制若干问题的暂行规定》，改革单纯用行政手法分配建设任务的做法实行招标投标，由发包方择优选定勘察设计单位和建筑安装企业。1987年12月，毕节地区贯彻执行《贵州省建设工程招标投标实施办法》，成立毕节地区建设工程招标投标领导小组，对建设工程实施招投标管理。1999年6月，毕节地区行署贯彻中共中央纪委、建设部、监察部、省政府、省建设厅、监察厅关于建立有形建筑市场的规定，建立毕节建筑工程交易中心，负责管理地直及毕节市建设市场。毕节建设工程交易中心直接为毕节建设工程项目登记、招标投标、建设监理、合同审定、质量安全监督、施工许可、工程开标评标、定标以及为工程承发包双方提供服务。未在交易中心内进行承发包交易手续的工程，皆为不合法工程。规定凡在毕节行政区域内，由国家、集体投资或中外合资（国家控股）工程造价30万元以上的土木建设，线路管道铺设，设备安装，建筑装修等新建、扩建、改造和技术工程的施工，必须按法律、法规和规定一律在交易中心内实行招标投标。在30万元以下的（不含30万元）地直（含中直单位）在毕节市区各类工程建设项目可在交易中心内由甲乙双方议标进行承发包。30万元以上不适宜公开招标并经申请审查批准的特殊工程，只宜在交易中心内按规章程序议标进行承发包，除此之外，所有其他工程，必须按规定进行公开招投标，交易中心有权代表地、市建设局对不按有关法规及规定办理工程建设手续的工程或严重违反规定的工程，可报请有关执法部门追究责任，进行查处。毕节建设工程交易中心按照上级关于工程招投标必须公平公开竞争的原则，建立规章制度公示于众，接受大众监督。同时还建立具有高、中、初级工程技术职称的60人作为评标专家人才网评委，分项目随机抽选人员参加评标工作。

工程质量管理 20世纪50～80年代初，建筑质量监督和管理由筹建单位提出，施工单位负责执行并接受监督。在此时期，地区行政主管部门，对建筑工程的要求，虽作一些规定，但不全面具体，仅限一级要求，没有具体的监督指挥。房屋建筑存在以下问题：1. 地基基础工程。3层以上房屋地基基础不作地质钻探，不组织有关人员验槽，基础砌筑时的满槽灌，不分层、不勾心、不咬槎、不错缝，空间不用小石块塞实。严重存在里外两层皮，基础轴线位移，基础标高不准，灰浆不饱满，干缝、三角缝、重缝、填土不分层夯实，基础砌筑后不作检查，不做隐蔽工程记录。2. 砌体工程。砖砌体组砌方法混乱，出现直逢和二层皮，砖柱采用包心砌法，里外皮砖层互不相咬，形成周围通天缝，砖灰浆不饱满，砂灰浆配合比不准和匀性差，砂浆强度不稳，忽高忽低。砌砖竖缝多出现瞎灰缝、墙面水平缝不直，墙面不平等。3. 混凝土及钢筋混凝土工程。钢筋品种等级混杂不清，多无出厂证明又未通过检验，混凝土砂石含泥含粉量大，砂石级配不准，构件几何尺寸不准、不平、不直，表面粗糙、蜂窝、麻面、狗洞、露筋。混凝土多为人工搅拌，和匀性差，浇捣不密实，还存在梁、柱位平移和错位等现象。4. 门窗工程。木料未经干燥处理，门窗扇翘曲变形窜角，门窗制作粗糙，安装不牢固，门窗扇安装后下垂，缝路不合要求，门窗面不平显露刨痕。5. 抹灰工程。普遍存在空鼓、开裂、脱壳和罩面粗糙、起泡、阴阳角不垂直方正，补丁多，外墙面污染，花斑印明显，色泽不一，地面起灰起沙，空鼓开花起壳。顶棚四角有不规则长裂纹。6. 屋面防水和保温工程。屋面开裂漏水、山墙、女儿墙、天沟、檐口等部位不同程度渗漏。预制板搁置长度不够，当板下挠时引起角度形产生裂缝，导致漏水。油毡铺置后起泡，张口、揭被、浇油流淌、翘边、伸缩缝处理不好等现象。7. 油漆玻璃工程。门窗腻子满刮粗糙，打磨马虎，导致油漆在线角凹槽处和构件垂直处出现流淌。涂料调制不均匀，杂质污物混入漆料中，漆膜起泡，漆膜桔皮有皱纹或漆膜过薄，无光泽呈干巴现象。五金玻璃安装不合要求。安装玻璃未与窗扇槽口紧贴，显现缝隙。8. 水、暖、电、卫生工程。进排水管道口漏水，跑、冒、滴、堵现象普遍存在。水池（塔）基础挠动，池（塔）底渗漏。室内照明电线工程未与土建工程互相配合，乱打洞凿眼。配电箱（盒）安装标高不一致，箱（盒）开孔不整齐，铁盒变形，箱（盒）口抹灰阴暗角。现浇混凝土砖墙内箱（盒）移位，布线绷不紧，横平竖直误差大，瓷夹板粘贴不牢，避雷埋地装置不合规定等。1998年后，贯彻国家建设部颁布的《建筑安装工程质量检验评定统一标准》，地区建筑工程总公司率先执行，要求施工班组每完成一个分项工程后由班组长与质检员组织检查。对不符合质量要求的，坚决返工，直至合格为止，并规定施工队每月检查1次，施工公司每季度检查，地区行政主管部门组织年检和评比活动1～3次。1985～1986年，地、县建筑设计施工质量管理站先后建立，代表政府职能主管部门对建筑工程质量实施监督和管理。据地区质监站统计，共承接质监560个工程项目、建筑100.2万平方米，经质监鉴定，其中合格工程559个，合格率达99.82%；优良工程51个，优良率9.11%。威宁县建站后的1年时间，承接监督工程37个，3.68万平方米，验评竣工工程47个，2.87万平方米，验评工程合格率97.8%，优良率36.2%。工程质监覆盖100%。其他县市也按国家规定的验评统一标准进行质监工作。

# 第五章　环境保护

毕节地区自古以来就陆续发现各种较丰富的矿藏资源，因此很早就用富集的煤炭作为燃料普遍用于日常生活。银、铜、铅、锌等金属的冶炼，造成环境污染。20世纪80年代以后，环境治理提到了议事日程，开始对环境污染实施法治的、规范的、应用现代科技手段的、全方位的治理。

## 第一节　环境监测

1980年后，毕节地区及所辖各县相继建立环保监测机构，开展环境监测工作。1990年，成立毕节地区排污监理所。1991年，更名为毕节地区环境监理所。地区监测站装备万分之一分析天平2台、十分之一分析天平1台、大气采样器5台、飘尘采样器6台、生物显微镜2台、721分光度计2台、生化培养箱3台、冰箱2台、干燥箱2台、酸度计3台，马福炉、微机各1台。承担水、气、固体物、噪音等40项监测项目。在设：赫章妈姑无名小河1个断面、一个采样点；六冲河上游七星关1个断面、一个采样点；赤水河1个断面、1个采样点；三岔河1个断面、1个采样点；倒天河5个断面、5个采样点。监测项目为：pH值、三氧、三氦、酚、氰化物、硫化物、铅、镉、汞、砷、六价铬。在毕节城区设4个大气监测点，监测总悬浮微粒、二氧化硫、氮氧化合物，连续5天采样，每天4次。在行署和监测点驻地设降尘采样点和酸雨采样点。毕节城区设1个噪声监测固定点，100个流动点。

2001年，地区环境监测站通过省环保局持证上岗考核，通过省质量技术监管局计量信证，是全地区唯一通过计量认证的二级环境监测单位。毕节地区环境监测站除完成水、气、降水、降尘、噪声的常规监测外，还实现污染物总量控制、工业企业污染物达标排放、工业污染源达标排放，毕节市城区环境空气质量监测点位优化布点。已建成原子吸光分光度室、综合室等工作室13个，能独立完成80多项环境指标监测、仲裁监测、服务性监测工作任务。各县市监测机构不具备环境监测能力和资质。

2005年，完成常规丰水期、平水期、枯水期每期两天9个断面的监测；城市定量考核的隔月1次3个断面的地表水监测；毕节地区出境的赤水河、阳长河、偏岩河、歹阳河、洪家渡和野鸡河的6个断面的丰水期、平水期、枯水期每次两天的地表水监测；完成254个企业的监测；毕节市区150多个监测点的区域环境噪声、近20千米的交通干线噪声和3个功能区噪声的昼夜常规监测。2011年，实行监测质量责任“倒查制”，环境监测质量和服务水平明显提升。全年完成重点流域、跨界、入境断面3个断面11期监测，国控、省控、地控14个常规地表水监测断面丰平枯三期水质监测，8县市区污水处理厂4期监督性监测及在线检测设备的对比监测，3个企业4期废水污染源监测，2个企业3期污染源监督性监测，1个企业应急监测2期，110个对外委托监测任务。

## 第二节　污染治理

### 一　环境污染状况

自古以来，有为数极少的官办和民办采矿、炼锌、炼铁、炼硫企业，民间取暖和做饭以烧煤为主，对环境污染不大。中华人民共和国成立后，尤其在20世纪80年代后，随着工农业生产的发展，大量工业废水、废气、废渣排放，加之人口激增，生活上大量用煤，大量排放废水、废气、废物，对环境造成污染。据1992年统计，毕节地区全年排放废水1822万吨，其中工业废水1176吨，生活废水646万吨；排放废气65亿立方米；排放粉尘1.01万吨；形成城镇生活垃圾10万吨。2008年，全地区工业废水排放量为1221.54万吨，城镇生活污水排放总量3819.8万吨，化学需氧量排放2.88万吨，氨氮排放量0.24万吨；烟尘排放量2.31万吨，粉尘排放量2.356万吨，二氧化硫排放量17.99万吨；工业固体废物产生量为675.54万吨。至2011年，全地区业废水排放量为3913.89万吨，城镇生活污水排放量为8854万吨，化学需氧量排放量为4.76万吨，氨氮排放量为0.57万吨；工业废气排放量为2088亿标立方米，二氧化硫排放量为22.95万吨，氮氧化物排放量为13.37万吨，烟（粉）尘排放量为2.26万吨；工业固体废物产生量为1721万吨。

**污染河流**　大量工业废水直接排入河内，造成水体污染。1985年以来，地区环境监测站监测六冲河上游支流、倒天河毕节城区段、赫章妈姑无名河、七星关段，以及赤水河、三岔河9个断面的9个采样点。据1992年统计，接毫克／升计含溶解氧毕节为5.4，妈姑5，七星关8.3；化学耗氧量：毕节6.3，妈姑7.1，七星关2.4；生化需氧量：毕节7.2，妈姑2.1，七星关3.1；氰化物：毕节、妈姑、七星关均为0.002；挥发酚：毕节、七星关为0.001，妈姑0.002；砷：毕节　0.004，妈姑0.294，七星关0.010；六价铬：毕节0.006、妈姑0.004，七星关0.002。2008年，六冲河的支流白甫河的毕节市城区段水质、六冲河小支流妈姑小河和主支流赫章前后河水质较差，为劣Ⅴ类，主要受生活污水的影响。三岔河的纳雍阳长断面为满足水功能区划Ⅲ类，为Ⅳ类水体。草海水质劣于规定的湖库Ⅰ类，水环境现状为湖库Ⅲ类。2011年，毕节地区河流常规监测项目有六冲河、三岔河、赤水河、偏岩河和野鸡河共15个监测断面。其中达到Ⅱ类水体断面7个，Ⅲ类水体断面5个，Ⅳ类水体断面2个，劣于Ⅴ类断面1个。满足水体功能区划断面12个，断面水质达标率为80%。其中：六冲河、三岔河水质较2010年有显著改善，赤水河、偏岩河和野鸡河水质基本保持稳定。湖泊水常规监测断面有洪家渡及草海中部、杨关山3个断面。Ⅱ类水体断面1个，Ⅲ类水体断面2个。

大气污染　1985年以来，地区环境监测站监测工业集中的毕节城区和铅锌冶炼集中的赫章铅丰镇，大气污染物平均浓度按毫克/粒立方米计，毕节：1985~1992年，二氧化硫在0.09~0.03之间，氮氧化物在0.01~0.03；总悬浮微粒在1.16~0.15；雨水平均pH值5.3~6.6。铅丰镇：二氧化碳0.06；氮氧化物0.06；总悬浮微粒0.72；雨水平均pH值5.3。20世纪80年代以来，硫磺、铅锌、土焦、煤炭、生铁、烧砖等乡镇企业"三废"污染物，对大气、水体、土地造成不同程度的污染，破坏生态平衡，严重危害群众健康。2008年，毕节城区可吸入颗粒物（PM10）污染分指数为0.8300，二氧化硫和二氧化氮污染分指数为0.2178和0.1441，城市污染综合指数为1.3008；城区降水pH值在5.34~8.30之间，郊区大气降水pH值在4.79~7.25之间。2011年，毕节城区可吸入颗粒物年平均浓度为0.088毫克/立方米，二氧化硫年平均浓度为0.019毫克/立方米，二氧化氮年平均浓度为0.053毫克/立方米。环境空气质量较2010年有明显改善，全年无酸雨出现。

重大污染事故　1980年12月27日，位于毕节箱子路的毕节地区供销社农药仓库，库内存放有毒农药、除草剂等22个品种共80吨，尿素、钙镁磷肥1865吨，因紧连库房的木工房工人用火不慎，引发火灾。火灾历时27个小时，造成毕节城区严重环境污染，经济损失达34.63万元。灾后持续3天，含农药黑烟笼罩山城0.5~1千米内尤为严重，中毒者头痛、头昏眼花、恶心、呕吐、喉干、胸闷、流鼻血、身上起红点、四肢无力、睡眠不好，精神不振。据调查，当天有49人中毒入院治疗；2000人中度中毒，10天后多数人逐渐恢复；21000人轻度中毒，7天后恢复。1992年，黔西大鲵（娃娃鱼）自然保护区发生污染事故，大量大鲵死亡。

1993年，金沙西洛河水库污染，损失约42万元。

## 二　新建项目环境管理

新建项目环境评价　1981年起对所有新建、扩建、改建、技术改造项目实行监测。环境监测部门依照国家环境保护法，环境保护项目与主体工程同时设计、同时施工、同时投产使用。1985年前，主要在地区直属机关、企事业单位、工厂、矿山执行，对所有主要新建项目，环境管理保护部门都要参与评审、检查，督促新建项目中的环境项目的可行性研究、设计、施工、检查和最后验收投产使用，每一步均须履行呈报审批手续。1986年后，全地区各县全面执行。1986~1987年，主要在国营集体企业中执行。1988年，地区行署制发施行《毕节地区建设项目环境管理细则》，要求无论城乡、国家、集体、个人新建企业项目，都必须严格执行环境监督审批。地区环保局将建设项目的环境管理纳入依法治理执法的重要内容，规范并公开建设项目环境保护工程竣工验收审批程序、环境保护行政处罚程序。合理规划，提高环境管理的科学水平。1988年以来，地区环保局组织完成《县市环境空气质量功能区划》《毕节地区水功能区划》《毕节地区环境保护"九五"规划》。全地区严格评价建设项目的环境影响，依法按程序办事。1988年，地区环保局办理环境影响申报、评价审批手续仅21个。验收项目：1995年分别为15个、3个；2002年已分别达到73个、10个。1996~2000年，全地区共办理开发建设项目环保审批手续178个，环境影响评价制度执行率和“三同时”制度执行率，地级以上项目分别达到100%和90%，县级及县以下项目达60%和40%。2002年，地区环评中心建立环境影响技术评估工作资料库和环境影响技术评审专家库，制定《建设项目环境影响技术评估工作程序》，规范全地区工程建设项目的环境工程项目技术班次评估工作，当年组织评审1份环评大纲和18份环境影响报告书。2005年，办理建设项目申报手续345个、环境影响评价审批手续196个，对59个地级审批的建设项目进行验收。2011年，全地区审批建设项目1061个，毕节地区环保局审批环评项目157个，各县市区审批904个。受理189个建设项目环评文件，已完成149个技术评估。

**发放排污许可证**　1988年前，毕节地区未实行发放排污许可证。1986年后，持续实行。至2001年，已颁发排污许可证254个，其中废气排污许可证177个。2000~2002年，全地区广泛开展企业排污口规范化整治工作，共整治排污企业94家，规范排污口252个，其中废气排污口137个，废水排污口44个，噪声排放点45个，固体废物堆放点26个。2004年，全地区排污口按要求挂牌119个，其中废气排放口74个、废水排放口13个、噪声排放口21个、固体废物堆放场11个。

## 三　治理污染源

毕节地区是国家和省铅锌、硫磺主要产地之一，精锌厂、粗锌厂、硫磺矿厂遍布赫章、威宁、毕节、大方、纳雍、金沙各地。冶炼排放的废气、废水、废渣，对大气、水体、土壤造成极为严重的污染。自1978年起，毕节地区严格对老污染企业施行治理。当年，地区化肥厂安装3台废气回收装置，对精炼再生气、氨罐池放气、合成放空气回收利用。20世纪90年代初，治理废气、废水、锅炉烟气，使用环保补助资金25万元。1984年，报省环保委批准，将毕节地区水泥厂粉尘、大方猫场硫磺厂废气、赫章铅锌矿动力车间废水、毕节化肥厂废水、地区医院废水、毕节制革厂废水定为全省第二批污染限期治理项目。毕节地区水泥厂投资30万元，安装高层静电除尘器，回收处理主要扬尘，年回收水泥粉尘5000吨，1987年，被省政府评定为全省防治工业污染先进单位。到1987年，全地区每年处理废水171.47万立方米；净化废气3.79亿标立方米，回收粉尘量5800吨。1988年7月22日，省环保委分别授予毕节地区电瓷厂、毕节县酒厂、毕节县橡胶厂、金沙县窖酒厂为环境保护文明厂。

1989年，毕节地区引进云南镇雄县先进炼磺技术，地区建设局组织技术人员指导织金县华山村建一座炼磺厂，进行消化试验研究。1990年8月16日现场定点监测，效果良好，二氧化硫，炉台二氧化硫浓度大幅低于国家标准。硫铁矿硫利用率平均61.5%，与原土法炼硫相比硫资源回收率提高近30%。试验4个月，周围生态环境得到有效保护，植物无任何受害现象，并获得明显的经济效益。经专家认证，确认该技术为国内同类同法炼磺技术的先进水平，被省科委列为星火项目。国家环保局在毕节地区召开全国土法炼磺污染防治现场会，向全国推广。毕节地区已普遍推广运用并加强行政管理，取缔敞开式土法炼磺高炉1500余座，将全地区256个土法炼磺厂点规范为81个厂。2003年5月，在黔西县召开全地区水泥行业污染治理现场会，对全地区水泥行业污染治理进行统一部署。2008年，完成污染源普查工作，全地区纳入普查的污染源共有21832家，其中重点工业污染源752家、一般工业污染源1124家、生活源3487家、集中式污染治理设施2家、农业源16467家。

## 四　治理环境污染的措施

**建设生态示范区**　自1986年起，毕节地区按照《中华人民共和国生态环境保护纲要》的要求，对生态良好区、重点资源开发区、重要生态功能区开展保护。把控制水土流失、着力开展自然保护区、生态示范区建设和农村生态保护列为生态保护的重点。1996~2000年，在大力发展农业和农村经济的同时，大力加强生态示范区建设。1998年，全地区共建成2个共15平方千米的生态农业示范小区；2000年，分别在毕节、大方、织金、纳雍和威宁县建成5个林业建设、水利建设和土地改良生态示范工程。毕节，大方、织金、纳雍县被列为国家生态环境综合治理工程示范县。毕节县、金沙县被国家环境保护局列为第七批国家级生态示范县。结合国家在实施“长治工程”“退耕还林还草工程”“天保工程”以及“3356”等工程，各县市广泛开展农村生态建设；有关部门加强农村生态环境保护监管能力建设，加大环保执法力度，以确保农村生态环境好转。1999年以来，全地区广泛推广以沼气为主的生物能源建设，减少生产生活用能源中的使用比例，改变农村能源消费结构。到2003年，建成沼气池2万余口。相据地区行署要求，农业等部门积极推广使用有机肥，逐步减少化肥的使用量，开展秸秆氨化养畜示范项目，尽量使用低毒、低残留农药，指导农膜的使用和清理，减少白色污染，有效遏制农村环境恶化。2008年，全地区完成水土流失治理面积175.03平方千米，退耕还林工程营造林15万亩，新建农村沼气池2.1万口，节约使用煤炭4.2万吨，配套改圈1.1万个，改厕1.21万个，改厨1.22万间。2011年，全地区完成造林任务103.67万亩，治理水土流失面积210.86平方千米，新增有效灌溉面积24.16万亩，建成农村沼气池29.77万口，节约使用煤炭35.43万吨。

**重点污染防治**　1991年后，全地区围绕“一控制双达标”环境污染防治，根据省分配给地区污染物的总量控制计划，把12种主要污染物总量控制计划分配到各县市，落实到193个污染单位。针对污染源数量较多，达标企业少，治理难度大的实际，地区行署先后成立“一控双达标”工作领导小组和督察领导小组，制定相应方案，明确有关部门和企业的责任，有计划有步骤地深入开展工业污染源达标治理。1999年，在排放污染物变更申报登记和环境污染统计的基础上，地区环保局对全地区现有工业污染源进行筛选排队，确定地级重点污染源85家，各县市108家，进行重点治理。根据政府负责环境基础设施建设，污染者承担治理污染经费的原则，实施环境污染防治。1995年前，加上企业等自筹，污染治理资金仍不足，达标企业微乎其微。1996年起，地区行署和各县市人民政府有计划地分批下达限期治理任务，督促企业治理污染。2000年底，地区投入治理污染资金，使达标（含关闭）企业达178家，达标率92.2%。省级重点污染源的达标率达66.7%。2001年，对未如期达标的15家企业，行署行文责成既无治理设施又不实施治理的8家企业停产治理，要求6家技改延期企业污染治理与技术改造同时完成，书面请求省政府批准关闭未达标的大方硫磺矿。2000年，全地区污染源排放量与上年相比削减烟尘2.8万吨、粉尘0.7万吨、二氧化硫0.63万吨、工业固体废物11.04万吨；全地区工业废水处理率为87.3%，排放达标率为10.9%；工业废气处理率为29.6%；工业固体废物综合利用率为43.9%。2001年，全地区工业污染源达标工作通过省检查验收组验收。2004年，对赤水河流域和废水排入溶洞的煤矿，从执行“环评”审批和“三同时”制度。淘汰小高炉、小转炉、小铁合金等落后生产能力，取缔土法炼锌，推动以清洁生产为中心的技术改造。逐步淘汰水泥行业土窑和直径小于1.7米机立窑等落后工艺，禁止新、扩建立窑生产线，鼓励发展新型干法窑外分解大型水泥生产项目。2007年，确定53家重点排污单位为重点监管和治理对象。2008年，分两批对全区46家化学需氧量和二氧化硫等污染物不达标企业进行限期治理。2009年，下达地级限期治理项目75家，上报省厅下达省级限期治理项目12家，是年，完成限期治理项目57家。2011年，全面推进煤矿污染整治、城镇生活污水治理、屠宰行业废水治理、酿酒行业废水治理、畜禽养殖污染整治、煤化工污染治理工作。推进三岔河流域环境保护“河长制”管理。

**结合调整产业结构实施结构性污染防治**　1998年以来，全地区环保系统配合和支持计划、经贸部门按照国家产业政策，依靠科技进步，对区内重要的炼锌、水泥等行业进行技术改造；对不符合国家产业政策的乡镇工业，限期整改，迫使其通过技改，实行规模生产，防治环境污染。1998年以来，毕节地区严格建设项目环保审批关，支持发展科技先导型和资源节约型的产品和企业，优化产品结构、产业结构和工业布局；坚决禁止引进发达地区淘汰落后的生产工艺和设备在进行生产，从源头控制污染。2008年，毕节市关停淘汰3家造纸厂，大方县关闭8个石灰企业群，黔西县关闭24家小砖瓦企业群，金沙县关闭6家砖瓦企业群，织金县取缔4个石灰企业群，纳雍县关闭2个片区砖瓦群和石灰群，威宁县关停2个镇砖瓦企业群。

**开展“两土”关停取缔和技术改造**　1996年以来，毕节地区贯彻国务院《关于环境保护若干问题的决定》和国家产业改革政策，根据国家经贸委和省经贸委关于淘汰落后生产力、工艺设备和产品的有关精神及要求，对消耗资源能源大、环境污染严重的1891家小煤窑、24家小水泥、7家小火电实行关停取缔。是年，全地区共有土法炼锌炉3844座只、年产粗锌18.95万吨。土法炼焦炉148只，年产土焦80万吨。地区行署每年均多次派督察组赴赫章、威宁、纳雍、织金县及毕节市进行督察。1998年3月，行署与相关县市签订关停取缔责任书。到2002年底，除死角死面有死灰复燃外，两土已基本被取缔。同时，先后投入资金用于炼锌示范性技术研究。2001年，地区行署拟发《关于加强过渡性炼锌和炼焦技术改造有关问题的意见》，提出以规划、规模、规范方式改进全地区炼锌、炼焦技术。2002年3月，地区环保局、赫章县政府组织有关人员赴云南观山峰等地考察引进湿法炼锌技术。2002年12月，在赫章投入试生产。该技术工艺成熟，环境污染小、矿石锌回收率高，经济和环境效益都比较明显。同时，在织金施行炼硫技术改造，获得成功。2003年，毕节地区重点清理整顿毕节市、赫章县、威宁县“两土”污染，3县市联合公安、工商等部门共出动执法人员431人次，取缔土法炼锌炉409节，土法烧罐窑34节，土法炼焦炉304节，焙烧炉36节，炼铅炉4节。2004~2006年，全地区共取缔“两土”炉5357节。2007年，1~10月取缔土锌炉死灰复燃和转移土法炼锌炉4374节，土法炼焦炉49节、锌罐厂421

家。2010年，取缔土法炼锌炉40节、捣毁锌罐356个、拆除罐窑2个。

**城市污染治理**　1.集中治理城市水污染。1998年以来，地区行署投入资金实施倒天河治理一、二期工程，修建城区沿河两岸截污沟，沿河两岸已成为市民的休闲场所。总投资1.61亿元的毕节市城市污水处理厂及配套工程已建成投入使用。建成威宁草海截污沟工程。2011年，发放机动车尾气环保检验合格标志3886个。

2.整治城市空气污染。2002年，投资6078.09万元开建毕节市煤气工程，2003年10月建成供气。上报争取各县煤气工程、旧城改造工程。毕节市气化率达25%，建成城市烟尘控制区1个，面积3.7平方千米。2002年，安装汽车尾气净化器1200套，有效地减少城市汽车尾气污染。

3.治理城市垃圾污染。2000年以来，地区及各县市环保部门参与和支持各县市努力争取环保项目。毕节市垃圾填埋场于2002年10月10日动工，2003年建成投入使用。

4.治理城市噪声污染。1996年以来，环保、公安等部门加大环境执法力度，各县市城区内的交通、生活、建筑施工及加工小作坊等噪声逐渐得到控制。2000年，毕节市取缔营运电三轮，减去其对城市的噪声污染。每年高考期间，全地区环保监察机构按照省地环保局的要求，对各城区从高考前1个月起实行噪声管制和监控。到2000年，毕节市已建成环境噪声达标区5个，面积3.4平方千米。

## 五　治理污染成效

**环境污染变化**　1.水污染。1991~1996年，全地区工业废水排放量为5885万吨；1996~2000年，排放总量为3623.42万吨，前后相比减2261.58万吨。1996~2000年，工业废水达标排放量为527.16万吨，仅占总量的14.55%。1991~1995年，全地区城市污水排放量1.19亿吨，1996~2000年间排放量1.31亿吨，均未处理直接排放。此期间，全地区生活源化学需氧量排放量为6.75万吨，比1991~1995年增1181吨。2002年，全地区废水排放量为3200万吨，其中工业用水量为2.22亿吨，工业废水排放量为503万吨，生活废水约3017万吨，主要污染物为COD，排放量1.61万吨。全地区工业废水重复用水率为94.22%，在贵州省内属中上水平，但工业废水处理排放达标率为31.63%，低于贵州省平均水平。全地区单位工业产值废水排放量约为18.95吨/万元，属贵州省上等水平。2011年，全地区工业废水排放量为3913.89万吨，城镇生活污水排放量为8854万吨，化学需氧量排放量为4.76万吨，氨氮排放量为0.57万吨。

2.大气污染。1996~2000年，毕节地区工业废气排放总量为1289.44亿标立方米，工业二氧化硫排放量为23.66万吨，工业烟尘排放量为41.03万吨，工业粉尘的排放量为20.47万吨，分别比1991~1995年间增986.97亿标立方米、5.73万吨、30.94万吨和14.36万吨。2002年，工业废气排放总量为279.71亿标立方米，其中二氧化硫排放量8.29万吨，去除量为4881.04吨，总体去除率仅为1.59%；工业烟尘的排放量为7.12万吨，去除率为85.1%；工业粉尘的排放量为2.44万吨，去除率为53.79%。毕节地区工业废气处理率、工业二氧化硫去除率、工业粉尘去除率及单位产值工业废气排放量远低于贵州省平均水平，工业烟尘去除率也处在贵州省偏下水平。2011年，全地区工业废气排放量为2088亿标立方米，二氧化硫排放量为22.95万吨（其中电厂排放量18.33万吨），氮氧化物排放量为13.37万吨（其中电厂排放量12.86万吨）。烟（粉）尘排放量为2.26万吨。

3.固体废物排放。1991~1995年毕节地区工业固体废物产生量为312.2万吨，1996~2000年产生量为692.77万吨，比1991~1995年增380.57万吨。其中，1996~2000年间危险废物产生量为54.34万吨。1996~2000年，全地区工业固体废物的综合利用量、贮存量、处置量和排放量分别为274.64万吨、103.99万吨、88.63万吨和224.98万吨，占产生量的39.64%、15.1%、12.79%和32.48%。其中危险废物的综合利用量和排放量为13.88万吨和40.46万吨，占产生量的25.54%和74.46%，无贮存量和处置量。2002年，毕节地区工业固定废物产生量为199万吨，排放量为67.32万吨，工业固体废物综合利用率为44.41%，为全省上等水平，但产值工业固体废物排放量远高于贵州省平均水平，处在贵州省落后水平。2011年，全地区工业固体废物产生量为1721万吨。工业固体废物种类主要为：粉煤灰、煤矸石、脱硫石膏、炉渣、冶炼废渣等；工业固体废物综合利用量为881万吨，综合利用率为51.19%。综合利用方式主要为用于制砖、制造水泥等；工业固体废物贮存量为724万吨；工业固体废物排放量14万吨。

地表水环境质量变化。1991~2000年，设311个地表水水质监测断面，其中9个为省控制断面，2个为地区控制断面。全地区水环境污染较为严重。2000年，全地区11个监测断面中10个断面的水质劣于V类水体要求，其中，省控监测断面水质达标率仅11.1%，排在全省末。全地区河流水质总体较差，除倒天河徐花屯断面外，均为V类水质，水质较差的河为各县市贯城河流，毕节倒天河城区段以有机污染为主，水质状况为V类，超过划定的地表水环境质量功能标准IV类标准；六冲河支流妈姑小河、三岔河二塘河可为Ⅳ类，赫章河、总溪河、七星关河以PB和CD重金属污染为主，大方前新河、野鸡河黔西段、偏岩河金沙段、纳雍阳长河、织金喇叭河以有机污染为主，均超过划定的地表水功能区Ⅲ类标准；威宁草海主要污染物为CODmn和IP，超过划定的地表水功能区Ⅱ类标准。2011年，河流常规监测项目有六冲河、三岔河、赤水河、偏岩河和野纪河共15个监测断面。其中达到Ⅱ类水体断面7个，Ⅲ类水体断面5个，Ⅳ类水体断面2个，劣于V类断面1个。满足水体功能区划断面12个，断面水质达标率为80%。

**环境空气质量变化** 毕节市区的工业不发达，工业污染不明显。但城区人口密度大，城市居民直接燃用原煤，机动车辆尾气超标排成未有效治理，建筑行业的不文明施工污染影响较大，导致大气环境质量日趋恶化。1996~2000年间，毕节市环境空气为轻度污染，主要超标污染物为ISP，氮氧化物的污染影响不大，仅在2000年出现0.43%的超标率。2002年，毕节市区环境空气主要污染物为ISP，环境空气质量超过划定的二类区标准；织金、纳雍、金沙县环境空气质量主要污染物为$SO_2$，环境空气质量超过划定的二类区标准；大方、金沙、威宁、黔西县城环境空气质量均达二类区标准。2002年，毕节市城区大气环境与1995年相比，$SO_2$年均浓度由0.075毫克/标立方米降到0.023毫克/标立方米，达到环境空气二类区标准要求，较1991~2000年，有较大改善；氮氧化物年均浓度由0.03毫克／标立方米降到0.018毫克/标立方米，保持环境空气一类区标准；城区悬浮颗粒物超标率21.6%，基本满足环境空气三类区标准要求。降尘较1991~2000

年，末期略有下降；降水酸雨率0.58%，降水pH年均值为6.001，较“九五”基本持平。2011年，毕节市环境空气质量全年“优良”天数为339天，优良率为92.87%，轻度污染26天，占全年的7.13%。城区环境空气质量总体为“良好”状态，环境空气质量较2010年有明显改善，全年无酸雨出现。其余7个县城环境空气质量达到《环境空气质量标准》（GB3095-1996）二级标准。

声环境质量变化 1996~2000年，在毕节市城区按200米的因标布设100~116个区域环境噪声监测点，在城区的11~15千米长的主要交通干线布设37~40个交通噪声监测点，并对城区的居民文教区、混合区、道路交通干线两侧区进行连续24小时的噪声监测。与1991~1995年相比，监测点密度和监测范围有新增加。2000年，毕节城区区域环境噪声平均等效声级为57. dB（A），属轻度污染，与1991~1995年末期基本持平。城市交通噪声超标路每12.4千米，占监测路沙长度的85.5%，城市交通噪声平均等除声级为74.8dB（A），超标4.8dB（A），属中度污染，较1991~1995年末期呈上升趋势。各城市功能区噪声平均等级除声级居民文教区的夜间未超标外，其余均出现超标，其中居民文教区昼间噪声平均等效声级为55.3dB（A），超标0.3dB（A），夜间44.3dB（A），未超标；混合区昼间噪声平均等效专用级为68.7dB（A），超标8.7dB（A），夜间54.2dB（A），超标4.2dB（A）；道路交通干线两侧区昼间噪声平均等效声级为80.5dB（A），超标10.5dB（A），夜间70.5dB（A），超标15.5dB（A）。2011年，毕节市区域环境噪声共设置73个监测点。1类（居住区）设3个监测点，2类（居住、商业、工业混合区）设59个监测点，3类（工业区）设11个监测点。其中，1类区平均等效声级昼间为51.7dB，夜间为41.5dB，昼夜间平均等效声级均未超标，区域环境噪声满足功能区要求。2类区昼间平均等效声级为54.4dB，夜间为44.9dB，昼夜间平均等效声级均未超标，区域环境噪声满足功能区要求。3类区昼间平均等效声级为52.4dB，夜间为43.9dB，昼夜间平均等效声级均未超标，区域环境噪声满足功能区要求。

## 六 排污费征收

1981~1986年，首先对中央和省驻毕节地区企业征收超标排污费。1987年开始，全地区各县全面征收。1991~1995年，全地区共征收529.7万元，1996~2000年，征收965.1万元，2001~2002年征收661.3万元，总计征收2156.1万元。1999年以来，各县陆续开展对“三产”和建筑施工噪声排污费征收，排污征收面逐年扩大。至2002年，征收企业1614户，基本做到依法、全面、足额征收排污费。2003 ~ 2011年，征收排污费近4.11亿元。

## 七 政府负责及环境宣传教育

政府负责 从20世纪90年代起，毕节地区根据国家环保法和省环保条例规定，实行专员、县市长环境目标管理责任制，层层签订环境目标管理责任书，实施和推进治理环境污染项目建设。根据项目完成时间，地区行署和各县政府邀请同级人大、政协委员参加，对责任书执行情况进行执法检查。根据完成情况，由省政府和行署按奖惩办法，给专员、县长实施奖惩。

**环境宣传教育** 1980年，地区行署和各县政府行文作具体安排。1980年，地县环保部门把环境宣传教育纳入重要议程，以提高决策者和广大公众的环境意识。每年6月5日环境日，组织宣传报道，开办专栏，开展文体活动，举办专题讲座，组织知识竞赛、演讲比赛，专员、县长发表电视讲话，利用电视、广播、报刊等新闻媒体广泛普及环保科学知识和法律法规，宣传党和国家环保方针政策。自1985年开始，省地环保部门联合举办环保知识竞赛、中学生环保知识竞赛、大学生热爱家乡保护环境演讲比赛，毕节地区获参赛奖、鼓励奖23个；获二等奖5个，三等奖6个，鼓励奖21个，辅导奖8个，组织奖3个；管红宁获优秀选手称号，毕节师专获组织奖。1990年，全省企业环保知识竞赛，毕节地区代表队（毕节地区化肥厂）获全省第一名，地区获组织奖。1987年，地区环保委办公室、地区科技情报研究所联合录制毕节地区主要采制型乡镇企业环境污染与危害电视资料片《得与失》，分别向国家和省环保局呈送拷贝，并在内部放映10余次。1982年起，地区及各县环境保护行政部门，几乎每年均要组织工作人员深入机关、学校、工矿企业，给干部、工人、学生讲授有关环境保护的科学知识。1988年起，地区环保局坚持深入区内大中专学校，地、县委党校，给学生和干部学员讲授环境保护课，每年均安排讲座1~3次。自1999年起，与区内教育部门配合，开展绿色学校创建活动，至2002年，全地区参加到建绿色学校的中小学53所，其中2所已被命名为贵州省绿色学校，12所通过初审并申报贵州省绿色学校，在贵州省处于领先水平。2005年，在“六·五”世界环境日期间地、市环保局联合举办18个企事业单位参加的环保知识抢答赛，向群众发放环保宣传资料2000份，环保知识有奖答题400题，《环境保护法律法规手册》500册，制作《乌蒙绿潮涌》环保专题片。与地区教育局联合验收、命名22所地级绿色学校，申报4所省级绿色学校。2011年，在“六·五”世界环境日期间，发放各种宣传资料5000余份，悬挂环保标语8条，设置有奖环保知识问答350余题。通过电视台、手机短信等方式宣传环保知识。授予6所学校毕节地区绿色学校称号。

## 八　环境执法监察

1988年以来，毕节地区行署严格依照《中华人民共和国环境保护法》的规定，每年都要组织人员深入各县、各企业督察，邀请地区人大工委派员参加执法检查，对环境违法行为进行查处。1996~2000年，全地区共查处环境违法行为230起，2001~2002年查处155起。

1999年，制订《毕节地区环境保护局执法责任制实施细则》，加大三查两调一收费工作力度。1998~2002年，对各重点污染源共进行环保现场监理5553次，参与污染事故及纠纷调查处理504起。2002年开展遏制污染反弹、查处环境违法专项活动，全地区环保机构共出动1160人次，对351家企业进行现场执法监理，对85家有环境违法的企业进行查处。贯彻以事实为依据以法律为准绳的原则，认真查证群众投诉的环境污染案件、纠纷，按执法程序分别进行处理，并及时反馈处理结果。每年处结率达100%，有效维护广大人民群众和企业的合法权益。所处理环境污染和纠纷案件没有一桩引起行政复议，得到上级领导的肯定和人民群众的信任。2002年查处中央信访办、国家环保总局、省环保局、省人大政协批转和群众投诉的信访案90件。2005年，全地区出动人员4323人次，摸底调查758个排污企业，清理出违法企业570个，挂牌督办企业171个。2011年，开展整治违法排污企业保障群众健康环保专项行动，出动环境执法人员3995人次，对1620家次企业进行检查，立案查处企业56家，结案56起，共处罚款101.7万元。是年，受理各类环境污染纠纷253件，结案253件。

### 九　环保科研

地区科委、地区环保办刘永富、徐本贵撰写出的《草海排水后威宁局地大气水条件的变化》，获得地区行署1978～1980年科技成果四等奖；地区环保局、监测站、水电勘测设计队的徐本贵、张爱民、魏宗福、唐孝安共同完成的《倒天河考察——水量（泥沙）分析部分》，获地区行署1981~1982科技成果四等奖；地区环保学会，毕节师专的徐本贵、钟以平、龚宏宽、陈永祥共同完成的《2000年毕节地区农业生态环境》课题，获地区行署1986年科技成果三等奖；地区环境监测站陈励铨、钟德华、张爱民、王锐、周振跃共同完成的《毕节地区工业污染调查研究》，获地区行署1987年科技成果三等奖；赫章县建设局陶发祥撰写的《赫章县土法炼硫污染调查研究》，获地区行署1987年科技成果四等奖。

## 第三节　自然保护区

到2002年，毕节地区已建成不同级别、不同类型的自然保护区8个，总面积1.97万公顷，占全地区总面积的0.74%，其中国家级自然保护区草海为1.2万公顷，县级自然保护区7个，占总面积的4656.7公顷。至2011年，建成11个自然保护区，总面积为40972.4公顷，占全区总面积的1.53%。其中国家级自然保护区1个，即草海自然保护区；省级自然保护区1个，总面积12580公顷；县级自然保护区9个，总面积18792.4公顷。

**威宁草海自然保护区**　位于威宁县城西南近郊，是贵州最大的天然淡水湖和湿地生态系统，系长江支流乌江的发源地，素有高原绿色明珠之称，属国家级自然保护区。草海湖面海拔2174米，是地质构造控制形成的典型喀斯特湖泊，水面27平方千米，湖面近似长方形，长约8千米，蓄水量1.4亿立方米，水深2~5米。湖泊周围有双龙、龙王庙、西门外等多处清泉，湖水终年外流不竭，湖外围有大小水塘100多个，形成独特的高原湖泊系统。据考证，清咸丰十年（1680）山洪暴发，将原有的南海和西海汇成高原海子，其沼泽地带有荆三棱、蒲草、水葱等几十种水生植物，犹如一层层铺向天际的绿色绒毯，故名草海。这里出产的威宁细鱼，长2~3厘米，质美味鲜，驰名全国。湖中有长尾雉、白腹锦鸡、鹭鸶、大雁、野鸭等数十种珍禽，国家一级保护珍禽黑颈鹤、白头鹤、白鹳等也前来越冬。1982年，贵州科学院在此建立第一个高原观测站。常年观察确认，在草海栖息的鸟类有15目33属或亚属，184种或亚种，属国家一二级保护动物的有20余种，国家一级保护动物黑颈鹤每年来草海越冬的达400只以上，为全国及全世界的三分之二。草海有鱼类10余种，年产15万斤以上，草海有水生高等植物48目142属178种，水草覆盖率60%。1987年定草海为国家生态保护区、省批准设县级机构——草海自然保护处，负责保护管理。

**百里杜鹃自然保护区**　位于大方、黔西两县接壤处，西起大方县百纳乡、普底乡，经黔西县仁和乡、金坡乡、到大方县黄泥塘镇，绵延50余千米，最宽处5.3千米，最窄处1.2千米，总面积150平方千米，形成一座天然杜鹃花风景区，距黔西县城30千米，距大方县城48千米。经查明，花区有杜鹃花23个品种，占世界5个亚属中的4个，春夏季节，尤其是4月繁花期，满山遍野杜鹃盛开。花区还有岩溶、山泉、飞瀑、奇石、秀峰等景观。黔西对嘴岩，两面崖壁上有穿洞和观牛洞遥遥相对，两面岩石前端突出如两鸟之喙，亲昵地相对。大方花底岩，有绿树荫遮的天生桥，伏流比桥面低100多米，伏流出口呈现半月形，花区高峰九龙山，海拔2120米，多高山杜鹃，上有山泉、飞瀑、林场、草场。花区还盛产天麻、杜仲、香菇、黄连、生漆等。林中有长尾雉、沙丘鸭、锦鸡、狐、獐等珍禽异兽，山泉中还有大鲵。百里杜鹃有7个景区，30个景点，其中景观尤为突出的有普底、黄坪、金坡、九龙山、百纳等13个景点。1984年，大方、黔西均成立杜鹃花区管理处。1987年，省政府定百里杜鹃为省级风景区。1998年，省建设厅申报百里杜鹃为国家级风景名胜区。2011年，被国家旅游局批准为AAAA级旅游景区。

**黔西渭河大鲵（娃娃鱼）自然保护区**　位于黔西原重新区渭河。1986年，黔西县政府批准建立，为县级自然保护区，面积约10平方千米，主要保护国家二级保护动物娃娃鱼及生态环境。

# 第十八篇

## 商业　贸易　金融业

# 第一章　明清及民国时期商贸

明代前，商业贸易仅限于朝廷与土司之间的盐茶换马。明代，大部分地方仍为土司领地，土司仍按朝廷规定，以水西马换取盐茶或银两。洪武十七年（1384），朝廷规定每年从乌撒（今威宁）市马6500匹，每匹马换布34疋或盐（茶）50千克，次年换马6000匹，洪武二十九年（1396），市马1万余匹。明代中期，随着屯田制的推行，军屯中建立的堡、卫逐渐形成城镇，马、牛、羊、猪、药材的大量交易逐渐显现。但由于土官之间相互争夺管辖地域而连年征战，造成生产和流通的发展极为缓慢。清康熙五年（1666），实行改土归流，促进经济发展，商品交易逐步活跃。清政府在苗疆分开之地设立市场，一月以三日为期，互相交易。前往苗疆市场贸易的商人予以印照，验照放行。在定期交易市场，本地民、苗及贩夫、贩妇，各以米、盐、布帛、酒、牲畜等物集中交易。交易时用碗量，4小碗为1升；用手量布，大指至中指间的距离为5寸，称为一拃；用拳量牛，高13拳为大，齿少拳多者价高。交易时，苗民贸易很讲信用，呼汉商为客，凡称货交易，刻木为信，未尝有逾者。当时各地产生的集市，多以干支配生肖象名之，称牛、猫、兔、龙、蛇、马、羊、猴、鸡、狗、猪、鼠场，有的集市仍沿用历史名称。鸦片战争后，道光年间从印度经云南输入罂粟大量种植，毕节出现以鸦片贸易为主的商业市场。大量购买鸦片的客商涌进，商业贸易随之兴旺起来，各种“洋货”及省外工业品输入交换鸦片，在一定程度上繁荣市场，同时也促进饮食服务行业的发展，毕节逐渐成为川、滇、黔三省食盐、鸦片、铅锌及农副土特产品为主体的商品集散地。抗日战争期间，东南沿海大量工商业户内迁，成为川、滇、黔边界的重要商埠，出现前所未有的商贸繁荣景象。抗日战争胜利后，迁入工商户纷纷迁出，抗战期间形成的兴旺发达景象骤然改变，商贸市场逐渐萧条。

## 第一节　明清时期的商贸

明、清时期经济处于自给、半自给的自然经济状态，小商品生产者同时为销售者，专门经营商品的商户很少。早期的商人主要是盐商，同时多兼营土特产和日用品购销。鸦片战争后，大量种植罂粟，加之土布、蚕丝生产的增加及印染、漆器、铁制农具、石砚等业的兴起，除盐商外，出现鸦片商、纱商、布商，从事日用工业品经营和土特产运销的商户、商贩逐渐增加。

清代中期至民国时期，国家除严管食盐运销，时放时管鸦片贸易外，对一般的商业贸易任其自由发展，行业之间的关系，由商业行会调解，商品价格由行业行会协商议定或自行定价。

**粮油贸易** 明代永乐十二年（1414），贵州设督粮道，管理全省粮政。土司辖地，由土司自设管理钱粮的官员；卫所辖区的粮食征收管理实行粮长制，规定交纳赋税1万石，划为一区，由卫所指派辖区内土地多、威望高的1人担任粮长，负责粮食征收解送。

清代康熙年间改督粮道为粮驿贵道。康熙三年（1664），大定府设“粮房”负责征收田赋。康熙二十六年（1687）改称“户房”。各州设仓大使、副使各1员，县设库大使、副使各1人，负责管理粮务。

**百货经营** 最早销售百货为本地家庭手工制作的布鞋、布钉鞋、皮钉鞋、土纸。清光绪后，省商业行业组织（会馆）逐渐向府县渗透，毕节市场出现外省人开设的京、苏、川、广杂货铺。1840年鸦片战争后，洋货大量进入，毕节开始销售锑质器皿、暖水瓶、肥皂、电筒、火柴等日用工业品。据民国初年毕节、大定县调查，两地市场销售洋货达560种之多。以后，上海、广州、武汉、重庆等地生产的日用百货逐渐输入毕节市场，本地商人开设的百货商店也开始出现。

**五金经营** 经营五金商品较早，以矿产品为主。清雍正乾隆年间输出的矿产品有产于威宁陈家沟、铜川河、哈喇河的铜，产于大定兴发、水城福集、威宁妈姑和柞子厂的铅，产于威宁的铝。五金制造工业品交易较晚。清乾隆后，外地艺人进入，铸造打制的铜铁器镰刀、斧头、锄头在市场交易。清光绪后洋钉、洋铲等逐步进入市场，以简单生产生活用品居多。外来产品由私商贩卖，本地产品多由匠人自产自销。

**食盐经营** 南宋时期，朝廷制定盐马贸易法，派市马司到威宁、毕节一带用盐换马，规定一匹马换盐400千克。明洪武三年（1370）始，实行纳米中盐政策，“令商人输粟于边，给予盐引，令其赶场支盐自行贩运，谓之开中”。洪武二十四年（1391）朝廷更定毕节、赤水、层台卫盐法。纳米2斗者给淮、浙盐100千克，纳米2斗计5升者给川盐100千克。景泰三年（1452），实行不同产地的盐和同一产地的“上、下井盐”按规定比例，搭配折换为米。万历年间，推行纲法，规定只有政府批准的盐商，才有食盐运销的权利。食盐运销初步形成产盐有定场、销盐有定地、运盐有定商的管理方式。清代乾隆年间，清政府把运入贵州的川盐划分仁（怀）、綦（江）、涪（陵）、永（宁）盐岸。食盐调进实行“专商行岸制”。除威宁、水城县为川滇盐合销区外，其余地方为川盐销区。道光年间实行票法，规定不论何人，交税后，取得盐票，即允许运销食盐。故往来毕节蜀商日增，瓢儿井、大关发展成为贵州西部食盐转运中心，运盐人员络绎不绝，盐业市场十分兴旺。同治年间，实行纲法。光绪三年（1877），四川总督丁宝桢改革对贵州的盐政，在盐产地自流井设官运局，专管黔盐运销。运黔食盐实行官督、商运、商销制度，招商认购认销。按划分供应区人口每人每天食三钱盐计算，规定各岸运销量。盐税由入黔口岸的盐务分局一次性征收，省内各地关卡不得重征税。

**粮食征购** 明代，大部分地方为彝族土司所治，所产粮食，除耕者自食外，其余悉数入土司仓库。土司依朝廷赋额总纳于朝廷，或交纳实物，或以粮食为定额折银及钱钞抵纳。前者称本色米，后者称折色米。分夏、秋两季交纳，夏纳荞麦等杂粮，秋纳谷（米）。据嘉靖《贵州通志》记载，贵州宣慰司额定岁纳夏粮32石，秋粮纳谷8546石。万历年间，推行一条鞭法，将徭役归并，折银征收，初米麦1石折银2钱5分，崇祯十年（1637），按每石粮食折银八钱征收。卫、所辖区，除按规定征收屯粮、科粮外，置有赈田，收租谷积谷防患。万历二十六年（1598），毕节头铺、河尾坝、后箐、海子铺、炒铁冲、烧缸箐、阿堆堡共置赈田115亩，年收租各183石，建仓积谷。

清代，田赋改为1年1次交纳。交纳粮食或粮额折银均加征耗羡。康熙三十九年（1700），大定全府征粮8277石，雍正至乾隆年间年征秋粮2.67万石，耗米3611石。道光至咸丰年间田赋完纳额计粮2.15万石。所征秋粮米分储各镇协营，以供军粮。同时，提倡积谷防荒。大定府辖州、县都建有常平仓、社仓、义仓。粮仓由当地官绅筹设，积谷采取春借秋还，每石取息1斗。康熙二十八年（1689），诏谕"沿边诸郡官民输米，照各省捐纳之例，所捐谷米储仓以备赈济，春夏借与乏食之民，秋收照数偿还"。康熙三十一年（1692），大定府辖储谷2.35万石。道光年间储谷大增，道光二十八年（1848）储谷达11.51万石，其中大定府亲辖地1.14万石，黔西州3.02万石，威宁州2.7万石，平远州3.37万石，毕节县社仓谷11.28万石。

## 第二节 民国时期的商贸

**供销合作商业** 1935年，国民政府指令贵州省成立农村合作委员会，推行合作事业。1936年，省农村合作委员会将黔西、大定、水城、威宁、毕节列为第一批试点县，派员督导组建合作社。最初以自然村为单位，强制农民组建信用预备社。入社社员交纳少许股金，选出理事、监事和司库即可成立。是年，共组建农村信用预备社513个，入社社员1.98万人。1937年，预备社改称信用社。民国27年（1938），省合作委员会驻县办事处改隶县政府称合作指导室，组建信用合作社、普通合作社、专营合作社。民国39年（1941），各县建立县联社。民国31年（1942），毕节、大定、黔西、金沙、织金、威宁、水城县共成立乡镇专营合作社20个，社员885人，股金7334元；毕节、黔西两县共成立普通合作社108个，社员3392人，股金19.33万元。民国33年（1944），省高等法院五分院、农民银行等单位组建消费合作社，有社员299人，股金117.23万元。至民国35年（1946），全专区有9个县联社，35个县专营合作社，138个乡镇专营社，716个普通合作社，共有社员6.65万人。以后，未发展合作社，原有社逐渐有名无实。县合作社联合社、乡（镇）合作社，堡（村）合作社内设理事会、监事会，表面上经选举产生社长、司库等人员，但实际上多为联保主任、保甲长和绅士把持。县联社领导和办事员由县长指派。

信用合作社经营存贷款；普通合作社以经营食盐为主，兼营百货，农副土特产品；各县联社为批发机构，负责配送所属乡、镇合作社所需食盐，基层合作社销售食盐以保甲户口为据，按县联社发给的购盐折供应。民国31年（1942），实行食盐专卖，承销食盐的合作社设立专卖部，摊贩零售和保甲分发食盐后要到合作社专卖部备案。民国33年（1944），专卖销售取消。

专营合作社生产和运销的主要产品有：纺织品、卷烟、文具、印刷、蜡烛、弹花、肥皂、土陶、瓷器、土靛。其中大定城关漆器生产运销合作社生产的漆器工艺品最为驰名。

合作社收购和运销的农副土特产品主要有：稻、麦、玉米、大豆和马、牛、猪等牲畜以及桐油、生漆、茶叶、毛皮、棉花、苎麻、大麻、竹荪、香菌、五倍子。1946年，据威宁、大定、纳雍、织金县统计，合作社经营的农副土特产品价值5.1万元（法币）。商品主要销往贵阳、安顺、昆明、泸州、昭通、壁山。合作社农副土特产产品的推销以及日用工业品的购进业务，主要由省代营局代办代销。1946年后，内战造成商品流通受阻，加之货币贬值、物价飞涨，合作社倒闭，停业者甚多，至中华人民共和国成立前夕已有名无实。

**粮油贸易** 民国初年未设粮食管理机构。民国30年（1941），县设粮食经征处，民国31年（1942）改称田赋管理处，民国34年（1945）改称田赋粮食管理处，归县政府管理，县长兼任处长。田赋粮食管理处设副处长、科长、科员、办事员，编制35～40人。区设办事处，内设主任、稽征股长、仓库管理员、助理员，编制13～15人。

**百货经营** 到1931年，仅毕节城关经营百货的商店就达10余家，其中以刘熙乙开设的新生百货商店，吴俊光开设的华园商店，刘汤光开设的庆泰昌商店较为有名。1937年后，抗日战争爆发，东南沿海大批工商户迁往西南避难，毕节百货业出现空前繁荣景象，1945年抗战胜利后，外地商户纷纷返回原地，加之受国内战争影响，百货市场逐渐衰落，至1949年毕节中华人民共和国成立前夕，百货业经营已成奄奄一息状态。中华人民共和国成立后，毕节专署设立贸易公司百货支公司经营和管理百货行业经营。

**食盐经营** 清末民初，军阀割据，盐政废弛，各地军阀自行设局稽征盐税、盐厘，有时还加科派，变化无常的苛捐杂税名目繁多，盐价一度高涨。民国16年（1927），周西城主黔，改专商引岸制为认商制，规定永岸认商6家，年销盐16载（每载120担）。民国25年（1936），试行“自由运销制”，盐政权由中央收回，次年恢复认商制。民国30年（1941）试行岸口官收、委商代运办法，次年实行“民制、官收、官运、官售、商零售”的专卖制度。民国35年（1946），实行“民制、民运、民销”制度，由零销商贩自由竞销。后因内战，食盐运销失控，盐商乘机谋取暴利，盐价上涨，盐荒突出，民受淡食之苦。当时黔西县流传这样的顺口溜：“想吃盐巴没有钱，要吃盐巴等过年。石头哄孩子，父母泪涟涟。”贫苦人家以吊吊、涮涮、舔、挨方式食盐。

**石油经营** 民国20年（1931），修通清毕公路，始有私商从贵阳购进煤油销售。民国28年（1939），川滇公路建成，国民党军队在毕节县五里坪建加油站为过往军车加油。1937～1945年抗日战争期间，毕节出现外商开设经营煤油商店，经营美孚、德士古、亚细亚牌煤油。

**对外贸易** 中华人民共和国成立前，无大宗商品出口，只有少数工业、轻工业产品，原料及土特产品由私商收购调往贵阳、叙永、泸州、重庆销售。主要外销猪鬃、大方漆器、生漆、桐油、药材。其中以民国30年（1941）在巴拿马国际博览会上获银奖的大方漆器较为驰名。另有向外输出的大定土布及豆制品、黔西天林纸、金沙回沙酒、威宁火腿、威宁荞酥以及宋、元、明时期生产于威宁、大方、织金、毕节等地的水西马，清代产于大定、威宁的铅锌，清末民初的鸦片。

**粮食征购** 1.征收田赋。民国30年（1941）前，沿袭清朝方式征收田赋，以粮额计银征收。

民国30年（1941）后，以实物方式征收田赋，以稻谷为折征标准。规定赋税1元折征稻谷2斗，产稻不丰或不产稻的地方，可搭征苞谷或回征法币，每市斗征法币6元。民国31年（1942）起，一律征收粮食。赋额1元折征3斗，次年折征4斗。民国34～37年（1945～1948），第四行政区实征粮食39.82万石，威宁县全收苞谷，赫章县收15%的苞谷，其余县为稻谷。2.稻谷。积谷由地方政府施行，采用派募方式筹集，主要在富户中募集。民国25年（1936），中央政府通令积谷按当地总人口计算，规定每人积3个月粮食以救灾荒。原各地之义仓，社仓统改称积谷仓，由政府管理使用。民国32年（1943），将积谷募集改为随赋额带征，每赋额1元附征积谷1斗。贷放积谷按月计息，借谷1石加收月息谷1升。民国36年（1947），积谷移交民政部门管理。移交时清理历年积欠。9县实存积谷6.86万石，贷出尚未收回的893.61万石，挪用347.89万石，出现有仓无谷、谷仓两无情况，积谷实际变成乡、保长中饱私囊的财源。3.军粮征购。除募集积谷外，还以摊派方式借购、征购军需粮米。民国30～37年（1941～1948），军粮从半购借、半征半借到全部征借，第四行政区共实征军粮66.78万石。4.公粮征收。民国末期，开征县级公粮，乡镇级公粮。

# 第二章　商业体制

毕节地区商业贸易，起源于三代的有庳国与中原之间的以物换物，从而伴随民生而发展。但自古以来并没有形成体制。中华人民共和国成立后，政治思想和体制直接影响了经济及商业的重组。中国共产党和各级政府根据形势的发展对经济及商业的运作进行了构架建设，商业就首当其冲成为构架的重点领域。

## 第一节　私营商业　集体商业

### 一　私营商业

中华人民共和国成立初，政府在建立国营商业、供销合作商业的同时，保护私商的合法经营，扶助处于困境的私营商户恢复和扩大经营。1951年，全专区私营商户1.3万户，经营资金3.54亿元，1952年经营额1154.54亿元（旧人民币），经营比重占全专区商业经营的44.87%。1953年起，国家限制私营商业经营粮、棉、油、猪、蚕、烟、酒、皮革，工业品批发业务收归国营。部分私商被挤垮，处于失业或半失业状态，私营营业额下降至78.9亿元。1954年起，国家把私营商业纳入统一市场轨道，对其施行利用、限制、改造政策，通过国、合商业在零售阵地上的适当退让安排，私营商业营业额年底达到2163.61万元，占全专区商业营业额的47.7%。1955年安排私商1.04万户，从业人员1.06万人。1956年，全专区对私营商业进行社会主义改造，对小而分散的小商贩按行业加入各种集体组织，对其采取统一领导，分散经营，自负盈亏；对私营工商业实行和平赎买政策，即用工人创造的利润逐步赎买，一般由10多户小商贩组成合作商店，对少数经营好的合作商店纳入公私合营；个别有技术或有专长的小商贩过渡到国营、供销合作商业。1957年，基本完成对私改造，全专区建立公私合营117个，合作商店201个，经销组111户，代销店5191个。操之过急地对私改造，致使出现部分反复现象，至1959年，全专区完成私改，仅存147户持证在农村集市经营的小商贩。至此，完成私改私营商业以不扩大、不发展为原则，延续一段时期。1966年5月后，开展“文化大革命”，私营商业被取缔。1978年12月，中共十一届三中全会后，实行商业体制改革，私营商贸兴起。1984年，国家废止利用、限制、改造私营商业的政策，取消对私营商业、不准扩大经营范围、不准自行定价、不准跨地区流动购销、不准增加从业人员、不准增加经营网点、不准在集贸市场采购原材料、不准经营批发业务的限制，促使私营商业发展起来。1988年上半年，全地区个体工商户达4.5万户，从业人员约8万人，经营资金总额4.43亿元。到1998年11月，全地区个体工商户发展到5.72万户，注册资金1.83亿元。进入21世纪初，个体私营工商户及农民兼营零售经营已成为城乡购销经营的主力军。2001年，全地区有个体工商户4.12万户，从业人员5164万人，注册资金2.11亿元。2005年12月，全地区有个体工商户4.67万户，从业人员6.09万人，注册资金3.21亿元。至2011年底，全地区有个体工商户9.61万余户，从业人员18.54万余人，资金数额42.54亿余元。

## 二　集体商业

**私营合作**　1951年，人民政府开始把流散的小商小贩组织起来，走合作之路。1956年，经过对私改造，在农村由供销社将小商小贩分行业组成合作小组，合作小组执行供销社统一计划、统一经营、统一核算、资金入股、盈余按股金和公积金分配，公积金由供销社代管；城镇工商户、小商贩经过私改后，部分工商业户组建成公私合营，部分工商户及小商贩，以坐商为主，按商业行业组建合作商店、合作小组。合作商店的组成一般在10户左右，再分数门市经营。合作商店实行核资定股，统一经营，统一核算，共负亏盈。合作商店、合作小组的门市兼营他业。盈余分配实行四马分肥（即所得税、公积金、公益金、股息），公积金由国营商业代管。1956年，全专区共组建合作商店（小组）8921个。1958年，实行商业大跃进，部分合作商店（小组）升并为国家统负盈亏的高级合作商店，商店除定股定息不变外，其他经营管理与国营商业相同。1960年，建立城市人民公社，部分合作商店（小组）的人员过渡到国营、供销合作商业，少数转入农村当农民和搞运输业。1961~1962年，调整国民经济，逐步纠正合作商店（小组）商业大跃进的错误做法。1962年，全专区恢复保留合作商店75个，合作小组91个。此后，合作商店（小组）按照不增人、不扩大的规定，开展运营。1978年12月，中共十一届三中全会召开，国家改革商业流通体制，合作商店（小组）根据市场物流变化和需要，有的组建新的联营合作组织扩大经营；有的维持现状。城镇有条件的单位和村、街道为解决子女家属的就业，增加集体收入，也充分利用房屋，自筹资金建立待业青年服务部，酒店、招待所等集体商业企业。集体商业企业得到发展和壮大。1983年后，随着农村经济体制改革的推进，个体工商户的崛起，农村合作商店（小组）多数转为股份制合作商业；部分停业；部分维持原状，靠出租门市、门面、厂房收取租金。进入21世纪初，原有合作商店（小组）已全部演变到个体经营，但城镇和农村按集体所有制企业法建立的集体商业企业仍有产生和发展。

**公私合营商业**　1953年，全专区实施对私营工商业的社会主义改造，对纳入公私合营改造的商店，行政归国营专业公司领导，国营专业公司向公私合营企业派出公方代表，私方企业人员仍留在公私合营企业，私方代表可担任经理或副经理。合营前对私方的资产进行清产核资，定股定息。国营专业公司对归属于领导下的公私合营商店，在人员、资金、设备方面有统一调配权，企业经营纳入国家计划，企业管理全面改进，经营特色继续保留发挥。1956年1月，全专区共组建公私合营企业1920个。由于组建中急于求成，致使部分公私合营企业出现规模过小，资金缺乏，不利于归口管理。1957~1959年，毕节专署安排回笼补课，按行业归并，适当集中人力物力，至1959年，全专区公私合营企业保留599个。20世纪60~70年代，有少数公私合营企业过渡到国营企业和供销社，其中有的过渡后又恢复公私合营性质。1966~1976年“文化大革命”期间，私方按区专规定应享受的经营待遇被取消。1978年12月，中共中央、国务院决定推行商业流通体制改革。1982年起，全地区为工商业民族资本家落实政策，退还或补偿公私合营后私方被没收或征用的财产；撤出公私合营企业中公方代表，公私合营企业逐步解体。公私合营解体后，部分与国营企业合并；部分转为个体经营；部分改为集体性质的合作商店。1986年后，公私合营企业不复存在。

## 第二节　国营商业

中华人民共和国成立初期，人民政府接管民国政府毕节盐务支局，组建毕节盐务运销分局。1950年，毕节专署设立毕节专区贸易公司，下设粮食、百货、花纱布公司和土产、油脂办事处，构成毕节最早的国营商业贸易机构。国营商业执行国家统一计划、物价、财务管理制度，根据国家各个不同时期的政治经济需要，贯彻执行政府有关商业方针、政策、法令和上级商业主管部门与上级公司下达的各项计划、规定和措施，组织调拨储存商品，在国家计划指令指导下开展购销经营业务，在购销业务中不断改善经营管理，转换经营机制，提高经济效益。

1950年，全专区组建国营商业，以供应食盐为第一任务，组织棉布、棉纱、粮食等商品供应市场。是年，全专区国营商业组织食盐2.26万吨、棉纱486疋、台布701疋、玉米82万千克投入市场平抑物价。在匪患严重的情况下，国营商业组织武装贸易小组，护送商品到各地。冒着被土匪杀害的危险，送工业品下乡，从农村收购农副产品回城，为平抑城乡物价，打击不法商人囤积居奇投机倒把，巩固新生的人民政权作出贡献。1952年，各国营专业公司（贸易商店、小组）普遍建立，随即控制批发市场，通过统一供应盐、布等主要商品，在城乡展开各种形式的物资交流会，促进城乡物资交流。是年，全专区国营商业贸易市场比重升到23.35%。1953年，国家施行商品批发国有化，商品批发由国营商店经营，通过和供销社采取加工、订货、经销、代销形式，限制私营商业经营。组织因实行限批、限购、限销而停业的小商小贩走合作化道路，根据不同情况分别建立合作商店（小组）的公私合营组织。国营商业采取扩大和加强批发业务，控制和减少零售业务，调整批零差价，调整公司经营范围，合理安排各种经济成分在零售经营中的比重。是年底，国营商业批发占商品批发市场总量的97%。1956年底，完成对私改造，全专区商业贸易形成国营、供销合作社集中统一计划管理形态。从1957年起，商品实行分级分类管理。第一类为国务院统购统销物资，其购、销、调出、调入、出口、库存指标由中央下达。主要品种粮、棉、油3个类别11个品种；第二类是国家统一收购和派购物资，其购销调存指标由国家商业部下达，其主要品种有生猪、烤烟、中药材47个品类127个品种。农副土特产品及农资日杂用品由供销社代购和经营，工业品采购和一、二类农副土特产品由国营商业公司经营。除以上两类物资外的其他物资为第三类商品，由供销社收购优先卖给国家并允许在国家领导下的自由市场交易。国家计划管理的商品，1957年，一类、二类物资有138个品种。1958年，国家推行商业经营大跃进，将各种商业经营成分过渡为国营商业。国营商业开展大购大销和收尽销光的购销活动。工业部门生产什么，商业部门就收购什么，生产多少，收购多少；农村收购出现指山买树，指河买鱼等购销情况；销售上提出“需要什么，供应什么，需要多少，供应多少，哪里需要，到哪里供应”的口号。国营商业依据农村实行一大二公的要求组织货源，按户数人数逐级发放牙膏、口杯、牙刷、香皂等商品给社员。大购大销，致使全专区国营商业损失5165万元。1960年，受国家严重经济困难的影响，工农业产品奇缺，居民吃、穿、用商品紧张，国营商业对主要商品实行计划定量，凭票证供给商品。1962年，毕节专署在贯彻国家规定加强商品计划管理的同时，行文纠正大统大销统购包销的错误做法，对手工业品不再收尽销光、大包大揽，改为按分类管理的原则，实行统购、包销、选购、自销方式，工业品除棉布采取统购统销外，其余退出统购包销。1963年起，国家批准威宁、纳雍、水城、赫章县民族贸易资金利润留存。价格补贴照顾县，所需民族特需商品，紧俏工业品予以专项安排，特殊供应。1982年后，其他各县亦被列入照顾行列。资金支持、价格补贴按原规定执行，利润留成由20%提高到50%。1966~1976年，根据国家规定，加强对商品物资的计划管理，国家管理的一类物资为19个，二类物资增至300余个品种。一二类物资禁止进入集市贸易，三类物资及蔬菜虽允许在市场上调节有无，但严禁转手倒卖和贩运。国家统购统销统配工业品及供应票证一律不准进入市场贸易，商业贸易基本由国营、供销社总揽。群众购买计划供应商品和就餐住宿多有不便，排队购买商品、住宿、就餐现象随处可见，购买紧俏商品走后门方式随之滋生。

1978年12月，中共十一届三中全会召开，国家实行商品流通体制改革。开始建立国营为主导，多种经济成分，多种经营方式，多种流通渠道并存，开放式的商品流通体制。毕节地区采取以下措施，改革商品流通体制，建立开放式的商品流通体制。1.1980年5月，毕节地区行署批准地区百货公司为商业企业扩大自主权试点。试点扩大和下放权力，下放计划管理权，批发企业年、季购销计划改由自行衔接，零售企业自主进行计划管理；扩大业务经营权，企业有权自主经营；扩大企业定价权；下放财务管理权、下放劳动人事权、下放工资奖金权。2.推行企业内部经营承包责任制。1981年10月起，在国营零售商业和饮食服务业实行经营承包责任制，承包责任制以利润承包为主。1983年起，全地区商业企业内部全面推行承包责任制，承包责任制内容包括销售额、费用水平、资金周转、利润额、经营品种，服务项目等多项指标。1984年实行政企分开，各商业专业公司系统的条条管理隶属关系消失，企业改上缴利润为上缴所得税，享有充分自主权。1985年起，先在地区百货公司、五交化、盐业、糖烟酒公司和食品厂推行经理厂长承包负责制。1987年，全地区国营商业系统全面推行，一轮承包期3年。1993年后，改推行经理厂长承包责任制为实行企业法人代表责任制，国营商业改称国有商业。3．实行四放开改革。1992年3月，毕节地区体改委、商业局批准地区百货、五交化公司推行经营放开、价格放开、分配放开、用工放开改革。是年上半年，金沙县国营商业系统对亏损严重的百货、纺织、糖酒、饮食服务公司和糖厂实行国有民营改革。其改革方法是：以财产风险抵押承包为保证，承租、承包柜组。此后，国营商业企业普遍采用国有民营这一承包形式和以股份制形式招商引资开发企业资源。

进入20世纪90年代后期，国有商业经营日渐萎缩，经营普遍处于困难境地，多数企业经营几乎处于停业状态。职工大部分下岗，进入社会谋生，少数在岗人员靠出租企业产业和财政拨给解困资金作生活费来源，达到退休年龄的职工由劳动社会保障部门发给退休金。此期间，国有商业多数主要以盘活国有资产，处理库存积压商品，搞好国有商业经营网点的租赁、承包等一系列工作为重点，少数有条件的也开展一些经营业务。

## 第三节　供销合作商业

**经营体制**　1951年7月，毕节专署建立合作科，10月组建毕节专员督察公署合作社筹委会，各县筹建县联社、试办农村基层社。1952年，各县联社组建完成。是年，全专区建立基层社104个，分销店63个，发展社员10.13万人，吸纳股金6.4万元。旋即，县供销社、基层社成立供应、收购门市、采购和推销经理部等直属经营机构，领导和组织基层社开展购销业务。基层供销社属集体所有制，商品营销企业实行独立核算、自负盈亏和向国家缴纳所得税、提留调节基金的制度。供销社经营实行民主管理制度。是年底，全专区供销合作商业市场经营比重占31.78%。1953年，县区镇供销合作社全部建立，乡、镇分销店逐步建立。各级供销社通过有计划的供销业务和合同制度，引导小农经济和个体手工业者逐步纳入国家计划轨道，并促进其社会主义改造，在国营商业的领导下扩大有组织的商品流转，领导农村市场，逐步实行对农村私商改造，代替国家资本在农村的阵地，逐步切断农民与城市资本主义的联系。在计划经济管理体制时期供销社购销商品，执行统一计划、物价、管理制度。1956年，完成对私改造，按国、合商业城乡分工的原则，在农村有计划地开展供应和收购，发展商品生产。1953～1957年，分销店发展到273个，新增零售网点1214个，批发门市231个，农副产品采购门市221个，定点定时销购点871个，建立国家领导下的粮食市场113个。全专区供销社市场占有率达39.63%。1958年，国家推行商业营销大跃进，供销社并入国营商业，基层社成为人民公社的供销部，供销社由集体所有制性质升级为全民所有制。1961年3月，专区贯彻中共中央工作会议精神，恢复供销社建制。旋即，专区供销社系统通过贯彻中共中央调整国民经济的方针，开展清算资金、清理仓库、清查账目活动和争创“五好”基层社、“六好”职工评比活动，以密切与农民群众的关系，促进供销合作商业的发展。1966～1976年，“文化大革命”期间，将农民开展家庭副业称为“资本主义尾巴”被割断，供销社为农服务受批判。1967年，“造反派”夺取供销社领导权，工作处于瘫痪。1968年12月，供销合作商业并入国营商业，1974年恢复供销社建制，但其性质未得到明确。1977年基层供销社被确定为全民所有制商业。

1979年9月28日，中共中央《关于加快农业发展的决定》，决定改革恢复供销合作化集体经营体制。重点恢复和加强供销社组织的群众性，管理的民主性和经营的灵活性。改革内容包括扩大企业自主权、实行经营责任制；调整购销政策，逐步缩小农副土特产品派购政策，扩大议购议销。1983年，县供销社改为县联社，作为基层社的经济联合体，属合作商业，原供销社领导的国营农副产品、土产品、日用杂品、农业生产资料企业公司作为联社内部的经营单位。基层社将社员股金的20%作为参加联社的团体社员股金参与经营。1984年，区内供销社系统贯彻执行中共中央、国务院《关于国营企业全面整顿》的决议，推行经营承包责任制。是年，全地区99个基层社，42个地县直属企业和159个饮食服务单位推行“人定岗，岗定责，责定分”的奖惩办法。1987年，全地区供销系统实行领导干部任期目标责任制，企业经营实行定额管理，店组核算，逐级承包责任制。对饮食服务、修理门店，边远小型分销店实行租赁经营责任制试点。1988年毕节县联社在全县推行“全员承包，交纳风险抵押金”的承包责任制。1989年底，全地区供销社系统有66个企业实行风险抵押金承包责任制，114个企业与当地政府签订承包合同，实行税务目标管理，32个企业实行优化劳动组合承包。1990年，金沙县供销社在实施风险抵押、租赁承包基础上引入农村家庭联产承包的经营机制，将企业经营权和所有权分离，实行社有自营的经营责任制。1992年，全地区推行社有自营制，直到供销社实行产权改革。1996年，中共毕节地委决定，按政企分开原则，地、县供销社退出政府序列划归农口，实行社员代表会议制度。1999年，地县供销社分别列为行署、县市直属事业单位，所需经费列入同级财政预算，不再向企业提取管理费，不再插手企业经营业务，但对原属企业改制后的剩余资产作为集体股，联社作为出资人占有集体股额实行资产监控，享有相应的股份额权利。改制后的地、县联社实行开放办社，独立承担经济责任，除政府委托的任务外，不再对下级社下达指令性计划，供销企业经营全面进入市场化经营。2000年，金沙县安底供销社将股份制融入合作制改革，成立起首家股份制基层社。2001年，中共毕节地委拟发《关于进一步推进全区供销社改革的意见》，要求基层供销社和社有企业实行股份制改造。改造采取以下方法进行：在册职工置换身份，与企业解除原有劳动关系，企业通过招商引资、联合开发、拍卖、兼并形式处置资产筹措资金，给职工安置补偿。自愿与企业解除劳动关系的职工，给予一次性经济补偿，补偿金额各县不一。黔西县补偿标准为：全民所有制企业职工每年工龄补偿800元；集体所有制企业职工每年工龄补偿600元；带资投劳和计划外用工每年工龄补偿200元。对年满50周岁的男性职工和年满45周岁的女性职工实行内退内养；对伤残军人职工可选择置换身份或内退内养。置换身份的职工通过自愿入股，转变成新组建的股份有限责任公司和股份合作社员工。2004年底，毕节地区供销社系统6800名职工参加改革改制，其中置换身份的职工5701人，内退内养职工499人。2005年，全地区除60个基层供销社在进行股份制合作改造外，其余基层社和社有企业股份制改革基本完成。2010年，机构改革毕节地区供销社作为参照公务员法管理的行署直属事业单位，履行全地区供销合作社行业管理的机构职责。2011年，地区供销社下辖5个直属企业、8个县市供销合作社联合社、80个基层供销合作社、131个独立核算企业，在册职工2475人。

**民主管理**　1951年，黔西县沙窝区农村合作社成立，同时建立起供销合作社民主管理制度，之后，其做法逐步在全专区推广，社员代表大会成为供销合作社实现民主管理的组织形式。基层社社员代表大会的代表由社员民主推选；联社社员代表大会的代表，有下级供销社社员代表大会代表选举产生。代表任期3～5年。社员代表大会为供销合作社的最高权力机关，其职权为：制订修改本社社章，选举或罢免本社理、监事会成员，选举出席上级社员代表大会的代表；审查和批准理、监事会的工作报告；审查和批准本社的年终决算、盈余分配方案和弥补亏损方案；审查和批准本社年度购销计划、财务计划及发展生产的规划、措施；审查处理社员对本社理、监事会违纪成员的投诉，对其他问题进行讨论和决议。1953年，大定县第四区基层社召开区内首届社员代表大会，其民主管理经验《新黔日报》多次采访报道，在省内推广。1956年，全专区县、区两级供销社均建立和召开社员代表大会。1953年，专、县联社建立工会组织，实行社员代表大会与职工代表大会相结合的民主管理制度。1957年，各基层社在分销店建立商店委员会，商店成员由当地社员代表、乡（镇）干部及分销店职工组成。1958年，供销社并入国营商业，社员代表大会民主管理制度被取消。1961年，恢复供销社建制。1963年，清理国合商业合并期间供销社被平调的社员股金和红利。1961～1965年，供销社逐步恢复民主管理，开展“五好基层社”，“六好职工”评比活动，采取赶场摆摊，设代销小组与流动货郎担及收售结合形式开展供应活动，把农民需要的商品送到农民手中；贯彻以农为主，以副养农的综合经营收购方针，扶持农民发展副业生产。据不完全统计，5年间，全专区供销系统农村日用工业品商品零售总额1.97亿元，农副产品收购总额1.01亿元，毕节专区供销合作商业得到发展。1966年“文化大革命”开始，供销社民主管理制度被废止，推行河北省万全县安家堡供销社实行贫下中农管理供销社的经验，实行贫管供销社。贫管代表进驻供销社后，将执行“发展经济，保障供给”的方针诬为“抓目丢纲”，抓阶级斗争，不抓商品流通经营，供销社为农服务职能丧失。1974年，虽与国营商业分设，但由于性质未得明确，民主管理制度仍未得恢复。

1978年12月，中共十一届三中全会召开，国家推行城乡商业流通体制改革。1981年，地区供销社制定《基层社民主管理试行办法》，要求各县基层社实施职工代表大会和社会群众相结合的民主管理制度。1982年，全地区基层社相继召开社员代表大会，把供销社的经营活动同农民的经济效益联系起来，实行民主管理。是年，全地区收到社员代表提案6419条，采纳和处理2172条。1984年，基层社建立社员之家，增加便民项目。1987年，全地区基层社换届选举，有192名农民社员代表进入理事会、监事会领导班子，其中19名当选为理事会正副主任，906名社员直接参加供销社管理。1988年，国家颁布《全民所有制工业企业法》，供销社实行主任（经理）负责制和职工代表大会制度，基层社普遍建立社员代表接待室或社员之家，分销店建立社员代表监督小组。是年，毕节、金沙县供销社把理、监事会合并，改为社务管理委员会，各县亦仿照。1990年后，国家实行社会主义市场经济体制，供销社经营企业在历史包袱沉重，资金短缺，资产流失，亏损严重的背景下，经营逐步陷入困境，民主管理制度逐渐流于形式，多数分销店推行社有自营，商店委员会自然取消。1996年，中共毕节地委、毕节地区行署强调推进供销社的民主管理，开展基层社建设活动年活动，恢复社员代表大会制度，但多数已成空壳，无能力经营的基层社已失去坚持民主管理制度的可能。1997年后，基层社为适应市场经济的需要，求得自身的生存发展，民主管理形式发生变化。部分基层社以服务三农为宗旨，与农民结成利益共同体，直接与农民共建专业合作社、村级综合服务站，共同管理，实现双赢。2011年，地区供销社发起成立毕节地区农资行业协会、毕节地区农特产品协会、毕节地区中药材行业协会、毕节地区烟花爆竹行业协会，发展单位会员123个，个人会员1096个，会员遍及全地区相关行业。

社员股金　供销社建社之初，基层社运营资金部分为社员入股股金。依据《中华全国联合总社章程》规定，对年满16周岁的劳动人民自愿入社者，每人收取0.1元入社费，股金1股2元，多股不限。社员交纳的股金按供销社盈利比例分红，其分红比例按国家优先保证集体积累和企业财务制度规定，由理事会确定。社员股金分红占供销社盈利比例为：1952年15%，1955～1957年20%，1963年15%，1964～1965年降为6%，以后的分红比例在5%～10%之间徘徊。1958年国、合商业合并期间分红中止。1962年，恢复供销社建制后，国家退回社员股金92.5万元。是年，通过清理股金、扩股，全专区社员股金增至94.3万元。1966年“文化大革命”开始，中止股金分红。1980年供销社再次清理出社员股金86.6万元，累计积压社员红利58.6万元。1982年，基层社补发社员股金红利16.3万元，占应补发红利27.8%。1983年，补发历年社员股金红利，同时将入股对象扩大到城镇居民、农村集体组织、供销社职工和系统外职工，并对大额股金实行保息分红制度，对带资投劳300元以上者也可享受保息分红。保息按银行一年期定期存款利息计息，分红按供销社盈余比例的5%～10%支付，但利息与红利之和不得超过股金的15%。由于入股社员利益得到保障，入股社员增多。1980年，全地区入股资金增到218.6万元，1992年达919.6万元。1992年后，由于基层社经营出现困难，股金分红受到影响，股金总额呈下降趋势。1995年后，有所回升，但随着空壳社增多，农民入股未得到发展。2001年后，供销社通过改革改制，入股者与供销社共同经营，利益均摊，股金总额大幅增加。到2005年，全地区入股股金达到4896万元。2011年，全地区入股股金达到近1亿元。

### 毕节地区供销合作社系统部分年份社员股金统计表

单位：万元

| 年份 | 社员股金总额 | 其中基层社员股金 | 年份 | 社员股金总额 | 其中基层社员股金 |
|---|---|---|---|---|---|
| 1951 | 1.7 | | 1990 | 860.2 | 774.2 |
| 1952 | 38.54 | | 1994 | 518.3 | 499.9 |
| 1962 | 94.3 | 91.7 | 1997 | 1081 | 1067.9 |
| 1966 | 96.2 | 90.5 | 2000 | 1378 | 1348 |
| 1982 | 87.6 | 86.3 | 2002 | 4396 | 4356 |
| 1983 | 147.6 | 141.4 | 2005 | 4896 | 4856 |

### 毕节地区供销合作社系统部分年份经营利润统计表

单位：万元

| 年份 | 利润总额 | 年份 | 利润总额 | 年份 | 利润总额 |
|---|---|---|---|---|---|
| 1962 | 189 | 1981 | 8512 | 2005 | 63.7 |
| 1965 | 369 | 1988 | 9885 | 2006 | 65.2 |
| 1968 | 282 | 1990 | 121 | 2007 | 66 |
| 1976 | 207.9 | 1992 | –2240 | 2008 | 108.7 |
| 1978 | 724.2 | 1997 | –21388 | 2009 | 241.6 |
| 1985 | 8865 | 2002 | 10 | 2010 | 750 |
| 1980 | 577.7 | 2003 | 32.6 | 2011 | 4225 |

注：1992年、1997年亏损含中央政策亏损2688万元，含地方政策性亏损3322.7万元。两项政策性亏损商品主要是棉布、棉絮赊销和化肥议价转平价

# 第三章　商贸组织机构

毕节地区清代以前，无商业贸易机构。清末民初，地方商界组织商会事务所，解决商业行政事务和商务纠纷。民国时期，县署设建设科办理商业开歇业登记。中华人民共和国成立后，建立国营、供销合作商业，政府设商业机构经营管理商业贸易。

## 第一节　国营商业机构

### 一　商业行政机构

工商班　1949年，西进纵队赣东北地区的工商、贸易两部门合并组成，作为接管毕节商业工作的组织。班长辛霞光，副班长周子沛。

工商科　1949年11月，以工商班为基础，设立毕节行政督察专员公署。工商科，管理全专区商业工作。1951年增设合作科。1954年，工商科分为手管科、工业科、商业科，商业科管理全专区商业工作。1956年11月，改商业科为商业局。历任工商科正副科长：辛霞光、李超、赵厚思、周子沛、范宗寅。

毕节地区商务局　1956年11月，改工商科为商业局，受毕节专署和省商务厅领导。其主要职能是：在毕节专署和省商务厅的领导下，贯彻执行国家有关商业的方针、政策、措施和法规；落实上级商业部门的各项指标并组织实施；发挥国营商业主渠道作用，大力疏导、扩大和增加商品流通渠道，努力促进引导生产，保障供给繁荣经济，安排辖区内城乡市场。1958年5月15日，毕节专员公署精减行政机构，将毕节专区商业局改为第一商业局，地区服务局和专合办处合并为第二商业局。是年一、二商业局合并称专署商业局，下设办公室、秘书、业务、工商管理、运输、农产品采购、计统、财会科。1961年，专署商业局划出专区进出口公司，成立毕节专署对外贸易局。1962年7月，供销、商业分设。1964年6月，专署商业局划出工商管理工作业务，成立毕节专区工商行政管理局。1966～1976年“文化大革命”期间，专署商业局被造反派夺权。1967年5月，毕节地区革命委员会成立，下设财贸组行使商业行政管理职能。1969年12月，地区革命委员会将1966年前的专署商业局、供销社、外贸局、工商局合并为毕节地区革命委员会贸易局。1972年撤销贸易局，设立毕节地区革命委员会外贸局、商业局。1973年，将供销、工商管理划出，设供销社、工商局。1977年，地区革命委员会商业局改称毕节地区商业局。1983年，商业局、供销社、粮食局合并为地区商业局，半年后恢复原建制。1996年7月，地区对外经济贸易合作局与地区商业局合并，称毕节地区商务局。2001年9月10日，毕节地区商务局更名为毕节地区贸易合作局，2004年7月更名为毕节地区商务局。地区商务局内设机构随各个不同时期的职能变化而设置。一般设业务、计统、物价、财会、政工科。1984年增设纪检科，1988年增设审计科，1993年设经济检查室。2005年，内设机构有办公室，人教法规科、规划财务审计科、外经贸发展科、市场运行调节科、市场体系建设科、物资流通管理科、生猪屠宰管理站及中国国际贸易促进委员会毕节支会2010年，内设机构有办公室、人事教育与法规科、财务与贸易发展科、外国投资管理和经济合作科、内外贸易促进科、商贸服务管理科、市场体系、建设科、市场运行调节科、酒类流通管理科（地区酒类流通管理局）。毕节地区商务局历任正副局长名录：赵厚思、张兴华、刘传信、时念好、张耀居、李定远、沈中、王玉屏、赵耻宽、陈春芳、任子珍、朱启雪、吴厚磊、李安东、王清泉、张青槐、贺德富、李从宽、张先云、王明中、朱凤池、马德海、耿家礼、贺开新、赵得功、刘凤顺、张永昌、唐兴逸、蔡荣德、陈霖、汤正仁、邵文吉、李德敏、蒋才勇、陈春芬、陈志通、杨忠强、罗绍松、段彰厚。区内各县市政府均设置有商务局，其沿革名称和职能与地区商务局基本相同。

## 二　国营商业经营机构

中华人民共和国成立后至1994年，毕节地区内建立的国营商业经营机构，既是经营机构又是行业和批发销售的管理机构，其职责是：贯彻执行政府的有关方针、政策、法令和同级商业行政部门与上级经营机构下达的计划、规定、措施、价格、组织调拨、储存商品、改善管理，提高经济效益。

**地区直属国营商业经营机构**　1.毕节专区贸易公司。1951年1月设立，下设粮食、百货、花纱布、盐业支公司；专区土产、油脂、畜产、民族贸易、酒类专卖办事处；专区盐务运销分局；专区石油供应站；专署医药经营处；专署食品公司；专署供销社。1954年撤销。

2.中国百货公司毕节分公司。1951年8月成立，中国百货公司贵州省毕节支公司，隶属毕节专区贸易公司。1954年独立，更名为中国百货公司毕节分公司。受中国百货公司贵州省公司毕节专署工商科领导，后改由毕节地区商业局领导。1990年后，国营、集体、个体投入百货经营，公司经营急剧下滑。20世纪末至21世纪初，国家实施商业流通体制改革，公司实施改革改制，基本停止经营。

3.毕节地区纺织品公司。1951年8月成立中国花纱布公司贵州省毕节支公司，隶属毕节专区贸易公司。1954年独立，更名为中国纺织品公司贵州省毕节分公司。1958年3月，改为贵州省毕节纺织针织品采购供应站，10月并入专区民贸公司。1962年独立，更名为中国纺织品公司贵州省毕节分公司、毕节采购供应站。1972年独立。1990年后，国营、集体、个体投入布匹、棉纱经营，公司经营下滑。20世纪末至21世纪初，国家施行商业流通体制改革，公司实施改革改制，基本停止营业。

4.中国食品公司毕节分公司。1954年4月建立。中国食品公司贵州省毕节分公司。隶属毕节专区贸易公司，不久独立。1957年专区调整机构，撤销食品公司。1961年6月复建毕节食品分公司。1986年后，国家逐步放开副食品经营市场，国营、集体、个体皆投入市场经营，设在城区的食品站多有名无实，职工多自谋生路。至1993年，能维持经营的已为数不多。20世纪末至21世纪初，国家施行商业流通体制改革，公司实行改革改制，基本停止经营。

5.中国石油公司毕节分公司。1952年3月成立中国石油公司贵州省分公司毕节推销站，受省石油公司、毕节专署工商科领导。1954年3月独立，更名为中国石油公司贵州省分公司毕节供应站。1955年2月，改称中国石油公司贵州省毕节分公司。1958年，更名为贵州省毕节石油批发站，隶属毕节专署领导。1960年11月，更名为贵州省商业厅毕节石油批发站，次年更名为贵州省石油煤建公司毕节分公司。1962年10月更名为中国石油公司贵州省毕节分公司。1985年，更名为贵州省石油公司毕节分公司。是年从商业划出。

6.毕节地区五交化公司。1964年5月建立，其前身为1962年4月成立的贵州省五交化公司毕节分公司。至1993年，公司经营设施扩大，经营额成效明显。之后，国营、集体、个体皆投入五交化产品，公司经营不能为计。20世纪末至21世纪初，国家施行商业流通体制改革，公司实行改革改制，基本停止经营。

7.毕节地区酒类专卖事业管理局。1952年9月成立，名为毕节专区酒类专卖事业管理处。后改为专卖局。1966～1976年“文化大革命”期间撤销。1979年恢复建立。

8.毕节地区糖业烟酒公司。1957年9月成立，名为毕节专区专卖事业局，与专区酒类事业专卖局合署办公。1959年实行政企合一，1961年实行政企分开，撤销专卖公司，其业务并入商业副食品采购供应站。1964年复建毕节专区糖业烟酒公司，隶属商业局领导。1988～1993年间，取消食糖计划供应，敞开市场供应之后，国营、集体、个体皆能经营糖烟酒商品，公司营业下降，处于难以为继状态。20世纪末至21世纪初，国家施行商业流通体制改革，公司实行改革改制，经营状况与以前不尽相同。

9.毕节地区盐业局。1951年成立毕节盐业支公司。1953年撤销毕节专区盐业支公司，成立毕节专区盐业公司。1958年，将专区盐业公司并入毕节专区副食品供应站。1961年复建专区盐业公司。

10.贵州省盐务运销局毕节分局。1950年7月成立毕节盐务运销局。1953年撤销。1991年成立贵州省盐务运销局毕节分局，与地区盐务公司实行政企合一。

11.贵州省毕节地区民族贸易公司　其前身为1953年6月成立贵州省贸易公司毕节办事处。1954年，更名为贵州省毕节民族贸易公司。1958年改建贵州省毕节民贸批发站，是年10月与毕节纺织针织批发站合并，成立毕节民贸纺织批发站。1961年恢复贵州省毕节专区民族贸易公司。1962年7月更名为贵州省民族贸易公司毕节分公司。1972年7月与地区纺织品公司分设。20世纪末至21世纪初，国家施行商业流通体制改革，公司实行企业改革改制，公司经营民族商品贸易的职能逐渐削弱，被个体、集体经营户所取代，基本停止经营。

12.毕节地区饮食服务公司。1956年5月成立。1967年，将食品公司所属蔬菜水产服务公司业务划归饮食服务公司，改名为毕节地区蔬菜水产饮食服务公司。1993年划归毕节地区糖烟酒公司，两块牌子一套人员。

**县属国营商业机构** 1950年，地区贸易公司在黔西、大定、威宁三县设置国营商店，其他各县设置贸易组织。1951年，黔西国营商店扩为支公司，各县贸易组织扩为县商店。同时增设大关、妈姑区商店，清水、龙场、三重堰3个收购组和12个赶场小组。1954年底，各县国营商店一律改称为县公司。以后，随着地区专业公司的建立，各县亦根据实际情况设立相应机构。各县专业公司除对本县批发组织收购商品外，还经营小型的零售商店。1979年全区共有县属专业公司65个，1993年合并下降为59个，2005年合并下降为37个。

## 第二节　对外贸易机构

明、清及民国时期，无外贸机构，少数工业、轻工业原料、产品及土特产品由私商零星组织外销。1945年8月后，毕节商人刘熙乙创办猪鬃公司，批量经营猪鬃出口。1952年，由地区贸易公司设立畜产办事处（后改称公司），1954年在威宁县设立外贸购销站，负责收购牛皮、猪鬃等出口商品。1956年专合办处设立出口科，统一经营全专区出口商品。1959年成立毕节专区进出口公司，统一经营全专区对外贸易业务。1962年9月1日，以专区进出口公司为基础成立毕节专署对外贸易局，各县亦相继成立外贸机构——外贸采购站，至此毕节地区对外贸易自成体系。

**毕节地区对外贸易经济合作局** 1961年9月1日，毕节专署决定以专区进出口公司为基础，成立毕节专署对外贸易局，下设茶叶土产进出口支公司、畜产进出口支公司。局办公地址设在毕节市清毕路，1965年迁威宁路新建办公大楼，1985年迁桂花路新址。1961年12月，撤销下设茶叶土产、畜产进出口支公司，成立毕节专区进出口公司，1965年改称毕节专区对外贸易公司，1975年改称毕节地区对外经济贸易公司。1966年6月，专署外贸局被造反派夺权，成立毛泽东思想毕节地区外贸局革命委员会，取代原专署外贸局。1967年6月2日，成立毕节地区外贸局革命委员会。1969年，地区外贸局革命委员会与商业、供销、工商局革命委员会合并为地区革命委员会贸易局。1972年，撤销地区革命委员会贸易局，恢复原机构名称。1983年10月14日，地区外贸局并入地区对外经济贸易公司，保留地区对外经济贸易局牌子，由地区经委代管。1986年撤销对外经济贸易公司，恢复成立毕节地区对外经济贸易局，属行署职能部门。1995年改称毕节地区对外贸易经济合作局。1996年并入地区商务局，保留加挂毕节地区对外贸易经济合作局牌子。毕节地区对外贸易经济合作局（对外经济贸易公司）历任正副局长（正副经理）名录：张跃居、刘传信、陈冀良、李定远、丁希文、朱启学、吕德成、尚其昌、吴汉英、卫定禄、赵耻宽、孙德魁、吴开疆、杨全景、李德敏。纪检监察组长徐时贵、靳传春。

**县市对外经济贸易公司** 1954年，建立威宁县外贸购销站，1961年撤销外贸购销站，成立畜产品支公司。1966年，改称地区外贸局威宁工作站。1961年，建立金沙县茶叶土产公司，代行外贸采购站业务。是年，其余各县分别建立外贸采购站。1966～1976年“文化大革命”中，各县外贸工作受冲击、瘫痪。1973年织金、赫章县重建外贸采购站，1978年，其余县恢复建立外贸采购站。1986年各县外贸机构统称对外经济贸易公司。1996年，各县市对外经济贸易公司并入县商业局，至此县以下不单独设外贸机构。

**毕节地区对外经济贸易公司**　1959年7月，成立毕节专区进出口公司，由地区商业局领导。1961年9月，成立毕节专区外贸局，下设茶叶生产、畜产公司。是年12月，撤销茶叶土产、畜产公司，成立毕节专区进出口公司，牌子加挂在专区外贸局，对外用进出口公司名称与上级专业公司对口经营，业务由专区外贸局职能科室办理。1965年8月，专区进出口公司更名毕节专区对外贸易公司，1975年又改称毕节地区对外经济贸易公司。1986年4月，企业实行政企分开，撤销。

**毕节地区外贸粮油食品公司**　1986年4月，从毕节地区对外经济贸易公司分设中国粮油食品进出口公司贵州省毕节支公司。1989年4月，更名为贵州省粮油食品公司毕节地区分公司。1994年，更名毕节地区外贸粮油食品公司。1996年划归地区商务局。2003年后因连年亏损而停业。

**毕节地区外贸土畜产品公司**　1986年4月，从地区对外经济贸易公司分设中国土畜产品进出口公司贵州省毕节支公司，1989年4月更名为贵州省土畜产品毕节地区分公司，1994年更名为毕节地区外贸土畜产品公司。1996年划归地区商务局，2003年后因连年亏损而停业。

**毕节地区外贸医药保健公司**　1986年4月，从毕节地区对外经济贸易公司分设中国医药保健品进出口公司毕节地区支公司，1989年4月更名为贵州省医药保健品进出口公司毕节地区分公司，1994年更名为毕节地区外贸医药保健品公司。1996年划归地区商务局，2003年后因连年亏损而停业。

**毕节地区外贸五金矿产品公司**　1986年4月，从毕节地区对外经济贸易公司中分设成立。1996年划归地区商务局，2003年后因连年亏损而停业。

**毕节地区进出口公司**　1993年5月3日，国家经贸局批准成立。公司具有以下经营权：自营和代理地区非国家组织统一联合经营商品的出口业务和三类商品的进出口业务；承办中外合资经营、合作生产，开展“三来一补”业务。隶属地区对外经济贸易局领导，1996年后属地区商务局领导。公司进出口业务由省厅归口管理并接受有关进出口商会的协调。2004年后经营业务不大。

**毕节地区畜产品加工厂**　1960年3月，建立专区皮毛加工厂，直属地区外贸局领导。1978年11月皮毛加工厂扩建后改称毕节地区畜产品加工厂。1992年后生产产品滞销及高价收购的半夏价格急骤下落，挂账亏损364万元，无力再维持生产和经营。1996年后隶属地区商务局领导。

**毕节地区外贸丝绸有限责任公司**　1995年10月，地区行署决定成立，隶属地区对外贸易经济合作局管理。公司实行自主经营、独立核算、自负盈亏、自求发展。1996年后由地区商务局管理。

**毕节地区外贸汽车运输公司**　1962年8月，成立贵州省对外贸易储运包装公司毕节运输站。

是年12月，更名为中国对外贸易运输公司贵州省驻毕节运输站（以下简称外运站）由地区外贸局代管。1986年4月，外贸企业实行政企分开，外运站正式成为地区外贸局下属企业。1987年5月，外运站改称中国对外贸易运输公司贵州省分公司毕节地区支公司。1994年改称毕节地区外贸汽车运输公司，1996年后归属地区商务局领导。

**毕节地区外贸驻水城转运站（称水转站）** 1967年毕节地区外贸局革命委员会经省外贸厅革命委员会批准，建立水转站，负责转运外贸物资，不经营购销业务。1986年水转站成为地区外贸局下属的独立核算企业。1996年后，属商务局下属企业。

**毕节地区大坡茶场** 建于1976年4月，事业单位，属地区财贸办公室。1988年，毕节地区行署决定将大坡茶场划归地区对外经济贸易局领导，性质仍属事业单位。1996年后，属地区商业局领导下的事业单位。

经营外贸业务的企业，除上述机构外，1993年后，区内部分厂、矿也陆续申办进出口业务。2005年底，全地区有进出口经营权的企业38个。2011年，全地区有进出口企业148户，对外贸易进出口总额实现1953万美元。

## 第三节　粮油贸易机构

**毕节地区粮食局** 1949年12月6日，成立毕节专区粮食局，接管原国民政府“四八”军粮库两栋作为局机关办公用房。1950年11月，迁东关坡新址，改成毕节专员公署粮食局。1966年5月～1967年4月，改称毕节地区粮食局革命委员会。1971年3月，改称毕节地区革命委员会粮油局。1972年改称毕节地区革命委员会粮食局。1983年与地区商业局合并。1984年，与商业局分设，成立毕节地区粮食公司。1985年，恢复成立毕节地区粮食局。1986年12月，地区粮食局由东关坡迁至天河路新址。2010年1月，机构改革，地区粮食局由行署工作部门调整为由地区商务局管理。副县级单位内设正科级机构：办公室、调控科、储备管理科、监督检查科、财务计划内审科。毕节地区粮食局历任正副局长名录：李遵周，赵得功、刘汉屏、王有成、张兴华、盖朝举、樊林、王廷忠、李安乐、邢占隆、李树堂、郭海一、张力心、刘风顺、李建新、刘世才、李正华、李玉洁、龚宗祥、彭树仁、罗广、杨兴元、唐廷模、张春学、王世全、孔庆凯、邱俊美、李德敏、邓书福、徐志华。2010～2011年，刘念任党组书记。

**毕节地区直属粮油企业** 1.毕节专区粮食办事处。1950年8月成立，1952年改称粮食公司，隶属毕节专区贸易公司，1953年6月并入毕节专区粮食局。2.毕节专区油脂办事处。1950年，专区贸易公司设油脂办事处。1954年改称毕节地区油脂分公司，1957年并入专区粮食局。3.毕节专区泸州、叙永粮食转运站。1952年底成立，1958年撤销。4.毕节地区清镇条子场粮食转运站。1987年成立。5.毕节地区粮食局汽车队。20世纪70年代成立，1996年并入国家粮食储备库。6.毕节地区粮油议购议销公司。1980年9月成立，1984年停业。7.毕节地区粮油贸易公司。1987年成立，2005年改称毕节地区粮油储备管理公司。8.毕节地区粮油贸易总公司。1996年6月成立。

9.毕节中直粮库。1998年设置。10.地直粮仓储备库。2002年设置。11.地区粮油质量检测所。2003年设置。

县市粮食局　1950～1952年，各县将县政府财粮科改设为财政科和粮食科。下设区粮管所，粮管站、店。1952年后，各县粮食局先后设立区粮管所及站、店。毕节县市设区粮管所14个，供应公司1个，下设站、店63个；大定（方）县设区粮管所13个，站、店32个；黔西县设区粮管所13个，站、店41个；金沙县设区粮管所8个，直属库1个，站、店47个；织金县设区粮管所11个，直属库供应站1个，站、店43个；纳雍县设区粮管所11个，直属库1个，站、店35个；威宁县设直属库2个，区粮管所13个，站、店74个；赫章县设直属库1个，区粮管所9个，站、店29个。1998年后，粮食企业实行政策性业务、经营性业务运行，各县粮食局逐步将区粮管所及其下属站、店的政策性业务、经营性业务分离组建粮油购销公司。2003年，粮食企业职工实行身份置换，置换身份的职工按工龄1年发给1000元安置补偿费。经改革改制，全地区粮食企业职工从3024人，减到1123人。全地区粮食企业归并组建粮油购销企业35个，站、店拆并为107个。2005年，全地区保留纳雍、威宁、织金、大方、黔西、金沙、赫章县、毕节市粮油购销公司。2010年，黔西、赫章县粮食局改为粮食办公室，其余县市粮食局合并为工业能源经济贸易局。

## 第四节　供销合作机构

毕节地区供销合作社联合社（下称地区供销社）　1.机构沿革。1951年7月，建立毕节专署合作科。1951年9月，毕节专署决定以贵州省贸易公司毕节分公司为主体，组建毕节专区供销合作社。是年10月，成立贵州省毕节行政区督察专员公署合作社筹委会，社址设在今毕节市箱子路95号。1953年3月12日，省合作社将毕节专署合作社筹备委员会更名为贵州省合作社筹备委员会毕节专区办事处，定为省合作社派出机构。1954年，改称贵州省供销合作社毕节专区办事处（下称专合办处），下辖9个县联社。1958年4月，专合办处与专署服务局合并，称贵州省毕节专员公署第二商业局。同时，将专署盐业公司、中药材公司划归专署第二商业局。是年7月，专署一、二商业局合并为贵州省毕节专员公署商业局。1961年8月，恢复供销合作社，与毕节专员公署商业局合署办公。1962年2月7日，合办处与商业局分设。1966年8月，供销系统造反派夺权，成立毕节地区供销合作社办事处“文化大革命”领导小组。1968年12月，并入地区革命委员会贸易局。1973年12月恢复合办处建制，并将专合办处更名为贵州省毕节地区供销社。1983年11月，毕节地区行署精减机构，将地区供销社并入地区商业局。1984年3月8日，恢复地区供销社建制，列入行署机构序列，定名为毕节地区供销社联合社。1996年12月，地区供销社退出政府序列，列为事业编制，划归农口管理，受行署领导。2010年1月，机构改革，毕节地区供销社作为参照公务员法管理的行署直属事业单位。2.中层机构。建社初，内设组导、干部、经济计划、储运、供应、采购、生产加工科和行政秘书办公室。此后，经历多次变化。至2005年，其内设办公室、合作指导科、经济发展科、会统审计科、人事教育科。2010年，内设办公室、合作指导科、经济发展科、企业管理科、财务审计科、人事教育科。毕节地区供销社历届正副主任名录：李超、孟子明（兼）、刘佩谦、李遵周、张兴华、刘传信、李崇宽、王清泉、王明忠、吴厚磊、袁良骥、李汉亭、王友田、赵德功、刘延光、张永昌、刘以平、王学良、张伟达、吴维才、吴维勇、阚跃、邱俊美、胡奇文、王世雄、周贵林、陈春芬、钟希霞、胡昭伦。

**县市联社**　1951年，各县先后成立县合作社筹备委员会。1954年，将各县筹备委员会改为县供销社联合社。之后，各县供销社名称随地区供销社体制、名称改变而改变。

**区镇供销社**　1951年10月，黔西县沙窝区率先建立农村合作社。1952年，全部区镇建立合作社。1954年，各级合作社统一名称为供销合作社。1959年，区供销合作社下放给人民公社，称人民公社供销部。1961年，恢复基层区社建制。1977年，区镇供销社由集体所有改为全民所有。1978年，恢复集体所有性质。2001年，基层社改革改制，基层经营网点大部分消失，全地区尚存83个挂牌基层社。分别是毕节市联社16个，大方县联社12个，黔西县联社12个，金沙县联社10个，织金县联社3个，纳雍县联社7个，威宁县联社14个，赫章县联社9个。

**分销店**　1952年，各县部分基层社开始设置分销店。是年，全地区共设置分销店63个。之后，区内各基层社纷纷建立分销店。实现乡乡有分销店，寨寨有流动定期供应点。是年底，全地区设置有分销店273个，零售网点1214个，批发门市231个，农产品采购门市221个，定时定点购销店871个。1958年，区供销社改为人民公社供销部、分销店改称供销分部。1961年，恢复区供销社、分销店建制。1978年后，各区供销社调整充实经营网点，至1988年，全地区基层社设分销店884个，从业人员2456人。2001～2005年，基层供销社改革改制，将大部分分销店以安置补偿方式给职工经营。剩余部分分销店以租赁方式经营，名存实亡。

**代购代销点**　1965年7月，省供销社要求各基层社根据当地实际在生产大队试办代购代销店（简称双代店）。代购代销人员由当地农民担任，基层社拨给200～300元作收购资金，负责群众生活必需品的代销和零星土特产品、废旧物资收购，并向供销社反映群众的要求。是年，全地区基层社试建双代店391个。1966年，双代店发展到1631个。1966～1976年“文化大革命”期间，一些县、区把农村双代店当成资本主义尾巴割掉。至1977年，全地区仅存双代店849个。1978年，全地区恢复发展双代店1606个。1983年后，国家放开农村集市贸易，允许农民从事商业活动，双代店逐渐消失。

**专业合作社**　1997年11月1日，黔西县中坪供销社成立棉花专业合作社始，到2005年，全地区发展各类专业合作社23个，入社社员15万户，销售收入1033万元，助农增收453万元。至2011年，全地区供销社系统建农民专业合作社达83个。

**村级综合服务站**　1997年，基层供销社始创村级综合服务站。2005年底，全地区供销社系统创建村级综合服务站达440个，2011年底，全地区供销社系统创建村级综合服务站2342个，农村商品零售超市144个，为农开展传递市场信息，测土配方施肥，防治庄稼病虫害，种养殖科技知识培训，维修家电、机械等。

附：

## 毕节地区供销合作社联合社直属经营企业

**毕节地区土产公司**　1950年，设地区贸易公司土产办事处。1952年，设专区合作社筹委会采购科废品收购门市。1953年4月，成立贵州省合作社联合社毕节专区办事处推销站，次年8月更名为贵州省供销合作社毕节专区办事处收购站。1958年9月，更名为贵州省毕节专区农产品采购供应站。1976年，将毕节地区农产品采购供应站分设贵州省毕节地区土副产品采购供应站和贵州省毕节地区农产品采购供应站。1985年6月，毕节地区土副产品采购供应站更名为毕节地区土产公司。2004年，实行企业改制，组建股份合作有限责任公司。

**毕节地区农产公司**　1976年8月7日，设立。1986年6月，更名为毕节地区农产品公司。2004年，公司改制，组建股份有限责任公司。

**毕节地区农业生产资料公司（下称农资公司）**　1954年，成立贵州省毕节专区合作社批发站。是年8月，更名为贵州省供销合作社毕节批发站。1956年，更名为贵州省供销合作社联合社供应经理部毕节专区供应储运站。1958年，改称贵州省毕节专区农业生产资料供应站，是年8月并入贵州省毕节专区民用器材站。1962年8月，国合商业分设，恢复建立并更名为贵州省毕节专区农资日杂采购供应站。1986年6月23日，更名为贵州省毕节地区农资日杂公司。1994年11月，农资、日杂业务分业经营，成立毕节地区农资公司。2002年，公司改制，部分职工入股建立农资股份有限责任公司。

**毕节地区日杂贸易公司**　1994年，从贵州省毕节地区农资日杂公司分设成立。主要从事日杂用品的经营和烟花爆竹的专营。2001年，公司改制，部分职工入股组建股份合作有限责任公司。

**毕节专区贸易货栈**　1954年建立。1984年撤销贸易货栈，成立毕节地区综合贸易公司，与地区土产站合并经营。1989年与土产公司分业经营，更名为毕节地区供销合作社贸易公司。1994年并入毕节地区日杂公司。

**毕节地区土产矿业公司**　1993年从地区土产公司驻水城转运站分设。2005年公司经营难以为继，职工与公司解除劳动关系。

**毕节地区达康有限公司**　1996年成立。2001年，公司改制，公司职工自愿解除劳动关系。

**毕节地区铁业公司**　1994年7月筹建，1996年8月建成投产，总投资450万元。1999年起，公司实行承包经营，2007年8月5日正式关停。

**毕节地区闲置资产调剂公司**　1996年10月，毕节地区供销社、地区财政局商定组建，由组成方共同管理，供销社独家出资并负责业务经营，主要从事废旧厂房、设备、报废汽车、废旧物资的经营管理业务。1997年经营化肥亏损，至2005年已名存实亡。

**毕节地区供销储运公司**　1953年3月，省供销合作汽车修配厂下放6辆货运汽车给毕节筹建供销汽车运输站。1958年与专区服务局汽车队合并成立毕节地区商业储运站。1962年，商业、供销储运站分设。1968年更名为毕节地区供销运输站革命委员会，1973年改称贵州省商业汽车修配二厂毕节站。1974年恢复原站名。1992年更名为毕节地区供销储运公司。2005年，停止经营。

**毕节地区海坝煤矿有限责任公司** 1995年筹建，1997年投产。公司设在大方县文阁乡海坝村。公司由地区供销社与职工合股经营，总投资140万元。2001年以20万元的价格出卖。

**毕节地区供销招待所** 1981年建立，主要为地区供销社干校学员食宿服务。1983年对外营业。1999～2004年逐步撤出，名存实亡。

# 第四章　行业经营

毕节地区行业经营的产生由来已久，而大规模经营行为始自明初，到清朝乾隆年间各州县已呈现一派商贾云集，会馆栉比，各省商家纷至沓来的局面，逐渐形成了百货、五交化、糖烟酒、食盐、饮食服务、日杂农副产品、肉食蛋禽、石油及对外贸易等9个方面的经营局面。从中华人民共和国建立之初到21世纪初的60年，供销合作社兴盛起来，成为具有地方特色的经营。

## 第一节　百货棉布经营

### 一　百货经营

**商品采购**　中华人民共和国成立初期，贸易公司供应的商品由省公司调拨，分列名商品和非列名商品两类，列名商品有红糖、碱面、办公纸、新闻纸、硫化青、胶鞋、火碱、毛巾、胶料制品、袜子、牙膏、肥皂、钢精锅、口杯、碗、电筒、钢笔；非列名商品有洋经、洋纬、色布、夏布、小五金、灯泡、刀剪，调拨商品售后资金交省公司。1953年取消“上拨下卖”“资金大回笼”制度，实行集中领导下的分类、分级管理计划分配制度。省公司划拨计划商品给地区百货公司，地区百货分公司按计划下拨给各县公司，各县公司按计划分配到各区供销社及县公司行业经营点。1957年后，非计划商品不作统一分配。1958年，建立毕节百货采购供应站，采购商品除向省公司百货站进货外，可直接向全国一、二级百货供应站进货。采购商品，除百货、文化类主营商品外，还兼营纺织品、五金、交电、副食、医药、烟酒等，商品品种1.34万余个。1961年，撤销毕节百货采购站，毕节百货分公司经营的商品由省公司按计划供给。毕节百货公司从省公司百货站购进60%，从泸州小百货采购供应站购进40%。1966～1976年受“文化大革命”影响，省百货公司不能正常按计划向毕节百货公司供货，相当部分商品紧缺。1979年后，购进商品紧缺状况逐渐改善。1984年，百货购进改为固定行政区域、固定对象、固定倒扣作价法，商品流通由分配式转变为开放式。企业有权向全国各地生产厂家、产地批发站自由选购进货。1986年后，国家取消百货指令性商品，由经营百货的单位和个人根据市场需求自由选择生产厂家、批发商进货，经营商品种类也逐渐增加。

**百货销售**　中华人民共和国成立前，百货销售由私商根据市场需求，自由议价，进行购销。中华人民共和国成立后，根据国家在不同时期给商业部门制定的经营政策进行销售。1951年前，专区贸易公司以最低商品价格，以零售为主，使群众直接买到迫切需要的日用生活用品。1952年，百货分公司采取以批发为主，零售为辅的方针，通过与供销社合作，使百货商品流通到各地农村。批发给供销社的商品进货付款期限不限，并给予3%～5.5%的优惠。1953年，对机关、团体、学校、部队、厂矿（不含私营厂矿）的职工，采取由所在单位书面签订赊销合同的方式推销。1954年后，对不敷供应的部分商品实行计划控制供应，并尽最大可能满足群众需求，对价格高，库存多的商品采取分期付款和适当降价的办法推销。1955年，开始对私营工商业的社会主义改造。百货分公司根据“多做批发，少做零售”的经营政策，从零售商品中安排棉线、花线、各色头绳等16种商品；文化用品、百货商品中的55种给私商经营。商品安排中对坐商经营以日用品为主，摊贩经营以土杂百货为主。1956年，对私改造基本完成后，各县城关组成一个百货公私合营商店和若干合作小组经营，农村由供销社归口管理统一经营。1958年，国家商业部规定放手收购工业品，实行购尽销光办法。毕节百货分公司成立百货批发站负责毕节、赫章、威宁、水城、纳雍县的商品供应，同时云南镇雄的坡头、以勒、大湾、堰塘、花鱼洞等供销社也由地区百货分公司供货。1960年，国内出现经济困难，日用工业品生产供给受到严重影响，对胶鞋、火柴、肥皂等日用工业品采取凭票证供应。1962年，对手表、钟表采取高价销售。到1963年随着轻工业生产的好转，取消票证、敞开供应。1966～1976年“文化大革命”期间，许多日用工业品供给再度紧张。日用百货花色品种减少，有些日用急需品，往往要通过走后门才能买到。1979年后，国家实行改革开放政策，鼓励各商品生产部门发展生产、保障商品供给，各类商品供应日益丰富。1987年物价上涨，虽出现短暂的抢购风，但百货仍能保证供应。1990年后，百货商品购销逐渐进入市场调剂。国营、集体、私营工商户根据市场需求，随行就市组织供应。进入21世纪初，国营百货商业经营几乎被股份制商业、个体私营商业代替，百货及兼营百货经营的个体工商户遍及城乡。2011年，毕节城关较为知名的百货批发市场有毕节市小商品批发市场，零售商业有银开百货、合力超市、佳诚超市、恒源超市等大型百货经营。

**销售价格**　1950年，毕节百货分公司经营的商品销售价格按省规定，实行全地区城乡一价。1952～1982年，城乡百货销售价按省规定的地区差率、批零差率计算零售价格。从1966年起，火柴、手表、缝衣针实行全国一价，电池、牙膏、墨水全省一价。1983年后，国务院批准放开248种小商品，实行浮动3%～15%的价。1985年后，物价逐步放开，经营企业根据市场销售情况自行定价。

## 二　棉布经营

中华人民共和国成立前，民众多穿用自织土布、麻布。中华人民共和国成立后，居民多穿用棉布、化纤布。1950年，设立花纱布支公司（后更名为地区纺织品公司），按国家的经营政策，负责棉花、棉纱、棉布的批发业务和管理零售业务。

**经营政策**　中华人民共和国成立初，毕节专署工商科规定：棉纱由纺织品公司统一经营批发业务，私商经营棉纱需经县工商科许可，申请棉纱购买证，方可经营棉纱零售和生产纺织品。私商经营棉纱价格不得高于纺织品公司零售牌价，经营者只能获得经营手续费。1951年规定：棉布经营必须经人民政府核准登记，方可经营，销售价格不能超过国营公司标准，公司纱厂生产的棉布由国家统购。1954年12月起，按1954年9月14日政务院发布关于“凡所有人民衣着被褥用布，不分纺织、线织花色品种，质量高低一律实行凭票供应。特殊用布可凭申请批准证明供应。暂不实行凭票供应的有各种粗帆布、丝毛、麻织品及全幅床单、毛巾衣、蚊帐、鞋帽、背包、台布、枕头、布手帕、油布、布雨伞、布制卫生品、布儿童玩具，用布不满2市尺的儿童装、旗帜及亚麻布中之棉麻交织漂白布”的命令进行购销经营。1961年3月1日起，对原暂不收票的毛巾，雨衣、蚊帐等10种商品凭票供应。1965年1月起，棉线供应按高寒山区非农业人口人均1.34钱，农业人口季人均1.5钱，一般地区非农业人口1.09钱，农业人口1.25钱供应。1983年12月1日起，棉布及其制品临时免收布票。1984年取消票证供应，棉布销售由单一渠道为多渠道。

**商品采购**　中华人民共和国成立初，棉布经营公私经营并存，购进方式多样。1954年起，国家对棉布实行统购统销政策，计划调拨取代多种形式的购进。1958年设立毕节针纺织品采购供应站。1964年撤销毕节二级站，毕节地区纺织品从贵阳、遵义、都匀二级站进货。1984年，纺织品经营企业的进货不再受计划约束，根据本地市场需求进货。1993年后，纺织品生产厂家、供货商、经营商纷纷来毕节设立批发门市、零售门市竞销服装、布匹、针织百货等。

**销售方式**　1952年，年人均购布不到0.086市尺。其间，除棉纱由纺织品公司控制批发权外，其余棉布及棉布品购销自由。1954年起，实行计划购销，凭票供应。1984年后，取消凭证供应，恢复自由购销。1．凭票销售。凭票销售供应品种包括棉布、棉花、针纺织品、服装等棉制品，棉纱凭购买证供应。布票按人口计发，各年度发放，发放数量不一。1962～1963年，发放数量最少，黔西、金沙、织金县农业人口每人每年发给布票3.1市尺，非农业人口4市尺；其余各县农业人口4市尺，非农业人口4.5市尺。其余年份人均发给15.7市尺。2．凭证供应。1954～1983年，在执行凭票供应的同时，特殊群体用布，可在供应量外依政策规定申请补助。1961年前，批准补助掌握较宽，结婚可申请35市尺，生育可申请30市尺，死亡可申请40市尺，遇有灾害及高寒地区因气候关系需用布时亦可申请补助。1961年后，压缩各种临时调剂用布，从严掌握补助供应。结婚不得超过8市尺，死亡用布不得超过10市尺，生育1胎不超过12市尺，余胎不超过5市尺。1963年起，结婚不予补助，1964年起生育2胎内，每胎补助6市尺，3胎以上不补助，死亡用布降为5市尺。1963年，政府拨出专项用布，解决少数民族制作衣服布匹，不敷所需。是年省拨给全区专用布48.7万米，1965年拨给9万米。1965年3月，中共毕节地委决定对上山下乡城镇知识青年，实行补助供应。补助数量按安置人数的50%计算补助：棉衣每套24.5市尺，棉被每床19市尺，蚊帐每顶29.8市尺（按90%安置数计算补助）。3．奖售销售。1961年起，收购部分农副产品，实行用布奖售。是年，生产队交售50千克皮棉，奖售布票5市尺；收购50千克粮食，奖布票1市尺；收购蚕茧0.5千克，奖布票1市寸；收购油脂50千克，奖布票5市尺。

1962年奖售品种增加松香、松脂、茶叶、烤烟、生漆、肥猪、棕片、核桃、羊毛、中药材等品种。奖售最高时达134种。4．赊销。1984～1985年，国家对贫困地区农民实行棉布、棉花赊销，亏损由国家承担。毕节地区两棉赊销价值达4986万元。

附：

## 1964～1965年期间，棉布及棉纺织品收票标准

**布匹收票标准** 除下列者外，一律按长度照实收票。条格布每市尺零售价格在0.28元及以下的，每市尺收票0.6市尺，以上至0.3元的收票0.8市尺。窄面布幅宽1.2市尺以下的每市尺收票0.33市尺；1.2市尺以上至1.6市尺以下的每市尺收票0.5市尺；1.6市尺以上至2市尺以下的收票0.7市尺；幅宽2.04市尺的每市尺收票0.8市尺。土布比照同幅宽机织窄面布的收票标准，再按60%收票。蚊帐布每市尺收票0.25市尺。纱窗布每市尺收票0.2市尺。零头布在规定收票标准的基础上，每段可少收5市寸，但每足布只能有一个零头可少收。宽面布（幅宽6市尺以上的）每市尺收票2市尺。

**布制成品收票标准** 除下列者，一律按实际用料收取布票。布制床褥单每条幅宽3市尺以下的按长度收票，幅宽4市尺的收票7市尺，宽5市尺的收票11市尺，宽6市尺的收票15市尺。绣花或抽纱被面，按对折收票。出口转内销的枕套，对折收票。用下脚、零料拼制的布制成品，按同规格品种的收票标准3～7折收票。

**针棉织品收票标准** 按重量、等级收票。正品和二等按下列收票标准收票，二等品按下列标准7折收票，等外品按3～6折收票。浴巾每条重量不足4两收票2市尺，4.1～5.5两收票3市尺，5.6两以上收票4市尺。毛巾每打重量不足6两，每条收票0.2市尺，6～7.9两收票0.3市尺，8～9两收票0.5市尺，9.1～11.5两收票0.7市尺，11.6～14.5两收票0.9市尺，14.6～17.5两收票1.1市尺，17.6两以上收票1.3市尺；枕巾收票2市尺；罗汉巾比照同等重的毛巾七折收票；小方汉巾重3两以下收票0.1市尺，3两以上收0.2市尺；大人用线围、头巾每条收票0.7市尺，小人用每条收票0.4市尺，乌克兰围巾每条收票1.2市尺。袜子每打重不足5.6两的大人袜，每双收票0.3市尺，6.5～8.5两收票0.6市尺，8.6～11.5两收票0.8市尺，11.6～11.45两收票0.9市尺，14.6～17.5两收票1.1市尺，17.6～21两收票1.3市尺，超过21两的，每超过一两，每双加收0.1市尺；小人袜每打重3.5两以下每双收票0.1市尺，3.5～5.5两收0.2市尺，5.6～7.5两收0.3市尺，7.6～9.5两收0.5市尺，9.6～11.6两收0.7市尺，11.7两以上收0.9市尺。

毕节地区国营百货系统部分年份经营统计表

单位：万元

| 年　份 | 商品销售总额 | 利率 | 利润净额 |
|---|---|---|---|
| 1951.9～12月 | 26.4 | | 1.83 |
| 1952 | 94.4 | 0.51 | 0.49 |
| 1954 | 401.95 | 2.9 | 11.69 |
| 1955 | 360.22 | 2.53 | 9.13 |
| 1961 | 349.01 | 8.42 | 29.39 |
| 1975 | 5165.96 | 2.96 | 152.81 |
| 1983 | 7088.84 | 3.52 | 249.49 |
| 1985 | 6587.63 | 3.53 | 232.59 |
| 1987 | 5994.36 | 1.46 | 87.3 |
| 1991 | 5844 | | 34.25 |
| 1992 | 5941 | | –25.15 |

## 第二节　五交化经营

**五金商品经营**　中华人民共和国成立后，五金商品经营扩大。1951～1955年，毕节专区百货公司经营五金交电化工商品。1956年6月，百货公司分出五交化经营业务，由毕节县成立五金机械、交通电工器材、化工原料公司经营。1957年，合并毕节县五金机械、交通电工器材、化工原料公司，成立毕节专区民用器材二级站。1962年4月，撤销民用器材二级站，成立贵州省五交化工公司毕节分公司。组织商品下乡，帮助基层供销社搞好农村五交化商品供应。货源由省公司统一安排；以提供原材料，加工订货，统购统销方式购销地方产品。以经销、委托供销方式组织销售。1979年后，五交化商品除少数紧张物资由国家统一分配外，其余商品逐渐放开，进入市场调剂经营。20世纪80年代后期，五金交电化工商品的经营出现国营、集体、个体多家参与经营的局面。

**交电商品经营**　交电商品包括交通、电器两类。1957年前，主要经营品种有汽车、小发电厂维修配件及电灯泡、扩大机、轴承、电信零件、电焊机、电表等。20世纪70年代后期，国内外交电商品新品种不断出现，开始销售黑白电视机，洗衣机、电饭锅、彩电、电子游戏机等，销售数量逐渐增加。20世纪90年代后期，彩色电视机、电冰箱等家用电器普及城乡。21世纪初，有多家汽车贸易公司和汽车4S店从事汽车销售和售后服务，摩托车销售遍及城乡。

**化工商品经营**　最早使用的染料，主要是野生植物原料煮汁染布，进入21世纪部分少数民族自制衣料染色还沿用此法。其次是土碱、硫磺。1840年鸦片战争后，煮青、硫化青及外商用本地五倍子生产的染料进入毕节市场。中华人民共和国成立前，化工产品由私商生产经营。中华人民共和国成立初至1956年，由百货公司和商贩经营。1956年，毕节县化工原料公司成立后，由其主营。1981年后，全部化工产品（危险品凭许可证经营）实行开放经营。

1.经营品种。1956年经营品种有纯碱、硫化青、煮青、碳酸、橡胶防老剂、油漆、纯苯、溶剂苯、石蜡、硼酸、硼砂。1962年增加松香、松节油、樟脑粉、樟脑油、五倍子。1981年后，松香、五倍子等林化工产品由林业部门经营。到1985年，五交化公司经营的化工品种有硫黄、石蜡、松香、松节油、明矾、小苏打、紫胶、染料合汁、硫化元、硫化蓝、油漆合汁、纯硫酸铝。以后增加柠檬酸、苯甲酸钠、黄磷。金沙黄磷厂生产的黄磷不仅数量大，且品质佳，出口多个国家和地区。

2.经营政策。1956年，经营纯碱除保持一定数量的储备外，停止批发，实行先工业后民用的配售政策，但必须保证人民生活的基本要求；以纯碱制造烧碱、液体碱者必须于配售后收回制成品。对国家规定计划的商品，按计划分配供应。1962年起，对经营销售化工危险品者，实行凭许可证经营。

3.扶持地方产品。硫磺矿源丰富，生产历史悠久。中华人民共和国成立前，由于生产工艺落后，未形成规模生产，产量很少。中华人民共和国成立初，中国工业器材公司贵州分公司把毕节专区硫磺生产作为优势产业加以扶持，先后发放无息贷款58万元。1975年，省商业厅拨款5万元。地区五交化公司长期派人深入产区帮助生产者解决实际困难，提高生产工艺，促进硫磺生产。1979年后，国营、集体、个体分别在矿源丰富的林口、官屯、燕子口、猫场建厂炼磺，产量从1949年的425吨发展到万余吨。生产工艺从沟罐磺发展到平炉、高炉、技改炉（灭烟炉）。硫磺成品畅销云南、四川、湖南、福建、广东、广西等省区。

## 第三节　糖烟酒经营

中华人民共和国成立前，各县城除有少数店铺专营糖酒外，其余均与食杂店同店经销，流动经销或自产自销。中华人民共和国成立后，建立糖烟酒产销管理机构，组成销售行业，促进和扶持糖烟酒生产的发展。

**经营机构**　1953年9月，成立贵州省毕节专卖事业公司，与专区酒类事业专卖处合署办公，承担专卖购销业务。1954年，专卖公司经营业务扩大到糖、卷烟和烤烟。1959年，专卖公司并入专区副食品采购供应站。1964年恢复专卖公司，更名为糖烟酒公司，负责糖烟酒经营管理。1979年后，出现多种经济成分参与经营。

**酒类专卖机构**　1952年，成立毕节专区酒类事业专卖处，县设专卖管理所，区由税务部门兼管。酒类零售必须经过专卖机构批准，领有酒类零售牌照方可经营。1966～1967“文化大革命”期间，酒类专卖机构被撤销。1979年，恢复成立毕节地区酒类专卖事业管理局，此后，国家改革商品经营流通体制，对酒类实行专卖经营管理。多种经济成分参与经营，酒类专卖制度处于松弛状态。

**食糖经营**　1.采购。中华人民共和国成立前，河谷低凹地带居民种植甘蔗，用土法熬制土糖（俗称黄糖），产量很少。中华人民共和国成立后，毕节地区成立糖烟酒公司，配合有关部门扩大食糖生产。1958年，威宁试种甜菜成功，兴建日榨原料30吨的保家糖厂，同时扩大甘蔗种植面积。之后，食糖产量虽有所增加，但自给率仍很低。大量食糖须从云南、广西等地调进。自1953年起，将购进食糖纳入计划管理，由糖烟酒公司将需求数上报省和国家，然后按国家批准计划组织调进。是年，国家将毕节专区生产的食糖统一收购。1961年，调为二类物资，由国营商业通过合同派购，购留比例为9∶1。1982年后，取消派购，由糖农自愿出售。1991年后，全面放开食糖经营，食糖购进呈现多渠道。2.销售。中华人民共和国成立前，居民食糖消费水平很低。1949年，全专区销售24.6吨，人均不足1市两。1953年起，根据专区食糖自给率很低的实际，实行计划经营食糖。供应品种分配：城市以供应白砂糖为主，农村主要供应红糖，加工用糖严格按计划掌握。1953～1991年间，除1963～1965年对部分进口食糖做高价销售外，其余年均按国家统一价格销售。1991年后，取消食糖供应计划，市场敞开供应。

**卷烟经营**　民国30年（1941）秋，毕节商人刘熙乙购买2型卷烟机在毕节开办兴黔卷烟厂，生产联珠牌、555牌、灵峰牌卷烟。1949年，全专区机制卷烟厂、手工卷烟厂发展到70余家，生产卷烟380大箱，所产卷烟由生产厂自销。1950年，国家将卷烟销售纳入专卖管理，取消私营卷烟厂。生产的烤烟由专卖公司委托供销社收购包销。卷烟按计划从贵阳等烟厂调入销售。1984年，卷烟批发业务划归地区烟草专卖局。20世纪50年代以后，主要调入红炮台、企鹅牌卷烟为主。1951年销售108箱，1957年销售5924箱。20世纪60年代，以调入长征、龙菊、朝阳桥、乌江、南雁、向阳花牌卷烟为主。从1961年起，全地区卷烟销售实行定量供应，其中中高档卷烟定量供应持续到1976年。1984年始，毕节卷烟厂生产的草海、乌蒙山、驰牌、圣火、红杏、奢香牌卷烟成为市场的主销产品。同时亦调进销售一定数量外产卷烟。2005年，毕节卷烟厂并入贵州黄果树烟草集团公司，由生产经营型转变为生产管理型。是年，全地区实现卷烟纯销售14.52万箱。2011年，全地区卷烟销售收入29.1亿余元。

**酒类经营**　酒类生产历史悠久、种类繁多。主要有咂酒、甜酒、白酒、果酒4类。19世纪末，始有啤酒生产。市场上主要销售白酒、啤酒，其余酒类主要为家庭自酿自食。进入20世纪80年代后，有少量自酿酒在市场销售。1951年，市场销售白酒由私商自调、自产和自销，生产随市场销售而定。1952年，成立毕节专区酒类事业专卖处，把酒类列为专卖商品管理。1953年，成立贵州省酒类专卖事业公司毕节分公司，统一管理酒类生产供应销售，实行专卖。1950～1957年间，全专区酒类市场供求平衡，销量从1952年的3650担，增到1957年的9.6万多担。1959年后，遭受严重自然灾害，酿酒业缺乏粮源供给，酒产量少，市场供应紧张。这一状况一直持续到1962年。此期间，除在元旦、春节等节日作适度供应外，其余供给的为特殊行业的特殊人员。同时，有的地方用青杠子、刺梨替代粮食酿酒，供应市场。1962年，实行高价销售酒类。销售品种主要是国家掌握的名酒和用粮食酿造的白酒、啤酒。1963年后，酒类生产得到恢复和发展。1966年，全地区销售饮用酒8308吨。1966～1976年，受“文化大革命”影响，食用酒生产销售下降，市场供需矛盾突出，一度出现凭票供给。1979年后，区内放开食用酒生产供给，国营商业独家经营的局面被打破，集体、个体经营销售量迅速增加，商业部门经营销售量下降。

附：

### 毕节地区名酒简介

**金沙窖酒** 产于金沙酒厂。以高粱、糯谷、稻谷为原料，用五十多味中药材制小曲，十多味中药材制香面，借鉴茅台酒酿造工艺，积百年酿酒经验配制而成。具有清澈透明、酯香浓郁、清香协调舒适，入口甜味浓，余味绵长的特点。1963年被评为省优质窖酒。

**金沙回沙酒** 产于金沙酒厂。以优质高粱、小麦为原料。积百年酿酒经验，同系茅台名酒生产工艺，具有酱香突出、味醇丰满、幽雅宜人、软绵浓郁、饮后余香、回味优长的风格，获中国酒文化金奖，中国首届食品博览会金奖。2010年，获中国驰名商标。

**毕节大曲** 产于毕节酒厂。具有透明晶莹、窖香浓郁、醇甜爽净、余香悠长特点，1977年被评为省级名酒。毕节大曲为浓香型酒，酒精度为55°。以55°毕节大曲为酒基，经科学降度后的毕节大曲，即能保持香、绵、净的风格，又能体现低而不淡，加水加冰不浑浊的特点，1992年荣获中华百绝博览会金奖。

## 第四节　食盐经营

**食盐运销政策** 新中国建立后，中共中央、政务院把食盐列为政治商品、战略物资，全力保证民众食盐供给。1950年7月，建立毕节专区盐务运销分局。1951年成立毕节盐业公司统一管理全专区食盐运销。按照储盐备荒调剂余缺的方针，有计划地分配销量，有计划地储备食盐，保证在任何情况下都有食盐供应。政府对盐价采取成本会计盈亏核算制度，实行盐价补贴办法，食盐从中华人民共和国成立前的斗米斤盐逐步变成1斤米换1斤多盐，人人有盐吃，人人吃得起盐。中华人民共和国成立初期，对盐实行军管。将接管国民政府盐务运销分局、盐业支公司及国民党十九兵团遗存的52.3吨食盐交毕节贸易公司上市供应。同时，组织民夫、马队从四川泸州、叙永武装运盐充实库存。1950年7月后，各县按代销区域和月实销量，统筹调拨食盐运销。各销售食盐点（处），由各县食盐分销处领运行销，零售价格按省规定执行，严禁抬价。实行招引制，鼓励私商运销食盐，以解决食盐运销不足。1952年，停止招引制。1953年，食盐批发权收归国营。盐业公司贯彻以销定运、以运保储、以储促销方针，按计划销售。零售业务，县城由国营商业负责，农村由供销社负责，私营商业以经销、代销、批购零销方式销售，获代销手续费3%～5%，控制其营业额。1956年后，私营盐商进入合作组织，食盐由国营公司、供销社、公私合营、合作商店（小组）经销。1958年，专区盐业公司并入专区副食品采购供应站。是年，川盐减产，调运困难，调入海盐补充供应。同时，实行定量销售食盐，城市每人每月供应0.5千克，农村人口供应0.6千克。1961年，恢复专区盐业公司，按省盐务局关于统一计划、统一购进、统一分配、统一调拨、统一批发的规定，办理食盐运销业务。1964年，中央试办全国盐业托拉斯，实行人财物产运销统一管理。是年，毕节专区组建水城盐业运转站。1980年，成立中国盐业总公司，统一全国盐业经营管理，实行总公司—省市公司—企业三级管理，省和地州市两级核算。1991年起，恢复成立贵州省盐务运销局毕节分局。1993年起，对有资金，有经营场地，有经营能力的个体户办理“食盐零售许可证”，个体商户逐渐成为城乡食盐销售的主力军。1996年，国务院发布实施“食盐专营办法”，实行加碘食盐供应，规定任何单位和个人不准无证从事食盐批发业务，严厉打击涉盐违法行为。

2000年11月8日，贵州省盐业集团有限责任公司成立，实行盐业经营政企垂直领导。毕节地区所辖大方、黔西、织金县盐业公司划归贵盐集团公司管理。2001年4月8日，贵州盐业集团毕节有限责任公司及所属金沙、纳雍、威宁、赫章县有限责任公司成立，全地区盐业实行人、财、物、购、销一条龙的经营管理体系。2005年5月8日，全地区盐业启动食盐终端销售，由盐业有限责任

公司直接配送食盐到零售网点，不收取配送费用。实现不出村寨就可买到食盐。

**经销盐种** 历史上经销盐种主要是四川巴盐，同时有少量粤产海盐，威宁、水城部分地区销云南筒筒盐。1954年，试销花盐。1966年起销售加碘食盐。1981年起销售精盐。1987年销售加碘精盐。1998年起，区内全部销售复合膜小袋加碘食盐。从2002年起，毕节盐业公司组织低钠盐、铁强化盐、核黄素盐、锌碘盐、钙盐、调味盐、烹饪盐、腌制盐上市销售。

**食盐储运** 1.运输线路。清代乾隆前，食盐主要从四川自流井犍为盐场运进，少数由滇、粤运进。清乾隆年间，将川盐入黔划分为“仁、綦、涪、永”四岸。调进的食盐：金沙、黔西从仁岸运进，金沙县城及黔西大关为中转集散地，运盐路线：仁怀—打鼓新场—烂泥沟—织金—安顺；毕节及其余县从永岸调进，瓢儿井为川盐集散地。运盐路线：叙永—赤水河—瓢儿井—各县。民国26年（1937）后，川滇、清毕公路相继修通，原永岸、仁岸两条运盐路线逐渐荒废。运盐改为黔西、金沙由仁怀运进，其余县经川滇公路运至毕节中转各县。1962年后，毕节、威宁、纳雍、赫章分别从水城、大湾、烂坝、二塘火车站转运，金沙从遵义转运，黔西、织金分别从贵阳、安顺转运。1995年，大纳公路开通，大方、毕节部分食盐从自贡直运。闽、淮、粤、青等盐由铁路运贵阳、水城中转。

2.古盐道运输。川滇公路未修前，运川盐入毕节全靠人背马驮。每匹马一次驮运60～75千克，人背每次25～40千克，加上食料，实际马负重100千克，人负重在70千克以上。运盐人马多结伴而行，日行60～70华里，往返1次需1个月左右。当时以背盐巴谋生者数万人。徒步背盐，不论从四川叙永经麽尼过瓢井到大定至毕节，还是从仁怀到金沙经烂泥沟到黔西至织金、安顺，或从毕节到赫章、威宁、纳雍，均是崇山峻岭，多为羊肠小道。背盐人身负沉重背子，行走在崇山峻岭之间，顶烈日，冒风雪，汗流浃背，历尽艰辛。而今尚存的赤水河至高山铺的小路（古盐道）上还依稀可见当年背盐人用拐扒子杵在石板路上歇气松肩杵出的窝臼。食盐运输

靠人背马驮运输的方式，一直持续到20世纪70年代乡乡通公路才宣告结束。

3.储存。元代，金沙马厂常年储盐数百担。清代一般盐号储盐都在300担以上。民国时期实行官盐备盐荒，商盐保市场，毕节盐务支局的年储量在1500～2000担之间。中华人民共和国成立后，储存盐量增大。1950年，储存2505担。至1956年，全专区人均储量在4～4.5千克。1957年起，实行定额储存，专区储存辖区内9个月的月销量食盐，县储存6个月，区供销社储存3个月。1965年，全专区战备储盐1万吨。1979年，全专区核定储盐1.72万吨。1982年修订为1.68万吨。此定额执行到2005年。同时，每年按±10～15%比例保留库存。2009年，全地区盐储存定额为5680吨，实存1.22万吨。

**食盐价格**　1945年前，历代政府均把食盐列为官办，民户食盐价格，由政府控制商人售价，但官商勾结，市价多不照官定价执行。清康熙年间，每0.5千克盐价为白银0.012两，到同治、光绪年间增到0.04两左右。民国25年（1936），0.5千克食盐换米3公斤左右。民国34年（1945）后，国民政府实行民制、民运、民销运销制，对食盐零售不再核定零售价，由商人自由竞销，食盐运销失控，致使盐价上涨，盐米比价达到斗米斤盐。居民淡食者众多。1949年毕节中华人民共和国成立前夕，5千克盐价2.3个银元。中华人民共和国成立后，中央照顾贵州省贫困状况，确定对盐价采取成本会计盈亏制度，统一调整盐价。1950～1952年间共调整盐价29次，盐米比价从1950年的0.5千克盐换10千克大米，降到1952年的1.25千克。1956年平均下调4%。1968年4月1日起，再次调低食盐价格，城乡统一零售价为每0.5千克售0.17元。农牧用盐降为每0.5千克售0.1元。1978年11月1日，食盐再次降为每0.5千克0.15元。1986年11月20日，恢复城乡食盐差价，金沙城关每500克售价0.17元，其余县城0.18元，县城以下零售价执行最高限价，精盐每500克0.2元，原盐0.18元。1989年后，各县盐价按省划定的价位区进行过多次调整，但盐米同期比价均未超过1∶1比价。2001年2月1日起，民食复合膜加碘食盐，实行全省统一价，500克包装每袋1元。

### 1950～2011年毕节地区食盐购进、销售、储存统计表

单位：万吨

| 年份 | 购进 | 销售 | 储存 | 年份 | 购进 | 销售 | 储存 | 年份 | 购进 | 销售 | 储存 | 年份 | 购进 | 销售 | 储存 |
|---|---|---|---|---|---|---|---|---|---|---|---|---|---|---|---|
| 1950 | 2.39 | 0.17 | 0.5 | 1966 | 0.98 | 2.21 | | 1983 | | 2.88 | 2.53 | 1999 | 1.37 | | 2.08 |
| 1951 | 0.76 | 0.69 | 0.14 | 1967 | 1.12 | 2.21 | | 1984 | 2.61 | 2.88 | 2.53 | 2000 | 1.8 | | 1.1 |
| 1952 | 1.3 | 0.81 | 0.15 | 1968 | 1.13 | 2.45 | | 1985 | | 3.13 | 2.53 | 2001 | 1.37 | | 1.26 |
| 1953 | 0.82 | 1 | 0.1 | 1970 | 1.59 | 2.41 | | 1986 | 3.51 | 3.83 | 1.36 | 2002 | 0.97 | | 0.81 |
| 1954 | 1.43 | 1.06 | 0.48 | 1971 | 1.47 | 2.72 | 2.27 | 1987 | 3.39 | 3.25 | 1.5 | 2003 | 1.37 | | 0.58 |
| 1955 | 1.34 | 1.18 | 0.49 | 1972 | 1.27 | 2.2 | 1.98 | 1988 | 4.14 | 4.22 | 1.36 | 2004 | 1.53 | | 0.66 |
| 1956 | 0.14 | 1.32 | 0.73 | 1973 | 1.32 | 2.27 | 1.57 | 1989 | 4.92 | 4.14 | 2.14 | 2005 | 1.6 | | 0.82 |
| 1957 | 1.45 | 1.5 | 0.66 | 1974 | 1.5 | 2.31 | 1.55 | 1990 | 2.37 | | 3.65 | 2006 | | | 0.68 |

续表

| 年份 | 购进 | 销售 | 储存 | 年份 | 购进 | 销售 | 储存 | 年份 | 购进 | 销售 | 储存 | 年份 | 购进 | 销售 | 储存 |
|---|---|---|---|---|---|---|---|---|---|---|---|---|---|---|---|
| 1958 | 1.2 | 1.58 | | 1975 | 1.43 | 2.43 | 2.08 | 1991 | 0.77 | | 2.89 | 2007 | | | 0.81 |
| 1959 | 1.73 | 1.78 | | 1976 | 1.15 | 3.36 | 3.13 | 1992 | 1.16 | | 2.35 | 2008 | | | 0.89 |
| 1960 | 2.73 | 2.11 | | 1977 | 1.79 | 2.14 | 2.66 | 1993 | 2.39 | | 2.92 | 2009 | 1.26 | 1.7 | 1.22 |
| 1961 | 2.84 | 2.28 | 0.96 | 1978 | 2.25 | 2.54 | 2.81 | 1994 | 1.3 | | 2.78 | 2010 | 1.34 | 1.62 | |
| 1962 | 1.59 | 1.64 | 1.51 | 1979 | 1.71 | 2.56 | | 1995 | 1.76 | | 2.7 | 2011 | 1.36 | 1.64 | |
| 1963 | 0.11 | 1.45 | 0.99 | 1980 | 2.64 | 2.83 | 2.37 | 1996 | 1.29 | | 2.88 | | | | |
| 1964 | 0.76 | 1.73 | 1.16 | 1981 | 3.04 | 3.36 | 1.89 | 1997 | 1.39 | | 3.22 | | | | |
| 1965 | 1.37 | 1.99 | | 1982 | | 2.4 | 2.39 | 1998 | 1.5 | | 2.4 | | | | |

注：缺1969年统计资料

## 第五节　肉类经营

中华人民共和国成立前，城乡人民食肉多为自养自食。有余者，多由个体屠户购进宰杀上市销售。威宁县加工少量火腿输往昆明、四川、广州、贵阳等地销售。中华人民共和国成立初期，实行自由购销生猪政策，以私人屠宰生猪上市场销售为主。1954年7月1日，中国食品公司毕节分公司成立，在威宁设食品采购站，分别在毕节、大定县羊场镇建立食品加工厂。1956年建立各县食品公司、区食品站完成对私改造，肉食收购、屠宰加工、销售、调运、储存由食品公司统一经营管理。经营品种有活猪、菜牛、菜羊、鸡（鸭）及其制品，以经营猪为主。1985年，放开食品经营，恢复国营、集体、个体多渠道经营。经营者按国务院《生猪定点屠宰管理条例》和《贵州省生猪屠宰管理办法》规定，进行收购屠宰销售。

**肉食收购**　1. 生猪收购。1955年前实行自由购销。1955年后，实行生猪派购派养政策。各食品部门与重点产猪区乡领导、农业生产队签订派购合同，按每一农户1～1.5头的指标分配落实到派养户，农民增养不增购，完成派购任务剩余肥猪可自行处理。派购的肥猪由食品部门收购人员分片包干负责完成或由供销社代购。1957年8月起，国家将肥猪列为统一收购品种，由食品公司收购或委托供销社收购，其他单位和个人均不得收购。1958年，实行大购大销，就户收购，就户代养，有卖必买。1961年，实行按比例派购，派购比例为：私养肥猪，国家派购50%，自行处理50%（亦称购五留五）；社队集体饲养肥猪，国家派购75%，自行处理25%；国营农场、酒坊、糖坊、豆腐坊饲养肥猪，国家派购80%，自留20%；机关、学校、部队、厂矿养的，国家不派购。1962年，给交售肥猪者奖售粮食和工业品，每收购1头重60千克肥猪，奖售粮食60千克，以上每超重1斤奖粮1斤，另按交售金额的50%奖售工业品，品种有丝绸4米、土印花被面、棉絮、胶鞋、镜子、弹子锁，任其选购。1965年，食品部门根据及时收购、积极推销、生意做活、活而不乱的原则，执行计划收购。1966～1976年受“文化大革命”影响，社员养猪受到限制，猪源下降。1971年起，对社员养猪、城镇居民养猪一律实行购五留五的派购政策，派购到队，落实到户。1983年始，对完成派购任务后出售的生猪，实行议购议销。1985年始，国家取消派购政策。1953～1984年，全地区生猪收购478.93万头，年均收购15万头左右，其中1961年1.14万头，最少；1966年收购30.59万头，最多；销售11.65万吨，年均销售3650吨左右。1985年后，放开生猪收购，国营食品部门经营量逐年减少。20世纪90年代后期，生猪收购大部分由个体经营代替，收购量、价格由市场调剂。2．菜牛羊收购。1956年前，实行菜牛羊自由购销，销售量很少。自是年起，食品部门按淘汰标准收购菜牛、羊。其淘汰标准是：黄牛13岁以上，水牛18岁以上；非生产性羊1岁以上，生产性羊7～8岁以上。交售者凭当地政府淘汰证明出售，1牛1证。1961年起，奖售收购菜牛。奖售标准：菜牛按交售金额的50%奖售工业品，每头奖售棉布10米，1974年奖励化肥10千克，1978年改为出肉50千克的奖售化肥15千克，每增重5千克，加奖售化肥2千克；菜羊毛重达到15千克以上的，按毛重每1.5千克奖售粮食500克，1962年改按交售金额的50%奖售工业品，1974年交售羊皮一张奖售粮食2.5千克。进入20世纪80年代，菜牛、菜羊购销本着购得进销得出的原则经营。3．蛋禽收购。20世纪50年代，实行自由购销，国营商业部门经营蛋禽以销定购。1961年起，对鲜蛋实行定购，社会零星饲养的母鸡（鸭）1只，年定购鲜蛋10个；养禽场所饲养的母鸡（鸭）生产的鲜蛋，除留种蛋外，国家收购70%。1962年，实行鲜蛋订购奖售政策，交售10个鲜蛋奖售粮食250克，白糖250克，优先供应售者火柴、电池等工业品。1972年起，实行派购政策，对养有家禽者，每户派购1.5~2.5千克。1978年实行派购及奖售政策，每交售500克鲜蛋奖售粮食250克，1984年实行斤蛋斤肥奖售收购。1985年后，取消派购、实行自由购销。

**肉食销售**　1．肥猪及其肉制品销售。1953年前，宰杀肥猪及上市销售。威宁县有加工火腿输出外销的习惯。1954年，国家将毕节专区划为畜牧产区，每年向毕节专区下达猪、牛、羊及肉食制品调拨计划。完成计划调拨任务后，再根据储量多寡按价供应市场。1957年前，放开猪肉供应市场。1958年起，实行凭票定量供应。供应标准为：每人每月500克，重要节日增加供应250克。1960～1963年，在保证出口外调外，实行特殊供应，供应供给对象及标准是：从事高空、高温等工作，每日工作6小时，持续工作1个月以上者，每人供应猪肉500克；长期接触有毒有害和急性传染病、麻风病、肺结核工作者，每人每月供应猪肉1.25千克；医院住院病人，每人每月供应猪肉1千克，在家疗养病人，凭医院证明，每人每月供应猪肉500克。1964年，生猪生产恢复，城乡市场敞开供应猪肉。1966～1976年，受“文化大革命”影响，生猪生产下降，市场猪肉供应紧张，对城镇居民实行发票定量供应，其供应标准基本与1958年规定标准相同。1980年后，农民养猪数量剧增，城乡一律敞开供应。同时，基层食品部门对猪肉销售实行补贴，销售一头肥猪，给予5元钱的补贴，销售猪肉1吨，补贴400元。1982年起，恢复定量供应，对老干部，每人每月定量外增供猪肉2千克。1985年后，国家取消生猪指令性调拨计划，实行产销直接挂钩，协商定价。生猪计划经营被市场调剂所代替。定量供应取消。国家发给非农业人口适当的肉食补贴，补贴标准为毕节县每人每月1.2元，其他县0.8元。1988年后副食品补贴增到每人每月8元。1993年后，国家取消副食品补贴，居民食用猪肉全由市场供给。2.菜牛、菜羊销售。20世纪80年代前，居民多数没食用牛羊肉习惯，市场供应牛羊肉数量较小。其间，收购的菜牛主要调供外贸出口。1992年，地区肉联厂清真羊牛肉屠宰分割生产线建成投产，生产各种规格的分割羊、牛肉出口和调供省外。地区肉联厂清真牛羊肉屠宰分割生产线年生产分割牛肉能力2000吨，羊肉500吨，并获得出口产品注册许可证。1992年该厂调出分割牛肉1600吨，其中出口115吨，后每年均有出口和外销沿海城市。20世纪90年代起，菜牛、菜羊、供给由市场调节。3.蛋禽销售。收购的蛋禽主要上调外供。1958年，建成毕节蛋粉厂，供蛋粉厂作生产原料。1959～1962年，经济困难时期，对营养不良的病患者作特殊供应，每人每月供鸡（鸭）蛋1千克。1982～1985年，实行定量供应，对老干部每人每月增供1.5千克。20世纪90年代起，蛋禽销售由市场调节。

**猪肉购销价格**　各个自由购销时期，价格由市场调节，随行就市，1950年毕节猪肉销售价格每500克约0.13元，威宁火腿每50千克39元。1955年后，县以上市场平均收购价由国家商业部定，食品部门执行省各个时期规定的收购价及销售、调拨价。1985年4月后，毕节地区取消统销猪肉，实行放开自由销售。部分年度的猪收购价为：1956年每千克约0.52元，1961年每千克约0.86元，1973年每千克约0.95元，1979年每千克约1.25元。销售价为：1953年每千克约0.56元，1979年每千克约1.92元。2009年，生猪批发价每千克约11元，肥瘦猪肉每千克约14元，精瘦猪肉每千克约18元。

**肉类蛋粉加工**　1.腊肉。长期以来，居民有熏制食用腊肉的习惯。其制作方法为：以冬季新鲜猪肉为原料，加盐、花椒等多种调味佐料腌制后，用松、柏等柴草烧暗火发出的浓烟熏制而成，其味独特、鲜美、经久耐放。2. 威宁火腿。其生产历史已有600多年，以其造型美观、肉质细嫩、色泽鲜艳、味道鲜美、皮薄骨小，存放数十年不变的特点，享誉国内外，其制作方法分风腿和熏腿两种。以威宁产乌金猪腿为原料，加多种调味品佐料腌制后，在通风处风干或用松、柏柴草烧火熏烤而成。1993年以前以原腿销售，1993年后，增加小包装火腿销售。3.冻肉。1976年，地区冷库建成，开始生产冻肉。1992年增加生产分割牛羊肉产品。4.蛋粉加工。1958年建成毕节蛋粉厂，生产和平牌蛋粉供出口，毕节蛋粉厂生产的蛋粉水分4%以下，溶度良好，油量42%以上，游离脂肪酸5.6%以下，色泽好。1958～1968年，毕节蛋粉厂共生产蛋粉1011.1吨，后因国际市场需求发生变化，蛋粉销路不畅而停产，蛋粉厂改为食品加工厂。还有猪肉罐头、牛肉干、蛋类腌制等产品。

## 第六节　饮食服务经营

饮食服务经营始于明代驿站供给。以后驿道沿线出现私商供行人、驮马住宿的栈房。清代，随着集镇的形成，商业贸易的发展，小饭店、客栈、马房、剃头等商业服务行业应运而生。川盐道经过的集镇，客栈、马店尤为兴隆。到民国后期，部分由小家小户经营的小饭店、小客栈发展成为有一定规模的酒楼、饭店、旅馆，并逐渐形成酒席行、茶馆行、客栈行、理发行并相继出现浴室、照相业。中华人民共和国成立时，全专区已有饮食行业经营户620户，服务业经营1491户，其中比较有名的经营户有少白楼包席馆、曾三心牛肉馆、康家脆臊面、唐家汤圆店、水东门大龙元饺皮等名店、名食。其经营形式为：1956年以前，饮食服务行业仍由私人个体摊、店经营。1956年，专署商业局成立饮食服务科。是年，建立专区饮食服务公司，负责全专区饮食服务管理工作。1967年将食品公司蔬菜水产业务划归饮食服务公司改名为毕节地区蔬菜水产饮食服务公司。1954年后，各县在县城外建立蔬菜队，生产蔬菜由蔬菜公司按合同统购包销。1984年后蔬菜市场放开经营。1956年，专区及各县建立饮食服务公司，对饮食服务行业实施社会主义改造，全专区有241户私营饮食服务业转为国营或公私合营，325户组成合作小组，仅剩83户维持个体经营。1983年后，恢复个体经营饮食服务业。其经营政策是：1953年开展民主改革，逐步取消服务小费，工商部门规定饮食正餐的毛利率一般在40%～50%之间。1956年进行饮食服务行业社会主义改造，规定对饮食服务业的经营方针是：尽量满足人民的需要，在原材料供应条件许可的情况下，尽可能满足顾客的需要，同时大力恢复传统技艺，经营特色。1958年，饮食业变成食堂化，不少风味特色消失；服务业中一些好的服务项目、服务方式被取消，形成顾客接受饮食服务业安排的局面。1961～1963年，调整国民经济，饮食服务业开办高价菜饭供应，一些传统服务经营特色和风味食品得到恢复。1962年，要求饮食服务行业面向大众，适应消费者的多种需求。1966～1976年，受“文化大革命”影响，将一些传统技艺和特色经营视为少数资产阶级人物服务而被取消。服务行业形成简单化经营，单一服务。饮食服务业收费由物价部门审定，饮食业毛利一般在20%～30%之间。饮食饭店、旅社寥寥无几，人们出行住宿、吃饭需排队方能如愿。1979年8月后，恢复饮食服务业面向人民大众，分级划类经营，发挥优良传统特色，提高服务质量，升级服务设施，适应多种需要的经营方针。饮食服务行业服务质量逐步规范提高。20世纪末，出现宾馆、酒店。至2005年，各县皆有宾馆、酒店经营。2011年，全地区有星级饭店42家。

**经营设施**　1．旅店业。1956年前多为连家店，店主兼旅店服务员。1956年后，国家投资兴建国营旅社，合作旅店按专业公司要求改善设施，遵守必要的卫生条件规定。1978年后，党政机关、企事业单位普遍设立招待所，改善经营设施。进入20世纪90年代末，具有各种配备设施的酒店、宾馆在兴起。2005年，毕节知名的宾馆、酒店有天宫大酒店、毕节大酒店、洪山宾馆。2011年，毕节知名宾馆、酒店有腾龙凯悦酒店、毕节大酒店、织金宏州国际大酒店等。2.理发业。中华人民共和国成立前，理发业被归于下九流行业，具有一定规模的店铺极少，多为四处流动的理发摊，设备十分简陋。1956年对私改造后，建立国营理发店、合作理发店，规模扩大，设备、卫生状况改善。1978年，出现美发美容店、发廊。逐步使用新式烫发机、高档化妆品，有些店集美容、美发、保健为一体，店堂装修也十分讲究。3.浴室业。1956年，毕节城关仅有两家公私合营澡堂，其中位于大横街的中华澡堂规模较大，设有盆池和大池。至1959年，全专区有9家浴室，有的县城尚无浴室。1980年后，有条件的招待所、旅店开始设盆池、淋浴。进入20世纪90年代末，毕节浴室普遍增设淋浴，出现桑拿、冲浪、洗足等现代洗浴方式。4.照相业。1956年，各县只有1家公私合营照相馆，均拍摄黑白照片。1978年后，经营照相户增多，从拍摄黑白照片发展到拍摄彩照、数码照相，服务项目也增加外景照，婚纱照等服务。5.饮食业。20世纪80年代前，饮食业多经营酒菜、便饭、面点、风味小吃。20世纪80年代后，毕节饮食服务业经营逐步向多样化、高档化、地方特色化方面发展，出现酒吧、休闲吧、商务会所等饮食服务，饭店、酒店增设婚宴、寿宴、年夜饭、快餐、送菜上门等服务项目。具有特色的名菜名点有：织金宫保鸡、毕节唐家汤圆、康家脆臊面、王傻子烧鸡、曾三兴牛肉；威宁荞酥、大方臭豆腐、金沙羊肉粉；黔西、大方黄粑、糍粑、擂茶、彝族坨坨肉、小豆酸菜汤。

## 第七节　农资日杂　农副产品经营

### 一　农业生产资料供应

**中小农具供应**　1.中小农具供应。中华人民共和国成立前，农具供应多为本地匠人生产的竹、木、铁器，主要品种有背篓、晒席、围席、簸箕、粪桶、镰刀、锄头、犁头、铧口、钉耙、滚耙、风车、挞斗。1952年，普遍建立基层供销社，专区合作联社经省核准贷款2000万元（旧人民币）作农业生产资料经营资金，用其中30%安排各县基层合作社开展中小农具经营。各县合作社按照就地取材、就地加工、就地销售和保本薄利的原则，采取按计划组织生产加工与个体手工业者及手工业生产合作社签订收购、订购等办法经营农具购销。是年，全专区基层社加工锄头、镰刀、铧口共4.32万件供应市场。1953年，省财经委员会拨给毕节地区无偿农具贷款14.5万元，由供销社组织农具无偿发放以解决山区农民缺乏耕作农具问题。有4.06万户贫困农户得到农具。1954年，无偿发放农具3.24万件给贫困农户。1955年，专区合办处要求各地基层社按：铁农具制新与修旧并重，竹木农具以农业社、生产队调剂为主，供应为辅，同时增加新式畜力农具经营的原则经营农具。至1957年底，全专区供销社累计购进中小农具226.11万件，销售504.95万件，协助社队调剂3万件，为农民修补农具400万件。1964年，供销社经营中小农具实行包用、包换、包修，同时开展以旧换新业务。1965年供销社经营中小农具实行供销社加工员、产品验收员、技术员共同检验，厂名、师傅、检验印证制度。1973年，地区及各县农资公司、各基层社集中力量组织购进碎石锤、榔头、圆锹、十字镐、撬棍6.86万件，尖钻、炮钻5277千克，中小农具128.77万件，是历史上购进供应最多的一年。地区及各县农资公司引进尿醛树脂胶、环氧树脂胶粘补农具以解决农具原材料供应不足。1979年后，供销社经营农具以销定购。1981年后，放开中小农具经营，供销社中小农具购销量下降。进入20世纪90年代，中小农具经营多为个体经营。

2.推广供应新式农具。1954年各基层供销社根据省农业厅、供销社关于推广新式农具的指示精神，在农村推广山地犁、七步寸犁、双轮双铧犁、单轮双铧犁、打谷机、玉米脱粒机等新式农具。由农业部门购进，作技术指导，供销合作社代营。当时，由于受传统习惯的影响和所购进新式农具不能适应山地耕作的需要，销量不大。国家只能采用赊销和无偿发放的办法推广新式农具。1959年，实行两条腿走路，土洋结合的方针，推广供应新式农具，经营品种增至23个。1962年，改良农具及大型畜力机械，农机配件移交农机公司经营。1980年后，农民对新式农具需求增加，新式农具的科技含量逐渐加大，品种增多，经营主体扩大到只要在工商部门办理经营执照的集体、个体都可参与经营。

**肥料供应** 1.饼肥供应。1952年前，农民使用农家肥、石灰、草皮灰、油饼等作肥料。1952年，成立专区供销社，采取现销、现换、现销定购、赊销预购方式组织加工菜油饼、桐子油饼、茶籽油饼、漆子油饼、柏子油饼供应农民。采取县联社调剂，专区联社作调入计划报省解决的办法，解决饼肥供应。油饼供应实行优惠价，凡社员或互助组购肥优惠3%，销售价格由省统一规定。1954年后，采取供销社与农民签订购销合同供应。

2.化肥供应。1954年，供销社开始经营化肥。最初，采用先实验、后推广；技术在先、供应在后的办法推广销售，当年销售硫酸铵3.4吨。之后，施化肥增产明显，供应量逐年增多。自1963年起，化肥供应只供给集体，不供给个人，实行供应计划与农副土特产品采购挂钩奖售政策。1971年，由地区农资公司按计划调进，执行城乡统一价格，运杂费由国家负担。1976年后，化肥供应在保证奖售和专用化肥供应的情况下，适当照顾产粮区和经济作物区的供应。1978年销售逾10万吨。经营品种由1954年的硫酸铵逐年增加硝酸铵、过磷酸钙、尿素、复合肥、氨水、碳酸氢铵、硫酸钾、硝酸钾、钙、镁、磷。1981年起，化肥供应执行奖售、换购、专用、农用的供应政策，农用化肥采取按农户承包土地面积或按承包户人口两种办法凭票供应。1983年后，实行计划内平价供应与计划议购议销相结合的政策。议购议销化肥高进高出、低进低出的原则，集体微利供应。部分人乘机转手倒卖化肥，卖假化肥，从中谋利，增加农民负担。1999年，化肥市场全面放开，个体和单位群雄并起经营化肥，供销社化肥专营历史结束。此后，增加经济农作物专用化肥，配方肥的供应。2005年起，毕节地区行署拟发《关于建立化肥储备制度的通知》，全地区储备化肥9万吨，储备化肥由地区财政给予贴息补助。其中供销社系统承担4万吨。2011年，淡季储备化肥12.76万吨，全年销售各类化肥38.2万吨。

**农药供应** 中华人民共和国成立前，防治农作物病虫害，大多使用苦楝子、晒烟杆泡水和生石灰防治。1954年前，农药由农林部门推广经营、供销社代营。经营的农药品种有六六六和DDT、硫酸铜、赛力散。农药供应根据同级农业部门的病虫害防治计划分配。1954年，采取代销与自营相结合方式经营农药，需要量和防治计划由农林部门提供，供应品种增加六六六可湿性、鱼藤精、敌百虫。1955年，农药由供销社经营，专合办处以“上大下小”确保虫害用药为原则，规定县、区供销社储备农药定额为销售量的50%。1958年后，供销社执行有备无患、防重于治的方针和哪里有虫、哪里有药原则经营农药。1963年起，供销社按销一储一原则，开展好农药更新和储备。1971年后，防治病虫害农药应用范围从粮食作物扩大到经济作物，供应品种增1605、1059。1973年各级农资经营部门停止供应种植蔬菜、茶叶、烤烟、瓜果作物使用六六六、DDT、1605、1059剧毒农药，改供青菜菌、敌百虫、乐果。1976年起，地区农资日杂供应站储存高效农药，基层社储存低效农药。经济社与农业部门配合培训使用技术。1981年起，地区农资日杂供应站实行统一分配，分级管理，按各县计划，组织货源调拨，县级农资公司负责储备、批发，基层社负责零售。1986年，全地区放开农药市场。1990年，供销社开办庄稼医院，设立科技咨询服务站，示范和指导使用新农药。1996年后，农药经营逐渐变成多元化经营，供销社经营量下降，1996～2005年间，全地区供销社系统仅购进140吨，年均销售14吨。

**农药械供应**　20世纪50年代初，农业部门以示范方式推广农药器械，实行贷放经营，至1953年，全专区供销社系统代销农药械410具。1955年后，农药械由供销合作社专营，主要经营单管喷雾器、喷粉器、小喷枪、压缩式喷雾器、背包式喷雾器，高压踏板喷雾器、长喷枪、手摇喷雾器。进入20世纪90年代，农药械出现多元化经营，供销社销量逐年减少。

**农膜供应**　20世纪60年代初，开始推广使用农用塑料薄膜。20世纪70年代后期，农膜逐渐成为供销社农资经营的主要商品。1980年4月起，由农业部门按计划分配农膜，供销社执行保证农用、照顾一般用膜原则供应。1982年后，农膜供应紧张，市价暴涨。1987年，省政府下文规定农膜为指令性计划商品，由农资公司统一调拨，统一价格，进行专营。其采购农膜产品所占压资金产生的利息由国家补贴。1990年，地区及各县农资公司在作好计划内农膜调拨外，从其他渠道购进农膜858.1吨，支持温饱工程建设。同时，有的县以行政命令强迫供销社赊销，造成供销社系统700万元赊销款难以收回。1996年后，供销社系统农膜供应呈下降趋势。

**耕畜供应**　耕畜主要有水牛和黄牛。历史上交易耕畜，主要是通过畜商贩运和牙侩、牛马行在耕畜交易市场进行。新中国建立后，政府要求供销联社在调整本地耕畜的基础上，由基层社组织耕牛供应。自1955年起，供销社按国务院批转供销合作社耕畜供需座谈会纪要的要求，开展牲畜交易和服务性业务，供销社系统除保证本地耕畜需求外，还组织调给外省区、外地区，并从外地购进水牛。对外省来毕节持证购买耕畜者，供销社给予评价服务并收取3%的购畜组织费。1979年后，耕畜交易以买卖双方面议为主，供销社只作服务性经营或部分购销和联营。进入20世纪90年代后，耕畜作为活口商品在集贸市场自由贸易，产销双方直接面议，供销社很少开展耕畜交易业务活动。

## 二　民用生活日杂品供应

**民用生活品供应**　中华人民共和国成立前，民用生活品供应主要靠个体商户供应。中华人民共和国成立后，由基层供销社向国营公司批购日用工业品，开展配售业务，以优待价定量供应社员。1953年起，基层社向国营公司进货前，需分别提出社员与非社员的需求计划，经县财经委批准，实行社员折扣优待。1955年取消优待。以后，地方产品由基层供销社直接组织经营，主要工业品一律向国营商业公司选购和计划采购，按国营公司管理商品规定供应计划商品。1982年后，供销社经营网点试行经营责任制，各县联社相继在贸易货栈的基础上，组织县联社贸易中心或贸易公司，扩大采购范围，突破单一向国营公司采购渠道，与基层社开展联购分销，同时扩展工商、商商之间横向联系，扩大销售。计划分配商品仍由国营商业公司供货和按规定销售。1991年，供销社大部分销售网点实行社有自营经营承包责任制，普遍开展清柜台、查伪劣和打假扫劣保质量自查自纠活动，以维护农民利益。2005年，全地区民用日用品经营额2.82亿。

**日用杂品供应** 1955年前，供销社只经营土碗、铁锅、土纸、竹筷等日用杂品。1955年，根据国营商业与供销社商品经营分工的原则，由供销社主管日用杂品的批发、零售业务。其经营范围包括炊事用具类、陶瓷器类、国产手工纸类、日用杂品类及其他5个大类，17个小类，224个品种。其中除陶瓷、手工纸、雨伞等从外地调入外，大部为本地产品。本地产品中大方漆器、赫章雪窝龙花碗、纳雍居仁碗、织金沙锅、织金砚台、妈姑铁锅较为驰名，除满足本地需求外，还调外地销售。供销社经营日用杂品，零售单位执行需要计划制度。供销社采购日杂生活用品由各县联社组织手工业者利用本地资源就地取材、就地加工、就地供应外，从外地调进本地不能生产的产品。1957年，对铁锅、日用瓷器、草睡席、土纸、雨伞5大品种实行计划管理。1966年五交化公司经营的火炉、烟管划给供销社日杂部门经营。1981年全国供销合作总社下达《关于进一步加强日用杂品工作的通知》规定传统品种和更新换代的新品种、出口转内销的商品、农村建房用材、国防工业生产的民用产品、国营不收购而由工厂自销的产品、其他部门不经营的日用品由供销社经营。经营品种扩大到建筑材料、家用电器等，新增品种530个。1982年后烟花、爆竹由供销社日杂供应部门统一专营。1985年后，除烟花爆竹仍执行专营外，其他日杂品全部放开，由单一的日杂经营部门变成综合经营，经营品种1000余种。进入20世纪90年代，供销社除专营烟花、爆竹保持年均销量4000多万元外，其他日用品销售额逐年下降。

## 三　农副土特产品经营

**主要农副土特产品** 有烤烟、辣椒、芸豆、芝麻、茶叶、蚕茧、木姜籽油、蓖麻子、漆（籽）蜡、生漆、花生、白瓜子、薏仁米、大蒜、薯类淀粉、香菇、木耳、黄梨、柑橘、蜂蜜、棕片、皮张、羊毛、猪鬃等及多种中药材。其中生漆、猪鬃、白瓜子、芸豆、辣椒、天麻、潞党参、茶叶在国内外享有盛誉。中华人民共和国成立前，农副产品主要由私商经营，其经营品种有桐油、牛皮、猪鬃、生漆、青麻、五倍子、白蜡虫、羊毛、竹笋等，其余产品无人经营。中华人民共和国成立后，农副土特产品由供销社为国家代购和自营收购销售，执行国家不同时期的收购政策，以下述方式统一收购国家委托收购的农副产品：

1.代购代销。中华人民共和国成立初期，粮食、油料、烤烟、苎麻、大麻、茶叶、蚕茧、土丝、桐油、漆蜡、木油、生漆。1953～1955年在农村代购代销国家统购统销的粮食、油料。

2.合同预购。1954年起，执行合同预购，预购定金的比例为预购产品金额的15%，预购的品种有粮食、棉花、烤烟、花生、苎麻、茶叶、大麻，以后逐年增加油料、花生、芝麻、茶叶、羊毛、生猪、蚕茧、土丝、生漆、核桃、棕片、辣椒、柑橘。由基层社和生产队或农户签订合同，发放预付定金、收购产品时结账。

3.统一收购国家计划收购的烤烟、苎麻、大麻、生猪、家蚕茧、羊毛、牛皮、茶叶和部分中药材。1957年增加收购黄洋麻、土糖、土纸、棕片、白瓜子、栗子、生漆、桐油、棕片、杏仁、核桃仁和38种中药材。

4.行政派购。自1955年起，始派购商品。主要生猪派购、禽蛋和畜产品。是年，在农村先后采取按户摊派任务，联户完成和按存栏数落实派购，有些地方无猪户也摊派任务，由有猪户交凭后，无猪户再按市场价与收购价的差额补足售猪户。以后，城市、农村一律执行购五留五政策。1960年，执行农民饲养的母鸡每只每年派购鲜蛋10个；集体饲养的鸡、鸭除留足种蛋外，一律卖给国家。1961年，按国家规定的类别派购农副产品，派购二类农副产品，品种55个。1962年，国家调整派购商品范围，将家禽、杂竹、蜂蜜、土纸、杂竹划出派购范围；将非主产区的晒烟、耕畜，菜牛、羊，水果以及不与粮争地的35种中药材划出派购范围，品种减为32个。1967年起，派购的二类商品共110种，烤烟、肥猪、茶叶、猪鬃、蚕茧、牛皮、桐油（籽）、生漆、棕片和名贵中药材不能进入集市贸易，只能卖给国家。1970年，区内供销社派购的农副土特产品有烤烟、苎麻、茶叶、蚕茧、木姜籽油、漆籽油、蓖麻油、生漆、棕片、五倍子、土纸、核桃、火硝、葵花、干辣椒、威宁黄梨、苹果。1982年12月8日起，一、二类农副产品品种减为22种，三类农副产品完成交售任务后允许上市经营。1984年后，供销社收购农副产品，除烤烟按国家收购价和调拨价上调外，收购其他农副土特产品采取合同收购、销售。以议购、议销办法，逐步放开农副土特产品市场。

5.奖售收购。1961年，供销社执行中共中央关于收购重要经济作物实行粮食奖励的指示，先用奖售粮食方式收购油菜籽，级内茶叶、边茶、蚕茧、生漆、苎麻、松香、蜂蜜、肥猪、鲜蛋及20余种中药材。后以化肥、棉布、针织品和紧俏的日用工业品奖售收购。1962年，奖售收购品种扩大到46个品种。1970年，取消化肥奖售。1978年，省财办重新制定85种农副产品及中药材的奖售标准，用于奖售的物资有粮食、化肥、棉布。以后随着棉布敞开供应，农副产品价格放开，只对收购粮食、油菜籽、生猪、烤烟奖售化肥。1999年后，放开化肥价格，奖售中止。

6.议购议销。1961年，供销社在完成国家统一收购二类商品和主要二类商品任务后，开展议购议销。1977年对小宗农副土特产采取高进高出的经营方式。1981年，供销社开展粮食、生猪和三类农副产品的议购议销，经营按全国供销合作总社、商业部、国家物价局、国家工商总局等8部（局）联合制定的《农副产品议购议销价格暂行管理办法》执行价格浮动和最低保护价。

7.物资换购。1961年，执行省供销社指示，收购蜂蜜、生漆、松香等50个品种，采取物资换购。1963年，供销社采取以酒换粮，以生换熟，以粮换蛋，以白糖换蜂蜜等形式，调剂社员剩余产品。1972～1984年先后换购的产品有洋芋粉、薏仁米、桐油、大蒜。1991年后用化肥换购生漆、核桃、辣椒等产品。

**主要农副产品经营** 1.粮油。1953年前，挂牌收购大米、稻谷、小麦、杂粮、菜油，调剂市场供应。1953年为国家代购粮食39.54万千克，菜籽226.6千克，菜油10.57万千克。1955年停办代购粮油。1980年开始，供销社兼营粮油业务，主要经营大米、玉米、小麦、面粉、面条、黄豆、芸豆，其中经营芸豆较为突出。1988年，全地区收购出口2500吨。1996年，向地区财政承贷承还600万元，在各县发展白芸豆生产，种植4500亩。2004年，地区农产公司从天津引进英国红芸豆种植。2011年，调查显示：全地区粮食在总量上属自求平衡地区，但是稻谷、小麦品种产不足需。

2.烤烟。1951～1955年，供销社为国家代购烟叶。1956年由专署农产品采购局收购。次年，农产品采购局与供销社合并，烟叶经营由供销社负责。1958年后，烟叶经营转由轻工部门负责，供销社代购。1976年4月1日，接收烟叶经营业务。1983年，国务院决定烟叶经营实行专卖。1984年，烟叶经营移交烟草部门。1977～1983年，全地区供销社共调拨销售烟叶2.18万吨。

3.茶叶。1955年前，供销社代购茶叶，同时开展自营业务。1955年，供销社统一经营茶叶。1956年3月，移交专署农产品采购局经营半年，采购局与供销社合并恢复经营茶叶。1963年2月，外贸部门接收茶叶经营业务，供销社改作代购。1981年，供销部门再接茶叶经营业务。1986～1990年，全地区供销社购进茶叶878.6吨。1991年后，外产茶进入市场销售数量增大，供销社经营减少。到1993年，全地区供销社茶叶批发业务基本被挤掉，以后每年购销量在10多吨至几吨之间。1998年，纳雍县农产公司承包纳雍县民政局东风茶场及居仁、老凹坝茶场，生产制作纳雍毛尖、雀舌迎春牌名优产品销北京、广州、深圳等地，受到消费者好评。2000年，金沙青池供销社组建金沙茶叶专业合作社，发展和恢复清池茶，投入市场销售。2010年，金沙县清池供销社茶叶专业合作社生产的“清池翠片”“清池毛尖”获上海国际茶文化节“中国名茶”金奖“清池翠片”跻身中国合作经济20品牌之一。

4.辣椒。辣椒为特产，大方辣椒味香辣、纯正，深受国内外消费者喜爱。供销社统一收购的辣椒，调供出口后，其余的自营销售。1954～1984年前，全地区年购销量保持在数百吨，1971年购销6064吨，为最多的一年。1984年后，全地区辣椒收购呈下降趋势，大方县响水供销社辣椒收购保持良好购销势头。2005年收购1000多吨，直接出口马来西亚，创汇50万元。2009年，响水供销社外销干辣椒2000吨，其中出口加工干椒200吨，创外汇40万美元。2010年，大方县响水供销社辣椒专业合作社获地区级农业产业化经营龙头企业。

5.核桃。各县均产核桃，其中以赫章县产核桃最佳。中华人民共和国成立后，核桃由区镇供销社收购，地区土产站及各县经理部组织调拨、销售。1992年前，年均购销1000吨左右，1992年后，大量私商参与经营，供销社购销量逐年减少。

6.中药材。野生中药材资源丰富，品质优良。所产中药材畅销全国，部分还提供出口。提供出口的中药材中威宁潞党参（贵州枝党）享有免检权，大方等县产的天麻驰名中外。供销社按计划代购和自营方式收购中药材。代购品种主要有天麻、潞党参、泡参、茯苓、银耳、桔梗、杜仲、天门冬、黄连、白芍、半夏等47个品种，自营26个。1970年供销社收购品种达109个。1978年，供销社按计划收购中药材，超收计划25%以内药材公司接收、多余部分由供销社自行销售。1984年起，供销社以计划和代购方法收购中药材。1985年威宁党参丰收，县供销社购进12.5吨，外贸、药材公司不接收，削价处理，遭受严重经济损失。1991年，供销社收购中药材、品种数量锐减。到1997年，全地区收购品种不到10个，收购金额18万元。2000年后，供销社改革改制，一些基层社依托当地资源优势，市场需求，扶持农民种植市场需求品种，收购上市供应。2000年，赫章古达供销社组织农民种植淫羊藿，当年收购15吨，盈利6万元。2003年，赫章恒底供销社投资5万元在海河村扶持农民种半夏，纳雍供销社在寨乐、维新等地扶持农民种白芷、半夏、白术，当地农户增收180万元以上，供销社在营销中亦取得较好经济效益。

7.棉花。中华人民共和国成立前，只有沿赤水河流域、鸭池河谷的少数地方产棉花。中华人民共和国成立初，政府支持农户种棉花。但产量极小，不能满足全地区民众对棉花的需求，只能靠向外大量调进。从1954年起，区内实行棉花统购统销，凭票凭证限量供应。1958年，供销社依向农民赊销棉被、棉衣。1976年起，由地区农产品采购供应站统一棉花经营管理。1984年，毕节、大方、纳雍、织金、赫章、威宁县赊销棉花3240吨，赊销款难以收回，成为供销社的历史包袱。1988年后，取消棉花限量供应。1994年后，毕节地区贯彻“不开放市场，不放开经营，不放开价格”的棉花经营政策。供销社购进、销售量逐年减少。1996～1997年，全地区供销社共购进棉花11吨，1997年后，放开棉花经营价格，棉花经营进入市场调剂。

**扶持农副产品生产**　1952～1957年，供销社采用与农民签订产销合同方式，帮助社队落实多种经营，发展烤烟、苎麻、大麻、漆树、茶叶、核桃、白蜡虫以及中药材种养殖共213处。其中发展种植烤烟2.22万余亩，种植茶树3000亩，漆树1502万株，养殖白蜡虫4.29万株。烟、麻、茶、漆产销合同按15%～20%发放预购定金。1957年7月，专合办处组织196人探宝队在全专区开展普查，普查中发现野生漆树32万株，茶树27万株，以及大量的野生中药材和油料、淀粉、化工原料672种。1958～1961年，专区农、林、商部门抽出人员组成多种经营办公室，统一规划，实施扶持农副产品生产。1962年起，专区合办处贯彻国务院《发展农村副业生产的决定》，在下达农副产品收购计划的同时，派出人员配合农业部门，将主营品种肥猪、烤烟、大麻、辣椒、茶叶、生漆的生产任务包干落实到队，并从资金、物资、技术方面给予支持。1966～1976年“文化大革命”期间，供销社发展多种经营被斥之为资本主义的聚宝盆、摇钱树，严重障碍农村经济的发展。

1977年，毕节地区供销社制定1978～1980年农副产品生产发展规划，纳入农业部门规划品种的有烤烟、大麻、辣椒、大蒜、核桃等29个。1980年，毕节地区供销社系统抽调技术人员1340名深入社队指导多种经营，并发放资金14.5万元，帮助社队落实烤烟种植19.2万亩，栽种漆树58.3万株，栽种苹果、梨、核桃186万株，发放香菇、木耳种1178瓶，供应柞蚕种660千克。1981年，供销社开展农商联营，引导农村专业户、重点户按国家计划和市场需求发展商品生产，抽调人员组成商品生产服务信息中心，建立生漆、茶叶、大蒜、辣椒、柑橘等主导产品生产基地。1988年，供销社把支持发展商品生产纳入承包考核指标，供销社主任承包当年发展生产指标，然后层层分解，由收购人员具体实施。1989年，各级供销社共组成443人的发展生产专业队伍，分片包干，任务到人，发展生产指标与工资、资金挂钩。是年，全地区苎麻、大麻、辣椒、大蒜等13个品种共种植12.5万亩。1992年，毕节县供销社试种棉花，毕节、金沙、黔西供销社发展桑蚕，并将桑蚕列为供销社支柱商品，黔西县引种的西瓜，成为当地农民的主要收入之一。1995年后，部分经营难以为继的“空壳社”参与农业产业化经营，重获新生。其参与方式是：采用供销社（或公司）加农户加基地的方式，建立芸豆、大蒜、生漆、魔芋、药材等畅销商品生产基地；创办龙头企业、各类专业合作社、特色农业示范基地，直接与农民结成利益共同体，实现利益双赢。到2005年，全地区供销系统建立辣椒，大蒜、生漆、中药材等种养殖基地33个，种植11.54万亩，入围农户3.7万多户，供销社购销基地产品增收608万元；创办各类合作社23个，入社社员15万户，销售收入1033万元，助农增收453万元。基地及龙头企业生产的驰名商品有金沙清池茶、金沙禹漠醋、纳雍有机茶、织金竹荪、大方皱椒、赫章核桃。2005年，金沙禹漠醋厂被提升为全国供销社系统龙头企业，禹谟供销社被评为全国供销系统先进集体。2011年，全地区供销社系统有9个地区级以上农业产业化经营龙头企业。金沙县禹谟供销合作社酱醋厂、清池供销合作社茶叶专业合作社、纳雍县供销合作社雍熙茶叶有限公司被中华供销合作总社公布为第一批总社级龙头企业。是年，全地区供销社系统有农民专业合作社83个。

## 1952～2005年毕节地区供销社系统农业生产资料统计表

| 年份 | 化肥 | 农药 | 药械 | 农膜 | 农具 | 耕畜 | 年份 | 化肥 | 农药 | 药械 | 农膜 | 农具 | 耕畜 |
|---|---|---|---|---|---|---|---|---|---|---|---|---|---|
| 1952 | | | | | 43.2 | | 1979 | 16.89 | 259 | 2197 | 306 | 130.1 | 276 |
| 1953 | | | | | 33.5 | | 1980 | 16.51 | 210 | 1298 | 313 | 99.5 | 7917 |
| 1954 | 0.002 | 196 | 164 | | 104.79 | 2706 | 1981 | 17.57 | 203 | 1134 | 408 | 83.5 | 8165 |
| 1955 | 0.012 | 27 | 144 | | 87.81 | 2264 | 1982 | 18.76 | 402 | 3067 | 491 | 63.6 | 2146 |
| 1956 | 0.001 | 63 | 1507 | | 151.98 | 14677 | 1983 | 18.35 | 294 | 1971 | 347 | 60.8 | 3018 |
| 1957 | 0.029 | 49 | 703 | | 126.87 | 8381 | 1984 | 17.06 | 287 | 2229 | 528 | 48 | 3163 |
| 1958 | 0.078 | 329 | 6853 | | 158.45 | 6630 | 1985 | 19.53 | 272 | 255 | 600 | 40.4 | 1611 |
| 1959 | 0.32 | 273 | 4624 | | 180.65 | 1004 | 1986 | 24.47 | 299 | 4477 | 497 | 35.6 | 1131 |
| 1960 | 0.31 | 962 | 4224 | | 209.3 | 2473 | 1987 | 24.84 | 266 | 5275 | 285 | 30.22 | |
| 1961 | 0.19 | 146 | 66 | | 150.55 | | 1988 | 23.54 | 282 | 2812 | 710 | 30.22 | 167 |
| 1962 | 0.25 | 69 | 483 | | 103.36 | 6623 | 1989 | 22.64 | 156 | 1877 | 858 | 21.54 | 154 |
| 1963 | 0.38 | 81 | 155 | | 100.73 | 11478 | 1990 | 25.65 | 173 | 3586 | 1820 | 19.11 | |
| 1964 | 0.35 | 145 | 443 | | 124.21 | 8395 | 1991 | 29.81 | 78 | 5703 | 1313.1 | 12.16 | |
| 1965 | 1.39 | 195 | 758 | | 209.08 | 16292 | 1992 | 27.48 | 93 | 4002 | 813 | 13.03 | |
| 1966 | 3.17 | 496 | 2865 | | 234.01 | 16353 | 1993 | 20.64 | 87 | 3141 | 438.5 | 87.3 | |
| 1967 | 2.26 | 345 | 1032 | | 197.11 | 6000 | 1994 | 20.36 | 64 | 2413 | 586.9 | 8.61 | |
| 1968 | 2.52 | 237 | 3068 | | 196.66 | 5000 | 1995 | 22.4 | 52 | 1904 | 743.3 | 8.76 | |
| 1969 | 2.05 | 222 | 1074 | | 136.32 | | 1996 | 22.29 | 49 | 1655 | 274.1 | 8.61 | |
| 1970 | 3.1 | 248 | 1258 | | 178.46 | | 1997 | 14.94 | 53 | | 251 | | |
| 1971 | 4.95 | 259 | 1528 | | 208.25 | 10245 | 1998 | 13.28 | 33 | | 128 | | |
| 1972 | 6.45 | 345 | 3399 | | 172.58 | 3300 | 1999 | 12.58 | 22 | | 95 | | |
| 1973 | 4.45 | 261 | 2888 | | 167.58 | | 2000 | 8.96 | 17 | | 53 | | |
| 1974 | 3.88 | 287 | 2143 | | 144.93 | 2700 | 2001 | 5.88 | 9 | | 48 | | |
| 1975 | 4.36 | 281 | 1297 | | 149.98 | 3326 | 2002 | 7.72 | 16 | | 49 | | |
| 1976 | 3.7 | 419 | 3419 | | 138.71 | | 2003 | 5.64 | 8 | | 87 | | |
| 1977 | 7.03 | 310 | 1906 | | 166.5 | 300 | 2004 | 13.89 | 16 | | 24 | | |
| 1978 | 10.91 | 358 | 1995 | 375 | 159.7 | | 2005 | 12.61 | 23 | | 79 | | |

注：单位：化肥万吨、农药吨、药械件、农肥吨、农具件、耕畜头。

## 1950~2005年毕节地区供销合作社系统历年生活资料、日用杂品销售统计表

单位：万元、百米、万千克、吨

| 年份 | 生活资料零售总额 | | | | | 日用杂品 | |
|---|---|---|---|---|---|---|---|
| | 零售总额 | 其中：重点商品销售量 | | | | 购进总额 | 销售总额 |
| | | 棉布 | 食盐 | 煤油 | 食糖 | | |
| 1950 | 180 | | | | | | |
| 1951 | 268 | | | | | | |
| 1952 | 664 | | | | | 3.7 | |
| 1953 | 1327 | 47947 | 472.11 | | 7.16 | 15.7 | |
| 1954 | 2540 | 90190 | 7351.31 | 84 | 21.43 | 17.6 | |
| 1955 | 2045 | 84001 | 7028.1 | 99 | 23.17 | 16.7 | |
| 1956 | 2553 | 113337 | 9299 | 177 | 37.36 | 24.1 | |
| 1957 | 2869 | 252123 | 1109.32 | 413 | 49.54 | 77.1 | |
| 1958 | 6606 | 148807 | 1215.97 | 1138 | 58.18 | 40.9 | |
| 1959 | 7024 | 180258 | 1555.07 | 1597 | 87.81 | 104.5 | |
| 1960 | 6961 | 163116 | 2087.83 | 1809 | 35.29 | 72.7 | |
| 1961 | 4369 | 61179 | 1742.83 | 2108 | 143.47 | 35.4 | |
| 1962 | 3846 | 50551 | 1247.11 | 2948 | 107.33 | 211.2 | |
| 1963 | 4537 | 58970 | 1620.13 | 2971 | 100.23 | 113.1 | |
| 1964 | 5298 | 92027 | 1342.76 | 3198 | 72.79 | 101.6 | |
| 1965 | 6029 | 126360 | 1450.62 | 3269 | 72.86 | 58 | |
| 1966 | 5546 | 138969 | 1745.24 | 3607 | 129.91 | 118.2 | |
| 1967 | 6123 | 171638 | 1739.74 | 3601 | 131.78 | 135.1 | |
| 1968 | 5747 | 144181 | 1904.65 | 2906 | 95.83 | 105.2 | |
| 1969 | 5455 | 138771 | 1584.71 | 3521 | 142.79 | 49.4 | |
| 1970 | 7709 | 226237 | 1647.23 | 4105 | 188.05 | 40.3 | |
| 1971 | 7743 | 205597 | 1918.28 | 4247 | 231.94 | 73.2 | |
| 1972 | 8520 | 198085 | 2122.99 | 5040 | 179.47 | 91.7 | |
| 1973 | 80830 | 181357 | 2054.79 | 4973 | 129.75 | 69.4 | |
| 1974 | 8619 | 209536 | 2041.5 | 5327 | 171.47 | 188.9 | |
| 1975 | 8763 | 185774 | 2178.15 | 5742 | 158.57 | 220.8 | 345 |
| 1976 | 9127.3 | 182697 | 3027 | 4917 | 127.55 | 187.2 | 230.34 |
| 1977 | 9264.2 | 193970 | 1906.24 | 5217 | 157.42 | 228.8 | 180.5 |

续表

| 年份 | 生活资料零售总额 | | | | | 日用杂品 | |
|---|---|---|---|---|---|---|---|
| | 零售总额 | 其中：重点商品销售量 | | | | 购进总额 | 销售总额 |
| | | 棉布 | 食盐 | 煤油 | 食糖 | | |
| 1978 | 10475.4 | 203107 | 2267.44 | 5926 | 316.99 | 210.8 | 219.87 |
| 1979 | 10671 | 192741 | 2360.82 | 5965 | 215.76 | 229.9 | 264.19 |
| 1980 | 10631.1 | 196771 | 2475.12 | 6245 | 161.86 | 298.9 | 603.7 |
| 1981 | 11986.9 | 210232 | 1912.51 | 6724 | 171.47 | 339.7 | 714 |
| 1982 | 12977 | 210868 | 1066.66 | 6545 | 190.23 | 379.3 | 757.21 |
| 1983 | 11645.8 | 130241 | 2443.6 | 7209 | 165.35 | 43.8 | 745.1 |
| 1984 | 11800 | 138599 | 2475.85 | 7196 | 113.21 | 473.1 | 756.81 |
| 1985 | 15845.6 | 213401 | 2564.6 | 6650 | 121.39 | 529 | 949.76 |
| 1986 | 12672.1 | 73607 | 2796.86 | 7629 | 72.93 | 600.8 | 915.24 |
| 1987 | 12985.6 | 58969 | 2396.14 | 8084 | 122.9 | 597.9 | 1303.9 |
| 1988 | 16482.6 | 67474 | 3161.8 | 8477 | 147.1 | 653.9 | 9188.9 |
| 1989 | 15827.7 | 44780 | 3322.2 | 8093 | 202.1 | 760.7 | 1156.03 |
| 1990 | 14119 | 26153 | 2074.7 | 8317 | 148.57 | 659.5 | 1108.3 |
| 1991 | 43060.5 | 16549 | 1869 | 8607 | 53 | 652 | 1049 |
| 1992 | 387828 | 9212 | 1888 | 6116 | 47 | 544.1 | 907.1 |
| 1993 | 29118.4 | 6911 | 1008 | 1970 | 39 | 419 | 805.9 |
| 1994 | 29703 | 7027 | 716 | 1426 | 38 | 408.1 | 753.2 |
| 1995 | 45612.6 | 4880 | 582 | 1168 | 22 | 391.2 | 790.1 |
| 1996 | 50241.6 | 3981 | 683 | 1184 | 25 | 235.2 | 744 |
| 1997 | 45305.6 | 4331 | 549 | 841 | 35 | 206.3 | 645 |
| 1998 | 33160 | | 356 | | | | |
| 1999 | 28750 | | 367 | | | | |
| 2000 | 21653 | | 328.5 | | | | |
| 2001 | 14667 | | 238 | | | | |
| 2002 | 17488 | | 234 | | | | |
| 2003 | 15327 | | 164 | | | 810 | 144 |
| 2004 | 24978 | | 163 | | | 1850 | 373 |
| 2005 | 28233 | | 137 | | | 1000 | 332 |

## 1951 ~2005年毕节地区农副土特产品历年收购统计表

单位：吨、万元

| 年份 | 收购总值 | 收购主要农副土特产品 | | | | | | | | | | | | | | | | | | | | | | | | |
|---|---|---|---|---|---|---|---|---|---|---|---|---|---|---|---|---|---|---|---|---|---|---|---|---|---|---|
| | | 烤烟 | 苎麻 | 大麻 | 茶叶 | 桑蚕茧 | 木姜籽油 | 蓖麻子 | 柞蚕茧 | 漆蜡 | 生漆 | 核桃 | 花生 | 辣椒 | 棕片 | 黄梨 | 蜂蜜 | 葵花 | 白南瓜子 | 木耳 | 香菇 | 大蒜头 | 薯类淀粉 | 五倍子 | 薏仁米 | 芝麻 |
| 1951 | 32.8 | 71.1 | 3 | 1 | | | | | | | 35 | 10 | | 18 | | | | | | | | | | 20 | | |
| 1952 | 295.9 | 83.1 | 3 | 2 | 4 | | | | | 10 | 75 | 2 | 30 | 0.35 | | | 1.2 | | 9 | 0.6 | 0.05 | | | 19 | 0.1 | |
| 1953 | 558 | 34.9 | 22 | 3 | 43 | 0.5 | 0.25 | | | 67 | 108 | 31 | 77 | 27 | | 88 | 0.8 | 14 | 28 | 1.35 | | | | 101 | | 3 |
| 1954 | 1322 | 161.9 | 19 | 6 | 95 | 2.2 | 50 | 0.5 | | 135 | 49 | 174 | 464 | 165 | 8 | 175 | 1.4 | 28 | 60 | 4.5 | 0.6 | | 5.6 | 102 | | 20 |
| 1955 | 1077 | 662.2 | 13 | 23 | 228 | 1 | 72 | 1 | 0.6 | 111 | 169 | 197 | 447 | 404 | 21 | 248 | 3.5 | 275 | 6 | 4 | 0.9 | | 10.5 | 10 | 426 | 15 |
| 1956 | 1567 | 2428 | 32 | 64 | 271 | 10 | 87 | 2 | 4 | 111 | 89 | 2025 | 428 | 1065 | 77 | 747 | 12 | 107 | 66 | 4.1 | 1.6 | | 200 | 24 | 334 | 12 |
| 1957 | 3293 | 472.8.9 | 94 | 282 | 253 | 2 | 112 | 31 | 13 | 215 | 188 | 1879 | 604 | 695 | 145 | 143 | 15 | 188 | 46 | 4.3 | 2.7 | | 255 | 151 | 142 | 21 |
| 1958 | 4583 | 5500 | 65 | 350 | 304 | 28 | 84 | 1 | 13 | 28 | 187 | 1126 | 504 | 1072 | 211 | 740 | 7 | 409 | 38 | 1.55 | 3.2 | | 61 | 16 | 7 | 40 |
| 1959 | 4316 | 7550.1 | 55 | 113 | 461 | 10 | 102 | 10 | 55 | 134 | 183 | 833 | 620 | 695 | 198 | 422 | 7 | 516 | 50 | 0.5 | 6.4 | | 74.5 | 46 | 44 | 31 |
| 1960 | 2740 | 3116.4 | 12 | 26 | 340 | 6 | 68 | | 45 | 14 | 102 | 644 | 89 | 76 | 227 | 660 | 3 | 63 | 3 | 2.4 | 3.3 | | 23 | 93 | 1 | 11 |
| 1961 | 954 | 1453.1 | 11 | 13 | 185 | 1.5 | 146 | 1 | 3 | 18 | 30 | 194 | 17 | 108 | 67 | 58 | 4.5 | 16 | 3 | 10.2 | 0.8 | | 68 | 119 | | 9 |
| 1962 | 1292 | 1609.5 | 10 | 15 | 146 | 1 | 122 | 4 | 1 | 222 | 55 | 178 | 14 | 151 | 57 | 880 | 4.5 | 3.5 | 13 | 0.1 | 4.2 | | 424 | 161 | 0.1 | 7 |
| 1963 | 2017 | 2624.1 | 5 | 15 | 259 | 2 | 115 | 21 | 0.2 | 181 | 174 | 1984 | 43 | 379 | 76 | 1685 | 13 | 44 | 28 | 0.25 | 4.1 | | 271 | 13 | 49 | 31 |
| 1964 | 3123 | 3459.1 | 10 | 35 | 212 | 7 | 124 | 53 | 0.5 | 809 | 149 | 1968 | 157 | 490 | 70 | 1082 | 19 | 106 | 47 | 0.3 | 11.25 | | 207 | 21 | 87 | 44 |
| 1965 | 3753 | 8303.6 | 10 | 64 | 320 | 9 | 113 | 59 | 0.6 | 267 | 171 | 320 | 212 | 1150 | 145 | 2892 | 12 | 30 | 6 | 0.65 | 14 | | 15.4 | 288 | 29 | 21 |
| 1966 | 2738 | 9908.9 | 9 | 93 | 276 | 21 | 115 | 32 | 6 | 757 | 165 | 749 | 199 | 782 | 210 | 632 | 19 | 55 | 61 | 0.2 | 13.2 | | 13 | 62 | 24 | 11 |
| 1967 | 2547 | 8402.9 | 8 | 54 | 238 | 15 | 247 | 42 | 15 | 505 | 207 | 1459 | 146 | 795 | 213 | 2656 | 26 | 120 | 90 | 1.5 | 17.5 | | 92 | 77 | 21 | 5 |
| 1968 | 1853 | 7747.1 | 7 | 21 | 189 | 12 | 167 | 14 | 22 | 285 | 97 | 590 | 78 | 1210 | 177 | 242 | 2 | 26 | 71 | 1 | 15.2 | | 110 | 129 | 10 | 6 |
| 1969 | 1284 | 2915 | 8 | 23 | 106 | 5 | 124 | 13 | 32 | 209 | 117 | 57 | 49 | 350 | 213 | 399 | 4 | 6 | 76 | 0.25 | 11 | | 38.5 | 17 | 9 | 3 |

续表

| 年份 | 收购总值 | 收购主要农副土特产品 | | | | | | | | | | | | | | | | | | | | | | | | |
|---|---|---|---|---|---|---|---|---|---|---|---|---|---|---|---|---|---|---|---|---|---|---|---|---|---|---|
| | | 烤烟 | 苎麻 | 大麻 | 茶叶 | 桑蚕茧 | 木姜籽油 | 蓖麻子 | 柞蚕茧 | 漆蜡 | 生漆 | 核桃 | 花生 | 辣椒 | 棕片 | 黄梨 | 蜂蜜 | 葵花 | 白南瓜子 | 木耳 | 香菇 | 大蒜头 | 薯类淀粉 | 五倍子 | 薏仁米 | 芝麻 |
| 1970 | 2288 | 5516 | 8 | 37 | 169 | 7 | 119 | 17 | 69 | 417 | 153 | 126 | 124 | 542 | 230 | 371 | 4 | 738 | 92 | 0.7 | 14.6 | | 282 | 25 | 24 | 2 |
| 1971 | 3346 | 8709.1 | 8 | 42 | 261 | 12 | 339 | 14 | 136 | 622 | 150 | 739 | 249 | 713 | 236 | 6064 | 5 | 52 | 138 | 0.4 | 24 | | 214 | 208 | 20 | 18 |
| 1972 | 3279 | 11586.8 | 10 | 32 | 294 | 3.5 | 258 | 12 | 154 | 297 | 124 | 692 | 240 | 773 | 196 | 3227 | 3 | 38 | 158 | 0.6 | 13 | | 144 | 66 | 7 | 27 |
| 1973 | 3596 | 17313.8 | 9 | 26 | 339 | 4.6 | 205 | 11 | 156 | 443 | 184 | 1318 | 260 | 756 | 174 | 2737 | 5 | 22 | 138 | 0.25 | 8.2 | | 33.4 | 160 | 13 | 24 |
| 1974 | 3223 | 15127.5 | 7 | 24 | 178 | 4 | 234 | 8 | 117 | 231 | 173 | 139 | 189 | 435 | 172 | 280 | 11 | 18 | 60 | 0.25 | 10.4 | | 92.3 | 26 | 43 | 11 |
| 1975 | 4682 | 24876.1 | 4 | 26 | 372 | 2.6 | 161 | 8 | 77 | 299 | 18 | 1756 | 142 | 247 | 270 | 4709 | 23 | 12 | 49 | 0.1 | 7.2 | | 90 | 58 | 43 | 8 |
| 1976 | 3346 | 21603.2 | 4 | 14 | 92 | 3 | 98 | 4 | 73 | 301 | 140 | 234 | 62 | 93 | 279 | 954 | 78 | 8 | 35 | 0.1 | 7.5 | 275 | 39 | 39 | 34 | 1 |
| 1977 | 3978.8 | 24789.5 | 4 | 11 | 229 | 7 | 246 | 1.5 | 105 | 138 | 174 | 818 | 155 | 474 | 314 | 3135 | 35 | 41 | 47 | 0.17 | 9.6 | 208 | 230 | 64 | 32 | 13 |
| 1978 | 5339 | 33025.5 | 2 | 11 | 253 | 8 | 148 | 2.5 | 81 | 279 | 219 | 1749 | 216 | 1251 | 293 | 1150 | 65 | 147 | 75 | 0.22 | 17.3 | 188 | 261.4 | 46 | 57 | 16 |
| 1979 | 5741 | 40563.5 | | 15 | 167 | 5 | 199 | 12 | 90 | 360 | 181 | 1450 | 231 | 1056 | 188 | 2138 | 43 | 337 | 153 | 0.45 | 13.2 | 175 | 25 | 40 | 50 | 28 |
| 1980 | 5222.4 | 23483.5 | | 5 | 171 | 7 | 304 | 13 | 166 | 294 | 257 | 401 | 283 | 377 | 107 | 364 | 109 | 479 | 182 | 1.3 | 14.8 | 91 | 62 | 104 | 14 | 52 |
| 1981 | 9661.4 | 52032.4 | | 3 | 126 | 4 | 166 | 16 | 135 | 354 | 147 | 947 | 372 | 243 | 53 | 1933 | 46 | 373 | 186 | 1.6 | 9 | 422 | 49 | 87 | 5 | 61 |
| 1982 | 10514.2 | 67906.1 | | 1 | 195 | 3 | 123 | 10 | 69 | 343 | 151 | 173 | 374 | 263 | 20 | 404 | 62 | 334 | 186 | 1.4 | 4.5 | 874 | 4.3 | 117 | 7 | 15 |
| 1983 | 8975.4 | 47955.8 | 1 | 1 | 210 | 1 | 136 | 14 | 36 | 128 | 182 | 865 | 916 | 853 | 43 | 624 | 54 | 131 | 214 | 1.5 | 4.11 | 866 | 44 | 124 | 33 | 4 |
| 1984 | 12490.6 | 84451.3 | 0.6 | 1 | 181 | 12 | 261 | 10 | 1.8 | 126 | 73 | 787 | 936 | 597 | 56 | 147 | 37 | 123 | 212 | 1.65 | 11.3 | 1162 | 57 | 54 | 100 | 2 |
| 1985 | 154401 | 84915.6 | 9 | 1 | 148 | 0.15 | 144 | 8 | 3 | 80 | 88 | 843 | 976 | 251 | 35 | 169 | 8 | 123 | 250 | 0.1 | 4 | 1084 | 20 | 44 | 53 | 2 |
| 1986 | 3275.4 | 40.4 | 24 | | 123 | 0.1 | 244 | 6 | 0.1 | 82 | 151 | 873 | 1029 | 145 | 196 | 61 | 58 | 128 | 181 | 0.2 | 5.1 | 668 | | 111 | 0.6 | 11 |
| 1987 | 3275.4 | | 18 | | 230 | | 176 | 6 | | 119 | 175 | 1989 | 1166 | 277 | 31 | 64 | 3 | 133 | 176 | 3.3 | 8 | 386 | 46 | 129 | 0.2 | 4 |
| 1988 | 4841 | | 28 | | 295 | 29.3 | 91 | 2.4 | | 54 | 168 | 951 | 781 | 529 | 22 | 45 | 5 | 362 | 163 | 5 | 9 | 595 | 180 | 39 | 0.8 | 1 |
| 1989 | 3612.4 | | 26 | | 201 | 33 | 171 | 3 | | 105 | 91 | 365 | 1195 | 347 | 36 | 3 | 4 | 80 | 149 | 2 | 6 | 616 | 87 | 62 | 3 | 1 |

续表

| 年份 | 收购总值 | 收购主要农副土特产品 | | | | | | | | | | | | | | | | | | | | | | | |
|---|---|---|---|---|---|---|---|---|---|---|---|---|---|---|---|---|---|---|---|---|---|---|---|---|---|
| | | 烤烟 | 苎麻 | 大麻 | 茶叶 | 桑蚕茧 | 木姜籽油 | 蓖麻子 | 柞蚕茧 | 漆蜡 | 生漆 | 核桃 | 花生 | 辣椒 | 棕片 | 黄梨 | 蜂蜜 | 葵花 | 白南瓜子 | 木耳 | 香菇 | 大蒜头 | 薯类淀粉 | 五倍子 | 薏仁米 | 芝麻 |
| 1990 | 5742.8 | | 5 | | 84 | 76 | 157 | 22 | | 80 | 97 | 808 | 428 | 127 | 39 | 8 | 8 | 35 | | 1 | 2 | 686 | 118 | 125 | 2 | 3 |
| 1991 | 3809.39 | | 3 | | 116 | 69 | 102 | 1 | | 53 | 74 | 1258 | 499 | 33 | 21 | 10 | 14 | 7 | | | 1 | | 147 | 53 | 3 | 8 |
| 1992 | 2326.36 | | 1 | | 26 | 61 | 53 | 1 | | 18 | 92 | 424 | 240 | 19 | 12 | 27 | | 42 | | | 1 | | 23 | 13 | 4 | |
| 1993 | 1211.25 | | 1 | | 12 | 37 | 15 | | | | 107 | 273 | 52 | 6 | 2 | | | 23 | | | 1 | | | 3 | 14 | |
| 1994 | 1371.17 | | 1 | | 10 | 34 | 9 | | | | 39 | 302 | 29 | 211 | 2 | | | | | | | | | | | |
| 1995 | 1776.78 | | 1 | | 11 | 28 | | | | | 41 | 204 | 19 | 94 | | | | | | | | | | | | |
| 1996 | 2210.77 | | 1 | | 5 | 1 | | | | | 42 | 27 | 30 | 29 | 2 | | | | | | | | | | | |
| 1997 | 1542.43 | | | | 5 | | | | | | 32 | 49 | 3 | 37 | | | | | | | | | | | | |
| 1998 | 1252 | | | | 9 | | | | | | 23 | 132 | 5 | 11 | | | | | | | | | | | | |
| 1999 | 749 | | | | 6 | | | | | | 10 | 85 | 1 | 6 | | | | | | | | | | | | |
| 2000 | 382 | | | | 7 | | | | | | | | 1 | 91 | | | | | | | | | | | | |
| 2001 | 457 | | | | 2 | | | | | | | | 1 | 224 | | | | | | | | | | | | |
| 2002 | 566 | | | | 6 | | | | | | | | 1 | 175 | | | | | | | | | | | | |
| 2003 | 988 | | 1 | | 14 | | | | | | | | 4 | 1190 | | | | | | | | | | | | |
| 2004 | 687 | | | | 53 | | | | | | | | 4 | 1530 | | | | | | | | | | | | |
| 2005 | 558 | | | | 47 | | | | | | | | | 500 | | | | | | | | | | | | |

# 第八节　石油经营

1952年，建立中国石油公司贵州省分公司毕节推销站，由贵州省石油分公司调拨汽油、煤油、柴油、润滑油；或按计划自行采购，供全专区石油产品之需。石油公司在城镇设加油站、点供应，农村由供销社供应。

1952年，中国石油公司贵州省公司毕节推销站销售汽油271.23吨，润滑油1.84吨，煤油2.72吨。1954年供应站派员与地区汽车运输公司联系销售汽油；派员携带灯具到农村宣传教导农民使用，推销煤油。是年，全专区销售汽油1405吨，销售煤油7.18吨。1955年，开始经营柴油，供应农村抽水抗旱。农机专用油实行优惠价供应。是年，销售柴油71.82吨。1955年后，运输，农用机具逐年增多，用油量逐年上升。国家从国外进的石油产品不能满足国内市场需求，对汽油、柴油、煤油、润滑油实行按计划分配凭证供应。用油单位必须在每季前向石油公司报送用油计划，由石油分公司汇总报专署计委审核批准下达供应指标，然后凭证供给，非本地车辆持当地石油部门介绍信所定数量供应。1956年，国家制定用油定量标准：非专业运输大卡车、大客车每辆每月供油50千克～100千克，中吉普以下小车每辆每月供油30千克～80千克，摩托车每辆每月供油10千克～15千克，机器脚踏车每辆每月供油5千克～10千克，需用汽油发动车辆，每车每年供应100千克～250千克。

1961年，石油供应按“保证重点，照顾一般，分轻重缓急排队供应”的原则重点保粮、保钢、保出口、保人民生活必需品的生产和运输用油。农村每户每月定量供应0.5千克煤油，交售桐油者，按一比一的比例售给煤油，满50千克者加售煤油2.5千克。秋收、秋种、秋耕时，敞开供应煤油。1962年后，国家加强国内石油开采，国内石油产品供给趋缓，取消凭证凭票供应。1972年，受“文化大革命”的影响，国内石油生产下降，恢复按计划分配凭证凭票供应石油产品。计划供应的润滑油必须在用后交回供应数20%～40%的废油。其供应标准为：载重4吨解放牌汽车每车每季供油1500～2000千克，轿车、吉普车每辆每季300千克，吊车、大型载重车每季1000千克，127～35型拖拉机每季供油500千克，40马力以上的供700千克，手扶拖拉机每辆每季360千克，载重4吨的机关车辆每辆每季供油1200公斤，客车500千克。

1980年，停止供应耗油量大的老旧汽车用油，新增汽车必须持有省计委批准购置手续，方列入计划供应。1982年，采取按地区按部门归口下达指标，实行一年一定，分季安排，定量包干，供到户，超用不补，节约归己办法。分配原则根据上级下达石油计划，按农、轻、重的次序供应。1983年，国家将部分出口石油转入国内销售，用油单位在核定的供应数外，可买高价油料补充。1984年后，敞开供应高价石油产品，逐步取消平价供应石油产品，平价石油产品仅按计划供给农机用油，差价由财政补贴。20世纪90年代末，中石油、中石化分别在设网供应石油产品，个体经营者亦参与经营。

# 第九节　对外贸易

中华人民共和国成立后，建立外贸机构，利用丰富的自然资源和林业、畜牧业、农业、工业提供的货源拓展出口。

外贸经营体制　1952年，毕节专区设立畜产办事处，开始收购猪皮、猪鬃等畜产品调入泸州、重庆加工出口。1956年，专区贸易公司撤销，设立专区合办处出口科，统一经营全专区出口商品收购调运。供销社按计划收购的出口商品，分别按计划调往省各外贸专业公司和指定口岸加工整理出口。1959年7月，成立毕节专区进出口公司，隶属地区商业局领导，经营业务从单一的畜产类、土产类扩展到茶叶、粮油食品、五金矿产、轻纺工艺、药材等出口商品收购调拨。1961年，成立毕节专区外贸局，各县相继建立外贸采购站。地、县外贸机构属政企合一性质。经费由上级外贸部门拨给，财务分别同省各外贸专业公司挂钩，实行独立核算，利润上交，盈亏由上级统负，县向地区、地区向省逐级报账。企业经营实行条条管理，垂直领导。商品购销业务按中央、省下达的计划执行。地县外贸经营企业按省各专业公司要求规定，组织出口商品的生产、收购、加工、调运。同时，对地区有潜力、有特色的非计划商品采取送样参展等方式开发出口。出口商品购、调价格由省专业公司确定。1993年，省经贸厅决定，地、县外贸下放地方管理。外贸企业执行国家计划，开展多渠道，少环节的经济联合，除与省各专业公司联系继续提供货源外，还通过自营出口和与省外联系提供货源出口等方式，开发利用资源，拓宽出口渠道。1994年，全地区出口商品总值6675.3万元，出口创汇132.6万美元。1996年后，对外贸易经营结构发生变化，国有外贸企业经营发生严重亏损。进入21世纪后，多数国有外贸企业已无力经营。对外贸易出口商品经营业务逐渐由个体、集体、私营企业或生产厂家直接联系办理出口。2005年全地区外贸收购总值355万美元。2011年，全地区进出口企业达148户，对外贸易进出口总额实现1953万美元。

外贸商品收购　1954年前，有外贸机构的地方，由外贸部门直接向生产者收购，无外贸机构的地方，委托供销社代购。其中，私商收购居多。1954年后，收购出口物资的主要以国营、供销合作社按计划收购为主。自1958年起，在外贸计划任务后，省下达外贸内销计划。1961年后，畜产、茶叶、蚕茧委托供销社代购，其他外贸出口物资分别由供销、粮食、食品、药材等涉及部门按计划、规格调供；出口的轻纺工业品、工艺品，五金矿产由外贸部门按计划直接向生产单位收购。1958～1968年，全专区外贸内销茶总值246.1万元。1969～1980年，茶畜产品内销总值1089.9万元。1984年后，国家实行换汇成本核算制，取消委托供销社代购，外贸购进商品除按计划仍由涉及部门调供外，大部分商品在省专业公司准许的范围内实行协商议价收购调供。1986年起，指令性计划收购商品减少，直接面向生产者、经营者收购省专业公司要求收购的商品，收购价格仍在省公司允许范围内执行。1993年，地县外贸企业与省专业公司业务脱钩，外贸企业收购商品本着收得进、卖得出、有钱赚的原则进行。到1996年，外贸多数取得良好的经济效益与社会效益，职工收入和单位积累增长，1996年后，个别外贸经营企业在外贸购销业务中出现，导致外贸商品收购市场混乱，国营外贸与外贸业难以为继。进入21世纪，多数国有外贸经营企业停止收购。外贸业务由私营、生产厂家、三资企业开展，年出口量不稳定，最低时19万美元，高时达550万美元。2005年出口创汇355万美元。

**外贸经营商品** 1950～2011年期间，外贸经营商品先后有：生鬃、熟鬃、猪（牛）肠衣、山（绵）羊肠衣、马鬃尾、山（绵）羊毛、羽毛、兔毛、杂毛、公鸡三把毛；牛皮、山（绵）羊皮、鹿皮、家（野）兔皮、獾皮、猪皮、狗皮、黄狼皮、其他杂皮；大麻仁、辣椒干、竹荪、银耳、香菇、白（南）瓜子、蜂蜜、柏木油、山苍子油、香樟油、人发、发渣、核桃仁（个）、棕子、五倍子、生漆、漆籽、漆蜡、茶叶、烤烟叶；菜牛羊、火腿、猪、牛、蹄筋、大蒜、蒜薹、蛋粉、桔橙、干姜块、杂豆、土豆、油菜籽、油菜籽饼粉、桐油、活蛇及其附产品、薏仁米、威宁黄梨、荞麦、麦麸；天麻、苦杏仁、山桃仁、半夏、杜仲、党参、黄柏、龙胆草；重晶石、铝矾土、锌、硫磺、黄磷；软木砖、漆器、石刻、石料围棋；蚕茧、蚕丝、地毯；纺织百货；小五金等近百个品种。

**外贸商品基地建设** 1960年，先后9次规划建立扶持一批传统拳头出口商品基地。1995年止，先后共建立和扶持商品生产基地、专厂、专车间51个。主要是威宁野生饲养场、毕节大方金沙生漆生产基地、大方辣椒基地、威宁、赫章核桃基地、威宁白瓜子生产基地、织金重晶石厂、香菇出口生产基地、夏橙出口生产基地、杨家湾阴底大蒜基地、威宁改良牛生产基地、威宁党参基地、半夏生产基地、毕节外贸制鬃厂、地区肉联厂清真牛羊肉分割生产线、芸豆生产基地，重点扶持茶叶、香菇、铝矾土、硫磺、软木砖、蚕茧、漆器生产。

### 1958～1996年毕节地区外贸出口商品收购总值统计表

单位：万元

| 年份 | 总值 | 其中外贸企业直接收购品类 | | | | | | | |
|---|---|---|---|---|---|---|---|---|---|
| | | 总值 | 粮油食品 | 茶叶土产 | 畜产 | 五矿化石 | 轻纺工艺 | 医保 | 地方外贸 |
| 1958 | 399.8 | | | | | | | | |
| 1959 | 1045.5 | | | | | | | | |
| 1960 | 901.63 | 160.28 | 18.4 | 141.9 | 2.83 | | | | |
| 1961 | 33.9 | 9.2 | | | | | | | |
| 1962 | 273.6 | 126.07 | 12.74 | 60.52 | | | | | |
| 1963 | 289.8 | 140.4 | 81.71 | 58.7 | | | | | |
| 1964 | 513.4 | 189.2 | 169.37 | 3.78 | | 16 | | | |
| 1965 | 579.7 | 224.7 | 208.2 | 16.52 | | | | | |
| 1966 | 645 | 288.5 | 281.95 | 6.54 | | | | | |
| 1967 | 519.8 | 63.23 | 49.89 | 6.4 | | | | | |

续表

| 年份 | 总值 | 其中外贸企业直接收购品类 | | | | | | | |
|---|---|---|---|---|---|---|---|---|---|
| | | 总值 | 粮油食品 | 茶叶土产 | 畜产 | 五矿化石 | 轻纺工艺 | 医保 | 地方外贸 |
| 1968 | 390.9 | 42.44 | 36.68 | 5.76 | | | | | |
| 1969 | 280.8 | | | | | | | | |
| 1970 | 403.4 | 69.51 | 42 | 11.77 | | | | | |
| 1971 | 384.7 | 61.01 | | 61.01 | | | | | |
| 1972 | 321.5 | 67.9 | | 67.9 | | | | | |
| 1973 | 267 | 4.49 | | 4.49 | | | | | |
| 1974 | 267 | 11.19 | | 11.19 | | | | | |
| 1975 | 469.5 | 10.93 | | 1.28 | | | | | |
| 1976 | 345.9 | 3 | | 3 | | | | | |
| 1977 | 379.7 | 1.63 | | 0.53 | 1.1 | | | | |
| 1978 | 494.8 | 35.92 | | 3.52 | | | | | |
| 1979 | 511.7 | 24.3 | | 3.8 | 20.5 | | | | |
| 1980 | 626.5 | 6.56 | 0.1 | 6.09 | 0.37 | | | | |
| 1981 | 428.7 | 29.96 | 0.003 | 29.95 | | | | | |
| 1982 | 459.4 | 37.3 | 0.01 | 22.91 | 14.23 | | 0.14 | | |
| 1983 | 497.3 | 49 | | 15.6 | 33.38 | | | | |
| 1984 | 642.8 | 74.92 | | 17.73 | 38.35 | | 0.01 | 64.5 | |
| 1985 | 799.1 | 185 | 18.3 | 33.75 | 80.45 | 45.62 | | 6.9 | |
| 1986 | 2087.1 | 403.01 | 49.99 | 61.73 | 17.8 | | | 126.7 | 146.9 |
| 1987 | 4771.8 | 1218.1 | 345.2 | 104.91 | 83.65 | | | 696 | 188.4 |
| 1988 | 5416 | 2156.1 | 323.1 | 128.74 | 154.3 | | | 468.4 | 1081.6 |
| 1989 | 4868.1 | 2064.9 | 336.4 | 189.9 | 4.01 | | | 79.3 | 1455.3 |
| 1990 | 4108.7 | 2013.8 | 549.7 | 54.4 | 0.08 | | 97.23 | 74.07 | 1238.4 |
| 1991 | 2338.4 | 615.6 | 211.6 | 80.42 | | | 64.78 | 134.62 | 124.4 |
| 1992 | 4302.3 | 2485.34 | 451.52 | 83.8 | | | 43.41 | 117.81 | 1788.83 |
| 1993 | 3553.5 | 2305.5 | 891.97 | 50.43 | | 88.83 | 30.3 | 117.08 | 1126.9 |
| 1994 | 6675.3 | 4969.2 | 1080.44 | 305.45 | | 350.1 | | 162.32 | 2737.07 |
| 1995 | 3112.3 | 2861.83 | 1931.6 | 202 | | 242.47 | 930.4 | 167.43 | |
| 1996 | 1834.6 | 1765.65 | 712.65 | 370.67 | | 139.84 | 190.73 | 351.76 | |

# 第五章 粮油购销

民以食为天，自古以来，国家的兴衰与粮食的丰歉紧密相连。毕节地区粮油，在古代以官方统一征购为主，民间市场买卖为辅。中华人民共和国建立后，粮油征购，国家在粮食长时间欠缺的形势下根据各个时段的不同，采取粮食征供政策和粮食储备与调拨的政策、措施进行调剂。粮油买卖是各地农贸市场经久不衰的买卖。

## 第一节 征 购

### 一 粮食征购

**新中国成立后的粮食征购** 1.征购。1949年12月1日，毕节专署决定1949年公粮征借按1948年末耕地面积和田赋赋额为基础，每赋额1元征粮5千克，被征对象主要是地主和富农。全地区抽调机关干部、选用城市知青和农村积极分子1759人，组成征粮队。征粮队配合解放军部队，边征粮，边剿匪，有计划地组织群众运粮。到1950年10月30日，全专区入仓公粮1.29万吨。1950年，中央政府颁布《新解放区农业税暂行条例》，开始实行征收农业税制度。农业税征收以征粮食为主，亦称公粮。是年，按西南行政区规定，先征粮，后减租，由佃户代地主交粮，同时征收地方附加粮。1951年，分夏、秋两季征收农业税，夏征品种以小麦为主，0.5千克折抵稻谷0.75千克，夏季征借，全年1次结清。1952年后，执行“依率计征、依法减免，合理负担”方针征收农业税。农业税征收粮食由粮食部门负责，财政部门经管。1949～1952年，毕节专署粮食局在县城市场设摊收购粮食，县以下市场由供销社收购，以稳定市场粮价，打击粮商囤积居奇，保障人民生活之需。当市场粮食多，价格下落时，国家大量收购，甚至提价收购；市场粮食少，价格上涨时，则停止收购，并从国家粮库中拿出粮食调节，直到市场粮价稳定为止。1950～1952年，全专区收购粮食3.11万吨，占征购入库总数的20%。征收农业税制度执行到1997年终止。

2.粮食统购。1953年起，执行政务院《关于实行粮食的计划收购与计划供应的命令》，粮食收购实行国家统购，取消粮食自由贸易。国家对生产粮食的单位和个人，统一分配征收公粮和统购余粮的任务，统一交纳，分别结算。经过结算公粮，由粮食部门按规定付给财政部门价款后，粮食部门作为商品粮统一经营，余粮按统购价付给交售者贷款。是年，全专区共征购贸易粮10.52万吨，农民人均交售21千克，占全专区粮食产量的19.2%。1954年，中共毕节地委贯彻多余多购、少余少购、不余不购的方针，结合全专区实际，采取依率计征，随征带购和动员统购办法，将公粮征收和统购余粮的比例分配到户。是年，农民响应政府动员，群众踊跃交售公余粮，全专区征购入仓贸易粮12.41万吨，超额完成国家下达任务。1955年，中共毕节地委执行中共中央、国务院《关于布置粮食购销工作安定农民生产情绪的紧急指示》，确定从1955年10月下旬起，用3个月时间在区内农村实行粮食定产、定购、定销。定产以1954年农户秋粮统购时最后评定产量，以大、小季计算。薯类除威宁、赫章、纳雍、水城县的部分区乡按规定折合率折合粮食产量合并计算外，其他各县原则上不计产量。农民利用田埂、场地、宅基地空地生产的粮食不计产量。分户核定产量后，自1955年～1957年，因增产或减产，均不牵涉定产数量；定购到乡的任务，按1954年的统购数，逐户调查，国家对余粮户统购粮食的统购率，一般农户按70%～90%，富农按95%，调整畸轻畸重，调整后的余粮户定购数，一定3年不变，增产不增购，因灾减产的酌情减购。粮食定产、定购到社（户）后，由社统一组织交售，统一结算；定销给缺粮户的供应标准，一般以低于余粮户15~25千克为宜，经自报评议核实。当年因灾减产而缺粮的生产队、户，首先由社队余缺调剂，通过调剂仍不能解决的报乡、区审查批准，然后由国家补助，定销到户，分户分月核定供应，一年一评。是年，全专区收贸易粮11.72万吨，农业人口人均负担44.5千克。1958～1960年，受左的错误思潮影响，浮夸风盛行，出现高估产、高征购现象，这种现象尤以实行人民公社化后更甚。1958年，全专区征购贸易粮22.33万吨，农业人口人均负担80.5千克。1959年，全专区征购贸易粮26.35万吨，占全专区粮食总产量的47.5%，农业人口均负担87千克。1960年，遭受严重自然灾害，粮食大幅减产，加之大办集体食堂，吃饭不要钱，致使粮食在收、管、用方面出现混乱，而国家征购却有增无减。连续3年的高征购，导致产购留比例严重失调，包括种子、口粮、饲料，人均留粮不到140千克。由于粮食的严重不足，农民生活采取低标准、瓜菜代，也难以维持生活，出现干瘦、浮肿乃至非正常死亡现象。从1961年上半年起，国家对干瘦、浮肿病人每天按0.25千克粮食供应到病好为止；对缺粮人口，每人每天分别按0.5、0.2千克供应到接夏粮。1961年，中共中央颁布《农村人民公社工作条例（草案）》，《粮食工作十二条》。合理调整粮食统购任务，减轻农民负担，压缩城镇吃商品粮人口，实行粮食统购加价奖励和工业品奖售办法。1962年，执行“国家内部实行差额管理，逐级包干”的粮食购销管理体制。以大包干征购任务为基础，本着多产、多购、多留原则，核减全专区70%生产队的征购任务，调减贸易粮2.85万吨。是年，全专区征购贸易粮13.98万吨，农业人口每人平均负担51千克。征购减少，留粮增加，农村粮食紧张缓和。到1964年，全专区粮食开始自给有余。此后，实行粮食加价奖励和工业品奖售办法：凡生产队交售给国家的粮食，除大豆和回销粮外，按农业人口平均每人达75千克以上的部分，除原价外，每50千克给1.5元的加价奖励；交售商品粮750千克，奖售棉布（票）3米，针织品6.6米，胶鞋1双，香烟15包，粮2.1千克，凭票去商店购买。1965年起，实行粮食征购一定3年政策。全专区年征购粮为13.65万吨，落实到队13.76万吨，余835吨作各县用于减免受灾减产队的任务数。1967年，3年期满，再延长3年。1965～1970年，受“文化大革命”影响，全专区仅征购粮食68.2万吨，占任务的81.3%。1971年，实行一定5年粮食征购政策，根据正常年景产量，核定最低口粮标准：主产稻谷地区180～190千克，主产玉米地区140～150千克；稻谷、玉米单产区170千克左右，达不到口粮标准的地方，不负担征购任务。1971～1975年，全专区核实征购年基数贸易粮13.7万吨。1978～1982年，沿线一定5年粮食征购政策。中共贵州省委确定调减毕节地区征购任务，调整后的年贸易粮基数为10.28万吨，做到该购的购，该减免的减免，使农民得到养休生息。1979年，实际征购6.22万吨。1981年，调贸易粮基数为10.14万吨。

3.合同定购。1985年起，贯彻中共〔1985〕1号文件精神，取消粮食统购，实行合同定购。合同定购方式由粮食部门根据国家计划，在春耕前同生产单位协商，签订粮食定购合同，按合同收购。定购粮食品种主要是小麦、玉米、大米、大豆。是年，地区分配到县定购计划贸易粮2.5万吨，其中大米1.5万吨，玉米1万吨。国家实行定购贸易粮奖售政策。每交售50千克稻谷奖售标准化肥11千克，每50千克大米奖售化肥15千克，1986年改为30千克。1987年起，执行比例购价和超基数加价结算，即完成定购任务83%（含公粮）以外的部分，由粮食部门按每千克加1角钱给农民，并执行“三挂钩”政策，即每征购100千克粮食，除按上年奖售标准奖售化肥外，增加奖售柴油3千克，并按定购粮数发给20%的预付款。1987年大豆退出合同定购。1988年起，实行粮食购销调包干，一包3年不变，省政府下达毕节地区贸易粮收购包干任务数2.5万吨。包干收购仍实行合同定购，合同定购（含农业税征点）任务必须完成，力争多购议价粮。1993年，粮食价格放开后，定购粮价随行就市，全地区年定购2.5万吨任务不变，改原粮食订购“三挂钩”实物奖售为平议差价补贴，直接付给售粮农户。库存粮食全部转为国家、省、地储备粮。1987～1996年，全地区共入库定购粮72.4万吨，超省分配计划25万吨的289.5%。1996年1月1日起，国家订购粮权归中央。

4.保护价收购。1997年开始，按保护价收购农民余粮。是年，每50千克中等粮食保护价为：中晚籼稻69元，玉米61元，小麦66元。以后逐年调整。2000年，长江以南小麦、玉米退出保护价。毕节地区规定执行分管粮食收购保护价：一价区毕节、大方、黔西、织金、纳雍、威宁、赫章为每50千克51元；二价区金沙为每50千克50元。实行顺价销售，国有粮食购销企业原粮食库存量大，顺价销售困难。2000年才开始实行。

5.周转粮收购。粮食统购期间，国家实行周转粮政策。周转粮经营方法：农民因经济困难或为品种调剂的需要，将自己的粮食按统购价卖给国家，粮食部门填发周转粮证，周转户凭周转粮证按统销价买回。1981年前，国家经营周转粮，有时出现购价高于销价的倒挂赔钱现象。1982年起，改为收购时按统购价收购，销售时按原统购价付款。周转粮证有效期不超过1年，过期不买，周转粮证指标作废，粮食转入国家库存。1955～1987年，全地区共收购周转粮33.95万吨，售出34.66万吨，其中留种兑换超支3137吨。

6.粮食议购。1962年，在完成国家征购任务后，允许供销社用协商议价办法与完成征购、超购任务的生产队议购一部分余粮，补充国家计划供应之不足。1963年，计划外粮食由粮食部门统一经营，作议购粮入库。议购粮经营按照略低于市价，高于牌价的原则，购销随行就市，保本微利。1966～1976年“文化大革命”期间，禁止粮油贸易。1978年，恢复粮食议购、议销业务。1980～1993年，全地区购进议价粮101.65万吨，其中从外省购进54.45万吨。1993年起，粮食部门停止从外省购进粮食。1994～1996年，购进5.65万吨。议价粮食销售，主要调节区内市场供应，部分转入国家储备粮。7.粮食经营两条线。1996年，毕节地区行署制发〔1996〕31号文件，决定全地区粮食部门实施政策性业务和商业性经营两条线运行。粮食部门从事商业性经营自负盈亏，受政府委托代理政策性业务，按规定收取代理费用。代理政策性业务包括：国家定购粮、中央和地方储备粮、平衡政策性收支所需粮食的收购、进出口、储存、储备、拨发、调运；城镇居民基本口粮、军队、农村需救助人口、水库移民的粮食供应；吞吐粮食平抑市场粮价；计划内食用油脂、油料的收购、销售、进出口、储存、储备、批发、调运和调剂市场的吞吐调节。定购粮权归中央，由县市人民政府安排使用。1995~2005年，全地区共购进粮食69.56万吨，供应救济、救灾、平抑市场粮价和退耕还林还草供应。2011年，全地区8个县市有4个县的国有粮食企业实现盈利。

## 二 油脂收购

**食用油脂（料）收购** 毕节地区食用油料，主要以油菜籽为主，油茶籽较少。中华人民共和国成立前，油脂经营由农民加工菜油，茶油除自食外在市场出售，也有油商购进油料加工出售，但经营量较小。毕节在新中国建立之初，食用油料油脂由供销社经营。1953年11月，中共中央颁发《关于在全国实行计划收购油料的决定》，毕节专署决定暂不分配对油菜籽统购任务，动员农民出售。同时决定取缔自由市场，严禁私商收购。是年，全专区收购油菜籽7515吨。1954年，实行食用油脂统购统销，由国营商店、供销社经营。是年，全专区收购油菜籽1.39万吨。1955年，贯彻多产多留、增产多留方针统购油菜籽。1957年油脂、油料由粮食部门实行“一条鞭”政策，任何私商及单位不得插手。收购办法以乡为单位，按农户的产量，收购70%～80%，实行籽、油兼收。是年，全专区收购油菜籽9880吨、油茶籽15吨。1958年，全专区收购油菜籽1.84万吨，油茶籽15吨，除完成外调任务外，全专区食油自给有余。1959年，毕节专署决定对超额完成油菜籽任务的生产队给予奖励，奖励办法按其超额销售部分所得收购价款，超5%以内的奖5%；超5%～10%的奖8%，以上奖10%。1961年，实行购六留四方法，并对收购的油料奖励粮食，奖售粮食标准为：售50千克油菜籽奖售粮食5千克、50千克油茶籽奖售2.5千克。是年，全专区仅收购油茶籽5吨，油菜籽800吨，粮食部门食油、油料首次出现购销负差。1962年，实行收购油脂奖售工业品，奖售标准为：每收购50千克食用植物油奖售食糖0.5千克，香烟5盒，针织品5市尺，絮棉100克，收购50千克茶籽油、兰花籽、冬籽油另奖粮食50千克。1963年，全地区收购油菜籽2625吨，油茶籽50吨。1965年，收购油菜籽发放预付定金，改购六留四为购八留二。1969年起，实行定购油菜籽办法，国家定购任务为7150吨，各县落实到队7220吨，'实际收购仅365吨，为全地区解放以来收购食用油料最少的一年。1971年，实行定购任务一定五年不变的政策，对超额部分按国家牌价加价20%收购，不再奖粮。1974年，超额部分加价30%。1971～1975年，全地区共入库油菜籽2.41万吨，油茶籽125吨。1979年，改超额加价按人均交售计算收购油菜籽，即人均交售5～10千克的队，按收购的队总量的20%加价；10.5～15千克的队，按25%加价，以此类推，分别按30%、35%加价，25.5千克以上的按40%加价。以县为单位完成一定5年任务的按30%提成供应，未完成的按5%提成。1980年提成降为10%。1981年，超定购部分加价50%。1983年，实行收油菜籽不收菜油办法，提40%按统购价、60%按超购价结算付款。1986年，实行化肥奖售和油饼返还，交售50千克油菜籽奖售化肥5千克，返还油饼12.5千克，同时开展以籽换油业务。1987年，全地区收购油茶籽3.07万吨。1989年实行30%按议购价，70%按国家规定的比例价收购。1992年起，实行按综合价收购。1993年起，实行议购价收购，统购任务不变。1999年后，油菜籽退出统购，全地区仅有金沙县油脂厂根据生产组织收购。2000～2005年收购16.82万吨。

**非食用油脂（料）收购** 产非食用油料以有油桐为主，也有少量柏籽、漆籽。中华人民共和国成立前，油桐籽均由农户在市场交易或加工自用。其收购油脂主要运往贵阳转广州出口，大方县隆中、新义商号年经营桐油45吨以上。中华人民共和国成立后，1950～1952年，主要由供销社和私商经营。1953年起，由专区贸易公司统一安排各县油脂公司经营，当年收购桐籽2100吨。1956年，油脂经营业务划归粮食部门，桐籽、桐油购销实行一条鞭经营。专署要求各县把油桐籽收购计划和粮食征购任务同时安排。1957年，将桐油定为二类物资，实行派购政策，是年全专区入库桐籽4950吨。1961年，实行奖励政策收购桐籽，农民交售50千克桐籽奖售粮食5千克，1962年提为7.5千克。1963年，实行购八留二政策。1964年，收购50千克桐油，奖售棉布25市尺，化肥10千克，1968年取消粮食奖售，每50千克油桐奖售棉布6.6市尺。1980年，实行定购油桐籽，一定3年，超定购基数部分，省分六成、地县分四成。每收购50千克油桐80%按平价，20%在平价基础上加价5%分别计算。1981年改按平价收购。1984年，改经营桐油为议价经营，省不再分配收购、上调、出口任务。1985年油桐籽经营划归供销社，1953～1984年，全地区共收购油桐籽13.9万吨，上调桐油2.9万吨。

## 第二节　粮食供应

### 一　农村粮食供应

**缺粮供应** 新中国成立前，历代政府不管农民缺粮供应，由用粮户在市场购买解决。大灾之年，先由民间动用积仓，积谷用完，政府才给少量救济。新中国建立后，各级政府执行中共中央和国家各个时期的粮食政策进行城乡粮食供应。1950年，主要通过市场调剂农民缺粮。1951年，由乡政府填造缺粮户花名册报区政府批准发放无息粮贷解决，之后由乡政府负责收回粮贷。粮贷采取春贷夏还或夏贷秋还的方式进行。1953年，实行粮食统购统销，粮食供应在国家控制计划内。缺粮供应，通过缺粮户自报，民主评议后，由上级政府或区粮管所审核报区批准，发给购粮证，凭证分月供应。评议缺粮户缺粮状况，本着“缺多多供应，缺少少供应，何时缺何时供应”的原则进行。是年，供应2.56万吨。1954年，采取按人均留原粮200千克标准划分余缺，低于留粮标准15千克以上的为缺粮户，缺粮供应结合粮食统购一次评定。1955年，粮食定销采取一年一评的办法，贯彻执行凭证、定量、定时、定点供应制度，对确定的供应数采取春末夏初复查1次，秋初再复查1次，在控制销量的前提下，保证农村缺粮农民的合理供应。1958年，实行“大跃进”，办公共食堂，实行吃饭不要钱，造成粮食极大浪费，农村普遍缺粮。是年，全专区返销粮食4.29万吨。1959年，各地发生春荒，农村粮食紧张。毕节地委指示，不能保证每人每天0.63千克、0.5千克的要报请上级党委适当增加，防止浮肿病的发生。对已患浮肿病的，在患病期间每人每天供应大米0.32千克、小麦0.13千克、黄豆0.19千克和适量的食油、白糖。是年，全专区返销粮食7.22万吨。1960年，中共毕节地委成立农村生活安排办公室，检查农村口粮安排、整顿农村食堂。生活安排实行低标准，瓜菜代。是年10月，解散集体食堂。是年全专区返销粮食2.64万吨。1961年初，调整农村干瘦、浮肿病人及缺粮农民补助标准：缺粮户每人每天按0.44、0.5、0.56千克标准供应，浮肿病人按每人每天0.56千克供应。1962年，供应标准改为：缺粮户每人每天按0.38、0.44、0.5千克供应，其中烈军属、残疾军人、浮肿病人、生活困难的职工家属每人每天增加供应0.13千克，以户为单位发证到户，凭证购买。5月夏粮丰收，停止供应。此后，后农村缺粮供应由农业社结合夏秋两季粮食分配，社员口粮达不到最低标准，经过生产自救余粮缺调剂后仍有困难的，采取自报公议，在定销包干指标内评缺到户，张榜公布，报经党委审核批准，由粮食部门填发购粮证分月供应。1965～1967年，生产队口粮分配实行基本口粮、劳动工分分配相结合的办法，在粮食征购的同时，安排好农民生活。余粮队、自给队的缺粮户，以队为单位，由国家借销；缺粮队的缺粮由国家供应，定销指标按每人每天0.5千克掌握。1967年后，多数社队均有一定数量的储备粮供调剂。农村主要供给因灾减产而造成的缺粮户。1981年后，缺粮供应区别不同对象，给既缺粮又缺钱的农户发放救济粮；按指标控制给双缺户以外的缺粮户供给中价粮；给经济收入较高的缺粮户供给议价粮。三种供应办法均由乡政府审定，除议价粮外，出具证明，粮食部门凭证供应。1988年后，实行粮食销售包干，对农村因灾缺粮户，贯彻生产自救为主，国家补助为辅的方针，分别用救济粮、返销粮、借销粮或议价粮解决供给。1993年后，改革农村粮油流通体制，开放粮食销售价格。粮食部门组织粮源，主要供应救济救灾粮及平仰市场粮价和退耕还林供应。1995～2005年，全地区共组织供应粮食69.56万吨。2011年，组织调运发放农村季节性缺粮1167吨，旱灾救助粮3660吨。

**退耕还林、还草供应** 从2000年初起，各县实施退耕还林工程，粮食部门负责粮食供应。退耕还林、还草粮食补助标准为每亩退耕地每年供应原粮150千克，分两次向退耕户发放。供应品种主要是中等以上的玉米、稻谷和大米，退耕户凭林业部门出具的《退耕还林还草粮食兑现证》到指定的粮油购销公司办理粮食供应证并建立供应卡，退耕户持供应证到粮食供应点领取粮食。2004年起，退耕还草粮食供应改为现金直接补助。2000～2004年，全地区退耕还林90.5万亩，累计供应粮食23.78万吨。

**种子供应** 新中国建立后，贯彻中央关于“自繁、自选、自留、自营和国家辅助”的种子供应方针，主要由生产单位自己解决，组织余缺调剂，也可用粮食同国家兑换，还可借销。供应重灾区种子由粮食部门从平时收储的种子粮中辅助供应。1955年，全专区粮食部门供应种子325吨。1958年，供应7675吨。1960年，供应1.46万吨，为全专区历史上供应最多的一年。1993年粮价放开后，粮食部门不再供应种子。1955～1992年，全地区累计供应种子9.1万吨，占同期粮食销售量的2.8%。

**农村饲料供应**　役畜在为国家役使期间，所需饲料，凭役使部门按国家规定发给饲料票供应。其余牲畜饲料由社队自行解决。1967年5月起，生产队和社员饲养的母猪，每生一窝，分别凭社队证明由当地粮管所、站核定供应饲料12.5千克。1988年10月1日起，取消补助。1955～1992年，全地区累计供应农村饲料粮17.32万吨，年均4681吨。

**农产品奖售粮供应**　1959年6月始，省人民政府规定，国营商业部门收购鲜蛋10个，奖售粮食0.5千克。1961年，收购农副产品实行粮食、棉布、化肥奖售办法。实行粮食奖售的品种主要有油菜籽、烤烟、生猪等60余种，奖售标准按贵州省每年公布的《收购农副产品奖售标准》执行。1964年起，收购烤烟除继续奖售粮食外，还可抵统购粮任务。1972年，不再执行收购烤烟抵统购粮食任务。1982年，油菜籽、烤烟收购队按玉米超购补给差价，不再奖售粮食；收购肥猪65千克奖粮20千克，每超重1.5千克，奖粮0.5千克，之后执行，每增重0.5千克，奖售粮0.5千克。1985年，执行活猪重65～90千克保留奖售外，超过的不再增加奖售粮。1959～1985年，全地区共奖售粮食36.11万吨，占全区同期农村销售粮的18.2%。1989年，取消收购肥猪和其他议购议销农副产品的粮食奖售。

**民工补贴**　1958年起，国家对参加兴修水利、公路、电力设施等基本建设的民工给予口粮补贴。民工口粮补贴由承办单位编制计划，经主管部门审查，报县政府批准，由粮食部门供应。补贴标准：每人每天不超过0.25千克。1986年，取消民工口粮补贴。1958～1986年，全地区供应民工补贴9.24万吨，占同期农村粮食销售的1.51%。

## 二　城镇粮食供应

**居民口粮供应**　1953年，按计划供给城镇居民口粮，供应办法是：机关、团体、工厂、学校实行定量配售，由单位按实有人数和需要的品种、数量编造计划送粮食部门，经审核后，按审核计划发给购粮证分月购买；城镇居民每人每月口粮控制在15千克内，凭户口簿按月向粮食部门购买。1954年始，对城镇居民和机关、团体、学校、工厂职工，按劳动差别，年龄大小实行定量供应，以户或单位食堂发给购粮证。供应标准：特重体力劳动者每人每月（下同）22.5～27.5千克，平均不超过25千克；重体力劳动者17.5～21千克，平均不超过19千克；轻体劳动者13~16.5千克，平均不超过15.5千克；机关、团体工作人员、公私合营企业职工，店员及其他脑力劳动者12～14.5千克，平均不超过13.5千克；大、中学生13～16千克，平均不超过15.5千克；居民和10周岁以上儿童10.5～13.5千克，平均不超过12千克；6周岁以上不满10周岁的儿童8～10.5公斤，平均不超过9.5公斤；3周岁以上不满6周岁的儿童5.5～7.5千克，平均不超过6.5千克；不满3周岁的儿童2.5～5千克，平均不得超过3.5千克；县城以下集镇居民供应定额，分别略高于0.5千克核定。按照定量标准，城镇居民以户为单位，在家居住人口由居民委员会按人评定供应等级；机关、团体、厂矿、企业、学校职工和学生，由单位按人评定供应等级，编造花名册连同户口证件送当地县政府或其指定的机关核发城镇居民粮食供应证。粮食部门凭证分月供应粮食。城镇居民出生、死亡，凭户口证明核增核减粮食供应量：迁出、迁入者，凭户口转移证明与粮食供应证，向原发证机管领取粮食供应转移证明，在迁入地办理粮食供应手续。1963年，实行城镇居民口粮供应节约归己政策，由粮店代储户在其供应证上记录存储。1965年，城镇知识青年下乡插队，核减其原供应口粮，改由插队所在地粮食部门按每人每月18～20千克标准核定供应。1976年，推广旅大市粮食部门在工矿企业实行职工基本口粮到户，工种定量补贴到班组，工种差额及各项补贴到单位，口粮定量水平和补助粮机动粮水平包干供应，粮食部门与用粮单位相结合单位领导与职工相结合的经验。推广以上经验，因效果不佳，未能坚持下去。1980年调整定量供应标准：自是年9月1日起，中学生口粮不分男女一律按高中生16千克，初中生15千克定量；一般居民和10周岁以上儿童12.5千克；8周岁以上10周岁以下儿童11千克；6周岁以上8周岁以下儿童10千克；5周岁以上6周岁以下儿童9千克；3周岁以上4周岁以下儿童8千克；1周岁以上3周岁以下儿童6千克；1周岁以下3.5千克。居民和儿童定量不再分县城及县城以下，均按同标准供应。1981年11月，从台湾到大陆定居人员，不论其定居城镇或农村均按居民户口供应粮食。1982年1月起，对城镇计划外生育的儿童停止供应居民口粮。1983年，对1982年后宽大释放的安置回农村的原国民党县团级以下军政人员，按城镇居民口粮定量供应粮食，但对在农村划有责任地的只供应到次年秋止。1990年，对城镇居民定量口粮的面粉指标0.5千克供应0.4千克，城镇居民口粮定量标准13.5千克以上的，每人每月节约1千克支援灾区；12.5千克定量标准以下的及部队、儿童、大中专学生、高温、井下、野外作业的人，实行自愿节约。1993年4月1日起，城镇居民人口的口粮供应价格随行就市，但对其原节约的口粮凭证按统销价供应到4月10日止。至此居民供应粮食仅保留供给关系。2001年5月1日起，取消城镇居民粮食供应转移证办理。

**行业用粮及其他用粮**　1.行业用粮。1953年，实行粮食计划供应后，工商行业生产粮食制品、副食酿造所需粮食，凭粮食部门核定的计划购买。1955年，工商行业用粮，由用粮单位向主管部门编送分季、分月、分品种用粮计划，经审核同意后报同级粮食部门核定发给工商行业用粮供应证，凭证分期购买。1959年后，压缩工商行业用粮，对酿酒行业，除名酒和制酒精用粮继续保持计划供应外，其余的一般酿酒国家不再供应粮食。商业部门出售米饭、馒头、面条等熟食品实行凭粮票购买。1978年后，国营、集体、个体经营的食品熟食业迅速发展，粮食部门适当增加行业用粮销售。1985年，通过市场调节，粮食部门逐步减少、压缩平价销售行业用粮。1990年后，国家不再供应平价行业用粮。1955～1990年，全地区累计销售行业用粮28.42万吨。占同期粮食销售总量的13.4%。

2.其他补助用粮。省统一规定用粮标准。毕节地区主要执行干部下农村、下车间期间补贴，一般按每人15千克定量标准补助其差额；少数民族节日集会活动期间，由县增拨指标，交供销社或服务局组织熟食供应；会议补助粮按与会人员15千克标准补助其差额；工人夜班生产，每人每夜0.2～0.3千克；出差人员按每人每月13～14千克标准补助其差额。另外补贴的有住院孕妇、浮肿病人、动大型手术的医生、演员、机关厂矿大食量者、野营训练人员、生产实习的大学生、精神病院住院病人、外聘专家、外宾、归国华侨。上述补助粮，从1953年起，由用粮单位分别应补数量，按规定造册向当地粮食部门申请补贴，1983年后，补贴取消。

**饲料供应** 1953年起，国家对交通运输部门、国家机关、企事业单位需要使用的役畜，国营农牧场饲养的牲畜，供销、外贸、商业经营饲养的活蓄及为国家役使的农村蓄力给予饲料供应。供应标准：拉车马每匹每日2.5（下同）千克，驮马2千克；拉车牛1.5千克：奶牛2.5千克：活猪1.5～2.5千克；贩运牛、马、猪0.75千克；鸡、鸭每只0.05～0.1千克。1957年，全省规定生猪饲料供应标准：存栏肥猪每日每头0.5～0.75千克，母猪产后两月内按肥猪标准供应，一般时间按架子猪、种公猪0.25～0.5千克标准供应，小猪0.2～0.25千克标准供应。1963年规定商业、供销部门饲养的商品禽畜，其饲料供应标准为：种公猪每日每头1.5千克，母猪0.75千克，育肥猪0.5千克，仔猪0.25千克，鸡鸭每日每只0.05千克，国营牧场或社员代国家饲养的商品猪，每日每头0.5千克。1965年规定对各类禽畜库存及运输期间饲料供应标准：菜牛每日每头1千克，菜羊0.15千克。1973年为菜牛每日每头0.5千克，役牛2.5千克，鸡鸭鹅0.15千克。1983年，对地区公安局警犬饲料定量：7个月以下的幼犬，每月每只10.5千克，7个月以上的每月每只22.5千克，供应细粮。1985年，省粮食局规定城镇禽畜饲料供应标准（每日匹、头、只）：专业役畜，拉车马2.5千克，驮马2千克，拉车牛1.5千克，踩泥牛2.5千克；商业部门饲养、库存和在途役畜，良种公猪2千克，良种母猪1.5千克，本地母猪1千克，育肥猪1.5千克，15千克以下仔猪0.25千克，6个月以上育成牛2千克，菜牛0.5千克，奶牛3千克，6个月以下牛犊1千克，菜羊0.15千克，良种禽0.1千克，鸡鸭鹅0.05千克；科学实验动物：种公牛4千克，种公马2.5千克，牛2千克，羊0.25千克，狗0.25千克，猫0.1千克，猴0.15千克，兔0.075千克，鸽0.025千克；外贸出口野生动物，猪獾0.1千克，地鸡、野鸡、锦鸡、斑鸡分别为0.05千克；公安局饲养的警犬每月7.5千克。用粮食副产品作饲料顶抵粮食折率：细糠2.5千克折粮0.5千克，米花1.5千克折抵0.5千克，麦麸1.5千克折抵0.5千克，豆饼0.6千克折抵0.5千克。1988年10月1日起，除奶牛和商业计划内生猪供应饲料粮外，取消其他饲料供应。1993年，全部取消饲料供应。1953～1993年，全地区累计供应城镇饲料粮16.69万吨。

**陈化粮销售** 中央和地方储备粮储存超时进入陈化，按各级政府要求进行销售。1999年，区内开始销售陈化粮。销售陈化粮需经财政、物价、质检部门检验核定，依质论价招标销售，购销差额由同级财政拨补。严禁陈化粮进入市场销售给群众食用。1999年，毕节市海子街、大方县马场、戈厂粮站在发放救济粮时将陈化粮发给群众，受到处理。

## 三　军粮、食油、粮油票券

**军粮供应** 明初，军粮靠屯田解决。清代征收秋粮米不足军粮的部分由驻军于市场购买。

民国初年，军粮由当地政府临时从义仓积谷中周转支付，然后通过市场购买归还，或向富户摊派抵消。民国23年（1934），军粮实行价购，由军队付款，县政府经办，经办官员乘机贪污，军粮向下摊派。民国30年（1941），军粮采取田赋征实划拨。民国31年（1942），采取配额征购，平购半借，向余粮户摊派军粮。民国33年（1944），改为征借军粮。1941～1948年，第四行政督察区采用半购半借或全部征借的办法实征军粮66.78万市石。中华人民共和国成立后，军粮全部从国家征购粮中划拨。贯彻先前方、后后方，先军队、后地方的原则，保质保量供给军队食粮。1950年，军队用粮凭县以上政府支付令或县财政科的拨付书从地方粮中付给。1951年，凭西南粮食管理局印制的粮票付给。1952年，改凭省政府印制的专用粮票付给，同时也凭中央发行的行军粮票及照公粮调拨办法予以供应。实行统购统销政策后，由部队编制用粮计划，粮食部门凭部队审批通知书或特殊粮食供应证供应。军官、士兵凭军用价购粮票、供给粮票购买。1993年起，粮食价格放开，军队用粮超过国家规定价格所发生的差价，年终逐级核报，由财政给予专项补贴。1993～2005年，全地区累计军队供粮差价补贴664万元。1995年，全地区设9个军粮供应点供应军粮。2001年11月，军粮供应机构军粮供应站挂牌。全地区设1个军粮供应站，8个军粮供应点。2011年11月，毕节市军粮供应站划为地区粮食局管理。

**食油供应**　食油供应以菜油为主。1954年前，由消费者在市场购买。1954年5月，开始采取划分供应区和调剂区的办法，按计划由毕节油脂公司根据城镇人口食油消费情况，下达全年、分月销售控制数，各县按控制数安排供应。毕节城关和妈姑工矿区为计划供应区，由毕节油脂公司按年人均2.5千克下达；其他县镇为调剂供应区，由供销社在自营数内按每人每年0.38千克供应。1956年，油脂统一由粮食部门经营。食油供应按“分权控制，计划供应，量油发票，凭票购油”的原则供应。城镇居民实行按户定量供应，每人每月供应0.3千克；农村留足用量的农业社不供应；留量不足及不产油菜籽的社队，按规定的口油标准发给缺油证或油票供应；行业用油分月核定供应。1959年，毕节城关每人每月供应量降为0.15千克，其他县城城关减为0.1千克，停止供应农村。此后，因油源供应不足，农村食油供应时供时停，城镇居民定量时增时减，行业用油从紧掌握，压缩供应。1960年起，对井下、隧道作业、高空作业人员在定量外，每人每月补助0.15千克；产妇每人每月凭医院或街道证明补助0.5千克，住院病人，每月每人0.31千克。1963年，废止油票供应，凭购粮证供应。增加会议补助，每人每天补助0.07千克，公检法部门的法医、毒物化验人员每人每月补助0.1千克，住院病人每人每月0.25千克，取消产妇补助用油。1966年，消防民警每人每月供应0.6千克。1981年起，毕节城关居民凭购粮证补助供应每人每月0.25千克；居民购粮证上节约的粮食可按1.5千克玉米指标购买食油0.5千克，全国粮票买粮15千克，供应菜油0.25千克，大米指标1千克可买油0.5千克，杂粮指标2千克可买食油0.5千克。县团级以上老干部除定量外，每人每月补助1千克，一般离休干部每人每月0.5千克，独生子女每月0.25千克。县以上党校、训练班学员，除自带口油外，每人每月0.3千克。农村所需菜油高价敞开供应。1985年，割漆工每交售50千克生漆补助菜油3千克，验漆员每验50千克生漆补助菜油1千克；经工商部门发给营业执照的集体饮食业、食品业、按实际购粮的2%计算供油。1993年后，食油供应逐步进入市场调剂供应。

**粮（料）油票券** 建国初期，部队、政府人员可凭中央政府印制的临时性军粮票、柴票、马料票向乡村政府财粮部门和支前委员会领取票据定额粮食、柴草、马料，在特殊情况下也向保、甲、农户领取，抵其应缴纳之农业税。1951年停止使用。1955年11月1日起，全国通用粮票（亦称全国粮票）及贵州省地方粮票、料票、地方食油票、贵州省粗粮供应票在流通，居民凭本人购粮证和单位证明换取全国粮票或地方粮票，并核减相应供应量；农村人口凭乡以上政府证明并卖足相应的粮换取粮票食油票。1986年，停止使用食油票，1993年，全国粮票、地方粮票、料票等一律停止使用。1951～1993年流通的粮（料）票券有：全国通用粮票、军用粮票、军用定购支票、军用供给粮票、军用价购粮票、军用油票、贵州省地方粮票、贵州省地方食油票、贵州省粗粮供应票、贵州省地方料票及各县粮食局直属库1983年在其县印制流通的粗粮券、细粮券、食油供应券。

## 第三节　储备与调拨

**粮油储备** 1.政府储备。明代，土司辖地由土司置仓储存；卫所辖区官绅置赈田收租谷积储，作接济贫苦农民及荒年之用。清康熙年间置常平仓，开捐求谷，以备荒歉，春夏借给缺粮农民，秋收偿还，称为重农谷。雍正、乾隆年间，兴立社仓，粮出于民，官府收储，按出粮多少，优奖赐爵，社仓社长录其勤加以冠服。民国25年（1936）前，政府设公仓。民国25年（1936）后，义仓公仓均归政府管理。民国36年（1947），第四行政区9个县共有仓236座，储谷6.86万石。中华人民共和国成立后，国家设置储备粮，以保障民众吃粮安全。1994年前，国家储备粮由粮食部门统储，存于各地粮仓。1994年起，分别有中央储备库存、省级储备库存、地及县市储存和商品粮周转库存。2005年，有中央储备粮6.26万吨，省级储备粮3.3万吨，地市级储备粮6.4万吨。

2.民间储粮。清末，积储、社仓消失后，绅民为善者仿社仓之法，倡立义仓储谷。民国25年（1936）前，民间延续倡办义仓。1957年前，自储。1958～1980年，由生产队在口粮分配时，留一定数量的储备粮，以备青黄不接缺粮之用，农户无粮储。1980年初，实行联产承包责任制，粮食增多，国家征购减少，大量粮食留储于农民手中。

**粮仓设置** 民国时期，国民政府多在祠堂庙宇处附设粮仓，仓库多为木板仓。1949年末，接收国民政府破旧仓库作储粮之用，全专区接收库容2.45万吨粮仓，其中公仓1.97万吨、民仓4805吨。1951年，根据省政府《关于修建仓库，解决仓容，有计划收购粮食的通知》，各县粮食局成立建仓小组，维修旧仓，建设新仓。是年，毕节、黔西、威宁县粮食局分别在所在县城关建仓1栋共容1100吨。1953年后，粮仓粮食纳入国家基建计划，仓容从1949年的2.46万吨增至1996年的22.73万吨。1996年后增建粮仓10个，其中2005年经中央储备粮储存资格认定的杨家塘粮库、毕节中直粮库、威宁直属粮库、大方县粮库总容量达16万吨。2011年，全地区有粮油储备库8个。

**粮仓保管** 中华人民共和国成立初期，仓房简陋，库存粮仓安全设施简陋，方法原始，主要靠保管人员勤查仓库，及时翻晒发热粮食。1953年，贯彻执行防重于治的保粮方针，建立严格的仓储保管制度，粮食入仓前，打扫空仓清除虫巢，粉刷嵌缝，用“滴滴涕”“六六六”消毒杀虫，做到仓内地面光、屋顶光、四壁光和仓外不留杂草、垃圾、污水，粮食入仓后，保持清洁卫生，防止虫害传染，扑杀鼠雀，避免抛撒，降低仓储损耗。保管员保管粮食必须粮账相符，数字准确，原始记录完好。

1957年，开展全地区粮食普查，开展无虫、无霉、无鼠雀、无事故（简称四无）粮食竞赛活动，本着有仓必到、有粮必查、查必彻底的原则，边查边处理，边建设。共普查粮食14.05万吨，整理湿粮、虫粮3.18万吨。采用通风、整晒的方式处理湿粮，用化学药剂或物理机械方式处理虫粮。普查处理后，全地区四无仓容15.67万吨。1959年，粮食保管做好无虫、无霉、无鼠雀、无事故、无色变、无异味、无病疫；粮油进出仓运转半机械化，仓库管理定额化。1960年，全专区改良制造粮仓保管工具40种2186件，基本实现粮油进出仓、装卸、搬运半机械化和机械化。1957年，开始用氯化苦熏蒸杀虫。20世纪60年代改用磷化铝杀虫。1979年，开始推行低氧、低剂量密闭保管粮。1966～1976年“文化大革命”期间，四无粮仓活动处于停顿和半停顿状态。1981年恢复正常开展四无粮仓活动。1982年贯彻执行以防为主、防治并举方针，开展科学保粮活动。毕节地区粮食局储运科在参加《全国粮食与出口食品农药总课题》《贵州省粮食农药污染调查研究》子课题部分工作中荣获国家科学技术进步二等奖。1996年，按照账实相符；专人保管、专仓储存、专账记载；数量、品种、质量、地点落实原则和设置粮情示图板，数量、质量分仓卡片板，保管职责板；粮情检查记录本，保管实物账本的要求开始粮食储存工作。坚持在工作中执行以防为主、综合防治的保粮方针，坚持三日一小查，一周一大查，一月一普查，危险粮油天天查的制度，保证储粮安全。2005年，全地区实现四无站点192个，四无粮管所71个，累计四无仓容35.23万吨，四无储粮13.33万吨，全地区仓库已普遍开展双低储粮。

**粮油质量检验** 中华人民共和国成立初期，粮仓进行粮油质量检验，仅使用少量干湿计和温度计，验收入库粮油主要用风车、竹筛等工具清除杂质、泥沙，凭感观察看水分、成色，用嘴咬、手搓判断干湿程度。1952年后，开始使用油蒸式测定器、谷物筛选和除虫筛选，用以检测水分、杂质。1958年，开展粮油化验检测。20世纪60年代使用德林克式烘箱，取代油蒸式水分测定器。1980年使用105℃恒温电烘箱。1981年，地区粮食局成立粮油化验检测中心，配备专业干部，购进先进仪器，专司粮油检测。2005年，全地区设专业粮油检验机构1个，各粮库附设检验机构8个，有专职检验员19人，兼职检验员117人。

**储备粮费用补贴** 1995年始，国家对储备粮油给予费用、利息补贴，初为每吨粮食补贴120元。地方储备粮无利息补贴。1998年后，按中央、省、地方储备粮油分别标准补贴。储存粮食到陈化期，经财政、物价、质检等部门检验核定，招标销售，购、销差额由同级财政拨补，1999～2005年共拨补700万元。

**粮油调拨、运输** 1.粮食集运。中华人民共和国成立初期，匪特猖獗，全专区组织2000多人的征粮队，在解放军、武工队的保护下，征收公粮；组织群众抢运支前粮食。1950年起，根据上调任务和专区内城镇、农村供应所需，本着有利生产、方便群众、节约运费的原则进行，一次安排农民交售粮点。征购期间打破行政区划，组织跨界入库。农民运交公粮入库有往返50千米义务运输里程，超过义务运输里程，按每50千米运50千克开支大米11～12.5千克。1953年，改义务运输里程为单程15千克，并规定平均每人义运限额不超过100千克。1963年，按粮仓计划流向，依照此里程、费用、运具、时间、安全办法确定农民交粮点。1985年起，公路建设普及，鸡公车、马车、拖拉机、汽车运输代替人力运输。农民交售粮食，国家不再付给超义务运输里程外的运费。2.粮油转运。1953年，按国家安排调运流向，设泸州、叙永粮食转运站，接收外调粮食，通过长江航道用木船、轮船运往南京、重庆、长沙、荆州。1987年，建立清镇条子场粮油转运站，接收省内外通过火车运输调入粮食，然后通过汽车运到各县。3.粮油调拨。1950年，所征收的公粮由中央统一调度使用。1951年，调运粮食由中央统一管理，毕节地区粮食局按省粮食局下达计划，编制全专区年、季度调拨计划和分月运输计划。分县、区内调运，省间调运3种类型。县区内调运主要以品种调剂为主，省内和省间调拨品种有糙米、玉米、黄豆、桐油，调入的有稻谷、玉米、小麦、油菜籽良种及面粉、大米、菜油、高粱。1958年，下放调运计划审批权，毕节专区决定各县粮食、油脂调运由专署粮食局下达，毗邻地区根据合理流向要求调运的粮食、油脂，由毗邻地区粮食局双方协商，待专区粮食局批准后执行。1974年前，粮食均按国家计划调出，1959年调出7.66万吨，为历史最多；1951年调出3105吨，为历史最少。1975年后，人口增长超过粮食增长速度，全地区粮食由余变缺，开始调入粮食供应。调入粮食按省安排调入数，分配各县供应。1982年起，省对地区实行包干调拨。1988年，全专区粮食调拨包干数为11.25万吨，实际调入14.1万吨，其中平价调入9.84万吨，议价调入4.11万吨，议转平1438吨。1993年后，国家逐年安排产粮区调出各类粮食到销区，毕节地区按计划分别从湖南、湖北、江西、安徽、河北、吉林、黑龙江、四川等省调入专储大米及进口小麦，增强粮食调控能力，各县市组织调运优质大米、面粉供应市场。

### 1950～2005年毕节地区贸易粮购、销、调存总量统计表

单位：吨

| 年度 | 征购 | 销售 | 调出 | 调入 | 库存 |
|---|---|---|---|---|---|
| 1950 | 34290 | 50 | | | 19505 |
| 1951 | 39015 | 3650 | 3015 | | 23170 |
| 1952 | 44130 | 21770 | 7270 | 3015 | 74870 |
| 1953 | 105210 | 80505 | 18020 | | 107295 |
| 1954 | 124080 | 108515 | 30390 | 440 | 105230 |
| 1955 | 117225 | 83600 | 31145 | 1530 | 119650 |
| 1956 | 121595 | 89835 | 33930 | 1940 | 124965 |
| 1957 | 144695 | 104345 | 57530 | 3365 | 122830 |

续表

| 年度 | 征购 | 销售 | 调出 | 调入 | 库存 |
|---|---|---|---|---|---|
| 1958 | 223340 | 187435 | 27805 | 2025 | 146740 |
| 1959 | 263485 | 183535 | 76740 | 95 | 169995 |
| 1960 | 237965 | 244145 | 63350 | 45 | 99905 |
| 1961 | 139165 | 146240 | 40150 | 9410 | 71930 |
| 1962 | 139795 | 98080 | 23550 | 1750 | 100615 |
| 1963 | 140495 | 95565 | 34450 | 3570 | 103965 |
| 1964 | 139210 | 98265 | 33960 | 2325 | 113510 |
| 1965 | 124600 | 114465 | 25790 | 5015 | 90010 |
| 1966 | 113150 | 115235 | 11135 | 10520 | 86365 |
| 1967 | 126150 | 80500 | 12985 | 7355 | 124035 |
| 1968 | 97420 | 70800 | 33250 | 2270 | 114475 |
| 1969 | 96080 | 113480 | 11420 | 16765 | 100085 |
| 1970 | 13765 | 78850 | 32925 | 2035 | 132645 |
| 1971 | 139710 | 92780 | 50610 | 1550 | 130610 |
| 1972 | 111840 | 102155 | 42145 | 9660 | 104810 |
| 1973 | 142060 | 104730 | 29175 | 385 | 114265 |
| 1974 | 107055 | 103125 | 22425 | 2745 | 101835 |
| 1975 | 128240 | 142020 | 13795 | 26860 | 101555 |
| 1976 | 118470 | 133975 | 11355 | 18550 | 92425 |
| 1977 | 143725 | 145390 | 22650 | 31485 | 105975 |
| 1978 | 137970 | 125035 | 26445 | 1305 | 90645 |
| 1979 | 62165 | 165205 | 7715 | 160935 | 139180 |
| 1980 | 91110 | 175510 | 7535 | 77305 | 123175 |
| 1981 | 80155 | 169635 | 11295 | 94615 | 120400 |
| 1982 | 151915 | 191100 | 13260 | 73125 | 148875 |
| 1983 | 113780 | 168545 | 17440 | 65165 | 151745 |
| 1984 | 45940 | 179190 | 17175 | 121935 | 128180 |
| 1985 | 32555 | 229705 | 2895 | 170400 | 114085 |
| 1986 | 45359 | 205614 | 600 | 112500 | 131465 |
| 1987 | 45194 | 226375 | 14370 | 133240 | 161295 |
| 1988 | 37215 | 208434 | 30 | 98430 | 124252 |

续表

| 年度 | 征购 | 销售 | 调出 | 调入 | 库存 |
|---|---|---|---|---|---|
| 1989 | 56079 | 165731 | 68135 | 210490 | 198731 |
| 1990 | 62379 | 186184 | 53080 | 159700 | 219231 |
| 1991 | 47976 | 195662 | | 58719 | 150476 |
| 1992 | 53582 | 229057 | | 111662 | 79488 |
| 1993 | 67913 | 139847 | | 24212 | 99170 |
| 1994 | 54386 | 171285 | | 109493 | 104806 |
| 1995 | 56886 | 156533 | | 115969 | 121086 |
| 1996 | 56537 | 795415 | | 46285 | 163307 |
| 1997 | 57033 | 40109 | 2874 | 37122 | 204088 |
| 1998 | 49153 | 46009 | 6297 | 6934 | 233138 |
| 1999 | 16993 | 40804 | | 4097 | 186861 |
| 2000 | 23256 | 87164 | 3643 | 19692 | 112867 |
| 2001 | 43342 | 54604 | | 16498 | 114743 |
| 2002 | 42992 | 66635 | 990 | 5510 | 105485 |
| 2003 | 56504 | 119770 | | 16188 | 64509 |
| 2004 | 45186 | 82035 | 35 | 19494 | 32751 |
| 2005 | 30528 | 20400 | | 1049 | 36136 |

## 1953～1996年毕节地区食油（植物油）购、销、调、存统计表

单位：吨

| 年度 | 收　购 | | 销售油 | 调　拨 | | 库　存 |
|---|---|---|---|---|---|---|
| | 菜籽 | 茶籽 | | 调入 | 调出 | |
| 1953 | 7515 | | 1165 | | | 1090 |
| 1954 | 13920 | | 1360 | | | 2815 |
| 1955 | 15715 | | 1800 | | | 2915 |
| 1956 | 11825 | 15 | 2680 | | 2070 | -1195 |
| 1957 | 9880 | 15 | 2120 | | 1365 | -515 |
| 1958 | 18425 | 15 | 2475 | | 1815 | 1245 |
| 1959 | 4865 | 75 | 1680 | | 2000 | -2205 |
| 1960 | 12750 | 10 | 2615 | | 1060 | 150 |

续表

| 年度 | 收购 | | 销售油 | 调拨 | | 库存 |
|---|---|---|---|---|---|---|
| | 菜籽 | 茶籽 | | 调入 | 调出 | |
| 1961 | 800 | 5 | 515 | | 245 | -535 |
| 1962 | 1170 | | 300 | | 80 | -30 |
| 1963 | 2625 | 50 | 415 | 60 | 225 | 220 |
| 1964 | 12580 | 10 | 530 | 185 | 860 | 1070 |
| 1965 | 13190 | 15 | 885 | 115 | 3545 | -760 |
| 1966 | 2985 | 145 | 820 | | 2445 | -800 |
| 1967 | 4830 | 40 | 290 | 40 | 1030 | -320 |
| 1968 | 3650 | 30 | 775 | 55 | 650 | -270 |
| 1969 | 300 | 65 | 540 | 130 | 160 | -465 |
| 1970 | 3885 | 10 | 515 | 55 | 300 | 350 |
| 1971 | 5610 | 25 | 630 | 50 | 915 | 195 |
| 1972 | 4925 | 40 | 855 | 50 | 960 | -275 |
| 1973 | 7085 | 40 | 880 | | 980 | 275 |
| 1974 | 3445 | 15 | 980 | | | 60 |
| 1945 | 2935 | 5 | 1000 | | 5 | -125 |
| 1976 | 3440 | 10 | 1075 | | 75 | -110 |
| 1977 | 2550 | 5 | 985 | | 100 | -320 |
| 1978 | 4970 | 20 | 1020 | | 395 | 80 |
| 1979 | 6460 | 25 | 1140 | | 605 | 195 |
| 1980 | 13790 | 10 | 1480 | | 1970 | 685 |
| 1981 | 33990 | 5 | 3120 | | 4650 | 2425 |
| 1982 | 52305 | 5 | 5225 | | 6175 | 4290 |
| 1983 | 27725 | 5 | 7910 | | 5110 | -4700 |
| 1984 | 25375 | 10 | 6840 | | 6875 | -6100 |
| 1985 | 19700 | | 3525 | | 2475 | -90 |
| 1986 | 32000 | | 3175 | | 4975 | 1450 |
| 1987 | 30700 | | 3275 | | 5615 | 320 |
| 1988 | 22065 | | 3185 | | 3000 | 435 |
| 1989 | 8700 | | 2640 | 1285 | 2610 | -1355 |
| 1990 | 19350 | | 2850 | 1050 | 3490 | 515 |

续表

| 年度 | 收购 | | 销售油 | 调拨 | | 库存 |
|---|---|---|---|---|---|---|
| | 菜籽 | 茶籽 | | 调入 | 调出 | |
| 1991 | 32222 | | 2315 | | 1858 | 5494 |
| 1992 | 16133 | | 6433 | | 462 | –20050 |
| 1993 | 4918 | | 4482 | | | –3007 |
| 1994 | | | | | | |
| 1995 | 9618 | | 2602 | | | 283 |
| 1996 | 15010 | | 4810 | | | –307 |

## 1953～1985年毕节地区桐油（籽）购、销、存统计表

单位：吨

| 年度 | 收购籽 | 销售油 | 调出油 | 库存 |
|---|---|---|---|---|
| 1953 | 2100 | | | 650 |
| 1954 | 3615 | | | 1120 |
| 1955 | 4670 | | | 1450 |
| 1956 | 4965 | 235 | 925 | 380 |
| 1957 | 4950 | 395 | 670 | 470 |
| 1958 | 4305 | 290 | 745 | 300 |
| 1959 | 2995 | 205 | 1165 | –440 |
| 1960 | 1065 | 65 | 625 | –360 |
| 1961 | 3550 | 30 | 495 | 575 |
| 1962 | 2525 | 10 | 630 | 145 |
| 1963 | 6710 | 105 | 1145 | 835 |
| 1964 | 5575 | 90 | 1495 | 155 |
| 1965 | 5400 | 110 | 2245 | –640 |
| 1966 | 2190 | 95 | 1370 | –745 |
| 1967 | 7700 | 80 | 645 | 1730 |
| 1968 | 6440 | 155 | 1755 | 145 |
| 1969 | 7585 | 75 | 1745 | 605 |
| 1970 | 3920 | 95 | 2430 | –1225 |
| 1971 | 4785 | 90 | 1350 | 100 |
| 1972 | 6705 | 130 | 1535 | 585 |

续表

| 年度 | 收购籽 | 销售油 | 调出油 | 库存 |
|---|---|---|---|---|
| 1973 | 6080 | 100 | 1860 | -75 |
| 1974 | 6760 | 95 | 15 | 1985 |
| 1975 | 4465 | 110 | 10 | 1265 |
| 1976 | 3555 | 95 | 15 | 990 |
| 1977 | 5180 | 110 | | 1445 |
| 1978 | 4565 | 85 | 1315 | 15 |
| 1979 | 4315 | 55 | 1160 | 125 |
| 1980 | 3500 | 50 | 1185 | -150 |
| 1981 | 3280 | 40 | 795 | 180 |
| 1982 | 1495 | 50 | 895 | -480 |
| 1983 | 3600 | 50 | 415 | 650 |
| 1984 | 365 | 75 | 705 | -615 |
| 1985 | | 45 | | |

注：桐籽折油率按31%计算

# 第六章　物资管理

物资管理实质上是特殊物资的特殊仓储管理，它是中华人民共和国诞生后的50年代，随着经济的前所未有的发展的第一个五年计划时期产生的。随着经济的发展和各种新的生产资料的产生和聚集而不得不采取必要的应急措施来对这些物资进行妥善保管，物资管理行业就应运而生了。随着保管的运作，物资管理因此而派生出流通功能。从20世纪50年代~90年代的40年时间里，这个行业为调节生产资料和紧缺物资的平稳配置发挥了积极作用。

## 第一节　组织机构

**物资流通管理机构**　1.毕节地区物资局。1957年10月，设立毕节专员公署计划委员会物资办公室，负责全专区物资计划分配工作。1960年1月，成立毕节专区物资供应二级站，接办物资办公室的工作。1961年1月撤销物资站，改建毕节专员公署物资管理局。1966年“文化大革命”开始，物资管理工作受到冲击，工作处于瘫痪状态。1969年9月，成立毕节地区物资局革命委员会。1978年底，重建毕节地区物资管理局。1984年，成立毕节地区物资公司，与物资管理局一套人马，两块牌子。1993年，成立毕节地区物资总公司，为物资管理局下属机构。1996年机构改革，地区物资管理局更名为地区物资总公司。2000年，地区物资总公司草拟改革方案，未能实施。2003年定《毕节地区国有物资企业整体并入贵州久联集团实施方案》和《组建贵州毕节联合民爆器材经营有限责任公司职工安置方案》。2004年3月，毕节地区行署批准上述方案付诸实施。2004年12月16日，由地直、毕节市、大方县、黔西县物资企业重组，贵州久联集团毕节联合民爆器材经营有限责任公司成立，其余各县物资企业则作为独立法人实体直接并入贵州久联集团。地区物资总公司及各县市物资总公司随之撤销。

2.县市物资局（总公司）1958年10月～1970年3月，各县先后建立县物资局。数十年间几经撤并分合，各个时期归属不一，名称几易。1995年，施行行政机构改革，金沙、赫章县被列为毕节地区改革试点，物资局转为经济实体，改称物资总公司。翌年各县一律改制。其后金沙县物资系统实施破产重组，成立金沙县汇森民爆物品有限公司，取代县物资总公司。

**毕节地直物资经营机构**　1970年前，所有物资经营活动均由地区物资局进行。1978年经地区革命委员会批准，以地区物资局各专业科室为基础，组建毕节地区金属材料公司、毕节地区机电设备公司、毕节地区生产资料服务公司和地区物资局车队，为独立核算的企业法人单位。

1.毕节地区建材金属公司。1984年4月，由地区金属材料公司和地区建筑材料公司合并成立。设有清毕北路建材金属门市部、月亮山建材仓库和虎踞山金属仓库。

2.毕节地区化工公司。1965年1月，设立毕节地区化轻物资供应站，7月更名为毕节地区化轻公司。1970年撤销，其业务由地区物资局直接办理。1979年，成立毕节地区化工公司。后并入地区机电设备公司。

3.毕节地区机电设备公司。1979年1月成立、1994年并入地区化工公司，更名为毕节地区机电化工公司。1996年机构改革，将其分为民用爆炸物品和橡胶制品业务划入地区物资贸易中心；分别成立，毕节地区机电设备有限公司和毕节地区机电配套有限公司。

4.毕节地区物资贸易中心。1984年3月撤销地区生产资料服务公司，12月成立毕节地区物资开发公司。1986年6月成立毕节地区物资贸易中心，撤销物资开发公司和劳动服务公司。

5.毕节地区废金属回收公司。1984年初开始筹建，8月正式成立。在关门山和娃娃塘修建回收仓库。1984～1986年，曾与物资开发有公司、劳动服务公司联合办公。

6.地区物资总公司贵阳公司。1960年毕节专区物资供应二级站在贵阳设立驻贵阳物资调运组。1962年，成立毕节专署物资局驻贵阳办事处。1987年改为独立核算单位。1994年更名为毕节地区物资总公司贵阳公司。7.毕节地区旧机动车交易中心。2000年注册成立，投入运营。

**职工队伍建设**　1957年，地区计划委员会设立物资办公室，有职工7人。1958～1964年，所辖9县物资局共有职工117人。1965～1974年，105人。1975年末442人，其中管理人员134人、业务人员308人。1995年末为546人。2000年1000人，其中地直304人、毕节市91人、大方县70人、黔西县63人、金沙县123人、织金县91人、纳雍县69人、威宁县62人、赫章县127人。经1981～1982年专业技术职称评定和1986～1988年专业技术职务评聘，有高级经济师1人、经济师11人、助理经济师13人，经济员23人；有高级会计师1人、会计师6人、助理会计师8人、会计员20人；有统计员7人；工程技术系列有技术员2人。

## 第二节　物资流通体制

**物资流通概况**　1950年4月，成立贵州省仓库物资清理调配委员会毕节专员公署分会，所辖各县设立支会，接管国民党政府和官僚资本家企业仓库物资，清理、核定和调配各部门，各企业自有仓库物资，统一上报，归口管理，按上级指示，将不符合储备条件的物资交由商业部门投放市场。1953年，实施第一个五年经济建设计划，对重要生产资料实行国家统一平衡分配制度。毕节专区采用以下计划形式进行物资分配供应。凡列入计划申请单位的企、事业所需的国家统配物资，由国家计划分配，物资部门按省的分配计划组织订货、供应，享受国家调拨价；没有列入计划申请单位的，则由国家或省划出交商业部门，自行组织加工订货，以市场价供应。在商业系统建立民用器材公司实行专管，将各地小量、零星物资纳入统一渠道。毕节专区分公司除经营木材、水泥、建材和玻璃，还经营金属、机电、煤油。主要供应百货、五金、杂货、药业公私合营企业和集体企业。物资计划属于间接计划，少数国营企业所需大宗物资则按指令性计划由产需双方直接调拨。到1956年，非申请单位范围缩小以至终止，转化为单一的计划调拨体制。1957年，形成条块结合、以块为主的物资流通形式。省内所需统配物资和部管物资由省统一计划申请，经中央批准后下达到省。各专区所需上述物资，由专区向省申请分配。1957年10月，在专署计划委员会内设立物资办公室。1960年1月，设立毕节专员公署物资管理局，统一管理全专区物资流通。统配物资按专署计划委员会的分配计划调拨、供应，各县的物资供应按该县计委的安排供应。1964年，各县先后组建物资局。专署物资局建立起与省级专业公司对口的专业物资供应站，同时设立小额销售门市部，开展计划内和计划外的零星小额物资供应。1963～1964年，投入支农物资计划有：钢材175吨，水泥340吨，玻璃187标准箱，油毡490卷，纯碱37吨，轮胎339套，三角带1640米，传动带575平方米，轴承646套，以及一批动力抽水排灌机械。是年，将毕节供应站的二、三类机电产品下放到小额经营门市。1965年推行直达，供应物资5300吨。同时，全省按工业布局、物资合理流向及交通运输条件划分六盘水、遵义、贵阳、安顺、都匀经济区，以适应国家“三线”建设和整个国民经济建设需要。是时，水城划归六盘水地区，毕节专区无三线建设项目，对毕节的物资供应则划为：遵义负责金沙县，六盘水负责威宁、赫章县，安顺负责织金县；专署物资局负责其余县及企事业单位的物资供应。但毕节专署所辖各县的物资计划、分配仍由专署物资管理局负责。形成按行政区划安排计划，按经济区划组织流通的物资经营管理体制。1966～1976年“文化大革命”期间，按统一计划，分散管理的原则修订物资流通体制，以调动地方积极性。1970年，撤销物资部，所属各一级站，储运公司（包括仓库）全部下放地方，实行双重领导，以地方为主。毕节地区物资系统脱离省物资局在财务、业务上的领导，完全由毕节地区革命委员会领导。固定资金、流动资金、银行借款按核批的1969年年度决算划转。从1970年起，财务收支计划指标一律纳入地区财政预算。盈亏缴拨均由地方财政负责。全面下放管理权限，统配物资目录大量减少。毕节地区生产点少，需用面广，除煤炭外，很难实现地区平衡，地区工业企业为组织生产物资，采购员满天飞。1967～1976年，共供应生产所需钢材3.75万吨、水泥19.63万吨、生铁3574吨、木材1.35亿立方米。

自1979年1月起，地、县物资企业由省物资局统一领导。各级物资经营业务机构统称物资供销企业，为独立核算单位，地区物资局为行企合一单位，下设机电、化工、金属、建材、生资服务等公司和汽车队。所需物资均由地区物资部门供应。自1980年1月起，省物资局向地区物资局收取物资供应收入3%的上级管理费。资金划转以1979年年度决算为准。地、县各级物资企业均纳入省级预算。对物资企业实行预算包干，金额分成，实现利润的60%留归物资部门，40%上交省级财政。1980年6月，地区物资局行文要求各基层物资企业将留成利润分别建立生产发展基金、奖励基金和福利基金。1979～1980年，全地区物资系统销售收入4853.9万元，利润112.5万元。20世纪80年代根据《中共中央关于经济体制改革的决定》精神及中央对物资工作的指示，物资供应缩小指令性计划分配的范围，逐步开放生产资料市场，扩大市场调节范围。省物资局改变物资供应办法，对基础材料和紧缺物资仍实行计划管理、分配，对中间产品及供求基本平衡或供过于求的产品层层放开控制。1982年，全地区物资系统购进计划外钢材8508吨，水泥8899吨。1984年地区物资局制定《关于简政放权，搞活经济的办法》，从计划业务、财务物价、人事劳动管理几个方面向下属公司放权，各专业公司有权制定经营决策，扩大经营范围，增加服务项目：在不改变所有制形式，不改变隶属关系，不改变财政体制的前提下，有权参与或组织跨部门、跨地区的联合经营；未纳入分配计划的物资由专业公司安排处理；物资流通的组织工作及购、销、存定额的制定自行安排。是年，地区物资局提出一业为主、多种经营、放开手脚、走向市场的工作意见，物资企业的经营模式从计划分配型向经营服务型转变。地区化工公司与地直几个单位签订长期承包供货合同，还与地、县商业、供销、农机等部门建立供应关系，与省内外8个地区16个单位沟通业务往来，当年向川、滇两省销售化工产品达130.54万元，占公司销售总额的37%。金沙县物资局建立物资销售网点9个，销售额达30万元，占该县当年物资销售总额的16%。地区机电公司购进、销售各种汽车44辆。经营额146.2万元，占该公司销售额的27%；购、销摩托车103辆，销售额128万元，占销售总额的2.4%。1987年，开始实行物资供应价格“双轨制”，计划分配物资按平价计，计划外部分按议价计。1988年，国家对生产资料实行最高销售限价，企业经营一度感到困扰。有些签订的合同须修订后才能执行或终止执行。企业为方便经营，采取代购代销方式，或直接以用户名义向生产企业购进，收取小额手续费。1988年9月推行石家庄物资工作改革经验，对计划内、外的物资实行统一销售价格。议价高于平价部分按分配指标返还给用物单位，称为同一购价，价差返还。毕节地区按这办法实行的物资有钢材、生铁、水泥、铜、铝、锌、铜材、铝材、烧碱、纯碱9种。由于价差返还的时间长，占压资金，影响生产成本核算。12月，地区物资局报经行署批准，从1989年1月1日起价格单轨制暂停执行，恢复价格双轨制。随着计划分配物资渐少，平价与议价的悬殊渐小，计划分配物资的价格优势已不复存在。从90年代开始，物资企业完全走向市场。

**承包经营责任** 1987年，按照所有权与经营权分离的原则，地区物资系统推行承包经营责任制。地区物资局代表行署，与地直物资企业签订第一轮承包经营合同。承包期1987年1月1日～1989年12月31日。其基本原则是：包死基数，确保上交，超收分成，歉收自补。各企业每年上缴利润70万元，其中建材金属公司31万元、化工公司6万元、机电公司8万元、金属回收公司13万元、物资贸易中心12万元。3年不变。3年间，地区物资企业销售总额2.21亿元，比承包前的3年增7857万元；实现利润666.2万元，增200万元；上缴国家利税642.8万元，增462.8万元；费用比前3年下降2.8%；资金周转快4.2天；职工收入平均每年增长21.7%；企业自有流动资金增6.2%；固定资产每年平均增7.25%。承包期满后，上缴利润基数不变延长至1990年。1991年3月，地直物资企业又进行第二轮承包经营。承包上缴财政的利润基数比第一轮承包增10%。由于各种所有制形式的物资经营单位的出现，多渠道经营的市场的形成，一些物资企业的职工亦留职停薪经营生产资料，物资流通企业失去独家经营的固有资源优势和价格优势。有的物资企业出资金与个体经营者联营，有的用流动资金投资办厂，有的盲目跨行业经营，造成资金损失。地区化工公司购进广东电白复合肥全是假货，直接损失80万元。联营、办厂既无效益，投入资金又无法收回。1993年出现全行业亏损，企业自补无力。

**机构改革** 根据1996年3月毕节地委、行署通知，地区物资局成建制转为经济实体。1995年，金沙、赫章县物资局改为县物资总公司，1996年，其余各县市物资局均改为总公司。

## 第三节 物资经营管理

### 一 流通业务管理

**计划管理** 1950年起，需求零星物资，主要依靠地方资源或临时向省申报解决。1952年成立民用器材分公司，将各种小量零星物资纳入统一管理渠道。集体企业和公私合营企业的物资供应，主要以间接计划予以调配；少数国营企业所需大宗物资，则以指令性计划由产需双方直接调拨。1958年，专区工业企业增至410个，国家分配给的统配物资和部管物资大幅增加。专署计委设立物资办公室，负责编报物资申请计划，编制下达物资平衡分配计划，编制缺口调入和有余调出计划。报批后安排统一分配。1959年后，对生产资料实行统一计划，统一收购，统一供应，统一调度，统一调剂。1965年，按行政区划安排计划，专区及所属各县的物资计划由专署汇总编报：按经济区域组织流通，金沙、织金、威宁县的计划物资，分别由遵义、安顺和云南昭通组织供应；四川叙永、古蔺和云南威信、镇雄的计划物资则由毕节专区组织供应。1966年，“文化大革命”开始，专署物资局被撤销，物资管理和物资计划申报先后由生产业务组、工交办事组更替承担。1978年后，毕节地区各级物资机构相继恢复，地区成立起专业公司编制统配物资综合平衡计划、分配计划以地区计委为主、物资管理局协助，由计委上报下达。1979年后，地区物资局主管通用物资计划。由各专业公司编制。1985年后，统配物资和部管物资仍由地区计委平衡，安排分配计划，物资局协助编制计划。对于供大于求的物资，由物资企业自行组织购进和销售。随着计划经济体制向社会主义市场经济过渡，计划管理范围逐步缩小，乃至终止计划管理模式。

**三类物资管理** 1964年，专署物资局会同有关部门编制三类物资经营目录，与商业部门协商，取消30多种交叉经营品种。1964年第4季度起，将三类物资列入计划供应范围，要求有关工矿企业按规定编报申请计划。1965年，专署物资局对三类物资的供应作出划分。毕节县主要供应贵州软木厂、毕节蛋粉厂、运输公司、大修厂、商业和供销储运站、机械厂、修理厂及县属煤厂、商业和印刷厂、酒厂、五金厂、电厂、手工业厂（社）。水城烂坝供应站供应水城钢铁厂、煤厂、铁路施工单位及县属煤厂、印刷厂、酒厂、手工业厂（社）。威宁县供应铁路施工单位、勘二队，县属煤厂、电厂、酒厂、农具厂及手工业厂（社）。赫章妈姑供应站供应赫章铅锌厂、县属锌厂。黔西县供应县属电厂、煤厂、农具厂、酒厂、印刷厂、手工业厂（社）及水库。

**废金属回收管理** 1983年前，废金属回收管理由供销社负责。1984年8月，成立毕节地区金属回收公司。至1987年，回收废金属3175吨，总值25万元。废金属回收计划由地区计委编制下达，实行废金属回收上交与钢材分配计划挂钩：分配1吨钢材指标必须回收1吨废钢（对事业单位的废钢回收减半）。凡超计划上交回钢材的，每超5吨奖售1吨计划钢材；完不成计划则相应扣减钢材分配计划指标。1984年，贵州省停止下达废有色金属上交计划。1986年，国家停止下达废钢铁上交计划。1987年，取消废钢铁上交指令计划，由金属回收企业按市场经济规律经营废金属回收业务。1982年，省规定报废汽车一律由省物资局金属回收公司指定的收购点按规定收购。当时尚无金属回收企业，老旧汽车报废后由地区物资局接收。收购价格按废钢铁价格计算，扣除杂费和解体费后支付交车单位。1984年，地区金属回收公司成立，报废汽车回收业务由该公司经营。1996年出现一些非法回收做废汽车的站点。2000年，整顿社会经济秩序，取缔毕节市9个非法回收站点。报废汽车回收工作恢复正常。

统计管理　毕节地区物资局建立之初未设置专门统计机构和专职统计人员。1963年设专人负责物资统计工作，各县物资局也照设专人。1964年，金属物资系统有统计人员26名，其中专职4名，1989年配置微机，实现全省物资系统联网，以微机编报统计报表。1991年起又以手工汇总，邮递报送。专署物资局负责物资统计工作时，兼负责系统内外物资统计业务，1967年纳入统计的物资品种有：建材10个，金属材料50个，化工产品52个，机电设备33个。到90年代，纳入统计的物资有：1.金属材料类：重轨、轻轨、小型型钢、中型型钢、大型型钢、线材、中厚钢板、薄板、优质型材、无缝钢管、焊接钢管、其他钢材、生铁、铜、铝、铅、锌、锡及钢材、铝材。2.建筑材料类：水泥、平板玻璃。3.机电类：汽车、工业锅炉、电力电缆、控制电缆、电磁线、布电线、交流电动机、工业轴承、电焊条。4.化工类：硫酸、浓硝酸、烧碱、纯碱、轮胎、橡胶、聚乙烯、聚丙烯、聚氯乙烯、树脂、聚苯乙烯。5.火工类：炸药、雷管、导火绳。6.废旧物资类：废钢铁。物资统计工作在加强经营管理中起过一定作用。随着物资企业陷入困境，到90年代中期，物资统计工作处于涣散状态。

财务管理　物资系统自建立起后，财务会计依照“权责发生制”原则，使用复式记账方法，定期编制财会报表，对流动资金，固定资金、专用资金、商品流通费用以及利润、税金实行有效管理。1.流动资金管理。1965年前，由省银行与省物资局联合核定信贷指标，逐级下达；信贷指标不足或有余，由银行统一调整。1965年终止垂直管理体制，改由当地政府领导与管理，由地方政府提供企业流动资金，不足部分由企业向银行申请贷款。1983年7月，国务院决定国营企业流动资金改由银行单线供应。毕节地区物资企业对物资购进事先通过预测、计算，按照物资流转计划向规定银行编报申请贷款计划。随着市场调节范围不断扩大，对流动资金的把握很困难。90年代初承包期间，盲目扩大赊销，大量贷款不能回笼；挪用流动资金投资工业生产，造成重大损失；不注重市场调查，大量进货，造成物资积压和降价损失。1993年后连年亏损。1995年，仅地直物资企业，1300余万元的流动资金贷款和300余万元的自有流动资金损失殆尽。2.固定资金管理。1979年，全地区物资系统固定资产总值为157.6万元，1987年增至417.8万元，2000年达1998万元。管理固定资金，除按规定的折旧率按季或按月提取折旧费，计算固定资产净值，对新增或减少的固定资产进行账务处理外，定期清点核实，做到账实相符；对固定资产完好状况、使用状况定期或不定期检查，及时养护维修，以保证正常合理使用。有的企业还实行分口、分项管理，有关科室采用建卡方式，将固定资产的使用和管理责任落实到人。3.企业基金及流通费用管理。1979年，地区物资局下属企业后，从以下方面专户核算企业基金，包括：（1）更新改造基金；采用分类折旧法，逐月按规定比例提取固定资产折旧费，进入更新改造基金账户管理使用。（2）大修理基金：按规定比例逐月提取和摊销。（3）福利基金：以职工工资总额按规定比例提取。（4）企业留利基金：在45%的企业税后留用，按生产发展基金占60%，奖励基金和福利基金各占20%的比例设3个二级科目核算。有的单位按企业留利的4%设立经理基金，在生产发展基金中列支。1987年，实行企业承包经营后，按承包合同的规定处理。1993年下半年出现亏损后，在企业留利消失。（5）对变动费用的管理以费用率为主，对相对固定费用的管理，以金额为主，根据订货、运输、仓储、销售等经营环节的特点，分别制定物资流通费用计划，按规定的开支范围、标准和审批制度，实行分口和分项管理，结合岗位责任制按月或按季考核。4.利润和税金管理。1978年前，毕节地区物资部门实行以收抵支、收支平衡。若获利润，全部上缴财政；发生亏损，则由财政弥补。1978年，国务院批转财政部规定，凡全面完成五项计划招标的按职工工资总额的5%提取企业基金。次年改为物资销售额、流动资金周转速度、利润三项。1979年，地区物资企业实现利润36万元，提取企业基金13.2万元。1980年，按上级有关通知，经地区财政局核实，按实现利润的50%留成，各县核定的利润留成比例略有差异。是年，全地区物资企业实现利润44万元，企业留利23万元。1983年，国家对国营企业实行利改税。毕节地区根据上级指示，按不同类型核定物资企业的纳税及税后留利标准。企业在按55%比例税或八级超额累进税缴纳所得税后，留利为实现利润的16.52%～45%。在企业留利中，地、县物资企业分别按15%～20%的比例上交主管部门统筹使用。

**仓储与基建管理**　1.物资储存。1961年前，物资分别储存于清毕路仓库和其他单位仓库。1961年，物资散存于清毕路和月亮山物资仓库、双树弯仓库和粮食局仓库。1963年统计，除专署物资局有400平方米简易货棚外，各县均无专用物资仓库。许多物资露天存放，堆码不合规格，造成钢材锈蚀，水泥、纯碱结块，胶管折裂。1965年，库房建设初具规模，设有机电、建材、金属、化工等专业仓库。1979年，将仓库划归各专业公司使用管理。

2.仓储管理。1992年10月，专署物资局针对清仓查库发现的问题，制定《仓库管理办法（试行）》随后设立仓储股，对物资仓储工作统一管理。1979年，物资仓库划归各专业公司管理和使用，均明确专人负责仓储工作。对物资的堆码，库房安全，物资收、发等工作程序都有具体规定。（1）物资验收。物资到货，保管员必须照单验收，查清物资品名、数量、规格、型号。如有短缺、损坏现象，当即由押运员或驾驶员检查，并做出商务一记录。货到3日内必须办完验收入库手续。（2）物资出库。按先进先出的原则，依照提货单发货，不得更改品名、规格、型号和数量，向提货人点交清楚。物资有技术证件或附件的要随货同发。提货超过规定时限的，按规定收取代保管费。（3）维护保养，物资分类存放，合理堆码，以确保物资安全和收发方便。按照物资的物理属性定期养护，使之保持完好。对久存、积压物资分类排队，上报企业主管部门采取处理措施。若物资发生损坏，保管员应查明原因及时上报。（4）安全保卫。地区物资局设保卫科，由一名副局长分管安全保卫工作。保管员、安全员经常注意灭火器具、水池、沙堆等消防设施的完好情况，严格执行安全工作制度和值班制度。1994年，地直物资系统成立义务消防队。数十年，地区物资部门和仓库未发生过大的安全事故。

3.基本建设。1965年12月，经毕节县人委批准，专署物资局征用环城小队月亮山坪子地3.5亩，补偿521.25元，征得青年小队月亮山地104平方米，补偿86.25元。1966年6月，协商征用蔬菜公社644平方米、1064平方米土块两块，补偿372.13元；征用岩脚队土地1亩，补偿161.85元；征用大兰公社青年小队土地440平方米，环城小队土地2088平方米，补偿610.34元。1963年7月基建工程启动，到1965年建成清毕路综合楼1500平方米。1964年修建仓库1500平方米，1965年再建仓库1000平方米。此间，还建成职工宿舍1500平方米，车库300平方米。总投资43.3万元。1963年搭建简易货棚900平方米，1964～65年，投资9万元续建货棚2000平方米。1974年7月，与毕节军分区协议取得400平方米军地，修建宿舍1幢。1984年11月，取得郭家湾农场所属土地3320平方米修建仓库。1999年，服从毕节市旧城改造的需要，将建筑1129.36平方米的清毕路综合楼、办公楼连同该处的职工宿舍一并拆除交房地产开发企业开发，经协商补偿物资总公司345万元。此外，建起洪山路877.1平方米经营楼；洪山路2364平方米物资宿舍；珠市路723.32平方米物资宿舍。1991年，地区物资局与物资贸易中心合建1338平方米宿舍楼1幢。

附：

## 仓库简介

**机电仓库**　在大兰村月亮山，占地2593平方米，有砖木结构平房仓库3幢，办公室及保安员住宅2间。建筑1056平方米。物资吞吐量1.28万吨。

**化工仓库**　在月亮山，占地2337.6平方米，有砖混结构库房3幢。建筑885.6平方米，储藏能力600吨。1998年改建为旧车交易市场。在毕节县小岭坡有炸药仓库1幢，划给毕节县物资局。

**建材仓库**　在月亮山化工仓库的旁边。占地2284平方米，库房3幢。建筑912平方米，吞吐量800吨。

**金属仓库**　在虎踞山。占地4390平方米，有库房2幢、货棚2幢、地磅房1幢。建筑1578平方米，吞吐量1500吨。1996年后，行署批准改建为生产资料市场。

**金属回收仓库**　一在关门山，占地2281平方米，库房建筑458平方米；一在娃娃塘，占地3313平方米，建筑603平方米。

**专项工作**　1.清产核资。1962年初，省政府公布《贵州省清产核资工作试行办法》，规定以1962年4月1日零时的实物为准，开展全民所有制企业清产核资工作。8月，毕节专署物资局组成领导小组，展开清产核资工作。经过近两个月的清理，接受毕节地委工作组的检查验收，确认合格。查清专署物资局全部物资共7类345个品种。在清查的1171项中，有216项盘亏，损失金额20.93万元，298项盘盈，盈余金额8.53万元；发生价差损失271项，金额为10.61万元；经营不善及仓储条件差而造成报废、报损159项，损失33.42万元。清理总账27个科目和所有明细账，将

1960年以后发生的债权债务全部核实，固定资产的低值易耗品经清理后建卡立账，指定专人管理。1964年4月，成立处理积压物资办公室和议价小组，对积压物资按质论价，各县物资局亦有1～2人负责此项工作。通过参加区外调剂会、印发资料、邀请选购、上门推销、门市展出等方式，至1965年年底，处理积压物资总值106.88万元，占全部积压物资的88%。

2.老旧汽车技术改造。毕节地区拥有大量解放牌CA-lOB型载重汽车，这种车能耗高，载重量小。1985年12月，毕节地区老旧汽车更新改造领导小组办公室派毕节运输公司大修厂技术人员到遵义参加由省老旧汽车更改办举办的专业技术培训，批准该厂为技术改造定点厂。后增加地区商业运输站、供销运输站为大修厂的辅助单位；增加金沙大水农场汽车修理厂负责金沙县，赫章妈姑锌厂汽车队负责赫章县，红林机械厂汽车队负责黔西、大方县的老旧汽车改造。经改造的汽车新增的载重量免收养路费，延长汽车使用期1年。至1987年，共改造汽车1432辆。油耗下降10%～15%，增载10%。1992年2月，对东风车、北京212型吉普车、跃进130型车和北京130型车，以及此四种车型所使用的东风EQ发动机、212型发动机和130型发动机进行技术改造。至1993年底，共改造东风EQ型车38辆，北京212型车65辆，跃进130型车9辆，北京130型车3辆。

# 第七章　金融业

毕节地区，秦汉时由以物易物进入以贝为币的交换时代，清雍正八年（1730）毕节宝钱局成立。红军长征过毕节时，还流通过“红军布币”。1949年解放后，统一实行人民币流通。随着货币流通，自由借贷金融活动产生。1939年，中国银行、中央银行、交通银行、农民银行、贵州银行、商业聚康银行相继落户毕节。抗战胜利后，区内许多金融机构迁出。新中国成立后，中国人民银行、中国农业银行、中国建设银行、中国工商银行、中国交通银行、中国邮政银行等相继落户毕节，形成比较完善的金融体系。

## 第一节　机　构

### 一　民国及以前金融机构

**毕节宝黔局**　清代雍正八年（1730）十月，建立，时为贵州第一个官办铸造钱币机构，设在毕节县城官钱坡（今毕节地区医院右侧小坡上）。毕节宝黔局受户部管辖，省布政司管理，大定知府兼任总理，毕节县知县兼任监铸。布政司派巡察官，一年一换。局内设书办、巡栏、炉头、水火夫、更夫、清字匠、铁木匠、堆兵各若干名。建立之初，开炉10座，乾隆五年（1740）增设10座。年铸制钱36卯。乾隆六年（1741），照京例改铸青钱，其比例为：每50斤铜配白铅41斤8两、黑铅6斤8两、锡2斤。乾隆十年（1745）后，每年加铸10卯，遇闰月加铸4卯。所铸制钱分正额、带铸、外耗3种。正额钱文一部分上解布政司，一部分按布政司行文解交贵西道作军饷，驻军各赴宝黔局就近支领；带铸和外耗钱文用于钱局生产过程中各种费用。乾隆二十五年（1760），毕节宝黔局所铸钱币质量下降，奉令撤销，全部设备移至贵阳组建贵阳宝黔局。

**大定宝黔局**　乾隆五十二年（1787），大定府奉令从贵阳宝黔局分5炉移至大定城西郊（后称钱局坝），成立大定宝黔局，铸造制钱。大定知府兼任局监，省布政司派巡察官1人参与管理。内设书办、炉头、水火夫、清字匠、更夫、堆兵若干。清咸丰四年（1854），杨隆喜攻打大定，防守官兵放火焚毁钱局，清光绪十四年（1888）撤销。

**当铺**　典当业始于何时，有待稽考。据毕节《糜氏家谱》记载：“清嘉、道年间，凡永岸盐务各埠皆设有肆，复于黔局各县设当铺十余所。”同治六年（1867），毕节县城水东门有縻和斋开设的恒茂当，其后在毕节县城开设当铺的有：光绪初年杨慎斋、杨同士合资经营的康聚当，光绪末年停业，后由林德全、林福亮兄弟开设全福当。民国21年（1932）刘子英、刘先池分别开设鸿禧典、公恕堂典。民国25年（1936）公恕堂破产后，未再发现典当业。20世纪50～70年代，禁止开设典当业。20世纪80年代，曾出设当铺，办理典当业务。比较知名的有毕节协和典当有限公司。

**钱庄** 清末，出现钱庄，为数不多。最初多为制钱的买卖，继而经营银圆和银角的兑换和买卖，也经营少量存放。钱庄皆兼营百货食杂商品，未能形成专门的行业。毕节先后出现的钱庄有：邓泽函钱庄、炳隆祥钱庄、恒新钱庄、张文斋钱庄。民国36年（1947）后，钱庄因金元券、银圆券一再贬值，无力偿还债务，先后歇业破产。

**合作金库** 民国28年（1938）3月，中央政府农本局驻贵阳办事处根据与贵州省农村合作委员会签订之铺设24县合作金库协议，设毕节、黔西合作金库。次年8月29日，增设大定、威宁县合作金库。各县合作金库主要办理城镇存款及汇兑，同时开展农村合作贷款及其他收付业务。民国31年（1942）9月，中央、中国、交通、农民银行联合总管理处，以统筹农贷及调整各行、局业务为由，撤销农本局及其所属机构，并将其原办合作金库业务移交中国农民银行接办。各县合作金库及其业务、人员移交中国农民银行毕节办事处。

**农村信用合作社** 民国25年（1936）7月，省农村合作委员会成立，将第四行政督察区列为全省推行建立农村合作社预备社的重点区。初时，以自然村为单位办社，入社者只需交纳少量股金，并选出理事、监事和支库（经手支付），即可成立信用预备社。预备社作为借款单位向政府贷款，然后转贷给社员。次年6月，农村建立信用预备社513个，其中毕节县124个、大定县127个、黔西142个、威宁县40个、水城县80个。社员1.98万人。民国26年（1937）6月，将各县农村建立的预备社改组成信用合作社。信用社宗旨是：贷放生产上必要资金给社员及办理储蓄为目的。入社条件：凡中华民国之公民年满20岁，居住在合作社区域内，有正当职业和独立生活能力者，均可成为本社社员。信用社的组织领导按《农村信用合作社规范章程》规定程序，由社员大会选出理事、监事组成理事会和监事会，并产生社长、司库。当时信用合作社多为当地联保主任、保长、绅士所把持。民国29年（1940），省合作委员会颁布《县级合作组织大纲》，强制要求达到每保1社，每户一个社员。农村虽普遍建立信用合作社，但多有名无实。

**贵州银行毕节县支行** 清光绪二十四年（1898）农历八月十八日，建立贵州官钱局毕节分局。宣统三年（1911），贵州官钱局改为贵州银行，贵州官钱局毕节分局亦改称毕节分银行，民国7年（1918）5月裁撤。贵州银行复建后，在民国30～34年（1941～1945）间，先后建立贵州银行大定、黔西、织金、毕节、金沙、威宁办事处。民国34年（1945）10月1日起，上述各县办事处升格为县支行。民国36年（1947）3月，奉贵州银行通知，各县支行于同年4月1日起改称办事处。是年7月21日，贵州省银行毕节办事处改称贵州省银行毕节县支行。民国37年（1948），裁撤织金、金沙、威宁县办事处。贵州省银行毕节县支行及贵州省银行大定、黔西两办事处于当地中华人民共和国成立后由人民政府接管。

**聚康银行毕节办事处** 民国32年（1943）8月，毕节巨商刘玩泉、刘熙乙等人集资建立聚康银行毕节分行。是年9月1日，在毕节成立办事处，主要业务有存款、放款，国内汇兑及押运、票据贴现、买卖有价证券、储蓄、信托业务、仓库业务、代理收介款项，与其他银行和银号、钱庄订立特约事项。毕节办事处建立不到1年，与毕节县城的40%的工商户建立起业务往来关系。民国34年（1945）后，由于政府的行政干预和毕节工商业逐步萧条，业务陡淡，遂于民国37年（1948）12月裁撤。

**中国农民银行毕节办事处** 民国27年（1938）9月，国民政府军事委员会令中国农民银行派员来毕节筹建毕节办事处，民国28年（1939）1月23日，中国农民银行毕节办事处正式建立开业，办事处为农民银行贵阳分行的分支机构。中国农民银行毕节办事处下设大定羊场坝分理处、大定分理处、黔西分理处。民国34年（1945）大定羊场坝分理处改设简易储蓄所。中国农民银行毕节办事处为毕节地区历史上第一家国营银行。1949年11月28日毕节中华人民共和国成立后，被人民政府接管，时有员工8人。办事处主任俞子鹤。办事处地址在南门杨公馆。

**中国银行毕节办事处** 中国银行为民国政府指定特许的国际汇兑银行。民国28年（1939）11月11日在毕节设立中国银行毕节办事分处，民国30年（1941）升格为办事处，辖黔西、大定、威宁县办事分处。主要办理存、放、汇业务，并受政府委托代办各种储蓄，代理集体、个人财产、火灾保险业务。中国银行毕节办事处于民国36年（1947）7月31日奉命撤销。

**交通银行毕节办事处** 民国29年（1940年）12月，交通银行在威宁设立办事处。民国29年（1940）12月9日在毕节设立办事处。民国34年（1945）1月在黔西设立办事处。是年10月31日裁撤。交通银行毕节办事处主要办理汇兑和川滇东路运输局、毕节公路养护段、毕节电信局等公用事业单位的存款，同时还经办交通银行贵阳分行批准的贷款和代理保险业务。民国38年（1949）6月交通银行毕节、威宁办事处先后裁撤。

**中央银行毕节办事处** 民国34年（1945）1月4日，中央银行（湖南）零陵分行撤退毕节设立中央银行毕节办事处。是年，中央银行湖南全县银行迁至大定，亦设立办事处。以上两行办事处均为临时机构。两办事处除继续办理该行原来的业务外，对本地业务采取不揽不拒态度。民国34年（1945）9月8日裁撤。

## 二 中华人民共和国成立后的金融机构

**中国人民银行在毕机构** 1.毕节地区中心支行机构沿革。1949年12月3日，军代表李金榜等12名干部接管贵州银行毕节县支行和中国农民银行毕节办事处。1950年1月11日，成立中国人民银行毕节支行，时有职工26人。1950年3月，更名为中国人民银行毕节专区办事处，12月升格为中国人民银行毕节专区中心支行，领导毕节地区的金融工作，并直接开办毕节县金融业务。1953年1月，人行省分行将人行毕节中支行核定为第二等类型三等支行。次年4月，人行毕节县支行成立，人行毕节中心支行不再兼办毕节县业务。1955～1965年，人行毕节中心支行与农行毕节中心支行两次分设、两次合并，合并期间仍称人行毕节中心支行。1966年7月，取消人行毕节中支机构名称，建立人民银行毕节地区中心支行革命委员会。1968年9月，改组革委会，组成毕节地区革命委员会生产领导小组银行办公室。1973年，恢复人行毕节中支机构名称。1979年1月，人行毕节中支与农行毕节中支第三次分设，人行毕节中支将所辖90个区营业所，1个储蓄所，职工660人全部移交农行毕节中支管理。1984年1月1日，遵照国务院国发〔1983〕146号文规定，人行毕节中支加挂中国工商银行毕节地区中心支行机构名称牌子，以一个机构两块牌子，分设账务的方式开展工作。是年10月1日，工商银行毕节中心支行成立，人行毕节中支将原属于工商银行系统的8个县支行，17个储蓄所、1个办事处、1个分理处，职工622人移交给工商银行毕节中心支行。同时，人行毕节中支更名为中国人民银行毕节地区分行，属二级分行，专门行使中央银行的职能，领导、管理、监督、稽核、协调专业银行和其他金融机构的业务工作，不再兼办工商信贷业务和储蓄业务。其主要职责是：研究和拟定金融工作方针、政策、法令、基本制度，经批准后组织执行；掌握毕节市场货币流通；统一管理人民币存贷利率和汇价；编制国家信贷计划，集中管理信贷资金；管理国家外汇、金银和国家外汇储备、黄金储备；代理国家财政金库；审批金融机构的设置或拆并；协调和稽核各金融机构的业务工作，管理金融市场等。1999年1月1日起，中国人民银行毕节地区分行更名为“中国人民银行毕节地区中心支行”。人行毕节中支初设在原贵州银行毕节县支行处（今珠市路2号），后迁中山路，现址解放路。历任行长（经理）、副行长（副经理、纪委书记）：李金榜、苏献、王德本、张兴华、李宗元、刘云峰、杜明信、徐立本、齐连科、殷庆云、肖世贤、刘仁华、王云滨、刘传良、宋银玉、李洪发、袁雪蓉、黄镇谦、张才华、夏永祥、颜元亨、郑朝纲、周年国、胡德龙、张良仁、张国栋、冉太模、张远达、张杰、颜梅丽、岳长春、姜强、吴维旭、吴俊勇、罗玉碧、邵天春。

2.人行毕节中支内设机构。建行初期设秘书、业务、会计、出纳股。1959年改股为科。2005年底，行内设置办公室、货币信贷管理科、调查统计科、会计财务科、科技科、货币金银科、国库科、内审科、人事科、外汇管理科、事后监督中心、保卫科和会计核算中心（含清算中心）、后勤服务中心两个直属机构。

3.县市支行。1950年，区内先后建立人行黔西、大定、金沙、威宁、织金县支行。1951年4月9日，建立赫章县支行，10月10日，成立纳雍支行。1954年4月10日，建立人行毕节县支行。1955年5月核定：毕节县支行为甲级支行，大定、黔西县支行为乙级支行，织金、金沙、威宁、赫章县支行为丙级支行，纳雍县支行为丁级支行。1984年，人民银行与工商银行分设，人行毕节分行所辖各县支行划归工商银行建制，仍挂县人行牌子。1986年4月，全地区8县均先后恢复人民银行县支行建制，归人民银行毕节分行领导。1993年，人行毕节县支行更名为中国人民银行毕节市支行。1995年4月，撤销毕节市支行，组建人行毕节地区分行营业室。自此以后，人行毕节中支下辖威宁、黔西、金沙、纳雍、织金、大方、赫章县支行。

4.营业所、办事处（分理处）。1951年6月～12月，在毕节地区建立人行毕节中支朱昌、海子街、燕子口、撒拉溪营业所；黔西县支行大关、沙窝营业所；织金县支行猫场、八步营业所；赫章县支行野马川，城关营业所；大方县支行羊场、瓢井营业所。至1957年底，在毕节地区建起85个区镇人行营业所。农业银行建立后，区镇营业所接受人行、农行布置的任务，成为两行的基层机构，延至1957年。1959年3月，区营业所更名为人民公社信用部。是年7月，恢复原管理体制。1963年，恢复地、县农行建置，改人行的区营业所为办事处与农行营业所合署办公。农业银行再次并入同级人民银行后，区的银行机构仍称办事处。1965年底，全地区共有85个办事处。1967年3月，省分行批准建立金江办事处。1969年，黔西县支行设立红林分理处。1979年，复建农业银行机构后，各县城关区（镇）办事处与人行各县支行合并办公，县以下办理农村业务的区银行办事处改为农业银行营业所，由农业银行领导。人行毕节中支除保留金江办事处，红林分理处和15个储蓄所外，其余区银行办事处、储蓄所全部移交农业银行，至此人民银行在县以下一般不设机构。至2005年，人行毕节中支共有职工268人。其中中支机关126人，大方县支行18人，黔西县支行24人，金沙县支行19人，织金县支行21人，纳雍县支行18人，威宁县支行18人，赫章县支行24人。截至2011年，人行毕节中支共有职工257人。其中中支机关139人，大方县支行13人，黔西县支行20人，金沙县支行18人，织金县支行20人，纳雍县支行14人，威宁县支行14人，赫章县支行19人。

**国家外汇管理局毕节地区中心支局**　1988年，中国人民银行批准成立国家外汇管理局毕节分局，其职责是：宣传贯彻国家外汇管理政策、法令、条例及其实施细则；编报外汇收支计划，经批准组织实施；负责审批部门和单位开立外汇额度账户，并办理立户手续；负责审批用汇和外汇额度调拨。1989年7月24日对外办公。1999年，国家外汇管理局毕节分局更名为国家外汇管理局毕节支局，2001年更名为国家外汇管理局毕节地区中心支局。国家外汇管理局毕节地区中心支局与中国人民银行毕节地区中心支行合署办公，其业务由中国人民银行毕节地区中心支行外汇管理科经办。

**中国农业银行在毕机构**　1.中国农业银行股份有限公司毕节分行。1956年7月12日，中国农业银行毕节地区中心支行（下称农行毕节中支）建立。内设综合、农业放款股，职工11人。各县相继成立县支行。行址设在毕节县城珠市路1号，1983年迁毕节县城松山路68号，1993年迁毕节市桂花路1号，2009年9月迁毕节市中山路1号。1957年6月15日，毕节专员公署根据国务院《关于撤销中国农业银行的通知》，行文将农业银行与同级人民银行合并，有关农行金融机构业务由人民银行办理。1963年12月1日，重建中国农业银行毕节地区中心支行，配备人员14人，内设农业资金管理科、信用合作管理科、计划会计科和办公室，以后增设政治部。下辖8个县支行，106各营业所，781个信用社。1965年11月30日，遵照中央精简机构的指示和中国农业银行贵州省分行的通知，农行毕节中支再次与人行毕节中支合并，业务由人民银行办理。1979年8月20日，根据国务院《关于恢复中国农业银行的通知》和贵州省委恢复农业银行的指示，再次恢复建立农行毕节中心支行，统一管理和监督国家支农资金的安排使用，办理农村国营、集体企业和个人存贷款业务；领导农行各县支行和农村信用合作社金融业务。农业银行实行银行与地方政府双重领导，以银行为主的管理体制。农行毕节中支恢复成立后，辖8个县级支行，94个区营业所，30个储蓄所；5个农村信用社县联社，50个中心社、788个乡级信用合作社，管理3087名农村金融人员。内设机构逐渐增至9科1组1室。1996年7月~1997年3月，农行毕节中支与农业发展银行分设，与农村信用社脱钩。1997年10月31日，农行毕节中支更名为中国农业银行毕节分行，由国家专业银行转变为国有商业银行，原履行的部分财政职能消失。2009年1月16日，中国农业银行毕节分行更名为中国农业银行股份有限公司毕节分行。2011年底，内设机构增至15个部、室。农行毕节分行历任行长、副行长：刘云峰、黄永寿、杜明信、齐连科、徐立本、王云滨、尚其昌、张宗璞、刘宇光、郭生德、宋先元、徐永贵、朱寿伯、高文祥、黄艺、童进、刘兴宇、赵昱、黄渊、贺海丽、杨沁希、陈宏、尤大进、姜崇政、崔巍、韩达林、罗仁富、熊炯、王晓、陈谊。

2.农行县市支行。1956年建立时，支行内一般设综合、信用合作和农业信贷股，支行以下未设分支机构。其主要任务是：指导和扶助农村信用合作社的发展；办理农村农业、畜牧业、林业、水利基本建设等长期或短期贷款。1963年恢复农业银行，支行内一般设农业资金管理股、信用合作股、计划会计股和办公室。其主要职责是，承担监督拨付国家对农业的财政拨款和基本建设投资，办理国营农业的各项贷款；领导农村信用合作社以及协助农业部门辅导社队会计。支行下设区营业所。1979年恢复重建，农行县支行的主要职责是统一管理国家支农资金，集中办理农村信贷，领导农村信用社发展农村金融事业。内设机构基本与农行毕节中支内设机构对应，一般设10个股室。1997年开始，农业银行实施商业化管理，逐年撤并不符合业务管理的营业所，是网点资源得到有效整合。2011年底，全辖共36个营业机构（含分理处）。

3.农行毕节分行营业部。1993年1月4日建立农行毕节地区中心支行营业部，下辖松山、洪山、洪南储蓄所。1997年10月31日更名为农行毕节分行营业部，2004年4月1日，营业部下辖的3个储蓄所上收农行毕节分行管理。

4.其他机构。1987年3月，建立中国农业银行毕节地区中心支行干部培训班，1993年11月改名农行毕节地区中心支行干部培训中心，1997年更名为农行毕节分行干部培训中心；1988年7月，成立农行毕节中支信托投资公司，1991年1月并入农行省分行信托投资公司，改名为中国农业银行贵州省分行信托投资公司毕节办事处，1996年撤销；1990年2月成立贵州省人民检察院毕节分院驻毕节地区农业银行检查室；1993年1月，建立农行毕节中支经济民警大队；1993年8月，建立毕节地区中级人民法院驻毕节地区农行金融法庭，上述机构成立一段时期后均已撤销。

**中国建设银行股份有限公司毕节市分行** 1.机构沿革。1954年10月1日，随着国家“一五”计划的实施，应经济建设的需要，国务院（原政务院）决定在财政系统内成立中国人民建设银行，并在各地设立了分支机构。当年10月1日，建行贵州省分行在原交通银行的基础上组建诞生，直到1978年，建设银行是以经营和管理固定资产投资为主的专业银行，承担着财政职能，经办基建贷款，审查工程预决算，管理建设单位、施工企业财务。

1958年3月，建行贵州省分行在水城设立“中国人民建设银行毕节支行”（当时水城属毕节专区），下设大河工作组、小河工作组、赫章妈姑铅锌矿工作组、毕节办事处。1959年，毕节支行迁入毕节县，水城设办事处，原毕节办事处并入毕节支行。同年，毕节支行并入专区财政局，行政上属财政局领导，业务上属建行贵州省分行领导，各县的基本建设拨款业务由县财政局代办。

1962年，毕节支行恢复挂牌。1967年，国务院决定恢复中国人民建设银行建制，与财政部分设，实行垂直领导。但建设银行毕节支行未从财政局分设出来。1970年，划归人民银行毕节中支管理，对外加挂中国人民建设银行毕节支行牌子，对内作人行毕节中支基建科。1972年，毕节支行再次恢复成立。从1974年开始至1976年，毕节地区辖内的大方、黔西、织金、赫章、金沙、纳雍、威宁七县相继成立办事处，后改为支行。

1979年8月，中国人民建设银行升格为国务院直属单位，成为国家管理固定资产投资和贷款的专业银行。是年11月，建行毕节支行升格为中国人民建设银行毕节地区中心支行（下称建行毕节中支），为地区一级银行建制。1983年，国务院规定，建设银行由事业单位改为独立经营、独立核算的全国性金融组织，全国所有用于基本建设投资的拨款和贷款，都由建设银行负责实施和信贷监督，还要管理相当一部分更新改造资金，建行毕节中支遵照规定履行职责，并从1985年起，将所有基本建设投资改为贷款，信贷资金纳入信贷计划，按人民银行批准的信贷计划执行。1987年4月，毕节中支开始办理储蓄业务，当时的业务品种仅有活期储蓄和定期储蓄两种，并于次年在县支行设置储蓄所参与揽储竞争。信贷业务在1988年前也仅有基本建设贷款、技术改造贷款、建筑企业贷款和房地产贷款四个品种。1990年末，建立了储蓄事后监督，加强了储蓄会计核算管理。1991年，顺应国家推进住房制度改革的历史潮流，毕节地区金沙县作为贵州省首批列为住房制度改革的十个试点县之一，率先在全区推行房改。建行毕节中支积极介入金沙县住房制度改革领域，给予了必要的金融支持，房改金融业务在毕节中支应运而生。1992年5月，建行毕节中支房地产信贷部正式挂牌成立，并受毕节地委、行署的委托，全面承办全区政策性房改金融业务。1992年7月，建行各县级支行也相应成立了房地产信贷部，正式全面承办房改金融业务，至1993年初，“要住房，找建行”的品牌形象家喻户晓。1993年明确中国人民建设银行为国有商业银行后，其履行的政策性职能逐步分离政策性业务，移交财政职能，向商业银行转轨。1999年9月，中国人民建设银行毕节地区分行更名为中国建设银行毕节地区分行，分行内设机构相应由科级变为处级，县支行由股级变为科级。率先在同业开办了个人住房贷款业务。到2004年末，毕节地区分行下辖县级支行8个，分理处11个，储蓄所5个。由成立之初的7名员工，发展到382名员工。自1994年开始，自建行向商业银行转轨以来的十年间，业务得到发展，截至2004年底，各项存款余额达35.07亿元，比1992年增长十多倍，翻了几番。各项贷款余额达16亿元，利润6292万元，取得了显著的经济效益。

2004年9月，中国建设银行实行股份制改革。2005年3月11日，建行毕节地区分行更名为中国建设银行股份有限公司毕节地区分行。2011年，省政府决定撤销毕节地区设立地级毕节市，同年12月，中国建设银行股份有限公司毕节地区分行更名为中国建设银行股份有限公司毕节市分行。截至2011年底，建行毕节市分地所辖机构15个，其中，县级支行7个，县级网点型支行1个（纳雍雍熙支行），城区单点型支行2个，城区网点型支行4个，市分行本级机构1个。

截至2005年底，全地区建行系统实现账面利润4115万元，全口径存款余额37.52亿元，各项贷款14.12亿元，完成中间业务收入527万元。全系统70名员工被授予各级青年岗位能手称号，

2002年，被省委、省政府评为1999～2002年文明单位，被省工商局评为重合同、守信用企业单位。

2007年末，全口径存款余额达47.7亿元，贷款余额17.9亿元（全省建行系统对毕节地区的贷款投放余额达60亿元），实现主营业务净收入1.33亿元，账面利润0.75亿元，处置不良资产0.25亿元。当年荣获贵州省A级纳税信用等级证书，成为合规守法、诚信经营的行业典范。

2008年，一般性存款余额为58.2亿元，较年初新增10.5亿元；全行贷款余额为16.5亿元，较年初减少1.4亿元；实现主营业务收入1.5亿元，净利润1.5亿元，经济增加值1.3亿，创历史新高，实现了全行业务又好又快的发展。

2009年，全口径存款余额为72.5亿元，比年初新增14.3亿元；贷款余额为20.2亿元，比年初新增3.7亿元；资产质量大幅度提升，不良贷款率为0.71%；经营效益显著，全年实现账面利润0.97亿元。

2010年末，毕节分行一般性存款余额为92亿元，比年初新增19.6亿元，存款新增市场占比35%，以绝对优势列当地四行第一，创历史最高水平。资产质量大幅提高，经营效益良好，2010年实现中间业务收入0.35亿元，实现账面利润1.17亿元。在2010年全省建行等级行评定中，毕节分行荣升A类行。

2011年，全行一般性存款余额为94.35亿元，比年初新增2.24亿元，其中个人存款余额39.24亿元，比年初新增8.19亿元，实现个人存款当地同业市场占有比快速提升，新增额四行同业排名第一的历史最高水平。资产质量稳中有升，经营效益良好，全年实现中间业务收入4384.91万元，实现账面利润14301.45万元。

2.历任行领导。白正祥（1958～1960）、高荣（1961～1962）、解占山（1963～1964）、郭景恒（1965～1968）、孙鸿群（1974～1982）、张力心（1979～1983）、卢泮水（1983～1988）、文建群（1988～1991）、颜海（1992～1997）、任爱萍（1997～2000）、李仪华（2000～2004）、姜双阳（2004～2006）、王道恩（2006～2008）、王双平（2009～2013）

3.内设机构。1979年，建行毕节中支成立，内设综合计划、业务、会计、政工科。1980年增设建筑经济科。1985年，业务科分为投资、技贷两科，政工科分为人事教育科和办公室。1986年又增设出纳科、审计科。1987年增设保卫科。1988年，共设10科1室1司。即人事教育科、综合计划科、投资科、技贷科、建筑经济科、一会计科、出纳科、储蓄科、保卫科、审计科、办公室和开发公司，成立建行毕节中支房地产信贷部。1999年，建行毕节中支更名为建行毕节地区分行，内设机构相应由科级变更为处级，共13个处室，所辖县支行内设股室变为科室。2003年内设机构更名为部室。2005年，内设人力资源部、财务会计部、风险管理部、公司业务部、个人银行部、资产保全部、保卫部、信息技术部、党委宣传部、办公室、工会、监察室。

4.办事处、工作组、县支行，建行毕节支行始建时在毕节设毕节办事处，在赫章妈姑铅锌矿厂派工作组。1959年，建行毕节支行迁毕节后，毕节办事处并入行内。1961年，设立毕节支行黔西水利办事处。1963年，派驻威宁工作组。1966年，撤销黔西水利工作组和威宁工作组。1973年，先后在毕节、大方、黔西、金沙、织金、纳雍、威宁、赫章成立办事处。1979年，除毕节县办事处并入建行毕节中支外，其余各县办事处升格为县支行。1993年前，毕节县基本建设业务由建行毕节中支兼办，1993年，成立建行毕节县支行。1995年，建行毕节县支行改称为建行毕节市支行。1996年，建行毕节市支行更名为建行毕节中支营业部。1999年，建行金沙县支行移交工商银行，接收纳雍、赫章县工商银行。2003年，建行毕节中支营业部改名为建行毕节市桂花支行。2008年，建行毕节地区分行天河分理处、中山路储蓄所升格为网点型支行，并更名为中国建设银行股份有限公司毕节天河支行，中国建设银行股份有限公司毕节百花支行。

2010年，纳雍县阳长支行迁址到金沙县城营业并升格为单点型支行，更名为中国建设银行股份有限公司金沙支行。

2011年，建行毕节地区分行麻园分理处、洪山分理处升格为网点型支行，更名为中国建设银行股份有限公司毕节麻园支行、中国建设银行股份有限公司毕节洪山支行，同时，完成大方支行、赫章支行、威宁支行离行式自助银行建设并投入运行。

**中国工商银行股份有限公司毕节分行** 1984年1月，中国工商银行毕节地区中心支行（下称工商行毕节中支）成立。工商行各县支行也相继建立。并与地、县人民银行实行1个机构两块牌子、资金分开、两套账目的办法过度。是年5月1日，地、县工商银行与地、县人民银行分别建制。工商行毕节中支的主要任务是：在中国人民银行宏观金融决策的指导下，大力筹集资金，支持工业生产发展和扩大商品流通；统一管理国营工商企业的流动资金，促进提高经济效益，引导企业投资，推进企业的技术进步。1997，中国工商银行毕节地区中心支行更名为中国工商银行毕节分行，工商行毕节分行由专业银行过渡到商业银行，由政府主导下并兼有部分政策性银行职能逐步过渡到由市场主导的商业经营职能。2005年，经国务院批准成为中国工商银行股份有限公司，工商行毕节分行更名为中国工商银行股份有限公司毕节分行。工商行毕节中支始建时设人事科、信贷科、储蓄科、会计科、出纳科、办公室和工会办公室，后增设教育科、稽核科、调查信息科、保卫科、监察室和纪检组。更名工商行毕节分行后，增设科技科、对公存款科、清算中心，房地产信贷部、风险管理科。2011年底，中国工商银行股份有限公司毕节分行辖营业部1个，支行14个，分理处3个，共有职工431人。工商行毕节中支成立初与人民银行同址办公，1998年工商行毕节分行迁入毕节市麻园大道新址。工商银行毕节分行历任行长、副行长：李洪发、王成厚、刘祥风、马朝培、汪清、肖宗任、简常、朱鄂清、巫清友、张华荣、李士兵、郑泰照、李光华、周鹏林、刘志文、岳宏彩、戴理琪、肖健勇、龚昌国、侯毅、徐云辉、孙玉秀、张继刚、简常骎、赵晋、陶清、杨震、徐志刚、刘亚松、李文、胡兴明。

**中国银行股份有限公司毕节分行** 1.建置沿革。1989年4月成立。主要办理外汇、外贸存贷款及结算业务，结束没有办理外币兑换、侨汇解付业务的历史。1997年7月16日，中国银行毕节支行更名为中国银行毕节分行，转变为国有商业银行。2004年8月26日，经国务院国有独资商业银行股份制改革试点工作领导小组批准，中国银行股份有限公司依法成立，中国银行毕节分行更名为“中国银行股份有限公司毕节分行”，简称“中国银行毕节分行”。中国银行毕节支行成立初期，行址设在毕节市桂花路147号（原地区外贸局院内），1993年迁入毕节市桂花路口中国银行大楼新址。

2.内设机构。建行初期设人秘科、会计出纳、存汇、保卫室，1996年内设科室增至14个。2011年，内设公司业务部、营业部、风险管理部、监察部、个人金融部、计划财会部、综合管理部。

3.下辖机构。1993年设立营业厅、百花办事处、翠屏办事处、清南办事处、天河分理处。1996年，增设外币储蓄专柜、新桥分理处、双井分理处、桂花分理处、洪山储蓄所、松山储蓄所。实行股改后，下辖网点整合更名为：百花支行、清南支行、翠屏支行、天河分理处、麻园路分理处、桂花路分理处、洪山路分理处、解放路分理处。2011年，下辖天河支行、百花支行、清南支行、麻园支行、迎宾路支行5个营业网点，1个洪山路自助银行。中国银行毕节支行成立时有职工20人，1996年增至113人，2011年员工人数129人。1989年，中国银行毕节支行建行仅有人民币存款780万元，美元存款4万元，本外币贷款1113元。2011年人民币存款余额增至26.9462亿元，贷款余额为12.4642万元。中国银行股份有限公司毕节分行历任行长、副行长：杨全景、吴位勤、车庆、江波、吴刚、王润凯、胡勋文、杨放鸣、曾宪禹、彭文军、刘延森、李树臣、徐菲、张文明、杨建泽、王强、宋天文、邓昭严、刘忠、张朝阳、刘燊。

**中国农业发展银行毕节市分行（下称农发行毕节分行）** 1996年12月，成立农发行毕节分行及农发行毕节分行营业部。1997年2月6日，分别成立大方、金沙、织金、纳雍、威宁县支行。1997年成立赫章县信贷组，1998年5月撤销，其业务由农发行毕节分行营业部代理。黔西县业务由大方县支行代理，2010年6月成立黔西县支行。农发行毕节分行主要办理：由国务院确定、中国人民银行安排资金并由财政予以贴息的粮食、棉花、油料、猪肉、食糖、蚕丝、化肥等国家专项储备贷款和地方化肥、糖、肉储备信贷；粮、棉、油收购和调销贷款；粮食合同收购贷款；棉麻系统棉花初加工企业的贷款；政府财政支农资金的代理拨付，为各级政府设立的粮食风险基金开立专户并代理拨付；发行金融债券；业务范围内开户企事业单位的存款；开户企事业单位的结算；境外筹资；业务范围内客户进出口贸易项下的国际结算业务以及与国际结算业务相配套的外汇存款、外汇汇款、同业外汇拆借、代客外汇买卖等业务；农村基础设施建设贷款；农业综合开发贷款；农业生产资料贷款；大型粮食加工企业收购资金贷款；粮棉油产业化龙头企业贷款；其他粮食企业贷款；粮油种子贷款；国家规定棉花企业的棉花预购，棉花深加工，棉花良种繁育、收购和加工，棉花出口，国家宏观调控和储备需要的棉花进口等贷款；棉花企业技术设备改造贷款；开户企业代收代付；业务范围内存贷款客户的代理保险；全国银行间同业拆借市场的本币交易；经国务院和中国银行业监督管理委员会批准的其他业务。

2004年，中央金融工委授予易群芳金融劳动模范。之后，徐永贵、张雪平分别被中国农业发展银行评为优秀政治思想工作者、优秀稽核员。2005年，地区分行营业部基层工会被省工会评为贵州省模范职工之家。2011年，徐跃勤被总行评为优秀党务工作者。

农发行毕节地区分行成立之初，机关设办公室、计划信贷处、财务会计处、人事教育处、稽核处、监察室。2001年11月，地区分行实行“三定”内设：办公室、计划信贷科、财务会计科、稽核科、人事教育科、信息电脑科、监察室、保卫科8个科室。2005年4月，机关综合改革设办公室、资金计划科、客户科、信贷与风险管理科、财会信息科、内部审计科、人力资源科、监察保卫科。2009年，地区分行实行代管理，内设机构名称为办公室、客户部、信贷与风险管理部、财务信息部、监察保卫部、人力资源部、内部审计部，机关编制43人。2010年底，全辖职工120人。历任行长：徐永贵、杨乘胜、徐跃勤；副行长：朱寿伯、朱玉图、易群芳、胡凯、郭登槐、谭锐、张达军、邹武平。

**中国银行业监督管理委员会毕节监管分局（下简称毕节银监分局）** 2004年1月成立。毕节银监分局成立之前，金融业监督管理工作由人民银行履行。毕节银监分局根据中国银行业监督管理委员会和贵州银监局的授权，负责监督管理毕节地区银行业金融机构及其分支机构的设立、变更、终止和业务活动；依法查处金融违法，违规行为；审查和批准高级管理人员任职资格；统计有关数据和信息；负责机关和系统党的建设、纪检和干部管理。毕节银监分局内设办公室、监管一科、监管二科、监管三科、统计信息科、人事科、监察科、财务会计科。下辖大方、黔西、金沙、织金、纳雍、赫章、威宁县银监办事处。2011年底，有干部职工61人，其中分局机关44人，银监办事处17人。2011年底监管辖内银行业金融机构共462个，其中工行机构18个、农行机构36个、中行机构6个、建行机构15个、农发行机构7个、邮政储蓄机构85个；村镇银行4个，城市商业银行2个；农村信用合作机构289个。毕节银监分局设在毕节市松山路87号。历任毕节银监分局领导人：胡德龙、张良仁、张国栋、付大贵、董艾、董友周、宋国荣、吴成璋、李志远。

**城市信用社** 1987年，人行毕节分行与地区个体劳动者协会多次协商，决定吸收社会闲散资金兴办城市信用社，解决部分个体工商户急需资金。1987～1988年底，毕节星火城市信用社、黔西城市信用社、织金天宫城市信用社、纳雍县城市信用社、金沙县新融城市信用社先后建立。全地区5家城市信用社共有职工38人，股金59.49万元。1994年，毕节市新建毕节银海城市信用社。城市信用社为独立经营，自负盈亏的集体所有制金融组织，具有法人资格，受所在地人民银行的领导与监管。城市信用社的最高权力机构为股东代表大会。城市信用社设理事会，为股东代表大会的常设机构，负责处理社内事务；城市信用社设监事会负责对本社业务和财务的监督。城市信用社初建时，监事会成员多为工商、银行、财政等政府职能部门和个体协会负责人兼任。后因中央不准党政机关及其干部经商办企业而作调整。1996年后6家城市信用社，因管理松弛，逐渐出现高风险经营局面，1997年7月至1998年9月；2001年9月22日～2002年9月15日经人行毕节中支两次清理整顿，4家先后并转当地农村信用社，毕节星火、银海城市信用社停业，2003年4月17日，经中国人民银行成都分行行文宣布撤销。至此全地区城市信用社消失。

**农村信用合作社** 1952年，人民银行毕节专区中心支行根据人民银行总行“深入农村，帮助农民解决困难，发展生产”的方针，选择毕节县的汉屯、豪沟、刘华、王张4个行政村试办农村信用社。1953年1月1日，召开汉屯信用合作社社员大会，宣告毕节专区第一个农村信用合作社，汉屯信用社成立。是年8月28日，黔西县中山乡信用合作社建立。此后，人民银行各县支行在所辖区内按照“自觉自愿、民主管理，依靠贫农、团结中农，结合生产、服务生产”的办社原则，试办信用合作社、信用互助组。1954年底，全专区农村信用合作社发展到252个，信用互助组510个，吸收社员（组员）8912人。1956年，农村乡乡办社。全专区农村信用社发展到

740个，入户社员54.64万户，共集股金73万元。实现全专区农村信用合作化。1958年，农村实行人民公社化，农村信用合作社与农业社、供销社合并，称为供销信用部。不久，信用合作社机构、人员、资金全部下放给公社，成为人民公社的信用部，信用部下设信用分部、信用服务站。1961年9月4日，根据中共毕节地委《关于恢复农村信用合作社意见》，撤销人民公社信用部，调整恢复农村信用合作社。1962年底，全专区955个信用部调整恢复为533个农村信用合作社。恢复后的农村信用合作社仍为集体所有制的农村资金互助组织，其主要任务是：吸收农村中闲散资金，帮助农民解决农、副业生产和生活上的某些临时资金困难，促进农业生产和人民公社的巩固发展。1963年，全专区农村信用合作社发展到765个，同时建起1936个信用服务站。1964～1965年，再次调整农村信用合作社机构，年底农村信用合作社增加到796个。1966～1976年，“文化大革命”期间，实行贫下中农管理农村信用合作社，取消理事会、监事会，由贫下中农管委会取代社员代表大会。

1978年后，明确农村信用合作社受农业银行领导，为集体所有制的合作金融企业。1984年1月，根据中共中央“信用合作社要改革，真正成为群众性的合作金融组织”的指示，农行毕节中支及所属各县支行组织工作组试行改革农村信用合作社，恢复农村信用合作社组织上的群众性、管理上的民主性、经营上的灵活性。通过民主评议，整顿信用社班子。同时，进行清股、扩股、兑现分红。是年，共试改789个农村信用合作社，清理股金207万元，向社员补发红利10万元。1985年，改革农村信用合作社资金管理办法，实行人股不限，对象不限聚集信贷资金。同时按照以承包户为主，专业户为主，农业生产流动资金为主，部分业务可与银行交叉的原则，在保证农贷需要的前提下，经营农村工商信贷业务。是年大方、金沙县农业银行试办信用社联社，实行统一领导，联合经营，各自独立核算，利润按比例分成。1986年，农业银行毕节地区中心支行向毕节地区行署呈报施行以集镇为中心，按经济区组建信用社。是年，大方、金沙、纳雍县按经济区组建农村信用合作社32个，各县也逐步建立以区设立中心社。1987年底，全地区农村信用合作机构有乡级信用合作社788个、中心社50个、县联社5个及信用分社42个、信用站2个和信用储蓄所2个：全地区信用合作社有职工1660人；股金399万元。1992年，按撤区并乡后的乡镇设置农村信用合作社，归并为334个农村信用合作社，区中心社随之撤销。1996年8月22日，国务院发布《关于农村金融体制改革的决议》。是年12月，全省农村信用合作社与农业银行脱钩，脱钩后的农村信用合作社由人民银行管理。全地区农村信用合作社开始独立行使业务经营，各县市联社履行对信用合作社的管理、指导、协调、服务职能。农村信用合作社在县联社开户，县联社在人民银行开户，信用社资金余缺由各联社统一调度。2003年，中央决定从以下方面改革农村信用社：一是以法人为单位，改革信用社产权制度，明晰产权关系，完善法人治理结构；二是改革信用社管理体制，将农村信用合作社的管理交由地方政府负责。2006年6月，以金沙县联社挂牌营业为标志，全地区各县市联社以县为单位统一法人组建工作全面完成，全地区具有独立法人资格的信用社由167家组建为8家，辖营业网点271个，有职工1890人，股本金总额1.57亿元。2008年，各县市联社在零金融机构乡镇开展增设营业网点工作，2009年11月，全地区农村信用社共增设固定营业网点17个、便民服务点22个，实现了基础性金融服务全部覆盖所有行政乡镇，全地区农村信用社营业网点达310个，在职员工达2192人。

**农村信用合作社县联社、中心社** 1986年，以县为单位设立县联社，以区为单位设立中心社，1992年撤销。县联社成立之初，农村信用合作社仍由农业银行信用合作股负责管理，县联社属农业银行下属机构，其内只设农合股。1994年，县联社开始实施对农村信用合作社的指导、管理，县联社内设业务科、政工科、营业部。2005年，县联社成为统一法人机构，内设业务发展部、财务信息部、稽核审计部、监察保卫部、办公室。

**贵州省联社驻毕节办事处** 2004年8月，成立贵州省联社毕节办事处，办事处不具有法人资格。其主要职责是：督促农村信用合作社贯彻执行国家金融方针政策和行业自律管理制度；督促健全法人治理结构，加强内控建设；监测分析区内农村信用合作社金融风险情况，配合当地银监部门和人民银行分支机构处置农村信用合作社金融风险，并及时向省联社报告；协助省联社考核、考察县联社副主任以下高级管理人员，指导县联社按法定程序选举理事，聘用管理人员，负责及时向省联社报告县联社高级管理人员违规、违纪或不能胜任工作等情况，并提出意见，协助省联社对县联社高级管理人员进行离任审计；督促农村信用合作社完成省联社下达的各项经营计划，落实支农工作，并指导其经营业务、财务管理活动；辅导、指导其劳务用工、保障及内部管理。贵州省联社毕节办事处地址设在毕节市麻园路中段。办事处主任谢强，副主任张著烈、卢建。

**毕节地区信托投资公司** 1988年8月，省同意建立，主要通过信用方式，扩大资金来源，补充财政资金不足，其存贷业务按银行同期利率计算。该信托投资公司属财政直接领导管理的非银行金融单位。1990年，经清理整顿并入遵义信托投资公司，设立遵义地区信托投资公司毕节办事处。2000年，撤销办事处，改制更名为毕节地区信泰投资有限公司，退出金融行列。

**中国邮政储蓄银行股份有限公司毕节市分行（简称邮储银行毕节市分行）** 于2008年3月28日正式挂牌成立，下辖8个县（区）支行，全市共有97个储蓄网点，其中银行自营网点9个，邮政代理网点88个。提供以本外币储蓄存款、对公存款为主的负债业务；以国内、国际汇款、转账、银行卡、代理保险、代理国债、代销基金、理财产品等业务为主的中间业务；以质押贷款、小额信用贷款、个人商务贷款、个人消费贷款、票据贴现、小企业贷款等为主的资产业务（其中小额贷款业务已覆盖全市各乡镇）；提供电话银行、网上银行、手机银行、电视银行等多种方式的电子服务渠道。充分依托覆盖城乡的网络优势，坚持服务“三农”、服务中小企业、服务社区的定位，自觉承担“普之城乡，惠之于民”的社会责任，坚持践行“普惠金融”，的发展理念，服务触角遍及广袤城乡。截至2011年底，全行各项存款余额43.08亿元，市场占有率为7.15%；各项贷款余额为29829万元。邮储银行毕节市分行设在毕节市清毕路168号。历任领导人为：胡永波、童思祥、官玮、李强。

**贵阳银行股份有限公司毕节分行（以下简称“贵阳银行毕节分行”）** 于2008年6成立。分行经营范围为吸收公众存款，发放短期、中期和长期贷款。办理国内结算，办理票据贴现，发行金融债券。代理发行和兑付，承销和买卖政府债券。从事同业拆借，提供担保。代理收付款项及代理保险业务，提供担保。办理地方财政信用周转使用资金的委托贷款业务及经银行行政主管部门批准的其他业务。分行内设办公室、营业部、综合结算部及市场营销部。2011年底，有干部职工25人。分行设在毕节市松山路1号。分行领导人为文武、鲁统华、李松。

**毕节发展村镇银行**　于2008年10月28日正式开业。由招商银行作为主发起人，联合西部发展控股有限公司等8家股东共同出资成立，注册资本5000万元人民币。地址设在毕节市爱民广场军分区临街楼。营业范围是吸收公众存款；发放短期、中期和长期贷款；办理国内结算；办理票据承兑与贴现；从事同业拆借；从事银行卡业务；代理发行、代理兑付、承销政府债券；代理收付款项及代理保险业务。2011年，毕节发展村镇银行内部设置综合管理部、计划财务部、营业部、小企业农村部、风险管理部，放款中心、信息科技部、公司业务部和一个分支机构，共有员工57人。毕节发展村镇银行历任行长、副行长：常青、刘哲、丁洪、何殚。

**织金惠民村镇银行有限责任公司（以下简称织金惠民村镇银行）**　成立于2010年10月15日，位于织金县城关镇金西路36号。主要经营范围：吸收公众存款；发放短期、中期和长期贷款；办理国内结算；办理票据承兑与贴现；从事同业拆借；从事银行卡业务；代理兑付、承销政府债券；代理收付款项及代理保险业务；经银行业监督管理机构批准的其他业务。2011年底，有干部职工17人，其中管理人员8人，客户经理5人；门柜人员4人。2011年底共有综合部、财务部、客户经理部3个职能部门以及1个客户经理组、1个营业室。历任行领导：何跃、蔡晓东、徐波、张科丽。

**黔西花都村镇银行有限责任公司（下简称花都银行）**　2011年7月成立。是经中国银行业监督管理委员会贵州监管局批准成立的黔西本土首家新型农村银行机构，同时也是全省农村信用社发起设立的第一家村镇银行。黔西花都村镇银行在毕节试验区新一轮改革发展大潮中应运而生，为服务该县"中小企业""三农"和"县域经济"发挥积极的助推作用。花都银行坚持"立足县域、服务市民、支持中小、惠利三农"的市场定位，以服务"三农"和小微企业为主要业务，肩负国家赋予的发展农村金融事业的神圣使命。截至2011年年底，花都银行干部职工26人，其中高级管理人员3人，中层领导3人，普通员工20人。花都村镇内设营业部、业务发展部、综合管理部。银行下设采购管理委员会、财务审批管理委员会、贷款审批管理委员会、绩效考核管理委员会、内部审计委员会。花都银行以"融信为本、勤以致远"的核心价值理念为引领，真诚服务于花都黔西的中小企业、个体工商业主、广大市民和农户。花都银行领导人：常开明、杨洪劲、王瑾。

**交通银行毕节分行筹备组**　2011年5月，交通银行毕节分行开始筹备。2012年5月正式开业。交通银行毕节分行办理存款、贷款、国内结算、汇对业务及经济、金融咨询业务。分行设有办公室、市场营销部、风险管理部、营运管理部、营业部共5个部门。截至到2013年底，该行正式在编员工35名，中共党员17名。分行位于毕节市南部新区一号路与碧阳大道交汇处观邸楼。分行领导人：行长李响、副行长黄泳、顾飒。

# 第二节　货　币

**银两**　元代前，银两流入。元代，禁止金银在民间流通。明、清时，与钞并行流通。明、清时期，官局、民间团体与私人皆可熔铸，流通的银两种类多、名称杂。主要有锭银，分为1两、5两、10两、50两；片子银，散碎银。民国22年（1933），国民政府禁止使用银两。

**银圆**　俗称大板、大洋；其辅币5角者俗称小洋、小板、半元，5角以下者称银毫。光绪十五年（1889），国内自制龙洋，次年投放市场流通。至清末，流通的银圆有光绪元宝、宣统元宝、大清银币、贵州银币。民国时期，银圆流通较为普遍，且版面繁多，成色不一，主要有：墨西哥鹰洋、英国站人洋、日本龙洋、安南（越南）铸造的银圆、法国双柱洋、民国开国纪念币、袁世凯头像银圆、孙中山头像银圆、川版银圆、赤造银圆、竹枝银圆及清代铸造的银元，各种银圆辅币也在市场流通。当时，袁世凯、孙中山头像银圆在普遍流通，辅币使用较多的是滇半元。民国24年（1935）国民政府发行法币，银圆被禁止使用。民国末期，政府发行的纸币贬值，失去民心，曾被禁止使用的银圆又在市场流通。

**通宝**　通宝又称制钱，圆形、内有方孔，民间通称小钱或毛钱。清代制钱有通宝及重宝之分，通宝一枚当1文，1000枚为一串，俗称1吊，值银1两；重宝1枚有当10文、50文者。清代流通的通宝有宝泉局、工部宝源局和外省钱局及宝黔局铸的顺治、康熙、雍正、乾隆、嘉庆、道光、咸丰、同治、光绪、宣统通宝，大西军孙可望在遵义铸造的兴乾通宝及吴三桂制造的利用通宝和民间私铸的小毛钱也有少量在流通。

**铜圆**　光绪十三年（1887），制钱被铜圆代替。光绪末年在流通的铜圆有光绪元宝、大清铜币。民国初年，川版铜圆大量流人。先后流通的铜圆有每枚10文、20文、50文、100文、200文5种。铜圆与银元兑换比例，因时因地高低不等，初流通时100枚10文铜圆换银圆1元。民国23年（1934）11月，255–310枚10文的铜圆、137～429枚20文的铜圆换银圆1元。民国28年（1939），各县政府发出训令，禁止铜圆在市场流通。

**锑币**　民国20年（1931），利用省内锑、铝原料铸造当10锑币以抵制四川铜圆流入。民国22年（1933），正式公告所铸锑币交贵州银行发行。400枚锑币兑换银圆1元。有少量流入。

**官钱票**　清光绪三十二年（1907），贵州巡抚庞鸿书成立贵州官钱局，次年发行官钱票。由毕节厘金局代理发行。

**黔币**　民国元年（1912），唐继尧改组贵州军政府，发行贵州银行兑换券，亦称黔币、花票。面额有1角、2角、1元、5元、10元。初发行时规定黔币与银圆同价，一年内跌至5角。民国14年（1925），滇军撤防，彭汉章回黔主政，布告全省停止使用黔币。此外，在军阀更替统治贵州时期还印发过抽签票、香炉票、七日票、定期有息兑换券，部分在流通。

**市票**　民国17～22年（1928～1933），毕节县城稻香村、三溢兴、三意昌商号印制市票在一定范围内流通。普宜区东兴源记老板李金顺印发市票数千元，在普宜街及附近乡村流通，持票人可用票购货，也可兑现钞。

**滇钞** 民国22年（1933），滇军安恩溥驻防毕节，带来富滇新银行发行的钞票，以1元钞抵1元小洋在市场流通，滇军撤防后停止使用。

**法币** 民国24年（1935）11月，国民政府统一货币市场，施行法币政策。规定以中央、中国、交通、农民银行发行的钞票为法币，收付概用法币，不得使用现银，实行白银国有，作为法币准备金，法币与银圆等价。法币主币面额有1元、5元、10元，辅币面额有1分、5分、1角、2角、5角，翌年增加5分、10分、20分镍币和1分、2分铜币在市场流通。法币政策施行之初，毕节未设立银行，由第四行政督察专员公署和各县政府组织商会，邮政部门经办。兑换数目小的由商会或邮政部门代兑，分别同贵阳的中央、中国、交通银行结算；兑换数额大的由兑换人向商会申请，由商会出具证明到贵阳直接兑换。其间，对兑换比较困难的滇半元兑换，采取行政强制手段换兑，禁止其流通。民国26年（1937）后，国民政府实行外汇统制政策，法币不能兑换银圆，也不能购买外汇。随着国民政府财政赤字增加，靠增发纸币弥补，法币贬值日益加剧，通货膨胀波及。民国37年（1948），第四行政督察专员公署虽发出布告维持小额钞票，并将商号存货封存实行限价出售，但市场商品出售后无法进货，引起抢购风潮。物少钞多，物价飞涨的速度令人瞠目结舌，购买一头牛的钱，转瞬间连一粒米也不能买，法币失去信用。

**关金券** 民国31年（1942）4月，国民政府财政部决定将原专供交纳关税用的海关金单位兑换券与法币并行流通，称关金券。关金券1元折合法币20元。随着法币的贬值，关金券也不断曾大面额印刷。关金券先后发行面额有：1元、5元、10元、500元、1000元、5000元等，民国37年（1948）后，关金券随同法币一起没人使用。

**金圆券** 民国37年（1948），国民政府实行币制改革，8月23日开始发行金圆券取代法币。金圆券主币面额分为1元、5元、10元、50元、100元；辅币面额分为1分、5分、1角、2角。规定1元金圆券值法币300万元。金圆券发行之初，规定为金本位货币，含金量0.22克，2元金圆券等于1银圆。同时，规定群众持有黄金、白银、银币和外汇者应于民国37年（1948）9月底前兑换金圆券。兑换中，金圆券币值下降很快，增大面值发行，至民国38年（1949）4月贬值至24万元等于1银圆。民国38年（1949）6月，国民政府公布《财政金融改革方案》，准许黄金、白银、银币自由买卖，银圆成为民间公认的本位币流通，政府收税也要银圆，金圆券成为废纸。

**银圆券** 民国38年（1949）7月，国民政府再次改革币制，公布《制币改革令》发行银圆券。规定5亿元金圆券兑换1圆银圆券。银圆券面额分别为主币1元、5元、10元、100元，辅币有1角、2角、5角。银圆券由地方政府参与强制发行，同时铸造低质银圆参与流通。新发行的银圆券，库存不足，不能畅兑，以致遭到抵制和不信任，城乡贸易除使用银圆外，大多以物易物。1949年末中国人民解放军占领毕节。1950年1月，中国人民银行毕节支行以80元（旧人民币）换1元的比例收兑银圆券，以减少群众损失。

**人民币** 1949年11月28日中国人民解放军占领毕节后，12月毕节专区军事委员会布告宣布人民币为唯一合法货币。当时在流通的人民币是由人民解放军带入第一套人民币（称旧人民币），面额有1元、5元、10元、20元、50元、100元、500元、1万元、5万元；62种版别。流通的券别有100元3种，200元1种、500元2种、1000元2种，5000元1种、1万元2种、5万元1种。人民币在流通初期，由于各族民众对人民币心存疑虑，集市贸易多采用以物易物和银圆交易，人民币流通很少。毕节专署从经济工作入手，规定税收、公粮折款，以人民币计价，无人民币的，按国家牌价以黄金、白银、银圆折合人民币抵缴；国营商业贸易以人民币计价，同时对城乡商贩发放人民币贷款，并在不公开宣传的原则下凭证明收兑金银。1950年，毕节专署发布布告，重申中国人民银行发行的人民币是唯一合法流通货币，禁止金银流通与买卖。银行公开收兑金银，学校商店开展宣传并自动拒用银圆，组织群众订立《拒用银圆公约》。至1952年人民币全面占领市场，成为唯一合法的流通货币。1950年1月人民银行毕节支行成立后，由人行毕节支行发行。1955年3月1日．中国人民银行发行第二套人民币（称新人民币），同时收回第一套人民币。新旧人民币兑换率为1：1000，旧人民币兑换截止日期为1955年6月30日。新人民币主币面额分别为1元、2元、3元、5元、10元，辅币有1分、2分、5分、1角、2角、5角6种。1957年12月1日发行1分、2分、5分3种金属币参与流通。1962年4月20日，中国人民银行开始发行第三套人民币，券别有1角券4种、2角券2种、5角券2种、1元券2种、2元券2种、5元券1种、10元券1种。第三套人民币与第二套人民币面额等值在市场上混合流通。1964年4月14日，中国人民银行发布《关于收回3种人民币票券的通告》，次日毕节专区开始收回苏联代印的1953年版黑色工农图案10元券、酱紫色民族大团结图案5元券、深绿色井冈山图案3元券，是年5月15日停止收兑和流通。1984年4月15日，中国人民银行发行1角、2角、5角、1元金属币与同面额纸币等值混合流通。第三套人民币于2000年1月1日起开始兑换回收，2000年7月1日起停止流通。1987年4月27日，中国人民银行开始发行1980年版的第四套人民币，主币有1元、2元、5元、10元、50元、100元6种，辅币有1角、2角、5角3种。第四套人民币纸币，硬币共有14种，与第三套人民币等值混合流通。1999年10月1日起中国人民银行，在全国发行第五套人民币100元券，并陆续发行其他券别。第五套人民币券别主币有1元（纸币、硬币2种）、5元、10元、20元、50元、100元，硬币有1角币，与第四套人民币等值混合流通。第五套人民币硬币较以前发行的硬币要素发生比较大的变化，改以前的硬币用的中华人民共和国国名为中国人民银行字样。第五套人民币分1999年版和2005年版两种版别。

**流通纪念币**　自1984年10月1日，中国人民银行经国务院批准首次发行中华人民共和国成立35周年流通纪念币，至2005年5月陆续发行流通纪念币63套75枚和同面额的人民币在市场等值流通。纪念币发行量不大，大多为群众所珍藏，市场流通很少。

2005年5月～2011年发行流通纪念币19套22枚，奥林匹克运动会纪念钞1张。

# 第三节　债　券

## 一　民国债券

民国25年前，军阀相互争夺执政权，各自发行有款券以解其财政困难，有部分在毕节地区出现。民国25年（1936）2月，国民政府颁发《民国25年统一公债条例》，政府债券始在发行推销。统一公债分甲、乙、丙、丁、戊5种，用以换偿民国以来发行的债券，年息6%。民国27年（1938），财政部发行抗日救国公债，券面有5元、10元、50元、100元。分配第四行政区任务20万元。民国30年（1941），财政部发行战时公债、建国储蓄券，分配第四行政区任务147.8万元，如数完成。民国31年（1942）发行同盟胜利公债，分配第四行政区任务206万元，完成6.08万元。民国32年（1943），分配第四行政区任务1074万元，除水城、赫章未完成数外，其余7县完成287.36万元。民国31年（1942）还发行4年期甲种储蓄券，民国32年（1943）发行粮食库券，抵民国31年、32年（1942、1943）军粮借支。国民政府发行的上述几种债券，到期的和未到期的，均因货币贬值、物价上涨、内战及国民政府逃往台湾而未能偿还，成为废纸。

## 二　中华人民共和国债券

**人民胜利折实公债**　1949年12月16日，政务院下达《关于发行1950年第一期人民胜利折实公债的指示》，人民胜利折实公债以实物为计算标准，以分为单位，每分含：大米3斤，面粉0.75斤、白细布4尺、煤炭8千克。面额有1分、10分、100分和500分4种5年期，年息5厘。发行对象主要是工商业者、殷实富户，委托人民银行发行。建国初期毕节匪患严重，社会不稳定，未发行。1951年6月8日，毕节专署成立由财政、银行、贸易及人民团体各界人士参加的人民折实公债推销委员会在境内推销，至12月底，全专区共发行5559份，每份折合人民币22.3元（新人民币），共计12.4万元。1952年3月，开始办理兑付登记，1956年11月30日兑付完毕。

**经济建设公债**　1953年，中央人民政府决定1954年起发行经济建设公债。券面分别为1万元、2万元、5万元、10万元、100万元（旧人民币），券面附有各年息票。新币发行后，券面按新币计，分别为：1元、2元、5元、10元、50元、100元。1954年发行的公债期限为8年，年息4厘。1955年以后发行的公债期限为10年，年息4厘。专、县政府成立公债推销委员会，负责公债任务分配、宣传动员和督促认购，发行兑付业务由银行代理。1954～1958年，全地区累计共推销公债448.1万元，除1955年因部分地区受灾，完成省分配任务的93.47%外，其余年份均完成和超额完成省分配任务，超任务最多的1954年完成91.3万元，超26.3万元。1959年起，国家财政部决定停止发行全国性公债。公债兑付，每年8月10日在北京抽签还本1次，由银行根据抽签号码，张榜公布，每年10月1日开始兑付。中签者兑付本息，未中签者剪息票兑付票息。1958年，改为息随本清。1959年5月25日，将1954～1958年间发行的公债作1次性还本抽签，不在每年抽签。1968年底，所有发行的公债本息全部兑付。1992年2月1日起，银行收到的20世纪80年代发行的公债未兑付的也一律办理兑付，每1元计息0.4元，以后延长期不再计算利息。

**国库券** 1981年1月16日，国务院颁布《中华人民共和国国库券条例》，决定在全国发行国库券。国库券发行时间以每年1月1日开始，6月30日交款结束，7月1日起计息。国库券的发行推销由各级政府设立推销办公室或领导小组组织推销，人民银行负责债券的颁发、兑换、资金的放解事宜。发行国库券除1981年只对单位推销外，其余年份均向单位和个人推销。1981～1994年，以定额券面方式发行国库券，先后发行的券面有1元、5元、10元、50元、100元、1000元、1万元、10万元、1百万元。1995年3月1日起，国库券不印制定额券面，采用填制中华人民共和国国库券收款凭证的方式推销。1999年后，改为填制中华人民共和国凭证式国债收款凭证方式推销。投资者在购买凭证式国库券、国债时，以百元为起点，超过百元按百元整倍发行，凭证式国债按计划发行，杜绝超额发售。1981～1984年发行的国库券，自发行后第6年起，个人认购的一次抽签，分5年作5次偿还；单位认购的，按其认购总额平均分5次在5年内偿还。1985年后，发行的国库券不抽签，到期一次偿还。1985年前发行的国库券不能进入市场流通，1985年后，发行的国库券可在银行抵押贷款，也可在交易币场所交易。1995年，后发行的凭证式国库券、国债不可上市转让，可提前支取。部分年度国库券年利率：1981年4%、1985年9%、1993年15.86%、1997年9.18%、1999年4.72%、2001年2.89%、2005年3.37%。

**其他债券** 在办理国库券发行期间，银行还代理如下国家债券的推销发行：

1.国家重点建设债券。1987年、1988年由专业银行代理国家财政发行，1987年国家重点建设债券分3年期、5年期，年利率分别为6%、8%。1988年国家重点建设债券为2年期，利率为9.5%。

2. 国家财政债券。1988年、1990年、1991年、1992年发行国家财政债券。1988年的财政债券分为2年期和5年期，利率分别为8%和7.5%。1990年的财政债券为5年期，年利率为10%。1991年和1992年的财政债券均为5年期，年利率为9%。

3.国家基本建设债券。1989年，由专业银行代国家能源投资公司、中国石油天然气总公司、铁道部等统一发行，期限3年，利息计付同保值公债。

4.保值公债。1989年发行，定期3年，面额有20元、50元、500元、1000元、5000元5种，发行对象为个人。年利率为14.14%。

5.特种国债。1989年对预算外资金较多的行政事业单位和效益较好的企业发行，由财政部门办理。偿还期5年，利率为年息15%。

6.其他债券。1985年，毕节县工行发行金融债券50万元，面额有80元、100元两种，后发行累计利率金融债券。

发行推销国库券、国家财政债券及特种国债、保值公债等债券，均按分配任务及规定完成和超额完成。

毕节地区推销经济建设公债、国库券、凭证式国债统计表

单位：万元

| 年份 | 分配任务 | 完成 | 年份 | 分配任务 | 完成 |
|---|---|---|---|---|---|
| 1954 | | 93.1 | 1991 | 437 | 490.94 |
| 1955 | | 67.3 | 1992 | 400 | 400 |
| 1956 | | 81 | 1993 | 1730 | 1730 |
| 1957 | | 88.3 | 1994 | 710 | 710 |
| 1958 | | 120 | 1995 | 3750 | 3750 |
| 1981 | 146 | 146 | 1996 | 650 | 650 |
| 1982 | 285 | 316 | 1997 | 4183 | 4183 |
| 1983 | 285 | 314 | 1998 | 4136 | 4136 |
| 1984 | 285 | 320 | 1999 | 2939 | 2939 |
| 1985 | 410 | 450 | 2000 | 4243 | 4243 |
| 1986 | 421 | 447 | 2002 | 3319 | 3319 |
| 1987 | 421 | 462 | 2003 | 4519 | 4519 |
| 1988 | 525 | 634 | 2004 | 7318 | 7318 |
| 1989 | 526 | 582.04 | 2005 | 6400 | 6400 |
| 1990 | 526 | 658.94 | | | |

注：1. 1945～1958年为经济建设债券；1981～1998年为国库券；1999～2005年为凭证式国债

2. 此项工作是财政部门负责，金融机构代理销售

# 第四节　存　款

## 一　民国时期的存款

存款业务始于清朝末年的钱庄，钱庄结合货币兑换经营少量存放。民国3年后，银行、合作金库、邮政机构及兼营钱庄的商号均办理存款。

银行办理的存款除活期、定期外，也办理国库、省库及国家军政机关、团体、部队对公存款。存款大户有川滇东路运输局、毕节师管区、粮库及永岸盐号。民国29年（1940）后，单位存款随存随取；受政府委托先后办理节约建国储蓄，美金节约建国储蓄，乡镇公益储蓄，黄金存款的储蓄存款。政府委托储蓄业务的办理，首先按省劝储分会的指令，各县成立劝储支会，会长分别由县长或财政科长兼任，负责劝储事宜和督促银行办理储蓄业务。民国29年（1940）开办节约建国储蓄由农民银行承办，民国31年（1942）开办的美金节约建国储蓄，由中国、交通、农民银行承办；民国33年（1944）推行的乡镇公益储蓄由农民银行承办；民国33年（1944）颁发中央银行法币折合黄金存款委托办法，黄金存款由中国、交通、农民银行受委托办理。商号兼营钱庄的存款，以定期为主，期限长则1年，短则十天半月，利率一般高于银行的30%至1倍，商号除永岸盐号外，大多都将钱存入钱庄而不愿存入银行。

新中国建立前夕，毕节的银行钱庄无法吸收存款。据贵州银行毕节、大定、黔西支行和中国农民银行毕节办事处存款账面余额，仅有对公存款1.23亿元（银圆券），商号存款894.43万元。

## 二　中华人民共和国成立后的存款

**存款总额**　1950年底，全地区有单位存款30万元，1951年开办储蓄存款业务，至年底，全专区存款余额149万元，其中储蓄存款27万元。1952年底，全专区存款余额367万元，其中单位存款353万元，储蓄存款14万元。以后，随着人民币信誉的提高，经济的恢复和发展，人民生活水平的逐渐提高及银行、信用社服务网点的增设，存款逐年上升。1957年底，全专区存款余额1114万元，其中单位存款800万元，农村信用社存款116万元，城镇储蓄存款198万元。1958年，开展储蓄存款大跃进，提出每人身上不留一分钱等口号，开展吸储挑战竞赛，甚至一些区乡用行政命令硬性摊派储蓄任务，存款上升至7439万元，其中单位存款4534万元，信用社存款2267万元，城镇储蓄存款638万元。1959年后，国家出现严重经济困难、人民生活水平下降，存款也持续下降。1963年底，全专区存款余额下降至3888万元。1963年，通过贯彻中央“调整、巩固、充实、提高”的经济建设方针，工农业生产得到恢复和发展，存款逐年上升。1965年底，存款余额5502万元．其中单位存款3386万元，信用社存款1690万元，储蓄存款426万元。1966～1976年，受“文化大革命”影响，经济增长缓慢，1976年底全地区各项存款余额1.12亿元。1978年后，国家实行经济制度改革，国民经济快速发展，职工和农民收入逐年增加，金融机构扩大单位存款范围及储蓄业务。1996年底，银行各项存款总额达24.36亿元，农村信用社存款3.02亿元。1997年后，各专业银行逐步转化为商业银行，建立以客户为中心、以市场为导向的运营方式大力吸收存款，存款年均增长超亿元。2011年，全地区银行各项存款增至624.34亿元，农村信用社存款达201.13亿元。

**单位存款**　1950年，人行毕节支行开办单位存款，存款对象为在银行开户的国营企、事业单位及机关、团体、部队、学校和集体所有制企业单位。存款资金主要是各单位待用资金、专用资金、结算准备金和待用经费。1983年后，扩大账户开设范围，允许集体企业和私营企业在银行开户，1999年后，允许个人也可按规定在银行开立账户，办理存款业务，个人在银行开设存款账户最低起存为5万元。农村信用社开办单位存款的主要对象是农业集体存款。1954年开办互助合作存款，1958年后增设公社存款和公社企业存款。1978年后，取消公社及公社企业存款，增设乡镇企业存款和集体农业存款。单位存款分定期、活期两种，定期存款有半年期、1年期、3年期、5年期、8年期。单位存款分财政性存款和企业存款。财政性存款严格执行财政资金管理规定，由人民银行配合财政部门清理不合规定的资金，并将清理的不合规定资金收归财政。1982年前实行存不计息、汇不收费，1982年2月1日起，设立对公单位1～3期定期存款，支付利息，1985年1月1日起，各专业银行吸收的财政性存款全部划归人民银行管理。财政性存款从1950年的15万元，上升至2005年的2.65亿元；1950～1952年，强制一切国营企业将所有现金一律存入银行，银行按活期储蓄支付利息。1952年2月起，规定对国营企业单位存款也实行存不计息、汇不收费的办法。1954年4月1日起恢复存款计息，汇款收费办法。1965年10月起，停止对企业专项基金存款计付利息。1980年起，恢复对企业专项基金存款计息。企业单位存款从1950年的15万元，上升至2011年的270.15亿元。

**储蓄存款** 银行、农村信用社、城市信用社、邮政储蓄办理的个人存款统称储蓄存款。储蓄存款遵循存款自愿、取款自由，存款有息，为储户保密的储蓄存款原则。1979年前宣传勤俭持家、支援国家建设，功在国家，利在自己。1979年后，即宣传支援国家建设，改善生活，又宣传积累资金、指导消费。1952年，全专区人均储蓄存款1.64元，1957年人均13.3元，1978年人均41元，1988年人均153.4元，2000年人均481元，2005年人均储蓄存款483.66元。

**开办储种** 1.折实储蓄。1950年，首先在毕节、大方、黔西县举办折实储蓄。每个折实单位含大米1.5千克、白布1市尺、菜油1市两、盐0.5千克、煤1.5千克。价格以国营粮食、贸易公司、盐务局等单位前一日零售价格为准，每日由银行挂牌公布，存储起点为5个单位，多存不限，期限1～12个月，到期由银行按支取时折实单位挂牌价付给本息。折实储蓄于1950年底停办，余额全部转入保本保值储蓄。

2.保本保值储蓄。1950年5月开办，用以代替折实储蓄的过渡。存款到期支付时，如折实牌价上升，按折实保值，如折实不升或下降，则按原存货币保本，同时按等期定期存款利率8折计息，举办后深受群众欢迎。1952年6月后，人民币币值稳定，物价平稳，年底该储种停办，全部转人活期储蓄。1993年7月1日，恢复保值储蓄，1996年4月1日停办。保值补贴率每月由人民银行总行公布。

3.活期储蓄。1950年1月开办，分活期存款储蓄、活期支票储蓄两种。活期储蓄存款开户时1元起存，多存不限，储户凭存折随时可办理取款手续。1979年前，每年年终结息1次，利息并入本金生息，1980年后，改为半年结息1次；活期支票储蓄，以个人信用为保证，只适用于一部分收入较高、收付次数频繁的储户，储户极少。

4.定期储蓄。定期储蓄业务有整存整取、零存整取、存本取息和整存零取。1950年6月开办整存整取，本金一次存入，储存起点为5元，后改为10元，多存不限。由储户约定储期，由银行发给存单，到期凭单支取全部本金和利息，存款期如遇利率调整则分段计息。1950年开办时存期分3～5个月、6～8个月、9～12个月3个档次。后经7次调整。2005年定期存期有半年期、一年、二年、三年、五年、八年期；1950年开办零存整取定期储蓄，本金1元起存，多存不限，每月定额储蓄1次，到期1次提取本息；1952年开办存本取息定期储蓄，一次存入，约定存款期限和支取利息的期次，如到期不取，以后可随时支取，但不计复利。20元起存，存期有6～8个月、9～12个月两种，储户较少，1958年停办。1980年5月恢复开办，1982年4月起增办3年、5年期，1986年5月1日起，起存点定为1000元；1980年开办积零成整定期储蓄，存期分3年、5年两个档次，储户每月存入1次，支取时本息合计为1个整数，分200元，300元、500元、800元、1000元、1500元、2000元，1985年4月停办；1952年开办整存零取定期储蓄，储户1次存入，约定存期和支取本金的期次，20元起存，存期有6～8个月、9～12个月两种，支期分为1～3个月，储户少，1954年停办。1985年恢复，储户仍很少。

**定活两便储蓄** 1952年开办，以定期存单为存款凭证，面额固定，随时可支可存，利息随存期长短而变动，由于手续繁杂、储户少，开办不久后停办。1985年9月1日，部分工商银行县支行恢复开办，存单面额有20元、100元两种，存期1年。

**定期有奖储蓄** 1951～1954年，人行毕节支行发售由人行省分行统一编制的保本保值有奖储蓄和爱国节约有奖储蓄存单，该存单在贵阳开奖，各发售地按省分行公布的中奖号码办理承兑手续。1955年，人行毕节中支与重庆市分行联合举办零存整取有奖储蓄，以10万个整户为分配奖金单位，储户每月存入4元，存满12个月为1个整户，也可存半个整户或1/4整户。每月在储单上依次粘贴存款凭证，1月1期，由重庆分行每月开奖1次，按月在发售行兑奖。1957年，后改由省分行联合省内各地区行办理。以后为筹集资金，根据各时期经济发展需要，举办数种有奖储蓄；1958年试办活期有奖储蓄，1962年停办；1982年开办有奖有息储蓄；1988年，商行、农业银行举办实物有奖无息储蓄；建设银行毕节中支举办住宅有奖无息储蓄，头等奖奖3室1厅住宅1套。

**其他储蓄** 1953年12月，配合粮食统购举办优待售粮储蓄，存期1～6个月，存单面额有1元、3元、5元、10元，1955年停办；1986年，农行毕节中支试办存贷结合养老、独生子女、耕牛等定期或零存整取储蓄，储户少。是年农行、工商行试办贴水定期储蓄。7月19日工商行毕节县支行试办大额定期储蓄，利率较同类利息上浮10%。1993年，人行毕节地区分行申请再发行面额1000元，期限为1年的大额储蓄存单1亿元。2005年，开办教育储蓄存款，免征利息税。

## 第五节　贷　款

中华人民共和国成立前，全区仅有手工业作坊11个，商业网点不到6000个。当时金融机构只对其中部分商号、小手工业者和农业发放少量的信用贷款和抵押贷款。中华人民共和国成立后，金融机构贯彻执行发展经济、保障供给的财政工作总方针，按各个时期的金融政策和信贷制度发放工业、商业企业流动资金贷款，固定资产投资贷款、农业贷款和其他贷款。银行各项贷款余额从1950年的0.8万元，上升至2011年的350.01亿元。

**流动资金贷款** 包括工业、商业企业及建筑企业流动资金贷款。1983年前，国营企业流动资金实行以定额为基础的计划管理体制，国营企业经常占用部分定额流动资金，根据各个不同时期的规定，分别由财政、金融供给，银行供给10%～20%；临时占用部分称超定额流动资金，由银行贷款支持。1983年后，国营企业流动资金由过去的财政所有和管理，改为财政所有，由人民银行管理。企业所需流动资金一律改由银行贷款供应，银行按照计划和超计划程序规定发放贷款，并逐步改革流动资金管理体制。对工业企业按计划实行区别对待、扶优限劣的贷款政策；对商业企业按计划实行以销定贷的贷款政策。1984年，人民银行专门行使中央银行职能后，授权各专业银行管理发放企业流动资金贷款。1995年，颁布实施《中华人民共和国人民银行法》后，企业所需流动资金由商业银行按人民银行颁布实施的《贷款通则》规定和商业银行法规定，在国家产业政策指导下给予贷款支持。商业银行发放流动资金贷款以市场为导向，以效益为目标，按区别对待、择优扶持的原则给予企业所需流动资金贷款，贷款实行担保、抵押。贷款人向银行申请流动资金贷款，除必须符合国家产业政策、外汇管理政策和银行的信贷政策外，还必须具备生产经营正常、财务制度健全、资金使用合理，拥有法定资本，有不少于正常流动资金需要量30%的营运资金。流动资金贷款，根据贷款期限的不同，可分为临时贷款、短期贷款、中长期贷款等种类。流动资金贷款包括经国家权力机关核准的企事业法人、个体工商户、其他经济组织等维护生产经营周转需要的紧缺资金。

1.工业流动资金贷款。银行发放的工业流动资金贷款包括国营工业贷款，物资供销贷款和集体工业贷款。贷款余额从1950年的0.4万元，上升到2005年的15.22亿元。

（1）国营工业贷款。1951～1957年，国营工业定额流动资金由财政供应，银行发放超定额流动资金，全专区共计93.2万元。1958年，实行额定流动资金由财政、银行分别供应的制度，银行参与比例为20%。为支持工业大跃进，保证“钢铁元帅”资金的需要，银行层层下放贷款计划和审批权限，扩大贷款范围和贷款额度。一些企业还挪用银行流动资金进行计划外基本建设，职工福利支出，填补亏损和超交税利等财政性支出，致使当年工业贷款余额高达1110万元。1959年，实行全部流动资金由银行供应制度，即全额信贷。是年8月，根据国务院、财政部、人民银行总行《关于清理收回挪用银行贷款的指示》，毕节地、县政府成立由商业、工业、财政、银行组成的流动资金清理办公室开展清理工作。清理收回1958～1959年企业挪用资金2135万元。1960年，银行执行人民银行总行拟定“关于流动资金和财政资金分口管理，放款要有计划，有物资保证，按期归还”的原则，建立贷款审批制度。毕节专区规定：所有企业必须按时向开户银行和企业主管部门编报年度和季度借款计划，各县支行负责审查并向中心支行汇编年、季贷款计划，报经省分行审批下达后，再逐级逐户落实到企业。在计划执行中坚持贷前调查、贷时审查、贷后检查制度和贷款按计划，追加按程序规定。是年7月，地区人行会同地区财政局，工业局核定各县国营工业定额流动资金425.5万元。1961年7月起，全专区国营工业企业定额流动资金供应办法改为80%由财政拨给企业作企业自有资金，20%为定额贷款，已贷出的定额贷款按1961年账面额数转作企业自有资金。超定额贷款仍由银行供应，但对超定额积压物资占用的贷款，由企业订出处理计划，逐步收回贷款。是年，贯彻执行中央“调整、巩固、充实、提高”方针，地、县银行停止对停产企业的贷款，并配合财政和工业主管部门清理、处理下马企业物资财产，收回贷款；对转产企业采取贷款转移、落实债务、加强管理；对资不抵债，确无偿还能力的关闭企业核销贷款；对保留的企业，按银行六条的精神及政策规定给予贷款支持，同时开展清理企业间相互拖欠贷款工作。至1965年，全专区工业贷款355万元，信贷资金逐步趋向正常。1966～1976年“文化大革命”期间，银行信贷受到冲击，合理的规章制度被视为“管、卡、压”而受到批判，导致1975年全地区国营工业贷款上升到770万元。1976年后，银行信贷工作逐步走向正轨。银行配合国营工业企业贯彻执行调整、改革、整顿、提高的方针，从1979年后，银行改革流动资金管理体制。1980年开始，实行区别对待、择优扶持的信贷政策，改过去按生产计划贷款为经济合同和市场需要贷款，重点支持能源、交通、建材、轻工、食品行业的短线产品生产；对产品质次价高、无销路、经营管理差，长期亏损的企业，采取停止新贷、收回旧贷，限期扭亏，加收罚款的措施。1983年7月1日后，国营企业的国拨流动资金，按1983年6月30日企业账面数5500万元全部移交人民银行统一管理，至此，国家财政不再增设企业流动资金，一律改由按银行信贷。银行改变过去按物资储备、产品、产成品需要核定企业流动资金定额的办法，实行以销定贷，即按平均销售资金率核定流动资金和银行贷款额度，以及节约流动资金的百分点调整一次，企业生产、销售增长可同步增长流动资金定额。新办企业，由地方、部门、企业投资的需要自筹30%的流动资金，银行才给予贷款。1987年，地、县工商银行对工业企业排队，确定151户为保优企业。贷款主要用于支持地区卷烟厂、毛纺厂、化肥厂、水泥厂、赫章砂石铁厂、黔西红林机械厂、各县酒厂购进原材料扩大再生产。是年仅毕节卷烟厂流动资金贷款就达1.54亿元。1990年，银行按企业信用等级发放流动资金。全地区发放流动资金贷款金额3.37亿元。1995年，商业银行法实施后，工业企业流动资金按人民银行制定的《贷款通则》规定发放。1997年，专业银行过渡为商业银行，调整贷款投向，各商业银行把资金投入到事关毕节地区经济社会发展与进步相关的重点行业和产业。2000年，全地区工业企业流动资金贷款余额8.73亿元。2001年后，各商业银行把资金投向煤、煤化工、电、交通等重点行业和重点产业的同时，加强对中小企业的拓展工作。2005年，全地区工业流动资金贷款余额15.22亿元。

（2）物资供销贷款。1960年，银行与地县物资局建立信贷关系，物资企业经营业务所需流动资金一律按计划由人民银行供应，采用进贷销还的商品流转贷款办法，给物资企业提供货款。是年对物资系统发放贷款28.5万元。1962年，物资系统所需流动资金40%由银行贷款。1965年，全地区物资系统贷款余额116万元，1969年下降至58万元。1983年，清查以前收购入库不合格机电产品和钢材，经地区经委、财政、物资、银行共同审定后，按规定冲销企业自有资金和银行贷款。1984年后，物资供销贷款同商业贷款。

（3）集体工业贷款。1951年，银行开始对手工业发放少量贷款以支持其生产。1955年末，贷款余额3.7万元。1956年，对组织走合作化的铁、木、竹器生产合作社、合作小组、农具厂生产经营流动资金不足部分给予贷款支持。1958年后，手工业贷款贯彻自力更生为主、国家支援为辅方针。对拥有流动资金，并按国家计划与国营商业企业、供销合作社进行加工、订货、包销的产品给予必要的贷款支持，对其贷款限额不得超过其自有流动资金数，对无自有资金和亏损企业不贷款。1972年末，全地区贷款余额98.7万元。1973年，支持小铁厂、小煤窑、小农机、小化肥、小水泥厂的发展，发放城镇集体工业无息贷款30万元，期限1年，最长不超过2年。1979年后，根据中国人民银行《关于城镇待业人员兴办集体企业开户、贷款暂行规定》，经县以上主管部门开办并持有工商行政部门发给的营业执照，有一定资金，实行独立核算，自负盈亏的集体企业可在银行开户。对在银行开户的集体工业企业，凡是产品对路、质量好、有盈利，但由于原材料到货出现周转资金困难者，可向银行申请流动资金贷款，也可申请添置部分设备贷款。是时毕节地区贯彻“改革、开放、搞活”方针，集体工业发展很快，地、县银行按照集体企业贷款有关规定和区别对待、择优扶持的原则，重点扶持一批集体工业企业。1988年底，全地区集体工业企业贷款余额1624万元。1995年后，集体工业贷款按商业银行法规定和《贷款通则》申请贷款。2000年，全地区城镇集体工业贷款余额2374万元。2005年底，城镇集体工业贷款余额2108万元。

2. 商业流动资金贷款。包括国营商业、粮食、供销社、外贸贷款，集体商业贷款和个体商业贷款。贷款余额从1950年的0.5万元，上升至2005年的20.11亿元。

（1）国营商业贷款。1953年前，国营商业贸易公司的收付，实行中央贸易金库制度。1953年，根据人民银行总行、商业部《国营商业短期放款暂行办法》，人行毕节支行首先与毕节百货公司建立信贷关系，开办定额放款业务。双方协议；百货公司分批贷款每笔金额不得少于500元，分批偿还每笔不得少于1000元，贷款期限按单位商品平均周转期计算。是年，贷款余额36.8万元。以后，人行毕节支行与国营商业企业陆续建立信贷关系。银行对商业贷款分定额放款，季节性放款、结算放款、大修理放款、临时放款。1956年10月起，人行毕节中支将部分国营商业企业的信贷下放到县支行办理。1958年4月1日起，国营商业企业与人行毕节中支的信贷关系全部转移到各县支行。1953～1958年，银行不仅贷款支持商业业务发展，还支持商业兴办商办工厂10多个。1957年底，全专区国营商业贷款余额1690万元。1958年，银行对收购工农业产品资金不受计划限制，充分供应。商业放款违反物资保证原则，搞存贷合一，进货贷款，销货还款；推行四联单结算凭证，由收购员随身携带，就地收购，就地签发结算凭证，自下而上办理贷款手续。是年底，全专区商业贷款余额增至1.19亿元。出现赊销、预付货款和指山买树、指河买鱼等收购行为贷款，给国家资金造成不应有的损失。1961年，全专区银行协助商业部门开展清物资、清资金、清账务工作。1962年、1964年，两次报请省人行、省商业厅批准，拨专款核销全专区商业系统各公司、厂、场损失2124万元，相应银行收回贷款。同时，取消存贷合一，实行存贷分户管理。1965年，国营商业贷款余额2482万元。商业信贷资金使用逐渐趋于正常。1966～1976年“文化大革命”中，恢复存贷合一做法。1974年，根据人民银行总行、商业部《商业贷款办法》，银行对商业企业贷款分商品流转贷款、农副产品预购定金贷款和大修理贷款。银行对地区商业二级站和批发企业按进货计划，对零售企业按商品库存计划掌握贷款。超计划及零售企业自有资金不足，只要办理追加手续，亦可暂时贷款。其间，由于企业自编进货计划宽打窄用，加上企业盲目进货，商品积压，贷款不断上升。1975年末余额达3645万元。1976年后，银行协助企业清理有问题商品和资金，帮助企业健全商品采购和财务管理制度，改善企业经营管理，提高资金使用效益。1978年后，银行贯彻对外开放、对内搞活方针，扩大贷款服务领域，适当放宽贷款的范围和用途。自1980年起，增办单项设备5万元以下的小额设备贷款、商业服务网点基础设施贷款及联营贷款、租赁承包企业贷款、商办工业技术改造贷款、新产品试制贷款。允许依法注册登记的集体、个体商业、饮食、服务业在银行开立结算账户，并给予贷款支持。对商业企业的贷款改变过去按企业进货计划贷款的办法，实行以销定贷、以销定购、区别对待、扶优限劣的信贷原则。1984～1985年，按上级指示，由各县纺织品公司、土产公司通过基层供销社对26.6万人赊销棉布、棉絮。银行对赊销所占用的贷款免计利息。1987年，对商业企业信用评估和分类管理。根据国家商业购销政策和企业管理水平，全地区评出保优企业212户，限劣企业63户。对保优企业在其挖掘内部资金潜力的前提下适当贷款支持；对限劣企业，采取控制贷款总量，适当压缩贷款的措施。1990年，全地区商业贷款余额6.56亿元。1995年后，商业企业流动资金贷款与工业企业流动资金贷款管理办法基本相同。1995年，全地区商业企业流动资金贷款余额17.08元，2000年31.57亿元，2005年20.11亿元。

（2）粮食贷款。1953年，粮食部门收购粮食资金由国家粮食部向人民银行总行办理贷款，逐级下拨。是年秋粮上市，人行毕节中支首次发放粮食收购临时贷款3.5万元，拨付各县支持粮食收购。1955年，各县粮食部门在银行开户贷款，贷款每季结息1次。1957年，各县粮食收购贷款下放到区营业所办理，采取自下而上的办法结算，由区营业所贷款给区粮管所，上划县支行减少县粮食局贷款。1959年，粮食贷款改为农副产品收购贷款，预购定金贷款和特种贷款。1981年，粮食贷款分议价粮油、平价粮油专户贷款，按国家计划收购的平价粮油仍实行充分供应资金的方针；议价公司在资金不足时，可贷款支持。由于毕节地区粮食长期不能自给，靠从外地调粮供应，粮食部门从外地购粮资金也由银行贷款支持。1988年，全地区粮食贷款余额9752万元。1998年，国家改革粮食流通体制，地、县农业发展银行根据国务院敞开收购、顺价销售、封闭运行的政策规定，对执行保护价的粮油收购资金进行封闭式管理，按收一斤粮，给一斤粮款的原则保证粮油购销企业敞开收购农民余粮资金的供应；对退出保护价的粮油收购执行以销定贷、以效定贷的信贷政策。1998～2004年，累计发放收购保护价粮油贷款1.52亿元。1998～2005年，累计发放收购非保护价粮油及粮食调销贷款2.47亿元。

（3）供销社贷款。1954年前，供销社贷款由省供销社办理。1954年，下放供销社贷款，人行毕节中支选择海子街、汉屯营业所试办供销社贷款。对工业品供应贷款，按进货实际需要贷款，并规定基层供销社自有流动资金不得少于季末库存额的15%；包装用品、低值易耗品，预付费资金全部由自有资金解决，银行不予贷款；农副产品采购贷款于第四季度开始，对国家统购又必须掌握的物资充分供应资金，对收购其他一般农副产品，按上级批准的收购计划和贷款计划供应资金，超计划购进需追加批准才能贷款。进货贷款分商品流转贷款、临时贷款、结算贷款。1956年，地、县银行对实行独立核算的供销社所属公司，推行人民银行总行《县以上各级供销合作社短期放款暂行办法》，规定银行贷款与单位自有资金用途必须严格划分，借款单位参加商品周转的流动资金，供应单位不得少于季末商品库存的15%，采购单位不少于5%。贷款分计划商品储备贷款、超计划商品储备贷款、进货预付贷款、临时贷款、结算贷款、特种贷款。1957年，根据人民银行总行《供销合作社短期放款办法的若干问题的补充规定》，对国务院规定的粮、棉、油等12种主要农副产品及省确定的吴萸、天麻、银耳等12种中药材和生漆、五倍子、棕片的采购，充分供应资金，不受贷款计划限制。1958年，供销社贷款按商业贷款办法办理。1963年，将商品流转贷款分为工业品供应贷款和农副产品贷款两个账户，供应贷款按计划执行。收购一、二类农副产品超计划时，在来不及追加的情况下，允许边报边贷。1974年，银行对供销社贷款分商品流转贷款、农副产品预购定金贷款和大修理贷款。1979年，供销社贷款划归农业银行办理。1981～1982年，全地区基层供销社，享受中央、省规定的定额内贷款低息照顾。1982年，全地区供销社开展清理商品、清理资金工作。银行对供销社清理出有问题商品、资金设立专户管理，对按计划处理的不加罚息，不按计划处理的按逾期贷款、积压商品占用贷款、挤占挪用贷款分别加收20%、30%、50%的罚息。1984年，农行毕节中支与地区供销社在纳雍县维新区供销社进行改进供销社贷款办法试点。实行以销定贷，择优扶持的信贷原则，并在全地区推广。1985年四季度起，对收购农副产品贷款实行专项管理。计划内收购的按实际需要供应资金；超计划收购的按批准收购量及银行资金情况供应；收购一般农副产品，按以销定贷原则和资金情况掌握供应；对限制生产的农副产品收购，则限制其资金供应。各县人行发放烤烟收购款贷款采用下贷上转办法。贷款直接上划人行省分行，及时供应烤烟收购资金以防止打白条收购烤烟。烟叶收购业务从供销社划出后，供销社贷款与商业流动资金贷款办法相同。2005年，全地区农副产品收购贷款18.97亿元。

（4）外贸贷款。1959年前，外贸商品收购资金基本上由外贸企业自有流动资金解决，贷款很少。1961，地区外贸局成立后，人行毕节中支每年根据中央和省下达的物资出口计划，按收购季节分别发放商业流转贷款、季节性贷款和临时性贷款。贷款按国营商业贷款办法办理。1989年，中国银行毕节支行成立后，外贸贷款由中国银行毕节支行贷款支持。1998年后，外贸企业经营不景气，所需贷款逐年减少。

（5）外汇贷款。1989年12月，中国银行毕节支行向毕节卷烟厂发放首次利用外汇贷款100万美元，购进德国普托洛斯卷接机组。1992年12月，给予毕节卷烟厂外汇贷款132万美元，以后中国银行毕节支行分7次向该厂发放1278万美元外汇贷款。1988年起，农行毕节地区分行向大方、纳雍、织金县发放世界银行贷款支持畜牧业、林业生产。2004年，外币贷款余额235万元。2005年收回。

（6）集体商业贷款。1953年前，银行对集体经营的合作商店和合作小组，原则上不贷款，只有在节假日供应和进货集中，资金周转发生困难时，才适当给予临时短期小额贷款。在发放贷款时，必须经归口领导的国营公司提出贷款意见，并作经济担保，银行才予审查贷款。全专区集体商业贷款每年在10万元以内。1958年，银行停止对集体商业发放贷款。1962年，银行恢复对合作商店贷款，贷款仍按以往采取方式办理；对合作小组，饮食服务行业不予贷款，对明集体暗单干的合作商店，不发放新贷，收回旧贷。1979年后，贯彻扶持集体商业政策，凡经县以上主管部门批准．持有工商行政部门的营业执照，有一定自有流动资金，独立核算，自负盈亏的集体企业，允许在银行开立账户。在节日和集中进货困难时，经申请，银行给予商品流转贷款支持。对集体饮食、服务、修理行业，还给予其购置营业用的简单设备、工具一次性临时贷款支持，并按实际情况决定贷款期限，可分期归还，最长不超过2年。

（7）个体商业贷款。中华人民共和国成立初期，人民银行贷款扶持私营商业正当经营。1952年，对全专区1000多户私营工商业户贷款13万元。1953年起，对私营工商业户贷款只收不贷。1955年，对私营工商业户经营资金有困难的零售商适当贷款支持。1956年起，停止对个体工商业户贷款。1980年，恢复个体工商户贷款。1990年，全地区集体、个体工商户贷款余额344万元，1995年1358万元，2000年314万元，2005年319万元。

3.建筑企业流动资金贷款。1979年～1984年建筑企业流动资金贷款，年均约30万元。1984年后，建筑业发展很快，房地产开发也随之兴起，银行对城镇综合开发企业资金不足部分提供商品房贷款。1990年，全地区建筑企业及房地产贷款余额581万元，1995年1289万元、2000年达5387万元。2004年后，贷款开始逐年下降。2005年，全地区建筑企业流动资金贷款391万元。

**固定资产贷款**　包括基本建设投资、技术改造投资贷款和老少边穷地区发展经济贷款（简称支边贷款）及地方经济开发贷款（简称开发贷款）。贷款余额从1982年的520万元上升至2011年的147.20亿元。

1.基本建设、技术改造投资贷款。中华人民共和国成立至1978年国营企业基本建设投资和技术改造投资资金由财政拨款，银行不予贷款。1979年，银行从单纯发放流动资金贷款扩大到固定资产贷款。是年首次对金沙长征电站发放固定资产贷款30万元。1984年，建行毕节中支开办基本建设投资贷款，当年发放302万元支持毕节、黔西化肥厂节能改造。1985年起，根据国家计委、财政部、中国人民建设银行《关于预算内基本建设投资全部由拨款改为贷款的暂行规定》，全地区预算内基本建设投资全面推行拨改贷，由过去财政拨款无偿使用改为银行贷款有偿使用，拨改贷资金由各级财政拨给建设银行，由经办行与基本建设单位签订贷款合同，在项目建成投产后逐年收回贷款。1995年后，企业基本建设投资贷款和技术改造投资贷款，除必须符合《贷款通则》和银行贷款客户的资格条件外，其申请的项目还需具备：符合国家产业政策，资金比例不得低于20%，配套资金来源明确并有保证，采用的工艺技术，设备先进适用方能贷款。基本建设投资贷款余额，1984年302万元，至2005年已达19.86亿元；技术改造建设投资贷款从1979年的30万元，上升至1990年的9030万元，1995年技术改造投资贷款余额5733万元，2005年下降至149万元。

2.支边贷款、开发贷款。从1983年起．人民银行开办老革命根据地、少数民族地区、边远山区、穷困地区发展经济贷款（简称支边贷款）和地方经济开发贷款（简称开发贷款）。是年银行贷出支边贷款183万元，以后逐年增加。1995年，发放支边贷款3735万元。1985年贷出开发贷款717万元，1995年贷出220万元。两项贷款均按指令性计划进行管理。资金计划随建设项目订，贷款项目列入国家基本建设计划，由人民银行审定，委托专业银行代理发放，贷款期限一般1～3年，个别项目可延至5～7年。支边贷款实行优惠利率，月息3‰。贷款审批实行分级责任制。1987年前，由人民银行省分行集中管理。1987年后，审批权限适当下放，贷款总额在50万元以上的项目，由人行毕节中支做好评估论证工作，写出专项评估报告，报人行省分行审批；贷款总额在50万元以下的项目，由人行毕节中支在人行省分行核定的贷款额度内负责审批。支边贷款和开发贷款主要用于支持电力、卷烟、烤烟、毛棉纺织、建材、冶金、化工、食品、农（牧）业、林业、乡镇企业的开发扶贫和技术改造。

**农业贷款** 银行发放农业贷款始于民国31年（1942），由中国农民银行毕节办事处及中国农民银行大定、黔西、威宁分理处办理。当时由于贷款审批往返费时，且货币贬值于瞬间，农民不愿贷款，加之银行资金拮据，贷款发放极少。民国34年（1945）停办。新中国成立后，人民银行、农业银行把农业贷款作为实现党在各个时期发展农业生产的重要措施，先后举办过农户贷款、国营农业贷款、集体农业贷款、乡镇企业贷款、扶贫贴息贷款、预购定金贷款。贷款余额从1951年的16万元上升至2005年的23.02亿元。银行在农村发放的农户贷款，主要通过由农村信用社办理。

农户贷款。1956年前称农民贷款，1956年后称社员贷款。1980年后，称两户贷款。1983年后，称三户贷款。1950年初，人行毕节支行发放农民贷款700元，帮助毕节城郊贫困农民解决生产、生活困难。1951年，人行毕节中支执行“深入农村、帮助农民解决困难，发展生产”的农村金融工作方针，先后向毕节县的海子街、朱昌、燕子口、撒拉溪，黔西县的大关、沙窝，大方县的羊场坝、瓢井，织金县的珠藏、八步，金沙县的安底，赫章野马川等区镇派出流动工作组配合土改，宣传农贷政策。同时向贫雇农和部分有困难的下中农发放耕牛、农具、种子和生活贷款。时限一般是春借秋还。1952年，普遍建立人民银行区营业所，农民贷款在全地区普遍展开，借款用途扩大到兴修小型农田水利，购买牛、马、羊、猪养殖和铁木竹器加工等，贷款期限延长至2年。1955年，人行省分行和人行毕节中支联合工作组按“多缺多贷、少缺少贷、不缺不贷”的原则在毕节县海子街区观音桥进行发放贫农合作基金贷款试点，取得试点经验后，在全地区普遍开展贫农合作基金贷款，支持15万余户贫农交齐生产费用底垫金；消除部分富裕农民怕入社吃亏的心理，促进全专区农业合作化进程。1956年，银行先后增设极贫户贷款、口粮贷款和灾区口粮无息贷款。以帮助部分社员解决生活困难。

1.极贫户贷款。1956年，经中共毕节地委批准，从农贷基金中划出116.23万元作为社员极贫户贷款，用以解决其生活困难。极贫户贷款指标分配各县，由区营业所与乡干部共同审定，发放贷款，贷款期限3～5年。之后，逐年均照例适当安排指标。1964年，安排养猪极贫户专项贷款指标22.1万元。1965年，将极贫户贷款更名为支持贫下中农贷款。

2.口粮贷款。1956年，银行对有生活困难的社员发放生活贷款，春借秋还，称活承贷款。其后，根据国家安排社员的返销粮数，对购买返销粮有困难的社员发放一定数量的口粮贷款。1979年后，该项贷款逐渐减少，1984年停办。

3.灾区口粮无息贷款。从1956年开始，根据国家安排受灾社员口粮供应数，银行拨出灾区口粮贷款指标解决灾区吃粮资金困难，期限一般为1年。1962年起，该项贷款改为无息贷款，贷款期限延长至2年。至1979年底，全专区银行共发放灾区无息口粮贷款11次，金额339.9万元。1980年农行毕节中支召开全地区营业所主任会议，贯彻省政府《关于放宽农村政策，支持“两户”（重点户、专业户）发展商品生产的指示》精神，农户贷款对象从单纯支持粮食生产、解决社员生活困难逐步转变为支持从事农、林、牧、副、渔各业承包户、自营户以及从事工业、商业、饮食服务业、建筑建材业、运输运销业的专业和经济联合体发展经济。凡是经营项目符合国家政策规定，产品符合社会需要，有偿还能力者均可发放。贷款用途也从生产、生活费用扩大到流动资金、生产设备等。1983年，农行毕节中支为支持两户开发本地资源，在威宁、赫章、纳雍、大方4县试办贷款期限为5～10年的开发性贷款，支持2012户专业户发展林业、牧业、渔业生产。1984年后“三户”贷款主要支持种植、养殖业发展以及食品加工、运输、商业服务等行业。是年底，将该项贷款余额116万元并入扶贫贷款项目。

**国营农业贷款** 1953年起，人民银行先后对毕节、黔西、金沙县国营农场发放流动资金贷款。1954年省农业厅、省人民银行拟定《贵州省国营农（牧）场放款试行办法》，规定贷款对象，以实行企业化经营的农（牧）场为主；专、县级示范繁殖农（牧）场原则上不贷款，但确有示范繁殖作用的，有还款能力的，经主管部门批准，可发放流动资金贷款；公安部门所属农场，专案报省人民银行审批后，可发放短期流动资金贷款，期限1年，由主管部门担保。1959年，对国营农场所需流动资金，银行不再贷款，所欠银行贷款由财政拨款还清。1962年，恢复对国营农场所需生产流动资金贷款。贷款从严掌握，在出售农产品时收回。1980年，按照《中国农业银行国营农业企业贷款试行办法》规定，国营农业贷款对象为经县以上领导机关批准设立，实行独立核算，拥有定额流动资金的国营农业企业单位，主要举办设备贷款和流动资金定额贷款。设备贷款期限1～3年，最长不超过5年，流动资金贷款最长期限不超过1年。1986年，贷款支持国营农业企业推行承包责任制和举办职工家庭农、牧、渔场和农工商综合经营体制改革。1988年后只收不贷。

**集体农业贷款** 1954年银行贷款帮助互助组添置农具、推广良种。1955年，设立农业生产合作社贷款项目，解决农业生产合作社购买种子、化肥、农药资金困难。是年10月后，贷款种类分基本建设贷款、生产费用贷款。基本建设贷款主要用于老社逐年增加设备的贷款为主，新社着重解决一般生产资料困难。基本建设贷款期限3～5年，贷款数额一般不超过各社全年总收入的10%～20%或历年所积累的公积金数。生产费用贷款期限1年内。1958年，农业贷款额度大幅增加，当年全地区发放贷款2287万元，占农业贷款总额的98.7%。1961年，银行不贷农业基本建设、农业机械等固定资产资金，年底贷款余额下降至632.4万元。较1958年减少15%。1962年，农业贷款以生产队或生产大队为单位。贷款执行自力更生为主、国家支援为辅的方针。社队购买牲畜、大型农业机械设备在公积金不足时，由国家财政拿钱，委托银行发放长期无息贷款解决；对一般设备贷款、生产费用贷款，执行贷款与物资供应相结合的原则。1966～1976年“文化大革命”期间，社队农业贷款主要用于农业学大寨。1977年底，全地区社队贷款余额1925.6万元。1978年，社队农业贷款增拨农机专项无息贷款和小水电专项贷款指标358万元，支持社队购买农用机械和兴修小水电工程。1980年后，农村经济体制改革，以生产队为基本核算单位解体。该项贷款有收无放。

**乡镇企业贷款** 1959年，银行开始对公社企业贷款，当年贷出549万元。1961年，清理、整顿公社企业，绝大部分企业停办，公社企业贷款余额转入社队农业贷款科目。1964年起，给予实行独立核算的社队企业临时性、季节性贷款。“文化大革命”期间，社队企业被视为重副轻农加以限制，贷款发放减少。1973年起，逐年增加社队企业贷款。1975年起，给社队企业发放生产费用贷款，生产设备贷款。1978年，全地区贷款余额增至228万元。1980年后，银行加强社队企业贷款管理，执行贷款限额一般不超过所需资金的40%，最高不超过60%的规定。1984年，社队企业贷款更名为乡镇企业贷款，对乡镇企业有一定的自有资金（30%），原材料有来源，产品有销路，生产有技术，经营有效益者，经调查评估给予贷款支持。1985年，对乡镇企业新建发展“拳头”产品，发展消费品生产项目所需资金列入指令性计划，给予贷款支持，是年全地区贷款余额达995万元。1986年，对投资10万元以上的乡镇企业项目，由行署召集有关单位现场办公，共同审定给予贷款支持。1990年。全地区乡镇企业贷款余额2437万元，1995年7853万元。1995年后，乡镇企业贷款同工业贷款。2000年，全地区乡镇企业贷款9214万元，2005年2108万元。

**扶贫贴息贷款** 1986年，国务院决定：从是年开始，在5年内每年安排10亿元支持全国重点贫困县开发经济、发展商品生产，解决群众温饱。贷款期限1～3年，最长不超过5年，月息6.1‰，国家财政贴息4‰。毕节、大方、织金、纳雍、威宁、赫章县被国务院贫困地区经济开发领导小组核定为贫困县。人行毕节中支、农行毕节中支根据人民银行总行《扶持贫困地区专项贴息贷款管理暂行办法》规定，确定贷款投向为投资少，见效快，有市场、有资源优势、有助于尽快解决温饱问题的养畜、养禽、水产、采集、农产品加工、小矿产、小运输、建筑建材、劳务输出业的项目。款主要贷给贫困户或联办户自主使用，或由贫困户承贷，带资直接参加联合体、乡镇企业入股经营，也可贷给为农户提供服务或能为贫困户安排劳力就业的独立核算的各种农、工、商合作经营组织、乡镇企业或少数小型县办企业。扶贫贴息贷款实行地、县扶贫办公室先立项，农业银行组织评估，分级审批管理。10万元以下的由县农行审批，10万～100万元由农行毕节中支审批，100万元以上由省农行审批。贷款坚持有借有还，到期归还，谁借谁还，群众借款自愿、银行贷款自主的信贷原则和制度。单位贷款要求有10%以上的自有资金，500元以下的农户贷款要有经济担保。

**预购定金贷款** 1956，全专区实行粮食预购办法，按预购金额的10%～15%，由上级下达预购定金贷款指标，粮食部门申请贷款，免息付给生产农户，栽种时发放，收购粮食结算价款时收回。1957年，预购品种扩大到油料、茶叶、烤烟、生猪。发放对象扩大到供销、商业部门。人民公社建立后，预购定金预付对象主要是生产队。预购品种除国家规定外，地区增加黑木耳、香菇。1973年，各级银行经地区革命委员会生产指挥部同意，允许供销社系统将部分预购定金贷款发展烤烟房，按计划新建一间烤烟房发给15～30元预购定金。以后每年均发放一定量的烤烟房新建、改建预购定金贷款。1982年后，交售农副产品由集体转变为承包户，农副产品经营逐步放开，预购定金贷款逐年减少。到1988年底，全地区预购定金余额77.2万元，且多属收购部门与生产经营者债权债务关系不明的呆滞资金。

**其他贷款** 1979年始，开办个人住房贷款，1998年始开办汽车消费贷款。2005年底，全地区个人短期消费贷款达756万元，个人长期消费贷款达6.11亿元。1999年始，开办国家助学贷款，帮助在校经济困难学生完成学业，财政部门对申请国家助学贷款的学生给予50%的利息补贴，发放助学贷款除各商业银行参办外，农村信用社也参与办理。1999～2005年，全地区累计发放助学贷款966.75万元．其中2005年发放生源地助学贷款79.75万元。2003年，开办下岗失业人员担保贷款，农业银行对符合贷款条件的均及时予以办理，2003～2004年，全地区累计发放280.32万元。

**信用贷款**　1.城市信用社发放。1987年，兴办城市信用社。在以存定贷、自求平衡的原则下开办信贷业务，主要对城镇集体工商企业、私营个体工商户发放流动资金贷款，对购置耐用消费品的个人也适当短期贷款，贷款利率在国家规定利率的20%幅度内上下浮动。1988年，城市信用社贷款余额467.4万元；1992年1081.2万元；1999年6182万元，其中不良贷款3014万元。以后境清理整顿城市信用社，其贷款业务逐步被中止。

2.农村信用合作社发放贷款。民国25年（1936），国民政府在大定、黔西、毕节、威宁发放救济贷款30万元。贷款由贵州省农村合作委员会派驻各县办事处组织并通过信用预备社办理。以后由县合作金库和农村信用社组织发放少量的农业贷款，至民国32年（1943）6月底，共发放84.48万元。民国35年（1946）后，法币贬值加剧，贷款业务几乎停办。中华人民共和国成立后，农村信用合作社先后发放过农民贷款、社员贷款、“两户”“三户”贷款、集体农业贷款和乡镇企业贷款、农户小额贷款、农户联保贷款。贷款余额从1953年的0.36万元，上升至2005年的28.52亿元。1953年起，试办农村信用合作社，向入股社员中的贫下中农发放临时生产和生活困难贷款，是年全地区贷款余额0.36万元。1955年对未入股的农民，在信用合作社资金有余的情况下也给予一定的贷款，但利率适当上浮。1956年起，农村信用合作社向生产生活困难的社员发放贷款。同时，经银行批准开始向农业生产合作社发放短期生产费用贷款。1958年，对人民公社的管理区发放生产费用贷款、基本建设贷款，共贷出2505万元。此贷款延续到1961年。1962年，按银行“信用社只有在不欠银行贷款的前提下，才能对生产队、生产大队发放少量的农业生产费用贷款”的规定，信用社基本停止对生产队、生产大队的集体农业贷款业务。1972年起，国家银行对部分农村信用合作社实行农贷指标包干，允许包干对社队发放生产费用和对社队办的企业（亦称乡镇企业）发放生产费用贷款。1981年5月，召开毕节地区信用社工作会议，明确信用社贷款以帮助社员解决生产、生活困难为主转向支持承包经营户和专业户发展商品经济为重点，农村信用合作社贷款支持农村经济发展的方式发生以下转变：一是由支持传统农业向支持现代化农业转变，二是由支持粗放型经营向集约型经营转变，三是由支持自给半自给经济向支持商品经济转变，四是支持社队生产费用和生产设备贷款向支持个体户、专业户、重点户转变，五是由过去信用社对生产队贷款向对农户贷款转变。贷款投放围绕以市场为导向，以效益为目标，促进农村各业发展。2002年起，全地区开展创建信用村镇活动，开展农户小额信用贷款和农户联保贷款。在核定的额度内向农民发放小额信用贷款不需抵押、担保，贷款可周转使用，贷款利息实行优惠。采取3～5户农户自愿联合、依约还款、风险共担的办法组成相互联保小组，信用社向联保小组发放贷款，贷款期限一般不超过3年。是年，全地区信用社共发放贷款13.99亿元，农村59.2%的农户得到信用社贷款。2005年全地区农村信用社发放“三农”贷款29.33亿元，支持66.33万户农户发展农业、畜牧业及商业。2011年末全地区农村信用社“三农”贷款余额115.53亿元。

## 1950～2011年毕节地区银行、信用社存、贷款余额统计表

单位：万元

| 年度 | 银行各项存款余额 | 农村信用社存款余额 | 银行各项贷款余额 | 农村信用社贷款余额 | 年度 | 银行各项存款余额 | 农村信用社存款余额 | 银行各项贷款余额 | 农村信用社贷款余额 |
|---|---|---|---|---|---|---|---|---|---|
| 1950 | 30 | | 0.8 | | 1981 | 15259 | 2831 | 22899 | 3187 |
| 1951 | 149 | | 38 | | 1982 | 23306 | 3910 | 29944 | 4040 |
| 1952 | 367 | | 164 | | 1983 | 19798 | 3296 | 29855 | 4938 |
| 1953 | 392 | 0.1 | 483 | 0.36 | 1984 | 27973 | 3314 | 29477 | 6438 |
| 1954 | 348 | 8 | 869 | 9 | 1985 | 34831 | 3965 | 60058 | 7159 |
| 1955 | 480 | 72 | 2927 | 65 | 1986 | 48410 | 4376 | 84209 | 9177 |
| 1956 | 600 | 187 | 3902 | 404 | 1987 | 50647 | 5167 | 100052 | 10547 |
| 1957 | 998 | 116 | 4617 | 379 | 1988 | 57965 | 8378 | 116125 | 11230 |
| 1958 | 5170 | 2267 | 15273 | 1024 | 1989 | 71441 | 8844 | 130455 | 12386 |
| 1959 | 4511 | 2018 | 16865 | 796 | 1990 | 78071 | 9699 | 144256 | 13543 |
| 1960 | 4239 | 1723 | 16328 | 1115 | 1991 | 93974 | 12094 | 157519 | 15626 |
| 1961 | 3975 | 1942 | 13930 | 987 | 1992 | 109877 | 14489 | 170783 | 17709 |
| 1962 | 2962 | 914 | 10931 | 828 | 1993 | 121858 | 16934 | 201449 | 18890 |
| 1963 | 2966 | 922 | 8373 | 767 | 1994 | 135512 | 21239 | 232007 | 21809 |
| 1964 | 3676 | 1573 | 8448 | 863 | 1995 | 184128 | 27729 | 311640 | 25879 |
| 1965 | 3812 | 1690 | 9491 | 1043 | 1996 | 243597 | 30204 | 420034 | 29034 |
| 1966 | 4857 | 1893 | 11652 | 1192 | 1997 | 382572 | 44154 | 650366 | 39662 |
| 1967 | 5292 | 2162 | 11326 | 1345 | 1998 | 435155 | 49623 | 778961 | 45634 |
| 1968 | 5314 | 2262 | 8969 | 1173 | 1999 | 484989 | 61588 | 849003 | 53638 |
| 1969 | 4801 | 1670 | 10181 | 1321 | 2000 | 511629 | 73763 | 764004 | 66182 |
| 1970 | 5459 | 1944 | 13316 | 1279 | 2001 | 666728 | 103463 | 807058 | 94777 |
| 1971 | 6682 | 2796 | 12879 | 1018 | 2002 | 815179 | 139286 | 823454 | 134645 |
| 1972 | 6928 | 2711 | 12467 | 1116 | 2003 | 1031520 | 219242 | 926463 | 200954 |
| 1973 | 7161 | 3146 | 13553 | 1183 | 2004 | 1336662 | 213233 | 1025088 | 194262 |
| 1974 | 7149 | 3037 | 13023 | 1227 | 2005 | 1706290 | 320675 | 1151728 | 285210 |
| 1975 | 8368 | 3375 | 13662 | 1223 | 2006 | 2033933 | 470929 | 1313047 | 384954 |
| 1976 | 7952 | 3245 | 12492 | 1342 | 2007 | 2455059 | 619548 | 1465639 | 473059 |
| 1977 | 10143 | 3676 | 15156 | 1359 | 2008 | 3134345 | 861679 | 1682313 | 590640 |
| 1978 | 10449 | 3970 | 15868 | 1593 | 2009 | 4241311 | 1134568 | 2203784 | 840535 |

续表

| 年度 | 银行各项存款余额 | 农村信用社存款余额 | 银行各项贷款余额 | 农村信用社贷款余额 | 年度 | 银行各项存款余额 | 农村信用社存款余额 | 银行各项贷款余额 | 农村信用社贷款余额 |
|---|---|---|---|---|---|---|---|---|---|
| 1979 | 12042 | 3644 | 17251 | 2338 | 2010 | 5509225 | 1615866 | 2825161 | 1097376 |
| 1980 | 12464 | 2900 | 19173 | 2824 | 2011 | 6243362 | 2011262 | 3500102 | 1348800 |

## 第六节　集体与民间金融活动

**农村信用合作社金融活动**　1952年，区内农村信用合作社动员农民自愿入股集资组织信用社以互相调剂余缺，打击高利贷，解决农村贫困农民生产、生活中遇到的困难。1953年，开始吸收农村中的闲散资金，逐步开办农民个人活期储蓄，定期储蓄业务，同时向入股社员中的贫下中农发放生产、生活贷款。1956年，信用社向社员发放生产、生活贷款。1966～1976年“文化大革命”中，主要发放社员口粮贷款。1972年后发放部分社、队及社队企业生产费用贷款，1978年后，农村信用合作社逐步扩大存款范围，采取以贷引存，以存定贷，扩股等措施，充实资金实力，立足“三农”，向“三户”提供贷款支持。信用合作社吸存存款，除按规定向银行缴存一定比例的存款准备金、存款备付金外，其余充作信用合作社的信贷资金，多余部分转存银行。农村信用合作社的信贷资金由社员股金、存款组成，不足部分向银行贷款。1953年，农村信用合作社员股金0.1万元，1957年90万元，1961～1983年，维持在250万元左右。1984年后发展较快，2005年达1.41亿元。1983年前，农村信用合作社信贷资金及费用主要由银行贷款支撑。1983年后，逐步根据自身实力，按规定向国家银行取得贷款支持，信贷范围逐渐扩大。农村信用合作社信贷，1996年前资金由农业银行统筹安排。1997年后，资金余缺由县联社统筹调度。1963年前农村信用合作社，盈余社对入社社员兑现分红，以后分红中止，1983年后恢复入股社员兑现分红制度。1958年，农村信用合作社除办理农村存、贷款业务外，还代理银行发售活期有奖储蓄。1994年后，开办代收、代付水电费、税费、代发工资等中间业务。2003年起，开办通存通兑业务。2005年还开办信合卡业务。

**城市信用社金融活动**　1987年成立城市信用社，按省人民银行的批准办理：城镇集体企业和私营企业存款、汇款、汇兑结算业务及个人生活贷款业务；办理城镇个人储蓄业务；代理人民银行批准的证券业务和其他金融业务；代办保险及其他代收、代付委托业务。城市信用社存款执行国家统一利率，贷款业务允许在国家规定利率的20%内上下浮动，城市信用社按规定向国家银行上缴存款准备金，城市信用社具有法人资格。6家城市信用社资金由股东集资，其分配原则为：股息加分红之和为股金的15%～20%，股息在成本中列支并在年终1月内付给。年终盈余分配方案各社不尽相同。6家城市信用社建立后之后在国家紧缩银根，控制信贷规模的情况下，吸收社会游资，支持集体企业和私营企业经济发展，搞活商品流通，取得良好的社会效益和经济效益。1996年后，由于部分城市信用和人员素质不高，管理松弛，导致两呆贷款加大，逐渐出现高风险经营。毕节市星火城市信用社虽曾一度出现挤兑现象。经人行成都分行批准，动用存款准备金，平息挤兑。

**典当** 典当亦称当铺或押店。典当经营以收取粮食、衣物、古玩玉器、珠宝、金银首饰、金石书画作抵押，当款一般按典当物品一半或略高一点付给。其业务程序一般为：首先检验典当物品的真伪、质量优劣、价值高低，然后当面议价，估价时有意低估，值十当五，或按值八扣再打对折作为当价。成交后当场给押当人开具当票，当票须写明押当物品名称和数量、金额、利息、经手掌柜、年月日或其代号。抵押贷款按月计算，过期5天内仍以1月计息，过期6天按两月计息，到期无钱赎回当物者，可在期满前1天办理延期手续，交纳5个月利息延续1期，再续时照此办理，第三期满不赎，成为死当，不能再赎。取当时，押当人必须向当铺交纳当物款及利息，到期既不赎取当物又不续当者，当铺也作死当对待。典当属高利行业，需经相关当局批准后方能开业。1987年，有典当业后，典当业由人民银行管理，2000年后移交经贸委归口管理。

**银楼、钱庄** 银楼除经营收兑和买卖金银外，也兼营钱庄业务。1937～1945年抗日战争时期，出现“战时繁荣”景象，一些商号以商号名义兼营存、贷、汇业务。存款以定期为主，期限长则1年，短则十天半月。放款以短期拆借为主，多重信用，也有以商号商品，实物为押抵者。放款期限一般为1月左右。为客商办理到期贷款的收付，则紧紧抓住买卖双方的比期（兑现日期），向赚钱一方吸收存款，向亏本一方高息贷款，从中营利。民国36年（1947），多以渝票为比期，即每月15日为小比期，月终为大比期，到比期应收应付都要兑现。渝票买卖，采用买汇时在毕节用款于重庆交款，采用汇款时在毕节交款于重庆用款，可先交后用，也可先用后交。费用收取依据用款方式而定，通常以买汇方式承办的要收贴水，以汇款方式承办的要付汇费。

**兑换** 民国3～24年（1914～1935），流通货币以银圆为主，银毫、铜圆为辅。由于银圆的品种复杂，币值大小不一，成色各异，互相对换的比值存在差异。为方便交易，出现银钱兑换业。毕节银钱兑换专营很少，一般都以经商兼营兑换。兑换方式有以大换小，以零换整，以银圆、银毫换铜圆，以铜圆换银圆、银毫。在兑换过程中，双方均需相互贴水，贴水多少，则需视其成色高低，所需急缓，市场余缺等情况而定。银钱兑换业者还利用各地交通不便和使用货币的习惯不同，市价高低以及地域间价格的差异进行贩运倒卖，从中取利。

**民间借贷** 民间借贷活动在明清时期已较普遍。民间借贷，分高利贷和一般借贷两类。一般借贷是乡邻亲友之间调剂余缺，互相帮助，一直延续至今；高利贷则乘人之危，谋取暴利，民国时期最为盛行，中华人民共和国成立后受到人民政府的打击和制止。清代高利贷形式主要有：营账、客账、卖青苗。营账是乾隆年间，官吏所放的一种债。例以制钱800文贷出，由借款人立1000文借据，按月息5%计算，3个月计复利1次，到期不能归还者，则另立借据，仍以800文作1000文本金，1年结算4次，年终收本息1749文，翻本金2.19倍。客账，是地主、富豪向贫苦士民所放的一种债，一年的利息约为借款本金的2.7倍。卖青苗，是地主在青黄不接时以谷物放出，要农民用地里的青苗作抵，秋后还给粮食。有借粗粮，还细粮的，利息一般是借1斗还1.5～2斗，民国时期增至3斗，若是秋收到期不能还，其所耕种的土地就被接管、兼并，称管业。民国时期民间借贷的主要方式有质当、借贷两种。质当以牲畜、土地甚至子女作为借贷本息的抵押品，利息以金钱，谷物或农副产品付给。如过期不赎，即失其所有权，以子女作为抵押的，子女则作为富豪、地主的长工或丫头；借贷一般不需以物抵押，月息10%～100%。农村借贷方式还有贷放牲畜、借物还劳等方式。贷放牲畜方式为：无力购买畜种人家，向富户借牲畜饲养（一般为母畜），牲畜喂养成龄后，所生幼畜，按约定分成，幼畜成龄后仍按约定分成；借物还劳多发生在春荒、夏荒时节，债主借给粮食，债务人于次年春耕用劳之际，以劳动力偿还债主。民间借贷还有一种方式称约会，也称打会、上会或聚金会。约会是民间筹集资金的手段之一，多数用于解决婚、丧、嫁、娶、养老、还债等资金需要。参加约会的人员大多为邻居和亲朋好友。约会形式多种多样，有月会、场会、年会、九周会、十三贤会、干会、老年会、谷会、嫁娶会、榨会。约会先由1人承头，称为会首，其余参加者称会角、或会足。约会事先需制定章程，以后照章办事。民国时期的约会，接会者在接会时要办酒席（或茶）招待会角，会角去吃会酒（茶）时要交足会金。除会首和已接会者外，均要参加摇会，摇会用骰子放在碗中摇，以点多者接下会。约会者一般都讲信誉，能善始善终，但偶尔也有接了会，还不起钱而造成烂会的。中华人民共和国成立后，一段时期内仍有不少约会，约会时首先统一会金，商定接会顺序，由召集人集中收纳会金，按1月1会的顺序接会。20世纪80年代后，约会逐渐消失。新中国成立初，高利贷活动受到打击而大为收敛，但民间的自由借贷，包括高利贷活动并未绝迹。1984年后，大力发展商品经济，资金需求量增大，民间借贷活跃起来，且参与民间借贷活动的人员构成复杂，涉及面广，借款用途多种多样，债主资金来源也通过多种途径，有从银行、信用社贷出资金，也有私人积蓄，还有生产经营资金和企业单位流出资金，借款利息落3%～15%不等，个别赌徒在赌场借款日息高达20%～30%。1995年后，随着经济的发展，人民收入的增加，民间借贷逐年减少，且为数不多的私人借贷利息也基本保持在3%以内。

## 第七节　金融监督与管理

**金融监督**　1.金融监督沿革。1984年前，金融系统的稽核监督工作由各专业银行会计部门兼办，组织账务处理、监督业务进行、维护国家财产。在系统内实行统一核算、综合审查、严密监督。1984年，根据国务院《关于中国人民银行专门行使中央银行职能的决定》，人行毕节分行对辖区内各金融机构业务工作进行稽核监督。稽核监督内容：对同级专业银行金融稽核的业务活动进行合法性和效益性的检查，监督各金融单位执行国家经济工作和金融工作的方针、政策、现金、信贷计划以及各项法规制度，促进金融事业健康发展。各专业银行则注重内部稽核，重点稽核内部会计、出纳和各项规章制度的执行情况，查错、查漏、防弊。1995年《中华人民共和国中国人民银行法》颁布实施后，金融监管在继续执行原金融监管内容的同时，依法对金融机构实施市场准入，对金融机构高级管理人员的任职资格实施市场准入，对金融市场实施监管。通过金融监管，提高金融企业经营管理水平，防范和化解金融风险，营造良好的金融环境，建立良好的金融秩序，维护金融安全，促进全区金融企业更好地为国民经济服务，为民众服务。2004年7月8日起，人行毕节中支履行的银行金融机构监督管理职责移交中国银行监督管理委员会毕节监管分局。

2.金融监管重心。根据上级安排和实际情况，每年各有不同。1985年8月，首次开展信贷大检查，重点检查信贷政策的执行、资金投向、经济效益和贷款偿还能力。1986年，专项稽核支边贷款。以后，人行毕节中支对辖内金融机构每年均开展年检、季检、不定期检查和专项稽查。采取各金融机构自查和人民银行进行现场检查、非现场检查方式进行。金融监督管理机构通过检查、稽查，提出整改意见，处罚建议报告。1988～1994年，金融监管重点，主要是搞好辖区金融宏观调控，抑制通货膨胀，清理整顿辖区内金融市场，维护正常金融秩序，深化金融改革。人行毕节分行在积极贯彻规定的同时，密切关注各类金融活动的动向，通过深入调查研究，采取向上级行和当地政府报告，清理整顿等措施，引导、规范非银行金融活动，促使其健康发展，为经济服务。1989年，针对民间借贷利息偏高的情况，人行毕节分行向省行呈送《关于民间借贷管理办法的讨论报告》；1990～1996年，清理整顿农村经济会、储金会、基金会及非金融机构办理金融业务。规范要求。1994年，查处上海锌厂赫章分厂以月息2.5%高息为诱饵，非法集资278.5万元，扰乱金融秩序的违法行为。1992年，对合格的金融企业逐级核发《经营金融业务许可证》。1995～2005年，区内金融监管重心主要是切实整顿金融秩序，防范和化解金融风险，加强金融机构自身建设，明显提高金融企业管理水平，深化金融改革。1995年4月～1996年10月，对金融机构采取自查、复查方式进行检查，对检查合格的金融企业重新登记、编号，核实其业务范围、资本金、法定代表人。按程序和管理权限填写金融机构营业许可证及金融机构法人许可证，并加盖年检合格印章，将年检合格机构在毕节日报上分期登报公布。全地区参加年检机构551个，合格579个（新增机构58个），不合格30个。1997年起，针对各商业银行及农村、城市信用社不良贷款数额大，达18.75亿元的情况，人行毕节分行把防范和化解金融风险作为监管重心，对高风险金融机构明确专人监管，直接监控。1998年，强化金融市场管理，审查银行高级管理人员的任职资格，取消农行赫章纳雍县支行行长及妈姑营业所、三塘营业所所长的任职资格。1999年，成立人行毕节中支金融管理委员会，指导监管工作。在落实监管责任制基础上，逐步建立非现场监管、信息快速传递、风险评估分析、监管报告监管体系，督促商业银行搞好内控制度建设，完善贷款审批制度，信贷风险制约制度；督促商业银行搞好清产核资，分析不良贷款成因，采取行政的、法律的经济手段清收不良贷款。同时，建立保全金融资产行长联席会议制度；对出现高风险的农村、城市信用社建立高风险台账，采取领导包社的方式化解风险；对人员少、业务少的农村信用社采取内撤外不撤的方法予以撤并，撤换不称职的领导；对城市信用社中资不抵债的，成立化解风险领导小组，制定《化解城市信用社支付风险预案和应急措施》，解决其支付困难，保一方金融平安。2000年，建立地区金融债权管理行长联席会议制度、金融机构联合制裁制度，建立企业欠息档案和逃废债企业名单，并通报第一批32家逃废债企业名单。人行毕节中支制定《创建毕节地区金融安全措施和规划》，督促金融机构健全内控制度，担保抵押制度和业务操作事后监管制度。按贷款五级分类的监控指标监管金融机构贷款质量。2001年，取消工行毕节中支行长马朝培终生金融机构高级管理人员任职资格，取消农行纳雍、赫章县支行行长10年任职资格。是年，成立地区金融风险监督委员会，成立贷款清收大队，重点监控不良贷款居高不下的农行毕节分行。清理农业发展银行及其下属机构粮油购销企业的多头开户。2002年建立金融风险通报。4家国有独资商业银行、农村信用社不良贷款明显下降，是年4家商业银行年末贷款余额63.22亿元，其中不良贷款23.84亿元；农村信用社发放贷款13.99亿元，收回10亿元。2004年，施行“管法人、管风险、管内控、提高透明度”的管理措施，全年共审查批准迁址、更名、撤并机构59个，审查高级管理人员任职资格73人，完成对辖内银行业高级管理人员的年度考核；做好农村信用社专项中央银行票据认购申请审核，组织实施以县为单位统一法人的初审，大方、赫章县农村信用社完成统一法人的筹建并挂牌开业。2005年，重点监督完善风险管理，一是督促农村信用社建立、健全以资本金管理为核心的约束机制，加强资本充足率监管，推动农村信用社合理调整资产业务结构，督促农村信用社抓好增资扩股、股金管理和分红。年末，全地区农村信用社高风险全部化解。二是重点督促辖区内银行业总结分析各项风险管理措施的合理性和科学性，把国家宏观调控与改善内控和风险管理结合起来，完善风险预警体系和应急处理机制。全年实行56次现场检查，提出监管建议35条；通过非现场检查，分局机关发出风险提示2次，7县办事处发出预警通知20余次。全年共审批银行业机构更名100个，机构迁址17个，机构升格4个，撤销5个，审查批准98个高级管理人员的任职资格，否决1人高管任职资格。不良贷款明显下降，4家国有商业银行和农业发展银行不良贷款为15.91亿元，不良贷款占贷款总余额的18.36%；农村信用社不良贷款余额为3.01亿元，不良贷款占贷款总余额的比重为10.56%。

金融管理　1.货币管理。明、清及民国前期，银、钞并行流通，货币管理非常紊乱。中华人民共和国成立后，规定人民币为唯一合法流通货币，按人民币统一管理规定进行管理。

（1）发行库发行基金管理。中华人民共和国成立初期，人行毕节中支建立发行库，其余各人行县支行建立保管库。发行库实行发行基金限额管理。1956～1958年，根据交通不便，现金运送困难的情况在全专区建起撒拉溪、普宜、燕子口、百纳、瓢井、马场、羊场坝、谷里、大关、三重堰、沙土、石场、八步、牛场、三塘、阳长、维新、龙场、牛棚、羊街、二塘、金钟、乐居、可乐、妈姑发行基金保管点。1985年，人行毕节分行设立中心支库，各县支行设立支库，发行基金保管点全部撤销。1979年，改发行基金限额管理为定额管理。发行基金的需求由人行毕节分行根据辖内经济发展和市场流通状况，编制年度、月度发行基金需求计划。发行基金调拨方式：1950～1954年7月，采用汇差调拨，上解或下拨的款项通过汇兑方式扎差。1954年8月起，实行中心支库只能在上级签发出库命令书的限额内逐级向下签发出库命令书。1985年3月起，专业银行向各级发行库取现时，必须控制其在人民银行的存款余额内。1998年2月后，发行基金调运方式，改为上接省分行，下送县支行。

（2）货币投放与回笼。1981年前，货币投放重点是保证农副产品收购现金供应和计划性农村财政信用支出，货币回笼以销售商品为主。1956年，全专区货币净投放158万元，1957年回笼463万元。1958年，全专区货币净投放299万元，回笼货币589万元。1961年净投放549万元。1962年，控制货币发行，投放113万元。1964年，全专区市场货币流通量稳定在1200万元左右。1967～1980年，市场货币流通量为5360万～6656万元。由于农副食品价格较毗邻地区低，货币从外地大量流入，全地区货币回笼累计达1.97亿元。1981年后，货币由回笼开始转向投放，投放额由当年的1457万元增至2005年的9.36亿元。人均手持现金从1986年的42.2元增至2005年的346.97元。据统计，1981～2005年，全地区共计投放货币375.83亿元，平均每年投放货币15.03亿元，其中1996年投放货币25.92亿元，回笼5.4亿元，为历史上投放与回笼最多的一年。2006年～2011年，全区货币投放呈逐年上升趋势，全区共计投放货币543.37亿元，货币回笼268.04亿元，净投放275.32亿元。平均每年投放货币90.56亿元，回笼44.67亿元，净投放货币45.88亿元。

（3）残损币的兑换及销毁。中华人民共和国成立初，损伤货币，由人民银行实无偿兑换，并负责收回，送人行省分行处理。1955年3月，人行省分行批准建立毕节、金沙销毁点。1968年，撤销金沙销毁点。1998年后，收回的残损券交人行贵阳中支销毁。1968～1988年，全专区共计销毁损伤券1.76亿元，年均1469.6万元。1989～2005年，共计销毁及上缴贵阳中支销毁损伤券64.32亿元，年均销毁4.02亿元。2006年～2011年，共计销毁及上调，贵阳中支销毁损伤券112.98亿元，年均销毁18.83亿元。

（4）反假人民币。1964年8月，首次发现假币。是时，威宁县人民银行在点钞票时发现红版1元假币一张，以后陆续出现，且数额逐渐增多。1985年前，出现的假币大多为手工制作，面额大多为5元券、10元券，也有少量分币（硬币）及1元、2元券。其间，全地区共破获制造、贩卖假币案46起，缴获假钞10元券1139张，5元券488张，2元券3张，1元券29张，硬分币213枚。1985年后，出现的假币主要有机制假币，拓印假币，彩色复印币和手工制作假币，其中以机制假币数量最大，也最具欺骗性。人行毕节中支采取重点打击，全境防范措施，运用多种手段，在群众中广泛宣传识别假币的方法及对发现的假币和可疑币的处理方法。1993年起，对发现假币采取一案一报，分别报告省分行和公安机关。1994年起，开展反假人民币宣传工作，1996年将8月18～24日定为全地区反假币宣传周。2004年4月19日向贵阳中支报告，授权22家商业银行金融机构办理人民币真伪鉴定，并从5月20日起，在开展反假币工作月宣传活动。2005年，开展反假币工作年活动，并将5月、10月定为反假币工作宣传月，同时建立毕节地区反假人民币工作联席会议制度。据统计，1989～2005年，全地区共收缴假人民币182.48万元，破案14起，对稳定金融秩序，维护经济秩序和社会安定起到重要作用。2006年～2011年，全区共收缴假人民币23,369张，172.37万元。

**反洗钱工作** 2004年，随着国际社会反洗钱和反恐融资呼声日益高涨，毕节市辖内反洗钱工作逐步开展。由中心支行会计财务科、货币发行科和外汇管理科分别负责支付结算业务、现金业务和外汇业务的反洗钱和反恐融资工作。2005年7月，出台了《毕节地区反洗钱工作联席会议制度》。2006年3月，原由货币发行科负责的现金业务反洗钱职能移交到会计财务科；2007年10月，原由外汇管理科负责的外汇业务反洗钱职能移交到会计财务科。

2005年，中国人民银行毕节地区中心支行（以下简称中心支行）开展了对中国农业银行毕节地区分行的反洗钱检查；2006年，中心支行对中国工商银行毕节分行进行反洗钱检查并对单位处以10万元罚款；2007年，中心支行对中国银行股份有限公司毕节分行开展了反洗钱现场检查并对高管进行约见谈话，对中国人寿保险股份有限公司毕节支公司和中国人民财产保险股份有限公司毕节分公司开展了反洗钱现场调查；2008年8月，对毕节市农村信用联社开展反洗钱检查，并依据检查中存在的违规问题对机构处以20万元罚款，同时对3名相关责任人分别处以1万元罚款；2009年起，开始开展对辖内金融机构的反洗钱考核评级工作。对中国农业银行毕节分行、中国建设银行黔西县支行开展反洗钱现场检查，并对中国农业银行毕节分行作出20万元的行政处罚。

2010年开展对中国人民财产保险股份有限公司毕节分公司、织金县联社的反洗钱现场检查。2011年9月向公安机关移送可疑交易一笔。对中国邮政储蓄银行有限责任公司毕节地区分行实施了现场检查。

现金管理　1.单位现金管理。1950年4月7日，政务院颁布《关于实行现金管理的决定》，规定中国人民银行是现金管理的执法机关，负责办理和检查有关现金管理。是年10月，毕节、黔西、大方县支行对地县机关、学校、部队和国营粮食、盐业、贸易等公司推行保留3天日常开支和30元以上开支必须实行支票结算的管理办法。此后，各县按规定对机关、学校、企业、部队实行现金管理。受管理单位按规定编制现金出纳计划，按批准核定的保留额、现金收付计划进行现金收付和转账结算。1956年1月，人行毕节中支决定将农村信用社、手工业生产合作社列为现金管理单位。1961年，受管理单位扩大到人民公社社队。1966～1976年“文化大革命”中，现金管理松弛，超限额的单位增多。1977年11月，国务院重新颁布《关于实行现金管理的决定》，全地区开展现金大检查。受查单位1.88万个，原核定现金限额124万元，检查时实有现金159万元，超限额35万元。检查后重新核定限额为120万元。1978年后，对农村社队和社队企业不再实行现金管理。1985年起，核定受管单位库存现金保留额限额为300元。1988年10月1日起，执行《中华人民共和国现金管理条例》。1994年，对在人民银行开户的单位，结合行业特点、单位性质核定开户单位库存现金限额。专业银行对万元以上提现，做到逐笔审批登记，对支付大额现金应向人民银行报告备案。2001年起，现金管理重点由控制现金投放为主逐步转向以防范和打击以现金结算从事违法犯罪活动、防范和打击现金结算风险为主。

2.业务库现金管理。1950年，实行限额（保留额）管理。1952年1月起，以存款余额为基数核定限额。核定毕节县限额不超过余额的8%，大方、黔西县10%，其余各县支行为20%。1957年1月起，改为以历史现金支付基数确定，按人行省分行规定限额一般为3天。人行毕节中支核定金沙、织金、纳雍、威宁、赫章县支行为5天。对区营业所的限额核定：设发行基金保管点的为7天，未设发行基金保管点的为10天。超限额现金，设发行库或点的行处需于当日解缴，未设的行处需于次日解缴。

**信贷资金管理** 1950～1957年，国家实行统一全国财政收支，统一物资调度，统一资金调拨的经济政策，银行信贷资金执行统存统贷指标管理办法。一切存款逐级交总行，一切借款自下而上逐级编制信贷计划，由总行批准计划后逐级戴帽下达信贷指标。贷款在上级行下的年度、季度分项目指标内发放，项目间不准相互调剂。指标不够时，先申请追加，待追加指标下达后，银行方可贷款。1956年1月1日起，农贷资金指标管理改为农贷基金管理。省核定毕节地区基金总额813.2万，由省直接分配到各县。1958年，信贷资金管理实行"存款下放、计划包干、差额管理、统一调度"的管理办法。其间，由于受左的思潮影响，出现以存转存、以贷转贷、空存空贷等虚假存贷情况，出现信贷失控现象。1961年下半年，停止执行存贷下放、差额包干的管理办法，恢复信贷资金按计划指标管理制度，非经总行批准任何地方、部门和企业单位不得在计划外增加贷款，各级党政机关不得强令银行增加贷款。1965年起，改农业贷款指标管理为农贷基金固定管理，毕节地区按省分配的指标，原则上采取70%按农业人口、20%按商品粮和农业基本建设，10%照顾农贷余额少和历年信贷好的平均加照顾的办法固定到各县。1970年后，实行农村信贷包干制，将上级分配农村信贷指标包干到县。1966～1978年，受"文化大革命"影响，信贷资金管理体制受到冲击，一些县支行和营业所有章不循，致使挪用信贷资金情况时有发生。

1977～1980年，在包干数之外增设农机专项无息贷款、小水电专项贷款、灾区口粮无息贷款指标1040万元。县以下区、社由县分配包干指标，实行存、放、收资金管理，农村贷款稳步增长。1981年，改革信贷资金管理，执行统一计划、分级管理、存贷挂钩、差额控制的信贷资金管理办法。银行在完成存差计划或不突破贷差的前提下，可多存多贷。各项贷款项目之间可互相调剂使用。农村信贷资金实行差额包干，贷款大于存款数的，核定贷款补助数，存款大于贷款的，核定存款上缴数。贷款实行区别对待、择优扶持的政策。1985年1月起，信贷资金管理实行统一计划、划分资金、实贷实存、相互融通的管理体制。专业银行的财政性存款全部划转人民银行，专业银行在人民银行开户，按规定上缴存款准备金，所需资金除自己吸收外，不足部分向人民银行借用，各专业银行用款一律要在存款户余额内支用，不准透支。1987年起农村信用社也按规定缴存准备金。联行制度改为自成联行系统、跨行直接通汇、相互发报移卡、及时清算资金的办法。1992年，执行控制总量、调整结构、强化管理、盘活存量、提高效益的货币信贷方针，贷款实行审、贷、查分离制度。1993年后，执行控制总量、优化结构、面向市场、转换机制、提高效益的信贷方针，把握信贷投向和投量，支持经济发展。1995年，执行用好增量、盘活存量、扩大总量、提高质量方针，信贷规模在人民银行总量控制下，依据国民经济和社会发展的信贷需求，编制和实施业务经营计划，在国家产业指导下，扶优扶强，开展信贷营销业务。贷款实行担保，抵押制度，实行审贷分离，分级审批制度。2005年，引导金融机构增加有效信贷资金投入和优化信贷结构，防止信贷资金盲目投资和低水平重复建设；加大对"三农"信贷支持力度，落实国家各项信贷扶贫政策；加大交通、能源、生态、环保、水利等重点建设项目的支持；按扶优扶强的原则，加大对工业经济和工业结构调整的信贷支持；拓展消费信贷业务，扩大消费需求。

2006年，引导金融机构围绕社会主义新农村建设做好金融支持工作。坚持贯彻“区别对待、有保有压”的宏观调控方针，防止盲目投资和低水平重复建设，防止大范围产能过剩，促进产业优化升级。对发展农业产业化的信贷支持，扶持龙头企业、重点项目，积极推进农业结构调整和农业产业化经营。继续做好西部大开发的相关金融服务工作，加大对煤矿、煤化工、电力、基础设施、优势原材料、高新技术产业化、通信等重点项目建设的信贷投入，特别是国债配套项目的信贷资金投入。支持创业再就业工作，推进生源地助学贷款；支持中小企业和非公有制经济发展，为中小企业的发展发挥助推作用。扩大发展消费信贷，开拓农村消费市场。

2007年，引导金融机构加大对“三农”的信贷支持力度，做好做实农户小额贷款，扶贫贷款和联保贷款等小额贷款业务。支持企业自主创新，促进产业结构调整和优化升级。认真贯彻国家产业政策，坚持“有保有压”，合理把握信贷投放节奏，防止盲目投资和低水平重复建设。继续推进生源地助学贷款，继续做好西部大开发的相关金融服务工作，继续加大对基础设施、能源、优势原材料、通信、旅游等重点项目建设的信贷投入，特别是国债配套项目的信贷资金投入。支持小企业与非公经济发展，促进服务业加快发展，开拓农村消费市场。

2008年，合理控制基本建设等中长期贷款，严格限制对高耗能、高污染企业的贷款。推进商业性助学贷款和生源地助学贷款业务有机结合。改进对“三农”、中小企业、自主创新、节能环保以及就业等经济薄弱环节的金融服务。拓展消费信贷业务，增加消费信贷品种。

2009年，引导金融机构继续加大农村信贷资金的投入力度，积极配合设立小额贷款公司、村镇银行等新型农村金融机构，培育农村竞争性金融市场；积极支持农业产业结构调整，加快促进辖区具有比较优势的畜牧业、中药材、油菜、马铃薯、经果林、茶等产业及相关的龙头企业的信贷支持；加大对国家重点产业调整振兴规划已明确支持方向的专项项目和符合条件的技术改造项目信贷支持力度；改进节能环保领域的金融服务工作，加大对环保产业、循环经济发展、节能减排技术改造等方面的信贷支持力度。严格限制对高耗能、高污染、产能过剩行业的贷款；加大对技术改造、兼并重组、产业转移的中小企业信贷支持，增强企业自主创新能力和核心竞争优势；做好加快服务业发展的金融支持工作，配合推进“家电下乡”“汽车下乡”、农业科技成果推广应用和农机购置补贴活动，积极发展农村住房、汽车、家电和教育消费信贷，活跃农村消费市场；改进和完善对返乡农民工、下岗失业人员、复转军人、高校毕业生、灾区劳动者创业、零就业家庭的金融服务，落实国家助学贷款政策；支持房地产行业健康发展，加大对保障性住房建设和自住型和改善型住房消费的信贷支持力度，支持房地产开发企业合理的融资需求，加大对中低价位、中小套型普通商品住房建设特别是在建项目的信贷支持力度。

2010年，按照“保增长，扩内需，促发展，调结构”的总体要求，引导金融机构优化信贷结构，加大信贷投放力度；认真贯彻落实房地产新政，执行差别化住房信贷政策，加大对廉租房、经济适用房的支持力度；认真贯彻再就业促进法，推进就业小额担保贷款工作开展，实现零突破，年内发放妇女小额担保贷款9538万元；指导地方法人机构加强金融服务和创新，进一步提高信贷支农的力度，促进毕节试验区社会主义新农村建设全面可持续发展。

2011年，按照总体稳健、调节有度、结构优化的要求，综合运用多种货币政策工具，引导金融机构着力优化信贷结构，将更多信贷资金投向实体经济特别是“三农”、中小企业等领域；控制对高能耗、高污染和产能过剩行业的信贷投入，减少对煤炭、房地产开发等行业信贷投放；加大农村金融产品和服务方式创新，积极开展中小企业直接债务融资工作宣传，推进农村土地承包经营权及宅基地使用权抵押贷款试点工作；加大对农田水利、文化、旅游等产业支持力度，促进农村消费；继续推进就业小额担保贷款及大学生村干部等扶贫贴息工作。

**转账结算管理**　1950年后，银行在实行现金管理的同时，单位间经济往来30元以上一律通过银行转账结算。1978年后，先后改为50元、100元、1000元。开办的转账结算，分为同城结算、异地结算两大类。

1.同城结算。有支票结算、托收无承付结算、付款委托书结算、票据结算以支票结算为主。1953年、1954年开办托收无承付结算、付款委托书结算，1979年停办。1987年5月20日，由人行毕节中支牵头，各专业银行、保险公司参加在毕节县人行成立同城票据交换所，采取集中交换、同步进行、轧出差额、当场结平、分清资金、归口清算的方法，开展同城票据交换业务。票据交换每天1次，月终交换2次。参加票据交换的银行清算交换差额，必须在人民银行账户有足够的资金，如遇不足支付时，可互相拆借，也可向人民银行申请临时贷款。1996年4月1日起银行间的票据交换，实行同城计算机账务清理。2002年11月1日起，人行毕节中支运行会计核算管理“四集中”系统，承接商业银行、政策性银行、信用社联社的全国联行和电子联行往来业务。

2.异地结算。有汇兑，异地托收承付、异地委托收款，国内信用证结算。汇兑业务种类有汇票、电话、电报汇款和信汇。1950年使用汇票结算，1951年增加电话、电报汇款和信汇。1953年，开办异地托收承付，用于异地间商的交易价款和随商品交易而产生的劳动供应费结算。银行承担审查拒付理由书和强制捐款的责任。是年，农村营业所停办电话汇款，7月开办信汇自带业务，1956年取消汇票业务，托收承付、信汇成为异地结算的主要方式。1980年10月，加开异地托收款结算业务，银行按托收款凭证代为收款。1984年前，托收承付是主要结算方式之一，1984年后，人民银行总行明确：异地托收承付结算只适用于计划性比较强，重合同、守信用的单位之间的商品交易结算。1984，恢复开办汇票结算业务。1995年4月21日，取消电话汇款方式，改由电报或电子联行汇划1997年，开办国内信用证结算。

**支付结算管理**　1950年后，银行在实行现金管理的同时，单位间经济往来30元以上一律通过银行转账结算。1978年后，先后改为50元、100元、1000元。境内开办的转账结算，分为同城结算，异地结算两大类。同城结算。有支票结算、托收无承付结算、付款委托书结算、票据结算，以支票结算为主。1953年、1954年开办托收无承付结算、付款托书结算，1979年停办。1987年5月20日由人行毕节中支牵头，各专业银行、保险公司参加在毕节县人行成立同城票据交换所，采取集中交换、同步进行、轧出差额、当场结平、分清资金、归口清算的方法，开展同城票据交换业务。票据交换每天1次，月终交换2次。参加票据交换的银行清算交换差额，必须在人民银行账户有足够的资金，如遇不足支付时，可互相拆借，也可向人民银行申请临时贷款。1996年4月1日起银行间的票据交换，实行同城计算机账务清理。2005年1月1日，“大额支付系统”上线运行；2006年6月1日，在小额支付系统上线运行的同时，毕节市辖内取消同城票据交换，借方票据采取付款行发起资金清算模式；2006年7月，辖内完成“全国支票影像系统”建设，支持50万元以下支票在全国跨行、跨地区使用，资金通过小额支付系统清算。2010年，毕节市银行卡协会成立，致力于推进辖内银行卡产业发展。

附：

## 毕节银监分局2011年工作要点概述

2011年，毕节银监分局着力把握试验区加速发展的主旋律，坚守风险底线，着力防控重点领域风险，维护辖区银行业稳健运行。

一是坚持“区别对待、有保有控”的信贷政策，改善信贷结构。积极引导辖区银行业机构加强对产业园区建设、特色产业项目建设、中心城市及特色小城镇建设、水利、交通等领域的金融支持，严格控制对高耗能、高排放和产能过剩行业的贷款，通过窗口指导、加大现场检查力度等措施，确保信贷资金真正进入实体经济，满足有效需求。

二是严控房地产信贷风险。一方面，督促辖区银行业机构加强“名单制”管理，对建设、土地等部门认定有重大违法违规行为的房地产开发企业，以及法人代表违法违纪致使企业不能持续经营的，对其发放的贷款采取有效保全措施。另一方面，督促银行业机构执行好新的差别化房贷政策和贷款“三查”制度，杜绝各类信贷资金违规流入房地产市场，同时引导其大力支持保障性住房建设。

三是严控不良贷款反弹。指导督促辖内各行社严格执行“三个办法一个指引”，强化对农村中小金融机构信用风险和流动性风险的监管。推动建立健全检察机关、银监部门、__银行业机构相互协同，维护金融债权的工作机制。至12月末，辖内银行业金融机构不良贷款余额为11.4亿元，较年初减少1.67亿元，占比为3.26%，较年初下降了1.36个百分点。其中，农村信用社不良贷款余额为8.52亿元，较年初减少2亿元，占比为6.31%，较年初下降了3.27个百分点。

四是强化审慎监管，推动辖内各农村信用社逐步实现监管达标规划的要求。认真测算并制定辖内各农村信用社三年达标规划。针对辖内高风险农村信用合作联社存在或已暴露出的风险情况上报了风险化解工作报告。截至12月31日，全区农村信用社资本充足率为9.85%，较年初上升了3.18个百分点，拨备覆盖率为123.4%，较年初提高了49个百分点。

五是按照推进创新监管专业化建设的要求，积极探索开展功能监管。分局在加强机构监管的基础上，整合监管资源、将对小企业金融服务，政府融资平台、房地产贷款、银行理’财业务、代理保险业务、票据业务等的监管纳入功能监管范畴，采取主办科室牵头，相关科室协助，督办室督办的模式，积极探索实施功能监管。5月下旬对辖内银行业金融机构代.理保险业务开展了一次暗访和检查；7月，针对公众比较关心的银行业金融机构免除部分服务收费问题，对辖区各银行业金融机构执行相关文件要求的情况进行了抽查。

六是结合监管重点、热点和难点，有针对性地开展现场检查。全年共对辖内银行业金融机构近50个网点开展了19个项目的现场检查。查出问题115个，提出整改意见62条，其中被查机构已整改问题24个。根据检查情况，对19名责任人进行了通报批评，对9名责任人进行了经济处罚。

七是做好市场准入管理。全年完成各类行政许可事项共97件，其中：核准高管人员任职资格47人，批准机构准入及变更事项61件。

八是做好处置非法集资相关工作。分局积极协调辖内银行业金融机构配合毕节地区行署“11·03”非法集资案处置工作小组做好对集资案的调查、取证等工作，抽调2名人员参加了“11·03”案集资款清退工作领导小组，远赴浙江、福建、广东等地开展集资款清退工作。

# 第八章　保　险

## 第一节　保险机构

毕节已建立并开业的保险公司共15家，其中财产保险公司9家，寿险公司6家。共设立县级保险支公司38个。

### 一　财产保险公司

**中国人民财产保险股份有限公司毕节分公司**　1996年5月中国人民保险公司分业经营时分设，在全市8县区设立支公司8个。

**中国太平洋财产保险股份有限公司毕节中心支公司**　1998年2月在毕节设立太平洋财险毕节营销服务部，2001年11月成立太平洋财险毕节中心支公司。在金沙、黔西、大方、织金、威宁5县设立了支公司。

**中国平安财产保险股份有限公司毕节中心支公司**　2007年4月在毕节设立并开业，在织金县、金沙、黔西3县设立了营销部。

**天安保险股份有限公司毕节中心支公司**　2007年8月在毕节设立并开业，在黔西、纳雍、赫章3县设立了营业网点。

**安邦财产保险股份有限公司毕节中心支公司**　2006年7月在毕节设立并开业，在纳雍、威宁、大方、织金4县设立了营销服务部。

**阳光财产保险股份有限公司毕节中心支公司**　2008年6月在毕节设立并开业。在金沙、黔西、织金、威宁4县建立了远程服务点。

**中国大地财产保险股份有限公司毕节中心支公司**　2008年5月在毕节设立并开业，在黔西、赫章、织金3县设立了支公司，在威宁县正在筹建支公司，在大方、纳雍、金沙3县设立了远程出单点。

**中国人寿财产保险股份有限公司毕节中心支公司**　2008年9月设立并开业，在金沙县、织金县设立了支公司。依托中国人寿毕节分公司在大方、黔西、赫章、纳雍4县建立了业务互动点。

**鼎和财产保险股份有限公司毕节支公司**　2010年2月设立并开业，在黔西、大方、织金3县设立了远程出单点。目前，该公司的主要业务为南方电网的保险业务。

## 二　人寿保险公司

**中国人寿保险股份有限公司毕节分公司**　1996年5月中国人民保险公司分业经营时分设，在全市8县区设立支公司8个，设分公司营销服务部2个，农村网点6个。

**中国太平洋人寿保险股份有限公司毕节中心支公司**　1998年2月在毕节设立太平洋人寿保险营销服务部，2001年11月成立太平洋人寿保险毕节中心支公司。在大方、黔西、织金、纳雍、金沙5县设立了支公司。在本部设立了营销服务部。

**泰康人寿保险股份有限公司毕节中心支公司**　2008年9月设立并开业，在黔西、大方、织金、金沙、赫章5县设立了支公司。

**中国平安人寿保险股份有限公司毕节中心支公司**　2009年8月设立并开业。

**新华人寿保险股份有限公司贵州分公司大方支公司**　2009年2月设立，设有营销团队5个。

**中国人民人寿保险股份有限公司毕节中心支公司**　2011年11月18日设立并开业。

2011年末，全地区财产保险费收入43422万元，其中机动车辆保险保费收入35733万元。处理赔案32951件，赔款18435万元。全地区人寿保险费收入38473万元，其中趸交保费16320万元。给付赔款、年金给付、满期给付、死亡医疗给付、退保等共11771万元。

附：

### 保险公司选介

**中国人民保险公司毕节地区中心支公司**　1950年，毕节专区人民银行成立中国人民保险公司毕节专区人民银行代理处。1951年1月15日，承办保险业务。代理处主任由专区人民银行经理李金榜兼任，配备干部3名。1951年3月15日，撤销代理处，成立中国人民保险公司毕节支公司，接受省保险分公司和专区人民银行的领导。支公司内设业务、会计组。各县人民银行设立特约代理处。1952年，保险公司毕节支公司升格为毕节中心支公司，隶属毕节专员公署，配备职工21人，原内设组改称股。开展财产保险、人身保险业务。1954年1月14日，改保险公司毕节中支公司为保险公司毕节县营业所，隶属毕节县政府和省保险公司领导，负责联系各县保险特约代理处业务。1956年7月14日，改保险公司毕节县营业所为中国人民保险公司毕节支公司，由专署财税局、省保险分公司领导，编制人员19人。是年8月26日～9月5日，根据省财政厅关于扩增保险机构的意见，先后在金沙、黔西县建立支公司，撤销其他各县特约代理处，改派驻保险干部接替其保险业务。1958年11月，撤销保险机构，停办保险业务。1980年12月4日，人民银行批准成立中国人民保险公司毕节中心支公司（下称保险公司毕节中支公司）。恢复保险业务。全地区除毕节县由保险公司毕节中支公司直接办理外，其他各县的保险业务委托人行、农行县支行代理。保险公司毕节中支公司受人行毕节中心支行和省保险分公司领导。1983年2月，成立中国人民保险公司威宁县支公司。1984年5月~1985年7月间，除毕节县外，其余各县相继成立支公司。1988年3月成立毕节县支公司。1984年1月起，保险公司毕节中支公司隶属于毕节行署、省保险分公司领导。保险公司毕节中支公司内设人事、财产保险、人身保险、农险、计财、监察审计科和公司办公室、工会办公室。各县支公司内部一般设业务、计财股。1995年10月1日施行《中华人民共和国保险法》后，按保险法规定，1996年7月23日，撤销保险公司毕节中支公司，分设中保人寿保险有限公司贵州省毕节分公司、中保财产保险有限公司贵州省毕节分公司。保险公司毕节中支地址设在毕节市天河路四巷九号。保险公司毕节中支历任正副经理：李金榜、张兴华、刘云峰、吕永德、王德本、夏天一、赵高亭、袁桂芳、孙德魁、罗根松、肃世贤、刘衍瑜、郑子亮、黄丽珍。

**中国人民财产保险股份有限公司毕节分公司**　中国人民财产保险股份有限公司毕节分公司的前身是中国人民保险公司毕节中心支公司。1996年7月，撤销中国人民保险公司毕节地区中心支公司分设中保财产保险有限公司毕节分公司和中保人寿保险有限公司毕节分公司。1999年1月18日，经国务院批准，中保财产有限公司继承中国人民保险公司品牌，更名为中国人民财产保险公司，中保财产有限公司毕节分公司更名为中国人民财产保险公司毕节分公司。2003年7月，中国人民财产保险公司改制为国有控股保险公司。中国人民财产保险公司毕节分公司更名为中国人民财产保险股份有限公司毕节分公司。2005年，分公司内设：总经理室、办公室、人力资源部、法律部、监察部、财务中心、信息技术部、车辆保险部、意外健康保险部、营销渠道管理部、理赔管理部、客户服务管理部、财产保险部、责任信用保险部、大型商业风险保险部、船舶货运保险部、承保中心、理赔中心；下辖毕节市、大方、黔西、金沙、织金、纳雍、威宁、赫章县支公司。分公司住址设在毕节市麻园大道。

**中国人寿保险股份有限公司毕节分公司**　中国人寿保险股份有限公司毕节分公司的前身为保险公司毕节中支公司。1996年7月23日，中保人寿保险有限公司贵州省毕节分公司从保险公司毕节中支公司分设，在毕节地区内经营人身保险业务承担原保险公司毕节中支公司未了的人身保险业务。公司成立之初，内设办公室，政工办、业务管理部、计财部、监审部、代理业务部，下辖毕节营业部及黔西、金沙、织金、纳雍县支公司。大方、威宁、赫章县的人身保险业务委托当地中保财产有限公司代理。1997年3月、5月、7月相继在大方、威宁、赫章县设立办事处，2002年7月升格为支公司。1999年，中保人寿保险有限公司毕节分公司更名为中国人寿保险公司毕节分公司。2003年1月，中国人寿保险公司毕节分公司更名为中国人寿保险股份有限公司毕节分公司，成为国有控股保险企业。2004年迁毕节市联通大道。2005年底公司仍辖毕节、大方、黔西、金沙、织金、纳雍、威宁、赫章支公司，内设综合办公室、财务部、业务处理中心、信息技术部、客户服务中心、团险销售部、个险销售部、中介代理部。职工49人。

**中国太平洋财产保险股份有限公司毕节中心支公司**　中国太平洋财产保险股份有限公司毕节中心支公司的前身为中国太平洋保险贵州分公司毕节营销管理部。1997年太平洋保险公司贵州分公司在毕节筹建设立太保毕节地区营销管理部，1998年2月22日挂牌成立，负责太平洋保险公司在毕节地区的业务管理和服务。2000年12月，中国太平洋保险公司毕节地区营销管理部分业经营产险、寿险。2001年11月，经中国保险监督委员会批准，成立中国太平洋财产保险股份有限公司毕节中心支公司，内设办公室、计划财务部、营销部、业务部、防灾理赔部。2003年4

月，在黔西、金沙设营销服务部，在大方、纳雍、赫章、威宁、织金县设业务代理点。2005年底，太平洋财产保险股份有限公司毕节中心支公司设立对外营业机构3个，兼业保险代理机构23个。

**中国太平洋人寿保险股份有限公司毕节中心支公司**　中国太平洋人寿保险股份有限公司毕节中心支公司的前身是太平洋保险公司毕节营销部。2001年11月．太平洋保险公司毕节营销部分业经营，成立中国太平洋人寿保险有限公司毕节中心支公司。2005年底中心支公司内设总经理室、人险部、团险部、综合部、办公室。2003年3月、7月，设立纳雍、黔西、金沙县营销服务部。毕节中心支公司地址，初设在毕节市天河路1号毕节市西办事处综合大楼，2003年10月迁毕节市联通大道联通大厦。

## 第二节　保险经营

保险业始于民国28年（1939）。民国27年（1938）中国银行贵阳支行复业，受中国保险公司委托代其办理业务。民国28年（1939）11月，中国银行毕节办事处成立，以保险公司毕节分理处的名义开展保险业务。民国33年（1944），太平洋保险公司贵阳办事处成立，交通银行在毕节的分支机构为其代理火险、汽车运输险，投保者少，不久停业。1951年，建立保险机构，开办保险业务。1958年，保险机构撤销。1981年，恢复成立保险机构，恢复办理保险业务。1995年前，保险业务由中国人民保险公司毕节中心支公司及其下辖机构独家经营管理，重于财产保险，保险业发展缓慢。1996年，财产保险、人寿保险分业经营后，不断开发增加经营险种，拓宽代理业务，保险业务发展迅速。1997年，中国太平洋保险公司在毕节设立分支机构参与保险经营。2004年后，安邦等保险公司也先后在毕节设立代理机构参与经营。

**财产保险**　包括企业财产保险、家庭财产保险、机动车保险、农村保险。1.企业财产保险。1951年下半年开办，主要对国营企业、合作社财产实行强制保险。1952年7月起，对行政机构财产实行强制保险。1955年终止对交通、邮电、水利、银行的财产强制保险。1958年11月23日后，停止办理企业强制保险。1981年，恢复成立保险机构，首先在毕节县试办企业财产保险，企业财产保险实行保险自愿的原则，企业发生的保险责任内的损失，财政不再核销或拨款弥补。1982年后，根据国务院积极开展保险业务、逐步建立我国经济补偿制度的指示精神，保险扩大到堤堰、水闸、道路、涵道、桥梁、矿井以及地下改为特约保险的财产；责任范围扩大到雪灾，龙卷风，泥石流等自然灾害和停水、停电、停气。1996年后，财产保险范围扩大到财产一切险，险种增加财产一切险，综合险。

2.家庭财产保险。1951年4月，毕节县开始试办家庭财产保险。1952年在全专区展开，投保者极少。1958年1月起，按财政部颁布的《公民财产自愿投保办法》规定，各县办理普通火险，进展不大，是年底停办。1982年，恢复办理家庭财产保险，是年全地区投保161户，保额23万元，保费收入500多元。主要投保家用电器，其他投保不多。1984年，家庭财产保险向农村延展，办理农房保险，是年投保432户，以后逐年增多。1996年，家庭财产保险范围逐渐扩大，险种逐年增多，主要险种有安居综合家庭财产保险、安居自组式家庭综合保险、安居理财综合保险。保险标的扩大到房屋内装潢、家具、手提电话、电脑、床上用品、服装等特约保险。保险责任扩大到必要施救，保护措施支付的合理费用及第三者经济赔偿责任。

3.机动车辆保险。1952年，开办汽车保险及附加公共安全保险，业务量不大，1955年停办。1981年7月，恢复汽车保险业务，当年承保汽车44辆。1984年，汽车保险更名为机动车辆保险，扩大到所有机动车辆。以后，机动车保险成为财产保险机构的主要保费收入之一。

4.农村保险。1985年前，农村保险主要开办耕牛保险。1951年6月，保险公司毕节支公司在毕节县海子街区、朱昌区试办耕牛保险，之后在大方、黔西、织金、威宁县试办。是年，全专区承保耕牛6470头，收入保费3734元。1952年，因农户交付保费困难，承保耕牛下降，次年停办。1956年，恢复办理农村耕牛保险，当年全专区高级农业生产合作社投保耕牛2614头，收入保费2809元，牛均保额30.71元。1958年，保险公司毕节中心支公司提出对全专区85%以上的耕牛、生猪实行包疾病防治、疾病预防、赔偿，要求每个保险干部年前承保耕牛1.89万头，猪1万头。承保要求脱离实际，不久停办。1982年，贵州省保险分公司指定毕节地区承办耕牛保险。1983年威宁县海子乡试办耕牛保险，承保耕牛18头。此后，农村保险业务有发展，险种除大牲畜外，增加农房保险、烤烟保险、财产保险、人身保险。2005年底，财产保险机构开展有：企业财产保险、家庭财产保险、机动车辆保险、货物运输保险、责任保险、人身意外伤害保险、各种附加险种。累计承担各类财产保险保障金额400多亿元，各类保费收入约1.32亿元。

**人身保险**　1952年3月开始，开办简易人身保险及团体人身保险和旅客意外伤害强制保险，但投保人较少。到1953年，全专区仅签单395份，是年6月停办，1956年恢复办理，1958年停办。1984年，恢复办理人身保险，险种增加学生平安保险、养老年金保险、老年平安险，期满还本团体人身意外伤害险。1996年，开展人寿保险、健康保险、意外伤害保险。其中人身意外伤害保险由财产、人寿保险公司兼营。2005年底，全地区收入人寿保险费1.14亿元，赔付保费859.84万元，赔付案613件。

**保险运营管理**　1.国家监督管理。国家对保险业进行监督管理，监督管理范围包括：对保险公司从事的保险活动，保险中介机构从事的有关保险业务活动。1998年前，由人行毕节中心支行监督管理，1998年后，国家保险监督委员会驻贵阳办事处进行监督管理。1990～1991年，出现毕节供销系统、毕节畜牧系统、金沙县师生互助救济基金会等4家自保险业务，1991年被人行毕节中支清理停办。1993年前，保险机构可以为地方政府代办保险业务，1993年起停止保险机构为地方政府代办保险业务，并不得参与地方政府部门联合发文，强迫企业、个人参保。经营的险种均由各保险总公司制定，国家监督机关审核。是年10月1日起，按保险法规定实行现场监管和非现场监管。

2.保险运营业务管理。1995年前，保险业务运营基本按计划经济管理体制运营。1995年后，按保险法规定逐步进入市场营销。（1）营销业务管理。1997年1月，保险机构陆续开展市场营销业务。营销险种的条款由各保险机构总公司制定，国家保监会批准，营销员在推销时不得随意改变条款内容，不得欺骗客户，不准误导客户。营销员由各保险机构自行招募、培训合格后，签订合同，持代理人资格证上岗。营销员在保险机构服务期间，保险机构大多按业绩付给佣金。（2）自律经营。自2001年5月11日，中国人寿毕节分公司与太保毕节营销部签订联合公告起，至2003年，保险机构已相互建立自律公约，各自按照保险监督部门批准的业务范围和地域经营保险业，执行监督部门审批的保险条款，保险费率及其费率浮动标准；严格按照保险条款及有关规定，主动、迅速、准确、合理地对发生的保险事故进行赔偿或给付，在赔付中不弄虚作假，无故拖延、不惜赔、不滥赔；在经营中树立诚信服务理念，做到诚实守信、客户至上、合规经营、真诚服务。各保险机构营业单位、从业人员遵照自律公约，在展业承保中坚持属地展业，自愿展业的原则，按照费率管理的原则开展营销。3.理赔。保险机构对投保人员或单位负有保险责任范围内的保险责任，给予理赔，及时补偿其损失。一般理赔程序为：接案受理—调查取证—复核审批—理赔—结案归档。理赔坚持及时、迅速、实事求是的原则。20世纪50年代，全专区赔付案件30起，赔付金额3.8万元，20世纪80年代，赔付案2800起，赔付金额682万元。至2005年底，据不完全统计，全地区赔付案15343件，赔付金额6222.84万元。

# 第十九篇

# 财政　税务

# 第一章　财　政

财政是国之命脉。明清加强对财政运作管控，民国时期明确提出财政概念。新中国成立后，中国共产党和人民政府把这条国之命脉列为首要之务而逐步进行正确有效的运作，形成一整套科学的系统。

## 第一节　财政体制

### 一　明清及民国时期的财政体制

**土司则溪制**　明代前，毕节地区为彝族土司领地，地方财政收支由土司自行管理，不受朝廷节制。明初沿袭元制，实行贡纳制。全地区除赤水、层台、毕节、乌撒卫外，大部分地区仍为贵州宣慰司水西安氏和乌撒土府辖地。初实行贡纳制，洪武十九年（1386）开始实行定额赋税，所定赋税由土司名下总行认购，财政收支由土司自行管理；卫、所辖地按规定征收屯粮和科粮，卫、所官兵支出由朝廷支付或屯田支付。土司所纳赋税及其财政收入，主要通过则溪制完成。朝廷赋税，由则溪土目将地租与赋税合二为一总纳于土司，再由土司纳于朝廷。土司管理辖地土地，大体将土地分为两类，一类是土司及各土目的私地，称为官庄；一类是颁发各则溪的公田。官庄由土司或土目经管，土目按亩收利；公田租给农民耕种，纳租于主。土目将公田分为夫差地、门户地和人租地，按所种土地类型纳租。种夫差地的人，必须承担某种劳役，世代沿袭不改，承担何种劳役，土地就按其劳役名称称谓。如为土司、土目喂奶的，其所种地称奶奶地，种筷子地的人专门供给筷子。种门户地的以村寨、家族或家庭为单位，租种一片土地，称为一杆门户，种门户地的人，除交纳地租外，还必须交纳一头牲畜，所交纳牲畜根据其所种地的面积大小好坏而定，最差的地也得交鸡租。种人租地的人不纳粮，不服役，但必须将自己的子女送给领主作丫头、娃子，以子女作为地租。以上地租收取形式，虽经改土归流，土司政权及则溪地已不复存在，但由于仍存在着若干土目，土目皆有一定的口食田，故其地租收取形式在土目较多的毕节县林口、团结等地一直残存至毕节中华人民共和国成立前夕。

**清代运解制**　清康熙四年（1665）始，逐步废除土司则溪制，设威宁、大定、平远、黔西府及毕节县。府、县财政在规定范围内实行存留，运解制规定将收入按赋税定额征解入贵州布政司库，支出按布政司核定数额抵收。地粮由地方政府经征，收存地方仓库，听粮储道拨支兵粮报销。官庄赈田、学田田租分别收归州、县仓，按规定拨支孤贫口粮及赈济寒生；丁银、折色米、盐课及杂税银，除留用春牛花鞭、春秋祭祀银外，实收实解布政司，列支文职俸报销。清代，鸦片战争后，对外大量赔款，朝廷将赔款转嫁地方，准许地方自增捐税，滋生苛捐杂税，财政体制出现紊乱。

**民国划分收支制** 民国初年，沿袭清制。民国3年（1914）始，军阀割据，省自为政。入主军阀加增捐税，明借暗征，财政体制混乱。民国17年（1928）11月，国民政府将财政划分为国家和地方财政，地方财政以省为主，收入全部解省。县级收入靠自筹，助长滥征捐税。民国25年（1936）起，将财政划分为中央、省、县3级。田赋、工商税收属中央和省，地方全收全解，省税附加、地方捐税、地方财产收入、地方事业收入属县财政。由于各县收不抵支，支出按坐拨支付通知在省税收入项下支付抵解。民国31年（1942），财政收支系统改为国家财政和自治财政，县级为自治财政。属于县级法定捐税有屠宰税、房捐、营业牌照税、使用牌照税、筵席及娱乐税，另有罚没及赔偿收入、规费收入，财产及权利收入，其他收入；国税、统税属于中央，由财政部税务署派驻机关征收。县级财政收不抵支部分，由省补助。民国35年（1946）7月，恢复中央、省、县3级财政，县级财政以自给为主。各县地方贫瘠，收支差额较大，仍靠省补助。

## 二　中华人民共和国成立后的财政体制

1949年11月～1952年，国家实行统收统支的财政体制，县财政收支纳入省级预算管理，实行收入全额上解，支出由省财政按期拨给。农业税附加作为县级财力，主要用于乡村干部补贴及乡村小学费用。

1953年起，实行中央、省、县3级财政管理体制，专区收支属省级财政，建立县财政总预算和下属单位预算。实行划分收支、分级管理制度。财政支出首先由地方固定收入和比例分成抵补，不足部分由省分别以不同比例调剂收入弥补。1954年，实行预算归口管理，各口的支出归各口管理。

1954～1957年，实行定收定支、划税分成、固定比例、支出包干的财政体制。支出由县在省划给的收入内自行安排，自求平衡。1956年，毕节专区按照划分收支的原则，所属各县农业税固定比例分成为：黔西、金沙县30%，其余各县为50%；工商所得税、工商营业税各县分成40%；商品流通税、货物税，金沙、黔西分成25%，其余各县35%。国家发行之经济建设公债，各县留用数为实际发行数之40%。1958年，改革经济财政管理体制，中央下放企业、下放财权，实行固定分成，调剂分成，以收定支，五年不变的财政政策。收入分类分成，支出自行安排，专项拨款由上级追加指标，列入预算。由于经济工作中出现浮夸风，导致收入中出现虚假现象，这一政策未继续执行。1958年2月8日，省财政厅发出通知，建立专级预算，管理专级行政、事业和企业单位收支。1958年5月10日，省财政厅下达《关于建立乡镇财政几项具体意见》，一哄而起建立起乡财政。之后，随着“人民公社化”的实现，乡村实行政社合一的人民公社制度，乡镇财政也自然消失。1959年，实行收入下放、计划包干，区调剂，一年一定的财政体制。开展大跃进、两放三统、一包和商业大购大销，财政大收大退，导致经济严重困难。

1961年～1963年，实行定收定支收支挂钩的县级财政制度。1962年，建立专区财政总预算会计，在省规定范围内，对各县实行综合平衡。各县上解数中，一部分进入专区财政预算。规定各县其他工商税和其他收入不上解。1964～1965年，执行以收定支、收支挂钩、结余上缴的财政体制。1965年，除威宁、大方县外，其余各县共结余上解11.28万元，地区结余上解22.52万元。1966～1970年，实行以收定支、超收分成、结余留用、一年一定的财政体制。1971年，实行“定收定支、收支包干、保证上缴（或差额补贴）结余留用、一年一定”的财政体制。1972年，财政部提出“收入按固定比例留成，超收另定分成比例，支出按指标包干”的原则，对超收部分实行地三县七分成方法，1976年改为地、县对半分成，短收负担部分的办法。1980年，实行“划分收支、分级包干”的财政管理体制。省核定毕节地区财政收入3853万元，支出7658万元。省定额补助3805万元。自当年起，每年递增8%。专项经费不属于包干范围，由省下拨。地区核定各县财政包干：毕节县收入958万元，支出812.6万元，定额上解145.4万元；大方县收入614万元，支出708.8万元，补助94.8万元：黔西县收入636万元，支出660.4万元，补助24.4万元；金沙县收入426万元，支出605万元，补助174.5万元；织金县收入390万元，支出662万元，补助272万元；纳雍县收入243万元，支出553.5万元，补助310.5万元；威宁县收入312万元，支出756.2万元，补助442.2万元；赫章县收入308万元，支出532.5万元，补助224.5万元。所有享受定额补助的县，从当年起年递增6%。

1982年，各县建立区级财政。1983年，地区调整各县定额上解和定额补助：毕节县定额上解130.2万元，黔西县定额上解17万元，其余县收不抵支，给予定额补助，分别为：大方122.6万元，金沙226.9万元，织金349.7万元，纳雍377.8万元，威宁553.3万元，赫章277.2万元。各县超收部分按30%上解地区。1985年，实行划分税种，核定收支，分级包干的财政体制，省核定毕节地区定额补助3920.94万元，年递增5%。1987～1988年，递增补贴先后取消。1986年，地区调整财政体制，地直企业实现的税收，列为地级财政收入。毕节县不参与分成卷烟产品税，相应调减毕节县收入，地区定额补助毕节县547.84万元。调整其他县定额补助为：大方137.12万元，金沙262.47万元，织金432.17万元，纳雍488.94万元，威宁717.08万元，赫章379.46万元。黔西县定额上解减少为50.86万元。1988年，毕节地区行署发出《关于完善区、乡财政体制和推行预算包干的通知》，各县将区镇财政下伸到乡镇，乡镇主要办理决算，由区财政汇总上报。区、乡实行定收定支、收支挂钩、超收分成、结余留用、一年一定、包干负责的财政体制。1991年，区镇财政按照新建乡镇的归属，结束财产、物资、资金、债权、债务的分解。新建乡镇按照国家财政部《乡（镇）财政管理办法》，组建财政所，乡镇财政收入主要是预算内、外资金和自筹资金。

1993年，毕节地区行署改补贴县财政为奖励，制定各县财政年度应达到目标，达到目标的，收入归其所有，并另给奖励，促使各县大力开辟财源，增加财政收入。1994年，国务院决定实行分税制财政管理体制。此后，毕节地区按以下办法施行分税财政：1.按事权划分地、县财政支出范围，由地、县级财政分别负担，地区级财政主要承担本级机关运转，调整全地区国民经济结构，协调各县市发展，实施宏观调控和地区重点建设投资及地区级管理事业的发展。2.按税种划分地、县财政固定收入范围。地区级固定收入包括：地区所属各单位缴纳的营业税，固定资产投资方向调节税，城市维护建设税、房产税、印花税。县市固定收入包括：县级所属单位缴纳的营业税，固定资产投资方向调节税，城市维护建设税、房产税、车船税、印花税、屠宰税农业税、农业特产税、耕地占用税、契税等。3.共享税收的比例分配：中央、省、地、县市共享税收入有增值税、所得税。增值税中央分享75%，省分享10%，各县市分享15%，地区不参加分享，分享属于本级增值税的15%。从2004年起，地区参分享火电厂增值税的5%，县市分享10%；所得税中央分享60%，地、县市分享40%。省与各地共享收入有：土地使用税、国有土地有偿出让收入、排污收入、资源税。省占50%，县市占50%。4. 税收返还。以1993年税收返还基数2.717亿元为基数，其中地区2.0448亿元，毕节市1904万元，大方县812万元，黔西县618万元，金沙县874万元，织金县464万元，纳雍县213万元，威宁县629万元，赫章县1209万元。以后年份按消费税、增值税净上划增量的1∶0.3返还。2001年，省调整部分比例，对赫章、纳雍、威宁、织金、大方5个贫困县净上划增值税增量限额在800万元以内，100%返还；对地区、毕节、金沙、黔西净上划增值税增量按20%返还。2005年，全地区税收返还基数为4.64亿元。5.采用转移支付办法予以补助支持民族地区的发展。补助计算方法为：①“两税”挂钩补助法，全地区补助1.26亿元；②按人事局上报人数为基础计算的因素补助法，补助1537万元；③按少数民族人员比例为计算依据，补助2023万元。除上述收入外的其他收入项目，原属于地区级的，仍为地区级收入，属县市仍为县市级收入。县对乡镇财政按照统一领导，分工管理的原则，实行核定收支，分成和超收全留的财政管理体制，调动乡镇增收节支，当家理财的积极性。

2005年底，全地区80%的乡镇达到上缴收入和自求平衡。2009年，贵州省人民政府办公厅转发了《省财政厅关于实行省直接管理县财政改革意见》，毕节地区8个县（市）全部纳入省直接管理县财政改革范围。实行省直接管理县财政改革的主要内容为“三项不变、五项到县”，即市县既得利益、市对县的支持、债权债务不变，收支预算、转移支付、资金调度、财务结算、工作部署由省直接管理到县。

## 第二节　财政收入

**明前财政收入**　明代，财政收入以田土收入为主。土目辖地由土司组织收取官庄和公田地租及地租附加物，纳完朝廷岁输后自行管理使用，其收入无可稽考。卫所辖区征收屯粮、科粮及屯粮带征岁用银。明嘉靖年间，乌撒卫、毕节卫、赤水卫共实征屯粮1.58万石，科粮1872石；毕节卫征收岁用银456两，赤水卫286两。万历年间，乌撒卫征办屯粮6555石、科粮425石；赤水卫征收屯粮5128石、科粮256石；毕节卫征收科粮1116石。毕节卫征收条鞭银650两，乌撒卫900

两，赤水卫501两。除田赋外，还采取纳米中盐、纳米赎罪，纳米（银）参吏，以及以盐易粮，以布、茶易马增加收入。明末崇祯年间，在水西滥泥钩设卡征收货物税后，有少量税卡收入。

**清代的财政收入**　清代，财政收入主要有田赋、杂赋、杂租收入，其中田赋为主。

1.田赋。由地粮、丁银组成，计亩纳粮，计丁抽赋。计丁抽赋于清雍正年间改为摊丁入亩，按地亩摊征丁银。康熙二十六年（1687），部分地方开始征收田赋。（1）地粮收入。康熙二十六年（1687），威宁府辖征粮2.39万石，荞3541.7石，黔西州、毕节县另征折色米303.8石，闰月分别加征12.8和13.9两。乾隆年间，大定府辖共征大、小米2.75万石，折色米303.8石，黔西州、毕节县、威宁州征条鞭银316.1两，毕节县另征岁用银259两。宣统年间大定府辖共计征粮正米2.64万余两，耗米3969.215石。（2）地丁银收入。康熙五十年（1711），应征丁银285.1两。乾隆四十二年（1777）摊丁入亩，大定府共有成熟田17.59万亩，每亩摊银约5分4厘，共计地丁银957.3两。道光年间，岁征地丁银1366.4两。清末，多征地丁银1882.418两，其中正项1632.674两，耗银249.744两。

2.杂赋收入。清代，先后开征杂赋有：盐税、内地关税、牙贴、契税、矿课、厘金、商税、土药税。1840年鸦片战争后，允许地方自开捐税，盐杂税、百货厘、土药厘、商税为主要杂税收入。康熙五年（1666），大定府辖征收盐杂税1715.3两，闰年加征闰月银，牙贴22两。光绪三十一年（1905），征收土药厘1782两，百货厘1185两，商税8470两，牙课52两。

3.杂租收入。清代，在正田之外还安排各种名目收取地租，用于兴办事业，地方防务、公益、官府之需。据清末史册记载，毕节县有官庄租谷11石，籍田谷8石，学田租银152两，官田租银20.65两；大定府亲辖地逆租谷206.1石，籍田银11.3两，岁修银4798.58两，津贴银1933.14两；黔西州学田谷19石，籍田谷8石，学田苞谷3石，学租谷370石；威宁州籍田谷4石，荞8石，官田租银11.83两，学田米3.1石，宾兴田银107两，书院田银340两，官庄米37.286石；平远州官田租银300两，米10石，逆、绝租米5.76石，籍田谷50石，学田租谷212.6石。在正赋、杂赋收之外，还采取推广捐例，耗羡归公，劝捐储粮措施增加收入，其中耗羡初期很少，以后逐年加大。清末，毕节地区所征一般在正银12.5%～15%之间，个别县达正税1倍以上。

**民国时的财政收入**　民国初期，财政以田赋为主，是时，川军、滇军混战进入，增加当地财政负担，为满足其军事需要，加重盐税征收，恢复征收鸦片烟税，盐税、鸦片烟税成为田赋之外的主要财源。民国22～23年（1933～1934），鸦片税占财政收入的50%以上。同时还增加苛捐杂税、滥发纸币以增加收入。民国24年（1935），国民党中央势力进入贵州，结束军阀统治，着手整理财政，国税、地方税均归中央和省，县级可征省税附加。县级财政收入分为附加收入，地方捐税收入，地方财产收入，地方事业收入和其他收入。

1.田赋收入。收入仍以田赋为主，且不断加征。1937年，抗日战争爆发后，田赋征收提高，购借军粮转为随赋带征，加征县级公粮，乡镇还征收乡收公粮，民国37年（1948），允许种植鸦片，开征特货捐增加收入。民国37年（1948），田赋实征12.3万石，借购军粮8.77万石，县级公粮6.15万石。民国38年（1949），电令提前征收田赋、军粮，人民重负苦不堪言。

2.附加收入。民国25年（1936），省核定全区附加收入4.54万元，分别是毕节县1.31万元，大定8180元，黔西1.34万元，织金7952元，威宁2650元。民国28年（1939），核定全区附加收入7.73万元。

3.地方捐税收入。民国25年（1936），省核定全区捐税收入19.38万元，占地方收入的70%；民国29年（1940），25.96万元，占地方财政收入的83.8%。

4.地方事业收入。民国25年（1936），将公田、公地、学庄、庙田租金列入县级地方政府财政收入，称地方财产收益收入；公益事业、学杂费的收入也列入地方财政，称地方事业收入。当年省核定全区地方财产收益收入2.4万元，占地方财政收入的8.7%；地方事业收入1.37亿元，占地方财产收入为4.9%，其中威宁县有电话收入1.2万元。民国29年（1940），核定全区财产收益收入5.13万元，地方事业收入2616元，分别占地方财政收入为5.1%、0.25%。民国31年（1942），财产收益收入改为财产及权益收入，成为县级财政的主要财源，当年全区共收入8.01万元，占地方财政收入的17.3%，同年新增规费收入1.18万元。民国37年（1948），财产及权益收入改称财产孳息收入，收入骤增，仅毕节县就收入5.21万元。

5.其他收入：（1）补助收入。民国前期军阀统治，无补助。民国25年（1936）后，划分收支范围，核定县级财政支出，区内各县财政收入不能维持支出，靠省补助。民国25～26年（1936～1937），省补助毕节、大定、黔西、威宁县合计2.2万元。民国29年（1940），补助17.84万元，占全区财政支出的14%。

（2）杂项收入。民国31年（1942），全区共收入2.68万元，民国36年，增加县级公粮变价、斗息实物变价收入。民国37年（1948），毕节县其他财政收入12.68万元，占县财政总收入的24.4%。

（3）随赋代征积谷。民国32年（1943），中央政府令随赋代征积谷，田赋1元代征积谷1斗，至民国36年（1942），全区共有积谷6.86万石其中毕节县3921石，大定县1.41万石，黔西县2.69万石，金沙县5048石，纳雍县2938石，赫章县590石，威宁县4277石，水城县4055石，织金县6791石。

（4）区、乡保经费。区、乡保经费由乡公所直接摊派到保，保摊派到户，一度曾列入地方户捐。

（5）动员献金献粮。民国33年（1944）11月，国民政府为改善士兵待遇，决定动员人民献金献粮，全区共筹集338.42万元。民国34年（1945年）11月，停办。

**中华人民共和国成立后的财政收入**　1950年～1952年期，以农业税收入为主，由中央统一管理，全收全解，地方只有附加。1953年建立县级财政，预算内收入有农业税、工商各税，企业收入和其他收入及预算外收入，1985年后增加专项收入，1997年后增加单列基金收入。全地区财政收入从1953的459.03万元，增至2005年的34.81亿元。1980年后烤烟、卷烟为区内支柱财源，2000年后增加煤、电为骨干财源。发展旅游及农业产业为后续财源。

1.农业税收入。1953～1955年，农业税征粮食，粮食折款在省结算，价款不进入县财政。1956年起，价款在县结算，收入按比例留用。1958～1962年全专区共征收农业税（粮食折款，下同）3259.26万元，占同期财政收入的23%。1966～1975共征收农业税8654.31万元，占同期财政收入的35%。1978年后，全地区经济得到发展，农业税总收入在财政总收入中的比例逐年减少。1981～1985年，全地区农业税收入4017.4万元，占同期财政的9.34%。1986～1990年全地区农业税收入1974.9万元，占同期财政的5.51%。1991～1995年，扣除农业特产税后，农业税收入占财政总投入比例降至5.41%。2002年，改革农业税后，农业税大幅下降。2004年，下调农业税1个百分点，同时首次对农业税纳税人实行直接补贴，全地区共补556万元。2005年起，全地区取消农业税，结束征收农业税历史。

2.工商税收入。1950年，全专区收入工商税30.7万元，全收全解。县按房地产税征收附加，全专区折征大米28.47吨。1951年工商税收入176.5万元，房地产附加折征大米8.12吨，工商税附加折征大米436.48吨。1952年，全专区工商税收入255.8万元，工商税附加收入20.29万元，房地产附加收入0.37万元，契税收入0.23万元。1953年，建立县财政后，工商税收入快速增长。1953～1957年，全专区工商税收入共3613.94万元，占同期财政总收入的75.9%。1958～1962年，受3年国民经济严重困难的影响，全专区工商税收大幅度下降，5年间仅收入6387.65万元，占同期财政总收入的45%。1962年起，贯彻国家调整、巩固、充实、提高的方针，落实《农村人民公社条例（草案）》（即60条），农村经济得到恢复和发展，工商税收大幅增加。1963～1965年，全专区共收入工商税4917.39万元，占同期财政总收入的64.6%。1966～1975年，工商税收入1.7亿元，占同期财政总收入为68%，由于受“文化大革命”的影响，增幅很小。1978年12月，中共十一届三中全会召开。国家实施经济体制改革，促进全专区经济发展，工商税收增加。1979年，工商税收3456.16万元，占同期财政总收入的85%。1980年起，实行收支包干的财政体制，调动各级政府开辟财源，因地制宜发展两烟生产的积极性。1981～1985年，共收入工商税3.91亿元，占同期财政总收入的91%。其中1985年收入工商税1.38亿元，首次突破亿元大关。1986～1990年，共收入工商税1.27亿元，这一期间产品税占工商税总收入的74.5%，烤烟、卷烟成为全地区支柱财源。1988年全地区依托资源优势，政策优势增加财源，涵养税源，工商税大幅增长。1995年工商税收入1.26亿元，2004年收入4.4亿元，2005年收入29.79亿元。

3.企业收入。1950年，毕节专署创办毛纺织厂、电灯厂。1951年，共获利4444元。1952年分别获利693元、3008元。1953年，全专区收回企业流动资金1.01万元。1954年全专区企业收入5.72万元。1956年，征收育林基金7.02万元，列为林业部门企业收入上缴财政。1958年，中央将一些企业下放地方管理，收入按比例上交。是年，全专区企业收入851.71万元，上解489.22万元。1959年，全专区企业收入898.67万元，上解567.91万元。1960年，收入1080.63万元，上解604.3万元。1961年，区内下马一些企业，全专区企业收入仅为140.4万元，上解61.48万元。1962年，全专区首次出现企业亏损，盈亏相抵，净亏2.14万元。1963年后，全专区企业扭转亏损局面，净收入34.42万元。1966～1976年“文化大革命”期间，除1966年企业收入106.81万元外，其余9年均为亏损，累计亏损1639.96万元。1977～1989年，全地区企业亏损有减有增，1981年，全地区企业亏损319.37万元。1982年，全地区企业施行财务包干管理办法、促进经济效益提高，工业企业亏损下降，电力、建材、交通、邮电、供销、商业利润增加，实现收入339.28

万元。1983年，全地区企业收入488.81万元。1984起，企业施行利改税，全地区企业应计所得税1290.03万元，弥补企业亏损309.74万元，净收入980.29万元，上交折旧基金30万元，共计收入1010.29万元。1985年，实施第二步利改税，企业所得税进入税收类收入。同时国家规定对粮、油实行差价补贴，增加企业亏损684.59万元；粮食企业下放地方管理，增加亏损1302.45万元。是年，全地区企业亏损2198.97万元。以后，改由中央和省负担的粮食价格倒挂政策亏损为地区财政负担，加之受个体商业严重冲击的国营商业企业经营萎缩，连年亏损，地区财政每年补贴企业亏损2000万元以上。1991年，弥补亏损5651万元，占全地区财政总收入的12%，是中华人民共和国成立以来弥补亏损最多的一年。1992年，净补贴企业亏损3647.4万元，与所收企业所得税834.6万元，调节基金42.8万元相抵后，财政仍要负担亏损2770万元，占财政总收入的6.8%。1993年后，财政部门坚持区别对待、扶优限劣原则，采取关、停、并、转措施整顿企业，实现扭亏为盈，亏损逐年降低。1994年，财政负担企业亏损1324.2万元，与企业所得税相抵后，财政净收入169.9万元，结束由财政承担企业亏损的历史。1995年，企业收入1058万元。2005年企业盈利891万元。

4.专款收入。毕节地区专款收入有排污费、教育费附加。1985年，开征排污费。1990年。开征教育费附加2005年，全地区专项收入9000万元，其中教育费附加6337万元。

5.补助收入。中华人民共和国成立后，由于财政基础薄弱，多数年份收不抵支，靠省财政补助。中央和省对一些关系国计民生的项目进行专项扶持，投资补助。其补助名称随财政体制的变化而变化。1953～1975年，实行收支差额补助，1976～1979年，实行预算差额补助。从1980年起，实行定额补助。除上述补助外，1986年起，还采取税收返还，民族地区转移支付办法予以补助。

6.其他收入。1953～1957年，全专区规费收入、罚没收入、土地证照费收入、公产收入及其他杂项收入共168.69万元，占同期财政总收入的0.35%。1958～1962年，收入1415.15万元，占同期财政收入的10%。1963～1965年，收入321.71万元。1966年取消公田、机动田租收入1966～1976年，“文化大革命”期间，共收入545.19万元。1976～1980年，收入230.39万元。1981～1985年，收入451.93万元，1986～1990年，收入2976.07万元。1991～1995年，收入2.07亿元，其中罚没收入4020.5万元。2000年，收入2.12亿元，其中行政收费及罚款收入6369万元。2005年，其他杂项收入3.66亿元，其中行政性收费及罚款收入1.77亿元。

7.基金预算收入。1997年，单列基金预算收入，有文教、农业部门基金收入、土地有偿使用收入、社会保险基金收入、政府住房基金收入、其他部门基金收入。地方政府税费附加收入也列入其中。1997年，全地区基金预算收入2470万元。2005年财政总收入348,088万元，其中：一般预算收入148,448万元，政府性基金收入3,717万元，上划中央、省收入合计195,923万元。2006年财政总收入447,588万元，其中：一般预算收入187,174万元，政府性基金收入7,204万元，上划中央、省收入合计253,210万元。2007年财政总收入550,558万元，其中：一般预算收入237,643万元，政府性基金收入18,274万元，上划中央、省收入合计294,641万元。2008年财政总收入695,845万元，其中：一般预算收入318,122万元，政府性基金收入33,034万元，上划中央、省收入合计344,689万元。2009年财政总收入913,438万元，其中：一般预算收入435,102万元，政府性基金收入69,907万元，上划中央、省收入合计408,429万元。2010年财政总收入1,275,696万元，其中：一般预算收入621,185万元，政府性基金收入158,430万元，上划中央、省收入合计496,081万元。2011年财政总收入1,816,580万元，其中：一般预算收入807,628万元，政府性基金收入363,087万元，上划中央、省收入合计645,865万元。

### 1953～2005年毕节地区财政收入统计表

单位：万元

| 年度 | 农业税 | 工商税 | 企业收入 | 专款收入 | 基金收入 | 其他收入 | 合计 |
|---|---|---|---|---|---|---|---|
| 1953 | 粮5117.5万公斤 | 427.68 | 1.01 | | | 30.34 | 459.03 |
| 1954 | 粮5529.5万公斤 | 580.98 | 5.72 | | | 51.36 | 638.06 |
| 1955 | 粮5480.5万公斤 | 712.22 | 7.58 | | | 33.12 | 752.92 |
| 1956 | 367.65万元 | 847.24 | 17.5 | 82.36 | | 26.82 | 1341.57 |
| 1957 | 374.00 | 1045.82 | 20.18 | 98.48 | | 27.05 | 1565.53 |
| 1958 | 538.98 | 1653.43 | 851.71 | 133.84 | | 218.37 | 3396.33 |
| 1959 | 712.56 | 1581.28 | 898.67 | | | 202.69 | 3395.2 |
| 1960 | 635.94 | 1386.1 | 1080.67 | | | 547.47 | 3650.14 |
| 1961 | 726.77 | 804.36 | 140.4 | | | 198.18 | 1869.71 |
| 1962 | 645.01 | 962.48 | –2.14 | | | 248.42 | 1853.77 |
| 1963 | 704.31 | 1317.52 | 34.42 | | | 103.69 | 2159.94 |
| 1964 | 743.05 | 1624.57 | 24.86 | | | 113.06 | 2505.54 |
| 1965 | 788.07 | 1975.3 | 70.46 | | | 104.96 | 2938.79 |
| 1966 | 817.3 | 1592.65 | 106.81 | | | 42.56 | 2559.32 |
| 1967 | 899.05 | 1426.01 | –21.96 | | | 77.9 | 2381 |
| 1968 | 657.27 | 1496.96 | –41.06 | | | 46.57 | 2159.74 |
| 1969 | 779.35 | 1208.39 | –152.66 | | | 17.76 | 1852.84 |
| 1970 | 1204.83 | 1657.02 | –142.64 | | | 52.08 | 2771.29 |
| 1971 | 980.5 | 1487.64 | –149.85 | | | 58.59 | 2376.88 |
| 1972 | 739.25 | 1709 | –153.88 | | | 68.61 | 2362.98 |
| 1973 | 921.50 | 1933.63 | –235.17 | | | 43.44 | 2663.4 |

续表

| 年度 | 农业税 | 工商税 | 企业收入 | 专款收入 | 基金收入 | 其他收入 | 合计 |
|---|---|---|---|---|---|---|---|
| 1974 | 769.03 | 2015.68 | -308.50 | | | 41.37 | 2517.58 |
| 1975 | 886.23 | 2519.22 | -435.24 | | | 96.31 | 3066.52 |
| 1976 | 834.9 | 2387.83 | -486.71 | | | 50.9 | 2786.92 |
| 1977 | 956.81 | 2772.65 | -360.74 | | | 53.95 | 3422.67 |
| 1978 | 815.15 | 3277.86 | 441.73 | | | 72.58 | 4607.32 |
| 1979 | 577.64 | 3456.16 | -28.22 | | | 26.64 | 4032.22 |
| 1980 | 670.02 | 3053.16 | -201.28 | | | 26.32 | 3548.22 |
| 1981 | 687.98 | 5180.11 | -303.39 | | | 50.24 | 5614.94 |
| 1982 | 745.33 | 6152.86 | 339.28 | | | 79.26 | 7316.73 |
| 1983 | 962.75 | 5934.42. | 518.81 | | | 96 | 7511.98 |
| 1984 | 1101.39 | 7988.39 | 1010.29 | | | 91.93 | 10192 |
| 1985 | 519.95 | 13801.26 | -2198.97 | 14.78 | | 134.5 | 12271.52 |
| 1986 | 579.95 | 13564.71 | -767.39 | 17.43 | | 188.67 | 13583.37 |
| 1987 | 1014.10 | 20360.6 | -2112.9 | 11.5 | | 292.6 | 19565.9 |
| 1988 | 1547.80 | 30832.3 | -2375.3 | 31.9 | | 207.8 | 30244. |
| 1989 | 2028.40 | 31079.8 | -2446.2 | 147.2 | | 1275.4 | 32084.6 |
| 1990 | 1974.90 | 30854.9 | -2829.7 | 395.6 | | 1011.6 | 31407.3 |
| 1991 | 1974 | 35665 | -5651. | 1199 | | 2105 | 35292 |
| 1992 | 2306.2 | 38012.9 | -3647.4 | 731.8 | | 3137.4 | 40540.9 |
| 1993 | 3286.1 | 54920.7 | -2130.2 | 945.6 | | 1911 | 58933.2 |
| 1994 | 16035.2 | 50701.1 | -1324.2 | 1314.5 | | 4376.2 | 71102.8 |
| 1995 | 20445.6 | 57662.1 | -260.1 | 1787.6 | | 9187.5 | 88822.7 |
| 1996 | 32563.7 | 70117.20 | -384.5 | 2432.8 | | 1071.8 | 10580.1 |
| 1997 | 34039 | 92281 | -6279 | | 2470 | 8877 | 131388 |
| 1998 | 6217 | 119335 | -1576 | 2397 | 2001 | 13984 | 142358 |
| 1999 | 5484 | 104762 | -175 | 2821 | 2187 | 15139 | 130218 |
| 2000 | 5054 | 106388 | -236 | 1684 | 4408 | 21168 | 138466 |
| 2001 | 4061 | 118716 | -174 | 2515 | 5452 | 23070 | 153640 |

续表

| 年度 | 农业税 | 工商税 | 企业收入 | 专款收入 | 基金收入 | 其他收入 | 合计 |
|---|---|---|---|---|---|---|---|
| 2002 | 8786 | 132936 | -185 | 2357 | 1563 | 25306 | 170948 |
| 2003 | 7457 | 148335 | 3423 | 3873 | 2190 | 34740 | 200018 |
| 2004 | 5883 | 218788 | 2161 | 5268 | 3978 | 27722 | 263800 |
| 2005 | | 297959 | 891 | 9000 | 3717 | 36621 | 348188 |

注：1.农业税收入中，1998年起不含契税、农业特产税、耕地占用税。2.企业收入中，有“-”号者为亏损由财政补贴数

## 第三节　财政支出

**明代财政支出**　1.土司财政支出。明代，实行土流分治，水西、乌撒土司管辖黔西北大部分地区，实行则溪制。土司除向朝廷贡纳地方产物和按朝廷规定缴纳岁输及驿站供给外，其他支出由土司自行安排。土司向朝廷贡纳的地方产物，主要是马匹、毡衫。岁输主要是农业税。驿站供给：川黔驿道乌江以南各驿及龙场九驿由水西安氏土司负担；自永宁经毕节、乌撒的驿道由乌撒、水西土司共同负担。负担范围：提供铺兵、站丁、驿卒和人夫，供给过往官员食宿，交纳驿站购马、养马费用（亦称马馆银），每夫月供给米5斗。嘉靖后，土司不供给驿站费用，驿站改设军铺。

2.朝廷财政支出。洪武二十五年（1392），贵州宣慰设儒学，永乐十二年（1414）乌撒军民府设儒学，儒学官吏薪俸由朝廷支付；卫所官兵由朝廷派遣，支出由朝廷支付或以屯田自给。洪武年间，对南征将士实行奖励。洪武十六年（1383）五月，对至乌撒将士每人奖12贯钱。洪武十七年（1384）四月，对至乌撒者，每人奖银7锭，至毕节七星关者奖6锭，洪武二十一年（1388），户部运钞759400锭，奖普定侯陈桓所统征南将士和乌撒将士，征南将士每人奖银5锭多。

**清代财政支出**　清代，财政支出主要为官役、弁兵、礼仪、赈恤之费，支出数额由朝廷核定。道光年间，大定全府年支白银10.62万两，米325.44石。

1.官役费。官员费用称薪俸、养廉银，役口费用称工食银。道光年间，分巡贵西兵备道、平远州、黔西州、威宁州、水城厅、毕节县，大定府官役费具体开支如下：贵西道设巡道（正四品）1名，年薪俸105两，养廉银2000两；内设书办4名，每人年工食银25两；门子2人，步（捕）快6人，皂隶6人，扇轿夫7人，传事2人，水快2人，长班4人，小班2人，每人每岁工食银25两；永宁至威宁有11站，每站设书卡1名，巡役2人，每人岁工食银2两；七家湾查催书办1名，巡役1名，每人岁食银2.52两，大定府薪俸银（不含养廉银）岁共支出459.33两。平远州、黔西州年支官员薪俸银和员役工食银各468.85两，威宁州全州支出官员薪俸和员役工食银592.33

两。毕节县设知县（七品）1人，年薪俸银45两，养廉银500两；设教谕（从七品），训导各1人。杂役人员除书办为6人外，其余人员与州同。水城厅，年支官员薪俸银役工工食银共211.52两。总计1道、1府、1厅、3州、1县年支官役薪俸、工食银共计2095.78两，官员养廉银6760两。另有铺兵工食银298.8两及食米折银358.56两，铺兵工食银遇闰年增加。学库生膏火银70两，廪生每人每岁支米4石，共计支米560石。大定全府每年共支出官役薪俸、工食银1.04万两。

2.兵弁费用，即为驻军费用。武职官员七品以上为薪俸、蔬红，八品以下至士兵为饷银，八品以上军官另有养廉银。康熙四年（1665），设有威宁、大定、黔西、平远镇及毕赤营。镇设总兵1人，游击3人、守备3人、千总6人、把总12人，辖左、中、右3营，每镇官兵共计2245人；毕赤营设游击1人，守备1人，千总2人，把总4人，毕赤营官兵共计808人。康熙二十三年（1684），改平远、黔西镇为协，裁总兵、设副将。雍正元年（1703），改大定镇为协，时毕节全境共有驻军9968人。乾隆二年（1737），增设水城营，设游击1人，守备1人，千总2人，把总4人，兵500名。全府总计军事费用银9.54万两。

3.救济、赈恤费用。清代，施行以下救济、赈恤。

（1）养老、劝农、赈贫、宽商、恤兵、死赏事、周患难。对参战斗士给以赏赐，伤者赐银、亡者抚恤；对年70岁以上孤贫及子孙不能赡养者，州、县设法抚恤。康熙四十二年（1703）规定：70岁以上者，免一丁杂派，80岁以上者，给绢1匹、棉1斤、米1石、肉10斤，90岁以上者加倍，百岁者给银建坊。雍正元年（1723）规定：年90岁以上，孤贫及子孙不能赡养者，督抚及州县设法抚恤。妇女70岁以上者，给布1匹、米5斗；80岁以上者给绢1匹，米1石，90岁以上者加倍，百岁者给银建坊。乾隆四十五年（1780）规定：70岁以上者，给绢1匹，棉1斤，米5斗，肉5斤；80岁以上者，给绢1匹，米1石，棉1斤，肉10斤；90岁以上者，给绢2匹，米2石，肉20斤；百岁者给大緞一匹，银10两，予银建坊。道光十五年（1835）规定：军民年70岁以上者，许一丁侍养，免其杂差；80岁以上者，给绢1匹，棉1斤，米1石，肉10斤：90岁以上者加倍，百岁者，题名，给予建坊银两：赈贫对象一为赈寒生，平远州有寒生2名，岁给米1石，年末请领；二为养孤贫，孤贫分额内、额外两种、额内者每人给米8合，菜银5厘，岁给棉衣1套，折银0.99两；额外者，日给米8合，亦有月给米1.5斗者。额内者请领于布政司，额外者则由官捐及公项支出。道光十七年（1837），大定府亲辖地有额内25名，额外65名；水城厅额内10名，额外10名；平远州额内27名，额外68名；黔西州额内17名，额外5名；威宁州额内5名，额外22名：毕节县额内29名，额外6名。全府赈恤之费用布政司请领额内孤贫113名，支米325.44石，盐米银203.4两，衣裤银111.8两，共计支领315.2两. 毕节县、黔西州设普济堂，置田收租或寄商生息，资助寒生及孤贫，黔西普济堂设于乾隆三年（1783），由知州苏松捐银购成熟田3亩，收租供用。乾隆四十八年（1783），知州赫霖泰捐银30两，乾隆五十三年（1788）吏目金钟捐银10两，嘉庆元年（1796），知州许学范支存济田银91.6两，嘉庆二年（1797），知州薛振捐垫银116.4两以助普济堂之费。

（2）济灾济贫。清代，还倡导积贮，置重农谷和社仓、义仓救济困苦之民和荒年之用。康熙三十一年（1692），朝廷令地方官劝谕百姓，量力捐输，州、县将输纳者之姓名、数目注册，春夏借给缺粮农民，秋收偿还，时称重农谷。雍正、乾隆年间，兴立社仓，粮储于民，官府收储。按出粮多少，优奖赐爵，充任社长者，亦录其勤，加以冠服，道光年间绅民为善者仿社仓之法，倡立义仓。康熙十三年（1674），赈恤水灾难民口粮寒衣，借给水灾难民牛具、种子等银2.01万两，借给复业难民麦种及运费银3627.74两。光绪二十六年（1900），发库银1万两，赈济饥民。道光年间，大定全府支出赈恤之费银315.27两、米325.44石。

（3）支付礼仪费。道光年间核定大定全府礼仪费87.5两，春秋祭祀银47两，春秋花鞭银25.5两。

民国财政支出　民国前期，财政支出主要是行政经费开支。滇军、川军、黔军混战相继进入毕节，难以顾及其他政务，事业费开支很少。民国25年（1936），军阀混战在消停，省对各县核定支出数，支出包含党务、行政、公安、教育、卫生、财务建设、预备费和其他费。民国31年（1942），增加保育、救济、退休、抚恤费，并将各项开支分为经常门和临时门两类。

1. 行政经费支出。民国2年（1913），省核定贵西道署经费2.5万元（银元，下同）。所属毕节、大定为一等县，年各支经费8880元。黔西、织金、威宁、水城县为二等县，每年各支经费7320元。民国6年（1917），省财政入不敷出，令各县署经费一律减四成开支。民国17年（1928）调为一等县开支5320元，二等县年开支4432元。民国25年7月～26年6月，（第四行政区5县未含水城）共支出17.36万元，占财政总支出的58.1%。民国28年（1939），区保经费改称自治费。民国28年（1939），第四行政区6个县共支出7.13万元，民国29年（1940）共支出67.27万元，占总支出的56%。民国30年（1941）起，实施《贵州省战时役员生活补助办法》，员役发放部分粮食，未列入行政费用。民国31年（1942），支出不单列党务费、自治费，统称行政支出，分经常门和临时门两类核算。是年，第四行政区所辖9县支出190.59万元，占总支出的29.8%。民国37年（1948）下半年，第四行政区支出金圆券3.48万元。

2. 军队支出。民国前期，军阀混战，军阀部队所到之处，粮款就地派征。1936年2月，红军二、六军团长征到黔西、大定、毕节，历时50余天，所到之处，将打土豪所得浮财部分分给贫苦民众，部分补充部队给养；尾追红军的国民党中央军军粮、柴草由地方筹集，抗日战争时期，毕节成为军队集结地，驻军增多，全区征集军粮54.02万石，献粮10石。

3. 保警支出。民国初期，各县自收捐税解决。民国25年（1936）列公安费支出，省核定第四行政区5县（未含水城）年支出9547元，占财政支出的3.2%。民国29年（1940），核定全区6县支出21.56万元，占财政支出的17.9%。分县支出为毕节县3.41万元，大定县4.3万元，黔西4.5万元，织金3.75万元，威宁2.63万元，水城2.96万元。民国31年（1942），共支出62.27万元，占财政支出为9.7%。民国32年（1943），改公安支出为保警支出，下分保安、警察、防空费。民国37年（1948），改称保警支出为保安警察支出，全区支出39.05亿元，占同期财政支出的12.4%。常驻毕节的保安五团、六团，其费用由省保安司令部支出；川滇公路通车后，毕节商会设立的护路大队，其经费由商会筹集支付。

4. 教育支出。民国6年（1917），共有高等小学18所、国民学校67所、农业学校1所、其他学校2所，学生3228人，教职员工285人，年支薪金2280元（银元）。民国25年（1936）省核定第四行政区教育费9.62万元（法币），占总支出的32.2%。民国31年（1942），教育费按其内容分为国民教育、中等教育、初等教育、特别教育、社会教育、临时教育和其他教育。是年，共支出196.73万元，占财政支出30.8%。1945年后，国民党发动内战，教育经费减少。民国37年（1948），毕节县教育支出6.5亿元，占总支出的10.9%，黔西县支出7.75亿元，占总支出的19.36%，金沙县支出8.7亿元，占总支出的22.3%，织金县支出6.21亿元，占总支出的18.3%。

5. 卫生事业费支出。民国25年（1936）7月起，地方财政始设卫生事业费支出，至民国26年（1937）6月，5县（未含水城）年共支出卫生事业费3203元，占全区总支出的1.1%。民国28年（1938），全区6县年支出2.33万元。民国29年（1939），支出1.88万元。民国30～34年（1941～1945），全区9县份年共支出卫生事业费为：3.09万元、16.65万元、70.37万元、111.06万元、283.32万元。民国37年（1948），毕节县卫生事业费支出4264万元，占该县财政总支出的0.2%。民国28年（1939），外国传教士驻毕节内地会在毕节县成立麻风病医院，免费收治麻风病人，省政府每月拨补病员伙食费150元。

6. 建设支出。民国24年（1935）前，贵州陷于军阀战争，未能顾及经济建设，投资极少。仅有民国2年（1913）大方县请设电报局，月支经费100余元。民国18年，修建清毕公路，省指令毕节县投资1.2万元，大定县投资1.8万元，黔西县投资1.8万元，织金县投资1.5万元。民国24年（1935）后，各县财政安排少量费用用于农业、林业、交通、工业、城市建设、水利、邮电建设支出。民国25年（1936），省核定第四区行政督察专员公署所辖5个县（未含水城）建设费6456元，占财政支出为2.2%。民国28年（1939），核定全区6个县建设费支出1.51万元。民国29年（1940）为1.83万元。民国31年（1942），建设费改称经济建设费，当年支出建设费44.58万元，占财政支出的7.3%。

7. 抚恤、救济支出。民国25年（1936），设抚恤支出，主要为公务员和保卫队人员死亡抚恤。初无支出，1937～1945年，给出征人员家属予以优抚，阵亡者发给抚恤，因地方官吏有弊，实得者少。民国31年（1942），毕节大定、织金、威宁县支出退休抚恤费分别为：1000元、2000元、2860元、600元。民国2 9 年（1940）起，增列社会救济支出，民国32年（1942），全区保育救济支出9820元，占总支出的1.8%。

8. 财务费支出。民国25年（1936）起，设财务费支出，包括财务委员会经费、纳粮费。民国25年7月～26年6月（1936～ 1 937），省核定第四行政区5县（未含水城）财务费5414元，其中各县财务委员会经费4333元，纳粮费1031元。民国28年（1939），省核定全区6县经费1.46万元。民国31年（1942）实行新县制，核定全区9县支出1.72万元，占财政总支出的2.6%。

9. 其他支出。民国25年7月~26年6月，省核定全区5县（未含水城）其他支出4611元，占财政支出的1.5%。民国8年（1939），省核定全区6县其他支出为3.48万元。民国31年（1942），省核定共计支出97.61万元，占财政支出的1.5%。民国37年（1948）后，货币贬值，将加发公务员生活补贴列入其他类支出。

**中华人民共和国成立后财政支出**　中华人民共和国成立初期，实行供给型财政。1953年起建立县级财政，国家有计划地发展国民经济，财政由供给型转为建设型。财政支出分为经济建设、社会事业费、行政管理费、其他类支出4大类。1982年增设专款专出。1997年增设基金支出。1980年前，财政支出由国家按计划经济管理体制统一安排。1980年，实行划分收支财政体制后，地方政府在国家计划指导下量力安排。财政支出从1953年的3781.71万元逐年增长至2005年的44.82亿元。

1. 基本建设类投资。1971年前，基本建设投资在各项事业费中以项或目列报。自是年起，确定基本建设的标准及报批审核程序，财政增加基本建设投资类级科目，统一核算由财政负担的各行业基本建设投资。1953～1957全，国家实施重点建设，地方的基本建设投资主要是修建房屋。此期间，全专区支出240.26万元，占同期财政支出的6.4%。1958～1960年，支出3134.88万元，其中1958年支出1322.21万元，占同期财政支出的45.3%。1961年，停止投资基本建设。1962年支出22.34万元，占财政总支出为1%。1966～1970年支出2290.95万元，占同期财政总支出的14.9%。1971年起，基本建设不再列入各项费用，只要属于基本建设计划内的，都列为基本建设投资。1971～1975年，支出2693.71万元。1976年支出142.57万元。1977～1980年，全地区基本建设投资707.36万元，除1980年外，其余年份均不超过200万元。1981年后，地方财政收入大幅增加，基本建设投资加大。1981～1985年，支出24.68亿元，主要用于改善机关住房、交通、通信、办公设备。1986年后，地区财政增强，基本建设投资开始从改善工作条件转向致力于发展经济和文教事业及改变投资环境，加大能源、交通、通信基础设施建议投入。1990年，全地区基本建设投资1345万元，1995年投资1.92亿元，2000年投资1325万元，2005年投资5875万元。

2. 农业类支出。1953年支出13.17万元，2005年增至4.38亿元。1953年，全专区支出13.17万元，其中农业支出10.44万元，畜牧业支出2.21万元，林业支出0.52万元。1954年增列水利支出0.53万元，气象支出0.64万元。1958年，列支农垦支出12.14万元。1959年，增列水产支出2万元。1959年设置支援人民公社投资专款，当年支出730万元。1983年后改为支援农村生产支出。1963年，设立拖拉机站支出，当年支出16.16万元。1968～1969年，支出5.27万元。1969年后，移民安置费计入各项建设费用。1964年，增设城市人口下乡补助费，当年补助5.72万元。1981年补助41.58万元。以后停止此项支出。1980年，增列农业资源调查区划费，当年开支1.2万元。1984年增列农林水事业费，当年支出63.1万元。1995年增设农业综合开发配套资金，当年支出494.6万元。2005年底，全地区农业类支出4.38亿元，其中农业支出2.84亿元，林业支出7927万元，水利气象支出7424万元。

3. 文教卫生类、科学技术类支出。1953支出117.22万元，2005增至16.41亿元。1953年，全专区支出117.22万元，其中教育支出64.57万元、卫生支出33.71万元、公费医疗支出17.44万元、文化支出1.5万元。1954年，增列干部培训支出0.69万元，1966年起干部培训工作中断，1982年恢复列支，改称为党政群干部培训费。1954年，列支出版费。1955年后列入文化类支出，1985年复设支出，1957年，增列广播事业费。1980年增列电视事业费。1959年列支科学技术费。1964年设置计划生育支出，1977年列支地震事业支出，1981年设置档案事业费支出。2005年底，全地区文教卫生、科学技术类支出16.41亿元，其中教育支出12.11亿万元、文体广播事业费支出2亿元、科学事业费支出1222万元、医疗卫生支出2.18亿元。

4. 工业、交通、商业贸易及城市建设等支出。1953年支出1.68万元，2005年增加至2.7亿元。1953年，设置城市建设费。1954年设置地方工业、交通费用支出。1958年设置邮电支出。1971年，设置小水泥、小水电、小化肥、小农机、小煤炭建设支出。当年支出9.83万元；1976～1981年间共支出1195.73万元，占财政总支出的2.84%。1985年后，财政补助支出逐年减少，1990年停止支出。1958设置商业贸易支出，主要是基本建设支出。1965年后增加流动资金、事业费。1976年，增加简易建筑费、固定资产更新改造资金及挖、革、改资金及科技三项费用支出。1994年起商贸系统离休人员生活费由财政负担。1996年商贸支出499.5万元，2000年支出189万元，2005年支出82万元。1978年，增设挖潜、革新、改造资金及科技三项费用，主要投资于地方国营工业。1981～1985年支出挖潜、革新、改造资金2922万元，科技三项费用37.96万元。1986～1990年，共支出科技三项费用74.07万元，挖、改、革资金5523.68万元。1995年，支出挖、革、改资金2806万元，科技三项费用支出203万元。2000年，支出企业挖、革、改资金2763万元，科技三项费用支出923万元。2005年支出科技三项费用3405万元。

5. 优抚、救济费类支出。1953年全专区优抚支出24.16万元，救济支出62.71万元。1981年增列军属、复退军人及精减职工补助。2000年，增列社会保障补助支出。2005年，全地区优抚、救济、社会保障补助支出共计2.76亿元，其中优抚、社会福利救济支出2.02亿元，社会保障补助支出7356万元。

6. 行政管理类支出。1953年，全专区支出263.71万元，其中行政经费支出207.34万元，党派团体支出54.89万元，公检法司支出0.94万元。1966～1976年“文化大革命”中，行政支出增加红卫兵串联接待费、联络站活动经费，城市人口上山下乡安置费。1971年，增加干部下放劳动锻炼费。1973年增列人防经费。1981年起，增列农业税征收经费，税务事业费，统计业务费，城市建设规划事业费、审计事业费、国土整治事业费、村镇建设规划费、财政事业费。2000年全区行政事业类支出3.69亿元。2005年全地区行政事业费10.86亿万元，其中行政管理费8.3亿元，公检法司支出2.56亿元。

7. 专款支出。亦称专项支出。1982年起，毕节地区开始征收排污费，并相应安排环境保护专项支出，列入预算外，1985年改为专款支出。1990年增加教育费附加收支专款。1997年后，专款收支增加幅度较大。2005年，全地区专款支出4629万元。

8. 其他类支出。包括少数民族地区补助费、支援不发达地区资金、价格补贴、债务利息支出。1954年支出0.02万元，2005年增至6.28亿元。1954年设置其他支出项目。1957年设置少数民族地区补助费。1980年起，中央建立支援不发达地区资金支出，毕节地区获这项照顾。自1983年国家规定向农村安排棉布提价补贴起，财政设置国家批准的政策性价格补贴，先后给予棉布提价，城镇蔬菜、煤炭、肉食、粮油加价，农资差价补贴。1985年设置地质勘探费，2000年后设置债务支出，民族地区转移支付补助。2005年，全地区其他类支出6.28亿元，其中支援不发达地区支出1.92亿元，政策性补贴支出560万元，债务利息支出575万元，其他杂项支出4.25亿元。

9. 基金预算支出。1997年，单列基金预算支出。1997，全地区单列基金支出1755万元。2005

年，全地区基金支出3730万元。2005年财政总支出443,927万元，其中：一般预算支出440,188万元，政府性基金支出3,739万元。2006年财政总支出561,189万元，其中：一般预算支出554,376万元，政府性基金支出6,813万元。2007年财政总支出749,715万元，其中：一般预算支出729,708万元，政府性基金支出20,007万元。2008年财政总支出1,103,875万元，其中：一般预算支出1,061,397万元，政府性基金支出42,478万元。2009年财政总支出1,519,592万元，其中：一般预算支出1,439,076万元，政府性基金支出80,516万元。2010年财政总支出2,224,139万元，其中：一般预算支出2,054,277万元，政府性基金支出169,862万元。2011年财政总支出2,895,264万元，其中：一般预算支出2,492,817万元，政府性基金支出402,447万元。

## 1953～2005年毕节地区财政支出统计表

单位：万元

| 年度 | 基建 | 农业 | 文教 | 工商交 | 优抚救济 | 行政 | 专款基金 | 其他 | 合计 |
|---|---|---|---|---|---|---|---|---|---|
| 1953 | | 13.17 | 117.22 | 1.68 | 86.87 | 263.17 | | | 482.11 |
| 1954 | | 17.75 | 101.43 | 8.48 | 81.38 | 323.75 | | 0.02 | 532.81 |
| 1955 | | 71.25 | 135.29 | 32.24 | 70.81 | 376.11 | | 0.09 | 685.79 |
| 1956 | | 83.46 | 277.83 | 25.25 | 87.2 | 517.78 | | 7.62 | 999.14 |
| 1957 | | 103.4 | 351.86 | 48.68 | 64.37 | 488.71 | | 24.85 | 1081.87 |
| 1958 | | 425.74 | 357.75 | 1487.91 | 48.44 | 532.94 | | 68.79 | 2921.57 |
| 1959 | | 997.32 | 465.62 | 944.61 | 87.31 | 706.72 | | 22.9 | 3224.48 |
| 1960 | | 1347.6 | 795.83 | 673.89 | 95.78 | 809.92 | | 21.14 | 3744.16 |
| 1961 | | 1558.72 | 531.79 | 9.76 | 384.78 | 660.15 | | 23.4 | 3168.6 |
| 1962 | | 160.34 | 556.72 | 20.22 | 277.99 | 594.03 | | 58.38 | 1667.68 |
| 1963 | | 604.98 | 646.41 | 72.53 | 301.33 | 591.6 | | 154.99 | 2371.84 |
| 1964 | | 427.61 | 719.21 | 37.45 | 362.06 | 631.55 | | 106.04 | 2283.92 |
| 1965 | | 354.42 | 826.31 | 65.98 | 458.22 | 709.59 | | 138.77 | 2553.29 |
| 1966 | | 619.88 | 928.61 | 86.74 | 428.14 | 705.84 | | 79.49 | 2848.7 |
| 1967 | | 570.01 | 935.55 | 39.03 | 379.64 | 765.24 | | 95.23 | 2784.7 |
| 1968 | | 468.28 | 896.67 | 30.01 | 248.74 | 685.74 | | 92.77 | 2422.21 |
| 1969 | | 616.99 | 945.69 | 585.82 | 294.74 | 757.94 | | 88.48 | 3289.66 |
| 1970 | | 836.77 | 1093.13 | 796.26 | 357.27 | 835.94 | | 88.64 | 4008.01 |
| 1971 | | 500.82 | 1199.07 | 237.6 | 349.31 | 991.62 | | 72.62 | 3351.04 |
| 1972 | | 778.83 | 1466.54 | 450.24 | 452.16 | 1185.03 | | 92.36 | 4425.16 |
| 1973 | | 921.7 | 1552.16 | 334.49 | 507.22 | 1077.6 | | 46.37 | 4439.54 |
| 1974 | | 1052.09 | 1693.55 | 228.51 | 354.51 | 1073.79 | | 107.29 | 4509.74 |
| 1975 | | 1563.77 | 1821.3 | 207.08 | 599.01 | 1177.55 | | 119.17 | 5487.88 |
| 1976 | | 1655.53 | 2030.98 | 319.46 | 425.63 | 1156.62 | | 184.61 | 5773.01 |

续表

| 年度 | 基建 | 农业 | 文教 | 工商交 | 优抚救济 | 行政 | 专款基金 | 其他 | 合计 |
|---|---|---|---|---|---|---|---|---|---|
| 1977 | | 2576.47 | 2127.46 | 416.03 | 522.96 | 1247.64 | | 81.06 | 6971.62 |
| 1978 | | 2785.31 | 2544.52 | 504.84 | 418.31 | 1322.22 | | 175.6 | 7750.8 |
| 1979 | | 3217 | 3068.41 | 455.01 | 1147.74 | 1574.96 | | 245.48 | 9708.6 |
| 1980 | | 3550.35 | 3564.13 | 467.78 | 893.25 | 1884.11 | | 650.21 | 11009.83 |
| 1981 | 250.68 | 2931.5 | 3830.63 | 474.96 | 838.3 | 1997.28 | | 879.53 | 11202.88 |
| 1982 | 289.98 | 2454.5 | 4445.7 | 1280.04 | 727.47 | 2907.66 | | 1199.55 | 13304.9 |
| 1983 | 336.07 | 2649.26 | 5043.71 | 1169.34 | 948.96 | 3338.30 | | 1567.16 | 15052.8 |
| 1984 | 427.65 | 3379.42 | 6351.89 | 2197.31 | 957.22 | 4541.61 | | 1691.42 | 19546.52 |
| 1985 | 1163.59 | 3082.9 | 6947.33 | 2077.46 | 1500.96 | 4372.83 | 2.21 | 2328.52 | 21475.8 |
| 1986 | 1396.14 | 3810.42 | 8405.36 | 2468.11 | 1408.94 | 5235.57 | 1.89 | 3339.91 | 26066.34 |
| 1987 | 448.4 | 4914.1 | 9624.50 | 3362.9 | 1453.2 | 6064.5 | 21.7 | 6478.9 | 32368.2 |
| 1988 | 761.7 | 6334.7 | 11662.4 | 4284.3 | 1364.8 | 8526.7 | 21.6 | 9170.3 | 42126.5 |
| 1989 | 19811.5 | 789.1 | 12818.1 | 3963.8 | 1657.9 | 9096.7 | 13.1 | 12784.4 | 60934.6 |
| 1990 | 1345.2 | 7524.2 | 13933.1 | 3042.7 | 1603.6 | 10534.5 | 182.4 | 13927.4 | 52093.1 |
| 1991 | 1807 | 8184 | 14319 | 3412 | 1614 | 11034 | 236 | 13196 | 53802 |
| 1992 | 3863.6 | 8222.6 | 17141.3 | 4665 | 1805.6 | 13946.9 | 273.8 | 11425.2 | 61344 |
| 1993 | 4322.4 | 9653 | 18533.7 | 10620.8 | 1778.8 | 15678.6 | 635.7 | 8486.8 | 69709.8 |
| 1994 | 4537.7 | 11397 | 25300.6 | 8898.6 | 2158.7 | 21008.2 | 911.2 | 7802.3 | 82014.3 |
| 1995 | 4676.1 | 10818.1 | 28188.7 | 5887.5 | 2738 | 25413.8 | 1176.5 | 13369.3 | 92268 |
| 1996 | 3776.1 | 14147.1 | 32394 | 4682.5 | 2994.4 | 35974.6 | 1908.2 | 19066.8 | 114943.7 |
| 1997 | 3330 | 15891 | 36469 | 8414 | 2837 | 28063 | 1628 | 21974 | 118606 |
| 1998 | 4059 | 15273 | 42904 | 8628 | 4037 | 28654 | 2302 | 25740 | 131597 |
| 1999 | 2629 | 16844 | 47703 | 9005 | 5375 | 31201 | 4557 | 30068 | 147382 |
| 2000 | 1325 | 16839 | 54607 | 11615 | 6786 | 36922 | 3573 | 25731 | 157398 |
| 2001 | 1718 | 23439 | 75893 | 12499 | 8871 | 48988 | 3596 | 32793 | 207797 |
| 2002 | 2800 | 27806 | 96026 | 16844 | 12422 | 62498 | 2995 | 38138 | 259529 |
| 2003 | 3699 | 28145 | 705507 | 19088 | 17208 | 72254 | 3026 | 50384 | 899311 |
| 2004 | 5614 | 31314 | 126971 | 23699 | 19419 | 82194 | 3136 | 51932 | 344279 |
| 2005 | 5875 | 43762 | 164095 | 27033 | 27583 | 108644 | 4629 | 62849 | 444470 |

说明：1.财政收入不含上划中央、省部分；2.支出中不含上划支出

1953～2005年毕节地区各县市财政收支统计表

单位：万元

| 县市/分目/年份 | 毕节市 | | 大方县 | | 黔西县 | | 金沙县 | | 织金县 | | 纳雍县 | | 威宁县 | | 赫章县 | | 地级 | |
|---|---|---|---|---|---|---|---|---|---|---|---|---|---|---|---|---|---|---|
| | 收入 | 支出 | 收入 | 支出 | 收入 | 支出 | 收入 | 支出 | 收入 | 支出 | 收入 | 支出 | 收入 | 支出 | 收入 | 支出 | 收入 | 支出 |
| 1953 | 22.3 | 76.2 | 11.1 | 58.8 | 18.5 | 51.6 | 12.8 | 50.7 | 15.6 | 51.9 | 8.6 | 37.1 | 8.2 | 66.3 | 6 | 42.5 | | |
| 1954 | 82.8 | 82.8 | 21.1 | 58.5 | 21.4 | 60 | 20.2 | 51.3 | 21.6 | 58.7 | 10.7 | 48.1 | 17.5 | 72.4 | 11.7 | 46.7 | | |
| 1955 | 37.2 | 106.3 | 26.5 | 74.8 | 24.5 | 89.4 | 24.3 | 66.2 | 23.9 | 73.3 | 15.6 | 60.3 | 20 | 90.3 | 13.9 | 56.2 | | |
| 1956 | 125.6 | 192.6 | 77.9 | 118.3 | 75.7 | 102.9 | 78.8 | 93.3 | 84.7 | 101.6 | 39.3 | 81 | 57.1 | 132.7 | 53.6 | 80.3 | | |
| 1957 | 300.1 | 203.3 | 193.7 | 129 | 192.2 | 111.1 | 227.7 | 103.1 | 175.9 | 115.3 | 91.1 | 91.7 | 136.3 | 134.7 | 119.4 | 84.9 | | |
| 1958 | 584.0 | 362.9 | 340.1 | 263.7 | 463 | 385.3 | 542.5 | 335.5 | 393.1 | 333.7 | 161.9 | 217 | 268.6 | 407.8 | 251.8 | 268.9 | | |
| 1959 | 626.2 | 453.6 | 427.1 | 346.3 | 423.7 | 347.8 | 337.8 | 272.6 | 264.3 | 319.8 | 191.1 | 282 | 3553.6 | 493.3 | 276.1 | 358.3 | | |
| 1960 | 583.6 | 419.1 | 339.5 | 340.6 | 427.4 | 516.2 | 364.2 | 293.9 | 301.3 | 315.9 | 202.8 | 261.3 | 407.5 | 415.6 | 324.7 | 278.7 | | |
| 1961 | 299 | 437.8 | 184.4 | 413.6 | 230.6 | 285.8 | 154.2 | 410.1 | 201.6 | 260.4 | 107.3 | 260 | 219.6 | 303.7 | 1311 | 223.8 | | |
| 1962 | 335.1 | 206.8 | 210.9 | 184.7 | 285.9 | 154.8 | 187.3 | 148 | 227.4 | 143.7 | 124.7 | 151 | 186.7 | 167.3 | 126.2 | 125.4 | | |
| 1963 | 397.6 | 316.7 | 250.3 | 243.0 | 327.2 | 217.4 | 238.6 | 196.2 | 165.1 | 219.6 | 134.5 | 187.8 | 205.3 | 258.7 | 146.6 | 186.7 | | |
| 1964 | 461.5 | 284.5 | 295.2 | 224.2 | 356.3 | 217.5 | 298.3 | 193.8 | 299.3 | 209.6 | 162.4 | 183.2 | 245.7 | 245.3 | 178.7 | 176.2 | | |
| 1965 | 533.6 | 331 | 364 | 266.9 | 427.6 | 228.1 | 317.2 | 194.2 | 304.5 | 221.7 | 185.2 | 191.6 | 304.5 | 316.3 | 206 | 183.2 | | |
| 1966 | 496 | 344.6 | 306.3 | 250.1 | 360.4 | 242.2 | 265.7 | 196.2 | 321.3 | 235.8 | 162.5 | 208.9 | 240.3 | 325.1 | 185.9 | 205.1 | | |
| 1967 | 485.5 | 321.1 | 300.0 | 275.3 | 319.6 | 238.6 | 259.5 | 193.8 | 277.7 | 241 | 133.8 | 218.2 | 207.8 | 295.3 | 1611 | 198.6 | | |
| 1968 | 183.4 | 301.5 | 277.9 | 271.4 | 354.9 | 235.3 | 220.2 | 194.2 | 109.3 | 231 | 105 | 177.2 | 188.6 | 247.2 | 141.9 | 180.1 | | |
| 1969 | 377.2 | 465.5 | 229.9 | 349.5 | 258.5 | 323.3 | 197.8 | 196.2 | 162.2 | 232.2 | 95.4 | 218 | 147.6 | 296.3 | 154.8 | 272.9 | | |
| 1970 | 546.6 | 459.3 | 300.2 | 391.9 | 348.1 | 367.6 | 293.3 | 217.1 | 341.6 | 320.7 | 179.8 | 302.6 | 261.7 | 429.7 | 178 | 286.5 | | |
| 1971 | 592.6 | 534.5 | 324.4 | 479.8 | 368.2 | 585.7 | 265.8 | 416.3 | 290.4 | 479.9 | 168.7 | 355.9 | 260.3 | 609.8 | 187.4 | 343.2 | | |

续表

| 县市/分目/年份 | 毕节市 | | 大方县 | | 黔西县 | | 金沙县 | | 织金县 | | 纳雍县 | | 威宁县 | | 赫章县 | | 地级 | |
|---|---|---|---|---|---|---|---|---|---|---|---|---|---|---|---|---|---|---|
| | 收入 | 支出 | 收入 | 支出 | 收入 | 支出 | 收入 | 支出 | 收入 | 支出 | 收入 | 支出 | 收入 | 支出 | 收入 | 支出 | 收入 | 支出 |
| 1972 | 592.6 | 736.2 | 380.4 | 604.9 | 375.4 | 581.2 | 219 | 477.1 | 247.8 | 546.8 | 164.8 | 458.7 | 261.7 | 763.2 | 254.1 | 419.8 | | |
| 1973 | 615.1 | 626.4 | 403.9 | 510.3 | 533 | 554.9 | 339 | 411.7 | 283.6 | 476.6 | 196.9 | 370.4 | 248.3 | 519.5 | 252.5 | 392.8 | | |
| 1974 | 577.5 | 647.4 | 388 | 515.5 | 557 | 537 | 310.2 | 433.6 | 279.4 | 468.7 | 166.3 | 429 | 184 | 524.7 | 213.1 | 427.2 | | |
| 1975 | 677 | 801 | 494.7 | 626.3 | 646.4 | 689.4 | 391.9 | 571.5 | 379.2 | 555 | 216.7 | 457.6 | 271.9 | 673.7 | 253.5 | 494.5 | | |
| 1976 | 663.3 | 912.3 | 490.4 | 687.4 | 490.9 | 650 | 359.3 | 578.3 | 316.5 | 645.3 | 211.7 | 547.5 | 233.7 | 655.9 | 262.3 | 532.5 | | |
| 1977 | 882.2 | 1002.8 | 585.2 | 8102 | 554.6 | 780.1 | 414.4 | 672 | 374.3 | 807.7 | 223.8 | 590.5 | 310.2 | 973.3 | 317.5 | 632.7 | | |
| 1978 | 1029.5 | 1177.6 | 714.1 | 679.7 | 722.9 | 851.6 | 484.7 | 746.7 | 459.2 | 814.2 | 312 | 689.2 | 404.8 | 950.1 | 371.8 | 662.1 | | |
| 1979 | 954.3 | 1482.5 | 680.9 | 1190.7 | 707.3 | 921.1 | 444.5 | 942.7 | 391.6 | 979.1 | 265.6 | 845.7 | 256 | 1255.2 | 336.8 | 884.8 | | |
| 1980 | 849.1 | 1689.2 | 588.1 | 1162.3 | 668.2 | 1172.4 | 452.4 | 1031 | 245.8 | 1095.8 | 237.4 | 877.7 | 263.7 | 1722.3 | 320 | 1009.7 | | |
| 1981 | 1543.1 | 1439 | 995.4 | 1317.1 | 1200.8 | 1128.6 | 688.6 | 1177.6 | 313 | 1187.7 | 283.7 | 903.9 | 329.4 | 1346.2 | 417.3 | 967.4 | | |
| 1982 | 1748.8 | 1843.3 | 1386.5 | 1645.1 | 1222.8 | 1410.7 | 864.6 | 1359.8 | 537.7 | 1372.7 | 439.3 | 1106.3 | 464.7 | 1338 | 555.1 | 1065.6 | | |
| 1983 | 1696.5 | 1974 | 1407.2 | 1890.5 | 1061.3 | 1618.5 | 783.1 | 1316.4 | 631.2 | 1511.1 | 511.7 | 1285.2 | 513.3 | 1541.9 | 659.7 | 1046.1 | | |
| 1984 | 2749.3 | 2814.3 | 1613.2 | 2129.5 | 1578.5 | 2101.9 | 1030.8 | 1739.6 | 785.4 | 1860 | 562.6 | 1598.50 | 622.2 | 2219.3 | 667.7 | 1820.6 | | |
| 1985 | 3914.1 | 2667 | 2367.1 | 2809 | 1645.3 | 2068.2 | 1120.9 | 1925 | 626.4 | 2077.5 | 431.9 | 1979.9 | 503.8 | 2216.1 | 679 | 1683.6 | | |
| 1986 | 1471.2 | 547.5 | 1632.2 | 3002.2 | 1417.4 | 2543.1 | 1298.4 | 2210.3 | 615 | 2464 | 562.7 | 2026.2 | 654.2 | 2626.8 | 909.1 | 1923.4 | | |
| 1987 | 2755.1 | 4173.2 | 1967.4 | 316.5 | 1777.1 | 2314.4 | 1781.5 | 2747.6 | 840.5 | 2490.1 | 686.7 | 2011.3 | 1124.7 | 2942.6 | 1252.2 | 2233.4 | | |
| 1988 | 4045.3 | 5123.4 | 3142 | 4167.8 | 2046.5 | 2740.3 | 2419.4 | 3171.5 | 1536.4 | 2924.9 | 1056.6 | 2694.4 | 1835.1 | 3404.7 | 1659 | 2634.7 | | |
| 1989 | 4055.8 | 5871.7 | 3298.7 | 2670.5 | 2670.5 | 3541.3 | 2499.3 | 3635.8 | 1801.1 | 3656.8 | 1284.1 | 3227.6 | 1904.9 | 4139.8 | 1903.9 | 3297.4 | | |
| 1990 | 3757.0 | 5617.9 | 3224.9 | 2518.9 | 2518.9 | 3799.6 | 2363.6 | 3813 | 1707.6 | 3636.9 | 1273.3 | 3122.4 | 1820.6 | 4191 | 2216.8 | 3457.7 | | |

续表

| 县市 分目 年份 | 毕节市 | | 大方县 | | 黔西县 | | 金沙县 | | 织金县 | | 纳雍县 | | 威宁县 | | 赫章县 | | 地级 | |
|---|---|---|---|---|---|---|---|---|---|---|---|---|---|---|---|---|---|---|
| | 收入 | 支出 | 收入 | 支出 | 收入 | 支出 | 收入 | 支出 | 收入 | 支出 | 收入 | 支出 | 收入 | 支出 | 收入 | 支出 | 收入 | 支出 |
| 1991 | 4699 | 6266 | 3574 | 4846 | 2670 | 4034 | 3176 | 4499 | 1929 | 3994 | 1506 | 3574 | 2363 | 4487 | 2620 | 3825 | | |
| 1992 | 4700.9 | 7608.6 | 3625.6 | 5568.3 | 3173.1 | 4556.6 | 3627.3 | 4602.8 | 2126.1 | 4438.2 | 1624.4 | 4072.3 | 3117.5 | 5629.9 | 2869.5 | 4246.2 | | |
| 1993 | 6307.4 | 8803.4 | 3851.1 | 6144.2 | 3525.6 | 5370.3 | 4063.4 | 5503.6 | 2636.8 | 4712.8 | 1694 | 4356.4 | 2967.3 | 5805.8 | 3258.8 | 4833.1 | | |
| 1994 | 8003.3 | 11561.7 | 4600.7 | 7596.1 | 4301 | 6172.8 | 4928.4 | 5962 | 3476.7 | 6447.8 | 1907.2 | 4403.8 | 4107.5 | 9052.7 | 4121.6 | 5711.9 | | |
| 1995 | 9612.6 | 12243.1 | 5949.2 | 8808 | 6355.9 | 7100 | 6491.1 | 7931.3 | 4378.3 | 7729.4 | 2798.8 | 5264.5 | 6746.5 | 8581.8 | 5244 | 6372 | | |
| 1996 | 9729 | 14588.3 | 6036.4 | 9384.2 | 8682.3 | 11610.2 | 7016.5 | 9952.4 | 4454.5 | 7914 | 3748.6 | 7130.3 | 8474.2 | 13377.5 | 4452.3 | 8250 | | |
| 1997 | 11485 | 18033 | 7782 | 12351 | 7943 | 10723 | 7887 | 10940 | 5604 | 9241 | 5141 | 10679 | 9107 | 14305 | 3816 | 6772 | 3019 | 27137 |
| 1998 | 12941 | 20196 | 8902 | 14681 | 6706 | 10234 | 8360 | 12118 | 5953 | 10578 | 5268 | 12318 | 6872 | 12145 | 3039 | 10524 | 8647 | 30291 |
| 1999 | 14292 | 24303 | 8950 | 16000 | 7287 | 12040 | 9197 | 14668 | 6267 | 13457 | 5276 | 12740 | 7414 | 15015 | 3209 | 10942 | 7688 | 29766 |
| 2000 | 16066 | 25967 | 9497 | 18867 | 7291 | 13218 | 10509 | 16511 | 7647 | 17078 | 6186 | 15579 | 8019 | 16716 | 3420 | 11815 | 7433 | 28054 |
| 2001 | 18049 | 32158 | 10510 | 23117 | 9188 | 19029 | 12162 | 22477 | 9165 | 22619 | 7998 | 22529 | 8376 | 21617 | 4342 | 15842 | 8929 | 34369 |
| 2002 | 19249 | 40391 | 11248 | 29603 | 10624 | 255647 | 12505 | 28059 | 9286 | 27389 | 9965 | 27107 | 8245 | 27260 | 4337 | 18873 | 6473 | 36824 |
| 2003 | 19249 | 47419 | 10933 | 29941 | 11592 | 27782 | 16122 | 33119 | 10932 | 325150 | 11137 | 34045 | 9716 | 31711 | 4671 | 21911 | 11976 | 12743 |
| 2004 | 21821 | 49093 | 12356 | 34897 | 11999 | 30780 | 18983 | 39020 | 14026 | 40686 | 12555 | 38047 | 12779 | 40521 | 6446 | 27877 | 12159 | 47162 |
| 2005 | 24879 | 65680 | 15785 | 50164 | 14597 | 41863 | 24857 | 49350 | 19021 | 54836 | 15117 | 41857 | 14900 | 53959 | 8675 | 39872 | 14314 | 50625 |

说明：1.财政收入不含上划中央、省部分；2.支出中不含上划支出

## 第四节 财源建设

毕节地区在民国前，历代统治者只注重索取，很少投资于财源建设，虽有丰富的资源，但未得到很好的开发利用；各族人民通过历代的艰辛劳动创造和培育的地方特色产品，仅靠民间自然传承，未得到规模发展。财源仅靠传统的农业和家庭极少量的饲养业且发展速度缓慢，人民十分贫穷。中华人民共和国成立后，中共毕节地委、毕节地区行署贯彻执行国家制定的发展经济，保障供给的财政工作总方针，始终不懈地坚持财源建设，增加财政收入，促进地方经济和各项事业的发展。1950～1957年，实行农、林、牧、副、渔全面发展方针，种植业、养殖业、手工业迅猛发展，且初具规模。1958～1964年，前3年受国家经济困难影响，发展缓慢外，后3年财源建设得到恢复和发展。1965～1976年，受“文化大革命”影响，财源建设发展缓慢。1978～2005年，国家实施改革开放政策，为地方经济发展，加强财源建设拓开广扩空间。1985年，全地区财政收入近1亿元。1988年，财源建设发展加快，种植业以烤烟、油菜、辣椒、大蒜、芸豆、核桃、茶叶和中药材、水果为重点；养殖业以发展改良牛、黑山羊、猪、鸡、鸭、鹅、兔等生态农业为重点；工业以发展化肥、建材、食品工业为重点。2002年，国家实施西部大开发战略后，财源建设的重点在继续巩固两烟财源的基础上，以拥有资源为依托，建设能源旅游、畜牧产业和绿色产业，财源建设的基点放在促进经济建设上，形成依靠经济发展实现财政增收，依靠财政增收促进经济发展的良性循环。2005年，全地区财政收入34.81亿元。

**扶持烤烟、卷烟生产** 1.烟叶种植。1941年，引进烟叶种植。1949年，黔西、大定、毕节县共种植1800亩，产量47吨。中华人民共和国成立后，烤烟生产得到政府信贷扶持，生产得到发展。1952年，全专区烤烟货物税2.9万元，1958年，全专区征收烤烟税308.6万元。1966～1975年，受“文化大革命”影响，烤烟生产萎缩。1976年，生产得到恢复和发展。是年，全地区征收烤烟税912.1万元。1979年，毕节、大方、黔西、金沙、织金县被国家确定为烤烟生产基地县。1980年起，实行分级包干财政体制后，各级政府利用既有种烟条件，又有种烟技术的优势，扶持烟叶生产。是年，地区财政拨出18万元补助种烟生产队购买化肥。地区行署决定以后每年拨100万元作为发展烤烟基金；各县也安排一定资金扶持烤烟生产。1981年，地区行署决定农户每新建烤房1间，财政补贴100元。是年全地区烟叶税达到3065万元，占全地区财政收入的54.6%。1988年起，各级财政投入大量资金扶持烤烟生产，推广地膜覆盖栽培技术，改造烤房，建立优质烟生产基地，烟叶主产得到持续发展。1992年，全地区烟叶产品税超过亿元，达到1.11亿元。1996年，全地区征收烟叶特产税2.5亿元。2005年征收2.04亿元。

2.烟叶复烤。1976年前，无烟叶复烤产业。1976年，执行国务院农产品加工应就近、就地的指示，中共毕节地委，毕节地区革命委员会决定建设地区复烤厂。是年，地区财政投资50万元，在毕节县鸭池区头步桥公社选址建厂，当年建成投产。1979年，财政拨款83万元扩厂，黔西、金沙县先后投资建厂。1984年，地区财政投资348万元，扩建一条7500吨蒸气复烤生产线。

是年，各县财政也投资建复烤厂。1978～1988年，全区复烤烟叶提供税金3051万元。1991年，复烤厂划归烟草部门管理。1994年税改后，大部分复烤税金并入消费税内。

3.卷烟生产。卷烟生产始于民国29年（1940）。此后，曾先后兴办数家卷烟厂，其产品除销区内，还销往云南、四川省。至1949年11月毕节解放，仅存荣誉卷烟厂。1950年，荣誉卷烟厂改名为利群烟厂，政府对其采取协助采购烟叶原料，供应卷烟盘纸和监制、经销进行扶持。1954年，因其设备老化等原因，宣告停业。1974年，毕节地区行署决定恢复毕节卷烟工业，由财政投资15万元，利用毕节市东关坡旧厂房，修复原利群烟厂旧机器建立毕节地区卷烟厂。1975年，生产卷烟877箱，实现税金26.6万元。以后财政逐年投入资金，逐渐开发产品，产量逐渐上升。1978年，奉令停产。1981年恢复生产，地区财政投资150万元，按10万箱生产能力，改造卷烟厂技术。1982年，改毕节地区卷烟厂为毕节卷烟厂，纳入国家计划。是年，地区财政安排技术改造资金516万元扶持，当年收入税金268万元。1986年，财政担保贷款400万元给烟厂扩建，1988年完成扩建，毕节卷烟厂生产能力已达30万箱，实现卷烟税收1.33亿元，占全地区财政收入的44%，卷烟成为地区财政支柱产业，毕节卷烟厂进入全国500家最大工业企业行列。1989年起，地区行署决定财政投资部分，烟厂自筹部分，财政担保贷款部分，5年内完成引进新设备改造烟厂。经批准，1988年烟厂税前还贷2000万元，1992年税前还贷3569.3万元，1993年税前还贷898万元。1989～1991年，从税金中返还烟厂还贷共4600万元。经过财政多次、多渠道扶持，1995年，毕节卷烟厂发展成为拥有5亿元固定资产、50万箱生产能力的现代化企业。1996年提供增值税、消费税4.7亿元，占全地区财政收入的40.7%，成为全地区利税首户。2000年提供增值税5750万元，消费税3.12亿元。2005年，提供增值利税6.04亿元，消费税6.04亿元。2005年烟厂上划为省管企业，地区财政虽然不再对其直接投入，但由于其对烤烟生产的带动作用和对财政的贡献，仍在政策上给予扶持，帮助烟厂生产线二期技改工作。2007年对烤烟生产，高质量完成投资4亿多元的大型密集式烤房、烟叶基层站点建设，建设现代烟叶物流中心，是年“两烟”税收完成13.1亿元，占全区财政总收入的24%。2010年烤烟收购量达195万担，卷烟生产超过40万大箱。

**发展煤电产业**　毕节地区煤炭及水能资源丰富，据勘测，煤炭远景储量365亿吨，其中优质可采储量达247亿吨，水能资源理论蕴藏量221.2亿千瓦，可开发量161亿千瓦。1998年起，毕节地区先后引资建成黔北火电厂、纳雍火电厂和洪家渡水电站、引子渡水电站，至2005年在建即将投产运营的还有纳雍火电二厂、黔西火电厂、大方火电厂。投产运营的大型煤矿有纳雍鬃岭煤矿、比德煤矿和黔西青龙煤矿首采矿区，在建的还有纳雍五轮山、金沙林华、毕节五家坝、大方对江煤矿。2002年8月18日，中共毕节地委、毕节地区行署与山东兖矿集团签订联合开发毕节地区煤炭资源的协议。2005年1～6月，全地区煤炭税入库2.03亿元，火电厂和电站税收入库2.2亿元，两项合计占财政总收入的26.2%，煤电税收已成为区内骨干财源。煤电产业初步成为毕节地区财政收入的又一重要来源。2007年全区先后建成金沙火电厂、黔北火电厂、纳雍火电一厂、纳雍火电二厂、黔西火电厂、大方火电厂和洪家渡、引子渡、索风营水电站，全区电力装机已达660万千瓦。与火电配套的纳雍鬃岭、比德和黔西青龙煤矿，以及其他大型矿井如纳雍五轮山、大方对江、金沙林华和龙凤等煤矿建设也紧张有序地进行，全区煤炭年产量达2871万吨。是年煤炭税费完成10.24亿元，占全区财政总收入的19%；重点工程“两电”税收完成8.36亿元，占全区财政总收入的15%。2010年煤炭产量近4500万吨，成为全省第二大煤炭工业基地，电力装机容量已达800多万千瓦，成为西电东送的主要基地。到2011年形成了“两烟”、煤炭、“两电”三大支柱财源，三大产业提供财政收入占全部财政收入的40%以上。

**扶持发展农牧、旅游产业** 1.扶持农业。1950～1987年，采取兴修水利、改良土壤、增加化肥供应、良种改革等措施，千方百计增加粮食产量。1988年，地区及各县财政匹配相应资金在实施温饱工程，推广玉米良种、水稻杂交种、地膜覆盖为主的农业技术改革，对使用新技术种植的农户按每亩10～20元补助。2002年，实行农村税费改革，大幅度减轻农业税费。2004年起，给予良种补贴。2005年，取消农业税后，良种补贴一直持续。同时，以烤烟、油菜、辣椒、核桃、茶叶和中药材为重点，大力发展特色农业产品，建立生产、加工、销售一条龙的服务体系，促进农村产品在流通中实现和提高市场价值，促进农村产业发展。推进农业产业化发展，稳固农业基础财源。以烤烟、油菜、辣椒、大蒜、芸豆、核桃、茶叶和中药材为重点，大力发展特色农产品生产，一方面围绕农副产品加工增值，加快乡镇企业结构调整、科技进步和产权制度的改革步伐，全面实现新形势下乡镇企业发展的重大转折，使乡镇企业成为增加地方财政收入的重要来源；另一方面加强农村市场建设，建立生产、加工、销售一条龙的服务体系，并积极发展远销大户，促进农副产品在流通中实现和提高市场价值，实现农业增效、农民增收、财政增长。

2.扶持畜牧业。有丰富的饲草资源。适宜发展畜牧产业。全地区有草山草坡740万亩，其中300亩以上成片草场314万亩，灌木丛草资源580万亩。中华人民共和国成立前，畜牧业皆由民间自繁自衍，发展缓慢。1980年，国家有关部门确定毕节、威宁、赫章县为重点畜牧县，财政投放信用资金、给予贴息贷款扶持，是年，拨专款1400万元扶持农村养羊、养牛、养猪、养家禽专业户发展生产。1994年，财政拨出专项资金，建立50个黑山羊基地。从20世纪80年代起，财政拨出专款建立配种站、品改站，推广人工授精技术，改良品种。20世纪90年代，拨专款推广氨化饲料技术，利用财政资金和“挖、革、改”资金支持畜牧产品加工。到2005年，全地区畜牧产业基本走出一条畜禽良种化，防疫制度化，布局区域化，服务社会化，经营产业化的现代牧业之路。

3.发展旅游业。旅游资源丰富。地下溶洞织金洞（原名打鸡洞），洞内奇观名扬中外，称天下第一溶洞；国家级森林公园百里杜鹃，国内享有盛名；国家级自然保护区威宁草海，有高原明珠之称；国家级文物保护单位，大屯土司庄园；为国内少有的保存完整的彝族土司庄园和国家级文物保护单位大方奢香墓。多民族杂居，民族风情、民族遗产各具特色。同时，又是一个具有革命传统的老区，毕节、大方、黔西、金沙、纳雍、威宁、赫章县均定为革命老区。旅游资源既有自然风光，又有人文景观。从1981年，拨款12万元恢复草海起，以后每年均安排资金对景点、景区进行维修、扩展，建设旅游交通，以优化环境，改善服务，增加旅游收入。加快以旅游为龙头的服务业发展，培植第三产业财源。区内极其丰富的旅游资源由于种种原因长期以来未得到有效开发。为把资源优势转化成经济优势，全力打造东中西三条精品旅游线。东线：以黔西为中心，形成百里杜鹃—乌江源百里画廊—化屋苗寨—织金洞精品旅游线；中线：以大方为中心，形成支嘎阿鲁湖—奢香博物馆—九洞天精品旅游线；西线：以威宁为中心，形成草海—百草坪—阿西里西精品旅游线。充分利用“毕节试验区”这张名片，千方百计争取中央、省对我区旅游公路建设的投入。激活民营资本，坚持走市场化运作之路，全方位对内对外招商引资，构建大旅游大开发大发展格局。

## 第五节　财政管理

财政管理机构　1.明清及民国时的财政管理机构。明代，大部分地方实行土司则溪制。每则溪均设有管理钱粮的官员。卫所辖区，卫内设经历、知事、吏目管理钱粮。清康熙四年（1665），废土官，撤卫所，设府、州、县，府、州、县下设里、甲。府、州设经历管理财政，府、州、县均设课税局，办理属地内税课征收，里甲承担辖区内赋税催收。保留土目的地方，由土目纳税。民国元年（1912），中央设财政部，省设财政厅，核发各县署经费。民国3年（1914），各县成立经费局，民国15年（1926）经费局改称征收局。民国20年（1931）改称财政局。民国24年（1935），设第四行政区督察专员公署第一科，主管民政、财政，各县设立财政审核委员会。民国26年（1937）各县设第二科管理财政，亦称财政科。专员公署第一科历任科长刘定一、肖生祥、罗永桥、罗敦弈、潘一志、侯柞照。

2.中华人民共和国成立后的财政机构。（1）地、县机构。1949年12月，成立毕节专署财粮科。各县也相继成立财粮科。1953年粮食另立机构，改专署财粮科为财政科。各县亦改称财政科。1957年，专署财政科与专署税务局合并成立毕节专员公署财税局，1962年财税分设，成立毕节专员公署财政局。各县亦设置与地区机构相对应的机构。1967年，专署财政局并入地区革命委员会领导小组财、税、建、工商办公室。1973年2月，分设地区革命委员会财税局。此期间各县设置情况不一，有单设财政局的，也有财税合并的。1979年9月，财税分设，成立毕节地区行政公署财政局，各县设立县革命委员会财政局。1983年，改称县财政局。1994年毕节县财政局改称毕节市财政局。1996年6月，毕节行署办公室印发《毕节地区财政局，毕节地区国有资产管理局职能配置，内设机构和人员编制方案》，财政局长兼任国有资产管理局长，地区财政局加挂国有资产管理局牌子。2002年12月31日，毕节地区财政局加挂毕节地区农业税征收管理局牌子。各县亦设立相应机构，财政局加挂牌子。

（2）地区财政局直属机构。地区会计核算中心，2001年10月成立，正县级事业单位。地区国库支付中心，2005年4成立。与地区会计核算中心合署办公。地区财贸学校，1958年成立。1984年4月，成立毕节地区财经干部学校。1987年4月，成立地区信托投资公司，2001年12月改制为毕节地区信泰投资有限公司。1958～1960年设人民公社财政所。1982年建立区镇财政所，1991年施行撤区并乡建镇撤销。1958年，全专区所有乡建立财政，后因实行人民公社化而消失。1963年再次试建，1966年5月“文化大革命”开始，试点中断。1986年试办乡镇财政，由区财政所延伸管理。1988年，全地区902个乡297个建立乡镇财政。1992年，重组乡镇，同时建立乡镇财政所。1950年，全专区财政工作人员205人，2005年，全地区财政工作人员2810人。

历任毕节专属财粮、财税科正副科长：朱增运、刘汉屏、张力心、李定远、田博。历任毕节地区财政局正副局长：刘慎敏、田博、韩冠军、司敬思、殷庆云、王友伐、郭凌霄、张治国、文建华、赵子一、李开琴、丁诗建、李德敏、袁德琴、刘晓益、伍润强、王明灯、方怡、王玉屏、张裕光、刘晓益、朱平、朱晓虹、杨洪贤、陈天吉。

**预、决算管理** 1. 预算、决算的编制和审批。（1）预算编制。明清时期，地方不编制预算。其应征税赋和支出按朝廷核定数额收支。灾年，难以完成税赋，由地方官专文呈报，朝廷批准蠲免。民国24年前，军阀混战，无预算。民国24年（1935）后，划分收支，省对县财政每年核定省税附加、地方捐税、地方财政及事业收入概算及地方支出概算，县级财政以省概算代替决算。民国31年（1942），县实行自治财政，预算分经常门、临时门编制。中华人民共和国成立后，实行供给制，预算的编制按归口管理分工，地方财政部门主要编制行政机关经费，其他各项事业费由省主管部门拟编。1953年，建立县级财政起，各县按历年编制收、支预算，由专署财政局汇总上报省，地直支出纳入省级预算。1953～1979年，执行当年平衡、略有节余的编制方针编制预算。1962年，专区建立总预算。1980年，执行划分收支、分级包干的财政体制，按一保吃饭，二保建设，实打赤字预算的原则编制预算。收入按政策施行，支出按预算拨款，追加、追减按程序，无预算不拨款，执行预算编制。在执行预算中，如遇政策变动、国民经济发展计划有变化或受自然灾害影响，不能与制定的计划一致时，可按有关规定进行项目之间调整，但动用后备费要经人大常委会批准。（2）编制决算按照当年国家财政部规定的统一决算口径，要求决算科目以表格编制。决算收支，以国家金库收支数为准，实行收付实现制（称银行支出数）。统收统支时期，单位年底尚未使用的资金全部交回财政。实行分级包干和单位预算包干后，年终剩余款项一般不再交回财政，以支未报数反映。在编写决算说明时，要就当年预算执行情况、经验、教训以及存在问题加以说明。（3）预算、决算审批。1955年前，各县预算草案、决算，由县长审核、签字上报，由专署财政局汇总报省。1955年，各县建立人民代表大会，报县人大常委会或人民代表大会批准。1962年，地直支出纳入省级预算。1962年地区建立总预算。1966～1976年“文化大革命”期间，预算草案、决算经同级革命委员会领导审查、签署。1978年，各县恢复人大常委会审批制度。1989年地区人大工委成立，地区财政预、决算按规定向人大工委报告，在此之前向地区财政局上级领导机关报告。地区汇总的财政决算由省财政厅审查、批复，各县市的财政决算由地区审查批复，审核批复时先核实收支，按体制进行上下级之间的结算，同时，视财力情况和地、县的具体情况，调整其补助数。

2. 行政事业单位的预算管理。（1）全额预算管理。无稳定收入的行政事业单位，实行全额预算管理。收入按收支两条线办法全部上缴财政，支出按定员定额包干使用，专项经费实行申请审批相结合，结余时专款办理结转使用。（2）差额预算管理。单位有一定稳定收入但不能全部维持，需要财政给予一定补助的事业单位，实行差额预算管理。其补助办法为：财政在核定其收入支出的基础上分别给予定项补助和定额补助。（3）自收自支管理。有稳定的经常性收入，可以解决单位的经常性支出，尚不具备企业管理的事业单位，实行自收自支预算管理。财政不负担其支出，准其自收自支。（4）部门预算管理。部门编制预算，专项资金部分由行署分管领导和部门编制；单位人员经费，公用经费部分由财政局会同部门编制。部门预算编制的程序分为“两上”“两下”4阶段。上为部门预算的各单位财务及时将人员经费核算表、公用经费核算表等编制预算的资料报财政局。一下，财政局根据上报资料编制预算控制数并下达各单位研究和协商。二上为财政局会同各单位的财务部门预算控制数的基础上，根据部门实际调整控制数，调整结果上报有关领导。二下为调整控制数经有关领导研究同意并签署批复下达实际预算数给各单位，作为当年预算执行数。

财务管理　1. 农业财务管理。民国前，未建立农业财务管理制度。中华人民共和国成立后，政府用于农业投资增多，逐步建立起财务管理制度。1950～1952年，核算用于农林的业务支出由财政和农林部门共同管理。1953年，建立县级财政，农业类支出进入县级预算、决算。1960年，专署财税局设人民公社财务股管理人民公社财务，帮助人民公社财务所办理公社决算，专署财税局举办人民公社财务训练班，培训公社会计85人，生产大队、生产队会计1.03万人；建立会计辅导网，成立辅导组，通过清理财产、清理旧账、建立新账、建立财务管理制度，树立勤俭办社之风。1961年，公社财务工作改由农业部门管理。1964年，专署财政局设置农财股统一管理农业税征收结算和农业事业专款资金的立项、审批、使用、检查等农业投资业务。1980年，实行划分收支、分级包干财政体制后，农业系统的事业经费进入包干基数，支持农业事业发展专项资金仍实行归口管理，分别由地、县主管部门和财政部门的立项审批，共同行文下达使用并进行检查。1982年，毕节地区设置支农周转金，改对农业事业无偿扶持为有偿扶持，不计利息。支农周转金批准使用时，单位向财政部门签订贷款合同，分别由地、县财政部门直接办理，区财政所办理和委托主管部门办理。1989年，支农周转金由财政部门成立财政信用资金管理所办理，并实行收取资金占用费制度。1998年8月1日起，财政支农周转金只收不贷，并进行清理回收。农口部门基本支出实行归口管理，年初按照预算管理办法核定工资、公用经费等基本支出。2005年，开始实行部门预算试点，2012年后逐步全面推开。基本支出按计划均衡拨款。市级财政每年按照《农业法》的有关要求，结合市级财力情况安排农业专项支出。相对固定的有防汛抗旱、森林防火、冬修水利、扶贫开发等专项资金。随着农业产业结构调整和新农村建设的要求，年初预算逐步增加了生态文明家园建设资金、农业产业化发展资金、农业园区建设资金。全市支农资金管理实行县级报账制，同时建立扶贫、农业综合开发和退耕还林专户。专户资金实行专人管理、封闭运行。积极探索财政支农机制创新。支持民办公助、以奖代补、财政贴息、农业保险、权证抵押贷款、扶贫村级互助等支农新机制建设，探索财政支农资金结果为导向的分配办法，有效发挥财政支农资金的杠杆效应、导向效应和放大效应。注重整合财政支农资金，形成支农合力，坚持以县为主、规划引导、项目带动的总体思路，以生态畜牧业、马铃薯产业、茶产业、烤烟产业等主导产业为龙头，积极推进开发式扶贫、新农村建设等重点建设项目。以能繁母猪保险、动物疫病强制防控体系建设为基础，以集体林权制度改革为契机，积极支持做好农业保险试点工作，提高农业防灾、减灾能力。

2. 企业财务管理。1988年前，财政侧重管理企业上缴利润，弥补亏损和投资拨款。1953年建立县级财政，各县财政将地方国营企业纳入财政管理，核定项目、资金投放、产值、产量、利润，进入财政决算的收入有利润、收回流动资金、固定资产变价及折旧。1961~1962年，整顿和调整企业，对独立核算的国营企业、农牧业、实行定息的公私合营商业等实现利润，折旧基金、固定资产变价及商业企业经营的高价商品批发收入上解归省，对饮食服务业经营的高价销售利润，按营业额的7%留给企业，其余上解。所有企业上解款均由银行、税务、财政共同核实上划。1963年，成立中共毕节地委清仓核资领导小组，清理全民所有制企业的生产资料和消费资料，核定其固定资产和流动资金后多余的物资并由物资经营部门组织收购和处理；采取领导，专业人员和群众结合的办法，复查清仓核资中所报的盘亏、报废、价差损失报省批准处理。从1967年开始，全专区除商业和县以上供销社上缴利润外，其他企业均为亏损，财政弥补亏损从1967年的21.96万元，增至1976年的486.71万元。1977年起，实行定额补贴政策，限期2年企业经营扭亏为盈。

1978年，国营企业在完成国家下达的产量、产品、质量、原材料和燃料及动力消耗，劳动生产率、成本、利润、流动资金8项指标，可按工资总额的5%提取企业基金。是年，全地区国营企业实现净收入441.73万元，改变1967年以来靠财政弥补亏损的局面。1982年，对多数企业实行财务包干管理。1983年，在全区43户盈利国营工业企业和182户国营商业企业中进行利改税。自是年7月1日起，以企业6月30日账面数为准，企业流动资金改由人民银行管理。财政不再划拨，银行按信贷政策供应企业流动资金。1984年3月，国务院公布《国营企业成本管理条例》，对国营企业的成本开支范围和商品流通费用开支范围作出规定，视随意提高成本费用造成严重损失和损公肥私为违纪行为。由审计、税务、财政部门进行监督检查，构成犯罪的移交司法机关，追究刑事责任。是年，作出关于国营企业发放奖金的规定：企业发放奖金要同经济效益挂钩，在全面完成国家计划，增加税利的情况下，发放奖金可不封顶，但全年发放奖金超过两个半月标准工资的要按规定缴纳奖金税。是年10月1日起，推行企业第二步利改税，以法律形式将企业与国家的分配关系确定下来，缴纳所得税，不再按行政隶属关系上缴利润。1985年中央将部分企业下放地方管理，其收入上解90%，留县10%。是年1月起，国家对企业的工资实行分级管理与行政事业单位的工资调整改革分离。企业工资实行工资总额同经济效益挂钩，即上缴税利总额增长1%，工资总额可增长0.3%~0.7%。1987年，地区财政局向行署提出：对企业财务管理实行核准基数，递增包干，确保上交，超收多留，歉收不补的管理意见。是年后，企业财务管理的重点为支持企业改组改制。制定帮扶措施，提高国有企业自我创新和发展能力，防止国有资产流失。1988年，企业财务管理的重点是确保上缴国家财政收入，增强企业自我发展能力，推动国有资产合理流动，促进国有资产保价增值。1993~1995年，财政与有关部门配合采取扶优限劣政策，整顿区内企业通过清产核资，固定资产重估，给全地区479户企业下达保值、增值指标。全地区企业固定资产分别为：粮食行业150户，固定资产净值1.09亿元；物资行业25户，固定资产净值1303.5万元；国营商业82户，固定资产净值7758.6万元；国营工业企业53户，固定资产净值5.02亿元。1997年起，对国有企业进行产权登记年检制度，在企业改组改制中清查评估企业资产、负债，监督管理国有股权，办理资产划拨手续。同时，帮助企业解决实际困难，对国有企业安全生产经费、专项技改资金使用进行跟踪问效。

2008年，全区各类国有工商企业575户，资产总额40.3亿元，职工4.5万人，其中国有工业企业122户，总资产19.3亿元。占全区经营性国有资产的47.9%；职工总数1.74万人，占全区国有企业职工总人数的38.7%。在全区国有企业中，除8户属大中型企业外，其余小型国有企业占国有企业总数的98.6%。地直共有各类国有企业58户，职工1.13万人。2010年，为深入贯彻地委、行署《关于进一步加快全区非公有制经济发展的意见》（毕地党发〔2008〕37号）及《关于贯彻省委省政府大力推进个体私营等非公有制经济又快又好发展意见的实施意见》（毕地党发〔2009〕35号）文件精神，推动我区非公经济持续、稳定、健康发展，财政部门制定了支持毕节非公经济发展的配套措施，对毕节非公经济的发展起到了积极推动作用。2011年度，全区国有及国有控股企业94户（地直12户）、集体企业117户（集体企业5户）、非公企业80户（地直11户）。外商投资企业联合年检15户。申报地方特色产业中小企业发展资金项目10个，中小企业发展专项资金项目5个，国家工业清洁生产示范项目1个，资源综合利用项目3个，省级信息化专项资金项目6个，淘汰落后产能中央财政奖励资金项目2个，国家中药材生产扶持项目1个，中小企业小额贷款公司业务补助项目2个，中小企业担保服务补助项目3个，工业投资项目8个，园区建设项目4个，累计申报项目45个。截至12月底止，已获得省中小企业专项资金6231万元。其中：贷款贴息1110万元，无偿补助5121万元。

**行政、事业单位财务管理**　1. 人员经费管理。人员经费开支严格执行定员定额的开支规定，任何单位和个人不得擅自增加人员编制和增设开支项目扩大开支，提高开支标准。（1）工资。中华人民共和国成立初期，实行供给制，标准由中央统一规定，以实物计发。1955年7月1日起，实行工资制，以货币计发工资标准，按人事、劳动部门审批执行。1985年，实行结构工资，由基础工资、职务工资和工龄工资构成。基础工资人人一样，职务工资按所任职务，任职年限划分，工龄工资每年按0.5元递增。2000年起，全地区推行财政统一发放行政企业单位职工工资制度。

（2）津贴、补贴。1964年，给在区乡工作，无食堂搭伙的发给每人每月1.5元的小伙食补贴。1957年，给在行政，企事业单位工作的信伊斯兰教职工发给每人每月3元的伙食补贴，1979年调为每人每月5元。1963年，给在赫章铅锌矿区工作的职工每人每月发给6元矿区补贴。1965年，发给职工粮价补贴，威宁、赫章县每人每月1.4元，毕节县每人每月1.7元，其余县每人每月2元，重体力劳动者分别为1.6元、2元、2.4元。1978年后，发给职工交通补贴，每人每月7元，后增为12元、30元。1979年1月调整粮价补贴，每人每月4元。1979年10月起，发给职工副食品补贴，每人每月5元。是年，在学校班主任老师中试行班主任津贴，1984年，正式职工享受书报费，一般为10元；视不同时期的知识分子，分别发给6元、10元、15元。之后给有突出贡献者，由省、国家给予补贴。1985年，对中小学教师，医院护士分别实行教龄，护龄津贴。是年，1985年，取消副食品补贴，班主任津贴。是年发给职工清理费、通信费。1996年5月起，地直行政事业单位职工增发30元菜篮子补贴，各县视财力而定。

（3）福利费。区以上机关按工资总额的5%计提，乡、镇按3%计提，后有变动。1988年后，按在职人员标准提取，列入预决算内，按规定范围使用。

（4）人民助学金。按财政规定标准核算给学校，发放时由学校统一掌握。从2008年开始在职人员的基本工资及国家规定的各项津贴、补贴，按地区编办核定的编制内实有在职人数和地区人事局根据国家工资及津贴补贴政策审批的工资总额安排经费。

2. 公用经费管理。中华人民共和国成立初，公用经费有公杂费、差旅费、会议费、业务费，后分为公务费、修缮费、业务费、设备购置费和其他费用。1980年前，公用经费实行统一开支标准。年初核定预算，年终实行报销，节余由财政收回，超支由财政拨补。1980年起，对公用经费实行定员定额包干，年终包干预算结余留归单位使用，超支不补。设备购置费报销后，记入国有资产账内。同时规定严禁用公款请客送礼和旅游，反对任何形式的铺张浪费。2000年5月起，行政、事业单位1万元以上的采购实行政府招标采购。从2008年开始财政根据定额标准，按地区编办核定的编制内实有在职人数核定单位的公用经费，由单位包干使用。

3. 公费医疗经费管理。1952年起在职工中实行公费医疗制度，职工持证就医，实报实销。1961年，核发地专机关医疗证，从4月1日起凭新证在指定医院就诊，规定门诊医疗费不得超过本单位享受公费医疗总金额的80%，须转院治疗者必须按规定办理转院手续方能报销。1980年起，改进公费医疗，实行每人每年门诊费包干36元；未实行门诊费包干的每人每年平均42元。1987年，财政按职工工龄定额将公费医疗费核算包干到单位，单位按70%包干个人门诊，30%由单位掌握，用于住院、转院及超支费用。1992年改革公费医疗制度，按参加工作时间和不同工龄，制定不同标准，实行个人掌握使用、节余归已、超支按比例负担的办法。2001年，建立城镇职工基本医疗保险制度，基本医疗保险费由单位和职工共同负担，基本医疗保险金实行社会统筹和个人账户相结合。医疗补助费一部分按规定划入个人账户，发给个人医疗卡，用于支付个人门诊医疗费用，由个人自主支付，可以接转和继承。另一部分按规定用于建立医疗补助基金，主要用于按比例支付住院费用。基本医疗保险实行定点医疗机构和定点药店管理。

**国有资产管理** 1951年6月起，国营企业固定资产按规定提取的折旧基金上缴财政，国营企业固定资产报废、变卖、调出均经财政部门的审批处理。1953年9月7日，毕节专署发出《公产及机动田土地的管理意见》，明确机动田土地由民政部门管理，房屋等公产由财政管理。1958年，各项事业实行“大跃进”，固定资产管理工作处于无政府状态，公产随意平调和自行处理。1962年2月起，将单位的固定资产纳入会计核算。1979年前，批准在全民所有制企业之间调拨固定资产实行转账，调给集体单位的实行有偿调拨，1979年后对固定资产实行有偿占用制度。1990年，地区及各县财政局设立国有资产管理机构，行使对国有资产的监督和管理权、投资和股益权、投资再分配权及资产处理权。1991年，对用国有资产开办集体企业或经营单位的产权归属作出规定，规定由国家投资及投资收益形成的资产，属国家所有，纳入国有资产管理，完全用国有资产开办的企业或经营，不得改变其国有性质，用国有资产参股的股份制企业，要加强维护国有资产的权益。在清理资产、债权、债务时按有关规定界定和评估，核定企业中占有国有资产的总量，并据此核定国家股在企业总资本中的份额，在同股同利、利益共享、风险共担的原则下，收取国家股红利解缴国库。1992年，毕节地区实行国有资产产权登记管理。据登记统计，全地区全民所有制企业386户，占用国有资产总值4385万元；行政事业单位5081户，占用国有资产总值6859万元。1993年4月，执行国务院清产核资工作领导小组《清产核资整体方案（修订）》，清理核对决定撤销合并或合署办公的毕节运输公司、养护段等单位的财产、债权、债务并办理移交和国有资产划拨手续。1994年扩大清产核资试点，据统计，全区国有资产总值16.89亿元。1995年初根据国家国有资产管理局、财政部、劳动部《国有资产增值、保值考核试行办法》规定，全地区479户企业提出国有资产关于保值、增值指标，经主管部门审查后，由国有资产管理部门核定下达，企业法人代表对保值、增值承担经营责任。1996年起，执行国务院，《企业国有资产产权登记管理办法》，企业必须向县以上各级国有资产管理部门登记，依法确认产权归属关系，接受年度检查。是年6月，设置毕节地区国有资产管理局，管理全地区国有资产，是年8月，地区行署拟发《关于在地级机关、机构改革中加强国有资产管理，防止国有资产流失的紧急通知》，清理登记决定撤并、转单位的资产、负债、投资，经国有资产管理部门批准，方可办理移交、调拨和处置。是年10月，成立毕节地区闲置资产调剂有限责任公司，开展企业行政事业单位闲置资产调剂业务。1997年，开展城镇集体企业核资工作。1998年，地区国有资产管理人员参与地区软木厂破产试点，指导地区化肥厂现代企业制度试点、地区麻纺厂、酒厂、地区制药厂租赁等国有企业改革、改制。2001年，配合粮食流通体制改革，清理政策性财政补贴。2002年，组织人员核对行政事业单位存量资产的账、物、卡，评估国有企业效绩，参与企业资产、债务、人员剥离重组工作，做好国有企业改组改制、兼并破产、公开上市、转让股权工作，防止国有资产流失。2005年全区国有企业改革改制工作全面启动，地区行署出台《毕节地区国有企业改革总体规划（2005年～2007年）》，提出国有资本从一般竞争性领域的中小企业中基本退出的国有企业改革的目标。2007年地区行署出台《关于加快和规范地直国有企业改制工作的意见》，指导全区国企改革改制工作。2005年至2011年，地区中药公司、地区康弘中药饮片厂、毕化有限责任公司、地区医药公司、地区酒厂、地区振兴机械厂、地区嘉盛包装公司、地区房地产开发总公司、地区天力畜牧发展有限公司、地区林果药茶开发公司、毕节地区煤矿、地区长河彩印厂、地区建筑工程总公司、贵州毕节高原电瓷有限公司以及地区商务系统下属企业陆续完成企业改革改制工作。2007~2009年，毕节棉纺厂、毕节地区印刷厂、毕节毛纺织厂、毕节地区肉联厂、毕节市供水总公司、毕节市磷肥厂、毕节市机械厂、黔西县氮肥厂、黔西县磷肥厂、纳雍县火电厂、赫章钢铁厂、赫章县矿产品厂、赫章县水泥厂13户被列入国家政策性关闭破产企业工作启动并完成。2010年，成立毕节地区国有资产监督管理委员会办公室，是毕节地区国有资产监督管理委员会的常设办事机构，为地区财政局所属副县级全额拨款事业单位。地区经贸局的企业国有资产管理职责和地区财政局行政事业单位国有资产管理职责划入毕节地区国有资产监督管理委员会办公室。

**会计事务管理** 1. 会计事务管理制度。民国时期，各县设立会计室，监督县级财政收支。1949年12月，设专署财粮科会审股处负责报销审核工作。1950年，贵州省颁发《贵州省人民政府暨各级政府会计事务暂行办法》，核算各级政府办理的中央收支。1951年颁发《贵州省各县（市）乡镇暂行会计制度（草案）》，核算地方的财政收支。1958年一些单位推行以表代账，甚至搞无账会计。1963年1月起，执行国务院制定的《会计人员试行条例》，凡一切国营企、事业单位、机关、团体、银行、部队、学校均根据需要设置专职会计机构或专职会计人员记账报账。1966～1976年，受“文化大革命”影响，一些单位账目记录不全，或以拨代支，不记账现象时有发生。1977年后，各部门逐步恢复健全会计报账制。1984年后，区内各部门、各单位会计人员严格按国家财政部制定的《会计人员工作条例》和国家财政部、档案局制定的《会计档案管理办法》的规定建立永久性保存和定期保存档案。1985年起，全国人大通过毕节地区财政局根据《中华人民共和国会计法》，要求明确专人负责会计事务管理工作。1988年，毕节地区根据国家财政部指示，给全地区从事30年以上财会工作的562名人员颁发《荣誉证书》。1989年，地区财政局成立会计事务管理科，负责贯彻会计法规，培训会计人员，配合有关部门组织评聘会计、经济专业技术人员。1990年3月在组织全地区会计人员参加全国首届会计知识大赛的基础上，选出5人组成毕节地区代表队赴省参赛，获笔试赛第一名，抢答赛第二名，是年，组织会计达标升级活动，13个单位达标。1990年起实行会计人员持证上岗制度，未取得会计证人员不能担任会计工作。1993起，地区实行“会计证”年检制。1996年，成立毕节地区整顿会计工作秩序领导小组，组织开展整顿会计工作秩序，设立举报箱，举报电话，诚接群众举报。是年，6月废止《会计人员工作规则》，执行财政部制订的《会计基础工作规范》《关于会计基础工作规范的意见》《会计电算化工作规范》。2000年11月1日起，根据《中华人民共和国会计法》规定，在地区农业系统试推行单一账户管理和会计委派制，取消农业系统12个单位在银行开设的所有账户，由设在地区农业局的核算中心在地区农业银行开设综合性结算账户，各单位设1名专职会计领报员负责与核算中心联系账务事宜。会计委派工作由财政局统管统派。2002年1月起，成立毕节地区会计核算中心，负责地区集中会计核算工作。2005年9月，成立地区国库支付中心，建立以国库单一账户体系为基础，资金缴拨以国库收付为主要形式的国库管理制度。2005年，将地直行政事业单位会计核算纳入国库支付中心管理。

2. 会计职称评定。1982年，毕节地区行署根据财政部、人事部制定的《会计干部技术职称暂行规定》，地区行署批准成立毕节地区会计干部技术职称评审委员会组织，领导全地区开展财会专业技术职务的评聘工作。至1989年底，全地区共评审出会计专业技术职称2464人，其中会计员1246人、助理会计师969人、会计师247人、高级会计师2人。1992年，组织培训具有中专以上学历未评聘专业技术职务的人员。会计人员经考试合格后，颁发给“会计证”。自1992年，按国家规定，会计员、助理会计师、会计师任职实行全国统考制，高级会计师仍实行评审。2005年起，对高级会计师实行考评结合制。至2005年，全地区共有会计专业技术职称人数3452人，其中具备初级专业技术职称2926人，中级专业以上技术职称522人，高级会计师4人。2007年，组织会计人员参加全国第二届会计知识大赛贵州省选拔赛，获笔试成绩前10名有3人。2011年3月，全地区进行了会计从业人员信息采集和换证，实现了全省会计从业人员网络化管理，10月份，实行全省统一的会计从业资格无纸化考试。至2011年底全地区共有会计专业技术资格人数3654人，其中具备初级资格3018人，中级资格629人，高级资格7人。

# 第六节　财政监督

**财政监督机构**　明、清时期，无专门财政监督机构，官员的贪污、受贿等多由御使或由上级、同僚弹劾。民国时期，各县设财务审核委员会及财务委员会，监督县级财政收支，监督行为置于县长管辖之下，受地方政府左右。民国31年（1942），省令各县设会计室，派员任会计室主任，行使监督权。1952年，专署财粮科设置监察股，各县选配财政监察员1人，开展财政监察工作。1958年，撤销专署财粮科监察股。1965年，恢复建立。1966年，“文化大革命”开始，监察中止。1981年，设立毕节地区财政局监察科。1983年5月，撤销地区及各县财政局监察科，成立地县审计局，负责地、县财政监督工作，1989年，复建地县财政局监察机构；地区财政局向驻中央企业派驻监察组，施行财政监察。这些企业的财务计划、会计报表、经营情况都要向监督组报告。1994年，监督组改属财政部直接领导，改称财政部驻贵州省财政监督专员办事处毕节组。1996年，地区财政监察科改称财政监督科。2000年4月3日，毕节地区财政局稽查分局成立，财政监督科归入稽查分局。

**审计稽查**　中华人民共和国成立后，地、县财政局设专职审计员。1960年设审计科。1983年设地县审计局，对国营企业、行政事业单位执行财经纪律、制度及各项收支施行审计监督，发现处理违纪问题。2000年成立毕节地区财政稽查分局，负责专项财政检查、财政内审会计信息质量检查，财政监督制度建设和受理举报。

**财政、税收大检查**　1977年，毕节地区根据国务院〔1977〕37号文件精神，开展税收大检查。1982年，在全地区1100个企业和行政事业单位中开展财务大检查，查出违纪金额670万元，清交134万元。1985年，成立地区三查领导小组，组织开展财务大检查。1989年，改称大检查办公室。此后，每年均开展检查，并将检查物价列入其中，对查出的问题，按自查从宽、被查严重的政策处理。1987年，重点检查企业盈亏大户和由财政负担的粮、油加价款补贴，收缴毕节市清水铺烟草收购站“压级收购、抬级上调”超过规定升溢标准的非法收入90余万元。1991年起，将检查私设小金库、滥发奖金、乱收费、乱罚款纳入大检查范畴，对乱收费、乱罚款作专项检查、治理。1996年，地区大检查办公室与地区财政局监督科合署办公。2000～2005年，对财政实施全方位多层次检查和稽查，根据违纪单位轻过税度进行处罚，对违法的个案，移交司法机关立案处理。强化财政监督，完善财政资金运行全过程的动态监控机制。重点关注涉及人民群众切身利益的重大支出使用情况，在加强财政资金规范性、安全性监督的基础上，突出有效性的监督。深入开展“小金库”治理专项检查。开展以扶贫资金、农业专项资金、社保资金、教育专项资金等财政专项资金为重点的财政性资金绩效考评和专项检查工作，确保财政专项资金安全、规范运行，提高使用效益。加强对项目资金的投资评审工作，凡是涉及财政性资金投入的项目，按照规定实行评审。加强对重要项目安排、大额资金的调拨、大宗物资采购等重点事项的监督，及时下拨涉及“三农”、教育、社会保障、医疗卫生等改善民生、解决群众生活困难的资金，全力维护社会稳定。

**控制社会集团购买力（简称控购）** 1960年国家经济出现困难，以控制社会集团购买力措施，缓和市场物资供应紧张，收到明显解困成效。1960年起，实行紧缩开支。全地区在预算支出的基础上，按省下达压缩指标压缩开支25.5万元。1961年起，压缩指标随预算支出同时下达。是年，全地区压缩指标93.8万元。1962年起，中共中央国务院规定，3年内不准用公款购买沙发、地毯、非生产性设备和高档商品，床、小汽车、照相机等27种个别单位确因工作特殊需要，必须报经主管部门批准，财政部门同意，实行专项购买。对单位社会集团购买力的支出，实行按年度核定限额，发给“购物证”，物资部门凭证供应，财政部门核支。1967年9月份起，根据国家规定，除工资部分外，其余行政事业费用支出在预算基础上节减20%左右。1977年，地区及所属县设置控购办公室，采取计划管理、限额控制、凭证购买、定点供应、专用发票的方法控制社会集团购买力。1979年11月，取消“购物证”，实行限额控制办法，加强专项审批和定额供应，控购物资增到32种。1980年起，取消由地区向单位下达控购指标的做法，改由省向地、地向县下达指标，由单位在上级核定经费数额和制度规定的范围内，由单位自控和财政审核控制的办法购买所需物资。1989年，扩大控购范围，对职工200人以上的乡镇企业、街道企业也进行控购。1990年，调整2种专控商品的批准权，省控办审批小汽车、大汽车、摩托车、录像机、复印机、电脑打字机、电传机、照相机、放大器、空调10种，其余22种由地区控办审批。1992年，控购指标分为指令性和指导性两大类，前者分别到单位不能突破，后者只作统计数反映，专控商品减少为8种，1994年起，省只对小汽车、大轿车进行审批，摩托车、录像设备、空气调节器及各种音响设备、单价在500元以上的照相机和放大机、无线移动电话由地县控办审批。从2004年11月起，专项控制商品的审批由毕节行署政务服务中心财政窗口负责审批办理，地区财政局监督管理。

**政府采购** 2000年5月，成立毕节地区行署政府采购领导小组，制发《毕节地区行政公署政府采购管理试行办法》，要求地区各级国家机关、事业单位、团体组织使用财政性资金采购1万元以上货物、实施工程和服务类项目，都要实行政府采购。2003年5月，毕节地区行署贯彻《中华人民共和国采购法》，毕节地区行署政府采购中，由行署办公室管理。2005年3月，政府采购中心归并到行署政务服务中心。是年9月，成立毕节地区国库支付中心。采购资金的收付工作全部转移到国库中心支付。政府采购采用招标方式进行。2005年12月建立毕节地区政府采购评审专家库，并将专家库名单在中国财经报、中国政府采购网及行署服务中心进行公示，以体现政府采购指标的公正公平。2000年8月~2000年，完成采购5000余万元，比预算节约约500余万元。2003~2005年，完成采购3.03亿元，比预算采购节约4488.24万元。2008年完成采购4.91亿元，节约采购资金0.4454亿元；2009年完成采购7.25亿元，节约采购资金0.7219亿元；2010年出台了《毕节地区政府集中采购目录及限额标准》扩大政府采购范围及规模，落实了节能、环保、自主创新政策功能，对国家强制采购的项目实行了强制采购；2010年完成采购13.09亿元，节约采购资金1.09亿元；2011年下发了《关于进一步加强政府采购管理工作的通知》，规范政府采购流程；2011年完成采购14.39亿元，节约采购资金2.47亿元；2012年利用信息技术开展政府采购业务；建设电子化采购平台系统，实现了网上评审；2012年完成采购12.57亿元，节约采购资金2.22亿元；2013年完成采购17.39亿元，节约采购资金1.5亿元。

## 第七节　预算外资金

1950年，专区根据国家规定，按公粮15%的标准征收附加粮和按规定征收税收附加（称地方财政岁入）。是年。全专区共收附加粮2520.8吨。1952，地方财政岁入增加罚没收入、规费收入、卫生院门诊及治疗收入、公产收入，当年共收入1.37万吨，支出5506.7吨。1952年，调整财政体制，地方财政岁入、岁出改称乡镇财政收入、支出。规定财政收入，支出权限集中在县，财政收支单位由粮食改为人民币。是年，全专区乡镇财政收入67.73万元，支出159.28万元。1953年，建立县级财政预算、公产收入、企业收入、罚没收入及一部分规费进入预算内，支出也相应地在预算内列报。1954年10月，省财政厅批准毕节专区各县由相关单位组织管理委员会，采取自上而下的分配，再自下而上的评议办法，自筹经费。是年，全专区自筹收入19.86万元，支出1.45万元。1956年，省规定预算外资金收支项目21项，分别为：学杂费、机关家具租金收入、群众运输站收入、市场管理费收入、县区卫生院（所）收入，农场收入、屠宰税收入、乡镇自筹收入（含农业税附加）、牲畜交易手续费收入、儿童教育费收入、民间剧团收入、大修理基金收入、企业奖励基金收入、学校招生报名收入、育林费收入、县级报社收入、老残院收入、法院律师收入、法院公证收入、卫生药品基金收入、电影收入。是年，收入98.5万元，支出79.55万元。由于预算外资金支出占预算支出的比例已逾10%以上，缺乏有效控制，有浪费现象，1957年，省人民委员会下《关于清理预算外资金的通知》，要求清理预算外资金。是年，全专区收入64.32万元，支出49.98万元。1958年，人民公社的自筹经费，从公社上交财政收入中提取4%作为自筹收入，按县55%，专区15%，省30%的比例上解和留用。是年12月，专署确定不参与分成。是年，全区收入82.11万元，支出67.14万元。1959年，收入228.78万元，支出172.87万元。

1960年1月23日，毕节专署拟发《毕节专区预算外资金管理办法》和《预算外资金限额办法》，规定各单位的预算外资金在银行开设专项存款账户，使用时按财政局核定的限额用款计划办理支付。1963年，专署计委，财政局联合通知：工商附加、城市公用事业附加、房租收入、公田收入的50%上交省财政厅，其余部分作为县筹资金，在保证日常开支后，可安排基建。是年。全专区自筹资金收入27.85万元，支出11.92万元。1964年，将预算外收入分为附加收入和其他收入，其他收入分为行政事业收入和企业收入。附加收入按比例上解省后，留作支出。行政事业单位预算外收支由财政掌握，企业单位预算外收支由企业掌握。同时，调整农业税附加留用比例：威宁县留用80%，解省20%，其余各县留用49%，上解专区21%，解省30%。是年，全专区地方附加收入93.97万元，其他预算外收入91.23万元，地方附加支出83.03万元，其他预算外支出96.1万元。1965年，再次调整留用比例：威宁县不变，其余各县留用比例为70%。1966年，取消公田、机动田田租。1968年起，中小学学杂费收支由各学校自收自支，不在财政决算中反映。1969年起，养路费支出不在财政决算中反映。1966～1971年地方附加收入分别为83.15万元、85.81万元、60万元、68.64万元、146.71万元、91.54万元：支出分别为68.92万元、67.92万元、52.56万元、22.7万元、57.04万元、47.43万元。1972年起，预算外资金收支，分别由财政、行政事业单位掌握，财政直接掌握的收入有附加收入；集中的企业收入、五小企业利润留成、企业折旧基金、地方自筹企业上缴利润等；统管的事业生产收入；其他收入。支出分经济建设、社会文教、企业更新改造、行政管理和其他支出。由行政事业单位管理，向财政报告收入情况的项目有：事业收入、机关招待所收入、特种资金收入，市场管理费、基本建设收入，区办五小企业收入、煤炭管理收入、计划生育罚款收入、环境保护收入、小水电利润留成等及其他收入。支出有上述11项费用支出。1972～1982年，财政部门管理的预算外收入1618.91万元，支出共计1506.42万元；由行政事业单位管理的预算外收入共计3300.67万元，支出2558.1万元。1983年后，国家实行企业利改税，企业所创利润不上缴财政，依法交纳所得税。财政集中的预算外收入仅有各项附加及部分企业的折旧基金和其他基金以及公房租赁收入；行政事业单位增多收费项目，扩大收费范围，所收入费用除明确专项用途外，多作单位事业费用，乱收费行为随之滋生。1983～1985年，财政集中的预算外资金收入440.54万元，支出443.64万元。1986年，国务院发出《关于预算外资金管理的通知》，规定预算外资金的界线：财政按国家规定管理的各项附加收入、行政事业单位自支不纳入国家预算的资金、国营部门及其主管部门管理的各项专项资金、地方和中央主管部门所属的预算外企业收入、其他按国家规定不纳入预算的各种收入。同时要求，各项预算外资金的收费标准、提留比例、开支范围都必须按国务院财政部规定的制度执行；规定在预算外资金的管理在所有权不变的前提下，采取财政部门专户储存、计划管理、财政审批、银行监督的方式管理行政事业单位预算外经费收支；属国营企业及其主管部门管理的，原则上采取计划管理、政策引导的方式管理专户储存的预算外资金，不准用于开办金融机构及开发公司，未经批准不准用于基本建设。1987年，全地区预算外资金收入4753万元。1988年，毕节地区清理整顿乱收费。要求经批准的收费单位填写行政事业性收费登记表，报物价部门核发收费许可证，并规定收费单位在收费时使用地区财政部门统一印制的毕节地区行政事业性收费收据，违者视为乱收费加以惩处。是年，全地区预算外资金收入6893万元。1989年9月7日，毕节地区行署批准财政局拟定施行《毕节地区行政事业单位及主管部门预算外资金实行财政“专户储存”管理试行办法》，纳入专户储存的资金共82项，规定全额预算管理的行政事业单位，收入全额交存；差额管理的预算单位按收支余额交存；自收自支的单位，按扣除直接费用后的净额交存；企业主管部门集中的各项基金、行政事业单位主管部门提取的收入、劳动部门主管两项基金、计划生育罚款和收费全额交存；中央在毕节地区行政事业单位的预算外资金也交当地财政，实行专户管理，不交主管部门缴拨。1993年，地直行政事业单位预算外资金才进入地区财政局专户储存账户，各县亦如此。

1994年，20个系统，67个行政收费项目纳入预算管理。行政事业性收费票据统一实行使用由省财政厅监印的通用票据和专用票据。收费单位领购票据时必须持有单位证明、票据领购证、收费许可证。有的单位对这一改革认识不足，受利益的驱使，未认真执行。在税收、物价、财务大检中受到处理并予以纠正。1995年，全地区预算外资金收费项目共有114个，占预算外资金总额的56.65%。1996年后，行政事业性收费严格执行中央、省审批制度标准，取消国务院、省人民政府明确规定取消的收费项目，明确降低的收费标准并杜绝扩大收费范围，提高收费标准。各行政单位的政府非税收入必须纳入财政专户，纳入单位财务，实行统一管理，严禁公款私存，设置账外账、小金库。对单位收取的用于公共工程、社会公益事业的基金、捐款、专项资金，由单位提出申请，经主管部门审核、财政批准按规定专款专用；对一般政府非税收入的支出，由单位提出申请，经财政部门审核，财政分管局长审核，签字批准办理拨款。2004年起，对专户管理的社会保障基金实行收支两条线管理。按全国人大要求，自2011年起取消预算外资金，除教育收费实行专户管理，所有预算外资金全部纳入公共预算，原通过上述资金安排的支出改由公共预算安排。

1990～2005年毕节地区预算外资金收入、支出统计表

单位：万元

| 年份 | 收入 | 支出 | 年份 | 收入 | 支出 |
|---|---|---|---|---|---|
| 1990 | 8331 | 7089 | 1998 | 15081 | 14371 |
| 1991 | 8755 | 7577 | 1999 | 21243 | 18565 |
| 1992 | 29021 | 19684 | 2000 | 26166 | 21781 |
| 1993 | 6733 | 6350 | 2001 | 15964 | 22538 |
| 1994 | 9155 | 6405 | 2002 | 27546 | 23606 |
| 1995 | 9233 | 7786 | 2003 | 36721 | 28043 |
| 1996 | 22462 | 17088 | 2004 | 26221 | 32079 |
| 1997 | 11809 | 12127 | 2005 | 33134 | 30184 |

# 第二章 税 务

毕节地区的税事自古有之，只是各个时期的称谓不同。如先秦称之为賨，汉代称之为赋，唐宋称之为贡，明清始称税（贡）、厘金、丁银、地粮，民国时还称农业税为田赋、军粮、公粮等。新中国成立后为减轻人民负担而进行了实事求是的税收减免。随时代的发展，国家对税务工作的重视，建立了必需的征收、管控、监督体制和采取各种措施，对税金的征集、管理、检查、监督逐渐完善严密和有效。

## 第一节 农业税

### 一 明代及以前农业税

**贡赋** 毕节地区农业税萌芽于先秦时期的賨，所居彝族土司就已有向朝廷贡纳物品的旧例。历朝历代，土司头目归附中央王朝时，都沿袭旧例向明朝廷贡纳物产，以示受朝廷节制。如明代土司所贡粮、马、披毡等地方物产，既无定额亦无定期，凡有所贡者，朝廷皆优厚赏赐。

**岁输** 明洪武十五～二十一年间（1382～1388），朝廷先后设卫所，在卫所所辖地方实行统治，其他地方依然由土司实行土治。据此，相应实行不同的赋税制度。在土司辖区，田无顷亩，按其土地广狭，实行定额赋税，一并在土司名下总行征收，土司每年所定额贡纳给朝廷的粮物名岁输；在卫所辖区主要征收屯粮和科粮。所征粮食分夏秋两季征收，夏收荞麦，冬收谷米。明洪武十七年（1384年）五月，朝廷定乌撒军民府赋额为年纳杂粮2万石；洪武二十一年（1388年）二月定水西土司纳杂粮3万石，密定纳3000石，并自洪武十九年（1386年）为始。明万历年间，推行一条鞭法，将徭役归并，折银征收。水西土司年纳赋额增定至5万石，实纳粮5000石左右；乌撒军民府年纳粮4400石，至明末仍维持这一实际交纳水平。

**屯粮** 亦称屯田籽粒，为屯军耕种屯田课征的租粮。各因地田土肥瘠不均，其数量依卫样田产量而定。各卫征收标准不一。乌撒卫屯田分为三则：上则2472.3亩，亩科米2.35斗；中则4792亩，亩科米0.79斗；下则3134.7亩，亩科米0.54斗；另有电陆地639.5分，每分科荞50.03斗。毕节卫田不分等则，田2.25万亩，每亩科米1.85斗。赤水卫屯田则分水旱，平均每亩科米0.948

斗。嘉靖年间，3卫共实征屯粮1.58万石，其中乌撒卫6484石，毕节卫4163石，赤水卫5116石。屯粮还带征岁用银（屯陆不征）。洪武年间，毕节、乌撒2卫屯粮一石，带征岁用银1.65钱，赤水卫水田屯粮一石征银1钱。嘉靖年间，毕节卫征岁用银456两，赤水卫征银286两。

科粮　百姓、商人及军士家属在屯田附近开垦耕种，时称民屯，3年起科，名科粮。洪武年间，乌撒卫有科田7491.1亩，亩科4.9升；毕节卫有科田2.22万亩，亩科5升；赤水卫有科田6539.9亩，亩科6升。嘉庆年间，毕节卫科粮征收919石，乌撒卫365石，赤水卫588石（含未归并毕节数）。

徭役　明廷对土司辖地实行宽减赋税政策，田赋较少。在田赋之外，实行种种服徭役负担，其中最重的数算驿站供养，除备办马匹、辅陈及饭食外，不需轮流供役。

## 二　清代农业税

清康熙四年（1665）始，朝廷在实行改土归流政策，逐步废除土司则溪制，没收水西、乌撒土司宣慰公地，分给农户耕种。编户口、登赋税册籍，计亩纳粮，计丁抽赋，将赋税册籍纳入地方政府管理征收，替代土司向朝廷总纳制度，执行清廷制定的赋役政策。当时的赋税分田赋、杂赋两类。田赋属于正供，也称正赋；杂赋是田赋以外的各种税课。田赋由地粮、丁银组成。分别征收，雍正年间，推行摊丁入亩，将丁银摊入地亩内，无地户免交丁银，清嘉庆后，常于正额之外加征附税，清末，附税超正税1倍以上。

地粮　清初，大定、水城、平远（织金）、黔西、毕节、威宁之地，田不分等则，税率为田亩科米3斗，地亩科荞8升。黔西州年征大米0.62万石，荞216石；毕节县年征大米0.22万石，小米4石；大定府年征大米0.3万石，荞382石；平远州年征大米0.56万石，荞124石。清康熙年间，调整赋税政策，鼓励农民复垦并降低税率。大定府属州县地粮由每亩3斗税率减为1.5斗，乌撒民田不分等级，亩科4升9合，毕节民田每亩科米5升。康熙三十九年（1700）起，对新垦田地实行减则征收，称减则田，亩科1.5斗。至清乾隆三十九年（1774），大定府属有征田地23.1万亩，共征大、小米2.75万石，折色米303.8石，折银248两，条鞭银316.1两，毕节县另征岁用银259两。耕地较康熙二十六年有征田地5.88万亩，增3倍，征收粮比康熙二十六年征收3.93万石减少1.18万石，减7%。清嘉庆后，朝廷和地方加重田赋征收，常于正额之外加征附税，道光时附征税羡达田赋正额的15%，咸丰时再附加20%的津贴及捐输，同治、光绪时加征新捐输。清末毕节每纳正银一两，加收1.33两，黔西州于正银一两外，加收1.6～2两不等，超正税一倍以上。至宣统年间，全府合计应征正米2.64万余石、耗米3969.21石，共3.04万余石。

丁银　康熙七年诏谕：人丁聚生，可征丁银。规定男16岁以上60岁以下，按贫富差异分等，依等定额交纳丁银。除毕节具分上中下三等外，其余各州府均为每丁年纳银0.2两。清初，大定府共有丁2.41万人。为避征丁银，逃亡、瞒报者日增。是时赤水卫由四川并入毕节，原有人丁1.77万，合并后逃亡9600人，原额征丁银1000两，逃亡后仅征24两。康熙五十一年（1712）起，传谕继生人丁永不加赋。时大定府有在册人丁1493人，纳银285两，以此为定额，丁口划进或划出按原等额增减丁口银两。清雍正年间，全国推行摊丁入亩政策，将丁银摊入地亩内征收，无土地的农民免交丁银。乾隆四十二年（1777），大定府共有成熟田土17.59万亩，每亩摊银约五分四厘。遇闰年加征丁银26.7两。清代在征收正赋时，还另加征耗羡。

## 三　民国时期的农业税

**田赋**　民国初年，沿袭清末赋额，一律征收银两。民国3年（1914），贵州省颁布《第一期改良本省田赋征收章程》，将原征收中的丁银及各项规定合并，统称田赋，以银元征收。丁银一两折粮一石，加入各项规费征粮1.3石，折合征银1.5两，再以每两折合银元1.4元缴纳。是年核定各县田赋额为：毕节县8991.81元，大定县1.42万余元，黔西县1.86万元，织金县1.22万余元，威宁县1.07万元，水城县9754.74元，全区共7.45万元。民国24年（1935），田赋改征法币。民国25年（1936），田赋改征土地税，除乡村土地征收仍称田赋外，对城市土地按地价征收地价税，按地价增值征收土地增值税。民国28年（1939）起，按贵州省颁布的土地呈报办法，普遍进行土地丈量、填制丘领户册和户领丘册评定土地等级，并按田亩收益，地价高低，分三等九则评定土地等级，依等级计算赋额，称为赋元。每亩计算税率为：1940年以前，每亩一等一则为0.34元，最低一等为0.02元；1940年后，加增至一等一则为0.68元，最低一等为0.04元。此项工作于民国32年（1943）总复查后，由县长署名向业主颁发土地管业执照，业主依照所定赋额纳税。总复查后，全区赋额为56.75万元，较调整前增加6.5倍，其中毕节县6.31余万元，大定县8.89万元，黔西9.36余万元，金沙8.25万余元，织金9.63万余元，纳雍5.48万余元，威宁2.33万余元，赫章2.6万余，水城3.9万余元。民国30年（1941）后田赋改征实物。民国30年（1941），按核定赋额1元，折征稻谷2斗征收，民国31年（1942）折征3斗，民国33年（1944）折征4斗。1945年8月，抗日战争胜利，民国政府下令豁免田赋1年，军粮借购、县级公粮减半豁免。免征期满，按每赋元折征三市斗征收。除威宁县全部折征玉米外，其各县余均按稻谷及玉米搭配比例征收。民国38年（1949）7月，国民党中央电令："因军事紧急，田赋、军粮向大户提前预征"。在征收中，地方官员借机敲诈勒索，给临近解放的县造成很大混乱。

**军粮借购**　民国28年（1939），正值抗日战争之需随征田赋借购军粮。开始为征购，以赋额定起征点，2赋元以下免征，起征点以上，每赋额1元征2斗，每斗付价7.5元。民国31年（1942）实行半借半购，每购谷1石，付法币50元，余付定期储券。民国33年（1944）起，改为征借，实属征收。此后，粮借购随同田赋征收，延续至民国38年（1949）。

**县级公粮**　民国30年（1941）田赋改征实物，开征县级公粮，按田赋赋额1元征收1斗。民国35年（1946），县级公粮改为省级公粮。民国36年（1947），每赋额1元，增至2斗，一般在1.5～1斗之间。在征收县级公粮时，乡镇公所开征乡镇级公粮，自收自支。

## 四　中华人民共和国成立后的农业税

公粮征收　中华人民共和国成立后，废除田赋制度，实行农业税制，国家向一切从事农业生产，有农业收入的单位和个人征收。征收农业税，实行稳定负担、增产不增收、受灾依法减免政策。征收农业税以征收粮食为主。亦称征收公粮。1949年，各县刚解放，政治形势尚待稳定，农业税仍以田赋赋元为计算依据，每户赋元在0.35元以下者免征，以上者按赋元多少，累进负担，每赋元最高征谷130千克，最低25千克，附征柴草。解放军进军四川、西藏途经所借军需粮草，凭借据抵交公粮；国民党地方政府提前强收的田赋，本着不承认反动政府法令的原则，不予承认，但照顾到已交农户实际困难，分别情况给予缓交一部、大部或全部。是年全专区共收公粮1.33万吨。1950年9月5日，中央人民政府公布《新解放区农业税暂行条例》，毕节专区属新区，农业税实行按农业人口平均占有常年产量计算的累进负担征收。人均粮食收入60千克以下者免征，从人均60.5～1705.5千克以上按人均不同产量，执行3%～42%的不同税率。在计算征收时对出租收入增20%，佃耕收入减20%计征；对每户收入100吨以上者，按80%计征，并按正税税额的15%征收地方附加粮。1950年，全专区征收稻谷1.44万吨，大米70吨，苞谷638千克，黄豆24千克。1951年，通过发动群众，查田评产，核实谷粮征收任务。1952年，毕节专区贯彻国务院关于依率计征、依法减免、合理负担的农业税征收总方针，按农户正常年景收入，确定计税产量，以家庭实有农业人口平均，实行24级超额累进税率。对人均原粮75千克以下者免征，人均原粮75千克以上，未满100千克征7%（最低一级）累进税率；人均975千克以上（最高一级）征税30%，该计税产量和税率沿用至1956年。对土改时保留下来的机动田土租给农民耕种，按常年产量收取20%的公租。1957年，农村实现高级农业合作化，以原分户计征农业税，实行综合平均税率，按社计征农业税。1958年6月4日，颁布实施《中华人民共和国农业税条例》实行比例税制。毕节专署根据有关规定，调整全专区调整全专区农业常年产量：全区农业常产量为65.74万吨，依率计征农业税应为7.19万吨。平均税率为10.94%，人均负担粮食22.92千克。农业税附加征收，除威宁、赫章、纳雍县仍然按1955年实际比例征收外，其余各县按正税的15%征收。

是年，各县先后在农村建立人民公社，农村人民公社执行三级所有、队为基础的管理办法，农业税改按生产队计征。1959～1961年，国民经济处于困难时期，国家大幅度调减农业税。

1963年起，农业税由中央下达保证完成任务数，代替过去自下而上确定税额的办法。税负规定不超过常年产量的15%，以生产队为主，按富队、穷队及一般队，实行不同比例税率，由各县统一平衡后落实到生产队，减免由县掌握；对个体农户，比照所在生产队比例，加征1～5成；城郊蔬菜队按实际农业收入的7%计征，地方附加税率为正税的3%。1964年起，执行稳定农业税负担政策，全专区正税稳定为5万吨，实行一定3年不变，附加改为8%。1971年起，执行一定5年不变的农业税征收政策。是年省下达毕节地区征收数为折谷5.01万余吨，其中正税4.56

万吨，地方附加3646吨，机动数920吨。1966～1976年，受“文化大革命”影响，粮食产量不增，人口快速增长，农民平均口粮标准不断减少，公粮拖欠较为广泛。1976年，农业税在原定5年任务基础上，增加7%机动数作调整，调整后一定五年不变。经过调整，全地区平均负担税率为5.6%，最高的织金县负担率为7.9%，最低的赫章县负担率为3.6%。此次调整一直执行到2001年。1979年，贯彻中共中央《关于加快农业发展若干问题的决定》，改革农业生产经营管理形式，逐步实行联产承包责任制，征收农业税以户为单位。恢复农业税起征点，规定农业起征点：主产水稻区域人均200千克；主产杂粮地区人均150千克，稻谷杂粮兼产区人均175千克。全地区2.63万个生产队中，1642个达不到起征点，免征农业税1.84万吨。是年，多数区、社、队干部和农民片面理解中央让农民休养生息方针，在安排落实农业税任务时，据以计算的农业产量越报越少，致使任务落实困难，仅完成2.72万吨，所欠尾数之多，是中华人民共和国成立以来所未有。1980～1983年，大幅度调减农业税，全面执行起征点减免，让农民得以休养生息。1984年起，停止起征点减免，中央大幅调减6个贫困县农业税任务。从1986年起，农业税按1976年负担任务安排。地区将省安排的减免指标分配各县，各县多采取先征后减办法进行减免兑现。1988年起，采取折征代金和征收粮食的办法征收农业税。1993年，以征收现粮方式征收农业税。1997年后，全地区除金沙县征收少部分实物外，其余各县市均采取代折现金的形式征收农业税。1997～1998年农业税计税、结算价格为每千克中等籼稻1.44元，1999年为1.22元，2000年为1.16元，2001年为1.10元，2002～2004年为1.04元。2002年国家调整农业税征管政策，将原农业税附加并入新的农业税，实行差别税率，最高不超过7%，附加比例为20%。全地区农业税正税为9375.69万元，附加为1875.14万元，较税改前减免7568.01万元，人均减免12.51元，减免39.62%。同时，清理涉及农民的收费项目，一律取消各地自行出台的收费、集资及摊派项目，禁止各种增加农民负担的达标升级活动，大幅减轻农民负担。2004年，农业税下调1个百分点计征，全地区农民在税改核定的农业税基础上再减免1607万元。同时，首次对农业税纳税人实行直接补贴，全地区共补贴556万元。

2006年1月1日，废止1958年6月3日全国人民代表大会常务委员会通过的《中华人民共和国农业税条例》。至此，中国实行自古以来的农业税制度终于退出历史舞台。

**农林特产税** 原属农业税的一部分，林木特产按规定折合为常年产量计入农业税内征收。1983年11月12日，国务院发布《农林特产收入开征农业税的若干规定》，次年5月17日省人民政府发布实施办法。1988年，在延迟5年之后，毕节地区勉强开征。是年，征收1.9万元，为任务的0.03%。1989年，省人民政府修改补充《实施办法》，规定税率为5%～15%。毕节地区适应开征淡水种植、养殖、竹木及其制品、药材、林产品、苗木、茶叶、柑橘、其他水果。1988～1993年，全地区共征收农林特产税388.9万元，年平均收入64.8万元.1994年1月30日，国务院发布《关于对农业特产收入征收农业税的规定》，各县加强农业特产税征理。是年，全地区征收农业特产税收1.07亿元，其中烤烟农业特产税1.03亿元。此后，毕节地区农亚特产税幅增快。1997年达2.78亿元，成为乡镇财政的主要财源。2002年农村税费改革试点后，农业特产品应税品目税率分别为5%、7%、8%、10%、20%。烟叶、牲畜产品应税品目在收购环节征服，其他应税品目在生产环节征收。除烟叶外，全地区其他农业特产税任务核定为正税264.3万元，附加20.99万元，合计283.33万元。暂停对猪皮征收农业特产税。2004的1月1日起，全面取消除烟叶外的农业特产税。2005年农业特产税正税为2.04亿元，附加582万元，合计为2.1亿元。至2011年，烟叶税达19609万元。

## 第二节　工商税

明代前，交通极端闭塞，农业及工商诸业发展极为缓慢，工商税收尚未出现。明代初年，开通龙场九驿，始破闭塞状况，促进外商贸往来，商业税源在逐渐增长。明崇祯年间，在黔西滥泥沟及鸭池河渡口设置税卡，征收食盐及过境货物税，清代中后期，采矿业、手工业、交通运输业、邮电业逐渐兴起，集市货物贸易日趋发展繁荣，工商税收范围扩大。至清末，开征工商税有：矿税、盐税、契税、鸦片税、牙税、学税及房捐、肉捐、息捐、牲牙捐及各类厘金。民国时期，随着工商业的发展，工商税制逐渐完备。中央、省及地方在开征税，相互竞征工商税，新开征税种时有出现，一物多税、一税多捐多费，尤以摊派为主。至民国末年，除沿袭清代征收捐税外，新开征有：营业税、货物税、营利事业所得税、遗产税、筵席及娱乐税、印花税、公平捐、将产税、牌照税、自卫特捐等捐税，由于民国时期杂税繁多，民间讥讽为“民国万税（岁）”。

中华人民共和国成立后，中央政府废除民国政府的旧税制，统一全国税收，按照工轻于商，重工业轻于轻工业，日用必需品轻于非生活必需品的原则，制定工商税目、税率及各工商税种的减免时限、范围、幅度及税收法规，并依照各个不同时期的政治经济形势进行修改。1950年，根据政务院《全国税政实施细则》开征货物，工商业税。1953年，执行国家修改后的税制，对白酒、烤烟、棉纱、麦粉原则改征商品流通税。1958年，国家改革工商税制，将货物、商品流通、营业和印花税合并为工商统一税。是年9月，在试行。1973年，根据国家规定，在试行工商统一税及其附加的同时，将城市房地产、车船牌照使用，屠宰税并入工商税。1984年，国有企业根据国家规定，实行利改税，结束30多年向国家上缴利润的历史，向国家上缴企业所得税，同时，将原工商税分解为产品，增值、营业、资源、国营企业所得和调节税。1994年实行税制改革，简并增值税的税目、税率；改流转税价内税，实行价外税；统一内资企业所得税，把国营、集体、私营企业所得税均称为企业所得税；把城乡个体工商户所得税和个人收入调节税并入个人所得税；取消企业和事业单位奖金税和国营企业工资调节税，取消临时减免税政策，实行税收优惠政策。新设立消费税。实行国家税和地方税分税制财政体制。国家税务部门征收的主要工商税种有：增值税、消费税、车辆购置税、储蓄存款利息所得税和企业所得税；地方税务部门征收的工商税种有：营业税、企业所得税、个人所得税、印花税、土地增值税、城市维护建设税、车船使用税、房产税、资源税、城镇土地使用税；财政部门征收的契税、耕地占用税，2009年改由地税部门征收。

关税　明崇祯年间，水西滥泥沟始设税卡征收食盐及货物过境税。清康熙五年（1666），开征内地关税，按1%～5%税率，计征商运过境衣物、食物、用物、车物税。咸丰十一年（1861）起改征厘金。

**矿课** 清代征收铜、铅、银生产矿课。雍正五年（1727），对威宁榨子厂生产之黑铅，每百斤课税40斤。乾隆三年（1738）对新开朱红、塘街厂每百斤课税20斤。乾隆十五年（1750）后，对所产铅每百斤课税20斤；铜每百斤课税10斤：朱砂及雄黄每百斤课税10斤；银除威宁州新寨、大比里、沙厂、平远州达摩厂每产1两课税4钱外，其余厂生产的银，每产1两课税2钱。

**盐税** 毕节不产盐，食用淮、滇、川盐。外省进入黔盐，须持盐引，方许进入销售。康熙初定，按引征税，水引一张征银3.45两，陆引一张征银0.2724两。有不领引就近负贩者，则输税于官，由府、州、县税课局征收。清康熙二年（1663），入销川盐百斤，税银2钱。毕节年额盐税银306.6两，遇闰年加征26两；乌撒年额243两，闰年加征25.5两：大定年额111.33两，闰年加征9.25两；平远州年额72两，闰年加征6两；黔西州年额289两，闰年加征24.08两。乾隆年间食盐正税之外另加收税羡银，各地收取不一，平远州年收税羡银515两。咸丰十一年（1861），盐货并征厘金，盐运到岸见十抽一，盐运途中要征盐半厘、小厘、毫厘、落地税，每引7吨抽厘银50余两。光绪三年（1877），四川总督，平远州人丁宝祯与贵州巡抚议奏，准建盐运使署，招商承办盐运，规定官运局一引盐征税银10两，遂罢关税及杂税。光绪二十七年（1901），提高盐税，每引加征4两。清末民初后，盐税逐年增加。民国4年（1915）永岸经销的犍厂、富厂、计岸犍巴厂盐，每引盐税分别征125两、145两、110两。民国7年（1918），盐税改按每百斤征税3元。民国19年（1930），每百斤征税3.5元。除上述正税外，还要征收省内附加和省外附加的整理费、护商旗费、印花费、平价费、出口税、进口税、船捐、清乡费、江防费。盐运入地方销售，又另征别的附加税。威宁地方销售食盐时征收官税和地方税，官税征收营业税、营业牌照税、厘金、护商税、缉私税、印花税；地方税征收营业牌照税，自卫特捐。由于多次征税，致使盐价高涨，故有斗米斤盐之说。民国23年（1934），国民政府统一贵州盐税，逐步废除一些附加征税项目，以剿共为由，每包食盐加征剿共经费1元。民国31年（1942）起，除盐税正额外，每担食盐附加征收平衡基金6元。民国34年（1945），新场盐税每担升至110元。民国36年（1947），食盐每担税收调整为1万元、1.4万元、1.6万元，是年8月，调增为每担10万元，12月再次调增为每担25万元。中华人民共和国成立后，人民政府改革盐政，将食盐列为政治商品，建立新的盐税制。1950年1月，政务院公布《全国盐务工作的决定》，制定从量核定、就场征收、税不重征盐税征收方针，按地区制定差额税率，实行一次征税，且多次调整盐税额、价格和税收减免。结束斗米斤盐历史。此政策执行到20世纪80年代初。1983年开始，企业逐步实行利改税后，按销售商品取得的进销差价的10%提缴营业税。1994年起，按5%缴纳营业税。不属征收盐税地方，经销盐产品的企业亦不属征收食盐税的单位。中华人民共和国建立以来，仅对未税农、牧业、战备盐转食用盐销售部分补征少量盐税。

**厘金** 源于关税，始于清咸丰十一年（1860）开征的盐厘。税厘分大厘10%，小厘1%、半厘0.5%。是年，毕节厘金局在大定城和瓢儿井设分卡征收百货厘金，值百抽一、二、三不等。光绪年间厘金税率增到5%以上，且厘卡增多，遇卡抽厘，重复课征。民国时期，改称厘金为行厘（又称活厘）、坐厘（又称板厘）、货厘，另增产销税、落地税，一物数征，为民所深恶痛绝。民国19年（1930），国民政府通令全国撤厘，贵州因撤厘财政损失严重，故一再拖延。直至民国26年（1937），开征营业税废止征收厘金。

**鸦片税**　鸦片亦名土药。清道光前，已有种植且种量日增。道光年间，曾禁种，但屡禁不止而转征税课，名曰寓禁于征。光绪初，开征土药税，每千两征银8两。光绪二十九年（1903）改为土药厘，每千两征银5两。民国时期，鸦片产销时开时禁。民国8年（1919），对外销鸦片每担征通关税银80元，民国11年（1922），增至120元，并开征窝捐，初期按产量每亩征银8分，后改按户摊派4～10元。民国14年，加征禁烟印花税。次年，改征禁烟罚金，按省下达罚金数，摊派种烟户交纳。民国20年（1931）。改征烟馆、烟民吸烟罚金，民国22年、23年，全区吸烟罚金收入分别为13.1万元、20.7万元，占全区财政收入50%以上。民国24年（1935），发给种烟户种烟执照，在新烟上市时按产量从价计征10%的取缔费；发给烟馆和烟民限期戒烟执照，按每烟具月征取缔费2元，烟灯捐1元，烟灯捐附加2角。民国25年（1936）开征运销省内鸦片特货省税，每担征法币160元，烟灰减半。民国28年（1939），另征出境鸦片每担银30元。民国29～37年，停征鸦片税。民国38年（1949），以筹集反共经费为由征收鸦片特货自卫特捐，每两征银2角。中华人民共和国成立后，人民政府严厉禁种、禁售、禁吸鸦片，废除征收鸦片税和禁烟罚金。

**营业税**　营业税沿于清代征收的牙税和当税。清顺治九年（1652），制定典铺锐则，每铺征银5两。康熙五年（1666），大定府向牙行颁行牙帖，每帖征银1～3两。大定、威宁年额牙帖各6两，黔西年额4两，毕节年额3两，雍正时，除征收牙帖银外，按资本及营业状况征收牙银。民国初年，按省《牙当暂行章程》规定，不分典当铺每户每年征银5两。是时，威宁年征银0.12万元。之后，停征；规定营业税率为5%，民国15年（1926）省修改牙税章程。仅毕节县征收。民国17年（1928），国民政府公布《营业税大纲》，开征营业税，将牙税及屠宰税、厘金并入营业税征收。分别以营业资本额和营业总收入为课征依据，税率1%～3%。民国31年（1942），修改营业税法，提高起征点，营业收入不满1000元或资本额未达3000的免征。民国36年（1947），取消按资本额比例计税的规定，除制造业征收0.75%外，以营业额为主的行业仍征收1–3%，以收益额为主的行业征收4%，同时将属牙税、当税、屠宰税及烟酒经营范畴征收的营业税划分为普通营业税，将金融、保险、信托业纳税划为特种营业税，按6%的税率计征。民国36年（1947），全区共收营业税3748万元。民国末年，对行商销售货物，除征收货物税外，另行征收临时商业税，税率为4.3%。1950年1月，继开营业税，按营业额总收入计算的税率为1%～3%；按总收益计算的税率为1.5%～6%；按佣金收益计算的税率为6%～15%。对经营场所流动的小摊贩征收摊贩业税，每日经营额不满3元或收益不满2元的免征。1953年2月，改按月征，凡月销售额不满60元，手续费不满40元的免征。1953年7月起，对起征点以上的采取综合税率计征营业和所得税，所得税按行业平均所得额计征，综合税率2～3年调整1次，起征点由省局确定。1958年，国家改革税制，将营业税并入工商统一税。1959年，改临时商业税为临时经营税。1961年后，限制私营商业发展，实行加成征收。1963年提高到3~5成，对暴利达1000元以上者，除征收税款外，还处以60%～80%的罚款。1984年，恢复营业税，共含13个税目，分别以3%、5%、10%税率计征。1988年4月，规定临时商业税率为5%、8%、10%，对获和利较大的，加征1～10成。1993年12月13日，国务院发布《中华人民共和国营业税暂行条例》，规定营业税的减免权属于国务院，并将商品零售、其他饮食业的营业税率由3%提高到5%。规定，零售业务的起征点为月销售600元，经营其他业务的起征点为月营业收入200元。1997年，将金融保险业营业税税率由5%提高到8%，对纳税人随价格由对方收取的价外费用也应按规定征收营业税或增值税。2000年1月1日起，按20%的税率征收电子及电子游戏厅营业税。2001年起，分3年将金融保险营业税率从8%降至5%。2002年，将按期纳税的起征点定为月销售额1000元，按日（次）销售额100元。对新办的服务型企业（广告业、按摩、网吧、氧吧除外）、商贸企业当年新招用下岗失业人员达到职工总数30%以上，并与其签订3年以上期限劳动合同，经劳动保障部门认定，税务机关审核，2年内可免征营业税，城建税、教育附加费；对下岗失业人员从事个体经营的，自领取税务登记之日起3年内也享此优惠。2005年，毕节地区地方税务局征收营业税74.74万元。2011年，毕节市地税局共征收营业税136533万元。

**特产税**　民国30年（1941），贵州开征特产税。允许各县在法令范围内制定征税办法。民国36年（1947），各县拟订特产税征收办法报省审批。大定开征种类有植物油、皮革、生漆、五倍子及药材，起征点规定在50千克以上。赫章仅对生漆、漆蜡、植物油征收，从价计征3%。金沙开征特产税为纸槽、水碾及油榨。民国37年（1948）11月，省将美烟（烤烟）特产税统一征收。新中国成立后，取消特产税，部分改征交易税，部分并入货物税。1988年起，开征农林特产税。

**货物税**　源于清代的厘金，始于民国4年（1915）开征的烟、酒税。当时对地产土酒每百斤征收银元1.5元。民国23年，对生铁征收矿产税，税率为3%。民国32年（1943），开征竹木、皮毛、陶瓷、迷信纸等货物统税，税率最低为2.5%，最高为100%。民国37年（1948），调整货物税税率，最低为棉纱10%，最高为酒、卷烟120%。中华人民共和国成立初，沿用旧货物税制征收烟叶、白酒等货物税。1950年2月1日起，按政务院公布的《货物税暂行条例》规定，先后征收烟类、纤维类、饮食品类、用品类、工业品类、建筑器材类、化妆品类、迷信品类、农林产品类和矿产品类的货物税。税率分16个档次，最低为麦粉3%，最高卷烟为120%。凡已纳货物税的货物行销全国，不重征或附征其他捐税。1951年5月起，征收地区花纱布公司6%统销税以促物价稳定。1953年1月修订税制，将卷烟、酒、棉纱等22种产品改征商品流通税，将原征交易税的土布和粮食改征货物税，将价外税改为价内税。应税货物一律按国营公司批发价核税。修订后的征税列举货物，分别适用于2%～50%共12个不同档次的税率。1958年9月税制改革，货物税并入工商统一税，货物税消失。

商品流通税　1953年1月试行，将原货物税中生产集中国家又能掌握其产销的22项58个品目，改征商品流通税，同时将工业生产、商业批发、零售环节缴纳的货物税、营业税及其附加、印花税，合计在工业生产或商业调拨环节时征收，实行从生产到消费的一次课税制。主要应纳税商品税率最低是生铁5%，最高是手工卷烟60%。1958年9月，商品流通税并入工商统一税。

**工商统一税**　1958年，国家改革税制。1958年9月13日，国务院发布《中华人民共和国工商统一税条例（草案）》，将货物税、商品流通税、营业税、印花税合并工商统一税，对工农业产品、从生产到销售实行两次课税制。开征工商统一税，自来水和粮食税率最低，分别为2%、4%；最高为各种焚化品，税率55%；交通运输、商品零售、服务业分别为2.5%，3%，3%～7%。1973年，简并税种，除外资企业、中外合资企业仍实行工商统一税外，工商统一税及其附加、城市房地产税、车船使用牌照税、屠宰税、盐税并入工商税。

**工商税**　1972年，国家颁布施行《中华人民共和国工商税条例（草案）》，毕节地区按规定从1973年起开征。工商税按产品品种及经营行业划分为工业，交通运输业，农、林、牧、水产品采购和商业零售业、服务业及其他行业。按毕节地区实际，其适用部分税率为：工业部分化学工业、机械工业税率为3%，制药工业及其他工业为5%，煤炭、油脂工业为8%，冶金工业、森林采伐工业、造纸工业、食品工业为10%，纺织印刷、陶瓷、日用化工工业为12%，电力、建筑材料、皮革、皮毛工业为15%，糖类、鞭炮烟火、酒类、烟类为30%～63%，交通运输、邮电、电信、农林牧水产品采购、生猪为3%，原竹5%，毛绒10%，生漆15%，烟叶、茶叶为40%，商业零售及公用事业3%，服务业5%。1983年起，茶叶分别按毛茶、精制茶和边茶调为25%、15%、10%，1985年10月烟叶调为38%。1984年，施行第二步税收，将工商税分解为产品税、增值税、营业税、盐税，同时恢复原并入工商税的其他税种，工商税不复存在。

**产品税**　1984年，改革工商税制建立产品税。1984年9月起，对从事生产、经营和委托加工应纳税产品的企业、个体工商户、单位和个人，按产品销售收入计征产品税。产品税分为工业和农、林、牧水产品两个部分，分别按3%～60%11个固定比例税率计征。产品税在各工商税种中占有主要位置。1993年，全地区入库4.13亿余元，占年度工商税收入库数的75.38%。1994年起，烤烟、茶叶、晒烟、原木、原竹、生漆产品税改征农业特产税。之后，随着征收增值范围的扩大，开征消费税，停征产品税。

**增值税**　1984年9月，国务院颁布《中华人民共和国增值税条例（草案）》。至1988年，全地区征收税目20个，子目55个，分别实行税率为12%、14%、16%、18%、20%、23%、45%。1990年前，以实耗扣税法计征增值税，1990年后，按价税分流购进扣税法计征建材、医药、有色金属、纺织行业的增值税。1993年，国务院颁布《中华人民共和国增值税暂行条例》，简并税目、税率，实行购进扣税法。毕节地区按下述情况，分别计征增值税。一般纳税人，按销售收入乘17%等于销项税额，按进货额规定的抵扣项目计算的称进项税额，将销项税额减去进项税额，就是纳税人应纳税额；小规模纳税人，则按6%计征，无进项抵扣；对于从事粮食、食用植物油经营活动或简单的粮食加工按13%的税率计征。增值税实行增值税专用发票管理。2003年经省国家税务局同意，增值税纳税人销售货物的起征点调整为2000元；销售应纳税劳务的起征点调整为1500元；按次纳税的起征点调整为150元。从2004年7月1日起，调整增值税起征点，货物起征点为月销售额5000元，销售应纳税劳务的起征点为3000元，按次纳税的起征点为日销售200元。起征点调整后，全地区3674人享受免征照顾，免征增值税600万元。2005年，全地区征收增值税14.2亿余元，其中煤炭增值税3亿余元。

2007年全区入库增值税219605万元，占年度计划的99.9%。同比增加38997万元，增长21.6%。2008年，全区入库增值税248057万元，同比增加28425万元，增长13%。自2009年1月1日起，在全国实施增值税转型改革，将生产型增值税改为消费型增值税。为配合增值税转型，国家对《增值税暂行条例》及其《实施细则》进行了修改，并制定实施了相关的配套政策。主要政策变化为：一是外购设备类固定资产可以抵扣进项税额；二是小规模纳税人认定标准下调：工业类企业年应税销售额50万元以下，商业类企业年应税销售额80万元以下；三是小规模纳税人征收率不再划分行业，一律为3%；四是不得抵扣进项税额中，“非正常损失”范围缩小，只限于因管理不善造成的损失；五是将金属矿和非金属矿采选产品的增值税税率由13%恢复为17%；六是取消“废旧物资回收经营单位销售其收购的废旧物资免征增值税”和“生产企业一般纳税人购入废旧物资回收经营单位销售的废旧物资，按10%计算抵扣进项税额”的政策，按照正常购销货物处理。对符合条件的增值税一般纳税人销售再生资源缴纳的增值税实行先征后退政策；七是购进免税农产品准予抵扣的扣除率由10%改为13%；八是增值税起征点调整为：销售货物的，月销售额2000～5000元，销售应纳税劳务的，月销售额1500～3000元，按次纳税的每次（日）销售额150～200元，毕节地区执行的是起征点最高限额。因增值税的转型，毕节地区一般纳税人企业实际抵扣固定资产进项税额为1.56亿元；2009年全区入库增值税27.65亿元，占年度计划的103.1%。同比增加2.85亿元，增长11.5%。2010年全区入库增值税32.65亿元，同比增加5亿元，增长18.1%。2011年10月28日，财政部、国家税务总局下发了关于修改《中华人民共和国增值税暂行条例实施细则》和《中华人民共和国营业税暂行条例实施细则》的决定（财政部第65号令），从2011年11月1日起，增值税起征点调整为：销售货物的，月销售额5000～20000元，销售应纳税劳务的，月销售额5000～20000元，按次纳税的，每次（日）销售额300～500元，毕节地区执行的是起征点最高限额。

所得税　民国25年（1936）8月，国民政府颁布《所得税暂行条例》，民国28年（1939），开征，分营利事业、一时营利事业、薪给报酬、证券存款利息、财产租赁出卖、非常时期所得税征收。1950年起，主要开征工商所得税，含私营工商业、合作商业（小组）、交通运输业合作社、手工业合作社、供销合作社、公私合营企业、预算外国营企事业单位所得税。1984年后，征收国营企业、集体企业、城乡个体工商业户所得税，国营企业调节税，个人收入调节税。1988年起，开征私营企业所得税。1994年税改后，征收企业所得税，个人所得税。

1.营利事业、一时营利事业所得税。营利所得税按扣除实际支出、呆账、折旧、盘存消耗和公课、法定积金后的余额计征。营利事业所得与资本额的比例，不满5%的免征，5%～25%以上按五级税率计征，税率为3%～8%。民国35年（1946）将税率调为11级计征，适用税率为4%～30%。一时营利所得额从100元起至5000元止，分别按3%～6%为税率计征，所得额在5000元以上者，每增1000元增加征税10%。中华人民共和国成立后废除营利事业所得税制。

2.薪金报酬所得税。民国16年（1927），国民党为筹集党员抚恤金，曾发起征收月薪50元以上公务员的薪金报酬所得税。民国25年（1936），依法征收，规定征收公务员、自由职业者及其他人员薪给报酬所得税，税率为4级，最低一级为月薪60元以内，每10元征税0.05元，最高为月薪所得在800元以上者，每超过10元征税1.2元。民国32年（1943），修改税率为17级，最低为月薪100元者征税0.1元，最高月薪1万元以上者，每超过10元，征税3元。中华人民共和国成立后，曾将薪给报酬所得税列入保留税种，但一直未开征。1993年后，将薪金所得列入个人所得税征收，以月收入额减除费用800元之后的余额计征，按5%～45%九级超额累税率计征。2005年，调整为1500元之后的余额计征。

3.证券、存款利息所得税。民国26年（1937）开征，民国32年（1943）修订征税办法，凡政府发行的证券及国家金融机关之存款储蓄所得，均征5%，其他非政府、非金融机构发行的证券及存款储蓄所得，按10%征收。毕节中华人民共和国成立初，对存款利息、公司债券及其他证券之所得，股东职工对本业户垫款之利息所得征收存款利息所得税，每次利息满0.5元的，由支付或经付者按5%扣交存款利息所得税。1952年，全专区征收利息所得税800元。1959年，停止征收。1999年重新开征，对储蓄存款之利息所得，征收个人所得税，税率按20%计征。2005年，全地区征收1845万元。

4.财产租赁出卖所得税。民国32年（1943）1月，公布实行《财产租赁出卖所得税法》，规定土地、房屋、堆栈、码头、森林、矿场、舟车、机械的租赁出卖所得税率4级，最低级为300元～2.5万元，征10%，最高级为10万元以上，递加5%，加至80%为限。对农业用地及其他财产出卖所得，5万元以下按10%计征，5万元以上按10级税率计征，5万～15万元，征税14%，最高为200万元以上，计征50%。民国36年（1941）上半年，毕节、黔西分别预算征税70.7万元和23.1万元。中华人民共和国成立后，废除财产租赁出卖所得税。

5.非常时期过分利所得税。民国27年（1938）开征，次年修订，对超过资本额20%以上的营利事业所得，征税10%；超过60%的征税60%；对超过财产价额15%以上，未满20%的租赁出卖所得征税10%；超过60%以上征税50%。

6.工商所得税。1950年1月，政务院公布《工商业税暂行条例》，将工商所得税列为工商业税的一个部分，主要征收私营、公私合营、工商企业及合作社所得税，按14级累进税率计征。全年所得额100~3000元，税率分别为5%～30%。是年12月，改按21级全额累进税率计征，全年所得额300~1万元，税率分别为5%～30%，并随税征收15%的附加，附加合并征收税率分别为5.75%～34.5%。1956年6月起，对供销合作社所得税改按39%的比例税率计征。1958年，工商所得税成为独立税种，主要对集体经济和个体经济征收。之后，逐步将一部分不向国家上缴利润的预算外国营事业单位纳入工商所得税的征收范围。1985年，第二步利改税后，所得税制逐步形成主要税种，工商所得税分解出集体企业和城乡个体工商业户所得税。1958年6月起，限制私营经济发展，加成征收手工业者和小商贩所得税，加成幅度可达1～5成；对于未经改造的残存工商业者，加成可达1～10成。1963年起，对个体经营所得实行14级全额累进税率计征，所得额300元以下至1万元以上，征税7%～62%；对合作商店及预算外国营服务性质的商业实行9级超额税率计征，全年所得额250~2万元，分别征税71%～60%；对手工生产合作社、运输合作社及预算外国营企事业单位属于手工业、交通运输业性质的所得税实行8级全额累进税率，全年所得额300~8万元，分别征税7%～55%。对公私合营企业所得税采取分别对待政策。对实行定息的公私合营企业属于国营商业的，不征所得税，改向国家上交利润：对非定息的公私合营企业，比照合作商店征收，属于供销社领导的公私合营企业按基层供销社所得税率征收。1979年后，国家对合作商店、合作小组给予税收照顾，其所得税改按手工业8级超额累进税率计征，同时对个体经济所得税改按10级全额累进税率计征，全年所得额180~5000元，分别计征7%~50%，1985年对合作商店（小组），改按国营小型企业适用税率计征，全年所得额在1000~20万元，按新8级超额累进税率计征，分别适用税率为10%~55%。1981年起，对营业性的宾馆、饭店和机关单位开办的招待所，其所得额按15%税率计征。

7.乡镇企业的所得税征收。1967年前，按其企业性质比照手工业，交通运输业或合作商店的所得税适用税率计征。1967年2月后，改为在起征点600元以上，计征税率为15%。1979年3月后，提高起征点至3000元以上，税率改为20%计征。1982年4月起，对各县城和县属镇的社队企业，按8级超额累进税率计征，其他社队企业，仍实行20%的比例税率，1984年起，不论设在何地的社队企业，一律按8级超额累进税率计征，对全年纯利不满3000元的免征所得税。

8.供销合作社所得税的税收。1957年后按5级综合税率计征，全年所得额不满3000元的征税30%，全年所得额5万元以上的，对县以上供销社征税80%，基层社征税70%。1958年，供销社并入国营，不征所得税，供销社恢复后从1961年、1963年起分别征收基层合作社、县以上供销社所得税，税率为39%。1979年对基层社经营的饮食、服务、修理计税率规定为20%。1984年起，供销社所得额按8级超额累进税率计征。

9.信用合作社所得税。1987年前免征，1987年起，恢复征收。

10.集体企业所得税。1985年开征，对从事工业、商业、服务业、建筑安装业、交通运输业以及其他行业的集体企业按其经营所得，依照8级超额累进税率计征所得税，全年利润不满3000元的免征。1992年，全地区征收集体企业所得税425.2万元。1993年达522.9万元。2005年征收385万元。

11.国营企业所得税。1983年前，监督实现利润的国营企业将利润上交国库。1983年7月、1984年9月，全地区贯彻执行企业利改税。从1984年10月起，开征国营企业所得税，大中型企业按55%比例计征，工业企业固定年产值在300万元以下，利润在30万元以下，商业企业职工不超过30人，年利润不超过8万元的小型企业，按新8级超额累进税率计征。1985年，全地区征收国营企业所得税1894.68万元。1995年，征收1318.4万元。2005年征收国有企业所得税3652万元。2008年1月1日，开始实施新《中华人民共和国企业所得税法》和新《中华人民共和国企业所得税法实施条例》。同时废止《中华人民共和国企业所得税暂行条例》及其实施细则、《中华人民共和国外商投资企业和外国企业所得税法》及其实施细则。2011年，毕节市地方税务局共征收企业所得税48758万元。

12.城乡个体工商户所得税。1986年开征，凡经工商部门批准为城乡个体工商户，以及不符合集体企业征税条件的合作、合伙经营、联户办企业以及个人承包经营，均按10级超额累进税率计征所得税。第一级为全年所得额在1000元以下者，征税7%，第十级为年所得额在3万元以上者，征税60%。对工业性质的个体经营户全年所得额在5万~6万元，加成征10%，8万元以上部分加成征40%；对商业性质的个体经营户，其所得额分别降低为5万~5.5万元，7万元以上加成征40%。但个体工商户难以建账建制，在征收中，一般采用核定其所得税负担率的办法，与其他应纳税额合并征收。

13.私营企业所得税。1988年开征，按35%税率计征。纳税人利用废水、汽、渣为主要原料进行生产的，受天灾影响，纳税有困难的可申请减免或缓征所得税。

14.企业所得税。1994年实施新税制，把国营企业、集体企业、私营企业所得税合并为企业所得税。企业所得税的税率为33%。1994年实行照顾规模较小企业政策，对其实行低税率征税的过渡性措施。年应纳所得税额3万～10万元（含10万元）的，税率为27%，年应纳所得税额在3万元（含3万元）以下的税率为18%。2001年起，对设在西部地区国家鼓励类产业的内资企业和外商投资企业，其主营业务收入占企业总收入70%以上的企业，经税务机关审核确认后，减按15%的优惠税率征收企业所得税。2005年，全地区地方税系统征收企业所得税4646万元；国税系统征收企业所得税3652万元。2006年，地区国税系统征收企业所得税1.22亿元。2007年，地区国税系统征收企业所得税2.86亿元。2008年，地区国税系统征收企业所得税2.95亿元。2009年，地区国税系统征收企业所得税1.91亿元。2010年，地区国税系统征收企业所得税4.39亿元，比2009年同期增收2.48亿元。2011年，地区国税系统征收企业所得税4.36亿元。

15.调节税。1985年利改税后，对国营大中型企业利润实行工资与经济效益挂钩的国营企业开征工资、个人收入调节税。1984年9月，国务院发布《国营企业调节税征税办法》，对国营企业交纳所得税后留利较多的征收国营企业调节税，税率由地区财政部门核定。对1985年实行工资总额随经济利益挂钩的国营企业，对当年增发工资总额超过国家核定的上年工资总额7%以上部分，按超额累进税率计征。1986年毕节地区对地区百货公司和毕节卷烟厂试行征收工资调节税。是年，毕节卷烟厂交纳工资调节税13.2万元。1993年，全地区征收国营企业调节税51.4万元，国营企业工资调节税75.2万元。1994年取消。1987年，毕节地区开征个人收入调节税，计税基数为100元，超过基数3倍以上的部分开征个人收入调节税，按超倍累进税率和20%的比例税率计征。对股息、利息红利、投稿翻译、专利转让、专利实施许可和非专利技术提供及转让取得的收入，按20%的比例计征。对专利转让、投稿收入，每次收入不满4000元的，减除费用800元，4000元以上的先减除20%费用后，再计征。1988年，全地区征收个人收入调节税0.5万元，1993年征收44.5万元。1994年，并入个人所得税。

16.奖金税。1984年，国务院发布《国营企业奖金税暂行规定》开征奖金税。1985年9月、12月，相继发布《事业单位奖金税暂行规定》《集体企业奖金税暂行规定》，依照国家规定，奖金税征收对象为对国营、事业单位、集体企业超过国家规定标准发放的奖金部分。奖金税实行累进税制、按年计算、集体交纳。1984年规定：国营企业全年奖金总额超过标准工资规定限额两个半月以上的开始计征，月工资标准为50元。1985年放宽时限至4个月，月工资60元。1986年，工资标准按67.5元计算，乡镇企业工资标准人均80元计算。适用税率分20%、50%、100%、200%。集体企业奖金税比照国营企业奖金税实行。事业单位实行企业化管理的以3个月标准工资为起征点，其余事业单位分别为1、1.5、2个月标准工资起征奖金税。1988年，分别放宽半个月标准工资起征。1993年，停征奖金税前，全地区分别征收国营企业奖金税15.4万元，集体企业奖金税0.1万元。

17.个人所得税。1994年实行新税制，把城乡个体工商业户所得税和个人收入调节税并入个人所得税，取消企、事业单位奖金税和国营企业工资调节税等税种。对11个项目征个人所得税。（1）工资薪金所得。以每月收入额减除费用800元后的余额为应纳所得税，适用超额累进税率，税率为5%～45%。（2）个体工商户生产、经营所得。鉴于个体工商户普遍账制不全，1995年7月24日，毕节地区地方税务局，拟发《关于个体所得税负征率（定额征收）的通知》，规定个体工商应纳所得适用于5%～35%的五级超额累进税率，按行业负征率为：工商业1%～6%，服务业1%～7%，安装业、修理业1%～5%，文化娱乐业1%～7%，建筑业1%～5%，交通运输业1.5%～4%，其他行业1%～5%；个体行医月定额20～80元；矿产资源类，每吨矿征收1～3元。（3）企事业单位的承包经营、承租经营所得以每一纳税年度收入总额减除费用后的余额为应纳税所得额。按5%～35%五级超额累进税率计征。（4）劳务报酬所得、稿酬所得、特许权使用费所得、财产租费所得，每次收入不超过4000元的，减除费用800元；4000元以上的，减除20%的费用，余额为应纳所得税额，适用20%的比例税率。对劳务报酬所得一次收入畸高的实行加成征收，即应税所得额超过2万～5万的部分，依法计算出应纳税额后，再按照应纳税额加征五成，超过5万的部分，加征十成。（5）财产转让所得。以转让财产的收入额减除财产原值合理费用的余额，为应税所得额，适用20%的比例税率。利息、股息、红利所得。每次收入额为主税额，也适用20%的比例税率计征。1994年，全地区征收个人所得税580万元。2005年，全地区地方税系统征收个人所得税2.14亿余元，地区国家税系统征收个人所得税1845万元。2011年，全市地方税务系统共征收个人所得税136400万元。

**交易税**　由清代的斗息、公秤捐、牲牙捐及民国时期征收的特产税演变而成。按成交金额计征，由买方或卖方交纳税款。

1.斗息捐。清光绪年间，平远州先行开征，之后各地相继征收。征收方式：承包人在市场设置公斗衡量成交粮食（俗称打斗），置大园簸箕于地面，再置斗或升于其中，由卖方将粮食注入斗内，以平满为限，斗面凹凸不平处，须经打斗人用概刮平为准，刮、撒、溢于簸箕内的粮食归打斗人所有，既包括劳务收入，也含上交捐税。这一抽取方式一直沿袭至中华人民共和国成立前夕。民国34年（1945），全省统一征收率为2%。中华人民共和国成立后，将斗息捐改征粮食交易税。

2.牲牙捐。清光绪年间，大定府及黔西、平远州率先对入市牲畜交易，向卖方征收牲牙捐。其征收方式为：在交易过程中，由经纪人居间斡旋，议价时不用语言公开言明，要经纪人将手盖在衣襟下，与买卖双方以手指的伸屈表示价格，来回握摸沟通，直到成交为止，经纪人便可公开索取牙口钱，还可暗中蒙蔽双方吃差价。由于市场承包人多为市场经纪人，或者是市场承包人与经纪人的相互勾结，把持牙行，故牙口钱中的一部分为征收的牲牙捐。民国19年（1930年），省规定征收牙捐率1%，民国36年（1947）提高为5%。中华人民共和国成立后，明令取缔牙行和经纪人，成立市场管理委员会和交易所，对交易捐进行改革，由卖方交纳交易税改为向买方征收；改称牲牙捐牲畜交易税，税率5%。1953年起，只对买卖的大牲畜征收。1966年起，只对个人买卖的应税大牲畜征取。1983年起，无论国营、集体或个人购买的应纳税牲畜均应照章交纳牲畜交易税。是年，全地区征收牲畜交易税80.2万元，为历史最高。1994年，废止征收。

3.公秤捐。民国初年，黔西首先开征，其法为：承包人在市场设置公秤，对成交货物过秤后，分别按一般货物1%～3%，特货5%或每两0.2元为捐率征收。民国36年（1947）原收捐1元，提至80元。

4.集市交易税。新中国成立初开征粮食、菜油、桐油、中药材、土布、兰靛、银耳、旱烟及牲畜市场交易税，除交易银耳税率8%外，其余品种均为在2%～3%，起征点规定为：桐油30千克，银耳0.5千克，牲畜1头，宽布1尺，窄布2尺，1953年将土布和粮食交易税并入货物税征收。1961年，国家运用税收手段，制止商贩投机倒把，哄抬物价，保护农民合法贸易。1962年，在全专区9个县城46个重点集镇征收，征收税率为：家庭手工业品5%，肉类15%、其余产品均按10%征收。是年8月，地区行署决定暂不开征少数民族聚居地区集市交易税。1966年，市场物价稳定，省财政厅通知，暂停征收市场交易税。1994年1月1日，废止集市交易税。

**屠宰税** 清光绪五年（1879），各地开征肉捐、肉厘，宰猪1头，征铜币100文。光绪二十七年（1901）增至200文，光绪三十三年（1907）增至400文。民国时期，改称屠宰税，税负因地而异，大定宰猪1头，征银3角、羊2角、牛1元；黔西每宰猪1头征银1.6两，折大洋2.24元，宰一头猪竟被税款耗尽。民国35年（1946）12月起，屠宰税实行按重量计征，猪、羊、牛的起征重量分别规定为：50、15、100千克起征。民国36年（1947）附加征收屠宰、自卫特捐，宰猪一头征屠宰税银0.7元，附加特捐0.5元，牛、马、骡征税0.8元，附加0.4元，羊征税0.35元征附加0.15元。1949年末～1966年6月，征收屠宰税实行比例税率计征。1951对屠宰猪、牛、羊分别按60、100、10千克标准，水牛按150千克从价计征10%的屠宰税。1954年，对屠宰商征屠宰税13%，合并营业税率共征15%；对屠宰临时商合并临商税征8%，共征21%。1959年，对国营调出的应纳税牲畜、肉食于起运时征收10%的屠宰税。1963年对国、合企业外调的应纳税牲畜仅屠宰地征收8%的营业税，1964年减按4%征收。1966年7月后，屠宰税改为按头定额征收。1985年5月，经多次调整后定为：猪、牛、马、驴、骡和羊的屠宰税分别为3元、2元、0.4元。同时对食品公司及个体屠商实行在收购环节征收产品税，宰杀后征收营业税。1994年屠宰税调为猪每头征6元、牛5元、羊1元；自养自食的保持原规定不变。1998，将上市销售牲畜的屠宰税调为：猪、牛10元，羊2元。将自养自食的猪、羊、牛分别调增为5元、1元、5元，并规定屠宰税既可在屠宰环节征收，也可在收购环节征收。2002年5月17日起，取消征收屠宰税。

**特种消费行为税** 文化娱乐税，清光绪三十四年（1908）开征戏捐，民国初期沿征戏园捐。民国21年（1932）民国政府颁布《娱乐税法》，规定以营利为目的电影、戏剧、书场、球房及其他娱乐场，均课征20%。民国32年（1943）贵州公布《筵席及娱乐税法》，规定日常饭食免税额不得低于25元，按价征收不得超过20%。各县均开征筵席娱乐税，黔西县年概算收入9400元，织金县年收入5000元。民国36年（1947），各县拟定《征收办法》报省备案，黔西报准备案规定：筵席税，计价征收20%，日常饭食及每席未满10万元或每食未满2万元者免税，娱乐税计征30%。中华人民共和国成立初期，改征特种消费行为税。1951年规定筵席、冷饮和旅馆税率

15%，娱乐业税率20%。筵席税起点3元、旅馆2元、冷饮1元。1952年缩小征税区域，仅毕节县城征收。年底，将电影、戏剧、娱乐改征文化娱乐税，其余并入营业税征收，取消特种消费行为税。1954年9月，毕节专署确定对毕节川剧团、毕节电影院均征税10%。1956年后，其他娱乐业征税4%，电影院征税10%。1956～1964年，对毕节京剧、川剧、黔剧、杂技队和黔西黔剧实行定期免税。1965年，在农村放映电影，免征文化娱乐税，1966年9月，停征文化娱乐税。1984年将文化娱乐税并入营业税税目征收。

**房地产税** 1.房捐。清乾隆三十四年（1769），黔西州开征房捐。民国25年（1936）开征户捐，按每户月捐额法币0.15元摊派，后改为依户产收益征收，仍以户摊派。民国30年（1941），对应税房产评价计征：自住房屋价值1000元，年征房捐7元，年房租金100元，征房捐7.5元。民国35年（1946）毕节、大定、威宁、纳雍县分别征收半年房捐6000万元、1800万元、1400万元、155万元。

2.地价税。民国25年（1936），国民政府公布土地法，征收城镇土地地价税和土地增值税，地价税按照法定地价计征1.5%，累进至5%。土地所有权转移时发生的增值额，征收土地增值税，起征税率为20%，累进至80%。民国34年（1945），境内开征。民国37年（1948），在计税时规定，将原地价提高250倍，以税率1.5%计算后再提高1500倍征收。

3.城市房地产税。1950年，按规定对威宁、毕节、大定、织金、黔西、金沙县城及大关、安底、响水镇分别开征房产税和地产税。1951年8月，将房、地产税合并，征收城市房地产税，大关、响水、安底镇停征。1957年11月，缩小征税范围，仅开征毕节、黔西县城，1962年8月，仅毕节县城征收，房产税按房价年计征1%，地产税按地价计征1.5%，1962年，调整房产税率为1.2%，地产税率为1.8%计征。出租房地产按标准房地租价18%计征。毕节对房产实行4等27级，其中最高一级为每平方米计税4.15元，最低一级为2元；房屋按4个档次折旧，最低的20年以上折9折，最高50年以上折6折。地产标准为4等8级，建地每平方米最高的一级为3.96元，最低的一级为1.6元，隙地每平方米最高为2.2元，最低为1元。1973年，将企业应征房地产税并入工商税征收。

4.房产税。1986年10月起，8个县城，86个建制镇及威宁二塘工矿区按《贵州省房产税细则》并征房产税，房产税以房产原值或重估原值一次减除1%～30%后的余值计征1.2%，房产出租以房屋租金计征12%。房产税按年计征。1987年，全地区征收房产税19.8万元，1994年，职工个人以标准价向单位购买的公有住房，以及通过集资合作建房等形式取得住房，用于自住的，免征该住房个人出资部分的房产税。1995年，规定对未进行房改的应税单位职工住房一律按照房产原值扣除30%的余值计征1.2%。2005年征收房产税1416万元。

5.城镇土地使用税。1988年10月，毕节地区贯彻《中华人民共和国城镇土地使用税暂行条例》，开征城镇土地使用税。执行税额为：每平方米毕节市0.3～6元，其他县0.2～4元。是年全地区征收0.3万元。1996年3月19日，根据省规定调整为：毕节市每平方米土地使用税额为0.6～6元，其他县0.4～4元。2005年，全地区征收774万元。

6.土地增值税。1993年12月13日，国务院发布《中华人民共和国土地增值税暂行条例》，对转让国有土地使用权，地上的建筑物及其附着物并取得收入的单位和个人征税，执行增值额未超过扣除项目金额50%的部分，税率为30%；增值额超过扣除项目金额50%，未超过扣除项目金额100%的部分，税率为40%；增值额未超过扣除项目金额200%的部分，税率为50%；增值额超过扣除项目金额200%的部分，税率为60%。1997年，全地区征收土地增值税9万元。2005年，征收32万元。2011年，全市地税系统共征收房产税4254万元；土地增值税7317万元。

**耕地占用税** 1987年10月，毕节地区行署执行《贵州省耕地使用税实施办法》，布置开征耕地占用税。除毕节、金沙、纳雍县于次年开征外，其余5县当年开征，共征收39.62万元。耕地占用税由省核定征收任务，平均税额为每平方米3.8元。根据省财政厅规定，按照实征税额5%提取征收经费，返回地县3%，用于业务培训，设备购置，代征业务费和其他方面。1997～2005年，毕节地区共完成征收耕地占用税2.37亿元。2011年，全市地税系统共征收耕地占用税130588万元。

**建筑税** 1983年10月，毕节地区施行《建筑税征收暂行办法》，开征建筑税。除能源、交通、教学设施、医院维护投资建设以外，对企、事业单位、机关、部队用国家预算外资金，或自有、自筹资金及银行贷款建设或更新改造项目中的建筑工程，按投资额计征10%的建筑税。1987年6月，建筑税改按差别税率计征，对一般的预算外自筹资金仍按10%计征；对指令性计划自筹投资超过计划部分及计划外的自筹投资和技术改造项目中的工程，按20%计征；对计划外的楼、堂、馆、所非生产性建设投资，按30%征税。对乡镇企业及个体户在农村自筹投资的，免税。1990年12月停止征收建筑税、改征固定资产投资方向调节税。

**固定资产投资方向调节税** 1991年1月1日起，毕节地区按《中华人民共和国固定资产投资方向调节税暂行条例》规定开征，实行差别税率，适用税率分为两类，第一类为基本建设项目投资，税率分别为0%、5%、15%，30%；第二类为技术改造投资项目，适用税率分别为0%、10%，按固定投资项目的单位工程年度计划投资额预缴，年终后按年度完成投资额结算，多退少补，项目竣工后，按全部实际完成投资额进行清算。1991年全地区征收3400万元。1999年规定，固定资产投资应税项目在1999年7月～12月31日期间实际完成的投资额按规定税率减半征收。2000年1月1日起对新发生的投资额，暂停征收。

**资源税** 1984年9月，国务院颁布《中华人民共和国资源税暂行条例（草案）》，1984年10月1日施行征收资源税。按规定，矿产资源利润达12%以上开征，矿产资源利润未达规定标准不开征。根据1992年9月14日省税务局转发国家税务局《关于恢复统配煤规定税额征收资源税的通知》和国家税务局《关于贵州省铁矿石资源税额问题的批复》，1992年10月1日起，对铁矿石资源从量定额征税。1992年，全地区征收资源税52.9万元。1994年1月1日起，施行《中华人民共和国资源税暂行条例》，按资源税新税制规定，毕节地区应纳税矿产品有煤炭、铁矿石、铅锌矿石、重晶石、铝土矿、萤石、硫铁矿石、大理石、石灰石、砂石、黏土原矿。2005年，全地区征收矿产资源税2775万元。

**牌照税** 1.牙贴。清康熙五年（1666），大定府向牙行颁布牙贴营业牌照，为开征牌照税之始。

2.烟、酒牌照税。民国23年（1934）6月，按国民政府《烟酒牌照税暂行章程》规定，大部分酒烟兼营店按季征银8元，部分兼酒店按季征银4元，烟酒摊贩按季征银0.5元。民国31年（1942），取消烟、酒牌照税，并入营业税。

3.营业牌照税。民国30年（1941），国民政府颁布《营业牌照税法》。民国31年（1942）1月，按贵州公布的《营业牌照税征收章程》规定征收。民国32年（1943），将牲牙捐、水碾捐、油榨捐、纸糟捐改为征收营业牌照税。民国36年（1947）3月，扩大营业牌照税征收范围。营业牌照税分甲、乙、丙三个等级，分属7个定额税率征收。最低的一级为资本额在5万元以上未满10万元，甲等业税额150元，乙等业税额为120元，丙等业税额100元；最高一级为资本额在100万元以上，甲等业税额除按第六级征收2400元以外，资本额每超过100万元加征税300元，乙等业除按六级征税2000元外，资本额每增加100万元加征税250元，丙等业税额除按六级征税1600元外，资本额每超过100万元加征税200元，资本额在5万元以下者免征。民国37年（1948），黔西县征收营业牌照税5000万元（法币）。

4.使用牌照税。民国31年（1942），按国民政府规定，将原各县征收之车、船捐及其他类似使用牌照税的捐税，改征使用牌照税。民国36年（1947）3月，修订使用牌照税法，对车、船、肩舆、滑竿及驮兽4类，于半年核发使用牌照时征税。其税率分别为：乘人汽车、载货汽车、兽力行驶车，每年每辆营业车辆分别征税3万元、5万元、8000元，自用车辆减半征收：对肩舆、驮兽分别征税5000元、8000元。自用者减半征收。

5.车船使用牌照税。1951年，毕节专区按《西南区使用牌照税稽征暂行办法》规定开征汽车、马车使用牌照税。拥有汽车的毕节、黔西、金沙征收。征收标准为：乘人汽车每辆年征240元；货车每辆年征576元，马车每辆年征12元。1952年，威宁征收马车使用牌照税。1954年，织金至普定、纳雍至毕节公路相继开通，织金、纳雍开征马车使用牌照税。1962年1月起，毕节、黔西、威宁首次开征自行车使用牌照税，每辆年征税4元。1973年，简化税制，将车、船使用牌照税并入工商税种征收，仅保留对个人和外侨征税。1986年9月，根据国务院颁布的《中华人民共和国车船使用税暂行条例》规定，对拥有车、船的单位和个人开征车船使用税。每车每年缴税额为：乘人汽车，10座以下120元、11～20座160元、21～30座200元、40座240元，40座以上每增加10座以内，加征40元；载重汽车，半吨以下征18元、1吨36元、1吨以上每增加1吨加征36元；营业拖拉机比照载重汽车减半征收；摩托车，二轮30元、三轮40元、轻骑20元；兽力车，一马驾12元、二马驾18元、三马驾24元、四马驾32元，五马架以上车每增一马驾驶增加税4元：人力车、三轮车18元。据2003年地区交警支队车辆人户数统计；全地区客车达1.77余万辆、货车达8235辆、农用车达1776辆。2005年，全地区征收车、船使用税63万元。

**车辆购置税**　2001年1月1日起，毕节地区根据《中华人民共和国车辆购置税暂行条例》开征车辆购置税，税率为10%，由交通部门代征。2001年，全地区共征1187万元。2005年1月1日起，车辆购置税征收由交通部门移交国税部门征收。

2005年，全地区共征收入库车辆购置税3156万元。此后，逐年递增。2006年，征收入库3766万元，同比增长19%；2007年，征收入库6368万元，同比增长69%；2008年，征收入库7562

万元，同比增长19%；2009年，财政部、国家税务总局下发《关于减征1.6升以下排量乘用车车辆购置税的通知》（财税〔2009〕12号），从2009年1月20日~2009年12月31日，购置1.6升及以下排量乘用车，暂减按5%的税率征收车辆购置税；下发《关于减征1.6升以下排量乘用车车辆购置税的通知》（财税〔2009〕154号），从2010年1月1日~2010年12月31日，购置1.6升及以下排量乘用车，暂减按7.5%的税率征收车辆购置税。2009年，征收入库9610万元，同比增长27%；2010年，征收入库15199万元，同比增长58%；2011年，征收入库20904万元，同比增长38%。

消费税　1994年1月1日，毕节地区施行《中华人民共和国消费税暂行条例》开征消费税。毕节地区涉及征收消费税的应税商品及税率是：甲类卷烟45%、乙类卷烟40%；粮食白酒25%，啤酒每吨征收220元，其他酒征10%；鞭炮、焰火15%。1995年1月1日起，甲类卷烟暂按40%计征。对各类进口卷烟也要征收消费税。2002年，对卷烟生产企业购进卷烟直接销售，不再征收消费税。2005年，全地区征收消费税6.1亿元。

财政部、国家税务总局下发通知，2006年4月1日起，对我国现行消费税的税目、税率及相关政策进行调整。调整的主要内容是：一是新增高尔夫球及球具、高档手表、游艇、木制一次性筷子、实木地板等税目。增列成品油税目，原汽油、柴油税目作为该税目的两个子目，同时新增石脑油、溶剂油、润滑油、燃料油、航空煤油五个子目。二是取消"护肤护发品"税目。三是调整部分税目税率，1个税目中，涉及税率调整的有白酒、小汽车、摩托车、汽车轮胎等税目。涉及毕节地区的税目为白酒，税率为20%，同时按每500克或500毫升加收0.5元消费税。2007年，全区入库消费税77226万元。2008年，国务院令539号公布了新修订的《中华人民共和国消费税暂行条例》；财政部、国家税务总局51号令，公布了新修订的《中华人民共和国消费税暂行条例实施细则》。涉及毕节地区的政策变化是：对烟类中的甲类卷烟和乙类卷烟增加从量计征0.003元／支规定，并将乙类卷烟税率从40%降到30%。2008年全区入库消费税89642万元，同比增加12416万元，增长16.1%。2009年，财政部、国家税务总局下发了《关于调整烟产品消费税政策的通知》（财税〔2009〕84号），对烟产品税收政策作了调整：一是调整卷烟生产环节消费税计税价格。规定新的卷烟生产环节消费税最低计税价格由国家税务总局核定并下达。二是调整卷烟生产（含进口）消费税从价税税率。甲类卷烟税率调整为56%；乙类卷烟税率调整为36%。三是调整雪茄烟生产（含进口）消费税从价税税率。将雪茄烟生产环节税率调为36%。四是对卷烟批发环节按卷烟销售额的5%加征一道从价消费税。2009年，全区入库消费税11.19亿元，占年度计划的108.4%，同比增加2.22亿元，增长24.8%。2010年全区入库消费税131590万元，同比增加19733万元，增长17.6%。

契税　契税源于东晋时的沽税，后经历代沿袭并不断改进。清初，朝廷在施行改土归流，始征契税。乾隆三十一年（1766）7月8日，朝廷颁布《契尾法》，规定除买卖、典当土地房屋向承受业者征收3%的正税外，另收工本费、填写费、报税费、贴付和官契费白银1两。清光绪年间，规定价银在100两以上者为大契，征银3~5两：价银在100两以下者为小契，征银1～2两，粘贴契尾者已经很少。清宣统年间税率改为买九、典六。民国时期，契税征收变化较大。

民国元年（1912）初，税率定为买八、典四。并清理前清契税，对未盖官印的白契按买六、典四补增税银。后改为买六、典三并。于正税外还征收各项附加，附征捐税超过正税。民国32年（1943），财政部修订《契税条例》规定：交换、分割契税率为6%，典当税率为10%，买卖占有及赠与契税率为15%；对逾期缴纳契税、实行逾期累进加罚，尤对匿报、低估契价重惩。民国36年（1947），除纳雍未入统外，各县共征收契税4400万元。契税在民国时期是地方财政主要财源之一。

1950年4月，政务院颁布《契税暂行条例》。1951年，毕节县征收契税1.24万元。土地改革结束后，暂停契税征收。1954年6月，国家修改《契税暂行条例》，要求复征契税。各县对典契，按典价征收3%；对买卖契、赠与契，征收6%；对交换契仅就互换价值超过部分计征6%，停止征收契税附加。此后契税日趋萎缩及至停征。1978年后，城乡房屋买卖日趋活跃。1988年，恢复征收契约税，维持原税率不变，但征收很少。1990年后，契税逐年上升。1992年对职工首次购买公有住房免征契税，由财政机关发给契税证。1997年，施行《中华人民共和国契税暂行条例》，全地区征收契税75万元。2001年调整契税税率，200平方米以上按3%征收，200平方米以下的住房按1.5%计征。2004年收584万元，2005年收887万元。2004年12月31日前，由委托单位代征。2005年1月1日起，由县市财政部门直接征收。2009年1月1日起，由地税局负责征收。2011年，全市地税系统征收契税18588万元。

**印花税** 民国元年（1912），北洋军阀政府颁布《印花税法》。是年10月，毕节厘金局、赤水厘金局办理印花税票，对营业簿据、产权、契约等有效凭证贴花，后扩展至洋酒、汽水、爆竹贴花。印花税票除税务机关出售外还委托法院、邮局推销。民国时期，印花税率变化较为频繁，几经调整修改后至民国37年（1948），印花税法对列举的36种账册、凭证、契约载有金额的按3‰、1‰、3‰贴花；无金额计算的有价证券，按件贴花，每件税额0.1万～100万元不等。1950年7月起，执行《西南区印花税稽征暂行办法》，应税凭证分为商事、产权、许可、其他四类29目，分别按3种比例税率、8种定额税率征收。1952年12月，政务院公布《印花税暂行条例》，规定税率为3‰、1‰、3‰不等；定额贴花为0.02元、0.05元、0.2元、0.5元，对所载金额不满1.5元者免贴，未满15元者一律贴花1.5元。1955年，比例贴花税率简化为3‰、3‰，按件贴花调整为0.05元及0.5元。1956年起，对农业社及其事业单位、互助组及个体社员所书立的各种商事、产权凭证免贴印花。1958年，将印花并入工商统一税。1988年6月，国务院颁布《中华人民共和国印花税暂行条例》。是年10月，恢复征收印花税。按规定对各种合同或具有合同性质的凭证、产权转移书，依据所载金额分别按1‰、5‰、3‰、0.5‰、3‰的规定税率贴花。财产租赁合同额不足1元的，按1元贴花；除载资金的账簿按比例税率贴花外，对其他营业账簿、权利许可证、照均按件贴花5元。印花税票面从0.1元起到100元共9种。对一次贴花较大的采取缴款书代替贴花，对贴花次数频繁的，按期汇总缴纳。2005年，全地区征收印花税534万元。2011年，全市地税系统征收印花税3666万元。

**城市维护建设税** 1985年，国务院发布《城市维护建设税暂行条例》。1985年，按规定在8

个县城、86个建制镇、威宁二塘工矿区按5%税率开征。其余非建置镇的集、场按1%税率开征。1994年1月1日起，按新颁布实施的增值税、营业税、消费税为依据计征。税率为：毕节市区7%，其余县城、镇及非建制乡、镇之集场不变。2005年征收1.16亿元。

**遗产税**　民国27年（1938）7月，国民政府公布遗产税法，规定产权人死亡时，在国内、国外有遗产者，接受其遗产的人，按章交纳遗产税。遗产从5000元起至5万元的基数税率为1%；5万元起至1000万元以上分别规定1%～5%的超额累进税率，超额累进税率与其数税率合并计征遗产税。由于征收遗产税，因调查、评议及核定费时费事，征收成效不佳。仅毕节、黔西、金沙征收。中华人民共和国成立后，未开征。

## 第三节　其他税种

**明、清及民国初年捐税**　1.税羡。税羡起于明代，又称耗羡。官吏在征收赋税时，借口熔铸银时有火耗，粮食运储有抛洒、鼠雀食之，额外征收，以补偿损耗，久之成定例。在征收时一律于正税之外加收耗羡，其收入归地方官员占有。清初曾严令禁止，实际禁而不止，反而提高征收比例。至康熙二十三年（1684），黔西州年额正银386两，羡银1300两。雍正三年（1725），毕节县正税银571两，羡银3300两，若遇闰年加收275两。由于吏治日趋败坏，致使加耗漫无边际，高于正额数倍乃至十数倍。雍正四年（1726）停止征收。乾隆时，制定耗羡章程，由户部统一管理，将耗羡纳入田赋征收。嘉庆年间税羡达田赋正额15%。清末，黔西州于正银一两之外，加收各费（含税羡）1.6～2两，超正税一倍以上。

2.官衙津贴。清咸丰年间，征收马夫费，供衙门夫马支用。民国时期，向民间摊派区乡、保甲经费及区、乡、保、甲长津贴。

3.济公捐。清同治三年（1864），毕节就厘金局地面，添设济公局，于厘金之外另抽10%的济公捐，用于县内防务开支。同治七年（1868）停征。

4.学校经费津贴。清光绪二十八年（1902），毕节城开办《求是学堂》，对城内87户酿酒作坊年抽60余万铜币作经费。民国26～34年（1937～1945），抗日战争期间，各县向富户摊派教师食米。

5.递包裹捐。黔西州于光绪三十年（1904）开征，用于驿路递送物件，信承费用。

6.护商捐。清末民初，地方团防及驻军队对盐商、烟帮征收护商捐。毕节、威宁自筹经费募员护商，按货物价银抽取20%作护商费。

**民国苛捐杂税**　民国时期，除中央和省规定的税种及部分附加外，地方政府罗列繁多名目，征捐杂税，引起民众强烈不满。以下简述数种：

1.剿共经费、自卫特捐、自卫食米。民国23年（1934）对入销川盐，每包加征剿共经费1元。民国37年（1948）政府征集兵源剿共剿匪，实行三丁抽一、五丁抽二，对未被抓到者则派款。民国38年（1949），贵州省主席谷正伦推行反共政策，增编保安团，开征自卫特捐，自卫食米及自卫菜金，以筹军费。毕节县开征不到9个月，征收银元290余万元，其收入超过地方各税。

2.救国捐、胜利特捐、航空建设捐。民国26～34年（1937~1945），抗日战争期间及抗日战争胜利后，向公务员、教师派扣救国捐、胜利特捐。航空建设捐初征时，月薪在31～50元者，每人每月扣0.2元，以后逐级递增，月收入600元以上者，每人每月扣30元。

3.场钱。俗称打头，起于清代，滥用于民国，各地每至场期，场头对入市货物，估抽2～3成不等，所收大部落入私囊。民国初年，大定官员对入市货物抽收夫马及地方公益，以后逐渐泛滥。恶势力团伙也入市抽取，如同抢劫。民国36年（1947），十二临时教养院伤兵驻扎黔西，对入市粮食先要强行攫取，若有反抗，轻则将粮食抛撒于地，重则拔刀威胁。民愤极大。

4.差丁、传票。差丁下乡传人、收粮，除供伙食外，还要收脚步钱、草鞋钱。民国初年，织金县府设有班房，养差丁20余人，不发薪金，每人每月发给传票1～2张，以传票勒索。民国4年（1915），威宁规定，每传票一张，准收差银0.1两，路远一日不能返回者，准每日加收食宿银0.3两，每张传票实际勒索银元4元。

5.临时摊派。过境或驻扎部队随时向沿途百姓派粮、派钱、派柴草，部队开发时派开发费。贫困之户常被派，被抓运粮、运弹药、抬军官及其眷属、抬伤员。修建公路、架设电线也向民间派粮、款、料、工。所派钱粮大多进入保、甲长腰包。

6.地方性杂捐。审判机关收取契纸附加、肉税附加、状纸附加、田租合价；警察局收取织布机房捐、驮马捐、栈房捐、烟灯附加、宰牛费、木炭费、违警罚金；有关部门收取户捐、寺庙谷捐、火肘捐（威宁征收）、牲畜出境捐、喂养牲畜圈门捐、保警捐、壮丁捐、寒衣捐、清乡捐、植树捐、懒捐（对不种鸦片者征收）。田赋附加更名目繁杂，如造册、登记、填发管理执照、办理验契、填发新契等皆要抽捐。

**中华人民共和国时两金两费**　新中国成立后，政府明令废除民国政府之苛捐杂税，制止滥收、摊派。仅收取一定附加及规费，用以补充各项事业之需。

1.地方自筹经费。中华人民共和国成立初期，根据省规定，各县对工商税、房产税随正税代征12%的地方附加。1957年，对供销社所得税实行综合计算税率计征地方附加，后停止征收。1958年，根据省规定，对工商统一税应纳者随正税征收1%的地方自筹经费，取消地方附加。20世纪60年代，将个体经济经营者交纳的地方自筹经费比例由1%提至5%。1973年后，不直接向纳税者征收地方自筹经费，由各县税务局按所征工商税总额划出1%列入地方自筹经费使用。1985年停征地方自筹经费。1951年，对酒类专卖利润，从价代征5%。1953年，改从价代征11%，在征收货物税的同时征收。1958年，酒类专卖利润改由当地专卖机构征收。是年，开征育林费。出售给森工部门的，由森工部门收购木材时向农民征收；出售给木商的，由税务部门在向木商征收原木税时，一并向木商征收；育林费按卖价5%计征。1956年，育林费由林业部门直接管理征收，用于林业生产经费。

2.教育费附加。1986年，贯彻国务院《征收教育费附加的暂行规定》，对交纳产品税、增值税、营业税者，按应纳税计征1%的教育费附加。征集后不解交金库，专户存入银行，由当地征收机关，按期拨交教育局使用。1994年，教育费附加以纳税人缴纳的增值税、营业税、消费税的税额为计税依据，征收3%教育费附加，对从事卷烟和烟叶生产的单位减半征收。2003年，在“非典”暴发期间，对旅游业和实行查账征收税款的旅店减征50%的营业税、城市维护建设税和教育费附加，对饮食业减征30%；对实行定期定额征收税款的旅店业、饮食业的月营业额下降幅度超过20%的，业主可向税务机关申请调减税额。

3.国家能源交通重点建设基金。从1983年1月起，毕节地区按国务院1982年发布的《国家能源交通重点建设基金征集办法》的规定，开始在全地区征集。凡一切国营企事业单位、机关团体、地方政府及中央在毕节地区的企事业单位的预算外资金（除交通、邮电、军事企业由主管部门集中交入中央金库外），以及这些单位所管的城镇集体企业交纳所得税后的利润，均按规定征集10%的国家能源交通重点建设基金。1983年7月，改为按15%征集。1987年8月，扩大征集范围，对城乡集体企业、个体工商业户和知青办的企业，均应征集7%。除黔西、金沙县外的其余6个贫困县城乡集体企业、个体工商业户、农村信用社的税后留利，属免征范围。1989年改为按10%征集。1993年7月1日起，对所有企业提取折旧基金和税后利润不足5000元的免征“两金”。1993年，全地区征集国家能源交通重点建设基金644万元。1994年1月1日起，根据《国务院批转国家税务总局工商税制改革实施方案的通知》，停止征集国有企业的国家能源交通建设基金和国家预算调节基金。

4.国家预算调节基金。1989年1月，毕节地区实施《国家预算调节基金征集办法》，对的国营企业、事业单位、机关、团体、部队和地方政府的各项预算外资金、集体企业、私营企业以及个体工商业户缴纳所得税的利润，按当年收入征集10%的调节基金。1994年1月1日起，停止对国家预算调节基金的征集。

涉外税收　1993年，开征涉外税收。是年，涉外企业6户，2005年发展至15户。1993年12月31日前涉外企业执行工商统一税，1994年1月1日起适用国务院发布的增值税暂行条例、消费税暂行条例、营业税暂行条例。对涉外企业征收中外合资企业所得税、外国企业所得税、个人所得税、城市房地产税、车船使用牌照税。

## 第四节　利润监交　税收减免

### 一　利润监交

新中国建立初期，国营商贸机构实现的利润，按各系统规定办理。1953年，建立县财政后，地方国营企业纳入各县财政管理，对国营企业实现的利润由财政监督上交国库，亏损亦由财政补贴。

1958年4月后，国营企业利润监交改由税务部门接办，监交范围由原中央和省在毕节地区的国营企、事业单位扩大到地、县级企事业单位。对企业利润，基本折旧基金和固定资产变价收入，以及事业单位收入，均由当地税务部门监交。

1962年，全专区国营企业监交收入400万元，弥补亏损300万元。1965年，全地区国营企业监交收入1000万元，计划弥补亏损400万元。1966～1976年，受“文化大革命影响，全专区国营企业亏损逐年上升。1978年，中央对国营企业试行企业基金，转变利润监交机制，按国家财政部《关于国营企业试行企业基金的规定》提取企业基金，调动企业和职工的生产、经营积极性。企业基金的提取办法：1978年按八项指标和供货合同，对企业进行考核，企业基金按考核实绩提取。1979年修订为：对国营工业按完成产量、产值、利润和供货合同指标计提5%，未完成利润指标的不予计提；对国营商业在完成利润的前提下，按完成销售额、利润和费用指标计提5.01%：对国家规定的计划性亏损企业，在扭亏计划完成的前提下，每完成一项指标计提0.75%，全面完成考核指标的共计提3%。1980年，全地区325户国营企业，监交收入1300万元，弥补亏损3300万元。1982年，全地区455户国营企业，监交收入1289万元，弥补亏损3313万元。1983年4月国务院批准《全国利改税工作报告》和《关于国营企业利改税试行办法》，毕节地区遵照上级部署，对43户盈利的国营工业企业和182户国营商业企业进行利改税。自1984年10月1日起，企业与国家的分配关系用法律形式固定下来，企业不再按行政隶属关系上缴利润，也不再享受亏损补贴，废止利润监交。国营企业利润监交改为征收国营企业所得税。

## 二　　税收减免

**农业税减免**　1.明代的岁输减免。明初，贵州宣慰使霭翠率部归附明廷，所有田税随其输入。洪武二十一年（1388）户部奏请派吏督办水西积久赋税，朱元璋谕：“蛮人避远其知畏朝廷纳赋税，是能遵声教矣！其逋负岂故为耶？必其岁收有水旱之灾，故不能及时输纳耳。所逋租，悉行蠲免，今宜定其常数，务从宽减。”户部议定，以洪武十九年（1386）为始，贵州宣慰司岁输3万石，乌撒军民府岁输2万石，较之原额大减。如洪武二十六年（1393），十一月，西平候沐春上奏：“水西土官霭翠所纳税粮八万石连年递减至二万石，然亦不能供也。”太祖朱元璋又谕：“蛮夷之人，其性无常，不可以中国治之，但羁縻之足矣！其贡赋之逋负者悉免征，逃徙者招谕复业。”其后，因水西、乌撒地瘠民贫，常有水旱之灾，亦有减免和赈济。明景泰六年（1455）十一月，巡按贵州督察御史伍星会奏：“贵州乌撒卫今年二月至六月，溪雨不时，二麦苗稼瀹损，七月殒霜，荞菽稻禾俱不成实，夷民饥窘，无以自存，俱发掘蕨根、土瓜，采取栎橡树蕈为食。”朝廷令免征当年粮2607石，并令有司开仓赈济，并于附近易米接济。

2.清代的田赋丁银减免。清康熙四年（1665），朝廷以“水西剿绝，无可追征”为由，免原水西秋粮2000石。康熙十九年（1680）采取鼓励民间垦殖的措施，对新垦土地实行定期减免地粮一半。康熙二十二年（1683），免大定府本年秋冬及次年春夏钱粮。康熙四十二年

（1703）全免次年原水西赋税。四十八年（1709）十月，因饥荒令免次年钱粮。康熙五十一年（1712年）二月规定盛世滋生人口，永不加赋。雍正七年（1729）六月，令免次年钱粮。雍正十三年（1735），因战乱，田地荒芜过半，钱、粮通行蠲免。乾隆十二年（1747）黔西北各地始行摊丁入亩制，对无地产户免交丁银，乾隆四十三年（1778）、五十五年（1790）、五十九年（1794）免大定府钱粮及历年逋欠。乾隆六十年朝廷令缓征大定、威宁、黔西、毕节应征地丁银、粮一半及尽免次年钱粮。清嘉庆以后，遇有战争、大灾之年，部分地方实行减免，嘉庆二十三年（1818）免威宁州当年应纳赋税、咸丰五年（1855）免大定、黔西、毕节所欠赋税。咸丰七年（1857）免毕节地方钱粮十分之三，同治九年（1870）免大定、黔西、平远、威宁、毕节被兵燹所扰地方赋税，光绪七年（1881），蠲免威宁州属被水淹田地丁粮、光绪十五年（1889）蠲免大定、威宁民欠的丁粮钱额，光绪二十九年蠲缓毕节、威宁、大定、黔西、平远受灾地方钱、粮。

3.民国时期的田赋减免。民国7～17年（1918～1928）减兑积欠丁银：豁免18～20年（1929～1931）积欠田赋；豁免民国35～36年田赋，县级公粮及军粮借购各半。

4.新中国建立后的农业税减免。1949年，按旧赋额累进制征收农业税，对革命烈士家属每户扣除2元免征额；对革命军人家属每户扣除1.5元免征额；对参加地方武装及脱离生产的地方工作人员每户扣除1～0.5元免征额；对老、弱、病残及孤寡全家无一劳动力而赋元不足2元者，免征1元。1950年，按农业人口平均收入计征时，实行灾欠减免。收成六成以下者按收成数减征二分之一、三分之一或四分之一，收成不足三成者免征。1951年，灾歉减征改为未足八成者减征。1952年，对少数民族的祭山、林、田、地及聚会用的马郎坡、跳花坡、斗牛坡等有农业收入的土地免征农业税。1953年11月16日，贵州省人民政府发布《贵州省1953年农业税减免实施办法（草案）》，把减免分为灾欠减免和社会减免两部分，灾欠减免按年景好坏，收入成数进行；社会减免主要是对常年产量已达到起征点的老、弱、孤、残、寡以及全家无劳动力的困难户进行。1955年～1981年实行农业合作化，以社、队为单位计算，歉收在五成以上者全免，歉收不足三成者，按歉收成数减征。是年～1958年，年对未满2岁的幼畜（牛、马）及经区公所批准的种牛、种马按每头10千克减免农业税，1979～1984年，根据中央对农村实行休养生息的政策，实行起征点减免。是年2.63万个生产队，6496个免征，9946个减征，共减免1.84万吨，占依率计征数的37.5%。是年，全地区遭受特大自然灾害，民政部调查后又给予8650吨减免。1985年，毕节、大方、织金、纳雍、威宁、赫章县被国家确认为贫困县，对农业税实行较大的减免照顾，此项照顾连续3年，共减免农业税8.97万吨。同时，对建设用地，也相应作减免。1976年以来，用于农业建设，非农业建设的占地达24.44万余亩，1984年～1996年，全地区基建占地减免农业税1.99万吨。1997～2001年，全地区累计建设占地减免农业税1724.72万元。1988年6月9日，经国务院批准毕节地区列为“开发扶贫、生态建设”试验区，按国家规定对35度以上坡耕地实行退耕还林，对列入退耕还林的耕地也实行农业税减免照顾。2005年1月1日起，免征农业税。从此，延续近千年的“皇粮”被取消。

## 1951～2004年毕节地区农业税减免统计表

| 年份 | 灾欠减免 | 社会减免 | 其他减免 | 合计 |
|---|---|---|---|---|
| 1951 | 17 | | | 17 |
| 1952 | 277.5 | 12 | | 289.5 |
| 1953 | 184.5 | 601.5 | | 786 |
| 1954 | 103 | 272.5 | | 375.5 |
| 1955 | 83 | 77 | 182.5 | 342.5 |
| 1956 | 116.5 | 116 | 201 | 433.5 |
| 1957 | 13 | 81.5 | 162.5 | 257 |
| 1958 | 806.5 | | | 806.5 |
| 1959 | 38 | 522.5 | | 560.5 |
| 1960 | 1388 | 333.5 | | 1721.5 |
| 1961 | 1713 | | | 1713 |
| 1962 | 1777.5 | | | 1777.5 |
| 1963 | 357 | | | 357 |
| 1965 | 146 | | | 146 |
| 1966 | 630 | | | 630 |
| 1967 | 111 | | | 111 |
| 1968 | 1337 | | | 1337 |
| 1969 | 1095.5 | | | 1095.5 |
| 1970 | 186.5 | | | 186.5 |
| 1971 | 257.5 | | | 257.5 |
| 1972 | 727.5 | | | 727.5 |
| 1973 | 163.5 | | | 163.5 |
| 1974 | 559 | | | 559 |

续表

| 年份 | 灾欠减免 | 社会减免 | 其他减免 | 合计 |
|---|---|---|---|---|
| 1976 | 491.5 | | | 491.5 |
| 1977 | 196.5 | | | 196.5 |
| 1978 | 719 | | | 719 |
| 1979 | 865 | | 1837 | 2702 |
| 1980 | 314 | | 2017.5 | 2331.5 |
| 1981 | 469 | | 2041 | 2510 |
| 1982 | 22.5 | | 2022 | 2044.5 |
| 1983 | 75.5 | | 742.4 | 817.9 |
| 1984 | 117.49 | 116.56 | 164 | 398.05 |
| 1985 | 703.9 | 2189.4 | 641 | 3534.3 |
| 1986 | 88.1 | 3296.4 | | 3384.5 |
| 1987 | 557.5 | 1562.6 | 290.6 | 2410.7 |
| 1988 | 417.9 | 57.7 | 215 | 690.6 |
| 1989 | 407.48 | 81.4 | 236.3 | 725.18 |
| 1990 | 633.25 | 65.02 | 210.8 | 909.07 |
| 1991 | 635.6 | 133.6 | 204.8 | 974 |
| 1992 | 546.1 | 81.8 | 220.2 | 848.1 |
| 1993 | 308.2 | 77.4 | 98 | 483.6 |
| 1994 | 288 | 348 | 114 | 750 |
| 1995 | 277 | 330 | 110 | 717 |
| 1996 | 104.17 | 301.39 | 118.75 | 524.31 |
| 1997 | 250 | 300 | 193 | 743 |
| 1998 | 200 | 300 | 443 | 943 |
| 1999 | 120 | 300 | 375 | 795 |

续表

| 年份 | 灾欠减免 | 社会减免 | 其他减免 | 合计 |
|---|---|---|---|---|
| 2000 | 130 | 300 | 356.86 | 786.86 |
| 2001 | 1659 | 300 | 356.86 | 2315.86 |
| 2002 | 561.86 | 300 | | 861.86 |
| 2003 | 2037.02 | 621 | | 2658.02 |
| 2004 | 1932 | 621 | | 2553 |

注：缺1964年资料；1951～1996单位为万斤；1997～2004年为万元

**工商税收减免** 中华人民共和国成立至1957年，税务征收管理机关按国家税法规定，对少数民族自酿、自食白酒免征货物税；对少数民族宗教节日宰杀登记的牲畜免税；对自养、自宰、自食的生猪按规定的免税重点给予照顾。1958～1976年，对印花税、利息所得税、屠宰税牲畜交易税城市房地产税、文化娱乐税、车船使用牌照税；对化肥、农药新建工业企业、新产品试制、协作零配件生产，兴修水利、灾区救济；民政部门组织军属、烈属荣誉军人和老、弱、疾、残人员的生产，对国营事业单位经营，对个体经营、小商贩税收进行减免税照顾。1977～1985年，对县办及农村社队办的小企业，直接为农业生产，社员生活服务的小作坊（除烟、糖、棉纱生产），按不同企业及规定的不同时限，给予减免税照顾，对少数民族地区的乡镇企业，在税收上实行特殊照顾；对“文化大革命”中，造成陈欠税一次性豁免，黔西县豁免税14.2万元。1985年8月起，对老革命根据地、少数民族地区、边远贫困地区的企业，以及城镇集体企业按税法规定给予照顾，审查批准各县以税还贷。1982～1992年，毕节卷烟厂以税还贷0.44亿元，减免税款0.6亿元。1993年，实施征管法。1994年取消临时减免增值税税收政策，按新税制法规规定执行税收优惠政策。毕节地区国税、地方税系统从加大税收优惠政策宣传和从落实各项制度入手，定期检查、分析、评估各项税收优惠政策执行情况。对执行税收优惠政策不力行为，坚决按税收执法责任制予以追究。从2002年起，依法落实起征点减免、下岗失业人员再就业减免和高新技术发展及西部大开发税收优惠政策。据不完全统计，2004～2005年，地区国税系统为下岗再就业人员免费办理税务登记证1200个，免收办理税务登记证工本费72万元。增值税起征点提高到5000元后，为全地区近2万户个体工商户减免增值税1500万元。对符合西部大开发政策的赫章县纵鱼河水电开发有限公司等6户企业减免所得税1.9亿元；对符合国家“老、少、弱、穷”及新办企业税收优惠条件的187户免征所得税960万元；195户贫困农村信用社获得企业所得税减免照顾；对全地区享受优惠政策的50多户福利企业办理增值税即征即退税款2.6亿元；出口免抵退税250万元。地区地方税系统对符合西部大开发税收优惠政策条件的企业，2003年减征4户企业所得税675.7万元，2004年减征企业所得税107.6万元，免征企业所得税

107.6万元，2005年对5户企业免征企业所得税157万元，对7户企业减征所得税351万元，根据有关政策规定对2户企业减免所得税11.2万元；2003年减免从事个体经营的下岗再就业人员及安置下岗人员企业税费125万元，免收1327名下岗职工税务登记工本费8万元；用税收优惠政策扶持2000名下岗职工再就业。2004年，落实再就业税收优惠政策2679户，累计减免地方税费354.2万元，免征税务登记工本费14.7万元；全地区437户销售水产品、畜产品、蔬菜、果品的农民个体工商户享受免税的优惠政策。2005年共办理再就业税收优惠户600户，累计减免地方税费447.36万元。

2007年，全区累计减免增值税39804万元，享受所得税减免税企业共40户，累计减免税金额1.83亿元，审批4户企业资产损失税前扣除，同意扣除金额474万元，不允许扣除金额604万元。2008年，全区享受增值税减免退税纳税人22562户，共享受减免退税13032.6万元，享受减免税优惠政策的企业145户，共减免税额7846.73万元。其中审批类3户，减免税额2598.95万元；备案类142户，减免税额5247.78万元。2009年，全区享受增值税减免退税纳税人有23322户，享受减免退税金额有9376.84万元，享受企业所得税优惠政策的户数为207户，共减免企业所得税438万元。共计14户企业申请财产损失税前扣除3962万元，同意税前扣除1010万元，不同意税前扣除2952万元。2010年，全区享受增值税减免退税纳税人共214户（不含未达起征点个体工商户），享受增值税减免退税5354.74万元，享受企业所得税优惠政策的户数为217户，共计减免企业所得税171万元。2011年度，国税系统享受西部大开发税收优惠政策的企业为西部水务集团（贵州）有限公司，减免税额94.47万元；享受小型微利企业优惠政策共有129户，减免税额合计24.13万元；农林牧渔等减免的纳税户115户，减免所得额1352.90万元；减计收入优惠的共计8户，主要是各县（区）农村信用社农村金融涉农小额贷款减计收入，减计收入合计59,247,754.84元；享受"三新"加计扣除的有两户，分别是贵州金江化工有限公司和毕节金河化工有限公司，加计扣除金额1556.56万元；一户文化转制企业享受企业所得税减免优惠，为毕节地区闻达报业公司，减免税额12.19万元；购买节能节水安全设备抵免税额的两户，分别是贵州大方煤业有限公司、大方永贵建材有限责任公司，共计抵免所得税额137.44万元。

## 第五节　税收征管

### 一　建立税收征管体制

**征管体制**　明代，税收以农业税为主，其余诸如工商税等不多。农业税多由土司征收管理，士民世代耕种，除留不足自食的粮食外，其余悉数入土司仓库，土司按朝廷规定农业税款向朝廷缴纳。清代及民国时期，农业税依户所属之田土，人丁数，按规定核定赋额，编制税册籍，地方政府按户所定赋额管理征收。清代，工商业逐渐发展起来。是时，工商税项目不多，省有定额，征收省定例。1840年，鸦片战争爆发，朝廷允许地方自增捐税，地方官吏借机中饱私囊。除苛捐外，杂税征收大多采用仓征方式进行征管。民国前期，国内诸省均处军阀割据状态，各自为政，税收管理混乱。民国中后期，国家税系逐渐形成，国税由中央垂直管理，自设机构征收；地方税种一般由中央制定通则，省拟实施细则，各县负责征收；其他杂税、捐税、由县拟办法，省批准征收，实际征收无章可循。地方捐税征收，多由地方财科或地方捐税机构采取承包方式征管。中华人民共和国成立后，征收农业税，按国家政令实行。1950～1962年，采取自上而下形式，由纳税户呈报常年产量，通过民主评议，由上级核定下达，专区照省授权调整，确定各县粮食产量，基层征收单位按农业税法规定，依率计征，依法减免。1956年前，按户征收。1956年后，农村施行合作化，以生产队集体征收。1963年起，采取自上而下方式，按省下达的保证任务数及确定的减免机动数，逐级分配下达，落实到纳税户。1979年后，实行家庭联产承包责任制，按户征收农业税。同时，统一全国工商税征收税政，规定税法立法权限及征管权限，实行税收统一领导分级管理体制。毕节地区按国家不同时期上级授予权限，税法规定，根据实际情况，实施工商税收征管，适时开展税法宣传建立征管体系，制定征管制度，实施税务检查稽查，依法办税、依率计征。1986年前，毕节地区集征、管、查于一体，开展税收征管。1986年，国务院颁布《中华人民共和国税收征收管理暂行条例》后，地区税务局按照省税务指示组建征管科，组建毕节地区税务稽查大队和毕节地区检查分院税务检查室。各县税务局相继组建征管股、税务稽查队、税务检查室、发票管理所，大方、黔西、织金、纳雍县组建税务公安执勤室。1990年上半年，全地区开展大规模基层建设，在10个城镇建征收股、8个税务所实行股、所内划分为征收、管理、检查工作系列；对在城乡中间地带的56个农村税务所实行机构内征管、检查工作系列的征管模式，检查系列多由所长或指导员、兼职监察员和资深人员组成，加强监督制约工作；对地处边远，税源少、人数少的37个税务所实行征管在基层，检查在县局的体制。征管体系初步形成。1994年实施新税制后，全地区开始推行征收、管理、检查相互制约三位一体的征管体系。1996年，根据国务院办公厅转发国家税务总局《深化税收征管改革方案》精神，毕节地区国家税务局、地方税务局分别制定深化税收征管改革实施方案，逐步在县、市所在地建立起以纳税申报和优化服务为基础，以计算机构网络为依托，集中征收，重点稽查的征管体系。

2001年，按照国家税务总局《关于加速信息化建设，推进征管改革的工作意见》，在加速信息化建设的基础上实现以专业化为主、综合性为辅的征、管、查新格局。按照“集中征收，属地管理，一级稽查”专业化管理的要求，因地制宜地收缩和调整了基层征管机构，全区八个县（市）局基层征管机构由原来的67个调整为48个，稽查局由原来的8个调整为7个。在地区所在地及县城所在地建立了一级稽查体系，在毕节城区设置征收、管理、稽查三个专业局，制定和完善了征收、管理、稽查三个专业局的岗位职责和工作协调运转制度。

**纳税申报制度**　20世纪50年代初，各县普遍建立纳税人上门申报纳税制度。农民屠宰生猪，不怕跑几十里路，主动到税务所或驻征所申报纳税。1958～1959年，开展集体纳税活动，一些企业自核应纳税款，自开缴款书，自解入库。1966～1976年，受“文化大革命”影响，纳税人上门纳税，变成税收人员上门收税。基层税干成天东奔西跑，顾此失彼，大量税款漏欠流失。1990年，毕节地区施行《征管守则》开展基层建设活动，重新确立纳税人到税务机关申报纳税制度，努力为纳税人创造自行申报条件。纳税人可选择：自报自缴、自储自报、税务化解，或在法定的申报期内，持纳税申报表和有关资料并附上应付税款等额支票、使用卡或现金，报送税务机关申报纳税形式。2002年，推行以银行网点申报为主，邮寄申报为辅的申报方式。2003年7月，开始推行增值税一般纳税人纳税申报一窗式管理，受理一般纳税人申报、认证、报税、发票发售等涉税事宜。在省内率先开展农村分局一窗式申报纳税服务。2005年，全地区国税系统、地方税系统基本形成上门申报、银行网点申报、邮寄申报、代理申报等多元化申报缴款格局。

**纳税登记制度**　1982年9月前，各县虽有纳税登记制度，但不完善。1982年9月，经国务院批准，财政部税务总局发布《关于办理税务登记的通告》，1986年4月，国务院颁布《征管条例》。按《通告》和《征管条例》规定，要求从事生产、经营，实行独立核算，经工商部门批准开业的纳税人，应当自领取营业执照之日起，30日内，向当地税务机关申报办理税务登记，领取《税务登记证》。1993年10月开始，以县市为单位按国家税务总局统一式样换办税务登记，实行统一税务登记证件编码，代码共15位数，具体编制方法：第1～6位数代表纳税人所在的行政区域；第7～8位数代表纳税户经济性质；第9～10位数代表纳税户所属行业分类，第10～15位数代表纳税户序号。1994年9月，毕节地区国税、地税机构分设后，对原办证户，仍使用原登记代码：对新办证户，根据征管范围，国税局继续按顺序编制，地税局从第11位数以8为起点，编码至15位数。通过税务登记管理，可全面掌握税源分布情况，合理安排调配征管力量，堵塞税收漏洞，减少税款流失。从1999年起，毕节地区国税、地税系统税务登记办证率95%以上，漏管户基本控制在2%以下。2004年2月1日起，《税务登记管理办法》正式施行。2005年，全地区国税系统税务登记办证2.16万户，全地区地方税系统税务登记办证3.17万户。

**纳税鉴定制度**　20世纪50年代起，推行纳税鉴定制度，1966～1976年“文化大革命”时被视为对纳税人的“管、卡、压”而废弃。1986年颁布《征管条例》，重新认定纳税鉴定而实行。纳税鉴定，由一套纳税鉴定申报表和纳税鉴定书组成。对各个企业适用的税种、税目、税率，或单位税额，纳税环节，计税依据，纳税期限，征收方式，逾期或违章罚则等，都在相应的表列栏目中作出明确的书面鉴定，纳税户依此规章交纳税款。2005年，毕节市开展纳税评估。

**纳税检查制度**　新中国建立后，建立纳税检查制度，一般由税务专管员或检查系列岗位人员，有计划地按月（季）或半年，对属地纳税人进行检查，并基本形成制度。地、县税务局也适时开展巡回检查，重点检查专项检查或专题检查，对在检查中发现的问题，及时责令纠正，对发现漏征税问题，及时监督补缴。在加强征管基础工作的同时，以检查整顿促征管。1994年新税制实施后，纳税检查制度在税务稽查工作的促进下更加完善和规范，税务人员对纳税人或代征代扣人进行纳税检查和纳税监督时必须出示税务检查证和临时税务检查证。

**外销管理制度** 中华人民共和国成立初期，对纳税货物运销国内，不重征税，但必须持该批货物的货物完税照，该批货物如需分运，必须办理分运照，实行货照同行。1953年起，凭固定工商业户外出经营税收管理证明单运销货物经营，其证明单应包含固定工商户拨货证明单，行商货物运销单，固定工商户提货证明单，固定工商户销货证明单，固定工商户货物分运，转运证明单，行商货物入境保证单。1956年，对私改造完成后，行商消失，坐商进入大而公的合作组织及公私合营组织，商品流通渠道集中统一，外销管理逐渐简并成固定工商业户外出经营税收管理证明单，到达运销地点后，向当地税务机关办理法定手续，符合规定的，可返回原地纳税。

对城乡流动经营的个体工商户核发纳税手册，以纳税手册作为外出经营证明。按手册核定的集场（一般以3～5个相邻地区的集场为限）和经营范围经营，返回原地按月定额纳税，超出手册核定的经营范围、经营地点，就地纳税。1991年，贵州省税务局统一制作个体工商户税务登记副本（代纳税手册）。1992年，毕节地区统一核发副本，停止使用纳税手册。1953年起，对农、牧、渔、猎户销售自种、自养、自猎的农副产品，经各县税务局印制，乡人民政府填发的自产自销证明在50千米以内运销的，可享受税法规定的免税照顾。

**发票管理制度** 中华人民共和国成立前，征税，没有统一的发票格式和制度，需要时随意使用白条书写。中华人民共和国成立后，税务机关强化税收管理，先后由各县统一规范统一税务发票，并制定管理制度。1986年4月，国务院颁布《征管条例》规定征税发票由税务机关统一管理。1987年3月，贵州省人民政府颁布《贵州省发票实施管理办法》，各县人民政府先后相应发布公告予以施行。1993年，经国务院批准颁布实施《中华人民共和国发票管理办法》，毕节地区税务局结合地区实际，印发《关于全区发票统一印制，分级管理办法的通知》，严格发票印刷程序和手续，逐步完善发票的印、领、用、存、保管、缴销管理制度。1994年，地税、国税征收机构分设后，发票管理监制按国家税务总局规定的统一式样，并分别冠以贵州省国税局，贵州省地税局字样，由省国税局，地税局分别刻制，分别管理。

**征管资料档案制度** 税务征收机关随税收征管而建立，包括两个方面，一是对纳税户设置的专户档案，二是基层税务机关设置的各种征管账、册、簿、表、单、据。对专户档案采取一户两档，分级管理，对历史档案采取逐年归并由基层税务机构统一保管，对使用档案除税务登记表、纳税鉴定书及其上年未了事项资料逐年下移外，大多是当年资料由管户人员负责保管。

1989年前，毕节地区城镇征收单位对征管资料档案制度比较重视，故账册健全，档案完整，而大多数农村税务所相对薄弱，账册设置不全，资料管理混乱。1989年，省税务局组织编写《贵州省税收征管资料及填制说明》，为征管资料档案制度建设提供统一规范样本。1990年上半年，在全地区开展的基层建设中，使征管资料档案制度得到健全完善。

公开办税制度 1990年，城乡111个征收单位建立和形成公开办税制度，其内容包括：税法公开，把当时当地适用的税种、税目、税率、纳税定额、纳税环节、计算方式、缴纳时间、税收法规向纳税人公开；征管程序公开，纳税人发生纳税义务后，应当办理的税务登记，纳税鉴定，纳税申报，税款缴库，发票购领及管理使用有关手续公开；工作人员职责公开；工作纪律公开。有的还将本地税务干部家属经商的纳税情况列单公开。在公开办税的同时，在基层单位普遍配备兼职监察员，建立纪检日活动和举报制度，设置固定税收法制宣传专栏。开展税收法制宣传。

岗位责任制度 1990年，实行专管员岗位责任制，专管员按片区、行业或系统包干管户，任务到人，各税统管，集征、管、查于一身。1990年，全地区改革税收征管模式，根据新的征管模式所建立的分离机制，按照工作条例制定工作职责与操作规程。1997年，根据国务院办公厅《转发国家税务总局深化税收征管改革方案的通知》及黔府办发〔1997〕17号文件精神，明确征收、稽查的工作职责与范围，实现税务人员由管户到管事职能的转变。

## 二 税款征收管理形式

城镇税收管理形式 中华人民共和国成立初期，私营工商业是区内主要纳税对象，户多面广。鉴于税务机构人员不足实际，采用行业管理形式，按行业建立纳税大、小组，借用工商联合会的组织系统，加强护税、协税。随着国家对农业、手工业、资本主义工商业改造的完成，国家、集体商业的发展。从1954年起，各县城先后由行业管理过渡到地段管理。1956年，完成对私营经济改造，地段管理基础消失。城镇税收按系统实行归口管理，对各系统设税收专管员，实行各税统管。1979年后，出现多种经济共存并茂形势，个体经济尤为发展。鉴于个体经济户多面广，多经营不规范，在税收管理上，除对原有企业和新增账制健全的企业继续实行归口管理外，对个体经济采取地段管理办法。1990年，全地区开展税务基层建设后，随着征、管、查机制分别建立，城镇税收采取以下形式进行管理：加强税源户籍管理，开展税源大检查，清理漏征漏管户，做好税务登记及换证。2.加强税源监控，按，“抓大户，管好中户，稳住小户”的原则，划分不同企业类型，实行分类管理，对大型重点税源企业逐步实行驻厂管理；对中型企业实行分行业管理和分片管理；对个体经济试行查账征收；对零星分散税源，充分发挥协税、护税网络的作用，实行代征代扣或委托代征管理；对涉外税收，加强税收情报交换，落实审核评税制度，作好年检和加强专项检查。1994年，实施新税制后，城镇税收管理逐步进入以纳税申报优化服务为基础，以计算机网络为依托，重点稽查为手段，组建办税服务厅，实行集中征收，专业化管理。

**农村税收管理形式** 1994年前，根据毕节地区农村税源具有零星分散，经营项目简单，季节性强的特点，在管理形式上，一般是按照税源分布状况结合税务所干部结构情况，采取划片包干，定点驻征，集中辅导，巡回交叉检查，各税统管，税收与促进增收统管的办法。一些地方在一段时间内对一些税种、税目，委托乡村行政机关代征代管。1994年，改革农村征管，在纳税人相对集中的乡镇所在地，因陋就简地建立办税服务场所，实行集中征收，采取征收期内全部人员搞征收，征收期过后进行全局稽查的方式，同时在交通，通信不便的地方设征收点、代征点和采取巡回征收方式进行征管。

**集贸税收管理形式** 建国初期，城市集贸税收主要依靠交易所和交易员管理。1952年，建立集贸市场管理委员会（简称市管会），与税务所共同管理集贸税收。在管理形式上，一般是以地段划定市场，按行就市摆摊设点，税务与工商、市管人员分工配合，双人上岗，分段管理。主要凭借纳税人是否持有税务登记证、纳税手册、外销证明或自产证明分别进行控管。采取入场登记查验，售后或出场完税、销号，场中巡回检查。对无证经营或业务量大的纳税人，采取纳税保全或暂扣部分货物，待销售完税后，再办理退还手续。对行栈建立落栈货物登记报告制度，由店主负责监督纳税。对大型牲畜交易场的主要出入道口，设专人驻守，实行场内，场外结合的办法控管。对农民上市的应税农、林、水产品，凡出售给收购单位（含个体收购）的，由购方纳税，零星出售给消费者的，由出售人纳税。

**煤炭税收管理形式** 2005年5月，全区煤炭税费征收管理实现由“五统一”模式向地税机关自行征收管理的转变。税务机关依法行使煤炭行业税收税款征收、税务检查、税务行政处罚权利，理顺了部门职能。2008年，全区煤炭行业推行“从价定率”计征改革，构建起了“以促进税法遵从为目标，以源泉管理为基础，以科技手段为依托，以风险管理为导向，以纳税人自主申报为前提，加强过程监控，强化发票管理”的煤炭行业税收专业化管理体系。依托信息技术，税收管理员利用煤炭税费综合管理系统代替实地监督和预警，实现管理员足不出户就能对煤炭税费实施有效控管；纳税人利用煤炭税费综合管理系统的向地税机关进行“一对一”“点对点”需求咨询和纳税申报；全面提高了征管的质量和效率，大幅提升了税法遵从度和纳税人满意度，降低了税收流失率和征纳成本。管理模式得到省地税局和国家税务局的充分肯定。

## 三 税款征收方式

**招标承包** 清代及民国时期，对交易税，屠宰税等采取招标承包形式进行管理征收。中华人民共和国成立初期，在税务人员不足的情况下，亦曾沿用这一方式管理农村屠宰税和交易税，不久废除。

**民主评议** 1950年公布《工商税暂行条例》，1956年对农业、手工业、资本主义工商业改造完成前，主要采取民主评议方式征收工商税，以后自然消失。经民主评议认定业主营业额，确定计征营业税所得税依据。其法为：税务专管员在民主评议大会前，分行业选择大、中、小户各若干户进行调查，将调查结果与专业户申报情况对比，作出微观分析，结合市场变化情况，以及上级下达的收入任务，全局综合分析，制定民主评议方案，确定各行业宏观控制指标。民主评议大会由专管员主持实施，将宏观指标落实到户头上。涉及税负负担，既要评得下去，还要收得上税来，在做法上又必须是民主评议，要事出众人之口，多数人认同，本人接受，决不允许包办代替，形成摊派。营业税实行季评月征，所得税按年或半年进行汇算清缴，以年终查账征收。

**查账征收** 1950年，国家公布施行《工商业税务条例》后，采用的一种征收方式，时称自报查账、依率计征，简称查账计征。《征管条例》公布后，更名为查账征收。1953年前，全地区采用查账征收方式征收几家国营公司税费。1953年后，各县先后开展私营工商业户有条件建账工作，对这部分业户的征收方式，改民主评议为查账征收。1956年，对所有经营单位都具备比较健全的财务会计制度，具备查账征收条件。1978年后，对个体工商户也逐步试行查账征收。至今查账征收已成为主要征收方式。

**定期定额** 20世纪50年代前期，对小型工商业户（含摊贩），以及改革开放后发展起来的个体工商户，均采取定期定额方式征收对定期定额户，实行将所得税、营业税合并的综合税率，按季或半年定营业额，然后按定额分月计缴税款并同时申报上月营业额。1994年1月1日起施行的《人民共和国增值税暂行条例》规定，纳税人以一个月为一期纳税的，自期满之日起10日内申报纳税。

**查定征收** 从1950年公布《货物税暂行条例》开始至今。对一些规模小的厂矿、作坊生产的应税产品，一般均采用查定征收方式。其法为：根据其设备生产能力，生产周期、生产人数，动力或原材料消耗，成品产出率等综合要素，结合淡旺季节，按月核定生产、销售数量，据以计征税款。

**查验征收** 对货物完税后，采取粘贴查验证或加盖查戳的办法，作为货物完税的标记。初期主要查验一些高税率产品。1978年后，金沙城关等地对生产成衣销售的个体户，及一些地方对集贸市场上市货物征收税款后也采取过查验征收的办法。

**驻厂征收** 从中华人民共和国成立初期到1997年，对和平高税率的重点税源厂家，采取驻厂征收方式。驻厂员除直接负责控管、征收税款外，还要为企业排忧解难当参谋，开展促产增收。1997年，推行税收征管改革后，税收管理员由“管户”向“管事”转变，不再施行驻厂征收方式。

**代扣、代征、代缴** 1983年下半年至1992年上半年，根据国家财政部规定，商业批发单位在对个体户批发商品时，代税务机关向进货人扣缴零售营业税。后又延伸到对消费者批售及单位用现金或现金支票支付方式批发商品，也要扣缴零售营业税。一些县还依此委托石油公司对个体运输户实行供油扣税。对个体运输户的应纳税款，各县也曾先后分别委托运输部门、养路费征收单位，公安交警代征。毕节县税务局对建筑税和固定资产投资方向调节税，还先后委托建行毕节中心支行代征。1994年5月11日毕节行署根据《中华人民共和国税收征收管理法》制定个人所得税代扣代缴试行办法，规定凡在向个人支付应税项目金额的单位，为个人所得税扣缴义务人，应按规定代扣代缴个人所得税。2008年，稽查升格为副县级单位；2009年全市实施集中选案。

## 四　税务稽查　税收信息建设

**税务稽查**　1987年，设立毕节地区税务稽查大队，查处偷税、漏税。1995年3月，分设国税，地方税征收机构，地区国税局地方税务局分别设立稽查分局、稽查大队，负责国税、地方税税务稽查工作。1997年后，税务机关建立起科学稽查规程，借助以计算机为依托的监控系统，选应被查对象，按照选案、检查、审理执行的流程进行操作。税务稽查的任务有三：1.对纳税人申报、纳税情况进行常规检查；2.针对特定行业或某类纳税人进行出关检查；3.根据举报或者对前两类稽查发现的重大问题进行个案检查。经过检查，对偷、漏、骗、抗税违法行为行使执法权。1995～2005年，地区国税稽查系统共稽查偷、逃、骗税以及罚款、滞纳金1.17亿多元。专案查处毕节地区扶贫经济开发公司2001年利用小额骗开出增值税专用发票后，用褪色灵将已开具的小额增值税专用发票金额褪净，然后与陈某某以大额开出增值税专用发票139份，价税合计1288.71万元，及黔西县黔城鞋业有限公司虚开和收受虚开增值税专用发票等一批大案要案同时，地区地税系统共稽查偷、逃、漏税及罚款、滞纳金9711.21万元。通过检查，查出洪山宾馆未申报交纳1999年度投资方向调节税61万元，偷逃企业所得税19万元；根据举报案源，查明黔西县人民政府出台越权减免税文件，造成700余户企业流失地方税收889万元，及毕节康业房地产开发公司几经改头换面，1999～2001年偷、逃税款206.521万元的要案，有效地维持市场经济秩序和税法的尊严，实现以查促收，以查促管的稽查目标。2002年，全地区税务稽查工作实行从数量收入型转向执法效率型转变，促进稽查工作升级升位。2005年，国税、地方税稽查工作均实施一级稽查。2008年，稽查升格为副县级单位，2009年全市实施集中选案。

**税收信息化建设**　1.地区国税局信息建设。1995年，国家税务总局发行金税片、授权IC卡，由地级税务机关建立发行系统。是年，毕节地区共有10户企业先后纳入防伪系统业务进行管理，地区国家税务局共录入增值税电脑发票存根152份、抵扣联46份，通过网络上报国家税务总局信息中心。1999年5月，以大方县国家税务局为试点，建设完成大方县局机关10M局域网、县局与农村分局modem拨号远程网络，并全方位进行征管软件规范运行试点。是年8月，在其他县进行推广，10月完成地区及各县两级modem拨号远程网络建设。是年12月31日，全地区国税系统65个征收单位中有51个征收单位应用计算机设备进行征收管理。2000年10月，地区局机关100M局域网络建成。2001年1月，地区国税局到省局、各县市局DDN64K线路主干网络，拨号备份线路网络全部建设完成，投入试运行。是年4月，完成地区局金税一期网络并入二期网络工作。5月完成各县市局机关到各农村分局拨号网络建设。5月20～25日成功进行全国性金税二期网络联调测试，6月1日正式启用，7月1日全地区准时启用金税二期工程各应用系统处理相关税收业务。是年底，配合“集中征收，属地管理，一级稽查”模式的城区综合改革，地区国家税务局成功推行应用城综版征管软件，同时将城综版软件的推广延伸到县。利用金税网络实现毕节城区征、管、查专业局之间的信息数据共享和传递，达到强化征管基础，规范征管行为，数据集中共享，税收统一核算的目标和效果。2002年初，地区国家税务局利用金税网络的延伸，与地区银行进行部分连接，开通银行网点申报缴税方式。5月将银行网点申报的模式在区内各县市全面推开，当年全地区已纳入银行网点申报缴税的双定户达6440户。2005年1月1日，正式上线运行综合征管软件，截至11月23日止，全地区2.33万多户纳税户的涉税业务在综合软件得以顺利进行。同时启用综合征管软件文书流转功能，对32种综合征管软件的文书进行流转，并结合税收执法管理信息系统的上线运行，按管户到员，责任到人的方法，对征管基础资料和基础进行清理，确保征管基础数据的真实性、准确性、完整性和实效性。2007年8月，地区国税局完成“瑞星杀毒软件”和“个人桌面系统”的安装部署工作。将全区国税系统所有计算机纳入病毒防范和网络监控管理。2009年8月，地区国家税务局将网络延伸到地方税务局办税大厅，并设立国税办税窗口，实现国地税联合办税。

2.地区地方税务局信息化建设。1996年6月，地方税务局举办微机实用技术培训，开始以信息化建设为征管改革的切入点，使税收征管从主要依靠传统的人工开票征收操作方式，逐步向人与计算机相结合，运用计算机开票征收方式的转换。1999年，地区地方税务系统建成局域网络5个。2001年，全地区建立局域网络9个，并设立地区局信息中心。2002年底，全地区地税所有征收单位征管网络全部建成并成功完成青岛地税征管软件的运行，以毕节市地方税务局为试点运用个体银行网点纳税申报系统，实现2800多个纳税户的纳税由银行代征。2003年以毕节市、黔西县地方税务局为试点，推广应用贵州省地方税务信息MIS系统。地区地方税务局建设中心机房和进行主干线1000兆，子线路100兆的综合网络，完成整个网络的三级防雷工程，开通路由及网络防火墙。2004年，地区局OA系统经调试运行并投入使用。2005年，毕节地区地方税务局严格按照国家税务总局关于税务信息一体化的要求，请北京市中兴通电子有限公司负责开发设计毕节地区地方税务局12366查询语音报税系统，建立为纳税人服务的信息服务平台。2007年10月，毕节地区地方税务局网站建成并投入使用。2008年，毕节地区地方税务局自主开发的“毕节地税煤炭税费管理系统”在金沙县和大方县正式上线运行。2009年7月，全区地税系统9个单位建成并运行视频会议系统，其中地区局一个，县级地税局8个，实现了视频会议系统全覆盖。

2009年底，实现了全区地税系统“MIS”征管数据市级集中，进一步强化税收征管数据分析利用，增强了区局对税源的监控力度。2010年底，网上申报和财税库银横向联网在全区全面推广运行。

## 第六节　征管机构

自有赋、税征收以来，其征收机构均为分设，分别管理农业税，工商税的征收和管理。田赋征管历来为地方政府的要政。明清时期，未设专门征管机构，由地方政府设员征管；民国时期，设政府田赋管理处分管；新中国建立后，由政府财政部门征管。工商税征管明末起便设有征管机构，明崇祯年间，设置黔西滥泥沟税卡，征收食盐、货物过境税。后在鸭池河设卡。之后，随着商业贸易量增加，课税机构亦逐渐增多。

### 一　民国及以前的税课机构

**税课局**　清初，顺治十七年（1660），设永宁、乌撒、毕节、鸭池税课局。康熙五年（1666），设置大定府、黔西府、平远府税课局及毕节、乌撒税课局。毕节税课局设头铺桥、十八家关所，大定府税课局设鸡场、野坝、总鸡河关所，黔西府税课局设安洛、干堰塘关所，征收内地常关税、杂税。乾隆四十三（1778），降平远州税课局设税务课。各税务局机构沿设至清末。

**厘金局**　咸丰十一年（1861），毕节至永宁要道设毕节、赤水河、大河口、小河口、大渡口厘局；黔西大关、平远州城南门底塘上（今四方井小街）各设厘局1个；威宁至昭通要隘设凉水井（今牛棚镇属）设厘金卡。毕节厘金局下设大定城，瓢儿井厘金分卡；大关厘金局于鸭池河渡口设厘卡，开征过境货物厘金。民国元年（1912），设置威宁厘金局。民国3年（1914），撤销厘金局、卡。民国8年（1919）恢复，民国20年（1931）撤销。

**征收局**　民国3年（1914）设毕节征收局，下置平远州征收分局。是年冬，改设第三区毕节征收局，增设小河口、赤水河、威宁及水城征收分局。民国15年（1926）将大定征收处改设征收局，大定征收局设税卡10个，屠宰征收所47个。民国18年（1929）征收局以县设置。征收局设置初，征收厘金及地方捐税后征收省税和地方捐税。

**临时饷捐分局**　民国20年（1934），改贵州筹饷机构在设置的毕节、赤水河、威宁、大关筹饷机构为临时饷捐分局，征收百货省税、鸦片税、护商捐。毕节临时饷捐分局设小坝、岔河、杨家湾、何官屯及大定城、瓢儿井、野坝查征所；赤水河临时饷捐分局设大渡口、大青杠、大河口、小河口查征所；威宁临时饷捐分局设羊街子、妈姑、赫章及水城查征所；大关临时饷捐分局设滥泥沟、东关、新场、安底、六广查征所。民国24年（1935），撤销饷捐分局及查征所。

**税务局**　民国24年（1935），将各县征收局改名税务局，民国25（1936）年1月撤销，原办业务归各县县府第二科（财科）办理。

**省税局**　民国24年（1935），撤销贵州省设专办鸦片税的毕节事务所，改设毕节省税局，下置大渡口、白沙河、三岔河及大定城、瓢儿井、野坝、大兔场检查所，征收百货、特货税。黔西省税局下设滥泥沟、新场、织金、大方检查所。威宁省税局设妈姑、赫章及水城检查所。毕节另设小河口省税局，下设赤水河、大渡口及叙永检查所。民国26年（1937），各地省税局、检查所撤销。

**营业税局**　民国27年（1938），设第四区毕节营业税局，下设大定、黔西营业税办事处，征收营业税。但黔西、大定营业税仍由县府第二科兼办。民国30年（1941）威宁开办营业税，仍由县府第二科兼办。是年，撤销第四区毕节营业税局。黔西、大定、威宁县营业税并入毕节直接税分局。

**直接税分局**　民国28年（1939），设毕节直接税分局，经征各类所得税。民国32年（1943），下设威宁、大定、黔西查征所，不久撤销大定查征所，由黔西查征所派员办理其业务。金沙查征所，隶属遵义直接分局管辖。民国36年（1947）5月1日，恢复大定查征所。民国37年（1948）9月，撤销各县直接税机构。

**货物税分局**　民国34年（1945），设毕节货物税分局，下设威宁、黔西两个货物税办公处，8月增设大定货物税办公处。民国35年（1946），原毕节所属金沙货物税区，并入遵义货物税分局管理；毕节及其所属各县货物税机构并入盘县货物税分局，设毕节货物税办公处。民国36年（1947）年9月，划出并入盘县货物税分局的机构，并入遵义货物税分局。设毕节、黔西、威宁办事处，设大定、织金查征所。民国37年（1948）1月，扩大毕节货物税办公处征税区，设赫章、黔西、凉水井、大定办事处；纳雍、织金及水城列入毕节货物税办公处巡回征税区。9月，撤销货物税机构。

**税捐稽征处**　民国36年（1947）1月，设置毕节、大定、黔西、金沙、织金、纳雍、威宁、赫章税捐稽征处，征收屠宰税、房捐、营业牌照税、使用牌照税。县长兼任稽征处主任，内设课征员，税务员、办事员。另于各乡镇设1名税务员，直至新中国建立。

**国税稽征处**　民国37年（1948）10月，直接税局、货物税局合并设国税稽征局。毕节、黔西设国税稽征所，隶属遵义国税稽征局。民国38年（1949）9月初，省设贵阳国税稽征局，下设5个稽征所。金沙仍属遵义国税稽征所征税区。毕节稽征所9月中旬由贵阳派员驻毕节征税。各县征税机构名存实亡。

## 二 中华人民共和国成立后的税务机构

**毕节地区税务局** 1949年12月接管国民政府税务机构，设立临时接管机构。1950年1月，贵州省人民政府决定设置贵州省毕节专区税务分局，下设毕节、大定、黔西、威宁、水城、织金、金沙、纳雍、赫章县税务局及16个税务所，15个交易所（未含水城所属税务所、交易所）。1970年初，水城县税务局并入六盘水地区税务局建制，此后，毕节地区税务局，辖8县市税务局，101个税务所，全辖区税干1489人。1951年7月20日，毕节专区税务分局更名贵州省毕节专区税务局。1957年11月14日设贵州省毕节专区人民政府税务局。1957年9月15日与财政合并，设贵州省毕节专员公署财政税务局。1962年1月26日与财政分设，设贵州省毕节专员公署税务局。1969年与财政、建行、工商行政合并，设立办公室。1970年设贵州省毕节地区革命委员会财税局，1979年10月，设贵州省毕节地区行政公署税务局，1980年5月31日更名贵州省毕节地区税务局。1994年9月21日，毕节地区税务局分设毕节地区国家税务局、毕节地区地方税务局。地区税务局内设机构，1951年分局内设秘书股，业务股，后增设计划、会计、检查股。此后，内设机构随着财政、税务体制的变化而随之改变设置。至1994年9月21日，内设办公室、计会科、税政一科、税政二科、税政三科、监察科、宣教科、征管科、税务检查室、稽查大队、研究室共11个科室。毕节地区税务局历任正副局长：李金榜、王之翰、王有成、胡希贤、刘慎敏、田生居、田博、李定远、殷庆云、周忠成、司敬思、郭凌霄、张治国、刘万忠、庞开荣、陈文治、李清常、马顺霖、张仲俊、王明灯、张才明、毛世华。

**县市税务局** 1949年12月起，各县先后建立税务机构。1957年，各县财政局、税务局合并，设县财税局。1958年后，各县财税局按行政区划在各区分设基层财税机构。1961年，财政、税务机构分设，恢复各县税务局建置。1967年，各县财政局、税务局再次合并，设革命委员会财税局。1973年后，财税机构再次分设。1981年起，改称××县税务局至1994年。1.毕节县税务局。1949年12月1日成立，1993年底局辖16个税务所。2.大方县税务局。1950年6月8日设立大定县税务局，1958年2月，改称大方县人民政府税务局。1993年底，辖14个税务所。3.黔西县税务局。1950年8月12日设。1993年底，辖12个税务所。4.金沙县税务局。1950年8月成立。1993年底，辖税务所10个。5.织金税务局。1950年8月成立，1993年底，辖税务所12个。6.纳雍税务局。1950年6月设立，1993年底辖12个税务所。7.赫章税务局。1950年11月成立，1993年底，辖税务所11个。8.威宁彝族回族苗族自治县税务局。1950年2月24日，设威宁县人民政府税务局。1954年11月，改称威宁彝族回族苗族自治县税务局。1993年底下辖税务所14个。

**毕节地区国家税务局** 1994年9月21日设立。下辖毕节市国家税务局，大方、黔西、纳雍、金沙、赫章、织金、威宁彝族回族苗族自治县国家税务局。辖97个基层国家税务所，有税干970人。毕节地区国家税务局机关内设办公室、流转税管理科、所得税管理科、征收管理科、计划财务科、人事科、宣传教育科、监察室、稽查大队、发票管理科10个机构。各县国家税务局内也设立相应股室。2001年机构改革，撤销毕节地区直属征收管理分局、毕节市直属征收管理分局、毕节市国家税局稽查局，设毕节地区国家税务局征收局，毕节市国家税务局城区管理局。2002年，撤销毕节市国家税务局城区管理局。至2005年，毕节地区国家税务局机关内设办公室、人事教育科、机关党办、计划统计科、财务科、征收管理科、税政管理科、政策法规科、监督室、机关服务中心、票证中心、离退休管理办公室、信息中心、稽查局及办税服务厅、车购税办税厅。下辖毕节市国家税局海子街税务分局、鸭池税务分局、林口税务分局、长春税务分局，大方县国家税务局瓢井分局、六龙税务分局、百纳税务分局、猫场税务分局，黔西县国家税务局金碧、钟山、重新、甘棠税务分局，金沙县国家税务局沙溪税务所及沙土、新化、岩孔、安底税务分局；织金县国家税务局八步、猫场、珠藏、以那税务分局，纳雍县国家税务局雍熙、阳长、维新税务分局；威宁县国家税务局金钟、二塘、雪山、迤那、黑石税务分局，赫章县国家税务局白果、珠市、野马川、可乐税务分局。2005年毕节地区国家税务局共有在册干部904人，其中局机关112人，毕节市132人，大方县112人，黔西县98人，金沙县92人，织金县102人，纳雍县80人，威宁县93人，赫章县83人。

2008年6月19日，设立贵州省贵州百里杜鹃风景名胜区国家税务局，为毕节地区国家税务局派出单位（正科级），税收管辖范围：与贵州百里杜鹃风景名胜区管理委员会管辖区域相同，即普底乡、大水乡、金坡乡、仁和乡，以及大方县、黔西县部分乡镇所涉及的村、组。百里杜鹃风景名胜区国家税务局设6个内设机构（办公室、征收管理科、人事教育科、监察室、办税服务厅、税源管理科），1个事业单位（信息中心）。

2009年10月，根据国家税务总局规定，毕节地区国家税务局实施机构改革。下辖毕节市、大方县、黔西县、金沙县、织金县、纳雍县、威宁县、赫章县、百里杜鹃风景名胜区等9个县级局（正科级）；设13个正科级内设机构（办公室、政策法规科、货物和劳务税科、所得税科、纳税服务科、征收管理科、财务管理科、人事科、教育科、监察室、大企业和国际税务管理科、机关党委办公室、离退休干部科——挂靠人事科）；2个直属机构：稽查局（副处级）、车辆购置税征收管理分局（正科级）；3个正科级事业单位（信息中心、机关服务中心、票证中心）。全区国税系统在册干部人，其中毕节地区国家税务局129人，毕节市国税局136人，大方县国税局89人，黔西县国税局88人，金沙县国税局89人，织金县国税局98人，纳雍县国税局76人，威宁县国税局90人，赫章县国税局73人，百里杜鹃风景名胜区国税局21人。历任局长：王明灯、毛世华、张才明、甘石、张卫东、段铜成。

**毕节地区地方税务局**　1994年9月21日成立，下辖黔西、金沙、大方、黔西、赫章县税务局，威宁彝族回族苗族自治县地方税务局和毕节市地方税务局，250个基层地方税务所，有税干439人。毕节地区地方税务局机关内设办公室、税政一科、税政二科、征收管理科、计划会计科、政教科、监察科、发票管理科、行政复议办公室、地直征收所、税务稽查大队。各级地方税务局实行同级人民政府和上一级地方税务局双重领导，以同级人民政府领导为主的管理体制。1997年10月后，依照《国务院关于地方税务机构管理体制问题的通知》规定，省以下各级地方税务局实行上级地方税务局和同级人民政府双重领导，以省地方税务局垂直领导为主的管理体制。垂直领导后，毕节地区地方税务局仍辖7县1市地方税务局，232个基层税务所，正式职工699人，助征员611人。2001年10月机构改革，取消地税所设置，设立基层分局。各县地方税务局机关内设机构统一为6个。毕节市为7个。至2005年毕节地区地方税务局内设办公室、人事教育科、计划财务管理科、政策法规科、征收管理科、所得税管理科、地方税管理科、监察室、稽查局、直属征收分局、涉外税收管理分局、后勤服务中心、信息中心。毕节地区地方税务局下辖基层税务分局79个。分别是：毕节市地方税务局鸭池、朱昌、长春、杨家湾、官屯、海子街、燕子口、林口、普宜税务分局，大方县地方税务局响水、双山、理化、鸡场、达溪、瓢井、长石、马场、坡脚、沙厂、六龙、百纳税务分局，黔西县地方税务局金碧、绿化、大关、钟山、素朴、甘棠、重新、金坡、林泉、洪家渡税务分局，金沙县地方税务局沙土、安底、禹漠、新化、平坝、岩孔、石场、清池税务分局，织金县地方税务局官寨、八步、龙场、化起、牛场、猫场、以那、三塘、少普、桂果、珠藏税务分局，纳雍县地方税务局中岭、阳长、维新、龙场、乐治、王家寨、百兴、姑开、昆寨税务分局，威宁县地方税务局么站、二塘、金钟、黑石、观风海、迤那、中水、雪山、小海、盐仓税务分局，赫章县地方税务分局白果、兴发、珠市、妈姑、可乐、河镇、财神、六曲河、野马川、古达税务分局。2005年，毕节地区地方税务局在册人员647人，其中干部586人，工人61人。分别为：毕节地区地方税务局68人，毕节市地方税务局128人，大方县地方税务局58人，黔西县地方税务局69人，金沙县地方税务局47人，织金县地方税务局56人，纳雍县地方税务局73人。威宁县地方税务局81人，赫章县地方税务局67人。历任正副局长丁诗建、王明灯、马顺霖、王建和、陈仲才、都进军、覃佳兴。

2006年9月，因征管改革需要，经各县市局上报方案、征管科审核、地区局批复，各县市区地方税务局将所属税务分局合并整合成一个办税服务中心和3至5个税源管理分局，实行征管分离达到有效控制税源、实施精细化管理。2008年3月，因经济发展需要，省编办批复（省编办发〔2008〕38号）同意设立毕节地区地方税务局百里杜鹃风景名胜区分局。至2011年毕节地区地方税务局内设办公室、人事教育科、计划财务管理科、政策法规科、征收管理科、所得税管理科、地方税管理科、监察室，直属行政机构为稽查局、直属征收分局、涉外税收管理分局，派出机构是百里杜鹃分局，直属事业机构为后勤服务中心、信息中心。各县市地方税务局内设机构统一为：办公室、人事教育股、计划财务管理股、政策法规股、征收管理股、监察室，直属机构为稽查局（毕节市地方税务局稽查局与毕节地区地方税务局稽查局合并办公）。毕节地区地方税务局下辖各县局的直属征收分局8个和派出机构79个基层分局整合为44个基层征管单位开展工作。分别是：毕节市地方税务局办税服务中心、第一管理分局、第二管理分局、第三管理分局、第四管理分局、第五管理分局，大方县地方税务局办税服务中心、第一管理分局、第二管理分局、第三管理分局、稽查局，黔西县地方税务局办税服务中心、第一管理分局、第二管理分局、第三管理分局、稽查局，金沙县地方税务局办税服务中心、第一管理分局、第二管理分局、第三管理分局、稽查局，织金县地方税务局办税服务中心、第一管理分局、第二管理分局、第三管理分局、稽查局，纳雍县地方税务局办税服务中心、第一管理分局、第二管理分局、第三管理分局、稽查局，威宁县地方税务局办税服务中心、第一管理分局、第二管理分局、第三管理分局、第四管理分局、第五管理分局、稽查局，赫章县地方税务局办税服务中心、第一管理分局、第二管理分局、第三管理分局、第四管理分局、稽查局。2011年8月，经省编办批复（省编办发〔2011〕361号）毕节地区地方税务局内设办公室、人事科、计划财务管理科、国际税务科、纳税服务科、征管和科技发展科、政策法规科、所得税管理科、地方税管理科、机关党委办公室、监察室；副县级直属行政机构为稽查局，内设综合科、举报选案科、检查执行科、案件审理科，下设五个稽查分局；正科级直属行政机构为重点税源管理分局，直属事业机构为机关服务中心、电子税务中心。2011年12月底，省编办分别批复（省编办发〔2011〕636~644号9个文件）下辖9个单位的三定方案，9个单位分别是大方县地方税务局、赫章县地方税务局、纳雍县地方税务局、七星关区地方税务局、毕节市地方税务局百里杜鹃风景名胜区分局、金沙县地方税务局、威宁彝族回族苗族自治县地方税务局、黔西县地方税务局、织金县地方税务局。其中，毕节市地方税务局百里杜鹃风景名胜区分局内设综合股、计划财务征收股、监察室，下设税务征收直属一大队、二大队；七星关区地方税务局内设办公室、政策法规股、纳税服务股、计划财务股、征管和科技发展股、人事股、监察室，下设10个片区地方税务分局，设立一个事业单位电子税务中心；大方县地方税务局内设办公室、政策法规股、纳税服务股、计划财务股、征管和科技发展股、人事股、监察室，下设6个片区地方税务分局，设立一个事业单位电子税务中心；黔西县地方税务局内设办公室、政策法规股、纳税服务股、计划财务股、征管和科技发展股、人事股、监察室，下设7个片区地方税务分局，设立一个事业单位电子税务中心；金沙县地方税务局内设办公室、政策法规股、纳税服务股、计划财务股、征管和科技发展股、人事股、监察室，下设6个片区地方税务分局，设立一个事业单位电子税务中心；织金县地方税务局内设办公室、政策法规股、纳税服务股、计划财务股、征管和科技发展股、人事股、监察室，下设7个片区地方税务分局，设立一个事业单位电子税务中心；纳雍县地方税务局内设办公室、政策法规股、纳税服务股、计划财务股、征管和科技发展股、人事股、监察室，下设6个片区地方税务分局，设立一个事业单位电子税务中心；威宁彝族回族苗族自治县地方税务局内设办公室、政策法规股、纳税服务股、计划财务股、征管和科技发展股、人事股、监察室，下设9个片区地方税务分局，设立一个事业单位电子税务中心；赫章县地方税务局内设办公室、政策法规股、纳税服务股、计划财务股、征管和科技发展股、人事股、监察室、机关党委办公室，下设7个片区地方税务分局，设立一个事业单位电子税务中心。2011年12月31

日，毕节地区地方税务局系统在册人员678人，其中干部608人、工人70人。分别为毕节市地方税务局（含百里杜鹃风景名胜区分局）83人、七星关区地方税务局130人、大方县地方税务局60人、黔西县地方税务局64人、金沙县地方税务局51人、织金县地方税务局58人、纳雍县地方税务局77人、威宁彝族回族苗族自治县地方税务局88人、赫章县地方税务局67人。2005~2011年历任领导班子成员：王建和、张宏、都进军、覃佳兴、黄训康、李鸿高、王立、徐长荣、罗玉平、严道文、唐勇、邹智国。

# 毕节地区通志

毕节市地方志编纂委员会　编

方志出版社
Publishing House of Local Records

# 目 录

## 第二十篇 经济综合管理

## 第二十一篇　开发扶贫　生态建设试验区

# 第二十篇

# 经济综合管理

# 第一章　计划管理

## 第一节　年度计划和五年计划

### 一　“一五”计划

1949年12月，毕节专署和各县人民民主政权相继成立，遵照上级指示，一手抓政权建设，一手抓经济建设，先后开展清匪反霸、实行土地改革；发放农贷、组织粮种；建立国营商业和合法商业；恢复发展交通运输、邮电事业。1952年，全专区工农业产值3.09亿元（按80年不变价计算，下同），比1949年增26.9%，为编制实施1953～1957年国民经济发展计划创造条件。

**1953～1957年计划**　亦称“一五”计划。1954年6月，毕节专署计划统计科编制1953～1957年工业、农业生产计划，五易其稿，1955年1月完成编制任务。1956年，按照省规定的计划管理权限，专、县只编制工、农、商业计划，12月22日，专署将《毕节专区第一个五年工、农、商业生产计划》下达各县和专直有关部门。到1957年底，全专区农业总产值达4.15亿元，比1952年增（下同）68.36%。粮食总产71.14万吨，增45.21%。人均口粮251千克。油菜籽完成1.33万吨，增51%，烤烟完成5066吨，增9倍。完成工业总产值4527万元，增56.39%，其中原煤生产18万吨，增52.27%；发电量47万千瓦时，增20倍。全民所有制工业企业职工710人，增3.86倍。其间，兴修威宁—水城、大方—普定、金沙—黔西的干线公路，全专区公路通车里程1033.7千米。完成毕节车站汽车场、汽车修配厂的扩建和兴建工程。兴建、改建、扩建中等学校22所。1953～1957年，完成基本建设投资1401.2万元。

**1953年计划**　毕节专区及所属各县尚未编制综合国民经济发展计划，仅编制粗略的农业经济发展计划，计划1953年粮食作物总产60.18万吨，比1952年实际数（下同）增11.83%。其中大豆1.54万吨，增12.43%，油菜籽9485吨，增57.99%，烤烟173.5吨，增1.7%，花生202.8吨，增10.54%；大牲畜存栏53.02万头，增7%，其中黄牛37.46万头，马9.08万匹，羊17.21万只，猪90.82万头。是年，完成粮食总产54.69万吨，比上年增（下同）11.62%，油菜籽9961吨，增68.3%，烤烟63吨，增8.73%，麻类作物总产831.8万吨，增9.8%。造林1.4万亩，增近1倍；大牲畜存栏971.31万头，增9.35%；羊存栏43.26万只，增9.44%；生猪存栏77.98万头，增8.72%。农业总产值3.12亿元，工业总产值3065万元，工农业总产值3.4265亿元，比上年增11.1%。全年定成商品销售计划的123%，其中国营商业完成1705亿元（旧币，下同），超计划16.53%。完成国营收购156亿元，超计划11.2%。完成财政税收865.6万元，比上年增6.8%，超计划16%。财政支出

500.3万元。银行现金收入2624万元，支出2567万元；存款392万元，贷款483万元。

**1954年计划** 1954年4月初，中共毕节地委研究室草拟全专区1954年农业生产计划草案，地委召集县委书记会议修正后批准实施。4月底，专、县相继建立计划统计科，主管计划工作。6月，中共毕节地委同意下达全专区1954年农业、工业、商业年度生产计划。计划安排粮食总产63.12万吨，比上年增15.31%，牲畜年末存栏达205.54万头，增14.01%；工业总产值277.37亿元（旧币）；商品零售额492.44亿元；商品收购684.74亿元；建立农业生产合作社932个，互助组53890个。是年末，完成工农业总产值3.67亿元，比上年增9.35%，其中工业总产值3296万元、农业总产值3.34亿元。建立信用合作社268个、信用合作组388个、信用互助组510个。投放农业贷款230.09亿元、无偿农具20余万件。全年粮食总产量56.62万吨，增3.54%，烤烟229吨。大牲畜年末存栏51.3万头，增9.18%，羊存栏41.54万头，增8.25%，生猪88.61万头，增8.8%。造林4.52万亩，增2倍。油桐籽4000吨，油茶28.8吨，乌桕453.5吨，生漆185.6吨。工业总产值258.45万元（52年不变价下同），增42.13%。原煤16万吨，增44.4%；发电量5万千瓦时，增1.25倍；铁8.13万吨，增44%。社会商品零售总额4376万元，增20%。国合商业商品国内纯购进2475万元，增1.5倍；国内纯销售4276万元，增37.21%。财政收入1139.2万元，增31.6%；财政支出549.2万元，增9.87%。

**1955年计划** 1954年11月，专直各有关部门完成编制1955年计划草案。是月下旬，在省计划会议上讨论修改后，报经中共毕节地委、毕节专署同意，正式下达。计划安排全专区1955年：粮食总产65.95万吨，大牲畜年末存栏62.15万头，工业总产值401.44万元。国营专业公司销售计划3270.39万元，购进计划817.721万元；供销社收购计划1592万元，销售计划2230万元；计划收购粮食5.66万吨，销售3.4万吨。电影院计划放映481场，收入1.48万元，电影队放映1052场，收入2.86万元，公办初小招1.26万人，高小招收5300人；初中（含初师）招收800人，高中（含中师）246人，计划建医院33所，床位525张；卫生院7所，床位100张；医卫生所33所，其中中心所3所，一般所30所。是年，全专区完成工农业总产值完成3.99亿元，增8.93%，其中工业完成4244万元，农业完成3.57亿元。粮食总产60.92万吨，为计划的92%。烤烟923吨，超计划26.04%；油菜籽1.82万吨，超计划23.08%；大牲畜年末存栏54.75万头，比上年减3.19%，其中黄牛26.27万头，为计划的90%；水牛5.79万头，为95.66%；马9.63万匹，为98.57%；羊40.36万只，比上年减2.84%；猪85.79万头，为90.62%，比上年减3.19%。工业总产值276.33万元，为计划的68.8%，比上年增88.2%。工业主要产品除电力、白皮纸、棉布完成或超额完成计划外，其余均未完成计划。商业零售总额完成5513.33万元，为计划的168%。供销社零售额2205万元，为计划的98.9%；收购额1239.1万元，为计划的77.8%。

**1956年计划** 1955年7月初，提出1956年国民经济计划建议数，报经专署同意，印发各县和专直有关部门参考。1956年3月26日～4月5日，召开专区计划会议，讨论全专区1956年国民经济发展计划，4月底，专署正式下达。至是年底，全专区完成工农业总产值4.52亿元，比上年增13.27%，其中工业4476万元，农业4.07亿元。粮食总产73.55万吨，比上年增7.91%，为计划的82.48%。烤烟3428吨，为计划的76.09%；油菜籽1.55万吨，为计划的48.78%。大牲畜存栏57.8万头，增5.57%。其中，黄牛42万头，为计划的82.58%；水牛6.09万头，为95.46%；马9.67万匹，为96%；羊存栏41.48万只，增2.77%；生猪存栏64.42万头，为计划的53.69%。造林58.82万亩，为计划的103.7%。兴修水利1.99万处，新增灌面50.3万亩，为计划的168.99%。全专区完成工业总产值4476万元，比上年增5.46%，为计划的115.33%；电力43500千瓦时，为150%；白酒1699吨，为112.12%；硫磺1862吨，为103.47%；磷灰粉792吨，为528%；棉布3946疋，为85.7%；土纸31.5吨，为46.3%；原煤2.39万吨，为91.53%。修建简易公路179千米，为77.42%。完成群运汽运货13.21万吨，为117.9%。邮电新架线3147杆千米，为97.74%；增设交换机75部，电话478部，为107.5%；改建线路422对千米。为116.33%。完成社会零售总额6892.2万元，比上年增22.5%，为计划的108.7%。商业系统收购总值666.48万元，为计划的106.7%；销售总值4236.62万元，为122.2%。供销系统收购1117.66万元，为98%；销售3753.92万元，为103.7%。列入国家收购计划的9种农副产品，烤烟、茶叶、牛皮、活猪等6种完成或超额完成计划。工业品与生产资料供应列入计划的15种，18种完成。是年学校招生9.9万人，为计划的160.4%，幼儿园招生536人。除威宁、水城县的4个区外，县县有中学，区区有完小，乡乡有初小。卫生组织142个，卫生人员373人，其中医院10个，卫生所94个，为计划的93%；防疫站14个，完成计划；妇幼保健站14个，为计划的87.5%；病床670张，为103%。农村俱乐部246个，业余剧团184个，专业剧团2个。电影院1座，共放映2615场，为计划的95%；文化馆9个。计划基本建设项目67个，完成46个，为68.65%；完成投资额194.51万元，为计划的76%。

**1957年计划** 1956年9月，专署拟发《关于编制1957年计划意见的通知》，供各县参考编制计划。1957年5月，省人委下达毕节专区经济计划指标，基本同意各县上报计划。6月1日，专计委下达全专区1957年度国民经济计划。至年末，全专区完成工农业总产值4.6亿元，比上年增1.7%，其中工业4522万元，农业4.15亿元。粮食总产71.14万吨，为计划的97%。其中大豆2.34万吨，比上年增17.39%；油菜籽1.33万吨，比上年减13.8%；烤烟5066吨，增47.78%。年末牲畜存栏，黄牛45.53万头，增8.4%，水牛6.07万头，减140头；马10万匹，增3.4%；绵羊20.48万只，减8340只；山羊20.34万只，增1816只；猪75.11万头，增11.65%。造林18.26万亩，比上年减40%。工业总产值4522万元，比上年增1.23%，超过年计划数。原煤18.25万吨，比上年降32.95%；发电量47万千瓦时，增62%；白酒3298吨，增44.9%；棉布74万米，降15.9%；生铁0.03万吨，增50%；植物油、木制农具均有较大增长。社会商品零售总额7900万元，增34.14%。其中商业零售6624万元，饮食业238万元，工业267万元。国合商业商品购销：国内纯购进4520万元，增78%；国内纯销售8127万元，增59.13%。中小学达2474所，比上年增548所；在校生21.23万人，比上年增2.33万人。县县建立电影公司、文化站。财政收入1674.4万元，财政支出1026.5万元。银行现金收入8292万元，现金支出7829万元；存款998万元，贷款4617万元。

## 二 “二五”计划

**1958～1962年计划** 亦称“二五”计划。1958年2月，中共毕节地委召开扩大会议，讨论专区计委编制的《毕节专区1958～1962年国民经济发展规划》。6月，专署下达《毕节专区国民经济第二个五年计划建议数》。1960年5月，专署计委编制《毕节专区第二个五年计划后三年（1960～1962）经济发展的规划》，调整原编制的“二五”计划。其计划目标是：在优先发展重工业的基础上，实行发展工业和农业同时并举。计划到1962年，工农业总产值由1957年的4600万元增至11.65亿元，增253.3%，工业总产值年均增69%，占工农业总产值的比重由1957年的14.5%上升到52%。粮食总产量达32.58万吨；工业总产值达6.15亿元，增18.7倍；修建标准公路1.19万千米，简易公路1443千米，大车道9917千米；汽车年货运量174.8万吨，年客运量64.5万人。普通高中招生4550人，毕业1400人；初中招生2.31万人，毕业6900人；小学招生13.98万人；中师招生400人，职业初中招生4.55万人。至1959年，全专区扫除文盲。全专区医疗机构达1026个；电影放映队达208个，电影院29个，剧团12个、图书馆113个，文化馆104个，博物馆9个；县内电话用户1.07万户，县内电话总容量1.43万门。1958年乡乡通电话，1961年农村社社通电话。1958年开始，实行“大跃进”“人民公社化”，导致高指标、高征购、瞎指挥、刮浮风和共产风的错误，国民经济计划未能如期实现。1960年，全专区完成工农业总产值3.73亿元（统计数，下同），比1957年减19%，其中农业总产值2.92亿元，减30%。1960年下半年，中共中央制定施行“调整、巩固、充实、提高”方针，作出大办农业，大办粮食的指示。到1962年，全专区工农业生产总值3.36亿元，比上年增8%，比1957年减27%。1963～1965年，继续贯彻中共中央关于恢复和调整国民经济的方针，经济形势逐渐好转。到1965年，工农业生产总值达4.75亿元，比1962年增29.2%，比1957年增3.22%。1958～1962年，毕节专区全民所有制企业累计完成基本建设投资8289.68万元，平均每年1658万元，比1950～1957年累计完成投资额多133.7万元。1963～1965年，累计完成投资4526.53万元。

**1958年计划** 1957年10月，在编制1958～1962年5年计划的同时编制1958年国民经济计划。1958年2月，中共毕节地委扩大会议审查修订计划指标，3月毕节专署行文下达。是年，在实行“大跃进”的背景下，计划指标一改再改，计划与计划执行结果可比性差。各项指标完成情况是：工农业总产值5.35亿元（1980年不变价，下同），比上年增16.33%。其中工业产值9458万元，增209.2%，占工农业总产值的17.7%；农业产值4.4亿元，增6.12%。粮食总产77.97万吨，比上年增9.59%；大豆2.94万吨，增25.6%；烤烟5943吨，增18.55%；油菜籽1.89万吨，增42.22%；年末生猪存栏68.56万头，比上年降8.73%；黄牛44.85万头，降1.5%；水牛5.97万头，降1.8%；马9.26万匹，降7.47%；绵羊20.63万只，为计划的72.8%；山羊20.27万只，为86.1%。增加有效灌面10.6万亩。造林41.81万亩，增128.97%。工业主要产品原煤98.9万吨，比上年增332.32%；发电量1.56万千瓦时，增231.91%；棉布57万米，降23%；饮料酒2684吨，降18.62%；钢8910吨，铁2.46万吨；食用植物油2282吨，增24.56%。社会商品零售总额1.16亿元，增46.9%。国合商业商品国内纯购进7407万元，增63.87%；纯销售1.41亿元，增73.11%。公路总长1177千米，年内新增143千米。货运量9.69万吨，货运周转量1561万吨/千米；客运量8.29万人，客运周转量1673万人千米。电话线总长1.29万条千米，年内新增1949千米；电话总机130部，2450门，单机2142部。学校3735所，在校生38.5万人。全民所有制单位完成基本建设投资2921.3万元。

**1959年计划**　1959年1月，毕节专区计委编制毕节专区1959年国民经济计划（草案），2月报地委批转下达各县。计划目标：农业总产值达10亿元，粮食总产500万吨，大牲畜年末存栏87.5万头，造林200万亩；工业总产值1.83亿元，为上年的1.93倍。是年底，完成工农业总产值4.28亿元，比上年降20.1%。其中农业产值占78.7%，工业产值占21.3%。完成农业产值3.37亿元，比上年降23.57%；粮食总产量57.86万吨，降25.79%；油菜籽7294吨，减61.65%；大牲畜存栏58.31万头，减4.7%；造林15.48万亩。工业总产值9142万元，比上年降3.35%；社会商品零售总额1.26亿元，比上年增8.8%；国合商业国内纯购进1.16亿元，增56%，纯销售1.51亿元，增7.35%。汽车货运量19.2万吨，增150.1%。财政收入3517.6万元，增18.69%，财政支出3532.4万元，增5.22%。全民所有制单位基本建设投资完成2888.2万元。

**1960年计划**　1960年3月18日，中共毕节地委转发专署计委《关于1960年国民经济计划安排情况的报告》，下达国民经济计划。其计划目标是：全年工农业总产值达9.5亿元，争取达10.5亿元，增33.8%～47.8%，其中农副业总产值6.5亿元，争取达7亿元，增37.4%～37.2%；工业总产值3亿元，力争达3.5亿元，增50%～75%。粮食总产量192万吨，争取达200万吨。至年底，完成工农业总产值3.37亿元，比上年降12.9%，其中农业产值占78.4%，工业产值占21.6%。农业产值2.94亿元，比上年降16.48%。粮食51.27万吨，减11.38%，花生361吨，减72.9%；油菜子1.39万吨，增90%；烤烟3310吨，减49.57%，麻类579.8吨，减45.15%，糖料作物1.29万吨，减67.53%，蚕茧90.15万吨，减32.75%，茶叶394.9吨，减19.78%；大牲畜年末存栏54.59万头，减6.37%；生猪36.42万头，减34.84%；肉类产量1万吨，增2.45%。工业产值8054万元，比上年降11.9%，乡以上工业企业424个，增81个。原煤64.84万吨，减20%，发电量243万千瓦时，增62%，饮料酒1764吨，减31.92%，食用植物油3382吨，减26%。全民所有制单位基建投资1468.03万元，减49.17%。社会商品零售总额1.26亿元，比上年略有减少；国合商业商品纯购进8593万元，减25.65%，纯销售1.45亿元，减3.76%。财政收入1348.3万元，减61.6%；财政支出3396.1万元，减3.86%。

**1961年计划**　1961年，毕节专区贯彻中共中央“调整、巩固、充实、提高”方针，制定国民经济发展计划。是年3月，专计委完成编制任务，并报中共毕节地委批转各县实施。是年9月25日，根据上半年施行情况，对计划草案作出必要调整。农业贯彻“八字宪法”，保证粮食增产，棉花、油料、烤烟等主要经济作物有较大增产。在发展集体经济和不影响集体劳动的前提下，鼓励社员养畜，种自留地和饲养鸡、鸭等家禽以及经营小规模的家庭副业。开辟新的工业生产原料来源，按计划统一平衡供应；加强农副产品等原料的收购，恢复和组织手工业生产，整顿城市及人民公社工业企业。压缩基本建设项目和投资，基本建设项目由57个、投资额787.38万元压缩到38个、563.56万元。安排农村劳动力资源比上年增2.88万人。根据省、地委指示，全民所有制职工在上年末7.08万人的基础上再精简6694人。工业全员劳动生产率计划比上年提高24%。计划征购贸易粮19万吨，油菜籽统购3250吨。外贸收购粮油食品29.2万元，茶叶土产149.9万元，硫磺1500吨，牛皮4万张，山羊皮4万张，绵羊皮4.81万张。至是年底，全专区完成工农业总产3.11亿元，比上年降16.47%，其中农业产值占86.5%，工业产值占13.5%。农业总产值2.7亿元，比上年降7.77%。粮食53.77万吨，降4.8%。烤烟1241吨，降62.51%，花生125.8吨，减65.19%，油菜籽1463吨，减94.7%，麻类作物261.9吨，减54.83%，糖料作物1636.8吨，减87.39%，蚕茧18.5吨，减79.48%，茶叶301.35吨，减23.69%。大牲畜年末存栏48.33万头，减11.46%。存栏绵羊12.95万只，减33.68%，山羊19.24万只，减5.63%，生猪26.71万头，减26.67%；肉类产量7710吨，减23.32%。工业总产值4185万元，比上年减48%。主要工业产品：原煤74.26万吨，比上年增14.53%，发电量260万千瓦时，增7%，饮料酒493万吨，减72.05%，食用植物油1124吨，减66.77%。全民所有制单位完成基建投资605.04万元，减58.79%。全年社会商品零售总额9456万元，比上年减25%；国合商业商品国内纯购进5191万元，减39.59%，纯销售1.08亿元，减25.45%。主要农产品采购：生猪1.38万头，烤烟1388.65吨，鲜蛋613.9吨，茶叶200吨，中药材107万元。全专区财政收入1653.9万元，比上年增22.66%；财政支出2810.2万元，减17.3%。

**1962年计划**　1962年4月5日，专计委转发省确定的毕节专区计划指标，并提出全专区计划建议数报省。7月，专计委提出调整全专区国民经济计划意见，并经地委批准下达各县。至年底，全专区完成工农业总产值3.36亿元，增80%，其中农业产值占90.4%，工业产值占9.6%。农业总产值3.04亿元，增12.86%。粮食总产58.31万吨，增8.45%；油菜籽1915吨，增30.9%，烤烟1813吨，增46.09%，花生66.5吨，减47.14%，麻类作物243吨，减6.91%，糖料作物365吨，减80.74%，蚕茧34.5吨，增84.05%，茶叶245.9吨，减18.4%；大牲畜存栏48.32万头，略有减少，其中牛41.48万头、马6.86万头。山羊19.41万只，绵羊11.36万只，生猪44.46万头，增66.48%；肉类产量1.37万吨，增77.17%。牲畜发展扭转连续几年下降状况。造林254.5万亩。县以上工业企业由上年的108个调整为87个，有职工9942人，比年初减5734人。工业总产值3222万元，比上年降23.01%。原煤51.15万吨，增31.12%，发电量290万千瓦时，增11.59%，砖471万块，减19.21%；硫磺1574吨，饮料酒1227吨，增49%，食用植物油536吨，减52%。全民所有制单位完成基本建设投资407.11万元。除中央、省级项目外，计划投资89.5万元，实际完成78.3万元，完工项目24个。社会商品零售额8911万元，比上年减5.76%；国合商业商品国内纯购进4600万元，减11.39%，纯销售8764万元，减19.12%。完成征购粮食14.73万吨，超计划0.9%；收购烤烟1855万吨，增33.6%，采购生猪4.42万头，增2倍多，采购鲜蛋900吨，增46.9%，采购油菜籽1045吨，增18.7%。年末集市价格比年初降48.4%。完成财政收入1268.4万元，增1.54%；财政支出1501万元，减46.59%。

## 三　1963～1965年经济发展计划

**1963年计划**　1963年9月，专计委拟定毕节专区1963年国民经济计划（草案）报省计委之后，根据省计委下达的计划综合平衡报毕节地委批准下达各县执行。计划主要指标：粮食总产70万吨，力争达71.5万吨，油菜籽产量3125吨，烤烟2000吨，生猪存栏55万头，牛50.38万头。由工业转移到以农业为基础的轨道上，主要增加农业生产资料、人民生活资料及原材料生产。

主要产品铁制小农具120万件，竹木农具130万件，饮料酒1500吨，食用油500吨。省分配毕节专区专、县级基建项目37个，投资152.14万元。供销社农产品采购1500万元；外贸收购计划266万元，内销计划42万元。财政收入1757.7万元，支出1693.89万元。减少城镇人口1500人，压缩吃商品粮人口3000人。至是年底，全专区完成工农业总产值3.81亿元，比上年增13.21%，其中农业产值占90.4%，工业产值占9.6%。全年农业总产值3.44亿元，比上年增13.18%。粮食总产63.06吨，增8.14%，除威宁县因灾减产外，其余各县均增产。油菜籽3907吨，增104%，烤烟2633吨，增45.23%，花生182吨，增173.53%；麻类作物318吨，增30.43%，糖料作物36.25吨，减88.58%，茶叶424.3吨，增31.88%，蚕茧22.30吨，减34.5%；生猪年末存栏71.82万头，增61.52%，牛45.6万头，增9.94%，马7.95万匹，增15.97%，山羊23.28万只，增19.9%，绵羊12.3万只，增8.34%；肉类产量1.83万吨，增33.78%。造林571.2万亩。工业总产值3657万元，比上年增13.5%。全员劳动生产率提高5.5%。企业亏损额下降29.6%。生产原煤80.22万吨，增56.83%，发电584万千瓦时，增101.38%，饮料酒3585吨，增191.18%，食用植物油988吨，增84.33%，全民所有单位完成基建投资601.5万元。全年征购粮食15.2万吨，超任务1%。社会商品零售总额1.01亿万元，增13.31%，国合商业商品国内纯购进4644万元，增1%；纯销售9847万元，增12.36%。财政收入1983.3万元，增21.79%，支出2148.1万元，增43.11%。银行存款总额3288万元，贷款总额9778万元。全专区人口300万人，人口自然增长率29.59‰。

**1964年计划**　1963年6月，专区计委编制1964年计划。是年7月，省计委党组印发《关于1964年主要计划控制指标和编制计划草案的意见》，专计委采用自上而下和自下而上相结合的办法，结合当时经济形势，参照各部门、各县提出的计划建议，拟定1964年国民经济计划，经中共毕节地委、毕节专员公署批转下达各县执行。计划指标：播种粮食820万亩，总产67万吨；油菜26万亩，产3250吨；烤烟4.5万亩，产2250吨；年末存栏生猪80万头，牛51.8万头，马8.41万匹，羊39.5万只。造林9.8万亩。石原煤生产29万吨，木材2万立方米，铁农具140万件，食用油800吨，白酒2500吨，软木砖2000立方米，蛋粉1580吨。基本建设总投资1172.26万元。供销系统农产品采购总值1950万元。社会商品零售1.12亿元。招生：中专410人，高中700人，初中3950人，初师100人，农中150人；职业中学250人，小学5.9万人；业余中等学校2300人，业余初等学校7000人，扫除文盲5万人。电影放映单位达64个，艺术表演团体3个206人，公共图书馆2个，文化馆9个。医院达15个，病床1315张，医疗保健所（站）161个，卫生防疫站10个，妇幼保健站9个；中等卫生专业学校1所，招生100人。广播站达9个，实现社社有广播。至年底，全专区完成工农业总产值达4.4亿元，比上年增15.66%，其中农业产值占89.9%，工业产值占10.1%。农业总产值3.96亿元，增15%；粮食总产69.63万吨，增10.41%；花生344吨，增89%；油菜籽1.31万吨，增236%；烤烟3443吨，增30.76%；麻类作物453.7吨，增42.67%；糖料作物161吨，增342%；蚕茧25吨，增13.9%；茶叶255.75吨，减21.14%；大牲畜年末存栏59.06万头，增10.2%，其中牛50.22万头、马8.81万匹；山羊29.94万只，增28.6%；绵羊15.58万只，增26.62%；生猪83.73万头，增16.59%；肉类2.08万吨，增14%。造林完成1348.9万亩。工业总产值4455万元，增21.82%。生产原煤87.03万吨，增8.49%，发电量759万千瓦时，增29.45%，饮料酒4047

吨，增12.89%；食用植物油1222吨，增23.68%。全民所有制单位完成基建投资1069.13万元，增77.74%。社会商品零售总额1.16亿元，增14.5%；国合商业商品国内纯购进7991万元，增72%；纯销售1.31亿元，增33.46%。财政收入2303万元，增16.09%；财政支出2095万元，减2.47%。全专区总人口306.38万人，人口自然增长率31.83‰。

**1965年计划** 1964年5月，省计委下达通知，部署全省编制1965年计划的任务。1965年1月，专计委召开全专区计划会议，讨论省给毕节专区下达的1965年国民经济计划，对粮食、牲畜等指标作出调整，报专署批准。是年2月，经专署批准下达各县执行。计划目标：播种粮食820万亩，总产80万吨；油菜50万亩，产1.3万吨：烤烟8万亩，产3600吨；棉花0.5万亩，产25吨；花生1万亩，产500吨；苎麻0.7万亩，产20吨。种药材2000亩，绿肥5万亩，商品蔬菜1.4万亩。年末大牲畜存栏234.4万头，其中黄牛53.1万头、水牛6.9万头、马10.4万匹、生猪110万头、羊54万只。造林18.7万亩。封山育林40万亩。生产原煤28.5万吨、发电量110万千瓦时、原木3.3万立方米、硫磺1500吨、食用植物油2500吨、饮料酒3000吨。工业生产成本按可比产品成本计划降低12.1%。108个项目投入建设，总投资681.01万元。采购农产品总值3625万元。外贸计划收购总值468万元。至年末：全专区工农业总产值4.75亿元，比上年增7.79%，其中农业产值占88.6%，工业产值占11.4%。农业总产值4.21亿元。粮食总产67.35万吨，比上年减3.26%；烤烟8257吨，增139.82%，油菜籽1.41万吨，增7.05%；花生486.20吨，增41.38%；麻类作物335.6吨，增18.05%；糖料作物72.10吨，减55.22%；蚕茧34.35吨，增35.24%；茶叶365.8吨，增43%；年末存栏牛52.99万头，增5.52%；马9.46万匹，增7.38%；生猪106.15万头，增26.77%；山羊33.04万只，增10.38%；绵羊18.43万只，增18.31%；肉类产量2.81万吨，增37.45%。造林26.27万亩。社员年均每人从集体收入（含粮折款）30.7元，比上年提高13%。工业总产值5435万元，比上年增22%。主要产品：食用植物油3261吨，增166.86%；原煤84.11万吨，减3.36%；发电量901万千瓦时，增18.71%；饮料酒4385吨，增8.35%；砖4546万块，增109.88%；中小农具98万件，增20%；土纸236吨，增88.8%；原木4.33万立方米，增17.6%；硫磺2000吨，增20.7%。亏损企业由13个降为6个。完成基建投资2855.9万元，增167%。已施工投产的项目105个。新增造林10.9万亩、灌面9600亩、农村公路69千米、建筑3.35万平方米。社会商品零售总额1.33亿元，增14.87%；国合商业商品国内纯购进8568万元，纯销售1.36亿元。采购主要农产品中，肥猪32.5万头，超计划24%，比上年增30.6%。烤烟8065吨，超计划和上年数1.4倍；鲜蛋3115吨，超计划67%，比上年增30.6%。外贸出口总值579万元，增12.9%。财政收入2939万元，增27.62%；支出2329.2万元，增11.18%，节约资金103.7万元。全专区耕读小学学生14.8万人，增4万人；学龄儿童入学率由上年的42%升到72%；半工（农）半读农业中学104所。农村电影放映队由40个增到48个；农村业余文化室由800个发展到1400多个；书店送书下乡55万册。全专区人口317.74万人，人口自然增长率33.9‰。

## 四　“三五”计划

**1966年～1970年计划**　亦称“三五”计划。1964年2月，专计委完成《毕节专区农业规划初步意见》，3月，印发各县和专直有关部门参照执行。1966年下半年，“文化大革命”运动开始，中断了“三五”计划编制，《初步意见》成为计划依据。至1970年，全专区粮食产量达120万吨，比1965年（下同）增44.5%；烤烟达6000吨，增60%；油菜籽2.4万吨，增200%；苎麻900吨，增2.6倍；生猪年末存栏200万头，增66.67%；牛67万头，增21.8%；羊74万只，增60%；马12.8万匹，增12.8%。全地区工农业总产值5.3亿元，比1965年增66.58%。农业总产值4.76亿元（80年不变价计算，下同），比1965年（下同）增13.32%；粮食总产80.74万吨，增19.86%；烤烟5896吨，降28.6%；油菜籽7476吨，降46.9%；花生449.4吨，降7.57%；苎麻132吨，增9%。年末存栏生猪99.22万头，降6.53%；大牲畜68.93万头，增10.34%；羊62.75万只，增21.9%。工业总产值5334万元，降1.86%。原煤101.33万吨，增20.94%；发电量1937万千瓦时，增112.8%；饮料酒1609吨，降46.3%；食用植物油700吨，降72%；焦炭1.1万吨，增9.8%；硫磺4394吨，增10倍；铁锅12万口，增13倍；新投产化肥完成4115吨。社会商品零售总额1.38亿元，增3.7%。全地区有运输公路2788千米，增4.26%；客运量完成76.3万人，增59.29%，客运周转量6302.5万人千米，增57%；货运量完成35万吨，减40.07%，货运周转量2730吨千米，减12%。共有邮电局所225处，比1965年增加65处；邮路及农村投递线路15165千米，减679千米；市内电话交换机总容量1650门，减260门；768个公社通电话。1966年、1967年、1970年合计完成投资1899.29万元。1970年财政收入2406万元，财政支出3756万元。银行现金收入1.521亿元，现金支出1.38亿元；存款5459万元，贷款1.33亿元。在此期间，学校中断招生，实行推荐上学。卫生、文化事业停步不前。

**1966年计划**　1965年9月，专区计委编制全专区1966年国民经济计划报省，并向各县作出安排。1966年1月，省计委下达全省地、州、市国民经济计划，2月，毕节专署将全专区1966年国民经济计划分解下达各县。全专区计划目标：粮食总产达85.5万吨，比上年增15万吨。年末存栏大牲畜75.47万头，增20.8%。羊62万只，增20.4%；生猪130万头，增22.4%。新增灌面8万亩。货运量达44万吨；货物周转量400万吨千米。采购总值达6000万元。外贸收购总值达556万元。基本建设投资722.54万元。开工建毕节氮肥厂、黔西磷肥厂、织金磷肥厂。建立煤建指挥部医院1个，农村医院13个，集体办卫生所184个；新增病床370张。新增农村电影放映队13个；广播专线350千米，广播喇叭8000只，放大站5个。至年底，全专区完成工农业总产值4.87亿元，比上年增2.47%。其中农业产值4.44亿元。粮食总产76.10万吨，比上年增12.97%，油菜籽1.01万吨，增28.2%；烤烟9987吨，增17.4%；花生489.1吨，与上年持平；造林50.77万亩，增28.5%。年末存栏大牲畜64.05万头，增2.5%；羊60.5万只，增17.53%；生猪88.7万头，降16.44%。工业总产值4296万元，下降21%。下达计划的50种主要工业产品产量，只有发电量、砖、瓦、蛋粉、铅、锌、玉米脱粒机等9种完成年计划。货运完成74.6万吨，货物周转量458.69万吨千米，分别比计划增58.98%、12.8%。社会商品零售额完成1.65亿元，增2.8%，国合商业部门纳入采购计划的16种农副产品，只有烤烟、干辣椒等6种完成收购计划。预算内财政收入2334.8万元，比上年降21%；财政支出2635.9万元，增11.64%。

**1967年计划** 1967年2月，根据省的安排，专计委着手编制全专区1967年国民经济计划并对农业生产作初步安排。是年4月，专区造反派夺取专区党、政、财、文大权，原专区计委工作陷入瘫痪状态，未下达全专区1967年国民经济计划，主要执行省分配的指标。是年，除粮食比1966年增长外，绝大多数工农业产品产量均未完成计划。是年，全专区完成工农业总产值4.94亿元，比上年增1.42%，其中工业产值3851万元，降10.04%；农业产值4.55万元，增2.57%。粮食总产81.81万吨，增2.31%，油菜籽9646吨，降4.6%，烤烟8877吨，降5.8%，花生445.4吨，降9%。造林31.32万亩，降51.3%。年末存栏大牲畜64.5万头，增0.7%，羊34.55万只，降8.4%，生猪76.68万头，降13.6%。工业总产值3851万元，降10.04%。32种工业产品，有10种未投产；投产的22种产品，除针棉织用纱、铸铁锅外，20种均未达上年产量。社会商品零售总额1.61亿元，降2.3%.纳入计划采购的16种农副产品，均未达到1966年采购总量。1966年、1967年，基本建设投资累计840.98万元，为1965年的三分之一。新增灌面1.8万亩、电灌818/18千瓦/台生产能力、发电量2000千瓦、年产50吨化肥生产能力。财政收入2158.1万元，降7.6%；支出2570.7万元，降2.5%。学校停止招生，考试制度被取消，文化卫生工作停滞。

**1968年计划** 1967年12月25日，贵州省革委生产领导小组基本按1967年计划指标下达1968年全省国民经济初步安排。是年，专区未编制国民经济发展计划，以省的“初步安排意见”作为年度计划，下达各县及地直相关部门。计划1968年产粮84万吨，油菜1.4万吨，生猪存栏110万头。原煤58万吨，发电量1700万千瓦时，饮料酒2900吨焦炭1.15万吨，化肥2700吨，硫磺170吨。基本建设投资主要保证重点。全专区基建计划，按省有关厅局专项计划执行。至年底，全专区完成工农业总产值4.52亿元，比上年降9.15%，其中工业产值3775万元，降2%；农业产值4.14亿元，降9%。粮食总产67.87万吨，降17.03%，油菜籽6900吨，降28.47%，烤烟7103吨，降20%。年末存栏生猪93.14万头，增21.47%；大牲畜64万头，降0.8%，羊55.61万只，降2.66%。主要工业产品产量列入计划的32个产品，只有22个投产，其中原煤56.26万吨，降2%；发电量1351万千瓦时，降23.68%，饮料酒2444吨，降11%；焦炭2078吨，降86%；硫磺113吨，降34.31%。完成建设投资483.48万元，新增固定资产722.06万元，竣工房屋7.38万平方米。社会商品零售总额1.35亿元。财政收入1942.7万元，降10%；支出2243万元，减12.75%。

**1969年计划** 1968年12月，召开全地区计划工作会议，讨论1969年国民经济计划安排意见及计划编制。1969年3月19日，地革委生产领导小组安排下达全地区1969年农业生产计划。计划粮食总产达82.6万吨。省革委生产领导小组确定在威宁试种甜菜200亩，逐年扩大，力争在1970年全地区食糖自给。工业生产保持1968年水平。基本建设投资1055.64万元，重点保证毕节化肥厂5000吨合成氨、2万吨碳酸氢铵建成；建成日产5吨凸版纸的毕节纸厂、黔西电厂1500千瓦发电机组；基本建成毕节水泥厂1座机械小立窑。至年底，全地区工农业总产值4.51亿元，比上年减0.2%，其中工业产值3686万元，降2.36%；农业产值4.14亿元，与上年持平。粮食总产68.34万吨，增0.68%。存栏大牲畜65.59万头，比上年增2.42%；羊35.74万头，增4.7%；生猪88.45万头，降5%；造林8.18万亩。饮料酒2004吨，降18%；焦炭8920吨，为上年的3.6倍，原煤56.27万吨，与上年持平，化肥1019吨，硫磺447吨，为上年的3倍，发电量1196万千瓦时，降11.47%。完成基本建设投资502.08万元，基本建成毕节化肥厂等建设项目。财政收入1588.4万元，少18.24%；支出3032.3万元，增35.18%。

**1970年计划**　1969年11月，地区计委拟定1970年全地区工、农业生产计划。1970年1月28日，形成“草案”报省，并下达各县执行。6月，省革委生产领导小组下达全省分地区分部门1970年国民经济计划，地革委生产指挥部调整部分指标，于7月9日下达全地区1970年工农业生产计划。计划1970年生产粮食110万吨，生猪存栏达197万头，新增灌面10万亩，水利基建100万元。基建投资850万元。财政收入2466万元，财政支出2181.35万元。至年底，全地区完成工农业生产总值5.3亿元，比上年增17.48%，其中农业产值4.77亿元，工业产值5334万元。粮食总产80.73万吨，增18.13%，油菜籽7476吨，增1.3倍，花生44.94吨，增1.38%；烤烟5896吨，增48.65%；甜菜8930吨，增近5倍。年末大牲畜存栏68.93万头，增4.85%；羊38.49万只，增7.15%；生猪99.22万头，增10.86%。焦炭1.1万吨，增19%；原煤101.73万吨，增44.69%，发电量1937万千瓦时，增38.26%，化肥4115吨，增3倍；硫磺4394吨，增6.8倍，农用水泵30台，打米机350台，均比上年有所增长，饮料酒1609吨，减19.22%。社会商品零售总额1.38亿元，增12.45%。完成基本建设投资1058.4万元，增1.1倍。财政收入2406.9万元，增34%；财政支出3756.9万元，增19.29%。

## 五　“四五”计划

**1971～1975年计划**　亦称“四五”计划。1970年5月，省革委生产指挥部提出全省各地、州、市“四五”期间国民经济发展指标。是年8月，毕节地区革委生产指挥部根据省的安排，拟定全地区国民经济计划（草案）。是年底，按省的调整意见，相应调整计划（草案），编成《毕节地区1971年和第四个五年农业、工业和基本建设计划初步安排意见》，下达各县执行。1972年，根据经济运行情况，再次调整一些计划指标。计划要求，农业全面执行“八字宪法”，走大寨之路，五年超《纲要》。到1975年，粮食总产量175万吨，油菜籽2.8万吨，甜菜15万吨，烤烟1.5万吨；年末存栏生猪450万头，大牲畜95万只，羊91万只；5年共造林400万亩。1975年，工业总产值达1.25亿元，比1970年增2.2倍。钢5000吨，生铁3.5万吨，钢材2000吨，铁矿石7万吨，焦炭3万吨，铅20吨，原煤79万吨，发电量1.5亿千瓦时，饮料酒5500吨，硫磺5300吨。1971年基本建设项目135个，其中续建、扩建98个，预计总投资5700万元。1972～1975年，续建电力项目14个，冶金2个，小化肥厂8个，小磷肥厂3个，硫磺厂3个，小水泥厂5个，轻工3个，电子工业3个，水利3个。1975年，全地区工业总产值6.35亿元，比“三五”期间增19.8%。工农业主要产品产量及与1970年的比较：粮食总产94.1万吨，增16.55%，油菜籽6094吨，降18.49%；花生819.9吨，增82.44%；烤烟2497吨，增3.24倍。年末大牲畜存栏76.51万头，增11%，羊63.69万只，增1.49%，生猪115.97万头，增16.87%。拥有大中型拖拉机599台，增3.79倍，小型及手扶拖拉机546台，增5.2倍；农用载重汽车39辆，增1.05倍；农村小型电站645个，装机1.2万千瓦，增1.62倍。生产原煤179.8万吨，增76.74%；发电量4733千瓦时，增2.44倍；饮料酒171吨，增34.92%；食用植物油1840吨，增1.62倍，焦炭6.43万吨，增4.84倍；硫磺块9481吨，增1.5倍；化肥9895吨，增1.4倍：水泥7300吨，砖4581万块，增3.14倍；瓦1.66亿片，增近1倍。毕节地区水泥厂、毕节地区化肥厂建成投产。5年累计完成基建投资7038.95万元，比“三五”期间增144%。1975年完成建设投资1312万元，新增固定资产1456万元。1975年运输公路里程5747千米，比1970年增1.06倍；旅客运输82万人次，增4.84%；客运周转量6614万人千米；货物运输量146.6万吨，增3.18倍；货运周转量3503.3万吨千米，增28.32%。全地区社会商品零售总额2.15亿元，增51.39%，国合商业商品国内纯购进1.05亿元，纯销售2.22亿元；年末库存1.29亿元。财政收入3066.5万元，增27.4%；支出5538.9万元，增1.5倍。1970～1975年间，开始选送工农兵学员进入大中专院校学习。1975年，除选送到区外大专院校学习的外，选拔850名学生到各中专学习。普通中小学恢复招生，1975年招生30.83万人，比71年增110%。1975年，全地区农村有“赤脚医生”812人。

**1971年计划**　1971年5月23日，地区革命委员会按省革委生产指挥部下达给毕节的计划，经与各县和地区有关部门研究平衡后，正式行文下达1971年全地区国民经济计划。计划1971年：粮食总产86万吨，油菜籽7500吨，花生800吨，烤烟8800吨；年末存栏生猪123万头，大牲畜70.7万头，羊71.5万只；造林11.5万亩；生铁1300吨，铁矿石1万吨，铅12吨，锌108吨，原煤13万吨，发电量800万千瓦时，化肥9000吨；基本建设投资1080万元；农产品收购4200万元。至是年底，全地区完成工农业总产值5.94亿元，比上年增12.09%，其中工业产值7602万元，农业产值5.18亿元。粮食总产90.60万吨，增12.21%；油菜籽1.06万吨，增41.6%；花生729.3吨，增62.3%，烤烟8983吨，增52.35%；年末存栏生猪120.72万头，增21.7%；大牲畜71.46万头；羊64.59万只，增2.9%。生铁2454吨，焦炭4293吨，铅21.8吨，锌79吨，原煤12.16万吨，发电量521.7千瓦时，氮肥3003吨，磷肥3781吨，硫磺601.5吨，饮料酒1594吨。社会商品零售总额1.65亿元，增20%。基本建设投资1306万元，增26.9%。新增原煤2万吨、磷肥2000吨、化肥1000吨生产能力。新修县乡公路47千米。财政收入2377万元，比上年减1.25%；支出4763万元，增26.72%。全地区69个国营工业企业亏损306.8万元。

**1972年计划**　1971年7月，地区按自上而下、上下结合、以块为主、条块结合的原则开始编制1972年全地区国民经济计划。是年8月20日完成计划草案编写。1972年4月，地革委召开地直计划会议讨论计划草案。是年5月，地革委生产指挥部向全地区下达1972年国民经济计划。计划全地区粮食总产89万吨，油菜籽1.25万吨，花生1400吨，烤烟1万吨；年末存栏生猪130万头，大牲畜74.25万头，羊70万只；造林34.8万亩；农田基本建设35.5万亩，其中土改田3.5万亩，坡改梯26万亩；增水利灌面6万亩。工业总产值6500万元；生铁0.3万吨，铁矿石1万吨，焦炭1万吨，锌100吨，铅20吨，原煤15万吨，发电量800万千瓦时，水泥400吨，化肥1.4万吨，硫磺1000吨。基本建设投资992.9万元。社会商品零售总额1.83亿元。至是年底，全地区完成工农业总产值5.97亿元，比上年增0.6%，其中农业产值5.08亿元，工业产值8976万元。粮食总产83.17万吨，降8.21%，油菜籽8201吨，降22.54%；烤烟1.18万吨，增31.7%；年末存栏生猪123.6万头，增2.38%，大牲畜72.87万头，增2.01%，羊64万只，增0.9%。造林35万亩。生铁3341吨，焦炭1.95万吨，原煤12.73万吨，木材1.7万立方米，水泥983吨，合成氨1256万吨，化肥1.08万吨，硫磺1265吨，饮料酒1871吨。财政收入2363万元，与上年持平；支出5523万元，增15.94%。基本建设投资1752.74万元，增34.17%。社会商品零售额1.83亿元。国合商业商品纯购进5236万元，国内纯销售1.39亿元；年末库存8458万元。中小学招生共23.24万人。

**1973年计划**　1973年初，开始拟定全地区国民经济计划草案。是年3月，在全区计划会议上进行讨论；6月，结合省计委下达的计划控制数综合平衡后，正式行文下达。计划1973年工农业生产总值达5.9亿元，其中农业产值5.2亿元，工业产值7000万元。粮食总产80万吨，油菜籽1万吨，烤烟1万吨。年末存栏生猪130万头，大牲畜74.4万头，羊70万只。造林20万亩。生产生铁3500吨、焦炭1万吨、原煤15万吨、木材1.7万立方米、水泥1000吨、合成氨2200吨、化肥1.45万吨、氮肥7000吨、磷肥7500吨、硫磺1200吨、饮料酒2000吨。货运量95万吨；周转量500万吨千米。财政收入2496万元，支出3549万元。基本建设投资1066万元。是年完成工农业总产值6.36亿元，比上年增6.5%，其中工业产值8122万元，农业产值5.55亿元。粮食总产量95.14万吨，增14.39%；花生1146.9吨，增8.47%，油菜籽1.25万吨，增52.05%；烤烟1.73万吨，增47.34%。年末存栏大牲畜74.5万头，增2.1%；羊68.23万只，增6.62%；生猪121.71万头，增1.54%。造林20万亩。水利工程设施6792处，有效灌面65.27万亩，增4.72万亩；保灌面49.96万亩，增2.66万亩；水库容1.11亿立方米，比上年增3087.4万立方米。原煤116.43万吨，减9.62%，发电量3246万千瓦时，减11.89%，白酒1771吨，减30.05%；食用植物油2711吨，增28.91%；焦炭4.9万吨，减17.57%；硫磺7834吨，增26.64%；化肥2456吨，减77.33%；生铁0.21万吨，减34.38%；铁锅29.13万口，增65.6%；水泥1500吨；砖2414万块，减2.11%；瓦5806万片，增24.48%；中小农具150万件，土纸290吨，均有所增。基建投资1379.92万元，减21.27%，其中生产性投资1111.62万元，非生产性投资268万元。新增固定资产546.63万元；竣工房屋6.47万平方米。社会商品零售总额1.9亿元，增4.07%。国合商业国内纯购进9036万元，增72.57%；纯销售1.68亿元，增17.84%；年末库存1.36亿元，增61.31%。财政收入2663.4万元，增12.71%；支出4479.8万元，减18.09%。全年招新生18.74万人，其中中专招工农兵学员940人，中学生2.82万人，小学生15.83万人。

**1974年计划**　1973年12月初，根据省分配的计划指标，地区计委与有关部门研究，编制分县计划（草案），报请地委审查同意，于12月26日下达各县及地直有关部门执行。计划1974年全地区粮食总产达98.5万吨，油菜籽1.04万吨，花生1500吨，烤烟1.55万吨；年末存栏生猪140万头，其中集体养猪32万头；大牲畜75.7万头，羊73万只；新增灌面13万亩；坡改梯土变田36万亩；建设高产农田37万亩；造林40万亩，育苗8000亩。生铁3000吨，铁矿石2.7万吨，原煤16万吨，焦炭1万吨，发电量500万千瓦时。汽车客运93万人，周转量8400万人千米；货运量92万吨，周转量3150万吨千米。民间运输货运量70万吨，周转量350万吨千米。基建投资1102.3

万元，安排给18个行业73个建设项目。商业购进总值3407万元，商业销售1.34亿元。财政收入2422.77万元，支出预算3756.3万元。省安排高等院校选拔招生245名，中专招生1138人。当年，开展“批林批孔”运动，严重影响国民经济计划执行。是年，全地区完成工农业总产值5.9亿元，比上年降6.7%，其中农业产值5.11亿元，工业产值8273万元。粮食总产77.86万吨，降18.16%，花生915吨，减20.02%；油菜籽7983吨，降36%；烤烟1.54万吨，降11.46%，年末存栏生猪116.69万头，降4.13%，大牲畜75.51万头，增1.36%；羊61.38万只，降10.09%；造林16.67万亩，降2.54%。原煤179.8万吨，增22.66%；发电量4733万千瓦时，增46.26%；主要工业产品中，焦炭、塑料制品等12种超额完成计划；普钙、硫磺、饮料酒等8种基本完成计划。国家预算内基建投资1118万元，增3.31%，基本建成毕林大沟、大方移山水库、纳雍红旗水库。新增灌面1.6万亩。建成毕节四中、纳雍维新中学等8所中小学教学楼房。社会商品零售额1.98亿元，其中居民零售1.57亿元。国合商业纯购进9621万元，纯销售2.04亿元。财政收入2517.6万元，降5.5%；支出4602.9万元，增2.7%。银行现金收入1.74亿元，支出1亿元；银行存款7149万元，贷款1.3亿元。全地区中专招生980人，中小学共招生19.41万人。

**1975年计划**　1975由各县提出农业、工业生产和基本建设等计划建议，由地区各主管局与各县协商后提出建议，地区计委综合平衡后报省计委。1975年1月，省计委下达毕节地区国民经济计划。4月，地委、地革委研究同意下达。是年，全地区计划粮食总产103万吨，大牲畜存栏75.7万头，生猪140万头，羊75万只，造林45万亩，建成“大寨土”40万亩，新增灌面14万亩。工业产品产量，以上年完成的为基数增加10%安排，未完成计划的以上年计划数为基础安排。客运量78万人，民间运输货运量80万吨。回收废钢铁1000吨，有色金属75吨。基建投资1056.4万元。商业购进总值3259万元，销售1.36亿元。安排33个科技研究项目课题。至年底，完成工农业总产值6.35亿元，比上年增6.9%，其中农业产值5.41亿元，工业产值9379万元。粮食总产94.1万吨，增20.85%，花生819吨，减10.05%；油菜籽6094吨，减23.67%；烤烟2.49万吨，增62.58%。年末存栏大牲畜76.51万头，增1.32%；羊63.69万只，增3.67%；生猪115.97万头，减0.62%。造林18万亩。有效灌面76.72万亩，比上年增6.57万亩；保灌面60.77万亩，增4.68万亩；蓄水总库容1.14亿立方米，增1863.1万立方米。原煤179.8万吨，增22.66%，发电量4733万千瓦时，增46.76%；饮料酒2171吨，减12.29%，食用植物油1840吨，减7%；焦炭6.43万吨，增16.01%；硫磺9481吨，增13.98%；化肥9895吨，增1.16倍；生铁0.18万吨，减10%；铁锅39.59万口，减0.98%；水泥7300吨，增1.43倍：砖4581万块，增18.52%；瓦5462万片，增15.2%。旅客运输量82万人，客运周转量6614万人千米；货运量146.6万吨，货运周转量3503.3万吨千米。基建投资1312万元，增1.86%，其中生产性投资1061万元，非生产性投资251万元。新增固定资产1456万元，增1.57倍；竣工房屋4.5万平方米，增6.93%。社会商品零售总额2.15亿元，增8.88%。国合商业国内纯购进1.05亿元，增8.91%；国内纯销售2.22亿元，增9.12%；年末库存1.3亿元，增11.68%。财政收入3066.5万元，增21.8%；支出5538.9万元，增20.33%。银行现金收入1.89亿元，增24.59%；支出1.75亿元，增25.94%；银行存款8369万元，贷款1.37亿元。学校1.06万所，在校生81.02万人，比上年增15.15万人；招收新生30.92万人。全地区人口450.25万人，增12.9万人；

人口出生率43.15‰；死亡率10.06‰；人口自然增长率32.55‰。

## 六　“五五”计划

**1976～1980年计划**　亦称“五五”计划。1975年3月编制《毕节地区“五五”“六五”期间工、农业生产发展规划（初稿）》报省，并印发各县参照执行。1977年6月，地区计委调整部分计划，正式印发《毕节地区“五五”“六五”工农业生产发展规划纲要（草案）》。计划到1980年，耕地稳定在650万亩，其中种植粮食567万亩，总产150万吨，比1975年（下同）增59.4%；油菜籽3.2万吨，增6倍；烤烟3.5万吨，增2.76倍：甜菜2万吨，增17.8吨；绿肥100万亩，增6.2倍。年末大牲畜存栏100万头，增23.49%；羊100万只，增36.31%；生猪225万头，增94%；水产品5000吨，增26倍。造林140万亩。油茶、油桐、乌柏、核桃、生漆以年8%左右的速度递增。生铁2万吨，增3倍。土焦4万吨，增3倍，锌2460万吨，增5倍，电力2000万千瓦时，原煤140万吨，增1倍，硫酸7500吨，增2.5倍，合成氨1.4万吨，增9倍，化肥11.2万吨，增9倍，硫横7000吨，增37.2%，水泥7万吨，增9倍，农田水泵500台，增4倍，简易机床250台，发电机1000／8000台／张，电焊机100台，裸铝线50吨，棉布20万米，机制纸1500吨，卷烟5万箱，肥皂700吨，饮料酒5000吨，农用塑料薄膜500吨，皮革4万张，皮鞋15万双，布鞋8万双，大方漆器3万件，织金石雕6000件。至1980年，全地区工农业总产值7.34亿元，比1975年（下同）增15.64%，其中农业产值6.09亿元，工业产值1.26亿元。粮食总产97.96万吨，增4.1%；油菜籽1.35万吨，增1.21倍；烤烟2.4万吨，增3.76%；花生818.6吨，持平；大牲畜存栏76.43万头，增0.11%；羊70.65万只，增10.92%；生猪142.87万头，增23.2%；水产品163吨，增1.47倍。有大中型拖拉机1086台，增81.3%，手扶拖拉机1187台，增1.17倍；水利有效灌面80.37亩，增4.75%；蓄水总库容2.12亿立方米，增85.94%。造林17.56万亩，降56.95%。原煤139万吨，降15.64%；焦炭6.58万吨，增2.35%；生铁3600吨，增1倍；发电量9460万千瓦时，增1.08倍；食用植物油3163吨，增72.01%；硫磺1.03万吨，增8.34%；水泥5.02万吨，增5.87倍；铁锅29.3万口，增74%；砖1.2亿块，增1.6倍；铅55吨。是年，完成投资2655万元，增1.02倍，公路运输里程3880.7千米；客运量433.7万人，客运周转量1.41人千米；货运量183.8万吨，增25.37%；货运周转量4050.4万吨千米，增15.61%。社会商品零售总额3.2亿元，比1975年增48.98%。国合商业商品纯购进1.33亿元，增26.45%；纯销售3.04亿元，增36.56%；年末库存1.82亿元，增40.43%。1977年，大中专学校恢复考试招生，开办贵阳师范学院毕节大专班，中等专业学校由12所增到14所。1980年，毕节师专班学生717人；中专学生3453人，增79%；普通中学学生15.77万人，增65.44%；小学生69.67万人，略减。电影队264个，增近1倍。卫生人员8314人，增21.44%。财政收入3548.6万元，比1975年增15.72%；年增3.2%；支出1.12亿元，增1.03倍。

**1976年计划**　与编制1976～1980年五年计划同时进行。是年6月报省，并印发各县和地直有关单位参照执行。1976年3月，地区计委根据省分配给毕节地区的国民经济计划指标作综合平衡后，报地委研究同意下达各县执行。主要计划指标：粮食总产106.75万吨。年末大牲畜存栏79

万头，羊81万只，生猪175万头。造林80万亩，育苗5000亩。建成大寨田、土35万亩，新增灌面16万亩，新增水库容5000万立方，水土保持控制面40平方千米。工业总产值达8000万元。主要产品产量：生铁0.3万吨，铁矿5.9万吨，焦炭4.5万吨，发电量3100万千瓦时，原煤84万吨，硫磺0.65万吨，化学肥料2.3万吨，水泥1.8万吨。商业购进总值3520万元；销售总值1.44亿元。供销国内纯购进总值5300万元，国内纯销售总值1.2亿元，年末库存总量5700万元。外贸收购总值548万元。招收中小学生18.2万人。至是年底，全地区完成农业总产值5.2亿元，比上年降3.92%；粮食总产87.77万吨，降6.7%.年末存栏大牲畜73.43万头，降4%；羊58.55万只，降8.1%；生猪116.65万头，增0.46%。造林29.76万亩，为计划的37%；油桐、油茶、核桃、生漆均未完成计划。完成工业总产值9483万元，比上年略增。工业产品原煤、硫磺、发电量超额完成年度计划；生铁、铁矿石、焦炭、铅、锌、硫酸、合成氨、化学肥料、水泥未完成计划。社会商品零售总额2.19亿元，比上年增1.5%；国合商业纯购进9235万元，纯销售21.33亿元；年末库存1.16亿元。国家预算内投资完成904万元，为年计划的91.35%。竣工房屋4.95万平方米。财政收入2777.9万元，财政支出5915.4万元，比上年增6.4%.教育招生计划均超额完成。

**1977年计划**　1977年1月，地区计委拟定全地区农业生产计划（草案），经地委同意下达各县执行。5月，根据省计委下达的毕节地区国民经济计划指标，地区计委报经地委同意，另下达全地区工业生产、基本建设、教育事业发展计划。主要计划指标：粮食总产107.5万吨，烤烟2.75万吨，油菜籽1.37万吨，种绿肥20万亩，建成大寨式水平梯土40万亩，土变田4万亩。年末存栏生猪150万头，大牲畜79万头，羊81万只。新增灌面16万亩，新增蓄水5000万立方米，治理水土保持40平方千米。造林40万亩，育苗500亩，采种400吨，迹地更新1万亩，社队办林场达800个。生产生铁1000吨、铁矿石3.7万吨、焦炭4万吨、发电量2500万千瓦时、原煤90万吨、化学肥料1.6万吨、硫磺块6400吨、水泥2.5万吨、棉布15万米、机制纸500吨、饮料酒3500吨、钢管犁及改良犁3.5万部。民间运输货运量94万吨，货运周转量500万吨千米。商业购进总值3694万元，商业销售总值1.5亿元。供销国内纯购进5000万元，纯销售1.2亿元。对外贸易收购总值452万元。国家预算内基本建设投资480万元。招收中小学生20.18万人。年末总人口控制在470万人。至年底，全地区完成工农业总产值7.12亿元，1976年增15.8%。农业产值5.93亿元，增14.02%。粮食总产110.34万吨，增25.7%；油菜籽4286吨，降42.53%；烤烟2.5万吨，增10%；花生614.5吨，增19.13%。造林及主要林副产品基本完成计划。年末大牲畜存栏71.74万头，比上年降2.3%；羊55.58万只，降5.1%；生猪122.55万头，增5%。完成土变田2.85万亩，坡改梯10.94万亩，改造低产田土18.92万亩，新增灌面5.48万亩。完成工业产值1.19亿元，增11.37%。主要工业产品产量全部超过上年产量。生产生铁3339.13吨，为上年的4.33倍，发电量7059万千瓦时，增21.2%；原煤211.85吨，增25.6%；合成氨2209.25吨，增42.3%；生产柴油机520/6240台／马力，增59.7%。社会商品零售总额2.45亿元，增11.79%。国合商业商品纯购进1.23亿元，增33.66%；商品纯销售1.02亿元，增31%。年末库存1.52亿元，增30.9%。完成国家预算内投资898万元，为计划的187%。财政决算收入3422.7万元，比上年增18.84%；财政支出7179.6万元，增21.37%。招收中小学生32.98万人。年末人口475.8万人，比上年增13.41万人。

**1978年计划**　1977年11月，编制毕节地区1978年国民经济发展计划（草案）报省。1978年1月，省计委下达毕节地区1978年国民经济计划，地区计委根据省的意见，提出分配各县计划意见报地委同意，于1月21日下达。主要计划指标：粮食总产125万吨，烤烟2.7万吨，油菜籽2.2万吨。年末存栏生猪150万头，大牲畜78万头，羊85万只；产鱼180吨。造林80万亩，社队林场800个。新修水平梯土60万亩，新增灌面21万亩。生产生铁3000吨、发电量7000万千瓦时、原煤106万吨、化学肥料3.5万吨、水泥5.5万吨、棉布25万米、糖350吨、酒3500吨。商业总购进4130万元，销售总值1.77亿元。供销国内纯购进6000万元，纯销售1.3亿元。对外贸易收购总值489万元。分配钢材5438吨、铸造生铁5590吨、铜材6.1吨、铝材2.3吨、铅材1号、木材1.96万立方米、水泥5.75万吨、焦炭5.07吨、炸药483吨。列入省重点科技项目12项，其中新产品研制1项1课题；列入地区重点项目25项，38个课题。规划农田基本建设79.59万亩，改土21.8万亩，土变田4.14万亩；新增灌面7.19万亩，蓄水量6626万立方米，造林14.8万亩；新修公路557千米。至是年底，全地区完成工农业总产值7.75亿元，其中工业产值1.36亿元、农业产值6.4亿元。粮食总产110.54万吨，为计划数的88.79%；烤烟3.34万吨，油菜籽8311吨，花生725.7吨。存栏生猪129.81万头，比上年增5.6%；大牲畜73.17万头，增2%；羊61.99万只，增11.54%。造林59.51万亩，增49.3%。工业总产值1.36亿元，比上年增13.95%。完成国家预算内基本建设投资1303万元，比上年增31%。基本建成红阳水库附设电站，装机150千瓦；新增灌面1万亩；新增水库库容674万立方米；建成黔西三中等9所中学教学楼房、毕节县人民医院等3所医院门诊部。社会商品零售总额2.87亿元，比上年增17.29%。国合商业纯购进1.27亿元，增2.53%；纯销售2.55亿元，增1%。财政收入4607.3万元，增34.61%；财政支出7929.8万元，增10.44%。是年，全地区1601人考取就读高等院校，中小学招生27.23万人。全地区年末人口485.38万人，人口自然增长率21‰。

**1979年计划**　1978年6月，开始拟定1979年国民经济计划，8月完成草案编制，12月13日在全地区计划会议上作安排。1979年4月，中央工作会议制定施行“调整、改革、整顿、提高”国民经济工作方针。4月下旬，省计委调整修改全省1979年国民经济计划。毕节地区计委根据省计委下达给毕节地区的计划，相应对原计划作调整，报经行署同意，于6月4日下达各县及地直有关部门执行。主要计划指标：粮食总产118.5万吨，烤烟2.7万吨，油菜籽1万吨。年末存栏生猪136万头，大牲畜75万头，羊67万只。造林29.5万亩。新增灌面9.6万亩、蓄水4300万立方米、社队电站装机6200千瓦。生产生铁3500吨、焦炭6万吨、发电量8710万千瓦时、机制砖600万块、化学肥料2万吨、硫磺块7100吨、高压电瓷460吨、干电池150万只、饮料酒2200吨、塑料制品45吨、水泥6万吨。汽车运输货运量49万吨，货运周转量840万吨千米；民间运输货运量110万吨，货运周转量600万吨千米。国家预算内基本建设投资1359万元。商业购进总值4275万元，销售总值1.77亿元；供销国内纯购进6400万元，纯销售1.45亿元。财政收入4038.1万元，财政支出7172.65万元。至是年底，全地区完成工农业总产值7.33亿元，比上年降5.41%，其中工业产值1.3亿元，降4.38%；农业产值6.04亿元，降5.63%。粮食总产90.57万吨，降18.1%。油菜籽9747吨，增28%；烤烟4.12万吨，增19.6%；花生729.9吨。存栏大牲畜74.63万头，增2%；羊69.43万只，增10.72%；生猪142.52万头，增9%。造林18.1万亩。新增灌面0.25万亩。列入计划统计的

75种工业产品，完成和超额完成计划的18种，36种基本完成计划任务。完成国家预算内基本建设投资1405万元，建成32项工程，并投入使用。社会商品零售总额2.94亿元，比上年增2.39%。国合商业商品纯购进1.32亿元，增4.08%；纯销售2.87亿元，增12.3%。年末商品库存1.63亿元，增11.03%。财政收入4032.2万元，比上年降12.48%；财政支出决算9887.7万元。银行收入2.34亿元，支出2.27亿元；银行存款1.2亿元，贷款1.73亿元。高等院校招生365人，中专招生1480人，中小学招生24.57万人。

**1980年计划** 是年初，毕节地区计委根据省和国家计委关于编制1980、1981年国民经济计划的通知，提出全地区国民经济计划建议，3次召开地直有关局主管计划工作的负责人座谈会征求意见。1980年1月，省计委下达分配给毕节地区的计划数，经过综合平衡，报地区行署同意后，2月中旬传达各县执行。主要计划指标：粮食作物总产95万吨，烤烟3.15万吨，油菜籽8000吨。年末存栏生猪140万头；大牲畜77万头，羊73.2万只。造林27万亩；油茶籽50吨，油桐籽5850吨，乌桕籽600吨，生漆232.5吨。生产生铁3500吨、铁矿石1万吨、焦炭4万吨、原煤99万吨、硫磺块6000吨、木材6000立方米、机制纸1000吨、肥皂250吨、饮料酒3000吨、皮鞋12万双、布鞋15万双。发电8000万千瓦时。汽车货运量5万吨，货运周转量900万吨千米；民间运输货运量110万吨，货运周转量610万吨千米。至是年底，全地区完成工农业总产值7.34亿元，比上年增0.89%，其中农业产值6.08亿元、工业产值1.26亿元。粮食总产97.95万吨，比上年增8.2%；油菜籽1.35万吨，增38.72%；烤烟2.4万吨，降41.7%；花生818.6吨，增12.15%。存栏生猪142.87万头，增0.2%；大牲畜76.43万头，增2.4%；羊70.64万头，增1.8%。造林17.56万亩，有效灌面67.33万亩。社队企业总产值4185.4万元，增0.6%。工业总产值1.26亿元，比上年降3.3%，其中轻工业完成6664万元，降2.6%；重工业完成3694万元，降4.5%。列入计划的42种主要工业产品，17种完成和超额完成年计划，13种完成不到计划的80%。纳入地方财政预算的60个国营企业，盈利的29户，实现利润182.3万元；31户亏损306.9万元；盈亏相抵，净亏124.6万元。商品购进总值9248.3万元，比上年降14.6%；社会商品零售总额3.06亿元，增4.1%。外贸收购总值434万元。财政收入3548万元，降12.1%；财政支出1.13亿元，增13%。银行发放各种贷款共1.92亿元；城乡储蓄4154万元。完成基建投资1176万元，113个项目竣工投产。46个科研项目取得研究成果。获贵州省1980年科学技术成果二等奖3个，三等奖8个。高等院校招生350人，中等专业学校招生1729人，中小学招生26万人。

## 七　“六五”计划

**1981～1985年计划** 亦称“六五”计划。1980年3月，国务院通知各级政府从12个方面作好拟定计划前的调查研究。3月26日，毕节地区计委依据省计委调查研究要点，结合本地区实际，提出12条调查研究要点，经地区行署审批后，下发各县实施。7月，贵州省人民政府召开全省长期计划座谈会。是年7月下旬，毕节地区计委根据省长期计划座谈会的精神，编制全地区“六五”计划和10年规划（草案）。1983年6月1日，省计委下达《贵州省第六个五年计划分地区分部门指标的通知》。地区计委根据省的安排和各县上报地区的建议数，经过综合平衡，并报行署批准，于1984年1月下达《毕节地区第六个五年计划分县分部门指标》。主要计划指标：到1985年，粮食总产115万吨，毕1980年增17.39%，烤烟产6.5万吨，油菜籽5万吨。工业总产值2亿元，比1980年增1倍，其中轻工业1520万元，重工业480万元，分别比1980年增1.12倍、增23%。基本建设每年维持在2000万元。至1985年，全地区完成工农业总产值13.91亿元，比1980年增89.48%，5年年均增8.26%，其中农业产值5.11亿元，比1980年（下同）增44.14%，年均增8.26%；工业产值5.14亿元，增3.09倍，年均增36.18%。实行分灶吃饭的财政体制。按分级收支、分级包干的财政措施拟定财政收支。计划1985年财政收入1.23亿元，财政支出2.16亿元。银行信贷收入0.68亿元，支出7.35亿元，存款3.48亿元。5年共投入基本建设资金9285.9万元，比“五五”增46.9%。新增煤5万吨、磷矿2万吨、糖1200吨、水泥3万吨的生产能力。新增35千伏输电线路66千米、水力发电7800千瓦、改造火电5000千瓦、造林40万亩。兴修乡村公路140千米，新增中学学生座位3000个，完成住宅26.6万平方米。5年全地区有48个科技成果项目部分向生产力转化，增值490多万元。招收中小学生120.83万，其中高中生2.84万、初中生16.52万，小学生101.47万；中专生7667人，技校生536人，大专生1238人。向国家输送大学本科、专科生3722人。按计划分配大中专毕业生6900人。全地区医疗技术人员增1250人，病床增1000张，卫生机构增10个。全地区人口自然增长率14‰。

**1981年计划**　1980年11月，地区计委编制全地区1981年国民经济计划报省。1981年2月，召开全地区计划工作会议进行讨论。会后，地区计委遵照地委、行署的指示以及省下达的计划指标，结合全地区实际，作综合平衡，于1981年3月下达各县及地直有关部门执行，计划1981年全地区粮食总产101.75万吨，油菜籽1.25万吨，花生8500吨，桑蚕茧25吨，柞蚕茧125吨；大牲畜存栏78.8万头，生猪152万头，羊81万只；出栏肥猪76.5万头，菜牛2.4万头，菜羊11万只；烤烟3.25万吨；造林22万亩。社队企业总产值4500万元。征购粮食10.64万吨，粮食销售13.6万吨。工业总产值1亿元。产原煤102万吨、机制纸800吨、合成氨5000吨、酒3500吨、水泥4.6万吨、棉布60万米。财政收入3841万元，财政支出6933.9万元。商业购进总值3500万元，销售总额1.72亿元，库存总值4500万元；外贸收购总值662万元。基本建设投资436.3万元。高等院校招生270人，中专招生1704人；中小学招生24万人。新增病床750张，新增专业卫生人员285人。是年，全地区完成工农业总产值8.32亿元，比上年增13.23%；其中农业产值6.93亿元，增12.38%；工业产值1.39亿元，增10.26%。列入计划的主要工业产品，食用植物油、卷烟比上年增加1倍以上；饮料酒、皮鞋、棉布增50%以上；化肥、原煤基本持平；发电量、焦炭、硫磺、生铁、卷烟成倍增长。完成货物运输160.5万吨，周转货物4352.3万吨千米。年内完成投资870万元，比上年降26%。房屋竣工9.92万平方米。财政收入5614.9万元，增58.22%；财政支出1.09亿元，减3.5%。社会商品零售总额3.68亿元，增14.59%。国合商业国内纯购进2.22亿元，增67.2%；国内纯销售3.75亿元，增23.43%；年末库存2.4亿元。科学、教育、文化、卫生、体育等事业和经济协作都有所发展。苞谷、油菜、小麦等良种推广试验取得成效。有近百项科技成果通过鉴定。

**1982年计划**　1981年11月，省计委对毕节地区1982年国民经济和社会发展计划控制指标作出安排。地区计委按照地委、行署的指示和省下达的计划，结合区情编制全地区国民经济计划，于1982年2月下达各县和地直有关部门执行。计划1982年全地区粮食总产104万吨，油菜籽4.5万吨，花生1000吨，烤烟5.5万吨；年末大牲畜存栏81.5万头，生猪154万头，羊77万只。造林25.1万亩。新增灌面1.2万亩，新增小水电装机1450千瓦。社队企业总产值4750万元。工业总产值1.25亿元。主要产品生铁3000吨，焦炭5.3万吨，原煤111万吨，发电量8000万千瓦时，化肥7100吨，水泥4.5万吨，烟叶复烤15万担，卷烟1.5万箱，干电池150万只，皮革3万张，饮料酒5000吨，服装60万件。专业汽车货运量7万吨，货运周转600万吨千米；民间运输货运110万吨，货运周转610万吨千米。商业国内购进总值4520万元，销售总值2.07亿元。供销系统国内纯购进1.02亿元，纯销售1.87亿元。征购粮食11.7万吨，销售14.5万吨。财政收入5470万元，财政支出1.18亿元。预算内基建投资717.7万元。是年，全地区完成工农业总产值达9.61亿元，比上年增15.7%。农业产值7.99亿元，增15.4%。粮食总产102.36万吨，增1.8%。油菜籽5.02万吨，增51.16%；烤烟7.9万吨，增34.95%；花生1173.1吨，增10.78%，茶叶474.85吨，桑蚕茧25吨，柞蚕茧71吨。年末存栏生猪160.54万头，增7.78%；大牲畜84.77万头，增6.24%；羊47.76万只，降2.1%；出栏肥猪79.84万头，牛2804头，羊14.44万只；肉类5.97万吨。水产品105.55吨。造林15.3万亩，增57.44%。工业总产值1.62亿元，比上年增17.16%。28个产品超额完成或基本完成计划。财政收入7316.7万元，增30.3%；财政支出1.33亿元，增22.05%。银行现金收入4.31亿元，现金支出4.55亿元；存款1.03亿元，贷款2.99亿元。社会商品零售总额4.19亿元，增13.86%。国合商业商品纯购进2.86亿元，纯销售4.34亿元。外贸收购总值612.34万元。完成基本建设投资2043万元，比上年增1.35倍。109项科技成果获奖。全地区中小学招生23.9万人，中专招生1628人，技工学校招生100人，大学招生245人。新增病床118张，新增专业卫生人员388人。全地区年末人口526万人，人口自然增长率17.94‰。

**1983年计划** 1983年2月，省计委下达全省国民经济和社会发展计划（草案），地区计委根据省下达毕节地区的指标和中共毕节地委、地区行署的指示，结合“六五”计划的要求和全区实际，编制全地区1983年国民经济计划，是年3月，下达各县及地直有关部门执行。计划全地区1983年农业总产值达8.11亿元；粮食总产108.5万吨，油菜籽2.73万吨，烤烟5万吨，花生1000吨，辣椒7500吨；年末存栏生猪156万头，大牲畜88.4万头，羊82万只。油茶籽75吨，油桐籽4500吨，乌桕籽1025吨，生漆250吨。新增灌面1.12万亩，新增小水电装机1500千瓦。退耕还林10万亩，种牧草10万亩；综合治理水土保持120平方千米。社队企业总产值5700万元。工业总产值达1.63亿元。产生铁1000吨、焦炭5.2万吨、原煤116万吨、发电量9000万千瓦时、木材5000立方米、水泥6万吨、机制砖750万块、合成氨5500立方米，氮肥3380吨，普钙800吨、钙镁磷肥1800吨、丝织品1万米、烟叶复烤37万担、卷烟1.5万箱、干电池70万只、刺梨酒8吨、白酒5500吨。专业汽车运输货运8.5万吨，货运周转800吨千米；民间运输货运量115万吨，货运周转700万吨千米。财政收入7511万元，财政支出1.5亿元。社会商品零售总额4.65亿元。商业国内购进5200万元，销售7.1亿元。地方基本建设投资计划2018.6万元。是年，全地区完成工农业总产值10.65亿元，比上年增10.8%。农业产值8.67亿元，增8.4%。粮食总产115.88万吨。油菜籽2.7万吨，减46.1%；烤烟5.26万吨，降25.7%；花生1721.2吨，增48.9%；年末生猪存栏180.8万头，增12.6%；大牲畜86.7万头，增2.3%；羊75.74万只，增1.2%。出栏肥猪91.67万头，牛5943头，羊9.17万只；肉类总产7.3万吨。水产品179.6吨。造林91.03万亩，种草10万亩。工业总产值2亿元，增23%。8种主要工业产品超计划完成，28种完成或基本完成计划。财政收入7512万元，增2.6%，财政支出1.51亿元，增13.13%。银行现金收入4.7亿元，现金支出4.72亿元，存款1.92亿元，贷款2.93亿元。社会商品零售总额4.84亿元，其中国内购进2.64亿元，国内销售4.28亿元。供销国内纯购进1.23亿元，国内纯销售1.98亿元。外贸总值657.77万元。粮食购进12.92万吨，调入5.92万吨；国内纯销售17.46万吨。基本完成地方基本建设投资计划。新增固定资产1687.25万元。竣工房屋13.79万平方米。科技三项费用完成32.9万元。中小学招生23.11万人，中专招生1478人，技工学校招生313人，大学招生197人。新增电影放映队83个，达364个；新增电视差转台9座，达23座；电视覆盖人口达104.7万人。新增病床12张，新增专业医务人员255人。全地区人口530.26万人，人口自然增长率1.05‰。

**1984年计划**　1983年12月，地区计委根据省计划会议精神和省计委下达的计划（草案），编制全地区1984年国民经济和社会发展计划。1984年1月，召开全地区计划会议讨论修改，报行署同意，2月21日下达各县及地直有关部门执行。计划全地区1984年农业总产值达8.65亿元；粮食总产112.5万吨；油菜籽4万吨，烤烟6.45万吨，花生1500吨。年末存栏大牲畜92.4万头，生猪162万头，羊76.5万只；出栏肥猪95万头，菜牛1.5万头，菜羊20万只。肉类总产量7.25万吨。造林100万亩，育苗1万亩。油茶籽50吨，油桐籽4100吨，乌桕籽1000吨，生漆260吨。新增灌面9000亩，小水电装机860千瓦。退耕还林10万亩，种牧草20万亩，综合治理水土保持120平方千米。社队企业总产值8400万元。工业总产值1.87亿元。产生铁6000吨、焦炭6万吨、原煤171万吨、发电量9100万千瓦时、水泥7万吨、合成氨6000吨、氮肥3800吨、普通过磷酸钙1200吨、钙镁磷肥1800吨、硫磺块2200吨、高压电池250吨、棉布50万米、丝2吨、丝织品1万米、烟叶复烤2万吨、卷烟2万箱、日用陶瓷550万件、日用玻璃品100吨、干电池70万只、白酒5200吨、汽酒300吨、服装40万件、黑白铁制品120吨。专业汽车运输运货8.5万吨，货运周转8.50万吨千米。民间运输货运量130万吨，货运周转800万吨千米。财政收入8136万元，财政支出1.42亿元。预计社会商品购买力5.52亿元。社会商品零售总额4.86亿元。商业销售总值1.85亿元。供销国内纯购进4700万元；纯销售1.73亿元。地方基本建设投资1335.1万元。是年，全地区国民经济发展计划取得突破性进展，工农业总产值达12.65亿元，比上年增18.7%。农业总产值10.19亿元，增14.9%。粮食总产121.35万吨，增4.7%；油菜籽2.76万吨，降3.4%，烤烟8.65万吨，增64.32%，花生2388.7吨，增37.03%。年末存栏生猪20.052万头、大牲畜91.24万头、羊67.22万头；出栏肥猪102.67万头、牛8988头、羊24.58万只。肉类总产8.96万吨。水产品1136.13吨。造林103.74万亩，种草20万亩。工业总产值2.46亿元，增23.8%。12种主要工业产品超额完成计划，28种产品基本完成年度计划。财政收入1.02亿元，财政支出1.96亿元。银行现金收入5.16亿元，现金支出5.78亿元；存款2.65亿元，贷款3.94亿元。社会商品零售总额5.16亿元，其中国内购进3.2亿元，国内销售4.28亿元。供销国内纯购进1.67亿元，纯销售1.82亿元。外贸完成799.45万元。粮食国内纯购进4.02万吨，调入11.1万吨；国内纯销售17.56万吨。完成基本建设投资3095万元，比上年增28.85%。新增竣工房屋38.2万平方米。中小学招生25.13万人，中专、技校招生1575人，大学招生283人。病床减91张，新增专业医务人员454人。电影队达412个；电视覆盖人209.9万人。全地区年末人口535.77万人，人口自然增长率12.13‰。

**1985年计划** 1984年8月，省计委下达全省国民经济和社会发展计划，是年9月，毕节地区计委以省下达毕节地区计划指标为据，制定全地区1985年国民经济和社会发展计划。1985年1月，地区计委报行署同意，将《毕节地区1985年国民经济和社会发展计划（草案）》印发各县和各主管部门执行。计划安排全地区工农业总产值达11.08亿元。农业产值达9.08亿元。粮食总产115万吨。油菜籽5.2万吨，花生1250吨，烤烟6.55万吨。年末牲畜存栏93.6万头，生猪170万头、羊83万只；出栏肥猪95万头、菜牛4.3万头、菜羊23万只，肉类总产量6万吨。水产品300吨。造林53万亩，育苗7000亩。油茶籽50吨，油桐籽3350吨，乌桕籽700吨，生漆290吨。新增灌面1.9万亩，新装小水装机1500千瓦。退耕还林10万亩，种牧草20万亩。综合治理水土保持134平方千米。乡镇企业总产值6200万元。工业总产值达2亿元。产生铁3000吨、原煤131万吨、发电量1亿千瓦时、水泥8万吨、化学肥料1万吨，氮肥6200吨、布60万米、丝织品5万米、木制家具3.5万件、服装80万件。财政收入1.17亿元、财政支出安排1.8亿元。社会商品零售总额4.84亿元。国合商业国内购进7200万元，销售1.24亿元。供销国内纯购进1.53亿元。外贸商品收购615万元。粮食定购计划基数4.5万吨，调入粮食16.61万吨；计划内销售12万吨，计划外销售9.11万吨。地方基本建设投资2600万元。是年，全地区完成工农业总产值12.5亿元，与上年持平。社会总产值21.17亿元，人均392元。国民收入（社会净产值）1.17亿元，人均217元。农业总产值8.77亿元，比上年增13.91%。粮食总产91.23万吨，降24.8%；油菜籽2.17万吨，减21.2%；烤烟10.26万吨，增18.7%。年末生猪存栏211.2万头，增5.3%；大牲畜72.82万头，增5.1%；羊63.75万只，减5.2%。工业总产值5.14亿元。烟叶复烤5.57万吨，增1.2倍；卷烟9.38万箱，增1.1倍；饮料酒7799吨，增39.5%；生铁1.32万吨，增65%；原煤398.91万吨，增41%；发电量1.21亿千瓦时，增4.6%；化肥0.54万吨，减2%；水泥9.58万吨，增18.4%。全年固定资产投资1.27亿元，比上年增95.5%。新增固定资产6334万元。竣工房屋33.44万平方米，增10.4%。建成公路23条，共314.26千米。新增灌面1.52万亩；学生座位1.39万个。国合商业国内纯购进4.15亿元，增29.7%；国内纯销售6.66亿元，增55.4%。外贸收购超年计划29.9%，外贸出口商品超计划22%。社会商品零售总额6.3亿元，增22%。汽车货运9031万吨，货运周转5512万吨千米；客运量962万人。民间运输货运179万吨，周转量704万吨千米。邮电完成业务总量339.5万元，增10.1%。财政收入1.3亿元，增20.4%；财政支出2.15亿元，增9.6%。学校招生24.92万人，其中大学招生451人、中专招生2240人、中小学招生24.73万人。新增电影院8个，达31个；电影队增4个，达416个；增乡镇村文化站增6个，达566个。电视差转台增6座，达51座；电视发射机功率达3.08千瓦；电视覆盖人口增27.2万人，达182.7万人；674个村通广播。医院病床减182张，为5171张；卫生人员增163人，达1.02万人。全地区人口543.16万人，比上年增7.39万人，人口自然增长率13.79‰。

## 八　“七五”计划

**1986～1990年计划**　亦称“七五”计划。1985年11月，中共贵州省委提出贵州省“七五”经济和社会发展的指导思想、原则和奋斗目标以及相应的政策措施。1985年12月，中共毕节地委、地区行署根据省、中央的规定和要求，结合毕节地区实际，参照省计委下达的计划指标，编制出毕节地区1986～1990年国民经济和社会发展计划（初稿）。后经反复讨论并征求各级各部门、各有关人士意见，数易其稿，形成《毕节地区国民经济和社会发展第七个五年计划》。计划到1990年，全地区工农业总产值达21.6亿元，比1985年（下同）增58%，其中农业产值12.1亿元，增36.4%，工业产值9.5亿元，增97.9%。国民生产总值达30.9亿元，增71.2%，其中第一产业达15.71亿元，增47.2%，比重由59.03%降到50.77%；第二产业10.4亿元，增154.3%，比重由22.62%升到33.61%；第三产业4.79亿元，增44.28%；比重由18.35%降到15.62%。全地区国民收入达18.04亿元，增56.2%，人均320元。财政收入达1.7亿元，财政支出3.1亿元。人口控制在566.6万人以内，增4.87%，人口自然增长率9‰。粮食总产量达135万吨；油菜籽10万吨，水果4.25万吨，烤烟20万吨，蚕茧750吨，茶叶2500吨。生猪存栏250万头，大牲畜95.5万头，羊120万只；肉类总产8.84万吨。蛋类2万吨。奶类1.2万吨。水产品6000吨。每年造林100万亩，改造中低产田土60万亩。灌溉达94.82万亩。小水电装机容量达6.89万千瓦。草山达800万亩，综合治理水土保持达1681平方千米，推广农业良种达280万亩。毕节毛纺厂达1040锭的设计能力。到1990年，年产中级酒1万吨，玻璃包装制品9500吨，皮革10万张，漆器20万件，复烤烟叶12.5万吨，卷烟30万箱。发电量达2.15亿千瓦时，煤炭500万吨。水泥30万吨，大理石板材20万平方米，大理石工艺品10万件。产铁矿石55万吨，生铁10万吨；磷矿石6万吨，磷肥2万吨，硫酸3000吨，合成氨1.7万吨，化肥5.2万吨，氮肥2.2万吨，复合肥1万吨，尿素1万吨。建成黔西林泉至毕节11万伏输变电工程，水城二塘至赫章妈姑11万伏电网线路；加快黔西皮家河、织金白泥塘、赫章毛家洞水电站续建项目的建设；在纳雍、织金分别建火电站。修建大方至纳溪的二级宽公路，改造208个乡1736千米的简易道路，修通1000千米的区乡公路，改造县乡公路250千米。到1990年，汽车货运量达418万吨，货运周转3900万吨千米。国内纯购进总值计划4.93亿元，纯销售计划5.89亿元；出口商品收购总值680万元。推行九年制义务基础教育。1990年全地区小学招生12.4万人，适龄儿童入学率，城镇基本普及，农村达80%左右；初中招生8万人，城镇小学毕业生基本能升初中，农村50%～60%的小学毕业生能升初中；高中招生1.1万人；中专招生1300人；中师招生800～900人；大学招生430人。兴建地区体育运动场，建成地区美术馆，赫章、黔西、纳雍三县图书馆，地区青少年文化宫。发展卫生保健事业，改善人民看病就医条件，改变农村缺医少药状况。至1990年，国民生产总值达28.99亿元（1990年不变价，下同），比1985年（下同）增36.43%，年均增6.41%；国民收入25.12亿元，增35.4%，年均6.25%。财政收入达3.14亿元，增155.93%，年均20.68%。工农业总产值41.71亿元，增47.6%，年均8.1%，其中农业产值24.58亿元，增30.71%，年均5.5%；工业产值16.96亿元，增85.63%，年均13.17%。

乡镇企业产值达11.02亿元，增134.57%，年均18.59%。粮食总产132.9万吨，增18.69%，年均3.49%；烤烟10.6万吨，增3.2%，年均0.63%；油菜籽3.39万吨，增46.65%，年均7.96%；存栏生猪251.28万头，增18.95%，年均3.5%；大牲畜115.91万头，增20.95%，年均3.88%；羊73.76万只，增15.21%，年均2.87%；出栏肥猪143.7万头，增27.79%，年均5.03%；肉类产量15.4万吨，增62.5%，年均10.2%。5年累计造林286.6万亩，新增灌面8.53万亩，建设水浇地3.8万亩，坡土改梯土9.56万亩，新增电力装机2.71万千瓦，解决41.92万人和35.29万头牲畜的饮水困难。1990年工业总产值8.89亿元，比1985年（下同）增72.96，年均13.17%。主要工业产品年产量：原煤602.2万吨，增50.96%，年均8.59%，发电量1.99亿千瓦时，增64.3%，年均10.44%，合成氨1.47万吨，增162.3%，年均21.27%；磷肥7027吨，增339.19%，年均34.44%，水泥17.1万吨，增78.5%，年均12.29%，卷烟22.06万箱，增135.18%，年均18.65%。新增毛毯、呢绒、黄磷、硅铁、羊毛衫、啤酒等新产品。5年间建成公路1334.76千米；38个乡新通车。全地区共有各等级公路1.08万千米，所有区和494个乡镇通汽车。1990年，完成客运量1252.31万人次，增30.13%，年均5.41%；运货666.43万吨，增147.78%，年均19.9%。完成邮电业务量560万元，增79.54%，年均12.42%。1990年财政收入3.14亿元，增155.93%，年均20.68%；财政支出5.21亿元，增142.65%，年均19.4%。银行各项存款7.8亿元，贷款14.42亿元。国内贸易纯购进15.96亿元，增284.35%；纯销售14.05亿元，增111.09%。外贸收购总值4108万元，增51.04%。粮食销售14.71万吨，降28.76%；调入粮食1.08亿吨，降35.8%。5年共投资基建2.78亿元，比“六五”期间增199.67%。5年间共招收高中生2.38万人，初中生18.05万人、小学生91.1万人，中专生7505人、大专生1475人、技校生909人；共输送大学本科、专科生4875人；建成毕节工业学校及各级职业技术学校22所。至1990年，全地区医疗机构1077个，医疗专业技术人员9918人，病床5788张。人口达598.42万人，自然增长率9.52‰。建电视差转台44个，总数达95个；电视覆盖率52.9%，调频广播覆盖率55%。全民所有制职工工资人均达1615元，比1985年增64.13%；城镇集体所有制职工工资人均1142元，增64.79%；农村居民纯收入人均290元，增74.83%。

**1986年计划**　1985年11月，毕节地区行署召开计划、经济工作座谈会，安排1986年全地区国民经济和社会发展主要指标。是年5月，地区计委根据省计委下达的计划，结合实际，核实调整，印发《毕节地区1986年国民经济和社会发展计划》。计划安排1986年工农业总产值15.6亿元，比上年增11.19%，其中农业产值11.5亿元，增31.13%，工业产值4.1亿元，增10.51%。粮食总产115万吨，增26.05%；油菜籽3.6万吨，增65.5%；烤烟12.7万吨，增23.77%：生猪存栏215万头，增1.77%；大牲畜98万头，增2.26%；肉类总产2.17亿斤，增16.19%；水产品800吨，增34.68%；造林82万亩，减18.13%；水利灌面0.6万亩；退耕还林还草26万亩。发电1.18亿千瓦时、生产煤炭360万吨、生铁2万吨、铁矿石36万吨、焦炭15万吨、土锌3000吨、水泥10万吨、机制砖2200万块、合成氨7500吨、化肥5910吨、氮肥4790吨、硫磺6800吨、卷烟12万箱，白酒400吨、中级酒2500吨。复烤烟叶6.5万吨。专业汽车货运量9万吨，货运周转量900万吨千米；民间运输货运量180万吨，货运周转1200万吨千米。基本建设投资3709.61万元。商业国内购进总值7800万元，销售总值1.5亿元。供销国内纯购进7000万元，纯销售1.86亿元。粮食征购3万吨，销售15.75万吨，省外调入12.5万吨。外贸出口商品收购总额604万元，分配钢材8040吨、水泥4.4万吨、生铁6400吨、上交废钢铁878吨；省计划分配给毕节地区铜7吨、铝10吨、铅6吨、锌3吨、锡1.5吨、铜材1吨、铝材7吨、纯碱70吨、烧碱20吨。是年，全地区社会总产值23.88亿元，比上年增12.8%；国民收入13.49亿元，增15.36%；工农业总产值15.78亿元，增12.49%，比1980年增118.88%。农业总产值9.33亿元，比上年增6.4%；粮食总产101.8万吨，增11.6%；油菜籽3.67万吨，增68.9%；烤烟8.41万吨，减18%；年末生猪存栏219.46万头，增3.9%，大牲畜99.45万头，增3.8%；肉类总产10.87万吨，增16.43%，水产品648吨，增9.09%；造林41.37万亩，减58.7%；有效灌面59.84万亩，增23.9%。工业总产值50.04亿元，比上年减1.18%。列入考核的30种产品，20种比上年增长；烟叶复烤5.92万吨，增6.3%；卷烟10.2万箱，增8.7%；饮料酒1.22万吨，增57.1%；中级酒2249吨，增73%；生铁2.04万吨，增74.4%；原煤490.2万吨，增22.9%，发电量1.44万千瓦时，增22.1%；化肥7687吨，增42.4%；水泥11.74万吨，增22.5%；木材6141立方米，减37.3%；皮革5万张，增25%；皮鞋24.17万双，增16.9%。全年汽车货运量288万吨，货物周转1.72亿吨千米；客运量933万人，客运周转3.23亿人千米。邮电业务总量完成347.9万元。完成基本建设投资5326.59万元，比上年增69.03%。安排基建项目193个，竣工试产或投产项目117个；建成业务房3.85万平方米，职工住宅5.77万平方米，教学用房4.12万平方米；新增水电装机3200千瓦，新修旅游公路22.64千米。国营和供销商品纯购进4.28亿元，增3%；商品纯销售7.13亿元，增7.1%。社会商品零售总额6.67亿元，增5.8%。外贸商品出口总值0.21亿元，增2.5倍。财政收入1.48亿元，增20.5%；财政支出2.61亿元，增21.5%。银行存款4.84亿元，增39.05%；贷款8.42亿元，增40.12%。银行现金收入7.58亿元，支出8.13亿元，分别增13.5%和10.6%。全民单位职工增8721人，增7.7%。工资总额增25.6%，人均年增12.5%。集体单位职工减7135人，减11.8%，工资总额减11%，人均年增资8.1%。农村经济总收入13.32亿元，增12.8%；纯收入8.38亿元，增7.7%；人均纯收入161元，比上年增18元。全地区共获科技进步奖93项，小学招生20.35万人，减1.96%；初中招生3.58万人，增6.98%；高中招生5897人，增2.47%；中专1461人，师专312人。年末总人口550.91万人，增14‰；人口自然增长率10.24‰。

**1987年计划**　1987年1月，毕节地区依据中共贵州省委五届六次会议及省计划会议精神，按照地委、行署对1987年经济工作的要求，拟制全地区1987年国民经济和社会发展计划。是年2月，根据省计委下达的计划指标，结合各县意见作出调整，印发各县和地县有关部门执行。计划安排全地区1987年工农业总产值16.7亿～17.2亿元，比上年增5.83%～9%，其中工业产值4.6亿～4.8亿元，增12.2%～17.1%；农业产值12.1亿～12.4亿元，增6.1%～8.8%。全地区农业总产值在1980年基础上翻一番，工业总产值翻两番多。乡镇企业产值4亿元，比上年增8.1%。粮食总产115万吨，油菜籽3.8万吨，烤烟10万吨；生猪存栏220万头，大牲畜103万头；肉类总产12.1万吨；水产品产量1000吨；造林78万亩；新增灌面1.3万亩，退耕还林还草30万亩。生产原煤400万吨、电1.37万千瓦时、生铁4.4万吨、铁矿石41.5万吨、焦炭16万吨、土锌9000吨、木材3.5万立方米、水泥12.4万吨、机制砖2200万块、合成氨1.3万吨、化肥1.15万吨、硫磺1.44万吨、卷烟14万箱、烟叶复烤7万吨、粗纺呢绒25万米、地毯500平方米。专业汽车货运10万吨，货物周转1000万吨千米；民间运输货运量190万吨，货物周转1800万吨千米。基本建设总投资1554万元。商业国内购进总值7800万元，国内销售1.4亿元。供销国内纯购进7400万元，国内纯销售1.87亿元。全民所有制职工达8.71万人，工资总额1.03亿元，增3.48%。全民所有制企业全员劳动生产率9230／人年，增6.37%。中小学招生23.4万，中专招生1752个，大专招生485人。1987年，全地区社会总产值26.78亿元，比上年（下同）增12.13%；国民收入15.12亿元，增12.08%；工农业总产值16.11亿元，增13.3%；乡镇企业产值4.8亿元，增21.4%。农业总产值10.02亿元，增7.35%；粮食总产112.5万吨，增10.5%；油菜籽3.66万吨，减0.3%；烤烟8.6万吨，增2.2%；存栏生猪225.28万头，增2.6%；大牲畜104.99万头，增5.5%；肉类总产量12.75万吨，增17.8%；水产品产量742吨，增14.5%；造林54.45万亩，增31.62%。工业总产值6.9亿元，增24.64%，其中全民所有制工业增28.9%，集体所有制工业增11.9%。27种主要工业产品，25种超产。卷烟14.38万箱，增41%；原煤564.19万吨，增15.1%；铁矿石34.55万吨，增65.7%；硫铁矿17.07万吨，增6倍；磷矿2800吨，增165倍；木材1.52万立方米，增1.5倍；发电量1.58亿千瓦时，增10.2%；生铁344万吨，增69.1%；食用植物油1.08万吨，增18.6%；饮料酒2.09万吨，增70.9%；酒精810吨，增2倍；布43.58万米，增18.2%；毛线68吨，增2.2倍；呢绒9.74万米，增375.9倍；丝织品4.09万米，增2.2倍；服装454.99万件，增1.4倍；焦炭18.29万吨；硫磺1.57万吨，增19.5%；合成氨8596吨，增7.2%；化肥9055吨，增17.8%；水泥11.19万吨，减4.8%；砖5.88亿块，增13.4%；中小农具525.5万件，增14.7%。汽车运输货物周转1.07亿吨千米，减37.92%；旅客周转3.26亿人千米，增0.97%。邮电业务计费381万元，增9.5%。全年完成投资2817.23万元，减47.1%；安排项目136个。社会商品零售7.49亿元，增12.4%。全民和供销社国内纯购进5.01亿元，增17.16%；国内纯销售6.23亿元，减12.69%。收购外贸出口商品4772万元，增128.6%。财政收入1.96亿元，增43.8%；财政支出3.19亿元，增22%。银行存款4.96亿元，增2.45%；贷款1亿元，增18.81%；银行现金收入9.27亿元，增22.33%；支出10.79亿元，增32.71%。全民所有制职工增5.68%，工资总额增6.3%；城镇集体所有制职工减2.5%，工资总额增6.7%。城镇居民全年人均收入697元，增9.36%；农村人均纯收入184元，增14.3%。地区科委审核登记科研成果59项，其中35项获奖。年末总人口558.87万人，增1.4%；人口自然增长率9.51‰。

**1988年计划** 1988年3月1日，地区计委按省计委下达的计划（草案），提出全地区1988年计划的具体意见，经地区三级干部会议讨论修改，报地委、行署、人大、政协同意后，下达各县及地直有关部门执行。计划安排全地区1988年工农业总产值达17.8亿元，比上年增10.49%，其中农业产值10.7亿元，增6.79%；工业产值7.1亿元，增16.59%。乡镇企业总产值4.9亿元，增9.38%，其中乡镇工业产值3.4亿元，增12.96%。粮食总产121.5万吨，增8%；油菜籽3.5万吨，烤烟10万吨；存栏生猪22.5万头，人牲畜107万头；肉类总产量12万吨，水产品产量915吨；造林55万亩；小水电新增装机800千瓦，治理水土保持80～170平方千米，解决人畜饮水7.5万人、6.11万头，退耕30万亩。生产煤炭466万吨；发电量1.51万千瓦时；生铁4.4万吨；铁矿石48.2万吨；焦炭16万吨；土锌0.9万吨；木材4万立方米；栓皮350吨；软木制品3000立方米；水泥16万吨；砖5.2亿块；卷烟28万箱；烟叶复烤6万吨；白酒8000吨；中级酒4500吨；棉布75万米；粗呢18万米；毛毯4.5万条。专业汽车货运量10.5吨，货物周转1050万吨千米、民运货200万吨，货物周转2000万吨千米。计划基建投资1823.6万元。商业国内购进8000万元，国内销售1.55亿元；供销国内纯购进8500万元，国内纯销售2.13亿元。外贸出口2596万元。全民所有制职工达9.07万人，工资1.21亿元，职工年均工资比上年增165.67元。是年，全地区实现现价国民生产总值23.04亿元，比上年增12.5%；现价国民收入20.54亿元，增15.36%；工农业总产值19.09亿元，增18.5%；乡镇企业总产值5.51亿元，增23%。农业总产值10.95亿元，增9.3%；粮食103.83万吨，减7.7%；油菜籽3.48万吨，减5.1%；烤烟11.9万吨，增38.38%；存栏生猪236.47万头，增4.9%；大牲畜109.47万头，增4.36%；肉类总产量14.5万吨，增13.83%；水产品产量5900吨，减20.49%；造林50.6万亩，减7.07%。工业总产值8.13亿元，增33.6%。32种主要工业产品中，10种超额完成计划。与上年比较，卷烟26.01万箱，增80.88%；食用植物油1.07万吨，减1.16%；饮料酒2.31万吨，增10.31%；布46万米，增5.55%；毛线60吨，减11.76%；呢绒10.5万米，增7.8%；丝织品5.64万米，增37.9%；服装530.47万件，增16.59%；皮鞋22.63万双，增5.95%；原煤628.62万吨，增11.43%；发电量1.82万千瓦时，增15.26%；生铁2.75万吨，增20.06%；水泥13.2万吨，增17.96%；砖6.46亿块，增9.77%；木材5.1万立方米，增235.14%；焦炭30.93万吨，增69.11%；硫磺1.23万吨，减21.45%；铁矿石29.18万吨，减15.54%；硫铁矿5.1万吨，减70.12%；化肥1.23万吨，增35.62%；合成氨1.26万吨，增46.92%；中小农具671万件，增27.32%。汽车货运量4.39万吨，降31.7%；货运周转459.86万吨千米，降20.7%；民运货357.96万吨，降9.3%；货运周转3525.5万吨千米，增8.8%。完成邮电业务450.7万元，增13.9%。完成投资2510.7万元，增11.1%，完成项目97个。完成商业国内购进9971万元，增27.8%；国内销售2115万元，增30.4%。供销国内购进1.46亿元，增56%；国内销售2.93亿元，增27.8%。外贸出口5415万元，增13.4%；出口创汇1354万元，增13%。财政收入3.02亿元，增54.58%；财政支出4.21亿元，增30.15%。银行现金收入12.78亿元，支出15.5亿元，分别增37.84%和43.61%；存款5.8亿元，贷款1.16亿元，分别增17.9%和46.52%。全民所有制职工工资1.71亿元，人均1360元，增16.34%；城镇集体所有制职工工资3012.79万元，人均1007元，增26.6%。46项科技成果获奖。分配大中专毕业生2302人。中专招生1510人，大专招生250人。年末人口576.81万人，增3.21%；人口自然增长率10.07%，比上年增0.056%。

**1989年计划**　1989年1月27日，毕节地区计委将讨论修改后的毕节地区1989年国民经济和社会发展计划下达各县及地直有关部门执行。计划安排全地区1989年工农业生产总值21.3亿元，比上年增11.6%，其中农业产值11.45亿元，增4.55%；工业产值9.85亿元，增21.1%。乡镇企业产值6.5亿元，增17.9%。粮食总产115万吨，油菜籽5万吨，烤烟8.5万吨，存栏生猪234万头，大牲畜112万头，肉类总产14.1万吨。水产品900吨。造林62万亩，新增灌面3.65万亩。解决5万人，3.7万头牲畜饮水困难。治理水土保持113平方千米。小水电新增装机6640千瓦。退耕30万亩。生产原煤570吨，发电量1.62万千瓦时，生铁4万吨，铁矿石40万吨，焦炭40万吨，土锌1.7万吨，精锌2800吨，木材6.2万立方米，软木制品3000立方米，栓皮350吨，水泥18.87万吨，砖6.2亿块，合成氨1.65万吨，磷0.45万吨，硫磺块1.2万吨，卷烟3.5万箱，烟叶复烤6万吨，白酒3000吨，中级酒4500吨，汽酒600吨，棉布7.5万米，丝织品2万米，皮革8万张，皮鞋25万双，服装50件，铁锅12万口，呢绒8万米，毛毯6.9万条，钢琴350台。汽车货运5.5万吨，货物周转350万吨千米；民运货400万吨，货物周转4300万吨千米。基本建设投资2531.9万元。商业国内购进8000万元，国内销售1.95亿元；供销国内纯购进1.31亿元，纯销售2.75亿元。全民所有制职工10.54万人，减390人。工资总额1.37亿元，人均增48.5元。是年，全地区实现国民生产总值25.95亿元，比上年增7%；国民收入13.12亿元，增9.5%；工农业总产值20.89亿元，增9%。乡镇企业产值7.49亿元，增35.95%。农业总产值11.4亿元，增4.1%；粮食总产116.7万吨，增12.42%；油菜籽2.9万吨，减19.86%；烤烟7.45%，增4.95%；存栏生猪241.92万头，增11.75%；大牲畜113.25万头，增3.45%；肉类总产量15.55万吨，增7.03%；水产品980吨，增66.1%；造林59.15万亩，增21.02%。工业总产值8.9亿元，增9.1%。与上年比较：原煤622.24万吨，减1.01%；铁矿石25.19万吨，减13.67%；硫铁矿9.05万吨，增77.45%；木材1.45万立方米，减71.16%；发电量1.97亿千瓦时，增7.98%；食用植物油0.98万吨，减8.6%；饮料酒2.11万吨，减8.7%；卷烟25.1万箱，减3.5%；布43万米，减6.52%；毛线37吨，减38.33%；呢绒6.23万米，减40.67%；丝织品3.65万米，减35.28%；服装812.22万件，增53.11%；皮鞋22.17万双，减2.03%；焦炭26万吨，减15.94%；合成氨1.59万吨，增26.01%；化肥2.26万吨，增83.66%；水泥16.29万吨，增23.41%；砖6.88亿块，增6.53%；生铁2.69万吨，减2.08%；中小农具745.98万件，增11.17%。汽车运输货物周转2.73亿吨千米，增83.8%；旅客周转3.81亿人千米，增6.2%。邮电业务517.83万元，增14.9%。完成基本建设投资2405.63万元，降4.2%。安排151个项目，竣工49个，增加住房5.43万平方米，增两条110kV输变电线路共128.5千米，1座3000千瓦火电厂，1个650亩的森林基地。社会商品零售总额9.57亿元，增4.93%。国合商业国内纯购进7.52亿元，降11.09%。完成外贸收购4868.12万元，降10.1%。财政收入3.21亿元，增6.09%；财政支出5.02亿元，增19.2%。银行现金收入12.59亿元，减1.5%，现金支出15.04亿元，减2.97%；存款7.14亿元，增23.83%，贷款13.05亿元，增12.36%。全民所有制职工工资1.87亿元，人均1364元，增0.29%；城镇集体所有制职工工资3158万元，人均982元，降2.48%；农村居民人均纯收入248.55元，增14.9%。全地区获省级部级科技成果奖4项，地区科技成果奖34项。大专招生380人，师范招生835人，中专669人，技校128人。中小学招生47.99万人。分配大中专毕业生2145人。年末总人口587.96万人，比上年增11.15万人；人口自然增长率9.04‰。

**1990年计划** 1990年5月19日，地区计委将经全地区三级干部会议讨论，并报经中共毕节地委，毕节地区行署批准的《毕节地区1990年国民经济和社会发展计划》下达各县及地直有关部门执行。计划安排全地区1990年工农业总产值21.52亿元，比上年增3.02%，其中农业产值12.2亿元，增7.02%；工业产值9.32亿元，增4.72%。乡镇企业产值6.7亿元，减10.55%，其中乡镇工业4.5亿元，增6.64%.粮食总产121万吨，油菜籽5万吨，烤烟12.5万吨，花生5000吨，茶叶800吨，桑蚕茧80吨；存栏生猪240万头，大牲畜115万头，羊85万只，肉类总产量15万吨，水产品700吨，蛋类13万吨；造林65万亩，新增灌面1.03万亩，治理水土保持593平方千米，新增小水电装机1175千瓦，退耕30万亩。发电1.84亿千瓦时，生产原煤620万、焦煤16万吨、土锌1.5万吨、水泥20万吨、砖6.5亿块、合成氨2.3万吨、化肥2.05万吨、硫磺1.2万吨、卷烟30万箱、烟叶复烤7.4万吨、白酒4000吨、中级酒3000吨、棉布100万米、丝2吨、丝织品5万米、塑料制品2000吨、呢绒10万米、毛毯5万条、精锌1万吨、钢琴100台、粮食加工机械1370吨。汽车运输货物周转4850万吨千米、客运周转2400万人千米。基建总投资3257万元。商业国内购进9000万元，国内销售1.95亿元；供销国内纯购进1.4亿元，国内纯销售2.85亿元。外贸出口3292万元。分配钢材7170吨、水泥1.04万吨、生铁960吨、铜11.5吨、石油成品油2.48万吨。新增非农业建设用地3938亩，其中耕地2218亩，非耕地1720亩；农业建设用地20亩。土地开发利用1万亩。招收大中专生2396人。1990年，全地区实现国民生产总值26.85亿元，比上年增3.4%；国民收入22.63亿元，减2.1%；工农业总产值20.8亿元，减0.4%。乡镇企业产值7.02亿元，增7.5%。农业总产值11.82亿元，减0.6%，粮食总产108.25万吨，减7.2%，油菜籽3.25万吨，增17%，烤烟10.6万吨，减15.2%；存栏生猪251.28万头，增3.9%，大牲畜115.91万头，增2.3%，羊77万只，增3.19%；生猪出栏144万头，减2.96%，牛出栏5.82万头，增24.63%，羊出栏18.68万只，减5.1%；肉类总产量15.15万吨，减2.5%，水产品1082吨，增10.41%；造林78万亩，增31.87%，新增有效灌面9200亩，恢复灌面1.34万亩，治理水土保持696平方千米。工业总产值8.89亿元，比上年减0.1%。与上年比较，原煤602.2万吨，减3.22%；铁矿石33.76万吨，增34.02%，硫铁矿3.31万吨，减63.42%，木材1.7万立方米，增15.65%；发电量1.99亿千瓦时，增1.31%；食用植物油1.5万吨，增53.06%；饮料酒1.9万吨，减9.95%；卷烟22.06万箱，减12.11%；布27.5万米，减36.05%；呢绒11.6万米，增86.2%；服装564.55万件，减30.49%；皮鞋15.47万双，减30.21%；焦炭39.4万吨，增51.54%；合成氨1.47万吨，减7.63%；化肥1.94万吨，减14.2%；水泥17.1万吨，增4.97%；砖5.06亿块，减26.47%；生铁3.99万吨，增48.33%；精锌7843吨，减13.07%；土锌2.21万吨，增104.85%；复烤烟叶7.11万吨，减11.48%；中级酒1259吨，铁锅13.43万口；硫磺1.74万吨。汽车运输货物周转3.58亿吨千米，增31.2%；客运周转6.05亿人千米，增58.49%。完成邮电业务560万元，增8.11%。完成基建投资2134.6万元，减22%。商业国内购进总值9322.5万元，国内销售1.78亿元；供销国内纯购进1.56亿元，国内纯销售2.91亿元。外贸完成收购4109万元，减15.59%。财政收入3.14亿元，减2.1%，财政支出5.21亿元，增3.8%。银行现金收入13.02亿元，增3.4%，现金支出17亿元，增12.8%；存款7.81亿元，增9.3%；贷款14.43亿元，增10.6%。全民所有制职工14.08万人，工资2.19亿元，人均1555元，增191元；集体所有制职工3.15万人，工资3372万元；人均1072元，增90元。全民所有工业企业全员劳动生产率1.18万元／人年，降5%。招收中小学生21.54万人，分配大中专毕业生2638人。年末总人口598.42万人，增1.8%；人口自然增长9.43‰，比上年增0.39‰。

## 九　“八五”计划

**1991～1995年计划**　亦称“八五”计划。1990年5月，省“八五”计划和1991～2000年规划座谈会后，分别召开地直各经济部门负责人座谈会，全地区计划会议，讨论修改《毕节地区国民经济和社会发展第八个五年计划和1991～2000年规划》。1992年1月，将形成的《毕节地区国民经济和社会发展第八个五年计划和十年规划》下发各县及地直有关部门执行。计划安排1991～1995年，全地区国民生产总值在1990年基础上递增6%，达38.8亿元，增44.51%；工农业总产值年递增7%，达57.9亿元，增178.31%，实现第二个经济翻番。其中农业产值年递增9.44%，达32.3亿元，增173.27%；工业产值年递增8.6%，达25.6亿元，增187.96%；乡镇企业产值年递增11.3%，达18.8亿元，增167.81%。地方财政收入年递增10.61%，达5.2亿元，增65.61%。人口控制在647万人以内，增49万人。建成水浇地50万亩，高产稳产农田达150万亩，建成20万亩商品粮基地，“温饱工程”达150万亩，实现人均半亩稳产高产基本田土。种植绿肥达150万亩，陡坡地大部分推行绿肥免耕，改造中低产田土150万亩。1995年粮食达140万吨，增29.33%，年递增6.7%。建成优质烟基地30万亩，苎麻基地10万亩，优质水果基地20万亩，优质绿茶基地20万亩，桑蚕基地4.3万亩，建设高粱、大麦酿酒原料基地各5万亩。畜牧业产值年均递增7.64%，达9.7亿元。存栏生猪260万头，增3.47%，肥猪出栏180万头，大牲畜存栏135万头，增16.47%，羊100万只，增36.13%，绵羊毛产量1500吨，增95.39%，肉类总产量18万吨，增18.58%。建成饲养50万只绵羊生产基地，建成威宁500吨高低温冷库，地区兽用药厂、毕节浓缩饲料厂。荒山造林210万亩，封山育林96万亩，退耕还林60万亩，林灌覆盖率由19.2%提高到25%，年均递增1%。争取乡乡办有乡镇企业。产卷烟40万箱，增81.32%，复烤烟叶10万吨，增40.65%，毕节毛纺厂年产粗呢40万米，毛毯5万床；建成毕节棉纺厂、毕节苎麻纺织厂，毕节精梳毛纺织厂，毕节、金沙缫丝厂。中级酒0.01万吨，增297.14%，皮革12万张，增73.41%。建成毕节2×1.2万千瓦火电厂，赫章张家桥电站，实施纳雍火电厂、威宁火电厂二期扩建工程和金沙长征电站扩容工程；每年新增农村小水电1200～1500千瓦。产原煤750万吨，增24.5%，水泥30万吨，增75.44%，建成年产钢4万吨，材3万吨的毕节地区钢厂。出口商品总值1亿元，增143%，年均递增19.5%。到1995年，各项指标完成情况及与1990比较；国民生产总值41.43亿元，增36%，年均6.34%；工农业总产值73.46亿元，增76.84%，年均12.08%。地方财政收入达8.88亿元；增182.8%，年均23.11%。农业总产值34.63亿元，增40.88%，年均7.1%；粮食总产157.25万吨，增45.21%；存栏生猪281.88万头，增12.18%；大牲畜126.68万头，增9.29%；羊53.18万只，减27.61%；产绵羊毛389吨，减48.16%；生猪出栏170.24万头，增18.47%；大牲畜出栏10.93万头，增44.96%；肉类总产19.4万吨，增27.8%。乡镇企业总产值38.63亿元，增250.54%，年均28.51%。农民人均纯收入526元，增75.23%。农业实用技术推广率由39.8%提高到73%。工业总产值38.83亿元，增128.95%，年均18.02%。原煤1017.11万吨，超计划35.61%；发电量4.22亿千瓦时，超14.01%；粗锌5.43万吨，硫磺5.66万吨，分别超计划117.2%和183%；尿素4万吨；卷烟34.5万箱，复烤烟叶6.9万吨，水泥23.9万吨，分别为计划数的86.25%、69%和79.67%。基建投资4亿多元，相继完成毕节、黔西商品粮基地建设，黔西、金沙农业综合开发，以粮代赈坡改梯50余万亩，建成毕节头步电厂、毕节棉纺厂、毕节化肥厂尿素工程、毕节卷烟厂技改工程、织金至纳雍输变电工程、各县市程控电话工程、贵毕路毕节出口段等项目。新建初中27所，职业中学10所，幼儿园27所，盲聋哑学校1所，新增校舍63.5万多平方米，改造危房24万平方米，5个县实现“普六”教育。1995年底，全地区各类在校生101.72万人，比1990年增2.9万人，其中专科生1020人，增217人；中专生6525人，增835人；高中生1.53万人，减2642人；初中生13.6万人，增2.1万人；小学生86万人，增3.49万人。小学适龄儿童入学率由89.59%提高到93%。拥有科研人员近4.3万人。5年完成省、地科研项目184项，获科研成果144硕，其中省级成果20项。广播、电视覆盖率分别达56.9%和60%。卫生机构拥有床位6500张，专业技术人员1.08万人，分别增4.3%和9%。1995年年末全地区人口626.1万人，比计划控制数少20.9万人。

**1991年计划**　1991年初，地区计委根据省的要求，对全地区国民经济和社会发展计划作出安排。是年7月27日，地区计委根据省计委下达毕节地区计划指标，结合地区实际，调整原编制的计划（草案），并报经行署同意后，下达各县及地直有关部门执行。计划1991年全地区工农业总产值43.3亿元（1990年不变价下同），比上年增4.24%，其中农业产值25.3亿元，增2.93%；工业产值18亿元，增6.13%。乡镇企业产值12亿元，增12.25%粮食总产122.5万吨，增13.1%；油菜籽4.2万吨，增28.8%，烤烟12.5万吨，增17.5%；存栏生猪244万头，大牲畜118万头，肉类总产15.8万吨，水产品900吨；造林60万亩，新增灌面4.56万亩，解决18.61万人饮水困难，治理水土保持804平方千米，新增小水电800千瓦，退耕还林10.6万亩。发电1.97亿千瓦时；产原煤680万吨、生铁4.4万吨、铁矿石34万吨、焦炭25万吨、土锌1.7万吨、精锌1万吨、木材6万立方米，软木制品2000立方米、栓皮300吨、水泥18.1万吨、砖7.03亿块、合成氨2.3万吨、化肥2.48万吨、硫磺1.78万吨、卷烟24万箱，烟叶复烤7.4万吨、白酒2450吨、中级酒2300吨、汽酒600吨、棉布100万米、皮革8万张、呢绒17万米、毛毯2.3万条、毛线20吨、啤酒1万吨、地毯500平方米、酒精1500吨、黄磷500吨、硅铁1400吨。汽车运输货物周转3.87亿吨千米，客运周转3296万人千米。基建总投资3586.46万元。商业国内纯购进9000万元，国内纯销售9400万元；供销国内纯购进1.32亿元，国内纯销售2.7亿元。外贸出口商品收购3006万元。至是年底，全地区完成国民生产总值33.5亿元，比上年增15.53%；国民收入29.04亿元，增15.62%；工农业总产值45.14亿元，增8.23%；乡镇企业总产值12.21亿元，增10.73%。农业总产值27.72亿元，增12.76%；产粮126.5万吨，增16.83%，油菜籽5万吨，增53.68%，烤烟11.6万吨，增9.5%；存栏生猪256.14万头，增1.93%，大牲畜118.01万头，增1.81%，产肉类16.3万吨，增7.38%，水产品815吨，减24.58%；造林63.66万亩；恢复灌面8616亩，新增水浇地7.12万亩，解决22.7万人、15.08万头牲畜的饮水困难，新增小水电1000千瓦。工业总产值17.43亿元，增2.77%，其中，乡以上工业9.67亿元，增2.24%，村及村以下7.39亿元，增5.17%。与上年比较：原煤662.54万吨，增10.02%；铁矿石31.01万吨，减8.15%；木材1.61万立方米，减5.29%；发电2.23亿千瓦时，增11.87%；白酒2.03万吨，增15.34%；卷烟22万箱，减0.27%；呢绒19.23万米，增65.78%；服装684.75万件，增21.29%；皮鞋18.16万双，增17.39%；布鞋127.04万双，减0.41%；制革7.98万张，增15.32%；焦炭29.78万吨，减24.42%；合成氨1.67万吨，增13.61%；化肥3.86万吨，增98.97%；水泥19.54万吨，增14.21%；砖6.33亿块，增25.21%；大理石板材1.8万平方米，增36.16%；生铁2.39万吨，减40.1%；精锌1.96万吨，增151%；土锌2.45万吨，增10.86%；复烤烟叶6.96万吨，减2.11%；中级酒13.28吨，减98.94%；铁锅2.44万口，减81.83%。汽车运输货物周转6.77亿吨千米，增

89.25%；客运周转8.57亿人千米，增41.61%。完成邮电业务1108.6万元，增97.96%。完成基本建设投资2633.56万元，增23.38%。商业完成国内纯购进9148万元，增1.67%；国内纯销售8989万元，降32.3%；供销国内纯购进1.48亿元，增2.3%；国内纯销售2.81亿元，增2.9%。外贸收购总值2338.4万元，减43.1%。财政收入3.53亿元，增12.42%；财政支出5.27亿元，增0.28%。银行存款9.79亿元，增20.26%；贷款15.55亿元，增7.21%。现金收入15.1亿元，增15.96%；支出19.5亿元，增14.71%。全民所有制职工11.15万人，工资1.78亿元，人均1595元，比上年增40元；集体所有制3.1万人，工资总额3725万元，增130元。共招收中小学生22.51万人，中专生1483人、职业中学3915人、大专生280人。分配大中专毕业生2434人。年末总人口604.49万人，增6.7万人，人口自然增长1.01‰。

**1992年计划** 1991年下半年，地区计委草拟出毕节地区1992年国民经济和社会发展计划及1993年计划框架建议，并以召开座谈会讨论方式征求多方意见作修改，下达各县及地直有关部门。1992年4月1日，根据省计委下达毕节地区计划指标，对原计划草案作个别调整后，报经地区行署和地区人大工委审议同意，下达《毕节地区1992年国民经济和社会发展计划》。计划1992年全地区工农业生产总值47.4亿元，比上年增5.01%。其中农业产值29亿元，增4.62%；工业产值18.4亿元，增5.57%。乡镇企业13亿元，增6.47%。粮食总产130万吨，增2.76%。油菜籽4万吨，减6.19%。烤烟10.25万吨，增7.76%；存栏生猪262万头，增2.29%，大牲畜120万头，增1.7%，肉类总产16.5万吨，增1.23%。水产品1000吨，增22.55%。造林65万亩，新增灌面2.78万亩。解决10.45万人、6.55万头牲畜的饮水困难。新增小水电装机400千瓦。治理水土保持808平方千米。发电2.21亿千瓦时。产原煤660万吨、生铁2.6万吨、粗锌2.4万吨、精锌1.96万吨、20万吨、大理石板材3.6万平方米、砖5.56亿块、卷烟22万箱、烟叶复烤7.4万吨、棉布50万米、皮革10万张、塑料制品1180吨、铁锅5万口。基本建设投资1.02亿元。商业国内纯购进8500万元，纯销售9500万元；供销国内纯购进1.52亿元，国内纯销售2.83亿元。收购外贸出口商品3075万元。分配平价汽油770吨、扶贫救灾柴油500吨、钢材1.07万吨、水泥1.46万吨。计划非农业建设用地5110亩，其中耕地2480亩；农业建设用地490亩，其中耕地351亩；土地开发7459亩，其中耕地4440亩。工业废气处理率40%，工业废水处理率14.5%；万元产值工业废水排放量165吨／万元，烟雾尘排放量0.164吨／万元，固体废物产生量3.7吨／万元；环保技改硫磺1.45万吨。是年，完成国民生产总值34.51亿元，比上年增3.01%；民收入29.53亿元，增1.69%；工农业总产值47.17亿元，增7.87%；乡镇企业14.55亿元，增19.14%。农业总产值27.4亿元，减1.14%；产粮120.9万吨，减4.41%；油菜籽4.37万吨，减12.77%；烤烟12.5万吨，增7.76%。存栏生猪256.5万头，增0.14%；大牲畜120.96万头，增2.5%；肉类产量17.5万吨，增7.36%；水产品1009吨，增23.56%。造林67.9万亩，增5.94%。改善灌面6900亩，恢复灌面12.85万亩，新增水浇地4.82万亩，解决11.19万人、6.99万头牲畜的饮水困难。治理水土保持100.62平方千米；新增小水电950千瓦。工业总产值19.77亿元，增13.45%。发电2.34亿千瓦时，增4.89%；产原煤686.45万吨，增3.61%；铁矿石41.37万吨，增33.41%；硫铁矿17.23万吨；食用植物油18.06万吨，增15倍；白酒2.7万吨，增33.01%；卷烟24.1万箱，增9.55%；棉布18万米，增44.46%；呢绒15.94万米，减17.11%；制革23.12万张，增189.72%；焦炭24.38万吨，减18.13%；合成氨1.55万吨，减7.19%；化肥2.53万吨，减34.46%；酒精915吨，增36.77%；水泥19.85万吨，增1.59%；砖5.53亿块，增18.83%；生铁4.26万吨，增78.24%；精锌2.75万吨，增40.31%；土锌2.65万吨，增81.63%；复烤烟叶7.44万吨，增6.9%；中级酒1206吨，增90倍；铁锅21.41万只，增7.8倍；硫磺2.82万吨千米。汽车运输货物周转4.65亿吨，减31.33%，客运周转5.94亿人千米，减30.66%。完成邮电业务1294.2万元。完成基建投资7873.13万元，增2倍。安排基建项目177个，建成78个。商业国内纯购进8368万元，减8.5%，国内纯销售8572.3万元，减4.6%；供销国内纯购进1.35亿元，减9.1%，纯销售2.63亿元，减6.6%。外贸收购4321.85万元，增84.6%。财政收入4.3亿元，增7.87%；财政支出6.07亿元，增15.17%。银行存款10.99亿元，增12.26%；贷款17.08亿元，增9.84%；现金收入18.29亿元，增21.13%；支出24.77亿元，增26.96%。全民所有制职工11.72万人，工资2.09亿元，人均1785元，增15.91%；集体所有制职工2.84万人，工资3881万元，人均1368元，增13.81%。招收中小学生22.8万人，中专生1365人，大专生320人。吸收分配大中专毕业生2356人。年末人口615.91万人，增18.9‰；人口自然增长11.54‰。

**1993年计划**　1992年底，地区计委草拟形成毕节地区1993年国民经济和社会发展计划及1994年框架计划。1993年1～2月，地区三级干部会、计划工作会议分别对计划草案作讨论修改。之后经行署同意，人大审议，于4月27日下达各县及地直有关部门执行。计划安排1993年全地区国民生产总值38.3亿元，比上年增11%。工农业总值52.35亿元，增10.98%，其中农业产值30亿元，增9.5%；工业产值22.35亿元，增13.05%。乡镇企业产值17.6亿元，增21.01%。粮食总产135万吨，油菜籽5万吨，烤烟15万吨；存栏生猪267万头，大牲畜123.5万头，肉类产量18万吨；造林42万亩，新增灌面3500亩，恢复灌溉2200亩，新增水浇地2.16万亩；解决6.12万人、4.65万头牲畜的饮水困难。新增水电装机525千瓦；治理水土保持808平方千米。发电量2.37亿千瓦时。产原煤640万吨、土锌3万吨、精锌3万吨、木材6万立方米、水泥23万吨、合成氨3.05万吨、碳铵4.1万吨、尿素3万吨、磷肥4.6万吨、卷烟22.5万箱、烟叶复烤7.4万吨、白酒2000吨、中级酒2300吨、农膜1000吨。基建总投资1.01亿元。商业国内纯购进9000万元，纯销售9300万元；供销国内纯购进1.35亿元，纯销售2.58亿元。外贸出口商品收购4959万元。至年底，全地区完成国民生产总值37.63亿元，比上年增7.96%；工农业总产值55.14亿元，增16.75%；乡镇企业产值19.02亿元，增30.73%；农民人均纯收入424元，净增50元。农业产值29.74亿元，增8.53%。粮食总产134.85万吨，增11.53%。油菜籽3.67万吨，减16.02%；烤烟15.15万吨，增21.52%；存栏生猪262.9万头，增2.49%；大牲畜123.9万头，增2.35%；肉类产量18.05万吨，增3.2%；造林48万亩，增28.25%。改善灌面2245亩，恢复灌溉10万亩，新增灌面3500亩，新增水浇地2.16万亩，解决6.15万人、4.65万头牲畜的饮水困难；治理水土保持809平方千米；新增小水电装机625千瓦。工业总产值25.4亿元，增28.48%。发电2.48亿千瓦时，增8.97%；产原煤798万吨，增长25.76%；土锌3.31万吨，增24.08%；精锌2.81万吨，增2.23%；水泥25.5万吨，增28.46%；尿素1.03万吨；复合肥1.03万吨；卷烟30万箱，增24.48%；复烤烟叶11.31万吨，增52%；白酒3.52万吨，增30.37%；生铁5.35万吨，增长33.42%。完成基建投资8454万元。商业国内纯购5915.55万元，减29.3%；纯销售7296.6万元，减14.9%；供销国内纯购进8437.5万元，减32.9%；销售2.12亿元，减19.6%。外贸收购3560.78万元，减17.6%。财政收入5.89亿元，增37.13%；支出6.94亿元，增14.12%。银行存款12.19亿元，增10.9%；贷款20.14亿元，增17.96%；现金收入18.29亿元，支出23.97亿元。招收中小学生23.61万人，中专生2022人，专科生397人。安置本、专科生379人，中专生1751人。年末总人口613.47万人，减0.23%。

**1994年计划** 1994年初，地区计委根据省计划会议精神及毕节地区实际，草拟1994年全区国民经济和社会发展计划（草案），后经地区三级干部会议讨论修改，地区人大工委第十八次会议审议同意，于1994年4月下达各县及地直有关部门执行。计划1994年全地区国民生产总值41.39亿元，比上年增10%。工农业生产总值60.62亿元，增9.9%，其中农业产值31.22亿元，增5%；工业产值29.4亿元，增15.7%；乡镇企业24.6亿元，增29.34%。产粮144万吨，油菜籽5万吨，烤烟12.5万吨；存栏生猪267万头，大牲畜125万头，肉类总产量16万吨，蛋类1.2万吨，牛奶30吨；水产品1000吨；造林57万亩；改善灌面1000亩，恢复灌面2.7万亩，新增水浇地1万亩；新增地方电力装机640千瓦；解决4.1万人、2.5万头牲畜饮水困难；治理水土保持572平方千米；推广杂交水稻30万亩，杂交玉米150万亩，旱地分带轮作220万亩，地膜覆盖60万亩，配方施肥205万亩。发电量3.63亿千瓦时；生产原煤830万吨、土锌3.5万吨、精锌2.85万吨、木材6万立方米、水泥24万吨、合成氨3.05万吨、碳铵4.2万吨、尿素3万吨、卷烟30万箱、烟叶复烤7.4万吨、省管名酒1500吨、农膜1000吨。全年基建投资9149.5万元。商业国内纯购进5700万元，纯销售7200万元；供销国内购进2.2亿元，销售2.95亿元。收购外贸出口商品4500万元，计划创汇100万美元。分配钢材1500吨、生铁3800吨、铝锭60吨。是年，全地区完成国民生产总值40.16亿元，比上年增6.7%；工农业总产值64.11亿元，增16.27%；乡镇企业产值26.67亿元。农业产值32.68亿元，增9.98%；产粮153.7万吨，增13.97%。油菜籽3.88万吨，增5.72%；烤烟11.15万吨，减26.6%；存栏生猪267.21万头，增1.64%；大牲畜124.1万头，增0.24%；肉类总产17.85万吨，减0.9%。造林62.32万亩，增29.83%；完成以工代赈坡改梯13.2万亩，绿色工程2.03万亩，改善灌面0.18万亩，恢复灌溉6.97万亩，新增2.52万亩；解决6.65万人、3.68万头牲畜饮水困难。水土保持治理848.9平方千米气，新增小水电装机860千瓦。工业产值31.43亿元，增23.74%，其中乡以上工业16.3亿元，增19.87%。发电3.81亿千瓦时，增59.38%；产原煤854.02万吨，增6.62%；土锌3.95万吨，增19.56%；尿素1.52万吨，增46.15%；卷烟32.2万箱，增7.33%；精锌5.94万吨，增111.39%；水泥22万吨，减11.68%；复烤烟叶6.3万吨，减44.3%；农膜671吨，为计划的67.1%；木材1.33万立方米，增13.68%；生铁10.49万吨，增96.07%；完成基建投资6309.6万元，减25.36%。商业购进1.6亿元，增22.3%；销售1.8亿元，增6.3%；供销购进2.21亿元，增10.2%；销售2.94亿元，增0.8%。外贸收购6675.29万元，增88.8%。财政收入7.11亿元，增20.93%；支出7.88亿元，增16.44%。银行存款13.55亿元，增1.42亿元，贷款23.2亿元，增4.63亿元；现金收入25.78亿元，增5.64亿元，支出35.05亿元，增7.81亿元。共招收中小学生25.29万人，中专生2014人，专科生290人。安置大中专毕业生2558人。年末人口620.5万人，增7.13万人；自然增长率12.57‰。

**1995年计划**　1995年初，毕节地区计委根据省经济工作会议及地区三级干部会议精神，编制1995年国民经济和社会发展计划（草案），后经地区行署同意，地区人大工委第二十二次会议审议通过，于4月5日下达全地区执行。计划全地区1995年国民生产总值44.16亿元，比上年增10%；工农业总产值70.75亿元，增10.36%，其中农业产值34亿元，增4.4%；工业产值36.75亿元，增16.93%；乡镇企业总产值32亿元，增19.9%。产粮155万吨，油菜籽5万吨，烤烟12.5万吨。存栏生猪275万头，大牲畜127万头。肉类产量19万吨。水产品1500吨。造林55万亩。新增灌面3850亩，恢复7.85万亩，改善1500亩；新增水浇地1.07万亩；解决7.53万人、3.42万头牲畜饮水困难；治理水土保持850平方千米。推广杂交水稻32万亩、杂交玉米160万亩、旱地分带轮作190万亩、地膜覆盖50万亩、配方施肥205万亩。发电3.61亿千瓦时。生产原煤870万吨，土锌4万吨、木材6万立方米、水泥24万吨、碳铵4.2万吨，尿素4万吨、卷烟33万箱、中级酒1000吨、生铁12万吨、硫磺6万吨、棉布100万米。基建投资6472万元。商业购进1.35亿元；销售1.57亿元；供销纯购进2.3亿元；销售3.1亿元。外贸收购6800万元。分配钢材2700吨、水泥4800吨、铜9吨、铝9吨、化肥10.79万吨、救灾油3000吨。计划建设用地3645亩，其中耕地2100亩；土地出让180亩，其中耕地120亩；土地开发4365亩，其中耕地3000亩。工业废气处理率47%，废水处理率45%，固体废物综合治理率55%；万元产值工业烟尘排放量0.1吨，工业废水排放量93吨／万元，工业固体废物排放量93吨/万元。至是年底，全地区完成国民生产总值41.2亿元，增6.3%；工农业总产值74.33亿元，增15.66%；乡镇企业产值38.63亿元，增39.61%。农民人均纯收入526元，略有增长。农业总产值34.6亿元，增5.8%；产粮157.25万吨，增3.54%；油菜籽5.5万吨，增42.9%；烤烟12.7万吨，增12.39%。存栏生猪281.88万头，增5.49%；大牲畜126.68万头，增2.08%。产肉19.4万吨，增8.44%；水产品1027吨，增16.18%；造林58.92万亩，减5.46%。工业总产值39.73亿元，增25.76%。其中乡以上工业19.2亿元，增15.94%。发电量4.22亿千瓦时，增10.67%；产原煤1017.1万吨，增19.09%；土锌3.5万吨，减11.41%，木材1.67万立方米，增25.56%，水泥23.9万吨，增8.64%，碳铵1.7万吨，为计划的40.48%；尿素3.9万吨，增156.58%；卷烟34.5万箱，增7.14%；生铁9.3万吨，减27.91%；硫磺5万吨；棉布236万米，增98.32%。完成基建投资4355.35万元，减31%。商业购进1.6亿元，降0.1%；销售2.02亿元，增12.1%；供销购进4.35亿元，增94.88%；销售4.56亿元，增53.56%。外贸收购6676万元，与上年持平。财政收入8.88亿元，增24.92%，支出9.23亿元，增12.52%。银行存款18.4亿元，增4.6亿元，增33.3%，贷款余额31.61亿元，增35.4%；现金收入35.62亿元，增38.12%；支出49.35亿元，增40.8%。共招收大中专学生2585人，适龄儿童入学率达94.42%。年末人口626.15万人，增5.55万人，自然增长率13.46‰。

## 十　“九五”计划

**1996～2000年计划**　亦称“九五”计划。1995年1月19～20日，毕节地区召开计划工作会议，讨论编制“九五”计划和到2010年规划工作。是年底，根据会议要求，全地区完成草案，报地委、行署审阅。从1996年初起，地委、行署多次召开会议，讨论修改计划草案。1997年9月，编制完成《毕节地区国民经济和社会发展“九五”计划和到2010年长期规划》。计划到2000年，全地区与1995年的比较：国民生产总值69亿元，增66.54%，工农业总产值110.5亿元，增50.42%，其中农业产值42亿元，增21.28%，工业产值68.5亿元，增76.41%，乡镇企业产值100亿元，增158.87%；地方财政收入达15.65亿元，增76.24%；粮食总产36亿斤，增4.47%；农民人均纯收入达800元，增274元；人口自然增长率在14‰以内，年末人口在690万人以内。建设农业生产基地：粮食30万亩，烤烟40万亩，苎麻10万亩，优质水果10万亩，优质绿茶5万亩，蚕桑30万亩，蔬菜20万亩，中药材10万亩。产烤烟15万吨，油菜籽6万吨，桑蚕茧2100吨，水果11万吨。全区森林达843万亩，森林覆盖率21%；林灌覆盖率30%；森林蓄积量2200万立方米；5年造林250万亩，封山育林300万亩。畜牧业产值达12.5亿元，占农业总产值的29.8%；存栏生猪323万头，大牲畜152万头，羊66万只；肥猪出栏240万头，产肉25万吨、绵羊毛800吨；人工改良草场40万亩，建成10万只绵羊生产基地。乡镇企业从业人员达60万人，年产值达100亿元。5年增加有效灌面7万亩，其中水浇地5万亩；治理水土保持4000平方千米，改造中低产田土80万亩，坡改梯70万亩，高产稳产基本农田达320万亩；基本解决农村人畜饮水。生产卷烟80万箱，每箱税利达2150元；复烤烟叶15万吨；毕节棉纺厂新增96台剑杆织机及6台针织大圆机，建成印染车间和新增1万锭纺纱设备；麻纺厂新增2400锭纺纱设备，建成600万米织布生产线和针织内衣车间，建成毕节毛纺厂800吨粗纺麻片，20万米无纺布生产线和毕节精梳毛纺织厂；制革60万张，皮鞋40万双，皮衣10万件；中级酒5000吨，饮料2000吨。煤炭1600万吨；新增电力装机43万千瓦，年发电量28亿千瓦时。产合成氨10万吨，尿素12万吨，复合肥10万吨，硫磺10万吨，磷肥10万吨，黄磷1.8万吨，铁矿石150万吨，生铁20万吨，钢6万吨，粗锌8万吨，精锌6万吨，普通硅酸盐水泥50万吨，特种水泥3万吨，非黏土砖1.7亿块，大理石板材10万平方米，釉面砖70平方米。实现乡乡通公路，建成覆盖全地区的移动通信电话网，并实现全国联网；邮电业务量1亿元，电话普及率由1995年的0.4%提高到1%，各乡镇基本实现程控电话。出口商品总值达2亿元，出口创汇2500万美元。5年新建初级中学150所，新增校舍100万平方米，各县办好一所综合性职业高中或技术培训中心；加快毕节、黔西、织金、威宁师范及师专规范化建设进程，扩建毕节农校；2000年基本普及初等教育，小学适龄儿童入学率达98%；金沙、大方分别于1997年和2000年普及9年义务教育。全地区“普九”人口占40%左右；基本扫除青壮年文盲，农村青壮年非文盲率到95%，城镇98%。全地区医院总床位9127张，婴儿死亡率由1995年的5%降到3.66%，基本控制地方病。广播人口覆盖率达70%，电视人口覆盖率达80%。全地区人口控制在690万人以内，自然增长率14‰以下。治理工业“三废”，推广锅炉除尘脱硫技术和密闭还原净化法炼硫技术，降低污染物排放量。争取到2000年，全地区实现国内生产总值达120.91亿元，年均增11%，其中，第一产业53.6亿元，年均增6.3%，第二产业36.88亿元，年均增15.8%，第三产业30.44亿元，年均增14.8%；三个产业的比分别由“八五”期末的52.5：28.2：19.3转变为44.9：30.9：24.2。农林牧副渔民总产值83.35亿元，年均增6.5%，农民人均纯收入1248元；粮食总产231.75万吨，年均增8.1%。乡镇企业实现增加值54.14亿元。5个贫困县先后越过温饱线，贫困人口从216万人降到60万人。森林覆盖率达20.5%；林灌覆盖30.5%。实现工业总产值60.2亿元，年均增8.9%，其中轻工业26.7亿元，年均增6.9%，重工业33.5亿元，年均增10.6%。累计完成固定资产投资87.7亿元，比“八五”时期增64.7亿元，增281%；完成毕节卷烟厂、毕节化肥厂、毕节水泥厂、黔北火电厂一期工程的技术改造和建设；新修公路700千米，改造公路450千米；开通程控电话16.4万门、数字移动通信网、模拟移动通信网4万门，245个乡镇基本实现电话程控化，开通中国公用分组数据交换网、DDN数字数据和中国计算机互联网；长途邮运和邮政营业实现电子化。财政收入13.85亿元，年均增9.2%，支出16.19亿元。社会商品零售达19.08亿元，年均增8.86%；储蓄存款余额达32.22亿元，年均增22%。人口达685.8万人，自然增长率21.8‰。适龄儿童入学率97.86%，其中女童入学率97.7%；8县市基本普及小学教育，基本扫除青壮年文盲。在校学生：高等学校274人，中等专业学校9688人，普通中学23.2万人，小学101.52万人。有科技综合职能管理机构9个，各类科技服务组织2500个，各类专业技术人员5.6万人。广播、电视覆盖率分别达77.07%和77.39%。

**1996年计划** 1996年6月，经地区行署同意，地区计划局下达1996年毕节地区国民经济和社会发展计划至各县及地直相关部门执行。计划1996年全地区国民生产总值45.73亿元，比上年增11%；工农业总产值82.5亿元，增10.99%，其中农业产值36亿元，工业产值46.5亿元；乡镇企业产值50.22亿元。粮食总产160万吨，油菜籽5.6万吨，烤烟12.5万吨；存栏生猪290万头，大牲畜129万头，羊60万只。产肉20万吨，水产品1.22万吨；造林53万亩；新增有效灌面1.89万亩，改善0.07万亩，恢复7.2万亩，新增水浇地1.51万亩；新增地方电力装机640千瓦；治理水土保持790平方千米。发电4.2亿千瓦时；生产原煤1150万吨、粗锌6万吨、精锌4万吨、水泥24万吨、尿素4万吨、卷烟34万箱、中级酒1000吨、生铁12万吨、钢材0.5万吨、硫磺6万吨、棉布100万米、黄磷5500吨、磷肥3.2万吨。基建投资1.59亿元。商业购进1.6亿元，销售1.85亿元；供销购进4.3亿元，销售4.6亿元。外贸收购5500万元。分配尿素7770吨，建设用地3060亩，其中耕地1560亩；土地出让195亩，其中耕地120亩；开发土地1.04万亩。工业废气处理率40%，废水处理率58%，固体废物综合处理率75%；工业产值烟尘排放量0.16吨／万元，废水排放量36吨／万元，固体废物产生量5.1吨／万元。是年底，全地区完成国民生产总值46.31亿元，比上年增11.78%；工农业总产值103亿元，增23.2%；乡镇企业产值58.6亿元，增51.7%；农民人均纯收入632元，增106元。农业总产值38.13亿元，增9.3%；粮食总产173.25万吨，增10.03%；烤烟17.3万吨，增34.92%；油菜籽5.25万吨，减4%；茶叶1018吨，增22.65%；桑蚕茧307吨，增93.08%；存栏生猪292.2万头，增3.66%；大牲畜130.33万头，增2.88%；羊59.43万只，增11.75%；出栏生猪180.3万头，增5.91%；大牲畜10.87万头，减0.55%；羊19.27万只，增8.2%；产肉20.1万吨，增3.81%；蛋类1.27万吨，增5.83%；牛奶179吨，增5.17倍；水产品1130吨，增10.03%；绵羊毛381吨，减4.27%；造林54.5万亩，减7.5%。工业总产值65亿元，增31.13%，其中乡以上工业36.2亿元，增21.44%。发电4.61亿千瓦时，增9.43%；原煤1289.7万吨，增99%；粗锌7.97万吨，增127.71%；水泥30万吨，增25.52%；尿素4.22万吨，增8.21%；卷烟36.95万箱，增7.1%；生铁17.45万吨，增87.63%；铁矿石117.25万吨，增58.45%；钢材1997吨，增5.66倍；木材1.18万立方米，减

29.35%；棉布159万米，减32.63%；黄磷9063吨，增110.47%。完成基建投资9373万元，增1.15倍。商业购进1.64亿元，增2.6%；销售2.03亿元，增0.8%；供销购进4.77亿元，增9.7%；销售4.99亿元，增9.4%。财政收入11.54亿元，增29.98%；支出11.33亿元，增24.96%。银行各类存款余额23.98亿元，比年初增6亿元；贷款余额41.36亿元，增10.25亿元；各项现金收入46.81亿元，支出67.4亿元。共招收大中专学生4171人，其中大专学生290人，适龄儿童入学率95.42%，增加1%。年末人口632.21万人，增6.07万人，自然增长率13.79‰。

**1997年计划**　1997年1月，毕节地区计划局根据省安排的计划提出全地区1997年国民经济和社会发展计划。经行署同意，4月30日下达各县及地直相关部门执行。计划1997全地区国民生产总值50.5亿元，比上年增9.05%；工农业总产值115.4亿元，增2%；其中农业39亿元，增3.07%；工业76.4亿元，增17.54%；乡镇企业总产值76.2亿元，增30%。粮食总产176万吨，油菜籽5.6万吨；烤烟13.5万吨；茶叶1200吨；桑蚕茧310吨；存栏生猪300万头，大牲畜132万头，羊65万只。肉类总产21万吨；水产品1250吨；绵羊毛400吨。造林67万亩；新增水田有效灌溉1.08万亩；水浇地1.5万亩，改善灌溉0.07万亩，恢复7万亩；解决6.2万人和4.4万头牲畜饮水；治理水土保持790平方千米。发电4.8亿千瓦时；生产原煤1350万吨、粗锌7万吨、精锌4万吨、水泥30万吨、尿素6万吨、卷烟34万箱、生铁12万吨、铁矿石130万吨、钢材0.5万吨、硫磺9万吨、木材4万立方米、纱0.25万吨、棉布150万米、黄磷1.2万吨、磷肥7.3万吨。基建投资3.21亿元。商业购进1.6亿元，销售1.85亿元；供销购进4.8亿元，销售5.1亿元。外贸收购0.2亿元。招收大专生590人，中专生2370人，中师生700人；省内外地区招生1503人。年末人口660.07万人，比上年增9.37万人，人口自然增长率14.29‰。下达民办教师中选招公办教师专项指标1300名。是年底，全地区完成国民生产总值53.95亿元，比上年增16.5%；工农业总产值123亿元，增16.42%；乡镇企业总产值84.66亿元，增44.46%。农业总产值43.41亿元，增13.85%；粮食总产185.95万吨，增7.35%；烤烟20.35万吨，增17.78%；烟叶收购20.15万吨，增20.8%；产油菜籽5757吨，减89.1%；茶叶735吨，减27.8%；桑蚕茧114吨，减62.8%；存栏生猪290.29万头，减0.66%；大牲畜125.59万头，减3.64%；羊60.81万只，增2.32%；出栏生猪188.2万头，增4.38%；大牲畜12.03万头，增10.67%；羊22.86万只，增18.63%；肉类21.1万吨，增4.72%；蛋类1.32万吨，增3.94%；牛奶147吨，减17.88%，水产品1228吨，增8.67%；绵羊毛382吨，增0.26%；造林68.66万亩，增25.98%。工业总产值82.58亿元，增27.05%；其中乡以上工业产值40.81亿元，增13.87%。发电4.1亿千瓦时，减11.31%；产原煤1198.86万吨，减2.32%；锌8.47万吨；水泥40万吨，增33.39%，尿素4.46万吨，增5.69%；卷烟38.3万箱，增3.65%；生铁16.19万吨，减7.22%；铁矿石69.47万吨，减40.75%；木材3.59万立方米，增204.24%；纱781吨，减34.1%；黄磷1.36万吨，增50.06%。完成基建投资1.75亿元，增87.23%。商业购进1.59亿元，降3%；销售1.92亿元，降5.6%；供销购进总值4.13亿元，降14.2%；销售4.5亿元，降10.4%。财政收入13.14亿元，增13.8%，支出12.04亿元，增9.59%。银行存款38.26亿元，比年初增7.08亿元；贷款65.04亿元，增16.7亿元；现金收入55.74亿元，支出77.14亿元，净投放货币21.4亿元。年末人口637.78万人，增5.57万人，出生率2.14%；人口自然增长率13.62‰。

**1998年计划** 1998年1月，地区计划局根据省经济工作和计划工作会议的精神，按照地区三级干部会议的安排，编制全地区1998年国民经济和社会发展计划（草案）。5月14日，根据省计委文件精神，修改调整原计划，经行署同意，下达至各县及地直有关部门执行。计划1998年，全地区国内生产总值108亿元（按现价计算），比上年增9%，其中第一产业50亿元、第二产业37亿元、第三产业21亿元。财政收入13.77亿元。全社会固定资产投资15亿元。工农业总产值123.5亿元，其中农业产值44.5亿元，工业产值79亿元。乡镇企业产值115亿元。粮食总产195万吨，油菜籽5.8万吨，烤烟8.25万吨，茶叶1300吨，桑蚕茧330吨；存栏生猪300万头，大牲畜137万头，羊70万只，肉类22万吨，水产品1250吨，绵羊毛410吨；造林58万亩。新增水利有效灌溉2.92万亩；解决21.58万人、16.29万头牲畜饮水；治理水土流失770平方千米。发电6.8亿千瓦时、产原煤1350万吨、生铁14万吨、硫磺9万吨、锌6万吨、铁矿石130万吨，钢材0.5万吨、水泥40万吨，木材9万立方米、化肥（折纯）7.8万吨、卷烟34万箱、纱0.26万吨、棉布100万米。商业购进1.4亿元，销售1.8亿元；供销购进4.2亿元，销售4.4亿元。污染物排放量控制：二氧化硫6.23万吨，烟尘9.74万吨，工业粉尘3万吨，COD1.93万吨，石油类55.69万吨，工业有毒污染物8.08万吨，工业固体废物100.44万吨；治理工业“三废”处理率：废气73%，废水88%，固体废物44.2%，废水排放达标率14%。招收大中专生5161人，其中大专生670人、中专1180人、师范1600人；区外学校1711人。计划农转非1409人。至是年底全地区实现国内生产总值113.65亿元，比上年增9.05%，其中第一产业51.26亿元，增0.78%，第二产业43.76亿元，增23.15%，第三产业18.63亿元，增2.85%。乡镇企业总产值120.14亿元，增30.7%。工农业总产值171.8亿元。农业产值79.16亿元，增82.35%。粮食总产210.85万吨，增13.39%。烤烟8.15万吨，减56.3%；油菜籽5.65万吨，增8.8倍；茶叶705吨，减4.08%；桑蚕茧119吨，增4.39%。存栏生猪311.76万头，增7.4%；大牲畜131.95万头，增5.06%；羊66.83万只，增9.9%；出栏生猪203.99万头，增8.39%；大牲畜13.46万头，增11.89%；羊25.66万只，增12.25%；肉类22.95万吨，增8.85%；蛋类1.8万吨，增21.21%；奶类69吨，减53.1%；水产品1366吨，增11.24%；绵羊毛365吨，减4.45%；畜牧业产值23.45亿元，增15.08%。造林55.78万亩，减18.76%；完成坡改梯21.03万亩；解决5.79万人、3.87万头牲畜饮水。共有32.7万人越过温饱线，织金、威宁县脱贫。农民人均纯收入1229元，增3.94%。工业总产值92.64亿元，增31.47%；发电4.15亿千瓦时，增1.51%；产原煤1446.64万吨，增20.67%；生铁9.39万吨，减42%；锌2.43万吨，减71.3%；水泥33.33万吨，减16.67%；木材5523立方米，减84.62%；化肥5.03万吨，增18.91%；卷烟36.5万箱，减4.7%；纱983吨，增25.86%；棉布45万米，减15.12%；复烤烟叶11.38万吨。完成固定资产投资20.06亿元，增67.79%；国有商业购进1.29亿元，销售1.72亿元；供销购进3.06亿元，销售3.28亿元；分别降19.1%、10.2%；25.8%、27.5%。社会消费品零售总额16.49亿元，增4.67%。财政收入14.24亿元，增8.35%；支出13.3亿元，增11.31%。银行存款余额33.4亿元，比年初增5.2亿元；贷款余额68.43亿元，增15.12亿元；现金收入98.89亿元，支出117.72亿元；收支相抵，净投放货币18.83亿元。年末人口644.88万人，增7.1万人，出生率21.24‰，自然增长率13.48‰。

**1999年计划** 1999年2月，毕节地区计划局根据中央和省经济工作会议、计划会议精神，以及地区三级干部会议的安排，编制1999年全地区国民经济和社会发展计划（草案），经行署同意，下达各县预作安排。5月10日，根据省计委文件精神，下达《毕节地区1990年国民经济和社会发展计划》。计划安排全地区1999年国内生产总值123亿元，当年比上年增8.23%，其中，第一产业52.9亿元，第二产业48.9亿元，第三产业21.2亿元。财政收入12亿元，减15.73%。全社会固定资产投资30亿元，增53.85%，社会消费品零售总额18亿元。农民人均纯收入增30元。乡镇企业产值138亿元。人口自然增长率10.39‰。农业产值45亿元（1990年价）；粮食总产217万吨，油菜籽5.8万吨，烤烟8.15万吨；存栏生猪320万头，大牲畜137万头，羊70万只，肉类总产23.2万吨，水产品1380吨，绵羊毛405吨；造林61万亩；新增有效灌溉1.86万亩，改善0.47万亩，恢复5.8万亩，解决25.62万人、19.41万头牲畜饮水；治理水土流失300平方千米。工业增加值38.7亿元。发电16.87亿千瓦时；产煤704吨、生铁15万吨、硫磺9万吨、锌5万吨、水泥51万吨，黄磷1.7万吨、木材限额采伐55万立方米、化肥8.1万吨、卷烟34万箱、复烤烟叶8.15万吨、纱2150吨。商业购进1.2亿元，销售1.8亿元；供销购进2.8亿元，销售3亿元。年末人口677.69万人，计划生育率81%，人口自增率13.7‰。农转非1700名，1700名民办教师转为公办。是年，全地区完成国内生产总值120.54亿元，比上年增7.9%；其中第一产业53.58亿元，增4%；第二产业41.23亿元，增8.1%；第三产业25.72亿元，增15%。社会商品消费零售总额17.54亿元，增6.4%。农民人均纯收入1276元，增41元。乡镇企业产值140.94亿元，增22.56%。年末人口653.24万人，增8.36万人，人口自增率1.04‰。农业总产值45.68亿元（当年价），增5.22%；粮食总产222万吨，增5.27%；油菜籽6.4万吨，增13.25%；烤烟10.3万吨，增15.57%。存栏生猪318.97万头，增2.31%。大牲畜135.53万头，增2.71%。羊68.82万只，增2.97%。出栏生猪216.49万头，增6.13%；牛12.43万头，增11.39%；羊27.67万只，增7.81%。肉类24.45万吨，增6.67%；蛋类1.57万吨，减1.94%；奶类49吨，减28.99%；水产品1430吨，增4.69%。造林66.86万亩，增19.87%；退耕还林4.2万亩。工业总产值79.6亿元，减14.09%。发电19亿千瓦时，增3.57倍。产原煤707.64万吨，减51.08%；生铁6.48万吨，减31%；锌3.31万吨，增36.62%；水泥38.34万吨，增15.03%；黄磷1.64万吨，减2.74%；化肥8.98万吨，增78.42%；卷烟29.5万箱，减19.18%；复烤烟叶6.8万吨，减40.22%；纱420吨，减57.57%；木材1860立方米，减66.32%；硫铁矿56.88万吨，增157%；合成氨4.21万吨，增5.81%。固定资产投资21.15亿元，增9.59%；财政收入13.02亿元，减8.53%；支出14.17亿元，增6.56%。金融机构各项存款余额48.5亿元，比年初增5.35亿元；贷款84.9亿元，增7.66亿元；现金收入118.39亿元，支出136.58亿元，净投放货币18.19亿元。

**2000年计划** 2000年4月，毕节地区计划局根据黔计综合（2000）127号文件安排的指标，结合地区实际，编制并经地委、行署同意下达《毕节地区2000年国民经济和社会发展计划》。计划安排毕节地区2000年国内生产总值128.8亿元，比上年增7.46%，其中第一产业56亿元，第二产业46.8亿元，第三产业26亿元。全社会固定资产投资27.6亿元，增12%。零售物价指数102%，增2.65个百分点。居民消费价格指数102%，增3.23个百分点。社会消费品零售总额20亿元，增11.11%。财政收入13.5亿元，增3.69%，其中地方财政7.19亿元，增3.3%，城镇居民家庭人均可支配收入4450元，增5.95%。农民人均纯收入1354元，增3.83%。农业总产值85.6亿元，增3.93%，粮食总产226万吨，增1.8%，油菜籽7万吨，减1%，烤烟8.15万吨；存栏生猪323万头，大牲畜140万头，肉类28.1万吨，蛋类1.58万吨，绵羊毛531吨；造林65万亩；新增灌溉2.14万亩，改善0.2万亩，恢复6万亩；解决17.84万人、15.94万头牲畜饮水；综合治理水土流失365平方千米。工业增加值34.4亿元，增6.37%；发电量34亿千瓦时，产原煤578万吨，生铁15万吨、硫磺9万吨、锌5万吨、水泥60万吨、黄磷1.7万吨、商品木材限伐量1万立方米、化肥8万吨、卷烟17万箱。固定资产投资16.29亿元。商业购进1.2亿元，销售1.8亿元；供销购进2.7亿元，销售2.95亿元。招收大专生1260人，中专生1990人，师范生1880人。年末人口686.46万人，增9.29万人。人口自增率1.361‰。二氧化硫排放9.5万吨，烟尘12.41万吨，粉尘3.7万吨，分别减1%、3%、14%；COD排放1.4万吨，石油类排放均与上年相同；有毒污染工业废水排量2.5吨，排放工业固体废物36万吨；排放工业废水达标21%，排放烟尘达标58%，综合利用工业固体废物46%，重复利用工业用水82%。自然保护区2.01万公顷，森林48.93万公顷。是年，全地区完成国内生产总值120.92亿元，比上年增0.32%，其中第一产业增加值53.6亿元，第二产业36.88亿元，第三产业30.44亿元；社会消费品零售19.08亿元，增8.78%；农民人均纯收入1248元，减28元，城镇居民人均可支配收入3732元，增428元。农林牧渔业总产值83.35亿元，增3.64%。其中农业产值57.32亿元，林业1.27亿元，牧业24.59亿元，渔业0.17亿元，分别增2.94%、7.08%、5.32%、13.52%。粮食总产231.75万吨，增4.39%；油菜籽7.1万吨，增11.18%；烤烟9.65万吨，减6.03%。存栏生猪330.43万头，增3.59%；大牲畜138.35万头，增2.08%。其中牛112.34万头，增2.61%；羊71.04万只，增3.23%；出栏生猪227.96万头，增5.3%；大牲畜16.15万头，增8.1%。其中牛13.39万头，增7.72%，羊30.24万只，增9.29%。肉类25.85万吨，增64%；蛋类1.66万吨，增5.73%；水产品1620吨，增13.29%。造林66.14万亩，减1.07%；封山育林52万亩；治理水土流失669.27平方千米。乡以上非国有工业完成产值31.66亿元，降5.39%；国有企业产值21.47亿元，降12.69%；集体企业4.68亿元，增6.13%；其他企业5.51亿元，增28.5%。列入考核的88户国有及国有控股工业企业，盈亏相抵实现净利润860万元。发电34.62亿千瓦时，增82.22%；产原煤579.48万吨，减18.31%；锌3.62万吨，增2.29%；生铁6.67万吨，增2.93%；水泥46.48万吨，增2.29%；黄磷1.61万吨，减1.92%；卷烟29.6万箱，增0.35%；硫铁矿38.95万吨，增14.19%；复烤烟叶3.76万吨，减44.76%。完成固定资产投资16.41亿元，增38.48%。基本建设投资完成9.73亿元，增20.72%。争取国债和上级预算内资金项目103个，投资1.12亿元；以工代赈项目174个，资金6358万元。财政收入13.85亿元，增6.33%，支出16.19亿元，增14.2%。年末存款余额51.16亿元，贷款余额76.4亿元，分别比年初增0.7亿、1.16亿元；银行现金收入121.66亿元，支出137.54亿元，收支相抵，净投放货币13.88亿元。招收大专生1632人、中专生1349人、师范生1790人、中小学生27.9万人。年末人口685.8万人，人口自然增长率4.98‰。

## 十一　“十五”后的年度计划

**2001年计划**　计划2001年全地区国内生产总值136亿元，比上年增长9%，其中第一产业58

亿元，增3.5%；第二产业43.2亿元，增12%；第三产业35亿元，增15.5%。固定资产投资18.38亿元，增12%。居民消费价格指数101。社会消费品零售总额21亿元，增8.86%。城镇居民家庭人均可支配收入4100元，增9.86%。农村居民家庭人均纯收入1400元，增3.78%。城镇登记失业率控制在4.5%以内。人口自然增长率13.21‰。粮食播种面积1000万亩，产量236万吨，其中夏粮播种425万亩，产量60万吨。油菜籽播种面积70万亩，产量7万吨。烤烟收购量156万担。畜牧业产值26.5亿元。生猪年末340万头；大畜生年末142万头。其中牛116.8万头；羊年末74万只。牛出栏14万头；生猪出栏237万头；羊出栏32万只。肉类总产量27万吨。造林合格面积60万亩，其中人工造林35万亩，飞播造林25万亩。新增有效灌溉面积2.05万亩，其中新增水田灌面0.55万亩，水浇地1.5万亩。改善灌溉面积0.2万亩。恢复灌溉面积6万亩。水土流失治理面积365平方千米。乡镇企业增加值62.2亿元，其中工业增加值36.8亿元。乡镇企业从业人员52万人。建成基本农田17万亩。解决人口饮水困难30.7万人。县乡公路建设550千米。产原煤625万吨。发电量34亿千瓦时。产生铁8万吨。产硫磺9万吨。产锌4万吨。产水泥60万吨。产黄磷1.7万吨。产化肥12万吨。产卷烟32万箱。复烤烟叶8万吨。

**2002年计划** 计划2002年全地区国内生产总值138.46亿元，比上年增长9%，其中第一产业55.6亿元，第二产业44.4亿元，第三产业38.45亿元。固定资产投资70亿元，增36.2%。财政收入16.74亿元，增9%。居民消费价格102，增2%。社会消费品零售总额23.25亿元，增12%。城镇居民家庭人均可支配收入5600元，增15.6%。农村居民家庭人均纯收入1385元，增3.7%。城镇登记失业率控制在5%以内。人口自然增长率12.5‰。粮食播种面积1000万亩，产量232万吨，其中夏粮播种430万亩，产量60万吨。油料作物播种面积75万亩，产量7.5万吨。烤烟产量152万担。肉类总产量30万吨，其中水产品产量0.36万吨。大牲畜年末150万头，其中牛125万头；生猪335万头；羊150万只。牛出栏17万头。生猪出栏260万头。羊出栏45万只。造林合格面积93万亩。新增有效灌溉面积2.35万亩，其中新增水田灌面0.85万亩，水浇地1.5万亩。改善灌溉面积0.8万亩。恢复灌溉面积6万亩。解决人畜饮水25万人。水土流失治理面积260平方千米。乡镇企业增加值70.8亿元；其中工业增加值40亿元，乡镇企业从业人员54万人。建成基本农田9万亩。县乡公路建设80千米。工业增加值29.8亿元，增8%。产原煤546万吨，其中国有煤矿26万吨。产水泥70万吨。发电量44亿千瓦时。产锌5万吨。产化肥13万吨。产生铁7.5万吨。医药工业产值0.3亿元。产卷烟32万箱，黄磷3万吨。复烤烟叶7.6万吨。纱1.04万件。布100万米。

**2003年计划** 计划2003年全地区国内生产总值152亿元，比上年增长9.6%，其中第一产业57亿元，第二产业51.5亿元（其中工业34.5亿元），第三产业43.5亿元。固定资产投资80亿元，增17%。财政收入增10%以上。居民消费价格102，增2%。社会消费品零售总额25.3亿元，增10%。城镇居民家庭人均可支配收入5260元，增10%。农村居民家庭人均纯收入1453元，增4.3%。城镇登记失业率控制在5%以内。人口自然增长率11.3‰。粮食播种面积1000万亩，产量228万吨，其中夏粮播种430万亩，产量56万吨。油料作物播种面积75万亩，产量7.5万吨。烤烟产量152万担。肉类总产量30万吨，其中水产品产量0.19万吨。大牲畜年末147万头，其中牛120万头；生猪360万头；羊75万只。牛出栏17.3万头。生猪出栏261万头。羊出栏37万只。造林合格面积73万亩。新增有效灌溉面积2.04万亩，其中新增水田灌面0.84万亩，水浇地1.2万亩。改善灌溉面积0.9万亩。恢复灌溉面积6万亩。新增地方电力装机0.052万千瓦。解决人畜饮水22万人。水土流失治理面积250平方千米。乡镇企业增加值45.5亿元，其中工业增加值40亿元。乡镇企业从业人员54万人。解决温饱贫困人口7万人。建成基本农田9万亩。产原煤896万吨，其中国有煤矿33万吨。产卷烟34万箱。产水泥70万吨。发电量75亿千瓦时。复烤烟叶7.6万吨。产化肥13万吨。产锌4万吨。产黄磷2万吨。产纱0.03万吨。

**2004年计划** 计划2004年全地区国内生产总值174.4亿元，比上年增长11%，其中第一产业59亿元，第二产业65.1亿元，第三产业50.3亿元。固定资产投资94亿元，增15%。财政收入22.6亿元，增13%。居民消费价格102，增2%。社会消费品零售总额28.6亿元，增12%。城镇居民家庭人均可支配收入5695元，增8%。农村居民家庭人均纯收入1573元，增6.3%。城镇登记失业率控制在4.7%以内。人口自然增长率10‰，降1.12‰。粮食播种面积1010万亩，产量228万吨，其中夏粮播种470万亩，产量66万吨；秋粮播种540万亩，产量162万吨。油料作物播种面积75万亩，产量8万吨。烤烟播种面积75万亩，产量7.5万担。畜牧业增加值30.98亿元，增长率8.09%。肉类总产量31.95万吨，其中水产品产量0.19万吨。荒山造林30万亩。新增有效灌溉面积2.29万亩，其中新增水田灌面0.89万亩，水浇地1.4万亩。改善灌溉面积0.82万亩。恢复灌溉面积6万亩。解决人畜饮水22万人。水土流失治理面积280平方千米。乡镇企业增加值50亿元，其中工业增加值25.8亿元。出口交货值7500万元。乡镇企业从业人员29.7万人。解决温饱贫困人口9.81万人，其中国家扶贫重点县7.26万人。建成基本农田9.5万亩。易地扶贫搬迁人口6000人，其中国家扶贫重点县4435人。县乡公路建设43千米。产原煤1770万吨，其中国有煤矿40万吨。产水泥70万吨。产锌5万吨。产化肥8万吨。产磷肥2万吨。医药工业产值0.3亿元。产卷烟34万箱，黄磷1万吨。

**2005年计划** 计划2005年全地区国内生产总值221.5亿元，比上年增长13%，其中第一产业增4%以上，第二产业增22%以上，第三产业增17%以上。固定资产投资增10%以上。财政收入增17%以上。居民消费价格104，增4%。社会消费品零售总额33.2亿元，增13%。城镇居民家庭人均可支配收入6173元，增8%。农村居民家庭人均纯收入1795元，增7.8%。城镇登记失业率控制在4.6%以内。人口自然增长率9.5‰，降1.34‰。粮食播种面积1000万亩，产量245万吨，其中夏粮播种337万亩，产量64.5万吨；秋粮播种573万亩，产量180.5万吨。油料作物播种面积98万亩，产量10万吨。烤烟播种面积85万亩，产量8.3万担。畜牧业产值56亿元，增长7%。肉类总产量34.2万吨。荒山造林36万亩。解决温饱贫困人口8万人，其中国家扶贫重点县5.89万人。建设同乡油路96千米。解决饮水困难人口22万人。水土流失治理面积205平方千米。易地扶贫搬迁人口6500人，其中国家扶贫重点县5200人。产原煤2500万吨。产水泥70万吨。产锌3.7万吨。产化肥8万吨。产磷肥2万吨。医药工业产值0.8亿元。黄磷2万吨。

**2006年计划** 计划2006年全地区国内生产总值258.8亿元，比上年增长12%，其中第一产业77.6亿元，增4.5%；第二产业105.6亿元，增20%；第三产业79.1亿元，增15%。固定资产投资128亿元，增15%。财政收入40亿元，增15%。居民消费价格102，增2%。社会消费品零售总额44.4

亿元，增14%。城镇居民家庭人均可支配收入7931元，增10%。农村居民家庭人均纯收入2036元，增8.5%。城镇登记失业率控制在4.6%以内。人口自然增长率9.2‰。脱贫人口5万人。单位生产总值能耗下降4%。粮食播种面积980万亩，产量254万吨，其中夏粮播种400万亩，产量64.76万吨；秋粮播种580万亩，产量190.5万吨。油料作物播种面积97万亩，产量10.7万吨。烤烟种植面积65.5万亩，计划收购167.86万担。畜牧业产值48.34亿元。肉类总产量35.46万吨，其中水产品产量0.6万吨。产原煤3000万吨。产水泥75万吨。产尿素6.5万吨。产合成氨0.9万吨。产磷肥3.3万吨。产锌3.7万吨。产铁28万吨。产钛合金3.5万吨。产焦炭120万吨。产卷烟34.87万箱。

**2007年计划** 计划2007年全地区国内生产总值305.8亿元，比上年增长13%，其中第一产业82亿元，增4%；第二产业124.4亿元，增15%；第三产业96.9亿元，增16%。全社会固定资产投资127亿元，增18%。财政收入52亿元，增16%。居民消费价格103，增3%。社会消费品零售总额52.8亿元，增15%。城镇居民家庭人均可支配收入8614元，增8%。农村居民家庭人均纯收入2186元，增7%。城镇登记失业率控制在4.6%以内。人口自然增长率8.11‰。脱贫人口6万人。单位生产总值能耗下降4%。粮食播种面积956万亩，产量255万吨，其中夏粮播种458万亩，产量67万吨；秋粮播种498万亩，产量188万吨。油料作物播种面积93万亩，产量11.2万吨。烤烟产量170.5万担。肉类总产量42.6万吨，其中水产品产量0.8万吨。造林182万亩，其中人工造林70万亩，封山育林112万亩。解决温饱贫困人口6万人，解决人畜饮水20万人。水土流失治理面积125平方千米。县乡村公路建设2791千米。易地扶贫搬迁人口6200人，其中国家扶贫重点县5500人。建成基本农田15万亩。产原煤3100万吨。发电量370亿千瓦时。产水泥105万吨。产尿素10万吨。产合成氨15万吨。产锌6万吨。产铁25万吨。产钛合金5万吨。产焦炭150万吨。产卷烟36.2万箱。医药工业（中药）0.6亿元。产棉纱2万吨。

**2008年计划** 计划2008年全地区国内生产总值367亿元，比上年增长13%，其中第一产业101亿元，增6%；第二产业144亿元，增13%；第三产业122亿元，增18.5%。全社会固定资产投资156亿元，增20%。财政收入66.07亿元，增12%。居民消费价格指数104。社会消费品零售总额66.69亿元，增17%。城镇居民家庭人均可支配收入11217元，增10%。农村居民家庭人均纯收入2655元，增8%。城镇登记失业率控制在4.6%以内。人口自然增长率7.8‰。脱贫人口6万人。单位生产总值能耗比下降4%。粮食播种面积956万亩，产量268.5万吨，其中夏粮播种456万亩，产量69万吨；秋粮播种500万亩，产量199.5万吨。油料作物播种面积100万亩，产量12万吨。烤烟产量185.5万担。肉类总产量44.76万吨，其中水产品产量0.9万吨。解决饮水困难人口100万人。水土流失治理面积247平方千米。减少低收入人口11万人。县乡村公路建设3400千米。易地扶贫搬迁人口6000人，其中国家扶贫重点县5500人。产水泥140万吨。产尿素30万吨。产合成氨18万吨。产磷肥1万吨。产锌5万吨。产白酒0.2万吨。产棉纱2万锭。发电量360亿千瓦时。

**2009年计划** 计划2009年全地区国内生产总值456亿元，比上年增长13%，其中第一产业112亿元，增5.5%；第二产业193亿元，增15.8%；第三产业151亿元，增16%。全社会固定资产投资214亿元，增25%。财政收入81亿元，增15%。居民消费价格指数103。社会消费品零售总额84亿元，增20%。城镇居民家庭人均可支配收入12203元，增10%。农村居民家庭人均纯收入

3032元，增10%。城镇登记失业率控制在4.5%以内。人口自然增长率6.6‰。脱贫人口11万人。单位生产总值能耗下降4.39%。粮食播种面积950万亩，产量266万吨，其中夏粮播种332万亩，产量63万吨；秋粮播种618万亩，产量203万吨。油料作物播种面积105.77万亩，产量9.56万吨。烤烟产量185.5万担。肉类总产量48.84万吨，其中水产品产量0.6万吨。造林52.3万亩，其中人工造林12.6万亩，封山育林39.7万亩。解决饮水困难人口60万人。减少低收入贫困人口11万人。易地扶贫搬迁人口4000人。产煤炭4000万吨。发电量370亿千瓦时。产水泥125万吨。产尿素30万吨。产合成氨18万吨。产磷肥1万吨。产锌5万吨。产白酒0.2万吨。产棉纱2万锭。

**2010年计划**　计划2010年全地区国内生产总值524亿元，比上年增长13%，其中第一产业116亿元，增4%；第二产业240亿元，增19%；第三产业168亿元，增12%。全社会固定资产投资500亿元，增100%。财政收入100亿元，增15%。居民消费价格指数103。社会消费品零售总额105亿元，增22%。城镇居民家庭人均可支配收入14500元，增12%。农村居民家庭人均纯收入3410元，增10%。城镇登记失业率控制在4.5%以内。人口自然增长率6.6‰。单位生产总值能耗下降4.1%。粮食播种面积937万亩，产量270万吨，其中夏粮播种393万亩，产量62万吨；秋粮播种544万亩，产量208万吨。油料作物播种面积105万亩，产量8.48万吨。烤烟种植面积62万亩，产量174.3万担。肉类总产量54万吨，其中水产品产量0.99万吨。解决饮水困难人口50万人。减少低收入贫困人口15万人。产煤炭4000万吨。发电量420亿千瓦时。产水泥216万吨。产尿素30万吨。产合成氨18万吨。产磷肥1万吨。产锌5万吨。产白酒0.37万吨。产棉纱2万锭。

**2011年计划**　计划2011年全地区国内生产总值703亿元，比上年增长17%，其中第一产业130亿元，增4.1%；第二产业326亿元，增25.6%（其中工业283亿元，增25%）；第三产业247亿元，增14%。全社会固定资产投资800亿元，增77%。财政收入153亿元，增20%。居民消费价格指数104。社会消费品零售总额137亿元，增20%。城镇居民家庭人均可支配收入16506元，增13%。农村居民家庭人均纯收入3786元，增13%。城镇登记失业率控制在4.5%以内。人口自然增长率6.01‰。粮食产量254.89万吨，其中夏粮产量40.6万吨，秋粮产量214.28万吨。油料产量4.6万吨。烤烟产量9.5万吨。肉类总产量31.92万吨，其中水产品产量0.57万吨。造林72.8万亩，其中荒山造林7万亩，封山育林12.5万亩，特色经果林40万亩，石漠化综合治理170.5平方千米。解决饮水困难人口57.7万人。水土流失综合治理195平方千米。减少低收入贫困人口20万人。产煤炭5600万吨。发电量440亿千瓦时。产化肥15万吨。产汽车1万辆。产纱2500吨，产卷烟42.86万箱。产水泥400万吨。产生铁23万吨。产锌3万吨。产铁矿石60万吨。产焦炭36万吨。产白酒2536千升。产食用油1593吨，产饲料2万吨。

## 第二节　长期计划

**1958～1967年农业规划**　1957年11月，毕节专区计委根据全国农业发展纲要40条的精神，结合全专区实情，编制全专区1958～1967年农业规划。规划的主要指标：1.粮食产量。1962年达150.4万吨，1967年达227.5万吨。2.经济作物产量。1962年、1967年分别为：油菜籽6.3万吨、11.25万吨；烤烟1万吨、1.5万吨；苎麻2500吨、6187吨。3.畜牧业存栏数。1962年、1967年分别为：黄牛74.46万头、104.44万；水牛9.47万头、12.09万头；马16.55万匹、22.67万匹；绵羊66.26万只、164.82万只；山羊55.06万只、110.74万只；生猪300万头、400万头。4.造林。1958～1962年造林430万亩，1963～1967年造林613万亩，林地1490万亩，占土地总面积的34.32%。5.农田水利建设。10年扩大灌面470万亩，其中土变田250万亩，干田变水田40万亩，防洪排涝80万亩，水浇地100万亩。治理水土保持1万平方千米，占水土流失面积的70%左右。计划开发金沙偏岩河、黔西野鸡河、织金六冲河、纳雍三岔河、威宁牛栏江和草海。规划产生于1958年，存在脱离实际，缺乏科学根据，盲目追求高指标问题，加上1960～962年国家经济产生严重困难，规划未得踏实施行。1963～1965年，国家施行经济调整方针，农业经济稍见复苏。1966年下半年开展“文化大革命”，实施规划受阻。到1967年，农业经济的实际水平与规划指标相差甚远。

**1966～1980年农业规划**　1964年2月，毕节专区计委根据地委、专署的要求，编制毕节专区1966～1980年农业规划（草案），并上报省计委。规划的主要指标：1.人口。1970年达390万人，1980年达450万人。2.主要农产品。1970年、1980年产量分别为：粮食总产110万吨、175万吨，油菜籽2.4万吨、3.2万吨；烤烟6000吨、1.2万吨；花生3000吨、6000吨；苎麻900吨、1750吨；甜菜2.5万吨、7.15万吨；茶叶500吨、1000吨；蚕茧100吨、250吨。3.存栏牲畜1970年为：生猪200万头，牛67万头，马12.8万匹，羊74万只。4.林产品1970年、1980年产量分别达；乌桕籽750吨、1000吨，油桐籽7500吨、1万吨，核桃4000吨、7500吨，生漆350吨、750吨。1970年造林20万亩。规划未行文下达，亦未作过执行检查。

**1976～1985年规划**　1975年3月，毕节地区计委转发国家计委和省计委关于拟订1976～1985年发展国民经济规划的通知，安排编制全地区1976～1985年规划。各县及地直相关部门采取由下而上、反复讨论方法，提出规划的具体指标。1975年7月，中共毕节地委召开全地区长远规划和基本建设会议，讨论毕节地区1976～1985年规划（草案），会后将规划（草案）作修改补充，上报省计委审批。

**毕节地区规划主要指标及执行情况统计表**

| 指标名称 | 1975 | | 1980 | | 1985 | |
|---|---|---|---|---|---|---|
| | 计划 | 完成 | 规划 | 完成 | 规划 | 完成 |
| 人口（万人） | 450 | 450.25 | 500 | 506 | 539 | 543 |
| 农业总产值（万元） | | 41483 | 73500 | 47015 | 11100 | 87706 |
| 粮食总产量（万吨） | 20.6 | 18.82 | 31.2 | 19.59 | 44 | 18.25 |
| 油菜籽产量（万吨） | 1.1 | 0.533 | 2.4 | 1.46 | 4 | 2.18 |
| 烤烟产量（万吨） | 2.08 | 2.49 | 4 | 2.4 | 5 | 10.26 |
| 生猪（万头） | 140 | 115.97 | 200 | 142.87 | 250 | 211.25 |

续表

| 指标名称 | 1975 | | 1980 | | 1985 | |
|---|---|---|---|---|---|---|
| | 计划 | 完成 | 规划 | 完成 | 规划 | 完成 |
| 大牲畜（万头） | 75.7 | 76.51 | 100 | 76.43 | 120 | 95.83 |
| 羊（万只） | 75 | 63.69 | 150 | 70.65 | 200 | 63.75 |
| 造林面积（万亩） | 45 | 30.84 | 400 | 17.56 | 600 | 100.16 |

**1981～1990年规划**　1981年4月13日，毕节地区计委根据国务院、国家计委和省计委有关文件的精神，印发《关于拟订毕节地区"六五"计划和十年设想的通知》，安排编制《毕节地区"六五"计划和十年设想》。1981年7月，地区计委综合地直各主管部门和各县计委上报的规划材料，提出毕节地区（1981～1990）人口和农业规划（草案），经地委、行署同意后，上报省计委。

### 毕节地区规划主要指标及执行情况

| 指标名称 | 1980年实际 | 1985年 | | 1990年 | |
|---|---|---|---|---|---|
| | | 计划 | 完成 | 计划 | 完成 |
| 总人口（万人） | 506.7 | 538.8 | 543.16 | 574.8 | 598.42 |
| 农业总产值（万元） | 47015 | 66720 | 103205 | 84133 | 118216 |
| 粮食总产量（万斤） | 195900 | 244000 | 182500 | 297000 | 216600 |
| 油菜籽（万斤） | 2704.39 | 7000 | 4350.4 | 8000 | 6519.2 |
| 烤烟（万斤） | 4806.98 | 9000 | 20522.2 | 11000 | 21178 |
| 茶叶（万斤） | 80.49 | 120 | 116.8 | 200 | 179.41 |
| 存栏生猪（万头） | 142.87 | 168 | 211.26 | 192 | 251.28 |
| 大牲畜（万头） | 76.43 | 90.4 | 95.83 | 105 | 115.91 |
| 羊（万只） | 70.65 | 100 | 63.76 | 127 | 73.46 |
| 肉类总产量（万吨） | 4.07 | 6.18 | 9.34 | 8.28 | 15.18 |
| 水产品产量（万亩） | 0.02 | 0.03 | 0.06 | 0.06 | 0.11 |
| 造林面积 | 17.56 | 150① | 319.94 | 150② | 286.6 |

注：①1981～1985年；②1986～1990年。

**1991年～2000年规划** 1990年，毕节地区行署根据省“八五”计划和十年规划座谈会精神，安排编制全地区“八五”计划和1991～2000年发展规划，地区计委按照行署安排意见，主持编写毕节地区国民经济和社会发展第八个五年计划和十年规划。经广泛征求意见，反复修改，1992年1月形成并印发《毕节地区国民经济第八个五年计划和十年规划》。规划全地区1995年国民生产总值达38.8亿元，2000年达52亿元，年递增6%；1995年工农业总产值达57.9亿元，年递增7%，2000年达79亿元，年递增6.6%。其中1995年农业产值达32.3亿元，递增9.44%，2000年达39.8亿元，递增4.3%；1995工业产值达25.6亿元，递增8.6%，2000年达39.4亿元，递增9%。

### 毕节地区规划主要指标及执行情况统计表

| 指标名称 | 1990年实际 | 1995年 | | 2000年 | |
|---|---|---|---|---|---|
| | | 计划 | 完成 | 计划 | 完成 |
| 国民生产总值（万元） | 289937 | 388000 | 414300 | 520000 | 1209143 |
| 工农业生产总值（万元） | 415361 | 579000 | 734600 | 792000 | |
| 农业总产值（万元） | 205786 | 323000 | 346300 | 398000 | |
| 工业总产值（万元） | 169575 | 256000 | 388300 | 394000 | |
| 乡镇企业总产值（万元） | 110200 | 188000 | 286300 | 282000 | 1802600 |
| 财政收入（万元） | 31407 | 52000 | 88818 | 71000 | 138500 |
| 粮食总产量（万吨） | 108.29 | 140 | 157 | 175 | 231.76 |
| 油菜籽产量（万吨） | 3.39 | 7.5 | 5.55 | 7.5 | 7.12 |
| 烤烟产量（万吨） | 10.59 | 14 | 12.17 | 9.65 | |
| 茶叶产量（万吨） | 0.09 | 0.03 | 0.08 | 0.5 | 0.08 |
| 存栏生猪（万头） | 251.28 | 260 | 281.88 | 270 | 330.43 |
| 牛（万头） | 89.05 | 105 | 99.04 | 125 | 112.34 |
| 马（万匹） | 26.86 | 30 | 27.64 | 35 | 26.02 |
| 羊（万只） | 73.46 | 100 | 57.18 | 125 | 71.04 |
| 肉类总产量（万吨） | 15.18 | 18 | 19.4 | 21 | 25.86 |
| 蛋类总产量（万吨） | 1.07 | 1.73 | 1.2 | 2 | 1.66 |
| 水产品产量（万吨） | 0.11 | 0.2 | 0.1 | 0.3 | 0.16 |
| 五年累计造林（万亩） | 271.52 | 210 | 284.81 | 150 | 311.94 |
| 煤炭产量（万吨） | 602.2 | 750 | 1017.11 | 1000 | 579.48 |
| 发电量（万千万时） | 19940 | 37000 | 42200 | 70000 | 34616.2 |
| 粗锌（万吨） | 2.21 | 2.5 | 5.43 | 3 | 3.62 |
| 合成氨（万吨） | 1.47 | 4 | 3 | 8 | 5.47 |
| 卷烟（万箱） | 22.06 | 40 | 34.5 | 60 | 29.6 |

**1996～2010规划**　1995年1月，毕节地区根据中央和省关于编制国民经济“九五”计划和到2011年远景规划的指示，召开计划工作会议，讨论编制全地区“九五”计划和到2010年规划。会后，地区计委主持编制《毕节地区国民经济和社会发展“九五”计划及2010年长期规划》，经地委、行署多次召开会议讨论修改，行署于1997年11月11日行文下达各县及地直有关部门实行。规划到2000年，全地区国民生产总值达69亿元，年均增10.74%，比1980年翻2.2番；工农业总产110.5亿元，年均增8.51%，其中农业产值42亿元，年均增3.93%，工业产值68.5亿元，年均增12.02%；乡镇企业总产值100亿元，年均增20.95%；地方财政收入15.65亿元，年均增12%；粮食总产180万吨，农民人均纯收入800元，人口控制在690万人以内，人口自然增长率在1.4‰以内。到2010国民生产总值达150亿元，比2000年翻1.8番，年均增8.07%，人均达2000元；工农业总产值254.5亿元，年均增3.63%；工业产值194.5亿元，年均增11%；乡镇企业总产值405亿元；地方财政收入40.59亿元；粮食产量250万吨；农民人均占有粮食336.5公斤；农民人均纯收入1400元。

**2011年～2015年规划**　2011年3月17日，贵州省人大常委会毕节地区工作委员会第八十九次会议审查通过了《毕节地区国民经济和社会发展第十二个五年规划纲要（草案）》。规划的主要目标是：在“十二五”期间，着力打造一个中心，即川滇黔结合部的区域性经济中心；建设一个枢纽，即中国西南地区重要的区域综合交通枢纽；抓好六大基地，即能源化工基地、装备制造基地、资源深加工基地、战略性新兴产业基地、特色农业基地和旅游业基地；完善两大屏障，即长江、珠江上游重要的生态屏障。努力实现全区经济社会又好又快、更好更快发展。

经济加速发展。全区生产总值年均增长17%以上，到2015年，总量达到1500亿元以上，在全国同级区域行政单位中，排名前进20位，努力缩小与省内排名靠前地区的差距，人均生产总值超过3000美元。全社会固定资产投资力争保持年均增长40%以上。财政总收入年均增长18%以上，到2015年达292亿元以上。社会消费品零售总额年均增长20%以上。

环境进一步改善。到2015年，高速公路开工建设700千米以上，建成560千米以上；铁路建设里程达800千米以上，实现县县通高速公路和多数县通铁路。70%以上的行政村通油（水泥）路，里程达7500千米。基本解决农村饮水安全和工程性缺水问题。城镇化率达38%，接近全省水平。森林覆盖率达45%左右，环境质量明显改善，节能和主要污染物排放控制在省下达的指标范围内。

社会事业整体推进。到2015年，人口自然增长率控制在6.5‰左右，常住人口数量基本稳定。全面提升九年制义务教育水平，人均受教育年限力争达到9年，高中阶段和高等教育毛入学率分别达80%、20%以上。城镇居民基本医疗保险覆盖率达96%以上，城镇基本养老保险覆盖率达95%以上，新型农村合作医疗参合率达96%以上，农村社会养老保险覆盖率达90%以上。各类公共服务体系不断完善，居民生活质量明显提高，人口预期寿命达到70岁以上。

人民生活水平进一步提高。城镇居民可支配收入年均增长17%以上，农民人均纯收入年均增长15%以上。城镇登记失业率控制在4.5%以内。物价总水平控制在全省平均水平范围内。

社会更加和谐稳定。安全生产进一步加强，亿元生产总值安全事故死亡率下降到0.51人以下。社会秩序更加良好，信访案件进一步减少，社会治安群众满意度进入全省先进行列。

改革开放深入推进。围绕试验区“三大主题”推进“毕节试验”，统一战线服务科学发展的“毕节模式”更加完善；重点领域和关键环节的改革取得明显成效，毕节试验区“小试验、大方向”“作示范、探路子”的功能更加彰显；对外开放程度进一步提高，发展动力明显增强。

**毕节地区“十二五”期间经济社会发展的主要指标**

| 分类 | 指标名称 | 2010年 | “十二五”预计 | 年均增长（%） | 指标属性 |
|---|---|---|---|---|---|
| 经济增长 | 生产总值（亿元） | 601 | 1500 | 17以上 | 预期 |
| | 第一产业（亿元） | 124 | 194 | 7以上 | |
| | 第二产业（亿元） | 260 | 736 | 20以上 | |
| | 第三产业（亿元） | 217 | 570 | 18以上 | |
| | 人均生产总值（元） | 8542 | 21325 | 17 | 预期 |
| | 全社会固定资产投资（亿元） | 452 | 2420 | 40以上 | 预期 |
| | 社会消费品零售总额（亿元） | 126 | 314 | 20以上 | 预期 |
| | 财政总收入（亿元） | 127.6 | 292 | 18以上 | 预期 |
| | 地方财政收入（亿元） | 78 | 178 | 20以上 | 预期 |
| | 粮食总产量（万吨） | 263 | 280 | 1.3 | 预期 |
| 结构调整 | 三次产业结构（%） | 21：43：36 | 13：49：38 | | 预期 |
| | 非公有制经济增加值占生产总值比重（%） | 35 | 40 | | 预期 |
| | 服务业从业人员比重（%） | 36 | 42 | | 预期 |
| | 期末累计转移农村劳动力（万人） | 120 | 170（新增50万人） | | 预期 |
| | 城镇化率（%） | 27 | 38 | | 预期 |
| 基础设施建设 | 铁路通车里程（千米） | 171 | 800 | | 预期 |
| | 公路通车里程（千米） | 23295 | 25684 | | 预期 |
| | 高速公路建成里程（千米） | 0 | 560 | | 预期 |
| | 乡镇通油路（水泥路）率（%） | 94.8 | 100 | | 预期 |
| | 行政村通油路率（%） | 24 | 70 | | 预期 |
| | 有效灌溉面积（万亩） | 248.9 | 400 | | 预期 |
| 科技创新 | 科技进步贡献率（%） | 38 | 40 | | 预期 |
| | 人才资源总量（万人） | 30 | 38 | | 预期 |
| 资源节约和环境保护 | 单位生产总值能耗（吨/万元） | 2.59 | 2.15 | | 约束性指标 |
| | 能源消耗总量（万吨标准煤） | 1131 | 2067 | 12.8 | 预期 |

续表

| 分类 | 指标名称 | 2010年 | “十二五”预计 | 年均增长（%） | 指标属性 |
|---|---|---|---|---|---|
| 资源节约和环境保护 | 单位生产总值二氧化碳排放量 | | | 控制在国家规定指标范围内 | |
| | 主要污染物排放总量 | | | 控制在国家规定指标范围内 | |
| | 废气中二氧化硫排放总量 | | | 控制在国家规定指标范围内 | |
| | 废水中化学需氧排放量 | | | 控制在国家规定指标范围内 | |
| | 氨氮排放总量 | | | 控制在国家规定指标范围内 | |
| | 氮氧化物排放总量 | | | 控制在国家规定指标范围内 | 约束性指标 |
| | 森林覆盖率（%） | 40.03 | 45以上 | | 约束性指标 |
| | 森林蓄积量（亿立方米） | 2092 | 2795 | | 预期 |
| 人民生活 | 农民人均纯收入（元） | 3354 | 6746 | 15以上 | 预期 |
| | 城镇居民人均可支配收入（元） | 14308 | 31367 | 17以上 | 预期 |
| | 城镇调查失业率（%） | 4.29 | 4.5 | | 预期 |
| | 城镇新增就业人数（万人） | 7.63 | 15 | | 预期 |
| 社会发展和民生改善 | 年末常住人口数（万人） | 705 | 729 | | 预期 |
| | 人口自然增长率（‰） | 7 | 6.55 | | 约束性指标 |
| | 人均预期寿命（岁） | 70 | 70 | | 预期 |
| | 千人卫生床位数（张） | 1.03 | 1.36 | | 预期 |
| | 高中阶段毛入学率（%） | 55.17 | 80 | | 预期 |
| | 高等教育毛入学率（%） | 16.3 | 20 | | 预期 |
| | 城镇基本养老保险率（万人） | | 95 | | 约束性指标 |
| | 城镇居民基本医疗保险覆盖率（%） | | 96 | | 约束性指标 |
| | 新型农村合作医疗参合率（%） | 95.28 | 96 | | 约束性指标 |
| | 农村社会养老保险覆盖率（%） | | 90 | | 约束性指标 |
| | 亿元生产总值生产安全事故死亡（人） | 0.58 | 0.51 | | 约束性指标 |

# 第三节　以工代赈和区域规划

## 一　以工代赈

**计划和组织管理**　1985年，毕节地区行署根据中央和省的指示，组织人员调查全地区农村贫困状况。按国家划分贫困县的标准，全地区有贫困农户84.14万户，412.28万人，分别占农户和总农业人口的80.07%和80.83%。1986年，国务院公布全国贫困县名录，毕节、大方、织金、纳雍、威宁、赫章县被列为国家重点扶持县。6个县贫困人口372.54万人，占农业人口的91.4%。农民人均纯收入151元，人均拥有粮食179千克，不能满足生活需要；加上水源枯竭，污染严重，生态环境恶化，水土流失严重，人畜饮水困难；普遍缺医少药。教育、文化设施不足，已解决温饱问题的地方由于基础设施薄弱，一遇自然灾害，返贫率高。1987年，国家颁布“八七”扶贫攻坚计划，明确以工代赈计划的性质和组织管理。1991年，毕节地区行署确定由地区计委投资科负责组织开展以工代赈。1995年7月，成立毕节地区以工代赈办公室，按照国家“八五”扶贫攻坚计划，负责以工代赈项目计划的列项、审核和管理。

**资金投入和主要建设**　1.投入资金。从1996年起，国家将以工代赈资金列入中央财政预算，把实物发放改为现金支付，资金通过各级财政部门逐级下拨。1984～2000年，国家在毕节地区投入以工代赈资金5亿多元，其中1984～1993年，投入1.49亿元，省配套4097.99万元；1994年投入5308.5万元，省配套803万元；1995年投入5462.5万元，省配套815万元；1996年投入4143万元，省配套790万元；1997年投入3893万元，省配套825万元；1998年投入5371万元，省配套790万元；1999年投入6425万元，省配套825.5万元；2000年投入5585万元，省配套800万元。

2.主要建设项目。（1）基本农田建设。自1991～2000年，全地区共实施以工代赈坡改梯166.84万亩，种植地埂树1582.53万株，新修谷坊841座，山塘、水池3446口，修建河堤442.45千米，治理防洪排涝工程2049条、1142.95千米，保护耕地250.26万亩，石灰改土61.21万亩。建设基本农田使原跑水、跑土、跑肥的田土变成保水、保土、保肥的田土。2000年，农民人均基本农田达0.44亩，平均亩产提高20%以上。（2）交通建设。1984～2000年，利用以工代赈资金，修筑县、乡、村公路3154.16千米，其中达省标以上公路1913.59千米，修建隧洞4座，777米，架设大、中型桥梁35座，2132米，开挖土石方2亿多立方米，完成71个乡通公路的任务，有2950多个村结束不通公路的历史，到2000年实现乡乡通公路。（3）农田水利设施建设。全地区共完成71座水库计2869万立方米库容的除险加固和配套建设，恢复灌面2.6万亩，改善灌溉条件3.539万亩，新增水田和旱地灌溉7.238万亩，完成防洪排涝保护工程8处，保护耕地5.6万亩，挖凿排洪隧洞4465千米，建成和改造小水电站18座，恢复和新增装机容量1.06万千瓦，累计解决46万人、37万头牲畜的饮水困难，架设高压输电线192千米，低压线路766千米，治理水土流失161平方千米。（4）生态建设。以工代赈资金投入生态环境建设近亿元，治理水土流失200多平方千米，种植防护林300平方千米因地制宜种植经济果木林4110万株，封山育林11平方千米，退耕还林7.6平方千米，种茶、种草14万亩。全地区治理坡耕地166.84万亩。通过以上建设，治理区的林草覆盖率上升5.1个百分点，全地区土地侵蚀模数下降1796左右，生态状况得到明显改善。（5）农村通信设施。国家以代赈在毕节地区累计投入资金560万元，配套县、乡资金，架设农村通信线路356杆/千米，架设通信光缆208千米，安装程控交换机966门，实现乡乡程控通信，46个村开通电话，2%的农村家庭安装电话。修建农村过境通道5处共3250米。1998～2000年，投入以工代赈易地扶贫资金563万元，搬迁居住山洞农户906户3485人，居住山洞的农户已基本搬迁出洞。

**资金投入和主要建设**　1.投入资金。从2001年起，以工代赈资金投入主要由国家财政预算资金和国债资金及省级财政资金补助解决，投入方式分实物投入和资金投入，实物投入以实物折资形式核算。资金通过各级财政部门逐级下拨。2001~2005年，国家在毕节地区投入以工代赈资金4.69亿元。其中：2001年国家投入1.04亿元，2002年国家投入1亿元，2003年国家投入0.87亿元，2004年国家投入1.07亿元，2005年国家投入0.70亿元。2006年～2010年，国家在毕节地区投入以工代赈资金1.92亿元，省级财政配套资金0.21亿元，其中：2006年国家投入4112万元，省级财政配套530万元，2007年国家投入0.39亿元，省级财政配套530万元，2008年国家投入0.41亿元，省级财政配套330万元，2009年国家投入0.38亿元，省级财政配套460万元，2010年国家投入0.33亿元，省级财政配套225万元。2011～2013年，国家在毕节市投入以工代赈资金1.32亿元，省级财政配套资金1325万元，其中：2011年国家投入0.38亿元，省级财政配套380万元，2012年国家投入0.42亿元，省级财政配套115万元，2013年国家投入0.53亿元，省级财政配套830万元。

2.主要建设内容：县乡村公路、基本农田、小型农田水利、人畜饮水、草场建设、小流域综合治理等农村小型基础设施建设，以及根据国务院要求安排的其他建设内容。

## 二　易地扶贫搬迁

**易地扶贫搬迁资金投入和主要建设内容及搬迁情况**　1.投入资金。从2001年起，易地扶贫搬迁资金投入主要由国家资金、省级财政资金补助解决，不足部分由群众自筹，资金使用实行专账管理、专款使用，工程使用资金实行报账制，资金通过各级财政部门逐级下拨。2001~2004年，国家在毕节地区投入易地扶贫搬迁资金1.56亿元。其中：2001国家投入0.43亿元，2002年国家投入0.42亿元，2003年国家投入0.63亿元，2004年国家投入868万元。2006～2010年，国家在毕节地区投入易地扶贫搬迁资金6700万元，省级财政配套583万元。其中：2006年国家投入800万元；2007年国家投入1320万元，省级配套80万元；2008年国家投入1090万元，省级配套980万元，省级配套490万元；2009年国家投入980万元，省级配套13万元；2010年国家投入2510万元。2011～2013年，国家在毕节市投入易地扶贫搬迁资金15670万元，省级财政配套资金4802万元。其中：2011年国家投入2427万元，省级财政配套100万元；2012年国家投入5850万元，省级财政配套355万元；2013年国家投入7393万元，省级财政配套4347万元。

2.主要建设内容：移民住房、供水、供电、道路、排污等配套基础设施，逐步完善通信、教育、市场、文化、医院、卫生等公共服务设施。

3.搬迁户及搬迁人数：2001~2013年，共搬迁14606户，63327人。

## 三　威宁经济区区域规划

1958年，中共贵州省委和省人委决定，以省计委、建委、科委、建工厅、中央建工部建筑科学院为主，组成贵州省区域规划工作组，在是年8月15日～11月13日间，开展贵州省区域规划工作，将贵州省划分为七个经济区，威宁经济区为其中之一。规划威宁经济区侧重于毕节、赫章、威宁、水城县规划，安排“二五”工业项目并提出建设和调整的项目。对黔西、织金、纳雍县未踏勘，大方县只作初步踏勘，未写入规划。

**区域范围与基本特征**　威宁经济区包括毕节、大方、黔西、织金、纳雍、赫章，威宁、水城县，土地共2.69万平方千米，1958年末人口295.29万人。此区域具有以下资源建设条件：1.矿产资源。铁矿总储蓄20.36亿吨，品位在35%～45%之间，煤炭储量500亿吨以上，铅锌和铜等有色金属矿藏居全省首位，铅锌矿远景储量746万吨。2.畜产品。本区畜牧业发达，有利于发展畜产品加工工业。3.平地与水源、电力。山地占总面积82%，高原丘陵地占15%，平地约占3%。有5条大河和34条支流；5条大河枯水总流量每秒35.6立方米；水力蕴藏量约152万千瓦，煤炭储量大，可供建设火力发电站。

**主要工业部门的发展与分布**　1.钢铁工业。“二五”期间计划有威宁钢铁厂、观音山钢铁厂、毕节钢铁厂、织金涯河炼铁厂和威宁炼铁厂。2.有色冶金工业。“二五”安排有：水城铜铅锌冶炼厂、威宁铜矿、水城铅锌矿、赫章铅锌矿、赫章铜矿。3.煤炭工业。建议开发煤田有：大河边、小河边、神仙坡、土地垭、格目底、马龙屯、比德、二塘、结里煤矿。4.机械制造工业。“二五”计划在威宁建冶金矿山设备厂、建筑筑路机械厂，在毕节建机床厂。5.化学工业。“二五”计划建毕节化肥厂、威宁化肥厂；拟在水城大河边火电站附近建焦油加氢厂，在威宁利用炼焦厂的副产品搞卡普隆工厂；扩大织金和大方硫磺生产规模。6.建筑材料工业。“二五”计划在水城、威宁建水泥厂；水城钢铁厂附近建用矿渣作原料的水泥厂。7.畜产品加工工业。“二五”计划建威宁毛纺厂、毕节毛纺厂；在威宁、赫章建冻肉联合加工厂。

## 四　攀西—六盘水地区资源综合开发规划

攀西—六盘水地区，是《全国国土总体规划纲要》中确定的19个综合开发重点地区之一。区域位于川、滇、黔3省接壤地带，包括四川省的攀枝花市、凉山彝族自治州、宜宾地区、泸州市和乐山市，云南省的昭通地区、曲靖地区、东川市和楚雄彝族自治州，贵州省的六盘水市、毕节地区和黔西南布依族苗族自治州等12个地、州、市的68个县区、市。根据国家计委1988年6月《关于开展攀西—六盘水地区国土规划的通知》，国务院三线办经与云、贵、川3省商量，成立规划领导小组，经过两年多的调查论证，1990年6月完成《攀西—六盘水地区资源综合开发规划报告》，11月，获国家计委批复。1991年3月完成规划区的农业、林业、能源、交通、钢铁、有色、化工、生态环保专题规划。

攀西—六盘水地区资源综合开发规划涉及毕节、大方、纳雍、威宁、赫章县。5县当年总人口为379万人，其中农业人口357.9万人，农业劳动力144万人；土地2841.2万亩，其中耕地411万亩，林地938.8万亩，牧地558.2万亩。

## 五　乌江干流沿岸地区国土规划

乌江干流沿岸地区是《全国土地总体规划纲要》确定的19个综合开发重点地区之一。1988年，国家计委、国家科委及贵州省政府，遵照中央的指示，组织开展乌江流域经济开发战略研究。是年，贵州省计委向国家计委呈报《乌江干流地区国土规划工作方案》，国家计委批准启动规划。至1990年3月，完成《乌江干流沿岸地区国土规划综合报告》及能源、原材料、农业、交通通信、环境保护与治理专题规划报告报国务院，是年9月24日，国务院批准《乌江干流沿岸地区国土规划综合报告》。规划区域包括贵州省的21县，四川省30个县市。涉及毕节地区的有织金、黔西、金沙县。

规划区水能理论蕴藏1042.6亿千瓦时，可装机867.5千瓦，年发电422.5亿千瓦时。其中织金、黔西、金沙县水能理论蕴藏量59.3万千瓦，年发电量22.84亿千瓦时，分别占区域量的5.7%、2.2%；煤炭储量185亿吨，其中3县保有储量130亿吨，占70.3%；规划区矿产主要有铝土矿、磷矿、锰矿，其中织金县铝土矿D级储量997.9万吨，磷矿储量13.48亿吨，大理石8061.5万立方米；规划区内属亚热带山区，其中织金等3县气候温和湿润，物种丰富，具有开发利用农业生物资源、发展畜禽养殖业的良好自然条件。

## 六　乌蒙山片区区域发展与扶贫攻坚规划

乌蒙山片区位于云贵高原与四川盆地结合部，山高谷深，地势陡峻，为典型的高原山地构造地形，是少数民族聚集多、贫困人口分布广的连片特困地区，也是国家重要的能源基地、面向西南开放的重要通道和民族团结进步示范区，跨四川、贵州、云南三省，包括38个县（市、区），其中贵州乌蒙山片区主要位于西北部，毕节市和遵义市，包括毕节市的七星关区、大方县、黔西县、织金县、纳雍县、赫章县、威宁彝族回族苗族自治县，遵义市的赤水市、习水县、桐梓县和六盘水市钟山区的大湾镇，共10个县（市、区）和1个镇，总面积32443.77平方千米，占整个乌蒙山片区面积的30.3%。

根据《中国农村扶贫开发纲要（2011～2020年）》（中发〔2011〕10号）的要求，依据《国民经济和社会发展第十二五年规划纲要》《中共中央国务院关于深入实施西部大开发战略的若干意见》（中发〔2010〕11号）、《全国主体功能区规划》（国发〔2010〕46号）和《关于下发集中连片特殊困难地区分县名单的通知》（国开发〔2011〕7号）等相关重要文件精神，结合乌蒙山片区实际，编制本规划。

乌蒙山片区区域发展与扶贫攻坚规划按照“区域发展带动扶贫开发，扶贫开发促进区域发展”基本思路，明确了乌蒙山片区区域发展与扶贫攻坚的总体要求、空间布局、重点任务和政策措施，是指导片区区域发展和扶贫攻坚的重要文件。规划期为2011~2020年。

## 七　黔中经济区发展规划

黔中经济区是党中央、国务院深入实施西部大开发战略确定的重点经济区，地处西南地区腹心地带，在全国“两横三纵”城市化战略格局中位于包昆通道纵轴南部，规划区包括贵州省贵阳市及安顺市西秀区、平坝县、普定县、镇宁县，遵义市红花岗区、汇川区、遵义县、仁怀市，黔东南州凯里市、麻江县，黔南州都匀市、福泉市、贵定县、瓮安县、长顺县、龙里县、惠水县，毕节市七星关区、大方县、黔西县、金沙县、织金县，共计32个县（市、区）。区域国土面积51236平方千米，占全省的29.1%。

依据《中华人民共和国国民经济和社会发展第十二个五年规划纲要》《中共中央国务院关于深入实施西部大开发战略的若干意见》和《国务院关于进一步促进贵州经济社会又好又快发展的若干意见》编制，于2012年8月12日获得国家发展改革委批复。

黔中经济区发展规划是指导黔中经济区未来一个时期发展改革的纲领性文件和编制相关规划的依据，对推进黔中经济区率先发展，带动贵州全省，特别是民族地区尽快富裕起来，是西部欠发达地区与全国缩小差距的象征，是国家兴旺发达的标志，意义重大。规划期为2011～2020年，重点规划2011～2015年。

## 八　毕水兴能源资源富集区发展规划

毕水兴能源资源富集区包括六盘水市、毕节市、黔西南布依族苗族自治州和安顺市镇宁布依族自治县、关岭布依族苗族自治县、紫云苗族布依族自治县，共23个县级行政单元，国土面积59079.79平方千米。依据《国务院关于进一步促进贵州经济社会又好又快发展的若干意见》（国发〔2012〕2号）、《深入推进毕节试验区改革发展规划（2013～2020年）》《贵州省国民经济和社会发展第十二个五年规划纲要》和《坚定不移地沿着中国特色社会主义道路前进为全面建成小康社会而奋斗》编制，于2013年12月13日获省政府批复。

规划区资源优势、区位优势、要素成本优势明显，其中煤炭查明储量444.7亿吨，占全省的88.5%；黄金查明储量324.7吨，占全省的83.7%；磷矿资源储量超过14.3亿吨，占全省的42.1%；铁矿资源保有储量5.8亿吨，占全省的52.7%。国家级旅游点有黄果树、百里杜鹃风景名胜区、织金洞、“水墨金州”“凉都六盘水”等。规划区位于川滇黔交界处，是西南重要的出海道。杭瑞、厦蓉、沪昆、汕昆等高速公路和成贵、成昆等快速铁路贯通全境，毕节飞雄机场建成通航，同时规划区域劳动力资源丰富，劳动力成本相对较低。对优化产业布局、推动产业发展、推进城乡统筹发展、加快基础设施建设等方面奠定了坚实的条件。规划期近期至2015年，中期至2017年，远期展望至2020年。

# 第二章　统计管理

## 第一节　统计机构与管理

**民国及以前的统计机构**　清光绪三十二年（1906），清政府在宪政编查馆内设统计局。次年，明令各省设立调查局，下设法制、统计两科，各司、道、州、县设统计处。但府、州、县设置与否，尚未发现资料记载。民国时期，中央政府各部皆设统计科。至民国23年（1934），贵州全省尚未制发统计规章，亦未成立统计机构。次年，贵州施行中央政令，第四行政区及所属各县的统计分别由民政、财政、建设、教育四科及各局兼办。民国26年（1937），县一级机构才有专办统计人员，开展统计业务。民国30年（1941）8月13日，各县政府统计室设置完毕。民国32年（1943）1月，撤销各县政府统计室，统计工作由秘书室兼管。民国35年（1946）11月，确定各县政府秘书室设统计人员2人。民国37年（1948），贵州省第四行政区行政督察专员兼保安司令公署成立统计室。民国38年（1949）根据省政府主计处训令，毕节地区专员公署将会计、统计机构合并为主计室，保留主计员1人。

**中华人民共和国成立后的统计机构**　1.地区统计机构。1949年12月3日，贵州省人民政府毕节区专员公署成立。1950年，专署财政经济委员会成立，设有综合、贸易、统计等组。1954年，设秘书、经济、财农、计统组，计统组负责审查督促各财经济部门计划和各种定期统计报表的填报、物价的掌握。是年6月，成立专署计划统计科，编制4人。11月，计划、统计分科设置。1957年9月，合并为计划统计科。1958年9月，成立专署统计工作跃进办公室。1960年2月，专署再次分设计划、统计两科。1961年1月，统计科归专署计划委员会领导，称计委统计科。1962年5月，专计委与专劳动局合并为计统局。1963年2月成立毕节专署统计局。1965年5月“文化大革命”开始，统计工作受到冲击。1967年3月撤销统计局，在地区革命委员会生产领导小组下设计划统计办公室，12月改称地革委生产指挥部计划组。1973年4月，设立地区计划委员会统计组。1978年11月成立毕节地区革命委员会统计局。次年1月改称毕节地区行政公署统计局。1984年，毕节地区成立织金、金沙县农村调查队。1985年机构改革，地区统计局内设综合秘书科、业务科、农业科。其后改设综合、调查、法规科和办公室、计算中心。1992年3月，计算中心改为事业机构。1994年12月，将综合科与法规科合并为综合法制科，调查科分为业务一、二、三科，设立财务科。1996年6月，综合法制科更名为国民经济核算科。2008年，成立毕节地区统计局百里杜鹃风景名胜区调查队，为地区统计局派驻百里杜鹃风景名胜区正科级事业单位。2001年10月17日，成立贵州省毕节地区统计普查中心，承担各项国情国力普查和大型调查任务，负责各项普查的专业技术性工作。2010年2月，成立毕节地区社情民意调查中心，主要宗旨是为党委政府和社会团体了解社情民意开展统计调查，提供咨询服务和调查分析报告。2010年6月，毕节地区行署对统计内设机构进行调整，设办公室、农村统计科、工业交通统计科、能源统计科、固定资产投资统计科、贸易外经和人口社会科技统计科、国民经济核算综合科、法规科。

2.县级统计机构。1952年，省政府规定各县人民政府秘书室统计人员编制2人。1954年成立县人民政府计划统计科。1956年，各县计划统计科陆续分设计划、统计两科。1957年，陆续合并为计划统计科。1965～1977年，统计局被撤销，统计工作中断，资料散失。1978年起，陆续恢复各县统计局。

3.乡镇统计网络。1992年，地区行署要求1.5万人以下的乡镇必须配专职统计人员1名，1.5万人以上的乡镇适当增加。是年底，全地区244个乡镇建立统计机构，共配备专职统计人员352人，其中专职统计人员292名，占83%。

**社会经济调查队和企业调查队**　1989年，地区计委等单位联合通知，大方、黔西、金沙、织金、纳雍、赫章县成立城市经济调查队，归县统计局领导，编制4人；威宁县物价设置调查点增编2人。3月底完成组建，4月上旬地区集中培训后开展工作。1997年7月，组建毕节地区企业调查队。2007年4月，整合社会经济调查队和企业调查队，成立国家统计局毕节调查队，编制24人，孙朝红任队长，下设办公室、住房调查科、价格调查科、工业调查科、服务业调查科、专项调查科、技术指导科。

**部门统计机构及企事业统计网络**　1.部门统计机构。1952年，专署粮食局、文教科、民政科、财粮科、工商科、农林建设科、物资交流办、公安处、法院设统计机构或配备专、兼职计划统计员。1954年，有专卖管理处、专署税务局、人民银行中心支行。1956年，有专署森工局，贵州省手工业联社毕节办事处。1957年有专署林业局，1960年有专署邮电局，1978年有地区农业局、林业局、畜牧局、水电局、社队企业局、商业局、供销社、物资局、服务局、劳动局、建设银行、农业银行。

2.企事业统计网络。1952年，花纱布公司、贸易公司、油脂公司、畜产公司、百货公司、盐业公司、专卖处和人民银行，陆续设立统计科或计划统计科股，或配备计划统计人员。1953年，卫生院设卫生统计员1人。1954年，专卖分公司、食品公司、民贸公司、油脂公司、盐业公司、贸易公司、百货公司、石油供应站设会计统计股。百货公司妈姑分店和黔西分店、民贸公司织金龙场商店和以那架商店各设会计兼统计员1人。1956年，食品公司、专卖分公司设统计科。1957年3月，大定硫磺矿原统计股与计划股合并为计统股。黔西农场原财务统计组改称财务计划统计组，毕节农具厂设计划统计组。金沙大水农场原设计统股，毕节农场原专职统计员1人，毕节工程队原计划统计员1人，均保留。

# 第二节　统计调查

## 一　人口普查

**第一次人口普查**　普查的标准时点是1953年6月30日24时，以户为单位，普查常住中华人民共和国公民的姓名、与户主的关系、性别、年龄、民族及本户住址。调查结合选举工作分3期进行，第一期7月初开始，第二期9月开始，第三期1954年1月开始，历时1年。全专区基层单位均进行调查登记。

**第二次人口普查**　是年4月16日，建立专区人口普查指导小组，组织全专区1.96万人参加普查。通过人员培训、宣传发动，农村生产大队均建普查小组，并适当建立登记站。普查登记除1953年普查规定项目外，另增加本人成分、文化程度和职业3个项目。调查表格含人口变动情况、人口年龄、人口文化程度、各族人口、城市人口、集镇人口，普查标准时间为1964年4月30日24时，普查对象为在居住的中华人民共和国公民，是年7月1日以户为单位，全面展开登记。之后，县、区派出工作组到社、队进行检查，复查，纠正差错，减少重登、漏登，通过普查，汇总统计，各公社建立起经常性的户口管理制度。经普查确认，全专区共有居住人口78.34万户，337.6万人，其中汉族占82.52%，少数民族占17.48%，每10万人中，63人具有大学文化、344人具有高中文化，1688人具有初中文化，3490人具有高小文化，1.1万人具有初小文化，2198人初识字，4.91万人不识字，城镇人口占总人口的22.43%。

**第三次人口普查**　普查未展开前，毕节地区行署及各县政府均成立第三次人口普查领导小组和办公室，各区、公社建立普查及户口整顿组织；选调普查人员，广泛开展宣传。普查登记标准时间为1982年7月1日零时，普查项目19个，其中按个人登记姓名、与户主关系、性别、年龄、民族、常住人口的户口登记状况、文化程度，在业人口的行业、职业，不在业人口状况，婚姻状况，15~49岁育龄妇女生育子女总数及现存存活子女总数，1981年15～49岁育龄妇女生育胎数；按户登记户类别，本户住址编号、本户人数、本户1981年死亡人数，常住户口外出1年以上人口；调查附1981年全年死亡人口登记表需调查登记的死者姓名、性别，死时年龄，出生及死亡时间。经过登记，自查、互查和议查汇总确认，全地区共有人口102.78万户，521.69万人，比1964年普查增74.75%，汉族占74.75%，少数民族占20.14%，未识别民族占5.1%。每10万人中，113人具有大学文化，1714人具有高中文化，8123人具有初中文化，2.33万人具有小学文化。

**第四次人口普查**　1989年12月，成立毕节地区第四次人口普查领导小组和办公室。继后，全地区共成立人口普查领导小组109个，村普查小组4492个，以居民，村民委员会所辖区域为单位，按350人为基数划分1个普查小区规定，全地区共划分为4585个普查区，1.77万个调查小区。1990年3月，全地区贯彻省户口整顿会议精神，地区及各县人口普查办公室均建立户口整顿小组，从公安及有关部门抽调8366人专事户口整顿工作。地区人口普查办制定户口整顿方案，印制200多万张户口整顿表格9000余册户口整顿宣传提纲，先在毕节县倒天河村作试点，而后在各县展开宣传，入户核对登记，编制《户口姓名底册》。全地区共查清常住户138.66万户，581.81万人，比整顿前多2.73万人；有户无人13.27万人，有人无户11.27万人，暂住人口3.16万人，普查项目变更16.52万人。是年4月起，按《普查办法》规定，300～400名居住人口配1名普查员，每5名普查员配1名普查指导员。而后采取试点，培训及现场练习相结合方法，地区为各县培训139名师资，县为区、乡培训教员和骨干，区为乡、村培训普查指导员，乡培训普查员。全地区共培训普查员1.77万人，普查指导员4156人。各级人口普查办均设宣传组，地、县3～5人，区不少于2～3人，乡不少于1～2人，全地区共配备宣传员1083人，与广播、教育、工、青、妇等单位相配合，利用报纸、广播、电视、宣传栏、黑板报、知识竞赛、文艺会演、书画创作、宣传车进行宣传，做到家喻户晓。全地区共筹集人口普查经费357.82万元，用于普查人员补助，普查培训、户口整顿及其他相关支付。是年7月1日开始普查登记，普查登记标准时间为1990年7月1日零时，普查对象为具有中华人民共和国国籍，并在中华人民共和国常住的人，按常住地进行登记。普查登记两张表：一是第四次人口普查表，共21个调查项目。其中按人登记的除与第三次人口普查相同的13个项目外，增加1985年7月1日常住地状况，迁移本地原因2项；入户登记的6项与第三次普查相同，只在本户出生、死亡人数项下分别列1989年上半年、1989年下半年、1990年上半年3栏。二是死亡人口登记表，设调查小区代码和本户编号、姓名、性别、民族、出生时间、死亡时间，文化程度、婚姻状况、死者生前从事的主要职业项目。7月10日登记结束，以调查小区为单位，开展普查员自查，互查，召开有关人员、知情者参加的议查。地区组织8个共70人的质量抽样检查队，按等距抽样方法抽40个调查小区进行10天的质量交叉评比。继后由村到区进行五级手工汇总，以调查小区为单位，组织6579名普查指导员、普查员进行专项编码，再培训455名普查指导员、区乡骨干和待分配大中专学生，按预审、编制、复查程序，进行50天的专项编码。9月23日～10月13日，对各县进行10%提前抽样资料检查验收。10月26日～12月10日，地区组织4人工作组到各县验收编码，共抽样本2438册，抽查5.52万人，后经国家和省抽查验收，各项普查指标质量符合要求，按时发表手工汇总公报。1990年，全地区人口普查确认，全地区总人口592.75万人，比1982年增13.59%，年均增1.61%；性别比为女100：男107.39；在总人口中，汉族占73.64%，少数民族占18.35%，未识别民族占8.01%；平均每10万人中，有222人具有大学文化，2267人具有高中文化，1.01万人具有初中文化，3.43万人具有小学文化。经过逐级普查评比，全地区有81人受国家表彰，338人受省表彰，399人受地区表彰、1100人受县表彰；3人计算机数据处理被国家评为先进个人，7人被省评为先进个人。

**第五次人口普查**　第五次人口普查的对象是具有中华人民共和国国籍并在中华人民共和国常住的人（指自然人），普查登记的标准时间是2000年11月1日零时。第五次中国人口普查的普查项目增加到49项，在科学划分普查区和普查小区的基础上，以常住人口的原则进行登记，普查表有四种，短表、长表、暂住人口表和死亡表，登记的主要内容包括：姓名、性别、年龄、民族、受教育程度、行业、职业、社会保障、婚姻、生育、死亡、住房情况等。此次普查采用了长短表相结合的技术，即由90%的户填报普查项目相对较少的短表，10%的户填写普查项目较多的长表。

按照全国统一部署，毕节地区从1999年开始筹备，经过建立机构、制定规划、试点摸索、划分普查区域、地址编码、绘制普查区域图。物资筹备、逐级培训、社会动员、普查登记、复查、资料编码、光电录入、数据处理、资料开发等阶段，历时三年，主要有以下工作内容：

1.建立各级人口普查机构。贵州省人民政府办公厅根据国务院国发〔1998〕17号文件精神，于1998年10月6日以黔府办〔1998〕94号文件发出《关于做好第五次全省人口普查工作的通知》，按照国家和省的部署，毕节地区发出《毕节地区关于做好第五次全省人口普查工作的通知》，按照要求成立了第五次人口普查领导小组及其办公室。领导小组组长由时任毕节地区行署副专员丁诗建担任，统计局长王允铎等担任领导小组副组长，人口普查办公室主任由地区统计局副局长黄景荣担任，1999年5月，县级人口普查机构全部组建完毕，1999年8月，乡级人口普查机构全部成立。

2000年4月25日，省人民政府组织召开由各地、县人民政府分管领导参加的全省第五次人口普查工作会议，在会上，常务副省长王寿亭作动员报告，龙超云副省长代表省政府接受了各地、州、市政府分管领导现场签订的《贵州省第五次人口普查责任状》。2000年5月，毕节地区召开了人口普查动员会，由行署副专员丁诗建与各县（市）分管县长现场签署了《毕节地区第五次人口普查责任状》。

2.人口普查准备工作阶段。（1）试点工作。2000年3～4月，毕节地区人普办确定大方县在全区普查各项工作中先行试点，在大方县大方镇部分村率先开展了模拟人口普查全过程试点工作，各县普查骨干参加了试点工作，在试点成功的基础上召开了全区普查区域划分现场会议，试点实战演练为全区锻炼了普查业务骨干，积累了经验、培训了师资。（2）人员配备。全区各级人口普查办公室共选调普查员、普查指导员，协调员等近5万人。2000年初开始到2000年10月，地区人普办在地区公安处全力配合下，投入公安干警和人普工作人员，对全区户口进行了认真整顿，为人口普查奠定了良好的基础。（3）宣传工作。地区人普办在宣传工作中，立足于“早、新、广、实”，在2000年3月，与毕节地委宣传部联合下发《毕节地区第五次人口普查宣传工作规划》，并对8–11月宣传工作做了安排，对党政领导、部门和广大人民群众进行宣传，就普查登记涉及群众利益的有关政策问题做了进一步明确，在宣传高潮月期间，各县区形式多样地对人口普查进行宣传。（4）培训工作和登记前的准备。各级普查办在各个时间段对普查填报方式、组织工作管理、区域划分、地址编码规则、地图绘制、光电表填写、手工快速过录汇总等各种普查的实施细则等业务培训，到12月全区共培训了普查指导员、普查员5万多人次。各级普查机构按照方案规定完成了区域划分、地址编码、地图绘制等登记前的大量准备工作工作。（5）物资准备。人口普查需要大量的物资，物资陆续发放，到10月所有物资均发放到普查员手中。

3.普查登记阶段。（1）摸底登记。调查摸底工作是人口普查登记开始的序幕，也是登记质量的必要保证。从2000年10月15日至20日，普查员、普查指导员进入普查小区进行调查摸底。

摸底时必须深入各普查小区逐人逐户、逐栋房屋摸清情况，决不允许照抄户口册或户口整顿的登记资料。（2）全面登记和复查。按照国务院人普办的统一部署，全区于正式登记前的10月29日、30日凌晨，对无居人口进行了大清查及登记工作，并发放已登记证明卡。10月30日，丁诗建副专员发表了人口普查登记前的动员讲话。11月1日，普查员、普查指导员深入普查小区开始入户询问登记，登记工作历时10天。11月15日前，各地又组织人员进行了全面扫描登补，收效显著。从11月16日开始，毕节地区第五次人口普查进入全面复查阶段。

2001年6月毕节地区正式发布毕节地区第五次人口普查第一号公报（手工汇总数据），2002年3月发布毕节地区第五次人口普查第二号公报（计算机汇总数据）。

4.人口普查后续工作。第五次人口普查采取光电自动识别扫描录入的方式，节约了大量人力、物力和时间，2001年3月1日开始，毕节集中全地区的普查表在地区统计局计算中心进行光电扫描录入等数据处理工作，数据处理组12位同志和县里的同志每天工作14个小时，历时4个多月，完成了数据录入、审核、修改和汇总工作，在录入前，各县的编码工作阶段耗时率均3.5个月，人均编码短表500人/天，长表150人/天，经光电录入抽样验证，总项目错码率为万分之四，地址误差率为零。

人口普查资料开发主要完成以下方面内容：编印快速汇总资料，向政府和全社会提供主要数据；在2002年底完成《毕节地区2000年人口普查资料汇编》（计算机汇总）的编写工作。

在第五次人口普查工作开始以后，毕节地区人口普查办工作人员结合当时人口流动的复杂性，特别编制了反映人口在地、县、乡各级区域内流入和流出的情况表，进行摸底调查。这张报表的数据采集和调查，对于提高人普调查数据质量有非常大的帮助，使得毕节地区高质量地完成了全国第五次人口普查工作，成为在全省唯一一家全部按照调查登记表进行汇总，没有调整数据的地区。在第五次全国人口普查评比表彰活动中，毕节地区人普办荣获国务院人口普查领导小组授予“第五次全国人口普查先进集体”的表彰。

**第六次人口普查**　国务院下发了《关于开展第六次全国人口普查的通知》（国发〔2009〕23号），决定以2010年11月1日零时为标准时点开展第六次全国人口普查，其目的是为了查清2000年第五次人口普查以来我国人口在数量、人口结构、分布和居住环境、人口素质、生活质量等方面的变化情况，为科学制定国民经济和社会发展规划，统筹安排人民的物质和文化生活，实现可持续发展战略，构建社会主义和谐社会，提供科学准确的统计信息支持。第六次人口普查对象是指普查标准时点在中华人民共和国的自然人以及在中华人民共和国境外但未定居的中国公民，不包括在中华人民共和国短期停留的境外人员。

第六次中国人口普查的普查项目增加到54项，在科学划分普查区和普查小区的基础上，人口普查采用按现住地登记的原则，每个人必须在现住地进行登记。普查对象不在户口登记地居住的，户口登记地要登记相应信息。人口普查以户为单位进行登记，户分为家庭户和集体户。人口普查登记的主要内容包括：姓名、性别、年龄、民族、国籍、受教育程度、行业、职业、迁移流动、社会保障、婚姻、生育、死亡、住房情况等。人口普查表分为第六次全国人口普查表短表和第六次全国人口普查表长表和死亡表。普查表长表抽取10%的户填报；普查表短表由其余的户填报。在居住的港、澳、台和外籍人员，在现住地进行登记，填写供港、澳、台和外籍人员使用的普查表短表。2009年11月1日~2010年10月31日期间有死亡人口的户，同时填报《第六次全国人口普查死亡人口调查表》。

全区第六次人口普查主要经过准备阶段、现场登记与复查阶段、编码阶段、快速汇总阶段、光电录入及数据上报阶段、资料发布及开发阶段等各阶段工作，历时三年完成普查工作。

1.普查机构的建立。省政府于2009年7月发出《关于开展全省第六次人口普查的通知》后，2009年12月4日，毕节地区行政公署向全区发出《关于认真做好第六次人口普查工作的通知》（毕署通〔2009〕57号）。同时成立了以行署副专员谭亚林为组长，地区统计局局长王允铎等为副组长，地委宣传部等22个部门的相关领导为成员的毕节地区第六次人口普查领导小组。领导小组下设办公室（设在地区统计局），办公室主任由地区统计局党组成员、总统计师王彦担任，普查办下设5个工作组，各组均明确了工作职责、规范工作制度，制定了全面系统的人口普查工作进度表和《毕节地区第六次人口普查工作质量评比办法》。2010年4月前，毕节地区各县（市）、乡级普查领导小组和普查机构全部成立，所有村级成立了普查工作组。

2.普查准备阶段。（1）普查试点工作。2009年11月至2010年3月，省级普查办在毕节地区黔西县开展了城镇外来人口和农村外出人口省级专项试点。2010年5月，毕节地区综合试点在毕节市（现七星关区）市西办事处松山社区和毕节市对坡镇嘎木村同时进行。地市人普办相关领导及工作人员、试点区域相关领导及聘用的普查“两员”170余人参加了试点工作，试点模拟普查的全过程，经过了物资准备，培训、区域划分、普查区图绘制、调查摸底、入户登记、数据汇总、总结等流程，试点非常成功，试点中发现了问题，总结了经验，培训了各县级骨干。（2）物资的准备和发放。按照要求在10上旬所有物资发放到具体岗位和部门。（3）户口整顿。根据《全国人口普查条例》的规定及公安部《关于印发〈第六次全国人口普查户口整顿工作方案〉的通知》要求，由地区公安局牵头，各地普查员配合于2010年9月完成了户口整顿工作。（4）普查宣传。中共毕节地委宣传部、毕节地区第六次人口普查领导小组联合行文印发《毕节地区第六次人口普查宣传工作意见》。该宣传工作意见明确了整个人口普查宣传工作的总体要求、组织领导和基本原则、宣传的主要形式和宣传的主要内容。在各个阶段，各级普查办举行了张贴标语宣传画、会议、电视、广播等各种形式多样的宣传活动，2010年10月19日，毕节地区组织大型游行活动宣传人口普查，并举办了毕节地区“人普杯”广播体操比赛。2010年6月21日，毕节地区行署副专员谭亚林主持召开了全区人口普查动员会。入户登记前毕节地区召开了普查动员大会，领导小组组长发表了电视讲话。（5）各级培训、区域划分、地址编码、电子地图绘制。按照普查方案流程，四级普查机构共落实了11975名工作人员。按照全国人口普查方案对“两员”的要求，全市组织选聘了35787名普查“两员”，地区普查办用最强的师资力量、最优的组织方式、最严的培训纪律，确保所有“两员”均通过培训并考试合格后才颁证上岗，最终取得了最好的培训效果。2010年4~10月，开展了普查区域划分，地址编码和地图绘制工作，全市严格按照普查方案的设计要求划分普查区和普查小区，确保普查区、普查小区之间无缝对接、不留死角，最后将全市9县（区）250个乡镇划分为3695个普查区30966个普查小区。在普查区域划定的基础上地绘制普查区域图，首次采用遥感图来绘制乡、村级普查区、普查小区、小区建筑物标会等地图，为“区不漏房、房不漏户、户不漏人、人不漏项”的普查登记要求奠定了坚实基础。

3.普查登记与复查阶段。（1）普查摸底。摸底工作是确保普查数据质量的一个十分重要的环节，在整个摸底工作阶段，各级都处于紧张作战状态，地区人普查组织了所有普查办工作人员，深入普查一线，靠前指挥，发现问题，及时通报，并以地区普查领导小组的下发了对工作做得不到位的6个县的乡镇或普查区作了通报批评，对违反统计法的普查员进行了处理。（2）普查登记与复查。按照国务院人普办的统一部署，我区于正式登记前的10月30日和31日凌晨，对“无居”人口提前进行了封闭、地毯式的清查登记，对登记对象发给《已登记证明卡》。11月1日，毕节地区秦如培书记等四大班子领导以普通公民的身份带头接受人口普查登记，谭亚林到毕节市视察人口普查入户登记现场。在普查登记期间，为加强对各地的检查指导，及时了解和掌握各地工作中存在的问题，避免发生大面积、系统性差错。地区人普办先后组织若干个督查小组到所有县（市）及普查前沿进行指导，及时发现带倾向性、普遍性的问题，并采取切实措施，把问题解决在现场。严格执行普查数据与部门资料相比对制度。对空挂户口人员实施专项清查。对流动人口实行地毯式清查。按照部门分工协作、地方分级负责的原则对军队、武警、监狱、劳教等特殊单位进行普查，确保普查数据的完整性。加强对登记进度的调度和数据分析评估。严格执行普查质量控制工作制度。

4.数据处理。毕节地区超前安排数据处理工作，采取分县组建数据处理平台，市人普办将数据处理组、业务技术组、编码绘图组全体人员共13人分成8个工作组、分赴8个县级数据处理工作点蹲点展开工作。各县（区）按照工作量的大小组织了近700人参与短表、长表及死亡表的光电录入工作，“人换机不停”地运转，每天机器需连续工作15小时左右，经过一个月的奋战，700人的队伍共计扫描并识别转换了244.9万张短表、22.7万张长表、1.9万张死亡表，提前完成了光电录入任务。2011年1月，数据处理队伍又集中力量对这近270张普查表进行逻辑审核，至2月12日（正月初十）如期上报了短表数据，至3月底全面上报所有数据。区级工作组分片包干、全程参与各县区工作点的数据处理工作，各县区也同时制定了严格的岗位责任制度和质量控制措施，确保数据处理过程尽量少地产生再生性错误，同时通过系统的全面审核，求真务实地解决每一项原生性差错记录，创造性地完成了光电录入后图像资料的数据转换及净化过程。在国家审核程序基础上，加强数据分析评估措施，对人口汇总大数、结构数据和特殊数据进行重点分析、评估和检查。认真、细致做好登记数据与清查摸底数据、快速汇总数据的比对，人口普查数据与相关部门数据、历史数据的比对，以及地区间的横向比对。这些措施确保了普查数据的客观真实，确保了普查工作的科学规范，较好地反映了全市人口发展的实际状况。人口普查快速汇总结果顺利通过了国务院人普办的审核验收。

5.普查资料开发利用。普查办2011年5月通过报纸、试验区杂志、电视、网络等媒体正式向社会发布普查公报。在《毕节试验区辉煌十一五》一书中插登了部分普查主要数据，而且还专门编辑出版了《毕节市2010年第六次人口普查主要数据汇编》，并撰写了《毕节市常住人口规模变动特点》《毕节市家庭户数量及规模变化特点》《毕节市常住人口年龄构成的现状特征》《毕节市人口文化素质明显提升》《毕节市少数民族人口发展的特点》《毕节市人口自然变动特点》等分析报告。2012年年底，正式出版了《毕节市2010年人口普查资料（上册）（下册）》，该书分为全部数据资料、长表数据资料、特殊区域主要数据、乡镇主要数据、附录等五大部分。

毕节地区普查办被国务院第六次人口普查领导小组授予“第六次全国人口普查先进集体”的荣誉称号。全区有三人被评为“国务院第六次人口普查先进个人”。地区人普办进行了认真的工作总结和技术业务总结。

**毕节地区人口普查主要数据**

| | 单位 | 第五次人口普查（2000年11月1日） | 第六次人口普查（2010年11月1日） |
|---|---|---|---|
| 一、总人口（常住人口） | 人 | 6327471 | 6537498 |
| 男 | 人 | 3337085 | 3387605 |
| 女 | 人 | 2990386 | 3149893 |
| 二、户籍人口 | 人 | 6615901 | 8337362 |
| 男 | 人 | 3494942 | 4332453 |
| 女 | 人 | 3120959 | 4004909 |
| 三、家庭户总户数 | 户 | 1589009 | 1854772 |
| 家庭户平均户规模 | 人/户 | 3.96 | 3.46 |
| 四、民族：汉族 | 人 | 4552121 | 4845699 |
| 少数民族 | 人 | 1775350 | 1691799 |
| 五、受教育程度 | | | |
| 文盲人口 | 人 | 1309528 | 718634 |
| 小学 | 人 | 2808983 | 2990666 |
| 初中 | 人 | 969131 | 1639082 |
| 高中 | 人 | 196428 | 306308 |
| 大专及以上 | 人 | 41561 | 163991 |

## 二　农业普查

**第一次农业普查**　为准确掌握改革开放以来我国农业生产要素的规模与结构，科学监测我国农村经济发展运行情况，加强政府对农业的宏观调控，推动农业经济更快更好地发展，为制定农业远景目标规划以及制定各项社会经济政策提供科学依据。国务院于1994年10月下发了《国务院关于开展第一次全国农业普查工作的通知》，决定在1996年进行第一次全国农业普查。这次农业普查的时点标准是1997年1月1日，时期标准是1996年1月1日至12月31日。普查对象是全区范围内各种类型的农业生产经营单位、农村住户、乡镇企业、行政村和乡镇。

第一次农业普查主要分为三个阶段，即普查登记前的准备工作阶段，普查登记、数据处理和数据质量控制阶段，普查登记后期数据管理和开发阶段。

普查登记前普查准备工作：根据全国农业普查办公室、省农业普查办公室的统一部署，毕节地区于1995年11月下发了《毕节地区关于开展第一次全国农业普查工作的通知》，成立了毕节地区农业普查工作领导小组，领导小组组长由时任行署副专员谢德蕴担任，统计局局长王允铎等担任领导小组副组长，农业普查办公室下设在地区统计局，普查办主任由地区统计局副局长黄景荣担任，地、县乡各级政府都成立了普查领导小组和普查办公室。地区农普领导小组组长还与各县、市农普领导小组组长分别签订了责任状，保证了普查经费落到实处。普查办公室下设业务组、数据处理组、宣传政策法规组、后勤物资组等业务小组，为全区的农业普查工作顺利完成创造必要条件。

1996年6月前完成了普查区域划分和地图绘制，1996年9月开始，启动了地、县、乡（镇）、村各级普查业务培训，对农业普查内容、填报方式、组织工作管理、光电表填写、地址码规则和审核、农业普查和统计、农业普查实施细则、光电表和地址码录入演示等工作内容进行业务布置和业务培训，到12月全区共培训了普查指导员、普查员5万多人次。1996年6月13日起我区各级普查机构以各种形式对农业普查工作进行了大量的宣传，除了采用电视、广播、报纸、标语宣传，街头咨询外，基层还采取了召开农民群众大会、集市宣传、电影放映前的宣传、墙报宣传、群众走访等多种形式对农业普查知识、思想动员、工作动态等进行了广泛的宣传。农业普查共有各种普查物资45种，1996年12月20日前各种用表和所需普查物资全部分发到县、乡、村。

完成普查登记、编码、数据处理和数据质量抽查：普查调查登记从1997年1月1日开始，到1月31日前结束，各地、县、乡农普办都派人到基层参加登记工作。按照全国统一工作流程规定，普查登记结束后，各级农普工作人员对全省农业普查74个主要指标进行了手工汇总及录入，复查和快速过录汇总结束后，各县组织对普查表进行编码，对所有普查表采用光电录入新技术，全部集中在地区统计局进行光电扫描录入、审核修改和汇总。根据《全国第一次农业普查方案》和全国农普办《关于下发〈关于农业普查事后质量抽查工作细则的补充规定和说明〉的通知》精神，地区农普办制发了《毕节地区农业普查事后质量抽样调查办法》，进行了事后质量抽查，保障了普查登记工作的质量。

普查登记后期数据管理和开发阶段：根据《统计法》《档案法》和其他有关规定，对农业普查资料进行了妥善管理。1998年11月，发布了《毕节地区第一次农业普查主要数据公报》，1999年编辑了《毕节地区第一次农业普查资料》。为决策部门、经济管理部门和科研部门提供普查结果。农业普查为科学监测农村经济的运行状况，加强政府的宏观调控，帮助农民脱贫致富，确保实现毕节地区"九五"计划和2010年远景目标纲要提供了决策依据，在第一次全国农业普查评比表彰活动中，毕节地区农普办荣获国务院农业普查办公室授予"第一次全国农业普查先进集体"表彰。

这次普查的特点有：（1）涉及面广：普查的对象为全区8各县、市的250个乡镇（含毕节市的6个办事处），4574个行政村级组织（含居委会等），4344个村，32441个组，140万户调查户。（2）普查内容多：包括38个项目，678个指标；（3）普查队伍庞大：全区从上到下有五万多人参加了普查工作；（4）采用光电录入技术，数据填报的书写水平高。

### 毕节地区第一次农业普查主要指标

| 指标名称 | 计量单位 | 数据 | 指标名称 | 计量单位 | 数据 |
|---|---|---|---|---|---|
| 乡镇合计（含办事处） | 个 | 250 | 电话装机量 | 部 | 4428 |
| 村个数 | 个 | 4344 | 畜牧兽医站 | 个 | 233 |
| 农村住户总数 | 户 | 1359635 | 农业科技推广站 | 个 | 229 |
| 人口 | 人 | 5797545 | 农业技术人员数量 | 人 | 2540 |
| 农村住户从业人数 | 人 | 3706581 | 文化站 | 个 | 138 |
| 其中：男性从业人数 | 人 | 1974414 | 广播站 | 个 | 169 |
| 农业从业人数 | 人 | 3432484 | 有小学的村 | 个 | 2697 |
| 农业用地面积 | 亩 | 5958634 | 有医疗站的村 | 个 | 760 |
| 农作物种植面积 | 亩 | 8646736 | 乡镇医院、卫生院 | 个 | 240 |
| 农业生产经营户 | 户 | 1330162 | 通电村数 | 个 | 3091 |
| 农业生产经营单位 | 个 | 691 | 通邮村数 | 个 | 570 |
| 农用电动机 | 台 | 5268 | 通公路村数 | 个 | 3299 |
| 农用柴油机 | 台 | 2805 | 通电话村数 | 个 | 187 |
| 农用拖拉机 | 辆 | 9300 | 能接收电视节目村数 | 个 | 2585 |
| 农用运输车 | 辆 | 1374 | 大牲畜存栏 | 头、匹 | 1008929 |
| 乡镇财政收入 | 千元 | 481471 | 猪存栏 | 头 | 2568723 |

续表

| 指标名称 | 计量单位 | 数据 | 指标名称 | 计量单位 | 数据 |
|---|---|---|---|---|---|
| 乡村公路里程 | 千米 | 9479 | 羊存栏 | 只 | 320599 |
| 电话装机量 | 部 | 4428 | 羊存栏 | 只 | 320599 |

**第二次农业普查** 党中央和国务院高度重视第二次全国农业普查工作，《中共中央国务院关于推进社会主义新农村建设的若干意见》（中发〔2006〕1号）明确要求“要做好第二次全国农业普查工作，为制定规划提供科学依据”。贵州省人民政府于2005年8月1日下发《关于开展第二次全省农业普查的通知》，根据国务院农普办和省普查办的统一部署和文件要求，毕节地区行政公署以（毕署通〔2005〕39号）文件下发了《毕节地区行政公署关于开展第二次全区农业普查的通知》，组建了地区第二次农业普查领导小组，同时成立了领导小组办公室，办公室下设在统计局，领导小组组长由时任毕节地区行署副专员王明灯担任，后由于工作变动原因，由时任毕节地区行署副专员周荣担任，统计局局长王允铎等担任领导小组副组长，农业普查办公室主任由地区统计局副局长孙朝红担任，后由于工作变动由地区统计局总统计师王彦担任。根据通知要求：各县（市）也在规定的时间内设立了相应的普查领导机构，并及时抽调人员组建了办事机构。地区农普领导小组组长还与各县、市农普领导小组组长分别签订了责任状，保证了普查经费落到实处。办公室下设业务组、数据处理组、数据开发与运用组、文秘宣传政策法规组、后勤物资组等业务小组，为全区的农业普查工作顺利完成奠定了基础。这次普查的标准时点为2006年12月31日，时期资料为2006年度。普查对象为农村住户、城镇农业生产经营户、农业生产经营单位、村民委员会和乡镇人民政府。普查主要内容包括：农业生产条件、农业生产经营活动、农业土地利用、农村劳动力及就业、农村基础设施、农村社会服务、农村居民生活，以及乡镇、村民委员会和社区环境等方面的情况。农业普查采用全面调查的方法，对所有普查对象由普查员进行逐个查点和填报。毕节地区第二次农业普查工作在党政重视、社会关注的良好氛围下，在全区各级普查工作者的共同努力下，地、县、乡各级普查机构严格按照《全国农业普查条例》及普查方案的要求周密部署、认真展开分项分阶段普查工作，经过机构组建、人员抽调、经费落实、区域划分，地址编码、地图绘制、普查培训、清查摸底、现场登记、复核、手工快速汇总、抄录、光电扫描录入（在县级扫描，由地区派技术员和业务骨干驻县指导）、审核汇总、数据查询、事后质量抽查、分析评估、撰写数据评估报告、发布公报等各项阶段工作。全区共组织动员了普查员、普查指导员和各级普查机构的工作人员近5万人，填报普查表300多万张。通过普查，掌握了全区农业、农村、农民的基本情况。毕节地区利用农业普查成果，认真对历史数据进行修正和衔接，确保统计数据真实、客观反映贵州农村经济社会运行状况和“三农”的发展变化情况，维护统计工作的严肃性和权威性，第二次农业普查取得了反映新时期新阶段毕节地区“三农”情况的大量数据。

普查办结合实际和工作需要，编辑印刷了《第二次农业普查资料综合提要》。在第二次全国农业普查评比表彰活动中，毕节地区农普办荣获国务院农普办、国家统计局授予的“第二次全国农业普查优秀单位奖”。

根据《全国农业普查条例》的有关规定和省农普办的要求，毕节地区农业普查领导小组办公室分期发布了普查公报，向社会公布普查的主要结果。第二次农业普查共调查了250个乡级行政单位，其中乡146个、镇98个，3977个村级组织，其中3948个村，141.69万个住户，按方案规定对1408362户住户进行了调查，填写普查表，在农村居住1年以上的家庭户140.58万户。

毕节地区第二次农业普查主要指标

| 指标名称 | 计量单位 | 数据 | 指标名称 | 计量单位 | 数据 |
|---|---|---|---|---|---|
| 乡镇合计（含办事处） | 个 | 250 | 有二级公路通过的乡镇占比 | % | 21.31 |
| 行政村（含居委会）个数 | 个 | 3977 | 乡镇中学总数 | 个 | 372 |
| 农村常住户 | 户 | 1405798 | 乡镇小学总数 | 个 | 2913 |
| 农村常住人口 | 人 | 5300108 | 3千米范围内有小学的村 | 个 | 3457 |
| 农村住户从业人数 | 人 | 3129446 | 农业技术人员数量 | 人 | 10642 |
| 其中：第一产业从业人数 | 人 | 2819961 | 有医疗站的村 | 个 | 1888 |
| 农业从业人数 | 人 | 2824820 | 有医院、卫生院的乡镇（含城关） | 个 | 250 |
| 农业生产经营户 | 户 | 1328347 | 通电村数 | 个 | 2865 |
| 农业生产经营单位 | 个 | 545 | 通邮的乡镇 | 个 | 1814 |
| 农作物种植面积 | 公顷 | 955269 | 通公路村数 | 个 | 3636 |
| 粮食作物面积 | 公顷 | 581515 | 通电话村数 | 个 | 3514 |
| 粮食总产量 | 吨 | 2344957 | 能接收电视节目村数 | 个 | 3672 |
| 农用拖拉机 | 辆 | 9937 | 大牲畜存栏 | 头、匹 | 1048957 |
| 农用运输车 | 辆 | 5870 | 猪存栏 | 头 | 2888160 |
| 农村居民平均每户拥有住宅面积 | 平方米 | 84.5 | 羊存栏 | 只 | 402199 |
| 住户拥有自己的住宅占比 | % | 99.35 | | | |

## 三　工业普查　第三产业普查　基本单位普查

**工业普查**　我国共进行过三次全国工业普查，分别在1950、1986、1995年进行。

第一次工业普查是1950年3月，中央人民政府政务院财政经济委员会发布《关于全国公营、公私合营及工业生产合作社的工矿企业进行统一的全国普查的训令》。这次工业普查的任务是了解全国工矿企业的基本情况，作为恢复与发展工业生产的依据。普查对象是公营、公私合营及工业生产合作社的工矿企业，不论生产规模大小，不论有无动力设备，都列入普查的对象。在实际执行时，还包括了少数由政府代办的企业，但不包括面广量大的私营企业。普查时间为1949年，动态指标是全年的情况，静态指标是年底的情况，个别指标要求填报一些历史资料。

第二次工业普查是1986年进行的。同第一次工矿普查相比，第二次工业普查具有规模大、范围广、内容多、技术性强、普查资料采用计算机进行处理等特点。这一次工业普查是一次重大的国情国力调查。此次普查要摸清中华人民共和国工业的基本情况，为经济领导部门、工业管理部门提供比较全面的、详细的、系统的工业经济基础资料。

第三次工业普查是1995年进行的。1985年第二次工业普查到1995年十年，工业经济总量规模迅速扩大，经济结构和运行机制也发生了很大变化。国有企业在深化改革和引进外资及与境外合资合作过程中，产权结构发生了很大变化，企业资产底数不清及流失的状况严重存在。乡镇企业、三资企业至今还缺乏全面、准确、系统的统计资料。通过这次普查查清重要国情国力指标的规模和现状，查清工业的所有制结构、行业结构、产品结构、技术经济结构状况，为实施中长期工业发展规划、调整结构、提高效益提供决策依据。具体地说，主要达到以下五个方面的目的。

（一）查清工业资产底数。重点要查清国有企业、乡镇企业和"三资"企业的资产及构成，为深化企业改革提供依据。

（二）查清主要工业产品产量、生产能力分布和能力利用状况，资源配置、市场容量和供需平衡状况，为存量结构调整提供依据。

（三）查清主要生产设备拥有量、工艺装备的技术状况，为国家确定基本建设投资和技术引进、技术改造主攻方向提供依据。

（四）查清主要工业产品生产成本、价格及盈利状况，为制定合理的价格政策和完善价格管理体系提供依据。

（五）通过普查加强企业管理的基础工作，为建立现代企业制度、实行科学管理、走向市场，为改革工业统计调查体系、推行抽样调查方法和提高统计数据质量创造条件。

2003年11月12日，国务院第28次会议决定将原定于2003年进行的第二次全国第三产业普查推迟，与原计划在2005年开展的第四次全国工业普查和2006年开展的第三次全国基本单位普查合并，同时将建筑业纳入普查范围，在2004年开展第一次全国经济普查。以后全国经济普查每10年进行两次，分别在逢3、逢8的年份实施。

**第三次全国工业普查** 根据国务院国发〔1995〕2号和省政府黔府办发〔1995〕26号文件，1995年11月20日毕节地区行署以毕署发〔1995〕113号文关于认真做好全区第三次工业普查的通知。要求没有建立工业普查机构的乡镇和工业主管部门抓紧建立相应的普查机构，各有关单位要大力支持县、市政府普查办公室工作，按要求抽人到办公室办公；认真做好宣传工作；各级政府要加强对第三次工业普查的领导，高度重视普查工作；要切实落实普查经费。

第三次全国工业普查的调查内容主要包括以下16个方面：

（一）工业企业基本情况

（二）财务状况

（三）劳动情况

（四）工业产品生产、销售、库存总值

（五）主要工业产品产、销、存

（六）附营工业单位生产情况

（七）工业企业原材料、能源消费与库存

（八）能源加工转换

（九）工业企业科技活动情况

（十）主要工业技术经济指标

（十一）主要工业产品生产能力

（十二）主要工业生产设备及其新旧程度（已安装设备）

（十三）主要工业生产设备技术状况（已安装设备）

（十四）主要工业产品质量

（十五）主要工业产品销售收支情况

（十六）工业企业部分合资基本经营情况

《全国工业企业普查表》分为甲、乙、丙三类，甲类表为大中型工业企业普查填报用表，乙类表为乡及乡以上小型工业企业和附营工业单位普查填报用表，丙类表为年产品销售收入（营业收入）在100万元以上的村办工业、私营工业、合作经营工业、个体工业和生产单位普查填报用表；同时，为搞全“三资”企业，另行制发《工业企业部分合资基本经营情况普查表》。

这次工业普查的对象为全部工业企业和附营工业单位。对乡及乡以上独立核算工业企业和附营工业单位及年产品销售收入（营业收入）在100万元以上的村办工业、私营工业、合作经营工业、个体工业和生产单位，采取直接发普查表调查的方式。对年产品销售收入（营业收入）不足100万元的村办工业、私营工业、合作经营工业、个体工业和生产单位，不发企业普查表，采取布置简易卡片或列一览表的形式，由县级（市）工业普查机构按全国工业普查办公室的统一要求上报综合表式，具体表式见《第三次全国工业普查简易综合方案》。

毕节地区第三次工业普查领导小组成员为：组长孙仁培；副组长阮仕君、朱明荣、王允铎；成员陈听敏、袁德琴、陈展发、张仲俊、马顺霖、邹芳智、胡金根、张天明、周立明、张世贵、黄景荣。领导小组下设办公室。主任黄景荣；副主任房妮娅、田晓华、胡晓敏。

1996年7月17日，地区工普办根据“随机原则、重新调查原则、误差原因分析原则、保密原则”四项基本原则制定了《毕节地区第三次工业普查事后数据质量抽查业务工作具体实施办法》。同年9月6日，印发了《毕节地区第三次工业普查先进集体、先进个人评比表彰实施办法》。同年1月4日，省地市三级普查办联合对毕节水泥厂管理基础工作进行检查验收，各项规章制度非常完备并落到实处，各项章程、标准有专人负责，管理基础工作符合验收质量和要求。清理统计调查单位、工普宣传周、业务培训、整顿和加强企业基础管理工作、行署与各县（市）政府签订三普责任状。

**第三产业普查** 1993年9月12日，地区成立了由副专员杨智光任组长，统计局局长王允铎、计委副主任陈听敏任副组长、成员包括有关部门领导的第三产业普查协调小组，并从统计、财政、计委、经委、技术监督、工商、税务、武警、体改委等十一个部门抽调人员成立普查办公室。各县也先后成立了由副县长任组长的普查协调小组，县及县属各部门、各单位均设立普查办公室，各乡镇、各村也按要求成立了普查小组或指定了普查人员。共培训普查人员和辅助人员5010人，其中负责个体户抽样调查的普查人员784人。

宣传动员地县普查办及各乡镇街道办事处普查机构均设立宣传组明确专人负责宣传工作，建立了宣传工作责任制。充分利用各种宣传形式，举办三产普查宣传专栏25期，张贴各种宣传标语6000多张，悬挂宣传标语横幅60多幅，召开宣传大会60多次，散发宣传单30000多张，利用电话、书信等开展咨询活动30000多次。地县还多次利用广播、电影、电视等进行宣传，通过给电视观众点歌形式插播三产普查的有关知识和标语口号，各县三产普查工作的副县长均发表长达半小时的电视讲话，长期滚动播放，《毕节报》《黔西报》《织金报》《赫章报》也曾多次登载了介绍第三产业知识和宣传三产普查的文章。黔西县组织县书法协会书写了几百幅大小标语悬挂、张贴。大张旗鼓地宣传三产及三产普查工作的重要性。

清查摸底和调查登记。从10月下旬开始，地区及各县三产普查办开展了清查摸底工作。在编委、劳动人事、工商、税务民政、技术监督、财政等部门的大力支持和密切配合下，采取条块结合，以块块详查登记为主，条条详列名录为辅的办法，开展清查摸底，并将搜集到的基层摸底表认真核对，复查验收，及时查遗补漏。地县三产办严格按照要求及时上报了甲、乙、丙表分年度的摸底清册。与此同时，地、县普查单位开始上报甲、乙、丙三种普查基层表，三产普查认真审核了普查表的属性指标和数量指标。为了将工作做精做细，进行了区区核，类类对，按时完成了填报任务。

**基本单位普查** 基本单位普查是一项重大的国情国力调查。其目的在于：查清我国各行业的单位底数，为掌握基本国情提供资料；全面反映各类单位的基本情况，为制定各项社会经济政策提供基本的统计信息；建立完整的全社会基本单位名录库，为各种调查提供科学的抽样框、为城市规划建设及建立地理信息系统提供基本的依据；统一规范工业、农业、第三产业等各种普查和各种年报、定期报表的调查单位，为建立符合国际规范的现代统计制度创造条件。

1.第一次基本单位普查。1996年7月1日，地区行署根据国务院国发〔1996〕5号和省政府黔府发〔1996〕26号文件，以毕署发〔1996〕073号文，发出《关于认真做好全区第一次基本单位普查的通知》，成立毕节地区第一次基本单位普查工作领导小组，下设办公室，同时要求各县、市也要成立相应机构。

第一次基本单位的普查时点为1996年12月31日，普查资料的调查年度为1996年。普查对象是我国除农户和个体经济以外所有法人单位和产业活动单位，包括各类企业法人、事业单位法人、机关法人、社会团体法人和基层群众自治组织以及从事农业、工业、建筑业、交通运输业、批发零售贸易业、餐饮业、服务业等社会经济活动的产业活动单位。

普查的主要内容：反映单位的基本信息包括单位代码、名称、法定代表人（负责人）、单位所在地、通信号码等；反映单位的主要属性包括行业类别、经济类型、隶属关系、主管部门、企事业机关划分等；反映单位的基本经济活动包括正式开业时间、营业状态、从业人员数、企业实收资本、生产经营用固定资产、营业收入等；反映单位的其他信息包括执行会计制度种类、产业活动单位数、产业活动单位归属法人情况等。

普查方式：对全部调查对象采用直接下发调查表式的方法。具体实施时，原则上采取条块结合、分工协作、块块复核的办法。

普查的组织实施：全国基本单位普查办公室负责统一制定基本单位普查的设计方案、调查表式、基本单位划分标准、各种统计分类标准和数据处理标准；各地区基本单位普查办公室负责统一布置全国基本单位普查方案和培训工作。

毕节地区第一次基本单位普查领导小组成员为：组长孙仁培；副组长阮仕君、王允铎；成员朱明荣、伍润强、许　平、聂宗敏、陈展法、罗建明、杨　松、邱俊美、李德敏；领导小组下设办公室办公室主任：王允铎。

毕节地区按照国家和省的方案规定于1997年9月完成了普查任务。

2.第二次基本单位普查。继1996年第一次全国基本单位普查之后，根据《中华人民共和国统计法》和《国务院批转国家统计局关于建立国家普查制度改革统计调查体系请示的通知》（国发［1994］42号）规定，国家统计局、中编办、民政部、财政部、国家税务总局、国家工商总局、国家质检总局等7部门联合下发了《关于开展第二次全国基本单位普查的通知》（国统字［2001］37号），决定于2001年进行第二次全国基本单位普查。这次普查的标准时点为2001年12月31日，普查对象为中华人民共和国除城乡住户和个体工商户以外的所有法人单位及其所属的产业活动单位。

按国家统一部署，贵州省人民政府办公厅发出《关于做好第二次全省基本单位普查工作的通知》（黔府办发〔2001〕86号）。结合统计工作需要和贵州实际，确定贵州省第二次基本单位普查的标准时点为2001年9月30日，普查的基本内容、调查方法、组织形式和第一次基本单位普查基本一致。

2001年8月20日，贵州省人民政府办公厅发出《关于做好第二次全省基本单位普查工作的通知》（黔府办发〔2001〕86号），决定成立贵州省第二次基本单位普查领导小组，领导小组下设办公室，办公室设在省统计局，具体负责普查的各项组织和实施工作。根据国家和省的要求，毕节地区行署于2001年9月发出了《关于做好第二次全区基本单位普查工作的通知》，要求各级、各县市成立普查机构，毕节地区行署第二次基本单位普查领导小组组长有时任行署副专员丁诗建担任，副组长由统计局长王允铎，普查办公室下设在地区统计局，普查办主任由地区统计局副局长孙朝红担任，负责组织和协调全区的普查工作。在各级政府的领导下，由统计、机构编制、民政、财政、地方税务、工商行政管理、质量技术监督等部门具体组织实施基本单位普查工作。普查工作所需经费由中央和地方各级政府分级负担，各级政府根据普查工作的实际需要，将普查经费列入本年度财政预算，确保普查所必需的各项开支。

2001年8月28日，各地、州、市和县（市、区、特区）统计局参加了在花溪召开的贵州省第二次基本单位普查工作会议，领会省普查办传达的全国第二次基本单位普查会议精神，学习全省普查的实施方案。9月14日，组织各县统计、工商、税务的基本单位普查业务人员参加省基本单位普查办召开全省第二次基本单位普查业务培训会，就基本单位普查方案、普查细则和相关业务知识组织培训和学习。培训内容包括全省第二次基本单位普查的实施方案、基本单位划分规定、数据处理细则、指标解释、填表说明、审核要求以及资料的包装等内容，毕节地区各级普查办认真学习普查流程和方案，按照上级的要求，对基层普查员进行了严格的培训。

按照国家基普办的总体要求和贵州省基普办的规定，毕节地区普查办以2001年9月30日为普查的标准时点，提前开展普查登记、扩大普查登记范围、加强部门及统计专业协调配合。普查办将省反馈资料和地区相关部门收集部门的资料整理反馈到县，各县普查办对部门反馈的数据进行梳理排重处理，与统计基本单位库进行比对，形成普查底册，抽调普查员进行业务培训，按照条块结合的方式分类下发普查底册资料，县级普查办亲赴一线带领熟悉情况的普查员按照划分的区域进行实地调查，填写普查表格，并在底册上做好增减变动记录并认真核实，对收集的普查资料进行审核、数据录入处理和上报，在各县上报地区后，地区基普办立即组织业务人员分专业进行审核把关，将审核中发现的问题进行了归类整理后反馈到各县市、经过反复的核对审核修改，与2001年12月底按时完成了普查数据的上报任务。

2002年1月下旬，迎接了省普查办对各地州进行基本单位普查工作的事后质量抽查，2月底通过省基普办各专业处的专业评估。根据省里的要求，我区对数据质量进行了自查，抽查结果显示：单位漏报率、项目差错率均低于国家及省制定的质量控制标准，各项数据能够客观真实地反映全区实际情况。基普办主要围绕年报使用普查数据的情况、分专业审核情况、与专业的衔接以及普查数据与部门数据差异的分析等进行了数据审核工作，提交了评估报告和业务总结报告，2002年9月完成了普查工作任务。

此次普查，建立数据仓库实现数据共享的工作思路和预期目标。地区普查办荣获“全国先进集体”的表彰。

## 四　经济普查

**第一次经济普查**　为适应经济和社会发展需要，并与国家编制五年计划更好衔接，推进国民经济核算与统计调查体系的综合配套改革。

2004年2月22日毕节地区行署下发了《毕节地区行政公署关于开展第一次全国经济普查的通知》（毕署通〔2004〕7号），成立了毕节地区第一次全国经济普查领导小组，领导小组组长由时任毕节地区行署副专员丁诗建担任，统计局局长王允铎等担任领导小组副组长，编制、民政、国税、地税、工商、技术监督、公安以及其他相关部门领导任成员，经济普查领导小组办公室下设在毕节地区统计局，具体负责普查工作的所有事务，办公室主任由毕节地区统计局副局长廖昌昕担任，各县、乡也按照要求成立了经济普查领导小组和普查办公室，地、县、乡还通过逐级签订经济普查工作《目标责任书》，将普查工作的要求和责任层层分解、明确，为普查工作的有序开展提供了坚实的组织保障。

按照全国的统一部署，在毕节地区经济普查领导小组、经济普查办的领导下，在地直各相关部门以及全体普查工作人员的共同努力下，各级普查办认真按照第一次全国经济普查方案和贵州省第一次全国经济普查实施方案规定的步骤、程序和要求，紧密结合我区实际，广泛动员社会力量，从2004年初开始筹备、经过建立机构、制定规划、试点摸索、区域划分、地图绘制，物资筹备发放、逐级培训、社会动员、单位清查、普查登记、复查审核、数据处理、数据汇总分析评估、数据质量抽查、向社会发布经济普查公报等环节和步骤，历时两年，圆满完成了第一次全国经济普查各阶段工作任务，摸清了家底、盘清基数，为我区制订经济发展规划，建立经济社会运行监测调控体系，全面建设小康社会提供了可靠依据，同时也积累了许多成功的经验，在第一次全国经济普查评比表彰活动中，毕节地区经普办荣获国务院经济普查领导小组授予“第一次全国经济普查先进集体奖”的表彰。

2004年末，全区共有从事第二、三产业的法人单位10344个。其中，企业法人单位2041个，机关、事业法人单位3824个，社会团体法人单位105个，其他法人单位4374个。产业活动单位17257个，其中，第二产业1388个，第三产业15869个。个体经营户88179户，其中，第二产业10914户，第三产业77256户。

**第二次经济普查**　全国第二次经济普查2008年进行，普查目的、对象和范围与第一次经济普查一致，调查方法、组织方式也与第一次普查基本相近，普查的标准时点为2008年12月31日，普查的时期资料为2008年度，本次调查的表式有基层表56种，综合表55种，调查指标1000多个，均比第一次经济普查有所增加，主要是能源和水资源指标。与第一次经济普查相比，第二次经济普查认真借鉴第一次全国经济普查方案设计经验，普查方案在单位清查和个体户调查方面有较大改进，普查指标将能源和水资源消耗调查范围由规模以上工业扩大到全部第二、三产业单位，并增加了高耗能行业通用设备情况调查。各地各部门严格执行普查方案有关规定，保持了普查工作的一致性。这次普查中，普查小区划分实现了电子化，为普查后期建立统计地理信息系统打下了良好的基础。这对提升我国的统计能力、提高统计数据质量和加强对社会经济活动单位的管理具有重要意义。

根据《国务院关于开展第二次全国经济普查的通知》国发〔2007〕35号，毕节地区行政公署于2008年4月22日行文正式组建了全区第二次经济普查领导小组及办公室等普查机构。行署分管领导曹国江担任领导小组组长，行署办相关领导、统计局局长王允铎和发改局相关领导等担任副组长，普查办公室设在统计局，由地区统计局党组成员总统计师王彦担任普查办主任，普查办设综合协调组、调查一组、调查二组、调查三组、调查四组、数据处理组、法规宣传组、后勤保障组等八个工作组，进一步细化了各工作组职责。并督促各县市也完善了内部工作机制，使地县乡各级经普机构职责明确、责任到人。在各级普查领导小组的领导下，地区普查办带领各级普查机构的普查工作者，经过和第一次经济普查工作相似的所有普查步骤和流程，圆满完成了第二次经济普查工作，按照普查方案的要求，对8个县（市）的数据质量进行抽查，抽查的单位数和个体户户数比例高于方案的要求，抽查汇总结果，数据填报综合差错率在抽查方案要求的范围内，数据质量达到预期目标要求。第二次全国经济普查所取得的成果对于编制“十二五”规划，推动经济结构的战略性调整，促进经济全面协调可持续发展具有重要的战略意义。在第二次全国经济普查评比表彰活动中，毕节地区经普办荣获国务院经济普查领导小组授予“第二次全国经济普查先进集体奖”的表彰。

2011年1月，普查办发布了毕节地区全国第二次经济普查一、二、三号普查公告。2008年末，全区共有从事第二、三产业的法人单位11576个。其中，企业法人单位3063个，机关、事业法人单位4243个，社会团体法人单位246个，其他法人单位4006个。产业活动单位19764个，其中，第二产业1772个，第三产业17568个。个体经营户117108户，其中，第二产业10823户，第三产业106285户。

**第三产业普查**　1993年9月12日，地区成立第三产业普查协调小组，并从统计、财政、计划等11部门抽调人员成立普查办公室。各县也先后成立由副县长任组长的普查协调小组，县及县属各部门、各单位均设普查办公室，各乡镇、各村也要求成立普查小组或指定普查人员。全地区共培训普查人员和辅助人员5010人投入普查。地区及各县利用各种宣传形式：办专栏25期，贴宣传标语6000多张，悬挂标语横幅60多幅，召开宣传大会60多次，散发宣传单3万多张，副县长发表电视讲话，报纸登载介绍第三产业知识和宣传三产普查的文章，宣传三产及三产普查的重要性。是每10月下旬清查工作，开始采取条块结合，以块块详查登记为主、条条详列名录为辅的办法摸底，核对上报的基层摸底表，复查验收，查遗补漏。地、县三产办上报甲、乙、丙表分年度的摸底清册；地、县普查单位上报甲、乙、丙三种普查基层表。三产普查办审查各表的属性指标和数量指标，区区核、类类对，按时完成填报任务。通过手工汇总和质量抽查验收，将资料编码、装订，最后发布公报。

**其他普查**　1.物资普查。（1）1950年4月，根据省物资清理委员会的布置，专署和各县清理登记，造册上报。部分县由于土匪盘踞，未能全面切实清理。（2）1952年全国仓库普查。是年，根据政务院制发的《仓库普查表》，以1952年12月30日为时间点，普查仓库、货场物资和设备。普查包括：仓库名称、主管机关、所属大区、省、专、县、区、镇、街道、门牌、电话号码；仓库性质、代号；仓库位置；仓库面积、容积、建筑情况、适用情况、负荷情况、负荷能力；石油、石油制品、油脂及其他产品用的固定金属制容器、过磅设备及仓库内部运输设备、运输工具、冷藏设备；职工数目及工资、仓库是否独立预算开支。专署和各县财委组织专人进行普查。（3）1955年、1956年、1957年全国物资库存普查。专署和各县计划统计科根据国家统计局《1955年10月1日物资库存普查方案》，普查地方国营、地方公私合营的生产企业、劳改工业企业、基本建设单位、供销机构及其他物资单位的黑色金属等8类96种物资。（4）1956年用油车辆、船舶、动力机械数量及耗油量普查。专署计划统计科根据国家计委和国家统计局通知，以是年10月1日为时间点，普查全专区用油车辆、船舶、动力机械设备数量及对汽油、柴油、燃料油耗用情况进行普查。（5）1958年全国现有物资和在途物资普查。全专区统计机关根据国家统计局要求，于1958年1月1日零时，据《产品库存普查表》及产品明细附表、《原材料、燃料普查表》及材料明细附表、《在途物资普查表》，普查煤炭、黑色金属及焦炭、有色金属、金属制品、木材、水泥、废金属、工具性材料等物资的库存和在途物资调拨情况。（6）1959年和1963年全国耗油机械及耗油情况普查。全专区统计机关根据国家计委和国家统计局联合通知，以1959年2月1日为时间点，普查全专区各企业、事业、机关、民主党派、人民团体、人民公社耗用汽油、柴油、燃料油、煤油的机械设备实存量和耗油情况。1960年，以该年1月1日为时点进行普查。是年7月，普查1949～1963年6月30日进口的机床、锻压设备、国内生产的机床、锻压设备及1963年6月30日拥有的全部机床、锻压设备。（7）1964年全国工程机械拥有量普查。全专区统计机关根据国家统计局要求，以1964年4月1日为时间点，普查全专区县以上地方工业企业、建设单位、承包企业、城关建设、公用事业、供销机构等单位的工程机构拥有量。（8）1973年全国金属材料、煤炭库存普查。专区计委统计组、专区物资局根据国家计委要求，于1973年9月1日零时，普查全地区地、县级全民所有制企业、事业单位和中央、省驻毕节地区各单位的金属材料、煤炭库存。（9）1974年、1975年全国金属材料库存普查。统计机关按国家计委决定，以1974年12月1日零时为时间点，普查全地区全民所有制企业、事业和建设单位的金属材料库存量。1975年10月，地区和各县分别成立办公室，以1975年12月1日为普查时点，对全民所有制和集体所有制（不含农村人民公社）企业、事业和建设单位，凡库内、库外、车间、工地存放的金属材料进行清查盘点。共清查40种金属材料在生产单位、基建单位、供应机构、物资部门产、成品的库存量。（10）1975年全省机电设备库存普查。统计机关按省计委布置，以1975年6月1日零时为普查点，清查全区地电机设备库存量。历时两月完成普查任务。（11）1976年全国物资清仓核库普查。计划、统计、物资部门根据国家计委《关于全国物资的清仓核库普查与1976年物资统计年报合并进行的通知》和省清仓核库领导小组的布置，开展全地区清仓核库普查。（12）1983年工业锅炉普查。统计机关根据国家物资局、省物资局的布置，普查全地区工业锅炉。（13）1988年全国钢材消费库存普查。1988年10月，地区统计机关、计委、经委、物资局根据国家计委、经委、物资部、统计局的布置和全省钢材普查会议精神，成立钢材普查办公室，组织普查全民所有制工业及非生产、建筑施工企业及自营建设经营单位、物资供销单位。1987年、普查内容：1988年1～9月的钢材消费量；1987年初、年底和1988年9月底钢材库存量。普查结束时，地区普查办将各县资料汇总，于11月20日报省普查办。

2.1955年私营商业及饮食业普查。是年，国家统计局等五部门执行国务院《关于进行私营商业及饮食业普查工作的指示》，拟订《普查方案》，专署成立普查领导小组，各县成立普查办公室，普查其辖区内私人投资设立的商业、饮食业，公私合营商业及饮食业。普查其户数、从业人员及其中雇用职工数、资本额、1954年及1955年上半年销售额、1954年和1955年上半年及8月份收益额。普查标准时间为1955年8月31日。按国家统计局要求，将毕节、大定两县私营普查总结报送国家统计局。

3.商品库存普查。1959年5月，专区及各县根据《贵州省商业部门商品库存普查办法》，以5月31日为普查时点，普查专、县全部商业机构，现有库存商品其在及城乡批零环节间的摆布情况。

4.工矿林区基本情况及工矿林区社会商业和服务业普查。1960年5月，专、县商业局根据省商业厅和省统计局联合通知，指定机构、人员，普查所有工矿林区防护用品和保健食品的需要、定量和供应情况。

5.城镇房屋普查。1985年，地区及各县根据省府办公厅《关于开展城镇房屋普查工作的通知》和省城乡建设环境保护厅和省统计局要求，成立城镇房屋普查办公室，第一季度开始准备，第二季度开展房屋普查登记。同步进行发（换）证工作。普查设城镇房屋分幢普查表、城镇住房情况分户普查表、房屋结构情况表、房屋层数情况表、房屋建成年份情况表、房屋用途情况表、居住水平（按使用面积）分析表、居民缺房情况分析表、住房设备情况表、住房使用情况表、房屋质量情况表，房屋现值、使用土地情况表。对于个别少数民族地区及偏僻、商业不发达、交通不方便普查有困难的地区，采取利用原有资料、结合典型调查、估计推算方法调查。其他地区，一律先试点后普查。

6.1978年全国基本建设项目和挖潜、革新、改造措施项目普查。是年6月，毕节地区根据国家计委、建委、经委、财政部、中国人民银行、国家统计局联合通知，普查全地区基本建设项目和挖潜、革新、改造措施项目。是年8月，在此基础理论上按中共中央〔1978〕6号文件精神，对基本建设在建项目进行清理。

7.卫生机构房屋建筑普查。1988年10月～1990年6月，毕节地区卫生行政管理机关，根据国家卫生部计划财务司、统计信息中心的部署和省卫生厅的要求，调查全地区卫生部门和集体所有制的卫生机构房屋建筑情况。调查对象是50张病床以上的卫生机构以及其他部门所属的高、中等医（药）学院，同时上报49张病床以下所有乡镇卫生院的房屋调查统计资料。

8.体育场地普查。全地区体育工作部门根据国家和省体委的要求，以1982年12月31日为时间点，采取条块结合，以块块为主的方式，普查全地区各系统、各行业、各单位建的体育场地和个体经营的各种体育活动场地。通过一年的普查，查清全区各种体育场地6860个。1988年9月，根据国家体委、国家统计局、国家教委、全国总工会《关于对1983年以来全国新建体育场地进行普查的联合通知》，调查汇总上报全地区1983年1月11日～1988年12月30日以来各系统、各行业所属基层单位以及个体经营者新建并投入使用的各种体育活动场地。

9.优抚对象普查。1979年，地区及各县民政工作部门根据中共中央〔1978〕66号文件精神和国家民政部统一部署，以是年9月30日为时间点，普查全地区命烈士家属，失踪、病故军人家属，革命军人家属，革命残疾人员，退伍红军战士；复员、退伍军人，军队退休干部和其他退休人员。是年底，普查工作结束，将普查登记表呈报民政部。

10.农村集体投资项目普查。1992年，毕节地区统计工作部门根据省统计局《关于认真做好农村集体投资项目普查工作的通知》，普查全地区农村集体投资项目，于6月20日向省统计局报送数据软盘，同时附主要指标汇总表和普查基层表。

## 五　专项调查

抽样调查　1.人口抽样调查。（1）人口变动情况抽样调查。自1982年起，国家统计局会同有关部门建立一年1次的人口变动情况抽样调查制度。由被抽中的县完成其调查任务。从1987年起，地区统计局始承担对抽中县调查资料的审核。调查时间点为每年的1月1日零时。调查对象为抽中的村（居）民的全部户籍人口（法定人口）。从1990年起改为常住人口。调查方案包括：综合年报表式，基层年报表式、统一表式，填写说明，逻辑审查规则，编码说明、宣传提纲。主要查清出生、死亡人口、计算出生率和死亡率。各年调查项目一般变化不大，只是个别项目下的标准答案有所增加。调查样本量的确定各年不一样。1982～1985年，抽取的样本量一般在1.3～1.7万人之间，只对全国有代表性。1990年后，要求对全省有代表性、样本量扩大到6万人。采用分层、分阶段、随机等距整群抽样的方法。调查登记时间为每年的1月1～10日。（2）第二期生育力抽样调查。1987年4月，国家统计局决定在贵州、北京等6省市进行第二期生育能力调查，调查标准时间为是年4月1～30日，调查对象为50周岁以下的已婚妇女。抽样调查共三种：个人调查表，含被调查人及其家庭的基本情况，本人婚姻史、生育史、怀孕史、本人对避孕方法的了解和应用，本人生育愿望及丈夫基本情况等7部分151个问题；住户调查表，包括住户人口构成，未婚育龄妇女人数、住房情况、现代家用设备拥有情况及收入情况等17个问题；社区调查表，包括村委会的生产、收入、公共交通、公用设施、教育、医疗及计划生育服务等23个问题。第一阶段抽取样本单位40个县，毕节地区8个县均被抽中，从中再抽取二级抽样单位144个乡、镇、街道、办事处，三级抽样单位286个村民（居民）委员会，84个居民组。抽中8063户，实际登记7959户，回答率98.7%；抽中合格妇女6619人，实际调查6489人，回答率98%，总回答率96.7%。（3）1987年1%人口抽样调查。是年，各县根据国家统计局《1987年全国1%人口抽样调查方案》，以7月1日零时为标准时间，调查三种人：常住并登记常住户口的人；已居住半年以上，常住户口在外地的人；调查时住在此地，户口待定的人。大部分调查项目与第三次人口普查项目相同，新增人口迁移、初婚年龄及死亡人口生前从事的主要职业。贵州省调查1/90的人口，样本量为33万人。第一阶段抽取32个县，毕节、黔西、纳雍、赫章4县被抽中；第二阶段每个抽中县中抽4个乡；第三阶段，每个抽中乡中抽2～3个村（居）民委员会。1987年9月底全省调查工作的登记、复查、编码和手工汇总等任务完成。经过复查，调查资料的质量达到国家规定的标准，在质量评比中，纳雍县获第二名，毕节县获第三名。（4）1987年残疾人抽样调查。是年4月1日～7月上旬，毕节、威宁县根据国务院办公厅《关于在全国范围内进行残疾人抽样调查的通知》，以1987年4月1日为调查标准时间，调查视力残疾、听力语言残疾、智力残疾、肢体残疾和精神病残疾人状况。调查表有住户调查表、残疾人调查表和残疾人筛查表。（5）1990年全省人口抽样调查。是年6月6～20日，毕节地区根据省的要求，进行人口抽样调查。全地区共抽144人，16辆车，对8个县随机抽取27个村为样本点，进行逐户询问，逐人登记，登记项目18项。调查1989年以来的人口变动情况、婚育情况以及开展计划生育突击活动以来落实节育手术情况。（6）1991年人口与计划生育抽样调查。是年，各县组织调查队，以是年10月31日24时为时间点，开展人口与计划生育抽样调查。全地区共抽取62个样本点81322人。出生率抽样误差为0.51‰，相对误差为5.4%，置信度为95.45%，对全地区、对各县具有代表性。调查采取交叉方式进行。根据调查结果推算对比，全地1991年来总人口为607.22万人，比年报数多3.04万人。（7）1992年儿童基本情况抽样调查。1992年5月21日，地区行署根据省府办通知，成立儿童基本情况抽样调查领导小组及办公室，组织完成儿童基本情况调查。（8）1992年人口变动情况抽样调查。是年，毕节、大方、黔西、纳雍、威宁县根据省的要求，组织完成调查。在全省综合考评中，黔西县获一等奖，纳雍县获二等奖，毕节县获三等奖。（9）1995年1%人口抽样调查。是年，大方、黔西、纳雍、赫章4县，组织完成调查。2005年全国1%人口抽样调查是继2000年第五次全国人口普查之后的有一次大规模的社会调查。这次调查的标准时点是2005年11月1日。调查对象是在被抽中的调查小区内具有中国国籍并于2005年10月31日晚居住在本调查小区以及户口在本户，2005年10月31日晚未居住在本户的全部人口。这次调查以全省为总体，采取分层、多阶段、整群概率比例抽样方法，最终样本单位为调查小区。这次调查的内容主要包括姓名、性别、民族、婚姻、生育、身体状况、家庭人数、行业、职业、签订劳动合同、收入、住房面积、设施、受教育程度、参加社会保障、主要生活来源等指标。（10）1996年人口变动情况抽样调查和劳动力抽样调查。1966年，毕节地区抽中毕节市市西办事处桂花路南段居民委员会第一调查小区等4个调查小区，大方县大方镇中街居民委员会第一调查小区等4个调查小区，金沙县城关镇安塘村民委员会第一调查小区等4个调查小区，威宁县草海镇新发村民委员会第一调查小区等4个调查小区。1994年，开展劳动力调查，准确掌握劳动力的总量、结构、分布、素质和就业、失业等状况。在当年的人口变动情况抽样调查中首次增加了反映有关劳动力就业状况的指标。1995年国家统计局在第39期《统计资料》中将我国人口就业结构和失业状况与其他国家进行了分析比较。在1995年全国1%人口抽样调查中也对我国劳动力就业和失业状况进行了调查。1996年，国家统计局开始实施城镇劳动力调查，并下发了《关于布置1996年统计年报和1997年定期统计报表制度的通知》（国统字〔1996〕230号），《通知》中规定：从1996年第三季度起，每年在人口变动情况调查中增加城镇劳动力情况抽样调查，其他三个季度另行组织城镇劳动力情况抽样调查。城镇劳动力调查首次采用了国际劳工组织所建议的指标定义，基本实现了就业统计制度与国际标准的接轨。这项调查制度一直执行到2005年第二季度。2004年，国务院办公厅下发了《关于建立劳动力调查制度的通知》（国办发〔2004〕72号），根据国务院的规定，国家统计局正式建立了全国劳动力调查制度，并从2005年第4季度开始执行。2007年，劳动力调查制度得到进一步完善。在调查项目上，确定了劳动力调查的主要项目，适当增加了社会保障、单位经济类型、签订劳动合同等项目，为更好地反映就业情况建立了一个好的基础；在抽样方法上，采用了样本轮换技术，对2010年人口普查前的调查样本进行了整体设计，建立了周期性样本库。劳动力调查结果发挥了积极作用。（11）1998年金沙、黔西、赫章三县根据省统计局布置，开展《儿童纲要》监测统计试点。

2.城市住户抽样调查。（1）职工家计调查。1958年，毕节县城关区根据省统计局《贵州省城市居民（包括职工）家庭收支调查方案》，建立职工家计调查，调查延至1960年第二季度中断。1963年1月，毕节县根据省统计局《1963年职工家计调查方案》，再次建立职工家计调查，调查31户。12月30日，省统计局明确毕节县调查30户，配备调查人员2人。1964年第一季度实际调查28户。从1964年7月起，因经费所限，调查中断。1978年10月，毕节等县根据上级布置，按照全国的统一规定，调查1966年4月和1978年8月的37种，生活必需品和服务支出的消费值（2）城市住户调查。1984年9月，国家统计局将《职工家计调查方案》改为《城市住户调查方案》，调查对象由只调查职工家庭扩大到非农业居民家庭。是年，毕节作为国家在贵州的重点调查县，相应组织调查。1984年9月，国家统计局将《职工家计调查方案》改为城市住户调查方案，调查对象由只调查职工家庭扩大到非农业家庭，是年，毕节县作为国家在贵州的重点调查县，在毕节抽取50户城市住户调查户进行调查。1992年，国家统计局城市住户调查开始与国际接轨，每三年进行一次的城市住户基本情况抽样调查，抽样；第二步从大样本调查中抽取50户，开展经常性调查，为保证样本的代表性，每年需进行三分之一的换户。2002年，国家统计局借鉴国际住房调查方法的先进经验，全国采用住宅框选取调查户样本。调查对象涵盖了居住在城区所有住户，不但包括非农业户口的城镇居民，也包括了在城镇里有固定居所的农业户口的居民。一些具有固定住宅的非本地居民纳入了调查范围，名称也改为城镇住房调查。根据国家方案要求，毕节进行500户城镇住户基本情况抽样调查（大样本调查），在此基础上，根据收入排序从高到低抽取50户样本户进行调查。期间，每年进行三分之一换户，每三年进行大样本调查，直至2012年。

3.其他抽样调查。（1）个体商业抽样调查。从1987年12月开始，毕节地区统计局根据国家统计局《商业统计报表制度》要求和省统计局《个体商业户调查方案》，组织各县统计局开展个体商业抽样调查。12月调查当年抽中户的经营情况，从第二年1月起即按月调查。调查对象为经工商行政管理批准发给营业执照，从事商品买卖活动，有固定经营场所，单独核算的个体商业户。调查内容：商品购销存总额及经营情况、重要商品购、销、存数量。采取分类等距不重复抽样方法抽选调查户；以县为总体将个体商业户按行业分类，按比例分配调查户数；以1987年11月的营业额为资本额由低到高排队，等距抽选调查户。调查数据，由县报地区汇总报省。1990年，地县不再进行汇总推算，由调查县直接将调查户资料报省统计局汇总推算。

（2）工业和建筑业调查。①工业专项调查。1952年7月，专财委根据西南区财委和省财委的通知，进行私营工业动态调查。10月，进行工业总产值及主要产品产量的估算调查。第四季度，专财委在毕节城关进行私营工业行业、国营及公营厂矿企业调查。1954年，省部署3项调查，专财委只进行个体手工业及私营10人以下工业企业调查。调查内容：户数、职工人数、总产值、主要产品产量和销售量等指标；农民兼营手工业作为手工业产品出售的产值。1955年主要进行：私营工业重点行业调查。根据国家统计局颁发的调查方案，于1955年11月进行私营工业重点行业调查，根据月报、年报和已掌握的资料核实填报，所缺部分组织实地调查。凡属16个重点行业以内的工业企业，不论属于何种经济类型，都调查填报。手工业重点行业调查。按照省统计局拟定的调查意见，专署于12月进行手工业重点行业调查，调查个体手工业、私营10

人以下小型工业及手工业合作组织。主要调查棉织、针织、金属制品、陶瓷、木材加工、制糖、造纸、皮革制品、特种手工艺行业的历史情况和产供销变化情况。1956年1月，进行地方公私合营企业历年财务成本调查。8月，按省统计局布置，进行公私合营工业清产发息情况快速调查。调查内容：已定息的企业户数、私股金额、1956年上半年应发股息和实发股息；年初至8月底进行清产核资企业户数、合营时账面资产净值，第一、第二次核资复查后的资产净值及截至8月底未清产核资的企业；资方投资人数、投资总额、1956年下半年的股息和薪金等。1960年4～5月，根据国家统计局的布置，调查重点工业企业的生产技术、设备能力、职工的政治、技术、文化、福利状况以及生产潜力的基本情况。5月，调查全区煤炭、木材综合利用情况。1961年，根据省统计局安排，调查1960年非机械部系统金属加工工业企业。1963年5～6月，调查毕节县全民所有制工业企业增产节约运动开展情况、初步效果、企业财务制度的健全、生产和非生产费用开支以及存在的问题。1979年底，调查全地区工业企业的用电设备拥有量。1988年6月、12月，调查国营工业企业体制改革发展情况。11月，联合调查工业企业横向经济。1998年，金沙县按省统计局要求，抽样调查规模以下工业企业。

②建筑业专项调查。1954年9月16日，根据省统计局布置，调查全专区基本建设工人，包括专区或直接领导的地方国营包工机构、建设单位、建筑生产合作社；私营的专门承包工程的包工机构。调查时点为9月30日。同时调查国营、地方国营、公私合营的承包企业及自营建设单位的劳动基本情况。10月，调查勘察设计机构实有职工人数及工程技术人员的工种构成情况。1956年，根据省统计局布置，调查公私合营建筑企业和建筑业生产合作社。1957年，布置专、县所属建筑生产单位，建筑生产合作社以及公私合营建筑业基本情况综合表，统计部门通过调查，将资料汇总，于1958年2月15日前报省统计局。1964年，按省统计局和省计委的要求，调查全专区施工力量的基本情况。调查时点1964年3月31日，调查内容：调查填报《施工单位一览表》《建筑安装工人工种构成和技术等级情况》《1964年建筑机械能承担的工程量》《施工单位附属建筑机构维修力量情况》；文字说明施工力量同建设任务平衡情况，提高劳动生产率、节约劳动力的潜力如何，今年施工力量安排是否贯彻集中力量打歼灭战的方针，施工队伍中存在的主要问题。报表和文字说明按时上报。1980年7月1日～9月30日，根据省发《关于贯彻国家建委、国家工商总局、中国建设银行、国家统计局联合布置〈关于施工企业普查登记和颁发营业执照的调查〉的执行意见》。地区建委牵头，抽人组成工作办公室完成调查。普查时点为1979年12月31日。普查范围：国务院各部门直属的省、地县各部门所属的施工企业；城镇集体所有制施工企业；企、事业单位的自营施工企业。铁道兵和基建工程兵的施工部队及普查企业都镇报施工企业普查登记表。经过批准进入大中城市承包工程的农村社队建筑队伍也进行普查登记，但不填表上报。1981年1月，根据省发《关于农村社队建筑队普查登记和颁发营业执照的通知》，填写农村社队建筑队普查登记表、农村社队建筑队基本情况汇总表和经营情况汇总表，报送省、地建委、工商局、社企局、建设银行、农业银行、统计局。1986年，在城镇集体建筑安装企业中，选2～3个竣工的单位工程进行建筑业产值价格指数调查。价格指数年报由地区统计局填报，成为固定的定点调查任务，一直延续到1990年。

（3）交通运输、邮电通信专项调查。①交通运输专项调查。1953年，专署交通科调查私营和各县营运情况。1956年调查全专区车辆用油情况；公私合营运输业的清产发息情况；私营运输业的社会主义改造情况；公路、桥梁、渡口的技术状况能力；私营运输业从业人员收入情况。1960年4月，为反映交通运输企业的机械化程度情况，专统计科和交通局调查运输装卸、搬运工作机械化、半机械化程度及技术革新、技术革命运动的开展情况。同时，专交通局调查运输装卸、搬运机械化、半机械化；运输一条龙开展情况；地、县及公社运输企业（专业队）的发展变化情况；地方铁路和“一网五化”发展情况。1964年，调查机关企业自有载货汽车及修理能力。1979年，普查全地区的公路、内河航道。1981年，调查非交通系统自有载货汽车10辆以下单位的运输情况。1985～1990年期间，开展以下专项调查：非交通系统民用载货汽车抽样调查。毕节县作为全省抽样调查试点。1986年，全省抽取14个县市作为样本点，织金县被抽中；交通运输横向经济联合组织情况调查。根据国家统计局的要求，全地区于1986年、1987年进行调查。调查内容：联合组织个数、参加的单位数、累计投入资金总数、固定资产原值、职工人数、营业收入、利润总额、投资总额等。并按公路、水运、其他分组。公路运输企业体制改革意向性调查问卷。民用汽车普查。普查载货汽车和载客汽车的车辆型号、出厂年份、载重（客）吨（座）位、燃油类型、所有制形式、主要用途及经营性质。1992年，根据省的布置开展民用汽车普查和非交通系统民用客、货车抽样调查。②邮电通信专项调查。1957年，专署邮电局调查县内电话区乡交换所用户名称及数量情况。1963年，根据省邮电管理局布置，专邮电局调查农村电话线、农村电话机设备状况。1979年，开展电报注销流向流量、长途电话流向流量、邮电用户结构、函件分项业务及电路负荷量调查。

（4）商业、物资、物价专项调查。①商业专项调查。1952年5月，根据上级布置，选择城镇和农村典型调查城乡人民购买力，填报购买力与商品需要对照表、城乡市场购买力计算表和城乡商品需要预计总表。7月，各县调查私营商业动态。9月，专财委选择调查5个城镇非农业人口的购买力。1958年9月，各县按省统计局布置，调查商业部门办工业。1959年6月，按省统计局布置，毕节县选择2个机关团体零售店进行销售量调查。1960年2月，按省统计局布置，毕节县进行春耕生产资料供应准备情况调查。1981年，根据四机部和省府通知，地、县抽调人员调查全地区收音机、电视机、电唱机、扩大机产品市场变化情况。②物资专项调查。1958年12月，专、县统计部门按上级布置，调查需用单位成套设备配套情况。调查时点为1958年12月10日零时，调查矿山、冶金、发电、水泥、耐火材料5类成套设备配套。1959年，按省统计局布置，调查高炉炉料消耗。调查时间为2月、3月、4月，分3次报送资料。8月，生产用主要原料、材料、燃料分部门消费量及基本建设用主要材料分投资系统消费。9月，按国家统计局布置，调查全地区金属材料节约情况。以1959年12月1日零时为时点，调查各部门直属单位以及县以上企业机电设备的收入、使用与库存。1959年11月底为时点，调查动力设备，范围包括农村小型发电、企业自备电力动力设备。以1959年11月10日零时为时点，调查全地区农业机械拥有量，包括全部国营、地方国营农场、劳改农场、人民公社、拖拉机站、商业系统库存，并选择几个人民公社收集开动的拖拉机及平均每标准台耕地面积，开动的农业排灌机械平均每马力排灌面积的资料。1960年6月，按省统计局通知，调查1960年1～5月主要物资节约情况和主要物资调剂情况。7月，调查1～6月份基本建设用钢材、木材、水泥的消费量，为国家编制1961年物资分配计划提供资料。1961年5～6月，调查主要产品的原料、材料、燃料消耗定额，为组织物品供应提供资料。7月、10月，调查1961年1～6月和1～9月主要物资消耗量。1963年8月，以7月30日为时点，调查专、县物资供应机构、重点生产企业和基本建设单位钢材、生铁库存量。12月，结合物资供应统计年报，调查年末钢材、生铁的库存量。1965年，以9月1日、11月1日零时为时点，调查地区内全民所有制单位的煤炭、钢材、钢、铝四种物资库存。③物价专项调查。1959年5月，按省统计局布置，毕节县调查职工生活费地区差价，提供职工主要消费品零售价格资料，作研究物价和工资政策参考。1982年1月起，以毕节、威宁两县作为省的物价点，调查集市贸易行情。调查品种有粮、油、肉、禽、蛋、鱼、干鲜菜等18种，农副产品。调查时间为每月10日、20日、30日。调查结果登载在省统计局《集市贸易情况反映》月刊。1983年8月，按省统计局《关于进行生产资料涨价情况调查的通知》，调查在毕节、威宁两县生产资料涨价情况，为刹住乱涨价、乱摊派之风提供依据。1992年8月31日，根据《关于对大中型企业进行调查的通知》，调查大中型流通企业的基本情况。范围是：凡1991年底前在毕节地区经工商行政机关登记注册的各种经济类型的大中型流通企业，包括国内商业、对外贸易业、物资供应业、公共饮食业、旅游业中的旅行社、服务业中的宾馆饭店，以及贸易市场和各种类型的批发、交易中心。

（5）财政金融专项调查。1958年第一季度，调查1957年全专区的储蓄情况，填报《储蓄机构人员统计表》《储蓄基层机构的类型及业务情况统计表》《定期储蓄存款期限统计表》，为制定筹集社会闲散资金进行经济建设提供依据。1963年7月，调查上半年货币量，掌握有关货币运行的统计资料，为制定货币金融政策、融通资金、搞活货币流通提供依据。省统计局选择黔西、纳雍两县为1963年上半年财政、信贷支援农业资金使用情况重点调查点。两县统计部门采取搜集有关资料和派人深入社队调查相结合的方法完成调查任务，报表有：《财政、信贷支援农业资金的使用情况》《社队农业资金的来源情况》《农业生产资料供应情况》《农业贷款及国家投资使用情况》《农业生产能力提高情况》，填报1963年6月末实有数及其中1963年上半年增加数。1964年，调查城乡居民的手存现金及其收支动向填报城市居民典型户调查汇总表、农村农民典型户调查汇总表、城市职工居民手存现金及其收支动向典型调查表、农村农民手存现金及其收支动向典型调查表。1983年5～10月，按省计委、省财政厅、省人行和省统计局联合通知，调查国家预算外资金。凡依照国家有关规定掌握有预算外资金的地方各级财政部门、全民所有制企事业单位、行政机关、团体以及县以上城镇所有制企业（含中央直属国营企业、事业单位管理的集体企业），均按隶属关系，由财务会计部门负责逐级填报，地区的调查资料，由计委、财政、人行和统计部门共同审核汇总。要求填报1982年行政事业单位预算外资金收支调查表、1982年企业及主管部门预算外资金收支调查表；1982年国家财政预算外资金收支平衡表、1982年地方财政预算外资金收支平衡表、1982年行政事业单位预算外资金收支综合表、1982年全民所有制全部企业及主管部门预算外资金收支综合表、1982年全民所有制工业生产企业及主管部门预算外资金收支综合表、1982年城镇集体企业税后利润和专用基金收支情况综合表。

（6）固定资产投资专项调查。1954年，专署和县按省统计局通知，调查行政机关房屋基建资金的完成情况，内容为全年基建资金总数，1～9月支出数及第四季度预计支出数，1955年初，调查国营及地方国营基本建设部门1954年基本建设劳动基本情况。1958年2月，完成1957年手工业合作组织基本建设调查。5月完成限额以上建设单位开工登记表调查。1959年6～7月，调查1959年农村人民公社基本建设。7月，根据国家统计局《对1958年固定资产投资年报数核实定案》的通知，重点核实新增生产能力、限额以上单位的投资、新增固定资产指标。8月，完成由省计委、财政厅、统计局布置的用于基本建设的自筹资金一次性调查、县级建设单位情况调查。12月，完成限额以下建设项目和人民公社办工业的建设情况调查。1960年4月初，按省统计局布置，调查大跃进以来工业建设情况。5月，调查1949年以来施工和投入生产的全部中小型项目，分别由工矿企业、农林水利、交通运输和文教、卫生、商业、粮食部门填报。1962年10月，按省统计局布置，以是年9月30日为时点，调查县和县以上基本建设单位自1958年以来征用的土地。1981年6月，根据上级通知，开展1981年停建、续建和实际停工项目快速调查，填报概况表、投资新增固定资产完成情况表、建设规模和新增生产能力（或效益）表，停建缓建项目设备、三材库存情况表，停建缓建项目人员情况表，停建、缓建项目征用土地情况表。地、县属项目由地县布置，并审查调查表和卡片。1982年，国家统计局建立《城镇居民私人建房统计年报》制度，地区统计局完成选点调查任务。1983年9月，贯彻中央关于严格控制固定资产投资规模的指示，根据全省清理地方基本建设项目的资料，核对弄清以下情况：①全地区1983年上半年施工的计划外项目、投资，1982年底累计完成投资额，1983年安排投资额，上半年完成数，银行拨款数。②计划外项目调整到计划内安排的项目和投资及上半年完成投资，上半年已建成的项目和完成的投资，认交30%能源交通重点建设资金，允许当年建成的项目和投资，停建项目和上半年完成及压缩的投资，缓建项目和上半年完成及压缩的投资等数字。

（7）劳动工资专项调查。1952年10月，中财委通知，开展全国劳动就业状况调查。专、县财委组织人员填表登记1952年城市和乡村的在业人员与失业人员。1958年8月，根据国家统计局等4单位制订全国工资调查方案，专、县计划统计科按省的布置，搜集职工名册、工资记录、干部卡片资料，填报月报表。由于少数基层单位不能及时或根本无力填报调查表，影响资料的完整性。1957年2月底3月初，根据国家统计局的通知，以2月28日为时点，调查职工基本情况。内容为职工本人性别、年龄、工龄、技术熟练程度、政治状况、文化程度、民族构成情况及1950年后新参加工作职工本人原来成分。调查范围包括中央国营、地方国营、合作社、公私合营全部独立核算工业企业、基本建设单位以及交通运输邮电企业。1958年初，根据《贵州省劳动工资与劳保福利调查方案》，调查1957年原有与新增加职工。调查范围包括机关、团体所属国营、地方国营、公私合营、合作社营企业、事业单位，并含劳改企业及社会救济性企业、事业单位。调查填报原有与新增固定职工在1957年的人数与工资、1957年9、12月份结合部分职工人数与工资、1957年企业劳保福利收支情况及附表1957年企业劳保福利收支情况补充表。1958年5月，根据省统计局通知，调查国家机关与外贸系统在1958年上半年减少职工的确切情况。1958

年12月，按照省统计局通知，完成1958年全国公报所需劳动工资及文教卫生统计快速调查。1959年8月，按省统计局要求，以8月20日为时点，调查县以上（含县级）独立核算的工业、基本建设企业、水上运输、公路运输、邮电企业职工的成分构成、职工性别、年龄及工龄、职工文化程度与政治状况、工人技术熟练程度、工程技术人员、职工民族构成。1960年11月，根据省人委转发国务院通知，调查各级国家机关（不包括人民法院、检察院）全民所有制企业、事业、人民公社所办企业、事业、合作化组织与联合性质的企业、事业的科学技术干部基本情况。1963年10月，按省劳动局、统计局的布置，调查毕节专区全民所有制企业、事业、机关及人民团体调整工资情况，填报1963年调整工资情况和综合表。1978年9月，根据上级通知，重点调查全民所有制单位固定职工现行工资等级制度、工资区类别、工资总额构成和各种津贴、补贴的基本情况。进入20世纪80年代，统计部门对劳动工资的专项调查，逐渐转为数字质量抽样检查和研究性专题重点调查。1996年，根据《关于认真搞好城镇劳动力定期抽样调查的通知》，决定自1996年第三季度起开始实施城镇劳动力定期抽样调查制度，在本年人口抽样调查样本点的基础上，定点跟踪调查抽中的城镇样本点。调查标准时间：9月24～30日、12月10～16日，1997年6月10～16日。抽中毕节市市西办事处桂花街南段居委会第一调查小区、大方县大方镇中街居委会第一调查小区，大方镇解放街居委会第一调查小区，黄泥塘镇黄泥塘居委会第一调查小区。1998年4月，省抽中毕节市、大方县进行城镇劳动力就业情况抽样调整，4月底完成登记、复查、编码工作。资料报省统计局。

（8）环境保护调查。20世纪80年代，全省环保统计除执行国家布置的第一套环保统计报表制度外，还根据国家统一部署开展以下调查。①贵州省工业污染调查。1987年，组织全地区以1985年为基准年，调查有污染排放的企业，并建档。主要调查企业基本情况，企业生产工艺和排污情况，能源、水源、原辅材料使用情况，三废危害情况，生产发展情况。②乡镇工业主要污染行业污染源现状调查。1990年5月～1991年7月，根据上级布置，以1989年为基准年，调查全地区乡镇工业污染源。根据全地区情况，确定土法炼铅锌、土法炼硫磺、土法炼焦、小造纸、小水泥、小砖瓦及小煤窑为主要调查对象。通过调查，建立地、县乡镇企业污染源调查档案库，为全地区乡镇企业调整与发展、合理布局与规划、加强乡镇企业的环境管理提供科学依据。

（9）其他专项调查。①文化、广播调查。1978年，根据文化部下发国文16表，组织力量在调查专业剧团。1986年6月，调查各县广播电视覆盖的统计方法及标准。是年8月，调查1985年年底及1986年6月底地面卫星站建设情况。1986年8月，按上级布置，调查老革命根据地、少数民族地区、贫困地区广播电视事业经费执行情况，据省广播电视厅的抽样，在贫困县织金进行实地调查。1986年9月，调查全地区转播中央电视台节目情况。调查内容为：省电视台、转播台每天转播总时间、发射机功率、转播台数、总功率、全地区人口覆盖率；地、县电视台、差转台转播的电视台数、差转台数、总功率、人口覆盖率；总计人口覆盖率。1988年5月，根据省广播电视厅的要求，调查全区6个贫困县的广播电视现状。②卫生调查。1988年10月～1990年6月，根据国家卫生部的部署和省卫生厅的要求，调查全地区卫生部门和集体所有制卫生机构的房屋建筑情况。凡50张病床以上乡镇卫生院，卫生部门和集体所有制卫生机构（不含军队及企业单位卫生机构）以及其他部门所属的高、中等医（药）学院校为调查对象。同时上报49张病床以下所有乡镇卫生院的房屋调查统计资料。

## 六　定期统计

经济统计　1.农村统计。农村统计包括农村基本情况统计、农林牧渔业生产统计、农林牧业产值统计、农林牧渔业中间消耗统计四个部分。农村基本情况统计。主要包括基层组织基本情况统计和生产条件统计两部分，统计报表均为年报。1993年以前基层组织基本情况统计和生产条件统计是分开的，1993年以后合并为一张报表。1979年农村基本情况统计报表包括对基层组织基本情况进行统计的报表农村人民公社基本情况和对生产条件进行统计的报表耕地面积、主要农业机械年末拥有量、农业现代化情况。其中：农村人民公社基本情况下设农村人民公社个数、生产大队个数、其中：知青生产大队（场）、生产队个数、其中：知青生产队（场）；农村人民公社基本核实单位数。（1）以生产队为基本核算单位的、其中：知青大队（场）。（2）以生产大队为基本核算单位的、其中：知青生产队（场）；农村人民公社户数、农村人民公社人口、农村人民公社劳动力、其中：农林牧副渔劳动力；社办工业劳动力；外出临时（合同）工16个指标；《耕地面积》报表下设当年增加的耕地面积、年末耕地合计、可机耕地面积等15个指标；《主要农业机械年末拥有量》（一）（二）（三）报表下设农业机械总动力、耕作机械、排灌机械、收获机械、农产品加工机械、运输机械、植物保护机械、牧业机械、渔业机械、其他机械等68个指标；农业现代化情况报表下设农业机械化情况、农业电气化情况、农用化肥施用量、农田水利情况等30个指标。1980至1982年农村人民公社基本情况报表指标体系基本保持原有框架，但在新的形势下，充实了新的内容。1980年在“农村人民公社劳动力”项下增设“其中：社办工业劳动力”和“外出临时（合同）工”两个指标，另增设“农村人民公社女劳动力”指标。1982年在“农村人民公社劳动力”项下增列“其中：建筑业劳动力”“交通运输和邮电劳动力”“商业、饮食业、服务业劳动力”“文教卫生和社会福利事业劳动力”等指标，在“人民公社”项下分列“实行包产到户的生产队数”“实行包产到户的户数”“实行大包干的生产队数”“实行大包干的户数”4个指标。1983年将《农村人民公社基本情况》更名为《农村政社组织情况》。1985年将《农村政社组织情况》更名为《农村基层组织情况》，将政社组织情况的分组指标改为农村基层组织数，下列：（1）乡政府（其中：民族乡）；（2）镇政府（其中：民族镇）；（3）村民委员会；（4）村民小组。取消原表中实行联产承包责任制情况的5个指标和社（乡）户数、人口、劳动力指标，改为乡村户数、乡村人口数、乡村劳动力合计（一、按性别分组；二按部门分组）指标。这些统计内容一直沿用到1987年。

1988年增设：外出临时工、合同工指标。1990年，根据农村社会经济发展的变化，对报表进行了较大调整。耕地面积表增加年退耕造林面积、退耕改牧面积；减少社队基建和社员建房占地1个指标。1993年农村基本情况统计将之前分开的农村基层组织统计和生产条件统计合并，表名更为农村基本情况及农业生产条件。2001年对部分指标进行调整，将乡村实有劳动力合计更名为乡村从业人员数，并按性别和国民经济行业分组，国民经济行业分组。2002年将农村基本情况及农业生产条件表更名为农业生产条件表。2004年取消批零贸易及餐饮业从业人员，增列信息传输.计算机服务和软件业、批发与零售业从业人员、住宿与餐饮业从业人员指标。2009年增加村民小组个数、通电乡镇数、通电村数、通公路乡镇数、通公路村数、通电话乡镇数、通邮件乡镇数、通邮件村数、建成农村地面卫星接收站个数、通有线广播村数、有文化站乡数、有文化中心镇数、用电户数、饮用安全卫生水户数、使用沼气户数（下列其中：当年新增）、乡村劳动力资源数下“其中：女性”、其中：外出打工人数（一个月以上）、其中：出省打工人数、累计草地面积（下列其中：人工种植面积、其中：当年种植面积）、按实物量计算农用化肥施用量（下列氮肥、磷肥、钾肥、复合肥）泵站、补充：个人承包国营、集体农林牧渔场等指标。

农林牧渔业生产统计。农林牧渔业生产统计报表分为年报和定期统计报表。定期统计报表主要是按生产自然周期对农产品播种面积、产量预计、产量实际，以及按季度对畜牧业生产情况进行统计；年报主要是对全年农林牧渔业生产情况进行统计。1981年农林牧渔业生产统计定期报表有：农作物播种面积季节报，秋冬播种面积报送1次，春夏播种面积报送2次；农作物产量电讯季节报，按夏收粮食和油菜籽预计产量、实际产量，早稻预计产量、实际产量，全年农产量预计等报送5次；畜牧电讯半年报，畜牧局报送2次。在报送次数上，农作物产量电讯季节报增报一次全年农作物产量第二次预计数。1993年新报表分别是全年农作物总播种面积情况表、全年农作物产量表、牲畜生产情况、全社会蔬菜生产情况年（季）报。2001年定期报表主要有6张，分别是：农作物播种面积，上报3次，即秋冬播1次、春播1次、全年播面1次；夏收农作物预计产量，上报两次；早稻预计产量表，上报两次；主要农作物预计产量表，上报两次；畜牧业生产情况，上报4次；蔬菜及特种作物生产情况，上报1次。报表沿用到2010年。

1978年和1979年农林牧渔业生产统计年报主要有7张，分别是农作物播种面积和产量、蚕茧、茶叶、水果和水产品产量、林业生产情况、牧业生产情况、粮、猪上（纲要）情况、全民所有制农、林、牧、渔场生产情况、自然灾害情况。1980农林牧渔业生产统计年报保留了农作物播种面积和产量、林业生产情况、牧业生产情况。部分表种增加了一些指标。1983年对农作物播种面积和产量进行了简化合并，保留全社会总计和全民所有制粮食、棉花、油菜的播面、总产、亩产指标。牧业生产情况（二、饲养情况）取消集体所有制经营、社员自营、其他经营的牛、猪羊年末头数指标，保留全民所有制单位年末大牲畜（万头）、年末猪（万头）、年末羊（万只）指标。1984年年报变化比较大，一是部分报表指标作了大量调整：农村联产承包责任制的普遍推行，涌现出一批专业户和新经济联合体。为了及时、准确地反映它们的发展情况，供各级党政领导制定农村经济政策参考，1984年农村专业户、新经济联合体基本情况调查（一、专业户；二、新经济联合体），要求各县（区）统计部门结合农业年报搞好这项调查。专业户调查表设专业户数、家庭常住人口、男女整半劳动力、其中从事专业的劳动力、家庭全年总收入、出售产品收入、粮食专业户粮食总产量等主要指标，按部门分列。新经济联合体调查表设联合体数、从业人数、固定资产原值、总收入、费用支出、纯收入等主要指标，按部门分列。为了及时向各级党政领导提供农村“两户”（专业户和重点户）“一联”（经济联合体）的统计数据和经济信息，以便掌握情况，指导农村“两户”“一联”的发展。1984年5月省统计局决定，从1984年第二季度季报开始，在农村经济调查点建立“两户”“一联”经营情况报告制度。1985年《林业生产情况》由原来的31个指标增加为45个指标。1989年国家统计局围绕建立健全国民经济核算体系和统计制度方法改革的长远目标，在广泛征求各地区和有关部门意见的基础上，对报表指标进行了增补。1994年有3张年报的指标进行了调整。1995年有4张表部分指标作了调整。1998年增加《非农户畜牧业生产情况》报表。2001年有4张年报作了调整。2008年对主要农产品生产情况指标设置进行了调整，在“粮食作物总计”下保留“夏收粮食合计”，取消“秋收粮食合计”，将“夏收粮食合计”和“秋收粮食合计”中相同指标进行合并。调整后报表共有64个指标。报表沿用到2010年。

农村基层统计一套表。为了克服农村统计报表多乱现象和落后的数据处理手段，消除指标重复，减轻基层负担，提高统计数字质量，进一步发挥农村统计的整体效益，毕节地区统计局提出了精简指标体系，用计算机技术实行超级汇总和计算派生指标，从统计指标体系、调查方法、汇总方法、计算手段等方面进行配套改革的农村基层统计一套表的改革方案。为此，毕节进行了大量的模拟实验，首先设计出了完整的小口径农村一套表方案，并独立完成了计算机软件设计。1986年，开发出了“BDT”统计报表处理软件，在全省率先使用计算机进行了统计年报数据处理，并迅速扩展到农村统计一套表的数据处理。毕节地区统计局在省统计局的组织下，将“小口径”农村一套表，推广到“中口径”一套表，贵州省统计局于1989年开展了全省统计工作的一项重大改革，即研制和推行农村基层统计一套表（以下简称一套表）。

农林牧渔业总产值统计。1980年农林牧渔业总产值统计对农村人民公社基本核算单位收益分配情况进行了调整，在该表中增加了一些指标：按全部基本核算单位的收入及其分配，全部基本核算单位的粮食（包括大豆）分配，全部基本核算单位按每人收入水平、分得粮食水平和增减收情况分组，农村人民公社三级经济收入分列。1980年及以后，农林牧渔业总产值核算在副业中增加了农民家庭兼营工业商品部分的产值。1982年农林牧渔业总产值统计增加的指标：农业总产值表中的“副业产值”项下列出“其中：社员家庭手工业”（商品部分）。增加表种有：农业净值（附物耗计算表），按农、林、牧副、渔业和经济类型（全民、集体、社员自营、其他经营）分的1982年现价计算的总产值、物质消耗、净产值及物耗占总产值比重（%）；农村人民公社固定资产投资和农村私人建房情况表，由省统计局直接利用农经调查点的资料推算全面数字报国家统计局。1983年农村人民公社基本核实单位收益分配情况改为农村经济收益分配情况，由（一）收益分配、（二）粮食（包括大豆）分配、（三）社员人均收入水平三个部分组成，同1982年的收益分配表比较，指标有较大的调整。农业总产值表在1982年按部门分组（农业、林业、牧业、副业、渔业）的基础上进行了扩充，由原来的9个指标增加到34个指标，同时取消了按所有制分组的指标。农业总产值（计算表式）在1982年的基础上也进行了详细的补充。农业总产值过去只要求省一级计算，现在要求县县计算。农业总产值（按生产法计算）取消了1982年按经济类型分组的指标，除要求省一级计算上报外，有条件的县也可进行试算，以便取得经验，逐步过渡到由县计算。用分配法计算的农业净产值表式仅供参考不作上报任务。农业净产值附表农业物资消耗计算表除要求用生产法进行分项目计算外，还要求用生产法进行分部门的计算。除上述农业统计年报外，国家统计局还制发了1983年县（市）农业经济卡片，该表由县、市填写，经省统计局审核后，装订成册报国家统计局。1984年为适应农村经济形式的新变化，全面反映农村经济发展的总规模及其发展速度，对农村社会总产值按现价进行计算。为了全面观察农村经济的收入分配和效益情况，制发了《农村经济收入分配和效益计算方案》，设农村经济总收入、其中出售产品收入、各项费用、纯收入、农村经济内部积累、农村固定资产原值、农村劳动力、平均每个劳动力提供的总收入等27个指标。计算范围包括乡（社）村（队）企业经营的，农业生产合作社、生产队和其他经济组织形式统一经营的（含集体承包），新经济联合体经营的，农民家庭经营的4个部分。1989年将《农村经济收入分配和效益》中的新经济联合体指标改为联户企业。改进计算方法和统计标准：修改农村固定资产计价标准，从1989年年报开始，将现行农村固定资产计价标准由30元改为50元以上（含50元），使用年限为两年以上。1990年对部分表名进行了细分，农业总产值和农业商品产值（一）（二）分为农业总产值、农业总产值计算表、农业商品产值；农业净产值（附物耗计算表）分为农业净产值、农业物资消耗分项目计算表、农业物资消耗分部门计算表。新增“沿海开放县和农副产品出口生产基地县农村社会经济卡片”和“牧业和半牧业县农村社会经济卡片”。1993年取消副业，将野生动物的捕猎划入牧业、野生植物采集和农民家庭兼营商品性工业划归农业。1996年的总产值核算报表有农林牧渔业总产值、农林牧渔业总产值计算表、农林牧渔业商品产值、农村非农行业总产值。2003年，执行新的国民经济行业分类标准，农林牧渔业总产值中包括了农林牧渔服务业产值。林业中增加了森林采运业产值。农业中取消了家庭兼营商品性工业产值，将野生林产品的采集划归林业。报表沿用到2010年。第二次农业普查后，由于部分年报数据与普查数据之间存在一定的差距，根据国家统计局要求，对相关数据进行衔接，相应的畜牧业产值也进行了调整。

农林牧渔业增加值统计。1993年起开始开展农林牧渔业增加值统计，制发报表《农林牧渔业增加值》，下列总产值、中间消耗、中间物质消耗、对非物质生产部门的劳务支出、增加值、固定资产折旧、劳动者报酬、生产税、生产补贴（一）、营业盈余10个指标；主栏按合计、农业（合计、种植业、其他农业、其中农民家庭兼营商业性工业）、林业、牧业、渔业设置。1999年农林牧渔业增加值主栏改为：合计、农业（种植业）、林业、牧业、渔业。2003年农林牧渔业增加值主栏增加农林牧渔服务业增加值。报表沿用到2010年。

农林牧渔业中间消耗。指农林牧渔业生产经营过程中所消耗的物质和服务的价值，包括物质产品消耗和非物质性服务消耗。物质产品消耗是指农林牧渔业生产过程中所消耗的各种物质产品的价值，支付物质生产部门的各种服务费，以及其他物质消耗；非物质性服务消耗是指支付给非物质生产部门的各种服务费。为了掌握农林牧渔业中间消耗水平及变动情况，满足农业增加值核算和国民经济核算的需要。1993年起，对农林牧渔业中间消耗开始进行统计，报表包括农林牧渔业中间消耗表、农林牧渔业中间消耗计算表，其中农林牧渔业中间消耗表下列农业、林业、牧业、渔业中间物资消耗和对非物质生产部门劳务支出四大类共计55个指标，农林牧渔业中间消耗计算表下列农业、林业、牧业、渔业中间物资消耗和对非物质生产部门劳务支出四大类共计191个指标。1994年取消农林牧渔业中间消耗计算表“四、渔业”中“（一）中间物质消耗”下“机油”和“（二）对非物质生产部门劳务支出”下“技术咨询费”。1995年在农林牧渔业中间消耗表“四、渔业中间消耗合计”中“（一）中间物质消耗”下增列“用种量”。在农林牧渔业中间消耗计算表“农林牧渔业中间消耗总计”下增列“①中间物质消耗；②对非物质生产部门劳务支出”。2001年将农林牧渔业中间消耗表和农林牧渔业中间消耗计算表中“对物质生产部门劳务支出”和“对非物质生产部门劳务支出”合并为“生产服务支出”。2003年增加对农林牧渔服务业中间消耗的统计。报表沿用到2010年。

2.工业统计。1951年7月，专财委会开始填报省统计局布置的工矿企业定期综合月（季）报表，含职工平均人数、生产总值、商品总值、主要产品产量4个报表。7月底前，调查未填报定期统计报表的公营、公私合营工矿企业，要求其建立原始记录和统计台账。检查专区和各县所属厂矿企业的原始记录。1952年，工业生产定期综合统计报表由企业按月（季）填报。1月，专区建立地方工业主要产品产销情况月快报，含公营、公私合营工业企业产品产量、工业总产值、职工人数及工资年度总结表。毕节县开始填报私营工业动态月报。各县填报1952年工业生产综合年报表有：县营工业企业生产情况综合表、县营工业主要产品生产量、企业电力收支情况、企业职工住宅及文教福利设施情况。1953年1月起，全专区大型工业企业填报定期统计月报表，对铅锌矿等主要厂矿实施月电报制度；小型工业企业填报生产主要情况季报。专财委等部门从1953年3月开始，对职工10人以上的私营工业企业实施私营大型工业企业定期统计报表。各种经济成分的工业企业，不论规模大小、独立或非独立、开工与未开工的均在实施工业统计年报范围。按国家统计局规定，有关工业统计实行双轨制，各企业的基本统计报表，除报送主管部门外，还报送当地统计部门一份。1956年1月，在全专区建立私营工业转为公私合营旬、月、季快报制度和手工业转为合作组织情况月快报制度，因全部转型，分别于5月和6月停报。8月，停止执行1955年以来执行的重点工业企业报表，重新建立26个重点工业企业主要产品质量、主要工业生产技术经济指标及主要生产设备利用情况统计月报表。1957年，工业定期统计综合报表工业企业部分、保留总产值和商品产值、主要产品产量、职工人数与工资总额计划执行情况，新增新种类工业产品试制计划执行情况季报、职工工资构成半年报、职工动态月报、工人劳动时间使用情况月报、主要产品质量及主要技术经济资料摘要综合月报、设备事故摘要综合月报表。新增手工业生产合作组织的总产值、主要产品产量、从业人员及工资总额。工业统计综合年报有22种表，统计延展到全部工业。1958年4月，各级统计部门建立乡（社）工业月电快报制度，按国家统一规定，承担钢铁生产进度统计。9月1日起建立钢铁周报，9月12日改为钢铁日报，12月1日改为5日报和旬报。1959年，在15个重点厂矿建立主要指标旬报制度。1960年4月起，在县以上工业企业建立工业机械化程度旬报，并在重点钢铁企业建立高炉、转炉利用系数、焦比合格率、一级合格率等指标日报制度。1960年底前，清理“大跃进”期间的统计报表。1960年工业定期统计报表保留工业总产值、主要产品产量、重要新产品试制情况、重点工业企业技术经济指标。继续执行钢铁生产进度统计。工业统计综合年报比1957年增净产值和商品产值、新工业产品试制与生产情况、年末城市公社和农村公社工业基本情况、工业企业机械化、半机械化情况4种表，增3种附表：各月工业总产值、各月工业净产值和商品产值和各月主要工业产品产量。继续保留的9种表，指标和统计范围也有变动。1961年1月停止执行工业统计5日报、旬报的产品仅限于钢、铁、煤等重要产品，其余免报。根据中央安排好人民生活的指示，统计部门加强轻工业的调查统计工作。但对大中型工业企业的基本情况仍作重点掌握。规定威宁县的全部工业统计综合表、直报省统计局2份，其一转报国家统计局。凡省统计局所布置，以统计部门为主，组织业务部门共同完成；省厅局所布置，由主管部门为主负责完成；手工业年报，以手工业管理局为主，与统计部门共同完成。1962年，主要产品产量旬报产品由上年的41种减为26种。电快月报产品由170种减为160种。工业统计综合年报，取消企业机械化、半机械化情况表，增加工业企业调整情况、固定资产及流动资金方面的内容。从1月起扩大到30个大中型重点企业，直接填报有关生产、劳动、物资、财务成本统计资料。1962年6～12月，根据省统计局的要求，核实和整理1958～1960年的工业生产主要指标，布置各县核实和整理工业总产值、主要产品产量；布置各主管部门核实本系统归口管理的产品产量，核实所属企业的技术经济指标和县以上工业产品生产能力。1963年，贯彻以农业为基础以工业为主导方针，加强支援农业的调查统计工作。凡纳入国家计划的支援农业的产品和指标，全面统计。按省的布置，核实1～6月份的统计数字，开展全专区工业统计工作评比竞赛。1964年，根据省委安排，在水轮泵生产企业建立水轮泵生产旬报。将工业劳动生产率统计从劳动工资统计中划出纳入工业统计报表内，有关指标在工业总产值表中增加。1965年，工业定期统计报表共8种，1960年增主要工业产品产量旬电报、工业总产值及商品产值上半年报及第三季度季报、全民所有制独立核算工业企业劳动生产率上半年报、工业企业财务成本主要指标月、季电报，将新产品试制情况月报改为季报。工业统计综合年报有12种表，比1960年增全民独立核算工业企业劳动生产率、全民独立核算工业企业主要财务成本指标、集体所有制工业企业固定资产、少数民族地区工业总产值、主要产量及固定资产，其余沿用的报表，内容小有变动。1966～1976年“文化大革命”期间，工业统计工作遭到严重破坏。1966年工业统计年报简化较多，工业总产值统计不包括非独立核算工业企业及城乡社办工业；主要产品产量由951种减为240种。1967～1969年，只收集工业总产值、主要产品产量和劳动生产率月电报资料，工业统计年报中断3年。1970年5月，国家计委发出关于建立统计报表制度的通知，地区恢复工业总产值、主要产品产量、工业企业财务成本的定期统计报表。是年12月，国家计委统一制发1970年工业基本统计年报制度。1974年底，在工业企业和工业管理部门建立8项经济指标完成情况表，统计产值、产量、质量、单耗、劳动生产率、可比产品成本降低率、利润和流动资金，并作为考核企业和管理部门工作成绩的依据。1975年，工业定期综合报表填报：工业总产值及主要产品产量月电报、重点工业企业主要技术经济指标月报，比1970年增加，指标分组较详细。工业统计综合年报有10种表，同1965年比较，恢复9种，减少3种，增加1种金属切削机床及锻压设备。

1977年，着重恢复8项工业经济指标完成情况和合同执行情况统计，在抓统计报表的同时着重工业经济的分析研究。1979年2月份起，全部工业企业在报工业企业八项技术经济指标完成情况时，加报质量、物耗及其他主要技术经济指标。1980年，工业统计年报新增全民所有制独立核算工业企业一览表、独立核算工业企业净产值、采用和推广先进技术情况、动力设备、其他经济类型独立核算工业企业主要财务指标、主要工业产品单位成本。原10种表中有4种表的名称、指标、分组有所变动。1981年3月份起，在工业总产值及主要产品产量电讯月报中，增列按现价计算的工业净产值。1982年，国家对工业统计实行按季度考察，公布8项主要经济效益指标完成情况。定期统计报表增6种，毕节地区仅填报工业总产值上半年报、农村人民公社工业企业单位变动情况表、关停工业企业基本情况一览表、新建投产工业企业基本情况一览表、全民所有制独立核算工业亏损企业一览表上半年报。50个重点联系企业从2月份起按月直接报送工业总产值、净产值、产品产量、技术经济指标、财务指标表。从1983年第一季度开始，按季公布16项经济效果指标。新增6、9月分部门工业总产值和工业主要经济效果指标完成情况月报。建立企业整顿验收进度月报表、整顿的大中型骨干企业经济效益季报表、预算内国营企业整顿领导班子进度季报表、已验收的大中型骨干企业整顿前后领导班子变化情况表、已验收的大中型骨干企业整顿前后经济效益变化情况表。毕节地区取消3种，保留新建投产工业企业基本情况一览表和县以上工业企业单位变动情况表。1984年，恢复关停工业企业基本情况一览表与新建投产企业一览表同改为上半年报；分部门工业总产值电讯月报改为6、9、11月报。1985年，工业定期统计综合报表4种，新增分部门总产值月报、独立核算工业企业净产值电讯季报。是年，比1980年增独立核算工业企业工业产品销售、独产核算工业企业全员劳动生产率、独立核算乡（社）办工业企业主要指标、村（队）办工业企业主要指标、农村合作经营工业、城乡个体工业主要指标。保留9种表，减少7种表。1986年，建立独立核算全民所有制工业企业全员劳动生产率月报、其他经济类型全员劳动生产率电讯季报、农村乡（社）村（队）办工业企业总产值上半年报。从6月份起，全省农村工业和城镇合作经营、个体工业的总产值列入工业定期统计。恢复大中型工业企业基本情况（卡片）年报，新增外资和华侨港澳投资经营工业企业基本情况年报。1987年，取消其他经济类型工业企业全员劳动生产率电讯季报。年底，地区统计局配合省统计局检查县和县的乡镇工业统计数字质量，重点检查村及村以下办工业的统计范围、产值计算方法。并在赫章县开展村及村以下工业总产值消除价格因素调查。从年报开始，村及村以下工业总产值按现行价格计算，发展速度采用价格调整系数计算。1988年3月，全省建立农村村及村以下工业、城镇个体工业、城镇合作经营工业定期统计报表。5月，在报工业统计月报时单列52种国优、省（部）优白酒产量。改大中型工业企业基本情况年报为大中型工业企业实物指标年报。1990年，在开展增加值统计试行工作。在工业定期报表制度中增加现价工业总产值，作对外公布使用的数据，不变价工业总产值仅用于计算发展速度。工业定期统计报表共7种，新增地县填报农村乡、村办工业企业总产值、独立核算全民所有制工业企业全员劳动生产率月报。综合年报表减少3种，新增10种，地县填报全部乡及乡以上独立核算工业企业主要经济指标、非独立核算工业生单位数和总产值、全部乡及乡以上独立核算工业企业按总产值分组主要指标、全部乡及乡以上独立核算工业企业按固定资产原值分组主要指标、全部乡及乡以上独立核算工业企业按利润总额分组主要指标、全部乡及乡以上独立核算工业企业按职工人数分组主要指标、全部工业企业单位数和现价工业总产量、分月工业总产量、大型工业企业实物量指标。1992年3月6日，省贯彻国家统计局《改进工业经济评价考核指标的实施方案》，按月计算工业增加值，用于评价和考核工业生产最终成果及发展速度；建立工业销售产值月度统计，用于反映工业产品销售的规模与速度；建立工业企业经济效益评价考核体系和主要经济指标月度统计制度，评价考核各地的工业经济效益，采用工业销售率、工业资金利税率、工业成本利润率、工业净产值、工业全员劳动生产率、流动资金周转次数指标；相应修正和调整现行定期统计报表制度中有关工业产品生产、销售、库存等统计报表。是年，国家统计局制定新的统计报表制度，自1993年统计年报和1994年定期统计报表开始实施。新的工业统计基层报表包括：工业生产、销售总量及主要产品产量月报、工业企业主要经济指标月报、分行业工业总产值和销售产值半年报、主要工业产品实物量销售与库存季报。1995年，工业统计年报以工业普查办布置的报表为准。1996年，工业定期统计报表作如下修订：①工业生产、销售总量及主要产品产量月报指标不变，产值指标均按工业普查方案规定计算，中间投入指标按不含进项税额计算。工业增加值的计算包括增值税净额。②工业企业主要经济指标月报和大中型企业季报有关指标变动为“利润总额”后增“资产总计”，“固定资产净值平均余额”后增“负债总计”。修订1996年基层工业统计年报和1997年基层定期统计报表制度：①“附营工业单位生产情况”表改为“工业产业活动单位生产情况”表，表式不变；②“工业企业主要经济指标”表头增“隶属关系代码”，统计范围扩大为全部国有独立核算工业企业和年产值100万元以上的乡及乡以上独立核算非国有工业企业填报。修订1996年综合统计报表制度和1997年综合定期统计报表制度：①试编工业生产指数，按年报和月报分别制订使用的产品目录。②根据基层表变动情况相应修改综合报表。在宾栏“国有经济”和“国有亏损企业”项下增“按隶属关系分组”和“按主管部门”分组，列为综合目录。③取消“分行业工业总产值和工业销售产值”半年报。1998年，年报除原定部分企业资料外，工业主要经济指标月报要求从1999年起上报部分企业的基层资料，年报统计包括500万元以上的非国有工业企业。基层表取消B102-2表、B108表；将“工业企业能源购进、取消及库存”年报和“重点耗能工业企业能源购进、消费及库存”半年报纳入工业基层报表制度。综合表取消原B301表、B306表、B308表、B309表、B312表、B307-1表；增加“大中型工业企业主要经济指标”、年销售收入500万元以上“非国家工业企业主要经济指标两表”，“工业企业主要经济指标”月报提前到月后14日上报。10月14日，行署下发《关于开展规模以下工业企业统计调查的通知》，地区统计局制定抽样调查方案，调查全地区：①县及县以上500万元以上非国有工业企业；②乡及乡以下年销售收入100～500万元非国有企业；③100万元以下工业产值最大的9个乡镇。其余工业企业以乡镇为样本，全地区抽样调查41个乡镇。县及县以上500万元以上企业和乡及乡以下100～500万元企业填B202—表，乡及乡以下100万元以下企业填B202-2表。由调查单位逐月填报，按季上报。数据由各县负责录入、审核，于3、6、9、12月之15日报地区统计局。地区统计局按方案要求推算，在季后5日内提供使用。自2000年起，定报和年报发生了如下变化：

定报方面，2000年，保持了上年定期报表及相关要求和试算工作。2001年，在保持了上年定期报表及相关要求下，对定期报表制定进行了修订，实现“工业产销总值及主要产品产量”基层表与综合表的并轨。2002年，定期报表有工业增加值（B401表）、主要工业产品销售量与库存最（B402表）、工业产销总值及主要产品产量（B410表、月报）、工业企业主要经济指标（B411表、月报）。统计范围仍为辖区内全部国有和年产品销售收入500万元及以上的非国有工业企业。当年国家统计局下发了《关于试行新的工业发展速度计算方法的通知》（国统字〔2002〕3号）文件，试行的范围是国家、省、地（市）、县四级综合统计部门，月度工业发展速度试算范围为全部国有及年产品销售收入500万元以上的非国有工业企业。2003年，国家统计局决定继续试行新的工业发展速度计算方法，试行方案不变。统计标准改变，国家统计局要求从2003年定期统计报表开始，统一使用新的国民经济行业分类（GB/T4754-2002）。定期增加报表表式及报送频率、统计范围均与上年一致。能源在报表“工业企业能源购进、消费及库存”的基础上，增加定报“重点耗能工业企业能源购、消、存”，针对辖区内综合能源消费量1万吨标煤及以上的规模以上工业（全部国有工业企业和年产品销售收入500万元及以上的非国有工业企业）进行统计。2004年，定期综合报表仍有工业增加值（B401表）、主要工业产品销售量与库存量（B402表）、工业产销总值及主要产品产量（B410表、月报）、工业企业主要经济指标（B411表、月报）4张，报送频率、统计范围与上年一致。工业增加值速度计算方法由以前的按可比价格计算，改为按价格缩减法计算。2005年，定期报表表式及报送频率、方式、统计范围都与上年一致。2006年，定期综合报表只保留工业增加值（B401表），主要报送分企业基层报一有，由各级综合统计部门加工汇总其综合统计资料，分别有工业产销总值及主要产品产量（B201表，月报）、工业企业主要经济指标（B202表，月报）、主要工业产品销售量与库存量（B203表，季报），工业定期报表统计全部实现超级汇总。统计范围与上年一致。2007年，定期综合报表和上年不变，继续上报工业增加值（B401表）。基层定报表也与上年一致，国家统计局将工业企业主要经济指标（B202表），由上年的月报调整为季报（报告期为2、5、8、11月），指标内容不变。贵州省该表仍保留了月报。规模以上工业的统计范围，由以前的全部国有及年主营业务收入500万元及以上的非国有法人企业，调整为年主营业务收入500万元及以上的工业法人企业。能源方面能源各报表相应调整统计口径，统一按照当时的规模以上统计范围进行统计。“主要耗能工业企业单位产品能源消费情况”改为季报，“工业企业水消费情况”仅对规模以上工业进行统计，不再统计规模以下工业消费情况。2008年，综合定期报表增加规模以下工业主要能源产品产量（B303表），报告期为月报表，统计范围为规模以下工业法人企业和个体生产单位，报送时间同B201表。工业企业主要经济指标（B202表）。主要工业产品销售、库存、订货（B203表）。其余表式、报送频率、统计范围与上年一致。能源方面2008~2010年，定期报表表式及报送频率、方式、统计范围都与2007年一致。2009~2010年，定期报表表式及报送频率、方式、统计范围都与2008年一致。2011年，从定期报表开始，提高规模以上下能划分标准，由年主营业务收入500万元及以上提高到年主营业务收入2000万元及以上。表式、报送频率与上年一致。能源统计方面提高规模以上工业划分标准，由年主营业务收入500万元及以上提高到年主营业务收入2000万元及以上。“工业企业能源购进、消费及库存”，改为月报及季报，剔除了年报，月报统计范围为辖区内综合能源消费量1万吨标煤及以上的规模以上工业，季报统计范围为辖区内规模以上工业法人单位。

年报方面，2000年，在上年基础上，为满足编制2000年投入产出延长表的需要，增加大型工业企业按产品划分的工业总产值年度基层表（B111表）和综合表（B311表），统计范围是全部大型工业企业，调查内容为2000年工业企业按产品计算的工业总产值。2001年，基层年报表仍与上年保持了一致。综合年报表有了比较大的改革，当年结合工业统计改革情况有：工企业能源购进、消费及库存（B301表）、主要能源按工业行业分组消费量（B302表）、主要工业产品产量（B303表）、主要工业技术经济指标（B304表）、主要工业产品生产能力（B305表）、规模以下工业主要产品产量（B306表）共6张表。2002年，结合工业统计改革的实际情况，在征求各方面意见的基础上，对工业年报制度进行了修订。在工业企业能源购进、消费及库存（B105表）。将重点耗能工业企业能源购进、消费及库存（B205表）改为年报，表号为B108。免报规模以下工业主要产品产量（B306表），其他年报与上年一致。行业分类仍然使用老标准。2003年，工业年报制度相应作了调整，除保留主要工业产品产量_（B303表）一张综合表。增加主要产品产量和生产能力（B306表）综合年报表，其统计范围是辖区内全部工业企业和个体生产单位。基层年报表有工业企业生产、销售总值（B102表）和工业企业财务状况（B103表）两张。工业企业的法人单位基本情况（101-1表）和产业活动单位基本情况（101-2表）。实行了新的国民经济行业分类（G8/T4754-2002）分类标准。为加强能源统计，将工业企业能源购进、消费及库存（B105表）等有关能源统计报表，归入能源统计制度，不再列入工业统计制度中。2004年，工业年报纳入第一次经济普查统计制度，用经济普查代替。能源方面在“工业企业能源购进、消费及库存”“重点耗能工业企业能源购、消、存”的基础上，增加“工业企业水消费”，分别对规模以上工业（全部国有工业企业和年产品销售收入500万元及以上的非国有工业企业）及规模以下工业企业（非国有工业企业和年产品销售收入500万元及以下的非国有工业企业）水消费进行统计。2005年综合年报表增加规模以上工业企业增减变动原因一览表（B307表）。基层年报表工业企业财务状况（B103表）指标变动。2006年，取消上年填报的主要产品产量和生产能力（B306表）综合年报，在基层年报表增加规模以上工业产要产品生产能力（B106表）。增加规模以下工业主要产品产量（B306表）综合年报表，其余年报综合表与基层表与上年保持一致。能源方面新增“主要耗能工业企业单位产品能源消费”年报，对辖区内综合能源消耗1万吨标煤及以上的规模以上工业（全部国有工业企业和年产品销售收入500万元及以上的非国有工业企业）进行统计。2007年，年报制度在上年基础上主要调整了统计范围，规模以上工业企业是指“年主营业务收入500万元及以上的工业法人企业”。其余表式和上年不变。为了计算工业增加值率，确保工业增加值计算统一规范，数据更加准确，国家统计局于2007年年报实施了规模以上工业企业成本费用调查方案（试行），开始填报规模以上工业企业成本费用调查表，调查范围为全部大中型工业企业和部分小型工业企业。2007年全省调查工业企业有近600个。2008年，各项年报基层表式以《第二次全国经济普查方案》为准，《规模以下工业主要产品产量（B306表）》暂停报送。规模以上工业企业成本费用调查方案（试行）2008年继续实施。2009年，不再单独实施规模以上工业企业成本费用调查方案（试行），正式纳入工业统计制度。基层年报表有：法人单位基本情况（101-1表）、产业活动单位基本情况（101-2表），工业企业财务状况及产销总值（限成本费用调查企业填报）（B103-1表）、工业企业财务状况及产销总值（限非成本费用调查企业填报）（B103-2表）、规模以上工业主要产品生产能力（Bl06表）。综合年报恢复2007年年报表，即：主要工业产品产量（B303表）、规摸以下工业主要产品产量B306表）、规模以上工业企业增减变动原因一览表B307表）。2010年，在上年基础上，将成本费用调查企业填报的B103-1表，表名改为工业企业成本费用，非成本费用调查企业填报的B103-2表，表名改为工业企业财务状况。生产能力B106表，表名改为主要工业产品生产能力。综合年报表只保留规模以下工业主要产品产量（B306表），取消主要工业产品产“（B303）表”和规模以上工业企业增减变动原因一览表（B307表）的填报。2011年年报的国家统计口径更改为辖区内年主营业务收入2000万元及以上的工业法人单位，贵州仍然采用主营业务收入500万元及以上的工业法人单位作为省统计口径，两种口径并行。

3.建筑业统计。1958年，毕节专区开始统计建筑业，填报小型建筑生产单位基本建设情况综合表。增填小型建筑企业基本情况、建筑施工企业技术革新、技术革命情况、快速施工情况、建筑企业自办工厂情况和主要技术经济指标调查表。1959年，建设、施工单位合并，建筑业统计合并到基本建设统计报表内。20世纪60年代前期，建筑业统计增加财务管理、劳动管理，建立财务成本统计。其指标体系有财务成本、劳动生产率、劳动时间利用，同时增加实物工程量完成情况表。1960年建筑业统计综合年报共5种表30个主要指标。1962年年报、1963年定期统计报表为：①施工年报基层表填报工作量和竣工价值、主要施工部门自行完成工作量、主要实物工程量、工程质量情况、年末实有机械台数和能力、财务成本情况。②施工统计年报综合表填报工作量和竣工价值、施工单位一览表、主要实物工程量、年末实有机械台数和能力、主要施工部门为本系统、外系统完成工作量情况、县级施工单位工作量完成情况。③施工定期报表填报工作量、面积和竣工价值、工程质量情况（均月报）、主要实物工程机械化水平、主要施工机械完成、利用情况、工程成本情况。1964年，专区统计局免报施工单位劳动生产率、劳动时间和财务成本月、季报。省局精简施工统计年报，取消主要实物工程量、主要实物工程机械化水平、主要施工部门为本系统、外系统完成的工作量表，简化年末实有机械台数和能力表。1978年后，建筑业统计得到恢复和加强。1980年，地区统计局根据国家统计局等单位拟发的关于试编建筑安装工程价格指数的联合通知，施行建筑业统计。1981年，根据省建委和省统计局联合通知，规定在1980年施工普查登记中，凡经地、州、市建委和省建委批准颁发施工营业执照的全民和城镇集体所有制施工单位以及批准的自营施工单位，均要报送年报。1983年，按省统计局通知，从1983年起报送施工统计季报。1984年月，按省统计局布置到基层填报的建筑业统计报表制度，填报全民所有制施工企业和自营施工单位共有9种综合表、2种附表；城镇集体所有制有3种报表。1985年，统计农村建筑业，根据国家统计局通知，每年公布

1次各地区、各部门所属国营建筑安装企业的工程质量及各项施工生产指标状况。1987年，执行国家统计局关于国营建筑安装企业交纳的营业税可计算建筑业产值的通知。建筑业报表比上年增加财务成本半年报。对全民所有制建筑业1987年年报和1988年定期报表实行超级汇总。各主管部门将本系统的全部全民所有制建安企业和自营施工单位的超级汇总基层表收齐审核无误后直报省统计局一份。1989年，变动年报和下年定期报表：①建筑安装企业承包责任制推行情况统计扩大到建筑安装企业和自营施工单位；②城镇集体所有制建筑企业统计指标，按全民所有制统计指标执行；③增报建筑企业施工工程一览表；1990年，全民所有制建安企业、自营施工单位填报季报、半年报；城镇集体所有制建安企业、自营施工单位填报半年报。1993年统计年报和1994年定期统计报表开始实施新的统计报表制度。基层报表含国有建筑业企业生产情况季报（C401）、国有建筑业企业财务状况季报（C402）。从4月份起，全民、城镇集体所有制建筑业季报采用计算机远程传输方式报省局。1995年年报，增加大中型建筑企业科技统计报表制度，填报范围为辖区内全部独立核算的大中型建筑企业。1996年，建筑业年报统计范围改为资质等级四级以上的建筑业企业以及其他待业企业单位附属的建筑业产业活动单位。基层定期报表“附营建筑业生产情况”改称“建筑业产业活动单位生产情况”。1998年，建筑统计年报作以下变动：层基表取消“建筑业活动单位生产情况年报，增加建筑主要建筑材料消耗情况”年报；综合表取消“建筑业活动单位生产情况”年报，增加“建筑业生产情况补充资料”，把“建筑业建筑材料消耗情况”纳入建筑业统计报表制度。

4.交通、运输、邮电统计。自1951年起，逐步建立交通运输和邮电统计报表制度。是年，公路年度总结报表7种，客货运量年报表，毕节专区只执行国营汽车的客运量和货运量；国营公司客运汽车运量及运用情况表、工路机构劳动工资表、国营运输公司货运成本表、国营运输公司车辆增减表、公路运输车辆表、盈亏及资金情况表，逐项按时填报。是年起，建立邮电业务统计，邮电管理部门定期向统计部门提供邮电局（所）数、邮路长度、邮政业务量、电信业务量、报刊发行业务量统计资料。1952年，填报公路运输统计报表，并建立群众运输定期统计报表和联运统计报表。12月，中财委制发1952年公路与内河运输年度总结报表，无内河运输企业，只执行公路运输部分，填报联运业务量情况表、公路通车里程、公路运输客货运量、国营汽车运用情况、公路运输劳动工资、国营汽车运输成本、公路车辆数，均是年报表。国营汽车运输部分由国营运输公司贵阳分公司毕节站负责编报，联运部分由省联运公司毕节分公司负责，私营汽车运输及兽力车运输部分由交通科负责。1953年，施行《公路、内河运输定期统计报表制度》，建立运输工具半年报、汽车运输货物流向月报、汽车运输进出口货物统计月报、群众运输统计报表。1956年1月，按省统计局要求，建立汽车、货运人力车、驮力等改造情况旬报快报。1957年，公路运输年报增加畜力车、货运人力车及驮力数、营业汽车及挂车增减表、畜力车、货运人力车及驮力运输量、营汽车运输技术经济指标、公路运输货物分类、搬运企业劳动工资、运输合作社及私营运输从业人员统计。1958年10月，统计部门建立交通运输统计电讯月报。1959年建立机关、企业、厂矿和人民公社的汽车运输统计，填报机关、企业、厂矿自有载重汽车及运量月报、机关、企业、厂矿自有汽车运输货物分类月报、人民公社运输工具及运量统计季报、人民公社运输货物分类统计季报、人民公社交通建设统计季报、人、畜力车及木帆船统计月报、人、畜力车及内河货物运输量及货物分类月报。月报由统计部门和交通部门共同整理上报，季报由统计部门收集整理上报。1960年运输统计年报增报：公路运输公报资料电讯年报、公路运输部门汽车保修情况年报、公路运输挂车年末实有数年报、公路运输部门汽、挂车轮胎里程年报、机关、企业、厂矿运输工具实有数年报、机关、企业、厂矿载货汽车运用情况年报。1962年，将机关、企业、厂矿及人民公社交通运输统计改为交通运输部门系统外交通运输统计，并建立装卸搬卸运生产情况月报。1963年增设人民公社专业运输队货物运输量半年报。1964年，根据国家经委和统计局布置，在重点交通企业建立交通企业赶超国内先进水平情况季报。从当年起，运输邮电统计报表有所简化。1965年，运输邮电统计的综合年报表减少12种，保留10种，增加机关、企业及人民公社专业运输队现代化运输工具、机关、企业及人民公社运输队货物运输量、重点企业、事业单位货物运输情况、长途报话局（所）及电路、长途电话电路通达情况、邮电交换量。减少公路运输和水上运输公报资料电讯年报，将公路和水运的有关部分合并。1967～1969年，交通运输和邮电统计工作陷入停顿状态。1970年逐渐恢复。1975年统计范围有所扩大，增加全国邮政电信主要指标、运输邮电企业主要财务指标、集体所有制运输企业基本情况。减少长途电话电路通达情况、邮电交换量、邮电业务总量计算表和邮政主要设备统计。1978年后，运输邮电统计增加反映价值量和经济效益的报表和指标。1980年运输邮电统计综合年报，恢复运输线路长度、交通运输工具、客货运输量、非交通系统重点单位自有载货汽车运输量统计。1983年，在非交通系统独立核算汽车运输量重点单位中建立统一的基层表式。1984年，交通运输综合年报，增加非交通系统民用载货汽车运输抽样调查，试行填报全社会货物运输量估算表，审批非交通系统独立核算汽车运输单位基层表，将交通运输工具表改为民用车辆船舶拥有量，取消运输线路长度和客货运输量统计表。1985年综合年报比1980年减少1种，增加7种：独产核算运输邮电单位产值、非交通系统独立核算汽车运输单位基层表、城乡个体（包括联户）汽车运输情况、邮电业务量、邮电局所、电话机实有数、运输邮电企业产值和主要财务指标。前2种为国家统计局要求统计，后5种为省要求统计。1990年，定期报表增非交通系统独立核算运输单位基层季表报，由地区统计局审核转报省局，综合年报表增非交通系统非独立核算运输单位基层表，将民用车辆船舶拥有量表分设为民用车辆拥有量和民用运输船舶拥有量两表。1993年11月，省统计局下发关于认真贯彻执行新的统计报表制度的通知，要求自1993年统计年报和1994年定期统计报表开始实行填报。1995年，增加独立核算交通运输企业生产情况和主要财务指标。1996年，统计年报向省报：法人单位调查表、产业活动单位调查表、公路运输企业运营情况、财务状况、民用车辆拥有量、全社会客货运输量。1998年，运输邮电业统计有以下变化：基层表取消独立核算交通运输业生产情况和主要财务指标季报，免报公路运输企业运营情况和财务状况；综合表取消独立核算运输企业主要运输工具及设备等12张年报表和独立核算交通企业和主要财务指标等3张定期报表，免报全社会客货运输量和独立核算运输企业财务状况年报。

5.商业、贸易统计。1950年，开始商业贸易统计。是年，根据省粮食局要求，统计1950年粮食机构粮食统计年报。1951年，执行中财委《国营贸易企业定期统计报表制度》统计上报商品流转报表和1951年国营贸易企业年度总结统计年报表。是年，全专区供销社系统执行全国供销、消费合作社统计报表制度，填报商品购销存和农副产品购销存月（季）报表，组织资金季报表；专财委执行省1951年商品流转公私比重统计年报。1952年1月，国营贸易公司系统执行中财委修订《国营贸易企业定期统计报表制度》，填报商品购销存日报表、旬报表、月报表、商品调拨月报表、加工月报表、贸易网季报表和运输情况月报表。省统计局要求补填报少数民族地区商品购销存统计月报表，将《私营工商业动态月报制度》扩大到11个县市，毕节县被列入。统计年报共3部分，第一部分为国营贸易及合作社购销总值综合年报表、国营商业企业国内购进年报表、国营商业企业销售、库存年报表、国营贸易专业公司主要商品购进来源年报表、国营贸易专业公司主要商品销售对象年报表、国营贸易专业公司商品调拨年报表、国营零售公司商品购销存年报表、国营商业机构、人员年报表、国营商业企业商品流转费年报表、国营商业企业商品运输年报表、粮食国内购进来源年报表、粮食国内销售对象及库存年报表、粮食调拨年报表、粮食加工年报表、粮食机构年报表、盐务运销存年报表、供销合作社组织发展年报表、供销合作社干部统计年报表、供销合作社农副产品收购计划完成情况年报表、供销合作社零售商品销售计划完成情况年报表；第二部分为公私商业比重表、零售额公私比重变化表、购进情况公私比重表；第三部分为私营商业基本情况报告表、私营坐商分部门概况报告表。12月，各县财委按省财委布置，计算1949～1952年各种经济零售额所占比重资料。1953年1月起，执行对私营社会主义改造情况电讯月报制度，专粮局、专商业科和供销合作社联社分别于4月、7月、10月执行1953年国营粮食机构统计报表制度、1953年国营商业统计制度和全国供销、消费合作社统计制度，均建立和整顿统计的原始记录。7月，建立国营商业商品流转综合月报表。根据省的要求，毕节县按1952年的计算办法继续计算1953年1～3月商品零售总额公私比重资料。从7月起，毕节县按月编报社会商品市场销售额比重表，按季编报主要商品市场销售量比重表，黔西县按季编报社会商品市场销售款比重表，其余各县也在试编。下半年建立私营商业定期报表制度，填报私营商业营业情况综合月报表和私营商业主要商品经营情况综合季报表。至9月，仅毕节县继续实施，各县暂不执行。有2种年报表：公私合营商业综合年报、公私合营商业一览表。1954年，将私营商业统计年报改为私营商业、饮食业与服务业基本情况综合统计年报。1955年，建立公私合营商业、饮食业及服务业定期统计月报和私营商业变动和改造情况定期统计报表。是年2月，国家统计局改全社会商品流转公私比重统计为社会商品销售公私比重计算方案，要求填报纯商业机构的商品批发总额公私比重月（季）报表、纯商业机构主要商品类别的批发额及零售额公私比重月报表、纯商业机构主要商品零售数量公私比重月（季）报表、社会商品零售额总额公私比重月（季）报表。是年，省统计局指定黔西县大关区试行《农村商品零售额公私比重计算方案》。6月，省统计局会同商业厅修改私营商业定期统计报表为私营零售商变动情况月报表、私营饮食、服务、运输、建筑、金融及农业变动情况月报表、私营零售商改造情况月报表和已改造行业营业情况月报表并指定毕节、威宁、织金县填报。省局将公私合营商业年报改为公私合营商业及饮食业分户一览表；将私营商业、饮食业与服务业统计年报改为私营商业及饮食业转为公私合营及合作小组统计年报。1956年，上级修改《社会商品销售额公私比重计算方案》，更名《为社会商品销售分经济类型经营比重计算方案》，取消纯商业机构商品批发总额公私比重月（季）报表。建立国营、地方国营、合作社饮食业企业定期统计报表实施办法。

1957年，建立全社会商品流转统计、社会商品购买力统计和主要商品产、销平衡统计；将社会商品销售分经济类型比重统计改为社会商品零售额统计。要求填报社会商品零售总额季报表、主要商品零售量季报表、国营及合作社营商业农副产品采购情况季报表和国营商业、饮食业劳动工资半年报表。专区执行的商业统计综合年报有社会商品零售总额年报表、主要商品社会零售量年报表、全社会农副产品采购情况年报表、国营、合作社营及公私合营商业商品购、销、存年报表、国营、合作社营商业与饮食业劳动工资年报表和少数民族地区零售、采购情况年报表、公私合营、合作化及私营商业、饮食业与服务业基本情况年报表、公私合营商业（定息户）商品库存年报表、公私合营（定息户）商业、饮食业与服务业费用、税金、利润情况年报表和私营商业、饮食业与服务业社会主义改造情况年报表。1958年，国家统计局会同国家商业部制定《国营及合作社商业、饮食业与服务业定期统计报表制度暂行办法》，有5种表。月报从7月份执行，季报从第一季度执行。商业统计综合定期报表有7种，内容为社会商品零售总额季报，主要商品社会零售量季报，农副产品采购情况季报，购销存快速月报，商品购进季报，商品销售库存季报和国营商业、饮食业、服务业劳动工资半年报。公私合营、合作化及私营商业、饮食业与服务业定期统计报表有：基本情况综合季报和主要商品库存综合季报。专区开始按年进行社会商品购买力统计。1959年，国家统计局制定《1959年商业、饮食业及服务业定期统计报表制度》。贸易综合定期统计报表增加商业部门商品流转月（季）报表、人民公社商业及合作化私营商业饮食业服务业从业人数季报表、国营商业财务费用基本情况季报表和主要商品产销存季报表。减掉商品购进季报、销售库存季报、主要商品社会零售量季报和农副产品采购情况季报。保留并局部变动6种表。是年7月，省统计局制定《农村人民公社财贸统计试行制度》。毕节县试填1959年上半年数。第三季度按试行制度填报，并按国家统计局《1959年农村人民公社产品分配、货币收支统计年报编制办法》编报当年年报。赫章、威宁、水城3县填报省局制发的工矿区和铁路沿线商品供应电讯月报。1960年，省统计局制定《1960年商业定期统计报表制度》，其中统计部门执行6种，7月，精简为5种。7月，将公私合营、合作化及私营商业、饮食业及服务业基本情况月（季）报表改为半年报，将公私合营商业（定息户）主要商品库存月（季）报表改为季报。毕节县不再填报农村人民公社财贸统计，改由黔西县填报。商业统计综合年报14种表，减11种，增社会商品零售分类年报表、农村人民公社货币收支平衡年报表、消费品消费构成年报表、商业部门商品调拨情况年报表、农副产品及队办工业品采购年报表、公私合营（定息户）商业、饮食业及服务业定息发放情况年报表。保留并变动表名8种。1961年，扩大商业定期统计报表范围，将粮食部门、新华书店、木材经营部门、报刊发行部门等的报表也统一纳入商业定期报表。威宁县作为省的重点县填报重点农村人民公社货币收支季报表。建立1961年农业机械销售统计定期报表制度，要求填报产品收拨与结存月报表、产品供货计划执行情况月报表和维修配件生产完成与供货计划执行情况月报表。1962年，供销合作社和国营商业分开经营，仍执行国营商业统计报表制度。是年1月，省将毕节县海子街、黔西县大关、威宁县牛棚子作直接联系点，执行《农村集市贸易定期定点报告制度》，填报集市贸易基本情况月报、主要商品交易情况月报和所在地国营商业商品销售、库存月报。根据省局布置，在建立商业部门收购清仓处理物资月报表、未定股定息公私合营、合作商店（小组）商品流转月报表。1963年，恢复填报主要商品社会零售量年报表、农副产品采购年报表。毕节、威宁、赫章3县城关市场管理委员会从是年1月起执行《城市集市贸易定期定点调查报告制度》。并建立起工业、手工业直接收购和产品直接零售月报制度。1964年增加商业、饮食业商品零售量季报表，取消社会商品零售电讯月报和计算社会商品购买力季报，改在下半年调查上半年购买力情况。整理核实1958～1962年的社会商品购买力、商业年报资料，组织评比各县商业统计的准确和及时性。1965年，定期报表比1960年增加社会商品零售季报表、省补充的工业、手工业直接收购和产品直接零售月报表和未定股定息公私合营、合作商店（小组）商品流转季报表，减8种，保留社会商品零售额电讯月报、商品流转电讯月报。年报10种表，比1960年增加工业部门直接收购农产品年报表、主要商品零售混合平价单价年报表；取消6种，保留8种，恢复按经济类型分组；将农村人民公社货币收支平衡表改为农村人民公社生产（大）队货币收支及社员生产性货币收支表。省统计局根据国家统计局统计工作必须彻底革命化的要求，4月，派人到专署和到威宁县蹲点调查财贸统计报表改革。1966年，“文化大革命”开始，商业统计报表制度不能执行。定期报表保留社会商品零售额电讯月报、商品流转电讯月报、社会商品零售季报。综合年报保留商品流转、社会商品零售额、居民货币收支平衡、农村人民公社生产（大）队货币收支及社员生产性货币收支表。1967年上半年，保留统计社会商品零售数电讯月报，按县、市填报“社会商品零售额”，“对居民和社会集团的消费品零售额”，“对农村人民公社和社员的农业生产资料零售额”。是年下半年至1969年中断商业统计。1970年5月，省计委根据国家计委《关于建立统计报表制度的通知》恢复社会商品零售额电讯月报，填报1967年的3项指标。按社会商品零售额电讯月报表式指标编报1970年的年报。1971年正式恢复国民经济基本统计报表制度。商品流转报表采取“谁经营，谁填报，谁主管，谁汇总”的原则填报。商业部门恢复商品流转总值月报表、主要商品月报表和主要商品基层单位库存季报表。定期报表只恢复社会商品零售额电讯月报。综合年报填报社会商品零售额年报、商业部门主要商品购销存数量年报。1972年，改电讯月报为季报，增加商业部门商品购销存电讯季报和商业部门商品购销存总值年报。1973年将上年的两种电讯季报改为电讯月报。1975年，定期报表填报社会商品零售额电讯月报、商业部门商品购销存总值电讯月报和商业部门商品购销存数量电讯月报。综合年报填报社会商品零售总额年报、社会商品购买力总表、居民货币收支平衡表、农村生产（大）队货币收支及社员生产性货币收支平衡表、商业部门商品购销存总值）和商业部门商品购销存数量。1977，恢复填报社会商品零售量、社会农副产品收购量、主要消费品生产、消费平衡年报表。1979年，恢复填报商业机构人员统计年报、商业零售机构、人员统计年报和饮食业、服务业机构人员统计年报。1980年1月，建立工业部门商品零售额和主要商品零售量月报表、商业部门主要议价商品收购、销售月报表。定期报表比1975年增加4种，保留3种。综合年报保留6种，增加全民所有制商业农副产品议价收购、销售年报、社会消费品零售量年报、商业机构、人员年报、商业零售机构、人员年报、饮食业、服务业机构、人员年报、主要消费品产、销平衡年报、社会农副产品收购总额和收购量年报、工业部门商品零售额和主要商品零售量年报、工业、饮食业、基建、集体和个体商业等部门农副产品收购总额和收购量年报、集体商业、代购代销店、个体商业机构年报、集体商业、代购代销店、个体商业人员年报。是年7月，省统计局等7单位布置城镇集体所有制商业商品购销存月报，分甲乙两类。地区及各县填报、汇总上报乙表。从1981年1月起实行。1982年，省统计局制发社会商品零售总额季报。1983年1月，建立全民所有制商业企业经济效益主要指标月报。恢复城市集市贸易主要商品成交量季报。工商部门建立城乡个体工商户基本情况季报，由全体工商户自报或个体协会行业小组评议填报。1984年7月1日起，供销合作社按集体所有制经济统计。将商业企业经济效益主要指标月报改为季报，将工业部门商品零售额和主要商品零售量季报改为月报。将社会商品零售总额年报中按商品类别分的8类消费品零售额分出和社会消费品零售量合并为社会消费品分类零售额及主要消费品零售量年报。1985年定期报表14种，比1980年增加社会商品零售额季报、社会商品购买力半年报、集体所有制商业商品购销存总额月报、城镇集体所有制商业商品购销数量月报、全民所有制商业和供销合作社经济效益主要指标季报、重点城市全民所有制商业和供销合作社经济效益主要指标季报、商业零售额月报、重点城市零售商店主要经济指标季报、重点城市国营商业和供销合作社商品流通费季报。综合年报表增列23种，地区填报集体所有制商业商品购、销、存总额、工业部门对集体、个体商业商品销售和零售、商业、饮食业、居民服务业经营情况。省补充地方产品产量、流向及厂存年报、工业、饮食业、基建、集体和个体商业等部门农副产品收购总额和收购量年报、集体商业、代购代销店个体有证商业人员年报和集体、个体服务业机构、人员年报。1986年，省局改城镇集体所有制商业购、销、存数量月报为集体所有制商业购、销、存数量月报，毕节地区执行。建立商业、饮食业、服务业横向经济联合组织主要指标电讯年报，是年，省局制发农村集体所有制商业商品购、销、存数量和集体、个体服务业机构、人员年报表；改城镇集体所有制商业商品购、销、存数量年报；将集体商业、代购代销店、个体商业的机构年报和人员年报表合并为集体零售商业、个体有证商业机构、人员。12月，省局制发《集体所有制商业统计报表制度》，从1987年起执行。1987年，建立社会商业商品购、销、存总额和社会商业商品购、销、存数量电讯月报和表式年报，取消全民所有制商业和供销合作社商品购销存总额和数量2个年报表。从1988年第二季度起，建立全民所有制商业企业实行承包经营责任制和租赁经营情况季报表。1989年，调整综合统计报表制度，将全民所有制商业企业实行承包经营责任制租赁情况季报表、商业、饮食业、服务业横向经济联合组织主要指标年报表作为参改表式。国家统计局通知停报集体所有制商业购销存月、年报表，贵州省继续执行。将全民所有制商业和供销合作经济效益主要指标季报改为半年报。1990年定期报表19种，毕节地区执行社会商品零售总额电讯月报、社会商品零售总额季报、全民所有制商业和供销合作社商品购销存总额电讯月报、全民所有制商业和供销合作社商品购销存数量电讯月报、工业部门对集体、个体商业商品销售和零售月报、社会商品购买力半年报、全民所有制商业和供销合作社经济效益主要指标、集体所有制商业商品购销存总值月报和城镇集体所有制商业商品购销存数量月报、商品零售额月报。增加4种表，毕节地区执行社会商业商品购、销、存总额电讯月报、社会商品购、销、存数量电讯月报。省补充建立农村集体所有制商业商品购、销、存数量月报、个体商业户商品购销存总额及经营情况月报、个体商业户主要商品购销存数量月报。综合年报表24种，省补充2种，取消1种，继续保留22种。增加农村集体所有制商业商品购销存数量、集体、个体服务业机构、人员。取消集体、个体饮食业服务机构、人员1种表。调整变动5种表，将全民所有制商业供销合作社商品购销存总额改为社会商业商品购销存总额，将全民所有制商业和供销合作社商品购销存数量改为社会商业商品购销存数量，将居民货币收支平衡表改为非农业居民货币收支平衡表；将农业生产性货币收支平衡表改为农业居民货币收支平衡表；将集体商业、代购代销店、个体商业机构和人员2个表合为集体零售商业、个体有证商业机构和人员。保留17种表。1993年4月21日，省统计局通知，免报社会商品购买力总表、非农业居民货币收支平衡表、农业居民货币收支平衡表、社会商品购买力半年报、全民所有制商业和供销合作社经济效益主要指标。11月9日省局下发关于认真贯彻执行《新的统计报表制度的通知》，决定自1993年统计年报和1994年定期统计报表开始实施。毕节地区按省要求实施。1995年批发零售贸易业月报，增加“重点批发零售贸易业商品销售情况”月报。1996年，国家修改1996年商业贸易基层年报，1997年基层期统计制度，毕节地区按修改后的统计制度执行统报。1998年批发零售贸易、餐饮业统计有如下变动：①基层表：将原E102～14张年报表调整为E102–1表、E102–2a表、E102–2b表和E102–3年报表。将原E103–1表年报改为原E203表季报，将原E205表月报改为E203表。将原E202–1～3月报表改为E202–1a表、E202–1b表、E202–1c表三张月报和E202–2表季报。②综合表：根据基层表的修改作相应修改。用原E402表12月份月报代替原E302表年报。用原E403表12月份月报代替原E303表年报。用原E404表12月份月报代替E304表年报。取消原E302~原E307表、原E310年报表和E401–3月报表。增加E301年报表。

1998年国内贸易统计制度作了重大改革。设立“限额”标准。批发业年营业额在2000万元及以上、年末从业人员数在20人及以上者为限额以上批发业企业；零售业年营业额在500万元及以上、年末从业人员数在60人及以上者为限额以上零售业企业。限额以上餐饮业界定范围是年营业额200万元及以上、年末从业人员40人及以上者。其余为限额以下企业单位和个体。

数据来源采用全面调查与抽样调查相结合，并辅以重点调查。即对限额以上批发零售业、餐饮业实施全面调查，对限额以下批发零售业餐饮业实施抽样调查；社会消费品零售总额同时采取重点调查和利用有关部门统计数据加工推算。形成“总量=限额以上企业（全面调查）+限额以下企业（抽样调查）+个体经营户（抽样调查）+其他”的数据来源格局。

首次在法人单位基本情况表里引入“经营方式”和“业态”。经营方式包括独立商店、连锁商店总店、连锁商店分店、其他；商业业态包括百货商店、超级市场、专业（专卖）店、其他。并由此配套了一张综合年报表：限额以上批发零售贸易业经营方式及业态（试行）。

增加了产业活动单位基本情况表。

社会消费品零售总额统计下级指标分类做了调整，取消了按经济类型分组。商品目录做了调整，取消了：猪和猪肉，布，呢绒，绸缎各种服装，鞋，黄金饰品，自行车，彩色电视机，家用电风扇，抽油烟机等商品。

2001年根据国家内贸统计制度的变化做了部分调整：

增加了一张年报综合表：限额以上连锁店（公司）商品销售情况，首次对新兴连锁业态进行综合反映。企业登记注册类型中增加了：个体经营，个体合伙。社会消费品零售总额分组指标取消了限额以下及个体户中的市场内、市场外，其他项的其中项改为制造业、农业生产者。

2002年内贸统计制度根据国家方案的变化做了相应调整：增加重点批发和零售业商品销售、库存情况。增加限额以上连锁零售业经营情况半年报、限额以上连锁零售业门店和配送中心分布情况半年报、限额以上连锁餐饮业经营情况半年报、限额以上连锁餐饮业门店和配送中心分布情况半年报。增加黔E203表，限额以上批发零售贸易企业主要经济指标。执行新的国民经济行业分类（GB/T4754—2002），将国民经济行业分为门类、大类、中类和小类。批发业大类代码为63，零售业大类代码为65，住宿业大类代码为66，餐饮业大类代码为67。

2003年年报，根据国家内贸统计《方案》，取消了限额以上连锁店（公司）商品销售情况综合表。

2004年，开展第一次全国经济普查，以普查代年报，常规定期统计制度继续执行。第一次明确将住宿业纳入统计调查制度，将“限额以上餐饮企业销售情况”改为“限额以上住宿餐饮业经营情况”。住宿业的限额标准为星级以上宾馆、饭店。为反映中西药的购进和销售情况，增加了中西药购进、销售情况（黔E205表）年报。

2005年与全国同步恢复了常规统计年报；批发和零售业将连锁零售业半年报改为年报；增加了重点企业主要消费品零售情况（黔E206表）。住宿和餐饮业定期报表增加了星级住宿业的统计，与限额以上餐饮业合并在同一张表上进行反映。将连锁餐饮业从半年报改为年报，并增加了住宿业行业的连锁统计。

2006年根据国家统计局内贸统计《方案》制度调整的要求，取消了重点企业主要消费品零售情况（黔E206表）。

2007年根据国家内贸统计制度的变化，对内贸统计做了相应的调整：单独增加成品油批发和零售统计报表制度。统计范围为成品油批发企业和零售企业（单位）。调查方法为全面调查。增加信息化情况主要指标表年报，由批发和零售业、住宿和餐饮业重点企业填报。增加对餐饮业能源消费情况的统计，包括年报和季报。年、季报均增加两张调查表：限额以上餐饮业企业能源消费情况；限额以下餐饮业企业和个体户能源消费情况。增加其他行业消费品零售额月报，由批发和零售业、住宿和餐饮业法人企业、产业活动单位和个体户以外有零售业务的单位填报。

2008年国家调整了批发和零售业、住宿和餐饮业统计限额标准（重点企业限额标准不变），根据限额标准的变化，相应调整有关报表的统计范围和报表名称。新的限额标准采用单一标准，不再受年末从业人员数的限制。调整后的限额以上批发业标准为年主营业务收入在

2000万元及以上；限额以上零售业标准为年主营业务收入在500万元及以上；限额以上住宿、餐饮业标准为年主营业务收入在200万元及以上；取消住宿业以往的星级统计范围。已纳入《第二次全国经济普查方案》中的年报表，不在常规制度中列示。

2009年根据国家统计局国内贸易统计制度的变化，适时做了相应的调整：将有关报表内“市、县、县以下”统计分组改为“城镇、乡村”，城镇列其中：“城区”。批发和零售业、住宿和餐饮业法人企业按法人经营地原则统计，即按法人企业主要经营活动所在地进行统计，其所属全部产业活动单位（含异地）由法人企业统一组织填报；非批发和零售业、住宿和餐饮业法人单位附营的批发和零售业、住宿和餐饮业产业活动单位按产业经营地的原则统计。将限额以上批发和零售业、住宿和餐饮业全面统计范围扩大到统计上达到规模标准的个体经营户，其规模标准参照《批发和零售业、住宿和餐饮业统计限额标准》执行。社会消费品零售总额统计范围调整为辖区内全部批发和零售业、住宿和餐饮业法人企业和个体经营户，以及非批发和零售业法人单位附营的限额以上批发和零售业产业活动单位、非住宿和餐饮业法人单位附营的限额以上住宿和餐饮业产业活动单位。增加《重要商品购进、销售和库存表》。将《成品油批发和零售业统计报表制度》中的报表并入批发和零售业制度，调整定期报表名称为“重要商品购进、销售和库存（成品油批发单位填报）（E221表）”“重要商品销售和库存（成品油零售单位填报）（E222表）”。

取消以下报表：限额以上批发和零售业购进、销售、库存总额（E301表）；限额以上批发和零售企业财务报表（E303表）；其他行业消费品零售额；限额以上批发和零售业商品销售分类情况（E403表）；限额以上住宿和餐饮业经营情况（E302表）；限额以上住宿和餐饮业企业财务状况（E304表）；其他行业消费品零售额；限额以上餐饮业企业能源消费情况年报和定报（E110、E205、E305、E405表）。

2010年，全国贸易统计工作继续实施改革，遵从国家的安排，将以社会消费品零售总额为核心的指标体系，改变为以建立健全批发和零售业、住宿和餐饮业销售额（营业额）等行业统计指标体系，并生成完整、配套的行业统计指标，对贸易统计专业制度进行了较大的修订。一是2009年年报的基础上继续推行法人在地统计、执行新的城乡划分标准和将月度全面报表统计范围扩大到统计上达到规模标准的个体经营户（即大个体）；二是调整社会消费品零售总额统计范围，即在进度统计中取消了“其他行业附营的限额以下产业活动单位”和“其他”，统计范围调整为批零业、住餐业法人企业和个体经营户，以及其他行业附营的限额以上批零、住餐业产业活动单位，年度才包含“其他”进行社会消费品零售总额数据的年度认定；三是建立了重点商品购销存统计，并将“成品油批发和零售统计报表”并入该项统计内容之下；四是确定了改革后发布的贸易统计指标。为综合部门提供的指标分组更加丰富，反映了批零、住餐业的行业特点，填补了住宿和餐饮业全行业营业额数据的空白。在上述改革的前提下，根据第二次经济普查结果，对2009年全省和九州（市、地区）社会消费品零售总额数据进行了认定，并依此为基数对2005年至2008年各年数据进行了调整。

2010年根据国家批发和零售业统计指标的变化，再次对批发和零售业统计做了相应的调整：取消业务表中“是否执行2006年《企业会计准则》”“零售业态”“餐饮分类”等属性指标，将其纳入基本情况表；取消“限额以上批发和零售业、住宿和餐饮业财务状况表”中的“是否执行2006年《企业会计准则》”，纳入“法人单位基本情况表”；取消“限额以上批发和零售业商品购进”、销售和库存总额中的“零售业态”、纳入“法人单位基本情况表”、“产业活动单位基本情况表”及“批发和零售业个体经营户基本情况”中。批发和零售业商品销售情况（E401表）、住宿和餐饮业经营情况（E402表）、社会消费品零售总额（E404表）由月报改为季报。取消社会消费品零售总额（E404表）主栏的行业分组。减少“重要商品购进、销售和库存（E204表）中商品品种，调整部分指标。规范统计表、统计指标名称，内容、含义、口径不变。

商品交易抽样调查。

1997国家统计局开始对内贸批发和零售业、餐饮业个体经营户进行抽样调查。年报包括调查个体批发零售贸易业“商品销售总额”；月报主要调查个体批发零售贸易业经营情况和个体餐饮业“营业收入”及其中项“商品零售额”指标。限额以下企业和个体户的填报范围是抽样调查样本单位。

2001年遵照国家统计局限额以下抽样调查统计制度变化的情况，做了相应调整：取消了限额以下批发零售贸易业样本单位商品销售总额、类值表月报；取消了个体户样本单位销售商品销售总额、类值表月报。将限额以下、个体餐饮业样本单位商品销售调查表月报拆分成限额以下餐饮业样本单位商品销售调查表和个体餐饮业样本户商品销售调查表。

2003年根据国家统计局限额以下抽样调查统计制度变化要求：将限额以下企业和个体样本单位基本情况表合并成一张E108表；将限额以下企业及个体样本单位销售调查表合并成一张E202-3表。

2006年限额以下抽样调查做了重大改革。根据国家统计局办公室《关于印发限额以下批发和零售业、住宿和餐饮业月度抽样调查方案的通知》（国统办字〔2005〕23号）文件精神。组织并实施。

2007年抽样调查增加对餐饮业的能源消费统计：年报表为限额以下餐饮业企业和个体户能源消费情况。季报表为限额以下餐饮业企业和个体户能源消费情况。

2008年，根据经济普查方案调整，限下抽样调查取消了限额以下餐饮业企业和个体户能源消费情况统计的年报和定期报表。

2009年起，为满足国民经济核算需要，省统计局出台《省统计局关于继续开展非普查年份第三产业统计调查工作的通知》（黔统字〔2009〕89号）和《省统计局关于认真做好非普查年份限额以下批发和零售、住宿和餐饮业样本单位经济指标调查工作的通知》，对批发和零售业、住宿和餐饮业样本单位经济指标开展调查，设定调查表（见下表），半年开展一次。

2010年根据国家《方案》制度的变化，限额以下抽样调查由月报改为季报。即：限额以下批发和零售业样本单位调查表（E202-3表）、限额以下住宿和餐饮业样本单位调查表（E202-4）由月报改为季报。

6.商品交易市场统计。1999年的统计调查制度首次开展商品交易市场统计。清查亿元以上商品交易市场，进行全面调查，调查对象是年成交额在亿元及以上的商品交易市场。亿元以上商品交易市场成交情况为季报，调查总成交额、零售额、摊位数。按商品分类统计。

2001年的亿元以上商品交易市场成交情况统计补充资料增加了营业状态、经营方式、经营环境。

2008年亿元以上商品交易市场纳入第二次全国经济普查的范畴。

7.旅游观光业统计。1986年，省统计局、旅游局联合布置旅游统计制度和报表，要求凡发生符合制度规定的旅游业务都要统计填报。1990年，按省统计局布置，直接向涉外饭店、宾馆或其他主管部门收集资料汇总填报接待外国过夜旅游者情况表、旅游外汇收入表。1993年4月21日，省统计局通知，免报重点城市接待过夜旅游者人数表、接待外国过夜旅游者情况表和旅游外汇收入表。

8.物价统计。1955年12月，毕节县商业科按《工农业商品比价问题研究方案》，调查收集1930～1936年、1950～1955年主要工农业产品的价格资料，为国家计算历年主要农产品和工业品的交换比价和编制农副产品收购价格指数、农村工业品零售价格指数、工农业商品综合比价指数提供资料。1956年12月，国家统计局等部门联合发布《全国物价统计报告制度》。自1957年1月起，毕节县按季编制零售物价指数。1958年，威宁县开始编制零售物价指数。7月，由季报改为月、年报，并按月计算零售物价总水平，按季匡算农产品采购价格总水平。1960年，威宁县选择典型商店按季填报主要商品零售混合平均价格报告表。毕节、威宁县按月、季、年编写各物价指数变动情况的分析报告。毕节县开始编制批发的物价指数季、年报和职工生活费用价格指数月、季、年报。1961年，《零售物价指数》年报除继续编制国营商业牌价（平价）零售物价指数外，还增加编制集市贸易市场价格指数和高价商品价格指数，在此基础上汇编零售物价总指数。主要商品零售混合平均价格报告表由季报改为半年、年报；批发物价指数季、年报改为年报；停止编报工业品购进价格指数、农产品地区差价和批零差价。1962年，增编零售物价分类指数表月、季、年报和鲜菜零售（收购）价格及指数计算表月、季、年报。毕节县停止编报批发物价指数和职工生活费用价格指数。零售物价指数及附表仍按月、季、年编报，威宁县取消月报，改为季、年报。从1963年第二季度起，毕节县在零售物价指数附表中增编议价商品价格指数。1964年的物价统计年报、1965年的定期报表有较大变动，含市、县主要商品零售价格调整情况表、市、县零售物价、服务性支出价格指数表年报、市、县零售平价服务性支出价格指数计算表月、年报。年报以1957年价格、上半年价格为基数计算；月报以上年12月25日、上年同时25日价格、上月25日价格为基数计算。1965年，毕节、威宁两县按省统计局要求建立健全调价统计台账。1967～1972年，受“文化大革命”影响，中断物价统计报表制度。1973年12月，按省计委布置，毕节、威宁县恢复物价统计，编制1973年零售物价指数年报。1975年物价统计年报主1976年定期报表，与1965年～1966年比较，增加主要商品零售混合平均价格表年报、主要农产品收购混合平均价格表年报、重点市、县集市贸易价格指数季报。减少市、县零售平价、服务性支出价格指数计算表月、年报。保留6种，将市、县零售物价指数、服务性支出价格指数由年报改为季、年报；将农产品收购牌价指数改为农副产品收购牌价指数。1979年的物价统计年报和1980年的定期报表与1975～1976年比较，增加全社会零售物价总指数及职工生活费用价格总指数年报，国营商业零售商品牌价总指数季、年报，集市贸易价格指数季、年报，农副产品收购价格总指数计算表年报，农产品与工业品交换的综合比价指数年报。保留9种，其中农副产品收购价格总指数年报由按牌价计算改为按牌价、议价和超购加价计算；将零售物价指数综合表年报改为国营商业零售商品牌价和服务性支出价格指数年报；将市、县零售物价指数、服务性支出价格指数季、年报改为市、县国营商业零售商品牌价指数和服务性支出价格指数季、年报；将主要商品零售价格调整情况月报改为市、县国营商业主要商品零售牌价调整情况季报。从1979年的物价统计年报、1980年的定期报表开始，年度物价指数改用年平均价格计算，季度物价指数改用季平均价格计算。1981年9月，国家统计局提出逐步用直接调查的价格编制物价指数，省分配给毕节、威宁两县物价调查员编制。要求调查3～5个商店，并写出文字分析报告。1984年毕节县成立城市抽样调查队。职工生活费用价格指数，由季报改为月报。增加编制农民生活费用价格指数。收集价格资料，以调查员直接深入商店、市场调查为主，主管部门提供为辅。计算生活费用价格指数和零售物价指数采用固定权数，主要根据城乡居民生活消费、生产消费支出额和商业零售额确定，每年确定1次；计算全社会综合平均价格所需消费量采用变动权数，主要根据城镇居民家庭76种主要商品的消费量和粮食、工商等部门的零售量推算确定，每月确定1次。1985年的定期报表一律由季报改为月报。取消5种表。对价格变动频繁且与人民生活密切相关的商品至少每5天调查1次，一般性商品每10天调查1次。是年11月，毕节县城市抽样调查队被省评为物价统计专业先进集体。

1986年6月，省城调队为毕节地区城市抽样调查队配备微机，用于计算物价指数。1989年，毕节地区城调队在全省评比中获第一名，威宁县统计局获调查评比第三名。1990年的物价统计报表减去4种，保留16种，其中农副产品收购价格指数改为季、半年、年编报。1994年，规定毕节统计农民消费品价格指数、农村零售物价指数。1995年，地区统计局决定在全地区开展农产品现行价格调查。在每县建立好、中、差调查点各1个，每点每月上报1次，调查时间为每月1～22日、26～27日。调查统计农业主副产品价格、省统计局附记指标和农业主要物耗价格。1996年，开展农村居民消费价格指数、商品零售价格指数、农业生产资料价格指数调查，调查时间为每月5日、15日和25日，分月报和年报，采用固定权数，权数每年确定一次。2007年，原城调队和企调队合并为国家统计局毕节调查队，价格调查主要是对农村居民消费价格指数、商品零售价格指数和农业生产资料价格指数开展调查，调查时间改为5日、10日、15日、20日、25日和30日。2010年，开展固定资产投资价格调查，实行季报制。2011年，农村居民消费价格指数、商品零售价格指数、农业生产资料价格指数调查，采用固定权数，权数每五年确定一次。2011年，开展城镇低收入居民基本生活费用价格指数调查，调查时间为5日、10日、15日、20日、25日和30日。

9.能源、物资统计。（1）物资统计。1950～1953年，物资统计报表分设在工业、基本建设统计报表内。1953年，制定《1954年物资供应定期统计报表制度》，从1954年1月1日起执行。

年报填产品收拨与结存、供货计划执行情况、主要原材料、燃料消耗定额执行情况、基本建设用材料收拨与结存。1955年起，物资供应统计改为物资技术供应统计。1956年6月，在全专区建立公私合营和合作社营企业物资技术供应定期统计报表，其中主要建设用材料收拨与结存季报改为月、季报，并半年试编一次燃料、生铁、水泥、木材等主要物资的地区平衡。按上级要求，整理1952～1955年物资供应统计资料。主要整理物资收拨与结存，生产用原材料燃料消费与结存、基本建设用主要材料消费与结存、原材料燃料消费定额等内容；补充整理1952～1955年主要物资地区平衡。1957年定期综合报表增加需用单位新机电设备收支与结存；综合年报增需用单位新机电设备收支与结存、旧机电设备库存情况。1958年定期报表增加煤炭、生铁、钢材、木材、水泥消费量和库存量简速月报。设生产用主要原材料燃料简速月报、基本建设用主要材料燃料简速月报。从是年起，各级统计部门物资统计综合报表要包括在专区内的中央、省直单位。1959年3月1日起建立日报、5日报、旬报制度。建立统配物资省外订货到货和统配物资拨交对象2种月报、年报。从第二季度起建立主要原材料燃料消费量分部门、分投资系统季、年报。年报分设附表生产用主要物资分生产部门消费量、基本建设用主要物资分投资系统消费量、库存量。建立主要物资电讯年报、农村人民公社主要物资消费与库存年报。1960年定期报表11种。建立主要物资节约量和主要物资调剂量季报。年报1957年增主要物资电讯年报、农村人民公社主要物资消费与结存、煤炭、钢材、水泥、木材地区平衡表、主要物资节约量表。继续保留5种，减少旧机电设备库存情况年报。1961年，除执行上年的电讯和表式月报外，增加煤炭消费库存、农业生产资料供应分配月报。恢复和新增生产用主要物资分生产部门消费量、主要金属材料使用方向、基本建设用三大材料消耗定额和供应机构主要物资结存量年报。1962年，毕节县建立主要物资消费与库存电讯月报。1963年，增加生产维修用机电设备使用与库存、基本建设用机电设备使用与库存和供应机构主要机电设备库存量3种表。7月，对上半年主要物资产销存、第三季度主要物资的消费量，专区派员检查1～3个企业，1～2个县，各县检查1～3个企业。1964年增加申请系统主要物资收支平衡表，将6种年报合并为3种年报。是年10月，检查全专区9月末钢材供应机构库存量的质量。1965年，将1960年的统计表由11种减为3种，并延长报告期。将主要原料、材料、燃料消费与库存电讯月、年报改为季、年报；将原料、材料、燃料消费与库存和集体所有制企业、事业单位及农村人民公社物资消费与库存季、年报改为半年、年报。1966年，定期报表仅保留主要物资消费与库存电讯季报。1967～1969年受“文化大革命”影响，物资统计中断。1970年5月，恢复全民所有制单位主要消费与库存电讯季报和年报。1972年增报全民所有制单位主要物资消费与库存半年报。1973年恢复集体所有制企业、事业单位及农村人民公社主要物资消费与库存半年报，1974年改为集体所有制单位主要物资消费与库存年报。1975年第二季度，增报物资部门和供应机构的库存钢材明细表。增报全民所有制单位生产用主要物资使用方向年报。1977年起增加附报地方申请单位金属材料年末库存分析表。1978年年报由4种增加到9种，并整理编报历年主要物资消耗定额执行情况表。1979年由1种电讯季报增加到1种月报、6种季报，并在第二季度季报时增报分列各企业、建设单位的钢材、水泥、木材三大材料的消费与库存一览表。1980年，恢复产品收拨存、供货合同执行情况、物资消耗定额执行情况、生产用原材料燃料消费与库存、基本建设用原材料燃料消费与库存，新增生产用主要物资按国民经济部门分组消费量、新机电设备（产品）库存情况、新机电设备（产品）使用情况、物资部门、供应机构物资收、拨、存、产品销售与库存总值、原材料、燃料消费与库存总值、废钢铁回收、调拨情况。1981年，产品拨存季报改为月报，增加主要物资调拨情况年报；减4种年报。1983年增加主要物资消耗与库存季报；农村主要物资消费与库存、重点建设项目三大材料消费库存情况、钢材、水泥、木材等主要物资平衡表年报。1984年，增加主要物资调拨情况半年报，农村小煤窑煤、焦产品销售与库存年报。是年，贯彻“以块为主，条块结合”原则收集资料。地区及各县统计局布置与汇总辖区内全部物资统计资料。11月，地区统计局选择调查3个企业和2个基建工程。1985年年报比1980年增加主要物资地区调拨情况、农村主要物资消费与库存、农村小煤窑煤、焦产品销售与库存，取消3种，继续保留11种。1986年将产品收拨存改为工业产品销售与库存。1987年物资消费与库存总值统计扩大到其他企业、事业单位。销售机构暂不填报供销机构物资购销存总值表。1988年，销售机构列入统计范围。1989年减少3种年报。是年，执行省局《关于物资统计数字质量控制及审核办法》，收到良好效果。1990年，年报新增全民所有制单位原材料消费与库存、集体所有制单位原材料消费与库存、供销机构物资购销存总值。1992年5月起供销机构物资购销存总值季报改为月报，免报产品销售与库存，建立主要工业产成品（物资）收、拨、存基层表，按月填报。（2）能源统计。1950～1979年，能源统计调查设在工业，物资统计内，1980年始建地区能源平衡统计、重点工业交通企业能源统计、工业企业能源加工转换情况统计。是年，省统计局试编能源平衡表。1982年，省统计局布置在年耗能源标准煤1万吨以上的45个重点工、交企业建立能源统计报表制度。从第二季度开始按季填报13种主要能源的收入量、消费量原料、用于转换其他能源。拨出量和库存量等于季后5日前报省统计局。

从1983年起，45个重点企业《重点工业、交通运输企业能源平衡表》季报改为月报。1984年，能源统计将重点工业和重点交通运输企业分列为2种表。3月，省统计局规定年耗标准煤1万吨以上的重点工业企业配备专职统计人员，建立能源管理制度，做到报出的统计数字有根有据。1985年，贵州省在州、市、地统计局建立《地区综合能源平衡统计制度》，设地区能源（实物）平衡表、地区能源（标准量）平衡表；建立工业企业能源加工转换情况统计年报表。1988年由年报改为季报、年报，按季报送电力收支平衡表。1989年，在整顿有关能源统计原始记录的基础上，建立原始记录统计台账，完善计量和监测手段，运用统计数字写出有关能源统计分析报告。1990年定期报表保留重点工业企业能源消费综合表季报；增加地区工业部门节能量电讯季报和工业企业能源加工转换情况季报。增加能源加工转换企业基本情况表。1993年省局通知，从1993年年报和1994年定期报表开始新的统计制度，基层表包括原材料消费与库存季报、能源消费与库存季报、工业能源库存和消费季报。并经试传，采取微机远程传输通信方式上报物资统计报表数据。1996年基层统计年报和1997年基层定期统计报表修改为：将工业企业、建筑企业、运输邮电企业的原材料、能源消费与库存表合并为企业原材料、能源消费与库存1张表；增加工业企业能源加工转换情况年报。相应修改、合并统计年报和1997年定期统计报表制度；增加地区能源平衡表，由地区统计局编制。

10.财政、金融统计及企业财务统计。1953年8月后，专财委按月执行财政资金的收支情况和信贷执行情况统计。1955年按季度和半年建立地方预算收支、信贷放存款、现金收支、地方国营企业利润、工业厅所属工业企业的流动资金周转、税收任务等计划完成情况统计报表。省统计局建立地方国营企业汇总决算报告表、1955年度地方国营重点企业财务成本统计年报、1955年度非重点企业财务成本统计年报、1955年县级地方国营财务成本统计年报、1955年度公私合营重点企业财务成本年报。毕节专区无省列公私合营重点企业，未执行后一种表。1956年，专区统计部门收集汇总全区财政收支、工商税收、农业税征收进度以及主要部门上缴利润情况、存放款情况和农贷发放情况，并按年收集汇总企业财务统计年报。1957年11月，把财政预算外资金收支纳入财政金融统计。1959年9月起，执行《1959年财政金融统计制度》，填报金融统计主要指标电讯月报、地方预算收支统计季、年报、银行存放款统计季、年报、银行现金出纳统计季、年报。同时，按季、年向领导提交分析报告。1960年，专、县建立综合财政统计。在定期统计基础上建立综合财政收支表、财政预算内资金收支表、财政预算外资金收支表、信贷收支表、现金收支表、国民经济各部门企业财务成本主要指标、工业企业主要商品产品单位成本、工业固定资产及流动资金。1961年，实行按行政区域施行财政统计，财政统计年报新增非工业主管部门所属工业企业财务成本主要指标，取消现金收支表。1962年，综合财政统计年报取消3种表，合并2种表，增加工业主管部门所属工业企业财务成本主要指标、中央金库收支统计表、中央企业预算外资金收支统计表、1962年工业企业产品单位成本、1962年国营农牧场主要农产品单位成本和1962年国营运输单位成本。1964年，定期统计报表增加商业企业财务主要指标季报、商业企业商品流通费季报、重点城市工业企业可比商品产品成本项目季报。1966～1978年，受“文化大革命”影响，中断综合财政统计。1979年，地区统计局按月向财政、银行、税务部门收集财政统计指标数字。按国家统计局、国家计委、财政部联合通知，1980～1990年各项财政部门和有关业务单位定期给当地统计部门抄报会计报表和主要指标计划执行情况的资料。1996年，国家修订基层财务统计年报、1997年基层财务定期统计报表制度，地区各县统计部门按修改后统计制度，报表执行统报。

11.固定资产投资统计。1957年前，未建立专门的固定资产投资统计，1957年，毕节专署布置各县开展固定资产投资统计，定期统计报表：①基本表：投资计划完成情况、按构成分列的投资计划完成情况、工程项目投资进度表、按用途分列的动用的固定资产计划完成情况、新增能力或效益计划完成情况、房屋建筑面积和竣工情况、劳动计划完成情况、职工人数及工资、建筑安装工人劳动生产力计划完成情况、劳动指标；②简要表：投资及新增能力或效益计划完成情况、房屋建筑面积竣工情况、劳动指标；③购置表：固定资产购置报告表；④综合表：限额以上单位投资计划完成情况一览表、按构成分列的国家投资计划完成情况、重点工程项目投资进度表、动用的固定资产完成情况、新增能力和效益计划完成情况、房屋建筑面积竣工情况（半年报）、职工人数及工资、建筑安装工人劳动生产率计划完成情况，7种综合表都为季报。年度统计报：①基本表：按构成分的国家投资计划完成情况附按4个季度分的投资完成额、按项目分的国家投资计划完成情况、按用途分的国家计划和开始动用的固定资产计划完成情况、国家的新增能力（或效益）计划完成情况、房屋建筑面积竣工情况、国家计划外投资情况、1957年12月31日实有房屋面积；②简要表：基本建设计划完成情况一览表、计划外投资动用情况、房屋建筑面积竣工情况、1957年12月31日实有房屋面积；③购置表：固定资产购置报告表。1958年，将季报改作月报、旬报或5日报和日报。4月起执行《基本建设电讯月报制度》，停止简讯月报制度。9月15日省局通知，电讯月报采用25天实际加5天预计的办法，保证在每月30日前上报。1959年3月1日起执行日报、5日报、旬报制度，于报告期后2日上午10时加急电报省统计局。1960年5月起，执行《基本建设技术革新和技术革命统计旬报、月报》。年报减少5个表，1961年7月份起，取消旬报和邮寄月报，每月只报电讯快报。年报按管理系统分组有57个，主要产品的新增生产能力或工程效益有84种。1962年4月起执行地区综合汇总范围为本辖区内县和县以上全部项目完成情况。1963年12月，省统计局转发国家有关部门规定，对基本建设投资与各项专项资金、四项费用、大修理费用、生产费用、事业和行政费、农业经费、储备费、交通费用划分作出具体规定，从1964年起执行。1964年，国家统计局通知对基本建设统计作个别调整。基本建设的管理工作以货币工作量为主改变为以竣工投产和实物形象进度为主。统计工作加强实物统计。1965年，基本建设统计增加基本建设项目一览表，制定集体所有制施工单位年末人数和工作量、基本建设新增能力（或效益）一览表，恢复全面的基本建设电讯月报和大中型建设项目一览表月报。1966年～1969年，受“文化大革命”影响，基本建设统计中断。1970年才开始恢复，统计上报投资额电讯月报、大中型建设项目投资和新增生产能力季报、地方重点建设项目投资完成情况月报。1971年，年报执行基本建设项目个数和投资额表、本年施工的大中型建设项目一览表、基本建设新增生产能力表。1972年，补充和调整报表表式，增加本年施工的房屋情况表。1973年，毕节地区建立固定资产投资统计电讯月报制度。1月和3月使用新的月报代码。按上级通知，基本建设定期报表抄送建设银行一份。1975年增加按事业种类分的基本建设投资和新增固定资产表、基本建设投资和新增固定资产补充指标表。1976年3月，执行基本建设统计电讯月报新代号。从1976年开始，基本建设统计的范围包括国家预算直接安排投资的项目，各地区、各部门列入自筹投资计划的建设项目和计划外的基本建设项目。用专项资金所搞的挖潜、革新、改造项目，已单列计划进行管理的，不再列入基本建设统计范围，拟单独进行统计。1977年从2月起，执行新的月报代码，在月报中列入1977年国家计划的全部建成投产项目和建成投产的单项工程完成情况。1978年，年报增加基本建设投资使用情况分析表。在统计年报中建立大中型建设项目基本情况卡片、县及县以上集体所有制基本建设统计制度、大型项目直接月报制度，并适当调整原有报表制度作。1979年起，执行《重点建设项目投资计划完成情况电讯月报（直报）制度》，按国家1979年下达的基本建设计划项目填报。1980年，年报增加基本建设、新增固定资产和年末未完成工程平衡表和国内拨款、利用外资、自筹和其他投资资金分析表。1980年挖潜、革新、改造措施工程统计年报表的项目填报范围由100万元以上的项目扩大到5万元以上的项目；增加挖潜、革新、改造措施投资完成情况表，挖潜、革新、改造措施的“效果”和房屋建筑面积及竣工房屋价值表。1981年，国家将“基本建设统计”改为“固定资产统计”。由①全民所有制单位的基本建设；②全民所有制单位在基本建设之外用各种费用和贷款建造和购置的固定资产；③国防工程和人防工程；④城镇集体所有制单位的固定资产投资；⑤农村人民公社的固定资产投资；⑥农村社员建房；⑦城镇居民私人建房7部分组成。增加农村人民公社固定资产投资和社员建房投资、城镇私人建房投资、全民其他固定资产投资三级统计制度；统计内容增加按资金来源分列的投资完成情况表、新增生产能力（或效益）表、城镇居民私人建房统计年报表和利用外资进行的建设项目一览表统计。1982年起，增报两次措施项目定期报表，其表式为措施和其他投资项目一览表，按隶属关系填报。根据省府规定，建立挖潜、革新、改造措施项目执行情况的统计报表制度。全省建立基本建设投资、更新改造措施投资、城镇集体所有制单位固定资产投资统计报表制度。农村人民公社固定资产投资和社员建房投资，由农村经济调查点所在公社调查统计。另设5万元以下基本建设项目投资完成情况一览表，统地2万～5万元的项目1983年增加基本建设投资效果统计，建立“国家重点建设项目直接报告制度”和“全部建成投产的大中型建设项目报告制度”。1984年贯彻《中华人民共和国统计法》和国务院《关于加强统计工作的决定》。《固定资产投资统计报表制度》分为3个大类7个部分：①全民所有制固定资产投资统计包括基本建设统计，更新改造措施统计和其他固定资产投资统计；②集体所有制固定资产投资统计包括城镇集体所有制和农村集体所有制固定资产投资统计；③私人固定资产投资统计包括城镇工矿区和农村私人投资情况统计，是年9月，国家统计局制发《固定资产投资统计报表制度》。基本建设统计年报投资部分以及基本建设新增生产能力和效益、更新改造措施统计年报以及集体所有制建筑业统计年报实行电子计算机超级汇总。1985年，地、县均对县属总投资10万元以上，地属总投资30万元以上，省属总投资50万元以上项目建立“建设项目卡片”，实行统计上报计算机超级汇总，范围包括：全民所有制基本建设统计、全民所有制更新改造统计、全民所有制其他固定资产投资统计。2～5元固定资产投资由地区汇总报省。1986年，将农村集体所有制固定资产投资和农村私人投资情况统计交由农业和农村抽样调查队布置收集。1987年，将更新改造统计季报改为月报；建立全民所有制其他固定资产投资统计季报，城镇集体和个体投资统计半年报；在全民所有制单位基本建设和更新改造统计中，建立财务拨款及贷款月报，按季报送全民所有制单位基本建设和更新改造一览表。在全民所有制基本建设单位和更新改造企业、事业单位建立固定资产投资财务拨款和贷款统计。按国家统计局《关于商品房屋统计的补充规定》，凡用列入各级全民所有制基本建设和更新改造计划的投资购置商品房，均应分别列入基本建设或更新改造投资统计；凡未列入投资计划的全民所有制以及集体所有制购房单位，其总投资在5万元以上的，应按其经济类型和建设性质分别列入基本建设、更新改造投资统计或集体所有制固定资产投资统计报表内，总投资不足5万元的暂不统计。年报增加限额以上更新改造项目一览表。1989年，固定资产定期报表和年报按“块块”渠道报送；大中型基本建设项目和限额以上更新改造项目季报，加报省统计局一份。从报送3月份月报资料起，将基本建设本月新开工100万元以上项目一览表填报范围扩大到全部基本建设和更新改造项目。是年11月20日，省统计局确定赫章县为全省5个固定资产投资统计工作联系县之一。从1991年起，将基本建设大中型建设项目由季报改为月报。1993年4月份起，全民所有制单位固定资产投资月报采用计算机远程传输方式报省局。1995年，制定固定资产投资统计报表制度和房地产开发统计报表制度。将固定资产投资完成情况月、半年报的统计范围扩大为：基本建项目、更新改造企业事业单位、国有其他投资单位、城镇集体经济、联营经济、股份制经济、外商投资经济、港澳台投资经济和其他经济类型的固定资产投资单位。1995年，投资年报“增加国有单位2万～5万元的零星固定资产投资统计表”。1996年，固定资产投资统计报省年报：固定资产投资统计基层标准表、房地产开发统计基层标准表、农村集体固定资产投资。从1997年1月1日起，凡是计划总投资在200万元以上的基本建设项目、更新改造项目，房地产建设项目及其他投资建设项目，均实行开工登记和竣工统计报告制度。200万元以下的建设项目不登记，应进行投资统计。1998年，省统计局拟定《贵州省固定资产投资进度统计抽样调查方案》，取消“固定资产投资完成一览表”“基本建设规模及新增生产能力”“基本建设本年新增生产能力明细表”“更新改造建设规模及新增生产能力”“国有单位其他投资建设规模及新增生产能力”等年报。用“国防、人防基本建设完成情况”12月份月报代替年报。取消“外商及港澳台地区在华直接投资企业综合统计报表制度”，资料从有关部门取得。

从1999年第二季度起，将“城镇和工矿区私人建房情况”报表（H407表）和“其他投资完成情况表”（H403表）一中的城镇集体指标由半年报改为季报，两表内容不变。

2000年，固定资产投资已成为经济工作中的重点和热点，据省局下发的《关于清理固定资产投资在建项目的通知》（黔统字〔2000〕104号），对2000年投资在建项目进行一次全面清理，2002年也进行过相同清理。

2001年8月，省局下发《关于建立季度全社会固定资产投资统计制度的通知》（黔统字〔2001〕127号），建立季度全社会固定资产投资统计制度。

2003年，国家统计局对固定资产投资和房地产开发统计年报及2004年定期报表制度进行了修订。4月，省局下发了《省统计局变更固定资产投资定期报表上报方式的通知》（黔统字〔2003〕23号），固定资产投资月报上报方式由原来的“双轨制”改为“单轨制”。

2004年，统计年报与定期统计制度的修订与经济普查保持衔接，列入经济普查范围的年报制度修订与经济普查表式制订一并进行，涉及建筑业、房地产业以法人企业为对象调查的专业不再设置统计年报表，以经济普查表式代替。2005年，将农村非农户投资纳入《固定资产投资统计报表制度》。从2006年月报开始，城镇和工矿区私人建房的统计起点改为计划总投资50万元及以上，凡起点以上的城镇个人建房项目必须以建设项目为基层填报单位，一个建设项目填写一张基层表（H201表），纳入“固定资产投资完成情况表”中统计。

2007年，在固定资产投资统计分组中仍然保留基本建设和更新改选投资的分组。2008年，建立《亿元以上新开工项目报告》，并在2009年进行了修改。

2010年统计报表制度发生变化：固定资产投资统计中新增了保障性住房和廉租房两个统计指标。

房开统计，1993年在固定资产投资统计报表制度中增加了房地产开发有关指标的统计分组；1995年房地产开发统计从固定资产投资统计中分离出来，房地产开发具有单独的标准表式，并成为一项重要的专业统计。

2005年，房地产开发统计从《固定资产投资统计报表制度》中的房地产开发统计内容单列，新建《房地产开发统计报表制度》，报表专业代码由H调整为X。

2004年建立重点房地产开发企业联网直报制度，于2006年房地产联网直报项目全面展开。

2007年，针对主要报表增加或减少相关指标：在“商品住宅”项下增加指标“其中：140平方米以上住房”；取消“期房平均销售价格”和“现房平均销售价格”指标。

2008年房地产开发年报统计制度以《第二次全国经济普查方案》中有关房地产开发普查的表式代替。

2009年，房地产开发部分指标改为按项目统计（自2009年2月快报起开始执行）。

2010年，增加保障性住房建设情况相关指标。

12.统计调查单位统计。1993年2月1日，省统计局转发《1993年全国统计工作要点》，要求加快统计标准化进程；完成国民经济行业分类、三次产业分类、城乡划分等标准的修订。1994～1995年，完成1994年布置工业企业执行工业普查方案统计。1996年，开展第一次基本单位普查，以普查代年报。1998年，国家统计局和工商行政管理局联合制定《关于划分企业登记注册类型的规定》，修改“法人单位基本情况”“产业活动单位基本情况”表。是年9月2日，国家统计局印发《关于统计上划分经济成分的规定》，省统计局下发《关于基本单位变动情况调查的通知》，将《关于划分企业登记注册类型的规定》纳入1998年统计年报的《基本单位调查统计报表制度》进行统计。调查统计法人单位、产业活动单位基本情况表。

**社会统计** 1.科技统计。1978年，毕节地区开始建立科技定期报表制度，统计上报全民所有制县以上自然科学独立科研机构数、专业技术人员数、自然科学非独立科研机构数、专业技术人员数4项指标。1979～1984年科技统计报表由国家科委制发，统计内容主要是科技机构数和科研人员数。1986年，填报“县级政府部门所属的研究与开发机构年报表”“县级以上政府部门所属的研究与开发机构年报表”“集体、个体科技机构年报表”“社会、人文科学研究与开发机构年报表”。省科委增设“科技管理机构年报表”。1989年，省科委制定：贵州省科学研究与技术开发机构年报表、贵州省农村科学技术统计年报表、贵州省企业技术开发统计年报表、贵州省医疗卫生系统科学研究与技术开发统计年报，大方报表经省统计局批准在安顺、毕节地区试填报，取得经验后在全省推广。1990年后，增加国家级计划项目的统计。1995年，大中型工业企业科技统计报表制度执行工业普查方案，增加1张“大中型建筑企业科技活动情况”。

2.人口统计。1953年，结合开展全国第一次人口普查和实施中央内务部《户口登记暂行办法草案》和户口变动统计表，开始实行人口统计年报制度。民政部门负责统计农村人口，公安部门负责统计城镇人口。1956年，按国务院决定，全专区人口统计年报和户口管理，由专署公安局负责，并建立起以户口登记为基础的经常性人口统计制度。人口统计报表1957年为7种，1958年为11种，毕节专区未全部执行。后经过精简，保留人口变动情况统计表、城镇人口统计表。1966～1970年，因“文化大革命”中断人口统计工作，1971年初步恢复，填报人口变动情况统计表、城镇人口统计表。1974年，按国家公安部要求，统计人口年报，先核实后统计，不许把去年的总人口作基数，加上变动数字作为当年的总人口数，也不许把秋收分配或发布票的人数作为年终人口统计上报。1978年后，恢复正常人口统计。1990年，毕节地区人口统计年报执行人口及其变动情况统计表、非农业人口增减变动情况统计表、城镇自理口粮常住人员统计表、未落常住户口人员统计表、县辖镇人口及其变动情况统计表。

3.劳动工资统计。1950年下半年起，全专区执行《全国公私营厂矿伤亡报告办法》。1952年1月改为执行政务院《工厂矿区及其他企业职工伤亡事故报告办法（草案）》，首次建立职工伤亡事故月报制度，填报工业交通及建筑企业"职工重大伤亡事故调查报告书""职工伤亡月报表"。1954年，省统计局拟发《关于劳动计划中各类人员分类问题》，统计机关按省的分类施行统计。1956年，专、县统计部门执行国家统计局《关于工资总额组成的暂行规定》，统报职工人数、工资总额及平均工资报告表。1957年，全专区执行填报国民经济各部门职工人数与工资表、个体、私营及合作化组织从业人员数表和下放人员情况综合年报表。是年底，调查1958年的劳动工资统计任务与开展劳保福利、新增人员工资、结合部门人员工资。1958年，增加工人培训情况、企业劳保福利收支情况、基层接收下放人员情况综合年报。是年8月，省统计局制发《贵州省培训统计报表实施办法》及新工人培训情况和提高工人熟练程度的培训情况两个年报表。是年12月，按省的调查提纲完成1958年公报所需劳动工资及文教卫生统计数据整理。1959年7月，统计扩大到国民经济九大部门的全民所有制企业、事业及机关。是年9月，按省布置，填报职工人数增减变动情况综合报表。1960年，年报填报涉及工业与城市公用事业部门、基本建设部门、交通运输与邮电部门、农林水气部门、商业文教部门及国家机关的职工人数与工资。具体填报按主管系统分列的职工年末人数、职工人数增减情况、国民经济各部门新老职工工资、工业企业与施工单位劳动生产率、主要产品实物劳动生产率、各部门附属非独立核算工业企业的职工人数、劳动力资源与分配及国民经济各部门职工人数、工资与集体福利表。省局和教联制发职工业余教育定期综合统计表。1961年，贯彻"调整、巩固、充实、提高"方针，统计部门精简一些不需要的统计指标。国家统计局制发减少城镇人口简要报表，于9、12月份电报报出。是年9月，调整定期报表内容。取消按主管系统分的职工人数和职工人数增减情况年报；简化固定职工平均人数与工资指标和农村公社与城市公社劳动力分配综合报表。1962年，劳动工资定期报表7种，增加城乡集体所有制劳动者及个体劳动者按部门分的年末人数。1963年，年报仍按上年执行，增加各部门的工程技术人员情况、各部门的农（林）业技术人员情况、职工工资总额构成、职工人数与工资一览表。是年9月，统计全专区精简职工、减少城镇人口、吃商品粮人口和处理老弱病残职工。毕节施行国家统计局下达的《关于列为编外的老弱病残职工和另列编制的干部的统计方法》统计要求统计的相关人员。1964年12月，根据省统计局认真核实1～12月份劳动工资快报资料的通知，核实9大部门12月末的职工人数和1～12月全部职工工资总额累计及地方工资总额累计两个指标。1965，根据国家统计局《关于布置1965年、1966年劳动工资统计报表制度的通知》，综合统报职工人数综合月快报、职工人数与工资综合季快报、国民经济各部门的职工人数与工资综合半年报、工业部门与施工单位各类人员期末人数半年报、中央和省直属企业、事业、机关单位一览表、国民经济各部门的职工人数与工资综合年报表、工业部门职工人数与工资、基本建设与城市公用事业部门职工人数与工资。省增加企业、事业、机关职工人数与工资综合统计报表，由各县统计局于1966年1月30日前报专统计局，专区2月10日前报省。1967～1968年，全专区填报职工人数报表。1969年恢复职工人数与工资总额报表。1970年后，逐步恢复劳动工资统计报表制度。1975年综合年报5种表，增加工业部门职工人数与工资、工业企业、施工单位职工分类情况、工业企业劳动生产率和施工单位劳动生产率。1979年11月，建立贵州省科技干部年报统计制度，由科委组织实施。1982年，建立全民所有制单位全部职工工资总额构成情况和全部职工劳保福利费用构成情况表。1983年，增加全民所有制单位合同制职工增减变动情况、城镇集体所有制单位职工增减变动情况、城镇县（区）级及其以上集体所有制工业企业职工人数报表。1984年，全省首次建立劳动力资源与分配平衡表，毕节地区进行试编工作。1985年，劳动工资综合年报共13种，保留4种，新增9种：劳动工资基层单位一览表，全民所有制单位全部职工劳保福利费用构成情况，各种合营、华侨或港澳工商业者经营和外资经营单位职工人数工资和劳保福利费用，各种合营、华侨或港澳工商业者和外资经营工业企业职工人数，城镇集体所有制单位全部职工增加来源和减少去向变动情况，全民所有制单位按职工工资水平分组的职工人数，城乡劳动力资源与分配平衡表。1986～1989年沿袭1985年的表式，增加全民所有固定职工和合同制职工增加来源与减少去向变动情况半年报。1988年，毕节地区劳动局建立城镇待业人员就业统计报告制度，填报：城镇待业人员变动情况表，按经济类型就业变动情况统计表，按产业划分变动情况统计表；培训待业青年情况统计表，劳动服务公司情况统计表。1990年秋，国家改革统计报表，将7种基层统计年报合并为“劳动工资年报基层卡片”，将3种（全民、集体、其他）职工人数和工资月报基层表合并为“劳动工资定期报表基层卡片”，恢复全民所有制、城镇集体所有制工业、建筑业全部职工分类情况及补充资料两张表。10月，按省要求，划分认定地、县所属全民所有制企业、事业、机关的性质，报统计部门建档，并据以编制1990年年报。列出事业管理的企业单位和企业化管理的事业单位800多个。12月，地区统计局联合有关部门颁发《关于对1990年劳动工资统计年报进行联合审查的通知》，对全区所有企业、事业、机关单位的劳动工资统计年报进行联审。1991年5月，省统计局下发《关于提高粮油统销价格后对发给职工提价补偿的统计方法的通知》，提出补偿部分应全部纳入职工基本工资。10月15日，省统计局、劳动局联合通知要求当年年报使用新的《劳动统计主要指标解释》。10月25日省下达《贵州省劳动统计年报联合审核实施办法》，自1991年统计年报起执行。1992年3月，按省通知，从4月1日起粮价补贴计入工资总额。从半年报起，发给职工个人的房改补贴，计入工资总额统计。1993年，按上级要求，自1993年年报和1994年定期统计报表开始实施新的统计报表制度，基层报表包括：全部职工人数和工资季报、职工人数变动情况季报。1996年后，基层统计年报、定期统计报表均根据需要作适度修订。1996年4月在贯彻落实统计法的过程中，纠正工资统计中的各种问题，切实把工资数据搞准。1997年随着经济体制的逐步深入，劳动统计开始从单一的职工、报酬统计延伸到职工保险情况等统计。后来职工保险情况又移交给劳动部门，统计部门集中调查国有单位、集体单位和其他单位劳动情况。为适应经济发展的需要，1998年开始进行劳动统计季度抽样调查试点工作，并逐步进行了在季度统计中用抽样调查取代全面统计的改革与实践。2000年以后，劳资统计均按照国家统计局制定并下发的《劳动统计报表制度》执行，此制度调查表式主要有四部分组成，分别是综合年报表式、综合定期报表表式、基层年报表式和基层定期报表表式，主要内容是反映单位从业人员数及劳动报酬方面的情况，调查目的是为各级党委、政府制定有关政策和宏观调控提供依据，为国民经济核算工作提供基础数据。2005年9月国家统计局召开的全国劳动统计工作会议上明确提出要加快全国关于劳动统计制度的改革步伐，努力扩大劳动工资统计代表面，由传统的只统计非私营单位逐步扩大到私营单位以至个体户，以取得能够代表全社会劳动者的工资水平数据。2007年全国劳动工资统计改革进入全面试点阶段，国家统计局下发了《城镇私营单位工资统计报表制度试点方案的通知》，此项调查试点，为下一步正式开展探索和积累经验。2009年国家统计局正式建立《私营单位工资统计制度》，按照国家局的统一部署，认真组织开展了私营单位的工资调查，完成了劳动统计的扩面任务，跨出了劳动工资统计扩面改革的重要一步。该调查以基本单位名录为抽样框，以市、州为总体，分行业门类进行抽样，抽样比约为10%。对从业人员规模在100人以上的单位采取全面调查，规模在20-99人的采取抽样调查，19人以下的采用有关数据进行推算，推算出总体数据。2011年劳动工资统计进一步改革，与工作专业一并纳入“企业一套表”试点。但由于当年处于试运行阶段，劳资统计仍以按传统渠道报送资料为准，实际上是实行双轨制。

4.文化统计。1953年，毕节专区建立文化统计制度，由文化部门承办，执行国家文化部布置的定期报表和年报，直到1965年。1966年～1976年受“文化大革命”影响，文化统计工作中断。1978～1980年，全地区实施文化统计综合半年（年）报，统报文化事业机构数、人数综合年报、艺术表演及收支情况综合半年（年）报、文化馆（站）群众艺术馆综合年报、公共图书馆综合年报、公共图书馆名录年报。1981年增报综合年报（含各种费用支出指标）、文化事业基本建设项目投资完成情况、文化部门剧场、影剧院演出及收支情况、群众艺术馆、文化馆年报。1985年，增报文物保护单位基本情况综合年报、博物馆基本情况综合年报、文物商店基本情况综合年报、文化局机关文物事业经费支出基本情况综合年报、全国重点和省级文物保护单位维修情况综合年报。1984～1990年，执行国家文化部文化机构数、人数综合年报、公共图书馆、群众文化事业机构数人数综合年报、科学研究、教育事业其他文化事业机构数人数综合年报、民族自治地方主要文化事业机构数人数综合年报、文化部门固定及合同制职工构成情况综合年报、文化、文物事业经费支出、固定资产及第三产业增加值综合年报、文化基本建设情况综合年报、文化事业基本建设情况综合年报、文物事业基本建设情况综合年报、文化部门艺术表演团体演出及收支情况综合年报、文化部门剧场、影剧院演出及收支情况综合年报、公共图书馆基本情况综合年报、公共图书馆藏书分类及图书流通基本情况年报、群众艺术馆、文化馆（站）基本情况综合年报、文化部门教育机构基本情况综合年报、其他文化事业机构基本情况等综合年报、文化厅（局）机关文化事业编制及经费支出情况、文物保护管理机构基本情况综合年报、图书馆基本情况综合年报、文物商店基本情况综合年报、文化（文物）厅（局）机关文物事业编制及经费支出情况综合年报、全国重点和省级文物保护单位维修情况年报、艺术表演团体上演剧目年报、文化事业基本建设情况年报、文物事业基本建设情况年报。

5.广播电视统计。1983年，毕节地区建立广播电视统计制度，统报广播电视相关数据。1985年，地、县广播电视局明确兼职人员承担统计工作。1987年，国家广电部修改报表制度沿用到1994年，统报无线电广播基本情况、广播节目制作及采用情况、电视广播宣传基本情况、电视节目制作及采用情况、有线广播宣传基本情况、音像制品制作发行情况、中短波广播发射机情况、系统内调频发射机情况、系统外调频发射机情况、系统内电视发射机情况、系统外电视发射机情况、卫星电视地面站情况、广播电视覆盖情况、有线广播基本情况、有线广播传输情况、职工人数与工资情况、固定职工和合同制职工年末构成情况、各类专业职务情况、广播电视经费情况、固定资产投资完成情况一览表、广播电视第三产业增加值情况、广播电视书籍报刊情况、教育基本情况。基层报表有：广播一览表、电视节目交换及采用情况、电视剧一览表、获奖节目、稿件一览表。另有快报和半年报。

6.教育统计。新中国建立初，毕节专区即建立起教育统计制度，由教育行政主管部门承担统计。1953～1957年，实行学年初统计报表和学年末统计报表制度。年初统计报表含综合报表和基层报表。1958～1965年，取消学年末统计报表，继续执行学年初统计报表制度。1963～1965年，在填报学年初统计报表前，先填报快速报表。由于报的急往往以估计代替统计，不很准确。1966～1976年，受“文化大革命”影响，统计报表制度执行不力，统计数字不准确。1979～1988年，修改统计报表，取消学生家庭出身统计，简化教职工政治情况统计。从20世纪80年代开始，报表转到以反映专任教师的文化程度状况、年龄结构、职称评定为主。指标设置细化，且逐年有所增加。1990年后，教育统计报表以年报为主。基层表42张，综合表79张。

7.卫生统计。20世纪50年代，毕节专区设立卫生统计制度，由卫生行政主管部门承担，统计卫生事业机构、床位、人员统计表。1966年“文化大革命”，卫生统计被取消。1970年，恢复卫生统计，统报卫生事业机构、床位、人员统计年报表，由卫生部门和其他相关部门分别填报。新增卫生基本情况统计年报综合表。1976年，卫生基本情况年报有：卫生机构、床位、人员数，农村生产大队实行合作医疗情况，农村赤脚医生、卫生员、接生员情况，卫生部门县及县以上卫生机构人员下放情况，农村公社卫生人员情况，农村公社卫生院主要医疗设备情况，1976年底厂矿（车间）不脱产卫生人员数，西医离职学习中医班毕业人数。1982年后，卫生统计报表采用微机汇总，信息量增大。到1988年，由地区卫生局汇总填报卫生机构、床位、人员数，卫生机构国家、集体、私人开业人员数，农村村级卫生组织情况，厂矿、企业、城镇街道不脱产卫生人员数，民族自治地方卫生机构、床位数，民族自治地方专业卫生工作人员数、民族自治地方农村村级卫生组织情况，卫生机构主治医师及以上人员。1989年，增加卫生部门按隶属关系分县及县以上医院机构、床位、人员数1个表。1990～1992年增加按床位分组的医院数、分科医（技）师（士）和县及县以上医院分科床位数。

8.体育统计。1956年，毕节专区建立体育统计报表制度。是年至1962年，作简单指标统计。1964年起，执行国家体委建立综合报表制度，按制度要求施行填报。1980～1989年，统计填报县级体委系统职工人数统计、各类少年儿童业余体校基本情况统计、各系统少年儿童业余体校在校学生和教练员分项人数情况统计、传统项目布局学校情况统计、各系统举办运动竞赛会情况统计、等级运动员和等级裁判员当年发展人数情况统计、聘任教练员分项人数情况统计、国家体育锻炼标准发展人数情况统计、县（市、区）体委所属事业单位收入情况统计、地辖市体育场、馆、池、房基本情况统计、体育场地情况统计。1990年起，统报优秀运动队、体育运动学校、少年儿童业余学校、各级体委机关业务活动、各级体委其他直属事业单位。是年，国家体委建立新的报表制度和数据库，体育统计全部使用计算机汇总。

9.民政统计。50年代初，毕节专区建立民政统计制度，由民政主管部门承办统报。1950～1952年，有定期统计报表和临时统计报表两种。1966～1976年，受撤并民政部门影响，民政统计分散到相关部门统计。1976～1980年，填报民政报表11种。1981～1985年，全省实行逐级汇总统计县级民政部门分城乡业务概况统计年报、社会举办优抚福利事业概况统计年报、行政区划和婚姻登记年报、民政部门管理的离退休情况统计年报、农村自然灾害情况统计年报。实行超级汇总的基层年报有民政部门收养性事业单位概况统计年报、流浪乞讨收容遣送安置单位统计年报、民政部门管理的企业性单位概况统计年报、殡葬事业单位基本情况统计年报、烈士纪念建筑物管理单位情况统计年报。1986～1990年，逐级汇总的年报表新增2种：优抚对象情况统计年报表，民政部门开展农村基层社会保障、扶贫抚优、城市社区服务统计年报表，超级汇总的基层统计表增加退伍军人管理单位、社会团体管理统计年报表。

10.环境保护统计。1979年，毕节地区开始施行环境保护统计，由环境保护主管部门承担。1980年，建立环境保护统计制度，各级环保部门、县及县以上工业企业、科研单位及县以下有严重污染的企业填报实施。1980～1990年，执行国家环保局第一套环境统计报表制度，填报各地区“三废”排放、处理及综合利用情况，企事业污染治理情况，各地区排污费征收、使用和污染赔（罚）款情况，各地区当年建成投产的建设项目执行同时设计、同时施工、同时投产情况，各地区企、事业单位废水处理设施运行情况，各地区自然资源保护基本情况，环境保护系统机构人员基本情况，环境保护系统房屋建筑面积情况，环境保护系统机动车（船）拥有情况，环境保护系统主要仪器、设备拥有情况，环境保护系统基本建设投资完成情况，环境保护系统科研、教育工作情况表，企业环境保护基本情况，企业环境污染状况，企业、事业废水处理设施运行情况，企事业环境污染治理情况，全是年报。1991～1994年，执行国家环保局第二套环保统计报表制度，填报环保污染与治理统计表，排污费征收、使用和污染赔（罚）款情况统计表，当年建成投产项目“三同时”执行情况统计表，企事业单位污染治理设施情况统计表，污染治理情况统计表，自然资源保护基本情况统计表，环境保护基本情况统计表，环境保护系统科研、教育工作情况统计表。省环保局增设各地区“三废”排放处理及利用情况比较表，各地区全社会“三废”排放情况统计表、各地区限期治理污染源项目一览表，各地区当年建成投产的建设项“三同时”执行情况明细表，企事业单位污染治理情况统计表。

# 第三节　国民经济核算

**国民经济平衡统计（MPS体系）**　1983年起，地区及各县统计局试算国民收入生产额，地区试算国民收入使用额，开始建立国民收入生产额年度预计快报。1985年填报社会总产值和国民收入生产、消费和积累平衡表，社会总产值和国民收入综合表，社会总产值和国民收入综合表，国民收入消费综合表，居民消费水平，国民收入积累综合表。1988年起，编报国民收入使用额，各县开始试算。1989年建立国民收入生产额预计半年报。1990年，国民收入综合表改为社会总产值和国民收入表、国民收入消费综合表改为国民收入消费表。1993年4月21日，省统计局通知免报社会总产值和国民收入生产、消费和积累平衡表，社会总产值和国民收入表，国民收入消费表，居民消费水平表，国民收入积累表、国民收入消费和积累表。

**国民生产总值核算统计（SNA体系）**　1984年7月，国家统计局制发《国民生产总值计算方案（试行）》，1987年11月下达《国民生产总值统计报表制度》地、县统计局建立国民生产总值统计，填报国民生产总值表、国内生产总值表、国内生产总值构成项目表。1989年，增报国民生产总值表。自此建立国民生产总值半年预计和年度预计快报数，供分析经济情况和发表年度公报使用。1990年，年报表名改为按当年价格计算的国民生产总值表、按可比价格计算的国民生产总值表。国家统计局制发《国内生产总值在国家、集体和个人三者之间分配测算办法（试行草案）》，含国家收入测算表、集体收入测算表、个人收入测算表和国家、集体、个人三者分配测算总表。

通过多年实践，1992年1月，国务院组织有关方面专家进行论证SNA测算体系。同年8月，国务院办公厅印发了《关于实施新国民经济核算体系方案的通知》，SNA体系正式实施。地区级只核算国内生产总值。地区生产总值作为新的国民经济核算体系中最核心的指标。2002年国家重新对SNA体系进行修订，新方案与国际更加接轨。

地区生产总值季度核算。季度核算指标分三次产业：第一产业包括农业，第二产业包括工业和建筑业，第三产业包括运输邮电仓储业、批发零售餐饮业、金融保险业、房地产业和其他服务业。在年度核算中，第一、二产业的行业分类与季报一致，第三产业分类更细，包括运输邮电业、商业、金融保险业、房地产业、社会服务业、卫生体育社会福利业、教育文艺广播影视业、科学研究综合技术服务业、国家政党机关社会团体、农林牧渔服务业、地质勘探水利管理业、其他等行业。

地区生产总值年度核算。年度核算生产法，支出法，分配法同时开展，总产出Q301表、按当年价格计算的地区生产总值Q302表、按当年价格计算的地区生产总值构成项目Q303表、按不变价格计算的地区生产总值Q304表、按支出法计算的地区生产总值Q305表，按行业划分的资本形成总额Q306表、最终消费Q307表、居民消费水平Q308表。分行业指标逐渐细化，到2011年按照行业大类进行核算。2000年前按照1990年价格计算可比价，2000年后每5年进行更换，即

2001~2005年按照2000年现价为可比价，2006~2010年按照2005年现价作为可比价。

1995年，地区对1952~1993年地区生产总值数据进行全面补算修订。2005年，全国利用2004年全国第一次经济普查资料，对1993~2003年历史数据进行了系统修订，毕节地区差异较小，没有修订。2009年，按照国家统计局针对2008年全国经济普查的要求重新修订下发的《经济普查年度GDP核算方案》，对2008年全省地区生产总值进行了重新核算，在此基础上，对2005-2007年历史数据进行了修订，毕节地区进行了修订，普查结果427亿元，比年报多21亿元。

2003年开始对县级GDP核算数据进行季报评估；2010年后县级数据要经过地区审核通过，由地区对外公布使用。

**投入产出调查**　1984年4月，完成省统计局布置的MPS口径的投入产出调查任务，为省收集、审核调查资料，未编地区的投入产出表。1987年3月，国务院办公厅发出通知，决定在全国进行1987年投入产出调查。要求调查填报工业企业按产品计算的分行业工业总产值、1987年基本建设、更新改造投资构成调查表，物资（产品）及新机电设备省外调入、调出省外情况；重点调查表有：大中型工业企业总产值调查表，大中型工业企业总产值构成调查表，大中型工业企业库存结构调查表，生产（经营）价值构成和库存调查表，独立核算工业企业附属机构人员及收支情况调查表，行政事业、金融保险劳务总值构成调查表，旅差费、会议费构成调查表，流通费用调查表，农业总产值价值构成表。1992年，抽中毕节、大方，黔西、威宁、赫章县；毕节县抽中7个单位，地直机关抽中9个单位进行调查。1997年、2002年、2007年每间隔五年进行一次投入产出调查，地区、县只负责投入产出基层表的调查，调查单位都在40~50个之间，由于行业不全，调查单位少，没有组织编制投入产出表。

# 第三章　审计监督

## 第一节　审计机构及审计管理

### 一　审计机构

1950年1月，毕节专区财经委员会成立，明确2名专职财政监督员，直至1966年。1966年5月“文化大革命”开始，财政监察人员被调走，机构撤销，财政监督工作中断。1979年，恢复财政审计监察制度，在地区财政局配备财政监察专员负责财政审计监察工作。

1983年9月，成立毕节地区审计局，内设秘书科、业务科，编制14人。12月，织金县、毕节县相继成立审计局。1984年1月，大方、黔西、金沙、纳雍、威宁、赫章县先后成立审计局。是年，全地区8个县级审计局人员编制共75人。1985年，地区审计局内设秘书科、企业基建审计科和财政金融审计科。1996年，设办公室、综合科、财政审计科、行政事业审计科、企业审计科和固定资产投资审计科。是年，各县市审计局亦设立相应股室。2001年，地区审计局内设办公室、财政农业审计科、经济责任审计科、行政事业审计科、企业审计科和固定资产投资审计科。2003年10月，增设法制科。2011年，全地区共有审计人员184人，其中地区审计局32人，8县市、管委会154人。至是年，在全地区审计人员中，评聘高级职称4人、中级职称38人，初级职称24人。毕节地区审计局历任正副局长：刘锡荣、唐心逸、刘晓益、朱平、孙国辉、宋进修、余洪信、陈兴华、肖应刚、李明祥、项学新、陈志勇、龚霏。

### 二　审计管理

**审计机关的管理体制**　根据国家有关法规，审计机关实行双重领导体制。毕节地区审计局对毕节地区行署和贵州省审计厅负责并报告工作，审计业务以贵州省审计厅领导为主。各县市审计机关，分别在县市长和地区审计局领导下，组织领导本行政区域的审计工作。审计机关的领导人员依照干部管理权限的规定任免。地、县市审计机关负责人的任免，应当事先征求上一级审计机关的意见。

**审计机关的任务**　对财政计划、信贷计划的执行及其结果，对国营企业事业单位基本建设项目、金融保险机构的财政财务收支及其经济效益，对行政机关、事业单位和有国家资金或接受国家补助单位的财政财务收支，进行审计监督；对严重侵占国家资财、严重损失浪费及其他严重损害国家利益等违反财经法纪的行为，进行专项审计；对国家利用国际金融组织贷款的建设项目、联合国专门机构援建项目的财务收支进行审计；执行国家审计法规，参与拟订重要的财政经济法规。各级审计机构根据工作需要，可在重点地区、部门和企业设派出机构或审计人员进行审计监督。

**审计机关职权**　检查被审计单位的账目、资产和有关文件；参加被审计单位的有关会议，对审计中发现的问题进行调查并索取证明材料；责成被审计单位纠正违反国家规定的收支，制止严重的损失浪费；对违反财经法纪的单位，依照国家法律法规，分别作出没收其非法所得、处以罚款、扣缴款项、停止财政拨款、停止银行贷款等处理决定。被审计单位和有关部门不得拒绝执行。对阻挠、拒绝和破坏审计工作的被审计单位，必要时可采取封存账册和资产等临时措施，并追究直接责任人和有关领导人员的责任。

**审计机关职责**　1996年，毕节地区施行党政机构改革，根据《中华人民共和国审计法》规定，明确毕节地区审计局的职责是：对地区级预决算的执行，对国有资产、负债、损益、有关金融机构经理的地区级的地方国库业务，对地区直属事业单位的财务收支，地直企业的资产、负债、损益等，进行审计。2001年10月，毕节地区施行党政机构改革，再次明确地区审计局是主管全地区审计工作的行署工作部门，将指导和管理社会审计的职能划归地区财政局。新增审计监督地方金融机构的财政财务收支及资产、负债和损益状况；组织对党政主要领导干部和国有企业及国有控股企业领导人员的任期经济责任审计；审计监督社会保障资金和环境保护资金；监督社会审计组织的审计业务质量四项职能。

**审计工作程序**　1990年，贵州省审计局制定《贵州省审计工作程序实施办法》和《贵州省审计取证办法（试行）》，为全省审计机关办理审计事项提供作业规程。1995年国家《审计法》颁布后，1996年12月，国家审计署发布38年审计规范文本：2001年1月发布《国家审计基本准则》，审计工作步入规范化。其程序为：

1.审计准备。审计机关依据法律和法规，确定审计工作重点，编制年度审计项目计划；选派审计人员组成审计组，实行审计组长责任制；确定审计范围、内容方法和步骤；经部门领导审核，报主管领导批准后由审计组负责实施；实施审计之前，向被审计单位送出审计通知书。

2.审计实施。在送达审计通知书时，书面要求其法定代表人和财务主管人员就与审计事项有关的会计资料的真实性、完整性和其他相关情况作出承诺；运用检查、监督、观察、查询及函证、计算、分析性复查等方法，审查被审计单位银行账户、会计凭证、会计账簿、会计报表，查阅与审计事项有关的文件、资料，检查现金、实物、有价证券和被审计单位运用电子计算机处理财政收支、财务收支的财务会计核算系统，取得审计证据；遇到重大问题，及时汇报请示；审计机关对审计工作监督检查，对审计人员的重大过失和违法行为，追究其责任。

3.审计报告。①个案审计报告。审计组在实施审计结束后60日内将审计报告、被审计单位对审计报告的书面意见及审计组的书面说明报送审计机关经专门机构或专门人员复核，提出复核意见报审计机关审定。②年度审计报告。审计机关每年向本级人民代表大会常务委员会提出其对上一年度本级预算执行和其他财政收支的审计工作报告。

4.审计处理。审计机关审定审计报告后，根据不同情况，依法作出处理、处罚的审计决定，建议有关机关给予处理、处罚，或作出移送处理书，由司法机关追究责任人员的刑事责任。审计处理的种类有：责令限期缴纳、上缴应当缴纳的财政收入，限期退还违法所得，限期退还被侵占的国家财产；责令冲转或者调整有关会计账目；依法采取其他处理措施。审计处罚的种类有：警告、通报批评、罚款、没收违法所得，依法采取其他处罚措施。

5.审计终结。审计决定自送达之日起生效，一般应于90日内执行完毕。审计机关应了解审计意见的采纳情况，监督、检查审计决定的执行情况。被审计单位对地方审计机关作出的具体行政行为不服的，应当先向上一级审计机关或者本级人民政府申请复议。

## 第二节　财政金融审计

### 一　财政审计

1983～2010年，毕节地区财政审计采取以下方式进行：一是上级审计机关对下级财政决算和预算执行情况的审计，二是对同级财政预算执行情况及其他财政收支的审计；全地区审计机关共完成财政决算审计项目382项，同级财政预算执行审计项目329项，查出违纪违规资金18.92亿元，应上缴财政19.21亿元，已上缴财政19.18亿元。

**财政决算审计**　1984年，地区审计局组成审计组，试审毕节县5个单位的财政预决算审，查出部分国营企业欠交税利43.3万元，违规多退库18.06万元，预算支出增长幅度较大，比上年增42.5%，超越生产发展速度。纳雍县审计局试审县财政局1983年财政决算，对其两年滚存结余过多的现象提出建议，引起县领导的重视。1985年，全地区完成财政审计3个，查出违纪金额41.43万元，其中漏缴税款20.72万元，滥发奖金1.59万元，其他违纪19.12万元；应上缴财政21.72万元，已上缴19.72万元。1986年，完成财税部门审计8个，查出违纪金额118.12万元，其中虚列隐瞒销售收入11.99万元，偷漏或随意减免税收2.79万元，截留国家收入35.08万元，化预算内为预算外4.29万元，滥发奖金0.55万元，其他违纪63.42万元；应上缴财政38.25万元，已上缴25.3万元。1988年，完成财税审计26个，查出违纪金额1247.79万元，其中偷漏税收5.35万元，截留国家收入17.79万元，化预算内为预算外41.98万元，越权减免税收随意退库11.21万元，骗取财政拨款和补贴23.5万元，挪用专项资金1.96万元，其他违纪11.46万元；应上缴财政12.03万元，已缴6.7万元；应减少财政拨款13.7万元；增加预算外资金1.45万元，追还专项资金45.92万元。1989年，重点检查2个县1988年的财政决算和38个区乡的财政、税务。查出违纪金额712万元，其中偷漏税收286万元，截留国家收入5万元，化预算内为预算外5万元，越权减免税收随意退库27万元，骗取财政拨款和补贴23.5万元，挪用专项资金22万元，乱开增收节支口子1万元，其中违纪366万元；应上缴财政291万元已全上缴。1990年，重点审计2个县级财政、23个区乡财政、税务，查出违纪金额193万元，应缴财政18万元，罚款92.54元。1991年，财政审计20项，完成毕节、织金县财政和18个乡级财政审计，查出违纪金额997万元，应上缴财政的525万元已全上缴。大方县双山镇党政干部用计划生育罚款、行政经费、土地管理费大吃大喝，耗资9000多元，镇长和财政所会计受党纪政纪处分。赫章县审计局查出财神区违纪金额16.88万元；可乐区有问题资金7.46万元，乡干部12人中有7人贪污；古达区私设小金库6.18万元，挪用民政扶贫款购置小汽车等问题。1992，完成大方、黔西、金沙县级财政审计和2个镇财政审计，查出违纪金额11万元，应上缴财政2万元已上缴。纳雍县审计局查出，1988～1991年，纳雍县城关镇居民肉食补贴结余款7.45万元，教育集资款0.11万元，罚没收入1.03万元，农业税减免未兑现0.37万元，未按规定清缴和兑现给农民等问题。1993年，完成赫章、纳雍县级财政和5个乡级财政税收审计，2个财政信用资金审计，查出乡级财政税收违纪资金4万元，如数上缴应上缴财政的3万元，追还挪用资金1万元。1994年，完成毕节市、威宁、织金县级财政和6个乡级财政审计。县级财政查出违纪资金649万元。应上缴财政39万元已上缴。乡级财政违纪资金44万元，如数上缴应上缴财政的2万元，应追还挪用资金7万元，移送贪污贿赂案件1件，由监察部门处理。1995年，完成财政决算审计10项，查出违纪金额857万元，应上缴财政13万元，已缴9万元。财政管理中存在的主要问题是：虚列财政支出，应作收入的不作收入，截留上级财政收入，财政赤字不真实。1996年，完成财政决算审计11项，其中县级财政审计3项，查出违纪金额678万元，罚款1.5万元。主要违纪问题是：垫高财政收入基数189万元，财政有偿周转金借给企、事业单位缴纳各种税费373万元，截留上级财政收入6万元。1997年，完成财政决算审计21项，其中县级2项，乡级19项，查出违纪金额1304万元，主要有违规减免税收4万元，隐瞒截留转移收入52万元，挖挤上级收入2万元，预算内转预算外46万元，虚列财政收支654万元，挪用财政有偿使用资金88万元，财税部门侵占挪用财政资金30万元。1998年，完成财政决算审计4项，其中县级财政决算审计1项，查出违纪金额3983万元，其中审计决定处理处罚金额156万元，要求纠正金额3827万元，上缴财政金额6万元。地区审计局审计威宁县1997年财政决算，查明威宁县财政决算不真实的主要原因，揭露虚收虚支，部分行政性收费、罚没收入游离于财政监督之外，乱收乱支等问题，引起党委政府的高度重视。1999年，完成财政决算审计12项，其中县级2项，乡级10项。审计县级财政决算，查出违纪金额6417万元，其中审计决定处理罚金3638万元，要求纠正金额2779万元，应上缴财政1289万元，已上缴1286万元，应减少财政支出455万元。主要问题是：隐瞒转移财政收入1286万元，虚列财政支出455万元，自行设立预算外资金227万元。审计乡级财政决算，查出违纪金额124万元，其中审计决定处理处罚金额7万元，要求纠正金额117万元，应上缴财政7万元，已上缴1万元。2000年，地区审计局审计金沙县财政决算，查出违规金额3909万元，审计决定处理处罚金额1233万元，要求纠正2676万元，上缴财政32万元，已如数上缴，应减少财政支出848万元。完成乡级财政决算审计6项，查出违规金额192万元。通过审计决定处理处罚金额63万元，要求纠正金额129万元，应上缴财政19万元，已上缴6万元。2001年，完成县级财政决算审计1项，乡（镇）级财政决算审计13项，查出违规金额8000万元；审计决定处理处罚金额292万元，要求纠正7708万元，应上缴财政21万元，应减少财政支出3152

万元。2002年，全地区完成财政决算审计12项，查出违规金额2489万元，应上缴财政860万元，已交851万元，应归还原渠道资金354万元，应调账处理71万元，应自行纠正162万元。2003年，完成财政决算审计20项，查出违规金额2.03亿元，应上缴财政273万元，已如数上缴。地区审计局审计黔西、金沙县2002年财政决算，查出截留上级收入、收入未及时入缴国库、挤占专项资金平衡预算等违规问题。2004年，完成财政决算审计17项，查出违纪金额3104万元，管理不规范金额8926万元，应上缴财政65万元。地区审计局审计毕节市和织金县2003年财政决算，查出截留挤占、挪用预算资金2791万元，虚列财政支出1321万元，隐瞒转移挤占预算收入47万元等问题。2005年，全区共完成财政决算审计项目12项（其中县级财政1项，乡镇财政11项），查出违规金额186万元，管理不规范资金3880万元。地区局对纳雍县2004年度财政预算内、外收支决算审计，查出的主要问题是未按规定纳入预算管理661万元，收入未入库232万元，违规出借预算外资金816万元，虚列支出144万元、地方教育附加少征54万元、未按规定上缴上级收入18万元，收缴违纪资金18万元。2006年，共完成财政决算审计项目28项，其中县级财政1项，乡镇财政27项。查出违规金额1.18亿元，管理不规范资金839万元。地区局对织金县2005年度财政预算内、外收支决算审计，查出问题主要是未按规定征收、缴纳财政收入1.07亿元，收缴违规资金79万元。2007年10月底全区共完成财政决算审计9个，查出违规金额239万元，管理不规范资金300万元，应上缴财政70万元，应归还原渠道资金218万元，应调账处理金额11,099万元，已上缴财政70万元，已归还原渠道资金218万元，已调账处理金额1,129万元。2008年11月底止，全区地、县两级审计机关共完成财政决算审计11个，查出违规金额263万，管理不规范资金99万元，应上缴财政44万元，应归还原渠道资金73万元，应调账处理金额152万元，已上缴财政17万元，已归还原渠道资金70万元，已调账处理金额44万元。地区审计局直接审计了赫章县政府2007年度财政决算。发现如下问题：一是违规编制赤字，预算赤字8,091万元；二是收入未入库1276967.39元；三是未按规定纳入预算11,794,73.17元；四是挤占专款39,664,530.70元。2004年11月30日止，地县两级审计机关共完成财政决算审计10项，查出违规金额28万元，管理不规范资金477万元，应上缴财政金额28万元，应归还原渠道资金23万元，应调账处理金额289万元，已上缴财政金额28万元，已归还原渠道资金21万元，已调账处理金额289万元。其中，地区审计局对金沙县2008度财政决算情况进行了审计，发现存在截留上级财政收入、收入未全额入库、未按规定纳入预算管理、虚列支出、滞留专项资金等问题。

2010年，全区完成财政决算审计18个，查出违规金额2037万元，管理不规范金额4048万元，应上缴财政1195万元，应归还原渠道资金764万元，已归还原渠道资金764万元，已调账处理金额2468万元。

**同级财政预算执行情况审计**　贵州省审计厅统一部署审计1995年本级财政预算执行情况和其他财政收支。毕节地区共投入业务人员79人，查出违纪资金6097万元，为各级政府初步摸清财政家底，揭示预算管理中存在的问题，针对问题提出审计意见和建议。1995年11月～1996年3月，地区审计局审计本级1995年1～9月预算执行和其他财政收支，核实全地区1995年财政收支情况和地直1995年预算执行结果：地直预算执行结果净结余报表列示为1032.4万元，审计结果应增加收入186.8万元，减少支出201.4万元，实际净结余为1420.6万元。共查出违纪金额1489.66万元。问题主要是：财政部门违纪退库，应作收入的未作收入，基建支出以拨作支，支出结转不规范等。对政府行为所造成的问题提出建议，由政府自行纠正；对财政、税务部门自身和预算执行单位的问题，依法处理。是年，在全省同级财政审计项目总结评比中，毕节地区获一等奖。1996年，全地区完成同级财政预算执行情况审计9个，其中税务6个，预算执行单位3个，查出违纪金额2795万元，主要是隐瞒截留预算收入212万元，违规结转预算支出201万元，挪用各种资金补充机关经费1479万元，虚列预算支出33万元。审计处理，应减少财政支出33万元，应增加财政收入236万元，应减少财政拨款201万元。1997年，按照“账户入手，下审一级，摸清家底，揭露问题，促进管理”的总要求，注重审计质量。完成9个项目，共查出违纪金额6630万元，其中财政部门违纪的6619万元，占99.8%。其中，虚列支出1611万元，预算内转预算外130万元，隐瞒截留预算收入139万元，越权减免税收100万元，违规退库23万元，其他违纪558万元。1998年，共查出违纪金额8669万元，其中审计决定处理处罚3305万元，责令纠正5364万元，应交财政1552万元已如数上缴，应减少财政拨款10万元，应增加财政结余495万元。主要问题是：隐瞒转移预算收入2445万元，违规退库4万元，延解占压财政库款399万元，应缴未缴预算收入365万元，违规办理预算拨款1164万元，虚列支出1190万元，违规办理财政结算660万元。是年3～5月，地区审计局审计本级财政1997年预算执行情况和其他财政收支，查出预算执行中不符合规定结转1020.1万元；地区财政局1997年征收的车辆教育费附加906.05万元未全额缴入国库，纳入预算管理，1997年将单位专户储存资金838.74万元用作财政周转金，财政支农资金占用费及利息收入55.01万元未按规定作周转金。1999年，审计16个单位、查出违纪金额1.87亿元，其中审计决定处理处罚3701万元，责令纠正1.5亿元，应交财政2020万元已上缴，违纪资金收缴率100%，应减少财政支出1201万元，应增加财政结余2845万元。2000年，共审计15个单位，查出违纪金额3.23亿元，其中审计决定处理处罚金额7980万元，责令纠正2.44亿元，应上缴财政1619万元已上缴，应减少财政支出5189万元，应增加财政结余47万元。主要问题是：违规调整预算601万元，违规减免预算收入435万元，隐瞒转移预算收入1027万元，应缴未缴预算收入138万元，挪用预算资金36万元，虚列支出5411万元。是年4～5月，地区审计局审计地区财政1999年预算执行和其他财政收支，查出虚列支出5198万元，企业所得税先征后返434万元；财政局征收各项附加年末余额和财政性资金产生的利息收入136.45万元未全额缴入地级金库，住房资金产生的利息未转作住房基金处理，违规借财政周转金33万元。审计调整增加地级收入136.45万元，调减支出5198万元，全地区滚存结余5734万元。2001年，审计项目16个，查出违纪金额1.88亿元，其中决定处理处罚6255万元，责令纠正1.26亿元，应上缴财政1278万元已上缴，应增加财政结余497万元。是年4～9月，地区审计局审计查出本级预算执行过程中，收入未及时入库367.75万元，虚列支出129万元；调增地直财政收入367.75万元，减少财政支出129万元，增加净结余497.75万元。2002年，完成同级财政预算执行情况审计16个，其中财政部门9个，地方税务部门7个，查出违纪金额8611万元，应交财政2060万元，归还原渠道资金69万元，调账处理2623万元，应纠正4270万元，已交财政1826万元。存在问题：一是虚列支出，二是收入未按规定入库。是年4月，地区审计局查出本级预算执行中，收入未按规定入库402.32万元，虚列支出2349.2万元。2003年，共完成审计30项，其中财税部门16项，国库4项，预算执行单位10项。查出违规金额1.67亿元，管理不规范金额2571万元，应上缴财政5112万元已如数上缴。主要问题是：违规变更预算1000万元，违规减免少征未缴应缴预算收入4178万元，虚列财政支出4635万元。各县市审计局受政府委托，向地方人大常委会作本级财政预算执行情况和其他财政收支审计工作报告。2004年，共完成同级预算执行审计32项，其中财税部门16项，国库6项，预算执行单位10项。查出违规金额1.92亿元，管理不规范1.38亿元；应上缴财政1613万元如数上缴，应归还原渠道资金2435万元，应调账处理7863万元，应自行纠正1.38亿元。存在主要问题：违规减免少征未缴应缴预算收入2320万元，隐瞒转移挤占预算收入4182万元，变更预算1000万元，截留挤占挪用预算资金1067万元，虚列财政支出5542万元，滞留预算资金5439万元。

2005年，全区共完成同级预算执行审计40项，其中财税部门17项，国库8项，预算执行单位15项。查出违规资金18735万元，管理不规范资金25363万元，应上缴财政2982万元，应归还原资金渠道2163万元，应调账处理金额12286万元，应自行纠正金额25363万元。已上缴财政2982万元，已归还原渠道资金3512万元，已调账处理金额12286万元，已自行纠正金额24283万元。在当年的同级预算执行审计中，地区审计局还统一安排了全区种子公司系统的效益审计，在审计中查出违规金额264.79万元外，还对其社会效益和经济效益进行了评价。

2006年，全区共完成同级预算执行审计42项，查出违规金额6747万元，管理不规范资金3.75亿元，应上缴财政1820万元，归还原渠道资金1669万元，调账处理金额2.77亿元。

2007年10月底，全区地、县两级审计机关共完成同级预算执行审计38项，其财税部门18项，国库9项，预算执行单位11项。查出违规金额11,819万元；管理不规范资金31,889万元；应上缴财政1,486万元；应调处理金额10,054万元；已上缴财政1,486万元；已调账处理金额10,054万元。其中，地区局共完成同级预算执行审计5项，财税部门2项，国库1项，预算执行单位2项。查出违规金额124万元；管理不规范金额394万元；应上缴财政197万元；应归还原渠道资金171万元。

2008年11月底止，全区地、县两级审计机关共完成同级预算执行审计37项，其中财税部门18项，国库9项，预算执行单位10项。查出违规金额11477万元；管理不规范资金76,871万元；应上缴财政4087万元；应调账处理金额23413万元；已上缴财政4056万元；已调账处理金额20933万元。其中，地区局共完成同级预算执行审计5项，财税部门2项，国库1项，预算执行单位2项。查出违规金额63万元；管理不规范资金4108万元；应上缴财政2846万元；应调账处理金额47万元。

2009年11月底，地、县两级审计机关共完成同级预算执行审计42项，查出违规金额5013万元，应调账处理金额35335万元，已上缴财政4971万元，已调账处理金额16394万元。其中，地区局共完成同级预算审计6项，查出违规金额4213万元；管理不规范资金1172万元；应上缴财政金额4213万元；应调账处理金额382万元，已归还原渠道资金571万元。已上缴财政金额4213万元，已调账处理金额382万元，已归还原渠道资金471万元。

2010年，全区审计机关共完成同级预算执行审计41项。查出违规金额8489万元；管理不规范资金13.74亿元；应上缴财政8489万元；应调账处理金额7.03亿元；已上缴财政8489万元；已调账处理金额1.15亿余元。其中毕节地区审计局共完成同级预算执行审计8项，财税部门2项，国库1项，预算执行单位5项。查出违规金额960万元；应调账处理金额20万元。

## 二　金融审计

1985年4月起，毕节地区审计机关按照国家审计署关于人民银行总行及各专业银行总行和中国人民保险总公司所属的分支机构，授权地方审计机关负责审计监督；地方信托投资公司的金融业务活动由所在地审计机关审计监督的规定，开始对金融机构进行审计监督。

**国有金融（保险）机构审计**　1985年4月，地区审计局审计毕节县工商银行信托部1984～1985年财务收支，查出违规贷款26.3万元，企业无计划基建贷款32.7万元，党政机关经商贷款31万元，到期贷款尚未归回48万元。1986年，完成金融（保险）机构审计3项，查出违纪金额146万元，效益问题金额9万元。1987年，审计建行毕节中心支行财务收支。查出以下主要问题：管理费超支5.2万元，教育经费超支0.62万元均未转入留利基金核销，提高利益增收13.53万元未全额上缴国家财政，无正式发票支付维修费1万元，无依据发放水电补贴、煤炭补贴、工会经费、奖金等7.6万元，1985年超发奖金0.69万元，1986年3.05万元，两年应纳奖金税8.64万元。1988年，审计13个，查出违纪金额196.4万元，应上缴财政19.9万元，已上缴11.24万元，应减少财政拨款或补贴11.24万元，应追还挪用专项资金55.33万元。审计毕节县工商银行，揭示该行在资金困难的情况下，将信贷资金武装押运深圳做彩电生意的问题，引起省、地银行领导的重视，将此案移交司法机关。1989年，完成审计13个，审计资金总额1.09亿元，查出违纪资金48万元，收缴财政7万元。1990年，审计13个，查出违纪资金398万元，应缴财政41万元，罚款9.66万元，已上缴财政43万元。1991年，完成审计14项，查出违纪金额153万元，应上缴财政11万元，应追还侵占挪用资金1万元，已交财政9万元，罚款3.1万元。1992年，完成审计21个，查出违纪金额61万元，收交财政4万元，罚款2.3万元。1993年，完成审计9项，全地区审计农业银行农副产品收购资金9.39亿元，逾期贷款3846万元，主要问题有配套资金不到位197万元，挤占挪用农业资金80.87万元。保险公司财务收支审计总金额314万元，查出违纪金额46万元，罚款3837元，应追还侵占挪用资金41万元。1994年，全地区审计农业银行系统10项，查出违纪金额113万元，应上缴财政19万元，已交13万元，罚款4.88万元。赫章县统计局查出工商银行赫章支行违纪金额41.3万元，应上缴财政0.69万元。1995年，全地区金融机构审计3项，查出违纪金额933万元，应上缴财政25万元已如数上缴，应追还侵占挪用资金162万元，罚款1.4万元。1996年完成金融机构审计18项，查出违纪金额948万元，应上缴财政52万元，已上缴44万元，罚款23.15万元。地区审计局审计发现中国人民保险公司毕节地区分公司超标准计税工资支出漏交所得税3.91万元，虚列“营业外支出”3.64万元，挤占费用挂“其他应付款”科目13.73万元。赫章县审计局查出县保险公司违纪金额12.8万元，上缴财政4.2万元。1998年，按照省审计厅安排，全地区组成9个审计组，审计中保财产保险公司1997年资产、负债、损益，查出违纪金额66万元，其中审计决定处理罚金15万元，责令纠正51万元。4月中下旬，地区审计局审计毕节分公司，查出违纪45.59万元，责令纠正17.41万元。审计评价中保系统的资产和盈亏状况，提出5项审计建议。1999年，按省审计厅安排，组织全地区审计机关审计中国工商银行毕节分行所辖11个核算机构1998年度的资产、负债、损益和信贷资金质量情况，查出资产、负债和盈亏反映不实，固定资产核算不规范，自办经济实体造成投资损失问题，由省审计厅统一处理原则处理。2001年，审计中国人民保险公司毕节分公司及其8个分支机构1999～2000年度资产、负债、损益情况，查出少计收入、多计支出、以租代购账外资产不入账等8大类问题。问题按省审计厅统一处理原则处理。2002年，按照国家审计署《中国农业发展银行2001年度资产、负债、损益审计工作方案》，审计区内农业发展银行系统，审计金额6.54亿元，抽查粮油收储企业25个，查出全地区多提电子设备折旧10.42万元未调整损益；抽查销货回笼款分割单，分割不规范，有随意多收贷款和贷款利息情况；个别县财政补贴资金到位不够及时；全地区1999～2002年由总行租赁的设备，毕节地区分行及各县支行未列支任何费用，只有实物账；由省分行统一租赁分配给毕节地区汽车2辆，由毕节地区一次性支付租赁费55万元，未入固定资产账作账外登记。2003审计中国人寿保险公司毕节分公司2002年度资产、负债、损益，查出违纪金额1249.97万元。审查发现费用超支挂账、违规购置固定资产、违规支付满期给付、违规提取坏账准备金等九类问题，并提出审计意见和建议。

**地方金融机构审计**　1997年3月，根据省审计厅安排，审计遵义市信托投资公司毕节办事处1996年度资产、负债、损益，查出一些违纪问题，对该办事处1996年度资产、负债、所有者权益进行调整：其他应收款账面数80万元，调整减少4万元，余额76万元；应付款账面多88万元，减少55万元，余额为33万元；实收资本账面3875万元，调整后为3930万元；本年利润77万元，调整后为74万元；在建工程账面数96万元，减少96万元，余额为零；固定资产43万元，增加96万元，为139万元。1999年，全地区组织审计城市信用合作社和部分农村信用合作社1998年度资产、负债、损益。共审计16个单位，查出违纪金额526万元。审计决定处理罚金59万元，责令纠正467万元，应上缴财政30万元，已上缴8万元。审计发现以下主要问题：虚列利润28万元，挤占成本虚列支出274万元，以及违规吸收存款，账外经营，私设小金库，亏损严重。审计机关对违规问题依法作出处理处罚。

## 三　财政金融审计调查

**财政审计调查**　1989年6～7月，根据省厅安排，毕节地区审计机关审计调查本级1989年上半年预算执行情况，核实本级当年上半年财政收入和支出情况，分析其增减变化的原因，针对问题提出审计调查建议。地区审计局核实全年预算收入3.24亿元，预算支出4.59亿元。确认上半年完成收入4333万元，占总数的13.38%；支出1.56亿元，占预算数的34.02%。大量收入任务摆在下半年，增加财政收入压力；大量资金集中在下半年投放，也应加以调整。威宁县审计局把审计调查县财政与16个行政事业单位送审表结合起来，发现有些单位时间过半，而小车费、公务费已接近或超过全年预算；会务费和公务费的支出已达70%和78%；个别单位购买毛毯和放大机等专控商品，增大单位经费开支；有的单位财务监督不严，请客送礼、白条报销。1991年，审计机关审计调查全地区上半年财政预算执行情况，发现财政收入仅完成全年任务数的17.2%，比上年同期下降19.4%。从2月份起收入滑坡，地区烟厂1～6月欠税2446万元。毕节县减收1057万元，黔西县减收346万元。虽有5个县增收，但不能弥补减收损失。2004年，分别审计调查区内12个乡镇财政收支状况，其中地区审计局、大方、织金县审计局各调查2个乡镇，其他各县市审计局各调查1个乡镇。审计调查核实截至2003年末，该12个乡镇总人口86.34万人，比上年增0.35%；财政供养人口4438人，增0.05%；财政总收入4625.68万元，增9.61%；地方财政收入6084.9万元，比上年增25.56%；财政支出3666.50万元，比上年增192.39万元。12个乡镇中有5个乡镇共有债务417.02万元，占当年可用财力的7.12%，比上年增20.15%。

审计调查发现以下问题：1.收入不实108.31万元。2.隐瞒收入208.16万元。3.虚列支出挂暂存48.53万元。4.预付已竣工工程款40.45万元，长期列暂付款科目。5.赤字挂暂付345.11万元。6.挤占专项资金67.61万元。

**金融审计调查**　1992年，地区审计局完成“五行一司”整顿金融秩序情况的专项审计调查。调查发现全地区“五行一司”违章拆借资金3215万元，基本未收回；动用信贷资金搞房地产投资2155.7万元；金融系统兴办经济实体注入信贷资金4838万元，实体效益差，有的造成损失。1993年，地区审计局审计调查农业银行1992年农副产品收购资金的发放和使用情况。核实1992年发放农副产品收购贷款5.47亿元。1991年年末贷款余额3.88亿元，收回4.8亿元，次年末贷款余额4.49亿元。农行、人行、财政、烟草及各专业银行协同筹集资金，共投入烟草收购资金5.3亿元。8县市共收购烟叶234.97万担，占收购计划的97.9%，每担均价122.44元，实现产品税1.09亿元。全地区发放粮食贷款6233万元。1991年年末，贷款余额1.27亿元，收回6820万元。1992年末贷款余额1.21亿元。共收购粮食1.89万吨，占计划的75.64%。1992年发放给供销部门收购农副产品贷款4427万元。上年末贷款余额2492万元，收回贷款1248万元。1992年末贷款余额5671万元。全地区共收购花生2640吨、干辣椒1.28万吨、核桃593吨、生漆48吨。收购以上农副产品卖不出去，大量占压资金。至1993年4月底，农副产品占压资金3.3亿元，其中烟叶占压2.05亿元，占农副产品收购资金的62%。1994年，完成金融系统与所办经济实体脱钩情况的审计调查9项，提交调查报告9篇。

**小煤窑税费征收管理专项审计调查**　1999年起，根据地区行署要求，地区审计局审计调查全地区小煤窑税费的征收管理情况。1999年3月，审计调查纳雍县小煤窑煤炭税费收缴情况取得经验，制定全地区开展审计调查实施方案。是年4～5月，从全地区审计机关抽调56人，组成8个审计组，审计调查全地区1996年～1998年小煤窑煤炭税费征收管理情况。历时1月，共调查56个资金主管部门，147个乡镇，基本查清税费流失问题及原因，撰写调查报告报地区行署，剖析煤炭税费流失原因，提出9条加强煤炭税费征收的建议。地区行署采纳审计建议，责成地区审计局等单位草拟《关于加强乡镇煤炭运销及税费征收管理的决定》，下发有关部门执行。1999年全地区征收煤炭税费1.02亿元，比1998年增48.48%。

## 第三节　行政事业单位审计

**行政机关审计**　1985年，全地区审计行政单位15个，查出违法违纪金额77.65万元，账目差错金额34.1万元，应上缴财政24.18万元，已上缴12.63万元。审计查出以下主要问题：私设小金库30.3万元，滥发奖金、补贴、实物5.17万元，计划外基建7.17万元，请客送礼1.82万元。1986年，全地区完成行政单位审计18项，查出违纪金额127.73万元，应上缴财政42.89万元，已上缴33.76万元，效益问题金额36.5万元。赫章县审计局审计县教育局1984～1985年教育经费的收支管理使用情况及9个区11所直属中小学、幼儿园财务，查出违纪金额93.55万元，审计教育局781万元教育经费，查出违纪金额89万元。1987年，全地区完成行政单位审计106个，审计金额6416.73万元，查出违纪金额22万元，应上缴财政52.27万元，已上缴35.42万元；应追还挪用专项资金18.15万元。11月24日，贵州省审计局行文审计毕节地区公路养护总段1986年养路费财务收支查出虚列工程支出12.09万元；截留工程款和其他收入10.04万元；挪用路政经费和路政赔款4.35万元购买摩托车；乱挤乱摊成本0.42万元；未按规定冲减成本的材料价格差异4.74万元。1998年，完成行政单位定期送达审计98个，共查出违纪资金227.83万元，应追还挪用专项资金31.32万元，应上缴财政32.7万元，已上缴8.33万元。赫章县共审计43个单位，县直机关全覆盖。地区审计局在1987年定地区民政局、水电局、林业局为定期送审单位的基础上，新增地区交通局和林业局为季审单位，审计查出以下主要问题：有些发票无领导人签字，无验收手续，报销单填报不合格，白发票报账，提高报销标准，重复报账，执行费过大。是年9月下旬，审计地区交通局及所属交通运输管理站、工程队1986年的养路费、运输财务收支，查出违纪资金30.65万元。决定从1988年起，对其行政经费、养路费的财务收支实行送达审计。1989年，全地区完成行政单位审计145个，审计单位资金9433万元，查出违纪资金194万元，应上缴财政29万元，已交27万元。其中定期送达审计项目125个，查出违纪资金160万元，上缴财政24万元。是年3月，织金县审计局受县监察局委托，审计织金县区划办1986～1988年财务收支，查出应交财政违纪资金2.28万元，账务差错款250元。该县监察局否定审计决定，认定区划办会计刘××有贪污行为，开除其工作籍。县审计局据事依理力争。经过5年的努力，终使刘××的错案得以平反。1990年，改按季定期送达审计为按年定期就地审计，突破只审计行政经费开支的做法，从预算内深化到预算外收支，重点放在一、二级预算单位，渗透到其所属招待所、劳动服务公司、工会等单位。全地区共审计74个单位，查出违纪资金284万元，罚款3.42万元，应交财政41万元，其中乱收费10余万元，偷漏税7万元，已交财政42万元。1991年，全地区完成行政单位审计66项，查出违纪资金148万元，应追还侵占挪用资金15万元，应上缴财政14万元，已上缴6万元。织金县查出农用地膜加价出售获取非法利润及冒领补贴、滥分钱物等问题，违纪金额33.82万元，收缴财政29.71万元。威宁县查出县酒类专卖事业局领导带头私分利润1.54万元，人均2512

元的问题。1992年，根据省审计局安排，审计地、县工商行政管理局9个，查出违纪资金156.21万元。

审计查出以下主要问题：1.偷漏税及欠缴预算调节基金和能源交通重点建设基金；2.截留、坐支、私分、挪用罚没收入；3.虚列支出；4.截留规费收入；5.收入不入账；6.预算内转预算外；7.违控购买专控商品；8.滥发奖金、实物和补贴。

1993年，全地区完成行政机关审计3项，审计资金688万元，查出违纪资金33万元，应追还侵占挪用资金44万元；上缴财政5万元。1994年，计划审计行政事业8项，实际完成32项，审计金额1.03亿元，查出违纪金额488万元，应上缴财政33万元，已上缴6万元，罚款6700元。1995年，全地区完成行政单位审计19项，查出违纪金额189万元，应上缴财政6万元，减少财政拨款及补贴4万元，应追还侵占挪用资金5万元，罚款1200元。

是年8月，地区审计局审计地区民政局及其下属单位1993～1995年财务收支和有关经济活动。查出：1.挪用救灾捐款52.13万元和扶贫救灾基金12.8万元；2.挤占行政事业费6.5万元修周转房；3.私设小金库0.82万元；4.将预算内收入0.38万元转入预算外；5.巧立名目，滥发补贴2.54万元；6.其下属经济实体存在资产、盈亏不实问题，并漏交各项税款1.22万元。中共毕节地委据此处理3名正、副县级干部并调整民政局领导班子。

1996年，全地区完成行政事业审计54项，查出违纪金额1041万元，应上缴财政119万元，已交16万元，应追还侵占挪用资金91万元，罚款15.8万元。1997年，完成行政单位审计51项，查出违纪金额1517万元，应追还侵占挪用资金64万元，罚款17.06万元，应上缴财政48万元，已上缴19万元。3月，地区审计局审计地区中级人民法院1996年度财务收支，审计金额330.8万元，查出违纪资金130.7万元。1998年，全地区完成行政单位审计46项，查出违纪金额1606万元，其中审计决定处理处罚金额442万元，责令纠正1164万元。应归还原资金渠道52万元，应上缴财政74万元，已上缴38万元。是年2月，地区审计局审计地区国土局1997年度财务收支，查出未及时上缴土地收益金2.54万元，土地罚没收入余额10.05万元未及时解交财政，征地管理费17.91万元未纳入预算管理。是年4～10月，地区审计局抽调审计人员组成审计组，审计全区8县市公安局和47个基层派出所1996～1997年度行政性收费、罚没收入、财务收支，审计金额2221.39万元，查出违纪金额834.69万元，占审计金额的39%。1999年，全地区完成行政单位审计28项，查出违纪金额1137万元，其中审计决定处理处罚金额526万元，责令纠正611万元。应归还原资金渠道305万元，应上缴财政64万元，已上缴24万元。是年5～6月，地、市、县审计机关分别审计毕节地区中级法院、毕节市法院和黔西县法院1997～1998年预算内外财务收支，审计1383万元，查出违规违纪资金189.9万元，占审计金额的13.7%。2000年，全地区完成行政单位审计34项，查出违纪金额1080万元，其中审计决定处理处罚605万元，责令纠正1406万元。应归还原资金渠道1174万元，应上缴财政74万元，已交43万元，促进增收节支金额9万元。

**事业单位审计**　1987年7月，地区审计局审计毕节公路养护总段工程队1986年财务收支，查出违纪金额41.46万元，应上缴省财政27.39万元。是年9月，审计地区养征所1986年养路费收入及其财务开支，发现其财务开支严重失真，违纪27万元。1990年2月，地区审计局按行署安排，审计地区工业学校1988～1989年财务收支，查出违纪金额5.48万元。是年8月，审计地区体育运动学校1988年4月～1990年7月的财务收支，查出多付工程款1.65万元；无收据支付放线费用814.5元和建设银行标底费0.2万元；无控购手续购买专控商品2.29万元，乱发劳保用品；现金管理制度不严等问题。是年8月，毕节、威宁、织金县审计局分别审计1989年同级教育经费使用情况。查出乱发实物、补贴；虚列支出，转移资金；违规购买专控商品；私设小金库；挤占挪用教育事业费专款，用公款请客送礼等问题。1991年，全地区完成事业单位审计52项，查出违纪金额287万元，主要是划预算内为预算外21万元，偷、漏税10万元等。应上缴财政40万元，应追还侵占挪用资金5万元。1992年，全地区完成事业单位审计27项，查出违纪金额223万元，应上缴财政11.05万元，应追还侵占挪用资金26万元，损失浪费7万元。1995年9～10月，根据行署安排，地区审计局审计行署驻京联络处及其下设毕联工贸公司及招待所1994年财政和财务收支，查出其65.61平方米房屋计55万元只增加固定资产未增加固定资金；招待所双缸洗衣机、防盗门窗等设备及安装费0.88万元未纳入固定资产核算；年末银行对账单和银行日记账相差300元，是年12月，审计行署驻湛江办事处及其所属兴华公司和招待所1994年度财务收支，发现其财务收支账簿中存在部分原始凭证与记账凭证、记账凭证与有关账簿、明细账与总账之间不相符，部分支出凭证手续不全；购置4万元的办公用品和22.98万元的汽车未增加固定资产和提取折旧。1996年5月，赫章县审计局审计县水保办1995年财务收支，查出漏缴能源交通重点建设基金1.95万元和预算调节基金1.3万元；修建职工宿舍超计划投资8.53万元未上缴投资方向调节税。是年8月，地区审计局在审计查出地区工商局的机动车辆交易所和洪山工商所漏交能源交通重点建设基金和预算调节基金13.35万元，全部收交财政。1997年1月，地区审计局就地审计毕节一中1996年度财务收支，发现以下问题：无收费许可证收费31.97万元；学校房产租赁收入12.31万元，欠缴税金0.88万元；往年计划外招生费2.42万元作暂存款；学杂费收入未纳入预算管理。4月，就地审计地区中医院1996年度财务收支，查出隐匿收入156.37万元；以物代药用处方开给病人药房药品入账8.34万元；占用事业发展基金发放职工奖金、使奖励工资现红字105.45万元；未缴税金7.82万元。8月，就地审计毕节地区交警大队1996年度财务收支，审计1200万元，查出违纪资金272.7万元，上缴财政4.57万元。审计发现以下问题：漏缴国家各项收入100.13万元；以拨作支，虚列支出88.58万元。1998年6月，地区审计局就地审计地区有线电视台1997年度财务收支，查出违纪金额23.25万元。1999年6月，地区审计局审计行署驻北海办事处1992～1998年的财务收支，发现固定资产总账和明细账相差1.99万元；擅自借用财政资金管理所资金购蓝鸟轿车1辆计29.4万元；1996～1998年招待费9.87万元等问题。7月，就地审计行署驻苏州办事处1989～1999年6月30日的财务收支，查出以下问题：所属黔苏贸易公司实际累计亏损35.82万元；两次购假茅台酒400箱造成直接损失26.98万元（未付5万元）及潜亏问题；待摊费用1.32万元；账外资产17万元；以前年度房租收入61.23万元未作收入处理。7月，审计行署驻泸州办事处1987～1999年6月的财务收支，查出毕节驻泸州经济贸易公司应收账款余额4.97万元未收；违规控购买手机1部、BP机3只计1.33万元。2000年7月，地区审计局审计毕节高等师范专科学校1999年度财务收支，查出以下问题：挪用教育经费220万元在麻园大道无计划增修培训中心及门面；挪用特困生补助费48万元购置设备；违规收取学生押金6.63万元未纳入财务管理；私设小金库2.33万元；擅发教师站台费15.74万元，行政、后勤人员出勤费14.05万元，干部津贴3.41万元。9月，就地审计地区洪山宾馆1998～1999年度的财务收支，查出以下问题：职工宿舍超投资52.57万元：审计查出多付给广东邵××的工程款66.45万元未收回；未经批准、评估，自行处理东风大货车、桑塔纳小汽车、旧锅炉等固定资产；宾馆财务管理不健全，多头收费，以致部门之间往来账项不相符。2002年，地区审计局完成毕节市有线电视资产、负债、损益情况的清理和地区房产局住房公积金的专项审计。审计清理毕节师范高等专科学校、毕节教育学院和毕节师范学校2001年度财务和资产，把实物盘点和核查账务、清理资产同核查负债相结合，基本查清3校资产来源、去向和管理情况，审计清理确认，3校拥有各类固定资产4608.39万元，拥有各类债权576.49万元，承担各类债务16.37万元。查出师专私设小金库42.61万元，各系处室创收38.77万元未作学校收入，工会组织收入6.07万元未在计财科核算、挂账3年以上欠款40.43万元未及时清收；毕节教育学院账外资金17.7万元，职工宿舍占用教育事业费4000元；毕节师范学校账外资产742.97万元，无依据收费107.1万元，收入未列入财会账0.89万元。2004年，毕节地、县审计机关审计血站财务收支。地区审计局审计毕节中心血站查出该站违规账外经营血浆未纳入单位财务核算370.22万元，违规滥发补贴53.31万元，隐瞒、转移其他收入33.5万元。

根据省审计厅2005年度审计项目计划安排，全区审计机关统一对工商系统和药监系统的财务收支进行审计。全区组成9个审计组，投入审计力量20余人，重点清查了工商行政管理部分行政继续性收费和罚没收入情况，查出了乱收费乱罚款乱摊派5万元，漏缴各种税金34万，挤占挪用88万元，以及费用开支随意性大等问题，药监系统的财务收支审计查出的主要问题有收入暂存、漏交个人所得税、扩大开支范围、发放补贴等，另外，为配合同级财政预算执行情况审计，全区还对15个预算资金多，预算外收入多的预算执行单位进行了审计，维护预算的权威性和严肃性。

2006年，全区共完成行政事业审计63项，查出违规金额1810万元，管理不规范资金3976万元，应上缴财政220万元，应归还原资金渠道783万元，应调账处理金额1947万元。上缴财政220万元，归还原渠道资金746万元，调账处理金额884万元。2007年9月底，全区共完成行政事业审计项目34个，审计国家机关15个，审计事业单位19个，审计查出应上缴财政资金260万元，已上缴财政260万元。地区审计局在对地区监督所进行2006年财政收支审计中发现：（1）违反国家财经法规私存私放资金536,817元，其资金来源是收原毕节地区防疫站结余款4,522元，违规收取健康证明费、卫生知识培训费、办证费等142,265元，以发放节日补贴、考勤费、福利费等从会计核算中心列支转入390,030元，以上资金在储蓄所开设个人账户储蓄，形成“小金库”。截至2007年已支付535,933元，余额884元。（2）滞留预算收入1,150元和预算外收入12,652元，未按规定缴入国库和财政专户。（3）用应收款挂账抵作备用金10,000元。2008年11月，全区审计机关共完成行政事业单位审计项目29个，审计国家机关13个，审计事业单位16个，审计查出应上缴财政资金364万元，已上缴财政342万元。审计发现的问题是：违规改变资金用途，隐瞒截留收入、未落实收支两条线等。

2009年，全区审计机关共完成行政事业审计项目47个，审计国家机关38个，审计事业单位9个，审计查出应上缴财政资金675万元，已上缴财政675万元。审计发现的问题主要有：应缴而未缴纳预算收入785万元、乱收费乱摊派乱罚款161万元等等。

截至2010年底，毕节地区审计机关共完成行政事业审计项目50个，审计国家机关39个，审计事业单位11个，审计查出应上缴财政资金298万元，已上缴财政188万元。审计发现的主要问题有违规改变资金用途、应缴而未缴预算收入、未落实收支两条线和专户管理、乱收费乱摊派乱罚款等等。

**行政专项资金审计** 1987年，赫章县审计局审计县乡镇企业局三项专用资金，查出其将无偿投资款53.1万元改为有偿投放，未按期收回投资78.6万元，1982年给个体户袁××贷款0.3万元，信贷人员索取500元。1993年，审计专项资金22项，审计4339万元，查出违规资金26万元。1994年，审计4个行政事业单位的专项资金，审计6709万元，查出违纪资金193万元，应上缴财政3万元，罚款0.2万元。1995年，全地区审计3个行政事业单位专项资金，审计465万元，查出违纪资金46万元，其中侵占挪用43万元、其他违纪3万元。1995～1996年上半年，全地区各级审计机关审计地县市教育部门1995年教育事业费，查出违纪资金413.98万元，占总金额的8.97%。1996年，审计16个单位专项资金1.22亿元，查出违纪资金443万元，审计处理应上缴财政34万元，当年上缴15万元，罚款10.15万元。1997年，审计12个单位专项资金3.54亿元，查出违纪资金298万元，其中侵占挪用30万元，虚列转移24万元，其他违纪244万元。审计处理应上缴财政1万元。1998年，审计10个单位专项资金9287万元，查出违纪资金310万元。审计处理应上缴财政3万元，当年如数上缴。1999年，审计8个单位专项资金4498万元，查出违纪资金327万元。审计处理应上缴财政23万元。2000年，审计6个单位专项资金6093万元，查出违纪资金355万元，其中未缴预算收入17万元，挤占挪用217万元，虚列转移13万元。审计处理应上缴财政27万元，已上缴17万元。2001年，根据省审计厅安排，完成教育经费审计10个，查出滞留教育费附加收入33.6万元，挤占挪用教育专款41.32万元，乱收费8.57万元，虚列支出168.69万元，依照有关法规处理和纠正。完成救灾资金审计9个，查出违规资金639.5万元，其中地县市民政局挪用救灾资金253万元弥补办公经费，滞留救灾专项资金226万元未及时发放。2002年，地县两级审计机关调查审计全地区劳动部门管理的2001年企业职工基本养老保险基金等管理使用情况，检查以前审计出问题的清理和纠正情况；调查烟草、石油公司等58户国有、集体企业缴费基数的真实性。查出财政补助资金和年末收入户存款余额未及时划转财政专户、虚增县级财政补贴收入、少计养老保险基金支出等九个方面的问题。2003年，全地区审计机关开展防“非典”资金专项审计，未发现截留、挤占、挪用、私分、贪污等行为，存在对捐赠物品未按会计制度估价入账、领用手续不完备。是年，根据行署安排，审计全地区煤炭维简费的收缴、管理、使用，查清2002年度各县拖欠应缴地级煤炭主管部门维简费以及煤炭维简费返还煤矿少的问题。查出挤占挪用煤炭维简费417.46万元和违反规定、坐收坐支煤炭维简费24.69万元的问题。2004年，全地区审计机关审计地直及各县市民政部门管理的2003年救灾资金和救灾捐赠款物管理使用情况，并调整49个乡365户村民救灾款物使用发放情况。查出部分县、乡民政救灾资金拨款不及时、截留挤占挪用救灾资金，虚列、虚报救灾支出等问题，提出审计建议供民政部门参考。

**行政事业单位审计调查**　1986年6月，地区审计局审计调查地直机关事务管理局1986～1987年度经费支出和设备购置，发现家具、用具、账簿记载不全，部分物料用品无领发料手续，修缮费支出管理手续不完备，职工欠款数额大，暂存款12.4万元长期挂账未处理。地区审计局撰写调查报告，建议及时处理。1989年，审计调查1987年以来中小学危房改造维修资金。3年间投入资金4191.26万元，改造危房44.78万平方米。因监督不力，造成改变资金用途、公款私存、虚列支出、损失浪费的问题。全地区开展调查林业系统1984～1988年育林基金使用情况及效益。调查743.37万元，发现违纪资金168.74万元。织金县审计局审计调查全县1989年1～10月自然灾害救济款的安排使用情况，黔西县审计局审计调查谷里、林泉两区1988年无偿救济粮和1989年有偿借助粮发放管理。向政府提交审计调查报告，建议立案调查救灾粮和借助粮发放中的违法行为。1990年，审计调查教育经费1629万元，查出违纪资金1万元，主要是挤占挪用。毕节县教育局挪用教育经费3.5万元修建职工宿舍。1993年10月，全地区审计机关审计调查毕节、大方、黔西、金沙、纳雍、威宁、赫章及地区教育局管理的"希望工程"情况，发现财务制度不健全，账务处理不规范，资金未专户储存，内控监督制度失控，资金使用不当，违背救助贫困地区品学兼优因家庭困难失学孩子重返校园的宗旨。大方县团委用希望工程款0.48万元购电子琴10台分发给9所小学，团省委匹配的0.19万元经费，仅用205.8元作汇款之用。1997年10月，地区审计局审计调查毕节征费稽查处1995年以来新增车辆教育附加费。调查发现该处未经批准，从新征车辆教育附加费用中提留3%的业务经费；财政将新增的教育附加费作为预算外资金入账，未纳入预算管理；由于新增车辆教育附加费只在毕节地区实施，相当部分车主将车辆落户外地，以致减少当地养路费的收入。1998年4月，地区审计局审计调查织金县1996～1998年度县乡公路建设资金使用情况。调查核实资金总额415万元，拟对11条公路段进行建设。调查发现资金未及时到位153万元被财政调剂使用，影响工程不能按时动工或按期完工。县财政匹配资金不落实，采取安排到乡镇以投工投劳形式给予体现计算。重点调查发现不该列入项目开支的费用10.94万元大于项目开支，形成挤占挪用。县交通局以各种补贴、津贴、劳保发放3.17万元。2000年5月，地区审计局审计调查地直1999年企业职工基本养老保险和2000年养老保险基金收支。调查3家未参保的私营、集体企业。2001年，根据地委、行署要求，审计调查黔西、纳雍、织金、大方4个县洪家渡电站移民资金使用情况。重点审计地、县移民资金主管部门，延伸到黔西县谷里、织金县八步等5个移民乡镇和9个村民委员会，调查35户移民所得补偿的情况。

## 第四节　国有企业审计

**地方企业审计**　1984年，全地区试审工商企业4个。地区审计局和毕节县审计局审计毕节县食品公司，查出短少汽油13.32吨，金额1.36万元；汽油、煤油、柴油超标准油耗473.89吨，库存超标准损耗181.38吨，计655.27吨，金额42万元。1985年，完成企业审计32项，查出违纪金额

135.17万元，应上缴财政36.82万元，已交8.54万元。是年，全地区审计机关开展粮食企业套取粮油超购加价款检查，查出有问题粮食608.15吨，有问题金额185.5万元。配合有关部门开展税收财务、物价大检查，查出违纪金额1934.2万元，应补缴入库1069.5万元，已入库923.3万元。1986年，全地区完成企业审计40项，查出违纪金额962.41万元；应上缴财政345.5万元，已上缴147.66万元。赫章县审计局审计县乡镇企业局开发公司财务收支289.87万元，查出违纪金额26.76万元；应交财政5.61万元。1987年，完成企业审计21项，审计8442.43万元，查出违纪金额451.71万元；应上缴财政72.47万元，已上缴5.39万元。地区审计局审计毕节公路养护总段工程队1986年财务收支，查出违纪金额41.46万元；应上缴省27.39万元。其主要问题是乱挤成本14.42万元，虚列成本10.21万元，截留工程款及其他收入10.84万元以及现金和财产管理混乱，家底不清等。1988年，完成企业审计63个，审计5.62亿元，查出违纪金额2117万元；应上缴财政713万元，已交643万元。全地区开展厂长（经理）经济目标责任制审计，完成6项，审计1206万元，查出违纪资金11.85万元；应上缴财政4万元，已交1万元。地区审计局审计地区振兴机械厂1987年承包经营，审计发现以下问题：承包前未评估固定资产、流动资产、债权债务的真实性、合法性，不便于划分承包前后的经济责任的经济效益；挤占成本费用4.1万元；债权债务大。1989年，按省审计局安排，对29户工商企业进行承包经营审计对40户工商企业进行财务收支审计，审计2.42亿元，查出违纪资金1412万元；应上缴财政150万元，已上缴123万元。审计发现承包企业普遍存在隐瞒销售收入、截留利润、偷漏税收、弄虚作假、挤占成本（费用）、乱发钱物以及财务成果不真实的问题。地区畜产品加工厂以销售价直接冲减库存，隐瞒利润4.7万元，截留利润12万元，销售出产成品多转成本42万元。毕节县外贸违纪金额316万元。毕节地区毛纺厂少计成本47.44万元，多计盘盈4.25万元，实存产品与账面数相差38.59万元，销售价格不统一，挪用流动资金20.42万元购买房屋，职工长期拖欠贷款36.04万元。1990年，全地区完成承包经营企业经营责任审计90户，查出违纪资金1149万元；应上缴财政158万元，已交155万元，罚款13.66万元。地区审计局审计地区棉纺厂，审计960万元，查出违纪资金已交47万元，应交财政23.4万元。审计地区石油化公司1988年8月～1989年度财务收支，审计700万元，查出违纪资金245万元；应交财政26万元。审计发现以下问题：违控13万元，私设小金库7.84万元，公款私存45.23万元，违章买小轿车未列收入5万元。审计决定没收其皇冠轿车交地区财政局，罚款12.92万元。1991年，根据上级指示，全面开展企业承包经营责任审计。全地区共完成企业审计112项，查出违纪金额1062万元；应收缴财政213万元，已交211万元。完成承包经营审计76项，查出违纪资金798万元；收缴财政162万元，罚款3.99万元。1992年，全地区完成重点企业承包经营审计68项，查出违纪资金1548万元；应上缴财政216.48万元，罚款17.38万元。地区审计局终结审计毕节地区电力公司承包经营，查出违纪资金504.39万元，3年间违纪减少利润348.39万元、是3年利润的1.77倍。1993年，全地区完成以粮食企业财务挂账审计调查项目41项，审计8.84亿元，查出违纪资金1594万元，其中审计粮食查出1200万元；应上缴财政21万元，已交19万元。应减少财政补贴531万元，查出损失浪费94万元。重点对全地区1992年粮食企业财务超亏挂账及财务收支进行审计和调查粮食企业1991年以前的财务挂账及消费情况；行署安排增加审计调查粮食企业1993年度财务收支。地区成立由分管专员任组长，审计、财政、粮食部门参加的协调领导小组，调集审计人员近百人，组成9个小组，深入粮食系统县直单位及所有区乡粮管所进行审计。审计结束，地区审计局与财政、粮食部门组成联合复查组赴各县复查，并撰写复查意见。审计调查1988年～1991年粮食企业财务挂账，查出应调整增加挂账33.42万元，核减挂账530.8万元，实际超亏挂账2291万元。通过1992年粮食企业财务超亏挂账审计，调增挂账8.78万元，超亏挂账为2895万元；还清企业长期应交而未交财政款项2005万元。通过1993年第一季度粮食企业财务收支审计调查，搞清粮食消耗量大的原因，查出违纪增亏450万元。为政府宏观决策提供真实数据。1994年，完成工业企业资产、负债、损益审计15项，审计3.66亿元，查出违纪资金2641万元；应上缴财政492万元，已交337万元，罚款2.75万元，应追还挪用资金30万元，损失浪费63万元。完成商业企业资产、负债、损益审计20项，审计7297万元，查出违纪资金177万元；应上缴财政20万元，已交18万元，罚款1.14万元。1995年，全地区完成企业资产、负债、损益审计29项，查出违纪金额1432万元；应上缴财政462万元，已交410万元。审计重点：一是审计盈利企业，查出违纪资金667万元，其中偷税漏税86万元；应上缴财政123万元，已交112万元，罚款11万元，虚减利润19万元。二是审计农业生产资料经营，查出违纪资金312万元；应上缴财政23万元，已交15万元，罚款1.1万元，应追还被挪用资金79万元。1996年，全地区完成国有企业审计21项，查出违纪金额539万元；应上缴财政76万元，已交15万元，罚款2.99万元。其中偷税漏税54万元，资产不实45万元，负债不实62万元，虚增利润155万元，虚减利润91万元，国有资产流失113万元。1997年，全地区完成国有企业审计28项，共查出违纪金额2202万元；应上缴财政177万元，应追还侵占挪用资金42万元，已交财政103万元，罚款4.7万元。1998年，全地区完成国有企业审计12项，查出违纪资金2054万元，其中审计决定处理处罚1915万元。要求纠正139万元；应上缴财政51万元，已交3万。根据省审计厅安排，全地区审计机关抽调68人，组成8个审计组，组织在县与县之间交叉审计1993年4月～1998年5月粮食财务挂账和农业发展银行发放和管理粮油收购贷款情况，审计单位117个。审计核实粮食企业新增财务挂账1.24亿元；查出违纪资金1977.95万元；清理不合理占用贷款2975.96万元。审计通过省审计厅审查验收，农业发展银行以审计结果作为对粮食贷款贴息的依据。1999年，全地区完成国有企业审计14项，查出违纪金额158万元，应上缴财政12万元，已交1万元，促进企业增收节支105万元。审计毕节宾馆1999年7月以前的财务收支，查出其资产未入账2212万元，少提固定资产折旧1.39万元，少反映亏损96万元，白条入账107万元造成对方漏税14万元。2000年，全地区完成国有企业审计20项，查出违纪金额1080万元；应上缴财政60万元，已交18万元。审计发现以下问题：收入不实69万元，成本不实95万元，账外资产36万元，转移国有资产49万元，虚增利润18万元，虚减利润52万元，损失浪费37万元。2001年，完成国有企业审计9项，查出违纪金额232万元；应上缴财政46万元，已全部上缴。除毕节市外，地区审计局和其他7县审计局统一审计盐业公司，审计4470万元，查出违纪资金166万元；应上缴财政60万元。2002年，全地区完成国有企业审计10项，查出违纪金额1374万元；应上缴财政95万元，已交85万元。2003年，全地区完成国有企业审计6项，查出违纪金额860万元，管理不规范金额608万元，损失浪费274万元；应上缴财政21万元已如数上缴，调账处理752万元，自行纠正882万元。2004年，全地区完成国有企业审计3项，查出违纪金额59万元；应上缴财政33万元已如数上缴，调账处理26万元。查出以下违纪问题：少计虚列成本2万元，少计少缴税金33万元，其他违纪24万元。

2007年，按照贵州省审计厅的统一布置，地区审计局对毕节新华书店进行了就地审计，审计发现如下问题：一是未将开业所收礼金完全入账，形成私存私放公款99,800元；二是用私存私款520,000元对外投资，未在投资账面反映；三是对外投资800万元未作投资账面反映；四是租赁收入未按规定及时入账；五是对外提供贷款未在财务报告中加以说明。

**中央企业审计** 1985年10月，按行署安排，地区审计局、财政局、税务局组成审计组，审计毕节地区烟叶复烤厂1984～1985年7月的财务收支，查出有问题资金348.92万元；应上缴财政253.83万元。查出毕节地区卷烟厂虚报原材料价格补贴67.32万元；地区烟草局借50万元修建办公楼。1987年受国家审计署委托，毕节地区审计局组成审计组审计毕节地区烟草公司1986年财务收支，查出有问题资金430.12万元，违纪资金308.76万元；应调整增加1987年利润57.62万元，应补超限额奖金税，以利还贷超支待省明确后处理171.41万元，挪用流动资金搞基建，需用自筹资金调整金额79万元。地区审计局审计调查3个县2个区，向省、地领导提交审计调查报告。1988年，根据省审计局通知，全地区完成烟草系统审计46个，查出违纪金额1150万元；应上缴财政565.27万元，已上缴498.25万元。其中毕节县、金沙县和地直烟草企业违纪百万元以上。1991年，按省审计局安排，毕节地区审计局审计电力系统6个单位，查出截留各种收入120万元，挤占成本166万元，私设小金库14.52万元以及滥发奖金、个人贪污等问题。1992年，根据行署文件，地、县审计机关抽调审计干部47人组成8个组，清查全地区烟草系统1988～1992年2月底的烤烟生产扶持费收支存情况，清查烤烟扶持费项目16项，审计单位103个，清理资金3.2亿元，并针对存在的问题提出审计建议和措施；受行署委托代行署起草《毕节地区行政公署关于加强烤烟生产扶持费管理的决定》。1994年，毕节地区审计局审计地区复烤厂1993年度资产、负债、损益，同时审计1992～1994年3月的烟叶生产扶持资金，查出违纪资金1740万元；收缴应上缴财政80万元。威宁县审计局审计威宁幺站烟叶站围账收购点，查出损失国家资产、挪用收购烟叶款、向烟农打白条、开收据、调烟叶假单，互相勾结将烟叶借给烟贩出售等侵吞国家资产的违法行为，经有关部门立案侦查，逮捕犯罪分子7人。1995年，织金县审计局审计织金县烟叶复烤厂1993～1994年度资产、负债、损益，查出虚列成本314.34万元，漏交销售税金25.16万元，漏交两金28.74万元，私设小金库61.35万元等问题；决定收缴财政88.73万元。1996年5月，根据省的授权，毕节地区审计局审计毕节地区邮政局1995年财务收支，查出邮电建设附加费2.49万元未入账核算，报刊发行收入列往来账项0.88万元，挤占成本费用16.85万元，隐瞒亏损81.16万元。1997年4～5月，地区审计机关审计威宁县烟草公司1996年度财务收支，并延伸审计其所属烟叶复烤厂，城关、中水烟叶站以及卷烟销售经营部，查出隐瞒收入、挤占成本费用等违纪资金100.71万元，收交财政31.28万元。2003年，审计毕节供电局2002年财务收支，核实该单位当年实现利润-788.42万元，核减单位报表利润790.07万元，共查出违纪金额1263.53万元，还揭示该单位2002年末有不良资产732.05万元。

**国有企业审计调查**　1987年4～5月，地、县审计机关组织25人审计调查毕节地区13个年产100吨以上酒厂的经营管理，重点调查其新增投资、生产能力、能源来源、市场销售和经济效益。13个酒厂共有职工1174人，固定资产1300.36万元，流动资金100.68万元，流动资金贷款441.44万元，工业总产值796.26万元，人均产值0.68万元，年总产3373吨。1986年，全地区酒类生产销售总收入873.9万元。出酒率46.42%。1983年以前除地区酒厂外无亏损户。1986年底，赫章、织金、大方县酒厂共亏损25.34万元。审计调查结束后撰写上报审计调查报告，针对存在问题提出5条建议。1988年，全地区审计调查承包经营企业。调查发现：1.承包基数低于1987年和3年的平均数。如1985年，织金农机厂利润2.38万元，1986年为2.42万元；1987年为2.12万元；三年平均为2.31万元，后三年承包利润比前3年少7.7万元，国家让利，企业得大头。2.承包后企业财经法规观念淡薄，只顾多收钱完成承包任务，忽视国家有关规定。有的自来水公司乱收接水费、停水费。1～5月，威宁县商业局和供销社承包的29家企业中，有18家费用高于上年；工业企业的车间经费、企业管理费、商贸企业的间接费用等都呈上升趋势；工资总额失控，有的职工工资增长2倍以上。1991年9月，根据国家审计署通知，毕节地区审计局审计调查全地区商业、供销社、物资、外贸系统一次性削价处理商品。毕节县审计局调查核实，毕节县一次性削价商品指标99万元，各部门实际处理141.33万元，其中商业部门42.62万元，供销28.69万元，物资1.21万元；外贸68.3万元。织金县审计局核实该县供销社贸易中心一次性削价商品指标14万元，实际处理商品14.74万元。织金县百货公司削价指标18万元，实际处理10.83万元。纳雍县一次性削价商品原进货价104.06万元，确定销售价83.35万元。符合控制在20%幅度的规定；大多数企业是一次划转零售门市部，以库存数额为销售数额，等于库存搬家，未减轻企业负担。1994年，地区审计局审计调查3家股份制企业，发现个人股金没按公司章程规定比例交足，入股后又退股；个人股份利润分得多，国家和法人股分得少或未分配；隐瞒收入，白条入账，偷税漏税时有发生。审计报告提出3条建议。1999年，毕节地区审计局抽52人组成9个组审计调查贵州驰宇集团所属7个烟草公司、8个复烤厂、88个烟站1996～1998年增值税和各种地方税费。调查表明该公司1996～1998年实现增值税4.14亿元，1995年末欠缴转入9918.53万元，当期上解3.77亿元，到1998年末欠缴4531.33万元。1998年收购烟叶139.47万担，收购总值4.86亿元，销售收入14.25亿元，实现增值税5270.39万元，地方税2.1亿元。毕节市、黔西县共超缴增值税1888.64万元，其余6县及原料公司共欠缴6419.98万元。超欠相抵，尚欠4531.34万元。1996～1998年，实现地方税7.85亿元，1995年末欠缴转入765.2万元，当期上解7.51亿元，1998年末欠4100.93万元。审计查出各种漏报税金1248.98万元，其中增值税1154.17万元，地方税274.41万元。到1998年合计欠税和审计查出漏计税金1.01亿元，其中增值税5685.8万元，地方应分成852.87万元。地方税4375.33万元，属于地方部分合计为5228.2万元。滞留资金38.03亿元，影响企业资金周转和经济效益。2003年，审计调查毕节供电局、大方供电局、毕节地方电力管理站的电力政策执行情况以及7个乡镇、14个村民组、200余户农户的电费电价。查明毕节供电局对城网改造、农网改造资金实行专户管理、专款专用、销售电价按核定目录电价执行，但部分县农村电力体制未彻底理顺，一户一表覆盖率低，同网同价政策的执行未能真正让大多数农民得到实惠。

# 第五节　农业资金审计

**农业专项资金审计**　1985年5月，省、地、县审计局组成工作组审计威宁县水电局、畜牧局和龙姑人饮工程专项资金。查出龙姑人饮工程财务管理混乱，非工程性开支过大，县水电局借用工程款1.7万元，安装队收安装费0.94万元未交财会处理。1979～1984年，给乡镇企业投资发放无偿补助款61.8万元、有偿补助款21.1万元无法收回投资。全县支农资金发放以拨代报。有的不是项目而是采取发放救济的方式影响效益的发挥。水利经费和水土保持经费以暂付形式发放58万元。1987年，全地区完成扶贫资金审计14项，审计1019.28万元，查出违纪金额28.9万元：应上缴财政18.3万元。1988年完成扶贫资金审计19项，审计3217.83万元，查出违纪131.14万元；应上缴财政25.12万元。1989年5月，毕节县审计局调查商品粮基地专项资金，发现1987年调运到海子街的洋芋种，实际发放到乡镇的数字比上报数少6.13万斤；小吉场区水利工程报销住勤费不符合规定；发给水利工程的雷管、导火线、炸药均有短少，种植地膜覆盖苞谷的补助款欠6.25万元未兑现。金沙县审计平坝、岩孔两个区7个乡的根食发展资金使用和效益查出违纪资金15.95万元，主要是管理使用部门挪用资金、虚列支出、虚报冒领、公款私存、违控购置商品。1990年，金沙县审计平坝、岩孔两区70万元商品粮发展专项资金，查出资金未及时拨付，工程项目财务不全等问题；审计安底、石场、清池、平坝、沙土区农技站购杂交苞谷种款，查出违纪资金2.48万元，将安底农技站严重违纪的责任人移交县检察院立案处理，其他4个区的责任人分别受党纪、政纪处分。1991年，全地区完成农业专项资金审计18项，审计5269万元。查出违纪资金201万元；应上缴财政18万元，减少财政补贴27万元，追还侵占挪用款20万元。1992年，完成农业专项资金审计14项，审计5473万元，查出违纪资金141万元；应上缴财政16万元，应追还侵占挪用款40万元，罚款14.78万元。金沙县审计局审计第一期农业综合开发资金，查出违纪资金184万元，占总投入的15%。1993年，全地区完成农业专项资金审计7项，被审计单位17个，审计1.3亿元。查出违纪资金324万元，损失浪费6万元；应追还侵占挪用款30万元。1994年，全地区完成农业专项资金审计16项，重点审计以粮代赈坡改梯资金。共审计县级资金主管部门24个、乡镇93个，村270个，走访调查坡改梯农户870户，查出违纪金额占投资总数的20%。地区审计局在提交的审计报告中提出4条意见和建议，得到行署领导的采纳。1995年，完成农业专项资金审计14项，审计2.22亿元；应分配资金8789万元，未分配644万元；应到位资金2.67亿元，未到位5979万元；应配套资金809万元，未配套364万元；损失浪费资金43万元。查出违纪资金822万元；应上缴财政112万元，已缴94万元，应追还侵占挪用资金523万元。促使到位资金784万元。其中以粮代赈坡改梯审计，各县市乡镇审计面100%，村级审级50%以上，并走访部分农户。查出违纪资金338万元；应上缴财政94万元已全数上缴。1996年，全地区完成农业专项资金审计4项，审计总金额2074万元，查出违纪资金39万元；应上缴财政22万元已缴14万元。审计促进分配资金297万元。审计发现部分乡镇将坡改梯工程承包给包工头，层层转包，从中侵吞资金，损害群众利益。1997年，全地区完成农业专项资金审计18项，审计3.19亿元，查出违纪资金610万元；应上缴财政2万元，应追还侵占挪用资金271万元；审计促使分配资金250万元，到位资金453万元。1998年，审计水利资金、农业综合开发资金和扶贫资金。审计单位22个，查出违纪资金2170万元，其中决定处理罚681万元，责令纠正1489万元；应上缴财政11万元，已上缴8万元。是年9月，地区审计局审计威宁县1997年扶贫资金，查出违纪资金955.27万元。毕节市审计局审计毕节市坡改梯资金，查出部分乡镇虚报工程量，对下扣工程款，挪用坡改梯资金等现象。1999年，组织全地区审计机关审计5个贫困县1997～1999年6月的扶贫资金及银行扶贫专项贷款，查出违纪资金4252万元，其中审计决定处理处罚金额3295万元，责令纠正957万元；应上缴财政30万元，已交5万元，应追还侵占挪用资金3284万元，促使安排资金657万元。是年8月，地区审计局审计赫章县1997～1999年6月的扶贫专项资金的管理使用，查出违纪1922.5万元，未拨付1434.8万元，改变投向291.9万元，挤占挪用178.5万元。2000年，全地区完成农业综合开发资金审计6项，审计4893万元，查出违纪1465万元，要求纠正1465万元；应归还侵占娜用643万元。2001年，审计黔西、赫章、大方3县退耕还林（草）试点示范工程资金。地区审计局审计赫章、大方2县，发现赫章县有0.17万亩不合格，致粮款不能及时兑现；大方县财政局未按规定及时拨付有关资金，粮食局擅自调入外地稻谷787.47吨等问题。2002年，全地区完成农业专项资金审计14项。3月，毕节市、大方县、黔西县、金沙县和纳雍县审计局分别审计本级1999～2001年的农业综合开发资金，全地区农业综合开发项目83个，总投资7500万元，实际到位4445.07万元，实际支出3184万元，结余1261.07万元。3年计划投资2812万元，财政实际投入2654.07万元，实际完成投资1548.52万元。是年6月，全地区组织30余人审计退耕还林工程资金，审计相关单位27个，调查项目实施单位143个、农户582户，审计发现县级财政、林业部门滞留种苗补助款，前期工程经费拨付不及时、粮食补助兑现迟缓及未及时与农户结算等问题，并提出审计建议。2003年，按省审计厅安排，地区审计局审计纳雍县，大方、织金、威宁、赫章4县审计局审计所在县2001～2002年度中央和地方财政安排财政扶贫资金和中国农业银行安排的扶贫贴息贷款。抽查100多个项目。审计扶贫资金1.55亿元，贴息贷款3896万元，查出违纪金额2042.8万元，占财政扶贫资金的13%。其存的问题是个别县财政困难，滞留项目资金，或挪用以补行政经费之不足，或擅改计划调整资金。2004年，全省实行扶贫资金交叉审计，毕节地区审计局组成10人审计组赴安龙县进行近2月的扶贫资金审计。查出7个部门、8个乡镇挤占挪用财政扶贫资金294万元用于建房购车，项目主管部门违规收费21万元，16个乡镇擅自调整扶贫项目140万元，7个工程项目3个单位多计工程款42万元，未经扶贫部门同意发放扶贫贴息贷款400万元等问题。针对问题，向被审计方提出审计建议。

**农业专项资金审计调查**　1989年9月，毕节地区审计局审计调查大方县农工商开发公司使用扶贫资金效果，查明该公司自成立以来，为国家提供税费19.85万元，管理费4.4万元，花8.4万元为所在地架1万伏高压线路6.5千米，承担乡行政经费及五保户救济2.5万元，对地方教育事业作出过贡献，对国家扶贫资金的使用无违纪行为。是年12月，审计调查6个贫困县1985～1989年扶贫资金、物资管理及其发挥的经济效益。四年间，通过14个渠道共拨入毕节地区扶贫资金2.37

亿元，扶贫钢材1342.95吨，化肥2.25万吨，水泥3752吨，汽车79辆，审计查出违纪资金355.1万元。1990年，地区审计局审计调查全地区1989年扶贫资金、物资的管理使用情况。调查资金总额4097万元，查出违纪资金192万元。农田水利资金审计调查总金额1790万元，查出违纪资金14万元。主要存在问题为：挤占、挪用、虚报、冒领扶贫资金较为突出。1992年，根据省厅通知，地区审计局审计调查毕节县商品粮基地1991年的农业资金。查明1991年毕节商品粮基地资金安排2730.03万元，实际投资1890.36万元。商品粮基地建设总投资460万元。1993年3月，按行署安排，地区审计局审计调查毕节县1991～1992年粮食以工代赈资金及其财政配套资金。查出主管部门和部分乡镇挤占挪用坡改梯资金132.57万元，占审计调查总金额的27.67%。主要是：工程的期中检查制度不健全，挤占挪用损失浪费的现象得不到纠正；部门领导只抓进度和质量，忽视资金的管理，助长资金乱支乱用，甚至私分；对坡改梯工程经验不足，监督不力。1994年3月，毕节地区审计局向行署提交《对毕节县1991～1992年粮食以工代赈坡改梯资金及配套资金的审计调查报告》。行署将报告批转各县市人民政府和有关工作部门，要求对照检查；要求全地区审计机关审计粮食以工代赈坡改梯资金及其他农业资金。地区农经部门根据报告提出的建议，制定资金管理制度。1999年7月，毕节地区审计局审计调查全地区5个贫困县1997～1999年6月使用扶贫资金。审计4.56亿元，审计调查资金主管部门、乡镇及项目单位130个。调查金额占审计金额的50%，查出违纪资金5510.19万元，占审计资金的12.07%。调查核实中央和省投入毕节地区各项扶贫资金5.79亿元，5个贫困县共得4.74亿元。调查发现：各县配套资金严重不足，除威宁县配88.5万元外，其余各县均未配套到位；挤占挪用，违规计提费用突出；有提高贷款利息贷前扣息抵扣贷现象；用款单位挪用，改变扶贫资金用途；查出其他违纪资金1328.73万元。审计机关从经济监督职能的角度提出审计建议：严格审批扶贫项目，严禁改变扶贫资金投向，凡贪污挪用的必须如数追回，并追究责任人的法律责任，强化各有关监督管理部门的职责。2000年6月，地区审计局调查大方、织金、纳雍、赫章4县1999年扶贫资金审计决定执行情况。4个县应执行4904.55万元，已执行2684.6万元，占54.74%；大方、赫章分别执行98.1%和93.1%。对尚未执行的，除县农行收取的评估费已上缴省分行和个别贷款户死亡无法执行外，其余已将责任落实到单位。

## 第六节　固定资产投资审计

**生产性建设项目审计**　1985年3月，地区审计局审计地区酿造厂在建工程管理，发现没有按基建会计做账，报销制度不健全，有白条入账；转移基建资金7.9万元和搞计划外工程5.21万元；施工单位拖延工期6个月，影响酿造厂产值19.2万多元；工程质量差，钢筋混凝土工程存在蜂窝麻面和露钢筋多处。1986年，全地区完成基本建设审计24项，查出违纪资金252.08万元；应上缴财政51.94万元，已交27.3万元，效益问题金额8万元。1987年，全地区完成基本建设审计4项，审计428.95万元，查出违纪44.63万元；应追还挪用专项资金0.7万元。1988年，全地区完成基本建设审计10项，审计570.89万元，查出违纪193.39万元；应上缴财政3万元，应追还挪用专项资金5万元。1989年，全地区完成基本建设审计34项，投资额6774万元，查出违纪84万元；应上缴财政22万元，已交19万元，应调账处理12万元。审计处理停建项目10个，金额98万元，缓建项目1个，金额50万元。1990年，按省局安排，毕节地区完成基本建设审计14项，审计2750万元，查出违纪18万元，减少财政拨款17万元，计划外投资36万元。1991年，全地区完成基本建设审计14项，项目计划投资6660万元，已完成2817万元，查出违纪金额212万元；应上缴财政7万元，已交4万元，应减少财政拨款或补贴39万元。1992年，审计固定资产投资307项，审计2.13亿元，查出违纪资金89万元；应减少财政拨款或补贴19万元，应归还原资金渠道46万元。地区审计局从计委简报中发现19个以前年度的投资项目超计划325.5万元，超建筑规模8016平方米，向计委提出建议，计委要求建设单位到审计机关补办追加投资的申报、审批手续。1993年，全地区完成基本建设自筹资金来源审计128项，审计1.22亿元，查出违纪资金60万元；上缴财政14万元，减少财政补贴36.6万元，罚款4.22万元，应追还侵占挪用资金4万元。1994年，完成在建项目审计7项，基本建设自筹资金来源审计111项，审计9014万元，减少财政拨款16万元，查出资金不落实93万元，超标准金额62万元。审计行署百花山宿舍工程竣工决算，查出高估冒算工程款15.92万元，占投资额的15%左右，予以减少财政拨款或补贴。1994年11月～1995年7月，地区审计局审计洪山宾馆东楼扩建工程投资项目竣工决算审计人员三访省定额站，并赴广州作价格调查，并对工程存在的问题采取相应的审计方法。审计查明：工程项目报审505.32万元，审计认定363万元，核减高估冒算142.32万元，核减32%；查出漏缴投资方向调节税25.03万元，虚增工程价18万元，截留基建收入2.33万元。由此，行署行文决定对一些建设项目进行强制性社会审计查证。该项审计获贵州省首次固定资产投资结算审计优秀项目评选第一名。1996年，完成固定资产投资审计2项，查出违纪金额816万元；应上缴财政8万元已交7万元。罚款1.15万元。主要是计划外项目支出751万元，漏交税金7万元。1998年，完成固定资产投资审计2项，审计项目总投资677万元，已完成643万元，查出违纪金额114万元。核减工程结算33万元，应归还原渠道资金7万元。1999年，全地区共审计4个建设单位，查出违纪金额3742万元，其中审计决定处理处罚金额2654万元，指明要求纠正1088万元；应上缴财政6万元已全数上缴。2000年，地区审计局对国债资金投资项目“毕节市低压高效耐硫甲烷化煤气示范工程”的前期工程进行审计。项目投资额4378万元，查出违纪金额2894万元，其中审计决定处理处罚2843万元，指明要求纠正60万元。2001年，按省审计厅安排，毕节地区审计局、黔西县审计局审计城乡农村电网改造项目，查清毕节地区一市三县农网建设与改造项目投资及资金到位情况，提出项目投资管理、建设资金管理和工程造价管理等方面的审计建议。地区审计局专项调查并审计毕节地区2000年3000千米国省干线公路改造项目，查出有问题资金3.01亿元。2002年，全地区完成固定资产投资审计5项，项目投资771万元，完成812万元，核减工程款12万元，查出违纪3万元；应减少财政拨款或补贴9万元，应归还原渠道资金6万元，应自行纠正7万元。2003年，全地区完成固定资产投资审计7项，项目总投资2.67亿元，完成9095万元，核减工程款539万元。查出违纪989万元，管理不规范2127万元，损失浪费231万元；审计决定应上缴财政3万元已如数上缴，应减少财政拨款或补贴26万元，应调账处理123万元，应自行纠正2904万元。2004年，毕节地区审计局草拟《毕节地区关于贯彻〈贵州省国家建设项目审计办法〉的意见》《毕节地区国家建设项目审计规定》《毕节地区国家建设项目委托审计办法》和《毕节地区国家建设项目跟踪审计办法》，分别由行署或行署办印发各部门、各单位执行。是年，完成固定资产投资审计4项，项目总投资1052万元、完成投资1192万元，核减工程款112万元，查出违纪金额138万元，管理不规范246万元；审计决定应减少财政拨款或补贴110万元，应归还原渠道资金8万元，应调账处理147万元，应自行纠正246万元。

**非生产性建设项目审计**　1987年4月，地区审计局审计地区工业学校第一期工程超计划问题，查出扩大面积和提高标准超支7.25万元，无图纸施工修水池垮塌，造成损失0.48万元，围墙工程量相差84.04平方米，多付款0.54万元。审计建议追加17.92万元基建拨款。1988年11月～1989年1月，地区审计局审计洪山宾馆1988年客房装饰工程及经营管理，查出经营管理上由经理室与5个下属单位采取单一低指标，超定额任务递增奖金的形式承包，全年滥发奖金8.47万余元，占工资的88.37%，由于奖罚不平，造成管理混乱；客房装修工程问题较多，审计共核减10.57万元。行署下发批转审计报告的通报，并作出免去宾馆经理王××、副经理荣××职务的决定。1989年1月，地区审计局应地区工业学校要求，对熊德龙捐助50万元（实际到账25万元）的该校实验楼工程竣工决算审计。审计明确工程超支7.71万元有其原因，由基建单位向有关单位申请追加计划，追加投资。6月，跟踪审计地区体校和地区经济技术文化交流中心停缓建项目。查出其资金来源由地方财政自筹，省补助的三分之一投资未落实。审计时，财政拨款402.77万元，完成投资103.16万元。据测算，基础工程比计划投资要增加18.2万元。1990年3月，地区审计局审计行署桂花路宿舍工程竣工决算。该工程总建设规模3500平方米，投资75.8万元。建行审查工程决算71.88万元，审计核减3.26万元。1990年12月～1991年1月，地区审计局审计地委党校基建财务收支及工程决算。审计已完工工程及零星项目180.41万元，应核减17.28万元。基建财务收支审计查出转移资金17.87万元，私人挪用做生意7.8万元，私设小金库2.1万元，基建成本不实1.2万元，超付工程进度款造成损失15.5万元，乱发津贴补贴10.46万元；审计决定上缴财政的违纪金4.01万元。1992年4月，地区审计局审计行署老干部宿舍工程竣工决算及财务收支。施工方报送审查决算94.03万元、建行审查决算为92.71万元，审计中施工方补报决算5.99万元，审计金额98.7万元，审计确认该工程竣工决算总投资为88.88万元。5月，审计地区图书馆财务收支及基础工程结算。地区建筑公司申报基础工程正负零以下结算为53.08万元，审计核减8.47万元；查出挤占建设资金7.77万元，无依据付设计费0.12万元，其他应收款16.08万元及长期占用建设资金问题。1994年，地区审计局审计行署百花山10号住宅楼基建工程竣工结算。承包方报审金额为122.94万元，经审定为107.02万元，核减15.92万元。1995年10月，地区审计局审计地区公安处综合技术楼工程。施工单位报审的工程结算总额加上建设单位零星支出240.84万元。审计确认总投资199.91万元，超计划1348平方米为89.91万元，计划外工程应交30%的投资方向调节税26.97万元。施工单位报送的结算额有部分工程量不实，重复计算，高套定额单价计算等情况，核减工程款40.93万元。1998年3月，地区审计局审计地区牧科所畜牧兽医研究中心实验办公综合楼工程项目，核减施工单位多计、重计、高套定额造成多计工程款4.79万元，占投资额的2.77%。1999年3月，地区审计局审计在建中的毕节市城区防洪一期建设项目。其存在问题为：地形地质勘测工程粗糙，以致关门山排洪隧洞改线和茶亭小河部分标段河堤变更量大，增加投资90余万元；工程的地质勘测设计、工程监理未向社会公开招投标，同步实施的倒天河主河道河堤工程也未按规定招标；大兰排洪渠九标段部分隐蔽工程验收质检部门未签注意见；违反专款专用原则，为市水电局物资供应站垫付3.39万元和预付29万元。

2005年，地区审计局对已停工的威宁县草海湿地保护污水治理工程建设项目进行审计，查出了建设单位项目管理混乱，排水管违规招标，高价销售给项目，造成直接经济损失89.8万元；监理单位无专业监理人员监理，允许未经检验的产品用于管道安装工程，签认虚报工程款等；勘察、设计单位违规地勘，提供资料不能满足设计需要，违规设计，定额套用错误，多计概算工程费用298万元；项目缺乏科学的可行性论证，审批程序不严谨；施工单位多计工程结算价款111万元；银行现金监管失控，提取大额现金支付工程进度额；配套资金不到位，有挤占项目资金的情况。地区审计局对赫章至煤灰色公路改造工程的审计，审定项目总投资3291万元，项目建安费决算（报审金额）3104万元，审定项目建安费3072.5万元，净核减金额31.5万元。地区审计局还对地区疾控中心业务楼建设项目审计，审定投资367万元，审核并收缴资金3.7万元。此外，项目采取由国家审计机关委托社会中介机构审计，以弥补国家审计力量的不足，如纳雍县的矿山公路审计项目中，纳雍县审计局充分利用了中介机构的力量，审减工程款100余万元，得到了县委政府的充分肯定。

2006年，全区固定资产投资审计项目涉及农业、水利、交通、城建和教育等领域，累计审计国家和地方投资的重点建设项目101项，审计金额3.82亿元，与上年同期相比增62.11%，其中审计机关审计项目63项，审计金额1.33亿元；委托社会中介机构审计项目38项，审计金额2.49亿元。共审减项目投资1524.24万元。截至2007年10月底，全区审计机关共完成固定资产投资审计项目129个，工程项目送审金额19956.34万元，审定金额18532.89万元，审减金额1423.46万元，其中审减率达10%以上的项目有31个，极大节约了财政资金，避免了损失浪费，促进了工程项目管理、财务管理和造价管理规范化、合理化。

2008年，毕节地区审计局审计了毕节实验楼AJ2工程，报审金额15280053元，审定金额13601873.54元，核减金额1678179.4元，审减率达11%，在对毕节市东出口道路改扩建工程审计调查中，从管理的层面提出了切实改进的意见，调查中发现如水下问题：一是在项目管理方面，项目管理“四项制度”执行不到位；项目法人与代建单位未办理委托手续；监理单位没有认真负责；二是在工程造价方面，有的工程计量不准确，计价不充分。赫章县切实加强了固定资产投资审计项目，在提高资金使用效益上下工夫，全年共完成固定资产投资审计项目80个，核减工价款820万元，核准投资项目127个，核准总投资额1174万元，完成备案项目193个。

2009年，地区审计局对毕节公路枢纽东客站建设项目和管理信息指挥中心开展了竣工决算审计，主体工程造价审减率均超过22%，其中，在毕节公路枢纽东客站建设项目竣工决算中，项目各单位（项）变更竣工结算送审金额1183.47万元，核减金额299.39万元，在毕节公路枢纽管理信息指挥中心建设项目竣工决算审计中，主体工程变更建设部分送审金额217.30万元，审定金额181.43万元，审减金额56.36万元，边坡支护工程送审金额165.1万元，审减金额21.18万元。赫章县审计局完成审前备案项目125个，备案金额达13119万元。核准20万元以下的结算项目115个，核准投资716.9万元。通过对赫章县党校新建项目、县垃圾填埋场等11个建设项目进行审计，共审减控制价3440.5万元，从源头上为政府节约了大量财政资金。

2010年，全年累计完成审计项目1027个，涉及投资64.6亿元。审计机关自审项目475项，涉及投资51.08亿元，委托审计项目552项，审计资金14.01亿元，其中工程结算审计项目499项，审计金额11.74亿元，审计调减投资6766万元；跟踪审计项目73个，涉及资金4.87亿元。

**固定资产投资审计调查**　1986年，地区审计局按上级要求，审计调查地直自筹资金基建项目资金来源是否正当，是否落实。调查核实：1986年省计委下达给毕节地区计划指标1000万元，其中地直526万元。到6月底，除150万元免税部分未安排外，自筹指标376万元中，已下达计划17个项目，投资316.4万元，单位自筹135.44万元，总规模3.84万平方米。重点审计调查烟草公司业务房、财校宿舍、税务局宿舍、医药公司业务楼、粮食综合楼、石油公司、专医院、防疫站宿舍8个投资项目，有5项存在问题，计划投资116.9万元，实际投资140.8万元，6月20日前已存入建行177.37万元，占应存入额的56.1%。1989年4月，毕节地区地、县审计局分别审计调查1987年以来中小学危房改造资金的筹集、管理和使用。调查核实：全地区3年共投入危房改造资金4191.26万元。到1989年10月底，共支出危房改造资金2421.5万元，占总投入的57.77%。改造危房44.78万平方米，占1987年全地区上报危房46.17万平方米的97.03%。调查发现：大部分资金专款专用、毕节德厚小学将危房改造资金1万元转作另一新建工程；不少学校监督不力，管理不善，以致工程长期拖延；部分学校改造不合格，建成就是危房；个别学校将公款存入个人账户1.38万元，虚列支出0.8万元，现金不入账2.61万元。1993年5月，地区审计局审计调查毕节地区房地产开发公司、毕节广厦房地产开发公司、毕节县房地产开发公司、金沙县房地产开发公司，调查确认除地区房地产开发公司盈利78.76万元外，其余3家因主管部门的行政干预以及人员结构不合理，缺少具有中、高级专业技术人员，造成亏损。1995年8月，按地委指示，地区审计局审计调查纳雍县新建14个乡镇办公楼。调查发现：县新建乡镇建房项目长期无人过问，领导小组有名无实，城建局充当项目管理和建设、施工三位一体的角色，导致项目管理失控，资金、施工及质量管理极为混乱，资金随意拨付。1993年6月底，资金到位174万元，挪用148.5万元，占85.35%。已实施的13个项目中，只有1个项目的施工单位具有承包资格，其余均属无证、照施工，施工队伍完全由城建局临时指定；13个项目均未签订施工合同；少量工程虽有设计图、施工人员随意修改达30%以上；普遍存在偷工减料，粗制滥造问题；项目实施过程中，城建、设计、施管、质监部门从未到过现场监督和管理；完工工程未经验收即投入使用。1997年10月，地区审计局审计调查民族中学。原概算总投资900万元，调整为1560万元。调查发现原概算没考虑到教学、生活配套项目；总图测量控制不准，在地质变化较大的情况下被迫变更设计；建筑物价上涨，又值调整建筑造价。完成建安投资1253万元，交付使用财产57.13万元，待摊投资232.74万元。1998年，地区审计局审计调查毕节地区体育培训中心建设项目资金使用调查发现：原概算投资2000万元，现建设单位预计仅田径运动场和比赛馆概算就需3668.48万元，为原概算的183.42%。原因是项目设计不周，缺项、漏项，导致设计变更；建筑造价调整，定额执行变动；资源利用不充分，损失浪费。地区审计局审计调查织金三甲至纳雍的工路建设。发现项目资金不足、工期长，严重超概算以及乡镇公路建设资金被挤占、挪用，引起有关部门的重视。

2010年毕节地区审计区组织全区审计机关对新增中央预算内投资项目进行跟踪审计调查。截至审计调查时，中央扩大内需资金累计到位44.46亿元，占全年计划的72.4%，开工项目1491个，开工率99.93%，完工项目774个，占项目总数的51.87%，竣工验收项目491个，占完工项目的63.43%，累计完成中央扩大内需资金13.21亿元，中央专项资金3.61亿元，直接带动完成地方配套资金13.68亿元，银行贷款0.58亿元，企业资金0.66亿元，其他投资2.28亿元。审计调查结果表明：在中央扩大内需政策的拉动下，新增中央投资项目顺利推进，进展较好，取得良好经济和社会效益。

## 第七节　经济责任审计

2000年11月，经中共毕节地委批准，地区纪委、组织部牵头，建立经济责任审计五部门联席会议制度。2001年3月，地区审计局增设经济责任审计科。5月，成立由地委副书记任组长，地区纪委书记和行署副专员任副组长的经济责任审计领导小组，领导经济责任审计工作。

**国有企业领导人员任期经济责任审计**　1997年4月，赫章县审计局审计赫章钢铁厂原厂长柯昌华任期内履行经济责任情况。审计认定其任期内实现产品销售收入1.22亿元，实现利润总额-3.52万元、累计提供税收691万元。调查发现在以下问题：市场预测不够，投资未收到预期的效益；未严格执行材料内控制度，仅焦煤一项就使企业年直接损失百万元。12月，织金县审计局审计织金县外贸公司法定代表人李某离任经济责任。审计认定：李某决策失误，从陕西购进价值31万元的辣椒，由于运输、仓储损耗，市场价格下跌，给公司造成潜亏10多万元。使公司累计亏损从8万元增加到20多万元。1998年3月，地区审计局就地审计地区物资总公司经理林某某任期内经济责任。审计发现：由于盲目投资造成损失6.44万元；1997年亏损73.45万元；虚增资产58.24万元以及重复报账及无依据报销等，还查出与其有亲属关系的林某借有现金和物资计6.55万元以及林沙承包的拉达轿车未归还的事实。地区审计局审计地区苎麻纺织厂厂长余某某任期内经济责任，核实该厂到1998年3月总负债1850.23万元，资产负债率为60.92%。加上审计查出历年少提折旧199.43万元和潜亏的134.38万元，累计亏损和潜损605.75万元。5月，审计地区棉纺织厂赵志远任期经济责任，核实其任期内工业总产值、销售收入、利税总额及超亏2016.86万元。超亏原因除原材料价格上涨、销售价下跌、资金靠借款、利息费用大而外，还有企业管理不善。审计查出挤占费用，虚减利润4.28万元，乱列营业外支出虚减利润4.85万元，少计费用虚减利润290.32万元，少转销售成本虚增利润108.93万元，少提折旧虚增利润870.67万元等问题。2000年，全地区共完成企业法人任期经济责任审计3项，查出违纪金额88万元，指明要求纠正金额88万元，损失浪费27万元。审计结果反映，国有资产保值单位2个，减值单位1个。

**党政领导干部任期经济责任审计**　1998年1月，赫章县审计局审计赫章县公安局原任局长赵某某任职期间经济责任。查出：私设小金库20万元；3个科室截留应上缴财政收入，坐收坐支罚没款21.64万元；预审科未用专用单据收罚款0.5万元；购买伏尔加小车1辆4.6万元。审计认为赵某某应负主要责任。8月，毕节市审计局审计市政府办公室主任胡某某、财务科长邱某某离任经济责任，查出应计未计固定资产407.07万元；公产处置收入28.23万元未纳入其他收入核算；门市出租收入44.26万元未纳入预算外收入核算。2000年1月，金沙县审计局受县纪委、监察局、组织部委托，审计金沙县茶元乡原党委书记罗某某、乡长郭某某任期经济责任，查出违纪金额6.2万元。审计查出违纪金额53.15万元。审计黔西县钟山乡党委书记郭某某离任的经济责任，查出：将应作收入的几种款项计5.15万元挂往来的款项；用财政资金垫交农业税等应收未收款31.99万元，暂付各种税款和基建工种款85万元。审计黔西县素朴镇原党委书记王某某1997～1999年任职期间的财政财务收支及有关经济活动，查出其招待费和小车费66.78万元；镇科技服务中心专项拨款89.56万元脱离财政监督，财务管理混乱；其他违纪金额12.84万元。2001年，全地区完成30个单位经济责任审计，共审计1.22亿元，查出违纪资金1605万元。地区审计局首次开展县级领导干部经济责任审计试点，审计大方县、地区农办、地区乡企局的4名在职党政主要领导的任期经济责任。4～6月，审计大方县委书记和县长的任期经济责任，共审计317个县直单位，两个乡镇财政所，调查10余户农户，审计9.6亿元，查出违纪资金21.676万元。对县委、县政府主要领导明确直接责任和主管责任，提出11条审计意见和建议，并下达审计决定，分别对违纪问题作纠正和处理。纳雍县审计5个乡镇和县直单位主要领导经济责任，查出违纪资金1万多元，调离、降职2名，交流1名。金沙县审计6个乡镇、县直单位领导干部，发现违反财经制度开支120万元，有关人员已移送司法机关侦察。毕节市审计4个乡镇和县直单位，审计5598万元，查出违纪资金528万元。黔西县审计2个单位，涉及资金3536万元，查出违纪资金736万元。2002年，全地区共完成经济责任审计70项，涉及经济责任人95人，查出违规1.31亿元，其中主管责任9762万元，直接责任1859万元，应纠正1958万元，损失浪费206万元。是年9月，地区审计局审计赫章县原县长张某某1999～2001年任期经济责任，查出虚列财政预算支出5555.83万元；县财政欠拨各单位专款3559万元，其中支农扶贫资金专款2173万元；农业税减免款未按规定拨付各乡镇兑现给农户320万元；违规借出财政预算外资金100万元。查出地区教育局报销发票12.54万元用途不清，移交地区纪委监察局处理。查出地区计生局挪用计生专款搞基本建设391.47万元，挤占计生专款17.06万元购置设备，漏缴有关税金及附加4.53万元。2003年，全地区共完成领导干部经济责任审计62项。审计经济责任人86人，共查出违纪1.58亿元，其中主管责任1.47亿元，直接责任1128万元；管理不规范3653万元，其中主管责任3352万元，直接责任301万元；损失浪费274万元。地区审计局完成黔西县、金沙县和地区环保局、科技局、教育局领导干部经济责任审计，审计10.46亿元，收缴违纪资金43.5万元，查出违纪资金1.42亿元，其中主管责任金额1.42亿元，直接责任72万元。2004年，全地区共完成经济责任审计56项，审计经济责任人74人，其中县级干部6人。查出违纪资金4611万元，管理不规范4183万元。移送纪检部门事项2件，涉及5人，金额17万元。审计调查地区财政1998～2003年拨付给毕节市的1.17亿元城建资金，发现财政部门改变资金投向42.97万元，挤占城建资金开支办公费121万元；倒天河综合治理工程设计失误造成损失56.47万元。各县市审计局审计县级以下领导干部68人，查出违纪金额799万元，其中主管责任665万元，直接责任134万元；管理不规范2516万元。

2006年底，完成审计项目75项，审计领导干部121人。查出违规违纪金额2284万元，其中主管责任1797万元，直接责任487万元；管理不规范金额7219万元，其中主管责任6844万元，直接责任375万元；移送纪检监察机关2件。地区局完成县级领导干部任期经济责任审计4项，审计领导干部4个，查出违规违纪金额318万元，其中主管责任115万元，直接责任213万元；管理不规范金额1136万元，其中主管责任1005万元，直接责任131万元。

2007年，本着“积极稳妥、量力而行、提高质量、防范风险”的原则，全区审计机关着眼于关注经济发展责任，关注经济决策责任，关注执行经济政策责任，关注经济管理责任，认真开展经济责任审计工作，共完成了经济责任审计项目17个，审计县处级领导3人，县处级以下领导13个，审计查出违规金额690万元，其中主管责任613万元，直接责任77万元，管理不规范金额4153万元。

截至2008年11月止，全区审计机关共完成经济责任审计项目54项，审计县处级干部5人，审计乡科级干部73人，查出违规金额3812.56万元，其中直接责任967.34万元，主管责任2845.22万元。其中，地区审计局完成了对赫章县长、地区安全生产监督局局长。地区环保局局长、地区财经干校及地区百货公司经理等5项经济责任审计任务，查出违规金额427.41万元，其中直接责任213.96万元，主管责任213.45万元。存在的主要问题：挤占专项资金，设置“账外账”，应交未交财政收入等。2009年，全区审计机关共完成经济责任审计项目65项，审计县处级干部4人，审计乡科级干部61人，查出违规金额及管理不规范金额5493万元，损失浪费金额35万元，其中直接责任4773万元，主管责任755万元，其中，地区审计局完成了金沙县人民政府，地区水利局，地区乡企局及毕节地区日报社主要负责人等4项经济责任审计任务，查出违规金额67万元，管理不规范资金328万元，其中直接责任299万元，主管责任96万元。

2010年，全区完成经济责任审计项目19项，审计领导干部26人，查出违规违纪金额359万元，其中：直接责任328万元，主管责任31万元；管理不规范金额2470万元，其中：直接责任1581万元，主管责任889万元。毕节地区审计局完成了对黔西县人民政府主要领导、毕节地区科技局原局长的离任审计、移民局、地区工校主要领导的任期经济责任审计。发现的主要问题：政府隐性负债增大；滞留专项资金；2008年以前门面租金收入未执行收支两条线；往来款项清理不及时；购置固定资产未入账等。

## 第八节　外资运用审计

**联合国援助项目审计**　1989年、1994年，毕节地区审计局、织金县、纳雍县审计局根据国家审计署和贵州省审计局的授权，审计监督联合国粮食计划署无偿援助3356项目的财务收支、援粮管理和经济效益。1989年，贵州审计省局授权毕节地区审计局、纳雍、织金县审计局在各自的权限范围内开展项目审计活动，对审计发现的问题作出审计决定。1999年4月，地区审计局审计地区3356项目办的财务收支，织金、纳雍县审计局分别审计县县属范围内的3356工程内控制度和项目工程执行情况以及援粮的接收使用、配套资金的使用。5月，省审计局审计组和毕节地区审计局共同复查织金纳雍两县项目指挥部的项目活动，实地检查两县10个区，13个乡的33个工程点和4个援粮仓库。地、县审计机关针对审计查出的问题提出处理意见和建议。1994年6月，毕节地区审计局审计《中国3356》毕节地区项目办1993的度财务收支，核实地区项目办接收WFP援粮、分配、结余情况。审计查出：地区项目办挤占、挪用专项资金90万元，其他违纪资金3914万元；审计机关决定上缴财政3000元，罚款2500元。1995年3月，地区审计局审计地区项目办1994年财务收支，查出挪用财政配套资金3万元，分别赞助毕节撤县建市2万元，省广播电视台45周年台庆1万元；项目办联营苗圃两年累计利润9.79万元，项目办提取发放奖金福利费4.49万元，多提1.56万元。1996年4月，地区审计局审计《中国3356》工程项目财务收支、援粮管理和经济效益情况，查出小金库12.5万元。该审计项目在当年全省优秀审计项目评比中荣获三等奖。

**世界银行贷款项目审计** 1.第三个农村信贷项目（1871—CHA）审计。1988年2月29日，中国政府与国际开发协会（IDA）签订第三个农村信贷项目。项目信贷提款截至日期为1993年6月30日。1990年2月毕节地区审计局根据国家审计署授权和贵州省审计局的决定授权各县，明确各县审计机关每年必须在一季度进行审计外，可根据实际情况进行其他审计。1990年，威宁、毕节、赫章县审计局审计县农行1871项目执行情况。威宁县支行实际发放贷款为计划数560万元的15.8%；配套资金不落实；贷款户转移资金用途。大方县贷款计划数170万元，实际发放12.5万元，承担世界银行承诺费1.25万元的损失；山坝种羊场和养牛专业户陈某，因管理不善，牲畜死亡，造成直接经济损失2.95万元。毕节县调查5个区、26个乡和5个营业所贷款15.31万元。贷款户的圈舍卫生条件差，防疫跟不上，牲畜死亡率高；劳动者素质低，生产方式落后，投入产出低。赫章县审计27.88万元、占投放贷款的68%；挪用贷款4万元经营白锌和羊毛；实际发放贷款25.2万元，占计划的16.6%；贷款项目缺乏可行性论证，贷款回收风险大。1991年，地区审计局审计地区农业银行1871项目执行情况，发现项目进度缓慢，分项目统计口径不一致，挪用和借出项目资金及超越审批权限批准项目的问题。大方县项目进展缓慢；分项目效益差。织金县贷款68.77万元，国内配套28.09万元，县农行为项目提供29%的配套资金贷款，全部贷款发放结束，并已验收报账偿付资金。毕节县审计3个区的贷款和两个大额贷款的单位。地区羊毛衫厂贷款86.39万元、由于市场疲软、难以按期偿还；毕节县经济实力公司贷款30万元，将其中20万元转还其他贷款。纳雍县审计核实，不符合外资管理项目资金贷款占投放总额的43.58%；有问题贷款25.72万元，1990年度尚有20.89万元未追收归位。1990年，纳雍县鉴于项目信贷员素质不适应项目管理要求，物资管理和监测服务跟踪不配套等原因停止项目贷款投放。1993年3月～5月，地区审计局追踪审计1992年度1871项目执行情况，审计核实项目贷款的回收及损益：1992

年12月31日止，共发放贷款692.3万元，其中世行贷款491.72万元；国内配套贷款200.6万元；共收回贷款241.8万元；尚有贷款余额450.5万元。项目未能按计划实施。审计机关针对问题提出相应的建议。

2.疾病预防项目计划免疫子项目（2794-CHA）审计。1996年，启动疾病预防项目计划免疫子项目，2001年12月31日结束。项目覆盖全地区。截至2001年12月31日，实际收到投资875.43万元，其中世行贷款810.93万元，县级配套资金64.5万元。1997～2002年，地区审计局和相应的项目县审计局每年对项目实施审计。历年存在的问题是配套资金到位率11.51%，省级和地级配套资金未到位。1998年发现，地区卫生防疫站滞留大部分省配给各县市的项目系列注射物资；财务上只有配发回单，进出无登记；白条报账0.18万元。1999年发现，虚报项目工程支出133.52万元，冒领世行贷款72.13万元，滞留、挪用项目贷款回补贷款资金41.25万元，挪用世行贷款8.2万元。2000年，发现赫章县项目办支出凭证不足，申请世行回补贷款资金16.75万元，占用世行贷款15.15万元，挪用项目贷款7.51万元，县级财政滞留回补资金10.03万元。

3.基本卫生服务项目（3075-CHA）审计。1988～2004年，实施农村贫困地区基本卫生服务项目（简称卫八项目）。至2004年12月31日，实际收到投资1804.54万元，其中世行贷款1377.99万元，配套资金426.55万元。1999年起，地区审计局和项目覆盖的大方、纳雍县审计局分别在管辖范围内审计项目经济活动、内控制度和执行情况审计发现：配套资金到位率为41.78%；项目县财政局滞留项目资金。

4.第九个卫生发展项目妇幼子项目（4462-CHA）审计。2000～2004年，施行第九个卫生发展项目妇幼子项目（简称卫九项目），项目关账延至2008年6月30日。项目涉及地区级及毕节、黔西、威宁、赫章4县（市）。至2004年12月31日，实际收到投资654.83万元。2001～2004年、地区审计局和毕节、黔西、威宁、赫章4县（市）审计局每年在各自管辖范围内审计项目执行情况。审计发现：配套资金不到位和项目县财政局滞留项目资金。

5.世行贷款／英国赠款中国结核病控制项目（7107-CHA）审计。2002～2008年，施行世行贷款／英国赠款中国结核病控制项目（简称卫十项目）。项目覆盖全地区。项目计划投资921.62万元。到2004年12月31日，实际收到投资223.41万元。2003～2004年，地区审计局和各县市审计局分别审计项目执行情况。审计发现项目配套资金不到位。

6.贫困地区林业造林项目（4325-CHA）审计。1998～2002年，实施贫困地区林业造林项目，项目涉及黔西县（金沙县挂靠黔西县）、威宁县（赫章县挂靠威宁县）。项目总投资4511.7万元，实际收到投资961.02万元。2000～2003年，项目县审计局审计该县林业办公室，审计发现配套资金到位率仅为16.15%；项目县财政局滞留进行回补资金。

7.其他世界银行贷款项目审计。①第四期农村供水与环境卫生项目。覆盖毕节市、金沙县、黔西县、纳雍县、威宁县。从2000～2004年分别由各项目县审计局审计，直接报省厅汇总。②西南扶贫项目。已到位配套资金6196.49万元，主要用于实施县的教育、卫生、基础设施、农业及乡镇企业。由大方、织金两县组织实施。③贫困地区林业发展项目。计划世行贷款284.67万美元，折合人民币2356.87万元，已到位配套资金224.1万元，主要用于种植核桃、板栗等经果林木。由黔西、金沙、威宁、赫章县组织实施。④贫困省教育项目。已申请贷款资金3415.4万元，到位配套资金1691.2万元，主要用于实施县的中、小学校舍建设，师资培训等。由大方、织金、威宁县组织实施。⑤第四个基础教育项目。已向世行贷款496.9万元，到位配套资金489万元，主要用于校舍修建，图书设备购置、校长及师资培训。由赫章县和地区师范学校组织实施。以上项目在执行期内，由地区审计局和相应的项目县审计局审计，查出配套资金未足额到位，滞留、挤占、挪用项目资金等。

**外资运用审计调查** 1.比利时政府贷款项目审计调查。2000年8月，毕节地区审计局审计调查毕节市供水总公司利用外国政府贷款新建日产10万吨自来水厂项目的财务收支。调查核实已提取贷款1.26亿法郎，折合人民币2758.92万元，已支付利息68.18万元，转贷业务费13.6万元，承诺费2.17万元；国内配套资金5750.7万元。项目累计完成投资5857万元。调查发现：挪用配套资金1051.84万元转借给市烟草公司和财政局各500万元；滞留建设资金880万元：重要建设项目未公开招标、投标、项目的勘测、设计、工程监理未按公开、公正、公平的原则选择，以至因施工图设计工作滞后而影响建设项目的实施。审计机关针对问题提出审计意见和建议，引起市政府重视。

2.政府外债审计调查。2002年3月，按照省审计厅制定的《贵州省2002年政府外债审计调查方案》，地区审计局审计调查全地区政府承借承贷承还外资。审计核实：截至2001年12月31日止，毕节地区实施的世界银行贷款项目为5项，已关闭进入还款期的有2项。已到期应还债务本金155.68万美元，利息45.34万美元；已偿还债务本金31.32万美元，利息12.05万美元；外债债务1667.89万美元，加利息33.29万美元，累计拖欠债务1701.18万美元。

审计发现以下问题：一是报账提款进度迟缓，闲置世行贷款资金。全地区利用世行贷款债务协议总额3076.94万美元，到2001年12月实际累计提款1306.21万美元，占协议金额的42.45%。实施外资项目大多临近关闭期，尚有1770.73万美元贷款处于闲置；

二是国内无偿配套资金不能及时足额到位，既影响世行信贷资金的报账提款，又延缓项目实施进度。

三是项目资金近1000万元人民币。

四是世行项目办在计划、资金、项目实施方面难以有效协调，各块项目互相脱节，监督管理困难；人员素质参差不齐，变动频繁，业务不熟悉，影响按期报账提款。

五是地、县市两级财政部门均未建立偿债准备金制度。

六是西南扶贫项目外汇风险由项目单位承担，削减项目世行贷款资金总额，增大项目实施单位的成本。

七是部分县未建立与项目管理相适应的管理制度。

八是部分县仍存在财政滞留项目资金，造成世行贷款资金的闲置。

审计调查针对存在的问题提出5条建议，一是尽快建立偿债准备金制度，二是清理被挪用的外资和国内配套资金，三是做好对世行信贷资金回收的准备工作，四是保证国内配套资金及时足额到位，避免挪用、滞留，五是稳定机构和人员，赋予相应的职责、权利。

# 第四章 价格管理

毕节地区初步形成集市贸易以来，执政者对物价的作用没有足够的重视和采取必要和有效措施控制和调节，致使中华人民共和国成立之初的毕节地区物价飞涨得不可思议。人民政府接管政权后，面对十分棘手的局面，迅速采取有效措施，稳定了物价和新的人民政权。

## 第一节 价格管理体制

**管理机构** 民国及以前，市场商品价格由各行业商会公会议定，然后公告执行。1931年，各县设物价管制委员会。1949年12月，建立毕节专员公署工商科，负责商业、供销的物价管理，兼办毕节县工商科工作，各县工商管理工作由县税务局兼办。1952年，建立毕节专员公署供销合作社，负责全专区的物价管理。1954年，专署商业局管理城市物价，贵州省供销合作社毕专区办事处管理乡村物价。1957年8月，专区及各县成立物价委员会，同工商局合署办公。1966年5月～1967年8月，相继撤销。1977年7月，成立毕节地区物价领导小组和毕节地区物价政策落实办公室。1978年8月成立地区及各县物价局。1984年，地区及各县相继成立物价检查所。1984～1993年，全地区共建立各类群众物价监督站9个，有义务物价监督检查员195人。1992年10月，成立地区及各县的价格事务所，经费实行独立核算，自负盈亏，人员实行招聘。

**稳定物价政策** 1.民国时期。民国26年（1937），毕节县商会各理、监事、各业理事对30余种商品价格进行决议。民国28年（1939），根据《贵州省各县平衡物价办法》，各县物价均由县商会和同业工会负责管理。民国31年（1942）1月，毕节县屠业公会要求提高肉价至每公斤3.8元国币，县政府派员考察核实，核定价格为3元。是年12月，各县分别设置物价管制委员会专门管制物价。商会调整商品价格得呈报县物价管制委员会批准。民国32～33年（1943～1944）上半年，毕节物价暴涨，猪肉从每斤8元涨到40元。县政府训令限制猪肉上涨价格，而且限制其他主要商品的交易数量。民国35年（1946）后，任何管制办法都无济于事。国民政府对机关公务人员实行主要商品配给办法，或禁止某些商品外流。民国36年（1947）毕节专署发出公告，禁止菜油出境。

2.中华人民共和国成立后。1949年后，毕节专区城乡市场主要流通银圆，与人民币的比价为1：2000元；因毗邻地区物价上涨，陡升至1：6000元，民众拒用人民币。专区贸易公司迅速抛售食盐，稳定物价。1951年春，发生灾情，大定、毕节、威宁严重，物价陡涨，地、县各级调进粮食、食盐等物资，稳定市场物价。专区要求各县在1951年12月以前建立市场管理委员会。外地或本地行商出售或收购物资，须先登记，由市管会统一部署，以免引起物价波动；市场一切交易以市管会牌价为标准；无牌价之货品，由市管会议定价格。一切交易公开价格，现货现款，严禁买空卖空，囤积居奇，哄价抢购，或散布谣言。1953年与上年比较，调高苞谷12.5%，茶叶75%，香菌74.19%，菜油48.96%，茶籽53.6%，党参73.68%；土钢调低12.17%，调低12种布匹价格。1956年，工业品销售价格平均降低3.91%：全专区农副产品收购价格平均上调15.8%，土特产品平均上调20.28%，副食品平均上调27.7%。1957年，全专区苞谷价格比1952年提高2.15～4.52元，提幅为90.7%：稻谷提高0.87～4.81元，提高22.1%。调整调进工业品的价格，使工业品销价高于四川、贵阳，略低于云南。对第一类农副产品，允许农民完成交售任务后以略高于统购价在市场上出售；第二类商品允许商贩按规定牌价经营。1958年，全专区物价部门共调整工业品价格1.23万种，其中调升624种，调降1.06万种。农产品55种，其中调升20种，调降35种。1959年，工农业产品共调2913种，降格总降0.5%～20%。农副土特产品42种，平均提高26.1%。农业生产资料下降25.1%。1961年5月，对稻谷、大米、小麦、黄豆、高粱的统购价，综合平均100斤6.29元提至8.09元；菜籽、桐籽、木籽、漆籽、蓖麻籽收购价平均提高22.4%。二级生猪每100斤由31.7元提到43元，猪肉零售100斤44.33元提到68元；鸡蛋每100斤50.81元提到74.66元，活鸡每100斤50.81元提到82.2元。购销差额按12%执行。1959～1962年，使用多种供应证、票、券把日用品较公平地分配给群众，采取财政补贴控制零售物价上涨，粮油购销价格倒挂继续补贴。每百斤猪肉补贴50元，食盐1.64元，煤炭每吨19元。全专区对农资化肥补贴12.1万元。给农副产品出售者一定数量的平价商品，保持计划收购的基本稳定。1962年国民经济好转，物价逐渐下降。1966年5月，全国统一提高粮食购销价格。毕节专区粮食购价，中等稻谷每担8.3元调为9.5元；大米从11.8元调为13.8元；苞谷从8.3元调为9.5元；黄豆从10元调为15元，菜油从每担64.61元调为72.1元。大米、苞谷、黄豆、菜油实行购销同价，糯米、绿豆、小豆也相应调整。1966年8月调整44种百货、文化用品城乡差价、地区差价、降低零售价。1966～1976年，撤销物价机构，利用行政手段冻结物价，价格矛盾日益突出。1972年3月，按国家计委通知，开展基层审价工作。

1979年后，国家实施经济体制改革。价格管理伴随经济体制改革，实施以下方针政策。（1）调整粮油、农副土特产品价格。1979年3月，全面调整农副产品收购价格。18种农副产品均提高24.8%。稻谷、大米、苞谷、小麦每百斤平均11.43元调为13.84元；油菜籽、菜油、茶籽、茶油每百斤从61.63元调为71.88元。1980年2月，根据省府决定，花生、核桃、芝麻、黑木耳、香菇、黄花、生漆、蜂蜜、威宁梨、白瓜子、干辣椒，在完成国家派购、统购计划后，在供销系统开展议购议销，实行浮动价。1984年，全地区粮价实行综合购价，提价幅度34.28%。中药材平均提价40.38%，畜产品平均提价18%。1985年，全地区取消产品统购、派购制度，分别实行合同订购和市场收购。粮食实行合同订购，价格按“倒三七”比例计算，即30%按原统购价，70%按原超购价。对交售农产品实行奖售政策。城镇居民和菜农口粮仍按统销价格供应。取消生猪派购政策，放开猪价。1993年4月全面放开粮油价格，粮油价格上涨。（2）调整工业、能源产品价格。1983年1月20日，全地区调低纯化纤产品、化纤二合一产品、毛三合一产品及其制成品价格，调高汗衫背心、棉毛衫裤、卫生衫裤、毛巾、床单、纱线袜价格。降低手表、闹钟、彩电、布胶鞋、电风扇、照相胶卷、洗衣机、电冰箱、名牌自行车价格。1984年，本地产碳铵售价由每吨190元调为206元。1988年7月，散装苞谷白酒每市斤0.79元调为0.9元，瓶装55°毕节大二曲从3.8元调为4.4元，金沙窖酒从3.8元调为4.4元。1991年，民用自来水从每吨0.17元调为0.2元，工业用水调为0.25元。1992年，全地区在省放开精铝制品及杂件，电池、肥皂、火柴、学生作业本、打字纸等省管产品的基础上，放开金沙窖酒、金沙回沙酒、毕节大曲、碧春酒的零售价，只管理出厂价和批发价；放开毕节垭关、金沙新化、黔西沙窝、威宁炉山、地区马干山煤矿的煤价（电及化肥用煤除外）；放开小商品价；乡镇企业产品除国家和省有关规定外，全由企业定价。（3）调整收费价格。1988年8月规定，从1989年度开始，对新入学的大学本、专科学生实行收取学杂费，标准为：一般地区学杂费以每学年100元为宜，住宿费每学年20元。1989年11月，调整公路汽车客运票价，每人每千米0.42元，旅客人身意外保险2%改为每人每千米一等线0.038元，二等线0.043元，三等线0.048元。

管理权限　1950年5月，中央决定对关系国计民生的部分商品实行集中管理，其计划收购和销售牌价由中央贸易部统一制定和调整。1951年4月将某些价格的机动权放到省级。8月省商业厅规定：毕节专区的粮食、菜油、生漆等商品价格由西南贸易部粮食公司等掌握，省对生漆有3%的处理权。1952年省规定：专署所在地县城及赫章县妈姑镇，大米、小麦、黄豆、苞谷的销售执行省定的牌价；区镇所在地和县与县之间的重要接壤地区执行专署定的牌价；乡镇市场销售牌价由县政府制定。其他粮食牌价由当地自行掌握。1953年4月，毕节专署工商科管理销售价格的商品30种，其中百货15种，纱布12种，香烟3种。其余小商品和副食品价格，由各县商业和供销部门提出制价方案，经县工商科审核、财经委批准执行。1959年2月，中央收回部分商品价格的管理权。贵州省调整省、地、县分管权限。据此，1961年6月毕节专署制发《毕节专署商品、市场物价分级管理表》。专区及各县按分级管理的市场物价执行。1964年4月，《国务院有关部门统一管理价格的产品（商品）目录》下达，毕节地区参照《目录》，调整《分级管理表》。1966年起，受“文化大革命”影响，物价管理制度受到严重冲击。1967年中共中央发文明确，对物价上存在的问题，一律放在“文化大革命”后期处理。实际上是冻结物价。1982年9月，根据上级规定，地区物价局、医药局、工商联联合发出《关于中药材价格分级管理的通知》，明确除中央和省管的62种外，产量较大，适销对路的泡参、丹参等62种中药材的价格由地区医药局管理。1982年，全国首批放开180种小商品价格。1984年，国家开放全部小商品价格。8月，省批转毕节行署的报告，规定地区内生产的商品，生铁、锌、铅、电，由省定价；碳铵、硫磺、水泥、木柴、煤炭由地区定价；省下放的一、二类工业消费品厂销价及一、二类农副产品销售由地、县物价局分别管理。部门管理的商品价格，得经地区物价局审批。非商品收费由地区物价局管理。粮食、食油实行全省统一收购价，完成计划后的剩余部分，允许议购议销。1986年3月，全国物价会议决定放开农产品价格管理权限。4月，中共中央对物价政策作了规定：消费资料除极少数重要商品仍由国家定价外，一般商品有计划地逐步放开。实行国家定价、国家指导价和市场调节价相结合的管理制度。1987年10月，根据《中华人民共和国价格管理条例》，制发《毕节地区商品分级管理目录》。其中属于地区管理价格的一、二类工业消费品。国家定价的有：县级国营酒厂生产的瓶装窖曲酒，呢绒、木纱团、药皂、合成洗衣粉、铱金笔、金笔、作业本；国家指导价的有：毛毯、运动衫、塑料底布鞋、全塑料凉鞋、玻璃口杯、闹钟、窗纱、黄铜丝布、钢丝钳、钢锯条、活动扳手、锉刀、日光灯管、花线、胶皮线、明矾、纯碱、石蜡、镇流器、松香、小苏打、硫化铝、保险粉、袋色染料等。不属于省、地管理的各县瓶装曲窖酒、各种兑制酒、酱油、醋，归各县物价局管理。地区管理国家指导价的农副产品有生猪、猪肉、羊毛。饮食毛利率、地区机关招待所（宾馆）收费，中、西医院老干病房收费，物资收费，自来水收费归地区物价局管理；电视录像放映收费、印刷工价费、旱冰及游泳池收费，分别属地区广播局、轻工局、体委管理。国营、集体经营的理发、洗澡、照相、旅社、缝纫、钟表修理等收费由各县物价局管理。1988年8月，除粮油、化肥、钢材少数商品价格由国家管理外，大多数商品价格放开。1992年4月，全地区乡镇企业产品除国家和省管理的商品外，由企业自主定价。对全部放开的小商品，规定提价申报制度。7月，地区把经营性服务项目收费标准下放给企业。至此，地区管理的工业品价格，除卷烟、自来水、中级酒的批发价和发电用煤价格外，全部放开。1993年4月，全地区取消粮食统购统销、取消城镇居民粮食定量供应，放开粮食市场。粮食部门以低于市场价、高于议购价销售，以平抑粮价。

**价格监督检查** 1958年7月，根据群众反映，专署监察处检查毕节县普宜区工农业产品购销价格的执行情况，并通报全专区，要求各地重点检查2个基层单位价格执行情况。1965年，全专区开展价格审查，审查与人民生活密切相关的消费品的零售价格，修理服务和医疗收费、农产品收购价和农业生产资料价格。1972年，按国家计委《通知》要求，分期分批开展审价工作。全地区商业系统应审单位156个，到年底已审99个，占61%。1973年2月，地区计委组织12个单位的物价业务人员，检查毕节城关984个粮店、饮食店及销售糖、烟、酒、酱油等摊点。国营单位遵守物价法规较好，合营合作部门价格混乱，国营单位缺的商品便高价出售。事后通报检查情况，要求严格执行国家价格政策，建立价格检查制度。1979年，按省革委通知，部署全地区物价检查整顿工作。1984年，全地区物价部门与有关部门配合，出动500多人次，采取节日突击检查，平时重点检查、组织群众配合检查的方式，查处价格违法案件84件，收缴罚款2.6万余元。1985年6月，地区物价局和总工会毕节地区办事处联合制发《毕节城区物价监督检查暂行办法》。全地区开展税收、财务、物价大检查。毕节、黔西、纳雍县及地直商业、供销、外贸、物资、医药等单位9月底作自检。1986年元旦、春节期间，监督检查市场物价。3月，检查控制计划外生产资料价格上涨。1987年9月，物价监督部门会同工会、工商行政、计量部门组成物价监督检查站，并发动街道义务物价检查员，检查市场物价。1988年，根据省政府《关于开展农业生产资料价格大检查的通知》，查处有关价格违法行为和违法案件。1989年2月，召开全地区物价局长、检查所长会议，加强和改进物价监督检查，查处各种价格违法行为。9～12月，开展年度物价大检查，检查和控制与人民生活密切相关的重要商品价格和收费标准，处理遗留问题。重点检查各级经济主管部门和有罚没收入的执法机关，国营大中型企业和盈亏大户以及经济收入较多的集体企业，从事商业、物资、供销、金融、外贸活动的公司，生产经营重要生产资料和紧俏耐用消费品的部门和企业。1990年10月，开展物价大检查，主要查处越权定价调整价格和收费标准，擅自加价涨价，将国家计划内物资转为计划外高价销售，就地转手加价倒卖重要生产资料，以及把按规定允许提价、加价、议价的收入，不列入销售收入和利润总额，逃避纳税交利的违纪行为。1991年1月起，地、县物价检查所检查全地区行政事业性收费、农业生产资料价格，药品价格及粮油调价政策出台后的执行情况。8月，织金县、毕节县物价所报送案件卷宗获省物价所通报表彰。1992年，主要抓粮食调价跟踪检查、农业生产资料价格检查、交通运输客运票价检查、日常市场检查及一年一度的物价大检查。

### 1984～1993年毕节地区查处价格违法情况及价格违法经济制裁情况统计表

单位：万元

| 项目<br>时间 | 查处价格违法情况 | | | | | | | | 价格违法经济制裁 | | | | |
|---|---|---|---|---|---|---|---|---|---|---|---|---|---|
| | 一般价格违法行为 | | 一般价格违法案件 | | 重大价格违法案件 | | 总计 | | 退还用户金额 | 没收非法所得金额 | 罚款 | 经济制裁总金额 | 上交制裁金额 |
| | 件数 | 非法所得金额 | 件数 | 非法所得金额 | 件数 | 非法所得金额 | 件数 | 非法所得金额 | | | | | |
| 1984 | 80 | 0.37 | 1 | 0.69 | 3 | 14.62 | 84 | 15.68 | 1.03 | 2.09 | 0.43 | 3.55 | 2.52 |
| 1985 | 914 | 0.71 | 35 | 2.76 | 11 | 25.11 | 960 | 28.58 | 4.51 | 20.02 | 0.55 | 25.08 | 28.57 |
| 1986 | 371 | 2.41 | 10 | 3.53 | 3 | 10.64 | 384 | 16.58 | 0.53 | 10.40 | 0.19 | 11.12 | 10.59 |
| 1987 | 486 | 2.05 | 30 | 13.78 | 12 | 66.69 | 528 | 82.52 | 3.34 | 41.48 | 1.69 | 46.51 | 43.17 |
| 1988 | 199 | 0.39 | 10 | 6.84 | 5 | 13.34 | 214 | 20.57 | 0.66 | 15.69 | 0.38 | 16.73 | 16.07 |
| 1989 | 866 | 4.38 | 81 | 34.82 | 90 | 554.55 | 1037 | 593.75 | 13.65 | 354.92 | 11.05 | 379.62 | 365.97 |
| 1990 | 1113 | 1.47 | 53 | 20.54 | 29 | 120.76 | 1195 | 142.77 | 7.95 | 132.74 | 9.88 | 150.57 | 142.62 |
| 1991 | 472 | 13.29 | 56 | 20.05 | 25 | 104.23 | 553 | 137.57 | 7.91 | 108.96 | 6.90 | 123.77 | 115.86 |
| 1992 | 121 | 0.84 | 52 | 14.51 | 23 | 106.45 | 196 | 121.8 | 1.70 | 46.18 | 0.26 | 48.14 | 46.44 |
| 1993 | | | | | 2 | 32.63 | 2 | 32.63 | | 10.00 | | 10.00 | 10.00 |
| 合计 | 4622 | 25.91 | 328 | 117.52 | 203 | 1049.02 | 5153 | 1192.13 | 41.28 | 742.48 | 31.33 | 815.09 | 781.81 |

# 第二节 价格体系

**盐米比价** 黔西县新场谯贵斋《货物簿》记载民国12～25年（1923～1936）新场食盐与大米的比价。民国12年，当地每斤盐为银元1.82元；1斗（15斤）大米2.29元，1斤盐换大米11.91斤。依此换算历年盐米比价为：民国13年1∶10.23；民国14年1∶5.59；民国15年1∶10.08；民国16年1∶18.29；民国17年1∶7.5；民国18年1：8.21；民国19年1∶4.86；民国20～21年11∶5.26；民国22年1∶5.33；民国23年1∶6.77；民国24年1∶11.16；民国25年1∶4.49。从黔西新场的情况可窥见一斑。民国16年（1927）省政府对食盐运销加以控制，毕节盐价下降，由民国5年的1∶50降为1∶35。民国25～29年，盐米比价分别为1∶32、1∶59、1∶43、1∶66、1∶58。民国31年，贵州对食盐实行专卖，按人均配额供应，因配额不足，盐价居高不下。民国35年，停止专卖，由私商自由竞销，至38年，盐米比价分别为1∶32、1∶34、1∶28、1∶28。1949年后，专区人民政府尽可能将库存盐投放市场，平抑物价。1950年专区规定，以中白大米为标准，限定盐米比价为1：20。1951年降至1∶3。1952年降为1∶2.5。1956年省再次调整盐价，毕节为1∶2.1。1966年2月，全省除遵义专区外，统一盐价为每市斤0.17元，盐米比价接近1∶1。1988年后，商品随行就市，比价变化大，但农副产品和日用工业品比价基本持平。

**商品差价** 清乾隆八年（1743），大定府有7种粮食价格、6种粮食品种差价均高于贵阳、安顺、镇远、石阡、黎平府。主要因为气候条件差，自然灾害频发，土地贫瘠，生产水平低，生产不能自给；交通不便，市场调剂能力弱，而导致粮食高于周边地方。

**乾隆八年大定等六府九种粮价季节差价**

单位：仓石／两

| 品种 | 项目 \ 价别 \ 地区 | 大定府 | | 贵阳府 | | 安顺府 | | 镇远府 | | 石阡府 | | 黎平府 | |
|---|---|---|---|---|---|---|---|---|---|---|---|---|---|
| | | 最高月均价 | 最低月均价 | 最高月均价 | 最低月均价 | 最高月均价 | 最低月均价 | 最高月均价 | 最低月均价 | 最高月均价 | 最低月均价 | 最高月均价 | 最低月均价 |
| 上　米 | 价　格 | 1.63 | 1.45 | 1.68 | 1.05 | 1.45 | 1.03 | 1.53 | 1.23 | 1.18 | 1.00 | 1.43 | 1.28 |
| | 季节差 | 112.41% | 110% | 160% | 100% | 140.1% | | 124.39% | 100% | 118% | 111.7% | 111.72% | 100% |
| 中　米 | 价　格 | 1.58 | 1.30 | 1.56 | 1.00 | 1.35 | 0.98 | 1.45 | 1.15 | 1.13 | 1.33 | 1.33 | 1.23 |
| | 季节差 | 121.54% | 100% | 156% | 100% | 137.76% | 100% | 126.09% | 100% | 121.51% | 108.13% | 108.13% | 100% |
| 稗　米 | 价　格 | 1.10 | 0.90 | 0.78 | 0.63 | 0.95 | 0.65 | 0.78 | 0.65 | 0.65 | 0.90 | 0.90 | 0.85 |
| | 季节差 | 122.22% | 100% | 123.31% | 100% | 146.15% | 100% | 120% | 100% | 103.17% | 105.88% | 105.88% | 100% |

续表

| 品种 | 项目 | 大定府 |  | 贵阳府 |  | 安顺府 |  | 镇远府 |  | 石阡府 |  | 黎平府 |  |
|---|---|---|---|---|---|---|---|---|---|---|---|---|---|
|  |  | 最高月均价 | 最低月均价 | 最高月均价 | 最低月均价 | 最高月均价 | 最低月均价 | 最高月均价 | 最低月均价 | 最高月均价 | 最低月均价 | 最高月均价 | 最低月均价 |
| 粟米 | 价格 | 0.98 | 0.87 | 0.96 | 0.63 | 0.88 | 0.64 | 0.95 | 0.72 | 0.70 | 1.00 | 1.00 | 0.80 |
|  | 季节差 | 112.64% | 110% | 150% | 100% | 137.5% | 100% | 131.94% | 100% | 109.38% | 125% | 125% | 100% |
| 小麦 | 价格 | 1.00 | 0.95 | 1.04 | 0.80 | 1.10 | 0.80 | 0.95 | 0.75 | 0.84 | 1.10 | 1.10 | 1.00 |
|  | 季节差 | 105.26% | 100% | 130% | 100% | 137.5% | 100% | 126.66% | 100% | 109.09% | 110% | 110% | 100% |
| 燕麦 | 价格 | 0.83 | 0.73 | 0.78 | 0.74 | 0.78 | 0.73 | 0.78 | 0.65 | 0.73 | 0.60 | 0.60 | 0.80 |
|  | 季节差 | 113.7% | 100% | 105.41% | 100% | 106.85% | 100% | 120% | 100% | 115.87% | 112.5% | 112.5% | 100% |
| 荞麦 | 价格 | 0.83 | 0.83 | 0.88 | 0.6 | 0.83 | 0.68 | 0.80 | 0.60 | 0.61 | 0.90 | 0.90 | 0.70 |
|  | 季节差 | 138.33% | 138.33% | 138.33% | 100% | 133.33% | 100% | 133.33% | 100% | 110.91% | 128.57% | 128.57% | 100% |
| 高粱 | 价格 | 0.81 | 0.81 | 0.68 | 0.52 | 0.70 | 0.46 | 0.78 | 0.68 | 0.62 | 0.94 | 0.94 | 0.76 |
|  | 季节差 | 119.12% | 119.12% | 130.77% | 100% | 152.77% | 100% | 147.06% | 100% | 134.78% | 123.68% | 123.68% | 100% |
| 黄豆 | 价格 | 1.10 | 1.10 | 1.07 | 0.84 | 1.00 | 0.80 | 1.13 | 0.83 | 0.84 | 1.18 | 1.18 | 0.88 |
|  | 季节差 | 110% | 110% | 127.88% | 100% | 125% | 100% | 136.14% | 100% | 120% | 134.09% | 134.09% | 100% |

注：各府最低月均价为100%

### 乾隆八年大定等六府九种粮价品种差价

单位：仓石/两

| 品种 | 项别 | 大定府 | 贵阳府 | 安顺府 | 镇远府 | 石阡府 | 黎平府 |
|---|---|---|---|---|---|---|---|
| 上米 | 价格 | 1.40 | 1.08 | 1.13 | 1.28 | 1.06 | 1.38 |
|  | 品种差 | 106.06 | 104.85 | 104.63 | 108.47 | 104.95 | 107.81 |
| 中米 | 价格 | 1.32 | 1.03 | 1.08 | 1.18 | 1.01 | 1.28 |
|  | 品种差 | 100% | 100% | 100% | 100% | 100% | 100% |
| 稗米 | 价格 | 0.90 | 0.66 | 0.65 | 0.65 | 0.63 | 0.85 |
|  | 品种差 | 68.18 | 64.08 | 60.19 | 55.08 | 62.38 | 66.41 |

续表

| 品种 \ 项别 \ 比较 \ 地区 | | 大定府 | 贵阳府 | 安顺府 | 镇远府 | 石阡府 | 黎平府 |
|---|---|---|---|---|---|---|---|
| 粟米 | 价格 | 0.88 | 0.66 | 0.69 | 0.75 | 0.72 | 0.86 |
| | 品种差 | 81.48 | 66.02 | 63.89 | 63.56 | 71.29 | 67.19 |
| 小麦 | 价格 | 1.00 | 1.04 | 0.95 | 0.93 | 0.84 | 1.10 |
| | 品种差 | 95.59 | 100.97 | 87.96 | 78.61 | 83.17 | 85.94 |
| 燕麦 | 价格 | 0.83 | 0.75 | 0.78 | 0.73 | 0.73 | 0.85 |
| | 品种差 | 76.85 | 72.82 | 72.22 | 61.86 | 72.28 | 66.41 |
| 荞麦 | 价格 | 0.70 | 0.63 | 0.68 | 0.68 | 0.59 | 0.70 |
| | 品种差 | 64.81 | 61.17 | 62.96 | 57.62 | 58.12 | 54.69 |
| 高粱 | 价格 | 0.68 | 0.55 | 0.58 | 0.70 | 0.53 | 0.80 |
| | 品种差 | 62.96 | 42.40 | 53.70 | 59.32 | 52.18 | 62.50 |
| 黄豆 | 价格 | 1.00 | 0.89 | 0.90 | 0.85 | 0.72 | 0.98 |
| | 品种差 | 92.59 | 86.41 | 83.33 | 72.03 | 74.26 | 76.56 |

注；以各府中米平均为100%

民国时期，商品价格多受政局变化影响，商品差价无明显界限。1949年后，根据国家物价部门的指示，各地结合地方经济发展状况和生产建设需要，按商品关系国计民生的程度，实行不同的商品差价。

1.进销差价与批零差价。1950年，专区国营商业企业统管的物资较少，私商掌握的食盐等多数商品沿用旧的差价率，即工业品为20%～30%，高的50%。是时，中央规定，商品批发权归国有，由国营商业机构管理，对私营企业及工商户实行加工订货，统购包销政策，允许10～30%的利润，国营企业利润率本着工大于商的原则，商业毛利率10%～15%，其中烟、酒类为10%；百货类12%；针纺织品14%。食盐和民族特需商品实行固定价，亏损部分由财政补贴。“三反五反”后，商品零售价下降，差价缩小，日用品批零差为8%。1952年底，批零差率执行10%～18%，1955年提高到20%～25%，平均利润不低于5%，名牌产品不超过30%。1983年起改革价格体制，除国家统一规定的43种商品外，其他商品不受批零差率限制，商品价随行就市，差率限制已无意义。

2.地区差价。1951年，商业系统按商品产、运、销政策，规定地区差价，鼓励私商长途贩运。1952年，地区差价有所减少。1953年，毕节专区实行县城与县城微利、县城与农村合理的差价政策，规定毕节城关与各县城之间，差率控制在0.5～1.5%内，县城与农村之间在1.5～3%内。1957年，专区遵照省调整地区差价精神，分别扩大或缩小“城城”和“城乡”之间的差价率，并对边远和少数民族地区的农副产品收购实行最低保护价，工业日用品实行最高限价。1960年规定，运输边远民族地区生产和生活物资，人畜运输里程在40千米以上的，商品销售实行保护价，亏损由财政补贴。1966年，专区按全国物价会议精神，对44种百货、文化用品及收音机、自行车的地差，只加经营费和运杂费，不计利润。1967年，对药品等实行全国一价，粮、棉、油、盐及部分日用百货，烟、酒，实行全省一价。1980年后市场开放，准许个体经济参与经营，农副产品除粮、棉、油和食盐外，一律实行收购最低保护价、工业品最高限价逐步取消，1989年，提高食盐售价为每市斤0.35元，对边远少数民族地区补贴运杂费，不计地区差价。

# 第三节　农产品价格

## 一　粮食价格

**明清时期粮食价格**　明嘉靖十七年（1538）至清顺治十二年（1655）间，大定府辖地每岁征秋粮4067石，共征耗米610石，每石折银5钱5分。康熙十九年（1680）平远州饥荒，每斗米值银3两，比顺治年间上涨54倍。乾隆八年（1743），大定府9种粮食每石值白银价格为：上米1.4两，中米1.32两，稗米0.9两，玉米0.88两，小麦0.88两，燕麦1两，荞子0.83两，高粱0.68两，黄豆1两。与顺治年间相比，上涨1.5倍左右。

**民国时期粮食价格**　民国19～25年（1930～1936），毕节县每100斤大米价格分别为：5.13元、5.25元、5元、5.87元、5元、4元；每100斤苞谷价格分别为4.94元、5.65元、4.65元、5.03元、3.59元、3.95元。6年间大米价格下降32%，苞谷价格下降20%；威宁县每100斤大米价格分别为4.88元、5.54元、6.02元、10.53元、6.79元、4.7元、6.68元；苞谷价格分别为：2.59元、2.68元、3.89元、7.4元、3.63元、2.94元、2.92元。民国25年与民国19年相比，大米上涨36.8%，苞谷上涨13%；与民国22年相比，大米下降36.04%，苞谷下降60.51%。民国26年（1937）6月，毕节县城关每斗大米值法币（下同）2.7元。是年9月，大米每市斤价0.043元，民国28年12月为0.24元，民国29年5月为0.41元，民国31年（1942）每斗大米80元，苞谷53元，小麦45元，黄豆45元。是年11月为5.33元，民国32年12月为39.5元，民国34年77.5元；苞谷每市斤价，民国26年5月0.022元，民国28年12月0.15元，民国29年5月0.3元，民国31年1.06元，民国32年25元，民国34年28.9元。民国34年5月与28年相比，大米价格上涨1801倍，苞谷价格上涨1900倍；威宁县城关苞谷每市斤值法币0.02元，38年值金圆券27.38万元。民国34年5月，毕节县城关大米每市斤值法币77.5元，到37年9月值金圆券18.26万元。38年，毕节县城关每斗大米售价为银元1元。

**中华人民共和国成立后的粮食价格**　1950年，全地区收购每50千克大米平均价2.9万元（旧币，下同），玉米1.85万元；销售价大米3.72万元，玉米2.33万元。1951年，每50千克大米收购价5.51万元，玉米4.14万元，分别上涨90%，124%；销售价大米6.54万元，玉米4.31万元，分别上涨61%，80%。1952～1953年，毕节专区粮食价格分别为：每市斤大米660元、680元；苞谷320元、360元；黄豆520元、560元；小麦560元、550元；面粉920元、650元。自1953年11月起，全专区对稻谷、大米、玉米、小麦实行统购统销，城市居民和农村人口实行计划供应。1956年9月专署调整粮食购销价格，每50千克大米收购价和销售价分别为6.61元，7.22元：玉米5.49元，4.67元；黄豆5.4元，5.56元；四季豆4.54元，5.02元；饭豆4.29元，4.74元。同时，相应调整其他粮食品种购销价。

1961年、1966年粮食减产，毕节专署两次调高粮食购销价格，以每50千克计，收购价稻谷调为5.88元、7.66元；大米10.91元；玉米5.9元、6.79元；黄豆10.1元、12.5元；销售价10.1元；小麦8.25元、9.6元。第一次出现粮食购销价格倒挂。1963年9月1日起，在售给农业人口、工商用粮中实行购销同价。1965年4月1日起，售给非农业人口口粮也实行购销同价。1965年9月3日，据省政府规定，提高粮食购销价，以50千克计平均购价：稻谷8.25元，大米11.71元，玉米8.25元，小麦10.94元，四季豆9.71元，销售价不变。全专区再次出现粮食购销价格倒挂。企业经营亏损，增加财政补贴。随后，省政府指示，再次提高粮食购销价格。1978年3月，毕节地区调整部分粮食价格，每50千克平均收购价：中等黄豆由15元提到20元，销售价不变。年底，稻谷由9.48元提到11.55元，大米由13.8元提到16.5元，玉米由9.48元提到11.6元，小麦由13元提到15.7元，黄豆由20元提到23元。自1984年9月起，区内收购稻谷、玉米、小麦不再分统购、超购计价、实行综合计价。

2009年，提高中籼稻最低收购价，每50公斤提高13元，增幅达16.5%。2011年再次调整中籼稻最低收购价。

## 1954年毕节地区粮食统购统销价格表

单位：50千克／元

| 县别／价别／品种 | 毕节 | | 大方 | | 黔西 | | 金沙 | | 织金 | | 纳雍 | | 赫章 | | 威宁 | | 平均 | |
|---|---|---|---|---|---|---|---|---|---|---|---|---|---|---|---|---|---|---|
| | 统购价 | 统销价 | 统购价 | 统销价 | 统购价 | 统销价 | 统购价 | 统销价 | 统购价 | 统销价 | 统购价 | 统销价 | 统购价 | 统销价 | 统购价 | 统销价 | 统购价 | 统销价 |
| 大米 | 6.8 | 7.4 | 5.9 | 6.4 | 5.8 | 6.3 | 5.1 | 5.53 | 5.30 | 5.75 | 5.1 | 5.55 | 7.6 | 8.2 | 8.5 | 9.2 | 6.28 | 6.79 |
| 苞谷 | 3.6 | 3.8 | 3.3 | 3.48 | 3 | 3.17 | 3 | 3.17 | 3 | 3.17 | 3 | 3.15 | 4 | 4.18 | 4.25 | 4.48 | 3.39 | 3.6 |
| 稻谷 | 4.65 | | 4 | | 3.94 | | 3.42 | | 3.6 | | 3.45 | | 5.17 | | 5.02 | | 4.16 | |
| 小麦 | 5.5 | | 4.40 | | 5.1 | | 4.5 | | 4.9 | | 5 | | 5.7 | | 6.9 | | 5.25 | |
| 面粉 | | 9.7 | | 8 | | 9.7 | | 7.3 | | 10 | | 9 | | 11.15 | | 11.76 | | 9.62 |
| 黄豆 | 5.4 | 5.7 | 4.5 | 4.75 | 5 | 4.75 | 4.6 | 4.86 | 4.1 | 4.33 | 3.8 | 4 | 5.50 | 5.81 | 5.81 | 6.1 | 4.78 | 5.04 |
| 四季豆 | 3.4 | 3.7 | 3 | 3.26 | 3.5 | 3.8 | 3.40 | 3.7 | 3.40 | 3.7 | 2.9 | 3.15 | 3.2 | 3.45 | 3.6 | 3.8 | 3.3 | 3.57 |
| 饭小豆 | 3.7 | 4 | 3 | 3.25 | 3.1 | 3.37 | 2.8 | 3.05 | 3.3 | 3.6 | 2.6 | 2.83 | 3.6 | 3.9 | 3.7 | 4.02 | 3.23 | 3.5 |
| 甜荞 | 2.8 | 2.75 | 2.5 | | 2.4 | | 2.2 | | 2.2 | | 2 | | 2.8 | | 3.75 | 4.13 | 2.58 | 3.44 |

注：大米、苞谷、稻谷、小麦、面粉价格于1953年起执行，黄豆、四季豆、饭小豆、甜荞价格于1954年执行

1984年毕节地区粮食综合购价统计表

单位：50千克／元

| 品名 | 等级 | 价格 | 等级 | 价格 | 等级 | 价格 | 等级 | 价格 | 等级 | 价格 |
|---|---|---|---|---|---|---|---|---|---|---|
| 籼稻谷 | 1 | 17.8 | 2 | 16.8 | 3 | 15.8 | 4 | 15 | 5 | 14.2 |
| 粳稻谷 | 1 | 18.6 | 2 | 17.6 | 3 | 16.6 | 4 | 15.8 | 5 | 15 |
| 糯稻谷 | 1 | 21.7 | 2 | 20.7 | 3 | 19.7 | 4 | 18.9 | 5 | 18.1 |
| 小麦 | 1 | 21 | 2 | 20 | 3 | 19 | 4 | 18.2 | 5 | 17.4 |
| 玉米 | 上 | 16 | 中 | 15 | 下 | 14.2 | | | | |
| 籼、粳米 | 特 | 25.5 | 标一 | 23.7 | 标二 | 22.5 | 标三 | 21.5 | | |
| 糯米 | 特 | 31.1 | 标一 | 29.3 | 标二 | 28.1 | 标三 | 27.1 | | |

1986年4月1日起，毕节地区粮食收购价每50千克：玉米由15元调为15.7元，小麦由19元调为21.2元。8月1日起大豆由34.5元调为41.5元。1987、1989年，先后3次按省调整的价格收购粮食。1990年，全地区实施粮食议购政策。每50千克议购价：籼稻谷由32元调为38元，籼米由52元调为60元，小麦由35元调为41元。1991年5月1日起，全地区调整粮食销售价格，每50千克销售价：籼米由16.9元调为27元，玉米由9.5元调为16元，面粉由16.9元调为27元：国家对职工、大中专学生、民办教师实行粮食补贴。每人每月职工6元，大中专学生、民办教师4元。1992年4月1日起，毕节地区调整稻谷、大米、玉米、小麦的购销价格。定购价增幅13%～24%；销售价增幅38%～52%。粮食售价提高，国家给予职工每人每月5元粮食补贴。1993年4月1日起，全地区放开粮食购销价格，集市粮价大幅上升。各县市政府曾对粮食销售价作过最高限价。1994年8月，毕节地区实行粮食购销。每50千克收购价为：小麦51元，早籼稻44元，晚籼稻54元，玉米46元；销售价为：面粉特一粉101元，特二粉85元，标准粉65元；二级早籼米72元，一级中籼米，纳雍、赫章、威宁为98元，毕节、大方、黔西、金沙、织金为96元；玉米，纳雍、威宁为50元，毕节、大方、黔西、金沙、织金、赫章为52元。1994年8月22日，毕节地区调整粮食价格。每50千克收购价为：早籼稻，一级48.5元，二级46.2元，三级44元，四级41.8元，五级39.7元；中籼稻，一级55.1元，二级52.5元，三级5元，四级47.5元，五级45.1元；晚籼稻，一级59.5元，二级56.7元，三级54元，四级51.3元，五级48.7元；小麦，一级56.3元，二级53.6元，三级51元，四级48.5元，五级46.1元；玉米，上等48.3元，中等46元，下等43.7元。销售价：早籼米，特级77.1元，标一级67元，标二级63.8元，标三级60.6元；中籼米，标一级87.5元，标二级72.5元，标三级68.9元。晚籼米、粳米，特级94.5元，标一级82.2元，标二级78.3元，标三级74.4元。

## 二　植物油价格

**油菜籽、菜油价格**　据统计，威宁县1930～1936年，每50千克菜油价格分别为：25.5元39.02元、39.97元、33.1元、32元、30元、40.8元。毕节县每市斤菜油价格：1937年9月0.27元（法币，下同），1939年12月1.2元，1940年5月1.6元，1942年11月10元，1943年180元，1945年5月1180元。8年上涨982倍。1949年，毕节城关每市斤菜油售价0.12元（银元）。1952年，毕节专区每市斤菜油售价2450元（旧币），1953年3650元。

### 1950～1953年毕节专区油菜籽收购及菜油销售价统计表

单位：50千克／元

| 年份＼县别/价别 | 全区平均 | | 毕节 | | 大方 | | 黔西 | | 金沙 | | 织金 | | 纳雍 | | 威宁 | | 赫章 | |
|---|---|---|---|---|---|---|---|---|---|---|---|---|---|---|---|---|---|---|
| | 菜油收购价 | 油菜籽销售价 | 菜油收购价 | 菜油销售价 | 菜油收购价 | 油菜销售价 | 菜油收购价 | 菜油销售价 | 菜油收购价 | 菜油销售价 | 菜油收购价 | 菜油销售价 | 菜油收购价 | 菜油销售价 | 菜油收购价 | 菜油销售价 | 菜油收购价 | 菜油销售价 |
| 1950 | 4.8 | 28.31 | 4.9 | 25 | 3 | 22.5 | 1.9 | 22 | 3.5 | 21 | 3.9 | 25 | 6.4 | 30 | 7.1 | 35 | 8.8 | 46 |
| 1951 | 5.39 | 60.72 | 6.6 | 64 | 3 | 69.5 | 2 | 68 | 2.8 | 52.5 | 4 | 61.25 | 6.4 | 52.5 | 7.1 | 70 | 8.8 | 48 |
| 1952 | 5.66 | 28.63 | 5.6 | 31 | 4.7 | 29.75 | 2.8 | 25.5 | 3.2 | 22 | 5 | 26.25 | 7.5 | 25 | 8 | 33.25 | 8.5 | 33.25 |
| 1953 | 7.03 | 33.42 | 7.3 | 34 | 6.2 | 30 | 6.35 | 28.5 | 6 | 28 | 6 | 24 | 6.5 | 32 | 8.45 | 42.5 | 9.45 | 43.33 |

### 1954～1991年毕节专区部分年份油菜籽、菜油统购统销价格统计表

单位：50千克／元

| 价别＼价格＼年份 | 1954 | 1955 | 1956 | 1957 | 1959 | 1960 | 1976 | 1979 | 1983 | 1984 | 1986 | 1990 | 1991 |
|---|---|---|---|---|---|---|---|---|---|---|---|---|---|
| 菜籽收购 | 6.82 | 7.34 | 8.1 | 11.76 | 13.8 | 18.08 | 28 | 35.5 | 40 | 41 | 46.8 | 70.4 | |
| 菜油销售 | 37.56 | 29.66 | 36.69 | 38.16 | 41.33 | 58.19 | 85 | 106 | | | | 218 | 207.4 |

1992年1月，毕节地区油菜籽收购不分计划内外，实行综合计价，放开收购。每50千克中等油菜籽按60元计，可上浮10%以内，等级差价率5%。1993年4月1日起，油菜销售取消统购统销价格，随行就市。

**桐籽、桐油价格**　据统计，1930～1932年，毕节县每50千克桐油销售价是17.5元（银元），1933～1936年分别为18元、20.6元、21.5元、26.25元。1952年，毕节专区每市斤桐油售价2466元（旧币），1953年3420元。1953年11月，省政府决定调整毕节专区桐籽、桐油收购价格，带税收购价由内部掌握，不挂牌收购，购销差率县以下25%，专署所在地29%。收购50千克桐籽均价为5元；50千克不带税的桐油价为20.67元，12月调为21.58元。1955年，每50千克桐油购价为24.67元，售价为41.36元。1956年12月，调为每50千克桐籽购价9.25元；桐油收购价35.22元，售价43.36元。1960年，调整桐籽、桐油购销价格，每50千克（下同），桐籽购价15.68元；桐油购价53.94元，售价68.33元。1961年桐籽均价19元，桐油购价63.2元，售价75.94元。1971年桐籽购价23元；桐油购价82元，售价不变。1978年10月，桐油购价调为124.75元，售价调为124.75元。

1980年9月，桐籽购价调为37元；桐油购价130元，售价162.44元。1994年10月起，桐籽桐油实行议价议销，价格由经营者自定。据调查，全地区桐籽平均购价37元，毕节县桐油收购价：1984年130元，1985、1986年173元，1987年165.24元，1988年80.74元。

**烤烟价格** 民国31年（1942），毕节、大定、黔西县种植的烤烟无统一销售价格，由烟农与烟商议定。1950～1953年，全专区分上、中、下等级的参考价收购烤烟，每50千克收购价：1950年24.9万元（旧币，下同），1951年46.48万元，1952年44.5万元，1953年41.75万元。1954年，烤烟分9个等级，以4级为标准级。价格为：1级77.9元，2级68.2元，3级56.7元，4级42.6元，5级36元，6级29.4元，7级20.5元，8级14元，9级7.3元。1956年，平均上调5.81%。各县收购50千克标准级烤烟价格：毕节县47.5元，大定县46.6元，黔西县46.7元，金沙县47.1元，织金县46元，全专区均价46.8元。1961年调整为：毕节66.5元，大方、黔西65.4元，金沙65.8元，织金64.4元，纳雍63.4元，赫章63.8元，威宁63元，全专区均价64.73元，调幅40%。1974年改为15级收购制，标准级由中黄5级改为中黄4级，标准烟价72元，提高11%。1975年各级烤烟每50千克收购价：毕节、大方、黔西、织金、纳雍64.4元，金沙65.9元，赫章、威宁64元，全地区平均价64.48元。1980年，执行省改烤烟收购价格决定，全地区烤烟标准级收购价每50千克72元。1981年5月，调为87元，提高28.3%。1985年，行署重点调整烤烟质量差价，中黄1级由230%调为276%；青烟1级由65元调为60元。县城以上市场执行统一价格，县城以下市场保持适当的运杂费差价，但不得超过1元。1993年9月15日，毕节地区行署调整全地区烤烟收购价格。中一每50千克310元、中二260元、中三190元、中四130元、中五65元、中六35元；上一230元、上二165元、上三110元、上四60元、上五20元；青一60元、青二20元、青三8元、末级5元。

1964年12月1日，根据省物价局、烟草专卖局的通知，毕节地区奖励收购烤烟，上等烟每担奖励50元，中三级每担奖20元，中四、上二级烟每担奖10元。

2009年和2011年分别公布了烤烟收购价。进一步落实国家惠农政策。

## 三　副食品价格

**生猪、猪肉购销价格** 1.生猪购销价格。1953年前，生猪收购无统一价格，由买卖双方自由议定。1954年9月，毕节专署制定各县生猪收购价格，以每50千克计价（下同），分别为：毕节、大定、金沙24.5元，黔西、织金26元，威宁30元，纳雍24元，赫章29元。1955年8月部分调整为：毕节、大定24元，黔西25元，金沙25.72元。1959年10月，根据省商业厅文件规定，各县3级（标准级）收购价为：毕节30.1元，大方30.8元，黔西32元，金沙、织金39元，纳雍36.5元，赫章、威宁32.4元，全区平均收购价30.9元。1960年执行省商业厅决定，全区平均价32.93元。1961年5月，省决定的生猪收购由5个等级改为3个等级，各县3级收购价为：毕节、大方、黔西、金沙43元，织金、纳雍、赫章、威宁42元，全专区平均价42.5元。1973年调整为：毕节、威宁48元，大方、黔西、金沙、织金、纳雍、赫章47元，全专区平均收购价为47.25元。1979年4月，毕节专区采用毛重定等、毛斤计价的办法确定收购价为：毕节、大方、黔西、金沙、织金、威宁62元，纳雍、赫章61元，全地区平均购价61.75元。此后，按国务院生猪收购按质论价、优质优价原则，毕节地区生猪收购价格为：特级71.03元，1、2、3级61.75元，4级58.68元，5级55.53元。1985年1月，取消生猪派购政策，实行议购议销。全地区当年生猪收购价为：毕节、大方、纳雍85元，金沙、威宁、赫章85～90元，黔西、织金95～100元。

2.猪肉购销价格。据统计载，威宁县1930、1933、1936年的猪肉销售以50千克，其销售价分别为：鲜猪肉17.77元（银元，下同）、28.63元、21.3元；熟猪油29.6元、42.5元、26.75元；火肘26.65元、40.93元、41.19元。据统计载，毕节县1937、1940、1945年的肉油价格以市斤计，猪肉0.25元（法币，下同）、1.2元、600元；猪油0.4元、1.8元、1280元。1948年，每市斤猪肉值金元券75万元。1950年全专区每50千克猪肉平均售价12元，1952年26元。1954年，猪肉实行统购统销。1956年，毕节专区食品公司售价36元，年底按省商业厅决定调为43元。1961年粮食减产，猪肉价格高涨。据调查，毕节城关每市斤销售价8～10元。省指示，全专区销售价由每50千克43元调为67元。1979年11月调为：毕节98元，大方、黔西、金沙、织金、纳雍、赫章、威宁94元，全专区平均94.5元。1985年，取消统销猪肉，放开自由销售。毕节县食品公司每斤猪肉售价1.3元，集市价1.4～1.5元。其他各县情况与毕节县基本相同。1985年12月起，毕节地区对城镇非农业人口凭票供应猪肉。毕节县每人每月发4斤肉票，每斤限价1.2元。其他各县自定发给肉票数量和限价标准。1987年9月，对销售猪肉实行最高限价。毕节县猪肉售价每千克由2.7元调为3元，集市贸易售价由3元调为3.3元，下浮不限。2009年，为防止生猪价格过度下跌，物价部门在调研基础上向行署提出稳定猪肉价格的建议，促使猪粮比价合理回升。

**牛、羊肉购销价格**　1.牛肉购销价格。1956年前，多数居民没有食牛肉习惯，市场销售牛肉量小价低。1956年起，地区及各县食品公司把销售牛肉作为经营项目之一。当年，以每50千克牛肉收购价计（下同），毕节、金沙16元，大方、织金14元，黔西、赫章18元，纳雍17元，威宁12.5元：销售价为：毕节、大方、织金17元，黔西、金沙、赫章、威宁20元，纳雍19元。1957年调整价格：大方18元、金沙、织金17.5元，威宁14.5元。1959年，全专区平均牛肉收购价由17.44元调为23.5元，销售价由20元调为25元。1962年5月，收购价调为28.13元，旋即调为38.13元，销售价为43元，1972年7月，收购价调为48.13元。1974年12月调为56.13元。1979年区内标准级（2级）牛肉收购价；毕节86元，其他各县85元；销售价为毕节76元，其他县为74元。

2.羊肉购销价格。1956年前，没有统一的菜羊、羊肉购销价。1957～1963年，执行国家制定统一的购销价，收购每50千克平均15～20元，销售27～30元。1963年9月起，全专区收购毛重羊平均价16元，销售鲜净羊肉价36元。1966年10月31日起，菜羊收购价，县城为：1级28元，2级24元；区乡每级比县城低1元。羊肉销售价39元。1979年11月，毕节地区羊肉收购价：毕节38元，大方、黔西、金沙、织金36元，纳雍、赫章、威宁37元，全地区均价36.6元。销售价为，毕节63元，纳雍、赫章、威宁62元，大方、黔西、金沙、织金61元，全地区均价62元。1985年4月，全地区放开羊肉购销，购销价凭市场调节。

**活鸡及鲜蛋价格**　1954年前，活鸡及鲜蛋价格全由买卖双方按市场供需情况议定。

## 1950～1954年毕节专区鸡、蛋禽销售价格表

单位：元/50千克

| 县别 | 毕节 | | 大方 | | 黔西 | | 金沙 | | 织金 | | 纳雍 | | 赫章 | | 威宁 | | 全区平均 | |
|---|---|---|---|---|---|---|---|---|---|---|---|---|---|---|---|---|---|---|
| 价别/数目/年份 | 鸡蛋 | 活鸡 | 鸡蛋 | 活鸡 | 鸡蛋 | 活鸡 | 鸡蛋 | 活鸡 | 鸡蛋 | 活鸡 | 鸡蛋 | 活鸡 | 鸡蛋 | 活鸡 | 鸡蛋 | 活鸡 | 鸡蛋 | 活鸡 |
| 1950 | 8.25 | 16 | 9 | 15 | 12 | 16 | 8.5 | 13 | 9.75 | 14 | 8.5 | 13 | 10 | 16 | 11 | 20 | 9.6 | 15 |
| 1951 | 14 | 23 | 15.5 | 28 | 16 | 25 | 15 | 30 | 17.6 | 22 | 13 | 24 | 15.5 | 24 | 15.5 | 24 | 15 | 25 |
| 1952 | 16 | 23 | 17 | 25 | 17 | 25 | 14.5 | 20 | 15 | 28 | 12.5 | 24 | 15 | 21 | 16 | 24 | 14 | 23 |
| 1953 | 19 | 25 | 16.5 | 25 | 19 | 25 | 16.5 | 20 | 16 | 28 | 14 | 20 | 17.5 | 25 | 21.5 | 27 | 17.5 | 24 |
| 1954 | 16.5 | 25 | 15 | 25 | 16.5 | 25 | 15 | 23 | 15 | 28 | 16 | 22 | 17 | 30 | 22 | 25 | 16 | 25 |

1956年9月30日专署定价，全专区收购50千克活鸡30元，鸡蛋25.06元。1959年4月起，收购1000个鸡蛋平均价从1958年的27元调为45.31元，销售价由29元调为49元。1961年鸡蛋收购价由1960年的45.63元调为74.13元，销售价由49.2元调为83元。收购50千克活鸡平均价由50.38元调为81.25元，销售价91元。

1963～1965年专署多次变动鸡蛋收购价格，有时一年变动3次。

## 1963～1965年毕节专区各县鸡蛋购销价格表

单位：元／50千克

| 日期 | | | 销价 | | | | | | | | |
|---|---|---|---|---|---|---|---|---|---|---|---|
| 年 | 月 | 日 | 平均 | 毕节 | 大方 | 黔西 | 金沙 | 织金 | 纳雍 | 威宁 | 赫章 |
| 63 | 4 | 15 | 64.5 | 68 | 66 | 65 | 64 | 64 | 63 | 63 | 65 |
| 63 | 6 | 10 | 58.75 | 61 | 59 | 59 | 58 | 58 | 57 | 57 | 59 |
| 64 | 5 | 20 | 49 | 50 | 49 | 49 | 49 | 49 | 48 | 49 | 49 |
| 64 | 10 | 4 | 54.63 | 57 | 56 | 54 | 56 | 53 | 53 | 53 | 53 |
| 65 | 3 | 12 | 45.75 | 49 | 47 | 47 | 47 | 44 | 44 | 44 | 44 |
| 65 | 4 | 10 | 45.38 | 47 | 46 | 45 | 46 | 44 | 45 | 45 | 45 |
| 65 | 9 | 15 | 59.63 | 61 | 60 | 59 | 59 | 58 | 59 | 64 | 60 |

续表

| 日期 | | | 购价 | | | | | | | | |
|---|---|---|---|---|---|---|---|---|---|---|---|
| 年 | 月 | 日 | 平均 | 毕节 | 大方 | 黔西 | 金沙 | 织金 | 纳雍 | 威宁 | 赫章 |
| 63 | 4 | 15 | 72.5 | 75 | 75 | 70 | 70 | 70 | 70 | 70 | 75 |
| 63 | 6 | 10 | 67.5 | 70 | 70 | 70 | 65 | 65 | 65 | 65 | 70 |
| 64 | 5 | 20 | 65.1 | 68.4 | 65 | 65 | 65 | 65 | 64 | 64 | 65 |
| 64 | 10 | 4 | 62.13 | 65 | 64 | 64 | 64 | 30 | 60 | 60 | 60 |
| 65 | 3 | 12 | 51.38 | 56 | 53 | 53 | 53 | 49 | 49 | 49 | 49 |
| 65 | 4 | 10 | 51.5 | 54 | 52 | 50 | 50 | 50 | 50 | 54 | 52 |
| 65 | 9 | 15 | 69.5 | 73 | 69 | 68 | 68 | 67 | 68 | 72 | 71 |

1965年9月19日专署定价，收购50千克1级活母鸡56元，2级50元，1级骟鸡45元，2级38元，1级公鸡40元，2级34元。鸡蛋以100市斤为计价单位，收购价45.75元，销售价60.44元。1973年3月1日起，鸡蛋收购价从64.63元调为77.63元。1980年1月1日起，区内鸡蛋平均销售价由73.75元调为89.06元。1985年取消市场统一价格。

## 四　中药材价格

中药材交易最初在行医者与生产者中间议价成交。民国时期，已有个体商贩零星收购、出售中药材，价格一般较低。1950年，毕节专区根据省政府制定中药材收购价格的原则制定中药材收购价格。1986年，实行国家指导价和议价相结合的价格体系。1988年起，全地区除甘草、杜仲、厚朴、麝香的收购实行统一价格外，其他价格全部放开，自由经销。

天麻　标准品（冬麻1级）每50千克收购价：1950，毕节、大方、黔西、金沙、织金300元，赫章184元，威宁155.5元，全专区平均价262.79元。1951年平均价200元。1953年481.81元，1954年588.25元。1953年起执行差率价。1级100%，2级87%，3级75%，4级57%。1954年，收购生天麻，与干天麻比价为5：1。1959年调整为：毕节、黔西515元，大方、金沙509元，织金、威宁506元，纳雍504元，全专区平均508.88元。1966年，全专区执行省定价格：1级555元，2级400元。1972年按省指示，地区调整为1级590元，2级500元。1979年调1级1000元，2级800元。1980年调1级1800元，2级1600元。

党参　1950年，毕节专区50千克1级收购价（下同）11.75元，1951年10.84元，1952年12.86元，分3个等级，级差2～3元。1953年，毕节专署调整为24.49元，1954年31.41元，1966年分两级收购；毕节、大方、黔西、纳雍、赫章1级85元，2级60元，金沙、织金、威宁1级84元，2级59元。全专区平均价1级84.63元，2级59.63元。

杜仲　据统计，以收购50千克杜仲价格计。1950年，大定10元，织金、赫章5元。1951年，毕节12.25元，纳雍6.5元，全专区均价8.52元，1952年，均价8.39元，1953年13.8元，1954年24.38元，1957年调为35.1元。1960年25.06元，1963年调整全专区均价28.75元。1966年调为1级66元，2级55元，混装40元。1979年1级70元，2级50元。1980年调为1级100元，2级80元。

**半夏** 1950年，收购50千克半夏：毕节38元，大定30元，黔西22.5元，威宁15元。1952年，全专区平均价27.13元。1953年37.19元，1956年为82.81元。1962年调整为109元，1963年为126元。1966年，专区执行收购价为：去皮混装110元，原皮混装50元。1978年，去皮半夏调为135元，1982年调为150元。

**桔梗** 1950年，毕节专区收购50千克1级9.31元，1951年14.5元，1953年15.55元，1954年执行省决定，调为8.94元。1956年调为18.56元，1957年27.97元，1958年31.1元。1973年改为统装收购制，每50千克45元，1975年55元，1979年70元，1982年调为110元。

**金银花** 每50千克1级金银花收购价格按全区平均：毕节、大方、黔西、金沙、织金、纳雍、赫章、威宁县收购依次为：1951年，32.25元、36元、30元、32.5元、30元、32元、32.5元、33元、32元；1954年45.75元、48元、46.25元、48元、45元、46元、43.5、44.75元、43.5元；1958年58.19元、60元、58.5元、60元、58元、58元、56元、58元、57元；1961年135.25元、136元、136元、137元、136元、136元、133元、134元、134元；1965年133.38元、134元、134元、135元、133元、133元、172元、133元、133元。1966年，根据省府决定，毕节专区收购混装金银花50千克价126元，1967年调整为1级金银花140元。

**蜂蜜** 据统计，收购白色蜂蜜50千克：1950年，毕节、大方、金沙24元，织金25元，赫章、威宁35元。全专区均价27.83元。往后，地区差价逐渐缩小，全专区均价是：1951年29.86元，1952年26.15元，1953年26.34元，1954年34元，1955年39.16元，1956年47.21元，1957年54.35元，1958年58.96元，1959年68.72元，1960年85.63元，1961年144.25元，1962～1964年89.13元，1965年88.25元。

**麝香** 毕节专区麝香收购，以100克计价：1953年，毕节80元，大方、威宁79元，赫章96元。1954年全专区年均收购价格：1953～1950年80元；1956年131.20元，1957～1960年134.4元。

## 五　土特产品的价格

**麻类价格** 各县均产青麻、大麻（俗称火麻）。原属民间集市个人交易，1949年后，地方商业供销部门将麻类列为经营产品。

1.青麻价格。1950年，每50千克收购价：毕节58元，织金55元，赫章50元，威宁37元。1951～1954年各县收购价为：毕节38元、46元、55元、53.5元；大定37元、44元、55.25元、55元；黔西50元、46.65元、50.5元、56.5元；金沙50元、44.55元、49.8元、53.25元：织金50元、42.7元、46.95元、54.25元；纳雍45元、42.55元、47元、50元；赫章43元、44.25元、48.75元、51.5元；威宁43元、42.45元、47元、50.25元。1958年6月，毕节专区执行收购价格为78.79元，销售价65.66元。1963年4月，专署调整青麻销售价：毕节、金沙91元，大方92元，黔西、织金

93元，纳雍89元，赫章、威宁90元。1966年，专署调整收购价，纳雍、威宁80元，赫章79元。1973年，毕节地革委调整收购价：黔西95元，其余各县94元。1979年，全地区平均收购价调高26%，为119元。1980年收购价119元，销售价130.9元。1983年购价104.57元，售价不变。1990年购价160元，售价176元。1993年购价400元，售价440元。1994年购价700元，售价770元。

2.大麻价格。1950年，毕节县收购50千克31元，1951年38元，1952年28.5元。1955年11月，毕节专署调整全专区大麻收购等级和收购价格，以1级为标准级100%，特级110%，2级87%，3级72%，等外级60%。平均价格由22.34元调为28.99元。1962年，两次调为45元、60.5元，销售价74.25元。1966年10月，专署调整纳雍、威宁、赫章收购价：分别由59元、58元调为60元。1973年7月，毕节地区革委要求县以上市场收购大麻执行同价，每50千克82元，1979年调为104元。

**茶叶价格**　据1949年统计，毕节专区产茶叶161吨。1988年，全地区产茶叶788吨。1950年，收购50千克中准3级青毛茶价格：毕节35元，大定30元，织金21元，金沙15元。全专区平均25.25元。1951年，毕节、大定、织金15元，金沙25元，纳雍35元，全专区均价29.75元。1952年，专署调整收购价格为26元。1903年调为43.69元。1958年4月，调整收购价：毕节、黔西、织金、纳雍、赫章、威宁56元，大方、金沙55元。是年9月，下达各县销售价：大方、金沙85.25元，织金86.8元，毕节、黔西、纳雍、赫章89元，威宁102元，全专区平均售价89.71元。1963年1月，专署调整茶叶销售价，金沙、织金93元，毕节、大方、黔西、纳雍、赫章96元，威宁101元。1964年4月，省调整茶叶收购价格，毕节专区执行平均价72元。根据省府指示，调为79元。1973年4月，调为87元。1974年，调整销售价为：毕节、黔西、金沙、织金156元，其余县158元。1979年，省，调整茶叶收购价，毕节地区执行121元；1989年调为203元。1992年5月8日起，收购价为每50千克晒青茶180元、炒青茶210元、烘青茶400元；统装青毛茶400元，售价440元。1994年标准级茶叶收购价500元，销售价850元。

**生漆价格**　毕节地区为全国生漆主产区之一，其中尤以大方生漆数量大、品质佳而闻世。据统计，1988年大方县产生漆75吨，是毕节、金沙、赫章县年产50吨的1.5倍。据毕节县资料载，100市斤生漆（5分2厘大木漆）的市场销售价分别为：1930年、1931年56元（银元，下同），1932年61.2元，1933年59.8元，1934年、1935年79.2元，1936年101.4元。1950～1955年，全专区每50千克生漆（5分2厘）收购价55.94元。1956年专署将收购价由86.78元调整为102.63元；各县收购价为：毕节、黔西104元，织金、大方103元，金沙104.5元，纳雍99.5元，赫章102元，威宁101元。是年9月，按省通知调为118.06元。11月，调整生漆销售价格：毕节、大方、赫章、威宁192元，黔西194元，金沙196元、织金193元，纳雍189元。1962年5月1日，调整收购价：大方、毕节230元，黔西231元，金沙、织金、赫章228元，纳雍227元；售价不变，购销价格倒挂。1966年，按省府决定调整收购价为280元。1973年9月调为350元。1978年调为450元。1987年，根据省的指示，全地区每50千克标准漆收购价1070元，销售价1180元；1990年收购价1300元，销售价1430元；1994年收购价1400元，销售价1700元。

**核桃价格**　各县均产核桃，其中尤以赫章县的核桃产量最多，质量较好。自1949年以来，全地区年产量在2000吨左右，1987年为3314吨，1988年为3908吨。多年成为主要出口农产品之一。1950年，全专区每50千克标准级（泡壳1级，下同）平均收购价6.57元。1955年调为9.44元。1956年调整为：毕节、大方、金沙、织金15元，黔西16元，纳雍12元，赫章14元，威宁13元。全专区平均14.38元。1960年12月，分别调整为：毕节、大方、黔西、威宁23元，金沙、织金、赫章22元，纳雍21元：全专区平均22.38元。1961年5月31日调为：毕节27.4元，大方、黔西27.5元，金沙、织金、纳雍27元，赫章27.2元，威宁27.3元；全专区平均收购价为27.24元。1962年调高14%，均价31.05元。1972年，按省革委决定，毕节地区执行：1级32元，2级22元，3级10元。1978年8月后，实行议价收购，每50千克45元。1982年省府调整全省核桃价格，毕节地区收购价为：1级95元，2级90元，3级80元。据市场调查，1989年毕节地区每50千克统装核桃市场购价100元，销售价110元；1991年购价120元，售价150元；1994年购价140元，售价180元。

**干辣椒价格** 20世纪50年代初，每50千克收购价不到20元。1954年，毕节专署调整为：每50千克标准1级（大晒1级，下同）收购价为：毕节21元，大定19.5元，黔西20元，金沙、赫章18元，织金19元，纳雍17元，威宁19.05元。全专区平均18.21元。1955年，调整各县收购价为：毕节、黔西27元.大定25.2元，金沙26.25元，织金23.75元，纳雍23.35元，赫章24.5元，威宁24元；销售价为：黔西、毕节34元，大定32元，金沙33元，织金30元，纳雍29.5元，赫章31元，威宁30.5元。1959年，专署调整干辣椒收购价为33元。1960年调为49.88元。1961年调为：毕节、大方、金沙、织金购价74元，售价85元，纳雍、赫章、威宁购价72元，售价83元。1963年，调整收购价格为：毕节、大方、黔西58元；纳雍、赫章56元；威宁55元。销售价按产地购销差率的10%～12%计算。1972年，调整收购价为65元，实行城乡同价。按等级计价，等级差价5元。各县城关零售价格为：大晒1级80元，2级74元；小晒1级102元，2级95元；大炕1级68元，2级62元；小炕1级84元，2级78元。1984年，毕节地区统装干辣椒50千克收购价70元，销售价100元；1988年收购价85元，售价105元；1990年市场收购进价185元，售价205元；1994年收购价300元，售价100元。

**壳花生价格** 各县均产花生。1950～1956年，全专区收购每50千克标准级（2级）壳花生价格分别为：10.92元、12.69元、14.71元、14.7元、13.88元、12.69元、13.97元。1956年12月19日调整收购价格：毕节、大定、黔西、金沙、织金、纳雍15元，赫章16元，威宁16.5元。1960年12月调整收购价为：毕节、大方、黔西、金沙17.6元，织金、纳雍17.5元，赫章18元，威宁18.5元：销售价格，威宁22元，其余县为21元。1964年10月调整收购价为：毕节、大方、黔西23.5元，金沙、织金、纳雍、赫章、威宁26.22元。全专区平均销售价格26.43元。1980年1月，省决定对壳花生实行平议价比例计算价格，最高限价为：中心县51元，边远县54元。1982年7月1日起，改2级收购制为3级收购制，降低价格为：1级45元，2级41元，3级37元，全地区实行城乡同价。1988年，改等级收购为统装收购，全地区每50千克统装壳花生市场购进价100元，市场销售价115元；1991年购价110元，售价121元；1994年购价180元，售价198元。

**黑木耳价格** 收购黑木耳分两个等级，细1级为标准级，细2级收购价按1级的8折计算。以收购50千克标准级黑木耳计：1950年170元，1953年217.81元，1954年303.94元。1955年，专署多次调整黑木耳收购价格，4月9日核定全专区平均收购价为250.75元，10月6日按省要求，调整为

190.63元。1956年降为136.98元，黑木耳生产萎缩，供应紧缺。1957年调整为：毕节、大方、赫章、威宁购价195元，售价222元；金沙、织金、纳雍购价192元，售价218元；黔西购价194元，售价221元。购销综合差率为11%。1963年提高收购价11%，平均价245.19元。1966年8月，按省决定，改标准级为细2级，等级差率和价格为：细Ⅰ级108%，270元；细2级100%，250元；细3级92%，230元；粗1级44%，110元，粗2级40%，100元。1971年，按省革委通知，毕节地区标准级收购价为320元，等级差率依旧。1978年10月15日起，平均价格由420元调为550元。1980年1月起，按不超过规定的黑木耳平、议价比例30%的方法计算收购价格，最高综合限价595元。1988年市场购价1630元，售价1850元；1994年市场平均购价1650元，平均售价1850元。细木耳购价2000元，售价2200元。

洋芋粉价格　各县均产马铃薯，威宁产量最高，质量最好。以马铃薯加工的洋芋粉，为主要土特产品之一。1955年6月前，供销、粮食、商业部门经销洋芋粉，价格各不相同。1955年7月，专署制定洋芋粉收购价格，每50千克1等洋芋粉：毕节14元，纳雍10元，赫章11.5元，威宁10.5元。全专区平均收购价12元，销售价按购销差10%计算。1956年调为平均价21.19元，1958年粮食部门把洋芋粉列为粮食品种之一收购，全专区平均价11.43元。1959年2月调为11.71元；10月1日调整为：毕节、大方、黔西、赫章、威宁购价35.5元，售价41元；金沙、织金、纳雍购价35元，售价41元。1963年9月3日调为：毕节、大方、黔西、织金27元，金沙26元，纳雍、赫章、威宁25元；销售价按14%的购销差率执行。1966年9月26日，行署调整全专区洋芋粉收购价格为：纳雍、赫章29元，其余各县30元，平均29.75元。

## 第四节　工业品价格

煤炭价格　居民自汉代已开采利用煤炭资源，明代煤炭已成为居民生产、生活不可缺少的燃料。民国时期有个体或联户开办的小煤窑，自产自销，价格因地而异。1949年后，各县城关每50千克煤炭销售价在0.1元~0.3元之间，威宁焦炭售价在0.4~0.5元之间。1952年后，各县建设煤矿，煤价由当地政府制定。1958年执行出厂价0.49元，销售价0.68元。1959年，专署审定各县城关民用煤售价：毕节0.8元，大方0.48元，黔西1.1元，金沙1元，织金0.45元，纳雍0.25元，赫章0.55元，威宁0.95元。1962年，专署调整全专区煤炭销售价格，以吨为单位计算（下同）大煤、碎煤价格分别为：毕节14元、8元，大方8.5元、5.6元，黔西8元、5元，金沙12元、8元，织金8元、4元，纳雍5元、3.5元，赫章12元、6元，威宁11元、8.5元；全专区平均大煤9.88元，碎煤6.08元。1963年平均价降为大煤8.63元、碎煤6.08元。1972年调为大煤11.13元、碎煤6.25元。1979年调整国营煤矿大煤出厂价：毕节13元，金沙15元，赫章16元，平均价调高13%，为12.63元。1985年，行署批准煤炭价格调高为15.88元，各县煤建公司出售居民生活用煤维持原价，经营中出现的亏损由地方财政补贴。煤矿生产经营中的亏损也由财政补贴，马干山煤矿每吨煤成本16.6元，财政按每生产1吨煤补贴6元。1988年，经省物价局同意，马干山矿大煤价调为27元，碎煤14元；毕节垭关、黔西化窝、金沙新华煤矿大煤35元，碎煤20元。1991年9月15同，地区规定乡镇煤矿的煤炭销售价，不得超过国营煤矿的售价，销往地区以外的煤价，由买卖双方商定。1992年4月规定：国营煤矿的煤炭销售价，除供给发电、生产化肥的原煤售价由地区物价局管理外，其余煤炭售价一律放开。

**自来水价格** 1960年，毕节县城关建立自来水设施，各县城关及部分乡镇也先后建立该设施。专署所在地的毕节县自来水价格由地区物价局管理，各县由县物价局管理。1967年毕节县自来水每吨0.17元（含居民及工业用水），零售每担0.01元。1991年分两类调整收费为：居民用水每吨0.2元；生产、经营性用水每吨0.25元。1992年调为居民生活用水每吨0.35元；生产、经营性用水每吨0.4元。

**生铁、硫磺价格** 1.生铁价格。民国时期，已有土法冶炼生铁，用于铸造铧口，产量不多，价格因地而异。

### 1951～1958年毕节专区生铁价格表

单位：元/50千克

| 县别 价格 年份 | 毕节 | 大方 | 黔西 | 金沙 | 织金 | 纳雍 | 赫章 | 威宁 | 平均 |
|---|---|---|---|---|---|---|---|---|---|
| 1951 | 10 | 8.7 | 6 | 7 | 8 | 8.5 | 7 | 7 | 7.78 |
| 1952 | 6 | 5.5 | 6.15 | 5 | 5.5 | 6 | 7.5 | 8.7 | 8.92 |
| 1953 | 6.5 | 5.3 | 6 | 5.65 | | | 10 | 12 | 7.74 |
| 1956 | 11.5 | 9 | 9.27 | | | | | | 9.92 |
| 1957 | 11.5 | 12 | 9.27 | 8.05 | 12 | | 14 | | 11.19 |
| 1958 | 7.75 | 7.75 | 7.75 | 7.75 | 7.75 | 7.75 | 7.75 | 7.75 | 7.75 |

1961年3月22日，专署规定：赫章、威宁毛铁（生铁）出厂价每吨260元，其余6县均为280元，按商业部规定，可加1%手续费销售。1963年规定各县供给生产农具的生铁、砂石铁厂生产的灰口铁售价每吨154元，各县生铁售价为：毕节204.65元，大方237.15元，黔西218.65元，金沙、织金213.15元，纳雍243.65元，赫章164.15元；次生铁售价不变。1982年生铁销售执行Z18二组锰类价每吨220元，炼钢生铁L08三类价200元。由于成本上升，企业亏损。1987年，国务院下放冶金产品价格管理权，省制定生铁出厂价格，毕节地区每吨炼钢生铁价351元，1988年418元，1989年720元。

2.硫磺价格。民国时期，已有人采炼硫磺用于爆竹生产，价格变动较大。1949年后，建设硫磺厂，实行规模开采、冶炼。1950年每50千克硫磺收价为：毕节14元，金沙16元，赫章15元；1953年为：毕节14元，大方12元，金沙18元，纳雍11元，赫章18元，威宁11元；1956年为：

毕节17元，大方17.5元，金沙18元，织金15.65元，纳雍14.5元，赫章17.75元，威宁15元。按省规定，以13.5%的购销差价率制定硫磺购价。1956年5月，按17%以购销差率制定硫磺购销价格下达各县执行。收购硫磺产品分为3个等级：1级含硫量99%以上，品质差率100%；2级含硫量97%～99%，品质差率为97%；3级含硫量95%～97%，品质差率92%。1957年全区收购硫磺的品质差价每吨20元。1958年每50千克硫磺收购价格：威宁16元，赫章16.5元，其余县均为17元。1959年7月起执行省商业厅规定，分5个等级，质量标准为：1级99.9%以上，2级99.68%以上，3级95%以上，4级90%以上，5级90%以上。收购价1级每吨400元，以下每个级差为20元。1978年9月起，每吨含硫量在99.5%以上的购价410元，售价580元；98.5%～99.5%的购价394元，售价560元；90%～98.5%的购价369元，售价520元。产地销售价每吨1级510元，2级190元，等外品459元。1984年7月规定，每吨散装硫磺（含硫量99.5%以上）出厂价450元，包装费在30元以内，售价610元。放开3级硫磺购销价格。

**电、石油价格** 1.电价。民国30年，大定县有私营发电厂，民国36年毕节县城内军政机关使用照明电，都没有电价记载。1952年，毕节县部分居民用电每千瓦时价5000元（旧币）。1953年，毕节、大方、威宁居民照明用电每千瓦时0.22元，工业用电每千瓦时0.15元。1963年专署调整电价每千瓦时为：工业用电0.12元；农业排灌用电0.05元；照明用电：毕节0.2元，大方0.35元、黔西、威宁0.25元，金沙、纳雍、赫章0.18元；包灯每月每瓦按0.8千瓦时计价。1988年11月调为每千瓦时：照明用电0.2元，排灌用电0.06元，普通工业用电0.16元；化肥工业动力用电：年用电量在1000万千瓦时以内的0.048元，1000万千瓦时以上2000万千瓦时以内0.1元，超过2000万千瓦时的按普通工业用电计。1993年，调整全地区电价，一类营业性用电，原价每千瓦时0.26元，调整后0.35元；二类营业性用电，原价每千瓦时0.26元，调整后0.26元；市政用电，原价0.26元不变；普通工业用电，原价0.20元，调后为0.21元；农村高压线路综合计度，原价0.18元不变；农业排灌用电，原价0.085元不变。1994年3月，调整毕节、大方电网电价每千瓦时：一类营业性用电0.4元。二类营业性用电0.34元，市政用电0.26元，农村高压线路综合计千瓦时0.23元。12月1日，调整普通工业用电每千瓦时0.3元，农业排灌用电0.08元。2.石油价格。1952年8月，各类石油品种以每千克计批发价和零售价分别为：56号汽油为1.28元、1.34元；灯用煤油1.14元、1.2元。1953年4月调为：煤油1.2元、1.24元。1954年各县每千克煤油价为：毕节1.24元，大方1.26元，黔西1.28元，金沙1.3元，织金1.32元，纳雍1.4元，赫章1.34元，威宁1.38元。毕节城关汽油批发价1.22元，零售价1.33元。1958年4月毕节石油公司每吨石油批发价1080元，每千克零售价1.19元。各县每千克石油批发、零售价分别为：大方1.15元、1.28元；黔西1.28元、1.44元；纳雍1.15元、1.23元；赫章1.14元、1.25元；威宁1.17元、1.28元。1963年1月，全地区每吨煤油1081元，零售每千克1.2元。1964年12月调为：56号汽油每吨910元，零售每千克1元。1965年每吨890元，每千克0.87元。1983年，国家将部分出口原油加工成品汽油转供国内市场，称为高价油。两种价格对比为，平价：70号汽油每吨批发851.82元，零售每千克0.94元；批发每吨灯用煤油792.73元，零售每千克0.91元；批发每吨零号柴油750元，零售每千克0.83元。高价：批发70号汽油1193.13元，零售每千克1.31元；批发每吨灯用煤油1163.13元，零售每千克1.3

元；批发每吨零号柴油1173元，零售每千克1.29元。由此出现黑市交易，1吨汽油高达2000元。1988年3月，按国务院规定，计划外成品油按批发价加规定的批零差率制定零售价格，汽油、柴油为8%，灯用煤油10%。执行限价后，全地区黑市石油售价稍有降低，仍高出平价100%，高出高价40%。1991年规定，除军用和农用成品油平价供应外，将计划分配的高价油限价和定向加价及平价等各种价格并轨，一律改为高价销售。毕节石油公司高价成品油（标准品）市场销售价为：汽油批发每吨2000元，零售每千克2.22元；灯用煤油批发每吨1900元，零售2.1元；柴油批发1900元，零售2.11元。1994年5月调整为：70号汽油，按每吨价计（下同）：毕节3050元、大方3030元、黔西3005元、金沙3070元、织金3065元、纳雍3070元、赫章3130元、威宁3110元；零号柴油：毕节2610元、大方2605元、黔西2560元、金沙2610元、织金2595元、纳雍2600元、赫章2850元、威宁2620元。灯用煤油：毕节2700元、大方2690元、黔西2660元、金沙2710元、织金2690元、纳雍2700元、赫章2750元、威宁2720元。

**水泥、砖瓦价格** 1.水泥价格。1972年前，贵阳水泥厂生产的400号水泥在毕节市场每吨售价：1953～1954年200元，1955年190元，1956年180元，1957年170元，1958年150元。1972年，毕节地区水泥厂土窑生产水泥标号低，只能作打地坪用。1976年机械立窑建成，生产325号水泥，出厂价每吨65元。1980年调为70元，散装每吨60元。其他水泥每提高一个标号，售价相应增加6元。1978～1994年，毕节地区水泥厂部分年份生产水泥年售价分别为：1978年61.7元、1979年55.5元、1981年76.5元、1984年83.5元、1985年94.5元、1986年116.5元、1987年118.5元、1988年113.5元、1989年161.5元、1990年159.5元、1991年166.5元、1992年195.5元、1993年269.5元、1994年259.5元。

2.砖、瓦价格。据1950年调整，各县砖瓦销售价格以万块计；黔西分别为砖250元，瓦90元。1952年毕节砖250元、瓦65元；大定砖160元，瓦30元：黔西砖220元，瓦50元；赫章砖200元，瓦70元；威宁瓦60元。1953～1957年，砖瓦销售价格始由国家制定。1957年核定各县每万块青砖出厂价：毕节、大定、纳雍240元，黔西300元，金沙280元，织金196元；每万块瓦出厂价：毕节80元，大定75元，织金70元，黔西、纳雍100元，金沙180元。1964年调整砖价为：毕节350元，大方320元，黔西、金沙165元，威宁285元。1973年，毕节城关240×120×53毫米1级青砖每万块（下同）销售价410元，2、3级递减40元；同规格红砖1级价380元，2、3级递减40元；240×120×70毫米青拱砖Ⅰ级550元，2、3级递减20元。青砖每万块150元。1976～1977年，青砖价格未变；红砖Ⅰ级价510元，2、3级递减20元。1979年9月地区计委确定，不分机制或手工砖，每万块Ⅰ级490元，2级440元。1982年9月，地区物价局下达100#预制各种型号空心砖和100#水泥砖出厂价格，以每万块计，K6,390×190×190（毫米）4500元，K7同规格3000元；K8：1600元，K9：5500元；K21：240×115×115（毫米），1200元：K22，180×115×115（毫米） 800元；K23，115×115×115（毫米） 600元；U型K24，240×240×250（毫米） 3300元；100#水泥砖240×115×53（毫米） 750元。1989年后，放开砖瓦销售价格，由厂家根据市场行情决定。

**铁制小农具价格** 民国时期，铁制小农具销售价格按市场供求情况及农具规格质量确定，各地价格不同。1950年，政府核定其销售价格，锄头每把0.35元；1951年，毕节县每把锄头价0.4元，其余各县均为1元。1952年改为以重量计价，每0.5千克（下同）全专区平均售价：锄头0.35元，镰刀0.71元，耙梳0.41元，铧口0.06元。1957年，全专区平均价为锄头0.54元，镰刀1.17元，耙梳0.53元，铧口0.15元。1962年调为锄头0.97元，镰刀1.51元，耙梳1.01元，铧口0.27元。

### 1966年毕节地区各县铁制小农具厂价、销售价统计表

单位：0.5千克／元

| 品名 | 县别/价别 | 毕节 | 大方 | 黔西 | 金沙 | 织金 | 纳雍 | 威宁 | 赫章 |
|---|---|---|---|---|---|---|---|---|---|
| 锄头 | 厂价 | 0.66 | 0.56 | 0.63 | 0.67 | 0.56 | 0.65 | 0.63 | 0.7 |
| | 销价 | 0.7 | 0.6 | 0.66 | 0.72 | 0.62 | 0.7 | 0.68 | 0.74 |
| 耙梳 | 厂价 | 0.79 | 0.7 | 0.66 | 0.68 | 0.62 | 0.63 | 0.63 | 0.83 |
| | 销价 | 0.84 | 0.74 | 0.7 | 0.73 | 0.66 | 0.67 | 0.68 | 0.88 |
| 镰刀 | 厂价 | 1.09 | 1.06 | 1.41 | 1.58 | 1.24 | 1.3 | 1.05 | 0.97 |
| | 销价 | 1.16 | 1.14 | 1.5 | 1.7 | 1.32 | 1.38 | 1.13 | 1.03 |
| 铧口 | 厂价 | 0.11 | 0.11 | 0.11 | 0.1 | 0.12 | 0.11 | 0.14 | 0.14 |
| | 销价 | 0.12 | 0.12 | 0.12 | 0.11 | 0.12 | 0.12 | 0.15 | 0.15 |

### 1973～1993年毕节地区各县铁制农具厂价、销售价统计表

单位：0.5千克／元

| 品名 | 县别/价别 | 毕节 | 大方 | 黔西 | 金沙 | 织金 | 纳雍 | 威宁 | 赫章 |
|---|---|---|---|---|---|---|---|---|---|
| 锄头 | 厂价 | 0.73 | 0.61 | 0.69 | 0.6 | 0.61 | 0.69 | 0.73 | 0.65 |
| | 销价 | 0.78 | 0.65 | 0.74 | 0.64 | 0.65 | 0.74 | 0.78 | 0.7 |
| 耙梳 | 厂价 | 0.75 | 0.73 | 0.66 | 0.66 | 0.63 | 0.67 | 0.75 | 0.7 |
| | 销价 | 0.8 | 0.78 | 0.71 | 0.71 | 0.74 | 0.72 | 0.8 | 0.75 |
| 镰刀 | 厂价 | 1.33 | 1.19 | 1.45 | 1.35 | 0.65 | 1.35 | 1.16 | 1.12 |
| | 销价 | 1.42 | 1.27 | 1.55 | 1.44 | 0.7 | 1.44 | 1.35 | 1.2 |
| 铧口 | 厂价 | 0.16 | 0.16 | 0.17 | 0.15 | 0.16 | 0.16 | 0.16 | 0.16 |
| | 销价 | 0.17 | 0.17 | 0.18 | 0.16 | 0.17 | 0.17 | 0.17 | 0.17 |

1975年后，作过局部调整，总体价格基本保持1973年调整的水平。

**化肥价格**　1957年，毕节、大定、黔西开始调进磷矿粉销售，磷矿粉与油菜籽饼的比价为1：0.9；距产地30千米至100千米以内地区可保持1：1的销售价；超出100千米地区可以1：1.2计算。1958年开始调进尿素，全地区统一每吨销售价740元，1960年660元，1966年600元，1967年500元，1971年450元。1976年，省下达毕节地区各县区化肥调拨价格，其中毕节县城关区各类化肥价格每吨为：硫酸铵含氮20.8%，252元；硝酸铵含氮34%，285元；尿素含氮45%，422元；碳酸氢铵含氮16.8%，174元；氯化铵含氮25%，281元；硝酸钠含氮16%，201元；硝酸铵钙含氮20.5%，257元，硫硝酸铵含氮24%，299元；氮磷钾复合肥含氮13.5%、含磷10%、含钾10%，299元；氮磷钾复合肥含氮15%、含磷15%、含钾12%，299元；氮磷钾复合肥含氮17%、含磷8%、含钾7%，233元；氮磷钾复合肥含氮磷钾各15%，305元；复合肥含氮26%、含磷14%、含钾12%，328元：钾氮混肥含氮硫酸钾25%、含硫酸铵58%，314元；智利硝酸钾含氮15%、含钾14%，233元。1979年7月起，执行全省化肥调拨统一价格，每吨尿素、硫酸铵450元，硝酸铵130元，碳酸氢铵190元，氯化铵300元，硝酸钠220元，硫硝酸铵、氮氢磷钾复合肥320元。1981年3月，行署调整碳酸氢铵销售价，全地区平均每吨206元，调拨价191元。1993年9月，省提高计划内统配化肥价格每吨厂价520元，销售价660元。随即规定每年旺季（3～10月）尿素每吨厂价1000元，硝酸铵厂价780元，淡季（11月～次年2月）尿素厂价880元，硝酸铵厂价700元。1971年，毕节地区化肥厂生产碳酸氢铵，每吨出厂价180元，1972年7月起每吨190元。1979年8月省调整为：出厂价，1级品166元，2级160元；销售价Ⅰ级190元，2级184元。1980年11月，行署决定出厂价，零售价均为每吨150元。1984年3月，地区调整黔西磷肥厂生产的过磷酸钙2级每吨出厂价141元，销售价155元。1988年，对地区化肥厂计划外碳酸氢铵销售价每吨限价300元。1992年地区物价局决定1～7月旺季，8～12月为淡季。各县旺季价为：毕节297元、大方301元、纳雍310元、金沙329元、织金327元、威宁329元、赫章323元；淡季价为：毕节282元、大方286元、纳雍295元、金沙314元、织金312元、威宁314元、赫章308元。1992年10月，地区化肥厂尿素生产线投产，含氮量大于或等于46%，每吨出厂价年平均为：1992年930元，1993年959元，1994年1066元。

**农药及农药器械价格**　1957年起，毕节地区始有农药经销业务，农药销售价执行省的规定，以每千克为计价单位。1957年含0.5%丙体的六六六售价0.28元；含6%丙体的售价1元。1958年6月调为：5%滴滴涕粉0.25元，25%可湿性滴滴涕乳剂1.6元，0.5%六六六0.1元，6%六六六0.7元。1961年调整粉剂滴滴涕价，含量5%的0.24元，25%的0.96元，50%的1.6元；毕节产含量50%的油剂1.83元；含量0.5%的六六六0.08元，含1%的0.17元，含6%的0.66元；含量25%的敌百虫4.44元，含量80%的9.59元。1964年六六六，含量0.5%的0.073元，含量1%的0.15元，含量6%的0.55元，含量10%的1.45元；敌百虫含量50%的，瓶装3.2元，袋装2.75元，缸装2.72元。

## 1965～1976年毕节地区执行省府规定部分农药的销售价格统计表

单位：千克／元

| 品　名 | 规　格 | 1965 | 1966 | 1967 | 1968 | 1971 | 1972 | 1973 | 1976 |
|---|---|---|---|---|---|---|---|---|---|
| 六六六粉剂 | 含丙体0.5%，纸袋装 | 0.073 | 0.073 | 0.073 | 0.073 | 0.073 | 0.073 | 0.073 | 0.073 |
| 滴滴涕粉剂 | 含量5% | 0.24 | 0.24 | 0.24 | 0.24 | 0.24 | 0.24 | 0.24 | 0.24 |
| 敌敌畏乳剂 | 纯度40% | 6.23 | 3.80 | 3.43 | 3.43 | 3.43 | 3.43 | 3.43 | 3.43 |
| 鱼藤精 | 2.5%瓶装 | 5.47 | 5.47 | 5.47 | 5.47 | 5.47 | 5.47 | 3.50 | 2.30 |
| 敌百虫 | 含量50% | 3.145 | 2.54 | 2.54 | 2.54 | 2.10 | 2.10 | 2.10 | 2.10 |
| 赛力散 | 含醋酸苯汞2.5% | 1.78 | 1.78 | 1.78 | 1.78 | 1.60 | 1.60 | 1.60 | 1.60 |
| 速灭松乳剂 | 50% | 9.50 | 9.50 | 9.50 | 9.50 | 9.50 | 9.50 | 9.50 | 9.5 |
| 可湿性除草醚 | 25% | 2.82 | 2.82 | 2.82 | 2.82 | 2.82 | 2.82 | 2.82 | 2.82 |

农药器械以架为单位计价，1966年调整后直到1976年未变，单管喷雾器由21元调为17.5元，手摇喷粉器由23元调为22元，552丙型压缩喷雾器由20.5元调为18元，丰收7.5型7型压缩喷雾器由26.5元调为24.50元；踏板手摇喷雾器33元，双轮喷雾器248元，小喷枪1.3元，上海丰收10型喷粉器27元不变。

**卷烟价格**　1.地产卷烟价格。1974年创办毕节卷烟厂，试产“毕节”牌卷烟每标准箱600元，批发每条2.4元，零售每包0.27元。1976年试产1级香烟毕节香烟试制品，厂价每箱675元，批发每条2.8元，零售每包0.3元。1983年，根据省府调整卷烟销售价格的决定。调整5个品牌的卷烟（见表）。

## 1983年毕节产卷烟价格调整表

单位：元／包、条、箱

| 品牌 | 等级规格 | 原　价 | | 提价后价格 | | | 1983年3月调整价 | | |
|---|---|---|---|---|---|---|---|---|---|
| | | 零售价 | 纳税出厂价 | 零售价 | 批发价 | 出厂价 | 零售价 | 批发价 | 出厂价 |
| 夏橙 | 甲二级精装 | 0.41 | 9.00 | 0.58 | 5.27 | 1258.21 | 0.55 | 5.00 | 1193.75 |
| 锦鸡 | 乙一级精装 | 0.32 | 715.00 | 0.38 | 3.46 | 826.45 | | | |
| 倒天河 | 乙一级精装 | 0.32 | 715.00 | 0.43 | 3.64 | | 0.41 | 3.73 | 890.53 |
| 紫玉兰 | 乙二级精装 | 0.27 | 602.00 | 0.35 | 3.18 | 759.23 | 0.34 | 3.09 | 737.74 |

续表

| 品牌 | 等级规格 | 原价 | | 提价后价格 | | | 1983年3月调整价 | | |
|---|---|---|---|---|---|---|---|---|---|
| | | 零售价 | 纳税出厂价 | 零售价 | 批发价 | 出厂价 | 零售价 | 批发价 | 出厂价 |
| 翠屏山 | 丙二级精装 | 0.15 | 335.00 | 0.18 | 1.64 | 391.55 | | | |

1984年实行类区价格：一类区为产地及距产地30千米以内区域，二类区为产地30千米以外区域，三类区为各县城关，区乡所在地区域。10月，按上级通知调低毕节卷烟厂甲乙级卷烟出厂价，每箱草海甲二级精装由1301.19元调为1294.38元，乌蒙山乙一级长支精装由955元调为950元，紫玉兰乙二级精装由759元调为755.25元。调整后的厂价于是年10月1日执行；批发价于是年10月15日起执行。

### 1984年毕节卷烟厂丙、丁、戊级雪茄烟出厂批发价格调整表

单位：箱、条

| 品牌 | 等级规格 | 出厂价 | | 一类价格区 | | 二类价格区 | | 三类价格区 | | 产地调拨价（箱） |
|---|---|---|---|---|---|---|---|---|---|---|
| | | 现行 | 调整 | 现行 | 调整 | 现行 | 调整 | 现行 | 调整 | |
| 七　星 | 丙一级简装 | 584.94 | 569.36 | 2.45 | 2.41 | 2.55 | 2.50 | 2.64 | 2.59 | 587.44 |
| 翠屏山 | 丙二级简装 | 413.04 | 401.63 | 1.73 | 1.70 | 1.82 | 1.79 | 1.91 | 1.88 | 414.38 |
| 贺　喜 | 丁级简装 | 248.3 | 242.05 | 1.04 | 1.03 | 1.13 | 1.11 | 1.23 | 1.20 | 251.06 |
| 云　峰 | 戊级简装 | 207.71 | 199.75 | 0.87 | 0.85 | 0.96 | 0.94 | 1.04 | 1.03 | 207.18 |
| 银　燕 | 丙一级精装 | 584.94 | 569.36 | 2.45 | 2.41 | 2.55 | 2.50 | 2.64 | 2.59 | 587.44 |
| 银　燕 | 丙二级精装长支 | 630.3 | 611.89 | 2.64 | 2.59 | 2.73 | 2.68 | 2.82 | 2.77 | 631.31 |
| 西华山 | 丙一级精装 | 413.04 | 401.63 | 1.73 | 1.7 | 1.82 | 1.79 | 1.91 | 1.88 | 414.38 |
| 双　飞 | 丁级精装 | 248.3 | 242.05 | 1.04 | 1.03 | 1.13 | 1.11 | 1.22 | 1.2 | 251.06 |
| 双　飞 | 丁级精装长支 | 291.28 | 282.00 | 1.22 | 1.20 | 1.30 | 1.28 | 1.39 | 1.37 | 292.5 |
| 合　作 | 戊级简装 | 186.23 | 180.95 | 0.78 | 0.77 | 0.87 | 0.85 | 0.96 | 0.94 | 187.69 |

### 1979年7月省烟草公司下达毕节烟厂奢香、爵士、圣火牌卷烟销售价格表

单位：元

| 品牌 | 等级 | 包装规格 | 出厂价 | 一类区 | | 二类区 | | 三类区 | | 调拨价 |
|---|---|---|---|---|---|---|---|---|---|---|
| | | | | 每条 | 每包 | 每条 | 每包 | 每条 | 每包 | |
| 奢香 | 甲 | 硬条硬合 | 4427 | 18.64 | 2.05 | 18.73 | 2.06 | 18.82 | 2.07 | 4540 |
| 爵士 | 乙一 | 全包装 | 2223 | 9.35 | 1.03 | 9.45 | 1.04 | 9.55 | 1.05 | 2230 |
| 爵士 | 乙一 | 精装 | 1900 | 8 | 0.88 | 8 | 0.89 | 8.98 | 0.9 | 1950 |
| 圣火 | 乙一 | 全包装 | 2417 | 10.18 | 1.12 | 10.27 | 1.13 | 10.36 | 1.14 | 2431 |
| 圣火 | 乙一 | 精装 | 204 | 8.82 | 0.97 | 8.91 | 0.98 | 9.00 | 0.99 | 2149 |

8月，行署规定卷烟销售公司实行送货制，将批发卷烟直送各县烟草公司、区烟草站。卷烟厂对销售公司实行出厂价，各县烟草公司对国营商业、供销及个体零星户实行批发价，任何单位不得随意变价调拨、批发。

1989年8月试制奢香牌香烟试销，甲二级每箱出厂价3130.25元，每条批发价一、二类区13.27元，三类区13.36元；甲乙级精装软包装每箱2807.25元，每条批条价一类区11.82元，二类区11.91元，三类区12元。11月，省烟草公司下达价格为甲级带嘴25.6×（64+20）（毫米）全包装每箱出厂价3396.38元，调拨价3434元，每条批发价一类区14.09元，二类区14.18元，三类区14.27元；精装出厂价3023.38元，调拨价3102元，每条批发价一类区12.73元，二类区12.82元，三类区12.91元。

### 1990年8月毕节地区卷烟价目表

单位：元

| 香烟品牌 | 等　级 | 规格 | 香型 | 出厂价（箱） | 调拨价（箱） | 批发价（箱） |
|---|---|---|---|---|---|---|
| 夏　橙 | 乙级 | 84毫米嘴硬条盒纸拉线 | 烤烟型 | 1705.3 | 1750 | 1795 |
| 夏　橙 | 乙级 | 84毫米嘴软包 | 烤烟型 | 1489.3 | 1528 | 1567 |
| 夏　橙 | 乙级 | 粗支平精装 | 烤烟型 | 1187.5 | 1212 | 1250 |
| 草　海 | 甲级 | 100嘴硬条玻纸拉线 | 烤烟型 | 2548.4 | 2615 | 2682.5 |
| 奢　香 | 甲级 | 84毫米嘴硬条玻纸拉线 | 烤烟型 | 3346.38 | 3434 | 3522 |
| 奢　香 | 甲级 | 84毫米软条包 | 烤烟型 | 3023.38 | 3120 | 3182.5 |
| 伎天乐 | 乙一级 | 84毫米硬条包 | 烤烟型 | 3023.38 | 3102 | 3182.5 |
| 伎天乐 | 乙一级 | 84毫米嘴软条包 | 烤烟型 | 2698 | 2769 | 2840 |

续表

| 香烟品牌 | 等 级 | 规格 | 香型 | 出厂价（箱） | 调拨价（箱） | 批发价（箱） |
|---|---|---|---|---|---|---|
| 草 海 | 乙级 | 84毫米嘴硬条玻纸拉线 | 烤烟型 | 1769.4 | 1815 | 1862 |
| 草 海 | 乙级 | 84毫米嘴精装滤嘴 | 烤烟型 | 1489.1 | 1528 | 1567 |
| 草 海 | 乙级 | 粗支平精装 | 烤烟型 | 1144.8 | 1174 | 1205 |
| 木兰花 | 乙级 | 84毫米嘴硬条玻纸拉线 | 烤烟型 | 1921.4 | 1971 | 2022 |
| 木兰花 | 乙级 | 84毫米嘴软条包 | 烤烟型 | 1705.3 | 1750 | 1795 |
| 木兰花 | 乙级 | 70毫米平精装 | 烤烟型 | 1403.63 | 1440.56 | 1477 |
| 云 峰 | 戊级 | 70毫米精装 | 烤烟型 | 230 | 235 | 257 |
| 云 峰 | 戊级 | 70毫米粗支简装 | 烤烟型 | 172.50 | 172.5 | 192.5 |
| 乌蒙山 | 乙级 | 84毫米嘴硬条玻纸拉线 | 烤烟型 | 1439.1 | 1528 | 1567 |
| 乌蒙山 | 乙级 | 84毫米软条玻 | 烤烟型 | 1273 | 1306 | 1340 |
| 乌蒙山 | 乙级 | 70毫米平精装 | 烤烟型 | 843.13 | 860.88 | 887.5 |
| 草 海 | 甲级 | 84毫米嘴硬条玻纸拉线 | 烤烟型 | 2289.5 | 2349 | 2410 |
| 吉庆有余 | 甲级 | 84毫米嘴硬条玻纸拉线 | 混合型 | 2698 | 2769 | 2840 |
| 吉庆有余 | 甲级 | 84毫米嘴精装 | 混合型 | 2375 | 2437 | 2500 |
| 吉庆有余 | 乙级 | 84毫米嘴硬条 | 混合型 | 1598.4 | 1640 | 1682.5 |
| 莲 灯 | 丁级 | 70毫米平精装 | 烤烟型 | 361.9 | 369.14 | 385 |
| 莲 灯 | 丁级 | 70毫米平简 | 烤烟型 | 300.8 | 306.82 | 320 |
| 织金天宫 | 乙级 | 84毫米嘴硬条玻纸拉线 | 烤烟型 | 1878.6 | 1928 | 1977.5 |
| 织金天宫 | 乙级 | 84毫米软嘴条包 | 烤烟型 | 1662 | 1706 | 1750 |
| 织金天宫 | 乙级 | 70毫米平精装 | 烤烟型 | 1360.8 | 1396.69 | 1432.5 |
| 一串红 | 戊级 | 70毫米平精装 | 烤烟型 | 300 | 306.82 | 320 |
| 一串红 | 戊级 | 70毫米平简 | 烤烟型 | 242.05 | 246.89 | 257.5 |

1990年11月29日，规定毕节烟厂驰牌香烟：甲级每箱出厂价3562.5元，调拨价3656元；每条批发价一类区15元，二类区15.09元，三类区15.18元；精装新驰牌出厂价：每箱3130.25元，调拨价3212元；每条批发价：一类区13.18元，二类区13.22元，三类区13.26元。1992年12月2日起，根据国家物价局，烟草专卖局通知，全面开放卷烟销售的出厂价格和调拨价格。2.调进卷烟价格。1957年前，毕节销售的甲乙级卷烟主要由上海调入零售。1958年5月后，开始销售贵阳产甲乙级卷烟。当时，根据国家价格政策，地区及各县城关执行国家二类销售价格区的价格，各类卷烟每包比一类区高0.01元；距县城15千米的地区为三类区，每包卷烟比二类区高0.01元。销售上海产区甲乙级卷烟，每包比国家规定的一类价格高0.01元。1953～1965年毕节销售甲级香烟

价格以每包计：上海中华牌：1953年0.445元，1957～1959年0.52元，1962年0.545元，1963年0.6元，1964～1965年0.63元；贵阳产祝福牌：1958年0.435元，1959年0.41元，1962年0.43元，1963年0.47元，1964～1960年0.49元。销售乙级香烟，上海前门牌：1953～1955年0.33元，1957年0.35元，1908年0.345元，1959年0.34元，1962年0.35元，1963年0.375元，1964～1965年0.39元；贵阳产芦笙牌1957年0.33元，1958年0.315元，1959年0.30元，1962年0.315元，1963年0.345元，1964～1965年0.36元。销售丙级香烟，上海产劳动牌：1957年0.19元，1958年0.195元，1959年0.2元，1962年0.21元，1963年0.25元，1964～1965年0.26元；贵阳产企鹅牌：1950～1959年分别为：0.13元、0.26元、0.2元、0.19元、0.195元、0.21元、0.20元、0.20元、0.19元、0.18元。1962年0.19元，1963年0.21元，1964～1965年0.22；销售贵阳产丁级香烟模范牌：1951～1959年依次为：0.16元、0.10元、0.105元、0.105元、0.118元、0.11元、0.11元、0.105元、0.10元，1962年0.105元，1963年0.115元，1964～1965年0.12元。

**盐、糖、酒价格**　1.食盐价格。明洪武二十四年（1391）命户部更定毕节、赤水、层台三卫输米4斗者给淮盐、浙盐1引（大引400斤，小引200斤），6斗者给川盐1引。清代调川盐入黔，地方官府规定每人每天食用盐3钱。盐价昂贵，民间有斗米斤盐之说。民国时期，改官运局为盐务局，制定食盐价格，分为出场价、岸价、销售价。各销售区承办商必须遵照执行，不得任意提价。但因军阀割据，层层捐税，食盐价格日益陡涨。据统计，民国19～38年（缺27年），威宁每100斤食盐价格为：民国19年20.5元，民国20年30元，民国21年33.3元，民国22年38.85元，民国23年37.3元，民国24年42.6元，民国25年38.7元；民国26年16.6元，民国28年21.9元，民国29年165元，民国31年882.5元，民国33年1.16万元，民国34年7.4万元，民国37年2.09亿元，民国38年4710亿元。1949年10月，毕节城关每斤食盐价大洋0.23元，值法币345亿元。威宁食盐1949与1948年比较，上涨2256.8倍。1950年，毕节专区本着随行就市原则，批发食盐最高牌价每50千克57.5元。1952年底为20元左右。1953年末各县城关每50千克食盐批发价格：富巴，毕节10元，大定20元，黔西、织金、纳雍、赫章21元，威宁22.5元；川花，毕节15.2元，大定、金沙15.5元，黔西16.6元，织金、纳雍、赫章16元，威宁17.5元。1957年，实行最高限价每市斤0.25元。销售价格：毕节0.19元，大定、金沙、赫章0.2元，黔西、织金、纳雍、威宁0.21元。1966年4月起调为0.17元，城乡同价。1978年12月调为0.15元。1980年除金沙销售价0.17元外，其余各县均为0.18元。最高限价精盐0.2元，原盐、散盐0.16元。1989年11月按国务院决定调整盐价：原盐、大方0.29元，黔西0.27元，金沙0.26元，织金、纳雍、赫章、威宁0.27元；精盐，毕节、大方0.34元，黔西0.32元，金沙0.31元，织金、纳雍、赫章、威宁0.32元。1994年5月起，调整为每市斤食盐售价，金沙、黔西精盐0.44元，原盐0.41元，威宁、纳雍、赫章、织金精盐0.45元，原盐0.42元，毕节、大方精盐0.46元，原盐0.43元。1950～1994年，每市斤食盐全地区销售价：1950年0.44元，1951年0.27元，1952年0.26元，1953年0.22元，1954～1955年0.21元，1956～1963年0.20元，1964～1965年0.18元，1966～1977年0.17元，1978～1985年0.15元，1986～1988年0.18元，1989～1991年0.32元，1992年0.43元，1993年0.42元，1994年0.45元。

2.食糖价格。据威宁县统计资料载，1930～1936年威宁由云南购进的中等红糖每50千克价格分别为：11.3元（小洋）、12.75元、17元、33.9元、21.2元、11.3元、16元。1950年，各县从进口的四川白糖、云南红糖，每市斤销售价依次为：毕节白糖0.78元，红糖0.38元；大方0.96元，0.49元；黔西1.12元，0.46元；金沙1元，0.38元；织金1元，0.36元；纳雍1元，0.54元；赫章0.96元，0.45元；威宁1.05元，0.83元。全专区平均白糖0.99元，红糖0.43元。

1950～1965年毕节专区食糖销售平均价格表

单位：0.5千克／元

| 品种 价格 年份 | 白糖 | 红糖 | 品种 价格 年份 | 白糖 | 红糖 | 品种 价格 年份 | 白糖 | 红糖 |
|---|---|---|---|---|---|---|---|---|
| 1950 | 0.99 | 0.43 | 1954 | 0.72 | 0.49 | 1961～1962 | 0.79 | 0.56 |
| 1951 | 1.03 | 0.47 | 1955～1956 | 0.79 | 0.51 | 1963 | 0.86 | 0.76 |
| 1952 | 0.93 | 0.45 | 1957 | 0.79 | 0.53 | 1964 | 0.92 | 0.73 |
| 1953 | 0.72 | 0.38 | 1958～1960 | 0.79 | 0.55 | 1965 | 0.83 | 0.63 |

1966～1988年，毕节地区主要销售5种食糖，批发以50千克计，零售以0.5千克计，其价格为：白砂糖批发68.7元，零售价0.79元；古巴糖61.7元、0.71元；机制赤砂糖59.76元、0.68元：云南上等红糖53.5元、0.61元；贵州、广东、广西上等甘蔗红糖52.6元、0.6元。1988年，按上级决定，调整白砂糖批发价为103.48元，零售价1.19元。1990年，调整全地区食糖销售价格：毕节、大方、金沙、织金、赫章等县城关、白糖批发价154.8元，零售价1.19元；黔西、纳雍、威宁县城关批发价154元，零售价1.74元。农村食糖销售价格由各县按省的规定调整。1994年10月1日起，全地区食糖购销批零差率按14%执行。1994～1995年，根据国家计委通知，食糖中准出厂价甘蔗糖每吨3400元，甜菜糖每吨3650元，允许生产企业在不超过10%的幅度内自主定价。每吨中准批发价甘蔗糖4000元，甜菜糖4250元，企业可随出厂价的浮动相应浮动批发价格。

3.酒类价格。（1）散酒价格。据威宁县统计资料载，民国19～25年，威宁县每50千克散装酒销售价格分别为：3元（小洋）、12.75元、17元、33.9元、21.2元、11.3元、16元。1950年，各县每0.5千克散白酒价格为：毕节0.18元，大方0.16元，黔西0.12元，金沙、织金0.10元。1952年，国家对酒类销售实行专卖，全专区酒类销售价格由专区酒类事业专卖局审定。1963年11月，毕节专署根据省人委通知调整45°苞谷酒销售价格，每0.5千克毕节、威宁0.76元，其余各县均0.75元。据统计，1951～1991年，毕节专区每0.5千克散白酒平均价格为：1951年0.4元、1952年0.33元、1953年0.37元、1954年0.38元、1955年0.40元、1956年0.41元、1957年0.43元、1958年0.44元、1959～1960年0.45元、1961～1962年0.57元、1963年0.66元、1964～1980年0.75元、1981年0.94元、1982～1986年0.79元、1987～1991年0.9元。（2）瓶装酒价格。1951～1958年，外省瓶装酒销售执行省人委规定的价格。1959年，金沙窑酒厂瓶装窑酒投放市场，每瓶500

克装。在区内各县售价为：毕节1.43元、大方1.41元、黔西1.39元、金沙1.2元、织金1.44元、纳雍1.47元、赫章1.45元、威宁1.47元。1960年调整为：毕节1.98元、大方1.95元、黔西1.91元、金沙1.75元、织金1.97元、纳雍2.04元、赫章2.02元、威宁2.06元。是年，毕节酒厂瓶装毕节大曲投放市场每瓶500克装，售价1.56元。1961年，各县销售每瓶零售价为：毕节1.78元，大方1.83元，黔西1.89元，金沙1.9元，赫章1.84元，威宁1.88元。1977年，毕节地区计委批复销售价为：每瓶出厂价1.39元，批发价1.59元，零售价1.75元。1978年，金沙窖酒每瓶500克装在各县销售价为：毕节2.48元、大方2.47元、黔西2.44元、金沙2.37元、织金2.49元、纳雍2.51元、赫章2.5元、威宁2.52元。1982年8元，分别将金沙窖酒调为每瓶4.5元，毕节大曲酒每瓶调为4元。1984年5月，毕节大曲出厂价每吨5211元：每瓶批发价2.93元，零售价3.22元。此后，包装改进，价格也因之而有所调整。1987年6月和12日，地区物价局两次调整酒类销售价格；1989年10月调低金沙回沙酒的售价。54度500克铝盖乳白陶瓷彩盒每瓶厂价由18.2元调为14.47元，批发价由20.6元调为16.35元，零售价由23元调为18元；54度500克铝盖乳白陶瓷彩盒零售价由20元调为15.6元；54度250克铝盖乳白陶瓷彩盒零售价由13.7元调为10.7元；54度125克铝盖乳白陶瓷彩盒零售价由8.75元调为6.9元。1992年8月，金沙窖酒含包装、税费每吨出厂价7000元；500克透明玻璃防盗瓶装出厂价由3.15元调为3.5元，产地批发价由3.54元调为3.96元。金沙回沙酒含包装费税费每吨出厂价3.64万元；500克乳白玻璃异型瓶装每瓶出厂价14.47元调为18.2元，产地批发价由16.35元调为20.6元。

**针纺织品价格**　据统计载，民国19～25年，威宁县100市尺28土白布价格为：民国19年8.66元（小洋，下同），民国20年8.34元，民国21年8.36元，民国22年9.22元，民国23～25年8.7元。民国26年9月，毕节城关每匹学生蓝布66元（银元），阴丹士林布98元，贡吱布98元，充府绸74元，面标布66元，各牌士林布80元，白标布56.3元，皱纹呢74元，哔吱布74元，光假布74元，绒呢74元；每尺川花柿0.3元，川线呢0.4元，川花呢0.5元，川蓝布0.5元；每条皇后毛巾1.2元，方格花被单10.8元；每双60支纱袜2元；每件吉士衬衫4.45元，新花衫4.9元。威宁县每尺土布价格：民国26年0.04元（法币），民国28年0.08元，民国29年0.46元，民国31年3.5元，民国33年47.86元，民国35年223.66元，民国37年11.43万元，民国38年676500亿元。毕节县城关价格为：31年每疋土布155元，每丈美亭阴丹240元，太白公布200元，学生蓝布240元，青卡机布170元。民国37年10月，每匹白布290元（金圆券），二台布270元，蓝布7500元，沪产白布5600元，双喜白布5200元，花哔支6600元，青卡机5200元，黄卡机8500元，白市布5600元；每尺土花布40元，中山纺150元，上山纺250元，厚呢300元，上海线呢400元，土线呢650元；每墩红边油布9100元，半面大台布5200元；每条围巾170元。1950年，毕节专区花纱布公司成立，专营纺织品。1951年7月按中共中央西南局指示，毕节专区由西路区调进纺织品，调拨价格为：上海产品按重庆牌价降9.68%，重庆产品按上海牌价降3.6%。1954年，实行棉布统购统销政策，一律执行国家制定的销售价格。

## 50年代末毕节专区各县部分棉布销售价格表

单位：元

| | 码长 | 等级 | 毕节 | | 大方 | | 黔西 | | 织金 | | 纳雍 | | 赫章 | | 威宁 | |
|---|---|---|---|---|---|---|---|---|---|---|---|---|---|---|---|---|
| | | | 批发 | 零售 | 批发 | 零售 | 批发 | 零售 | 批发 | 零售 | 批发 | 零售 | 批发 | 零售 | 批发 | 零售 |
| 加工28白布 | 407 | 甲 | 27.5 | 0.28 | 27.63 | 0.28 | 27.17 | 0.28 | 27.93 | 0.28 | 28.16 | 0.28 | 27.68 | 0.28 | 27.92 | 0.28 |
| 加工28白布 | 407 | 乙 | 26.9 | 0.27 | 27.03 | 0.27 | 25.11 | 0.27 | 27.33 | 0.28 | 27.56 | 0.28 | 27.08 | 0.27 | 27.32 | 0.28 |
| 加工28白布 | 407 | 丙 | 26.3 | 0.27 | 26.43 | 0.27 | 26.51 | 0.27 | 26.73 | 0.27 | 26.96 | 0.27 | 26.49 | 0.27 | 26.72 | 0.27 |
| 水机28白布 | 407 | 甲 | 30.36 | 0.31 | 30.49 | 0.31 | 30.57 | 0.31 | 30.81 | 0.31 | 31.05 | 0.31 | 30.54 | 0.31 | 30.80 | 0.31 |
| 加工28双蓝布 | 107 | 甲 | 31.82 | 0.34 | 31.95 | 0.34 | 35.03 | 0.34 | 32.28 | 0.34 | 32.53 | 0.34 | 32 | 0.34 | 32.26 | 0.34 |
| 加工28单蓝布 | 107 | 甲 | 30.4 | 0.32 | 30.53 | 0.32 | 30.61 | 0.32 | 30.85 | 0.32 | 31.09 | 0.33 | 30.58 | 0.32 | 30.54 | 0.32 |
| 加工28缸青布 | 107 | 甲 | 33.4 | 0.35 | 33.53 | 0.35 | 33.61 | 0.35 | 33.88 | 0.36 | 34.12 | 0.34 | 33.58 | 0.35 | 33.85 | 0.34 |
| 水机28缸青布 | 107 | 甲 | 36.29 | 0.38 | 36.42 | 0.38 | 36.5 | 0.38 | 36.77 | 0.39 | 37.04 | 0.39 | 36.47 | 0.38 | 36.78 | 0.39 |
| 加工土窄布 | 28 | 甲 | 2.65 | 0.11 | 2.665 | 0.11 | 2.67 | 0.11 | 2.97 | 0.11 | 2.72 | 0.11 | 2.67 | 0.11 | 2.96 | 0.11 |
| 加工土窄白布 | 28 | 甲 | 2.9 | 0.12 | 2.915 | 0.12 | 2.92 | 0.115 | 2.95 | 0.12 | 2.97 | 0.12 | 2.92 | 0.12 | 2.95 | 0.12 |
| 加工双蓝土窄布 | 27 | 甲 | 3.31 | 0.14 | 3.33 | 0.14 | 3.33 | 0.14 | 3.36 | 0.14 | 3.39 | 0.14 | 3.33 | 0.14 | 3.36 | 0.14 |
| 加工双蓝窄布 | 27 | 甲 | 3.04 | 0.13 | 3.06 | 0.13 | 3.06 | 0.13 | 3.09 | 0.13 | 3.12 | 0.13 | 3.06 | 0.13 | 3.06 | 0.13 |
| 加工单蓝土窄布 | 27 | 甲 | 3.14 | 0.13 | 3.16 | 0.13 | 3.16 | 0.13 | 3.19 | 0.13 | 3.22 | 0.13 | 3.16 | 0.13 | 3.19 | 0.13 |
| 加工单蓝窄布 | 27 | 甲 | 2.87 | 0.12 | 2.89 | 0.12 | 2.89 | 0.12 | 2.92 | 0.12 | 2.95 | 0.12 | 2.89 | 0.12 | 2.9 | 0.12 |
| 加工缸青土窄布 | 27 | 甲 | 3.33 | 0.14 | 3.35 | 0.14 | 3.35 | 0.14 | 3.38 | 0.14 | 3.41 | 0.14 | 3.35 | 0.14 | 3.38 | 0.14 |
| 加工缸青窄布 | 27 | 甲 | 3.18 | 0.13 | 3.20 | 0.13 | 3.20 | 0.13 | 3.23 | 0.13 | 3.26 | 0.13 | 3.2 | 0.13 | 3.23 | 0.13 |
| 加工单蓝窄布 | 27 | 甲 | 2.93 | 0.12 | 2.95 | 0.12 | 2.95 | 0.12 | 2.98 | 0.12 | 3.01 | 0.12 | 2.75 | 0.12 | 2.98 | 0.123 |
| 加工双蓝窄布 | 27 | 甲 | 3.04 | 0.13 | 3.06 | 0.13 | 3.06 | 0.13 | 3.09 | 0.13 | 3.01 | 0.13 | 3.06 | 0.13 | 3.09 | 0.13 |
| 加工单蓝窄布 | 27 | 甲 | 3.2 | 0.13 | 3.22 | 0.13 | 3.22 | 0.13 | 3.25 | 0.13 | 3.28 | 0.14 | 3.22 | 0.13 | 3.25 | 0.13 |
| 加工双蓝窄布 | 27 | 甲 | 3.31 | 0.14 | 3.33 | 0.14 | 3.33 | 0.14 | 3.36 | 0.14 | 3.39 | 0.14 | 3.33 | 0.14 | 3.36 | 0.14 |

1956年，全专区执行国家调整后的棉布价格，黔西、大定、织金、金沙、毕节销售上海产品执行同价；毕节、金沙销售重庆产品执行同价。50年代后期，区内同时销售区内外棉布产品，均据不同等级、规格制定销售价格。1965年4月，全省调整棉纱、棉布价格，各县具体执行为：2级批发站一律改为按中央规定的产地牌价加运杂费再加3%的综合地区差率（中小城市地区差率不同距离分别为0.5%～30%），贵阳至毕节专区各县城关，毕节0.5%，至其余各县为0.1%；批零差率白布10%，色布13%，花布、色布15%、呢绒14%。1983年2月起，执行国家降低涤纶混纺布价格，提高纯棉布销售价格的决定，取消棉布全省一价，实行分级加差价，具体执行为：1.地产棉布与生产地保留差价3%；2.中小城市（县城）按供货2级站批发价，100千米内加1%，100千米外加1.5%；200千米外加2%。贵阳至黔西、织金加1.5%，至其余各县加2%；3.距县城10千米以内区乡市场与县城同价，10千米以上零售价每尺棉布加0.01元，化纤布加0.02元：4.棉纺织品提价后，国家对毕节地区补贴320.5万元，占全省补贴的26.71%。1984年后，棉布销售实行花色、季节、质量差价和浮动价，工商企业协商价，棉布价格上升。1989年纯棉布，化纤布销售价格比1983年上涨90%以上。

**药品价格**　民国时期，药品公私皆营，价格由同业公会议定。据1951年6月统计，毕节医药公司20万单位青霉素批发价4.3元，12月降为3元，零售价3.15元。1952年，公司零售价毕节2.5元，黔西3元，威宁3.6元；市场零售价约高10%。1953年，药品价格改由工商联合会议定。1955年取消私营药品，由国营医药公司经营，制定价格。1956年执行国家对主要药品价格的规定。

### 1956年毕节专区各县销售阿司匹林等药品价格统计表

规格：0.5×1000

| 品名/规格/价格/县名 | 阿司匹林 | | 磺胺嘧啶片 | | 磺胺噻唑片 | | 双氢链霉素 | |
|---|---|---|---|---|---|---|---|---|
| | 批发价 | 零售价 | 批发价 | 零售价 | 批发价 | 零售价 | 批发价 | 零售价 |
| 毕节 | 4.55 | 5.19 | 77.35 | 87.41 | 25.26 | 28.54 | 2.15 | 2.41 |
| 大定 | 4.52 | 5.15 | 77.28 | 87.33 | 25.20 | 28.48 | 2.13 | 2.39 |
| 黔西 | 4.50 | 5.13 | 76.80 | 86.78 | 25.18 | 28.45 | 2.12 | 2.37 |
| 金沙 | 4.54 | 5.18 | 77.40 | 87.46 | 25.14 | 28.52 | 2.14 | 2.40 |
| 织金 | 4.54 | 5.18 | 77.40 | 87.46 | 25.14 | 28.52 | 2.14 | 2.40 |
| 纳雍 | 4.66 | 5.31 | 77.86 | 87.98 | 25.48 | 28.79 | 2.20 | 2.46 |
| 赫章 | 4.63 | 5.28 | 77.86 | 87.94 | 25.44 | 28.75 | 2.18 | 2.44 |
| 威宁 | 4.60 | 5.24 | 77.80 | 87.91 | 25.42 | 28.73 | 2.17 | 2.43 |

1958年，按省商业厅规定，调低主要药品价格，以每瓶计零售价：青霉素0.77元，油剂青霉素7.73元，双氢链霉素2.24元。是年7月，专署商业局调低几种药价，500毫升装每瓶售价：碘酒1.52元，红药水0.85元，紫药水0.85元。1963年，专署物价委员会调整部分药价，安乃近片零售

价（下同）0.25×100片每瓶2.83元，0.5×100片每瓶5.72元；青霉素钾盐100万单位每瓶1.02元，每支0.98元；青霉素钠盐100万单位每瓶1.13元，每支1.08元；抗热1克双氢链霉素每支0.71元；100万单位硫酸链霉素每支0.47元。1964年8月，全专区执行省下达药品批零差率：原料药片丸类药为15%，粉剂及酊水、油膏类药为18%。1966年9月按国家规定取消药品地区差价，药品价格下降最多达40%。1969年，全地区药品价格再降37%。至1979年，大部分药品价格基本不变。1983年执行国务院决定，50种（类）小药品价格实行市场调节，其他药品销售执行国家规定的价格。1985年7月，降低销量较大的氨苄青霉素、新诺明销售价格。调整葡萄糖酸钙等的价格，进口药品按外贸调拨价加进销差率计算销售价格。1987年6月执行省决定，提高青霉素等13种原料药品、青霉素钾盐等13种制剂的厂销价格，降低乙胺丁醇等6种药品的出厂价和销售价。1993年2月，按省决定，洁霉素、青霉素的原料出厂价由国家定价改为国家制定指导价格，以调整后的出厂价为中准价，企业可上下浮动10%自行定价，其制剂按调后的出厂价、销售价执行。1994年8月1日，执行省物价局、医药管理局的决定，毕节地区制药厂生产，每盒0.3×12×2的鞣酸苦参碱出厂价由3.21元调为3.96元，批发价由4.4元调为5.42元。

**百货价格** 民国及其以前，销售百货由商贩自定价格出售。1949年后，逐步转为国营商店经营，其销售价格执行长期稳定的政策。经营中出现的亏损，由国家给予补贴。1983年国家放开百货经销价格，企业自主定价。

1.胶鞋价格。标准品39码申产人民力士鞋，每双售价1951年3.25元，1954年3.75元，1955年3.85元，1956年3.75元，1957年3.07元，1958～1961年3.65元；申产39码回力大长球鞋1951年6元，1954年7.09元，1955年7.25元，1956年7.09元，1957年7元，1958～1960年6.92元，1961年7.64元。1964年8月，布胶鞋标准品由39码改为40码，尺码差率为：每增减一码，售价增减3%；正品100%，副品90%，次品80%。40码大长球鞋售价由6.94元调为6.52元：40码大解放鞋由5.06元调为5元，标准品力士鞋3.74元，回力鞋6.92元，筑产飞马球鞋6.52元，飞马解放鞋5元。据市场调查，1974年毕节城关申产力士球鞋每双售价5.49元，筑产解放鞋4.57元。

2.火柴价格。1950年，每封售价：毕节0.27元，纳雍0.3元，1951年金沙、织金0.2元，黔西0.235元，大定0.24元，毕节0.25元，赫章0.26元，威宁0.27元，1954年威宁0.25元，其余各县为0.2元。1955年，全专区统一每小盒火柴零售价0.02元，1963年上调为0.025元，1966年调为0.02元。1983年7月调为0.03元。1988年6月调为0.05元。

3.肥皂价格。1949年后，毕节专区市场主要销售遵义产雪梨、永光牌肥皂。每块售价：1950年0.29元，1951年0.37元，1952年0.33元，1953～1955年（1953年开始销售贵阳产战马肥皂）0.3元，1956～1957年0.32元，1958～1962年0.29元，1963年0.41元，1964年0.46元，1966年0.41元。直到1989年5月的23年间，原料几次涨价而肥皂售价不变，生产企业亏损由财政补贴。1989年6月起，毕节地区商业企业向省内厂家购进肥皂，按每吨152.61元补贴厂家。1990年调整肥皂价格，贵阳产53型300克三羊肥皂每吨出厂价2764.9元，产地每联售价1.05元，毕节城关售价1.1元。毕节地区国营福利厂产53型300克杜鹃肥皂，出厂价每吨2700元，批发每箱26.4元，零售每联1元。

4.牙膏价格。1970年前，毕节城关三星牙膏每只售价：1951年0.42元，1952年0.37元，1953年0.36元；黑白牙膏每只1954年0.39元，1955年0.4元，1957年0.38元。1958年调为：黑白牙膏每只0.37元，三星牙膏0.33元，白玉牙膏0.37元。1965年黑白牙膏每只0.48元，贵阳牌牙膏0.42元，白玉牙膏0.54元，筑产清水牙膏0.42元。1973年白玉牙膏调为0.5元。1984年后，牙膏销售价格放开，由经营者按市场行情定价。

5.温水瓶价格。1951年起，毕节销售温水瓶零售价：贵阳产5磅竹壳温水瓶每个，1951年5元，1953年3.1元，1954年4.2元，1956年2.49元。1960年2.65元，1962年3.35元；上海产5磅铁壳温水瓶每个，1953年11.2元，1954年10.89元，1956年9.04元，1958年8.99元；1962年毕节产竹壳温水瓶零售价，贵阳产内胆的3.35元，上海产内胆的3.66元。1963年，销售贵阳产5磅铁壳温水瓶每个售价8.68元，1964年8.12元，1965年5.89元，1966年6.97元，1974年6.74元；筑产5磅竹壳温水瓶每个售价1963年3.05元，1964午2.61元，1965年2.29元。1976年申产5磅铝嘴肩彩花铁壳温水瓶每个售价7.16元。

6.搪瓷面盆价格。1952年，毕节城关零售上海34厘米标准双线彩花面盆每个4.5元，1956～1957年4.14元，1958～1963年4元。1964年起，销售筑产34厘米双花搪瓷面盆每个售价，1964年3.36元；筑产34厘米标准全白搪瓷面盆1966年2.23元，1974～1978年2.16元；36厘米德胜大众双花搪瓷面盆每个，1964年3.28元，1974～1978年3.16元，1984年3.24元，1985年4.2元，1988年5.1元。

**五金、家电价格**　1.收音机价格。1958年3月，市场销售收音机执行省商业厅决定，毕节城关每台收音机批发价：南京504型5灯交流收音机103元，申产156型5灯交流收音机115.4元。1961年按省的通知，毕节专署调整30种规格的交流收音机批发价，零售价格按批零差12%计算。各县城关销售南京产506型5灯3波段木壳熊猫牌交流收音机每台价格，毕节、金沙、织金141元，大方、黔西、赫章142元，纳雍、威宁143元。1963年9月，按国家提高收音机价格的通知，调整全专区收音机销售价格：申产熊猫牌每台由156.2元提高到202元，申产美多牌6灯2波段662～1～1型木壳收音机由148元提为175元，申产美多牌6灯3波段663～2～10型木壳收音机由161元提高为201元，京产凤凰牌6灯3波段5961型木壳收音机由186元调为179元。毕节县1965年4月统计，毕节城关销售收音机每台价格：南京产601～3型6灯3波段熊猫牌交流收音机由1963年的207元降为128元，上海产663～2～6型6灯2波段美多牌交流收音机由1963年的201元降为116.7元。1966～1976年间，按上级决定，多次降低收音机销售价，并取消经营中的地区差价。1975年起，执行省调整后的半导体收音机销售价格。

2.自行车价格。1957年1月，市场始有自行车销售，申产28型男士永久牌自行车每辆批发价155.7元，零售价176.9元，批零差13%。1958年零售价168.1元。1960～1962年，实行高价敞开供应，申产51牌、津产飞鸽牌自行车每辆售价350元，1962年11月1日起调为285元，申产永久牌由310元调为225元，国防牌脚闸车由275元调为255元，白山牌把闸车由270元调为245元，国防牌加重车由320元调为280元，白山牌手闸车由255元调为230元，双喜牌28型平车由250元调为225元；轻便车价格不变。1965年，按省物价局通知，调整自行车销售价格，批零差率14%。每辆自行车零售价为：申产28″ 51型永久牌178.8元，申产28″ 22型凤凰牌157.4元，津产28″ 62型飞鸽牌184.7元，沈阳产28″ 抱闸载重白山牌171.7元，申产28″ 51型永久牌160元。1986年9月10日，毕节地区据省政府通知放开自行车销售价格，当月下旬，毕节城关自行车销售价平均上涨30%以上。

3.手表价格。1953年，销售17钻先打盲（商）手表每只批发价61.47元。1958年12月按省规定，销售天津产51牌、上海产17钻大三针防水表进价60元，加经营费4.5%，税款3%，利润2.5%，核定价格67元。1960年2月试销上海牌钢表每只60元。1962年5月，按国务院通知，调高手表价格：上海产半钢手表每只180元，全钢220元，全钢防震240元；天津51牌半钢表105元，全钢195元。1962年执行省的决定，调整手表价格。上海牌17钻半钢大三针平价60元，原高价180元，新高价100元；上海牌17钻全钢防水防震大三针男表100元，原高价240元，新高价150元；天津51牌17钻半钢防水小三针男表平价60元，原高价155元，新高价80元；天津51牌17钻全钢防水大三针男表平价70元，原高价195元，新高价100元。1966～1979年，销售北京牌全钢防水防震18钻大针男表批发价97元，零售价110元；上海牌全钢防水防震大针19钻男表批发110元，零售125元；上海牌半钢17钻大针女表批发70.4元，零售80元；上海牌全钢防震17钻大针男表批发106元，零售120元；广州牌半钢防震17钻大针男表批发79.2元，零售90元；广州牌全钢防震17钻男表批发96.8元，零售110元；东风牌全钢防震19钻大针男表批发106元，零售120元；天津东风牌全钢防震19钻窗孔日历大针男表批发123元，零售140元。1974年按省指示，销售进口手表全地区调高价格20%。1984年6月1日起，销售国产手表每只价格：1级表由70元～90元调为55元～70元；2级表由55元～60元降为50元；3级表由50元降为40元～45元；4级表每只降3元～5元。

4.电视机价格。1980年，销售国产或进口电视机，均以国家规定的零售价格为基础，按规定的地差及运杂费计算销地2级站的零售价格，按产地零售价格加综合差率3.5%～4%制定。1983年1月，毕节城关每部电视机零售价格：北京产14寸牡丹牌彩电，上海产金星牌C37—40型1064元。20寸各型彩电1553元。北京产22寸牡丹牌彩电1760元。天津产北京牌839型彩电1858元。日本产14寸各牌电视机1087元，日本产20寸各牌电视机1656元。1986年9月，执行省的规定，在销售彩色电视机时，为国家代收特别消费税和国产化发展基金。1990年5月执行国务院规定，经销彩色电视机的商业企业，按调整后的标准收取购买者的特别消费税，取消发展基金。

## 第五节　交通运输、邮电资费

### 一　人畜力运价

**人力运价**　民国27年（1938），贵州省第四行政督察区所属各县人力背挑每50千克物资每里收取运费：毕节、大定1元（法币，下同），黔西2元，织金1.5元，威宁0.6元。1950年，毕节盐务分局制定食盐运输价格，人背挑每50千克平均运费：毕节至纳雍105千米，2.4元（旧币），毕节至金沙177千米4.4元，毕节至织金145千米3.13元，毕节至威宁173千米3.79元。人背挑运费比马驮运费低13%。1953年8月31日决定，专区内各县人背挑运价：毕节、大定、黔西、金沙、织金、纳雍之间，每吨千米0.41元，毕节、赫章、威宁之间0.46元，全专区平均0.43元。1957年调整为每吨千米运价：人力车、毕节、大定、纳雍、威宁、赫章0.42元，人背挑，0.9元；金沙县人力车1.26元，人背挑1.3元。1959年7月4日，调整全专区群众运输收费标准，人背挑每吨千米运价：2等线毕节、大方0.8元，黔西0.75元，金沙1.26元，织金1元，纳雍0.9元，赫章0.96元，威宁0.93元；3等线黔西、赫章1元，金沙1.3元。1961年9月专署规定，本着不蚀本，有5%～10%利润的原则，在执行1959年运价的基础上，由运货单位按标准对承运者给予补贴。1963年调整为人背挑每吨千米1.2元。1977年8月调整运价：人力板车运输每吨千米0.7元，尾数不足10千克按10千克计。搬运轻泡货物、危险品、易碎品，按车辆标准吨位（每车300千克）计费，搬运零星货物3千米以上不足1车按1车计，3千米以下不足半车按半车计，超过半车按实际重量计；搬运长件物资需要两辆车对接并拉的，加收50%的搬运费；运送基建材料为原地装卸；承运物资每件重量超过200千克，加收装车费50%；人力背挑轻泡物资，加泡计算每吨千米0.6元。按送旅客不分昼夜远近，每人次收费0.5元，乘客携带物资20千克以内免费，21～50千克按1人次收费，50千克以上双方协商费额。1992年6月，规定人力三轮车客运价格，城区内每客每次1元，从城区到城郊每客每次3元，超过郊区的每超过1千米加收0.2元。各县比照毕节县标准收费。

**畜力运价**　民国27年（1938），各县马驮货物每50千克每里运价：毕节1.2元（法币），大定1.5元，织金2.4元，威宁0.5元。

**民国27～30年（1938～1941）部分畜力运输线路价格表**

单位：千米/元

| 起　止 | 里程 | 每担运费 | | | |
|---|---|---|---|---|---|
| | | 民国27年 | 民国28年 | 民国29年 | 民国30年 |
| 叙永至瓢井 | 178 | 5.95 | 17.36 | 30 | 75 |
| 瓢井至大定 | 72 | 2.62 | 3.1 | 6.4 | 13.5 |
| 大定至安顺 | 225 | 6.9 | 10.16 | 25 | 59.4 |
| 叙永至毕节 | 185 | 8.11 | 16 | 34 | 90 |
| 毕节至威宁 | 175 | 4 | 6.5 | 18 | 50 |

1950年毕节盐务局制定食盐运输价格，马驮每担毕节至金沙177千米5.06元，毕节至织金145千米3.6元，毕节至威宁175千米4.36元，毕节至大定55千米1.49元，毕节至黔西117千米2.09元，毕节至赫章96千米2.48元。1953年8月31日规定，马驮与人力运价相同，每吨千米运价：毕节、大定、黔西、金沙、织金、纳雍之间0.41元；赫章、毕节、威宁之间0.46元；全专区平均0.43元。马车运输经清毕路、大普、威水线，每吨千米空驶0.32元（川滇车路仍为0.308元），空驶

费及短途运价分别为50%、15%不变。1951年1月决定，马驮每吨千米运价：1等线大定0.52元；2等线毕节0.46元，大定0.54元，金沙0.52元，纳雍、威宁0.46元，赫章0.5元：全地区由1953年的0.41～0.46元调到0.5到0.58元，空驶费由50%调到60%。畜力车每吨千米运价：1等线毕节、纳雍0.29元，大定、威宁、金沙、赫章0.27元；2等线毕节0.35元，大定、金沙、威宁、赫章0.3元，纳雍0.33元；3等线毕节0.42元，大定、金沙、威宁、赫章0.32元，纳雍0.36元。1959年7月4日，马车每吨千米运价，全专区1等线由0.29元调到0.38元，2等线由0.33元调到0.4～0.46元，3等线由0.36元调到0.5～0.54元：马驮每吨千米运价：1等线黔西、织金0.6元，2等线毕节、大方、赫章、威宁0.8元，黔西、织金0.7元，金沙0.75元，纳雍0.66元；3等线黔西0.78元，织金0.8元。1961年9月4日决定，马驮运输不分线路等级，每吨千米补贴1.12元；马车运输1等线路补贴0.57元，2等线0.64元，3等线0.75元。补贴后的平均每吨千米运价为0.65元。1963年调整为：每吨千米运价，马驮运输0.9元；马车运输1等线0.41元，2等线0.47元，3等线0.55元，4等线0.66元；平均0.48元，加上6.8%的补贴，运价为0.51元。1977年8月16日规定，马驮运输每吨千米运价，一般线路1.3元，困难线路1.56元；取消原规定的30%的空驶费，驮运轻泡物资加泡计算。畜力车运输每吨千米运价：11千米以上的，1等线0.48元，2等线0.5元；10千米以下的，1等线0.75元，2等线0.9元。装卸每吨0.6元。还规定省、地、县公路为1等线，其外的公路均为2等线。毕节地区人背马驮货物加泡规定，桐子10%；散装茶叶、粉条、轻泡中药材、草制品、栓皮、木器、火麻、一切干菜、树苗、兽皮、雨伞、火药、纸花、雷管、核桃、棕皮、土纸、百货、文具用品、散装酒、酱油、香烟、生漆、构皮、壳花生、西药、烟叶、猪鬃20%；棉花、火柴、葵花、羊毛、竹制品、竹荪、斗笠30%；鸡蛋50%；藤椅马驮加70%，人背加50%；灯草、通草、通丝80%。

**汽车运价** 民国23年（1934），清毕公路建成，始有汽车运输。民国25年（1936），省公路管理局制定汽车运输价格。贵阳至毕节客运，普通班车每客7.9元，快车10.9元；货运，每千克9.69元，每吨135.53元。商办汽车每客12.85元；货运每50千克11.24元，每吨179.76元。川滇东路货运价，每吨千米1等品0.92元，2等品0.84元，3等品0.76元：零担，每10千克每千米1等品0.01元，2等品0.0092元，3等品0.0084元。民国33年，规定货主给予承运方每吨千米补贴15元。民国37年实行新的运价：每客每千米2400元，货运每吨千米3万元。1949年11月，执行省汽车运输费规定：客运每人每千米0.045元（银元），货运吨千米0.3元。1950年1月规定汽车运价以大米结算，每吨千米5.4市斤，不支付空驶费。叙永至毕节食盐运价，每吨千米0.82元。1953年调整汽车运价，每客每千米由744元（旧币，下同）降为321元；货运每吨千米由6905元降为2814元。1956年调整汽车运价，客运每客每千米0.027元；货运每吨千米1等品0.276元，2等品0.26元，3等品0.24元，4等品0.22元，5等品0.2元。1957年，制定公路运输客货运价：客运每座每千米，客车0.032元，代客车0.029元；货运每吨千米1等品0.42元，2等品0.37元，3等品0.32元，4等品0.26元，5等品0.22元；特等大拖车货物不分等级，8吨～10吨车0.5元，10吨以上至20吨车0.6元。计时包车每车吨小时2.5元。空驾补贴一律按5等品的30%计算。1961年4月设支农物资运输优待价，长途运输每吨千米优待0.2元，短途运输8折优惠，均免收空驶费。1965年3月22日，取消长途运输加装30%空驶费，每吨千米运价1～5等品依次为：0.37元，0.32元，0.28元，0.25元，0.23元。调整短途货物运价，每吨千米按不同距离分别为：1～5千米0.52元，6～10千米0.38元，11～15千米0.35元，16～20千米0.34元，21～25千米0.33元。1967年5月调整为：客运每人每千米0.028元，货运不分等级，每吨千米0.2元，支农物资0.15元。1986年6月规定，客运每客每千米1、2等路0.027元，3等路0.033元；货运每吨千米，1等路0.18元，2等路0.27元，3等路0.23元。1989年12月10日起，执行客运费率为：每人每千米普通客车1～3等路依次为：0.038元、0.043元、0.048元；宽座客车依次为：0.055元、0.061元、0.064元；豪华客车1等路0.073元，2等路0.079元。1991年调整货运价格，每吨千米普通车长途运价，1等路，1～3等货物依次为：0.3元、0.33元、0.36元，2等路依次为0.33元、0.36元、0.39元，3等路依次为：0.36元、0.39元、0.42元。零担不分路等，普通货0.38元，贵重货0.5元。1992年6月6日，毕节县物价局规定，机动三轮车每客每次2元，中巴车每客每次0.5元，7月25日根据省的规定，调整短途吨次费：1～5千米2.5元，6～10千米3.5元，11～15千米3元，16～20千米2.5元，21～25千米2.0元。从9月1日起执行到1994年底。1994年5月19日，行署批准《毕节地区市内交通运价规则》，毕节市据此制定市内公共交通运价。城区范围内每车次3元，超出城区范围每车次5元，超5元以外各点价格面议。

**邮政资费**　清光绪二十五年（1899），信函8克邮资0.02元（银元，下同），16克0.14元。光绪二十五年信函16克邮资，本埠0.005元，外埠0.01元。民国29年（1940），信函20克邮资，普通信函，本埠0.04元（法币，下同），外埠0.08元；挂号信函0.6元。民国37年7月1日，普通信函20克邮资，本埠外埠均为1.5万元，挂号信函2.25万元，民国38年2月，20克普通信函邮资金圆券3元，挂号4.5元。1950年1月10日，政务院财经委决定，国内平信邮资，每20克信函折小米12两（每斤16两），物价涨落超过20%～25%调整一次。当年邮资4次变动，5月11日规定：国内信函不分远近，国际信函不分国别，各按统一标准收取邮资。香港、澳门除小包邮件外，按国内标准收费。1950年邮件资费标准：信函20克800元（旧币，下同），平快1600元，单挂号3200元，双挂号5600元，单挂快信4000元，双挂快件6400元。1953年起使用新币，邮资按新币折算。1990年7月20日，国家物价局、邮电部决定提高国内邮资标准：平信每重20克，本埠0.1元，外埠0.2元；印刷品每100克，本埠由0.015元提到0.04元，外埠由0.03元提到0.08元；函件挂号费每件由0.12元提到0.3元；邮政包裹、机要邮件资费提高150%。1993年3月25日，省物价局批准邮政延伸服务费收费项目及标准。含邮件专运费、邮件代包代缝费、逾期保管费、机关单位和个人用户邮件服务费、包裹免检费、特快专递超远服务费、均有计费标准。

**电信资费**　1.电话资费。光绪十二年（1886），清政府在昆明设立云贵电报总局，自昆明架线经曲靖、宣威至毕节，次年竣工，设毕节电报局经营电话业务。

长途电话资费。民国26年（1937）开设长途电话业务，资费失考。1958年，毕节专区根据上级指示，长途电话资费降40%，按通话空间距离分13个等级收费。每分钟通话费：1级25千米内0.05元，2级25～50千米0.1元，3级50～100千米0.2元，4级100～150千米0.3元，5级150～200千米0.4元，6级200～300千米0.5元，7级300～400千米0.6元，8级400～600千米0.70元，9级600～800千米0.8元，10级800～1000千米0.9元，11级1000～1500千米1元，12级1500～2000千米1.1元，13级2000千米以上1.2元。1987年9月调整300千米以内长话资费，从11月1日零点执行。每分钟通话费：1级25千米以内0.1元，2级20～50千米0.2元，3级50～100千米0.3元，4级100～150千米0.4元，5级150～200千米0.5元，6级200～300千米0.6元。1994年3月，执行新的资费标准。与1987年标准从第6级起有不同为：6级200～400千米0.6元，7级400～600千米0.7元，8级600～800千米0.8元，9级800～1000千米0.9元，10级1000～1500千米1元，11级1500～2000千米1.1元，12级超过2000千米1.2元。国际及港澳台人工和半自动电话通话不满3分钟按3分钟计算，超过的按实际时间计算，尾数不满1分钟按1分钟计算。直拨电话以1分钟为单位计费，加急电话按普通电话加倍收费。叫人电话加收1分钟价目附加费。销号电话按3分钟价目的1/10收费。传呼电话，由发话局向发话人收2分钟价目附加费。

区内电话资费。1949年12月，贵阳市制定《贵州省人工市内电话收费标准》，毕节地区据此实行，每一电信计价单位合550元。1950年11月后，按基数表中的项目8折计费。1956年1月1日起，各县城长途专线业务按市内电话业务规章办理。1959年1月1日起，全国市内电话收费标准由6级改为3级。毕节专区属3级局，市内电话采用包月制收费，公用电话费每次5分。1980年6月，调整全国市内电话收费标准，各县邮局由3级改为4级，装机容量500门以下，8月1日，毕节、威宁邮局改为3级。

市内电话装移机工料费按实需工料收取；手续费凡普通电话、电话附机、网线电话，专线各8元，电话附件3元。7月规定新装用户初装费。普通自动电话1000元，人工电话600元；同线电话自动电话1000元，人工电话400元；附机，自动电话300元，人工电话180元；专线电话，自动电话1000元，人工电话600元；中继线每对，自动电话1000元，人工电话600元。1985年6月，地区邮电局2000门自动电话投产，鼓励用户装机；厂矿企业600元，行政事业单位300元，集体单位200元，私宅和个体商户100元。从当年起收费标准按毕节2级局；大方、黔西、金沙、纳雍、威宁3级局；织金、赫章4级局，1988年按3级局执行。是年7月，8县城关市话资费标准上浮20%。1989年7月15日起，毕节地区程控电话收费标准以每部计：电话初装费：工矿企业3000元，党政事业单位1500元，私费住宅1000元，中小学幼儿园500元；机电式改程控电话改制费按以上用户类别分1200元、500元、400元、1500元；国内长途自动直拨电话进网费分2000元、1500元、1500元、1500元；程控电话基本月租费按以上用户类别分17.5元、17.5元、10元、17.5元；程控电话通话费一律0.06元；市内电话界外线路建设费每千米500元。1994年2月，地区局程控电话建成后改执行复式计次制月租费。3月24日，调整电话资费，基本月租费：装机容量1万门以内的甲种7.6元，乙种12元，中继线36元；1万～5万门以下的，甲种9.6元，乙种15元，中继线45元；5万～10万门以下的甲种11.6元，乙种18元，中继线54元；10万～20万门以下甲种13.6元，乙种21元，中继线63元；20万～40万门以下的甲种15.6元，乙种24元，中继线72元；40万～80万门以下的甲种17.6元，乙种27元，中继线81元：80万～100万门以下的甲种19.6元，乙种30元，中继线90元：100万门以上的甲种21.6元，乙种33元，中继线99元，免费发话，甲种60次，乙种100次，中继线300次。发话每超过1次收费0.1元。8月9日规定，程控电话初装费，不分用户类别，地市3500元，县3000元，不再收取国内长途自动直拨电话进网费。地区邮电局对住宅电话实行优惠，程控电话初装费及包干使用费每部1800～2000元。10月1日起，程控电话初装费每部，毕节市2500元，其余各县2000元。

农村电话资费。1955年实行按月收取电话费，区、乡政府每月交5元，区公所所在地用户交换机每月每部收费15元。1958年8月，按省的规定收取：县内电话月租费，普通电话2元，临时电话2元，同线电话2户1.6元，3户1.4元，合用电话2户1.2元，3户、4户1元：界外线路维修费每100米0.1元，尾数按100米计，超过2.5千米按界外线路交线路维持费；县内电话按次计费，普通3分钟为1次，尾数按1次计，发话至受话地15千米以内，每次0.1元，15千米以外每次0.2元，传呼电话每次另加0.1元，加急电话加倍计收。公用电话通15分钟为1次收0.04元。1960年1月1日，改基本维护区2.5千米为5千米以内，5千米以内每100米收费0.1元，5千米以外每100米收费0.08元，线路长途电话价目改2级为3级：1级15千米以内，每次收费0.09元，2级15～30千米，每次0.3元，3级超过30千米，每次0.21元。公社内通两个交换机接续，接转的普通话费，按县内长途电话的三分之一计收。销号费每次0.05元，1963年规定，农村电话不分远近，一律计次收费。公用电话每次0.04元改为0.05元，按省1982年的规定，毕节地区自1983年1月1日起，在农村挂长途电话，收取0.2元农话过线费，另加收会议电话预告费。1986年6月，省通知自7月1日起调整农村电话收费标准，月租金甲种8元，乙种15元，电话初装费每部甲种100元，乙种300元；计次通话费，普通一级，党政用户0.3元，其他用户0.4元，二级党政用户0.4元，其他用户0.5元；线路代维费每对千米，甲种用户1元，乙种用户2元。1990年，省规定农话资费标准：固定电话费17.5元／户。区间包月通话费40／户，专线电话月租费25元／户；农话初装费600元，农话改制费300元。1993年3月1日起，调整农村电话收费标准。普通电话按局间传输距离1级15千米以内，每分钟0.5元，2级15～25千米0.6元，3级25千米以上0.7元；特快、预告、加急电话加倍收费。叫人电话首次附加费、电话销号费均为每次0.2元。传呼电话销号费每次0.6元。会议电话费、预告费每户0.6元。区内通话费每分钟0.2元。区间通话费每分钟1级0.3元，2级0.35元，3级0.4元。农村、城市联网通话费每次0.05元。公用电话费每次（3分钟）0.2元。农村广播占线费，按电话会议标准的二分之一计收。初装费一次性收费，甲种用户200元，乙种用户600元。自动电话基本月租费25元，通话每次0.1元，区间包月普通话费每部60元，专线电路每部月租费35元。自动电话每部初装费1000元，改制费450元，合用电话每部每月20元，同线电话每户每月20元，用户传真每部每月150元。用户传真进网费一次性收1000元，列名费每户每月3元，线路维护费每对千米每月10元，电话单机代维费每月4元，用户交换机中继线每条每月70元，自动交换机每10门每月10元。

2.电报资费。1950年6月～1951年，毕节地区各级党政机关将无线电台移交各地邮电局，开办电报业务，国内普通电报以每份10字起计费，每字0.135元。译报费每字0.005元。1958年1月，调为每字0.03元。1983年12月1日起调为0.07元。新闻真迹电报按每平方厘米收费，新闻相片电报按新闻收费标准的一半收取。1992年12月20日，国家物价局、邮电部联合调整国内公众电报资费。天气、水情、公益电报、政务、普通电报和银行系统汇款电报，每份以10字起算，每字0.13元，新闻电报0.05元，邮局办理汇兑业务汇款电报附言部分另计字计费，每份限20字，收2元。特急、加急电报，每字按原份加倍计算。注销尚未发出的电报手续费0.2元。经传真机发出的电报，每份收纸张费0.5元。

## 第六节　饮食　服务业价格

**饮食业价格**　民国时期饮食业为个体经营，价格由业主自定，一般毛利率在50%以上。1953年公私合营后，政府制定价格政策以引导其经营。据调查，1956年饮食业毛利率，合作饮食店58.1%，私营80%；1957年合作饮食店为35.5%。直到1959年，毕节城关价格为：一菜一汤的客饭每份0.4元，蒸饺（10个）0.2元，炖鸡面每碗0.13元，每份回锅肉0.45元，鱼香肉丝0.5元，炒猪肝0.40元，宫保鸡、糖醋排骨各0.6元。1960～1962年，饮食制品销价陡涨。1961年规定，饮食出售的熟食品实行两种价格：平价收粮票，议价不收粮票。毕节城关每市斤米饭平价0.12元，议价0.16元；馒头平价0.14元，议价0.29元；每碗面条平价0.12元，议价0.30元。1964年1月，按省的指示调整食品毛利率，毕节城关控制在25%～30%，各县城关及公路沿线集镇20%～25%，区乡在20%以内。1965年10月，毕节县饮食毛利率执行标准：面食类，米饭、油条、烧饼25%，馒头、肥肠面、蹄花面26%，肉饼、花卷、三鲜、肉丝、腰花、猪肝、炖鸡面27%，豆浆、肉酥饼、水饺、蒸饺、锅贴28%，饺皮30%；炒菜类，炒白菜、炒菠菜、炒豆干、炒粉丝26%，红烧肉、烧肚条、烧排骨、肉米粉丝27%，盐菜肉、烧三鲜、全家福、宫保鸡、烧鸡块、椒盐丸子、红烧蹄筋、炸猪排、炸八块28%，红烧墨鱼、三鲜墨鱼、清汤海参、红烧海参29%；汤类肉片，鸡丝、猪肝、蛋花汤26%，鸡块、酸菜、泡蛋、冬菇肉片汤27%，丸子、三鲜、杂烩汤28%。1979年10月，地局物价局、商业局联合行文调整饮业价格，调高幅度在12.5%～60%之间。毕节城关每市斤大米饭由0.16元调到0.25元，回锅肉每盘由0.50元调到0.7元，宫保鸡由0.68元调到0.85元。1992年后，放开饮食业经营，业主根据市场情况自定价格。自负盈亏。

**服务业价格**　1.旅店（客栈）收费。1956年10月及其前，政府未对旅店业规定收费标准。1956年11月，毕节县商业局制定集体旅社收费标准，每客每夜甲级0.3元，乙级0.1元，丙级0.08元。1957年国营旅社收费标准，每客每夜0.5元，加被1床0.15元；合作旅社每客每夜0.15元，加被1床0.1元。1958年5月，毕节县调整旅社、客店住宿收费标准，以每人每夜计，按规格和设施分别为：甲等大房间分0.5元，0.65元，0.80元；乙等分0.2元、0.3元、0.4元、0.42元、0.52元（单间）；丙等1～3人一床，草席、旧絮或布盖，每人0.1元。50年代，专署和各县先后建立由政府直接管理的招待所，为党政机关工作人员来往和各类会议提供食宿服务，收费较低，其亏损由财政弥补。1960年6月，专署下达毕节城关旅店、招待所收费标准。每人每夜计，洪家山招待所1元，国营1门市0.5元，2、3门市0.4元，公私合营0.3元，合作客栈0.1元。1964年批准合作旅社每人每夜收0.4元，其余未变。1984年5月，根据省有关规定，调整地直各工作部门招待所收费标准。按其规格设备，以每人每夜计：洪山宾馆1人间3.5元、5.5元，2人间2.5元、3.5元，3～4人间2元，5人间2.5元；地区中院招待所3人间1.7元，4人间1.5元，5人间1.2元，地区司法局招待所

3人间1.7元，6人间1.2元：公安处招待所3人间1.7元；毕节军军分区招待所3人间1.5元；地区供销社招待所3人间1.7元，5人间1.5元，12人间1.2元。1974年11月，规定招待所客饭每人每天0.9元，粮票1斤；会议伙食每人每天粮票1斤，就餐费1.2元。1984年调整洪家山招待所客饭标准，早餐0.2元，中晚餐各0.6元。粮票1斤。1992年，全地区饮食业放开经营，招待所餐饮收费由业主自定。

2.理发收费。1956年10月前，政府未对理发业规定统一收费标准。1956年11月，毕节县商业局制定合作理发价格：男宾剪发皂水洗0.15元，药水洗0.2元，烫发1元，剃光头0.12元；女宾洗头吹干长发0.35元，短发0.3元，烫发2元；修面、吹风各0.1元；8岁以下儿童剪发0.12元，剃光头0.1元；1958年男宾理发收费，毕节、赫章、威宁、织金、金沙0.2元，大方0.16元，黔西、纳雍0.15元。毕节城关1961～1962年0.25元，1963年0.23元，1964年0.3元，是年，金沙、织金、赫章0.2元，威宁0.25元，黔西0.15元。1980年6月，毕节县物价调整理发价格：男宾理发0.25元，剃光头0.15元；女宾剪发0.2元，洗头0.25元，吹风0.1元；剃胎头0.2元。擦油、修面、染发、烫发另行收费。1986年调为：男宾理发0.35元，女宾剪发0.2元，洗长发0.25元，电烫2.1元。增加项目另行收费。1988年11月调为：男宾理发包括理、洗、修、吹、擦1元，只理、修、洗0.8元，剃光头0.7元；女宾剪、洗、吹、擦1元。1992年规定：男女全套理发1.5元，童孩理发1元。单项收费标准：男宾理发洗头修面1.2元，剃光头0.8元，洗头0.5元，擦油、吹风0.6元，洗眼0.4元，按摩0.4元；女宾洗头0.6元，吹风0.6元，做花2元：染发不分男女4.5元。当年理发业实行开放经营，收费标准由企业自定。1994年，毕节县合作理发店调整收费标准，男女全套理发2元，男女染发6元；理发上发胶2.5元，染发上发胶4元；女宾做花2.5元，男宾按摩4元，剃光头2元，其他项目也相应增加收费。

3.服装加工收费。民国31年（1942）威宁县加工服装收费标准以每件计：华达呢大衣15元（法币，下同），羊皮大衣80元，皮大衣100元，棉大衣60元，单大衣30元；毛呢西装100元，制服160元，卡机制服40元，棉军服30元；绸衬衣60元，布西服15元，西皮绸西服60元，绸面棉衣100元，布面棉衣60元，绸面衬线夹衫25元，布面夹衫50元，皮背心20元，棉背心30元，汗背心20元，西装短裤12元，棉马裤30元，棉裤20元，衣连裤25元，司机裤20元，绸面棉旗袍60元，布面棉旗袍45元，女短棉衣30元，女短夹衣20元，女短单衫15元；上门工每日12元。1950～56年，服装加工价由业主自定。1957年，毕节制定城关服装加工收费标准，不分男女、全套单衣0.9元，上装0.55元，下装0.35元；棉衣1.8元，上装1.05元，下装0.75元：男式衬衣每件0.5元，女式衬衣0.55元。1960年单衣加工价提为1.15元，上装0.7元，下装0.45元。1964年，专署物价委员会调整全专区服装加工价格，但实际收费各县不尽相同，以每件为单位计价，布中山服威宁0.8元，大方、黔西0.6元，全专区平均0.7元；男女西裤纳雍0.6元，黔西0.3元，平均0.45元：夹克威宁1.04元，织金0.7元，平均0.85元；女上装赫章1.5元，毕节0.75元，平均0.95元；男衬衣纳雍0.65元，大方0.45元，平均0.55元；女衬衣威宁0.65元，大方0.45元，平均0.53元。布棉衣类中山装赫章2元，金沙1.31元，平均1.53元：女上装赫章2.8元，黔西0.96元，平均1.65元；男女西裤赫章1.4元，黔西0.86元，平均1.09元；短大衣赫章2.8元，黔西1.51元，平均1.9元。灯芯绒类单式男夹克大方3.2元，赫章1元，平均1.84元：夹式男女夹克，大方3.2元，织金1.5元，平均2.34元；青年式上装大方2.4元，赫章0.85元，平均1.47元；春秋衫女上装赫章2.5元，织金0.9元，平均1.94元。府绸类中山装上装。毕节、大方、赫章2元，织金1元，平均1.75元；女上装赫章2.8元、织金1元，平均1.88元；男女西裤大方2元、织金0.7元，平均1.22元；男女衬衣赫章1.4元，金沙0.91元，平均1.15元。呢料中山装粗呢赫章5元，金沙、织金3元，平均3.76元：细呢赫章5.6元，织金3.5元，平均4.8元。1980年，地区物价局、轻工局联合行文调整毕节城乡服装加工收费标准，自8月1日起执行。

服装加工特殊工序收费，以加工棉衣价作基数。加工粘胶布料服装加20%，加工平绒、灯芯绒加40%，以金丝绒作面料在加工细呢的基础上加40%。大童装收成人价的90%，中童装80%，小童装75%。代顾客裁衣按同品种价收20%。加工民政救急服装收同款式价的75%。区乡社队街道加工服装，按低于标准的10%收费。1992年，放开服装加工经营，业主自订价格，服装加工费标准逐年上升，据1994年10月调查，毕节城关制作一套中山装30元。

## 第七节　行政事业收费

### 一　文化教育收费

**教育收费**　1.幼儿教育收费。民国5年（1916）威宁县城区兴办两级小学幼稚班，收取保育费，后改称保教费。1960年4月，按省规定，毕节专区幼儿园每生每学期缴学杂费，县城1.2元，农村1元。1964年，农村幼儿园每生每学期降为0.9元。1989年秋季执行国家新规定，地区所在地幼儿园每生每学期缴5元，县城4元，农村3元。

2.小学教育收费。民国时期，公立小学根据国民政府规定收费，私立小学收取现金或实物，数额由校董会决定。据织金县资料，1952～1953年，小学每生每学期缴学杂费初小0.6元，高小0.9元；1954～1955年，初小1.2元，高小1.5元。1960年，按省人委规定毕节专区调整公办小学收费标准，每生每学期缴学杂费县城1.5元，区乡1.1元，有特殊困难的学生可减免学杂费。1989年8月，根据“义务教育法”，全地区小学只收杂费不收学费，每生每学期缴费标准：毕节城区初小5元，高小6元；各县城关初小4元，高小5元：农村初小3元，高小4元。盲聋哑特殊教育学校比照此标准执行。1994年6月，规定每生每学期统缴杂费标准：毕节市城区初小10元，高小12元：各县城区初小8元，高小10元；镇所在地初小5元，高小8元，乡村初小4元，高小6元。

3.中学教育收费。民国时期公私立中学收取学杂费，对贫困学生实行减免，公立中学设有公费、免费学额。1951年起，按省统一规定，每生每学期缴学杂费高中2元，初中1.6元。1957年9月起，高中生3.6元，初中生属地县所在地的2.6元，农村中学2.3元。1960年4月调为，县城中学高中3.2元，初中2.6元；农村中学高中2.6元，初中2.4元。1963年规定，县城中学高中1.4元，初中1.2元；农村中学高中2元，初中1.6元。1989年9月调整中学收费标准，初中属义务教育，不收学费，每生每学期缴杂费，地区所在地8元，县城7元，农村6元；高中生缴学杂费，地区所在地25元，县城18元，农村14元。初级职业中学比照普通中学收费标准执行。1994年9月起每生每学期，初中生缴杂费，毕节市区20元，各县县城15元，镇所在地10元，乡村8元；高中生缴学杂费，毕节市区60元，各县县城45元，镇所在地30元。

4.职业教育收费。民国24年，国民政府规定，师范学校学生免缴学杂费，免费供给伙食，民国37年，贵州省政府规定师范生只缴杂费，不缴学费。1958年起，陆续兴办中等职业学校，其收费标准由省教委、物价局、财政厅统一制定。1994年经省同意执行以下标准。学杂费，每生每学期，属工业、卫生的100～150元，农业学校50～80元，其他科类80～100元。中专学校招收自费生、属工业、卫生类每生每期600元，其他学科500元；不再缴学费，按规定缴住宿费。城市职业高中每生每学期，属工业、卫生的100～150元，其他学科的80～100元；学家电维修、摄影摄像烹饪的150～200元。户口在农村的按低限缴费，对特困生可以减免。1992年12月批准毕节师范招收代培生收费标准，每生每年缴费，幼师生550元，普师生500元，3个月音、体、美、舞单科培训180元。1993年1月，批准地委党校招收中央党校函授生收费标准，每生每学期，3年制大专生180元，两年制本科200元。住宿费，每生每学期，城市学生50元，农村学生25元，

5.高等教育收费。根据国家规定，1958～1962年，毕节师范专科学校学生免缴学杂费，80%的学生享受人助金。1977年省政府规定全免学杂费，100%的学生享受人助金。1989年秋季起，毕节师专、教育学院当年招收的新生每生每学期缴学杂费100元，住宿费20元，师范专业学生免缴。1992年执行国家标准：普通高校每生每学期缴学杂费200～300元，住宿费60元；自费生培训费本科2000～2500元，专科1000～1500元；委培生培训费本科2000～2500元，专科1500～2000元；夜大学生培训费本科400元，专科300元；理工农医类函授，夜大实验实习费150元，文法财经类100元；成人高校培训1200～1500元。

**文化收费**　1.电影收费。（1）影院放映。民国时期，毕节城内放映电影票价已无考。1954年毕县建成全专区第一家电影院，各县也相继建立影院。按质分类制定电影放映票价，实行一定的地区差：毕节县略高于其他县城，县城高于农村。1957年毕节电影院票价为：甲座0.12元，乙座0.1元；各县县城甲座0.1元，乙座0.08元；农村实行包场放映，价格不固定。1960年，毕节县城甲座0.18元，乙座0.15元；各县县城甲座0.15元，乙座0.12元；学生、儿童专场放映，收半价。1962年调整为：16毫米电影片不分艺术、故事片，不分甲乙座，毕节0.15元，各县0.12元；新闻科教专场，不分团体或零售，毕节0.08元，各县0.06元；普通长片，毕节城区甲座0.18元，乙座0.15元；各县县城甲座0.15元，乙座0.12元。1976年12月规定，毕节城区、宽银幕甲座0.2元，乙座0.18元，普通片甲座0.18元，乙座0.15元；其他县城、区镇不分银幕规格均为0.15元，农村均为0.1元。长科教片，毕节城关甲座0.07元，乙座0.05元；其他县城、区镇均为0.05元，放映短片专场全地区为0.05元。1991年规定：放映宽银幕故事片，2类区1级0.5元，2级0.4元，3级0.3元；3类区Ⅰ级0.4元，2级0.3元，3级0.2元。宽银幕：2类区Ⅰ级0.6元，2级0.5元，3级0.4元；3类区1级0.5元，2级0.4元，3级0.3元。放映纪录片、科教片、长片不分类区、级别均为0.3元。1992年，全地区电影业实行放开性经营，电影票价上涨。1994年底毕节城关电影票价每张

1.5元。（2）片租。1963年1月，毕节地区执行省文化局的规定，电影片租价标准为：每部故事片，计划内25元，临时租放50元，纪录片计划内15元，临时租放20元。无电影院的城镇，故事片计划内20元，临时租放40元。纪录片计划内10元，临时租放20元；每部专场片计划内3元，临时租放5元。工矿区租放每部故事片计划内20元，临时租放30元；纪录片每部计划内10元，临时租放20元：专场片计划内3元，临时租放5元。1963年7月，除16毫米影片在农村放映点、县、区、工矿区放映片租不持平外，其余分别与原租价降5～10元。1960年，国家免征电影文化娱乐税，全专区片租相应降低20%～50%。1967年9月片租费一律按计划标准执行。1977年1月提高片租。故事片，各县县城计划内80元，临时价100元；长纪录片一律40元，短片均为3元。1980年后，16毫米宽银幕影片，各县县城每部75元，临时租放45元，农村放映每部6元。1980年9月决定，35毫米立体影片每部180元，35毫米移动立体影片，按内供影片租每部240元。1992年5月恢复计划价和临时价，35毫米长故事片毕节城区计划价每部40元，临时租放60元，县、镇所在地较低。

2.戏剧票价。中华人民共和国成立前，艺术表演收费，由表演团体自定标准。1960年，毕节地区规定戏剧票价每张0.25元。1979年3月，地区调整戏剧票价，分甲乙两类，前、中、后三种。省级艺术团体来地区所在地演出：甲类，前座0.4元，中座0.3元，后座0.2元；乙类前座0.3元，中座0.25元，后座0.2元。到县城演出不分甲乙类，前座0.3元，后座0.25元，地级艺术团体在地、县所在地县演出，执行省级艺术团体来地县演出的票价。省地艺术团体到本地区农村演出，根据情况决定收费标准或不收费。外邀剧团或著名演员来本地演出，要价按省文化局决定执行。

## 二　医疗服务收费

清代至民国时期，有个体中医行医，诊治费由医生自定。民国31年（1942）各县先后建立县属医院，收费按国民政府规定执行。1949年后，公立医院收费为以收抵支，不谋盈利。

**门诊费**　1957～1963年，毕节城关医院挂号费初诊0.1元，复诊0.05元。1964年增加急诊0.15元，出诊0.3元，健康复查每次成人0.5元，儿童0.2元；产前产后检查0.1元。1965年11月规定，每人每次挂号费，专区医院0.1元，县医院0.1元；复诊费专区医院0.1元，县医院0.08元。取消急诊和出诊。1991年调整标准，自7月1日起执行。挂号费初诊、复诊每人每次地县级医院0.2元，区级医院0.15元。出诊费、地段出诊1.5元，地段外出诊2元。健康检查每次成人1.5元，儿童0.8元。婚检1.5元。专家门诊，正副主任医生诊断每人每次1.5元。

**治疗费**　1957～1963年，毕节城关每人每次肌注0.05元，静脉注射0.07元。1964年7月，毕节专署物价委员会、卫生局《关于毕节医院收费标准的报告》，对90种化验项目，23种X光检查项目，24种理疗项目，58种其他治疗项目的收费标准作出具体规定。1991年9月15日省制发《贵州省医疗项目收费标准》，毕节地区遵照执行。

**检查费**　1991年9月15日后，全地区按照省制发的收费标准执行。

**手术费**　1964年4月，毕节专署批转物价委员会、卫生局《关于毕节医院医疗收费标准的报告》，对毕节专区医院治疗手术费作出规定，包括：胸部外科手术15种，腹部外科手术18种，骨外科31种，普通外科21种，脑外科4种，妇产科26种，其他手术74种。1991年9月15日对一些项目制定新的收费标准。含脑外科9种，胸外科11种，腹部外科10科，泌尿科7种，普通外科8种，烧伤整形8种，妇产科9种，口腔颌面外科7种，眼科9种，耳、鼻、喉科3种。按省1991年9月的规定，局部麻醉每次2～3元，基础麻醉每次3元，吸入麻醉4元，针刺麻醉3元，复合静脉麻醉8元，脊髓麻醉3元。

**住院费**　1952～1954年，全专区内每人每天床位费（普通病床）0.2～0.3元。1957～1963年毕节城关的医院每人每日床位费0.55元。1964年4月规定，专区医院床位费0.4元。1965年12月15日起，每人每天，正规病床地级医院0.4元，县级医院0.3元；简易病床地级医院0.15元，县级医院0.10元。1983年1月调整为每人每天：地级医院0.7元，县级医院0.6元，区级医院0.5元。1984年省卫生厅规定，地级医院0.4元，县级医院0.3元。县以下医院不超过县级医院的标准。1988年4月1日调整为，地级医院2.5元，县级医院（含全民所有制的乡卫生院）2元。1991年9月1日规定，区级医院降为每人每天1元。1992年6月，地区物价局调整地属3家医院老干病房收费标准，每人每天，地区医院2人间5.5元，3人间4元；中医院、科技医院，单人间5.5元，2人间4元。

## 三　行政性收费

**工商管理收费**　1951年12月22日，专署对工商登记费作出规定：小商店、小作坊等业主核收费额不足10万元（旧币，下同）的按10万元缴纳；较大企业资本额在2000万元以上的，按1／2000核收。摊贩不足5000元的按5000元核收。遗失补领证照，公私商店3000元，摊贩5000元；其他合并经营或更换登记，公私商店2万元，摊贩5000元。1988年3月规定：企业登记（含发营业执照）每户，国营和集体大型企业50元，中型40元，小型30元。50人以下的每户20元；有进出口任务的企业领取营业执照每份20元；设在县市内外的厂场、分店每户5元；个体工商企业变更登记2元。根据国家工商局5月30日通知，毕节地区工商企业登记收费20元，换发营业执照收费20元；办理企业变更登记每户10元，补发营业执照10元，办理营业执照副本每本3元。1989年1月，根据上级规定，开业登记收费、企业法人注册资金1000万元以下，按1/1000收费；超过1亿人民币的，超过部分不再计收。不具备法人条件的企业及分支机构，国家核拨部分经费的事业单位和从事经营活动的社会科技团体，收开业登记费300元，建筑企业50元。外商投资企业照此执行。外商投资企业预先申请名称登记费100元，不分企业性质，变更登记收费100元。增加注册资金按开业登记比例收取。年度检验费50元，补换证照每份50元，办理营业执照副本每份收工本费10元。

**公安收费**　1.办理证照费。（1）外国人、外籍华人办理签证，1次签证50元，2次80元，1年内多次签证每次200元，1、2次签证延期每次25元。团体签证每人40元，团体签证分离每人30元，改变签证种类每人30元。（2）申请入境手续费每次1元，办理出入境护照每本15元，办理出入境通行证1次有效10元，2次有效15元，多次有效20元。办理护照、证件延期、加注、加页合订每项每次5元。（3）往来港澳通行证每证15元，通行证签证每次10元，签证延期每次5元。④办理边境通行证每张1元。

2.治安管理收费。1989年10月24日省物价局、公安厅等单位对19种涉及治安问题需要办理管理证件的项目作出收费规定：持枪证每支1证1.5元。购买警枪、猎枪证每证2元。爆炸物品生产、储存许可证每证3元。爆炸物品使用许可证，每证5元。销售烟花爆竹许可证每证4元。爆炸员作业证每证2元。爆炸物品购销、运输、押运证每证0.5元。剧毒物品证每证5元。准迁证、迁移证、农村每证0.5元，城市每证1元。居民户口簿每证1元，公共户口簿每张1.5元。人口暂住证每年每证5元。居民身份证每证5元（补发每证12元），临时身份证每证10元。

3.车辆管理收费。1992年，毕节地区执行标准为：（1）机动车反光号牌每副70元，移动证每份3元，临时号牌延期每月1次，检验合格证每份1元，号牌固定螺丝每只3元。（2）教练员证每本10元，行驶证每本5元，学习驾驶证3元。（3）上安全技术检测站检验每次，大型汽车45元，小型汽车40元，3轮摩托车26元，2轮摩托车15元，单项检验每次15元，单项复检每次5元。（4）机动车改装型申报费每车，柴油与汽油车互改300元，加长车架车身300元，客车改货车300元，自卸车与非自卸车互改200元，改变载重量400元，改前驱动300元，增减座位每个100元，加高货厢30元，改变原车身颜色100元，总成互改100元，篷布车改铁壳车150元。大、中、小型拖拉机及手扶拖拉机改型每台40元。机车未经批准，擅自改装改型的，加收管理费50%。⑤驾驶员考试报名费每次5元（因违章、肇事等复试，按相应科增加1倍收费），驾驶员异动、上户、变更登记每次2元（1次办理多项，只收1项费），驾驶员增加复证审批每次5元。机动车异动、上户、变更登记每次5元，机动车办理报废、报停每次5元。驾驶员进违章，肇事学习班每人每小时1元。

4.驾驶员培训费。1988年10月21日规定，培训汽车驾驶员每人每期（6月）2500元，摩托车轻骑型每人每期（7天）80元，2轮摩托车每人每期（15天）150元，3轮摩托车每人每期（20天）200天。1991年规定每人每期收费标准为：大货车（6个月）2900元，轻便摩托车（7天）80元，2轮摩托车（5天）150元，3轮摩托车（20天）200元。大货车增驾大客车（1月）480元，拖拉机增驾大货车（4月）1920元。复练换过期驾驶证（1月）480元，复练发地方驾驶证（2～3天）25元。学员住宿每人每日1.5元。1993年6月规定，小型汽车驾驶员培训收费每人每期（6月）2800元。汽车、摩托车、农用运输车培训中心管理费按总收入的10%收取，拖拉机驾驶员培训中心按5%收取。

5.交通管理费。汽车年度通行证每张，大型汽车60元，小型汽车36元，3轮摩托25元，2轮摩托20元；人力车15元。汽车临时通行证每日每张2元，临时停车证每日每张2元，定点停车证每日每张0.5元，车辆超限运输审批每次50元，载运危险物品通行证每张30元。停车场审批办证手续费每个每张300元。出租车始发站点管理费每月60元。占用、挖掘道路许可证每张100元。特种物资护送管理费每千米6元。开辟、调整客运或站点审批每次100元。开辟、增设路口通道审批每次100元。支线占道管理费每天每平方米2元，干线5元。因事故、违章扣留车辆停放管理费每天每辆5元。肇事车辆解剖鉴定费每辆每次300元，常规检验费100元。交通事故死亡尸体检验费每具100元。交通伤残评定费每人每次20元。违章、肇事驾驶员学习班管理费每人每次20元。

6.其他收费。查询机动车、驾驶员档案手续费每次5元。故障车停车示意牌每牌50元。各类机动车、驾驶员登记表档案费1元。机动车驾驶员安全教育管理费50元。

**司法收费**　1988年2月起，根据国家规定，司法机关执行以下收费：

1.公证收费。证明出生、生存、死亡、身份、经历、学历、国籍、委托书、亲属关系、婚姻状况、未受或受过刑事处分，每次10元。证明印鉴属实，副本、草本、译本与原本相符、影印件与原件相符，每次5元。证明招标、拍卖、开奖，每次100～150元。证明遗嘱、遗赠、产权、查无档案记载每次10元。证明法人资格、收养、财产分割、产品抽样检测，每次10～30元。证明担保书、公司章程、资信情况等有关文书，每次50～200元。证明章程注册每次50元。证明保险金、养老金、子女助学金每次5元。证明劳务合同每次5元。证明经济合同标总额：不满10万元，每次10～50元；10万以上不满50万元，每次100元；50万元以上不满100万元，每次300元；100万元以上不满200万元，每次600元；200万元以上不满300万元，每次1000元；300万元以上不满400万元，每次2000元；400万元以上，每次3000元。证明股票、房屋转让、买卖，按股票额或房价收3‰，最低10元。证明财产继承、赠与，按受益人收入总金额，不满1万元的1%，最低10元；1万元以上的2%。证明债权文书有强制执行效力，按债务总金额的3‰收取。保管遗嘱或其他文件、证据，保金每年5～10元。已受理立卷、中途撤回，每次2～5元。起草、修改合同文书每份5～20元。代写公证有关事项文书每份3～5元。

2.律师收费。（1）解答法律询问：不涉及财产关系的每次2～10元；涉及商业性财产关系的每次10～30元。（2）制作法律事务文书：申诉书、申明书或其他一般法律事务文书每件2～10元；民事诉状、答辩状、上诉状、申诉状每件10～30元；分单、遗嘱、赠与或其他涉及财产的法律事务文书每件10～30元；合同、契约每件10～50元。（3）办理刑事案件：一审案件，每件30～150元；未办一审而办二审，每件30～50元，曾办一审又办二审，每件30～50元。（4）办理民事案件：不涉及财产关系的每件70～150元；涉及财产关系的除每件收取100～200元手续费外，还按比例加收：争议在5000元以下的3%，0.5001万～1万元的1.0%，1.0001万～10万元的1%，10.0001万～100万元以上的0.5%。（5）办理经济纠纷案件，代理参与案件的调解、仲裁、诉讼，除收每件100～500元手续费外，按以下标准加收：争议在1万元以下免收另加费，1.0001～10万元的3%，10.0001万～20万元的2%；20.0001万～50万元的1.5%；50.0001万～100万元的1%；100万元以上部分0.5%。（6）处理行政案件：治安行政案件30～60元；专利行政案件每件50～400元；劳动争议案件每件50～300元；其他行政案件由双方协商收费。（7）担任法律顾问，每月固定50～2000元；按年签约200～300元。（8）代理非诉讼法律事务：不涉及财产关系的一般法律事务每件200元；资信调查、咨询建议书、法律意见书、律师见证、涉及经济关系的法律事务每件500元；审查、起草、修改经济合同、章程、参加项目谈判，根据实际工作量或按合同标的数额的一定比例由双方协商收费标准10万元以下的1%～0.5%，10.0001万～50万元的0.5%～0.2%，50.0001万～100万元的0.3%～0.2%，100万元以上部分0.2%～0.1%。

**审判收费** 1.诉讼费。案件受理费，离婚每件10～40元；侵害姓名、名称、肖像、名誉荣誉每件50～80元。其他非财产案每件10～40元；侵害专利著作、商标权案每件50～80元；治安行政案每件5～20元；专利行政案每件5～300元；其他行政案件每30～80元：劳动争议案每件30～40元；财产案件，不满1000元的每件50元，1000元以上5万以下的部分4%，5万元以上10万元以下的部分3%，10万元以上20万元以下的部分2%，20万元以上50万元以下的部分1.5%，50万元以上100万元以下的部分1%，100万元以上的部分0.5%。

2.申请执行费。申请执行案件：10万元以下每件50元，10万元以上50万元以下的部分0.5%，50万元以上部分0.1%。申请保全措施费：不满1000元每件3%，1000元以上10万元以下的部分0.5%。司法精神病学鉴定：门诊鉴定手术费每人每次50～100元，缺席（含死亡），每人每次50元。

**文化管理收费** 1991年8月，地区物价局批复地区文化局的报告，决定18项经营性文化行为收管理费的标准。营业性演出、表演、文化艺术展览、展销、比赛，收取收入总额的5%。字画装裱销售、音像制品销售、租赁，收总额的2%。音像制品发行，城区收总额的3%，农村每点每月15元。图书报刊批发、零售、全民、集体的收总额的1%.个体摊点每点每月5元，个体租书户（摊、点）每月2元。印刷书籍报刊，收工价的4%；复印每点每月6元，打字每月3元。歌舞厅、音乐茶座、卡拉OK厅、收取门票、台位总收入的5%，门票、台座收入依据不充分的，收取定员场次的3%。不售门票的舞（歌）厅、音乐茶座乐队、收取总收入的5%；卡拉OK厅、音乐茶座，收取各项收费总额的2%。台球每台每月30元；电子游戏机、大型的每台每月20元，电视机型的每台每月10元。文艺培训、游戏场，收总额的3%，文物出售、收取收入总额的2%。

**民政收费** 1.婚姻登记收费。1988年7月前，国内居民领取结婚证，平装每套0.75元，精装每套3元；办理离婚证每张0.5元；办理夫妻关系证明书每张0.3元。国内居民同外国人、外籍华人办理结婚登记30元；国内公民同定居我国的外国侨民办理结婚登记10元。1988年8月，省民政厅、物价局调整并增加个别收费项目。国内公民领取结婚证，平装每套2元，精装每套9元；国内公民与外国人、外籍华人办理结婚登记40元，国内公民同定居我国的外国侨民办理结婚登记30元。中国公民同外国人，大陆居民同港澳台胞办理结婚登记40元。

2.社会团体登记管理费。申请创办社团手续费每件5元；办理社团登记每次25元；变更社团登记每次10元。

3.火葬服务收费。火化尸体费，5岁以下2～5元，6～10岁的6～10元，11～15岁的11～15元，16岁以上10～100元。接尸灵车费，城区8～12元，农村20千米以内15～20元，超出20千米加收每千米0.8～1元。接尸人工费，正常死亡5～8元，非正常死亡及腐败尸体10～15元。骨灰存放费，6个月以内每月0.5～1元，半年以上按1年计算，每年3～6元。其他服务费，更衣4元，洗脸1～2元，修面2～3元，理发4～6元，洗澡5～8元，化妆3～5元。停尸每具每天4～6元。

**环保收费** 1.废气排放收费。超标排放二氧化碳、二氧化硫、硫化氢、氟化物、氮氧化物、氯、氯化氢、一氧化碳，每千克0.04元；排放浓度超过标准每10立方米的硫酸（雾）、铅、汞、铍化物0.03～0.1元。生产性粉尘：玻璃棉、矿渣棉、石棉、铅化物每千克0.1元：电站煤粉、水泥粉尘每千克0.02元；炼钢炉粉尘、其他粉尘每千克0.04元。工业及采暖锅炉烟尘，每千克分别为4元、4.1～6元、6.1～9元、9元以上；林格曼浓度，分别按每千克2、3、4、5级收取，每吨燃料分别收3、4、5、6元。火力电站和采暖锅炉的废气，暂按烟尘征收排污费、其他有害物质暂不收费。

2.排放废水收费。排放汞、镉、砷、铅及其无机化合物，六价化合物，浓度超标5以内的0.15～0.2元，5～10倍的0.2～0.3元、10～20倍的0.3～0.45元、20～50倍的0.45～0.9元、50倍以上0.9～2元。排放硫化物、石油类、挥发酚、氰化物、有机磷、铜、锌、氟及其化合物，硝茎苯、苯胺类、镍、铁、锰浓度超标5倍以内的0.1～0.15元、5～10倍的0.15～0.2元、10～20倍的0.25～0.3元、20～50倍的0.35～0.5元、50倍以上的0.6～1元。排放悬浮物、DOD、BOD、pH值、色度、氨氮浓度超标5倍以内的0.04～0.06元、5～10倍的0.06～0.1元、10～20倍的0.1～0.15元、20～50倍的0.15～0.2元、50倍以上的0.2～0.3元。排放病原体0.08元。排放污水0.03元。pH值超出6～9，每高、低按超标倍数5以内基数（0.04～0.06）的1倍计收。

3.废渣收费。向水体倾倒或排放含汞、镉、砷、六价铬、铅、氰化物、黄磷及其他可溶性剧毒物废渣，每吨36元，无防水、防渗措施堆放、每吨每月2元。向水体倾倒或排放电厂粉煤灰：每吨1.2元，无专设场所堆放每吨每月0.1元。向水体倾倒或排放其他工业废渣每吨5元，无专设场所堆放每吨每月0.3元。排放或倾倒无防水、防渗措施堆放剧毒废渣，除收费外，立即制止并责成清理。1991年6月，国家环保局等联合下发《关于调查超标污水和统一超标噪音排放污费征收标准的通知》，毕节地区当年即执行。

超标污水排污费征收标准

单位：元／吨水、倍、元

| 类别 | 污染物名称 | 排放污染物超标分界依据 | A级超标收费价 | B级超标收费价 | B级起征费 |
|---|---|---|---|---|---|
| 第一类 | 总　汞 | 2000 | 2 | 1 | 2000 |
| | 总　镉 | 3000 | 1 | 0.15 | 2550 |
| | 苯并（a）芘 | 3000000 | 0.06 | 0.03 | 90000 |
| | 总　铬 | 150000 | 0.06 | 0.03 | 4500 |
| | 六价铬 | 150000 | 0.09 | 0.02 | 10500 |
| | 总　砷 | 150000 | 0.09 | 0.02 | 10500 |
| | 总　铅 | 150000 | 0.08 | 0.03 | 7500 |
| | 总　镍 | 150000 | 0.08 | 0.03 | 7500 |

续表

| 类别 | 污染物名称 | 排放污染物超标分界依据 | A级超标收费价 | B级超标收费价 | B级起征费 |
| --- | --- | --- | --- | --- | --- |
| 第二类 | pH值 | 5000 | 0.25 | 0.05 | 1000 |
| | 色　度 | 100000 | 0.14 | 0.04 | 10000 |
| | 悬浮物 | 800000 | 0.03 | 0.01 | 10000 |
| | 生化需氧量 | 30000 | 0.18 | 0.05 | 3900 |
| | 化学需氧量 | 20000 | 0.18 | 0.05 | 2600 |
| | 石油类 | 25000 | 0.2 | 0.06 | 3500 |
| | 动植物油 | 25000 | 0.12 | 0.04 | 2000 |
| | 挥发酚 | 250000 | 0.06 | 0.03 | 7500 |
| | 氰化物 | 250000 | 0.07 | 0.04 | 7500 |
| | 硫化物 | 250000 | 0.05 | 0.02 | 7500 |

**公路管理收费**　1.汽车养路费。民国23年（1934）清毕公路建成，毕节始通汽车。每年每车征收车辆通行费45元（法币，下同）。民国26年（1937），客车每7个客位为1计收单位，每千米收0.05元，货车每千米0.12元，空车不收。28年每吨千米征收0.06元，军车减半。民国37年（1948）7月调为每吨千米1.13万元，是年8月～次年4月调整14次，由0.095元（金圆券）调到1800元。后改征银元，每吨千米2分。1950年大型货车按吨位计，每月缴纳大米120～400市斤。小型汽车每辆每月60～200市斤。1951年规定，按月缴费者，每吨每月30元（旧币），按次缴费者，每吨千米358元；客运每客每千米35.9元。不缴者按1～5倍罚款。1953年10月，养路费统一为按运费的5%、8%按月征收。1961年，各县将公路养路费和过渡费合并征收。运输企业车辆收运费总收入的7.14%；其他车辆每吨每月55元，机关、学校、人民团体汽车减半，偶有载运货物，每次吨千米收0.05元。1964年，运输企业车辆征运费的10%；其他运输车辆按月吨85元缴纳，机关团体、学校车辆减半即42.5元。1966年征运费的12.5%。1973年规定，特种车，新购过境车、按实际行程每吨千米0.03元计征。1979年，征收标准恢复为10%，其他车辆每月70元。1981年又征收总运价12.5%。1985年10月，调为运输企业车辆征运价的15%，其他车辆每月每吨105元。用于公路城市道路建设的专用工程车，按每月吨征收标准的20%征收21元；小型柴油汽车、重型车辆、特种车征收20元，县以上党政机关、学校（不含企业单位和私人兴办的各类学校）、人民团体等由财政拨款开支的车辆、交通部门、政法部门专用车，经省交通厅核准后免征养路费。采用不正当手段漏缴或不缴养路费的，除追缴所欠费额外，处以欠缴款的50%～100%的罚款。

2.畜力车、拖拉机养路费。1950年开始征收畜力车养路费，每月每车，单套缴大米20市斤，双套30斤，多套40斤。1951年改缴人民币，单套每月1万元（旧币），双套1.5万元，3套2万元。牛车单套0.6万元，双套0.9万元，3套1.2万元。1960年调为马车每月单套1.6元，双套2.2元，3套2.8元，牛车减半征收。1963年征拖拉机养路费，按功率每20匹马力折1吨计征，征费率与汽车相同。1976年规定，农业部门的拖拉机按月吨34元征收。1983年3月，按省规定，畜力车每月单套2元，双套3元，多套4元；拖拉机月吨42.5元，农业部门的按运费总额的7.6%征收。1984年按中央规定实行包干缴纳制，小型拖拉机每月吨25.5元，大型拖拉机月吨42.5元。1986年1月，根据省规定，非农用拖拉机，小型的（20匹马力以下），每月每吨征收63元，实行包干缴费的收32元；大型（20匹马力以上）每月吨73元，实行包干缴费的收44元；老、少、边、穷县小型拖拉机每月吨53元，包干缴纳的25元。农用拖拉机营运货物，小型的每月吨32元，包干缴纳的22元；大、中型的每月吨42元，包干缴纳的29元；老、少、边、穷县，小型的每月吨21元，包干缴纳的15元，大、中型的每月吨32元，包干缴纳的22元。

3.管理费。1951年11月，毕节地区群众运输站成立，按省规定，向货主及承运方各收取运费总额的0.1%的管理费（人力背挑不提管理费），1952年10月省规定，按承运货物的品种收取管理费：一等品1.6%，二等品1.2%，三等品0.8%。运输粮盐提取0.5%。1954年规定，群众运输的货主方、承运方都向管理机关缴纳服务、管理费、费率各为运费总额的1%。1964年，将服务费、管理费合并为管理费，费率为运价的2.5%～3%，由承运方单方缴纳。1982年开征汽车运输管理费，按运费总额，大型客货车征1%；两吨以下的小型汽车、拖拉机征1.5%：人畜力车、搬运装卸，征2.5%。1988年，运输管理费征收标准为运输总额的1%，按此标准，客运按座位定产值征1%；大货车、新车每吨每月12元，旧车10元；3吨以下汽车每月吨15元，柴油车15元；脚踏三轮每辆每月4元。按年征收，马车单套24元，多套30元；人力板车单位50元，个体车每车30元；小盘式拖拉机每辆70元；二七、三五型拖拉机每车90元。修理行业分类别定产征收，费率1%。

4.车辆购置附加费。1985年5月1日起，开征车辆购置附加费，凡购置使用国内生产和组装的车辆，按实际销售的10%征收购置费；购置使用国外进口车辆，按增值税后的组合价格的15%征收车辆购置附加费。没有固定装置的非运输车辆不缴纳车辆购置附加费。

# 第五章　国土资源管理

毕节地区地处云、贵、川三省结合部，夙有“黔之腹、滇之喉”之称，是云贵高原由低向高过渡的地段；土地和土壤结构也是十分复杂。这一地段海拔落差很大，最高近3000米，最低不到400米，常呈现高峰挺立、河谷深切，一山有四季、十里不同天的地理气候特征。长期以来，历代统治阶级虽然占有土地，但很少对土地作出规划，只有无序的使用和乱开垦。中华人民共和国成立后，中国共产党和人民政府面对毕节地区土地的实际情况，对国土资源进行了全面的细致的普查，在普查摸底的基础上作出对土地的因地制宜的合理使用和开发。

## 第一节　土地资源

### 一　土地利用状况

**土地调查数据**　1984年，毕节地区开展第二次土壤普查，普查核实全地区土地2.68万余平方千米，合4026.9万亩，其中毕节县512.24万亩、大方县531.71万亩、黔西县376.8万亩、金沙县378.65万亩、织金县430.2万亩、纳雍县366.65万亩、威宁县944.25万亩、赫章县486.45万亩。1994年，全地区开展土地资源评查，核实全地区土地26846.9平方千米，合4027.04万亩，其中毕节市511.27万亩，大方县525.78万亩，黔西县382.94万亩，金沙县378.64万亩，织金县430.18万亩，纳雍县367.07万亩，威宁县943.73万亩，赫章县487.43万亩。1995年，根据国家安排，在全地区每年进行1次土地变更调查。1996年，省级土地资源详查汇总时，经与邻省间图幅接边校核后，全地区土地26844.45平方千米，合4026.67万亩。金沙县土地总面积调整为378.56万亩，威宁县调整为943.44万亩。接边后的土地比详查原始面积减2.45平方千米，合3673.7万亩。

毕节地区1984年、1994年、2001年土地利用统计表

单位：亩

| 年份 | 耕地 | 园地 | 林地 | 牧草地 | 城乡房民用地 | 工矿用地 | 交通用地 | 水域 | 特殊用地 | 难利用地 |
|---|---|---|---|---|---|---|---|---|---|---|
| 1984 | 18827500 | 6400 | 11882500 | 3464100 | 401700 | 17400 | 171200 | 272900 | 42500 | 2263100 |

续表

| 年份 | 耕地 | 园地 | 林地 | 牧草地 | 城乡房民用地 | 工矿用地 | 交通用地 | 水域 | 特殊用地 | 难利用地 |
|---|---|---|---|---|---|---|---|---|---|---|
| 1994 | 15565256.1 | 90809.7 | 15157301.5 | 940267.1 | 945989.5 | 56664.0 | 221750.8 | 331486.8 | 74803.1 | 6886026.8 |
| 2001 | 15438428.4 | 137405.0 | 15187976.7 | 1285642.5 | 1016967.2 | 71616.2 | 250640.1 | 390176.1 | | 8487829.5 |

2001年毕节地区土地利用状况。1.耕地。全地区耕地1543.84万亩，占土地的38.84%，其中灌溉水田64万亩，占耕地的4.16%；望天田62.27万亩，占4.03%；水浇地1005.8亩，占0.006%；旱地1415.98万亩，占91.67%，菜地2.27万亩，占0.15%。2.园地。全地区园地13.74万亩，占土地的0.34%，其中果园8.49万亩，占园地的61.77%；桑园2290.3亩，占1.67%；茶园4.63万亩，占33.71%；其他园地3925.7亩，占2.86%。3.林地。全地区林地1518.8万亩，占总土地的37.72%，其中有林地556.3万亩，占林地的36.63%；灌木林地796.46万亩，占52.44%；疏林地24.06万亩，占1.58%；未成林造林地141.3万亩，占9.3%；迹地2742.2亩，占0.02%；苗圃4000.2亩，占0.03%。4.牧草地。全地区牧草地128.56万亩，占总土地的3.19%，其中天然草地126.56万亩，占牧草地的98.44%；改良草地1.6万亩，占1.25%；人工草地4040.6亩，占0.31%。5.居民及工矿用地。全地区城乡居民及工矿用地108.86万亩，占总土地的2.7%，其中城市7453.1亩，占该地类的0.68%；建制镇3.57万亩，占3.28%；农村居民用地92.38万亩，占84.87%；独立工矿用地7.16万亩，占6.58%；特殊用地近5万亩，占4.59%。6.交通用地。全地区交通用地25.06万亩，占总土地的0.62%，其中公路用地8.4万亩，占该地类的33.52%；铁路用地6203.4亩，占2.48%；农村道路用地16.04万亩，占64%；港口码头用地13亩，占0.0052%。7.水域。全地区水域34.02万亩，占总面积的0.97%，其中河流水面21.14万亩，占水域的54.17%；湖泊3.57万亩，占9.15%；水库3.5万亩，占8.97%；坑塘2.49万亩占6.37%；苇地289.4亩，占0.07%；滩涂3.36万亩，占8.61%；沟渠4.83万亩，占12.39%；水工建筑物1006.1亩，占水域的0.26%。8.未利用地。全地区未利用地648.78万亩，占土地的16.11%，其中荒草地147.54万亩，占该地类的22.74%；沼泽地3281.1亩，占0.05%；沙地2883.4亩，占0.04%；裸土地2.51万亩，占0.39%；裸岩石砾地164.13万亩，占25.3%：田土坎333.82万亩，占51.45%；其他1661.2亩，占0.03%。

**土地权属**　2001年，全区国有土地94.24万亩，占土地的2.34%。比1994年增7.17万亩。其中林业部门用地量最大。农业部门国有土地主要在黔西、大方、织金、威宁县，林业部门国有土地主要在纳雍、赫章、织金、大方县、毕节市；水利部门国有土地主要在威宁县；交通部门国有土地主要在毕节市、黔西、大方县；工矿部门国有土地主要在金沙、大方、黔西、赫章县。全地区集体土地总面积393.24万亩，占土地的97.66%。各县市分别为：毕节市498.09万亩，占97.42%；大方县511.46万亩，占97.28%；黔西县373.62万亩，占97.65%；金沙县368.38万亩，占97.31%；织金县421.73万亩，占98.03%；纳雍县356.74万亩，占97.19%；威宁县926.16万亩，占98.17%；赫章县476.26万亩，占97.71%。

## 2001年国有土地部门构成统计表

单位：亩

| 地类 数目 部门 | 合计 | 耕地 | 园地 | 林地 | 牧草地 | 居民及工矿用地 | 交通用地 | 水域 | 未利用地 |
|---|---|---|---|---|---|---|---|---|---|
| 合计 | 942353.6 | 37891.3 | 11679.5 | 345571.8 | 15893.8 | 9829.2 | 90444.8 | 319632 | 22946.2 |
| 农业 | 53282.9 | 17327.6 | 9208.3 | 9570.9 | 12808.4 | 1110.3 | 402.5 | 550 | 2304.9 |
| 林业 | 353537.6 | 12552.8 | 1923.6 | 320260.1 | 2533.3 | 896.1 | 248 | 369.6 | 14754.1 |
| 水利 | 78624.2 | 349.2 | 80.2 | 638.1 | 50.2 | 508.6 | 49.6 | 76754.6 | 193.7 |
| 工业 | 20322.6 | 2703.4 | 455.3 | 899.8 | | 15392.1 | 1007 | 177.5 | 593.8 |
| 能源 | 2521.8 | 199.7 | | 159.2 | 2.8 | 2096.7 | 14.1 | 18.9 | 30.4 |
| 地矿 | 3780.2 | 114.1 | | 148.2 | 62.9 | 2385.4 | | 7.9 | 1061.7 |
| 铁路 | 6203.4 | | | | | | 6203.4 | 0.1 | |
| 交通 | 70183.3 | | | | | 406.4 | 69575.2 | | 201.6 |
| 司法 | 50.8 | | | | | 50.8 | | | |
| 宗教 | 16.2 | | | | | 16.2 | | | |
| 军队 | 131.1 | | | | | 130.2 | | 0.9 | |
| 其他 | 109644 | 3940.6 | 12.1 | 13895.5 | 436.2 | 75300.5 | 613.8 | 13430.7 | 1996.6 |
| 国有后备土地 | 244055.5 | 703.9 | | | | 0.9 | 13219.5 | 228321.8 | 1809.4 |

## 2001年土地权属地类构成统计表

单位：亩

| 权属 地类 | 国有土地 | | | 集体土地 | | |
|---|---|---|---|---|---|---|
| | 面积 | 占全区 | 占该地类 | 面积 | 占全区 | 占该地类 |
| 合计 | 942353.6 | 100 | 2.34 | 39324328.1 | 100 | 97.66 |
| 耕地 | 37891.3 | 4.02 | 0.25 | 15400537.1 | 39.16 | 99.75 |
| 园地 | 11679.5 | 1.24 | 8.5 | 125725.5 | 0.32 | 91.5 |
| 林地 | 345571.8 | 36.67 | 2.28 | 14842404.9 | 37.74 | 97.72 |
| 牧草地 | 15893.8 | 1.69 | 1.24 | 1269748.7 | 3.23 | 98.76 |

续表

| 权属<br>地类 | 国有土地 | | | 集体土地 | | |
|---|---|---|---|---|---|---|
| | 面积 | 占全区 | 占该地类 | 面积 | 占全区 | 占该地类 |
| 居民地及工矿用地 | 98294.2 | 10.43 | 9.03 | 990289.2 | 2.52 | 90.97 |
| 交通用地 | 90444.8 | 9.6 | 36.09 | 160195.3 | 0.41 | 63.91 |
| 水域 | 319632 | 33.92 | 81.92 | 70544.1 | 0.18 | 18.08 |
| 未利用地 | 22946.2 | 2.43 | 0.35 | 6464883.3 | 16.44 | 99.65 |

**耕地坡度分级**　1984年，全地区土壤普查，按地面形态将土地分为山地、丘陵、平地三种类型。其中山地2567.36万亩，占63.76%；丘陵1222.07万亩，占30.35%；平地237.47万亩，占5.89%。按海拔高度划分，全地区有效土壤3424.33万亩中，低于800米的19.77万亩，其中耕地9.13万亩；800～1000米的142.55万亩，其中耕地72.89万亩：1000～1200米的250.87万亩，其中耕地129.13万亩；1200～1400米的522.97万亩，其中耕地317.18万亩；1400～1800米的1209.23万亩，其中耕地611.82万亩；1800～2200米的792.9万亩，其中耕地306.22万亩；2200～2600米的465.45万亩，其中耕地150.83万亩；大于2600米的2026万亩，其中耕地6.26万亩。全地区有效耕地1222.07万亩中，小于5度的360.17万亩，其中田66.99万亩，土293.18万亩；5～15度的441.35万亩，其中田47.51万亩，土393.84万亩；15～25度的475.98万亩，其中田21.04万亩，土454.94万亩；25～35度的228.56万亩，其中田1.37万亩，土227.19万亩；大于35度的97.40万亩，全是土。2001年，土地变更调统计，与1994年土地资源详查数字比较，全地区因开展退耕还林等，耕地减少12.68万亩，为1543.84万亩。其中：0～2度的16.92万亩，2～6度的180.04万亩，6～15度的585.78万亩，15～25度的448.67万亩，25～35度的183.07万亩，大于35度的129.36亩。

## 二　土壤资源质量评价

**土壤普查评级**　1984年土壤普查，根据《全国第二次土壤普查暂行技术规程》规定标准，对水稻土按所处气候和地形条件、土壤肥力、灌溉情况、熟制和产量、改良利用方向；旱作土以地形部位、坡度和基岩露头、土壤肥力、水土流失、熟制和产量、改良利用方向；自然土以地貌和生物气候条件、土壤肥力、水土流失等因素评定。全地区参评土地3936.33万亩，占总面积的97.8%。其中水稻土152.4万亩，旱作土1736.75万亩，自然土1820.87万亩。经评定：一级地35.02万亩，其中水稻土10.77万亩。旱作土24.25万亩；二级地288.28万亩，其中水稻土52.94万亩，旱作土235.34万亩；三级地743.83万亩，其中水稻土72.87万亩，旱作土670.96万亩；四级地564.45万亩，其中水稻土15.82万亩；旱作土478.74万亩；自然土69.89万亩；五级地479.9万亩，其中旱作土227.02万亩，自然土252.68万亩：六级地746.23万亩，其中旱作土100.44万亩，自然土

645.79万亩；七级地852.51万亩，全是自然土；八级地226.31万亩，其中石质山212.15万亩，裸土7.93万亩，砾石滩3.83万亩，都难于开发利用。

**土地适宜性评价** 1994年，评价全地区耕地、林地、牧草地和未利用地的适宜性。评价系统参照联合国粮农组织制定的《土地评价纲要》的纲、级系统，将土地评价为适宜和不适宜2个纲。适宜纲下分高度适宜，中度适宜，勉强适宜3个级；不适宜纲下分当时不适宜，永久不适宜2个级。

**1994年土地适宜性评价统计表**

单位：亩

| 地级/数目/地类 | 高度适应级 | | 中度适应级 | | 勉强适应级 | | 当时不适应级 | | 永久不适应级 | |
|---|---|---|---|---|---|---|---|---|---|---|
| | 面积 | 占 | 面积 | 占 | 面积 | 占 | 面积 | 占 | 面积 | 占 |
| 耕地 | 2483847.4 | 15.69 | 5824452 | 37.42 | 4514880.6 | 29.01 | 1919170 | 12.33 | 818620.4 | 0.05 |
| 林地 | 4031460.3 | 26.6 | 7578651 | 50.0 | 3547190.4 | 23.4 | | | | |
| 牧草地 | 20246.6 | 2.15 | 552012.3 | 58.71 | 368008.2 | 39.14 | | | | |
| 未利用地 | | | 2342782 | 34.02 | 2863399.5 | 41.58 | 39871.5 | 0.006 | 1639975 | 0.24 |

注：耕地S1级中，水田61.99万亩，旱地186.2万亩；S2级中水田52.42万亩，旱地530万亩；S3级中水田12.05万亩，旱地439.44万亩

## 第二节 土地调查

**土壤土地调查** 1957年7～9月，省农业厅组织综合调查队，以毕节市代表黔西北高寒地区土壤分布情况，制作五万分之一土壤概图、五万分之一土壤分区图、五千分之一典型土壤分区图和土壤垂直断面图，并写出土壤调查报告。1979～1985年，各县分期分批开展第二次土壤普查。7年中，从农、林、牧、水、气象、科委等单位抽调行政和技术人员1790人，建立地、县土壤普查领导小组和办公室9个，分设中心技术组、野外、制图、化验、资料和后勤专业组，组建区社土壤普查队、组285个，经野外调查、图件编制、文字撰写和资料汇总等工作。共普查8个县，97个区镇，792个公社，4439个大队，4.04万个生产队和32个国营农林牧场。普查土地4026.9万亩，其中耕地1889.15亩，调查登记地块26万片，平均每片代表土壤155亩；挖掘土壤剖面6.95万个，平均每个代表土壤493亩；采集化验土壤样品2.36万个，共16.28万项次。采集土壤纸盒标本2.54万个，岩石标本212个，整段标本329块，拍摄各种照片1270多张，填写各种调查统计表812套以及各种文字报告。为完成地区农业区划，制定国民经济计划，发展农业生产提供科学依据。普查产生以下成果：1.文字：各公社土壤普查报告；各县土壤普查工作总结、土地资源

调查报告，专题调查报告、成果应用方案及县土壤志；地区土壤普查工作专题总结、土壤资源调查报告，毕节地区土种志、土壤专题调查报告及公社土壤普查报告选编。2.图件：各公社的1：1万（威宁县1：2.5万）土壤图、土地利用现状图、土地评级图、土壤改良利用分区图；各县1：5万（威宁县1：10万）土壤图、土壤有机质和全氮养分图、速效磷养分图、速效钾养分图、土壤酸碱度图、土壤缺素图、岩组图、地势图、地貌图、坡度图；地区汇总的1：20万土壤图、土地利用现状图、土壤酸碱度图、岩组图、地势图、地貌图。3.数据：9种基本情况表，3种土地资源表，7种土壤资源表。4.化验资料：4种养分丰缺表，5种土壤养分含量分级表，5种土种养分含量分级表。查出全地区有土类10个，亚类24个，土属87个，土种231个。土种中自然土土种101个，旱作土土种90个，水稻土土种40个。概括全国土地利用现状分类系统，全地区有一级类10个，二级类40个，三级类（在耕地、园地、林地以下续分）17个，自然土肥力属上等的357.19万亩，共26个土种，中等887.80万亩，有34个土种，下等575.83万亩，有34个土种；旱作土肥力属上等的174.48万亩，有12个土种，中等254.89万亩，有26个土种，下等1081.18万亩，有52个土种；水稻土肥力属上等的61.42万亩，有13个土种，中等31.49万亩，有12个土种，下等44万亩，有15个土种。1986年10月17～19日，西南土壤普查科学技术顾问组、贵州省土壤普查科学技术顾问组和贵州省土壤普查办公室组成验收组验收，毕节地区土壤普查认为成果资料完全符合技术规程要求，同意验收，发给“贵州省土壤普查成果验收证”，是年12月获国家农牧渔业部优秀科技成果1等奖。

**土地资源详查**　1.县级调查。1987年7月，毕节地区行署根据国务院批转国家五部局《关于进一步开展土地资源调查工作报告》及省人民政府的《通知》，下发《关于开展土地资源详查工作的通知》，成立毕节地区土地资源详查领导小组，下设办公室和技术指导组，在黔西县进行土地资源详查试点。试点自1988年1月开始，到1992年7月，经野外调查，航片转绘、面积量算、数据统计、图件编绘、文字资料编写，全面完成调查任务。1992年8月27日，通过省土地资源详查办公室组织的全省验收。调查结束后，根据国家《土地利用现状调查补充意见》提交各种成果：（1）数据资料：按县级统计至乡级、乡级统计到村级的土地利用现状分类面积统计表，按县、乡、村分权属性质统计的土地利用分类面积统计表，县、乡、村调查前后土地利用现状比较表，县、乡、村耕地坡度分级面积统计表，以上四种表均填写到三级类，田土坎系数测算表，田土坎大于或等于1米耕地坡度分级统计表，田土坎小于1米耕地坡度分级统计表，飞地耕地面积统计表。（2）图件资料：1：1万国际分幅土地利用现状工作底图，1：1万国际分幅土地利用现状膜图，1：1万国际分幅土地利用现状图，1：1万国际分幅土地权属界线图，1：2.5万自由分幅乡级土地利用现状图，1：5万（威宁1：10万）自由分幅土地利用现状图，县、乡图幅理论面积和控制面积接合图表，县级1：10万行政区划图。（3）文字资料：乡级土地利用现状调查说明书，县级土地利用现状调查技术工作总结，县级土地利用现状调查工作总结，县级土地利用调查报告。评审鉴定认为，成果资料完整，数据准确可靠，措施有力，分区合理，质量优秀，达到国内先进水平，毕节市获全国优秀科技成果一等奖，金沙、大方县获二等奖，威宁、赫章县获三等奖。

2.地区级汇总。县级土地资源调查完成后，地区收集全地区农业区划、水保规划、土壤普查和历年统计年报等有关资料；与云南省、四川以及省内的遵义市、安顺市、贵阳市、六盘水市共界1：1万地形图283幅；各县市共界1：1万地形图164幅。各县、市间在多次接边的基础上，1994年8月组织1次集体接边。各县的权属界，从野外开始，按权属予以调绘和内业接边，做到实地一条边，图上一条线，表上一个数。从1994年3月起，通过数据汇总、图件编制、文字编写，1995年9月完成地区汇总，提交以下成果：土地资源详查地区汇总表1～14表，土地资源详查1994年变更数据统计表，1：5万、1：10万、1：25万标准分幅土地利用现状薄膜黑图，1：25万标准分幅土地利用现状彩色图，1：25万自由分幅毕节地区土地利用现状彩色挂图，1：25万毕节地区行政区划彩色图，1：25万毕节土地利用分区彩色图，毕节地区土地利用现状调查报告，毕节地区土地资源。1995年12月9～10日，省土地资源详查办公室及技术指导小组共同组成的汇总成果鉴定组和验收组，对毕节地区土地资源详查汇总成果进行鉴定验收，综合合格率为91.8%，达优秀等级。1996年11月7日获全国科技成果一等奖。

## 各县土地资源详查情况统计表

单位：人次、万元、平方千米、幅、册、个、亩

| 县市 数目 项目 | 黔西 | 毕节 | 大方 | 金沙 | 织金 | 纳雍 | 威宁 | 赫章 |
|---|---|---|---|---|---|---|---|---|
| 起止时间 | 1989.9～1992.7 | 1989.9～1994.3 | 1990.8～1994.6 | 1989.6～1994.3 | 1991.3～1994.10 | 1989.3～1994.11 | 1992.10～1994.8 | 1991.8～1994.11 |
| 投入人力 | 1095 | 105 | 120 | 123 | 706 | 250 | 103 | 830 |
| 投入经费 | 29.8 | 42.8 | 40 | 26.16 | 34.1 | 26 | 56.1 | 34.6 |
| 调查土地 | 2552.95 | 3408.46 | 3505.21 | 2524.24 | 2867.88 | 2447.12 | 6291.52 | 3429.52 |
| 涉及1：1万国际分幅地形图 | 117 | 166 | 162 | 126 | 134 | 117 | 66+64 | 141 |
| 实地调绘图斑 | | 120517 | 140740 | 115810 | 160372 | 116112 | 152165 | 59319 |
| 填写调查手簿 | | 1392 | 1300 | 770 | 1564 | 1047 | 244 | |
| 测算田土坎样方 | | 381 | 566 | 337 | 311 | 204 | 357 | 193 |
| 样方面积 | | | 8500 | 7545.37 | 5725.9 | 3034.98 | 11715.3 | 3474 |
| 验收时间 | | 1994.4 | 1994.7.27 | 1994.4.21 | 1994.12.7 | 1994.12.9 | 1994.9.14 | 1994.12.8 |

**第二次土地调查：** 毕节地区第二次土地调查是按照全国第二次土地调查工作的相关要求和省二调办的整体安排和部署，由地区二调办组织，县（市）人民政府具体组织实施的。地区行署成立以分管副专员为组长，13个相关单位为成员的毕节地区第二次土地调查工作领导小组，并组建了地区第二次土地调查技术工作组。 该项工作2007年8月正式启动，2009年7月，全面完成农村土地调查工作，成果通过地区复核和县（市）级人民政府确认，并提交国家进行核查， 2010年元月土地利用数据库通过了国土资源部的质检软件检查。2011年年底，全面完成城市建设区、县城所在地建制镇的城镇地籍调查工作任务，成果拟于次年4月通过地区验收、次年6月通过省二调办组织的省级验收。此次调查按照《第二次土地调查技术规程》（TD/1014—2007）、《土地利用现状分类》（GB/T21010—2007）及《城镇地籍调查规程》（TD1001—1993）等技术规程，以卫星遥感影像为工作底图，充分利用原有地籍成果资料、运用卫星影像、地理信息系统和数据库以及二次调查专用软件等技术及处理系统，采用内外业相结合的调查方法，形成集信息获取、处理、存储、传输、分析和应用服务为一体的土地调查技术流程。全区共参与调查人员1353人，举办培训88次，参与培训人员2924人（次），财政累计批复总经费3565.409万元，实际使用经费3330.319万元。到2009年提交农村调查成果时为止，全区土地利用现状构成为：耕地999221.91公顷，园地6726.43公顷，林地1169300.20公顷，草地162888.69公顷，城镇村及工矿用地66478.02公顷，交通运输用地24530.98公顷，水域及水利设施用地32816.93公顷，其他土地222888.12公顷，合计2684914.14 公顷。为直观起见，由下图表示：

毕节地区一级分类各地类面积图

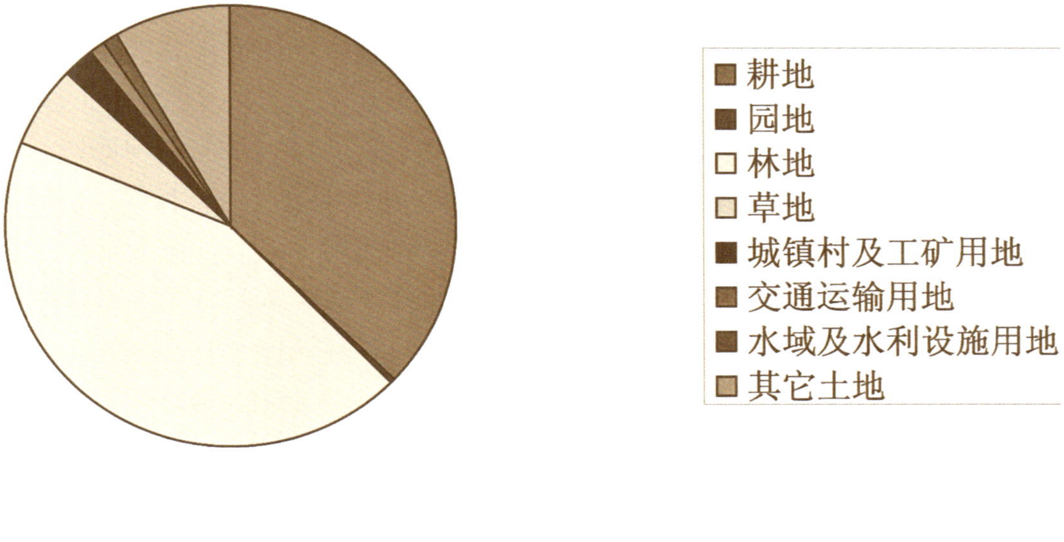

至2011年11月为止，完成城市建设区、县城所在地建制镇的城镇地籍调查总面积99.69平方千米，完成权属调查的街坊数为460个，宗地数81930宗。具体情况见下表。

**毕节地区第二次土地调查（城镇部分）完成情况表**

单位：平方千米、个、宗

| 单　位 | 完成总面积 | 街坊 | 宗地 |
|---|---|---|---|
| 毕节地区 | 99.69 | 460 | 81930 |
| 毕节市 | 26.12 | 114 | 21455 |
| 大方县 | 6 | 40 | 9283 |
| 黔西县 | 13.47 | 43 | 10156 |
| 金沙县 | 9 | 122 | 14040 |
| 织金县 | 5 | 46 | 5423 |
| 纳雍县 | 5.3 | 52 | 4209 |
| 威宁县 | 24.42 | 15 | 10152 |
| 赫章县 | 10.38 | 28 | 7212 |

**土地变更调查**　1995年开始，地、县、乡国土资源部门连年开展土地变更调查。至1998年，形成月清季累、半年预报、全年汇总制度。1995年，重点调查城乡接合部、乡镇附近、交通沿线的耕地、建设用地、林地、牧地的变化情况。1996年，将土地资源详查原始数据和1995年度变更数据变更到1996年10月31日，于年底汇总上报国务院。1997年，完成初始台账和更新台账；更新破损严重或变更图斑超过30%的土地利用现状图；建设项目勘测定界以土地利用现状图为工作底图，建设项目用地经审批后及时办理变更土地登记，更改变更调查工作底图和统计台账，查处违法用地，据查处意见及时进行变更调查，办理土地登记，进行年度统计。1998年，大方县和地区汇总均采用变更调查软件程序1号，增加坡耕地、河滩地、湖滩地的调查。大方、黔西、金沙、纳雍县和地区汇总使用全国统一的2号汇总软件程序。是年，毕节地区土地变更调查获一等奖。1999年，根据国土资源部《1999年变更调查实施方案》，重点调查建设项目占地情况，土地开发、复垦、整理情况，生态退耕情况；对历年来的土地资料归档管理；完成土地资源详查图件的更新。地区和各县市调查汇总都使用WINDOWS软件系统。是年，毕节地区土地变更获二等奖。2000年以生态退耕和耕地转为建设用地为重点，全面查清各类土地变化情况。2001年，以图件更新为重点，按《日常地籍管理办法》规定的变更调查方法进行调查。以2000年数字为基准，2001年土地利用变化情况是：耕地减2.63万亩，园地增3654.6亩，林地增1.66万亩，牧草地减6452.7亩，居民地及工矿用地增1616.7亩，交通用地增1663.5亩，水域增2015.5亩，未利用地增7235亩。是年，毕节地区土地变更调查获一等奖，2001年获二等奖。

**土地资源调查评价**　1.坡耕地调查。2000年4月，国土资源部制定《西部大开发土地资源调查评价实施方案》《西部大开发土地资源调查评价技术规定》。是年6月下旬，省国土资源厅召开会议安排全省土地资源调查评价工作。会后，毕节地区国土局成立土地资源调查技术指导组，组织开展全地区土地资源调查评价工作。是年12月，各县按规定提交数据、图件和文字成果。2002年12月27日，省、地按规定标准，联合组织验收，大方县、毕节市、威宁县、纳雍县达优秀，赫章县、织金县达良好，金沙县、黔西县为合格。2001年2月，地区汇总工作结束，产生以下主要成果：（1）地区及县、乡级分集体、国有的坡耕地调查汇总表，（2）地区及县、乡级耕地相关人口、经济状况调查表，（3）长江流域和珠江流域分别统计的流域坡耕地调查统计表，（4）按国土资源部编制的软件程序制作的坡耕地调查汇总软盘，（5）毕节地区坡耕地调查评价报告。在714.79万亩坡耕地中，属长江流域的674.9万亩，占94.4%，属珠江流域的39.88万亩，占5.6%；属固有的1.47万亩，占0.2%，属集体的713.32万亩，占99.8%。全地区坡耕地分宜耕和不宜耕两种：不宜耕坡耕地299.38万亩，其中15～25°的36.26万亩，25～35°的184.44万亩，大于35°的77.68万亩。

2.耕地后备资源调查。2000年6月中旬～12月27日，全地区开展耕地后备资源县级调查。2001年2月15日，省国土资源厅验收地区汇总。经查，全地区耕地后备资源15.07万亩，其中属集体的14.65万亩，属国有的4231.9亩；按类型划分，可开垦土地12.74万亩，可复垦土地2.32万亩：按片面积分，大于500亩的省级耕地后备资源项目63个，大于100亩的地区级项目140个，小于100亩的县级项目153个。其主要项目有：（1）碧脚、长征耕地后备资源项目。在大方县猫场镇2361.1亩，其中国有土地540.2亩，集体土地1820.9亩；可开垦荒草地113.8亩，其余为可开垦未利用土地。坡度小于25°，平均15°左右，土层平均厚度约60厘米，石砾含量约15%，开发后可减到8%。（2）播东项目。在毕节市放珠乡，601.2亩，为集体所有的可开垦未利用土地。自然坡度低于25°，土层平均厚度1.2米，砾石含量15%左右。开发后种植培育3～5年，可达中上等田土水平。（3）东山项目。在毕节市清水铺，2189.2亩，集体所有可开垦未利用土地，自然坡度20°，土层厚0.7米，砾石含量低于15%，年降水量900～1200毫米。（4）塘坝项目。在纳雍县乐治镇，1100亩，集体所有。其中受灾无法耕种580亩，常年淹没520亩。自然坡度小于2度，土层厚度大于50厘米，石砾含量小于15%，温度和积温条件能满足作物生长。

**毕节地区地、县级耕地后备资源项目统计表**

单位：亩

| | | 合计 | 毕节市 | 大方县 | 黔西县 | 金沙县 | 织金县 | 纳雍县 | 威宁县 | 赫章县 |
|---|---|---|---|---|---|---|---|---|---|---|
| 地级 | 项目数 | 140 | 22 | 61 | 12 | 16 | 3 | 7 | 10 | 9 |
| | 面　积 | 34752.2 | 5695.1 | 14065.7 | 2782.3 | 5102.1 | 1025.3 | 2186.4 | 1733.7 | 2161.6 |
| 县级 | 项目数 | 153 | 57 | 35 | 10 | 15 | 10 | 5 | 19 | 4 |
| | 面　积 | 74338.19 | 12881 | 58541.1 | 495.29 | 465.4 | 589.7 | 168.6 | 957.7 | 239.4 |

# 第三节　地籍管理

**地籍管理概况**　明代及以前土地大部分属土司所有，部分属卫、所管辖。清代实行改土归流后，土司土地渐减，地主、富农占有大量土地。民国时期，威宁县境实行里甲制，耕里地者向土目交租，耕甲地者缴皇粮。民国28～29年（1939～1940）结束土地呈报，查清全区耕地为373.81万亩，核定应收田赋法币75.35万元，为土地呈报前的9倍多。1951年初～1952年9月中旬，全专区进行土地改革，结合土改开展详查田产，对各家各户的田地进行清理、丈量、核实。为农业税依率计征奠定基础。对分得国有土地的农民，发给国有十地使用证，保障其对该项土地的使用权；对私有农业土地者，发给土地所有证，保障其土地所有权。土改前的土地契约作废。1953～1957年，实行农业合作，逐步将农民的私有土地改变为集体所有。1958年建立人民公社。1960年，8个县（缺纳雍）总决算记载，有90个公社，884个管理区，3573个核算单位。1961年，推行三包一奖四固定，全专区884个公社，4919个大队，2.76万个生产队，生产队为基本核算单位，其范围内的土地归生产队所有，一律不准出租和买卖。1978年12月后，全地区推行家庭联产承包责任制。1980年，全地区耕地承包到农户。1999年起，全地区印发土地承包经营权证书138.15万本，占应发证的95.2%，登记耕地581.24万亩。

**土地登记**　1.土地房产所有证。1954年5月22日，中共毕节地委执行上级指示，印发《关于颁发土地房产所有证工作的意见》，土地证以户为单位填发，将该户全体成员姓名列入，表明此项土地房产为该户成员所共有。土地面积通过自报公议，重点抽查丈量确定，以60平方丈为一亩计算，中小城镇的房屋为农民原有的，一律不填入土地所有证。1953年9月7日，毕节专署制发《公产及机动田土的管理制度》。1953～1957年，全专区土地证照费15.75万元，公产收入74.1万元。据当时8个县（缺赫章县）统计，机动田常年产量514.93万千克，机动土产量344.18万千克，按20%（织金县16%）收取地租。7个县（缺纳雍、赫章）有公房1569间，水碾395间，油榨坊77间。此期间，公产收入占其他收入的44%。1966年1月10日，省人委通知，取消公田、机动田租的征收。土地交给生产队耕种。

2.宅基地登记发证。1984年下半年起，给个人用地颁发“宅基地使用证”，给经批准的单位建设用地颁发“土地划拨证书”。1986年，清查非农业用地工作结束后，各县结合落实“村镇建房管理条例”，进行颁发国有土地使用证、集体土地使用证试点，地区土管局安排金沙县土管局在岩孔镇试点颁发“宅基地使用证”，工作组与村干部逐户调查、登记和填写宅基地使用证1325个，占应办证数的43.23%。1987年10月，国家土地管理局印发《关于加强地籍管理工作的通知》，11月，省决定各地选择一县作试点。毕节地区在毕节县海子街区迎宾乡迎宾村开展农村地籍调查试点，完成该村241户，1194人，264宗宅基地的调查。1988年，黔西县发放个人宅基地使用证1050个。1990年，开展农民宅基地调查，实行宅基地有偿使用。毕节地区行署要求在法定用地限额内每年每平方米0.05～0.2元，超出限额的原则上依法退出。1992年6月，国务院宣布取消农村土地登记费。1993年年底统计，黔西、毕节、金沙、威宁县完成宅基地登记14.42万宗地，土地3.04万亩，发证3.57万个。至2001年，全地区共颁发集体土地建设用地使用证39.07万本，发证面积6.51万亩。2001年6月8日，毕节地区国土局发出《关于贯彻好清理农村宅基地乱收费情况的紧急通知》，取消宅基地审批中搭车代收的其他费用。

3.城镇国有土地使用权申报。1988年5月，国家土地管理局下发《关于扩大土地登记发证试点和开展城镇国有土地使用权申报工作的通知》规定，城市、县城、建制镇建成区、独立的工矿区及企事业单位均要申报国有土地使用权。申报以县为单位组织进行，县级土管部门承办。1988年10月～1990年9月，毕节地区普遍开展城镇国有土地使用权申报工作。据统计，全地区应申报单位3.43万个，已申报3.08万个；应申报地3.93万宗，已申报3.08万宗；申报面积5.83万亩，其中城镇国有土地申报3.38万宗地，5.27万亩：独立工矿用地申报738宗地，5597.6亩。其他类为：工业用地7060.1亩，仓储用地1785.6亩，交通用地1.68万亩，市政公用设施及绿化用地6104.9亩，公共建筑用地8.19万亩，特殊用地143亩，水域用地5768.7亩。申报后基本未发证。

4.土地登记。1992年，全地区开展土地登记发证工作。是年，毕节县颁发“国有土地使用证”3856个，大方县完成贵州省大方猫场硫磺矿1753亩地籍调查，并颁发“国有土地使用证”。至1993年底，毕节、威宁、大方、纳雍、赫章县共登记1.02万宗地，3.07万亩，发证6795个。1995年，以城镇为重点，采取宗地勘丈、绘制宗地图方式进行土地登记。全地区新登记宗地7219宗，1.75万亩，颁证5706本。至此，全地区已发证数占应发证数的38%。同时，开展村镇地籍调查，全地区共调查7.81万宗、1.58万亩地，颁发“集体土地建设用地使用证”7.81万本。毕节市累计颁发“国有土地使用证”5637本，占应发数的90%左右。1997年，毕节地区行署根据《土地登记规则》，决定在地、县之间试行级次管理，即地属国家机关、企事业单位以及其他依法取得国有土地使用权的跨县市行政区域的单位、企业所发生的土地使用权转让、出租抵押的管理，由地区国土局负责；县市属国家机关、企事业单位和个人由各县市负责管理。是年，地区国土局清理地直单位出租门面，并查验地直单位土地登记和证书。年底，收交门面出租地价款25万元，有52个单位，210宗土地登记通过查验，换发加盖毕节地区行政公署土地登记专用章的土地使用证。2000年，全地区发“国有土地使用证”3917个，累计达3.14万个；发“集体土地使用证”44.2万个，累计发证面积达10.34万亩。共办理土地使用权抵押登记168宗，面积211.9亩；办理土地预登记43宗，130亩；临时用地登记129宗，125.8亩。

5.土地证书查验。1999～2000年4月，毕节地区国土资源部门根据国土资源部《关于开展1999年土地证书年检工作的通知》，在全地区开展土地证书年检工作。全地区共查验土地使用证2万余个，地1.33万宗，1万多亩，其中机关用地50.7亩，事业单位用地2497.5亩，个人用地1656.4亩，军队用地25亩，其他用地1.7亩，各类企业用地5388.8亩。地区国土局获年检工作一等奖。

**城镇地籍调查**　1995年，毕节地区开始城镇地籍调查工作。是年11月，完成大方县城区4.12平方千米，83幅地籍图、5113宗地的地籍调查；1996年12月，完成黔西县城区5.98平方千米，130幅地籍图，7574宗地的调查；1997年12月，完成织金县城区7.34平方千米，91幅地籍图，

6765宗地的调查；1998年3月，完成赫章县城区3.5平方千米，50幅地籍图，1484宗地的调查；1998年12月，完成纳雍县城区5.3平方千米，91幅地籍图，2997宗地的调查；1999年12月，完成威宁县城区6平方千米，117幅地籍图，6000宗地的调查以及金沙县城区7.9平方千米，167幅地籍图，8531宗地的调查。同期，完成纳雍县百兴镇、威宁县金钟镇，黔西县钟山乡、织金县以那镇、赫章县白果镇的地籍调查。2000年12月，完成毕节市海子街、普宜等12个建制镇的地籍调查。共调查50多平方千米，4.4万宗地。调查依据国家土地管理局TD1001—93《城镇地籍调查规程》和建设部CJJ8—85《城市测量规范》进行，按规定提交以下成果：1.工作方案和技术设计书。2.土地登记申请表、地籍调查表。3.控制展点图、控制测量原始记录，平差计算资料、控制点成果表、控制计算手簿。4.地籍勘丈原始记录、界址点成果表。5.1：500地形、地籍铅笔原图和着墨二底图。6. 晒或计算机绘制地籍图、地形图、宗地图。7.地形、地籍图分幅接合表。8.面积量算及原始记录。9.以街坊为单位宗地面积计算手簿及宗地面积汇总表。10.城镇土地分类面积汇总表。11.数字化软盘。12.技术总结。13.检查验收报告。14.工作报告。

**测绘管理** 清代，疆域图件已相当精确。《大定府志》载《大定府属全图》《大定府亲辖地图》《水城厅地图》《平远州地图》《黔西州地图》《威宁州地图》《毕节县地图》各依纸量地为方格制作（即古人分率之法）。1955年，测绘业务主要由农林水利局负责。1956年，协助解放军总参谋部第一、第六大地测量队和第二地形测量队在进行国防大地测量和地形测量。1959年，有毕节地质大队、毕节建工测量队、毕节森工测量队、公路测量队。1964年10月～1965年1月，以专署农田水利局为主，会同有关单位，检查专区内测量标志，2726人参加检查。经查，全专区共有测量标志1213座（三角点861座，水准点352座），全部完好的424座，半破坏和全破坏的789座。查明破坏原因的517座，其中人为破坏的289座，自然破坏的228座。最后确定仍以专署农田水利局为主会同有关单位负责测量标志的检查、保护工作。1965年4月22日，专署印发《关于测绘资料管理工作的通知》，确定专区档案局对归口范围内各单位的测绘资料管理、使用情况负责监督、检查和帮助指导。要求各单位在5月底前，对历年来的测绘资料按类别、地区、比例尺进行清理。1975年8月，毕节地区革命委员会行文确定，领、借军用地图及其他测绘资料，由计委审查办理。军用地图存地区档案馆，其余测绘资料由地区计委保管。1988年，组建毕节地区测绘管理办公室。1988年，行署办公室印发《关于加强测绘管理工作的通知》，要求做好测绘产品的质量监督工作。1989年，全地区办理“测绘许可证”的有：省地矿局测绘大队、地区煤矿勘测设计队、省煤田地勘公司174队、毕节县交通局、织金县规划室、地区水电勘测设计院、地区公路规划勘察设计所、地区规划设计室、地区公路管理局、毕节市规划办、黔西县规划办、纳雍县建设局。是年，大方县开展测标普查，检查44个点，2个完好，1个部分受损，41个全部破坏。是年11月，召开毕节地区第一次测绘管理工作会议，要求各级政府重视和抓好测绘工作。1992年印发《毕节地测绘管理实施办法》，各县建设局配置测绘管理员。是年，完成全地区85幅1：5万地形图现势资料标绘，协助省第一测绘院完成毕节城区16平方千米，1：500地形图测绘工作，接管毕节城区1：500地形图256幅。按照《毕节地区测绘成果保密检查的通知》，省测绘局、地区测管办、地区保密局联合检查织金县建设局等15个局级单位，共领用图纸4845张，现存2896张，缺少1949张。1995年，完成各县市测绘标志普查。1996年重点开展测绘资料清理发放，测绘资料审查认证，“测绘资格证书”单位执法自查自纠。1997年，完成各县市撤区并乡后界线标绘和行政区域挂图更新，进行成果资料清理和供图检查。1994年，根据省发（1994）04号文件精神，由国土局行使测绘管理职能。1997年7月，地区国土局设测绘管理科。至1998年11月，各县市国土局测绘管理业务由地籍管理股负责。1998年8月1～20日，在大方县进行测量标志的普查及委托保护试点。普查一等三角点5个，全遭破坏；二等三角点21个，仅存1点；二等水准点14个，4个破坏。10月27日，接受省国土厅测绘项目管理处检查验收，给予较高评价。1999年，开展全地区“测绘资格证书”持证单位年检工作。经省测绘局审核，新办证的测绘单位有：毕节地区大地有限责任公司、赫章县国土局土地勘测规划站、大方县土地资源开发有限公司、大方县土地勘测规划站、毕节市金土地综合服务公司、大方县水电勘测设计队、纳雍县土地勘测规划站。吊销毕节地区规划设计室、织金县建设局规划设计室、纳雍县建设局三单位的“测绘资格证”。是年，地区举办测绘行业管理基础知识培训班。完成赫章、纳雍县的测标调查和委托保护工作；完成对威宁县6平方千米数字化地籍测图项目的质量监督。2000年11月，地区国土局举办行政执法岗位培训班，培训测绘管理干部和行政执法人员38人。2000～2001年完成毕节市；金沙、织金、威宁、黔西县测量标志调查和委托保护工作。换发2000年版“国家等级测量标志委托保管证”。开展毕节市，大方、金沙、织金、纳雍、赫章县《县挂图和影像图编制工程》。计毕节地区国家Ⅰ、Ⅱ等测量标志：1.水准点。Ⅰ等64个，完好20；Ⅱ等199，完好72。2.三角点。Ⅰ等32，完好6；Ⅱ等121，完好10。92个完好水准点和16个完好三角点，均已办理托管。2001年12月，地区国土局组织编写《毕节地区测绘事业“十五”规划》。

## 第四节　用地管理

### 一　计划管理

**用地总量控制**　1957年前，建设用地报多少批多少。1957年10月，国家计委、国家土地管理制定《建设用地计划管理暂行办法》，规定各项非农业建设用地一律实行指令性计划管理。1988年，计划与统计部门口径统一，改非农业建设用地为建设用地计划，建立建设用地计划执行情况统计季报制度，按省、地、县分级统计，县为基本统计单位。1989年，土地利用开发计划纳入国民经济和社会发展计划，开发耕地作为指令性计划，开发非耕地作为指导性计划，与建设用地计划一起组成土地利用计划，土地开发所需资金由耕地占用税地方留成部分优先安排。1990年，正式实行计划指标的分级管理。各级项目用地计划由该级土管部门编制。把农业建设用地计划从非农业建设用地计划中单列。1997年12月施行新的《建设用地计划管理办法》。建设用地指标实行总量控制，控项目分级管理，未获得用地指标的建设项目，政府不得批准项目用地。毕节地区严格按以上规定和要求开展建设用地计划管理工作。

### 1987～1993年毕节地区建设用地计划表

单位：亩

| 年份 | 总用地 | 其中 | | 国家集体建设用地 | 其中 | | 乡镇集体建设用地 | 其中 | | 农村个人建房用地 | 其中 | | 土地开发利用 | 其中 | | 农业建设用地 |
|---|---|---|---|---|---|---|---|---|---|---|---|---|---|---|---|---|
| | | 耕地 | 非耕地 | | 耕地 | 非耕地 | | 耕地 | 非耕地 | | 耕地 | 非耕地 | | 耕地 | 非耕地 | |
| 1987 | 7500 | 3500 | 4000 | 3000 | 2000 | 1000 | 1500 | 500 | 1000 | 3000 | 1000 | 2000 | | | | |
| 1988 | 6150 | 3050 | 3100 | 2800 | 2000 | 800 | 1250 | 450 | 800 | 2100 | 600 | 1500 | | | | |
| 1989 | 7450 | 3700 | 3750 | 4690 | 2625 | 2065 | 1090 | 460 | 630 | 1670 | 615 | 1055 | 13250 | 4500 | 8750 | |
| 1990 | 3838 | 2118 | 1720 | 1148 | 853 | 295 | 775 | 480 | 295 | 2015 | 885 | 1130 | 10000 | 5430 | 4570 | 20 |
| 1991 | 3683 | | | 1928 | | | 590 | | | 1165 | | | | | | 110 |
| 1992 | 5110 | 2480 | 2630 | 2432 | 1420 | 1012 | 460 | 191 | 269 | 2218 | 869 | 1349 | 7459 | 4440 | 3019 | |
| 1993 | 3350 | 1827 | 1523 | 1080 | 460 | 620 | 560 | 270 | 290 | 1270 | 830 | 440 | 3550 | 1927 | 1623 | 440 |

### 1995～1997年毕节地区建设用地及土地开发计划表

单位：亩

| 年份 | 非农业建设用地 | | | | | | | | | | 农业建设用地 | | 土地开发 | |
|---|---|---|---|---|---|---|---|---|---|---|---|---|---|---|
| | 合计 | 其中耕地 | 国家建设用地 | | | | 乡村集体建设用地 | | 个人建房用地 | | 合计 | 其中耕地 | 合计 | 其中耕地 |
| | | | 合计 | 其中耕地 | 新征用地 | 耕地 | 合计 | 其中耕地 | 合计 | 其中耕地 | | | | |
| 1995 | 2730 | 1605 | 1200 | 750 | 180 | 120 | 375 | 270 | 1155 | 385 | 915 | 495 | 11865 | 3000 |
| 1996 | 2640 | 1290 | 1050 | 675 | 195 | 120 | 345 | 180 | 1245 | 435 | 420 | 270 | 10350 | 2775 |
| 1997 | 2055 | 945 | 675 | 465 | 315 | 270 | 300 | 105 | 1080 | 375 | 510 | 300 | 3750 | 1950 |

**占用与增加计划挂钩**　1998年3月，根据中央指示，从严控制非农业建设用地指标。计划指标由省掌握，不分解下达。按《冻结非农业建设项目占用耕地规定》逐项审查建设项目，计划指标随建设项目走，其他建设项目不得纳入计划。1999年，实施新修订的《土地管理法》及《实施条例》，土地利用计划优先保证农林水利、交通通信、城市基础设施、城乡电网改造、经济适用住房项目和省、地确定的重点城镇建没用地。从1987年起，建设实际占地只为用地计划的26.44%～69.66%。1990年、1991年，国家建设和农村个人建房突破计划指标。1987～1992年，国家建设用地计划指标的15.7%～119%；集体建设用地占15.06%～87.56%；个人建房用地占24.77%～143.99%；农业建设用地占10%～400%；土地开发计划全部完成。1999年，省下达毕节地区农用地转为建设用地计划3835亩，其中耕地2160亩（不含省及省以上项目用地指标），农村个人建房用地3675亩，其中耕地1110亩；其他用地2025亩，其中耕地1050亩；开发

整理耕地计划共5400亩，经审核报批农用地转用2678宗，1270.5亩，其中耕地1.33万亩。全地区开垦荒地2818.5亩，复垦废弃地300.9亩，复垦滩涂1283.4亩，坡改梯增加有效耕地8862.8亩。2000年，省下达农用地转用计划指标6450亩，其中耕地2625亩；其他用地1350亩，其中耕地675亩；开发增加耕地2250亩，整理增加耕地4500亩，合计6750亩。

2008~2011年毕节地区新增建设用地计划及补充耕地计划表

单位：公顷

| 年份 | 新增建设用地 | 农用地 | 耕地 | 补充耕地 |
|---|---|---|---|---|
| 2008 | 462 | 285 | 227 | 560 |
| 2009 | 892 | 568 | 446 | 980 |
| 2010 | 1011 | 670.5 | 504.5 | 1280 |
| 2011 | 896 | 670 | 510 | 2000 |

2006年，国土资源部实施新的《土地利用年度计划管理办法》，对计划年度内新增建设用地量、土地开发整理补充耕地量的具体安排。新增建设用地计划指标。包括新增建设用地总量和新增建设占用农用地及耕地指标。土地开发整理计划指标。包括土地开发补充耕地指标和土地整理复垦补充耕地指标。同时规定，新增建设用地计划指标只下达城镇村（包括独立工矿区）和由省及省以下审批、核准和备案的独立选址建设项目用地。国务院及国家发展和改革等部门审批、核准和备案的独立选址重点建设项目，新增建设用地计划指标不下达地方，在建设项目用地审批时直接核销。

2008年，省下达毕节地区新增建设用地计划462公顷，其中农用地285公顷、耕地227公顷。土地开发补充耕地计划560公顷，其中土地开发320公顷、土地整理复垦240公顷；2009年，省下达毕节地区新增建设用地计划892公顷，其中农用地568公顷、耕地446公顷。土地开发补充耕地计划980公顷，其中土地开发550公顷、土地整理复垦430公顷；2010年，省下达毕节地区新增建设用地计划1011公顷，其中农用地670.5公顷、耕地504.5公顷。补充耕地总任务1280公顷，其中补充耕地义务980公顷、增加补充耕地任务300公顷；2011年，省下达毕节地区新增建设用地计划896公顷，其中农用地670公顷、耕地510公顷。补充耕地总任务2000公顷，其中补充耕地义务1800公顷、增加补充耕地任务200公顷。

## 二　审批管理

1983年前，土地由民政部门管理。之后，由地、县农业部门接管。1986～1988年，地、县土地管理局相继建立，逐步实现建设用地统一管理。

**建设用地管理概况**　20世纪50年代初，基本建设项目不多，征地数量少。土地征用按《国家建设征用土地办法》办理。1958～1960年，各机关单位及铁路建设征用土地5530.5亩。1958

年，人民公社化后，出现土地征而未用，多征少用，早征迟用，补偿不兑现，手指为界，以肥料换取土地等。1962年，专署调查处理地、专机关及所属企、事业部门征用土地使用情况。共有29个单位征用土地271亩，其中征而未用的159.5亩，已退还生产队的129亩，正办理退还的17亩，不退的100亩。退还生产队耕种的土地，产权归征用单位，随要随还。机关占用生产队的荒地，或以肥料给生产队换土地搞机关副食品生产，计89亩。1963年11月，黔西二中因土地纠纷上报行署，行署要求黔西县人委责成占用学校校舍、土地的有关单位限期全部退还，停止在学校范围内基建。1955～1962年9月，织金县征用土地共7366.4亩，其中办理审批手续的6731.8亩，未经审批的634.6亩；已用于基本建设的5963亩，多征少用的405.5亩，征而未用的140亩。1961年前，退还生产队耕种的1141.3亩。转作本单位副食品生产的65.8亩，被其他单位或个人占用的105亩，荒芜闲置的54.5亩。1966年后，受“文化大革命”的冲击，发生任意占用良田好土，先用后报，多征少用，早征晚用，征而不用等问题。1972年1月，毕节地区革委会生产指挥部印发《关于严格报批基本建设征用土地的通知》，要求按省〔1971〕26号文件规定，不占或少占良田好土，施工中合理处理废土，开土造田，做到既搞基建又不减少耕地。

1979年7月，行署印发《关于严格报批基本建设用地的通知》，重申有关政策，明确征用土地申请文件为：1.征用土地申请书。2.经过批准的基建工程初步设计文件。3.平面布置图。尽管如此，乱占滥用土地现象仍屡禁不止。1982年5月12日，国务院公布施行《国家建设征用土地条例》。1982年5月～1987年7月，全地区非农建设用地2万余亩，办理合法审批手续的仅为2164.3亩。1994年1月1日起，启用国家土地管理局统一印制的《建设用地批准书》。3月25日，土地管理部门收取的建设用地批准书工本费、征地管理费纳入预算内管理。1987年1月1日～1997年4月15日，全地区非农业建设用地共7.38万宗、9.42万亩，其中办理审批手续的4.25万宗、3.87万亩。1997年，执行中发（1997）11号文件，从4月15日起，冻结审批非农业建设项目占用耕地1年。此期间，不得受理用地单位和个人非农业建设项目占用耕地的申请。解决城镇中低收入家庭住房困难户住房和安居工程及国家批准的重点建设项目用地，仍按原规定报批。1998年3月，按《关于继续冻结非农业建设项目占用耕地的通知》，自4月15日起至《中华人民共和国土地管理法》颁布实施之前，在全国冻结非农业建设项目占用耕地。是年，共审批建设用地69件，4171.5亩，其中耕地3226.4亩，补办农村个人建房3379件，645亩，其中耕地150亩。完成内昆铁路威宁段8000余亩，贵毕公路8000余亩建设用地的勘量、补偿和安置工作。1999年起，贯彻新修订的《土地管理法》，建设用地的供应从行政划拨为主转到市场配置为主，从按项目供地为主到设定用地条件引导项目用地为主。各级国土部门建立和执行农用地转用制度，征用土地的公告制度，建设用地的跟踪检查和验收制度。12月，地区国土局印发《关于开展建设项目用地预审工作的通知》，建设用地管理工作重点在于实施土地利用总体规划，落实用途管制，加强用地管理，控制用地总量。并规定非农业建设占用耕地实行先补后占，占用耕地的单位必须先补充数量和质量相当的耕地，方可申请用地，力求实现耕地占补平衡。1999～2001年，全地区共审批农地转用76件、2.54万亩，其中批次用地45件，2159.6亩，单独选址项目用地15件、2.14万亩；农村个人建房用地16件，1828.3亩。

**建设用地审批权限**　1953年12月5日，政务院颁布《国家建设征用土地办法》规定，建设用地审批权限为：全国性事业用地，由政务院批准。地方性事业用地，用地5000亩以上或迁移居民300户以上者，由大区行政委员会批准；不足5000亩在1000亩以上或迁移居民不足300户而在50户以上者，由省市人民政府批准；用地不足1000亩，迁移居民不足50户者由县人民政府批准。国防建设工程，分别大小，经中央军委、大军区或省军区核实，移送政务院或地方人民政府批准。1958年后，施行修订后的《国家建设征用土地办法》规定，用地在300亩以下，迁移居民30户以下的向土地所在地的县人民委员会申请核拨。人民公社化后，执行省民政厅意见：用地1000亩以上，迁移居民100户以上者，由省人委批准后征拨；1000亩以下迁移居民100户以下者，由各专署、自治州和贵阳市人委代省人委批准征拨后报省备案；用地300亩以下，迁移居民30户以下者，由县人委批准征拨并抄报省、专署、自治州备案。公社建设需用土地，由公社自行安排，不再办理征地手续，年终报各县民政部门汇总上报。1964年起，执行省人民委员会规定：征用土地10亩以下迁移居民5户以下的，由县人委核报专署审批；用地和迁移居民超过上述规定的，由县人委核报省人委审批。是年6月起，执行省民政厅重申意见，征用土地数量属于专、州审批权限以内，其中涉及征用稻田的，不论数量多少，都必须由专、州严格审查，核实面积，报省人民委员会审批。1971年，按贵州省《关于基本建设征（租）用土地暂行规定》，征用荒地、荒山40亩以内和临时租用土地，由县革委审批；水田10亩，旱地15亩，迁移居民15户以内，荒山、荒地60亩，由各地、州、市审批报省备案；超过上述数字者，由地州市提出意见，报省审批。因工程急需铲毁青苗，一律报省审批。1982～1986年，按国家规定，征用耕地，园地1000亩以上，其他土地1万亩以上，由国务院批准；征用耕地，园地3亩以上，林地、草地10亩以上，其他土地20亩以上，由所在县、市人民政府审查，报省人民政府批准；上述限额以下的，由县、市人民政府批准。1987年，执行《贵州省实施〈中华人民共和国土地管理法〉办法》规定，征拨土地3亩以下，其他土地10亩以下，或者一个建设项目征（拨）耕地和其土地合计10亩以下的，由县级人民政府批准；征拨耕地3～10亩，其他土地10～30亩，或者一个建项目征（拨）土地合计30亩的，由县人民政府审核，报自治州或地区行政公署批准；征拨耕地10～1000亩，其他土地30～2000亩的，逐级审核，报省人民政府批准，征（拨）耕地1000亩以上，其他土地2000亩以上的，报国务院批准。2000年，执行《贵州省土地管理条例》，具体建设项目供地的审批权限为：用地不足15亩的由县人民政府批准，报省人民政府和州、地区行政公署备案；用地15亩以上的，由地、州行政公署批准，报省人民政府备案。具体建设项目使用土地利用总体规划确定的国有未利用土地审批权限为：用地不足60亩的，由县人民政府审批；报地、州备案；60亩以上不足150亩的，由地、州、审批，报省人民政府备案，用地150亩以上的，由省人民政府审批。

## 三　土地补偿

**征地补偿**　1951年2月，省转发《城市郊区土地改革条例》规定，国家为市政建设需要收回农民耕种的国有土地时，应给耕种该土地的农民以适当安置，并对其在该土地上的生产投资及其他损失予以公平合理补偿。1959年，省人民委员会批复威宁县人委关于国家建设征用人民公社土地问题的报告，鉴于人民公社实行三级核算，被征用土地及该土地上所属农作物和附属物补偿费用，原则上归该土地所属核算单位支配。1961年，根据中央十二条、六十条批示精神，各县成立退赔办公室，对已征用的土地，补办补偿手续和安置工作。金沙县共支付补偿款5.32万元，新建房4间，修还房屋37间，拆迁补偿房屋141间，解决127房群众的居住问题。1987～1998年，国家建设用地的补偿基本能依法兑现。1999年1月，国家公布施行“土地管理法”。2001年1月1日施行《贵州省土地管理条例》。各县市依据上述两法的有关规定，制订征地补偿标准上报地区，其中毕节市、黔西县、赫章县的征地补偿费用标准已经行署批准执行。除按规定补偿外，对被征地单位人员进行妥善安置。1989年，毕节县磷肥厂征地57.4亩，安排农转非55人；地区苎麻纺织厂征地210亩，安排农转非592人；毕节头步火电厂征地142亩，安排农转非229人，安排招工指标60个，让符合条件的人员进厂工作。

**征地补偿费用标准**　1987年前，征用土地补偿费由县人民委员会会同用地单位和被征用土地者共同评定，征用一般土地，按最近2～4年的定产量的总值补偿；征用轮歇地，按最近种植的一年的定产量补偿；国营农场、林地、荒山荒坡、市内无收益的空地，不予补偿。1987年后执行《贵州省实施〈中华人民共和国土地管理法〉办法》规定的补偿标准。2001年后，按《贵州省土地管理条例》规定，征用稻田、菜地、鱼塘、藕塘，为该耕地年产值的8～10倍；征用旱地，为该土地年产值的6～8倍；征用其他土地，为征用旱地年产值的3～4倍。用地单位毁坏被征用土地上的农作物，按实际损失协商补偿。1999年1月前实行，生长期补偿定产量的30%～50%；成熟期60%～100%。1999年后，按农作物的定产量100%赔偿。毁坏蔬菜按上年实际产量以国家收购牌价计算，影响一季赔一季，影响一年赔一年。被征用土地上的建筑物、构筑物、树木，由双方协商赔偿；协商不成的，由县人民政府根据实际情况确定。具体标准各县不统一。1965年4月，威宁县规定，拆迁房屋补偿标准，按四周屋檐滴水，以平方尺计算，草房每平方尺补偿25～30元，木质结构瓦房35～45元。坟墓迁移每座补助15～20元。1987年前，每个农业人口的安置补助费为该耕地每亩年产值的2～3倍，每亩耕地的安置补助费不得超过其年产值的10倍。1987年后，每个农业人口的安置补助费为该耕地被征用前每亩年产值的3倍，征用其他土地的安置补助费为征用耕地的一半。2001年后，每个农业人口的安置补助费为该耕地被征用前3年的平均年产值的4～6倍，但不得超过被征用前4年的平均年产值的15倍；征用其他土地的安置补助费为征用耕地的一半；征用未补用地，不给安置补助费。

### 毕节地区行署批准征地补偿费用和补充耕地收费标准表

单位：万元／公顷

| 单位 \ 区位 \ 数目 \ 项目 | | 征地补偿费用标准 | | 补充耕地收费标准 | |
|---|---|---|---|---|---|
| | | 水田 | 旱地 | 水田 | 旱地 |
| 毕节市 | 市区 | 23.63 ~ 28.44 | 21.14 ~ 28.44 | 10.84 ~ 11.19 | 8.7 ~ 10.84 |
| | 镇 | 13.14 ~ 16.93 | 11.39 ~ 14.94 | 7.88 ~ 8.96 | 6.13 ~ 6.97 |
| | 乡 | 9.5 ~ 13.14 | 8.04 ~ 11.39 | 6.58 ~ 7.88 | 5.11 ~ 6.13 |
| 黔西县 | 城区 | 16.5 ~ 39.79 | 13.32 ~ 36.6 | 16 ~ 20 | 12 ~ 16 |
| | 镇 | 10.41 ~ 25.33 | 8.39 ~ –21.87 | 16 ~ 20 | 12 ~ 16 |
| | 乡 | 9.03 ~ 25.8 | 7.32 ~ 21.17 | 16 ~ 20 | 12 ~ 16 |
| 赫章县 | 城区 | 24.79 | 22.46 | 12 | 12 |
| | 镇 | 15.37 | 12 | 13.74 | 12 |
| | 乡 | 14.2 | 10.19 | 12 | 12 |

**重点项目用地补偿**　1.大纳公路贵州段，土地补偿标准：每亩熟地2000元，稻田1600元，旱地、园地900元，林地100元，牧草地40元，各县可在20%幅度内下浮调整；房屋按每平方米20～50元补偿，县以上城区的房屋可提高10%～30%；畜圈、厕所按每平方米3～8元，围墙按每立方米10～30元补偿。

2.黔西东风电站。征地补偿按中等土年产值的4倍，安置补助按中等土年产值的3倍，青苗补偿按用地产值的1年半计算。征地总费用30万元，拨付黔西县政府包干使用。土地管理费按3%提取。

3.贵毕公路。用地补偿每亩稻田3750元，旱地2700元，疏林地450元，荒山20～50元，石旮旯地900元。房屋拆迁补偿按房檐滴水线以内丈量面积每平方米计算，砖混结构150元（不含地基面积，下同），砖木和纯木结构105元，土木结构75元，每亩地基补偿2700元。畜圈、厕所每平方米，砖混结构50元（含地基面积，下同），砖木和纯木结构35元，土木结构25元；茅厕每个，砖混结构50元（含地基），土木结构20元。晒坝每平方米，水泥坝5元，料石坝4元，泥土2元。砖石围墙每立方米15元，土围墙10元。砖瓦窑、烤烟房每个300元（含地基面积）。坟墓搬迁每所、立碑、石圈150元，砌毛石105元，土坟90元，无主坟50元。树木、胸围10～25厘米每株5元，25厘米以上的自行砍除，10公分以下每株移栽费0.5元。已挂果的每株，梨子、苹果30元，桃树、李子10元，未挂果的给移栽费2元。拆迁户宅基地由村统一调剂，免征耕地占用税。对征用承包土地达50%以上的农户，其被征用部分减免农业税和定购粮任务。

4.洪家渡、引子渡、索风营水电站库区。淹没私房以平方米计，砖混结构280元，砖木结构235元，木结构185元，土结构100元；杂房100元。公房砖混结构326元，砖木结构255元，木结构185元，土结构150元；杂房100元。

5.内昆铁路威宁段。总用地8549.2亩，经国务院批准，按每亩4000元补偿费包干。

6.黔北电厂，省人民政府批准，每亩耕地补偿1.6万元，非耕地4000元。

7.纳雍发电厂。省人民政府批准，每亩耕地5500元，非耕地1500元，另收开垦费每亩1833元。

## 第五节　土地规划

**土地综合规划**　1957年2月，省下放农业厅土地利用局土地利用工作队到毕节专区，协助各县进行高级农业生产合作社土地规划、荒地勘测及重点土地丈量。1958年，土地规划结合土壤调查，绘制区、县及全专区土壤分布图、土地利用现状图、土壤改良图，并编写出图幅简要说明书。根据省安排，各县选择5～6个有代表性的农业社作耕地面积丈量试点，结合耕地丈量，对林地、荒地、牧场作重点丈量并推算，求得接近正确的数字。1958～1967年，在土地规划的基础上制定生产规划。提出每人原粮由1956年的312千克提高到1967年的784千克，现金收入增加12倍。1965年4月，西南地区综合考察队到毕节专区考察，至9月，完成《毕节田坝公社不同类型坡地的利用问题》《水城片区林业发展途径与潜力》《水城县农业综合发展方向及“三五”期间的发展水平》《水城片区畜牧业发展潜力与途径》等专题报告。

**农业区划**　1980～1982年，地区及各县先后成立农业区划委员会，采取由点到面，由粗到精，由专业到综合的步骤，开展粗线条农业区划。各专业组在收集历史资料的基础上，完成数、图、文资料的收集、汇总、编制。1984年3月～1986年3月，开展地、县两级的细线条农业区划，两年投入2321人次，共编写《毕节地区农业资源资料汇编》《毕节地区综合农业区划》，以及县级综合农业区划报告15份，农业区划统计表8份，区级综合农业区划27份，地、县各专业区划194份，专题调查报告520份，图件2241幅。区划数据成果有：关于种植业、农经、土地资源、畜牧业、水产业、林业、水资源、水土保持、农村能源、农业气象、农业机械、乡镇企业、烤烟、村镇建设的统计表共14套。图件有：毕节地区农业区划图、地区政区图、地区旅游资源图、土地利用现状图、年平均气温图、≥10℃积温图、年降水量图、农业气候区划图、矿产资源分布图、森林资源、林业区划图、土壤分发图、水能资源分布图、水利现状、区划图、地貌图、主要粮食作物面积结构单产水平图、草场资源、畜牧业区划图、主要灾害性天气分布图、水土流失现状图、人口密度图、民族分布图，主要经济作物分布图、主要畜禽品种分布图、农村经济水平图、种植业区划图、烤烟区划图。地、县综合农业区划和各专业区划，先后获：部3等奖1项；省2等奖1项，3等奖7项；地区1等奖1项，2等奖3项，3等奖15项，4等奖44项。地区级综合农业分区采用方位＋地貌＋主要产品的三级命名法，划为4个综合农业区：1.西部高原高中山畜牧、旱粮、温带水果、坑木林区（西片区），包括威宁县全部，赫章县的5个区镇的60个乡。土地1325.09万亩，其中耕地506.93万亩。年均温10.5℃，≥10℃年积温2500～3000℃，最冷月（1月）均温1.9℃，最热月（7月）均温17.7℃，无霜期209天；年降水

900～950毫米，5～10月占88.19%。年日照1805小时，5～10月占46.5%。发展方向是畜牧业、林业、温带水果，围绕畜牧业调整种植业、发展加工业，建成全省的畜牧业基地、林业基地、温带水果基地、马铃薯基地和绿肥基地。

2.中南部中中旱粮、水保林、畜牧、工矿区（南片区）。包括纳雍县全部，织金县3区镇38个乡。土地540.27万亩，其中耕地267.86亩。平均温13.7℃，≥10℃积温3500～4000℃，最冷的1月均温3.4～3.6℃，最热的7月均温21.5～22.3℃，无霜期265天；年降水量1200～1500毫米，5～10月占81%～89%，年降水日数213～216天，且多大雨暴雨，多洪涝灾，水土流失严重。发展方向是，治理水土流失，恢复生态，还林还草，建设基本农田，增加粮食自给率，再转向林业、畜牧业、采矿加工业，把封闭式农业引向为工矿区服务的商品性农业。

3.中北部中中山粮、豆、烟、漆、畜牧、经济林区（中北片区）。包括毕节、大方县全部，赫章县5区镇的30个乡，黔西县2区镇的5个乡。土地1177.2万亩。其中耕地568.93万亩。年日照1335～1445小时，≥10℃积温3500～4000℃；年降水量1000毫米左右。地形地貌复杂，生产布局多样，为全地区政治、经济、文化中心和交通枢纽。发展方向是：农、林、牧、副、渔和工、商、建设、服务业协调发展。做到粮食自给有余以保证畜牧业持续增长；建立烤烟、生漆、柑橘基地；形成大宗商品优势，形成烟草系列化，畜牧系列化，食品加工系列化。4.东部低中山山源丘陵和油、桐、茶、猪、禽、远郊农业区（东片区）。包括金沙县全部，黔西县11区镇的85个乡，织金县10区镇的64个乡。土地984.33万亩，其中耕地523.9万亩。年均温13.8～15.1℃，≥10℃积温4200～4600℃，年日照1271～1349.9小时；年降水量，南部织金县1444毫米，东部黔西县，金沙县1050毫米。地理位置优越，自然条件好，交通方便，商品经济较发达。发展方向：立足于种植业，扩大种养业，开拓加工业。

**基本农田保护区划定及规划** 1988年，全国开展基本农田保护区划定试点工作。1990年11月～1991年4月，地区土地管理局在织金县进行试点，并经省、地验收，为面上划定提供经验。1995年9月，地区土管局下达各县市基本农田保护面积控制指标。是年，毕节市，黔西、织金、纳雍县开展划定工作；1996年，金沙、大方、赫章县开展划定工作；1997年，威宁县开展划定工作。1998年，完成全地区250乡、镇办事处划定工作，划定基本农田保护区面积1271.47万亩，经地区汇总统计，核实为1257.63万亩，其中一级保护区883.26万亩，二级保护区369.37万亩。全地区共建立基本农田保护标志牌968块，其中永久性156块，县、乡、村共签订保护责任书1.24万份，发送个人保护通知书约100万份。2000年，依据省厅文件，调整全地区县级基本农田保护区划，25度坡耕地尽可能少划入保护区，调整为一般农田，小城镇建设和近期建设的重点项目不划入基本农田保护区。调整划定涉及250个乡镇、办事处，4500个村，划定地块8.25万块，调整划定1253.7万亩，其中一级保区883.26万亩，二级保护区370.44万亩，总面积比调整前减17.58万亩。

**土地利用规划** 1986年，毕节地区根据上级指示，成立土地利用总体规划领导小组，设立规划办公室，开展土地规划编制工作。1991年，完成毕节地区土地利用总体规划纲要。1996年，地、县、乡开展规划。是年为规划基期年，近期年为2000年，规划年代2010年，展望年为

2030年。1996年8月，织金县首先开展县、乡土地利用总体规划的编制。各县也陆续开展编制工作。1998年4月，全地区县级土地利用总体规划通过省、地评审，各县市规划人员转入乡级规划续编。2000年12月，结束250个乡级规划编修调整，一次性通过省、地评审。各县市土地利用总体规划，经省人民政府黔府批复，同意组织实施。毕节市41个乡、大方县大方镇，纳雍县雍熙镇，威宁县草海镇，及黔西、金沙、织金、赫章县的城关镇等48个乡级规划，由省国土资源厅审批，同意组织实施。2001年7月，毕节地区行署批准组织实施其余乡级规划。

**毕节地区土地利用总体规划主要指标表**

单位：亩、%

| 指标/数字/县市 | 补充耕地 | | | 减少耕地 | | | | 耕地保有量 | 基本农田保护 | |
|---|---|---|---|---|---|---|---|---|---|---|
| | 小计 | 整理复垦 | 开发 | 小计 | 建设占地 | 生态退耕 | 灾毁 | | 面积 | 保护率 |
| 毕节 | 25800 | 22695 | 3105 | 45200 | 10000 | 30000 | 5200 | 2175309 | 1707872.3 | 78 |
| 大方 | 19150.8 | 16000 | 3150 | 26200 | 7000 | 18000 | 1200 | 2009263.8 | 1791413.9 | 88.85 |
| 黔西 | 19155 | 19005 | 150 | 24000 | 8000 | 15000 | 1000 | 177750 | 1518795 | 87.16 |
| 金沙 | 17080 | 12706 | 4374 | 17500 | 6500 | 10000 | 1000 | 1393903.5 | 1245706.8 | 89.34 |
| 织金 | 71757 | 45265 | 26492 | 86107 | 7000 | 75107 | 4000 | 1875574.5 | 1497719.1 | 79.43 |
| 纳雍 | 10300 | 10200 | 100 | 18597 | 4517 | 13480 | 600 | 1583476.1 | 1347854.9 | 85.12 |
| 威宁 | 19270 | 19000 | 270 | 44500 | 7500 | 33000 | 4000 | 3253428.2 | 2477173.4 | 75.06 |
| 赫章 | 13500 | 13000 | 500 | 20930 | 4200 | 15680 | 1050 | 1392685.5 | 1128126 | 80.05 |

1997年4月，毕节地区行署决定成立土地利用总体规划领导小组，下设办公室。是年9月，提出部门用地规划提纲，并提交专题研究和规划设计书，拟定专题规划报告提纲。至是年12月，搞好各专题和部门规划，统计有关数据资料，完成综合平衡，土地利用分区和结构调整。经修改和完善相关工作后，报省政府。2010年，调整耕地结构后，减少耕地130.91万亩，其中建设占用5.8万亩、生态退耕116万亩、粮果地转园地1052.3亩、粮林地转林地5.4万亩；增加耕地14.85万亩，其中整理复垦14.75万亩，开发土地1000亩。其他地类结构调整，从1996年的数字调整为2010年的数字：园地从12.55万亩调整为53.9万亩，林地从1515.52万亩增加到155.16万亩，牧草地从130.28万亩上升到273.07万亩，城镇及工矿用地从106.82万亩增加到111.49万亩，交通用地从22.9万亩增到29.08万亩，水域从38.18万亩增加到41.88万亩，未利用地从649.44万亩减为423.53万亩。土地利用分区：1.农业用地区1666.35万亩，占总面积的41.38%，基本农田1265.92万亩，其中一级保护区67万亩，二级保护区595.91万亩；园地区36.62万亩，占总面积的1.33%；2.林业用地区1537.74万亩，占38.19%；牧业用地区259.62万亩，占6.45%；3.城镇建设用地区8.07万亩，占0.2%；4.村镇建设用地区92.23万亩，占2.29%；5.独立工矿用地区7.43万亩，占0.19%；6.自然与人文景观保护区6.49万亩，占0.16%；7.其他用地区395.12万亩，占9.81%。重点建设项

目用地布局：水利水电工程，2010年前安排用地3.69万亩，其中占用耕地1.19万亩，2030年还需用地6.53万亩；交通建设，2010年安排6.17万亩，其中耕地2万亩，2030年还需用1.07万亩，其中耕地2626.5亩；煤炭能源化工建设2010年前安排105378.2亩，其中耕地1.38万亩；旅游资源开发2010年安排用地203.6亩，其中耕地102.5亩。

### 2010年毕节地区耕地控制耕地补充指标分解表

单位：亩

| 指标＼县市 | | 毕节 | 大方 | 黔西 | 金沙 | 织金 | 纳雍 | 威宁 | 赫章 |
|---|---|---|---|---|---|---|---|---|---|
| 耕地减少 | 非农建设 | 10000 | 7000 | 8000 | 6500 | 7000 | 6000 | 7500 | 6000 |
| | 生态退耕 | 197000 | 118000 | 98000 | 65000 | 130000 | 132000 | 216000 | 144000 |
| 耕地增加 | 整理复垦 | 18000 | 16000 | 19000 | 17000 | 18000 | 14000 | 19000 | 13000 |
| | 土地开发 | 100 | 150 | 150 | 100 | 150 | 100 | 150 | 100 |

根据国家土地管理局和省国土厅的有关规定和具体要求，毕节地区土地利用总体规划提交文、图、数成果。按鉴定评审意见作修改补充，1998年9月上报省政府。10月7日，省府批复，同意组织实施。2000年8月，毕节地区国土局获地级总规先进单位，毕节市、纳雍县获县级总规先进集体；全地区有12人获先进个人称号。

按照国土资源部、省国土资源厅部署，2005年毕节地区开始启动全区土地利用总体规划（2006～2020年）编制工作，并成立毕节地区土地利用总体规划（2006～2020年）修编工作领导小组，下设办公室在地区国土资源局，各县成立相应机构，开展土地利用规划编制工作。到2009年1月地级、县级土地利用总体规划大纲编制完毕，并经省土地利用总体规划修编工作领导小组批复。根据《贵州省市县乡土地利用总体规划编制指导意见》要求，在经批复的规划大纲基础上，地、县、乡开展了规划成果的修编完善工作。2009年6月、2010年5月《毕节地区土地利用总体规划（2006～2020年）》成果分别经地区、省规划专家组审查通过，2010年6月上报省人民政府，2010年11月21日《毕节地区土地利用总体规划（2006～2020年）》成果经省人民政府批复。毕节市、大方县、黔西县、金沙县、织金县、纳雍县、威宁县、赫章县等8个县级土地利用总体规划及毕节市41个乡（镇、办事处）和大方县、黔西县、金沙县、织金县、纳雍县、威宁县、赫章县城关镇乡级土地利用总体规划成果于2010年12月上报省人民政府，2011年5月经省人民政府批复，同月，大方县、黔西县、金沙县、织金县、纳雍县、威宁县、赫章县7个县其他乡镇土地利用总体规划成果上报并经地区行署批复。至此，毕节地区地、县（8个）、乡（250个乡镇办事处）三级土地利用总体规划（2006～2020年）已全部审批完毕。

## 毕节地区耕地保有量、基本农田面积指标表

单位：公顷

| 行政区域 | 规划基期年耕地面积 | 耕地保有量 | | | | 基本农田 | |
|---|---|---|---|---|---|---|---|
| | | 义务量指标 | | 任务量指标 | | 基本农田面积指标 | 预留建设占耕指标 |
| | | 规划近期目标年 | 规划目标年 | 规划近期目标年 | 规划目标年 | | |
| 毕节地区 | 990457.80 | 974300.00 | 957800.00 | 975600.00 | 960800.00 | 779700.00 | 7200.00 |
| 毕节市 | 139591.19 | 137400.00 | 132500.00 | 137500.00 | 133100.00 | 103400.00 | 1500.00 |
| 大方县 | 131534.84 | 129400.00 | 119600.00 | 129500.00 | 120200.00 | 104400.00 | 1000.00 |
| 黔西县 | 110277.10 | 108500.00 | 97500.00 | 108600.00 | 98000.00 | 87100.00 | 800.00 |
| 金沙县 | 87899.67 | 86500.00 | 83600.00 | 86500.00 | 84100.00 | 70900.00 | 700.00 |
| 织金县 | 119433.45 | 117500.00 | 100800.00 | 117600.00 | 101300.00 | 81900.00 | 1200.00 |
| 纳雍县 | 99148.69 | 97500.00 | 91500.00 | 97600.00 | 92100.00 | 75700.00 | 1000.00 |
| 威宁县 | 215083.25 | 211400.00 | 237900.00 | 212100.00 | 237200.00 | 182300.00 | 500.00 |
| 赫章县 | 87489.61 | 86100.00 | 94400.00 | 86200.00 | 94800.00 | 74000.00 | 500.00 |

## 毕节地区整理复垦开发补充耕地指标表

单位：公顷

| 行政区域 | 补充耕地义务量 | | 补充耕地任务量 | | 补充耕地缺额 | |
|---|---|---|---|---|---|---|
| | 规划近期目标年 | 规划目标年 | 规划近期目标年 | 规划目标年 | 规划近期目标年 | 规划目标年 |
| 毕节地区 | 4600.00 | 13400.00 | 6100.00 | 16400.00 | 1500.00 | 3000.00 |
| 毕节市 | 900.00 | 2800.00 | 900.00 | 2800.00 | 0.00 | 0.00 |
| 大方县 | 600.00 | 1600.00 | 800.00 | 2100.00 | 200.00 | 500.00 |
| 黔西县 | 600.00 | 1600.00 | 900.00 | 2000.00 | 300.00 | 400.00 |
| 金沙县 | 500.00 | 1500.00 | 700.00 | 1800.00 | 200.00 | 300.00 |
| 织金县 | 600.00 | 1800.00 | 900.00 | 2100.00 | 300.00 | 300.00 |
| 纳雍县 | 500.00 | 1400.00 | 700.00 | 2000.00 | 200.00 | 600.00 |
| 威宁县 | 500.00 | 1500.00 | 600.00 | 2300.00 | 100.00 | 800.00 |
| 赫章县 | 400.00 | 1200.00 | 600.00 | 1300.00 | 200.00 | 100.00 |

# 第六节 土地开发与利用

## 一 农业用地开发利用

**种植业用地** 唐宋开始，经济由牧业逐渐转变为农业。明初傅友德、沐英征南，留驻部队分设卫所，实行屯垦以足食用，同时带来沿河筑坝引水灌溉、制竹筒车提水灌田等较先进的技术。奢香开龙场九驿，通贵州至乌撒卫，使成为沟通云南、四川的交通要道，商品交流增多，先进的文化、技术陆续传入，促进农业发展。明宣德九年（1434），贵州仍是“多刀耕火种，纳粮不多；军卫屯田，储织亦少，官仓所储不支半年”。嘉靖初年，罚犯罪者“责卖家产，合房迁发，使绝顾念”。因而“流民入境，络绎不绝，丰满村落，不下数万”。仅乌撒卫所属野马川就有屯垦汉民万余人。汉族人口逐渐超过少数民族人口。清代实行奖励垦荒政策。本主不能开垦的荒地，地方官招民开垦，给予印照，永为其业；乡绅、民人开垦荒地，给以嘉奖；各级官督垦荒地，有劝惩则例，有功者升级，谎报者治罪。“改土归流”后，地主取代领主，先进的生产关系逐步完善，土地买卖盛行。清朝末年，鸦片流传国内，十之八九的农户种植过鸦片。民国25年（1936），第四行政区专员公署令各县强制开荒，由建设科负责。民国26年（1937），分配大定县垦荒2万亩，次年3月完成6000亩。黔西县政府派建设科技士赴一、三、四区指导，分别完成200、300、500余亩。民国25年（1936）6月～26年（1937）7月财政年度，省核定第四行政区5个县（缺水城）建设经费6456元。专员公署要求各县划土地40亩建立农场以作示范。大定县农场在城区西门内，黔西县农场在城北马王庙后，毕节县在大教场侧（今公园）建农事试验场。民国33年（1944）改名毕节农场，场内增设牛奶场饲养奶牛，在河滨设园林茶座，置亭台、花圃，名治园，供游人观赏。1949年，全专区农业总产值1.77亿元，农业人均产值77元；工业总产值1044万元，只有私人作坊10家，职工172人。

**林、牧业和水利用地** 1.林业用地。民国26年（1937），大定县有林场3处，种植少量漆树；有苗圃6处，60亩，种漆、油桐、茶、杉、核桃、板栗等树苗30余亩；织金县中山林场培植苗木；威宁县有林场30亩，苗圃16亩；黔西县有苗圃40亩，林场60亩。民国34～36年（1945-1947），全区共造林2.72万亩，其中大定县造林6000余亩。专署直接管理的苗圃，民国35年（1946）育苗20万株，民国36年（1947）育苗50万株。从1965年开始，相继建立国营林场4个，次生林改造场1个。1966年8月，金沙县建立石场林场，营林7.6万亩。1972年，在毕节县、赫章县飞播造林75.2万亩，有效面积38.9万亩：次年调查，保存6万多亩。1983年在威宁进行云南松和沙打旺草混合飞播，次年调查，云南松有效面积1.16万亩，沙打旺草2571亩。1985～1990年，多次在威宁县的牛栏江流域飞播云南松100万亩，有效面积73.9万亩、有苗面积38.6万亩。1986年，向联合国粮援计划署申请，将织金县、纳雍县列为“WTP-3356”项目。经该署派员评估，1988年6月2日第26届罗马会议批准立项。工程于12月开工，至1990年3月，已造林17.25万亩，筑梯土6646.5亩，修筑公路39.65千米，种草1140亩，育苗2660亩。1988年起，毕节、大方、赫章县，1990年后有织金、纳雍、黔西县相继列入“长防工程”，至1990年，完成人工植树造林5万亩，封山育林10.9万亩。1988年，国务院批准毕节地区为长江上游水土保持重点防治区。1994年，1995年分别完成并通过第一、二期工程国家验收，共完成3887.68平方千米防治任务，其中坡改梯42.53万亩，水土保持林172.2万亩，经济果木林72.55万亩，封禁治理151.58万亩，农业保土耕作140.29万亩；配套修建蓄水工程348座，引水渠道69.17千米，排水沟500千米，拦河坝28座，沉沙函80个。1996年，全地区国有林场24处，林地152.38万亩。2001年变更调查结果，林地面积1518.8万亩，其中林地556万亩，灌木林地796.46万亩，疏林地24.06万亩，未成林造林地141.3万亩，迹地2742.2亩，苗圃4000.2亩。

2.牧业用地。《贵州通志》记述，元代，朝廷在今毕节地区的亦奚不薛牧马场，是当时全国最大的十三个牧马场之一。当时的牧地都是天然草场。1980年起，大面积开展人工种植和飞播人工种草。1983年，威宁县被列为南方草山建设项目试点。到1985年建成人工草场3.3万亩，草种基地9000亩，草地工程围栏2.78万亩。1983年，在织金县骄子山草地进行飞播种草。1990年，在中心草场种草3093亩，改良草地400亩，指导周边农户种草6802亩。2001年，全地区生态退耕1.8万亩，牧草地达128.56万亩。3.水利用地。2001年统计，全地区中型水库4个，总库容6960立方米；小一型水库41个，总库容1.2万立方米。全地区水库水面3.5万亩、坑塘水面2.49万亩，沟渠4.83万亩，水工建筑物1006.1亩。

## 二　耕地整治开发

**坡改梯和基本农田建设**　自20世纪50年代起，每年都进行坡改梯、瘦改肥、土改田（称三改）。20世纪80年代作为工程正式立项，组织实施。至1990年，全地区累计完成坡改梯70多万亩。以后，上级每年下达任务不少于10万亩。1997年，采用以工代赈方法，实际完成19.42万亩。2001年，全地区完成坡改梯13.12万亩。按4%系数折算，可增加耕地5249.7亩。此期间，农村总结出山、水、田、林、路综合治理措施。20世纪90年代，加快综合农业工程建设。仅1997年，在完成坡改梯任务的同时，配套修建拦山沟72条，总长23.61千米；排洪沟148条，总长83.5千米；河堤166条，总长96.64千米；引水渠51条，总长17.87千米；水窖1167个，3.94万立方米；谷坊132座，1.76万立方米；恢复水毁农田2.66万亩。是年，全地区投入综合农业开发资金2609万元，完成项目34个，其中中低产田改良项目资金12.4万元。

**土地整理恢复**　1.草海恢复工程。1958年，草海水面为45平方千米，蓄水1.4亿立方米。1958年，1972年两次放水造地，草海水面及畜水量大幅减少。1982年，完成第一期恢复工程，蓄水高程2171.1米，水量2700万立方米，水面27.5平方千米。1985年，省人大六届五次会议决定草海为省级综合自然保护区，面积扩大为120平方千米，水面29.82平方千米，水位高程2172.5米。1988年，草海150平方千米范围列为长江上游水土保持治理工程，草海进入保护和开发利用阶段。

2.土地复垦。1988年4～9月，地区土管局组织力量调查土地复垦资源。10月，选择毕节县官屯乡和黔西县沙窝镇为土地开发治理试点。2000年，全地区土地复垦1543.9亩。

耕地开发　1984年，全地区人均土地7.52亩，人均耕地2.99亩；1994年人均土地6.49亩，人均耕地2.51亩。1996年变更调查统计，全地区未利用土地649.44万亩，经测算较易开发的未利用土地为104.04万亩。20世纪90年代末期，对宜耕的部分未利用土地进行适量的开发。2000年，全地区开发耕地4354亩。2001年6006.2亩。

## 三　非农建设用地开发利用

交通用地　民国17年（1928）2月勘测清毕公路，次年动工，民国23年（1934）年底建成通车，全长209千米。民国27年（1938年）3月动工修建。民国31～34年（1942～1945），毕节行政区共修县752.2千米，乡道1164千米。1952年后，采取民办公助的办法，陆续修建毕节至纳雍，大方至织金、毕节至镇雄，织金至安顺、金沙至遵义公路。1979年实现县县、区区和大部分乡镇通公路，总长3322千米。至1988年，新筑成织金至纳雍，水城至镇雄公路的七罩店至木冲沟段，共长678千米。1987年12月动工的大纳公路，长91千米，1993年完工通车。1998年动工的贵毕高等级公路，全长178千米，征用土地共1.19万亩，2001年10月通车。贵昆铁路经威宁县东北角穿过，占地1001.4亩。内昆铁路威宁段，长128千米，占地5202亩。截至2001年底，全区交通用地25.06万亩，其中铁路6203.4亩、公路8.4万亩、农村道路16.04万亩。

独立工矿用地　毕节地区煤炭藏量丰富，开采历史悠长；最早使用电力是民国30年（1941），20世纪50年代，各县陆续建成一批小型水电站和火电厂。90年代，新建2×12万千瓦毕节头步桥火电厂；金沙4×30万千瓦黔北一、二期火电厂，总用地1651.2亩；洪家渡水电站用地11.87万亩；引子渡电站用地8345.5亩；索风营水电站用地4393亩。此后，独立工矿用地逐渐扩大。2001年，毕节卷烟厂占地480亩，毕化有限责任公司占地224亩；地区肉联厂占地332亩。据2001年统计，全地区独立工矿用地达7.16万亩。

城镇建设用地　1949年统计，全地区城镇住房为62.17万平方米。1987年，全地区县城房屋为526.04万平方米；全地区工业企业建筑77.59万平方米，科教文卫建筑44.04万平方米，商业和金融网点建筑47.84万平方米，行政事业单位办公用房45.05万平方米，其他用房3.87万平方米。共修建市镇街道87.8千米，新建和扩建公园9个，林园278.7万平方米。1995年变更调查统计，全地区城市占地5987.9亩，建制镇占地3.08万亩，农村居民住地91.7万亩。2000年统计，全区城市占地7116.3亩，建制镇占地3.34万亩，村庄92.19万亩。

# 第七节　土地执法监察

土地管理法律法规宣传　1.宣传土地管理法。1986年，国家公布实施“土地法”。1987年

12月，省人大常委会通过“实施办法”。毕节地区行署印发布告和资料，发至全地区各地宣传学习。1988年，七届全国人大常委会第五次会议修正“土地管理法”，土地管理部门广泛开展学习，层层举办培训班学习。地区及各县国土局局长、法规科股长参加全省统一考试；地区局全体职工和县级副局长到毕节统一考试；县、乡两级职工到县城统一考试。每年“6·25”土地日，采用设点咨询，散发宣传资料，出动宣传车，写标语，办专栏等形式，宣传新法。同时，加大用地执法的力度，确保“土地管理法”的贯彻落实。

2.国土观念及土地日宣传。（1）国土观念宣传。1988年，结合土地管理法的宣传，广泛开展全民国土观念的宣传。1990年，全地区开展全民国土观念教育宣传活动，召开各种宣传会议394次，5.79万人次参加；出动宣传车163辆次，办专栏48期，1166名宣传人员投入宣传；办培训班33期，2846人接受培训；设咨询点48个，1.44万人次接受咨询；播放图像宣传190次，广播文章21篇，广播243.25小时；制作永久性标语6781幅，一般标语1.21万幅，宣传画90图。1990年5月，毕节地区代表队参加全省土地管理系统国土观念教育知识竞赛，获三等奖。1992年，地区土管局制定《毕节地区土地管理系统法制宣传教育第二个五年计划》，地、县土管局成立“二五”普法领导小组。1996年，地区科协行文要求各县市国土局、教育局、科协组织在中小学中开展土地国情、国策、国法的科普教育。1995年，地区土地管理局、劳动人事局组织全地区土地管理系统公务员知识考试。全地区680名国土系统人员参加全国土地管理知识统考，755名土地管理人员参与土地管理岗位知识考试。（2）“6·25土地日”宣传。1991年5月24日，国务院第83次常务会议决定，每年的6月25日为全国土地日。从是年开始，每年6月25日，国家土地管理行政部门都要确定一个主题开展宣传活动。是年6月24日，地区行署、毕节市人民政府部分领导参加毕节地、县土地管理人员200余人在毕节城区举行集会游行，拥护国务院“土地日”的决定。25日，地、县部分领导和土地管理干部、职工、学生400多人，身佩珍惜土地、依法管地的彩带上街宣传。此期间，全地区共召开专题会议11次，城镇咨询39次，影视宣传146次，宣传车巡回宣传166辆次，制作永久标语3.39万条，印发宣传资料1.19万份，广播宣传1005小时，电视宣传170分钟。1992年“土地日”的宣传主题是土地与发展。全地区作广播宣传120小时，电视宣传4小时，在《毕节报》组织专版2期，出专栏210期，张贴标语5000余条，出动宣传车100余辆次，召开座谈会8次。1993年的宣传主题是土地与经济。1994年的是土地与市场。1995年的是土地与法制。1996年的是土地与发展——保护我们的生命线。1997年是土地与国家——爱护我们的家园，组织3000人参加省万人百题答国法活动。1998年土地日的宣传主题是土地与未来——集约用地造福后代。1999年土地日的宣传主题是依法行政、合理用地。全地区组织报刊宣传专版10版，出专栏28个，悬挂横布标280幅，书写大型标语2300幅，出动宣传车9台，街头咨询16次，散发资料2.87万份，举办毕节地区首届大地杯书法大赛，展出作品130多件，观众3000多人。2000年的宣传主题是保护耕地——为了美好的明天。贵州省确定为依法保护耕地、促进西部大开发。

**开展创建无违法用地、无违法批地、无违法管理活动** 1996年，地区在金沙县开展“三无”（无违法用地、无违法批地、无违法管理）乡镇创建活动。至1999年，金沙全县“三无”乡镇创建活动普及率和合格率分别达到100%和80%。1999年，行署安排金沙、织金、赫章县全部乡镇，其他县市安排10个重点乡镇共82个乡镇开展创建“三无”乡镇活动。2000年，全区233个乡镇开展创建“三无”乡镇活动，占乡镇总数的93%。2001年有244个乡镇开展，占总数的98%。2000～2001年，全地区共验收上报“三无”乡镇174个，71.6%合格。按照省文件规定，各县市国土资源局自查自检创建“三无”乡镇活动开展情况，153个乡镇达标，61%合格。2001年10月，地区国土资源局验收各县市创建“三无”乡镇活动。

**土地监察**　20世纪50年代，土地监察工作由政府或多个部门组织进行。1950年，专署司法科收结土地案15件，房屋案13件，分别占案件总的36.58%、31.31%。1962年11月，遵照国务院的指示，检查征而未用的土地，退还生产队146亩。1963年3月，专署决定各部门用肥料给生产队兑换土地搞家底的，限期归还生产队，连同占用生产队的荒地，共89亩。1965年6月，黔西县人民委员会越权批准县公路养护段征地2.3亩修建道班房，行署办公室行文纠正。1986年，开始清查非农业建设用地。1987年，全地区查处违法占地2855件，当年处理1945件。1988年查处违法占地3283件649.6亩，其中耕地473.8亩。当年处理1556件，393.5亩，退耕9.9亩，拆除建筑4446.4平方米，罚款8.13万元。全面检查本地区的建设项目和各盲目上马的“开发区”用地情况。1991年，全地区查处违法占地案1.21万件，占地1549.1亩，退地复耕307亩。查处越权批地543宗、土地71.6亩。1992年，查处违法用地案3940件，占地681.5亩，其中耕地158.4亩，共收罚款16.38万元。1993年，清理开发区和城镇建设用地，共清理出1992年以来建设项目368项，用地2587.3亩。农村违法占地案件上升，全地区立案638件，195.5亩，其中耕地164.4亩。1995年5月，按照省的统一部署，共清理出违法占地案8153件，占地2317.6亩。至8月，处理6526宗，实行各种经济处罚115.7万元；恢复耕地8亩；收回闲置土地并限期复耕210.1亩，收回土地使用权13.7亩。1996年，全地区土地违法案1288件，占地472.2亩，其中耕地181.8亩。当年查结1172件，申请法院执行67件，收取罚款55.3万元。1997年8月，织金县在以那镇拆除23只违法修建的砖瓦窑。12月，金沙县人民法院强制拆除村民王、尚、曾三人违法占地建的私房，并处以罚款。1999年，查处往年隐瞒案4048件，违法用地627亩，处理3873件，用地609亩；当年新发案944件，上年遗留案57件，查结992件，占地382.5亩。

**清理违法用地**　1.土地清查。主要根据1982年公布实施的《国家建设征用土地条例》和《村镇建房用地管理条例》的规定，检查清理1980年以来非法买卖、租赁土地等活动情况。1985年初，全地区土地清理工作从织金县城关镇开始，12月扩大至全县。1988年3月，全地区检查清理结束，基本查清1982年5月以来各种非农业建设用地。到1987年7月，全地区非农业建设用地2万余亩，其中各种违法占地案6.15万件，占地1.79万亩，占用地总数的89%。违法占地中，国家建设占2646.4亩，乡镇企业4267.4亩，个人建房1万余亩，其他占地935.1亩。按照规定处理4.07万件，占应处理总数的66%。其中，补办手续3.84万件，8251.8亩；实行各种经济制裁210万元；没收房屋330平方米，拆房350栋，恢复耕地154.5亩；党纪、政纪处分10人，追究刑事责任5人。以后，逐步转入正常法规监督。

2.清理干部职工“三违”建房。1988年8月，首先在织金县开展这项工作。主要是清理1987年1月颁布实施《中华人民共和国土地管理法》以来，干部职工违法、违章、违纪占地建私房的行为，重点对象是县级以上领导干部。1989年8月，根据省的部署，毕节地区和各县成立“三违”清理办公室。全地区共成立领导小组544个，抽调清房干部1851人。各级清房机构共收到群众举报信727件，有37人自动拆除“三违”私房805.2平方米，103人退交公房7549平方米。1991年9月，通过省组织验收合格，全地区清理干部职工“三违”占地建房工作结束。1986年以来，全地区干部职工建私房1589人，其中“三违”建房1472人，涉及党员634人；县级干部20人，科（局）级干部175人，一般干部职工1277人。其中少批多用的317人，用地8.5亩；未批擅占275人，24.9亩；非法买卖、转让土地的122人，15.7亩；违反城镇建设规划的180人，4.6亩；越权批地240人，32亩：其他违纪行为16人，2.8亩；过去遗留问题涉及的322人，62.5亩。党纪处分7人，政纪处分5人；拆除“三违”建筑物4244.85平方米，涉及98人，没收“三违”建筑物5075.06平方米，涉及145人；收回土地8.7亩；1229人受罚款处理，金额135.24万元。据7个县统计，共查处各种违法占地案1.74万件，非法用地3217.6亩。是年处理1.2万件，拆除建筑物2.69万平方米，收回土地914.6亩，其中复耕51亩，罚款153458.94元。

3.清理越权批地。1990年，清理1987年以来越权批地。全地区共批地1.12万件、4332.2亩，其中，越权批地227件，327.9亩。根据省府文件，凡越权批地，按规定程序和权限，逐级呈报审批。1991年，清查出越权批地5433件，71.6亩。按规定重新报批。

4.非农业建设用地清查。1997年5月，地委、行署印发《关于对非农业建设用地进行全面清查的通知》，在全地区开展非农业建设项目用地的清查工作。各县参加清查人员在百人以上，威宁县600余人，全地区直接参加清查人员2181人。清查工作从宣传入手，在《毕节报》《毕节晚报》及各县报纸组发专题文章，公告有关政策，发放宣传资料5万余份，悬挂、张贴大小标语8000余条、装宣传车17辆，新闻媒介宣传报道60余次，印发简报37期。清查结果：1991年1月1日～1997年4月14，全地区各类非农业建设用地6.26万宗，4.49万亩，其中，国家建设3177宗，2.79万亩，集体建设3660宗，9537亩，农村居民建房5.58万宗，7430.1亩。用地总数中，耕地3.31万亩，占73.8%。此期间，共发生违法用地3.13万件，1.06万亩，其中国家建设585件，1765.5亩，集体建设123件，5258亩，农村个人建房2.76万件，3493.5亩。全地区共查出闲置土地133宗，774亩，其中乡镇企业用上的89宗，328.5亩。全地区各类工商业小区或城市建设功能小区7个，规划1250.2亩。开发使用740.2亩，经批准使用590亩。出让土地737宗，369.2亩，其中非法出让537宗，125.4亩；应收取出让金4243.739万元，已收4123.739万元。1991年以来，清毕公路沿线两侧用地共3769宗，1210.4亩，其中违法用地110宗，95.7亩。违反《公路管理条例》用地82件，4.5亩，非法交易2件，0.6亩，交易金额0.333万元。全地区清查中处理结案各类违法案3.02万件，占应查处数的96.5%；共拆除违法建筑399件，187.8亩，收回土地使用权47.8亩，收罚款386.5万元，补收土地使用权出让金91.4万元，补办用地手续2.96万件。其中，1997年12月10日，省国土厅对金沙县人民政府用于金沙电厂、326国道金沙东南环线移民安置及安居工程用地368.4亩，罚款36.84万元，依法补办用地手续。1998年4月，地区验收各县清查工作，金沙县、织金县、黔西县达优秀，其他各县合格。5月，织金、金沙、黔西县政府被省评为全省非农业建设用地大清查工作先进单位。2000年9月，清理1997年4月15日后农村居民新建住房占用的宅基地，共查出土地违法案7041件，其中历年隐漏5906件，当年结案6597件，结案率93.7%。2009年9月1日至12月31日，毕节地区开展了为期4个月的土地违法违规行为专项清理工作。各县市区均成立了以政府分管领导为组长，相关部门负责人为成员的领导小组，制定实施方案，明确责任，认真开展清理工作。专项行动期间，全区共清理出违法违规用地615宗，面积2538.668亩（农用地1948.38亩，建设用地76.71亩，未利用地513.578亩）。其中：未批先用462宗，面积1709.2699亩；非法转让81宗，面积54.513亩；少批多占3宗，面积925亩；改变用途30宗，面积170.435亩；非法占用39宗，面积587.86亩。全部查处到位，收缴罚没款168.561475万元。

**打击非法采煤采矿工作**　毕节地区矿业经济发展落后，对矿产资源的开发总体是粗放的。毕节地区煤炭资源分布广，全区250个乡镇（办事处）中，215个有煤炭资源，由于埋藏浅，露头点多面广，监管困难，无证采矿的情况曾经较普遍。毕节地区加强矿业秩序治理整顿特别是打击非法采矿的力度，矿业秩序明显好转。但由于种种原因，非法采矿特别是非法采煤窝点在一些时段、一些区域还时有反弹。据调查，全区多数县市区均有非法采矿活动反弹现象，以威宁、纳雍、赫章、毕节较突出。

2006年，毕节地区行署办下发《关于印发打击非法采煤窝点专项行动工作方案的通知》（毕署办通〔2006〕45号），成立了以地委副书记、行署专员任组长的打击非法采煤窝点专项整治行动领导小组及下设办公室，明确部门联席会议制度。地委“毕委〔2007〕86号”文件进一步明确了个要求各县市党委、政府要加强对打击非法采煤工作的组织领导。2007年，地委办、行署办下发《关于转发地委政法委地区中级人民法院地区检察分院地区公安局地区国土资源局关于加大执法力度依法打击非法采矿行为的实施意见的通知》（毕委办字〔2007〕78号），明确建立打击非法采矿工作协调小组及其办公室，负责日常工作的协调联络与调度。各县市也结合实际，成立了相应的领导和工作机构，加强协调和调度，全面推进工作。

毕署办通〔2006〕45号文件明确有关部门和机关的职责。地委毕委〔2007〕86号文件强调对打击非法采煤工作实行一把手负责制，各县市、各乡镇人民政府、部门主要负责人是打击非法采煤工作的第一责任人，分管领导是具体责任人。行署结合打击非法采矿的经验和做法，于2007年下发《关于转发国土资源等九部门关于进一步遏制非法采矿行为的实施意见的通知》（毕署办通〔2007〕282号），明确了“政府主导、部门联动、社会参与、综合打击”的打非工作格局。提出“以打非法生产源头、打非法经营环节、卡住非法运输渠道”即“打两头卡中间”为打击非法采矿工作的着力点，明确了各级政府对打击非法采矿的主体责任，规定层级责任和部门责任，并提出落实包保责任特别是乡、村级包保责任的具体要求。各部门各司其职，从非法煤炭生产、储存、运输、销售等多个环节入手，开展无证非法储煤场取缔、矿用坑木销售点清理、民用爆炸物品管理、非法务工人员遣散、拉煤车辆路面稽查、用煤企业煤炭溯源调查等专项行动，形成部门联动、综合整治的工作格局。2006~2011年，在各级党委的统一领导和组织下，全区国土资源等有关部门共实施矿山动态巡查9.8万余次，发现并制止非法采矿、私挖滥采行为6.2万余次；供电部门对转供电的20处全部拆除转供电线路，并对转供用户进行了停电处理；林业部门共查处因非法采煤（矿）非法征占用林地案344起、盗伐林木案件101起、滥伐林木案261起、非法运输林木案1975起，涉及破坏林地面积91.63公顷，行政处罚2317人；煤炭部门共关闭非法生产经营企业127处，查缴原煤3163吨，移送司法机关处理案件80件；工商部门对煤炭市场特别是民用煤销售企业进行专项整治，对78户收购销售非法煤矿的储煤场、收购点、转运站下达责令停止违法经营活动通知书，责令20家洗煤厂停止违法经营行为；运管部门共查出非法营运车辆2436例，行政处罚2332例；农机部门开展检查和联合检查共整治参与非法采煤营运拖拉机1974辆次；交警部门对涉嫌非法运输矿产品的机动车坚持“四个一律”（即参与非法运输的无牌机动车，一律依法暂扣；运输非法矿产品的车辆一律滞留，由有关部门对非法矿产品进行没收；对经查证的报废车、拼装车，一律依法强制解体报废；对涉嫌盗抢的机动车，一律移交刑侦部门处理）的原则实施严管重处，共查处各类无牌无证机动车违法案件3600余起，查处涉牌涉证机动车违法2200余起，共查获并协助有关部门没收非法矿产品900吨。劳动、环保等部门结合自身职能开展专项行动。

通过几年来开展非法采矿活动的专项整治和综合打击，非法采矿行为总体得到有效遏制。全区非法采矿事故总体有较大幅度下降。据统计，2006年发生非法采矿事故59起，死亡135人，其中，发生非法采煤窝点事故57起，死亡131人。2007年共发生非法采矿事故19起、死亡38人，与上年同期相比，分别下降了67.8%和71.9%，其中，发生非法采煤窝点事故18起，死亡34人，与上年同期相比，分别下降68.4%和74%。2008年发生非法采矿21起，死亡48人，同比分别上升10.5%和26.3%，其中，发生非法采煤窝点事故19起，死亡43人，与上年同期相比，分别上升5.6%和26.5%。2009年一季度，发生非法采矿1起，死亡9人，同比分别下降50%和持平，其中，发生非法采煤窝点事故1起，死亡9人，同比分别下降50%和持平。2010年、2011年均未发生非法采矿事故亡人事件。

**信访及行政复议** 1.信访工作。1986年前，主要是历史遗留的土地纠纷信访。各级政府及时查处具体问题。随省各级土地管理部门的建立和群众对土地国情、国策的进一步了解，人民来信来访土地问题逐年增多，信访范围扩大。1989年，国土系统实行信访工作季报制度。1992年，全地区土地管理系统接待来信来访1009人次，处理945人次，立案135件，结案57件；1996年接待60人次，307件，处理270件；1997年接待319次（件），处理135件。1999年，省国土厅转发《毕节地区国土局人民来信来访处理制度》。2000年，全地区接待255件（次），处理和答复252件，等待处理的3件，2001年，地区国土局接待来访8件，全部调查处理。2.土地行政复议。1990年12月《行政复议条例》实施后，土地行政复议工作由地、县国土局法规科、股代行。由于土地直接涉及土地权利人的利益，每年都有土地行政复议申请。1991年，地区土地管理局受理复议案27件，经过审理作出复议决定，维持原处理决定20件，要求补证1件，部分变通处理6件。1999年10月1日公布施行《中华人民共和国行政复议法》。10月8日，建立毕节地区国土局行政复议领导小组。当年受理复议案12件，均审理结案。2000年，受理复议申请13件，经过审理，维持原决定8件，变更原处罚3件，撤销原处罚决定2件。2001～2002年，地区国土局受理土地行政复议申请12件，审理结案11件，未结案1件。

# 第六章　质量技术监督

## 第一节　机　构

**行政管理机构**　1964年8月成立毕节地区计量所，隶属毕节地区工商行政管理局，负责各县农村的计量器具的管理和检修。1979年更名为毕节地区计量处，1981年更名为毕节地区计量局，隶属地区科委；1984年更名为毕节地区标准计量管理局，增加标准监督管理等职能。内设人秘科、标准化管理科、计量管理科、在职职工32人。1992年4月更名为毕节地区技术监督局，受省技术监督局的垂直领导；1999年8月更名为贵州省毕节地区技术监督局。内设办公室，计划财务科、人事教育科、法规宣传科、纪检监察室、标准化科、计量科，质量科、特种设备安全监察科、行署政务服务中心质检窗口。下辖毕节市、大方、黔西、金沙、织金、纳雍、威宁、赫章县质监局和直属质量技术稽查分局、质量技术监督检测所、质量技术监督锅炉压力容器检验所，负责辖区标准化、计量、质量和特种设备安全监察监督管理工作和行使执法监督职能。2004年年底，毕节地区质量技术监督局有行政管理人员32人，其中，中共党员28人；事业机构人员38人，其中工程师3人，助理工程师、技术员17人；各县质量技术监督局在职行政编制人员共73人，各县级质量技术监督事业单位从业人员共44人，其中初级职称11人；2011年底，撤地设市时市级质量技术监督行政机关实有人员42人，其中，公务员39人，机关工勤3人；市级质量技术监督事业机构实有42人，其中，管理人员5人，专业技术人员31，工勤人员6人；各县级质量技术监督行政机关实有人员共78人，其中公务员69人，机关工勤人员9人；各县级质量技术监督事业单位从业人员共37人，其中管理人员8人，专业技术人员23，工勤人员6人。

毕节地区质量技术监督局历任班子与成员：罗榕森、路喜源、丁希文、周立民、邓泽亮、李树棠、邓祥荣、曹进举、张兵、杨松、靳传春、黄春银、朱汝康、李林筑、梁斌、李仕奎、邓毅、袁敏、王桂全、王文军。

**地直质量技术监督技术机构**　1.贵州省毕节地区质量监督检验所。1988年8月18日成立，在编职工10人，设有常规化验室，水泥物理强度检验室、家用电器检验室、纤维检验室。1993年更名为毕节地区产品质量监督检验所。开展水泥、化肥、砖、预制板、日光灯、皮鞋、食品质量检验。

2.贵州省毕节地区计量测试所。1988年8月18日成立，在编职工14人，设有天平室、长度室。1992年增设测力室、热工室。开展天平、衡器、压力表、血压计、压力机、万能材料试验机、酸度计、分光光度计、光电比色计、热工（仪器仪表）长度、心脑电图、燃油加油机、酒精计、糖量计、密度计测试。

3.毕节地区质量技术监督检测所。2000年5月31日成立，负责计量仲裁检定、质量监督检验、仲裁检验和委托检验任务，对的计量、质量实施监督；承担化验室人员培训、仪器设备的安装、调试及化验室筹建。开展长度、热工、无线电、力学、化学计量5大项14小项的计量检定工作和化肥、建材、食品调味品、酒类、粮食、皮鞋7大类32个项目的质量检验。2004年收入超80万元。检测检定设备146台，并增开水泥包装袋、煤质分析、生铁分析、农膜的质量检验。进行酸价、过氧化值、铅、砷、食品添加剂的指标检测；新开医用计量、分光光度计、酸度计、水表检定。2001年，编写《质量手册》，2004年修订改版。2006年，投入37万元资金，完成了紫外分光光度计检定项目、血压计、血压表检定、心脑电图仪检定、心脑监护仪检定的建标工作，获得了医用超声诊断仪超声源、医用诊断仪射线辐射源、工作压力表、催化燃烧式甲烷测定器、光干涉式甲烷测定器、可见分光光度计、质量标注商品净含量、体积标注净含量8项计量授权项目。质量上，先后两次通过的质监处、认评处、食安处对法定计量机构的食品检测能力计量认证/审查认可复审、增项认证的考核，完成省局对于法定计量机构的监督检查，使即将到期的老36项和新38项获得重新认证认可，新的12项扩项得到通过，从而认证认可项目达到86项。同年组建了衡器检定室，新增衡器检定人员4名。2008年开展了热工计量中温度计、二次仪表、热电偶、热电阻检定项目；按照《实验室资质评认定评审准则》完成25个单项、1个产品的实验室资质认定评审资料申报工作。2008年9月，“三鹿”奶粉重大安全事件发生后，上级部门对食品检验高度重视，检测所根据省局及地区局的要求，立即启动食品安全应急预案，自筹资金2万余元，购买了三聚氰胺所需的检验设备及药品，保质完成了三聚氰胺全部检测工作。同年，为满足毕节地区建材企业需求，填补检测空白，自筹资金8万余元，购置了低本底多道γ能谱仪用于检测建材产品放射性核素镭、钍、钾等指标。2009年，投入自筹资金36万元新建250平方米活动板房用于行政办公，增加实验室用房4间；自筹资金3万余元在热工、瓦检中心、天平、重金属等检测室内安装空调和排风系统，争取省局下拨6万余元对微生物检测室进行改造，用于改善实验环境。在项目建设上，自筹资金共9.3万元，购置了瘦肉精、锌、三甲胺氮、甜蜜素、过氧化苯甲酰、对羟基苯甲酸酯类、脱氢乙酸、抗氧化剂空气洁净度检测、沙石检测、等径电杆、便携式出租车计价器检定装置等设备，大大提高检验检定能力。同时争取政府技改资金投入124.4万元，采购了高温炉、干燥箱、立式高压灭菌锅、样品拍打器、酸纯化系统、超声波清洗器、生物培养箱、试管加热恒温氮吹仪、数显白度仪、冷冻离心机、旋转蒸发器、高速组织匀浆机、光电比色计、浊度仪、罗维朋测色仪、电子分析天平、紫外可见分光光度计、微波消解系统各1台、超纯水器2台、进口液相色谱仪、高效液相色谱仪、进口气相色谱各1台；采购了眼科光学仪器检定装置、出租汽车计价器检定装置（固定式）、压力表检定装置、血压计检定装置、B超检定装置、测力仪器检定装置、二次仪表检定装置7项设备。同年，质量项目通过实验室资质认定评审，在原有85个产品授权的基础上，新扩项21项（包括建筑用砂、建筑用卵石、碎石、烧结多孔砖、粉煤灰砖、轻集料混凝土小型空心砖、混凝土瓦、有机肥料、元宵、山泉水、酱香型白酒、豆豉、腐竹、茶叶、辣椒粉、液态法白酒、固态法白酒、空气洁净度等），总共获得了106个产品967个参数计量认证/验收评审和65个项目（包括工业锅炉水质、环境、食品等）的65个参数计量认证评审。计量上开展了长、热、力、声、化学、电辐射以及专业计量等七个大项的计量检定，有30个小项的计量检定/校准项目通过省级授权考核。2010年，购买皮卡车一辆。为解决实验用房问题，递交了建设综合实验大楼的立项报告。同年完成十年发展两次跨越目标验收，制定了未来三年发展规划。

4.毕节地区锅炉压力容器检验所。2002年7月1日成立。编制10人。负责锅炉、压力容器、压力管道、电梯、起重机械、厂（场）内机动车辆、客运索道、大型游乐设施等八大类特种设备的监督检验，并出具有效的相关报告和证书。

**县级质量技术监督检测机构**　1956年建立黔西县计量站，1965年3月成立毕节县计量站，1970年10月建立威宁县计量站，1973年9月织金县成立标准计量所，1980年1月成立纳雍县标准计量管理所，1984年3月成立大方县计量检测所，1985年11月成立赫章县标准计量管理所，1989年1月成立金沙县计量测试所。各县计量站（所），其职能含行政管理与技术服务。20世纪80年代末90年代初，各级技术监督部门将行政管理机构和技术保障机构分开。各级技术机构为同级质监局直属事业单位。县级计量测试所与质量监督检测所合并为质量技术监督检测所，隶属县级质量技术监督局。除毕节市不设检测所外，其余各县均设质量技术监督检测所，编制分别在9～14人之间。

## 第二节　计　量

**计量单位制**　公元前五六世纪，中国已出现明确的长度、容量、重量单位及其量制，到公元前一世纪，对长度基本单位尺给予定义：黄钟律管长九寸，累黍横排一百粒的长度。一升的容积为十六又五分之一立方寸：一两（十六分之一斤）为一合（十分之一升）黍的重量。在建立度量衡制的基础上，通过物理理论和数学形式构成计量单位制体系。民国时期，民间使用度量衡器不统一。据《中国度量衡》记载：

大定度：大定公议尺是省公议尺的九五尺，但布店使用的是九八尺或九六尺。九五尺每尺合法定尺1尺零5分；九八尺每尺合法定尺1尺零8分；九六尺每尺合法定尺1尺零6分。量：1升计6碗，合法定升3升6合6勺。1担合600斤左右。衡：有贵秤、街市秤、大定秤。街市秤又叫九九秤，1两合法定秤8钱9分7厘7；大定秤1两合法定秤9钱7分9厘1。101两合贵秤100两，100两合毕节秤101两。毕节度：绸缎店公议尺每尺合法定尺1尺零7分；布行公议尺每尺合法定尺1尺零4分；裁尺每尺合法定尺1尺1寸2分。量：有合、升、斗、石，以4合（又04筒）为1升；1石重360斤，1升合法定升2升4合4勺。衡：有毕节秤、贵秤、九九秤。钱业药店用毕节秤，谷、布丝业用九九秤，普通用贵秤。毕节秤每100两比公估秤大1两5钱，比贵秤大2两，比大定秤大1两，比成都秤大2两。

1959年6月，国务院发布《关于统一计量制度的命令》，9月，毕节专区成立改秤工作委员会及办公室，开展16两改制为10两秤工作。1公斤等于2市斤；1市斤等于10两：1两等于50克。中医处方用药仍沿用两、钱、分。1964年，国家建立统一计量制度，建立健全地县计量管理机构和技术机构，加强计量管理。1977年9月，成立毕节地区改革中医处方用药计量单位领导小组。1978年5月，在地区中医院进行改革试点。1979年1月1日起中医处方用药计量单位一律采用克、毫克、升、毫升、按10两为1斤的市制的1钱等于5克；16两为1斤的旧制的1钱为3克换算尾数不计。1984年，宣传国务院《关于在我国统一实行法定计量单位的命令》及有关措施。1985年，地区行署批转地区标准计量管理局《关于在我区积极推行法定计量单位的报告》，全地区完成计量标准计量单位的改制。1986年，政府机关、人民团体、军队以及各企业、事业单位的公文、统计报表、设计图纸、科研报告、学术论文规范使用国家规定的法定计量单位。1990年，全面完成国家法定计量单位的过渡，毕节地区全面实施中华人民共和国法定计量单位。

**计量标准管理** 1965年，毕节地区计量所建立第一个计量标准即四等砝码。此后，地县检测机构陆续建立最高计量标准，作为量值传递的依据。1979年，按省计量局的安排，毕节地区开展计量标准器检查，完善计量标准项目和全地区量值传递。1980年，根据贵州省经委等单位联合制发的《关于整顿厂矿企业计量工作的意见》，地区计量处组织力量复查地县技术机构检查整顿工作，并将检查整顿工作推广到企业。1985年《中华人民共和国计量法》公布，按照省标准计量管理局的要求，计量行政部门根据本辖区需要，建立社会公用计量标准器具作为统一本辖区量值依据。各级计量行政部门所建立的各项最高等级的社会公用计量标准，由其上级计量行政部门主持考核。考核合格即取得“计量标准考核证书”、属社会公用计量标准的，由主持考核部门审批颁发“社会公用计量标准证书”、方可在开展量值传递。是年，毕节地区标准计量管理局建立的二等公斤组、克组、毫克组标准砝码、标准测力计、标准血压计、标准压力表及百分表、千分表检定装置，经省标准计量管理局考核合格，取得“计量标准证书”和“社会公用计量标准证书”，作为统一本地区量值的依据，在本地区内开展量值传递。1988年，增加热电偶检定装置和心电图机检定装置的社会公用计量标准。至2004年底。毕节地区经上级考核合格建立在政府计量行政部门的社会公用计量标准总计37项，有9项未续标，未开展检定工作。其中毕节地区质量技术监督检测所有：血压计检定装置、标准铂铑—铂热电偶检定装置、竹木直尺检定、直流电流表电压表功率表标准装置、微小力量材料机检定装置、心电图机检定装置、二等活塞压力计标准装置；通过量具检定装置；三等测力计标准装置；二等克组毫克组砝码标准装置，加油机容量检定装置，天平检定装置、医学超声仪超声源检定装置、医用诊断X射线辐射源检定装置，共15项。各县市共21项。大方县有四等大砝码标准装置、加油机容量检定装置；黔西县有四等大砝码标准装置、加油机容量检定装置；金沙县有二等毫克组砝码标准装置、血压计检定装置、四等大砝码标准装置、精密压力表标准装置、加油机容量检定装置；织金县有四等大砝码标准装置、标准血压计（未续标）、加油机容量检定装置；纳雍县有四等大砝码标准装置、血压计检定装置、加油机容量检定装置；威宁县有四等大砝码标准装置、血压计检定装置、加油机容量检定装置、精密压力表标准装置；赫章县有四等大砝码标准装置、加油机容量检定装。此外，毕节地区化肥厂建立压力表检定装置计量标准，毕节卷烟厂建立压力表检定装置和四等标准砝码检定装置计量标准，经考核合格，授权两家企业开展企业内部的量值传递。2005年，地区质量技术监督检测所经考核合格新增了8项社会公用计量标准；各县（市）质量技术监督检测新增4项社会公用计量标准。2006年制定《计量标准考核工作程序》，规范计量标准考核工作。2007年完善全区县级质量技术监督检测所共20项计量标准考核并颁发“计量标准考核证书”及“社会公用计量标准证书”；主持对毕节煤海化工有限公司“精密压力表标准装置”进行考核并颁发“计量标准考核证书”。2009年地区检测所、各县检测所分别增建（复审）的光干涉式甲烷测定器检定装置、催化燃烧式甲烷测定器检定装置及一氧化碳检测报警仪检定装置等24项瓦检类社会公用计量标准并经考核合格。

2010年组织地区检测所及各县检测所26项计量标准复查考核工作。

截至2011年底，全区地、县两级法定计量检定机构及企业共建立了社会公用计量79项，定量包装检测项目3项，可开展49类计量器具的检定/校准工作及长度、质量、容量等项目商品定量包装计量检测工作。其中省质监局主持考核的最高社会公用计量标准31项，地区质监局主持考核的计量标准为48项（地区次级计量标准1项，县级最高计量标准45项，企业最高计量标准2项）。

**计量检定管理**　1.计量检定印证。1957年，根据国家计量局《关于1957年检定印证统一规格和制造问题的通知》，毕节专区计量主管部门制发全专区计量检定机构检定印。1964年，由省计量局统一制发的检定印1年更换1次，已过年度的检定印在次年的2月1日前上交省计量局。1974年，省计量局颁发毕节地区和各县的检定机构代号，并向国家计量行政部门备案。1986年，地区及县计量机构以及授权承担强检计量器具的检定单位，按照国家计量局统一格式印制检定合格标志、检定合格证及注销标志。检定印分为錾印、喷印、钳印和漆封印。1987年，毕节地区标准计量局根据国家计量局《计量检定印、证管理办法》，对全地区企事业单位、个人用于生产经营的在用计量器具实行计量印证管理，视检定情况发放检定证书、检定结果通知书、检定合格证、检定合格印、注销印。计量检定印、证的规格、式样，按国家计量行政部门的规定；使用的代号，按照全国行政区划编排。2005年根据国家质检总局《关于印发新版〈检定　证书〉和〈检定结果通知书〉封面格式式样的通知》要求，全市计量检定机构统一的启用了新版“检定证书”和“检定结果通知书”封面，对出具的证书报告实行统一打印。2006年制定了《毕节地区质量技术监督局计量检定管理制度》，规范辖区计量检定行为。同年制订《关于开展指定计量检定机构强制检定工作计量器具工作实施方案》及《毕节地区质量技术监督局强制检定计量器具管理制度》，并于2006年9月1日率先在毕节市质监局启动开展辖区内强制检定计量器具指定计量检定机构强制检定试点工作。

2.计量检定收费。1961年前，毕节专区计量检定工作收费标准未作统一规定。1961年起，按省计量局规定统一全专区计量器具检定收费。1965年，省计量局规定：凡500千克及其以下的衡器，每台收检定费1.6元，1吨及其以下的衡器，每台收2.6元。1980年，执行《贵州省计量器具检定收费暂行标准》。1988年2月1日起，毕节地区执行《贵州省计量器具检定修理收费管理办法》和《贵州省计量器具检定修理收费标准》，检修收费项目增到547项。1991年，国家技术监督局等部门联合发布《计量收费项目及收费标准》共列计量检定10大类计量器具1230项收费项目，按工本核算收费。2002年，国家计委等部门联合下发调整计量检定收费标准通知，毕节地区考虑到企业，群众的承受能力，下调部分收费标准，作为本地区标准执行。2003年省下达《贵州省物价局、贵州省财政厅关于调整计量检定收费标准的通知》2004年1月1日，毕节地区执行通知规定收费标准。各单位的检定收费均到同级物价部门办理“收费许可证”，使用行政事业性收费票据，亮证收费。2008年1月起，根据《国家发改委、财政部关于计量收费标准及有关问题的通知》要求，严格执行新的计量收费标准。2011年根据《贵州省物价局、贵州省财政厅关于调整部分计量检定收费项目及标准等有关问题的通知》要求对计量检定收费的调整，各检定机构到同级物价部门变更了“收费许可证”，执行新的计量检定收费标准，并对外公示，统一使用财政厅印制的财政票据。

3.计量检定机构考核。1986年起，毕节地区计量测试所开展量值传递的计量标准和各县计量所开展的检定项目，分别经省标准计量局和地区标准计量管理局考核合格，取得“计量标准考核证书”和“社会公用计量标准证书”。1999年1月，按省局安排，地区技术监督局考核各县市法定计量检定机构2003年12月31日，毕节地区质量技术监督检测所通过省质量技术监督局考核，获中华人民共和国法定计量检定机构计量授权证书。2006年辖区7个县级质量技术监督检测所首次通过省局法定计量检定机构考核并取得计量授权证书。2007年对全区法定计量检定机构开展加油机计量检定的能力进行了考核，对辖区内地、县两级8家法定计量检定机构进行了计量监督检查。2008年对全区地、县8家法定计量检定机构开展监督检查，并开展全区压力表检定计量比对工作。2009年组织辖区法定计量检定机构及授权机构检定人员参加JJF1033-2008《计量标准考核规范》宣贯学习，地区检测所参加省质监局组织的压力表检定装置量值比对工作，结果为满意。2010年督促指导辖区计量检定机构对质量体系进行修订完善，改造实验室环境，新通过省质监局扩项授权考核24项计量检定项目。2011年一是对辖区8家法定计量检定机构进行专项监督检查，督促机构对存在的问题进行整改，8家系统内法定计量检定机构顺利通过法定计量检定机构复评审考核获计量授权证书；二是组织4名检定员参加了全省质监系统计量检测比武，分别获得分光光度计项目第1、2名和压力表项目的第2名和第7名好成绩，综合成绩排名全省质监系统第1名；三是各检定机构开展“为民服务创先争优”活动，以计量检定机构服务窗口建设为重点，改进检定机构服务方式，提高服务效率。截至2011年底，辖区共有8家检定机构经省质监局考核合格取得法定计量检定机构资质。

4.计量授权。1989年起，根据国家技术监督局《计量授权管理办法》及单位申请，经考核合格，毕节地区质量技术监督局于2003年9月和2004年12月分别授权：毕节卷烟工作压力表检定和衡器检定（只限移动式杠杆、2吨以下固定式杠杆秤）；毕节地区化肥厂工作压力表检定。2007年制定《毕节地区质量技术监督局计量授权工作程序》，组织复查考核并授权贵州中烟工业公司毕节卷烟厂质量监督检测站在毕节卷烟厂内部开展“非自行指示秤”“工作压力表”两个项目量值传递；授权毕节煤海化工有限公司在企业内部开展“工作压力表”量值传递。2008年对辖区2家计量授权单位开展检定工作进行检查，贵州中烟公司毕节卷烟厂质量监督检测站因不满足颁证条件被地区质监局收回“计量标准考核证书”和“计量授权证书”。2009年授权贵州中烟公司毕节卷烟厂在企业内部开展压力表项目量值传递。

2011年组织对毕节金河化工有限责任公司申请公司内部工作压力表进行专项计量检定授权复审，并向该公司续发了“专项计量授权证书”。截至2011年底，地区质监局共授权2家企业内部开展压力表检定。

工作计量器具管理　1.计量器具制造。清代及民国初期，已有私营手工业中经营度量衡器制造。民国22年（1933），高发祥在毕节珠市街设店制秤。民国28年（1939），张炳权在毕节设店，主要制造戥子、木杆秤和直尺，同时生产1斤、20两、15两、5两、3两、1两、5钱秤砣。所造衡器无统一标准，难免有失公允。1949年后，毕节专区规定国营企业和财经机关使用的计量器具，必须经各县工商科检定。1952年，统一登记全地区计量器具生产单位，其产品由工商行政部门检定核发，违者依法惩处。1956年，毕节县小五金合作社批量生产杆秤，年产约5000把，经县工商科检定合格后，销本专区及云南、四川省。1986年，四川省广安县人张德茂和浙江省永康市人黄汉洪分别向毕节县标准计量管理局申办制造计量器具许可证，所生产杆秤经发证局检定合格后方准其销售。1991年10月，经考核合格，赫章县标准计量管理局同意浙江人胡永清生产杆秤，1995年增至2户。所生产杆秤有10千克、15千克、30千克、50千克、100千克。1996年根据上级淘汰杆秤的规定，各县技术监督局责令停止杆秤生产。自此，毕节地区已无制造计量器具的生产企业。计量器具制造2007年12月29日国家质检总局发《制造、修理计量器具许可监督管理办法》（国质检总局令104号），按新的管理办法开展辖区制造、修理计量器具监管工作。

2.计量器具修理。清代及民国时期，对计量器的修理无统一管理。1949年后，通过工商部门审发执照对修理企业进行管理，但监督不够。1999年2月，国家质量技术监督局制发《制造、修理计量器具许可证监督管理办法》。2003年，四川人赵武提出申请，经毕节地区质量技术监督局考核合格，给予办理“修理计量器具许可证”，准其从事计量器具修理。

3.计量器具销售。清代至民国，毕节地区各县计量器具，多是一些匠人自制自销，1957年后逐步为国营和公私合营商店销售。2003年起，毕节地区按照《贵州省计量监督管理条例》和有关规定，加强对销售电能表、水表、煤气表、衡器、加油机、出租车计价器的管理。凡销售重点管理计量器具的单位或个人须办理售前报验手续，拒不办理报检手续的，依法予以处罚。2004年办理8家重点管理计量器销售企业的报验手续。2005年组织对全区销售重点管理计量器具企业进行监督检查，督促9家衡器厂办理了电子汽车衡的售前报验手续。2007年制定《毕节地区质量技术监督局重点计量器具报验工作程序》，督促6家重点计量器具销售企业办理了售前报验手续。2008年检查27家衡器、水表、电能表、煤气表、加油机及光干涉甲烷测定器销售企业，共抽取水表、电能表、光干涉甲烷测定器等计量器具样品34个送有资质的机构进行检定，其中33个样品为合格，1个样品不合格，对抽样检定不合格的销售单位，按规定进行立案查处。督促3家未履行报验手续的销售企业严格按规定报验。

4.计量器具使用。民国及以前，使用计量器具多为商业、粮食部门和集贸市场。1949年后，扩大到长度、力学、电磁学、物理化学、无线电、时间频率、光学、电离辐射、声学等10大类计量器具及标准物质和专用计量器具，涉及各行各业。1990年后，在工业企业和质检、实验室等技术机构实验室推行计量器具彩色标志管理和ABC管理。彩色标志分为绿、黄、红三种。绿色标志，经验收鉴定标准验证后达到使用量值和功能要求的仪器设备、量具；黄色标志、某一功能或某一指标达不到仪器本身要求，但可限制使用的；红色标志，仪器设备损坏，经检定核准验证技术指标达不到使用要求的，超过检定、校准、验证周期的，怀疑仪器设备有失准问题的，封存备用的。ABC管理。A类计量器具，用于结算、安全防护、环境监测、医疗卫生等方面的强制检定工作计量器具，用于工艺、质量、经营、物运、能源等方面的关键计量器具，凡此类，按国家法规制定周检计划，定其检定，确保其量值准确可靠；B类计量器具，用于生产工艺一般参数的计量器具，用于企业内部物资流转，能源二、三级分配和消费核算的计量器具，用于质量控制一般参数测量及对计量数据有一定准确度要求的计量器具，使用不频繁、专项使用、定点使用的计量器具，按国家规定自行安排周期检定，可视情况适当延长检定周期，在确保其准确度和满足工艺要求的前提下也可以适当增减检定项目。C类计量器具，准确度无严格要求的、一次性使用或实行有效管理的，与配套固定安装指示用的，生活用的，一般测量用计量性能不易改变、低值易耗的，企业自制简单的计量器具，凡此类计量器具可不编周检计划，进行1次性检定或不定期检定，做到随坏随修随检。2009年运用POS机启动了全区具备防作弊功能的262枪加油机的防作弊功能。2010年制定《毕节地区质量技术监督局计量突发事件应急预案》，确保出租车计价器、民用三表等民生计量器具故障引发计量突发事件时，进行有效处置，防止事态蔓延、扩大。截至2011年底，全区共有在用强检计量器具13527台件，其中标准计量器具700台（砝码），用于贸易结算的计量器具2954台，用于安全防护的计量器具8709台，用于医疗卫生的计量器具1164台。

**强制检定** 1978年5月颁发的《中华人民共和国强制检定的工作计量器具明细目录》规定55项111种强检计量器具。是年11月和1990年8月，贵州省公布强制检定的工作计量器具目录；首批23项43种，二批36项60种。1999年1月19日，国家质量技术监督局下发《关于调整〈中华人民共和国强制检定的工作计量器具目录〉的通知》，至此，共有61项118种工作计量器具已列入国家强制检定的目录。2002年起，毕节地区开展计量器具调查，对全地区企事业单位、经营门市、医院、集贸市场强检计量器具登记造册。2004年，建立强检计量器具档案，实行动态管理。

1.商贸计量管理。1959年，国务院颁发《关于统一我国计量制度的命令》。毕节专区即着手改革旧秤制，推行10两秤，对计量器具制造、修理、检定、使用的管理作出明确规定，开展衡器普检普修。1979年8月，毕节地区计量处、地区工商局制发《毕节地区关于加强商业计量管理工作的通知》，对不合格或超检定周期的计量器具不准使用。会同地县工商、商业、轻工、粮食、供销部门，普查、普检、普修城乡商业使用计量器具。1984年，在全地区开展物价计量信得过活动。1987年，省标准计量管理局转发国家物价局等单位联合制发的《关于进一步开展“物价计量信得过”活动的通知》，毕节地区要求企业销售做到明码标价，质价相称，一货一价，一价一签；计量准确，秤平、提满、尺码足够，并设公平秤、公平尺和监督岗。凡领导重视、人员落实、文明经商、明码标价、计量合法、群众好评的企事业单位，自评审报主管部门打分在85分以上的单位，经物价、计量部门审批，由政府授予物价计量信得过称号，并颁发物价计量信得过牌匾。满1年后再评不合格者取消。1989年4月，贵州省人民政府制发《贵州省商贸计量管理办法》，要求1990年底以前完成市制单位向国家法定计量单位过渡。毕节地区标准计量管理局按要求对市场商品计量进行检查。1991年，毕节地区组织人员参加省局举办的有关培训，专项监督检查全地区房地产开发企业计量，同时进行房地产开发并企业计量法律、法规宣传。1994年，毕节地区技术监督局派出计量行政执法人员和管理人员参加省局举办的规范市场计量行为骨干班，学习《计量违法行为处罚细则》和《零售商品称重计量监督规定》，同时进行商贸计量器具强制检定和周期检定工作，对检定合格的计量器具颁发检定证书。是年8～9月，贯彻省局《关于对燃油加油机进行监督抽查的通知》，检查全地区燃油加油机及“以升计价，以升发油”的情况。1995年4月，根据省局《关于部署在公众贸易中限制使用杆秤工作的通知》，毕节地区技术监督局安排淘汰使用杆秤工作，1997年，监督检查全地区用于贸易结算的商用衡器、燃油加油机、售油机、屈光度计，加强“一器一证”管理。从是年起，每年均对市场定量包装商品进行计量监督检查。1998年，地区技术监督局、地区国家税务局联合下发《关于对全区加油站燃油加油机进行计量监督检查的通知》，成立工作领导小组，组织人员分为两组历时25天，检查各县市138家加油站250台加油机。2000年，配合地区国家税务局安装燃油加油机税控装置，开展燃油加油机税控装置签封工作，共鉴定燃油加油机税控装置252台，完成鉴定率100%。2001年，重点进行电能表、水表、煤气表、衡器、加油机和医疗计量仪器的强制检定和监督管理。2002年，在全地区推出“计量合格证”挂牌经营监督管理办法。经检查合格的生产企业和经营企业，地区质检局授予计量合格证，共授牌110家。2003年，3次专项检查集贸市场和加油站，18个集贸市场在用计量器具合格率96.2%，不合格者予以取缔或没收。在全地区集贸商场设置公平秤10台，质量计量咨询服务站2个。检查158家加油站的加油机，合格率99%。对360个定量包装商品抽样201个检验，合格率89.6%。检查47家定量包装商品生产企业和1家药品生产企业，其在用计量器具224台（件），合格率97.3%、定量包装商品223批次，抽样96个，合格率82%。检查全地区眼镜行业人员资格及设备，考评14家眼镜行业。评出甲级1家，乙级4家、丙级1家。同时，安排部署全地区企业计量合格确认工作。向省质检局上报2家企业计量合格确认材料。2004年，检查集贸市场23个，计量器具1967台（件），取缔不合格者243台（件）。检查加油站161家，对3起计量违法案件立案查处。完成1家甲级、2家乙级眼镜店的评审工作，对26家眼镜制配企业督促建立计量管理制度；下达对眼镜制配企业整改通知8份；检查眼镜制配企业122台（件）在用计量器具，抽取27副眼镜送检。指导27家餐饮企业对其菜谱按国家法定计量单位标准，在企业配备3个专（兼）职计量管理人员。开展宣传动员“C”标志企业评价工作，指导2家企业建立计量检测管理体系，帮助3家中小企业开展计量合格确认工作。

2005年，一是检查加油站269个（次），加油机733台（次），加油机枪762支（次），1个加油站的2台加油机因超周期未检定受到立案处理；4个加油站的加油机经检定不合格的被责令停止使用。二是对石油液化气充装量、餐饮业和企业、商场（店）、集贸市场销售的定量包装商品量进行3次计量专项监督检查，检查各类在用计量器具289台（件），没收销毁不合格计量器具15台（件），抽查定量包装140批次，合格率为100%。三是组织对217家餐饮经营单位进行了监督检查，指导27家配备3个专（兼）职计量管理人员。四是检查了197家粮食经营户、63家粮食收购站、76家絮棉制品经营户和12家超市的369台（件）在用计量器具。检查中对经营户使用未经检定的计量器具的行为，责令其停止使用并限期送检，现场查处了超期使用计量器具的粮食批发户3家，同时还检查粮食类定量包装87批次，合格率100%。2006年，一是对66家食品类定量包装商品生产企业的定量包装商品净含量进行专项计量监督检查，抽取样品71批次。抽查的定量包装商品净含量和净含量标注均合格的批次为38个，合格率为53.5%。其中净含量检测71批次，合格46批次，合格率为64.8%；净含量标注检测52批次，合格38批次，合格率为73%。对不合格生产企业进行查处。二是抽查了85家宾馆、饭店、酒吧、咖啡屋等从事餐饮经营活动单位。检查在用计量器具66台（件），检查前有25台（件）未经检定，受检率为62.1%。通过检查，各餐饮业经营者按照餐饮业计量管理的要求，规范了计量行为，对在用计量器具申请了检定，受检率为100%。三是部署了对全区集贸市场在用计量器具的专项监督检查。检查集贸市场26个，检查商场超市24个，对检查的台秤、案秤、度盘秤等在用计量器具634台（件）进行登记备案。受检率仅为58.4%。经检查后，受检率达到91.3%。2007年，一是检查超市49家，集贸市场36个，检查在用计量器具61台（件），抽查定量包装商品共计42批次进行定量包装商品净含量检测。共查处9起超期未检定的计量器具案件及9个批次的定量包装商品净含量不合格案件。检查餐饮经营企业45家，检查在用计量器具29台（件），对1家餐饮经营企业使用未经周期检定计量器具的行为进行查处。二是检查加油站60个，检查加油机229台（共245枪），受检率与检定合格率为100%，检查中未发现破坏加油机铅封、倒换加油机电脑芯片或主板等计量违法行为。三是检查集贸市场（含超市）32个，检查在用台（案）秤232台，公平秤2台，检定合格率为100%。四是检查了汽车衡用户401家，检查在用汽车衡450台，其中用于贸易结算用的在用汽车衡有415台，用于公路计量收费用汽车衡有13台，用于治理超限超载用汽车衡有2台。依法对超检定周期使用的汽车衡的2个企业进行查处。

2008年，举办“关注民生、计量惠民”专项行动启动仪式，拉开在集贸市场、医疗卫生单位、眼镜店、社区（含乡镇）四个领域开展为期两年的专项行动序幕，当年完成“四个走进”的40%以上目标。一是制定了《全区推进商业服务业诚信计量体系建设工作的实施方案》，组织了金银珠宝店、加油站、眼镜制配店、县级以上人民医院及各县（市）质监局分管领导、业务负责人共计92人参加全区《商业服务业诚信计量行为规范》宣贯培训，各县（市）质监局亦对225家经营企业开展宣贯培训工作；二是推进诚信计量体系建设工作开展，与集贸市场、商店、餐饮业、加油站、燃气充装站等重点领域行业的企业签订《诚信计量承诺书》，并在地区局网站上统一公告。全区共签订承诺书263份；三是对相对集中的“自由市场”“马路市场”及集贸市场在用的1055台（件）计量器具全部进行免费检定，减免检定费42705元。集贸市场均按要求完成“四统一”“四落实”工作；四是督促209家医疗机构公示在用医用计量器具，128家医疗机构建立了计量管理制度。五是28家眼镜制配单位在用计量器具台（件）100%经检定合格，《诚信计量承诺书》与计量管理制度均制定上墙并认真执行，由地区质监局统一为全区28家眼镜制配单位颁发了计量器具检定合格确认证书；六是在149个社区乡镇开展计量服务167次，共计免费检定计量器具479台，累计减免检测费用5701元；七是共抽取20家定量包装商品生产企业的样品22个，对不合格的定量包装商品按后处理要求进行查处，检查集贸市场共19个，检查登记计量器具132台（件），公平秤6台（件），检查加油站160家，加油机660枪，对2家加油站计量违法行为进行了查处。

2009年，一是继续深入开展"关注民生、计量惠民"专项行动，增加"公平计量进餐饮"和"准确计量进油站"2项内容开展"六个走进"活动，在辖区10家集贸市场、373家医疗机构、28家眼镜制配单位、51家餐饮经营户、169家加油站及268个社区乡镇6个领域全面行动任务，免费检定计量器具786台件，减免社区乡镇检定费用7731元。并将民用液化石油气充装、销售计量监督纳入"关注民生、计量惠民"专项行动范围。与全区12家民用液化石油气充装站签订了《诚信计量承诺书》，督促各充装站建立了计量管理制度，督促21家液化石油气销售网点明示瓶装液化气的实际重量、价格、投诉电话等内容。并对12家液化石油气充装站及21家销售网点在用的41台计量器具进行备案，检定合格率实现100%；二是检查111家烟叶收购站，检查收购站下设在各收购点的台秤、电子秤等计量器具750台，免费维修42台计量器具，受检率100%。

2010年，一是继续深化民生计量工作，启动为期三年的"推进诚信计量、建设和谐城乡行动"，并组织在医疗卫生机构（城区）、集贸市场、加油站、餐饮业、商店（超市）、眼镜制配场所等与人民生活密切相关的领域开展民生计量专项执法检查，共检查计量器具使用单位247家，检查计量器具1365台件，督促企业对39台超期未检的计量器具申请检定，对1起计量器具违法案件依法进行查处；二是开展农资专项检查，检查了45个批次化肥及11个批次的农药、种子定量包装，检查74家农资销售单位（个体）的在用计量器具53台件，经检查并组织计量检定机构进行现场检定后，受检率从73.6%提高到100%；三是开展定量包装商品专项计量监督检查，抽取18个批次定量包装商品送检，1家抽检不合格企业样品经整改后复检抽样合格。组织开展电能表计量监督检查。根据检查情况，分别向供电部门下达了责令整改通知书，要求供电部门安装电能表及互感器前必须送具备检定资质的计量检定机构进行首次检定合格方可安装使用，并向供电部门电能表检测机构宣传了《计量标准考核办法》及开展计量器具强制检定工作的相关工作要求；三是组织开展汽车衡专项整治，检查在用汽车衡491台，依法对超检定周期使用的13台汽车衡使用单位进行了查处；四是组织开展"民用三表"专项计量监督检查。

2011年，稳步推进诚信计量体系建设，一是与全区204家餐饮店、商店、集贸市场、加油站签订了《诚信计量承诺书》，培训相关人员287人次，完善集贸市场、加油站、餐饮店、商店等领域的1128台在用计量器具明细台账，巩固餐饮业、商店、集贸市场、加油站诚信计量建设成果；二是组织开展了2次民生计量专项计量监督检查，共检查餐饮店、商店、加油站、集贸市场540家（次），检查在用计量器具3034台（次），督促企业送检在用计量器具，确保在用计量器具检定合格率为100%；三是免费检定集贸市场贸易结算用计量器具867台（件），公平秤11台，减免检定费用2万余元。

2.医疗卫生计量管理。1977年，地区及各县检定机构派员参加省计量局举办的血压计计量检定培训，同时添置血压计计量标准、督促医疗卫生部门送检工作计量器具。1985年，毕节地区计量测试所血压计标准经省局考核合格，正式开展血压计检定。1989年，毕节地区标准计量管理局安排全地区医疗卫生系统计量器具强制检定工作。1998年，根据省卫生厅、省技术监督局通知，检定医疗单位使用的强制检定计量器具，同时推进计量器具逐步使用法定计量单位，完成血压计量用千帕（kPa）废除毫米汞柱（mmHg）；药液、血液用升（L）、毫升（mL），废止西西（cc）；化验配液用摩尔／升（mol／L），废止克当量。1999年，首次将“医用三源”纳入强制检定计量器具的监督范围，对医用诊断X辐射源、医用超声源、可见光分光光度计、酸度计进行周期检定。毕节市、金沙、纳雍、威宁县质监局先后建立血压计检定装置计量标准并开展周期检定。对医疗卫生部门的血站和疾病控制预防中心的在用计量器具进行周期检定。2003年，毕节地区质量技术监督局在做好法律法规宣传的同时，在职责范围内做好医用计量器具的登记与强制检定工作。2005年，对全区22家眼镜店强检计量器具共计64台（件）进行了检查，对其中2台（件）不合格的计量器具依法进行了处理。2006年，检查眼镜经营企业29家，检查眼镜经营企业在用强检计量器具129台（件），经检查所有眼镜经营企业的强检计量器具受检率为100%。2008年，检查地、县两级医疗、计生机构、乡镇卫生院（计生站）及私人医院（诊所）等医疗单位208家，检查眼镜制配单位27家。检查医用计量器具1012台（件），对未经检定的医用计量器具下达《指定书》。2007年，检查眼镜制配经营企业25家，100台（件）计量器具均申请强制检定并在有效期内使用。督促眼镜制配企业建立了相应的计量管理制度。同年检查地、县两级医疗机构及乡镇卫生院（计生站）及私人医院（诊所）228家，检查医用计量器具1057台（件），其中B超机326台、X光机102台、心脑电图机（监护仪）89台、CT机10台、血压计（表）524块。在用医用计量器具器具总体检定率为34.2%，对所有医用计量器具进行登记备案，实行动态管理。

2009年，开展防控甲型H1N1流感疫情物资计量保障工作，组织对医疗机构在用体温计、医用辐射源（X射线诊断仪等）、医用超声源（B超机等）、心脑电图仪及血压计（表）等医用计量器具开展专项计量检查，制定了本单位《预防甲型H1N1流感疫情技术保障工作方案》，对涉及疫情防控的医用计量器具，开通“绿色通道”，优先安排检定。

3.安全防护和环境监测计量管理。1985年前，多次发生压力表、温度计、瓦斯仪失准造成锅炉爆炸和煤矿安全事故。是年，经省考核合格，毕节地区建立工作压力表检定项目。1987年5月，国家制定《中华人民共和国强制检定的工作计量器具明细目录》。1999年1月，国家调整《目录》。《目录》共载主要用于安全防护和环境监测的计量器具有25项46种，分别占总数的45%和41%。1994年，金沙、威宁县计量所建立工作压力表检定项目，开展用于锅炉和压力容器的压力仪表检定。2004年，地区和黔西、金沙、织金、纳雍县质量技术监督检测所建立用于煤矿瓦斯气体浓度测试的光干涉式甲烷测定器检定装置，地区检测所还建催化燃烧式甲烷报警器检定装置。强制检定用于煤矿瓦斯气体监控的瓦斯计与报警器。2003年、2004年，分别授权毕节卷烟厂和毕化有限公司建立压力表检定标准装置，在厂内开展量值传递。2005年组织对辖区内452家煤矿企业使用的瓦斯计、风压表、粉尘测量仪等煤矿安全监测计量器具开展监督检查，并组织了304家煤矿企业召开全区煤矿安全监测计量器具管理法律法规宣贯会议。2008年对全区煤矿企业开展了2次拉网式排查，共检查在产煤矿341个，煤矿用安全监测计量器具共10076（件），督促煤矿企业将在用强检计量器具按要求备案，同时实行煤矿安全监测计量器具动态监管月报，对辖区煤矿安全监测计量器具进行动态管监管。2009年，一是开展呼出气体酒精含量探测器、雷达测速仪等公路交通安全监测计量器具检查工作，确保全区在用的9台雷达测速仪及5台酒精气体呼出测定仪均在检定周期内使用；二是对8家安检机构及综合性能检测站的9条检测线进行检查，共检查相关计量器具108台，检查前受检率为98.1%，检查后检定合格率实现100%；三是检查煤矿安全监测计量器具10089台（件），检查后检定率由75.8%提高到83.6%。2010年制订了《煤矿安全计量监督管理工作制度》，建立辖区煤矿安全监测计量器具动态管理档案。自行研发了煤矿安全监测计量器具监管软件，建立“毕节地区煤矿安全监测计量器具管理系统电子监管平台”，对辖区瓦斯类计量器具赋予唯一性编号，并可在互联网上远程登录备案登记与查询，实现监管部门对辖区煤矿安全监测计量器具受检状态的网络化动态监管。2011年检查在产煤矿企业249家，检查煤矿安全监测计量器具3787台（件），有3314台煤矿安全监测计量器具经检定合格并在有效期内，受检率为87.5%。

**能源计量管理**　2007年，制定《毕节地区能源计量工作实施意见》，在黔西县水泥建材厂、贵州渝贵水泥有限公司、纳雍发电厂、赫章县聚诚锌业有限公司等20余家耗能企业现场开展了能源计量工作的宣传、咨询服务，对列入毕节地区重点耗能企业的30家企业及所有年耗1万吨标准煤以上的耗能企业开展监督检查，建立30家重点用能单位能源计量管理档案。同年举办全区能源计量工作会暨GB17167-2006《用能单位能源计量器具配备和管理通则》标准宣贯会，列入“地区30家重点耗能企业”分管节能减排工作的领导及管理人员共计70余人参加了会议。2008年，一是建立与重点耗能企业的联系机制与岗位责任制，成立地区质监系统能源计量工作领导小组，下设办公室，统一领导和协调开展全区能源计量工作与各县（市）质监局签订《节能目标责任书》；二是与辖区内5家全省重点耗能企业签订《毕节地区共同推进节能降耗能源计量工作责任书》，各县（市）质监局亦与30家全区重点耗能企业签订《共同推进节能降耗能源计量工作责任书》；三是会同地区经贸局、地区统计局召开全区节能降耗暨能源计量工作会议，宣贯《中华人民共和国节约能源法》，并举办一期能源计量基础知识培训讲座；四是成立“毕节地区质量技术监督系统能源计量工作服务队”，建立企业对口联系机制，开展对重点耗能企业的计量调研帮扶工作并深入企业指导企业开展能源计量工作；五是建立30份全区重点耗能企业能源计量信息档案；六是出动执法人员95人次开展能效标志专项执法检查，共检查相关销售企业45家，对7起违反能效标志管理规定的违法行为进行了立案调查，涉案货值30.4万元。2009年，一是继续与辖区内5家省重点监控耗能企业签订《共同推进节能降耗能源计量工作责任书》，各县（市）质监局继续与其他22家综合能耗5000吨标煤以上用能单位签订《共同推进节能降耗能源计量工作责任书》；二是对27家年综合耗能5000吨标煤以上用能单位进行专项执法检查及《责任书》落实情况的检查验收工作；三是对49家销售《中华人民共和国实行能源效率标志的产品目录》中产品的家电超市、专卖店等经销企业进行检查，未发现违法行为；四是开展过度包装专项治理工作，向辖区49家食品、化妆品生产企业（含作坊）及社会广泛宣传宣传GB19888-2005《月饼》标准中对过度包装的相关规定及GB23350-2009《限制商品过度包装食品和化妆品》国家标准，对辖区47家月饼生产企业及作坊的商品包装开展专项计量监督检查，未发现生产领域存在过度包装的行为。2010年，一是继续与辖区内6家省重点监控耗能企业签订《共同推进节能降耗能源计量工作责任书》，各县（市）质监局亦与全区年综合能耗5000吨标煤以上的25家用能单位签订《共同推进节能降耗能源计量工作责任书》；二是对31家企业开展能源计量专项检查；三是组织70余家定量包装商品生产企业及检测机构的检测人员共计80余人举办了定量包装及限制过度包装商（产）品计量管理规定宣贯培训会，四是在生产领域、流通领域抽取粽子、茶叶、月饼、红酒、白酒等49个批次样品进行监督检查，未发现商品过度包装的现象。2011年，一是继续与辖区内8家省重点监控耗能企业签订《共同推进节能降耗能源计量工作责任书》，各县（市）质监局亦与全区年综合能耗1万吨标煤以上的19家用能单位签订《共同推进节能降耗能源计量工作责任书》，加强能源计量法律法规宣贯；二是对27家企业开展能源计量监督评分检查；三是抽取辖区生产、销售领域的27批次产（商）品进行商品过度包装检查，对5批次商品包装空隙率不合格的行为进行查处；四是开展能效标志专项监督检查，检查市场销售平板电视、微波炉、自镇流荧光灯（节能灯）、电冰箱、空调、洗衣机的销售企业61家，检查产品237批次，检查中未发现违法行为。

## 第三节　标准化

### 一　工业标准化

**工业企业标准备案**　1984年4月4日，省标准计量局制发《关于贵州省地方、企业标准的计划调整、清理、备案工作若干规定》，规定企业标准备案按企业隶属关系向所属的企业主管部门备案，取得备案签章后再报同级标准化主管部门备案并编发备案号。需报送标准文本、备案申请表、标准编制说明、标准验证报告、审查纪要、标准发布通告、对标准内容征求意见汇总情况资料。1990年，开始企业标准备案工作，黔西、大方、毕节县的4个企业的5个企业标准按照程序备案，并对其标准实施监督检查。1991年、1992年，为20多家企业提供标准化咨询。1993年6月7日，毕节地区技术监督局制发《关于对备案的企业标准进行复审的通知》，复查1992年12月31日前备案的企业标准，由企业确认该标准是否保留、修订或废止，经省技术监督局复核后印发“企业标准备案证”。1996年，国家重新规定企业标准备案程序。贵州省技术监督局制发《关于加强企业标准备案和企业产品执行标准统计季报工作的通知》，要求各地、县技术监督局审查备案的产品。2001年3月14日，省质量技术监督局下发《关于改革企业产品执行标准登记（备案）加强标准化信息统计工作的通知》，明确全省企业产品执行标准登记备案管辖程序。至2002年，毕节地区共备案企业标准15个，累计65个。2003年，省局通知，原各地质量技术监督局使用的标准备案章增加“标准有效期：×年×月——×年×月”一栏。2003年，毕节地区共备案企业标准26个。2005年，地区局下发《关于进一步做好企业标准备案工作的通知》，全区无企业标准备案。

2006年，毕节地区质量技术监督局一是制订《地方标准制、修订工作规定》《企业产品执行标准备案（登记）工作规定》《预包装食品标签备案工作规定》等7个制度，对标准制（修）订、标准备案（登记）、食品标签备案、条（代）码办理等业务工作进行规范，克服工作中的随意性，使各项标准化业务工作有条不紊开展，提高了工作效率；二是启动了标准文本资料库的建设工作，为检测检验、行政执法、监督管理及全区生产企业提供有力的标准信息支撑。目前，共收集国家标准（文本）266个，行业标准（文本）403个；三是根据市场需求变化，指导帮助地区振兴机械厂完成《ZX150T型变形拖拉机》《ZX150T-4型变型拖拉机》两个产品标准的修订工作，标准已通过专家组评审并送管理部门备案；四是开展企业产品执行标准复审清理、食品企业摸底调查工作，进一步完善了食品企业标准信息档案，建立毕节地区食品企业标准信息数据库。该数据库包含了181家企业的260个产品信息。为食品企业的动态监管工作提供了有效依据；五是对辖区内130家食品生产企业所使用的179个食品标签是否符合《预包装食品标签通则》（GB7718-2004）标准要求进行监督检查，确认153个（涉及105家企业），帮助25家企业修订食品标签26个，新标签的备案工作完成；六是全年共登记企业产品标准77个，备案企业标准28个、备案食品标签104个。

2007年，一是组织开展辖区GB18382-2001《肥料标志内容和要求》、GB15063-2001《复混肥料》执行情况的监督检查工作，共检查肥料生产企业14家，经销企业36家，对5家经销商销售的肥料进行抽样送检，合格率为100%，经监督检查，1家企业生产的过磷酸钙未执行GB20413-2006国家强制性标准，包装袋上标注的标准为HG2740-95，不符合相关要求，当地质监局责令企业整改。其他被检查企业均符合GB18382《肥料标志内容和要求》、GB15063《复混肥料》的相关要求；二是标准备案登记，全区共备案企业产品标准7个。

2008年，一是做好标准清理的审核完善提高工作。地区质监局下发《关于上报标准化发展规划的通知》（毕地质技监标函〔2008〕14号）、《关于做好产品执行标准情况调查清理自查工作的通知》（毕地质技监标函〔2008〕15号）等文件，要求各县（市）局在摸清毕节地区标准化工作的前提下，根据调查摸底工作中存在的问题拟定整改方案，并写出整改完成情况；根据各县（市）实际，进一步做好2008年-2010年标准化发展规划、2008年产品执行标准调查清理自查工作及产品执行标准调查清理工作总结。切实把此项工作做好做扎实，全面摸清全区标准化工作情况。截至2008年11月，我区现有企业338家，产品总数101个，产品标准总数108个，其中：国家标准61个、行业标准15个、地方标准12个、企业标准20个。企业标准中，食品标准17个、工业标准3个。20个企业标准均为复审有效标准，且标准评审相关资料齐全。二是做好五类产品专项整治标准清理工作。地区质监局下发《转发关于对〈关于开展全省产品执行标准情况调查清理的通知〉的补充通知》就家具、玩具、服装、油漆涂料、仿真饰品五类第一批专项整治产品企业标准复审工作作具体安排。经过各县（市）局的认真摸底调查，我区共有家具、沙发生产加工户33家，服装生产企业1家。以上单位执行的标准均为现行标准。三是调查乳制品企业标准备案情况。对乳制品生产企业执行标准进行有效监管，切实摸清全区乳制品生产企业2家，生产乳制品产品数3个，执行标准数3个。3个标准均为国家现行标准。

2009年，一是开展对辖区市场化肥产品执行企业标准情况调查。通过调查，在毕节行政区域内销售的执行企业标准的肥料产品共3种，均属其他地区化肥生产企业生产的产品；二是地区质监局下发《关于开展2009年备案企业产品标准清整复审工作的通知》（毕地质技监标函〔2009〕5号）文件，决定在全区组织开展备案企业产品标准情况的调查清理工作。通过清理，全区现有企业338家，产品总数101个，产品标准总数108个，其中：国家标准61个、行业标准15个、地方标准12个、企业标准20个。企业标准中，食品标准17个、工业标准3个。20个企业标准均为复审有效标准，且标准评审相关资料齐全。三是实施《中华人民共和国食品安全法》，依法对食品安全标准管理职能作了调整。根据《食品安全法》及卫生部、农业部、质检总局等七个部（局）联合行文《关于贯彻实施〈食品安全法〉有关问题的通知》（卫监督发〔2009〕52号）文件精神，地区质监局下发《关于转发省局〈关于做好当前食品安全企业标准有关工作的通知〉的通知》，要求自2009年6月1日起不再对食品生产企业的食品安全企业标准进行备案。

2010年，地区质监局下发《关于进一步做好企业标准备案工作的通知》（毕地质技监标函〔2010〕2号）文件，全区企业标准备案5个，累计企业标准备案27个。

2011年，一是围绕省委、省政府工业强省和城镇化带动战略，结合我市经济社会发展，组织开展以烧结普通砖、混凝土普通砖和茶叶生产企业为重点的产品标准执行情况调查，全市共调查企业120家，其中，茶叶生产企业17家，烧结普通砖、混凝土普通砖生产企业103家，各企业组织生产的标准为国家标准、行业标准、地方标准。二是组织开展对2010年12月31日以前批准发布的地方标准进行清理，全区共清理农业标准化标准体系8个。三是组织征集2011～2015年贵州省推进标准化计划项目4个；四是全年无企业标准备案。

### 2001～2004年毕节地区企业标准备案统计表

单位：个

| 年份＼单位 | 地区局 | 毕节市 | 大方县 | 黔西县 | 金沙县 | 织金县 | 纳雍县 | 威宁县 | 赫章县 | 合计 |
|---|---|---|---|---|---|---|---|---|---|---|
| 2001 | 21 | | 5 | 2 | 22 | | | | | 50 |
| 2002 | 22 | 4 | 7 | 1 | 28 | 1 | 1 | | | 64 |
| 2003 | 23 | 9 | 7 | 4 | 30 | 6 | 2 | 2 | 8 | 91 |
| 2004 | 23 | 24 | 9 | 6 | 43 | 8 | 2 | 2 | 17 | 134 |

2005~2011年毕节市企业标准备案统计比表

单位：个

| 单位<br>年份 | 市局 | 七星关区 | 大方县 | 黔西县 | 金沙县 | 织金县 | 纳雍县 | 威宁县 | 赫章县 | 合计 |
|---|---|---|---|---|---|---|---|---|---|---|
| 2005 | / | / | / | / | / | / | / | / | / | / |
| 2006 | 5 | 6 | 3 | 3 | 6 | 2 | 1 | 1 | 1 | 28 |
| 2007 | / | 7 | / | / | / | / | / | / | / | 7 |
| 2008 | / | / | / | / | / | / | / | / | / | / |
| 2009 | / | / | / | / | / | / | / | / | / | / |
| 2010 | / | / | / | 5 | / | / | / | / | / | 5 |
| 2011 | / | / | / | / | / | / | / | / | / | / |

**企业标准化整顿验收**　从1982年起，毕节地区确定重点整顿企业31个，其中地直企业4个，各县企业27个。地区计量局派员参加4个地直企业的整顿。1983年，地区计量局提出整顿企业标准化工作验收具体要求，经行署批准在全地区实施。1984年，毕节地区标准计量管理局制发《毕节地区企业标准化工作验收细则》，到1985年底，全地区共有63家工业企业通过标准化整顿验收。

**企业标准宣传**　1981年，毕节地区开始宣传企业标准化。是年，组织各县及地直有关部门、厂矿的技术人员10多人，举办为期10天的训练班，贯彻《形状位置公差》和《公差与配合》国家标准。1981年、1982年，毕节地区计量局配合地区工商局举办两期国家服装标准培训班，各县服装厂的负责人、裁工、做工、检验员36人接受培训。全地区服装生产全按国家标准。纳雍服装厂生产的服装参加全省、全国评比，获全省第一和全国第八名。1984年7月，配合地区烟草局宣传《贵州省烤烟烘烤技术标准》，培训技术干部200多名，并在毕节、威宁进行标准验证。1987年，在全地区20个水泥生产企业宣传贯彻水泥质量配套标准，在白酒生产企业宣传贯彻酒类各级标准。1988年，召开全地区GB7718-1988《食品标签通用标准》宣传贯彻会议。1989年，宣传贯彻《标准化法》，同时宣传烤烟、水泥国家标准、磷肥行业标准、食品标签通用标准。1990年，宣传贯彻《国家机关公文格式》，全地区172人参加学习。1991年，举办第22届世界标准月纪念活动、地直各办委局和企业60多人参加座谈会。围绕劳动安全标准化，宣传《标准化法》和劳动安全标准化知识。1992年，宣传贯彻《食品标签通用》《烤烟标准》《三相异步电机经济运行》《电能设备的监测》《质量管理和质量保证》1993年，举办两期GB/T9000《质量管理和质量保证》宣传培训会议，培训100多人。1995年，召开《食品标签通用标准》及《查处食品标签违法行为规定》宣传会，培训企业人员25人。1996年10月，召开全地区《企业标准化工作指南》宣传贯彻会议。1997年，召开全地区水泥包装袋、化妆品标签、插头插座国家标准宣传贯彻会议。1998年，召开全地区白酒、混凝土用钢筋、热轧再生钢筋、家具等国家标准、行业标准及食品标签通用标准宣传贯彻会议。1999年，两次召开全地区啤酒瓶标准宣传会议。2002年，召开全地区《水泥包装袋》《肥料包装标志》《室内装饰材料有害物质限量》宣传会，培训相关人员100余人；召开全地区“采标”标准宣传会，培训37人。2003年，召开全地区防治“非典”产品标准宣传会，全地区20余人接受培训。2004年，召开全地区《预包装食品标签通则》《特殊膳食用食品标签通则》宣传贯彻会议。2006年，为了使月饼生产企业及时掌握新标准的要求，提高产品质量，地区局于9月份举办了强制性国家标准GB19855-2005《月饼》标准宣贯会，对全区月饼生产企业的负责人（技术人员）100多人进行培训。

2007年，一是全区举办了GB10344-2005《预包装饮料酒标签通则》、GB13432-2004《预包装特殊膳食用食品标签通则》、DB52/449-2004《贵州米粉》等食品强制性标准宣传培训。参加培训的企业100多家，共150余人；二是在毕节地区能源计量工作会暨GB17167-2006标准宣贯会议中对GB17167-2006《用能单位能源计量器具配备和管理通则》标准进行了宣贯。相关人员共计70余人参加了宣贯会。

2008年，组织各县（市）局积极开展了以“标准与智能绿色建筑”为主题的世界标准日宣传活动，活动共出动人员80余人次，车辆10余台，深入企业、超市共计30余家，发放宣传资料650份，挂标语4幅；现场咨询人员共接受了近200余人的咨询。

2009年，一是毕节地区质监局举办培训班，就《中华人民共和国食品安全法》、GB7718-2004《预包装食品标签通则》《食品标志管理规定》等标志标注相关规定及要求向97家食品生产企业进行了宣传培训；二是按照国家标准化管理委员会《关于开展2009年世界标准日宣传活动的通知》（国标委办〔2009〕77号）文件精神及省局安排，组织各县（市）局结合自身实际，积极开展了以“标准应对气候变化”为主题的世界标准日宣传活动，活动共出动人员70余人次，车辆15余台，深入企业、超市共计38余家，发放宣传资料1736份，张贴标语6幅，现场咨询人员290余人。

**标准化实施**　1982年，毕节地区计量局调查统计全地区127个企业644种产品，418种产品有标准，其中178种认真执行标准和检验制度，占产品总数的28%。1983年，省制发《贵州省标准化管理实施办法（试行）》，要求经常检查标准的执行情况。1984年5月，省局下达毕节大曲、金沙窖酒、毕节大蒜、威宁芸豆、高档呢服、威宁贡梨贮藏包装标准的制订任务，要求当年完成并发布。1985～1986年制定毕节棉毛服装、棉毛手套，大方生漆、漆器、辣椒，黔西橡塑底布鞋、电池盖企业标准。1987年，完成威宁维生醋、织金风肉和苡仁米酒、黔西林酒、地区干电池矿灯标准的制定。在全地区贯彻水泥生产企业水泥质量配套标准和酒类各级标准。是年，调查全地区113个较大企业的113种产品，无标准生产和不严格执行标准的产品64种，其中22个乡镇的22种主要产品，无标准和不严格执行标准的产品占86%。纳雍县14个较大企业的41种产品，严格执行标准的只占12%。1988年，国家制定“标准化法”，要求强制性标准必须执行，不符合标准的产品禁止生产、销售和进口。推荐性标准鼓励企业自愿采用，一经采用必须严格执行。是年，与地区烟草公司配合，按国家烤烟分级标准，为全地区8个县、两个厂审样746套，封签15级622套，40级35套。组织人员监督检查烤烟收购站（点）执行标准情况，保护烟农利益。1994年，与地区烟草公司配合，制作烤烟实物标准仿制样15级中的11级667套，满足全地区收购点之需。1995年，制作烤烟实物等级样品15级700套。1997年，与地区驰宇集团配合，按照烤烟40级标准审定烤烟实物样2.02万把；6月、9月、11月监督检查执行情况。1998年，审定烤烟实物样1.94万把；办理食品标签准用准印证14个。2000年，完成全地区饮用水强制性标准标签的复查工作。宣传鼓励企业采用国际标准和国外先进标准组织生产，3家企业获采标标志证书。2001年，办理食品标签准用准印证9个。2002年，3家企业获采标标志证书。2003年，2家企业获采标标志证书。2004年，2家企业获采标标志证书，3家企业通过“采标”复审现场审查。2008年，组织开展了毕节地区顺泰烟叶有限责任公司AAAA级标准化良好行为确认工作，毕节地区局及时与该公司联系，督促指导其按照标准化良好行为确认相关要求做好各项工作，该企业已完成了技术标准48个、管理标准111个、工作标准114个的编写工作，并进入标准体系试运行阶段。2009年，一是为帮助毕节地区顺泰烟叶有限责任公司标准化工作人员进一步掌握标准化知识，切实做好AAAA级标准化良好行为企业的相关工作，地区局结合该企业实际，于4月9日～10日，对该企业的11个标准化专（兼）职人员进行了标准化知识培训；二是毕节地区顺泰烟叶有限责任公司，一年来与企业各部门通力合作完成了标准体系建设，并按标准化工作组织生产，于2009年8月20~21日通过省级验收，于2009年10月14日获得标准化良好行为AAAA级证书。该企业标准化的有效运作，可以大大增强企业抵御风险和获得持续发展的能力。该企业申报的国家4A级标准化良好行为企业，获国家标准委通过，待国家级验收。

2010年，毕节地区顺泰烟叶有限责任公司于2010年1月通过国家级验收，并获得国家标准化良好行为4A级证书。该企业标准化的有效运作，增强了企业抵御风险和获得持续发展的能力。

**消灭无标准生产**　1996年，毕节地区将毕节市列为消灭无标准生产（简称消无）试点县。1997年通过验收。1998年，省批准金沙县为省级消灭无标准生产试点县。1999年11月，毕节地区质监局在金沙县召开金沙县“消无”工作验收会议。通过验收，大方、黔西、织金、威宁县被省批准为2000年省级消灭无标准生产试点县。2000年11月，地区质监局制发《消灭无标生产试点县市验收办法》，成立消无工作验收小组，验收大方、黔西、织金、威宁县消无工作，全部合格。是年，纳雍县、赫章县被省批准为2001年省级消灭无标准生产试点县，并通过合格验收。通过消无，毕节地区工业产品标准覆盖率提高到96.5%，产品检测合格率提高到88.08%，产品质量提高，地方经济发展。毕节市工业经济由试点前的6.02亿元增加到7.06亿元，增17.35%；工业经济增加值由试点前的7.91亿元增加到9.09亿元，增15%。纳雍县工业经济产值由试点前的1879.3万元增加到2950.5万元，增57%；工业经济增加值由试点前的1396.3万元增加到1710.7万元，增40.2%。2001年，省质量技术监督局下发《关于加强标准化信息管理的通知》。2002年，毕节地区共备案企业标准15个。2003年，启用标准化信息系统管理软件和新的标准登记证书。2004年，省局下发《关于认真抓好企业标准复审清理工作的通知》，毕节地区企业标准复审清理工作于5月正式启动，11月20日全面完成。

**毕节地区企业产品标准覆盖率、抽检合格率统计表**

单位：%

| 县市＼指标 | 企业产品标准覆盖率 | | 产品质量抽验合格率 | | 县市＼指标 | 企业产品标准覆盖率 | | 产品质量抽验合格率 | |
|---|---|---|---|---|---|---|---|---|---|
| | 试点前 | 试点后 | 试点前 | 试点后 | | 试点前 | 试点后 | 试点前 | 试点后 |
| 毕节 | 18.4 | 96.9 | 41 | 48 | 织金 | 56.7 | 96.7 | 67 | 85 |
| 大方 | 30 | 96 | 65 | 86 | 纳雍 | 47.1 | 97.1 | 80 | 85.7 |
| 黔西 | 65 | 95 | 70 | 87 | 威宁 | 58 | 97 | 72 | 87 |
| 金沙 | 58 | 96 | 57 | 82 | 赫章 | 52.4 | 100 | 73 | 92 |

## 二　农业标准化

**农业标准化及管理**　1984～1985年，国家经委、国家标准局制发《关于分工制定农产品标准的通知》《关于改革农业标准化工作的几项暂行规定》；省制订执行《贵州省标准化管理实施办法（试行）》。2003年8月，毕节地区质量技术监督局和毕节地区农业局联合制发《关于在全区开展农业标准化工作的实施意见》，启动全地区农业标准化的实施。2004年8月，毕节地区质监局与地区农业局联合草拟《关于进一步做好农业标准化工作的意见》，报请行署批转各县市人民政府执行。同时，地区及县市质量技术监督和农业部门相配合，围绕当地大宗农产品，明确实施农业标准化的示范项目。毕节市被列为全省优质烤烟种植示范县，金沙县的优质水稻被列为国家级示范项目，织金县将其竹荪产业列为农业标准化工作的重点项目。2006年，一是毕节市质监局发布了地方标准《毕节市烤烟综合标准体系》（共57个标准），有力地促进毕节市烤烟发展；二是国家级农业标准化示范项目金沙县“优质水稻”通过项目验收；三是纳雍县有机茶地方标准通过专家评审；四是按照毕署办通〔2004〕152号《毕节地区行政公署办公室关于印发〈关于进一步做好农业标准化工作的意见〉的通知》精神，地区局与农业部门共同成立了毕节地区农业地方标准编制工作委员会，对农业地方标准的制定工作进行规划、组织、指导。按照政府大力推动、市场正确引导、龙头企业带动、农民积极实施的工作方针，围绕当地大宗农产品和名特优农产品，各县（市）政府也制订了实施农业标准化工作方案，确定了本地农业地方标准的制、修订计划，拟定了示范建设和人员培训计划。

2007年，毕节地区共上报《金沙县有机茶叶标准化示范区》《威宁县脱毒马铃薯标准化示范区》等农业标准化示范区项目40个。根据省局安排，黔西县洪水乡水稻列为2007年省级标准化示范区项目，到目前，该示范点已开展了项目的相关工作，正在制定分年度工作安排意见等，相关准备工作已基本完成。

2008年，全区开展了黔西县“水稻种植标准化示范区”、纳雍县“有机茶生产标准化示范区”和“脱毒马铃薯种植标准化示范区”三个示范项目建设任务。地区局于当年初，与黔西县局、纳雍县局签订了《贵州省农业标准化项目示范工作目标责任书》，并及时下发《关于做好

2008年农业标准化示范区有关工作的通知》（毕地质技监标函〔2008〕12号）文件，对示范区所在质监局组织管理、示范建设工作及资料报送等方面做了详细安排，要求示范区所在质监局成立标准化示范区建设工作领导小组；拟定示范区建设工作实施方案，分解阶段工作任务；制定农业标准化工作责任制，层层签定责任书，把责任落实到岗位和相关负责人，切实把工作任务落实到位。黔西县质监局于11月份批准发布了2个地方标准。

2009年，一是全区开展了黔西县“水稻种植标准化示范区”、纳雍县“有机茶生产标准化示范区”和“脱毒马铃薯种植标准化示范区”、金沙县和纳雍县中央财政现代农业发展资金茶产业等农业标准化示范项目建设任务。地区局于今年年初，与黔西县局、金沙县局、纳雍县局签订了《贵州省农业标准化项目示范工作目标责任书》，并及时下发《关于开展2009年农业标准化工作的通知》（毕地质技监标函〔2009〕4号）、《毕节地区中央财政现代农业生产发展资金茶产业项目标准化建设工作的指导意见》（毕地质技监标函〔2009〕9号）文件，对今年示范区所在质监局组织管理、示范建设工作及资料报送等方面做了详细安排，要求示范区所在质监局成立标准化示范区建设工作领导小组；拟定示范区建设工作实施方案，分解阶段工作任务；制定农业标准化工作责任制，层层签订责任书，把责任落实到岗位和相关负责人，切实把工作任务落实到位；二是帮助贵州省烟草公司毕节地区公司做好91个企业标准的评审工作，参与指导该公司建立《毕节地区优质烤烟综合标准体系》。

2010年，全区3个国家第六批农业标准化示范区和2个中央财政现代农业生产发展资金茶产业项目的建设已经进入目标考核评价阶段，为做好考核评价工作，地区局下发了《关于做好2010年农业标准化工作的意见》和《关于切实做好2010年农业标准化示范区和茶产业项目目标考核工作的通知》，对黔西、金沙、纳雍3个项目承担县提出了具体指导意见，并制订并印发了《关于开展农业标准化示范区和中央财政茶产业项目预考核验收工作实施方案》，组织开展了预验收工作，于2010年12月，五个项目顺利通过国家局组织的专家组考核验收。

**双低优质油菜综合标准体系**　2001年，金沙县承担完成全国农业标准示范项目“贵州省金沙县双低优质油菜综合标准化项目”的示范及标准体系制定工作。是年9月，由金沙县农业局牵头，金沙县质量技术监督局参与，抽调有关技术骨干组成双低优质油菜综合标准体系编写小组，分专业制定双低油菜品种、种子检验、栽培技术、施肥技术、病虫害综合防治技术等12个地方标准，引用农业行业标准4个，组成双低优质油菜综合标准体系，经多次修订，于2002年3月定稿，向省质量技术监督局申请评审。4月3日，经贵州省标准体系评审委员会审定验收。3年间，该项目示范区增加纯收入640万元，示范农户累计户均增收253元以上；康星公司利用优质油菜创优质新品牌植物油，增效1350万元。

**烤烟标准**　20世纪70年代，贵州烤烟烘烤技术长期采用河南省标准。1981年，制定贵州省的烤烟标准。1984年，发布贵州第一项农业地方标准：黔DI-84《烤烟烘烤》。是年，毕节地区标准计量局以毕节县德厚公社和威宁县羊街公社为试点，按照《烤烟烘烤》标准规定的采收、绑竿、装坑、烘烤、回潮、堆放技术和当地群众的烘烤方式进行对比试验以鉴定标准的可行性。1985年，地区标准计量管理局制发《验证贵州省〈烤烟烘烤〉标准协作试点方案》，选派技术人员在威宁、赫章、大方、黔西、金沙县进行标准的验证工作。验证表明该标准在毕节地区能够实施，效果良好，能提高中上等烟的比例。1985年，黔西县收购上等烟占5.13%，中等烟占66%，每50千克烟均价95.8元。1986年，威宁县标准计量管理局验证《毕节地区火管平走式烤房标准》。1992年，开始实施烤烟40级国家标准，贵州省烤烟仿制样品评审组成立。分片评审的烤烟仿制品经省评审小组委托认可签字，省技术监督局批准签封后生效。1993年，毕节地区技术监督局配合有关部门对全地区烤烟收购、调运过程中执行国家标准、计量法规等情况进行执法监督检查。

## 三　编码　标准化协会

**编码**　1.组织机构代码。1989年10月，国务院制发《批转国家技术监督局等部门关于建立企事业单位和社会团体统一代码标志制度的报告的通知》。1991年9月，省人民政府召开会议，部署全省统一代码标志制度工作。1993年7月，省政府决定于1994年1月1日实施统一代码标志制度。1993年8月，成立毕节地区企事业社团统一代码标志制度领导小组办公室。各县成立代码工作领导小组，开展代码工作。到1996年，全地区累计办证3325个。1997年，全地区赋码颁证（含换证）287个。1998年，启用新版的统一代码证书，重新分配企业码。至1999年，全地区办证4630个。2000年11月，按省有关精神取消毕节市办证点，其工作移交地区质监局办理。毕节地区及威宁、金沙、织金、纳雍县办证点派员参加第一期代码联网培训，11月底实现网上集中赋码，各办证点自行制证。2001年3月，黔西、大方、赫章县办证点派员参加第二期代码联网培训，是年3月，全地区组织机构代码办理全部实现联网办证。2001～2002年，全地区共办证1458个。2002年启动代码年检。2003，清理代码数据16个必录项。2004年，代码在企业标准备案、执行标准登记、计量认证、生产许可证办理、车辆管理、税收征管、银行账户管理、统计普查工作中广泛应用。1993年9月～2004年12月，全地区办理组织机构代码9709个，年检代码329个，废置代码298个。2002年3月29日，毕节地区质量技术监督局将《毕节地区组织机构代码管理办法（草案）》报经毕节地区行政公署批准执行。2005年，一是积极配合全省的经济普查工作。在当地工商、编委（事业单位登记管理局）、民政等单位批准机构的协助下，对代码数据库中的沉淀数据进行了清理，做到了按依据废置数据。通过工作，提高了代码数据的可靠性和适用性。二是按照“分级管理”的原则，杜绝越权颁证，全年共新办证822个，为503个证书到期单位换发了新证，年检481个，清理上报了沉淀数据17条。

2006年，全年共办、换证1443个，年检840个，在办证过程中，严格按照《贵州省组织机构代码工作规范》办理组织机构代码相关工作，保证十六个必录项及其他数据项的采录正确率，做到了数据质量的准确、规范、完整，杜绝了重错码的发生，有效促进了数据新增、变更率的提高。按照省局的统一安排，按期完成6075条代码问题数据的清理工作。

2007年，一是于11月按照省中心下发的毕节地区问题数据后，及时分离各县问题数据，并下发到各县局，要求其立即做好遗留问题数据清理工作；二是全年共办理组织机构代码862个。

2008年，一是全年共办理组织机构代码1193个，换证887个，年检1351个，共补充陈旧电子档案50余份，有效提高了陈旧电子档案的扫描率。二是下发《关于进一步落实标准化工作有关标准任务的紧急通知》（毕地质技监标函〔2008〕26号），要求各县局对代码遗留问题数据的清理工作完成率必须达到100%。经过各县局的清理，已100%清理了问题数据，并及时上报。

2009年，一是按照全国组织机构代码管理中心及贵州省组织机构代码管理中心《关于对组织机构代码数据作一次全面数据质量专项清整工作》的相关要求，毕节地区局制定了《组织机构代码数据专项清整工作实施方案》（毕地质技监标函〔2009〕22号），强调了代码清整工作的重要意义，全区共有问题数据10694条，经过与工商行政管理部门、事业单位登记管理部门、民政部门、工会等各单位多方联系，通过工作人员3个月的努力，已按要求将10670条组织机构代码数据的经营范围、新经济行业、注册资金、新经济类型、联系电话等需要补录的项目清理补录完整并上报，清整率100%；二是按照省代码管理中心的要求，毕节地区质监系统的原始档案收集和管理，按照国家《贵州组织机构代码档案管理办法》的规定。全年共上报数据5000余条。并根据省质监局后期组织机构代码电子档案扫描的相关精神，按时完成了6927、6884码段电子档案的上报；三是全年共办、换证2542个，年检1639个，废置861个，迁址8个。

2010年，全年共办、换证926个，年检846个。

2011年，全年共办、换证1511个，年检1031个，废置24个，迁址2个。

2.商品条码。1993年，成立中国物品编码中心贵州分中心毕节地区办事处，向企业宣传条形码，开展咨询服务。1995年，贵州省康星油脂（集团）有限公司获系统成员资格，申请使用条形码。1998年，毕节地区质监系统开始贯彻实施《中华人民共和国商品条码管理办法》。至2004年，58家企业获系统成员资格，在其产品上使用商品条码。是年，中国物品编码中心注销毕节地区3家到期未续展条码的企业系统成员资格。毕节地区办事处配合省物品编码中心完成《商品条码使用情况登记》《商品条码质量调查》和《贵州省商品条码系统成员数据库和商品条码数据库》的建立工作。2005～2011年全区商品条码续展率达到90%以上，其中2009年度，毕节地区质监局荣获“2009年度全省物品编码工作先进集体特等奖”。

**标准化协会**　1991年4月12日，成立毕节地区标准化协会筹备小组。5月，向地区民政局申报登记，并获登记。1992年，召开第一届理事会，推选协会领导机构。2004年，毕节地区标准化协会向地区民政局申请年度检查。重新换发社团法人登记证书，修订协会章程。是年，召开《预包装食品标签通则》标准宣传会，指导企业创制修订企业标准，帮助3家企业获得采标标志证书。

## 第四节　质量监督与管理

### 一　产品质量监督检查

**检验抽查**　1986年10月，国家经委发布《国家监督抽查产品质量的若干规定》。1991年9

月，国家技术监督局作出《产品质量国家监督抽查补充规定》及《国家监督抽查产品目录》按照《规定》，经国家监督抽查的产品，自抽样之日起6个月内，各行业、企业主管部门、地方技术监督部门对该企业的该种产品不得重复进行监督性抽查。按照《工业产品质量责任条例》第23条规定，企业产品质量达不到国家规定的标准，企业主管机构应令其限期整顿，经整顿无效者，应令其停产或转产，直至建议有关主管机关撤销生产许可证，吊销营业执照，在整顿期间视不同情况，扣发企业负责人和职工奖金和工资；凡拒绝国家监督抽查的企业，其产品按不合格论处。1990年，毕节地区标准计量管理部门共抽检企业产品68个样品。1997年，对15家成品油经销商抽样检验，合格率91.7%；抽查啤酒、白酒、酱油、食醋、工业黄磷、纸箱、砖、水泥电杆产品15个批次，10个批次合格。1998年，抽检水泥101个批次，合格率78.2%。其中外地进入毕节地区市场的水泥18个批次，合格率55.6%，废品率16.7%。2000年，抽查430个样品，其中水泥90个，合格率95%；化肥125个，合格率75%；白酒30个，合格率95%；调味品16个，合格率80%；食品27个，合格率70%，水泥电杆13个，合格率77%；水泥包装袋4个，都不合格，钢材5个，合格率100%；其他产品90个，合格率80%。2002年，抽查496个产品，合格率77.2%。2004年，抽查农资130个，合格率59.2%；食品279个，合格率82.8%；白酒30个，合格率90%；建材141个，合格率73%；眼镜18个，合格率94.4%；茶叶2个，合格率100%；家具55个，合格率90.9%；冶金产品13个，合格率46.2%；纸制品1个，合格率为0。2006年抽查工业产品422批次，合格376批次，合格率89%；2007年抽查工业产品254批次，合格228批次，合格率90%；2008年抽查工业产品261批次，合格232批次，合格率89%；2009年，抽查工业产品282批次，合格261批次，合格率93%；2010年抽查工业产品196批次，合格181批次，合格率92%；2011年，抽查工业产品218批次，合格201批次，合格率92%；2012年，抽查工业产品226批次，合格209批次，合格率92%。

**定期监督检查** 1982年起，毕节地区质监部门执行《贵州省产品质量监督检验管理试行条例》对产品质量进行定期监督检验。定期监督检验产品目录，分年度由省统一制定。1988年，执行省重新修订《目录》执行单位，按以块为主的原则进行管理，优质、重点产品由省管理，其他产品由地方管理。1993年9月，贵州省八届人大常委会发布《贵州省产品质量条例》，对某些重要生产资料、关系到国计民生以及人身健康、安全的产品实行定期监督检验；对流通领域中可能导致严重后果的种子、农药、农膜、化肥等重要生产资料实行售前报检及其他临时监督管理措施。是年，毕节地区技术监督系统检验9家企业14个样品。1999年，共抽检53家企业70个批次产品，抽检覆盖90%以上。抽检认定：水泥合格率83.3%，化肥合格率68%。2001年，共抽取监检样品340个。2003年，共抽检定检样品247个，有192个（组）产品合格，总合格率为77.7%。2004年，定期抽检产品298个批次，合格246个批次，总合格率83.1%。2006年工业产品抽取定检样品325个批次，合格302个批次，合格率93%；2007年工业产品抽取定检样品269个批次，合格235个批次，合格率87%；2008年工业产品抽取定检样品285个批次，合格261个批次，合格率92%；2009年工业产品抽取定检样品339个批次，合格303个批次，合格率89%；2010年工业产品抽取定检样品243个批次，合格230个批次，合格率95%；2011年工业产品抽取定检样品

270个批次，合格256个批次，合格率95%；2012年工业产品抽取定检样品147个批次，合格146个批次，合格率99%。

**统一监督检查** 1993年，按全国水泥统检有关文件规定，毕节地区完成20家企业的20个样品检验，合格9个，不合格9个，废品2个。2002年，毕节地区质量技术监督局根据国务院《棉花质量监督管理条例》制发《关于进一步加大制售劣质絮棉制品打击力度的通知》《2002年絮棉制品打假工作实施方案》在全地区开展絮棉制品监督检查工作。2003年，出动执法人员424人次，车63辆次，检查絮棉加工点58个，经营户50个，集团购买使用单位104个；对22个单位下达整改通知书。2004年，检查絮用纤维制品加工户280家，经营户126家，集团购买使用单位154家，共检查棉絮制品1.68万件（套），沙发300套，查获不合格床垫6床，沙发2套，废旧纤维棉絮65床，废旧纤维（废烟头）75千克，劣质棉絮204床，工业用废棉60千克。联系新闻媒体进行曝光。

**产品质量监督检验收费** 1982年，《贵州省产品质量监督检验管理试行条例》，规定监督检验机构对产品质量进行监督检验时，其检验成本费用由被检验单位承担，仲裁检验由责任方承担。1986年4月，国务院发布《工业产品质量责任条例》规定监督机构所需技术措施费用和检测费用按实际需要由国家或地方财政拨款解决。在此文件下达之前，毕节地区产品质量监督检验一般是协商收费，也有通过地方物价、财政部门制定标准，照规定标准收费。1992年起，按国家物价局、财政部颁发《产品质量监督检验收费标准》进行收费。1993年2月，国家修正《中华人民共和国产品质量法》，规定监督检查不得向企业收费。各级质监部门组织的监督抽查所需经费由各级财政拨款。监督抽查向被检查人收取检验费用的，要责令退还，情节严重的，对直接负责的主管人员和其他直接责任人员依法给予行政处分。

## 二 市场商品质量监督检查

1990年，毕节地区实施质量报检，共检查农药0.06万吨，化肥5.88万吨，农膜0.051万吨，种子1051.2吨，报检批次合格率为99.3%。1993年，共检验76个样品。地区化肥厂报检化肥0.57万吨，作检合格率100%。1994年，开展市场大检查，共出动执法人员1500人次，检查商店3750个；检查药品4425批次，皮革6112批次，眼镜4250批次，酒类1632批次，饮料1456批次。检查没收失效药品142批次，各类劣质过期食品1.83万件（瓶、包）、劣质电线475公斤，伪劣胶木电器8202件，价值5.27万元：处罚商店450家，罚款3.81万元。1995年，共完成水泥对比样77个，其中监督检验12个，委托检验3个。1996年元旦、春节、“五一”、国庆期间检查市场，销毁价值21.96万元的假冒伪劣商品，罚款9.69万元，捣毁制假黑窝点3个，整顿市场146个，取缔售假摊商16个，查封柜台6个、商店1个。专项检查化妆品销售，检查20余家，没收价值0.2万余元的不合格商品。是年，完成各类检验样品8种，197批次，其中化肥102个，监督检验68个，合格率67.6%；水泥53个，监督检验17个，合格率82.4%；酱油6个，合格率33.3%；食醋4个，合格率25%；砖12个，合格率91.7%，白酒6个，钢筋4组，预制板10组，全部合格；完成水泥对比样

35个。全年报检化肥4.33万吨，农药11吨，种子10.6吨。1997年，共检查商店、摊点1000余家，查处价值1万元的伪劣商品，销毁价值1万多元的劣质电器、化妆品。全年共检测化肥164个，合格102个；水泥对比样29个；食品检验样25个，合格18个；调味品14个，合格6个；白酒、铸铁、皮鞋检验样品44个；监督检查化肥生产企业9家，抽样产品10个批次，全部合格。1998年，共检样品494个，其中水泥60个，不合格11个，废品7个；化肥95个，不合格68个；白酒122个，不合格17个；调味品36个，不合格26个。共出动执法人员580人次，检查760多家生产、销售企业，共查产（商）品14大类，20多个品种。检查商品520批次，查处假冒伪劣、不合格上报标值5万多元，罚款4万元，销毁或作技术处理价值4万元的质量问题产（商）品。1999年，共检查农机、机电产品、眼镜商家40余家30多个品种，价值40余万元。与青酒厂合作，没收销毁假青酒22件，检查经销商60多家，商品值40多万元。全年共抽检样品451个。全年检查专业市场15个，专业街3条，检查经销户363家，共抽取种子、化肥、农药样品91个，合格率84.6%。2000年，与工商、公安、烟草部门整顿卷烟市场，出动4000人次，检查门市摊点7367个，端掉制假窝点7个，查封各类卷烟16.13万条。查获各类假冒卷烟8万条，价值120万元。是年10～12月，按省质监局统一安排，共出动1876人次、182车次，检查农资、化肥、建筑用钢材、汽车零配件、卷烟，药品、化妆品等商品。立案查处84件，捣毁制假窝点3个，销毁伪劣商品货值2.1万元。共检查钢材61批次，合格49批次；砖7批次，全合格；铝型材21批次，合格17批次；水泥15批次，合格10批次。2001年，共出动人员658人次，检查农资经销点520个，生产企业18个，检查各类化肥6.24万吨，种子860吨，农药30个品种，农膜0.15万吨，农用切割机、电动机967台，受理农资产品投诉14件。按省质监局要求，开展小麦粉等5类产品“两查”工作，出动200多人次，80多台车次，调查生产企业60家，抽查5类产品共58个，其中小麦粉6个、食用植物油6个、酱油26个、醋20个。2002年，监督检查黔北发电厂、洪家渡水电站工程进行监督检查，抽取建筑材料用品3个。2003年，全地区出动746人次，车228辆次，检查钢材生产企业74个，经销企业273个，办理案件40件，查处不合格热轧圆条57.54吨，无证钢材1吨，销毁劣质钢材7.12吨。查获不合格铝型材4.62吨。组织148人次检查建筑工地49个，查出不合格钢管3600根，扣件5400个，责令工地停止使用。检查地条钢生产厂7个，端掉制假售假窝点3个，查获地条钢51.76吨，查封销毁原料5.5吨，没收模具60条。全地区统一部署监督检查1次性生活用纸，出动178人次，车62辆次，检查生产企业5家，抽取样品3个，检验发现2个不合格。按国家七部委的联合通知，省九厅局的安排，全地区出动797人次，车86辆次，监督检查口罩、防护服、过氧乙酸等化学危险品及消毒用品、洗涤用品等防“非典”相关产品及学生奶、学生豆奶、蛋糕等食品的生产销售。检查防“非典”相关产品经销和使用单位628家，检查口罩2.27万个，消毒液1.08万瓶、过氧乙酸42桶、洗涤用品65千克、絮棉制品1280件（套）、食品2.3吨，查出不合格口罩1.78万个、消毒液9060瓶、食品货值0.04万元。是年5月19～27日，按省质监局统一安排，监督检查防治“非典”相关产品。全地区共抽检样品消毒液4个，不合格2个；代表量9060瓶、口罩3个，都不合格。是年，毕节地区质监局拟订《毕节地区食品打假工作计划》《毕节地区食品放心工程实施方案》，指导协调全地区质监部门食品打假工作。是年，检查毕节市垃圾卫生填埋场，抽取水泥样品1组；检查纳雍二电厂，抽取水泥、钢筋样各1组，经检验钢筋不合格，地区质检局作出停止使用，退回厂家作技术处理的决定。

2004年，全地区出动720人次，车287辆次，检查27个建筑市场、22个建筑工地，建材生产企业120家（次）、建筑材料经营户190家；检查水泥12.8万吨，水泥包装袋9850万条，普通烧砖20个批次200万块，铝型材590吨，钢材287吨，人造板材1500平方米，装饰涂料1.26吨；电线电缆5280圈，建筑用钢管、脚手架扣件1.87万根（个）。检查发现货值2.7万元的不合格角钢，查处不合格水泥包装袋1230万条，端掉地条钢生产窝点9个，查获生产设备3台、地条钢36.8吨，没收地条钢模具215条，对违法行为按相关规定作出处理。监督检查黔西电厂和毕节市倒天河水库加高扩建工程的建筑材料，抽取实物样品4个，经检验全部合格。

## 三　工业产品质量管理

**工业产品质量管理**　1979年，毕节地区计量局组织推荐、申报国优、部优、省优产品。1988年，建立毕节地区质量监督检验所，负责产品质量监督检验工作。1985年6月，省下达《贵州市场商品质量监督暂行办法》，质量监督从生产领域扩展到流通领域。1989年，毕节地区标准计量部门根据省《关于严厉惩处经销伪劣商品责任者的通知》，与工商、物价、卫生、公安、工会配合，查处假冒伪劣商品。进入90年代，地区质监局建立稽查队伍，对商场商品进行质量监督。1979～1991年，毕节地区被评为省优质产品共19个。2004年，毕节地区质检局根据省质检局要求，共巡查重点企业76家，其中食品生产企业33家。各县市质监局督察整改情况，对检查中发现的问题，要求限期整改。

**工业产品生产许可证管理**　1984年4月，国务院发布《工业产品生产许可证试行条例》，规定没有取得生产许可证的企业，不得生产实施工业生产许可证的产品，各经济管理部门不得安排计划，不得供应原材料、动力和提供生产资金。1989年11月，省经委等七厅局联合发布《关于在全省范围内查处生产和销售无生产许可证产品的通知》，在全省进行1次清查和处理，以维护消费者与用户的合法权益。1997年，毕节地区质监部门检查6县30家水泥生产企业，检查发现13家未办证。1999年，国家质监局发出《关于进一步做好工业生产许可证管理工作的通知》和《补充通知》，决定从1999年3月23日起启用统一的工业生产许可证申请书。2002年，全地区质监部门共出动258人次，车70辆次，检查生产企业68家，经营户402家，检查发现22家企业未获得生产许可证。检查市场化肥经营户89户；化妆品经营户58户，查处无证化妆品314瓶，违法金额400元；水泥经营户60户，查处无证水泥80吨，违法金额1.68万元；钢材经营户40户，查处无证钢材58.55吨，违法金额3.71万元；铝型材加工、经营户78户，低压电器商店45家，查处无证开关411个，违法金额0.1万元；汽车配件经营户32户。到2004年12月底，毕节地区获得工业产品生产许可证的企业有40家。2005年，获得工业产品生产许可证并在有效期企业36家；2006年，获得工业产品生产许可证并在有效期企业45家；2007年，获得工业产品生产许可证并在有效期企业46家；2008年，获得工业产品生产许可证并在有效期企业66家；2009年，获得工业产品生产许可证并在有效期企业76家；2010年，获得工业产品生产许可证并在有效期企业71家；2011年，获得工业产品生产许可证并在有效期企业71家；2012年，获得工业产品生产许可证并在有效期企业70家。

## 四　食品质量安全监督管理

**食品质量卫生监督**　2004年，国务院作出《关于进一步加强食品安全工作的决定》，将由卫生部门承担的食品生产加工环节的卫生监管职责划归质检部门。自是年起，毕节地区质量技术监督局根据以上通知要求，安排布置全地区食品及相关产品生产加工企业的卫生许可专项调查。2005年，地区质监局为贯彻落实国家总局提出的食品安全监管“四个一”要求，协助地区行署制定了《毕节地区食品生产加工业整顿工作方案》，召开了全区食品生产加工业整顿工作会议，签订了整顿工作责任书，明确了整顿工作事项、完成时限、目标要求。按要求，次年年底全区完成了“四个一”规定动作。

2006年，全区质监系统积极协助当地政府做好食品生产加工业整顿工作，全区“四个一”规定动作、“三员四定”“三进四图”工作全面完成，企业摸底调查工作顺利结束。同时，为切实协助政府加强食品安全的有效监管，全区各县（市）质监局均划分了食品安全监管责任片区，明确了片区负责人及监管职责。全区共签订食品安全责任书257份，确定专业监管员67人，确定政府协管员894人，确定企业信息员2118人。

2007年，地区质监局积极推动重视食品生产加工业整顿工作，积极协助地区行署，圆满完成了“四个一”的规定动作。地县两级政府共成立了由政府领导任组长的食品生产加工业整顿工作领导小组9个，制定《食品生产加工业整顿工作方案》9个，以政府名义召开食品生产加工业整顿工作会议9次，地区与各县（市）政府、各县（市）政府与基层政府共签订《食品安全责任书》265份。

2008年，地区质监局制定了《毕节地区质量技术监督局2008年食品安全整顿实施方案》，进一步落实食品生产加工环节安全整顿工作。

2009年，地区质监局制定了《毕节地区质量技术监督局2009年食品安全整顿实施方案》，同时根据该方案积极开展工作，对我区106家获得食品生产许可证企业开展了检查，共检查食品生产企业101家，另5家停产。

2010年，继续沿用2009年食品安全区域监管机制，落实监管责任，实施挂牌监管。按照《关于进一步落实食品质量安全区域监管责任制的通知》（毕地质技监食函〔2009〕18号）要求，结合全区人员变动实际，地区质监局指导各县（市）局及时调整了片区监管负责人，片区监管人员，将责任片区划到具体乡镇，明确了片区企业数，作坊数，重点单位名称。辖区共确定监管区域数21个，专职监管人员65名，政府协管员389名，社会信息员1109名，共挂牌监管166家。

2011年，按照辖区管理、分级负责的原则，地区质监局层层落实了监管责任，明确了地区局、各县（市）局的监管工作职责。将全区划分为23个片区，规定了片区监管负责人，片区具体监管对象（企业数，作坊数，重点单位）以及监管人员的监管工作任务。在监管中要求各级突出重点，注重抓好关键监管环节、重点监管产品、重点监管对象的监管，做到监管措施到位、行动到位、记录到位。

**食品质量安全市场准入**　2002年，国家质检总局下发《关于进一步加强食品质量安全监督管理工作的通知》，规定是年9月在全国统一对大米、小麦粉、食用植物油、酱油、食醋（下称五类食品）实施食品质量安全市场准入制度。是年，地区质量技术监督局送培食品生产许可证审查人员9名，成立食品质量安全市场准入毕节地区审查分中心，受理4家企业申请，完成全地区新五类食品必备条件的调查，调查企业19家，进行资料微机录入。2003年，国家质检总局启动肉制品、乳制品、饮料等10类食品的质量安全市场准入制度，并规定2004年1月1日开始小麦粉、大米等5类食品无证查处工作。地区质量技术监督局在全地区宣传贯彻10类食品的质量安全市场准入。2004年，地区质监局受理全地区52个食品产品生产许可证申请，11个产品获得食品生产许可证。2005年，地区质监局根据有关要求认真落实食品生产市场准入工作，严格执行相关程序和规定。

2006年，地区质监局先后制发了《毕节地区质量技术监督局关于开展获得食品生产许可证企业年度报告和审查工作的通知》《毕节地区质量技术监督局关于做好辖区食品生产许可工作的通知》《毕节地区质量技术监督局关于印发毕节地区〈食品生产许可证办理工作程序〉的通知》《毕节地区质量技术监督局关于明确食品生产许可证现场核查观察员职责的通知》《毕节地区质量技术监督局关于开展辖区获证食品生产加工企业监督检查的通知》等规范性文件，进一步规范了全区食品生产许可行为。当年全区共有38家企业的47个产品获得食品生产许可证，获证产品包括酱油、食醋、大米、食用植物油、小麦粉、饮料、肉制品、酱腌菜、乳制品、茶叶和啤酒11个申证单元。

2007年，地区质监局进一步严格执行食品生产市场准入工作，截至该年年底辖区共有102家食品生产加工企业，获证产品包括白酒、肉制品、饮料、酱油、食醋、大米、食用植物油、小麦粉、酱腌菜、乳制品、茶叶等。

2008年，地区质监局严格按照“两级发证、三级操作”生产许可模式和《行政许可法》的要求，做好申报受理、核查安排、资料整理上报等工作。共受理了29家食品生产加工企业的食品生产许可证办证申请，发出补正告知书16份。是年全区共有99家食品生产加工企业的119个产品获得了食品生产许可证，其中为2008年获证企业27家，获证产品30个。

2009年，毕节地区共有106家食品生产加工企业的128个产品获得了食品生产许可证，获证产品包括白酒、酱油、食醋、大米、食用植物油、小麦粉、饮料、肉制品、酱腌菜、乳制品、茶叶、啤酒、挂面、糖果和调味料等申证单元。

2010年，地区质监局共受理43家食品企业的办证申请，其中41家企业获证，2家企业发证检验不合格，不予发证。截至当年年底，共有食品获证企业112家（含129张生产许可证）。

是年，根据国家质检总局6月1日实施的《食品许可管理办法》的规定，地区质监局对全区

28家许可证到期又没有提出换证申请的企业，上报省局注销食品生产许可证（共31张）。

2011年，为认真贯彻实施《食品生产许可管理办法》《食品生产许可审查通则（2010版）》的要求，地区质监局对食品生产许可证办理程序、工作流程进行了修订：严格按照时限规定完成受理、现场核查、资料上报工作；严格执行按照审查细则审查生产企业资质，严格按标准审核产品的工作要求，确保了食品生产许可工作质量。按照《食品生产许可管理办法》规定，严格执行退出机制，地区质监局注销了18家许可证到期未提出换证申请的企业的食品生产许可证。本着“一手监管，一手帮扶”的原则，地区质监局积极指导、帮助辖区食品生产单位改造生产条件，提高质量管理水平，使其逐步达到食品生产许可要求。是年，地区质监局共计帮扶指导辖区30家食品生产单位的38个产品取得食品生产许可证、指导帮助17家企业23个产品重新换发食品生产许可证、变更3家企业（4个产品）许可证。同时，地区质监局对1家在换证期间销售试产产品的企业进行查处（属无证生产销售），对1家未取得食品生产许可生产食品的企业进行查处。

**食品质量监督**　1990年，抽出8人配合相关单位，历时5天，共检查食品生产经营户1007家，共处违法违章罚款3570元，销毁各类伪劣、变质食品6311.1千克，查封超期，不符合《食品标签通用标准》的酒类3.41万瓶，超期饮料724瓶，超期罐头2352瓶。1994年出动1500人次，检查酒类1632批次，检查饮料1456批次。1955年抽查调味品样品13个，白酒样品2个。1996年，抽检软包装冷饮5家，合格1家；酱油6批次，合格2批次；食醋4批次，合格1批次：白酒6批次，全部合格。检查月饼生产销售企业57家。1997年，参加毕节地区人大工委组织食品卫生执法人员检查毕节市和黔西县。1998年，抽取白酒监督检验样品122个，合格105个；调味品36个，合格10个。是年，山西省产生售假酒伤害民众事件，毕节地区产品质量监督部门以此为警告，出动94人次，检查酒类生产、经营企业210家，抽取样品47批次，全部合格。1999年抽检调味品34批次，白酒51批次。2000年，共抽检调味品16批次，白酒30批次，食品27批次，合格率依次为80%，95%，70%。2001年，抽检调味品83个，白酒25个，合格率依次为40%，96%。根据省局安排，全地区共出动200多人次，车80多辆次，抽查小麦粉等5类产品样品58个，其中小麦粉6个，食用植物油6个，酱油26个，醋20个。

2002年，毕节地区质监局按省质监局《关于禁止在食品中使用次硫酸氢钠甲醛（吊白块）产品监督管理规定》，在全地区开展吊白块专项查处。中秋节之前，检查月饼生产、销售单位137家，查获变质月饼280千克，伪造生产日期月饼100千克；抽检样品49组，合格率55%。在《毕节日报》公布抽查结果，社会反应良好。2003年，在元旦、春节、儿童节、中秋节、九月质量月、国庆节，全地区质监系统进行食品专项打假，查获不合格食品货值15.57万元，其中有不合格白酒260件，掺有吊白块的粉丝1771千克。出动111人次，车37辆次，检查大米经营户103户，大米生产企业2家，米粉加工户52户，抽样13个，查获陈化大米86.35吨，假包装物4500条，监督销售陈化大米70余吨，并跟踪调查公开拍卖的陈化大麦、玉米、大米。按省质监局的安排，开展全地区学校食品卫生安全大检查。共抽查大中小学校42所，幼儿园30所，学校周边餐饮业35家，未发现未纳入国家和省统一计划的学生奶、学生豆奶和存在质量问题的食品进入学校。出动60人次，20车次，检查学校46所，幼儿园12所，企业单位食堂2个，未发现使用陈化粮。2004年，毕节地区质量技术监督局制发《大力整顿食品生产加工业确保食品安全实施方案》《关于转发省局〈关于贯彻落实国务院23号文件精神进一步加强食品质量安全工作的实施意见〉的通知》《企业巡查计划》和《质量责任制》《产品质量动态监督管理办法》《产品质量动态监管实施细则》《企业产品出厂检验月报制》《产品质量监督管理巡查制度》《重要设备（流程）异常及故障及时报告制》；共受理52个食品生产许可证申请，有11个产品获得食品生产许可证；共出动480人次，136车次，检查大米、小麦粉等食品生产企业和经营户1025家，查出未申请食品生产许可证的企业962家，对其中3家下达整改通知书，对92家报请当地政府有关部门取缔，对101家责令停止生产销售；对218家无卫生许可证的企业，报请有关部门撤销登记注册或吊销营业执照；查处伪造冒用“QS”标志或生产许可证编号案1件，查获不合格食品货值6.5万元，查处无证生产销售食品违法案9件，处以罚款1.58万元。在元旦、国庆等节假日期间，全地区出动204人次，42车次，检查白酒生产企业3家，白酒小作坊100家，白酒经销户73户，各类企业、超市、批发户、生产小作坊共416家，抽检白酒样品26批次。取缔非法饮料生产小作坊4家，查处个体雪糕生产小作坊6家，没收销毁雪糕300支，货值0.04万元，罚款0.1万元。共出动685人次，检查肉制品生产加工企业218家（次），禽类产品销售单位336家（次），冷库96家（次），检查各类畜禽肉制品共84吨，未发现来自疫区的肉制品，发现标志有问题的畜禽冻肉制品4.4吨，货值3.3万元，经检验产品质量合格。2005年，金沙窖酒厂（现为贵州金沙窖酒酒业有限公司）的“金沙回沙酒”和“双回沙酒”获2005年“贵州名牌产品”称号，为毕节地区食品类产品首次获得该称号。

2006年，地区质监局组织制定了《毕节地区质量技术监督局食品安全事故应急预案》，建立健全了全区食品安全突发事件应急工作机制。

2007年，全区地县两级质监局共巡查企业557家次，查处无证食品生产企业15家；全区地县质监局共建立向当地政府报告食品安全信息制度9个，共向当地政府报送《食品质量安全监管季度报告》36期次。

2008年，地区质监局印发了《毕节地区质量技术监督局关于进一步做好辖区获证企业后续监管的意见》，制定了食品生产加工企业巡查计划，定期开展企业巡查回访工作，全区共巡查食品生产企业304家次，提出整改企业26家，整改合格26家。组织开展28大类食品无证查处工作。同时，地区质监局组织开展食品定期监督检验及不合格产品后处理工作，全年共抽取食品定检样品138个批次，合格125个批次，合格率91%。

2009年，为做好重点区域整治工作，地区质监局制定了《毕节地区质量技术监督局2009年食品质量安全整顿重点区域整治工作方案》，各县（市）均明确了各自辖区的食品安全整顿重点区域，有针对性地开展整顿，同时，把金沙县生产的食用植物油列为地区局督察督办的重点区域，全区共确定重点整治区域8个，各项工作任务于6月底全面完成。在对金沙县食用植物油的重点整顿工作中，地区质监局做到摸底到位、整治到位、帮扶到位、宣传到位，金沙县重点区域获证食用植物油生产企业3家，有证有照食用植物油加工小作坊10家、无证无照和证照不齐加工单位21家，县级质监局对3家食用植物油生产企业建立质量档案，对3家签订了承诺书的小作坊建立监管档案，对条件较差的28家小作坊展开帮扶。

2010年，地区质监局组织辖区各单位对贵州省生产加工环节食品安全动态监管系统硬件设备配备进行了讨论分析，提出配置意见并经贵州省质监局统一购置发放，毕节地区质监系统于当年6月完成设备安装调试工作。是年下半年，地区质监局对纳入监管的企业100%完成了建档工作，并组织全区16名食品监管人员参加省质监局组织的培训，同时组织完成了对辖区企业的培训，并指导各县（市）局按照有关要求，使用巡查终端对辖区所有企业100%开展了巡查。

2011年，采取日常监督检查、季度巡查、领导半年巡查、执法检查等形式对企业实施监督检查，对生产过程进行监督，及时发现并消除生产过程中的安全隐患。地区质监局利用食品安全动态监管系统巡查终端对生产企业落实原辅材料进货查验制度，食品生产企业卫生管理制度、食品生产企业产品出厂检验制度的情况及产品生产全过程质量把关，相关记录载体的规范性、信息完整性进行全面检查。并利用动态监管系统对各县（市）局检查情况进行督察，确保监管工作到位。是年，共检查食品生产企业279家次，检查食品小作坊198家次，对存在问题的20家食品生产单位进行整改情况的回访，进一步落实了企业的食品质量安全主体责任。是年，地区质监局在前期工作基础上进一步加大了食品监督抽查工作力度。一是积极配合完成省级食品监督抽查工作，共抽检豆制品、食用植物油、肉制品、瓶桶装饮用水生产企业等食品115批次，经检验，104批次合格，合格率90.4%。二是组织开展地区级、县级监督抽查工作，完成大米、月饼、糕点等88批次食品监督抽查，经检验，合格84批次，合格率95.5%。三是按时完成“打非添专项行动”食品监督抽查，抽查酱油、淀粉、挂面、植物蛋白饮料等食品17批次，经检验，16批次合格，合格率94.1%。2011年毕节地区全年食品监督抽查综合合格率为92.7%，辖区食品质量总体比较稳定。是年，按照省、地有关明确质监监管职责范围的文件精神，地区质监局及时安排了摸底排查工作，将符合文件界定范围内的食品生产加工单位督促其进行基本条件改造，经验收合格签订承诺书后纳入日常监管，确保属质监部门监管的食品小作坊100%监管到位，共新纳入监管的食品小作坊7家，全区纳入监管的食品小作坊共68家，各县（市）局全部建立了监管档案并按照动态监管系统设置的周期100%开展巡查回访，在日常监管中指导食品生产加工小作坊建立、完善进货销售台账记录制度等确保食品质量安全管理制度并督促认真落实，确保了小作坊生产食品的质量安全。是年，地区质监局对辖区特色食品（茶叶、食用植物油、肉制品等）生产单位、在当年省、地监督抽查中出现不合格的食品生产单位、“打非添专项行动”中列入三重名单内的食品生产单位的负责人和质量管理人员开展法律法规、食品安全知识培训，共举办培训班8期，培训食品从业人员253人。通过工作开展，辖区食品企业、小作坊负责人食品安全意识明显提高，生产行为进一步规范，生产过程中未出现添加非食用物质情况。是年，地区质监局进一步加大执法检查工作力度，对确定的重点区域，重点产品，重点企业开展突击执法检查，共出动执法人员737人次，检查食品生产单位188家，查处了食品生产违法案件6件。

## 五 认证产品监管 名牌与优质产品评定

**认证监管** 2001年，国家质检总局颁布《强制性产品认证管理制度》，国家质量监督检验检疫总局、国家认监委联合颁布《第一批实施强制性产品认证的产品目录》规定，凡是列入《目录》产品，必须认证。各级质监部门对产品认证工作负有查处、进行执法的职责。2004年，建立毕节地区认证认可工作信息网络，明确地县质监部门认证认可联络员姓名、电话及电子信箱等信息。是年，全地区共出动576人次、187车次，检查电脑、冰箱、电视、电扇等强制认证产品货值2000多万元，查处无3C标志的电扇11台，电钻29台，发现部分电线电缆无3C标志，均按相关规定进行处理。2005年，一是开展实验室资源状况调查，配合有关技术机构，调查核实了全区29家检验检测机构及实验室，输入贵州省实验室资源网络数据库；二是建立了煤矿安全仪器仪表检校中心，及时通过考核认证授权；三是地区检测所食品、建材、轻工等80个质检项目通过了省局质监处增项考核。90个产品质检项目已申请认证考核。8个计量检定项目通过了建标和授权考核。

2006年，开展了管理体系认证调查工作，建立了全区30家企业认证档案。为提高认证工作的有效性，规范认证认可行为，在全区开展了对本辖区的认证认可机构、实验室资源情况调查摸底工作。

2008年，一是全区质监督系统结合“五类”“三类”专项整治工作，围绕城乡接合部、认证机构、认证实验和认证咨询、认证咨询从业人员从业活动认证结果进行监督管理和执法检查；二是开展对3家企业（贵州省毕节地区勘测设计研究院、毕节地区新禹水利建筑有限责任公司、贵州淇铃交通建筑工程有限公司）体系认证监督检查工作，2家实验室（贵州省毕节地区勘测设计研究院监测实验室、毕节市建筑材料检测中心）计量认证监督检查工作；三是毕节地区获3C企业1家，黔西县的REPLACE_ME鑫燃力器械有限公司生产的产品是远红外多功能电暖器；四是加强认证执法工作，全区计出动执法人员200余人（次），车辆60余台（次），对区内摩托车、低压成套开关设备、油漆、电器、电动玩具、电动工具、电线电缆等10余类实施强制性认证的产品、涉及经销单位90余户进行检查。办理主要涉及两轮摩托车、低压成套开关设备和玩具案件10起。

2009年，一是为加强毕节地区强制性产品认证的行政监管工作，按照国家质检总局和国家认监委《关于实施强制性产品认证行政监管工作的通知》的要求，结合CCC行政监管工作的实际，为认真落实国家认监委加强CCC全过程监管工作要求，确保我区CCC行政监管工作落到实处，年初地区局下发了《毕节地区强制性产品认证监管工作实施方案》（毕地质技监标函〔2009〕1号文件），明确了地、县两级局在强制性产品认证监管体系中承担的行政监管职责：地区局负责组织和协调全区CCC全过程监管工作；各县（市）局负责辖区CCC监管工作的具体落实，确保全面准确地掌握辖区列入目录内的CCC产品的生产企业底数，负责开展认证执法检查和标志使用情况检查。经摸底调查，全区有CCC产品生产企业1家（黔西县REPLACE_ME鑫燃力器械有限公司），为促进企业加强管理，引导企业建立产品质量可追溯体系，制定了企业巡查计划，重点巡查企业原材料（零、配器件）、生产工艺与控制及生产记录、生产设备设施与环境条件、检测手段能力与检验记录、检验报告、生产产品、产品入库及销售台账是否与认证情况一致，认证标志使用是否符合要求等情况。在检查中，对发现的问题及时地书面反馈获证企业，并督促企业完成整改；二是按照《关于开展实验室资质认定（计量认定）监督检查的通知》（黔质技监认〔2009〕170号）要求。地区质监局抽出两名人员组成监督检查组，于2009年8月27日、9月2日、9于3日，分别对黔西县疾病预防控制中心、毕节地区疾病预防控制中心、毕节地区汽车综合性能检测站、毕节地区金质安保有限责任公司四家实验室进行了监督检查；三是根据《关于开展2009年管理体系认证专项监督检查的通知》（黔质技监认〔2009〕44号）要求，对毕节地区获管理体系认证的5家企业进行监督检查，即贵州省毕节市博冠食品有限公司、纳雍县贵茗茶业有限公司、大方县石老祖公豆制品有限责任公司、黔西县赵老五食品厂、贵州府茗香茶业有限公司。

2010年，为贯彻落实国家总局、省局开展“质量提升”活动的整体部署，有效提升质监系统检测工作水平，地区局决定在全区质监系统组织开展检测工作整顿活动：一是进一步摸清全区检验检测机构、实验室现有的检验检测能力、人员状况、环境资源条件、质量体系运行等情况；二是结合毕节地区检验检测机构、实验室现有条件，就如何设置和监管开展调研，摸清现有检验检测能力能开展哪些产品的检验检测，能覆盖哪些行业；三是为提升全区煤质检验检测能力和管理水平，开展一次煤质检验检测实验室间的能力对比活动；四是对获得认证证书的授权产品质量检验机构和获计量认证的检验检测机构、实验室实施年度监督抽查；五是对获得认证咨询证书的认证咨询机构实施监督检查；六是开展对获得食品、农产品、节能环保认证证书的生产企业有效性进行监督检查；七是根据国家质检总局第117号令《强制性产品认证管理规定》，明确了地方质监系统对实施强制性产品认证的产品在生产、销售活动中均赋有监督管理和执法查处的工作职责。各单位组织开展对辖区内强制性认证产品的监督检查。

2011年，一是开展了对强制性产品认证目录内玩具产品监督检查，对30家经销门市进行监督检查；二是根据省局《关于对我省获得资质认定授权（验收）的质检机构进行全面检查的通知》（黔质技监认函〔2011〕284、321号）的部署，毕节地区质量技术监督检测所按照省局对法定授权的检验机构的检查内容进行自查；三是制定《毕节地区认证执法监管体系建设实施方案》，力争用二年左右的时间，基本建立起“以认证监管机构为主导，以专职执法机构为主力，以法制工作机构为监督”的认证执法监管工作机制，构建科学、公正、高效和保障有力的认证执法监管体系；四是根据《关于抓好我省食品检验机构复评换证工作的通知》和《关于抓好全省食品检验机构复评换证工作的紧急通知》为确保毕节地区食品检验机构资质认定复评换证顺利进行，复评下列换证食品检验机构：1.毕节地区质量技术监督检测所；2.毕节地区动物产品质量安全监督检验所；3.毕节地区环境监测站；4.金沙县疾病预防控制中心；5.织金县疾病预防控制中心；6.黔西县疾病预防控制中心；五是按照《关于开展2011年度资质认定（计量认证）监督检查的通知》（黔质技监认〔2011〕187号），地区局派人配合省局人员组成监督检查组，于2011年10月10日至22日分别对毕节地区机动车安全性能检测站、毕节地区金盾安保有限责任公司机动车安全技术检测站、纳雍县庆利机动车安全技术检测有限责任公司、织金县山水机动车技术检测有限责任公司、毕节地区金春机动车安全综合性能检测有限公司、贵州毕节地区威宁机动车检测中心、毕节地区黔西汽车综合性能检测站、大方南郊客运站汽车综合性能检测站进行了检查；六是根据《关于做好2011食品农产品认证监管工作的通知》（黔质技监认函〔2011〕205号）文件的相关要求的安排和部署。地区局下发文件《关于转发〈关于开展有机产品等食品农产品认证专项监督检查通知〉的通知》，开展对食品生产企业获得食品农产品认证监督检查，共检查商店19家，生产企业41家，经检查全区经过有机产品认证、绿色食品认证、无公害产品认证共计6家，6家企业生产都按照认证时生产条件组织生产，检查中未发现违法情况。

名牌与优质产品评定　1994年，贵州省经贸委制发《开展创贵州名牌产品活动和质量兴厂活动的意见》。1997年2月，国家经贸委和国家技术监督局制发《关于推动企业创名牌的若干意见》；是年5月，省经贸委和省技监局联合行文决定在全省继续评选省内名牌产品。此后，毕节地区质量技术监督局每年均制定全地区培育发展计划，确定名牌产品发展对象，从质量、标准、计量方面给以帮助，推荐企业申报贵州省名牌产品。1998年，全地区共推荐10个产品参加当年名牌产品评选，评上4个。1999年，毕节地区行署制发《毕节地区〈质量振兴纲要〉实施意见》，帮扶全地区9个产品创名牌申报，其中6个产品被评为名牌产品；监督检查1997、1998年评出的名牌产品企业。2000年，推荐5家企业的7个产品参加省名牌产品评选，评上3个。2004年，根据省质监局统一安排，监督检查区内4家有效期内贵州省名牌产品企业，全部合格。1994年～2004年，毕节地区有39个产品被评为贵州省名牌产品。2005年有1家企业1个产品获得“贵州省名牌产品”称号；2007年有2家企业2个产品获得“贵州省名牌产品”称号；2008年有5家企业5个产品获得“贵州省名牌产品”称号；2009年、2010年“贵州省名牌产品”停止评选；2011年有5家企业5个产品获得“贵州省名牌产品”称号；2012年有3家企业4个产品获得“贵州省名牌产品”称号。

## 第五节　特种设备安全监察

1955年7月，国家劳动部成立锅炉安全监察总局，始有锅炉压力容器等危险性较大设备的安全监察。是年，毕节地区始有由劳动部门管理的特种设备安全监察。1998年，国家将特种设备安全监察职能从国家劳动部划归国家质量技术监督局。2001年，毕节地区质量技术监督局设立特种设备安全监察科，根据国家《特种设备安全监察条例》及有关法律法规，监督检查特种设备的设计、制造、安装、使用、改造和维修。

2002年，开展特种设备普查整治，地区质监局与特种设备使用单位签订《特种设备安全目标责任书》303份，签订率100%。建立特种设备档案，微机录入锅炉326台、压力容器231台、电梯43台、起重机械137台、场（厂）内机动车30台。举办3期特种设备作业人员培训班，培训543人，发证543个。取缔自制土锅炉42台，立案查处特种设备案45件。2003年，地区质监局与各县市质监局签订《安全管理目标责任书》，与特种设备使用单位签订《特种设备安全管理目标责任书》284份；印制、发放《特种设备安全监察条例》5000册；举办培训班1期，新培训特种设备作业人员157人，换发证件144个；下达安全监察意见书133份，取缔自制土锅炉4台，立案查处3起。

2004年，制定《毕节地区特种设备安全事故（事件）快速反应预案》《毕节地区特种设备安全监察工作包保责任制》，修订《特种设备安全监察工作职责》。根据省局安排，在元旦、春节、3·15、五·一、六·一、中秋、国庆期间，检查旅游景点、游乐设施、大型企业、宾馆酒店、浴室的锅炉、压力容器、电梯和压力管道。是年，全地区投入742人次、141车次、经费11.08万元，普查充装单位10家、液化石油气瓶3.27万只、永久性无缝气瓶3599只、乙炔气瓶5140只、录入微机管理3.07万只，送检气瓶9429只，报废气瓶371只，签订气瓶产权转让协议1.17万份、托管协议5057万份，并通过省质监局验收；对全地区10家气体充装站进行年度审查。是年，培训特种设备作业人员261人；采用特种设备作业人员管理软件、压力管道普查登记软件、特种设备事故快报软件和特种设备登记注册软件，实现在网络上登记注册管理特种设备。2005年，全区有锅炉463台、压力器255台、气瓶34964只、电梯71台、起重机械145台、气体充装单位13家。全区特种设备安全检查共出动车辆556辆次、人员1503人次，检查特种设备使用单位1208家次、检查锅炉2146辆次、电梯227辆次、压力容器385辆次、起重机械274辆次、游乐设施45辆次、气瓶23609只次。开展了尿素合成塔、危险化学品承压罐车、气瓶开展起重机械专项整治；积极配合省局作好信息网络建设，连接了宽带网，实现了在网络版注册登记软件上办理特种设备注册登记业务；按要求安装特种设备统计年报软件并按要求上报了统计数据。制定了《特种设备重大危险源监控措施》《危险化学品事故应急预案承压特种设备子预案》。

2006年，毕节地区有锅炉414台、压力容器419台、电梯109台、起重机械271台、厂内机动车辆31辆、大型游乐设施13台、气瓶47076只、压力管道42360米、气体充装单位18个。全年全区共出动安全检查人员427人次，车辆148辆次，检查特种设备使用单位602家次检查锅炉878辆次、电梯137辆次、压力容器271辆次、气瓶42388只次、大型游乐设施77辆次、起重设备99辆次。及时发现和消除了特种设备安全隐患，确保了特种设备安全、稳定运行。下发了《关于继续开展起重机械专项整治的通知》《关于进一步开展建设工程起重机械专项整治工作的通知》《关于开展“土锅炉”专项整治的通知》《关于加强废旧特种设备安全监察工作的通知》等专项整治通知，对起重机械、“土锅炉”等特种设备进行专项整治。完善特种设备管理的办事程序及修改完善特种设备应急救援预案，成立特种设备事故救援的专家组和救护队，修订完善特种设备安装告知、注册登记办理、作业人员考核的程序，完全实现了在省局“特种设备安全监察平台”上办理特种设备注册登记；按省局要求，及时按照各县（市）局提供的特种设备的报停、报废情况，更新和完善特种设备注册登记管理数据库，真正实现了对特种设备的网络化动态监管。完成了对全区47076只在用气瓶使用登记证的办理，实现了在用气瓶登记率达100%的目标，完成了辖区内的15家气瓶充装单位的年度审查。

2007年，毕节地区有锅炉425台、压力容器585台、电梯258台、起重机械354台、厂内机动车辆36辆、大型游乐设施11台、气瓶63857只、压力管道43360米、气体充装单位22个。共出动安全检查人员702人次，车辆325辆次，检查特种设备使用单位521家次、检查锅炉774辆次、电梯201辆次、压力容器261辆次、气瓶38301只次、大型游乐设施81辆次、起重设备585辆次。加大对隐患企业的帮扶力度，对毕节煤海化工有限公司实施重点帮扶，帮助该公司完成6台锅炉、138台压力容器、16台起重机械、122只安全阀经检验和注册登记。对《毕节地区质量技术监督系统特种设备安全监察工作督察制度》作了进一步的修改，制定了《特种设备报停、重新启用、报废备案工作程序》，加强特种设备应急救援预案的演练，在毕节煤海化工有限公司圆满完成了特种设备重大事故应急救援预案的演练。

2008年，毕节地区有锅炉406台、压力容器652台、电梯378台、起重机械429台、厂内机动车辆28辆、大型游乐设施8台、气瓶87562只、压力管道45238米、气体充装单位23个。共出动检查人员826人次，检查使用单位735家次，检查锅炉703辆次，压力容器363辆次，电梯245辆次，起重机械585辆次。深入开展好凝冻灾害期间和地震后特种设备安全检查，下发了《关于转发省质监局〈关于做好雪凝天气电梯等特种设备突发事件应急处置工作的紧急通知〉的通知》《关于开展好地震后特种设备安全检查的通知》等文件，对自然灾害后的特种设备安全隐患进行排查和排除，确保我区特种设备不因凝冻和地震灾害的影而发生事故。认真开展好各项专项整治，下发了《关于进一步加强煤矿用特种设备安全监察的通知》，对煤矿用特种设备进行检查，下发了《特种设备隐患排查排除治理工作实施方案》《特种设备安全百日督察专项行动方案》等文件，认真开展特种设备隐患排查排除治理和安全百日督察专项行动。积极探索特种设备节能降耗的方法手段，探索节能降耗的方法、手段、体制和机制。完成了44台在用工业锅炉的能效状况普查，完成了10家锅炉使用单位的锅炉能效及管理情况调查表。加强奥运会和毕节试验区20周年庆典期间特种设备安全保障工作，对旅游景点等重点场所的特种设备实施100%排查，提前完成重要特种设备100%的定期检验。

2009年，毕节地区有锅炉385台、压力容器689台、电梯468台、起重机械563台、厂内机动车辆51辆、大型游乐设施6台、气瓶78592只、压力管道43520米、气体充装单位21个。加强节日特种设备安全检查，共出动检查人员864人次、车辆457辆次，检查特种设备使用单位498家次，检查特种设备865辆次，排查隐患151条、整改隐患151条，确保了特种设备的安全运行。将安全生产“三项行动”“百日安全大检查”“质量和安全年”等重要活动与起重机械专项整治、压力管道元件专项整治、液化石油气瓶专项整治相结合，认真开展好隐患排查整治。认真开展高耗能特种设备节能监管工作，组织节能管理人员参加了工业锅炉节能知识培训，培训人员达134人次。组织召开了一次特种设备节能研讨会，推进了锅炉节能管理水平。制定了《毕节地区质量技术监督局安全生产监督管理责任实施细则》，对特种设备的安全责任作出了进一步明确。加强了对承压“小锅炉”和非承压锅炉的安全检查，并在一些非承压锅炉上喷涂“严禁承压使用”的警示标志，有效地防止承压“小锅炉”超压使用和非承压锅炉承压使用。创新例会形式，改革例会内容。创新性地通过QQ群在网上召开安全例会。

2010年，毕节地区有锅炉425台、压力容器868台、电梯684台、起重机械658台、厂内机动车辆43辆、大型游乐设施4台、气瓶83576只、压力管道48520米、气体充装单位24个。出动检查人员986人次、车辆427辆次，检查特种设备使用单位465家次，检查特种设备958辆次，排查隐患152条、整改隐患152条，确保了特种设备的安全运行。

根据“安全生产年”“质量提升年”“打击特种设备安全生产非法违法行为专项行动”“特种设备安全大检查、大整顿、大排除”、气瓶“两站”治理等专项活动较多的现状，结合节日安全大检查，地区局统筹安排、科学部署，制定了《继续深入开展特种设备“安全生产”年活动实施方案》《关于继续深入开展打击特种设备安全生产非法违法行为专项行动的通知》《关于开展气瓶充装站和检验站治理工作的通知》，认真开展各项特种设备安全检查和专项整治。认真开展高耗能特种设备节能监管工作。一是切实抓好燃油、燃气锅炉普查，二是扎实开展安全与节能管理标杆锅炉房建设。修订完善《特种设备安全工作督察制度》《特种设备行政许可工作程序》等工作制度和程序共9个。制定特种设备安全“十二五规划”。

2011年，毕节地区有锅炉675台、压力容器1589台、电梯543台、起重机械1148台、大型游乐设施3台、场（厂）内专用机动车辆74台、气瓶73548只、压力管道43652米，有气瓶充装站26个。出动检查人员962人次、车辆431辆次，检查特种设备使用单位426家次，检查特种设备923辆次，排查隐患157条、整改隐患157条，确保了特种设备的安全运行。根据“安全生产年”、气瓶“两站”治理、气瓶专项整治、电梯专项整治等专项活动要求，下发了《关于继续深化特种设备“安全生产年”活动的通知》《转发省局〈关于深化贵州省气瓶充装站和检验站治理工作的通知〉的通知》，切实开展气瓶“两站”治理、液化石油气充装站专项整治工作。清理“螺丝瓶”“多码瓶”“打磨瓶”等不符合安全要求气瓶，派出驻站监管员，加强对液化石油气充装站的监管，共检查整治气瓶充装单位68家次，查出安全隐患16条，整改安全隐患16条。认真开展电梯安装、改造维修单位的专项整治，召开了电梯维保单位、使用单位专题会议，检查了自动扶梯56台，垂直客梯25台。认真开展特种设备标准化管理，指导毕节金河化工有限公司、贵州织金洞风景名胜区管理有限公司等企业开展特种设备安全标准化管理示范建设。认真部署“第九届全国少数民族传统体育运动会”特种设备安全保障工作，对28台重点设备进行检查和“复检”，排查排除特种设备安全隐患，为九运会期间我市特种设备安全运行作出了努力。

## 第六节　执　法

**执法监督检查**　20世纪50～60年代，毕节地区根据省有关部门要求，实施10两秤改制，附带检查其他计量器具。1988年7月，开展全地区实施《计量法》检查。1989年，按省政府要求进行市场商贸计量检查，在集市和商店设置公平秤、公平尺，开展物价计量信得过活动，地区和各县计量管理局和物价局对物价信得过企业发物价计量信得过牌匾。1989年，毕节地区标准计量管理局检查生产领域中的水泥、磷肥、酱油、白酒产品执行标准情况，检验酱油50%合格，其余均为100%合格。1990年，在全地区开展强检农用工作计量器具监督检查，检查计量器具5335台，90.85%合格；开展定量包装农业品监督检查，检查计量器具1670台（件），检查87.55%合格。1991年，监督检查181户销售企业的972个食品标签，合格率49.4%。2002年，监督检查市场上销售的饮料、糖果、糕点、婴幼儿食品、调味品等21种食品标签，45%合格；监督检查烤烟、水泥、化肥、食品、皮鞋、农膜、种子、饲料产品执行标准情况。1995年，监督检查地直及各县市化肥、食品、水泥企业的47个产品执行标准情况。1996年，检查全地区50个食品、化肥、建材企业产品执行标准；监督检查市场销售饮料、酒、罐头、干果食品标签，85%左右合格。1998年，监督检查80多家白酒、酱油、食醋、复混肥、磷肥、家具产品执行标准情况。2002年，加强内部监督，主动接受社会监督，向社会公开《行政执法程序》、执法人员《“五公开”“十不准”的规定》，在全地区实行行政执法过错追究责任制，向社会公布举报投诉电话。地区质监局监督检查区内月饼生产企业91户、月饼销售企业230户；啤酒生产企业1户，销售企业100余户。监督检查全地区食品生产企业61户、销售企业156户执行食品标签通用标准情况，2004年，根据《食品标签通用标准》，检查84家食品生产企业的预包装食品标签99个，57家食品销售企业的预包装食品标签207个；检查米粉生产企业55个，抽取样品34个，全部合格。是年，地区质监局检查全地区各执法机构执行《行政执法责任制》《行政执法过错责任追究制》情况。

**行政执法打假**　1989年，国务院办公厅转发国家技术监督局《关于严厉惩处经销伪劣商品责任者的意见》，制发《关于严厉打击商品中掺杂掺假的通知》，责成国家技术监督局负责组织协调全国商品质量的监督工作。毕节地区行署根据以上文件及省人民政府办公厅的文件，制发《关于严厉惩处经销伪劣商品责任者的通知》，同时成立由分管专员任组长的严厉惩处经销伪劣商品责任者工作领导小组，负责处理日常工作。至12月中旬，全地区共查处企业和经销单位4135家，涉及商品1794种，价值883.52万元；涉及大案要案81件，结案31件，为国家和消费者挽回损失260.45万元。1990年，组织1000余人参加检查，集中检查集贸市场25次，查处国营、集体、个体门市和摊点6万余个，产（商）品1000余种，价值373.72万元；立案147件，结案141体，罚没金额79.18万元。毕节地区标准计量管理局被省评为查处伪劣商品工作先进集体。1991年，省政府办公厅下发《关于继续加强查处伪劣商品工作的通知》，毕节地区共查处价值300余万元不合格伪劣商品。1992年，春节前，检查毕节城区国营、集体、个体经营户194家，检查商品价值68万元，查获假酒287瓶，没收和现场销毁价值0.63万元的变质产品。是年，查获假冒名优酒1621瓶，假冒劣质汽酒、啤酒、饮料2000余件。1993年，全地区开展检查27次，检查经营户2250家，涉及价值50余万元的食品、低压电器、农资产品。1995年，在全地区开展打假检查活动，检查化肥、农药、种子质量。是年7～9月，专项检查烤烟收购，打击短秤少量等不法行为；配合医药、卫生部门，检查整顿医药市场医药质量。地区技监局成立稽查队，开展市场商品质量、计量稽查工作。1996年，毕节地区技术监督系统监督检查全地区农资市场销售农资产（商）品质量，查处建材市场无证商品，共检查商品价值1200万元，销毁价值21.96万元的伪劣商品，罚没款9.69万元，捣毁制假窝点3个，整顿市场146个。1997年，开展打假保春耕、打假保节日、打假保名牌活动，检查毕节城区市场，检查价值1200万元商品，查处价值1万余元的伪劣商品。在“3·15”活动期间，销毁价值1万余元的劣质电器、化妆品。在毕节市、赫章县查获价值25万余元的非法拼装玉林柴油发动机20台。1998年，地区技监局配合地区纪委检查大方、织金、纳雍县农资产品检查商品520余批次，标值120余万元，查获标值5万余元的假冒、不合格商品，罚款4万元，销毁或技术处理价值4万元有质量问题的商品。在黔西县查处通达加油站利用遥控电脑破坏计量器具，坑害消费者的违法案件。1999年，按省局的统一安排，在全地区开展以“查市场，保节日”“查农资，保春耕”“查建材、保建设”和打击制售假冒卷烟违法行为的专项活动。是年，全地区共办理行政违法案185件，其中立案181件，查处假冒伪劣产（商）品标值266万元，其中销毁假冒伪劣产（商）品标值158万元。

2000年，毕节地区质监局成立稽查科，各县市局成立稽查队，公布举报投诉电话12部，接受投诉案168件，全部结案，为消费者挽回经济损失156万元。是年11～12月，毕节地区质检系统出动1876人次，182车次，检查产品货值173万多元，捣毁制假窝点3个，销毁伪劣商品货值2.1万余元。2001年，毕节地区质监系统共办理案件568件，结案556件，捣毁生产、销售假冒伪劣产品窝点13个；受理消费者投诉103起，为其挽回损失28.5万元。2002年1月，查获黔邮邮政邮购有限公司毕节分公司经销的假冒茅台酒694瓶，罚款15万元；查获国家重点工程黔北电厂使用的不合格12光面圆钢59.84吨，罚款8.96万元。4月，查获贵州电信公司毕节分公司经销以次充好小灵通无线市话机627台，罚款8万元。9月，开展两次专项打假活动，全地区出动1790人次，检查乡镇176个，生产企业26个，个体经销点352个；检查化肥1.67万吨、农膜50吨、农药165吨，查处不合格化肥1011.9吨，农膜8.28吨；立案36件全部结案，罚款10余万元。3月15日贵州电视台《今日视点》作专题报道，称赞为全省农资打假带了一个好头。毕节地区质监局按照国家质监总局〔2002〕11号明传紧急通知，在全地区立即开展地条钢查处，共检查生产企业8家，查处责令停止生产销售7家（1家已停产），没收劣质钢材181.3吨，非法生产地条钢坯66吨，模具194条，罚款10余万元，端掉反弹生产窝点4个，建议相关部门对非法生产劣质钢材企业采取吊销营业执照和断电措施。全地区出动115人次，检查57个棉花加工销售点、26家集团采购单位；捣毁黑心棉加工点2个，没收劣质棉絮520床，制假工具、制假原料1吨多，罚款1.37万元。8月，出动272人次，开展铝型钢材专项监督检查，检查加工经营建筑单位94户，查封铝型材15.7吨，没收不合格铝型材10.2吨。9月开展“吊白块”专项查处，全地区出动75人次，检查80户面粉、腐竹生产加工企业、检查食品150吨，价值1.95万元；查获非法添加吊白块企业1个，缴获吊白块350克，不合格米粉100千克，罚款1000元。全地区整顿和规范市场秩序，出动580人次，检查集贸市场23个，各类批发专营店470个，计量器具380台（件），检查商品总价值380万元；查出价值7.95万元不合格产品，立案查处15件，现场处罚14件，罚款0.6万元；销毁超期变质食品812袋，劣质酱油200千克，没收计量器具52台，整顿和规范集贸市场19个。全地区开展查处流通领域内产品标志、标注、条码、安全监察、食品标签，先后在毕节市、黔西、金沙、纳雍县查获伪造进网许可证手机17台，货值5.6万元，查获伪造进网许可证电话机101台，货值0.57万元。2003年，毕节地区质量技术监督局制发《毕节地区食品打假工作计划》《毕节地区食品放心工程实施方案》，并陆续组织开展农资、建筑、装饰材料、棉絮制品、地条钢、劣质床垫、陈化粮、毒鼠强产（商）品的专项打假。查获六盘水广洋汽车销售有限公司销售的以假充真汽车77辆，货值1300万元，案件移交毕节地区公安处处理。春、秋两季共出动1036人次，车244辆次，检查生产企业19个，销售企业645个，检查价值2.09亿元的化肥、农膜、农药、种子产（商）品；抽样93个，代表量1.6万吨，其中不合格样品43个，代表量3387.5吨；办理农资案35件，罚没22.83万元。按省10单位联合下发文件精神，开展建材市场专项整治，重点检查全地区27个重点区域、重点市场、22个重点建筑工地的水泥、钢材、钢管、脚手架扣件、人造板、铝合金建筑型材、低压电器、电线电缆。出动580人次，车235辆次，检查水泥7.5万吨，铝型材520吨、人造板材100平方米、电线电缆3700圈；钢管1.5万根、脚手架扣件3万个、装饰涂料8吨；抽取实物样品53个，查获不合格钢材62.5吨、钢管3600根、脚手架扣件5400个、水泥包装袋80.6万条，对查获的不合格产品立案11件，罚款29.3万元；端掉地条钢制假窝点3个，查封销毁原料5.5吨，没收模具60条；捣毁制售黑心棉窝点3个，检查标值30.2万元。检查絮用纤维制品1214件（套），衣料178吨；查获涉嫌质量问题的絮用纤维制品4484件（套），不合格原料4.3吨。办理行政案15件，罚没款0.28万元。开展劣质床垫专项检查，出动220人次，车59辆次，检查床垫经销企业49个，加工企业21个，查获用黑心棉等禁用原料作填充物的床垫346床，货值7.91万元，办案5件，罚没款4.6万元。开展节日食品打假，先后出动1200人次，车286辆次，检查食品生产企业276家，经销企业736家，检查产品货值334万元，办案58件，查获不合格产品货值15.56万元，罚没款10.25万元。配合林业、公安、工商部门开展毒鼠强专项整治，出动257人次，车82辆次，检查各县市城关及重点乡镇，严禁并查处销售毒鼠强的非法行为。查处强制性认证产品，出动425人次，车142辆次，检查经营户395个，责令改正8起。全年共办理行政执法案517件，结案515件，结案率99.8%。

2004年，开展春、秋两季农资打假活动，查处不合格农资产品货值188.6万元，查办化肥案62件，烟草专用农膜案2件，罚款45.6万元；按上级部署，开展奶粉专项监督检查与执法打假，全地区出动147人次，车33辆次，检查超市、经销户及奶粉批发商79家，检查各类奶粉9830包，货值14.8万元；出动93人次，车10辆次，检查有生产许可证的白酒生产企业3家，小白酒作坊100家，白酒经销商73户，抽取白酒样品26批次，取缔白酒小作坊40家；对生产条件差，不能保证食品质量安全的酱油、食醋加工企业9户和菜油加工户18户，责令其停产。是年，开展絮用纤维制品打假，检查加工户280家，集团购买使用单位154家；检查原料9856千克，清弹棉9包，皮棉12包，沙发90个，絮用制品11143套，货物总值90余万元；查处不合格床垫6床，沙发2套，废旧纤维棉絮65床，废旧纤维（废烟头）65千克，废棉加工棉絮150床。出动576人次，车187辆次，检查通过认证的企业17家，检查电脑、冰箱、电视机、电扇等商品货值2000多万元；查处无3C标志电扇11台、电钻29台和部分电缆。监督检查黄金首饰销售，办理黄金首饰案3件，处以罚款6.5万元。全年查处行政案279件，结案276件。

2005年，组织开展农资打假、建材市场专项整治工作，对全区8县市的农资生产、销售点60

余家进行检查，检查农资产品主要有化肥、农膜、种子等，其中检查化肥三大类、28个品牌，抽取的样品37个，代表量1000余吨，不合格化肥代表量近500吨作了立案处理，并查处了1家伪造生产许可证的化肥生产企业；检查生产企业、经营户40余家，对2家违法生产“地条钢”的生产点，2家无证生产和10家使用不符合国家标准要求水泥包装袋包装水泥的水泥生产企业进行了查处。

2006年，出动执法人员350人次，开展了农资打假、建材市场专项整治、食品安全专项整治、絮用纤维制品专项整治等执法打假工作，对全区8县市的农资生产、销售点40余家进行检查，检查农资产品主要有化肥、农膜、种子等，其中检查化肥三大类、28个品牌，抽取的样品37个，代表量1000余吨，办理农资案件10余件，罚没款近20万元；检查建材生产企业、经营户40余家，对4家销售不合格钢材单位进行了处理，对1家无证生产和10家使用不符合国家标准要求水泥包装袋包装水泥的水泥生产企业进行了查处；检查涉及茶叶、桶装饮用水、肉类等与人民群众日常生活息息相关的食品，并在威宁、纳雍查处了2家无证生产加工大米的企业，金沙查处了1家无证生产加工矿泉水的企业；对毕节市内多家絮用纤维制品使用单位进行检查，并对两家违规使用不符合国家标准要求絮用纤维制品的单位下达了责令改正的通知，督促其进行了整改；

2007年，出动执法人员536人次，检查化肥生产企业9个、化肥经营单位和个人170余个（户），检查各类化肥280多个批（次）5100余吨，货值270余万元，抽样41个，合格率为63%；以毕节市麻园大道建材市场、全区水泥生产企业以及建筑工程为检查重点，检查水泥生产企业28个，水泥16万吨。检查建材销售单位18个，检查铝型材20余吨；组织开展了安全帽、桶装饮用水、中秋、国庆节日食品专项检查等专项整治工作，取得了一定的效果。全年办理质量技术监督立案案件42件，其中质量案件9件、计量案件11件、标准化案件12件、许可证案件10件，罚没款110万元。

2008年，开展农资执法打假，检查农资生产企业6家次，检查农资经销商户20余户，抽查化肥20余批次，对检查中发现的违法行为均进行了立案查处。积极开展“3·15”“关注民生，计量惠民”“九月质量月”等宣传活动，保护消费者合法权益。开展强制性产品认证专项执法检查，对辖区内15家销售企业、商场及建筑工地开展认证产品专项执法检查，共立案查处认证违法案件10宗。开展能源效率标志专项整治行动，抽查销售企业7家，检查列入能源效率标志管理范围的各类产品152批次，涉及生产企业15家，符合能源效率标志要求的114批次，不符合能源效率标志要求的38批次，符合率为75%。全年办理违法案件16件，结案16件，无当场处罚案件。立案案件中，涉及产品质量案件2件，标准化案件1件，生产许可证案件3件，认证认可案件10件，上缴罚没款共计172,490元，案件结案率100%。

2009年，组织开展了农资、絮用纤维制品、建筑材料、家电产品等专项打假工作，检查化肥生产企业8个、农资经营户413家（次），走访农户400余户，发放宣传资料2800余份，接受咨询405人次，抽检化肥86批次，合格55批次，立案查办违法案件15件，捣毁化肥制假窝点1个，向公安机关移送案件1起。检查水泥生产企业36家（次），检查砖生产企业114家（次），检查钢材企业1家，检查装饰材料销售企业10家，查办违法案件15件，罚款12.15万元。捣毁“地条钢”生产窝点1个，没收“地条钢”1吨、模具10条。检查公立及私立幼儿园28家，检查被、垫（褥）、枕等床上用絮用纤维制品5050床（套），货值金额20余万元。检查家电销售商331家（次），对彩电、冰箱、洗衣机、手机、计算机、空调、热水器以及其他家用产品进行检查。

2010年，组织开展了食品安全专项监督检查、农资专项打假、建材专项检查、絮用纤维制品专项检查、计量执法检查、家电下乡产品执法检查、节能减排执法检查等工作，对违反质量技术监督法律、法规的行为进行查处，全年办理行政执法案件40件。其中质量违法案件18件，标准化违法案件9件，计量违法案件8件，锅容管特案件5件，上缴罚款50余万元，无行政复议和诉讼案件。

2011年，开展汽车配件、建材产品的“双打”专项集中整治行动，检查各类生产企业50家次，检查市场32个，检查销售商109家，检查产品102个，检查货值为430.8万元，立案查处案件1件。开展茶叶、低压电器、塑料管材管件产品的“双打”专项集中整治行动，检查各类生产企业19家次，检查市场8个，检查销售商42家，检查产品102个，检查货值76.3万元。开展手机、食品、电线电缆产品的“双打”专项集中整治行动，检查各类生产企业48家次，检查市场8个，检查销售商49家，检查产品63个，检查货值176万元。开展了地理标志保护产品集中整治行动，检查生产企业31家、集贸市场9个、超市4家，发放宣传资料180份，未发现违法行为。开展絮用纤维制品专项打假工作，检查絮用纤维制品加工点32家、销售点24个，检查学校（幼儿园）23所、宾馆12家、医院5家，检查絮用纤维制品1797件、原料1300千克，开展农资执法打假工作，检查化肥生产企业51家次，深入到44个乡（镇），检查农资销售单位156家，检查各类农资175批次、总量5600余吨，货值440余万元，抽取化肥样品32个。查处农资违法案件4起，涉案金额3.74万元，没收销毁假劣化肥3吨。开展茅台酒打假专项行动，检查白酒生产及销售单位共计83家次，检查产品46批次，货值23.5万元。开展食品专项执法检查，检查食品生产企业515家次，查办违法案件6件，涉案产品货值1.7万元。开展石油液化气掺混二甲醚专项执法检查，抽样13个，立案查处违法掺混二甲醚案件1件，涉案产品体贴值7.8万元。组织开展建材市场专项整治，检查生产企业196家次，立案查处违法案件11件，没收“瘦身”钢筋880根。累计出动执法人员2935人次，检查各类产品生产企业942家次、销售单位536家次，办理行政执法案件39件，涉案产品货值金额38.15万元，收缴罚没款38.95万元，无行政复议、诉讼案件。

## 第七节　经费及基本建设

**经费**　1965～1999年，毕节地区质监系统经费属地方财政管理。县级质监机构人员经费由财政拨款解决，业务经费实行检定费自给自足，不足部分由同级财政拨付。1999年，质监系统实行省以下垂直管理，地区质监系统原有经费渠道、经费额度相应和足额上划到省级财政，省级财政根据全省质监系统和业务支出，将人员经费、公用经费、装备经费、足额纳入财政预算，地区质监系统经费由省质监局统一安排划拨，实行总额包干原则。1991～2002年，财政共拨事业费2102.23万元。1991年拨科技三项费0.2万元；1992年拨挖潜改造资金20万元；2002年拨预算外资金420.35万元。1999～2004年，共支出经费2973.62万元，其中支出工资1007.44万元、设备经费146.05万元、业务经费1681.72万元，专项经费25.52万元。

**基本建设** 1987年，地区财政拨款15万元，在毕节市威西路建毕节地区计量站750平方米办公楼。1988年，威宁县财政拨款5万元，建威宁县标准计量局721平方米办公楼。1991年，地区财政拨款，在毕节市生活路建地区技术监督局1000平方米办公楼。2003年，省质监局拨款10万元和自筹部分资金，毕节市质量技术监督局购置办公用房。2004年，纳雍县质量技术监督局投资45万元，购547平方米办公用房。1992年后，地区财政拨款给地区检验所建立砖、白酒、糕点、化肥等检验项目，各县财政拨款为县质监局建立血压计检定装置、压力表标准装置、燃油加油机检定装置、四大砝码标准装置等计量标准；全地区先后投入技术改造资金200多万元，完成无绳检测项目、锅炉、压力容器、压力管道检验、电梯及起重机械检验、活塞式压力计标准检定装置、干涉式甲烷检定装置、二等活塞压力标准装置等技改项目21项。实行省以下垂直管理后，统一配备执法用车及网络设备。

**1999～2011年毕节地区质量技术监督系统固定资产总额统计表**

单位：万元

| 年度 | 地级 | 县级 | 总额 | 其中仪器设备 |
|---|---|---|---|---|
| 1999 | 78.52 | 38.95 | 117.47 | 25 |
| 2000 | 98.3 | 45.78 | 144.08 | 36 |
| 2001 | 121.3 | 56.3 | 177.6 | 45 |
| 2002 | 166.45 | 76.96 | 243.41 | 58.48 |
| 2003 | 223.33 | 141 | 364.33 | 66.85 |
| 2004 | 267.44 | 147.24 | 414.68 | 77.09 |
| 2005 | 306 | 251 | 557 | 103 |
| 2006 | 459 | 343 | 802 | 232 |
| 2007 | 516 | 441 | 957 | 269 |
| 2008 | 645 | 538 | 1183 | 285 |

续表

| 年度 | 地级 | 县级 | 总额 | 其中仪器设备 |
|---|---|---|---|---|
| 2009 | 793 | 577 | 1370 | 309 |
| 2010 | 997.96 | 653.03 | 1650.99 | 325 |
| 2011 | 1010 | 671 | 1681 | 363 |

# 第七章　工商行政管理

毕节是一个经济欠发达的区域，直到清末始有简单的半官半民的工商管理机构。中华人民共和国成立后，才将工商行政管理作为制衡经济生活稳定经济秩序的重器来对经济发展进行有效的管控和调节。

## 第一节　机　构

**机构沿革**　秦汉以来，官署即行使简单商品交易的权力。清代后期，已设置劝业所、课税局、厘金局一类管理工商业及市场活动的行政机构。民国初期，各县公署建设科负责工商行政管理职责。民国16年（1927）一度由县实业局管理工商业。1935年，建立第四行政区行政督察专员兼保安司令公署，各县府建设科负责工商企业登记、发证事宜。县城综合市场由税（捐）务稽查处和警察局负责；农村集市贸易由区警察队、保安队维持秩序。抗战期间，粮食、食盐市场分别由田赋粮食管理处和盐务运销局管理。1949年12月，毕节地区专署下设工商科，负责工商行政管理职责。1956年9月，专署工商科分解为商业科、工业科和手管科。商业科领导和管理国营商业企业，负责城镇私营商业和个体商贩的社会主义改造，指导管理城镇市场。11月，改称专署商业局，内设市场管理科履行部分工商行政管理职能。1958年7月，毕节专员公署商业局内设工商行政管理科负责城镇市场管理，工商企业登记注册和对私改造工作。1963年5月，建立毕节专署工商行政管理局。1967年5月，成立毕节地区革命委员会打击投机倒把办公室，1971年2月撤销。1972年1月，地区革委贸易局内设工商行政管理组。1974年8月，恢复地革委工商行政管理局，辖县工商局9个，区工商所96个，市管会19个。1979年改称毕节地区工商行政管理局。1999年体制改革后，实行以条为主的管理体制，地区局直接领导县市局。毕节地区工商局（科）历任正副局（科）长：辛霞光、李超、周子佩、李崇宽、李银发、赵世俊、何志光、贺德富、崔维良、王世民、李良栋、陈永新、陈展法、尚洪祥、杨琴、刘富美。历任党组书记、党组成员：李崇宽、李银发、赵世俊、何志光、贺德富、崔维良、王世民、李良栋、陈永新、陈展法、尚洪祥、杨琴、刘富美、李宝林、周杰。

2011年，通过落实新“三定方案”，毕节地区工商局改称毕节市工商局，由杨晓铁、周杰、黄远红、李贵书、杨爽、邱萍、孔德才组成领导班子。杨晓铁任党组书记、局长。

**内设机构**　1.办公室。协调、处理日常工作；负责本局档案、新闻宣传、安全保密、机要管理、综合调研、综合统计、督察信息、会议组 织、文稿起草、制度管理、机关财务及行政管理等工作。

2.财务科。2001年10月建立，负责编制预、决算方案，负责系统内的财务、国有资产、资金、装备和基本建设及票据管理。

3.人事教育科。始建时称人秘科，负责办公室和财务科的职责。1996年改称人事科。2001年改称人事教育科。负责系统内机构编制、干部人事、劳动工资、外事、社会保险、目标管理、精神文明建设工作；拟订并组织实施教育培训计划，管理本系统事业单位和相关社团的职工技术职务评聘工作；负责机关离退休干部的服务和管理工作。

4.注册指导监督管理科。1979年始建，称企业登记管理科，主管工商企业和从事生产经营活动的事业单位、科技性社团的登记注册，核发“企业法人营业执照”和“营业执照”，监督管理企业的生产经营活动。1996年改称企业注册科。2001年10月改称现名。职责为研究、拟订工商企业、合伙企业、个人独资经营企业和个体工商户登记注册及监督管理的规章制度并组织实施；个体工商户登记注册、验照贴花和监督管理工作。

5.公平交易科。亦称消费者权益保护科、“12315”投诉中心、经济检查大队。1996年始建。职责为打击制止垄断和不正当竞争行为。查处非法传销、流通领域走私贩私案件，查处经济违法违章案件，查处侵犯消费者合法权益和经销假冒伪劣商品行为；承办“12315”投诉的具体工作；查处电子商务市场违法违章经营、虚假广告、侵犯消费者权益等案件。

6.洪山工商行政管理所。1993年12月成立，负责洪山蔬菜水果批发市场的监督管理。2001年撤销。

7.机动车辆交易管理所。1992年2月列为地区工商局直属机构。负责机动车辆交易活动的监督管理。

8.纪检监察室。检查局党组织和党员干部执行党的路线、方针、政策和决议的情况；查处违反党纪政纪案件；受理对党员干部和监察对象不服纪律处分的申请。

9.信息中心。2003年5月成立，负责研究本系统信息化建设方案，并组织实施；本系统计算机的应用，各种专用数据库的建立和管理，计算机网络的维护以及信息传输等工作；开展相关信息的咨询和查询服务。

10.后勤服务中心。2005年8月成立，管理地区局工商机关食堂，协助办公室管理各类车辆。

2011年，毕节地区工商局实施新的“三定方案”后，内设14个科室（中心），直属单位2个，经济检查支队，信息中心。辖9个县（市）工商局、（分局），66个基层工商分局。

## 第二节　人　事

**干部队伍**　1963年，全地区9个县工商干部37人，88个区有市管员222人。1964年，全地区有工商干部职工339人。1966～1976年，“文化大革命”期间，工商行政管理机构被撤并。1978年，全地区有工商干部678人，1984年为1075人，1993年为1323人，1997年为1483人。2000年，从工商部门调出部分干部组织物价、计量部门，工商干部减少至1373人。2001年机构改革，核定全地区工商机构编制共1127人，其中地区40人、毕节市185人、大方县118人、黔西县140人、金沙县135人、织金县138人、纳雍县118人、威宁县155人、赫章县98人。截至2011年，全区工商系统共有干部职工1662人，其中：公务员857人，参照公务员管理人员20人，全额拨款事业编制人员111人，离退休干部共674人，其中离休干部10人。

**干部教育** 1.学历教育。（1）大专学历教育。①电大工商班。1985年5月，毕节地区工商局与电视大学毕节工作站联合创办电大毕节工商班。开设必修课18门。1987年7月，期末考试和一次性补考结束。经省电大评卷，55名学员，48名取得毕业文凭。②财院证书班。1992年，威宁县工商局与贵州财经学院函授部在威宁举办工商行政管理证书班。学制1年半，开专业课12门。经学习结束考试，89人合格，取得毕业证书，其中工商干部84人。③党校直属班。1995年，毕节地区工商局与省委党校在毕节举办本科直属班，学制3年。地区工商局有30名干部被录取。共开设18门课程。以自学为主，每学期集中授课15天。期末由党校命题考试。30名学员修业期满，考试合格，省委党校颁发本科毕业文凭。④贵大法学班。2003年9月，毕节地区工商局委托贵州大学法学专科班代培区内工商系统不具大专学历的公务员34名。学制2年，至2005年9月修业期满，取得大专文凭。（2）中专学历教育。①自学中专。1986年，省工商局、省自考办开办行政管理自学中专，学制3年。全科考试13门课程。1987年秋自学中专统一考试，工商系统45岁以下职工214人参加，共报考8科，人均不足2科，合格率11%。1990年春考，97人参加，合格率45.6%。秋考时54人参加64科考试，合格率近40%。全系统有29人获工商行政管理学科合格证。截至1991年底，全地区参加春、秋考试1009人次，人均报考1.7科，平均合格率43.13%。共有34人获工商行政管理学科合格证，16人全部合格获毕业文凭。②函授中专。1994年11月，省教委同意省工商局建立贵州省工商行政管理中等专业函授学校。学制3年，开17门课程。通过考试，毕节地区上线29人。通过在职学习，29人俱取得函授中专文凭。③电视中专。1992年12月，工商部门组织职工报考电视中专行政管理专业。各县工商局组织职工参加毕节分校行政管理中专半脱产学习。至1999年，毕节地区工商系统有30名职工取得电视中专文凭。

2.岗位培训。（1）专业业务培训。1951～1954年，专、县工商科先后选送67名干部到大专院校受训；专、县分别培训市管员和交易员共146人次。1965年，专署工商局在专区财干校举办两期培训班，每期2月，共培训220人。1978年，地区工商局先后举办会计、统计、企管和办案培训班共4期，培训业务人员86人。1982～1984年，采取集中培训、以会代训方式，培训市管、企管、统计等业务人员400人次。1982年，地、县工商局举办单项业务培训班16期，每期半月，培训253人。1985年，黔西县举办为期26天的专业业务培训班，培训64人。织金、毕节、赫章、黔西、金沙县分别举办培训班；培训经济合同管理人员370人。1986年，选送8名干部参加国家工商局培训班学习；选送53名参加省工商局培训班学习。地区局培训工商职工240名。1991年，地区局举办法律法规培训班1期，培训经检干部45名。1992年，全地区共办短期培训班9期，培训工商干部196人。1994年举办法制教育培训班13期，1008人次参加学习。1995年培训执法人员414人次。1996年，地区工商局举办“六法”培训班2期，学习《中华人民共和国公司法》《反不正当竞争法》商标法、广告法、消费者权益保护法、行政处罚法，培训股所长136人。举办县市局长培训班1期，各县市工商局党组成员参加学习。举办知识更新学习班17期，培训1456人次。1997年，组织83名公务员分批到地区财贸学校接受计算机操作服务技术培训，每期15天。经考试全取得合格。1998年举办专业业务知识培训28期，培训1273人次。2004年4月，地区工商局分两期对局机关60余名公务员进行计算机专业知识培训。（2）新干综合培训。1984年，毕节地区工商局举办招录干部培训班，以《工商行政管理干部轮训班讲义汇编》为主要教材，培训3个月，145名新录用干部接受培训。（3）岗位职务培训。1991年1月，接省局通知，组织职工进行岗位职务培训。全地区1070名工商干部接受培训。是年9月，在毕节县先办试点班，对80名企管、市管人员进行培训。1992年，分别由地区局和金沙、黔西、威宁、赫章、毕节等县局组班，210名干部参加岗位培训。1993年，地区工商局采取系统授课与讲座相结合，集中面授与自学相结合，举办培训班5期，培训干部256人。1994年举办岗位培训班6期，培训干部510人。1995年上半年，由纳雍、大方、织金县组班，275人参加培训。是年9月，全地区完成工商行政管理干部岗位职务培训。开展对全区915名50岁以下持有执法证的公务员进行培训，内容涉及市场合同监管、注册登记指导、商标广告监管、政策法规、公平交易、执法办案、消费者权益保护、消费投诉与处理等八个方面。

2010年，组织干部职工对《公平交易执法》《中华人民共和国食品安全法》、工商常用法律概念进行学习。举办消费者权益保护理论与实务培训班1期，培训人次70人；财务预算培训班1期，培训人次8人；固定资产核销软件培训班1期，培训人次9人；一会两站站长培训班1期。培训人次70人。选派1名处级干部、1名优秀青年干部、2名副科级干部参加地委党校2010年春、秋季班的学习培训。选派16名2009年新招考录用公务员参加初任培训。提升学历成效显著：与1998年相比，干部职工学历显著提升，全区工商系统在职公务员975名。有研究生6名（在职研究生5名，硕士研究生1名），占总人数的0.6%；大学本科289人，占总人数的29.6%；大学专科603人，占总人数的61.8%；中专及以下77人，占总人数的7.9%，90%以上人员已达到大专以上学历。

2011年，举办法律法规、食品安全、财务知识、信息报道、消防安全、公平交易执法等各类培训班49期，培训1885人次。2011年：全区选派25名县市局领导班子副职和99名工商所正副所长参加了十一期网络培训班，参考率100%，考试合格率达81%。

3.法制教育。普法教育。自1985年底起，毕节地区工商系统执行全国人大常委会《关于在全体公民中基本普及法律常识的决议》，开展“一五”普法教育活动。1986年，举办法规培训班共82期，2980人次职工参加培训学习。1988年，以《企业登记管理暂行条例》及其实施细则为主要内容，培训企业法人代表和联络员共1767人次。发放普法丛书和其他学习资料7.26万册。办学习专栏164期，组织个体工商户3.42万人次学法。1990年，举办企业法人代表和联络员培训班共29期，培训2266人次。个体劳动者协会举办普法培训班50期，695人参加学法，为个协会员购法律书籍2.56万册。通过学法，涌现出1306户先进个体户和3696个文明摊点。1990年，地区个体劳动者协会荣获国家税务局、共青团中央颁发的全国税法知识普法教育活动优胜奖奖旗。1991～1995年，全地区工商系统开展“二五”普法教育。1991年9月，地区工商局成立普法领导小组，领导全地区公司系统普法教育。1993年10月，地区工商局建立法制科，具体抓法制教育。各县局配备2～3名专（兼）职干部从事法制宣传教育。1991年，地区工商局举办经济合同培训班54期，培训2226人次，合格率97%。工商系统办培训班80期，累计学法139天，受训2018人次。1992年，全地区举办企业法人和联络员培训班，建筑合同文本培训班和农资合同纠纷调解培训班共63期，受训2431人次，印发宣传资料4581份。1993年举办《反不正当竞争法》等培训班19期，1462人次接受教育。1995年，举办5期培训班，培训企业法人代表和联络员414人。“二五”普法期间，共宣传工商法规3000余次。成立会员学习小组1965个，举办骨干培训班1160期，培训个体户40600人次，举办法规职业道德知识竞赛56次。1996～2000年，全系统开展“三五”普法教育。1996年，国家颁布实施《中华人民共和国行政处罚法》，地、县市工商局投资26.3万元订购《社会主义法制基本知识》《工商行政管理行政处罚手册》3976册，发给工商干部学习。截至2000年底，地区内工商行政管理系统共办法制专栏865期，编发《法制经纬》28期，广播宣传法律法规821次，举办讲座605次，散发宣传资料9.54万份；举办企业法人代表、私营企业和个体工商户参加的法律培训班362期，受训8071人次。组织中小学师生1.33万人次听讲工商行政管理法律知识和《消费者权益保护法》知识。法制教育与宣传投资30.6万元。2001～2005年，全系统开展“四五”普法教育。2001，地区工商局制定《毕节地区工商行政管理系统“四五”普法实施方案》，成立“四五”普法领导小组，实施普法教育。2002年，地区工商局组织全系统职工学习《综合执法文件汇编》。学习结束时，组织命题统考，863人应试，全部合格。是年举办培训班76期，受训4800人次。散发宣传资料12万余份，办专栏89期，出动宣传车358辆次。2004年，开展“一月一法一考试”和依法行政培训活动，考核合格率100%。举办行政处罚法、经济合同法、商标法、广告法培训班6期，培训583人次。办理各类经济案件3426件，唯有1件当事人不服提起诉讼。至2005年，全地区工商行政管理系统有870人取得行政执法资格，占总人数的69.14%。截至2011年，在“五五”普法工作中，毕节地区工商局被评为贵州省工商系统“五五”普法先进单位，全区工商系统涌现出19先进单位，28个先进个人受表彰。（2）执法教育。1984年，毕节地区工商局贯彻全国工商行政管理经济检查工作座谈精神，实行行政执法岗位目标管理责任制。1987年，地区工商局成立经济监督检查队，各县局成立经济监督检查所，负责行政执法工作。1989年，地区工商局举办经检人员培训班，34名干部参加培训，学习行政诉讼法、投机倒把行政处罚条例及证据学，结束时组织考试，合格率100%。1990年举办培训班9期，受训400人次。1991年，地、县工商部门举办法律培训班5期，受训160人次。1992年3月，地区工商局在黔西县举办培训班，采取以案说法方式对受训者进行执法教育。1994年，举办公司法、产品质量法等培训班39期，1806名企业法定代表人、管理人员、营销人员受训。1996年，地、县市工商行政管理机关采取定期集中培训、以会代训，案件评析形式，组织工商执法人员学习“八法”“一条例”。举办培训班48期，716名执法人员参加受训。

基层工商所开展一月一法一讨论活动，以案说法，用法判案，当年共讨论315次。9个县局开展一月一法一讲座，共进行55次，听讲1840人次。举办法规培训班48期，716名执法人员参加学习。2003年举办工商所长和办案人员培训班9期，对359人次执法人员进行行政执法考试。是年8月，地区局信息中心在毕节一中举办网上执法知识培训，106名副所级以上干部参加受训。2005年，地区及各县市工商局组织干部学习国务院《依法行政纲要》并考试，934名公务员参加，平均86分。10月，地区举办基层工商所法制员培训班，40余人参加学习行政复议法等法律知识。全年全系统共办法规培训班89期，2957人次接受执法教育。

2011年，毕节地区工商局具有行政执法主体资格的单位10个，其中法定行政机关10个，具体行政执法职权共650项，其中行政处罚581项，行政许可18项，行政强制25项，行政征收16项。同时，制定了《毕节地区工商行政管理机关行政许可、行政执法流程图》，在内外网上公示。对1979~2010年代行署拟发和地区工商局出台的规范性文件进行清理，清理文件107件，其中：清理地区局代行署拟制规范性文件7件，已经全部失效；清理地区局和各县市局制定的规范性文件100件，已经失效51件，拟废止13件，继续有效36件。

人事管理　1.管理制度。（1）年度考核制。民国24~34（1935~1945）年，工商管理机构实行《公务员考核办法》，考核分年考，由主管长官考评，填具考语，密封送铨叙部审查评定等级，决定奖惩；总考，3年1次，由各机关长官负责，按总考表要求填写，加写考语，拟定公务员的等级，密封送铨叙部核定。民国35年（1946）执行《贵州省政府所属机关公务员年终考核办法》，考核工作占50%，操行和学识各占25%；考核等级分最优、留用、最劣。1950~1958年，执行西南军政委员会《关于西南各级行政干部年终考核的指示》，专署和各县工商行政干部采取个人鉴定，群众会议讨论、领导审查的方式进行年终考核。1961年，根据中共中央考察干部的6条标准对干部进行考察。1963年，专、县工商行政管理局对干部实行年终鉴定。1966~1976年“文化大革命”期间，干部考核、鉴定工作处于不正常状态。1979年起，执行中组部《关于实行干部考核制定的意见的通知》，从德、能、勤、绩方面进行考核。1984年9月，毕节地区工商局制定《工作职责》《岗位责任制》，将考核与奖惩相结合，把德、能、勤、绩的表现分为：履行职责完成任务好，执行政策好，遵守纪律好，政治思想好，学习好。1994年，毕节地区实施和参照试行国家公务员制度，对工作人员进行年度考核。地区工商局机关58人参加考核，评为优秀12人，称职46人。地区个协16人参加年度考，均被评为合格。大方、黔西、金沙、纳雍、织金、赫章县工商局907名职工参加考核，优秀97人，称职788人，不称职1人，未定等次21人。1995年起，年度考核每年末或翌年年初进行。地区工商局共65人参加考核，其中优秀12人，合格61人，未定等次1人。1996年毕节地区工商行政管理系统1486名职工参加年度工作考核，评定职称1231人，优秀200人，不合格5人，未定等次30人。1999年，全地区工商系统1359人参加年度工作考核，考核评定优秀181人、称职1108人、不称职14人、未定等次56人。考核以基层为单位划定指标形成以领导个人意志来评判干部工作实绩，挫伤广大干部的责任。2001年，全地区工商系统1177人参加年度公务员工作考核，优秀158人，称职975人，不称职1人，未定等次43人。2004年，全地区工商系统1019名公务员参加年度工作考核，优秀

137人，称职854人，未定等次26人，不称职2人；115名工作人员参加事业单位人员考核，优秀14人，合格99人，不合格2人。2005年，全地区工商系统1014名公务员参加年度工作考核，评定优秀133人，称职877人，不称职1人，未定等次3人。111人参加事业单位职员年度考核，优秀15人，合格94人，未定等次2人。2009年：全系统有公务员988名，考核人数是988人，考核率100%。优秀164名，称职813名，未定等次10名。事业单位人员112名，考核人数112人，优秀15名，合格96名，未定等次人员1人。2010年：全系统有公务员984名，考核人数984人，考核率100%，优秀166名，称职797名，未定等次21名。事业单位人员112名，考核人数112人，优秀15名，合格97名。

2011年，全系统有公务员989名（含20名参公管理人员，30名机关工勤人员），实际参加考核人数是989人，考核率100%，评定优秀等次人员169名（含2名参公管理人员、3名工勤人员），占应参加考核人数的17.1%，评定称职等次人员801名（含18名参公管理人员、27名工勤人员），占应参加考核人数的81%，未定等次19名，占应参加考核人数的1.9%（其中：12名属于试用期公务员，1人是2009年度受处分）。事业单位人员78名，实际参加考核人数78人，占应参加考核人数的100%，评定优秀等次人员9名，占应参加考核人数的11．5%，评定合格等次人员69名，占应参加考核人数的88.5%。

（2）干部奖惩制。民国22年（1933）7月，贵州省政府设立公务员惩戒委员会，制发《贵州省公务员临时惩戒委员会章程》。毕节专员公署及各县政府建设等科均遵照执行。民国36年（1947）6月，织金县田粮处（兼管粮食市场）城关办事处主任刘雨之因办理军粮贪污千石被逮捕法办。1950年12月，西南军政委员会颁布《西南区各级行政工作人员奖惩暂行条例》，工商科遵照执行。1952年12月，毕节专署工商科科长辛霞光在“三反”运动中被撤职。1957年10月，国务院公布《关于国家行政机关工作人员的奖惩暂行规定》，工商管理机关遵照执行。1963年，对地区工商系统27名有贪污盗窃等经济问题的市管人员作出处分。1964年开展“五好市管员”“八好市管会”比学赶帮活动，上半年评出7名“五好”市管员和1名“八好”市管会。1978年12月29日，毕节地区工商局制定“学大庆、学大寨”奖惩办法。经总结评比和检查验收，对成绩优秀的单位和个人，本着精神鼓励为主、物质奖励为辅的原则予以奖励。对组织松散、工作失职，形成市场泛滥、投机倒把活动猖獗，造成重大损失的单位和违法乱纪、贪污盗窃、投机倒把和造成严重损失的人员，或追究领导责任，或批评教育、检查、通报批评。黔西县雨朵工商所被评为省、地、县的红旗单位。织金县三塘工商所被评为全省财贸系统“双学”先进单位。1986年，地区工商局按年度工作责任目标考核县工商局、所及局属各科室，各奖给毕节、织金县工商局锦旗1面、摩托车1辆；各奖给8个先进股、所奖状和收录机1台；各奖给26名先进工作者袖珍收音机1台和奖状。据大方、黔西、金沙、织金、纳雍、赫章县工商局统计，截至1990年底止，有2人获晋级奖励，4人次被国家工商局评为先进工作者，32人被省工商局评为先进工作者，8人被地区局评为先进个人，55人被县政府评为先进个人；有18人受行政处分，其中开除留用2人，撤职2人。1996年，处理违法违纪干部6人，其中留用察看1人、移送司法机关处理1人。1991～2005年，地区内工商行政管理系统和个协、私协、消协等组织受到各级奖励和表彰的共262人，其中6人分别获国家工商总局、国家技术监督局和国家经贸委评为全国工商行政管理系统先进工作者、全国红盾护农先进个人、粮食市场监管工作先进个人。1人被中国消费者协会评为先进工作者，1人被评为全国个体劳动先进工作者，1人获省人民政府授予人民满意公务员称号。全系统19人受行政处分，其中降职1人，撤职3人，开除2人。截至2011年，毕节地区工商系统受地委、行署以上党政部门表彰的人员69人。

（3）岗位责任制。1978年12月，毕节地区工商局根据上级指示精神，结合人员分工拟定岗位责任。1981年12月，地区工商局制定《工作岗位责任制》下发各基层单位，从1982年1月1日起执行.1984年下半年，地区及各县工商行政管理部门分别修订和完善岗位责任制，并成立考核小组，定期检查评比，岗位责任制与考勤制、奖惩制配套施行。1985年，地区工商局制定会议、学习、请假、文书、财务等9项制度，并在全系统推行工作任务承包办法，将8项工作任务逐项量化为工作指标，提出具体要求，并与奖惩挂钩。是年，清查出党政机关所办企业154户，经整顿脱钩，交由企业经营131户；发展横向经济联合组织39户。个体工商业发展到3.44万、5.71万。1988年，推行局领导包中层干部，中层干部包职工，党员包群众，团员包青年，先进包落后的思想政治工作责任制，促使工商系统在极困难的条件下完成工作任务。2001年以来，工商行政管理机关实行以事定岗、以岗定责制度。赫章县工商局每年初对股所室的工作目标进行量化，再落实到人，每月1次调度会以掌握履行岗位责任的情况，对滞后单位和个人督促其限期采取补救措施，对确有困难的单位用局所联动办法确保工作任务完成。

（4）目标管理制。1978年，毕节地区工商行政管理机关开始实行目标管理方法，将工作目标的完成情况与单位和个人的责任、权利和功过奖惩联系起来，签订《目标管理责任书》，实行定量考评。1995年，地区工商局制定《目标管理责任书》下发各县市工商局。各县市工商行政管理机关将年度工作目标层层分解到人。1996年，各县工商局将工作目标分解，再签订《1996年目标管理责任书》，作为上级机关年终考核的依据。多数单位坚持制度、兑现奖惩，取得较好的工作实效；有的单位坚持制度差，奖惩不分明。2005年，地区工商系统建立地区局对本局各科室和各县市工商局考评，县市工商局对所属股所室考评，地区局各业务科室对县（市）局业务股室对口考评，科股所对所属公务员考评制度。2011年，毕节地区工商行政管理局在全省考核中获优秀奖，在建立多层次行业自律体系，完善流通领域食品安全监管机制方面获创新奖。省局对县区局考核情况：优秀奖：大方、赫章、七星关、纳雍县工商局；进步奖：金沙、织金、黔西、威宁县工商局；达标奖：百里杜鹃风景名胜区工商分局。毕节地区工商局对各县（区）工商行政管理局（分局）考核等次：一等奖：大方、赫章；二等奖：七星关区、纳雍、金沙、织金；三等奖：黔西、威宁、百里杜鹃风景名胜区工商分局。受地委、行署以上党政部门表彰的人员69人。

（5）任前公示制。1999年，工商系统实行干部垂直管理，金沙县公示14名股所级干部，全部通过，予以任用。2000年，地区工商局调整充实各县市工商局领导班子，以赫章县为试点，实行任前公示。各县市局调整任用股所负责人，亦实行任前公示。2001年，地区工商局对1名科级干部任前公示；公示年终评选的先进单位和个人，听取群众意见。纳雍、威宁县工商局分别公示17名和21名正副股所长，无异议而予以任用。2001～2005年，全地区各县市公示任用股所级干部257名，全部任用。截至2011年，任前公示制成常态化。

2.思想政治道德建设。（1）思想政治工作。1963年，专区及各县建立工商行政管理机构，将职工思想政治教育纳入工作议程，组织职工学习雷锋模范事迹。1964年，毕节专区工商系统结合开展反贪污盗窃、反投机倒把、反铺张浪费、反对分散主义、反对官僚主义和清政治、清经济、清组织、清思想运动，组织干部和市管人员学习毛泽东关于阶级斗争和无产阶级专政的论述。各县工商局（科）在职工中开展政治挂帅好、完成任务好、执行政策好、调查研究好，廉洁奉公好评比活动。1965年，掀起活学活用毛泽东著作高潮，落实人的因素第一、政治工作第一、思想工作第一、活的思想第一。制定政治工作制度，开展以“比、学、赶、帮、超”为中心的“五好”单位和“五好”职工竞赛活动。各级工商部门按专署工商局规定建立政治学习制度，各县工商局每周二、五集中学习，基层工商所按场期或前或后安排学习半天或1天。主要学习“老三篇”等毛泽东著作。1966年，贯彻执行毛主席“五七”批示，政治学习主要学毛泽东著作7篇和《毛主席语录》，中共中央《关于无产阶级“文化大革命”的决定》（即十六条）。1973年，参加批判林彪的“天才论”“经验论”唯心主义历史观。1974年，每周二集中政治学习，学习毛主席著作、中央文件和“两报一刊”社论，开展批林批孔，进行中共基本路线和政策教育，批判城乡资本主义倾向。1975年，毛泽东作出关于理论问题的重要批示，工商干部逐字逐句反复学习讨论。1976年1月，地区工商局发文要求：县级工商部门设政工、市管、行政管理股，配备1名专职政工人员，单位领导亲自抓政治工作，定期开展政治思想工作评比：县局半年一评，区（镇）所一季一评，局所一年一总评，表彰先进，推动后进学先进。1978年，全地区工商系统评选12个“贫管”先进集体和48个“先进群众市管员”。1978年后，地区内工商系统按上级指示，结合实际开展真理标准的讨论，结合工商管理正反经验，开展学大庆、学大寨活动。1979～1980年，按照贵州省委指示，对职工进行坚持四项基本原则、共产主义信念、艰苦奋斗勤俭建国、正确处理集体利益和个人利益、民主集中制和加强纪律性、共产主义职业道德教育。1981年，组织职工学习中共中央《关于建国以来若干历史问题的决议》。1982年开展“五讲四美”和文明礼貌月活动，搞好机关作风。1983年以来，组织职工学习邓小平《坚持四项基本原则》《完整地准确地理解毛泽东思想》《目前的形势和任务》等文章。1985年学习中共中央《关于经济体制改革的决定》和中共十二届四中、五中全会精神。1986年，在职工中开展“五讲四美”“三热爱”活动。5月，地区工商局在织金县召开首次全地区工商系统政治工作会议，以县局为单位制定思想政治工作规划。9月开始，组织职工学习中共中央《关于加强社会主义精神文明建设指导方针的决议》。1987年重点学习邓小平《反对资产阶级自由化》《建设有中国特色社会主义》和中央反对资产阶级自由化的文件。1990年，采取领导讲解、重点发言、座谈讨论形式，组织职工开展政治学习活动。据统计，全地区工商系统政治学习1340次，参加职工4.82万人次；举办培训班111期，受训5286人次，写学习心得1300篇，办墙报、专栏50余期，举行讲演比赛14次，590人参加。1991年，全地区工商系统采取个人自学、集体讨论、重点辅导方式，组织政治学习2270次，举办培训班65期，2009人次参加学习。1992

年，全系统拟发思想政治工作意见32份，制定规章制度54项，奖惩办法90余份。编写工作简报75份，总结经验材料48份。购买学习资料6200多册、辅导材料7400余册。1230名职工参加《中国共产党史》宪法讲话考试，平均86.3分。学习《邓小平文选》和十四大文件时，职工写心得1600篇，领导干部写理论文章72篇，5篇被报刊采用，2篇获地区优秀奖。1995年，地区工商局50名干部参加地区组织的“特色理论”考试，获优异成绩。1996年，组织职工学习邓小平理论和中共十四大文件。干部职工共写学习心得1681篇，出专栏863期。1997年，学《邓小平经济理论学习纲要》，写出心得527篇。1998年购《中共十五大文件汇编》1300套下发。组织1400名职工参加省委宣传部组织的“十五大”知识竞赛。地区工商局代表队在地直机关“十五大”知识抢答赛中获优秀奖。1999年，在工商队伍中开展做人民的公务员和创建文明窗口活动。全系统出学习专栏86期，写心得859篇。2000年，以学习“三个代表”重要思想为重点，组织职工集中学习300余次，参加人员1.97万人次，写心得920篇，组织782人次观看9场《生死抉择》。进行纪律整顿53次，干部拒吃请1020余次，拒贿现金和实物折款4.3万余元。2001年，全系统组织职工2500余人次学习专业146次，写心得2170余篇。举办理论培训班3期，受训94人。进行纪律整顿110次。675名公务员参加预防职务犯罪知识竞赛。2001年，地区工商局中心学习组带头，学习中共“十六大”文件。2005年，全地区工商行政管理机关，贯彻中共第十六次代表大会精神，落实科学发展观，树立执政为民的思想，推进监管体制的改革创新。2009~2011年，贯彻学习中共十七大和十七届三中全会精神，全面推进工商行政管理事业“强局升位”，为促进毕节试验区改革发展作出新的贡献。

（2）职业道德建设。1963 ~ 1966年5月，专、县工商行政管理局（科）先后组织职工学雷锋、开展“五好”职工评比活动，结合“五反”“四清”运动组织职工学习毛泽东著作；要求工商行政管理人员全心全意为人民服务。1966 ~ 1976年，受“文化大革命”影响，全地区工商管理系统职工中的职业道德建设受到严重影响。职工的职业道德意识减弱。1978 ~ 1984年，有一定恢复和发展。1985年，地区工商系统在职工中开展“有理想、有道德、有文化、有纪律”教育活动，宣传社会主义道德和工商行政管理职业道德。1987年7月，以“五要八不准”为内容进行职业道德教育和廉洁教育，把纠正行业不正之风摆在首位。1989年，把学习贯彻中共中央《关于党和国家机关必须保持廉洁的通知》和开展职业道德教育、职业态度教育、职业责任教育、职业技能教育结合进行。1990年，贯彻国家工商局关于《工商行政管理人员廉洁守则》全地区工商系统将职业道德建设同廉政建设、纠正行业不正之风结合起来，收效明显，322人学雷锋做好事712件，涌现出不畏强暴、英勇献身的工商所干部陈国元烈士和一批先进个人。1993年起，贯彻《中共中央关于建立社会主义市场经济体制若干问题的决定》，组织工商系统职工开展相关学习活动。1994年，全地区工商系统把规范行政行为同基层工商所初级规范达标建设结合起来，开展争先创优活动，全系统健全规章制度320个，聘请义务监督员267人，联络人32人。全年拒贿164次，金额1135元，拒吃请648次。1995年，组织机关干部学习中纪委三次全会文件，推广黔西、大方、织金、赫章县反腐倡廉经验，聘请社会监督员400余名，召开监督员座谈会20余次，监督工商行政管理人员的职业道德和行政行为。1996年，地区工商局将当年作为工商形象建设年，制定《毕节地区工商系统九五培训规划》，将职业道德建设工作同工商形象建设年活动；抓党风、治行风、树新风和群众观点、群众路线、群众纪律教育活动结合进行。全年集中学习586次，1.36万人次参学；纪律整顿51次，3825人次参加；办培训班29期，受训1432人；召开行风自查自纠专题会57次，1354人参加，查出问题56个，清退现金1.5万元，并拟制相应整改措施。1997年，实行廉政建设目标管理领导责任制，拟发《纠风工作安排意见》《行风评议工作意见》和《文明窗口实施意见》，发出《纠风评议问卷》1600份，征求社会各界意见，建立和完善规章制度。1998年，地、县市工商局成立“行风建设领导小组”。将目标责任落实到人，从依法行政、办事公开8个方面，开展“八查八看”活动，以遏制不正之风和不良道德行为。是年7～10月，地、县市局分别召开行风评议大会，通过地区纪委、监察局和“纠风办”的评议，地区局获94.6分，县市局均获90分以上。1999年，召开全地区工商系统行风总结表彰大会，表彰织金县局等19个先进单位。2000年，开展“创建文明单位”“争当人民公务员”活动。2001年，根据中央精神，开展作风纪律整治，改进机关工作作风，增强公仆意识。根据省工商局的要求建立公务员行为规范教育活动小组，开展《国家公务员行为规范》教育活动。2003年，国家工商总局下达《依法行政、文明执法六项禁令》，地区工商系统以实施《六项禁令》为契机，加强职业道德建设和干部队伍建设。2005年，地区工商局制定《推行个体工商户“阳光”收费工作方案》，先在毕节、赫章县工商局试点，然后以点促面，64个工商所全面推行阳光收费工作。初步形成依法行政、文明执法的良好行风。2006~2011年，全区工商系统广泛开展“五好家庭”“巾帼标兵”“优秀共产党员”“先进基层党组织”等评先选优活动，地区局被省委省政府评为“廉政勤政先进单位”。

3.工资福利和职称评定。（1）工资福利。1949年12月～1952年6月，专、县工商科工作人员一律实行供给制，县级干部吃中灶，县以下干部吃大灶，并发给服装和零花钱。家属在原籍有困难的，每户补贴140～660斤大米。1952年3月后，执行政务院规定的工资等级。工商科工作人员40余人实行薪金制。县级干部每月20多万元，一般干部18万余元。1952年7月起，全专区执行以“工资分”计算工资。工商科工作人员享受公费医疗待遇。1955年7月起，先后废除工资分计算办法，一律按本单位现行的工资标准改为工资制待遇，实行货币工资制。1956年6月，国务院决定改革工资级别制度。工作人员执行一类地区第12～30级工资等级，最高190元，最低20元。1963年8月，按《贵州省工资区类别调整表》标准，将一类调为三类地区工资标准。市管员参照国家机关工作人员工资标准调整工资，由收取的市管费支付，其福利待遇比照机关干部标准执行。市管员外勤补助每天0.25元，到外地出差按政府规定的差旅费标准报销。经常下乡、出差人员，每年补助胶鞋1双、雨伞1把，每季度补助电池1对。1964年，各县成立基层工商所，工作人员领取相当行政26～27级工资。区内工商系统局、所，按工资总额的2.5%提取福利费。1971年，工商所工作人员工资相当于26级者为30元，27级者为27.5元。7月，按省革委行文调整工商所工作人员工资，转正定级者一般调高1～2级。1978年，地区工商系统执行国家财政部《关于国家机关、企业、事业单位工作人员差旅费开支标准的规定》。1980年，按上级规定，全地区工商系统40%的职工调资晋级。1982年1月1日起，地区局按工资总额2%，县局按2.5%，工商所按3%提取福利费。1983年5月，按国家财政部规定：工商干部下乡管理市场和办案，每人每天补助0.7元；可从市场管理费留成部分提取3%作为集体福利；每人每年补助15元的鞋子、雨具费（在业务费中开支）。1985年，各级工商行政管理机关从7月1日起执行新的工资制度。工资分基础工资、职务工资、工龄津贴、奖励工资。毕节地区职工基础工资，按五类工资区39元标准执行。地、县工商局所1075人参加工改。职工医疗费凭县以上医院医疗发票报销。1986年，按省局通知，工商所管理市场和办案人员的补助，农村每人每月按24元掌握；城镇按14元掌握；县局内设股室按10元掌握。鞋子、雨具费每人每年30元。1989年6月1日起，基层税务干部下乡伙食费补贴每天1元。1990年4月，省工商局通知，工商所人员工资福利待遇按当地基层税务人员同等对待。1992年，按省财政厅规定，工作人员出差每天补助生活费3元，住宿费3元。基层工商所人员出差30里以外，每天补助误餐费1.5元。医疗费按《行政事业单位公费医疗管理试行办法》执行。1993年，全地区工商系统国家机关工作人员（除工勤人员）实行职务级别工资制。全区工商系统1302人参加工改（含离退休人员），其中实行职级工资制的1128人，占86.6%。1997～2003年，国家调整机关、事业单位工作人员工资标准，工商系统遵照执行。全地区工商系统根据上级有关规定，对工作人员发放各种津贴：①艰苦边远地区津贴。2001年1月起。县级每人每月60元，科级47元，科员以下40元。②岗位补贴。1999年1月1日起。县级120元，正科级、副科级、科员、办事员依次递减10元。离退休人员按离退时职务或技术级别对应执行。③岗位津贴。2004年7月1日起。正县级400元，副县级、正副科级、科员、办事员依次递减50元。④移动通信话费补贴。2004年7月1日起。县处级每月180元，科级130元，科员以下80元。⑤交通、洗理、书报补贴。1994年10月起。交通费每人每月30元，洗理费10元，书报费15元。⑥菜篮子补贴。1994年10月1日起。每人每月30元。⑦粮贴。1966年8月1日起。每人每月2.5元。⑧独生子女保健费。独生子女一次性奖励费100～1500元，从领证当月起发给每月5元保健费，至子女年满14周岁止。⑨高龄补贴。离休人员每月60元、50元、40元不等。1949年10月1日以后参加工作的，年满70周岁每月发20元。离退休干部护理费。2005年5月以后离退休干部中县级以下干部每月补助150元。雨具、鞋伞补助费。1984年后每人10元。1990年后每年300元。赶集补助费。1985后每人每月10元，20世纪90年代从每月30元增至60元、90元；2001年称考勤补贴，每人每月120元。

（2）技术职称评定。1983年7月1日，贵州省工商行政管理局制定《关于评定经济专业干部业务职称的暂行实施办法》，将工商行政管理干部列为国家经济干部评定专业技术职称。全地区工商系统首次评定3名干部为经济师。1986～1990年，评定大方4人、赫章1人为经济师；大方县1人为助理统计师；大方37人、织金1人、赫章4人为助理经济师；织金7人、赫章24人为经济员。1990年，国务院规定国家机关暂停职称评审工作。已评定职称的专业干部工资不与专业技术职务工资等级挂钩。

（3）过渡考试。1994年，毕节地区工商管理系统执行《国家公务员暂行条例》，组织公务人员参与过渡公务员考试。1996年7月，全地区工商行政管理在职1403人参加贵州省第二期国家公务员过渡考试，经考试1396人合格，5人补考合格，2人不合格。是年10月～次年2月，各县市工商行政管理机关工作人员（除工勤人员外）分批过渡为国家公务员。2001年10月，按省编制办核定，毕节地区工商机关行政编制66人。按照任职资格，全局有59人符合条件，办理过渡国家公务员手续。全地区县市工商局核定行政编制968人。实有1106人参加公务员任职资格考试，符合条件过渡为国家公务员。截至2011年，全区工商系统有公务员942人，其中研究生3人，本科学历322人，大专学历56人，中专、高中54人，初中1人。

（4）离退休干部工资。1985年后，毕节地区工商系统离退休人员逐渐增多。中共毕节地区工商局党组决定成立老干部工作管理小组，向老干部宣传有关方针、政策；在职工中开展尊老、敬老、学老活动。局机关按规定向老干部传阅文件，请老干部参加会议，发给政治书籍和学习资料。生活给予关心，逢年过节登门拜望，送慰问品；对病患者探视病情，帮助解决生活和医疗中的困难。毕节市局给副科级以上退休人员每人每年发报刊费168元。1993年，按省人事厅、省劳动局的规定，给本系统退离休人员调整生活补贴。1998年按有关规定，男满58周岁，女满53周岁，可办理离岗退养手续，不占编制，工龄和任职时间连续计算，并享受同职级在职人员的工资福利待遇。到退休年龄再办退休手续。2001年，地区工商局离退人员书报费每人每年300元。2005年全区工商系统离退休人员576人，其中离休20人。截至2011年，全区工商系统共有干部职工1662人，其中：公务员857人，参照公务员管理人员20人，全额拨款事业编制人员111人，离退休干部共674人，其中离休干部10人。

## 第三节　工商社团

### 一　行会组织

明末清初，外省商人源源不断来经商或从事手工业，逐渐形成行帮。外籍人以同乡关系设立会馆，以增强其生存与御侮能力。有的同乡会还开办学校，教育儿童。城镇同业组织，手工业行会和商业行会，发展成为同业公会和商会。民国时期，各县商会领若干同业公会，会长或理事由有名望的资本家和地方绅士担任。民国政府利用县商会管理私营工商业和市场交易活动。1949年后，商会由政府接管，改造为县工商联合会。

**同乡会馆**　明末，外省来毕节经商户逐渐增多，互有联系，就按原籍组成行帮。至清代，改称为××省旅毕同乡会，订立会章、行规，帮助本籍业主解决困难，扩大经济实力。其活动场所称会馆，负责人称同乡会长，从会员中选举产生。

毕节主要会馆有：江西会馆。清雍正年间（1723～1735）由江西旅毕客商捐资修建。民国34年（1945）有会员816人。同乡会设理事会和监事会，办理本籍人员有关商务，还办有务实、致中、豫章小学。

湖南会馆。建于雍正年间（1723～1735）内设床榻，供湘商湘人居住，曾办一小型农场和三楚小学。民国34年有会员202人。陕西会馆。清乾隆二十年（1755）陕西客商捐资修建。祀关羽，后称“春秋祠”。

四川会馆。清同治年间由四川璧山、荣昌、隆昌、泸县商人捐资修建，供奉李冰，称川主庙。置有房地产和基地。民国28年（1939）创办蜀益小学。民国34年有会员300余人。

福建会馆。建于雍正年间（1723～1735）民国时期办有女二小和中正小学。

大定的外籍客商同乡会馆有：四川馆。建于康熙年间（1662～1722）曾创办惠川小学。川盐集散地瓢儿井也建有四川会馆。

湖南会馆。清代曾有两湖人所建三楚宫，民国26年（1937）湖南商人成立湖南旅定同乡会于此。曾办求是小学，后改称三湘小学。大方瓢儿井也建有湖南会馆。

江西会馆。民国27年（1938）江西籍人成立江西旅定同乡会，建江西会馆于城内万寿宫。

清末至民国时期，今金沙县城（时称打鼓新场），同乡会馆主要有：江西会馆。江西籍商人成立同乡会后，设会馆于新场街上万寿宫。民国33年（1944）经批准成立江西同乡会，设会馆于金沙县城玉皇殿。四川会馆。四川籍商人建同乡会馆于新场街上川主宫。金沙置县后，安底、沙土皆有四川同乡会馆。两湖会馆。湖南、湖北客商所建，又称黄州帮，在新场开设八大商号，与江西、四川会馆为黔西商会支柱。

**行帮组织**　清末至民国时期，个体经营行业遍及城乡。个体经营者在封建社会以农业为主的经济条件下，将同业或相关行业联合起来，组成行会或帮会，规定生产经营范围，以限制竞争，保护同行业利益和解决业主困难。未入行帮者不许经营。行会订有行规。手工业行规主要规定原料价格和售价、帮工待遇、劳动条件和学徒制度。商人对开业、伙友、同业关系、度量衡、货币、本业争议、违章案件、公共福利等都有规定。会员应遵守行规，违者处罚。各行帮都供奉祖师。县商会成立后，行帮被同业公会和行业公会所取代。毕节地区主要有：

轩辕会。由缝纫行业和绸缎匹头生产经营者组成。会期九月十六日（农历，下同），祭祀轩辕黄帝。

老君会。从事金属制品和冶炼业者的行会。会期二月初五，供奉李老君（李聃）。

机仙会。纺织业者的行会。会期九月二十日。供奉嫘祖。

鲁班会。石、木、泥、竹等工艺和建筑业者的行会。会期五月十七日，供奉公输班。

皮匠会。皮革业者的行会。会期九月十三日。祭祀战国时兵家孙膑。又称孙祖会。

药王会。医药行业的行会。会期四月二十八日。祭祀唐人孙思邈。

詹爷会。烹调、饮食业者的行会。会期八月十三日，祭祀名厨师詹某。

张爷会。屠宰业者的行会。祭祀蜀将张飞。

杜康会。酿酒业者的行会。祭祀酿酒发明者杜康。

蔡侯会。造纸业者的行会。祭祀造纸术发明者蔡伦。

梅葛会。染色业者的行会。会期三月初三，祭祀教民染布的梅葛。

民国30年（1941），民国政府制定《工商业公会法》，各县按此规定取消行会，建立各行业公会。毕节县成立有纺织、木石、成衣、饮食、火炮、五金、理发、砖瓦、陶器、皮革、执行（服务业）、泥水、弹花、猪鬃、印染公会。

**商会**　1.黔西县商会。清光绪二十八年（1902），由江西会馆、两湖会馆、四川会馆发起成立，直属省城总商会，以解决商业事务和商务纠纷为宗旨。县政府财政、建设局分管商业政务和业务。民国18年（1929），贵州省政府颁布《商会法实施细则》，黔西商会改组，开始组织同业公会。商会的主要任务为：执行政府指令；对商业进行指导和监督；协助政府管理工商业和市场交易活动以及课税和临时派款；调解商事纠纷。民国32年（1943）改称工商会，下辖19个同业公会。1950年黔西县工商联筹委会接管黔西县商会。

2.新场商会。清光绪三十年获省批准成立，由省城总商会领导。新场商会有武装保商队，民国14年（1925），护送300担鸦片运汉口，过纳溪口时遭1000余土匪拦劫。保商队奋战数小时，击退匪众，从而名声大振。

3.金沙县商会。民国30年（1941）成立。将壁山帮、盐帮、杂货帮、木石帮改组为12个同业分会。1949年撤销。

4.大定县商会。宣统二年（1910年）筹建。民国9年（1920），县政府改选整顿商会。民国18年（1929），大定商会由国民党大定县党部领导。民国29年（1940），县党部奉命将商会等社会性团移交县政府管理，由县教育科接管。其任务为：开办县内商号、行栈、饭馆企业登记注册，颁发营业执照；办理个体商业开业、歇业、停业、转业登记手续；拟制市场交易条文，规定市场交易费标准；批准经纪人和“牙行”，对合法者颁发执照；拟订和调整碾坊、酒坊、仓库、货栈、运输收费标准。大定商会统管手工业和个体工商业1800余户。从民国37年（1948）归县民政科管理至1949年止。

5.毕节县商会。民国4年（1915）成立。常务理事分管盐业、白布、蓝布、唐果、杂货、药材、染房帮会。民国时期，商会配合警察局调解工商业者的纠纷，在市场设立公平秤。1949年12月，毕节县人民政府接管商会。

6.织金县商会。民国20年（1931）成立，下辖绸布业、盐业、纸火、旅栈、食品、屠宰同业公会，有会员284人。1949年之前已自行撤销。

7.威宁县商会。民国22年（1933）成立，下辖各同业公会。1945年后，因通货膨胀，商业萧条，商会名存实亡。

8.赫章县商会。民国31年（1942）成立。民国34年（1945年）组建百货业、土布业、旅栈业、盐业行业理事会，直属县商会。其任务为介绍贸易行情，调处行业之间纠纷，协调商界与地方各界之间的关系。临近1949年自行撤销。

9.纳雍县商会。民国34年（1945）成立，辖盐业、土布业、山货业、运输业及百兴油榨水碾等16个行业公会。

## 二　消费者协会

**地区消协**　1988年3月15日成立。第一届理事会由107名理事单位组成。行署常务副专员王国文任会长。1993年6月，更名为毕节地区消费者权益保护委员会。1997年5月，恢复原称谓。

1997年8月13日，召开第二次代表大会，修改《毕节地区消费者协会章程》，选举产生新一届理事会，地区工商局局长何志光任会长。消协实行单位理事会员制。消协宗旨为：依法对生产者、经营者提供的商品和营业性服务进行社会监督，指导消费者合理消费，维护消费者的合法权益，促进社会主义市场经济健康发展。2003年9月26日，召开第三次代表大会，选举产生由37名理事单位和15名常务理事单位组成的第三届理事会，毕节地区政协工委副主任张志侠任会长。

**县市消协**　1.毕节市消协。1991年3月30日成立。1994年，改称毕节市消协，并召开消费者代表大会换届选举。是年，成立鸭池、龙场、官屯、田坎、燕子口分会。2003年6月27日，选举的第二届理事会，下设9个基层分会。至2005年，毕节市消协建“12315”申诉举报中心：市区1个，分片区工商所9个，市车辆管理所1个；市辖行政村、市内学校、社区建举报投诉联络站254个。初步形成举报投诉网络。

2.大方县消协。1989年12月成立。1996年11月召开大方县消协第二次代表大会，选举新一届理事会，理事会决定在各片区成立消协分会。至1997年1月，13个片区相继成立消协分会。2002年12月，召开第三次代表大会选举产生第三届理事会。消协基层分会因所挂靠的工商所精减而随之调整为7个。

3.黔西县消协。1989年5月召开第一次消费者代表大会，选举产生第一届理事会。1992年，县消协在各工商所所在地建立基层分会9个。1996年12月召开第二次代表大会，选举产生第二届理事会。1999年1月，2002年5月，先后召开第三、第四次代表大会，选举产生第三届、第四届理事会。至2005年年底，县消协设投诉站26个，比1998年减少16个。

4.金沙县消协。1989年9月召开第一次消费者代表大会，选举产生县消协第一届理事会。至1995年，有基层分会8个，监督站4个。2004年11月召开第二次代表大会，选举产生第二届理事会。2005年底，金沙县消协和8个基层分会有专兼职消协工作人员19人。

5.织金县消协。1989年4月21日成立。至2003年，3次进行换届选举。至2005年底，织金县消协以村为点建立的投诉站362个，在乡镇和集市建立的监督站52个。

6.纳雍县消协。1991年4月成立。1997年11月，召开第二次代表大会，选举产生第二届理事会。2001年10月，有6个基层分会。2002年8月，召开第三次代表大会，选第三届理事会。2005年9月，以雍熙镇为试点建立6个消费者投诉站。

7.威宁县消协。1989年9月15日成立。此后，经过1997年、2003年两次换届选举。至2005年底，县消协下成立8个片区分会；在县农贸大楼、家家乐超市设投诉联络站。

8.赫章县消协。1988年11月26日成立。随即在区镇工商所设消费者联络站7个，建消协分会10个。2003年12月，召开第二次代表大会，选举产生第二届理事会。2004年10月，以工商所为依托建立7个基层分会。至2005年底，6个基层分会专兼职工作人员7人，县消协定编3人；建监督（联络）站6个，投诉站3个。

2011年，经行署专员办公会研究决定，地区行署办印发了在全区推行“一会两站”建设的实施方案，成立“一会两站”建设工作领导小组，行署王玉屏副专员任领导小组组长，司法局、财政局、工商局等21个地直单位为成员。建立工作联席会议制度，成立打假维权组、科技助农组、产业规划组、法律援助组。建立地区工商局、行署法制办、畜牧局、电视台等28个单位为成员的消费者权益保护维权专家库。全区共建立消费者协会分会251个，“12315”联络站、投诉站3735个，义务监督员和联络员1227人。“一会两站”工作与新农村建设和“五园新村”建设同步规划、同步实施，明确每个村从“五园新村”建设补助资金中拿出5000元用于“一会两站”建设，2011年全区596个村建设“一会两站”，248个乡镇开展了分会规范化建设。

**消协工作** 1.宣传、咨询。1988年9月起，毕节地区消费者协会贯彻执行《贵州省保护消费者权益暂行条例》为消费者提供信息和咨询服务。1989年，接待来访消费者230人次。1990年，地、县消协分别举办伪劣商品展示与现场鉴别，义务修理家电、钟表、自行车，现场咨询1316人次。全年接待来访消费者498人次。1991年，地、县消协出动宣传车6辆，印发宣传资料1900份；展示价值约67万元伪劣商品、违禁书刊；现场咨询4000人次。地区卷烟厂等5家企业发出不生产、不销售伪劣商品倡议。地区百货公司现场销毁近万元的变质饮料。1992年，地区及各县消协在“3·15”和中国产品质量万里行活动期间，宣传、咨询消费知识，14万多人听讲。1993年，地区消协办组织“消法”知识竞赛，全地区组队9个，1200人参赛。至1995年，地、县市消协举办“消法”宣传专栏11期；分发宣传资料15.16万份；咨询服务6606人次；接待来访消费者200人。1997年起，地区、县市消协每年皆按确定的活动主题，为消费者提供信息和咨询服务。是年开展“讲诚信、反欺诈”宣传咨询服务，发资料1.6万份。1998年主题是为了农村消费者。地、县市消协两次组织力量，深入121个乡镇办事处，调查1046户农民的消费问题，调查发现70%以上农村消费者合法权益受到损害而不知如何保护自己权益，责成各基层分会送法下乡，展示伪劣商品，介绍商品知识，提供咨询服务。97个基层分会组织宣传咨询服务近1000场，办宣传栏900期，分发“983·15特刊”等资料2万余份。1999年以安全健康消费为主题。全地区有县以上领导干部35人参加，为3.86万人提供咨询，发宣传资料5.13万份，出动宣传车30辆次，制宣传专栏127块，办展览31场次，召开座谈会29次，与电视台联合制作宣传节目20期，共播放240分钟。2000年3月，以明明白白消费为主题，开展宣传月活动，出动宣传车68辆次，制作宣传版88块，举办消费知识讲座6次，召开座谈会45次，请各行业专家和县级以上干部173人参加宣传咨询。提供咨询服务8.57万人次，分发宣传资料16.92万份。2001年，以绿色消费为主题，有54名县级以上干部参加宣传，数千名志愿者和行业专家提供咨询服务6.73万人次。分发宣传资料16.71万份，召开消费者座谈会51次，新闻发布会2次，作绿色消费讲座3次，文艺晚会3场，环保知识竞赛1次。联办电视专题节目15期，播放6.43小时；联办广播专题节目15期，播报3.2小时。社会各界消费者逐渐树立绿色消费理念。2002年，以科学消费为主题，出动宣传车130辆次，办专栏38期，办电视节目31期，办专题广播节目14期，印发宣传资料36.73万份，154人次行业专家，133名县以上干部在26个城镇、56个农村为消费者提供信息咨询服务。2003年，以营造放心消费环境为主题，出动宣传车77车次，办专栏42期，办电视专题节目9次，办专题广播节目5期，印发宣传资料19.16万份，366人次行业专家，87名县以上干部在40个城镇、99个农村乡镇为消费者提供信息咨询服务。2004年，以诚信维权为主题，印发宣传资料4.97万份，出动宣传车32车次，为9233名消费者提供信息咨询服务。2005年，以健康维权为主题，出动宣传车16车次，办专栏9期，办专题电视节目、专题广播节目各20期，印发宣传资料25.54万份，173名行业专家，62名县以上干部在10个城镇、57个农村为9500名消费者提供信息咨询服务。

2.受理投诉。地区及各县消协，以公正办案为原则，受理查办消费者投诉，保护消费者利益。1993年10月前，共受理消费者投诉1621件，处理1479件。其中，1989年11月，地区烟酒公司宿舍星牌彩电爆炸投诉案；1990年毕节龙场营等乡镇发生煤油喷火燃爆，造成4人死亡，60人受伤的投诉案，为消费者挽回经济损失585万余元，收到消费者表扬信15封，锦旗3面。1994～2000年，全地区消协受理消费者投诉2929件。其中，1994年，毕节市消协受理万龙华等人投诉买乌骨鸡被骗案。根据万龙华等人投诉反映，市消协派4人赴四川，历时27天，追回损失1.2万元，并责令其分期偿还尚欠贷款。1995年12月，大方县干部杨××购买的“90”啤酒酒瓶自爆，伤其右眼。受害人投诉后，经调查确认为产品质量问题，由厂家赔偿杨××2万元。1997年，全地区消协受理投诉903件，经调查处理860件，为消费者挽回经济损失74.12万元。地区消协、黔西县消协被评为省先进集体，受通报表彰。1998年，全地区消协受理投诉614件，处理99.7%。其中18件欺诈行为被处加倍赔偿，金额1.07万元。2000年，毕节市消协受理投诉162件，为消费者挽回经济损失19.03万元。2001年11月10日止，全地区消协受理投诉1123件，处理1122件，为消费者挽回损失909.2万元。2002年，受理虚假、夸大等违法广告投诉案173件，移交行政机关113件；其余经调解，由经营者负赔偿责任16件，劝其规范者36件，媒体曝光8件。2003年共受理投诉803件，全部调查处理。2004～2005年，共受理投诉1199件，全部调查处理，为消费者挽回损失88.17万元。其中，威宁农民郑某购买三轮作家用运输车，驾驶途中因左刹车鼓破裂、车厢底盘分离而翻车，造成一死两伤事故。威宁县消协依法调解，由生产厂家赔偿死者及郑某4.6万元。威宁县消协因此获中消协“2005年健康维权贡献奖”。

3.监督检查。1989年，地区消协组织156人参与毕节地、县工商行政管理局检查毕节城关1308个经营店铺。查出7大类70多种假冒伪劣商品，工商部门予以查扣和没收。1994～1995年，地区及各县市消协配合或参与工商、计量、物价、卫生等部门监督检查250次，检查经营门市摊点2.1万户，查获伪劣商品200余件，协助查处案件109件。1996～2000年，地区及各县市参与有关部门监督检查市场近700次，检查经营店铺摊点4.77万个，查出假冒伪劣商品由行政部门依法处理。2001～2005年，消协组织参与检查市场960次，参与专项整治101次。检查农贸市场65个、超市38个、经营店铺1293个、个体工商业6816户、私营批发商71户、食品生产企业40家。协助收缴变质食品5999.5千克，非法印刷品3.77万份，违法广告150件，假农药60瓶，捣毁制假售假窝点1个，伪劣商品277种，标值149.12万元。

4.抽验比较。从1998年开始，消协组织在省内率先开展商品抽验和比较试验。地区消协针对一些不法商贩售假化肥坑农害农问题，委托专业部门对15家化肥生产企业的17个品牌产品进行抽检和比较试验，并将试验结果在《毕节报》公示，并传真给生产企业。1999年2月，有投诉反映水泥和页岩砖存在质量问题。区内消协对该材料作比较试验，并将试验结果在媒体公示。对质量低劣的产品生产企业，提请有关部门处理。2001～2005年，消协组织消费调查和商品抽检185次，发布警示341条，唤起消费者对有毒有害物品的警觉。

5.评荐诚信。1999年，毕节地区消协开始组织消费者代表评价消费者信得过企业和消费者信得过产品。是年3月，组织175名代表评价7户企业生产的23种产品，有6家企业生产的14种产品被评为信得过产品。至年底，有信得过企业14户，信得过产品68种。1992年，先后召开座谈会210次，邀请645人次消费者代表参加座谈，听取意见和建议。至1996年，地、县消协评选出信得过企业45户，其中35户经推荐评为贵州省消费者信得过企业；省级信得过产品6种，地、县信得过产品7种。都刊载于《中国消费者报》和《贵州日报》。1997年，改评选信得过企业和产品为评选诚信单位、推荐产品。至2005年底，全地区消协组织评选的诚信单位共235户。其中，中消协命名1户、省消协命名31户；省消协推荐产品8种，地、县消协推荐产品30种。毕节地区消费者协会2010年受理件数418件，调解418件，结案率100%，为消费者挽回经济损失1042454元；2011年，受理件数372件，调解372件，结案率100%，为消费者挽回经济损失1494461元。

## 三　个体劳动者协会　私企协会　工商学会

**个体劳动者协会**　1983年7月11～13日，召开毕节地区个体劳动者代表大会，选举产生第一届个协委员会。赵世俊任会长，李茂柏兼秘书长。是年，地区个协辖8个县个协，125个基层分会，18个行业协会，个协会员3.45万人。1987年3月29日，地区个协召开会员代表大会，改地区个协委员会为地区个协工作委员会。1991年，地区个协工委会召开会议恢复原称谓。1997年，全地区有8个县个体劳动者协会，133个基层分会，9个行业协会，958个会员小组，会员5.89万人，其中女会员2.39万人。2005年12月28日，毕节地区个协召开第六次会员代表大会，审议通过第五届理事会《工作报告》《财务收支报告》和《毕节地区个体劳动者章程》，选举产生新一届理事会。2005年底，全地区有地区个协、县个协8个、60个基层分会，5个运输行业协会和1个美容美发协会。个体劳协会员4.67万人。截至2010年12月，全区有私营协会组织地级1个，县级9个，基层分会63个，会员小组13个。私营企业户数4524户，从业人员数27905人。

**毕节地区各县个协情况统计表**

单位：个、人

| 项目<br>县市 | 成立时间及会员分会 | | | 2005年会员数 | 项目<br>县市 | 成立时间及会员分会 | | | 2005年会员数 |
|---|---|---|---|---|---|---|---|---|---|
| | 成立年份 | 会员数 | 分会数 | | | 成立年份 | 会员数 | 分会数 | |
| 毕节 | 1983 | 5127 | | 9816 | 纳雍 | 1983 | 526 | 11 | 5768 |
| 大方 | 1984 | 2270 | 14 | 4210 | 织金 | 1983 | 1263 | 7 | 5453 |
| 黔西 | 1984 | 3695 | 21 | 5176 | 威宁 | 1983 | 4700 | 14 | 5604 |
| 金沙 | 1983 | 3718 | 9 | 6809 | 赫章 | 1983 | 1747 | 10 | 3885 |

**私企协会**　1991年以来，工商行政管理部门相继指导、帮助辖区内私营企业经营者成立私

营企业协会（简称私协）。1994年11月27日，毕节地区私营企业协会成立，有会员（业主）341人。2001年12月，地区私协与地区个协合并，称毕节地区个体私营企业协会，实行两块牌子一套班子合署办公。地区个私协辖8个县市个私协会，65个基层分会，18个行业分会，创办经济实体15个，有个私协会员5.11万人，私协会员1612人。2005年底，有私协会员2101人。地区个私协工作人员28人。截至2010年12月，全区有个协组织地级1个，县级9个，基层分会63个，会员小组91个。个体户数72999户，从业人员数254531人。

**工商学会**　1.学会沿革。1988年省工商学会成立。1989年10月23日成立贵州省工商行政管理学会毕节分会。会长李银发。2004年12月10日，召开毕节地区工商学会会员代表大会，讨论通过《毕节地区工商学会章程》，成立毕节地区工商学会。何志光任会长。1985年5月，织金县成立工商学会会员小组，会员24人。1990年3月正式成立织金县工商行政管理学会。1989年10月，金沙县成立工商学会会员小组，有会员22人。2005年11月，毕节市工商行政管理学会成立，首届理事会由25人组成。2.理论研究。1989年，贵州省工商学会毕节分会，进行首次学术交流，交流论文46篇。1993年8月，地区工商局主办私营经济理论研讨会，收到论文和工作研究文章40余篇。交流后，选出7篇参加省工商学会举办的全省私营经济理论研讨会。1999年12月，省工商局和省工商学会举行依法行政、做好市场监管理论研讨会。毕节地区工商学会围绕“行政执法与市场监管”课题进行研究并参加理论研讨会，有8篇文章入选《学会论文集》。2001年，省工商学会在荔波县召开理论研讨会。毕节地区报送19篇论文，有3篇获二等奖。省工商学会选68篇论文编成《学会理论研究文集》，其中毕节地区有19篇。1988年，地区工商局李良栋的《试论集市贸易的客观性及市场建设的迫切性》在省刊发表。赫章县工商局长王强的《试论发展个体经济在开发扶贫中的地位和作用》被县政府采用。1990～2005年，毕节地区工商学会成员撰写新闻、通信稿件达7418篇，地、县市媒体采用4131件。其中上省级报刊、电视媒体的1517件。撰写工作研究、专题研究和调查报告544篇，发表、获奖101篇。撰写各种论文181篇，大部分在刊物上发表或参加学术交流。2011年，向省工商局、地行署编发工作信息174期456条，调研文章46期，撰写新闻稿件868篇，被《中国工商报》采用2篇，省工商局《贵州工商》、《贵州工商调研》采用27篇，《贵州政协报》采用103篇，《贵州法制生活报》《经济信息时报》采用28篇，《贵州日报》采用4篇，《毕节日报》采用52篇，地级以上新闻媒体采用203篇，采用率达48.2%。

## 第四节　业务管理

### 一　市场监督管理

**集贸市场**　集市贸易在毕节地区由来已久。战国时期，夜郎（辖毕节地区大部）市场上有奴隶买卖。马、髦牛等是重要商品。除以物易物之外，交换中已使用海贝作货币。汉武帝元鼎四年（前113）比喇已形成市场。由仡佬族部落王把瑞统治。秦汉时期，中原钱币四铢半两、五铢、大泉十五、剪轮五铢已流入集市贸易。蜀汉初，食盐、布匹、农具及日用手工业品由蜀商运入。诸葛亮平南中后，所产牛、马、革、漆和矿物曾运入成都市场。南宋理宗端平三年（1236）罗州（今织金）白泥集市形成，贩夫贩妇以米、酒、布、畜等物资集中交易，谓之赶场。四川的土布、铁器、井盐，苏杭的丝织品，景德镇瓷器，安徽的笔墨纸砚、金银首饰出现于平夷（今毕节）市场。元代，设有毕节驿和必畔、阿都、乌撒站。驿道上的铺、站自然形成集市。元至元十九年（1282），川人进入沙溪（今金沙城东）经商或办小手工业。次年开办亦奚不薛牧马场，以水西马交换外地的食盐、茶叶和丝织品。元大德二年，在今黔西谷里设朵泥长官司，其驻地形成集市。明代，朝廷将宋以来的茶马互市制度推行，在乌撒等地设茶马市场。明洪武十五年（1382），外地人入境经营开矿，乌撒、乌蒙两土司为牧畜和山货交易自建市场。永乐六年（1408），今织金有集市22个。万历年间（1573～1620），毕节卫有集市20个，金沙有7个。清代，各县的小场区有20～30个。民国初年，今金沙有集市24个，大定县有84个。民国19年（1930），织金县有37个大集市，其中21个设在乡镇。民国24年，共有城乡集市200多个。民国28年（1939），毕节县集市达56个。民国35年（1946），集市281个。临近1949年，减少近三分之一。民国《大定县志》称："各区场市，多沿夷俗，以于支配象名之。日逢场期，属十二生肖何物，即叫某场，有牛、鸡、马、猪、羊、狗、猫、龙、鼠、兔、蛇、猴，马场之称。其后按农历每月3旬计场期。有逢一、七赶场的，有逢二、八或三、九的；有每旬3场逢一、四、七，或二、五、八，或三、六、九的。1949年后，毕节专署工商科以地方贸易公司牵头，组织各县赴省外联系货源，恢复发展集市贸易。至1952年8月，全地区城乡集市恢复到309个。其中毕节40个、大方35个、黔西35个、金沙28个、织金38个、纳雍37个、威宁34个、赫章25个、水城37个。各县除一个城关集市外，其余皆为农村集市。1953年开展对私改造，资本主义自由市场变为国家领导下的自由市场，全专区有集市292个，其中牲畜市场45个。全专区建立牲畜交易服务机构16个。1958年人民公社化，限制甚至关闭市场。至1959年仅剩150个。1959年9月，中共中央作出《关于组织农村集市的指示》逐渐恢复农村集市。1961年，全专区集市390个。1962年增至407个。1966年"文化大革命"，集市贸易被视为资本主义自由市场而关闭。1970年2月，贵州省贸易局发文取缔一切自由市场，毕节地区强行关闭64个集市。1976年，全地区集市228个。1977年，1978年年递增10个。1980年达320个，其中牛马市场59个。1981年全地区为354个。

**1981年毕节地区农村集市分布情况表**

单位：个

| 县 份 | 基层工商行政管理所 | 集贸市场 | 其 中 | | |
|---|---|---|---|---|---|
| | | | 大集市 | 中集市 | 小集市 |
| 合计 | 97 | 354 | 34 | 94 | 226 |
| 毕节县 | 15 | 51 | 5 | 15 | 31 |

续表

| 县　份 | 基层工商行政管理所 | 集贸市场 | 其　中 | | |
|---|---|---|---|---|---|
| | | | 大集市 | 中集市 | 小集市 |
| 大方县 | 13 | 43 | 4 | 28 | 11 |
| 黔西县 | 12 | 43 | 4 | 9 | 30 |
| 金沙县 | 9 | 39 | 3 | 9 | 27 |
| 织金县 | 12 | 47 | 5 | 11 | 31 |
| 纳雍县 | 11 | 37 | 3 | 10 | 24 |
| 威宁县 | 14 | 67 | 5 | 6 | 56 |
| 赫章县 | 10 | 27 | 5 | 5 | 17 |

1986年，全地区集贸市场为403个，其中专业市场7个。1991年，毕节地区行署决定每年从财政拨给市场建设专款。集市发展到412个。1993年为436个。1994年底，全地区进行市场登记：消费品市场376个，生产资料市场7个，达不到登记条件的消费品市场62个。1996年，地区工商局要求各县市局将所办市场脱钩，出现职工、农民集资兴建集市和房地产商投资建设批发市场的势头。2000年，各类市场455个。2005年，定期赶场的传统集市406个，其中农村集贸市场346个。截至2010年，全区有各类市场350人，其中城市35个，农村315个。

附：

## 市场选介

**毕节桂花市场**　1987年12月，毕节县工商局筹资建设。为棚顶市场，水泥地面3300平方米，场内营业间54个，摊位300个。1990年后，将竹席门面改为砖混结构门面。新建营业室522平方万。自发形成市区内最大的鸡市、鱼市。天天为集，夜间经营小吃。2005年，市场内有照经营者210户，日均成交额13万余元。

**毕节龙场集贸市场**　龙场营镇距县城104千米。20世纪60年代，每逢集日，来自四川、大方、金沙客商云集，旅社和马店爆满。赶集人多达2万余人。1967年公路修通，临街铺面近百个，摊点300个左右。逢一、六赶集。

**毕节清水铺集市**　距县城72千米。1990年农贸市场1万平方米，有摊位400个。其后延展为长约2千米，宽约8～10米，市场2万平方米。有个体工商户200余户，交通运输专业户150户。街道铺面近百个。逢公历三、八赶集。来自赤水河两岸的赶场人万余人。上市商品繁多，本地特产夏橙、雪橙、桃李、杏梨、地瓜、柑橘远近驰名。

**毕节朱昌农贸市场**　距市区14千米。从来贸易繁荣，市场几经迁移。1989年，毕节县政府征地12.1亩，投资扩建朱昌市场。市场约1.8万平方米。划为粮食、饮食、修理、蔬菜、肉类、牲畜、土陶行市。岔街分为土杂、竹木、医药等行市。有固定铺面120余个，摊位300余个。每逢一、六赶场，约1.5万余人。

**毕节杨家湾农贸市场** 距县城48千米。原市场1万多平方米。1980年，有个体工商户400余户，赶集约2万余人。1993年，毕节县工商局牵头集资兴建农贸市场。市场建筑3000平方米，建营业室53个，铺面27间，摊位456个。逢一、四、七赶场。

**大方城关农贸市场** 明末，大方市场以寅、午、戌日为场期。其间沧桑多变，几经兴衰。民国7年（1918）重新整修，铺筑石板街面。集市贸易因盐业等商业兴盛而繁荣。盐商大都兼营土特产。川、湘、赣、陕、两广人落籍经商者不少。1951年登记私营商业1135户。1984年，县工商部门在德胜路建钢架顶棚蔬菜市场1个。1989年，市场1.5万平方米，顶棚市场1000平方米，水泥摊位350个。日成交2万多元。1992年在镇南街建综合集市3405平方米水泥地面，设摊位110个。1993年于南门小桥沟建顶棚600平方米蔬菜市场，设摊位170个。2001年，在文星街建桃园农贸市场6000平方米，其中顶棚1000平方米，有营业间55个，摊位156个。

**大方百纳集贸市场** 距县城46千米。明清之际，市场由土目百拉家主持，主要交易牛马。1949～1978年，集市几起几落。1990年，百纳市场铺设8000平方米水泥地面，铺设摊位370个，铺面60多间。

**大方马场综合集市** 距县城70千米。元文宗天历二年（1329），牛马集市已具规模。清康熙年间，马场逢子日赶街上寿佛寺大坝，逢午日赶黑神庙大坝。民国36年（1947），大定县政府规划马场市场920平方米，由政府明确场头管理市场。1952年将16个商业行业调整为12个。“文化大革命”中一度关闭。1980年，设牛马市场2350平方米，次年延伸街市，达1.13万平方米。1992～1993年新建封闭式综合集贸市场6583平方米，设铺面15间、384平方米，水泥摊位280个，场内有停车场等设施。市场面积2.13万平方米，赶场人员达4.5万人。

**黔西城关集贸市场** 明洪武十五年（1382），筑水西城，城中开场贸易。清代为川盐入黔主要通道和集散地之一。距贵阳和毕节各120千米。1989年市场1.7万平方米，其中建顶棚2000平方米，设摊位200个。2005年，市场扩大到2.5万平方米，赶场人员达4万人。

**黔西大关镇集贸市场** 距县城31千米，清顺治年间（1644～1661）设场，为川盐仁岸集散地。1989年，大关市场1.25万平方米，其中顶棚200平方米，设摊位10个，至2005年，赶场人员达1.5万人。

**黔西水西集贸市场** 1987年始建，次年投入使，8600平方米，其中顶棚6000平方米，固定摊位300个，临时摊位400个。场内个体经营者385户，上市菜农达350余人。工商部门对其经营活动实施监督管理。秩序井然，购销两旺。

**黔西林泉集市** 距县城20千米。清康熙四年（1665）渐有人居住，形成小街，继而开设店铺，逢辰、戌日赶场。1989年，林泉集市3000平方米。2005年扩大到6000平方米。逢星期日赶场，赶场人员约万余人。

**金沙城关集市** 清顺治间（1644～1661），打鼓寨形成集市。清末，新场集市有八大行业。民国时期，打鼓新场居黔西北四大乡场之首。1953年更名为城关镇市场。1989年，市场1.2万平方米，其中顶棚920平方米。2005年扩大到2万平方米，赶场人员4～5万人。

**金沙沙土集市** 清康熙元年（1662），江西籍人在此开场。乾隆九年（1744），为黔西州22

市场之一。1980年，扩建街房，住户1300余户，店铺200多家。集贸市场1500平方米。2005年集市1.2万平方米，赶场人员3万多人。

**织金城关综合市场**　汉武帝元鼎四年（前113），仡佬族在此设比喇市场，系有记载的最早市场。清康熙五年（1666）置平远府，建成多条街市。1976年，县政府将南北大街铺为水泥地面。两侧划分为百货、日用工业品、成衣、针织、化纤摊位。在沿河路建农副产品市场，县委门前设木制品市场，南门设煤炭市场，太平桥设蔬菜市场。1989年，市场1.5万平方米，其中顶棚350平方米，赶场人员2.8万人。2005年，市场达2万平方米，赶场人员超过3万人。

**织金以那架集市**　元代为仡佬族先民贸易场所。民国31年（1942），地方绅士和商号集资将市场铺成石板街。1951年，有经营者200多户。1989年，集市3800平方米，赶场人员近2万人。2003年，市场达2万平米，逢亥、巳赶场。

**织金猫场集市**　猫场距县城60千米，市场形成于康熙五年（1666）。民国31年（1942）建石板街面。赶场天有各种货摊300多个。1986年，赶场天摊位达560个。1989年，市场4500平方米，2003年，达2万平方米。逢寅、申日赶场。

**纳雍雍熙市场**　清雍正年间形成集市，以卯日为集，故称兔场。嘉庆十九年（1814）另建新场，至道光四年（1824）竣工。民国30年（1941）纳雍设县，改名雍熙镇。1985年，市场8880平方米。后又新建农副产品市场、工业小商品市场，增设固定摊位138个。1989年，市场2.7万平方米，其中顶棚472平方米，赶场人员约2万人。1996年有各行业摊位845个，重开老场为农贸市场。次年，综合集市设门面85间，4824平方米。沿河小区商点摊点形成工、商业一条街。

**纳雍维新集市**　距县城60千米。市场著录于清道光五年（1825）刊行于《大定府志》。1949年后，维新市场面积逐渐扩大。1980年，为5000平方米；1989年为1.2万平方米，全为水泥地面，有摊位96个。

**威宁城关集贸市场**　乌撒市场形成于明洪武年间（1368～1398）。购销转运繁盛，市场兴旺，逢子、午日赶场。1958～1976年，集市贸易遭受限制，逢每月5、15、25日赶场。1975年设菜市、综合市、竹木农具市、牲畜市、干鲜果市。20世纪80年代，征地3000平方米，建顶棚市场2600平方米，平水泥地面。20世纪90年代，市场3万平方米，逢三、六、九赶场，人数2万以上。赶场人员近5万人。

**威宁牛棚农贸市场**　距县城81千米。主要是牲畜和山货市场。1989年市场4.73平方米，有固定摊位210个，流动摊位500余个。逢三、六、九日赶场，赶场人员约1.3万人。

**赫章妈姑农贸市场**　距县城36千米。清乾隆以来，附近锌、铅矿开采冶炼业兴盛，外籍商人投资者多，并成立商号收购铅锌运销外地。以乌撒马为主的牲畜在此与马帮交易，形成较繁荣的妈姑市场。民国28年（1939）川滇东路经过妈姑。集市贸易随人口增加，交通便捷而发展。1949年后，妈姑成为赫章经济贸易中心。1989年，市场3600平方米，1993年，扩大到1.36万平方米，有摊位200多个，赶场人1万多。

**赫章可乐农贸市场**　距县城74千米，主要交易牲畜。可乐猪闻名遐迩，每场上市牲畜从1000余头到4000～5000头。1989年，可乐市场1.56万平方米。逢农历三、六、九赶场。

**集贸市场管理** 1.日常管理。汉晋时期，官署注重盐铁专卖，集市贸易则由当地土著首领管理。唐、宋两代已有市场管理法规。但只有一些定期集市，土著首领并未认真执行朝廷法规。元代，在实行土司制度，土司领地上的集贸市场，由宣慰使等土官管理。明初，在推行茶马市制度，在乌撒、水西设茶马市，制定易马之法。对市场上哄抬物价，欺行霸市，私造斗、秤、尺等都有罚责。宣慰司和卫署所在城邑的肆市门摊所卖商品，由官署户房官员评估价格，按月呈报上司。毕节、乌撒等卫长官司兼领司市，每3日校正一次斛斗秤尺，并估定物价。城邑集市由行户管理，四乡集市贸易由场头管理。嘉靖二年（1523），明政府制定《市易诸法》，但因僻处边远，土司代行权力，管理并不严格。行户和场主的管理主要是承包厘金，收取户租和摊位费等。清初沿袭明代管理办法。清政府在与苗疆分开之地设立市场，一月以三日为期互相交易。对苗疆市场管理甚严，往苗疆贸易的商人须有官府给予的印照，验照放行。道光二十六年（1846），大定知府黄宅中在《谕民二十条》中称："城乡赶场交易，往往使用假银欺骗愚民。又行户作弊，戥秤大小不一。谕尔行户场头，互相稽查。一经核实，严拿治罪；隐匿不禀，查出并究。"光绪二十八年（1902），始有商会组织。各地商会参与市场管理，公议度量衡器，收取市场行费，代征交易捐税。民国前期，商会配合政府划定各类集市范围，代征交易捐税。民国24年（1935），集市多头管理：县府建设科兼市管职责，警察局负责市容整顿，维持市场秩序，税务稽征处承办捐税、斗息、牲畜捐的收缴。1935～1949年，各县市场管理收取交易费。主要采取包给商会或商会会长的办法。即政府将交易管理费招商投标承包。中标者预缴承包金额的25%。由于物价不断上涨，承包者获利颇厚。牙行斗息，大都由乡镇长、地方绅士和场头承包。

1949年后，不同的年代，管理政策法规、基本原则，主要任务和办法各不相同。1949～1952年，市场管理的基本任务是：稳定市场物价，打击投机倒把，增强社会主义经济对市场的领导权；活跃城乡内外物资交流；调查市场上主要生活资料行情；宣传使用人民币的有关规定。市场管理的主要对象是从事粮食、布匹、食盐等商品经营的工商业者。各县工商科在税务部门配合下成立市场交易管理所，在市场设置法定度量衡器，严禁大秤小斗、抢购物资，就地加价倒卖等不法行为。随即建立县、区市场管理委员会，专门管理城乡市场。1951年，城乡集市贸易中，公私营经济斗争激烈，交易活动中存在着损害消费者利益的不道德行为和违法行为。工商部门采取加强度量衡管理，推行市制衡器；加强物价管理，推行挂牌标价；加强税收管理，反对偷税漏税；整顿市场秩序，实行公买公卖；打击投机倒把，制止违法行为的措施进行管理。是年11月30日，毕节专署制发《关于市场管理意见》，提出12条措施。同时查处一批违法违章案件，市场交易秩序明显好转。1952年，部分县一度出现乱扣商贩牌照和乱收物资现象，致使商贩减少，上市商品和成交量下降。毕节专署工商科执行上级指示，提出6项改进意见并予公告。对市场管理工作进行全面检查，纠正错误，市场管理走上正轨。1953年，国家对粮、棉、油、布、猪、蚕等商品实行统购统销。按照省工商厅的部署，市场管理的重点转移到贯彻执行国家统购统销政策，管好粮食、棉花、油料等重要商品市场；打击不法商人的囤积居奇活动，维护市场秩序。专署财委组织工商、供销、税务部门调查全专区土特产资源，掌握主要产品的产销情况。1954年，粮食市场管理出现两种倾向：一种认为粮食市场无存在必要，不予组织管理；一种是管死或封闭粮食市场，导致有的地方大米脱销，抢购面条，农民买不到饲料，人心恐慌。专署财委及时发布文件，纠正错误认识，要使粮食市场成为群众进行品种交换和余缺调剂的场所。供销社和国营商业在农村建粮食市场113个，次年增加到220个。1956年，全地区恢复大牲畜市场45个，建牲畜交易服务所16个，由市管会统一管理。农村市场开放小土特产品、小百货和手工业品交易。黔西县实行猪鬃统购，不许小商贩进入集市收购。1957年，国家逐步放开自由市场。各县、区市管会配合有关部门查处在集市上抢购、抬价、杀价、掺杂使假、短尺少寸及黑市交易等违法行为。各县工商部门贯彻执行《贵州省市场管理暂行办法》及毕节专署的《补充意见》，加强市场管理，城乡集市贸易活而不乱。

1958年，在大跃进和公社化运动中，集市贸易被取消。金沙县停止场期，关闭市场，不准买卖粮食和买生卖熟，出现黑市交易，物价飞涨。农民无钱买粮，也无粮可买，只得食野菜蕨根，浮肿、死亡人数比全专区各县都多。1960年，毕节专区贯彻中央关于要有领导有计划地恢复农村集市，活跃农村经济的指示，农村集市从1959年的150个恢复到390个。1963年，贯彻执行《贵州省农村集市管理试行办法》，加强对城乡集贸市场的管理。农村集市在国家统一计划和统一价格的指导下进一步放开，集市商品增多，物价下降。1964年后，各县农村集市管理由供销社移交工商行政管理所承担，征购粮食期间，粮食不准进入集市贸易；完成征购任务后，允许少量的品种进入市场销售；茶叶、肥猪、木材、牛皮及其他农副产品由国家收购，不准进入集市交易；对三类物资适当放宽，支持生产，活跃市场。1966年，掀起“文化大革命”运动，集市贸易被视为产生资本主义的土壤而禁限。各县革委会成立打击投机倒把办公室取代工商行政管理部门。1967年，执行《贵州省农村集市贸易管理试行办法》，对一、二类物资作出新的界定，严加控管；对无证商贩、弃农经商者坚决取缔；对公私合营、合作商业和个体户不准跨行业经营；严禁掺杂使假、哄抬物价和一证多摊。次年，根据省革委批转的《打击投机倒把座谈会议纪要》精神，对集市贸易全面限制。当时规定，群众探亲访友或自食自用携带重要农产品，价值不得超过10～15元。农村统一在星期日赶场。赫章县姑妈区搞“工农兵管理市场试点”，进而全县推行贫下中农管理市场的经验。1972年7月，传达贯彻全国计划商业会议文件，要求凡有集市的地方都必须把贫下中农组织起来。金沙县工商局在72个集市建立以贫下中农为主的市场管理委员会51个，328人参加市场管理。在县内建3个物资检查站。据1974年统计，全地区自1972年以来，已建贫管会（组）3900多个，参加的工人、贫下中农和街道群众达1.8万多人。出现威宁兔街、毕节岔河、纳雍龙场、织金三塘先进贫管会。1975年，毕节地区工商局领导率队到大方、黔西、金沙县作调查研究，总结推广“贫管”经验。1976年10月，地区革命委员会在织金三塘召开市管工作现场会，推广三塘经验。各县农村社队普遍建立贫管会管理农村集市。1976年底，全地区集市从“文化大革命”之前的350个减少到228个。1978年，中共十一届三中全会召开，国家实行改革开放。毕节地区推行各种形式的生产责任制，恢复农村家庭副业和小作坊。农村出现从事商品生产的专业户、重点户，个体工商业和乡镇企业逐渐发展壮大，集市贸易日趋活跃。工商部门管理市场的任务是：以搞活商品流通，繁荣商品经济，建立良好市场秩序为主要任务。

1979年，根据国务院〔1979〕102号文件精神，撤销检查站，打破地区封锁，恢复集市，开放粮食市场，放宽对二、三类物资的管理。1983年，执行《贵州省城乡集市贸易管理细则》，撤销尚存的3个检查站和7个物资检查站。集市管理重点抓市场秩序和价格整顿。全地区集市贸易成交额达1.01亿元。1984年，根据国发〔1984〕2号文件，把城乡集市建设纳入城镇总体规划，扩大现有市场场地并积极开辟新市场。1985年，执行中共中央1号文件，取消统购、派购，允许农副产品上市和贩运。工商行政管理部门在市管工作中提供信息服务，发布《市场信息》200期，提供商品信息近千条，并与全国200个县市建立信息联系。1988年以“治假整乱”为重点，配合有关部门检查节日市场。全地区检查市场摊3.39万个，取缔无照经营2500户；查处违章案4743起，罚款7.01万元；查获一批假冒伪劣商品。共办宣传专栏422个，发布《集市行情》142期，提供商品信息401条，实现商品购销663.3万元。1991～1995年，集市贸易日常管理逐步规范化，并与创建文明集市相结合，规范市场主体的经营行为。1996～2000年，地区工商系统按上级部署和要求，推行市场巡查制，将市场管理引向深入。

2.创建文明集市。1984年12月，根据工商局《关于创建文明集市的通知》，毕节地区成立文明集市验收领导小组，开展创建文明集市活动。1985年6月，地区检查验收领导小组分别验收织金猫场镇和赫章野马川镇集市，授予文明集市锦旗。年底，全地区创建文明集市13个，省工商局审定命名2个。1986年11月，地区组织检查验收文明集市11个。1987年，按照国家工商局制定：管理工作好、经营作风好、场容场貌好、市场效果好的标准开展创建文明集市，实行“建、管”并举，改变市场脏、乱、紧、挤的状况，全年创建文明集市20个。1988年3月，省工商局表彰1984～1987年文明集市，毕节地区有38个文明集市被表彰。是年8月，省工商局重新制定文明集市评比标准。按此标准，全省评定省级文明集市16个中，毕节地区1个。地区评出文明集市7个。1990年12月，地区工商局行文表彰地区级文明集市5个。1993年1月，毕节地区工商局下发《关于对创建文明集市实行奖励的规定》，对获得不同级别命名的文明集市，分别发给数额不等的奖金。是年，地区工商局审定织金化启综合农贸市场等5个地区级文明集市市场，并给予奖励。1994年，地区工商局命名16个文明集市。1995年1月，省工商局通报表彰1993～1994年61个省级文明集市，毕节杨家湾农贸市场、大方马场集贸市场、赫章城关农贸市场和纳雍过路沟集贸市场被通报表彰。1996年，省内停止创建文明集市活动。

3.市场巡查。1994年，国家改革工商行政管理机构职能，规定其主要职能为主管市场监督管理和行政执法。从监督管理集贸市场和工业品市场转变为监督管理各类市场。织金县工商局在市场监督管理中率先学习试行深圳、济南创立的巡查制经验，以巡查方式巡查市场秩序、经营户守法经营情况、工商所巡查人员在岗情况。1996年，毕节地区工商局根据国家工商局关于推行市场巡查的要求，以毕节市为试点，在设立巡查组织、选配人员、划定范围、规定巡查职能和工作纪律等方面摸索经验。1997年，毕节地区根据省工商局《关于推行“市场巡查制”试点工作的实施意见》，要求各县普遍进行试点，探索推行经验。黔西、威宁县以工商所为单位成立市场巡查组，将管辖范围内的市场、企业、个体工商户划片包干，集监管、收费、执法和办案为一体，任务落实到每个巡查组。1998年，地区工商局把推行市场巡查制作为强化市场监管，实现职能到位的重要举措。是年5月，制定《毕节地区工商行政管理市场巡查制度》；6月制发毕节地区工商行政管理机关《不作为责任暂行规定》《即时处罚程序规定（暂行）》、《市场巡查管理规定》，规范行政行为、工作纪律、工作程序、工作制度。同时，全地区工商系统按照地区“110”联动指挥中心联席会议精神，实行“110”社会联动、市场巡查和“3·15”投诉举报为一体的快速执法体制。建立“110”报警社会服务联合行动网络。至年底，全地区建立市场巡查组织56个，专兼职人员395人；有45个工商所以市场巡查为主推行巡查制，对9.76万户工商户进行巡查验证，查处违法经营者234户。罚款1.47万元，查扣物资114种，标价37万元。受理案件83起，处理市场纠纷146起。1999年，全地区工商系统推行市场巡查制。至10月31日止，全地区共出动巡查人员2.13万人次，执法车辆993辆次，巡查1976次；检查经营者4124人次，查处违章案3409件，罚款28.34万元。现场受理消费者投诉91件，解决消费纠纷63起：查处标价约40万元的各种假烟假酒假化肥和失效农药。2000年1月，地区工商局制发《关于进一步深化市场巡查制工作的意见》。地区设立市场巡查支队，配备3～5人；县市局设置7～9人的巡查大队；基层工商所设5～7人的巡查中队，下设若干2人以上的巡查小组。各县市工商局拟制《市场巡查实施方案》，付诸实施。2001年，实行片区联动巡查，结合市场巡查，“经济户口”管理，市场专项整治，推行示警制。违法经营户收到示警通知，必须在5天内到工商所办理或完善相关手续。是年1～9月，全系统在市场巡查中用普通程序办案760件，罚没款10.09万元；用简易程序处理案件738起，罚没款3.55万元。2002年，全地区共有591名市场巡查人员，分193个组，对144个乡镇市场分片包干。共查处违法违章行为2087起，立案查处932件，简易程序处理1355件，罚款112.56万元。2004年6月，省工商局印发〔2004〕28号文件要求巡查市场要定区域、定人员、定任务、定奖惩；并对巡查程序、巡查任务、巡查方式、工作标准及督察考核作出明确规定。地区及各县市工商局严格按照文件规定规范市场巡查制。2005年到2011年，按照国家总局和省局的市场巡查工作要求，全区工商系统在市场巡查中坚持对市场进行动态监管，促进工商行政管理机关职能到位，维护市场经济秩序。

**粮油市场监管**　1.管制粮商运销。民国时期，粮食市场遍及城乡，各城均有米行。经营者为米行老板、米贩子和小商贩。民国初年，毕节城镇居民和工商企业用粮均依赖市场供应。县内集市31个，都有粮食上市。交易按斗、升、合计量。政府派打斗员在市场设升斗量器计量；并据成交量征收斗息捐。民国10年（1921）12月，贵州省政府发出“查禁粮商囤积居奇，严禁粮贩奸商从中抬价，违者即予查封罚办”，通告各县政府遵照办理。民国25年，政府对军粮实行价购。各县成立田赋粮食管理处，进行米粮登记，禁止私运出境，限价销售。要求县商会和米粮同业公会按月将粮商登记表、开业月报表和购销粮食数量、经营情况报告田粮处。有隐匿不报或呈报不实者，一经查出，即依法处理。民国26年（1937），毕节县严禁用稻谷、玉米和其他粮食煮酒熬糖；县政府机关、学校、团体购存的粮食不得超过3个月的需要量，否则视为囤积居奇，予以没收。并在四境通道设卡，严禁粮食外流。民国39年（1947）5月，国民政府颁布《非常时期粮食管理治罪暂行条例》，对囤积粮食营利的非粮食经营者视为囤积居奇予以处罚。11月27日，省政府令各县加强粮食市场管理：对囤积稻谷50市石或苞谷42石5市斗以上者，处以拘役或1000元罚金；对已处理的案件，没收全部粮食；对大户的存粮，限期督令出售，违反者依法论处。民国37年大定县发生粮荒，省政府令大定县政府查明具报，保证城镇人民粮食供应。同时查禁囤积居奇，投机操作等不法行为，以免发生抢粮事件。是年，省政府批复毕节专员公署的粮食管制办法：应管制的粮食为稻谷、食米、苞谷3种，其他杂粮不在管制之列；禁止囤积居奇；禁止拦途争购粮食。专署在汽车站、五龙桥和东关坡设检查站负责粮油出口检查。大米、苞谷未满2斗，菜油、猪油未超过20斤者一律放行。要求官兵执行公务时“态度和蔼，不得故意刁难”。

2.维护统购统销。1949年，毕节专区粮库空虚，市场粮食供应紧张。政府组织2000多人的征粮队深入农村征粮，1951年6月以后，各县陆续成立粮食局。专署粮食局在毕节县城设摊收购粮食，县以下市场粮食由供销社收购。1952年，开展“五反”运动，严厉打击不法粮商，确保粮食供应。1954年，毕节专署执行《贵州省国家粮食市场管理暂行实施办法》。将城乡粮食交易所一律改为国家粮食市场，规定凡粮食须入场交易，严禁场外成交，黑市买卖；属规定统一收购的一律由国家粮食部门收购，严禁私商及消费者私行买卖；非统购粮食允许买卖，但须入场交易；城镇非农业人口按计划向粮店购买粮食外，不准私自买卖或囤积粮食；所有粮商不准私营粮食；对一向守法的商贩，可以委托其代理销售粮食业务；经批准的粮商，暂时允许经营杂粮；机关、团体、学校和居民需购买非统购粮，只能在国家粮食市场购买；饭店旅馆所需粮食，由粮食部门视情况供应。1955年，按政务院《农村粮食统购统销暂行办法》，广泛开展定产、定购、定销工作。国家粮食市场增加220户，私营粮商仅71户，农村36户。1957年，国合商业和市场管理部门，遵照省政府《关于加强市场管理的指示》，对国家统一收购的粮食、菜油、棉花等物资，一律不准开放自由市场。1958年开展“大跃进”运动，关闭自由市场。1963年，政府调整粮食市场管理政策。各县工商行政部门在征购期间关闭粮食集贸市场，完成征购任务后予以开放。11月30日，省委批转省工商局的《报告》。遵照《报告》，在完成征购任务之后，主粮、油脂油料也只能由国家指定的部门换购或议购，不准任何单位到集市购买，不准私商插手。1965年，地区工商局要求各县管理好市场，严厉打击投机倒把活动，贯彻统购统销政策。油脂油料任何时候都不准进入市场交易：自食有余需出售者只能卖给国家。1966～1976年“文化大革命”影响，全地区粮食市场依然坚持统购统销政策。工商部门配合粮食部门查处打击破坏粮食统购统销行为。1973年，有6个县查处违法违章案1.24万件，其中属投机倒把性质的3180件，查获粮食33.7吨、粮票0.97万斤、油脂油料11.57吨。1974年，全地区查获倒卖粮食12.45吨、粮票3479.5公斤、菜油1.15吨。1975年上半年查获倒卖的粮食40.62吨、粮票5095.5公斤、油脂油料1.11吨。1976年，查获倒卖粮食59.65吨、粮票6195公斤、油脂3.72吨。1978年查处投机违章案1.7万件，其中投机倒把案1887件。查获粮食16.84吨、粮票3.989万斤、油脂油料12.5吨。

1979年，执行国务院〔1979〕19号文件规定，撤销检查站，为粮食流通清除障碍，但依然坚持打击倒卖生产资料和油料的违法行为。1980年，各县工商部门分别在夏、秋两季整顿集贸市场，按政策规定管理粮食市场。1981～1985年，逐步放开粮食市场。1981年，全地区344个综合集贸市场，其中312个有粮油上市交易。1982年，经工商部门登记注册的粮油企业192户，其分支机构386个，从业5054人。完成统购任务的一、二、三类农副产品（除棉花外），允许多渠道运销。1983年，执行国务院规定，农民家庭副业产品和有证个体手工业者的产品，可以在集市上出售；生产所需原料，允许在市场购买。工商部门在粮食市场上沿袭代过秤、代收账、代换零钱、设置公平秤和提供货摊等办法为交易双方服务。1984年，登记注册的国营粮食企业全区共106户，其分支机构390个。1985年，毕节地区依据中共中央《关于进一步活跃农村经济的十项改革》规定，自是年1月1日起，凡取消统购派购的农副产品，都可以上市和贩运。地区工商局要求各县做好扶持工作，热情帮助解决货源、原料和产品销售等问题。1987年，贯彻国务院〔1987〕76号文件，整顿市场秩序，制止违法行为，查获发霉大米134.5吨。1988年9月，执行国务院稳定粮食市场的决定，规定从秋季起，大米由粮食部门统一收购，其他部门和个人不得经营。工商系统查获倒卖大米1.39吨，粮票822公斤，油菜籽63.8吨，玉米1.5吨，黄豆5吨。1989年，工商机关查处违法油菜籽31.3吨。1990年，查获劣质粮食28.5吨、油菜籽1.58吨。

3.监管经营放开。1992年，国家取消粮、油等重要农副产品的统购统销和计划供应。对粮食市场重点管理批发业务，放开零售经营。1993年，毕节地区行署贯彻省发〔1993〕1号文件，自4月1日起，放开粮油经营和粮食价格。国营、集体、个人均可经营粮食购销。是年，核准登记注册的个体粮油经营者515户，其中农村299户。1994年7月，根据国家工商局和国家粮食局联合下发的通知，清理粮食批发企业。全地区清理粮食批发企业142户，其中有96户国营粮食企业符合条件。核准注册粮油个体经营者796户，其中农村449户。1996年，大方、黔西、金沙、织金、纳雍、赫章县工商局统计，登记注册的粮食经营企业193户，从业1102人。1998年12月，地区工商局、粮食局、国税局和地税局联合行文，通知各县市实行粮食批发准入制。具备条件的企业，经县以上粮食部门批准发给《粮食批发准入证》，再由工商行政管理部门发给营业执照，方可从事粮食批发业务。至1999年10月20日，全地区出动检查人员3600余人次，执法车辆693辆次，检查市场916个、粮食经营者2.05万户次、粮食加工企业86户次；查处违法经营者598户，违法经营案384件；没收粮食1242吨，暂扣粮416.8吨，罚款39.05万元，吊销营业执照7户，处理违法违章253人。为群众挽回经济损失34.7万元。2000年初，按照国务院〔2000〕07号文件要求，工商系统核发“粮食收购资格证”101户，“油菜籽收购资格证”14户，查处无照营业4户；清理整顿中取缔无照营业者123户，查处非法收购案54件、非法运销案27件；没收粮食170余吨，罚款21.2万元。2001年1月，毕节地区工商管理部门根据国家计委等4部委《关于进一步敞开收购农民余粮，规范粮食市场的紧急通知》，加强监管粮食收储、经营、加工，企业和个体户实行一证一照制度，严把准入关。禁止不法粮商和非国有粮食收储企业在农村收购粮食，核发《粮食收购资格证》244户、《油菜籽收购资格证》32户。登记48户日产菜籽油3吨以下的榨油厂，开具《粮食收购运输凭证》1314份，运销粮食2.3万吨。出动监管人员1984人次、车辆198辆次，检查粮食经营主体775户次。立案查处粮食案24件，罚款1.9万元，取缔无照经营6户，查扣粮食700.23吨。2002年立案查处倒卖陈化粮案2件，涉案陈化粮3000多吨。2003年，地区工商局要求各县市工商局跟踪监管陈化粮购销全程。全地区检查集贸市场72个次、粮食经营主体302

户。立案调查3起涉嫌倒卖陈化粮共485.85吨。查处粮食经营违法案67件，罚款5.962万元。2004年，查获陈化粮284.6吨。2005年，贯彻《粮食流通管理条例》，开展粮食市场整顿工作，发放宣传资料1500份。检查粮食市场主体1267户，取缔无证经营69户，警示42户。查处违法案2件，没收陈化粮1.3吨。2011年，毕节地区工商系统对全区现有粮食市场263个，粮食经营户1432户，粮食收购企业77户进行了检查，严查哄抬价格、假冒伪劣和违法销售陈化粮等违法行为。

**盐业市场管理** 1.历代盐法。秦朝，嬴政推行重农抑商政策，盐、铁实行官营，个体零售在国家监督下进行。西汉初年，盐、铁、（铸）钱由私营工商业经营。武帝元狩四年（前119）实行盐铁专卖，盐由民制官收。东汉时，牂牁、夜郎一带的王、侯封邑全纳入郡县，允许食盐私营。窦后临朝，征盐铁税。献帝时改为专卖。唐初取消盐铁专卖和征税。开元九年（721）开征收食盐专税。755～763年，发生“安史之乱”，食盐由免除其徭役的亭户生产，产品归官府，由官府直接专卖。宋代盐法因地区而异。僻处西南羁縻小州的土官，通过土贡获得食盐、布匹等偿赐；商人或输粮于边获得交引，凭引取盐；或于茶马市以马换盐。各族人民食盐靠盐商供应，其价昂贵。元代实行食盐民制官收商销旧法。明初盐法多承元制。洪武十五年（1382）奏定安宁开中盐法：“凡募商于云南、临安二府输米三石，于乌撒、乌蒙输米二石八斗者，给安宁盐二百斤。”洪武二十四年（1391）八月，户部对毕节、赤水、层台三卫更定盐法；以输米多少分别给淮盐、浙盐和川盐。弘治五年（1492）废除开中盐法，规定商人买引一律输银于盐务司。万历四十二年（1614）改行纲法，将盐商所领盐引依次编制成册，政府依册上卖引数分发盐引，收取盐课。依纲法，盐商须向府、卫官署登记注册，经批准方可贩运和销售食盐。明天启年间（1621～1627），比喇安氏与四川通商，运进食盐、布匹等商品。来往蜀商日增，食盐市场兴旺。清代前期减轻商税。其盐法大抵依照明代而有所增损。其形式有官督商销、官运官销、民运民销、官运商销。康熙二年（1663），贵西道对进入黔西、大定、平远、毕节的食盐征税，每100斤征银2钱4分。乾隆年间，在区内实行“计口授盐”，每年从永岸运经毕节转运各地之川盐达112.35吨。光绪三年（1877）四川总督丁宝桢（平远人）以官发盐引，乘机受贿；私商运销，重利盘剥等弊端，奏请废除旧制，改行官运商销。在泸州设总局以统筹，盐井设厂局分运各岸，各岸设岸局分销私商，将引课、税厘纳入成本。行之1年，成效大著。增加四川财政收入，解决贵州食盐问题。盐号大增，新场有永隆裕等盐号4家，大定瓢儿井为永岸食盐运销之地有盐号19家。

民国初年改革盐政，废除清代盐法。盐政先归永岸局统辖，后由贵州省黔岸督察缉私局监管。商品实行官督商运，计口授盐。所需川盐，从永岸和仁岸购进。民国25年（1936），国民政府决定，川滇黔盐税统一由中央征收。改散盐为捆盐，实行一岸一商制。民国27年（1938），设贵州盐务运销局，在设毕节、大定分局，实施食盐管制。民国29年（1940），省政府颁布《贵州盐店管理规程》和《贵州省各县食盐监销委员会组织章程》，依法管理盐商。盐价由盐务机关核定。次年，试行口岸官收代运办法，改一岸一商制为一岸多商制。商有利可图，竞设盐号。毕节城关设有盐号22家。民国31年（1942），国民政府颁布《食盐专卖条例》。设川康黔盐务管理局毕节支局，管理盐商运销，且自办官运。各县实行食盐专卖，每人每月凭证供应食盐1斤。民国33年（1944）日寇侵入西南，盐源困难，停办计口授盐。民国35年（1946）2月，国民政府公布《盐政纲领》，停办食盐专卖。次年1月1日盐运开放，实行商运商销。

2.盐市监管。1949年12月，毕节食盐运销实行军事管制。1950年6～9月，贵州盐业公司在毕节专区建盐务分局，在各县设分销处，在城乡开展购销业务。1951年，政府委托供销合作社承办农村食盐供应，每人每季度供盐1.6千克。供销社供应点不足地方，选择个体私商代销。是年，全专区代销食盐私商680户。1953年，全专区实行食盐专卖，统一价格。供销社按每人1年7.5千克定额编报要货计划，供应社员。是年，全专区零售食盐私营商贩为1394户，其中农村809户。1952年2月，食盐经营分工：国营盐业公司负责批发和县城市场供应；供销社经营零售，供应农村市场。谁脱销谁负责。专、县工商科负责市场监督和查处投机违法活动。1962年，国营商业委托供销社代其批发食盐。1963年，专、县成立工商行政管理局，盐业市场列入市管内容。1977年，工商系统对市场食盐是否加碘予以监督。1980年，对盐业市场进行整顿。1984年，全地区工商管理部门检查盐业市场，查出失准衡器57把，当场销毁，罚款2610元。1987年，按省工商局安排整顿市场秩序。纳雍县查处个体无照经营食盐12户，罚款920元，并责令其补办营业执照。1988年，纳雍县工商局配合质量技术监督部门检查市场商品质量。查获走私盐92.24吨。8月30日，毕节行署决定从9月1日起实行食盐定量供应。城镇居民每人每月1000克，农村1.2千克。除专业公司、基层供销社、经批准的单位和个体户外，不准任何单位和个人经营食盐；不准加价出售；不准囤积居奇或运往境外销售。违者按投机倒把查处。1989年，纳雍县查获高价食盐38.77吨，罚款2600元。1990年，盐业经营实行许可制度。经营盐的批发业务和食用盐的零售业务，须向盐业行政主管机关申报领取许可证，然后向工商行政管理机关登记注册，领取执照，方可经营。是年，全地区查获高价食盐4.4吨，失准计量器具2511件。1994年6月，毕节地区工商局鉴于市场上有非碘盐、劣质盐销售；贩运倒卖食盐，扰乱市场秩序的情况，决定检查市场上销售食盐的含碘情况，凡查出经销非碘盐、劣质盐均按有关规定予以处罚；查出擅自贩运、倒卖食盐，依照《投机倒把行政处罚暂行条例》处理。1996年6月，纳雍县查获无照经营25户、食盐120吨，查处走私盐7.45吨，没收无碘盐600千克。1998年6月，毕节地区工商局行文要求各县市局于6～9月开展碘制品等市场专项整顿工作。全地区出动793人次，车74辆次，检查经营主体337户，查扣伪劣碘制品24吨、伪劣变质食品500千克，饮品3950瓶。1999年6月，省卫生厅、商务厅、省教委、省工商局等联合下发《关于做好贵州省2000年实现消除碘缺病阶段评估工作的通知》，工商行政管理机关加强对盐业市场监管，防止非碘盐和工业用盐进入食盐市场。2000年5月18日，毕节地区工商系统与卫生、教育、盐务部门联合开展以“坚持使用合格碘盐，持续消除碘缺乏病”为主题的防治碘缺乏病日宣传活动。2005年5～8月，全地区工商管理机关执行国家工商总局等部门关于《整顿和规范盐业市场秩序工作方案》，通过电视、电台播放宣传资料9次，办宣传专栏45期，出动宣传车127辆次，张贴政府公告4000余份，发放宣传资料2万余份。场天赠送群众加碘盐4500包。查处工业用盐作食盐3.8吨，非正常渠道进盐2吨。检查食盐经营者186户，收缴工业用盐3300千克，散盐85千克。其间，工商、盐务部门出动1092人次，执法车256辆次，检查市场175个、食盐经营者2867户、用盐大户256家。收缴、扣押工业用盐、非碘盐、非正常渠道进盐24.017吨。追回已销售作食用的工业用盐334.5千克。立案18件，即时处罚10件，罚款290元。查处无照经营46户，超范围经营249户。工商机关造册登记辖区内食盐经营户，建立台账，不合格的食盐，责令下柜台。配合盐务部门规范食盐零售网络。1700户食盐经营点，由盐务部门统一配送食盐，挂牌销售。2011年，全区工商系统配合各县（市）盐务部门强化盐业市场监管，出去执法人员2747人，检查超市449个，食盐经营户5770户/次，查扣违法经营涉案食盐3103.6公斤。工业用盐600公斤，现场处置群体抢盐事件5起，源头控制抢盐事件25起。受理消费者电话及现场咨询、投诉和举报2554件，为消费者挽回经济损失9000余元。

**农资市场监管**　1954年，毕节地区化肥供应，由省分配计划，专区供应站组织调拨，县、区供销社经营。农药及农药械采取代销与自营相结合的方式经营。20世纪60年代，工商行政管理机关按照“只供应集体，不供应个人”和“供应计划与农副产品采购挂钩的政策监督化肥经营”。1971～1975年，工商系统严查投机倒卖一、二类物资和农业生产资料等不法行。为1973年，查处倒卖化肥6.45吨、牲畜294头、农机具44台。1975年，全地区查获倒卖的化肥33.3吨。毕节县查处县物资局长倒卖化肥236吨大案。1976年，全地区查获倒卖化肥50吨。1977年，纳雍县查处龙场区供销社将平价化肥议价销售的违法行为，没收其非法所得1.72万元。1978年，威宁县工商局查处违法尿素8.72吨。1979年，毕节县工商局查获朱昌信用社职工××先后倒卖化肥30多吨，牟利2000余元的大案。1982年，中共贵州省委办公厅下发《关于杜绝化肥流通中不正之风和非法活动的通知》，工商部门深入开展打击经济领域里的犯罪活动。1983年，据织金、纳雍县工商局调查，私人贩运和高价出售化肥达万吨以上。织金县整顿48个集贸市场，查处投机倒把违法案7件，清理高价出售化肥1.33万吨，取缔无证商贩608户。1984年，工商机关查获倒卖化肥31吨、劣质农药65瓶。1986年，全地区查处投机倒把的化肥155.18吨。1987年，查获倒卖化肥大案7件。其中赫章县野马川村民张××套购碳酸氢铵7.64吨，对县农资公司每吨抬价15元“卖大户”一案调查取证。威宁县工商局查处劣质化肥和倒卖化肥260吨、农膜5吨。1988年，执行国务院《关于化肥、农药、农膜实行专营的决定》，查获假硝氨128包、假普钙5吨、化肥2460包。1989年，毕节地区工商局贯彻国发办〔1989〕5号文件，经调查，向行署呈送《关于当前化肥市场现状及管理意见的报告》。建议，凡经政府批准通过正当渠道购进的化肥，经工商部门验证后，交当地专营部门统一销售；发现倒卖化肥一律没收交专营部门处理。是年12月，毕节地区行署作出《关于认真执行化肥经营政策的决定》。至年底，工商部门查获违法违章经营的农膜5000吨、化肥1123吨、假农药1.98吨。1990年，赫章、威宁县工商局验证管理农药、农膜、化肥。共验证化肥2.88万吨、农药46.11吨、农膜20.67吨；查处违法经营化肥299.6吨、农药172千克、速灭杀丁2.24万支、农膜7.3吨。金沙县工商局查获假化肥81.3吨、假农药172千克和劣质农膜6.5筒。1991年1月，地区工商局、地区供销社联合向行署呈送《关于加强化肥、农药、农膜市场管理意见的报告》。4月24日、25日，联合召开全地区整顿化肥、农药、农膜市场工作会议。是年，查处非法经营和伪劣化肥3785.75吨。黔西、威宁、纳雍县验证化肥2.95万吨、农药26.96吨、农膜930吨。1993年，金沙县工商局查获假农药141瓶。1994年，地区工商局制发（1994）第10号文件，要各县市工商局与农业主管部门、技术监督、物价部门配合，检查整顿农业生产资料市场。是年，检查农资经营者218户，取缔无照经营65户。查处违法经营的化肥1400吨、农膜3.6吨、农药2.5吨。1995年初，工商管理部门按国家工商局和省政府的要求，集中整治农资市场。是年6月，地区工商局、农牧渔业局、技术监督局和物价局联合发出《关于开展化肥市场大检查的通知》，组织重点抽查2～3个县市化肥市场。地区工商系统共抽342名干部参加37个检查组，先后检查231户农资经营单位。查处制售假劣农资商品案18件，查获化肥319吨、失效农药4吨、劣质种子486千克；捣毁制售假化肥窝点1个，罚没款3.8万元。查处转手高价倒卖化肥案46件，查获倒卖的化肥308.8吨、购货款22.983万元、销售款25.2万元，没收非法所得和罚款2万多元。强制限价销售化肥8.65吨。1996年，工商管理部门治理农资市场，严厉打击销售假化肥、假农药、假种子。全年出动930人次，车119辆次，共检查243个农资经营点和1154个体工商户；取缔无照经营193户，罚款11.39万元。查处农资案55件，捣毁制假窝点2个；共验证化肥、农药、农膜3.01万吨，查处劣质化肥151.4吨。1997年，全系统组织47个检查组，检查市场222个次。取缔无照经营56户，查处违法经营469户。查获非法经营农资案111件。查扣假化肥219.24吨、劣质化肥352.2吨、假化肥142吨、假劣复合肥3026.64吨、假劣种子51.67吨。突击查处假化肥、假种子违法案25件。1998年1月2日，地区工商局行文要求各县市工商部门。严厉打击各种欺诈、制假、售假，损害消费者，危害农业生产的违法行为。3月下发《关于对农资市场进行专项整治的通知》。全地区出动车248辆次，1800人次，检查化肥销售门市776个，抽查15家化肥生产企业的17种产品。查处违法违章经营者208户，立案查处化肥案91件，收缴化肥1184吨。检查种子经营单位325户，收缴过期执照13户、取缔无照经营188户。没收假良种162千克、劣质良种4300千克、加价销售良种47千克和一批假农药及变质蔬菜种子。1999年，地区工商局与农业局、技术监督局联合拟定《毕节地区农药经营实行二证一照管理办法》，地区及各县市工商部门出动1120人次、800车次，开展打假护农行动。检查农资经营者901户，查扣化肥488.5吨，没收假化肥100吨、伪劣农药1628盒、假稻种6119包、有机磷水剂3.05吨，罚款4250元。取缔无照经营者245户。2000年，工商管理部门整治农资市场，出动2680人次、129车次，检查农资经营者1901户。检查农膜61吨、种子57吨。查扣化肥308.8吨。没收劣质化肥246.25吨、劣质种子5.04吨、14种过期农药6683瓶、无“三证”农药117瓶、劣质农膜53平方米和劣质农具9件。捣毁制假窝点2个，查扣封口机1台、化肥包装袋80个和假冒三元素复合肥40吨。暂扣物资总值27万元。查处农资案112件，罚款10.4万元。2001年工商管理部门，开展农资市场打假整治联合执法行动和农资市场专项检查，出动执法人员4669人次、车573辆次。检查农资企业和农资经营个体户5282户次。取缔无照经营150户。查获伪劣种子958.8千克、农药1500支、饲料添加剂2200千克。查扣非法经营化肥94.83吨、农机71台、树苗4.5万株。查处农资案66件，案值19.96万元，罚没金额6.62万元。受理农民投诉175件，为农民挽回经济损失1.68万元。销毁过期农药850千克。查处农资违法广告案2件，清理并消除虚假农资产品广告1200多份。2002年，根据国家农业部办公厅《关于加强农药安全管理工作的通知》，依法打击制售假冒伪劣农药的行为。全地区查获违法农药44.4千克、农膜27吨、化肥123.58吨。检查农机销售企业及门市78户，查获不合格农机41台和无证产品10台。查处农资案175件.罚款12.73万元。2003年，工商管理部门开展春季专项整顿和检查鼠药销售市场行动。检查农资经营者1241户，取缔无证经营者99户；验证化肥1968吨，种子367吨。收缴劣质稻种266千克、劣质绿肥28.57吨、农药638瓶；查处农资案169件，涉案化肥123.587吨、种子695千克、地膜27吨、农药44.4千克，罚款14.7万元。出动执法人员2963人次，车582辆次，检查经营者2642户，取缔非法摊点126个，收缴剧毒鼠药1923支、拌制鼠药52.5千克。处理涉案者47人，罚款2.41万元。按照《贵州省工商行政管理系统企业信用分类监管暂行办法》，对区内农资经营企业和个体户分类，分排为：A类301户、B类821户、C类123户、D类20户。分别以公告、上网和送报社登载方式公布。2004年，根据国家工商局《关于加强农资市场治理活动的通知》，工商部门检查治理重点区域、重点市场、重点品种。印发宣传资料2万多份。出动执法人员2160人次、车380辆次，检查国有农资企业77户次、集体企业202户次和个体经营3633户次。查处违法经营案129件，罚款14.7万元。取缔无证经营99户，查处劣质化肥8.75吨、劣质种子80千克、过期失效农药93瓶（袋），收缴失效化肥471吨、假磷肥216包、假农药780瓶和不能使用的农机具47台。受理农民投诉32件，为之挽回经济损失3万多元。2005年实施国家工商总局《2005年红盾护农方案》，出动人员3058人次、车607辆次，检查农资经营主体2048户次，抽检品牌化肥46个。查处违法违章农资案133件，涉及金额116.71万元，罚款26.655万元，移送司法机关处理2件，捣毁制假窝点13个。受理农民投诉19件，为之挽回经济损失22万余元。2011年，全区工商系统加强农资市场监管，累计抽检农资71个品牌104个样品，抽样总数1742.85吨，监测农资广告13条，发放农资宣传资料13500余份。在监管中实行先行赔付制度，全区共预缴保证金267.1万元，确保农民群众的利益在受到劣质农资的侵害后能及时得到有效的赔偿。全力推行农资备案制，不断健全制度，全区发放资料80570份。各县在“红盾护农”行动中检查农资经营户2441户次，取缔无照经营户45户，查扣涉及质量的化肥26.25吨，没收不合格化肥9吨，立案查处42件，罚款18.18万元。

**小商品市场监管** 民国及其以前，市场小商品经营者主要是个体工商业和小商贩。1949年后，工业小商品归入三类工业品，国家未将其生产和流通完全纳入计划管理。1962年，铁锅市场供应紧张，政府将其列入计划管理商品。铁制炊具、竹木制品列入三类日用杂品，主要由供销合作社经营。1980年初，毕节地区工商局按照省局要求，对小商品集市贸易活动采取“先放后管、边放边管”措施，依法保护正当交易，取缔非法活动。1981年，工商部门换发工商企业和个体工商户营业执照，允许城镇个体户经营小商品。7月，按照国家工商总局的指示，集体或个体手工业生产的日用品，凡是国家不收购的都允许上市交易。有证商贩按核定的经营范围在市场经营，严禁假冒伪劣商品上市。1982年3月18日，地区召开全区工商局长会议，明确工业部门完成任务后的产品、试产品以及国家商业不收购的产品允许自销和上市出售；但必须遵守市场物价管理。12月，执行省工商局发文规定，组织开放小工业品、小商品、废旧品市场，城镇经营比例为：工业品批发国家批发占70%，市场批发占30%；市场商品零售额国家零售占60%，市场零售占40%。允许小商品经营者根据市场需要变更经营项目和范围，随时向工商管理机关作变更登记。各县工商局把发证办照审批权下放到基层工商所。1987年，工商部门清理无照经营小商品和从事其他行业的单位和个人，检查市场店、铺、摊、点3.61万个次，取缔无照经营者608人，查处一批违法经营的物资和假冒伪劣商品。1996年后，工商行政管理机关推行小商品市场巡查制，查处违法违章行为。2001年，工商系统查获伪劣笔、开关插座3887个、电线8450米，帆布纱子手套3.77万双、包装袋2500个等。2005年，毕节市工商局会同翠屏工商所在毕节小商品批发市场开展打假活动，查获假电池1300多对，假冒阿迪达斯品牌服装20套，罚款500元；查处无证经营5户，罚款后责令其补办营业执照。2010年，全区工商系统加强小商品市场监管，检查农贸市场1652个（次），整治各类摊点3145个（次），取缔乱摆摊点171个（次），整治"野广告"11332条。下发限期责令改正通知书314份，督促食品经营户完善索票、索证制度641户。取缔无照食品经营户167、清理不洁饮食摊点219户、流动小摊点137个。销毁饮料2154瓶，下架、没收过期变质食品297公斤，收缴各种过期食品191公斤。收缴不合格塑料购物袋32532.08万个，捣毁黑窝点1个，取缔无照经营户11户，立案查处3起，没收不合格塑料袋981公斤，罚款5万元。

**牲畜市场管理**　北宋时期，市场已产生用牛马猪羊换取盐茶布的交易。南宋时，朝廷多次派员到西南以盐茶换取蜀马、水西马、大理马。元代，朝廷在水西境实行土司制，从盐茶酒醋到农具竹木马牛羊等也课以重税，并建有马场。明初，在增设乌撒、水西茶马市，规定"凡马一匹给布3匹，茶1斤，盐如之，城中集市由行户管理，农村牛马市场由场头或土司、土目管理"。嘉靖二年（1523）颁《市易诸法》，认可牙行制度。官署发给诸色牙纪印信文薄和查照，不准无照从业，不准串通、欺诈、弄虚作假，估价不公，专取其利。清代对牲畜集市寓征于管。清初在威宁、黔西、大定、毕节等处征收过往牛马铜盐过境税和落地税，每岁收入多则八九千斤，少亦有二三千斤。道光二十六年（1846），大定知府《谕民二十条》中告诫："各乡各庄禁止宰杀耕牛，此乃除盗之根，其法甚善，然倒毙者亦不准借端勒索，致滋事端"。民国时期，大牲畜交易由场头、牙行在商会领导下管理。主要为征收牲牙捐、屠宰捐。牙行经营者须先提出申请，由县商会审查同意，报经政府批准发给营业执照，才能在县商会指定的集市从事经济活动。

1949年后，专区及各县工商科会同税务部门建立市场交易管理所和市场管理委员会，管理粮食、牲畜、土产、药材等市场交易活动。交易员大多招聘过去的牙纪（经纪人）。其主要任务是按行归市，帮助双方鉴别牲畜质量，实行买卖公平，并协助征收交易税。1956年，恢复牲畜市场45个，建立牲畜交易服务所16处。由基层供销社和税务所组成牲畜市场管理机构，负责改造牙纪和屠宰商，组织社员喂养牲畜和调剂余缺。1957年，金沙县恢复牲畜市场，上市牲畜按规定或评议的价格交易。县内不准互相封锁小猪销售市场。外地采购者必须持县商业局的证明。1958年，牲畜市场管理松弛、外地采购员和本地贩子抬价收购，牛马外流严重，影响农业生产。是年6月，按贵州省第二商文件规定，统一经营牛马，除地区内调剂外，全年调省6630头，占全地区安排任务的55.25%。1963年5月，专、县建立工商行政管理机构，指导基层市管会加强市场管理。允许公社、生产大队、生产队之间调剂余缺，严禁宰杀和贩运耕畜。是年，金沙县工商局查处投机倒卖牲畜违法案150件，罚没金额0.85万元，查扣耕牛85头、马67

匹。1964年，贯彻省委、省人委《改进大牲畜余缺调剂工作的指示》，恢复传统的耕畜经营和交流关系。黔西县工商部门查处牲畜市场违法案91件，其中投机倒把案87件，罚款0.68万元。1971～1980年，工商管理部门，根据上级规定，检查牲畜交易市场，查获违规交易耕牛1904头、役马29匹、菜羊232只、菜牛469头、肥猪2402头。1985年，工商管理部门严厉打击投机倒把活动，取缔黑牛行、黑经纪。织金县三塘工商所查获倒卖耕畜案4起，扣留现金2000元。黔西县工商部门查处牲畜市场违法案80件，查获贩卖的耕牛37头、马45匹。1986年，大方县工商机关查处违章物资中有牛马51头（匹）、肥猪3头。1995年起，实施《贵州省经纪人管理条例》，工商管理部门对经纪人活动进行监督管理，保护合法经营，查处违法经营；指导经纪人自律组织工作。2001～2002年，工商管理机关开展农资市场打假活动，检查饲料品种79批次、兽药品种1300多批次；取缔无证经营38户、违法经营点36个；查处伪劣兽药3.89万盒、查出伪劣过期饲料34.8吨、添加剂2.9吨；查处违法违章案89件，涉案129人。2003年，出动人员3490余人次，发放农资打假宣传资料7680份。清理牲畜市场和农资市场1043个次，检查生产企业24家；受理举报投诉13件，立案34件，结案30件；取缔非法摊点16个，捣毁制假窝点7个。为群众挽回经济损失5.87万元。2004年，全地区有畜牧经济人和牲畜市场经纪人1334人，畜牧业专业协会52个，从业人员1万余人，产品销售收入5.54亿元。2005~2011年，随着市场开放，大牲畜交易由养殖户或农民专业合作社组织交易，大牲畜交易监管由乡镇农业服务中心管理。

**车辆交易市场管理**　1981年，工商部门执行贵州省政府指示，按月收缴私人机动车、船有关管理费用；打击车辆交易活动中出现的投机倒把和走私行为。1981～1984年，查处投机倒把案698件。1984年10月起，按国家工商局《关于汽车交易市场管理暂行规定》，凡在物资部门汽车交易中心和中国汽车工业贸易交易公司成交的汽车，其发票均需工商行政部门验证盖章。是年，查处违法违章票1630件，其中投机倒把案36件，罚款12万多元。1986年，查获倒卖的汽车、拖拉机18台、价值40万元。1987年，根据国家工商局《关于加强拼装汽车管理的通知》，查处非法出售拼装汽车，没收其非法收入并处以销售额10%的罚款。1988年，查处倒卖汽车4辆、拖拉机19台。1989年4月，成立毕节地区机动车辆交易所。工商、物资、公安、物价等部门派员合署办公，开展机动车交易监管。至年底，共验证各种机动车辆1024辆（台）。收验证费4万余元上交财政。对手续不齐的39辆不予验证盖章。是年，黔西、赫章、纳雍县开展拖拉机、摩托车验证工作。1990年，验证机动车2117辆，经验证不予入户的40辆。查处违法违章案12件，罚款1.77万元，追缴各种规费2.23万元。1992年，全地区工商系统全地区验证交易的机动车2261辆。1991～1996年，全地区共验证各种机动车1.98万辆（台），收取验证费百万元。1997年，各级工商行政管理机关查获假冒吉普车2辆、摩托车9辆。1998年，全地区验证交易机动车2216辆。1999年，工商机关查处违法摩托车29辆。2000年，全地区查获违法摩托车28辆和汽车、摩托车配件234件。2004年，毕节地区行署根据国家商务部等7部局《关于开展汽车市场专项整治工作的通知》，明确由地区工商局牵头，11个有关部门参加组成汽车市场专项整治协调小组，开展整治汽车交易市场工作。工商机关出动执法人员717人次，车162辆次，检查机动车维修经营企业44户，个体经营者412户，检查汽车配件经营者440户、摩托车配件经营者204户。

检查机动车经销商82户。检查旧机动车交易市场、报废车回收站、中介机构各1个。查处违法违章案25件，结案17件，罚没款6.56万元，暂扣款1.3万元，暂扣涉嫌拼装车3辆。对25户经营者责令限期整改。对1起非法拆解报废车案移交司法机关处理。2005年地区工商局贯彻《贵州省机动车交易管理办法》；给旧车交易中心、个体经纪人宣传法规政策，发放宣传资料2550份；出动执法人员384人次，检查汽车、摩托车配件经营者2650户（次），下达催办营业执照1019份，发出警示通知780份和责令整改通知14份；取缔非法营运三轮车300辆和的士28辆，查处运输市场违法违章案435件，罚款10.63万元。是年，地、县市车管所验证交易机动车1208辆；严格执行《票证管理制度》《统一收费标准制度》和《收费公示制度》，并自觉接受经营者和消费者的监督。2010年，全区各级工商部门规范汽车品牌销售行为，全区有品牌汽车经营户31户，经营的品牌有58个，已备案37个，复核申报品牌汽车备案的4批12户企业。检查机动车辆销售、汽车配件，汽车装饰美容修理、洗车场、汽车租赁服务经营户2335户次，对72户无照等轻微违法行为责令限期整改。立案查处4件，结案2件，罚款8000.00元。取缔非法洗车点20户，汽车、摩托车修理点14户，其他经营户4名。严厉打击非法拼组装汽车行为和非法销售拆解报废汽车行为。取缔无照废旧金属回收点4户。罚款3.7万元。取缔非法营运车辆52辆，新办运输户营业执照3814户，验照1342户。

**医药市场监管**　1953～1978年，工商管理部门协助卫生部门实施药政管理。1966～1984年，工商管理机关配合医药行政管理部门，执行国家药政管理规定，查处非法收购倒卖天麻2665斤、党参200斤、白芍1.75万斤、三七31斤、杜仲1979斤、桃仁443斤、假阿胶110斤、假虎骨11只，没收收购款3300元，冻结收购款6000元。查处非法药材交易案1.7万余件。1984年，工商系统核发药品生产企业和经营企业“营业执照”。查获违法杜仲1942斤。1985年8月，地区卫生局、医药局、工商局贯彻“药品管理法”，凡无证的游医、药贩，一律不允许在城乡市场行医售药。各县工商局检查市场药品，以检查晋江假药为重点，查处销售伪劣药品违法行为。1985～1990年，工商管理部门共查处非法交易杜仲10.25吨、半夏45.17吨、黄柏156.5千克、厚朴10千克、黄连400千克、天麻18千克、阿托品1970支、驱蛔药103包、鼠药935包、虎骨66千克；违法虚假广告70起，罚款775.6元；行骗游医18人。检查发现没收假药片12件40斤、天麻77斤、牛黄450克、蜂蜜5000克、砂仁4000克、药品近万包；查收价值2572.9元的失效药品97件、失效针剂、药片共8626盒。1991年，整顿医药市场，取缔无证药品批发经营者7户，查处游医行骗者82人次，非法收购中药材商铺7户，无“三证”药品经营者25户，人畜药品混销者15户。查获过期失效药品150多种、劣质药品79种；没收违法经营药品价值2.53万元。1992年，查处游医170人次，查获假虎骨3.5千克。1995年，毕节地区行署成立医药市场整顿领导小组，工商系统实行，定人员、定岗位、定职责、定任务、定奖惩目标管理责任制。是年，检查医药经营门市6640个次，取缔无证经营者199户，吊销营业执照11户，停业整顿9户，罚款6800元。查处违法药品广告168起，查获假劣药品4.8万瓶、伪劣中药材365千克。1996年，与卫生、防疫等部门组织840人次、车63辆次，检查药品食品生产点50个、门市摊点6500个，查处无证经营120户，收缴假冒合格证5986个，没收伪劣药品和食品50多种标值20余万元，罚款1.4万元。查处虚假药品广告案9件、欺诈医疗服务广告案5件。印发宣传资料120多份，设举报电话20部。查出6个单位以各种名义回扣贿赂656.7万元。1999年，成立毕节地区清理整顿领导小组，贯彻省《关于清理整顿按摩服务场所的通知》，地区工商、卫生、劳动、公安局抽8名干部赴8县市检查清理整顿情况。整顿取缔洗脚屋6家。是年，全地区工商管理部门出动执法人员356人次、车184辆次，检查市场26个次、药品生产企业17户、经营企业148户、各类诊所和药品经营个体户1983户；取缔无照经营药品62户，限期补办营业执照54户；查收假劣和失效药品31种标值11.87万元；查处违法经营案12件，罚款1.53万元。查处违法医药广告案35件，其中药品广告29件，欺诈医疗服务广告6件。2000年，工商管理机关出动执法人员510人次，检查药品生产、经营单位331户、医疗单位166户，取缔无证经营36户、无照行医45户，查处无照行医45人、违法医疗广告案36件。没收小广告117万张、宣传画3600张、性病广告1万张。查获假天麻22.15千克、汇仁肾宝77件、假药品4410盒。对9户无证经营药品行为人罚款2.7万元。2001年，地区工商、医药等部门开展“药品打假维权活动”，清理过期失效药品。当众销毁没收的53种标值21万元伪劣药品；查处假冒湖北中恒药业股份公司“健身长寿”一案，没收假冒药品411瓶及各种欺骗宣传资料，将售假人员移交公安机关处理；捣毁非法生产药品窝点1个，查封非法经营户5户，查处假药59批次、劣药15批次，价值1302元；查获违规销售假药43批次，价值9042元；查获违法药品广告37件、欺诈医疗服务广告20件。2003年，工商管理机关配合药监系统检查综合集贸市场29个、药品经营单位2505户次。查封、取缔非法经营点1户，货值0.16万元，处以罚款2.99万元。端掉制假窝点1个。查处药品案17件，罚款1.57万元。查处虚假药品广告案10件、欺诈医疗服务广告案7件。是年，核发个体开业行医者营业执照。2004年，工商管理机关与食品药品监管系统配合，出动工商执法人员2700人次、车420辆次，检查药品经营户4500户次，查处违法违章案780件，罚款14.7万元。收缴过期失效药品5.6万瓶、劣质食品1.9吨、饮料6600余瓶、劣质奶粉2.1万袋、劣质酱油2.02吨、二氧化硫超标黄花菜82千克。2005年，监测广告1314条，查获违法广告149条。收缴违法医疗、药品广告印刷品14.5万份。2008年，全区各级工商行政管理部门出动执法人员171人次，执法车辆37辆次，检查各类经营户675户次，收缴虚假违法医疗、药品印刷品广告5600份；立案查处药品“芪仙补肾胶囊”“延欢胶囊”“七鞭回春乐胶囊”印刷品广告违法案件4件，罚款450元。保健食品广告违法案件16件，结案2件，罚款3600元。

**文化市场管理**　1981年，毕节地区行署根据中宣部、公安部、国家工商总局等7部局《关于查禁淫秽书画和其他淫秽性物品的通知》，要求各有关部门各司其职，整治文化市场。金沙县工商机关查收非法出版物和淫秽书刊40多种共760册。1983年，工商机关根据贵州省人民政府《关于取缔下流舞会查禁淫书淫画和其他诲淫物品的通告》，参与查禁行动，收缴黄色磁带110多盒。1985年，工商机关执行国务院《关于严禁淫秽物品的决定》，参与清理、整顿文化市场，检查录像放映经营者136户，查处违法经营者10户；查收淫秽录像带60余盒、录像机12台和黄色录音磁带40余盒。根据中共中央《关于禁止营业性录像和加强录像管理的通知》，责令所有营业性录像停止经营。1987年，工商行政管理机关整顿检查文化市场519次，查收淫秽书刊6050册、黄色录音磁带4099盒；查封封建迷信品3.03万件，取缔测字算命1971人次。1988年，地区工商部门取缔野蛮、伤风败俗卖艺33人、测字算命1376人，查封封建迷信品2.61万件，收缴黄色录音磁带990盒。1989年，地区工商部门参与地区文化稽查队开展“扫黄打非”统一行动；查收淫秽书刊8356册、黄色录音磁带282盒、录像带258盒、违法翻录复制录像带2196盒、非法出版物2680册、封建迷信品2.67万份。1990年，工商管理部门查收封建迷信书刊2887册、违禁录像磁带1165盒、淫秽录像带1045盒、裸体画61张、录像机3台和黄色书刊4777册；取缔33人次野蛮卖艺。1991年冬，工商部门与有关部门联合开展“扫黄打非”行动，出动1070人次，检查经营者16046户次，查收淫秽录像142盒、非法出版物4590册、黄色录音磁带823盘、不健康塑料画3.42万张和封建迷信宣传品1300件。取缔20人次野蛮、伤风败俗卖艺和277人次测字算命。1992年，工商管理机关查收淫秽录像带35盒、非法出版物988册、黄色书刊33本，取缔286人次测字算命。1993年，配合文化、公安等部门检查书店、书摊838个，收缴非法出版书刊3.42万册、色情淫秽音像制品435盒。1994年，工商执法人员检查音像、书刊经营点915个，查收音像制品1747盒、非法出版书刊、画册6690册；吊销13户违法经营者的营业执照，责令12户经营者停业整顿。1995年，工商管理机关收缴淫秽录像带2086盒和非法出版物1.96万册。1996年，系统出动执法人员310人，检查音像、书刊等经营点368个，查收色情淫秽音像制品738盒（张）；没收非法出版书刊画册6096册；对违法者罚款2500元。1997年，参与开展“扫黄打非”行动，检查全地区311户卡拉OK厅、歌舞厅、旅馆、路边店、录像放映点、书刊经营点，收缴色情淫秽音像制品494盒、非法出版书刊画册2.5万册（张），查收标值2.5万元的光盘一批。1999年，工商机关清理企业的名称、字号、商标广告中不良文化现象，对2户发布不良广告的经营者责令其停业整顿。地、县工商局收检队、所执行国家工商局379号文件，取缔非法经营地面卫星接收设施13户，查扣设施98套，立案查处29件，案值12.4万元。2000年，工商管理机关出动执法人员1316人次、车516辆次，检查电子游戏经营和娱乐服务业836户、歌舞厅136户、美容美发169户、浴室88户、电子游戏经营169户；查收退币机2台、游戏机板663块，拆除包厢44间，取缔无照经营者44户，责令25户停业限期整改，立案查处22户，罚款3.3万元。2001年11月，地区工商局公平交易科捣毁毕节市一非法复制录音磁带、销售盗版DVD光碟的窝点，查获录音磁带6000余盒、盗版光碟4万张、专用翻录磁带机具1部、DVD影碟机和功放机46台，依法对当事人处以罚款1万元，并没收上述查获物资。是年，工商机关参与“扫黄打非”统一行动，收缴非法出版书刊2206册、盗版光碟1.16万张、黄色光碟165张、录音磁带174盒和辅导录音磁带202盒；查收电子游戏机集成板101块，取缔无照经营书店3户；暂扣影碟机10台、卫星地面接收设备15套；查处违法经营者5户，罚款3600元；开展学校周边环境专项整治，出动工商执法人员413人次、车30辆次，检查372所大中小学校周边环境，取缔在学校周边200米范围内经营门市摊点742户，取缔电子游戏机、台球室、录像放映厅53家和卡拉OK厅10户；收缴非法出版书刊600余册、磁带174盒，查扣影碟机1台。2002年，参与开展整顿和规范文化市场秩序，收缴非法图书7786册、非法音像制品3341盘、色情淫秽录像带145盒、非法纪念品150件。2003年，开展出版市场、图书市场的整顿工作，检查经营者171户，查处违法案33件，收缴卫星地面接收设施71套（台）、高频21个，罚款1.05万元。2004年，工商管理机关出动执法人员790人次、车60辆次，检查各类文化项目经营者600余户，收缴非法出版物2.37万册、违法音像制品9000余盒，查扣VCD8台。2010年，全区工商系统开展文化市场“扫黄打非”专项执法行动工作，检查经营户1612户次，收缴非法出版物2515册、盗版光碟6916张（盒）、淫秽光碟49张执法人员1109人次，车199辆次，依法取缔“黑网吧”73户，收缴电脑716台（套），立案查处黑网吧案件43件，结案32件，罚款24万元。清理卫星电视广播地面接收设施市场，警示超范围经营卫星电视广播地面接收设施行为的132户。取缔无照经营户3户，立案查处4起，查扣卫星接收机遥控器69个、地面卫星连接线290对、地面卫星接收机134台、地面卫星接收机主板110个。

## 二　工商企业管理

**登记注册管理**　1.注籍·投行·编审。秦汉时期，商人入市从事买卖活动应先到官府登记，取得市籍，手工业者须取得匠籍。是为注籍制。有籍之商人须向官府交纳市税，手工业者须在官办工场作坊服一定时期的劳役；无籍者为非法，将予取缔。地处偏僻未能实行。唐代沿袭注籍，北宋施行聚散市之工商末业，分行业组织团行，以加统和敛役。投行者先向主管官吏注册，依法交纳免行钱，才成为行会成员，可入市经营。明代，城镇市肆铺户形成街市，在市肆营业的商人都按规定向当地官署登记注册。嘉靖二十七年（1548），实行编审制，对编入市籍、匠籍的行户进行审查。铺行开业要经官府批准。以后5年一次，由官府审查工商业户的资本额、营业及盈亏情况，分等级立案造册，作为征收赋税和摊派杂役的依据。土知府和土司等地方官，主要对盐商、矿冶业和牙纪登记发照。清代继续推行编审制。康熙十四年（1675），威宁州申请登记，领取窑照的有：莲花厂、七家湾乌铅厂等7户，毕节卫申请开采的有大吉等3户民营矿业，大定有3户民营矿业向官署登记。官府征收十分之二的矿产品实物税。乾隆四十二年（1777），威宁州编审铜川河厂。乾隆四十四年（1779），威宁州登记民营铅锌厂11个。嘉庆四年（1799），置贵西道（驻威宁）管理白锌生产。对开设铁、铅矿厂的商人编造工册，递加保结，官府按季考察。

2.登记·注册·发照。清光绪二十九年（1903），颁布《商人通则》《公司律》规定：商业企业“无论现已设立与嗣后设立之公司、局、厂、行号、店铺、一律注册即可享一体保护之利益”。工矿企业登记规定：凡禀请办矿，应用本部发给执照为凭。探矿执照由农工商部颁发，各省总局填给；开矿执照由农工商部核准填发，各省总局转给领照者。地处偏远未能真正执行。民国时期陆续颁布工商企业登记管理法规。要求商人各就其营业所在地向官厅呈报注册。各县照章办理。民国3年（1914），毕节县成立商会事务所，对工商企业办理登记注册和代发证照。民国16年（1927）《注册条例》规定注册种类为公司注册、商号注册、商标注册、矿业注册。商号资本不满500元者，免予注册。次年，毕节县登记手工业17个行业，商业8个行业。民国20年（1931）6月颁布修订后《公司登记规则》。次年毕节县登记私营工商业28户，从业408人。织金登记注册商号25家。各县按烟酒专卖条例登记烟酒商，经审查合格者发给营业牌照。民国24年（1935），各县旅馆客栈按照《贵州省各县旅营业取缔规划》申请备案。毕节县商会下设7个分会，大方县商会辖10个行业。各业工商户均申报登记注册，由商会转呈县府建设科备案。民国26年（1937），国民政府公布《商业登记法》。织金县登记注册的煤矿开采有13户。民国38年（1949），毕节县商会登记的工商业计14个行业973户。大定县商会登记工业企业8户，员工1260人。1949年10月，中华人民共和国成立。1950年制发《西南区企业登记暂行办法》。1951年《贵州省工商企业登记实施细则》规定：凡在本省进行工商业经营的坐商、行商、摊贩均应依法登记。专区及各县工商科通过布告等形式公布登记核准等规定，通知所有私营工商业到工商行政管理机关登记。年底，全专区登记的私营和个体工商业共1.53万户，从业2.73万人。1952年，开展“五反”运动，对私营工商业进行划类排队。11月，各县根据省《通知》要求，核发手工业营业许可证。全专区登记手工业共1.78万户，从业3.36万人，其中工业7077户，1.75万人；商业8207户，1.27万人；交通运输业1018户，1540人；建筑业1512户，1886人。1954年，专、县成立对私改造领导小组，对资本主义工商业、手工业、交运输业实施社会主义改造。农村私营商贩被排斥，商品零售额下降。其间，凡给国家加工、订货、统购、包销、经销、供销的企业，工商机关发给牌示悬于门首。公私合营企业凭主管部门批准办理登记。据1954年11月统计，全专区私营商业共1.15万户，1.23万人，纳入私改9999户，占86.6%；参加私改的手工业1.27户，1.29万人，分别占总数的93.58%、93.68%；纳入私改交通运输业1106户，1119人，分别占88,48和88.54%。1963年8月，毕节专区开始实施国务院《工商企业登记管理试行办法》，至1964年5月基本结束工商企业登记工作，给309户企业办理登记，其中中央企业1户，从业989人，注册资金445.4万元；省管企业5户，从业2.04万人，资金20571万元；地方国营企业248户，从业1.1万人，资金3.7亿元；公私合营企业55户，从业1225人，资金8169万元。是年，全专区清理个体工商业1.16万户，其中有证3919户，无证的7723户。清理后登记发照的1981户，只登记不发照的1452户，作为家庭副业生产劳动者安置的1018人，取缔的自发经营者3272人。1966年，开展“文化大革命”运动，工商行政管理受到冲击，企业登记被视为管、卡、压，企业登记工作开展不正常。1978年，各县工商局配合有关部门，清理国营、集体企业。1979年4月，执行国务院〔1979〕102号文件规定和国家工商总局等7部局《关于特种行业企业进行登记管理的通知》，各县共清理整顿1016户特种行业，工商部门审查登记678户，发给营业执照，公安机关加盖印章；取缔18户，暂不登记320户。1980年，毕节地区行署贯彻国家经委、工商总局《关于开展工业企业普查登记的通知》和省工商企业普查登记工作会议精神，抽出1227名干部接受培训，开展企业普查登记工作。全地区普查登记工业企业895户，其中全民所有制87户，县以上集体企业90户，社队企业581户，机关团体企业33户，街办企业41户，校办企业8户。资金总额1.46亿元，职工4.33万人。1981年，工商管理机关开展商业、饮食业、服务业和交通运输业的登记发照工作。1982年，依照国务院《工商企业登记管理条例》和工商总局的《实施细则》开展登记管理工作，全地区登记注册工商企业2016户，从业7.46万人，注册资金1.92亿元。其中国营企业680户，职工3.96万人，注册资金1.14亿元。1984年，工商管理机关简化办证手续，将发证审批权下放给基层工商所，全地区登记注册企业2443户，其中全民所有制817户、集体所有制1626户。1985年国家工商局公布《企业名称登记管理暂行规定》。1988年，省工商局制发《贵州省企业法人登记审批程序》，工商行政管理机关按规定程序开展登记工作，全地区登记注册企业398户，其中国营企业65户、集体企业306户，登记注册不具企业法人条件的私营企业40户、合营企业27户、承包租赁企业140户和松散型横向经济联合组织30户。1989年，工商机关在清理整顿公司企业中登记私营企业；通过换照、核准经济性质，纠正假集体企业。1990年，全地区核发2070户企业营业执照，占应换照企业的85.4%，次年，对保留的349户公司重新登记注册。1993年，工商管理机关依据修改后企业登记《条例》《细则》开展企业登记工作。是年，全地区新发展工商企业1145户，从业人员1.66万人，注册资金1.75亿元。1994年9月，毕节行署召开全地区企业登记管理工作电视会议，宣传贯彻《中华人民共和国公司法》。是年，全地区登记注册公司726户，其中新登记注册法人企业245户，为180户企业登记设立分支机构191个。1995年前1～9月，新登记注册发展企业325户，从业5189人，注册资本5916.5万元；新注册私营企业77户，资本1375.65万元，从业1336人。1996年，工商管理机关按国发〔1995〕17号文件及国家工商总局要求重新登记注册51户有限责任公司，监督检查新建企业。注册新发展企业509户，从业6596人，资金1.52亿元。1999年，按照《公司法》和《公司登记管理条例》严把市场准入关。全地区新注册企业635户，资本1.71亿元。2002年，按照“三严三禁”开展分级登记管理工作。煤矿企业由省工商局统一登记。是年，全地区登记注册的企业6927户，资金35.11亿元，其中私营企业1249户，从业5.09万人，资金8.63亿元。2003年，全地区登记注册的个体工商业3.96万户，从业5.09万人，资金2.44亿元。2004年，实行企业注册一审一核制，将个体工商业的登记审核权下放给基层工商所。根据中共中央1号文件精神，农民从事商业零售、修理等行业和从事经营而无固定经营场所的，免予工商登记和免收规费。2005年，全地区登记注册内资企业244户，资本4.55亿元；私营企业458户，资本5.45亿元，投资者1246人，雇工4851人。是年，全区已登记注册工商企业6223户，资本总额39.9亿元，其中国营企业1432户，资本10.7亿元；集体企业1538户，资本4.96亿元；股份合作企业149户，资本9199万元；私营企业2101户，资本21.26亿元。2011年，全区实有内资企业2659户，其中国有企业632户，集体企业562户，股份合作制企业249户，内资公司1180户、其他36户，注册资本（金）1524961万元。登记注册私营企业5438户，其中分支机构804户，投资者人数11159人，雇工人数47234人，注册资本（出资金额）1386889万元；登记农民专业合作社1455户，出资总额80601万元。成员总数14692人。

**企业监督管理**　1.年度检验。1983年，毕节地区按国家工商局规定实行企业年检报告制度，每年2月底以前，填报上年度的《工商企业登记事项年检报告书》。通过年检，重新核定企业的注册资金数额和经营范围等登记事项，发现企业的发展及存在的问题；对年检合格的企业，在其营业执照副本加盖年检戳记；对自行变更登记注册事项的行为予以纠正；对违章违法活动，分别进行批评教育或必要的查处。是年，全地区填报1982年度企业年检报告的企业1452户，占企业总数的73.32%。其中工业企业818户，报491户；建筑企业43户，报32户；商业交通企业1243户，报929户。1984年，全地区年检各类企业2673户，占总数的96.5%。变更登记企业374户。是年12月，胡耀邦总书记视察毕节时指示：下放审批权，简化办证手续，将县局审核登记、发照改为区所登记、发照。从而年检工作由县局和基层工商所共同承办。1986年，全地区登记注册企业2000户：从业近11万人，注册资金4.25亿。通过年检，给年检合格公司颁发“公司年检合格证”。毕节地区在全省汇总中获第一名。1988年，年检企业2416户，年检率98.57%。1990年，全地区年检企业2703户。年检发现80%以上企业生产经营不景气，有128户为假集体企业，18户企业违反《条例》规定。1991年，年检企业及其分支机构3860户，其中联营企业30户，私营企业218户。1992年，全地区登记注册的企业及其分支机构6505户，从业11.73万人。资金总额11.69亿元。1993年春，将企业登记管理与监督管理职责分开。县局以上工商机关，年检上年的2292户，超额完成年检工作。对32户擅自改变名称、复印许可证等违法违章行为予以处理。1994年，全地区年检企业2673户，年检率96.5%。1995年，年检企业2801户，年检率97.6%。变更登记475户企业，暂缓登记53户企业。1993～1994年，全地区连续未参加年检的企业90户。1996年12月，国家工商局颁布《企业年度检验办法》，规定年检起止时间为每年1月1日至4月30日。登记主管机关在规定时间内，对企业上一年度的情况进行检查。企业无正当理由，在3月15日前未报送年检材料的，由登记主管机关处以1000元以下罚款。1997年，全地区共检验企业7482户，占应年检数的93.87%。清理出无资金、无场地、无人员企业334户，予以取缔和注销登记。对未注册的22户，责令其登记注册。对企业违反工商行政管理法的行为，分别予以处罚。毕节卷烟厂等10户企业被确定为免检企业。12月8日，地区工商局公告：对未按规定期限申报1998年度企业年检的54户公司企业和68户非公司企业及28户经营部，依法吊销其营业执照。2000年，年检企业5845户，占上年年底企业6514的89.72%。对未参加年检的140户企业罚款11.238万元；吊销132户企业的营业执照。2001年，全地区年检企业5212户，占应检企业的96%。对153户有违法违章行为的企业罚款11万元。2002年，全地区年检企业5794户，占应检企业的90.08%。对470户企业作变更登记；注销205户违法企业的营业执照；查处9户企业，罚款3.425万元；发出警示通知书35份。2003年，共检验企业5671户。变更登记102户；96户企业逾期年检受到处罚；7户企业擅自超越经营范围和15户企业擅自设置分支机构，共罚款11.29万元。8月13日，地区工商局制发《毕节地区企业年检免检管理试行办法》，对免检企业的含义、标准及核定程序等作出说明。2004年，全地区年检企业5106户，年检率89%。是年，地区工商局制定推行《企业信用体系建议方案》，对64户企业的信用级别公示后无异议，核定为免检企业。2005年，年检企业5163户，年检率88.12%。对资金不实的21户公司责令其办理变更登记，对86户违反年检法的企业罚款共5.81万元，对13户涉嫌假出资的企业立案调查。

2.监督检查。1963年，全专区开展对工商企业进行登记和监督管理。1966年初，工商管理机关重点监督管理集体企业和个体工商户，防止其与国营企业争原料、争市场，制止校办、社队、街道企业从事商业活动。旋即，开展“文化大革命”运动，对企业的关、停、并、转、迁及变更生产经营项目一度失控。1978年，根据国家工商局等7个部门的通知，监督检查特种行业，全地区取缔旅店4户、废品收购站7户、刻字店1户、修理店6户。1985年，根据中央办公厅通知精神，清理136户录像放映经营者，对10户违法经营者予以处罚，没收淫秽录像带60盒、录像机12台、录音带40盒。1986年，执行中共中央决定，全地区共查出党政机关所办企业154户，对严重违法的2户勒令停业。对不符合公司条件的84户降格变更登记。另外勒令84户停止整顿。1987年，根据省工商局统一部署，对1446户企业进行不准无照经营、不准倒卖生产资料、不准将计划价格改为计划外价格、不准超越经营范围检查，检查率63%；对29户改计划价格为计划外价格的企业和1户倒卖生产资料的企业，罚款3000元；对49个无证经营的分支机构令其补办执照；对25户超越经营范围的限期改正。1988年，全地区抽查法人企业294户，其中公司28户。1989年，根据国家工商局〔1989〕92号文件要求，地区工商局派员赴大方县调查。1991年，重点检查634户企业，其中私营企业168户。发现28户未悬挂营业执照。19户擅自超越经营范围，20户企业法人未办理变更登记手续，3户涂改，复印营业执照，3户企业名称与牌子、印章不符。分别进行批评教育、限期改正、予以警告、没收非法所得等处罚。1992年，检查1834户企业，查出违章违法行为25起，分别予以处罚，共罚款2900元。1993年，实行企业登记与监督检查相分开制度。企业监管员抽查496户企业。对改变名称、复印特许证的32户企业和擅自扩大经营范围、增设分支机构的348户企业，区别情况予以处罚。1994年，检查企业1717户次，对违反法规的124户企业罚款3.18万元。1995年，根据国家工商局《清理三无企业工作要点》，毕节地区工商局拟定《实施意见》。地、县市成立清理“三无”企业工作组开展工作。至7月17日止，全地区共清理出“三无”企业143户，负责企业34户。1996年，监督检查工作以中介服务组织为重点。全地区检查1796户中介服务、资产评估机构，处罚违法违章企业45户。1967年，整顿56户中介服务组织，督促220户未注册的中介服务组织办理登记注册，清理出“三无”企业126户，罚款2.5万元。1998年，全地区共检查新老企业2162户。全地区共查出“三无”企业453户和虚假出资案1件，罚款1000元。1999年，查出“三无”企业35户；对1011户严重违法企业吊销营业执照。2000年，查处违法违章企业327户次，罚款37.93万元，对1056户个体工商业违法经营者吊销其营业执照。2001年，建立片巡查组，实行现场检查登记，重点检查“三无”企业和“五小”企业。各级登记注册主管机关在日常监督检查中，发出警示通知511份，纠正企业违规312起，查处违法行为161起，罚款12.23万元，吊销企业营业执照123户。2002年，全地区查出无照企业534户，取缔不合法经营企业140户。立案查处13户，即时处罚32户，罚款3.18万元。2003年，全地区共检查企业1438户，查处违法违章95件，罚款5.47万元。2004年，检查企业1371户，发出警示通知1459份；现场查出违法违章案129件，罚款6.858万元；立案查处78件，罚款14.38万元。对不按规定报送年检材料和逾期年检的217户企业，处罚7.51万元。

3.回访复查。1980年初，工商管理机关开始实行企业登记回访复查制定。回访复查在登记企业3个月后进行，回访其开业是否正常，是否按照核准的登记事项从事生产经营活动，是否抽逃转移资金以及存在什么困难。1986年，新登记注册企业288户，各县主管机关只重点抽查1～2个企业。1987年，对企业进行回访复查和政策咨询服务，帮助22户企业调整生产经营范围，解决生产中遇到的问题。1988年，全地区新登记注册企业288户，企业登记机关工作人员均在登记注册后进行回访。1989年，地区工商局清理并接管由毕节县登记管理的地直企业及其分支机构486户。1991年，地区工商局组织3个小组深入企业走访调查，为企业排忧解难。1993年，回访复查388户新登记正法人企业，了解企业存在的困难和问题。1994年，全地区企管监督员回访企业789户，发现629户生产经营较为正常，帮助474户企业建立健全规章制度。1996年，企业监管人员深入260户企业，调研建立现代企业制度情况，撰写调研报告27份。1997年回访新注册企业363户。1998年回访新注册企业492户，纠正43起违章行为，罚款3.5万元；查处1起虚报出资案，罚款1000元；查出“三无”企业453户。1999年，回访复查新注册企业450户，查处一般违法法案225件，罚款13.99万元；查出“三无”企业35户。2000年，回访复查新登记注册企业279户，回访率76%，对有违法行为的企业发出警示通知400份，纠正262起企业违规行为。2001年，地、县市注册指导监督人员回访复查新注册企业109户；赫章县工商局监管人员对回访复查情况进行研究，撰写论文《企业发展存在的问题及对策》。2003年，全地区新登记注册企业605户，回访346户。2004年，全地区新设立企业557户，回访、复查174户，及时纠正和“警示”违法行为。

4.联络员制度。1987年后，企业登记监管机关采取聘请企业联络员的办法，协助推进企业登记监督工作，并逐渐形成制度。1987年，全地区有法人企业2308户，其中1410户委派企业法定代表联络员，占61.09%。1988年，全地区1871户企业委派联络员1871人。1990年，工商企业1849户，全部建立了企业法人联络员制度。至1995年，已批准企业委派的法定代表联络员1837人。此后，工商管理机关逐渐配置企业监（专）管员，依法履行企业监管职责，企业法定代表联络员终止。2011年，全区工商行政管理机关以毕节地委、行署投资洽谈会签约项目为重点，突出试验区特殊的试验性、创新性，制发了《关于贯彻落实省局支持试验区新一轮改革发展实施的工作意见》《毕节地区工商局关于实施“四大工程”推进我区十大特色新型工业产业做大做强的意见》《关于支持鼓励个体私营等非公有主体发展的有关措施》。全区工商系统主动推行“阳光政务”，制定完善首问负责制，坚持“5+2”、“黑+白”延时服务、一次性告知、预约服务等制度。对重大投资项目采取保姆式服务，开辟“绿色通道”，实行专人专件专办。是年，全区实有内资企业2659户，其中国有企业632户，集体企业562户，股份合作制企业249户，内资公司1180户、其他36户，注册资本（金）1524961万元。登记注册私营企业5438户，其中分支机构804户，投资者人数11159人，雇工人数47234人，注册资本（出资金额）1386889万元；登记农民专业合作社1455户，出资总额80601万元。成员总数14692人。是年，全区已通过年检企业6586户，年检率达85。其中：通过网上年检私营企业4152户，人工年检私营企业553户；网上年检内资企业1505户，人工年检内资企业377户。

**清理整顿公司**　1.清理整顿经商办企业。1978年，中共十一届三中全会后，国家实行经济体制改革，一些国家机关、机关工作人员和事业单位利用职权为小集团和个人谋私利，危害国家和人民利益。1984年7月17日，中央办公厅发出《关于党政机关在职干部不要与群众合办企业的通知》。是年12月3日，中共中央、国务院作出《关于严禁党政机关和党政干部经商、办企业的决定》。1985年，贵州省委、省政府发出《关于各级党政干部不得担任经济实体职务的通知》。毕节地区工商局根据省工商局《关于清理整顿党政机关和党政干部经商办企业的通知》，要求各县工商局切实做好清理整顿党政机关和党政干部经商办企业工作。截至5月底，逐个审查1984年及其以后成立的工商企业。共清理企业547户，其中属党政机关兴办的企业101户，参与经商、办企业的党政干部共123人。是年底，在清查出的101户企业中，已与党政机关脱钩而独立经营的77户，无经营前途自动歇业的19户，有严重违法行为的2户，一般违法和待处理的3户。参与经商办企业的党政干部除个别因企业需要而与原机关脱钩转为企业人员的外，绝大部分回原机关工作。1986年，执行中共中央、国务院《关于进一步制止党政机关和党政干部经商办企业的决定》规定，工商管理机关对党政机关工作人员经商办企业状况进行复查。复查反映，全地区有154户企业系机关兴办，经过整顿已有131户与党政机关脱钩；21户企业因无发展前途而自动歇业；严令2户严重违法的企业停业。参与经商、办企业的190名干部，1人经批准转为企业干部，189名干部均与企业脱钩回机关工作。清查出14名离退休干部参与经商办企业，经教育后全部停止经营活动。清查出停薪留职经商、办企业的党政干部58人，经教育后34人回原机关工作，19人辞去公职继续经营，另有5人待办辞去公职手续。1990年后，根据中共毕节地委、毕节地区行署拟发《关于进一步搞好全区清理整顿公司工作的意见》，工商管理机关继续开展清理县以上党政机关的干部（包括离退休干部）的经商、办企业问题。

2.清理整顿公司。1985年8月～1986年6月，毕节地区根据国务院《关于进一步清理和整顿公司的通知》和省政府批准省工商局《关于加强企业登记管理和清理整顿公司的意见》。地区工商局在开展清理党政机关和党政干部经商、办企业，同时，开展清理整顿公司。全地区初步列入清理整顿的公司有116户，其中地直15户。1986年，全地区工商管理机关列入清整的公司共556户。至9月底，通过清整，有319户符合开办条件，允许继续生产经营；84户不具备开办条件，作降格变更企业名称：99户自动歇业，退还执照；84户从事违法经营而被勒令停业或吊销执照。1988年，中共毕节地委、毕节地区行署贯彻执行中央办公厅《关于解决公司政企不分问题的通知》，中共中央、国务院《关于清理整顿公司的决定》。成立毕节地区清理整顿公司小组，拟发《关于清理整顿公司的意见》，作出清理整顿公司的具体安排。是年11月19日，地区清整办拟发〔1988〕01号文件，公布地委书记禄文斌、人大工委主任李效教、政协工委主任王同祥、行署专员王国文等15名领导干部辞去企业兼职。12月14名副县级以上干部辞去企业兼职。地区清整办组织人员到企业摸底调查，弄清基本情况。地、县清整办向独立核算的企业印发自查表，由企业自查自纠。自报自查的企业共1458户，其中政企合一的11户、党政机关开办35户。在企业兼职的党政干部156人。用机关房屋、设备和物资等办企业的38户；用于办企业的行政费、事业费、专项拨款、预算外资金、银行贷款共1064.27万元；8户企业向党政机关上交财物。超越经营范围的企业9户；乱涨价（平价转为议价）的13户；倒卖重要生产资料和紧俏耐用消费品的16户；违反企业登记管理的86户。地区清整公司领导小组按照中央文件，撤销77个公司，占全区556个公司的13.84%；合并3个公司，降格27个公司，保留449个公司。1989年4月1日，地直公司统由地区工商局接管。6月25日，地区清整办决定撤销地区矿产品公司等4公司。贯彻中共中央〔1989〕8号文件，撤销54个公司，降格36个公司，合并3个公司。在清理整顿公司期间，地区及各县市清整办在实施公司撤并留方案同时，查处有关公司案115件，结案77件，其中24件为大要案。涉嫌公司案件的党政干部有地师级3人、县处级5人、一般干部8人。查出违纪违法金额544.25万元，为国家挽回经济损失194.58万元，罚款金额42.05万元。1991年5月底，清理整顿公司工作结束。对保留的公司重新办理登记注册，换发营业执照；清理撤并公司的债权债务，妥善安置职工2525人。

**企业登记档案**　1963年，毕节专区工商行政管理机关开始办理国营、地方国营、公私合营企业登记。是年，保存309户企业登记发照档案资料。1966～1977年，受“文化大革命”影响，建立、保存企业档案的工作中断。1978年后，工商管理机关遂将企业登记及其他相关资料归入企业登记档案。1979年，全地区为678户特种行业建立企业档案。1981年，为895户工商企业首次建立企业档案。1981年，全地区核准登记和换发营业执照的企业2345户，按行业建立经济户口。1984年，地区工商局按省局要求建立和完善企业登记档案。是年底，除织金县局外，其他各县均按时完成任务。1985年5月，地区工商局根据省局要求，对各县工商企业档案工作进行检查评比。经检查，全地区共建企业档案3238户，其中新建立档案209户。各县企业档案质量均有不同程度的提高。毕节、金沙县达到省局规定标准，被评为企业档案先进单位。1987年，全地区按照分级登记管理制度要求，建立2548户企业法人登记档案。至1989年，全地区共建企业档案2292户。1991年起，工商管理机关将6505户企业法人登记的数据（含分支机构）输入微机。1993年，建立7745户企业经济户口。1994年，为726户新老公司建立企业登记档案。1996年，通过年检，全地区为7684户企业建立经济户口。1998年，按照《公司法》规定，符合开办条件的公司316户，登记注册后均建立经济户口。2002年，毕节地区工商局拟发《关于充分运用经济户口，加强日常监督管理的意见》，要求各县市以经济户口为平台，建立起综合、联动、动态、有效的监督模式。所建经济户口应反映：1.基本情况；2.动态情况；3.生产经营情况；4.市场主体信誉情况；5.监督管理情况。2002年，全地区共建企业经济户口6664户，建立个体工商户经济户口2.98万户。地区注册指导科对964户企业建立监督管理卡。2003年，工商管理机关为经济户口管理信息体系建设奠定基础。2004年，全地区6066户企业均建立经济户口。到2005年，全地区实现地、县（市）局、工商所企业经济户口微机联网和管理现代化。2011年，登记注册个体工商户95325户，从业人员188320人，资金数额420707万元，其中：城镇47591户，从业人员92943人，资金数额212730万元。

## 三　经济合同管理

**合同制度**　1.券约文契制。何时以券约文契方式介入经济活动，史无明文记录。唐宋时期，大牲畜市场和境外茶马市买卖牛马，一般都依令开立市券。明清时期，商品经济较有发展，利用契约较为普遍。大凡买卖土地，租赁房屋，出售房产和抵押、借贷、雇工、学艺、加工、订货以及卖身，都要订立契约，以避免当事人反悔或发生纠纷而解决无据。光绪三十年（1904），法国迫使清政府订立法中天盖大罗公司合同。这是最早的关于矿产开采的涉外经济合同。合同规定由法国开采大定、平远所产云母，期限30年。民国时期，田地房屋，买卖租佃，都立契约。仅毕节县私营合伙合资经营的100多个项目，几乎都签订有契约。民国初，政府未颁布单行的经济合同法规，但在《公司法》《商会法》《商事公断章程》中附有涉及合同的条款。民国3年（1914）国家财政部颁布《契约条例》。民国18年（1929），颁布《民法》，其中含有《契约法》条文。民国19年（1930），贵州省政府颁布《贵州省验契章程》，对民间立契，使用契约作出规定。其时，各县政府财政科承办验契手续。

2.经济合同制。1950～1951年，毕节专区执行政务院《机关、国营企业、合作社订立合同契约暂行办法》、中央贸易部《关于订立与严格执行合同的决定》、西南军政委员会贸易部《关于订立合同应注意事项》，推行和管理经济合同。大方、织金、威宁县工商科，组织国营商店、供销合作社和私营工商业者送货到物资交流会，并与农民签订购销合同。1952年8月，威宁县召开第三次物资交流会，签订合同3166份，总值19.6万元。1953年，国营企业和供销社执行合同制。供销社以合同预购形式，为国家代购代销农副产品，预购订金比例为预购产品金额的15%。各县供销社与农业合作社订立结合合同、劳资合同、装卸合同，促进商品交换。1958年大跃进，实行生产什么收购什么，生产多少收购多少，经济合同流于形式，造成经济损失。毕节县收购农产品损失93万多元。1959年，专署商业局组织人力帮助人民公社签订产销合同。1962年后，供销社结合合同方式在农村广泛使用。1978年后，国家对经济管理分为指令性计划、指导性计划和市场调节三部分。指令性计划需要通过国家与企业、生产单位签订经济合同来实现。经济合同制度在广泛推行。1979年11月，毕节地区工商局根据国家经委、工商总局和中国人民银行《关于经济合同若干问题的联合通知》，制定《关于开展工商、农商企业购销、加工、订货合同管理试行办法》，呈报行署并发各县局试行。1980年6月，根据省政府〔1980〕117号文件要求，在全地区扩展合同制试点。至年底，全区订立经济合同357份，其中农商合同238份。1982年起，毕节地区实施《中华人民共和国经济合同法》，要求农商合同到队、任务到户、分户履行；工业企业不履行合同和完成国家计划，不准自销产品。据当年统计，全地区签订农商合同2.19万份、工商合同258份、其他合同106份，共2.22万份，合同金额9076万元。1983年，全地区签订工商合同227份、农商合同3303份、其他合同285份，共3815份，比上年降14.6%。1984年，全地区签订工商合同1.14万份、农商合同24.53万份、其他合同2385份，共25.9万份，合同金额1.25亿元。1985年，全区签订各类经济合同21万份，合同金额4.24亿元。1986年，通过培训企业合同管理和业务人员，宣传合同法，全地区签订经济合同21.41万份，合同金额4.35亿元。1987年10月，全地区94名合同管理人员历时两个多月，调查农商合同及820户国营企业与915户个体工商业订立的合同，撰写调查报告23份。调查发现：农商合同只限于烤烟、油菜、牛猪等品种，许多农副产品购销尚未实行合同制；对合同管理多流于形式，有的企业干部把合同视为行政命令。许多合同格式不规范、条款不完备，一般缺少违约的责任条款。1988年，加强对十类经济合同和农商合同的管理，按规范化要求，制定农商合同文书格式。各县工商机关按地区局要求，宣传合同法规，调查农商合同租赁、承包合同，撰写调查报告77篇。是年，全地区共签订经济合同21.49万份，合同金额31.73亿元。1982～1989年，全地区共签订各类经济合同113.74万份，合同金额58.91亿元。经济合同种类达14种。1993年起，施行修改后的《中华人民共和国经济合同法》，地区及县市工商行政管理部门和其他有关主管部门，依据法律、'行政法规规定的职责，负责经济合同的监督。据不完全统计，1991～1994年，全地区共签订经济合同24.97万份，合同金额2.85亿元。1995年7月后，毕节地区实行《中华人民共和国担保法》，以企业的设备和其他动产抵押的，由财产所在地工商行政管理部门办理登记，以城市房地产或乡镇村企业的厂房等建筑物抵押的，由县级以上地方人民政府规定的部门办理。地区工商局要求各县市按照国家《担保法》和国家工商局53号令的要求，搞好企业动产抵押和政府授登记管理的抵押物登记管理，做到企业、银行、政府三满意。是年，工商管理机关为46户企业进行动产抵押物登记，抵押贷款（合同）金额170万元。1987年，毕节地区工商系统受理企业动产抵押合同14份，抵押物值1299.6万元，借款合同金额1.22亿元。1998年，同类抵押合同91份，抵押物值3.32亿元，抵押物担保范围的价值4078万元。1999年，全地区财产抵押登记82件。2000年，全地区登记动产抵押合同61份，抵押物值14.06亿元；不动产抵押33份，抵押物值6274万元。2001～2005年，全地区经县级以上工商机关办理登记的企业动产抵押合同111份，抵押物值52.88亿元，抵押物担保价值24.97亿元，主债权金额34.87亿元，占抵押物总值的65.95%。2010年到2011年，累计备案格式合同284份，检查金融合同328392份，金额224397.07万元；涉农合同5190份，金额94万元。推行《贵州省商品房买卖合同示范文本》115份，《农村土地流转合同示范文本》40份。帮助62729户农户签订合同54478份，合同金额62740.5万元。开展经济合同法律法规培训4次，培训人员244人。办理动产抵押登记34件，抵押物金额37768万元，贷款金额9067万元。

合同行政管理　1.合同鉴证。自1980年起，工商管理机关应合同双方或一方当事人的申请，对所签经济合同的合法性、真实性进行审查和确认。是年，全地区签订经济合同375份，其中农商合同238份，经工商行政管理机关鉴证的257份，占68.53%。1981年，省工商局规定，鉴证合同收费标准双方加起来不超过总额的万分之一。是年，根据国务院〔1981〕108号、119号文件，请帮手，带学徒，都要订立合同，并需工商行政管理部门鉴证。是年，签订经济合同2559份，工商部门鉴证855份，占33.41%。1982年，全地区工商管理机关鉴证合同3321份，占签订总数的14.92%。鉴证费按行署规定，向双方当事人各收合同金额的万分之零点五。1983年，执行国家司法部和工商总局关于工商行政管理部门和公证机关都不应对经济合同实行强制鉴证或公证的规定。地区工商局要求各县局鉴证合同采取自愿原则。是年，工商系统鉴证经济合同2726份，金额5144万元，分别占全年签订合同和金额的71.45%和54.25%。1984年，全地区经工商部门鉴证的经济合同12.16万份，鉴证合同金额4974万元，分别占签订数的46.93%和35.59%。1985年，工商管理机关执行国家工商局《关于经济合同鉴证的暂行规定》，进行经济合同鉴证。1986年，经工商部门鉴证的经济合同1844份，占1.89%。1987年，地区工商局要求合同鉴证率上升到10%，鉴证合同的履约率达90%。是年，工商部门鉴证经济合同2545份，金额5535.3万元，分别占签订数的2.05%和3.78%。合同履约率95%。1988年起，执行省工商局、建设厅和建行贵州分关于建设工程承包合同未鉴证，银行不拨付工程款的规定，在全国率先执行建设工程合同强制鉴证制度。是年，工商管理机关鉴证各类经济合同1.94万份，鉴证率9.04%。其中强制鉴证建设工程承包合同107份，合同金额2336.68万元，合同履约率100%。1989年，全地区鉴证经济合同1051份，金额5899.14万元，分别占签订数的0.66%和2.26%。1990年，推行经济合同统一文本格式。鉴证合同570份，金额5684.42万元。1991年，鉴证合同757份，金额9710.4万元，分别比上年增32.8%、61.79%。1992～1996年，全地区共鉴证经济合同7398份，合同金额5.39亿元。1997年起，工商管理机关实行国家工商总局《合同鉴证办法》。1998年，根据省工商局关于工商行政管理机关只对经济合同鉴证，其他民事合同不予鉴证的指示，办理经济合同鉴证。

1988～2002年10月，全地区工商系统鉴证经济合同2511份，金额38.05亿元。2003年起，工商管理机关执行国务院《关于取消第一批行政审批项目的决定》，停止合同鉴证工作。

2.重约守信。自20世纪50年代起，工商行政管理机关和业务部门通过其职能作用，督促合同双方当事人信守合同、全面履约。1987年12月，根据贵州省工商局《关于在我省企业中开展“重合同、守信用”活动的通知》和《实施办法》及相关评选，考核重合同、守信誉企业的标准。要求各县局争取政府领导、动员企业参加坚持考核、评选标准，做好考核、评选重合同，守信誉企业。1988年，执行国家工商拟制标准，开展考核、评选工作。是年，全地区244个企业申请参加评选活动，评定38个重合同、守信用企业。1989年，全地区237个企业申报，评定25个企业经地县工商部门复核，撤销3个企业的称号。3月，省召开首次省级重合同、守信用命名大会。毕节地区有6户企业被省授予重合同、守信用企业。1990年11月，成立毕节地区重合同、守信用活动评审委员会，行署副专员杨智光任主任委员，地区工商局配合地区评审委员会考查、复核1987～1989年命名的39个重合同、守信用企业，评定1990年39个重合同、守信用企业。累计1989年考核、评定企业共73个，其中省级命名9个。1991年4月，毕节地区行署召开地直重合同、守信用单位命名大会，毕节地区化肥厂等7个企业被命名为重合同、守信用企业。各县给1991年复核合格的和新命名的重命合同、守信用企业公开授牌，颁发荣誉证书。1993年，工商行政管理机关帮助企业建立合同管理制度，开展评选活动。复核99个重合同、守信用企业后，命名97个。是年，全地区249个企业申请参评，其中19个被评为地级重合同、守信用企业，3个评为县级重合同、守信用企业。有7个企业连续3年获得命名。1994年，工商部门复核104个重合同、守信用企业，命名95个。其中22个报省命名。地区行署依据地区工商局和企业主管部门考核推荐，决定命名毕节地区水电预制厂等8个企业为重合同、守信用企业。是年，全地区有57个企业被命名为重合同、守信誉企业，其中省命名9个，地命名8个，县命名40个。1995年4月，省工商局公布《贵州省“重合同、守信用”单位命名决定》，毕节地区9个企业被命名为省级重合同、守信用企业。占全省总数的15.25%。1996年，复核123个“重合同、守信用”企业，地、县两级重新命名2个企业。1997年，毕节地区行署命名毕节地区玉龙经营服务公司等9个企业为1996年度重合同、守信用企业。是年，核评上年度的127个重合同、守信用企业。1998年，26个企业被省审核评为重合同、守信用企业。省工商局将其资料输入国际互联网贵州省红盾信息主页，以提高其知名度。2000年，地区评审委员会审定，命名11户企业为1999年度重合同、守信用企业。2001年，实行评选重合同、守信誉企业公示制。是年，经省工商局审核，确认中国茅台酒有限公司等509家企业为2000年度省级重合同、守信用企业，毕节地区34家企业在其中。此名单输入国际互联网，并在《贵州工商》公告。地区工商局于3月15日行文确认毕化有限公司等13家企业为2000年度地级重合同、守信用企业，2002年，地区工商局行文确认毕节天工建材总厂等33家企业为2001年度地级重合同、守信用企业。是年，52户企业被省评为重合同、守信用企业。毕节化肥有限公司、贵州省黔诚经贸有限公司、贵州赫章矿产品厂、贵州毕节市顺弘建筑有限责任公司被国家确认为重合同、守信用企业。2003～2006年，毕节地区工商局，贵州省工商局按年度分别确认毕节地区地、县级重合同、守信誉企业为：52、50；69、69；76、84；85、87。2008年，为构建社会信用体系，毕节地区工商行政管理局开展“守合同、重信用”认定活动。按照省工商局“守合同重信用”单位复核、申报确认的要求，是年，全区127家省级和72家地级单位通过复核确认。4户企业荣获国家级“守合同重信用”单位。2009年，全区复核“守合同重信用”单位国家级3户，省级132户，地级67户，新申报国家级4户，省级25户，地级41户（共268户）。对检查中不符合条件的撤销15户，其中国家级1户，省级1户，地级13户。2010年，全区申报、确认“守合同重信用”单位63户（其中省级26户，地级37户），复核单位224户（其中省级152户、地级72户），对检查中不符合条件的18户（其中省级8户，地级10户）单位进行撤销。2011年，严格按照标准和程序开展一年一度的“守合同重信用”的工作，全区共申报、确认守合同重信用单位62户（其中省级26户，地级36户），复核单位224户（其中省级152户、地级72户），同时对在检查中不符合条件的18户（其中省级8户，地级10户）按程序进行了撤销。

**合同监督检查**　1.分工监管。1952年，毕节专署根据西南军政委员会贸易部《关于合同纠纷问题不得越级呈请的通报》，核准或解决合同纠纷由合同检查委员会或工商行政管理部门负责。地区工商科通过对私营企业加工订货合同实行监督管理，使其生产经营听从政府安排，限制其违反政策和计划的行为。1956年，国家完成对资本主义工商业社会主义改造，工商行政管理部门结束对私营企业加工订货合同监督检查。商业、供销、物资等业务主管部门转为监督管理本系统的经济合同。1963年，毕节专区执行国家经委《关于工矿产品订货合同基本条规的暂行规定》，对经济合同实施监管，对经济合同的监督检查，仍由各部门各单位实行，2.统一监管。1982年起，毕节地区工商局根据国务院关于由中央和地方工商行政管理部门统一管理经济合同的要求，负责全地区所有经济合同的监督检查：监督检查业务主管部门和企业的经济合同管理；监督检查经济合同的订立和执行。是年，赫章县工商局根据《经济合同法》解决县百货公司和县印刷厂多年来的合同纠纷。制止县供销公司与广东朝向社队企业签订的违章合同。1983年春，地区工商局派出部分人员到工厂和农村帮助落实生产计划，指导签订产销合同。1984年，检查经济合同执行情况：已履约合同21.57万份，占签订总数的83.29%；未履约的有1332份，占0.51%；转移下期履约的4.19万份，占16.19%。1985年，工商管理机关为经委、商业、供销、外贸、乡镇企业等部门和较大的企业举办合同管理人员培训班31期。1986年7～10月，地区工商局部署检查工矿产品购销、农副产品购销、建设工程承包、物资运输和财产保险的经济合同。检查反映：是年签订22.04万份经济合同，能按时履约的18.26万份，履约率82.85%。1987年，督促1431户企业建立合同管理机构，配备专、兼职企业合同管理人员2316人，帮助763个企业制定合同管理规章制度。1988年，组织320名合同管理人员，检查农商合同、承包经营合同和租赁经营合同的履行情况，撰写调查报告77篇、案例分析17篇。1989年，发生经济合同纠纷163件，解决82件，检查1038个企业订立的经济合同3.39份，97份不合格。审查62份合同，帮助当事人挽回或避免损失215万元。已履行合同13.56万份，金额16.6亿元，分别占总数的85.94%和75.03%。1991年，全地区工商行政管理机关检查经济合同1.01万份，其中不合格合同2480份；监督当事人履行合同5474份，合同金额1.16亿元。1993年，检查经济合同1.33万份，其中不合格17份；监督当事人履行合同8300份，合同金额7365.37万元。1994年，监督合同当事人履行合同445份，合同金额2862.2万元。协助27份合同当事人避免或挽回经济损失56.8

万元。1990年，检查1137户企业签订合同情况和5561份经济合同执行情况，处理不合格、不规范、不具体的合同157份。1997年，检查337个企业的经济合同签订和履行情况；监督履行经济合同6.63万份，金额3.48亿元；检查经济合同7.41万份，发现不合格合同35份，合同金额155.1万元；协助4起经济合同当事人挽回或避免经济损失7.9万元。1998年，全地区共检查经济合同2555份，督促履行10份。1999年，共抽查137户企业的2106份合同，向企业推行合同示范文本6000多册。2000年，全系统共检查经济合同6.85万份，合同金额10.68亿元。查处违法合同案9件。2001年，地区工商局和部分县工商局配合有关职能部门参与监督25个建设工程的招投标。地区工商局对贵阳国威公司的违规拍卖行为处以罚款，取消贵州广远拍卖公司在毕节违规拍卖地产的行为。是年，全系统共检查经济合同5.77万份，合同金额4.19亿元，监督当事人履行合同700份。2001～2005年，共监督检查各类经济合同7.21万份，合同金额11.13亿元。督促合同当事人履行合同860份。

2.查处违法合同。自1982年起，工商行政管理机关统一管理、依法查处违法经济合同。1983年，毕节城关工商所查获毕节惠泉路刘××以县轻工供销公司名义与毕节地区建材厂订购钢材40吨的违法合同。1986年，威宁县工商局发现并查处3起合同诈骗案，诈骗金额13万多元。截至1989年底止，全地区工商机关查处各种违法合同案35件，追缴款额232.58万元，为受害人挽回经济损失354.67万元。1992年，大方县工商执法人员应5家企业要求，赴湖南怀化、广东化州为企业追回受骗和对方拖欠的贷款21.91万元。1996年6月，毕节地区工商局建立，利用经济合同进行欺诈违法行为举报中心。是年8月，全地区组织12个检查组，检查499个企业和1.15万份经济合同，立案查处经济合同诈骗案12件，诈骗金额175.1万元，为受害企业挽回经济损失29.7万元。1997年，全地区立案查处违法合同案33件。其中合同欺诈案2件。据不完全统计，1991～2005年，全地区工商行政管理机关共查处违法合同102件，合同金额2225.94万元，罚款20.8万元，为受骗者挽回经济损失839万元。2007年，全区工商系统开展了合同监督检查，检查各类合同6699份，合同金额27177.68万元。查处一起倒卖建筑工程合同案，没收违法所得1万元，罚款人民币1万元。2008年，全区加强合同管理工作。全年共检查合同14501份，合同金额38048万元。2009~2011年，全区工商系统严格拍卖合同备案制度，加强对招标的监管。拍卖合同备案13件，现场监督拍卖活动9起。拍卖金额1148万元。

**经济合同仲裁**　1.仲裁机构。自1950年起，工商行政管理部门，主要承担对商商合同及经鉴证的工商合同、农商合同的纠纷调解任务。调解不成则由当地财委或经委仲裁解决。财经委员会或经济委员会作为合同仲裁机关延续近30年。1982年11月，毕节地区工商局成立经济裁决科（亦称仲裁科）；1984年9月，成立毕节地区工商局经济合同仲裁委员会，负责为有纠纷经济合同作决裁。各县工商局经济合同仲裁委员会相继成立。1990年12月，贵州省工商局颁发仲裁员工作证，核准全省仲裁员880名，其中毕节地区有101名。1992年，全地区有县局仲裁员21名，基层工商所仲裁员88名。1993年，全地区设11个派出仲裁庭，配备兼职仲裁员21名。任命18个工商所的兼职仲裁员共19名。1995年8月，实施《中华人民共和国仲裁法》，撤销地区及各县市工商局仲裁委员会。2005年12月23日，经毕节地区行署法制办与贵阳市仲裁委员会协商，成立贵阳市仲裁委员会毕节办事处。负责仲裁平等主体的自然人、法人和其经济组织之间发生的合同纠纷和其他财产权益纠纷。

2.仲裁始末。1979年，工商管理机关根据国务院〔1979〕102号文件规定，开展合同仲裁工作。1982年，工商行政管理机关受理经济合同纠纷案13件，其中经工商机关鉴证的合同4件，通过调解解决8件纠纷，1件协商不成后仲裁解决。1983年，毕节、黔西、金沙、纳雍、威宁县仲裁委员会共受理经济合同纠纷案15件，调解2件，仲裁1件。1985年，全地区受理合同纠纷案80件，合同金额573.82万元，争议金额457.68万元。调解59件，仲裁7件，确认无效合同15件。由违约方支付违约金7.01万元，支付赔偿金25.71万元。浙江金华市交通石蜡制品厂申诉织金县××化工厂违约一案，经公正裁决，申诉方赠送“秉公执法、一丝不苟”锦旗一面。1986年，各县工商局仲裁委员会共受理合同纠纷案63件，合同金额462.96万元，争议金额188.29万元，其中调解43件、仲裁2件、确认无效2件、移送司法机关处理3件。1987年，各级仲裁委员会受理和处理经济合同纠纷案46件，合同金额658.9万元，争议金额134.73万元，其中调解42件、确认无效合同3件、仲裁1件。1988年，地区工商局要求各县工商局配齐7名合同管理人员，在重要集镇工商所配仲裁员。是年，全地区共受理合同纠纷案53件，全部结案。写出案例17篇。1989年，共受理经济合同纠纷案46件，前期移转7件，共53件，其中调解32件、仲裁7件、确认无效合同4件、移送司法机关2件、撤诉2件、申请复议结案1件；依法为企业追回欠款70多万元；整理经济合同案例12件，撰写案例分析9篇、调查报告39篇。1990年，立案76件，其中调解39件、仲裁6件、撤销7件、移送司法机关2件、确认无效合同22件。1991年，立案1428件，结案1394件，其中调解1382件、仲裁3件、撤销5件、确认为无效合同5件。1992年，受理经济合同纠纷3324件，前期移转38件，共立案处理3362件，结案率99.17%。1993～1995年，全地区受理经济合同纠纷案203件。据统计，1985～1995年，全地区工商管理机关共立经济合同案5329件，合同金额3932.44万元，争议金额907.18万元。结案5301件，其中调解5157件、仲裁42件、确认无效57件、撤销37件、移送司法机关8件。违约金额21.17万元，赔偿金额2.36万元。2009~2011年，全区工商系统严格拍卖合同备案制度，加强对招投标的监管。拍卖合同备案13起，现场监督拍卖活动9起。拍卖金额1148万元。

## 四　商标监督管理

**施行商标法制**　1.商品标记。《贵州古代史》：“赫章可乐镇出土一件珍贵文物，即武阳传舍比二铁炉。炉身内壁近口处有隶书、阳文、反书‘武阳传舍比二’六字。”武阳即今四川彭山县境，传舍为供旅客歇宿之所。比二即同时铸造同样炉二个。表明产品上已使用产地标记。清道光年间，大定漆器兴盛，为区别不同产地、不同厂家所产同类产品，逐渐使用大定漆器、宝光斋、利生光、民生牌漆器等商品标记。光绪三十年（1904），新场商号富生同制售的加料宫饼，包装、瓶装酱油和洪永顺商号制售的包装糕点，都贴有申请注册的商品标志。民国时期，出现毕节升醋、新黔卷烟；黔西三零、合作、兄弟卷烟；金沙安底简装醋、源材义斋窖酒；威宁炽昌火柴；大方漆器等较为知名的商品牌子。民国30年（1941）大定漆器在巴拿马国际博览会上获银质奖章。

2.商标法制。清光绪三十年（1904），清朝廷颁布《商标注册试办章程》。是年新工业品开始申请注册商标。民国12年（1923），北洋政府公布《商标法》和《商标法实施细则》，实行注册和使用在先原则。民国19年（1930），国民政府颁布新的《商标法》。抗战期间，大定鲁丰布匹、抗建牌草纸和民生牌漆器在市场销售，未申请注册。1950年7月，政务院颁布《商标注册暂行条例》及其《实施细则》。1951年1月，根据西南区税务管理局通知，手工卷烟不论原来的或新用的商标都暂不取缔。2月，省工商厅要求推行商标法制，督促公私营企业办理商标注册，但无企业申请注册商标。直到1956年，实行统购统销商品流通政策，生产企业与市场没有关系，企业不重视使用商标。大定的光旭袜子、云龙肥皂，均未注册商标。1957年1月，国务院批转《关于实行商标全面注册的意见》规定：凡是使用的商标必须注册，未经注册者，一律不得使用。金沙窖酒、毕节大曲、金沙安底醋、黔西桂花酒、威宁荞酥、大方方酒不得不申请注册商标。时值“大跃进”，国家工商总局停办商标注册，由地方政府认可登记。1962年11月22日，省轻工业厅将方酒评为第一，次年获贵州名酒称号。1965年，根据省工商局（1965）176号文件规定，所属企业注册商标基本上都换新注册证。1966年，“文化大革命”开始，某些商标或商标图案被当成四旧予以清除。1969年，国家及各级工商行政管理部门被撤销，商标管理工作受到严重影响。1978年，地区工商局同意给地区食品公司冷冻厂注册乌蒙牌商标；同意地区卷烟厂将红玉兰牌商标与翠屏山牌商标互换。1979年，毕节地区工商局批复织金牌墨汁、织金牌黑墨水、红墨水等5种商标可少量印用；通知地区食品公司、地区五金公司灯泡厂、毕节酒厂、黔西县电池厂、黔西县油榨面粉厂、金沙县窖酒厂、织金县文化用品厂、赫章县酒厂，同意履行注册手续。毕节县工商局清理、检查毕节镇使用的33种商标，同意使用3种，办理毕节酒厂毕节牌商标注册。1980年，黔西县工商局为县综合服务社彩虹粉笔商标登记注册。1982年，颁布《中华人民共和国商标法》。大方县坡脚硫磺厂生产的大方牌硫磺商标，经二级核转注册。纳雍县服装厂申请的玉香笼商标，经国家工商局核准使用，注册号156415，有效期10年。1986年，工商部门核转申请注册商标23个，国家工商总局新规定申请费为60元，注册费240元，续展注册费440元，续展延迟费100元。毕节地区执行这一标准。1986年，区内工商系统核转申请注册商标36个。截至1988年底止，全地区除威宁县外已注册商标86个，其中，毕节30个，大方5个，黔西19个，金沙14个，织金13个，纳雍2个，赫章3个。1990年，核转申请注册商标25个。1991年核转申请注册商标22个。是年，企业使用商标174个，其中已注册118个。1992年，毕节地区卷烟厂的红杏、驰牌、圣火、爵士获贵州省首届著名商标奖。是年，全地区登记商标190个，核转申请注册商标16个。1983年，实施全国人大修改后的《商标法》，申请商标注册，申请人可委托国家工商行政管理总局认可的代理组织，也可直接向工商行政管理机关办理。是年10月9日，省商标事务所开始代理国内商标注册业务。之前，工商系统核转商标18个，此后停止核转工作。1994年，毕节卷烟厂驰牌、圣火、红杏牌香烟获省优质产品称号。驰牌香烟荣获全国首批优质产品称号。至1999年底，全地区有注册商标207个，其中到期续展76个，实际有效注册商标131个，规范注册商标154个，名列贵州省著名商标的有：毕节卷烟厂大洋牌卷烟、红杏牌卷烟、驰牌卷烟，金沙油脂厂康星牌食油，大方硫磺厂大方牌硫磺，毕节化肥厂毕化牌复混肥。2001年开始，工商管理机关开展市场调查、走访企业，帮助企业树立地方品牌形象。

2002年1月1日起，地区及县市工商局对辖区内注册商标实行申请登记制度和未注册商标申报备案制度。2004年，工商系统组织实施商标战略工程，促使企业树立商标品牌。毕节卷烟厂驰牌商标入选贵州十佳著名商标。工商系统帮助企业续展注册商标13个，转让闲置商标2个。2005年，工商、农业部门相配合，支持有地方特色的农产品申请注册商标。至6月18日，全区有农业产品注册商标18个，其中茶叶10个、玉米4个、其他4个。金沙县箐门乡的苦丁茶、清池乡的清池茶商标；赫章城关乌蒙含酒饮料；纳雍老凹坝乡的花谷泉米酒系列饮料商标较有名。至年底，全地区有效注册商标379个，著名商标28个。2006~2009年，毕节地区企业争创 驰名商标的条件不成熟，全区工商系统在推荐驰名商标申报工作方面做了大量的工作，争创“驰名商标”进程仍处于成长和培育阶段。截至2011年，全区工商系统在大力实施商标战略工作中，引导和帮助企业争创驰名商标，商标品牌的创建工作取得新的突破。金沙窖酒酒业有限公司注册商标“金沙及图”商标被国家工商总局认定为“中国驰名商标”，这是全区唯一的中国驰名商标。

2005年，工商管理机关建立具有保存、利用价值的商标历史资料档案，并输入微机，初步实现现代化商标档案管理。2010年，在省、地、县工商机关的共同努力下，是年10月，贵州金沙窖酒酒业有限公司“金沙回沙酒”被国家工商总局认定为“中国驰名商标”。这是全区唯一的首件中国驰名商标，2011年，全区各级工商行政管理机关强力推进实施商标战略，促进全区商品的品牌建设。是年，在推荐申报贵州著名商标工作中，组织推荐了“林酒”“金沙古酒”等12件商标。在全区各县（市）工商机关的引导下，全区企业、个体工商户等市场主体新核准注册商标66件，农业专业合作社新申请农产品商标5件。积极开展商标富农、推进新农村建设，全区各级工商机关实施了一系列商标富农的举措，全区65个基层工商所，引导和帮助辖区企业、个体工商、其他经济组织注册培育商标113件，为全区实施“一所一标、一县一牌”工作打下了基础。同时，还组织了威宁洋芋地理标志证明商标使用与管理研讨，为培育打造“威宁洋芋”品牌搭建平台。是年，全区商标注册总量从2009年的686件增加到2011年的1012件，增长47.52%。

**商标使用管理** 1.清理·验证。1950年后，将民国时期遗留下来的商标纳入管理，取缔内容反动、黄色、封建迷信和带殖民统治色彩的商标；对尚可保留的商标重新登记换证。1953年，执行国家《关于未注册商标处理原则和处理办法》及《关于商标管理的意见》，基本消除商标混乱的局面。1978年，国家工商行政管理总局下发《关于清理商标的通知》，决定恢复统一注册商标制度。毕节地区工商局决定，由企业所在县工商局通知其办理清理登记手续。至1979年9月，全地区共清理商标17个，其中7个经成都商标会审会议同意注册。1987年6月底止，全地区清理商标187个，商标标志220种。其中已注册87个，标志104种，未注册商标100个，标志116种，各县搜集报地区工商局商标135个，标志104种，其中已注册53个，标志67种，未注册82个，标志97种。1988年，全地区共验证86个注册商标。企业认刊注册商标61个，认刊金额1.15万元。1992年，验证1983年以前登记的16个商标。1994年，全地区共检查140个注册商标。1997年，在全地区开展“商标注册证”验证和商标建档工作，验证注册商标165个。1999年，检查、验证1998年12月31日前经国家工商总局注册的商标名称、使用单位、商标使用许可证和被许可使用的单位情况。经检查、验证，全地区共有注册商标207个，到期未续展的76个，实际有效注册131个，已验证121个。查出企业实际使用但未经注册的商标36个。2001～2002年2月，地、县工商局共验证注册商标114个，占全地区注册商标数的58.16%。2003年6月，地区工商局开展注册商标验证工作。

2.查处违法。1985年3月，金沙、威宁、织金县工商局查处假冒朝阳桥、乌江牌香烟2000余条。是年6月，地区工商局、烟草局、物价局检查毕节地区卷烟厂商标使用情况，检查发现该厂使用未经注册的七星牌和办理申报注册未经批准的九州、乾坤牌商标。联合检查组严肃批评烟厂违反“商标法”行为，责成其写出书面检查。1986年，地区及各县工商局共查处假冒商标侵权案56件；查处使用未注册商标案3件，收缴商标标志216.7万张；查获仿冒上海品牌服装商标2.52万个，仿冒进口商标及劣质录音机89台、录音磁带1000盒、电子打火机100个。对35件一般商标违法案予以批评教育，对21件制假售假案处以罚款1640元。1987～1989年，全地区工商管理机关共查处违法违章商标案647件，收缴商标标志25.76万张。调解商标权争议案1件，收缴商标标志329套，查处商标侵权案3件。1994～1999年，全地区查处商标违法违章案713件，其中商标侵权案81件，收缴商标标志2.91万份，处以罚款210.83万元。捣毁制假窝点3个，2000年，共检查经营店铺2879个，查处商标违法案86件，罚款9.863万元。2001～2002年，全系统共查处商标违法案75件，收缴商标标志12.68万套，罚款20.62万元。2003年，检查市场主体6498户，查处各种商标违法案44件，收缴商标标志8061套，防伪标志1356张，瓶贴1270套，香烟包装盒7500个，罚款2.78万元。收缴制售侵权商标工具11套。2004～2005年，共查处商标违法案205件，收缴商标标4.76万张，罚款43.63万元。2010年，按照全国和国家工商总局知识产权保护与执法工作电视电话会议精神，根据省工商局部署，是年11月，全区各级工商机关制定了实施方案，大力普及《国家知识产权战略纲要》和“商标法”，积极宣传和展示毕节地区工商机关开展此项工作的进展和成果，编发专项行动简报20期，加强对重点区域、重点商品的巡查和监管。出动执法人员9583人次，检查各类经营户31350户次，检查各类市场主体942个次，整治重点区域404处，没收的侵权商品有：三星习酒711瓶，五星习酒161瓶，金质习酒6瓶，金沙回沙815瓶，茅台酒42瓶，劲酒142瓶，金立手机46部，拉芳化妆品1060瓶。暂时查扣涉嫌侵权商品有：三星习酒231瓶，五星习酒56瓶，茅台酒107瓶，“五粮液”等名优酒类8919瓶（其中金沙回沙3246瓶）。“中华”“黄果树”等香烟5000条，“红牛”饮料5449听，“金沙滩”酒330瓶。是年，查处侵权假冒案件81件，罚款26.96万元。

2011年，毕节地区工商局下发了《毕节地区工商行政管理局2011年第九届全国少数民族传统体育运动会特殊标志保护及净化广告市场工作方案》，组织开展保护“云南白药”“日丰”“农达”“正新”“得力”“郎”“泸州”“国窖”“红牛”等注册商标以及打击滥用“特供”标签等专项活动，查扣涉嫌侵权“云南白药”商标的日用品412盒，侵犯“郎”酒商标36瓶，侵犯“红牛”饮料商标5449听，滥用“特供”标签酒47瓶。是年，查处侵权假冒商标案件94件，结案48件，罚款11.85万元。

1979～2005年毕节地区个体工商业户基本情况统计表

单位：户、人、万元

| 年份 | 户数 | | | 从业人员 | | | 自有资金 | | | 总产值 | | | 营业额 | | | 商品零售额 | | | 提供税款 |
|---|---|---|---|---|---|---|---|---|---|---|---|---|---|---|---|---|---|---|---|
| | 总数 | 城镇 | 农村 | 总数 | 城镇 | 农村 | 总数 | 城镇 | 农村 | 总数 | 城镇 | 农村 | 总数 | 城镇 | 农村 | 总数 | 城镇 | 农村 | |
| 1979 | 1887 | | | 1913 | | | 26 | | | | | | 409 | | | | | | 82 |
| 1980 | 2076 | | | 2119 | | | 31 | | | | | | 1200 | | | | | | 94 |
| 1981 | 6543 | 5853 | 690 | 6864 | 6105 | 759 | 199 | 167 | 32 | | | | 1118 | 1068 | 50 | | | | |
| 1982 | 9999 | 8047 | 1952 | 10473 | 8344 | 2129 | 338 | 308 | 30 | | | | 2106 | 2018 | 88 | | | | |
| 1983 | 28727 | 10515 | 18212 | 29162 | 10729 | 18433 | 1082 | 474 | 608 | | | | 8023 | 3990 | 4033 | 6985 | 3384 | 3601 | |
| 1984 | 34507 | 11062 | 23445 | 37266 | 11935 | 25331 | 1416 | 577 | 839 | 625 | 287 | 338 | 8116 | 3363 | 4753 | 7971 | 3303 | 4668 | |
| 1985 | 34414 | 10934 | 134880 | 57130 | 16548 | 40582 | 4248 | 1543 | 2705 | 1327 | 536 | 791 | 15708 | 6374 | 9334 | 14149 | 5954 | 8195 | 6303 |
| 1986 | 38928 | 12033 | 26895 | 64617 | 17960 | 46657 | 4283 | 1577 | 2706 | 1707 | 593 | 1114 | 17793 | 7772 | 10021 | 15548 | 7169 | 8379 | |
| 1987 | 43928 | 12146 | 31782 | 74717 | 19956 | 54761 | 3927 | 1143 | 2784 | 4283 | 1210 | 3073 | 23000 | 7723 | 15277 | 15927 | 5447 | 10480 | |
| 1988 | 38517 | 11374 | 27143 | 68127 | 20820 | 47307 | 4522 | 1736 | 2786 | 6170 | 1806 | 4364 | 26824 | 9054 | 17770 | 19185 | 6519 | 12666 | 1347 |
| 1989 | 29795 | 9724 | 20071 | 42071 | 13587 | 28484 | 4052 | 1603 | 2449 | 4912 | 1978 | 2934 | 19592 | 6917 | 12675 | 15232 | 5197 | 10035 | 1959 |
| 1990 | 32295 | 11164 | 21131 | 44997 | 15258 | 29739 | 5247 | 2591 | 2656 | 5980 | 2582 | 3398 | 19837 | 8305 | 11532 | 17690 | 7247 | 10443 | 2180 |
| 1991 | 35341 | 12329 | 23012 | 48345 | 16411 | 31934 | 6921 | 3484 | 3437 | 10469 | 5300 | 5169 | 22911 | 10010 | 12901 | 22279 | 9747 | 12532 | 2323 |
| 1992 | 34835 | 12020 | 22815 | 45684 | 15105 | 30579 | 8278 | 4028 | 4250 | 10932 | 5571 | 5361 | 26235 | 12200 | 14035 | 26373 | 12632 | 13741 | 2549 |
| 1993 | 38080 | 13619 | 24461 | 48654 | 16536 | 32118 | 9612 | 4700 | 4912 | 11215 | 5752 | 5463 | 30698 | 14696 | 16002 | 28451 | 13451 | 15000 | 3214 |

续表

| 年份 | 户数 | | | 从业人员 | | | 自有资金 | | | 总产值 | | | 营业额 | | | 商品零售额 | | | 提供税款 |
|---|---|---|---|---|---|---|---|---|---|---|---|---|---|---|---|---|---|---|---|
| | 总数 | 城镇 | 农村 | 总数 | 城镇 | 农村 | 总数 | 城镇 | 农村 | 总数 | 城镇 | 农村 | 总数 | 城镇 | 农村 | 总数 | 城镇 | 农村 | |
| 1994 | 39577 | 14063 | 25514 | 49177 | 16648 | 32529 | 11156 | 5529 | 5627 | 10117 | 4545 | 5572 | 38687 | 17312 | 21375 | 33770 | 14581 | 19189 | 3689 |
| 1995 | 43105 | 15977 | 27128 | 53414 | 18817 | 34597 | 13266 | 7086 | 6180 | 10201 | 4532 | 5669 | 45609 | 22349 | 23260 | 35290 | 16623 | 18667 | 5023 |
| 1996 | 43352 | 15745 | 27607 | 54210 | 18486 | 35724 | 14115 | 6292 | 7823 | 12784 | 4929 | 7855 | 51065 | 26845 | 24220 | 40613 | 20345 | 20268 | 5678 |
| 1997 | 46298 | 16597 | 29701 | 58908 | 20041 | 38867 | 16313 | 7007 | 9306 | 13375 | 5230 | 8145 | 64384 | 32948 | 31436 | 55490 | 26481 | 29009 | 6852 |
| 1998 | 44909 | 16442 | 28467 | 57077 | 19838 | 37239 | 16031 | 7048 | 8983 | 16056 | 12687 | 3369 | 30989 | 16590 | 14399 | 26450 | 13098 | 13352 | |
| 1999 | 46691 | 16253 | 30438 | 60565 | 19856 | 40709 | 23804 | 8898 | 14906 | 13054 | 4769 | 8285 | 59851 | 30498 | 29353 | 50067 | 25159 | 24908 | |
| 2000 | 40292 | 15049 | 25243 | 50761 | 18219 | 32542 | 20343 | 8293 | 12050 | 18750 | 3739 | 15011 | 57047 | 30743 | 26304 | 50560 | 26592 | 23968 | |
| 2001 | 41209 | 15891 | 25318 | 51643 | 19231 | 32412 | 21067 | 8892 | 12175 | 10167 | 3354 | 6813 | 55316 | 31626 | 23690 | 47532 | 25882 | 21650 | |
| 2002 | 29791 | 12585 | 17206 | 39612 | 16731 | 22881 | 17615 | 8454 | 9161 | 5769 | 2687 | 3082 | 36442 | 21613 | 14829 | 26178 | 18364 | 7814 | |
| 2003 | 39243 | 18593 | 20650 | 50291 | 23891 | 26400 | 24226 | 12683 | 11543 | 11400 | 5668 | 5732 | 59344 | 40029 | 19315 | 57784 | 40118 | 17666 | |
| 2004 | 41855 | 19564 | 22291 | 54276 | 26579 | 27697 | 27096 | 14936 | 12160 | 65800 | 6430 | 59370 | 57450 | 21425 | 36025 | 46520 | 14520 | 31000 | |
| 2005 | 46721 | 23111 | 23610 | 60962 | 30900 | 30062 | 32058 | 17255 | 14803 | 16936 | 9414 | 7522 | 56426 | 43574 | 12852 | 42643 | 32225 | 10410 | |

## 五　广告监督管理

**广告发展概略**　1.历史沿革。自有商品交换以来，就有商品信息的交流和传递。古代，酒店的酒旗、街市铺面的字号，既是商标，也是广告。城镇和集市上沿街叫卖商品的行为，亦是作口头广告行为。店、馆将销售实物悬挂于门面，亦是作实物广告。民国时期，已出现印刷品广告、招牌广告、字画广告和对联广告。民国36年（1947），金沙县《民铎报》始有发布政府公告和商品信息（广告）行为，每旬1期，每期印发300份。20世纪30～40年代，各地有报纸杂志刊载的图片广告、文字广告和路牌广告、墙壁广告。多数是商品宣传，其次是社会广告，少数有封建迷信和淫秽内容。1949年后，多有药品广告和部分日用品、食品广告，其形式有报纸广告、路牌广告和墙壁广告。1953年后，国家施行统购统销商品，生产企业与市场没有关系，不须广告。1957年，根据商业部下达通知，专区内开展广告宣传工作。1962年，借助电影、幻灯、广播、路牌、墙壁、橱窗等传播方式向消费者传达商品信息。1966年5月，"文化大革命"展开，商品广告被取缔。1978年后，商品广告业务在逐渐兴起。20世纪90年代，电视广告、广播广告、报刊广告、书籍广告、挂历广告进入家庭；灯箱广告、橱窗广告、路牌广告、空飘广告、车身广告及各种印刷广告，比比皆是。1991～1993年，全地区共设置广告场地526个（块）。2000年后，移动公司、联通公司、电力公司和其他广告客户的路牌广告、霓虹灯广告、墙壁广告和橱窗广告陆续出现在各地街头巷尾。一些不健康广告、虚假广告亦随之而生。

2.广告经营单位。1982年，毕节日报社、毕节地区电视台兼营广告业务，为最早的广告经营单位。1986年，全地区经工商机关审查批准的广告经营（兼营）单位4户，设置户外广告场地82处。1987年，全地区有6户广告经营单位。工商管理机关配合有关单位和区镇合理规划，设置广告专用栏（墙）173个，1989年核准登记的广告经营单位8户，从业64人，营业额49.78万元。1991年，有广告经营单位6家，从业26人。1992年8户，从业54人，营业额14万元。1993年广告经营单位12户。从业95人。1994年4月，毕节地区富能德广告公司建立，为第一家私营广告公司。是年，全地区发布广告信息752条，广告营业额17万元。1997年，有经工商机关核准登记的地、县市电视台广告经营部等7家，广告设计制作企业1户，广告公司2户，个体广告经营户1户；广告行业从业150人，广告营业额47万元。1998年，工商公司管理机关举办《广告法》培训班，全地区300多人次接受培训。是年，全地区核准登记广告经营单位有：电视台（站）广告部8户，报社广告部1户，有线广播广告1户，广告公司3户，从业人员190人。广告营业额131万元。1999年，全地区有广告公司4户，广告经营单位17户，广告营业额113万元。2000年，全地区有广告公司5户，广告从业人员183人。兼营广告业务的有电视台5户，报社1户，其他单位2户，广告营业额198万元。2002年，全地区有广告经营单位39户，其中广告公司8户；从业171人。广告营业额229万元。7月12日，毕节地区广告协会成立。2005年，毕节地区广告经营单位103户，其中广告公司47户，从业2000人，广告个体经营户44户。全年广告营业额483万元。2010年，全区从事广告经营活动的事业单位共有12家，毕节地区工商局指导其依法开展广告经营活动，配齐专业的广告审查员和完善广告经营设备，并按要求建立广告审查自律制度。是年，12家事业单位广告营业收入达到554.86万元，纳税额为42.13万元。2011年，根据《广告经营许可证管理办法》和《广告经营资格检查办法》的规定，地区工商局对辖区内12家广告经营事业单位开展了年度广告经营资格年检，年检率达100%。是年，全区经工商系统确认各类广告经营主体有226户，其中广告公司103户，事业单位12户，个体工商户111户。经营单位138户，从业人员423人，营业额3048万元。

**广告经营管理** 1.年检登记。1982年，地区工商行政管理局按照《贵州省广告管理试行办法》审核批准毕节报社和地区电视台兼营广告业务。1985年，工商行政管理机关纠正未经省工商局审批，发给办理登记手续单位“广告经营许可证”，补办有关手续。1987年，工商管理机关根据省工商局要求年检登记6个广告经营单位。1990～1992年，均按规定完成广告经营单位的年检登记工作。1993年，根据省工商局规定，在当年4月15日前对广告经营单位进行年检。1995年，根据省工商局规定，由省工商局给经营广告公司换发“广告经营许可证”，有效期至1996年底止，届时更换。是年，年检10户广告经营单位，并建立广告档案。1998年，审查登记各类广告527起，收缴未经审查登记的广告1万余份。2000年初，工商行政管理机关审查登记广告经营单位，清理40户无证从事广告经营个体工商户和企业，给符合条件的33户补办“临时性广告经营许可证”，取缔不具资格的7户并处以罚款。2001年，年检31户广告经营单位，审查登记各类广告570件，2002年，审查区内85户广告经营单位的资质，44户具备经营资格，41户不具备经营资格。是年，共办理广告登记550个，审查登记户外和店堂类广告430个，办理房地产广告和招生、招工广告登记113户。建立广告审查登记档案1563户。2004年，年检广告经营单位42户，审查登记广告客户1543户。

2.清理整顿。1951年4月，根据贵州工商厅要求，开展清理民国遗留下来的广告。全专区清理出药品广告8种，烟酒商品广告10种，纺织品广告10种。将张贴或书写在墙壁上的外国广告红洁士、飞利浦清除，其他均予保留。1956年，省工商厅指示，要求切实加强广告管理。专区工商系统严格审查来自各地的印刷品广告。1963～1966年，先后开展“四清”及“文化大革命”运动，清理登记广告工作停止。1979年后，广告业逐渐恢复。1981年，广告经营管理呈多头混乱状。少数广告客户欺骗消费者，给国家和人民造成损失。1982年2月，国务院颁布《广告管理暂行条例》。工商管理机关依法承担广告管理职责，适时开展清理整顿广告工作。1985年，工商管理机关按照国家工商总局《善于清理广告宣传、整顿广告经营的几点意见》，在帮助发展广告单位的同时，配合公安、城建、交通部门清理户外广告，并结合城镇建设规划，合理设置广告场地。1986年，查出虚假广告70起。没收其广告制作工具，罚款775.6元。1988年，根据国家工商总局《整顿广告经营秩序，加强广告管理的通知》和省工商局的贯彻意见，清理各类广告837份，配合有关部门设置广告场地181块。1989～1990年，查处违法违章广告68件，清除在户外乱张贴广告1207份，查处无许可证广告和无证明广告4起。1991～1992年，建立广告审核登记收费制度；审查广告2046张，清除乱贴广告3495张，规范管理170个广告栏。1993年，审查户外广告885份，查处违法违章广告140起，撤除不良广告1243份，罚款130元。1995年，实施广告法，审查广告840份，清理整顿广告场地1598块。开展专项整治行动，检查2723户经营者，对1120起违法违章广告处以罚款。1996年，审查户外广告1.25万份，检查户外广告338次，查处违法违章广告1.46份，罚款1.54万元。1997年，清理户外广告113个，收缴非法印刷广告4万余份，撕毁违法张贴广告5.13万张，撤除非法路牌广告86块，横幅广告16条。1998年，开展清理张贴、街头散发、邮寄印刷品广告147起，共5万余份。其中15起已登记，内容真实；其余均未登记，且内容不真实。1999年，全地区共检查各类广告400余起，收缴、清除未经审查登记，擅自发布、张贴的印刷广告1000多份。2000年，开展6次专项检查，查处违法违章广告68件，收缴、销毁非法印刷广告10.4万份和路牌广告58块，强制取缔违法布标广告61条，取缔灯箱广告1个。2001年，查处各类违法违章广告327件。2003年，地区工商局商广科监测《毕节日报》广告部4～6月刊载广告148条，其中20条涉嫌违反有关规定。2004年，发布广告监测通报13期。2005年，毕节地、市工商局联合监测毕节地区新闻媒体发布的广告，共监测广告1180条，其中涉嫌虚假等违法广告250条。是年，全地区共检查广告543条，监测广告1314条。发现149条违法，对117条发出行政告诫，收缴医疗药品违法广告14.5万张。2011年3月，地区工商局组织召开了全区广告监管联席会议。宣传部、文体局、公安局、药监局、广电局、卫生局、监察局等部门参加会议。会议通报了虚假违法广告专项整治工作情况，传达了国家工商总局等12部委《2011年虚假违法广告专项整治工作实施意见》精神。会议召开，由地区工商局牵头，九家部门联合转发了贵州省工意见书中《关于转发国家工商总局等〈2011年虚假违法广告专项整治工作实施意见〉的通知》。7月1日到8月31日，按照《毕节地区工商局固定形式印刷品专项整治方案》和《有效期内的固定形式印刷品广告名单》，全区工商机关开展了辖区内固定形式印刷品广告专项执法检查，出动执法车辆42台（次），执法人员272人（次），检查固定形式印刷品广告301份，下发警示通知书37份，立案8件。检查户外广告868条，对18条不规范的户外广告，责令立即整改。加强对重点媒体发布广告行为的监管。地区工商局商广科在毕节地区电视台召开媒体、药商座谈会，对发布药品广告行为提出了行政指导意见；走访毕节日报社、毕节地区电视台等多家媒体，对其开展广告经营活动进行指导。对毕节市城区电子显示屏广告进行检查。检查电子显示屏广告33条，公益广告8条，三面翻广告10条。检查中发现电子显示屏广告均未办理广告登记证，对广告发布者进行了警示和教育，提醒其随时到工商部门办理户外广告登记证。是年，办理户外广告登记124户，发布监测通报90期。

**查处违法广告**　1985年，大方县工商局会同药检部门查获虚假药品广告300多张，没收假药206件。1986年，工商管理机关查处虚假广告案70件，没收其制作工具，罚款776.5元。1987年，全地区查处虚假广告案94件，没收虚假广告355份。1989年，工商管理机关查处违法广告824起，其中虚假广告132起381份。1990年，查获医疗、药品等违法广告2209份，其中虚假广告998份，1991年查获虚假广告2137份。1993年，依照《化妆品广告管理办法》和《食品广告管理办法》，全地区共查处虚假广告案37件。1995年，全地区共查处虚假广告案1042件，销毁虚假广告1598份。1996年，查处违法虚假广告15件，罚款1.54万元。1997年，金沙县工商局审查广告及有关资料3.8万份，查获虚假广告1000余份；黔西县收缴非法行医和性病药品虚假广告46张，暂扣药品标值1000元；纳雍县工商执法人员收缴治肝腹水虚假广告3030份。1998年，全地区查获未经审核登记的虚假广告3.6万多份。立案查处7起，罚款近2万元；查处违法广告案157件，共罚款2.8万元，收缴虚假广告55.7万多份。2000年，全地区查处违法广告136件，罚款21.52万元。2001年，共查处违法虚假广告案327件，罚款10.34万元。2002年，检查各类广告3062条，没收虚假违法广告1342条。立案查处11件，罚款1.37万元。通知媒体和其他广告发布者，暂停发布性病医疗广告。2003年，立案查处广告违法案245件，结案228件；查处伪劣药品案17件，罚款1.57万元。2004年，查获各类违法印刷品广告4.14万张；立案查处广告违法案130件，结案123件，罚款9.65万元。2005年，检查广告1622条，收缴虚假医疗服务、药品等印刷广告14.5万份，立案查处虚假广告70件，结案65件，罚款6.74万元。2011年立案查处违反《广告法》案件12件，罚款10.48万元，地区工商局根据监测，对毕节地区电视台7条广告下发广告警示通知书3份，对涉嫌违法的14条广告下发停播通知书3份，对发布违法广告处以1万元的罚款。

## 六　个体经济管理

**个体经济发展概况**　蜀汉时期，来降都督李恢驻平夷（今毕节地区），迁入人口渐多，粮、盐、布、农具和日用手工业品需求量增大。落籍的多为蜀人，或小本经营，或从事小手工业加工、制作、以谋生计。唐宋时期，所产茶叶、蜂蜜、兽皮、中药材等农副产品远销四川、云南等地。宋代，手工作坊能制铁衣、铁帽和刀、标。元代私人贩马获利甚丰。明洪武十七年（1384），奢香立龙场九驿，沟通云南和四川，以粮、盐为主的商品流通得以扩大。明中叶后.农业生产有较大发展，个体工商业和集市贸易也随之发展。毕节已形成以城关为主的市场12个。清代改土归流，原土司领主经济的闭塞状态逐渐消失，各民族之间交往更加密切。个体小商贩和集市贸易日渐繁荣。1840年，第一次中英鸦片战争后，帝国主义势力侵入，自然经济逐渐解体，个体工商业行业增多。据《毕节县志》称：道光至清末，县内个体工商户达100多户。民国时期，贵州有毕节、大定等14个县，农村都有传统的定期集市贸易。1912～1934年间，毕节县个体商贩从31户发展到75户；个体手工业者，从150户发展到260户。1937～1945年抗日战争时期，作为大后方的毕节开通清毕公路、川滇东路后，沿海地区一些企业迁入，全专区约有私营商户6000余户。1945年抗日战争胜利后，陆续迁离。1947年初，据各县商会统计材料，全专区有个体私营工商业共1.45万户，从业人员1.72万人。

1949～1952年，专县政府对个体工商业实行扶持和调整。1950年，毕节县政府扶持1082台织布机恢复生产；以代销代购的办法扶持失业商贩开业。是年年底，毕节县批准开业个体工商户2005户。1951年，毕节县贯彻稳定物价、发展生产方针，指导个体工商业组织联营，深入山区收购农副产品。是年毕节县个体工商业发展到4182户。至是年底，全专区个体私营工商业1.52万户，从业2.73万人，资金144.32亿元（旧币，下同）。1952年，全专区个体工商业户1.78万户，比上年增16.97%。1953年10月起，实行统购统销政策，私营商业市场占有率下降，至年底，全专区个体私营工商业2.84万户，其中农村2.02万户，城镇8222户。1954年，对个体工商业实行社会主义改造，将其纳入合作社（组）。是年，全专区个体商业2.16万户，从业2.28万人，营业额2163.61万元。在私改中，有的地方将小商小贩视为资本家加以排斥，以致个体商业减少，有的小商贩失业。毕节有1人上吊，大方有1人跳水，黔西有3人出家当道士。1955年，加快对私营工商业改造建议，据毕节地委统计，全专区纳入改造的商业户1.05万户，占总数的94%；手工业纳入改造1.3万户，占总数的95.44%；交通运输业纳入改造的1122户，占总数的84.94%。1956年，农村个体工商户绝大部分加入农业合作社。至是年末，全专区只剩自营个体户450户。1958年，人民公社化后，消灭私有，农村集市关闭。公私合营、合作社（组）几乎全部并入国营企业或高级合作商店。至1959年，全专区农村有证商贩147户。1960年11月，逐步开放集市贸易。1961年5月，根据国家工商局通知，将“大跃进”期间过渡到国营企业的1210人个体小商贩分期分批划出，自行开店，设摊经营。1962年，贯彻中共八届十中全会精神，对农村集市贸易采取更加限制措施，不准农民经商。是年，全专区个体工商业286户，为1954年的1.32%。1963年，中共贵州省委贯彻中共中央决定，在城市由国营商业、在农村由经济合作社代替私商业务。据是年7月15日统计，全专区有证个体工商业户2688户，2710人；无证经营者6092户，6145人。1965年，全专区有证个体工商业6579户，6734人。1966年5月，“文化大革命”开始，视个体工商户为资本主义而勒令停业。1972年，个体工商户较1965年减少50.6%。

1978年9月，毕节地区工商局根据中央文件精神，拟订落实个体经济政策措施。凡1966年以前领有营业证照，后经审查无严重违法行为的个体工商户，都准予恢复经营，换发执照。并按每月350～400元的经营额，由国合商业和物资部门供给货源和原材料；1967年后，自发经营的个体工商户，经审查符合安排条件的，批准其合法经营，发给营业执照。1979年，全地区经核准登记的个体工商户1887户，从业1931人，自有资金26万元。1980年，全地区个体工商业户比上年增长10%。1982～1985年，允许农民从事个体工商业经营和进城务工；准许其请一两个帮手带3～5个学徒。工商部门简化审批、发照手续，个体工商业拓宽为工、建、交、商、饮食、服务等8个行业。1984年，毕节地区执行《关于农村个体工商业的若干规定》，鼓励发展农村个体工商业。毕节地区工商局拟制促进工商业发展措施，拟制放宽个体工商业从业人员范围；放宽经营行业范围；放宽经营范围，放宽经营区域；简化办照手续；保证个体工商户的合法利益；取缔非法经营。是年，全地区个体工商业：城镇1.11万户，从业1.19万人，注册资金577万元；农村2.34万户，从业2.53人，资金839万元。当年营业额1.09亿元，占同期社会商品零售总额的23.24%。1985年，全地区个体工商业3.44万户，从业5.71万人，注册资金4248万元。1986～1987年，全地区已登记注册个体工商户4.39万户，从业7.47万人，为历史最高。1988年，国家施行紧缩银根，市场出现疲软，个体工商业大幅下滑。1990年比上年增加2500户。1991年新增3119户。1992年，贯彻国家工商局“放宽政策、大力发展、加强管理”工作方针，发展老、少、边、穷地区的个体私营经济。中共毕节地委、地区行署拟发《关于大力发展个体私营经济的意见》，允许农村个体工商业一照多摊。1994年，各县市采取一放二帮方针，对边远贫困地方的经营户减免登记费、管理费，对新开业者简化办照手续，促进其发展。是年，全地区新发展个体工商户4013户，从业4740人。长途贩运业发展到1948户，从业2591人。1995年底，全地区个体工商业4.31万户，从业5.34万人，资金1.33亿元。1996～2000年，鼓励农民务工、经商办企业，帮助下岗职工从事个体工商业，并按规定给予优惠和照顾。至1997年10月，全区新发展个体工商业5102户。减去歇业户数，实际净增3060户。至年末，全地区个体工商户、从业人数、资金额，分别比上年增6.84%、8.46%和22.96%，居全省第四。1998年，新发展个体工商业5590户。有1137名下岗职工从事个体私营行业，其中303人已办理营业执照。2001～2005年，工商管理机关帮助下岗职工从事个体工商业，引导个体户拓宽经营行业。2002年，3552户个体开业，从业5810人，资金2487.55万元。是年注销个体工商业4.67万户。至2005年，全地区登记注册个体工商业6345户，从业6.1万人，资金3.21亿元。其中城镇2.31万户，3.09万人，1.73亿元。

**个体经济管理** 1.登记发照。1950年，各县工商行政管理机关清理、登记个体工商户，核发营业许可证。1951年，全专区共登记个体工商户1.52万户。1954年2月，执行西南区《工商管理暂行办法》，每年换发一次管理证。1963年，施行国务院《工商企业登记管理试行办法》，恢复个体工商户登记注册管理工作，给个体工商业登记发照。是年，全专区核发个体工商户营业许可证2798户；登记核发临时营业许可证705户。1964年，办理个体工商户开业登记1087户；登记城镇个体工商业2834户，从业3314人，资金11.46万元。1966～1978年，“文化大革命”期间，个体工商户名存实亡。1979年，全地区登记特种企业678户，并发给营业执照。1982年，工商管理机关根据国家工商总局〔1982〕86号文件，为6440户个体户登记发照。1984年1月，根据国家工商总局决定，开始使用全国统一的个体工商业营业执照。1987年，根据国务院《城乡个体工商户管理暂行条例》和国家工商总局《实施细则》进行个体工商户登记管理。1989年10月起，施行《贵州省城乡个体工商户管理暂行规定》，放宽个体工商户登记条件，简化登记手续。1992年，新发展并登记办照的个体工商业户4820户，从业6355人。1999年，工商管理机关执行国家工商局修订后的《城乡个体工商户管理暂行条例实施细则》办理开业、歇业、变更、注销等登记和严格管理营业执照。纠正一些名不副实的中心、总汇、经营部、娱乐城名称。2000年，全地区办理个体工商户开业登记2498户，注销登记2829户，临时营业登记253户。年末实有4.03户。2001～2005年，工商管理机关严格登记注册条件，严把市场准入关。对国有企业下岗职工、残疾人等弱势群体减免规费。2001年，全地区办理开业登记2362户，从业3220人，资金1855万元。办理注销登记1589户，其中城镇419户。2003年，全地区办理开业登记6077户、注销登记3485户、临时经营353户。2005年，全地区办理开业登记6991户，从业9401人；注销登记3116户、办理临时营业执照184户。至年末，全地区个体工商户4.67万户，从业6.1万人，注册资金3.21亿元。

2.验照贴花。1986年起，毕节地区根据国家工商总局规定，开始一年一度的验照贴花工作，对个体工商户复核审查和监督管理。是年，全地区个体工商户3.44万户，实际验照3.26万户，验照率94.6%；实际贴花2.82万户，贴花率86.73%。1988年，全地区实际验照、贴花、换证2.18万户，占应办理的56.67%。1989年，根据省工商局《关于对全省个体工商户进行一次全面清理检查和1989年验照贴花工作的通知》的规定，办理外来工商户的验照贴花。是年，全地区办理验照贴花2.83万户、占应验贴户的95%。共收验照费1.52万元。1990年，按省局部署，各县工商局将验照贴花工作纳入工作责任目标管理落实到人，实行定人员、定片区、定任务、定时间，保证质量，按要求完成任务。至11月底完成验照贴花工作，验照率95.16%，贴花率90.65%。收取验照贴花费2.65万元。1991～1995年，工商管理机关通过验照贴花工作，检查清理无证商贩。1996～2000年，把验照贴花工作作为年终考核评比个管工作重要内容，占考核总分的20%，其比重高于其个管工作。1996年，全系统完成验照贴花、换照4.13万户，占应办理户的73.7%。2001～2005年，全地区工商行政管理机关共办理7.01万户的验证贴花，查出违法违章行为1757户（次）、清理无照经营232户、限期补办营业执照124户、取缔108户。

3.执照管理。1983年前，工商机关发给个体工商户营业许可证。1984年起，发给全国统一的个体工商业营业执照或个体工商业临时营业执照，前者有副本。规定营业执照不得涂改、复印，也不得出租、转借、转让或出卖给他人。遗失营业执照应声明作废，申请补发。持照不经营超过6个月以上者，工商机关有权收缴其营业执照。个体工商户的营业营业执照自开业之日起，每4年换发1次。对逾期不办理验照手续且无正当理由的，工商机关收缴其营业执照及副本，并退回原登记机关注销。个体工商户应将营业执照悬挂在营业场所显眼处，以便检查。1986年，毕节县杨家湾区杨××、翟××将其营业执照副本抵押给债权人。杨家湾区工商所查明后，对二人批评教育，催其付清欠款，收回执照副本。1990年，毕节县五星化工原料厂涂改营业执照，县工商局对其严肃批评，并罚款500元。1995年，192户个体经营者违反营业执照管理规定，均受到工商机关处罚。2000年，工商管理机关根据国家工商总局通知，给个体工商户更换新式个体工商户营业执照，原使用的营业执照自行作废。

4.监督检查。1950年起，工商行政管理机关采取以下措施管理个体工商户：设置法定度量衡器，严禁大秤小斗、短斤少两；规定小商贩一律进入划定的市场内摆摊设点，不得乱窜街头；推行挂牌标价，严禁哄抬物价，压级压价；实行公买公卖，保护群众利益；打击投机倒把，制止各种违法行为等。1963年5月，工商行政管理机关按照省委、地委指示，在各县城关整顿市场，打击投机倒把活动。共清理出无证工商业户6092户，6145人。工商部门配合归口管理部门逐户审查，按照区别对待、妥善安置原则安排3050人。1964年，查处投机倒把分子151人，积蓄暴利7.44万元，分别予以法办、集训、学习处理。是年，清理出无证个体工商户3849户，取缔3447户。1965～1973年，根据上级要求，控制和减少小商贩人数。1974年，收容和遣送查出的110个流窜可疑分子，取缔无证工商户2864人，地下厂店和私人肉案130个。1975年，取缔无证商贩2300多个，制止弃农经商1400人。1976年，取缔无证个体工商业1092户，制止弃农经商644人，协助社队清回外流劳动力932人。1978年取缔无证商贩1163人，协助社队清回弃农经商副业单干人员1094人。1979年，通过工商登记安排4358名待业人员就业，其中137人从事个体工商业经营。1987年，工商管理机关根据国务院《城乡个体工商户管理暂行条例》，清理无证商贩5959人，补办营业执照3229户，取缔2780户。1989年，共检查工商户2.52万户，查出个体经营1933户，取缔645户，符合条件的限期办理营业执照。1991年，各县先后4次检查个体工商户市场经营行为，查出1551户无照经营者，对符合条件的限期补办营业执照。

毕节地区各级工商机关查处取缔无照经营案件情况统计表（2008年～2011年）

| 年份 | 案件数 | 立案数 | 罚款（万元） | 补办 | 取缔 |
|---|---|---|---|---|---|
| 2008 | 889 | 217 | 49.48 | | |
| 2009 | 1798 | 331 | 109.56 | | |
| 2010 | 654 | 233 | 53.22 | | |
| 2011 | 442 | 228 | 57 | | |

1992～2003年毕节地区查处无照经营统计表

| 年份 | 无照经营 | 补办执照 | 取缔 | 年份 | 无照经营 | 补办执照 | 取缔 |
|---|---|---|---|---|---|---|---|
| 1992 | 3641 | 3378 | 263 | 1998 | 2477 | 1670 | |
| 1993 | 1564 | 1118 | | 1999 | 3036 | | |
| 1995 | 1350 | 1120 | | 2000 | 28 | 11 | |
| 1996 | 3580 | 307 | 57 | 2002 | 1165 | 1016 | 149 |
| 1997 | 1696 | 1558 | 138 | 2003 | 2546 | 892 | 375 |

2004年，工商行政管理机关开展药品、食品市场专项整治，检查个体经营者4500余户，查处违法违章经营780起，罚款14.7万元。2005年，查出528户个体工商户违法违章，罚款50.66万元。2011年，全区各县（市）工商机关开展打击流通环节违法添加非食用物质和滥用食品添加剂和食用油专项整治行动，检查个体经营户食品经营户2869户（次），对5户超范围经营添加剂的经营户进行警示。对40多类食品累计定向抽样679个批次，其中合格663个批次、不合格16个批次，合格率为97.6%；完成快速检测8289个批次。是年，全区办理食品流通许可个体工商户7051户，乳制品经营许可证815户，有效地规范了个体工商户食品经营行为。检查农资经营个体户2441户次，取缔无照经营户45户，暂扣涉嫌质量化肥26.25吨，没收不合格化肥9吨，立案查处42件，罚款18.18万元。

**私营企业管理** 1.登记年检。1951年，实行中央财经委员会《私营企业暂行条例实施办法》，登记私营企业。是年，毕节县有私营企业59户，从业人员2100多人。1952年，全专区有私营企业945户。1953～1956年，登记私营有限公司注册必须造具股东名单，注册个人的股金数额，并取得承受经济责任的担保，依法申报，发现隐瞒谎报者，从严处理；对中途逃资和减资的，除因特殊情况外，经调查属实，一般不批准；原核准登记的职工和店员，一般不准减少，如因特殊情况一定要减少，须经当地工会组织和劳动部门批准；凡不是经营亏损、资不抵债必须破产的企业，一律不准歇业。同时，调整行业，落实资金，换发营业许可证。1963年，施行国务院《工商企业登记管理试行办法》，清理整顿国营、地方国营、合作社以及个体工商户。1987年，区内工商管理机关恢复登记私营企业工作。是年登记注册的私营企业163户，雇工4137人。1989年起，施行国务院《私营企业暂行条例》，地区工商局登记和年检私营企业。是年，年检上年度登记注册的232户私营独资企业，重新登记和换发营业执照。1990年，年检私营企业278户，纠正假集体企业128户，令其中59户办理私营企业登记注册；对违法违章的18户企业予以查处。1991年，年检私营企业218户。1994年，年检上年度私营企业221户，年检率78.92%。1996年，新登记注册私营企业91户。是年，年检私营企业807户，核定注册资金6.63亿元。对不按规定年检的52户，不按规定变更登记的4户，分别给予处理。给50户罚款5.16万元。2001～2005年，检查私营有限公司的出资情况、财务报表情况。2002年，办理私营企业开业登记271户，投资者722人，雇工2980人，注册资本1.76亿元。年检上年度私营企业1008户，对73户处罚款9.32万元。2004年，年检私营企业1432户，年检率89%。对4户擅自超越经营范围的私营企业予以处罚。

2.行业组织。1950～1952年，各县相继成立工商联合会。1949年12月，毕节县人民政府接管毕节县商会。1950年10月15日成立毕节县工商联合会筹备委员会。1951年7月，成立大方县工商联合会。1950年2月，成立黔西工商联。1951年3月，金沙县召开会员代表大会，选举县工商联第一届执行委员会，宣告成立工商联。1950年8月，织金县召开工商业者会议，成立县工商联合会。1952年12月，成立纳雍县工商联。1950年8月，织金县召开工商业者会议，成立县工商联合会。1952年12月，成立纳雍县工商联。1950年10月15日，威宁县召开第一次代表大会，成立工商联合会。1952年，赫章县建立行业分会6个。1953～1956年，实行对私改造，私营工商业被合营组织取代，各行业自然消失。县工商联作为社团组织一直存在，其联合的私营工商行会绝迹30余年。1994年，恢复建立私营企业协会。

3.“五反”运动。1950～1953年，抗美援朝期间，国家向私营工业加工订货数量增多。国内一些不法资本家以偷工减料，偷税漏税、盗窃国家资产、盗窃国家经济情报及以行贿方式破坏国家经济建设，以达到攫取非法利润，发展资本主义的目的。中共中央发动“五反”运动，粉碎不法资本家破坏行为。1952年4～8月，毕节专区展开“五反”运动。凡资本在200元（折合新人民币）以上的城镇私营工商户均参加运动。在私营工商业中评定守法户和违法户。对前者予以表彰，对后者批评教育、补税罚款或由司法机关处理。据毕节、大定、黔西、织金、赫章、威宁县统计，共有3871户参加运动，评出守法经营者730户，严重违法者18户，完全违法经营者10户。通过运动，大多数工商业者觉悟提高，明码标价、公平交易作风初步建立。有的地方和行业出现逼供信，致使部分私商产生抵触和悲观情绪。一些商号及私营商业处于停滞状态，股东要求退股，一些私商分散财产，只留少数资金经营。全专区原有4186户工商企业，有2846户开业，减少32%。

4.监督检查。1978年12月，中共十一届三中全会召开，国家实行经济体制改革，私营企业逐渐兴起。工商行政管理机关将私营企业纳入监督管理范围。1987年，按省工商局的部署，检查私营企业经营活动，不准无照经营，不准倒卖生产资料，不准将计划价格改为计划外价格、不准超越经营范围、不准欺行霸市、哄抬物价。全地区共检查私营企业100户，对54户违反“五不准”的私营企业进行查处。1988年6月，地区工商机关施行国务院《中华人民共和国私营企业暂行条例》，监督检查私营企业和假集体企业。共抽查企业266户。1990年，查出名为集体，实为私营或个体工商业128户。其中18户有违法行为，分别予以处罚。1991年，检查私营企业168户，查出3户涂改、复印营业执照；3户名称与牌子、印章不符；20户未悬挂营业执照；19户擅自超越核准的经营范围。1996～2000年，工商行政管理机关组织企管、市管、经检执法人员结合节日市场大检查与专项整治行动，对私营企业、个体工商户，进行监督检查。2001年，地区工商局要求各县（市）局加大对仿冒知名商品的行为及虚假标示、虚假宣传等误导行为的查处力度。清理私营企业近千户，捣毁制售假冒伪劣商品窝点37个。2002年，查处违法违章私营企业73户，罚款9.32万元。2005年，查处有违法违规行为的私营企业114户（次），罚款19.33万元。2006年以后，全区各级工商行政管理机关积极彻落实《中共毕节地委、毕节地区行署关于进一步加快全区非公有制经济发展的意见》，并代行署起草《毕节地区个体经济腾飞计划》《毕节地区全民创业计划》和《毕节地区私营企业倍增计划》，促进各类市场主体发展。清除对非公经济的不平等准入障碍，重点支持骨干企业做大做强。建立私营企业准入登记、年检、变更、注销一条龙的服务管理体系。2009年，全区有私营企业3615户，投资者8328人，雇工29929人，注册资本金483295万元。2010年，在企业年度检验全区年检企业5609户，私营企业4747户，投资者9691人，雇工39824人，注册资本金763409.8万元。2011年，全区通过网上年检私营企业4152户，人工年检私营企业553户，累计年检4705户。

## 七　经济监督检查

**打击投机倒把**　投机倒把与商品经济共生，严重影响正常的经济秩序。打击投机倒把已成为历代政府工商行政管理的重要工作内容。1951年，工商管理机关根据贸易部《关于取缔投机商业的几项指示》。查处投机违法者，区别情况予以批评教育，或罚款、没收、限期停业整顿、吊销营业许可证。对少数敌视人民政府，从事投机倒把的反动资本家，由司法部门依法打击。1952年，毕节县工商科查处投机违法案919件。1956年，大方县查出投机倒把案267件。1963年5月，毕节专区及各县成立整顿市场打击投机倒把办公室，制定运动方案，打击长途贩运、开办地下工厂等投机倒把行为。运动中，揭露投机倒把、偷税漏税案3800多件，定案处理投机倒把分子108人。其中法办5人，没收物资和非法所得1人，免予处理16人。罚款和补缴税款5.71万元。1964年，全专区查出投机倒把分子158人，其中积蓄暴利在1000元以上者21人；500～1000元者44人；500元以下者93人。1965年，专区决定，以毕节、大方、黔西、水城、威宁县城关和黔西大关镇为重点，开展打击投机倒把斗争。组成近1200人的队伍，内查外调4月余，对犯有投机倒把行为的人分别作出处理：逮捕法办62人；强制集训、罚款、补税189人；免予处罚44人；作补税处理729人，补税7972元。在面上，全专区共查处各种违法违章案8600件，其中投机倒把案3100件。依法逮捕4人，戴投机倒把分子帽子3人。1966年，开展“文化大革命”，打击经济领域内的投机倒把活动照常进行。1967年5月成立毕节地区革命委员会打击投机倒把办公室，领导全专区开展打击投机倒把活动。据1967年8月统计，全专区共查获投机违法案1179件，其中投机倒把集团案51件。案值万元以上53件，5000～1万元21件，5000元以下223件，1000元以下882件。相应处理违法人员：批斗495人，戴投机倒把分子帽子7人，逮捕法办7人，拘留29人，群众管制8人。1967～1971年，共查处投机违法案3.1万多件，罚款和补税65.18万元。1976年9月，全地区共揭发出投机倒把案591件，案值万元以上10件，千元以上75件。1978年，工商机关配合开展“一批双打”查处投机违法案1.62万件，其中投机倒把案1517件，罚没15.44万元。1979年，全地区共查处投机违法案5461件，其中投机倒把案1014件，罚没5.33万元。1980～1989年，毕节地区工商行政管理部门按照国家工商总局统一部署，开展4次打击投机倒把活动。9年间，共查处违法投机案1.08万件，其中投机倒把案811件、大案105件，罚款182.22万元，为消费者挽回经济损失194.58万元。8名作案人员移送司法机关追究刑事责任。1990年，全地区立案484件，其中投机倒把案97件，罚没45.51万元。1991年立案190件，其中查处投机倒把案132件，罚没20.51万元。1992年后，经检工作从重点打击投机倒把活动转向查处不正当竞争、制售假冒伪劣商品等违法行为。1996～2005年，工商机关以随机的方式开展查处打击投机倒把活动。2006年以后，随着工商职能的转变，全区各级工商行政管理机关创新监管机制，积极构建公平、公正、有序的市场环境。开展打击传销和严格规范直销，深化巩固创建“无传销社区（村）”工作；开展治理商业贿赂专项整治；加大对限制竞争行为的执法力度；严厉打击“傍名牌”的不正当竞争行为。打击流通环节违法添加非食用物质和滥用食品添加剂和食用油专项整治行动。充分利用先进检测设备，加大食品市场监测力度，2011年对40多类食品共计定向抽样679个批次，其中合格663个批次、不合格16个批次，合格率为97.6%；完成快速检测8289个批次，录入平台8289个年批次，并根据检测结果及时进行消费警示和提示，引导消费者进行科学合理消费。全面开展食品流通许可工作。截至2011年，全系统办理食品流通许可7160户，其中企业109户，个体工商户7051户，乳制品经营许可证815户，有效地规范了食品经营行为。开展“3·15”现场咨询、受理投诉活动。2011年接待消费者咨询63000多人（次），集中销毁160个品种，价值510.2万元假冒伪劣商品。

2009~2011年，全区各级工商机关共查办各类经济违法违章案件3212件，其中：立案查处一般程序案件1285件，简易程序案件1927件。罚没款总额522.53万元。

**落实政策**　据统计，1972～1976年，全地区共查办投机倒把违法案10.41万件，其中投机倒把案1.48万件，其中20%以上属定性不准、处理失当案。1978年，中共中央制发（1978）37、42号文件。此后，国家工商局责令各地工商局执行中共中央文件。纠正1972～1976年间产生的错案。经中共毕节地委批准，毕节地区及各县工商局明确1名领导分管落实政策工作，指定1～2名干部负责接待办理人民来信来访。至1979年10月，共收到各种申诉1135件，复查564件。其中维持原处理的360件；属错案（含部分错）204件。退款3.42万元，减免处罚1701元，清退暂扣物资款6069元。落实政策存在不彻底问题，一些干部片面强调政治上平反，经济上不予退赔，或以地方财政拿不出钱，不能退库为由，使应当纠正的冤假错案不能兑现；全地区待结案1000多件，暂扣物资总额近10万元。有的案件因办案人员调走，或材料散失，致使不能复查，平反无望。1980年，全地区工商管理机关受理申诉1291件。其中纠正错案203件，退库金额7.64万元；

减免罚没款6件，金额1245元；解扣还款95件，金额2.21万元，维持原处理39件，转外单位5件，待查597件。至1982年，落实政策工作基本结束。4年多，全地区工商行政管理部门共收到申诉2744件，接待人民来访1208次。复查案件2554件，其中属于定性不准，处理不当的1494件，退款和减免罚没款21.56万元；完全错案542件；维持原处理案518件。

**查处非法传销**　1997年11月24日，国家工商总局、公安部联合拟发《关于严厉禁止非法传销培训活动的通知》。毕节地区工商机关根据《通知》要求进行检查，未发现有非法传销活动。1998年，工商管理机关根据国务院《关于禁止传销经营活动的通知》，依法查处传销活动。2004年，毕节市工商局根据群众举报和受害者家属反映，调查得知以周××、张××为首的传销人员窜入毕节市区，以销售意大利雪豹（香港）服饰有限公司西服、皮包为幌子，通过发展人员缴纳入门费、收购产品等方式，欺骗、拉拢亲戚、朋友、同乡、恋人加入传销网络。地、县工商局、公安局负责人组成打击传销和变相传销非法活动指挥部，抽调56名执法人员、130名干警分为25个行动小组，于8月27日晚对周××等人为首的传销活动进行打击。一举取缔14个家庭传销团伙，查获非法传销人员70人，涉嫌金额近百万元。两名传销头目被公安机关刑拘，77名传销人员被遣返回家。2005年上半年，工商机关先后在毕节市、赫章、威宁、金沙、织金、大方县查获7件涉嫌广西玛雅生物科技有限公司非法传销案，受骗入股者近1500人，案值44.2万元，取缔传销窝点11个，查获非法传销人员33人。下半年，毕节市工商局与公安机关配合，进行3次“严打”行动，铲除23个家庭式洗脑团伙，查获来自江苏、安徽、河南、甘肃、青海、陕西省非法传销人员102名，公安机关刑拘其头目2名。取缔传销窝点25个，扣留2万余元的安利产品。

2009年，全区各级工商机关按照“打防结合，综合治理，标本兼治，重在治本”的工作方针，开展创建“无传销社区（村）”活动，与公安等部门密切协作，严厉打击传销违法犯罪活动，规范直销行为，切实维护全区市场经济秩序和社会稳定。是年，发放宣传资料12100份，手机短信5万余条，宣传《禁止传销条例》及刑法增设的“组织领导传销罪”等内容，提高公众的法律意识和安全防范意识，自觉抵制和远离传销。出动打传人员1437人（次），车131辆（次），开展20余次专项执法行动，依法取缔打着为“新加坡派隆国际贸易有限公司”和“深圳文斌贸易有限公司”连锁销售的家庭式传销窝点75个，查获并遣散来自河南、甘肃、陕西、福建、山西、四川、青海、湖南、上海等省（市）的传销人员614人，收缴传销资金5万余元，移送公安机关传销案件1件1人，解救传销人员9人。

2010年，建立和完善打击传销工作“打、防、控、管”长效机制，发放打击传销宣传资料13300份，举办电视知识抢答赛，曝光典型案例。出动执法人员1581人（次），执法车204辆（次），与公安等相关部门的密切配合，依法取缔传销窝点15个，解救受骗群众7人，遣返来自河南、甘肃等省的传销人员105人，行政拘留传销骨干6人，收缴传销资金12000元和传销产品25件以及用于传销活动的书籍、光碟等资料。

2011年，深化巩固创建“无传销社区（村）”工作。开展严打行动10次，依法取缔家庭式传销窝点41个，查获并劝返传销人员341人，收缴传销资金5.9万元、传销产品32套以及传销书籍、光盘等资料300余份，确保了毕节试验区社会稳定。

# 第二十一篇

# 开发扶贫　生态建设试验区

# 第一章　试验区建立

1985年6月，新华社记者刘子富在《国内动态清样》上发表《赫县有一万二千多户农民断粮，少数民族十分困难却无一人埋怨国家》的报道。中共中央政治局委员、书记处书记习仲勋在清样上批示："有这样好的各族人民，又过着这样贫困的生活，不仅不埋怨党和国家，反倒责备自己不争气。这是对我们这些官僚主义者一个严重的警告！请省委对这类地区，规定一个时限，有个可行的措施，有计划、有步骤地扎扎实实地多做工作，改变这种面貌。"7月，胡锦涛调任中共贵州省委书记，在深入调研的基础上，报国务院批准，建立"毕节开发扶贫、生态建设试验区"，邀请各民主党派中央、全国工商联参与合作共建，为人类探索一条统筹人口、环境和经济社会可持续发展的科学发展之路。

## 第一节　试验区筹建

1985年7月，胡锦涛任中共贵州省委书记。7月24日，胡锦涛亲临毕节并深入到赫章县恒底区海雀村调研。自1985年下半年起，省委书记胡锦涛历时一年多，走遍贵州86个县市区，深入毕节地区的许多区乡进行广泛的调查研究，在广泛深入调研的基础上，对岩溶山区长期经济落后、生态恶化、人口膨胀、人民贫困的现状和原因进行分析，带领中共贵州省委、省人民政府一班人反复研讨、集思广益，提出建立毕节开发扶贫、生态建设试验区的思路与构想。

1987年10月5日，中共中央统战部、国家民委、各民主党派中央、全国工商联在贵阳召开八省区智力支边会。会上，党派诸多领导人和专家共同呼吁，要求把大西南岩溶山区的开发治理列入国家科技攻关重点，希望选择一个典型地区展开调研，发挥专家作用，帮助制定发展战略。这一构想，受到中共贵州省委、省人民政府的重视。10月8日，根据胡锦涛的安排，贵州省人民政府在与各民主党派中央、全国工商联充分协商后，就建立智力支边固定联系体制机制、合作共建毕节试验区体制机制达成共识。是年，中共毕节地委、毕节地区行署成立毕节地区经济社会发展研究会，研究制定《毕节地区1986～2000年治本脱贫战略规划》，先后形成毕节区情、贫困根源、目标选定、实施步骤、经济改革、农业生态环境、粮食、人口、智力开发、资金等10个报告，并综合撰写《毕节地区经济社会发展的战略构想》，提出将反贫困、建设生态、控制人口相结合的对策。

1988年1月，中共贵州省委、省人民政府明确由中共贵州省委常委、省委农工部部长乔学珩主持，省委农工部秘书长许西记等承办，草拟建立毕节试验区的方案。1月8～14日，许西记等专程赴毕节就筹建试验区问题进行调研。毕节地区几大班子领导多次与调研组进行座谈讨论，一致认为建立毕节试验区，既符合中共十三大提出的深化改革、发展商品经济的要求，又符合毕节地区实际和全区广大干部群众的意愿。形成共识后，调查组草拟出《关于建立毕节地区开发扶贫、生态建设试验区的意见》，拟定试验区名称、试验内容、试验范围及有关政策框架。

1988年3月9日，在省委书记胡锦涛主持下，中共贵州省委召开常委扩大会议，研究建立毕节试验区问题。会议讨论《关于建立毕节地区开发扶贫、生态建设试验区的意见》，一致认为，建立毕节地区开发扶贫、生态建设试验区，对加快毕节地区改革和建设步伐，探索贫困山区、岩溶地区以改革开放促经济开发，把生态建设与经济开发结合起来，改变贫困落后面貌，实现生态良性循环。具有积极作用。会议决定将建立毕节试验区的方案修改完善后上报中共中央、国务院，争取国务院及国家有关部门的支持与帮助。是年3月20日，中共毕节地委、毕节地区行署向中共贵州省委、省人民政府报送《中共毕节地委、毕节地区行署关于建立开发扶贫生态建设试验区的报告》；4月，省委书记胡锦涛邀请中共中央统战部、各民主党派、全国工商联负责人座谈，介绍毕节的情况及建立毕节试验区的紧迫性、可行性，代表中共贵州省委、省人民政府邀请中共中央统战部、国家民委、各民主党派中央、全国工商联对毕节开展智力支边工作，指导毕节的改革试验与发展。中共中央统战部遂组织专家赴贵州毕节进行考察，对促进改革试验提出宝贵意见，为毕节试验区的建立起了推动作用。4月6日，中共贵州省委、省人民政府向中共中央、国务院呈报《关于建立毕节开发扶贫、生态建设试验区的请示》；9日，省委书记胡锦涛、省长王朝文率毕节行署负责人，向中共中央政治局委员、国务院副总理田纪云汇报毕节试验区筹建情况。田纪云副总理肯定在毕节建立开发扶贫、生态建设试验区的思路。两天后，受田纪云副总理委托，国务院秘书长陈俊生召集国家计委、经济开发办、特区办公室、农业部、林业部、财政部、商业部、国家农业银行、烟草总公司等17个部办委负责人参加的会议，共同研究建立毕节试验区问题。5月26日，贵州省人民政府向国务院呈报《关于建立毕节地区开发扶贫、生态建设试验区的请示》，报告提出：“贵州省属于典型的岩溶山区，贫困和生态恶化仍严重困扰着岩溶山区经济社会的发展。解决贫困和生态恶化这两大问题，是贵州省广大干部、群众的迫切愿望，也是关系到岩溶地区经济社会

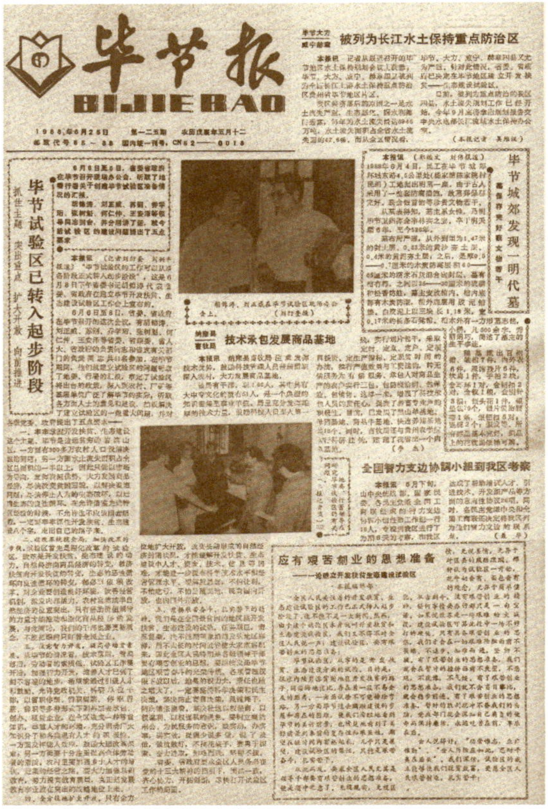
毕节报
BIJIEBAO

被列为长江水土保持重点防治区

毕节试验区已转入起步阶段

抓住主题　突出重点　扩大开放　向前推进

技术承包发展商品基地

毕节城郊发现一明代墓

全国智力支边协调小组到我区考察

应有艰苦创业的思想准备

毕节报登载毕节试验区建立（1988年）

发展的战略问题，急需采取特殊措施加以综合治理，为此，建议把毕节地区作为全国岩溶地区开发扶贫、生态建设试验区。”6月6～8日，中共贵州省委、省人民政府根据国务院原则同意建立毕节试验区的电话通知，在毕节召开试验区工作会议，认为建立试验区的条件基本具备，要求毕节试验区工作由准备阶段转入起步阶段。

1988年6月9日，国务院正式批复建立“毕节开发扶贫、生态建设试验区”。

## 第二节　毕节试验区专家顾问组

1989年9月16日，中共中央统战部、国家民委、各民主党派中央、全国工商联智力支边协调小组在北京举行会议，讨论智力支边工作和关于大力推动贵州毕节地区开发扶贫、生态建设试验区健康发展等问题，决定由中共中央统战部、国家民委、各民主党派中央、全国工商联等共同组建“支援贵州毕节试验区规划实施顾问组”。

### 一　第一届毕节试验区专家顾问组

9月20日，中央智力支边协调小组在北京召开“支援贵州毕节试验区发展规划实施顾问组”成立大会，第一届试验区顾问组正式成立。第一届任期为1989年9月～1993年8月。全国政协副主席、民盟中央副主席钱伟长担任组长；全国人大常委、致公党中央常务副主席杨纪珂，全国人大常委、九三学社中央副主席徐采栋，全国政协委员、农工党中央委员常近时担任副组长；成员（以姓氏笔画为序）有：王之泰（民建党员），北京物资学院管理工程系主任；王明俊（九三学社社员），中国农科院兽药监察所研究员、九三学社北京市委农村工作委员会主任；关毓琇（农工党党员），北京林业大学资源管理学院教授、北京市政协委员；刘孝坤（民盟盟员），中国农科院植保所研究员；吴春江（民盟盟员），北京农业工程大学教授、农业部科技委员会委员；胡敏（民革党员），高级工程师、北京煤炭设计研究院副院长；袁子恭（九三学社社员），中国科学院、国家计委

试验区专家顾问组副组长常近时、胡敏在洪家渡水电站工地考察

自然资源综合考察委员会学术委员会副主任、研究员；冯忠良（民进会员），北京师范大学心理系教授；童景山（民进会员），清华大学化学系教授；颜本菘（九三学社社员），北京市规划局市政设计院高级工程师。

## 二　第二届毕节试验区专家顾问组

1993年8月，毕节试验区第二届顾问组成立。第二届顾问组任期为1993年8月～1996年11月。全国政协副主席、民盟中央副主席钱伟长续任组长；全国人大常委、民革中央副主席胡敏，全国政协委员、农工党中央常委常近时担任副组长；成员有：全国工商联缪鸿祥、张复生，民进会员童景山，九三学社社员王培，民建党员任华巽；秘书由农工党党员高肖源担任（1995年10月后，由安永成接任）。

## 三　第三届毕节试验区专家顾问组

1996年11月，毕节试验区第三届顾问组成立。第三届顾问组任期为1996年11月～2003年7月。全国政协副主席、民盟中央名誉副主席钱伟长担任组长；全国人大常委、民革中央副主席胡敏，全国政协委员、农工党中央常委常近时担任副组长；成员有：全国工商联张复生、九三学社社员王培、农工党党员刘玉红、民革党员杨新人、民进会员魏津生；秘书由农工党党员安永成担任。

## 四　第四届毕节试验区专家顾问组

2003年7月，毕节试验区第四届顾问组成立。钱伟长任总顾问；全国政协常委、民盟中央名誉副主席厉以宁任组长；民革中央副主席朱培康、原副主席胡敏，农工党中央常委常近时任副组长；成员有：民革中央艾国强、沈和、杨新人，民盟中央刘文甲、钱克明，民建中央谷树忠、刘勇，民进中央魏津生、王旭，农工党中央杨世林、刘玉红，致公党中央于长隆，九三学社中央于保平、杨泽霖、王培，台盟中央林盛中，全国工商联贾志海，无党派人士王苏波。顾问组下设办公室，由农工党中央安永成、民建中央夏赶秋、致公党中央葛家铎组成。

毕节试验区第四届专家顾问组成员参加试验区成立二十周年座谈会（2008年）

## 五　第五届毕节试验区专家顾问组

2011年7月，第五届毕节试验区专家顾问组成立。总顾问：厉以宁（全国政协常委、全国政协经济委员会副主任，民盟中央原名誉副主席，北京大学光华管理学院名誉校长）、张宝文（全国政协常委、副秘书长，民盟中央常务副主席）、常近时（中国农业大学教授，农工党中央原常委）。设经济与社会组、科学技术与文化教育组、生态与人口组、农业与水利组。经济与社会组组长：蔡洪滨（北京大学光华管理学院院长，民盟中央委员、民盟中央经济委员会副主任）。成员：谢正观（全国政协委员，台盟中央委员、台盟北京市委副主委，中科院研究生院教授、博士生导师）、陈全生（国务院参事，中国民、私营经济研究会副会长）、王苏波（中国后发展地区农业合作创业项目总部投融资平台企业——中农合创投资有限公司董事长，首席项目评估师）。科学技术与文化教育组组长：倪晋仁（全国政协委员，全国政协人口资源环境委员会委员，民建中央委员，北京大学环境科学与工程学院副院长）。成员：黄卫东（民进中央委员，民进中央经济委员会副主任，中国农业大学食品科学与营养工程学院教授）；赵进东（全国政协委员，致公党中央常委，中科院院士，北京大学生命科学院常务副院长）、孟洛明（全国政协委员，北京邮电大学网络与交换技术国家重点实验室主任，无党派人士）。生态与人口组组长：谢经荣（全国人大代表，全国工商联副主席）。成员：常仲农（民革中央人口资源环境委员会委员、环境保护部环境影响评价司调研员）、谷树忠（民建中央人口资源环境委员会委员、国务院发展研究中心资源与环境政策研究所副所长）、张红武（全国政协委员，清华大学黄河研究中心主任、黄河水利委员会副总工程师、无党派人士）。农业与水利组组长：王旭（民进中央经济委员会副主任、中科院地理所原资源环境综合应用研究中心主任）。成员：刘勇（民建中央人口资源与环境委员会委员、国家特邀国土资源监察专员、北京林业大学图书馆馆长）、杨泽霖（九三中央农林委员会委员、农业部全国畜牧总站高级畜牧师）、贾志海（中国农业大学教授）。

# 第三节　试验规划

## 一　毕节地区开发扶贫、生态建设发展规划

1989年，由中共贵州省委、贵州省政府，中共毕节地委、毕节地区行署组织拟定。

**规划指导思想、目标和步骤**　1.规划指导思想。围绕加速开发脱贫、实现生态良性循环，以启动商品经济发展、解决农民的温饱问题、制止人为的生态破坏为重点，发扬自力更生、艰苦奋斗精神，在国家的支持和帮助下，采用一切有利于摆脱贫困落后的政策和措施，加快经济建设步伐。在试验中，以提高经济效益为中心，把经济效益、生态效益统一起来，逐步实现以经济开发支持生态建设，以生态建设促进经济开发。争取到1995年解决全地区人民的温饱问题，

到2000年为全地区的经济起飞打下基础。

2.规划目标。在抓好温饱工程的同时，加强能源、交通等基础设施建设，制止新的生态破坏，严格控制人口，在解决温饱的基础上，经过努力，力争到20世纪末，人均工农业总产值达800元以上，农民人均纯收入达500元左右，林草覆盖率达到50%。由此，要实现以下具体目标：（1）总人口。在1988年的575万人的基础上，2000年控制在680万以内，年平均增14.07‰。（2）工农业总产值。在1987年16.2亿元的基础上，2000年达57亿元，年递增10.16%，在1980年的基础上接近翻3番。其中农业总产值由1987年的10.01亿元增到2000年的22亿元，年递增6.2%；工业总产值由1987年的6.1亿元增至2000年的35亿元，年递增14.4%。（3）国民收入。在1987年15.1亿元的基础上，2000年达到40.8亿元，年递增7.9%。（4）农业人口纯收入。在1987年的9.66亿元，人均182.4元的基础上，2000年达到31亿元，人均500元左右。（5）粮食总产量在1987年112.5万吨的基础上，2000年达160万吨，年递增2.75%，农业人均占有粮食258千克。（6）森林在1987年343.5万亩，覆盖率8.53%的基础上，2000年达800万亩，覆盖率达19.87%，加上草地、灌木林，总覆盖率达50%。3．规划实施步骤。第一步，1989～1992年，为起步阶段。重点开发种植业、养殖业，完成种1亿株果木林，1亿株经济林，1亿株速生用材林，新辟、改造30万亩茶工程和重点生态治理工程；建设一批商品生产基地，大力发展户办、联户办为主的乡镇企业；兴建部分基础设施，普及推广科学技术；放手发展集体、个体、私营经济和混合型经济，着力于培育市场机制，强化与农村商品生产的联合，为逐步形成一批农工商相结合的企业群体或企业集团打下基础。基本解决温饱问题，贫困户减少到30万户，150万人，新的生态破坏基本停止。第二步，从1993年起，用3～5年时间，重点开发能源工业；逐步建立一批支农工业和联营、户营乡镇企业；25度以上的陡坡耕地逐步退耕还林还草；加强农田基本建设，使稻田和海拔2200米以下15度以下的耕地基本实行集约化经营；不再增加新文盲，现有青年文盲降到20%以下；普遍开展实用技术培训，劳动力素质有明显提高；商品经济有较大发展，生产力布局得到较大调整。大多数农民实现脱贫。30%～40%的农村剩余劳动力从耕地转移出来，并有相当数量输出区外。第三步，到20世纪末，资源较多地得到合理开发和综合利用，产业结构、产品结构和劳动力结构的配置相对合理，基本形成烟草、畜牧、果茶、药材、煤电、冶炼、化工等系列化的支柱产业，新增税利9亿元，财政自给率由1987年的60%提高到85%；青年和大部分中年文盲脱盲，并掌握一项实用技术；农户经济在脱贫的基础上逐步进入宽裕型，水土流失得到有效控制，生态环境明显好转。

**子规划**　1.农业发展与生态环境建设。采取把恢复和维护生态环境与利用资源结合起来，把生态效益、经济效益和社会效益结合起来，以短养长，草灌乔结合的办法，综合治理山、水、林、田、路；因地制宜，实行生物措施、工程措施和耕作措施相结合的治理办法，按流域、划片区、分缓急，按工程项目的程序进行治理；搞好农田基本建设，提高单位面积产量，治好山上保山下，山下增收保山上，达到以退促进，稳步发展的目的。到2000年实现以下主要发展指标：（1）通过生态环境整治，坡改梯200万亩，瘦改肥400万亩，增加单位面积产量，提高粮食自给率。（2）适量扩大种植面积，主攻质量，提高单产，发展优质烤烟基地，力争产量达400万担，提高上、中等烟比例。（3）改良现有草场，提高载畜能力；退耕还草100万亩；调整畜牧业内部结构，建成畜牧业基地。绵羊年末存栏达80万只，年递增6.91%；羊毛产量2000吨。大牲畜存栏160万头，年递增3.3%，其中牛125万头。生猪存栏260万头，年递增1.11%；当年出栏200万头，出栏率76.92%，年递增3.85%。食肉总产18.99万吨，年递增3.06%，人均占有28．9千克；皮革达40万标准张。（4）水土保持综合治理6000多平方千米，退耕还林260万亩，种植果木林、经济林、速生用材林各1亿株；新辟茶园21万亩。搞好3356工程和长江上游水土保持工程；搞好黔西、金沙县和织金、纳雍县未列项的待治理区域规划，争取上报列项。通过开发治理，农村工农业总产值达36亿元，其中农业产值22亿元、工副业14亿元。农业产值中，种植业11.5亿元，畜牧业7.7亿元，林业2.8亿元。农村总收入达52.5亿元，纯收入31亿元，农民人均纯收入500元。

2.工业。以开发脱贫、生态建设为宗旨，以轻工业为先导，重工业为基础，大力发展投资省、见效快，带动作用大的地方工业和以农、林、牧产品深加工为主的户办、联户办乡镇企业，逐步形成烟草、畜牧、果茶、药材、煤炭、冶金、化工等系列化产业群体，走出一条贫困山区以农工相互促进、治本脱贫的新路子。到2000年实现工业总产值35亿元，占工农业总产值的61.4%，人均工业产值515元。3.能源和交通。坚持国家、集体、个体一起上的方针，全面规划，正确定点，合理布局，加快能源，交通基础设施的建设步伐。主要发展指标（1）煤炭工业。扩大外销，推行煤电联营，加快就地转化步伐，逐年增加开采量。1990年，原煤产量达600万吨；1995年达750万吨；2000年达1000万吨。（2）电力工业。到2000年地方电力装机达31万千瓦，加上省网供电量，全地区年用电量约10.4亿千瓦时，人均年用电153千瓦时，户通电率达80%左右，基本形成全地区区域电网。到2000年，电源装机年均增11.6%，人均年用电量为1987年的8.5倍。

3.交通运输。以公路建设为重点，改造、提高现有公路等级和通过能力，扩建、新建各县间的公路和断头路，形成纵横交错的公路网络。到2000年，全地区货运量达2200万吨，周转量达到6.6亿吨千米，公路通过能力在1988年的基础上提高2.5倍。结合乌江流域开发，整治163.4千米航道。2000年，建成毕节至林歹的铁路180千米，初步形成综合运输体系。

4.人口控制与智力开发。在有效控制人口增长的基础上，把教育作为智力开发的重点，努力提高人口素质，多渠道、多形式、多层次地培养建设所需人才，加快试验区经济建设步伐。主要控制和发展指标（1）到二十世纪末，努力将人口控制在680万以内，（2）到20世纪末，普及小学教育；提高初中入学率；强化职业教育，新建84所职业技术专门学校，现有小学、初中、高中都增设职业教育课，培训各类职业技术人才5.4万人。（3）完成75万少青壮年文盲和半文盲的扫盲任务以及140万农民短期技术人才培训任务。

5.科学技术。以市场需求为导向，以经济效益为中心，以脱贫致富、实现生态良性循环为目标，坚持以引进、消化、吸收、利用国内外先进实用技术为重点的方针，以推进企业和农村的技术进步为主，改革科技管理体制，加强科技自身的发展能力，走全民、集体、个人一起上，科学研究、技术开发、商品生产一体化的发展道路。

主要发展指标：（1）加快传统工业的技术进步。到2000年，力争工业生产中主要行业主要产品达到国内同行业先进水平。1995年，能源、原材料消耗比1987年降低5%～10%，2000年降低10%～20%。在工业产值增长中，科技进步因素比例力争1995年达25%左右，2000年达到40%

以上。（2）提高农业劳动生产率、土地生产率和农副产品商品率。力争到2000年，农副产品商品率达50%以上；土地生产率在1987年的基础上提高50%左右；科技进步在农业总产值增长和农业劳动生产率提高中所占比例分别达60%、50%以上。（3）围绕烟草等支柱产业，建立与之相适应的科研机构，使全地区科研机构达17个以上，民办科技机构发展到120个以上，50%以上的全民，集体企业建有技术开发机构；科技管理机构延伸到区乡，区建立科委，乡配备专职科技干部。（4）造就一支专群结合的科技队伍。1995年，全地区各类专业科技人员达5万人，2000年增至6.8万人。农民技术员（含农民技师），1995年达3.5万人，2000年增至6万人，企业（含乡镇企业）中的工人技术员1995年达到职工总数的5%，2000年达10%。

## 二　1996～2000年总体试验方案

1997年6月，根据5月2日省委办公会议纪要精神和国家“八七”扶贫攻坚计划，按照全国农村改革试验区办公室的要求，在总结1990～1996年农村改革试验工作的基础上，制定《毕节地区开发扶贫、生态建设试验区“九五”总体试验方案》，并上报省委、省政府批准。7月22日，省委、省政府原则同意，上报全国农村改革试验区办公室备案后实施。

**试验思路及目标**　1.试验思路。以邓小平建设有中国特色的社会主义理论为指针，解放思想，从实际出发，深化改革，坚持走可持续发展道路，加快实现“两个根本性转变”的步伐。以发展农村经济、加快农业产业化进程，实现农民脱贫致富为重点，突出把农业放在国民经济的首位，强调粮食生产在扶贫开发中的地位和作用。大力推进科教兴农，抓好资金等要素集中投入，促进多元化开发主体的形成，通过加快山区资源综合开发带动开发扶贫、生态建设。寓生态建设于经济开发之中，以经济开发支持生态建设，以生态建设促进经济开发，实现粮食、人口、生态的良性循环。从毕节实际出发，有针对性、有重点、有步骤地进行综合配套改革，实现机制转换、组织创新和制度建设，把农村改革与发展有机地结合起来，逐步形成依靠自身力量可持续发展经济的能力。

2.奋斗目标。（1）国内生产总值在1995年41.1亿元的基础上，2000年达75亿元，人均达1014元；工农业总产值在1995年74.33亿元的基础上，2000年达110.5亿元，其中农业总产值由1995年的34.63亿元增加到2000年的42亿元，工业总产值由1995年的39.73亿元增至2000年的68.5亿元，乡镇企业总产值由1995年的38.63亿元增至2000年的100亿元；粮食总产量达180万吨；地方财政收入在1995年8.88亿元的基础上，2000年达到15.65亿元。（2）人口自然增长率控制在14‰以内，2000年总人口控制在690万以内，农民人均纯收入800元，人均占有粮食278千克；到2000年使20%的农户达到小康，35%的农户进入宽裕，30%农户摆脱贫困，10%的农户实现温饱：基本解决200万人口的绝对贫困问题，贫困农户控制在5%以内。（3）生态建设。2000年森林达843万亩，覆盖率达21%，林灌覆盖率达30%。水土流失得到有效遏制。

**试验内容**　1.开发扶贫试验。（1）建立权威有序统一的扶贫开发管理体制和运行机制。（2）积极推进农业产业化建设与开发扶贫相结合的改革试验。（3）探索异地就业、开发、安置扶贫办法。（4）继续推进土地（包括山地）制度建设试验。（5）深化农村经营体制改革，加快农村市场体系建设。（6）大力发展乡镇企业和继续推进乡镇企业产权制度改革。（7）改革农业科技推广体制，实施科教兴农战略。（8）从实际出发，勇于改革试验，积极创造条件建立扶贫项目区；探索行之有效的扶贫贷款担保体系，抓好农村资金互助合作工作；探索扶贫资金统筹安排、提高使用效益的途径；加快推广力度，充分发挥改革试验成果的先导性、示范性作用。

2.生态建设试验。（1）小流域治理试验。以小流域为单位，统一规划、设计，施行以粮换工，以工代赈，劳动积累工等手段；采用生物、工程、耕作及还林退耕等措施，进行区域综合治理。（2）建立生态农业小区试验。本着发挥农业生态系统整体功能的原则，把开发扶贫和改善生态环境结合起来，把利用和保护资源结合起来，把经济效益和生态建设结合起来，鼓励单位、农户创办生态农业经济实体，建好林场、牧场、茶场、果场、渔场、药场，发展生态户、生态村、生态乡。（3）生态工程建设试验。继续抓好长江中上游防护林体系建设工程和长江上游水土保持重点防治区毕节片区工程，巩固扩大联合国粮援计划署“中国3356”工程的成果，进一步探索依托工程项目进行生态建设的高效之路。（4）生态环境管护试验。全面贯彻可持续发展战略，高效开发资源，综合利用，依法保护，注意治理环境污染；建立和完善生态环境管护机制，促进经济、生态、社会效益的统一。

3.人口控制与提高人口素质试验。（1）人口控制。建立和完善农村人口控制机制。把控制人口与解决温饱、发展生产、增加收入、提高生活质量、解除后顾之忧结合起来，把奖励与惩罚结合起来，逐步实现计划生育的良性循环。（2）提高人口素质试验。强化基础教育，加强农村初等职业教育，抓好农民培训与扫盲工作，实施农科教三结合，提高人口素质，促进人口与经济的协调发展。

**试验步骤**　试验方案分两阶段实施。1996～1997年为第一阶段，在充分调查研究的基础上制定方案，选点实施。1998～2000年为第二阶段，在第一个阶段的基础上调整完善，总结经验，在面上推广。方案拟采用小区试验、重点突破、总结推广、由点到面的方针逐步展开。

## 三　2001～2005总体试验方案

2001年12月，中共毕节地委、毕节地区行署根据省委“十五”期间要继续做好试点县试验区工作的精神，按照全国农村改革试验区办公室的部署，结合西部大开发促进全地区经济社会可持续发展的要求，组织制订“十五”总体试验方案上报省委、省政府。2002年5月19日，方案获省委批准。

**试验思路、目标**　1.试验思路。以邓小平理论和“三个代表”重要思想为指导，以中央和省委关于“十五”计划建议的精神为依据，以经济建设为中心，以发展为主题，以结构调整为主线，以体制、科技创新为动力，以提高广大人民的生活水平、生活质量为落脚点，进一步密切党和群众的血肉联系，坚持发挥中国共产党领导的多党合作和政治协商制度的优越性，将开发扶贫、生态建设、人口控制与实施西部大开发紧密结合，按照可持续发展原则和市场经济规律，将开展生态建设与扶贫开发相结合；将岩溶山区国土综合治理与有效控制人口、提高人口素质相结合，推进改革试验。以项目为载体，以小区试验为着力点，建立监测评估指标体系；力争做到政策上有突破，体制上有创新，制度上有完善，理论上有成果，扎扎实实地推进试验区工作。

2.奋斗目标。试验紧扣开发扶贫、生态建设、人口控制主题，深化改革，试验探索，为岩溶山区的可持续发展提供借鉴。通过试验实现以下目标：（1）继续建立健全推动可持续发展的综合决策和协调管理机制，制定正确发展战略，开发优势资源，促成多种所有制交融、产业交融和城乡交融；多元化发展经济，不断向生产的深度和广度进军；在能源大区建设初见成效的同时，畜牧、绿色、旅游大区建设取得明显的阶段性成果。“十五”期间，国民生产总值、地方财政收入、固定资产投资年均增长分别达11%、10%、12%左右；城镇化水平提高到17%左右；登记失业率控制在4%左右；粮食总产量达245万吨；农民人均纯收入年均增加5%以上；贫困农户控制在5%以内。（2）大力推进生态建设，进一步加强环境治理，使生态破坏和环境污染得到有效控制；不断提高全民生态意识，努力实现把生态环境保护建设与绿色产业、扶贫攻坚有机结合，与移民开发和小城镇建设有机结合，与调整产业结构和促进农民增收致富有机结合，与利用科技成果改造传统产业和减少环境污染有机结合，促进生态效益、经济效益和社会效益协调统一，初步建立可持续利用的生态资源保护体系。至2005年，全地区森林覆盖率力争达24.83%以上，治理水土流失1500平方千米，新增还林还草达100万亩；水土流失严重的状况基本得到控制，生态环境得到明显改善。（3）努力建立以社会制约与利益导向相结合的、实现计划生育工作村为主的人口控制体系，促进计划生育成为社会自觉行为。到2005年末，全地区人口出生率控制在19‰以内，人口自然增长率严格控制在12‰以内，总人口控制在729万人以内。

**试验内容** 1.坚持中国共产党领导的多党合作和政治协商制度，以卓有成效的智力帮扶和对口帮扶工作为助推力，建立有序、统一的试验区工作综合决策和运行机制，健全有权威、讲效益的扶贫开发管理体制和运行机制，探索富有成效的促进区域经济社会协调发展的道路；引导人、财、物等生产要素向能源、畜牧、绿色、旅游产业集聚，促进规模效益，不断提高综合要素生产率。

2.探索依托大型工程项目建设，加快经济结构调整步伐，健全完善国民经济体系。

3.因地制宜、积极稳妥地调整农村产业结构，形成合理的农、林、牧、渔、乡镇企业协调发展的农业格局。

4.加快小城镇建设步伐。

5.继续把防治水土流失、改善生态环境作为生态建设的重点。

6.依靠科技、突出效益。在原取得种草养畜、建设生态成功的基础上，创新科技推广体制，调动农技人员的积极性，探索建立全程农技服务体系与农户相结合的利益共同体，加大农业实用技术推广力度，提高农民素质，推进科技兴农。

7.建立、健全农村人口与计划生育村民自治和自律管理相结合的机制，强化婚育新风宣传，把农村计划生育“村为主”工作落到实处。

**试验原则、步骤** 2001～2005年总体试验方案按照以人为本、优化布局、突出重点、综合配套的原则，采用小区试验、重点突破、总结提高、由点到面的方法展开试验。方案实施时间为2001～2005年，2001年12月～2002年4月为子课题制拟、审定阶段；2002年4月～2005年12月为课题全面展开及总结验收阶段。

# 第二章 试验区建设

## 第一节 开发扶贫

开发式扶贫 1.改善生产条件。采取国家、集体、个人一齐上，山、水、林、田、路综合治理的办法，加强农田基本建设。1988～1992年，全区共投入资金8000多万元，投入劳动工日7亿多个，挖土石方1亿多立方，修筑石埂21万多条，建成小水窖1.75万个，完成坡土改梯土（简称“坡改梯”）69.93万亩，新增水浇地10.96万亩，保灌面积13.42万亩。1989～1998年，10年间全区共建成基本农田145.05万亩；通过建设人畜饮水工程，共有96万人、65万头大牲畜的饮水困难得到解决。1999年，全区完成坡改梯22.41万亩；新修人畜饮水工程148处，27.99万人、22.62万头大牲畜饮水困难得到解决。是年，全区共完成以工代赈坡改梯及配套工程面积21.94万亩，占省下达任务的109.7%。其中建成坡改梯面积15.59万亩，砌筑石方382.87万方，挖填土方248.04万方，垒砌石埂8.86万条、长4259.74千米；石灰改良土壤折合坡改梯面积4.89万亩，水毁工程治理面积1.46万亩。同时各县市配套修建拦山沟33条4.52千米、排洪沟37条25.21千米、引水渠16条36.65千米、水窖水池58个2260立方、谷坊23座3110立方，修建乡村公路51条172.39千米、田间便道78条31.71千米，恢复水毁农田7148亩。2000年度农田基本建设，至12月11日，全区完成坡改梯面积6.99万亩，完成石灰改土面积4.73万亩。自1994年开始实施“八七”扶贫攻坚计划起，到2000年的7年间，全区共完成坡改梯面积140.58万亩，新增有效灌溉面积13.05万亩，改善灌溉面积12.03万亩，改造中低产田土200多万亩，新建成基本农田104万亩，人均基本农田由1993年的0.29亩增到0.42亩。新解决149.19万人、110.02万头（匹）牲畜的饮水困难。2001年，全区完成以工代赈和财政扶贫坡改梯工程面积17.09万亩，其中完成以工代赈坡改梯工程面积13.13万亩。新建、改建、维修、加固各类水利工程1713处，渠道防渗改造336千米，山塘整修加固166座，新建水窖、水池1.24万个，加高加固堤防80千米，完成“渴望工程”253处，新解决31.08万人、19.21万头大牲畜的饮水困难。2002年，全区完成坡改梯7.07万亩，恢复水毁及配套工程折合面积2.66万亩，砌筑坡改梯石埂石方142.18万立方，挖填土方89.95万立方，垒砌石埂2.85万条1761.29千米，配套修建拦、排、引水沟97条61.96千米，修建水窖、水池193个5101.62立方、机耕道39条70.33千米、田间便道169条39.22千米，砌筑谷坊89座1.06万立方，一次性建成坡改梯基本农田综合治理工程样板8个5000亩。通过治理使项目区103个乡镇，215个村，4.4万农户，18.69万农业人口受益，其中贫困户1.34万户5.33万人受益。2003年，坡改梯工程向基本农田稀缺、缺粮户集中的深山区、石山区、少数民族聚居区和农田基本建设积极性高的乡村倾斜。全区共完成以工代赈和财政扶贫坡改梯工程166个，面积8.74万亩。其中坡改梯工程6.37万亩，恢复水毁及路、沟、窖水系配套工程折算2.37万亩；砌筑坡改梯石方127.52万立方米，挖填土方137.41万立方米，投入工日423.29万个；配套修建拦、排、引水沟渠137条74.81千米，修建水窖、水池244个4875立方米、山塘1个7500立方米、机耕道56条51.3千米、乡村公路19条50.7千米、田间便道256条80.2千米，砌筑谷坊102座1.03万立方米；一次性建成坡改梯基本农田综合治理工程样板11个2.19万亩。通过治理使项目区内的110个乡镇、184个村、770个组、3.76万农户、17.22万农业人口受益。通过实施“渴望工程”“解困工程”等，解决了30.3万农村人口的饮水困难。2004年，全区共完成以工代赈和财政扶贫坡改梯工程168个、面积9.35万亩，其中合格工程1.47万亩、良好工程3.41万亩、优质工程4.47万亩，分别占完成工程总面积的15.73%、36.46%、47.81%。砌筑坡改梯石埂1.81万条1224.1千米、石方量89.9万立方米，挖填土方162万立方米，投入工日301.1万个，配套修建拦、排、引水沟渠181条77.5千米，修建水窖、水池458个1.12万立方米、谷坊47座6848立方米、机耕道和乡村公路89条90.4千米、田间便道423条99.7千米。一次性建成坡改梯基本农田工程示范点20个2.44万亩。通过工程治理使项目区内的118个乡镇，187个村，698个组，3.98万农户，19.8万农业人口受益。2005年，全区共完成坡改梯9.23万亩，其中优质工程5.82万亩、良好工程2.78万亩、合格工程6306亩，分别占完成总面积的63.05%、30.11%、6.84%。配套修建拦、排、引水沟渠170条231.56千米，修建人行便道453条111.87千米、机耕道95条77.21千米、谷坊62座7589.4立方米，砌筑石埂1.06万条75.58万立方米。投入工日308.56万个、开挖土石方303.87万立方米。工程覆盖99个乡镇（办事处）、178个村，837个组，3.9万农户，17.85万农业人口，项目区农民人均基本农田增加0.31亩，增钱34元，增粮14公斤。2006年，全区完成坡改梯7.05万亩，其中优质工程占91.06%；修建水窖、水池7256个。涌现出威宁县草海镇赵山村羊角山、赫章县财神镇坪地、毕节市大河乡双桥村官房、大方县东关乡罗寨村坝子、黔西县新仁乡仁慕村老寨坡、金沙县岩孔镇白沙村沙坝、织金县猫场镇川洞村大坝、纳雍县沙包乡跑马坡村大坪子等20个高标准坡改梯示范工程。2007年，全区共完成基本农田建设面积3068亩，修建水窖、水池8047个2.45万立方米，配套修建引水沟渠4条2千米、排洪沟渠12条2.6千米、田间便道23条6.6千米、机耕道9条3.8千米。项目区1.84万户、7.67万人受益。1988～2007年，全区建成基本农田170多万亩，农业人均基本农田由0.22亩上升到0.33亩；新增有效灌溉面积74万亩，新增保灌面积39.84万亩，自来水受益村覆盖面达80.2%。2008～2009年，共投资2574万元，完成农田基本建设1025亩，配套小水池建设1.25万口。2010年，完成基本农田治理面积1000亩、配套建设小水池7770口；建设烟水配套工程项目35个，受益面积24.69万亩。

2.实施“温饱工程”。自1989年起，毕节试验区着力实施推广以玉米地膜覆盖栽培为主的农业实用技术的“温饱工程”。1990年，全区投入2607万元资金，在贫困县实施42.74万亩以地膜玉米栽培为主要内容的“温饱工程”，经过对1.86万亩多点、多类型测算，增产粮食7.27万吨，增加产值5723万元，4.54万户贫困户21.63万贫困人口解决了温饱。6个贫困县有44.19万人越过温饱线，农民人均纯收入由上年的229元增到242元，增加13元。1991年，全区投入3234万元资金，实施124万亩“温饱工程”，其中地膜玉米51.62万亩，杂交玉米66.7万亩，杂交水稻5.9万亩，喷施叶面宝50.2万瓶。经过4.48万亩多点、多类型验收测算，增产粮食2.09亿斤，增加收入7559万元。有40.7万户贫困户、169万贫困人口得到扶持，其中少数民族贫困户9.1万户、40.7万人；户均增粮193公斤，增加收入139.6元。有3.6万户贫困户16.4万贫困人口在“温饱工程”实施中解决了温饱问题。1993年，全区6个贫困县完成“温饱工程”面积163.86万亩，其中杂交玉米97.8万亩，地膜玉米57.81万亩，杂交水稻8.25万亩。项目覆盖189个乡镇，2543个村，1.97万个村民组，51.31万户，221.2万人，其中贫困户29.74万户，124.63万人，分别占项目区总户数、总人口的58%、56.3%。共投入资金2475.21万元，其中收回滚动使用资金1871.81万元。经验收测算，增产粮食1.43亿斤，项目区户均增粮27.88公斤，人均增粮6.47公斤。1994年，全区“温饱工程”重点安排到深山区、石山区、少数民族贫困地区，共完成99.31万亩，其中杂交玉米50.29万亩，地膜玉米44.84万亩，杂交水稻4.18万亩。工程覆盖5个县的155个乡镇、1947个村、1.34万个村民组、32.85万户、145.47万人。其中贫困户18.21万户、76.29万人，分别占项目区总户数、总人口的55.4%、52.4%；少数民族2.8万户、41.97万人，分别占项目区总户数、总人口的8.5%、28.9%。共投入资金1383万元，其中上年回收滚动使用983万元。经验收测算，粮食总产33.4万吨，增9.4万吨，单产336公斤，增94.8公斤。项目覆盖的5个贫困县有25.75万人解决了温饱，农民人均纯收入达439.5元。1995年，全区5个贫困县共实施“温饱工程”89.3万亩，其中杂交玉米52.3万亩，地膜玉米32.53万亩，杂交水稻4.44万亩。总投资1914万元，其中收回滚动使用资金1416万元，地县财政补贴356万元。项目覆盖155个乡镇，其中极贫乡镇37个，扶持农户12.41万户，贫困人口54.8万人。经验收测算，杂交玉米、地膜玉米、杂交水稻亩产比常规种植分别增产98.5公斤、124.6公斤、197.8公斤，项目区贫困农户共增产粮食1亿斤以上。1996年，继续在5个贫困县实施“温饱工程”，共投入资金2194万元，完成面积136.68万亩，其中杂交玉米91.64万亩、杂交水稻6.84万亩。工程覆盖5个贫困县的154个乡镇，2145个村，1.22万个村民组，42.5万户农户，178.1万人。其中贫困户22.3万户、91.8万人，分别占项目区总户数、总人口的52.9%、51.5%；少数民族14.4万户、61.9万人，分别占项目区总户数、总人口的33.9%、34.8%。1997年，5个贫困县共实施“温饱工程”184.24万亩，比上年增47.56万亩。其中地膜玉米60.8万亩，杂交玉米115.22万亩，杂交水稻8.22万亩。共投入资金2554万元，其中滚动资金642万元，新增扶贫贷款893万元；投入化肥2.03万吨，亩均11公斤。工程覆盖149个乡镇1888个村49.65万户农户，其中极贫户11.3万户。经验收测算，实施面积总产量72.89万吨，与常规种植比增粮16.56万吨，项目区农户户均增粮333公斤。1998年，全区投入3624万元资金实施“温饱工程”，其中新增扶贫贷款2280万元，回收滚动扶贫资金874万元，财政补贴470万元，共完成实施面积147.23万亩，其中杂交玉米138.21万亩，杂交水稻8.89万亩。项目覆盖5个贫困县的126个乡镇1481个村8431个村民组28.47万户农户160.94万人，其中贫困农户11.02万户57.4万人，分别占项目区总户数、总人口的34%、35.7%。经验收测算，杂交玉米单产400.9公斤、杂交水稻单产505.8公斤，比常规种植分别增109.2公斤、127.9公斤。项目区共增产粮食14.31万吨，人均增粮88.9公斤。1999

年，全区5个贫困县共完成“温饱工程”面积155万亩，其中杂交玉米146万亩，杂交水稻9万亩。共投入资金3846万元、化肥等物资3.65万吨。项目覆盖128个乡镇1600个村、30.2万户农户170.3万人；其中扶持贫困户13万户61万人，分别占项目区总户数总人口的32.5%35.1%。经验收测算，粮食总产达66万吨，其中玉米育苗移栽亩产445公斤、地膜玉米亩产430公斤、杂交水稻亩产520公斤，分别比常规种植增150公斤、125公斤、110公斤。2000年，全区5个贫困县共完成“温饱工程”面积158.83万亩，其中杂交玉米149.51万亩，杂交水稻9.32万亩。共投入资金4980万元，其中收回再贷资金3495万元，地县财政补贴502万元，其他资金983万元；投入地膜3049吨、化肥20.71万余吨、杂交良种2446吨。项目覆盖136个乡镇，1594个村，57.15万户，221.69万人；其中扶持贫困户10.02万户，41.71万人，分别占项目区总户数、总人口的18%、19%。经验收测算，粮食总产达68万吨，增产22万吨。2001年后，“温饱工程”从大面积实施转向成果巩固。

3.农业综合开发。1990～1992年，第一期农业综合开发项目在黔西、金沙县实施；1993～1995年，第二期农业综合开发项目实施增加大方县；1996～1998年，第三期农业综合开发项目实施增加毕节市和纳雍县。项目开发区涉及55个乡镇，面积5502平方千米，42.3万户173.7万人。分别占5个县市乡镇、面积、户数、人口的35.5%、36.7%、42.6%、42.9%。农业综合开发在指导思想上，坚持以改善农业生产条件为开发重点，与促进农民增产增收和脱贫致富有机地结合起来；在开发方式上，把改善生产条件和改善生态环境结合起来；在开发思路上，坚持在“综合”二字上下功夫，通过农业、林业、水利、生物与技术的综合组装，资金、物资、劳力和科技的综合投入，综合运用水利措施、农业措施、林业措施、生物措施、科技措施等组装配套，走山、水、林、田、路综合治理的路子，提高综合生产能力，取得综合效益；在组织领导上，坚持政府主导，各部门密切协作，形成合力；在管理制度上，坚持严格的项目管理和资金管理。1990～2000年的11年间，累计投入资金1.94亿元，其中中央和省财政资金9659万元，地区财政资金1614万元，县乡财政配套资金1616万元，与财政资金配套使用的专项贷款2268万元，乡村集体和农民自筹资金4224万元。共建项目310个，其中农业项目66个，投资4138万元；水利项目73个，投资8658万元；林业项目54个，投资2281万元；畜牧项目30个，投资1862万元；农机项目18个，投资568万元；农业技术培训项目46个，投资434万元；农业技术推广项目6个，投资128万元；水产养殖项目7个，投资276万元；农产品加工项

油菜种植

目10个，投资102万元。经过11年的努力，农业综合开发取得显著成效。一是长期失修的农田水利设施得到维修，农业基础设施建设得到加强。全区共修建和改善小型水库16座，修建提灌站12座，疏通渠道512千米，新增和改善灌面27万亩，使项目区水利保灌面积由40%提高到90%以上。部分项目区建成“田成方、林成网、渠相连、路相通、旱能灌、涝能排”的稳产高产基本农田。二是通过大规模中低产田土改造，农业综合生产能力增强。实施农业综合开发项目共改造中低产田土70万亩，项目区粮、油、肉、蔬菜产量在人增地减的情况下实现稳定增长。2000年，项目区粮食总产达到5.22亿公斤，比1989年增长122.9%；油料产量达到2380万公斤，比1989年增长157.7%；肉类产量达到6105万公斤，比1989年增长115.6%；建成一批油菜籽、大豆、辣椒等农副产品加工项目。三是农业生产水平提高，项目区一批农户率先脱贫致富。2000年，项目区农民人均纯收入达1670元，比1989年增1270元，增长3.18倍。1989年前，项目区农民人均占有粮不足200公斤，到2000年人均占有粮达400公斤，增长1倍，粮食自给有余。55个乡镇农业综合开发项目覆盖农户、人口率先摆脱贫困。四是农业生态环境改善。项目区共营造水土保持林44万亩，封山育林8.8万亩；建起核桃、板栗、梨、桃等基地；基本农田保护区得到巩固。进入21世纪，农业综合开发项目实施持续推进。1999～2001年，实施第四期农业综合开发项目。2001年，毕节、大方、黔西、金沙、纳雍5县市共实施农业综合开发项目23个，其中土地治理项目19个、多种经营项目4个；共投资1483万元，其中中央和省财政投入1351万元，地区财政匹配89万元。年底竣工项目18个，完成投资1283万元，占投资总额的86.51%。改造中低产田土5.46万亩，开挖、疏浚、衬砌渠道26千米，完成坡改梯6000亩，封山种植水土保持林1.33万亩。项目区内新增粮食生产能力474万公斤，农民人均纯收入达1530元。2002年，5县市共实施农业综合开发项目28个，总投资2335万元，其中财政资金1811万元，自筹资金524万元。土地治理项目26个，投资1883万元；多种经营项目2个，投资452万元。共完成中低产田土改造8.76万亩，造林3.5万亩，培训干部群众5.01万人次；开挖疏浚渠道4千米，衬砌渠道39.94千米，埋设管道5.38千米，修建桥、渡槽、闸等渠系建筑物29座、机耕道4.5千米。多种经营项目养殖出栏牛羊1000头（只），续建豆制品加工生产线60条。项目区增产粮食1180万公斤、油料243万公斤、农业总产值1792万元，农民人均纯收入达1512元。2003年，5县市共实施农业综合开发项目22个，总投资2972万元，其中财政资金2285万元，自筹资金602万元，银行贷款85万元。实施土地治理项目20个，投资2470万元；多种经营项目2个，投资502万元。共完成中低产田土改造3.8万元、农业生态工程面积3.8万亩，治理防洪河道9.2千米，衬砌排洪及灌溉沟渠72千米，

大方达溪农业综合开发

威宁万亩马铃薯基地

新建和改造机耕道20.1千米，建提灌站1座、拦河坝5座、桥14座，埋设管道26千米；建设草场3425亩、坡改梯示范工程1100亩、沼气示范户250户、苗圃260亩、水保林7100亩；完成科技示范推广8500亩，建蔬菜基地3200亩。项目区新增灌溉面积1.59万亩，改善灌溉面积2.2万亩，新增机耕面积0.55万亩，建成一批高产稳产基本农田和早熟蔬菜、早熟马铃薯、早熟玉米基地。2004年，实施农业综合开发项目13个，总投资2987万元，其中财政资金2075万元，银行贷款150万元，自筹资金及以劳折款726万元。实施土地治理项目12个，投资2480万元；多种经营项目1个，投资507万元。完成中低产田土改造3.14万亩，建优势产品基地5.28万亩、农业生态工程面积1.25万亩，开挖渠道27.5千米，衬砌渠道、河堤102千米，建成渠系建筑物60座，修机耕道15.4千米；推广良种科技示范面积1.1万亩，造林5500亩；在黔西县城关镇建成年产1500吨的牛肉加工厂1个。项目区新增和改善灌溉面积2万亩、除涝面积1.8万亩、机耕面积3600亩、控制水土流失面积13.5平方千米；增产粮食990万公斤、油料70万公斤、农业总产值1962万元、农民收入347万元。2005年，实施农业综合开发项目9个，总投资3781万元，其中财政资金2466万元，自筹资金及以劳折款1315万元。实施土地治理项目8个，投资3399万元；产业化经营项目1个，投资382万元。完成土地治理面积5.74万亩、中低产田土改造5.44万亩、生态综合治理面积0.3万亩；修建山塘1座、提灌站1座、防洪排涝及灌溉渠道92千米，埋设管道78千米，修建渠系建筑物284座、小型蓄水工程166座、机耕道23千米、田间便道40千米、谷坊2座、护岸石埂4.1千米；高标准坡改梯1500亩，科技示范推广1.5万亩，培训农民6800人；在纳雍县姑开乡建成有机茶基地1个。项目覆盖8个乡镇36个村，受益农户1.78万户、人口6.83万人。项目区增产粮食390万公斤、油料110万公斤。2006年，农业综合开发完成中低产田土改造6.92万亩、农业生态工程治理面积0.33万亩。涌现出毕节市海子街镇前所坝子，黔西县城关镇弯角龙滩坝子，金沙县西洛乡孙家坝子等一批示范性工程。2007～2009年，实施农业综合开发项目37个，总投资1.6亿元，其中财政资金1.14亿元，自筹资金4832.38万元；产业化经营项目7个，投资3702万元；共实施土地治理项目30个，完成中低产田土改造15.3万亩、农业生态工程治理面积2.12万亩，新增和改善灌溉面积8.03万亩、除涝面积3.91万亩、节水灌溉面积7.12万亩、机耕面积2.62万亩。2009年农业综合开发项目覆盖9个乡镇23个村1.6万户，新增粮食418.5万公斤，油料88万公斤。

4.实施整村推进。2001年，中共毕节地委、毕节地区行署决定将173个乡镇2587个村列为新阶段开发扶贫的重点扶持范围，以财政扶贫资金为主，统筹安排贴息信贷资金、以工代赈资金、国债资金、社会帮扶资金投入开发扶贫，增强重点扶持乡镇、重点扶持村的自我发展能力。2003年9月27日，中共毕节地委、毕节地区行署制发《关于贯彻落实〈中共贵州省委关于加大新阶段扶贫开发工作力度的决定〉的实施意见》，强调按照中央提出的扶贫至村、工作到户的要求，切实开展整村推进工作。部署从2003年起，全区每年实施100个村以上的整村推进重点扶贫。要求县乡政府统筹相关部门、集中项目资金倾斜扶持所选定的贫困村；各级领导每年联系1个一二类重点贫困村，使全区联系帮扶的村总数突破100个。2003年，全区将20个一类贫困乡镇作为扶贫工作的重点，在省安排的8000万元财政扶贫资金中，以50%重点投向一类贫困乡村的帮扶。2004年，全区充实和完善一类贫困乡村的扶贫开发规划，按照"集中扶持、整村推进"的要求，安排财政扶贫资金和以工代赈资金重点向一类贫困乡村倾斜。年内重点投到20个一类贫困乡镇的资金2150万元，投到一类贫困村的资金4000万元，以工代赈投到一类贫困村的资金2000多万元。全区涌现出毕节市三板桥办事处灵峰村，大方县雨冲乡金门村，黔西县太来乡芭蕉村，金沙县清池镇普安村，织金县鸡场乡丫口寨村，纳雍县维新镇红星村、沙包乡天星村，威宁县金钟镇大营村、雪山镇雪山村，赫章县野马川镇尖山村、结构乡毛菇村等扶贫整村推进典型。毕节市小坝镇豪沟村等9个二类村、大方县双山镇高坪等3个一类村，通过扶贫开发进入全区小康村行列。2005年，全区共投入资金1.23亿元，在191个一类贫困村实施整村推进扶贫工作。其中投入财政扶贫项目资金5799.36万元，平均每村30.36万元；各部门资金捆绑投入6500万元。扶贫成效突出的有：毕节市大河乡双河村、大方县鸡场乡大坝村、黔西县太来乡芭蕉村、金沙县清池镇普安村、织金县三甲乡干坝村、纳雍县寨乐乡鹿山村、赫章县威奢乡渔塘村等。2006年，完成2005年度191个整村推进建设任务，经检查验收，在整村推进中实施的1000多个项目，优良项目占62.24%，合格项目占37.6%。涌现出金沙县平坝乡新庄村、织金县三甲乡干坝村、纳雍县锅圈岩乡明星村、赫章县威奢乡渔塘村、威宁县麻乍乡岩格箐村等一批整村推进典型。年内启动2006年度财政扶贫资金项目，重点实施305个整村推进计划工程，在项目村投入财政扶贫项目资金6900万元，建设项目842个。到2007年，全区共全面完成814个一类重点村的扶贫整村推进工作。当年完成2006年度305个整村推进建设任务，共整合投入资金1.27亿元，其中财政扶贫资金7264.16万元，捆绑投入以工代赈资金、信贷扶贫资金、社会帮扶资金、部门资金等5418.07万元。2008～2009年，全区投入专项财政扶贫资金2.64亿元，实施63个村整村推进工程，涌现出一批整村推进开发扶贫与新农村建设相结合的示范工程亮点。2010年，全区投入财政扶贫资金1.68亿元，实施整村推进扶贫项目775个，完成整村推进305个村的扶贫计划，涌现出一批整村推进开发扶贫与新农村建设相结合的示范工程亮点。

**科技式扶贫**　1989年起，毕节试验区大力推广以玉米地膜覆盖栽培为主的农业实用技术。1992～2002年，通过农业实用技术推广，累计增产粮食2.99亿公斤，折款2.21亿元。此间，推行三项措施改革耕作制度：一是扩大复种面积，提高夏粮比重。1992年夏粮产量达32.99万吨，比1988年增60%。二是推行旱地分带轮作多熟制，实行麦子烤烟、麦子玉米、马铃薯玉米、粮食绿肥分带间作。三是种植绿肥，培肥地力。在作物栽培技术推广方面，形成烤烟水肥两配套，烤烟品种良种化、布局区域化、种植规范化三化种植和烟地无草、烟株无杈、株顶无花、无病虫

黔西县烟草农业示范基地

害的四无管理；水田推行油菜下田、两段育秧、薄膜育秧、杂交良种、半旱式栽培五项实用技术；旱地推行良种、绿肥分带、地膜覆盖、横山聚垄、“三养”（营养块、坨、袋）育苗、玉米育苗移栽六项措施，均收到明显的经济效益。1993年，试验区大力开展科技兴农，走高产、优质、高效，规模、规范、系列、效益的农业发展路子，农业实用技术推广取得突破性进展。全区推广杂交水稻31.52万亩，两段育秧栽培21.66万亩，半旱式栽培4.23万亩，分别比上年增1.43万亩、2.63万亩、0.22万亩；推广杂交玉米130.95万亩，地膜玉米61.12万亩，玉米育苗移栽55.05万亩，绿肥聚垄耕作55.67万亩，分别比上年增12.6万亩、9.28万亩、18.07万亩、19.57万亩；推广烤烟“三养”假植移栽112.39万亩，地膜烟17.34万亩，绿肥地种烟6.16万亩，均比上年有所增加。全区各级共办春播样板759个、面积80.53万亩。其中县级样板46个32.95万亩，参加办样板人数831人，副县级以上干部61人，技术干部492人；乡级样板713个47.58万亩，参加办样板人数5617人，副乡级以上干部624人，技术干部1150人。办秋种样板227个，面积54.63万亩。其中县级样板26个25万亩。是年，全区粮食产量达134.87万吨，比历史最高水平的1991年增6.61%。其中夏粮35.51万吨，比上年增7.6%；秋粮99.36万吨，比上年增13%。每个农业人口人均增粮49公斤。1994年，全区推广杂交玉米162.66万亩，地膜玉米56.4万亩，玉米育苗移栽94.7万亩，绿肥聚垄免耕90.3万亩；推广杂交水稻37.58万亩，两段育秧移栽20.62万亩，半旱式栽培6.56万亩，旱育稀植3.35万亩；绿肥种植面积221.61万亩。秋种中全区推广小麦分带148.03万亩、小麦良种145.2万亩，分别占小麦播种总面积的78.99%、77.48%；推广油菜育苗移栽27.02万亩，杂交油菜36.91万亩，油菜下田37.75万亩，规范化种植41.75万亩，分别占油菜播种总面积的40.13%、54.83%、56.07%、62.02%。全区共办秋种样板354个89.98万亩，参加办样板人数5123人。其中县级样板60个33.55万亩；乡镇级样板29个56.43万亩。是年，全区共实施10.25万亩水稻、43.12万亩玉米高产示范工程，工程涉及5个县113个乡镇。实施结果：水稻总产6.25万余吨，平均单产609.8公斤；玉米平均单产412.34公斤，比上年增79.1公斤。两项工程共增产粮食4.5万吨，新增产值2579.67万元。是年，全区粮食总产153.71万吨，比上年增13.97%，创历史最高水平。1995年，全区推广杂交玉米170.45万亩，地膜玉米47.23万亩，玉米育苗移栽118.76万亩，绿肥聚垄免耕114.92万亩；推广杂交水稻33.44万亩，两段育秧移栽22.84万亩，半旱式栽培9.35万亩，旱育浅植11.24万亩；推广小麦分带轮作149.95万亩，良种小麦150.2万亩，分别占小麦播种总面积的77.3%、77.4%；推广油菜育苗移栽34万亩，杂交油菜良种29.96万亩，分别占油菜播种总面积的43.38%、44.8%；种植绿肥232万亩，绿肥分带种植143.5万亩。是年，在全区8县市的110个乡镇实施40.9万亩玉米高产示范工程，在金沙、黔西、织金县的24个乡镇实施10万亩水稻高产示范工程。玉米高产示范工程平均单产405.47公斤，总产16.58万余吨，比上年增2.18万吨；水稻高产示范工程平均单产620.29公斤，总产6.2万余吨，增产2.55万吨。是年，全区粮食总产157.25万吨，比上年增2.3%。1996年，全区推广杂交玉米190.16万亩，地膜玉米50.23万亩，玉米育苗移栽135.59万亩，绿肥聚垄免耕120.62万亩，小麦玉米分带种植88.8万亩，马铃薯玉米分带种植140.29万亩；推广杂交水稻37.9万亩，两段育秧移栽25.85万亩，旱育浅植15.68万亩；油菜育苗移栽39.53万亩，油菜下田34.23万亩，油菜规范化种植56.45万亩；种植绿肥245.43万亩。是年，全区粮食总产173.26万吨，比上年增10.2%。2000年，全区实施优质粮食高产示范工程，完成优质水稻工程5.22万亩，水稻旱育稀植高产示范工程29.95万亩，杂交玉米高产示范工程111.15万亩。秋种中推广小麦分带种植184.51万亩，良种化种植176.43万亩，分别占小麦播种总面积的92.87%、88.8%；推广油菜育苗移栽63.62万亩，油菜下田40.24万亩，杂交油菜56.5万亩，分别占油菜播种总面积的83.66%、52.91%、74.29%。全区农业科技进步贡献率由1993年的22.9%上升到2000年的40.79%，贫困农户依靠科技进步解决温饱的能力逐步增强。是年，全区粮食总产231.76万吨，农民人均占有粮食375公斤；油菜籽产量7.73万吨，比上年增9.37%。

2001年，全区抽调农业技术干部9990人次，深入农村兴办科技兴农样板1220个246.3万亩。是年，全区推广杂交玉米286.23万亩，地膜玉米87.83万亩，玉米育苗移栽249.18万亩，绿肥聚垄免耕188.53万亩，玉米种子包衣种植65.55万亩，旱地分带间套种植317.23万亩，杂交水稻45.09万亩，水稻两段育秧移栽29.87万亩，旱育稀植37.19万亩，水田半旱式耕作9.35万亩，农作物秸秆还田211.92万亩，平衡配方施肥223.27万亩。全区实施水稻高产示范工程13.27万亩，玉米高产示范工程106.52万亩，优质小麦高产示范工程16.7万亩，脱毒马铃薯高产示范工程34.47万亩。2002年，全区推广杂交玉米283.57万亩，地膜玉米8.45万亩，玉米育苗移栽249.35万亩，绿肥聚垄免耕201.68万亩，玉米种子包衣种植61.53万亩，小麦分带种植128.58万亩，小麦玉米分带种植194.38万亩；推广杂交水稻45.45万亩，两段育秧栽插29.67万亩，旱育稀植37.43万亩，优质水稻22.55万亩；推广优质油菜65.54万亩，油菜育苗移栽69.22万亩；推广良种小麦161.58万亩，小麦种子包衣种植16.69万亩；推广平衡施肥255.4万亩，秸秆还田248.6万亩。是年，全区粮食总产219.66万吨，比上年增0.91%，其中夏粮总产53.45万吨，比上年增2.89%。2003年，全区推广杂交玉米285.39万亩，地膜玉米82.61万亩，玉米育苗移栽241.55万亩，绿肥聚垄免耕188.68万亩，玉米种子包衣种植62.11万亩，小麦玉米分带种植130.4万亩，马铃薯玉米分带种植199.02万亩；推广杂交水稻45.92万亩，两段育秧移栽29.35万亩，旱育稀植36.58万亩；推广良种小麦162.1万亩，小麦分带种植156.15万亩，小麦种子包衣种植17.11万亩；推广优质油菜67.35万亩，油菜下田45.55万亩，稻田免耕油菜8.28万亩；推广脱毒马铃薯种植87.59万亩。2004年，全区推广杂交玉米292.29万亩，地膜玉米92.86万亩，玉米育苗移栽242.69万亩，绿肥聚垄种植玉米179.55万亩，玉米种子包衣种植64.71万亩，小麦玉米分带种植129.58万亩，马铃薯玉米分带种植198.78万亩；推广杂交水稻50.56万亩，两段育秧移栽30.48万亩，旱育稀植38.72万亩；推广良种小麦152.46万亩，杂交油菜80.02万亩，油菜育苗移栽85万亩；推广脱毒马铃薯种植103万亩。是年，全区粮食总产238.22万吨，比上年增16.06%。其中夏粮59.21万吨，比上年增55.96%；秋粮179.01万吨，比上年增7.01%。油菜籽总产9.9万吨，比上年增72.63%。2005年，全区推广杂交玉米294.12万亩，绿肥聚垄种植玉米187.5万亩，玉米种子包衣种植80.15万亩，小麦玉米分带种植128.41万亩，马铃薯玉米分带种植196.1万亩；推广杂交水稻51.2万亩，优质水稻28.64万亩，两段育秧移栽28.28万亩，旱育稀植39.38万亩；推广良种小麦152.46万亩，优质双低油菜86.3万亩，油菜育苗移栽87.8万亩。种植特色蔬菜56.28万亩。是年，全区粮食总产247.22万吨，比上年增3.78%。其中夏粮61.9万吨，比上年增4.54%；秋粮185.32万吨，比上年增3.59%。油菜籽总产10.16万吨，比上年增2.63%。2006年，全区推广杂交玉米289.57万亩，地膜玉米90.53万亩，玉米育苗移栽250.73万亩，绿肥聚垄种植玉米187.02万亩，玉米种子包衣种植73.62万亩，小麦玉米分带种植127.63万亩，马铃薯玉米分带种植198.48万亩；推广杂交水稻50.91万亩，优质水稻29.85万亩，两段育秧移栽84.67万亩；油菜育苗移栽89.37万亩，优质辣椒43万亩。是年，全区粮食总产250.52万吨，比上年增1.33%。其中夏粮64.76万吨，比上年增4.62%；秋粮185.76万吨，比上年增0.24%。油菜籽总产10.64万吨，比上年增4.72%。2007年，全区推广杂交玉米293.1万亩，玉米育苗移栽253.01万亩，地膜玉米93.29万亩，绿肥聚垄耕作195.08万亩，玉米种子包衣种植75.16万亩，特色玉米种植53.62万亩，玉米分带种植335.99万亩；推广杂交水稻50.7万亩，优质水稻30.04万亩，两段育秧移栽25.9万亩，旱育稀植43.02万亩；推广小麦种子包衣种植19.2万亩，油菜育苗移栽92.6万亩，优质油菜91.9万亩，脱毒马铃薯156.22万亩，无公害蔬菜1.22万亩，无公害茶叶4.63万亩；推广平衡配方施肥134.5万亩，实施主要农作物病虫害综合防治94.52万亩。是年，全区粮食总产263.27万吨，其中夏粮66.8万吨，分别比上年增5.09%、3.15%；秋粮196.46万吨，比上年增5.76%。油菜籽总产10.94万吨，比上年增2.8%。2008～2009年，全区共推广杂交玉米606.66万亩，玉米育苗移栽523.72万亩，杂交水稻108.76万亩，水稻旱育种植94.67万亩，脱毒马铃薯575.05万亩。2009年，全区粮食生产实现连续六年稳定增产。2010年，全区抽调农业技术人员6000多人，在春播、秋种期间，创办科技示范样板725个，面积143.66万亩，形成“以点带片、以片带面、全面普及、全程推进”的科技示范格局。是年，全区共推广玉米育苗移栽278.21万亩，地膜玉米149.41万亩，绿肥聚垄耕作206.2万亩，玉米种子包衣种植106.65万亩，水稻旱育稀植33.46万亩，两段育秧9.64万亩，油菜育苗移栽95.33万亩，杂交玉米322.4万亩，杂交水稻50.26万亩，脱毒马铃薯303.4万亩，推广病虫害综合防治800万亩、测土配方施肥680万亩、旱地分带轮作多熟385万亩、

宽厢宽带高效栽培技术21万亩。2011年，全区组织7000多名农业技术干部深入基层，推广各项农业增产实用技术。是年，全区推广玉米育苗移栽276.12万亩、玉米地膜覆盖栽培90.51万亩、绿肥聚垄栽培206.2万亩。玉米包衣种植106.65万亩、水稻旱育稀植51.63万亩、两段育秧8.2万亩、杂交水稻55.1万亩、脱毒马铃薯308.52万亩、优质油菜101.17万亩。

定点式扶贫　1990年6月，中共毕节地委、毕节地区行署制定《毕节开发扶贫、生态建设试验区1990～1992年改革发展实施方案》，要求地县党政领导和各部门负责人切实转变工作作风，深入基层，深入群众，建立试验联系点，开展调查研究，解决实际问题。是年12月，中共毕节地委、毕节地区行署制发《关于加强试验区工作的决定》，要求各级领导干部建立工作联系点，组织干部下基层，结合部门特点和乡村实际，选择覆盖面大的项目，在重点上取得突破，带领群众治穷致富。此后，各级各部门建立帮扶联系点制度逐步建立和完善。1994～2000年，在实施“八七”扶贫攻坚计划期间，中共毕节地委、毕节地区行署就持续推进建立扶贫联系点、开展定点帮扶工作，多次制发文件，提出具体要求。1994年11月，中共毕节地委、毕节地区行署制定《毕节地区扶贫攻坚计划》，要求地县党政机关、社会团体及有条件的事业单位选派精明强干、懂技术、会管理的干部到贫困乡村挂钩扶贫。实行“四定”（定对象、定任务、定时间、定成效）、“三帮”（帮助定计划、落实扶贫措施、解决实际问题）、“一包”（包解决温饱）的扶贫责任制，坚持不脱贫不脱钩。按照中共毕节地委、毕节地区行署的部署，中共毕节地委办公室、毕节地区行署办公室1997年2月制发《关于在扶贫攻坚中坚持到村到户的通知》，强调地县机关、企事业单位实行包乡驻村扶贫到户的定点挂钩扶贫；挂钩帮扶单位要把帮助贫困户解决温饱问题作为工作重点，实行定时间、定任务、定项目、定对象、定奖惩的责任制，做到挂钩扶贫，限期解决温饱，不脱贫不脱钩、脱贫不断线。是年3月，中共毕节地委办公室、毕节地区行署办公室制发《关于地直单位到贫困县建立扶贫攻坚联系点的通知》，对地直各工作部门和机关企事业单位到贫困县建立联系点提出具体要求：各部门、各单位要结合工作特点，发挥自身优势，为基层解决具体问题和实际困难；发扬“三动”（动脑筋、动感情、动真格）精神，主动协助县乡村搞好扶贫规划，帮助联系点跑项目、筹资金、引技术、寻找脱贫致富路子。1998年3月，中共毕节地委办公室、毕节地区行署办公室制发《关于组织各级干部结对帮扶万户贫困农户的通知》，提出在全区开展万名干部结对帮扶贫困农户工作。强调把扶贫攻坚任务和措施落实到贫困村、贫困户，以贫困村为重点，以贫困户为对象，将扶贫任务分解到村、扶贫措施落实到户，一村一村地扶，一户一户地帮。2000年4月，中共毕节地委办公室、毕节地区行署办公室制发《关于进一步做好地、县市直机关单位建立扶贫攻坚联系点和组织各级干部开展结对帮扶贫困户工作的通知》，进一步强调持续抓好扶贫攻坚联系点和结对帮扶贫困户工作。1994～2000年的7年时间中，全区从地、县、乡镇机关抽调1.32万余名工作队员驻乡进村帮助工作，地、县市直部门、单位共有691人定点包乡帮村，共帮村1297个，投入资金3871万元、物资1740.77万吨。共有98个地直机关事业单位与5个贫困县的81个乡镇、2所中学、1个企业建立定点帮扶关系。有近万名干部职工结对帮扶2万多户贫困户，共派驻蹲点人员654人；直接投入资金860.89万元，协调、引进资金1828.35万元，投入各种物资折款

576.15万元，实施建设项目213个；引进人才47人，引进技术47项；帮助修建校舍32所，资助贫困学生2724人；举办各类技术培训班258期，参培人员9253人次，为贫困乡村及贫困户办了大量实事。2000年，有27个单位，30名干部职工被评为定点扶贫先进单位、先进个人，获中共毕节地委、毕节地区行署表彰。毕节军分区组织开展“连带村、排带组、班带户”帮扶活动，共建立扶贫联系点289个，结对帮扶9万余户，投资、引资275万元，帮助贫困户办实事解难题。经过7年的努力，各联系点人均占有粮由1993年310公斤增加到400公斤，年人均收入由不足550元上升到1100余元，基本实现脱贫目标。

在“八七”扶贫攻坚的7年中，毕节市共有1820名各级干部结对帮扶极贫户2250户9693人。其中县级以上干部26名结对帮扶75户327人，科局级干部382名结对帮扶712户3205人，股级以下干部1412名结对帮扶1463户6161人。大方县定点帮扶的县直机关单位累计投入资金161万元、杂交良种91吨、地膜48吨、化肥175吨，帮助修建乡村公路78千米，改建学校14幢6300平方米，修建党员活动室17个2040平方米，实施种养业项目156个，资助贫困学生1380名，解决1120人的饮水困难问题。黔西县干部职工共捐资100多万元、衣物1.5万余件、化肥近500吨，扶持联系点贫困户改善生产生活条件。金沙县共有5572名干部结对帮扶贫困户6645户，县直机关有62个单位抽调340名干部组成扶贫工作队，到26个乡镇340个村开展帮扶工作，投入资金和物资折款228万元，联系点治穷脱贫取得实效。织金县县直和乡镇机关单位共帮扶贫困村212个，贫困户4万余户，贫困人口20余万人。纳雍县县直74个单位共联系帮扶87个极贫村，坚持选派干部驻村开展扶贫攻坚工作。威宁县确定100个极贫村为扶贫攻坚主战场，全县干部结对帮扶5297户贫困户，共捐资金16万余元，资助良种7000多公斤、化肥120多吨。赫章县县直机关每年均派上百人的工作队到贫困乡村挂职扶贫，捐款、捐物折款达87.9万元；全县共有5200名干部职工与贫困户开展结对帮扶活动。

进入21世纪后，全区定点帮扶工作持续向前推进。2001年，地直机关开展“党建1+1服务工程”，共有100多个党组织与100多个乡镇、村建立扶贫联系点，帮助基层协调项目、引进资金、兴办实事、发展经济。2002年，地直机关、企事业单位共114个单位与114个贫困村建立定点帮扶关系，有3140名干部职工结对帮扶4013户贫困户。直接投入帮扶资金61.77万元，其中单位捐款（含物资折款）48.2万元、干部职工捐款13.57万元；协调、引进资金462.02万元，实施项目54个；投入资金7.25万元，帮助修建校舍7所；投入资金2.88万元，资助贫困学生495名；举办各类技术培训班27期，培训人员2120人次。2003年，地直机关和企事业114个单位继续定点帮扶贫困村；有2000名干部结对帮扶3000多户贫困户，直接帮扶资金37.12万元，协调、引进资金1100多万元，投入8.47万元资助贫困学生505名；配合中央直属机关和贵州省直属机关定点帮扶单位投入资金279万元，引进资金4601万元，修建学校12所，资助贫困学生429人，举办各类技术培训班25期、参训人员3040人次。2004年，地直机关和企事业单位在原定点上继续开展定点扶贫工作，有2000多名干部结对帮扶3000多户贫困户，直接帮扶资金30多万元，协调、引进资金100多万元，资助贫困学生500多名。地直机关派出党建扶贫工作队到20个一类贫困乡镇开展扶贫工作。2005年，地直机关、企事业单位共有116个单位定点帮扶116个贫困村，有2300多名干部结对帮扶3400多户贫困户，直接投入资金30多万元，协调、引进资金300多万元。2006年，地直机关和企事业单位在持续抓好定点扶贫的同时，投入资金79万元，为20户无房贫困户新建住房。2007年，全区733个地、县市直机关企事业单位结对帮扶733个贫困村，帮助争取和引进资金1亿多元，落实发展项目3600多个，共有近50万农村群众受益。2008年，地直机关单位110个党组织与212个村党支部结成帮扶对子，为基层办实事1500余件；全区抽调1.35万名干部，组建3000多个工作组驻村帮助开展雪凝灾后恢复重建和扶贫工作。2009年，全区开展“万名干部下基层”活动，建立地县乡三级党员领导干部联系点4400多个，帮扶成效进一步提升。2010年，全区19名地级领导干部联系帮扶20个贫困乡镇，110个地直单位联系帮扶20个一类贫困乡镇，各县市（区）205名县级领导干部、597个县市（区）直单位分别联系帮扶贫困乡173个。

2011年，全区32名地级干部、658名县级干部分别联系1个贫困乡村或1个工业基地、1个重点项目，科级干部共联系帮扶1.12万户贫困户；共抽派科局级干部1100多名组建63个工作组，深入基层解决难题163个；抽派万名干部下基层解决难题2万余个，排查化解矛盾纠纷1.15万起，帮助乡村制定发展规划4000余个。

**开放式扶贫**　1.开展招商引资。至2002年试验区建立15周年时，试验区与华电集团、山东兖矿集团、神华集团、青岛红星集团及美国汉氏公司、香港港冠集团公司达成80多亿的投资协议书，一批煤炭、电力、煤化工、建材大型企业落户毕节。同时，通过招商引资，引进其他各类项目78个，合同引资9.3亿元，到位资金3.7亿元。2006～2009年，招商引资取得突破性进展，其中2007～2009年，全区招商引资到位资金总量增幅连续3年居全省第一。分年度招商引资到位资金金额为：2006年33.52亿元，2007年56.26亿元，2008年85.87亿元，2009年150.4亿元；近3年的增长率分别为67.84%、52.63%、75.15%。

2.承接国际援助。从1988年起，先后承接联合国世界粮食计划署、国际渐进组织、国际鹤类基金会等国际有关组织的项目帮扶。1988年联合国世界粮食计划署在织金、纳雍两县64个乡413个村援建的《中国3356》工程项目，世界粮食计划署无偿提供援建小麦9.84万吨。“八五”期间，在区内卫生领域实施国际援助项目有：丹麦、美国、奥地利等国卫生急救项目，贷款投资84.4万美元；世界银行发展卫生事业项目，贷款投资1540万元；世界银行中国农村供水与环境卫生项目，贷款投资710万美元；联合国儿童基金会、人口基金会加强中国基层妇幼卫生合作项目，投资20万美元；世界银行Ⅶ、Ⅷ、Ⅸ项目，贷款投资4000多万元。1995年，世界银行西南扶贫贷款项目在大方、织金两县的31个乡镇、145个村实施。项目总投资1.53亿元，其中世行贷款7550.66万元，占49.4%。1998年，德国EZE组织援建的赫章县山区综合开发项目，在河镇乡开始实施，项目实施期3年，总投资1381万元。2000年1月，亚洲开发银行中国扶贫领域基础设施示范项目在纳雍县昆寨乡实施，总投资149万元，其中亚行投资41.5万元。2001年，在大方、织金两县实施的世行贷款扶贫项目完成投资2044.17万元，占年度计划的95.14%。2002年，世行贷款扶贫项目在大方、织金两县全面实施结束，项目实施7年，累计完成投资近1.7亿元，占计划投资的103.3%。其中教育子项目完成投资1453.73万元，卫生子项目完成投资1115.93万元，基础设施子项目完成投资4132.64万元，土地和农户开发子项目完成投资7119.3万元。劳务输出子项目完成投资2076.63万元，乡镇二、三产业子项目完成投资780.24万元。2009年，加拿大加顿投资管理公司与贵州筑融投资开发有限公司在黔西县成立中外合作企业“贵州永欣养殖发展有限公司”项目总投资2.2亿元；马来西亚新洲媒体集团募捐28万元资助400名贫困高中生就学，捐赠50万元修建织金县黑石小学；新西兰中华助学基金会资助毕节市、纳雍县、百里杜鹃管理区22名学生完成小学至高中学业。

3.争取中央直属机关部门和省直属机关部门支持。“八七”扶贫攻坚期间，中央和省直属机关部门对毕节试验区直接投入帮扶资金2500多万元，引进项目资金2亿多元；2003～2009年，共直接投入资金9552.46万元，引进项目资金2.02亿元。2009年4月14日，北京“4·14”会议召开后，国家有关部委办局支持毕节试验区建设的力度加大，至年底，协调落实项目88项，涉及资金287亿多元。

4.吸纳其他社会援助。自20世纪80年代起，香港知名人士邵逸夫累计捐资450多万元，资助毕节试验区建中学4所、小学5所。从1992年起，先后有香港乐施会、香港慈思基金会、香港佛教组织等到试验区捐资帮扶。2005年，台湾嘉隆实业股份有限公司董事长朱英龙与试验区签订捐资1748万元建校协议，援建大中小学校舍，2006年又协议捐资1819万元新建和改扩建大中小学校舍，资助贫困学生就学，是年共到位资金1969万元；至2007年，到位资金2616.6万元。“十一五”期间，全区先后派出100多支招商引资队伍，开展招商引资工作，引进中石化、华电、河南煤业、新希望、湖北宜化、云南力帆、西部控股、汉氏集团、赛德集团等一批国内外优强企业参与毕节试验区资源开发和基础设施建设。共有674个项目在区内落户。招商引资到位资金526.05亿元。2010年10月25日，毕节试验区在四川省成都市举行招商引资活动，签约项目49个，签约资金177.75亿元；11月30日，在香港举行招商引资活动，签约项目21个，签约资金241亿元；全年招商引资实际到位资金215亿元。是年内，全区引进农业项目33个，引资额8.8亿元，到位资金3.1亿元。2011年，全区招商引资实际到位资金623亿元。

**易地式扶贫** 毕节试验区建立后，中共毕节地委、毕节地区行署先后出台《关于加快农村劳动力转移就业的实施意见》《关于进一步加强劳务输出工作的意见》《关于加快劳务经济发展实施办法》和《关于农村劳动力转移培训示范教学点的管理办法》等一系列文件，要求制定规划，采取措施，促进农村劳动力转移由短期型向长期型、由体力型向技能型、由就业型向创业型转变。各级党委、政府坚持把促进农村富余劳动力转移就业、改善生产生存环境作为易地式扶贫的措施来抓，有组织地开展劳务输出和引导鼓励自发劳务输出。让农村富余劳动力大跨度离乡离土就业，从事各门各类务工，拓展就业空间和增收渠道，做到“空手出门，抱财归家，拓宽视野，增长见识”；对少数自然条件恶劣、资源匮乏、丧失基本生产生活条件的地方，有组织、有计划地进行移民搬迁，实现异地发展，使其安居乐业。1990年，全区劳务输出人员6.08万人。到2000年，全区劳务输出人员从1993年的10余万人增长到44.41万人，外出务工收入由2亿多元增加到20多亿元。1992年～1999年，毕节市小吉场镇外出务工人员通过邮局汇回现金9892万元，该镇1.06万户中有2475户靠外出务工收入摘掉贫困帽子，有4669户盖起了29.1万平方米的新房。

进入21世纪后，随着各级党委、政府对异地式扶贫工作的加强，异地就业渠道进一步拓宽，外出务工人员大幅度增加，外出务工收入成倍上升。2005～2007年，全区外出务工人数达358万人，年均119.34万人。据2006年统计，全区农民人均纯收入2043元，而人均外出劳务收入达635元，占农民人均纯收入的31%。2007年外出务工人员达123.96万人，其中毕节市19.02万人、大方县20.7万人、黔西县18.51万人、金沙县14.71万人、织金县20.45万人、纳雍县16.58万人、威宁县7.63万人、赫章县6.36万人。外出务工人员年创收入达50亿元，在农村贫困人口脱贫致富中发挥出显著促进作用。2008年，全区通过各种途径输出农村剩余劳动力近140万人，占农村劳动力总数的35%，外出劳务收入占农民人均纯收入的35%左右。2009年，全区通过劳动和社会保障部门联系组织输出就业的农村剩余劳动力就达5.59万人。农村剩余劳动力通过外出务工，开阔了视野，更新了观念，学到了技术，自主创业意识增强，返乡创业带动农民增加了收入。1988～2007年，试验区建立后的20年间，全区在易地搬迁扶贫方面做了大量工作。共有9400多户居住在不具备生存条件地方的极贫户实现易地搬迁安置，生存发展条件得到实质性改善。2010年，全区新增农村劳动力转移就业20.26万人，外出务工人数累计达150多万人；外出务工人员3.6万人返乡创业，创办经济实体1.8万个，其中50万元以上资产规模的200余个，1000万元以上资产规模的5个，吸纳就业人员23万多人。年内共实施水库移民示范新村建设项目56个，总投资992.99万元，其中省级移民示范新村项目23个，投资613.99万元；地级移民示范新村项目12个，投资213万元；县级移民示范新村项目21个，投资166万元。2011年，全区转移农村劳动力7.8万人，实施水库移民搬迁1073户4610人。

## 第二节　生态建设

### 一　林业生态工程建设

**《中国3356》项目建设**　此项目为联合国世界粮食计划署以粮食援助方式，帮助织金县、纳雍县通过植树造林、综合治理等措施防止水土流失的一项生态建设工程。1988年11月7日，中国政府和世界粮食计划署签订项目实施计划，是年12月1日正式开工，1994年11月竣工验收。项目以植树造林为主，同时进行种草养畜，修筑石埂梯土、乡村道路等，旨在改善生态环境和农业生产条件，控制水土流失，促进山区经济发展和农户生活改善。项目区涉及两县原64个乡、413个村、51万多人口。计划建立苗圃343公顷，植树造林3.43万公顷，人工改良草场2000公顷，修筑石埂梯土2000公顷，修筑乡村道路100千米，培训带工员2500人，培训农民6.86万人。完成上述计划目标WFP无偿提供援粮9.84万吨小麦；国内匹配资金2542.86万元（按省50%、地30%、两县各10%的比例匹配）。在项目实施中，织金、纳雍两县共组织数十万干部群众投入项目建设。共投工3730多万个，为计划用工的129%；完成育苗920.6公顷，为计划目标的273%；造林4.44万公顷，为计划目标的129.4%；修筑石埂梯土2040.4公顷，为计划目标的102%；种植人工牧草2019公顷，为计划目标的101%；修筑乡村道路203.7千米，为计划目标的204%；培训带工员2967人，为计划目标的118%；培训农民8.59万人，为计划目标的125%。修筑石埂用土方135.77万立方，其中石方84.27万立方，建成7041条总长329.31万米的石埂，新增耕地85.4公顷。项目区4万多公顷森林长势良好，发挥了控制侵蚀、保持水土的功能；陡坡耕地退耕后，土壤侵蚀比退耕前减少95%以上；灌丛地造林后，土壤侵蚀比造林前减少56%～90%。新修乡村公路缓解了山区交通闭塞的状况，促进了农副产品交流和山区经济的发展。项目区建立的2000多公顷人工草场为农户提供了大量优质牧草，促进了牧业发展和农户增收。仅纳雍县种植的7563亩草场即使31个村民组的农户受益。纳雍县龙场镇以支塘片区，过去因生态恶化，133公顷良田常被洪水淹没，水打沙压，每年损失粮食35万公斤以上。《中国3356》项目工程在此片区进行综合治理，山上连片造林2000公顷，山腰栽地埂树14万株，山下缓坡地修石埂梯土158.5公顷，砌石埂293条，2.33万米，修排水沟16条、谷场10道、河堤3360米。根治了该片区的洪涝灾害，有效保护耕地306.5公顷，恢复扩大稻田耕地18.4公顷，粮食亩产由1988年的120.5公斤提高到300多公斤。

**长防林工程建设**　1989年9月，林业部将毕节、大方、赫章县列为长江中上游防护林体系建设工程（以下简称“长防林”工程）试点启动县，1990年5月后，织金、纳雍、黔西县相继被列入试点。项目实施坚持“因害设防、规模治理、连片治理、流域治理”的原则；以质量效益为中心，实行点、线、面结合，造、封、管结合，防护林、用材林、经济林结合。1998年工程建设结束。工程实施启动后，地委、行署明确提出“一个为主，二个一起上、三个结合”的指导原则，即以群众投工投劳为主，国家、集体、个人一起上，人工造林、飞播造林、封山育林一起上，多林种、多树种结合，乔、灌、草结合，造、管、抚、节结合。在集中连片规模治理的基础上，大力推广“五子登科”模式，坚持因地制宜、封造结合、农林结合、复合经营、综合开发，实行集中连片、区域治理，以山脉、水系、交通干道为主体，一乡一村连片治理，形成规模效益。各工程县贯彻“三分造、七分管”“一时造、长期管”的指导方针，大力推行“治理一座山、造上一片林、留下一批人、兴建一个场、管好一片林”的经验，大办乡村林场及其他形式的林场。共组建乡村林场917个，有专职、兼职护林人员7130人。工程启动初期，地委、行署领导在大方县兴隆乡兴办示范点，面积达0.13万公顷。工程实施中，地区级领导办点6个，面积2000公顷，县级领导办点60个，面积1.2万公顷。1989～1998年，工程区群众投工投劳1500万个以上，社会集资149.2万元。到1998年，累计完成建设面积30.67万公顷，为总体设计任务的105.3%，其中完成重点工程营造林20.8万公顷，为计划的105.1%，完成一般营造林9.85万公顷，为计划的105.6%。累计投入资金2239万元，其中国家投入1229万元，占54.8%；省投入242万元，占10.9%；地区投入536万元，占23.9%；县市投入232万元，占10.3%。在“长防林”工程建设作用的推动下，全区每年植树造林2.67万公顷以上、封山育林1万公顷以上。至1998年底，全区8县市提前2～4年完成了省委、省政府提出的造林绿化纲要指标，加快了“十年绿化毕节”的进程。省林勘院对全区长防林质量检查，长防工程造林合格率由1991年的74%提高到1997年的99%。1999年开展森林资源现状调查和公益林区划调查，林木蓄积量从872万立方米增加到1250万立方米。项目区水土流失得到初步控制，生态环境得到改善。全区土壤侵蚀量减少了40%左右，减少水土流失面积5000平方千米，土壤侵蚀模数从每平方千米5446吨降到每平方千米4109吨，每年减少流失量1000多万吨。在营造防护林、用材林为主的同时，兴办绿色企业，开发名特新优经济林品种，实行以短养中、以中养长，以经济效益促进和巩固生态效益。“长防林”工程实施期间，全区共营造漆树、核桃等经济林1.33万公顷，工程区生态经济型林业格局初步形成。

**天然林资源保护工程建设**　1998年，中共中央、国务院针对国内天然林资源过度消耗而引起生态恶化的现实，提出实施天然林资源保护工程，从根本上遏制生态环境恶化，促进经济、社会可持续发展。1998～1999年，天然林资源保护工程在黔西、金沙、威宁、赫章县相继启动；2000年，在全区8县市全面实施。工程护林坚持走以常规护林员为主、季节性护林员为辅的专业化护林道路，与157个乡镇4585个护林员签订管护合同，有效管理全区列入工程内的86.02万公顷森林资源。工程实施后，各级党委、政府把建设工程纳入重要议事日程，从地委、行署到各县市委、政府和工程实施乡镇层层抓落实，严格执行行政、业务双向目标责任制，分别层层签订森林管护目标责任书和森林管护承包合同。至2007年底，国家投入全区天保工程资金2.22亿元，其中公益林建设6375万元，森林管护费1.24亿元，种苗基础设施建设991万元，森林防火345万元，下岗职工一次性安置补助184.4万元，养老保险797.1万元，基本生活保障费165.4万元，科技支撑10万元，政社性支出664.9万元，医疗保险268.7万元，工伤保险16.9万元。全区落实天保工程森林管护面积86.02万公顷，为计划管护面积82万公顷的104.9%，共签订天保工程责任状262份，承包管护合同3236份，聘请管护人员3236人，管护责任落实率100%。各县市严格按照《贵州省天然林资源保护工程森林管护实施细则》，编制森林管护年度施工方案，经地区林业局审批后实施。通过建立管护责任制和拟定森林管护实施办法，森林资源和生物多样性得到有效保护。全区完成公益林建设面积8.44万公顷，占计划的100%，其中封山育林5.93万公顷，飞播造林2.71万公顷。共改扩建苗圃基地7个，其中林木繁育基地1个，地级种苗基地1个，县级苗圃基地5个。开防火线4.5千米，建瞭望塔48座，建护林碑牌2205块。2008～2009年，全区天然林保护工程建设共投入资金4967万元，其中2008年完成天然林保护工程封山育林20万亩，2009年完成天然林保护工程封山育林27.6万亩。2010年“天保”工程封山育林12.5万亩。2011年，全区共落实森林资源管护面积1353.8万亩，为计划管护任务面积1230万亩的110.06%，签订天保工程责任状342份、管护承包合同3941份，聘请护林员3941人，管护

林业生态建设

责任落实率为100%。兑现2010年公益林森林生态效益补偿基金1185.91万元，补偿面积135.49万亩，启动天保工程二期建设。

**退耕还林工程建设** 1999年，中共中央、国务院提出实施退耕还林还草工程。2000年，大方、黔西、赫章县被列为全省退耕还林试点县，2002年退耕还林工程在全区铺开。工程涉及全区8县市243个乡镇（办事处）1983个村，31.19万农户。工程实施坚持统筹规划、分步实施、突出重点、注重实效，收缩战线、连片治理、主攻质量、搞出精品，“林定权、树定根、人定心”，谁退耕、谁造林、谁经营、谁收益。国家对退耕还林还草农户，每亩一次性补助种苗费50元，每年每亩补助原粮150公斤、现金20元，补助年限先按经济林补助5年，生态林补助8年，到期后根据农民实际收入情况，需要补助的，再继续补助。从2004年起，粮食补助改发现金。实施退耕还草农户，在补助期限内每退一亩需完成两亩或两亩以上宜林荒山地造林任务。全区退耕还林总投资15.37亿元，其中中央投资14.78亿元，地方投资0.59亿元。总投资中，种苗补助1.47亿元，占总投资的9.56%；粮食补助折资12.62亿元，占总投资的82.11%；生活补助1.15亿元，占总投资的7.48%；工作经费、种苗基础设施等投资0.13亿元，占总投资的0.85%。工程实施后，地委、行署成立以分管专员为组长，相关部门领导为成员的退耕还林领导小组，与各县市签订退耕还林目标责任状，将退耕还林工程建设纳入目标管理。各级领导亲自参与退耕还林建设，层层办点，以点代面，发挥典型引路作用。地区行署、毕节军分区、毕节市政府在毕节市长春堡镇阳雀沟片区联办军民共建退耕还林示范点面积200公顷。全区在实施退耕还林工程建设中，坚持推进“五个结合”：一是将退耕还林与基本农田建设相结合。通过实施以坡改梯为主要内容的基本农田建设，配套小水窖、拦沙坡、排洪沟、水毁工程、植树种草等，实现山水田林路综合治理，建成基本口粮田6.6万公顷。二是将退耕还林与农村能源建设相结合。解决农村能源户数6.08万户，占退耕农户数的16.48%。三是将退耕还林与实施生态移民相结合。全区共安排生态移民1万余户，4.12万人。四是将退耕还林与发展畜牧业相结合。加大封山禁牧和舍饲圈养力度，逐步改变传统放牧方式。全区在退耕还林工程区封山禁牧面积18.73万公顷，占全区退耕还林造林面积的100%。五是将退耕还林与发展持续产业相结合。在实施退耕还林工程建设中，紧密结合各地实际，按照“因地制宜、发挥优势、突出重点、形成特色”的原则，采取多林种、多树种配套，探索林草、林药、林菜、林果及乔灌经济林结合等多种治理模式，利用退耕土地，增加农民收入。2000～2007年，全区累计完成退耕还林工程造林19.6万公顷，其中退耕地造林7.23万公顷，荒山造林11.17万公顷，封山育林1.2万公顷。在国家和省的年度造林实绩检查中，全区退耕还林造林面积核实率均达到99%以上，造林合格率均达98%以上。通过退耕还林工程建设，全民生态意识明显增强，生态效益初步显现。2002～2005年，全区年均造林任务突破4.33万公顷，其中退耕还林工程造林占全区造林总面积的94.56%，退耕还林工程建设使全区森林覆盖率大幅度上升，全区森林覆盖率从2000年的28.42%增加到2007年的35.92%，每年以1.1个百分点的速度增长，有效遏制了水土流失，改善了农业生态环境。退耕还林促进农村产业结构调整。2007年全区粮食产量达263.26万吨，比退耕还林前的1999年粮食总产量增18.6%，实现农民减地不减收。2008～2009年，全区退耕还林工程建设共投入资金8.69亿元，其中2008年完成退耕还林、荒山造林15万亩，2009年完成退耕还林、荒山造林11万亩。2010年，退耕还林、封山育林7万亩。

**石漠化治理**　2006年，地区行署组织发改、林业、水利、农业、畜牧、科技等单位，编制《毕节地区岩溶山区石漠化综合治理规划（2006～2020）》，经审查后上报上级有关部门。2007年7月12～13日、16～18日，举办两期石漠化防治专题讲座，邀请北京林业大学、贵州大学、贵州师范大学的专家传授石漠化防治方面的知识。2008年6月9日至10日，在毕节举办了“中国（毕节）石漠化治理与生态文明高层论坛”。2008年，聘请贵州师范大学、贵州省林业调查规划院编制《岩溶地区石漠化综合治理县级试点实施方案（2008～2010）》，试点项目涉及51条小流域，38个乡镇，217个行政村。实施方案经省发改、林业、农业、水利等部门批准，于2008年开始实施。项目建设总投资2.71亿元，治理石漠化面积742平方千米。是年，地委、行署制发《关于加快推进石漠化综合防治工作的意见》。毕节地区的石漠化治理工作得到国家高度重视。在全国启动的100个石漠化综合治理试点县中，毕节地区的8个县市全部被纳入试点范围，并于2008年下达资金启动综合治理工程。是年12月，全区试点工程全面启动。工程共涉及9条小流域、10个乡镇、55个行政村。年度工程总投资3805.33万元，其中国家投资3200万元，地方配套605.33万元。治理石漠化面积11.4万亩。石漠化治理工程实施中，各县市按照“石漠化综合治理既要生态安全，即水土流失和水的问题要解决，又要经济发展，即群众要脱贫致富”的要求，遵循自然规律和经济规律，将生态保护和建设与当地经济社会发展和农民增收脱贫结合起来，与建设社会主义新农村、构建社会主义和谐社会结合起来，以恢复和扩大森林植被为中心任务，以遏制水土流失为工作重点，以改善生态环境和提高国民经济综合发展能力为主要目标，实行山水林田路综合治理，以小流域为单位，以规划为核心，以项目为载体，建立“投资不乱、渠道不变、资金捆绑、合成治理、各计其功”的生态建设投入机制。整合水利水保、生态畜牧业、茶产业、森林植被恢复、风景名胜区绿化、特色经果林、石漠化科技支撑等项目资金，共同参与石漠化综合治理。全区共整合各类涉农资金1500多万元参与工程建设，吸引社会

大方县羊场镇石漠化治理工程点

资金100万元参与建设特色经果林基地。各县市从实际出发，在实施中积极探索石漠化综合防治模式。

1.混农林业模式。选择毕节市鸭池镇石桥小流域，种植核桃、凯特杏、艳红桃、桃王九九、金秋梨、布朗李等特色经果林2586亩，林下种植牧草，引进奶牛、肉牛、莱茵鹅等养殖大户，加快畜牧业发展，以短养长，长短结合，促进农民增收。

2.公司+基地+农户运作模式。大方县在石漠化综合治理试点工程建设中，引进企业参与实施，由企业提供优质刺梨（维C之王）苗，栽植时企业每株补助农户0.3元的劳务费，并与农户签订协议按每公斤0.8元的保护价向农户回收产品，种植刺梨900余亩。

3.石漠化防治与生态旅游相结合模式。2008年黔西县在石漠化综合治理试点工程实施中，将石漠化综合防治同生态旅游有机结合起来，选择该县新仁乡鸭池河小流域为实施重点，打造乌江源化屋苗族风情园，使石漠化综合治理与生态旅游业同时推进。

4.石漠化治理与风景名胜区生态建设相结合模式。织金县石漠化综合治理试点裸结河小流域，为织金洞风景名胜区的重要生态功能区。在石漠化综合治理试点工程的实施中，织金县在该小流域大力营造李、樱桃、桃和核桃等观花、观果经济林1500亩，营造柳杉、女贞等常绿树种为主的防护林2000亩，封山育林7000亩。集观花、尝果、看景于一身，打造“三季有花有果、四季常绿、季季有景”的生态旅游环境，与天下名洞美誉相适宜。

5.林药结合综合治理模式。金沙县在城关镇乌箐河小流域石漠化区域栽植花椒、梨、核桃等特色经济林5668亩，栽植金银花5239亩，配套草食畜牧业、坡改梯及小型水利水保工程，探索以林药为主的综合治理模式。

6.石漠化治理与有机茶产业发展结合模式。纳雍县依托有机茶生产重要基地得天独厚的优势，整合300余万元支农资金和茶产业发展资金，与石漠化综合治理试点专项资金配套，在化作乡化作沟小流域营造生态有机茶基地3000亩，建核桃、板栗基地4000余亩，并配套坡改梯及小型水利水保工程。

7.石漠化治理与特色经果林发展结合模式。威宁县利用日照多、辐射强、光质好、温凉宜人、有利于植物碳水化合物转化积累，适宜核桃、梨子、苹果等多种植物生长的条件，在迤那镇五星、中兴、合兴、大山、莲花等村营造核桃经果林4103亩，配套实施封山育林4788亩，人工种草2411亩，坡改梯1029.3亩，加强圈舍、青贮窖、饲草机械、小型水利水保工程及农村能源开发等基础设施建设。

8.石漠化治理与生态畜牧业发展结合模式。赫章县将石漠化综合治理与生态畜牧业发展结合起来，选择“整乡推进”发展生态畜牧业的威奢乡二台坡小流域，引导农户实行土地流转，实施人工种草2760亩，改良草场375亩，建青贮窖2020立方米，圈舍3405平方米，配饲草机械24台，营造紫荆畜牧饲料林2004亩，配套栽植山苍子、续断等中药材。对1万余亩森林植被实行全面封山育林。同时整合700余万元生态畜牧业发展资金，购置基础母羊发放给农户进行养殖；整合农村小型水利水保工程资金120万元，加大林草地灌溉设施和农村人畜安全饮水工程建设力度。科学发展草食畜牧业，促进农村产业结构调整。

至2009年5月10日，全区完成封山育林2579.97公顷，占计划93.6%；人工造林2940.38公顷，占计划98.2%；中药材种植46公顷，占计划53%；人工种草682.46公顷，占计划78.3%；棚圈建设9437平方米，占计划71.4%；青贮窖建设3681立方米，占计划66.3%；坡改梯294.41公顷，占计划98.7%；修田间生产道路18.87千米，占计划96.4%；引水渠6千米，占计划50.2%；排涝渠2.5千米，占计划55.6%；蓄水池131口，占计划53.9%；输配水管道14.12千米，占计划100%；拦沙坝6座，占计划100%。到位工程资金3370万元，完成投资3173万元。2010年，完成2009年度石漠化综合治理项目投资7040万元，其中中央投资6400万元，地方政府配套投资640万元，治理石漠化面积115.68平方千米，涉及8个县市15个乡镇94个村，建设内容涉及林草植被恢复，草地畜牧业、坡改梯及小型水利水保3个大项目26个子项目。2011年，全年石漠化综合治理试点工程到位工程资金8602.2万元，完成投资8289.9万元。治理岩溶面积360.47平方千米、石漠化面积170.51平方千米，完成率均为100%；治理流域面积723.37平方千米，完成率100%。完成封山育林11.82万亩、人工造林9.69万亩，完成率100%。

**“三林一茶”工程建设**　1988年，全区启动速生用材林、经济林、果木林和茶园建设工程。到1993年，共投资695万元，完成“三林一茶”7.91万余亩，投放苗木493万株，其中速生用材林2030亩，经济林1.49万余亩，果木林2万余亩，新辟茶园3.94万余亩，改造低产茶园2700亩，建千亩以上“四园三场”14个。

**封山育林工程建设**　试验区坚持把封山育林作为生态建设的主要措施来抓，层层签订责任状，实行群封群护群管、政府给予少量补贴的办法，调动广大群众封山育林的积极性，1988～1993年，全区共完成封山育林112万亩，其中封育成林74.5万亩。至1998年，累计投入资金377万元，完成封山育林面积438.75万亩，为计划417.45万亩的105.1%。大面积的疏林地、荒山荒地、灌丛地及采伐迹地得到保护，促进了天然更新，增加了森林植被，有效地控制了石漠化现象。

**飞播造林工程建设**　自1983年起，威宁县对高山、远山、人烟稀少、交通不便地域实施飞播造林工程，到1998年累计投入资金610万元，完成飞播作业面积184.1万亩，有效面积136.5万亩。其中1988～1998年完成96.1万亩，占飞播面积的70.4%，工程覆盖近10个乡镇。飞播造林工程的实施，促进了大面积宜林荒山荒地造林进度，加快了威宁造林绿化达标步伐。1999年后威宁县又进行三次大面积飞播造林，其中1999年飞播30.8万亩，2000年飞播25.9万亩，2002年飞播造林25.7万亩。

**贵毕公路林业生态工程建设**　2006年，地区林业局委托贵州省林业规划设计院完成《贵毕公路林业生态建设（绿色通道）规划》编制。规划涉及沿途3县市的30个乡镇（办事处）95个行政村，规划面积15.2万亩。是年10月16日、10月24日，规划分别经省林业厅和地委、行署组织有关专家进行评审。省林业厅、地区行署分别对规划进行批复。是年，地县两级安排贵毕公路生态建设资金160余万元，完成公路沿线造林地块抚育追肥工作。2007年，按照省林业厅和地区行署批复的《贵毕公路林业生态建设（绿色通道）规划》，在规划实施中，省林业厅投入300万元，其中以苗代补200万元；建设规模3.3万亩，其中新造林面积9700亩（生态林面积7700亩，经济林面积2000亩），景观林改造面积3300亩，抚育追肥面积2万亩。至12月28日，年度工程建设任务全面完成，占计划100%。2008年，贵毕公路沿线3县市完成2008年度抚育追肥面积4.12万亩，占计划的100%。地区与3县市投入250万元，在贵毕公路两旁60千米地段栽植香樟大苗行道树8000余株。

## 二　水土保持工程建设

1988年10月经国务院批准，毕节地区列入长江上游水土保持重点防治区。1988～2009年，先后实施长江上游水土保持重点防治工程、贵毕公路水土保持生态建设大示范区工程、水土保持世行贷款/欧盟赠款项目等。

**“长治”工程建设**　自1989年起，国务院先后将毕节地区八县列入长江上游水土保持重点防治工程。1989年，毕节、大方、赫章、威宁四县列入首批第一期纳入规划，4县规划总面积1.65万平方千米，占全区总面积的61.45%，水土流失面积9872.7平方千米，占全地区水土流失总面积的70.02%。1990年，黔西、金沙县列入首批第二期规划。规划总面积5036平方千米，占全地区总面积的18.76%，水土流失面积2793.6平方千米，占全区流失面积的19.82%。两期规划总面积2.15万平方千米，占全地区总面积的80.21%，水土流失面积1.27万平方千米，占全地区水土流失总面积的89.85%。总体规划报经长江水土保持局批准后，又按小流域单元开展实施规划。其中，首批一期毕节、大方、赫章、威宁四县实施规划的有26条小流域，涉及31个区174个乡784个村27.5万户，总面积5140.78平方千米，水土流失面积3042.79平方千米，占总面积的59.2%。治理面积3016.97平方千米，占流失面积的99.15%。首批二期六县实施规划的有54条小流域，涉及24个区88个乡661个村17.33万户，总面积3029.15平方千米，水土流失面积1861.26平方千米，占总面积的61.44%，治理面积1851.14千米，占流失面积的99.47%。两期实施规划共涉及80条小流域，55个区262个乡1445个村，44.83万户，总面积1.82万平方千米，占全区总面积的67.68%，水土流失面积4904.05平方千米，治理4862.11平方千米，占流失面积的99.14%，占全区水土流失面积的34.79%。1994年、1997年纳雍县、织金县亦被列入“长治”工程重点县。在规划实施过程中，全区按“以防为主，防治结合，因地制宜，综合治理，重点突破，积极推进”的方针，大规模开展以小流域为单位的山、水、林、田、路、沟、池综合治理，以建设基本农田为基础，工程措施、植物措施、农业耕作措施相结合，形成有效的水土保持综合防护。1989～2008年长治工程共完成七期工程治理，全区共综合治理小流域329条，其中一期工程治理29条，二期工程治理33条，三期工程治理110条，四期工程治理5条，五期工程治理77条，六期工程治理6条，七期治理63条同，生态修复试点工程6条。累计完成综合治理面积6455.76平方千米，其中建设基本农田71.59万亩，营造水土保持林219.2万亩，栽种经济果木林102.24万亩，种草43.5万亩，建植物护埂624.44千米，植物篱0.5万亩，封禁治理294.66万亩，坡耕地实施保土耕作措施236.68万亩。配套修建塘堰68座、蓄水池2326个、沉沙池1201个、沟渠938.35平方千米、谷坊1383座、拦沙坝144座、沼气池1096口、畜棚1190平方米、田间道路219.89平方千米。预防保护面积197.42平方千米，实施生态修复面积26.77平方千米。完成土石方量1.67亿余方，群众投工投劳1.35亿个。完成总投资5.32亿元，其中中央投资1.54亿元，农发资金0.52亿元，地方配套资金0.57亿元，群众投劳折资2.61亿元，其他资金543万元。全区治理的344条小流域中，有244条小流域达到国家验收标准，有26条小流域分别被水利部、财政部命名为“全国水土保持生态环境建设示范小流域”并获全国“十百千”示范样板。黔西县驮煤河、附廓2条小流域被水利部、财政部命名为“全国水土保持生态环境建设示范小流域”。驮煤河小流域获共青团中央、全国绿化委员会、全国人大环境与资源保护委员会、全国政协人口资源环境委员会、水利部、农业部、国家环境保护总局、国家林业局授予“全国保护母亲河行动优质工程”称号。20年来，全区开展的小流域治理程度达72.5%，植被覆盖率提高41%，年土壤侵蚀模数从每平方千米为5446吨减少到3389吨，年均侵蚀量从9165.65万吨减少到3016.07万吨，拦蓄泥沙2684万吨，新增拦蓄径流量9.37亿方。抗旱能力增强，洪涝灾害发生频率有所降低。长治工程治理区经济效益明显提高，粮食总产量由治理前的9.42亿公斤增加到12.19亿公斤，人均产量由治理前的325公斤增加到403公斤，农业总产值由治理前的18.61亿元增加到34.48亿元，人均纯收入由治理前的654元增加到1584元。农业人均基本农田由治理前的0.84亩上升到1.19亩，解决1.247万人饮水困难，促进1.1万人脱贫，项目治理防止滑坡泥石流等灾害保护范围8.3平方千米，保护人数7.85万人。2008～2009年，全区“长治”工程完成总投资1394.45万元，其中中央投资1080.83万元，地方配套277.74万元，群众投劳折资38.88万元。2008年，“长治”工程项目建设完成治理面积41.16平方千米；2009年完成“长治”七期工程的建设任务，有11条小流域水土保持综合治理工程通过省级复查验收。2011年，水土保持重点工程治理1条小流域，完成治理水土流失面积3.47平方千米，其中保土耕作1247亩，封禁治理954亩，完成投资78万元。

**贵毕公路水土保持生态建设大示范区工程建设**　2001年，毕节地区以贵毕公路为纽带，将沿线毕节、大方、黔西3县市31个乡镇、办事处的41条小流域列为水土保持生态建设大示范区，在公路沿线两侧各5千米实施水土保持综合治理的小流域范围内，建设15种各具鲜明特色的示范小区，建设融科技创新、环境优美、绿色产业和经济发展为一体的生态建设示范通道。是年，地区编制上报《贵毕公路（毕节地区段）水土保持生态建设大示范区建设方案》，长江上游水土保持委员会办公室以《关于入选创建长江上中游水土保持生态环境建设大示范区的批复》文件正式批准立项。具体实施内容为：对贵毕公路沿线5千米范围内的41条小流域进行综合治理，治理面积731.27平方千米，治理程度100%。其中建设基本农田6.28万亩，营造水土保持林27.26万亩，经济林7.74万亩，果木林5.62万亩，种草5.79万亩，建试验苗圃200亩、试验林500亩、优质采穗圃150亩、品种试验示范园850亩，封禁治理27.42万亩，保土耕作措施29.59万亩。配套谷坊660座、蓄水池871口、排灌水渠146.04千米、沉沙池861口、径流场1处、拦水坝1座。计划完成土方工程量1420.26万立方米、石方工程量257.28万立方米，投劳1517.34万个，治理总投资1.57亿元。工程实施中，坚持以生态建设和经济开发为中心，以科技创新为依托，以调整产业结构为基础，以示范辐射为导向，利用已建和在建的水土保持工程点，建设水土保持预防保护、重点监督、生态自然修复、小流域水土流失综合治理及效益监测、基本农田及综合配套工程、石漠化治理、优质林果药规模开发、优良品种选育及推广、优质苗圃、退耕还林（草）、地埂经济植物、水土保持高效农业、生态景点及观光、速生丰产优质用材林、科学研究等15种各具鲜明特色的示范小区46处。2001～2009年，示范区建设工程高质量、高标准完成毕节市保河、田冲、坪乡，大方县新桥、沙子坡、桶井、响水河，黔西县西溪、驮煤河、凤凰山、湾子、慢阳坡等30条小流域的建设任务，建成水土保持工程示范样板点22处。累计完成投资6219.3万元，治理水土流失面积370.08平方千米。坡改梯2.6万亩，营造水保林15.36万亩、经果林5.68万亩，生态修复18.32万亩，保土耕作12.19万亩，种草1.36万亩；修建谷坊25座、排灌沟渠40.84千米、蓄水池2451口、田间便道和机耕道48.2千米、沼气池20口。整合相关部门实施示范点53处。建立石桥小流域水土保持综合监测点和方田小流域小区监测点。2011年，共治理3条小流域，完成治理水土流失面积11.03平方千米。

**水土保持世行贷款/欧盟赠款项目**　2006年开始在毕节地区启动实施。项目涉及全区8县市，规划实施水土流失治理小流域45条，治理面积363.1平方千米；总投资3.59亿元，其中世行贷款1.42亿元，欧盟赠款3211万元，中方配套1.85亿元；中方配套资金中中央配套5510万元，省、地各配套1564万元，县市配套及群众投劳折资9885万元。2006～2009年，共开展三批计34条小流域的综合治理，累计治理水土流失面积356.83平方千米，其中坡土改梯土0.04万亩，营造经果林3.29万亩，种草0.6万亩，营造水土保持林3.2万亩，封禁治理27.82万亩，保土耕作17.18万亩，建配套沉沙函208立方米、蓄水池1万多立方米、小水窖400立方米、渠道11.55千米、输水管网0.08千米、排洪沟8.92千米、谷坊1.02千米、田间道路50.72千米、机耕道23.54千米、沼气池1380口，养牛2463头。累计完成投资1.91亿元，其中世行贷款7462.31万元，欧盟赠款1174.7万元，国内配套1.05亿元。2010年，水土保持世行贷款项目工程共治理11条小流域，完成治理水土流失面积118.56平方千米。2011年，世行项目工程共治理9条小流域，完成治理水土流失面积196.37平方千米。

## 三　环境保护工程建设

**污染防治**　内容详见环境章。

**“两土”关停取缔和技术改造**　毕节地区的土法炼锌和土法炼焦属国务院《关于环境保护若干问题的决定》限期关停取缔的“十五小”。1996年，全区共有土法炼锌炉3844只年产粗锌8.95万吨；土法炼焦炉148只，年产焦80万吨。1998年3月，地区行署与有“两土”的赫章、威宁、纳雍、织金4县和毕节市分别签订关停取缔责任书，明确关停取缔的时限、标准和责任。至2000年底，土法炼锌和土法炼焦在全区基本取缔。针对取缔“两土”死灰复燃的情况，“十五”期间，共出动人员3.62万人次，检查企业2502个，取缔土法炼锌炉锌罐窑5223节，土法炼焦炉409只。2006年，全区共取缔“两土”炉1267节。其中威宁县取缔土法炼锌炉668节、罐厂164个，毕节市取缔土锌炉162节，赫章县取缔土锌炉、马槽炉267节。2007年，全区加大“两土”取缔巡察和督办力度，严防两土死灰复燃和转移。1～10月，全区共取缔土锌炉4374节、土焦窑49只（节）、锌罐厂421个。

**城市环境综合整治**　1998年，毕节地区按照地区行署与省政府签订的环境目标责任书的规定，将城市环境综合整治各项任务落实到各主管部门和责任单位，加大环境管理、舆论监督、治理资金投入落实力度。到2000年底，毕节市气化率达到25%，建成城市烟尘控制区1个，面积3.7平方千米，建成环境噪声达标区5个，面积3.4平方千米。2000年毕节城区大气环境与1995年相比，二氧化硫年均浓度由0.075毫克/标立方米降到0.050毫克/标立方米，达到环境空气二类区标准要求；氮氧化物年均浓度由0.030毫克/标立方米降到0.014毫克/标立方米，保持环境空气一类区标准。2001～2007年，全区环保投入逐年增加，累计投入5.32亿元。毕节市总投资4500万元、日处理450吨生活垃圾的城市垃圾填埋场建成投入运行；总投资1.6亿元、日处理8万吨生活污水的污水处理厂建设完工，于2006年底投入运行。2008年，其他7个县市城市污水处理厂和7个垃圾填埋场开工建设。2009年，大方、黔西、金沙、威宁县污水处理厂建成，织金县污水处理厂完成95%的工程量，纳雍、赫章县污水处理厂开工建设。2010年，全区7个县8座污水处理厂建成通水，污水收集管网完成287.51千米。织金、纳雍、威宁、赫章县垃圾填埋主体工程基本完工。

# 第三节　人口控制

## 一　控制人口数量

试验区建立以来，人口控制取得巨大成效。从1988~1992年，全区共做各种节育手术120多万例。其中结扎45.4万例。计划生育率从36.98%上升到54.32%，上升17.34个百分点；多孩率从32.89%下降到18.66%，下降14.23个百分点；人口出生率下降8.28个千分点。按1988年的出生率27.41‰用复利公式计算，全区5年少生26.39万人。按统计局调查毕节农村每人每年的扶养费430.45元和每人每年占用粮食196公斤计算，累计少开支抚养费2.83亿元，少消耗粮食1.29亿公斤。按1988~1992年底全区所做节育措施计算，5年共少生23.7万人，累计少开支抚养费2.55亿元，少消耗粮食1.28亿公斤。

至1997年试验区建立10年时，全区人口过快增长势头得到有效控制。计划生育率上升到77.34%，与1988年比上升40.36个百分点；多孩率降到4.68%，下降35.09个百分点；人口出生率降到21.41‰，下降6.0个千分点；自然增长率从19.91‰下降到13.62‰，下降6.29个千分点，10年少生60多万人。扭转了计划生育工作在全省落后挂末的位置，连续三年荣获全省人口与计划生育目标考核二等奖。

至2002年试验区建立15年时，全区人口出生率降到18.94‰，与1988年比下降8.45个千分点；计划生育率上升到72.5%，上升35.52个百分点；计划外多孩率降到13.21%，下降26.56个百分点；人口自然增长率12.75‰，下降7.16个千分点，15年累计少生近80万人。

至2007年试验区建立20年时，人口出生率降到14.31‰，与1988年比下降13.1个千分点；人口自然增长率降到7.8‰，下降12.11个千万点；符合政策生育率上升到92.50%，上升55.52个百分点；妇女总和生育率降到2.1左右，基本接近更替水平，实现了“三降一升”。总人口控制在738.46万人以内。至2009年，全区人口出生率为13.4‰，与1988年比下降14.01个千分点；符合政策生育率为90.01%，上升53.03个百分点；自然增长率降到6.55‰，下降13.36个千分点。2010年，全区人口出生率为13.43‰，符合政策生育率为90.1%，自然增长率为6.25‰。

2011年，全区落实避孕节育手术10.64万例；人口出生率为13.12‰，符合政策生育率为92.54%，分别比上年降0.31个千分点、升2.44个百分点；人口自然增长率降至6.2‰。

## 二　提高人口素质

**发展教育事业**　试验区建立后，全区各级党委、政府围绕试验区“开发扶贫、生态建设、人口控制”三大主题，坚持抓好人口与计划生育工作，在有效控制人口增长的同时，把发展教育事业作为提高全民素质战略措施来抓，通过20多年的努力，取得了显著成效。

1.幼儿教育。1988年，全区234班（含学前班156班），入园幼儿1.03万人（含学前班幼儿7200多人），至1998年，全区入园（班）幼儿4.09万人，入园（班）率22.34%，比1988年提高19个百分点。至2005年，全区入园（班）幼儿9.19万人，其中在教育部门所办园（班）幼儿8.42万人，民办园（班）7339人，集体办园（班）320人；幼儿入园（班）率为23%，每万人中在园幼儿129人。2009年，全区幼儿园发展到105所，在园（班）幼儿达12.18万人，幼儿入园（班）率达78.12%。2010年，全区有幼儿园110所，在园（班）幼儿12.77万人。

2.小学教育。1988年底，全区小学在校学生83.81万人，普及初等教育的乡镇238个，占全区乡镇总数的30%。金沙县实现普及初等教育。1989年普及初等教育检查验收135个乡，比1988年多24个，增加21.6%。大方县普及验收57个，毕节20个，获地区普教先进单位第一、二等奖。1990年普及初等教育验收的乡镇171个。经验收，全区805个乡镇中，实现基本普及初等教育的乡镇达546个，占乡镇总数的67.6%。金沙县、黔西县、大方县达基本普及初等教育县。当年全区小学在校生82.51万人，学龄儿童入学率89.59%。1991年，全区普及初等教育的乡镇达到652个，占乡镇总数的80.99%。1992年，全区有金沙、大方、黔西、毕节4个县基本普及初等教育，基本普及初等教育的乡镇达665个，占全区乡镇总数的82.4%。1993年，普及初等教育得到巩固和加强。全区小学在校学生80.99万人，新招生17.88万人，比上年多招8814人，7~12周岁的学龄儿童入学率达到90.13%。1994年11月经省、地验收，赫章县成为毕节地区第五个基本普及初等教育的县。全区普及初等教育的人口达487万，占总人口的80%；学龄儿童入学率达93.2%。1995年，全区小学在校学生90.92万人，比上年增加5.04万人；学龄儿童入学率94.42%，比上年提高1.42个百分点。1996年，通过省、地验收，织金县成为毕节地区第六个普及初等教育的县。全区小学在校生96.05万人，比上年增加5.12万人；适龄儿童入学率达95.42%，比上年增加1个百分点。1997年，金沙县通过省组织验收，基本达到普及九年义务教育标准；毕节市“普六”通过省、地复查合格。全区在校小学在校学生99.35万人，比上年增8.43万人，其中少数民族在校生25.5万人，占小学在校生数的25.7%。小学适龄儿童入学率96.19%，其中女童入学率94.34%。全区适龄儿童入学率达96.8%。同时，全区普及九年义务教育共评估验收50个乡镇，验收的乡镇人口126.79万，“普九”人口覆盖率达19.3%。1999年，全区除威宁县外的7个县市基本实现普及六年制义务教育，普及六年义务教育人口数占全区总人口数的85%以上。累计有71个乡镇的普及九年义务教育通过地区评估验收，全区适龄儿童入学率达97.35%。2000年，全区7县1市基本实现普及初等教育，金沙县“普九”工作通过省复查验收，认定合格。是年，全区有小学3099所，教学点1900个，在校生101.52万人，适龄儿童入学率97.86%，其中女童入学率为97.41%，小学生辍学率下降到2.53%。自2001年起，各县市在抓好“普六”巩固工作的同时，继续以乡镇推进“普九”工作。经过努力，2002年大方县年实现“两基”；2003年毕节市、黔西县实现“两基”；2004年织金县、纳雍县实现“两基”。2006年，全区小学在校生100.45万人，7～12周岁适龄儿童入学率99.07%，女童入学率99.48%。2009年，全区小学在校学生113.76万人，小学适龄儿童入学率98.7%，其中女童入学率99.3%。2010年，全区着力巩固提高“两基”成果，继续改善义务教育阶段办学条件。是年，威宁、赫章两县通过省政府“两基”复查和“普实”验收；全区有小学2520所，教学点312个，小学校舍建筑面积303.84万平方米，小学在校生110.09万人，小学适龄儿童入学率达98.37%。

3.中学教育。1988年，全区每万人口中，在校普通高中生为29.8人，在校普通初中生为210人。1989～1992年，全区普通中学在校学生13.63万人。1993年，初中教育发展呈前所未有的好形势，全区新建27所初级中学，初级中学从1992年的64所上升到74所，使全区小学升初中的升学率从1992年43.5%上升到52.45%。1994年，普通中学在校生13.86万人，比上年增4074人。1995年，全区普通中学在校生13.15万人，完全中学在校生1.56万人。1996年，全区普通中学在校生13.76万人；完全中学在校生1.54万人。1997年，金沙县通过省组织检查验收，在全区率先基本达到普及九年义务教育标准。是年，全区初级中学在校生15.71万人；完全中学在校生1.57万人。1998年，全区初中在校生16.38万人，比上年增6773人；完中在校生1.63万人。2000年，全区普通中学达197所，其中，初级中学145所，高级中学1所，完全中学51所；初中在校生23.2万人，高中在校生2.26万人。2001年，全区初中在校生总计24.74万人；高中在校学生2.94万人。初中生毛入学率达到64.12%，初中生年辍学率为6.06%。2002年，大方县“两基”工作经省政府评估验收，报教育部批准，实现“两基”达标。全区初中阶段的在校生30.93万人，比上年增加5.22万人，初中阶段入学率达72.17%，初中生年辍学率降至3.85%。完全中学和高级中学在校生3.92万人，比上年增近万人。2003年，经省政府评估验收，毕节市、黔西县实现“两基”达标。“普九”人口覆盖率提高到半数以上。是年全区初中阶段入学率82.53%，初中生年辍学率为3.04%。完全中学和高级中学在校学生5.1万人。2004年全区初中在校生达37.69万人（含职业初中在校生1.3万人），比上年增1.85万人，初中毛入学率89.14%，比上年提高6.6个百分点。是年，全区“普九”人口覆盖率达75.04%。毕节一中和大方一中相继被评为省示范性高中。2005年，全区初中在校生38.39万人，初中阶段入学率达90.57%，初中在校生年辍学率下降至2.27%。

威宁县、赫章县"两基"尚未达标经省政府评估组检查，基本实现"两基"阶段目标。是年全区高（完）中高中在校生7.02万人。2009年，全区有初级中学283所，九年制学校99所，初中阶段在校生41.24万人，初中阶段毛入学率100.67%。初中在校生年辍学率为2.15%。15周岁人口中初等教育完成率92.99%，17周岁人口中初级中等教育完成率78.21%。"两基"达标通过国家督导检查，实现"两基"人口覆盖率100%。全区有高中阶段学校103所，其中普通高（完）中83所，职业高中13所，中等职业学校7所；普通高中在校生9.5万人，中职在校生8.31万人，高中阶段毛入学率42.14%。高中阶段入学率比1988年提高32.85个百分点。2010年，全区有初级中学358所，九年制学校76所，普通高（完）中80所，初、高中校舍建筑面积239.45万平方米；初中阶段在校学生43.19万人，初中阶段毛入学率为100.51%；高中在校生10.7万人，高中阶段毛入学率比上年提升8个百分点，达到50.17%；全区参加全国普通高考的学生达3.64万人，被各类高等院校本科、专科录取的考生共2.36万余人，录取率为64.85%。

4.高等教育。毕节地区1977年开办大专教育。1999年在大专教育的基础上筹建毕节学院，创办大学本科教育。2005年3月获教育部批准，组建毕节学院。毕节学院占地面积835亩，校舍建筑面积16万平方米，教学仪器设备总值2500余万元，有馆藏图书50万余册及清华同方学术期刊全文数据库等电子图书资源。设有16个教学系（部）、17个本科专业和20个专科专业。2009年，学院有来自重庆、四川、新疆等21个省（区）学生8625人。2007年，地委、行署决定筹建500人规模的毕节职业技术学院，2008年初获省政府批准和教育部备案。毕节职业技术学院占地163亩，设有电子信息工程、工矿建筑、财经、农业工程四个系。教学、卫生、保健、安全、信息、管理、后勤、就业等服务系统齐备完善。2008年秋季开始首届招生295人，2009年招生500多人。1988～2008年，贵州省广播电视大学毕节地区分校共计招生1.8万人，年均招生873人，是1988年前年均招生86人的10倍；在校生总数3.63万人，年均在校生1733人，是1988年前年均在校生197人的8.8倍；毕业1.26万人，年均毕业生601人，是1988年前平均毕业生47人的12.8倍。2008年，地委、行署决定将电大毕节地区分校更名为"毕节广播电视大学"，与地区水电技校合并，加挂"毕节地区水利电力工程学校"牌子，实行三块牌子、一套人马的管理体制。2010年，区内高等教育学校办学条件进一步改善。毕节学院招生3481人，办学规模达9081人；毕节地区职业技术学院招生556人，办学规模达1634人；毕节广播电视大学招生2297人，办学规模达7470人。

5.职业教育。（1）中等专业学校。2005年，毕节地区卫生学校、农业学校、财贸学校共有在校学生5305人。是年，经国家教育部专家组评审，毕节地区卫生学校被评定为国家级重点中等职业学校；经贵州省教育厅专家组评估论证，毕节地区工业学校、农业学校、财贸学校被评定为省级重点中等职业学校。至2009年，全区有中等专业学校7所，招生8372人；在校生2.15万人、毕业生5744人，分别比上年增6.59%、143.29%。（2）职业学校。1987年，全区有独立校舍的职业中学16所，学生5046人。1988年，在校学生6003人。1990年，在校学生7229人。1991年3月，地区行署在威宁县召开全区职业技术教育工作会议，安排部署职业教育工作。当年，全区职业学校共招生3026人，毕业生1763人。由于成绩显著，毕节地区行署被评为全国职业技术教育先进集体。1995年，全区职业学校达33所，在校学生9550人。是年，织金县职业高中经省教委组织评估，评定为省级重点职业高中。1998年，全区有职业中学31所，其中初中18所、高中9所、高初中合设4所，在校学生1.08万人。其中初中8785人、高中1975人。2005年，全区有职业高中11所，其中省级重点职业高中3所；在校学生1.05万人。至2009年，全区有职业高中12所，招生8304人，在校生1.97万人，毕业生3333人。是年，地委、行署作出组建6万人规模的毕节试验区职教城的决定，各县市也规划启动1所中等职业学校建设。2010年，全区开展职业教育“进学校、进班级、进学生头脑、进百姓家庭”宣传活动，广泛宣传职业教育助学政策和教育成果，增强职业教育吸引力。是年，全区有职业院校20所，高职在校生3522人，中职在校生8.45万人，其中区外中职在校生5.2万人；2009年秋季至2010年春季学期发放中等职业教育助学金2298.6万元，中职学校免学费989.26万元。

6.成人教育。1988年4月，地区行署在黔西县召开全区农民教育工作和扫盲工作会议，贯彻是年2月国务院颁布的《扫除文盲工作条例》，制定规划，落实任务。是年，全区脱盲总人数达2.95万人。1989年，全区贯彻“一堵、二扫、三提高”方针，共投入扫盲经费53.21万元，组织参加扫盲班学员9.63万人，脱盲5.08万人，验收基本无盲乡284个。黔西县经验收，报省政府批准，实现基本无盲县。金沙、毕节两县扫盲工作成绩显著，获地区扫盲先进单位第一、二等奖。1990年，全区投入扫盲经费105.56万元，参加扫盲教师4872人，组织文盲、半文盲16.37万人入学，脱盲10.36万人。是年，全区有农民文化技术学校（点）292个，举办培训班659期，培训农民2.28万人次。有农教专兼职干部1123人，其中县24人、区94人、乡695人、村305人。至是年底，全区脱盲人数达30多万人，黔西、大方、金沙、毕节等4县实现全县基本无盲。全区累计验收无盲乡镇533个，占乡镇总数的66%。文盲、半文盲率从1979年的57%下降到1990年的19.1%。1991年，将扫盲任务逐级分解到区、乡、村、校，层层承包扫盲任务。是年，共扫除文盲8.74万人，全区非文盲率提高到83.25%。织金县经检查、验收，达到无盲县标准，成为全区第五个基本扫除文盲县。1992年，纳雍和赫章两县达到基本无盲单位的标准，成为基本无盲县。全区15～40岁的青壮年文盲率降到16%以下。是年，全区共办扫盲班4284个，有11.45万人参加扫盲学习，经验收脱盲8.32万人。1993年，全区共组织8.84万人参加扫盲学习，脱盲6.06万人，使全区文盲率下降到12.82%。办乡镇农民文化技术学校170所，覆盖率为69.39%；村农民文化技术学校（点）1751所（点），共培训29.97万人次。对黔西、金沙两县达到国家教委规定的高标准扫盲条件。1994年，全区扫除文盲4.58万人，使全区1949年10月1日后出生年满15周岁的青壮年非文盲率提高到89.62%。办乡级农民文化技术学校208所，村农民文化技术学校（点）2316所（个），培训农民36.62万人次。至此，全区有84.9%的乡镇办起农民文化技术学校。1995年，地区拨款12万元订购扫盲课本7.06万册，使参加扫盲学员人人有课本；拨出10万元给各县开展扫盲，当年全区共扫除青壮年文盲6.53万人。办乡级农民文化技术学校199所，培训农民23.82万人次，其中人口教育培训7.87万人。1998年，地区拨款22万元补助各县市扫盲，扫除文盲4.97万人，其中妇女2.89万人，使全区1949年10月1日后出生年满15周岁以上青壮年人口的非文盲率得到提高。1999年，各县市开展“三教统筹”农科教结合改革试点工作，培训农村实用技术10余项，培训人数44.56万人次。2000年，全区共筹措扫盲经费111.16万元，办扫盲班2819个，组织6.24万人参加扫盲学习。经验收脱盲5.23万人，其中扫除妇女文盲2.76万人。全区共办乡（镇）农民文化技术学校250所，受训人数近18万人次；办村级农民文化技术学校4132个，受训人数达76.1万人次。全区初步形成集人才培训、科技示范和技术推广于一体的农村成人教育网络。1988～2002年，全区共扫除青壮年文盲70多万人，青壮年文盲率由1988年的34.1%降到7.5%。15年共培训农民350万人次以上。2009年，全区整合成人教育资源，实施农村劳动力转移培训工程。培训初级技工1500人、普通农民工5500人、农业产业化技能人员8600人；全区乡镇、村3723个成人文化技术学校开展农村实用技术培训，培训农民75.24万人次，为推广科技兴农、促进农民脱贫致富作出重要贡献。2010年，全区扶贫部门完成初级工培训1300人、农业产业化培训9677人、扶贫干部培训1251人；水利水电工程移民部门开展移民培训41期，培训移民2274人；教育部门通过实施统一战线“同心·智力支持工程”，完成劳动力转移培训2242人；人力资源和社会保障部门开展职业技能培训近1.4万人，与国务院扶贫办东西扶贫协作人力资源建设基地—深圳携创职业培训学校签订培训输出1000人的培训协议，拓宽了劳动者技能培训渠道。

**人力资源开发** 农民技术培训。1990年，全区在实施“温饱工程”中，组织技术干部1231人，培训农民28万人次，其中培训技术骨干9986人，保证了工程质量的提高。1991年，结合扶贫项目、支柱产业开发，组织科技人员下乡创办科技示范样板，在实施“温饱工程”中创办科技样板966个，培训农民61.73万人次。1992年，全区采取多形式、多层次、多渠道的培训办法，加大农民技术培训。共举办各类培训班2.96万余期，培训农民技术骨干8.64万人次，普及培训农民139.17万人次；评定农民技术职称1672人。其中，按组装配套农业实用技术的要求举办骨干培训班1203期，培训骨干6.02万人次，占全区培训骨干总数的69.7%；普及培训农民107.42万人次，占全区普及培训总数的77.18%。围绕“温饱工程”、高产示范工程、绿色工程、商品粮基地建设和以治水改土为主的农田基本建设工程开展技术培训，共举办各类培训班5000期，培训骨干1.75万人次，普及培训农民49.22万人次。骨干培训中少数民族人数占24%，贫困人口占62.4%，妇女劳力占24%。1993年，全区培训农民技术骨干9.39万人次，普及培训农民134.83万人次；评定农民技术职称875人，其中农民技师17人、农民技术员797人。1994年，地委、行署制发《毕节地区1994～2000年农村实用技术培训计划》，计划到2000年普及培训农民500万人次，农民技术骨干培训50万人次，评定农民技术职称6000人，使受训农户占农户总数的100%，受训劳动力占劳动力总数的80%，达到每户农户有1个劳动力掌握1～2种实用技术。1994～2000年，在实施“八七”扶贫攻坚计划中，全区共培训农民896.31万人次，开展绿色证书培训9.1万人，4.76万人领到了绿色证书，使全区80%以上的劳动力掌握了1～2种实用技术。进入21世纪后，全区科技培训工作持续推进。2001～2007年，全区共普及培训农民676.54万人次。逐年实施情况为：2001年，全区投入培训经费238.99万元，普及培训农民123.23万人次。其中培训青年74.29万人次、妇女35.18万人次、少数民族27.55万人次、村组干部7.43万人次。培训绿色证书学员1.35万人，其中农学类4130人、良种繁育类257人、蔬菜类949人、水果类2600人、茶叶类136人、烤烟类300人、蚕桑类792人、畜牧兽医类2844人、淡水养鱼类96人、农业经济管理类318人、农机类614人、其他425人。参训人员中有9897人经考试合格获得“农民技术资格证书”，其中农学专业3141人、蔬菜专业718人、水果专业1195人、烤烟专业286人、桑蚕专业771人、畜牧兽医专业2737人、农业经济管理专业211人、农机专业722人、其他专业116人。2002年，全区投入培训经费437.76万元，举办农民技术普及培训班7726期，培训农民113.27万人，其中青年68.23万人次、妇女28.73万人次、少数民族21.43万人次。举办绿色证书培训班363期，培训学员1.27万人。经考试合格9203人获得“农民技术资格证书”，其中农学专业3166人、蔬菜专业778人、水果专业1637人、茶叶专业100人、蚕桑专业434人、畜牧兽医专业2018人、淡水养鱼专业105人、农业经济管理专业413人、农机专业29人、其他专业523人。2003年，全区投入培训经费604.81万元，举办农民技术普及培训班4463期，培训农民108.82万人次，其中青年62.89万人次、妇女34.89万人次、少数民族20.79万人次；举办绿色证书培训班259期，培训学员1.4万人，通过考试合格近1.02万人获得“农民技术资格证书”，其中农学专业1405人、蔬菜专业1358人、水果专业1797人、茶叶专业35人、蚕桑专业77人、畜牧兽医专业3554人、养鱼专业358人、农机专业20人、其他专业852人。2004年，全区投入培训经费626.94万元，举办农民技术普及培训班4575期，培训技术骨干81.5万人次，其中青年49.32万人次、妇女35.46万人次、少数民族18.88万人次、村组干部8.04万人次；举办绿色证书培训班161期，培训学员1.18万人，经考试合格，有9737人获得“农民技术资格证书”，其中农学专业1819人、蔬菜专业1539人、水果专业1060人、茶叶专业35人、蚕桑专业715人、良种繁育专业104人、兽医专业320人、畜牧养殖专业2781人、淡水养鱼专业411人、农业经济管理专业349人、农机专业329人、其他专业275人；举办农村劳动力转移培训班33期，培训农村劳动力1868人。2005年，全区共举办农民技术普及培训班4937期，培训农民87.12万人次；举办绿色证书培训班115期，培训学员1.27万余人，经考试合格9430人获得绿色证书。2006年，全区共举办农民技术普及培训班3956期，培训农民85.05万人次；举办绿色证书培训班134期，培训学员1.31万人，经考试合格9846人获得“农民技术资格证书”。2007年，全区共举办农民技术普及培训班5428期，培训农民77.55万人次；举办绿色证书培训班145期，培训学员1.12万人，经考试合格9392人获得“农民技术资格证书”。2008～2009年，全区共举办农民技术普及培训班8053期，培训农民155万人次；举办绿色证书培训班261期，培训学员2.29万人次，经考试合格1.76万人次获得绿色证书；完成农村劳动力转移培训3.23万人。至2009年，全区农村实用人才累计达16.4万人，其中5万多人获得农民技术职称和乡土人才证书。2010年，全区共完成1.05万人的绿色证书培训；春播期间，共举办春播培训班643期，培训农民16.73万人。

# 第三章　合作共建

毕节试验区建设，具有近期作示范，远期探路子的战略意义。在国务院的号召下，中央统战部举起大旗，运筹帷幄，各民主党派和全国工商联齐心协力，共创“同心工程”新局面。各民主党派中央、全国工商联分别对口帮扶毕节地区各县，分工合作，各自发挥自身特长，二十年如一日和毕节人民一道风雨同舟，身体力行，甘苦与共。先后派出组织中的精英和骨干，确定任期和目标责任。从人力、财力、物力上尽了不懈的努力，加快了扶贫速度和脱贫步伐。

## 第一节　合作共建概况

自1988年毕节试验区建立起，中央统战部、各民主党派中央、全国工商联、试验区专家顾问组除参与毕节试验区各项建设外，中央统战部和台盟中央与赫章县、民革中央与纳雍县、民盟中央和致公党中央与毕节市、民建中央与黔西县、民进中央与金沙县、农工党中央与大方县、九三学社中央与威宁县、全国工商联与织金县先后建立定点帮扶关系。1988～2009年，中央统战部、各民主党派中央、全国工商联和试验区专家顾问组共安排321批2880人次的领导、专家、学者、企业家到试验区调研和指导帮助工作，共撰写有关毕节试验区发展的调研报告119

统一战线参与支持毕节试验区建设工作联席会议第三次全体会议在京召开（2010年）

篇，提出有关毕节试验区建设的合理化建议140余条。中央统战部先后派出孙公麟、陈德勇、路晓峰、任政农、朱沛丰、陈再明、胡国栋、吕壮富、常建国、郝骏、左兰强、李惠等6批12名干部到毕节试验区挂职；各民主党派中央机关和全国工商联机关先后派出郭勇、刘峻杰、盛奕庆、郑心楠、夏赶秋、朱靖泓、李维平、安永成、郭东风、王大明、李兵书、李卫等10多名干部到毕节行署或对口帮扶县市挂职，直接参与毕节试验区工作。中央统战部、各民主党派中央、全国工商联、试验区专家顾问组向毕节试验区累计直接投入各类资金1.2亿元，协调引进资金和捐赠物资折款4.01亿元，联系重大项目68个，涉及金额300多亿元。

**帮扶重大项目建设**　通过中央统战部、各民主党派中央、全国工商联、试验区专家顾问组帮助呼吁、协调和联系，毕节试验区一批重大项目得到及时审批立项和开工建设。主要是：总投资3350.65万元的毕节市倒天河水库大坝加高加固工程；总投资1000万元的毕节市观音桥办事处塘房村“高寒山区农业技术研究与集成示范”项目；毕节市煤化工工程；引资1300万元的大方县凤山乡老屋基煤矿；总投资3200万元的大方县油杉河80千米旅游公路项目；总投资1800万元的大方县地下水开发项目；总投资1000万元的黔西县新仁乡仁慕至化屋14千米的油路工程；总投资9000多万元的金沙县胜天水库项目；总投资1000万元的织金洞天谷山庄项目；总价值1000万元的织金县“洋码图书”项目；总投资88.18亿元的纳雍火电一厂、二厂项目；总投资3000多万元的纳雍“农业综合开发试点县”项目；内昆铁路威宁北站建设规模由两股道增为四股道项目；总投资3352.3万元的赫章县“山区综合发展”项目；总投资2300万元的赫章锌厂二、三期工程等。同时，中央统战部、各民主党派中央、全国工商联、试验区专家顾问组帮助协调国家有关部委，协助毕节立项建成金沙电厂、黔北电厂、洪家渡水电站、索风营水电站、引子渡水电站、黔西电厂、大方电厂等大型水电、火电项目，实施了世界粮食计划署援助的《中国3356》、“长防”“长治”工程、国家生态环境建设重点示范工程、西部大开发退耕还林还草工程、天然林保护工程及山水林田路综合治理工程等。

**帮扶农村基础设施建设**　中央统战部、各民主党派中央和全国工商联、试验区专家顾问组共投入和协调资金近2.3亿元支持毕节试验区加强农村基础设施建设。直接帮助建成沼气池200余个、小水窖2176个、自流井饮水工程9座；协调和联系维修水库2个、改造油路90.5千米；帮助完成通村公路建设近100千米，实施输变电站工程、农村电网改造工程各1处。多方协调，建成多条通乡油路、通村公路。

**帮扶扶贫济困**　一是实施科技示范扶贫。先后建设农业综合开发试验示范基地、反季节无公害蔬菜试验和生产基地、农业科技示范园区、中药材基地、畜牧品种改良、农家乐旅游休闲示范基地等覆盖全区各县市的农业科技示范基地47个。二是开展科技培训。累计在毕节试验区举办160多期次，培训领导干部、老师和教学管理人才、医务人员、农技人才、农民11.7万余人次。三是慰问和帮扶困难群众，累计慰问200余户，帮扶500余户，慰问、帮扶资金和捐钱捐物折款100余万元。有组织地培训输出农村富余劳动力1.07万人，带动输出农民工11万余人。在抗击雪凝灾害期间，共向毕节试验区捐资、捐物折款800余万元，慰问受灾群众，支持灾后重建。

**帮扶发展社会事业**　累计直接投入和协调资金6028.5万元，支持毕节试验区发展教育事业，为毕节试验区建“希望小学”、职业中学79所，改扩建中、小学校40所；举办教育专题讲座近30场次，培训老师和教育管理人员5148人；设立奖学基金180万元，资助贫困生2.16万人；捐赠教学用书和教学设备价值602万元。经多方协调，促成具有试验区特色的综合性本科院校毕节学院获教育部批准建立。共为毕节试验区培训各类干部1.75万人次。累计直接投入和协调资金1300余万元，支持毕节试验区发展文化事业，为毕节试验区兴建扩建乡镇文化站4个、兴建村文化活动中心12个；援建民族风情园1个；购置捐赠电脑和电视机、投影仪、音响等广播电视器材近100台；捐赠价值1000余万元的文化科技图书。累计直接投入和协调资金318万元，兴建、扩建乡镇卫生院17个，兴建村卫生室32间，培训医务人员2082人，义诊6843人次，捐赠价值153万元的药品和医疗设备。

中央统战部、各民主党派中央、全国工商联、试验区专家顾问组帮扶毕节试验区的工作，得到省委统战部、各民主党派省委和省工商联的大力配合。1988～2008年，省委统战部、各民主党派省委和省工商联在配合中央统战部、各民主党派中央、全国工商联、试验区专家顾问组抓好帮扶工作的同时，共在毕节试验区实施帮扶项目180余个。2009年，“4·14”会议召开后，中央统战部、各民主党派中央、全国工商联、试验区专家顾问组分别多次组织考察组赴毕节试验区考察调研，贯彻落实中共中央领导的重要指示和“4·14”会议精神。2010年，统一战线在毕节试验区建设中，以“同心工程”为品牌，大力帮扶实施“同心·智力支持、同心·改善民生、同心·生态建设、同心·示范带动”四大“同心工程”。年内安排的“同心工程”涉及23类87个项目，遍及全区8县市250个乡镇，直接投入资金4.33亿元。其中，中央统战部牵头实施14个子项目，各民主党派、全国工商联承担71个子项目，试验区专家顾问组承担2个子项目。共援建1.28万口“同心水窖”、6处集中供水工程，解决8万多群众饮水安全问题；支持建设5.1万口农村沼气池，解决15万人做饭、照明问题；援建130所农村卫生室，帮助22万群众实现“不出村屯就能看病”的多年夙愿；培训各类人才1万余人，3000多名学生接受职业教育。2009～2011年6月，各民主党派中央、全国工商联24位领导人先后32次深入毕节试验区开展调查研究，加强定点帮扶县市工作；国务院19个部委加大支持力度，部局级领导57次深入毕节，推动落实项目71个，涉及资金321亿元；东部十省市党委统战部筹集1亿元资金支持民生项目建设。2011年，共实施17类202个“同心工程”项目，到位资金91.59亿元，其中“同心·助推发展”完成项目28个，“同心·智力支持”工程完成项目57个，“同心·改善民生”工程完成项目38个，“同心·生态建设”工程完成项目8个，“同心·示范带动”工程完成项目14个。

中共中央统战部、各民主党派中央、全国工商联、试验区专家顾问组帮扶毕节试验区的工作，得到中共贵州省委统战部、各民主党派省委和省工商联的大力配合。1988～2008年，省委统战部、各民主党派省委和省工商联在配合中央统战部、各民主党派中央、全国工商联、试验区专家顾问组抓好帮扶工作的同时，共在毕节试验区实施帮扶项目180余个。

2011年，国家各部委及有关方面共有99位部级领导、490多位司局级干部到毕节调研指导工作；东部十省市党委统战部专门成立参与毕节试验区建设领导小组，组织动员统一战线人员帮扶毕节试验区。

# 第二节　中共中央统战部帮扶

## 一　帮助建设基础设施

**电力建设**　1995年初，中央统战部首批帮扶赫章县工作队员到赫章西北部朱明、结构、辅处、安乐溪、河镇、德卓等7个未通电乡镇调研。通过调研向中央统战部提出“电力扶贫”计划。部长王兆国要求统战部有关部门筹集资金支持建设砂石至可乐输变电工程。1996年4月30日，砂石至可乐输变电工程破土动工，工程总投资800万元，其中中央统战部投资100万元，国家电力部投资300万元，其余部分由省扶贫贷款、地区信托投资公司借款及受益乡筹资解决。是年12月，砂石至可乐输变电工程竣工，解决7个乡135个村10多万贫困农户用电困难。其后，中央统战部又协调国家电力总公司投资5200万元，对赫章县乡镇电网进行改造。仅2000年就完成投资3800万元，改造22个乡镇的电网。新增12个村通电，解决2.3万人用电问题。

**公路建设**　经中央统战部呼吁，总投资6200万元的212省道赫章过境段41千米公路改造工程立项实施；326国道赫章段87千米公路于2001年得到全面改造；获交通部投资500万元、贵州省公路局投资50万元，实施赫章环城路建设项目。

## 二　帮助示范项目建设

**国家山区综合开发示范**　1997年，建议林业部把赫章县纳入国家山区综合开发示范县，以解决赫章县农业出路问题。通过论证，1998年赫章县列入全国山区综合开发示范县行列，开始实施以改土治水、植树造林、科技兴农和发展畜牧业为主的山区农业综合开发。项目总投资1300多万元，包括赫章县中低产田改造、核桃乳加工、核桃基地和板栗基地建设、可乐猪保种繁殖、林果药综合开发等子项目。经过几年努力，上述项目建设顺利完成，到2000年，实施林果业项目种植的8600亩干果林开始挂果，进入盛果期后新增效益300万元以上。

**退耕还林还草示范**　通过中央统战部帮助争取，赫章县被列入全国退耕还林还草示范县行列。2000年，赫章县在城关、古达等5个乡镇13个村实施退耕还林还草2万亩，总投资712万元，5222户直接受益。2001年项目实施增加平山等4个乡镇，实施退耕还林1万亩、宜林荒山造林2万亩。每退耕1万亩补助种苗款50万元、管护费20万元、粮食补助折合210万元，经果林连续补助5年、生态林连续补助8年。2000～2001年实施该工程累计投入5200多万元。

**国家天然林保护项目**　经中央统战部协调，1998年国家林业局批准在赫章县实施国家天然林保护项目，项目总投资180万元。至2000年完成天然林保护工程2.92万亩。

**山区综合发展项目**　经中央统战部协调，南京爱德基金会援助赫章县实施山区综合发展项目。1999年1月启动实施项目一期工程，涉及粮食安全、山区治理开展开发、教育、卫生、小额信贷几个领域，共26个子项目，投资1522.1万元，其中爱德基金会援助702.1万元，政府配套437万元，群众自筹（包括投劳折资）383万元。至2003年底，完成一期工程的项目、实施、监测和评估，项目覆盖的河镇乡6881户3万多人受益。2005年，二期工程项目共17个子项目开始实施，至2007年12月完成。项目实际投资1653.8万元，其中爱德基金会援助（包括投劳折资）737.5万元。项目覆盖的结构乡3964户1.59万人受益。

**秸秆养牛示范项目** 经中央统战部帮助争取，1998年赫章县被列入全国秸秆养牛示范县。项目总投资401.3万元，建成达依乡银庄示范点、六曲河镇江子示范点及六曲河镇包嘎垭口3个示范场，建成牛杂交改良点25个，发展示范户204户。中央统战部还争取中华慈善总会小额信贷项目，由香港嘉道理基金会贷款110万元，在赫章县财神、安乐溪、结构等乡实施贷款养牛，项目受益农户350户。

**同心工程项目** 2011年，为试验区促成五大类同心工程项目202个，实际到位资金92亿元，建成项目141个。促成一批国内优强企业落户毕节。协调国家有关部委加大民生工程建设力度：水利部安排中央和省级资金5.85亿元，建设饮水安全工程805处，解决108万农村群众安全饮水问题；商务部安排600个农家店建设或改造；卫生部下拨资金280万元、省级配套194万元，建成村卫生室474所，实现村级卫生室全覆盖；农业部下达沼气池建设项目6.5万口；民政部投资1456万元，建设7个乡镇敬老院；国家烟草专卖局投资1.14亿元，建设11个烟水配套工程；国家人口计生委将毕节作为新时期统筹解决人口问题试验区；国家发改委争取国务院批准有关生态建设、石漠化综合治理的规划；国家林业局投资5978万元，支持生态建设。协调各民主党派、全国工商联和国家有关部委培训各类人才5.6万多人。

## 三　扶贫济困帮扶

1999年12月，中央统战部从机关和直属单位抽调31人组成考察团，赴赫章县对极贫户进行专题调查。12月7～26日，调查组走访了27个乡镇457个村3万户农户，对其中的1.2万户进行卡册登记。2000年初，在中央统战部协调下，为极贫户改造建设住房计划开始实施，由中央统战部投资450万元，争取社会援助300万元，省、地、县财政配套229.6万元，计划建房2449套，当年解决27个乡镇384个村的1000户极贫户的住房困难，户均住房面积达到50.99平方米。2001年对1449户极贫户住房进行改造建设，当年年底全部建成。2010年3月，中央统战部向赫章县捐抗旱救灾款226.8万元，帮扶农业、水利等基础设施建设。是年，中央统战部与水利部合作，决定在赫章县建设一批集中供水项目，解决2.85万人的饮水不安全问题，工程概算投资2137.28万元，其中中央资金1709.82万元，地方配套资金427.46万元；协调农业部在毕节试验区建沼气池5000口，其中在赫章县建设2000口。

2011年，中央统战部大力支持毕节试验区新农村建设，共在区内建设“黔西北民居”2484户，完成庭院硬化1.5万平方米、连户路硬化1.58万平方米。

### 四　帮助招商引资

2009年“4·14”会议召开后，中央统战部于是年5月中旬先后召开3次会议，听取各民主党派中央、全国工商联、国家有关部委和毕节试验区贯彻落实“4·14”会议的情况汇报，建议将毕节试验区工作纳入国家建设总盘子。

是年7月14日，中央统战部牵头组织毕节试验区招商引资团到南京举行的毕节试验区招商引资项目推介会上，威宁县达成10亿余元的投资项目，涵盖医院、交通、水利水电、火电、风力电站等投资项目。7月18日，中央统战部牵头组织的毕节试验区招商引资项目推介团到山东省烟台市推介试验区相关投资项目。山东省110多位企业家参加推介会，就部分意向投资项目与试验区各县市（区）进行具体接洽。推介会成功推介工业类、农业类、基础设施类、矿产资源、旅游类、房地产开发等393个项目，总投资1200多亿元。8月24～26日，中央统战部率全国知名企业家赴毕节试验区开展考察投资签约活动。25日，中央统战部率全国知名企业家赴“贵州毕节试验区考察投资暨签约仪式”举行，香港、北京、上海、广东、江苏、山东、浙江、重庆、福建、四川、江西、河南、河北、湖南、湖北、新疆、云南、贵州等18个省市（特区、自治区）的420多名企业家参加签约仪式。本次活动签约涉及基础设施建设和房地产业、服务业、煤及煤化工产业、矿产加工业、制造业、农业、旅游业、化工能源、建材等10多个产业，共签约93个项目，签约金额366.77亿元。6个省市与毕节的签约项目共55个，其中广东省7个项目，江苏省3个项目，山东省7个项目，浙江省4个项目，重庆市9个项目，贵州省25个项目。

2011年4月8日，中央统战部牵头举办全国部分非公有制经济人士和港澳工商界知名人士走进毕节试验区投资洽谈会，签约项目53个、涉及资金301亿元，实际落地项目48个、到位资金18.85亿元；7月，协调为织金县开展招商引资活动，签约项目6个、涉及资金52.8亿元，到位资金1.5亿元。

## 第三节　民革中央帮扶

### 一　智力开发

1991年，国务院将纳雍县列为民革中央定点扶贫联系县。1992年初，民革中央首次组织农、林、牧、化工、地矿、医药等方面11位专家赴纳雍县考察指导。1992～2000年，民革中央坚持为纳雍贫困适龄儿童捐资助学，共为纳雍教育注入资金近200万元，改造和新建12所希望小学，使5000多名学生改善了学习条件，3000多名失学儿童重返课堂。

2004年6月，民革中央联系并促成清华大学现代远程教育扶贫中心在纳雍县建立远程教育教学点，通过现代信息技术使地处偏远山区的纳雍，能够共享清华大学优质教育资源。2006年，民革中央投入15万元在纳雍县创办农民技能培训多媒体教室，建立农民培训长效机制。2007年6月，民革中央邀请北大医院医疗专家在纳雍医院以现场指导、手术示范、讲座培训等形式对医务人员进行业务培训；北大医院把纳雍县医院作为对口联系单位，制定邀请退休专家赴纳雍开展医务工作及组织纳雍县医疗卫生人员到外面进修等长期帮扶措施，帮助提高该县医疗水平。是年7月，民革中央在贵阳市举办全国民办教育学校校长研讨会，会后组织部分校长赴纳雍县开展合作办学考察洽谈及扶贫调研活动。通过民革党员所办学校与纳雍县开展合作办学、教育扶贫等，加大了教育投入力度。浙江温州新纪元教育集团连续3年每年帮助纳雍县培训20名教师、支持20名优秀学生赴四川就读高中，向纳雍县捐赠价值54万元的教辅图书，在阳长镇博爱小学设立20万元教育奖励基金；温州迪拜商会每年捐助“志远助学基金”4万元，资助纳雍县20名2007级大学新生直到大学毕业；浙江衢州行知教育集团、广东汕头市对外劳务业余学校、河南郑州古筝艺术专修学院、贵阳外国语学校等免费资助32名贫困学生就读职业技术学院；浙江勤业教育集团、江西大宇学院以及江苏、浙江、安徽和福建等地民革党员企业家直接出资资助贫困学生。2009年9月10～11日，民革中央考察慰问团到纳雍考察慰问，在看望贫困户、向县林业局捐赠4000元经果林启动资金的同时，向龙场镇兴中希望小学捐赠助学金1万元。是年，经民革中央牵头，上海新纪元教育集团下属的四川广元外国语学校决定，每年无偿为纳雍县培养学生20名，同时派教育专家到纳雍县教育局挂职，帮助纳雍开展教师培训工作。

自民革中央定点帮扶纳雍后，利用其知识密集的优势，组织土壤肥料、小麦、水稻、玉米、马铃薯、果树、畜牧、水利等方面的专家赴纳雍县开展技术培训，培养了一批乡土科技种植示范户。至2008年，共组织各类专家300多人次，为纳雍县培训干部和农民5万多人次。2010年，民革中央多次派员到纳雍县考察调研，向阳长镇博爱小学、核桃寨小学和龙场镇兴中希望小学共捐赠助学资金7万多元、图书4000多册。是年1～9月，民革中央为赫章县举办中小学教师培训班9期、思想教育专场讲座6场，培训人员3200多人。

2011年7月，全国政协副主席、民革中央常务副主席厉无畏赴毕节考察，协调组织有关方面签订25个同心工程援助项目协议，促成200多亿元的招商引资项目签约；向纳雍县捐赠253万元的资金、物资，资助纳雍贫困学生189名；培训中小学教师、民营企业管理人员等各类人才2415人；举办6场专题报告会，2000多人参加听讲。

## 二　帮扶产业发展

**产业基础建设**　1993年，在民革中央呼吁和协调下，交通部先后投资1900万元修建纳雍县第一条三级道路，结束纳雍县没有柏油路的历史。协调中国地方煤矿公司投资30万元为纳雍县建立第一支矿山救护队；贵州省煤炭厅免费为纳雍培训60名矿长和安全员。2000年10月，总投资43.5亿的一期120万千瓦纳雍火电厂被国家计委批准立项并破土动工；2003年6月，二期180万千瓦火电厂又落户纳雍。2008年5月，民革中央邀请中国安全生产科学研究院矿山安全技术研究所专家赴纳雍进行煤炭安全生产培训指导，并引荐澳大利亚格林爱尔基金有关代表赴纳雍进行CDM（清洁发展机制）合作项目考察，为纳雍县培训100多名煤炭安全生产监管人员和煤矿矿长、工程师。

**产业结构调整**　1.培育蔬菜产业。自2001年起，民革中央委派蔬菜专家到纳雍县指导实施商品蔬菜示范种植项目，使纳雍县蔬菜产业获得很大发展。2005年，民革蔬菜专家在纳雍指导建立900亩蔬菜生产基地，培训出一批肯研究、能吃苦、负责任的蔬菜种植乡土人才，并编写《纳雍县主要蔬菜栽培技术》一书免费发给农民群众。2006年，纳雍县建立8个蔬菜生产专业村，以长沟村为代表的蔬菜生产基地每亩最高产值达8000元，户均收入达2万元。是年，纳雍县蔬菜产值达6450万元。2007年，经民革中央帮助呼吁，纳雍县争取科技部科技富民强县项目220万元资金支持新房乡发展壮大蔬菜产业。

2.发展茶叶产业。民革中央邀请中国农业科学院茶叶研究所专家对纳雍传统茶叶产业进行整合指导，使全县茶叶产业逐年得到恢复和发展。到2004年，已建立起5个茶叶生产龙头企业，新建大型茶叶加工厂5座，形成4个有机名优茶品牌。2005年，茶叶专家帮助县里制定《纳雍县2005～2010年茶叶产业发展规划》，并开展相关技术培训。2006年，纳雍县茶园面积达3万亩，其中有机茶颁布证面积达6000亩，茶叶产值达3000多万元。

3.编制发展规划。在民革中央协调下，促成中国农业大学帮助纳雍县编制“十一五”生态农业产业发展总体规划。2006年1月，该规划在北京通过专家论证。是年7月，经与中国农业大学联系，促成规划中的纳雍糯谷猪、玛瑙红樱桃和黑琥珀李子等特色农业项目的有机食品认证，使纳雍县具有一定发展潜力的地方特色农业项目得到国家认定，具备可以预期的市场前景。2007年8月，民革中央邀请农业专家赴纳雍县考察生态农业产业发展。专家针对纳雍县农业现状和资源优势，提出“举生态文明旗，走健康产业路，再造一个新纳雍”的发展思路，对纳雍县发展核桃和板栗等方面的品种选择、基地建设、加工销售、人才培养和保鲜加工进行全面技术指导。

## 三　帮扶重点联系村

从2001年开始，民革中央按照《中国农村扶贫开发纲要（2001～2010）》中“抓好扶贫规划的实施，坚持扶贫到村、落实到户”的精神，将扶贫工作重点下沉。选择年人均收入不足600元，苗、彝族等少数民族人口占87%的核桃寨村作为重点扶贫联系村，帮助该村解决脱贫问题的同时，探索建立社会主义文明富裕小山村的发展模式：

1.制定参与式扶贫规划。2002年8月，民革中央邀请贵州省农科院现代农村发展研究中心专家，采用参与式扶贫开发的方法为该村制定村级发展规划。以贫困人口和基层组织为主体，引导村民自己分析贫困原因，自主选择实施脱贫项目，调动村民脱贫致富的积极性和主动性，促进扶贫项目较好落实。

2.加强基础设施建设。以农民直接受益为原则，从解决困扰农民生产生活最迫切问题入手，确定目标和开展工作。从2002年3月起，民革中央先出资1.5万元在核桃寨村修建13个示范水窖，联系县扶贫办跟进投入资金28余万元，共建水窖380个并全部蓄水，有效缓解了春季缺水问题，结束该村下山背水的历史。先后在核桃寨村启动实施村综合办公楼、通村公路、电网改造、茅屋改造等多项基础设施建设。出资帮助村修建集办公、计生、村民活动站为一体的综合办公楼，配备了电视机、VCD，远程教育接收系统，并购买桌椅图书等，为村民科技培训和文化扫盲提供了场所。争取资金修通由乡政府到核桃寨村4.5千米的村公路。完成全村电网改造，使电价从每度1.4元降到0.4元。出资近10万元帮助修建9.8千米的矿山公路和通组公路。2007年，帮助协调国土资源部土地整理项目资金80万元用于核桃寨村道路、水利、土地等设施建设。

3.实施村校一体化工程。2003年，民革中央投资3.4万元在核桃寨村兴建一所80平方米的临时教学点，解决全村低龄儿童就学不便的问题。2004年，民革厦门市委向博爱小学捐款5万元扩建新教学楼。与县政协等部门为该村贫困学生建立助学基金。动员组织上海、福建、安徽等地民革党员与核桃寨村50名家庭贫困的小学生结成帮扶对子，资助其完成学业。2006年初，与当地党委、政府共同研究提出“村校一体化”建设新思路，利用学校和村寨两个教育资源，培养提高农村两代人的素质。北京的民革党员捐赠24台电脑，帮助学校建立接收远程教育的电脑教室。2007年底，民革中央投资3万元支持博爱小学“村校一体化”相关项目建设工作，完成蓄水池、围墙加高封闭、校园美化等工程，强化远程教育师资力量，每周开展3次培训活动。2008年，向博爱学校捐赠价值1.5万元的体育器材，捐资1万元建设果园，投入2万元修缮村引水管道、硬化通组道路。2009年3月，民革中央主席周铁农到核桃村捐赠资金15万元，援助博爱小学修建教师宿舍，资助该村贫困学生上学。是年，民革浙江金华市委捐赠2万元在核桃村启动资助高中生项目，拟在3年内为该村所有高中在读学生每年提供800元学费；民革贵州省委会及党员企业家向博爱小学捐赠13万元用于修建教师宿舍。

4.推动农业结构调整。邀请蔬菜专家担任技术顾问，在县扶贫办和镇政府支持下，在该村建立蔬菜基地150亩，开办5期蔬菜种植培训班，培训农民200余人次。支持和帮助该村建立农民专业协作组织，扩大商品蔬菜种植面积。2005年，在该村推广杂交玉米种植，种植杂交玉米250亩，亩均增产250公斤。是年全村蔬菜种植面积扩大到200亩。2008年，在国家科技部支持下，民革中央会同民革贵州省委在该村启动实施“猪沼果蔬现代农业链试验示范项目”，拓展全村现代农业发展和农民增收渠道。

5.帮助建立扶贫基金。2005年，民革中央投入5万元会同政府资金帮助该村建立10万元扶贫基金，为村民发展种植养殖业和外出务工等提供小额信贷支持，每年基金发放率在90%左右。2006年7月，核桃寨村被国务院扶贫办列为贫困村村级发展互助金试点村，获专款15万元，中央财政追加安排综合养殖项目资金8万元，基金规模达33万元。

# 第四节　民盟中央帮扶

## 一　科技扶贫

试验区建立之初，民盟中央把毕节县（1994年起改称毕节市）确定为扶贫联系点。从1989年开始，先后在何官屯镇、水箐镇建立农业综合开发试验示范基地，开展农业实用技术的示范、推广工作，把当地传统的玉米“窝种双株留苗法”改为“条播单株留苗法”，使玉米产量平均增长20%以上，玉米倒伏率从窝种的25%降到5%以下，成功地试验出石漠化陡坡地和坡耕地横坡种植法。

1996年，民盟中央发挥智力密集优势，委托民盟贵州省委组织农业专家到青场镇实地考察调研，为发展后续财源、帮助农民脱贫致富出主意、想办法。根据青场镇“火盆效应”的典型气候特征和地处云贵川三省交界的市场优势，提出在该镇发展早熟蔬菜，建立早熟商品蔬菜基地的建议。经过论证，民盟贵州省委在青场镇开展早熟商品蔬菜栽培的试验示范工作。经过10年发展，青场镇建成上千亩一年三季早熟蔬菜示范基地。2006年，农民每亩蔬菜收入由原来种植粮食作物时的700元增加到3500元。

2009年3月20日，民盟中央专家考察团分组到毕节市梨树镇上小河村、海子街中草药基地、岔河镇发路村、八寨镇金银山草地畜牧业项目点、杉树脚养牛基地进行实地考察指导。

2011年，民盟中央领导多次深入毕节考察调研，帮助引进浙江赛丽集团、上海亿丰集团等企业落户毕节。

## 二　智力开发

1988～2009年，民盟中央以对口联系的毕节市为重点，进行中小学教师教学、教材教法培训、农村非英语专业英语教师业务培训、中小学校长教育、管理培训、中小学教师德育教育业务培训、农村农业实用技术培训等各种形式的培训工作，培训人数达10多万人次。

1991年，经民盟中央牵线搭桥，北京汇文中学与贵州毕节一中结为姊妹学校。18年来，两校之间的交流与合作不断扩大与深入。北京汇文中学的优质教育资源辐射到全毕节地区，共有48所高中的2000余名骨干教师受益，毕节一中和六中的近百名骨干教师到北京汇文中学进行教学培训和交流。2004年3月，民盟中央名誉副主席厉以宁赴毕节试验区考察，作《从毕节地区的发展看西部大开发》专题报告，对毕节试验区经济发展提出建议。在其倡导下，北京大学光华管理学院举办3期“光华—泰达—毕节”领导干部培训，毕节试验区县处级以上领导干部150名接受高层次现代经济管理知识的培训。是年7月，厉以宁将个人荣获的日本福冈亚洲文化奖金300万日元捐献给毕节建设1所希望小学。是年高考前夕，民盟中央邀请北京市5位知名教学专家赴毕节讲学，为毕节试验区近千名高中骨干教师和万余名应届高中毕业生举办“高考总复习冲刺辅导”。2005年，将清华教育扶贫办公室制作的名师高考辅导讲座光盘赠与毕节市教育局，市教育局复制1000余套在全市的高中播放，对提高高考升学率发挥了作用。民盟中央协调香港汉荣书局共为毕节地区、毕节市、赫章县和纳雍县图书馆捐赠价值60万元的港版图书。2006年，厉以宁协调北京大学光华管理学院董事长、台湾大学伊衍梁教授向大方、织金、威宁、赫章4县捐资120万元，修建4所希望小学，并在毕节学院设立光华奖学金，每年对300名品学兼优的贫困大学生实行奖励。民盟中央协调民盟上海市委引资25万元，兴建毕节市梨树镇二堡小学。是年暑假期间，民盟贵州省委组织8名骨干教师对毕节市210名乡镇骨干教师开展英语、电脑、音乐学科培训。2007年9月，在民盟浙江省委协调下，毕节二中4名骨干教师到杭州十四中参加为期两个月的培训。自是年起，民盟中央将毕节试验区中小学教师培训工作纳入“民盟农村教育烛光行动”，使全区农村义务教育阶段师资培训走上制度化、长期化轨道。2009年，民盟中央筹资50万元，援建毕节鸭池镇金钟小学；邀请北京新东方教育科技集团董事长俞敏洪到毕节市作1场关于英语学习的大型演讲，同时在毕节市开展为期1周的中小学英语教师培训，培训500多人。同年，民盟中央组织盟内外教师到毕节市长春镇、小吉场镇二中、梨树镇上小河村学校进行示范课教学，现场培训中小学教师；协调深圳市有关学校和教育专家到毕节地区实验高中进行学校建设指导，促成深圳市有关学校结对帮扶实验高中，接收实验高中教师到深圳进修培训；联系民盟杭州市委，接收毕节二中教师到杭州进修培训。是年12月22日，民盟中央调研组到毕节市调研时，到对口帮扶点梨树镇上小河村实地调研，同时为鸭池镇金钟小学协调援建资金50万元。2010年，协调资金50万元，援助鸭池镇修建金钟希望小学。

2011年，协调中关村教育基金会捐赠资金100万元，资助大学生及培训教师；协调资金15万元，帮助毕节市建设“同心·黄浦实验楼”，并向毕节市捐赠电子图书馆、电脑、复印机、摄像机、英语复读机等一批物资。

## 三　帮助新农村建设

2006年6月至2007年8月，民盟中央社会服务部副部长郭勇到毕节地区行署挂职任副专员，加强了民盟与毕节试验区的联系。经实地考察调研，民盟中央、民盟贵州省委将梨树镇上小河村作为智力支边工作联系点，帮助上小河村制定完善发展规划，按照“生产发展、生活宽裕、乡风文明、村容整洁、管理民主”的方针，开展社会主义新农村建设。投入资金2.3万元，支持上小河村调整产业结构。从贵州印江引进205只“莱茵鹅”进行养殖示范，帮助10户养殖户修建鹅舍、配备孵化机。至2008年，育雏1500只，示范户每户平均增收3000元以上。投入资金5.4万元，在该村建10个蔬菜大棚，提供种子和农用物资，并在栽种季节邀请专家开展技术培训，帮助村民发展精细蔬菜种植。2008年，5户蔬菜种植示范户的收入均达1.2万元左右。

在民盟中央协调下，民盟深圳市委组织盟员企业家，投入资金7万余元为上小河村文化活动室购置电脑、电视、广播器材、办公桌椅，改善文化设施，丰富了村民文化娱乐生活。民盟贵州省委协调省体育局为村小学无偿提供价值2万元的体育设施和器材，民盟中央向该校捐赠200套课桌椅及教师办公用具，筹资6万元解决该校行路难和饮水难问题。民盟贵州省委协调资金6.6万元，帮助建立起村卫生室，使该村卫生室成为毕节试验区目前软硬件最好的村级卫生室之一；民盟贵州省委协调交通项目资金240万元，为该村硬化9千米进村公路。2009年，民盟中央累计协调各类新农村建设资金430万元，帮助上小河村全面推进基础设施、非传统养殖业和白族民居改造工程建设。在民盟中央帮扶下，上小河村被确定为贵州省统战系统新农村建设示范点。2010年，捐资50万元改造上小河村白族民居，并对该村草莓种植户进行技术培训，无偿提供价值10万余元的1.5万株优质草莓苗供其种植；协调资金50万元，援助梨树镇老年公寓修建。

2011年，协调资金580万元，对毕节市梨树镇上小河村白族民居进行改造。

## 四　帮助建设基础设施

2003年，民盟中央为此专门派人赴武汉“长江水利委员会”，帮助毕节市倒天河水库工程立项做沟通、协调工作，使倒天河水库工程顺利通过专家评审，获国家投资3350.65万元。水利部先后共拨款1500万元，投入水库建设。2007年，民盟中央帮助赫章县招商引资5.5亿元，引进长城电器集团和本部矿业集团的项目投资。在民盟中央主席蒋树声和常务副主席张梅颖的协调下，总投资2亿元的毕节地区金沙县胜天水库和织金县大新桥水库建设先后在水利部和国家发改委立项。是年，在民盟中央协调下，武警总部领导赴毕节考察，投资1000万元在毕节地区建设西部一流的训练场；香港新世界集团向毕节地区各县市捐赠14所总价值760万元的多媒体教室，把东部发达地区的优质教育资源引入毕节。2009年6月5日，受民盟中央委托，贵州省政协、民盟贵州省委和毕节地区政协工委、民盟毕节地区工委联合组成调研组，对织金县大新桥水库工程建设进行调研，就如何解决存在的困难和问题进行指导。是年7月，民盟中央调研组赴毕节试验区就农村公路建设进行调研，到赫章县实地调研月亮河至石板河、集中至犀牛塘农村公路建设，提出关于加快农村公路建设的建议。2010年4月，捐资10万元支持毕节市开展抗灾救灾；捐资8万元援助群众修建引水工程。

## 五　帮助搭建融资平台

2007年4月，厉以宁教授建议毕节试验区申请设立产业投资基金和村镇银行。此建议得到贵州省委、省政府的高度重视，落实总规模100亿元人民币的基金发起人、管理人、出资人、托管人。2008年全国“两会”结束不久，民盟中央主席蒋树声致信请国务院对毕节试验区设立产业投资基金给予关注和支持，国务院有关领导高度重视，并作了批示。国家发改委牵头组织有关部门就产业投资基金征询相关方面的意见，具体落实项目源和管理团队。同年4月，民盟中央致函贵州省银监局，建议支持在毕节试验区设立村镇银行。9月19日，贵州省第一家总资本5000万元的毕节发展村镇银行正式挂牌营业。

### 六　帮助医疗卫生事业发展

2009年，民盟中央邀请首都医科大学附属北京中医院专家赴毕节开展义诊、讲学活动，培训全区医务人员和地区卫校学生600人次，并促成北京中医院结对帮扶毕节地区中医院，地区中医院派出3批管理、医务人员到北京进修。同年，协调北京康谊德医院实施卫生部“冬病夏治”培训项目，为毕节市培训医务人员100余人次，并促成北京康谊德医院与毕节燕氏骨科医院合作，在毕节建1所民营中医院；联系浙江省温州医学院附属眼视光医院开展对毕节地区中医院眼科的对口帮扶；通过“送医、送药、送科技”三下乡活动，利用农村赶集时间，在毕节市何官屯镇和黔西县素朴镇、定新乡开展义诊和健康防疫、避孕节育等宣传教育，赠送价值2万余元的药品、资料；与农工党、九三学社联合到纳雍县维新镇开展“国际卫生与科技和平周”活动，开展义诊和健康宣传，赠送价值2万余元的药品、资料。是年12月，经民盟中央牵头协调，温州医学院附属眼视光医院与毕节地区中医院合作共建协议在毕节签订。2011年，促成北京康益德医院长期帮扶毕节市朱昌卫生院，协调倍肯集团捐资416万元，援建20个整体化验室及一套快速检验设备。

## 第五节　民建中央帮扶

毕节试验区建立后，民建中央在中央统战部的牵头组织下，即参与试验区建设的帮扶工作。特别是2004年民建中央出台《关于加强扶贫工作的意见》后，民建各级组织坚持“智力扶贫、科技扶贫、造血式扶贫”理念，加大了对毕节试验区建设的帮扶力度。至2009年，民建中央在毕节试验区援建18所希望小学、1个教学点和1个“爱心家园”教师宿舍；转移农村富余劳动力720人。帮扶黔西县实施帮扶项目70多个，无偿捐助资金达1500万元，协调资金近1000万元，带动当地投资1000余万元，累计为黔西县修建沼气池500多个、小水窖683个、人畜饮水工程8个。帮助黔西县在“珠三角”“长三角”开展招商引资活动，与黔西县联合举办“中国贵州百里杜鹃花节”黔西经贸洽谈会，协议签约20个项目，总额19.92亿元。

2011年，全国人大常委会副委员长、民建中央主席陈昌智率农业部、水利部、国务院扶贫办、民建东部十省市组织及企业家赴毕节考察调研，为黔西县承接产业转移基地3家民建企业授牌；召开帮扶黔西工作座谈会，7家民建会员企业向黔西县捐赠760万元的物资；民建会员企业义乌润石置业有限公司和广州斯之创建筑材料有限公司与黔西县签订62.3亿元的投资协议。

### 一　智力支持

试验区建立后，民建中央领导多次率专家学者到黔西县考察，先后派遣干部3批7人到重点帮扶县黔西县挂职开展帮扶工作，帮助黔西县探索发展思路，确立“农业稳县、工业强县、城建带县、旅游活县”，以经济建设为中心，以改善民生为重点，促进经济建设、政治建设、文化建设和社会建设全面发展的发展战略。2006年2月和2008年5月，民盟中央社会服务部在黔西县小寨子村、化屋村分别召开发展规划论证会，为民建中央重点帮扶的这两个村调整发展思路，完善发展规划。

2009年10月8～11日，民建中央考察团赴毕节试验区实地考察旅游产业开发和提升，实地考察乌江源百里画廊、香粑车乐园、织金洞、恐龙谷、支嘎阿鲁湖、九洞天、草海等景区后，围绕在毕节打造国际生态旅游示范区、民族文化示范区和红色旅游精品路线，提出建设性意见和建议。

2011年，协调上海子木实业有限公司等一批优强企业落户“同心·工业园区”；帮助培训各类农技人才3064人次、水利技术人才400多人次、乡村干部200多人次。

## 二　帮助建设基础设施

至2009年，协调交通运输部、贵州省交通运输厅投资800余万元，黔西县政府配套投入200万元，修建新仁至化屋村油路，建成黔西县第一条通村油路；发动会员企业家捐资30万元为仁慕村修建村级公路，解决了11个村民组3000多群众的行路难问题，受到当地群众广泛赞誉，群众将此路称为“民建爱民路”。发动会员企业家捐资100万元，对化屋村175户茅草房及院坝和户间便道进行改造；引资20万元对12户贫困户改造住房，且在院坝和户间便道铺上石板。引资134万元，在黔西5个乡镇援建8处人畜饮水工程和1个水库维护配套工程，解决了4500人、1400头匹大牲畜的饮水困难，结束了人背马驮、长途跋涉取水的历史。引资48万元，修建了500多个沼气池。引资64.8万元修建自流井工程，捐资50万元在化屋村建80个小水窖。2010年，在试验区遭受特大旱灾期间，民建中央通过中华思源工程基金会捐资100万元、民建会员企业贵州北极熊实业公司捐资30万元，支援黔西县抗灾救灾；民建会员企业天津庆达投资集团有限公司、天津正方科技发展有限公司向黔西县新仁乡捐赠价值35万元的轻型移动式自动吸水泵10台、正方牌1000型净化直饮水设备1台，并派技术人员帮助安装调试；江苏智思机械集团有限公司向素朴镇捐资30万元，援助修建小水窖100个；贵州中卫导航有限公司向重新镇捐赠抗灾救灾资金10.73万元，贵州省地矿局在重新镇进行实地考察后，确定帮助该镇布孔打井勘探地下水。

2011年，协调水利部投资1600万元支持黔西实施小型农田水利重点县建设项目，推动附廓水库加高扩建工程开工建设。

## 三　帮助调整产业结构

民建中央定点帮扶黔西县后，采取多种方式组织资金投入，帮助调整产业结构。协调资金20万元在化屋村建设经果林400亩；捐资2万元作为启动资金，从福建引进优质枇杷苗到黔西县新仁乡种植，种植面积达500亩，绿化荒山300亩；组织民建会员企业家捐赠价值200万元的速生杨树苗130万株，建立速生杨树育苗基地，绿化荒山7000多亩。投入无息借款30万元，扶持重点帮扶的新仁乡农户种植鲜姜400亩，生姜产量达40万公斤，实现经济收入120余万元；无息借款引进樱桃新品种玛瑙红520株在化屋村试种，种植农户实现纯收入52万元。捐资120万元在新仁乡群益村、小寨村实施滚动养殖项目。项目分两种形式：一是集中饲养能繁母猪。在群益村和小寒村分别建能繁母猪饲养基地各1处，每处集中配套圈舍51套间1632平方米，15户村民集中养殖能繁母猪50头，种公猪2头。两个基地共养殖能繁母猪100头，种公猪4头。二是分散饲养商品猪。以仁化路为主线，沿线500户农户配套圈舍500间，饲养商品猪1000头。该项目首轮滚动运行的时间从2008年9月~2009年8月，首轮滚动养殖两村受益530户2024人，其中贫困户212户809人，每年给两村群众直接或间接增加收入81.2万元，户均增收1532元，人均增收401元。同时，民建中央还捐资20万元在该乡实施滚动养牛项目。在发展旅游业方面，民建中央投资40万元，在化屋村扶持20户农户创办“农家乐”；协调民建会员企业家捐资20万元，修建化屋民族风情园，发展民族风情旅游。带动地、县、乡三级投入近1000万元资金，加强化屋民族风情旅游基础设施建设。2009年，投资打造的两艘豪华游船和星级宾馆投入使用，每天已有小批量游客造访化屋苗寨。

2009年5月9～10日，民建中央考察团到黔西，先后考察了黔西县新仁乡群益村生猪滚动养殖和沼气池建设项目，新仁乡化屋村樱桃种植、生姜种植项目和民居改造工程，黔西甘棠煤电一体化循环经济工业园区和岔白农产品加工园区，在黔西县举行了民建中央和民建企业家帮扶黔西县捐赠仪式。2010年，民建中央协调组织“‘情系乌蒙’乌江源百里画廊旅游文化招商引资项目推介会”，贵州省内及广东省、浙江省的20多名企业家出席会议，其中上海子木实业公司决定投资1.6亿元，采取“公司+合作社+农户”的方式，为黔西县发展魔芋种植、加工和销售。

2011年，协调多方力量在黔西县洪水乡建设“现代农业科技示范园”，种植核桃1.3万亩、反季节蔬菜5000亩、马铃薯1万亩、草场2.65万亩；在新仁乡建成100亩玛瑙樱桃、100亩黑莓示范基地，实施20户林下乌鸡滚动养殖项目，建成“同心·思源水窖”30口；资助化屋基建设民族风情接待中心、黔西县乡村社及农家乐。

## 四　帮助发展社会事业

民建中央向黔西县化屋村捐赠价值8万元的文化室用书和卫生室用设备，帮助接入有线电视，组建苗族歌舞表演队，既丰富了群众的业余文化生活，又通过歌舞表演增加了收入。在为毕节试验区援建校舍的同时，民建中央累计引进助学资金70万元，资助全区500多名学生完成学业。其中资助黔西县家庭贫困的学生100名，资助金额28万元。2009年5月9～10日，民建中央副主席张榕明率民建会员企业家赴毕节试验区考察调研期间，民建中央中华思源工程扶贫基金会向新仁乡捐赠资金230万元，江苏省智思机械集团有限公司董事长兼总经理捐赠100万元；民建中央社会服务部捐赠30万元资金援建化屋村文化室和卫生室。2010年，在民建中央协调下，上海烟草集团公司捐资120万元，在黔西县林泉镇瑶坪小学建设“上海希望小学”；北京大学光华管理学院向锦星一小捐赠价值10万元的7000多册图书；北美永新能源有限公司和瑞尔齿科集团向黔西县捐赠价值13万元的小学生学习用品；贵州水务公司向锦星一小36名贫困学生捐赠1800元慰问金。是年内，民建中央还向黔西县捐赠价值20万元的医疗设备，并与民建贵州省委一道在黔西县组织开展义诊活动，捐赠价值7500元的药品。

## 第六节　民进中央帮扶

毕节试验区建立20多年来，民进中央和各地方组织，与有关方面精诚合作，在人才培养、智力开发、考察论证、规划制定和项目、资金、技术引进等方面对毕节试验区进行大力帮扶。20多年中，民进中央领导和干部，包括教育、科技、企业、医卫方面的会员共650余人（次）到毕节开发智力支边活动，开展了“赫章20万亩连片天然草场生态种草养畜产业技术集成与示范项目”、金沙民心有机农业试验示范园（已列入科技部部长专项）等各类支边项目70余个，培训各类人员5000余人次；引进包括总投资106.3亿元、可安排5000多人就业的“青利毕节氯碱磷煤生态工业园”等一批投资项目；捐款近500万元，捐赠各类物资折合1100多万元。

2011年，民进中央组织120余人次赴毕节试验区考察调研，协调推动动民进各级组织加大实施“同心·彩虹行动”力度，重庆、四川、山西、陕西、湖北、湖南、绍兴等地民进组织加入实施“彩虹行动”行列，对口支援金沙县各乡镇发展。

### 一　教育文化扶持

**师资队伍建设**　自1988年起，民进中央先后邀请北京化工管理干部学院、贵州师范大学、贵阳医学院等高校英语、化学、生物等各学科专家，对毕节教育学院教师及师范生进行长期培训，为全区教师水平提高建立了平台。2005年后，民进中央倡导实施西部教师培训工作，先后从试验区组织80余名教师到北京、上海、湖南、江苏等地接受系统培训，与发达地区教师进行深入交流。1993年9月，民进中央将金沙县定为对口支援县，制定3年教育帮扶计划。在其后3年中，邀请北京、贵阳和深圳的40余名专家及高级、特级教师，利用暑期为金沙县培训教师2000多人次，联系北京和贵阳市一批重点学校与金沙县7所学校建立对口帮扶关系。1997年，民进中央选点金沙县逸夫中学，探索提高学校整体水平的途径。邀请北京市陈经纶中学和贵阳市一中、二中、六中、贵师大附中、贵阳市教科所等单位的专家到金沙逸夫中学传经送宝；协调北京陈经纶中学向金沙逸夫中学捐赠价值20多万元的电教设备和各类书籍，介绍现代学校管理经验，帮助培训师资。1997～2004年，组织该校数十位管理干部和教师到上海、贵阳、南宁等地名校参观学习，开阔眼界，汲取先进经验。2004年5月，民进中央和民进北京市委会在逸夫中学举行“百名民进优秀教师西部行走进金沙活动”。北京名师为金沙县师生180多人举办讲座，全县1000多名高三毕业生通过电视收看。2005年后，民进中央倡导实施西部教师培训工作，先后从毕节试验区组织80多名教师到北京、上海市、湖南、江苏等地接受系统培训。2006年，按照中央智力支边协调小组的部署和要求，民进中央选派天津高校2名优秀教师会员到毕节学院支教半年，拉开学院“百名教授团”支教工作序幕。2006～2007年，民进中央与民进北京市委组织北京革新里小学、培新小学领导和优秀教师10多人到金沙县进行讲学活动。2010年，民进中央为金沙县举办培训班21期，培训学校校长、骨干教师、医务工作者2000多人次；投资100多万元，在北京、上海、杭州、深圳、湖南、厦门、济南、南京、常熟等地为金沙县培训校长、骨干教师237名。

**人才培训** 1994年7月，联系北京化工管理干部学院为金沙县培训乡镇企业财会人员40名。1999年民进中央社会服务部支持永川民进学校创办“民族团结班”。至2008年，从全区招收彝、壮、白、苗、布依等少数民族学生310人，减免学费总计近60万元。经过努力，这些文化基础相对较差的学生，其中有200人毕业，在重庆、成都、贵州、昆明等大中城市就业。支持北京昌平职业学校从纳雍县、织金县招收近百名学生，让其接受系统的职业培训；促成金沙二职中、金沙沙土初级中学与北京汽车工程学校、北京黄庄职业高中进行联合办学，在专业扶持，教师培训等方面开展合作，共同培养学生。从2004年起，民进会员创办的浙江宇翔外国语专修学院、衢州工贸学校参加在毕节的扶贫工作，每年为逸夫中学免费培养农村贫困优秀初、高中毕业生各2名，并负责安排就业。2011年，以“同心·彩虹行动”为载体，举办各类培训班20多期，培训各类人才3056人次。

**教育硬件建设** 1989年9月5日，民进中央和中共中央统战部联合举行赠书仪式，向贵州省毕节地区赠送6500册《叶圣陶给教师的100封信》。1996年毕节图书馆建成时，民进中央为其募捐图书5000余册。1999年民进会员再次向毕节图书馆捐赠图书6740册，价值近5万元。2004年，民进中央联系港商赵安中先生捐款25万元，为金沙县石场中学修建图书楼1座。民进中科院党支部向金沙县淹坝村捐赠图书8000册和电脑、投影仪、打印机等设备，建立图书室和多媒体教室。2006年，民进中央联系香港汉荣书局向金沙县图书馆捐赠图书3000册。2008年，民进会员企业家向金沙县捐款70多万元，捐建农里学校电教室和添置教学设备，捐建农里学校行健楼和沙土镇希望小学。2009年4月，民进北京市委向金沙二职中捐赠图书2000多种1.74万册价值41.3万多元的图书；向沙土镇初级中学捐赠图书4600册，价值2万多元。民进江苏省委向金沙二职中捐赠价值30余万元的学生生活用品。同年6月，民进江苏常熟市委向金沙沙土镇常熟希望学校捐赠价值1.1万元的图书。同年9月5日，民进中央帮扶毕节教育“彩虹行动”启动暨签约捐赠仪式在金沙县举行。仪式上，6个省级民进组织分别与金沙县教育局及对口支援的乡镇签订了对口支援协议。民进企业家向“彩虹行动”捐赠启动资金。钱江实业有限公司捐赠100万元，北京特智诚科技有限公司捐赠15万元、杭州师范大学附属小博士幼儿园捐赠10万元、北京鸿疆科技发展有限公司向金沙一中捐赠2.8万元的远程卫星教育设备，北京神墨教育机构捐赠15万元建设高坪乡完小综合楼。民进深圳市委会向毕节地区捐赠20万元修建1所希望小学，并捐赠3台电脑和一批学习用品。1名企业界会员向纳雍县捐资16万元修建1所希望学校。2010年，民进中央捐资80.3万元支持金沙县沙土镇3所学校和清池镇大坡学校进行基础设施建设，向金沙县教育局提供VCM远程教学培训系统并捐赠价值13万元的设备；同时捐资40多万元为金沙县学生购买学习用品。

## 二　帮助生态建设

**石漠化治理**　民进中央与国家林业局多次联合到毕节考察生态建设。2005年，在民进中央的建议、支持下，《毕节林业生态建设规划》获国家林业局批准。2006年9月，全国人大副常委会委员长、民进中央主席许嘉璐代表民进中央致信国务院总理温家宝，介绍毕节试验区实施林业生态建设和石漠化治理的成功经验，提出关于推进全国石漠化治理的构想，建议在毕节率先启动石漠化治理试点项目。民进中央的建议得到温家宝总理、回良玉副总理等领导的批示，国家发改委等6部门联合制定《岩溶地区石漠化综合治理规划大纲》，在全国确定100个综合治理试点县，毕节8个县市全部纳入试点范围。是年，国家林业局为金沙县各类林业建设项目共投资631.2万元，其中天然林保护工程176万元，退耕还林工程396.2万元，其他林业建设项目59万元。2008年6月，民进中央与国家林业局、贵州省政府联合在毕节举办“中国（毕节）石漠化治理与生态文明高层论坛”，总结毕节试验区建立20年来的成功经验，研讨石漠化治理与生态文明建设的理论与实践问题，探索石漠化地区建设生态文明的途径。论坛通过《毕节宣言》，对毕节石漠化治理提供了理论和政策依据。2009年4月，民进中央启动金沙石漠化治理科技示范园建设，探索石漠化治理的途径和模式，石漠化治理面积2000多亩。中国林科院向示范园区捐赠大量图书和实用设备，并派出两位专家常年进行技术指导，促进了石漠荒山绿化和群众增收致富。

**生态环境保护**　自1993年起，民进中央从帮助金沙县制定发展规划入手，发动专家帮助制定林业生态建设、环境污染治理等规划和措施，邀请中科院知名环保专家帮助制定环保专项规划，为金沙县实施环境污染治理与环境保护提出明确的操作建议。2008年6月，民进中央领导与中国林科院专家一行到草海考察，对草海的生态环境保护与修复给予高度关注。同年11月19日，在民进中央、九三学社中央、国家林业局和贵州省委、省政府的大力支持下，毕节地委在北京举办《贵州草海湿地生态环境综合治理规划》评审会议。对《贵州草海湿地生态环境综合治理规划》进行认真评审。

**天然草场建设**　民进中央协调华南农业大学对毕节畜牧等产业给予技术支持。指导实施赫章20万亩连片天然草场生态种草养畜产业技术集成与示范项目，集南方草场生态改造、地方品种改良、畜产品销售与加工于一体，探索出石漠化治理、退耕还草养畜的生态开发扶贫新路。

## 三　帮助新农村建设

2007年后，民进中央贯彻落实中共中央关于新农村建设的部署，把金沙县西洛乡作为与金沙县政府共建的新农村建设示范点，帮助制定农业发展规划，启动有机农业试验示范园建设。组织金沙县主要领导、农业部门负责人等到山东德州、烟台等地考察学习经果林基地建设，企业界会员捐款20多万元作为新农村建设启动经费。争取中共中央统战部对经果林基地的经费支持和科技部部长专项落户。2008年6月，民进中央领导到金沙县考察，先后出席民进中央金沙县支边扶贫座谈会、民进中央捐建西洛乡农里学校教学仪式、华南农业大学与金沙县政府合作签约仪式等活动，深入实地考察西洛乡有机农业试验示范园。示范园共投入资金800多万元，辐射带动当地400多户农民，形成“公司+基地+农户”的运作机制，探索出贫困山区依靠科技实现可持续发展之路。

## 四　帮助引技引资

1990年，民进中央组织北京化工、农业、畜牧等方面专家赴毕节支边，帮助解决毕节化肥厂技改、赫章山珍食品厂水果保鲜等9个项目的技术问题。1990～1994年，先后组织上海时乐皮鞋厂、虹光皮革厂、天津有关专家对口支援毕节皮鞋厂和皮革厂，通过技术改造、帮助建立小型流水线，开发出新产品，使两厂起死回生。1994年，联系韩国现代集团驻京办事处与金沙县就120万千瓦电厂项目进行洽谈咨询服务。1995年，引进港资30万元，在金沙县大田乡建立该县第一个合资企业。2006年，邀北京民进会员与金沙县供销社等部门商谈茶叶销售与合作事宜。2008年6月9日，民进会员任董事长的贵州青利毕节氯碱磷煤生态工业园签约仪式在毕节举行，项目总投资106.3亿元。2010年，为金沙县争取到中央财政投资2120万元的国家高标准农田建设示范县项目，是年项目总投资1696万元，建设高标准农田1.23万亩；协调资金25万元为金沙县桂花乡修建乡村公路；组织民进企业家投资5000万元，在金沙县成立投资担保公司，为该县中小企业提供融资服务。

2011年，协调引进朗月集团公司投资4亿元在金沙县建设朗月煤机制造、朗月大厦、朗月汽车4S店；开朗投资有限公司投资建设“开朗·同心大市场”；上海富程环保工程公司投资10亿元建设金沙污水处理厂；江苏雨润集团投资5亿元在金沙建设2个年产10万头生猪的养殖基地。

## 五　帮助发展医疗卫生事业

1989年，民进中央委托民进浙江省委会选派6名经验丰富的医卫专家赴毕节进行为期一周的临床指导和医卫咨询。1995年和1998年两次组织北京医卫专家到金沙县开展义诊活动，总计为843人次义诊。2004年10月20日，组织上海、成都等地一批国内知名医学专家到毕节讲学、义诊。2009年6月11～12日，民进贵州省委主委左定超率“三下乡”活动团，到金沙县开展以教育文化、卫生、体育为主的“三下乡”活动，向西洛乡捐赠价值9.55万元的药品和价值20万元的医疗器械，对全县236名医务人员进行了培训。9月，协调中国红十字基金会西部女性阳光基金向金沙中医院捐赠价值20万元的宫颈癌筛查仪、上海亚能生物科技有限公司向金沙县人民医院捐赠价值5万元的快速诊断CRP。2010年，向金沙县捐赠价值980万元的医疗器械、药品和救灾物资，其中向县人民医院捐赠价值450万元的四排CT1台，向县中医院捐赠价值510万元的核磁共振1台，向桂花乡捐赠价值20万元的药品和救灾物资。

2011年，民进中央协调企业家和社会各界捐赠305万元，援建金沙县村级卫生室50个、教学综合楼1栋、计算机教室4个；向金沙县捐赠价值848.79万元的物资，包括核磁共振1台、电脑340台和药品、教学设备、图书等。

## 第七节　农工党中央帮扶

1986年4月，农工党中央开始对毕节威宁县实施帮扶，为较早进入毕节地区开展帮扶工作的民主党派之一。

### 一　帮助引进项目

1995～2008年，农工党通过各种渠道捐赠、引进、协调投入资金达1亿多元。百万元以上项目有：1.引进4800万元社会资金在大方县创办企业；2.协调贵州省投资4300多万元在威宁、大方两县实施地下水开发项目；3.引进国际CBM组织近1000万元连续15年实施免费白内障复明手术项目；4.引进670万元资金在大方县实施中草药、刺梨、半夏种植项目；5.引进中国红十字会、中国初级卫生保健基金会捐赠的医疗项目价值700余万元；6.引进爱德基金会530多万元在大方县星宿乡、大山乡、鸡场乡开展综合扶贫项目；7.资助百名地县级干部到清华大学培训项目和百名贫困大学生读书项目，资金达370多万元；8.引进中国残疾人联合会资助建设残疾人住房项目、毕节特教学校高中项目和残疾人康复中心项目资金260多万元；9.协调国家林业局投资240万元实施黔西、大方两县贵毕公路两侧生态建设项目；10.协调中华环保基金会引进100多万元资金，对大方县城饮用水源进行环境治理和生态扶贫项目；11.协调农业部将大方县列为全国秸秆养牛示范县，争取100万元畜牧秸秆氨化养殖项目；12.争取贵州省投入4300多万元在毕节开展地下水合理开发利用试验；13.联系企业在试验区建立中草药基地，促成投资540万元、3年内种植刺梨3000余亩的科技示范项目。

2011年，协调国家有关部委推动成贵铁路大方车站、杭瑞高速公路在大方县匝道等重大基础设施项目立项建设。

### 二　帮助教育卫生事业发展

在教育方面，协调捐资建设希望小学6所，创办“前进苗族女子班”和“前进奖学金”“贵州前进助学金”；协调河南交通学院免费接收试验区100名贫困大学生就读，帮助毕节学院进行专科升格工作。在培训方面，从1995年开始，委托贵州农学院在大方县举办了乡镇长培训班，与大方县联合开办村级后备干部中专班，为大方县培养了数百名有学历的农村基层干部后备人才；协调资金在清华大学举办数期“清华大学毕节领导干部高级研修班”；组织毕节试验区地、县市分管农业的领导干部到经济发达的浙江山区学习考察，并参加“中国山区生态经济与新农村建设高峰论坛”。在医疗卫生方面，一是关注“地氟病”的防治，争取中央财政专项资金及各级政府配套资金的支持；二是关注新型农村合作医疗问题，邀请国家发改委、卫生部实地考察，对农村基层卫生室建设给予支持；三是联系社会公益组织为毕节试验区捐赠700多万元医药卫生物品、设备等；四是联系国际CBM组织连续15年免费实施白内障眼科手术项目；五是组织开展医生培训、专家义诊、建立农民健康档案、送医送药、建设村卫生室等多项活动。

2009年6月27～29日，农工党中央调研组赴大方县考察新农村建设、中药产业发展期间，北京达宝龙国科技有限公司、中华环保基金会向大方县竹园乡沙坝小学捐赠价值5万元的20台电脑，捐资1万元资助50名贫困小学生上学。8月10～13日，农工党中央调研组赴毕节试验区就农村医疗卫生事业发展进行调研，形成调研报告送有关部门，争取国家政策支持和资金投入。2010年，农工党中央协调上海市委党校第六期青年企业经营管理者班、上海市闵行区光彩事业促进会投资30万元，援建大方县鸡场乡营新小学，解决了周边村寨300多名适龄儿童入学难的问题；组织实施“同心智力支持工程”，采取免收3年书学费、给予一定生活补贴的办法，协调职业技术学校在大方县招收525名中职生进行职业技术培训；多次组织医疗专家深入乡镇开展“送医送药义诊”活动，捐赠大量药品帮助生活困难群众解决治病问题。

2011年，农工党中央协调资金4087万元，实施“同心·助医工程”，为大方县改扩建乡镇卫生院31个、村卫生室309个，捐赠急救车16辆、流动医院车2辆和价值493万元的药品；协调引进贵州威门药业有限公司、广西梧州中恒集团股份有限责任公司、地奥集团、四川新荷花药业有限公司等企业落户大方药品食品产业园区。引进哈尔滨圣泰集团捐赠500万元，修建“毕节农工同心中等职业技术学校”。

## 三　宣传推介试验区

在帮扶试验区建设过程中，农工党中央多次组织专家对试验区的经济社会发展现状进行调研考察，先后起草《关于加强开发扶贫、生态建设试验区领导和重点扶贫的建议》《毕节超常发展的突破点在实施品牌战略》《毕节喀斯特生态区域经济品牌与定位的研究报告》《关于对贵州省纳雍县新型农村合作医疗试点的调查与思考》等，提出许多有关试验区经济社会发展的建议和观点。2004年，农工党提出毕节试验区“三大品牌”（政治、经济、文化）宣传战略，推动“科学发展观试验田”宣传活动。一是组织撰写第一篇总结多党合作帮扶毕节模式的论文《共建和谐创新路，多党合作谱新篇》；二是在全国政协新闻部门的支持下，参与策划全国政协十届三次会议大型记者采访活动的筹备工作；三是策划拍摄第一部以民主党派帮扶试验区为题材的电视文献纪录片《同舟》，该片获得2005年贵州省广播电视一等奖和全国文献纪录片20年（1986–2006）评选提名奖等重要奖项；四是组织举办大型图片展览《今日夜郎》，编辑大型摄影作品集《走进毕节》；五是联系中国网制作名为《多党合作助贵州毕节脱贫》的官员言谈，引起社会广泛关注，成为点击率极高的清华版节目。2007年，农工党配合试验区在全国政协第十一届会议上提出建议，申请将毕节试验区纳入国家综合配套改革试点，得到国家发改委的重视。

## 四　帮扶定点县

1994年，农工党中央确定大方县为农工党对口帮扶县后，加大对大方县的帮扶力度。一是帮助探索“以发展农村经济为重点，寓生态建设于经济开发之中，搞好资源综合利用，把教育和开发有机结合起来，有效控制人口，努力提高人口素质，努力实现粮食、生态、人口协调发展”的发展路子。提出《关于大方县“九五”计划和2010年规划基本思路框架的建议》《大方县农业发展等有关问题》《大方县竹园彝族苗族乡脱贫与经济发展规划及对策》《关于大力发展农村基层卫生工作》《大方县旅游发展规划》等10多项富有建设性的意见和建议。二是开展干部培训，强化基层干部的市场经济意识和科技意识，促进观念转变，提高干部管理水平。三是引进畜牧秸秆氨化养殖、刺梨种植、半夏试验、科技养牛、小尾寒羊饲养等项目，促进农民增收。四是与大方县政府联合成立“前进技术职业培训学校”，先后举办经果林种植管理、茶叶栽培加工、耕牛改良、畜牧兽医、大棚蔬菜栽培、旱地作物栽培等农业实用技术培训共计49期，培训农技人员和农民5000余人次。五是在大方县鸡场乡大坝村开展示范，实施“整村推进”的扶贫战略。帮助大坝村制定新农村建设规划，协调资金修建通村油路、连组油路、通户路，帮助解决村民通电饮水问题；引进中草药种植和畜牧科技项目帮助农民增收；修建村卫生室、文化室、广播室、图书室、农民培训室及文化广场。六是引进项目。2009年5月，经农工党中央、农工党贵州省委和大方县多方努力，由中山大学药学院重要资源保护与标准生

农工民主党中央新农村建设纪念塔

产研究中心承担、中山大学博士后研究员蒋林负责的香精香料科技项目落户大方，项目预算总投资3.5亿元。七是捐资助学。协调龙国科技有限公司、中华环保基金会向大方县竹园乡沙坝小学捐赠价值5万元的20台电脑和捐资1万元资助50名贫困学生。

2010年，农工党中央联系帮扶大方县竹园乡沙坝村、东关乡半冲村、羊场乡桶井村等7个乡镇15个行政村实施“整村推进”脱贫项目，共投入半夏种植资金30万元、脱毒马铃薯种植资金8万元、种草养畜资金12万元、其他项目资金5万元；在大方县大山乡援建小水窖50个、沼气池100口，受益群众2200多户9400多人，同时在大山乡开展科国MBA联盟向竹园乡捐赠价值1.5万元的抗旱救灾物资，联系香港乐施会捐资23万元为八堡乡援建引水沟渠。

2011年，协调爱德基金会援助资金384.2万元，实施农村产业结构调整和基础设施建设；聚集多方投入资金900多万元，打造大坝民族文化旅游村。年内，帮助培训医疗卫生人员、劳动力转移等各类人才5000多人。

## 第八节　致公党中央帮扶

### 一　扶贫济困

从2004年始，每年春节前夕，致公党中央领导均带队赴毕节试验区考察扶贫开发工作和慰问贫困群众，共慰问贫困户达500户，发放慰问金15万元。2008年2月由万钢主席率队、李卓彬副席参与的致公党中央考察、慰问团在毕节遭受特大雪凝灾害后，第一时间踏上赴毕访贫问苦之旅，向毕节试验区遭受雪凝灾害的贫困群众捐资13万元。2009年7月上旬，致公党中央调研组赴毕节试验区就农村劳动力转移和农民增收问题、统筹城乡发展问题进行专题调研。考察调研期间，致公党中央社会发展与服务委员会副主任、江苏黄浦再生资源利用有限公司董事长陈光标，向毕节试验区捐赠依维柯13座面包车2辆、清华紫光学生电脑500台。10月9～12日，致公党中央“农村劳动力转移和农民增收研究”专题调研组赴毕调研，召开外出务工人员和返乡创业人员座谈会，为劳动力转移探索新途径。2010年1月28日，致公党中央慰问团一行7人，赴毕节市调研，走访慰问100户贫困户；在毕节市遭受特大旱灾期间，致公党中央捐资5万元支持抗灾救灾，致公党中央社会发展与服务委员会、江苏黄埔再生资源利用有限公司董事长、“毕节市荣誉市民”陈光标捐赠200吨矿泉水，帮助抗击灾情。

2011年，致公党中央协调资金20万元，在毕节市海子街镇建成1个优质肉牛养殖基地；投入30万元，在毕节市梨树镇车坝村建设“同心·致福水渠”。

### 二　帮助发展教育卫生事业

2004年，致公党中央联系上海明园集团捐资20万元为地区聋哑学校修建学生宿舍楼及附属工程。自是年开始，致公党中央每年资助该校5万元资金，用于购置教学和学生生活设备。是年，协调明园集团和新东方集团对毕节市青场镇在校高中生和考取大学的优秀学生给予资助。新东方教育科技集团出资100万元，作为资助毕节地区贫困大学生的专项基金，每年对考取重点大学品学兼优的20名贫困大学生给予资助，每人资助5000元；明园集团出资50万元设立明园奖学金，每学年奖励50名在校高中生，每人2000元，分5个学年度兑现完毕。“明园”和“新东方”奖学金的实施，激励了学生的学习积极性，全镇初中阶段入学率提高到95.5%，升入重点中学学生人数年均递增20%，升入大专以上学生人数均递增26%。同年，联系安徽新华集团向青场镇中学捐赠价值20万元的30台电脑，出资10万元培训教师的电脑操作技术，中国致公出版社向青场镇文化站赠送价值5万元的图书4648册。2006年，联系深圳华昱集团捐资15万元，毕节市政府配套10万元，在青场镇渔洞村修建了1所“致公华昱希望小学”，解决当地及附近村落208名适龄儿童入学难的问题。学校建成后，深圳华昱集团总裁陈阳南先生再次向学校捐赠3万元购买新课桌，致公党深圳市委会向200多名学生捐赠价值1.3万元的校服和球鞋。中国爱德基金会为致公毕节特殊教育学校捐赠价值3万元的图书2447册。

自2004年起，致公党中央联系北京新东方教育科技集团和香港联邦制药有限公司，在毕节试验区开展英语教师培训工作，每年培训小学、初中、高中英语教师100名左右。致公党贵州省委会每年组织专家赴毕节开展义务就诊，对部分医务人员进行医疗技术培训，并向一些赠送医疗卫生用品。

2011年，致公党中央在帮扶点组织开展“联系贫困学生、结对帮扶送温暖”活动，连续3年资助小学生700多名，每生每年资助300元；帮助金沙县沙土镇远程教育添置电脑及投影设备，建设“同心·致福工程”培训计算机室1个。致公出版社、知音集团为毕节市赠送图书万余册，致公党山东省委捐赠图书1.1万册，在毕节市海子街镇建“同心·致福书屋”4所。

## 三　帮助建设生态农业

**培育果蔬产业**　2004年，致公党中央组织专家对毕节市青场镇沿红岩河3000亩坝地的土质、水、空气进行检测，测定坝地符合无公害蔬菜生产要求。是年，在致公党中央指导下，青场镇按照“基地＋农户＋协会”的运作模式，成立镇果蔬互助合作协会，当年入会会员108户。通过协会组织带动，沿红岩河坝地发展3000亩无公害反季节蔬菜、建立300亩优质果园。当年生产无公害反季节蔬菜6200吨，创产值近1000万元，每亩平均纯收入达2600元，为种植常规作物的4倍。2005年，青场镇被国家有关部门定为无公害蔬菜基地。2006年，全镇销售水果200吨，创产值160万元。

**发展稻田养鱼**　2004年，致公党中央投资3万元，在青场镇青坝村修建鱼池32口，实施稻田养鱼。稻田鱼池每年产鱼0.75万公斤左右，创产值15万元。稻田养鱼的成功实施，提高了土地的经济效益，激发了农民实施产业结构调整的积极性。

**农业综合开发**　2004年，致公党中央协调资金20万元在青场镇修建沼气池200口。为每个农户一年节省燃煤支出860元。沼气的利用促进了农村卫生状况的改善，提高了农村的人居环境质量，推动了循环经济的发展。2008年，在科技部的支持下，各民主党派在各自联系的帮扶点开展了农业科技示范项目。致公党中央在毕节市海子镇大湾村选择开展了优质肉牛科技养殖示范项目。项目进展顺利，肉牛长势喜人。2009年5月21～22日，致公党中央调研组赴毕节市考察调研，到青场镇青坝村和海子街大湾村优质肉牛养殖基地、观音桥办事处高寒山区设施农业项目基地进行实地考察，对大湾村优质肉牛养殖基地的农户进行了肉牛饲养技术培训。

### 四　帮助交通建设

2006年，致公党中央联系国家交通部公路司农村处、规划司等部门，帮助呼吁解决毕节市至云南镇雄县交通堵塞问题。经多方协调，由省交通厅批复毕节市政府立项改建此段公路，使制约当地经济发展的瓶颈问题得以缓解。

## 第九节　九三学社中央帮扶

1993年，九三学社中央将威宁县定为支边扶贫联系点后，按照“以政治合作为基础、以经济建设为中心、以智力支边为形式、以振兴威宁经济为目的”的思路，启动了对威宁县的帮扶工作。

### 一　实施科技扶贫

九三学社中央组织专家在深入考察调研的基础上，帮助威宁县编制“十一五”科技扶贫发展规划，并协助组织实施；以举办讲座等方式开展技术培训。九三学社中央及九三学社贵州省委多次在威宁县举办迎接西部大开发医疗卫生专家讲座和生态卫生旱厕操作技术及现场示范、医疗卫生帮带解疑、抗击“非典”知识、禽流感防治与动物冠状病毒防治、畜牧业与市场、波尔山羊与威宁山羊改良、杂交牛养殖、水果蔬菜栽培生产与市场、粗锌技术改良与环境保护等知识讲座，多次邀请社内外专家赴威宁县为农业技术人员和农户举办无公害水果蔬菜栽培技术培训班、禽流感防治培训班、无公害优质稻栽培技术培训班、富余劳动力转移培训，发放科技光盘、农业科技图书、各种实用技术宣传资料，累计培训农民上万人次。

2011年，九三学社江苏省委牵线搭桥，促成江苏省内知名中药企业与威宁县哲觉镇帮扶合作，4家药业公司与哲觉镇达成中药材种植基地建设、保底价收购、劳务输出等协议。九三学社中央协调有关方面为威宁县开展各类人才培训，培训实用技术人才1.35万人次、教师6955名、医卫人员28名。

## 二　促进项目建设

1999年底，内昆铁路在威宁修建时，九三学社中央出面呼吁争取，协调铁道部在威宁县草海站增加铁道股道，由原定3股道增为4股道，增加一条到发线、一条牵扯出线，投入资金1000余万元，使该站客货到发能力大为提高。

2006～2007年，九三学社中央投资9万元，在草海镇白岩村河边组建设杂交肉牛养殖示范小区项目，建成占地面积1886平方米、建筑面积1175平方米的畜牧养殖基地，规模养牛达120头。农业部"生态家园富民计划"项目资金1126万元，共建沼气池1.12万多个，其中重点支持威宁县150万元，建成沼气池1500个；协助威宁县争取国家投资800万元，用于支持该县畜牧的发展和天然草场的保护，通过实施，使该县成为中国南方最大的草地畜牧大县。为威宁县争取粗锌冶炼环保支持项目，实施净化粉治理燃煤烟尘和二氧化硫实验，在该县治理环境污染中取得较好效果。协调国家有关部门投资3000余万元，实施草海保护、石漠化治理、草原建设等项目建设。其中，农业部投资500万元在威宁县盐仓镇凉水沟、麻乍乡启戛梁子、雪山镇诺梅梁子、板底乡板底村和雄英村等处实施草地生态建设项目；国家林业局投资1030万元用于草海保护区的基本建设、安排专项林业建设资金1000万元帮助开展石漠化治理示范建设和中幼林抚育及林业有害生物防治，安排农业综合开发专项资金240万元在威宁等3个县开展石漠化治理试点示范工作；科技部投资20万元实施星火计划课题草海镇科技种草养牛示范项目。

2009年3月2日，九三学社中央主席韩启德向国务院总理温家宝呈送《关于毕节地区草海治理与保护的建议》，受到中央领导的重视，批示国家发改委会同有关部门办理。6月8～10日，九三学社中央组织考察团赴毕节考察，先后考察了黔西县大关镇七里半村科技入户示范项目、毕节市力帆骏马异地技改扩能项目、毕节市热电有限责任公司、毕节市倒天河二期工程、毕节市城市防洪工程、毕节地区农科所马铃薯繁育基地、赫章县妈姑镇钻天坡水土保持工程、威宁县草海镇白岩村生态畜牧业、马铃薯原种繁育基地、秀水乡前锋村草地生态畜牧业、威宁草海治理与保护等情况，对项目建设进行实地指导，并在威宁县草海镇五里岗村举行"九三中学"挂牌仪式。10月23日，九三学社中央调研组赴威宁县进行调研，对统筹城乡经济发展建言献策，提出建设性意见，并表示加大对草海污染治理项目的支持力度。

2010年，九三学社中央组织河北、上海、江苏、浙江、福建、广东等6省市九三学社对威宁县黑石头、中水、哲觉、二塘、金钟、炉山镇开展对口帮扶，多次组织人员开展深入调研，帮助该县实施统一战线"同心工程"项目；在草海镇白岩村投资20万元，加上威宁县整合项目资金30万元，建设集中养牛小区，建成圈舍24间1650平方米、人工草地152亩，实现集中养牛52头、农户分散养牛380头，带动村民1000多人致富；捐资15万元，帮助麻乍乡戛利村建立村民互助基金，发展民族特色旅游资源开发、种植业和养殖业；投资25万元，在草海镇大马城、白岩2个村打造新农村建设示范点。向威宁县捐资27万元用于抗旱救灾。

2011年，九三学社中央协调资金30万元、整合资金200万元，帮助威宁县麻乍乡戛利村开发民族特色旅游资源，发展种植养殖业，新建“黔西北民居”21户，改扩建房屋129户，打造民族特色旅游村寨；投资25万元，支持威宁县草海镇大马城村建设“同心·五园新村”。

## 三　帮助社会事业发展

威宁自治县九三中学

在对口帮扶进程中，九三学社中央多次组织专家到威宁培训医疗卫生技术人员，开展义诊活动，培训医疗卫生技术人员近千人次，义诊贫困患者3000多人次。2007年8月，九三学社中央在威宁启动“亮康行动”。“亮康行动”以“扶贫济困、讲求实效”为原则，以“关爱弱势群体、普及健康观念”为主题，为贫困地区白内障患者实施免费康复手术，并组织有关医卫专家深入贫困乡村、社区，通过义务医疗咨询、健康科普、保健讲学等形式宣传预防与治疗疾病的知识，推广和普及科学的健康观念，倡导健康文明的生活方式。短短两天时间，医疗队共为49名白内障患者实施免费康复手术，使失明的贫困农民重见光明。九三学社各级组织竭尽所能开展扶贫助教活动，贵州省直支社社员资助威宁县石门乡10名儿童上学读书，每年资助每生120元学费，连续资助6年。2008年3月，九三学社中央、九三学社贵州省委共同筹资22.5万元，帮助草海镇五里岗中学（即威宁九三中学）的灾后重建。2010年，九三学社中央组织眼科专家到威宁开展“亮康工程”行动，免费为940名贫困白内障患者实施复明手术。是年10月25日，九三学社中央支教团在威宁启动支教活动，对炉山、黑石、金钟、哲觉、中水、二塘6个乡镇及县直学校1000多名中学教师进行培训。将援建学校项目列为统一战线“同心工程”实施项目之一，向草海镇九三中学捐资10万元，建设球场跑道和购置乒乓球台、小提琴、快速复印机．并捐赠图书7000多册。是年8月14～20日，九三学社上海市委调研员王聪、上海城市管理学院教授宋园园、上海万国外语培训中心专家林洪年一行到威宁县中水镇开展对口帮扶，向中水仙水小学捐赠价值1.35万余元的学习用品，并对中水中学、中水二中、九三中学的90名教师进行5天的教育教学培训。

2011年，九三学社中央协调东部9省市17所小学负责人，到威宁县开展“同心·智力行”活动，与威宁县17所中小学结成帮扶对子，互派教师学习挂职培训；协调福建中华职教社单独对口威宁县招收100名同心班学生。九三学社上海市委组织闸北八中教育代表团赴威宁实验三中进行为期3天的助教帮扶活动，近3000名师生受益；协调捐赠10万元、价值2万多元的图书、价值

80多万元的药品；协调资金5万元资助家庭贫困的聋哑儿童完成学业。

## 第十节　台盟中央帮扶

台盟中央定点帮扶赫章县，将赫章县河镇乡海雀村作为重点帮扶点，从解决人畜饮水、改善村小学办学条件、建设乡村文化站、茅草房改造等问题入手，扎实推进帮扶工作。

2006年台盟中央在海雀村实施3个帮扶项目：1.海雀村小学扩建项目。帮助海雀村扩建小学教室，使学校教学规模从1～3个年级扩为1～6个年级，解决了该村及邻近6个村的学生就近入学问题。该项目总投资46万元，台盟中央支持10万元，地方配套36万元。海雀村小学扩建项目，于2006年7月开始启动，2007年2月底竣工。2.海雀村文化活动站建设项目。该项目总投资15万元，台盟中央支持10万元，地方配套5万元。2006年7月动工，2007年4月底竣工，建成1个活动大厅、5个小型活动室共270平方米的两层楼房1栋。赫章县委统战部为其购置了电视、VCD机等音像设备。3.海雀村人畜饮水工程项目。海雀村全村200多户800多人、500多头牲畜饮水困难，该项目总投资16.31万元，经台盟中央联系，水利部长江水利委员会专项拨款10万元，地方配套6.31万元。2006年5月中旬开始施工，7月中旬竣工，建成取水池9个、大蓄水池1个，小蓄水池6个，蓄水能力达51立方米，铺设输水管道1.14千米，实现户户通自来水，彻底解决全村人畜饮水难问题。

2007年台盟中央主要帮扶海雀村实施茅草房改造工程。结合赫章县政府对海雀村的整体规划，台盟中央对海雀村的茅草房改造项目实施帮扶。协调解决资金40万元，其中台盟中央出资20万元，台盟福建省委出资20万元；赫章县配套36万元，配合项目实施。

2008年，台盟中央在赫章县主要开展3项帮扶工作：

1.在年初赫章县遭遇特大雪凝灾害时，台盟中央向海雀村捐赠赈灾款7.765万元，其中机关扶贫款5万元，机关干部个人捐款7650元；捐棉手套3000余双。协调福建省红十字会向海雀村捐款10.4万元、大米6.42吨及棉衣、棉被各208件。

2.参与科技部实施毕节试验区新农村建设示范项目，帮助赫章县野马川镇引进新樱桃品种。是年11月，台盟中央联络部课题组拨款10万元从山东省烟台市引进欧系樱桃5个品种共5060株，在野马川镇进行适生性栽培试验。

3.捐助赫章县修20个村级卫生室，解决村民看病难问题。是年7月，台盟中央联系香港南益集团捐款100万元人民币，在赫章县10个乡镇20个行政村修建20个村级卫生室。每个卫生室规划占地200平方米，建筑面积60平方米，分诊断室、药房、治疗室、病房。是年6月，台盟中央常务副主席汪毅夫将自己的1.3万元稿费捐助给海雀村贫困女学生，共资助贫困女学生26人。

2009年，全国政协常委、台盟中央副主席黄志贤先后三次带队到毕节试验区考察调研。在9月16～17日考察调研期间，与赫章县政府签订了《台盟中央支持赫章一中搬迁部分项目的协议》和《台盟中央与赫章县人民政府合作编制“古夜郎国旅游产业”控制性详细规划的协议》，拟由双方共同筹措资金，邀请中国科学院地理科学与资源研究所相关专家；对赫章县内可乐夜郎古国遗址保护及都邑呈现进行控制性详细规划，采取联引台商和台盟盟员捐资等方式筹集资金，支持赫章一中搬迁工程的部分项目建设；引进核桃专家帮助赫章发展壮大核桃产业。在11月下旬考察调研期间，深入可乐、水塘堡、城关、野马川、兴发、珠市等乡镇就古夜郎遗址保护与开发、旅游资源开发，城市建设、马铃薯全粉加工、中药材生产与加工、核桃乳加工、矿产资源开发等项目进行实地考察，并就煤炭开采、核桃乳厂控股经营、马铃薯全粉加工、苦荞系列产品加工、黑山羊养殖及畜产品加工、中药材生产基地建设等项目达成投资意向。

2010年，全国政协常委、台盟中央副主席黄志贤率考察组赴赫章县考察，向河镇乡海雀小学捐赠价值1.2万元的学习生活用品；9月，全国人大常委、台盟中央常务副主席汪毅夫率考察组赴赫章县考察期间，万利达集团有限公司吴惠天向赫章县中小学捐赠价值104万元的学生电脑500台、点读机200台，泰禾集团有限公司董事长黄其森、连捷地产集团有限公司部经理许清水分别向赫章教育事业捐资100万元，台盟福建省委同时向赫章教育事业捐资20万元。是年，通过中央统战部和台盟中央的协调，赫章县多次赴省外参加招商引资活动，并与福州市成功签约项目16个。

2011年，台盟中央协调捐资220万元援建赫章县20个“同心·新农村卫生室”和两所“同心·希望小学”；协调资助赫章县开展劳动力转移培训349人、医疗卫生技术人员培训121人、中小学教师培训1400多人、农村实用技术人才培训2350人；协调台盟福建省委许连捷先生捐资100万元为赫章县白果镇修建两所小学；协调台盟福建省委和万利达集团分别向赫章卫生局、文物局捐赠价值18万元和16万元的工作用车；协调世纪金源集团向赫章县文物局捐赠工作经费150万元；协调贵州盛华职业学院每年向赫章县提供不少于20个全额奖学金名额；协调香港慈恩基金会吴少芳女士资助赫章45名学生，捐赠价值20万元的衣物；协调海峡两岸发展协会与赫章签订招商引资战略合作及旅游景区开发、五星级酒店建设等框架投资合作协议；协调有关方面捐赠8万元，用于赫章县文物保护和妇女保健。全国人大常委、台盟中央常务副主席汪毅夫通过中国红十字会向赫章县河镇乡海雀村捐赠2万元，资助该校9名教师和22名贫困学生，向海雀小学赠送22台电子点读机。

## 第十一节　全国工商联帮扶

### 一　教育培训扶贫

1994年，全国工商联定点帮扶织金县。1994～2008年，共捐资1190万元，支持织金县发展教育事业，建成14所光彩学校；联系清华大学在织金县无偿提供设备建立远程教学点，并捐赠教学电脑和图书，资助贫困大、中、小学生7300余人，培训教师262名。从2003年起，全国工商联连续6年在北京、江苏、深圳等地举办6期乡镇干部培训班，为织金县培训乡镇干部385人，同时培训优秀教师5名、农村中学校长2名。对织金科技帮扶以实施种养项目为主，在普翁乡建立五倍子中药材基地，在茶店乡实施养牛项目，在官寨乡发展养鹅，在普翁乡、三塘镇发展黑山羊养殖，在猫场镇发展竹荪种植，在桂果镇发展养猪，支持县工商联办综合养殖场养猪养鸡。为织金县开办各类培训班30多期，培训各类实用技术人才4000多人次。2009年10月26～30日，全国工商联调研组赴毕节市、织金县就“县域经济发展战略研究”课题开展调研，与相关部门进行座谈，探索县域经济发展中存在的难点问题。2010年，全国工商联将干部培训列入扶贫工作计划，联系深圳培训基地为织金县培训乡镇干部20名。2011年，全国工商联聘请有关专家赴织金县开展“生态畜牧养殖项目”帮扶培训，对生态农业发展提供技术支持；年内还帮助织金县举办乡镇干部培训班，培训优秀乡镇干部54名。

## 二　开展劳务输出

2004年3月，全国工商联向织金县捐款100万元，作为招工扶贫工作经费。至2007年，织金县坚持以“输送一人，脱贫一户，影响一片”为工作理念，以“输得出、稳得住、能挣钱、快脱贫、培养人”为工作目标，利用工商联联系民营企业的渠道，共组织民营企业家到织金县招工30多批，有组织输出农民工5191人，带动其他形式输出农民工11.8万人。外出务工人员每年汇回织金县的劳务收入达3.2亿元。外出务工为农民拓宽了增收渠道。

## 三　实施光彩项目建设

全国工商联坚持把引进项目资金作为帮助织金脱贫致富的一项“造血工程”来抓，联系、组织、动员民营企业累计为织金县实施各类扶贫项目90多项。1995年，河北亨豪集团总裁张江平投资建立织金光彩页岩砖厂、光彩煤厂；2000年，福建企业家薛建明投资600万元实施养鳖项目；2005年，香江集团董事长刘志强投资245万元与织金县合股建立织金香江能源投资开发公司，深圳企业家黄海林投资1000万元建设织金洞酒店（原天谷山庄）；2007年，众一集团投资500余万元启动猫场镇向斜煤矿勘探。在帮扶光彩项目实施的同时，全国工商联投入250多万元，帮助农户建小水窖2600个，基本上解决织金县贫困山区1.5万人的饮水困难问题。

2010年，全国工商联着力帮助织金落实各类项目的实施。年内共落实开发项目8个，总投资4.6亿元，其中签订投资3.1亿元的实质性开发项目6个。投资1.5亿元的高炉磷酸工业化试验合作项目选定厂址，投资800万元的阿弓苍海煤矿技改扩能项目和投资5000万元的兴隆煤矿技改扩能项目顺利实施，投资3000万元的猫场向斜煤矿探矿权合作项目勘探结束，投资1.2亿元的竹荪开发项目编制出计划书。广西北海喷施宝集团无偿捐资的农用叶面肥项目，继2009年施用100万元叶面肥获良好收效之后，2010年喷施宝公司又提供190万元的产品，在熊家场、八步、三甲、龙场、鸡场等5个乡镇分别打造万亩农作物示范基地。光彩教育集团在织金县的光彩小学项目实施顺利，黑土乡团结光彩小学、上坪寨八寨光彩小学建成投入使用；东方美亚投资有限公司捐赠价值100万元的图书，解决了织金县初高中用书缺乏问题。年内，全国工商联还投资40万元帮助织金县10个乡镇改造卫生院，投资67万元在织金县熊家场乡白马村实施养殖生态猪项目，捐资11万元援助织金县抗旱救灾。

2011年，全国工商联投入400万元帮助织金县实施小额贷款扶贫项目和熊家场乡腊肉烘烤房项目；新赠500万元捐助款与织金县政府联办小额担保公司扶农项目；投入200万元全联滚动扶贫资金，建成三甲乡千亩葡萄观光园一期项目，种植面积达500亩；协调广西北海喷施宝有限责任公司向织金县捐赠价值500万元的农用化肥；协调京澳港集团投资50万元，在织金县10个乡镇建光彩卫生室。

### 四　帮助招商引资

2009年5月25日，全国工商联主席黄孟复率民营企业家考察团赴毕节试验区考察期间，在织金县举行招商引资座谈会。经过推介洽谈，与毕节试验区共签约项目11个，总投资额达21.6亿元，其中签订实质性项目开发协议7个，项目投资3.1亿元。江西众一集团投资1.5亿元开发织金县高炉磷酸工业试验合作项目、投资8000万元开发织金县阿弓苍海煤矿技改扩能项目、投资5000万元开发织金兴隆煤矿技改扩能项目、投资3000万元开发织金县猫场向钟煤矿探矿权合作开发项目。是年5月26日，全国工商联帮扶织金捐赠项目签约仪式举行，全国工商联与织金县政府签署《中华全国工商联合会支持织金县经济社会发展框架协议》，全国工商联扶贫工作委员会向织金县提供扶贫滚动资金1000万元、捐赠价值650万元的物资支持重点贫困乡的发展；东方美亚投资有限公司捐赠价值100万元的图书；京澳港集团捐资50万元用于修建村卫生所；广西北海喷施宝有限责任公司捐赠价值500万元的农资产品；重庆小康汽车产业集团向全国工商联扶贫的乡镇捐赠扶贫项目用车3辆。2010年4月9日，织金县在毕节试验区第三届招商引资洽谈会上，引进福乐多购物广场等8个项目，签约资金11.56亿元。

## 第十二节　试验区专家顾问组帮扶

**帮扶总述**　1990年初，试验区专家顾问组制定出帮扶工作计划，对试验区帮扶工作主要围绕两个方面展开：一是围绕规划的制定和实施展开工作，为试验区改革发展出思路；二是为试验区重大项目的上马等作联络和协调工作。1994～2000年，中央智力支边协调小组在毕节地区8个县建立了各民主党派中央定点帮扶制度，试验区专家顾问组即协调配合各民主党派开展帮扶工作：一是帮助制定和修改《毕节试验区国民经济和社会发展“九五”计划及2010年长期规划》；二是向国务院贫困地区经济开发领导小组及国家有关部门汇报工作，争取对试验区建设的支持；三是在考察调研中强调坚持以“三大主题”引领推进试验区改革试验；四是提出调整产业结构，把畜牧业和畜产品加工业作为“两烟”的后续支柱产业来培育；五是帮助做好基础设施、水电火电等重大项目的论证、申报协调联络工作；六是探索“种草养畜建设生态”的试验。2001～2004年，随着国家西部大开发战略的实施，毕节试验区抓住发展机遇，以能源工业为龙头，拉动经济社会的快速发展。在此期间，试验区专家顾问组以西部大开发为契机，加强与国家有关部委的联络联系、协调沟通，在一些关涉试验区长足发展的重大项目的争取和立项工作中发挥了重要作用。2005～2009年，通过贯彻科学发展观，实施开放带动战略，毕节试验区建设跨入新的发展阶段。在此期间，试验区专家顾问组坚持全面协调可持续发展的科学发展观，主要在以下方面展开帮助工作：一是加大对试验区的宣传力度，提升试验区的知名度；二是帮助论证《毕节地区国民经济和社会发展第十一个五年规划纲要》，强调重点解决农民增收、农村经济发展、农业增效问题，建设和谐发展的社会主义新农村；三是对科学规划、合理开发煤炭资源提出意见和建议，促使毕节作为重要资源区纳入国家13个重要煤炭基地；四是深入考察调研，提出具有典型性、代表性的重大问题，通过解剖典型，建言献策；五是组织、协调、引进相关领域力量，介入试验区建设的帮扶工作。2009年4月14日，中央统战部组织召开“4·14”会议后，试验区专家顾问组派员多次深入毕节试验区考察调研，加大了对试验区各项工作的指导力度。

**智力支持**　试验区建立后，专家顾问组根据试验区的区情和发展需要，结合自身实际，为试验区的建设与发展开展智力支持。一是帮助编制、论证规划。1989年，顾问组成员参与编制了《毕节地区开发扶贫、生态建设试验区发展规划》，并在其后帮助制定出《1990～1992年试验区实施方案》，在规划实施中，针对出现的问题建言献策。1995年，帮助制定和修改《毕节试验区国民经济和社会发展“九五”计划及2010年长期规划》，提出毕节在发展“两烟”的同时，应逐步培育其他支柱产业，形成多元化发展格局的建议。1997年，参与制订《毕节地区畜牧产业发展战略暨规划》，规划选择畜牧业和畜产品加工业作为“两烟”与乡镇企业的后续支柱产业加以培植。2002年初，专家顾问组在深入调研的基础上，与毕节地区共同商议制订《2001～2005年毕节试验区人口控制工作五年计划》。2005年4月下旬，专家顾问组分4个小组，就试验区“十一五”规划纲要、控制人口数量和提高人口质量、畜牧产业发展规划和教育事业发展规划进行考察论证，提出30多项意见和建议。22年中，在专家顾问组的帮助下，《毕节地区开发扶贫、生态建设试验区发展规划》《试验区“十五”人口控制规划》《毕节试验区畜牧业发展规划》《毕节试验区绿色产业发展规划》《毕节试验区2004～2010年教育事业发展战略规划》《毕节试验区改革发展规划（2008～2020年）》等规划得以在北京通过高层论证。二是组织专家学者赴毕节开展讲学、培训。在试验区建设进程中，第一、二、三届顾问组组长钱伟长和第四届顾问组组长厉以宁，常务副组长相常近时，副组长朱培康、胡敏等，多次率顾问组成员和专家学者赴毕考察调研，开展讲学、培训。前三届顾问组组长钱伟长亲临毕节试验区指导3次：第一次为1988年，到毕节帮助规划设计毕节“开发扶贫、生态建设”试验区蓝图，促成可持续发展道路的确立；第二次为1992年，在毕节提出大力发展乡镇企业，为试验区乡镇企业上规模、上档次，提高集约经营度确立了方向；第三次为1997年，在考察调研期间指出，试验区要坚定不移地走可持续发展道路，积极培育和发展多元化支柱产业。第四届顾问组组长厉以宁曾4次赴毕讲学、作报告。北大光华管理学院、清华大学等著名高校在顾问组的牵头协调下，不仅为毕节试验区开办领导干部培训班，而且组织专家教授分赴毕节进行专题讲学。1990年7月，专家顾问组常务副组长常近时邀北京农业工程大学有关专家教授，在毕节举办培训班，培训地、县两级计委、经委、农委、扶贫办、乡企局、民委等有关部门项目管理人员共80人；2007年，顾问组启动新农村建设“2328”工程，为毕节试验区新农村建设培训县乡干部上千名，并安排顾问组成员王旭教授率黔西、金沙两县的30多名县、乡镇、村干部赴山东、河北等地考察和学习培训。2004年后，以北大光华管理学院为主的著名高校即有近30名专家、教授赴毕节开展专题讲学。在顾问组的倡导和推动下，各民主党派组建百人教授团对毕节学院进行对口支持和帮助，为学院成功申办为综合性本科院校提供了有力支持。

**项目建设扶持** 一是实施教育项目。顾问组在全区直接斥资或联系援建的各类学校达10余所。1997年，专家顾问组倡导捐资20多万元在毕节兴建毕节地区实验学校。试验区建立后，第一至三届专家顾问组组长钱伟长在大方捐资修建了大方县实验中学，第四届专家顾问组组长厉以宁在毕节捐资修建了杨家湾希望小学、宗琳希望小学。二是实施扶贫项目。专家顾问组成员刘玉红与办公室负责人安永成引进高秆菠菜项目，顾问组成员王苏波投资实施“中农合创”项目，顾问组成员王旭无偿引进名优植物香花槐、优质樱桃和甜糯玉米项目，通过组织实施，收到显著的扶贫效果。三是帮助争取项目建设。1989～1991年，专家顾问组常务副组长常近时多次帮助协调，争取毕节头步火电厂的立项与建设。自试验区建立起，专家顾问组通过各种渠道呼吁国家和社会各界，对试验区优势资源的合理有序开展予以关注，推动了隆黄铁路、贵毕高等级公路、黔北火电厂、纳雍火电厂、黔西火电厂、大方火电厂、洪家渡水电站、索风营水电站、引子渡水电站、毕节煤电磷一体化项目相继开工建设；促成贵州科学院发明专利与地区发展相结合、毕化有限公司“6改12”项目争取、毕节驰牌香烟保牌、毕节学院申报成功与建设、毕节市和大方县等被列为全国秸秆养畜示范县、全区以工代赈规模扩大、黔西县开展新型养殖试点；促成建立毕节岩溶山区生态建设关键技术研究与应用国家攻关课题专家委员会、建立毕节试验区高效生态工程示范基地；促成国家人口与计划生育委员会将毕节作为支持重点、深圳市多层次多领域开展对毕节试验区的帮扶；促成新澳、香江、江西众一集团等强势企业集团到毕节试验区投资开发。

# 第十三节　深圳市帮扶

1996年8月开始，按照中共中央、国务院东西扶贫协作部署，深圳市对毕节试验区进行对口帮扶，南山区、福田区、宝安区和驻深工委、市直机关工委、民营工委等“三区三委”分别对口帮扶威宁、赫章、纳雍、织金、大方等五个重点贫困县。至2008年，深圳市委、政府组织动员全市党政机关、企事业单位以及社会各界坚持“动真情、动真格、扶真贫、真扶贫”，开展帮扶工作。累计投入各类资金和物资折款2.63亿元，在科教、文化、卫生、交通、劳务输出、干部培训等方面提供巨大帮助，有力助推了试验区经济社会的发展。

**帮助地方企业发展**　1996年8月至2000年12月，深圳市相继组织深圳市合作基金会和企业家考察团赴毕节试验区考察调研，决定采取向企业提供借款的方式对试验区企业进行扶持。通过深圳市合作基金会及招商引资，共向毕节地区天工建材总厂等29个企业发放借款5365万元，扶持建设项目34个，为毕节试验区的经济发展注入了新的活力。金沙县贵州金沙冠香坊调味食品有限公司，得到深圳300万元扶贫贷款资金支持，经过几年发展壮大，成为毕节地区带动辣椒产业发展、促进农民增收致富的扶贫龙头企业，其生产的糟辣、油辣、全包装油、山野菜四大系列36个产品畅销新疆、宁夏、河南、江苏、上海、广东、四川等省市，其中“冠香源”牌糟辣椒系列产品被评为贵州省名牌农产品、毕节地区优质农产品。

**帮助教育事业发展**　深圳市政府捐赠1350万元建立毕深教育发展奖励基金；大方、织金、赫章三县分别用捐赠资金404万元、300万元和10万元设立教育发展奖学基金；捐资3000多万元，支持试验区新建或改扩建学校150所，改善了5万多名贫困学生的就读条件；投入381.44万元，救助7.03万名失学儿童返校学习；资助威宁县100名贫困农民子弟就读县职业中学，扶持织金县100名特困大学生完成学业；此外还为试验区学校捐赠大量办公用品和教学设备。在深圳市支持下，毕节试验区一批学校教学环境和教学质量得到全面提高。大方县东关乡中心小学原教学设施落后、教学环境差，2007年深圳市级财政捐资20万元帮助东关中心小学完善教学设施，为小学配置电脑30台，数码视频展台、投影机等多媒体设备1套、教学课桌300多套及体育用品等，为全校近900名学生学习计算机知识提供了平台。

**帮助改善医疗卫生条件**　支持试验区新建或扩建103所医院（卫生所），并在改善医疗设备和其他医疗卫生条件方面给予扶持。深圳市捐资686万元，毕节试验区配套240万元，分别建成纳雍县雍安医院、威宁县医院南山楼等县级医院；深圳市投资599万元，毕节试验区配套128.5万元，新建、改扩建威宁县小海镇、赫章县珠市乡等25个乡镇的卫生院；深圳市投资329万元新建黔西县太来乡芭蕉村、毕节市撒拉溪镇撒拉村等65个村的卫生室。新建、改扩建的县级医院、乡镇卫生院、村卫生室总建筑面积达3万多平方米，新增床位700多个，解决了30多万贫困农户就医难问题。1997年，赫章县在深圳市福田区捐资400万元的帮助下，自筹资金90万元新建赫章县福田友谊医院；2005年，深圳市福田区又出资30万元帮助购置救护车1部、手术电刀1台、心电监护仪1台。经过几年发展，该医院在建筑规模、设计布局和医疗水平上已处于省内二级乙等综合医院的领先地位。

**帮助建设基础设施** 累计支持试验区新建或改扩建乡村公路872.32千米；在毕节、赫章、纳雍、织金等县市建成农村贫困户安居工程点46个，解决1247户5564个贫困人口的住房困难；支持纳雍县鬃岭镇左家营村200户灾民的灾后重建，扶持赫章县1849户极贫户建房，其中，在江泽民、温家宝视察过的兴营、核桃、永康3个彝族、苗族村，各新建1个安居工程点，共有150户750多贫困人口实现住有所居；深圳市投资178万元，毕节试验区配套760万元，建成乡镇输电线路14条162千米；投资90万元改造18个乡镇的通信设施，新增程控交换机3000门；建成织金县千亩连片防洪工程，修建人畜饮水工程24个；投资310万元在威宁县实施“爱心献功臣”工程，为因公牺牲的军烈属和残疾军人修建“光荣院”；投资3.21万元资助88户贫困农户发展生产。上述基础设施项目的建成，使40多万农村贫困人口受益。织金县上坪寨乡格支村原不通公路，村里农用物资和农产品靠人挑畜驮。2007年深圳市支持60万元资金建成公路8.3千米，圆了格支村550户2560人公路建设梦。2010年，宝安区向纳雍县捐资750万元、南山区向威宁县捐资150万元、福田区向赫章县捐资150万元，援助贫困村加强基础设施建设，为435户无房户和茅草房户新建和改造房屋。

**整村推进扶贫** 2003年起，深圳市对口扶持办主任刘仕哲等相关领导，通过深入贫困乡村考察调研后，决定将市级财政安排的帮扶资金主要用于整村连片开发。至2008年，累计投入资金5684万元，分别在毕节市三板桥办事处灵峰村、梨树镇保河村，大方县羊场镇桶井村、双山镇木格村，黔西县太来乡芭蕉村、大关镇营山村，金沙县清池镇普安村、平坝乡新柿村，织金县官寨乡白马村、三甲乡佳夸村，纳雍县寨乐乡鹿山村、库东关乡陶营村，威宁县草海镇赵山村、板底乡板底村，赫章县平山乡中寨村、结构乡毛姑村等100多个贫困村实施整村推进项目114个。项目的实施，使10多万农村贫困人口生产生活条件大为改善，村容村貌明显改观。织金县三甲乡佳夸村，2007年通过深圳扶持资金200万元和财政扶贫资金60万元的投入，共建成油路1条650米，通组公路1条747米，连户路硬化4500米，院坝硬化2800平方米，民房改造80户，引水、排洪沟渠1520米，沼气池80个，改厕、改圈、改厨80户，种植杨梅120亩、葡萄130亩、生姜100亩，购二元能繁母猪281头。此项目的建成，解决了该村1350人的交通困难，保证了全村920人、450头（匹）大牲畜的饮水和450亩水田的灌溉，使全村每年增收230万元，人均增收1730元。2009年，深圳市级财政捐资1600万元，其中投入1300万元扶持整村推进和生态文明家园建设示范村20个，投入300万元支持威宁县贫困村改善基础设施条件；南山区和宝安区分别捐资450万元、380万元，支持纳雍、威宁两县改善贫困村生产、生活环境。2010年，深圳市捐资1200万元，扶持整村推进和生态文明家园示范村25个，助推了贫困乡村人居环境的改善。

**干部交流培训** 到2007年底，共为试验区举办各类培训班62期，培训干部2162人；派出支教人员8批66人赴毕支教；为试验区协调、组织劳务务工人员9233人次；接纳试验区12名干部到深圳挂职学习，派出多名干部到试验区挂职。深圳市宝安区到试验区挂任行署副秘书长、纳雍县副县长的胡育青，通过协调，引资20万元建成姑开高山田桃李希望小学、勺窝乡沙井希望小学；引资30万元建成猪场承明希望小学，帮助争取维马公路大桥建设资金。2009～2010年，深圳市共为毕节试验区举办干部培训班37期培训干部1800多人次，帮助输出劳务人员1446人。其中2009年举办培训班5期培训干部220多人次，帮助输出劳务人员860人；2010年举办培训班32期培训干部1600人次，帮助输出劳务人员586人。

# 第四章　试验示范

## 第一节　单项试验

1989年3月，中共贵州省委确定金沙县为土地制度建设试点县，纳入试验区试验项目，并与湄潭试验区进行对比试验。金沙县委、政府制定《金沙县土地制度建设试点方案》，明确提出土地制度建设的试验思路、指导原则、试验内容。试验思路为坚持土地集体所有制，稳定和完善家庭承包经营责任制，着重探索包干到户后土地所有权与使用权分离的实现形式；根据宪法的有关规定，探索土地合法流转的程序；从缓解人地矛盾、人粮矛盾出发，逐步建立抑制人口过速增长和防止土地继续分割碎化的土地制度，同时寻求提高现有耕地综合生产能力和计划开发非耕地资源的路子。指导原则为有利于缓解人地矛盾，通过土地制度建设对人口增长有所抑制，严格控制耕地转作非耕地；有利于搞活土地使用权，加快传统农业向现代农业、自然经济向商品经济转化的进程；有利于制止土地继续分割碎化，促进土地适度规模经营效益；有利于推进非耕地资源的计划开发，为农业发展创造良好环境；有利于调动农民向土地投资投劳的积极性，提高地力，改善农业生产条件，提高农业综合生产能力；有利于农村改革成果的巩固和消化，完善农政、林政制度，管好大、中、小型水利工程和提高森林植被率。试验内容包含两个部分：一是完善和深化土地制度建设试验项目。改耕地无偿使用为有偿使用，建立收取承包管理费、土地使用费和义务工制度；建立农田基本建设和改造中低产田土地投资投劳补偿制度；土地经营权改暗转、自由流转为公开、合法、有组织流转，在一定期限内允许土地使用权有偿转让，建立土地流转程序和土地使用权流转制度；建立责任地联产和地力评估制度，实行超奖减赔、升奖降罚；对非耕地资源开发实行“谁投资、谁经营，谁开发、谁受益”，建立有利于开发性农业发展的制度；强化土地管理，建立规范化的土地档案。二是开展小区域土地制度建设试验新课题。1.抑制人口过速增长的土地制度建设，在承包期内坚持不调整土地，实行“生不增、死不减、娶不增、嫁不减”的原则，即“超生人口，永不分地”；建立社会福利保障基金会，促进社会福利保障；强化土地管理，严格控制耕地转作非耕地。2.明确两权分离后产权实现形式的土地制度建设。改变所有权必须依法办理权属变更手续；村合作经济组织为土地的发包方，有权决定承包经营方式和管理办法；坚持集体土地有偿使用，征收土地使用费；土地使用费由村统收，归村所有；土地使用权在依法有偿转让、转租和入股时必须向村申报，办理权属变更登记手续。3.制止土地分割碎化的土地制度建设。在自愿互利、便于耕作的原则下，推行在本村范围内调换责任地；子女分割继承土地使用权时所增设的田坎土埂每年要缴纳闲置费，列入土地使用费收入。4.促进发展开发性农业的土地制度建设。实行“谁投资，谁经营，谁受益”的原则，允许将荒山、荒坡、荒地、劳动力折算为资金，建立多样化的土地与劳动结合方式的土地制度；实行有偿承包或租赁经营，承包（租赁）费根据开发项目、周期长短、经营效益以及地理环境、自然条件等实际情况，由发、接包双方议定；实行适度规模开发，把已开发的茶园、林地、果园、桑园不得分割承包。建立县、区、乡各级土地开发基金会；建立资金投放制度，实行投放“三三制”，即农民从自身收入中先投入三分之一，初具规模后乡、村联合投入三分之一，具有一定规模后县再投入三分之一；建立多元担保体系，允许县级企业担保、区乡经济实体担保、农户房产抵押担保、国家行政事业单位干部担保。5.规范国家、集体与农户土地利益分配的制度建设。国家农业税（含实物）由农户按规定地点直接缴纳；农户承包集体土地实行有偿承包，对各种合理费用建立“合理负担，统收分解”的规范化制度；推行粮食产出与实物农业税、合同定购粮、农村返销粮“三挂钩”办法，实行“指标包干，节约归己，调运给予合理补价”。

经过试验，取得成功经验，桃园乡严格按照方案设计，在试点中通过实施以土地制度作杠杆、以社会保障制度为支撑，融土地制度、生育制度、社会保障制度、优生优育优教制度为一体的改革探索，经过三年努力，形成“增人不增地、减人不减地”的桃园经验，被中央和省委的有关文件吸收。

## 第二节　小区试验

1989年4月9日，地委、行署召开毕节试验区“试验小区工作会议”，确定以小区试验为突破口，推动面上试验。要求各县因地制宜开展小区试验，并决定在金沙县安底区建立以种植业、养殖业为主的试验小区，在赫章县妈姑区建立以采矿冶炼业为主的试验小区，在纳雍县姑开区建立综合试验小区。4月15日，地区行署制发《关于开展小区试验的意见》，提出小区试验的指导思想为：围绕开发扶贫、生态建设、人口控制这个主题，强化改革意识，相对集中人力、物力、财力，采取一切有效的政策措施，从小区试验取得突破，探索路子，总结经验，以点带面，推进整个试验区工作的进程。强调小区试验要因地制宜、发挥优势，形成各自特色，既可进行综合试验，也可进行单项试验。全区先后批准建立8个不同类型、不同层次、不同规模的试验小区。

1.金沙县安底星火技术密集试验小区。主要以种植业、养殖业—粮、油、烟、猪为主要开发内容，以星火技术密集为保障。实施结果，农业生产科技含量大幅增加，农村劳动者素质明显提高，农业生态环境得到有效改善，农村科技服务体系初步形成网络。

2.赫章县妈姑星火技术密集试验小区。主要以粗锌冶炼及锌系列产品开发、加工为试验内容。实施结果，带动白锌冶炼技术进步，加快了资源开发利用，推动乡镇企业发展，促进剩余劳动力转移，农民收入增加，农民生活水平提高。

3.纳雍县姑开开发扶贫、生态建设试验小区。主要以增加科技投入，实施温饱工程，解决群众温饱，实行山、水、林、田、路综合治理，改善生态环境，促进生态良性循环为试验内容。实施结果，农民温饱基本解决，生活水平显著提高，生态环境改善，水土流失得到控制。

4.纳雍县百兴民营商品经济开发试验小区.主要以发展民营商品经济，启动开发扶贫、生态建设为试验内容。实施结果，初步改变制约商品经济发展的体制、制度，基础设施改善，乡镇企业发展，农民收入增加。

5.金沙县平坝人口控制、科教兴农、生态建设试验小区。主要以控制农村人口过速增长、实施科教兴农促进农民增收、实行山、水、林、田、路综合治理，推进生态环境改善为试验内容。实施结果，农村人口过速增长得到控制，科教兴农水平显著提高，农村生产生活环境明显改善。

6.威宁县观风海农业生态环境建设、保护及经济开发试验小区。主要以农业生态环境建设、保护及经济开发为试验内容。实施结果，农业生态环境有效改善，农民收入显著增加，农村经济社会发展步伐加快。

7.威宁县灼圃草地畜牧业生产试验小区。主要以联办性质的灼圃草地示范场中心场为桥梁，把国有科研性质的试验站和专业户的畜牧业生产经营有机结合在一起为试验内容。对各生产单元实行统一规划、统一投资建设、统一建立三重承包责任制，各生产单元自行制定生产计划、资金使用计划，控制各生产单元资金收支，确保国家贷款的回收以及再生产投入。实施结果，初步形成融科研、生产、培训，试验、示范、推广、种草、养畜、加工为一体的有统有分、统分结合的畜牧业生产经营管理体制，解决了农户生产所需的资金、物资、技术问题，缓解了小生产和大市场的矛盾，同时，探索验证了草地畜牧业规模发展的措施。

8.毕节县何官屯乡农业区划成果应用跟踪分析试验小区。从何官屯乡山高坡陡、水土流失严重、粮食产量低而不稳的现实出发，利用农业区划成果，通过广泛筹集社会闲散资金，鼓励农户投工投劳；采用生物措施、工程措施、耕作措施相结合，农业实用技术培训与实施大面积“温饱工程”相结合，建立社会化服务体系等办法，对山水林田路电实行综合治理。实施结果，水土流失得到控制，农民生产生活条件改善，农业农村经济发展步伐加快。

## 第三节　课题试验

1997年6月，地委、行署制定《毕节地区开发扶贫、生态建设试验区“九五”总体试验方案》；明确提出“九五”期间全区改革试验的主要内容：

1.建立权威有序统一的扶贫开发管理体制和运行机制。实行党政领导负责制，组建扶贫承包集团，合理集中使用人、财、物，探索建立区域经济支柱的有效投资方式；探索在政府统一规划的前提下，使资源转化为资本的有效途径；加快国有中、小型企业的改革步伐，盘活存量资产，增强国有经济的活力。

2.积极推进农业产业化建设与开发扶贫相结合的改革试验。以资源为依托，以开放促开发，促进农村商品经济发展。实行部门挂钩扶贫，妥善组织、引导和支持厂矿企业和其他经济实体与农民结成利益共同体，承办开发扶贫项目。推动农业产业化步伐，通过多种形式大力发展贸工农、产供销一体化的合作经济组织和其他经济实体，促进资源优势转化为商品优势，实现生产要素的优化组合，推动农村支柱产业的形成和壮大。

3.探索异地就业、异地开发、异地安置扶贫办法。鼓励县、乡到区内外交通方便的市、镇搞开发。抓好一批建设项目，发挥龙头项目对劳动力和矿产资源开发的带动作用，为80万剩余劳动力的转移开辟多种门路。

4.继续推进土地（包括山地）制度建设试验。在坚持“增人不增地、减人不减地”的政策前提下，规范土地的使用制度，为城乡土地、资金、技术、劳动力等生产要素在更大范围内优化组合和流转创造条件。继续开展“四荒”使用权的拍卖工作，促进非耕地资源开发。

5.深化农村经营体制改革，加快农村市场体系建设。根据市场经济的原则要求，进行农产品和农业生产资源流通体制的改革，加快市场建设和供销体制改革，继续发展和规范农村合作基金会和救灾扶贫互助会，大力培育和发展农村微观经济组织，提高农户经营水平；加强基层组织建设，增强集体经济实力。

6.大力发展乡镇企业和继续推进乡镇企业产权制度改革。继续转变政府职能，为乡镇企业的发展提供高效优质的服务。大力发展股份合作制，保持乡镇企业持久发展的后劲。推动乡镇企业发展与小城镇建设相结合，加快农村二、三产业发展和剩余劳力的转移，引导二、三产业加强对农业的支持，逐步提高农业的现代化水平。

7.改革农业科技推广体制，实施科教兴农战略。加大科技兴农的力度，尤其是强化农业实用技术的推广；建立激励机制，调动农业科技人员的积极性；建立农技人员、经济实体、民办科技组织、农户相结合的利益共同体，逐步形成产前、产中、产后的经济技术服务体系。

8.开展小流域治理试验。以小流域为单位，统一规划、设计，通过以粮换工、以工代赈、劳动积累工等手段，采用生物、工程、耕作及还林退耕等措施，进行区域综合治理。

9.建立生态农业小区试验。本着发挥农业生态系统整体功能的原则，把开发扶贫和改善生态环境结合起来，把利用和保护资源结合起来，把经济效益和生态建设结合起来，鼓励单位、农户创办生态农业经济实体，建好林场、牧场、茶场、果场、渔场、药场，发展生态户、生态村、生态乡。

10.开展生态工程建设试验。继续抓好“长防工程”和“长治工程”，巩固扩大《中国3356》工程的成果，探索依托工程项目进行生态建设的高效之路。

11.生态环境管护试验。全面贯彻可持续发展战略，对资源进行高效开发、综合利用、依法保护，注重治理环境污染；建立和完善生态环境管护机制，促进经济、生态、社会效益的有机统一。

12.建立和完善农村人口控制机制试验。把控制人口与解决温饱、发展生产、增加收入、提高生活质量、解除后顾之忧结合起来，把奖励与惩罚结合起来，逐步实现计划生育良性循环。

13.注重提高农村人口素质试验。强化基础教育，加强农村初等职业教育，抓好农业培训与扫盲工作，实施农科教三结合，提高人口素质，促进人口与经济的协调发展。

1996～2000年，全区共批准实施了10个试验课题：

1.毕节市东北片区非公有制经济发展和小城镇建设试验。主要试验内容为：在科学规划的基础上，整合各方资源，推进普宜镇小城镇建设步伐，通过小城镇建设，探索以小城镇建设带动农村非公有制经济发展的有效途径，促进农村经济社会的全面协调可持续发展。

2.大方县六龙镇农业生态小区建设试验。主要试验内容为：走国家、集体、个人一齐上的路子，建立万亩经果林基地，加快荒山荒坡开发利用步伐；实行山水林田路综合治理，着力改善水、电、路等基础设施，为发展提供良好环境；引导、扶持建立农副产品加工企业，走公司加基地、基地连农户的路子，逐步形成产业化生产格局；改善发展软环境，扩大招商引资，加快经济社会发展。

3.黔西县永兴乡干沟小流域综合治理试验。主要试验内容为：以小流域为单元，开展土地利用结构调整试验，寻求促进人口、粮食、生态协调发展的土地利用最佳模式；按照“因地制宜、因害设防”的原则，探索以小流域为单元的水土流失科学防治措施和办法；开展以实施坡改梯为主的基本农田建设，探索陡坡退耕还林、植树造林、荒山荒坡拍卖开发绿色产业并举，实现经济效益、生态效益、社会效益相统一的有效措施和方法。

4.黔西县洪水乡人口控制试验。主要试验内容为：以村为单位，建立重点妇检奖励基金；实行育龄群众避孕措施频率检查制度；以群众联户为单位，开展村民自治试验；建立健全激励帮扶机制，引导群众少生快富。

5.纳雍县就地移民扶贫试验。主要试验内容为：多渠道筹集资金，对居住在深山区、石山区、高寒山区和少数民族聚居区的极贫少数民族群众实行就近搬迁；通过着力改善水、电、路、教育、卫生、广播电视等基础设施，创造良好发展环境，推进贫困群众观念的转变，加快脱贫致富的步伐。

6.纳雍县乐治河小流域治理试验。主要试验内容为：对流域治理实行统一规划；采用国家重点扶持、政府适当匹配、群众投资投劳模式，对流域进行综合治理，实现生产发展、生态改善、生活富裕的目的。

7.威宁县雪山镇、迤那镇生态农业小区建设试验。主要试验内容为：运用生态系统中生物共生和物质循环再生原理，采用系统工程方法，以提高劳动者素质、不断吸收现代科技成果，在发展中提高农业科技含量为手段，以培植粮、畜主导产业、发展特色经济为重点，合理确定农林牧业比例，优化产品结构，采取生物措施、工程措施、耕作措施相结合的方法调整农业生态系统的结构、功能，把发展农业生产和改善生态环境结合起来，把利用资源和保护资源结合起来，把经济效益和生态效益结合起来，建立和完善生态效益、经济效益和社会效益相统一的农业体系，探索建立在科学技术基础上的能够永久地保持最佳资源和农业增长的高效率、持久性、商品化、协调化的农业现代化模式。

8.织金县实施小额信贷抑制返贫试验。主要试验内容为：以贫困户为对象，扶贫资金直接到户；实行短期、小额放贷，对象以种养业为主、妇女为主；采用小组联保、整贷零还的办法。

9.赫章县种植鲁梅克斯k-1杂交酸模喂养畜禽试验。主要试验内容为：种植鲁梅克斯k-1杂交酸模，用其鲜草作为饲喂猪、牛、羊、鸡、鸭、鹅等主要畜禽的青饲料；进行饲喂对比试验，科学评价鲁梅克斯k-1杂交酸模鲜草的营养价值，为大面积推广提供科学依据。

10.威宁县中海村生态农业小区建设试验。

2001年12月，地委、行署制定《毕节开发扶贫、生态建设试验区“十五”总体试验方案》，明确提出“十五”期间全区改革试验的主要内容：

1.建立有序、统一的试验区工作综合决策和运行机制，建立有权威、讲效益的扶贫开发管理体制和运行机制，探索促进区域经济社会协调发展的道路；引导人、财、物等生产要素向能源、畜牧、绿色、旅游产业集聚，促进规模效益，提高综合要素生产率。

2.探索依托大型工程项目建设，加快经济结构战略性调整步伐，健全完善国民经济体系。通过开发特色资源，加强基础设施建设，以基础设施带动资源开发，促进区域经济健康发展。

3.调整农村产业结构，逐步形成合理的农、林、牧、渔、乡镇企业协调发展格局。探索扶贫到村、到户的有效投资方式和开发形式，引导和帮助农民根据市场需求，充分利用本地资源，发展特色农产品。开展农业产业化经营与开发扶贫相结合的试验，大力开发标准化农产品和名特优新产品。

4.加快小城镇建设步伐。以交通便利、经济基础较好、区位优势明显的主要乡镇为重点，通过相应的区域规划和政策激励机制，科学规划，合理布局，高标准建设，规范化管理。

5.把防治水土流失、改善生态环境作为生态建设重点，对小流域实行综合治理，进行生态农业小区试验，探索生态建设工程与田土整治、产业开发和区域经济相结合的发展道路。

6.创新科技推广体制，调动农技人员的积极性，探索建立全程农技服务体系与农户相结合的利益共同体，加大农业实用技术推广力度。

7.建立、健全农村人口计划生育“村民自治”和“自律管理”相结合的机制，推进农村计划生育工作与发展农村经济相结合，与帮助农民勤劳致富奔小康相结合，与建设文明幸福家庭相结合，与促进农村人口的全面发展相结合。

2001～2005年，全区共批准实施9个试验课题：

1.毕节市撒拉溪镇小城镇建设综合改革试验。主要内容为：建立精干高效、运转协调的小城镇行政管理体制，完善小城镇的经济和社会管理功能；改革和完善小城镇户籍管理制度；建立有效的投资受益机制，加快小城镇基础设施建设；探索利用市场机制配置土地资源的有效方法；以小城镇建设为契机，加大招商引资力度；以小城镇为载体，搞好农村社会化服务体系建设，大力发展各种市场中介组织，发展产供销一体化、贸工农一条龙、公司加基地加农户等多种形式的产业化组织，把小城镇建成连接城市、辐射农村的重要基地。

2.黔西县种草养畜增加农民收入试验课题。主要内容为：建立有序、统一的运行机制，引导人、财、物向种草养畜集中，促进全县畜牧养殖从速度型向规模效益型转变；以乡镇为单位，组织畜禽及其产品运输户成立产品营销协会，以协会成员连接种草养畜基地，与基地种草养畜户结成利益共同体，拉动种草养畜基地畜牧业的发展；鼓励农业技术服务中心的畜牧科技人员与种草养畜农户结成利益共同体，推进科技兴畜；健全和完善县、乡、村三级畜牧科技推广体系，完善服务功能；强化动物防疫监督和畜产品检疫机制。

3.织金县计划生育“村为主”并延伸到组课题试验。主要内容为：选配村民组育龄妇女自管小组长，并明确工作职责；开展村民自治活动，实现计划生育阵地前移、重心下移的农村计划生育工作新路。

4.织金县绿肥转化利用机制创新课题试验.主要内容为：探索扩大绿肥种植面积，提高绿肥产量的有效途径；探索绿肥转化利用的高效管理模式和机制；以公司加基地加农户的方式推广转化养畜，配套建沼气池；开发与推广以绿肥为主要原料的无公害优质高效绿色蛋白饲料产品；建立畜禽服务网络及信息服务中心，提高畜禽商品转化率。

5.纳雍县退耕还林地林权制度改革课题试验。主要内容为：以营林为基础，大力发展商品林基地和生态林基地；采取“银行贷、政府补、群众投”为主的融资形式，鼓励多种经济成分进入退耕还林开发领域；采取能人拉动、项目支持、政策优惠的办法，加大社会投资退耕还林力度，公开面向社会进行退耕还林工程招投标，让能人承包25度以上的坡耕地的退耕还林还草工程。

6.威宁县乌江源生态综合治理课题试验。主要内容为：进行技术创新，开展雨季造林试验；在课题区内允许根据实际调整经济林与生态林比例，进一步探索多元化投入机制下“退得下、还得上、稳得住、能致富”的路子；进行小流域综合治理“协同”机制创新试验。

7.赫章县推进可乐猪商品产业化进程试验课题。主要内容为：选择素质较高、经过培训的农户作为试验户，进行可乐猪纯繁保育对比试验；扩大可乐猪的饲养规模，探索“市场牵龙头、龙头带基地、基地连农户”的生产经营路子；通过政府引导，建立示范型可乐猪营销企业，推进可乐猪的产业化、商品化、市场化进程。

8.大方县安乐乡生态养殖小区试验。主要为：种草养畜，加快畜禽生产基地建设；成立技术服务中心，实行有偿服务，推进畜牧业服务体系建设；建立交易市场，培育市场体系；培育龙头企业，带动畜禽生产的发展；建立养殖合作社，走发展集体合作经济组织的路子。

9.金沙县生态建设与经济开发相结合试验。主要内容为：结合退耕还林工作，建设速生丰产林基地；在保证森林资源总量增加的前提下，探索林业生产的激励政策，调动社会各界、各林业投资主体植树造林的积极性。

2009年3月，地委、行署制定《毕节试验区第四轮农村改革试验总体方案》，明确提出13个全区改革试验的试验课题。

1.探索设立毕节试验区产业投资基金试验。总规模为100亿元人民币，投资领域为能源、化工、基础设施、特色产业。

2.探索设立毕节试验区村镇银行试验。以企业为运营主体，建立健全相关制度，规范银行运作程序，创新农村融资形式，扩大农村融资渠道和规模。

3.金沙县农业保险试验。以牲畜保险和农作物保险为突破口，完善体制机制，逐步扩大保险范围，全面增强农业抗风险能力。

4.纳雍县建立资源开发补偿机制试验。建立资源开发的环境补偿机制、富民富县机制，实行资源有偿开发政策，建立开发者补偿、受益者补偿、破坏者赔偿、受损者获偿的新机制，形成资源富民，以开发促开放，以开发促发展，人与自然、经济与社会和谐发展的良好局面。

5.赫章县探索全县畜牧业产业化带动农村经济持续发展试验。利用省产业化草地生态畜牧业杂交肉牛（羊）科技扶贫项目投资资金，种植优质牧草，发展基础能繁母牛（羊），扶持农户养牛养羊；探索运用企业化运作发展畜牧业的机制，实现项目的滚动发展；利用丰富的天然草山草坡资源，整合涉农资金进行滚动发展，实现草地生态养畜牧产业化。

6.织金县发展农村循环经济试验。以农业资源循环利用为载体，以大农业循环互动共同发展为目的，探索资源节约型、环境友好型社会建设。并以此为借鉴，促进工业循环经济发展。

7.毕节市统筹城乡改革发展试验。统筹城乡规划、城乡基础设施建设和公共服务，构建城镇化和新农村建设互促共进机制。通过土地整理增加耕地数量，提高耕地质量，开展工业投资项目配套综合用地、农民宅基地换住房、土地换租金、年龄换社保、培训换就业等试验。

8.毕节市、威宁县建立自然资源勘查开发新机制试验。探索建立政府主导统筹规划，国有地勘单位技术支持，企业自主开发“三位一体”的自然资源勘查开发新机制，增强政府调控自然资源的能力，规范自然资源勘查开发秩序。

9.大方县羊场镇桶井村推进石漠化治理、加快生态文明建设进程试验。将石漠化区域的荒山、荒地承包到各家各户；抓好省科技厅投资项目；控制人口数量，加大劳务输出，减少人口压力和减轻生态环境压力；加大基本农田整理力度，合理布局山塘水窖，改善农业生产条件；加强退耕还林后期管护，改善生态环境，增加农民收入；合理开发利用土地，调整产业结构。

10.大方县创新农村公共设施管理体制试验。以农村公共水利设施管理体制创新为突破口，逐步扩大到整个农村公共设施管理领域。以市场机制为运作手段，做到人、财、物相结合，建、管、用相一致，责、权、利相统一。

11.黔西县建立农村新型经济合作组织试验。发展农村新型经济合作组织，创新农村经济合作组织管理体制和运作机制，规范农村经济合作组织行为，充分发挥农村新型经济合作组织的积极作用，促进农村经济健康快速发展。

12.黔西县统筹解决人口问题推进少生快富试验。统筹地县两级相关资源，降低和稳定生育水平，提高人口素质，遏制出生人口性别比偏高趋势，加强流动人口管理和服务，应对人口老龄化，创新体制机制和工作方式，扩大利益导向覆盖面。

13.威宁县生态农业建设试验。通过科技推广，科学规划，抓好示范，大力发展马铃薯产业；大力发展生态畜牧业，规划建设畜牧示范基地；在戛利建一个畜牧品改疫病防治研究中心，将戛利片区打造成黔西北独具特色的文化旅游点。

附：

## 示范典型

毕节循环经济新型能源化工基地建设、毕节市清水铺镇橙满园村、毕节市田坝桥镇螃蟹井村、毕节市朱昌镇王家冲村、毕节市梨树镇保河村。

大方县大方镇对江村、大方县羊场镇穿岩村、大方县黄泥塘镇黄泥村。

黔西县煤电一体化新型工业示范园、黔西县太来乡芭蕉村、黔西县林泉镇丰寨村、黔西县新仁苗族乡化屋村、黔西县素朴镇古胜村、黔西县林泉镇西溪小流域综合治理、黔西县定新乡青杠村。

金沙县油菜产业化、金沙县岩孔镇板桥村、金沙县清池镇普安村、金沙县咕噜河矿区污水集中处理、

织金洞风景名胜区旅游资源开发、纳雍县沙包乡安乐村、纳雍县库东关乡陶营村、纳雍县董地乡冷冲村、纳雍县王家寨镇、威宁县麻乍乡戛利片区、威宁县马吃水林业生态建设示范点。

赫章县野马川镇新营村、赫章县财神村特色经果林基地建设、赫章县水塘林场。

# 毕节地区通志

毕节市地方志编纂委员会　编

方志出版社
Publishing House of Local Records

# 目 录

## 第二十二篇 教育 科学研究

## 第二十三篇　体育　卫生

# 第二十二篇

# 教育　科学研究

# 第一章　教　育

毕节地区自古重视教育。在古代，教育以家长对子女的言传身教为主，行业师傅带徒为辅。虽在春秋战国至汉代，以彝族语言文字为媒体的教学机构在今赫章县辅处乡境内创建招生授课，但还不是民众教育主体方式。到元、明、清时代，随着军屯、民屯和流官、商队的进入，以汉语言文字为媒体的官学、书院、义学和私塾逐渐兴盛起来，一批批毕节的英杰才俊通过科举考试走向仕途。清末民国，一批批有识之士，从毕节走向全国、走向世界，探索救亡图存、振兴中华的道路。中华人民共和国成立后，毕节地区实行不分民族、不分年龄的全覆盖教育，从学前教育到小学教育、中学教育、高等教育，职业教育、在职教育、特殊教育、到老年教育，都取得了显著成效。

## 第一节　官学　书院　义学　私塾

官学　1.宣慰司儒学。元代，今毕节地区境分属顺元路和乌撒路，顺元路有儒学。《大定府志》记载："元制路有儒学，儒学有教授、学正、学录、直学，各司其职。生徒以十五为率，其甚也或至数十。"明洪武二十六年（1393），建贵州宣慰司学于今贵阳市城东北隅。据吏部尚书王直《学记》载："盖洪武二十六年也，学在贵州城之东北隅，有明伦之堂，堂前辟四斋，以为肄业之所。"后历任地方官和学官又多次扩建。使之成为明代地方官学中规模大设备好的学校。《大定府志》载：贵州宣慰司学，无分水西安氏水东宋氏之民皆可入学。洪武三十年（1397），在今毕节、赫章、威宁一带建立永宁宣抚司（时属四川省）九姓长官司学。

2.卫儒学。明正统三年（1438），时任毕节卫指挥唐谏自请于朝，献宅建学，朝廷应允，遂建毕节卫儒学于城东。遴选孙隐、吴济等人为师，毕节文风自此兴起。正统五年（1440），建赤水卫儒学，请文品兼优并懂夷语的李源为训导官。正统八年（1443），在今威宁城东南建乌撒卫儒学。上述毕节、赤水、乌撒卫儒学，至清康熙年间，撤卫建制，先后改为府、州、县学。

3.府州县学。黔西府（州）学。康熙五年（1666），首任黔西知府王命来建府学于东门外。

康熙二十三年（1684），改府为州，府学改为州学。康熙五年（1666），由贵州粮驿道徐洪业捐谷1000石，建平远府学于城北．游尔嘉为府学教授，训士子勤，用诸生缺课费开垦荒田，其收入作奖励，士林感其惠。康熙二十三年（1684），改府为州，府学改为州学。是年，威宁设府，将乌撒卫学改为府学。康熙二十六年（1687）白光衢为教授，后管遴继任教授之职，二教授皆以善教而闻名于黔中，有威宁二贤师之称。雍正七年（1729），改威宁府为威宁州，府学改为州学。乾隆四年（1739年），进士邓国藩出任威宁学正，邓为官廉洁，教授严谨，修复学宫，清理学田，并将其学田收入供岁修及诸生的学习和生活费用，深受生员爱戴。是年，大定设府，次年在城南创办府学。康熙二十六年，改大定府为大定州，改府学为州学。雍正七年，复改州为府，仍为府学。康熙二十六年（1687），撤毕节、赤水卫，设毕节县，原卫儒学改为县学。康熙二十九年，毕节知县方瑞合将县学迁至长庆山正中，其地为原明卫指挥李灿斗、千户胡大椿故宅。方瑞合先捐银200两以作倡率，士民争捐钱粮兴建。瑞合率学官及士子讲阳明之学，勉励学士读书，提出“读《小学》以端其本，读《大学衍义》以扩其识，而阳明本心，良知之学可由兹以阐大”。

4.武学。崇祯十年（1637），立武学，武科与府、州、县学相同。清代，武学生员取入数额与文生相同，但武学生员只有岁试学额，而无科试学额。自是，毕节文风盛传。

5.生员学额。明洪武二年（1369），朝廷规定生员数额：府学40人，州县各递减10人，至清生员学额曾几经变更。生员分禀膳生员、增广生员、附学生员，未入学者称童生。童生经提学官考试准入学的叫生员。初入学者称附学生员，而禀膳生员和增广生员，需经岁科两试等级高者补充。廪膳生员每人每月给廪膳米6斗，至清每人每月给廪饩银4两，补助生活之需。清乾隆四十一年（1776），大定府及其所属厅、州、县的生员数额，有廪膳生员150人，增广生员150人，岁科两试取入附学生员，文生170人，武生85人。

6.学官。明洪武二年（1369），规定府学设教授、州学设学正、县学设教谕各1人。府、州、县学均设训导，其中府4人、州3人、县2人。教授、学正、教谕和训导既是儒学教师，又是学官，除教学外还主管其府、州、县的学务。清顺治至康熙期间，毕节卫学任过教授的6人，赤水卫学任过教授的5人，乌撒卫学任过教授的4人。大定府、州学先后任过教授、学正、训导的50人。平远府、州先后任过教授、学正、训导的54人。黔西府、州任过教授、学正、训导的55人。威宁府、州任过教授、学正、训导的54人。毕节县学任过教谕、训导（含卫学训导）的60人。明代规定教授为从九品，清代规定教授为正七品，与知县相同，学正教谕为正八品，训导为从八品。

**书院**　明代，毕节青螺书院，系万历十八年（1590）兵备道陈性学将青螺山文庙改建而成。清初，对书院采取抑制政策，到雍正十一年（1733），要求各省设立书院，书院由官府控制，经费由官府拨给。清代，大定府所辖地共建书院15所。

清代大定府辖地书院表

| 院名 | 创建时间 | 地址 | 兴建人 |
| --- | --- | --- | --- |
| 黎社书院 | 康熙三年（1664） | 毕节城内 | 张克壮、罗英等 |
| 鹤山书院 | 康熙三十年（1691） | 毕节城内 | 知县方瑞合 |
| 松山（华阳）书院 | 康熙三十五年（1696） | 毕节城内 | 知县方瑞合 |
| 曹伍书院 | 道光初年 | 毕节县北白果屯 | |
| 文峰书院 | 道光中期 | 毕节城内 | |
| 文龙书院 | 乾隆十五年（1750） | 大定城外观音阁 | 王允浩（重建） |
| 万松书院 | 乾隆四十八年（1783） | 大定城东门外 | 知府永福 |
| 文峰书院 | 光绪六年（1880） | 大定城东门外 | 知府程荣寿 |
| 文峰书院 | 乾隆四十五年（1780） | 黔西城东门外 | 兵部尚书李世杰 |
| 狮山书院 | 乾隆五十八年（1793） | 黔西城西关 | 知州徐学范 |
| 玉屏书院 | 道光十年（1830） | 黔西新场（今金沙县城） | 知州吴嵩梁 |
| 阳明书院 | 道光十一年（1831） | 黔西城东山 | 知州吴嵩梁 |
| 平阳（凤西文腾） | 乾隆二十年（1755） | 平远 | 知州李云龙 |
| 凤山（涌泉、南泉）书院 | 乾隆二十七年（1762） | 威宁城东门外 | 知州刘标 |
| 南台书院 | 光绪二十三年（1897） | 水城 | |

清代书院，官学程度渐高，教学逐渐由自由讲学为主变为以考课为主，生员平时主要自学，定期进行考课，为参加科举考试作准备。

**义学**　清代，贵州广设义学，对少数民族施行宏教化变苗俗。凡政府举办义学，经费由朝廷或地方官府筹措，教师由地方官委任，学校由地方官管理。康熙二年（1663），毕节守备林必达尝建义学，是最早的义学。康熙二十一年（1682），饬令贵州府、州、县卫建立义学，择人司教。康熙四十四年（1705），议准贵州巡抚于准上疏：贵州各府、州、县设义学，将土司承袭子弟送学肄业，其余族属和苗民子弟愿入学者也可送学。大定府及所辖州、县、厅先后共建义学31所：大定府13所，其中州义学1所，另有协义学、西成义学、修来义学、西城义学、六龙义学、东升义学、虎场义学、猴场义学、羊场坝义学、瓢儿井义学、马场义学、以列义学；黔西8所，分别为州义学、城东正心义学、城西正心义学、城中义学、城东义学、三重堰义学、角羊寺义学、南门寺义学；平远有6所，分别为州义学、修文义学、敦行义学、崇忠义学、笃信义学、兴贤义学；水城建有水城义学和厅城义学各1所；毕节县1所；威宁州1所。

**私塾**　1. 私塾设置。明清时期，官学不负启蒙教育之责，义学进行启蒙教育，数量有限。城乡多设私塾，以补启蒙教育之不足。明代及前私塾设置已无考。清代，大定府私塾中较有声望的塾师有37人。康熙年间有游翰、黄连峰、黄开元（彝）；乾隆年间有彭先生、黄询、杨春华、董德声、吴应鸿、董纹；嘉庆年间有董纯、董德峻、董纹、简朝贵、董拳龙；道光年间有白绘之、白统英、白绍英、章永绣；咸丰、同治年间有黄恩永（彝）、黄道中（彝）、简明材；光绪年间有王裕昌、徐礼和、简超、黄锡滨、梁维常、刘琅、刘瑰、彭贤书、黄宗、饶和清、简成章、穆惠堂、刘鲁凡、陈熙堂、李禾农（彝）。毕节县私塾中较有声望的有罗体善、吴应征、翟麟观、唐世斌、王晓（彝）、路瀛洲等。罗体善及其弟罗继善、其侄罗国良均为举人，3人相继开办私塾馆80余年；唐世斌及其子唐国棋、孙唐正镛、曾孙唐天珏4代为帅，连续办学105年；王晓家设私塾，后由其子王作斌、孙王心田相继接办，历时80年。中华民国时期，一些交通不便的城镇及广大农村，仍有不少私塾。威宁仅城关就有20余所，小海区有8所；金沙县城周围较有声望的塾师就有30人之多。民国37年（1948）黔西县26个乡镇中，23个乡镇共有私塾44所。该县锦星乡自民国8年（1919）至1952年，共办过私塾48所，塾师42人。

2. 办学形式。私塾办学形式概有4种类型。（1）延馆。由一个或几个村寨自愿结合，推选学东，确定馆地，延聘塾师授业，塾师报酬和生活资料，经商定后分摊，这种形式较为普遍，占私塾的绝大部分。（2）门馆。塾师在家或租房自行坐馆授业，酬金按塾师规定，分期或一次交纳。（3）族馆。由宗族利用宗祠设馆，用宗族公产收入付给塾师报酬，专收本族子弟入学。（4）专馆。由有钱人家在家设馆，专为自己子弟和个别至亲好友子弟而设，报酬由设馆者和塾师商定。

3. 教材教法。私塾对入学年龄、教学内容、学习年限均无统一规定，使用教材由垫师自由选用，对启蒙阶段学生，一般使用《三字经》《百家姓》《千字文》，有了一定的识字基础后，则学习四书五经和有关诗、文选集。私塾因学生程度不同，使用教材各异，其教学方法采用个别授课。教学中注意读书、写字和作文训练。读书分为教书（教师逐句教读讲解）、背书和理书（复习），读过的书要求全部背诵。写字先由教师把着手写，进而描红，最后进行临帖，每天都必须进行写字练习，塾师圈改。作文先从模仿入手，然后逐步提高。

4. 管理制度。私塾没有统一的管理制度，在长期办学实践中形成一些约定俗成的惯例。一是校历。一般在农历正月十五后上学，至十月初一放假。其间端阳节、中秋节及孔子诞辰纪念日（农历八月二十七日），分别放假1～3天。二是校规。塾馆正壁上一般供奉“大成至圣先师孔子”牌位，学生上学和放学时，必须在牌位前鞠躬作揖。塾师为管理学生备有警告学生的戒枋，惩罚学生的戒尺，解手外出的签片。三是塾师报酬。一般根据学额数量，年龄大小，知识多寡以及教学要求的不同，由承办者和塾师商定。蒙童每年付大米约100斤，逢年过节家长带子女拜节送礼，孔子诞辰日，学东集资设宴，既为孔子祝寿，同时请塾师赴宴，以表敬意。四是师生数额。每馆学生数十人不等，一塾一师为多。

# 第二节　幼儿教育

**发展概况**　民国前，幼儿教育靠父母或请家庭私塾先生执教来实现。民国5年（1916）威宁县城区两级小学设幼稚班1班。民国10年（1921），黔西县女子国民学校附设幼稚班1班。民国13年（1924）、民国15年（1926），黔西县新场镇致用小学、第一两级女子学校各附设幼稚班1班。民国25年（1936）、民国35年（1946），岩孔小学和城区一小各附设幼稚班1班。民国27年（1938）秋，毕节县第一女子小学附设幼稚班1班，幼儿30人左右。课程有识字、识数、游戏、听音乐、讲故事。民国28年（1939）停办。民国31年（1942）复办，至民国35年（1946）再次停办。民国31年（1942），大定城区女子小学附设幼稚班1班，幼儿20多人，实行全日制教学，课程有看图识字、识数、卫生常识。经费部分由县教育经费开支，部分由保育费补充，同年则停办。民国37年（1948），毕节师范学校附小附设幼儿园1所，入园幼儿近100人，分小、中、大3班。以上幼稚园（班），存在时间短，最长的5年，最短的半年，到中华人民共和国成立前夕仅存毕节师范附小幼儿园1处。

1952年国家教育部颁发《幼儿园暂行规程》和《幼儿园暂行教学纲要》，确定改幼稚园为幼儿园。是年，毕节专署和毕节军分区在毕节城内古道路合办全专区第一所托儿所，建筑860平方米，教职工14人。招收地专机关县以上、军分区营以上干部子女20余人。工作以保育为主，对大班幼儿进行简单口语训练。1954年后，仅收地专机关干部子女。1953年，毕节县教师联合会在今城关四小内创办1所幼儿园，有保育员3人，在园幼儿45人，1957年停办。1956年，毕节、大方、黔西县，各新办一所幼儿园，3所幼儿园共有教职工16名，有在园幼儿315人，分年龄开设大、中、小班。至此，全专区幼儿园发展到8所，入园幼儿536人。1957年，威宁县教育系统在城关一小创办幼儿园1所，入园幼儿69人，教养员2人，次年，在园幼儿增至105人。是年底，全专区有幼儿园9所，在园幼儿601人。1958年，人民公社办幼儿园，据次年底统计，全专区共办幼儿园6684所，在园儿童约10万人；公社以上小学几乎都办有学前班，多数不具备办园条件，大都创办不久即停办。至1965年，全区仅存12所幼儿园，且多为地县机关幼儿园。1978年12月中共十一届三中全会召开后，全地区幼儿教育得到恢复和发展。1979年10月省托幼工作会议后，地区召开相应会议，会后地县有关部门采取措施，推进全地区幼教事业的恢复和发展。1980～1988年，毕节地区行署以行署机关幼儿园作示范，先后共拨款86万元，修建毕节城东南部幼儿托教点，改造古道路园舍，购置钢琴、电子琴，手提和脚踏风琴等教学用具，以现代水平完善教学设施。至1984年入园儿童14班515人，保教人员64人，保教质量逐步提高。1998年达22班，入园幼儿1000人，教职工95人。2007年达31个班，入园幼儿1500人，教职工106人。在城市幼儿教育的示范带动下，全地区农村幼儿教育快速发展。1979年，全地区农村入园幼儿3670人，1984年增至1.52万人。1982～1988年，全地区兴办中心幼儿园25所，其中农村中心幼儿园20所。中心幼儿园在各级政府扶持下，逐步成为农村示范性幼儿园。

## 1988年毕节地区所办中心幼儿园统计表

单位：个·人

| 名称 | 创办时间 | 主办 | 班数 | 幼儿数 | 教师数 |
|---|---|---|---|---|---|
| 毕节城关二街幼儿园 | 1982 | 街委会 | 3 | 107 | 9 |
| 金沙县岩孔乡幼儿园 | 1982 | 乡政府 | 3 | 194 | 4 |
| 织金城关北门幼儿园 | 1982 | 街委会 | 3 | 148 | 9 |
| 纳雍猫场乡幼儿园 | 1982 | 乡政府 | 1 | 31 | 4 |
| 大方城关南街幼儿园 | 1983 | 街委会 | 3 | 157 | 3 |
| 黔西城关四街幼儿园 | 1983 | 街委会 | 3 | 90 | 6 |
| 威宁县党政机关幼儿园 | 1983 | 县政府 | 3 | 141 | 5 |
| 赫章野马川乡幼儿园 | 1983 | 乡政府 | 2 | 100 | 3 |
| 黔西协和乡幼儿园 | 1984 | 乡政府 | 3 | 154 | 5 |
| 织金阿弓乡幼儿园 | 1984 | 乡政府 | 3 | 120 | 5 |
| 金沙禹漠乡幼儿园 | 1984 | 乡政府 | 3 | 100 | 3 |
| 威宁幺站黑泥乡幼儿园 | 1984 | 乡政府 | 3 | 90 | 5 |
| 毕节杨家湾乡幼儿园 | 1984 | 乡政府 | 4 | 114 | 3 |
| 毕节海子街区幼儿园 | 1985 | 区公所 | 1 | 10 | 2 |
| 大方六龙区幼儿园 | 1985 | 区公所 | 3 | 120 | 3 |
| 大方双山幺塘乡幼儿园 | 1985 | 胡国美姐妹 | 1 | 80 | 2 |
| 黔西林泉区幼儿园 | 1985 | 区公所 | 3 | 200 | 4 |
| 黔西大关区幼儿园 | 1985 | 区公所 | 3 | 110 | 4 |
| 金沙清池乡幼儿园 | 1985 | 乡政府 | 2 | 60 | 3 |
| 织金牛场区幼儿园 | 1985 | 区公所 | 3 | 80 | 3 |
| 纳雍维新区幼儿园 | 1985 | 吴书华 | 1 | 85 | 1 |
| 毕节朱昌区幼儿园 | 1986 | 区公所 | 1 | 62 | 2 |
| 金沙安底区幼儿园 | 1986 | 区公所 | 3 | 158 | 5 |
| 纳雍中岭勺窝乡幼儿园 | 1986 | 乡政府 | 1 | 35 | 1 |
| 威宁中水出水乡幼儿园 | 1987 | 乡政府 | 3 | 180 | 4 |
| 共计 | | | 62 | 2476 | 98 |

同时，金沙、黔西、威宁、赫章、织金县办起民族幼儿园（班）11个，入园幼儿330人。许多地方还出现办家庭幼儿园。至1988年，全地区共办各种类型幼儿园59所、234班，入园幼儿1.03万余人，其中学前班156个，学前班幼儿7200人；教职工404人，其中园长和教师393人，具有中师及高中以上学历的193人。至1998年，全地区幼儿园54所，入园（班）幼儿4.09万人，入园（班）率22.34%，入园幼儿数量是1988年的4倍。入园率比1988年提高19个百分点。2005年，全地区幼儿园59所，入园幼儿9.19万人，其中教育部门所办园（班）幼儿8.42万人，民办园（班）7339人，集体办园（班）320人。校舍4.96万平方米，幼儿教师629人。全地区幼儿入园（班）率为23%，每万人中在园幼儿129.39人。至2011年，全地区有幼儿园270所，新建扩建乡镇中心幼儿园73所，竣工61所；学前教育三年毛入园（班）率为43.93%，比2010年提高7.74个百分点。

**管理体制和经费**　1. 管理体制。中华人民共和国成立前小学附设的幼稚园（班），由各校自行管理。中华人民共和国成立后，教育部门主办的由教育部门管理。由地、县、区、乡党政机关办的，分别由地、县，区、乡政府管理。企、事业单位办的由主办单位管理。1988年前，各类幼儿园，都由各级妇联进行业务指导，1988年后，统一由教育行政部门进行指导。

2. 经费来源。各级教育部门举办的幼儿园和学前班，其办园（班）所需的基建费、设备费和经常性经费（含保教人员工资），由教育经费开支。各级政府举办的幼儿园，其办园经费由各级政府财政拨款。企事业单位举办的幼儿园及其子校附设的学前班所需经费，由主办部门负担。集体和个人举办的幼儿园所需经费，多采用民办公助办法解决。各类园（班）除主办单位或个人负责筹集经费外，还向幼儿家长收保育费和教育费。收费标准各个时期不同。

## 第三节　小学教育

### 一　发展概况

清光绪二十七年（1901），清政府颁发兴学诏书，提出兴学育才为当务之急。要求各省、府、厅、州、县将当时的书院一律改为兼习中学、西学学堂。光绪二十七年~三十三年（1901~1907），各府州县先后将书院改为学堂。光绪二十九年（1903），英国传教士柏格理到威宁石门坎传教，次年建教堂和学校，收苗族子女入学就读。学校逐年增班，至民国元年（1912），发展成有高、初两部的完全小学，取名光华小学。光绪三十三年（1907），大定府人王祖彝在威宁城内创办模范学堂。到清宣统三年（1911），大定府及所属厅、州、县共开办小学堂30所，其中大定府16所、水城厅2所、黔西州5所、威宁州3所、毕节县4所；高等小学堂3所、初等小学堂21所、高初两等小学堂6所。

1911年，辛亥革命后，小学教育有所发展，据民国6年（1927）统计，所属毕节、大定、黔西、织金、威宁县共有国民学校67所、高等小学校18所、农业学校1所、其他学校两所，学生3228人，教职工285人。民国13年（1924），贵州省政府在威宁县龙街创办省立乐耕小学，后迁至马踏乡大瓦房，主要招收苗族、彝族子女。民国24年（1935），相继在各地办起两年制的短期小学和民众学校，据统计，仅威宁县就有短期小学10所、民众学校19所。民国26年（1937），爱国华侨胡文虎捐资在贵州省兴建20所小学。其中第四行政督察区有省立威宁石门坎小学、水城以角小学。民国30年，全省共有省立小学30所，其中第四行政督察区有省立水城初级小学、威宁初级小学和毕节师范附属小学。民国31年，有小学787所，学生5.12万人，教职员2381人。民国34年（1945），当局规定质量重于数量之原则，各县暂缓增设学校，以谋现有学校之充实。借此整顿之名，任意裁并学校。据报：威宁县裁撤学校总数的四分之三以上。至民国37年，根据贵州省政府颁发的《县级机构调整方案》，第四行政督察区调整所属县的中心学校及保国民学校裁减乡镇国民学校15所、保国民学校216所。民国38年（1949），小学减少至262所，教师968人。1949~1950年，农村小学大都停办，仅存小学85所，教职工563人。随着土地改革运动的开展和国民经济状况的好转，小学教育逐步恢复。1952年底，全专区小学增至797所，在校学生8.8万人，教职工2187人，适龄儿童入学率为14.6%。1953～1956年，全地区小学教育工作着重克服学校内部的混乱状况，使教育秩序走向正常。1957年，全专区小学增到2725所，在校学生22.55万人，教职工5771人。1958年，实行教育大跃进，全专区小学增至4424所，在校学生40.76万人，教职工1.52万人，分别为1957年的1.62倍、1.81倍、2.64倍。大量的学校学生增加，师资严重不足，加上师生参加生产劳动过多，正常教学秩序被打乱，教育质量下降。1961年起，贯彻国家“调整、巩固、充实、提高”方针，1962年底，全专区小学校调整为1666所，在校学生11.24万人，教职工5897人，适龄儿童入学率为24%。1964年，毕节专区贯彻执行中共中央关于推行“两种教育制度、两种劳动制度”的指示，办好全日制公办小学的同时，民办小学和耕读小学发展较快。1965年底，全区共有小学4636所，在校学生32.83万人，教职工1.06万人。学龄儿童入学率达74.6%。1966年，“文化大革命”开始，全专区全部停办耕读小学，是年秋学校“停课闹革命”至次年3月“复课闹革命”，学校设施遭到严重破坏，教师被批判，学校的教学秩序被打乱。1968年，各县小学相继成立革命委员会，工人毛泽东思想宣传队进驻各县城关小学领导“斗、批、改”运动，农村由贫下中农管理学校。1969年，不少公办小学相继下放给生产大队办，不少公办小学教师被调回家乡所在地任教，大部分民办小学自行解散，教师回乡参加农业劳动，严重影响小学教育。

1971年秋，根据国家教育部关于厂矿企业办学的倡导，黔西红林机械厂、大方金江机械厂、大方猫场硫磺厂、大方马干山牧垦场、赫章妈姑铅锌矿、赫章113地质队、金沙大水农场先后办起子弟小学，除招收本单位职工子弟入学外，还招收附近的适龄儿童入学。同时，要求把学校办到群众家门口，读小学不出队、读初中不出社、读高中不出区。各县区中心完小和部分公社小学先后附设初中班，有的小学甚至附设高中班。小学校的校舍、教学设备被畸形发展的初、高中占用，大部分骨干教师被抽到中学班任教，许多不具备教师条件的人通过各种途径填充到小学教师队伍中，小学教师素质大为降低。

1978～1979年，国家实施教育整顿，各县相继将县城以上完小收归县教育局管理，并先后确定10所小学为县属重点小学。至1984年秋，全地区大部分小学不再办初中班，师资力量得到加强，是年底，全地区小学5483所，在校学生共74.3万人，教职工2.72万人，适龄儿童入学率为71.9%。

赫章县雉街乡中心校学生在上课

1986年6月，中共毕节地委、毕节地区行署召开全地区教育工作会议，讨论并制定全地区普及初等教育规划，研究实施教育改革方案。截至1988年底，全地区有小学5052所，在校学生83.81万人，教职工2.86万人。已普及初等教育的乡镇238个，占全区乡镇总数的30%。金沙县在全地区率先实现普及初等教育，1989年，地区检查验收普及初等教育情况，大方县普及验收57个，毕节20个，大方、毕节县获地区普教先进单位第一、二名奖。1990年，检查验收全地区普及初等教育情况，全地区805个乡镇，546个基本实现普及初等教育，占67.6%。金沙、黔西、大方，达基本普及初等教育县。是年，全地区有小学3966所，教学点2724个，在校生82.51万人，学龄儿童入学率89.59%，后经1991～1992年普及验收，全地区665个乡镇基本实现普及初等教育，占全地区乡镇点数的80.99%，金沙、大方、黔西、毕节达国家规定普及初等教育标准。1993年全地区，小学3896所，教学点2431个，在校生80.99万人，7～12周岁的学龄儿童入学率达到90.13%。1994年11月经省、地验收，赫章县基本普及初等教育。据当年统计，全区609万人口中，有487万普及初等教育，占总人口的80%。全区学龄儿童入学率达93%。在全省教育工作会议上，全地区有23个乡，镇和33人被省政府表彰为普及初等教育先进集体和先进个人。

1995年，全区有小学3250所，教学点2916个，在校学生90.92万人，学龄儿童入学率达94.42%。1996年。通过省、地验收，织金县普及初等教育。是年，全地区小学在校生96.1万人，适龄儿童入学率95.42%。1997年，金沙县通过省组织验收，基本达到普及九年义务教育的标准，毕节市“普六”通过省、地复查合格。是年，全地区调整小学校布局，保留小学学校3059所，比上年减少62所，教学点2747个，在校学生99.35万人，其中少数民族在校生25.5万人，占小学在校生数的25.7%。小学适龄儿童入学率96.19%，其中女童入学率94.34%。1998年，全地区适龄儿童入学率已达96.8%。1999年省检查验收纳雍县实现普及初等教育，全地区除威宁县外其余县市基本普及六年制义务教育；普及六年义务教育人口数占全区总人口数的85%以上。全地区适龄儿童入学率达97.35%。2000年，经省检查验收，威宁县普及初等教育，至此，全地区各县实现普及初等教育。是年，金沙县“普九”经省验收合格。全地区有小学3099所，教学点1900个，在校生101.52万人，适龄儿童入学率97.86%，其中女童入学率为97.41%。2001～2005年，全地区以基本普及九年义务教育、基本扫除青壮年文盲为教育工作目标，各县市在抓好“普六”巩固工作的同时，继续推进“普九”工作。2002年，大方县实现“两基”工作目标；2003年，

毕节四小“祖国好家乡美”主题系列活动

毕节市、黔西县实现两基工作目标；2004年，织金、纳雍县实现“两基”工作目标。2005年，威宁、赫章县实现“两基”工作目标。至此，全地区基本实现“两基”工作目标。截至2006年，全区有小学2581所，教学点356个，小学在校生100.45万人，7～12周岁适龄儿童入学率99.07%，女童入学率99.48%。2008年，全区有普通小学2471所，教学点373个，在校生114.5万人，适龄儿童入学率99.3%，女童入学率达99.2%。小学生年辍学率为0.87%。2010年，全区着力巩固提高“两基”成果，继续改善义务教育阶段办学条件。是年，威宁、赫章两县通过省政府“两基”复查和“普实”验收；全区有普通小学2520所，教学点312个，在校生110.09万人，适龄儿童入学率99.35%，辍学率0.82%。2011年，全区有普通小学2817所，教学点305个，在校生104.51万人，适龄儿童入学率99.36%。

## 二　思想品德教育

清光绪二十八年（1902）五月，毕节求是学堂制定《毕节求是学堂章程》，载录光绪皇帝关于兴办学堂的四道诏旨，规定道德教育的主要内容为明伦理、循礼法；教育目的是植基立本、成德达材、图治作人。光绪二十三年（1897）三月，清政府颁布忠君、尊孔、尚公、尚武、尚实的教育宗旨，小学堂依此执行。

民国元年（1912）9月，教育部颁布注重道德教育，以实利教育、军国民教育辅之，更以美感教育完成其道德的教育宗旨。民国4年（1915），袁世凯改教育宗旨为“爱国、尚武、崇实、法孔孟、重自治、戒争贪、戒躁进”，明令学生以孔子为模范人物，加以学习。

民国18年（1929）4月，国民政府以孙中山提出的“三民主义”为教育宗旨，要求普通教育须根据：总理遗教，以“忠孝仁爱，信义和平之国民道德”教育青少年。民国24年（1935），贵州省政府明令学生应信仰三民主义，强调学校要把三民主义教育贯穿于教学活动中。民国27年（1938），国民政府公布《抗战时期小学训练》，提出要使儿童明了日军侵略我国的野心；使儿童具有抗战的意识与决心；使儿童接受抗战的训练；使儿童做相当的抗敌救援工作；使儿童获得精诚团结、勇敢杀敌抗战必胜的德行。此后，爱国主义教育和反侵略战争教育一度成为小学思想品德教育的主要内容。民国28年（1939），各县小学以蒋介石提倡的礼义廉耻作为共同遵守的校训。民国36年（1947），国民政府在小学的训育中，硬塞进戡乱建国的内容。

中华人民共和国成立后，人民政府在接管小学时，实施整顿改造工作，废除国民党政府的训育制度，取消公民和童子军课程，代之以新民主主义（后改为社会主义）的思想品德教育。1950年，抗美援朝战争开始，着重对小学生进行爱国主义、国际主义和革命英雄主义的教育。1952年起，全专区小学普遍开展爱祖国、爱人民、爱劳动、爱科学、爱护公共财物教育活动。1955年起，各县小学先后将教育部颁发的《小学生守则（试行草案）》作为进行思想品德教育的基本内容。1958年，贯彻教育为无产阶级的政治服务、教育与生产劳动相结合的教育工作方针，对小学生进行阶级观念、劳动观念的教育。1963年起，响应毛泽东关于向雷锋同志学习的号召，全地区小学普遍开展学雷锋活动，争做好人好事。1966年“文化大革命”开始后，学校陷入混乱，受读书无用、造反有理、交白卷是英雄的错误观念影响，严重扰乱学生思想。

1979年8月～1981年8月，贯彻执行国家教育部重新颁发的《小学生守则》。1982年，小学普遍开展讲文明，讲礼貌、讲卫生、讲秩序、讲道德，心灵美、语言美、行为美、环境美，热爱祖国、热爱社会主义、热爱共产党“五讲四美三热爱”活动，培养学生遵纪守法的观念，陶冶学生高尚的情操。1986年，各小学实施国家教委制定的《全日制小学思想品德教学大纲》，对学生进行思想品德教育。1989年起，小学校贯彻《中共中央关于改革和加强中小学德育工作的通知》，成立德育工作领导小组，拟定改革和加强小学德育工作的意见。地区从各县报送的22篇德育工作经验材料中选送6篇参加全省德育工作会议交流。通过教育，全地区小学局势稳定，教学秩序正常。1990年，各小学建立升国旗、唱国歌制度；普遍加强小学日常行为规范的教育；开展学雷锋、学赖宁争做好事的活动。各县普遍建立德育工作领导小组，各校明确1名校长抓德育工作。多数学校把教书育人列为评聘教师职务，表彰奖励、晋级的重要依据之一。是年上半年，各县分别召开德育工作经验交流会、德育工作表彰会、三育人经验交流会和师德研讨会。是年9月上旬，召开毕节地区学校德育工作经验交流会，收到经验交流材料91篇、29名代表在会上发言，会后将发言材料汇编为《德为师之本》发至全区各学校。1991年7月1日，各学校根据上级要求，广泛开展以热爱中国共产党为重点的社会主义、爱国主义和集体主义教育。根据省教委的安排，在全地区各县广泛开展德育督导评估工作。是年4～5月，以毕节二中和赫章一小作为德育督导评估试点学校，组织各县有关人员以《贵州省中、小学德育工作评估方案》及实施细则为标准，在学校广泛调查研究，采取听、看、查、议的方法对学校进行评估。是年，共督导评估187所中小学德育教育。接受评估学校通过抓学生德育教育，校风、校纪均有明显好转，教学质量明显提高。是年，省教委开展中小学德育六项评比活动，毕节地区获奖18个。1992年，检查督导全地区1367所小学的德育教育工作，威宁城关一小，地区马干山牧垦场子弟学校、大方县普底民族小学被评为省德育工作先进学校。此外，小学广泛开展中国近代史、现代史和国情教育。1994年，各县贯彻中共中央宣传部制发的《爱国主义教育实施纲要》，组织师生观看百部爱国主义影片，举行中国近、现代史知识竞赛。全地区组织23万中、小学生参加全国青少年爱我中华、爱我家乡读书教育活动，参加人数居全省各地、州、市之首。经过评选，有29名学生分别获省作文一、二、三等奖和优秀奖，20名学生分别获省答卷一、二、三等奖和优秀奖，毕节四小获团体优胜奖，推选8名学生赴京参加全国评选。

1996年，毕节地区教育局拟发《中共毕节地区教育局党组关于加强社会主义精神文明建设的意见》，要求各级教育行政部门和学校认真组织干部、师生员工学习中共十四届六中全会决议，发挥广大教职工和学生在精神文明建设中的作用。各级各类学校加强校园文化建设，美化、绿化、净化校园环境；开展各种有益于学生身心健康的文娱活动。地区教育行政机关与有关部门配合，组织37万多名中小学生参加香港回归祖国读书教育活动，有9人获全国特等奖，176人受省表彰，206人受地区表彰，地区教育局获全国组织奖。

1997年，根据中宣部、国务院法制局、国家教委的联合通知要求，组织全地区23万名中小学生参加学法律讲道德的读书活动，有161名师生获奖，其中9人获全国特等奖，42人受省表彰，110人受地区表彰，1998年，地区教育局在织金县召开学校德育工作现场会，总结推广先进经验，在全地区首次开展评比文明校园活动，全区有10所学校被评为文明校园。同时，开展校外德育教育活动，与地、市委宣传部、团地委联合在毕节城区举行以告别不文明行为为主题的签名活动，毕节城区21所大中小学师生参加签名仪式，承诺告别不文明言行。是年，对青少年进行远离毒品的教育。9月，毕节八小学生赵权、陈学兰分别获团省委等单位举办的禁毒知识竞赛二等奖、三等奖。毕节一小、毕节四小、织金城关一小、大方县大方镇三小、大方县城关三小获优秀组织奖。1999年，专题调研全区中小学德育工作，督促各县市学校进行自查，并采取措施完善学校德育工作机制。各县市均制定中小学德育工作方案，提出学校德育工作目标，学校基本上建立健全德育工作机构，形成校长、班主任、科任教师、共青团、少先队、思政处、家长委员会组成的德育管理网络。是年，开展庆祝中华人民共和国成立50周年和澳门回归活动期间，组织全地区41万多名中小学生参加“光辉50年”读书教育活动，获全国特等奖24人，149人受省表彰，188人受地区表彰，地区及县市教育局均获组织奖。

2005年毕节地区教育局贯彻《中共中央国务院关于进一步加强和改进未成年人思想道德建设的若干意见》，制定《毕节地区中小学德育示范校评估办法》和《中小学德育示范校评估标准》，开展争创中小学德育示范校评选活动，专项督导评估德育示范校，召开全地区德育工作，全地区有3个单位被评为全地区中小学德育先进集体，18所中小学被确定为道德示范学校。是年，组织大、中、小学生代表开展纪念抗日战争胜利60周年演讲比赛活动，12人分别获一、二、三等奖，13人获优秀奖；组织中小学生开展做文明学生征文比赛活动，共收到论文461篇，评出一等奖9篇，二等奖18篇，三等奖24篇，13个单位获组织奖；组织中小学生开展弘扬和培育民族精神活动月系列活动。

## 三　教　学

**教学计划**　清光绪二十七年（1901），清政府颁布兴学诏书，小学堂根据规定，设置修身、读经讲经、国文、算学、历史、地理、格致、图画、体操、音乐等学科。每周上课总时数为：初等小学堂30学时，高等小学堂36学时，每学时为1小时。

民国时期，各县小学均按省教育厅颁布教学计划执行。民国18年（1929），设有党义、国语、社会、自然、算术、劳作、美术、体育、音乐等学科。低年级每周总课时为1140分钟，中年级为1320分钟，高年级为1580分钟。民国37年，设有公民训练、音乐、体育、国语、算术、社会、自然、美术、劳作；课外团体活动。每周总课时低年级1170分钟，中年级1470～1500分钟、高年级1650分钟。

中华人民共和国成立后，小学教育教学计划几经更动，各县大部分小学校按国家教育部和省教育厅的规定执行。1955年，各县小学执行国家教育部制定的《小学（四、二）制教学计划》，依次开设语文、算术、地理、自然、体育、唱歌、图画、手工劳动等课程。每周上课：1～4年级24课时，5～6年级26课时。是年，根据国家教育部通知，取消周会课，1957年恢复。1963～1965年，全专区小学执行国家教育部颁布的《全日制小学教学计划（草案）》，开设周会、语文、数学、历史、地理、自然、生产常识、体育、音乐、图画、手工课，要求四年级以上的学生每年劳动半个月。1966～1975，受"文化大革命"影响，各县小学的教学工作紊乱。1975年9月起，根据省教育厅的通知，各校自行安排教学计划。1984年，执行省教育厅制定的《贵州省农村六年制小学教学计划（试行草案）》和《贵州省农村初级小学教学计划（试行草案）》，开设思想品德、语文、数学、常识、体育、音乐、美术课，一、二、三年级为每周上23课时，四、五年级上24课时，六年级上25课时。2002年起，根据贵州省教育厅拟发《贵州省教育厅推进基础教育课程改革的实施意见（试行）》。小学开设品德、语文、数学、外语、科学、体育与健康、艺术、综合实践活动、地方课程与学校课程。一、二年级周26课时，三至六年级周为30课时。学年总课时一、二年级910课时，三至六年级1050课时。义务教育阶段全年共计52周，其中上课时间35周，学校机动时间2周，复习考试时间2周，寒暑假、国家法定节假日13周。要求各小学开齐、开足课程，按课程计划安排学校教学工作。

教材　清末时期，各小学堂除沿用《三字经》《百家姓》《孝经》《四书》《礼记》外，还采用清政府学部审定的教科书：《最新初等小学修身教科书》《最新初等小学国文教科书》《最新初等小学笔算教科书》《蒙学堂中国地理教科书》《蒙学堂外国地理教科书》《蒙学堂经训修身教科书》《初等博物教科书》《初等小学格致》《初等小学生理卫生》《毛笔习字帖》《初等铅笔字帖》《最新初等小学珠算教科书》《蒙学动物教科书》《蒙学植物教科书》《国民唱歌集》《普通体操》。清光绪三十一年（1905）至民国元年（1912），威宁石门坎教会学堂曾以《苗族原始读本》《圣经》《马可福音》《马太福音》《新约全书》作主要教材。

民国时期使用的教材有：国家教育部统一编辑出版的统编教材；地方出版单位按国家制定的课程标准编辑出版的教材；省教育厅组织编写的乡土教材。民国13年（1924）前后，大定县督学向渭川编写《正蒙一得》（后更名《国学初基》），作为县内部分小学的启蒙识字课本。民国20～29年（1931~1940），各县小学均采用经教育部审定的各科教科书。民国30年，乡镇中心小学、保国民小学采用贵阳文通书局按国家教育部规定标准编写出版的《文通初小国语教科书》《文通初小算术教科书》《文通高小国语教科书》《文通高小算术教科书》，同时采用省教育厅编写的乡土教材：《贵州地理》《贵州出产的水银》《贵州出产的桐油》。民国36年（1947）后，各县小学均采用教育部编辑出版的《初小国语常识》《初小算术》《高小语文》

《高小历史》《高小地理》《高小算术》《高小自然》。

中华人民共和国成立初期，部分小学曾采用过华北解放区的小学教材。1951年起，按照省的规定，各县小学陆续采用修订改编的全日制六年制教材。1956年，采用国家编辑出版的十二年制中小学教册。1963年起，采用国家统编出版的十二年制中小学教材，同时采用省教育厅组织编写的《农业常识》《应用文》补充教材。1966～1973年，全地区小学低年级学生以《毛主席语录一百条》作为语文教材，其他年级学生学习《毛主席语录》《老三篇》和《毛主席著作（乙种本）》。1973年秋季起，各县小学均使用省编五年制小学一至五年级语文、数学教材。1978年后，各小学逐步改用国家统一编写的小学五年制教材。1981年起，采用省编小学1～5年级《思想品德课》教材。1984年秋季起，全部采用人民教育出版社编辑的六年制小学教材。此外，毕节、威宁县，采用省民委和省民族研究所组织编写的全省统一小学彝语课本；苗语课程采用原威宁石门民族中学校长杨忠德主编的《苗语看图发音》和《苗语试用课本》第一册。

## 四　体育卫生

**体育教学活动**　1. 清末学校的体育卫生。凡有条件小学堂，均开体操科，其教学内容及要求是：以令身体强健，心志刚果，并养成宗法，乐群之习惯。先授以游戏，逐步教给普通体操、兵式体操、中国传统武术。教学时数一般为每周3钟点。学堂内除辟有操场之外，尚有哑铃、石锁、伸缩棍、木枪等健身设备。师资多系兼职。不提倡学生进行课外活动，认为是不务正业、有伤风化。发现学生参与课外体育活动者，给以训诫或惩罚。

2. 民国时期的体育卫生。中华民国成立后，体操课仍是通习的课程，学校体育得到一定的重视，其设施也有改善。民国12年（1923），体操改称体育，课外活动中有关体育方面的活动统称体育活动。民国15年（1926），金沙安底（时属黔西县）私立致用小学曾组织运动队，参加黔西县中小学体育运动大会，表演徒手操、童军操。民国17年（1928），黔西县中、小学组织近百名师生，由中学校长李观成、小学校长肖鉴秋率领，步行4天，到贵阳参加全省体育运动大会。与会期间，黔西县小学生代表队表演哑铃操和“叠罗汉”备受观众赞扬。

3. 中华人民共和国成立后的体育卫生。1954年后，不少小学组织学生参加“劳卫制”锻炼，同时推行少年广播体操。1960年，小学根据省教育厅、省体育运动委员会（简称体委）的通知，开展“四红”“双红”运动。1963年，全专区小学贯彻《全日制小学暂行工作条例（草案）》，体育课教学逐步恢复正常。1966～1976年，多数小学将体育课改为军体课，课外活动为学工、学农的劳动。1979年起，毕节地区体委、教育局、卫生局联合组织工作组到各县调查中小学体育卫生。是年6月，省教育厅召开全省体育卫生工作会议，毕节县普宜小学受到表彰。1986年，根据国家体委制定的《体育传统项目学校试行办法》和《贵州省体育传统学校管理办法》的规定，有5所小学被确定为体育传统项目学校。1987年10月、省教委、省体委联合举办贵州省首届中小学优秀体育课评选活动，毕节地区体育教师王玲获小学组第一名。1988年10月，地区教育局、地区体委联合举办毕节地区中小学广播（韵律）体操培训班，40名小学体育教师参训。之后，即由这批骨干回各县负责培训县内小学体育教师。1990年，地区教育局、地区体委检查验收体育传统项目学校，被检查的6所小学均具备条件。1994年，按照省教委、省体委要求，全地区有8所中、小学被定为省级传统项目学校，7所被定为地区级传统项目学校。是年，在全地区501所中小学施行《国家体育锻炼标准条例》，施行面47.5%，达标率73.1%。次年，施行面达到60%，达标率提高到77.74%。1996年，地区教育局、地区体育局联合举办毕节城区小学生田径运动会。1998年，举办全地区小学生雏鹰起飞运动会，效果良好。2008年，组织开展全国第一套中小学校园集体舞比赛，组织学生参加满意在贵州少年儿童迎奥运拉拉操大赛均获优异成绩。

**卫生保健**　清末，卫生事业不发达，卫生知识尚未普及，卫生保健工作未引起学堂重视。民国11年（1922），国民政府推行新学制，在初等小学增设社会科、高等小学增设卫生科，对学生施以必要的卫生知识教育和卫生习惯训练。民国18年（1929），将卫生知识并入有关学科。民国21年（1932），将卫生知识内容从初等小学自然课，高等小学自然、社会科课文中划出，增设卫生科。民国25年（1936），初、高两级小学均取消卫生科，将其有关内容并入公民训练和常识课中。民国25年（1936）后，小学实行《贵州省政府整饬全省学校训教纲要》，对学生进行卫生知识教育。中华人民共和国成立后，毛泽东主席提出健康第一、学习第二和预防为主的指导方针，小学校的卫生保健工作不断得到改进和提高。1951年，专署文教科转发政务院《关于改善各级学校学生健康状况的决定》，部分小学成立爱国卫生运动委员会。金沙县各小学在对学生进行卫生防疫知识教育的同时，还组织师生开展灭蝇、灭鼠活动。1952年后，各小学校坚持一日一小扫，一周一大扫的清洁卫生制度。许多学校在教室设卫生角，备保健药箱，张贴《爱国卫生公约》；有的学校还特制流动卫生红旗，开展检查评比活动。各学校常与卫生部门联系，定期或不定期给学生打预防针，预防多发性和感染性疾病。1960年前后，不少师生因生活困难发生浮肿病。各县遵照中共中央、国务院《关于保证学生、教师健康的紧急通知》，适当减少师生的体育活动和义务劳动。1964年，多数小学依据国家教育部、卫生部等八个单位判定的《关于中、小学校保护学生视力暂行办法（草案）》，对学生视力实行保健卫生教育。1966～1976年，“文化大革命”期间，不少校园环境被破坏。原已行之有效的学校卫生保健制度，视为封资修的东西被遗弃。

1980年，地区防疫站成立学校卫生组，各县防疫站也有专人负责，与教育、体育部门紧密配合，结合学校开展“五讲四美”活动，共同开展对学校师生的卫生保健。1980～1984年，毕节地区防疫站在毕节第一、第五小学校抽样调查学生沙眼和近视眼的发病率。1980年调查学生患沙眼情况，毕节一小62.19%，毕节五小89.2%的学生患有沙眼疾病。1981～1984年，抽样调查学生近视，毕节一小学生眼睛近视者分别为20.48%、22.52%、17.02%（1982年未查）；毕节五小分别为13.33%、10.3%、20.96%（1983年未查）。1982年起，地区防疫站与地区教育局配合，先后举办4期校医和卫生保健人员培训班。各县校采取减轻学生课业负担、提高教室采光系数，向学生宣传用眼卫生知识、坚持做眼保健操、佩戴预防假性近视眼镜、滴眼药水的措施，降低学生沙眼和近视眼发病率。1987年，威宁县第一小学被省教委和省卫生厅定为卫生监测学校，全校学生每年接受一次体格检查。1988年，省教委、省卫生厅联合检测组到毕节地区进行学生健康检测，确定毕节二小、四小为学生健康监测试点学校。1990年，地区教育局召开全地区小学健康教育试点工作会议，确定每县一所小学为学生健康测试试点学校。1991年10月地区教育局与地区卫生局、防疫站联合在威宁一小召开全地区小学卫生健康教育现场会，推广该校卫生工作经验。1992年，地区教育局拟发《关于减轻小学生过重课业负担的通知》，要求各县校采取措施，切实减轻小学生学习负担。是年，贯彻国务院《学校体育工作条例》和《学校卫生工作条例》，执行《贵州省学校体育卫生工作检查评估细则》，开展中小学生驱虫工作，全地区给近3万中小学生驱虫。1993年，给全地区10万余中小学生服药驱虫。同时抽查各县城中小学健康教育、卫生工作及驱虫情况。1995年，根据省教委的安排，地区教育局抽调30人员组成学生体质、健康状况检测队，抽查3000多名中、小学生。2003年，地区教育局多次召开全地区教育系统“非典”防治工作会议，制定工作预案和措施，拨款10万元用于农村学校增设卫生设施。坚持每日零报告制度，防治工作有序进行，不仅有效控制“非典”的传入，并有效控制其他传染病的传播。

2006年，举办全区查验预防接种证培训班并部署全区中小学（幼儿园）预防接种验证工作，在中小学开展预防艾滋病的健康教育活动。2009年，全区新农村卫生校园工程投入资金670万元，新改扩建厕所32个，建筑面积3180平方米，农村中小学卫生差的状况得以显著改善。

## 第四节　中学教育

### 一　发展概况

清光绪三十一年（1905）八月，废止科举，设置学堂；十月，大定知府史鸾书将府城北门万松书院改为官立中学堂，次年十一月，改为官立师范简易科。宣统元年（1909），官立师范简易科改为初级师范完全科，附设中学2个班，至辛亥革命时停办。

民国2年（1913），大定县在县立第一初高等两级小学校内增设中学1个班，后因经费困难，改送省城中学肄业。民国11年（1922），贯彻国家教育部“壬戌学制”，初级中学划归县办。民国12年（1923）2月，大定县成立私立中学预备社；民国14年4月，成立大定县私立初级中学，次年改为县立。民国14年（1925）秋，织金县王仲芳创办私立初级中学，自任校长。民国15年，黔西县创办县立初级中学。民国20年（1931），毕节县创办县立初级中学，至民国26年（1937）第四行政督察区除威宁、水城县尚未建起中学外，其余县均已建立县立初级中学或在县立初级职业学校内附设初中班。全专区中学数占全省中学数的8.69%，在校学生534人，约占全省学生总数的4.28%。是年，全专区有190.04万人口，每万人中受中等教育的2.8人；全省人1030.25万人，每万人中受中等教育的为10人。1937～1945年，省教育厅鼓励集资办县立中学，提倡私人和社会团体办初级中学，中学教育得以发展。民国27年（1938），黔西县立初级中学改为省立，原设有简师班的毕节县立初级中学改为省立毕节师范学校（附设初中部）。民国29年（1940）3月，贵州省政府把国家教育部设置在贵州的4个高中阶段的中学班安排1个在黔西县。是年，黔西县安底王聘珊创办私立致用中学。民国30年（1941）8月，金沙成立县立初级中学。民国31年（1942），创办毕节县立中学和私立弘毅中学、威宁私立崇实初级中学和私立石门初级中学。民国32年（1943）春，成立纳雍县立初级中学。民国33年（1944），黔西县私立中正初级中学成立，创办私立中正初级中学；民国交通部在毕节县海子街区创办毕节扶轮中学；毕节县层台乡建毕东私立初级中学。至1945年8月，8县（不含水城县）建起普通中学11所（除扶轮中学），其中省立1所，县立、私立各5所。之后，增设威宁中学。民国35年（1946）秋，创办赫章县立初级中学。民国36年（1947），基督教内地会创办毕节私立德生初级中学。民国38年（1949）8月，创办黔西私立宏济初级中学，据民国36年（1947）统计，全专区有中学生2819人，教职工241人。至民国38年（1949），全专区有普通中学14所，其中省立2所、县立5所、私立7所。其中完全中学5所，初级中学9所。

1950年上半年，全专区恢复中学7所，学生681人，教职工125人，到下半年，办起省立织金中学，恢复金沙县立初级中学，学校增至9所，39班，学生810人，教职员工135人。1952年7月15日，召开毕节专区第四届教育行政会议，会议贯彻中共中央整顿巩固、重点发展、提高质量、稳步前进的文教工作方针，制定全专区整顿巩固、适当发展的文教工作原则。1953年，接办威宁私立石门初级中学，更名为贵州省立石门民族中学；新办省立纳雍初级中学，全专区中学生增至1583人。学校实行向工农开门的方针，并注重培养少数民族学生。从1953～1957年，中学教育发展较快，中学校达22所，在校学生5550人。1958年，开展教育“大跃进”，全专区普通中学增到84所，在校学生增到9552人。同时，实行教育与生产劳动相结合的教育革命，组织师生参加生产劳动、政治运动，忽视课堂教学与教师的主导作用，打乱正常的教学秩序，教育质量降低。随后，国民经济出现严重困难，学生流动现象突出，1960年上半年，全专区共有流动中、小学生3万多人，占学生总数的8%以上，其中初中应届毕业生流动10%。1961～1963年，贯彻执行调整、巩固、充实、提高方针，全专区中学由84所压缩为36所，学生由9552人压缩为8792人。1963，贯彻施行教育部制订的《全日制中学暂行工作条例（草案）》。全专区中学教育重新走上健康发展道路。至1965年，全专区中学调整为37所，在校学生1.31万人，其中高中学生1925人，中学教职工1081人。1966年，“文化大革命”开始后，学校多数党、政领导干部和部分教师被批斗，学生大串联、停课闹革命，开展“大批判”和“开门办学”，学工、学农、学军，形成读书无用的不良风气，教育教学质量严重降低。其间，在区区有高中、社社有初中口号鼓动下，全地区又一次盲目发展区中学。1976年，普通中学增到118所，在校中学生14.62万人，其中高中生1677人；全地区1031所小学设有初中班，将农业中学视为修正主义的两种教育制度、两种劳动制度的产物而停办，盲目发展中学教育，造成中等教育结构单一和虚肿，教育质量严重下降。

1978年12月，召开中共十一届三中全会，国家提出教育要整顿。自1980年起，毕节地区实施调整整顿中学教育，全区完全中学由1976年的88所调整为58所，1982年再调整为53所；初级中学由1976年的30所增加为1980年的39所，1982年增到48所。1983年1月，中共毕节地委、地区行署召开全地区教育工作会议，要求完全中学按每10万人口保留1所，初级中学按每2万人口左右保留1所。1983年，完全中学调整为48所，1984年调整为47所，1985年调整为50所，1983初级中学调整为53所，1984年调整为50所，1985年调整为53所。1988年，全地区有完全中学48所，其中地直2所，毕节县9所，大方县9所，黔西县6所，金沙县3所，织金县4所，纳雍县6所，威宁县5所，赫章县4所。全地区初级中学61所，其中地直1所，毕节县9所，大方县4所，黔西县4所，金沙县8所，织金县10所，纳雍县6所，威宁县12所，赫章县7所。在校高中学生1.69万人、初中学生11.74万人，教职工7660人，其中初中专任教师5150人，高中专任教师1019人。小学附设初中点242个。全地区每万人口在校普通高中生29.8人，在校普通初中生210人。1989～1992年间，全地区普通中学发展到109所，在校学生13.63万人。1993年，全地区新建27所初级中学。是年，初级中学从1992年的64所上升到74所，全地区小学升初中的学生从1992年43.5%上升到52.45%，1994全地区有普通中学130所，其中初级中学83所，比上年增9所，其中完全中学47所。1995年，全地区普通中学达142所，其中初中94所，比上年增11所，在校生14.71万人，比上年增8500人。完全中学48所，比上年增加1所，在校生1.56万人，比上年增加848人。1996年，全地区普通中学158所，其中，初中109所，在校生13.76万人；完全中学49所，在校生1.54万人。1997年，金沙县通过省检查验收，在全地区率先基本达到普及九年义务教育标准。是年，全地区初级中学113所，在校生15.71万人，完全中学50所，在校生1.57万人。1998年，全地区初中134所，比1997年增21所，在校生16.39万人，比1997年增6773人；完中48所，在校生1.63万人。2000年，全地区普通中学197所，其中初级中学145所，高级中学1所，完全中学51所，初中在校生23.2万人，高中在校生2.26万人，教职工1.19万人，其中初中专任教师9099人，高中专任教师1404人。2001年全地区初级中学170所，九年一贯制学校37所，在校初中生24.75万人；完全中学51所，高级中学4所，高中在校学生2.94万人；初中生毛入学率达到64.12%，初中生年辍学率6.06%。2002年，毕节地区贯彻全国、全省基础教育工作会议精神，以基本实现九年义务教育，基本扫除青壮年文盲为重点，实行教育目标管理责任制，推进教育事业发展。是年，大方县的“两基”工作经省政府评估验收，报教育部批准，实现“两基”达标；全地区有初中170所，九年一贯制学校48所，在校初中生29.97万人，比上年增5.22万人，初中阶段入学率72.17%，初中生年辍学率3.85%。初中教师1.27万人，76.73%学历合格；全地区完全中学和高级中学66所，在校生3.92万人，比上年增

近万人。2003年，经省政府评估验收，毕节市、黔西县实现“两基”达标。全地区初中245所，在校生34.59万人，初中阶段入学率82.53%，初中生年辍学率为3.04%；初中专任教师1.39万人，84.03%学历合格；完全中学和高级中学74所，在校学生5.1万人；高中专任教师2223人，53.62%学历合格。2004年，全地区有初级中学274所，九年一贯制学校54所，初中在校生37.69万人，比2003年增加1.85万人，初中毛入学率89.14%，是年，织金、纳雍县实现“两基”。全地区初中专任教师1.46万人，1.22万人学历合格，占84.05%，初中生年辍学率为3.14%，有高（完）中81所，高中在校生6.15万，高中专任教师2916人，学历合格1715人，占58.81%。毕节一中、大方一中相继被评为省示范性高中。截至2005年，全地区有初级中学284所，九年一贯制学校52所，初中在校生38.4万人，初中阶段入学率90.57%，初中在校生年辍学率2.27%；威宁县、赫章县经省政府评估组检查评估，基本实现“两基”教育目标；有高（完）中86所，在校高中生7.02万人。是年，全地区共有初级、高级、完全中学422所，为1949年14所的30倍；有初高中生45.42万人，为1949年末2819人的161倍；有专任教师1.96万人，是1949年末241人的81倍。1977～2005年，全地区共为普通高等学校输送新生7.69万人。2011年，全地区有初中392所，（其中初级中学288所，九年一贯制学校104所），普通高中学校81所（其中独立高中14所，完全中学65所，十二年一贯制学校2所）；有初中在校生45.16万人，普通高中在校生12.27万人；初中教师2.03万人，高中教师5682人。

## 二 思想品德教育

清光绪三十二年（1906），中学执行学部明定的忠君、尊孔、尚公、尚武、尚实的教学宗旨。以忠君尊孔为德育目标。

民国16年（1927），中学每星期一上午举行总理纪念周，由校长主持会议，领读《总理遗嘱》。在学生中树立一个党、一个主义、一个领袖的思想。民国17年（1928），提倡固有道德，主张恢复忠孝、仁爱、信义、和平。民国20年（1931），初中学生上童子军课，实行童训管理。民国21年（1932），推行新生活教育。抗日战争时期，学校实行导师制，以加强师生思想和行动控制。民国27年（1938），在校内建立三民主义青年团。民国28年（1939）把礼、义、廉、耻作为校训，把国民党党员十二条守则作为青年守则在每周总理纪念周上领读或宣读。并以此为标准考查学生思想言行。学校普遍实行训育制，设训育处管理考核学生的思想言行。民国30年（1941），贵州省第四区行政督察专员公署重申行政院《整顿教育令》和教育部的《整顿学风令》，要求学生当一意为学，涵养身心，禀古人思不出位之训诫，奉总理三民主义为依归。如再有甘受反动派之利用，仍前嚣张恣行越轨者，政府为爱护青年，贯彻整饬学风计，唯有执法严绳，以治反动派者治之。学校先后开设《党义》《公民》课程以约束学生。对担任训育主任和公民课教员的资历，均需送省教育厅审查检定。民国32年（1943）省教育厅制发《学生自治会规则》，规定学生自治会为学生课外活动的唯一组织，以在校内组织为限，不得有校与校之间的联合组织，并不得以某校学生自治会的名义参加校外各种团体组织活动。

民国37年（1948）3月，毕节县政府训令县属各中学："1. 在开学期间，每周应请有声望之人士，到校演讲与戡乱有关的问题一次。2. 在假期中应由校长妥切将戡乱宣传纲领择要编印讲演稿多种，分发全体学生，并尽量选择思想纯正、绝对忠实可靠，年龄在16岁以上之学生，鼓励其相机对民众宣传，并可酌定为假期作业之一。3. 各学校应指导并鼓励学生编贴有关戡乱之壁报，并相机作简单之化妆表演。"各中学依训令执行。民国37年（1948）8月，省政府制订贵州省中心宣传标语53条，各县印发各学校，要求选用、宣传。

中华人民共和国成立后，各中学废除《公民》《军训》《童子军》课程和教材。开设思想政治课，以《政治经济学》《中国革命读本》作教册，对学生进行思想政治教育。1950～1952年，结合抗美援朝、土地改革和镇压反革命运动，对学生进行爱国主义和国际主义教育。在中学建立青年团（共青团）和少先队组织，在团队活动中对青少年进行教育。1953～1957年，结合组织师生学习国家过渡时期总路线、总任务和贯彻执行《中学生守则》，对学生加强爱国主义教育、劳动教育和纪律教育。1957年，根据国家教育部规定，中学恢复政治课教学。1958年，对学生进行"总路线""大跃进""人民公社"三面红旗的教育，开展勤工俭学活动，组织学生参加大炼钢铁、深翻土地劳动，进行劳动和阶级、阶级斗争的教育。1960年，共青团毕节地委号召全专区中等学校开展学习孟庆琳活动。1963年开展向雷锋同志学习活动。1964年4月11日，中共毕节地委、毕节专员公署转发中共黔西县委、县人委《关于黔西一中学生杨明富抢救两条人命的模范事迹的通报》。1966～1976年"文化大革命"期间，贯彻毛泽东"五·七"指示，要求学生以学为主，也要批判资产阶级。1971～1976年10月，先后组织学生参与"批林批孔""评水浒""批宋江"运动，学校共青团、少先队、学生会活动被迫停止。

1976年后恢复学校共青团、少先队组织活动；根据上级党委指示，对学生进行坚持四项基本原则的教育；开展"五讲四美三热爱"和学雷锋、树新风、创三好，争当新长征突击手活动，贯彻执行国家教育部制定的《中学生守则》、国家教委制定的《中学德育大纲》和《中学生日常行为规范》，培养学生的共产主义道德和文明行为。1987年起，各完全中学按照国家教委的规定，组织学生参加社会实践活动。毕节一中把高三430名学生编成70个实践活动小组，分别到工厂、林业、邮电、运输、商场、税务、书店、图书馆、医院、部队参加20个项目的实践活动。学生从中受到教育，激发热爱家乡、愿为家乡经济建设献身的真情实感。1989年，组织全地区中学师生学习中共十三届四中、五中全会精神，进行形势和坚持四项基本原则的教育，认识北京春夏之交政治风波的性质，统一思想，促进学校教学秩序稳定。是年，地区教育行政部门多次召开德育工作座谈会、研讨会、经验交流会，培训中学政治课教师，统一政治课教材的教学内容及要求。1991年，毕节地区贯彻落实《中共中央关于改革和加强中小学德育工作的通知》，根据省教委安排，广泛开展德育督导评估，以毕节二中作评估试点之一，取得经验后在全地区展开评估工作。是年，全地区187所中小学校进行德育评估。次年，继续进行德育工作督导检查、评估，全地区1367所中小学接受检查评估。

1992～1995年，加强中学生爱国主义教育，开展"两史一情"的教育，法制教育。1996年，毕节地区各级教育行政管理部门贯彻执行《中共中央关于加强社会主义精神文明建设若干重大问题的决议》，组织中学师生学习中共十四届六中全会决议。全地区各中学校坚持升降国旗制度，加强校园文化建设，美化、绿化、净化校园环境。1997年，根据中宣部、国务院法制局、国家教委联合通知精神，在区内中小学开展学法律讲道德的读书教育活动，全地区近22万学生参加，161名师生分别受国家、省、地表彰。同时，配合地区科协举办珍惜生命之水科普讲座10余场；举办青少年现场绘画竞赛；举办以考察水资源、水污染情况为主题的夏令营；组织学生参加全国“生百”活动竞赛，朱昌中学学委林省的旱地育秧水稻栽培在西宁的全国竞赛会上获一等奖；组织学生参加迎香港回归祖国第二届和平画展，获金、银、铜奖5枚。上述活动对培养学生的爱国主义精神，科学精神以及陶冶学生情操大有裨益。1998年，织金县在全县中小学校深入开展创文明学校、做文明师生活动，被省委、省政府评为精神文明建设先进单位。地区教育局在织金县召开德育工作现场会，为全地区中小学德育工作起到借鉴和推广作用。是年，全地区首次开展评比文明校园活动，全地区10所学校评为文明校园。同时，地区教育局与地、市委宣传部、团地委联合在毕节城区举行以告别不文明行为为主题的签名活动，毕节城区21所大、中、小学校师生参加签名仪式。1999年，行署督导室调研毕节市、大方县学校德育工作。调研组从德育工作的八个方面督促各县学校自查，完善学校德育工作机制。是年，各县市制定中小学德育工作方案，提出学校德育工作目标，各学校基本建立健全德育工作机构，形成校长、班主任、任课教师、共青团、少先队、思政处、家长委员会组成的德育管理网络。是年，庆祝中华人民共和国成立50周年和澳门回归，组织41万名中小学生参加“光辉五十年”读书教育活动，全地区337人获奖，其中，24名获全国特等奖。地县市教育局均获组织奖。

2000年后，各中学贯彻党和国家教育方针，坚持德智体全面发展，提高学生的综合素质。2005年，毕节地区行署贯彻落实《中共中央、国务院关于进一步加强和改进未成年人思想道德建设的若干意见》，制定《毕节地区中小学德育示范校评估办法》和《中小学示范校评估标准》，开展争创中小学德育示范校评选活动，对德育示范校进行专项督导评估。是年，召开全地区德育工作会议，授予毕节地区中小学德育工作先进集体3个，命名毕节地区中小学德育工作示范学校13所。评选奖励12名教师的德育工作论文。

2006年，以弘扬和培育民族精神活动月为契机，进一步加大德育工作力度。坚持育人为本，德育为先，建立健全“一把手”抓德育的领导机制，德育工作取得新进展。通过开展丰富多彩的活动，加强中学德育工作的针对性，实效性；通过抓好德育示范校的评估，建立学校德育工作综合考评制度等，有效促进德育工作深入推进。2007年，启动“十佳师德标兵”，300名“优秀师德老师”评选活动；组织全区53871名教师参加全省统一的师德考试；在各种检查中把师德建设放在重要位置，加强督察，借此大力弘扬新时期人民教师的高尚师德，树立人民教师的良好形象。2009年人人都是德育教育，课课都渗透品德教育、处处都是德育环境的、“祖国万岁”歌咏比赛，中学生诗歌散文朗诵比赛、安全知识抢答赛等活动，全面推进中学生道德建设和综合素质的培养锻炼。是年，表彰297名师德优秀教师、20名优秀德育工作者。2011年，拉开各级各类学校学科渗透法制教育的序幕，并将其纳入“六五”普法规划。制定下发《毕节地区中小学德育示范校复查评估细则（试行）》《毕节地区2011年中小学德育工作要点》等文件，加强对中小学生理想信念教育和社会主义核心价值观教育，组织开展示范校评估活动。

## 三 教 学

**学制** 清光绪二十九年（1903），清政府规定中学堂修业期为5年，开设12门课程，每周上课36小时。民国11年（1922），规定学制6年，高、初中各3年，除大定中学在民国18年（1929）前实行4年制外，其余中学均按此规定执行，沿至民国38年（1949）。1951年10月，国家颁布中等学校新学制，规定中学为初高两级各3年。1954年9月，贵州省教育厅选定38所完全中学试验两年制的高中文理分科，大方中学和金沙中学参与试验。是年10月，省教育厅通知停止试验。1966～1976年“文化大革命”期间，改中学学制为4年，初高中各2年。1970年秋季起开始招收2年制高中生。1976后，初中恢复3年制。1981年秋季起，毕节一中、黔西一中恢复招收3年制高中，其他中学的高中仍为2年制。1982年秋季起，其他中学部分开始招收3年制高中新生，至1985年，2年制高中全部过渡为3年制高中。截至2011年，全地区中学均实行6年制，初高中各修业3年。

**课程设置** 民国28～29年（1939～1940），4次修订中学的课程设置。民国29年（1940），初中开公民、体育、童子军、国文、算术、博物、生理卫生、化学、物理、历史、地理、劳动、图画、音乐；高中开设公民、体育、军事训练（女生学军事看护）、国文、外国语、算学、生物、矿物、化学、物理、历史、地理、劳动、图画、音乐。各校可视地方情况至第三学年起酌设简易职业科目。这一规定，基本沿用至民国38年（1949）。中华人民共和国成立初期，人民政府施行维持原状、逐步改造的教育工作方针，中学废除训导制度和《公民》《军训》《童子军》课程及教材，开设《政治经济学》《中国革命读本》，其余课程和修业年限未变。1950年9月，中学执行省文教厅制定的《贵州省中等学校每周课程时数表》，规定开设国文、政治、常识、数学、生物、化学、物理、历史、地理、生理卫生、外国语、体育、音乐、美术和制图课。初中每周授课30～31课时，高中每周授课31～32课时。1953年7月后，执行国家教育部颁发的《中学教学计划（修订草案）》。此后，中学教学计划屡有修改。1963年7月起，执行国家教育部《关于实行全日制中、小学新教学计划（草案）的通知》。1966～1976年“文化大革命”期间，停止执行原教学计划，废止原中学教材，使用省编或自编教材，有的中学还使用过四川省简阳县和上海市编写的教材。开设学习毛泽东著作、语文、数学、工业基础知识、农业基础知识、革命文艺、军体课。每天上午安排30分钟学《毛主席语录》，称为天天读。

1978年，国家教育部颁发《全日制十年制中小学教学计划（试行草案）》；1981年，颁发《全日制五年制中学教学计划试行草案的修订意见》《全日制六年制重点中学教学计划》和《全日制六年制重点中学单科性、选修教学计划（试行草案）》。中学执行以上计划和意见，开设政治、语文、外语、数学、物理、化学、生物、生理卫生、地理、历史、音乐、美术、体育13门必修课。高中三年级上学期开人口教育讲座。规定每学年初中集中两周，高中集中四周进行劳动技术教育。还规定高中二、三年级开设选修学科。1988年，区内中学限于条件，没实行单科性的选修也没真正做到文科和理科的选修。出现按照高考科目开设课程，从高一或高二实行文理分科，学文科的不学物理、化学；学理科的不学地理、历史。部分学校缺老师，不能开齐教学计划规定开设的课程或不能开足规定课时，部分区、乡中学因缺乏教师而停开外语课。2002年起，执行贵州省教育厅颁发《贵州基础教育课程改革义务教育课程实施意见》，七年级每周思想品德课3节，八、九年级每周2节。语文、数学课各年级每周均为5节。外语每周各年级均为4节。历史与社会（历史、地理）七、八年级每周各2节，九年级各1节。科学、生物七、八年级各2节；物理八年级每周2节，九年级每周3节；化学九年级每周3节。体育与健康每周3节。音乐、美术（艺术）各年级每周均1节。综合实践活动七年级每周3节，八、九年级每周2节。地方课程与学校课程七、八、九年级每周均为2节。周课时34节。学年总课时七、八年级为1190节，九年级为1122节。1996年3月26日，国家教委基础教育司印发《全日制普通高级中学课程计划（试验）》，后逐步在全国各地实施。高级中学均按此课程计划安排教学工作。

2002年，教育部印发《关于印发〈全日制普通高级中学课程计划〉的通知》和《关于印发全日制普通高级中学语文等七科教学大纲的通知》，区内教育系统结合普通高中教学实际，按此课程计划安排教学工作。

**仪器设备及教学实验**　中华人民共和国成立前，中学教学设备极为简陋，仅有个别学校有少量简单理化仪器供老师演示。中华人民共和国成立后，中学各科教学设备逐步得到改善。1953年起，省教育厅统配给各中学部分理、化、生仪器。1966～1976年“文化大革命”时期，省终止统配仪器。

1976年10月后，由各地自行购买教学仪器。1984年，省财政拨仪器专款给省教育厅集中掌握，计划分配。是年5月，地区教育局成立教学仪器站，承担为全地区中小学配发教学仪器任务。1984～1988年，省地两级财政拨款212.4万元，购置教学仪器安排给21所完全中学和52所初中，并给毕节一中配备微机。区内各县自筹经费25.3万元，给新配仪器的学校购置实验桌、凳、柜、架。已配发仪器的学校，基本做到有实验室、保管员、仪器柜、实验桌凳、实验员。地、县教育局对教学仪器的配置和管理做到有机构、人员、库房。1986年，地区教学仪器站培训初中物理实验员33人；组织全地区8个县的教学仪器专职干部和分管的教育局长到北京参观国际教具展览；组织部分教学仪器站人员和重点中学实验室负责人赴川、鄂、湘三省学习、参观。对物理、化学、生物学科，省、地重点中学基本做到分组实验；一般中学可做单项分组实验；区镇中学分组实验能力不足。1987年，全地区评选出中学实验室先进集体21个，先进个人28名。1988年4月12日，地区教育局、省教委在毕节召开表彰大会，毕节七中、威宁中水初中、大方理化中学、赫章一中物理教研组被评为先进集体，王桂芬、文茂琴、余朝源、易烈强、萧国朝被评为先讲个人，获省教委的表彰和奖励。1989年，毕节地区投入教学仪器专款70万元，给71所中学配备教学仪器，占总校数的62.28%。对各县重点中学的教学仪器继续填平补齐。按完中一类标准配备织金一中全套教学仪器设备。省检查组抽查赫章、大方、黔西县的实验室建设，对重点中学实验室建设作出整齐、清洁、初具规模的评价。电化教学迅速，据是年统计，全地区已建地面卫星接收站14，差转台2座，放像点60个，接收机18台，录放像机84台，彩色监视器109台，幻灯投影仪147台，录像带4423盘，录音带1.12万盘，制片2190张，幻灯投影片4930张，录制卫星教育节目课时4771个。大方县建起电教中心，设置19个放像点。是年，全省电化教育工作会议在毕节地区召开，与会人员参观访问大方县电教中心。威宁县统筹解决电教经费12.5万元，建立卫星教育电视差转台1座，接收站2个，放像点3个，供教学使用。1990年，给2所完中、7所初中配发教学仪器。至此，全地区已给80所中学配教学仪器，占中学总数的69.56%；对各县重点中学进行部分填平补齐，是年，共投入教学仪器专款51.75万元。是年6月下旬，地区教育局组织人力抽查29所中学的实验室工作。1991年，给1所完中、7所初中配备教学仪器。至是年，全地区已给88所中学配备教学仪器，占总数的83%。是年11月，地区教育局组织各县教学仪器专职干部交叉检查40多所中、小学的实验室工作，并进行评比，对较好的23所学校予以表彰。是年8月，举办全地区初中化学实验员培训班，36人接受培训。1993年，为毕节一中、毕节二中和其他各县一中各配备1套语音设备，并对管理和教学人员进行现场培训。是年1月，地区建立50W卫星教育发射塔1座，全年录制普教、职教、成教录像节目600多学时，供相关教学专用。至1994年，全地区已建教育电视台5座，卫星接收站22座，录像放像点175个。是年，大方二中承担的国家级电教实验课题《电化教育促进中小学教育优化》通过国家评估鉴定，受到省教委表彰，其经验向全省中小学推广。1996年，大方二中被列入全国1000所电教示范学校。1997年起，毕节地区逐步启动普及中小学和师范学校实验教学工作。是年，金沙县投入100余万元配置学校教学仪器，统一制发实验室管理制度，加强对教学仪器管理。1998年，地区教育局组织人员检查52所学校的电化教学、实验教学。是年，据不完全统计，全地区中学共有语音室17套、微机室18个，有微机400多台。毕节一中、大方二中电视机、录音机、投影仪、屏幕班班进教室，并配备相应的电教教材和电教室，语音室、微机室；毕节一中建立校园教育电视接收网。1995~1997年，金沙县共投入672万元新建中小学实验用房1.88万平方米；乡镇投入262万元，用于实验室内部设施建设，投资432万元购置教学仪器40.39万件；行署拨款21.8万元帮助金沙县购置教学仪器和培训实验教师。通过几年努力，金沙县基本上实现普及实验教学，1998年通过省验收，成为全地区第一个普及实验教学的县。2000年，毕节地区完成85所计算机教育工程学校的建设，并进行检查、指导、验收，全地区计算机网络教室的配置、管理、教学水平居全省前列，被省教育厅推荐申报国家级现代教育技术实验区。是年，地区3次组织约300余人次参加中小学计算机和网络管理人员培训，两次组织全地区现代教育技术讲座及软件展示会，组织CAI课件设计、全地区优秀电教论文、自制教具评选活动。地区评选出的优秀自制教具，有4件获教育部提名奖，1件获省一等奖，1件获省二等奖，2件获省三等奖。2001年，在100所学校实施计算机网络工程，其工作经验和做法在全国信息技术教育工作会上交流，毕节地区被国家教育部批准为贵州省唯一的全国信息技术教育实验区，毕节一中、大方二中被国家教育部批准为全国第二批现代教育技术实验校。是年，启动全地区中小学校校通工程和中小学音像电子馆工程。2002年，毕节地区申报第二批计算机教育工程项目学校183所，当年123所安装投入使用。同时完成国家教育部中西部地区中小学远程教育扶贫示范项目学校162个。组织申报国家教育部多媒体应用项目学校212所。建成多媒体网络教室2个，总计投入100万元，经验收并投入使用。筹建农村中学教育信息站18个，每站配备有20台学生计算机的NT网络站，多媒体教室各1个，是年，接受中央国家机关捐赠计算机40台；接受深圳光彩事业部捐赠的教学管理软件120套。培训信息技术教师256人。2003年，全地区实施信息技术教育的项目学校达785所，其中计算机工程学校337所，计算机多媒体项目学校212所，IP远程教育学校218所，农村中学计算机网络信息站18所。30多万中小学生有条件接受信息技术教育。是年，启动全地区校校通工程；省召开现代教育技术工作暨经验交流表彰会，毕节地区获奖14个。截至2005年，全地区有农村中小学现代远程教育项目学校4411所，其中光盘播放点1571个，卫星教学收视点2592个，计算机信息站248个，全地区95%的农村中小学被现代远程教育项目覆盖。是年，组织教师参加教育部举办2005年中国教育信息化建设与发展论坛，论文评比活动中，毕节地区2件获奖；通过层层选拔评选，全地区有45件中小学生电脑作品参加第六届全国中小学电脑制作活动大赛。

2006年，抓好远程教育工程项目的建设工作，远程教育工程项目覆盖率达100%。共实施远程教育项目学校2919所，其中光盘播放点469个（模式一）；IP数据接收站2220个（模式二）；信息站230个（模式三），总投资7142.7万元，充分发挥了现代远程教育在农村中小学教育和农村党员干部教育、农业实用技术方面的作用，通过了省农村中小学远程检查团的验收。2007年，新建成都七中远程教育网校教学点8个。2008年，组织各县（市、区）教育行政部门普及实验教学工作专干、实验教师参加全国新课程实验教学与标准实验室装备培训；部分教育资源应用验试点学校负责人参加在东北师大举办的贵州省中小学校长高级研修班培训。2009年，全区所有普通高中推行音乐、体育与健康、美术、信息技术四个学科课改实验。2010年，基本实现全区250个乡镇中小学现代远程全覆盖，搭建教育综合平台站点近1000所学校，选出277件优秀作品进入全区优质教育资源库，在“毕节地区教育综合信息平台VOD点播系统”发布27件优质课，狠抓教学质量。2011，升级改造毕节地区教育综合信息平台服务器集群，开通教育综合信息平台视频会议系统，搭建中小学智能出题系统。第14届全国多媒体教育软件大赛毕节获奖10件，占贵州省获奖总数的67%，第4届全省中小学现代远程教育优秀论文评选活动毕节获奖占14.6%。部省共建“教育试验区”及“三项改革”工作得到新推进。

**课外活动** 民国28年国家教育部颁布《中学教育分区改进办法大纲》规定：鼓励学生组织各种学术研究会以养成自动研究学术之风。中学根据自身能力成立体育、戏剧、音乐、文学、讲演研究会，由学生自治会负责，聘请教师指导。民国31年（1942）6月，省政府下发国家教育部制定的《战时各级学校学年、学期及利用假期服务进修暂行办法》，规定各级学校应尽量利用假期实施劳动服务及实习作业。要求高中学生阅读有关中国固有学术文化及道德之书籍并参加地方社会服务；要求初中学生参加当地社会童子军服务与训练。假期实习、劳动服务、作业，均作为学期成绩之一。民国35年（1946）3月29日，毕节各界纪念第三届青年节，举行爬山、论文比赛；4月13日，举行纪念儿童节讲演比赛。民国36年（1947），毕节中学以军第九休养院名义上演陈白尘的《升官图》，民国37年（1948），毕节弘毅中学上演戈果星的《钦差大臣》。1950年9月，根据省人民政府文教厅、贵阳市军管会文教接管部联合训令规定，全专区明确课外活动的内容和时间分配为：1. 每天应有一小时课外活动时间；2. 课外活动主要内容为正课补习、文娱、体育、卫生、生产劳动；3. 每周课外活动时间，正课补习占三分之一，其余活动占三分之二，以体育活动为主；4. 教导工作计划中应包括课外活动计划。1950～1952年，中学配合土地改革，抗美援朝、镇压反革命运动，组织腰鼓队、秧歌队和文艺宣传队，在校内外演出，进行宣传。1952年，毕节中学在城关演出三幕话剧《血火朝鲜》，每晚1场，历时半月，场场爆满。1952年后，学校文艺活动转向小型化、经常化，成立歌咏、舞蹈、乐器、戏剧小组，每逢周末和节日，在校内或校外演出。经常举行革命歌曲演唱会、诗歌朗诵会，广泛组织学科兴趣小组，定期开展活动。1966～1976年"文化大革命"期间学校师生唱歌、跳舞、演"样板戏"盛行。毕节一中、三中宣传队经常到农村、工厂和部队作演出慰问。

1976年后学校课外文体活动渐趋正常，并取得较好成绩，1980年，召开全国青少年科技作品展览会，毕节二中学生张夏华制作的科技美术作品《我们爱科学》（刺绣）获银奖。1986年，全国举办第三届中学物理竞赛，全国初中数学竞赛（贵州赛区）毕节一中学生周海、纳雍二中学生胡源分别获一等奖。1987年，毕节一中刘伟进制作的大理石雕像参加省少年科技作品展览获一等奖。1987年，黔西一中学生张颖参加全国高中数学竞赛获一等奖。1988年，毕节县阴底中学学生周军参加全国初中数学竞赛获一等奖。1988年，毕节一中学生杨宇的专题集邮作品《集邮与中学语文》参展于中华全国青少年集邮展览，获铜奖。是年8月，纳雍县龙场中学初中学生李东的散文《老师，我想对你说》，参加全国大中学生旅游作文大赛获三等奖，其作品被《中国少年报》《语文报》《春笋报》《新芽》刊发，李东被吸收为中国中学生诗人协会会员，中国南方诗人学会会员，全国五家报刊的小记者。毕节县朱昌中学多年坚持面向农村，组织学生成立课外科技活动小组，因地制宜开展新品种对比、新技术试验、食用菌栽培实验，培养学生爱科学爱劳动的习惯养成。1989年，地区教育局组织开展多学科的竞赛活动。作文获全国优秀奖2名，二等奖1名，其他学科获全国一等奖7名、二等奖12名、三等奖13名；获全省优秀奖10名、一等奖1名、二等奖1名。1990年，组织全地区1477名中学生参加全国、省、地学科竞赛，获省一等奖2人，二等奖6人，三等奖19人，优秀奖23人。获地区一等奖20人，二等奖49人，三等奖100人。1991年，组织全地区2903名中学生参加全国和省、地学科竞赛，获全国一等奖1人、二等奖2人、三等奖3人；获省一等奖3人、二等奖42人，三等奖34人；组织学生参加全省高中生政治小论文评选，获一等奖2人，二等奖1人。1994年，地区教育局先后组织11次6695人参加的中学学科竞赛，1人获全国特等奖，1人获全国一等奖，8人获全国二等奖，16人获全国三等奖。获省一等奖的9人，二等奖22人，三等奖82人。1996年组织全地区中学生参加全国数学联赛，初中组获贵州片区一等奖2名，二等奖3名，三等奖30名；高中组获贵州片区一等奖2名，二等奖4名，三等奖16名；全国高中物理竞赛获贵州片区一等奖3名，二等奖2名，三等奖9名；高中化学竞赛获省一等奖1名，二等奖14名，三等奖11名；初中化学竞赛获全国一等奖1名，二等奖1名；获省一等奖4名，二等奖7名，三等奖11名；高中化学竞赛获省一等奖1名，二等奖14名，三等奖11名；英语奥赛获贵州片区特等奖1名，一等奖3名，三等奖21名。1997年组织3400多名中学生参加全国数学、物理、化学、外语学科竞赛，有53人获奖。1998年，组织5万多名中学生参加全国全省数学、物理、化学、英语学科竞赛，382人获奖。60名学生获深圳——贵州杯作文竞赛奖。33名学生获全国圣陶杯论文评选奖。是年，地区教育局和地区科协联合举办全地区碘缺乏病知识竞赛，后遴选优胜者参加省碘缺乏病知识竞赛，获第3名。是年，开展全地区小发明小论文评选活动，经省评选，送两件作品参加香港举办的第九届青少年科技小发明和讨论会，获二、三等奖各1个。2000年，地区组织全地区2000名初中生参加全国初中物理、化学竞赛，获奖者19人；组织4000多名高中生参加全国高中物理、化学竞赛，12人获奖。2001年，组织全地区1.06万名中学生参加全国英语能力竞赛，40名学生分别获一、二等奖；组织1800多名初、高中学生参加全国数学联赛，117名分别获一、二、三等奖；组织3140名初、高中学生参加全国物理竞赛，33名分别获一、二、三等奖；组织近3000名初、高中学生参加全国化学竞赛，43名分别获一、二、三等奖；组织全体中学生参加全省时事政治知识竞赛，10名学生获奖。2002年，先后组织初中学生参加全国化学、物理和数学竞赛，其中28人获化学竞赛奖、11人获物理竞赛奖，33人获数学竞赛奖。4名参赛获奖学生被保送到北师大附中理科重点班就读。2005年，地区组织3392名初中生参加第十五届全国初中物理知识竞赛，34人获奖；组织1029名参加全国物理知识竞赛，20人获奖；组织1982初中生参加全国初中生化学素质和实验能力竞赛，99人获奖；组织821名高中生参加全国高中化学竞赛，40人获奖；组织2000多名初中生参加省数学联赛，116人获奖。据统计，1986～2005年，初高中学生参加全国、全省学科竞赛人数10万多人次，1600多人次获奖。2006年，评选推荐78件作品到省参评全国第二届中小学才艺展演，获一等奖8个、二等奖25个、三等奖13个、歌曲创作奖2个。2008年，开展中小学生参加的全国第九届中小学生电脑制作及全区中小学生信息技术应用素质竞赛等活动。2009年，开展中小学生才艺展演、爱国主义教育读书活动、祖国万岁歌咏比赛、安全知识抢答等活动。2010年，组织“让生命充满爱”大型爱国主义教育和荣辱观教育演讲报告会，开展“祖国好、家乡美”、畅谈“我的梦·中国梦”主题活动、开展“颂歌献给试验区”中小学生演讲比赛、“做毕节试验区人，为试验区添光彩”读书、法律知识征文活动。2011年，第十四届全国多媒体教育软件大赛毕节获奖10件，占贵州获奖总数的67%，第四届全国中小学现代远程教育优秀论文评选活动毕节获奖占14.6%。

**体育卫生**　1. 体育工作。（1）体育教学。清末，中学堂设体操课，每周授两课时，开展普通体操、球竿棍棒，兵式体操教学。民国2年（1913），体操为中学必修课，每周授两课时。民国11年颁布《新学制课程标准》，将体操课改为体育课，为中学必修课，每周授两课时。民国31年4月，省教育厅令发“领袖健身操”，要求中学用为早操教材。民国37年，省政府主席杨森提倡复兴操，省教育厅制定推行复兴操办法，下发各校遵办，是年11月，第四行政督察专员公署转发教育部令示中小学应注重体育课一事，对于体育正课、早操及课外活动，务须遵照规定时数切实教学；对于竞走、爬山、远足、骑马、划船、游泳、骑自行车活动，应视环境情形普遍提倡。至于体育场地及设备，为体育实施所必需，尤应力排万难设法充实，以资利用。中华人民共和国成立后，根据中央人民政府1950年9月颁发的《中学暂行教学计划》和省文教厅制定的《贵州省中等学校每周课程时数表》，中学校将体育列为必修课，每周授两课时。同时，各中学还开展早操、课间操、课外锻炼，定期召开田径、球类运动会。1954年起，试行劳卫制预备级。1958年开展“四红”“双红”运动。据1961年统计，全专区有少年级运动员84人，一级运动员36人，二级运动员84人，三级运动员2276人。1959～1961国家经济困难时期，学校体育活动受到影响。1962年起，各校逐渐恢复体育活动。1966年，毕节专署发出《关于在中小学加强业余体育训练的通知》，全专区代办业余体校4所，体育班24个。1966～1976年“文化大革命”期间，学校体育活动被劳动和军事训练代替。1976年，全专区中学开展群众体育活动，毕节一中、二中，纳雍二中开展较好。

1979年，地区体委、教育局、卫生局联合转发《全国学校体育卫生工作经验交流会纪要》《中小学体育工作暂行规定（试行草案）》，各中学遵照执行。1979年起，推行《国家体育锻炼标准》，开展体育达标活动。1980～1981年，毕节一中48.6%的学生率先达标。1980年，全地区4033名中学生达标。1983～1984年，全地区3.14万名中学生达标。各学校通过执行《中小学体育工作暂行规定》，学校体育工作趋向正常化、制度化，多数学校坚持保证学生每天1小时体育活动。同时注重学校体育设施建设。一些中学制作篮球架、单双杠、手榴弹、水泥乒乓球台。据1982年统计，全地区中学共有体育场地135个，其中篮球场115个，排球场7个，1981～1983年，全省教改实验工作会议确定毕节一中承担体育教改实验，研究体育教学与教改；体育课怎样运用循环练习法；物理学在体育教学中的运用；体育课的考核评分；体智相长问题等课题。试验结束后写出专题总结5篇，其中窦澄清的《试谈中学体育课用点物理知识进行教学的问题》获贵州省教育学会首届优秀教育科研成果奖。1982年5月12～13日，全省中小学体育卫生检查验收试点会在毕节一中召开，与会者观看毕节一中的体育卫生设施和陈列室；参观体育课，眼保健操、课间操、课外活动和业余训练，查阅体育教师的备课本和有关资料；召开座谈会。代表以打分方式验收毕节一中体育卫生工作，获278.5分。《贵州日报》、贵州省人民广播电台、《贵州画报》对毕节一中体育卫生状况作专题报道。是年6月，由地区组成体育、卫生检查组代表省教育厅、卫生厅、体委检查、验收贵阳一中、黔西一中等六校的体育、卫生工作。1983年秋，在金沙一中召开全地区体育、卫生工作检查验收试点会。会后，地区组织体育、卫生检查组对26所中学进行检查验收。经检查，21所中学合格。1984年，毕节一中被评为全国群众体育活动先进单位。1986年，依据国家体委制发《体育传统项目学校试行办法》和省体委《传统项目学校管理办法》的规定，将毕节一中、二中、威宁民族中学，黔西二中、织金一中列为体育传统项目试行学校。1987年，毕节一中再次被评为群众体育活动先进单位；地区业余重点体校被评为全国业余体育先进集体。是年11月25日，中学执行省教委《关于中学生体育合格标准实施意见》和《贵州省中学生体育合格标准评分表》。要求对身体正常的学生按体育课、体育锻炼标准和广播操、课外活动三项进行评分定级。从1988年起，首先在师资、场地、设备条件具备的城、乡完中试行。1988年12月，省召开实施体育合格标准现场会，会上明确毕节一中、黔西一中、大方一中、威宁一中、织金一中、金沙一中、赫章中学、纳雍一中为毕节地区首批试验学校。1977～1988年，全地区中学向高等院校输送体育专业新生332名。是年，毕节一中体育教师窦澄清被评为全国优秀先进工作者；毕节县朱昌中学被评为全国体育卫生工作先进单位。

1991年，地区教育局、地区体委联合检查验收全地区省、地体育项目学校，并进行评比。1992年根据国家教委的通知，全地区评出10名优秀体育教师，其中8名被省表彰，宋贵春、禄世贤被评为全国优秀体育教师。1993年，中学大力开展宣传学习《学校体育工作条例》，开展体育达标活动，全地区4万多名初中生、2万多名高中生取得体育合格证书。至1996年，全地区75%的中学体育工作达标。是年5月，召开全地区学校体育工作会议，推广纳雍县农村中学因陋就简，自制器材，开展体育活动经验。1998年，地区教育局举办全地区中小学、幼儿园广播操教师培训班；组织全地区3.47万初中学生进行升学体育考试，完中新生进行2周以上军训。（2）中学生体育竞技。1950～1988年，全地区共举办中小学运动会11次，黔西队有10次获团体总分第一名，1次获第二名。在地区少年和中学生运动会上，黔西田径选手连续七届获团体总分第一名。1957～1987年黔西田径运动队涌现一级运动员1人，二级运动员26人，三级运动员253人，少年级运动员210人。

1975年3月，在毕节地区"中小学生少年田径运动会"上，黔西队获团体总分第一名。黔西队汪洪、织金队鲁以荣、大方队马明5次打破地区女子少年100米跨栏和男子少年两千克铁饼的最高纪录。

金沙一中女篮，自1979年起，连续三届在地区中学生篮球运动会上获亚军，1983年获得冠军。是年，地区召开100米、200米跑运动会，金沙一中学生邢毅打破地区纪录。1984年，在地区中学生运动会围棋赛和少年乒乓球赛中，金沙一中获团体第一名，男女队双获银牌和团体总分第二名。1959～1988年，区内中学在全国、全省体育竞赛中成绩累累。1959年，毕节中学学生张世清参加全国首届运动会，获马拉松赛跑第三名。1964年，贵州省少年游泳运动会在黔西县召开，黔西县15名运动员代表毕节专区参赛，获4项第一名、3项第二名。是年10月，运动员刘友正代表贵州省参加全国少年游泳跳水锦标赛。1975年，黔西县少体校学生薛书敏代表毕节地区出席省第三届运动会，获女子乒乓球单打第三名，后被选拔到省体委。

1978年，省召开少年田径运动会，黔西县11名运动员代表地区参赛，杨柳获少年女子跳高、跳远第一名并破省纪录，后代表省参加全国少年田径运动会，获跳远第四名。1979年，毕节一中学生白永康参加省第四届运动会，获少年男子甲组400米跑第一名，并打破省纪录，后被选入省专业队。1981年，全国第二届中学生基层篮球分区赛在广西柳州召开，黔西一中女篮代表贵州省参赛。1983年，毕节一中男队参加全省中学生"三好杯"篮球赛，获冠军。是年，金沙一中学生邢毅参加全省运动会，获400米低栏赛跑第一名。1986年，毕节一中初中田径队代表贵州省参加九省、市"长江杯"田径赛，获100米第一名、200米第二名、400米第三名，男子组团体总分第四名。1987年，毕节一中田径队代表贵州省参加第四届九省、市体育传统项目学校"长江杯"田径邀请赛，樊焕荣获女子800米第四名、张静获男子跳远第五名、团体4×400米女子接力跑第六名。是年，金沙一中刘小菊参加全国分区双向飞碟比赛，获第九名；杨兰参加亚太地区游泳选拔赛，获100米蝶泳第四名。1988年，杨兰在参加全国游泳分区赛中，获蝶泳第二名。1990年，地区教育局组织中学生男、女篮球队参加省"三好杯"比赛，获女子队第三名；组织中学生田径运动队参加全省中学生田径运动会，获女子团体第三名。其中女子4×100米和王兰的铁饼破省纪录。1994年，举行全地区首届中学生田径运动会，赫章、织金、黔西分别获团体总分一、二、三名；举行全地区中学生排球运动会，织金县男子组获第一名，毕节一中女子组获第一名。1995年，多次组队参加省教委、省体委组织的竞赛。其中男女排球队均获全省第三名；获全省田径运动会团体总分第三名，男子团体总分第一名。1996年，地区教育局会同地区体育局联合举办全地区中学生田径运动会；组队参加全省中学生“三好杯”足球赛。1997年，省教委在毕节召开全省中学生“三好杯”篮球比赛，毕节地区女队获第一名，男队获第四名。1998年，地区教育局举办全地区中学生田径运动会；组队参加全省中学生田径运动会，获团体总分第三名；举办全地区“体育项目学校”“雏鹰起飞”田径运动会。2002年，地区教育部门选拔、组队参加贵州省中学生“三好杯”足球赛，获第三名。2010年，举办全区中小学生田径运动会和第二届希望杯乒乓球比赛。

2. 卫生工作。清末，《奏定学堂章程》的《中学堂章程》规定：“各种堂室及学生斋舍均以适于教授管理及卫生为主，惟取质朴坚固，不必华美；惟万不可涉于狭隘黑暗卑湿”。民国26年8月，贵州省教育厅成立健康教育委员会，负责办理学校有关卫生事宜。县设健康委员会或卫生院，主持办理公私立中学的卫生工作，省健康委员会负责指导。是时，中学的卫生设备简陋，条件较好的毕节县私立弘毅中学设卫生室，聘请校医1人，每学期每生交医疗保健费2元。学校注意环境卫生和学生个人卫生，定期进行健康检查。中华人民共和国成立后，历年的中学教学计划，把《生理卫生》课列为初中三年级的必修课程，每周授课2课时。1958～1960年国家经济困难，影响学校改善卫生条件，影响师生健康。1961年1月4日中共毕节地委转发《关于贯彻执行〈中共中央、国务院关于保证学生教师身体健康的紧急通知〉的意见》，贯彻中共中央和国务院指示，使师生负担过重、劳逸失调现象得到纠正。是年5月，毕节专署文教局拟发《对省教育厅等四单位关于防治女生月经病的通知的贯彻意见》。

1979年，国家作出《中小学卫生工作暂行规定（试行草案）》。1980年，地区防疫站成立学校卫生组，各县、站均有专人负责学校卫生工作。1982年至1983年，地区举办两期中、小学校医和保健人员培训班。各学校在改善卫生条件的同时，将定期检查学生体格作为制度确定下来，并建立学生健康卡片。1980年后，地区防疫站多次对行署所在地的中小学和中专学生进行体质检查，检查确认：学生视力不良，沙眼患病率高。毕节一中学生近视检出率：1964年为20.25%，1981年23.57%，1982年36.71%，1984年达51.81%；毕节二中学生近视检出率：1981年17.36%，1982年20.95%，1983年30.49%，1984年33.17%。1984年，毕节二中沙眼患者30.82%，毕节一中为53.95%。1985年由地区教育局、地区体委、地区卫生局组织40人的检测队，历时7个月，现场检测近100天，检查46所中小学的1.24万名学生，获卡片8631张。帮助11所学校建起健康卡片，经省验收合格，并评为检测质量第三名。1992年，在全地区3万名中学生中施行服药驱虫，效果良好，次年对13万名中小学生进行了第二次驱虫。1993年各学校继续施行一年1次的驱虫，全区10多万名中小学生服驱虫药。1995年，根据省安排，地区教育局组织30人的学生体质、健康状况检测队，抽查3000多名中小学生。1996年，学校卫生工作主要抓防治艾滋病的试点工作；配合地区科协和盐业公司开展防止碘缺乏症的宣传活动。2000年，完成全地区3400名中小学生的体质调研工作。2003年，学校卫生工作重点为预防“非典”。2010年，在全地区范围内开展卫生调查统计，完善全区教育系统突发公共卫生事件零报告制度，将健康教育纳入教学计划，让中小学生学习掌握预防疾病的知识。

**劳动技术教育和美育**　1. 劳动技术教育。1954年4月后，中学贯彻执行国务院《关于改进和发展中学教育的指示》对中学生进行劳动教育，培养学生的社会主义劳动观点，各中学利用校园零星空地，组织学生种植蔬菜，进行劳动教育和实践。1956年，贯彻执行国家教育部《关于1956年普通教育和师范教育的工作计划》，对普通中学实施基本生产技术教育。1958～1960年，区内中学开展以勤工俭学、教育与生产劳动相结合为中心的“教育革命”。学校开展勤工俭学，学生们受到劳动锻炼，有的学校也做出一些成绩。黔西一中校办工厂研制出的“五四O六”菌肥，用于粮食、薯类、烤烟农作物催芽、追肥及底肥，皆收到良好效果。纳雍一中、二中校办工厂生产的油压机和试管支架等，同省教育厅教学仪器站挂钩，产品销往四川。大方一中校办工厂试制成功“特轻型全浸水冷式手提式交流电焊机”，经毕节地区计划委员会批准，1974年起列入计划小批量生产。1977年12月，试制成功雷电探测器。毕节一中创办的炼油厂，回收废油再炼成机械油和车用机油，为学校创造财富。1976年统计，全地区有校办工厂41个，年总产值29万元。校办农、林、茶场用地1018.5亩，产粮食63万斤，农副业余纯收入近7万元。

1978年，毕节一中农场有土地60亩，年产粮食4万斤。1959年，大方中学农场有土地45亩，养猪69头，羊17只，鸡、兔30余只，办硫磺厂1个，年收入2700多元。1962～1977年毕节县朱昌中学坚持勤工俭学，校办农场、畜牧场、鱼塘收入8万多元，1978年收入1.5万多元，为当年上级拨款的44%。1979年10月，曾出席全省在天柱县召开的勤工俭学经验交流会。

由于师生参加生产劳动过多，忽视课堂教学和教师的主导作用，打乱正常的教学秩序，教学质量下降。1978年后，由于多种原因，学校开展勤工俭学活动困难重重，一些学校先后停办原办厂、场。到1987年，全地区开展勤工俭学的中小学仅占9.3%，总收益10万元，排列全省地、州、市之末。毕节六中开展得较好，年创收5万元，1988年10月被评为勤工俭学先进集体。1989年，各县成立勤工俭学领导小组，召开勤工俭学工作会议，贯彻国发〔1989〕9号文件和省政府（1989）24号文件，拟定全地区勤工俭学的奋斗目标。是年底统计，全地区开展勤工俭学的学校3268所，占总校数的77.26%，参加勤工俭学的中小学生69.1万人，占学生总数的84.3%。勤工俭学总产值661万多元，纯收入167万多元，生均产值1.74元。威宁一小、毕节六中、金沙龙坝茶中被评为全省勤工俭学先进单位，威宁、大方被地区评为勤工俭学先进单位，分别获第一、二等奖。1990年，全地区勤工俭学产值近1000万元，纯收入200万元，生均产值3元多。1991年初，召开全地区勤工俭学工作会议，研究部署学校勤工俭学工作；5月～6月抽查部分县、校勤工俭学情况；10月份组织各县教育局长及勤工俭学专干和部分学校负责人共21人赴广西柳州市参加全国勤工俭学产品展销协作会，考察学习广西经验。1992年，中学逐渐停止勤工俭学活动。

2. 中学美育。1952年3月后，中学实行国家教育部颁发的《中学暂行规程》，开设音乐课和美术课，对学生施行美育教育，1981～1983年，结合国家推行全民开展以讲文明、讲礼貌、讲卫生、讲秩序、讲道德和心灵美、语言美、行为美、环境美的“五讲”“四美”活动，中学均以“五讲”“四美”为内容，在对学生进行思想政治教育的同时，也给予学生美的教育。金沙一中制定试行《学生道德规范条例》，用以培养学生具有健康优美的仪表风度，注意自己的心灵美和行为美。1983年，地区教育局从学校选拔优秀歌手，参加省举办的录音歌咏比赛，毕节地区获二等奖2名，三等奖6名。1984年，组织中学生参加省首届中小学、幼儿园师生美术作品展览，获一等奖。1986年，金沙县教育局贯彻省教委在中小学开展“班班有歌声”的活动要求，成立领导小组，发专文安排开展工作。是年11月，黔西二中举办书画、菊花、盆景、根雕的综合展览，观众达万人次，深受学生欢迎。之后，全地区中学，根据自身的条件适时组织学生开展歌咏比赛，诗歌朗诵会、书法及美术作品展览，以培养学生爱美情操。

## 第五节　职业教育

### 一　发展概况

清宣统三年（1911）正月，大定府创办国立和私立初等农业学校各1所，各有教职工50人，两校均招收学生40人，是年9月停办。

民国4年（1915）9月，大定创办蚕桑讲习所，招生30人，次年4月结束。民国6年（1917），黔西县创办蚕桑女子学堂，当年学生65人，毕业生27人，教职员18人，民国10年（1921）停办。民国7年（1918）3月，大定创办县立乙种（与高小同级）工业学校，学生32人，是年7月停办。民国25年（1936），经贵州省教育厅批准，将大定县立初级中学改为大定县立初级职业学校，当年招收林科职业班1个，学生24人，主要专业有林科、农科、商科，学制3年。次年招收2班，以后各年均招生3班，于民国30年（1941），经教育部批准，将其改为大定县初级中学。民国27年（1938）秋，毕节县私立豫章小学创办女子职业班。民国29年（1940）春，黔西新场私立玉屏职业中学成立，招生100余人。是年，因校内教师成立“十友书店”，出售进步书刊，被当局查封停办。民国31年（1942），毕节县私立弘毅中学开办过一期商科职业培训班1班。中华人民共和国成立前夕，原有职业学校或职业班，无一保留。

中华人民共和国成立后，毕节地（专）区职业教育逐渐获得发展，至2010年，有职业院校20所，高职在校生3522人，中职在校生8.45万人，其中区外中职在校生5.2万人；2009年秋季至2010年春季学期发放中等职业教育助学金2298.6万元，中职学校免学费989.26万元。先后建立有以下类型学校。

**毕节地区农业学校**　1956年，中共毕节地委、毕节专员公署批准筹建贵州省毕节专区农业学校。是年7月选址毕节城郊德沟建校，1957年3月基建完成，开始招生，第一期培训农业合作化干部1475人。1958年9月，经中共贵州省委批准，改校名为贵州省毕节农业专科学校。当年招收农业专科班1班，培训班1班，中专预科班3班。1959年7月，上级批准复名为贵州省毕节农业学校，设置农学、果蔬、牧医专业。是年秋农业专科班18名学生毕业，预科班转为中专班。1961年学校停办，1964复校。1966年~1976年“文化大革命”期间，毕节农校先是停止招生，后改为“五七”农大。

1977年恢复招生。至1992年，毕节地区农业学校形成以中专教育为主体，大专、中学为两翼的办学格局。2002年在校中专生653人，大专生214人，中学生332人，合计1199人。学校中专部设农学、畜牧兽医、农业经济管理、植物保护、计算机及应用、园艺、农畜产品加工专业。大专部设畜牧兽医、农业经济管理、财会电算化及农业技术综合应用专业。同时配套建立微生物、育种、病理、临床、解剖、电教、计算机信息中心等21个专业实验室，实验室拥有微机100台，多媒体教室1个。校内建立动、植物医院，种植、养殖基地和示范场；在大方县黄泥塘镇、鸡场乡、达溪镇、核桃乡、毕节市阴底乡、纳雍县总溪河林果场，建立生产实习基地，培养学生一专多能。1992年，经上级评估，被国家农业部认定为B等二级学校。2000年9月与贵州大学，西南农业大学联合办学，招收第一批函授大专生214人、学制3年。招生对象主要是农业系统工作人员。2001年12月1日获贵州省教育厅批准，并举行函授站挂牌仪式，同时经毕节市人民政府批准，成立毕节农校附设初级中学。至2001年，学校拥有教学大楼、实验大楼、办公楼、学生宿舍、澡堂、食堂及学生阅览室、图书室、运动场，占地130亩，建筑26万多平方米，固定资产563万元。教职工146人，其中教学人员86人，高级讲师16人，讲师39人。设8个中专专业和8个成职教大专专业。2005年，毕节农校各类在校生608人，招生690人，系创办学校49年来招生人数的新纪录。学校已形成中专、大专、本科、中学为一体的办学格局。与福建厦门、山东曲阜师范大学、西南农业大学、贵州大学、毕节学院等联合办学。办学49年，为毕节和其他地、州培养农业科技及管理人才8000多名。是年11月15~16日，接受省教育厅专家评估组的检查评估，认为毕节地区农业学校从办学条件、办学规模及模式均符合重点中等职业学校条件。是年12月31日，省教育厅以黔教职成发〔2005〕386号文件，确定毕节农校为省重点中等职业学校。

**毕节地区卫生学校** 1956年，毕节专署卫生科开办卫生人员培训班，招收学员50人，次年招医士进修班1班。1958年，经中共贵州省委和省人民政府批准，将贵阳医士学校1个班，贵阳助产学校两个班，遵义护士学校1个班迁来毕节，与毕节专区医士进修班合建贵州省毕节卫生学校，直属省卫生厅。当年秋季招生4个班，在校学生369人，学生来自广西、四川、重庆、贵阳及遵义。学校教职工37人。1961年，贯彻执行调整、整顿、充实、提高方针，确定减少招生数。1966~1971年未招生，1972年开始招收工农兵学员，学员来源于推荐，文化程度参差不齐。

1977年恢复应试招生。至2001年，学校占地50余亩，校舍2.89万平方米，有教学楼、实验楼、学生礼堂、饭厅及教学综合楼。学校教职工157人，其中高级讲师21人，讲师57人；在校学生3267人。开设社区医学、护理、妇幼卫生、计划生育管理、助产士、中医士、卫生统计专业，“爱德基金”村医培训班、卫IV项目村医函授班，与省电大、毕节电大分别联办农村中医大专班。2005年，经上级批准，毕节卫生学校与毕节第二卫生学校合并，组建贵州省毕节卫生学校。合并后，校园100余亩，分两个校区。在校大中专学生3700余人，开办有大专部、中专部、成人高教部。开设有卫生事业管理本科、临床医学大专、中西医结合大专、高级护理、卫生保健等18个专业。学校拥有计算机网络系统，多媒体教学设施及40多个专业实验室。现有教师149名，其中高、中级职称教师111名，具有教师资格证和执业医师资格证的教师66人。2005年1月，经教育部专家组评审，后认定为国家级重点中等职业学校。

**毕节第二卫生学校** 1978年，经省政府同意，建立毕节地区撒拉溪医院附设卫生学校，面向贵州及西南各省招生，开设麻风病防治，皮肤病性病专业。至2003年，学校开设皮肤美容、护理、中西医结合、临床医学、高级护理专业，其中临床医学为五年制大专，高级护理为3年制大专，其余皆为3年制中专。1986年，贵州省政府批准将贵州省毕节撒拉溪医院附设卫生学校改名为贵州省毕节第二卫生学校。学校由撒拉溪镇迁至毕节县城关交通新村。1978～1988年，共招生550名，毕业387名。学校除每年按国家计划招生外，还举办学制1～3期在职职工培训。1988年，受国家卫生部委托在全国18个省、市、自治区招收在职职工中专班1班，学生44名。至是年，学校有解剖、病理、生理、生化、药理、化学，微寄、临床、电化教学实验室；有教职工55人，其中高级职称者4人，在校生213名；校舍6625平方米。学校除完成校内教学任务外，还参与省和世界卫生组织制定的“m·D·T”治疗方案科研课题的研究。2005年，并入贵州省毕节卫生学校。

**毕节地区财贸学校** 1978年，经省政府同意在原财干校的基础上建立占地3.2万平方米，校舍2.5万平方米的毕节地区财贸学校。至2001年，学校有教职工134人，其中高级讲师9人，讲师42人。建有模拟实训室、语音室，有计算机200多台。学校开设财务会计电算化、计算机及利用、财务管理、市场营销、工商管理、行政管理、会计学、财政学、经济学、金融学等专业。集中专、大专和本科、高中于一体。2001年共招新生506人。此外，共开展会计电算化知识培训12期，培训学员1500多人。1978～2001年，已培养6000多名中专毕业生，为毕节地区人才培养作出贡献。2005年，毕节财贸学校共招生997人，高职大专班在校生1783人；充分利用教学资源，开展民间非盈利组织会计培训、全地区会计人员后续教育培训、会计电算化知识培训、中小学教师远程教育培训共5612人次；投资44万元，建成校园网，共有154个终端为教学和管理服务，并通过中国电信12MB的电缆接入互联网。学校计算机教室7个，教学用计算机370台。是年，省教育厅组织专家组评估毕节地区财校，行文认定毕节地区财校为贵州省省级重点中等职业学校。2011年，会计电算化和计算机应用两个专业通过毕节地区教育局专家组评审，成为地级示范性专业。

**毕节地区工业学校** 1978年，省政府批准建立毕节地区农业机械学校。1985年4月，省政府批准建立毕节地区工业学校。是年，中共毕节地委、毕节地区行署决定将毕节地区农业机械学校并入毕节地区工业学校，两块牌子、一套人员，共同开班办学。至2001年，学校有教职工120人，其中高级讲师8人，讲师24人，技师4人，在校学生700余名。学校占地100亩，校舍2.8万平方米，有实验楼1幢2640平方米，内设物理、化学、公差、力学、电子、电工、汽拖电气、采矿、家电实验室，2个电教室，3个计算机教室，微机100余台，960平方米实习工厂1个，有500多台（件）教学科研生产设备，具备铸造、机械加工、机电修理、汽车拖拉机及农机具修理、家电维修、计算机操作及修理等技能训练条件；有1207平方米图书楼1幢，128个座位阅览室1

个；运动场1万平方米，设有300米环形跑道；学校开设有农机化、汽拖修理、采煤、工民建、机械制造、计算机及应用、机电设备维修、城镇规划、家电维修等11个专业。2002年，根据国家有关规定，地区工校申请开办民办公助性质的清毕中学，并通过地、市教育局考核审批，5月28日正式成立。是年9月招收高中生2班126人，初中3班172人。建校近30年来，为毕节地区培养中专生3700余人。2005年11月，经省教育厅专家组评估，被省教育厅行文确认毕节地区工校为贵州省省级重点中等职业学校。2011年，采煤和机电两个专业经地区教育局评估认定为地方示范专业。

**技工学校**　1979年，省人民政府批准创办毕节地区水电技工学校、毕节地区轻工技工学校（瓷厂技校）、电厂技校及织金县技工学校。织金技工学校为全地区第一所县办自费走读学校。地区轻工技校及电厂技校只办1年即停办。1981年，毕节地区行署决定在毕节地区建筑公司内设省建工学校技工班毕节教学点，在毕节县供销社内设织金县技校毕节教学点，每个教学点各招生1个班50人，1年即停办。1988年，地区水电技校有教职工37人，其中专职教师15人。学校校舍2075平方米。至1988年织金县技工学校毕业学生497人，学校教职工31人，其中专职教师23人，学校校舍2500平方米，此外地区六龙电厂、砂石铁厂和地区内红林机械厂、赫章铅锌矿曾先后断断续续办过技工学校或技工班。至2005年，毕节地区水电技校为毕节地区乃至省内部分地、州水利水电事业培养3000多名技术人才。学校被省劳动厅评估为二类技工学校，多次被评为贵州省技工学校先进单位，优秀函授站，受到社会各界的好评。学校现有高级讲师4人，讲师21人。学校建有电工实验室、绘图室、微机室、阅览室、金工实习车间和外线电工模拟训练场。设置通用电工与电子技术、计算机应用、机电一体化、测量、水电站运行等中职专业。2002年，学校申办附属中学，成立毕节水利中学。至2005年，学校有32名专职教师从事基础教育教学，拥有初中、高中教学班8个，学生400人。学校形成以中等职业技术教育为基础，函授大专以上学历教育和中学基础教育为两翼，融短期培训为一体的办学格局。2008年7月，经地区编委会批准，毕节地区水电技校原贵州省广播电视大学毕节地区分校合并组建。

**农（职）业学校**　1983年2月21日，中共毕节地委、毕节地区行署根据省发展城乡职业教育的指示精神，要求各县1983年先在一所县城完中试办1个职业班，改一两所农村初中为4年制；1985年前办好1所农业技术中学和一所职业学校，力争1990年使职业中学和职业技术学校学生占农村中等学校在校学生总数的50%以上。是年，全地区共办农（职）业中学7所，在校学生997人。1954年增至18所，其中职业高中4所，职业初中14所。在普通中学内附设职业班23个，其中职业高中班17个，职业初中班6个，在校学生3372人，为1983年的3.4倍，占1984年高中生总数的9．8%。1985年，中共中央作出关于教育体制改革的决定，要求各级党委政府切实有效地抓好职业技术教育。1997年，全地区有独立校舍的职业中学16所，学生由1986年的4105人增到5046人。有20所普通中学附设40个职业班。职业中学职工由1986年的248人增到335人。1987年12月，1988年7月、11月，毕节地区行署贯彻中共中央关于教育体制改革的决定，先后3次召开全地区职业技术教育工作会议，讨论发展全地区职业教育。1988年7月，成立毕节地区职业技术教育协调领导小组，下设办公室。此后，各县亦成立相应的工作机构。至是年底，全地区职中学生增至6003人。1984～1990年，全地区投入职教经费1391.43万元，建农职中22所，用地1946.6亩，建校舍5.78万平方米。1990年有149个教学班，在校生7229人。1991年，在地区财力困乏的情况下，仍安排职教发展经费100万元。是年3月19～21日，地区行署在威宁县召开全地区职业技术教育工作会，交流工作经验，安排部署职教工作。地区教育局抽人到县调研，帮助基层解决实际问题。是年，地区行署被评为全国职业技术教育先进集体，地区教育局长刘致君被评为全国职业技术教育的先进个人。1995年，全地区有农职学校33所，在校学生9550人。是年，织金县职业高中经省教委组织评估验收为省的重点职业高中。1998年，各地区及各县市教育局、职业技术学校加大对职业教育法学习、宣传执行力度，拓宽办学路子，是年招生1426人，比上年有所增加。职高在校生数与普通高中在校生之比为1：4.2，超额完成省下达任务。至1998年，全地区有职业中学31所，在校学生1.68万人。职业中学教职工889人，其中专任教师723人。2003年，省、地、县共投入专项资金76.55万元，用于改善职业高中办学条件。织金县成立职业教育培训中心，毕节市职中新建综合楼1幢，化学实验室、多媒体语音室各1个。2005年，全地区共投入377.45万元发展职业教育，据是年统计，全地区有职业高中11所，其中省级重点职业高中3所。职业高中在校生1.05万人，职业高中专任教师483人，专任教师学历合格率46.58%。校园占地32.78万平方米，校舍6.47万平方米。2011年，全地区有中职教师1327人，校舍37.6万平方米。

## 二　教学与管理

**中等专业学校**　1．教学。（1）课程设置及教册使用。区内中专主要以培养有专门技能、适合本地区经济发展需要，有社会主义觉悟的中等技术干部为目标。学制一般为3年，也有2年或4年的。短期培训时间根据要求设定。其课程设置分普通基础课、专业基础课和专业课。普通基础课一般开设政治、语文、数学、物理、化学、体育、外语，后增添计算机。专业课、专业基础课所占比例因专业不同而各异。各中等专业学校除使用全国统编教材外，一些学校还根据本地区对专业的需要，自编部分教材和讲义，开展教学。毕节卫校，农校派出教师参加全省或全国部分中专教材编写。毕节二卫校因无麻风病防治专业统编教材，由本校教师分段编出该专业的全部教材。地区财贸学校语文教师自编财贸方面的应用文教材；财贸专业教师根据经济体制改革和经济发展需要，编写《国营企业利改税第一、二步办法》《商业供销社经营体制的改革》补充教材。

（2）教学研究。在教学工作中，各校各专业成立教研组，开展教研活动，互相听课、评课，讨论教案、交流教学经验。2001年地区财贸学校，组织公开教学课12次，先后有120人次参加听课和评课。农机校专业课教研组组织编写《农业机械》《机械设计基础》和机械原理教学大纲，并在省内农机校试行。学校之间成立语文、政治课教研组，以解决普通基础课课时少、老师分散，不便开展教研活动问题。1983年，成立毕节地区中专教育学会。校际教研组和中专教育学会经常聚会开展教学研究活动。同时，各中专学校及其主管部门重视教师的培训提高，鼓励老师外出学习培训，参加学术研讨等活动。1978～1987地区农机校9次派教师参加在北京、南京、昆明、长沙、四川、贵阳召开的全国、全省或片区性的学术研讨会、教研会、教材审定会，会上交流论文11篇，受到与会代表的好评。1985年、1987年，分别被评为贵州省农机教育培训先进单位。2001年10月，贵州省农机局组织开展全省农机校优秀教案评比活动，毕节工校获1名一等奖、2名二等奖。2003年，毕节工校拟定《2003～2005年师资队伍建设规划》《在职教师进修培训的若干规定》，并针对教学需要，先后选派30多名教师赴上海、温州、深圳、潍坊、贵阳、六枝等地培训学习。

（3）教学实习。职业中专均设有教学实习课程。学生实习时间一般为2～3个月，实习结束时，学生撰写实习报告，计入学习成绩。2003年，毕节农校依托绿丰公司，建成标准化养鸡场352平方米，野生牧草选育栽培基地、花卉栽培基地两个，初步形成集生态养殖、农牧技术服务、畜禽饲料生产、园林绿化于一体的实验实习基地，确保教学、科研、生产顺利进行。2004年，农校围绕基地园区建设，新修大型沼气池，建立药物园、花卉基地，开展养殖、种植、花卉、绿化等经营，共创利20余万元，缴税2万多元，为产、学、研结合作出有益尝试。毕节工校针对中专新生特点，改革教学计划，加大实训课比重，初步实现理论教学与实训教学课时1∶1，对某些专业科目试行以实际操作评定成绩；加强实验室建设，添置微机，完善和充实实验设备，保证实训课顺利完成。2002年，完成计算机、施工、测量、汽修、电子技术、金属工艺等14项实习任务，参加实习学生500余人次，学生动手能力明显提高。各中专学校除校内实习外，还建立起校外实习基地，毕节农机校与地区机械厂、地区农机厂、四川简阳机械厂挂钩，作为常年教学及实习基地。该校还争取地区农机局和农机常训班的支持，得到一些拖拉机作为实习教具。通过实习，170多名学生经监理部门考试获拖拉机驾驶证，116名学生经主管部门考试合格获农机修理合格证。两所卫校以地区人民医院、地区中医院和麻风病院为实习场所。财贸学校到地区百货公司实习，毕节农校牧医专业的实习多去威宁，农学专业的实习在大方、毕节市或地区农科所。

（4）教育教学成果。1981年、1983年、1995年，毕节卫校在全省卫生专业统考中，获医士专业第一名、妇幼士专业第一名、助产士专业第一名。1982年、1983年，毕节农校在全省中等农牧学校毕业生统考中，获农学专业植物栽培第三名；1983年，全省农牧学校农牧毕业生统考，获牧医专业微生物及传染病课第二名。地区财贸学校珠算教研组改良旧算具，把旧算具上的“上二下五”改为“上一下四”的中型菱珠算盘，提高运算速度，创造加减法多行穿菱、乘法空盘前乘、一口清、除算商归结合、心算珠算结合的快速新算法。学校制定一套完整的训练方法和严格的考核定级制度，规定学生珠算定级达不到一定等级者不予毕业。学生坚持天天练习20多分钟，常年不懈，已成定例。1983年，在全国第二届少数民族珠算邀请赛中，学生李隆芳获除法第二名，获银牌奖；程丽娟获全能第四名。1985年，在银川举行的比赛中，学生罗梅获乘法第一名，程丽娟获全能第二名。学校珠算教研组多次被省、地区评为先进单位。全地区中专学校老师结合教学开展科研，经常在全国和省、地报刊上发表论文，有的还撰写专著。毕节农校教师撰写《马铃薯的栽培》《毕节地区大豆生产调查》《耕牛青岗叶中毒毒理、治疗方法的研讨和应用》，受到地区行署的表彰，并获地区科技成果奖。1986年前地区农机校教师在

《贵州农机》等杂志上发表论文共29篇。毕节二卫校承担全省与世界卫生组织联合制定、使用3种新药科研课题。2004年，贵州省教育厅举办全省首届职业院校多媒体课件制作大赛，毕节卫校选送5个课件均获奖励。教师付清龙创作的《细胞膜的转动功能》，获决赛二等奖；黄蓉创作的《X线诊断》，获决赛三等奖；章本义、余毕华、张学桐、张国江、李文集体创作的《休克的病理生理》，获三等奖；余毕华创作的《DNA双螺旋结构》获优秀奖。2011年，毕节卫校组织学生参加首届全国中职生职业生涯设计大赛，选送的71件作品全部获奖。

2．管理。中专按教育部《关于全日制中等专业学校领导管理体制的暂行规定》及省有关规定，实行在地方人民政府领导下，按系统归口，以地方为主，省、地（市）业务部门分工管理。学校党的工作，由中国共产党各级地方党委领导。各主管业务部门负责管理所属中等专业学校下列工作：贯彻中共的方针、政策；负责管理思想政治教育工作、教学工作；制定学校的规划、安排专业设置、招生计划；人事工作、人员编制、劳动工资计划、经费开支、基本建设、教材、物资和仪器设备；核定学校的生产实习和科研计划，安排实习场所和校办工厂（农场）的生产、供销，供应实习所需的原材料。任免、调动学校领导，由主管业务部门按干部管理权限报地委组织部或地区人事局决定，并抄送省、地有关部门。学校中层领导班子由学校党委和归口所属业务主管部门党委决定。地区教育行政部门对本地区的中等专业学校进行业务指导；传达上级有关指示、精神，检查督促学校贯彻执行中共教育方针、政策、指导思想、政治教育工作、普通课教学工作，协同有关部门解决政治课、普通课师资的补充；组织普通课的教学仪器供应；会同计划部门统筹规划、综合平衡地方所属学校的布局、专业设置、招生计划和事业发展规划，组织各业务部门之间的分工协作；负责招生工作。学校内部实行中共委员会（或党支部）领导下校长分工负责制。党委主要负责贯彻执行党的方针、政策，做好教职工、学生的思想政治工作；校长、副校长管理教学、行政、后勤、实习工厂（农场）工作。

**技工学校**　1．教学。1979年起，技工学校执行国家劳动总局颁发的《技工学校条例（试行）》规定，“招收初中毕业学生，学制一般为3年；招收高中毕业生学制2年。受托代办的各种培训班时间，少则2～3个月，多则1年”。参照国务院颁发的教学计划和大纲，制定本校学期教学计划。文化理论课选用中专有关教材。部分专业课无统编教材的，教师自编。地区水电技校教师编写的《农田水利测量》《水电管理概述》用于该校教学。其课程为文化基础课和专业技术课两类。学校的教学、生产实习着重抓学生操作技能的训练。生产实习时间占全部教学时间的三分之一以上，内容包括基本技能训练和综合课题训练。基本技能训练采取加强实验、模拟教学或组织学生到基层厂场实习完成；综合课题训练，在校办工厂进行，没有校办工厂的到校外工厂实习。地区水电技校多是到基层水电站或野外实习。学生除进行实际操作训练外，还要完成规定的综合性大作业。通过实践，既加强学生的感性认识，又巩固所学专业技术理论，提高实际操作水平。学校教师多由办学单位抽调本单位热心技工教育、有一定专业理论知识和实践经验的人员担任；部门办的由本部门、本系统抽调人员组成。技校基础课教师由教育部门酌情调剂。

2．管理。技工学校分地方办和企业办的两类。技工学校招生，除每年由地区劳动人事部门下达招生指标，由地方有关业务部门负责管理外，地区水电技校由地区水电局管理，地区轻工技校由地区轻工局管理，织金县技校由织金县劳动局管理。企业所办技工学校，由企业直接领导，归口上级业务部门管理。学校实行党支部领导下的校长负责制。党支部负责学校的政治思想工作、组织工作以及贯彻执行党的方针政策。校长负责学校的教学、管理、生产实习工作。1987起执行国家劳动人事部、国家教委颁发的《技工学校工作条例》，制定各种规章制度，具体开展学校管理工作。

**农（职）业学校**　1. 教学。（1）办学方向及学制。1958年，毕节专区根据国家教育部关于创办农（职）业学校的指示和要求，开始筹办农（职）业学校。1959年，毕节专区办农业中学79所，学生3911人，专任教师168人。其办学方向主要是：为农业发展培养初级技术力量，成为农村推广科学技术的骨干，培养初、中级技术人才和管理人才；为城市发展第三产业培养初、中级技术人才，管理人才和服务员，工人。无论是农村还是城市的职业学校，都以培养有理想、有文化、懂技术、善管理的初中级人才为目标。20世纪50～60年代，农业中学，招收小学毕业生，学制3年。1986年，毕节地区行署相应规定：职业初级中学，招收小学毕业生，学制3～4年；职业高级中学，招收初中毕业生，学制3年。各种职业技术培训班，不规定学制，其培养对象、培训时间、培训内容和要求，可根据专业、工种的需要，由地县劳动人事部门会同有关部门确定。在办学中，许多学校根据专业特点和实际情况，实行一校多种学制。各县农村一些学校试行3+1学制，即在初中3年制的基础上增加1年的专业课，教给学生1～2门实用技术。在实际执行中有集中1年上专业课的，也有分散在各学期的。

（2）课程设置。1979年，一些学校按省教育厅制发的农业中学教学计划，开设语文、政治、数学、物理、化学、植物学、农业基础知识、卫生等；同时，开设机械、水利、园田专业基础课。由于受师资条件限制，课程开设不尽一致。其课程设置大致可分为文化基础课、专业基础课和实验、实习课。文化基础课与普通中学的课程大致相同，专业技术课与实验、实习课的比重和要求，根据学校类别和年级不尽相同。各校课程设置的原则是：文化基础课为专业基础课服务，专业基础课为专业技术课服务，专业技术课为培养乡土人才服务。

（3）教学计划。各职业学校因职业不同而没有统一的教学计划。1985年9月，省教育厅召开全省制定职业高中教学计划座谈会，传达国家教委《关于制定教学计划的原则意见》，印发省内典型专业教学计划24份，供与会人员参考。各职业学校的教学计划，一是引进，二是自制，其文化课时间约占总学时的三分之二，专业课和生产实习约占三分之一。

（4）教材。农（职）中学，有的在文化课方面选用普通中学或中专教材，专业课选用全国统编教材或外省同类学校的教材，也有的用自编教材。

（5）教学实习。20世纪60年代，农业中学，其生产实习，一般靠当地政府拨给一定的土地作为实验、实习基地，学生实习以农业劳动为主，也搞部分科学实验。1978年后，职业学校的专业门类日渐增多，职业学校采取多种办法解决学生生产实习基地。一是自建实习场、厂。1988年统计，全地区职业学校有养猪场2个、酒厂1个、建筑队1个、鱼塘2个（25亩），兽医诊断所2个、良种鸡孵化室、副食加工厂、针织车间、干洗熨烫门市各1个。有的学校建有农场、茶果园，拥有农场土地1340亩，茶果园1072亩，勤工俭学累计收入近8万元。二是联合办学，解决实习场地。威宁、毕节县的职业高中与地区毛纺厂联合举办毛纺班，大方县职业高中与大方针织厂联办针织班。三是建立校外联系点，增加实习基地。金沙县职业高中酿造专业与金沙窖酒厂建立长期联系，以酒厂为实习基地。大方、威宁县和毕节市卫生职业学校以当地县医院、中医院为实习基地。各校的生产实习采用集中安排办法，教学实习采用分散安排办法。集中实习的有3个月～半年。有的学校在办学过程中，把教学、科研、生产、勤工俭学结合起来。大方马龙岩民办职业中学的辣椒30烷醇喷施试验、玉米新玉一号二套二间作试验取得成功，成果曾参加1985年全省职业教育展览会的展出。金沙县红旗农业中学开展畜禽饲养法、水稻快速育秧果木嫁接、葡萄扦插、蔬菜的有性和无性杂交、家禽人工授精实验，收效明显。金沙县职业高中，组建学校建筑工程队，在对外承接业务的同时，还对全县中小学危房进行普查，提出维修改造方案，1988年，创产值22万元。赫章县平山农业技术高中结合教学开展社会实践，在1次春季畜禽防治工作中，150名同学分成40个小分队，为全县9个区、65个乡、117个村的1000多户农民的畜禽作春防治疗。

（6）师资。一是在普通中学中抽调老师担任文化课教师。二是专业课教师有聘请兼职教师，也有选派普通中学教师到外地进修，改任为专业课教师。

2. 管理。1958～1966年，农（职）业学校有公办和民办两种，公办农（职）业学校由教育部门统一管理。民办农业中学由办学单位负责管理。教育行政部门对民办农职业中学进行教学业务指导，传达和贯彻上级有关指示，督促和检查学校贯彻执行教育方针、政策。1978年后，农（职）业学校已由单一的农业中学发展为具有多种职能的职业技术学校。1980年10月后，省贯彻国务院批转教育部《关于中等教育结构改革的报告》，制定《贵州省职业技术教育暂行条例》，规定：职业技术教育实行统一领导、分级管理的体制。1988年，毕节地区行署贯彻《条例》，成立毕节地区职业技术教育协调领导小组，协调职业技术学校的专业设置、师资配备、办学经费、招生及毕业生就业问题。各县也于当年先后成立相应的领导机构。1996年《中华人民共和国职业教育法》颁布实施后，各职业技术学校依法管理学校。农（职）业中学的内部管理与普通中学大致相同。普通中学与职业技术学校合办的，实行一套班子，分别管理的体制；普通中学附设职业班的由普通中学管理。私人办学由教育行政部门协助配备文化课教师，进行教学业务指导。专业课教师由办学单位自行解决，其学校内部管理受当地政府和教育行政部门的监督和指导。

## 第六节　师范教育

### 一　发展概况

清光绪三十一年（1905），黔西州设立师范学堂，首开师范教育，次年3月，改师范学堂为师范传习所，共办两期，学生卒业，经州考验堪备初等小学堂教习之选者，由知州发给执照。是年，大定府将大定官立中学堂改办为大定官立师范简易科，共办3期3个班，创办人符瑞贞。宣统元年（1909），改官立师范简易科为初级师范完全科，至辛亥革命时止。光绪三十三年至宣统三年（1907～1911），先后兴办：毕节县劝学所，总董刘宗杰倡议共办；县官立师范传习所，招生24名，8个月卒业；大定知府吴嘉瑞创办大定府私立师范传习所，招生40名，8个月卒业；织金县拔贡杨厚坤创办织金县师范讲习所。

民国元年至民国26年（1912～1937），以县办短期简易师范传习所为主，民国8年（1919），黔西县创办国文讲习所，1年后停办。民国9年（1920）2月，大定县创办女子师范讲习所，招生14人，12月卒业。是年3月，另办大定县立师范教习所，招生44名，12月卒业。民国10年（1921）8月，大定县创办国语讲习所，县知事李竹溪任监督兼所长，招生45人。民国19年（1930），毕节县李仲群创办师范传习所，招生50名。是年，大定县举办师范讲习所1期。民国23年，毕节县立初级中学开办附设简易师范班，招收女生50名，修业4年，连续招生4期。民国27年（1938），根据贵州省政府471次府会决议，将毕节县立初级中学改为省立毕节师范学校，校址设文庙（今地区医院），首任校长杨哲一。自此，始有第一所正规的师范学校，一直办到中华人民共和国成立前夕。同时，部分有条件的县开办简易师范。民国30年（1941）威宁开办简易师范。民国31年（1942），省府颁布《贵州省推进师范教育计划》，将全省分为6个师范学校区，第四行政督察区属第5学校区。同时规定除省立师范学校外，推行2个或3个邻近县联合办联立简易师范学校，学生面向联立县统招，学校行政属教育厅直管，经费除省适当补助外，多数由联立县分担，后因经费困难，于民国33年（1944）解体。有条件的县继续办县立简易师范学校。至民国37年（1948），先后办有：威宁联立简易师范学校，民国32年创办，由威宁、水城、赫章县联立出资，面向3县招生，有教职工30多人，招生200多人；黔西联立简易师范学校，民国32年创办，由黔西、金沙、织金县联立出资。威宁县立简易师范，民国33年开办，威宁县独立自办，次年停办；黔西县立简易师范，民国34年开办，黔西县独立自办，中华人民共和国成立前夕停办。同时，有的县也根据县情，自行办短期训练班，培养师资。分别有：织金县简易师范，民国35年开办3年制班办2期，1年制班办1期，招生100多人；大定县立国民教育师资培训班，民国35年开办，招生67人，学生来源于县城招考和乡镇保送；大定中学附设国民教育师资短训班，民国37年开办，招生60人，学制1年，学习结业，回各乡镇保国民学校任教。

1949年毕节解放时，全专区仅有省立毕节师范学校1所。是年12月，中共毕节地委派孙育乾、查非接管学校，并进行整顿，由毕节专员公署专员孟子明兼任校长，王钲任副校长，时有学生60名，教师10人。1952年，毕节专员公署确定，学校由毕节迁至大定县羊场坝，程郢平任校长，李君郁任副校长。1957年，学生增至500人，教职工58人。1958年初，贵阳民族师范学校奉命迁来毕节，改名为贵州省毕节民族师范学校。是年秋至1960年，全专区师范学校由2所增到11所，在校学生4688人，县县办起1所师范学校。1961年9月，贯彻执行中央调整、巩固、充实、提高方针，压缩师范学校停办各县师范学校。毕节地区民族师范与毕节师范合并，在校学生277人，教职工79人。1963年8月，经贵州省人民政府批准，创办威宁民族师范学校，时有教职工13人，招生81人，其中少数民族学生占70%以上，全地区有毕节师范、威宁民族师范。1965年秋，毕节专区贯彻中共中央提出的“两种教育制度，两种劳动制度”，毕节专区在毕节关门山试办毕节专区半耕半读师范学校，学制3年。黔西和金沙县也分别试办县耕读师范学校，当年两校分别招生80名和60名，到年底全地区师范学校达到5所。地区师范1965年由大方羊场坝迁毕节县城东南杨家塘。1966年5月“文化大革命”开始后，黔西、金沙两县耕读师范学校被撤销。威宁民师也被迫停止招生。1971年，根据省革委指示，恢复师范学校招生，地区师范、地区耕师、威宁民师于当年招生598名，学生由部门直接推荐入学，文化水平参差不齐。1972年，大方、黔西、金沙、织金、赫章、纳雍县分别办县师范学校，按地区招生办法共招收学生1421人，调配教职工281人，全地区师范学校发展到10所。1974年，地区耕读师范学校改为地区中学教师进修学校。1975年秋，贵州省毕节师范学校改为贵州省毕节“五七”师范大学。

1980年秋，行署决定恢复毕节师范建制，将贵州省毕节三中改为贵州省毕节师范学校。次年，毕节、大方、金沙、赫章、纳雍5县师范学校改为县小学教师进修学校，只保留地区师范、威宁民族师范、黔西师范、织金师范学校。1983年，毕节师范学校被省政府评为全省三所重点师范之一。1988年，全地区有中等师范学校4所，小学教师进修学校5所，共有教职工487人，在校学生2736人。2004年初，毕节地区行署决定，将毕节地区师范学校改为毕节地区实验高级中学。2005年，全地区中师在校学生2208人，专任教师259人。2006年，全地区中师在校生2943人，专任老师356人。

## 二　思想政治教育

清光绪三十年（1904），颁布《奏定学堂章程》规定：“无论何等学堂，均以忠孝为本，以中国经史之学为基，俾学生心术壹归于纯正，而后以西学瀹其知识，练其艺能，务期他日成才，各适实用。各师范学堂照《章程》拟定管理通则，对学生思想、政治加以控制”。

民国27年，毕节师范学校施行《毕节师范学校学则》，规定教导主任在训育方面之任务有：

1. 召集训育会议，并执行决议案。
2. 考查学生操行，并谋训练方法之改进。
3. 会同训育指导员，指导学生课外活动。
4. 会同教职员评定学生操行成绩。
5. 核办学生奖惩事项。
6. 指导学生日常生活。
7. 准许学生1星期内之请假。
8. 处理其他关于训育方面事项。

民国31年（1942），教育部颁发《中等以上学校导师制纲要》，省教育厅制定《修正贵州省中等学校导师制实施细则》。各师范学校均设训导处总揽全校训导事宜。其训育标准是：

1. 养成勇敢公正之精神；

2. 养成活泼健全的体格；

3. 养成谦恭和乐的态度；

4. 养成简朴整洁的习惯；

5. 养成自力负责的能力；

6. 养成审慎周密的思考；

7. 养成精诚团结的意志；

8. 养成爱国爱群的观念。

主要教育形式：

1. 升降国旗；

2. 国父纪念周，特别注意阐扬国父遗教和总裁训示；

3. 利用各种集会讲解《青年守则》。

在16岁以上师范生中施行童子军训练，每周以5天上文化课，1天上军事训练或军事看护。训练内容包括体格训练、特种训练、精神训练。

1951年9月，全国第一次师范教育会议通过《师范学校暂行规程（草案）》第二条规定，师范教育的任务是："根据新民主主义教育方针，以理论与实践一致的方法，培养具有马克思列宁主义毛泽东思想的接班人，中等文化水平和教育专业知识、技能，全心全意为人民服务的初等教育和幼儿教育的师资"。毕节师范学校提出继续深入开展新民主主义的政治学习运动，深入开展抗美援朝的爱国主义和国际主义教育，反封建教育和镇压反革命运动的宣传教育，并组织全校师生到毕节官屯参加土改宣传队。1955年5月，学校邀请校友刘淑萍、聂绍荣和大定县的部分优秀小学教师到学校作报告，开座谈会，交流教学经验。20世纪60年代毕节师范学校从以下方面开展对学生的思想政治教育：一是专业思想教育。每年秋季新生入学时，用1周时间，组织全校教师、共青团、学生会、高班同学、附小教师，以作报告、组织讨论、举办迎新晚会方式，帮助新生巩固专业思想。平时则要求任课教师、班主任在工作中以及各种文体活动中，体现师范专业的特点，注重培养学生热爱小学教育的思想感情。二是开展学雷锋、评选"三好生"活动。三是纪律教育。结合贯彻《贵州省全日制中小学、师范学校学生成绩考查暂行办法》，要求学生遵守作息制度，不缺旷、不迟到早退。并建立值周制度，各班学生干部和教师轮流值周，负责检查全校各项活动及清洁卫生状况，每周总结评比1次，及时进行表扬和批评。

20世纪80年代初，各学校贯彻执行国家教育部《关于办好中等师范教育的意见》和《中等师范学校规程（草案）》对师范学校进行思想政治教育。1981年起，织金师范坚持以下方式对学生进行思想政治教育：

1. 明确师范教育和教师培训的目标，是培养出坚持四项基本原则，立志为教师事业服务，具有中师文化程度，懂得教育学常识的小学教师。

2. 引导师生学习社会主义初级阶段理论，拥护改革开放政策，愿意投身到"四化"建设中去。同时，对师生进行专业思想教育。

3. 加强组织领导和思想政治教育骨干队伍的建设。由党政工团负责人和班主任、政治课教师召开碰头会（领导小组）。由中共党员、团总支委员、学生会干部、班委成员组成政治思想品德教育骨干队伍。

4．强调在各科教学中，贯穿思想政治品德教育；在课外活动、见习、实习中进行教育；在假期作社会调查、开展便民活动中受教育；在通过贯彻执行各种规章制度中受教育；在学雷锋做好事活动中受教育。

毕节师范结合贯彻《中等专业学校学生守则（试行草案）》，制定文明礼貌的10项规定、《毕节师范学校学生道德规范（试行）》，对学生进行思想政治教育。教育坚持以表扬和鼓励为主的原则。开展评选三好生活动，给评为三好生的学生发证章、证书，记入本人档案，并以报喜的方式，报告学生家长和所在区乡。发展党员和推选保送生时，优先考虑三好生。学生有某一方面突出的，可获单项奖，某一事突出的，也可获奖，在校外得奖的，学校还要嘉奖。黔西师范学校改革政治科评分办法，规定理论学习占60%，实际表现占40%，改变学生理论脱离实际的现象；按月浮动班主任津贴，强调班主任要在思想品质、学习、生活上全面关心学生。每月评比1次班主任工作。1984年，黔西师范开展“五讲四美”活动成绩突出，被中共毕节地委、毕节地区行署评为精神文明建设先进单位。1991年，根据中共毕节地委安排，毕节师范学校作为地区城市开展社会主义思想教育的首批试点单位。是年9月下旬～11月下旬地区教育局和地委组织部联合组成工作组，在毕节师范学校采取辅导、自学、参观工厂、校史展览、典型发言、个人写心得体会、社会主义知识竞赛，社会主义优越性演讲比赛方式，对师生进行社会主义思想教育，收到良好效果。社教期间，该校有20多名学生向党组织递交入党申请书。21世纪初，师范学校坚持对学生进行马克思主义毛泽东思想、邓小平理论“三个代表”、科学发展观的教育，以改革开放以来国家巨变的事实教育学生，学校坚持上好政治理论课，加强班主任工作，组织学生学习先进模范人物的先进事迹。以潜移默化、润物无声方式教育青年学生，促其茁壮成长。

## 三 教 学

**学制及课程设置** 清末，师范传习所的学制和课程设置不尽统一，毕节县官立师范传习所设有：修身、教育、国文、历史、地理、算学、格致、图画、体操、音乐，学制1年左右。民国28年（1939），贵州省立毕节师范学校中师开设公民、体育、军事训练、军事看护、卫生、国文、算学、地理、历史、生物、化学、物理、伦理学、劳作美术、音乐、教育概论、教育心理、小学教材及教学法、小学行政教育测验及统计21门必修课；设英文、教育史、幼稚教育、民众教育、乡村教育、农村经济及合作、地方教育行政，教育视导8门选修课，学制3年。简易师范略少。大定县立国民教育师资训练班，设国文、算学、教育心理、体育、教育概论、历史、地理、小学教材教法、小学行政、卫生、自然、公民、美术、音乐、图画、公文程式、会计常识、三民主义，学制1～3年。中华人民共和国成立初期，中师仍实行3年制，开设国文、代数、几何、三角、政治常识、物理、化学、教材教法、教育行政、政策法令、世界历史、中国历史、世界地理、中国地理、教育概论、教育心理、乡村教育、教育统计、幼稚教育、生物、音乐、体育、美术工艺、习字24科。1952年，执行国家教育部颁发的《师范学校暂行规程（草案）》，毕节师范学校中师部开设语文及教学法、算术教学法、代数、几何、三角物理、化学、达尔文理论基础、自然及教学法、地理及教学法、历史及教学法、政治、心理学、教育学、学校卫生、体育及教学法、音乐及教学法、美术及教学法、参观实习16门课程。1971年，恢复中师招生，开设毛泽东思想教育、语文、数学、物理、化学、音乐、美术、生理卫生、农业基础知识、体育、劳动11门。1973年8月，召开全地区师范教育工作座谈会，决定中师学制2年。开设政治、教育学、语文（含小学语文教学法）、数学（含小学算术教材教法）、物理、化学、历史、地理、农基、卫生、音乐、图画课程。以上学科的教学内容，原则上参考高中教材，但要结合小学教育实际。1981年后，招收初中毕业生，学制3年。成人中师班，招收未达中师水平的小学教师，学制2年。21世纪初，毕节师范学校开办普师、音乐、美术、英语、民族双语（苗、彝）、计算机等专业，共29个教学班。2002年，学校调整专业结构和办学层次，新开设小学语文教育、数学教育专科班。各专业开设课程视专业各有侧重。1986年，威宁民族师范学校招收1个四年制的民族班，第一学年有选择地补习语文、数学、物理、化学基础知识，自第二学年起按中师教学计划进行教学。在教学中适当穿插少数民族优秀的传统文化知识。

**教研活动**　民国31年（1942），毕节专区试行《贵州省推进师范教育计划》，施行教育部《各级国民教育研究组织通则》。各师范学校一律成立教育学科教学研究会，由省立师范学校校长主持会务，分设总务、研究、福利组。研究学校行政、课程、教学方法、训练方法、政教联系、推行社教方法及教师福利进修问题。从1952年10月开始，毕节师范组织教师先后学习《共产主义教育的目的和任务》《苏维埃的教师》及凯洛夫《教育学》、普希金《教育科学讲座》。同时，要求教师学习苏联五步教学法，要求教师撰写课时计划，做到组织教学、复习课、讲授新课、巩固新课、布置作业，五环齐备。教学遵循直观性、系统性、量力性、巩固性原则。1952～1953学年度，毕节师范教师创作史地地图80多幅，数理化教学挂图16幅。制作莱顿瓶、起电盘和电动机模型以及三角板、量角器60多件。在教学中试行五级分制。学校成立教研组，建立听课制度。经常开展观摩教学和公开教学。1958年，毕节师范要求师生克服重主科轻副科倾向，做到全面发展。1961～1965年，毕节师范开展“备、讲、练、查紧扣，内外补辅结合”的教研活动。威宁民族师范坚持师范无副科理念，加强语文、数学的教学和教育学、心理学、教材教法的学习，加强对学生音、体、美的训练，重视语言表达能力和书写基本功的训练。1978年后，师范学校普遍加强各学科教研活动，教师科研成果显著。毕节师范学校承担国家级教育科研项目两个，其中“九五”规划国家级重点教育科研课题“整体构建学校德育体系的研究实验”获15项奖。2001年，教师在各级报刊上发表论文124篇，优质课评选获省、全国奖励8人。1995～2005年，黔西师范学校教师结合教育教学开展教研活动，参编中师教材教参10余本，在报纸杂志上发表论文及作品400多篇。2006年，毕节师范学校教师发表论文13篇。

**课外活动**　1. 学习知识及文艺体育活动。1954～1955年，毕节师范学校开展语文学习、自然学习、教育参观实习、艺术学习、史地学习小组活动。每周一、三、五下午课外活动时间开展、组织学生制作直观教具，搞美术创作，壁报展览，实验表演，演讲比赛，召开座谈会。1955～1958年，先后组织鲁迅艺术米丘林、化学研究、物理研究自然科学模型创作、教育研究、音乐研究、舞蹈研究、历史人物研究、发电机模型制作、制碱、读报指导和广播、数学、儿童心理研究、普通话推广小组和乐队、合唱团。20世纪50年代，坚持组织校内的文艺会演，每学年在校内举行5～7次；每周举行1次师生舞会；每周举行1～2次电影晚会，在节庆日，纪念日，多举办全校师生文艺晚会。威宁民族师范学校，组织科技组收集古生物化石，参与1979年全国青少年科技作品展览评比，获考古中学组三等奖。20世纪80年代，毕节师范在课外时间开辟第二课堂。政治组每半月出1期时事政策黑板报，每月1次形势讲座，每学期1次时事竞赛；语文组举办《晨钟》文学社，每月出油印小报1期，并举办全校性的普通话讲演、作文、书法、粉笔字、诗歌朗诵比赛以及文学创作讲座；数理化生组开展微机、无线电、养殖、采集标本、绘制幻灯片活动；史地组，开展黑板报、讲座；体育组组织男女篮球、排球、田径、长跑队，开展体育竞赛。1991年5月8～9日，地区教育局举办首届全地区师范学校文艺会演，全地区4所师范学校组织400多名学生演出25个节目。1998年，地区教育局组织测评组测评全地区师范生普通话等级，85%的获合格等级。是年，举行全地区师范学生八项基本技能竞赛，黔西师范学校获一等奖。2002年6月，毕节师范学校音师班在毕节市委礼堂举行毕业汇报演出，获观众好评；美师班在校举行美术作品展，展出作品147件。

2．生产劳动。20世纪50～70年代，毕节师范学校将组织学生劳动生产作为课外活动重要内容之一。自1956年起，在全校实施基本生产技术教育，一是改进物理、化学、生物、数学、图画和地理学科的教学，加强学科的教学实验和工厂实习、农业生产实习；二是学习河北省良乡县初级中学的经验，在校内划定场地，制订计划，将学生编成若干小组，边学习、边实践；三是各班学生在班主任领导下，每周用1个课外活动时间，轮流整理各班级园地，利用学校空地种植蔬菜。既进行劳动教育，又增加收入，改善学生生活。1958年，贯彻教育为无产阶级政治服务、教育与生产劳动相结合方针，建起150亩生产基地，组织师生到生产基地种植农作物。组织学生在春耕秋收时下乡支农。1961年，学校养猪171头，达到每人每天两斤菜，每人每月半斤肉。1965年毕师迁毕节，全校师生在新校址参加平地基、挖基壕、修路、运石头，付出大量的建校劳动。1971年，地区耕读师范创办粉笔厂，生产的粉笔除学校自用外，还对外销售。1972年，黔西师范学校建起200亩生产基地，学校师生利用课余时间种地、养猪。共计收小麦4000斤、苞谷500斤、黄豆500斤、猪10多头，用以改善师生生活。

**教育实习**　民国28年（1939），省立毕节师范学校由校长、教务主任、教育学科教员和附小校长组成学校试教委员会，聘请有关乡镇中心校、国民学校、民众教育馆长协助，组织学生进行教育实习。实习包括参观、教学实习、行政实习。通过实习考核学生的学习成绩。实习时间划分为：第三学年第一学期每周5课时，第二学期每周12课时。实习在师范附小进行。中华人民共和国成立后，师范学校仍坚持教育实习。实习时间：第二学年2周，第三学年6周，实习地点在附小或就近小学进行。1954年，毕节师范学校组织中师学生31人，赴贵阳市实验小学、贵师附小、市北小学参观见习。让学生了解小学的设备、行政措施、学习施教经验和领导学生生活动的方法。实习内容包括教学工作、班主任工作、少先队工作、课外辅导及家长工作。之后，师范学校将教育实习作为师范教育常规必备内容，并在实际中改进深化。

### 四　管　理

清末，师范学堂按《学部奏定提学使司办事权限章程》的规定，由提学使管理。学堂内部则以监督为主与教职员分工负责，通过学校管理规则，对学堂进行管理。

民国时期，贵州省教育行政部门先后制定《贵州省中等学校行政组织纲要》《贵州省中等学校推进校务暂行办法》以及奉行推进教育运动周的制度。毕节行政区教育科按照省教育行政部门规定，分别指导师范学校制定相应规则。民国27年（1938），毕节师范学校制定实施《毕节师范学校学则》；建立学校校务会议、教务会议、训导会议以及事务会议制度管理学校。

中华人民共和国成立后，师范学校由贵州省教育行政机关根据国家制定的有关教育方针、政策和规章制度，实行统一领导、分级管理的办法。1950年，毕节师范学校由贵州省教育行政部门直管，地方代管；1955年贵州省人民委员会行文规定：师范由学校所在地之专署直接领导、管理。20世纪70年代，县办师范学校，由各县直接领导、管理。1981年调整师范学校管理，地区师范，由地区直接领导、管理。威宁、黔西、织金师范经费、招生计划、教学由地区管理，行政由学校所在县管理。学校根据上级业务部门有关指示精神，结合学校具体情况，订立各种制度实施内部管理。1990年，地区教育局组织师范学校校长检查评比各师范学校的办学方向、常规管理、办学条件，黔西师范学校名列各学校榜首。1995年秋，地区教育局召开全地区师范教育工作会议，制定《关于加强师范学校管理的意见（试行）》《关于设立中等师范学校教育教学奖项的试行规定》，下发各师范学校执行。1996年7月5～6日，地区教育局组织对四所师范学校94、95级学生的语文、数学统一测试。12月20～29日，地区教育局组织评估组评估各师范学校的办学条件、学校管理、师资水平、教学质量。次年，各师范学校接受省政府的检查评估，学校管理、办学条件、办学水平均达到合格要求。

## 第七节　高等教育

### 一　毕节高等师范专科学校

**学校建设**　1958年8月，经省人民委员会批准，在大方县羊场坝贵州省毕节师范内创办毕节师范专科学校。1959～1960年，先后招收文史、数理专业各1个班，学生117人。1961年暑假，毕节师专迁到毕节城关唐家水沟，招收一年制中学教师进修班2班、84人。是年，贵州省人民委员拟发《关于停办各专、州和贵阳市师范专科学校并改为中学教师进修学校的通知》。1962年1月停办毕节师专，改办毕节专区中学教师进修学校。1965年，毕节师范学校由大方羊场坝迁毕节杨家塘。1975年秋，成立毕节“五七”师范大学筹备领导小组，组长石双琪、副组长真空如；在毕节师范的基础上建毕节“五七”师范大学，自是年起招收培养社来社去学生。1977年停办。是年11月，贵州省革命委员会召开省科学教育会议，决定各地、州、市筹建师范专科学校，在未经国务院批准前，用贵阳师范学院专科班名义招生。中共毕节地委、地革委根据会议精神决定在贵州省毕节“五七”师范大学的基础上，筹建试办毕节师专班。是年3月，省革委批准开办中文、数学科。1981年7月，国务院批准建立毕节师范专科学校。根据教育部和省政府的有关意见，毕节师范专科学校受省、地两级党委和政府的双重领导，学校党政负责人由中共毕节地委任命和代管。自1985年起，学校制定一系列学校管理制度，学校管理逐步规范化。中共毕节师范专科学校委员会下设办公室、组织科、宣传科、纪委、团委、教育工会。毕节师范专科学校内设办公室、教务处、图书馆、总务科、学生科、保卫科。至1988年，先后开设中文、数学、物理、化学、英语、政史、农职中学师资、体育专业，除体育专业学制为2年外，其余各专业均为3年制。是年，开设民族预科班。另有附属中学、子弟小学各1所。1977～1988年11年间，毕节师专共招生12期，毕业3068人，在校学生908人，有教职工305人，校舍1.03万多平方米。1993年6月，经国家教委审定为毕节高等师范专科学校。至2001年，学校占地600亩，校舍10余万平方米。设有政治及历史教育、汉语言文学教育、英语教育、数学教育、计算机科学教育、物理教育、化学教育、农职中学师资及生物、地理教育、体育教育、小学教育、艺术教育11个系17个师范专业和1个少数民族预科班。另设有环境保护与水土保持、乡镇企业管理、烟草生产及加工、综合文科、综合理科、心理健康教育、学前教育、信息技术教育8个非师范专业。设有物理、化学、生物学、地理学等33个专业实验室。体育场馆2.14万平方米，图书馆藏书近28万册，中外报刊1100种。有附属中学和子弟小学各1所。是年9月，与贵州师范大学联合办学共开设政史、中文、数学、物理本科专业，在校学生3800人，共78个教学班，教职员工386人，其中高级职称45人，中级职称102人。学校先后聘请美国、英国、加拿大、澳大利亚、意大利等外籍教师共12批22人来校任教。2003年，毕节师专设有11个系22个专业，与贵州师大联办7个专业16个本科班，在校本科生691人。截至12月，全日制在校生4137人。学校教学设备逐步完善，学校有学生用计算机362台，语音实验室160座，多功能电教室5间。基础实验室可开实验课程37门，可开实验项目556个。是年，投资800多万元修建的9260平方米的艺术大楼竣工；投资370.47万元，购教学计算机设备及手提电脑、投影机、数字语言设备、校园计算机网络和全文电子光盘、电子文献等。同时，图书馆购进中外文图书2729种9393册，图书馆藏书达33.3万册；建图书馆电子阅览室、音像阅览室各1个。

**学生思想政治教育** 毕节高等师范专科学校把对学生的思想政治教育摆到学校工作的首要地位，由1名党委成员分管，学校中共组织、政治辅导员、团组织及科主任、班主任、班委会都作学生思想政治教育工作。学校把思想政治教育课作为对学生进行思想政治教育的主渠道，对学生进行马列主义、毛泽东思想、邓小平理论和“三个代表”思想的教育，理想、道德、人生观教育，社会主义民主法制教育。适时开展专题讲座，报告会、读书会、演讲会、歌咏比赛、诗歌朗诵、法律知识、百科知识、三笔书法、征文、书画比赛、出宣传专栏、墙报、学雷锋活动、扶贫捐赠活动、青年志愿者服务活动以提高学生的政治和文化素养。并引导和组织学生参加社会实践活动，对学生进行国情、省情、乡情教育。每年寒暑假期，学校都要安排学生搞社会调查。通过调查，使学生了解国情、乡情，了解群众的思想感情，理解党的路线、方针、政策，激发学生的爱国热情，增强建设家乡的使命感。同时，要求教师把思想政治教育与教学工作结合起来，在教职工中开展教书育人、管理育人、服务育人的活动，树立思想政治工作人人有责的思想。学校中共组织引导和组织学生参加业余党校的学习，吸收学生中的积极分子参加中共组织。

**学生管理**　制订《毕节师专学生手册》。汇集《高等学校学生守则》《全日制普通高校学生学籍管理办法》《毕节师专学生违纪处分条例》《毕节师专学生专业奖学金制度试行办法》《班主任工作条例》《政治辅导员工作条例》等20多个规定、办法和条例，具体实施对学生的管理。

**教学科研**　自1984年后，学校教学科研工作逐步走上正规化，并取得一些成果，经省高教办批准，设立学报编辑部，编辑出版《毕节师专学报》，在校内建立各学科学术委员会，增设学校科研科，统一计划和管理全校教育科研工作研究和改进中学教学和授课方式方法，提高教学质量。至1988年底《毕节师专学报》共出版15期，每期10万多字。1978～1988年毕节师专教师先后自编教材、讲义35种。每年举办几次学术讲座或学术报告会，除本校教师参加外，还邀请西南师大、贵州师大、贵州民院的专家教授来校讲学。20世纪90年代后，毕节师专制发《科研津贴发放暂行办法》《高层次人才科研成果出版资助暂行办法》。组织申报全国教育科学“十五”科研规划2001年课题1项，二级课题1项；组织申报2002年贵州省社科规划课题3项；组织受理2001年度18项校级科研课题申报工作，学校批准立项9项。2001年，有2项成果获第五届贵州省教学成果奖三等奖。2001年度，组织校内教师开展学术讲座2场次，邀请校外专家学者来校做学术讲座共计21场次。2002年，学校下达三批指令性课题，重点资助周素园研究、基础教育课程改革与高师教学改革、大学生思想政治教育研究。学校共有在研课题28项，完成4项，2部论著定稿；共有29篇学术论文在各级各类本科学报上发表，69篇学术论文在各级各类专科学报上发表，1项科研成果获省级奖励，11项科研成果获地级奖励。

2003年，修订《毕节高等师范专科学校科研成果奖励暂行办法》《毕节高等师范专科学校科研津贴发放暂行办法》和《毕节高等师范专科学校学科带头人、学校骨干遴选及管理暂行办法》，奖励40项优秀科研成果。是年，学校资助出版两部学术专著；师专教职工在公开发行的学术刊物上发表科研论文83篇，其中在校外学术刊物上发表39篇，重要学术期刊1篇，被CA收录1篇。获地区科研课题1项，资助经费5万元；出版学术专著、教材7部；成立毕节师专彝文化古籍研究所和夜郎文化研究所。

## 二　毕节教育学院

**建置沿革**　毕节教育学院的前身是毕节地区教师进修学校和毕节地区耕读师范学校。1962

年，毕节师专停办，改为毕节专区中学教师进修学校，培训中学教育行政人员和农业中学教师。先后招收教育行政班11期，662人；农业中学教师培训班1期，96人；师训班1期，68人。1970年停办。1965年秋，毕节专区在关门山试办毕节专区半耕半读师范学校。1974年6月，毕节地区革命委员会决定撤销耕读师范学校，恢复毕节地区中学教师进修学校建置。1980～1982年，开办1年制中学教师进修班，设语文、数学、理化、英语、生物、政治班。各班除开设专业课外，还开设教育学、心理学、历史地理专题讲座。1983年1月，经贵州省人民政府批准，教育部备案，改毕节地区中学教师进修学校为毕节教育学院，学院由省、地双重领导。是年，建中共毕节教育学院委员会。学校设办公室、教务处、学生科、总务科、图书资料室、保卫科；设中文、数学、英语、政史专科，学制2年。附设初级中学1所。1974年～1988年，招收2年制专科班7期，学员共919人，毕业597人，招收各种短期培训班4期，共205人。另外，代黔南民族行政干部管理学校办2～3年制民干班2期，学生172人。1988年在校生322人，教职工121人。1990年，经上级批准，毕节教育学院增设物理电教、生物地理专业，是年9月开始招收新生。2000年，增设计算机科学与技术教育专业，当年开始招生。2001年11月，省教育厅同意毕节教育学院申报历史与社会教育科学教育专业。是年，开设专业14个，在职教职工110人，在校学生1883人。学院以脱产办学为主，辅以函授教育，坚持多渠道、多层次、多形式办学，共培养培训各类学员5564人，其中大专学历3347人。

**基础设施建设**　1982年，毕节地区中学教师进修学校校舍4582.27平方米。1985年国家教委组织人员来毕节检查验收毕节教育学院，认为毕节教育学院的办学条件只能相当于一所普通中学。是年，中共毕节地委毕节地区行署决定拨款50万元修建教学楼，拨10万元增购图书、资料，后新建食堂和教师宿舍3幢。至1988年，校园占地132亩，校舍9218平方米，图书馆藏书5.3万册，报纸杂志724种，有物理、化学、生物实验仪器及电教、体育教学设备，共值26.09万元。至2001年，学校占地138亩，校舍1.8万平方米，图书资料10万余册。建立起多功能电子教室、语音室、电子阅览兼CAI课件制作室、物理实验室。

**校园文化建设**　学院注重适时组织文艺演出，书画及摄影作品展、歌咏比赛、各类知识抢答赛和创办文化墙报，学院不仅在各节日、纪念日在校内举办有意义的文化活动，而且鼓励和支持学员和教职工参加校外的有关活动。1997年部分教职工和学员在参加毕节城关“庆七一，迎回归”唱歌比赛中，获得二等奖。1999年1月2日，教院3名学员参加毕节迎新春“环城自行车赛”，荣获团体第一名；教院篮球队参加地委宣传部举办的“工行杯”篮球运动会，荣获男子组第二名；学员黄学敏参加地区“地直演讲”比赛荣获三等奖。2000年4月25日，学员杨嵩在地直大中专学校青年歌手赛中，荣获二等奖。是年5月8日，教院篮球队参加地直“五一”“五四”篮球运动会，获第三名；2000年12月28日，教院学员徐文华参加全国首届李自成杯书画大赛，获一等奖。2001年4月27日，杨嵩等8名学员参加地直“五四”青年歌伴舞比赛获二等奖。是年2月，学员杨嵩参加福建东南电视台《银合之星大擂台》通俗唱法组的比赛，连续卫冕六关。获2001年度全国最受欢迎歌手奖。7月，杨嵩参加贵州省青年歌手大赛，获贵州省十佳歌手金奖。

**学员思想政治教育**　由党委及学员科、班主任、共青团支部负责。同时，加强政治课教学。每期新学员入学，院领导报告学院的各种规章制度，对学员提出要求。每两周进行一次形势政策教育，由党委书记或其他专门人员授课，主要讲解国内形势或传达党和国家有关方针政策的文件。学院每期召开2～3次学员座谈会，听取学员对学校教学、生活等方面的意见和建议，改进学院工作。另外开展评选优秀学员、“三好”学员以及文明寝室的活动。同时，注意在学员中发展中共党员，1984～1988年共发展74人，其中学员51人。

**教学科研**　建院初，缺乏教材，教师自编讲义授课。中文科肖志实编有《现代汉语语法》《古代汉语语法》《汉语词汇》《汉语修辞八十格》《文言句式初探》；封振明编有《文学概论》《楚辞选讲》《汉魏六朝诗选讲》《唐诗选讲》《宋词选讲》；陈荣祥编《初等几何复习与研究》；张明德编有《初等代数讲义》；屈可平编有《逻辑代数讲义》《数学分析讲义》；杨恢绪编有《马列主义精读资料》。2001年教师发表论文51篇，一名教师出版专著一部，是建院以来科研成果最多的1年。2002年教师发表论文40篇，2位教师在毕节地区第四届社科成果评奖中获二等奖，4位教师的成果获三等奖。

## 三　毕节学院

**学院建设**　2000年2月14日，中共毕节地委决定，将毕节师专、毕节教育学院、毕节师范学校合并组建毕节师范学院。2001年2月国家教育部专家评估组来毕节进行专升本评估。是年8月，教育部同意毕节师专、毕节教育学院、毕节师范学校合并筹建毕节学院。筹建期3年。2003年11月27日，贵州省高校设置评议委员会专家组复查毕节学院筹建工作。2003年12月9日，中共毕节地委决定成立毕节学院（筹）领导班子。2004年12月19日，全国高等院校设置评议委员会专家组复查评估毕节学院专升本工作。2005年3月9日，国家教育部批准，建立毕节学院，为全日制综合性普通本科高等院校。学院占地835亩，校舍12万平方米，教学仪器设备总值2500万元，图书馆1.3万平方米、文科教学楼1.1万平方米，在建实验楼3.2万平方米、学生公寓1.3万平方米，学生食堂1.2万平方米，即将开工建设5000座体育馆1万平方米。有馆藏图书48万余册及清华同方学术期刊全文数据库等电子图书资源和校园网、多媒体教室、多功能演播厅等教育教学设备。2005年在校本专科学生4200人，教职工600余人，其中专任教师375人，教授、副教授120人。享受国务院和省政府特殊津贴专家5人，毕节地区地管专家和专业技术拔尖人才13人。有14个教学系（部）35个本专科专业。

**专业设置**　设有经济管理系、中国语言文学系、计算机科学系、重矿工程系，农业技术工程系，成教部等16个教学系（部）；开设有人力资源管理，英语，学前教育，音乐学，社会体育，生物科学等17个本科专业及建筑工程、农业技术、采矿技术等20个专科专业。学院建有人文社科基地毕节试验区研究院、彝学研究院、溶岩山区生态建设研究所等11个科研院所，有逻辑学、汉语文学等5门校级重点学科，承担国家，省、地科研项目，数十个科研成果获省以上科研成果奖。2005年，全院教职工公开发表学术论文101篇。出版专著、教材3部。学院获国家科技部攻关计划西部大开发重大科研项目1项，投入经费400万元；获教育部科研课题1项，资助经费10万元；获省高校人文社科规划项目2项；参与国家哲学社会科学基金规划项目1项，参与教育部哲学社会科学研究重大课题攻关项目1项，获地区哲学社会科学理论基础研究两项。2005年，学院获贵州省哲学社会科学奖2项；获地区社会科学奖17项；评定校级科研奖65项。举办院级学术讲座15场；承担毕节学院北大光华管理讲座5场。

### 四　毕节职业技术学院

**学院建设**　2008年2月，经贵州省人民政府批准，国家教育部备案，在毕节农校的基础上组建成立“毕节职业技术学院”，以实施高等职业教育为主，兼举中等职业教育和各类技能培训。学院占地163亩，有各专业实训室36个；校内、外实训基地46个；多媒体教室和语音实验室座位数181座，计算机560台；图书藏量11万册；教学、卫生、保健、安全、信息、管理、后勤、就业等服务系统齐备完善。2011年，有在校生3201人，专任老师108人。

**专业设置**　设有电子信息工程、工矿建筑、财经、农业工程四个系；开设有电子信息工程技术、计算机网络技术、电子商务、会计电算化、煤矿开采技术、建筑工程技术、园林工程技术、畜牧兽医等28个高职专业；计算机及应用、电子技术应用、服装制作与营销、畜牧兽医、现代农艺等13个中职专业。

## 第八节　成人教育

### 一　民国时期的民众教育

民国27年（1938）9月，毕节县建立失学民众学校46所，每联保各设1所，由所在地学校协助办理，联保主任兼任校长。民国28年（1939），威宁县建立民众学校93所。民众学校每两个月招收一期15～40岁的失学民众。学生免交学杂费，课本由省教育厅发，学生自备学习用品。开设国语、珠算和常识课。每周上课两小时。学期结束，学生能认识1000多个常用字，能看浅近的书报和阅读文件，能用文字简单表达思想，能记载账目，会运用算盘。学校规定不识字的民众不入学的，由联保主任、保甲长报县政府处以三角之罚锾并限期入学。民国31年（1942），毕节县政府制发《国民教育实施计划》规定：凡15足岁～45岁的男女失学民众，施以初级补习教育，已受初级补习教育的男女失学民众，应继续施以高级补习教育。对15足岁～35岁的失学民众尽先实施。

民国33年（1944），各县遵照《修正贵州省各县立民众教育馆暂行规程》规定，各县民众教育馆先后举办民众学校各1所，并辅导本县各联保及保甲办理民众学校。毕节县民众教育馆附设民众夜校于毕节城关百花山第一中心学校内，每3个月为1期，学习期满，各科成绩及格者发给证明文件。夜校分成人文盲班及失学儿童班各1班，学生不分性别。成人学生年龄以18～40岁为限，失学儿童班为6～12岁。课本由学校发给。除上述民众补习学校外，还建有战时民众补习学校。民国29年，毕节县共办战时民众补习学校73班。战时民众补习学校以国文教学为主，辅以抗战讲话、卫生常识、抗战歌曲、公民训练课程。是年4月，毕节县还办战时商业补习班，招生40名，由各业商号选派学员并负担学费，学员为该县各店铺20岁以上、有初中文化程度的店员。讲授课程有商法、公司法、票据法、簿记、会计学、珠算、笔算、党义、抗战讲话，每晚7～9时上课，学习5个月结业后发给证书，各回店铺，成绩优异的由商会介绍工作。

民国31年（1942），第四行政督察区停办战时民众补习学校，改编为中心学校和国民学校的民教部。到民国32年（1943），322所中心学校民教部共办成人班322班；985所国民学校民教部共办成人班1029班。中心学校民教部以设置高级成人班为主，国民学校民教部以设置初级成人班为主，每班学生不少于50人，每期学习3个月，每天上课不少于2小时。每周教学630分钟，其中国语280分钟，公民常识175分钟，算术105分钟，音乐70分钟。民教部教职员均由各中心学校教职员兼任，不另支薪，由教职员中选定1人为民教部主任，报县政府批准。民教部经费每期每班由县校发给45元。据是年统计，第四行政督察区失学成人45.77万，已受教6.43万人，占失学成人的14%，文盲为成人的86%。

民国35年（1946）10月，各县遵照贵州省政府转发国家教育部《社会教育机关推行识字教育要点》的规定，各县社会教育机关一律每半年附设识字教育班1班。自是年起，各中等以上学校及各公司、厂、场视其规模大小，各单位每半年应设2～4班。每年由省教育厅在识字教育补助费内统筹按班发给补助经费。民国34年（1945）后，教育经费减少，无暇顾及民众教育，许多学校被迫停办。民国31年（1942）黔西县乡镇中心国民学校办初级成人班和初级妇女班共222班，学生9435人。到民国37年（1948），民教部成人班仅剩26班，学生672人。

## 二　中华人民共和国成立后的成人教育

**职工教育**　1. 专区及各县机关干部文化补习。毕节中华人民共和国成立后，中共毕节地委、毕节专署决定在地、专机关成立文化学习小组，由1名干部尽义务教10多个勤杂人员识字。之后，成立地专机关文化补习学校，开班教学，1953年，各县均建立机关干部业余学校。1956年，中共毕节地委宣传部、专署文教科、专直机关党委将地专机关文化补习学校改名为毕节地专和毕节县机关干部业余文化学校，初小1～4年级设语文和数学，高小增设常识课；初中班设语文和数学。小学教材用扫盲课本，初中用普中课本。学员学完五年级课程，便为小学毕业，由学校发给毕业证书。学校经费由各单位工会负责，按参加学习人数分摊。通过学习，有的摘掉文盲帽子，不少学员还到初中班继续学习。2. 职工文化补习。1950年10月，毕节专区、毕节县工会创办毕节专区第一所职工业余文化学校，共6个班、学员260人。旋即，赫章、威宁县相继开办职工夜校和基层工会干部培训班。1952年底，大方、黔西、金沙、水城亦开办职工业余夜校和工会干部培训班。据不完全统计，全专区参加夜校学习职工4023人，占职工总数的34.7%。通过在夜校10～12个月的学习，90%以上的学员能识700～800字，有初步阅读和写作短文的能力。1952年10月，专区工会在毕节县试办职工业余速成实验班，招收学员49名，每晚上课两小时。应广大职工的要求，以毕节县为重点，再办1班，招收学员60人。1956年3月，地区工会根据全国业余教育工作会议精神，将县总工会、厂矿基层工会管理的学校交政府教育科领导。并按中央规定，将基层所掌握的工会经费拨出75%用于职工文化教育。1959年11月，专区工会、地委宣传部联合召开全专区厂矿企业职工扫盲工作现场会，听取毕节县粮食加工厂职工扫盲经验介绍。会后，各县、各厂矿企业相继成立职工教育领导机构，配备专职教员，制定教学规划和工作制度，开展职工业余教育。据织金、金沙、黔西、毕节县和毕节软木厂、威宁二塘钢铁厂统计，到1959年10月，共办扫盲学校90所，扫盲班25班，7246名文盲职工入学，占文盲职工数的84.98%。经过1学期的学习，能识500字的达6037人；能识500～1000字的753人；能识1000～1500字的313人；能识1500字以上的143人。1960年初统计：全专区共办扫盲班653个，2.11万文盲职工，入学占文盲职工数的90.62%。通过学习有1540人脱盲。1964年4月，威宁二塘钢铁厂编写成职工《形声字归类注音识字》的扫盲教材，经专区工会组织人员整理成为职工《形声字归类注音识字课本》（试用本）。省总工会组织人员修改，省教育厅审订后，由上海人民出版社正式出版，新华书店发行，作为全省职工的扫盲教材。1960年7月，在全国业余教育天津会议上，该课本受到与会人员的赞扬，《工人日报》誉为“一把快速扫盲的钥匙”。会后，有20余个省、市100多个单位来函来电订购。是年底，全专区进入职工文化补习学校学习职工4550人；另有547人进短期业余技术、政治培训班。1966～1979年，受“文化大革命”影响，职工教育无人过问。

1983年1月，中共毕节地委、毕节地区行署召开全地区教育工作会议，要求在1985年前，未达初中文化的职工60%以上的应达到初中水平，并补上本行业、本工种应知应会的初级技术知识技能。是年，根据省职工教育管理委员会、省教育厅联合发出的《关于初中文化补课合格证的通知》，按照中共中央五部门《关于青壮年职工文化技术补课工作若干问题补充意见》和贵州省《关于进一步搞好我省青壮年职工文化技术补课工作的实施意见》，对技术工种关键岗位的工人和干部要求补课三门，考试三门；熟练工种，普通工人和服务性工种的职工，要求补课两门，考试两门。补发给考试合格证。1984年6月2日，毕节地区行署办公室发出《关于加强职工教育工作的意见》，同年12月25日，行署办公室拟发《关于做好1985年青壮年职工文化补课工作的意见》，要求全地区企业把搞好职工教育作为评比先进单位，企业整顿验收的条件之一，切实做好职工文化补习。1982～1984全地区6次共组织2.7万名职工参加测验，3科合格的4500人，占16.66%，与中央要求到1985年职工初中文化合格率达60%～80%，与省里要求到1984年合格率达40%的差距甚大。1986年，全地区工会系统办各种读书班、补习班74个，1.5万名职工参加学习；举办各种技术业务培训班442次，培训职工9672人次。1987年，地、县工会办职工初中班3个，学员182人，高中班4个，学员189人；专业技术培训班1期，培训职工53人。以工会牵头办学的基层单位24个，参加学习职工720人。1988年，根据全国总工会关于职工教育工作要由文化型向岗位培训型转向的精神，地区工会和地区职工教育委员会等单位在毕节卷烟厂进行机修工岗位技术培训和企业班组长培训试点；地县各基层工会举办企业班组长和技术工人的岗位职业培训班118个。20世纪90年代后，各单位根据经济社会发展和干部职工的需要，本着缺什么补什么，需要什么学什么的原则，开展多层次、多形式、多渠道的在职培训。要求提高学历的干部、职工，单位允许者，可报考成人中专、大学或参加自学考试，1996年全地区1033名职工录取到成人大中专学校学习；1997年录取1569人。2009年，各中职学校继续配合农办、扶贫办、劳动保障等部门实施好农村劳动力转移培训工程，面向非农产业和城镇转移的农村劳动力开展培训，完成初级技工培训1500人，普通农民工培训5500人，农业产业化技能培训8600人，全区3723个乡镇、村成人文化技术学校开展农村实用技术培训75.24万人次。

**农民教育**　中华人民共和国成立前，农民多为文盲半文盲。1950年，贵州省人民政府成立农民业余教育委员会，制订《贵州省农民业余教育实施办法》，发布《开展冬学的训令》。是年，中共大定县委、县人民政府责成区、乡开办农村冬学。全县共办185班，学员1.75万人。次年，制订冬学规划，收贫雇农学员入学，每期学3月，每天上课两小时。教员由群众推荐，报县批准聘任，1952年12月13日，成立毕节专署扫除文盲委员会，贯彻执行中共中央《关于开展农民业余文化教育的指示》及省人民政府《开展冬学的训令》，领导全专区农民业余文化教育。1952年，各县均建立农民业余学校。大定县坝子乡结合秋收、秋征、秋耕、冬耕，在群众中进行宣传工作，引导广大农民自觉参加扫盲班学习。1955年，通过农业合作化的教育，启发农民参加学习文化。1956年冬，组织7.65万名青壮年文盲、半文盲入学。是年，大定县双山区平原小学教师熊世泽发起0、1、2、3、4、5、6、7、8、9、月、日、工、分14个字扫盲活动，毕节专署肯定熊世泽的做法，在全专区推广。1957年，全专区青壮年文盲105.83万人，脱盲3.53万人，占青壮年文盲的3.34%。1958～1959年，受左的思想影响，农民夜校和扫盲班基本停办。1962年后，逐步恢复农民教育。1964年全专区7万人进扫盲班学习，2.1万人脱盲；7000人进业余高小班学习，毕业1750人；1750人进业余初中班学习，毕业350人。1966～1977年，受“文化大革命”影响，农民教育处于停滞状态。

1978年12月召开中共十一届三中全会后，逐步恢复农民教育。1980年1月，召开全省农民教育工作会议。是年2月，毕节地区行署召开农民教育工作会议，贯彻省会议情神。是年7月，各县、区先后成立工农教育委员会，配备农教专、兼职干部236人。是年，毕节县“先试点，后铺开，着重抓1个区”的扫盲工作经验受到省、地教育行政部门的重视。8月24～28日，省教育厅在毕节召开全省农民教育工作汇报会，与会代表参观毕节县试点杨家湾区，总结推广杨家湾区：“领导重视；农教专职干部热爱农教工作；农民学习自觉性强”的经验。1981年8月19～23日、省教育厅在毕节县召开农民教育座谈会，推广毕节县：定办学形式；定教师；定学员人数及教师报酬；定脱盲时间和脱盲比例的办学经验，此后，省政府批转在全省推广。是年底，全专区共有236个扫盲班，学员5.55万人，是1980年的4.8倍，全地区验收脱盲7667人。1981年，全地区共有工农教育委员会453个，专职干部390人，兼职干部123人，夜校教师2364人；共安排业余教育经费20.86万元。1982年5月4日，地区工农教育委员会、地区教育局拟发《关于进行农民教育全面检查的通知》。5月11～23日，组织人员赴8个县9个区、9个公社检查。是年11月，省召开农民教育先进集体、先进工作者代表大会。毕节地区有14个单位、56名代表和2名特邀代表出席会议。会后，国家教育部成人教育司崔司长到毕节指导农教工作。1983年2月20日，毕节地区工农教育委员会办公室制发《1983年农民教育工作要点》，各县也作出相应布置。是年12月，大方县办起879个扫盲班，学员2.48万人，经验收，9063人脱盲，占当年扫盲任务的90.63%；业余小学班43班，学员1272人；业余初中班10班，学员357人。大方县马场区9个公社办起116个扫盲班，学员4951人，经验收，3503人脱盲。1984年地区办农民业余小学班170个班，学员5298人；业余初中班4班，学员203人；业余农技班6班，学员172人。1987年12月，地区行署召开职业技术教育和成人教育工作会议，会议拟定扫盲和实用技术培训的任务。当年全区共组织文盲、半文盲3.96万人入学，脱盲7024人。黔西县城关镇、白泥乡、谷里镇、双马乡、大关镇、鸭池乡、中坪镇；毕节县城关镇、岩脚乡、七里乡基本实现无盲，15～40岁人员中非文盲率在85%以上。1988年2月国务院颁布《扫除文盲工作条例》。是年4月，毕节地区行署在黔西县召开全地区农民教育暨扫盲工作会议，制定规划，落实任务，会后地、县及部分区、乡相继建立扫盲工作领导小组，充实农教专职队伍。金沙县全面推行县、区、乡、村、校、民责任制，并严格执行奖惩制度。各县采取相应措施防止弄虚作假。赫章县人民政府下发《关于建立农教工作举报制度的通知》，有力保证扫盲工作的质量。1988年全地区2.95万人脱盲。1989年各县贯彻落实国务院《扫盲工作条例》和黔府发（1988）75号文件精神，建立健全组织，充实人员，培训扫盲干部，开展文化普查，建立农民文化户口档案，摸清文盲、半文盲底数。是年，全地区共投资扫盲经费53.21万元，组织9.63万人入学，脱盲5.08万人，验收基本无盲乡284个。经验收并报省政府批准，黔西县实现基本无盲县。金沙、毕节县扫盲工作成绩显著，分获地区扫盲先进单位第一、二名奖。1980～1990年全地区30多万人脱盲，黔西、大方、金沙、毕节县实现基本无盲。至是年，全地区累计验收无盲乡镇533个，占乡镇总数的66%。据统计：全地区15～40周岁的青、壮年共223.17万人，其中文盲、半文盲35.1万人，文盲、半文盲率从1979年的57%下降到1990年的19.1%。1990全地区投入扫盲经费105.56万元，参加扫盲教师4872人，组织文盲、半文盲16.37万人入学，脱盲10.36万人。全地区有农民文化技术学校（点）292个，举办培训班659期，培训农民2.28万人次。1991年，坚持层层承包扫盲任务办法，将任务分解到区、乡、村、校，明确到人，限期完成。织金县将1991年毕业的大中专毕业生安排到农村开展扫盲教育；金沙县将部分扫盲任务承包给中学生。是年，全地区共扫除文盲8.74万人，经检查验收织金县达到无盲县标准。是年，全地区非文盲率提高到83.25%。1992年，各县举办乡镇农民文化技术学校，开展各种实用技术培训，把学文化和学技术结合起来。1992年，黔西、金沙县共举办农民文化技术学校48所，培训8.02万人次。加大扫盲工作的力度，经年终验收纳雍、威宁县达到基本无盲标准，成为基本无盲县。全地区15～40岁的青壮年文盲率降到16%以下。据统计，是年，全地区共办扫盲班4284个，有11.45万人参加扫盲学习，经验收脱盲8.33万人。1993年，全地区共组织8.84万人参加扫盲学习，脱盲6.07万人，全地区文盲率下降到12.82%；办乡镇农民文化技术学校170所，覆盖69.39%，村农民文化技术学校（点）1751所（点），共培训29.98万人次。地区以毕节县何官屯镇为燎原学校示范点，播出实用技术电视录像101场，培训农民9991人次。是年10月25～31日，验收黔西、金沙县的高标准扫盲工作，两县均达到国家教委规定的条件。1994年全地区扫除文盲4.58万人，全地区1949年10月1日后出生，年满15周岁的青壮年非文盲率提高到89.62%；办乡级农民文化技术学校208所，村农民文化技术学校（点）2316所（个），培训农民36.63万人次。至此，全地区84.9%的乡镇办起农民文化技术学校。黔西县谷里小学多年坚持抓成人教育受国家教委表彰，威宁县教育局成教股被省教委评为成人教育工作先进单位。1995年，行署拨款12万元订购扫盲课本7.06万册，拨10万元给各县开展扫盲。是年，全地区共扫除青壮年文盲6.53万人；办乡级农民文化技术学校199所，培训农民2.38万人次。1998年，地区拨款22万元补助各县市扫盲。是年，全地区扫除文盲4.97万人。纳雍县以乡镇推进任务落实，完成地区下达任务，受到省教委的表彰。次年，各县市开展“三教统筹”农科教结合的改革试点，培训农村实用技术10余项，培训44.57万人次。2000年，全地区共筹措扫盲经费111.16万元，共办扫盲班2819个，组织6.25万人参加扫盲学习，经验收脱盲5.23万人，共办乡镇农民文化技术学校250所，17.99万人次受训，办村级农民文化技术学校4132个，76.1万人次受训，这些农民文化技术学校成为农村科技示范、技术推广中心，初步形成集人才培训、科技示范和技术推广于一体的农村成人教育网络。1988～2002年，全地区共扫除青壮年文盲70多万人，青壮年文盲率由1988年的34.1%降到7.5%。同时加强农村成人教育，依托乡镇农民文化技术学校，遵循“开发一个项目，培训一批人才，形成一个专业、致富一方农民，振兴一方经济”的原则，开展农村实用技术培训，15年间共培训农民350万人次以上，为推广科技兴农、促进农民脱贫致富作出应有贡献。

**老年教育**　1. 学校建设。1987年11月22日成立毕节地区老年大学，由中共毕节地委领导。是年开始招收离退休干部和职工入学。其办学宗旨是：“老有所学，身心健康，保持晚节，余热生辉”。学制两年。学校设校务委员会，李效敬、朱启荣、姜延虎、李朝忠、王同祥、杨景春、王朝彬、刘福永、蒋海燕、杨文才、杨本和、杨明远、吴兴华、陶必谦、周祖宣、黄克全、李庆堂、丁诗建、马会荣、李远贵、刘致君、谌志铭等相继为校务委员会组成人员。之后，陆续有县、乡（镇）村建起一批老年学校。至2001年，全地区共有地、县、乡（镇）、村老年学校18所，在校学员1700多人，其中地区老年大学在校学员210人，开设书法、园艺、摄影、文史、饲养、普通话、旅游指南等23个专业。2003年，全地区有地、县、乡（镇）、村级老年学校32所，其中村老年学校24所，在校学员共2246人。2004年，全地区有老年学校42所，在校学员2651人。是年，地区老年大学放宽招生条件，办学规模扩大，春季学期在校学员254人，专业人数1016人，秋季学期在校学员269人，专业人数1209人，开设14门专业课，29个教学班。2005年底，全地区老年学校发展到48所，其中地区1所，县市8所，乡镇36所，村3所。

2. 教学。老年学校根据实际情况开设课程，一般有必修课，设有时事政策、老年保健、老年体育，每周授2课时。选修课即按选修的专业上课，每周授2课时。教材采用省内、外有关教材，也有自编讲义授课。教师一般向校外聘请。时事政策课，一般请党政负责人担任。教学注重理论与实践结合，即学习基本知识，又进行实践活动。地区老年大学书法班除经常习作外，还进行作业评展，1988年评出优秀作品13幅，推送参加贵州省老年大学书画联展；摄影班走出课堂，进行外景拍摄，并进行作业展评；园艺班开展月季花、菊花栽培展评。1988年老年节，学校举办学员书画、摄影习作展览，展出书画作品120件、摄影作品110件。学校还开设专题讲座，讲国家经济体制改革、经济信息、现代科技发展动向及家用电器常识；播放盆景小品制作和书画装裱的录像；举办食用菌培训班；学习老年健美操等。是年，大方县老年大学5位学员的8幅作品参加省、地老年大学书画联展，获奖状和纪念品；保健班学员，除学有关知识外，还学太极气功十八式和中老年健身操。2001年"五一"国际劳动节，地区老年大学、地区和市林业局、地区建设局共同举办"毕节首届杜鹃盆景暨王明灯书法作品展"，展出盆景260盆，书画作品100幅，观赏群众达1.1万人。2002年，地区老年大学，率先在全省地、州、市级老年大学中开设电脑专业。并增设交谊舞、腰鼓、民乐专业班和法律公共课。学校书画作品，同省老年大学及国内41所老年大学作品进行交流。140幅学员书画作品参加省内外展出。30名学员作品被多个报纸杂志采用。2003年，地区老年大学舞蹈专业班学员代表毕节地区参加贵州省老年健身球、派思激灵圈比赛，分获第二名和第四名。5幅学员书画作品被选送北京中国老年书画研究会，参加纪念毛泽东诞辰110周年书画联展。选送28幅摄影作品参加全省第八届老年摄影联展。2004年4月7～9日，贵州省三届3次老年书画联谊展在毕节举行，全省各地州市代表80多人出席联展，毕节地区老年大学学员书画作品34幅参展。展览期间，有2300多名书画爱好者前来参观。2005年，地区老年大学把教学改革和第二课堂活动紧密结合起来，丰富第二课堂活动，以第二课堂活动展示教学成果。学校针对各专业的不同特点，分别举办音乐戏曲专题、武术、舞蹈专题、普通话朗诵专题演出会，把上述专业的教学融入专题演出中，收到较好效果。乒乓球、书法、国画、摄影各班分别组织比赛，开展社会实践、摄影采风、摄影作品评奖活动。2011年，地区老年大学有175名学员毕业。

**成人职业教育**　成人职业教育始于20世纪70年代末，其教育主要以广播电视和学校授课方式实施。

1．广播电视教育。1979年3月，贵州广播电视大学建立，同时，开设贵州广播电视大学毕节工作站，并办单科班。1982年秋，开始试办脱产文科班，机械制造工艺专业。1986年3月17日，经省人民政府批准，电视大学毕节地区工作站改建为贵州广播电视大学毕节地区分校，隶属毕节地区行署领导，由地区教育行政部门管理。2005年，在各县市建立工作站3个，教学点33所，开设数、理、化、文、经、工、农、医、法等专业50多个。区内电视教育系统有在职教职工196人，其中地区电大分校校本部20人；专任教师153人，其中校本部兼职教师77人；校舍1.64万平方米，其中校本部960平方米；固定资产总值1780.36万元，其中校本部180余万元；现代化教学设备400余万元，其中校本部90余万元；有在校生3015人。1979～2005年，为社会培养合格本、专科毕业生1.01万人，中专毕业生825人。利用电大教学资源培训小学教师5000余人，举办各种层次的非学历教育、培训万余人次。现有视听阅览室1个、语音学习室1个、多媒体计算机阅览室1个、可上因特网计算机64台、可上局域网计算机50余台、学校电子邮箱地址5个、专业辅导电话8台，有VP/IP设备、双向视频会议系统、电大在线教学平台电大教务管理软件系统等。2005年4月11～14日，贵州省教育厅“中央广播电视大学人才培养模式改革和开放教育试点项目”总结性评估专家组对毕节地区电大进行试点项目总结性评估检查，检查评论毕节地区电大大方教学点，认定为合格。是年6月18～20日，教育部评估专家组评估地区电大分校试点项目，确认合格，予以验收。2008年间，与地区水电技术交合并组建毕节广播电视大学。

2．成人职业学校教育。1998年，经贵州省教委批准成立毕节地区财经成人中等专业学校。学校位于毕节市区郭家湾，占地40余亩，校舍1.1万余平方米，建有微机室2个有教学微机100余台，各办公室配置高性能微机18台，有大小教室、语音室、多媒体教室共24间，另有财会专业学生实习的模拟实验室。学校图书馆藏书3万余册，各类报纸杂志、专业期刊100余种。2004年，接受省地专家组考察、论证、评估确认为贵州省合格成人中专学校。是年，学校继续与江西财经大学、贵州财经学院、贵州广播电视大学、贵州师范大学等高校联合开办本、专科学历教育，设会计学、财务会计电算化、计算机及应用、市场营销、财政税收、金融、工商管理、行政管理、法学、汉语言文学、初等教育、学前教育、英语、体育教育专业，各专业本、专科在校生1500余人。2005年，在校生1600多人。同时，招收中等职业教育学生500多人，学生遍及全地区各县市，有河南、云南、四川的学生报读；承担本地区会计从业人员继续教育培训任务，培训2000人。学校有教职工70人，其中高级讲师11人。1990年起，先后选派教师30人次到清华大学、四川大学、西南政法大学、江西财经大学、贵州财经学院学习深造，对师资的进修培训已纳入学校整体发展规划。2008年，更名为贵州省毕节信息工程学校。2011年，开展会计人员继续教育培训共3052人，电大本、专科招生454人，奥鹏远程网络教育招生89人。完成职业技能鉴定约1.19万人。

**自学考试**　1981年国家建立高等教育自学考试制度，1983年8月在全国推广。1984年3月1～2日，召开贵州省第二次自学考试考务会议，安排全省首次自学考试工作，会后，毕节地区高等教育自学考试办公室成立。1984年3月14～15日，召开毕节地区高等教育自学考试工作会议。是年，毕节地区高等教育自学考试首次开考，1228人报考，分别在毕节、黔西、威宁县设点应考。开考汉语言文学、党政干部基础、英语和会计是年7月13日，省人民政府举行首次高等教育自学考试授证表彰大会，毕节地区14名考生受表彰；大方县委办公室获集体奖。1985年11月1～3日，毕节地区举行第四次高等教育自学考试贵州省高等教育自学考试指导委员会主任、副省长徐采栋来毕节巡视。1986年8月6日，贵州省人民政府召开高等教育自学考试首届大专毕业生表彰大会，毕节地区24名毕业，其中3人获勤学奖。毕节地区自学考试办公室、毕节公路养护段、中国统计干部电视函授学院毕节地区工作站获助学奖。1986年10月10日，地区行署召开表彰大会，表彰地区高等教育自学考试24名首届毕业生，各发给奖金200元。党政干部基础科毕业学员吴秀文，获公路养护段1000元重奖。1984～2005年，毕节地区有1.52万人报名参加自学考试，报考科次3.04万个，累计毕业5188人。

# 第九节　特殊教育

民国32年（1943），赫章县葛布教会接受美国教会津贴开办瞽目学校，招收盲童10人，中华人民共和国成立后，由赫章县人民政府接管。1952年，省决定将葛布瞽目学校与安顺黔光盲哑学校合并，更名为安顺盲聋哑学校，此后至1991年，未创办供残疾儿童就读的班或学校，大多数残疾儿童未能入学就读。1987年4月，地区教育局调查全地区残疾儿童情况：全地区1～15周岁的残疾儿童1.14万人，其中视力残疾1289人，听力语言残疾3969人，智力残疾414人，肢体残疾4444人，患精神病1288人。在1.14万名残疾儿童中，1～6岁学龄前儿童1711人，7～15周岁学龄儿童9693人，入学1150人，占应入学人数的11.86%。

1990～2002年，国家制定《中华人民共和国残疾人保障法》《残疾人教育条例》，要求各级政府应努力使残疾儿童与其他儿童同步接受义务教育。1990年11月2日，地区行署决定在毕节镇翠屏路100号建立毕节地区盲聋哑学校，学校占地10.7亩。省教委、省财政厅、地区教育局、财政局先后投资137万元，建成校舍2240平方米。教学设备由地区民政局、毕节卷烟厂、毕节县建筑公司等捐助6万元购买。1991年，毕节镇三街小学开办弱智儿童启智班，招收学生9名，2名教师，开设语文、数学、常识等7门课，每月授课25节，后因调整学校，停办。1992年，毕节地区盲聋哑学校建成并招生，时有教职工32人，首次招生30人。学校实行全封闭管理。

1994年，毕节市、大方、黔西、金沙、织金、纳雍县开办盲童班、聋哑班和弱智班，在校生680人。是年，全地区抽出50名骨干人员开展普查三类残疾儿童少年，经普查，大方、金沙、织金、纳雍、赫章县7～15周岁的三残儿童、少年共4460人，入学者191人。1998年，全地区1769名残疾儿童、少年在校就读，全地区盲、聋哑、弱智儿童入学率分别为10%、15.85%、34.8%。

2000年，纳雍县财政投资102万元，建成纳雍县特殊教育学校校舍1125平方米，学校占地1860平方米、当年调进教师11人，招收新生49人。至2005年，学生由49人发展到120人，教师由11人增至24人，分为六个年级七个教学班之后，县政府投资19万元为学校修建水泥路；教育局投资10万元为学校修建食堂和餐厅；个体工商户捐资4700元修建学生洗澡间；县民宗局捐资1万元解决贫困少数民族学生的困难；团县委牵线，中国烛光教育基金会救助30名女童；县残联争取西部扶贫项目“集善嘉年华”救助20名聋童；县民政局将95名贫困学生纳入城镇低保，解决学生读书的后顾之忧。2002年8月，省教育厅批准毕节地区盲聋哑学校除办小学和初中外还举办综合性高中班，对学生进行特殊普通教育和特别职业教育。学校三分之一的学生掌握缝纫、纺织、理发技术。要求初中班学生达到学精一门技术，学会几门技术，做到一专多能。19名学生参加全国书画大赛获银奖1枚，铜奖3枚，获优秀奖、佳作奖、新人奖共15个，有7名学生的绘画作品被选入《全国青少年绘画大赛获奖作品精选集》；篮球队向阳、卯明高、李想、王海智和队友一起代表贵州参加绿然杯全国聋人篮球选拔赛获第四名，向阳被评为最佳体育道德风尚运动员；田径队徐旭、卯明高、王洪、彭刚在贵州省第二届残疾人运动会上获4金、4银、1铜和1个体育道德风尚奖，徐旭参加全国第五届运动会和绿然杯全国聋人田径选拔赛获5000米第四名、1500米第五名；舞蹈组表演《我爱你中国》获贵州省拥抱明天的太阳文艺会演特等奖；《月琴叮咚》《铜铃声声》《小路弯弯》获贵州省残疾人文艺会演二等奖两个、三等奖一个；《月琴叮咚》《铜铃声声》获第五次全国残疾人文艺会演广西赛区二等奖。此后，全地区特殊教育有所发展。到2004年，盲、聋哑、弱智儿童等“三残”儿童入学率分别达到8.20%、23%、61%。到2005年，三残儿童、少年在校人数达3474人，其中随班就读1582人。三残儿童、少年人学率达37.55%，比2003年提高8个百分点。学校开设理发、美工、电脑、家政、工艺职教等专业，学生学有所长，增加就业机会。是年，地区盲聋哑学校13名高中毕业生参加全国统考，有8名被高校录取，成为全省首批盲聋哑大学生。是年，纳雍县特殊教育学校、地区盲聋哑学校盲班、毕节市海子街中心校和黔西县谷里小学随班就读点获全省特殊教育先进集体，8名特教工作者被评为先进个人。2005年，纳雍县特殊教育学校被省教育厅、民政厅、残联评为贵州省十一五期间特殊教育先进学校。至2011年，全地区有特殊教育学校6所，“三残”在校生3532人（特教学校773人，随班就读2759人），物教教师134人。特殊教育基础薄弱，有4个县（区）无特殊教育学校，残疾儿童少年普遍得不到良好教育。

**2000～2011年毕节地区特殊教育统计表**

单位：人、%、所

| 年份 | 学校（所） | 专职教师（人） | 在校生（人） | 入学率（%） |
|---|---|---|---|---|
| 2000 | 2 | 66 | 38 | 30.22 |
| 2001 | 3 | 38 | 2583 | 36.16 |
| 2002 | 3 | 45 | 2229 | 34.02 |
| 2003 | 2 | 55 | 1425 | 23.73 |
| 2004 | 2 | 63 | 3028 | 29.3 |
| 2005 | 2 | 76 | 3474 | 37.35 |
| 2006 | 2 | 83 | 3388 | 58.96 |
| 2007 | 2 | 80 | 2270 | 62 |
| 2008 | 5 | 113 | 2264 | 76.75 |
| 2009 | 5 | 123 | 4551 | 78.12 |
| 2010 | 5 | 129 | 4184 | 80.24 |
| 2011 | 6 | 134 | 3532 | 81.6 |

注：在校生含随班就读者

# 第十节　民族教育

## 一　发展概况

明朝年间，朝廷推行羁縻政策，重视土司土目上层子弟教育，培养少数民族地区的统治人才。《明实录》载："洪武二十三年（1390），乌撒军民府土官知府阿能，派遣其弟忽山及生2人入国子监读书"。同年，"贵州宣慰使司并所属宣抚司各遣其子来朝，请入太学。"朱元璋特许入学。明洪武二十八年（1395），监察御史斐承祖进言"贵州诸种苗蛮不知王化，宜设儒学，使知诗书之教"，太祖采纳，土司辖地纷纷办学。正统九年（1444），朝廷"命各处土官衙门继儿男，俱照军生例，遣送官学读书、乡试"。弘治十六年（1503）、嘉靖元年（1522），巡抚贵州都御史钱钺、杨洙分别上疏奏，朝廷采纳：宣慰、安抚官应袭子孙，十六岁以上者，俱送宣慰学充增广生员，使之读书习礼，其不由儒学读书习礼者，不得起送承袭，其族属子弟愿入学者，补廪科贡，与军民生一体。土司承袭人入学读书习礼形成制度，求取功名成为时髦。在办学中，注意选择通民族语文的人担任教职以提高教育质量。《大定府志》载：宣德九年（1434），贵州赤水宣抚使奢苏夫人上言："欲化顽俗，须修文教，而诸生皆夷僚，朝廷所设训导官言语不通，难以教诲，庠生李源，文品兼优，并谙彝语，乞即授为训导官，庶有实济。诏从之。诸夷乃知向学，不复为寇。夫人又广立义学，厚诸生膳，故后世赤水、毕节二卫，人文称盛。"

清代朝廷除推行在少数民族聚居地办义学和在科举考试规定数额之外，另增加名额照顾民族学生入学。从清初到乾隆初年，朝廷多次饬贵州各府、州、县、卫设社学、义学，准土司族属人，仲家苗民子弟，一律入学肄业，一体训诲，一体科举，一体廪贡。顺治十五年（1658），题准土司子弟有向化愿学者，合立学1所，行地方官取文理通明者1人，充为教读，以司训督，岁给饩银八两，膏火银二十四两，地方官动正项支给。顺治十六年（1659）规定贵州省另有苗族生员学额，大学取苗生5名，中学取3名，小学取2名，均附各府、州、县学肄业。廪生、大学2名，中小学皆1名。附大学者3年贡1人，附中小学者5年贡1人。康熙二十一年（1682）奉院司札通行府、州、县、卫，饬令俱设义学，择人司教。康熙四十五年（1706）议准：黔省府州、县、卫俱设义学，准土司生员肄业，颁发御书"文教遐宣"匾额奉悬各学。雍正元年（1723）议准：黔省苗人，有秀良子弟，令各府州县设立义学。嗣后，苗民子弟情愿读书者，许各赴该管府州县报名，送入义学，令教官严加督察。雍正三年（1725）议准：黔人苗民子弟，各该管府州县义学诵习有文理通者，准予各府州县岁科两试加额取进，各增苗生1名。雍正八年，改苗童为新童。乾隆《平远州志》载：该州岁试考取文童生15名，又新童1名。乾隆二年（1737），朝廷强调贵州省设立义学、社学问题，议准：社学之设，著有成例。恐黔省地处偏僻，或有未经设立之处，应再行文该督遵照雍正元年定例，饬令州县官酌定奉行。至量加廪饩动何钱粮，令该督抚随地酌办。朝廷在议发执行上述饬令的同时，还采取“以杜汉童冒占”的条令措施。民族教育发展兴旺，各民族入试入泮者，每岁均有，逐年增多。乾隆十六年，朝廷议准贵州布政使温福条上奏：“查贵州苗疆设立社学，原期化其犷野，渐知礼义，以昭圣朝声教之盛。但士学稍知自爱者，必不肯深入苗地设教，而侥幸尝试之徒，既不能导人以善，转恐其相诱为非。且苗性愚蛮，欲其通晓四书之礼甚难，而识字以后，以之习小说邪书，则甚易徒启奸匪之心，难取化导之效。应将苗疆各社学所设社师，已满3年者均以无成淘汰，未满3年者届期亦以无成发回，渐次裁撤。岁科两试仍与汉童一体合考，不必分立新童加额取进。学臣考试不得以粗浅之苗卷滥行录取。”之后百余年，少数民族地区的社学、义学被大量淘汰，民族教育受挫、衰落。咸丰至同治年间，受少数民族不满朝廷歧视政策的影响，再兴办义学。据民国《贵州通志》载，清代大定府及所属厅、州、县有义学31所，其中大定府12所，水城厅1所，平远州6所，黔西州10所，威宁州1所，毕节县1所。民国时期，民族聚居地区自发设立私馆，送子弟入学读书。黔西彝族陈方舟在纸厂区箐上乡下街寺庙办学，先后有黄秀峰、黄建庭任教；布依族罗廷熙在沙窝化冲河设私塾和私立苗民法可小学；苗族赵继堂，在羊耳箐、大寨设馆；彝族田成文在翁盖河一带设馆，教学数十年。威宁县龙街的四方井有主要教授彝族子弟的私塾；1927～1948年，哲觉、四十五户、哈啦河、狗街、杨旺桥、下坝、凉水井、鸭子塘、秀水、戛利、麻田和后河，先后办主要招收少数民族子弟的小学。民国24年（1935），蒋介石来贵州，曾提出在贵州教育经费中，每年至少需提出10万元作为苗彝教育经费。翌年省曾划拨苗民教育专项经费，但未完全实施，是年，省成立特科教育委员会，在少数民族地区办12所省立边疆小学，其中威宁和水城各有1所。1945年，大定县在响水箐脚设边胞国民初级小学1所，2个班，3年招生80余人，其余国民学校也优待边胞子女入学，全县边胞子女受过国民教育的有760人，34人受过中等教育。至是年，赫章共办教会小学13所，学生近千人。据统计，1905～1949年，教会在威宁苗族地区共办18个高小毕业班，6个初中毕业班；各民族中，30多人大学毕业肄业，200多人达中专高中毕业程度，3000人达小学毕业程度。

1950年，西南民委副主任梁聚伍曾来威宁石门坎一带调查教育问题。1951年，省确定从经费上扶持原威宁私立石门坎初级中学、志华小学20多所教会学校，同时批准开办威宁长海子、纳雍地尾、水城连山3所省立民族小学。是年，在威宁、水城、织金、大定县中学各设少数民族班1班，赫章、织金两县自办民族小学，年底统计，全专区有民族小学47所，124班，少数民族学生4924人，占小学生总数的8.8%，加上普通小学的少数民族学生，共有9766人，占小学总数的17.4%；有民族初中班6班，学生258人；有少数民族师训班1班，学员30人。1952年暑假期间，西南文教部、专区文教科配合调查威宁石门坎、四方井、赫章葛布的民族情况和教会学校，写出专题报告，为发展这些地区的教育提供依据。国家科学院王辅世等3人到威宁石门坎一带调查研究，协助推行少数民族文字工作。毕节专署调查除威宁县外的其他县20多个少数民族聚居区乡的教育情况。被调查地区总人口47.99万人，能识点字的6.19万人，占12.9%；入小学的666人，占0.14%；入中学的52人，占0.01%。各县迫切要求尽快兴办民族学校。是年，毕节专署接办威宁私立石门中学及28所教会小学、38所村校，同时，将威宁石门民族中学改为省立。是年，威宁县105所小学有40所的少数民族学生超过汉族学生。织金县在珠藏区开办贵州省织金县民族小学校，由省教育厅直接领导，直接拨款。是年底，全专区共接办教会学校31所79班，学生3533人，教师97人。全专区民族小学增至78所201个班，加上普通小学的少数民族学生，共有2.16万人；民族中学1所4个班，普通中学民族班4个班。1953～1954年，贯彻中央"整顿巩固，重点发展，提高质量，稳步前进"方针，五年一贯制学校春季不再招生，民族教育大体保留原来水平。1954年：全专区在校少数民族小学生2.07万人；在校少数民族中学生410人。1956年，全专区少数民族小学50所，在校少数民族学生5455人，加上普通小学的少数民族学生，共4.55万人。少数民族教职工548人。全专区有民族完中和民族初中各1所，加上普通中学和师范学校的少数民族学生，有少数民族学生800人，少数民族教职工22人。1957年后，受历次政治运动和"文化大革命"影响，民族教育被削弱，有的民族中、小学被撤销或更名。

1980年初，省教育厅和省民族事务委员会向省人民政府呈送《关于恢复、建立民族中小学和民族师范学校的请示报告》。1981年7月，省政府批复全省建立167所各级各类民族学校，毕节地区25所，其中民族师范学校1所；民族完中2所；民族学校4所，民族小学18所。同时，一些条件较好的中学、中专、高等学校还开办民族班、民族补习班、民族预科班。有的区乡和小学还开办民族幼儿班、学前班等。2002年，全地区幼儿园、小学、中学、师范大专院校共2897所，学生140.87万人，其中少数民族学生33.79万人，少数民族学生占26.8%；教职工4.76万人，少数民族职工1.16万人，占24.4%。至2005年，全地区有独立设置的少数民族小学28所，共有在校少数民族小学生27.07万人；有独立设置的民族中学5所，共有在校少数民族中学生9.49万人。适龄儿童入学率99%以上。2011年，全地区有独立设置的少数民族小学436所，在校生24.5万人；中学66所，在校初中生7.75万人，高中生2.11万人。启动民族中学学生宿舍建设工程，建成投资50万元。

## 二　发展民族教育措施

**增加投入**　1951年9月后，贵州省贯彻执行全国第一次民族教育会议精神，除按一般开支标准拨给民族学校经费外，还根据各民族学校情况，视地方财力，另拨专款帮助解决少数民族学校的设备、教师待遇、学生生活方面的特殊困难。威宁私立石门初级中学，由省每月补助经费120元，1952年上半年每月增加为240元。1951年9月专区接办后，每学期除拨给经费8908.2元外，特拨给建设资金4万元，加其他项目补助金共计6.54万元。同期，全专区开办民族小学4所，每学期除经常费用4万多元外，还拨给修缮费2.3万元，加上其他项目补助金计7.29万元。各县参照专区作法拨付民族教育经费。1966～1976年，"文化大革命"时期，全专区民族教育经费只能稳定在20世纪50年代水平上。1981年4月省人民政府决定：增加民族教育投资，除正常经费外，每年从少数民族补助金和支持不发达地区经费中，划出30%用于民族教育。1978年后，地区教育局逐年增加民族教育经费投入，每年给各县市安排教育项目经费时，除以人口为依据拨款外，每年还向威宁县多安排10%的教育项目经费。据地区民委统计，从1980～1984年，地区民委从自控经费中划拨690.16万元用于民族教育经费，占民委自控经费的26.25%。1987年划拨181.735万元，占全年民族经费的33.6%。2001～2007年地区教育局共下达到各县市的教育项目经费4200万元，安排给威宁县的教育项目经费1084万元，占全地区教育项目经费的25.81%，为全地区各县市之首。

**兴办毕节地区民族中学**　1992年，地区投资1332万元兴建。校舍2.27万平方米。至2007年，全校有32个教学班，2000多名在校生，教职工128人，教师学历达标率97%，中高级教师达70%，地区以上优秀教师、骨干教师20多人。2011年，学校有43个教学班，在校生2860余名，有教职工164人，其中特级教师1人，中学高级教师42人，省级骨干教师3人，地级骨干教师37人。

**举办民族班**　自1981年起，地区教育行政部门与地区民族工作部门相配合，坚持举办普通高中民族班，在大方一中，毕节进校、黔西二中、纳雍一中、赫章中学、织金二中、金沙城关中学、纳雍二中、赫章中学、毕节一中开设高中民族班或初中民族班，分别在全地区或各县招收少数民族学生就读，至1985年，全地区共办少数民族高中班24班，学生1285人，初中班11班，学生571人。地区及各县市财政给民族班拨付专门经费，用以解决教育教学及补助学生之需。1981～1985年间，毕节地区卫校，农业机械学校，毕节市卫生职业学校，大方县卫生职业学校，毕节教育学院，分别根据自身情况，开办不同类型的少数民族班，为少数民族聚居地方培养不同类型的专门人才。

1987年，全地区共办民族班和民族补习班35班，解决1500名少数民族学生就读问题；新招各类民族中专班及预科班学生370人。

**施行优待招生政策**　1977年恢复招生考试制度后，国家对报考大中专的少数民族考生，统一实行同等条件优先录取或降低分数线录取办法，自此，全地区坚持执行高考少数民族考生加20分，中考加10分的政策，并实施在小学生毕业质量监测考试城区择校的少数民族学生加5分的优惠政策，并逐步扩大录取少数民族学生比例。1977年，全地区录取高等学校和中等专业学校的少数民族学生分别占录取总数的10%和11.5%，1983年上升到18%和20.2%，1988年上升到30.81%和34.85%，超过少数民族占总人口的比例。

**实施“双语”教学**　自1992年起，在一些少数民族聚居区，少数民族幼童运用汉语困难的地方学校施行“双语”教学，以提高学校教育教学质量。至2007年，全地区办有“双语”教学班127个，其中苗语班87个，彝语班38个，布依族班2个。从事“双语”教学的教师约为350余人。“双语”教学主要以苗、彝为主。主要使用自编教材，也使用贵州省民委语文办组织编写的课本。近年来，毕节地区通过加强师资培训，加大“双语”教学点的经费投入，较好促进全地区“双语”教学的发展。1992～1997年，毕节地区师范学校开设“双语”师资班，通过特招的方式，共培养“双语”教师205人，基本解决大部分民族地区完小以上的学校开展“双语”教学对教师的需要。

**培训师资**　1951年，专区保送48名少数民族子弟到省民族学院和贵阳师范学校少数民族师资训练班学习；举办少数民族训练班2期，培训学员111人。到1952年，全地区共培养少数民族小学教师270名。自是年起，毕节师范设少数民族班，每年招少数民族中师生2班，连续招4届。

1957年11月，省民族语言教育指导委员会在毕节专区举办民族语文学校，招收苗文学员64人。1958年，黔西县办1期民族语文训练班，学员44人。1963年，创办威宁民族师范学校，面向全地区招生。1983年8月1日～31日，地区民委举办川滇黔方言苗文师资培训班，学员53人，解决民族语文试点的师资问题。是年10～11月，举办彝文师资培训班1班，学员54人。威宁、金沙民委也办苗文教师培训班，共培训学员124人。

**救助少数民族学生**　少数民族多分布于边远贫困地方，子女入学困难。自20世纪80年代中叶起，结合实施开发扶贫，采取多种方式，开展对少数民族子女入学的救助。1994～2007年，地区妇联举办的“春蕾”女童班，共资助女童9907人，其中大部分是少数民族女童。在执行国家“两免一补”政策后，认定受助学生也对少数民族学生倾斜。通过救助，许多失学或即将失学的少数民族学生重返校园。

附：

## 民族学校选介

**威宁石门民族学校**　清光绪三十一年（1905），基督教传教士、英籍人柏格理创办，取名为光华小学。光绪三十二年开始招收初小班，男女同堂上课，以后连续招生。宣统二年（1910年），基督教循道公会在光华小学成立西南教区苗疆部教育委员会，以光华小学为中心，向周围各支堂扩建学校。光华小学初小学制4年、高小3年（后改为2年），秋季始业。课程设置以汉文为主，学国定课本，高年级加上《四书》《五经》，每周开《圣经》和苗文各2节，每周参加2次晚礼拜；对低年级学生不作严格要求。至民国元年（1912），设有初，高级两部。办学期间，柏格理同传道员汉族李司提反、钟焕然、苗族张约翰、杨雅各、王道元合作，研究苗语音位，参考汉字笔画和苗族衣裙的花纹图案，创造苗文声母21、韵母12，书写时以韵母位置的高低表示平、上、去、入声调。教师用这种文字编写《苗族原始读本》，翻译《新约全书》，记录苗族历史、苗族古歌，翻译抗日歌曲，书写信件，以后日渐普及，通行于云南省的昭通、楚雄、昆明市郊区、曲靖地区。贵州省毕节地区各县以及普定、紫云县也曾用来记录贵州、川南以及云南省文山一带不同方言的苗语。学校注重学生的体育训练和音乐才能的培养，并多次召开学校体育运动会。毕业生中成绩优异者，送往外地学校深造。民国2年送杨冉慧等5人到成都上学。

1918年，送一部分学生到昭通宣道中学就读，毕业后到成都华西大学或到南京边疆蒙藏学校深造。据统计，先后毕业小学生3000多人，毕业初中生200多人，在华西大学、云南大学、中央大学、蒙藏学校毕业或肄业的30多人。光华小学创办后，石门坎成滇东北、黔西北苗族文化的中心，培养出一批知识分子。学校经费来源，一是教会补助，二是当地群众集资，学生学杂费初级学生每人每学期交苞谷5升、高级交7升约24.5千克，非教徒则交7升或1斗。家庭经济困难的学生可以申请减免。因经费不多，教师薪金微薄，生活清苦。民国32年朱焕章、杨砥中为光华小学毕业生就近升学方便，联合地方土目和各族人士，捐助资金粮食，创建西南边疆私立石门坎初级中学。民国35年（1946），改为石门坎初级中学。1952年人民政府接办，改名贵州省威宁石门民族中学。政府陆续拨款兴建校舍，改善教学和生活用房，学生全部享受人民助学金、书籍文具补助费、服装补助费和医药费，实行包吃、包住、包穿。1952～1959年，历届初中毕业生208人。60%的学生升入上一级学校深造。1980年，石门民族中学和石门民族小学合并为威宁石门民族学校，学校占地13亩，校舍5005.5平方米。2006年，初中入学率70.65%，小学入学率95.56%，有教职工40人，在校学生总计744人。

**赫章葛布民族小学**　其前身是私立教会小学。光绪三十年（1904），英籍传教士党居仁到葛布建立教堂，光绪三十三年（1907）派娄云波前来开办教会小学，取名迪良小学。民国2年（1914），增设高小班和女子初小班。办学经费和教师薪金由英国差会驻上海办事处拨付。民国4年（1915）党居仁亡故，经费困难，停办高小班。民国17年（1928）以杨志诚、安天福为首，成立校董事会，恢复高小班，改名为志华小学，杨志诚任校长，教师薪金由学生缴纳学费解决，学生近400人，多是苗族、彝族学生。1951年，人民政府接管志华小学，命名赫章县葛布民族小学。1956年，县教育局拨款新建一幢教学楼，1966年"文化大革命"开始后，改为赫章县葛布小学。1980年恢复民族小学。1984年拨款维修危房教室。1987年，地区及赫章县民委拨款5万元，新修461平方米教学楼一幢。1995年在校学生235人，其中少数民族学生107人；教职工12人，其中少数民族7人。

**赫章珠市民族小学**　民国10年（1921），教会在珠市乡文渊寨创办私立明德第二小学，有彝族教师4人，学生130人，其中彝族120人，以《三字经》《百家姓》《四书》为主要教学内容，随后增设《共和国文》《算术》课程，后改为新学制教科书。民国26年（1937），增设高小班，改为私立明德高初两级小学。民国31年（1942），县政府将教会小学转为公办，更名为矿山乡中心学校，学生最多时200多人。中华人民共和国成立后，为矿山民族小学，1956年改名为赫章县珠市民族小学，学生80人左右，彝族占90%，3名老师全是彝族。1966年改为六年制。1966年"文化大革命"开始，学校瘫痪自流。1972年增设3年制戴帽初中班。1977、1978两届初中毕业生升学率高，受到表扬，成为全县3所重点小学之一。1981年，省批准为民族学校。1988年，改名为赫章县珠市彝族乡中心民族学校，学校占地3亩，校舍2000平方米。办有小学8个班，学生838人，其中少数民族585人，占65.5%；初中2班，学生100人，其中少数民族18人。学校先后共培养小学毕业生35届，40班，1350人，其中少数民族1095人，占81%；初中毕业生17届，17班，610人，其中少数民族427人，占70%。

**以角民族学校**　民国24年（1935），原为省立水城小学。是时，得当地土司安庆吾捐献2栋房子作校舍，给予经费支持，其他人士也纷纷捐款。省政府给予华侨胡文虎捐赠的大洋3600元，学校用这笔款子将老房翻新为楼房，分设教室、办公室、礼堂和教师宿舍。学校有较齐全的体育场地和设备，有铜鼓、军号、风琴、留声机。民国26年（1937）下半年，学校组织学生参加水城县学生运动会，夺得篮球、排球、跳高等20多个项目的冠军，参赛师生受水城县政府全部吃住照顾和奖金小洋200元。民国29年（1940），首届初小学生毕业，全部被送到重庆中央政治大学附设边疆学校就读。民国30年7月，以角归属纳雍县。次年，改名为“纳雍县永和乡中心两级小学校”。1952年3月27日，改名为阳长以角民族学校，为省立治昆民族学校分校。1981年，省批准为民族小学。1988年有小学21班，学生1010人，其中少数民族525人；教职工24人，其中少数民族10人；初中3班，学生186人，其中少数民族93人；教职工8人，其中少数民族3人。

**织金珠藏民族学校** 1952年9月建立，前身是贵州省织金县少数民族小学校，校址设珠藏乡，直属贵州省教育厅。学校成立时有1～4四年级各1班，学生175人，教师4人。学生人助金按总人数的70%拨给，分三等评发，甲等6元，乙等5元，丙等4元。每生月伙食费4元。另补被盖、蚊帐、鞋袜、棉衣。1954年增为6个班，学生297人，教师9人。1958年增设初中班，全校7班，学生442人，教师13人。1958年后，民族教育经费逐年减少。1962年更名织金县珠藏小学校，1966年，更名为织金新珠藏民族小学校，时有5个班，学生317人，教师17人。“文化大革命”开始后被取消。1972年增设初中2个班，1975年增设高中班。1979年9月19日更名为织金珠藏民族学校，时有5个班，学生317人，教师17人。1980年，有24班。1982年撤销高中班。1984年11月23日，中小学分开。是时有小学5个年级13班，学生803人，其中少数民族551人，占68.6%，教师37人，其中少数民族22人，约占60%。1988年，学校占地10亩，校舍3480平方米。有小学23班，学生1438人，其中少数民族869人，占62%。至1988年，学校共培养小学毕业生34届，92班，4620人，中学毕业生17届，30班，1250人，其中少数民族595人，占48%。

**大方普底民族小学** 其前为民国11年（1922）创办的黄村初级小学。是年，改为私立第三初高两级小学。校址在黄氏宗祠。民国35年（1946）定为乡中心国民学校，有6班，学生400多人，多为少数民族。1950年，迁陈家寨，改名大定县永川小学。1951年迁回普底。1953年改建为贵州省专设大定普底民族小学。1958年，改称普底民族小学。1966年“文化大革命”开始后，改称普底小学。1982年，改为普底民族小学。1987年，有小学毕业生1600人，初中毕业生1000人。1987年，有20个教学班，学生981人，其中少数民族学生850人；教职工40人，其中少数民族39人。学校占地9400平方米，校舍2550平方米，运动场900平方米，植树万余株。

**毕节三官民族小学** 位于毕节县龙场营区左泥彝族乡三官村，1955年3月创办。1962年批转为公办学校。1980年，进行彝汉语教学试点，并被列为全省彝文试点学校。至1988年，毕业四届初中生150人，大都能用汉、彝语通读课文。至1988年，学校占地4.65亩，校舍1090平方米。有学前班1班，小学6班，学生285人，其中少数民族学生225人；初中2班，学生97人，其中少数民族60人。教职工12人，其中少数民族6人。至是年，学校共培养小学毕业生1200人，其中少数民族860人；初中毕业生180人，其中少数民族133人。

**黔西化屋基民族小学** 民国25年（1936），杨登伍、杨国忠将化屋基民族乡私学改为短期小学校，新旧课程兼设。民国32年（1943）改为化屋保国民学校，专设新课程，六级6班，学生240余人，聘教师8人。1950年3月，汉人王中强到化屋基倡导办学，到县文教科申请备案，步行到贵阳、黔西买来课本文具，借私人房屋作校舍，办起民办小学，取名安乐小学，入学儿童百余人，分六个年级，复式班上课。1952年，黔西县人民政府批准该校转为公办，更名化屋小学，转王中强为公办教师。1953年更名化屋基民族小学，1955年政府拨款修建校舍。1958年增设初中部，招生164名，不久将初中部与大关农中合并。1979年县拨款修建校舍，恢复初中部。1983年全校8个班，其中初中2班，学生共590人。至是年，化屋基民族小学共毕业小学生1049人，初中生202人。

**威宁民族中学**　1951年2月，毕节专署派刘贻祯、刘宗道赴威宁，在原贵州省立威宁中学旧址新办威宁初级中学。1956年增设高中部，招收威宁、水城、赫章县初中毕业生共1个班50人。1957年6月14日，贵州省教育厅批准改威宁中学为威宁民族中学。1981年，由教育厅确认威宁中学为省50年代命名的民族完中。毕节行署确认为地区重点中学。1988年，学校占地约76亩，校舍6005平方米。高中14班，学生696人，其中少数民族270人，占38.4%；初中11班，学生688人，其中少数民族247人，占35%；教职工180人，其中少数民族42人，占23.3%。至2003年，学校有教学班31个，在校生2087人，少数民族学生占43%，有教职工139人，其中特级教师2人，高级教师31人。少数民族教职工占教职工数的37%。学校有语音室1个，微机室2个，理化生实验室5个，有足球、田径、篮、排球运动场等。至2003年，为高等院校输送新生1000多名。2005年，学校被地区教育局评为"毕节地区中小学德育工作示范学校"。2009年被贵州省教育厅评为"全省中小学校园文化建设先进集体"，是全国民族中学教育协会常务理事校。2011年，学校有教学班58个，在校生4139人（其中少数民族学生1256人）；教职工202人（少数民族教师56人），其中高级教师56，特级教师2人，一级教师48个。

**大方百纳民族中学**　1956年9月创办，当年招收初一新生50人，1957年9月20日，贵州省教育厅批准为大方县百纳民族中学。1958年，开展勤工俭学成绩突出，受地、县表彰。1960年，学校39名初中毕业生，参加毕节专区初中毕业生升学统考，获全专区语文、数学科第一名，受专署文教科通报表扬。1966年"文化大革命"开始后，教学工作停滞，校产、书籍、花草林木损失殆尽。1971年秋开始招两年制高中新生1班，50人。1974年初中改为3年制，学校改为普通中学。1981年，贵州省人民政府决定恢复百纳民族中学。1980～1984年，省、地、县共拨款20多万元，修建教学楼、教师宿舍，校舍、校风、校貌改观，多次受省地、县表彰。至1991年，学校有教学班18个，高、初中学生1006人，其中少数民族550人。是年，学生张连获贵州省高中数学竞赛三等奖。至1991年，已毕业高中生815人，初中生3019人，少数民族学生均占50%以上。

# 第十一节　教　师

## 一　教师队伍基本状况

清光绪三十一年至宣统三年（1905～1911），毕节、大定、黔西先后创办小学堂20所，有执掌、堂长和教职员74人，光绪三十二年（1906），大定官立中学改为大定官立师范简易科，次年先后兴办毕节官立师范传习所、毕节私立师范传习所、大定私立师范传习所，黔西师范传习所，学生8～21个月卒业后，成为新学师资的重要来源。

民国6年（1917），大定府所辖6县有初等学校96所，国民学校74所，农业学校1所，其他学校2所，有教员243名，职员149名。民国12～14年（1923～1925），军阀混战局势动荡，多数学校停办，教职员数量大减。民国26年（1937），各县城关仅有一两所小学，农村私塾自聘教师，只有毕节、大定、黔西、织金县立初级中学尚在，但规模小，学额不足，教师欠缺。1937～1945年抗日战争时期，外地部分学校迁入，全专区中等学校增加8所，教职工约250人。有乡镇中心小学校322所，保国民学校985所，教职工近3000人。民国37年（1948），国民政府下令裁减学校，全专区乡镇中心学校减至160所，保国民学校减至312所，不少教师被裁减后，生活无着，流离失所。中华人民共和国成立前夕，全专区共有公私立中等学校17所，小学262所，教职工948人。1949年，全专区有公私立中等学校17所（含师范学校1所），教职工165人。小学92所，教职工585人。临近解放时，省政府勒令学校解散。

1950年1～2月，专署文教科举办2期教师训练班，培训公私立中学、师范学校教职工165人，社会人士30人。是年暑假，各县共训练小学教师1271人次。1950年3～7日，毕节专区贯彻省第一次教育行政会议精神，恢复中学7所，教职工125人，其中专任教师74人，至年底，全专区恢复中学11所，教职工180人，其中专任教师102人。教职员的文化程度：大学文化67人，专科文化21人，师范、高中、初中文化49人。92所小学复课教师611人。教职员的文化程度：大学文化8人，专科文化1人，师范、高中文化286人，简师毕业的71人，初中毕业及以下的225人。是时毕节专署贯彻中共中央知识分子政策，明确规定：凡思想不反动，不进行破坏活动；执行政府法令，愿为人民教育服务，有一定文化的可以报名考试，加入到教师队伍。1951～1952年，专署文教科两次招收教师664人。各县也从社会上招收失业知识分子当教师。1952年底，全专区中小学教师发展到2449人。1953～1978年全地区教育事业几经周折，教师队伍建设遭受挫折损失。1957年底开展反右派斗争，部分教师被错划为右派分子。毕节师范学校22名教师，19名被划为右派分子，一时无人上课。1959～1961年国家经济困难时期，专区调整各级各类学校，部分教师被精减下放，部分教师因生活困难而退职或自动离职。精减部分来自农村的师范在校生。1962年，国民经济有所好转，教育事业逐渐走上健康发展的轨道。至1965年，全专区共有各类学校教职人员1.95万人，比1966年增16%，比1949年增25倍。其中有小学教职工1.79万人；中学教职工1081人；师范学校教职工138人；中等专业学校教职工89人；半农半读中学教职工255人；幼儿园教职工45人。1966～1976年，“文化大革命”期间，区内一些教师被视为“臭知识分子”“资产阶级学术权威”，被错误揪斗；受无政府主义思潮影响，教师的管理体制混乱。1971年，贯彻中共中央（1971）44号文件，地、县革委陆续把大批复原转业军人安置到学校任教或担任领导职务，以改变资产阶级知识分子统治学校的局面，加上退休教职工子女顶替当教师，造成教职工队伍中，多为文化程度较低者的状况，不能胜任教学工作，加之50%以上外籍教师纷纷调走或改行，教师大量流失。1970年华东师范大学分配到毕节地区任教的45人，仅剩5人，农村中学的外地教师，几乎全部走光。1978年后，各级中共组织和政府及地、县教育行政部门，采取多方措施，建设发展合格教师队伍，并取得明显成效。至1988年底，全地区共有各级各类学校教职工近4万人，其中专任教师3.54万人，比1950年增40倍，据是年统计，1950～1988年，全地区共培养中师毕业生1.71万人，大专毕业生3402人，其中毕节师专毕业生2688人、毕节教育学院毕业生714人。以上师范院校毕业生95%以上均充实到区内教师队伍中。至2008年，全地区普通中小学专任教师总数增到6.63万人，其中小学教师4.26万人、初中教师1.86万人、高中教师4991人。教师队伍在数量增加的同时，质量也明显提高。全地区小学教师中，本科703人，专科1.29万人。初中教师中，研究生学历8人，本科4682人，专科1.23万人。高中教师中，研究生19人，本科2865人，专科1076人。小学、初中、高中教师的学历合格率分别93.83%、96.53%、72.26%。全地区中小学教师已评聘专业技术职务的5.41万人，其中中学高级1507人，中级职务1.34万人，小学高级职称8390人。2011年，全地区有幼儿教师1145人、小学教师42474人、初中教师20325人、普通高中教师5682人、中职教师1327人、特级教师134人。

## 二　任用和管理

**任用**　清代及民国时期，官立学堂教师皆实行聘用制。聘用教师分专任和兼任。民国时期的初等小学教员，由校长聘任，报县政府备案；县立小学、高等小学，初、高两级小学教员由校长聘任，报县政府核准任用；省立中学教员、师范学校，经校长聘任，报省教育厅核准任用。中华人民共和国成立初，各级各类学校仍沿用聘任制。1952年，公办学校取消聘任制。学校没有任免、调动教师的权力，教师一经分配到学校任教，不能随意调换学校。在任用制为主的原则下，某些学科缺教师，准许聘请少量兼课教师。兼课教师一般按课时付酬。教师因事因病造假，或学校教师编制不足，需聘请代课教师任教。代课教师一般以月付酬，寒暑假不发工资，也不享受其他生活福利待遇。代课教师指标每年由县教育、人事、财政部门联合下达。民办学校教师不属国家正式职工，由区、乡推荐，经县教育局审批后任用。自20世纪90年代后期开始，大中专毕业生不包分配，学校需用教师，采取考试审查方式聘用。

**管理**　1950～1966年，公办中等学校教师，由专署文教局管理；公办小学教师，由县文教局管理；民办中小学教师，由办学单位管理；厂矿、企事业部门的中等专业学校、技工学校、普通中小学教师由主管部门管理。教师跨地、县调动时，需经地、县人事部门同意，并办理手续。1966～1976年“文化大革命”期间，取消原有管理规定，教师管理出现混乱现象。1968～1970年，地直学校教师的分配与调动，由地革委学校办公室办理。1970年地、县革委建立政治部，地直学校教师由地革委政治部管理。农村中、小学由贫管会领导、管理，其教师在本区内任免与调动，由区革委决定和办理；跨区调动，由县革委政治部审批。

1972年，建立地、县革委科教办，地直学校教师由地革委科教办和地委组织部共同管理；县属中小学和师范学校教师，由县革委科教办和县委组织部共同管理；农村中小学教师在任免与调动，仍由区革委决定和办理。由此导致部分中小学和师范学校教师改行、外流和被任意借调、占用，师范院校毕业生被截留，严重影响教师队伍的稳定和建设。1978年，毕节地区革委贯彻贵州省革委会《关于贯彻国务院批转教育部关于加强中小学教师队伍管理工作的意见的通知》，相应作出以下规定：

1. 中小学教师的管理，由县以上各级教育行政部门负责；县办中小学教师的管理调配，由县教育局负责；教师调动需经县教育局同意；在县范围内调动，由县教育局办理；中学教师跨县、跨地区调动，由地区教育局办理。

2. 地区直属中学、师范学校教师的管理，由地区教育局负责；教师的调动，由地区教育局办理。

3. 高师、中师毕业生全部分到教育战线工作。高师、中师毕业生分配计划，由省教育部门会同省计委、省人事局共同制定。贵阳师范学院毕业和其他院校毕业生分配作教师的，由教育部门负责派遣；地区师范学校毕业生，由地区教育局负责派遣；县师范学校（班）毕业生按分给县的分配计划，由县教育局负责派遣，按计划调剂分配的毕业生，由所在地的教育部门按调节计划负责派遣。

4. 地县教育局对所属学校公办教师的自然减员，会同当地劳动局上报省教育厅，省劳动局，由省教育厅会同省劳动局专项下达减员补充指标，如数从民办（代课）教师中选择政治思想好、业务知识能胜任教学工作的补充，其他部门不得占用。

5. 各级行政部门不应占用教育事业编制，其他部门借用的教师一律退回学校；1970年后，调到其他部门工作的教师，本人适合教学工作的，应尽量调回学校工作；凡不按国务院［1978］1号文件规定，继续占用教师的，教育部门停发工资；今后抽调教师搞临时社会活动，要按国务院文件规定办理；民办教师的选择、任用、考查、管理按国务院规定办理。

6. 厂矿、企事业部门办的中等专业学校、技工学校、普通中小学教师的管理，由主管部门按国务院有关文件办理。1980年各县组织部门陆续将人事权移交给教育部门。1988年，贯彻执行中共贵州省委办公厅、省政府办公厅关于保持中小学校教师稳定、停止流动的紧急通知，党政机关不得再抽调中小学教师做其他工作。自1986年起，贯彻执行贵州省人民政府批转省计委、省教委《关于1986年大中专毕业生分配工作报告的通知》规定，师范院校毕业生全部分配作教师，不能分配作其他工作。20世纪90年代后，中共毕节地委、毕节地区行署根据《中华人民共和国教师法》《中华人民共和国教育法》制定《关于实施〈中国教育改革和发展纲要〉的决定》，要求各级中共组织及各级政府严格按《教师法》《教育法》规定管理和建设教师队伍。

## 三　教师队伍建设

**师资培训**　1949年11月～1952年底，毕节专区以短期培训方式，培训补充1700多中小学教师。1953～1965年，毕节专区培训中小学教师，着重于提高教师的教学业务能力，以适应教学改革需要。培训中学教师，主要由省进修学校和毕节教师进修学校承担。培训小学教师，主要由毕节师范学校和毕节民族师范学校承担。是年，全专区短期培训中学校长、教导主任和教师1133人次；小学校长、区视导员、教导主任和教师3000多人次。1966～1976年，“文化大革命”期间，师资培训工作一度中断。1975年下半年，毕节地区半耕半读师范学校改为中学教师进修学校，恢复培训师资。至1988年先后培训初中教师2105人，培训教育行政干部83人。1972年，贵阳师范学院在毕节师范学校举办中学教师训练班1期，培训语文、数学、体育科教师154人。1977～1988年，毕节师专还举办短期培训班5期，共培训中学数学、英语教师160人。从1980年起，全地区采取以下办法培训高中教师：各县选派教师到外地进修；动员在职教职工报考大专院校；地区出资委托省教育学院代培；选派教师出国进修。是年，全地区选派200名高中教师到省内外大学进修；316名在职教师考取大专院校；选派1人出国进修；地区委托省教育学院代培90名本科生。1981年，地区将全地区8所师范学校调整保留4所，未保留的4所改为教师进修学校，是年，5所县进修学校和4所师范学校，除培养师范毕业生6718名外，还培训在职中小学、农（职）业中学和幼儿园教师1.21万人次；大方、黔西、金沙、织金、纳雍、威宁、赫章县培训英语教师300人次，弥补英语教师的不足。1982～1985年，地区师范学校，分别举办学制为半年的音乐、美术教师培训班各1期，培训音乐教师22名，美术教师30名，缓解中小学音乐、美术教师紧缺的矛盾。1984年11月，贵州省中师广播函授学校建立，全地区万余名学历不合格公、民办小学教师报名参加学习。1985年，毕节地区教育局与贵州省教育学院鉴定代培协议，自1985～1966年学年起，连续3个学年，省教育学院为毕节地区培训两年制本科生150名。1986～1988年，黔西、威宁师范学校和大方、纳雍、金沙、赫章县教师进修学校，先后招收成人中师班学员260名，学制2年。招收对象为公办小学教师、教育行政部门和学校的职工。学员毕业考试及格发给中师毕业证书，享受中师毕业生待遇。1988年秋，地区智力支边办公室、民进党中央聘请北京化工干部管理学院副教授、讲师各1人，在毕节教育学院举办高中英语教师培训班，收23名学员受训1年，毕业考试合格，地区承认大学文化学历，享受本科文化待遇。1996年起，全地区教师教育工作由学历培训逐步转向继续教育。是年，小学教师继续教育在部分学校试点，1997年全面铺开，教师每天练毛笔字、普通话、简笔画成为必修功课。是年，毕节地区中小学教师继续教育被评为全省一等奖，省教育厅两次在毕节地区召开现场会和观摩会。2002年，毕节地区在开展中小学教师信息技术普通话等级测试培训的同时，开展骨干教师培训，新教师上岗培训，英语师资短期培训，新课程通识培训。至是年，全地区5850名参加省中师广播函授学校学习的公、民办小学教师取得中师毕业证书；3020名初中教师参加自考、函授教育相沟通的学历培训，2800名取得大专文凭。通过开展多层次、多形式的教师培训活动，使师资紧缺、学历合格率低的状况得到缓解。2005年，毕节地区教育局被省教育厅评为全省中小学教师继续教育先进单位，获一等奖。

**整顿民办教师队伍**　明清及民国时期，多以私人创办私塾，从教于私塾者称为先生，这些先生应为最早的民办教师，中华人民共和国成立后，除有政府创办的公立学校之外，也有一定数量由民众集体或个人兴办的民办学校，在这些学校执教的教师皆为民办学校老师。1981年，全地区有民办教师1.82万人，其中初中民办教师494人，小学民办教师1.77万人，承担着全地区三分之二小学教学任务。由于民办教师数量大，政治素质、业务水平参差不齐，影响小学教育质量的提高。1981～1982年，毕节地区根据省政府关于整顿民办教师队伍的指示和要求，在全地区开展整顿民办教师队伍工作。地区行署及各县政府建立民办教师整顿领导小组和办公室，先在赫章县进行试点然后在全地区推开整顿工作。整顿在保护群众办学积极性和肯定民办教师成绩的前提下，通过业务考核和文化考试，并结合考察其现实表现和健康状况，依照任人唯贤、德才兼备的用人标准和教育事业发展的需要，以及边远、少数民族社队缺乏教师的实际情况，统筹兼顾，择优录用。全地区符合整顿条件的民办教师1.63万人，通过整顿获合格证的有3309人，占20.3%；被聘为试用教师的有9305人，占56.9%；暂时留用的486人，占2.9%；被辞退的2949人，占19.9%。1988年~20世纪末，地区根据国家有关政策，切实解决民办教师问题，通过执行“关、转、招、辞、退”的政策措施，全地区1.2万名民办教师转为国家教师。

## 四　教师待遇

**政治待遇**　1．加入工会，民主管理学校。1950年，毕节专区开始在部分学校筹建教育工会。1956年，凡是区中心完小以上各类学校都建立基层工会；各县建立教育工会，大部分教师都加入工会组织，参与民主管理学校。1957年反右派斗争，1966～1976年开展“文化大革命”，部分教师受到不公正对待，在政治上承受着沉重压抑，有的失去从事教育工作的机会，部分人员失去在工作中的民主权利。1978年12月召开中共十一届三中全会后，中央号召再兴尊师重教，恢复社会对教师的尊重。1973年3月19日，中共中央决定撤销1971年批转的《全国教育工作会议纪要》，否定关于“文化大革命”前17年教育战线是资产阶级专了无产阶级的政，是“黑线专政”“知识分子的大多数世界观基本是资产阶级，是资产阶级知识分子”的错误结论，明确中国知识分子是中国无产阶级的一部分。中共贵州省委，贵州省人民政府贯彻执行中共中央决定，关怀老师，真正做到尊师重教，每年都为当地教师办几件实事。1980年，恢复地区教育工会，全地区2.28万教职工入会，占学校教职工的95%；在全地区229个基层教育工会中，有228个建立起教代会或教工代表大会；凡涉及学校与教育的重大方针政策问题及教职工的切身利益，均由教工代表参加讨论决策，配合地、县市教育行政部门，适时表彰在教育工作中有突出成绩的教职工。1979～1988年，全地区受省表彰先进教师295人，受全国表彰29人，其中省部级劳模11人。1982年后，黔西，金沙、织金、赫章县和地直学校先后成立退休教师协会，从关心退休教职工晚年生活入手，组织退协成员学习、旅游参观和文体活动。1985年，中共毕节地委、毕节地区行署表彰全地区优秀知识分子484名，其中教师21%，同时，给执教30年以上的教师颁发荣誉证书。1988～2002年，全地区有114名教职工受国家表彰，200名受省表彰，905名受地区表彰。

2．参政议政。在各级人代会和政治协商会中，都有教育界的代表参与国家政治生活。1983～1984，毕节地区实施党政机构改革，全地区教育系统有964名中青年优秀教师被提拔担任各组领导职务，其中县级23人，区级65人，乡级856人。1983年后，被选为省第六、七届人大代表的5人，推选为省政协委员的2人，任省侨联副主席的1人，担任县人大常委副主任和政协委员的182人，担任地区政协工委副主任1人。

3．吸收优秀教师加入中共组织。20世纪80年代，中共组织注重吸收教师中的优秀分子加入中共组织，使之逐渐成为党内骨干力量。1984年，全地区中小学教师中的中共党员由1978年的5.4%提高到19.7%。1988年底，全地区各类公办学校教职工党员占全体教职工的21.9%，其中78.9%为专任教师。黔西县共有公、民办教职工4000名，1984年前中共党员不满100人，至21世纪初，有226名教职工加入中共组织。

4．平反教职工中的冤、假、错案。1978年后，地区及各县教育行政部门执行同级党委的决定，复查在“文化大革命”前和“文化大革命”中产生在全地区教职工中的2137件案件，给1957年反右派斗争中被错划为右派分子的教师摘掉右派帽子，恢复其政治名誉，复查历史遗留问题时，未发现新问题的，一律维持肃反审干时的结论；给查明确因受错处理的6名教职工在政治上平反昭雪，恢复名誉，销毁黑材料；收回170人安置工作（含作退休处理的）；给45人补发工资10.28万元；给86人1次性困难补助共9690元；给受错处理的13人各补调工资1级。落实政策后，有16人进入中小学领导班子，3人加入中共组织、15人被评为省、地模范教师或先进工作者。

5．为教师伸张正义。1984年后，全地区共处理残害、侮辱教师的案件200多起。1985年6月18日，黔西县林泉区西溪小学女教师袁桂芬在学校门前被3个暴徒从正在行驶的汽车上用绳子套住拖几十米远，造成终生残废。此案发生后，县公安局先是作一般治安案件处理，对3名暴徒仅作行政拘留处分，受害人不服，上诉到省，是年9月5日《人民日报》登载袁桂芬受害消息，引起出席第六届全国人大常委会委员的重视，提议从严惩办流氓暴徒，同时追究包庇纵容者的责任。中共贵州省委责成有关部门认真复查处理，是年9月7日，毕节地区中级人民法院在黔西召开宣判大会，依法判处罪犯有期徒刑，并追究原主管办案人员的责任，对涉及的有关人员分别作出处理。中共贵州省纪委就此案发出通报，要求各级党组织和广大党员、党员干部、国家工作人员，从中吸取教训。

**经济待遇**　1950年，省人民政府规定，公办小学教职员工实行包干制薪金，以大米计算。区中心完小和城关小学校长月薪米300斤，教导主任250斤，教师150～200斤，职工140斤，工人80斤。1955年起，中小学教职员待遇改行工资分制：区中心完小和城关小学教师平均工资分为100分，合现币21.5元；农村小学教师平均月工资分为76分，合现币16.3元；中学教职工平均工资分为221.6分，合现币47.6元；工友平均工资分为100分，合现币21.5元。1955年7月，改包干制薪金为工资制，按工龄、学位、级别，统一评定中小学教师工资等级。通过评定，区内中小学教师月工资一般为25～34元。中等学校教职工工资，由地区统一调整后，中学教师工资每人平均增8%；师范学校教师工资每人平均增6.22%。1960年3月，执行国务院《关于评定和提升全日制中小学教师工资级别的暂行规定》中小学教师起点工资。小学教师，中师或高中毕业生（或具有同等学历的，下同），从小教八级或九级起；中学教师，高等师范学校本科毕业生从中教八级起；专科毕业生，从九级起；中师及高中毕业生，从中教十级起。1963年，调整部分中小学教职工工资，同时提高起点工资，取消小教十一级，小教行政十三级，中教十一级，中小学和幼儿园教职工中，工资低于最低档次的，进入最低档次。其余人员按中学40%的升级面、小学

43%的升级面掌握。据威宁调资统计：中学和师范学校教职工的平均工资由39.17元，提高到45.2元；小学教职工平均工资由27.64元提高到32.93元。

1977年8月，根据国务院《关于调整部分职工工资的通知》，调整40%的教职工资。据大方调资统计，全县小学教职工月工资平均为36.08元；中学教职工月平均工资为38.38元；威宁县增资人数为965人，占教职工总数59.6%。升级的中学、师范教职工，人均月增资5.38%；升级的小学教职工，人均月增资4.4元。1978年后，除确定教师的工资级别外，还建立起教龄津贴、班主任津贴、特级教师津贴，以及中小学教师工资提高10%等，体现教师职业性质和劳动特点的津贴制度。1999年，国家确定改革事业单位工资，贵州省根据《中华人民共和国教师法》的有关规定和国务院工资改革文件精神，制定一系列提高教师工资待遇的政策。工改后，全省各级各类学校教师工资不同程度有所提高。20世纪80年代后期，个别县财政较为困难、拖欠干部、职工及教师的工资时有发生。是年，省人民政府下发《关于做好教师工资发放工作的通知》，理顺教育经费的管理体制，拖欠教师工资的现象逐步解决。据纳雍县志载：1997年，一般教师工资为400元左右，最高工资近780元。到2005年，中学高级教师工资及各种补贴月收入达2000多元，小学高级教师一般达1000多元。2009年，制定《毕节地区人事局、毕节地区财政局、毕节地区教育局关于义务教育学校实施绩效工资的实施办法》，指导全区义务教育阶段教师绩效工资改革工作，从2008年10月起执行，2008年12月底，义务教育阶段中小学教师年人均绩效工资1.67万元，人均月增资733元。义务教育阶段中小学离退休教师人均生活补贴11269元，人均月增资376元。

## 第十二节　教育行政管理

### 一　教育行政机构

**清朝及民国时期的教育行政机构**　清光绪三十二年（1906），规定各府、厅、州、县设立劝学所，作为地方教育行政机关，毕节地区有5所劝学所。民国3年（1914），府、厅、州改设县，仍沿用劝学所制。民国12年（1923），《贵州省教育行政组织大纲》规定，劝学所为县教育行政机构，对执行全县教育任务负完全责任。民国16年（1927）4月，《贵州省教育局规程施行细则》规定，县劝学所一律改为教育局，秉承县长办理全县教育行政事宜，并督促指导县属区、乡教育事务。县教育局设局长1人、视学1～3人，事务员2～3人。民国19年（1930），贵州省政府颁布《贵州省教育局组织规程》规定：各县设教育局，秉承县政府办理全县教育行政事宜，县教育局设局长1人，督学1～3人、事务员2～3人，教育局长、督学不得兼任他职。民国24年（1935），依照国民政府军事委员会南昌行营有关各县政府裁局设科办法的规定，撤销县教育局，其职掌并入第三科办理。民国27年（1938），实行建、教分科。建、教分科后，增设第四科掌管教育，后改称第四科为教育科。民国32年（1943），开始实行新县制，新县制政府组织法规定：教育科设科长1人、督学2～5人、科员2～5人、事务员1～4人。教育科长及督学由县长选择人员呈省政府核实或直接由省政府委派。教育科设两个股，第一股掌管全县中等教育及国民教育事项；第二股掌管全县社会教育及其他一切文化教育事项。

**新中国的教育行政机构** 1．地（专）教育行政机构。1949年，建立毕节专员公署教育科；1951年初改称毕节专区人民政府文教科；1952年，改称毕节专员公署教育科；1957年改称毕节专员公署文教科；1958年4月成立毕节专员公署文教卫生局；1960年改称毕节专员公署文教局；1967年成立毕节地区革命委员会“文化大革命”领导小组学校工作办公室、毕节地区革命委员会学校工作领导小组、毕节地区革命委员会政治工作领导小组教育工作办事组；1970年改名毕节地区革命委员会文教局；1972年改名毕节地区革命委员会教育局；1979年2月后更名为毕节地区行政公署教育局至今。1981年起，设局长1人，副局长1～3人。1950～1973年，地区教育行政机构内除1964年专设教研室外，未设科。1974年起设秘书、政工和计财科。1978年恢复教研室。1979年恢复教育工会，增设农民教育科和电大工作站。1983年设立高等教育自学考试办公室。1984年成立教育学会，增设仪器站和督学室。随着机构的逐步增多，人员编制相应扩大，至1988年，编制人员56人。至2005年，下设机构14个，60人。2010年1月机构改革后，毕节地区教育局的主要职责调整为：（1）贯彻执行党和国家的教育方针、政策及法律、法规；研究拟定全区教育事业发展规划，并指导、协调和监督实施。（2）统筹管理全区基础教育工作，以农村教育为重点，推进义务教育均衡发展，促进公共教育资源进一步向农村倾斜，促进教育公平；指导与评估全区普及九年义务教育和扫除青壮年文盲工作。（3）全面实施素质教育，深入推进基础教育改革，指导学校教育教学工作，加强中小学德育工作，指导中小学教育发展水平和质量的监测工作。（4）大力发展职业教育，坚持以就业为导向，深化职业教育教学改革，提高职业教育的办学水平和质量，积极推进职业教育体制机制创新，进一步增强职业教育发展活力。（5）统筹管理本部门教育经费，参与拟订教育经费筹措、教育拨款的有关规定，参与规划实施教育基建投资和教学设备投资；监测全区教育经费、助学金的管理及使用情况，管理国内外对全区教育的援助和教育贷款，负责教育基本信息的统计、分析和发布。（6）加强民办教育的统筹管理，贯彻落实促进民办教育发展的政策措施，规范办学行为，促进民办教育健康发展。（7）指导全区教育系统党的建设、思想道德建设工作，加强教育干部的培养培训，参与地直学校领导班子的考察调整工作。（8）规划指导全区学校体育、卫生、艺术教育和国防教育工作。（9）主管全区教师工作，组织实施教师资格制度，加强教师队伍建设，统筹规划全区教师和管理人员队伍的建设工作，负责配合做好对地直学校按人事调配的有关核编及进人计划等规定进行人事调配工作。（10）做好各类高等、中等学历的招生考试工作，负责地直中等专业学校的学籍学历管理，为普通高等院校、中等专业学校毕业生就业创业提供指导服务。（11）承担行署教育督导室的工作及语言文字有关工作。（12）承办地区行署和省教育厅交办的其他事项。职责调整后，取消由毕节地区行署公布取消的行政审批事项，取消非教育系统出国留学人员的派出管理职能。内设机构的职责调整为：（1）办公室。综合协调局机关重要政务、事务；负责会务、文秘、档案、信息、收发、信访、机要、保密、督察督办、精神文明建设、社会治安综合治理、政务公开、计划生育及机关后勤保障等工作。（2）人事科。负责局机关和直属事业单位的机构编制、干部人事工作；统筹指导全区教育系统人事工作；组织指导职称评聘，负责推优评优评特工作和各级教育行政干部及校长的培训工作；负责全区高校毕业生的报到，学籍档案的接收与转递。（3）计划财务科。拟定全区教育事业发展规划；拟定教育经费筹措及管理办法；指导地直学校的财务管理，监督检查教育经费的执行情况；管理各类教育收费；审定地直学校教育事业费的预决算；制定基建投资、教学设备投资计划，监督管理教育专项经费、赠援款和贷款；协助管理各类教育项目工程；负责全区教育事业综合统计工作；监督管理直属单位国有资产，协调指导学校后勤社会化改革管理工作。（4）基础教育科。管理全区基础教育工作，拟定基础教育发展目标和评估标准并组织实施；组织实施普及九年义务教育、扫除青壮年文盲工作；指导学校管理和教育改革；管理中小学教学用书和学具；指导中小学德育、校外教育、幼儿教育、特殊教育及学校的精神文明建设工作。评估、论证、审定管理全区社会力量举办的普通高中；负责全区高中阶段学生的学籍及会考工作；指导全区普通中小学常规管理和学生安全教育、学校体育、卫生和艺术教育工作。（5）师资教育科。承担全区师资队伍建设工作，制定并组织实施师资教育发展规划；指导师范学校和中小学教师的思想政治和师德师风建设工作，统筹管理全区中小学教师继续教育及培训工作；制定全区师资培训计划、管理办法及检查评估方案并组织实施；负责实施教育资格制度，管理全区的支教工作。（6）职业教育与成人教育科。统筹管理全区各类职业学历教育、成人文化教育；拟定全区职业教育发展规划并指导实施；指导地直高等和中等职业学校的教育改革、专业建设、教材建设和实训基地（实验室）的建设，制定中等职业学校、成人教育学校的管理办法和办学评估标准并组织实施；协调指导职业教育专业教师的培训工作；负责全区中等职业教育学历学籍管理工作；指导全区中、初等职业学校安全稳定工作。（7）政策法规科。负责全区教育系统普法和综治工作及教育法律法规的社会宣传工作；组织开展全区教育行政执法检查工作；负责全区教育系统法制培训及法律咨询服务工作；承担针对地区教育局的行政处罚、涉及地区教育局的行政诉讼等案件的处理；负责有关教育行政申诉、教育仲裁案件的受理和处理；指导、协调地区教育局其他科室的行政执法和执法监督工作；负责全区社会力量办学的审批及民办学校办学许可证的发放和管理工作；负责全区学校（幼儿园）安全管理工作。（8）机关党委。负责机关及直属单位的党群工作，日常工作由人事科承担。（9）纪检监察机构。地区纪委派驻地区教育局纪检组、地区监察局派驻地区教育局监察室。行政编制2名（占地区教育局机关行政编制）。其中：纪检组长1名，纪检组副组长（监察室主任）1名。

2.县市教育行政机构。自中华人民共和国成立后，各县均设县教育局。

**学校行政机构**　1．幼儿园：实行园长负责制，设园长1人，较大幼儿园增设副园长1～2名。

2．小学：1952年规定，小学实行校长负责制，根据学校规模大小，设校长1人，副校长1～3人。1963年3月，中共中央印发《全日制小学暂行工作条例（草案）》规定：小学设校长，全日制小学设教导主任并根据学校规模的大小设事务主任或事务员，协助校长管理教学工作和行政事务。

3．中学：1952年中学设校长1人，视学校规模大小设副校长，校长之下设教导、总务两处。各学科设教研组，组长由校长选聘。学校还建立校务会议和各学科教学会议，由正副校长、正副教导主任、总务主任、班主任、教研组长及教育工会代表组成；校长任主席，共青团、学生会派代表列席。

4．中专：1954年规定，由校长负责。下设教务、总务处，由副校长兼任或他任。学校由科与专业、学科委员会和教学辅助机构组成。中等专业学校校务会议以校长为主席，教务、总务副校长、各科科长或主任，全体教师，教学辅助机构领导人及党、团、工会代表为成员，主管业务部门也列席参加。1984年规定：中等专业学校实行党委领导下的校长负责制，党委（总支）设正副书记1～2人，行政设正副校长1～3人，下设教务、总务、学校办、科室及按学科或专业设立的教研组。

5．高等学校：实行党委领导下的院长负责制。

2011年学院共设管理岗位157个，包含党群部门、行政机构、教学院系、科研院所、教辅等。

## 二　教育管理

**管理体制**　民国时期，学校分为部立、省立、县立和私立。黔西中山中学班和毕节扶轮中学分别由国家教育部、交通部领导和管理。省立学校由省教育厅领导和管理。县立学校由县教育科领导和管理。私立学校由县教育科领导，学校董事会管理，私立中学立案由省教育厅批准。中小学校长由地方士绅推荐，县政府任命。民国25年后按照国家教育部规定，中学校长由县教育科提名，报省政府批准任命；小学校长由县教育科提名，报县政府批准任命。民国29年（1940）开始推行国民教育，保国民学学校校长由中心国民学校校长提名，县政府任命。私立中小学校长由学校董事会聘任。民国37年（1948）11月后，根据省政府的训令，各县中等学校校长任用程序改为由县政府遴选合格人员呈请省政府核派，或由省政府遴派。非经呈奉核准，县政府不得无故撤换。中华人民共和国成立后，中等以上学校由省教育厅领导，初等学校一般由专署和县教育局领导。1952年执行国家教育部《中学暂行规程（草案）》和《小学暂行规程（草案）》规定，中学由省、市文教厅、局遵照中央和大行政区的规定实行统一领导。校长和副校长由省、市人民政府任命。小学不论公办或私立的，都由市、县人民政府教育行政部门统一领导。1955年5月18日，贵州省人民委员会转发《贵州省教育厅与专署对中学、师范学校工作管理范围的暂行规定》。明确将专署所属地区内的中学和师范学校由学校所在地之专署直接领导与管理，依据实际工作的需要，专署对所属各县的中学可委托各县代为管理，其代管的职责范围由专署依据不同情况确定，依照这一精神，专署直接管理专区的中学、师范学校，任免完全中学、师范学校的教导主任及总务主任，初级中学的正副校长，负责调配学校的其他负责人员及教职人员，分配本专区师范学校毕业生。1959年和1961年，中共贵州省委、省人民委员会两次修改补充分级管理的管理权限。1963年3月，中共中央颁发《全日制中学暂行工作条例（草案）》和《全日制小学暂行工作条例（草案）》，遵照草案精神，国办全日制学校实行分级管理，全日制初级中学由县教育行政部门管理；全日制完全中学由专区教育行政部门管理；全日制小学由县教育行政部门统一管理。在距离县城边远的地方，经县人民委员会批准委托区人民委员会或人民公社管理。中学校长、教导主任、总务主任和教师的任职、调职、处分，初级中学由县人民委员会管理；高级中学和完中由省、市、自治区人民委员会负责管理。小学校长、教导主任和教师的任职、调职、解职、处分，由县人民委员会负责管理。1966～1976年"文化大革命"期间，县城中学由县领导，区中学由区和县教育局双重领导，小学分别由镇和区或公社领导。1978年4月，省革委会根据国务院批转教育部关于加强中、小学教师队伍管理工作的意见，明确管理和调配中小学教师，由县以上各级教育行政部门负责。1980年10月，省人民政府批转省教育厅通知规定：省内首批办好的重点中学，由省、地共同领导管理，以地区为主。毕节一中由地区管理。黔西一中由所在县代管。1981年11月12日，中共贵州省委、贵州省人民政府印发《贵州省教育工作会议纪要》明确，学校的建立和撤销，小学由县教育局批准；初中由地区教育局批准；高中由地区教育局批准，报省教育厅备案。国办中、小学和师范学校教师调配，由县以上教育部门办理。1986年6月10～14日，毕节地区行署召开全地区教育工作会议，贯彻《中共中央关于教育体制改革的决定》和《贵州省教育工作会议纪要》精神，明确农村小学和农村初中由乡（镇或区）办，县城小学、县城初中、完中、农职业中学和教师进修学校由县办，地区办毕节一中、地区师范学校、教育学院和师专。1987年7月16日省政府制定《贵州省实施〈中华人民共和国义务教育法〉暂行条例》，1994年11月29日制定《贵州省实施〈中华人民共和国义务教育法〉办法》，均对小学、初中的开办、停办、合并、搬迁作出以下规定：

1. 省辖市的初中由市人民政府批准，市辖区的小学由区人民政府批准；

2. 地、州和县（市、区、特区）属初中，分别由自治州人民政府、地区行政公署批准；

3. 农村中心小学、初中由县级人民政府批准，其他小学由县级教育行政部门批准；

4. 企业事业单位及其他社会力量举办的中、小学校由县及县以上人民政府批准，地、县均遵照执行。

**学校管理** 民国24年（1935）9月，贵州省政府颁布《贵州省立中等学校教职员服务及待遇暂行规定》，民国27年（1938）2月颁布《贵州省中等学校教员检定实施办法》，以加强对教师的管理。民国28年（1939）颁布《中等教育分区改进办学大纲》；民国31年（1942）5月颁布《推进师范教育计划》；民国33年（1944）2月颁发《推进中学教育计划》；民国35年（1946）制发《贵州省所属中等学校校长奖惩及考绩办法》和《各教育文化机关交代注意事项》。对校长定期考核，并明确规定，奖惩标准，规定校长因故离职必须办好交代手续，否则，不能接任新职。民国36年（1947）作出"学生缺课9小时令其休学或退学，每缺课1节扣总分1分"的规定。民国37年（1948）9月下发《教职员及机关职员兼课办法》，同年11月下发《中等学校改进要点》，明确规定学校不得擅自增班，对聘请教师要严格条件，对教学工作要严格要求，对教职员待遇予以改进。1952年8月8日～10月15日，全专区组织中学教师112人到省参加思想改造运动的学习。旋即，中共毕节地委抽调机关干部吴清融、程郅平、李君郁、罗演臣、吴应杰、胡廷翼、李敬文、汪羽仪到中学或师范学校担任校长或副校长，加强党对教育工作的领导。1953～1954年，有计划地、适当地整顿教师队伍。对违法乱纪分子依法处理，对年老、残废、有严重传染病的和完全无力任教的作妥善安置。根据西南军政委员会和贵州省政府的有关指示和规定，要求机关、团体或个人，非经文教主管部门许可，均不得向学校布置工作、抽调教师或占用校舍。贵州省政府并布告周知，使学校工作中的混乱现象得到制止，学校教育工作趋于正常。专、县教育行政部门组织全专区中小学和师范学校的教师学习苏联凯洛夫主编的教育学，用苏联教育理论和经验指导各级各类学校办学实践。五级记分法一度在毕节中学试行，五个环节的课堂教学和五大教学原则，在中小学普遍推广，这对加强教学工作的计划性和科学性起到一定的作用，但也出现生搬硬套的倾向。1954年，政务院发布《关于改进和发展中学教育的指示》，对贯彻全面发展方针，提高教育质量提出明确的要求。专署文教科贯彻《指示》精神，规定教学工作是学校的中心任务，每学期的学校工作计划都要对思想政治教育、教学工作和体育卫生工作提出目的要求和具体措施。1957年2月，毛泽东提出："我们的教育方针，应该使受教育者在德育、智育、体育几方面都得到发展，成为有社会主义觉悟的、有文化的劳动者。"全专区教育系统认真贯彻这一方针，加强学校管理，进行教学改革，并取得一定成效。1958年，贯彻中共中央教育工作会议精神和中共中央国务院《关于教育工作的指示》。中共毕节地委派党员干部时殿相、张宏方、李定远、樊林、李应华到中学分别担任党、政领导，加强党对教育工作的领导。1958～1960年，受"左"倾错误的影响，在以教育与生产劳动相结合为中心的教育革命中，错误地批判和伤害一批知识分子。同时，由于师生参加生产劳动、政治运动过多，忽视课堂教学和教师的主导作用，打乱正常的教学秩序，降低教学质量；不顾主客观条件，提出三、五年内基本上扫除文盲、普及小学教育的主张；强调多、快、好、省，批判"右倾保守"，造成教育事业盲目发展。1961，专区贯彻"调整、巩固、充实、提高"的方针，调整区内教育事业。1963年，各级教育行政部门和学校贯彻执行中共中央批准试行的《全日制中学暂行工作条例（草案）》和《全日制小学暂行工作条例（草案）》，总结经验，纠正错误，全专区教育事业得到健康发展，教育质量有较大提高。1966～1976年，受"文化大革命"影响，提出社社办初中，区区办高中，普通中学教育又一次盲目发展，虚肿现象严重；批判"两种教育制度，两种劳动制度"，农业中学、林业中学被一扫而光，形成中等教育结构单一化；实行开门办学频繁下乡、下厂、学农、学工以及批判"智育第一""师道尊严"，形成读书无用的不良风气，严重降低学生的学业水平。1972年7月1日，中共毕节地委转发地区教育工作会议纪要，要求中学全年上文化课34周，学工学农6周；小学全年上文化课40周，不准随意停课放假。1972年8月，地区教育局制发《关于中学生革命纪律的几项规定》《关于小学成绩考核、学籍管理等问题的规定》《关于小学生革命纪律的几项规定》和《关于中学成绩考核、学籍管理等问题的规定》，对中小学教职工作出《关于中、小学教职工学习、工作制度和奖惩办法的规定》。施行以上规定，对当时建立和恢复学校纪律、秩序，坚持做好教学工作，起到积极作用。1978～1988年贯彻执行"调整、改革、整顿、提高"的方针，采取以下措施，加强对学校管理：

1．调整学校的领导班子。1978年8月，调整各级学校领导班子，落实党的干部政策和知识分子政策。1984～1987年两次进行调整。

2．明确地区重点中学。1981年5月20日，地区教育局明确大方一中、金沙一中、织金一中、纳雍一中、威宁一中、赫章一中、毕节二中列为地区重点中学。1986年3月10日，地区行署将地区重点中学调为毕节二中、大方一中、黔西二中、金沙一中、织金一中、纳雍二中、威宁民族中学、赫章一中。

3．调整学校。1981～1984年，毕节地区贯彻省教育工作会议精神，调整中等学校。1981年，调整后，全地区保留4所师范学校，15所县进修学校。1983年1月13日，经贵州省人民政府批准，将毕节地区中学教师进修学校改为毕节教育学院，规模600人，学制2年，主要进行学历培训。至1984年，全地区教育调整任务基本完成。普通完全中学由1976年的88所压缩为47所；初中（含完全中学的初中）由1976年的118所调整为97所；保留1984年仍继续招生的戴帽初中点283个；农（职）业技术中学发展到18所。2005年3月，原毕节师范专科学校与原毕节教育学院、原毕节师范学校合并组建毕节学院。2008年2月，在原毕节农校的基础上建立毕节职业技术学院。2008年7月，原贵州省广播电视大学毕节地区分校与原毕节地区水电技校合并组建毕节广播电视大学。

4．增加教育投入。1983年冬，中共毕节地委、地区行署贯彻省普教会议精神，决定各级地方财政每年要拿出10%～15%来办教育。1984年6月，地区要求各县首先认真办好一所农（职）业技术高中，每办一所地区行置拨给开办费10万元。1981年开始，毕节地区教育局结合高中招生和中师、中专预选，组织全地区初中毕业生进行统考。初中统考坚持5年，小学统考没有中断。

5．制定普及初等教育规划。1986年6月10～14日，召开全地区教育工作会议，落实普及初等教育规划，把普及初等教育的任务落实到县、区、乡。是年11月，在金沙县召开普及教育检查验收会，推广金沙县经验。截至1988年底，全地区233个乡镇普及初等教育，占全地区乡镇的29.1%。普及初等教育的乡镇人口177万，占全地区总人口的30.1%。2000年，毕节地区普及初等教育通过省政府复查，2002年开始实施“两基”攻坚。2006年“两基”通过省政府评估验收，2009年通过“国检”验收，成为毕节基础教育发展史上的一个重要里程碑。

6．维修改造中、小学危房。1987～1988年，全地区共维修改造中、小学危房27.5万平方米。县城学校的危房基本消除，70%的区、乡中、小学新建校舍，消除危房。1988年止，全地区校舍达162万平方米，比1981年增加86万平方米。从2001年开始，国务院决定在全国实施中小学危房改造工程。毕节地区中小学危房均纳入此工程进行改造，2009年，加固和重建1728所校舍，迁移50所。

7．督促整改。1987年10月，地区教育局制发《关于进一步加强学校管理的意见》，要求各县教育部门和学校坚决执行有关规定，定期进行检查。对违反规定的要进行教育，督促改正。情况严重经教育不改的，要给予纪律和行政处分。2010年，毕节地区教育局下发《关于加强中小学管理规范办学行为的实施意见》《毕节地区教育行政部部门（局长）中小学校中小学校长中小学教师“十个不”承诺》的通知，进一步推进全区教育依法治校，促进全区基础教育持续健康和谐发展，师德师风和规范办学行为得到提升。

8. 深化教育改革。1988年4月2~4日，召开全地区教育工作会议，传达省教委《关于贵州省县和县以下教育深化改革的意见》，讨论安排地区1988年深化教育改革的工作。会议要求各县认真协调基础教育、职业教育和成人教育的关系，做到三类教育一起抓，使之互相渗透、互相促进，并逐步建立起基础教育和职业技术教育、成人教育并行又互相沟通的体系，并选择黔西县作为教育改革实验试点。

1988 ~ 2005年，全地区教育行政部门在学校管理中主要抓了以下工作：

1. 实施基本扫除青壮年文盲，基本普及九年义务教育（简称“两基”）。20世纪末全地区实现普及六年义务教育。至2006年，各县市先后通过省政府的“两基”评估验收，实现“两基”人口覆盖率100%。到2011年，全地区有小学生104.51多万人，小学适龄儿童入学率99.36%，有初中学生45.16万人，初中阶段入学率为100%。全地区青壮年非文盲率达97%。

2. 发展高中阶段教育。1988年高中阶段在校生2.1万多人，到2007年达11.81万人，增9.64万人。1988年，普通高中在校生达1.66万人，2011年达12.27万人，根据上级指示精神和区内实际情况，自1999年起，每年普通高中招生数在原有基础上扩招20%。1999年招7600人，2007年招3.63万人，扩招2.67万人。普通高中学校由1988年的48所增加到2011年的81所，其中5所系省级示范性普通高中。

3. 发展民办教育。贯彻《中华人民共和国民办教育促进法》和《贵州省民办教育促进条例》，促进全地区民办教育长足发展。2008年地区教育局印发《毕节地区民办学校管理办法》，进一步规范民办学校的管理和教学工作。至2011年，各级各类民办学校达218所，在校生11.65万人。黔西县水西中学成为全省地处县城的唯一的民办示范性高中。

4. 建设“民心工程”。（1）继续实施中小学危房改造工程。使数十万师生解除危房威胁。1987 ~ 1989年、1995 ~ 1997年和2003 ~ 2005年，全地区开展大规模中小学危房改造工程。共投入危房改造资金1.78亿元，改造维修中小学2490所，改造维修学校危房82.99万平方米，使危房率由1987年的35.3%下降到0.32%，数十万师生结束阴暗土房里或古庙、破祠里上课的历史。

（2）实施国家贫困地区义务教育工程。1998 ~ 2001年，在大方、黔西、织金、纳雍、威宁、赫章县组织实施第一期国家贫困地区义务教育工程，投入专项资金1.74亿元，建设项目学校415所，新建和改扩建校舍39.15万平方米，同时完善学校相关附属设施建设，为项目学校配备图书、仪器设备及课桌凳，培训所有项目学校校长、学校骨干教师。会议要求各县认真协调基础教育、职业教育和成人教育的关系，做到三类教育一起抓，使之互相渗透、互相促进，并逐步建立起基础教育和职业技术教育、成人教育并行又互相沟通的体系。并选择黔西县作为教育改革实验试点。1988 ~ 2005年，全地区教育行政部门在学校管理中主要抓了以下工作：①实施基本扫除青壮年文盲，基本普及九年义务教育（简称“两基”）。20世纪末全地区实现普及六年义务教育。至2006年，各县市先后通过省政府的“两基”评估验收，实现“两基”人口覆盖率100%。到2007年，全地区小学生110多万人，小学适龄儿童入学率99.21%，女童入学率

99.48%；初中学生38.79万人，初中阶段入学率为97%。全地区青壮年非文盲率97%。②发展高中阶段教育。1988年高中阶段在校生2.1万多人，到2007年达11.81万人，增9.64万人。1988年，普通高中在校生生1.66万人，2007年8.83万人，净增7.17万人。根据上级指示精神和区内实际情况，自1999年起，每年普通高中招生数在原有基础上扩招20%。1999年招7600人，2007年招3.63万人，扩招2.67万人。普通高中学校由1988年的48所增加到2007年的86所，其中5所系省级2001～2005年，在毕节市、大方、黔西、织金、纳雍、威宁、赫章县组织实施第二期国家贫困地区义务教育工程，投入专项资金1.65亿元修建项目学校175所，建筑校舍28.8万平方米及完善学校相关附属设施建设，为项目学校配备图书、仪器设备及课桌凳、培训部分项目学校校长，补助项目学校部分教师提升学历所需经费。按照投入一所、建成一所、完善一所的要求，通过8年连续实施“国家贫困地区义务教育工程”，全地区中小学办学条件得到根本性改变。

（3）实施农村寄宿制学校建设工程。2004～2007年，各县市共投专项资金1.78亿元，组织实施农村寄宿制学校建设工程修建项目学校193所，建设学生宿舍、食堂等生活用房39.4万平方米，购置学生用床5.57万张，课桌凳5877单人套。此项工程解除一大批家居山区、距校较远学生就读难问题。

（4）实施省级资金普九工程。2001～2005年，全地区投入1.3亿元实施“普九工程”，新改扩建中小学182所，建筑校舍21.5万平方米，缓解中小学校舍不足问题。

（5）实施高中扩招项目工程。2002～2007年，全地区投入5660万元实施“高中扩招项目工程”，新改扩建高中13所，建筑校舍5.9万平方米。2010年，推进毕节一中迁建和实验高中、民中改扩建工程、8县市职业学校建设工程及7县市的普通高中学校新建工程。2011年，威宁职教基地、纳雍教育园区、金沙教育园区和各县市幼儿园通过引入BT模式和社会力量办学先后启动。全区各级各类民办学校达218所，在校生11.65万人。通过实施这项工程，全区高中规模扩大，办学条件改善。

（6）实施贵州省农村义务教育阶段薄弱学校改造工程。全地区投入1.1亿元实施学校工程改造，新、改扩建中小学300所。建筑校舍21.5万平方米。

（7）实施好各类援建项目工程。1986～2007年全地区接受外地单位和个人教育捐款1.54亿元，除将少部分用于图书、设备购置及补助家庭贫困儿童上学费用外，其余大部分用于新改扩修建中小学974所，建筑校舍58.5万平方米。2010年，启动161所薄弱学校改造工程，投入资金1.27亿元，新建校舍面积12.91万平方米。

5. 治理教育乱收费。2003～2005年，地区及各县市教育行政部门认真落实农村贫困地区义务教育阶段“一费制”政策，严格执行“一制、四必须、十不准”的收费制度以及高中招收择校生限分数、限人数、限钱数的政策，严格执行教育收费责任追究制度。2003年，抽派483人，组成147个检查组，检查出违纪违规收费257.5万元，后清退234.99万元，没收上缴财政13.38万元，通报批评部分学校，26人受到党纪政纪处分。2004年，地区教育局与地区物价局、财政局联合下发《关于在全区义务教育阶段学校推行“一费制”收费办法实施意见》，通过电视电话会议、报纸、工作会议宣传讲解，设立举报电话等形式宣传政策，揭发检举违规者，并于是年春秋两季组织检查组282个，检查各级各类学校2765所次，查出乱收费22万多元，全部清退。查处乱收费案14件，处理责任人10人。2005年，全地区共查处学校乱收费金额65.57万元，清退42.49万元，9人因乱收费而受到查处。

6. 根据中央关于全面贯彻党的教育方针，全面提高教育质量的要求：一是始终坚持依法治教。通过教育督导评估学校办学方向、学校管理、教育质量、办学条件，规模学校管理行为，促进提高中小学办学水平；通过教代会和校务公开制度，强化学校民主管理意识，充分调动广大教职工以主人翁姿态教书育人、管理育人、服务育人的积极性。二是始终坚持抓好学校教学常规管理。1990年初地区教育行政部门制定《毕节地区中小学教学常规管理试行意见》，坚持开展对中小学一年一度的评估检查，促进学校领导的教学管理行为和教师在“备、教、辅、批、考、研、学”方面的行为，逐步走向有序化和科学化。通过评估检查，及时总结推广经验，解决发现的问题，表彰先进集体和个人。三是始终坚持“科研兴教”。结合实施素质教育，要求中小学校加强教学科研和管理，减轻中小学生过重课业负担，向教育科研要质量。1988年后，全地区先后开展60多项教改实验，其中大面积提高中小学英语教学质量实验研究、目标教学实验研究、农村中小学素质教育目标导向实验研究、高中研究性学习实验在省内外产生较大影响。同时，加强与发达地区中小学的交流与合作，先后选派40名中小学校长到深圳挂职，1000多名教师到北京、上海、福建等地学习和参加学术交流。为提高全地区中小学的管理和教育质量起到促进作用。

## 三　教育视导

清末，各府、厅、州县设视学，分别负责视导府、厅、州、县学务。

民国元年（1912），仍沿用视学旧制。民国6年（1917），省与县建立统一的视学制度，省教育厅设省视学4～6人，掌管全省教育视导事宜；县设视学1～3人，负责视察县教育事宜。民国19年（1930）将县视学改为县督学，设督学1～3人，规定县督学不得兼任其他职务，任期2年，期满后由教育局转呈教育厅改委，也可呈请核准连任。民国24年（1935）推行义务教育，各县设义务教育视导员。民国28年（1939）10月24日，贵州省政府委员会通过《贵州省各县督学任用及服务规程》，各县设督学1～2人，承主管长官命视察及指导县教育事宜。各县督学由县政府遴选合格人员呈由行政督察专员公署请省政府核委，遇必要时得由教育厅提出合格人员报请省政府派委。各县长遇有更替时，督学不得随县长去留。民国32年（1943），颁布《贵州省各县、市督字规程》，规定各县市应设督学，人数以所辖学校数为标准。全专区乡县在百校以内设督学2～3人；百校以上，每满100校增设1人，秉承县市长、省督学，并依本师范学校区省立师范学校校长的辅导，督导全县教育事宜。是年，毕节专区共有督学12名（缺大定、赫章县）。

中华人民共和国成立初期，毕节专署教育视导工作由教育机关职能科室负责。1954年春，省教育厅厅长陶澎率员到毕节中学视察，深入学校与师生交谈，了解学生的思想状况和学校的思想政治工作。是年3月，毕节专署文教科制发《关于加强视导工作的暂行制度（草案）》。1954年秋，组织1个视导组到威宁县、大定县视察。1955年2月，专署文教科制发《关于开展视导工作的几点意见》，要求各县一学期视导两次，重点检查一科，1～2个班。1959年秋，专署文教科成立教研室。是年，教研室在毕节中学蹲点，总结数学教师陈乃信、语文教师刘应昌、化学教师刘安福的教学经验，并由专署文教办公室转发给全专区各中学。

1964年5～6月，专署文教局抽调教研室人员组成工作组到毕节一中蹲点，配合学校进行减轻学生负担、提高教学质量的调查研究。1966～1976年受“文化大革命”影响，教育视导一度停止。1978年恢复地区教育局教研室。1979～1984年，教研室先后到地直学校、各县第一中学、城关所在地中学、部分师范学校及小学开展教研活动，进行视导，对省、地重点中学写出全面的调查报告。

自1981年，各县教研室人员深入城、乡中、小学调查研究，进行视导。1983年7月国家教育部拟定《建立普通教育督学制度的意见》，要求先行试点，取得经验再逐步实行。1984年12月，毕节行署批准设立地区教育督学室，定编10人。1986年11月，地区教育督学室督学到纳雍县检查小学教育，了解县政府怎样抓教育、教育局怎样抓学校管理以及学校领导对学校管理的经验和问题。1987年改称督学室为督导室。是年11月4～23日到金沙县调查初中的教学质量和普及小学教育后的巩固情况，并提出改进意见。1986年，参加中共毕节地委宣传部组织的学校思想政治工作调查，为期45天。1986年7月4日至24日，参加省人大地区联络处调查组到赫章县调查实施义务教育法的情况。1987年3月11～25日，陪同省人大地区联络处人员视察全地区实施义务教育法情况。1989年根据国家教委就中小学教育工作开展查危改、查学生流失、查收费、查教育经费增长政策和教师经济待遇落实情况简称“五查”的指示精神，地区督导室与地区人大教科文卫处人员分两组检查黔西、金沙、纳雍、赫章县的“五查”工作，工作结束后，代行署起草《毕节地区关于中小学开展五项督导的自查报告及整改意见》报送省政府。1990年，各县成立教育督导室，全地区共配督学26人，其中地区2人，毕节、威宁、纳雍、赫章县各3人，金沙、黔西县各5人，织金县2人。是年，地区督导室重点抽威宁、赫章县复查“五查”工作。在金沙县城关中学，黔西一中开展督导评估试点。

1991年4～5月，以毕节二中和赫章一小为德育督导评估试点学校，组织各县有关人员进行评估。两校督导评估结束后，各县按要求共开展187所中小学德育督导评估。通过督导评估，多数学校的校风、校纪明显好转，思想政治工作得到加强。1992年，组织督导人员综合督导评估毕节一中、各县一中等11所学校。1993年2月，根据省教委〔1991〕268号文件要求，对区内18所高完中进行综合督导评估。是年6月，为地区行署起草《关于加强教育督导工作的意见》，下发各县执行。1994年，地区督导室编制《毕节地区初中、小学教育督导评估方案（试行）》及其实施细则，各县督导室根据此方案和实施细则在所属学校开展综合督导评估，全地区共在33所初中和360所小学开展督导评估。对区内10所省、地重点中学和师专附中、地区民族中学开展教学常规检查。此外，编制《毕节地区乡，镇政府教育工作的督导评估检查方案（试行）》，并在金沙县城关镇开展评估检查试点，结束以往只督校不督政的现象。1995年，地区行署组织督导评估组督导评估纳雍县乐治镇和赫章县白果镇政府的教育工作。1999年，修改完善《毕节地区中小学教学常规管理意见》，地区教育局按照省教委督导评估高完中方案，组织有关人员督导评估全地区高完中学校的办学条件、办学水平。各县市开展对素质教育的探讨和实施，制定综合质量检测方案，初步构建起对学校、校长、教师施行素质教育的督导评价体系和评价机制。2000年，地区督导室督导评估毕节一中等14所普通中学和毕节市职中等5所职中，并将14所中学的督导评估报告整理成册下发，对各学校加强管理工作起到借鉴作用。另外，专项督导评估各县市的义务教育经费和管理体制以促进义教工程实施和加强学校管理。

2001年地、县督导室开展对全地区教育费附加征、管、用情况，学校收费情况，师德师风，教育教学，德育工作，体育卫生工作、校园绿化、美化、净化的督导检查评估。2005年，根据《贵州省普通高级中学督导评估方案》，地区行署教育督导室、地区教育局组织人员督导评估纳雍县乐治中学等9所农村完全中学的办学方向、学校管理、教学质量、办学条件，评估后分别予以奖励。2006年，毕节地区教育局坚持督政与督学相结合，充分发挥教育督导作用。对威宁、赫章“两基”攻坚工作进行督察；督促、指导大方县“两基”复查和普及实验室验收工作，做好“两基”巩固提高，保证“两基”年审质量。按照《贵州省人民政府教育工作督导评估方案》，开展督导评估，并对各县市落实义务教育经费保障机制、职业与成人教育、学校安全等工作进行督导检查。

## 四　教育经费和学校建设

**教育经费**　1．经费来源。明清时期，教育经费来源于政府拨款和个人支助。在个人支助教育经费方面自明朝就有之。明正统三年（1438），卫指挥唐谏，为开发桑梓文教，培养人才，奏请建学立师，唐谏捐奉为倡，得到僚属响应，上至卫指挥使，下及千、百户官场捐，唐本人献出宅地为学堂。清光绪二十八年（1902），平远州牛场富户黄乐园倡议建学，得乡人赞助，在大佛寺创办学堂，设备及经费，公认拨财神庙、江西庙、张爷庙庙产供给，不足部分由富户捐助。在朝廷拨款方面，自清顺治时始有。清顺治十五年（1658），朝廷规定，为土司子弟设立的学堂，“岁给饩银8两、膏火银24两，地方官动正项开支”。水西宣慰使辖地蛇场（今黔西县金碧镇）设立的社学，地方官取文理明通者一人充教读，按数由宣慰使给饩银8两，膏火银24两。光绪二十九年（1903）清政府颁布“癸卯学制”，光绪三十一年（1905），废科举考试，建府、州、县教育行政机构，相继创办公立、私立学堂，其经费分额支和活支两种，额支为教师工资，活支指学堂内伙食、办公经费，要求两项支出经费在前一年编定预算交地方官批准，按日支取。光绪三十三年（1907），毕节县教育经费统计，原有经费：膏火息银280两；膏火租谷每年40石，换银40两；赤水义渡租谷24石，变银80两，三项共480两。新筹经费：屠捐每年500两；酒捐每年400两；盐布杂货捐每年500两；土捐视年景定数，四项除土捐外共1400两。原有和新增两项合计共1880两。

民国初期，教育经费仍无统一规定、其来源与清末相同。民国6年（1917），照省教育委员会向省议会提出的《整顿全黔教育案》意见，各县虽设地方教育经费局，学款由经费局统管，但经费多被挪作军费，造成学校经费支绌。政府核拨经费较好的大定县，时有小学校19所，教职员68人，县政府仅核拨6690元，平均每校352元，每个教职员年均工资20元左右。不少小学只有从田租所得或由政府出面组织募捐弥补缺额。民国24年（1935），清理和整顿教育经费，建立一些规章制度，教育经费的收支略有好转。民国28年（1939），规定实行统收统支，省政府并作硬性规定，县教育经费占县预算的40%，其中用于国民教育的经费占教育经费的40%。实行统收统支办法后，筹款渐趋统一，主要由学款产息收入、屠宰税附加、斗息、牲牙捐、碾捐、秤捐、省款补助7项收入中解决。民国30年（1941），省政府确定将各县田赋留县六成作教育经费，各县教育经费较前有所增加。民国32年统计全区教育经费447.81万元，最多的织金县64.41万元，最少的纳雍县24.97万元。民国35年（1946），教育经费锐减，货币贬值，物价上涨，教职工难以维持生计，不得不采取筹集尊师米等办法维持，不少学校被迫停办或合并，到中华人民共和国成立前夕，各类学校几乎全部停办。

中华人民共和国成立后，教育经费主要来源国家财政拨款。1950～1952年，教育经费由地方附加粮内开支，不足款项动支部分公学田租，教师工资以大米支付，一般每人每月大米150斤。1953年后，改由国家拨款，其来源是国家拨给的预算资金，教育事业费另有学生缴的学杂费，学校列收的勤工俭学费。1953～1957，全专区教育经费由64.5万元增至242万元。1958～1960年，教育发展过快，经费支出增加，1960年拨出经费514.3万元，超过当年国民经济负担能力。1961年起贯彻调整、巩固、充实、提高方针，整顿、精减学校，增办一批民办公助学校以缓解学校不足的矛盾。1962年教育经费调为327万元。1963年后，教育经费逐渐增加。1966年教育经费为590.1万元，比1962年增54%。1968年，受“文化大革命”影响教育经费有所下降，为554.9万元，1970年后回升到624.5万元。1976年后，教育经费逐年增加，1976～1988年，教育经费由1281.5万元增至6956.2万元，增5.43倍。但教育经费的增长却跟不上事业发展的需要，生均公用经费一度呈下降趋势。

**1985～1992年毕节地区教育经费支出统计表**

单位：万元、%

| 年份 | 教育事业费 | 占财政支出 | 其中公用经费 | 年份 | 教育事业费 | 占财政支出 | 其中公用经费 |
|---|---|---|---|---|---|---|---|
| 1985 | 4479 | 20.85 | 20 | 1989 | 6773 | 13.49 | 19.3 |
| 1986 | 5267 | 20.18 | 26 | 1990 | 8594 | 16.49 | 22.2 |
| 1987 | 5748 | 17.76 | 28.72 | 1991 | 8741 | 16.57 | 20.5 |
| 1988 | 6956 | 16.51 | 26 | 1992 | 10465 | 17.1 | 14 |

1989～1992年毕节地区中小学生均公用经费统计表

单位：万元、%

| 年份 | 教育事业费支出 | | 小学经费 | | | 中学经费 | | |
|---|---|---|---|---|---|---|---|---|
| | 总计 | 人员经费 | 支出数 | 生均 | 生均公用费 | 支出数 | 生均 | 生均公用费 |
| 1989 | 6773 | 80 | 3642 | 44.4 | 4.82 | 1268.4 | 98.8 | 22.8 |
| 1990 | 8597.5 | 79 | 4639 | 55.9 | 7.72 | 1731.9 | 139.6 | 26.5 |
| 1991 | 8741.6 | 80.2 | 4832 | 59.3 | 6.79 | 1600.4 | 127.3 | 25.6 |
| 1992 | 10465.3 | 86 | 6073.8 | 74.6 | 5.28 | 2111.3 | 151 | 21.9 |

在校生均公用费中，维修费占的比重很大，而其他经费寥寥可数。1989年普通中学、农职中学、普通小学的维修费分别占公用经费的62.87%、67.7%和74.24%。除去维修经费，所剩无几。据《金沙县志》记载20世纪80年代“直线上升的教育经费被人员经费占用，而公用经费呈下降趋势，1985年比1965年下降15.2%。1985～1990年的生均公用经费分别为：小学4元、6元、15元、9元、6元、4元；中学为15元、30元、15元、18元、38元、14元”。

1993年，中共中央、国务院颁发《中国教育改革和发展纲要》，要求教育经费要做到中央和地方政府教育拨款的增长要高于财政经常性收入的增长，在校学生人数平均的教育费用逐步增长，教师工资和生均公用经费逐年有所增长。1994～2005年，中共毕节地委，毕节地区行署根据《纲要》的要求，逐年增加教育经费。2001～2009年，全地区教育经费支出分别为：2001年6.73亿元；2002年8亿元；2003年9.04亿元；2004年11.03亿元；2005年13.3亿元；2009年39.37亿元。

2.教育经费管理。清末至民国初年学校经费的筹集和管理无统一规定，经费来源不同，筹款办法和开支标准也各不相同。地方教育经费归劝学所管理。民国6年（1917）县成立经费局，教育经费由经费局管理。民国19年（1930），贵州省政府颁布《贵州省各县财务局监理教育经费暂行规程》，各县教育款产的收支、保管、概算、决算由教育局主管，同时接受财务局监督，单据账册经财务局审查盖章后，确认有效。民国24年后，贵州省政府先后制定《贵州省各县教育经费稽核委员会简章》《贵州省各县义务教育经费管理办法》，各县照文规定，县教育专款由县政府统收统支，并成立委员会负责财务稽核，明确教育经费，专款专用，不得挪作他用。民国36年（1947）后，贵州省政府制定《贵州省各县、市地方教育经费处理方案》《贵州省各县、市教育特种基金保管委员会章程》规定，各县照规定成立教育特种基金，保证专款专用，经费独立。

中华人民共和国成立后，人民政府重视教育经费管理。1951年，贵州省文教厅制发《贵州省属文教机关学校经费开支标准》，毕节专区照此标准发给文教工作者工资、供给生活费，中、小学公杂费及私立中小学补助费。1953年起，教育经费改由国家拨款，实行“条条”为主的管理体制。1955年，省教育厅、财政厅联合制发《贵州省1955年度教育事业费开支标准》，增加地区和县民族学校办学经费，并对民族学校学生生活补助费、服装补助费、医药补助费、书籍文教补助费作出具体规定。1960年，省人民委员会制发《贵州省公办中、小学幼儿园（班）学杂费收支管理办法》，1964年重新修订。《办法》规定学杂费为“特种资金”，年终结余不上缴财政，结转下年度使用。1964年降低农村学校学杂费标准，扩大农村学校学杂费减免比例，并规定学校留存一定比例的学杂费。1963年，全专区遵照执行省教育厅、省财政厅制发《关于加强我省教育经费的管理意见》，办理教育经费的管理问题。1974年，省教育局、财政局、卫生局联合发出《关于转发〈全国教育卫生和行政财务座谈会纪要〉和三个办法的通知》，制定《关于中小学财务管理问题的意见的补充意见》《意见》规定从教育经费中安排民办教师生活补助费，并规定具体的补助标准，把民办教师补助纳入经费预算，1978年后，国家大幅度增加教育拨款。在经费计划安排上，按照先吃饭后建设的原则，首先安排人头经费，然后按照轻重缓急安排公用经费。1980年起实行计划收支、分级包干的财政体制。此后，地区教育局不再提全地区教育经费的分配方案，教育经费随同地区财政对各县所定的收支指标统一下达。地区教育局只负责地直教育单位的预算管理。

3. 助学金管理。1951年，贵州省文教厅根据西南片区文教部制订的《西南片区大中学校人民助学金暂行条例》的规定，制订《贵州省各级学校人民助学金补充办法》。《办法》规定人民助学金分五等，甲等每月大米70斤，乙等60斤，丙等50斤，丁等35斤，戊等25斤。省的《补充办法》规定，少数民族学生享受人民助学金的比例，中等以上学校为100%，小学为15%。其他小学一般不设人助金。1954年，省教育厅拟发《调整1954年中等学校人民助学金办法》，人助金比例为高中30%，初中20%，师范100%。人助金标准中学分4等，甲等人民币7.5元，乙等6.5元，丙等5元，丁等4元。师范初师平均7.5元，中师平均8.5元，并强调人助金要优先照顾工农子弟、烈军属子女和归国华侨子女。之后，对人助金的比例和标准先后进行过多次调整。2002年，根据国家政策，全地区有少部分农村义务教育阶段家庭贫困学生开始享受免费提供教科书。随后享受人数逐年增加。2004年，农村义务教育阶段学生免杂费和为家庭经济困难的寄宿生提供生活补助费政策开始在全地区部分乡镇实施。2006年全地区农村义务教育阶段学生全部免除学杂费。2007年，秋季全地区农村义务教育阶段学生全部免除书费。

**学校建设** 1. 校舍建设。民国以前，校舍建设无统一的规定和统计，国家投入的资金微薄，解决校舍的办法主要是利用庙产、祠堂或其他公房改建。私立学校由办校人或办学团体自理。另外有国家拨款、私人捐资和群众义务出工相结合兴建的。直接由国家拨款新建的仅有毕节弘毅中学、黔西县第二小学等儿所学校。除少数学校条件较好外，绝大多数校舍条件很差。中华人民共和国成立后，随着国民经济建设的发展，教育事业相应得以发展，教育基本建设投资逐年增加。1953～1957年，教育基本建设投资完成81.3万元，占全专区同期各项基本建设投资的5.7%，新建落成毕节一中、黔西中学、大定中学、威宁民族中学等10所学校教学楼。1959

年，全地区教育基本建设投资总计完成75.4万元，加上人民公社集体办学投入的资金和劳力，校舍面积增长快。1961年教育基本建设投资相应减少。1966～1970年，基本建设重点保证毕节耕读师范，毕节二中，黔西二中、毕节七、八小学的教学楼建设，而绝大多数中、小学建设处于停滞状态。1971年后教育基建投资优先用于县城或集镇新建的初级中学或完中，对仍在寺庙、祠堂上课的学校及20世纪50年代初建的校舍进行扩建或加固。1976年后，教育基建投资大幅上升，除省拨款外，地区教育局筹集资金保证毕节师专、毕节教育学院、毕节工校、毕节农校和毕节二卫校教学楼的新建。同时逐年增加毕节一中、师范教职工住宅的新建投资。各县视本县实际，具体落实投入项目。据统计，1976～1980年全地区教育基本建设累计完成投资775万元，房屋竣工8.02万平方米。1981～1985年，完成投资近4000万元。教育基本建设投资大部分集中在县城，对农村照顾不够，形成农村学校校舍简陋、危房较多。1980年中共中央、国务院发出《关于普及小学教育若干问题的决定》，全地区教育基建投资多数安排给农村学校。1985年，中共中央颁布《关于教育体制改革的决定》，中央、省、地、县各级政府增加教育基本建设的投资，危房改造资金列入预算，实行专款专用。1987年，省委、省政府提出3年完成全省中小学现有危房改造和维修的方案，要求各级政府采取分级负责的原则，尽快解决危房维修。是年，毕节地区投入危房维修建设资金893.27万元，1988年增到1362.77万元，完成维修改造学校688所，房屋15万余平方米。1988～2008年，全地区共完成教育基建投资近20亿元，其中中央专款5亿多元，地方投入14亿多元，竣工校舍500多万平方米。使全地区中小学校舍从1987年的149.24万平方米增加到2008年的550.06万平方米，新增400.8万平方米，增268%；中小学校舍危房大幅下降，共维修改造危房100多万平方米，使全地区中小学校舍总面积中的危房率从1987年的35.3%下降到2008年的0.32%，下降34.98个百分点。为全地区教育发展史上前所未有。全地区初中寄宿制学校增加，2008年达到200多所，80%以上的乡镇修建寄宿制学校。这些寄宿制学校，少的可解决300左右学生寄宿，多的可解决800左右学生寄宿，总共解决10多万学生的寄宿问题。一大批学生告别长途跋涉上课的历史。2009年，共投资6亿多元，建筑校舍面积60多万平方米。2010年，启动70所中小学校舍安全工程，投入资金6850万元，新建校舍面积5.11万平方米，维修加固校舍面积1.94万平方米；投入资金4.12亿元，改扩建义务教育阶段学校校舍471所，新建校舍面积41.15万平方米。完成捐建学校工程9所，推进毕节一中迁建和实验高中、民中改扩建工程，8县市职业学校建设工程及7县市普通高中学校新建工程。

2．教学设备配置。中华人民共和国成立前，学校教学设备简陋。小学除课桌外，无其他设备，中学也只有地球仪少数简易教具。中华人民共和国成立后，教具逐步进入各级学校。1959，省教学仪器设备处成立，负责全省教学仪器的管理、生产和供应，给全省中小学按计划陆续配置必要的教学仪器，区内各级学校教学设备逐步增加。1966～1976年“文化大革命”时期，区内学校图书和仪器设备流失毁坏严重。

1977年后，区内学校认真抓教学仪器的充实和配套。1984年起，在毕节电大，毕节一中试行卫星电视教育和学校常规电教。1985年，全地区用于添置普教仪器的专款40万元，以后按此数逐年拨给。1988年拨160万元，按国家教育部规定分别给70所中学、70所小学配齐教学仪器，为部分中小学配置电脑；给中等专业学校和地区重点中学配置电影、电视、录音、录像设备。是年，执行省人民政府《关于发展高等教育的决定》，由省、地两级拨出专款，为毕节师专、毕节教育学院修建教学楼、实验楼和图书馆。自是年起，全地区每年投资53万元，购置和维修课桌椅。1988年，毕节地区教育学院建地面卫星接收站14处，安装接收机18台；购置录像机14台；录像带4123盘，录制节目2483个；设置放像点53个，配录像机53台，放映1228场，2．35万人参加培训。据是年统计，全地区有44.54万套完好课桌凳。至2008年，绝大多数学校更换、添置课桌凳，补充图书、仪器设备，学校办学条件达标较大幅增加。全地区小学图书644.71万册，1646所小学体育器械配备达标，563所小学音乐器材配备达标，1560所小学美术器材配备达标，1902所小学教学自然实验仪器达标，214所学校建立校园网。全地区普通中学图书642.95万册，351所中学体育器械配备达标，339所中学音乐器材配备达标，美术器材配备达标，368所中学理科实验仪器达标，182所中学建立校园网。

## 第十三节　教育教学科研

### 一　机构人员

民国32年（1943）10月，贵州省政府颁发《贵州省各级国民教育研究会工作大纲》，各县比照执行。民国33年（1944）9月，毕节县政府制定《贵州省毕节县国民教育研究会办事细则》，确定毕节县国民教育研究会附设于县政府教育科，由教育科长任主任，每半年召开研究会1次，研读论文，讨论提案。每月召开工作讨论会1次，以资联系并促进会务之进展。

1955年1月，毕节专员公署根据省的要求成立中学教研组，视导中学教学工作。1959年秋，成立专署文教教研室，成员5人，是年，各县先后成立教研室。区（镇）以中心校为主，划分为辅导学区，以学区为单位开展教研活动，基本形成地、县、区三级教研网。1966～1976年“文化大革命”中，教研工作停滞。1978年后，全地区逐步恢复地、县教研机构，配备教研人员。购置必要的设备和图书资料，开展考研工作。至1988年，全地区教研室有人员55人，根据职称改革的有关规定，全地区评为高级职称的教研员28人，占50.9%；中级职称22人，占40%；初级职称5人，占9.1%。至2004年，地区教研室增至12人。全区教研人员151人。

### 二　教育科研活动

**清代及民国时期的教研活动**　道光二十七年（1847），大定府城和府辖地一些农村设义馆。知府黄宅中在任期间，设西乡义列义馆，对义馆教育进行研究。著《黄宅中与义馆学师论课学》一文，义馆教育内容、教学方法、教师修养诸方面的见解，对义馆教育有一定影响。清末，黔西拔贡陈筱溪先后在平远、大定、黔西教书，自编《蒙童须知》教材用以蒙童；编写《蒙童对联》，激发学生学习词语的兴趣和培养运用词语的能力。民国30年（1941）教育部颁布《各级国民教育组织通则》。民国35年（1946），毕节县下发第八次国民教育研究问题的提纲，内容有：如何发展儿童本位教育、小学教科书审定与国定制利弊如何、小学教科书应采取审定制或国定制，或审定制与国定制并行、初小第一学年应否教学算术。民国12～13年（1923～1924），大定向渭川任县督学，用近5年时间编成一套小学生识字读本《国学初基》。民国13～26年（1924～1937），大定私立三民小学、求是小学和背佐三民分校，都采用《国学初基》作国文教材。民国31年（1942），毕业于北京大学的丁扬斌由外地转回家乡黔西县林泉区白泥田设私塾教学，使用自编的《学术文》《应用文》《美术文》作国文教册教材，在教学中，对高中、初中、高小不同程度的学生因材施教。

**中华人民共和国成立后的教育研究**　1．教育经验学习。20世纪50年代初，学校学习苏联教育家凯洛夫主编的《教育学》和普希金教授编写《教育科学讲座》，对学校的教育教学工作产生较大影响。1964～1965年，执行省教育厅关于“教学方法的改革是提高课堂教学质量的关键”的指示，针对课堂教学中普遍存在老师讲得多，作业留得多，考试测验多的现象，提倡启发式、反对注入式；提倡小而精，反对多而杂；提倡精讲多练，反对满堂灌，以减轻学生过重负担。1959年8月，中共毕节地委文教办召开全专区中学语文教学经验交流会，讨论通过《对中学各年级语文教学目的任务的初步意见》，会后在全专学校参照施行。1982年暑假，举办全地区初中《法律常识》讲习班。1983年，组织教研人员到上海学习育才中学《读读、议议、讲讲、练练》的教学方法。1984年组织到湖北大学听《六课型单元教学》讲座，1985年2月，国家将《中共中央关于经济体制改革的决定》作为高中政治课代用课本。是年寒假，地区教研室召开研讨会，研究政治课新教材的教法。是年，组织教研人员到北京，哈尔滨学习《马芯兰教学法》《注音识字、提前读写》教改实践经验。1986年4月，在威宁县召开全地区小学语文注意识字，提前读写教改实验研讨会。1987年10月，举办全地区改革实验教材《政治常识》讲习会。是年，组织教研人员到广州参加《标准化考试理论与实践》培训班学习。1988年，组织教研人员到成都学习《目标教学》《教育系计》。

2．参与教材编写修订。1975～1979年，根据贵州省教育厅的统一部署，地区教育局组织教材编写组参加全省小学数学教材编写、修订。编写口算笔算、珠算结合的《贵州省小学数学课本》1～10册，修订《贵州省小学算术教材》1～10册、“三算”结合教材参考资料1～3册。1988年11月，地区教研室刘世桢参加编写贵州省教科所《小学生作文指导》教学辅导书第十一、十二册。是年12月，地区教研室人员参加编写《贵州省初中劳动技术课》第二册第八章《刺绣、毛线编织、草编》。1986～1988年，毕节高等师范专科学校高级农艺师赵正恭，被国家教委聘为全国师专教材《农业基础》主编，全书31万字，赵撰写其中的14万字。1990年10月，该书由东北师范大学出版社出版。

3．教育教学改革。1985～1987年，织金县在全县小学一年级推行“直呼言节”教改活动，近10万学生接受训练。1988年，未昌中学举办中学语文、教学观摩教学活动，请毕节教育学院中文系副教授谢笃圣、封正明作语文教学改革专题报告。1978年，地区及各县教研室采取学习，宣传、实践、总结、评奖办法，在学校逐步开展教改实验。至1988年底，全地区完成或正在进行的教改实验项目共16项，其中小学6项、中学10项。到1989年，全地区存6个学科，80个班进行教学改革试验。其中较大规模的教改实验有：小学语文注音识字，提前读写和马芯兰教学法实验；实施《提高初等教育质量联合革新计划》；实施国家教科所“十五”规划重点课题西南地区农村中学教育跨越式发展研究组织、引导教师撰写教研论文。组织开展教研和教学观摩活动；开展教学科研评比活动。据统计：1980～1988年间，全地区各级教师在省级和全国性刊物上发表教研文章296篇，在地区《教研园地》发表教研文章539篇。其中地区教研室教研员刘世桢撰写的小学语文教材教法研究文章60余篇，分别在省内外刊物上发表。黔西二中教师吴光棣就中学化学教材教法、威宁民族中学教师陈绍炎就中学文言文教学、赫章中学校长陶家礼就学校管理、大方县教育局副局长徐德后就民族教育、家庭教育撰写的研究文章在省地教育刊物上发表的都在10篇以上。毕节师专教师在《毕节师专学报》上发表139篇科研论文，在省级和全国性刊物上发表的有22篇：其中青年教师解世雄先后在《贵州师大学报》《贵州高教》《物理教师》省内外刊物上发表学术论文9篇。1995年，毕节地区教育局先后举办小学数学、语文，中学物理、数学、中小学美术优质课观摩。1997年，地区教育督导室全年督导学校36所次，听课740多节；举行8个学科18个学段优质课评选，129名老师参评。推荐8个课时送省参评，2个获二等奖、5个获三等奖。是年，贵州省教育学会评选首届教育科研成果奖，毕节地区师范党校王鉴清的《智力、人力与教学》获二等奖；毕节一中吴昌荣的《在政治课教学中对学生进行思想政治教育的作法》、黔西二中吴光棣的《图示法在化学教学中的作用》、毕节一中窦澄清的《试谈中学体育课用点物理知识进行教学问题》获三等奖。1987年5月，省体育科学会召开首届论文报告会，毕节一中窦澄清的《特殊时期学校体育的位置及其实施中应处理好的几个关系问题》获三等奖。1988年5月，贵州省开展教改实验评比活动。经评比，毕节地区毕节一中《体育课整体改革实验》获二等奖；威宁一小《注音识字、提前读写》实验，织金阿弓区民族小学《小学生能力发展》实验、毕节一中《中学数学自觉辅导教学》实验，毕节六中《初中作文教学方案》实验获三等奖。1989年，地区教研室组织各学科学会会员分别到各县讲示范课，抓小学语文、数学优质课评比，初中数学目标教学实验。黔西一中高远见获省中学思想政治课上好课二等奖，威宁一小陈卫红、金沙一小王宇智分别获小学思想品德课上好课二、三等奖。是年，毕节地区教育学会上报教研论文5篇参加全国教育学会评比，被评为全国教育科研先进集体。1992年10月18～21日，地区教育局举办全地区小学语文、教学优质课评比；11月举办全地区中学英语教学录像评比。是年10月28～31日，省举办物理学研究会成立30周年纪念会暨学术年会，毕节地区选7篇论文参评，获一、二等奖各1篇，三等奖2篇。

2007年，做好“十五”期间2006年课题中期督察，组织申报并立项12个2007年省级课题，其中2个为省级重点课题。出台“决战课堂，新教材大练兵”课题研究实施方案。2008年，制定《毕节验区可持续发展教育研究与实施方案》，编辑出版可持续发展教育区情读本——《走进毕节、走进试验区》。人人都是德育教师、课课都渗透品德教育 、校园处处都是育人环境的理念和教育实践探索开始形成。2010年，开展区域性教研和蹲点式教研，加强教学视导、调研和有针对性的教学指导，组织15科次450人开展学科优质课评比和1.31万学生参加的数、理、化学科竞赛。

附：学校选介

## 毕节地区行政公署幼儿园

1952年5月，毕节军分区和毕节专署联合在毕节落水洞杨家龙门合办地专机关托儿所，招收地专机关县级以上、军分区营级以上干部子女，1954年改为毕节专署主办，招收地专机关干部子女，1966年开展“文化大革命”，招生范围扩大到地直各单位。1981年财政拨款31万元，1984年建成拥军路寄宿制部。1985～1989年，财政分期共投入55万元，将原古道路园舍改建和扩建，建教学楼三幢1608平方米，幼儿厨房248平方米，职工宿舍4幢2574平方米。1990年，全日制部扩地960平方米，1998年幼儿园集资80万元，财政补助40万元，职工集资20万元，合计140万元建成全日制部教学大楼1450平方米，扩教室11个，并修建办公用房和辅助用房。全园现有固定资产423万元。至2007年，全园共占地1.47平方米，园舍5320平方米，有31个班，在园儿童1500人，106名教职工，其中特级教师1名，高级教师42名，管护师2名，医生2名。

毕节地区行署幼儿园自中华人民共和国成立以来，认真贯彻《幼儿教育指导纲要》，坚持制度化管理，规范化教学，坚持为社会服务理念，不断完善管理制度。曾荣获三八红旗集体、毕节地区精神文明建设先进单位、贵州省绿化示范单位、全国三康工作先进单位称号。1993年被评为贵州省一类幼儿园，毕节地区示范幼儿园。2001年被评为市卫生先进单位，2005年，被地区卫生局列为食品卫生B级免检单位。

## 毕节第一小学

原为清康熙三十五年（1696）建的松山书院，光绪二十七年（1901），改建为毕节县求是学堂。民国28年（1939），迁至今毕节县百花山顶。中华人民共和国成立后，先后改为毕节县第一小学，毕节市第一小学。1996年，纪念中国工农红军胜利60周年，中央军委决定在红军长征沿途建几所“八一希望小学”，选定毕节第一小学为其中的一所。1999年11月，毕节地、市在毕节第一小学隆重举行江泽民总书记题写《八一希望小学》授牌仪式，正式命名毕节第一小学为“八一希望小学”。至2005年，学校占地7781平方米，校舍3984平方米，并设有仪器，实验体育、微机室，多媒体教室、图书阅览室。有33个教学班，在校生2813人；学校教职297人，专任教师87，其中大专以上学历68人，高级教师48名。

毕节第一小学具有光荣的革命传统。1935年，校友林青（李肃如）在毕节建立中共贵州地下组织毕节支部，组织民众开展抗日反蒋活动。受林青革命行为影响，学校校长刘安书，教员秦天真、宁起家先后加入中共组织，教员肖绍斋、刘竹君自觉接受革命思想、加入进步组织，参与革命活动，并作出积极贡献。

学校以人为本、以德为先、依法治校、民主理校、科研兴校为办学理念。全校师生发扬与时俱进、永不言败的精神，逐步形成爱国、文明、诚实、勤奋的优良作风，勤耕耘乐奉献甘为人梯，讲团结比实绩永保一流的教风和好学、善思、求真、进取的学风。全面贯彻党的教育方针，坚持德育为首，落实以创新教育为核心内容的素质教育，积极推进新课程改革，面向全体学生，全面发展学生，培养学生创新精神和创新能力，发展学生个性和特长。连年组织毕业生参加毕节市小学毕业会考，连年成绩居全市前茅，优秀率逐年上升。1980年，学校被贵州省人民政府评为“省教育战线先进集体”，学校少先大队多次被共青团贵州省委、省教育厅评为红旗大队，多个中队被评为新世纪我能行特色中队、百佳中队。学校多次荣获地、市教学常规管理先进学校德育工作示范学校、巾帼文明示范岗等称号；教师中有多人受各级部门表彰，其中赵兴秀校长被评为全国少儿优秀工作者，赵玉兰获毕深奖，江兴菊被地区教育局树为毕节地区教育系统建功立业标兵。

## 贵州省毕节第一中学

民国31年（1942），建毕节县立毕节中学、私立毕节县弘毅中学。1950年，政府将毕节县立中学、毕节县私立弘毅中学合并改建为贵州省立毕节中学，1963年改称贵州省毕节第一中学，隶毕节专署领导。至2005年，毕节第一中学校校园占地4.5万平方米，校舍至2011年有49个教学班，在校学生3998人；教职工207人，其中高级教师77人，特级教师4人，一级教师46人。学校图书馆藏书8.1万册。2000年前为完全中学，2001年后为高级中学，2002年被贵州省评为省级二类示范性高中。学校有比较完备的现代教育技术设备，是全国现代教育技术实验学校，贵州省现代教育技术实验先进学校，贵州省教师教育现代化教学实习基地；是贵州省普及中学实验教学基地。

学校认真执行党和国家的教育方针，重视学生全面素质的培养，办学成绩显著，被评为全省德智体全面发展的先进学校，为国家培养大批人才。改革开放30年来，向高等学校输送合格新生6350多名，其中考取北大、清华31人，获清华大学教育基金会奖励，被指定为中国人民解放军成都军区和国防科技大学国防生源基地。学校注重对学生进行现代科学技术教育，组织学生参加全国数、理、化、英等学科竞赛，多次取得优异成绩。1992～2005年获省级一等奖以上54人次；获省级研究性学习成果奖113项、全国中学生论文大赛奖13项；计算机竞赛成绩尤为卓著，获全国奖31项，省一等奖20项，并多次代表贵州参加全国竞赛，被评为全国计算机优秀参赛学校，获中国青少年科技创新奖1项、全国创新大赛三等奖1项、省级奖15项。体育、文化、艺术活动活跃，在省、地举办的各种文、艺、体活动中多次夺冠，集邮活动全省瞩目，有5部学生邮集在全国集邮展览中获镀银奖和铜奖。

20世纪80年代以来，完成中国科学院心理研究所教学实验课题及全国教育规划课题子课题5项、省级课题子课题1项、省级独立课题2项，科研成果获9项省级奖。研究性学习课程实验成果获全国一、二等奖5项，自编校本教材《通向科学之路》被中国教育学会推荐为优秀校本课程资源。30余名教师获省级以上政府部门授予光荣称号，其中国务院特殊津贴获得者1人，全国优秀教育工作者1人，全国优秀教师3人、全国模范教师1人，特级教师13人。全国政协副主席、中国农工民主党中央主席卢嘉锡，原国家教委副主任彭珮云，全国政协副主席、中国民主同盟中央名誉副主席厉以宁先后到毕节一中视察。原中国人民解放军上将，国防大学校长萧克为毕节一中题写“严谨、勤劳、求实，创新”的校训。

## 大方镇中学

始建于1974年，位于大方县城中心地带。学校占地1万平方米，校园清流环抱，环境优美，校园绿地约700平方米，拥有城区面积最大的绿化林带。拥有校舍约2200平方米。学校配置有教师电子备课室、生物实验室、化学实验室、物理实验室、学生微机室、网络教室、多媒体教室；有阅览室、图书室各一间，图书3万册；校区有较标准的球场、操场及学生课外活动场地。

学校现有教职工54人，其中研究生学历2人，本科生11人，大专生42人，其他3人；有中学高级教师12名，一级教师19名；有地级骨干教师4人，县教研室兼职教研员4人；有14名教职工为中共党员。

学校现有在校学生1000余人。2008年全国数学竞赛（奥赛）中，镇中学生4人获一等奖，2人获三等奖；参加全国物理竞赛15名获复赛资格；参加全国化学竞赛3人获奖；参加全县初中生英语、数学、物理、化学综合素质竞赛，49人次获奖。2008年地区中考，学校成绩大面积提高，1名学生以587.5的总分成为县中考状元。大方镇中学相继获得省级实验教学示范校、地级实验教学示范校、毕节地区德育示范校等称号。

## 毕节地区民族中学

始建于1992年，是毕节地区唯一一所集民族性、农村性、扶贫性于一体的全寄宿制民族高级中学。学校位于毕节市倒天河畔，占地4.7万平方米，1992年，地区投资1332万元，兴建校舍2.2万平方米，绿化美化1.2万平方米，运动场约2万平方米。学校设有音乐室、美术室、形体训练室、射弩训练馆，藏书8万余册。至2011年，有教学班43个，在校学生2860余人，学校教职工164人，专任教师97%学历达标，近70%的为中、高级教师，省级骨干教师3人。学校面向全地区招生，对学生采取寄宿制、半封闭式管理，实行奖学金、助学金制度，实施减免学杂费工程、爱心助学工程，激励全体学生奋发向上，帮助贫困学生完成学业学校贯彻党的教育方针和民族政策，以人为本、和谐发展、争创一流。历届学生参加高考、会考、竞赛，成绩突出，建校以来，学校为北大、清华等“211工程”院校输送大专本科学生1820人。2005年被国务院评为全国民族团结进步模范集体，2006年被评为全国中小学思想道德建设活动先进单位，2007年6月被评为第六批省级示范性高中，11月被评为贵州省民族民间文化教育项目学校全国民族中学教育协会示范校，2008年10月再度荣获全省民族团结进步先进集体称号。2011年通过省级语言文字专家组评估，获“贵州省语言文字示范校”称号。

## 毕节市职业技术高级中学

坐落于毕节城郊五里坪。始建于1979年，原名毕节第五完全中学，1988年6月，毕节县人民政府将其改办为毕节县职业技术高级中学。2001年3月被省人民政府命名为省级重点职高。学校占地45亩，校舍1万平方米。各专业教学、实验（训）设备总值266万余元。拥有各类藏书近3.5万册。

学校先后开设服装制作、乡镇企业管理、烹饪、烟草机械、家电维修、幼儿师资、电子电器、文秘中英文打字、文秘办公自动化、计算机应用基础等10个余专业，学制2～3年。1991～2007年，学校分别在行署和市幼儿园、清水铺镇南关小学柑橘园、毕节市蓝梦职业教育发展有限公司建立学生实习基地。学校现为阳光工程培训基地，毕节市下岗职工再就业培训基地，贫困地区农村劳动力转移培训县级教学点和毕节市煤矿职工培训基地，千乡万才会员学校。20年来，学校共毕业职高学生2176人，就业率达90%以上。2005～2007年，培训农村剩余劳动力6276人，转移上岗5816人，转移就业率为92%。

学校现有教职工85人。专任教师78人，其中本科学历33人，大专学历45人；高级教师9人，中级教师26人，初级教师43人；文化课教师43人，专业课教师25人，实习指导教师10人。教职工有中共党员18人，共青团员10人。

1992年学校被团中央评为合格乡校；1997年被评为毕节地区德育工作先进学校，1998、1999年在毕节地区职业教育督导评估中，名列第一和优秀；2005年被评为毕节市德育先进学校；2006年被省教育厅、人事厅等七部门联合表彰为全省职业教育先进单位。

1996年3月14日，副省长龚贤永莅临学校视察；1997年6月3日，副省长马文骏视察学校，作“振兴职业教育，培养适用人才，发展地方经济”题词。2003年11月7日，教育部港澳台事务办公室副主任、对外交流司副司长丁雨秋女士莅临学校，检查邵方逸华助学金实施情况。2004年4月14日，毕节实验区专家顾问组常务副组长、中国农业大学教授常近时视察学校，作“祝愿毕节职中越办越好！”题词。2005年12月22日，副省长刘鸿庥视察学校。

## 毕节广播电视大学

1979年10月20日建成，时为贵州广播电视大学毕节工作站，隶属毕节地区教育局领导。1986年3月，将贵州电视大学毕节地区工作站改建为贵州广播电视大学毕节分校，隶属毕节地区行署领导。2008年6月，中共毕节地委、毕节地区行署将贵州省广播电视大学毕节分校改建为毕节广播电视大学。学校自1979年开始进行单科培训起，经历过中等、成人专科、注册视听生，现代远程开放专本科，高中升专科、本科；专科升本科的学历教育过程。先后开设技工、中专、专科、本科等近百个专业教育，在校生多时达6918人，2003年实现全地区乡乡有学员，2004年开始实施一村一名大学生工程。建校至2005年，已为毕节地区培养提供各类人才1.26万余人，短期培训各类人员4.22万人次。至2008年，学校共开设专业54个，其中开放教育高中升专科12个、专科升本科12个；网络教育高中升专科8个，高中升本科7个、成人教育专科4个；在校生5869人。2011年招生

2440人，其中，开放及成人教育招生2084人，中职教育招生356人，网络教育招生155人。

2000年，完成现代远程教育接收系统一、二期工程技术改造，接通省电大到地区电大的双向视频系统。2002年完成多媒体教室、直播课堂、语音实验室、视听阅览室、VOD点播室的建设。

30年来，电大人始终把自己定位在远程开放高等教育上，秉承面向基层、面向农村、面向边远山区和少数民族地区的办学方向；培养复合型应用型人才的办学目标；施行专业结构方向化，教学形式多样化，课程设置模块化，学习过程阶段化，的办学形式；以现代教育思想为导引，以现代信息技术为支持，以素质教育为核心，以终身教育为目的，以文字教材为主体，以职业教育、成人教育、继续教育为近、中、长期任务。并不断更新教育内涵，不断丰富技术手段，不断扩大服务范围，为广大求学者进行全方位终身教育提供高水准、宽视野的教育和教学资源。

## 毕节学院

毕节学院绣山教学楼

2005年3月，教育部批准，由毕节师范高等专科学校，毕节教育学院合并而建。其前身为民国27年（1938）成立的贵州省毕节师范学校。校园占地55.61万平方米，校舍16万平方米。分东西校区，东校区为杨家塘校区，西为阳山校区。学院中心在杨家塘校区。学院建有校园网，多媒体教室、多功能演播厅及物理实验室，计算机实验室，英语语言实验室，GIS实难验室。学院图书馆藏图书51万册及清华同方学术期刊全文数据库。至2011年，教授、副教授169人，享受国务院和贵州省人民政府特殊津贴专家、贵州省省管专家、贵州省高校哲学社会科学学术带头人、省级教学名师7人，毕节地区地管专家、毕节地区专业技术拔尖人才14人，有博士、硕士326人，在校生万余人。其中全日制普通本专科在校学生1.02人，成教本专科学生4651人。建校70年来，为国家经济建设和社会发展培养各级各类人才万余名。

学院现设有经济管理系、中国语言文学系、计算机科学系、采矿工程系、农业生物技术工程系、成教部等16个教学系（部），开设有人力资源管理、英语、学前教育、音乐学、社会体育、生物科学等17个本科专业及建筑工程技术、农业技术、采矿技术等20个专科专业。建有省人文社科基地毕节试验区研究院及彝学研究院、岩溶山区生态建设研究所等科研院所，有逻辑学、汉语言文学等5门校级重点学科，承担了百余项国家级、省部级、地厅级科研项目，科研成果获省级以上奖励数十项。教学成果丰硕，获省级教学成果若干项，有省级精品课程3门、校级精品课程12门。

学院建有融“奖、贷、助、补、减、免”等途径为一体的贫困生助学保障体系，设有奖助学金13项，多方面帮助家庭经济贫困学生完成学业。

## 毕节地区卫生学校

位于毕节城东北的东关坡。1988年，建毕节卫生学校，1978年建毕节第二卫生学校。2006年，将毕节卫生学校，毕节第二卫生学校合并而建。至2005年，学校占地5.33万平方米，校舍3.38万平方米；有教职工225人，其中高级讲师54人，双师型专业保教师占专任教师数的60%以上；在校学生7600人，其中全日制学生4460人。

学校建有图书综合楼；学生公寓，教学实训楼；计算机，语言、中医、微寄、生化、药物分折、物理实验室；护理模拟病房；解剖陈列、电子阅览，形体训练室；千兆校园网及远程教育接收系统。学校注重实验教学，培养学生的动手能力和解决问题能力，各个专业均安排有半年左右的实验实习时间。

1958～1998年，学校开设有社区 医学，护理学普通中专。1999年后，坚持多层次，多形式办法，先后与贵州广播电视大学、贵阳中医学院，贵阳医学院，遵义医学院联办中西医结合大专、五年临床医学大专、“3+2”护理大专及成人医疗、护理大专、本科教育。形成普通中专、五年制普通大专、“3+2”高职、成人大专、本科的办学格局。同时，依托医疗卫生行业，开展职业技能，执业资格考试等培训。学校通过“三改三建”，增强办学能力，提高教学质量，取得显著的社会经济效益。至2005年，共为社会培养提供2万多名医护人才，其中多数成为毕节地区基层医疗机构的技术骨干。至2006年，学校开办有社区医学、护理、中西医结合、卫生保健、美容技术及护理、药剂、中药、中医骨伤、康复技术、计划生育、卫生统计等专业。

1998年，被贵州省人民政府评为文明进步先进单位。1999年，被国务院评为全国民族团结进步模范单位。2004年，贵州省教育厅批准，毕节地区卫生学校护理专业为省级骨干示范专业。2005年，国家教育部批准毕节地区卫生学校为全国重点中等职业学校。2011年，农村医学专业，助产专业为地级示范专业。

## 毕节地区幼儿师范学校

学校位于织金县城，始建于1916年，先后为织金师范讲习所、织金县简易师范、织金师范、织金县耕读师范、织金县师范、贵州省织金师范，2008年改建为毕节地区幼儿师范。1976年迁于现址。学校占地100亩，校舍2万余平方米。除传统教学设施外，建有微机室、语音室、多媒体教室、数码钢琴室等现代教学设备。学校现有专任教师82人。教师科研成果突出，由本校教师主、副编（审）全国公开出版的图书150余部，公开发表的论文500余篇。2008年经毕节地委、行署批准，由原织金师范学校转办为以培养幼儿师资为主体的师范类中等专业学校。2008年，在校学生1500多人。2010年，学校有教职工117人，其中专任教师96人。

## 毕节地区盲聋哑学校

位于毕节城西翠屏路中段左侧，1992年创办，为毕节地区集聋儿语言康复教育，九年义务教育、高中教育的综合性特殊教育学校。学校占地13750平方米，楼舍4221平方米。至2007年，学校开设19个班，在校学生272人；在职教职工65人。

学校自建立以来，坚持全员投入、全程渗透、全方位展开的德育工作方针，建立以班主任为核心，各科任老师齐抓共管的班级工作责任制，实行24小时全天候的轮流监护制。学校要求教师做到以诚挚的真情关爱学生，以高尚的师德感化学生，以良好的行为带动学生，以高度的耐心教育学生。建校16年来未出现过重大安全事故。

坚持以文化知识教育为中心，全面提高教学质量。2005年首届13名毕业生参加高考，3名考取大学本科，5名考取大学专科，实现贵州省历史上“三残”学生考取大学零的突破。2006年，7名学生参加高考，1名考取长春大学，2名考取河南中州大学，4名考取山东特殊教育学院，升学率达100%，2008年，5名学生参加高考，全部被录取，升学率保持100%，2008年，5名学生参加高考，全部被录取，升学率继续保持100%。重视学生职业技能教育特长培养，养成学生一技或多技之长。近几年，学生有96人次创作的美术作品分别获全国一、二、三等奖。学校舞蹈队多次代表贵州省参加全国文艺表演，分别获金奖1个，银奖5个、铜奖4个；2007年8月，参加省第五届盲、聋、启智学校艺术会演，获二等奖3个，三等奖2个，辅导奖3个，地区获组织奖。学校蓝球队，田径队多次代表贵州省参加全国锦标赛，取得第4名。2006年9月，组织学生参加贵州省残疾人职业技能大赛，1人获纺织竞赛第一名，并获技术能手称号。是年，学生被省残联选送到西安参加全国残疾人职业技能大赛，1人获海报设计三等奖，1人获钩针纺织第四名，1人获刺绣第五名。是年10月，组织学生参加贵州小残疾人书画、普通话竞赛，获书法一等奖1名，三等奖1名；获普通话三等奖2名。

以教学科研为切入点，推动学校教学全面开展。学校每年派出教师参加国家特殊教育研讨会，先后有23篇论文获一等奖，46篇获二等奖，85篇获3等奖。学校先后组织教师参与《贫困地区特殊教育学校职业教育的探索》，教育部《聋生职业能力培养实践与探索》的课题研究。学校承担子课题《聋人社会交往能力的培养研究》已顺利结题，并得到专家学者好评。2007年，学校组织7名教师赴上海参加中国教育学会特殊教育分会关于如何提高聋生语言能力的课题研讨会，在研讨会上交流9篇论文，一节优质录像课，全部获奖，其中一个一等奖、3个二等奖、6个三等奖。是年，学校申报《聋生良好行为习惯的养成研究》已列为省级重点研究课题。广泛的教研活动，为提高教学质量增添不断的推动力，教学质量随之提升。

## 黔西水西中学

位于黔西县城，2000年建 立。学校占地3.25平方米，校舍1.03万平方米。现有32个教学班，其中高中20个，初中12个，在校学生2172人，教职员187人，其中专职教师77人。初中教师学历100%合格，高中教师学历90%合格。

学校建有教学楼，多功能餐厅，学生浴室，学生宿舍。配有学术报告厅1个，理、化实验室各2个，生物实验室1个。设有微机室、多媒体教室、音乐室、阅览室、播音室、陈列室，教室配备有移动多媒体，三机一幕。设有标准篮球场 6个，排球场2个，羽毛球场2个，300米塑胶环形跑道、足球场、垒球场 。绿化校园8760平方米。

学校全面贯彻党的教育方针，坚持以教育面向现代化、面向世界，面向未来为指导，坚持教书育人，服务育人为本，以提高学生思想道德素质和科学文化素质、身心健康为中心，严格规模办学行为，全面提高教学质量。学校对德育、教学、班级、后勤实行量化考核，客观评价教职工的工作过程和结果。教职工从户籍到住房，从婚丧嫁娶到子女上学均纳入学校管理范围，教职工以学校为家，与学校荣辱 与共，全心全意做好教学工作。教师积极开展教研活动，有4人获省级优质课二等奖。数名教师在国家，省、地刊物发表论文近百篇，1名教师被评为全国优秀教师，20余名被评为地县骨干，优秀教师。

学校注重学生的德智体美全面发展，在学习紧张之余，组织学生开展丰富多彩的课余活动，培养学生的动脑动手能力。自2003年第一届毕业生开始，每年中、高考均取得优异成绩，中考连续6年总平均分居全县第二名，高中会考一次性合格率均在96%以上，高考一本上线率、二本上线率连续6年居全县第一、地区前列。连续六年高考文科全县第一名学生均出自水西中学。2006届黎恩银同学被北京大学录取，陈亮同学被清华大学录取，涂鑫同学被上海交通大学录取，欧阳岚同学被武汉大学录取，周林同学被中山大学录取。2007届李鑫、何欢同学均被复旦大学录取，李荣国同学被同济大学录取，张育爱同学被武汉大学录取。2008届陈定江、樊迪同学被同济大学录取，李阳旭同学被武汉大学录取，韩宜宏、丁福奎同学被国防科技大学录取，曾祥菊同学被北京师范大学录取。组织学生参加省以上学科竞赛，有130多名学生获省级以上奖励。其中陈晓磊、陈亮同学获全国中学生英语能力竞赛一等奖。杨开山、陈小磊同学获全国中学生物理奥赛二等奖。30余人次获省音乐、美术、体育竞赛一、二奖。

学校自创建以来，先后被县评为县级文明学校、教学常规管理先进学校；地级德育工作示范学校，九创一评工程先进单位；省级先进团组织。中共贵州省委副书记曹洪兴、省人大常委会副主任杨序顺、省政协副主席马文骏、副省长刘鸿庥，著名经济学家、毕节试验区顾问组组长厉以宁先后到水西中学视察。2008年，水西中学被评为贵州省省级示范性高中。

## 明清毕节地区进士名录

明初至清末，黔西北地区有进士110人，其中文进士85人，武进士25人。

一、毕节：明代毕节卫、层台卫无文、武进士，赤水卫文进士6人；清代文进士37人、武进士6人。共计49人。

（一）文进士：

1.张　谏：明正统四年（1439）己未科进士，三甲三十三名。历官顺天府尹、太仆卿、大学士。

2.陈　迪：天顺元年（1457）丁丑科进士，二甲三十八名。官至御史。

3.朱　谦：天顺八年（1464年）甲申科进士，二甲三十八名。官佥事，先授御史，升江西佥事。

4.茅　鋐：成化八年（1472）壬辰科进士，二甲四十二名。官御史。

5.周祚新：字又新、允新，号墨农，字鸿绪。崇祯六年（1633）癸酉科举人，崇祯十年（1637）

丁丑科进士，三甲九十六名。后迁贵阳青岩。官主事。

6.周之纪（1622~1682）：崇祯十四年（1641）辛巳科进士。应诰文林郎，咨国子监事。

7.阮维诚：清雍正二年（1724）甲辰科进士，三甲九十三名。官刑部主事。

8.沈维崧：雍正二年（1724）甲辰科进士，三甲一百名。官主事。

9.路元升：乾隆元年（1736）丙辰科进士，三甲一百七十一名。官福建上杭知县。

10.周 梃：字海峰。雍正十三年（1735）乙卯科举人，乾隆元年（1736年）丙辰科明通进士。官知县、知州，诰封奉政大夫。

11.周 柄：乾隆十三年（1748）戊辰科进士，三甲一百四十六名。官河南怀庆府通判。

12.吴文彬：乾隆十七年（1752）太后六旬壬申恩科进士，三甲一百五十八名。官河南南阳府同知。

13.张鹏九：乾隆十九年（1754）甲戌科进士，三甲九十五名。官河南柘城知县。

14.石永华：乾隆二十二年（1757）丁丑科进士，三甲九十一名。官吏部职方司主事。

15.秦学瀚：乾隆二十六年（1761）太后七旬辛巳恩科进士，三甲一百四十名。

16.孙中理：乾隆三十四年（1769）己丑科进士，三甲三十五名。辛卯（1771年）科补殿试。

17.陈万言：乾隆三十七年（1772）壬辰科进士，三甲四十三名。

18.张履元：字德其。乾隆五十四年（1789）己酉科进士，三甲五十七名。散馆授检讨。

19.阮文焘：乾隆五十五年（1790）清高宗八旬庚戌恩科进士，二甲二十三名。官河南光山知县。

20.吴大勋：乾隆五十五年（1790）清高宗八旬庚戌恩科进士，三甲三十九名。官福建晋江知县。

21.张凤枝：字同六，号鸣歧。乾隆六十年（1795）清高宗禅位仁宗乙卯恩科进士，三甲五十三名。散馆授检讨，官至江苏江安粮道。

22.罗天桂：乾隆六十年（1795）清高宗禅位仁宗乙卯恩科进士，三甲七十名。官广东直隶州知州。

23.邱 勋：字大猷，号蓉村。嘉庆元年（1796）丙辰科以大定学取进士，二甲二十四名。散馆授编修，官至湖北荆宜施道。

24.胡万青（藻）：嘉庆元年（1796）丙辰科以威宁学取进士，三甲一百一名。官至吏部考功司主事。

25.张名枝：嘉庆六年（1801）清高宗九旬辛酉恩科进士，三甲五十三名。官教授。

26.张本枝：字荫青，一字立亭，凤枝弟。嘉庆七年（1802）壬戌科以大定学取进士，二甲七十二名。散馆改工部主事，官至甘肃甘凉道。

27.翟锦观：字絅之，号筠庄。嘉庆六年（1801）辛酉科举人。后迁贵筑，嘉庆十年（1805）乙丑科以贵筑学取进士，二甲六十一名。散馆授编修，官至云南按察使。

28.邱 煌：又名邱杰，字南晖，号叔山。嘉庆十年（1805）乙丑科进士，二甲五十八名。散馆授编修，官至湖北粮道。

29.路孟逵：字希舆，号竹君，路元升曾孙。嘉庆十九年（1814）甲戌科进士，三甲五十名。官山西榆次知县。子路璋、路璜及孙路朝霖旨科第。

30.吴大宣：嘉庆二十二年（1817）丁丑科进士，二甲八十四名。官兵部主事。

31.闻 通：字豁然，号睿斋。嘉庆十三年（1808年）戊辰科举人，嘉庆二十二年（1817年）丁丑科以威宁学取进士，三甲一百四十三名。官刑部主事，改福建莆田知县。

32.徐鼎臣：又名徐宸相、徐宸霖。嘉庆二十二年（1817）丁丑科进士，三甲五十三名。官刑部主事。

33.周起岐：又名周起滨。道光三年（1823）癸未科进士，三甲六十名。由河南林县知县历江西知府、湖南按察使、太常寺卿。

34.冯云祥：道光六年（1826）丙戌科进士，三甲一百七名。官云南归安知县。

35.吴德清：字秋航，号湛溪。道光十二年（1832）壬辰科举人，道光十五年（1835）乙未科以威宁学取进士，三甲六十一名。官刑部主事，升云南迤西道。

36.路 璋：道光十六年（1836）太后六旬丙申恩科进士，二甲五十九名。官户部主事。

37.路 璜：字渔宾，一字小竹。道光二十五年（1845年）太后七旬乙巳恩科进士，二甲二十九名。官河南知县。

38.周 范：咸丰三年（1853）癸丑科进士，三甲三十九名。由刑部主事官云南顺宁、普洱知府，升道员。

39.路朝霖：字访岩。光绪二年（1876）清德宗登极丙子恩科进士，二甲六十五名。散馆改知县，官至河南候补道。著有《红鹅馆诗钞》二卷。

40.周 照：字贵州。光绪二年（1876）清德宗登极丙子恩科进士，二甲一百十一名。选翰林院庶吉士。

41.杨汝偕：光绪三年（1877）丁丑科进士，三甲三十八名。官四川太平知县。

42.葛亮维：光绪二十一年（1895）乙未科进士，三甲十四名。补殿试，官刑部主事。明远子。

43.葛明远：字子惠。光绪二十四年（1898）戊戌科进士，三甲一百六十三名。官江西知县。

（二）武进士：

1.糜大礼：乾隆四年（1739）己酉科进士，官游击。

2.叶遇春：乾隆十六年（1746）辛未科进士。

3.萧明伦：乾隆二十八年（1758）癸未科进士。

4.盖睿开：乾隆四十六年（1776）辛丑科进士。官参将。

5.王家燮：道光十三年（1833）癸巳科进士。官守备。

6.张承恩：道光三十年（1850）庚戌科进士。官守备。

二、大方（含纳雍）：明代无文、武进士；清代文进士15人、武进士8人。共计23人。

（一）文进士：

1.苏玮：康熙十二年（1673）癸卯科进士，三甲八十九名。官内阁中书。

2.黄天章：乾隆二年（1737）清高宗登极丁巳恩科特赐进士。官普安学正。

3.游永年：乾隆十九年（1754）甲戌科进士，三甲八十三名。官知县。

4.吴应鸿：乾隆四十六年（1781）辛丑科进士，三甲九十七名。

5.罗天柱：乾隆六十年（1795）乙卯科进士，后补广东直隶州知州。

6.邱勋：字大猷，号蓉村。嘉庆元年（1796）丙辰科进士，二甲二十四名。散馆授编修，官至湖北荆宜施道。

7.黄士观：字晓楼，号海粟。嘉庆六年（1801）清高宗九旬辛酉恩科进士，二甲十七名。散馆改知县，官河南汤阴知县。

8.陈维新：嘉庆十年（1805）乙丑科，恩赐进士，检讨衔。

9.章道宣：道光九年（1829）己丑科进士，三甲一百八名。官河南夏津知县。

10.洪玉珩：字善甫，号云洲。道光十三年（1833）癸巳科进士，三甲八十八名。官江苏徐州知府。

11.吴兰芬：字润生，号芬木　五。道光三十年（1850）庚戌科进士，二甲六十二名。散馆改内阁中书，官至广西知府。

12.章永康：字子和，一字晋堂。咸丰三年（1853）癸丑科进士，二甲九十五名。散馆改内阁中书，恤赠内阁侍读。著有《瑟庐遗诗》《海粟楼词》。

13.颜卓之：字鹤臣。咸丰六年（1856）丙辰科进士，三甲三十八名。官四川知县。

14.安永松：光绪二年（1876）清德宗登极丙子恩科进士，三甲二十名。

15.陈文锦：光绪二年（1876）清德宗登极丙子恩科进士，官云南保山知县。

（二）武进士：

1.杜荣：康熙十二年（1673）癸丑科进士。

2.杨　松：康熙六十年（1721）辛丑科进士。官侍卫。

3.周世位：乾隆十九年（1754）甲戌科进士。官沔阳卫守备。

4.周世佐：乾隆二十五年（1760）庚辰科进士。官廉江营游击。

5.周琏：乾隆二十六年（1761）辛巳科进士。官云南提督。

6.吴卓然：咸丰二年（1853）壬子科进士。官四川都司。

7.彭庆珍：光绪六年（!880）庚辰科进士。蓝领侍卫，后官广东都司，署理惠州副将。

8.陈祉云：光绪二十四年（1898）戊戌科进士。四川补用守备。

三、黔西（含金沙）：明代无文、武进士；清代文进士7人、武进士3人。共计10人。

（一）文进士：

1.谢庭琪：雍正五年（1727）丁未科特赐进士。官知县。《碑录》作谢廷琪。

2.李再瀛：乾隆五十四年（1789）己酉科进士，三甲二十名。官礼部仪制司主事。

3.张文凤：字瑞叔，号兰圃。嘉庆六年（1801）清高宗九旬辛酉恩科进士，二甲七十五名。散馆改知县，官至凤阳同知。

4.许光泗：嘉庆十九年（1814）甲戌科进士，三甲八十名。官湖南新宁知县。

5.徐久道：字成斋。嘉庆二十四年（1819）清仁宗六旬己卯恩科进士，二甲七十五名。初选四川宜宾知县，改四川峨边通判。

6.张元钧：字锐斋。道光十五年（1835）乙未科进士，三甲一百十九名。官安徽青阳知县。

7.熊朝滨：字渭泉。光绪二十九年（1903）癸卯科进士，三甲三十四名。授刑部陕西司主事，改四川天全知州。

（二）武进士：

1.赵文光：乾隆二年（1737）丁巳科。

2.高文亮：乾隆二十五年（1760）庚辰科。

3.罗占春：嘉庆十六年（1811）辛未科。

四、织金：明代无文、武进士；清代文进士12人、武进士3人。共计15人。

（一）文进士：

1.王承烈：本姓赵。康熙十二年（1673）癸丑科进士，三甲三十四名。授吏部主事，改安徽石埭知县。

2.潘淳：字元亮，号南坨。康熙五十四年（1715）乙未科进士，三甲九十九名。散馆授检讨。著有《春明草》《橡林诗集》。

3.陈尚书：乾隆十九年（1754）甲戌科进士，三甲一百六十一名。官江西瑞金同知。

4.张伟：乾隆二十二年（1757）丁丑科进士，三甲八十七名。官四川丰都知县。

5.陈世荣：乾隆二十五年（1760）庚辰科进士，三甲一百四名。官河南长葛知县。

6.何珣：字润之。嘉庆十三年（1808）戊辰科进士，二甲八十六名。散馆改刑部主事，官至广西南宁知府。

7.谌厚光：字蕴山，号葆初。道光六年（1826）丙戌科进士，三甲二名。散馆授检讨，官至山西大同知府。

8.丁宝桢：字稚璜，号佩之。咸丰三年（1853）癸丑科进士，二甲二十二名。以军功特授编修，升山东按察使、布政使、巡抚，官至四川总督。著有《十五弗斋诗》《丁文诚公奏稿》。

9.谌增谟：光绪六年（1880）庚辰科进士，三甲四十四名。官江苏知县。

10.丁寿鹤：字子美，宝桢子。光绪九年（1883）癸未科进士，二甲一百二十一名。官刑部主事。

11.赵光表：光绪九年（1883）癸未科进士，三甲五十四名。官广东徐闻知县。

12.王克鼎：光绪十八年（1892）壬辰科进士，三甲一百三十名。官广东新宁知县。

（二）武进士：

1.陈世龄：康熙九年（1670）庚戌科。

2.陈玉书：乾隆十三年（1748）戊辰科。

3.彭常宣：道光二十五年（1845）乙巳科。

五、威宁（含赫章）：明代无武进士，文进士2人；清代文进士6人、武进士5人。共计13人。

（一）文进士：

1.李珉：字美中。明成化八年（1472）壬辰科进士，三甲七十六名。由宁国知县升御史，出为四川按察佥事。

2.缪文龙：嘉靖十七年（1538）戊戌科进士，三甲八十八名。文官御史至参政。

3.顾上遴：清雍正八年（1730）庚戌科，官潮州府知府。

4.孙维：字子四，号灵峰。乾隆二年（1737）清高宗登极丁巳恩科进士，三甲一百七十六名。散馆改主事，官至吏部考功司员外郎。

5.陈国玺：字寿昌，号蕴山。乾隆三十六年（1771）太后八旬辛卯恩科进士，三甲三十一名。散馆改刑部主事。

6.胡万青：嘉庆元年（1796）丙辰科进士，三甲一百一名。官至吏部考功司主事。

7.吴德清：字秋航，号湛溪。道光十五年（1835）乙未科进士，三甲六十一名。官刑部主事，升云南迤西道。

8.饶桂丰：咸丰二年（1852）清文宗登极壬子恩科进士，三甲九名。

（二）武进士：

1.陈其瑛：康熙五十七年（1718）戊戌科。

2.孔绳圣：雍正二年（1724）甲辰科。官罗平游击。

3.陈其琼：乾隆元年（1736）丙辰科。官四川小河营守备。

4.张永泰：乾隆元年（1736）丙辰科。

5.马廷瑜：乾隆元年（1736）丙辰科。

# 第二章　科　技

据考古发现，毕节地区的先民，在新石器时代就掌握了制陶技术，从而告别了茹毛饮血的生活方式；在阴历问世前已掌握了《十月太阳历》，开始了顺应自然规律的生产生活活动；在春秋战国时代已掌握了冶金和金属加工技术。新中国成立后，科学技术作为第一生产力得到充分应用，随着时代进步，科技普及率不断提升。在毕节试验区建设中，科技无处不在。特别是进入互联网时代以来，学习和应用科技成为毕节人日常生产方式和生活方式。

## 第一节　农业科技

### 一　农业区划及种植业科技

20世纪70年代以来，贵州省考古队在赫章县可乐镇发掘一处新石器时代晚期遗址，出土文物中有石刀、石斧、石杵、石磨等生产和谷物加工工具。1995年在威宁县中水镇大河湾村发掘两座新石器时代古墓，死者下面均垫有稻谷，2号墓的稻谷数量近50千克，虽已炭化变黑，但颗粒饱满，轮廓清楚。证明当时已进入原始农耕阶段。同时，在可乐发掘汉代遗址一处，在可乐、中水和毕节青场发掘战国到西汉葬墓多座，出土文物中，除石刀、石斧、石杵、石臼外，已有铁桦、铁锸等生产工具，有稻谷、大豆的遗骸，残存的麻布和麻线、漆器，及陶猪、陶羊、陶鸡，猪、牛、马、狗的骨骼。另据《史记·西南夷列传》中耕田及有邑聚的记述，说明秦汉时期，先民已在河谷坝子定居，进入定耕农业，水稻已是主要作物之一。并已饲养有猪、牛、马、羊、鸡、狗等畜禽。住在山地的先民，虽然是畲山为田，刀耕火种与原始的烧坡撒播相比，已有很大进步。

境内的彝文古籍《物始纪略》中种植、农事、种子根源章节均有关于荞麦的形态和种植技术的记述。清道光九年（1828）成书的《大定府志》载，当时征收的公粮，旱粮主要是荞麦；《黔书·水西马说》载，水西马的饲料是苦荞；《贵州通志·风土志》载："黔西荞有春荞、秋荞。春荞三月播种，六月收；秋荞七月播种，十月收。"说明荞麦是地区内清代中叶前主要的旱地作物。

东晋永和三年（347）成书的《华阳国志》，有平夷产茶、蜜的记载。唐至宋、元时期，黔西马以良马知名；南宋和元代，本地区成为军马供应地之一。明代在实行军队屯田。屯田军人多来自中原，带来比较先进的耕作和饲养技术，使用吊桶、水车、枧槽等提灌工具。弘治年间（1488～1505）引进核桃种植。明末清初，传入高产作物玉米，清代后期成为旱地主要粮食作物。清代前期传入马铃薯，后成为高海拔地区的主要作物。清雍正八年（1730），威宁顺田坝从云南鲁甸引进梨枝条嫁接成功，后发展为国内著名沙梨类优良品种威宁大黄梨。乾隆初期引进桑蚕饲养和缫丝技术，桑树栽培在兴起。道光五年（1825）引进柞蚕及其放养技术。清末，引进油茶，种于大定果瓦和茶园。

民国4年（1915）传教士引进西洋苹果在威宁县葛布栽培。民国28年（1939），毕节、大定、黔西、织金县农业推广所从贵州省农业改进所引进烤烟种植。同年，省农改所从四川省引进荣昌猪公猪10头，母猪55头，放到威宁县改良本地黑猪。民国31年（1942），国内水稻专家卜慕华到贵州考察水稻，鉴定毕节地区粳稻品种，将其命名为高原粳稻，沿用至今。20世纪40年代，黔西县农业推广所引进籼稻品种黔农5782和黔农2号，在县内大面积改糯稻为籼稻，取得成功。四区农场引进粳稻浙大46、小麦南大2419、矮粒多（中大2509）、金大2905，选育成小麦品种毕农1号、2号；承担全省油菜联合区域试验，选出地方芥菜型品种大黄油菜；引进烤烟暗火烘烤技术，进行明火、暗火烘烤试验后，在烟区推广暗火烘烤。中央农业实验室引进美国马铃薯品种赛白果，在威宁试验成功。抗日战争时期，棉纺织业有较大发展，黔西、金沙、织金县引进棉花在河谷地带种植，均获成功。民国31年（1942），进行纳雍县寨乐、鸡场和毕节县拱拢坪、白马山森林资源调查；次年进行大定县钟箐、文阁、木空河森林资源调查。四区农场调查大定县油桐，查明该县有油桐60多万株。大定中心林场引进柳杉种植成功。

中华人民共和国成立后，农业是重点产业，地区科技工作的重点。1978～2005年，全地区农口各单位获地区级、省部级、国家级科技进步奖、科技星火奖、区划成果奖共5.62项，占获奖总数864项的65.1%。其中种植业303项、养殖业100项、林业76项、水利52项、气象19项、乡镇企业3项、综合农业区划9项。1981～1983年，贵州省政府设置农业技术改进推广奖，毕节地区获奖432项，其中种植业315项、养殖业117项。1990～2005年，国家农业部设置农业丰收奖，毕节地区获厅、部级奖70项，其中种植业52项，养殖业18项。

科学技术，促进全地区农业发展。2005年，全地区播种粮食946.11万亩，平均亩产261.3千克，总产247.22万吨，分别比1949年增69.5%，2.59倍和5.08倍。在净增的206.55万吨粮食中，提高单产增长占50.9%，扩大面积增长49.1%。增产因素主要是提高复种指数。改善肥水条件、更换良种、改进耕作栽培技术起着决定性作用。2011年，全区粮食总产量为253.89万吨，其中夏粮总产达64.39万吨，油菜籽产量达9.29万吨。威宁县获国务院首次颁发的粮食生产先进县。全区实现农业总产值126.31亿元。

**农业区划科技** 1980～1985年，国家要求各地调查摸清区内各类资源，对资源进行分析评价，作出发展区划。是时，地、县从事区划工作的领导干部、科技人员共2321人，完成种植业、畜牧业、水产、农业经济、土地利用、林业、水利、水土保持、农业机械、农村能源、农业气候、乡镇企业、城镇建设、烤烟等专业区划194份。在专业区划的基础上，地区和各县农业区划办公室，分别完成综合农业区划，1988～1990年，均由贵州省人民出版社出版。毕节地区综合农业区划获贵州省农业区划成果二等奖，黔西县综合农业区划获农业部科技进步三等奖，毕节、大方、金沙、纳雍、织金、威宁、赫章7县的综合农业区划，均获贵州省农业区划成果三等奖；有67项专业区划获地区科技进步奖。

**耕作制度研究**　1.耕作制度调查研究。地区农科所于1956年、1961～1963年、1971年，4次调查研究耕作制度。1956年调查，提出大力发展夏收作物、扩大复种指数的建议。1961年调查后，1962～1963年派出科技人员在织金县花红公社、毕节县清丰公社、威宁县龙街公社蹲点，开展各类型地区制作制度的试验和调查，共写总结18篇，汇编成《大田农作物栽培制度研究》，印发全地区。1971年写成《毕节地区农作物耕作制度调查报告》，贵州省科委印4.23万份发到全省生产大队；毕节地革委将报告附件——《毕节海子区四个粮食亩产超〈纲要〉大队的总结》批转发全地区。1976年调查写成《毕节地区耕作制度改革调查报告》《改革耕作制度促进粮食增产的十二例》《毕节地区耕制改革的意见》。

2.麦稻两熟试验。1971～1974年，地区农科所进行此项试验，确认麦稻两熟比一季水稻增产。1971年、1973年气候正常，两熟平均亩产为964.7千克和908.4千克，最高亩产1014千克，1972年小麦毁于雹灾，1974年8月低温，水稻减产后，两熟亩产506.8千克。总结提出稻田小麦和麦田水稻栽培技术。

3.薯稻两熟试验。1975年，毕节县烧杠公社在稻田种植春马铃薯12亩，平均亩产主粮339.5千克，水稻亩产435千克，两熟比一季水稻增产77.9%。1976年，烧杠公社种稻田马铃薯350亩，获好收成。这一种植制度在地区中部沿用至今。2000年，毕节市果蔬站完成的稻田马铃薯无公害高产栽培示范，获地区科技进步四等奖。

4.旱地轮作试验。1971～1975年，大方县响水区农技站在大道公社古打大队进行试验，形成小麦、烤烟、豌豆、玉米两年四熟轮作；夏收作物合理布局轮作制度。1975年，全大队种植1303.5亩夏收作物，复种指数177.8%，其中小麦、豌豆、蚕豆、马铃薯油菜绿肥3年轮换1次，用地养地结合，粮烟丰收，全大队粮食亩产多年超《纲要》。

5.马铃薯玉米套种研究。1971～1980年，地区农科所在所内外同时研究提出马铃薯玉米两熟亩产700千克主粮的复合群体结构动态指标；中上等地双行宽窄套作，下等地双行马铃薯套单行玉米；各类肥力条件下马铃薯和玉米的密度配置、播种期和田间管理技术。大方县牛集公社农科站参加协作研究，1978年种植薯包双行套作1亩，1980年在全社种植2500多亩，占薯包套作面积的78.1%。1980年此项研究获地区科技成果二等奖。以后双行套作成为薯包两熟的主要种植方式。

6.小麦玉米套作技术研究。1977～1978年，地区农科所研究套作方式，总结提出2～3行小麦套作双行玉米的套作方式的栽培技术，并进行丰产栽培。两熟亩产756千克。20世纪80年代应用于生产。

7.小麦烤烟套作研究。1978～1980年，省烟科所和黔西县农科所在黔西县研究小麦、烤烟不同种植规格和密度配置试验，基本摸清两者产量变化的规律，肯定套作不影响烤烟质量。总结提出兼顾小麦与烤烟产量及烤烟质量的耕作栽培技术，已在烤烟生产中推广。

8.两粮两肥和两粮一肥种植试验。1977～1979年，地区农科所在所内外总结提出：（1）7月下旬在玉米行间套作早熟苕子，10月中旬可用作小麦基肥；播种小麦时，间作早熟苕子或箭舌豌豆，第二年4月作玉米基肥，成为两粮两肥。（2）8月上旬在玉米行间套作早熟苕子，用作马铃薯基肥。（3）8月份在玉米行间套种光叶紫花苕，秋收后在绿肥行间种小麦或初春种马铃薯，第二年绿肥用作玉米基肥，这两种均属两粮一肥种植制度。（4）水稻撒籽后排水，撒播光叶紫花苕，第二年用作水稻基肥。20世纪80年代，主要推广在麦包、薯包、麦烟套作两熟制中加进一茬绿肥，形成一块地两年一个周期的分带轮作；且主作物玉米的前作是绿肥，产量得以保证。

9.玉米大豆、马铃薯大豆间作研究。1982～1986年，地区大豆科研协作组在全地区进行研究，以产量为主，结合产值、热量、蛋白质含量等指标进行评价，提出各类种植制度，各种土壤肥力条件下，玉米大豆的最佳间作方式，密度配置及大豆耕作技术；确认改马铃薯单作为马铃薯大豆间作，是既增产又增值，用养结合的种植制度，并提出技术措施。在大面积试验后，应用于生产。1986年，分别获地区科技进步二等奖和四等奖。

10.旱地农业耕作技术研究与推广。1987～1992年，地区农技站把20世纪70年代以来各项作物种植制度的研究成果及地膜玉米栽培进行组装配套研究，总结提出优化作物组合结构、分带种植、粮肥间套、以玉米杂交种为主的作物优良品种搭配、地膜玉米栽培或玉米育苗移栽、绿肥聚垄耕作等综合配套的旱地农业耕作技术体系。推广354.23万亩，平均亩产488.6千克，比常规套作增27%。1993年获贵州省星火科技二等奖。

**农作物品资源调查与普查**　1958～1959年，专署农业局组织全区性的调查后，编写《毕节专区主要农作物品种志》，入编品种651个。1974～1975年，地区种子公司和农科所在全地区组织实施农作物品种资源普查。全地区登记品种1342份，收集实物1144份。实物分两套，按省农业厅、农科院分工，分送有关科研院所一套，另一套由地区农科所保存。毕节地区农科所负责整理全省粳稻、高粱和食用豆类，威宁县农科所负责整理全省马铃薯。省农业厅编辑出版《贵州省农作物品种资源目录》收录毕节地区地方品种612个。1980～1984年，区内各县进行种植业区划时需查清县内品种资源。织金、赫章县编写农作物品种资源目录，其他县撰写农作物品种资源报告。当时，各县在生产上种植的地方品种和引进品种，粮食作物有水稻、陆稻、玉米、马铃薯、甘薯、小麦、大麦、燕麦、小黑麦、黑麦、荞麦、高粱、红稗、毛稗、天星米、小米、薏苡等17种、1452份品种；豆类作物有大豆、菜豆、小豆、饭豆、绿豆、豌豆、蚕豆等7种、392份品种；经济作物有油菜、花生、芝麻、苏麻、向日葵、兰花子（胡麻子）、冬籽、烤烟、凉晒烟、甘蔗、甜菜、大麻、苎麻、黄麻、红麻等15种、305份品种。

**粮食作物研究**　1.玉米研究。（1）地方品种研究。1955～1956年，贵州高寒山区工作组和毕节农试站，在毕节、黔西、赫章县的12个乡，调查玉米地方品种。据查，12个乡共有玉米品种49个，其中硬粒型27个，占播种面积的76.1%；中间型12个，占播种面积的18.1%；其他为马齿型、糯性和爆裂型。按籽粒颜色分，白色占54.1%，黄色占40.3%，杂色占5.6%；每乡都有适应坝地、半坡、高山的品种类型。调查认定：毕节专区是硬粒型玉米区，玉米品种选育应重视品质、产量、抗逆性相结合。1974年普查玉米80种，征集品种145份，地区农科所经4次播种整理，在毕节的生育期，早熟种≤118天，晚熟种≥146天，两者之间为中熟种。1990年，贵州省农学院和毕节县农业局，对本地区玉米品种进行多年考察，将其划分为高山冷湿生态型和感温生态型两类；前一类含高山白苞谷生态型、高山黄苞谷生态型，后一类含小黄（白）苞谷生态型、二黄（白）苞谷生态型、大黄（白）苞谷生态型。

（2）玉米品种、杂交种引进和试验推广。先后引进玉米品种和杂交种数百个，经试验后作大面积推广。20世纪50年代，专署农场引进金皇后，地区农科所引进北京马牙、华东396、阳曲金皇后、英粒子；60年代，专区农科所引进朝鲜黄马牙、黑白苞谷、忻黄单9号，赫章县农业局引进普照苞谷；70年代，金沙县农技站引进恩单2号，地区种子公司引进中单2号，黔西县引进黔单4号、地区农科所引进烟三6号、七三单交、兴玉1号、黔单2号；80年代威宁县种子公司引进罗单1号，金沙县种子公司引进紧凑型液单13号；90年代，地区农技站引进紧凑型登海3638号，海禾2号；近年引进安单136号、宣黄单2号、绿单2号。1980年，地区种子公司、地区农技站完成的杂交玉米大面积推广及其增产效果，获地区科技成果一等奖。2006年，地区农科所完成的《黔西北山区优质杂交玉米新品种示范》项目贵州省2006年度科技进步三等奖。

（3）玉米自交系引进和选育。1962年，地区农科所开始玉米自交系间杂交种选育，从引进自交系起步。引进使用较多的有：自330、C103、武105、金0-3、77、M017、苏37、获白。1964年，开始玉米自交系选育，至2005年，地区农科所有玉米自交系3200多份，育成青21-3、449、411、405、79-13、Y174、琼180等一批骨干自交系；有适应坝地高秆大穗型、坡地耐瘠型、温凉生态型、温热低地型等各类玉米种质，并按其亲缘分为墨白系、兰卡斯特系、地方系和杂系四类。1993年，优良玉米自交系449获省科技进步二等奖。1996年，优良玉米自交系411获省科技进步四等奖。所内外利用这两个自交系参与组配、审定通过的玉米杂交种有10个，推广超过1000万亩。

（4）玉米杂交种选育。20世纪60～70年代，育成推广玉米杂交种有地区农科所育成的毕单1号，组合为武105×青秆（前为母本、后为交本，后同），毕单2号，组合为自330×青秆。纳雍县农科所育成的035-6×77。1980～2005年育成，通过地区或省农作物品种审定委员会审定，准予在一定范围推广的玉米杂交种有39个。其中地区农科所育成16个，地区种子公司育成4个，毕节市农业局与贵州农学院合作育成8个，毕节市种子公司育成2个，毕节市盛农种业有限公司育成1个，大方县农科所育成2个，黔西县种子公司育成2个，织金县农业局育成3个，赫章县种子公司育成1个。上述杂交种植株为中秆和中矮秆，籽粒以中间偏硬粒型和硬粒偏中间型为多，粒色以白色为主，多为大粒，品质好的80%以上，蛋白质含量最高的毕单3号达13.8%。杂交种类型上实现单交种，三交种和双交种配套。推广后申报成果获奖的有：黔西县种子公司的玉米杂交种1986年获地区科技进步三等奖；杂交玉米黔西4号选育及推广，1996年获省星火科技三等奖。地区农科所的玉米杂交种毕单3号选育与推广，1992年先后获地区和省科技进步一等奖和三等奖；毕三1号和毕三2号选育及推广，1996年获地区科技进步三等奖；毕单4号，2005年获地区科技进步一等奖。毕节县农业局的玉米杂交系列配套研究与中试，玉米双交种兴中、兴黔的选育及推广，1993年分别获地区科技进步一、三等奖；该局与贵州农学院的西南山区玉米系列配套杂交种选育及应用，1984年、1985年先后获省和国家科技进步二等奖、三等奖。织金县农业局三杂交玉米织金2号的选育及应用，2002年获地区科技进步四等奖。大方县农科所的优质杂交玉米方单1号示范与推广，杂交玉米方玉1号示范与推广，2003年、2004年，均获地区科技进步三等奖。2000年，国家农业部向全国推荐65个玉米杂交种，其中有贵州省育成的7个。贵州省被推荐的7个杂交种中，有毕节地区内选育的毕单3、4、5号、贵毕201、301、304等6个。2006年，《毕单系列玉米杂交种及配套高产栽培技术推广》获贵州省农业丰收二等奖。

（5）外地繁殖制种与杂交育种加代。1966年起，玉米杂交制种，每年冬季组织科技人员到海南岛进行。1976年起，各县研究在本地制种技术，先是选隔离区，避免与大面生产的玉米杂交，之后研究提高杂交种质量和产量。2001～2005年，每年生产杂交种子250万～300万千克。纳雍县农业局的杂交玉米大面制种获优质高产，金沙县双杂制种指挥部的玉米大面积制种获高产，1980年分别获地区科技成果二等、三等奖；黔西县种子公司的兴玉1号制种创优质高产，1986年获地区科技进步四等奖；地区农科所利用姊妹种提高玉米杂交种产量研究，农业科研所玉米杂交制种基地建设，1999年分别获地区科技进步四等奖。

（6）单作玉米丰产栽培技术研究。1956～1963年，地区农科所进行此项研究，先后完成玉米保苗调查，玉米施用混合肥料、颗粒肥料、农家肥料试验，玉米播种期，密度及种植方式、基肥施用量与密度，密度与行窝距、追化肥数量与时期等单因子和复因子试验，1958年起，同时进行综合丰产栽培，并调查总结群众经验。1959年提出《山米玉米增产的几个关键问题》参加专区农展，受到专署表彰。1963年提出玉米亩产500千克的栽培技术。1964年起，在地、县、区样板田上推广。以后栽培种由地方品种换成杂交种，但一些基本的栽培技术还沿用本研究的结论。

（7）玉米育苗移栽技术研究。1977～1980年，地区农科所进行马铃薯玉米、小麦玉米套作两熟制研究时，采用玉米营养体育苗移栽技术，缩短玉米与前茬作物的共生期，使玉米苗全苗壮，获得两熟丰收。20世纪80年代，全地区复种指数提高，坝地、半坡地基本是两熟栽培。地区农科所，农技站采取多点试验示范的方法，进行玉米育苗移栽技术研究，提出适宜地区内涉及玉米的各类种植制度的育苗移栽技术已在大面积生产中应用。1993年，获地区科技进步四等奖。

（8）高寒山区玉米地膜覆盖栽培技术研究与应用。1987年，地区农技站引进地膜覆盖玉米栽培技术，采取试验，示范、推广相结合方式推行，至1994年，88次进行地膜玉米的增产效果、播种期、主要栽培技术优化设计、高产栽培、混播菜豆、小麦带距与玉米密度、玉米膜测栽培课题试验。经试验，提出地区西部、中部、东部地膜玉米在套作条件下亩产500千克的栽培技术，以及地区中部、东部的玉米地膜栽培技术。同时，累计示范、推广363.98万亩，平均亩产363.7千克，比同等条件下露地常规栽培增产55.7%。1996年，获贵州省科技进步二等奖。

（9）玉米100万亩高产技术应用与研究。1999～2000年，毕节地区农业局与贵州大学农学院承担，属贵州省农业科技重大攻关项目。项目汲取农学院和地区内多年的科技成果，在各县市实施，两年完成218.67万亩，平均亩产436.2千克，比前3年平均亩产增24.7%，其中大方县文阁乡连片207.7亩，平均亩产833.99千克，最高亩产1031.8千克。项目区两年新增产玉米1.7亿千克，新增产值2.31亿元，并总结提出地区内不同生态条件及耕作制度的玉米高产综合配套技术。同时，针对玉米生产中的主要阻碍因素，围绕玉米高产、超高产的理论和技术问题，开展群体结构、生理指标等8个课题19个专题研究，涉及玉米栽培、育种、生理、生态、农业气象、植物保护、土壤、植物营养、农药、计算机应用等学科和领域，获得一批具有理论学术意义和实用价值的成果，为玉米持续高产稳产提供理论基础和技术储备。通过项目实施，在《中国农业科学》等9种全国及省内刊物上发表学术论文18篇，由贵州出版社出版研究论文专辑一部。2001年，获贵州省科技进步二等奖。

（10）黔西北山区紧凑型杂交玉米高产技术研究。1997～2001年，地区农技站进行。1997年，农技站引进紧凑型杂交玉米种，经几年试验，选出登海3638适应海拔1400～1800米地带，海禾2号适应海拔1400米以下地带。同时进行高产栽培试验，总结提出紧凑型杂交玉米亩产750千克的主要经济性状指标及相应的技术规范，2001年示范栽培1203亩，平均亩产806.4千克。2002年获地区科技进步三等奖。

2.水稻研究。（1）水稻地方品种调查研究。1955～1956年，贵州高寒山区工作组和毕节农试站，调查水稻地方品种。据查，稻谷有水稻和陆稻，以水稻为主，种类有籼稻、粳稻和糯稻。其分布为：海拔1400米以下为籼稻区，海拔1400～1500米为籼粳混合区，海拔1500米以上为粳稻区；籼稻区、粳稻区都有糯稻。以后查明，毕节地区及贵州省水稻分布上限地区为威宁县南部的居乐，海拔2100米，北部的牛棚，海拔2090米。地方品种均属高秆大穗型。调查收集粳稻地方品种89个，经整理研究，向粳稻区推荐适宜不同肥力田块的品种乌嘴大白谷、800粒、牛尾驼、红桩桩谷、铁秆红谷。1974年品种普查，地方水稻品种有粳稻126份，籼稻125份、糯稻134份。1975～1978年，地区农科所整理研究全省征集的226份粳稻地方品种，归并为176个品种，编入《贵州省农作物品种资源目录》，并送一套种子和资料给国家品种资源库长期保存。研究明确高原粳稻的生育型是营养、生殖并茂交叉型；其生育期为早熟种<147天，中熟种147～163天，晚熟种>163天；谷粒分为花壳型、光壳型、黑谷型、杂色谷型、白谷型、香谷型。香谷型中的大五里香（红）、小五里香（白）都属优质米，历史上有曾作为贡米的传说，有五里飘香、一家煮饭十家香的记载。1980年，获地区科技成果三等奖。

（2）水稻品种引进与推广。粳稻。1956～2005年，地区农科所引进，经试验后，20世纪50年代后期到60年代推广的品种有老来青、卫国、新乡8号、陆羽132、桂花球、野地捞金、川大粳、农育1744、西农175、意大利1号；70年代有科情3号、辽丰24、京引134、清锦、黎明；80年代后有合系4号、合系25号。织金县农业局80年代引进推广滇渝1号。1956年引进的川大粳、农育1744和1957年引进西农175粳（简称三粳），属中矮秆、多穗型，经所内外试验和所内大面积丰产栽培，亩产500千克以上，同时研究提出相应的栽培技术，良种良法配套推广，对水稻生产影响较大。20世纪60年代前期，地、县、区三级样板田（含籼稻区）的水田，都栽培三粳，以后成为粳稻区主栽品种20多年。籼稻。1956年，地区种子公司引进珍珠矮、广场矮、矮脚南特在籼稻区种植成功。至20世纪80年代，金沙、黔西、织金县种子公司先后引种试验成功并在生产上推广湘东、广文5号、广文10号、南京1号、遵籼3号、桂潮2号、桂潮13号、广二矮104、金麻粘、中卷籼。1976年，金沙县种子公司引进杂稻南优2号试种，获亩产762千克。此后籼稻区杂稻面积扩大，90年代后，成为主栽品种的有南优6号、汕优2号、63号、268，威优64、481号，岗优22、12号，K优5号、中优838、D优439。1994～1999年，地区种子公司引进的D优439和汕优268，在海拔1200～1400米地带推广61．12万亩，成效显著，2000年获地区科技进步三等奖。糯稻。地区农科所和各县种子公司，引进试验后推广的有：矮糯、京选糯、虹糯、辽丰10号、台中糯、姬糯、龙虎禾-3号、新阳二重糯、贵禾糯9-4等。

（3）水稻新品种选育。1954年，毕节县张官屯农民王永昌，从黄黄谷中选穗育成高原粳稻800粒，曾在粳稻区推广。1961年丁颖主编出版的《中国水稻栽培学》，编入此品种。1959地区农科所开始水稻杂交选育常规品种，至2005年，共育成品种12个。60年代育成毕粳6号，亲本为黄黄谷×川大粳；毕粳7号，新本为红桩桩谷×西农175粳。1978年，水稻品种毕粳6、7号的选育和推广获贵州省科学大会奖。20世纪70年代用农育1744和黄腊谷作辐射处理，育成毕辐2号、11号。1985年，育成、经省审定通过毕粳80号，亲本为京引33×牛尾驼，1987年获贵州省科技进步三等奖。1992年地区审定通过毕粳22，亲本为喜峰×［（IR24×丰锦，×C57×（57-167）］，属籼粳复合杂交，1994年，获地区科技进步三等奖。毕粳37号，为毕粳22号姊妹系，稻米主要理化指标达到部颁一级优质食用粳米标准，1995年省审定通过，1999年获地区科技进步一等奖，国家科技部、农业部评选为1999年度主要农作物优质及专用后补助新品种补助15万元，指明在黔西北、滇东北海拔1400～2000米稻区推广，2000年获省科技进步三等奖。1980年组配，1997年地区审定通过毕粳38号，亲本为喜峰×G162，其6代选系84-1高产但难脱粒．经采用钴60进行诱变处理后，选出综合性状好、易脱粒的单株育成，经推广后，2002年获地区科技进步一等奖，从杂交、选育、诱变、试验、审定、推广到获奖，历时22年26代。2000年地区审定通过的毕粳39号，亲本为PSF001×V452，青秆黄熟，稻米经国家农业部测试中心检验，主要理化指标达到部颁优质米一级标准。2004年获地区科技进步一等奖。毕粳40号，亲本为Y15-4×T2040；2002年省审定通过；毕粳41号，亲本为合系25×85-13-2，2003年省审定通过；毕粳42号，亲本为（HS40×21号恢）×84-15，2003年省审定通过。1966年大方县良种场从西农175粳变异株中选育成方选3号；1975年纳雍县农科所育成75-18，亲本为意大利1号×西农175粳；织金县农业局从小白粘中选穗育成织金1号。1980～2001年地区农科所育成毕粳38号。1996～2001年累计示范、推广42.67万亩，单年最大面积15.57万亩，占全省粳稻最适面积60万亩的26%。一般亩产400～450千克，最高亩产678.4千克。累计增收稻谷1800.7万千克，新增产值2521万元，新增纯收入2423.9万元。

（4）总结群众防止水稻烂秧经验。1955年，高寒山区工作组与专署农场，对地区内水稻每年都有不同程度的烂秧问题进行深入调查，总结农民防止烂秧的经验，播种前以较长时间用冷水泡种，增强种子抗寒能力；实行秧田炕冬，整田时耙细打平；加强秧田灌排管理。其中较长期用冷水泡种的经验，在毕节县应用较广，地区农科所多年采用。

（5）水稻育秧技术。20世纪50年代后期地区农科所引进湿润秧田育秧，60年代中期引进塑料薄膜育秧，均获成功，并在推广。80年代，籼稻区配合杂稻推广，引进两段育秧技术，金沙县农业局试验，改两段育秧的第一段为用塑料薄膜搭成简易温室，利用蒸汽进行大批量、工厂式育小苗获成功，用于生产，水稻用种量从每亩4～6千克，降为1～1.5千克。1992年，赫章县农业局引进水稻旱育稀植技术（国家推广项目），在县内试验成功并推广，1994年获地区科技进步四等奖。1993年，地区农技站对此技术中的床土培肥、播种量，移栽叶龄、小苗、中苗、大苗配套移栽、旱育秧与两段育秧结合，旱育水育问题作系列研究，总结提出适应地区各类气候条件下的旱育稀植技术，并大面积推广应用，2000年获地区科技进步三等奖。

（6）三粳丰产栽培技术研究。1957～1966年，地区农科所承担。1961年前在所内进行；1962年起在所内外进行，农技站参加；1964～1966年在省内进行，各地、州、市农科所、农技站参加。此研究从中矮秆粳稻群体的生长发育动态出发，经统计分析，明确基本苗、分蘖苗与成穗率之间，穗、粒、重主要经济性状之间，及其与播种期、移栽期、肥料、密度、田间管理等的关系。1959～1966年，地区农科所同时进行20亩以上的丰产栽培，年均亩产均在500千克以上；1964年146亩，平均亩产584.6千克，最高亩产747千克，1965年曾在国家农展馆展出；1966年，90亩平均亩产606千克。总结提出西农175粳、川大粳、农育1744亩产千斤的栽培技术，以及各生育阶段的长相，叶色和产量结构指标。1978年，这项研究获贵州省科学大会奖；1980年，地区农技站完成的三粳及其栽培技术推广，获地区科技进步二等奖。

（7）高寒山区水稻亩产千斤的一些形态生理指标研究。1980～1982年，地区农科所深入研究粳稻亩产千斤时，其群体各生育阶段的分蘖消长、叶色及叶面积变化、干物质积累及光合生产率、冠层叶形态等形态生理与栽培技术的关系，提出各主要生育阶段长相的量化指标，作为田间管理的依据。1982年获地区科技成果三等奖。

（8）水稻半旱式栽培。1988～1992年，毕节县朱昌镇农技站引进水稻半旱式栽培技术，试验成功后在冷、烂、酸、锈等低产田推广6497亩，亩产增83.1千克。1993年获地区科技进步四等奖。

（9）杂交稻高产栽培技术。1994年，金沙县、黔西县农业局，采用合理布局杂稻品种、两段育秧、宽窄行规范化移栽，配方施肥等技术大面栽培杂稻，同时进行叶龄模式、半旱式、旱育稀植试验。金沙县示范13.62万亩，占全县水稻面积的93.7%，平均亩产400.1千克，比前三年平均亩产增22.6%。黔西县示范8.58万亩，占全县水稻的62.2%，平均亩产473.2千克，比前三年平均亩产增16.6%。1995年，两县均获省农业丰收三等奖。

（10）水稻氮肥深施技术。1997～1998年，地区农科所通过试验，提出氮肥深施的用量为每亩10.4～11.0千克纯氮，以70%～80%作基肥深施，30%～20%作追肥表施。示范9.01万亩，平均亩产505.8千克，比习惯施肥增产9.4%。2000年获地区科技进步四等奖。

3.马铃薯研究。（1）马铃薯地方品种整理研究。1956～1958年，地区农科所收集整理马铃薯地方品种，查明马铃薯品种分为大型晚熟组和小型早熟种两个类型，前者主要分布在凉山、半凉山地区，后者分布在丘陵及半山地区。提出河坝洋芋等31个品种的资料，编人《毕节专区主要农作物品种志》，并结合栽培技术研究成果，编著《毕节专区的洋芋》一书，1960年贵州省人民出版社出版。1975～1978年，威宁县农科所整理全省马铃薯品种资源，收集品种385份，外引品种居多。研究明确国内各马铃薯主产区的品种引入威宁的变化规律：来自东北和北方的品种早熟低产，来自西北的品种长势和产量一般，来自西南和中原的品种长势好，产量高。研究为引种提供了依据。

（2）马铃薯品种引进。从事马铃薯品种引种试验的单位有地区农科所、威宁县农科所、地区牧垦场。引进经试验推广20世纪后50～60年代有丰收、细叶、巫峡，均适宜二季栽培；70年代有米拉、疫不佳、红豆沙、双丰收、克疫、675–4；80年代有783–1；90年代以来有743–39、80–24–7。米拉成为地区马铃薯主栽品种20多年。

（3）马铃薯品种选育。1955年，毕节县林口区迎风农业合作社农民谢礼群，从引进的云南红皮早熟株中选育成双季红，适应二季栽培，曾在县内推广。70年代威宁县农科所从原始材料中选育成威引28，1993年杂交育成威芋1号，亲本为211–84×4003，1993年省审定通过，并从克疫实生薯中选育成威芋3号，2002年省审定通过。80年代地区农科所杂交育成毕薯1号，亲本为8084×米粒；从白俄罗斯国家马铃薯研究所引进BEPAC等品种试管苗，选育成毕引1号（原白引3号），毕引2号（原白引5号），2004年审定通过。1990年，地区植保站从四川省凉山州昭觉农科所引进一批高代材料进行马铃薯癌种病鉴定，选育成毕抗01、02号、1994年地区审定通过。2003年，威宁县农科所的马铃薯新品种威芋1、3号选育及综合增产技术总结，获地区科技进步一等奖；2004年马铃薯威芋3号选育和推广，获省科技进步三等奖。毕薯5号（在区试中代号为0402–7）是毕节地区农科所2002年以“威芋3号”作母本，“大西洋”作父本杂交后，经多年选育而成，于2010～2011年参加贵州省马铃薯区域试验，2011年同时参加贵州省马铃薯生产试验鉴定。该品种属中晚熟品种，商品性状好，块茎椭圆形，芽眼浅，芽眼数量少，表皮光滑，淡黄皮淡黄肉，薯块整齐。经农业部农产品质量监督检验测试中心（昆明）化验分析，其块茎含干物质20.5%、蛋白质2.18%、淀粉14.80%、维生素C20.0mg/100g、还原糖0.32%。

（4）马铃薯防退保种研究。1955～1956年，高寒山区工作组和毕节农试站，调查毕节专区马铃薯生产，确认地区内马铃薯品种有退化现象。表现为植株矮化，叶片皱卷，薯块变小，产量降低，品质变劣，新薯块于收获前在土内发芽。其退化原因是种薯贮藏期过长，用小薯播种，耕作管理粗放，受高温影响。改进的意见为贮藏前进行曝光和风凉处理，改善贮藏条件，限制暗芽发生；建立种薯基地；试行两季栽培，利用第二季收获的薯块作种。1975年地区成立马铃薯科研协作组，1976～1977年再次进行马铃薯退化研究。据研究，地区内马铃薯退化主要是受病毒感染，分花叶型、卷叶型、束顶型、矮化型，引起退化的主要原因是受病毒感染。品种间受病毒侵染后退化的程度不同，米粒退化较慢，河坝退化较快。同一品种的种薯切块后分别在威宁城郊、毕节城郊、毕节赤水河边种植，其退化程度随海拔降低，气温增高而增大。1975年后，威宁县采用二季栽培、老薯夏播、春播苗扦栽和芽栽等技术，并从气温比威宁更低的昭通大山包调种，在一定程度上减轻退化。

（5）马铃薯脱毒种薯应用效果研究。1977～1982年，地区农科所采用米粒和河坝洋芋种薯的茎尖，成功培养出脱毒原种。经田间鉴定，米粒脱毒种薯具有显著的生长优势和增产效果，脱毒一代原种及在自然条件下开放繁殖1～6代的脱毒自然薯，退化率为0.22%～3.6%，未经脱毒的为18%，延长了优良品种在生产上使用的年限。河坝脱毒原种增产显著，但开放繁殖后退化率上升快。

（6）二季马铃薯栽培试验。1956～1959年，地区农科所进行此试验，总结提出栽培二季马铃薯的成套技术，应用于生产。用第二季收获的种薯（秋薯）与第一季收获的种薯（春薯）于第二年春播，秋薯作种的增产36.8%。栽培二季马铃薯，既是扩大复种发展生产的一条门路，又可利用秋薯作种，减轻马铃薯退化。

（7）春马铃薯播种期研究。1976～1982年，地区农科所进行4次试验，从头年冬至到第二年惊蛰，每一个节气播种一期。据试验结果，在毕节用春薯作种，最适播期是立春前后，用秋薯作种是立春至雨水；地区中南部因雨水春旱较轻，播期可提早到冬至；地区西部春旱重且气温低，播期后延到惊蛰。早播的植株偏低，十分有利于套作。1982年，获地区科技成果四等奖。

（8）马铃薯茎尖脱毒和健康薯块快繁技术。1992年，威宁县以北京植物检疫实验所病毒室为技术依托单位，建立马铃薯脱毒种薯繁育中心。至1996年，有米粒、威芋3号等7个品种的脱毒种薯，通过实践，中心掌握茎尖脱毒，自然光照温室培养，网室扦插快繁等技术，所生产微型种薯，已在省内6个地、州、市的15个县进行一级种薯繁殖，1997年获地区科技进步四等奖。

（9）专用马铃薯优质高效生产技术研究与示范。2002～2003年，地区农业局与贵州省农科院主持，在地区内7县市完成162.3万亩丰产栽培及6项栽培技术研究，新增马铃薯66.7万吨，新增产值2.8亿元，总结提出优质高效生产技术规范，已通过国家科技部验收。

4.小麦研究。（1）小麦品种引进。20世纪50年代，地区农科所引进试验后推广的小麦品种有矮粒多、特早麦483、碧蚂1号、山农205、五一麦；60年代有阿夫、阿波、丰收、欧柔、玛拉；80年代有兴263。其中矮粒多、特早麦483、阿夫、阿波成为主栽品种。地区及各县市种子公司引进试验后推广的，70年代有墨西哥品种沙瑞克、卡捷姆、纽瑞、依尼阿；80年代有贵农10号、黔荣4号；90年代以来有绵阳26、贵丰1号、内麦8号、川麦16号、绵阳29号。

（2）小麦新品种选育。1962年地区农科所开始进行小麦杂交育种。70年代育成毕麦5号，亲本为阿夫×欧柔，为当时地区内的主栽品种之一，1978年获贵州省和国家科学大会奖。同时育成的有毕麦6号，为毕麦5号的姊妹系。1985年毕节地区审定通过毕麦13号，亲本为高加索×71-442，毕麦26号，亲本为（川农雅安早×卡捷姆）F1×7321。1989年，毕麦13号和毕麦26号的选育和推广获地区科技进步一等奖，1991年获省星火科技三等奖。1993年，地区审定通过毕麦10号，为毕麦13号的姊妹系，其蛋白质含量高达16.62%，属优质小麦。毕麦11号，亲本为毕82-1×毕麦26。小麦新品种毕麦10号，毕麦11号，1997年获地区科技进步一等奖。1999年地区审定通过毕麦15号，亲本为绵阳11×842-644，2005年获地区科技进步二等奖。2004年省审定通过毕麦16号，亲本为8513-1624×吉1002，毕麦17号，从陕西省农科院引进的高代材料中株选育成。

（3）小麦栽培技术研究。1960～1975年，地区农科所先后进行小麦基肥用量、追肥用量及时期、播种期、播种量、播种方式试验，同时，每年进行丰产栽培。前期在旱地进行，后期在旱地和稻田进行，采用的品种有矮粒多、阿夫和毕麦5号。1971年，最高亩产428千克。通过试验提出单作小麦亩产350～400千克的主要经济性状指标和相应的栽培技术。1964年，地区农技站在地委头步桥样板田，进行6.3亩密沟小麦高产栽培，平均亩产409.8千克。

5.豆类研究。（1）大豆地方品种研究。1982年，成立毕节地区大豆科研协作组，在全地区征集大豆品种资源，得原始材料362份，经毕节农校和地区农科所的5年整理研究，归并为225个品种，属春大豆类型。全生育期早熟种<124天，中熟种124～144天，晚熟种>144天，中粒种（百粒重10-20克）占品种数的80.9%；种皮黄色的占76%，其他为褐色、青色、黑色和双色；蛋白质含量平均为42.64%，最高的黔西绿蓝紫为47.34%，其他主栽品有毕节早白豆、大方六月黄、泥巴豆、织金青皮豆、威宁花脸豆，蛋白质含量都超过45%。同时，鉴定毕节早白豆等一批优良品种在推广。1985年起，毕节早白豆被定为南方春大豆晚熟组区域试验的对照品种。1986年，地区农科所、种子公司完成的毕节早白豆鉴定与推广，获地区科技进步四等奖。

（2）大豆品种引进和选育。1957年，地区农科所引进丰地黄等6个大豆品种，试验后推广的有满地金，20世纪60～70年代，成为地区内栽培面积较大的品种之一，出现满仓金、金满仓等名称。80～90年代，引进鉴定后大面积推广的品种为苏春78-17，贵农84-392。1983年，地区农科所从地方品种黔西悄悄黄中选株，育成毕豆2号，1995年省审定通过，认可在省内海拔1200～1800米范围内推广。2003年，获地区科技进步四等奖。

（3）大豆生产调查及群众经验总结。1981～1983年，地区农科所和毕节农校调查全地区大豆生产，总结群众大豆生产经验，摸清大豆分布和种植制度，编成《毕节地区大豆科研生产群众经验汇编》，在地区内外广泛交流，1984年获地区科技成果四等奖。全省汇总并将调查的大豆综合增产技术进行中间试验，1986年，获省科技进步三等奖。

（4）大豆耕作栽培技术研究。1982～1986年，地区大豆科研协作组与省农科院承担，按统一设计，在不同生态条件下进行49项次田间试验和两年大面积中间试验，基本摸清地区内大豆主栽品种的温光反映及生育期变化规律，总结提出在海拔800～2300米范围内，采用早、中、晚熟品种的适宜播期；在单作和各种间作条件下大豆的适宜密度和施肥技术。写成《毕节地区大豆耕作技术规范》并应用于生产，1986年，获省科技进步三等奖。

（5）菜豆品种资源整理。1962～1964年，地区农科所对菜豆地方品种进行调查，收集42个品种，鉴定后向生产推荐猪腰子豆等7个优良品种。1974年品种普查，地区农科所负责整理全省菜豆、小豆、饭豆和绿豆。20世纪80年代国家将食用豆类品种资源整理列为重点科技项目，中国农科院作物品种资源研究所主持，毕节地区农科所参加。1986～1988年，地区农科所在毕节农校协助下，在全地区征集得菜豆品种资源560份。1988～1994年，连同原保存品种播种6次，进行整理。资料报送作物品种资源所后，编入其主编的《中国食用豆类品种资源目录》，1～3集收录毕节地区菜豆品种406个，其中送283个品种的种子和资料给国家品种资源库作长期保存。地区菜豆品种的生育期，早熟种小于97天，中熟种97～116天，晚熟种大于116天；蔓生和半蔓生型的品种占89.1%，矮生型占10.9%；百粒重大于50克的大粒品种占12.8%，30～50克的中粒品种占65.2%，小于30克的占22%。对92个栽培面积较大的品种进行品质鉴定，粗蛋白含量在18%～27.7%之间，含26%以上的优质品种（国家标准，下同）品种8个，含22.5%～26%的中质品种48个；粗脂肪含量在1.01%～2.25%之间，含1.5%以上的优质品种71个，淀粉平均含量为48.8%。

（6）小豆品种资源整理。1974年，地区农科所征集得全省小豆品种65份，整理后，1990年编入《中国食用豆类品种资源目录》第二集的品种65个，内有本地区品种5个，入库品种35个。小豆品种的生育期，早熟种小于134天，中熟种134～151天，晚熟种大于151天，多为百粒重6–12克的中粒重。

（7）饭豆品种资源整理。饭豆别名巴山豆、懒豆。1974年，地区农科所征集全省饭豆品种56份，整理后归并为43个品种，1990年编入《中国食用豆类品种资源目录》第二集，入库品种42个。饭豆全生育期早熟种小于146天，中熟种146～154天，晚熟种大于154天。（8）绿豆品种资源整理。1974年，地区农科所征集全省绿豆品种57份，整理后编入《中国食用豆类品种资源目录》第二集的品种13个，入库12个。全生育期为114～122天。2003年，中国农科院农作物品种资源研究所主持完成的《中国农作物种质资源收集保存评价与利用》，获国家科技进步一等奖，毕节地区农科所作为参加单位之一，获中国农科院颁发的荣誉证书。

6.其他谷类作物研究。（1）野生荞麦资源考察。1982～1985年，威宁县农科所在省内19个荞麦主产县考察野生荞麦资源。据查，有野生荞麦存在，且有一年生野生苦荞、多年生野生苦荞，一年生野生甜荞、多年生球状根野生甜荞，多年生姜状根野生甜荞。5种类型均有，有散生，也有几十平方米的群落。威宁县农科所收集5种类型的种子，进行繁殖研究，其中姜块状根野生甜荞，可分根进行无性繁殖。中国农科院农作物品种资源研究所邀请国内荞麦专家，在北京对威宁农科所的考察和研究进行鉴定，认为在贵州发现野生荞麦，并记述其种类、分布、植物学性状，在国内尚属首次，对研究中国荞麦的起源、分类、生态、育种及综合开发，是一大贡献。1990年，获地区科技进步一等奖。

（2）荞麦新品种选育。1990年，威宁县农科所采用60伽马射线辐射方式处理黑苦荞诱变，从变异植物中育成黔苦1号。1997～1999年参加全国荞麦区域试验和生产试验，在四川、陕西、甘肃、宁夏、湖南、云南种植，均增产8%以上。2002年省审定通过，适宜在海拔1800米以上的中下等地推广。2003年获地区科技进步三等奖。1995年，威宁县农科所从高原黑苦荞变异株中作系统选育，育成黔苦2号、4号。2004年经国家农作物品种审定委员会审定通过。黔苦2号籽粒芦丁含量2.61%，麸皮芦丁含量6.18%，属国内含芦丁量高的荞麦品种。

（3）高粱地方品种整理。1975～1979年，地区农科所整理贵州省高粱地方品种，征集得资源67份，归并为18个品种，生育期以120～140天的中熟种为主，对自然光周期反应敏感，感光性强于感温性，全生育日数随播期后延而增长。赫章糯高粱蛋白质含量15.56%，比一般品种含量高3.5个百分点以上，1979年，全部编入《中国高粱品种资源目录》。1981年有17个品种编入《中国高粱品种志》，1984年分别获农业部进步一等奖，地区农科所为受奖单位之一。

（4）高粱杂交种引进及栽培技术研究。1971年，地区农科所引进高粱杂交种，鉴定出适应毕节气候条件的晋杂5号，忻杂7号和原杂10号，同时开展高粱杂交种栽培技术和制种技术研究，总结提出在休闲地、油菜地、密沟麦地种植的栽培技术，及忻杂7号、晋杂5号的制种技术和相应的不育系、恢复系、保持系的繁殖技术。1973年，该所春播的忻杂7号，最高亩产822.5千克，密沟麦茬地移栽的最高亩产744.5千克，为当时地区内一季作物高产的纪录。

（5）燕麦引种试验。燕麦品种属冬性秋季播种，第二年夏季收获，生育期200多天。1987年，威宁县农科所参加全国燕麦区域试验，选出春性品种1号和6号，春播夏收，全生育期120多天，比本地白燕麦等品种增产40%以上，已应用于生产。

（6）黑麦引种。1964年，威宁县中水区女姑公社引进黑麦栽培成功，一度成为威宁的主要夏收作物。增加1个粮食作物新种。

（7）小黑麦引进鉴定。小黑麦是北京市农科院用小麦与黑麦进行属间杂交育成的异源八倍体，为人工育成新种。1972年，威宁县农科所引进172份选系，鉴定出小黑麦2号、3号，同时研究提出其栽培技术，在全地区推广。1978年获贵州省科学大会奖。1991～1992年，威宁、织金、毕节县引进第二代小黑麦品种，鉴定出劲松5、45、53、46号，黔中1、2号供生产上应用。

（8）薏苡新品系选育。20世纪70年代，织金县农科所采用穗系选育方法，选出薏仁千粒重80千克以上，单株籽粒600粒左右，亩产300千克的高产品系供生产上使用。

**经济作物研究** 1.烤烟研究。（1）烤烟生产技术调查。1956年。毕节农试站和高寒山区工作组调查烤烟生产，写出《毕节专区烤烟生产技术上的几个问题及今后发展的前途》的调查报告，提出扩大苗床面积，分期播种，多栽早烟，早追肥，上高厢，不提倡回兜烟等建议，均应用于生产。

（2）烤烟优质丰产栽培技术的应用与改进。1979～1980年，地区农技站在毕节县螃蟹公社红星生产队试验300亩，改进苗床与大田的比例、播种期、播种量、移栽期、密度、施肥及烘烤技术，取得好效果。后将试验取得技术修改成《毕节地区烤烟栽培技术规范》。1980年，获地区科技成果三等奖。

（3）烤烟优质丰产栽培技术研究。地区“七五”期间重点科技项目。1985～1989年地区农科所和地区烟办主持，成立毕节地区烤烟科研协作组，分工协作，进行烤烟品质调查、烤烟品种引进鉴定、烤烟栽培及烘烤技术试点研究。试点在地区内8个县27个烤烟主产区进行，取得以下主要成果：①摸清地区内烟叶叶色、香型、香气、燃烧性等质量的基本情况。发现香型齐全，以中间香型为主，有一定比例的中偏清香型、中偏浓香型、清香型、浓香型，并明确其分布。②摸清烟叶质量与地区内各类生态条件、栽培及烘烤技术的关系。③提出各类烟区合理的品种布局，及相应的栽培技术和烘烤工艺。这项研究为提高烤烟质量和产量，发展卷烟工业，提供重要科学依据。1990年，《毕节地区烤烟品质调查》获地区科技进步二等奖，省科技进步四等奖；《毕节地区烤烟烘烤工艺研究》获地区科技进步四等奖。

（4）毕节地区西部优质烟生产技术开发。1990～1991年地区烟办主持，在威宁、赫章、纳雍县的7个新烟区实施优质烟生产技术开发，以营养袋假植移栽和地膜覆盖栽培为突破口，总结提出一套规范化技术措施。两年种植10.94万亩，平均亩产128.6千克，上中等比例75%，均价

2.92元，新增产值1417.8万元，增加税收565.7万元。1993年获地区科技进步三等奖。

（5）金沙县安底星火技术密集试验区烤烟优质高产样板。1990～1991年，地区农科所、金沙县烟草公司在1986～1990年烤烟科技攻关的基础上，将营养袋假植移栽等技术成果作优化组合，在金沙县安底场坝乡进行千亩连片烤烟优质高产示范。经示范，烟叶平均亩产150.9千克，单叶均重7.64千克，上等烟占26.19%，中等烟占63.71%，超过国内优质烟上等20%，中等60%的要求，为国内较高水平。1995年，获地区科技进步四等奖。

（6）绿肥烟试验示范推广。1992～1994年，地区烟办主持推广，在小麦行内间作绿肥，第二年在绿肥带施无机肥后起垄移栽烤烟；地区西部，以绿肥为前作，次年以绿肥作烤烟基肥。绿肥烟化学成分协调，主要指标达国家优质烟标准，每亩降低生产成本25%左右，产量和中上等烟比例提高。三年试验示范推广13.82万亩，减少投入478.12万元，新增产值639.37万元。1996年获毕节地区科技进步二等奖，省星火科技三等奖。

（7）烤烟地膜覆盖栽培技术研究与推广。2001～2002年，地区烟草公司在20世纪80年代进行烤烟地膜栽培的基础上，研究提出推行以下改进：将垄顶由拱形或平垄改为槽形或蝶形，有利保水；比露地增施10%～15%的氮肥；将小苗浅栽改为10～12厘米深栽；追肥改在移栽时施用，低海拔地区采用圈肥和烟株间施；移栽后40天，有效叶12片左右时揭膜，培土上厢。2002年，全地区烤烟按此法盖膜76.14万亩，占种植面积96.8%，投入产出比为1∶6。2003年获地区科技进步三等奖。

（8）“5·1”式简易烤房设计与使用效果。1981年，地区农技站设计出“5·1”式气流上升小型烤房，结构简单，修建省工省料，容易掌握烘烤技术，烘烤烟叶效果良好，当年推广1万多座，获省农业技术改进推广二等奖。

（9）火管平走式烤房研究。1984年，大方县理化镇农民谢恂昌创造出“5·4”式烤房。是年底，经地区科委组织鉴定确认：火管平走，便于安装，节煤显著；但排湿等问题及相应的烘烤技术还需研究解决。1985～1986年，大方县科委组织省内专家及县内科技人员进行监测、研究和改进，省、地标准计量局为之制定技术标准和能量平衡标准，定名为QD-1型火管平走式烤房。1986年通过省级鉴定，获地区科技进步三等奖。

（10）火力蒸气式烤房试验推广。1990～1991年，毕节县税务局借鉴外地经验，在平走式烤房外置1台蒸汽发生器，将蒸汽通过另设管道输送到烤房内，增温增湿烘烤烟叶。据测定，施用此法缩短烘烤时间1.5～2天，节煤50～100千克，黄烟率96%，干烟率提高15%～30%；烘烤干旱期间收获的烟叶效果特好。1992年，获地区科技进步三等奖。

（11）远红外涂料烘烤烟叶试验。1991年，地区税务局引进远红外涂料烘烤烟叶技术在生产上试用。据201座涂刷远红外涂料的烤房测定，6.41万千克干烟，黄烟率98%，平均斤价提高1.34元。1993年获地区科技进步四等奖。

（12）烤房标准化改建技术研究与推广。1997年，地区烟草公司在烤房标准化改建工作中，通过调查研究，确定以立式炉灶气流上升式烤房和立式炉灶气流下降直排式烤房改建为主要类型。技术上重点解决容量不足，保温保湿差，层距不足，加热系统不合理，排湿不够顺畅，“三窗”不齐等问题。经应用表明，改建技术完全可靠，适用性强，农民易接受，使用后，烟叶质量提高，节约能源。2004年，获地区科技进步三等奖。

（13）出口主料烟成熟度和烘烤技术研究。1999～2003年，地区烟草办公室通过试验，提出毕节地区出口主料烟下部叶、中部叶、上部叶成熟度的标准。烘烤烟叶定色期温度和时间的控制：火温上升到44～45℃时，保持8～10小时，火温上升到55℃时保持10小时，对防止褐变，稳定黄色有较大作用。经示范5.99万亩，上中等烟叶比例达87%，其中上等烟比例提高7.4个百分点，中等烟比例提高2.3个百分点；橘黄色烟比例达25%，提高7.3个百分点。每千克价增0.78元。2004年获地区科技进步四等奖。

2.油菜研究。（1）油菜良种引进、鉴定与推广。20世纪50～70年代，地区农科所引进鉴定推广的甘蓝型品种有322、325、云油7号、黔油23、湘油2号；白菜型品种有七星剑、浠水油菜白、白果甜、昆明矮、白选8号、白选4号。均成为地区内油菜的主栽品种。其中浠水油菜白在生产上应用时间长、面积大，1964年提供地、县样板应用。1980年，全地区种植油菜33.57万亩、浠水油菜白为10.15万亩，占30.2%。1981年，获省农业技术改进推广三等奖。

（2）低芥酸油菜引进示范与推广。1991～1994年，地区农技站引进低芥酸优质油菜油研1号、油研2号、油研5号、蜀杂1号、贵油7号，低芥酸、低硫代葡萄糖甙品种油研6号，在地区内推广。1994年，金沙县推广低芥酸油菜10.17万亩，占全县种植面积的58.1%。与普通甘蓝型油菜比较，其芥酸含量平均降低92.8%，油研6号的硫甙含量降低59.8%，利于人体健康；加工后的油饼可作牲畜精饲料。1995年，地区农技站完成的低芥酸油菜引进示范与推广，获地区科技进步三等奖；金沙县农技站完成的低芥酸油菜推广，获地区科技进步三等奖、省星火科技四等奖。

（3）油菜丰产栽培技术研究。1960～1964年，地区农科所进行此项研究，每年在进行丰产栽培的同时，还进行播种期、密度与肥料等辅助试验。丰产栽培的亩产量，甘蓝品种325在200千克以上，最高亩产245.4千克，种植浠水油菜白100千克以上，最高亩产162千克。摸清甘蓝型油菜在的生长发育规律，总结出亩产200千克的主要经济性状指标及各主要生育阶段的形态指标和相应的栽培技术。1965年曾在贵州省农展馆展出。

（4）油菜直播与移栽试验。1963～1964年，地区农科所进行。据试验，在相同的生育阶段，移栽的总根量，根系有效吸附表面及伤液流量，都比直播的多一倍以上。移栽的长势强，叶面积系数大，第一次有效分枝和角果数、角粒都多，增产显著，早熟9天以内。油菜育苗移栽调节三秋大忙季节的农活安排，保证后作水稻适时栽插，玉米提早播种。

（5）改进栽培技术。1978～1980年，金沙县平坝区和城关镇农技站，同时进行大面积稻田丰产栽培白菜型油菜，平均亩产60.5千克和68.7千克。1980年，分别获地区科技成果四等奖。1981～1982年，金沙县岩孔区农技站栽培稻田白菜型油菜9934亩，亩均产120.3千克，1982年获地区科技成果三等奖。1989～1990年，金沙县稻田改用甘蓝型油菜育苗移栽，在海拔800～1200米区间，每年种植10万亩，亩产分别为103.8千克和112.3千克，比示范区前三年平均亩产增11.2%和16.7%。平洛乡金塔村民组，1990年种植44亩，亩产170.4千克，是年获省农业丰收二等奖。1991～1993年，织金县农业局用甘蓝型优质油菜贵油7号、油研1号，在稻田进行育苗移栽示范，在海拔1100～1400米区间，三年示范1.16万亩，平均亩产89.7千克，比对照增产41.3%；水稻亦大幅度增产。1995年获地区科技进步三等奖。

3．甜菜研究。（1）甜菜品种引进。1957年，地区引进新糖料作物甜菜，品种为友谊。此后地区农科所和威宁县农科所，引进鉴定后推广的品种有：捷克3号、公系6号、波兰1号、双丰、甜研5号、双丰5号、双丰8号。1961年，地区农科所栽培捷克3号，亩产块根3800千克，亩产糖554.8千克，出糖率14.6%。最初引进甜菜时，不能留种，每年所需种子从北方调入。经数年研究，解决就地留种的问题。

（2）甜菜播种期研究。1959～1962年，地区农科所研究，明确在气候条件下，甜菜的生长发育规律，各主要生育阶段与温度、土壤湿度及月降水量的关系；摸清各播期的甜菜块根快速膨大时期、糖分积累最高时期及适宜收获季节，为制定施肥等技术提供依据。研究认定，从经济产量着眼，雨水、惊蛰、春分、清明播种为宜；从耕作制度考虑，早播早收，可再种植秋收作物，晚播晚收，可与夏收作物接茬；错开播种，分期收获，有利调整农事安排和工业加工。1978年获省科学大会奖。

4.茶研究。（1）毕节地区历史名茶调查研究。1981年，地区农技站调查金沙清池茶，大方海马宫茶，织金平桥茶，纳雍姑箐茶等历史名茶。据查，清池茶有5个品种，错落分布在同一产区，多为丛式茶园和单株大茶树，茶农对茶树管理和茶叶采制有传统经验，也有新引进技术，至今仍有很好的声誉。通过对各品种内含茶多酚的分析，清池茶的大牛皮茶、小麦芽茶等品种，是红、绿茶兼制的良种；织金县平桥的清贡茶是适制高档绿茶的良种；纳雍姑箐茶是绿茶良种。是年，获省农业技术改进推广三等奖。

（2）早衰茶树更新。1984～1988年，地区农技站改造毕节县宋伍80亩衰老茶园。1983年，宋伍茶园平均亩产20.2千克，产值81元。1984年开始改造，1986年开始采摘，到1988年，3年平均亩产量比1983年增78.1%，产值增203.3%，并总结提出一套改园、改土、改树，更新早衰茶园的综合技术。1989年，获地区科技进步四等奖。

（3）名茶遵义毛峰采制技术引进推广。1986年，地区农技站引进遵义毛峰采制技术，1988年试制成功，生产1900千克投放市场，产值5.33万元。1989年，获地区科技进步四等奖。

5.果树研究。（1）苹果品种引进。1953年，威宁县农场引进国光、元帅等6个品种。1958～1961年，省农科所园艺组在威宁蹲点，带去红冠、金冠等10个品种。1990年前后，威宁县果树站、水土保持办公室引进红富士系、新红光系等优质品种。县果林站选出适应威宁自然条件的长富1号、2号和岩富10号，树体健壮，抗腐烂病、白粉病及早期落叶病，果实硬度、口感及耐贮性均好，亩产比原主栽品种金冠增1倍以上。1998年在县内已栽培2万亩，是年获地区科技进步三等奖。

（2）威宁苹果砧木资源调查研究。1973～1976年，威宁县农技站和省农科院园艺所联手调查威宁苹果砧木资源，鉴定出优良砧木品种湖北海棠、三叶海棠、丽江山定子、西府海棠、锡金海棠、垂丝海棠，为县内苹果生产发展奠定基础。

（3）威宁大黄梨研究。1955年，贵州省农业厅、西南农科所、省农试站联合调查威宁大黄梨，查明建于清嘉庆年间（1796～1820）的顺田坝胡家梨园，是典型的大黄梨园。1958～1961年省农科园艺组在威宁哈剌河蹲点，通过套袋授粉试验，明确大黄梨的最佳授粉树是九月梨和麻皮九月梨。

（4）苹果、梨优质丰产栽培研究。1986～1990年，省农业厅果蔬站和威宁县果树站联手实施，含3个子课题：苹果幼树早结高产技术研究，在白碗乡建立1540亩连片密植示范园，以黄元帅为主栽品种，红星为授粉树，建园后第四年，亩产515千克，并总结出密植，轻剪多留，三芽剪，促其早成形为重点的综合技术。低产苹果园增产技术研究，对347.5亩10420株低产苹果进行改造，总结出以更新修剪、施肥和防治苹果树腐烂病的综合技术。1989年（大年），亩产861.6千克，1990年（小年），亩产821千克，分别比改造前的309千克增178.3%和165.7%。低产梨树增产技术研究，对360亩9000株低产黄梨大树进行改造，总结出黄梨丰产稳产的叶面积指标，长、中、短枝比例指标，及相应的修剪、施肥、防治病害技术。1989年（大年）亩产811千克，比改造前的大年亩产增37.4%，改造后的苹果和梨，大果增多，果质变好。1991年，先后获地区和省科技进步二等奖和三等奖。

（5）低产梨园、苹果园改造技术推广。1991～1994年，威宁县果树站承担，推广1986～1990年取得的研究成果。推广以主产区为基点，培训全县果农，共改造低产梨树和苹果树54.87万株，其中低产苹果50.32万株，超计划数的142.2%。此技术已为广大果农接受。1995年，获地区和省科技进步三等奖、四等奖。

（6）威宁大黄梨大面积低产园改造。威宁大黄梨为国内著名的沙梨类良种，20世纪90年代，受梨黑星病危害，重病片区绝收。2000～2004年，威宁县果蔬站采用农业措施和药剂防治措施，把防治梨黑星放在首位，结合加强肥水管理，适量更新修剪等措施，在大黄梨产区改造2179亩，取得显著成效。同时带动改造县内黑星病危害严重的梨园1.88万亩。2005年，获地区科技进步三等奖。

（7）柑橘良种适应性试验及推广。1968年，毕节县农业局参加全国柑橘良种区域适应性试验，试点在海拔750～910米的清水铺区南关和沙地进行，参试品种38个，定植成活239株，经鉴定，选出锦橙、血橙、椪柑、夏橙、红橘等优良品种；同时进行栽培技术研究，总结出一套矮、密、早、丰的栽培技术，良种良法配套推广。至1985年，全县种植柑橘5800亩，良种苗22万多株，年产量75万～100万千克。同时，向外提供良种枝条100多万枝，嫁接良种苗20多万株。1985年获地区科技进步三等奖。毕节县清水铺农技站完成的夏橙引种试验，夏橙贮藏试验，1978年分别获省科学大会奖。

（8）高海拔温和湿润气候区柑橘综合栽培技术研究与推广。1980～1996年，地区农科所引进柑橘品种141个，一套栽培在毕节县左泥乡大寨村，一套种植地区农科所。经多年鉴定，提出海拔1000～1300米、1300～1500米地带的柑橘主栽品种和配套品种及相应的栽培技术。在纳雍县凹梳乡建早熟温州蜜柑300亩，1994年挂果，至1995年获总产81.62吨，果农收入16.32万元。在纳雍县黑塘乡，用哈姆林甜橙等4个良种，采用高接换种技术，改造当地低产劣质的原始建柑和皱皮柑3.74万株，并加强橘园管理，产量和质量均有显著提高。1996年获地区科技进步三等奖。

（9）低产柑橘园改造。1992～1996年，毕节市经作站改造大屯乡、田坝乡、生机镇的低产柑橘。针对橘园存在的问题，分别采取相应措施，改造11.87万亩，1996年亩产889.5千克，比改造前增104.6%。1999年获地区科技进步四等奖。

（10）樱桃育苗技术研究。1986年，《赫章县野马川樱桃种植示范及开发利用》列入国家星火计划。赫章县农技站试验改进樱桃水平压条法育苗技术成功，其育苗方法简单、省工、成本低，苗圃一经建立，能多年出苗。与嫁接法相比，缩短出圃期2年，降低成本75%。1986年全县樱桃12万株，1989年发展到45万株。是年获地区科技进步三等奖。野马川区采用水平压条育苗，建成樱桃生产基地3130亩，产量从800多吨上升到近2000吨，果农收入200多万元。以省商科所为技术依托单位，建成野马川山珍食品厂。到1990年，共生产樱桃罐头260.7吨，获利11万元。

6.蔬菜研究。（1）蔬菜生产调查。1962～1963年，地区农科所调查全地区蔬菜生产，查明蔬菜生产的基地类型、耕作制度及蔬菜种类和品种。其中在种植15年以上，或不到15年但种植面积大的蔬菜共65种，除去归入粮食的薯类和豆类，有186个品种。1981～1984年，各县在进行种植区划时调查，全地区蔬菜有74种、395个品种。

（2）蔬菜引种试验。1988～1995年，地区农科所针对毕节蔬菜淡季的实际，引进134个品种，鉴定产量高质量好；有的早熟，有的适于晚播；除正季播种外，有的适应春提早或秋延后，冬延后栽培，增加蔬菜春淡、秋淡和冬淡期间上市量的5种蔬菜9个品种，1997年获地区科技进步四等奖。

（3）蔬菜良种基地建设研究。1994～1997年，地区农科所研究提出天津青麻叶大白菜等8个主栽蔬菜品种的原种和栽培种的繁殖技术，采取科研所＋公司＋乡镇科技服务中心＋农户的基地生产模式，建立基地156.8亩，生产原种628.2千克，栽培种12853千克，推广4.41万亩，增值146.93万元。1998年获地区科技进步三等奖。

（4）蔬菜丰产栽培示范推广。1987～1994年，毕节县经作站发展一线蔬菜基地，培训提高新菜农的技术水平，进行酿热温床育苗等10多项技术的示范推广，使一线新菜园生产出较多蔬菜供应城市。同时在气候温热的田坝乡，气候温凉的官屯镇建立季节性三线菜地，增加城市蔬菜淡季上市量。1994年获地区科技进步三等奖。

（5）竹荪人工栽培技术研究。1984～1990年，织金县科委主持。课题组先后完成野生红托竹荪菌蕾组织分离，制种，室内砂锅栽培，室外畦床式栽培等试验，总结提出制种技术及栽培技术。1990年，金沙县2000多户栽培1.5万多平方米，收获干竹荪近1000千克，产值105万元。1991年获地区科技进步二等奖，省星火科技三等奖。是年课题组写成《竹荪栽培与制种技术》，1997年改写为《竹荪栽培与加工技术》，被选为全国科技兴农丛书，1998年获地区科技进步四等奖。2005年，织金县研究成功改过去制种和栽培以上的木材作原料，为液化制种和利用农作物秸秆做栽培原料获得成功，通过省科技厅验收。

（6）竹荪加工及贮藏中褐变及预防研究。1994～1996年，地区科技局委托四川联合大学食品工程系进行研究，确认多酚氧化酶是引起竹荪褐变的主因，并研制出两种防止竹荪褐变的吸氧试剂，为防止竹荪褐变提供理论依据和有效技术，已为织金县竹荪开发公司应用。

（7）无公害蔬菜栽培技术研究。1996～1998年，地区农科所对毕节市郊的蔬菜生产进行调查，确认土壤、水体情况良好，农药是蔬菜的主要污染源。进一步调查主要蔬菜品种的病虫为害，并研究提出加强生物防治和物理防治的措施，及高效、低毒、低残留农药的施用技术。应用于生产后，所生产蔬菜中有害物质的含量低于国家规定标准。2000年获地区科技进步四等奖。

（8）蕺菜人工栽培示范推广。1995～1998年，毕节市流仓桥办事处农技站，引进蕺菜人工栽培技术，试验成功后示范推广862.7亩，平均亩产1757.3千克，总产值469.3万元。1999年获地区科技进步四等奖。

（9）大葱优质高产栽培技术示范推广。1995～1999年，毕节市三板桥办事处，引进章丘大葱（长葱白型）栽培成功，并通过试验，总结出一套高产栽培技术。示范、推广6190亩，平均亩产2770千克、亩产值3324元、亩纯收入2691.4元。2000年获地区科技进步三等奖。

**土壤肥料研究**　1.石灰改良土壤试验。1955～1957年，省高寒山区工作组和毕节农试站，在酸性土壤上，以水稻、玉米、小麦、马铃薯和大豆等作物为对象，进行施用石灰试验，同时总结农民施用石灰的经验。据测定，施用石灰后，土壤代换性酸、水解性酸、活性铝降低，吸着盐基总量、代换性钙、盐基饱和度提高，供试作物增产19.1%～16%。石灰主要改变强酸性土壤反应和钙对其他有毒离子的抗拮；在半凉山、凉山地区的生草灰化土中，除影响酸度外，还提高土壤温度、促进土壤结构形成；在重黏土中，可改善土壤的物理性状。在适合施用石灰的各类土壤中，施后土壤养分增加，但不能替代施有机肥。还提出根据气候、土壤酸度、田土类型、作物种类等条件，施用石灰的适合量，施用时间和方法。

2.绿肥引种试验与推广。1957年，毕节农试站引进油苕、兴义苕等16个绿肥品种作鉴定。1963年选出光叶紫花苕。1964～1966年，进行紫光花苕栽培技术和留种技术研究，及改土效果鉴定。总结出在稻田和旱地的适宜播种期、播种量、播种方法及留种技术，良种良法配套推广。1978年获省科学大会奖。

3.土壤普查。1979～1985年，地区土壤普查办公室，组织全地区1357名农技人员进行第二次土壤普查。基本查清全地区土地和土壤资源的数量、质量、类型，土地利用现状；总结土地和土壤资源开发利用中存在的问题，合理利用土地和土壤的经验，写成《毕节地区的土壤》。1982年，毕节县第二次土壤普查获省农业技术改进推广一等奖。1986年，毕节地区土壤普查获国家农业部科技进步一等奖；金沙县获地区科技进步一等奖；黔西、织金、赫章县获地区科技进步二等奖；纳雍、威宁县获地区科技进步三等奖。

4.绿肥垄作法研究。1989～1991年，地区土肥站针对山区旱地的主要障碍因素，研究提出种植绿肥、配方施肥、横坡聚垄耕作、分带间套轮作、良种配套、地膜覆盖、少耕复种、防治病虫草鼠8项技术组装绿肥垄作法。示范推广62.89万亩，平均复合亩产523.6千克，比习惯耕作增80.9%。1992年获省科技进步三等奖。

5.平衡配方施肥试验示范。1988～1996年，地区土肥站通过对主要农作物的田间试验，研究提出各种作物的施肥优化配方方案；根据作物投入与产出养分总量平衡的观点，采用目标产量法计算投入养分总量，并根据气候、土壤与作物情况，实行不同的有机与无机养分配比，投入的有机养分纳入总量计算，既促进当年增产，又培肥地力、减轻土壤污染，降低投肥成本。肥料综合利用率比常规施肥提高18.9个百分点，每亩增产粮食79.9千克、油菜25.4千克、烤烟37.1千克。1998年获地区科技进步二等奖。

**植物生长调节剂和生物制剂研究**　1.“九二〇”。1969年，地区农科所、农技站引进“九二〇”生产技术，用土法生产成功，在二季马铃薯栽培中使用“九二〇”催芽，比用锯木面或湿沙堆积法催芽率高，催芽时间短。

2.亚硫酸氢钠。1986年，地区农技站引进光呼吸抑制剂亚硫酸氢钠，在水稻、小麦、油菜、大豆、蔬菜、柑橘、茶叶等三碳（C3）作物上试验，均取得增产效果。1990年获地区科技进步四等奖。

3.稀土常乐益植素。1988～1991年，地区烟办引进稀土常乐益植素作喷施烤烟试验，推广22.65万亩，增产烟叶1885吨，增加产值1042万元，增加税收416.3万元，平均每亩增值44.7万元，每亩喷施成本2元。1993年获地区科技进步三等奖。

4.喷施宝。1990年，金沙县植保站于水稻幼穗分化期喷洒喷施宝1.05万亩，每亩增产稻谷44.3千克。1991年获地区科技进步四等奖。

5.水果保鲜膜剂。1992～1996年，地区科技情报所引进京2B二号水果保鲜膜剂，用于苹果、梨、橙子、椪柑保鲜贮藏试验，效果明显，并提出用于各种水果保鲜适宜的浓度、时间及操作方法。共处理23.07万千克，净增值16.57万元。1997年获地区科技进步四等奖。

6.玉米健壮素。1990～1997年，地区农技站进行不同玉米密度施用玉米健壮素试验，均产生玉米植株高度降低、生长健壮的效果，经8208亩示范，喷施的平均亩产413.9千克，比对照增10.7%。总结提出喷施的最佳时期和方法。1998年获地区科技进步四等奖。

7.水稻移栽灵混剂。1996～1998年，地区科技情报所引进水稻移栽灵混剂，应用于水稻旱育秧，防治水稻立枯病，提高秧苗素质作用明显。两年示范1.27万亩，增产8%；并总结提出适宜的施用量，施用技术。1999年获地区科技进步四等奖。

8.生物钾肥。1995年，地区烟办、地区农科所同时引进生物钾肥。烟办在烟叶生产中试验，烟叶长势良好，落黄正常，烘烤后油分、弹性都好，中上等烟比例增高，每亩施0.5～1千克，耗资1.7～3.4元，节约硫酸钾10千克、价20元。经示范13.84万亩，共增产烟叶72.66万千克，增值700.5万元，增税217.2万元。农科所在玉米、小麦、水稻、马铃薯、苹果、柑橘、甘薯、黄瓜、大白菜种植中试验，增产1.1%～31.5%。总结提出各种作物的施用量及施用技术。2000年，分别获地区科技进步三等奖和四等奖。

**植物保护研究**　1.作物虫害防治研究。（1）作物病虫害及农林昆虫调查。1956～1957年，高寒山区工作组和毕节农试站进行主要农作物病虫害调查。1974～1975年，地区农科所再次调查作物病虫害；1981～1982年，毕节县城关镇农技站调查蔬菜病虫害；1984～1986年，地区农科所调查苹果、梨、柑橘病虫害。1992～1996年，地区烟草公调查农田烟草昆虫，1997年获地区科技进步三等奖。地区农科所收集地区农林昆虫标本，共得9目、67科、544种，1980年编写成《毕节地区农林昆虫名录》；1974～1985年参加《贵州省农林昆虫志》编写，在全省进行调查，入志的有鳃金龟科等7科、歪鳃金龟属等52属、粉歪金龟等118种。

（2）粉虫研究。1957～1975年，地区农科所进行《黏虫发生规律及防治技术研究》，20世纪60～70年代，威宁县农科所完成《黏虫在威宁县的发生规律研究》，1978年，两项目均获贵州省科学大会奖。1978～1981年，地区植保站、农科所，参加全国黏虫迁飞研究，主持贵州省黏虫迁飞研究。1980年，地区植保站《贵州省黏虫迁飞研究》获地区科技成果一等奖，次年获省农业技术改进推广一等奖；1982年，《全国黏虫迁飞研究》获国家农业部一等奖、国家科技成果三等奖。1978～1980年，地区农科所进行《毕节大发生代黏虫研究》，明确毕节黏虫大发生代第二代，虫源有本地麦田的一代黏蛾和外地迁入蛾，以东南方向的迁入蛾为主。1980年获地区科技成果三等奖。1978~1982年，地区农科所调查黏虫寄生性天敌，查明有黏虫黑卵蜂等21种，随即研究对黏虫的影响和利用途径，1982年获农业技术改进推广三等奖。1982～1985年，地区农科所进行《黏虫为害水稻产量的影响及防治指标研究》，提出黏虫为害水稻防治指标的经济价值，1986年获地区科技讲步二等奖、省四等奖。1984～1986年，毕节县植保站参加全国《黏虫异地预测预报》研究，1987年获农业部科技进步二等奖。

（3）大螟在玉米上的发生规律及防治研究。1958～1965年，地区农科所研究大螟在毕节的发生规律，及有趋玉米5～7叶幼苗产卵的特性，提出预测和防治技术，在贵州省内广泛应用，1980年获地区科技成果三等奖。

（4）烟草蛀茎蛾发生规律及防治技术研究。1987～1988年，地区植保站研究为害严重的烟草蛀茎蛾，明确其发生危害规律，总结提出防治方法，应用效果显著。1991年获地区和省科技进步二等奖和四等奖。

（5）柑橘叶螨综合防治技术研究。1988年，地区农科所调查毕节县赤水河柑橘园的害虫及其天敌。据查，害虫以红蜘蛛、黄蜘蛛为主，天敌以大赤螨为主；并查明其消长规律。是年，引进红蜘蛛的天敌尼氏钝绥螨，在4亩橘园释放4万头，同时在所内进行人工繁殖成功。1991年再次释放3万头，1995年，尼氏钝绥螨成为强势种群，扩大到4000亩，害螨从开始时每叶604头，下降为每叶不到5头，为地区内采取生物防治成功的典范。1996年获地区科技进步二等奖。

（6）小地老虎发生趋势预测方法研究。1994年以前，地区内重点测报和防治的小地老虎，是采用经验预测，1994年，通过分析1985～1994年的历史资料，发现上年9月份降水量等3个因素，与当年小地老虎发生趋势密切相关，进而采用模糊数学方法建立评价模型。1995～1999年，用此模型试报，准确率为100%，预报可于4月10日发出，比以往提早15～20天。2000年，获地区科技进步三等奖。

2.作物病害防治研究。（1）玉米丝黑穗病研制。1958地区农科所进行玉米丝黑穗病侵染试验，明确玉米丝黑穗病是由土壤侵染而导致。1959～1979年，采用20%萎锈灵、0.5%托布津等农药进行闷种、拌种处理种子；1980～1983年，参加全国禾物类作物黑穗病协作研究，筛选出25%粉锈灵拌种防治，效果好，均应用于生产。1981年起，进行玉米种植资源抗病性鉴定，1987～1990年列为国家科技计划项目，中国农科院主持，毕节地区农科所参加，在毕节共鉴定

1041份玉米材料，其中有高抗玉米丝黑穗的129份，从中选育出22份自交系，用于育种。1993年，获农业部科技进步一等奖。

（2）玉米大斑病、小斑病抗原鉴定及大斑病生理小种研究。1978～1990年，中国农科院主持，地区农科所参加玉米种质资源抗病性鉴定，其鉴定玉米大、小斑病1050份，其中高抗大斑病的66份，高抗小斑病的47份，用于自交系选育；同时鉴定所内玉米自交系，高抗大、小斑病的18个，已用于育种。在地区内和省内采集玉米大斑病标本521份，经分离培养鉴定，有大斑病生理小种1号，占80.2%；并有生理小种2号、3号。1993年，获地区科技进步二等奖。

（3）玉米纹枯病发生规律及防治技术研究。1995～1999年，地区农科所进行研究，在基本摸清其发生规律的基础上，研究提出综合防治技术，并在生产上应用。同期，对746份玉米资源进行纹枯病接种鉴定，筛选出186份高抗材料，用于育种。2002年，获地区科技进步三等奖。

（4）稻瘟病研制。1975～1982年，地区农科所对1024份水稻品种资源进行稻瘟病接种鉴定，筛选出26个抗病品种，用于生产和育种。1995～1997年，地区植保站研究稻瘟病防治，在基本摸清发生流行规律后，提出“抗、压、治”的防治方法，3年实施127.02万亩，平均每亩减少损失67.1千克。1998年获地区科技进步三等奖。1996～1998年，贵大农学院植保系和金沙县农业局在金沙研究稻瘟病生理小种，确认当地稻瘟病菌有8个种群43个生理小种，同时鉴定出44个抗病品种，及有效防治稻瘟病农药20%三环唑可湿粉剂。

（5）水稻干尖线虫病研制。1996年，贵州农学院、毕节市农业局在毕节市海子街发现水稻线虫病，为贵州省首例。病株率70%以上，产量损失10%～35%。1997～1998年，研究确认初染源为带病种子，经采用40%杀线酯500倍浸种24小时，即可防治。

（6）小麦腥黑穗研制。1961～1965年，地区农科所研究小麦腥黑穗病侵染途径，确认是种子带菌；试验提出用1%～5%石灰水浸种1～4天，或用0.3%赛力散拌种，防治效果均好。

（7）小麦白粉病抗性鉴定。1992～1996年，地区农科所从2500份国内外小麦原始材料中，鉴定出18份高抗至免疫的抗源材料。其中节燕普3号对多种小麦病害高抗，且品质好，产量较高，用于生产；其他材料用作育种亲本。摸清地区内小麦白粉病生理小种11个，其优势种为315号。1999年获地区科技进步二等奖。

（8）马铃薯癌肿病研究。1986年，赫章县植保站在县内首次发现马铃薯癌肿病，并作面上调查，摸清发病区域和为害情况。是年获地区科技进步四等奖。1987～1988年，地区植保学会组织人员考察马铃薯癌肿病况，1990～1996年，列为地区重点科技项目，地区植保站主持，在全地区开展普查发现发病区集中在威宁、赫章2000～2400米的区域内，通过研究，摸清其发生流行规律。同时，总结提出综合防治技术，鉴定出威芋3号等5个抗癌肿病品种。1996～2003年，集中在发病区进行综合防治，在病区周围推广抗病品种，发病面积由1995年的3.64万亩，降到1900多亩。2003年获地区科技进步二等奖。

3.棒物草害和鼠害。（1）化学除草剂试验。1975～1978年，地区农科所和植保站进行化学除草试验。地区农科所承担稻田除草试验，在所内和金沙平坝区1000余亩稻田实施，试验表明，稻田施用20%除草醚或7%杀草丹，不中耕，除草效果80%～90%。地区植保站在玉米地施25%敌草隆或25%除草醚，麦地用24D类除草剂，油菜地烤烟地用5%绿麦隆或50%利谷隆，防治效果均好，并分别提出各种除草剂的施用技术。1981年，两单位均获农业技术改进推广四等奖。

（2）鼠害研制。1985～1990年，地区植保站调查害鼠，明确有赤腹松鼠等29种；其中家鼠优势种为黄胸鼠、褐家鼠，野鼠优势种为高山姬鼠、黑线姬鼠。在草海周围发现的高原腹鼠和昭通绒鼠为贵州省新发现。1995～1998年，大方县植保站进行《高山姬鼠种群生态及综合治理技术研究》，摸清其在大方县的种群繁殖规律，提高预测预报技术及防治技术，在37.02万亩农田进行防治，效果达84.3%。1999年获地区科技进步三等奖。

## 二　养殖业科技

**畜禽品种资源调查**　1.毕节地区猪种资源调查。1951～1955年西南区农业科学研究所和贵州省畜牧试验场4次到毕节地区调查畜牧业生产，猪的地方品种是其调查的主要内容之一。据查，赫章县的可乐猪、毕节县的朱昌猪、大定县的百纳猪、黔西县的黄毛猪、金沙县的安乐猪、织金县的五花猪、纳雍县的张维猪、威宁县的法地猪为地方猪种。

2.贵州地方猪种资源调查。1977～1978年，贵州省农业局畜牧处主持调查，毕节地区牧科所参加，调查后将毕节地区的可乐猪、朱昌猪、百纳猪、仁和猪、安乐猪、张维猪、法地猪，及水城的吕沙猪、盘县的坪地猪，归并为可乐猪；织金县的五花猪归并为关岭猪。以后编入《贵州省畜禽品种志》《贵州省畜禽品种图谱》。1980年获省科技成果二等奖，地区牧科所为受奖单位之一。

3.云贵川三省接壤地区猪种资源调查。1976～1979年，贵州省牧科所主持，调查威宁、赫章、毕节、纳雍县。调查后将分布在三省接壤的乌蒙山区、金沙江流域的贵州可乐猪、云南大河猪、盘河猪、四川冕宁黑猪、凉山猪归并，定名乌金猪，得到国内专家认可，编入《中国猪品种志》。1980年获农业部农技成果一等奖，地区牧科所、兽防站均为受奖单位。

4.毕节地区畜禽品种资源调查。1996～1997年，地区畜禽品改站调查8县市72个乡镇226个村1240个村民组3.03万农户，调查畜禽品种20.03万头（匹、只、羽），完成威宁黄牛、贵州黑白花奶牛、贵州马、可乐猪、威宁绵羊、贵州半细毛羊、考力代羊、贵州黑山羊、黔北麻羊、威宁鸡等10个品种的动态信息调查及马头山羊、乌蒙乌骨鸡、织金白鹅的动态信息和质量调查。1998年获地区科技进步四等奖。

**畜禽品种研究**　1.贵州白猪培育。1973～1979年，地区牧科所用苏白猪作父本，本地猪作母本，完成第一、二阶段杂交与横交的培育，横交各世代的生产性能超过双亲的中值。选育的7年，推广8000多头，1980年获地区科技成果三等奖。

2.商品瘦肉型猪杂交组合研究。1982～1986年，地区牧科所进行。通过对杜本杂、长贵杂等8个元杂和三元杂交组合鉴定，选出可乐猪×杜洛克（简称杜可杂），平均235日龄活重90.8千克，饲料报酬3.9：1，屠宰率71.4%，胴体瘦肉率52.2%～53.8%，比母本可乐猪饲料报酬高25.4%，瘦肉率高13.1个百分点。瘦肉率在48%以上的还有（可乐猪×苏白猪）×杜洛克（简称杜苏可杂）、（可乐猪×长白猪）×杜洛克（简称杜长可杂），均作为地区内推广的杂交组合。1986年，获地区科技进步二等奖。

3.生猪经济杂交推广。1987～1989年，纳雍县畜牧局甲苏白、长白、杜洛克等良种公猪与本地母猪配种，累计配种8.43万头次，产杂交仔猪8.36万窝，成活仔猪80.68万头，其中人工输精1.51万头次，一次受胎率为70.1%～77.1%，复配后达94.8%～97.1%。1990年，纳雍县饲养的生猪中杂交一代的比例达91%；生猪存栏数28.99万头，比1980年增长94.2%，比全地区平均增长率高18.3个百分点；全县农业总产值中畜牧业产值占39.4%，畜牧业产值中生猪产值占71.1%。

4.可乐猪保种选育及开发利用。1996～2002年，地区牧科所以赫章县可乐镇为中心，建立可乐猪及其杂交猪良种繁育示范基地8个，通过5代选育，可乐猪各项性能指标均有较大提高，选育合格母猪5000多头，扭转可乐猪数量锐减的局面。贵州省科技厅主持可乐猪保护选育鉴定认为："保种选育与开发利用可乐猪，对贵州省地方良种猪基因的保存与利用具有示范作用，达到国内同类研究的先进水平。"2002年获地区和省科技进步二等奖和三等奖。2008年，进行可乐猪高产优质配套系（母系）选育研究，有研究试验示范点10个。

5.三元杂交猪组合选育。2000～2002年，威宁县畜牧局，在本县基本普及杜可杂的基础上，试验选出长杜可杂组合：（可乐猪×杜洛克）×长白猪。该组合60日龄断奶体重19.3千克，6月龄体重100.3千克，料肉比2.84∶1，胴体瘦肉率58.2%，后腿比例29.3%，是威宁火腿、宣威火腿的上好材料。2003年获地区科技进步三等奖。

6.牛冷冻精液人工授精技术推广。1978年，地区畜禽品改站引进冷冻精液及人工授精技术。1980～1990年，累计输配19.49万头，输配产犊率40.5%，产犊成活率95.4%，并筛选出本地黄牛×西门塔尔（简称西本杂），本地黄牛×黑白花（黑本杂），本地黄牛×辛地红（辛本杂）。1993年获地区科技进步二等奖。1981年威宁县畜牧局受农业部表彰，1983年获省农业技术改进推广二等奖。1981年毕节县畜牧局获省农业技术改进推广二等奖。1984年纳雍县乐治区兽防站输配255头，受胎率和产犊率达到77.6%和79.4%，1986年获地区科技进步三等奖。

7.超低温冷冻黄牛精液研制。1981年，毕节县品改站利用液氮冷原，在-196℃超低温条件下，制成辛地红牛冻精。经鉴定合格，应用牛的繁养。1982年底，毕节县用自制的冻精输配，得辛本杂一代牛犊600多头，其体重比本地同龄公牛和母牛增长75.4%和36.96%。1982年获地区科技成果三等奖。

8.三合激素保母牛发情冻精输配试验。1984～1985年，大方县品改站，用三合激素注射母牛121头，发情率92.6%，并提出注药技术，注药后母牛发情状态及高峰期，用冻精输配一次，受胎率53.2%，复配后达76.5%，1985年，省畜牧局品改站在大方举办培训班，向全省推广。1988年获地区科技进步四等奖。

9.安格斯牛细管冻精引进试验。1988～2001年，地区品改站从美国引进安格斯牛细管冻精（省内首次），对本地黄牛进行改良，累计输配2.81万头，产活犊率为41.7%。由颗粒冷精改变为细管冻精，试验效果良好，省冻精站生产细管冻精，向全省推荐。2002年获地区科技进步三等奖。

10.考力代半细毛羊纯繁提高研究。1955年威宁种羊场引进考力代羊，进行风土驯化和纯繁研究。经过引入期（1955），变形期（1956～1962），初选期（1963～1965），整顿期（1966～1972），培育提高期（1973～1980）的研究，明确其毛量、毛长、毛细度、体重等生产性能指标之间的相关关系；确认考力代羊适应威宁自然条件，具有较高生产性能，遗传性稳定。1980年获地区科技成果三等奖。

11.杂交细毛羊品种选育。1959年，威宁、赫章、毕节、大方、纳雍县畜牧局，威宁种羊场、地区牧垦场，分别用引进的美利奴羊、斯达夫洛波羊、新疆细毛羊做父本，与本地母羊杂交，培育细毛杂交羊。选出最好的组合为本地绵羊×美利奴羊（美本杂）。经培育，美本杂细毛羊在社队饲养，平均每只产毛2.9千克，为本地绵羊的4倍，毛长6.8厘米，主体细度60～64支纱。1973年，威宁县有美本杂细毛羊6万多只，同质或基本同质的一、二类细毛杂交母羊达62.1%。

12.贵州半细毛羊培育。1973年，贵州省牧科所成立贵州半细毛羊育种协作组，地区由地区牧科所牵头，威宁、赫章、大方县畜牧局，威宁种羊场、地区牧垦场参加。以考力代、罗姆尼、林肯羊等半细毛羊为父本，与培育中的美本杂细毛羊一级母羊杂交。1978年，选出（威宁绵羊×美利奴）×考力代（考细杂）组合，获贵州省科学大会奖。1982年，考细杂为主的半细毛羊繁殖3.4万多只，获省农业技术改进推广二等奖。1984年，《贵州省半细毛羊阶段成果推广》列为省、地1986～1990年重点科技项目，成立有35名技术干部参加的协作组，由地区牧科所主持。经横交固定，互交选择，1990年一级母羊达56.2%，其体形外貌、繁殖性能、产毛量和羊毛品质，达到育种目标要求，遗传性基本稳定。1996年，全地区半细毛羊17.6万只，比1984年增2.02倍，1991年获地区和省科技进步二等奖和三等奖。

13.小尾寒羊引种驯化和繁育推广。1990～1994年，地区牧科所引进小尾寒羊，放到毕节、大方县的科技示范户，进行驯化养殖和示范。产羔率22.8%，羔羊成活率74.8%，公、母羊日增重130.4克和120.2克，成年公羊和母羊体重70.4千克和54.7千克，周岁屠宰率50.9%，净肉率37.2%，证明小尾寒羊能适应本地自然条件。养殖户发展到98户，饲养398只，能繁母羊216只．具有一定繁殖能力。1994年获省科技进步四等奖。

14.黑山羊本品种选育与应用研究。1998～2001年，地区牧科所在赫章县兴发、古达、雉街，织金县实兴、桂果，纳雍县雍熙，毕节市何官屯、对坡镇实施。每个乡镇选不同数量的农户建立核心羊群，在周围选一定的农户建立基础羊群，进行开放式选育，建成3万只优质羊组成的品种群，每年可向社会提供优质种羊6000多只，商品羊1.4万多只。核心群周岁公、母羊体重29.3千克、26.4千克，成年公、母羊体重38.4千克、36.8千克，产羔率148.8%，周岁公羊屠宰率46.4%。选育点年新创产值655.5万元，户均4500元。2002年获地区科技进步二等奖。2009年，《贵州黑山羊高效养殖技术研究与应用》获毕节地区科技进步二等奖。

15.乌蒙乌骨鸡选育与推广。1993年，地区牧科所在地区内进行乌骨鸡品种资源调查，并征集216只组建成本地乌骨鸡原种群。之后，采用群体继代选育法，实行闭锁繁育，1998年完成四代选育，乌性率从一代的67.1%提高到88.3%，黄羽自繁后代羽色纯合度55.5%，定名黄羽乌蒙乌骨鸡。同时研究探明其肉、蛋的营养成分，提出相应的饲养管理和疾病防治技术。所内年存栏800多只，年推广1万多只。1998年获地区科技进步二等奖，2003年获省科技进步三等奖。2008年，引进德国罗曼父母代蛋鸡300套进行选种选配工作。2011年，完成乌骨鸡蛋用品系F2代生产性能测定，采用群体继代法开展F2代种鸡继代工作，共继代种鸡2471只，通过选种，保留1118只。

16.特色养殖。2009年，地区牧科所在开展地方畜禽品种资源开发利用的同时，进行特色养殖示范探索。引进七彩山鸡1900余套和梅花鹿62只，分别建立示范点。通过引种驯化观察，效果非常明显，丰富了毕节地区畜禽结构。

**畜禽饲养管理技术研究** 1.仔猪早期补饲、生猪直线育肥技术示范。1994～1996年，黔西县畜牧局进行。仔猪15～25日龄开始补饲，经30～35天补饲出栏，比常规饲养提前5～15天；平均断奶头重16.1千克，比常规饲养出栏头增重36.4%。全县3年补饲9054窝，6.34万头。仔猪补饲断奶出栏后，经过驱虫、洗胃，采用配合饲料直线育肥，6月龄出栏头均重97.6千克，饲养期缩短2～3个月。3年育肥22.9万头，出栏率69.2%。1998年获地区科技进步三等奖。

2.养羊实用技术组装配套。1985～1995年，地区牧科所经过在农村驻点养羊的实践和调查研究，总结提出“四推五改”组装配套的养羊实用技术，推广后受到养羊户欢迎。1998年获地区科技进步四等奖。

3.喀斯特地貌灌木林草丛植被山羊载养量研究。1994～1997年，地区牧科所在毕节市野角乡、大方县大山乡、织金县实兴乡、赫章县兴发乡设点研究。研究证实山羊年采食鲜草1288.4千克，按采食鲜量占灌木草丛植被的26%计算，养1只成年山羊，需上等牧地1.04亩、中等牧地1.5亩、下等牧地3.03亩，平均为1.86亩。全地区300多万亩灌丛草场，加疏林草场及林间草丛，饲养山羊量可超过200多万只。1999年获地区科技进步四等奖。

4.黑山羊科学饲养与选育技术推广。1997～2001年，赫章县古达苗族彝族乡兽防站，选115户养羊科技示范户，组建115群2200只核心群，进行选种选配，闭锁繁育；以科学方法饲养，缩短世代间隔。2001年，全乡山羊存栏1.27万只，比1996年增218.4%。同时，山羊体重明显增长。赫章县古达乡成为地区内黑山羊的生产基地和销售中心之一。2003年获地区科技进步三等奖。

5.商品鹅生产配套技术研究。1991～1996年，地区牧科所通过试验和调查，总结提出商品鹅孵化、育雏、饲养、饲料配制、疫病防治及板鹅加工等综合配套技术。其中试验成功塑料袋水温平箱孵化技术和短期育肥技术，深受养鹅专业户欢迎。1997年获地区科技进步四等奖。

**饲草饲料研究** 1.牧草大面积飞播。1980年，农业部和中国民航总局专业航空局，在威宁县龙街区飞播牧草，为地区内第一次飞播牧草。次年国家农业部在威宁召开飞播牧草现场会，受到与会代表好评。1982年获农业部科技成果一等奖，威宁县畜牧局受奖。

2.南方草地畜牧业建设。为国家1983～1985年科技项目，甘肃省草原生态研究所主持，威宁县为试点县。3年新建和改良草地3.3万亩，草种基地9000亩，草地工程围栏2.77万亩。通过试验，提出优良牧草品种、品种组合，及在威宁自然条件下草场栽培技术和防止人工草场退化技术。

3.云贵高原草地养畜试验。为国家1986～1990年科技项目，贵州省高原草地试验站主持。从牧草品种鉴定、人工草地种植、退化草地改良、草地综合利用、草地管理体制改革方面开展研究。建立灼圃联户示范牧场，18户农民承包7000亩草场，年饲养绵羊等家畜3500多只（头），商品率达45%，户均年收入为当地农户平均数的10倍，形成科研示范、培训、推广相结合的灼圃模式。

4.织金县轿子山草地综合开发利用技术研究。贵州省1986～1990年科技计划项目，贵州农学院、织金县畜牧局承担。在轿子山建立中心示范草场3093亩，改良草地400亩，引进滇杨、木瑾进行生物围栏；引进牧草45种，鉴定出多年生野生黑麦草等7个草种组成混播组合，其产量和抗逆性优于原推广的白三叶、红三叶、黑麦草组合。发展种草养畜科技示范户6户，承包草山1062亩，指导周边农户种草6802亩。总结提出开发大面积草场的经验，建立中心示范场，将种草技术、草地管理技术、饲料青贮、晒制干草与保藏、牲畜饲养与畜病防治融为一体，做出成绩，进行示范，为周边农户提供技术服务。

5.草粉生产技术开发。1988～1990年，织金县畜牧局以贵州农学院为技术依托单位，实施本项目，并建成草粉饲料厂。采用烤烟烘房烘干苕子，解决烘制鲜草中较快脱水、减少养分损失的难题，成本低廉。干草粉含粗蛋白20.4%、粗脂肪2.6%、吸附水10.0%、粗纤维27.2%，无氮浸出物29.6%、灰分10.2%。可作蛋白质和维生素补充饲料。从刈割牧草到草粉包装的工艺流程合理，形成批量生产。1991年获地区科技进步三等奖。

6.秸秆氨化技术示范。1991～1993年，地区草地站引进秸秆氨化技术进行示范，在全地区建立永久性氨化窖1211个，容积1835.77立方米，在冬季制作饲料855吨，对964头牛、144匹马、263只羊作饲养观察。作物秸秆氨化后，蛋白质含量达到8%～10%，干物质消化率50～60%，比氨化处理前提高6～7个和10～20个百分点，食口性好，饲养效果好，增加了越冬饲料。1994年获地区科技进步三等奖。

7.高蛋白质饲料新技术研究。1992～1997年，地区牧科所以工业酒糟为主要原料，研制成高蛋白酒糟制优剂，对一般酒糟处理后，可使其蛋白质含量从15.6%提高到18.8%。用于饲养生猪，高蛋白酒糟组平均日增重634克，比对照组增11.6%。1996～1997年，在区内设32个示范点，所内供应菌种800多包，生产高蛋白酒糟200多吨，养猪1200多头，受到饲养户好评。1998年获地区科技进步四等奖。

8.秸秆微贮饲料养牛试验及推广应用。1995～1997年，黔西县畜牧局引进秸秆微贮饲料制作技术。经试验秸秆微贮后，通过微生物作用降解秸秆中木质纤维素，适口性好，利用率提高24%。微贮秸秆饲养牛，平均日增重623克，比对照组增28.7%。在黔西县铁石等11个乡镇28个村98个村民组1458户农民进行示范，共制作微贮饲料67.83万千克，养牛2656头，出栏1450头，受农户好评，已在县内推广。1998年获地区科技进步四等奖。

9.生态循环养殖技术研究。2007~2010年，地区牧科所通过养殖蝇蛆、蚯蚓，生产优质蛋白质，同时进行畜禽粪便的无害化处理。通过试验证明：粪便养蛆，蝇粪种草，牧草养畜，构成良好的循环经济；2009年在毕节庙湾、金沙、纳雍等地建养殖场1800平方米，蚯蚓养殖场2500

平方米，建立示范点5户，示范带动户32户，取得明显的经济效益和社会效益。

**畜禽疫病调查、普查与研究**　1.绵羊寄生虫病调查。1955～1956年，高寒山区工作组和毕节农试站在威宁、赫章、大方县调查绵羊寄生虫，发现21种，其中以捻转胃虫、肝蛭虫、结节虫、肺丝虫普遍而严重。

2.耕牛体内寄生虫调查。1985～1986年，织金县兽防站采用棉纶筛兜集卵法，检查6064头耕牛粪便，得寄生虫5种，其感染率为新蛔虫9%、前后盘吸虫5.6%、肝片吸虫5.5%、胰盘吸虫2.5%、线虫33.4%。肝片吸虫和新蛔虫为害严重。调查后改变过去普遍投药驱虫为粪检后投药，效果显著，减少投资。1986年获地区科技进步四等奖。

3.山羊、绵羊寄生虫区系调查。1987～1989年，地区兽防站在各县选26个点，采用直肠粪镜检绵羊1634只，山羊551只，剖杀绵羊96只、山羊22只，检出绵羊寄生虫37种，优势虫种为肝片寄生虫等6种，住肉孢子虫在省内首次检出；检出山羊寄生虫14种，优势虫种为捻转血矛线虫等5种。同时摸清各虫种的感染率及混合感染情况，为制订寄生虫的防治措施提供科学依据。1991年获地区科技进步四等奖。

4.野兔住肉孢子虫病。1985～1986年，黔西县畜牧局、贵州农学院牧医系合作，进行两例野兔病理解剖和寄生虫病实验室检查。据查，寄生在野兔体内的乳白色卵圆形包囊，为兔住肉孢子虫无性繁殖阶段形成的米休尔氏囊，是省内首次发现的一种人兽共患的寄生虫病。本研究结果，为该病防治及市场检疫提供依据。1988年获地区科技进步四等奖。

5.毕节县畜禽疫病普查。1987～1988年，毕节县兽防站根据农业部和省畜牧局的安排进行。普查年度为1949～1988年，以流行病学调查和实验室血清学诊断相结合，共采集血样473头份，检查血清1565份，查出畜禽疫病186种，新检出的有猪弓形体病、牛马焦虫病和鸡支原病；主要疫病为猪瘟、牛肝片吸虫等19种。1990年获地区科技进步四等奖。

6.纳雍、毕节牛羊兰舌病等疫病血清学调查。1987～1989年，地区兽防站在纳雍、毕节县对一些尚未确诊的畜禽疫病进行血清诊断调查，共检样品3041份，检出疫病15种，其中牛、羊的兰舌病，鸡、马的立克氏病和牛、马的伊氏锥虫病，马焦虫病等为地区内首次发现。1991年获地区科技进步四等奖。

7.猪弓形体病调查。1988～1989年，纳雍县兽防站在11个区镇采集10种动物961份血样和217份人血样，进行间接血凝和细胞凝血试验及阳性猪虫株分离、接种和药物试验。试验发现，部分人群和大多数动物有猪弓形虫株和弓形体病存在，为卫生防疫和兽防部门提供防治依据。1990年获地区科技进步四等奖。

8.猫泛白细胞减少症诊断与研制。1987～1989年，黔西县畜牧局调查1985年以来流行病因不明、常规药物治疗无效的猫病流行病学，剖检病变观察，人工感染试验及病原学检验，确认为猫泛白细胞减少症。经血球凝集、琼脂扩散、对流免疫电泳、电镜检查等试验，病猫各脏器、血清和粪便均带毒。研制成病脏器灭活疫苗，注射病猫1259只，治疗效果98.6%。1991年获地区科技进步三等奖。

9.织金县寄生虫区系调查。1992～1993年，织金县畜牧局进行。共检查畜禽1.03万头（匹、只），以解剖为主，粪检为辅，鉴定虫4.6万条，查出吸血虫等寄生虫99种，其中猪5种、黄牛18种、水牛14种、马26种、山羊13种、鸡7种、鸭10种、鹅6种；检出虫卵90种。基本查清县内畜禽寄生虫区系及分布，为开展防治提供依据。1994年获地区科技进步三等奖。

10.左旋咪唑增强猪瘟免疫效果试验。1993～1994年，地区兽防站选未经猪瘟疫苗免疫接种、母原抗体小于1：4（++）的50～60日龄健康仔猪做试验。经试验，口服左旋咪唑的免疫保护率为100%，未用药的为75%；同时，还能驱除猪仔肠道寄生虫。1995年获地区科技进步四等奖。

11.毕节市牛羊寄生虫病研制。1995～1999年，毕节市兽防站调查毕节市内牛羊寄生虫。调查出牛寄生虫19种、羊31种。同时筛选出高效、低毒、价廉、使用方便的丙硫咪唑和左旋米唑作为防治药物，驱虫牛比未驱虫牛头均净增重7.5千克，羊净增重3.7千克。在全市展开程序化驱虫，牛死亡率降低0.3%，羊降低0.25%；能繁母牛增殖率提高2.6%，产犊成活率提高11.6%。2000年获地区科技进步四等奖。

12.毕节地区畜禽寄生虫区系调查与防治。1992～1994年，地区兽防站调查防治毕节、织金、威宁、赫章县畜禽寄生虫病，经剖检收集鉴定虫体17.22万条，有194种，隶属5门、8纲、18目、42科、95属。其中区内首次报道97种，省内新记录27种，人畜共患33种。在研究掌握其感染种类、强度、分布及流行规律的基础上，制定防治原则、程序和方法。1995～2001年，在全地区推广实施，畜禽驱虫3083.3万头（匹、只）次，牛267.8万头次、羊152万只次。仅增重一项，增值6166万元，投入产出比为1：5.92，效益显著。在本项目实施中，科技人员撰写论文15篇，其中发表在国家级刊物6篇；1篇参加国际学术交流，4篇参加国内学术交流。2002年获地区科技进步二等奖。

13.织金县畜禽疫病调查。2001年，织金县兽防站对县内畜禽传染病和寄生虫病进行流行病学和血清学调查。据查，全县共有畜禽疫病124种，其中有国家重点控制的19种。同时摸清这些疫病在县内的分布及流行特点，制定防治计划，并付诸实施。2002年获地区科技进步四等奖。

**水产研究**　1.半旱式垄稻沟养鱼试验。1986年，大方县水产站在对江乡采用半旱式垄稻沟养鱼15亩，平均亩产鲜鱼35千克，稻谷增18%。次年扩大为120亩，亩产鲜鱼21.2千克，最高亩产65千克，稻谷增3.8%。同时，总结出一套适应当地自然条件的半旱式垄稻沟养鱼技术。1989年获地区科技进步四等奖。

2.田头坑稻田养鱼高产试验。1990，纳雍县水产站改稻田平板式养鱼为田头坑养鱼，252.3亩平均亩产30.6千克，并在稻田培育越冬鱼苗成功。次年扩大为500亩，平均亩产83.6千克，创省内先进水平。最高亩产150千克，稻谷增产6%。1992年获地区科技进步四等奖。

3.鲤鱼杂交优势利用。1989～1991年，地区水产站引进荷包红鲤等4个优良品种，进行组配杂交，选出荷元杂等3个杂交组合。饲养杂交一代鲤鱼，比其亲本显著增产。同时总结出在低温条件下，不用药用催产，亲鱼正常产卵和孵化的技术措施。

4.草海红鲫驯化养殖技术研究。2000～2002年，地区水产站研究，从亲本收集到人工驯化饲养、繁殖、鱼苗培育、鱼病防治，提出一套驯化养殖技术。原代亲本产卵40多万粒，受精率40%以上，出鱼苗率45%，子一代与原代比较，体色基本无变异，遗传性状稳定。2004年获地区科技进步四等奖。

5.特大黄鳝引种试验示范。2000年4月，黔西县科技局引进特大黄鳝427.5千克，计1.5万条，在黔西饲养，成活率75.2%。2001年3月，个体增重0.34千克，亩产1864.2千克，净增重1576.7千克，亩产值5.59万元，纯收入1.79万元。在城关镇新潭村建种苗繁殖基地，孵化成活率71%，每年提供商品种鳝750千克；在金碧、甘棠等8乡建立示范点，2003年示范18亩，亩产商品鳝鱼1168.1千克，亩纯收入1．12万元。示范总结提出特大黄鳝在黔西的繁殖饲养技术。2004年获地区科技进步四等奖。

6.稻田立体生态渔业技术应用。2002年，地区水产站引进在毕节试验成功，2003年，在全地区（除威宁）示范。2004年1.28万亩，亩产鲜鱼132.3千克，每亩收入254元，均处于全省领先水平。养鱼田稻谷在面积减少8%～12%的情况下，仍比对照增产2%～4%。2005年获地区科技进步四等奖。

## 三 林业科技

**林业资源调查研究** 1.综合性森林资源调查。1953年，贵州省森林调查队调查毕节专区森林资源，查明全地区有林地43.27万公顷，森林覆盖率15%。1963年，专区林业局组织森林资源调查，全专区有林地31.03万公顷，森林覆盖率10.8%。1975年以县为单位清查森林资源，全专区有林地15.71万公顷，森林覆盖率5.8%。1984～1987年，地区林业局组织全地区森林资源二类调查，有林地22.9万公顷，木材蓄积量827.1万立方米，森林覆盖率8.53%。1988年获地区科技进步三等奖。1994～1996年，地区林业局组织森林资源二类调查，全地区林地43.7万公顷，灌木林地26.44万公顷，林灌覆盖率26.1%；同时查清林业用地使用权属、各类森林蓄积、分布及生长量，造林保存率和新成林面积。1998年获地区科技进步二等奖。1999年开展森林资源现状调查和公益林区划调查，林木蓄积从872万立方米增加到1250万立方米。2005年，全区森林覆盖率达到34.83%，2011年，全区共落实森林管护面积1353.8万亩，为计划管护任务面积1230万亩的110.06%。

2.金沙县冷水河谷植被考察。1984年，贵阳师范学院与金沙县林业局联合考察发现金沙县冷水河谷17平方千米内，生存500种以上高等植物。河谷地带仍保持着中亚热带常绿植物的原始郡落。有为数较多的福建柏、小花木荷、南方红豆杉、三尖杉、香果木、紫楠木、黄檀等珍稀植物，有高达35米、胸径1.5米，冠幅10×10平方米的小花木荷，高达22米，胸70厘米，树龄不少余350年的福建柏。福建柏成片分布，为全国乃至世界罕见。

3.核桃品种资源调查。1980年，省林科所调查毕节、威宁、赫章县核桃品种。据查，3县有露仁、乌米、早熟、双季、晚熟、水牛、早实、串核8个核桃品种，并对各类型品种取仁难易、出仁率、含油量等主要经济指标进行测定。

4.威宁短柱油茶调查。1979年11月，威宁县林科所和贵州农学院林学系在威宁县新华乡和白磨乡发现一种野生油茶，经有关专家鉴定，确认是新品种，定名为威宁短柱油茶。这种油茶在威宁县每拔1800～2700米范围内均有分布，面积约5万亩，植株矮小，抗旱、抗寒、抗病、耐瘠，适应性强，果皮和种皮薄，出仁率70%，种仁含油率43%～45%，油质好，可食用。1980年获贵州省科技成果三等奖。

5.毕节县乡土树种资源调查。1981年，地区林科所调查毕节县乡土树种。据查，毕节县有主要乡土树种135种，其中速生树种12种：可供水土保持的有桤木、臭椿、杨树、柏木；可供营造经济林的有漆树、核桃、乌桕、板栗、油茶；可供营造用材林的有光皮桦、泡桐、香椿。1982年获地区科技成果三等奖。

6.黔西县油桐品种调查。1982～1984年，黔西县林学会在普查与定株观察的基础上，将全县油桐划分为小米桐等6个品种。通过调查各品种单产、出籽率、出油率、油质等经济性能，确认座桐、蓑衣桐、五爪桐、小米桐为优良品种。

7.漆树品种资源调查。1980～1982年，赫章县林业局调查本县漆树品种，地区林科所调查毕节县漆树品种。1983～1984年，纳雍县林业局调查本县漆树品种。均获地区科技成果四等奖。1982～1984年，地区林科所普查全地区漆树品种，查明漆树农家品种有小大木漆和大木漆两个类型共1.5个品种，其中肤烟皮、粉皮大木、灯台大木和小大木为优良品种，异叶漆、冬瓜叶和五籽漆为新发现。1985年获地区科技成果三等奖。

8.毕节市森林资源现状调查。1999年10月～12月，毕节市林业局采用航天遥感技术，利用美国TM1–5号卫星照片，区划判读全市森林资源现状并经实地验证合格。全市有林地4.54万公顷，森林覆盖率13.31%，林灌覆盖率22.27%。并查清针叶林、阔叶林、针阔叶混交林、经济林、灌木林、疏林地、宜林荒山、灌丛、未成造林地等各类林地面积，填补林业使用遥感技术调查的空白。2002年获地区科技进步三等奖。

**林木良种引进，繁育与选育**　1.杉木地理种源试验。1980年，地区林科所引进73个杉木地理种源，在赫章县平山林场进行育苗试验。1982年调查苗高及地径，差异明显。四川古蔺、彭县，贵州麻江、习水、余庆，湖南新晃，河南新县的种源，均优于本地种源，为选择杉木种子调拨区提供依据。1982年获地区科技成果四等奖。

2.华山松种子园营建技术研究。1979年，威宁县林科所在本县南屯建立华山松种子园33.35公顷，保存率95%。采用五株木对比法和种群筛选法，选出优树160株。1987年，完成入园的153个无性系进行矮砧髓心形成层对接，成活率90%；建立1.47公顷优树收集区，收集无性系150个，定砧3.33公顷，营造子代测定株6.67公顷。1998年4月，种子园通过林业部和省林业厅验收。是年获省科技进步三等奖。

3.华山松无性系种子园单、双亲子代测定。1976年，赫章县科协、林业局、水塘林场与贵州农学院林学系协作，在水塘林场建立华山松无性系嫁接初级种子园2.13公顷，在县内选优树36株，嫁接得36个无性系。1994年，评选出优势明显且比对照稳定的7个优良无性系。是年，获地区科技成果四等奖。在此基础上通过控制授粉和混合授粉，进行有性繁殖和单、双亲子代测定，评选出优势强、比对照（生产种）增长30%的5个优良家系，及具有高配合力的5个组合。1990年，通过鉴定，水塘林场建立第一代种子园13.33公顷，1992年获地区和省科技进步三等奖和四等奖。

4.油桐引种试验。1981年，黔西林学会引进广西对年桐湖南葡萄桐定植，1985年单株产量分别为6.8千克、7.9千克，比对照本地小米桐增产233.3%、186.9%。含油率，对年桐为60.39%，葡萄桐为60.12%，其油脂的酸价、皂化价和折光指数达到国家出口标准，应用于生产。1985年获地区科技成果四等奖。

5.罗山大板栗引种试验。1982年，地区林科所引进河南罗山大板栗试种。经7年观察，比本地品种早产、早熟，基本保持原品种特性。并研究提出该品种在区内的最适宜、适宜、较适宜和不适宜区域。1989年获地区科技进步四等奖。

6.漆树品种鉴定。1984～1992年，地区林科所在大方县马龙岩建立漆树品种园5.33公顷，收集贵州省内和云南省漆树品种33个，定植1755株。研究内容及成果：（1）观察漆树品种基因，摸清各品种幼树阶段的特征、特性，选出优良外引品种云南泡桐皮。（2）漆树地方品种比较试验，评出优良品种红漆大木和小大木，其产漆量比其他品种高两倍以上，且成熟早，适应性强。（3）漆树品种家系半同胞子代测定，选出红尖灯台大木漆和粉红皮两个品种的家系子代，产漆量高，性状稳定。（4）漆树品种苗期比较试验，摸清园内各品种苗期变异的特征。1992年，红漆大木等优良品种在大方县推广330多公顷。1993年与漆树栽培技术合报获地区科技进步二等奖。

7.漆树地方品种树皮解剖研究。1987～1988年，地区林科所解剖研究漆树皮的结构、皮厚、漆道阻塞类型，单位面积漆道数和直径，以及石细胞群数。研究确认，产漆量与漆汁道单位面量呈正相关，与石细胞群层数呈负相关；不同品种的数皮结构特征有差异，为漆树品种分类提供科学依据。

8.池杉引种及造林技术研究。1986年，地区林科所从湖北引进杉种子600千克，在金沙和黔西县育苗153公顷，产苗48万株。1988年营造试验林2公顷，人工林166.67公顷。1998年，平均株高7.6米，胸径9.2厘米，新增木材蓄积1.52万立方米。经14年的实践和探索，总结提出池杉的育苗技术和造林技术。1999年获地区科技进步三等奖。

9.板栗品种引进、地方板栗优株选育及繁殖应用。1989～2003年，地区林科所进行研究。（1）对全地区地方板栗品种进行调查评比，选出优良品种毕节油沙板栗和威宁辅处板栗。（2）选出两品种的优树10株，繁殖成无性系。（3）引进11个国内优良品种的接穗，均嫁接成功，并鉴定出光华板栗、毛板红、郯城3号、早丰、九家种等5个优良品种。（4）在毕节市田坝镇林场建立地方品种优良无性系及外引优良品种采穗圃3.33公顷，并进行穗条丰产试验，提出增加采穗圃条的有效措施，为生产提供49万枝。（5）开展板栗嫁接技术研究，总结出室内嫁接成苗83.5%、室外嫁接成苗95%的技术措施。（6）在田坝镇林场建立试验林1.13公顷，经多年实践和研究，提出板栗早实、丰产、优质的技术措施。（7）经调查，提出板栗适宜区在海拔1600～1900米范围内，至2003年，示范推广800多公顷。本项目于1998年、2002年、2005年获地区科技进步四等奖。

10.中林美荷杨引种试验。1999年4月，金沙县林业局，引进中国林科院育成的新品种中林美荷杨进行试验。试验扦插成活率78.1%，比对照意杨高31.9个百分点，且生长势强，在苗圃期的植株高度和地径，均优于意杨。至2002年，金沙县已种植中林美荷杨66.67公顷8000多株。2003年获地区科技进步四等奖。

**林木栽培技术研究及林业工程设计** 1.核桃嫁接技术研究。1979～1980年，地区林业局采取控制室内温度，用植物激素深抹切口，进行冬季室内嫁接核桃成功。1995～1998年，地区林科所进行春季核桃室外嫁接研究，提出最佳嫁接方法，经毕节市田坝镇林场采用，嫁接成活率73.8%。试验分别于1980年、2002年获地区科技进步四等奖。

2.杨树多根一干扦插试验。1977～1980年，毕节县苗圃站选用4个杨树品种进行试验。试验二年生的根、一年生的树干条扦插苗，年生长量比一根一干条的增20%～50%。1980年获地区科技成果四等奖。

3.华山松人工林断梢折干倒伏问题研究。1980年，赫章县林业局实测水塘、平山林场55个标准地、1.11万株华山松，探明其断梢、折干、倒伏与林木生长过程、地理条件和营林措施的关系，提出以林龄、海拔、坡向等因素确定造林密度和抚育间伐的依据。是年，获地区科技成果四等奖。

4.割漆技术研究。贵州省1986～1990年重点科技项目——漆树解剖研究的子课题。1982年，大方县土产公司承担。研究确认提高生漆产量和质量的割漆技术是：开割树龄7年以上，之后间息一年割一年，口型采用多口型，夏至放水、白露收刀。1986年，项目获省科技进步三等奖，大方县土产公司为获奖单位之一。

5.三十烷醉及硫酸二氢钾对泡桐增质作用的试验。1984～1985年，地区林科所做试验。经试验，常规育苗条件下，在泡桐苗叶面喷施1ppm的三十烷醇或0.5ppm加0.2%磷酸二氢钾的混合液，可使苗高和径粗增长51.9%和18%；苗木移栽时，用1ppm的三十烷醇醛根，然后用0.5ppm三十烷醇喷洒叶面，可使株高、径粗增长37%和30.4%，一、二级苗增28%以上。1986年，获地区科技进步四等奖。

6.泡桐快速育苗推广。1982年，毕节县林业局在汉屯乡育川泡桐和白花泡桐苗0.5公顷，催芽，3月上旬播种，薄膜覆盖，6月份幼苗有3～4对真叶时，间苗假植，每公顷3万株，并及时中耕除草追肥。当年苗高的达3.2米，地径4.5厘米，最矮的50厘米。1983～1985年，全县用此技术育泡桐苗1326.4万株，营造泡桐林2470.87公顷，部分苗木销往外县。1985年获地区科技进步四等奖。

7.大面积粮桐间作速生丰产栽培技术研究。1985年，地区林业局在毕节县官屯区坝口村间作粮桐6867公顷，至1990年，泡桐平均高12.5米，平均胸径15厘米，林木价值10万元。同期内全村粮食产量由21万千克上升到24.4万千克，增16.2%。总结提出间作泡桐速生丰产和粮食丰收的栽培技术。1991年获地区科技进步二等奖、省四等奖。

8.漆树幼林抚育及综合栽培技术研究。1983～1985年，赫章县林业局在野马、毛栗进行7.09公顷漆树幼林抚育试验，给漆树幼林施肥，漆树增高，产漆量增23.5%。1984～1993年，地区林科所在毕节文碧山、大方县马龙岩进行漆树栽培技术研究，总结提出漆树高产栽培技术，强调施用基肥对漆树早期速生丰产有显著效果。

9.漆树种子处理试验。1989年，地区林科所用98%浓硫酸处理漆树种子，发芽率40%～45%，比常规处理高9～15倍，苗20天出齐。1991年获地区科技进步四等奖。

10.乌江流域水源林、水土保持林营造技术研究。国家1986～1990年科技计划项目，贵州省林勘院主持，织金县林业局参加。1988～1993年，在织金县珠藏区黑土乡蒙坝河上游进行小流域综合治理，造林818公顷，封山育林407公顷，造林成活率85%，保存率90%，森林覆盖率由16%升到33.5%，林业部验收。1997年织金县林业局获省科技进步三等奖。

11.长江中、上游防护林工程总体设计方案及实施。1990年，织金县林业局按林业部有关规定制订织金县防护林工程设计方案，经贵州省长江中上游防护林建设办公室评审实施。1991年，在全县38个乡造林2000多公顷。1992年获地区科技进步三等奖。

12.毕节地区1991～1995年森林采伐限额编制。1989年地区林业局按森林法实施细则和林业部、林业厅的要求，以1986年森林资源二类调查数据为基础，应用不同公式、参数进行比选，组织编制织金县1991～1995年森林采伐限额。经专家鉴定认可。1993年获地区科技进步三等奖。

13.刺梨速生丰产技术研究。1987～1992年，地区林科所初步查清地区刺梨资源及分布，分为9个品种。选择其中5个优良品种人工栽培34.67公顷，扦插育苗和实生籽育苗均获成功，冬、春定植成活率高，以磷肥作基肥植株长势最好；1991年开始挂果，结果率92.3%，亩产101.5千克。可食部分总糖、还原糖提高9.1%、1.22%；总酸度、单宁和纤维分别下降0.3、0.003和3.8个百分点。1993年获地区科技进步四等奖。

14.纳雍县《3356》项目实施林业工程配套技术。1988年12月，纳雍县《3356》项目林业组开始实施，至1995年，共育苗467.6公顷，造林2.26万公顷，保存率96%～100%，项目区森林覆盖率26.3%。水土流失面积减少10%，侵蚀模数下降22.7%。果木林创产值290.1万元，栽桑树200多万株，养蚕成功。开展幼林病虫鼠害防治1441.2公顷，挽回损失300多万元。1994年11月通过验收，省人民政府发给合格证书。1996年获地区科技进步二等奖省三等奖。

15.织金县林业生产、林种结构及配置研究。本课题为国家科技项目《长江上游水源林水保林营造和技术研究》中《合理农林结构林种结构及配置研究》专题的子课题，《中国3356工程》织金县指挥部承担。通过运用生态经济学原理和多目标线性规划方法、对织金县林种结构进行优化，建立数学模型，得出织金县1991～2000年林种配置方案，为织金县政府采纳，应用3年取得明显的生态、经济和社会效益。1996年获地区科技进步四等奖。

16.残次林营林技术研究。1984～1997年，金沙县造林公司在本县八一、龙庄等6个村，进行残次林经营研究，为首次开展研究。通过调查，提出一套因地、因林制宜的改造技术，付诸实施后，成效显著。1995年，6个村森林2732.2公顷，活立木蓄积8.15万立方米，分别是1985年的7.36倍和3.79倍；森林覆盖率58.7%，比1985年增19.8个百分点。并在县内推广。1999年获地区科技进步二等奖。

17.稀土在林业生产上的应用。1997～1999年，黔西县林业局在林业生产中将马尾松和杉木浸种及苗期喷施稀土溶液，产苗量提高0.9%～15.4%，一、二级苗出圃率提高0.9%～9.4%。板栗在初花期、幼果期各喷施一次，产量提高2%～29.4%。1999年全县施稀土示范396.67公顷。2000年获地区科技进步三等奖。

18.ABT生根粉对几个树种的应用试验。1999～2002年，金沙县林业局引进ABT生根粉1、2、3号进行试验，用生根粉1号处理金边黄杨、月季等园林植物和木本花卉；用生根粉2号处理喜树、楸树的种子育苗；用生根粉3号处理圆柏、香樟、银杏等苗木或大树、古树移栽，均有明显的效果。2003年获地区科技进步四等奖。

19.营养袋两段育苗及基质配方优化技术研究。2001～2003年，地区林业科苗站，以地区内针叶树和阔叶树代表树种柳杉和喜树做试验。试验确认营养土优化配方的营养袋两段育苗与常规育苗比较，柳杉和喜树的苗高、径粗、一级苗、二级苗、造林成活率均有增长。总结提出营养土优化配方方案及营养袋两段育苗技术，扩大到14个树种，示范推广育苗近2亿株，苗木合格率90%以上，造林成活率91%以上，2004年获地区科技进步四等奖。

**森林有害生物防治研究** 1.松针毒蛾研治。1957年，赫章县六曲河周边4个区，约有6000公顷松林发生针毒蛾为害。地、县林业局经药剂防治试验，采用1%可湿性六六六粉剂防治1566.67公顷，虫害被扑灭。

2.林用杀虫杀菌烟剂研治。1974年，纳雍县化作林场云南松针叶发生病害和虫害，以赤枯病等病害为主，多为混生型。1976～1977年，纳雍县林业局组织研制成功纳林761、纳林762杀虫烟剂，纳林763、纳林764杀菌烟剂，送林业部安阳林药厂鉴定后，生产50多吨，用于化作林场云南松病虫害防治，防治1866.67公顷，效果显著。1980年获地区科技成果四等奖。

3.黔西北地区云南松大面积死亡原因调查。1976～1980年，纳雍县林场在本地区内及遵义地区的10多个国营林场调查云南松大面积死亡原因。据查，致云南松大面积死亡主因是低温高湿气候，并提出防治的措施。1980年获地区科技成果三等奖。

4.毕节地区森林病虫害分布及其危害调查研究。1979年贵州省林业厅统一布置项目，以地区林科所为主，组成普查队，开展普查。据查，全地区有森林病虫害357种，昆虫1838种，对其中的150多种虫害、26种病害作系统记述，基本查清区内主要树种的病虫害种类、分布及为害情况，对多发病虫提出防治建议。1980年获地区科技成果二等奖。

5.漆树瘿螨病研治。1979年，纳雍县土产公司发现和平公社队办林场16.3万株漆树叶一片萎缩卷曲，严重的植株死亡。1980～1985年，地区林科所和省林科所联合研究。研究确认是瘿螨致病，病发期与瘿螨繁殖期同步。之后，筛选出50%久效磷乳剂等药剂及防治技术，防治效果达70%以上。1985年获地区和省科技成果二等奖和三等奖。

6.华山松煤污病研治。1984～1987年，地区林科所对此病进行研究。经调查6个县39个样点1743.53公顷林地，发病面积达66.7%，感病率67.9%，感病指数23.37%。其病源为球蚜，每年5月出现两次球蚜高峰期后，即出现霉菌生长高峰期。研究明确球蚜发生规律，并筛选出50%甲胺磷乳剂等农药，提出防治技术。每年防治667公顷以上，效果良好。1988年获地区科技进步三等奖。

7.松毛虫工程治理。2000年，贵州省受领国家松毛虫工程治理项目，毕节市、金沙县列为工程区，由地区森林病虫防治站承担。至2002年，通过营林、生物防治和化学防治等措施，累计完成4.77万公顷，其中生物防治率97.9%。工程区虫害发生面积由开始时的1.75万公顷减少到1350公顷，降92.3%；成灾由220公顷减少到56.67公顷，下降74.3%。原常灾区50%转变为偶灾区，50%转变为安全区；原偶灾区全变为安全区。成灾率为1.1‰，监测覆盖率、监测准确率均为100%。通过实践，总结提出一套地区内松毛虫综合防治技术。2003年获地区科技进步二等奖。

## 四　水利科技

**水资源调查**　毕节地区水资源调查。1980～1981年，地区水电局调查水资源及其利用现状。据查，全地区河长大于10千米的河流有193条，分属长江、珠江水系。属长江水系部分，有乌江、金沙江、赤水河域，流域面积分别为1.78万平方千米、4901平方千米和2943平方千米。主要干流：乌江流域有六冲河、三岔河、野济河和偏岩河；金沙江流域有牛栏江、白水河；赤水河流域为赤水河。属珠江水系部分有北盘江流域，流域面积1239平方千米，主要干流为可渡河。全区地表水资源，年平均降水量为277.96亿立方米；地下水有碳酸盐岩溶水、基岩裂隙水、局部松散堆积层孔隙水，应用径流模数和河川基流分割法计算其储量，岩溶水为28.07亿立方米，裂隙水为4.41亿立方米，孔隙水为0.02亿立方米。地表水、地下水均较丰富。由于地形复杂，水资源利用较难；水资源时空分布不均，水旱灾害频繁，且相互交替发生。1981年获省科技成果四等奖。

**水库工程技术**　1.箐河水库筑坝土料压实性能试验研究。20世纪50～60年代，地区内修建水库多采用均质土坝工程技术。地区水电局在修建箐河水库时，进行筑坝土料压实性能试验，经对筑坝黏土的物理性能、压实性能等分析研究，提出低密度、高含水量、高塑性黏土筑坝的干容量及含水量、铺土厚度及碾压遍数的控制数据，为均质土坝施工质量控制提供科学依据。1980年获地区科技成果三等奖。

2.倒天河水库。1956～1957年，地区水电局应用重力坝工程技术，建成库容650万立方米的毕节倒天河水库。经多年蓄水验证，重力坝工程技术，有效克服均质土坝技术岩溶地带易漏水；因湿度大，干容量不易达到规范要求；岸坡结合处易引起坝身裂缝、渗漏等弊端。重力坝虽仍存在裂缝、漏水，靠自重维持稳定，安全性不够大的缺陷，但有取材容易，施工期不受气候限制、导流度汛容易等优点。

3.小沟坝拱坝。20世纪70年代后期，地区水电局引进浆砌石拱坝技术，其建造质量及经济指标明显优于重力坝，被定为推广的工程技术。1980年建成金沙小沟坝拱坝，坝高20.14米，从底到顶均厚0.8米，厚高比0.05，为国内最薄的拱坝之一。

4.东风水电站抛物线曲拱坝。位于黔西与清镇边界鸭池河上的东风电站水库，为贵阳勘测设计院设计，1989年截流。水库高173米，底宽25米，顶宽6米，厚高比0.163，为国内已建工程中最薄的双曲拱坝，是国内第一座开工修建的抛物线拱坝。

5.浆砌石拱坝技术改进。地区水电勘测设计研究院，多年对浆砌石拱坝工程技术作以下研究改进。（1）突破拱坝设计的一些常规，在通常情况下，河谷宽比要求不大于7，三岔河及宴家沟拱坝都大于7，大方县对江拱坝达9.3，通过精心设计和施工，坝建成后均安全运行。河谷地段要求两岸地形对称，地基基础完整，岩性均一，耐风化。地形复杂，且主要是碳酸盐类岩石，难达到要求。设计施工采取多种应变技术措施，克服地形造成的困难。红卫单曲拱坝，基础为白云岩，岩层夹有泥质岩、碳质岩，为典型的软弱岩基与不对称地基，采取深挖、深嵌、加大垫座、扩大拱端和灌浆技术处理。花滩河双曲拱坝，河床基础为白云岩，有两个深潭和两条断层贯穿其间，采用深挖回填堵截和砼管柱桩，高压喷灌、帷幕灌浆相结合技术处理坝基。两拱坝建成后均安全运行。（2）防渗体型式多样，主要有砼面板、砼沁墙、镶面料石勾缝等，过狮河和宋家沟两处拱坝建成后，坝身背面基本无渗漏，无浸润。（3）推广坝顶溢洪方式，克服狭谷地形溢洪道布置困难。（4）拱坝设计中的应力分析，20世纪70年代多用纯拱法，人工计算；80年代改用拱冠梁法，电子计算，提高应力分析的精度和效力。（5）逐步改善施工手段，机械化、半机械化施工逐渐增多，工期缩短、工程质量提高。

6.病险库处理技术。1988年，地区水电局组织对小（二）型水库鉴定，有病险库67座，占小（二）型水库的40%，其中土坝坝基、坝肩、坝身漏水造成病险库的居多。1980年前，通常采用黏土斜墙和加设黏土铺盖技术处理土坝漏水。80年代采用塑料膜处理坝身漏水、灌浆处理坝基漏水新技术。1989年，地区水电勘测设计院完成的《木蓑衣水库岩溶渗漏及坝基稳定分析处理》，获省科技进步四等奖；1991年，织金县红阳水库配套工程指挥部完成的《红阳水库大坝塑料薄膜防渗设计与施工》，获地区科技进步三等奖。

7.毕节地区水库工程图集。1994～1996年，地区水电局将20世纪50年代至1996年建成的154处小（二）型以上的水库资料汇编成册，为水利工程规划、勘测设计、施工及水利科研，提供参考借鉴，为制定水库工程的除险、加固、维修配套计划及利学调度提供依据。1997年获地区科技进步四等奖。

**渠道工程技术** 1.威宁县新华水库渠工程设计。1982～1983年，地区水电勘测设计队，在原方案的基础上提出修正方案，采用后寨、出水三座大型倒虹管及在中水建一座大型钢筋混凝土薄壳渡槽，缩短干渠25千米，避开不利地形和条件，解决因跨云南省境需征用土地的问题。在技术上，采用4种衬砌形式，提高渠道利用系数，缩短工期1年，节省投资16万元，保证渠尾少数民族用水。1984年4月，被贵州省城乡建设环境保护厅评为优秀设计项目。1985年获地区科技进步三等奖。

2.渠道防渗研究。20世纪70年代后期，地区水电局开始渠道防渗研究，1986～1990年，贵省州水电厅将渠道防渗列为水利科技攻关项目，地、县水利单位加强此项技术的研究与应用，取得较好效果。箐河水库渠道，防渗前后，千米渗漏损失由11.2%降为0.84%；移山水库渠道渗漏损失从7.2%降为1.6%。使用7种渠道防渗技术，其中地区水电部门试验成功的低标号砼防渗技术，造价低，强度高，耐久性和抗渗性都达到设计要求。地区水电局完成的《贵州省岩溶地区减少渠道渗漏的技术措施》，1980年获地区科技成果二等奖；《贵州省岩溶水资源评价及开发利用之渠道防渗研究》，1987年获省科技进步四等奖。

3.渠道断面及防渗体结构处理技术。1980年前，地区内渠道断面多数是矩形或梯形。80年代后逐步采用工程数量少、占地少、水力条件好的U形、V形断面及窄深式矩形断面。渠道大多盘山而行，山高坡陡，地下水的活动对防渗体的稳定往往造成威胁，采用与地下水活动规律相适应的防渗体结构，解决防渗体稳定。水牛屯电站动力渠道断面为矩形，投入运行后，因地下水位高，内侧墙在渗透压力作用下，发生变形及渗漏，采用U形砼渠槽与原矩形槽底的两个曲边三角形作排水暗沟，将地下水排出堤外，有效防止渗漏。

4.防渗衬砌工艺改进。20世纪80年代，地区水电局引进小容量拌和机和袖珍振捣器，提高砂浆和混凝土质量。在混凝土和低标号砼制作中掺入外加剂、掺合剂，改善砼的性能，显著改善和易性，有利砼的振捣密实、收面、抹光，其强度增长幅度较大，且节约原材料和投资。

**人畜饮水工程技术**　1.引水设备改进。1985年前，解决人畜饮水，多采用蓄水或提水、引水技术。引水采用渠道或焊接管道，焊接管成本高。20世纪80年代后期，广泛采用聚乙烯塑料管和砼管代替焊接管，对水质无不良影响，投资比焊接管节约60%～70%，安装简便，在深埋0.3～0.5米的条件下，其耐久性优于焊接管。

2.小水窖技术研究。1972年，毕节县甘河大队农民用石块砌壁、石灰砂浆抹面，建小水窖，解决喂猪、烤烟育苗用水，开创应用小水窖解决山区人畜饮水先例。1986年，毕节、赫章县水电局，研究改进本地小水窖建造技术：用水泥沙浆取代石灰砂浆抹面，增设集雨坪、集水沟、沉砂池、过滤池、出水口及加厚盖板。改进后的小水窖积水、防渗、防垮、防蒸发功能更完善，使用更方便。1989年，国家水电部将小水窖技术研究列入部颁科技计划项目，毕节地区水电局承担。经对水窖工程的水源、引水、净水、窖体、供水进行调查研究，得以下结论：利用各种集雨方式收集雨水过滤贮于水窖时，由于水窖为封闭式，埋入土层内，水温变化在3℃～4℃之间，水窖有净化作用，贮存半年仍符合饮用水标准。对水窖的水源选择、集雨坪的位置、类型与保护、水窖的位置、容量及修建，总结提出相应的技术措施。至1981年，全地区推广2.74万个，容积58.4万立方米，解决15.2万人和0.98万头牲畜的饮水问题。1987年，获地区和省科技进步三等奖、四等奖。

**水土保持研究**　1.改革种植方式。1957年，金沙县保安乡实行横坡种植，有效减轻水土流失，全乡粮食成倍增长，受到国务院水土保持委员会奖励。1979年，赫章县德卓公社绿肥地免耕种植玉米成功，免耕地与同土种未种绿肥的耕地比较，径流量减39.6%～52.5%；冲刷量减30.1%～85.6%，冲刷侵蚀沟减36.4%～57.6%。20世纪80年代，地区推广旱地分带轮作，90年代推广旱地绿肥聚垄耕作。

2.坡改梯。20世纪50年代区内开始施行坡土改梯土，瘦土改肥土、旱地改水田。60年代开展农业学大寨，坡改梯成为建设基本农田的主要内容。70年代初，赫章县中坪公社拖街生产队，在坡改梯的基础上，施石灰改良土壤种植大窝玉米，大幅增产，1978年获省科学大会奖。1992～1995年，毕节市水土保持办公室，在何官屯镇龙滩坪村测定坡改梯后保水、保肥、保土和增产效益，原自然坡度8～13度、14～19度、20～25度的坡土砌硬的梯土，三年平均比未砌硬的含水量分别增48.9%、31.1%和29.1%；拦沙能力分别为68.9%、71.6%和81.6%；土壤肥力逐年增加，种植玉米的产量分别增5.8%、13.3%和8.8%。

3.综合治理。20世纪80年代后期，水土保持转为以小流域为单位，成片综合治理，以植物措施为主，与工程措施、农耕措施相结合。1992年地区水保办、毕节县、大方县水保办共同完成《全国水土保持重点防治毕节片区水土保持规划报告》，获省科技进步三等奖；1994年，《中国3356工程》织金县指挥部完成《织金县蒙坝河上游生态农业建设》，获地区科技进步四等奖；1998年，毕节市水保办完成《毕节市小流域水土流失综合治理》，获地区科技进步三等奖。1999～2004年，毕节市水保办、梨树镇、清水铺镇政府完成《毕节市第五期长治工程综合治理》，5年间综合治理154.22平方千米，治理4条小流域，减蚀率70%多，林灌覆盖率由23.76%提高到41.26%，形成综合防护体系。2004年通过长江水土保持委员会验收，被评为良好工程。2005年获地区科技进步三等奖。

4.毕节地区水土流失灾害调查报告。1991～1992年，地区水保办在实地考察水土流失，收集、整理、分析历史资料的基础上，系统论述地区内不同地形区域水土流失发生发展原因，提出治理方案，为政府提供决策依据。报告获日本国水土保持考察团和有关专家好评。1993年获地区科技进步三等奖。

5.毕节地区人为水土流失研究。1994～1997年，地区水保办，调查研究人为水土流失，系统分析造成人为水土流失因素，造成水土流失的过程和规律，推算出每年造成水土流失的面积、程度及在各县、乡镇的分布，并分析人为造成水土流失形成的灾害，划分出重点预防保护区、监督区，提出防治措施和目标。在一个地级行政区内系统研究人为水土流失，在国内尚属首次。研究达到国内领先水平。1997年获贵州省科技进步三等奖。

6.毕节地区滑坡、泥石流普查及研究。1991～1997年，地区水土保持办公室和长江上游水土保持重点治理区毕节二级站，普查毕节地区近40多年的滑坡、泥石流。据查，全地区有不同强度的灾害点623处，发生过大小滑坡、泥石流灾害330次。经研究，得出地区内滑坡、泥石流灾害的形成与自然因子的相关关系，人类不合理活动对加剧灾害的影响。以乡镇为单元，对全地区滑坡泥石流危害程度进行分区、分类，制定防灾、减灾措施，建立监测预警点3个，群测群防点72个。1998年获省科技进步四等奖。毕节市水保办参与完成的《毕节市滑坡、泥石流调查与预警防灾报告》，1999年获地区科技进步三等奖。1999年，论文《毕节地区滑坡、泥石流分析》被国际经济研究评价中心世界华人重大成果评审委员会授予世界华人重大学术成果荣誉，在《世界华人重大学术成果》公布。2000年获地区科技进步二等奖。

7.乌江上游喀斯特退化生态系统恢复模式的优化与示范。科技部1986～1990年科技计划项目长江上游环境变迁、生态恢复与可持续发展示范研究的子课题；1998～2000年，织金县科技局承担。在织金县箐脚村、大寨村示范，在箐脚村采用小流域综合治理为主，坡面生态工程治理为辅模式，大寨村采用山地面生态工程治理模式。经3年治理，两村林草地由149.93公顷上升到779.73公顷，每平方千米侵蚀模数由3341吨下降为1.34吨；农民人均粮食327千克，人均纯收入

1130元，分别比前三年平均数增长47.3%和88.3%。2002年获地区科技进步四等奖。

## 五 气象科技

气象观测 1.地面与高空气象观测。1937年毕节测候所建立，开始地面常规观测。1950年后随着技术进步和设备更新，观测项目不断增加，精度不断提高。1952年增加0座米和30厘米地温、云高、日照、草温；1954年，撤销草温观测，增加云向、气压观察；1958年增加5厘米、10厘米、20曲管地温；1980年，增加40厘米、80厘米、160厘米、320厘米直管地温观测；1961年，增加虹吸雨量计；1963年，增加达因自记风向风速记；1968年增加电接风向风速仪；1982年增加遥测云升。至80年代，已能观测气温、气压、湿度、风向风速、云状量、能见度、降水、日照、蒸发量、地温、雪深、电线结冰。1955年，毕节台、威宁站配备经纬测风仪，开展5000米以下高空风速、风向观测。1960年威宁气象站配备探空仪，进行高空气压、温度、湿度、风向、风速观测。1978年，地区气象台配备雷达，开展降雨、降雹观测。1983年，与川、滇、黔、桂多部雷达联网，嗣后逐步扩大为川、滇、黔、桂多部雷达联防。在一定程度弥补因地形复杂单机监测的局限性，提高冰雹、暴雨预报的准确性。1997年，地区气象台建成气象卫星综合应用系统。2005年安装风云2号气象卫星接收站，2006年毕节新一代天气雷达投入业务应用。

2.毕节地区风速与风压。1977年，地区气象局借鉴外地经验，应用柏努利方程，计算出毕节、大方、威宁瞬时极大风速的风压值，对建设工程有一定的参考价值。1980年获地区科技成果四等奖。

3.乌蒙山对西部气候影响。1978年，地区气象局通过分析威宁、毕节两县的温度、降水、日照，肯定乌蒙山脉和云贵高原静止锋是本地区西部特殊气候的导因；影响威宁农业生产的主要因子是霜灾和风害。1980年获地区科技成果四等奖。

4.“806”特大暴雨分析。1980年6月17～18日，发生两次特大暴雨天气，造成严重灾害。地区气象局运用特大暴雨日及前两日地面、高空资料，绘制成形势图、剖面图、涡散场图等物理图表，进行动力学分析。发现产生特大暴雨天气背景及原因：（1）暴雨出现在副热带急流轴以南；（2）气层水气含量丰富，低层尤为温湿，大气层不稳定；（3）低层正涡度幅合与主层幅散正、负涡度形成暴雨垂直环流；（4）暴雨期间，在地区东南部有一中尺度气旋曲度。为以后的暴雨预报提供借鉴，1980年获地区科技成果四等奖。

5.金沙县夏季旱涝趋势预报方法。1981年，金沙县气象站，以当地春后雪120天有大雨的农谚为线索，运用平均气温时间序列图，用韵律编成120天气象关系，提出日平均气温曲线特征，作出长期夏季旱涝预报模式。1982年获地区科技成果四等奖。

6.毕节地区夏季暴雨分析及短期预报模式。1981年，地区气象局分析暴雨及其影响系统，发现本地区的暴雨与前一天的天气形势有密切关系，并找出建立预报暴雨模式的低槽冷峰型、切变型、台风环流型模式指标，认为凡符合其中一种指标，当天夜间或第二天白天区内有暴雨。

用此模式多次试报，准确率为67%。1982年获地区科技进步四等奖。

7.贵州西半部6～8月降水谱分析与西太平洋副热带高压研究。1982年，地区气象局选取贵阳、毕节、威宁1971～1979年各年6～8月降水资料和功率谱分析，发现6～8月降水，存在7天准周期，西太平洋副热带高压亦存在6～7天的活动周期。证实副高压活动周期与降水周期的同步性，肯定7天降水振荡周期具有实践的天气学意义，所提出的定量预报指标，对提高夏季降水天气预报准确率有较大的参考作用。1982年获地区科技成果三等奖。

8.用多元逐级回归剩余周期建立春季降水预报方程。1984年，黔西县气象站以回归剩余作周期分析，连加在方程末项，建立多元回归剩余周期方程。用此方程作春季降水量预报，比较准确。1984年获地区科技成果四等奖。

**天气预报研究** 1.短期、中期和长期天气预报。1959年，毕节气象台、各县气象站开始1～3天天气预报，开展寻找预报指标的研究活动，在收集天气谚语和看天预报经验的基础上，结合气象资料图表的分析，进行预报。地、县气象台，从60年代开始用要素曲线、综合时间剖面图、气候资料分析、数理统计、韵律关系、相似年等方法制作月、季、年天气预报。1973年，地区气象台和各县气象站，改传统预报为数理统计预报，采用数理统计方法在预报因子的选择上作研究，建立的预报模式或方程逐步完善有效。1974年，地区气象台配备电传收讯机，取代手抄；1977年配备传真机，接受中央气象台传真气象，传真图部分取代自填天气图。1980年，各县气象站配备传真机，接受中央气象台传真，提高预报效率。地区气象台在开展短期天气预报的同时，采用省气象局天气预报广播，结合本台气象要素和天、物象演变，分析个例，归纳演变特征，制作要素曲线图或综合时间剖面图，建立本台天气过程模式，制作3～10天的中期天气预报。配备传真机后利用中央气象站48小时、72小时北半球天气形势预报图，进行预报，提高中期预报的准确度。1998年6月，地区气象局建成电视天气预报制作系统。1999年1月，开通“121”天气预报电话自动答询系统。2005年5月，毕节电视台正式进行天气预报节目。

2.暴雨专家系统设计及其短期预报。1989～1991年，地区气象局收集1959～1988年中359个暴雨个例资料分析：建立环流分析、物理量特征、指标站要素以及雨量的历史档案库。在总结老预报员经验的基础上，建立8条知识库和83条规则库，并用专家系统模式进行处理，建立毕节地区暴雨专家预报系统。1990～1992年，应用专家暴雨系统预报毕节暴雨，在微机上运行5～8分钟即可输出结果，其预报准确率，从1989年以前的25%提高到83%，达到省内先进水平。1993年获地区科技进步三等奖。

3.毕节地区雷达探测及短时冰雹预报客观综合模式。1990～1991年，地区气象局整理分析1981～1991年3～5月降雹天气和一般雷雨天气的雷达、地面、高空以及天气图气象观测资料，建成全地区冰雹数据库。据研究，雷达回波强度、强回波顶高度、回波强度的垂直梯度及24小时地面能量之差值，是预报短时冰雹天气及一般雷雨天气的最佳因子，并建立起判别方程。1992年试报，3～5月出现14次冰雹天气，预报准确率100%。1994年，获地区科技进步四等奖。

**农业气象研究** 1.毕节水稻低温冷害分析及预报。1981年，地区气象局分析历史上产生的8

月低温，选择头年秋季温度，当年1月中旬气温，2月中旬日照、3月雨量和头年11月下旬雨量因子，用投标预报8月份低温，历史拟合率达77%。为水稻生产避开8月低温危害提供依据。1982年获地区科技成果四等奖。

2.毕节县玉米稳产高产的气候问题探讨。1982年，地区气象局对比分析历年玉米产量与气候资料，发现若玉米在夏季生长期遇3个月低温天气，则大减产，反之若出现3个月高温天气，则玉米丰收；若3个月中出现任意两个月低温天气，当年玉米中、小程度减产，反之若出现两个月高温天气，则保产或略有增产。结论：影响毕节县玉米稳产高产的主要气候因子是夏季低温。提出避开夏季低温的农艺措施。1982年获地区科技成果四等奖。

3.黔西县主要农作物气候分析。1984年，黔西县气象站采用数理统计与对比方法，定量分析县内水稻、玉米、小麦、烤烟、油菜生育期间的光、热、水条件，明确作物各生育期与各气候条件的关系，提出合理利用气候资源，提高农作物产量的措施，并对全县作物布局，引种和选育品种，提出建议。1984年获地区科技成果四等奖。

4.毕节地区主要农作物产量气象预报方法研究。1992～1994年，地区气象局用数理方式统计各县1961～1990年气象资料与粮食总产量数据，提出毕节地区粮食产量与气象要素的关系，造成减少的主要原因是夏季低温和春旱、夏旱。并分别建立气象因子和水稻、玉米、小麦等产量关系的函数方程式，作出当年产量预报。1995～1997年，每年的预报准确率达95%以上。1998年获地区科技进步四等奖。

**灾害性天气研究**　1.毕节地区灾害性天气的特点。（1）旱灾。以3～5月的春旱和6～8月的夏旱为主要旱灾。1950～1998年，全地区春旱频率34.7%，夏旱频率32.7%。春旱，威宁、赫章、纳雍县、毕节市属重旱区，大方、黔西、金沙、织金县属中旱区；夏旱，金沙、黔西、织金县属重旱区，毕节市，大方、纳雍、赫章县属中轻旱区，威宁县属轻旱区。

（2）洪涝灾。一是雨水集中，中雨、大雨、暴雨持续时间长造成大范围洪涝；二是短时间强大暴雨引起山洪暴发，范围虽小，破坏性大，出现在夏季的频率占80%以上。

（3）冰雹。是贵州省的多雹、重雹区，年年、季季都有，4～5月降雹次数占全年的75%，1996年地区气象台研制完成毕节地区冰雹活动路线图，主要有5条。

（4）低温冷害。3月中旬～4月中旬，日均温降到10℃以下，形成倒春寒，造成烂秧烂种，1950～1998年，发生重度倒春寒（持续时间大于7天多）的频率20.4%；中度倒春寒（持续3～7天）频率24.5%；轻度倒春寒（持续3天以内）频率28.6%；毕节市，威宁、赫章、大方、纳雍、黔西县为重倒春寒区，金沙、织金县为轻倒春寒区。8月1～10日，出现连续两天以上日均温≤18℃的低温天气，称8月低温冷害，又叫秋风，持续时间越长并伴随阴雨，灾情越重，使水稻空秕率增加，玉米粒重下降，严重减产。1950～1998年，出现严重秋风频率为16.3%，轻度频率18.3%。

2.高炮防雹效果检验及提高防雹效果的途径。1994～1996年，地区气象局收集并作数理统计1950年以来各年的冰雹灾情资料、毕节10多年高炮作业及雷达探测资料，检验高炮防雹效果。检验反应：（1）高炮作业有效范围为半径4千米；（2）毕节市防雹的投入效益比为1∶2.3，有明显的社会效益；（3）必须控制防雹规模，讲求实效，加强县级作业指挥能力，加强炮点自我判断和决策能力，提高操作人员素质。1997年获地区科技进步四等奖。

## 七　农机具科技

**黔农220型搅泥机**　1979～1980年，黔西县科委研制成黔农220型搅泥机，台时产量1.5立方米，配套动力9千瓦，较牛踩泥提高工效2～3倍。1980年获地区科技成果四等奖。

**STZF-800草海牌多用脱粒机**　20世纪70年代，威宁县引进小黑麦种植成功，但脱粒难。威宁县农机研究所设计草海牌多用脱粒机图纸，县农机厂、城关农具社、城关五金社、毕节地区农机厂协助制成。经使用，除小黑麦脱粒外，应用于小麦等谷物的脱粒。1981年获贵州省科技成果四等奖。以后作为技术转让给上海一个区的农机研究所。

**7CDZY-1.5吨自卸拖车**　毕节县农机研究所在原1.5吨单轴拖车的基础上，经改进设计而成。该拖车可与丰收-35、丰收-27、东风-40等中型拖拉机配套使用。自卸平稳安全，省时省力。1982年获地区科技成果三等奖。

**DSB-10型立柱式电动手动两用打包机**　1981～1982年，地区水电设备修造厂研制成功立柱式电动手动两用打包机，与同类型其他打包机相比，节能80%，在有电或无电的地方均可使用，电功与手动转换方便。1982年获地区科技成果三等奖。

**JYB型节能双缸液压打包机**　1985年，地区农机所研制成节能双缸液压打包机，将通常用的由油缸压力直接打包，改变为四杆增力机构打包，功率仅3.2千瓦，只是同类型其他打包机功率的2/7～1/6，使用效果良好。

**QG-550型大理石切边机**　1985～1986年，地区农机所研制而成，用于加工大理石切边。切割机头为铸件整体式，可升降，提高切割轴的刚性，增大切割悬伸长度，可保证大规格石板的切边要求。1988年，获地区科技进步四等奖。

**MS-60大理石圆盘磨**　1986～1987年，地区农机所针对悬臂式浮动进给圆盘磨易造造平整度不高和破碎率大的原因，将悬臂式改为门式；将磨头的弹簧浮动进给改为螺纹进给，将上磨盘直径减少，增加转速，并将下磨盘转速降低，作相互逆转运动。经过改进，该机运转平稳，破碎率降低，板材平整度提高。1988年获地区科技进步四等奖。

**营养钵制钵机具系列产品研制及推广应用**　1996～1998年，地区农机所几经改进，设计并制造出：单、双筒手动制钵器，每小时生产500个，形成率≥98%。人力制钵器，分手摇和脚踏两类及不同钵体规格系列，每小时生产2000个，形成率≥96%。机动制钵机，动力1.5千瓦电机或165柴油机，钵体有直径45毫米至75毫米等规格，每小时生产3000个，形成率≥96%。到1998年，在外共推广共推广10.62万台（套），远的推广到四川、重庆、云南；并在农村示范培训近5万人次。1999年获地区科技进步二等奖。

**振兴T150变形拖拉机**　1997年，毕节地区振兴机械厂与贵州省山地农机研究所合作，以SZ-12型盘式拖拉机为基础，经过重大改进，开发成振兴150T变型拖拉机，经贵州省机电产品质量监督总站和贵州省农业机械鉴定站测试，该机安全性能指标、外观质量及性能指标，均达国标和部标有关规定。其结构简单、载重能力强、适应性好，驾驶舒适、安全。1998年获省优质新产品奖，2000年获地区科技进步二等奖。

**9RC-168秸秆揉搓切丝机**　2003～2004年，地区农机所，研制成功秸秆揉搓切丝机，秸秆经揉搓切丝机加工后，其利用率提高。已申请获国家专利，专利号2005202000873。

## 第二节　工业科技

### 一　矿产勘查科技

**煤矿勘查**　1914年，中国地矿专家丁文江勘查威宁煤矿。1927年乐寻森勘查大定煤田，勘查资料记载在其所著《贵州西部地质矿产》中。1929～1930年，丁文江、黄吸清等勘查织金煤田。1938～1939年，王竹泉勘查威宁煤田，著有《威宁妈姑煤田地质简报》。1940～1945年，中华民国经济部地质调查所和资源委员会西南矿产勘测处，先后勘查威宁、金沙、黔西、纳雍县的煤田。1946～1949年，贵州省地质调查所继续勘查大定、黔西、金沙县煤田，20世纪50～60年代，贵州省地质局赫威水队、毕节综合队、贵州省煤田地勘公司地测大队，完成对织金、大方、纳雍、赫章及金沙至黔西一带的煤田普查。1973～1983年，贵州省煤田地勘公司174队、143队、113队和地测大队，在织金进行煤勘会战，完成织金煤田普查与主要井田的精查或详查。截至1984年，已探明煤储量为281.4亿吨，保有储量为226.3亿吨，并探明储量上10亿吨的大型矿床8个。在总储量中无烟煤占99.57%。以后，每年都对部分煤田进行地质勘探，2000～2004年，完成10个项目的煤勘精查，2个项目的详查，8个项目的普查，获取资源量58.23亿吨，钻探进尺124.36千米。自50年代以来，勘查煤矿，普遍应用地质测量、探矿工程、物探、各种采样测试、煤岩鉴定等技术。煤田物探普遍使用电测井和放射性测井技术，以确定或校正可采煤层的位置和厚度。使用的仪器已由50年代的半自动测井，发展为80年代以来的综合测井。113队在煤田钻探中，采用合金绳索取心，结合低固相泥浆钻井技术；合金钻头成功地用于绳索钻进，为省内首创。

**铁矿勘查**　1895年，法国人杜克劳斯（P.Duclas）曾调查威宁、大定的铁矿，并在其1895年出版的著作中作过记述。20世纪20年代初，瑞典人丁格兰（T.R.Tegngren）编著《中国矿产志》，根据杜劳克斯的报告，有威宁和大定铁矿产地的地质情况记述。1914年，丁文江考察威宁铁矿山。1939年经济部地质调查所王竹泉勘查铁矿山，著有《威宁铁矿山地质简报》。1941～1945年，乐寻森、罗纯武到威宁、赫章，采用重力、磁力、电阻系数法等地球物理探矿方法，对铁矿山进行探测。1956年，贵州省工业厅地勘处第三勘探队普查铁矿山，发现小河边沉积铁矿，撰写《赫章小河边沉积铁矿》《赫章妈姑铁矿山矿区普查报告》。1957～1958年，贵州省地质局赫章队，勘探小河边铁矿，探明储量为2466万吨。1959～1962年，贵州省地质局毕节综合大队采用钻井技术对小河边铁矿进行详勘，并对邻区进行普查勘探，发现西门坎、潘家院子、法格、菜园子等地沉积铁矿的盲矿；草子坪、菜园子热液菱铁矿，共有储量7680.5万吨；初探铁矿山菱铁矿，探明储量为1159.5万吨。1966～1969年，省地质局113队勘探铁矿山菱铁矿，探明储量为1530.3万吨。1971年，113队、107队、116队，在铁矿山进行勘查会战，到1982年，探明菜园子菱铁矿富矿床，储量2240.6万吨。截至1987年，全地区铁矿累计探明储量为27859.26万吨，主要分布在赫章、威宁、金沙、毕节和织金县。113队完成的《贵州赫章菜园子菱铁矿床地质特征及找矿地质条件研究》，1987年获国家地矿部科技进步三等奖。铁矿勘查普遍使用磁法为主的物探技术。50年代由手摇钻机改为油压钻机；60年代推广手轮给进器、不停车倒转器、斜坡式塔上无人提引等新机具，和油压钻机配套使用，机械化程度提高。70年代采用国产XU系列油压钻机与BW250/50型泥浆泵。80年代后，油压钻机和泥浆泵都几经更换，每次设备更新，工效提高。铁矿参数和数据处理显著进步。2011年，铁矿探明含含储量2.27亿吨。

**铅锌矿勘查**　毕节地区的铅锌矿发现于唐或五代，已有1000余年历史。现代勘查，始自1914年丁文江考察威宁榨子厂（今属赫章妈姑）附近的铅锌矿。1939～1942年，王竹泉等人勘查地区西部的铅锌矿，燕树檀、陈庆萱撰写《威宁、赫章、水城、纳雍地质矿产》。1984年，贵州地质调查所罗绳武勘查赫章铅锌矿，提交《赫章铅锌矿调查报告》。1954年，西南地质局组建铅锌勘查专业队509队（后改为赫威水队）、533队、553队（后改为黔西北队），重点在威宁、赫章普查，勘探赫章榨子厂至猫猫厂。1958年，黔西北队提交《赫章蟒石垭都白矿山张口洞等铅锌矿床地质调查报告》；1960年，提交《赫章县猫猫厂——榨子厂铅锌矿床储量报告》，探明储量达中型规格。是年，赫威水队提交《赫章县猫猫厂——白腊厂娅都张口洞等地铅锌矿储量说明书》。60～80年代，贵州冶金地质二队，省地质局113队，在赫章县的多处矿区开展勘探和补勘。截至1987年，全地区探明铅储量为25.57万吨，锌储量为33.81万吨。勘探铅锌，主要采用钻探和坑探技术，以及大中比例地质测量。采用冷提取快速分析法进行化探，70年代用此技术在赫章县发现一批铅锌矿点。1987年，113地质大队普查赫章县及邻近地区铅锌矿炉渣资源。据查，炼铅炉渣有16万多吨，铅锌含量6431吨；炼锌炉渣有51万多吨．铅锌含量8169吨。还从炉渣中析出银、镓、锗、铟、镉等金属。同时查清炉渣的分布。至2011年，查明有中型矿床3个、小型矿床13个。

**磷矿勘查**　1958年，在群众报矿的基础上，发现织金新华磷矿。省工业厅和毕节专区地质队随即进行勘查，分别于1958年和1959年提交《织金县地质报告》《织金县新华磷块岩矿区踏勘报告》。1961年，专区地质队继续勘查，1962年提交《织金新华磷矿普查及勘探地质报告》，探明储量分3.48亿吨，五氧化二磷含量为17%左右。先后勘明的还有织金打麻厂和金沙岩孔两个中型磷矿、织金毛稗冲小型磷矿。至2011年，探明磷块岩储量14.3亿吨。

**硫铁矿勘查**　清代初期（17世纪中叶），地区内就有硫铁矿采冶。但地质勘查是始于1957年，省公安厅劳改工业局勘测队，对大方县猫场区进行的勘测，探明储量为1545.9万吨。此为第一次勘查硫铁矿。1959～1961年，省地质局毕节综合队，勘探毕节王家坝和云龙矿区；1965年，省地质局113队、107队，普查大方猫场矿区；1970年113队，勘查黔西中寨矿区。之后该队完成黔西县纸厂区三岔田、大方毛栗、纳雍大坡的硫铁矿普查；1979～1984年，113队又着重勘探毕节林口矿区。截至1987年，全地区硫铁矿的探明储量为5.71亿吨。至2011年，查明有大型矿订4个、中型矿床1个。

**泥炭（草炭）勘查**　1961年，贵阳师范学院张英骏编著《贵州沼泽简史》，记述威宁泥炭沼泽及其成因。1970～1975年，省地质局勘察大队，概略勘查威宁草海和毕节朱昌的泥炭勘察；1975～1978年，113队先后普查毕节朱昌、赫章兴发大海子泥炭；1976年提交《毕节朱昌草炭普查报告》，探明储量为146万吨，是省内第一个正式探明泥炭储量的矿区。1978年，中国人民解放军732部队，在威宁草海打水汶钻探时，在湖中首次打出深埋的泥炭层；1982年，省地质局区调队、物探队、113队采用钻井技术，在草海湖中打出泥炭5层。同时勘查秀水海子、陶家海子泥炭矿区，探明威宁县以草海为主的泥炭储量为1.1亿吨，占全省总量的83%。

**稀土金属勘查**　1959年，毕节专区地质队在勘探织金新华磷矿时，发现磷块岩中含有稀土元素，并在报告中作出记述和评价。1967～1970年，113队勘查新华磷矿，肯定其为巨型稀土磷块矿床。1970年，省地质局114队接替113队进行稀土勘探。次年，107队参加。1972年提交《织金县新华磷矿区含稀土磷块岩地质勘探报告》，肯定该矿区稀土分布面积为32平方千米，是国内少有的大型稀土产地。经检测，15种稀土元素都有，其中钇含量占稀土总量的35～40%，一般钇族稀土占总量的45%～50%，余为铈族稀土。磷块岩中伴生稀土的利用，目前采选和冶炼成本过高，其开发还有待技术进步。

**铜矿勘查**　1914年，丁文江考察威宁铜矿河铜矿；1919年翁文灏编著《中国矿产志略》，记述威宁铜矿的情况；1929年，乐寻森编著《贵州西部地质矿产》，记述有威宁的赤铜；1939年，乐寻森、罗绳武对威宁主要铜矿产地德卓、铜矿河及黑山坡进行调查；1940～1941年，阮维周、颜珍、黄朝环、袁蕙灼复勘威宁铜矿河，均撰有报告。20世纪50年代初期，省工业厅地勘处，概略勘查织金、金沙、纳雍铜矿。1959年，省冶金地质二队到威宁勘查，提交《威宁黑山坡铜矿详查报告》。是年，省地质局赫威水队完成并提交《赫章德卓铜矿普查报告》，探明暂难利用储量为5.29万吨。60～70年代，113队、省冶金地质二队，继续勘查地区内一些铜矿，探明储量多为万吨级以下小型矿床。2004年3月，中国工程院院士陈川到威宁考察铜矿。

**锗、镉、铟矿勘查**　1954年，西南地质局509队在毕节地区勘查铅锌矿时，发现伴生有锗、镉和铟，随主矿进行勘查评价。在此后的30多年，勘查铅锌矿时，同时勘查锗、镉、铟矿，并探明各矿点锗、镉储量在200吨以内，铟储量在30吨以内。

**坡缕石、累托石矿勘查**　坡缕石又名地卷皮。1982年大方县工业局在马场发现，经国家建材部地质研究所鉴定，属铝坡缕石，为省内新发现矿种。1988年，地区科委委托省地矿局区域地质调查大队，普查评价大方坡缕石，1989年完成，提交报告，基本查明坡缕石的类型、分布及富集情况，并对坡缕石的结构、组分作出研究。区调大队在进行此项勘查时，采集一批矿点样品，送中国科学院地球化学研究所进行矿物组合分析。经分析检测，确定大方猫场矿点黏土岩的主要成分是累托石，含量43.8%～49.8%。在省内属首次发现。经实测，该矿床体长约1.5千米，矿层厚2～4米，储量属大型规模。

**其他矿勘查** 近半个世纪，各地质队在勘查上述主要矿种中，还发现其他一些矿种，有的在发现后随即勘查，探明其储量。计有：织金马桑林铝土矿，储盆997.9万吨；赫章铁矿山中泥盆统硅质岩中的锆英石、金红石古砂矿，达到工业要求；威宁龙街四方井的石膏，储量59.8万吨；金沙硅石矿，储量233.8万吨；黔西、织金县高岭土矿，储量4万吨；织金重晶石矿，远景储量10余万吨；赫章天生桥铅锌矿区伴生银矿，远景储量15吨；赫章长冲叶蜡石矿；大方猫场和云龙黄铁矿床，发现有二氧化钛，含量为5.3%，两地储量为177.24万吨。

## 二 能源科技

**煤炭开采** 20世纪50～90年代，创办以国营煤矿、乡镇煤厂、个体煤窑方式，同时开采。1990年，全地区煤产量602.2万吨，96.3%出自乡镇小煤厂和个体小煤窑。小厂小煤窑，多无地质资料，普遍根据地表露头煤用镐开采；煤井巷道狭窄，多数高不及人，支护甚少甚至无，采好的煤用竹船装载，匍匐爬行运出或人背运出；油灯照明；排水用竹吸筒抽出井外。少数煤井用放炮掘进落煤自制矿车运输，抽水机排水，矿灯照明，支护稍好。绝大多数煤井无安全设施。1975年、1976年，百万吨死亡率达40人以上。1986～1987年，地区人事劳动局与地区振兴机械厂联合研制成功KG–I型电池矿灯并批量生产，供小煤窑使用，1989年获地区科技进步四等奖。国有煤矿建井，经地质勘探，拥有一定的采煤技术和设备。早期开采将巷道沿煤层推进至采区边界，分段开采，放炮落煤，人力运至巷道装车，局部通风，木顶支护，回采率60%左右。70年代后，推行走向长壁式采煤法、倾斜长壁式采煤法、房柱式短壁采煤或局部填充法；同时采用电钻打眼，放炮落煤；个别矿使用割煤机掏槽或使用截煤机采煤；用溜槽、刮板运输机和电瓶车运输；采用木柱支护，个别矿采用金属摩擦支柱支护；没有正副井，建成抽出通风和沼气地面监测系统；排水采用防爆水泵；个别矿有喷雾防尘设备。90年代，禁止小煤窑开采。1996～2005年，国有煤矿和乡镇煤矿的技术进步，一是回采率提高，二是煤矿安全设施改进。2004年，全地区共有煤矿524处，全年生产商品原煤2173万吨。百万吨死亡率降为13人。有510处煤矿安装有瓦斯监测控制系统，占97.3%；135处煤矿采用单液压支柱、悬液支架或金属摩擦支柱支护，占25.8%；388处煤矿进行水文地质情况调查，占74%，其中58处有水害隐患的，配备探放水设备。2004年底投产的纳雍鬃岭煤矿，年产300万吨，17个月建成年产100万吨的首采面，成为贵州省大型煤矿建设史上优质、快速、安全典范。威宁县结里煤焦有限公司下属核桃坪煤矿，实现风电闭锁，瓦斯电闭锁；工作面支护采用单体液压支柱，安排刮板运输机。90年代配套建设的选煤厂，采用活塞跳汰选煤设备，现已更换为更先进、高效的重介旋流选煤设备；洗煤水加絮凝剂处理，多池沉淀，基本达到闭路循环使用。地区煤炭局所著《毕节地区煤矿综合信息管理系统》，融图形技术和数据库为一体，实现煤炭管理信息化，2005年已投入使用。2011年，生产原煤5015.28万吨，煤炭百万吨死亡人数为0.989人。

**煤炭利用** 除生活用煤外，20世纪50年代，地区内的无烟煤开始用于发电；60年代以来，地区化肥厂、黔西电石厂用无烟煤作原料和燃料；80年代金沙岚头铁厂、黄磷厂用优质无烟煤部分代替焦炭取得成功。1984～1985年，织金新兴磷酸厂，采用无烟煤作原料，石油焦炭作辅料生产电极糊，并研究提出处理无烟煤的新工艺，避免了原工艺生产中黄烟对环境的污染；1980～1985年，金沙县轻工业公司用无烟煤作原料研制成硝酸钾易燃煤球，用火柴即可点燃，一个煤球燃烧7小时，温度65℃～80℃，供学生冬季取暖。以上两项目均获地区科技成果四等奖。1998年，威宁结里炼焦厂采用环保型联体点火炼焦技术，所生产的焦炭强度高、块度大，特别适用于铸造用焦。

水电　20世纪50～70年代，所建水电站多为小二型（装机小于500千瓦），设备少，测量、控制、保护系统简单。70年代后期，开始建设小一型电站（装机大于500千瓦），有较完善的测量、控制与保护系统，使用设备较多，自动化程度较高。威宁羊街一级电站，毕节水牛屯电站、赫章毛家洞电站属小二型、小一型电站均为本地区自行设计、施工、安装和管理。1978年，大方县水电局完成《东风电站工程压力管出口弯管镇墩施工》；1981年，威宁县水电局完成的《降低羊街一级电站钢管工程造价》，均获1982年地区科技成果四等奖。1990年，黔西县水电局对HZ1100-WJ-60型水机进行《径向推力轴承油路循环回路改造》，技改后轴承温度降15℃～20℃。1991年获地区科技进步四等奖。1995～1996年，地区水电局收集、补遗、整编中华人民共和国成立后建成投入运行，装机200千瓦以上的小水电站资料，编成图集出版。编入小水电站73站154台，总装机5.55万千瓦，1997年获地区科技进步四等奖。六冲河上的洪家渡水电站始建于2000年，是乌江干流11个梯级电站中唯一具有多年调节的水电站，水库总容量49.47亿立方米，大坝高179.6米，装机60万千瓦。从设计到施工，致力于新技术、新工艺、新产品的科研、开发及应用；依靠设计单位进行大量设计优化和工程科研：厂房新型板梁柱一次浇筑成型结构研究，峡谷地区高面板堆石坝关键技术应用研究，聚丙烯混凝土、钢纤维混凝土、钢管混凝土、抗冲耐磨混凝土等技术研究成功，大坝堆石冲碾压实技术、干贫混凝土技术、压力钢管无开孔灌浆技术等设计优化，解决多项工程技术难题，在投资上、工期上取得显著成绩。索风营水电站为乌江干流规划梯级电站的第二级。2002年开始建设，第一台机组于2005年8月发电，地处黔中腹地、贵州电力负荷的中心区域。坝址以上控制流域面积21862平方千米，枢纽工程由碾压混凝土重力坝、坝身开敞式溢流表孔、右岸引水发电系统及地下厂房等建筑物组成。最大坝高115.80米，水库正常蓄水位837米，死水位822米，装机容量600兆瓦，保证出力166.9兆瓦，多年平均发电量20.11亿千瓦时。水库总库容2.012亿立方米，调节库容0.674亿立方米，为日调节水库。工程以发电为主，“乌江索风营水电站水库岩溶渗漏专题报告”2005年获贵州省优秀工程咨询成果一等奖；“贵州乌江索风营水电站工程设计”2008年获贵州省第十五次优秀工程设计一等奖；“贵州乌江索风营水电站工程地质勘察”2008年获贵州省第十二次优秀工程勘察一等奖。

火电　1959年建毕节电厂，安装2×260千瓦及1×200千瓦机组，原为贵阳市水口寺电厂所有；其中1×200千瓦机组为1937年德国制造，中华人民共和国成立前安装在重庆钢铁厂。1960年建黔西县电厂，安装2×160千瓦及1×200千瓦机组，系1909年英国制造。这些设备都是超期服役，故障多，能耗高，出力低。70年代后，逐步被淘汰。毕节电厂安装2×3000千瓦凝汽机组，六龙电厂新增1×3000千瓦发电机组。纳雍双水井电站为1×3000千瓦机组，新设备属低温、低压、高耗能机组，每千瓦时煤耗1000～1100克。1982年，毕节电厂改造3号、4号锅炉落煤系统，使炉排布煤均匀，减轻炉排漏冷风，燃烧趋向正常，额定出力由33.3%提高到83.3%，煤耗降低。是年，获地区科技进步四等奖。90年代以来，地区内火力发电装机发展，技术进步显著。1993～2003年，全地区统调装机容量由2.4万千瓦增至172.4万千瓦，占贵州省总装机容量的比例由1%增至19.3%。1993年，毕节头步桥发电厂2×1.2万千瓦，属中温、中压、小机组，热效率39%，每千瓦时耗煤600克。黔北总厂4×12.5+2×30万千瓦机组，其中12.5万千瓦属超高压参数机组，热效率35%，每千瓦时煤耗360克；30万千瓦属亚临界参数机组、热效率38%，每千瓦时煤耗324克。头步电厂2×1.2万机组，主要采用就地控制方式，机、炉、电基本相互隔离，仅对气包水位、温度、汽轮转速、发动机励磁等少数重要参数进行自动控制。控制设备主要是电动单元组合表，组件组装式仪表。黔北总厂13.5千瓦机组采用微机处理为核心的数字式仪表组成的机组集中控制。黔北总厂30万千瓦机组，采用分散型计算机控制，相对于头步电厂的控制系统，其自动化水平及功能具有质的飞跃。

**输变电与联网**　1975年，自行设计架设第一条威宁羊街至五里岗，长24.2千米的35伏输电线路及相应的变电站。1982～1984年，毕节电厂、大方六龙电厂、毕节水牛屯电站、大方东风电站联成地方电网投运。联网后两个小水电站的年利用率，从联网前的2500小时提高到4300小时，每年多发电700万千瓦时。1981～90年代初，黔西、大方、毕节、赫章、织金、金沙先后联入省110千伏大电网。2003年，完成金沙至毕节220伏输变工程。1994～2003年，完成40伏、200伏、1千伏、35千伏输电线路共1.35万千米及相应的变电工程。2002年，毕节供电局完成黔西变电站、大方变电站、清水变电站及农网工程中新建35千伏变电站的综合自动化工程，实现变电站少人或无人值守。将因特网的DDN接入方式，更换为ADSL宽带接入方式，实现因特网快速、准确、及时连接；增强物质管理系统的安全性。同时建设GIS系统，为配网自动化提供良好的控制平台；建立“95598”客户服务呼叫中心，并投入运行。

## 三　矿冶科技

**铅锌采冶**　1.采选。中华人民共和国成立前铅锌开采多是露头矿，矿硐低矮，支架稀疏，经常垮塌。开出的矿捶碎后经过淘洗，手工拣送后烧结，再行冶炼。以此方法开采不能充分利用资源。赫章县天桥莲花硐矿，清道光年间（1821～1850）已被放弃，中华人民共和国成立后又重新开采。1951年3月，建立国营赫章妈姑铅锌矿。使用半机械化和机械化作业，用空压机打眼放炮，矿车运输，建矿井通风系统，增加排水设备，应用留矿采矿法开采硫化铅锌矿。1958年，妈姑铅锌矿厂进行火法富集试验，铅和锌分别富集到8倍和6倍左右，用于生产。1959年，进行水套鼓风炉烟化富集氧化铅锌烟尘试验，获得含铅25%、锌42%、锗0.043%的结果；1961年在观音山矿区建立选矿厂；随后又与省冶金设计研究院共同对杉树林的硫化铅锌矿采用混合浮选试验，选出锌精矿（含锌55%）、铅精矿（含铅55%），硫精矿（含硫42%）。1964年妈姑铅锌矿自行建成1.6平方米水套鼓风炉投入生产。1970年，观音山选矿厂自行设计，建成日选300吨的杉林树选矿厂，年产铅精矿800～1000吨，锌精矿4000～5000吨。1984年，昆明冶金研究院在赫章砂石浪矿区，改进浮选流程，进行选矿试验成功，获得较高品位的铅、锌和硫的精矿，次年投入生产。

2.铅冶炼。历史上土法炼铅一直沿用观音炉。1957年赫章妈姑铅锌矿在青杠林建成0.5平方米炼铅鼓风炉，用白铅矿和焦炭冶炼粗铅成功。1958年，北京有色冶金设计院设计，在观音山矿区建成1.2平方米炼铅矿（后扩大为1.4平方米），用方铅矿、白铅矿、湿法炼锌后的矿渣炼铅，回收率85%左右，但污染较重，1971年停产。80年代，乡镇企业炼铅，仍采用观音炉，每炉每日约得纯铅15～60千克，是所装矿石的1.5%～6%。1993年，赫章县白果联营精铅厂，引进电解铅新技术，用电冶炼铅矿，年产精铅1500吨。

3.粗锌冶炼。历史上粗锌冶炼用马槽炉，冶炼低品位氧化锌矿，投资少、工艺简单，适于个体生产。其缺点是不易控制燃烧温度，锌的回收率在50%以下。1958年，赫章妈姑铅锌矿厂将马槽炉改进为爬坡炉，热利用较好，降低煤耗和罐耗，锌回收率提高，但建炉受地形限制。80年代，引进马鞍炉，煤耗低，锌回收率50%～60%，在粗锌冶炼中推广。90年代，相继引进推广八卦炉、靠背炉、六角炉、四方炉，粗锌回收率均提高70%～80%，煤耗省20%，对环境污染相对较轻。其中八卦炉投资较大，生产上多采用靠背炉、六角炉和四方炉。1995年，赫章野马川祥瑞铅锌有限股份公司，引进竖罐炉冶炼粗锌项目建成投产。2000年，赫章供电局兴电冶炼厂采用电炉湿法炼锌成功，技术成本低、利润大，污染轻微。

**硫化锌矿开发利用**　蕴藏有丰富的硫化锌矿，利用土法冶炼此矿，对环境污染更为严重，迟迟未能大规模应用。1993～1995年，贵州山鹰锌业股份有限公司赫章冶炼厂，利用硫化锌矿焙烧脱硫制成硫酸，再用竖罐冶炼粗锌成功，建成从硫化锌矿浮选、脱硫制酸、粗锌和精锌冶炼一条龙生产线，成为区内硫化锌矿开发利用的主要方式。

**精锌冶炼锌系列产品开发**　1985年，赫章县青山冶炼厂从上海引进资金和技术，当年生产精锌641吨，改写中国西南地区不能生产精锌的历史。2000年，精锌冶炼厂发展到17家，其中上海锌厂赫章分厂规模较大。最初都采用碳化硅单体单塔冶炼工艺。1988年，上海锌厂赫章分厂改单塔为单体双塔，用无烟煤代替烟煤。1990年，再次将单体双塔改为三塔联体，为国内首例，一级产品提高到98%、生产精锌达到0号和1号标准，国家外贸部定为出口免检产品。90年代，该厂引进平罐炉冶炼粗锌、氧化锌；及反射炉生产锌基合金技术，都成功生产出相应的产品。将精馏炉冶炼精锌后剩余的灰渣，送入平罐炉冶炼粗锌，再将平罐炉剩余的残渣生产出氧化锌，最后将剩下的灰渣生产成煤渣砖。既提高锌产量，又减少废渣堆放占地和污染。1992年，赫章县野马川冶炼厂生产出1～5号电池锌皮，赫章县山脚冶炼厂生产出高纯锌氧粉。1994年，赫章县古达冶炼厂引进精锌熔析炉，把B号锌提炼为4号锌，1995年获国际最佳产品优质奖。

**铁采冶**　1.采选。地区内铁开采技术，长期用人工挖掘或放炮方法，最初是露采，矿石运出，基本用人背，以后有矿山采用斜井开采，矿石运出用绞车提升，有的使用溜槽；直到20世纪80年代，有的矿井采用平巷开采，对巷道掘进、崩矿等作业，采用岩钻机湿法开凿，用电瓶斗车运出。对井下积水，多采取先挖掘水仓或利用天然溶洞，采空区积水，后用排水设施排出。在浅采区采用风扇局部通风，深井区是在采区两侧开挖通风井。铁矿多为中、贫矿，需经焙烧才能入炉冶炼。历史上采用土法烧结。1983年，长沙矿冶研究院，对赫章菜园子矿区镁菱矿的物质组成进行分析，采用粗粒强磁选、磨矿强磁选、重磁选和中性焙烧磁选等选矿方法，均获得较好的铁精矿，以粗粒强磁选和磨矿强磁选更为实用。1987年．金沙木孔焙烧厂，从重庆钢铁公司引进资金和技术，建起七座竖炉焙烧铁矿，年生产能力7.6万吨。

2.冶炼。铁冶炼技术，从明、清、民国到1958年，都沿用土法。用木桶作炉体，内砌青石，上抹耐火泥，近炉底处各留一孔，分别作铁水出口和鼓风用。顶部留口装填矿石和燃料。炉前地面铺细沙、铁水流入沙上，清除浮渣冷却后成粗铁，将粗铁置于另一炉熔炼，去杂后成生铁。1954年，改木柴、木炭为焦炭炼铁，并推广炉外炼铁技术，以及用畜力或水力代替人力鼓风。1972年，毕节地区沙石铁厂，建起第一座13.5立方米高炉，系铸铁管立式热风炉。1985年对此炉进行技改，高炉有效容积利用系数，从原来的每立方米每小时1.05吨上升到2.5吨，入炉焦炭从每吨铁1558千克降为800千克。1987年该厂建成50立方米高炉投产。1989年，金沙县岚头铁厂利用白煤代替焦炭进行炼铁试验，在不降低产量质量的前提下，从掺入10%的白煤开始，直至掺入60%，达到预期效果，成本降低，开创用优质无烟煤炼铁的途径。90年代，由于生铁价格上涨，地区内铁冶炼有较大发展，各厂家根据资金、矿源，采用不同规格的高炉，产品有铸造生铁、炼钢生铁的铸管等。2004年，赫章西洋铁业有限公司，改建扩建一座年产80万吨炼铁高炉。有的炼铁厂，开展三废综合利用：高炉煤渣出炉后，在溶化状态时间水碎为水冲渣，作水泥原料；高炉煤气经重力除尘器后的粗粒，作烧结矿用；再经旋风除尘器和布袋除尘器的粉尘，作建筑灰浆用；经过三种除尘器后的煤气，1/3供热风炉用，2/3供发电用。破碎后的粉矿、粉焦、粉石灰石经再烧结后，用作电石或硅铁生产用。

**其他金属采冶**　1.铜采冶。采冶铜历史悠久。《贵州古代史》载：清嘉庆十三年（1808），长沙出土的铜洗，底部铸有“章和二年（88）堂狼（今威宁昭通一带）造”字样，证明东汉年间，已生产铜器具。《威宁县志·业经志》载：德著（赫章德卓）陈家铜厂于五代南汉刘阮时（907～960）开办，迄今已有千年，兴旺最久。《清通典》和《清统一志》中，均有毕节、威宁、大定炼铜的记述。清乾隆六年（1741），威宁规模较大的铜川河铜厂，开槽硐53口，设炉50座，工人2000余人，产矿砂百余万斤，生产的铜运往京城。德著铜厂于清咸丰年间（1851～1861）制作铜器，采用车铜技术；光绪三年（1877）采用缎炭炼铜，都是当时先进的冶炼技术。民国6年（1917），威宁稻田坝黑山坡铜矿，用小直炉炼铜，年产2万多斤。民国16年（1927），贵州省政府在大定县大兔场开办大兴铜厂，生产粗铜，制作木制水力鼓风机械，利用河水冲击转动取代冶炼中的人力鼓风。1958年，威宁县办铜矿和铜厂45个。结里铜厂有土法炼铜炉18座，其中3座为自然通风粗铜炉。铜川河铜厂最初采用土法采冶，1959省冶金局协助技改，建立两套日处理矿石50吨的选场，用浮油选矿，两年生产粗铜70余吨，冰铜93吨，铁巴铜3920吨。1960～1962年，上述铜矿、厂停办。80年代，威宁铜采选业兴起，1990年有铜矿采选9个，采铜矿2340吨。

2.锑采冶。1996年3月，第一家锑冶炼企业——赫章县威奢乡基地冶炼厂建成投产，H采选锑矿到冶炼锑和加工梯氧粉。

3.锗采冶。20世纪60年代初期，赫章铅锌矿厂开采榨子铅锌矿时，开展锗回收。先进行含锗的铅锌矿粗加工，然后交贵州冶炼厂提炼，先后开发出锗粗矿、粗锗、高纯锗、锗单晶、锗片产品。

4.镉采冶。1991年上海锌厂赫章分厂的锌冶炼中，建双塔、三塔联体炉，试验回收镉获得成功。

## 四　机械科技

**飞机发动机及有关配件制造**　民国30年（1941），国民政府航空委员会在大定县羊场坝修建航空发动机厂，购进美国塞克隆发动机专利、工艺设备、测试仪器和生产材料，民国34年（1945）投产C105型航空发动机。1964年，红林机械厂迁入黔西县林泉区，生产多型号飞机发动机和燃油泵及自动调节装置；金江机械厂迁入大方羊场坝，生产各种液压泵。20世纪80年代，两厂迁出。

**农机具制造与研制**　1955年前，农具主要靠木匠、铁匠制作，产品有犁、耙、镰、锄、镐、龙骨车、风簸等传统农具。1955专区及各县响应中共中央关于到1980年基本实现农业机械化的号召，先后建立农具厂、农机科学研究所。50年代后期，通过引进样机、图纸，仿制新式山地犁、玉米脱粒机、打谷机、插秧机、铡草机、榨油机、打米机。60年代，试制包装机、切丝机、水轮机、高扬程水泵。在制造这些机具中，各地推广了硬模铸造，高速切割，多刀多刃自动走刀技术。仿制和研制的产品，多数深受用户欢迎。黔西县农具厂生产的N-400型碾米机，1968～1981年共生产5756台，销售省内外。1964年，毕节机械厂研制的Q581A3·5马力单缸四冲程农用汽油抽水机，适用山区排灌，10年生产销售1.1万多台；1975年全省调整农机生产时，该产品交由铜仁地区生产。毕节专区国营农具厂，采用新工艺，新技术，自行设计制造一批加工设备：采用金属胎模和控制铁水成分，解决山地犁犁头镜2厘米冷却面的质量问题；设计制造脚踏脱膜机具，保证脱粒机齿轮廓的精确度；研制成功高温处理炉，保证农机具零件（可锻铸铁）的高温退火；还研制成脚踏式对焊机、62轴多头钻、Q581凸轮轴特形磨床、<M16快速螺纹攻丝机、Q581轴瓦浇注机、80吨级摩擦压力机、75公斤级弹簧锤、低合金钢锻横、高合金钢冲裁模、铝合金铸造模等机械和模具，使农机具生产的质量和数量有很大提高。1970年，地县农机、农具厂更名为农机修理制造厂。70年代，这些厂和农机研究所，仿制、试制的农机具有：多用粉碎机、独轮机引犁、饲料粉碎机、收获机、扬场机、机动插秧机、磨粉机、烘干机、筑埂机、稻麦两用脱粒机、马铃薯加工系列机具、手拖水田作业配套机具、丰-27缸盖、改土机具、机滚船、机动翻斗等。1976～1980年，省政府组织小柴油机、饲料粉碎机、机动脱粒机、手推车生产会战，其中柴油机会战由毕节、凯里、铜仁3地州农机厂为主机厂，引进长江-12型

195柴油机图纸及技术资纸进行生产，定名为乌江-12型195柴油机。毕节地区负责铸件机体和汽缸盖。以地区农机厂为主，各县农机厂和地区农机所生产部分配件。地区农机厂设计制造部分专用设备，形成机体、缸盖、凸轮3条生产线，5年生产195柴油机2000多台。80年代，地区农机所受有关单位委托，研制成功刺压压榨机、合绳机、乙J-6.3型橡胶辊筒式砻谷机、DM-500型抖麻机、CM-500型捶麻机。1987年，毕节地区振兴机械厂加入省红星拖拉机公司为成员厂，生产红星拖拉机牵引铰接装置总成、转向系统、轮轴总成、分离压盘、中央传动轴、副变速固定齿轮轴。1996年10月，该厂与湖南邵阳市拖拉机改装厂合作，研究开发SL-12型变型拖拉机，1997年4月样机通过省级鉴定，1997年，与贵州省山地农机研究所合作，研制成功振兴150T系列变拖，成为企业的主导产品，2001年4月，获得生产变拖农用车农业机械许可证。是年底，生产的变拖有12个品种14种规格，并经国家有关部门检测，取得销往外省的通行证。2004年，建成一条B级微机控制全自动检测线，满足农用车出厂的质量检测要求。2005年，具备年生产600台变拖、农用车的生产能力。2001~2005年，地区农机所引进改制推广的农机具有：KDT610CA型凯马耕作机、ICS-45（20）型小金刚水田耕作机、工农—81B四方耕整机、5TC-70型吸糠式稻麦脱粒机等；研制的有9RC-168秸秆揉搓切丝机。

**汽车配件研制与开发** 1963年，毕节机械厂调节产品结构，转向汽车配件开发，试制、生产的汽车配件，由简到繁，数量逐年增加，质量提高。60年代主要生产解放CA-10型、跃进JN-10型、嘎司51型、东方红BJ-760型、道奇TNO型汽车的有关配件。在省交通厅组织全省汽车配件质量评比会上，获红旗奖，成为贵州省汽车配件公司供货厂。70年代生产的配件，有解放CA-IOC和492Q发动机的气缸体、气缸盖等有关配件，在全省组织的汽车大会战中，组装CA-IOC发动机80多台，494Q发动机120台，BJ-130轻型货车3辆，乌江牌汽车1辆，被吸收为中国汽车联合组织成员厂。1980年，该厂接受国家第一机械工业部下达试制东方-140进排气歧管任务，产品经检验合格，投入批量生产，此后陆续生产该车型的冷却水泵总成等配件。90年代以来，开发DGQ4100型发动机、解放CA-14型、BJ-212型和DGQ4100型、EQ140型等车型发动机的有关配件。毕节机械厂先后引进低温石墨化热处理工艺，改变排气歧管铸态组织产品使用寿命，提高6倍；应用稀土镁球化炉前钟罩处理技术，解决曲轴材质问题；应用成型烘干技术，保证进排气管泥蕊在干燥过程中不弯不翘。20世纪90年代完成《EQ140发动机缸体铸造工艺设计》，成为该厂90年代的新产品，1999年获地区科技进步四等奖。自行设计制造室式锻炉、22平方米干燥炉，专用五轴孔及双轴孔镗床、单头卧铣及立铣床、曲轴长油道钻床，气缽体双轴孔镗床、七道轴承开档铣床、分电盘凸台铣床、机油泵凸台铣床、摇臂钻床、卧式镗床、龙门刨床。在检测技术上，引进的有万能材料试验机、冲击机、硬度机、金相显微镜、光学高温计、热电毫伏计测温仪、化学成分分析仪、水力测功机、动平衡测定仪、容积测定仪；自制的有三角堰、水压试验台。

**电子机械应用** 民国24年（1935），国民政府陆军通讯兵团无线电信二分队驻毕节县城，用无线电进行通讯联络，为最早应用电子机械。民国25年（1936），大定至黔西、黔西至贵阳有线电话开通，使用电话磁石式交换机。50年代，广播设备传入；70年代，晶体管收录音机、电视机、洗衣机等家用电器逐渐走入千家万户；电话实现纵横制自动交换机；烟草行业引进应用微波复烤、自动化卷制、包装等成套设备；地区和部分县医院，临床应用心电图、脑电图、胃镜、B超。80年代，有的行政事业单位使用复印机、电脑打字机和微机、传真机，地区气象局使用雷达探测高空气象，电信采用自动电话交换机，毕节报社引进激光照排电子出版系统。90年代以来，行政事业单位普遍应用微机、传真机；移动电话从无到有，并有很大发展；医疗设备引进双排螺旋CT、核磁共振、彩超、乳腺X光机、数字胃肠机、CR、经颅多普勒、全自动生化分析仪、电子肠镜、腹腔镜、宫腔镜、胆道镜、前列腺气切仪、体外冲击波碎石机、血液透析仪、动态血压、CCu、TCN监护。先进设备用于临床诊断，医疗水平提高。地震监测方面，2005年已用数字测震仪代替70年代以来使用的三分向地震仪。一些单位在电子机械应用上有所创造。1988年，地区统计局研究设计的SDP软件包微机处理程序，对农业的统计由多头、分散收集过渡到统一、集中收集，获国家统计局的表彰；国家统计局在此软件包的基础上，编制成SDP通用农业统计报表处理程序，在全国推广使用。1989～1992年，黔西县建设局完成《遥感、计算机技术在百里杜鹃景区规划的综合研究》，经贵州省科技情报所馆藏文件查询和美国DIACO文献库卫生检索，证实属国内、国际首创，1992年获省科技进步三等奖。毕节烟厂应用微机控制烟叶发酵，地区水泥厂应用微机监控立窑热参数和偏火，地区化肥厂应用微机控制造气等。1994～1998年，毕节市农业区划办进行《毕节市农业资源及土地利用遥感监测信息系统研究》，利用美国TM数据，对该市土地利用现状调查；利用计算机分类和地理信息辅助信息在屏幕上再判别分类，精确度达93.3%～97.6%，为国土资源信息及时更新提供新方法。

**其他机械的研制与开发**　20世纪60年代，地、县农具厂试制成功打砂机、碎石机，投入批量生产，沿用至今。1984年，地区农机所与毕节县橡胶厂合作，研制成功GRS-10型翻胎过热水装置，提高翻胎质量，此装置曾销往省外。1986年获地区科技进步四等奖。80年代地区农机所研制成功QC-550型切边机、MS-60型圆盘磨光机、YBM-13立方米摇臂磨光机、HQ-82型等厚切割机（Ⅰ型、Ⅱ型）、厚板对剖机，VQ300×300微型精切机，为区内加工大理石提供器械。这些器械销往本区、本省、四川和云南，还技术转让与贵阳。90年代初，织金县农机厂与省山地农机研究所合作，研制成功双盘金刚石水盘机。

## 五　建材科技

**水泥生产**　1.水泥窑。1958年，地区内曾用小蛋窑生产水泥，因质量差，不久即停产。1966年，建毕节地区水泥厂，1972年开始用土窑生产；1976年建成第一座液压摆辊式机械化立窑，选用设备多为20世纪30～40年代产品，立窑运转率70%，磨机运转率40%～50%。1982年前，生产水泥标号只达325号。以后几经技改，2005年已有Φ2.8×11.3米盘塔式机立窑、Φ3.5×14.5米回转窑两条生产线，形成年产30万吨普通硅酸盐水泥的生产能力。2004年，地区要求逐步淘汰土窑和1.7米机立窑等落后工艺，禁止新建、扩建立窑生产线，鼓励发展新型干法生产线。

2.矿山供料改造。1985年，地区水泥厂改沿断面剥采为沿走向全断面开采，并用潜孔钻深孔爆破，扩大开采量和保证矿源质量均化；矿石生产全部机械化；改缆车索道为天桥走廊皮带运输，保证雨天、凝冻天不脱料，且生产安全。

3.除尘工艺改进。地区水泥厂建厂初期，每年排出的粉尘在千吨以上，空气中粉尘严重超标。1976年，地区科委列项进行收尘试验，1983年列入省、地技改项目。各扬尘点分别安装效率高的水收尘和静电除尘器，代替旋风除尘器，降低粉尘污染程度，回收粉尘数百吨。90年代，开展水收尘产生的二次污染和沉淀物的回收利用，以及对一、二破和皮带运输走廊，各库顶库底的粉尘均取得较好的效果。

4.机立窑综合节能新技术改造示范工程。1990～1997年，地区水泥厂采用先进的综合节能技术和装备，完成老机立窑生产线综合改造、生料均化、烘干机改造等12个子项工程。技改后每吨水泥熟料标准耗煤144.6千克，水泥综合电耗为每吨96.9千瓦时，水泥平均标号571号，机立窑台时产量9.57吨。全年节约标准煤1983吨、节电139万千瓦时，新增水泥生产能力2万吨。其技改经省建设厅验收，其做法在省内推广。1998年获地区科技进步三等奖。

5.年产22万吨回转窑生产线技改。2001年，毕节天工建材总厂引进Φ3.5×145米回转窑和Φ2.6×13米湿法棒球磨。当年安装调试，湿法棒球磨重负荷试车成功，回转窑一次点火成功。回转窑生产线，燃料、材料不经烘干，生料料浆用空气强力搅拌均化，质量稳定；采用HP强涡型高效节能四通道燃烧器喷煤粉的先进煅烧工艺，温度高且均匀，熟料质好而稳定，产品出磨即合格。料浆用管道输送入窑，生产过程粉尘排放少；加上采用EB90-3卧式电收器等配套除尘设施，能保证达标排放，不造成污染。

**水泥预制构件**　1960年，专区建筑公司和毕节县建筑一社引进技术，建立混凝土预制厂，生产小梁构件、钢筋混凝土槽板、三角板。1979年，地区建筑设计室推广小型空心砌块，代替普通黏土砖，在3层以下建筑中使用。1986年，地区建材厂采用太阳能黑塑料膜养护混凝土构件，解决山区昼夜温差大，易脱水，导致早期强度差的问题，且缩短养护时间，节约用水。1987年，地区水泥厂预制厂，成功研究出环形预应力混凝土电杆的制造工艺，所生产的等径电杆为省内首先使用预应力制造，此工艺在产品质量相同的前提下，可节约钢材45%～50%，降低成本28%，达到省内先进水平。1988年，获地区科技进步四等奖。1991年，地区科委从兴义转引进北京建筑工程学院的异型抗震砌块技术生产水泥预制件，其产品改变砌块的形状，利用本身的搓锁砌，灰缝形成锯齿形，比黏土砖和普通矩形砌块灰缝的抗拉抗震能力强。用这种异型砖砌筑的墙体，整体刚性大，结构牢固。

**砖瓦**　1.黏土砖。20世纪60年代前，地区内砖瓦生产采用传统手工生产。60年代，地、县国营砖厂陆续采用机械搅泥、成型、普通窑烧成。1985年建成第一座轮窑，1988年建成第一座隧道窑，并利用隧道余热干燥砖坯，解决传统生产自然干燥时间长、易坏坯的难题。

2.硅酸盐山土免烧砖。1983年，大方县建筑材料厂引进江西技术，成功生产硅酸盐山土免烧砖。

3.煤渣砖。1982年，毕节电厂几经研究，利用废煤渣粉作原料，制成水泥煤渣砖，抗压强度达每平方厘米200千克。1989年，毕节化肥厂制成硅酸盐蒸汽煤渣砖，并投入生产，产品强度达到150～200号。

4.页岩砖。1986～1992年，毕节县建材工业公司进行《页岩资源开发研究》，为地区科技计划项目。建成页岩砖厂，成功研究开发出页岩砖、页岩空心砖、页岩异型砖、页岩地陶砖等9个系列产品。该厂在引进三吸对辊破碎、中断平面顶隧道窑正压排潮新技术的基础上有较大的突破和改进。在原料选择方面，增加矿物质含量分析，使之符合要求；增加SGP-700×500毫米耐磨搓式对辊机粗碎页岩工序，搓板条采用该厂研制的高磷耐磨材料，延长使用寿命，获国家专利；首创多种产品同窑焙烧工艺；在坯体中加入锅炉煤渣，提高坯体强度，且降低煤耗，减少二氧化硫等废气排放；成型机改用铁质出口，耐用程度提高5倍以上。其产品已占毕节建筑市场的50%以上，黏土资源得到保护。1994年获地区科技进步二等奖。

5.高碳排湿粉煤灰掺烧页岩砖研究。华电集团公司贵州头步桥发电厂，每年湿排粉煤灰6万多吨，投产10多年，灰坝占地15余公顷，加维修费，投资1000多万元，而且污染环境。2001年，该厂试验用粉煤灰代替煤炭掺烧页岩砖成功。产品各项技术指标达到GB/TIS101-98烧结砖标准。每块砖重量比普通页岩砖轻0.3~0.4千克，降低建筑物荷载。2003年16家页岩砖厂签约使用该厂粉煤灰，年产1.7亿块，占毕节建筑市场用砖量的80%。2004年获地区科技进步三等奖。

6.瓦。历史上长期使用传统工艺生产黏土小青瓦。1980年以来，城乡建筑还使用瓦时，已广泛采用水泥波瓦和多种规格的石棉瓦。其工艺简单，多由个体户生产。

**大理石与保温材料**　1.大理石。大理石品种有残雪、晶墨玉、沉香木纹石，主产区在织金、大方，纳雍县历史上多作为工艺美术品原料。1980年以来，用于建筑装饰的数量增多。过去开采多用炸药爆破，严重破坏石材资源，1980年，织金县大理石厂引进铁道部第二工程局研制用铝粉作燃料的近人爆破技术，试验成功，成材比例大为提高。纳雍县开采量较大的晶墨玉，含硅量大，耐腐蚀，加工后晶莹黑亮。80年代以来，引用切边、磨光、抛光、对剖机械，加工成各种规格的板材外销。

2.保温材料。1988年，地区科技开发公司从四川引进设备，建成硅酸镁保温材料厂，经多次试验，获得较佳配方，生产出符合标准的黏稠型硅酸镁保温材料，根据用户需求，加工成各种型材。

## 六　化工科技

**氮肥**　1.提高电子电位差计抗共模干扰性能的研究。1980～1982年，毕节地区化肥厂实验研究国产电子电位差计抗共模干扰的转化途径，发现共模干扰转化的新途径。采取屏蔽措施，使原来仅能承受25伏（50赫兹）共模干扰电压的电子电位差计，提高到能承受不低于500伏共模干扰电压的水平。提高了测量精度，并扩大其对电热元件、带电物件等的温度测量的应用范围。此成果已为国内生产厂家采用。1982年获地区科技成果二等奖。

2.3号锅炉改燃无烟煤。毕节地区化肥厂用上海产SHI-25-1型锅炉，原设计是燃烧挥发分高的淮南烟煤（V=28%）。1982年安装时，根据本地无烟煤的特点，改造燃烧室水冷壁及风烟系统，热效率比一机部规范要求高出12%，并能燃烧煤矸石和造气煤粉；吨铵耗煤降低106千克，一台锅炉全年节煤742吨。此型号锅炉改燃无烟煤为国内首创。1984年获地区科技成果二等奖，1986年获省科技成果四等奖。

3.1.0万～1.5万吨氨/年节能技改。1987～1988年，毕节地区化肥厂重点改造精炼系统，增加一套Φ600合成塔，对其他系统采取填平补齐办法。改造后增加1吨合成氨生产能力的投资，只是省外投资的40.4%～48.5%，吨铵能耗比改造前降低5.1%。1990年获地区科技进步二等奖。

4.0.64NPaΦ2800中变炉Φ02000低变新工艺。1988～1989年，毕节地区化肥厂改造Φ2800变串系统，采用中变串Φ2000低变新工艺，以减少蒸气添加量，降低阻力；使用EB-1球形耐硫低温变换触煤，可在180℃～230℃范围不增加蒸汽的条件下，确保中变出口气中的一氧化碳从5.5%左右降为＜2%；制订催化剂升温流化方案的低变系统操作规程。此技改完成后，该厂年产合成氨的生产能力从1.5万吨提高到2.5万吨，每年节煤1875吨，节电120万千瓦时。1990年获省科技进步四等奖。

5.破氨改产尿素装置“四气”综合回收应用。1992年，地区化肥厂改产尿素后，原有碳化工程设备被闲置，而与尿素装置配套的丙碳脱过程中产生的“四气”需回收利用。1993年，自行设计“四气”综合回收工艺，解决含氨、含二氧化碳废气的回收利用，利用闲置设备生产出合格的碳酸氢产品；既节能降耗增加经济效益，又净化环境。此工艺属国内首创。1994年获地区科技进步二等奖。2007年，毕节煤化工公司建35t/h三气锅炉，造气吹风气、合成放空气、氨槽弛放气包括检修卸压放空气进行同收，所产蒸汽，配建一套6000千瓦时余热发电机组，发电后蒸汽再供合成氨、尿素生产使用，该装置投运以来净化毕化上各种放空气体。建设提氢回收装置，该设施关键设备采用美国引进专利技术，对合成放空气进行回收利用。

6.全低变工艺设计及应用。1997年，毕化有限公司引进全低变工艺，改造原有变换系统工艺。根据厂的实际，对引起的工艺选程、设备配置、催化剂选用及填装方式作改进。是年11月改造完毕，投入生产。改造后，变换系统床层温度降低100℃以上。大幅度减少蒸汽消耗量；催化剂用量减少50%，气体体积缩小约20%，减少系统阻力及功率消耗；还提高有机硫的转化，解决中变催化剂粉化问题，改善操作环境，减轻劳动强度，生产能力提高1倍以上。每年增产氨1万吨，增产尿素1.43万吨，节约蒸汽4.96万吨，节电148.5万千瓦时，新增产值1133万元，新增税利479万元。1999年获地区科技进步二等奖。

7.变换气湿法烤胶脱硫的设计。1996～1997年毕化有限公司试验用湿法烤胶脱硫代替干法性岩对变换气脱硫，取得成功。新技术脱硫效力大于98%，脱硫后硫化氢含量小于30ppm，新设置内蒸槽，稳定再生工艺，连续熔硫釜回收硫磺。减轻硫污染环境问题，优化全厂工艺，稳定生产，保护氨触媒，提高尿素产品质量，节能降耗。1999年获地区科技进步三等奖。

8.轴径向氨合成塔内件改造。1995～2000年，毕化公司3次改造氨合成系统，效果不佳。2002年底，改造Φ1000轴径氨合成塔内件，结合老设备情况优化合成塔设计，并进行全局协调优化，获得成功，比原设计的生产能力提高50%，年产合成氨达6万吨，解决1995年尿素“四改六”投产后，尿素生产“吃不饱”的被动局面，年增产尿素3.15万吨，且有富余合成氨。还延长合成触煤的使用寿命，使用年限达国内先进水平。4次改造的教训和经验，先后写成论文4篇，在全国性刊物上发表，其中《Φ800合成塔的使用》，2002年6月在全国优秀学术论文评选中获二等奖；《Φ1000轴径向合成塔内件的改造》，被选为2004年7月第三届中国科学家、教育家、企业家论坛大会的交流论文；《浅谈合成氨系统应该注意的几个问题》，校正1996年中国氮肥工业协会组织编写的《小氮肥厂生产规程分析》中有关合成系统分析的一个计算公式的错误，受该书主编肯定。2005年获地区科技进步三等奖。

9.三气余热回收锅炉技术改造及运用。毕化公司“六改十二”工程投产后，年生产能力达13万吨合成氨、20万吨尿素。但两套合成氨系统的驰放气、放空气、吹风气都是直接排放，供气不稳定，影响到合成氨、尿素装置正常运行。毕化有限公司从北京引进一套三气回收余热锅炉，安装时，对其燃烧炉制作、工艺流程配管、设备选型、安全设施作部分改进，2003年12月，一次试车成功。运行1年，各种运行参数与设计值吻合，造气工段实现自给自足，两条生产线可停一台20吨锅炉，每天节约燃煤80吨，同时解决废气直接排放时对大气的污染。2005年获地区科技进步三等奖。

**磷肥** 1.普通过磷酸钙（普钙）。1966年，黔西县磷肥厂采用传统技术，用本地生产的硫磺自制硫酸生产普钙，生产成本较高，改购买外地生产硫酸作原料。1988年，采用沸腾炉燃烧硫铁矿生产硫酸，用浓硫酸浆法生产普钙；利用普钙生产中的含氟尾气，加入食盐生产氟硅酸钠；利用矿渣生产矿渣砖。硫酸年生产能力1.5万吨，普钙年生产能力提高到4万吨。

2.钙镁磷肥。1988年，织金县磷肥厂利用优质无烟煤代替焦炭试生产钙镁磷肥。研究无烟煤的入炉量、燃烧时的风量、配料的酸碱度，从开始时无烟煤、焦炭各半，到完全用无烟煤取得成功，降低成本75%~80%，产品有效磷含量17%。

**复混配肥** 20世纪80年代，地区化肥厂和少数乡镇企业，按烟草施肥的配方，生产烤烟复混配肥，增产效果明显。90年代地区化肥厂建复合肥分厂，为国家烟草公司烟草专用肥定点生产企业，还生产水稻、玉米、小麦、油菜、辣椒、花卉等作物用的复混肥。

**硫磺冶炼** 明代，开始采用平箱集气技术冶炼硫磺。硫回收率30%左右。土炉窑密闭性差，逸出的二氧化硫对环境造成严重污染；因只能使用块矿，生产中产生的大量矿粉、炉渣、煤屑，都当废物抛弃，既浪费，又增加污染，致使硫磺厂周围寸草不生，山石变白。1972~1988年，地区科委七次列项，毕节县、大方县、地直有关单位和厂矿，从废气回收制酸、改进火法工艺、改用湿法冶炼等方面进行研究，积累一些经验，未达到防止污染的目的。1989年，地区建设环保局环保科从云南省镇雄引进土法炼硫环保新技术，地区科委以《土法炼硫环保新技术引进研究》第八次列项；1990年，《土法炼硫环保新技术开发》升为省星火计划项目。由于转让方未提供全部技术资料，环保科3次建窑进行两年研究，最后形成GKLH-4型炼硫技术。硫回收率从30%左右提高到61.5%，煤耗降低38%，粉矿、粉煤也作原料入炉冶炼，硫磺块质量达GB2449-81标准；废气排放在国家规定范围内，废渣减少50%以上，基本解决炼硫对环境的污染。1992年，地区建设环保局研究提出《毕节地区土法炼硫环境保护技术政策》，经地区行署批准实施，规定淘汰平箱集气技术，对老厂限期按GKLH-4型新技术进行改造。至1993年，用这项技术改造和新建50多家硫磺厂。是年，获地区科技进步一等奖。1994年获省星火科技三等奖。

**橡胶加工** 民国31年（1942），川滇东路运输局在毕节县东关坡开办华盛翻修轮胎合营工业社，中华人民共和国成立后改为毕节橡胶加工厂。1983年，该厂与地区农机所合作研制成功GRS-10型翻胎过热水装置投入使用，硫化工艺由单向改为双向，采用100-130℃的过热水为内压介质，胎体内外受热均匀，达到同步正硫，提高胶料密着强度，翻新胎质量提高，磨耗由每毫米3074千米提高到5828千米，单胎行驶里程由3.15万千米上升到4.35万千米，名列全省同行业第一。1985年，以双向流化工艺及设备同湖南岳阳轮胎厂联合组建湘黔联合轮胎厂，获得较好的经济效益。1988年，省行检站对毕节橡胶厂翻胎进行检测，合格率99.56%，物理和机械性能等各项指标均达到国家标准。

**其他** 1.粉末化工。1970年，织金县化工厂用本地重晶石生产硫酸钡，产品含钡98.8%。织金县制药厂完成的《本地重晶石生产药用硫酸钡》，1978年获省科学大会奖；织金县化工厂完成的《沉淀硫酸钡试制》，1980年获地区科技成果四等奖。1984年，织金县光化工厂从上海引进超音速内循环气流粉碎机专利技术加工重晶石粉末，细度1微米，生产硫酸钡、石英、碳酸钙。1986年，该厂与黔西大关区合建黔西钡盐化工厂，除生产上述产品外，还生产钛白粉。1987年，大方化工原料厂以本县高岭土为原料，生产陶瓷钛白粉。

2.电池。1977年黔西县电池厂建立，从手工生产起步，逐渐发展为半机械厂、机械化生产，电池产量从投产时年产16.4万只，提高到1982年的124万只。1986年转产塑料电池盖，产品有R20、R14、R6三种型号，经行业监督检查站检验合格。1990年获地区科技进步三等奖。1989年，大方县与贵阳电池厂联合组建贵阳电池厂大方分厂，生产黔光牌电池，年生产600万只。

3.塑料薄膜。20世纪70年代以来，地区内先后兴建小塑料薄膜厂10家。毕节塑料厂和黔西县塑料鞋厂建立两条塑料薄膜生产线，生产农膜、地膜和微膜。1987年，毕节塑料厂被定为省内8个定点生产薄膜厂家之一。

4.黄磷。1990年，金沙黄磷厂建成投产，利用当地磷矿石、硅石生产黄磷。鉴于当地优质无烟煤含碳达80%，而价格仅为焦炭的36.4%，开始就使用部分无烟煤代焦炭作燃料，几经试验改进，最后全部使用无烟煤，以后产品又增加磷铁、磷泥，并利用冶炼后的矿渣生产硅钙肥料。

5.改性氧化铁红。织金县富民化工厂用天然氧化赤铁矿，经过筛选、粉碎、烘干、加碱、高温处理、氧化等工序，生产成氧化铁红。经检验，产品pH值、筛余物、吸油量、水分、水溶盐、遮盖力指标均达国标一级品标准。1986年，获地区科技进步四等奖。

## 七　烟草加工科技

**烟叶生产基地建设** 1984～1989年，地区科委组织提高烤烟品质的科技攻关，摸清地区内烤烟叶的香型及其分布。1990～1992年，毕节烟厂参加协作攻关后，再次进行《清香型烤烟品种及产区调查研究》，作出清香型烟叶生产区划。毕节卷烟厂投入资金，建立烟叶生产基地，定点收购，定牌号使用烟叶。甲级烟生产可使用不同香型的烟叶，不再受调进外省烟叶的限制，确立走清香型产品研究开发的道路。

**烟叶复烤**　1.微波复烤。1977年，地区复烤厂引进微波复烤技术，经几年实践，发现微波复烤技术只能降低烟叶水分的2%～3%，对含水分较低的烟叶，效果很好；含水分较重的烟叶，微波复烤后，烟叶水分不均，影响贮存、醇化和加工。80年代后，只对含水分低的烟叶使用微波复烤技术。

2.蒸气复烤。1985年，地区复烤厂引进把烟蒸汽复烤生产线。1987年，该厂根据把烟复烤原理，以本厂613型蒸汽复烤机结构为依据，自行设计制造一条专供出口片烟抽梗复烤生产线，并可用于把烟复烤。

**烟叶储存**　1983年，地区内引进全省推广的烟叶密封降氧储存技术，按省标准计量局制定的《烟叶密封降氧储存技术操作规范》标准实施。大方复烤厂在应用中对这一技术作两点改进：改善排露条件，将堆垛形式由屋脊形改为塔形；为减少竹席水湿面积，将卷席筒由交叉吊挂改为长筒外挂，使露水从垛顶直流垛底。改进后烟叶青色减少，烟把疏松，无压油结饼现象，水分均匀，烟叶含水量普遍降低4%～5%，基本消除风霉烟。1989年，获地区科技进步四等奖。省烟草公司肯定此项改进技术，省标准计量局据此修订原颁布的技术规范。

**卷制**　1.烟叶发酵。毕节卷烟厂最初采用人工发酵技术，烟叶醇化过程短，但不易控制质量。1985年，与航天部011系统工程技术人员合作研究，利用微机控制发酵获得成功，较准确地控制工艺参数，基本稳定发酵质量。1989年起，部分采用自然醇化法，烟叶香味等总体质量较人工发酵好且稳定，但醇化时间长。

2.卷制。民国30年（1941），黔西县个体手工卷烟户联办手工卷烟作坊，生产三零牌、荣利牌香烟。是年，毕节县开办私营兴黔卷烟厂，有铁机两台，人工摇动，产品为灵秀牌，联珠牌，年产60大箱。民国34年（1945），毕节伤残军人联办三五卷烟厂，有切丝机、卷烟机各1台，人工摇动，生产宝塔牌香烟，两年后改为汽车引擎发电作动力，产品新增爱杰牌和三得利牌。1974年，毕节卷烟厂建立，修复1台英国30年代产的皮带传动卷烟机和少数老厂淘汰的包装设备，生产毕节牌卷烟。几经技改，2005年该厂已拥有从美、英、德、意大利引进、具有20世纪90年代水平的梗丝膨胀、制丝、卷接、包装全套自动化设备，年生产能力45万大箱，国家指令性计划34万大箱的国有大（二）型骨干企业。已建有原料、质量、工艺、市场保障体系。2001年，通过IS09001：2000国际质量标准认证。引进梗丝膨胀设备，解决过去梗丝没有膨化处理，烟梗利用率不高，造碎严重的问题，仅此一项，每生产10万大箱，可多利用2000吨烟梗；2003年该厂单箱耗烟叶量降为39.2千克。1987年，研制成草海牌滤嘴乙一级清香型卷烟，全部利用地区内不同产区的烟叶配制，省烟草公司质量评价认为：色香味等内在质量，已超过国家标准；此卷烟曾一度走俏，并节约外调烟叶，降低成本。1989年，获地区科技进步四等奖。90年代，研究开发出驰牌、红杏、圣火、爵士、金丝鸟、大洋牌产品，其中1990～1992年完成的《清香型卷烟驰牌、红杏的研究》产品经郑州烟科所和省烟草公司鉴定，驰牌达到清香型甲级烟水平，红杏达中上等甲级烟水平；两种烟叶配方和加香技术有所创新，属国内先进水平。1993年获地区科技进步二等奖。以后驰牌、圣火牌在全国卷烟配方改革招标中中标，成为该厂名牌产品。1991～1996年，该厂根据地区烟叶特色，运用多区域，少比例、小等级配方规律，进行烟叶组配方设计，研制出特醇驰牌卷烟，清香型卷烟风格明显，内外质量达到国内高档次甲级烟水平，为贵州省清香型开发闯出一条新路，1998年获地区科技进步一等奖。2000年前后，大洋、驰、圣火、杏为骨干品牌，大洋、驰为主力品牌，大洋被列为省管名烟之一。同时，研究开发出新产品大自然、吉庆有余。2002～2005年，大洋、驰、大自然、吉庆有余成为该厂新品牌，并成功研究新牌香烟精品大洋、精品大自然、吉祥大自然、新特醇驰、珍品驰、精品软驰、星光驰投放市场，具有较强的竞争能力。驰牌以其独特的清香风味，被评为贵州省名牌、十佳消费者喜爱品牌，被国家烟草专卖局列为卷烟产品百牌号。

## 八　轻纺科技

**纺织**　1.毛纺。毛纺起于蜀汉，兴于宋元。用羊毛擀制披毡、做工精细，既可御寒，又可防雨，且便于骑射。元大德元年（1297）开始作为贡品；明初，承担的岁赋中，有毡衫1500领。毡产品还有盖毡、毡毯、毡帽，清末威宁引进手纺毛线技术，生产毛线和各种衣、裤、帽、袜、围巾、手套等毛织品。1937～1945年，威宁县成为当时省内的毛纺中心，出现毛纺织生产合作社和毡业工会等集体组织，研制成功木制织呢机投入生产，生产全毛和半毛呢的厂家发展到30多家，另有专门从事毛纺者150多户，纺毛、编物、织呢、造毯、制毡，都各有机具和工艺。1958年，威宁县建毛制品厂，最初用土法生产传统毡制品及粗毛线，几经技改，地毯质量大为提高，1980年为北京人民大会堂贵州厅编织成狮子滚绣球图案的地毯。80年代以来，该厂生产的中粗毛线成为主要产品。1985年兴建地区毛纺厂，设备中的大部分为国内当时的新产品。主要产品有杜鹃花牌毛毯，全毛和混纺呢绒。1987年从上海引进兔毛变性处理技术和设备，制出兔毛含量较低的兔羊毛混纺毛毯及兔羊毛针织纱。后几年，经多次试验，采取优选合毛油和间接加油方法，解决兔毛加油结块，以及飞毛、落毛技术难题，使兔羊毛纱中兔毛含量有较大增加，生产的兔羊毛提花毯和女式呢，经检验，各项指标均达到合格标准，填补省内这项产品的空白。1994～1995年，研制成功熊头牌中国草防蛀透凉被，质量达国家一等品要求，为贵州省新产品。1998年获地区科技进步四等奖。

2.麻纺织。毕节地区适宜种植苎麻，并有优良苎麻品种，平均纤维支数在2100支以上，可作麻织品的优良原料，还有大麻。农村中以手工脱胶，绩麻为布，在麻布上刺绣、挑花，使用蜡染、扎染技术，制出各种花纹图案的苗锦，历史悠久。至今这种自己纺织，经过蜡染、扎染的麻布衣裙，在苗族聚居区还有。麻布的纺织技术，元代已由手摇纺车改进为脚踏纺车。20世纪50年代，毕节县新光厂曾用苎麻制成白云丝。80年代，大方精秆麻厂曾用机械加工成精秆麻。1988年建的毕节苎麻纺织厂，采用国产定型的长麻纺纱设备，毛式平型精梳工艺和环锭纺纱法，生产麻沙、麻球，及纯麻、棉麻、混纺麻布等产品。

3.棉纺。清代至民国，从事纺纱织布者增多，有少数专业户，多数为副业生产。采用木织布机，产品多为布幅30～40厘米的窄布。民国14年（1925），有的小厂引进铁织布机生产60～66.7厘米的宽布。中华人民共和国成立后各县成立纺织集体企业，使用布机织出60厘米以上的宽布。70～80年代，陆续购进新的纺织设备，建立前纺、后纺、印染车间，增加花色品种，质量、数量提高。1988年兴建地区棉纺厂，所用设备均为当时国内定型的先进产品，产品有各种规格的棉纱、纯棉布，棉麻混纺纱、混纺布。

4.针织。20世纪50年代，组建毕节县针织厂等集体企业，生产童袜、毛巾、浴巾、平板手巾、围巾、民族腰带、白纱手套等产品。1983年大方县针织厂建立，有12台手摇横机和少数辅助设备，产品27个。1995年技改，增加28锭槽筒机等一批先进设备，花色品种增加到57个，并具备纯羊毛衫前加工条件。1988年建地区羊毛衫厂，上海纺织工业局退休者协会提供主要技术，投产后聘请上海中国纺织大学教授作指导，解决工艺较复杂的后整理技术难题。

5.丝织。清乾隆初期，传入栽桑养蚕及缫丝技术。道光五年（1825），大定府设立纺织局，教民丝织，府城从事者达数千人，是年引进柞蚕放养技术，生产柞蚕丝棉絮。光绪年间，毕节、黔西办有桑蚕学堂，促进丝织发展。民国时期，毕节县小吉场廖家院，几乎每家都栽桑养蚕缫丝和加工丝线、丝绸、丝帕。80年代，廖家院发展为毕节县的桑蚕缫丝基地；1988年，从上海引进技术，生产出丝织挂毯。1971年大方县供销社建柞蚕丝综合加工厂，自制100绪缫丝机和织绸、织被面设备；80年代改缫桑蚕丝，陆续购进800绪缫丝机等一批设备，主要产品有丝绵、被絮、真丝纺绸、双丝软缎、被面、纯丝、羽纱等。90年代，金沙县用柞蚕丝织出高档挂毯。

6.涂层织物。1990年大方县建涂层织物厂，坯布有真丝、麻棉、纯棉、人造丝、涤棉等涂色砂洗面料，根据用途，用高分子化合物作涂层剂，经特殊处理技术，达到防水、防羽绒、抗阻挠、抗静电等要求。在省内属第一家。

**制革**　1.猪皮修面革、油浸革、美术革研制。1981年，贵州省第二轻工业厅组织全省8家制革厂的26名技术人员，在毕节县制革厂进行提高制革质量的科技攻关，研制成功猪皮修面革，油浸革、苯胺革和美术革。

2.脲醛—铬结合鞣猪皮正面革。1982年，毕节制革厂采用脲醛—铬鞣剂鞣制猪皮正面革成功。此鞣剂能起填充作用，减轻松面，提高成革的收缩温度，达到鞋正面革的质量要求。是年，获地区科技成果四等奖。

3.猪修面革转鼓干加油。1982年，毕节制革厂进行试验，并获成功。转鼓干加油技术成功，可保持皮张完整，革面清洁，色泽一致，光泽较好，不脱浆，弹性好，并可节约油脂50%，每100张皮节约用水2吨。是年，获地区科技成果三等奖。

4.水牛皮修面革。1981～1984年，毕节制革厂经4年研究，总结出水牛皮修面革工艺规程。按此工艺严格操作，可把30%左右的水牛皮，加工成符合黄牛皮正面革质量标准的皮革。本工艺解决水牛皮层厚，龟文粗深，皮纤维粗大，强度低，只能作底革，不能作面革的问题。1984年，获地区科技成果二等奖。

5.稀土盐及铬锆铝多金属鞣剂鞣制云贵路绵羊服装手套革。1985年，毕节制革厂与成都科技大学合作，完成此项目的研究，解决黔西北、滇东北绵羊皮粒面粗、伤残多、部位差大、纤维组织空松问题，将过去只能作里革的绵羊革，鞣制成高档服装手套革，达到SG366-84和SG-367-84部颁标准一类产品水平。此工艺节约染料15%、红矾30%以上，废液中的三氧化二铬含量由纯铬蹂剂时的每吨2.5～3.5克，降至1克以下，经济效益和生态效益显著。这项新技术属国内首创，是省内制革工艺的重大进步。1986年获贵州省科技进步二等奖。

6.猪皮软面革。1988～1990年，毕节制革厂与成都科技大学合作研究提出的新工艺鞣制成的猪皮革粒面平滑细致，革身丰富柔软，弹性好，不松面，属国内新产品。1991年获地区科技进步三等奖。

7.稀土和铬（低铬）锆铝多金属盐鞣制云贵路山羊皮新工艺研究。1988～1990年，毕节制革厂与成都科技大学合作，研究提出用稀土—铬鞣剂—废铬液作主鞣，用稀土和铬（低铬）锆铝盐鞣剂作复鞣相配套的新工艺，用低档的云贵路山羊皮生产出中高档的服装手套革。此新工艺属国内首创。1991年获地区科技进步二等奖。

8.黄牛皮软鞣面革。1989～1990年，毕节制革厂与成都科技大学合作，研究提出鞣制黄牛皮的新技术，用枯瘦伤残原皮，生产出中、高档软鞋面革，属省内新产品。1991年获地区科技进步四等奖。

**服装与制鞋**　1.服装。20世纪80年代以来，服装制作技术进步较大，除传统服装外，新开发有男女西服、各式时装、童装、夹克衫。1988年，地区进行服装名优产品评比，毕节服装一、二厂的高档毛呢时装、金沙服装厂的儿童夹克衫获金奖，纳雍服装厂的涤纶男女单服获银奖，黔西服装厂的涤纶西服，毕节童装厂的反穿童装获铜奖。毕节、威宁两家制革厂先后建起服装生产车间，用自制的皮革生产服装产品达50多种，毕节制革厂的《黑颈鹤牌皮革服装系列省级新产品研制》，1993年获地区科技进步四等奖。

2.制鞋。黔西县塑料鞋厂用疏松型聚氯乙烯树脂作基料，与增塑剂、发泡剂、稳定剂、脱模剂混炼造粒，开发出PVC-AC微孔发泡布鞋，有穿着舒适，富于弹性，吸汗、防滑和抗油脂，在低温下能保持良好性能等优点。此后，该厂又以苯二烯和丁二烯嵌断共聚物为基础材料，研制开发出SBS橡塑布鞋，性能与橡胶相同，比橡胶轻软，无气味。两种鞋均畅销省内外，受消费者欢迎。1988年获地区科技进步四等奖。

**陶瓷**　1.陶器。20世纪70年代，黔西县、赫章县汉墓出土文物中，有陶猪、陶羊、陶鸡、舞俑、托筝俑、托案俑、扶耳俑等工艺陶，其制作技术已达相当水平。2004年，贵州省文物考古研究所在威宁县中水镇鸡公山发掘考古，出土200多件器型完整、地域特色鲜明的陶器。历史上，城乡居民使用的碗、钵、缸、盆，多为陶器。陶器生产遍及各地。毕节县烧缸乡有许多人家因烧制大小陶缸，且产品质量好而得名。传统工艺为牛练泥，手拉坯，用柴烧窑，一些地方沿用到今，但质量有所提高，涂釉色泽艳丽，色调增多。1963年，纳雍县居仁区陶瓷厂，以煤代柴烧制试验，获得成功，缩短烧窑周期，并提高产品的光洁度。

2.日用瓷器与炻器。1971年，新建的地区陶瓷厂投产，生产日用瓷。采用半机械化、机械化设备，窑炉先是用倒焰窑，80年代初建成隧道窑。先是生产普通瓷，陆续开发出贴花、青花、釉上彩、釉下彩的细瓷，以及工艺美术品和瓷砖等。1982年，该厂就地取材，进行烧制白色炻器的胎釉试验，一次试烧成功，成为全国第二家烧成白色炻器的厂家。胎体细致，釉面光亮滑润，白里泛青，釉面白度>50度，热稳定性为200℃，成型性能好，干燥收缩小，不开裂。

3.工业瓷。1972年，地区陶瓷厂引进高压电瓷生产技术，开始工业瓷的生产。此后，先后聘请西安、成都和云南个旧的电瓷专家担任名誉厂长、技术顾问，陆续研制开发出E-5、E-6等8种型号的高压电瓷。1984年，更名毕节电瓷厂。是年，试验开发出盘形悬式等4种型号的绝缘子，以及棒式支柱等10多种高压电瓷产品。以本地原料为主，用两种配方烧成的高压电瓷，经西安高压电瓷中心鉴定，其机械强度均满足220千伏高压针式、悬式、棒式绝缘产品的需要，且具有较宽的烧成温度和致密、不吸缸的瓷质。1985年，中国电瓷避雷器产品检测中心检测该厂生产的X-4.5高压盘型式绝缘子及XP-10悬式绝缘子，符合部颁GB1001-80标准，获贵州省1985～1986年优秀新产品三等奖。1988年，形成年产高压电瓷2000吨的生产能力，被国家机械工业委员会、电力工业部明确为贵州省生产高压电瓷的唯一定点生产厂。2002～2003年，拆除煤烧隧道窑，建成抽屉窑，及与其配套的煤气发生站。2003年12月，更名为毕节高原电瓷有限公司，研究开发出500千伏及以下各种电压等级路线、电站电瓷100多个品种，年生产能力3000吨。2004年公司与山东青州力王公司合作，研制开发出FXWP系列硅橡瓷复合绝缘子，为高原牌产品打入省外市场闯出新途径。该公司研制的FXWP-300高强度瓷芯，通过国家绝缘子质量检测中心测试合格。2007年，开发出新产品XPD-70C（cn）和2420KN新产品。2011年《超高强瓷绝缘子矿物学特征研究及试制成果推广应用》获贵州省科学技术成果转化二等奖。

4.匣钵研究。1980～1984年，地区科委列项，支持毕节高原电瓷有限公司进行提高匣钵质量的研究，在配方和制作工艺上作出重大改进，研制成的新匣钵，使用次数提高到20次左右，比原使用匣钵的2～8次明显提高。

印刷　1.木刻版印。清代成书的《大定府志》和各县（州）志，都是采用木刻版印。

2.石印。民国时期，各县先后引进石印技术，较木刻版印有较大进步。1977年，威宁印刷厂，利用石印技术为本县民族贸易公司印苗族花裙。

3.铅印。民国33年（1944），毕节商人从四川购进一台四开铅印机，自此开始有铅印技术运用。20世纪50年代，地、县印刷厂先后建立，均为铅印，设备有手摇铸字机、四开机、切纸机、字模，以后陆续添置对开机、圆盘机、烫金机、自动切纸机等设备；80年代各厂设备进一步完善，可套印彩色、烫金和贴金。地区印刷厂年铅印能力达17万令。

4.彩印。1981年地区印刷厂增设凸版彩印车间。1985年，该厂与省新华印刷厂合作，建立毕新彩印分厂，由省新华印刷厂负责技术指导和培训，在完善的有凸版彩印的同时，增加平版彩印3.6万色令，凸版彩印由1983年的0.6万色令提高到1.2万色令。1987～1989年，彩印分厂进行技术改造，平、凸版彩印能力达9万色令。

5.激光照排。1989年，毕节报社引进北京大学汉字激光照排电子出版系统设备及技术，印刷时间缩短，印刷质量提高。90年代区内20多家印刷厂先后引进汉字激光照排电子出版系统设备。地区印刷厂的制版、印刷、裁切、上光、烫金、模切、装订一条龙生产，实现计算机数字化控制，具备年产30万色令高档彩印的生产能力，发展为国家中（Ⅱ）型企业。

6.现代数字媒体。2007年，毕节报社引进数字包和新闻采编系统。数字报纸采用方正阿帕比“多媒体数字报刊与跨媒体出版系统”，多媒体数字报不仅保留报纸版面语言的魅力，同时，集合了声音、图片、动画、视频等多媒体元素，融合了互联网方便检索、阅读的特色，还具有与纸质媒体所不具备的丰富交互能力，可以实现与读者实时互动。

## 九　粮油食品科技

**粮油**　1.粮食储存与加工。（1）粮食加工技术演变。中华人民共和国成立前的民间粮食加工，靠碾、石磨、石臼、木制手摇风簸，靠河的地方有水碾、水碓；国家仓库加工有砻及用人力或畜力推拉碣碾和辊碾。中华人民共和国成立后，粮食部门陆续建立设备简单的小型碾米厂，60年代末，毕节县粮食局建成一条属于30年代技术的面粉生产线，生产标准粉。70年代，各县相继建日产30吨大米的碾米厂，有的还建日产600包标准粉的面粉厂；通电的农村，普遍使用电机带动打米机、磨面机。80年代以来，地区粮食局面粉厂建立一条日产2600包等级粉和标准粉生产线，并开发出膨化面粉；以马铃薯为原料的淀粉、粉丝加工技术逐步走向半机械化、机械化，并开发出马铃薯全粉、精粉、变性淀粉。

（2）仓外温度、湿度、虫害三用测试仪。1979年，纳雍县粮食局研制成功仓外温度、湿度、虫害三用测试仪，检查效果快速、准确，改变以往进仓测温、目测虫害、口感确定粮食含水量的方法，提高储粮的安全性。1980年，获地区科技成果鼓励奖。

（3）日产30吨米厂技术改造。金沙县粮食局米厂，原设备采用风运，碎米多，能耗高。1981年，自行设计制造二次回风卸料器和砻糠分离装置，投入使用后，在风运中除稗和一次吸净大糠，一风多用，碎米率由1.17%降为0.7%，吨产品电耗由26千瓦时降到21.2千瓦时，出米率由69.4%上升到72.2%，并减轻劳动强度，大米质量符合国家标准。1982年获地区科技成果三等奖。

（4）双低储粮法。1984年，赫章县粮食局应用密封粮堆储存技术，使之自然缺氧，在低氧低药量下，二氧化碳量逐渐增多，氧气逐渐减少，起到抑制粮食呼吸和微生物繁殖，及对虫害窒息的作用，达到杀虫、防热、防霉，安全储粮目的。该局用此法储粮150吨，经210天不变质，并降低保管费用和储粮损耗。1985年获地区科技成果四等奖。

（5）日产600包粉厂生产等级粉研究。1983年，大方县粮食局在日产600包标准粉生产线的基础上，研究出不增加成套设备，采取优选粉路与分段制粉相结合工艺，生产出上等粉和普通粉。此工艺投资少、工期短、见效快，一套设备生产两种面粉，为小型面粉厂生产等级粉开创新路。1984年获地区科技成果三等奖。

（6）短粉路生产标准粉工艺改造。1987～1988年，地区粮食局扩建面粉厂，对传统短粉路生产标准粉工艺进行改造，所设计的四皮四心一渣短粉路，可日产65吨黔一粉和标准粉。此法与原工艺比较，吨加工成本降低48%，出粉率提高0.5%，电耗降低26.5%。1989年获地区科技进步三等奖。

2.油脂加工。（1）油脂加工技术演变。加工植物油脂原料主要是油菜籽，其次为威宁蓝花籽、冬籽。历史上榨油的工具有雷公榨、牛尾榨、水打榨，出油率低，油脂质量差。20世纪50年代中期，粮食部门陆续建立小型榨油厂，用机械代替土榨，60年代使用90型液压榨油机，70年代逐步改进为95型螺旋压榨机。90年代，金沙、黔西县新建油脂化工厂，采用新设备新技术，生产出国标一级和二级烹调油及浓缩磷脂。

（2）菜籽软化胚螺旋压榨工艺改革试验。1979～1980年，金沙县粮食局6次改进菜籽软化胚螺旋压榨工艺，与原工艺比较，设备未增加，日榨油量提高36.7%；出油率达36.5%，提高2～3个百分点；操作人员减少三分之一；油脂稳定达国家二级标准。1982年获地区科技成果四等奖。

（3）浸出法提取菜油饼油脂技术应用。1983年，金沙县粮食局油脂厂引进试用成功。此技术是将榨后的油饼浸泡于溶剂中，使油饼中7%～9%的残存油脂分离，经蒸发、汽提、冷凝、冷却后，油脂和溶剂分开，再精炼脱磷、脱酸、脱水、脱色、脱臭，得到成品油。可回收5.5%～7.5%的油脂。湿粕经过蒸烘干后，所含蛋白质未损失，仍可作饲料和肥料使用。1987年获地区科技进步四等奖。黔西县油脂厂成功引进应用此技术。两厂每年可多收回菜籽油1000吨左右，相当于多种3.5万亩油菜。

3.大豆深加工技术开发。大豆是优势资源，传统豆制品有豆腐、豆豉、豆干、豆棒、腐皮。1986年，地区马干山牧垦场承担省星火计划项目《大豆深加工技术开发》，以杭州商学院食品系为技术依托单位，开发出超微细豆粉、机制腐皮、豆油。1987年，纳雍县粮食局建腐竹厂，研究出生产腐竹新工艺，年产100吨，产品获1988年首届中国食品博览会银奖。1987年，毕节县粮食局承担地区星火计划项目《速溶豆浆晶技术开发》，省粮油科研所协作，建速溶豆浆晶厂，开发生产出速溶豆浆晶和速食豆腐花，被评为省优秀产品。1991年获地区科技进步四等奖。

4.苦荞麦综合开发利用研究。1993～1995年，地区科委委托四川联合大学食品工程系进行研究。研究明确苦荞粉、茎及籽壳中黄酮物质叶绿素、苦味素、荞麦碱和芦丁等的含量，这些成分有降低胆固醇、降血脂、降血糖的作用。此研究筛选出乙醇浸提法，成功提取黄酮粗提物；并用乙酸乙酯萃取法进行多级流萃取，提取出黄酮中的芦丁。还研究提出生产苦荞麦保健粉、苦荞麦面条、苦荞麦蛋糕、苦荞麦面包、苦荞麦饼干、苦荞麦酸奶的工艺技术，并提出相应的质量标准和卫生要求。有的产品已由相关厂家开发生产上市。

**名特食品**　1.威宁荞酥。威宁荞酥属粗粮细做糕点，明洪武年间（1368～1398）曾作贡品，至今尚在生产。1968年，威宁荞酥厂建立，改进制作工艺和设备，使用红外线烘烤，并添置全套化验设备，保证产品质量，荞酥花色品种也增到10多个。

2.威宁火腿。制作历史已600多年，制作范围遍及威宁城乡。原料猪历史上为可乐猪，现在多为以可乐猪为母本的杂交猪。制作方法有干腌和湿腌两种。切开后层次分明，肥肉呈粉红色，瘦肉呈殷红色，味美可口，可存放五六年不变味、不流油，腊味更加浓郁。

3.富生同酱油。金沙富生同酱油，始于清代后期，以其酱香浓郁，香味纯正，长期存放无霉花，无浮膜等特点享誉。一度停产。1985年，金沙县蔬菜公司酱油厂进行富生同酱油生产工艺研究，列入地区科技计划项目。通过对传统工艺研究，测定出各工序的量化指标，改进储存发酵抽提技术，生产周期由原来的3年缩短为两年半，产品质量达到SB70–78一级标准。

4.金沙安底醋。已有百余年生产历史，以色香味俱佳，长期存放不生花变质而畅销，多次获省优质产品奖。20世纪80年代不断改进其生产工艺，生产周期已从两年左右缩短为半年。产品经省调味品检验中心检测，达到国家二级标准，部分指标超过一级标准。

**酿酒** 1.提高白酒质量技术引进和推广。民间酿酒历史较早，出酒率在35%左右。20世纪50年代，引进推广四川泸州酒厂、遵义酒厂酿造工艺；60年代引进推广冷却技术和根霉曲制作技术；70年代引进推广双泡双蒸工艺及配槽发酵，强化勾兑等技术，出酒率普遍提高60%左右，酿造周期缩短四分之一，用曲量减少1年，质量普遍得到提高。

2.金沙回沙酒研究。金沙回沙酒以其清澈透明，酱香突出，味纯浓郁，回味悠久，20世纪40年代曾销往港、澳地区及东南亚。1977～1989年，地区科委3次列项，支持恢复研究金沙回沙酒酿造技术。第一次试验，恢复传统工艺；第二次试验，恢复生产技术开发，批量实现生产规模；第三次作提高质量研究，完成制曲、酿酒、勾兑技术的规范化、标准化要求，质量达国标GB114–77标准，深受消费者欢迎。90年代研究开发出双回沙系列产品。1997年、2002年获贵州省名牌产品称号，2003年获贵州省食品工业著名品牌称号。2010年，金沙及图商标获中国驰名商标称号。

3.营养保健荞酒研制。1984～1991年，威宁县农科所以苦荞为原料，研究提出两段法发酵及半发酵半蒸馏物工艺，酿造出荞醇，达到QB525–81标准。每100毫升甘黄酮类化合物总含量为16.03毫克，产品保持苦荞天然浅黄本色，舒适爽口，获中国国际名酒节消费者信得过奖，全国新技术新产品博览会金奖。

**其他** 1.矿泉水。1985年6月～1986年6月，省地矿局第二水文地质大队与地区科委、金沙县科委配合，调查和取样分析测试金沙岩孔、安底两处矿泉水的水文地质，次年6月提出评价报告，8月通过省级鉴定。岩孔矿泉水，口感纯正、水温28℃，平均日流量1981.5吨，装瓶后1月在日光或避光条件下，其物理性质均不改变，无沉淀物析出。中国科学院地球化学研究所化验检测其化学元素及组分、物理性状、卫生指标，达国家饮用矿泉水标准，符合世界卫生组织标准。鉴定结论为：岩孔矿泉水，属低矿化、含偏硅酸、锶、溴和氡的重碳酸钙镁型矿泉水，还含有锂、锗、钼、硒多种有益人体健康的微量元素，是天然优质矿泉水。其水源分布范围较大，补给丰富，储存条件及水源地卫生条件好，流量、水源和水质动态稳定。金沙县已开发利用。

2.食用酒精。1985年，威宁县糖厂转产食用酒精。该厂自行研制和改进一批生产设备，以当地盛产的马铃薯为原料，采用发酵法生产食用酒精。淀粉利用率为52%，为同类厂的中上水平；在发酵中回收二氧化碳成功。1991年，威宁酒精厂引进低温节能蒸煮工艺，煤耗降低34%，电耗降低50%，原料成品比为11：1。该厂以技术转让的方式帮助独山县建立食用酒精厂。

3.红果蔷薇资源开发利用研究。红果蔷薇又名毛叶蔷薇，别名螳螂果、沙糖果、蜂糖罐，是丰富的野生水果资源。1985～1986年，地区农科所对区内红果蔷薇资源进行开发利用研究，经分析化验，每100克红果蔷薇果实含尼克酸27.86毫克，超过高粱和猪肝尼克酸含量的85.9%和71.9%；尼克酸有扩张血管和降低胆固醇的作用，是治疗心脑血管疾病的药物。经研究，提出红果蔷薇罐头、蜜饯、果汁的制作工艺，在赫章县山珍食品厂进行中间试验后，投入批量生产。其产品保持果实原有风味和营养成分，受消费者欢迎。1986年获地区科技进步二等奖，1987年获省科技进步四等奖。

## 十　民间工艺美术科技

**大方漆器**　历史上大方有漆乡、漆城之称，清道光年间（1821～1850），漆器生产从业人员1000多人，传统的皮胎漆器源于古代革器，由革器制作技术与髹漆技术结合而成。道光六年（1826），大定精制的朝珠盒、朝帽盒、凤冠霞帔盒、描金葫芦、汉满全席餐具曾作为贡品。描金葫芦今仍收藏在故宫博物院。传统漆器加工方法有制坯、灰地、漆地、彩饰4道工序，共40多道环节。胎坯材料为牛、马和羊生皮；产品有皮盘、花瓶等百余种，髹饰技法有隐花、明花、描金、描金加彩、青退光、花漆、五彩。1958年，建大方漆器厂，至2005年的50余年间多次改进生产工艺，其生产技术显著提高：胎坯除牛、马和羊生皮外，增加麻布、棉布、纱布、木料、塑料；髹饰技法从平绘发展到雕刻、镶、嵌、填、堆，增加台花、台花加彩、印棉等20多种。与无锡化工设计院合作，研究解决天然漆的调质与温度、湿度对漆膜黏合硬度等影响，用于批量生产的髹饰；引进丝网印刷术，研究成功成套版印刷代替手工绘画，保证批量生产时图案一致。采用聚氯酯类新涂料，增加漆面透明度。改半转木胎车床为全转木胎车床，改手工打磨为机械打磨，提高车削和打磨的速度和质量。产品先后参加原苏联、波兰、原捷克斯洛伐克、瑞士、比利时、芬兰举办的博览会，受到好评。1984年后，大方漆器中的黑推光合花（苗纹）三套盒等10多种产品先后被评为省优秀旅游产品。

**织金石雕**　织金石雕为清光绪年间（1875～1908）织金人黄乾昌利用当地残雪、晶墨玉、油绿、鸡肝、沉香木纹等大理石为原料，研究成独特的平雕嵌色技术，加工成各种形状的石砚，作贡品进贡。1938织金石砚在贵州省工艺美术展览中获特等奖；1939年全国工艺美术品展览获金质奖；中华人民共和国成立后，被列为贵州省四大工艺美术品之一。1986年，《织金大理石加工技术开发》项目列入省星火计划，项目完成建织金星火大理石工艺厂。织金大理石雕刻工艺，早先使用的平雕技术至今仍为主要工艺，新增的有浮雕、立雕、塑雕、镂空雕。传统产品为石砚、压条、象棋子、笔架，新增产品有组合台灯、茶几、盆景钵、精雕屏联、骨灰盒、家具装饰工艺美术品等百余种。加工大理石使用锯石机、对剖机、切边机、精切机、磨光机，形成规格化批量生产。

**织金砂器**　各县均有砂器生产，以织金砂器最为著名。其制作的各式砂锅、砂罐、砂壶，原料细腻，造型美观，制作精致，经久耐用；因其受热均匀，烹制的食物、煎药、沏茶，均因品质好而受欢迎。清代以平远锅驰名，民国以来销往省内外。1987年，法国友人罗西来织金采访砂锅制作，撰写《用黏土制成的精品》，在美国《陶瓷学》月刊发表；1992年，织金砂器销往日本。织金砂器作为贵州砂器的代表，编入《中国工艺美术》一书。近20年，织金砂器产品及其生产技术有所创新，炊具类增加蒸缽、烙锅、火锅、多层蒸锅等，用具类新制出笔筒、笔架、砂香炉等；还研制出一些装饰类工艺品。生产技术上用鼓风器代替人工拉风箱。

## 第三节　医药卫生科技

### 一　卫生防疫科技

**卫生监督**　1.硅肺调查。硅肺亦称矽肺。1963年，地区卫生防疫站对437名煤矿工人作硅病检查。据查，有硅肺隐患者53人，确诊为硅肺患者3人。是年，对全专区从事铅锌冶炼的2274名工人进行体检，查出硅肺患者140人。经对39名健康者和36名硅肺患者进行尿锌含量测定，结果为健康者的尿锌含量，每升为0～0.3毫克，硅肺患者为0.1～0.96毫克，差异显著，可作为诊断硅肺的辅助指标。

2.尘肺调查。1984～1986年，地区卫生防疫站主持，对地区内的238个厂矿中接触铅、汞、锰、苯、有机磷、三硝基甲苯等的2.33万名工人进行尘肺调查，诊断为可疑尘肺的有2702人，占11.6%，查出尘肺患者160人。1988年对244名可疑尘肺患者进行流行病学调查，确认为尘肺患者5人，职业中毒3人。

3.蕈类调查。地区内野生蕈较多，因不明毒性食菌中毒者时有发生，有的甚至死亡。1973年，地区卫生防疫站调查毕节、威宁县蕈类，采集标本99个，绘图78份。经贵阳师院生物实验室鉴定，有可食菌16个，极毒菌2个。之后，省卫生防疫站将标本送山西大学生物系作鉴定，结果相同。

4.黄曲霉素β1检查。1975～1977年，地、县卫生防疫站在31个区镇、194个公社，测定粮食、豆类、干果等10类食品中的黄曲霉素β1，共采标本313份，检出阳性18份，阳性率5.8%；超标4份，超标率1.3%。其中以玉米污染较重，阳性率为6.9%。根据调查，提出防止污染的措施。1978年获国家和省科学大会奖。1987年，在毕节县14个区镇调查，发现受污染的玉米和小麦，其优势菌种分别为曲霉和青霉。

5.学生口腔病调查。1983年，地、县卫生防疫站参加全国学生口腔病调查。据查，学生龋齿牙患病率为18.8%，低于全省平均水平；氟斑牙患病率，小学生为19.1%、中学生为21.3%，高于全省平均水平。调查后，地、县卫生防疫站对患龋齿的学生进行治疗。1991年赫章县医院调查本县1728名学生口腔错齿，错齿率65.6%，农村学生错齿率比城镇学生高14.3个百分点。此调查引起领导部门重视，在县内中小学开展口腔卫生和牙齿保健宣传教育。1992年获地区科技进步四等奖。

6.梅毒调查报告。1991年，赫章县医院在该县麻腮乡、新民乡开展梅毒调查，在116名受检者中，发现RPR梅毒血清学阳性患者38例。嗣后贵阳医学院和全国性病防治中心对送检的15名

RPR阳性患者血清，进行FIA-ABS检验，查出阳性患者12人，认定当地有梅毒存在。已引起政府和有关部门重视。1992年获地区科技进步四等奖。

**流行性传染病研治** 1.流行性脑脊髓膜炎（简称流脑）防治。20世纪60年代，发生流脑2.22万例，死亡4134人，年平均发病率61.34/10万，发病人数的死亡率18.59%。当时，省、地、县、区、公社共组织2万多名防治人员多次深入疫区采取预防性服药和收治等措施，重病区流脑病人的死亡率由60%下降到13%。1975年，省、地及毕节县卫生防疫站对毕节县城关人群进行流脑带菌情况调查，带菌率高达46.62%，当时试用黄连素、磺胺类药物消除带菌者病菌，效果不理想。1979年，进行流脑多糖体提纯菌苗接种观察，保护率达95%；从1981年起，普遍使用此菌苗接种，疫情逐年下降。

2.斑疹伤寒血清流行病学调查及诊断试验。1978年，赫章县卫生防疫站用间接溶血法进行本试验，将以红血球为载体的抗原与特异性血清结合，在补体作用下使血清产生溶血现象，根据溶血程度制订出判定标准。对照为补体结合法和血凝试验法。本试验采用的间接溶血法与对照的结果基本一致，但本法血清抗原容易制备，方法简单，从制备抗原到确切诊断只需两天，对斑疹伤寒病人的诊断起到积极作用。

3.脊髓灰质炎（简称脊炎）防治。20世纪50年代，地区预防脊炎，是在种牛豆的基础上，进行小儿麻痹糖丸的预防接种，成效不大。60年代中期，使用Ⅰ、Ⅱ、Ⅲ脊灰减毒活疫苗，虽有效果，但药源受限制、未能普遍推广。1973年起，普遍使用脊灰疫苗，发病率逐步下降。80年代后，建立冷链系统，保证疫苗质量，疫情得到控制。20纪末，基本消灭脊炎。2001～2005年，地、县疾病预防控制中心，每年均在部分县组织脊灰强化免疫活动；同时在其他县开展脊灰查漏补种工作。

4.痢疾杆菌耐药性试验。1971～1979年，威宁县年均发生细菌性痢疾为1199/10万；为全地区最高。1979年该县卫生防疫站分离出痢疾杆菌39株，进行耐药性试验。据试验结果，红霉素和庆大霉素疗效最好，抗菌率都为100%；其次是卡那霉素、痢特灵和抗痢灵，抑菌率依次为98%、94%和82%；双氢链霉素、氨苄青霉素有一定疗效，抑菌率50%、44%；土霉素、克泻痢灵、金霉素、四环素、氯霉素等，抑菌率都在10%以下。痢疾杆菌对抗生素类药，易产生耐药性，随着抗生素的广泛使用，不少抗生类药物的耐药菌株逐步增高，曾为首选的氯霉素，耐药菌株已高达96%。

5.伤寒病研治。（1）伤寒196例临床及药敏分析。1987～1988年，地区医院对收治的196例伤寒患者，分析临床表现及药敏，将分离出的伤寒杆菌对11种抗生素进行敏感度测定。结果表明，疗效居前4位的为链霉素、庆大霉素、丁胺长拉霉素和卡拉霉素，其对伤寒杆菌的高敏、中敏和耐药率，链霉素为88.18%、7.27%和4.55%，庆大霉素为87.27%、9.09%和3.64%；丁胺卡拉霉素为83.33%、16.67%和0，卡拉霉素为82.88%、14.42%和2.70%。以庆大霉素加痢特灵联用，疗效好，费用少。经治疗58例，退热时间平均7.3天，比其他抗生素联用的平均减少4.5天，差异显著。1989年获地区科技进步四等奖。

（2）肾上腺皮质素在伤寒肠出血时应用效果观察。1988～1990年，地区医院将氟美松用于伤寒肠出血治疗。经对71例患者进行试验，氟美松组45例，对照组26例，药物以庆大霉素加痢特灵或氟哌酸为主，兼用6—氨基乙酸、止血敏、安络血，出血量大者多次输血。据试验结果，其止血时间，氟美松为3.2±1.95天，对照组为5.1±3.4天。证明肾上腺皮质素有提高止血的疗效。此后该院用此技术治疗伤寒肠出血，效果普遍良好。1993年获地区科技进步三等奖。

（3）氟哌酸治疗伤寒观察。1998年，大方县医院在确诊为伤寒的21例患者中，用随机方法分为氟哌酸组10例，氯霉素组11例，均不用激素和退热剂。据治疗结果，氟哌酸组疗程12～14天，退热时间平均为5.5±2.32天，治愈率100%；氯霉素疗程13～28天，退热时间平均为9.36±4.88天，治愈率63%。两组均未见副作用，结论：氟哌酸是当前治疗伤寒、沙门氏菌感染等疾病较为理想的药物之一。此技术解决了用抗生素治疗伤寒存在的耐药伤寒菌株逐渐增多的难题。此后几年，该院用氟哌酸治疗伤寒，均取得较好的疗效。1995年获地区科技进步四等奖。

（4）清开灵注射液治疗伤寒疗效观察。1994～1995年，地区中医院在用常规西药治疗伤寒患者的基础上，采用中西医结合，加用清开灵注射液静脉滴注。此药方为牛黄、水牛角、黄芩、金银花、栀子等制成的中药复方制剂，临床多使用于肝炎，尚未用于伤寒患者。经毕节地区中医院治疗40例观察，平均退热时间为148小时，平均治愈时间为16±7天；只用西药治疗的40例，平均退热时间264小时，平均治愈时间为23±9天，差异明显。清开灵注射液无毒副作用，安全、价廉，使用方便，适合基层医院推广。1996年，获地区科技进步四等奖。

6.艾滋病预防。（1）毕节地区个体献血员艾滋病毒血清流行病学调查。1995～1996年，地区中心血站对5787名个体献血者进行艾滋病毒（HIV）血清流行病学调查，明确当时地区内献血者未出现HIV感染。调查在地、县建立较先进可靠的HIV感染检测实验室，引进自动标仪等先进检验设备，在毕节市、黔西、织金、威宁、纳雍县成立监测点，开展HIV检测的常规服务。1998年获地区科技进步四等奖。

（2）艾滋病流行病学调查。2002～2003年，属全省调查项目，毕节、大方、织金、纳雍等6县市参加。地区疾病预防控制中心对毕节市戒毒所250名戒毒人员进行采样初筛，HIV阳性4例，送省做确认试验，HIV感染1例；对毕节市10多家娱乐场所150多名服务人员进行HIV感染调查，初筛结果送省确认试验，未发现感染者。通过调查，在区内设艾滋病监督点4个，其中国家级2个（织金、纳雍）、省级2个（毕节、织金）。

**地方病研治**　1.地氟病调查与预防。（1）地方性食物氟中毒调研。1976～1978年，贵阳医学院、省环境监测站、毕节地区卫生防疫站、毕节县卫生防疫站组成科研协作组，调查毕节县地氟病致病原因。据查，毕节县98%的饮用水含氟量低于国家卫生标准下限值，不存在水氟中毒因素。在食物中，玉米、辣椒等常用食物收获时用煤火烘烤，以后长期在室内存放，受燃煤放出的氟化物污染，含氟量高，长春区辣椒含氟量每千克含430毫克，1978年获国家和省科学大会奖。

（2）煤火烘烤粮食对含氟影响试验。1981～1982年，毕节县卫生防疫站将收获后的小麦、玉米、稻谷、大豆、菜豆，分别装入单层纱布袋内，挂在实验室火炉上方，煤含氟量80～200毫克，晚上关闭门窗后，室内空气含氟量0.05mg/m$^3$。烘烤前粮豆的含氟量在1.4～4.8毫克之间。烘烤40天、80天，其含氟量是烘烤前的5.5倍和9.6倍。粮豆用煤火烘干，且贮藏在有煤火的屋内时间越长，其含氟量越多。烘烤80天时，测定其种皮和籽仁的含氟量，稻谷的谷壳为803毫克、大米为20.51毫克，相差39.1倍，大豆相差2.6倍，菜豆相差1.8倍，玉米基本无差别，以玉米为主食的山区，地氟病发病率较高。食用前用清水清洗，大米、大豆、菜豆可洗去少许含氟量。提出改良炉灶，加强室内通风排气的建议。1982年，获地区科技成果四等奖。

（3）地氟病调查。1982～1983年，地区卫生防疫站主持调查全地区地佛病。共查8.05万人，患氟斑牙率为79.4%；氟骨病共查2.17万人，患病率34.7%。经测定金沙、大方县的岩石、土壤、煤炭，土壤含氟远高于煤炭、高于岩石；在一个县的不同区、村，三者含氟量的变幅均是土壤＞煤炭＞岩石，新收获的农产品含氟量甚低，佐证粮食中的高含氟量不直接来自土壤。

（4）织金县生活用煤污染型氟中毒研究。1983年，织金县卫生局防疫站、县地方病防治研究所、中国科学院地球化学研究所协作研究织金县氟的迁移规律和氟中毒预防。测定氟病区的岩石、地壳、土壤、饮水、煤炭、粮食的含氟量，得出氟中毒的结论与前述的研究结果相同。氟病区与非氟病区比较，新收粮食的含氟量相似，都不到每千克1毫克，但氟病区病人家中火炉煤炭燃烧时排氟量高达每千克128毫克，储存家中的陈玉米比新鲜玉米的含氟量多33.9倍。1993～1984年在氟病区推广改良炉灶，增设排烟设施，有效地减轻室内空气中的氟污染。1985年获地区科技成果四等奖。2005年，中国科学院地球化学研究所测定氟病病区火炉煤炭燃烧时排放的含氟量，发现有的病区还大于煤炭的含氟量；经测定拌稀煤的黄泥，有的比煤含氟量还高。这种现象引起地区科技局和省级科技厅重视，2006年列项进行研究。2008年起地氟改良炉灶综合防治工作全面启动，至2011年，73.8万户项目任务全部完成达到防病节能，促进新农村建设的效果。

2.地方性甲状腺肿病调查与防治。1982～1983年，地区卫生防疫站主持，在调查15万人，查出4700多人不同程度地患有甲状腺肿病。其中发病率较高的威宁县9.37%、大方县5.14%、黔西县3.10%、纳雍县3.01%，被列为地方甲病轻病区。1983～2005年，全地区供应加碘食盐，由卫生防疫部门作监督。1986～1987年，采用口服碘油治疗患者，效果良好，4县地甲病的患病率降到规定标准。

3.毕节地区肺吸虫病流行病学调查研究。1984～1986年，大方、织金、金沙县发现肺吸虫病例。1986年6～11月，地区卫生防疫站组织调查全地区肺吸虫病流行病学。在毕节、织金、赫章县发现有携带肺吸虫囊坳的溪沟4条，查出阳性蟹28只，获肺吸虫囊坳143个；阳性蟹为毕溪蟹和小毕溪蟹。毕节、赫章县对阳性地段的学生进行皮试，皮试液为贵州省寄生虫研究所提供的1：4000肺吸虫冷浸抗原。毕节县皮试11～17岁学生116人，赫章县皮试10～14岁学生106人，阳性为10人、16人，阳性率为8.62%和5.66%。地区卫生防疫站用查蟹取获的肺吸虫囊坳喂小家犬3只，40天后剖检1只，获肺吸虫13只；两月后剖检另两只，共获肺吸虫30只，经鉴定，为斯氏肺吸虫。1987年，地区卫生局行文，要求全区卫生防疫和医疗部门重视肺吸虫病防治，以免在全区流行。1988年，获地区科技进步四等奖。

4.克山病调查。2007年，地区卫生局主持，在威宁县中水镇开展克山病调查，采集30

例克山病区正常人和患者头发样和粮食样送省进行硒测定，共诊断潜在克山病12例，检出率为1.5%。

5.麻风病防治。历史上，各县均有不同类型的麻风病患者。20世纪60年代，撒拉溪医院与中国科学院皮肤病防治研究所、贵州省皮肤病防治研究所合作，在黔西、威宁县调查麻风病流行病学，将查出的麻风病人收入院、村治疗；与省皮肤防治研究所、省中医研究所合作，将按方配制的苦参丸、扫风状，及黔西县自拟的杀虫搜风方用于临床试验；将苦参丸、扫风状同西药氨苯砜合用，验证治疗效果；自选27种中草药进行蒸汽疗法；自拟石圣散、石龙散、葱蒜合汁，试制麻风溃疡等药物用于临床。1977～1979年，撒拉溪医院与毕节大坪子医院合作，采用民间验方制成攻瘤丸，试治麻风患者16例，6个月后斑疹和结节基本消失，其中14例瘤型麻风患者用攻瘤丸后，13例细菌连续转阴，或细菌密度下降，只1例不变。攻瘤丸价格低，副作用小，尤适于用化学药物后耐药菌株增多的患者。1980年获地区科技成果四等奖。1978～1980年，撒拉溪医院与大坪子医院应用中药乌梢蛇、蜈蚣、地龙等八味中药制成乌梢蜈蚣丸治疗麻风患者11例，有效率达90.90%，由于药源限制、未能扩大应用。1979～1981年，撒拉溪医院采用二乙酰氨砜进行肌肉注射，治疗22例，时间短者8个月，长者25个月，斑损、结节、浸润、麻木均有很大改善乃至消失；细菌平均指数下降，治愈1例，接近治愈3例，病情显著减轻14例，有减轻4例。试验证明：肌注二乙酰酸苯砜，不受胃肠吸收功能影响，血中浓度稳定，能更有效抑制和杀灭麻风杆菌。1981年，撒拉溪医院总结1965～1981年以来植眉87例的效果，游皮片移植法的成活率为93%，点状移植成活率97.7%。其经验在全国麻风病防治系统进行交流，受到好评。是年，该院对神经鞘膜部分切除后仍有神经性疼痛的问题进行研究，观察22例，结沦为：神经症状与全身反应密切相关，要重视术前、术后的抗反应治疗，神经鞘膜手术只能作缓解局部状况的手段。1981～1985年，毕节地区贯彻全国第二次麻风病防治工作会议精神，全地区卫生系统开展麻风病流行病学调查，共查50余万人，基本掌握本地区麻风病流行规律。1984～1986年，建立地区皮肤病防治所，县、乡建立皮肤病防治站，形成防治网，在家治疗的麻风病人得到有效的治疗。1985年，毕节地区被列为世界卫生组织（WHO）的麻风病联合化疗现场点之一，世界卫生组织提供部分药品、医疗设备和交通工具。麻风病防治，基本按照世界卫生组织联合化疗方案进行，即利福平+氨苯砜+氯苯吩嗪；利福平+氨苯砜。实践证明，两种化疗法的疗效可靠、大大缩短疗程。是年，撒拉溪医院用眶上膜悬吊术、外睑部分切除术治疗兔眼及麻风性睑内翻、睑外翻、倒睫毛，获得良好效果。1987年，该院采用眼穴、耳穴贴压法治疗麻风性各种眼病，部分患者视力上升，一名失明者复明。随着防治工作深入和医疗技术进步，地区内麻风病的治愈率提高，麻风病患率下降。1988年后，多数年份低于0.1‰。2004年，全地区现症病人293例，治疗68例，联合化疗覆盖率100%；上报线索183例，检查率100%，查出麻风病人19人，及时处理两例重度麻风反应病人，未发生畸残。2011年，全区新发现麻风病人60例，麻风病可疑者筛查835人，检查密切接触者2223人，治愈麻风病人55例。处置麻风不良反应58人，对247例麻风病人进行神经功能监测，筛查重症畸残手术对象45人。

## 二　西医科技

**医技**　1.医技进展。1951年，毕节专区人民医院建立临床检验室，开展三大常规检验；1955年，建立生化室，开始对肝功能、肾功能、血清尿蛋白、转氨酶、血糖检验，此后增加17—羟17—酮、5—羟色胺、醛固酮测定，血清蛋白纸上电泳、血脂检查；1956年，建立细菌室，对脑膜炎、伤寒、痢疾、白喉、炭疽病病原进行微生物培养和鉴定。1958年，自制单价和多价沙门氏菌抗血清、志贺氏菌抗血清和菌液，此后开展多种微生物药敏试验、动物接种毒力试验。20世纪60年代前期，各县医院开展微生物检验，后期开展生化检验。1979年开始进行医学遗传学检验，先后开展荧光涂色观察，X染色体、Y染色体检验，显微摄影、分带染色，羊水细胞培养，为遗传病的诊断提供可靠依据。同期内该院还建立同位素室，引进放射性核诊断技术，建立免疫室，开展免疫学检查，将高灵敏、高特异的放射免疫技术用于临床；还建立心电图、脑电图、超声波、CT室等，对许多疾病作出正确诊断。1982年，采用红细胞电泳技术，血红蛋白分子病电泳检验。1986年后，将某些电解质的检查改用光焰光度计法，将一批生化检验项目改目改用酶法，提高检验的敏感性和准确性。1987年，对尿路感染及性病的检验改用细菌快速培养技术。1988年，该院参加省临床检验中心，执行统一质量控制；至2005年能做检验项目400多项。各县医院和一些非公有制医院的检验项目，也在100项以上。

2.医技科研。（1）T淋巴细胞的超微量全血转化试验。1979年，地区医院采用超微量法进行T淋巴细胞转化的检查，所得结果与常规法检查一致，取血量只需20微升，为常规法的1/25；细胞培养液只需0.4毫升，为常规法的1/10。为患者提供很大的方便。1980年获地区科技成果四等奖。

（2）流行性乙型脑炎血凝抑制试验和早期IGM抗体检查。1980～1983年，地区医院开展血凝抑制和早期IGM研究，3年检查分析70例乙脑病人，掌握乙型脑炎免疫特异性诊断、IGM抗体早期检查、植物血凝皮试，制备乙脑血凝素、白细胞转移因子扶持治疗技术，提高乙脑早期诊断和治疗的效果。1984年获地区科技成果四等奖。

（3）病理快速石蜡切片诊断。1984年，地区医院引进此技术在消化吸收过程中作改进。本法虽比原用的冰冻切片诊断法需时略长，但效果较好，尤其在制作碎小组织、脂肪和纤维组织，以及需要求较高的切片时，效果更为突出。1985年，获地区科技成果四等奖。

（4）经皮肝穿刺胆道造影及引流技术应用。1985～1986年，地区医院在X线透视下进行17例，从侧位进针，针孔细，在肝内的针途长，增加胆汁、血液外流的阻力，降低因穿刺而造成的并发症。这项技术成功，有助于鉴别阻塞性黄疸和肝细胞性黄疸，能明确梗阻的部位、性质、程度，以及有无结石和结石大小、数量、分布，弄清胆道管是否狭窄和扩张，有无占位性病变等。1986年，获地区科技进步四等奖。

（5）地高辛维持量疗法血清浓度放射免测定分析。1984～1985年，地区医院采用血清浓度放射免疫测定法，通过50例受药者测定，明确该药的有效量、不足量、中毒量，在提高疗效的同时，避免过量的危险性。1986年，获地区科技进步四等奖。

（6）血清肝胆酸与肝胆疾病的相关研究。1985～1987年，地区医院采用放射性免疫分析法，以生化肝功能检测法为对照，测定100例正常人和101例病人的空腹血清肝胆酸。据研究结果，血清肝胆酸放射性免疫测定，能将一般生化法不能检出的胆酸检验出来，对肝硬化、肝癌有重要检测意义。1988年，获地区科技进步四等奖。

（7）β2—微球蛋白及尿白蛋做肾脏病变检测试验。1985～1987年，地区医院用β 2—微球蛋白和尿白蛋检测肾脏病变633例。据检测结果，此法具有免疫学抗原抗体反应的高度特异性及放射性的高度灵敏性，检测值能够定量而且可靠，能反映出肾脏损害部位和程度。1989年获地区科技进步四等奖。

（8）巨大卵巢黏液性囊腺瘤超声显像诊断。1986～1987年，地区医院用超声显像仪，诊断4例巨大卵巢黏液囊腺瘤，其结果与手术剖测基本一致。显像诊断成功，为临床医生需要探明瘤子的性质、大小、部位，积累经验。1989年获地区科技进步四等奖，为《中国实用技术大辞典》收入。

（9）用普通光镜鉴别血尿。1985年，地区医院在学习中山医学院附院光镜鉴别血尿时，根据普光镜观察红细胞活体原理，进行不染色，直接观察红细胞形态研究，经195例肾小球血尿和229例非肾小球血尿检验，与临床诊断对比，符合率高，前者为94.8%，后者为93.9%。1992年获地区科技进步四等奖。

（10）毕节地区正常人血氧分压测定及临床应用。1991～1992年，地区医院测定303名健康青年血氧分压，其正常值为65～82毫米汞柱，经100例临床验证，以标准大气压（80～100毫米汞柱）下的正常值为标准，有95.2%的患者属低氧血症，大多数患者无缺氧症状，仅有12.2%患者明显缺氧，其血氧分压值在62～82毫米汞柱之间。由此得出，高海拔地区以65～75毫米汞柱，低海拔地区以72～82毫米汞柱为血氧分压正常值。1993年获地区科技进步四等奖。

（11）乙肝病毒血清透明质酸与肝部病变关系的研究。1991～1992年，地区医院研究308例血清透明质酸（HA）与肝部病变关系，确定本地区HA正常值为每毫升45.67±14.7纳克，以HA值为界诊断漫迁肝和漫活肝，其准确率平均为81%，诊断肝硬化和肝癌准确率分别为97.1%和95.5%，假阴性率很低。HA值高，肝脏的损伤程度大。1993年获地区科技进步四等奖。

（12）白细胞内乙肝病毒抗原检测。1994～1995年，地区医院将抗凝血用细胞分离液分离出乙肝病毒患者白细胞，破碎成白细胞匀浆液后，用常规酶标法检测白细胞浆液中的乙肝病毒抗原，获得成功，为乙肝患者提供有效实验诊断技术，已在该院应用。1996年获地区科技进步四等奖。

（13）膀胱结核的超声诊断。1989～1990年，地区医院用超声显像仪，诊断3例膀胱结核病人，其膀胱壁均有不同程度的增厚，毛糙不光滑，显示双层状，出现钙化斑强回声不伴声影。尿检出抗血栓杆菌，X线确诊。此研究借助超声显像，以膀胱壁增厚为特点，为临床医生提供诊断依据。1996年获地区科技进步四等奖。

（14）血清肝胆酸含量与妊娠肝内胆汁瘀积的关系研究。1994～1996年，地区医院用超微量放射免疫法，测定245例妊娠各期血清肝胆酸含量与妊娠肝内瘀积症的关系。经统计分析，以肝胆酸的含量大于每分升950微克为胆汁瘀积症的诊断，准确率97.6%，特异性100%。与长期沿用的生化肝功能法比较，其灵敏度高，明显减少漏诊、误诊，用于指导临床的结论明确。1998年获地区科技进步四等奖。

（15）四项血清学指标与慢性炎症及纤维化程度的关系。1994～1996年，地区医院对46例慢性肝炎病人作一秒钟快速活检穿刺术，取得活检标本后，经嗜伊红染色及网状纤维染色，分别进行肝炎炎症的活动度及纤维化程度判断。同时抽患者血清标本用放射免疫法测定其透明质酸、层粘蛋白、Ⅲ型胶原、Ⅲ型原胶原的含量，以对比观察后，得出慢性肝炎病理变化与这四项血清学指标的对应关系。此研究为临床采用血清学指标对慢性肝炎进行病理判断、药物筛选和疗效分析，提供检测手段。1998年，经贵州省传染病与寄生虫学会专家鉴定，结论研究填补省内空白，达到国内先进水平。1999年获地区科技进步三等奖。

内科　1.内科医技进展。20世纪50年代，地、县医院应用组织疗法、封闭疗法、睡眠疗法、氧气疗法、计划疗法治疗内科疾病；用抗痨药结合人工气腹、气胸机治疗肺结核；在气管内应用抗生素治疗肺脓肿；后期，应用直肠镜检、骨髓穿刺、心房除颤治疗技术。70年代初，各县医院已能开展多发性神经根炎、心肌梗塞、尿毒症、流行性出血等多种疾病治疗；地区医院抢救活一例吗啡中毒、呼吸停止18小时的病人。1978年，地区医院完成的《粟粒型肺结核X线诊断》获贵州省科学大会奖。

2.内科科研。

（1）阿托品应用对提高食道静脉曲张诊断的价值。1977～1979年，地区医院用阿托品作皮下注射，在诊断食道静脉曲张时作阳性试验47例肝硬变失偿期病人。先用X线检查，得阳性25例，阴性22例，对显阴者注射0.5毫克阿托品，4～5分钟后全部显示食道静脉曲张，并维持20～30分钟。证明抗胆碱药物能提高食道静脉曲张的诊断效果。地区各县医院应用此项技术。1982年获地区科技成果四等奖。

（2）慢性肺源性心脏病心力衰竭临床治疗探讨。1977～1982年，地区医院试用右旋糖酐、肝素、氨茶碱等药物，代替临床效果不好的洋地黄制剂，共试125例，其中洋地黄制剂治疗52例，右旋糖肝等治疗73例。在两组心衰竭情况相近，吸氧、抗感染、祛痰、解痉、利尿、纠正水电平衡等处理相同的情况下，前组死亡19例，占36.5%，平均住院39.6日，后组死亡8例，占11%，平均住院25日，明显优于前组。1982年获地区科技成果四等奖。

（3）电除颤在治疗心律失常的临床应用。地区医院用电除颤技术，抢救8例房颤和室颤危急患者，近期显效率达100%。此法安全迅速，交、直流电均可使用，耗电量为每秒100～300瓦，在1秒钟内生效。1986年获地区科技进步四等奖。

（4）系统性红斑狼疮早期诊断。1984年，地区医院分析本院1979年以来收治的28例病案，误诊15例，误诊率51.7%；在分析的基础上，总结出6条参考标准，撰写成论文在《贵州医药》杂志发表，引起各地重视。1984～1985年，该院收治12例，误诊2例，误诊率16.7%。1986年获地区科技进步三等奖。

（5）腹膜透析的临床应用。1985年，地区医院引进腹膜透析技术，成功应用于急性肾功能衰竭、大剂量眠尔通中毒和其他疾病的抢救。1987年，该院对接管加以改进，用闭式塑料管代替Y型膀胱冲洗管，每周只需换1次，每次2～3分钟，减少感染和护理的劳动强度，操作方便，患者安全。1988年获地区科技进步四等奖。

（6）从腹泻病人便中分离小肠炎耶氏菌的初步调查。1988年，地区卫生防疫站首次分离出小肠结肠耶氏菌，阳隆率12.5%，血清型以O3、O9为主，O9占优势，为地区内疫病防治和临床诊断提供新的参考。1989年获地区科技进步四等奖。

（7）体外膈肌起搏器治疗慢性肺疗效指标研究。1991～1992年，地区医院用EOP-Ⅱ型体外膈肌起搏器治疗慢阻肺100例。患者经10天，每天1次，每次30分钟治疗后，咳、喘、胸闷、气促症状消失。此法简单，费用低。1993年获地区科技进步四等奖。

（8）急非淋白血病合并败血症46例病源菌分析。1992～1993年，地区医院研究急非淋白血病合并败血症的病源菌，得出革氏阴性杆菌占46.95%，大肠杆菌占30.16%，其余依次为革氏阳性球菌、霉菌、新隐球菌。其中大肠杆菌为主要致病菌，死亡率占41.6%；入侵途径，以上呼吸道感染为多，占52.17%。本研究为并发症的预防和未获血培及药敏试验报告之前的治疗提供经验。1994年获地区科技进步四等奖。

（9）慢性肾功能衰竭156例病因分析。1993～1994年，地区医院研究1982年以来收治的156例肾衰竭病例。研究结果反应慢性肾炎108例占69.32%，慢性肾盂肾炎25例占16.62%，剩余是狼疮性肾炎、糖尿病肾炎、高血压性肾小动脉硬化、多发性骨髓瘤肾病、痛风肾病；肾结核、肾结石、先天性双侧多囊肾及中毒性肾病。总结提出早诊早治慢性肾衰的原发病，是预防其发生的关键。通过详细询问病史，全面体检、测血压、化验尿常规及肾功能测定，能查明多数慢性肾衰竭的病因，针对病因早期治疗，多数基层医院都可推广。1995年获地区科技进步三等奖。

（10）小剂量奎尼西转复房颤临床观察。1993～1994年，地区医院用小剂量奎尼西转复治疗18例房颤患者，治疗转复率88.9%，未发生奎尼西晕厥，少数病人发生低血压、轻度腹泻、头晕及恶心症状，坚持服药2～3周后症状缓解。访问停药2～5月的11例病人均未复发。1995年获地区科技进步四等奖。

（11）支气管哮喘与胃食管反流关系研究。1991～1994年，地区医院对50例支气管哮喘发作期病人作胃镜检查或食道吞钡照片检查，发现食道反流在支气管哮喘病人中发生率高于非哮喘病人。使用抗生素和氢受体拮抗剂、吗丁啉治疗后，多数病人得到缓解和治愈，部分患者未复发。证明胃食道管反流是引起或加重支气管哮喘的原因之一。抗反流治疗可使食道反流患者哮喘得到治愈或缓解。研究填补在此项治疗上的空白。1995年获地区科技进步四等奖。

（12）山莨菪碱治疗肺咯血观察。1988～1994年，大方县医院用山莨菪碱治疗肺咯血，疗效显著（注射后咯血停止）和有效（用药3天咯血缓解）的占41.7%和50%。对伴有气急、呼吸困难的咯血患者，在止血的同时，可缓解气急、呼吸困难；改善大咯血所致的微循环衰竭；患肺水肿者可缓解，咯血停止；伴有冠心病、高血压、心衰者尤其适用。1995年获地区科技进步四等奖。

（13）应用光量子血疗抢救急性重症有机磷中毒。1993～1995年，地区医院收治急性重症有机磷中毒患者42例，采用常规疗法治疗21例，同时用常规疗法加光量子血疗21例，前者死亡率为33.3%，后者为4.8%。证明光量子血疗的疗效显著提高。此法简便安全，适于在基层医院推广。1996年获地区科技进步四等奖。

（14）去纤酶冲击治疗脑血栓前后的病残程度评定分析。1995年，地区医院采用去纤酶冲击治疗脑血栓30例，根据神经功能缺损评分标准及致残程度分级比较，基本治愈18例，显著进步10例，共占93.3%；进步1例，无变化1例，各占3.3%。与以往采取其他方法治疗比较，其治愈好转率明显增加，致残率显著下降。1996年获地区科技进步四等奖。

（15）3RHT/9HT治疗方案治菌阳结核病人的毒副反应及疗效观察。1991～1994年，毕节市卫生防疫站采用利福平（R）、异烟肼和氨脲合成片剂（HT）治疗27例菌阳结核病，痰菌转阴26例，转阴率96.3%，疗程结束后体重增加，血、尿常规及肝、肾功能未出现明显异常。停药后随访满2年者16人，未见病发。说明3RHT/9HT方案疗效好、毒副反应低，且药源充足、价格便宜，适宜在本地区推广。1997年获地区科技进步四等奖。

（16）阿托品在处理献血反应中的应用。1995～1997年，地区中心血站对献血者出现头昏、心悸气短、苍白、出汗、恶心呕吐现象，在以往治疗方法的基础上，采用阿托品0.5毫克以生理盐水快速注入，治疗125例，都较快恢复正常。此法安全有效，作用快速，不给献血者增加痛苦。1998年获地区科技进步四等奖。

（17）速尿雾化吸入治疗支气管哮喘研究。1996～1997年，地区中医院对60例支气管哮喘病人，在常规采用青霉素、氨苄青霉素静滴，口服氨茶碱和博利康尼片的基础上，随机对其中30例，加速尿40毫克、生理盐水20毫克雾化吸入，每日1次，每次10分钟。采用此法者，平均3天，咳、喘、胸闷、肺部哮鸣音病状消失；另30例的这些症状平均7天消失。说明加雾化吸入速尿法效果好，无副作用，应用方便，价格低，药源充足。1998年获地区科技进步四等奖。

（18）蛇毒酶类溶栓剂治疗脑血管性痴呆。1995～1998年，地区医院用蛇毒酶类溶栓剂——去纤酶和降纤酶，治疗40例脑血管性痴呆患者，平均治疗15天，基本痊愈及显著进步者32例，占80%。沿用脑细胞代谢激活剂治疗42例，平均治疗28天，痊愈及显著者20例，占47.6%，采用蛇酶类溶栓剂的疗程短、疗效显著。1999年获地区科技进步四等奖。

（19）纤维支气管镜及焦虑视觉比较试验。2002～2004年，地区医院引进纤维支气管镜技术，临床应用于150例肺部疾病患者，其早期诊断、早期治疗率和治愈率显著提高。同时，对患者进行焦虑视觉比较试验，提出对不同患者给予特殊用药和监护措施，无死亡、无并发症发生。这项新技术填补地区疾病治疗空白。2005年获地区科技进步四等奖。

外科　1.外科医技进展。20世纪50年代，专区及各县医院建立外科病房。专区医院外科病房能作截肢、胃大部切除、胆囊切开取石、尿道断裂修补、乙状结肠肿瘤切除、胆囊切除、游离植皮等手术。1959年第一次施行开颅手术，清除颅内脑血肿成功，开创本地区颅脑外科的历史。60年代，各医院引进氯氨酮分离麻醉技术。专区医院开展肺叶切除术，脓胸胸骨成形术、胸壁结核病灶切除术，甲状腺全切除术，巨结肠切除术、心包剥离术，以及食道癌、纵隔肿瘤切除手术。1966年，黔西县治愈11例瓦斯爆炸造成大面积烧伤的工人，人民日报、健康报进行报道。70年代以来，地、县医院外科开展肝叶切除、腹腺切除、肝动脉鞘剥离、输尿管移植、先天性巨肠环切、高选择性迷走神经切断、重肾异位尿瘘上半肾切除、骨瘤切除骨移植、贲门癌切治、脑脊膜膨出修补、幕上开颅、脑凸面肿瘤切除等高难技术。

2.外科技术引进、消化、吸收、创新和科研。

（1）头部钝器损伤中回拖伤的探讨。1976～1979年，地区公安处参加全国刑事技术法医科研专题—头部钝器损伤研究。据研究结果，钝器损伤会产生回拖力，形成回拖伤。此为法医钝器损伤检验的新发现，使法医在对犯罪实施案件中，能较准确判断出罪犯作案手段，使用力的方向、位置、大小和作用点。还能利用回拖力形成的特征，进行技术检验。其利用广泛、准确。在西安召开的全国法医学术交流会上，地区公安处的代表作示范和发言，获法医学术界的好评。1980年获地区科技成果二等奖。

（2）胰和十二指肠切除术。1977～1978年，地区医院施行3例胰和十二指肠切除术，采用双管引流及重建消化道的方法，避免胰瘘、胆瘘及其他并发症。出院随访3～4年，均健在。1980年获地区科技成果四等奖。

（3）带蒂回肠膀胱扩大术。1986年，黔西县医院为一例畸胎瘤并发膀胱瘘患者施行手术，只切除部分膀胱，保留双侧输尿管入口处和尿道口外的膀胱三角区，用回肠代替膀胱，使尿液从原尿道排出，保留原来的生理结构和功能，住院时间短、费用减少。此技术改变当时国内常用的让尿从腹壁人造瘘口流出的方法，受到省内同行重视。是年，获地区科技进步四等奖。

（4）环甲膜切开术临床应用。1980年，地区医院引进此项技术，在临床应用中自制张开器、改剪刀分离法为尖刀分离法，有操作简便，容易掌握，速度快，并发症少等优点。1986年获地区科技进步四等奖。

（5）风心病二尖瓣狭窄外科治疗。1984～1985年，地区医院对5例风心病二尖瓣狭窄患者，试用闭式扩张术，置入膜扩张器，扩张被粘连的二尖瓣口，并在术后进行抗感染治疗，5例均获成功。1988年获地区科技进步四等奖。

（6）小儿麻痹后遗症的外科矫形术。1984～1986年，金沙县医院治疗5例小儿麻痹症患者，将二头肌、半腱肌与上骼胫束联合移前，胫骨下端持续牵引。术后20天，膝屈曲矫正达到全直，肢体相对伸长1～2厘米，病人可离床活动，矫正术前患者弯腰按膝或扶拐行走，以及股部周胫变粗的状况。1988年获地区科技进步四等奖。

（7）经皮肝穿刺置管引流治疗细菌性肝脓疡。1980～1988年，地区医院改进一般治疗细菌性肝脓疡的切开引流方法，在压痛点明显处，或在超声波定位下，先用针头试穿肝，取得脓液后，作局麻，以此点作0.5～1厘米的皮肤切口，用套管针经切口刺入脓腔，吸尽脓液后，经套管置入相应粗细的硅酸管或导尿管固定于皮肤，按无菌瓶持续引流，治疗38例，成功率97.36%。此技术改进，减轻病人痛苦和经济负担。1989年获地区科技进步四等奖。

（8）周围神经损伤的显微修复。1987～1988年，黔西县医院试用带蒂大隐静脉神经移植治疗上肢10厘米以上的神经缺损。治疗8例，均获成功，经1～2年随访，功能良好。这一技术克服过去吻合中牺牲肢体主要动脉的缺点，且解剖恒定，切取隐神经方便，移植愈合后血流通畅，有利神经再生。1989年获地区科技进步四等奖。

（9）臂丛神经阻滞喙突下进路法。1986～1988年，地区医院改进臂丛神经麻醉术，将进路改在喙突下1～1.5厘米处，麻醉55例，成功率94.54%。此技术标志清楚、镇痛完善，安全性大，适应性广，优于以往采用的其他臂丛阻滞麻醉法。1989年获地区科技进步四等奖。

（10）高位选择性迷走神经切断治疗十二指肠球部溃疡。1988年，地区医院引进此项新技术，采取高位选择切断支配胃的迷走神经分支，降低胃酸和胃蛋白酶分泌，使溃疡消除时间缩短。该院试治疗4例，术后7天疼痛消失，无并发症，8～15天出院，经3～6个月随访，受术者健康状况良好。1989年获地区科技进步四等奖。

（11）胸腔滴注法治疗损伤性血胸观察。1983～1989年，地区医院对损伤性血胸患者，采取胸腔滴注药物方法治疗60例，有效防止感染，对稀释胸内积液，防止纤维蛋白凝固和纤维沉着，消除残胸，纠正呼吸循环紊乱，促进肺叶复张，均取得良好效果。此技术与常用的胸腔穿刺，经肋间封闭式插管引流，胸腔内注入药液等法比较，具有操作简便安全，净化彻底，疗程短，节约治疗费用等优点。1990年获地区科技进步三等奖。

（12）在局麻药中加入麻黄碱用于休克病人的硬膜麻醉。毕节县医院在局麻药物中加入一定量的麻黄碱，用于休克病人硬膜外麻醉，20世纪80年代共实施150例，术中无1例死亡。此法不需增加设备，简单易行，效果好。1990年获地区科技进步四等奖。

（13）复方氯维霜治疗寻常痤疮150例的疗效观察。1988～1990年，地区医院根据痤疮的病因、发病机理与临床病状，以及常用的单方药物的药理，将强的松、氯霉素、维生素B6、乙烯雌酚、维生素E研细混合，加乳基制成复方氯维霜，用于治疗寻常痤疮150例，其疗效优于抗雄激素和硫酸锌、糜蛋白酶、四环素。1991年获地区科技进步四等奖。

（14）肝内胆结石并肝管狭窄的手术治疗。1990～1991年，地区医院采用术前B超、CT作造影诊断，术中在直视下完成解除狭窄、取石、胆管整形、胆道引流成功，为肝内Ⅱ～Ⅲ级肝管狭窄并结石的患者进行手术。此成果填补地区这项手术的空白。1992年获地区科技进步四等奖。

（15）气管、支气管外伤性断裂的外科治疗。1977～1991年，地区医院收治气管、支气管外伤性断裂3例。其中2例伤及气管环，发生气管软骨环撕裂，经保守治疗而愈；1例完全性断裂，根据病情采取相应措施急救，使呼吸环稳定后，施行吻合术治愈。1992年获地区科技进步四等奖。

（16）应用骨圆针加固定治疗髌骨骨折。1991年，地区中医院采取腰麻下，从内向外（亦可从外向内），用两骨圆针平行穿过髌骨两骨折块，并在两骨间加压固定的方式，成功治疗5例髌骨骨折。此法比传统的用粗线或钢丝作内固定器材施术简便，拆出固定时膝关节不易损伤。1993年获地区科技进步四等奖。

（17）应用保留真皮下血管网皮肤游离移植治疗烧伤疤痕挛缩畸形。1985～1992年，地区医院引进保留真皮下血管网皮肤移植术，治疗烧伤疤痕挛缩畸形患者58例，疗效好。出院后随访22例，20例功能完全恢复，2例好转。1993年获地区科技进步四等奖。

（18）输尿管镜下取石术在临床上的应用。1991～1992年，地区医院采用直接入镜法进行输尿管取石11例，其中1例因髂骨动脉向输尿管内突，占去管腔1/2位置而放弃手术，另1例输尿管壁段结石，导管不能插入，改输尿管扩张；其余9例均成功。手术不在X线监测下进行，不进行输尿管扩张，用输尿管改替金属导丝，超过0.5厘米以上的结石，用超声波碎石。与以往使用的技术比较，不易发生穿孔假道，减少损伤，提高大石取石率。1993年获地区科技进步四等奖。

（19）带蒂大隐静脉隐神经移植修复周围神经缺损。1987～1988年，黔西县医院试用带蒂大隐静脉隐神经移植治疗上肢10厘米以上的神经缺损8例，经1～2年随访，功能良好。此技术克服过去吻合中牺牲肢体主要动脉的缺点，且解剖恒定，切取隐神经方便，移植吻合后血流通畅，有利于神经再生，功能无明显影响。1993年获地区科技进步四等奖。

（20）胸腰段骨折脱位并截瘫的DicR氏架固定。1992年，地区医院应用DicR固定器，治疗胸腰段背柱骨折脱位并截瘫患者4例，其中完全截瘫和不完全截瘫各2例。手术7天后可取座位进行功能性锻炼，14天后2例可由他人辅助坐起，2例能自行起坐。观察期未发现泌尿系统及肺部感染，也未发生褥疮。1993年获地区科技进步四等奖。

（21）囊肿切除短段空肠代胆道矩形瓣治疗先天性胆总管囊肿。1991～1993年，地区医院应用囊肿切除短段空肠代胆道矩形瓣成形术，治疗先天性胆总管囊肿9例，均获成功。术后所有患者黄疸消退，胆道造影矩形瓣排空畅通。随访4个月至2年，受术者无腹痛、黄疸、发热，远期效果亦好。1994年获地区科技进步四等奖。

（22）游离皮条埋藏法一期尿道成形术治疗先天性尿道下裂。1992年，地区医院应用游离皮条埋藏法一期尿道成形术，治疗先天性尿道下裂9例，成功8例。此技术取材容易，损伤小，尿道成形后不挛缩，弹性好，成功率高。1994年获地区科技进步四等奖。

（23）人工股骨头置换术治疗股骨颈骨折。1992～1993年，地区医院在进行人工股骨置换术中，改进S–P前外侧显露切口、珍珠面微孔型体柄，及前倾角测量方法。临床治疗新伤骨折1例，陈旧性骨折4例。术后4～6周，患者能下床活动，随访4～16个月，髋关节活动达到或接近正常，患肢肌肉无萎缩，肌立正常，站立、下蹲、行走比较方便，无假体下沉、脱位和感染。为治疗股骨颈骨折增加新术式。1994年获地区科技进步四等奖。

（24）先天性无阴道成形术。织金县医院以白色橡胶管、干纱块、避孕套等为材料，自制模具，用大腿内侧皮瓣植皮法和阴道顶端横隔膜与阴道组织缝合法，为两例先天性无阴道的患者作阴道成形，获得成功。1994年获地区科技进步四等奖。

（25）晚期阴茎癌术式选择探讨。1992～1993年，地区医院用阴茎部分切除术，髂股沟淋巴及周围脂肪组织、结缔组织清扫术，为4例晚期阴茎癌患者施术，效果良好。与传统方法比较，清扫比较彻底，复发转移期晚，生存时间较长。1994年获地区科技进步四等奖。

（26）国绳肌前置代股四头肌术式改良。1993～1995年，地区中医院引进国绳肌代股四头肌技术，治疗小儿麻痹后遗症16例，其中采用传统术式12例，采用保留股二头肌短头，转移股二头肌长头的改良术式4例。随访8个月，传统术式的伸膝肌力Ⅲ级，屈膝肌力Ⅰ～Ⅱ级；改良术式的伸膝肌力Ⅳ级，屈膝肌力Ⅳ级左右，优于传统术式。1996年获地区科技进步四等奖。

（27）腰椎结核病灶清除手术入路改造。1993～1994年，地区医院改腰椎结核病灶清除术的入路由传统的经前倒“八”字切口和剖腰肾切口为后路棘旁切口。手术6例，创伤小，病灶清除彻底，操作安全可靠，利于一期柱间植骨增加脊柱的稳定性，减轻病人痛苦及经济负担。特别是椎体严重破坏，并发脊神经受压迫者，此手术途径在神经剥离器保护脊髓的情况下，行脊髓侧前方减压更为安全。随访1.5～3年，6例均恢复日常工作，X片显示植骨块融合。1996年获地区科技进步四等奖。

（28）改革硬膜外阻滞在腹盆手术中的应用。1993～1995年，地区医院在腹盆手术中，改传统的两点穿刺为中位一点穿刺置管、单盲比较进行麻醉。作84例子宫切除术临床麻醉验证，疗效与二点穿刺无显著差异，效果良好。用中位一点穿刺置管麻醉术，能满足腹盆手术的要求，缩短麻醉时间，减少出血，感染及导管阻塞机会，麻醉效果好，减轻病人痛苦。1996年获地区科技进步四等奖。

（29）丝线缝合内固定治疗骨折。1992～1995年，大方县医院对75例骨折手术病人的内固定，改常用的器杆为丝线缝合。平均住院11天。术后无感染，胃痂生长正常，去除外固定，经功能锻炼后，功能恢复率达93.6%，术后并发症6.3%。此手术所需器械少，操作易掌握，术后不再开刀取内固定，医疗费用降低。本成果有一定的独创性，实用，社会效益好。1996年获地区科技进步四等奖。

（30）基层医院开展腹腔镜囊切除术。2000年，黔西中医院引进腹腔镜囊切除术，做37例，均获成功。手术操作简便，患者受伤轻，恢复快，伤痕小，住院时间短，减轻病人经济负担。是年，全省仅5家县级医院开展此项业务。2002年获地区科技进步四等奖。

（31）经尿道前列腺电气化术。2001～2002年，地区医院引进经尿道前列腺电气化术，是当时国内开展治疗前列腺增生症的新技术。治疗近100例，年龄在56～96岁之间，病程1～2年，均取得较好效果。施行此法做手术，术中、术后出血少，并发症率低，留置导尿管时间短，住院时间短，能有效除去增生组织。对解除膀胱出口梗阻效果显著，病人恢复快等。2003年获地区科技进步四等奖。

（32）微创穿刺粉碎清除术治疗高血压脑出血的临床应用。2003年12月，地区医院引进微创穿刺粉碎清除术，2004年治疗23例，临床疗效很好，均获成功。此技术与原采用的内科保守疗法、外科开颅手术治疗方法相比，操作简便，损伤小，血肿清除快，患者恢复快，显著降低脑出血患者死亡率和致残率。适合能进行CT检查的医院推广。2005年获地区科技进步四等奖。

**妇产科** 1.妇产科医技进展。20世纪50年代，地区及各县医院建立妇产科病房，逐步开展难产手术：臀位分娩、胎盘剥离、胎头吸引。1959～1961年，地区医院施行膀胱阴道瘘和直肠阴道瘘修补术。各县医院60年代开展妊娠人工流产、输卵管结扎。70年代，地区医院施行会阴侧切，横位侧转、毁胎手术，各县医院开展子宫全切和次全切、阴式子宫切除、卵巢囊肿切除、子宫修补、尿瘘修补手术。80年代后，地、县医院先后掌握了头位难产处理技术，及对滋养叶细胞肿瘤的治疗和宫颈癌根治术。

2.妇产科科研。（1）输卵管妊娠破裂腹腔血液的应用。1981年，地区医院学习外地输卵管妊娠破裂腹腔流出的血液利用技术，改血液中加抗凝剂为不加抗凝剂输入患者，经应用10例，效果良好。此后6年，应用21例，总回输血量1.57万毫克，均未出现不良反应，伤口均在1期愈合。这项技术对患者恢复血量起到重要作用，并减轻其经济负担。1988年获地区科技进步四等奖。

（2）输卵管显微外科吻合试验。1984年，威宁县医院应用显微外科手术，开展输卵管离体吻合试验。先在鼠、兔、狗等动物身上实施，1985年应用于患病人员临床。至1988年，选用SXP-1双人双目手术显微镜，在放大6倍下为17名妇女施行输卵管复通术，均获成功，1988年4月以前的10例，已有8例复孕。1989年获地区科技进步三等奖。

（3）酶联法、放免法和乳凝法诊断早期妊娠研究。1989～1990年，地区医院进行研究。据对早期妊娠的诊断结果，其准确率为：酶联法99.5%，放免法98%，乳凝法92.4%。操作比较，酶联法具有设备简单，操作简便，适于基层医院。1991年获地区科技进步四等奖。

（4）剖宫产术子宫切口单层缝合法。1990年10月起，地区医院改剖宫产术子宫下段切口双层缝合法为单层缝合法，临床应用158例，均取得良好效果，均未产生并发症。单层缝合法减少缝合层次，缩短手术时间，对失血休克、子宫痛的患者尤为重要；止血效果，切口愈合均好；疤痕组织少，子宫下段可恢复原解剖形态；减轻患者的经济负担。1995年获地区科技进步四等奖。

（5）小剂量氨甲蝶呤静注治疗异位妊娠。1993年，地区医院引进创新氨甲蝶呤局部注射治疗异位妊娠技术。是年，该院收治异位妊娠85例，手术68例，用氨甲蝶呤治疗17例，调整用药剂量到最低有效量，有效率达94.12%。小剂量氨甲蝶呤安全性大，基本无明显副作用，操作简便，无创伤，可免除患者受手术的痛苦，对要求保留生育机能者，可获得再次妊娠的机会。1995年获地区科技进步四等奖。

（6）新式剖宫产术临床应用。2000～2003年，地区妇幼保健院引进新式剖宫产术，实施136例，与传统剖宫术（对照）比较，手术时间和术后排气时间缩短；术后损伤和干扰较小，切口暴露时间短，产妇术后恢复快，进食早，有利乳汁分泌和母乳喂养。住院天数平均为5.44±1.21天，对照为6.97±4.02天，新法减少产妇住院天数和费用；手术方法容易掌握，并未发现与手术相关的并发症与后遗症。2004年获地区科技进步四等奖。

**儿科** 1.儿科疾病治疗技术演变。20世纪60～70年代初，地、县医院先后建立儿科病房。1964年，地区医院用阿司匹林试治小儿胆道蛔虫成功。70年代各县医院陆续应用侧脑室穿刺和头皮静脉输液术；将莨菪类药物用于治疗抗感染休克，治疗小儿肺炎、急性肾炎。1974年，地区医院应用双氧水稀释静脉注射液治疗缺氧患儿200多例，效果良好，使心衰、循环衰竭、呼吸衰竭的患儿转危为安。80年代，地区医院和部分县医院采取联合化疗治疗白血病，超雾化吸入治疗呼吸系统病，复温法治疗硬肿症，地高辛储积疗法治疗心功能不全，综合疗法治疗高胆红素症，蓝光与人血蛋白治疗黄疸，“神灯”（DTD）治疗腹泻与肺炎等，均获得成效。

2.骨髓诊断对儿童贫血原因探讨。1981～1987年，地区医院从住院的小儿病例中，抽出经骨髓穿刺检查的355例中度、重度、极度贫血病例进行研究。研究确认由于营养不良造成贫血的（主要缺铁）190例，占53.52%，其他原因造成贫血的，占46.48%。据此，提出针对性治疗方案。1988年获地区科技进步四等奖。

3.新生儿人工断脐法。1986年，地区医院引进新生儿人工断脐法，取代传统的自然断脐法。其主要技术是在无菌条件下，人工剪去新生儿脐带。采用此法，24小时后即可用温水洗澡，并使感染率大大下降。至1988年底，断脐2157例，成功率99.95%。1989年获地区科技进步四等奖。

五官科　1.五官科医技进展。20世纪50年代，地专区及各县医院建立五官科，治疗一般常见病。60年代后地区医院先后开展眦成形术、眼球摘除术、斜视矫正术、前房角检查、眼球异物定位及磁吸异物术、白内障针拨术、白内障囊内外摘除及针吸术、外耳成形术、鼻成形术、气管切开术、喉外伤修补术、耳腺瘤摘除术、中耳成形术、耳源性脑脓肿进路切开引流术、鼻纤维血管瘤摘除术、泪囊鼻腔吻合术、虹膜继发白内障摘除术、角膜板层移植和其他眼、耳显微手术等。

2.五官科科研。（1）改良副鼻窦囊肿手术法。1966年，地区医院改进求式法副鼻窦囊肿手术，只切底部，不剥囊壁，不作全麻，克服求式法流血较多，容易复发等缺点。改进的技术操作简便，不招致并发症。至1984年共手术33例，治愈后随访多年，均未见复发。1984年获地区科技成果三等奖。

（2）环甲膜切开术临床应用。1980年，地区医院引进创新环甲膜切开术，自制开张器，改剪刀分离法为尖扩大法，用于下呼吸道分泌物潴留、清除分泌物、施行人工呼吸的患者。此技术容易掌握，操作简便，安全快速，并发症少。1986年获地区科技进步四等奖。

（3）毛虫所致的眼球损伤临床研究。1990～1991年，地区医院研究毛虫损伤眼球转归、治疗方法、预防措施研究共15例。结果证明，虫毛在结膜中作为异物被组织包裹、不被分解吸收。有效的治疗方法是手术取毛，配合药物治疗。预防方法，一旦发生虫毛刺眼，用胶布粘出，不能用手揉、嘴吹、舌舔，如虫毛除不掉，要及时就医。1992年获地区科技进步四等奖。

（4）改良泪囊腔吻合术治疗慢性泪囊炎。1991～1993年，地区医院改进传统鼻腔泪囊吻合方法，改槌、凿孔为咬骨钳造孔；在黏膜吻合时，只吻合前唇，后唇用碘仿纱布填塞压平。施术26例均获成功，无一例复发。手术时间缩短，患者痛苦轻，前后唇无粘连。1994年获地区科技进步四等奖。

（5）眼轮匝肌条带矫正重度上睑下垂。1992～1994年，地区医院采用自体同一切口部位的眼轮匝肌作为悬吊物，治理重度上睑下垂，计15例24眼，经1～3年观察，治愈13例21眼，好转2例3眼，疗效稳定。与传统的用丝线、阔筋膜等作悬吊物比较，方法简便，效果可靠，可减轻患者痛苦及经济负担，减少复发率；易于在基层医院和门诊开展。1995年获地区科技进步四等奖。

（6）复方洁麻液泪道冲洗加探通术治疗慢性泪囊炎。1992～1994年，金沙县安底区医院在治疗慢性泪囊炎中，总结出复方洁麻液冲洗泪道加探通治疗技术。一次性滴药冲洗加探通，治愈率70%，每隔1～2天冲洗1次，3次为一疗程，治愈率99%。此技术适合各层次医院和门诊部，适合不愿做手术或手术后泪管有粘连不通者。1995年获地区科技进步四等奖。

（7）A型肉毒毒素治疗眼睑肌及面肌痉挛。1998～2004年，地区医院引进A型肉素杆菌治疗睑肌及面肌痉挛技术，经采用A型肉毒毒素针剂，治疗面肌痉挛患者50例，面部多点注射，每点注射2.5～4单位，疗效好。施用此法治疗费用减少，安全可靠，操作简便，治疗时间短，病人痛苦小。2005年获地区科技进步四等奖。

**口腔科** 1958年，地区医院建立口腔科。60年代初，各县医院在门诊建立牙科，开展拔牙、补牙、镶牙和治疗牙周炎、牙髓炎。自60年代以来，地区医院采用碘酊注射治疗口唇黏液性囊肿，应用自体牙作托牙修复，开展颌面口腔囊肿摘除术、唇裂修补术、颌下腺摘除术，联合关节脱位复位术、大颌切除术、牙根尖切除术、牙充填术、牙龈切除术、颞下颌关节骨折复位固定术、牙周翻瓣刮治术、根管治疗、激光治疗。1985年，成功采用左旋咪唑治疗口腔扁平苔藓。1986年，将单颌总义齿建立平衡合的方法分为5类5个亚类，临床只需掌握5个亚类和各类型梯合的高度和斜度即可；提出建立单颌总义齿平衡不需磨牙，更不应拔出天然牙的观点，打破单颌总义齿排牙5因素10原则的禁锢。经试验，总义齿34例，下颌单颌总义齿8例，功能恢复良好。1988年获地区科技进步四等奖。地区医院主任医师段联戎总结多年临床经验，撰写《总义齿修复学》，1988年，黑龙江人民出版社出版，1989年获地区科技进步四等奖。

**理疗** 1958年，地区医院建立理疗室，作热敷、按摩治疗。60～70年代，增加电疗、针灸、水针治疗。80年代增加磁疗，自制有大型自动磁床、脉冲磁疗机、交换磁疗机、磁电疗机、电磁眼镜、外上磁水器等15台（件）磁疗设备。1980年建立磁疗室，5个月治疗各种慢性病患者866例，多数患者经治疗后症状减轻。以后陆续引进音频治疗机、超声波治疗机、超短波治疗机、药物离子透入机等多种设备，扩大治疗范围，开展治疗神经衰弱、胃下垂、腰肌劳损、高血压、肌筋膜综合征、胆囊炎、面神经麻痹症。治疗小儿夜尿症的近期效果达100%。

**护理** 1．减少会阴侧切术及缝合术感染的护理。1986年，地区医院在作会阴侧切术时，采用S型二层缝合术，在护理中用反光灯照射伤口，每日用洁尔敏液擦洗外阴及用碘甘油涂擦阴道，从而避免感染，且缩短愈合时间。1989年获地区科技进步四等奖。

2．DDV中毒的创救护理。1986年，地区医院采取先插入胃管抽出内毒液，再行洗胃；配合治疗观察用药反映；严密观察病情变化；特殊护理昏迷、呼吸道堵塞等危及生命的患者等措施，进行DDV中毒的抢救和护理，共抢救DDV中毒52例，其中重度中毒44例。救活48例，成功率92.3%。1989年获地区科技进步四等奖。

3.《护理伦理学》。1989年，地区卫校教师曾庆书通过长期调查研究，编著中等医学专业《护理伦理学》，由贵州省科技出版社出版。本书将护理伦理融为一体，填补护理学科教学中的空白。1992年获地区科技进步四等奖。

4.新生儿护理技术改进。1993年9月，地区医院将新生儿的护理由传统的母婴分室改为母婴同室。母婴同室后，产妇及新生儿的并发病由原来的41.8%降至1.8%，新生儿死亡率由5%降为零；医院每年用于消毒奶瓶等经费可节约。1995年获地区科技进步四等奖。

## 三　中医和中西医结合科技

**中医科研** 1.中医理论研究。清代，中医人员注重中医科研究，并有著书立说者。毕节人秦克勋撰《伤寒论证》，冯云祥撰《经世人术》。大定人胡至中撰《保幼集》《外科治法》。中华人民共和国成立后，政府组织人员，帮助中医名家总结撰写其医技思想和医技专著。先后撰写有：汪振华《金匮肾气丸的临床应用》《中医治疗传染性肝炎》，周济民的《中医治疗小儿肺门淋巴结核的体会》《中医治疗小儿腹泻的经验》《中医治疗麻疹并发肺炎91例临床观察》，李道生的《七厘定痛散介绍》，刘新基的《归脾汤治疗胃神经官能症》，黄瀚琼的《蠲痛合剂治疗胃脘痛》，汪度的《桂枝汤加碱治疗血崩症》等。合计29篇，汇编成《中医临床参考资料》一书。此后，各县陆续开展撰写中医学术论文、整理学术资料的活动，毕节、大方、织金、金沙等县还收集部分秘方、验方。1972年，地区卫生局、科技局联合举办毕节地区中医中药展览，展出这些论文、秘方、验方，并遴选出部分汇编成册。1985～1987年，地区进行中药材资源普查时，收集民间单方、验方1560个。

2.中医科研。（1）汪振华学术思想及医疗经验整理。1984～1985年，地区医院中医科完成，整理内容分为小传、学术思想、医疗经验、验方选载4部分，被收入贵州省卫生厅编辑出版的《医林拔萃》一书。1986年获地区科技进步四等奖。

（2）中草药制剂复方八瓣花痔膏的临床应用。1983～1986年，织金县中医院以八瓣花等3种中药配制成复方八瓣花痔膏，治疗痔疮患者200例，有效率97%，平均疗程7天。该院和贵阳市南明区肛肠医院，用八瓣花痔膏代替抗生素试用于作肛门手术100例观察，均有较强的镇痛、消炎作用。此膏疗程短、无痛苦、无副作用，药源丰富、价廉，对其他炎性肿疡亦有效。1986年获地区科技进步四等奖。

（3）触指诊断法。地区中医院医生刘宗明根据人体经络在右手五个指头上的分布及相互衔接，经多年实践研究，形成触指诊断法。此法与四诊参合应用或单独应用，均有较高的准确性。1989年获地区科技进步三等奖。

（4）周楣声简易针灸疗法简介及临床验证。威宁县医院学习安徽省名老中医周楣声取少商、老商、少冲、少泽、悬钟、阴交、命门、肩井等穴位，及其独创的阳陵三针法，用于临床，治疗痄腮、鼻衄、落枕、痢疾及婴儿腹泻、湿疹、瘰疬、麦粒肿、急性腰扭伤、经痛等9种疾病，均取得较好疗效，1990年获地区科技进步四等奖。

（5）天麻头痛胶囊和降压胶囊临床应用。1995～1997年，地区中医院以天麻为主，研制成天麻头痛胶囊Ⅰ、Ⅱ号，天麻降压胶囊Ⅰ、Ⅱ号，经489例临床试验，对治疗头痛和降低血压有效率均在90%以上，效果显著，对肝、肾功能、血糖、血脂均无任何副作用，使用安全，药价低。1999年获地区科技进步四等奖。

**中西医结合**　1.中西医结合进展。20世纪50年代末，地、县医院普遍开展西医学习中医的活动。黔西县医院试用胎盘血作穴位注射治疗神经衰弱、用梅花针作穴位治疗小儿麻痹后遗症。地区中医院建立时即设置有常规检验和X线设备，以后逐步增加B超等多种设备，实现中医诊断更为借助西医手段。各县中医院从建院开始，即走中西医结合的道路，设置检验、放射、扫描设备。在诊断上除门诊仍以“四诊”“八纲”为主外，住院部则采用较多的西医手段，用西医名称逐步代替中医名词术语。在治疗上，中西药并用，还采用切割、引流、电疗、输血等西医技术。地、县医院也先后建中医科，并将推拿、按摩、针灸纳入理疗。

2.中西医结合科研。（1）四季红（头花蓼）治疗尿路感染。1973年，纳雍县医院将草药四季红制成浸膏片和酊水剂，治疗尿路感染及肾盂肾炎，疗效好，经7～10天治疗，尿常规检验转阴；至1977年，该院用此法治疗71例，有效率90.1%。1980年获地区科技成果鼓励奖。

（2）周围性面神经瘫痪治疗。1974年，毕节县医院按照中医的针灸疗法，用西药氢溴酸加兰他敏合并维B12，选地仓、迎春、临泣、攒竹穴位进行注射，治疗周围面部神经瘫痪，7天即使患者恢复神经功能。此后几年，用此法治疗106例，疗效均很好。

（3）红斑性狼疮的中医治疗。1983～1985年，毕节县医院采取中西医结合，以中药为主的办法，治疗4例红斑性狼疮。西医主要应用抗生素控制感染，中医用人参、僵蚕、苍耳子、仙鹤草等中药，制成“消疮散”，按“八纲”辨证加减化裁内服，均获成功。1986年获地区科技进步四等奖。

（4）肌筋膜综合征治疗。1983～1987年，黔西县医院在治疗肌膜综合征中，中医以推拿、按摩、熏洗为主，选用淫羊藿等中草药，组配成四肢熏洗方和舒筋活血熏洗方；西医应用强的松龙，皮试后，进行激痛点注射。共治疗65例，平均疗程30天，痊愈60例，占92.3%；缓解3例，无效1例。1988年获地区科技进步四等奖。

（5）电针结合加味定志丸治疗色弱。1985～1987年，地区中医院根据中医关于眼病的理论，采用电针加定志丸治疗红、绿色盲29例，疗程平均38天，痊愈9例，好转20例。其中，识图提高3～13嗝的10例，提高15～40幅的11例，一年后随访，2例退步。1988年获地区科技进步四等奖。

（6）复方加兰他敏穴位注射治疗周围性面神经瘫痪。1970年，毕节县医院采取中西医结合，自配复方加兰他敏注射液，进行穴位注射，治疗周围面神经瘫痪，疗效好。此后20年，用此法治疗106例，面神经恢复快，无副作用，安全可靠。1990年获地区科技进步四等奖。

（7）活血化瘀益气法治疗脑外伤后综合征。1985～1989年，威宁县医院采用活血化瘀益气的方法，选用当归、红花等5种中药，与丹参注射液、葡萄糖注射液同用，治疗脑外伤后综合征115例。疗程平均30天，治愈40例，显效55例，好转19例，无效1例，总有效率99%。1990获地区科技进步四等奖。

（8）中药配合耳穴治疗胆结石症。1987～1990年，地区中医院按中医升降气机，以通为用，增水行舟，胆胃同顾为治疗原则，以内服中药为主，配合贴压耳穴治疗胆结石100例，其中多发性结石占87%，中老年患者79%，治疗结果，排石率93%，排净率43%。1991年获地区科技进步四等奖。

（9）刺五加，生脉针联合使用治疗气虚血瘀症前后血液流变学的观察。1996～1998年，地区中医院以血液流变学检测作中医气虚血瘀症的量化指标，用刺五加配合生脉针治疗76例，以蝮蛇抗酸酶治疗42例作对照。据观察，两者的抗凝溶栓、降粘解聚效果无明显差异；但前者在治疗中不作皮试，不需监测血小板计数。此法集治疗、预防及养身于一体，使用方便、安全，对体质虚弱的老年病人尤为适宜。1999年获地区科技进步四等奖。

**民族医药** 各民族在医药上都有悠久的历史。唐宋以来，苗医走村串寨或摆摊设点，用草药和飞禽走兽骨骼为人治病，所用药物被称为“苗药”；回族中有从事医药专业的回回医人，编纂有《回回药方》。彝族、布依、仡佬族，都在长期同疾病作斗争的实践中，认识大量药草，创造不少有效的单方验方。在治法上，除用药物内服外敷之外，尚有拍法、槌法、刮法、按法、放血、刺割等外治疗法。至今，苗族用中草药外敷治疗骨折，彝族用中草药治肾炎，布依族用中草药止咳化痰，均有显著疗效，药物易得，经济方便。1985～1987年，地区中药材资源普查中，收集、筛选各民族中疗效较好的常用药物122种，其中苗药76种，彝族24种，布依族19种，其他民族3种。

## 四 妇幼保健和计划生育科技

**妇幼保健** 1.新法接生技术推广。中华人民共和国成立前，居民生小孩均请接生婆用土法助产，产妇和幼儿死亡率高。中华人民共和国成立后，推广新法接生，使威胁母婴的产褥热、破伤风疾病得到有效控制。1988年，全地区农村的新法接生率达81.06%，其中金沙县新法接生率达到98.36%，产前检查、产后随访率均达96.72%，达到国家卫生部颁布的新法接生县级标准，成为地区内第一个新法接生达标县。

2.毕节县城集体儿童营养状况调查。1985年，地区卫校调查行署幼儿园和地区商业托儿所的儿童，发现儿童营养搭配不合理，糖占57%、脂肪占34%，蛋白质占9%；维生素和矿物质的摄入量尤低，维A仅达国家标准的4.5%～18%，矿物质仅达标准的23%～28%。建议幼儿园、托儿所及各家庭重视儿童营养，合理搭配蛋白质、钙、维生素和微量元素的食品。

3.孕产妇和婴幼儿死因调查。1990年，地、县卫生部门，调查毕节、大方、黔西、赫章县城关1985～1987年孕产妇及婴幼儿死因，共抽查常住居民44.86万人，孕产妇死亡率为20.5/万至33.8/万，是国家规定控制水平4/万至5/万的5.12～6.76倍，死亡原因依次为产前出血、产褥热、妊高症和心脏病，婴儿死亡率为83.7‰～140‰，是国家要求控制标准2.4～4倍。婴儿死亡原因依次为肺炎、腹泻、营养不良、破伤风；新生儿依次为窒息、肺炎、破伤风、早产；围产儿死胎为妊娠并发症、先天畸形；围产儿死产为产时妊娠并发症；产后一周内死亡为窒息、肺炎、破伤风、早产。此调查报送联合国卫生组织，被调查县得联合国儿童基金会和联合国人口基金会提供医疗设备的援助。

**计划生育** 1.计划生育技术的进展。20世纪60年代，主要采用有口服避孕药、避孕套、涂阴道药膏、上阴道隔膜和药膜、在宫内置避孕环等避孕技术；人工流产技术先是刮宫流产法，以后推广早期人工流产负压吸胎术；对中期妊娠引产，普遍采用水囊加催产素，并推广天花粉引产新技术。1978年，地区医院试用0.5%雷佛奴尔羊膜腔内引产成功，此法简便安全，有效率达99%。70年代普遍采用潘氏经复法做绝术手术。1983年，地区医院改绝育手术为经腹输卵管抽心近端结扎法，降低复孕率，并减少术后并发症。

2.计划生育科研。（1）应用羊水进行宫内诊断。1978～1979年，地区医院进行用羊水细胞的性染色质诊断胎儿性别研究，根据X染色质和Y染色质的出现率，预测胎儿性别，作129例，诊断4小时得出结论，准确率达98.4%。根据胎儿性别，可以控制和预测伴性遗传性疾病，以作继续或终止妊娠的依据，是产前疾病诊断的手段之一，属优生学。1980年获地区科技成果四等奖。

（2）TCU220与金单宫内节育器临床应用。1988～1991年，地区计生指导所在全地区进行TCU与金单宫内节育器效果比较试验，4年放置TCU600例、金单400例，据放置18个月后测定妊娠率，放TCU的为0.4%，放置金单的为4.6%；终止率TCU为2.6%，金单为12.3%；总有效率TCU为97.4%，金单87.2%，TCU220为最佳宫内节育器。1992年获地区科技进步四等奖。

（3）米非司酮配伍米索前列醇临床应用。1992～1993年，地区计生指导所引进米非司酮伍米索前列醇应用于临床，进行480例，完全流产率94.4%；药流终止期放宽到≤56天，突破国内≤49天的限期；配用中药益母膏，胚囊排出后出血时间从平均15.6天缩短为12.2天。证明米非司酮配伍米索前列醇终止早孕，具有简便安全、有效、无痛、无并发症、费省等优点。1994年获地区科技进步四等奖。

## 五　药剂、药检及科技

**药剂**　1.药剂进展。1955年，地区医院建立调整室和灭菌制剂室，调配颠茄合剂等10余种药品，并自制蒸馏水。1967年，试生产离子交换水成功，代替蒸馏水，用于外科手术病人，24小时内连续输入6000毫升无热源反应。70年代各县医院能调配和生产一般配剂、合剂、膏剂、生理盐水。1974～1976年，毕节县医院对传统中草药制剂进行剂型改革试验，按西药酊水、糖浆、软膏、片剂、注射液剂型，生产出板蓝根注射液、鱼腥草注射液等20多种中草药制剂。毕节县杨家湾区医院生产的鸡屎藤注射剂，止痛效果显著；蜘蛛香注射剂用于小儿腹泻，止泻迅速；复合松针注射剂，用于风湿性关节炎、坐骨神经痛、三叉神经痛，均取得良好效果，其中治疗1例风湿性背腰弯曲不能直立行走的老人，病情好转，行走似正常人。1976年6月，地区在杨家湾召开中草药剂型改革现场会，推广杨家湾区医院经验。1978年，地区医院新购设备，采用重蒸馏水生产大输液代替离子交换水，1983年投产，各项指标均达《中华人民共和国药典》规定。90年代后，地区医院能生产药剂200多种，各县医院能生产100多种。

2.药剂科。（1）乳酸环丙沙星注射液在医院制剂室条件下制备。1995年，地区医院引进乳酸环丙沙星注射液制作技术，试制成功，并形成批量生产的能力，经毕节地区药检所和贵州省药检所检验，符合卫生部部颁标准，药价降低43.3%。1996年获地区科技进步四等奖。

（2）软封装注射剂灭菌临界屈服温度的确立。1995年，地区医院通过试验，确立无毒聚氯乙烯灭菌临界屈服温度的新工艺。新工艺不改装原有的灭菌设备，免除空压机和水泵等设备，免除水、气等介质支持；缩短灭菌周期；简化灭菌程序，确保微生物存活率≤10-6，遏制物料渗漏和袋体变形、泛白，提高成品率、产品质量和劳动生产率。投入批量生产，取得较好的经济效益和社会效益。1997年获地区科技进步四等奖。

**药检** 1.药检进展。1965年，地区药品检验所建立，检验药物。最初只能年检40多种药品，以后检验种类逐渐增多。1989年完成433件，2004年完成722件，2008年完成792件，2010的完成1015件。而且检验质量体系在不断改进和完善。2004年11月，该所通过贵州省质量技术监督局组织的计量认证监督检查。

2.药检科研。（1）胖血藤调查研究。1983～1984年，地区药检所调研少数民族常用药物胖血藤，查明胖血藤的分布、生长特性、形态特征、药物特性、显微特征、药用价值。此药不仅是苗族、彝族的重要药物，汉族中也常有人使用，对风湿麻木、消炎止痛、止咳、止血确有较好的疗效。调查中收集筛选出4个以胖血藤为主的验方。

（2）金钱白花蛇各部分鳞片的鉴别研究。金钱白花蛇是常用的贵重药材，药材收购部门常发生收购伪品的情况。1992～1993年，地区药检所对正品蛇与伪品蛇的各部分鳞片作比较鉴别，发现正、伪之间各部分鳞片存在数量、形状及排列差异。以此作补充鉴定方法，能较准确地分辨真伪。1994年获地区科技进步四等奖。

（3）抗生素药品效价的微生物检定。1992～1993年，地区药检所采用管蝶法测定抗生素药品效价检验，在检验的14种抗生素药品中，查出15批次伪劣药品。运用此法，解决抗生素药品需送省检，耗时长问题。1994年获地区科技进步四等奖。

（4）中药白花蛇舌草的商品调查及几种混淆品的生药学研究。白花蛇舌草是新开发的常用抗癌性药物。由于无系统的鉴别方法，真伪难分。据省内8地（州、市）46家医药单位调查，在60份样品中，仅有10份正品，冒品有水线草、纤花耳草、仙桃草、漆姑草、蚤缀。1992～1993年，地区药检所进行白花蛇舌草与上述几种药用植物的生药学研究。通过植物形态、药材特征、茎横切组织特征比较，编制出原植物及茎部组织学鉴定检索表。研究结果获四川省中药研究所，贵州中医学院、成都市药检所的肯定，有一定的学术价值和社会效益。1994年获地区科技进步四等奖。2010年完成“康儿灵颗粒橙皮等薄层鉴别方法的修改及其他药材薄层鉴别的研究”等6个课题，完成省下达的快检车近红外建模等科研任务。

**中药材** 1.中药材资源普查。1985～1987年，地区组成中药材资源普查办公室，负责组织进行全地区中药材资源普查。据查，全地区中药材资源有1660种，其中植物类中药材1583种，占95.4%；余为动物类和矿产类。植物类药材中，绝大多数是野生地方种。同时查清各类药材的蕴藏量及分布；发现天葵子等47种具有开发利用价值的新药源；发现中华水杨梅等一批有一定经济价值的原料药，澄清21个混乱品种。1988年获地区科技进步二等奖。

2.中药材饮片加工技术改进。地、县中药材公司均设有饮片生产厂或车间改进以下加工技术：改木缸浸泡为大池浸泡；改不分品种不分时间浸泡为分品种分阶段浸泡，并与闷润结合；改直接加辅料炮制为将辅料拌入药物闷润；改手工操作为机械操作。改进工艺，提高生产效率，利于药物应用，便于储存。

3.中药材资源开发利用。1958年前，个体诊所和药店曾利用本地药材，配制成各种膏、丹、丸、散，多为自产自用。1958年，建立地区中西药制药厂，曾生产六味地黄丸、归脾丸、壮筋健肾片、虎骨酒。1968年建立毕节“六二六”制药厂，生产独角莲软膏、白药、山枝茶糖浆、千里光片，以及各种酊剂。1970年建立地区制药厂，利用本地资源开发的药品有倍酸甲酯；1983年试制成功鞣酸苦参碱，1985年投产。70年代前期组织攻关，黄连素经多年试验研究，1986年成功投入批量生产。2003年，地区内以中药材为主要原料生产的药品，获国家批准，上升为国药。在国内占有占有一定市场份额的有鞣酸苦参碱合成原料、鞣酸苦参碱胶囊和片剂、风热感冒颗粒、复方板蓝根冲剂、强力枇杷露、半夏露颗粒、天麻头痛胶囊、黄连素粗粉、结石消胶囊、百草骨质宁膏、喉瘅通颗粒剂、热淋消胶囊、牙痛酊、药物枕头、虾康颗粒（兽药）。

## 第四节　基础设施和环境保护科技

### 一　交通科技

**公路**　1.公路软化处理技术。区内公路不少地段地下水位高，土壤强度差，路基往往软化甚至深陷，给路面施工带来极大困难。对此，除做好路基排水外，交通部门经试验研究，采用石灰三合土补强技术，使软化路基形成坚硬的板体，解决路基不稳定的难题。

2.路面及阳离子乳化沥青技术。民国时期，公路均为泥结碎石路而，多数路面不合标准。20世纪50～60年代，采用公路沿线的天然石料和山砂作级配路面，避免久雨造成的泥泞滑车，仍属水稳不良结构。1972年，在清毕公路终端毕节城郊进行薄层沥青渣油罩面试验，之后逐步推广，由传统的泥结碎石结构转变为沥青混凝土，是路面技术的一大进步。1990年，清毕公路全线铺成沥青渣油路面；其他公路有间断摊铺，共220千米。90年代以来，新建和改造国道、省道、县道，主要发展沥青渣油路面，其中1992年底建成的大纳公路，一段为混凝土路面。2004年，全地区45%的乡镇通油路。据测算，汽车在沥青渣油路面比在泥结碎石路面行驶，节油10%～20%，轮胎寿命延长一半，时速提高15%～20%，行驶成本降低15%～40%。1986年前，采用热油热砂拌和，沥青熔化、加热、脱水、掺配施工铺沥青渣油路。在烟熏火烤之中进行，不仅污染环境，且易受气候影响而使油路难干成型。1986年，引进阳离子乳化沥青技术，在常温下直接使用，不需加热，不受气候影响，减轻工人劳动强度，节约沥青20%～40%。

3.公路技术等级。2004年，全地区实施公路改造，主要以提高公路等级为目标，经对老路实施改造，一级公路12.78千米，二级公路585千米，三级公路980千米，四级公路4685千米，等级路占59%，比1990年的38%提高21个百分点。

**桥梁**　1.古代桥梁。古桥，多为石拱桥，较长的有大渡河桥，位于大方县鸡场与黔西县凹水接壤的大渡河上，明万历二十年（1592）建成，长66.5千米，5孔，桥端两孔通水渠，供排灌，桥宽6.6米，高13米，今苍劲之姿犹存。万寿桥，位于流经纳雍县境的总溪河上，清道光十八年（1838）建成，实腹圆弧式石拱，单孔跨越，长56米，宽8米，高33米，南端列方形排水孔9个，1958年改为公路桥。此桥建成以来，屡遭洪水淹袭，1983年7月3日，水位高出桥面6.6米，持续62小时，桥身依然完好。纳雍县已将其列为县级文物。

2.现代公路桥。民国时期，清毕公路、川滇东路、威昭公路在路段有公路桥55座。按当时标准，有29座可称为桥梁，近半数为涵洞。桥梁类别也多属石拱桥。1950年以来，建桥技术不断进步，公路交通实现渡改桥的永久性目标。桥型结构仍以石拱桥为多，但已由单一的石拱桥改进为多种模式。1954年建成通车的川滇东路赤水河大桥，为上承式钢桁构架桥，下部结构为实体重力式礅石，滑动支座。1958年建成的鸭池河大桥，为钢桁结构加径柔性单孔悬索吊桥，交通部勘查设计院雷传瀛工程师，以此桥编写成《吊桥设计实例》一书，为国内吊桥结构理论分析与计算实例专用书，大专院校采用为吊桥工程的参考教材。1979年建成，位于金沙县三合至杨柳公路上的沙三大桥，为钢筋混凝土双曲拱桥，5孔，拱圈分别为块石拱、现浇双曲拱，无支架吊装箱筋多波双曲拱和片石混凝土拱，桥高76米，是当时省内最高的公路桥；根据地形，成功采用斜坡预制施工技术。1980年，获地区科技成果三等奖。位于织金至纳雍公路上的十二湾桥，为钢筋混凝土薄壳拱桥。黄泥塘至安顺公路的原六圭河大桥为钢筋预应力混凝土箱型连续梁桥，下部结构双柱式钢筋混凝土单向柔性桥墩，上部结构用预制件，采取单向多点顶推安装技术。黔西至水口寺公路的袁家桥，为钢筋混凝土板桥。大方至纳溪公路的湾潭大桥，为桁式组合拱桥。历史悠久，为数众多的石拱桥，建造技术也有进步，清毕路的落脚河大桥，在原有古桥上建新桥，主孔70米，为当时（1980年）省内跨径最大的石拱桥。1995年重修桥型为钢筋混凝土箱形拱桥，主跨120米，净空高52米，全长183延米，1997年竣工。落脚河大桥，位于贵州省毕节地区大方县双山镇的贵毕高等级公路上，于1999年5月开工，于2000年12月竣工。雄跨于“绿水大峡谷、水西第一漂”的位于贵毕公路第20合同段，为预应力钢筋砼加劲板梁悬索桥，桥长507.96米，主跨278米，桥面至河面高差为250米。该桥2004年荣获贵州省优质施工工程奖。

**隧道** 公路多是盘山而上，绕山而下。20世纪80年代前，由于资金、技术等原因，不少应开隧道的地方没有开凿。第一座隧道为纳雍县鬃岭至马雍公路上的吊水岩隧道，全长283米，纳雍县退伍工程兵邱银文承担测量、设计，组织当地农民施工，凭钢钎大锤盘岩凿成，洞身未加拱衬，只进出口用粗料拱砌。此后大纳、贵毕高等级公路均建有若干隧道。其中大纳路的山王庙隧道，其地质构造不良，洞体开挖困难，采用新奥法锚喷技术施工，局部特别困难处，改用管棚法施工，解决硐身挖掘工程；隧道拱砌采取曲墙式钢筋混凝土浇筑。

## 二 邮政科技

**邮路** 现代邮政始于清光绪三十三年（1907），大定设邮政支局，黔西、毕节、威宁、平远设邮政代办所。清末，邮路有贵阳经清镇、黔西、大定、毕节、威宁至云南宣威，贵阳至平远，毕节至四川永宁（今叙永），毕节经云南镇雄至昭通等4条。1937～1945年间，邮路增加，至民国33年（1944），有邮路21条，邮路长2112.5千米。1949年，降为15条，长907.5千米。经1950～2001年的建设，地区内邮路193条，总长5063千米，是1949年的5.58倍；邮政营业网点116

个，覆盖各乡镇。1949年，只有省至专、县，及县与县之间邮路沿线少数区乡通邮；1988年，全地区800个乡镇全部通邮，3204个行政村2.28万个村民组通邮，农村邮路281条，总长5657千米。2003年，已在95%的乡镇增设村级邮政代办点211个。

**邮件运输** 民国27年（1938），第一次有毕节至贵阳的汽车邮路，改变邮件运输为人背马驮的历史，由徒步传递到汽车运输，邮件运输量增加，邮运时间缩短。民国33年（1944），开辟毕节至叙永、毕节至威宁汽车邮路，委托有关单位的客运或货运汽车代办，不很正常；1949年，全专区的邮路基本是步行运递。50年代，一度有马车班邮路；1958年，邮政部门开始自办汽车邮路，但多数汽车邮路是委托运输公司客车代办。2005年，全部邮件运输以汽车邮路为主，农村邮路中还有摩托车邮路和单车邮路，及少量步班邮路。

**邮政业务** 邮政传统业务以函件、包裹、汇兑、报刊发行为主。1950～2005年传统邮政业务量增大，先后增加集邮、邮政储蓄、代办电信、特快和物流配送、制作发布邮送广告、开发邮资封片。农村邮政支局和村代办点，以服务农村、农业、农民为目的，拓展农资配送，代销种子、饲料、肥料。近10多年，建立全地区邮政系统绿卡网和综合计算机网；2004年，通过优化整合，实现两网合一，为业务发展提供有力的网络支撑，邮政储蓄绿卡实现全国通存通取，开通电子汇兑业务，实现办公系统网络化。

## 三　电信科技

**线路** 1.电信线路。清光绪十一至十三年（1885～1887），清政府以接通鄂、川、黔、滇的长途电信线路为目标，架通由昆明经宣威至毕节的电信明线。此为贵州省内第一条省际长途线路。同期内，架通毕节至四川叙永，贵阳经清镇、黔西、大定至毕节线路。1937～1949年，电报、电话线路有所发展。中华人民共和国成立初，全地区有长途木杆线路242杆千米，线条总长506对千米，没有一级线路。经多年建设，至1988年全地区长途杆路770千米，架空明线线条总长2411对千米，比中华人民共和国成立初增2.18倍和3.76倍；一级杆路和线条达54.2%和17.9%，另有电缆8.4皮长千米。1954年，全地区有市话杆路长38.72千米，线条长148.86对千米，电缆0.33皮长千米；1988年. 市话杆路长190千米，架空明线417对千米，电缆80.3皮长千米，比1954年增3.9倍、1.8倍和143.3倍。民国14年（1925），黔西县架设县城至三重堰的单铁线电话线，是省内第一条城乡电话线。1950年，全地区农话杆路545千米，1988年增至5218千米，增8.5倍，其中有水泥杆路1215千米，路线长9001对千米，电缆19.3皮长千米。

2.光缆。20世纪90年代初，引进光缆通信技术。2002年，毕节电信公司建成光缆干线1412千米，加上1998年以来先后成立的毕节移动分公司、毕节联通分公司、毕节网通分公司、毕节铁通分公司的光缆建设，形成服务全地区的干线光缆传输网络，取代1885年以来的百年间建成的报线话线。2011年，联通新建通信光缆530千米，建成本地传输光缆近1000千米，全地移动通信实现“乡乡通”，行政村覆盖率达92%。

**电报** 1.有线电报。从清光绪十三年（1887），有线电报传入，到民国时期，一直使用人工电报机。中华人民共和国成立后，不断引进先进电报设备，电报收发质量提高。1953年，地区各县改用振荡人工机发报，专区邮电局1959年装用“51”型电传打字机；1965年装设六路载波电报机。1969年地、县开始用晶体管振荡人工机代替电子管振荡人工机。1976年毕节装设五单位双机头自动发报机，开始开发报自动化。1985年全地区各邮电局用电传机通报，实现收发电报电传化。1987年，毕节装设BDC80A型中文译码机译电，加快译电速度。1988年全地区有电报电路14路。地区邮电局研制ZB77-7型直流一直流变化器，简化电源种类，减少维护工作量。1980年获地区科技成果三等奖。90年代引进光缆后，有线电报已不存在。

2.无线电报。民国24年（1935），国民政府陆军通信兵团无线电信第二分队由湘进驻毕节，架设军用无线电台，是本地区无线电报之始。民国27年（1938），毕节行政督察专员公署设立省政府无线电总台第四分台，与总台联络通报。抗日战争时期，许多迁入毕节的机构，自设功率15瓦手摇式电台，以供商务活动联络用。中华人民共和国成立初期，有线通信受阻断，全赖无线电路维持通信。1952年后，有线通信逐步恢复正常，无线通信业务减少。1988年，全地区有11个系统，90个单位设无线电台，各类发射设备288部。其中功率较大的有地区邮电局150瓦报话两用无线电台，单边带400瓦话台。近10年，由于电话普及率提高，计算机互联网络电子邮件，传真通信等新技术应用，无线电报通信逐渐减少。

**电话**　1.长途电话。民国25年（1936），大定、黔西县开通大定至黔西、黔西至贵阳的长途电话线路。1937～1945年抗日战争时期，长途电话线路发展到10条，采用磁石长途交换机。毕节安装SOB单路载波机，为渝昆长途线路增音；1951年，改为CS三路载波增音机。1956年，长途电话线路增至16条，机型为磁石机和载波机。1988年，增至92条（二级），有载波终端机、载波增音机、磁石式长途电话交换机，共电式长途电话交换机。90年代初，各县建成长途直拨电话，进入全国自动电话网。

2.市内电话。1950年，全专区有市内电话63户，程式为磁石式。1964年，毕节市内电话由磁石式改为共电式；全地区交换机容量1570门，接入邮电局交换机上的电话机1240部。1979年，威宁县改磁石交换机为HJ950型自动交换机，在地区内率先实现市内电话自动化。90年代初，全地区市内电话实现自动化。

3.农村电话。民国14年（1925），黔西县城至三重堰装用磁石式手摇电话机通话。1958年7月，全地区1043个乡，实现乡乡通电话。1959年多数生产大队通电活。1972年，大方县在农村电话中率先使用载波机；1986年毕节农村电话装环六路载波机2套，金沙装环四路载波机1套，织金县城至织金洞率先使用特高频无线电话。1987年，毕节长春、海子街、燕子口、清水铺支局通过技术改造，能直拨毕节城内市话用户，实现农村半自动拨号。90年代末，农村电话基本实现自动拨号。21世纪初，农村电话普及率提高，部分居民使用上来电显示电话。

4.会议电话。1956年，开通贵阳至毕节的会议电话。1957年，开通专区至各县的会议电话，1958年，开通县至公社、公社至生产大队的会议电话。是年，邮电部门开展技术革新，将收音机改装成电话会议机，试用效果良好，在各县推广，供公社电话会议用。地区邮电局1964年安装会议电话终端汇接机，1979年研制JH151型晶管电话会议机成功，效果好，地区和县均采用此汇接机。90年代以来，会议电话已发展为会议电视网。

**移动电话** 1993年，地区电信引进传呼设备，开通传呼机，代号为call，是地区内最早面向用户的移动通信。不到10年，传呼机基本消亡。1995年，毕节引进第一代模拟通信技术，1997年建成模拟交换机，开始移动电话业务。1998年，毕节地区电信分公司引进数字通信技术，取代模拟通信技术；同时引进GSM手机。此后又引进PHS手机和CDMA手机。随着各电信公司光缆干线里程和基站数字的增加，建成大容量、高速度、覆盖全地区的数字干线传输网，实现乡乡通移动电话。同时建成分组交换网、数字数据网、会议电视网、计算机互联网、公众多媒体通信网、无线市话——小灵通网。

## 四　城乡建设科技

**城乡建设区划及规划** 1980年起，地县开展城镇区划。在完成区划基础上，各县逐步开展城乡建设总体规划研究和设计编制，定性、定量分析8个县城的性质、规格和近、远期实施目标。至1988年，8个县城总体规划陆续经省政府批准实施。1986～1990年着手进行旧城改造和详细规划设计，普遍开展村镇建设规划，完成92个区级区域规划和465个集镇建设规划。1988年，地区建设局完成《1988～2000年毕节地区城镇建设规划》编制。80年代，地区建设部门学习应用“门槛理论”和“中心区概念”，实行动态规划，使城乡建设规划更具科学性。1996年黔西县建设局在规划中率先使用计算机技术，此后各县在规划编修中，都使用计算机技术。90年代，各县开展第二轮城市及小城镇总体规划编修，全地区完成91个建制乡镇和65%集镇的总体规划。21世纪初，各县开展城市总体规划第三轮编修，并先后通过审批。2004年成立地区城市规划管理委员会和专家委员会，启动毕节地区城镇体系的编制工作。通过规划，使各县城镇建设保持连续性和整体性。

**建筑工程技术** 1.建筑设计和造型及施工方式。1949年前，的民用建筑，多为木结构或泥木结构的瓦顶或草顶的一、二层房屋，三层的很少。其立面造型、住宅简单，庙宇则较复杂多变，体现造型多样性，建筑形式与内容、建筑与环境、局部与整体协调一致的艺术性。古建筑以织金县保存为多，城中财神庙，始建于清朝初期，乾隆四十八年（1783）重建，木结构、38脊、四重檐、悬山顶式、宝塔形状，造型奇特壮观，具有较高的艺术价值和科学价值，系贵州省重点文物保护单位，织金县城的标志建筑。1950年以来，随着经济发展，科技进步，建筑技术队伍壮大和技术素质提高，以及新技术、新材料应用，建筑结构、造型、内外装饰均发生重大变化。建筑结构由传统结构向高难度结构发展。20多年，先后应用三铰钢架、高层框架、苏格式钢木架、苏格式钢筋混凝土屋架，吊车梁、薄腹梁等结构；内部结构向多功能发展。建筑造型向多和形式发展，立面造型突破方盒式格局，出现凸凹式、单元变化组合式、厅堂院落式、堆砌式、裙边中楼高耸占播式、正成锯齿出增大侧立面式、Y型竖起式等多种形式。外墙装饰改变清一色清水墙，普遍采用涂料、瓷砖、马赛克等多种形式和色彩的材料。门窗装饰，一些建筑采用落地门、落地窗、钢门、钢窗和铝合金门窗，及茶色玻璃等装饰。

2.建筑设备。中华人民共和国成立前采用传统手工工具实施建筑；工地施工，1960年前，全靠人工挖、抬。60年代以来，逐步引进塔式起重机、汽车吊、井字提升机、混凝土搅拌机、砂浆搅拌机、地坪磨光机，以及各种挖土机械、碾压机械、拌灰机械等。90年代，各建筑企业拥有的技术装备同企业的等级基本适应。

3.地基和屋面工程技术。本区境属岩溶发育区，地质复杂，给高层建筑的基础施工带来一定的难度。建筑单位通过试验研究，解决一些难题：对软地基，采用3：7碎石回填，或注桩后碎石回填；对地质结构特别不好的地基，采用现浇钢筋混凝土箱形基础技术；对含水量较高的软地基，采用墙下点式毛石基础；对黏土地基，采取封闭建筑物周围地基或截水等措施，能解决黏土基础因膨胀收缩引起墙体开裂的问题。1985年，地区和黔西建筑部门，开展平顶屋面防渗、防漏技术研究，均取得良好结果，总结提出刚性防水屋面、加刚性防水屋面、隔热层防水油膏嵌缝等技术，广为各建筑企业采用。

## 五　广播电视科技

**调频技术应用**　1.有线传输。1956年起，各县、区、乡建立广播站，利用邮电线路传送广播信号。县广播站的信号送到区、乡，放大转播，插播自办节目。60年代，不少，区、乡立杆架线挂喇叭，把广播信号传到千家万户。70年代，赫章等县广播站引进有线载波技术，装调载波广播发射机、接收机，通过电话线路，选用合适的载波频率，实现邮电通信和广播同线传输。黔西等县引进电灯零线传播广播信号技术，实现电力和广播信号同时传输。70年代后期，主要靠专杆专线或埋设地下专线传输广播。2011年，架设有线广播数字电视传输线路3500千米，237个乡镇全部实现有线广播数字电视县乡联网。率先天全省完成国家下达的“十一五”20户以上自然村广播电视“村村通”工程建设任务。

2.无线传输。1983年，地区广播电视局引进小功率调频无线发射机，县至区、乡广播信号用小调频机代替专线传输。至1989年，各县先后建调频广播站，分别使用50瓦、100瓦调频发射机。1993年后，乡镇推广调频广播技术，增加调频发射机和天线，利用卫星接收站设备接收卫星广播信号，农村广播覆盖面扩大。

**中波同步技术的应用**　1986年6月，毕节地区中波转播台投入运行，收转贵州省人民广播电台第一套节目，覆盖全地区36.8%的人口。地区中波台在运行中取得以下技术成果：进行延长FU-101F金属陶瓷发射管使用期研究，额定使用期由2000小时延长到1.2万小时，增长5倍，获省广播电视厅奖励。安装6米卫星地面接收天线，提高信号质量和转播效果。引进进口音频处理器，取代发射机上的限制放大器，有效提高覆盖率，改善收音质量。

**电视科技应用**　1.建立转播台。1977年，在大方县火焰山建立第一座50瓦功率黑白电视差转台，将安顺台的信号定向转到毕节，再在毕节惠泉寺山顶建二级差转台，覆盖毕节城区。1978年后，省云雾山10千瓦调频电视中心骨干台建成，给大方、黔西、金沙、织金县建电视转播台提供质量较好的信号源；4县小功率电视转播台相继建立。1980年10月，毕节地区1千瓦电视转播台建成投入运行。转播台采用旧电缆匹配技术代替阻抗变换器；自行设计、加工、安装发射天线铁塔，塔高53.7米，最大偏差5.85厘米，小于5‰的验收标准；采用双层双列高增益天线增强信号源。

2.米波、分米波、调频覆盖技术规划。1982年，地区广播电视局，完成全地区米波、分米波4套电视节目及县的调频广播节目覆盖网技术规划。至1988年，3次调整规划。此后，结合区内地理条件，制订全地区732座米波、866座分米波中小功率电视转播台，及8座100瓦以上调频台的规划，并经批准实施。90年代，建立技术先进，布局合理，覆盖率高，管理方便的广播电视覆盖网。

3.卫星广播电视技术应用。1985年9月，威宁县开始使用国务院赠送的卫星地面站接收转播中央电视台节目，收视质量显著改善。1988年，地区广播电视局推广卫星广播电视应用技术，培训各县电视工程技术人员，各县在建卫星地面站时均能自行安装，自行调试。1989年，毕节县广播电视站在城区建立有线电视联网系统，开办有线模拟电视。2004年，全地区共设地面卫星广播电视接收站7.05万余座，电视发射及转播台488座，电视发射机582部，发射功率8.6千瓦；有线电视转输干线网络350.9千米，有线模拟32.16万户，入户率17.93%；电视综合覆盖人口589.45万人，覆盖率82.77%；3947个行政村1.67万个自然村通广播电视，分别占总数的98.28%和51.67%。

2003～2005年，对卫星接收机进行"模改数"（将模拟卫星接收机更换为数字卫星接收机）。2005～2007年，采用"一拖六"（6-8户共用1面卫星接收天线，独立控制接收机），方式实施1558个50户以上自然村通广播电视工程。2007年启动农村广播电视节目无线覆盖工程。2008年，有线电视数字化平移工程开始实施。2009年，移动多媒体广播电视开通。2011年底，全区电视综合覆盖人口734.68万人，综合覆盖率达88.1%。237个乡镇实现有限广播数字电视县乡联网。

## 六　环境保护科技

**环境监测**　1.倒天河和妈姑无名小河水质监测。1980～1990年，地区环境监测站取倒天河水样192个，分析总酸度等17个项目。据分析，除总酸度、硝酸盐氮、氟化物不超过地面三级标准外，其余14项均有不同程度超标。其中化学耗氧总量超标59.3%，最大超标22.1倍，生化需氧量和氨氮最大超标为34倍和24.4倍，挥发酚超标率30.6%，最大超标量60.4倍，属典型的有机物污染河。流经赫章县妈姑镇的无名小河，1982～1990年对其87个水样分析，除总酸度、硝酸盐氮不超过地面三级标准外，其余15个项目均有不同程度的超标。严重超标的为悬浮物、铅和镉，最大超标量分别为140.4倍、289倍和231倍，为典型的重金属污染河流。

2.酸雨监测。1982～1990年，地区环境监测站分析1356场降水pH值平均为6，年酸雨出现率为9%。其中赫章妈姑镇1982～1983年降水pH值5.27，酸雨出现率56.1%；织金县城区1990年夏、秋两季降水全部是酸雨，pH值平均为4.79，为省内酸雨严重区。

3.毕节市空气环境质量监测点位优化布点。2000年，地区环境监测站采用实测网络布点法，将毕节市14.6平方千米城区面积绘制成专用优化布点图，划分为9个网格，连续20天监测空气中的总悬浮微粒和二氧化硫，并进行气象观察。根据监测数据，选毕节市八中、地区二卫校、地区麻纺厂为控制点，地区农科所为清洁对照区。经省环保局验收认可。自2001年7月1日起，按优选点投入运行，定期发表环境空气质量日报、周报、季报、年报，让市民了解自己居住的空气环境质量，为环境管理和政府决策提供科学依据。2002年获地区科技进步四等奖。

**环境污染源**　1.毕节地区工业污染源调查研究。1984～1987年，地区环境监测站与有关单位联合，采取填表统计与实测相结合，调查全地区587个工业企业，基本摸清其工业污染源的底数，查清各企业排污和治理情况，找出引起环境污染的主要物质和场所，描述和比较各行业、区域、水系的工业污染状况，积累全面、系统的工业污染源资料，提出解决环境污染的对策措施。1988年获地区科技进步三等奖。

2.镉污染调查研究。从1982年起，地区环境监测站监测赫章县妈姑土法炼锌水环境镉污染，监测初步结果引起国家和省环保局重视。1987年，国家环保局将赫章县镉污染对居民健康影响列入研究项目，由贵州省环境保护科研所主持，北京积水潭医院、北京医科大学第四医院，毕节地区建设环保局，贵州省职业病院参加，历时3年，基本查清环境空气、地面水、土壤、植物、畜禽等镉污染的情况，及对人群健康的影响程度。此研究结果，受到各级政府的重视。

3.土法炼锌生产与环境的调查研究。1987年，赫章县建设环保局邀请地区环境监测站、省铅锌矿研究所，调查赫章县土法炼锌对环境污染。据查，每生产1吨粗锌，排废渣11.9吨、茨灰2.18吨、废气11万立方米；并分析测算出废渣、茨灰和废气中烟尘、二氧化硫、一氧化碳、氮氧化物、碳酸化合物、锌、铅、镉、砷等的数量，以及茨灰经雨水淋溶后，排入水体中的锌、铅、镉、砷的数量，造成对环境的污染。1988年获地区科技进步四等奖。

4.土法炼硫和磺烟污染调查。1988～1990年，地区环境监测站在大方县，毕节县选点监测、据监测，炼硫炉台下风向，磺烟造成大气污染达5000米；炉台区二氧化硫浓度每立方米13～64毫克，最大超标3.1倍，平均超标1.6倍。按1990年全地区炼磺炉数测算，约有200平方千米受磺烟污染，严重污染约50平方千米，造成农作物减产和附近人群多患呼吸系统疾病。

5.毕节西部铅镉污染来源分布及对策研究。1993～1994年，地区环境监测站调查分析威宁、赫章县土法炼锌生产区大气环境、水体环境、土壤及蔬菜等食物中铅、镉的含量，超标比80年代更严重。生产区域大气环境中镉的平均值和最大值，为一般城市的256倍和1651倍。在分析土法炼锌生产过程中铅、镉污染与其生产规模、周期、气候、地形等相关关系后，提出规划土法炼锌生产区，必须在离居住区5000米，隔农作物种植区3000米的荒山，且不得在上风和水源上游，隔村寨近的生产点要强制搬迁。此建议受县重视，并付诸实施。1995年获地区科技进步四等奖。

6.毕节地区放射性污染源调查。1995～1996年，由地区环境监测站牵头，毕节地区根据国家环保局要求，环保、科技、公安、卫生部门和有关企业参加。调查全地区19个行业的268个厂矿、单位放射性同位素、密封放射源、射线装置、伴生放射性矿物资源开发利用。基本查清地区放射性污染源的种类、名称、数量、用途、活度、退役处理情况及行业、地域分布、存在问题等。对放射性污染源作评价，并提出放射性环境管理的建议，填补地区内此项工作空白。2000年获地区科技进步四等奖。

**环境区域调查、规划及评价** 1.倒天河区域调查。1982年，地区环保局组织人员考察毕节倒天河水库区生态环境，完成《倒天河水库水面的确定原则及划分依据》《倒天河水库资源评价》《倒天河水库淤积情况分析及土壤侵蚀推测》专题研究。次年，再次组织地、县11个单位完成倒天河水库以上123.44平方千米范围影响倒天河水量、水质的地质、地貌、气象、水文、水土流失因素的综合考察，为制订小流域环境规划提供依据。

2.项目环境评价。地区环保学会经省环保局考核授权，具有对新上建设项目进行环境影响评价的资格。自1983年完成《毕节毛纺厂环境影响评价》开始，20多年来，坚持对新建建设项目进行环境影响评价。在监测32项地面水、7项河底泥、18项矿水、20项地下水、11项空气的基础上评价织金煤田环境，国家计委、环保局、煤炭部一次审查通过。

3.毕节地区地面水域环境功能区划分方案。1992～1993年，地区环境监测站采用系统分析、定性判断、功能区水质混合稀释模型计算定量决策、综合评价的划分技术，完成35条河流、43个水库及入库河流水功能区的划类。达到以下目的：提出地区内水环境保护的重点水域；保证国家地面水环境质量标准和污水综合排放标准在本地区正确实施；促进地区城市环境综合整治定量考核；科学拟定治理投资计划，使限期治理与集中处理方案有的放矢。起到保护水资源，减少污染对地面水、地下水的污染。经贵州省地面水环境功能区划分领导小组验收、鉴定。1994年，毕节地区行署批准在全地区执行。1995年获地区科技进步二等奖。

4.毕节市城市区域环境噪声适用区划方案。1993～1994年，毕节市环保局通过收集基础数据和现场监测，在摸清毕节城区噪声污染的现状及规律后，将毕节城区环境噪声分为4类24个片区，制定防噪声污染措施并经省环保局验收，1995年6月，毕节市政府行文颁布执行。1997年获地区科技进步四等奖。

5.毕节市环境空气质量功能区。国家环保局研究项目。1997年，地区环境监测站系统分析1981年以来毕节市区环境监测及污染排放资料，提出毕节市环境空气功能区划分方案，划分空气质量保护区。方案兼顾城市规划，重点突出，划分合理，具较强的科学性和可操作性。2000年获地区科技进步三等奖。

6.毕节地区集中式饮用水源保护区划分。2004年，地区环保局、环境监测站根据行署的要求，调查全地区13个在用和规划的集中式饮用水源地的水质监测和污染源，对污染状况进行定量、定性分析，按国家规定，结合地区经济发展现状，划分集中式饮用水源保护区，并提出保护区污染源防治管理办法，并经省人民政府批准实施。2005年获地区科技进步二等奖。

7.毕节地区土壤污染状况调查。2008年，对全区土地的重金属、农药残留、有机污染物等项目及土壤理化性质进行综合调查，完成121个土壤普查点的采样工作及每个样品21个项目共计2541次的分析测试工作，撰写成《毕节地区土壤污染状况调查报告》。

**污染治理**　1.普钙副产物氟硅酸分解高岭土制氟化铝、冰晶石研究。1976年，省、地科委列项，由省化工研究所主持，黔西县科委、黔西县磷肥厂参加，在黔西县磷肥厂实施。经试验，采用4个吸收室和喷塔连续喷淋工艺，使生产普通过磷酸钙肥料产生的废气含氟量降到每小时0.15千克，既解决含氟废气的污染，又利用氟硅酸分解高岭土生产出氟化铝和冰晶石产品。1980年获地区科技成果二等奖。

2.废铬液封闭式循环使用研究。1984～1990年，毕节制革厂、成都科技大学、毕节地区建设环保局合作，进行废铬液初鞣和复鞣试验，获得对鞣革质量无影响的结果。之后，由地区科委列项。1989年升为省科技计划项目。经过实验室试验和生产试验，取得确保废铬液循环形成；提出铬盐含量、盐基度、盐含量、pH值的最佳控制方案；建立科学管理、监督制度。运用这条新工艺鞣制二层革、修面革，绵羊皮、猪皮服装手套革均获成功，产品质量好；节约红矾、硫酸、糖的用量，降低成本；废水中三价铬和吨厚皮平均三价铬的排放量，均低于CB354q-83二级标准，有效地防治了污染。经国内皮革专家鉴定，认为此工艺属国内新创。1990年获省科技进步三等奖。1993年获国家专利金奖，国家科技部、环保部、轻工部决定在全国推广此项技术。

3.毕节地区土法炼硫环境保护政策研究。1988年，地区建设环保局参照国务院环境保护技术政策的有关规定，结合地区实际，制订毕节地区土法炼硫环境保护技术政策。1989年经行署批准实施。1992年获地区科技进步四等奖。

4.土法炼硫环保技术引进研究。1988年，地区建设环保局从云南镇雄县引进土法炼硫技术，改进炉子及生产工艺，产量大幅度提高，二氧化硫和硫化氢等废气排放量在国家规定的允许范围内。大方县石牛角硫磺厂系老厂，厂区周围已成一片焦土，草木不生，采用此新技术半年后，一些野生植物已萌发；露布硫磺厂采用此项新技术建厂，投产1年后厂区周围植物生长如常。

5.水土流失经济损失估算方法。地区建设环保局根据水土流失指标与相应的价格系数，对水土流失的经济损失进行估价，以货币形式反映水土流失危害，较之以水土流失指标评价的传统方法直观、深刻。其论文为《中国水土保持》刊载，被联合国粮食计划署《农业情报目录》收录；其方法为国内有关部门采用。1994年获地区科技进步四等奖。

6.毕节地区除尘脱硫一体化技术。1994～1999年，地区环保局采用文丘里装置、冲击水浴装置和旋风分离装置，对锅炉烟气进行除尘脱硫处理，并有效除去烟气中的水分，集除尘、脱硫、脱水为一体。在地区内13台锅炉上应用，烟尘和二氧化硫排放量全部达到国家标准，有效减轻锅炉燃烧对环境的污染。经贵州省环境监测中心监测，此技术在全省20T/H以下锅炉所使用的除尘脱硫技术中，处于领先水平。2002年获地区科技进步三等奖。

**城市环境综合整治**　1998年，毕节地区按开始城市综合整治。到2000年底，毕节市气化率达到25%，建成城市烟尘控制区1个，面积3.7平方千米，建成环境噪声达标区5个，面积3.4平方千米。2000年，毕节城区大气环境与1995年相比，二氧化硫年均浓度由0.075毫克／标立方米降到0.050毫克／标立方米，达到环境空气二类区标准要求；氮氧化物年均浓度由0.030毫克／标立方米降到0.014毫克／标立方米，保持环境空气一类区标准。2001-2007年，毕节市日处理450吨生活垃圾的城市垃圾填埋场建成投入运行；日处理8万吨生活污水的污水处理厂于2006年底投入运行。2009年，大方、黔西、金沙、威宁县污水处理厂建成，织金县污水处理厂完成95%的工程量，纳雍、赫章县污水处理厂开工建设。2010年，全区7个县8座污水处理厂已全部建成通水，经过试运行，均获省环保厅批复进入正式运行阶段。全区污水收集管网初设批复建设305.24千米，完成287.51千米。垃圾填埋设施建设工程稳步推进，织金、纳雍、威宁、赫章县垃圾填埋主体工程基本完工，进入试运行阶段；其余各县垃圾填埋项目均完成工程量的60%以上。

**自然保护区** 1.草海高原湖泊淡水生态系统考察。1982年，威宁草海恢复，贵州科学院建立草海研究站，开始进行监测高原湖泊淡水生态系统半定位研究。至1988年，先后组织200多人次到草海进行系统考察和测定。同时，中国科学院古脊椎动物与古人类研究所、动物研究所、贵州省气象研究所、贵阳师范学院、贵州省地矿局108地质队、区域地质调查大队、贵阳医学院、遵义医学院、毕节地区环境保护学会等开展涉及草海地质、地貌、水文、土壤、气象、古生物、浮游生物、水生植被、陆生植被、鸟类、兽类、底栖动物及环境科学等领域的研究，共撰写学术论文24篇，由贵州科学院汇编成《草海科学考察集》出版。其中省地矿局区域地质大队完成的《草海演化研究》，1987年获省科技进步二等奖。

2.草海鹤类主要疫病研究。1988年，国际鹤类基金会、世界野生动物基金会与草海保护处合作，以草海为基地，开展自然与农民利益统一、鹤类无线电跟踪、鹤类疫病、鹤类生态等项目研究。其中草海鹤类主要疫病研究1990年获省科技进步三等奖。

3.草海环境保护规划。属省环保局科技项目。1984～1985年，地区环保学会完成，调查草海周边120平方千米内的社会、经济、环境等现状，写成《草海自然保护区规划和管理》。为省政府新批准的省级草海自然保护区作基础性工作。

4.草海盆地水土保持规划。1988年，威宁县环保局、水电局制订草海盆地水土保持规划，并经县政府批准实施。1989～1993年，采取坡改梯、封山育林、种植经济林、飞播造林，及农耕技术保持土壤等措施，治理1.51万余公顷，占58.2%。1994年获地区科技进步四等奖。

5.百里杜鹃考察。1984年，省科协组织省、地有关学会60多人到大方、黔西县百里杜鹃林区考察。据查，林区海拔1500～1900米，整个林带呈环状分布，最宽处5.3千米，最窄处1.2千米，总面积130多平方千米。杜鹃品种有马缨、树形、美容等23个，在杜鹃的5个亚属中，林区就有4个，品种之多，花色之繁，面积之大，实属罕见，是迄今为止国内乃至世界面积最大的天然原始杜鹃林带。

6.遥感、计算机技术在风景名胜区规划中应用研究。1989～1990年，省建设环保厅、黔西县建设环保局将遥感、计算机技术应用于大方、黔西县百里杜鹃风景区规划。通过遥感判读及外业调绘，计算机地理图斑量测、景区多地而数学模型、景点多目标综合评价，完成规划。其论文《遥感、计算机技术在中国贵州百里杜鹃风景区规划中的综合应用研究》，被首届国际GIS会议录用并作大会宣读。经检索，确认遥感、计算机技术用于风景区规划，在国内、国际均属首创。1992年获地区科技进步三等奖。

# 第五节　科技群众团体

## 一　科技群团组织

**科学技术协会**　1959年9月，中共毕节地委决定建立毕节专区科学技术协会，与专区科委合署办公。1962年撤销。1963年11月恢复，与专区科委合署办公。1966年5月，“文化大革命”开始，科协停止工作。1969年12月建立地区科技局，履行前科委、科协职责。1980年12月，地区科协恢复。1984年5月30日～6月2日，毕节地区科协第一次代表大会召开，大会通过《中国科学技术协会章程毕节地区实施细则》，选举产生第一届委员会。1991年7月23～25日，地区科协召开第二次代表大会，选举产生第二届委员会。地区科协第一届以前领导人：主任张为梓（兼）、张晓光（兼）、杨文才（兼）；副主任孙育乾（兼）、朱启荣（兼）、李登峰（兼）、朱佳仁、安启崇、李家庚，副主席王治平。第一届领导人：主席王治平、韦应时，副主席陈世玉、胡春雨、张掀揭、吴夔康（兼）、颜若平（兼）、杨景昭（女，兼）。第二届领导人：主席韦应时、李文彬、李忠连，副主席陈世玉、张掀揭、董孝玲（女）、罗绍松、杨恒友、王朝贵、杨大晋（兼）、徐绍英（女，兼）。地区科协1987年建立中共党组，历任党组书记韦应时、李文彬、李忠连，党组成员陈世玉、胡春雨、张掀揭、董孝玲、罗绍松、杨恒友、王朝贵。2011年，党组书记李典学，党组成员杨恒支、王朝贵、周云祥。

**学会（含协会、分科学会、研究会）**　1957年1月，毕节县兽医协会成立，是地区内成立最早的群众学术组织。1963年地区土木工程学会成立。1966年5月，区内开展“文化大革命”，这两个群众学术团体均在“文化大革命”中自然消失。1979～2004年，地、县成立学会147个，会员1.33万人，其中地区学会41个，会员6989人。学会会员以科学技术人员为主体。1979年12月，水利学会成立；1980年12月，林学会成立；1981年，煤炭学会、轻工学会、环境科学学会成立；1982年，中华医学会贵州省毕节分会、建筑学会、护理学会、农学会、气象学会、植物保护学会、种子学会、农机学会、农业经济学会成立；1983年，公路学会、中医学会、园林学会成立；1984年，青少年科技辅导员协会、畜牧兽医学会、电力企业管理协会成立；1985年，电子技术协会成立；是年，毕节地区经济社会发展研究会成立。1986年，地理学会、人才工作研究会成立。1988年，中西医结合研究会、花木盆景根艺协会成立；1989年，麻风病防治协会、气功科学技术协会成立；1990年，预防医学会、退（离）休科技工作者协会、计算机学会成立；1992年，标准化协会、水产学会、电机工程学会、水保学会成立；1993年，党史学会成立；1995年，消防协会成立；1999年，兰花协会成立；2001年，成立毕节地区开发研究促进会；2002年，兔业协会、烹饪协会成立；2004年科技健身协会成立。学会设理事长1名，副理事长1～4名，秘书长1名，理事若干名，均由选举产生。多数学会是挂靠在相关事业管理单位。1995年以前，基本是单位领导兼理事长。是年，民政部规定群众团体的负责人不得由单位领导兼任。1995年前，学会由科协批准。1995年，改为经科协和民政局审批，并实行年审。每个学会都有章程，每4～5年改选一次。

**职工技术协会** 20世纪60年代，各厂矿企业在开展技术革新与技术革命的改革活动中，成立由技术人员、领导干部、工人组成的技术协作攻关小组，是地区内最早的职工技协组织。后在1966～1976年开展的“文化大革命”中消失。1984年6月，贵州省工会毕节地区办事处建立职工技术协作委员会筹备组，帮助厂矿企业建立职工技协组织。1987年6月，毕节地区职工技术协作委员会正式成立。1990年，全地区工矿企业建有职工技协60个，会员645人；有技术交流站7个，专职人员47人。90年代以来，职工技术组织未再扩大，工矿企业多是通过对职工开展技术培训、技术比武、技能比赛等活动，代替原来的职工技协活动。

**农村科普协会和专业技术协会** 20世纪80年代，农村区、乡建立科学技术普及协会，区全部建立，乡镇部分建立。1990年有区、乡科普协会327个，会员1.59万人，有区、乡领导，科技人员和农村乡土人才。区科普协会下，有由农民技术员为骨干组织的各类专业技术协会123个。90年代初，撤区建镇并乡后，区乡科普协会有变动。2005年，全地区有乡镇科普协会213个，占乡镇数的86.9%。其中，金沙县除26个乡镇全部建立科普协会外，另建有村科普协会415个，占该县村总数的73.4%。全区有农民专业技术协会342个。

## 二 科技群团活动

**学会活动** 1.学术交流。20世纪80年代，各学会一般每年开1次年会。90年代以来，召开年会的次数有所减少。据不完全统计，1980～2005年，地区各学会共召开学术交流会300多次，有1000多人参加全省、全国的学术交流会。各学会交流的论文，多集成专辑。自1980年起，地区水利学会坚持办会刊，多时每年4期；地区农学会、地区林学会出过会刊。地区农经学会，编印有《农业经济论文集》《定点扶贫经验选编》《农村合作经济探讨》等6本专集。1986年，地区中医学会从历年的论文中，选编成《杏林撷菁》一书。1988年，地区中西医结合研究会学术交流会的论文《血液微循环动力学研究》，被国际血瘀症学术交流会议选作交流论文。1988年，地区经济社会发展研究会编成《毕节地区经济社会发展战略研究论文集》两集。1985年、1988年，地区科协与地委组织部、共青团毕节地委组织两次青年学术交流会，共收论文237篇，评出一等奖10篇，二等奖26篇，三等奖89篇。2002～2003年，地区开发研究促进会编辑《开发研究促进通讯》两期。

2.专题讨论。（1）地区学会专题讨论。少时1个学会内部进行，多时在数个学会进行，有些专题讨论，曾对地区经济、科技的发展起重要作用。1982年，地区水利学会组织讨论电力联网问题，写成《毕节地区构成地方电力系统的必要》，引起地委、行署的重视，并作进一步论证，将毕节、大方县水、电联网，使水电的年利用小时数提高72%，年增加发电量700万千瓦小时。1986年，地区畜牧兽医学会召开“七五”期间畜牧业发展研讨会，撰写《关于发展我区畜牧业的建议》，行署将其印发参加三干会成员阅读讨论，所提建议受到肯定。1993年，地区科协召开毕节地区喀斯特地貌农业发展学术研讨会，录选论文19篇。1997年，地区科协与社科联受行署委托，召开毕节地区农业可持续发展理论研讨会，共收论文133篇，行署组织编委会，遴选36篇编成《毕节地区农业可持续发展研讨文集》。1997年，地区组织岩溶山区农业实用技术研究与应用编委会，由从事农、牧、林工作多年的70多位科技人员撰稿，编成《岩溶山区农业实用技术研究与应用——贵州省毕节地区科技兴农实践》一书，1998年贵州省科技出版社出版。2000年，地区科协开展对西部大开发献计献策活动，从各学会推荐的论文中，选出57篇汇编成册。

（2）省内外学会在区内举行专题讨论。1976年6月下旬，南方九省（区）马铃薯科研、生产协作会议在毕节召开；1980年，南方13省畜牧学会联合在大方县召开肉牛繁育研讨会；1983年省检验学会在毕节召开贵州省西部片区医学检验学术交流会；1984年，省烟草学会在毕节召开年会，讨论毕节地区烟草生产的有关学术问题；1984年在毕节召开省烟草学会年会，讨论提高烤烟品质的问题。会后，地区科委将烤烟优质丰产栽培技术研究，列入1985～1989年科技计划。1985年，中国生产力经济学研究会和省生产力经济学研究会联合在金沙县召开农业县经济发展座谈会。

3.学术讲座。1980～2005年，据不完全统计，各学会邀请省内外专家和地区内专家200多人次，在地区内进行学术讲座，每次有数十人、上百人听讲。1980年组织省农学会、医学会的多名专家来毕节，作农业区划与合理布局、呼吸功能衰竭与酸碱平衡失调等10个专题讲座。1982年，地区农学会邀请农学院3名教授，在毕节就农业经济、作物遗产、水稻栽培等进行3天讲学；1983年，地区科协邀请自动化研究所专家来毕节作现代化管理的学术报告；1985年，国家农业部和中国农学会组织贵州山区综合考察团黔西北考察组专家，在毕节作发展畜牧业、林业和果树的学术报告；甘肃省草原生态研究所专家到威宁指导工作，路经毕节时作草场建设和应用的学术报告；1986年，地区农学会邀请省茶科所专家到毕节作茶叶生产与加工的专题讲座；1986～1988年，地区医学会内科分会组织讲学组，到地区内各县巡回讲学。1992年，英国爱丁堡动物研究所专家来毕节地区访问，作家畜育种的学术报告。2002年，地区护理学会邀请北京专家来作护理学术报告；麻防协会邀请省内专家来毕节作艾滋病防治的学术讲座；2003年地区医药学会邀请贵阳中医学院两位教授来毕节作学术报告。2005年，地区科协邀请贵州省科普专家报告团4位专家，在毕节进行大力发展绿、特农产品，加快农业增效增收等4场学术讲座。

4.学术考察和技术论证。1982年，地区农机学会组织会员到遵义地区考察大理石切割技术，地区农机研究所的科技人员参加考察后，根据地区内开采大理石的实际，研制开发出大理石切割、磨光等机械，取得多项成果。1989～2002年，地区植保学会考察马铃薯癌肿病，建议组织防治此病的科技攻关，地区科委将此列为重点项目，地区植保站组织实施，取得显著的防治效果。1993年，地区环境科学学会组织会员到省外考察锅炉烟气的各种除尘脱硫技术，采用各家之长，试验成功集除尘、脱硫、脱水为一体新技术，在地区内20T/H以下的锅炉推广使用，有效减轻烟气污染。地区建筑学会、水利学会、环保学会受建设局委托，组织专家对毕节城区总体建设实施方案进行考察，提出总体实施方案报告，为近20年毕节城区建设提供基础资料。

**科普活动** 1.举办科普讲座。1981年6月～次年2月，地区科协组织科技人员在地直机关进行11次讲座。纳雍县由科委、科协共同组织，在县党校开办10期区乡干部科技培训班，每期45天。其他各县亦相继举办培训。1989年，地区科协与联合国基金会签订合同，开展社区非正规教育，向贫困地区妇女和儿童进行科普宣传，普及实用技术，培训青少年科技辅导员150人次，举办各种培训班25期，发放科技资料2000多份，多次请农牧林业、环保、工业、医药卫生学科专家，举办科技讲座。90年代通过验收，受到基金会官员肯定和好评。2005年，地区科协邀请贵州大学教授来毕节进行反邪教形势教育报告会，4000多人次听讲。

2.举办科普展览。1980年以来，地区科协举办科技成果展、建设成就展，云、贵、川三省多种经营展，优生优育展，科技扶贫效益展，旅游资源展，崇尚科学文明、反对迷信愚昧展。让参观者在目睹展览内容中获得相关知识。

3.编印科普读物。1984年，地区科协编印《毕节科普报》，每期7000份，出5期后，停办，改印单行资料至2005年，主要印发资料有《竹荪快速栽培技术》《水稻高温催芽》《烤烟主要病虫害防治》《电脑技术》《科普法》。每年“3·18”贵州科技日、全国科技活动周、全国科普日，地县科技、科协系统，各学会、科研所都上街进行科普宣传，开展科技下乡、科技进社区活动，随之印发科普宣传资料。2007年创办《毕节科普杂志》。

4.放映科教电影。1977～1979年，各县科协先后建立科教电影队，在农村巡回放映，普及科技知识。1978年，毕节县科教放映队在县内巡回放映《长毛兔》电影，为饲养长毛兔者提供技术服务，被省科协评为先进集体，出席全国科教电影工作座谈会。1979～1989年，赫章县科教电影队深入偏僻村寨，共为农民放映科教片2783场，观众156.16万人次，1985年，1987年，1989年，三次受国家科协表彰。1986～1990全省推广新的一轮农业技术省编制《向科学要粮食》的电影片，各县都买拷贝，在农村巡回放映。

**创建科普示范县和示范基地** 1.科普示范县。1998年，金沙县参加首批全国100个县市创造科普示范县活动，2001年完成各项科普指标，通过中国科协验收，获全国科普县称号，受中共中央组织部、中国科协联合表彰。

2.科普示范基地。2002年，地、县科协开展创建科普基地活动，2005年建成科普示范园8个。地区科协与贵毕高速公路管理处双山、归化征费站合作，建成70余亩苗木和40亩新品种果园科普示范基地；毕节市科协在茶亭建成生态农业科普示范基地；金沙县科协在打坝村建成名优水果种苗示范基地；纳雍县科协在凹梳乡建成红皮大蒜示范基地；威宁县科协在西海村建成反季节无公害蔬菜科普示范基地；黔西县科协在天坪村建果园科普示范基地。科普示范基地以科技为先导，集科普宣传、科技培训、经济创收为一体。黔西县天坪村果园科普示范基地，建梨树高接换种示范园、梨树科学修剪示范园、黄化藤密植、矮化、高产示范园、梨树新品种和珍稀植物引进示范园，并设有科普文化广场和度假村休闲景点。2008年，毕节地区有22个村为科普示范村。

3.科普培训中心。2009年，毕节地区科普培训中心投入使用。该中心包含多媒体会议室、示范基地、农家乐服务、科普惠农服务站、科普图书室等。

**青少年课外科技活动**　1.青少年课外科技活动组织与基地。1980年前后，地区及各县青少年科技辅导员协会先后成立；80年代地区青少年科技活动中心成立；2003年，中共贵州省委宣传部、省科技厅、教育厅、科协共同组织考评，授毕节一中、毕节市朱昌中学为贵州省青少年科技教育特色学校，毕节地区农科所泰丰园为贵州省青少年科技教育基地。1990～2005年，地区青少年科技活动中心3次被中国科协青少年活动中心评为先进集体；在中国科协与联合国儿童基金会合作项目社区宣传，第九届中国青少年发明创造和科学讨论，“珍惜生命之水”1997全国青少年科技传播行动，全国第六届青少年生物和环境科学实践活动等4次活动中，被授予优质组织奖；获贵州省青少年“草海杯”科学发明创造团体奖，贵州省青少年科技活动中心星级评比一等奖，贵州省科协系统先进集体，贵州省第十八届、十九届青少年创新大赛组织奖。

2.中、小学课外科技活动。20世纪60年代，毕节地区中小学组织学生开展勤工俭学，研制教学器具。纳雍县一中学生生产的中学物理、化学教具，曾一度畅销省内外；大方县一中研制成雷电探测计数器，微型低频测向天线；毕节一中制成简易测定腐肥比色箱；金沙县中学制成小型变压器、简易交流弧焊机。金沙县青少年辅导员协会，在中、小学开辟第二课堂，开展读书，讲演、知识竞赛，办专栏、出墙报、采集标本等活动。1981年，省科协在金沙县召开青少年科技活动经验交流会。80年代，毕节县朱昌中学结合农村实际，在学生中建立各类科技小组，开展试验示范活动。食用菌科技小组在花厂坪村普及食用菌栽培技术，收到显著效果，受省科协和国家科协表彰，两次获全国“小星火杯”奖。1989年，省科协和省教委在朱昌中学召开全省农村青少年科技活动经验交流会。1990年金沙县城关中学联系一批科技人员、家长和校友，吸收部分学生，成立科技致富促进会、研究会，学生把学到的技术带回家，先后在422个点上推广，成效显著。90年代，金沙县城关中学3次获全国小星火杯奖。1989～2005地区科协每年都举办青少年学习计算机培训班，培训青少年1000多名。毕节一中多次参加全国青少年信息学计算机奥林匹克及其分区联赛，取得优异成绩，1996年被评为全国优秀参赛学校。

3.小发明、小制作、小论文及科技创新。1979～2001年，国家、省、地科协，不定期组织小发明、小制作、小论文（简称三小）及科技美术作品展览。1979年，地区科协展出作品365件，从中选65件送省参展，1987年展出484件，评出一等奖8件，二等奖24件，三等奖26件，选出108件送省参展。此期间先后9次选送作品参加省展览，获奖132件，其中一等奖17件、二等奖34件、三等奖72件，优胜奖9件。省科协选送参加国家“三小”展览作品中，毕节地区获奖6件。毕节朱昌中学学生的水稻旱育稀植栽培试验成功，获一等奖，小论文《八百号平菇高产试验》和小发明方便施肥器获二等奖；毕节二中学生的小发明菠萝去眼器获二等奖，中国科协推荐参加在日本举办的世界青少年发明展；大方三小学生制作印花滚筒获三等奖；纳雍一中学生的小发明HT短途有线电话机获三等奖。2002年，国家科协将“三小”活动改为科技创新大赛，内容有科技竞赛、优秀实践活动及科幻绘画。至2005年，地区科协推荐参加全省竞赛，共获奖43项，其中一等奖2项，二等奖10项、三等奖31项。2006年起，地区科协每年平均组织青少年参加贵州省科技创新大赛及其他各类知识竞赛，数次获奖。省科协推荐参加全国竞赛中，毕节地区获奖4项：威宁三小学生完成的《荸荠是否有驱虫作用》获二等奖，威宁三小学生完成的《蟋蟀为什么好斗研究》，毕节一中学生完成的太阳能热水器自动循环节水装置、赫章一小学生完成的《环境与人类》，获三等奖。

4.科技知识竞赛。1983年，金沙县科协开展农业知识竞赛，各区镇主要负责人为领队，农村青少年为主体组团参加，在县内影响较大。1984～2005年，地区科协每年举办青少年计算机程序设计或青少年信息学奥林匹克竞赛，并选拔参加省科协举办的同类赛事，先后获省级奖55人次。1990～2005年，经省科协选送参加全国同类赛事，毕节地区16人32次获奖。毕节一中学生段乐获全国一等奖2次，二等奖三等奖各1次，2002年被清华大学免试录取。2002～2005年，本地区参加贵州省中学生生物竞赛，获一等奖2次，二等奖80次，三等奖86次。

5.夏令营活动。1981年8月，地区科协、民委、教育局、共青团地委、妇联、体委联合，在织金县举办毕节地区少数民族青少年科技夏令营，83人参加。内容有科技讲座、航模制作、参观岩溶地貌和溶洞、采集标本，以及篝火晚会。同期，毕节县城关青少年科技辅导员协会举办科技夏令营。1985年，地区科协与毕节县科协联合主办生物、地理夏令营，组织50名学生到草海考察，每个学生写一篇考察报告。此后的10多年，地区科协每隔两三年，与有关单位合作，举办夏令营活动，内容有环境保护、地形地貌、生态林场、气象知识等，每次活动都有数十名在青少年科普活动中做出成绩的学生参加。从1990年起，地区科协与有关部门配合，开展一年一度的爱鸟周、爱科技日、生物百项等活动，每次活动组织数千名青少年参加，内容有报告会、讲座、抢答赛、出墙报、出画刊等。

**科技咨询活动** 1.技术咨询。1982年，地区粮食公司新建办公楼，未交使用便成危楼，甲、乙双方发生争执。1983年经地区科协咨询服务中心组织有关科技人员调查，提出加固实施方案，避免推倒重建。1984年，地区科协受民政局委托，咨询周驿茶场的生产和管理，组织科技人员考察后，提出改进茶园管理和采茶、制茶技术，发展养猪等建议，一年后见成效。1986年，地区复烤厂新建1300多平方米的单层厂房和5000多平方米烟叶仓库，承重结构多处开裂，省地建设部门定为危房，停止使用，影响生产。复烤厂向法院起诉承建方，要求拆除重建，赔偿损失。法院委托地区科协考察后，提出当年可以使用，待生产旺季过后加固，并提出加固措施，为甲、乙双方接受。1987年，毕节生资公司保坎坍塌，最初认为坍塌原因是自然地质移动滑坡所致，需按大型土体滑移治理，需耗资百万余元。委托地区科协组织有关专家勘探、论证后，明确只是土体边坡滑移，仅花几千元治理修复保坎。同时消除此地段住户对滑坡的恐惧。1986～1990年，地区科协咨询服务中心为50多个中小企业进行咨询，完成咨询合同60多个，帮助这些企业提高效益，增强后劲。

2.决策性咨询。1984年，召开地区科协第一届代表大会，有代表提出在地区建一所综合性工业学校，为本地区培养工业技术和管理人才的建议。1985年，地区行署责成地区科协组织论证之后写出可行性报告，得到行署肯定，工校顺利建成。1986年，毕节县有意建一座硅砂砖厂，地区科技咨询服务中心接受委托，在调研原料厂址、生产规模、生产技术、市场前景后，写出可行性报告，得到地区计委批准，1989年硅砂砖厂建成投产。1990年前后的几年，地区科协咨询服务中心常受地区计委委托，对各县上报项目进行论证。

3.代办技术培训。1985年，地区复烤厂引进微波烟叶设备，因操作人员技术跟不上，复烤数量、质量受到影响。地区科协邀请成都电讯工程学院专家来毕节，为地区烟叶复烤厂培训技术骨干43名，解决机器维修、保养、操作不熟练难题。1986年，受地区乡镇企业局委托，为集体建筑单位举办3个月建筑技术培训班，53名学员结业后参加省统一考试，43名获初级施工证书，毕节地区获全省统考第一名。1987年，在毕节举办家用电器维修培训班，受训的30名事业单位和个体户人员，结业后均取得省科协、省工商局发的合格证书。

**农村科普活动**　在县、乡镇科普组织培训农户学习科学知识，派出人员帮助总结先进农事经验的同时，各地农民亦自觉组织起来推广科学技术，促进农业生产。1987年，金沙县科协帮助建立农民致富促进会，有会员74名。90年代，随着乡（镇）和村科普协会的成立，在发展竹荪、香菇、养猪、养鱼、葡萄、魔芋、大板栗栽培上成效显著。金沙县兰花协会90年代参加全国兰花展，获金奖8次、银奖5次、铜奖10次，协会集体奖3次；带动县内2000多户种植兰花，有兰圃1000多亩。林业部领导到金沙检查工作时，称赞该协会是开发本地资源不可多见的典型。纳雍县王家寨养鱼协会，1992年成立，主要开展稻田养鱼技术研究和优良鱼种引进，1994年全村稻田养鱼发展到300亩，获得较好的经济效益，被省农业厅列为稻田养鱼高产示范点。威宁县中水镇友光村科普协会，1992年成立，开展粮、烟、苹果修剪及牲畜饲养、秸秆氨化等技术示范与推广。1994年全村人均粮食259千克，人均纯收入1120元，比1991年增长66%和176.5%；贫困户由95户减到27户。

**科普惠农兴村计划**　2006年起，按照中国科协财政部的要求，在毕节地区组织实施科普惠农兴村计划。通过此计项，把在农村做出突出贡献，有较强区域示范作用，辐射性强的农村专业技术协会，农村科普示范基地、农村科普带头人、少数民族科普工作队等先进集体和个人评选推荐参加全国的评比表彰。2010年，经中国科协和财政部评选，获6项表彰，其中农村专业技术协会2个、农村科普示范基地2个、农村科普带头人2名。获项目资金90万元。

**职工技协活动**　1984年，地区职工技协成立。此后10多年，活动较多的有：开办涂镀和锌基合金模具新技术培训班，为有关企业培训技术骨干35人，并将这批受训人员分成两组，到各县推广这两项技术，收效显著；引进食品乳化添加剂，用于面包生产，毕节、大方、黔西、金沙、威宁县采用这项技术后，面包质量提高，增加经济效益。委托地区农机研究所为地区肉联厂设计并制成新型刺梨压榨机，投入生产后，提高工效80%，节能60%；组织地区电瓷厂退休职工，帮助大方县理化镇建陶瓷厂，并进行技术培训，半年建成投产，产品合格率80%以上。引进糖稀生产新技术和果糖生产技术，毕节新欣食品厂采用后，糖稀成品的出产率由50%提高到80%；开发出果冻投放市场。毕节橡胶厂利用地区职工技协提供信息，引进聚丙烯，用于翻胎和其他橡胶制品，成本显著降低。毕节新欣食品厂利用职工技协提供的资料，用活性鲜酵母代替野生酵母，提高糕点质量，减轻生产劳动强度。1986年，云、贵、川三省职工技协在贵阳举办第三届交易会，毕节地区职工技协和地区科技开发公司组织102个单位参加，展出科技产品、技术转让项目140多项，成交额2590万元，占全省成交额的30.4%。展出的黄果树牌钢琴，获最佳产品奖，其样品被列入贵州省资源馆长期展出。毕节地区代表团获省工会颁发的优胜一等奖。1987年，地区技协通过省工会和省技协，与四川、浙江省职工技协协商，达成两省技协对毕节地区进行技术扶贫的协议。成都市酿造公司技术人员，向大方食品厂传授豆瓣酱、酱油生产新技术，提高这两种产品质量。重庆市压模皮鞋厂技术人员为毕节县皮鞋厂的技术改造进行咨询，建议引进单机，适应多花色、小批量生产的需要；之后又帮助解决设备安装、调试和生产中的一些技术问题。灌县煤矸石砖厂技术人员，就毕节建立煤矸石砖厂的设计、设备安装进行咨询，并进行技术培训。浙江绍兴技协派6名技术人员到大方办企业管理、财会统计培训班各1期，培训72人。温州皮鞋厂、皮件厂，为大方培训5名技工。金华水泥厂技术人员，帮助大方县水泥厂解决燃料配比问题和帮助检修主机，使球磨机台时产量由原来的6～7吨提高到11吨；帮助将准备报废的800吨生料变熟料，生产出425号水泥500吨。浙江尖锋水泥集团接纳大方县水泥厂为集团成员，实行包利润、包赔偿；该集团还帮助大方县理化镇水泥厂培训技术人员，修理球磨机，使水泥的日产量增加80多吨，标号稳定在425号，少量达到525号。

# 第六节　科技机构

## 一　科技管理机构

**管理机构**　1.机构改革。民国时期，毕节专员公署建设科和各县建设科管理科学技术方面的工作。中华人民共和国成立后，地、县建立统一管理科学技术事业的综合性职能机构。从建立至今，几经变更。1958年11月，中共毕节地委决定建立毕节专员公署科学工作委员会。1960年各县科学工作委员会先后建立。专、县科委均兼任科协工作，实行两块牌子，一套人员。1962年精简机构，撤销专、县科委；科学技术管理工作由专署文教局负责。1965年恢复专区科委，更名为毕节专区科学技术委员会，科协工作纳入科委，仍实行两块牌子一套人员。1966年“文化大革命”开始后，科委工作停顿。1967年3月，地区成立革命委员会，科学技术工作由地革委生产指挥部兼管，科委机构自然消失。1969年12月，地区革命委员会决定建立地、县科技局，1970年初，地区及各县科技局相继建立。1978年11月，地区决定撤销科技局，建立毕节地区科学技术委员会；1979年3月更名为毕节地区行政公署科学技术委员会；1980年4月，更名为毕节地区科学技术委员会，仍兼管科协工作，两块牌子，一套人员。同期内各县相继撤销科技局，建立科学技术委员会。1983年，地区机构改革，地、县科委均属加强机构。是年底，科委、科协分开。1995年，地区机构改革，地委决定撤销毕节地区科学技术委员会，建立毕节地区科技局。2001年12月，地委决定建立毕节地区知识产权局，与地区科技局实行两块牌子一套人员，合署办公。2003年，行署成立毕节地区中药现代科技产业领导小组，领导小组办公室设在地区科技局。1958～1966年，毕节专署科学技术工作委员会主任张为梓（兼）、张晓光（兼）、杨文才（兼）、李家庚；副主任孙育乾（兼）、朱启荣（兼）、李登峰（兼）、朱佳仁、安启崇、李家庚；1973–1978年，毕节地区科技局局长李家庚，副局长郑琏玉、李吉光；1979～1995年，毕节地区科学技术委员会主任杨明远、谌志铭、李贵斌，副主任邵之道、罗公平、王传森、刘承富、李贵斌、王维伦；1995～2005年，毕节地区科技局局长李贵斌、王维伦，副局长王维伦、邹芳智、赵耻宽、周训明、侯长英、罗晶。1979～1983年，毕节地区科学技术委员会中共党组书记杨明远，成员邵之道、罗公平；1987～1995年，毕节地区科学技术委员会中共党组书记谌志铭、李贵斌，成员王传森、刘承富、李贵斌、王维伦；1995～2005年，毕节地区科技局中共党组书记李贵斌、王维伦，成员王维伦、邹芳智、赵耻宽、周训明、侯长英、罗晶。2011年，党组书记李湧、罗昌琪，成员周训明、侯长英、谢定敏、郭绍源。

2.职责。2011年制订的主要职责是：

（1）贯彻执行党和国家的科技方针、政策和法律、法规，负责全区科技体制改革，研究制订促进全区科技进步的政策、措施。（2）研究制订地区科技发展战略、确定重点优先发展领域，编制地区中长期科技发展规划和年度计划，贯彻落实省科技发展计划，会同有关部门组织实施“科教兴毕”战略，组织实施科技攻关、“星火计划”、年度计划；组织实施创建科技先进活动；组织全区重大科技成果推广、新产品试验和软科学研究等工作。（3）规划全区科研机构的布局和发展方向，会同有关部门研究审批地直独立科研机构的撤并建；负责审批、管理民营科技机构及技术贸易服务机构。（4）归口管理科技三项费用、科技发展基金和自然科学事业费，协同有关部门管理科技贷款。（5）归口管理全区科技成果、技术市场、专利技术合同仲裁，专利行政执法及科研成果的知识产权协调工作，负责科技信息、科普宣传、科技统计、科技档案、科技保密、自然科学期刊和实验动物的管理工作。（6）会同有关部门组织专家对先进技术引进、重大技术改造、重要工程建设前期调研、论证和评估。（7）归口管理科技外事工作。（8）负责全区高新技术开发及民营科技工作的宏观管理和业务指导。（9）指导、协调全区各县市、各部门、各行业的科技管理工作，做好督促、检查和服务；会同有关部门推动农村和企业的科技进步；参与科技副乡镇长的选派工作，负责科技副职的业务指导。（10）主管地区科技情报研究所、毕节地震台及地震群测点工作。（11）完成地委、行署、国家科技部、省科技厅交办的其他事项。建立知识产权科后，归口管理知识产权的范围为：专利申请、专利实施、专利行政执法、地理标志保护、农作物新品种保护等。成立地区中药材现代化科技产业领导小组办公室后，归口管理地区中药现代化产业研究与开发工作。

**区乡镇科技机构** 1988年12月，金沙县政府批准建立安底区科学技术委员会，设兼职主任1人，专职副主任1人，专职工作人员3人。时为全地区乃至省内第一个县属区科委。1990年各县共有区级科委10个。1992年撤区建乡时撤销区科委。在乡镇政府内设经科室，归口管理经济、科技工作。1989年2月，行署批准转发地区科委《关于招聘区（镇）科技辅导员的通知》《关于区（镇）科技辅导员职责的暂行规定》《关于区（镇）科技辅导员目标责任制（试行）》文件，批准在每个区的农民技术骨干中招聘1名科技辅导员，作为县科委设在区（镇）的合同制工作人员。是年4月，全地区101个区镇共招聘107名。撤并建后，科技辅导员在其所居住的乡镇工作，2000年撤销。

**行业科技管理机构** 1978年前，地区及各县政府各业务局由业务科或生产科兼管科技工作。1978年后，一些委局设置专职管理科技工作的科室。地区经委设技术科，地区农业局设科教科，地区轻工局设技术开发科，地区供销社设科技科。有的局科技工作仍由业务科管理。工矿企业中较大的厂，设置技术科或工艺科，既管理本厂的科技工作，又从事新技术、新工艺、新产品的研究和开发。业务委、局中，专职或兼职管理科技工作的科室，基本职责不尽相同，但在管理科技上，其主要职责基本相同。

1.组织贯彻国家、省、地有关科学技术的方针、政策。

2.推进本系统的科研和科技服务体制改革，促进科技工作和经济建设紧密结合。

3.科技计划管理：组织论证新科技项目，争取地、省、部立项；制订本系统新技术、新品种推广计划，技术改造计划，新产品开发计划，并对实施情况进行总结，审查系统内各单位的科技项目计划，协助重大项目实施；对列入省、部、地科技计划项目，协助立项单位进行管理。

4.科技成果管理：组织本系统内完成的科技成果鉴定，并根据成果情况报送科技管理部门或上级主管厅局评奖。组织评奖本系统内设置的科技奖项。

5.负责本系统科技人员技术职务评审的日常工作。

**科技副职与科技领导小组** 1989年，中共贵州省委决定，向部分县市派科技副县长，任期两年，织金县、黔西县属第一批设置科技副县长的县；90年代前期，各县均配置科技副县长。1993年，地区完成撤并建，中共毕节地委决定乡镇和村建立科技领导小组，地、县向乡镇派科技副乡镇长，任期2年，与乡镇经济科技办公室形成三位一体的管理体制。1994～1995年，各县、乡镇陆续派科技副村主任，任期2年，实行轮换制。1996年全地区245个乡镇，基本配齐科技副乡镇长；1999年，有4156个村有科技副村主任，占总村数的93%。委派科技副职，加强科技工作尤其是农村科技工作的领导，在促进农村科技服务体系建设，加速农业实用技术普及，提高农民科技意识等方面，均有显著成效。被委派者通过实践得到提高。

## 二　科研机构　地震监测机构

**全民科研机构** 1956年后，全地区先后建立农业科学研究所、工业科学研究所、卫生科学研究所共26个。此外尚有贵州省林科所在毕节建立的生漆核桃研究站，贵州省科学院在威宁建立的草海观察站，贵州省农业厅与甘肃草原生态研究所联合在威宁建立贵州省高原草地试验站。这些机构，随着国民经济发展的需要而建立，亦随国民经济的调整而调整。2005年，管辖全民独立科研机构有：毕节地区农业科学研究所、毕节地区畜牧兽医科学研究所、毕节地区林业科学研究所、毕节地区农业机械研究所、毕节地区科技情报研究所、威宁县农业科学研究所、威宁县林业科学研究所、大方县农业科学研究所。8个研究所共有职工406人，从事科研活动的256人，有高级科研人员22人、中级78人、初级80人。资产合计1768.7万元，其中固定资产1144.2万元。

1.毕节地区农业科学研究所。前身为民国32年（1943）1月建立的贵州省第四行政督察区农场，中华人民共和国成立后改为毕节专署农场，1956年2月改建为贵州省毕节农业试验站，1958年改为毕节专员公署农业科学研究所，1961年1月更名为毕节专区农业科学研究所，并设有威宁分所，1967年12月更名为毕节地区农业科学研究所，为差额补贴事业单位，隶属地区农业局；威宁分所改为威宁县农业科学研究所。地区农科所引进鉴定出的良种有水稻川大粳、西农175粳、农育1744、玉米金皇后、北京马牙，小麦阿夫、阿波，油菜325、浠水白；同时研究提出其丰产栽培技术，60年代在各级样板田上利用，并大面积推广。育成一批玉米骨干自交系，为该所玉米杂交选育奠定坚实基础，其他玉米育种单位也广泛应用，优良玉米自交系449，获省科技进步二等奖。自1959年开始粳稻育种工作起，至2005年育成农作物新品种48个。80年代以来，毕单系列玉米杂交种，毕麦系列小麦品种，毕粳系列水稻品种，已成为全地区玉米、小麦和粳稻区的主栽品种，并在省内外一些地区种植。耕作制度调查研究和主要种植制度研究和推广，加速地区耕制改革，促进在套作条件下发展小麦和马铃薯，复种指数提高。烤烟品质调查，查清地区内有各种香型烟叶，为毕节卷烟厂建立清香型烟叶生产基地，开发清香型卷烟做基础性工作。柑橘引种鉴定与推广；蔬菜引种及良种基地建设；黏虫、大螟（在玉米上）、柑橘叶螨、玉米大小斑病丝黑穗病纹枯病、稻瘟病、麦类黑穗病等虫害、病害的发生规律及防治技术研究；石灰改良土壤研究、绿肥光叶紫花苕及栽培技术研究；化肥施用技术研究，已广泛用于生产。1978～2005年，获地区级、省部级、国家级科技成果奖127项。90年代，在科技体制改革中，建立开发实体泰丰科技实业有限公司，承担人员分流的同时，已形成种业、园林绿化和农业生态旅游观光三项产业，创收2000多万元，实现科研立所，开发强所目标。2011年，泰丰生态农业观光园被评为国家AAA级旅游景区。2005年，全所在职人员211人，其中科技人员107人，内有高级科技人员14人，中级31人；有硕士学位和学历5人，1人在读博士、5人在读研究生。1989年以来有9人被评为地区拔尖人才，3人被评为地管专家，1人被评为省管专家。

2.毕节地区畜牧兽医科学研究所。1963年建立，为差额补贴事业单位，隶属地区畜牧事业局。2005年，全所在职人员76人，科技人员42人，其中高级科技人员3人，中级职称20人；有2人被评为地区拔尖人才，1人被评为地管专家。2010年，本科以上学历占全所专业技术人员的67%。1978～2005年，获地区级、省部级科技成果奖29项。主要成果有：绵羊杂交改良，贵州半细毛羊培育与推广；毕节地区黑山羊品种资源及开发利用、黑山羊本品种选育及应用、马头山羊繁殖与推广、提高羊肉产品率研究、养羊实用技术组装配套研究与推广、喀斯特地貌灌木草丛植被山羊载畜量研究；小尾寒羊引种驯化；云贵川三省接壤地区猪种调查，毕节地区猪种资源调查、贵州白猪选育与推广、可乐猪保种选育及开发利用、商品瘦肉型猪杂交组合选育与推广；乌蒙乌骨鸡选育与推广；商品鹅生产配套技术研究与推广；黄牛杂交改良试验与推广；山地草场资源开发利用研究、高蛋白饲料新技术应用研究等。2002年，可乐猪保种选育及开发利用项目获地区和省科技进步一等奖、三等奖后，2003年，以可乐优质猪产业化技术开发项目列入省和国家星火计划，以可乐猪品种资源开发及优质高效养殖技术项目列入国家农业成果转化资金计划。2004年，经国家科技部批准，该所建立毕节地区畜牧科技成果转化中心。

3.毕节地区林业科学研究所。1978年建立，隶属地区林业局。1999年，建立地区种苗站，与林科所实行两块牌子一套人员，合署办公；种苗站的职责是做好本地区林木种苗工作。2005年，全所在职人员32人，其中科技人员23人，内有高级科技人员3人，中级8人；在职读硕士研究生2人，有2人被评为地区拔尖人才。至2005年，全所获奖科技成果34项。主要成果有：毕节地区漆树品种资源普查，漆树瘿螨病研究，漆树农家品种树皮解剖研究，应用98%浓硫酸处理漆树种子育苗技术研究，漆树品种选育及栽培技术研究与推广；毕节县乡土树种调查，毕节地区森林病虫害普查，华山松煤污病防治研究，华山松人工林优树调查及分级，杉木地理种源育苗试验，毕节地区林业区划，罗山大板栗引种推广，毕节地区板栗优树选择及嫁接技术研究，刺梨速生丰产技术研究，核桃室外嫁接技术与推广，池杉引种及造林技术研究与推广等。

4.毕节地区农业机械研究所。1973年建立，隶属地区农机局，其职责是为发展本地区农业机械事业服务。2005年，全所在职人员30人，其中科技人员27人，内有高级科技人员3人，中级7人。获科技进步奖8项，主要成果有：毕节地区农机化综合区划；GBS-10型翻胎过热水装置研制与使用；大理石切边机、圆盘磨、磨光机等厚切割机、微型精切机、厚板对剖机等小型大理石加工机械的研制与推广；抖麻机、捶麻机等年产30~50吨精杆麻加工设备的研制应用；JYB-15型节能双缸液压打包机研制，玉米营养钵制钵机具系列产品研究及推广应用；毕节地区农业生产对小型农机具需求的调研和预测，毕节地区畜牧业生产机具现状及发展趋势调研和预测；刺梨压榨机、合绳机、LJ-6.3型橡胶辊筒式砻谷机研制；5TG-70型糠式稻麦脱粒机、KDT610CA型凯马耕作机引进、研改和推广，9RC-168秸秆揉搓切丝机研制等。

5.毕节地区科学技术情报研究所。1983年建立，隶属地区科技局。2005年，全所在职人员9人，其中科技人员8人，含高科技人员1人（地区拔尖人才），中级3人。基本职责是为本地区经济、科技、社会发展提供科技信息服务。开展的主要业务有：科技情报调研，科技图书文献、科技声像资料及科技信息资源收集、分析、传递，科技声像片制作，毕节科技信息网建立，科技新产品引进试验和推广。1983~2005年先后录制20多部专题片、宣传片、资料片，其中《旱地绿肥聚垄耕作法》《黄梨、苹果低产园改造技术》分别获贵州省优秀情报成果二、三等奖；《科技之光》获地区科技进步四等奖；《几多艰辛话桑农》第4集《繁星》在省电视台播放。声像情报工作的总结——《声像情报为地方科技经济社会发展服务的探索》，获地区科技进步三等奖。获奖成果还有京2B二号水果保鲜膜剂试验示范、水稻移栽灵混剂试验示范等。

**地震监测机构**　1971年8月，云南地震大队在毕节建立毕节地震观测台。1972年改建为地震监测综合台，归属贵州省地震大队由毕节地区科技局代管。1977年，建立威宁地震台，隶属威宁县科技局。1979年毕节综合台归属贵州省地震局。1983年毕节地震监测综合台移交毕节地区，更名毕节地震台，隶属毕节地区科委。1971~1984年，毕节地震台、威宁地震台的基本职责是进行地震监测、记录，按时上报。1984年，毕节地震台增加地震分析预报，代地区科委管理地区内群测群防点。2005年，毕节地震台在职人员12人，其中中级技术人员3人。1976年，贵州省革委明确毕节地区8个县为地震重点防区，要求地、县建立地震台办公室。是年10月，毕节地区科技局内设毕节地区地震办公室，威宁、金沙、毕节、织金、赫章县地震办公室相继建立，黔西县建地震局。1983年机构改革，撤销地震办公室，有关地震事宜，归口科委管理。

1976年，地区内设有100多个地震群测群防点，为监测地震工作的业余性群众组织，受地震办公室领导。地震办公室撤销后，地区科委委托毕节地震台管理群测群防点。其中少数点配给必要的仪器，并在经费上给以补助，开展活动较好；其余活动较少，以致自然消失。1990年有赫章气象站、赫章县可乐中学、金沙县城关中学、毕节县朱昌中学、织金县第二中学5个点，2005年，仅有赫章县可乐中学点。

## 三　民营科技企业

20世纪80年代，随着市场经济的发展，城乡涌现出一批民办科技机构。这些民办科技机构自筹资金，自选项目，有的通过技术引进、消化、吸收，开发新产品；有的根据区内资源，通过研究，获得成果，再转化为生产力，其中有的申请获得专利。90年代以来，纳入年终科技统计，改称为民营科技企业。这类企业总产值的增长中，科技进步贡献的份额较大；随着市场经济的发展而建立，也随着市场变化而解体，变动较大。2004年，全地区列入国家统计的民营科技企业15家：毕节地区长生科技开发有限责任公司、毕节地区农源生物复合肥菌肥厂、毕节市益农酵钾肥有限公司、毕节市林强水果经济开发有限公司、毕节市绿源果酒酿造有限公司、大方县云龙天麻开发有限责任公司、黔西县智源科技开发有限公司、织金县原野绿肥蛋白饲料厂、贵州宝丰生物技术有限公司、金沙县红日科技发展有限公司、金沙县捷特环新复合材料制品有限公司、金沙冠香坊调味食品有限公司、纳雍县中药材科技有限责任公司、毕节俊杰农业生态科技开发有限公司、贵州海盾生物科技开发有限责任公司。从业人员434人，内有高级技术人员21人，中级36人；年末资产总额4517.6万元，技工贸收入2638.8万元，其中超过100万元的有云龙天麻开发有限公司、绿源果酒酿造有限公司、宝丰生物技术有限公司、冠香坊调味食品有限公司等4家。

1989年，大方县民办畜禽良种繁殖研究所的研究成果《依靠科学技术发展养猪事业》，获地区科技进步二等奖、省星火科技三等奖；1991年，织金县鼠场乡红岩民办柑橘研究所，完成地、县科技计划项目《柑橘良种选育及种苗基地建设》，获地区科技进步三等奖。1992～1994年，毕节地区长生科技开发有限公司进行用苦荞代替大麦作原料，酿造啤酒的试验，筛选出从德国和烟台引进的两种酵母，酿造苦荞啤酒获得成功。1994年申请专利，2000年8月获国家专利局授权，获专利人舒增平、李光福。2001年在毕节啤酒饮料有限公司进行规模化投产试验，产品送贵州省食品质量监督检验中心检测，符合国家优级品种标准，且保存苦荞有益成分黄酮类化合物，使荞啤酒具有保健作用。2003年，毕节地区将苦荞啤酒标准研究列入科技计划项目，完成后报地区质量技术监督局；是年，请贵州省轻工设计院完成年产10万吨苦荞啤酒厂项目可行性报告，列为地区招商项目。

2000～2005年，地区内民营科技企业申报的科技项目，列入地区科技计划的有：水果科技示范园建设，毕节市林业水果开发公司承担；山苍子人工栽培技术示范，毕节俊杰农业生态开发公司承担；贯叶金丝桃资源调查及开发利用研究，贵州海盾生物科技开发有限责任公司承担；天麻仿野生栽培关键技术研究，大方云龙天麻有限责任公司承担；绿色山野菜系列产品开发，金沙冠香坊调味食品有限公司承担，项目在执行中申报列入省星火计划，已通过验收。列入省创新基金的项目有：高效复合菌肥，贵州宝丰生物技术有限公司承担；国家三类新兽药《虾康颗粒》新产品开发，贵州海盾生物科技开发公司承担，是国内第一家以中草药为原料，研制成治疗虾病的国家级新药，深受东南沿海对虾养殖场、户的欢迎，2003年，国家科技部批准为高新技术产品。天麻节材种植技术示范，大方云龙天麻开发有限责任公司承担，经省级验收，成功使用液体制菌技术、节材栽培技术，均达国内先进水平。列入省星火计划的项目还有：源东白桃产业化栽培，毕节俊杰农业生态科技开发公司承担；日本砂梨综合配套开发，毕节林强水果经济开发有限公司承担。列入省中药专项项目有：天麻种植关键配套技术研究与推广应用，大方云龙天麻开发有限责任公司承担。2005年，大方云龙天麻开发公司带动农民进行天麻节材栽培800多亩，产商品天麻320吨，销售收入3840万元。

## 四　农村科技服务体系

**全民性质的技术推广机构**　20世纪60年代初，农村区镇开始建立全民性质的农业技术推广站（下称农技站），以后陆续建立畜牧兽医站（下称兽防站），林业技术推广站（下称林业站），农机化服务站（下称农机站），水利站、农经站，烟区建有烟草站。这些全民性质的事业技术机构，国家、省、地、县各级都有相应的机构，自成系统，推广新技术多是系统安排，且有一定经费，切实可靠，是农村科技服务体系的中坚力量。1990年，农村区一级技术机构有654个，科技人员4341人。1992年，实行撤区建镇并乡，全地区各乡镇仍建有农技站、兽防站、林业站、水工站、农机站，烟区2～3个乡镇建1个烟草站。多数乡镇的农技站、兽防站、水工站组成农技服务中心。

**民办科技服务组织**　1958年，农村实现人民公社化，各县部分公社建立集体性质的农科所，开展科学实验活动，成员均为农民技术骨干，由公社或所在管理区明确1名干部分管。大方县长石公社农科所改进的半坑式积肥法，曾在区内推广。1959～1962年，公社农科所撤销。60年代前期，地、县、区大办高额丰产样板田，涌现出一大批科学实验小组，实行领导干部、农技人员、农民技术骨干三结合。1966年4月10日，省农业厅、省科协、团省委在毕节县召开全省农村科学实验会议，与会代表参观毕节地委步头桥和海子街板田的科学实验。70年代，建立区农技站、公社农科站、大队农科组、生产队农科小组组成的农科网，以农村乡土人才为主，有试验地，纳入集体统一分配。1978年，全地区建农科站584个、农科组2000多个、农科小组1.62万多个，分别占公社、大队、生产队总数的74%、44%和62%。这期间，公社还组建有民办公助的兽防站，成员多为民间兽医；有部分农村知青参加，经几年实践和地、县组织培训后，成为民间兽医。1990年，全地区有公社兽防站801个，从业人员2349人。80年代，农村实行家庭联产承包制后，农科组、农科小组解体，民办公助的兽医站仍存在；地、县植保站在全地区设植保网点1190个，从业人员1547人，通过培训，在当地开展病虫害防治。在新技术、新品种推广中，各地涌现出一批专业研究会和协会。90年代撤区建镇并乡后，民办公助兽医站多数仍存在。已解体的仍以民间兽医点的形式进行服务；植保网点，有少数发展为植物医院。这两类组织，在农村畜禽疫病和作物病虫害防治中起着重要作用。2005年，全区有专业研究会和协会1000多个。毕节市田坝镇田坝村早熟菜研究会，开展早熟蔬菜生产技术及蔬菜品种引进和试验示范。1994年，该村从事早熟蔬菜生产的农户92户，蔬菜收入8.5万元；成功改小麦水稻两熟为早熟蔬菜水稻大白菜三熟制。金沙县西洛乡申家街村科技服务站，由全国劳动模范、农民技师尚德昆倡导建立，村服务站设有植物医院、畜禽诊所、猪人工输精点、水稻油菜研究会及田间示范专业组、农民文化技术学校、村科普协会。1992年起，该村的水稻、玉米、油菜种植实行统一规划布局，统一技术规范，统一供种、育秧、统一防治病虫害，亩产稳定在600千克、400千克、125千克以上。2005年，赫章县中药材产业协会，被科技部批准为第一批国家星火计划专业技术示范协会。

**农科户、科技示范户**　80年代初，实行家庭联产承包责任制后，一些有识农户应用实用技术发展生产取得显著成效，成为农科户，有的农户联合起来进行产品生产和经营，成为农村经济发展的重点户。这些农科户、重点户成为农技部门推广农业实用技术，联系广大农民的纽带。80年代中期，一部分农科户在引进、吸收、消化科技成果，依靠科技进步，发展家庭经济的同时，通过示范服务，带动一批农户应用科技，取得显著经济效益，成为科技示范户。他们在科技流向千家万户的过程中，起着二传手作用，在民办科技组织中，起着骨干作用。1988年4月，毕节地区行署批发地区科委制定的《毕节地区评定农民技术职称实施办法（试行）》，全地区开始评农民技术职称，科技示范户中的主要成员，许多被评上农民技术员、农民技师。1989年，地区科委抽样调查1130户科技示范户，直接联系帮助农户8681户。科技示范户户均收入6917元，劳均2221元，人均1383元，为当年全地区农业人口平均收入的5倍多。1994年，国务院办公厅下达《关于实施绿色证书工程的意见》，地区农经委开展绿色证书评定工作。2005年，全地区有科技示范户14.28万户，获农民技术职称的有2.93万人，获绿色证书的9万多人。

**省、地、县科技人员深入农村**　20世纪50年代开始，省、地、县各有关涉农支农单位、学会的科技人员，以轮换方式，深入农村调研，到农村从事技术培训、咨询、调研、办样板，开展农业科技实施活动，推进农村科技进步。1963～1966年，地、县农口的科技人员，近90%在样板田工作；1989～1991年，金沙县安底星火计划技术密集试验区，省、地、县80多个单位的专家和科技人员500多人次到安底帮助工作。1990～2005年，地区丰收计划项目70个，执行项目的科技人员1100多人次。2003年，大方县被省科技厅列为科技特派员行动试点县。到2005年，每年选派100名左右科技人员到大方县大方镇等6个乡镇，帮助发展反季节无公害蔬菜栽培，一批蔬菜专业研究会、协会应运而生。科技特派员还与农户组建蔬菜公司和蔬菜销售协会，在贵阳、重庆、广州等地建立营销基地，解决蔬菜销售问题。

# 第七节　科技管理服务

## 一　科技计划管理

**中长期科学技术规划**　1.“四五”科学发展技术规划。1971年地区科技局编制本规划，其要点是：工业上开展技术革新和技术改造，增强企业活力；种植业以改革耕作制度，推广粮油烟的优良品种及丰产栽培技术为重点；发展养殖业；医药卫生加强中西药结合对麻风病的治疗。

2.三年、八年科学技术发展规划和二十三年科学技术发展设想。1977年，地区科技局遵照中央编制科技发展规划的通知，及中共贵州省委、毕节地委的意见，编制科技规划和设想。三年、八年科技发展规划的重点是：改革农业耕作制度，提高复种指数；加强主要粮油作物品种选育和相应的栽培技术研究；加强养殖业发展技术和山区资源综合开发利用研究；改造铁冶炼，机械、卷烟、制草技术。23年科技发展设想主要内容是：综合开发煤、铁、硫、磷、锌等矿产资源；引进先进技术装备通讯，改善交通。

3.1978～1985年科学技术发展纲要和规划。1978年，地区科技局根据国家和省科技大会精神，修改1977年编制的三年、八年科学技术规划而编制其主要内容是：建成适应本地区国民经济发展、布局合理、相互配套、专群结合、实现现代化管理的科学技术体系；建成几个设备比较先进的实验室和测试中心；建立一支业务能力强的科技队伍。规划重点发展新材料、新工艺、新产品；集中力量攻克建立高产稳产农田技术难关。

4.1982～1990年科学技术事业发展设想。1980年4月，根据中共毕节地委指示，地区科委编制本地区十年科技事业发展设想。要点是建立、健全地县科协、计量和地震机构；调整充实科研机构；逐步建立以综合利用自然资源为主的地方工业；大力提高科技人员的业务水平。

5.“六五”科技发展规划。1981年，根据中央关于科学技术必须与经济、社会协调发展的原则，及地区1981～1985年国民经济发展计划而制订。要点是：农业以提高中低产田土产量为重点；畜牧业以发展家畜存栏数和提高出栏率为重点；工业以卷烟、皮革、矿产为重点。

6.1986～2000年科学技术发展规划轮廓设想及1986～1990年科学技术发展计划。1983年12月，根据国家和省要求，毕节地区行署成立领导小组，地区科委、计委为主成立办公室实施编制。次年初，办公室组织地直各行业的科技人员撰写行业发展论文，征集91篇，选出41篇，编成《毕节展望》一书，作为编制设想和计划的背景材料。计划设想的主要内容：围绕毕节地区经济、社会发展目标，以增强科技自身发展能力为基础，以促进经济建设为中心，以引进、吸收先进实用技术为重点，实行技术吸收和有限重点开发的科技发展战略。科技发展的重点行业和生产领域是：农业、烟草系列、酿造、饲料、毛纺、制革、化工、采矿、建材、电力、冶金；社会领域是环保、医疗卫生、软科学；新技术领域是微电子计算机技术。1986～1990年计划的主要内容是：把科技体制改革和科技事业发展放在首位，推动科技进步，促进科技、经济、社会协调发展。重点是：粮油、烟草、畜牧系列产品开发，以农副产品为原料的轻工业；食品工业的综合加工和深加工开发；林业；煤炭和锌系列产品开发；区域综合开发。

7.试验区科技发展规划。1988年6月，国务院批准建立毕节开发扶贫、生态建设试验区。中共毕节地委、毕节地区行署组织编写试验区发展规划。5个子规划中的1989～2000年科学技术发展规划，由地区科委编写。1989年4月下旬，中共贵州省委、贵州省政府邀请北京专家论证修改试验区发展规划及其子规划。科技规划的主要内容是：引进先进技术改造传统工业和现有乡镇企业，农业致力于提高土地生产力和劳动生产率，提高工农业经济增长中科学技术进步因素贡献的份额，逐步建成与开发扶贫生态建设紧密结合的科技体系，制订试验区各支柱产业的技术政策要点。

8.毕节地区科学技术发展十年规划和1991～1995年计划。1992年，毕节地区行署召开全区第二次科技工作会议，地区科委编制本规划，供大会讨论后修改定稿，行署批发。其主要内容是：在传统农业与现代农业相结合的格局中，逐步扩大现代农业技术的比重；加快工业企业的技术进步，通过技术引进、消化、吸收，加速产品升级换代和新工艺开发；加强科技领域自身建设；建立健全农村科技服务体系；造就一支宏大的专群结合的科技队伍。具体提出生产技术领域、社会科技领域、新兴技术领域的科技任务和技术政策要点。

9.毕节开发扶贫、生态建设试验区2010年科技发展规划纲要。1999年，地区科技局编制。明确提出毕节地区今后10年科学技术发展的奋斗目标、发展方向、重点任务和主要措施。提出以创新为源泉，市场为导向，资源开发为重点，人才开发为基础，自主开发与引进并重，技术储备与技术应用并举，推进科技工作社会化，科技经济一体化。重申地区内生产技术结构是先进技术、中间技术和传统技术并存，但先进科技逐步扩大，传统技术将被限制在更小的领域；高新技术将逐步进入生产领域。

10.毕节试验区绿色经济发展2006～2010年规划。2005年，毕节地区行署与省科技厅决定，由地区科技局承担编制。规划选择生态建设、绿色农业、生态畜牧业、绿色中药材、绿色旅游、绿色资源、高新技术应用为重点发展领域，采取建设示范区、以点带面、梯次推进的实施策略，先期建设毕节市普宜石漠化治理、金沙县平坝生态农业、纳雍县新房矿区绿色经济发展、赫章野马川、平山、威奢经济协调发展示范区。

**科学技术项目计划**　地区科学技术项目计划，1980年以前包括重大科研项目、新产品试制项目、中间试验项目；80年代后，增加推广项目、星火计划项目，及星火技术密集投入的区域性综合开发项目，含星火技术密集试验区，科技示范乡、示范村和示范园区。1.项目管理程序。（1）列项。申请列项的单位，按科技管理部门设计的项目申请表填报。重大项目需增加可行性报告。1985年，地区科委制订项目综合评价指标体系，对项目的先进性、紧迫性、应用前景、难易程度、研究周期、研究成本、计划性、风险性等进行综合定量评价，择优列项。重大项目先邀请同行专家论证。根据上年结转项目和当年经费，列当年新上项目。（2）签订合同。新列项目，项目承担单位与科技局按《毕节地区科学技术项目合同书》签署合同后生效。项目承担单位基本是事业、企业、行政单位或个人；一部分是地区单位与省内外科研院和院校联合；个别项目是省有关单位承担。（3）实施与检查。由项目承担单位组织实施。地区科技局定期检查实施情况，各县承担的项目，由县科技局代管，地区科技局仍要定期检查。（4）验收与鉴定。项目结束后，课题组写成总结上报，甲乙双方协商进行验收，或验收鉴定同时进行。验收主要以合同为依据作出结论；鉴定要对其研究结果学术水平、在经济建设和社会发展中的作用，对生态环境的影响等作出评价。有的项目，需遵照国家有关法规，如农作物新品种选育，其育成品种，一定要通过农作物品种审定委员会审定通过，即代替验收和鉴定。

2.科技项目数量和分类。据1972～2005年统计，地区科技局列入年度科技计划的新上项目，34年共843项，平均每年24～25项。1973年新上58项，为最多年份，1980年4项，为最少。每个项目1～5年完成，每年都有一批上年接转的项目。1973～2005年，年度接转项目792项，平均每年24项。年度科技项目计划，平均48项，最多年份79项。地区科技计划中的项目，选部分上报，争取列入省和国家科技项目计划。1980～2005年，列入省计划的86项，占地区新上计划项目的13.9%，其中列入国家计划的8项。地区科技计划项目，基本是面向经济建设的应用研究和开发研究，有少量软科学研究，基础研究很少。科技项目计划中农业方面的项目比重较大。1991～2005年，新上项目349项，各行业项目的比例为：种植业40.3%，工业18.9%，养殖业13.8%，林业8%，医药卫生5.7%，科技区域综合开发4.9%，环保、地震、软科学8.4%。科技计划项目中，因人事变动、经费拮据或计划不周因素，部分未执行或中途终止。通过验收项目，成功的占大多数；有部分未到达预期目的，甚至失败。

3.科学计划项目的主要成就。主要成就是出成果出人才。成功的项目，有一部分获得科技进步奖，据1991～2000年统计，完成科技计划内项目243项，116项获地区科技进步奖，占57.2%；其中33项获省科技进步奖和星火科技奖，1项获国家科技进步奖。地区土肥站完成的《旱地绿肥聚垄耕作技术开发》，列为全省推广项目。近30年的耕作制度研究，毕麦系列产品育成和应用，马铃薯品种引进及脱毒种薯推广，马铃薯癌肿病防治研究等重点项目的完成，使全地区通过发展夏收作物，高复种指数的耕制改革，取得显著成效，中华人民共和国成立初复种指数不到100%，1990年后稳定在180%以上，小麦、马铃薯成为主要粮食作物。地区农科所育成的毕单系列18个玉米杂交种，毕节市农业局与贵州农学院合作育成的贵毕系列8个玉米杂交种，对提高地区玉米产量作出重要贡献；2005年，全地区玉米243.85万亩，总产111.85万吨，与产量最高的1984年比较，面积减少15.9%，总产增71.8%，单产增104.2%，显著体现出科学技术的作用。烤烟品质调查项目，探明烤烟有多种香型及其分布，为毕节卷烟厂建立清香型烟叶生产基地，研制出清香型甲级卷烟做基础性工作。支持毕节制革厂与成都科技大学合作，研制成功绵羊皮服装手套革等11种皮革，使区内制革技术取得突破性进展。商品瘦肉型猪杂交组合研究与推广等一批重点项目的完成，促进地区畜牧业持续发展。科技计划项目面对全地区各行业，30多年的

800多个项目，课题组成员3000多人次，执行科研课题，促进科技人员实践经验的积累和理论水平提高。

**区域科技示范与科技创先计划**　1.星火技术密集试验区。1986年，国家科委提出星火计划，重点是把先进实用的科技成果应用于农村，推动农业现代化和农村工业化；要求选择小型的、专业化的、现代化的、高效益的技术，收到投资少、见效快、应用面广的效果。1987年，地区科委与金沙、赫章县科委通过调研，提出金沙县安底星火技术密集试验区、赫章县妈姑星火技术密集试验区的可行性报告。1989年2月，省科委批准两个试验区列为省星火技术密集试验区；是年4月，国家科委批准将安底列为国家级星火技术密集试验区。安底星火技术密集试验区，覆盖安底区全境。1989～1991年，试验区普及20多项实用技术，1991年与1988年比较，工农业总产值增30.3%，粮食增85.9%，人均粮食增74.2%，油菜籽总产增41.4%，畜牧业产值增57.2%，乡镇企业产值增80.6%，林灌覆盖率从19.8%上升到38.9%，人均纯收入增52.9%，人口自然增长率由8.58‰下降为5.92‰。形成以种植业为主，农林牧协调发展的格局。乡镇企业的发展，传统的农村经济开始发生变化，试验区内经济、科技得到有机结合，经济社会全面发展，走出一条依靠科技进步发展农村经济的道路。1990年金沙金县推广安底经验，全县推广5项主要农业技术的“五个10万亩”，1991年改为“五个普及”。妈姑星火技术密集试验区，含妈姑到野马川沿线的9个乡镇，以开发锌系列产品为支撑产业。1991年与1988年比较，粗锌冶炼回收率从不到50%提高到60%以上，粗锌、精锌产量分别增49.5%和165.9%，开发出锌基合金、氧化锌粉等新产品，锌产品产值增115%。硫化锌矿浮选，成功进行锌、铅分离。试验区从事锌系列产品生产的人员达1.5万多人，超过劳动力总数的一半，另有万余人从事为锌冶炼服务的行业。人均纯收入5056元，比1988年增71.4%。

2.科技示范乡、示范村。1990年，毕节、大方、黔西、织金、纳雍、威宁、赫章县在金沙安底试验带动下，分别上1个科技示范乡，107名科技辅导员办93个科技示范村。科技示范乡、村狠抓实用技术普及，短期内都见成效；同时抓一乡一业，一村一品开发。威宁县科委以雨科作示范乡，1990～1991年，粮食连续增长，烤烟生产发展快。1992年撤区建镇并乡后，各县科技示范乡暂时终止，科技示范村工作继续。大方县大方镇小路村，抓早熟蔬菜生产，成为县内有名的蔬菜生产示范村。1996年，全村435户，人均蔬菜销售收入518元，贫困户由38%降为1.8%。织金县化起镇安全示范村，发展竹荪栽培，1994年全村种竹荪8300多平方米，收入56万元，人均1200元。2005年，金沙县有科技示范村199个，占该县村数的35.3%。

3.科技创先计划。1992年2月，国家科委提出在全国开展创科技工作达标县市活动。是年5月，中共毕节地委召开全地区科技工作会议，作出《关于推动科技进步振兴毕节经济的决定》，提出开展县、乡镇科技工作达标活动；地区行署作出《毕节地区科技工作达标试行办法》，明确1992～1994年，以金沙县为科技工作达标试点县，其他县各选1～3个科技工作达标试点乡镇；地区科委制订县和乡镇科技工作达标的验收办法。1984年，国家科委将科技工作达标活动改为科技创先活动。是年12月，地区行署组织地区科委等11个部门负责人参加验收小组，对试点县和试点乡镇逐一验收。通过验收的有金沙县，毕节市小吉场镇、朱昌镇、田坝镇，大方县文阁乡，织金县三甲白族苗族自治乡，纳雍县王家寨镇，威宁县中水镇，赫章县平山乡。3年间，全地区8个试点乡镇有645人获农民技术职称，占劳动力总数的0.6%；试点县、乡镇的农业实用技术普及率达80%多。1995年4月，贵州省政府办公厅批转省科委《关于我省创建科技先进县（市、区）的意见》。是月，省科委在金沙县召开全省创建科技先进县（市、区）现场会，毕节地区行署分管科技工作的副专员介绍毕节地区的经验，会后，地区行署制发《关于进一步开展科技先进县（市）、乡（镇）活动的意见》，要求金沙县争取通过省和国家验收，明确毕节市作为争取科技创先市；其他各县扩大科技创先乡镇个数。1997年，金沙县、毕节市通过省政府验收，达到省科技先进县市标准。1999年，科技部委托贵州省政府验收金沙县创建国家级先进科技创先县市，金沙县顺利通过。2001年毕节市通过省科技厅考核，仍为贵州省科技创先先进市。

4.农业科技示范园区计划。2000年，级科技部提出建立农业科技园区。2002年2月，地区科技局制发《关于加快毕节地区科技示范园区建设的意见》，启动全地区科技示范园区建设工作。至2005年，已列入地区计划并开展工作的有：毕节地区中药材种植科技示范园，位于大方县，重点开展天麻种植，园区内云龙天麻公司种植6万多平方米，扶持带动1035户农户种植天麻，均采用天麻节材栽培技术；黔西县农业科技示范园，位于岔白，主要进行无公害蔬菜栽培；黔西北山区现代农业科技示范基地，在地区农科所，建成集精致农业、现代高科技农业、旅游观光农业为一体，经济、社会、生态效益相统一的新型农业试验示范模式。

## 二　科技成果管理

**科技成果评审沿革**　1977年7月，毕节地区成立参加全国科学大会筹备领导小组，下设筹备办公室在地区科技局。遵照中央和省要求，对1949年以来本地区取得的科技成果进行收集、整理、评选，共评选出43项成果上报，4项获国家科学大会奖，24项获省科学大会奖。1980年4月，地区行署决定评奖科技成果，建立评审领导小组，发出《关于1978～1980年科学技术成果奖励评审办法的通知》，由地区科委制订评审细则。是年，评出成果87项。1981年2月20日，中共毕节地委、地区行署召开首次科技成果表彰大会。1982年、1984年，参照第一次评审办法，进行第二次、第三次科技成果评奖。1985年起，改为每年评奖一次。列入地区科委日常工作。1986年，地区行署根据国家和省有关规定，将科学技术成果奖改为科学技术进步奖，并制发《毕节地区科学技术进步奖励办法》，规定技术进步奖包括自然科学理论研究成果，应用于现代化建设的科学技术成果等10个方面。地区科委制订实施细则，从鉴定到奖励实现规范化。1996年8月，地区科技局重新制订《毕节地区科技进步奖励办法》，仅限于自然科学领域。1978～2005年，地区评奖和申报省和国家获奖共865项，其中有关单位和人员为主完成，获国家级科学大会奖、科技进步奖、星火科技奖6项，获省部级科学大会奖、科技进步奖、星火科技奖、农业区划奖共93项，地区科技进步奖701项，有关单位和人员参与省或国家有关单位完成，获国家和省、部级奖65项，其中52项，获地区级奖后上报。1981～1983年，省政府设置农业技术改进推广奖。由省农业厅评审一、二等奖，报经省政府批准为省级奖；地区农业局、畜牧局评审三、四、五等奖（1982～1983年取消五等奖），共评奖三次，本地区有432项获奖，其中一等奖3项、二等奖21项。1988年，农业部提出丰收计划，1990年农业部和省农业厅增设农业丰收奖，至2005年，本地区共获奖70项。

**科技成果鉴定、评审与奖励**　1.成果鉴定。由地、县科委或地区主管局主持鉴定。鉴定办法分为：检测鉴定，由专业检测机构按国家标准、行业标准或有关技术指标进行检验、测试和评价，作出结论。验收鉴定，由验收单位按照计划任务或所规定的标准和方法，进行测定、评价、作出结论。专家评议，召开专家鉴定会，进行审定、评价，作出结论；也可用信函方式请同行专家审查、评价，提出书面意见，组织鉴定单位汇总作结论的方式。审定鉴定，指新育成的作物新品种，必须通过地区或省、国家农作物品种审定委员会审定通过。2000年后，取消地区审定。

2.成果申报与公报。单位或个人完成的科技成果，以及中央、省在毕节地区的单位、区外单位或个人承担本地区项目所取得的科技成果，均可申报。地区科委审查合格的，发布当年申请评奖项目公告，公告之日起，1月内无异议的，或有异议经裁决同意请奖的，提交评审。

3.成果评审与审批。1980年、1982年地区两次评审，先建立评审领导小组及评审委员会，先由地区科委对请奖成果作形式审查后，交评委会评审，报领导小组审定。1984年，改为评审委员会评审后，由地区科委审定，报请分管副专员审批，并在《毕节报》上发布公告。自公布之日起1个月内，如对完成人员有异议，由申报单位提出处理意见，地区科委裁决；无异议的即行授奖。评审办法，1984年前，由评委会专家按少数服从多数方式决定成果是否受奖和奖励等级。1985年，地区科委制订科技成果综合评价指标体系，设创新性、先进性、难易程度、紧迫性、应用范围、社会效益、经济效益、生态效益、科学价值9个指标，每个指标分为5个档次，满分100分（其中生态效益从负100分到正100分）；每个指标的权重分大小。评委会专家按评价指标体系对每项成果逐个指标进行评分，将每个指标得分乘以权重，累加后评出等级。从1987年起，鉴于一些成果的社会效益显著，而难以计算经济效益，将成果分为硬成果和软成果两类，调整各个指标的权重。此评审办法，沿用至今。

4.成果奖励。1980年起，成果由地区行署分别给完成单位和个人颁发奖状和荣誉证书，同时发给奖金。奖金的数量，1980年和1982年，一等奖200元、二等奖150元、三等奖100元、四等奖50元；1984年，一等奖500元、二等奖300元、三等奖200元、四等奖100元；1985年，一等奖800元、二等奖500元、三等奖300元、四等奖150元；1986～1991年，一等奖1200元、二等奖800元、三等奖500元、四等奖300元；1992～1996年，一等奖5000元、二等奖3000元、三等奖1000元、四等奖500元；1997～2005年，一等奖1万元、二等奖7000元、三等奖5000元、四等奖3000元。如已先获上级奖励的项目，地区不再评奖；如获县级和地区局奖励的项目，可申报地区评奖。1996年规定，获国家级和省级科技进步奖、星火科技奖、发明奖、国际合作奖的成果，地区按获奖奖励金额等额予以再奖励（不含原已获地区奖的成果）。

**科技成果推广**　1.列入科技项目计划推广。地区科技项目计划分开发利用研究项目、综合开发项目、推广项目、中间试验项目、星火计划项目、示范项目、应用项目、科技示范乡示范村项目、科技园区项目、基地建设项目。1991～2005年，新上项目395项，属上述有推广性质的94项，占26.2%。在签订合同时，对完成的数量、效益等都有具体要求，验收证明基本都用于生产，取得一定甚至较大的效益。1981～1989年，地区牧科所完成的贵州半细毛羊阶段成果推广项目，从5.85万只增到17.64万只，增201.5%，累计比本地绵羊增产羊毛1100多吨，增值1000多万元，课题组建立核心羊群的162户科技示范户，户均年收入2149元。1989～1991年，地区土肥站承担的旱地绿肥聚垄耕作综合配套技术开发项目，总结提出绿肥聚垄耕作法，比习惯耕作法增产40%以上，三年示范62.89万亩，增产粮食14.73万吨，农民增收1亿多元。1991～1993年，地区草地站承担的秸秆氨化技术示范项目，示范生产氨化饲料150多吨，秸秆粗蛋白含量从3%提高到8%～9%，干物质消化率提高10%～20%，在冬春草枯水冷季节，喂饲氨化饲料的牛羊，效果好，列为地区重点推广项目。1991～1994年，威宁县果树站承担的低产苹果、黄梨树改造技术推广项目，改造76.41万株，产量显著提高；通过培训，掌握改造技术的果农2500多人，其中100多名评上农民技术职称。1996～2001年，地区农科所承担的毕麦系列良种科示范推广363.8万亩。同期，贵州大学农学院与地区农业局承担的毕节地区100万亩粮食高产综合配套技术研究与应用、玉米100万亩高产技术研究与应用两项目，属省科技计划列项，地区科技局代管，均按合同超额完成任务，获省科技进步二等奖。2002～2005年，地区牧科所承担的可乐猪品种资源杂交利用研究及推广项目，建立生产基地7个、生产场1个、推广良种猪4508头，优质仔猪9.5万头，已形成可乐猪纯种繁育、二元杂交制种、三元杂交生产的产业化体系，被科技部批准建立毕节地区畜牧业科技成果转化中心。

2.评奖成果推广。1985年，地区科委制订的科技成果评价指标体系中的经济效益、社会效益、生态效益指标的权重占56%，而且是以申报成果时已取得的实际效益为准计算；效益好的获奖等级高。促使成果完成单位和个人，尽快使之用于生产，转化为生产力，在创造最大效益后再申报成果。小麦新品种毕麦13号、毕麦26号选育，1985年通过审定，1989年累计推广180多万亩时申报，获地区科技进步一等奖。1982地区农科所育成优良玉米自交系449，经省内育种单位用449组配的9个玉米杂交种均通过审定，1993年推广超过500万亩，取得显著效益，申报获省科技进步二等奖。1984～1989年，毕节县农业局与贵州农学院合作育成贵毕系列8个玉米杂交种，1990～1992年在毕节县推广64.14万亩，比本地品种增产35.1%，毕节县实现县提、县繁、县制的杂交种制种体系，年生产玉米杂交种100万千克以上，省内外从该县购买种子种植107万亩，1993年获地区科技进步一等奖。1994年获省科技进步二等奖，1995年获国家科技进步三等奖，获奖后继续扩大推广面积。1986年，毕节县建材厂进行页岩砖资源开发，至1990年开发出9个产品投放市场，1994年，其产品占毕节建筑市场的50%，后申报成果获地区科技进步二等奖。1991年2月，地区农机所研制成功玉米营养钵制钵机具系列产品，1998年在地区内外推广10.62万套，获地区科技进步二等奖。地区农科所育成的玉米杂交种毕单4号，1992年省农作物品种审定委员会审定通过，准予在全省推广，2000年，国家农业部向全国推荐，2004年累计推广1333.5万亩，增产粮食40.4万吨，2005年申报成果，获地区科技进步一等奖。

3.制订相应的技术政策推广。地区科技局在历次科技规划中，在区内各主要行业的技术选择上，都要提出一段时期内应限制甚至淘汰的技术，应引进、推广的技术，应研究储备的技术。规划中的技术选择，属指导性的意见，对制订年度科技项目计划，科技成果评定，各行业的技术进步，有重要参考作用。土法炼硫环保技术研究成功，地区环保局要求淘汰老技术，推广新技术，经地区行署批准实施。1995年，原有几十家硫磺厂，全部经技术改造，在防止环境污染的同时，硫磺产量大幅度增长。1994年，此事引起国家环保局重视，派员来毕节调查后，写成材料上报国务院，国务委员兼国家环境保护委员会主任、国家科委主任宋健指示在全国推广毕节炼硫新技术。是年，国家科委、国家农业部、国家环保局联合在毕节召开现场会推广。

4.跟踪列项促进推广。1983年，织金县桂花林场采集野生竹荪菇蕾进行组织分离，制成人工繁殖菌种。1984～1996年，先后列入地区科技项目计划的有关竹荪项目有：竹荪人工栽培技术研究、竹荪品种比较试验、竹荪生产技术开发。竹荪栽培技术及推广，在织金县取得显著成就。1991年获地区科技进步二等奖、省星火科技三等奖。竹荪产量增加后，因产品单一及贮藏中褐变，影响到销售。地区科技局请四川联合大学食品系进行竹荪加工及贮藏中的褐变预防研究。在提出系列产品的同时，研制两种预防竹荪褐变的吸氧剂，及比较理想的竹荪包装形式和包装材料应用于生产，促进织金县的竹荪得以继续发展。

### 1978～2005年获国家、部、省级奖科技成果名录

| 年度 | 项目名称 | 获奖级别 | 获奖等级 | 主要完成单位 | 主要完成人员 |
|---|---|---|---|---|---|
| 1978 | 小麦新品种毕麦5号选育 | 国家级 | 科学大会 | 地区农科所 | |
| | 地方性食物氟中毒调研 | | | 贵阳医学院毕节县卫生局 | |
| | 黄曲霉素β1检查 | | | 地区防疫站 | |
| | 斑疹伤寒病原体分离研究 | | | | |
| | 农村定点科技扶贫 | | 星火奖 | 地区农经站 | 文美政、张国宣、毛继志、翟应琼、支国福 |
| 1995 | 西南山区玉米系列配套杂交种选育及应用 | | 三等奖 | 毕节市农业局贵州农学院 | 戴保威、王树伦、吴盛黎、罗昌发、官光泽、聂勋芹、胡宪林 |
| | 黔西县综合农业区划 | 部级 | 三等奖 | 黔西县区划办 | 张茂安、石德新、杨亚群 |
| 1986 | 毕节地区第二次土壤普查 | | 一等奖 | 地区土壤普查办 | 杨大晋、田玉成、解德蕴、罗次晃、周汝勤、何贵圃、罗振东 |

续表

| 年度 | 项目名称 | 获奖级别 | 获奖等级 | 主要完成单位 | 主要完成人员 |
|---|---|---|---|---|---|
| 1978 | 水稻品种西农175、川大粳、农育1744引种及亩产千斤栽培技术研究 | 省级 | 科学大会奖 | | |
| | 水稻品种毕粳6号、毕粳7号选育与推广 | | | | |
| | 小麦新品种毕麦5号选育 | | | | |
| | 甜菜播种期研究 | | | | |
| | 黏虫发生规律及防治研究 | | | 地区农科所 | |
| | 苕子发展及改土效果 | | | | |
| | 耕制改革调查研究 | | | | |
| | 绵羊改良与杂交组合试验 | | | 地区牧科所 | |
| | 石灰改良黄壤增产试验 | | | 赫章县中坪公社拖街生产队 | |
| | 麦烟套种试验 | | | 黔西县农产公司 | |
| 1978 | 异源八倍体小黑麦在大面积生产上的应用 | | | 威宁县农科所 | |
| | 黏虫在威宁发生规律研究 | | | | |
| | 洋芋良种米拉的引进鉴定及推广 | | | | |
| | 烤烟新品种育成 | | | 毕节县头步桥公社 | |
| | 夏橙引种试验 | | | 毕节清水区农技站 | |
| | 柑橘大食蝇防治研究 | | | | |
| | 夏橙贮藏试验 | | | | |
| | 中草药电动配方机研制 | | | 地区无线电厂 | |
| | 罐组式浸出法生产固体酱油 | | | 大方农副产品加工厂 | |
| | 本地重晶石生产药用硫酸钡 | | | 织金县制药厂 | |

续表

| 年度 | 项目名称 | 获奖级别 | 获奖等级 | 主要完成单位 | 主要完成人员 |
|---|---|---|---|---|---|
| 1978 | 粟粒型肺结核x线诊断 | 省级 | 科学大会奖 | 地区医院 | |
| | 黄曲霉素β1的检查 | | | 地区防疫站 | |
| | 斑疹伤寒病原体分离检查 | | | | |
| | 地方性食物氟中毒调查 | | | 贵阳医学院、毕节县卫生局 | |
| 1980 | STZF-800草海牌多用脱粒机 | | 四等奖 | 威宁农机研究所 | 冉启雄 |
| 1981 | 水资源调查 | | 四等奖 | 地区水电局 | 王治平、王大祥、杨光祖、胡密兰 |
| 1984 | 毕节地区综合农业区划 | | 二等奖 | 地区农业区划办 | 徐伯华、姜羡农、陶鸣銮、杨廷芳、陈胜元、赵洪 |
| | 毕节县综合农业区划 | | 三等奖 | 毕节县农业区划办 | 林凤鸣、王振熙、杨能务、史良文 |
| | 威宁县综合农业区划 | | 三等奖 | 威宁县农业区划办 | 张君隆、李崇君、郭荣庆、唐普隆、徐柏华 |
| | 赫章县综合农业区划 | | | 赫章县农业区划办 | 陈远谋、顾国英、何贵甫、袁隆黔、钟升玉 |
| | 大方县综合农业区划 | | | 大方县农业区划办 | 王大学、熊原兴、李际唐 |
| | 织金县综合农业区划 | | | 织金县农业区划办 | 卢文亮、孙文鉴、陈永祥、刘登贵 |
| | 金沙县综合农业区划 | | | 金沙县农业区划办 | 蓝启荣、王世英、刘崇彦、蔡朝根 |
| | 纳雍县综合农业区划 | | | 纳雍县农业区划办 | 刘秀乾、彭进荣、付胜亚、康海俊、李贵华、程玉泉 |
| | 3号锅炉改燃无烟煤 | | 四等奖 | 毕节地区化肥厂 | 杨景昭、周立民 |
| 1986 | 稀土盐及铬锆铝多金属鞣剂在绵羊服装手套革上的应用 | | 二等奖 | 毕节县制革厂成都科技大学 | 申时勋、邓培明、张明让、吴兴赤、李秀成 |

续表

| 年度 | 项目名称 | 获奖级别 | 获奖等级 | 主要完成单位 | 主要完成人员 |
|---|---|---|---|---|---|
| 1987 | 毕粳80号选育与推广 | 省级 | 三等奖 | | 陈祖雍、刘绪华 |
| | 黏虫为害水稻产量的影响及防治指标研究 | | 四等奖 | 地区农科所 | 鲁信纯、蒋进、蓝光燮 |
| | 红果蔷薇资源开发利用 | | 四等奖 | 地区农科所 | 鲁韵兰、祖晓勤、王勃 |
| 1988 | 农村定点科技扶贫 | | 星火二等奖 | 地区农经站 | 文美政、张国宣、毛继志、翟应琼、支国福 |
| | 华山松煤污病研究 | | 三等奖 | 地区林科所 | 刘正中、罗林、王明学、王秉正、张曼洛 |
| 1989 | 依靠科技发展养猪事业 | | 星火二等奖 | 大方县民办畜禽良种繁殖研究所 | 刘娜娜、汪希贵、刘崇熙、刘崇煦、刘崇戏 |
| | 纳雍县畜牧扶贫 | | 星火二等奖 | 纳雍县畜牧局 | |
| | 毕节地区经济社会发展战略研究 | | 四等奖 | 地区经济研究室 | 何明松、刘承富、李德敏、黄英竹、刘刚 |
| | 木蓑衣水库岩溶渗漏及坝基稳定分析处理 | | | 地区水电勘测设计队 | 廖执中、夏立明、乔增南 |
| 1990 | 废铬液封闭式循环使用 | | 三等奖 | 毕节县制革厂 | 吴兴赤、张明让、邓培民、李秀成、徐本贵 |
| | 毕节地区烤烟品质调查 | | | 地区农科所 | 李贵斌、陈宗屏、韩征、包家发 |
| | 0.64pa Φ2800中变炉串Φ2000低变新工艺 | | 四等奖 | 地区化肥厂 | 徐绍英、梁万荣、邹芳智、田荣鹰 |
| 1991 | 贵州半细毛羊培育阶段成果推广 | | | 地区牧科所 | 李孟年、郭显明、雷莉萍、曾顺武、王洪敏 |
| | 苹果、梨优质丰产栽培技术研究 | | 三等奖 | 省农业厅果蔬站、威宁果树站 | 马渝麟、覃德峰、任民政、严绪成、向青云 |
| | 大面积粮桐间作速生产栽培技术研究 | | | 地区林业局 | 韩准初、陈银华、尹若芳、邱家梁、赖尚斌、袁先芳 |

续表

| 年度 | 项目名称 | 获奖级别 | 获奖等级 | 主要完成单位 | 主要完成人员 |
|---|---|---|---|---|---|
| 1991 | 烟草蛀茎蛾发生规律及防治技术研究 | 省级 | 四等奖 | 地区植保站，金沙、黔西植保站 | 沈志浩、程玉文、田祥贵、符培、余文礼 |
| | 竹荪人工栽培技术研究推广 | | | 织金县科委 | 吴勇、杨秀嵩、林朝忠、杨秀峰、李学鲁、雷元林、代吉华 |
| | 小麦新品种毕麦13、毕麦26选育与推广 | | 星火三等奖 | 地区农科所、地区种子公司 | 张学恒、吴燮康、张国翔、陈宽禧、李忠志 |
| 1992 | 遥感计算机技术在贵州百里杜鹃风景名胜区规划中应用 | | | 黔西县城建局、贵州省城乡规划设计院 | 花荣宽、钱育渝、赵自力、王泰阶 |
| | 高产优质玉米杂交种毕单3号 | | 三等奖 | 地区农科所 | 余永芳、李贵斌、梁黔云、夏瑾瑜、周光伟 |
| | 绿肥垄作法研究 | | | 地区土肥站，毕节、赫章县土肥站 | 杨大晋、陈必静、周汝勤、聂少伦、罗振东 |
| | 全国水土保持重点防治毕节片区水土保持规划报告 | | 三等奖 | 地区水保办，毕节县、大方县水保办 | 苟兴彬、常铸国、钟亦泉、石尚隆、张锡忠 |
| | 华山松单、双亲子优测定 | | 四等奖 | 赫章县科协、林业局、贵州农学院林学系 | 梁伟祥、汪忠民、石文定、李明文、朱绪长 |
| | 优良玉米自交系449 | | 二等奖 | 地区农科所 | 余永芳、梁黔云、周光伟、阮培均、张志国、陈宗屏、蒋进 |
| 1993 | 冷粗钢筋山砂硐空心板试验与研究 | | 三等奖 | 黔西县建设局 | 何延彬、花荣宽、杨中惠、唐建平 |
| | 玉米大斑病、小斑病和丝黑穗病防治技术研究 | | 四等奖 | 地区农科所 | 蓝光燮、王宗明、陆宁、李雪松、周建华 |
| | 黔西北山区旱地农业耕作技术研究与推广 | | 星火二等奖 | 地区农技站 | 左文涵、张荣达、胡贵忠、陈烈耀、聂勋芹、王显立、黄勇、胡建风、钟声 |

续表

| 年度 | 项目名称 | 获奖级别 | 获奖等级 | 主要完成单位 | 主要完成人员 |
|---|---|---|---|---|---|
| 1994 | 西南山区玉米系列配套杂交种选育及应用 | 省级 | 二等奖 | 毕节市农业局、贵州农学院 | 戴保威、王树伦、吴盛黎、罗昌发、官光泽、聂勋芹、胡宪林 |
| 1994 | 小尾寒羊引种驯化试验 | 省级 | 四等奖 | 地区牧科所 | 李敬丹、陈荣、蔡尔康、陈文华、宋德荣 |
| 1994 | 毕节地区炼硫环保技术开发 | 省级 | 星火三等奖 | 地区环保局 | 徐本贵、潘祖才、文焕钰、殷旭东、王尚华 |
| 1995 | 低芥酸油菜推广 | 省级 | 星火三等奖 | 金沙县农技站 | 熊楚国、李杰、何江敏、聂晓文、张荣达 |
| 1995 | 梨、苹果低产树改造技术推广应用 | 省级 | 星火四等奖 | 威宁县果树站 | 董恩省、陈卫静、虎明洪、赵宗华、杨华斌 |
| 1996 | 杂交玉米组合黔西4号选育及推广 | 省级 | 星火三等奖 | 黔西县种子公司 | 张国翔、黄光琛、张承杰、周文模、刘家祥 |
| 1996 | 绿肥烟试验示范推广 | 省级 | 星火三等奖 | 地区烟办 | 张建军、蓝兴甫、张瑾、冯厚美、李国仲 |
| 1996 | 玉米大面积综合增产技术示范推广 | 省级 | 星火四等奖 | 毕节市种子公司 | 王树伦、聂勋芹、罗志琴、樊文斌、孙良辉 |
| 1996 | 高寒山区玉米地膜覆盖持续丰产栽培技术研究与应用 | 省级 | 二等奖 | 地区农技站 | 左文涵、张荣达、胡贵忠、陈烈耀、胡建风、王显立、黄勇 |
| 1996 | 纳雍县"中国3356"项目实施林业配套技术 | 省级 | 三等奖 | 纳雍县指挥部林业技术组 | 刘长宽、刘登科、蒙文选、周云、金碧云 |
| 1996 | 优良玉米自交系411 | 省级 | 四等奖 | 地区农科所 | 余永芳、王国良、梁黔云、阮培均、张志国 |
| 1996 | 毕节地区人为水土流失研究 | 省级 | 三等奖 | 地区水保办 | 李家华、罗林、曾广燕、张佑礼、韦甫均 |
| 1997 | 水窖技术研究试验总结报告 | 省级 | 四等奖 | 地区水电局 | 乔增南、夏立明、曹忠义、常铸国、王济云 |
| 1998 | 毕节地区平衡配套施肥试验示范 | 省级 | 星火二等奖 | 地区土肥站 | 杨大晋、陈必静、谭廷甫、汪忠华、曹文才 |
| 1998 | 毕节地区滑坡、泥石流普查及研究 | 省级 | 四等奖 | 地区水保办、长江上游水保办毕节二级站 | 张佑礼、罗林、曹广燕、李家华、罗小延 |

续表

| 年度 | 项目名称 | 获奖级别 | 获奖等级 | 主要完成单位 | 主要完成人员 |
|---|---|---|---|---|---|
| 1999 | 毕节地区100万亩粮食高产综合配套技术研究与应用 | 省级 | 二等奖 | 贵州大学农学院、地区农业局 | 杨昌达、熊继文、陈烈耀、杨昌河、余昌权、顾明、吴盛黎 |
| | 毕梗37号选育与应用 | | 三等奖 | 地区农科所 | 顾尚敬、张时龙、余本勋、谢浦生、钟声 |
| 2001 | 玉米100万亩高产技术应用与研究 | | 二等奖 | 贵州大学农学院、地区农业局 | 赵致、张荣达、吴盛黎、陈烈耀、李明、王嵩、魏成熙 |
| | 毕麦系列良种大面积示范推广 | | | 地区农科所 | 唐映军、付业春、刘爱华、赵彬、钟声 |
| | 短枝红富士苹果生产示范 | | | 省农科院园艺所、威宁县果树站 | 班小重、严绪成、童安毕、任民政、陈卫静 |
| 2002 | 可乐猪保种选育及开发利用 | | 三等奖 | 地区牧科所、地区品改站、地区天力公司 | 金深逊、李敬丹、蔡尔康、张宗庆、张习本 |
| 2003 | 乌蒙乌骨鸡选育与推广 | | 三等奖 | 地区牧科所 | 李敬丹、周礼伦、陈泽林、陈荣、黎德贵 |
| 2004 | 马铃薯威芋3号的选育与推广 | | | 威宁县农科所、威宁县农业局 | 毛春、宁选根、孙嘉珍、程国尧、孙嘉宁 |
| 2005 | 营养袋两段育苗及基质配方优化技术 | | | 地区林业种苗站 | 谢永贵、周应书、罗林、金宇、王敏 |

## 1980～2004年参与省以上单位获科技成果奖名录

| 年度 | 项目名称 | 获奖级别 | 获奖等级 | 参与完成单位 | 参与完成人员 |
|---|---|---|---|---|---|
| 1982 | 黏虫迁飞研究 | 国家级 | 三等奖 | 地区植保站 | 王匡恒 |
| 1980 | 云贵川三省接壤地区猪种资源调查 | 部级 | 一等奖 | 地区兽防站、地区牧科所 | 吴道适 |
| 1982 | 牧草大面积飞播成功 | | | 威宁县畜牧局 | |
| | 黏虫迁飞研究 | | | 地区植保站 | 王匡恒 |
| 1984 | 中国高粱品种资源目录 | | | | |
| | 中国高粱品种志 | | | 地区农科所 | 李贵斌 |
| 1986 | 全国大区级小麦良种区域试验“六五”成果及其应用 | | | | 吴燮康 |

续表

| 年度 | 项目名称 | 获奖级别 | 获奖等级 | 参与完成单位 | 参与完成人员 |
|---|---|---|---|---|---|
| 1987 | 黏虫异地预测预报 | | 二等奖 | 毕节县植保站 | 杨智文 |
| | 中华人民共和国分省水利资源普查（毕节地区部分） | 省级 | | 地区水电局 | |
| 1980 | 贵州省森林资源调查 | | 二等奖 | 地区林业局 | |
| | 贵州地方猪种资源调查 | | | 地区牧科所 | |
| | 威宁短柱油茶调查 | | | 威宁县林科所 | 黄鹤先 |
| | 贵州省水文图集 | | | 地区水文队 | |
| | 贵州省农、林昆虫资源调查 | | 三等奖 | 地区农科所 | 杨臣谨 |
| | 病毒性肝炎流行病学及乙型肝炎病毒感染的血清流行病学调查 | | 三等奖 | 地区防疫站 | |
| | 贵州省斑疹伤寒血清流行病学调查 | | 四等奖 | 地区防疫站 | |
| | 地方性食物氟中毒调查 | | | 织金县防疫站 | |
| 1981 | 普钙副产氟硅酸分解高岭土制氟化铝、冰晶石中间试验 | | 二等奖 | 黔西县科委、黔西县磷肥厂 | 杨松、黎平社、杨安全、陈国华、马金海 |
| | 考力代羊选育 | | 四等奖 | 地区牧科所、威宁种羊场 | 李超俊 |
| | 贵州省森林病虫害调查 | | | 地区林业局 | |
| 1985 | 漆树瘿螨病研究 | | 三等奖 | 地区林科所、纳雍县林业局 | 刘正中、王秉正、刘长宽 |
| | 山羊资源调查及开发利用研究 | | | | |
| | 半细毛羊杂交组合试验 | | 四等奖 | | 李超俊、杨形声、李学高 |
| | 提高羊肉产品率研究 | | 三等奖 | 地区牧科所 | |
| 1986 | 贵州黄鸡培育 | | | | |
| | 山地草场资源开发利用研究 | | | 地区牧科所、威宁县畜牧局 | |
| | 华山松初级种子园营建技术研究 | | | 威宁县林科所 | 王经国 |
| | 漆树良种选育研究 | | | 赫章县林业局 | |
| | 漆树解剖研究 | | | 大方县土产公司 | |

续表

| 年度 | 项目名称 | 获奖级别 | 获奖等级 | 参与完成单位 | 参与完成人员 |
|---|---|---|---|---|---|
| 1986 | 贵州省遗传性红细胞缺陷研究 | 省级 | 三等奖 | 地区医院 | |
| | 贵州省大豆主产区生产调查及综合增产技术中间试验 | | | 地区科委 | 谌志铭 |
| | 大豆耕作栽培研究 | | | 地区科委、地区农科所 | 谌志铭、吴善芬 |
| 1987 | 提高牛产肉性能途径的研究 | | 四等奖 | 威宁、毕节、织金县畜牧局 | |
| | 大豆品种在不同生态条件下的生育规律研究 | | | 威宁县农科所、毕节农校 | 陈发营 |
| | 贵州省烤烟质量普查 | | | 毕节县农业局 | 刘伟方 |
| | 贵州省0～7岁正常儿童体格发育调查资料微机处理程序系统 | | | 金沙县调查组 | |
| | 贵州省草地调查及草地遥感技术研究 | | 二等奖 | 地区农牧渔业局 | |
| | 贵州省砌石拱坝施工技术 | | 三等奖 | 地区水电局 | 乔增南 |
| | KS—水泥熟料库顶运输机 | | 四等奖 | 金沙县水泥厂 | |
| | 贵州省岩溶水资源评价及开发利用之渠道防渗研究 | | | 地区水电局 | 乔增南、王治平 |
| | 牛冷冻精液贵州地方标准 | | | 毕节县畜牧局 | |
| 1988 | 贵州中小型水利工程渠道施工技术规程 | | 三等奖 | 地区水电局 | 乔增南 |
| 1990 | 威宁草海鹤类主要疫病研究 | | | 草海保护处 | 黄鹤先 |
| 1991 | 贵州黄壤区区域农业研究 | | | 黔西县农业局 | |
| | M型平走式节能烤房试验示范推广 | | | 织金县农村能源办 | 李登科 |
| 1992 | 低芥酸油菜大面积优质高产栽培技术试验研究 | | | 金沙县农技站 | 熊楚国 |
| | 漆树速生丰产栽培技术研究 | | | 地区林科所 | 吴道能 |
| | 糯稻新品种农虎禾选育研究与中试 | | | 地区种子公司 | 张国翔 |

续表

| 年度 | 项目名称 | 获奖级别 | 获奖等级 | 参与完成单位 | 参与完成人员 |
|---|---|---|---|---|---|
| 1994 | 优质油菜新品种油研1、2号大面积中试 | 省级 | 四等奖 | 金沙县农业局 | 詹相才 |
| 1995 | 豇新品种选育 | 省级 | 三等奖 | 地区农科所 | 祖晓勤 |
| 1997 | 小麦新品种贵丰1号选育示范及推广 | 省级 | 二等奖 | 黔西县农业局 | |
| 1997 | 乌江上游水保林、水源林营造技术研究及小流域综合治理试验示范区的建立 | 省级 | 三等奖 | 织金县林业局 | |
| 1997 | 威优481高产栽培理论基础及规范化技术 | 省级 | 四等奖 | 织金县城关镇农技站 | |
| 1997 | 草粉资源开发及其营养价值和饲养价值的研究 | 省级 | 四等奖 | 织金县畜牧局 | |
| 1998 | 泡桐杂交育种苗期选择试验 | 省级 | | 地区林科所 | 王秉正、谢永贵 |
| 1999 | 水稻、玉米平衡施肥技术推广 | 省级 | | 地区土肥站 | 陈必静 |
| 1999 | 绿肥高产栽培技术及其推广应用 | 省级 | | 谭廷甫 | |
| 2000 | 杨树短轮伐期纸浆林培育技术研究 | 省级 | 三等奖 | 毕节市拱拢坪林场 | |
| 2001 | 贵州水稻旱育稀植栽培技术推广 | 省级 | 二等奖 | 地区农技站 | 黄勇 |
| 2003 | 核桃新品种及高效嫁接技术 | 省级 | 三等奖 | 地区林推站 | 杨先义、顾国斌 |
| 2003 | 肝纤维化发生机制及防治对策与干预研究 | 省级 | 二等奖 | 地区医院 | 刘仁才 |
| 2003 | 贵州紧凑型玉米及配套技术推广 | 省级 | 二等奖 | 地区农技站 | 王嵩 |
| 2004 | Na Fe-EDTA营养强化酱油贫血干预效果及应用研究 | 省级 | 三等奖 | 毕节市卫生监督所、毕节市疾病预防控制中心 | 卢启良 |
| 2004 | 引进国外良种肉牛、加速贵州黄牛改良 | 省级 | 三等奖 | 地区品改站 | 冯兴忠 |
| 2004 | 贵州省检疫性有害生物发生分布与防除治理研究 | 省级 | 二等奖 | 地区植保站 | 刘红梅 |

## 1980～2005年获地区级奖科技成果名录

| 年度 | 项目名称 | 获奖等级 | 主要完成单位 | 主要完成人员 |
| --- | --- | --- | --- | --- |
| 1980 | 杂交苞谷大面积推广应用及其增产效果 | 一等奖 | 地区种子公司地区、农技站 | 邱纯信、陈听敏、胡贵忠、庞开荣、江明发 |
| | 贵州省黏虫迁飞研究 | | 地区植保站、病虫中心测报站 | 陈世贤、胡奇文、王匡恒 |
| | 三粳及其栽培技术推广 | | 地区农技站 | 左文涵、潘泽武、王裕泽、汪隆锡、罗振东 |
| | 杂交苞谷大面积制种获优质高产 | | 纳雍县农业局 | 杨光禄、王景中、葛天泽 |
| | 马铃薯玉米套作研究 | | 地区农科所 | 谌志铭、郭振民、王祥星 |
| | 头部钝器损伤中回拖伤的探讨 | 二等奖 | 地区公安处 | 周显文 |
| | NH+78-F凭证自动传送器 | | 纳雍县人行 | 王尤杰、申列华、方周斌 |
| | 贵州省岩溶地区减少渠道渗漏的技术措施 | | 地区水电局 | 王治平 |
| | 毕节地区森林病虫害分布及其危害调查研究 | | 地区林科所 | |
| | 贵州省粳稻地方品种研究 | | 地区农科所 | 陈世玉、谌志铭 |
| | 杂稻和常规稻良种推广 | 三等奖 | 黔西县农技站、黔西县种子公司 | |
| | 芋包间套作初步总结 | | 威宁县农业局羊街区农技站 | 肖元毅、刘学智、郭荣庆、彭懋基、邓可永等 |
| | 贵州白猪新品种培育阶段成果 | | 地区牧科所 | 郭一骏、姚义才、吴应林、张正钧、徐仁萍 |
| | 黔西北地区云南松大面积死亡原因调查初报 | | 纳雍县林场 | 唐清明 |
| | 杂稻大面积推广和高产栽培 | | 金沙县农业局 | 张本、万文栋、韦先玉、聂元林、赖元贵、文开兴 |
| | 考力代半细毛羊纯繁提高研究 | | 威宁县种羊场 | 李超俊、曾宪昌、王惠趋、杨光达 |
| | 合音扬琴 | | 地区黔剧团 | 张正周 |
| | 用妊娠80～90天的孕马血清开展耕牛同步发情试验 | | 大方县畜牧局 | 贺集禄、杨卓彬、欧阳宇、吴庭觉、张孝文、陈绍勋 |
| 1980 | 玉米大面积制种获高产 | | 金沙双杂指挥部 | 李永佳、赵永康 |
| | 烤烟优质丰产栽培和烘烤技术应用与改进 | | 地区农技站 | 杨学超 |

续表

| 年度 | 项目名称 | 获奖等级 | 主要完成单位 | 主要完成人员 |
|---|---|---|---|---|
| 1980 | 威宁高寒山区绿肥推广技术初步总结 | | 威宁县农业局 | 石兴文、李济民、朱明安、宫民方、郭明亮 |
| | 大螟在玉米上的发生规律及其防治 | | 地区农科所 | 杨臣瑾 |
| | 毕节黏虫大发生代虫源研究 | | | 鲁信纯 |
| | 毕节县地方性氟中毒有关因素调查 | | 毕节县防疫站 | 刘尚志、许怀文、赵俊书、肖绍林、陈永富 |
| | 老式电子电位差计抗干扰性能的改造 | | 地区化肥厂 | 王传森 |
| | 市话机线测试器 | | 地区邮电局 | 俞成仪、何文彬 |
| | ZB77-7型直流一直流变化器 | | | 俞成仪、何文彬、张家竣、童炳均 |
| | 公路桥梁采用斜坡预制场方法 | | 金沙县沙三大桥工程指挥部 | 潘成杰、杨成志 |
| | 箐河水库筑坝土料压实性能试验研究 | | 地区水电局 | 夏立明、文继良 |
| | 毕节县农业气候区划 | | 地区气象局 | 戴贞松等 |
| 1982 | 提高电子电位差计抗共模干扰性能的研究 | 二等奖 | 地区化肥厂 | 王传森 |
| | 毕节县乡土树种资源调查 | | 地区林科所 | 朱世玲、李庄、刘正中、周应书、孙仁培 |
| | 建立病虫害防治网点，开展综合防治、提高病虫害防治效果 | 三等奖 | 地区植保站 | 陈世贤、蒋超凡、樊焕碧、陈松、张正林 |
| | 高寒山区水稻亩产千斤的一些形态生理指标研究 | | 地区农科所 | 陈世玉、陈祖雍 |
| | DSB-10型立柱式电动手动两用打包机 | | 地区水利设备修造厂 | 周晓汀、潘岳初 |
| | 5千瓦小型发电机组驱动的可控硅调速半自动水文缆道 | | 地区水文勘测队 | 杨柞荣、杨澄本、张正荣、马志远 |
| | 贵州西半部夏季（6～8月）降水谱分析与西太平洋副热带高压 | | 地区气象局 | 吴祥正 |
| | 毕节县漆树品种资源普查初报 | | 地区林科所 | 孙仁培、赵高义、周应书、张继红、朱世玲 |
| | 漆树缩叶病研究 | | | 刘正中、刘长宽、邓大章、杨广惠、孙仁倍 |
| | 猪修面革转鼓干加油 | | 毕节县制革厂 | 邓培明、胡潘良、魏巨儒 |

续表

| 年度 | 项目名称 | 获奖等级 | 主要完成单位 | 主要完成人员 |
| --- | --- | --- | --- | --- |
| | 超低温冷冻黄牛精液制作 | | 毕节县品改站 | 王厚国、聂绍芳、蔡仁学、聂绍官、曾庆文 |
| | 7CDZX——1.5吨自卸拖车 | | 毕节县农机研究所 | 陈家梁、王应龙、曹忠、刘可遽、丁华勋 |
| | 改革栽培技术夺取油菜丰收 | | 金沙岩孔区农技站 | 詹尚文、蒋显成 |
| | 30吨/日制米厂技术改造及糠粞分离器的制作与应用 | | 金沙县粮食局制米厂 | 欧永祥 |
| | 积极稳妥推广水稻良种，改进栽培技术，促进全县均衡增产 | | 金沙县种子公司 | 董锡茂、何元休 |
| | 威宁城关地下水的勘测与开发 | | 威宁县水电局 | 赵德亮 |
| 1984 | 水牛皮修面革 | 二等奖 | 毕节县制革厂 | 申时勋、孙良国、邓培明 |
| | 三号锅炉改燃无烟煤 | | 地区化肥厂 | 杨景昭、周立民 |
| | 毕节县细线条综合农业区划 | 二等奖 | 毕节县农业区划委员会 | 韦应时、林凤鸣、王振熙、杨能务、史良文 |
| | 日产六百包粉厂研制等级粉——方一粉制取工艺 | 三等奖 | 大方县粮食局 | 鄢华、刘德兴、刘万发 |
| | 改良副鼻窦囊肿手术法 | | 地区医院 | 刘兆煊 |
| | 毕节县土地资源调查报告 | | 毕节县农业区划土地资源组 | 郭兴顺、王顺荣、聂勇、段锡高 |
| | 毕节县水土保持区划 | | 毕节县水保办 | 郭兴顺 |
| | 毕节县农业经济区划 | | 毕节县区划办 | 王远志、陈葵林、刘应诚 |
| | 毕节县水资源调查评价及水利区划 | | 毕节县水电局 | 梅崇喜、刘应龙 |
| | 毕节县畜牧业资源调查与区划报告 | | 毕节县畜牧局 | 赵琼藻、张定华、聂绍武、杨能务、张仁刚 |
| | 大方县粗线条综合农业区划 | | 大方县区划办 | 李际唐、熊厚兴、王大学 |
| 1985 | 黔西县综合农业区划（细线条） | 一等奖 | 黔西县农业区划办 | 张茂安、石德新、杨亚群 |
| | 漆树瘿螨病防治研究 | 二等奖 | 地区林科所 | 刘正中、刘长宽、张金国 |
| | 大方县综合农业区划 | | 大方县农业区划办 | 黄永林、熊厚兴、熊永盛 |
| | 黔西县水资源调查评价及水利区划（细线条） | | 黔西县水电局 | 饶荣、王锡智、张磊 |
| | 渠道防渗衬砌 | 三等奖 | 地区水电局 | 王治平 |

续表

| 年度 | 项目名称 | 获奖等级 | 主要完成单位 | 主要完成人员 |
|---|---|---|---|---|
| 1985 | 毕节地区漆树品种资源普查 | | 地区林科所 | 赵高义、李庄、张继红 |
| | 水稻良种毕粳80号选育 | | 地区农科所 | 陈祖雍、刘绪华 |
| | 威宁县新华水库渠系工程设计 | | 地区水电局 | 唐孝安、郭忠顺、张国刚 |
| | 毕节县林业资源调查及区划 | | 毕节县农业区划办 | 李正衡、沈国都、曾宪法 |
| | 柑橘区域适应性试验及大面积推广 | | 毕节县经作站 | 邹武、许猛义、陈锐熙 |
| | 大方县土地资源调查及区划 | | 大方县农业局 | 黄永林、张农荣、张兴荣 |
| | 大方县农业经济区划 | | 大方县农经站 | 陈泽林、罗开明、刘官文 |
| | 黔西县农业机械化区划 | | 黔西县农机所 | 王宗浦、李飞云、王文祥 |
| | 黔西县水土保持区划 | | 黔西县水电局 | 吴继德、王光德 |
| | 模糊聚类分析在农业生产上的应用 | | 黔西县区划办、科委 | 石德新、张茂安 |
| | 黔西县畜牧业调查及区划 | | 黔西县农业区划办 | 吴家骥、周宗模、陈盈伦 |
| | 黔西县农业经济结构的动态预测模型 | | 黔西县区划办、科委 | 杨亚群、张茂安、张仁德 |
| | 黔西县农经专业划区 | | 黔西县农经站 | 熊立国、孙宗玉、林登付 |
| | 织金县种植业调查及区划 | | 织金县农业局 | 雷跃森、张家智、邓运钦 |
| | 织金县农业气象区划 | | 织金县气象站 | 吴建伦、张海、张青富 |
| | 织金县水利资源调查评价及水利区划 | | 织金县水电局 | 李秀珍、谌志雄、李开明 |
| | 织金县细线条水土保持区划 | | | 谢永红、陈正华、黄守先 |
| | 威宁县畜牧业区划 | | 威宁县农业区划办 | 唐金国、卯云昌、杜培艳 |
| 1986 | 金沙县第二次土壤普查 | 一等奖 | 金沙县土壤普查办 | 朱派元、王莹芳、程玉文、杨成书、詹相才 |
| | 玉米大豆间作研究 | 二等奖 | 地区农科所 | 谌志铭、吴善芬、赵贤彬、黄树厚、周训明 |
| | 黏虫为害对水稻产量的影响及防治研究 | | | 蒋进、蓝光燮、鲁信纯 |
| | 黔西县第二次土壤普查 | | 黔西县土壤普查办 | 王志楠、尹显华、曾斯柱、韩征、罗再祥 |
| | 织金县第二次土壤普查 | | 织金县土壤普查办 | 李管嬴、雷跃森、蓝会祥、卢文亮、明月久 |

续表

| 年度 | 项目名称 | 获奖等级 | 主要完成单位 | 主要完成人员 |
|---|---|---|---|---|
| 1986 | 赫章县第二次土壤普查 | | 赫章县农业局 | 何贵甫、钟贵玺、谭廷甫、赵勇、陈必静 |
| | 红果蔷薇资源开发利用研究 | | 地区农科所 | 鲁韵兰、王勃、祖晓勤 |
| | 系统性红斑狼疮早期诊断的探讨 | 三等奖 | 地区医院 | 徐照明 |
| | 威宁县第二次土壤普查 | | 威宁县土壤普查办 | 彭懋基、罗英举、郭荣庆、刘振鸾、朱芳明 |
| | 纳雍县第二次土壤普查 | | 纳雍县土壤普查办 | 罗克强、廖鼎科、付胜亚、刘秀乾、郑正光 |
| | 火管平走式烤房 | | 大方县科委 | 谢珣昌、王大学、吴学渊 |
| | 商品瘦肉型猪杂交组合研究 | | 地区牧科所 | 金深逊、孙卫益、徐仁萍、张正均 |
| | 黔西县森林资源二类调查 | | 黔西县林业局 | 陈国渠 |
| | 玉米杂交种兴获三交 | | 黔西县种子公司 | 张承杰、黄光深 |
| | 威宁县乡镇企业区划 | | 威宁县乡镇企业局 | 唐国俊、冯家欣、马开林 |
| | 黔西县万亩杂交苞谷样板示范 | | 黔西县农业局 | 王桂芳、张承志、苏德义、罗健廷、蓝光昌 |
| | 赫章县水资源调查评价及水利细线条区划 | | 赫章县水电局 | 陈卫端 |
| | 黔西县农业气候资源调查及区划报告 | | 黔西县气象站 | 杨盛春、黄义贵、代宣平、聂巩毕 |
| | 落后地区实行科学技术的定向跟踪、引进、转移战略 | | 地区科委 | 刘承富 |
| | 毕节县农村能源综合区划报告 | | 毕节县农业区划办 | 杨能务、梁道义、颜勇、徐祥珍 |
| | 耕牛冷配产犊率突破七十大关 | | 纳雍县乐治区兽防站 | 杨开权、何开先、郭加国 |
| | 黔西县乡镇企业调查及区划 | | 黔西县乡镇企业局 | 李中琦、黄道文、吴定明、黄用明 |
| 1988 | 公元2000年的毕节地区农业生态环境 | | 地区环保学会 | 徐本贵、钟以平、陈永祥、龚宏宽 |
| | 毕节地区中药资源普查 | 二等奖 | 地区中药资源普查办 | 黄泽忠、张以八、杨勋、黄家贵、沈大昌 |
| | 毕节县地名录 | | 毕节县建设环保局 | 魏广略、谭太祥 |

续表

| 年度 | 项目名称 | 获奖等级 | 主要完成单位 | 主要完成人员 |
| --- | --- | --- | --- | --- |
| | 农村定点扶贫致富课题研究总结 | | 地区农经站 | 文美正、张国宣、毛继志、翟应琼、支国福 |
| | 毕节地区工业污染源调查研究 | | 地区环保监测站 | 陈厉铨、钟德华、张爱民、王锐、周振跃 |
| | 华山松煤污病研究 | | 地区林科所 | 刘正中、罗林、王明学、王秉正、张曼洛 |
| | 毕节地区林业资源二类调查成果 | | 地区林业中心站 | 向道兰、邹志彬 |
| | 实行科学养羊促进绵羊发展 | | 赫章县畜牧局 | 陈道尧、陶仁华、姜典世、刘显中、李本义 |
| 1989 | 小麦新品种毕麦13号、毕麦26号选育 | 一等奖 | 地区农科所 | 张学恒、吴燮康、陈宽禧、刘爱华、李忠志 |
| | 毕节地区经济发展战略研究 | | 行署经济研究室、地区经济发展研究会 | 何明松、李德敏、黄英竹、刘承富、刘刚 |
| | 依靠科学技术发展养猪事业 | 二等奖 | 大方县民办畜禽良种繁殖研究所 | 刘娜娜、汪希贵、刘崇熙、刘崇煦、刘崇戏 |
| | 第二次全国工业普查毕节地区普查成果 | | 地区工业普查办 | 张正才、吴世英、刘全礼、梅德煊 |
| | 毕节地区农村智力资源普查 | | 地区科委、农经委，各县科委、农经委 | 郭绍源、王维伦、刘晓伟、孙卫益、刘承富 |
| | 抓樱桃育苗促樱桃生产发展 | 三等奖 | 赫章县农技站 | 彭正华、陈勇、徐祥荣、陇志荣 |
| | 黔西县第二次全国工业普查资料汇编 | | 黔西县工业普查办 | 周丽兰、黄吉瑶、杨亚卫、余怀民、高继兴 |
| | 触指诊断法 | | 地区中医院 | 刘宗明 |
| | 输卵管显微外科吻合10例报告 | | 威宁县医院 | 赵庆才、杨敏杰、余小柚、聂绍琼 |
| | 扩建毕节面粉厂的设计 | | 地区粮食局 | 罗广、杨永明 |
| 1990 | 贵州省荞麦主产区野生荞麦考察 | 一等奖 | 威宁县农科所 | 宋志成 |
| | 毕节地区烤烟品质调查 | 二等奖 | 地区农科所 | 李贵斌、陈宗屏、韩征、包家发、张建军 |

续表

| 年度 | 项目名称 | 获奖等级 | 主要完成单位 | 主要完成人员 |
| --- | --- | --- | --- | --- |
| 1990 | 毕节地区化肥厂1.0～1.5万吨氨/年节能改造 | 三等奖 | 地区化肥厂 | 徐绍英、邹芳智、罗一、潘莉萍、朱大伦 |
|  | 纳雍县推广QD-1型烤房效果良好 |  | 纳雍县政协支边办 | 吴学舟、李卫文、彭戎安、谢笃恭 |
|  | R20型塑料电池盖开发 |  | 黔西县电池配件厂 | 赵中富、王甸平、王金兰、苏凉之、罗正国 |
|  | 胸腔滴注法治疗损伤性血胸观察 |  | 地区医院 | 刘伦扬 |
|  | 毕麦13号、毕麦26号推广 |  | 地区种子公司 | 张国翔、何元林、陈远明、吴鹤池、黄友德 |
| 1991 | 贵州半细毛羊培育阶段成果推广 | 二等奖 | 地区牧科所 | 李孟年、郭显明、雷莉萍、曾顺武、王洪敏、张光辉、刘章忠 |
|  | 竹荪人工栽培技术研究 | 三等奖 | 织金县科委 | 吴勇、杨秀嵩、林朝忠、杨秀峰、李学鲁、雷元林、代吉华 |
|  | 烟草蛀茎蛾发生规律及防治技术研究 |  | 地区植保站 | 沈志浩、程玉文、田祥贵、符培、余文礼、杨富祥、张定华 |
|  | 稀土和铬锆铝（低铬）多金属盐鞣制云贵路山羊皮新工艺研究 |  | 毕节制革厂、成都科技大学 | 张明让、吴兴赤、邓培明、李秀成、冯睿、常履全、张玉珍 |
|  | 大面积粮桐间作速生丰产栽培技术研究 |  | 地区林业局 | 韩准初、陈银华、尹若芳、邱家梁、赖尚斌、袁先芳、朱世玲 |
|  | 猪皮软鞋面革开发研究 |  | 毕节县制革厂、成都科技大学 | 吴兴赤、张明让、邓培明、李秀成、王翔 |
|  | 黄牛皮软鞋面革研究 |  | 毕节县制革厂、成都科技大学 | 王坤余、邓培明、李秀成、王翔、冯睿 |
|  | 柑橘良种选育及种苗基地建立 |  | 织金鼠场乡红岩民办柑橘研究所 | 彭兆荣、周玉英、李德明 |
|  | 草粉生产技术研究 |  | 织金县草粉浓缩饲料厂 | 郭太雷、胡迪先、李永生、郭太玉 |
|  | 猫泛白细胞减少症诊断与防治研究 |  | 黔西县畜牧局 | 王道地、吕昌琳、张晓萱、万一元、吴家骥 |
|  | 红阳水库大坝塑料薄膜防渗设计与施工 |  | 织金县红阳水库配套工程指挥部 | 李秀珍、赵淑勇、杨大胜 |
| 1992 | 玉米杂交种毕单3号选育与推广 | 一等奖 | 地区农科所 | 余永芬、李贵斌、夏瑾瑜、梁黔云、周光伟、张志国、阮培均 |

续表

| 年度 | 项目名称 | 获奖等级 | 主要完成单位 | 主要完成人员 |
|---|---|---|---|---|
| 1992 | 苹果梨老果园改造及苹果优质丰产栽培技术 | 二等奖 | 威宁县果树站 | 任民政、朱向秋、王国顺、董恩省、吴必芝 |
| | 长江中上游防护林工程织金县总体设计方案及实施 | 三等奖 | 织金县林业局 | 戴吉华、宋文熙、张志、李冬秀、朱必艳 |
| | 火力蒸汽式烤房试验及推广 | | 毕节县税务局 | 丰玉兰、庞开荣、徐智祥、王勇、孙善伦 |
| | 华山松无性系种子园单、双亲子代测定 | | 赫章县科协 | 梁伟祥、汪忠民、石文定、李明文、朱绪长 |
| | “九步、五段、递进”式教学法 | | 大方一中 | 石禄桓、欧阳勋、吴建华 |
| | 初中数学教学目标研究与实验 | | 地区教研室、毕节四中 | 陈宗碧、覃珍贵、雷泽宣 |
| | 毕节地区产业结构改造的资金问题研究 | | 地区经济研究室 | 安汝鑫、龙厚华、付中银、罗晶、汤正仁 |
| 1993 | 土法炼硫环保技术引进研究 | 一等奖 | 地区建设环保局 | 徐本贵、潘祖才、文焕钰、徐大才、李敬华、杨芊、夏祖萍 |
| | 优良玉米自交系449与411 | | 地区农科所 | 余永芬、梁黔云、周光伟、阮培均、张志国、陈宗屏、蒋进 |
| | 玉米杂交系列配套研究与中试 | | 毕节县农业局 | 王树伦、戴保威、罗昌发、官光泽、吴盛黎、夏勋芹、胡宪林 |
| | 清香烤烟型卷烟“驰牌”“红杏”的研究 | 二等奖 | 毕节卷烟厂 | 杨辉 |
| | 玉米大、小斑病和丝黑穗病防治研究 | 二等奖 | 地区农科所 | 蓝光夔、王宗明、陆宁、周艳、周建华、李雪松、郑勇 |
| | 漆树品种选育及栽培技术研究 | | 地区林科所 | 张继红、刘光禄、王光荀、吴开艳、李晓荣 |
| | 牛冷冻精液人工授精技术推广 | | 地区品改站 | 冯兴忠、刘仰辉、陶宗釪、祖家声、杨先本、罗永全 |
| | 玉米双交种兴中、兴黔的选育及推广 | | 毕节县农业局 | 王树伦、陈筑苏、赵玉芬、宋立玉、吴美珍 |
| | 毕节地区西部优质烟生产技术开发 | 三等奖 | 毕节行署烟办、地区农科所 | 张建军、袁正敏、李先志、陈烈伦、王佳永 |
| | 稀土在烤烟生产上的推广应用 | | 毕节行署烟办 | 袁正敏、张建军、罗德志、蓝兴甫、冯厚美 |
| | 黔西地震目录 | | 毕节地震台、六盘水地震台、威宁地震台 | 王正华、陈泽荣、陈玉宝、曾凡华、王兴黔 |

续表

| 年度 | 项目名称 | 获奖等级 | 主要完成单位 | 主要完成人员 |
|---|---|---|---|---|
| | 毕节地区1991～1995年森林采伐限额编制 | | 地区林业局 | 邹志彬、吴家俊、易廷健、方旭东、雷吉华 |
| | 毕节地区暴雨专家系统设计及短期暴雨预报 | | 地区气象局 | 陈升壮、宓建业、吴祥正、刘丽萍、陈琴 |
| | 马头山羊的繁殖推广 | | 地区牧科所 | 李孟年、高安平、周佳清、刘章忠、陈正祥 |
| | 毕节地区水土流失灾害调查报告 | | 地区水保办 | 黄靖、乔增南 |
| | 肾上腺皮质素在伤寒出血时应用的效果观察 | | 地区医院 | 刘仁才、余伯敦 |
| | 黔西县土地利用现状调查 | | 黔西县土管局 | 陈国顺、王明福、王兴权、徐儒学、张健 |
| 1994 | 碳铵改产尿素装置“四气”综合回收设计及应用 | | 地区化肥厂 | 徐绍英、王冬梅、石祥林 |
| | 页岩资源开发研究 | 二等奖 | 毕节县建材工业公司 | 傅善忠、吴学松、傅立晖、杨大钊、傅立新、张严生、路言庄 |
| | 牛栏江流域经济社会发展规划研究 | | 毕节地区政协、地区农业区划办 | 赵洪、王振翔、李德辉、陶鸣鸾、石德新、张锡忠、董安碧 |
| | 粳稻新品种毕粳22号选育与应用 | 三等奖 | 地区农科所 | 谢浦生、顾尚敬、张时龙、余本勋、叶永印 |
| | 蔬菜丰产栽培示范推广 | | 毕节县经作站 | 谢文秀、李正衡、孙良辉、周云、谢应科 |
| | 织金县畜禽寄生虫区系调查 | | 织金县畜牧局 | 丁双珍、阮正祥、杨福芬、张瑞熙、徐兴林 |
| | 氨化秸秆技术示范 | | 地区草地站 | 俞文炯、王明进、吴道全、王兴华、傅汉书 |
| | 小水电站机组选择及电力建设、生产数据管理 | | 地区水利学会 | 倪小兵 |
| 1995 | 清香型烟叶品种及产区的调查研究 | 二等奖 | 毕节卷烟厂 | 杨辉、江学礼、王强春 |
| | 毕节地区地面水域环境功能区划分方案 | | 地区环境监测站 | 陈历铨、徐本贵、魏宗福、杨劲、肖阳煊、陈明显、文焕钰 |
| | 低芥酸油菜引进示范与推广 | 三等奖 | 地区农技站 | 雷绍琴、熊处国、聂晓文、张荣达、蓝光昌 |
| | 低产梨园、苹果园改造技术推广应用 | | 威宁县果树站 | 董恩省、陈卫静、虎明洪、赵宗华、杨华武 |
| | 织金县万亩油稻两熟丰产配套技术示范工程 | | 织金县农业局 | 裴能周、丁顺勋、黄光亮、杨昌达、冯安勤 |
| | 金沙县低芥酸油菜推广 | | 金沙县农技站 | 李杰、何江敏、胡显钊、李永佳、蔡世均 |
| | 慢性肾功能衰竭156例病因分析 | | 地区医院 | 徐照明 |

续表

| 年度 | 项目名称 | 获奖等级 | 主要完成单位 | 主要完成人员 |
|---|---|---|---|---|
| 1996 | 绿肥烟试验示范推广 | 二等奖 | 行署烟草办 | 蓝兴甫、张建军、张瑾、李国仲、冯厚美、杨怀贵、张家斌 |
| | 纳雍县《3356》项目实施林业工程配套技术 | | 纳雍县3356项目林业组 | 刘长宽、刘登科、蒙文选、周云、金碧云、周华、杨广惠 |
| | 玉米大面积综合增产技术示范推广 | 三等奖 | 毕节市农业局 | 王树伦、聂勋芹、罗志琴、樊文斌、孙良辉 |
| | 柑橘叶螨综合防治技术防究 | | | 蓝光燮、王宗明、黄克卫、李雪松、周建华 |
| | 玉米杂交种毕三1号、毕三2号选育及推广 | | 地区农科所 | 余永芬、王国良、阮培均、周光伟、刘朝峰 |
| | 高海拔温和湿润气候区柑橘综合栽培技术研究与推广 | | | 王振翔、詹会泽、刘德平、陈文祥、谢永波 |
| 1997 | 小麦新品种毕麦10号、毕麦11号 | 一等奖 | 地区农科所 | 张学恒、付业春、唐映军、李忠志、钟声、刘爱华、赵彬 |
| | 毕节地区农田烟草昆虫调查研究 | 三等奖 | 地区烟草公司 | 朱龙章、董安玮、刘述华、符平辉、戴昌明 |
| | 水窖技术研究试验总结报告 | | 地区水电局 | 乔增南、夏立明、曹宗文、常铸国、王济云 |
| | 《毕节地区志·科学技术志》 | | 地区科技局 | 谌志铭、刘云、孙崇仁、弥凌云、周仕刚 |
| 1998 | 甲级清香风格烤烟型卷烟特醇“驰”的研制 | 一等奖 | 毕节卷烟厂 | 于明汉、杨辉、熊灿普、王强春、孙又林、罗军、陈志平 |
| | 本地乌骨鸡选育研究 | 二等奖 | 地区牧科所 | 李敬丹、周礼伦、袁鑫、黎德贵、金深逊、徐仁萍、刘章忠 |
| | 平衡配套施肥试验示范 | | 地区土肥站 | 杨大晋、陈必静、谭廷甫、汪忠华、曹文才 |
| | 毕节地区森林资源二类调查报告 | | 地区林业局 | 邹志彬、师怀远、吴家骏、易廷健、雷吉华 |
| | 纳雍县实施“玉米高产示范工程”综合高产技术 | | 纳雍县农技站 | 郭正权、苏珩、陈胜举、郭正海、李隆全 |
| | 蔬菜良种基地建设研究 | | 地区农科所 | 祖晓勤、张绍荣、詹会泽、付业春、李建华 |
| | 毕节市小流域水土流失综合治理 | | 毕节市水保办 | 刘应学、姚建陆、胡家隆、聂秉祥、潘绍欣 |
| | 红富士苹果品试与推广 | | 威宁县果树站 | 董恩省、虎明洪、任民政、陈卫静、杨华武 |
| 1999 | 仔猪早期补饲、生猪直线育肥技术配套应用示范 | | 黔西县品改站 | 欧德洪、吴家骥、张邦宇、张义玲、崔明智 |

续表

| 年度 | 项目名称 | 获奖等级 | 主要完成单位 | 主要完成人员 |
|---|---|---|---|---|
| 1999 | 毕节地区水泥厂机立窑综合节能新技术改造示范线工程 | 一等奖 | 地区水泥厂 | 姚呈福、陈华、申翠岗、曾玉明、姚呈华 |
| | 粳稻新品种毕粳37号选育与应用 | | 地区农科所 | 张时龙、顾尚敬、余本勋、谢浦生、钟声、叶永印、罗洪发 |
| | 小麦白粉病抗性鉴定及遗传规律研究 | | | 刘爱华、周建华、胡辉、赵彬、夏燕、梅艳 |
| | 毕节地区稻瘟病大发生原因及防治策略研究 | 二等奖 | 地区植保站 | 刘红梅、陆绍炎、张玲、庞学义、董勤、杨光明、吴维举 |
| | 残次林经营技术研究 | | 金沙县造林公司 | 谢永贵、刘秀、杨民生、李大军、杨玉云、李新鸿 |
| | 营养缽制缽机具系列产品研究及推广应用 | | 地区农机科研所 | 宣俊、周训谦、王玉华、彭琳基、周正佑、孟和平 |
| | 全低变工艺设计及应用 | | 毕化有限责任公司 | 李杰铭、徐绍英、梁继恒、王冬梅、胡潘辉、申田、王元波 |
| | 毕节地区池杉引种及造林技术研究 | 三等奖 | 地区林科所 | 周应书、谢永贵、罗林、张槐安、杨明生 |
| | 毕节市土地利用总体规划 | | 毕节市土地勘测规划站 | 熊廷益、糜祖芬、李晓英、钟升玉、刘军 |
| | 旱坡地土壤改良和综合发展研究 | | 金沙县农办 | 王莹芳、周德辉、汪忠华、陈思哲、杨成飞 |
| | 毕节市滑坡泥石流调查与预警防灾报告 | | 毕节市水保办 | 阳义龙、代贵兴、杨明岗、聂秉祥 |
| | 高山姬鼠种群生态及综合治理技术研究 | | 大方县植保站 | 龙贵兴、杨富祥、彭玉淑、高飞 |
| | 杂交鲤鱼的引进、繁殖和推广 | | 金沙县水产站 | 刘清水、胡浩、罗光铎、毛永文、杨勇 |
| | 四项血清学指标与慢肝炎症及纤维化程度的关系 | | 地区医院 | 刘仁才、刘龙秀、雷兴琼、张德远、潘涛 |
| | 变换气湿法烤胶脱硫的设计 | | 毕节有限责任公司 | 徐绍英、朱彦平、胡潘辉、陈光奇、聂宗禄 |
| 2000 | 毕节地区滑坡泥石流分析 | 二等奖 | 地区水保办 | 张佑礼、张洪江、张克斌、胡甲均、罗林 |
| | “振兴”150T变型拖拉机 | | 地区振兴机械厂 | 邹振群、廖祖海、付延德、罗强、阎建设、袁宏伟、李浩 |
| | 杂交水稻新组合D优439、汕优268引进及应用 | 三等奖 | 地区种子公司 | 吴学忠、赵恩学、谢定敏、罗昌发、潘国元 |
| | 生物钾在烤烟上的推广应用 | | 地区烟草办 | 蓝兴甫、张建军、张瑾、王宗林、冯厚美 |
| | 大葱优质高产栽培技术示范推广 | | 毕节三板桥办事处 | 刘德会、罗志琴、张亚洲、李启应、向来凤 |

续表

| 年度 | 项目名称 | 获奖等级 | 主要完成单位 | 主要完成人员 |
|---|---|---|---|---|
| | 水稻旱育稀植技术引进试验、示范、推广研究 | | 地区农技站 | 黄勇、王嵩、聂宗顺、聂晓文、钱德钊 |
| | 小地老虎发生趋势预测方法研究 | | 地区植保站 | 刘红梅、龙玲、吴希、廖华刚、赵芳 |
| | 稀土在林业生产的应用效果观察 | | 黔西县林业局 | 赵卫、洪琳、赵蓉、郑晟、徐兴华 |
| | 毕节市环境空气质量功能区 | 三等奖 | 地区环境监测站 | 陈历铨、杨劲、陈勇、刘勇、陈雷 |
| 2002 | 毕粳38号选育与推广 | 一等奖 | 地区农科所 | 顾尚敬、张时龙、余本勋、谢浦生、钟声、陆宁、罗洪发 |
| | 可乐猪保种选育及开发利用 | | 地区牧科所 | 金深逊、李敬丹、蔡尔康、岳都文、张习本、李天福、张忠庆 |
| | 毕节地区畜禽寄生虫区系调查与防治研究 | 二等奖 | 地区兽防站 | 阮正祥、王勤、付翔、曾志明、何虎、苟中屏、杨廷军 |
| | 黑山羊本品种选育与研究应用 | | 地区牧科所 | 宋德荣、李孟年、李敬丹、刘章忠、王洪敏、李孝林、张立 |
| | 引进安格斯牛细管冻精改良本地牛效果观察与研究 | 三等奖 | 地区品改站 | 冯兴忠、周佳清、袁军、李敬丹、周庆贵 |
| | 玉米纹枯病发生规律及防治技术研究 | | 地区农科所 | 王朝海、蓝光燮、周建华、匡宗明、陆宁 |
| | 毕节市森林资源现状调查 | | 毕节市林业局 | 赵高军、胡顺、周剑云、李华庆、张建刚 |
| | 黔西北山区紧凑型杂交玉米超高产集成技术研究 | | 地区农技站 | 胡建风、王嵩、王文秀、谢定敏、赵致 |
| | 杂交玉米织金2号的选育及应用 | | 织金县农业局 | 喻文智、姚大敏、杨陆军、王忠华、罗达智 |
| 2003 | 毕节地区畜牧产业发展战略暨规划 | | 地区畜牧局 | 李敬丹、张自奇、周佳清、刘章忠、金深逊 |
| | 毕节地区除尘脱硫一体化技术 | | 地区环保局 | 杨劲、徐本贵、潘祖才、聂绍均、石越辉 |
| | 马铃薯新品种选育及综合增产技术总结 | 一等奖 | 威宁县农科所 | 宫明方、金玲、宁选根、肖昌智、赵明发、王孔道、夏丹 |
| | 马铃薯癌肿病流行规律及综合防治技术研究 | 二等奖 | 地区植保站 | 李颖、陆绍炎、刘红梅、冯明义、胡辉、龙玲、马永树 |
| | 荞麦新品种选育及栽培技术研究推广应用 | 三等奖 | 威宁县农科所 | 毛春、程国尧、宁选根、陈丽珍、朱树国 |

续表

| 年度 | 项目名称 | 获奖等级 | 主要完成单位 | 主要完成人员 |
|---|---|---|---|---|
| 2003 | 烤烟地膜覆盖栽培技术推广应用 | | 地区烟草公司 | 朱贵川、黄新、戴昌明、陈万奎、涂勇 |
| | 农业科技专辑《农耕集》 | | 地区行署办 | 陈远谋 |
| | 优质杂交玉米方单1号示范与推广 | | 大方县农科所 | 郑美荣、胡元航、李永明、龙贵新、邓光明 |
| | 长杜可三元杂交猪生产技术试验及推广 | | 威宁县品改站 | 程朝友、杨得文、蒋惠梅、易鸣、王进 |
| | 黑山羊科学饲养与选育技术推广（万只优质黑山羊生产基地） | | 赫章县古达乡兽防站 | 冯公荣、陈正祥、邹旗、魏之义、饶荣 |
| 2004 | 毕粳39号选育及示范推广 | 二等奖 | 地区农科所 | 张时龙、张玉龙、罗洪发、叶永印、余本勋 |
| | 毕节地区松毛虫工程治理（国家级） | | 地区森林病虫防治站 | 刘正忠、万艳、郑红军、曾宪勤、敖光智、马世芳、秦连刚 |
| | 毕节地区烤房标准化改造技术推广应用 | 三等奖 | 地区烟草公司 | 朱贵川、戴昌明、陈雪、朱维华、黄新 |
| | 优质杂交玉米方玉一号示范与推广 | | 大方县农科所 | 郑美荣、周绍明、胡元航、李永明、毛国军 |
| | 声像情报为地方科技和经济社会发展服务的探索 | | 地区科技情报所 | 龙丛霞、游泳、张阳、陈新、刘禹 |
| | 头步发电厂高碳湿排粉煤灰掺烧页岩砖研究 | | 华电集团公司贵州头步发电厂 | 杨革新、李英明、陆春、伍忠、古朝伦 |
| 2005 | 优质高产玉米杂交种毕单4号 | 一等奖 | 地区农科所 | 余永芬、刘朝峰、阮培均、王国良、马贤森、罗仕文、先新 |
| | 毕节地区集中式饮用水源保护区划分 | | 地区环保局、水利局、环境监测站 | 杨劲、杨芊、王红、陈勇、王霞、陈斌、石越辉 |
| | 毕麦15号的选育及应用 | 二等奖 | 地区农科所 | 唐映军、刘爱华、赵彬、夏燕、余娟、陈开政、陆宁 |
| | 综合技术改造威宁低产大黄梨园 | | 威宁县果树蔬菜站 | 董恩省、陈卫静、虎明洪、颜兴、陈世雄 |
| | 毕节市第五期长治工程综合治理 | 三等奖 | 毕节市水保办 | 李兵、顾再科、潘绍兴、胡家隆、梅涛 |
| | 轴径向氨合成塔内件的改造 | | 毕化有限责任公司 | 高雁、魏燕龙、张卫国、胡潘辉、彭文远 |
| | 三气余热回收锅炉技术改造及运用 | | 毕化有限责任公司 | 贾普林、李杰铭、杨胜、陈华、王侔 |

## 三　科技经费与科技档案管理

**科技经费**　1979年前，地区科技经费由省科委下达指标，地方财政支付。1980年财政体制改革，科技经费纳入地方财政计划。

1.科学事业费。1975年前，科学事业费由地革委行政科和各科研所的主管局分别管理。1975年，由科技局和各主管局分别管理。1987年根据国务院和省政府决定，独立科研机构、科学技术协会的事业费，划归科委实行系统管理。1988中共毕节地委、地区行署同意，科协事业费划出由科协自行管理。2001年独立科研所经费改由地区财政局管理。

2.科技三项费。重大科学研究、新产品试制、中间试验经费，列入地区科技计划的项目，由地区科技局从科技三项费给予全部或部分补助。1981年起，对具有开发性质和具有偿还能力的科技项目，项目经费实行部分有偿或全有偿。地区历年科技三项费：1970～1972年每年7万元，1973年21万元，1974年14万元，1975年25万元，1976年8.9万元，1977年14万元，1978年17万元，1979年37.1万元，1980年11.7万元，1981～1982年每年10万元，1983年13.4万元，1984年48万元，1985年45万元，1986年50万元，1987年74万元，1988年70万元，1989年85.9万元，1990年102万元，1991年120万元，1992年130万元，1993年150万元，1994年170万元，1995年180万元，1996年200万元，1997年210万元。1998～2005年每年230万元。20世纪80年代后，每年都有项目列入省科技项目计划，有时还列入国家科技项目计划，这部分经费由省或国家拨给，数量因项目而异。2001～2005年，地区科技局上报列入省项目50项，其中6项列入国家计划，上级拨科技经费共913.95万元。科研所，常有参加省和国家有关科研所协作的项目，或直接承担省农业厅、国家农业部等有关厅、部下达的研究任务，经费由上级有关单位直接拨给承担单位。

3.科技发展基金。1985年1月，地区科委向地区行署申报，要求建立科技发展基金会，以解决基础性、综合性、富有地方特色等研究项目所需的科技经费。是年2月，行署批准地区科委与地区财政局联合发出建立地区科技发展基金的通知，及《毕节地区科学技术发展基金试行管理办法》，对科技发展基金的来源、用途、使用、申报等作了规定。

**科技档案**　1960年，地区科委配备专职人员，将科委档案同文书档案分开，实行专职管理。1963年，撤销科委。1966年5月后，开展“文化大革命”，大部分科技档案散失。1970年，建立地区科技局，重新收集整理科技档案。1986年后，地区科技局会同地区档案局，先后4次召开全区科技档案会议，分别对各时期的科技档案工作提出要求。1987年，地区档案局、地区科委组成检查组，检查地区邮电局、水电局、农科所等15个单位的科技档案工作，并联合行文转发地区邮电局《科技档案管理暂行办法》《邮电科技档案员岗位责任制》及地区水电局《科技档案管理制度》，供地区内相关单位学习参考。1988年，在检查的基础上，评比表彰3个科技档案工作先进单位和14名先进工作者。90年代后增加声像科技档案，地区科技情报所的科技声像档案超过2000分钟。2005年，地区科技局和地直5个独立科研所的科技归档案共有2854卷。

# 四 知识产权管理

**知识产权宣传与申报** 1.知识产权宣传。知识产权含专利权、著作权、商标权3方面。2001年前，由科技局分管专利权，文化局分管著作权，工商局分管商标权；知识产权局成立与科技局合署办公，仍只管专利权。每年都结合3·15消费者权益日、4·26世界知识产权日、年底加入世界贸易组织（WTO）纪念日，在毕节城区开展知识产权活动，发放专利法、著作权法、植物品种保护条例、产品质量法及其他涉及知识产权的资料并接受群众咨询。在《毕节日报》、毕节科技信息网站，开辟知识产权宣传专栏，登载有关知识产权的文件、资料，及报道地区内知识产权动态，对提高社会公众知识产权意识，及相关人员的知识产权知识水平，起到很好的作用。2002～2005年，在毕节举办知识产权培训和讲座4期，各级党政领导干部，企事业单位领导，有关科技人员2000人参加。

2.知识产权申报。2003年，地区科技（知识产权局）制发《关于做好知识产权申报工作的通知》，明确除自动产生的著作权外，申请、实施专利，申请商标注册、地理标志保护和农作物品种保护，给予一定补助。省知识产权局肯定此做法，将此文件转发各地州、市参考。

**专利管理** 1.专利申报。1995年，国家实施专利法，地区行署明确地区内专利工作归口科委管理。地区科委派1名干部到国家专利局委托云南省科委在昆明举办的专利班学习，取得专利代理人资格。是年10月，地区科委邀请省科委专利管理处负责人到毕节，举办专利知识讲座，地、县88个有关单位派员参加。11月，地区科委组建专利情报网，由业务科负责收集专利情报资料，地区科技情报所编制检索。2002年，地区科技局、知识产权局制发《关于做好专利情报工作的通知》，划出部分经费，设立专利发展补助基金，支持地区内单位和个人申请专利。至2005年，列项支持“暖气炉”等12项专利申请。1986年以来毕节地区申报，国家专利局受理170多项，授权的有游标秤、食物防氟圈、9RC-169秸秆揉搓切丝机等80多项。其中制革废铬液封闭循环使用获国家专利金奖，国家科技部、环保局、轻工业部决定在全国推广；授权后在生产上应用的有双面耐火砖、玉米营养钵制钵机具系列产品。

2.专利技术应用前的研究。2003年的计划中，列入地区长生科技开发有限公司的授权专利苦荞麦保健啤酒标准研究。此研究已完成，报地区质量技术监督局。

3.专利行政执法。2001年建立地区知识产权局后，派员参加省知识产权局、省法制办举办的培训班，地区知识产权局13人，有关单位有5人获得专利行政执法证件。每年，地区知识产权局都要联合工商、食品、医药管理部门执法人员，现场检查毕节城区经销电器、药品、食品的企业3～4次；2004年8月，地区知识产权局发出《关于实施毕节地区开展保护知识产权专项活动的工作计划的通知》，安排2004年9月～2005年6月开展知识产权联合执法大检查及整治专项行动，检查涉及标准专利的有关商品，令业主出示有关证件，经上网检索，查处假冒行为。据查，涉及专利的商品不多，故意侵犯专利权的行为少见；有个别存在涉嫌冒充专利产品的问题，但情节轻，责令其改正。

4.查处专利侵权案件。2005年，地区知识产权局受理蜂窝煤炉下煤装置专利侵权案件；一贵阳人诉3名息烽人在毕节侵犯其蜂窝煤下煤装置的专利。经查，被告确实侵犯原告专利。地区知识产权局作出处理决定书。被告服从裁决。

**启动专利战略研究** 2004年，地区科技（知识产权）局帮助地区高原电瓷有限公司，向省知识产权局申报《绝缘子产品专利战略研究》，获准列项。该公司收集国内外有关绝缘子专利资料，建立数据库。通过对收集数据的分析研究，提出该公司主产品绝缘子专利发展战略。

## 五　地震监测工作

**地震概况** 毕节地区处于中国南北地震带小江带东测，地质复杂，断裂发育，各种结构形迹叠加，相互交错，导致中强地震多次发生。元至大元年六月丁酉（1308年6月28日），乌撒、乌蒙（今威宁）地三日而大震者六。根据震情核定为5级以上的地震有：清嘉庆九年（1805）威宁州5.8～6级；民国19年（1930）9月23日，今金沙县5.5级；民国30年（1941）威宁县4.8～5级，民国24年（1935）2月中旬，威宁县5.5级；民国33年（1944），威宁县5.3级；民国37年（1948）10月9日，威宁县石门坎5.75级。1950年以来，虽未发生过5级以上地震，但小震基本年年都有。

**毕节地震台建设** 1971年，建立毕节地震观测站，置20平方米的工作房，安装一台65型单分向地震仪开展地震监测、记录。1984年改为毕节地震台，在进行地震监测的同时，增加地震预报及对地震测群点的业务指导。至1990年，共征地8.06亩，建筑1510平方米，设备有65型三分向地震仪，DD-1型微震仪、陶磁偏角仪、水平摆倾斜仪、DF-105型水氢仪、土地电、地应力；电台、计算机、汽车。90年代，台内有6台计算机，建立局域网、安装宽带网，提高处理监测资料和分析预报的水平。2003年，毕节地震台被列入中国数字地震观测网络，国家投资数字化地震仪等设备，2005年底调试运行。建台以来，每名工作人员都经过数次培训，多的达8次；多年来外出参加地震学术活动近100人次。

**地震监测** 1971年建站后，每天24小时进行，从未间断。每天对测震资料进行处理，每月编成地震月报，分送有关单位，有地震时，尽快与省内和毗邻云南有关台站联系，确定地点、时间和震级。3级以上地震，及时发出简报，以便各级领导了解震情；若发生有感地震，需及时向上级汇报，并组织人员携带仪器赶赴灾区，提出震情趋势的意见。1985～2005年，毕节地震台的测震资料，有15年次获云南省和贵州省地震局的奖励，而且多次为第一名。1976年6～7月，威宁县地震频繁，最大震级3.8级，震感较强，群众恐慌，波及邻近各县。省、地派出人员，作医疗救护、救灾物资准备。7月中旬，毕节地区地震办公室邀请云南省东川、曲靖、昭通，本省六盘市地震台派员到威宁举行地震趋势会商，认定威宁一带近期不可能发生较大地震。1984年1月1日～2月19日，威宁西部发生震群性地震501次，日发震多达70次，其中3级以上21次，最大震级4.1级，震中有感较强。当地人心惶惶，有的远走他乡。地区科委派员到威宁，组成毕节和威宁地震台人员参加的监视组；3月，邀请毗邻地震台派员到威宁会商，得出不存在大震背景的结论，向县政府汇报，向社会宣传后，生产、工作恢复正常。1989年5月5日0点26

分，金沙县城东北发生4.2级地震，地区科委和地震台8点向地委、行署汇报后，即携带仪器赶往金沙，下午在城关开始近距离监测。贵州省科委、地震办公室，六盘水市地震台、威宁地震台相继派员赶往金沙。这次地震，县城多处房屋裂开，人心恐慌，谣言四起。地震人员通过调查，收集前兆资料，和监测资料分析，得出金沙在近期内不可能发生大震的结论，并广泛向群众宣传。1990年以来，发生4级以上地震，均在威宁县境，1994年6月29日4.3级，1995年7月28日4.1级，1996年11月10日4.3级，1997年11月22日4.2级，2003年12月21日4.5级。2009年1月17日，4.5级，3月22日，4.7级，9月7日，5.7级，与威宁相邻的云南省鲁甸，2003年11月15日发生5.1级；2005年下半年，云南省巧家发生5.4级，昭通发生4.4级，均波及威宁。每次地震，地区科技局和毕节地震台均派人员赶往震区，考察震情与震灾现场后，写出报告，使各级政府知情，安定社会，稳定人心。

**地震科研与预报**　1980年，地区地震办公室运用历史资料，研究威宁地带的地震特征，通过分析该地带的地震强度、活动强度的变化规律，得出威宁东部表现为主震型，西部表现为震群型；且地震应变和地震活动在时间轴上有明显周期性的结论。此研究在贵州地震趋势会商会上受到好评，是年，获地区科技成果四等奖。1985年，威宁地震台通过气象因素与已发生地震关系的分析，发现降水量与地震的对应关系，受到西南地区同行的重视。毕节台试用拉格朗日定律、灰色理论、气温、气压、降水量、地下水等理论和环境因子，进行地震预测，经多年探索，其预报质量逐步提高。2005年5月，毕节台利用自己编制的软件，分析近一年的气象因素，撰写《贵州西北部2005年下半年地震趋势研究报告》，认为这个时段内地震活动水平有所上升，发生4.7～5.4级地震的可能性较大，重点危险区为北纬25.9～27.5度，东经102.5～104度，在省地震局召开的地震趋势会商会上受到好评。2005年下半年，云南巧家发生5.4级地震，云南昭通发生4.4级地震，波及威宁。

**地震工作协作**　1976年7月、1984年3月，威宁地震频繁，地区科技局邀请毗邻地市地震台人员赴威宁会商；本地区周边地区发生地震时，毕节地震台应邀请前往考察。80年代，毕节台与昭通台、曲靖台达成共识，长期交替监测资料；1995年以来，毕节台可直接利用昭通地区地震局网上资料。1983毕节地区科委与四川省、云南省地震局协商，四川局同意帮助毕节地区购进所需地震仪器设备；云南局同意为毕节地区培训工作人员，毕节台的地震监测资料每年都参加云南省地方台评比，获奖年份由地区科委比照云南省的奖励办法进行奖励。1985年7月，毕节地区科委与六盘水市科委协商，签订建立黔西地震协作区协议，时间4年，决定毕节、威宁和六盘水市地震台实行地震资料、前兆资料共用；专用器材互相调剂；合作编辑黔西地震目录，对4级以上地震共同到震区考察，对重大异常进行核实。1989年，双方再签订至1994年的协作协议。1992年，协作组出版《黔西1308～1990年地震目录》，填补贵州省现代地震科学研究的空白。1993年，分别获毕节地区和六盘水市科技进步三等奖、二等奖。9年间，还编辑《黔西北地震协作区震情简报》50多期，召开震情会商会12次，组织地震地质灾情现场考察15次。

**地裂、滑坡考察**　1975年7月9日晚，毕节县何官屯石板井生产队滑坡，滑坡6.27平方米，死亡11人。1979年9月2日，威宁县么站区潘家岩生产队滑坡，滑坡12万平方米，13户住房倒塌。1983年8月，威宁县黑泥乡发生一系列滑坡，遍及7个生产大队，近200亩农作物损失殆尽。1985

年织金县城关多处地裂，一些房屋墙体开裂，被迫搬迁。1990年8月底～9月初，毕节、大方、织金、赫章县局部地方发生地裂，其中赫章县榨溶树，弯子村地裂总长850米，最宽处23米；大方县大井村裂长700米，宽20厘米，最深2米；织金县龙场、化起交界处地裂7千米。当地常误为地震或地震前兆，造成恐慌。地区科技局每次收到报告后，都派出地震科技人员到实地考察，写出报告，消除群众顾虑，并为政府提供救灾依据。

## 六　科技情报管理服务

**图书、文献资料累集**　1979年9月，云、贵、川3省联合召开科技情报工作会议后，科技情报工作得到加强。1982年6月，地区科委召开科技情报工作会议，决定本着科技情报资源共享的原则，由地区科委编辑《毕节地区科技图书、资料联合目录》，对外单位和科技人员开放。次年3月，《目录》第一期编成，共1042条，印2000份，分送本地区各有关单位和科技人员，并与外地进行交换。1983年12月，地区科技情报所建立后，地区科委原有图书6000多册及技术资料3000多份，交该所管理。1990年地区科技情报拥有1.3万余册，中文期刊1553种2.01万余册，外文期刊121种3020册，交换文献资料4708份、声像资料110件，还建立全国科技成果交易信息数据库，贮存信息36000多条。1991～2005年，保证重要学术刊物续订，向科技界提供服务。

**创办科技刊物**　1978年，地区科技局创办《科技通讯》，主要刊载地区内科技成就和动态，不定期出版，内部发行。1984年改由地区科委和地区科技情报所合编，1992年改名《毕节科技》，增加科技项目计划执行情况，专论与综述，科技工作者建议、科技创先活动、科技体制改革、毕节地区农业可持续发展探讨等栏目，至1998年停刊，共出22期，近200万字。地区科技情报所80年代编辑印发全地区的有《科技信息简报》《决策参考》《科技成果转让项目汇编》《农畜产品加工与综合利用技术资料选编》《果蔬贮藏与加工》《玉米皮编制技术》。90年代以来，文献资料服务，主要是每年的科技下乡等活动中印发农村所需信息资料，累计发出10多万份。

**声像服务**　1985年，地区科委支持科技情报所购置摄像机、录像机、编辑机全套声像设备，开展声像服务工作。2001～2005年，对原摄录编系统进行改造升级，配备数字化摄像机、非线性编辑系统，建立数字化声像采编系统，实现摄录编数字化。地区科技情报所摄制、放映时间在20分钟以上的专题片、宣传片、资料片，1986年有《纳雍县粮援工程前期准备工作》《织金县粮援工程前期准备工作》；与省科技情报所合作，录制《稀土及多金属铬合剂鞣制绵羊服装手套革》，宣传毕节制革厂与成都科技大学合作，获省科技进步二等奖的成果。1987年，遵照毕节地区行署要求，摄制《发展中的毕节》，介绍毕节地区经济发展概况和名特产品。是年，应地区环境保护委员会要求，摄制《得与失》，反映土法炼硫、炼锌和小煤窑对环境污染造成的恶果。1988～1989年，以《贵州日报》头版头条报道毕节地区科技工作的成就为线索，摄制《开拓奋进的毕节科技》。1989年摄制毕节开发扶贫生态建设试验区专题片——《毕节简介》。1990年摄制《农村之希望——记毕节地区科技示范户》，介绍从事种植、养殖、林业、农副产品加工等10户科技示范户的发展过程、成就及社会效果。1990年拍摄《繁星》，省电视台主拍《几多艰辛话农桑》系列电视片第四集，主要介绍毕节地区优秀的科技示范户。1990年应地委组织部之邀摄制《刻在岩石上的碑文》，褒扬纳雍县干警杨仕海英勇斗歹徒，壮烈牺牲的事迹。1991年《旱地绿肥聚垄耕作法》技术专题片，为90年代省内重点推广项目，应各地要求复制20多次，1996年获省科技情报优秀成果二等奖。1992年《低产黄梨、苹果园改造技术》专题片，1996年获省科技情报优秀成果三等奖。1995年拍摄《科技之光》专题宣传片，介绍地区内创建科技先进县，科技先进乡镇和科技示范村，依靠科技进步，促进经济、社会发展的成就。2004～2005年，为中共毕节地委组织部远教办摄制《大白菜反季节栽培技术》《天麻有性繁殖技术》《半夏栽培技术及粗加工》专题片，其中《大白菜反季节栽培技术》通过国家远教办审核，列为全国重点课件。90年代中后期，地区科技局与地区电视台联办《科技之花》新闻栏目和《科技天地》专题栏目，地区科技情报所承担音像摄制。毕节地区科技情报所通过各种渠道，收集贮存100多部科技录像和影视片，推荐给有关单位和企业放映。每年利用有关科技活动，选相关的技术专题片为参加活动人员放映。据2001～2005年统计，放映20多场，5000多人次观看。2004年撰写的《声像情报为地方科技、经济、社会发展服务的探索》，获地区科技进步三等奖。

**信息网络、信息资源建设及服务**　1.信息网络。1998年，地区科技局建立局域网，局域网中心建在地区科技情报所，是年连入互联网。2001年，对原局域网进行技术改造及软硬件的更新和升级。改造后地区科技信息网络包括：（1）毕节科技信息网（http://www.bjst.gov.cn）。2002年开通；2005年，主网页有科技政务、知识产权、科技成果、科技政策法规、农村科技、科技专题、毕节科技新闻、专家智能系统等多个栏目，共5000多个页面，成为宣传毕节科技工作、知识产权工作、展示毕节科技成就的重要窗口；为科技项目申报、信息检索等提供极大便利，提高了科技工作效率。（2）贵州区域资源网毕节地区子网。2001年，开始建网，2002年8月建成，有效连入贵州区域资源网，并收集整理发布毕节地区招商引资、企业产品、科技成果、工农业资源等信息。是年12月，通过省科技厅信息中心专家组验收。（3）地区科技局局域网。为实现局内现代化办公做了大量基础性工作。

2.信息资源。1987年，地区科技情报所引进国家科委西南信息中心和中国科技情报所万方数据公司的光盘数据，为全地区提供情报检索服务。截至2005年，地区科技情报所有中国科技期刊数据库、中国科技成果数据库等6家全国性数据库的光盘数据1000多万条。2002年，地区科技情报所经过努力，与中国科技情报所万方数据公司签订镜像系统信息服务协议，建立万方数据库毕节镜像站，2005年，收集万方数据库信息量近1000千兆；数据库DVD光盘300多张，核心和专业期刊5044种，有1990～2005年全文数据500多万篇。地区内用户通过毕节科技信息网，可方便快速检索到商务信息、科技信息、数字化期刊全文等三个子系统数据信息。同时，在毕节科技网上开辟本地区数据库专栏，为地区科技经济社会发展提供更好的服务。2001～2005年，为喀斯特山区肉牛生产计算决策与咨询系统，黔西北山区夏秋反季节无公害蔬菜专家系统、毕节地区中药材信息数据库等30多个项目作检索服务；为地区内科技管理部门、各业务主管局、大中专院校、科技事业机构等100多个单位开放检索权限。

## 七　中药现代化科技产业管理

**中长期发展规划和信息系统**　1.毕节试验区中药现代化科技产业中长期发展规划。2003年，地区科技局在调查全地区中药资源、中药农业、中药工业、中药商业的历史资料收集和现状的基础上，根据国家产业政策和国内外中医药产业的发展趋势而编制。规划提出2006～2020年，发展毕节地区中药现代化科技产业的思路、原则、定位、目标重点发展的优势品种和前景较好的项目，以及相应的措施。

2.毕节地区中药材信息系统。2003～2004年，地区科技局在编制《毕节试验区中药现代化科技产业中长期发展规划》时，将中药材历史和现状的资料，委托贵州大学信息与计算机科学院研究完成建立毕节地区中药材信息系统。该系统为地区内中药材的种植栽培、生产加工、市场营销及政策法规等提供信息平台，对中药材产业的发展起到有效的技术和信息支撑。该系统已纳入毕节地区科技信息网运行。

**中药材和中药研究**　2001～2005年，毕节地区科技计划项目140个，涉及中药材和中药研究的34项，占24.3%；其中12项列入省中药产业专业、省星火计划和省创新基金项目，科研经费投入近200万元。研究的中药材有天麻、半夏、淫羊藿、黄精、仙茅、骨碎补、重楼、金铁锁、石蒜、杠板归。研究内容有种质资源收集整理、系统选育、药用植物组织培养、繁殖技术、栽培技术管理规范（GAP）基地建设，及中药7类新药注射用杏丹研究。天麻研究属2001～2005年重点项目，由大方云龙天麻开发有限公司和贵大生化营养研究所承担天麻保鲜技术与天麻素积累规律研究等5个课题。其中天麻杂交制种技术，节材栽培技术、仿野生栽培技术、液体菌种制作技术均获突破，达到国内先进水平，并带动500多户农民种植天麻，成效显著。地区农科所承担的药用植物组织培养及快繁技术研究，用白术等15种药用植物作研究材料，培养出藤乌、金铁锁、川乌等10种试管苗，提出相应的组织培养技术和快繁技术。地区药检所承担的地产中药材质量标准与品质研究，完成天麻、半夏、龙胆、续断4种地产药材的性状描述，显微特征观察，水分、灰分、酸不溶性灰分的测定与限量确认，以及品质评价；还完成何首乌、骨碎补、金银花的品质评价。

**中药材基地建设**　2001～2005年，地区中药材生产基地建设进展突显，有以下类型：一是地区科技计划项目列入，已实施的纳雍县、大方县中药材科技示范园区建设，以前胡、天麻基地为主；二是通过招商引资建立的基地，有贵州民族制药厂威宁县建金铁锁栽培技术管理规范化（CAP）示范基地，贵州大集药业在赫章县建半夏GAP基地及加工企业，贵州同济堂药业在赫章县建全国最大的续断GAP生产基地，贵阳科福制药有限公司在纳雍县建前胡、菁蒿、南沙3万亩GAP生产基地。三是毕节市，金沙、黔西、织金、大方、赫章县的林业部门，结合退耕还林、荒山造林等生态建设项目，营造喜树与针叶树混交林近8万亩，折合喜树单作面积约4万亩，为中药材种植探索出一条新路。四是一些地方原有种植基础的药材，因市场需要，扩大种植规模。2005年，全地区种植半夏、百合、潞党、续断、鱼腥草、白术、天麻等7种草本药材2.18万亩，销售收入1.09亿元；其中半夏产量1.14万吨，约为全国产量的三分之一。毕节市朱昌镇建有头花蓼和石蒜种植示范基地。五是对淫羊藿、坚龙胆、重楼、金荞麦、草乌进行野生驯化和种源栽培，2005年达550亩，兼有科研和基地生产性质。

**制药工业**　2001年2月，国家《药品管理办法》公布实施，规定对制药企业强制施行药品生产质量管理规范（CMP）改造。9家制药企业，搬迁外地1家，自行淘汰5家，现有贵州世禧制药有限公司，贵州省海盾生物有限公司，毕节地区中药饮片厂。由原毕节地区制药厂改建的贵州世禧制药有限公司，CMP改造已于2003年通过国家认证，被评为贵州省高新技术企业。

## 八　科技扶贫

**科技项目计划中列入扶贫性项目**　1.软科学研究项目。1987～1988年，毕节地区行署经济研究室承担毕节地区经济发展战略研究，含毕节地情、经济发展阶段与经济结构改造、贫困根源、战略目标、实施步骤、农业生态环境、粮食、人口、智力开发、资金等10个子课题。采取层次分析法研究6个贫困县的调查资料找出：人口基数大，增长快，素质差；产业结构不合理；农业生态遭到严重破坏，交通闭塞；工业基础薄弱等根源，形成“贫困综合症”，提出综合治理，治本脱贫的战略目标。为中共毕节地委、毕节地区行署采纳实施。1989年分别获地区和省科技进步二等奖和二等奖。1990～1991年，地区行署贫困地区经济开发办公室，承担“毕节极贫地区现状及脱贫政策探讨”项目，通过调查大方县毛栗乡、织金县大方寨乡和威宁自治县石门坎乡等极贫困乡，收集近1.5万个变量数据，作统计分析，找出极贫地区发展中带规律性的特征及极贫原因。从制订发展规划，强化政府干预职能、改造现有传统产业、改革扶贫投资方向、全方位扶贫、控制人口增长及提高人口素质、深化农村改革方面，提出加快极贫地区经济发展的对策。1994～1996年，地区科技局、科技情报研究所合作，进行毕节地区贫困成因及类型研究、毕节地区科技扶贫模式及运行机制研究。通过调查，根据贫困成因，分为封闭贫困型和资源贫困型两个基本类型，将少数民族聚居区单列为特殊贫困型，并针对各类型提出脱贫对策。1986后科技扶贫有工程推广型、项目覆盖型、基地辐射型、产业带动型、市场扩散型5种模式。科技扶贫的运行机制归为政府推动、科技主动、部门协动、政策鼓动、效益驱动的社会联动机制；各级科技管理部门、各涉农、支农科技事业单位、广大科技人员投入到科技扶贫工作中，收到显著成效。两次研究报告，均由省科技厅收编入《贵州省科技扶贫典型调查及专题研究》中。

2.硬科学研究项目。1986～2005年，地区新上科技计划项目517项，三分之一为面向农村、农业和农民进行示范与应用项目。有的项目在签订技术合同时，对示范应用面积、效益、培训人数、脱贫人数都有具体要求。1989～1990年，地区烟办承担毕节地区西部优质烟生产技术开发，在威宁县中水区、大街区、观风海区，赫章县可乐区、恒底区，纳雍县姑开区、治昆区实施。海拔1600～2300米，原属烤烟生产的次适宜和不适宜区，采用营养钵假植移栽和地膜覆盖栽培的规范化技术为突破口，两年种植10.44万亩，平均亩产128.6千克，总产值4003.8万元，创税收1600万元；共培训烟农12万人次，发展种烟科技示范户200多户，150人被评上农民技术职称，近万户4万多人种烟脱贫。1989～1991年，地区牧科所承担的马头山羊繁殖推广选赫章县古达区石板河苗族自治乡作推广点。课题组长期驻点，发展100户养羊科技示范户，每户养羊30只，出栏率超60%；1988年全乡养羊不到2000只，1992年发展到5000多只，马头山羊的比例从

6%提高到50%；课题组在全乡开展家畜疫病防治，生猪发病率从入村前的30%以上降到10%以下，一部分农民脱贫，在赫章县产生很好的影响。织金县科委承担的竹荪人工栽培技术项目，成为织金县农村的新产业，至1995年，有1.5万多户7万多人，种竹荪脱贫。2003年，省科技厅委派科技特派员赴大方，经调查后，地区科技计划列入黔西北山区夏秋反季节无公害蔬菜产业化开发项目，省农科院承担，在大方县7个乡镇实施，2005年有1311个村民组1.2万多户种植夏秋反季节蔬菜4.5万亩，带动3.5万多亩，平均每亩纯收入1200多元。相当一部分村民组居住在高坡山地，气候温凉，属贫困村寨，发展夏秋反季节蔬菜，开发出一条脱贫新途径。2001～2005年，科技管理部门与有关事业单位合作，结合农业实用技术推广项目，在贫困乡村办培训班80期，培训10.95万人次，科技计划内许多项目的实施，都取得实施一个项目，培训一批人才，开发一项产业，致富一方农民的显著成效。

**科研所深入贫困乡办科技扶贫样板** 1989～1991年，地区农科所到纳雍县姑开区凹梳乡苗族彝族乡蹲点，办科技扶贫样板。以玉米杂交种毕单3号，小麦毕麦13、26号，烤烟NC82等良种及其高产栽培技术配套推广，同时进行耕制改革。3年培训2900人次，乡、村民科技意识提高，1988年姑开区只种杂交玉米几十亩，1991年凹梳乡基本普及，累计玉米增产90万千克；小麦从1.4万千克上升到2.5万千克，烤烟有较好的发展，为解决农民的温饱作出贡献。同时带动姑开区的科技兴农，1991年种杂交玉米1万多亩。1995～1998年，地区科技局组织地区农科所、牧科所，到织金县实兴乡驻点进行科技扶贫。1994年，该乡1.66万人，贫困人口占59.2%，少数民族占55%。工作组采取建立健全科技服务体系，加强培训，增强基层干部和农民的科技意识，提高劳动者素质；推广玉米毕单3号、织金1号、水稻毕粳37号、小麦毕麦10号、毕麦11号等良种及丰产栽培技术，普及率提高到70%；推广贵州黑山羊、生猪经济杂交、乌蒙乌骨鸡、黄牛改良及规模饲养，发展养畜科技示范户405户。1998年与1994年比较，全乡农业总产值增30.2%，其中畜牧业产值的比重从16.2%增加到28.9%；农业纯收入增103.6%，人均占有粮食387千克，增长47.2%；农民人均纯收入1025元，增82.1%；贫困人口从9768人减少到3912人，下降59.9%。

**地区科技局施行科技扶贫** 1994年，地区科技局决定在纳雍县寨乐乡进行科技扶贫。当年组织工作组到寨乐进行调研，与乡党委政府制订扶贫计划，开展工作；1995～1997年，经组织部门同意，科技局派一位同志兼任该乡党委副书记。全乡3827亩稻田，推广毕粳37号和旱育稀植技术，2.09万亩旱地，推广毕单3号、毕单4号玉米杂交种，毕麦10号、毕麦11号小麦良种，扩大烤烟种植面积，推广NC82、K326良种和半株式烘烤技术，发展绿肥、发展麦肥烟、麦肥包分带轮作两熟制；养殖业主要抓杂交生猪饲养。科技局工作组与乡党委和乡政府领导协同，大力抓技术培训，在各村民组发展科技示范户，通过示范，以上各项实用技术基本普及。1994年前，乡财政收入未超过30万元，1996年起，超过100万元。大烂坝村民组，位于山顶，村民均为苗族，多为文盲，粮食不够吃，用钱靠春耕和三秋季节下山做临时工，饲养牲畜人家也少，属极贫村民组。1995～1996年，在当地推广地膜覆盖杂交玉米栽培技术，粮食成倍增长，出现一些农户贮藏粮食困难的局面。该组有40多名适龄入学儿童均未入学，地区科技局与教育部门、乡政府协商，在大烂坝创办一所小学，并由科技局全体同志资助第一期入学儿童到小学毕业，此事在苗族中引起较大的震动。

# 第三章　社会科学研究

1978年以前，毕节无专门的社会科学研究管理机构。社会科学研究，由中共毕节地委宣传部组织领导，围绕中共的中心工作，从理论教育、研究、宣传、调研方面规划，通过各级中共组织贯彻落实。一些热心社会科学研究的人员，根据中共党委宣传部门的安排，结合形势任务和单位部门实际，从理论与实践的结合上展开研讨。1978年12月中共十一届三中全会后，地直系统一些部门和单位先后建立具有社会科学研究性质的学会、协会、研究会，探索改革的路子与途径。

## 第一节　组织管理

**毕节地区社会科学界联合会**　1989年3月，中共毕节地委宣传部根据中共贵州省委宣传部、贵州省社会科学界联合会的要求，向中共毕节地委呈报《关于成立毕节地区社会科学界联合会的请示报告》。是年7月19日，中共毕节地委同意成立毕节地区社会科学界联合会。是年7月27日，毕节地区编制委员会拟发《关于成立毕节地区社会科学界联合会的通知》，通知成立毕节地区社会科学界联合会为局级事业单位，定编8人。1989年11月18日，毕节地区社会科学界联合会在毕节正式成立。1990年3月30日，中共毕节地委召开办公会议，决定将地区社会科学界联合会改为行政单位。毕节地区编制委员会拟发《关于行署驻广州办事处等机构规格性质问题的通知》，将地区社会科学界联合会定性为人民团体，其规格不变。编制20人，内设办公室、学会科、编辑部、科普培训中心。其主要工作任务：1.根据中共毕节地委、毕节地区行政公署各年度中心工作，进行社会科学理论研究；2.联络、协调、服务各学会、协会、研究会开展理论研究工作；3.组织编辑、审稿、出版《乌蒙论坛》刊物；4.组织开展全地区政治、经济、文化、教育等方面理论研究会；5.组织开展全地区哲学社会科学优秀成果评奖工作；6.根据贵州省广播电视大学、贵州省教育委员会、毕节地区教育委员会按本年度指标和教学大纲，承办科普知识大专班和本科班各专业的教学任务。2010年8月，地区社科联所属地区社科联知识普及培训中心撤销，职工培训基地及所属财产全部划入地区广播电视大学。

**社科规划**　1998年，拟定“学习邓小平理论、促进毕节经济发展”研究课题25个；2001年，拟定全地区“十五”哲学社会科学研究题共110个，其中哲学类17个、政治类25个、经济类30个、文化类23个、综合类15个；2004年，拟定未成年思想道德研究课题111个。

**专业技术职称评聘** 1997年3月，经地区职改办审定，聘任1名《乌蒙论坛》编辑部技术设计员。1999年4月，报地区职改办审定，聘任助理编辑1名，助理会计师2名，教员2名。2001年6、7月，聘任助理讲师3名，会计师1名，教员1名。2002年6月—12月，聘任助理讲师2名，汽驾技师1名。2003年12月，聘任助理讲师2名。

**毕节社会科学网站** 2010年建立，承办《毕节论坛》栏目，推荐60多篇理论文章到该栏目上登载。2011年，完成承办毕节行署门户网栏目。

## 第二节 社会科学研究机构及组织

### 一 研究室所及办公室

**中共毕节地委政策研究室** 1988年9月在中共毕节地委政策调查研究室的基础上建立中共毕节地委研究室。1996年6月，更名为中共毕节地委政策研究室，下设办公室、综合科、党群科、试验区科。人员编制18人，在编15人，研究人员13人，工勤人员2人，其中主任1人，副主任3人。其职责为：1.围绕党的基本路线、党中央和省委的重大决策以及地委的工作部署，对经济、政治、文化、党建及社会发展等方面的重要决策问题进行调查研究，提出意见和建议，供地委决策参考。2.根据地委指示，组织、协同有关部门起草或修改有关文件、文稿。3.承担有关改革试验、试点任务，掌握改革和发展中的重要情况和区外的重要信息，供地委决策参考。4.组织、协同有关部门起草或修改试验区改革试验方案和其他有关文件、文稿；指导、督促各县市和地直有关部门制订相应实施方案和配套措施；负责毕节试验区改革试验的检查督促工作；负责与中央、省有关试验区工作的领导和协调部门的联系，做好与毕节试验区北京专家顾问组的联络及相关服务工作。5.指导督促各县市委承担政策研究，试验区工作职能部门的相应业务工作，加强与地直各部门的合作，发挥组织、联络、协调作用。6.承办地委、行署和省委政策研究室交办的其他事项。

历任中共毕节地委政策研究室主任：吴愿学、谭齐贤。

**中共毕节地委党史研究室** 1982年9月，中共毕节地委下发“关于成立毕节地区党史资料征集研究小组”的通知，明确毕节地区党史资料征集研究小组下设办公室（简称：党史办），按局级建制。任务是：1.收集核实毕节地区中共党史资料；2.上报中央和省委需要的毕节地区征集的党史资料；3.研究和编审毕节地区中共历史；4.转办外地有关党史资料工作；5.指导各县党史资料收集工作。1987年6月，地区编制委员会办公室下文：中共毕节地委党史资料征集研究领导小组办公室为局级事业单位，下设秘书科、党史资料征集科和党史研究编纂科。1988年11月地区编办核定地委党史办事业编制15人。1990年9月，中共毕节地委下文：成立中共毕节地委党史工作领导小组，撤销中共毕节地委党史资料征集研究领导小组及其办公室，成立中共毕节地委党史研究室，为地委局级事业单位，人员编制不变。任务是：1.继续搞好毕节地区内的中共党史资料征编工作，忠实记录中共在毕节地区领导革命和建设的历史；2.开展党史专题研究，为地委行署在对毕节地区经济社会发展作决策时提供资政意见建议；3.广泛开展党史宣传教育活动，正面向广大干部群众和青年学生宣传中共的路线、方针、政策的历史功绩，抵制国内外敌对势力歪曲、编造、颠倒中共历史，揭露敌对势力对中国社会主义进行渗透、破坏的阴某。2010年1月，与地方志办合署办公。

历任地委党史研究室（党史办）主任：朱启荣（地委副书记兼）、邱亮、谢正发、潘圣群；副主任有邱亮、杨天模、龙大章、潘圣群、曾加伦、高隆礼、肖会明。

**毕节地区地方志编纂委员会办公室**　1986年4月成立，局级事业单位，定编5人，归行署办公室。同年12月，地区编制委员会行文，增加地区地方志编纂委员会办公室编制5人。地区地方志办公室内设秘书科、地方志编辑科、年鉴编辑科。截至2011年底止，历任地区地方志办公室主任：陈治恪、李安福、金国藩、潘圣群；副主任糜崇习、吴维轶、肖会明、高隆礼。组织编纂出版发行县志12部，地区部门志44部，地区年鉴10部。

**毕节地区民族研究所**　1989年4月成立，隶属毕节地区民族宗教事务局领导，内设办公室、研究室。到2005年，有人员8人。研究方向和任务：立足于毕节地区各少数民族的发生、发展及各个历史时期文化现象和社会现象全方位调查与研究，向政府有关部门提供决策参考依据。

**毕节师范高等专科学校民族文化研究所**　1994年9月成立，属毕节师范高等专科学校领导，成员24人，其中高级职称5人，中级职称7人。研究方向和任务：立足于面向社会调查研究，毕节地区少数民族的政治、经济、历史、文化、教育的历史和发展问题，为弘扬民族的优秀文化服务。

**毕节师范高等专科学校教育技能研究所**　1994年9月成立，属毕节师范高等专科学校领导，设所长1人，副所长2人，兼职研究人员35人，高级职称5人，中级职称30人。研究方向和任务：立足于师范教育技能研究与探索，使研究成果逐步向教学实践转化，推动学校师范教育技能的发展。

**毕节师范高等专科学校彝文古籍研究所**　2002年11月成立，属毕节师范高等专科学校领导，成员7人，其中高级职称2个，中级职称1人，初级职称1人。研究方向和任务：将彝语和汉语、彝文和汉文、彝文古籍和汉文古籍的记载内容结合研究，揭示中华民族大家庭各民族互相间休戚相关、患难相顾的历史。以课题承包方式，彝文古籍翻译，研究彝学，修订出版《贵州彝文字典》实现书同文。

## 二　协　会

**毕节地区老年人体育协会**　1992年9月成立，属毕节地区体育局领导。到2005年有研究人员11人。研究方向和任务：立足于老年人体育运动的调查研究，促进老年人体育事业的发展。

**毕节地区计划生育协会**　1992年4月成立，属地区人口与计划生育局领导，有团体会员9

个，个人会员88人，专职研究人员3人。研究方向和任务：立足于毕节地区人口与计划生育现状开展调查研究，为控制人口增长，提高人口素质，实施计生国策，促进经济发展和社会稳定，向有关部门提供决策参考依据。

**毕节地区个体劳动者协会** 1984年7月成立，1995年4月，经民政部门批准登记注册。属地区工商行政管理局领导，有团体会员74个，个人会员4.19万余人，专职研究人员7人。研究方向和任务：立足于地区个体劳动者现状进行调查研究，为政府有关部门提供决策参考依据，促进个体工商业的健康发展。

**毕节地区婚姻家庭建设协会** 1999年7月成立，属地区民政局领导，有团体会员5个，个人会员29人。研究方向和任务：立足于对地区婚姻家庭现状的调查研究，为政府有关部门提供决策参考依据。

**毕节地区消费者协会** 1988年3月成立，1993年6月，经民政部门批准注册登记，属地区工商行政管理局领导，有专职研究人员3人。研究方向及任务：立足于对地区消费者的现状进行调查研究，向政府有关部门提供决策参考依据，促进社会主义商品经济健康发展。

**毕节地区保安协会** 2004年6月成立，属地区公安局领导，有团体会员9个，个人会员32人。研究方向及任务：立足于全区安全保卫调查与研究，为政府有关部门提供保一方平安的决策参考依据。

**毕节地区珠算协会** 1987年3月成立，属地区财政局领导。设会长1人，副会长4人，秘书长1人，常务理事19人，理事49人。

**毕节地区电力企业管理协会** 1989年4月成立，属地区供电局领导。设会长1人，副会长2人，秘书长副秘书长各1人，常务理事9人，理事27人，会员164人。

## 三 研究会

**毕节地区农业经济研究学会** 1982年12月成立，属地区农经委领导，设理事长1人，副理事长3人，秘书长、副秘书长各1人，常务理事9人，会员271人。出有论文与调查报告6集，曾荣获省和国家星火人才培训奖。

**毕节地区学校管理研究会** 1985年12月成立，属地区教育局领导，设会长1人，副会长7人，秘书长、副秘书长各1人，常务理事10人，理事38人，会员71人。

**毕节地区语文教学研究会** 1985年12月成立，属地区教育局领导，设理事长1人，副理事长3人，秘书长1人，理事16人，会员60人。

**毕节地区政治教学研究会** 1985年12月成立，属地区教育局领导，设理事长1人，副理事长3人，秘书长1人，理事13人，会员58人。

**毕节地区历史教学研究会** 1987年3月成立，属地区教育局领导，设理事长1人，副理事长3人，秘书长、副秘书长各1人。

**毕节地区群众文化学会**　1984年4月成立，属地区文联领导，设会长1人，副会长2人，秘书长1人，常务理事17人，理事27人。办有刊物《毕节文化》。

**毕节地区组织工作研究会**　1986年10月成立，属地委组织部领导，设会长1人，副会长5人，秘书长1人，副秘书长3人，常务理事10人，理事27人，会员120人。办有刊物《组织工作研究》。

**毕节地区人才工作研究会**　1986年10月成立，属地区人事局领导，设理事长1人，副理事长5人，秘书长1人，副秘书长3人，常务理事15人，事理37人。

**毕节地区经济社会发展研究会**　1987年2月成立，属地区经委领导，设理事长1人，副理事长14人，秘书长1人，副秘书长16人，理事55人，会员208人。创办《毕节发展研究》，编辑《毕节地区1986~2000年经济社会发展战略研讨》专集2本。

**毕节公路职工思想政治工作研究会**　1989年4月成立，属地区公路养护总段领导，设会长1人，副会长2人，秘书长1人，常务理事7人，理事14人。

**毕节地区苗学研究会**　1992年4月成，属地区民族宗教事务局主管，设会长1人，副会长2人，秘书长1人，常务理事26人，理事54人，会员180余人。其宗旨是：探索研究毕节地区苗族的政治、经济文化、教育、干部的历史与现状，促进苗族在政治、经济、文化诸方面的发展，为毕节地区两个文明建议不断作贡献。主要学术活动：1.组织召开年会和学术研讨会。2.编辑内部刊物《苗学通讯》。3.组织研究人员参加省内学术研讨会。4.编辑出版学术论文、反映苗族政治、经济、文化的作品、书籍。

**毕节地区水利职工思想政治工作研究会**　1992年9月成立，属地区水利局主管，设会长1人，副会长2人，秘书长1人，常务理事14人，理事24人，团体会员17个。其宗旨是：探索新时期水利职工思想政治工作的新路子、新经验，造就一支政治过硬、精通业务、敢打硬仗的水利职工队伍。主要学术活动：1.按期召开年会，围绕宗旨，进行学术理论研讨。2.组织会员单位参加行业内外的学术理论研讨。3.评选、表彰优秀成果，向省、地有关部门推荐。4.组织专题研讨。5.编辑《水利职工政工研究》《水利职工思想政治工作论文集》。

**毕节地区彝学研究会**　2003年1月成立，地区民族宗教事务局主管。设名誉会长2人，名誉副会长31人，常务副会长1人，副会长4人，秘书长1人，副秘书长6人，常务理事18人，理事352人，会员400余人。其主旨为：探索研讨毕节地区彝族历史、政治、经济、文化、教育，弘扬民族文化，促进民族团结、推进毕节地区两个文明建设。主要活动：1.参与地区彝文翻译组编辑出版《彝文文献翻译与彝族文化研究》《彝文金石图录》《彝文文献释名集》；2.组织举办学术年会；3.承办毕节地区“花中西施”选美大赛；4.编辑出版《毕节彝学通讯》；5.指导9个县区成立彝学研究会；6.筹建毕节彝文双语职业学校；7.协助28集电视剧《奢香夫人》的拍摄工作；8.承担《毕节地区彝族聚居区经济社会发展研究》课题；9.组织修订《贵州彝文字典》。

**毕节地区布依学研究会**　2004年11月成立，地区民族宗教事务局主管，设会长1人，副会长11人，名誉副会长9人，秘书长2人，副秘书长9人，执行常务理事13人，常务理事71人，会员

275人，顾问30人。研究会内设经济研究组、文史研究组。其主旨为：讨论布依族的历史和现状，为推动少数民族地区政治、经济、文化、教育事业服务，为实现民族平等、团结和共同繁荣而努力。主要学术活动：1.召开毕节地区布依学研究会成立大会。2.编辑出版《毕节布依学会通讯》。3.组织织金“六月六”歌会。4.指导织金县布依学会成立。

**毕节地区统战理论研究会** 1988年12月成立，1992年注册登记，地委统战部主管，设会长1人，副会长4人，秘书长1人，副秘书长2人，常务理事5人，理事44人，团体会员9个，会员124人。其主旨为：贯彻实事求是、理论联系实际的学风。广泛开展统一战线理论研究，为统战工作及推进毕节地区两个文明建设服务。主要学术活动：1.开展统战理论学术研究与交流。2.评选表彰优秀研究成果，向有关部门和上级研究会推荐。3.参与省内外统战理论学术交流。4。创办《统战理论与实践》，编辑《统战理论论文集》。

**毕节地区家庭教育研究会** 1984年成立，1992年4月注册登记，地区妇联主管，设会长1人，副会长2人，秘书长、副秘书长各1人，常务理事17人，理事35人，团体会员15个，会员600余人。其主旨是：调研毕节地区居民家庭教育历史和现状，探索家庭教育规律和途径，交流家庭教育经济及成果，提高家庭教育水平。主要学随机应变活动：1.坚持召开年会，开展学术理论交流。2.编辑学术论文集。3.评选表彰优秀研究成果，向有关部门和上级研究会推荐。4.开展家庭教育调研，探索科学对策。

**毕节师范高等专科学校青年学术研究会** 1987年1月成立，属毕节师范高等专科学校主管。设理事长1人，副理事长3人，秘书长2人，理事7人，顾问10人，会员65人。为贵州省高校学会团体会员。其主旨是：研究高等师范专科学校教育及教育管理的理论和实际问题，为提高教育水平和质量服务。主要学术活动：1.拟定科研活动计划，开展学术交流活动。2.组织优秀科研成果参加校内外、省内外学术交流。3.组织学术讲座，开展专题研讨。4.评选、表彰、推荐优秀科研成果。5.编印会刊《学会通讯》。

**毕节师范高等专科学校思想政治教育研究会** 1988年3月成立，毕节师范高等专科学校主管，设名誉会长1人，会长1人，副会长3人，秘书长、副秘书长各1人，常务理事3人，理事15人。其主旨是：从理论和实践的结合探索思想政治教育的新路子，新方法、新经验、推动学校政治教育发展。主要学术活动：1.制定学术研究规划，开展学术交流活动。2.评选优秀研究成果，向有关部门和上级学会推荐。3.组织优秀研究成果，参加校内外、省内外学术交流。4.创办《毕节师范高等专科学校学生思想政治工作》。

## 四　学　会

**毕节地区金融学会** 1987年4月成立，属地区人行领导。设会长1人，副会长4人，秘书长1人，副秘书长10人，常务理事16人，理事91人。出有论文集《金融求索》。

**毕节地区盐业运销经济学会** 1987年12月成立，属地区盐业公司领导。设理事长1人，副理事长3人，秘书长1人，常务理事7人，理事23人。

**毕节地区供销合作经济学会**　1988年3月成立，属地区供销社领导。设会长1人，副会长2人，秘书长1人，常务理事9人，理事32人，会员75人。创协《供销合作经济》会刊。

**毕节地区商业经济学会**　1988年6月成立，属地区商务局领导。设会长1人，副会长2人，秘书长、副秘书长各1人，常务理事15人，理事43人。办《毕节商业经济》会刊。

**毕节地区财政学会**　1987年3月成立，属毕节地区财政局领导。设会长1人，副会长2人，秘书长1人，常务理事5人，理事17人，会员2000余人。

**毕节地区会计学会**　1987年3月成立，属地区财政局领导，设会长1人，副会长2人，秘书长1人，常务理事9人，理事32人，会员1000余人。

**毕节地区监察学会**　1992年4月成立，隶属毕节地区纪委、监察局。设会长1人，副会长2人，秘书长1人，理事8人，团体会员9个，个人会员150余人。其主旨是：以马列主义、毛泽东思想、邓小平理论和“三个代表”思想为指导。结合毕节地区实际，探索党风廉政建设和新方法、新路子、新经验。主要学术活动：1.组织党风廉政学术理论研讨，交流党风廉政建设经验。2.组织撰写党风廉政建设理论文章，参加省内外有关学会召开的学术研讨会进行交流。3.评选表彰、奖励优秀成果，向中央、省、地有关部门申报。4.围绕反腐倡廉进行专题研讨。

**毕节地区广播电视学会**　1991年4月成立，1992年4月注册登记，毕节地区广播电视局主管。设会长1人，副会长2人，秘书长1人，常务理事9人，理事19人，下设广播电视新闻评奖委员会，广播电视科学技术评奖委员会。其宗旨是：组织开展广播电视学术探讨，为提高广播电视工作者素质、发展广播电视事业服务。主要学术活动。1.按期召开年会，交流工作经验，开展学术研讨。2.编辑《毕节广播电视》《广播电视论文集萃》《广播电视管理文件选编》。3.培训全地区广播电视业务人员。4.评选优秀论文和好新闻，向上级业务部门推荐。

**毕节地区税务学会**　1985年7月成立，1992年3月注册登记，隶属地区国税局。设会长1人，副会长1人，秘书长1人，常务理事7人，理事36人，集体会员18个，会员1552人。其主旨是：研究税收征收管理方针政策，为推动税务工作服务。主要学术活动：1.按期召开年会，开展学术交流活动。2.组织理论文章，参加地区有关部门和上级举办的学术理论交流会。3.评选、表彰优秀研究成果，向地区有关部门和上级学会推荐。4.创办好小报《毕节税务》，编辑优秀论文集。

**毕节地区教育学会**　1984年2月成立，2005年7月注册登记，隶属地区教育局。设会长1人，副会长6人，秘书长1人，名誉会长1人，常务理事19人，理事47人，会员595人。其宗旨是：进行教育科学理论与实际问题的探索研究，促进教育事业发展。主要学术活动。1.组织学习科学理论，开展学术研究与交流。2.评选表彰优秀研究成果，向有关部门和上级学会推荐。3.组织优秀研究成果，参加省内外学术交流。4.创办《教研园地》，编辑《教育科研论文选》。

**毕节地区粮食经济学会**　1987年12月成立，隶属地区粮食局。设会长1人，副会长3人，秘书长1人，副秘书长2人，理事33人，会员67人。其宗旨是：研究和探讨粮食经济理论和实际问题，促进粮食经济理论的应用和发展，为发展粮食商品生产、粮食经济体制改造、活跃粮食商品流通服务。

**毕节地区中共党史学会** 1992年1月成立，隶属地委党史研究室。设会长1人，副会长2人，秘书长1人，常务理事8人，理事15人，会员320人。其宗旨是：探索研讨中共毕节组织的历史和现状，促进党史研究发展。主要学术活：1.召开年会，开展学术研讨与交流。2.评选表彰优秀研究成果，向有关部门和上级学会推荐。3.组织优秀研究成果，参加有关部门和省内外学术研讨与交流。4.创办《毕节党史研究》《毕节地区党史工作月报》，编辑党史系列丛书。

**毕节地区诗词楹联学会** 1989年9月成立，1992年6月注册登记，中共毕节地委宣传部主管。编制17人，研究人员8人，会员271人。其宗旨是：贯彻“古为今用，推陈出新”方针，继承发扬中华诗词文化传统，培养毕节地区诗词爱好者，提高大、中、小学生诗词写作水平。主要学术活动：1.抓好中华传统诗词普及工作，组织中华诗词骨干培训班。2.办好《乌蒙诗刊》的编辑发行工作，向外宣传推介毕节。3.开展诗词楹联理论研讨活动，提高创作水平，多出精品力作。4.通过传统节日庆典活动，弘扬中华传统文化。

## 五　其他社科研究机构

**毕节地区乌蒙诗社** 1989年9月成立，1992年6月注册登记，中共毕节地委宣传部主管，编制人数5人，研究人员8人，会员229人。其宗旨是：贯彻百花齐放，百家争鸣方针，继承、弘扬民族文化和中华诗词传统。主要学术活动：1.组织会员开展诗词学术理论研讨。2.组织研究人员学习政治及传统诗词，提高诗词技艺，多出推介毕节、宣传毕节的新诗词。3.编辑出版《乌蒙诗刊》。

**二野军大校史研究会毕节地区分会** 1992年3月成立，隶属毕节地区社会科学联合会，有团体会员40个。其宗旨是：研究二野军大校史，为华夏复兴，兴毕富民服务。主要学术活动：1.征集校史资料，开展校史研究工作。2.召开校史理论研讨交流会。3.收集整理部分校友在解放毕节、清匪反霸、土地改革斗争中的英勇事迹，以教育激励后人。4.编辑出版有关校史资料。

**毕节师范高等专科学校青年心理咨询中心** 1994年9月成立，隶属毕节师高等专科学校。设主任1人，副主任1人，咨询人员9人。其中中级职称8人，初级职称1人，研究方向和任务：遵循“为青年学生服务，增进大学生心理健康”的原则，调研分析、探索研讨青年学生的心理状况，针对不同心理，采取不同方式，排除心理障碍，使之以正常心态投入学习、工作和生活。

**毕节地区开发研究促进会** 2001年11月成立，毕节地区民族宗教事务局主管。设会长1人，副会长4人，秘书长1人，副秘书长3人，常务理事21人，理事66人，团体会员44个，个人会员64人。其宗旨是：接受中国西部研究与发展促进会和贵州省开发促进会的指导，在中共毕节地委，毕节地区行署的领导下，抓住国家加大开发西部力度和加入WTO的机遇，研究和促进毕节地区开发，促进区内外经济技术合作与交流，以利于实现地区之间、民族之间的共同富裕和繁荣，为全区经济发展、社会稳定和民族团结作贡献。主要学术活动：1.广泛联系和组织有关人士和团体，参加有关毕节地区经济的开发、社会主义市场经济体制的建立、民族团结、社会稳定等问题的研究，并向地区及上级有关部门提出意见和建议，争取国家和省对毕节地区的支持。

2.促进区内外之间的合作与共同发展。促进同海外的经济技术合作，组织区内外、省内外的信息交流及咨询服务，加强与各方联系、牵线搭桥，促进资金、技术、人才的引进和项目合作，培训人才，为加快毕节地区经济社会发展服务。

## 第三节　社会科学研究刊物

《毕节党史研究》　1983年创刊，初为《毕节党史资料通讯》，1995年改为《毕节党史通讯》，2001年更名为《毕节党史研究》。是中共毕节地委党史研究室、毕节地区中共党史学会联合创办的综合性季刊。其宗旨是：以马列主义、毛泽东思想和邓小平理论为指导，传达贯彻党的路线、方针、政策和指示，沟通地区、省、全国乃至国际重大党史信息，总结交流党史工作者征集资料、研究考证史实、编写出版发行、提供利用方面的经验；进行学术探讨，介绍英烈事迹和珍贵史料，荟萃不同体裁的佳作，为毕节地区党史工作者、爱好者提供学习、研究、探讨、习作园地，以提高党史干部队伍素质，不断开发党史资料，弘扬党的光荣历史，充分发挥党史研究“存史、资政、育人”的社会功能，激励民众在党领导下同心同德开拓建设有中国特色社会主义的伟大事业，更好地为毕节开发扶贫、生态建设试验区和两个文明建设服务。辟有宣传重要文件精神、地方党史研究、党史工作论坛、人物天地、工作交流、学习调查思考、史海钩沉等栏目。同时，结合各个时期的中心，新设研讨栏目。到2011年底止，共出刊84期。

《乌蒙论坛》　1990年创刊，毕节地区社会科学界联合会主办。办刊宗旨：以马克思主义、毛泽东思想和邓小平理论为指导，立足毕节地区实际，探讨研究社会科学的重大理论，为热心毕节地区社会科学理论探讨的学者，专家提供舞台，以促进毕节地区社会科学研究事业的不断深入与发展。辟有“领导论坛、建设社会主义新农村、试验区建设、工作研究、文化视野、夜郎文化研究，观察与思考”栏目。同时，结合不同时期开展的中心工作，新增有关专题栏目。到2005年底，共出刊59期。2006年起，《乌蒙论坛》改为双月刊，被国家图书馆、上海图书馆收藏。

《毕节教育》　1984年创刊，毕节地区教育学会与教育研究室合办的综合性刊物。为双月刊，初名《教研园地》。1993年更名为《毕节教育》。办刊宗旨：以马列主义、毛泽东思想、邓小平理论、“三个代表”重要思想为指导，研究教育工作，交流教育经验，传递信息，培养人才，深化教育改革，发展教育事业。辟有“卷首语，本刊特稿、教育论坛、工作指南、信息快递、德育研究、两基专题、工作空间、课改探索、教育研究、现代信息技术、中学文科教学、中学理科教学、小学教学、艺体教学、学生习作选登、教育简讯等栏目”。

《毕节师专学报》　1983年创刊，季刊，毕节师范高等专科学校主办办刊宗旨：坚持理论联系实际，坚持实事求是的科学态度，贯彻“百花齐放，百家争鸣”方针，大力培养新生力量，促进新鲜活泼的文风，刊载深层次文理方面的论文，介绍国内学术研究成果，为本校的教学科研服务，为毕节试验区的文化建设服务。辟有“修辞学、彝学、逻辑学、毕节试验区研究、哲学研究、图书馆档案学研究，经济学研究、文化研究、教育研究、美术学研究、体育学研究”栏目，被中国期刊全文数据库收录。到2005年底止，共出刊83期。2006年，《毕节师专学报》更名为《毕节学院学报》。

**《统战理论与实践》** 1989年创刊，毕节地区统战理论研究会主办。办刊宗旨：以马克思主义、毛泽东思想、邓小平理论为指导，宣传党的方针政策，宣传各界人士为毕节地区四个现代化建设和经济社会发展作贡献的精神风貌，交流、探讨、研究各级统战部门工作经验和情况，探索统战理论，传递统战信息，传播统战知识。辟有“统一战线为两个文明服务的途径、经验、调查研究；县级统战部的职能、对象、特点、方法调研，宗教院校和中青年教职人员的现状，面临的问题及对策；西部大开发中促进民族共同发展与繁荣；按照宗教发展规律，做好宗教工作；新时期新阶段工商联工作；发挥统一战线优势，推进试验区建设；统一战线干部队伍建设；统一战线人物传记；新一代党外人士”栏目。

**《毕节广播电视》** 1991年创刊，毕节地区广播电视学会主办。初为《毕节广播电视报》，后改为《毕节广播电视》。办刊宗旨：以马克思主义、毛泽东思想为指导，宣传党的方针政策，交流广播电视工作经验，探讨研究广播电视理论，用以指导广播电视工作的开展。辟有“领导讲话、学习心得、传播论坛、采编札记、研究交流、文苑”栏目。同时，根据本地区不同时期产生的重大事项，阶段性的重要工作，增设新栏目。

**《苗学通讯》** 1992年创刊，毕节地区苗学会主办内部刊物。办刊宗旨：以马克思主义、毛泽东思想、邓小平理论和“三个代表”重要思想为指导，依据党的民族政策，研究探讨毕节地区苗族历史、经济、文化、教育等，促进苗族在政治、经济、文化方面的发展，为毕节地区社会经济发展服务。

**《毕节地区开发研究促进通讯》** 2003年3月创刊，毕节地区开发研究促进会主办。办刊宗旨：以马列主义、毛泽东思想、邓小平理论和“三个代表”重要思想为指导，宣传党的改革开放方针政策，交流全地区经济体制改革实践经验，为全地区经济社会发展提供有效服务。

**《毕节地区布依学通讯》** 2005年创刊，毕节地区布依学会主办，内部刊物。办刊宗旨：以马列主义、毛泽东思想、邓小平理论、“三个代表”重要思想为指导，以党的民族政策为依托，开展布依学研究，为增强民族团结、促进地区布依族聚居区经济社会发展服务。辟有“民族发展史、民族关系史研究、文献资料、人物传记、政治、经济、文化、医疗卫生、科学技术、调研动态和调研报告”栏目。

## 第四节　社会科学研究成果

1991~2005年，毕节地区社会科学界联合会5次组织全地区社会科学界研究成果评奖，评出优秀研究成果511项，其中一等奖34项，二等奖105项，三等奖58项，特别奖114项；专著类80项，工具书类4项，调查报告类18项，规划方案6项，志书类23项，教材类12项，资料类12项，论文类356项。2006年、2008年均组织全区社会科学界研究成果评奖。

**哲学类研究**　1994年有毕节师范高等专科学校付于川的《论朱熹哲学体系的核心和实质》，毕节地区社会科学界联合会龙厚华的《（宇宙人文论）哲学思想源流初探》，大方县党史研究室杨永忠的《以二进制建构的藏府表里程序系统》。1997年有毕节六中罗仲祥《论哲学窗口下的司马迁》，毕节师范高等专科学校糜崇琦、付于川合著的《马克思主义原理》，毕节师范高等专科学校梁占先《韩愈辩证》。2001年有毕节教育学院李炳连的《试探人与自然界的不协调原因》。2004年有中共毕节地委党史研究室甘德富的《浅论马克思主义与时俱进的理论品质》。

**改革与探索研究**　1994年有中共金沙县委的《金沙县土地制度建设试点方案》，毕节师范高等专科学校糜崇琦、王德学合撰的《实行对外开放》，毕节地区农业局杨继红的《试论不发达地区的资源转换》，毕节地区农经站文美政的《大力发展生产力》，《坚持合理负担——毕节地区为乡十万户农民负担调查综述》，地区农业局黄卓的《毕节地区畜牧业系列配套生产问题初探》，地委讲师团郭培英《乡镇企业管理讲义》。1997年有地区商务局汤正仁的《毕节试验区乡镇企业发展研究》，地区体改局刘承富的《毕节试验区改革探索证实》，地区流通办戴克军的《实现我区供销合作社改革目标思考》，地区体改委课题组的《关于毕节地区1988~1993年改革试验工作综合分析报告》，地委研究室罗晶的《关于毕节地区固定资产投资的分析与思考》，地区农办苟兴彬、傅立铭的《关于毕节地区人口粮食生态问题的思考》。2001年有地区民宗局罗剑的《贫困地区发展乡镇企业要强化四个意识》。2006年有地区农办彭华昌的《树立科学发展观，努力解决“三农”问题》，中共毕节地委党校谭太富的《树立和落实科学发展观必实现“五个转变”》，毕节师范高等专科学校陈寿彭的《关于毕节地区体育产业化的思考》，毕节师范高等专科学校邓琴、丁红卫、刘雷、沈晓夏、邵技新合撰的《对毕节试验区能源开发与资源环境关系的思考》。

**经济发展研究**　1994年有地区体改委的《毕节地区开发扶贫、生态建设试验区1989~2000年发展规划》。1997年有毕节地区农业经营管理站的《贫困山区的农业经营管理》，地区农经站文美政的《增产必须增收，农民才能致富》，地委党校余大亮《跨入历史发展新轨道——社会主义市场经济理论与实践探索》，地区课题组的《毕节试验区经济发展研究》，地区行署解德蕴、穆云裳合撰的《绿肥在发展“两高一优”农业中的地位和作用》。2001年有地区行署龙厚华、解德蕴合撰的《西南资源金三角贵州毕节农业综合开发研究报告》。2006年有金沙县农业局汪平的《金沙县农业产业化经营的重点、难点及对策》，地区开发研究促进会苟兴彬、李羡道合撰的《关于我区民族地区抓住机遇加快经济发展的建议》，大方县地方税务局谢大贤等的《资源税政策取向研究》，毕节地区国税局课题组的《毕节煤炭何时成为摇钱大树》，贵州省电大毕节地区分校魏胜学的《浅谈知识经济下企业的知识管理》，中共毕节地委党校邱凤林的《贫困地区经济发展初期主导产业的选择与培植》。

**精神文明建设研究** 1997年有地委宣传部莫兴周的《从毕节地区精神文明的现状及问题谈贫困地区精神文明建设》。2001年有大方二中李思华的《教师与精神文明建设》，地委讲师团姜纪伦的《论精神文明建设中的六大关系》，毕节地区师范段锡礼的《青年思想政治工作要实行疏导的方针》，赫章县委党校闵正清的《农村干群关系存在的问题及对策》地区工商局戴克军的《略论毕节老区“社文化”建设》。2004年有赫章县委宣传部陈绍举的《当前农村思想教育中应着重解决的几个问题》。2006年，有毕节行署办公室胡显谋的《深入实践“三个代表”重要思想，坚持走“三生文明”协调发展之路》，毕节地区信访局李俊宏等的《巩固成果，找准差距，综合治理，确保稳定》。

**文学艺术研究** 1994年有毕节师范高等专科学校王珊珊的《恋歌、赞歌、悲歌与复调——世界乡土小说的情绪基调和文化取向》，地区社科联赵昌伦的《试论朦胧诗的文学史意义》，毕节师范高等专科学校母进炎的《玄言诗探索》。1997年有毕节地区行署办赵昌伦的《倾听生命和死亡的声音——读海子抒情诗札记》，毕节师范高等专科学校黄泽佩的《（女神）中的（新月与白云）是我国最早的白话新诗》，毕节师范高等专科学校付于川的《悖论剖析》，大方一中包顺武的《中外文学之最》，毕节教育学院盛郁文的《吟秋山馆诗词钞》。2001年有毕节师范高等专科学校黄泽佩的《论茅盾的小说创作并非主题先行》，毕节师范高等专科学校卢凤鹏的《〈说文〉语义考论》，毕节师范高等专科学校张仁民、刘殿义合撰的《广雅疏征》。2004年有毕节师范高等专科学校范立红的《理想的崛起与沉落—新时期文学关于人的本质的探寻历程》，毕节师范高等专科学校罗仲祥的《论老子的自然观》。2006年有毕节师范高等专科学校罗仲祥《论简本（老子）与今本（老子）的关系》，毕节师范高等专科学校母进炎的《传播与接受——岳飞形象在明清通俗小说中的嬗变》，毕节师范高等专科学校王兆春的《雅言的形成、特点及历史意义试析》，毕节师范高等专科学校黄泽佩的《不该忘记革命诗人严杰人》，毕节地区人事局刘智的《审美与自然美生态环境》，毕节师范高等专科学校王明华的《图书馆活动中的信息不对称与抑制策略》，毕节师范高等专科学校刘代霞的《民族大融合中的元杂剧妇女形象》，毕节师范高等专科学校卢凤鹏的《郭璞〈游仙诗〉论》，毕节师范高等专科学校葛继红的《论20世纪90年代新都市小说的诗学特征》，毕节师范高等专科学校张仁明的《墨子辞典》。

**教育研究** 1994年有毕节师范高等专科学校敖行维的《教育实习与师范生的心理转化初探》，毕节一中陶必谦的《中学校长的选拔、使用、考核与培训刍议》，毕节教育学院李炳连的《谈学校领导者的影响力与权威》。1997年有毕节一中吴昌荣的《坚持于学生进行社会教育》，毕节师范高等专科学校母进炎的《毕节师范专科学校中文系89级学生教育智能系统开发探索》，毕节师范高等专科学校解世雄的《物理教学的多维探讨》。2004年有毕节师范高等专科学校汤宇华《大众文化对高等学校的负面影响及其对策分析》，毕节师范高等专科学校李廷扬《试论素质教学的美学要求》。2006年有毕节师范高等专科学校陈朝祥等《论高师历史教学应对中学历史教学跨越式发展之举措》，毕节师范高等专科学校陈群利等的《师专地理专业课改革与中学地理课课改关系》，大方一中孙善文的《加强基本道德教育，规范学生日常行为》。

**现代历史、党的建设、领导艺术研究**　1994年有毕节县委傅传耀的《贵在以身作则——谈谈“班长”在领导班子思想作风建设中的作用》，大方县委党史研究室高祥勋的《猫场之战史实考证》，地区统计局何家兴的《贵州省毕节地区奋进四十年》，毕节地委党史研究室甘德富的《回顾毕节解放斗争》，地区彝文翻译组王继超的《物始纪略（第二集）》，毕节教育学院杨葆久的《中国近代史辅助资料》。1997年有地区行署办张志侠的《浅议党政主要领导人的气质和性格及其对班子整体功能的作用》，地委党校陈清华的《毛泽东反腐倡廉的果断魄力及原则》，毕节师范高等专科学校卢玲的《试论中共与共产国际关系中的独立自主原则》，地委讲师团姜纪伦的《邓小平建设有中国特色社会主义重要理论》，地委党史研究室邱亮主编的《撼地惊天》。地委党史研究室的《乌蒙星火》、《地下党在黔西北的革命活动》、《红军在黔西北》、《中国共产党毕节地区历史》、《烈士传》（第一、二集）、《毕节地区历史大事记》一、二集、《一段值得回忆的历史》、《文化大革命始末》等40余部书籍。毕节地区党史研究室潘圣群《毛泽东工农武装割据思想在黔西北的革命实践》、《高原雄鹰——林青》、赵国洪《一心只为人民——徐健生》等50余篇论文。2004年有毕节国家安全处彭峥销《关于钱壮飞失踪并牺牲的问题考证》，黔西县人大罗德芳的《做好新形势下的地方人大工作》。2006年有赫章县人大陶家礼的《简论乡镇人大监督》，中共金沙县委麻崇俊的《创新和改进县级领导班子思想政治建设切实提高党的执政能力》，中共威宁县委党史研究室赵远坤的《搞好县乡党史工作必须采取的几项措施》，中共毕节地委党校李权的《快速提升基层领导者的能力》，毕节师范高等专科学校卢玲的《周素园思想转变的原因考察》，赫章县文物事业管理局陈绍举的《可乐——无疑的夜郎古都》。

**少数民族历史、政治、经济、文化、教育研究**　1994年有地区民委陈长友的《西南彝志（第二集）》，地区民委、大方县民委合著的《彝文金石图录》，赫章县民委陈朝贤的《彝族创世志·艺文志》，地区民委的《贵州省毕节地区民族乡乡情调查（威宁卷）》，威宁县委李文汉的《黔西北苗族迁徙试探》，地委统战部张宏方的《毕节地区宗教情况调查》，毕节师范高等专科学校东人达的《一场震撼明末反动统治的民族起义——也为奢安起事定性》。1997年有毕节师范高等专科学校敖行维《黔西北彝族（指路径）与苗族（指路）的比较研究》，地区民委陈长友的《黔西北彝族美术（第一集）》，地区民宗局王继超《彝族源流（13~16卷）》，地区民宗局王世忠《彝文金石图录（第二辑）》。2001年有地区教育局陈兴瑜的《发展苗族教学，促进民族平等》，毕节师范高等专科学校敖行维的《贵州彝族苗族洪水传说的比较研究》，毕节师范高等专科学校刘智华的《陶兴春起义性质和战略初探》，地区民宗局陈长友的《彝族指路丛书》，地区彝文翻译组王仕举、王运权的《西南彝志（9~10卷）》。2004年有地区彝文翻译组王继超的《彝族古乌撒“向星”墓葬考》，威宁县党史研究室罗正光的《乌撒政权结构试析》，纳雍县民宗局王明贵的《彝族古代文学总现》，地区民族研究所的《毕节地区民族研究》。2006年有毕节师范高等专科学校陈忠勇的《贵州省毕节地区苗族女童教育发展的背景、现状和策略研究》，地区民研所罗世勋的《彝族女政治家奢香夫人与水西及周边地区彝族的汉文化教育》，地区民宗局、地区彝文翻译组的《阿买恳》，毕节师范高等专科学校陈英的《陈英彝学研究论文集》，赫章县古籍办的《赫章彝族辞》，地区社科联谢迪的《对开发毕节地区彝族旅游文化资源的思考》，中共威宁县委李克明的《少数民族欠发达地区人口计生工作创新》，纳雍县人大王明贵的《论新形势下彝族文化的传承与发展》。

**地方志编纂**　详见文化篇地方志编纂章。

# 第二十三篇

# 体育　卫生

# 第一章　体　育

毕节地区的学校体育伴随着现代教育的发展而发展，从20世纪初到21世纪初，一直是体育的一个重要方阵。群众体育有职工体育、农村体育、民族体育，职工体育一直是一支活跃的队伍，少数民族体育则有各具风采的运动项目。竞技体育是毕节地区最出彩的体育门类，在全省、全国乃至世界的体育赛事中，毕节地区的运动员在田径、球类、游泳、体操、武术、军事体育及射箭、摔跤、举重、拳击、击剑、赛艇、皮划艇、跆拳道比赛中，都有出色的表现。1959~1992年，毕节地区运动员共获国内国际比赛奖牌1481枚，其中，国际比赛金牌6枚，银牌2枚，铜牌1枚，其他名次3个；获国家级比赛金牌16枚，银牌13枚，铜牌18枚，其他名次26个；获省级比赛奖牌1396枚。20世纪90年代中期以后，毕节地区着力于竞技体育和群众体育的协调发展。实施国务院颁布的《全民健身计划纲要》，全民健身运动有声有色，至2007年，全地区体育人口达25%。竞技体育取得优异成绩，1993~2004年，共获国际比赛金牌10枚，银牌45枚，铜牌43枚。

## 第一节　学校体育

### 一　学校体育教学与课外体育活动

清光绪二十八年（1902），英国基督教循道公会传教士柏格理在威宁县石门坎传教，创办石门坎小学，开展足球、体操和田径等体育活动，开学校体育先河。光绪三十三年（1907），毕节县9所学堂和大定县初级师范学堂开设体操课，教学内容分普通体操和兵式体操。小学普通体操教学有团体徒手操、哑铃操，兵式体操教学有队列、木枪操练；中学普通体操教学有徒手团体操、棍棒体操，兵式体操教学有队列训练、枪剑术、野外演习、兵学大意。此外，部分中、小学体操课，安排有中国传统武术课。学堂均未安排课外体育活动。光绪三十四年（1908），石门坎小学除开设体育课外，还安排体操、田径、篮球、足球课外活动，为开展体育课外活动最早的学校。

民国时期，学校根据民国政府颁布的《壬子、癸丑学制》和《中小学堂课堂标准》，中小学将体操课列为必修课程，每周安排授课两个学时。民国10年（1921）3月3日，威宁县立高等小学除上体操正课外，另置铁杆、秋千、平台、浪桥，令学生随意活动，借以活动精神，强固身体。此例表明，中小学校体操课内容已有拓展。民国11年（1922），根据国民政府《新学制课堂标准》，学校将体操课改称体育课，并将课外体育锻炼称为体育活动。民国15年（1926），熊绍儒创办黔西中学，聘请上海体育专科学校毕业的谢长安教体育课，教授田径、体操、球类。民国27年（1938），刘家瑞任毕节女二小体育课教师，除教学生练队列、体操外，还教学生打篮球、掷铁饼，并与同校女教师洪文芬一起，于课外活动时，带领高年级女学生下河练习游泳。20世纪40年代，国民学校大都于上午举行早操和课间操，下午降旗前安排一小时课外活动，组织高年级学生或打篮球、乒乓球，或玩小皮球、跳绳、梭滑梯、踢毽子。中学普遍开展田径、体操、篮球、排球和器械运动。

中华人民共和国成立后，各级各类学校依照国家“全面发展，健康第一”要求，在上好体育课的同时，普遍开展课外体育活动。20世纪50年代初期，毕节师范学校和各县中学体育课和课外活动内容有篮球、排球、乒乓球、单杠、双杠、爬杆、跳箱、跳高、跳远、跳绳、板羽球、高低杠、浪环、铅球、铁饼、垒球、举重和垫上运动、拔河、踢毽、象棋、军棋、珠珠棋以及短、中、长跑，部分学校还开展游泳、足球运动。1954年，各级各类学校参照执行苏联10年制教学大纲，实施《准备劳动与卫国体育制度》（简称劳卫制）。1956年，贯彻执行国家教育部颁布的《中小学校体育大纲》（草案），结合劳卫制要求标准，进行体育教学，开展课外体育活动。1956～1957年，毕节中学达到劳卫制标准的学生369人，1958年达到劳卫制标准的学生884人。1960～1962年经济困难时期，学生普遍处于饥饿状态，体虚乏力，学校无法开展正常体育活动。1963年后，随着国民经济的恢复和发展，学校体育活动逐步正常开展。1964～1966年上半年，各级各类学校恢复体育教学和课外体育活动。1966年下半年，开始“文化大革命”，学校体育教学和课外体育活动不能正常开展。其后，各校先后复课，体育课改称军体课，普遍开展队列训练，增加野营拉练和爬山训练。直至1972年，学校正常体育教学得以恢复。

1978年后，各级各类学校贯彻执行《全国学校体育卫生经验交流会议纪要》和《中小学校体育工作暂行规定》，体育教学走上正轨。1980年，贯彻执行国家教育部、卫生部关于学校体育教学与活动的指示，坚持早操和课间操，每周上两节体育课、进行两次课外体育活动，学生平均每天有1个小时以上体育锻炼。是年，毕节县朱昌中学、普宜小学开展体育教学与活动成绩优异，被评为全国体育卫生先进单位，学校代表出席在江苏扬州召开的全国学校体育卫生大会，获国家体委、教育部、卫生部、团中央发给的奖旗和光荣册。是年，朱昌中学体育教师邓德曾被评为先进工作者，出席全国教育战线先进单位先进工作者代表大会。20世纪80年代后，各级各类学校施行《国家体育锻炼标准》，开展体育达标活动，更重视早操、课间操、体育课、课外体育活动的普及性和实效性，力求切实达到合格标准；重视体育知识教育，上好室内外体育课，并安排一定的基础知识考试；重视基本技能传授，保证学生良好的身体素质，无论是小学、中学以及大中专学生体育不达标者不能毕业。1980年，全地区达标4033人。1983年达标6595人。1984年，达标2.48万人。1987年，2.12万名中学生达标，1.84万名小学生达标。是年，达标率最高的中学分别为毕节二中72.4%，毕节一中71.3%，威宁民族中学70.8%；达标率最高的小学分别为毕节四小84%，毕节二小81%，威宁一小80.8%。1988年，毕节二中学生体育达标率80.5%。20世纪90年代后，各级各类学校体育教学走上规范化和正规化轨道，学生体育达标率提高：一是中、小学校均坚持早操、课间操和眼保健操，各县体委和教育局每年主持1次会操比赛；二是既抓好体育课堂教学，又抓好课外体育活动，做到课内与课外、健身与竞赛、普及达标与提高相结合；三是体委与教育局配合，每年检查、考核验收中小学毕业生体育活动达标情况，严格按合格标准对学生进行定级。各级各类学校开展学生体育达标活动的同时，其体育设施大为改善，体育器材大为充实。据毕节县1993年统计，全县中、小学校共有乒乓球台万余台，有篮球、小篮球、排球、足球、皮球、垒球、羽毛球、健身球、台球、门球、哑铃、标枪、铁饼、铅球、平衡木、山羊、垫子、单杠、双杠、跳箱、爬杆、跷跷板、天桥、摇船、气枪、小口径步枪、弓箭、刀、剑等体育器材和球拍、球网、游泳衣、游泳圈等配套器材10余万件。地区体委和地区教育局结合学校开展学生体育达标活动，主办体育通讯培训班，各县建立体育教师辅导站，以推动学校体育达标计划的实施。1999～2000年，年大方一中初中部学生650人，572人达标，占88%；高中部学生718人，684人达标，占95.4%。进入21世纪，区内学校体育成绩更加卓著。金沙一中体育开课率达100%，毕业学生体育合格90%以上。大方一中2003～2004学年度，初中部94.6%学生体育达标，高中部学生体育达标99.81%。2011年，毕节一中，毕节民族中学获国家体育总局批准为国家青少年体育俱乐部。

**学校体育运动会**　清宣统二年（1910），威宁县石门坎小学于五月端午节举行学校运动会，竞赛项目田径、足球，为最早举行运动会的学校。此后定为例会，每年端午节皆举行。

民国年间（1912～1949），各级各类学校逐渐增多，举行运动会的学校增多。民国23年（1934），威宁县石门坎小学举办第23届运动会，除该校分校组队参加外，威宁四方井教会小学、云南宜良县城关小学也组队参赛。比赛项目有田径、足球、团体操、武术、射击、赛马、爬山，观众近万人。民国28年（1939），毕节师范学校举行越野赛跑，男子跑5000米，女子跑2500米。民国29年（1940）黔西中学举行长跑和爬山比赛，300人参加。民国31～32年（1942～1943），毕节县立中学每年举行1次运动会，开展田径、篮球、排球比赛。民国32年（1943），毕节县政府行文规定：各校每年须举行运动会及体育表演各一项，各学校每学期须举行单项运动比赛两次，比赛踢毽子、跳绳、篮球、掷远、团体赛跑、团体立定跳远或其他适宜项目。其后，毕节县学校运动会常年举行。20世纪40年代，区内其他各县中小学亦频繁举行学校运动会。

中华人民共和国成立后，各级各类学校大多在“五一”或“十一”举行田径、球类运动会。比赛项目有短跑、中跑、长跑、跳高、跳远、铅球、铁饼、投掷手榴弹、篮球、拍球、乒乓球。1958年，毕节中学在全省率先举行中学生马拉松长跑竞赛，从毕节军分区操场出发，沿川滇公路跑到八寨坪折回起点，全长42.2千米，100余名学生参加竞赛，5名学生达到国家二级运动员标准，21名学生达到国家三级运动员标准。1959年3月，威宁民族中学举办从威宁到北京全长40千米的象征性长跑运动会，100余人跑完全程；7月，举行射击运动会，112人参赛。1960～1962年生活困难时期，学校均未举办学校运动会。1963～1966年上半年，国民经济恢复发展，学校恢复举办体育运动会。1966年下半年开展“文化大革命”，学校正常教学秩序被搞乱。1972年后，毕节一、二、三中和大方一中、黔西一中、纳雍中学逐渐举办学校运动会。1979年，国家颁布《国家体育锻炼标准》，各级各类学校普遍开展规模不等、项目有别的运动会，大、中专学校和完全中学开展的运动比赛项目较为齐全，田径项目有60米、100米、200米、400米、800米、1500米、3000米跑，有跨栏、接力、跳高、撑竿跳高、跳远、三级跳远、标枪、铅球、垒球、铁饼，球类项目有篮球、排球、足球、乒乓球。大方一中统计，2005年，大方一中自建校以来先后举办田径运动会311届。

**体育传统项目学校** 至2005年，区内经省、地体育和教育主管部门检查评估后，挂牌明确的省、地体育传统项目学校，中学有：毕节一中、毕节二中、大方一中、黔西二中、金沙一中、织金一中、纳雍一中和威宁民族中学；小学有：毕节四小、毕节三小、毕节五小、大方二小、织金三小、纳雍一小、威宁一小和赫章一小。毕节地区民族中学为贵州省少数民族体育基地。凡挂牌明确的体育传统项目学校，每年由省、地体育部门进行检查评估，然后根据各校开展的体育项目训练和体育活动情况，分别给予一定的经费补助，以确保体育项目训练和体育活动的正常开展。

**附录：**

## 毕节地区部分体育传统项目学校简介

**毕节第一中学** 20世纪50年代始，就开展田径、篮球、排球、乒乓球训练。1955年，组织竞技体操队，开展单双杠、跳箱、吊环和垫上运动训练。1960年后，田径训练项目除短跑、中跑、长跑、障碍、跨栏、接力、跳高、跳远、铁饼、铅球外，增加越野、撑竿跳高、竞走、标枪训练，体操除单双杠、吊环、跳箱和垫上运动外，增加山羊、木马和平衡木训练。篮球、排球训练广泛展开。1981年8月，贵州省教育厅确定毕节一中为贵州省体育课改革实验学校。数十年来，毕节一中为国家体工队、解放军“八一”体工队、省体工队输送数十名优秀运动员；为北京、上海、天津、武汉、成都体育学院，西南师范大学、贵州师范大学、贵州大学、毕节学院输送各类体育专业合格学生200多名。1958～1987年的30年间，毕节一中体育代表队及毕节一中产生或输出的学生运动员张世清、李立、杨杰、李燕、余艺、邓丽红、樊焕荣、张静分别代表学校、省和国家有关运动队参加不同地区不同级别不同项目的赛事，取得优异成绩，获得奖励。1979～1996年，学校体育老师窦澄清、余朝隶、孙彤、禄世贤先后被评为全国先进体育工作者、优秀体育教师、体育传统项目学校先进工作者；副校长沈大均被评为推行国家体育锻炼标准施行办法先进工作者。1983年、1987年，毕节一中先后被评为全国群众体育先进单位。2011年，毕节一中、毕节民族中学获国家体育总局批准为国家青少年体育俱乐部。

**威宁民族中学** 1959～1990年间，威宁民族中学余艺兰、谢桂兰、赵正洪、李友达等学生先后在省级田径体育项目竞赛中获优异成绩，并破3项省纪录，受到表彰和奖励。1982～1988年，先后为国家体育大专院校输送各类合格体育专业学生22名。1983年，体育教师余艺兰被国家体委、教育部评为全国传统体育项目学校先进工作者。

**毕节第二中学** 20世纪80年代，毕节二中拟订《体育传统项目常规工作管理措施》，把作好学校体育工作作为推进学生素质教育、提高学校教育质量重要举措，坚持每年招录一定数量的体育尖子生进校培养。学校先后组建传统田径体育项目运动队、篮球、排球、乒乓球运动队、特殊体育训练队。训练队由专人负责，采取平时与集中结合方式，有计划地训练。平时，每周训练2次，每次1小时，集中在暑寒假训练，每假期训练1个月，每天训4～5小时。同时，每年对高三报考体育院校学生，进行加强训练，每周5次，每次1小时。学校每年定例召开2次田径运动会，春季田径运动会要求有更多的学生参加，冬季田径运动侧重于选拔学生运动员参加田径或其他项目的体育竞赛。1992～2004年，毕节第二中学坚持每年组队参加毕节地区、地区教育局举办的各类体育赛事，并取得优异成绩。先后派出金成惠等学生运动员参加全国、全省的不同项目运动会，并取得优异成绩。据统计，1999～2005年，毕节第二中学先后为北京体育大学，成都、天津、陕西、沈阳体育学院，贵州师范大学、毕节学院输送320多名各类体育专业合格学生。毕节第二中学输送出去的学生张卫刚、王鸣冰、王丽娟多次在世界、全国体育赛事中夺冠。1989～1993年间，毕节第二中学先后被评为实施国家体育锻炼标准先进单位、全国体育传统项目学校先进单位、全国体育先进单位；体育教师曾庆益、宋贵春、罗刚先后被评为全国体育传统项目学校先进工作者，推行国家体育锻炼标准实施办法先进工作者，全国优秀裁判员，全国优秀体育教师、全国优秀社区体育指导员；副校长刘露农、校长李立生先后被评为全国推行国家体育锻炼标准办法先进工作者。

**大方第一中学** 20世纪70年代起，大方第一中学坚持贯彻国家制定的《学校体育工作条例》，实施国家体育锻炼体育标准，组建起田径、篮球、足球、排球和乒乓球运动，并专人负责，有计划和目标地开展训练。坚持在每年10月举办全校田径运动会，每年4月、11月举行分级足球赛，5月举行篮球，4×100米接力赛、寒假举行学生乒乓球、象围棋赛。经过不间断的训练，学生体育合格率100%，体育达标率96%。据统计，1977～2005年，大方第一中学先后为北京体育大学、成都体育学院、贵州师范大学、毕节学院输送各类体育专业合格学生155名。1985～2000年，学校组队参加省或地区举办的中学生体育赛事，并取得优异成绩。学生运动员李华勇、樊劲松等先后代表学校、地区及省参加不同级别不同项目体育赛事，并取得较好成绩。1998年、2003年，大方第一中学先后被评为全国体育传统项目先进学校，2011年被命名为全国青少年体育俱乐部。

**毕节四小** 20世纪80年代向省体工队、省体校和省体育集训队输送9名运动员，向地、县业余体校输送近百名运动员。1987年，该校体育教研组组长范贤友被评为全国体育传统项目学校先进工作者。1988年在省第七届运动会上，该校运动员囊括艺术体操所有金牌。是年，进入成都体育学院预备班学习的周静，先后在全国比赛中，获得平衡木第一名、高低杠第三名；进入国家队训练的孙萍在法国举行的十二国邀请赛上，分获高低杠和平衡木第一名。

**业余体校** 业余体校遵循国家体委提出的“选好苗子、从小培养、打好基础、积极提高”的工作方针，按照“业余、自愿、小型、多样、因时、因地、因人制宜”的原则，开展各个体育项目的教学和训练。业余体校的学生，主要来源于城区的中、小学校，先经各校体育教师推荐，通过体校测试合格后录取。体校根据学生的爱好、特长确定相应的体育项目，编入相应的班级，采取分散与集中相结合的办法进行教学和训练。

附：

## 地、县市业余体育学校简况

**地区重点业余体校** 1966年筹建。原为毕节地区青少年业余体校。1979年更名为毕节地区业余体育学校，主要进行项目有篮球、足球、羽毛球、排球、武术、体操的教学与训练。1983年，被评为全国业余体校先进集体。1984年2月，毕节地区行署决定将其改称为毕节地区重点业余体校。1985年，其教学内容调整为田径、体操、武术。1989年，省体校在毕节设立教学点，把田径项目划归教学点，体校增设拳击项目。1992年，撤销省体校教学点，其教学和训练的项目转由地区业余体校承担，教学和训练项目有田径、跆拳道、拳击、举重、击剑、体操、乒乓球、足球、篮球和排球。地区重点业余体校培养出许多优秀的运动员，在全省历届田径、体操、拳击、击剑、跆拳道等专项比赛中，名列前茅；在全国性比赛中，获得较好名次。2002年在省举办的田径、拳击、跆拳道和击剑竞赛中，地区重点业余体校获得金牌7块、银牌17块。2003年，获得金牌10块、银牌10块、铜牌10块。2004年，获得金牌6块、银牌9块、铜牌7块。2005年，获得金牌14块、银牌8块、铜牌13块。其培养的拳击手刘渊，在2003年全国青少年拳击锦标赛中，先后获得第二名和第一名，2004年在亚洲拳击锦标赛中获第二名。2005年，其培养的拳击运动员杨德东、刘渊、刘涛和田石义被选入国家拳击队。

**地区业余军事体育学校** 1958年建立。1959～1965年，地区军体校参加省举办的4次射击比赛，获团体总分第三、四名各1次，获第一名3人次，并破省两项纪录。1974年参加第三届全省运动会射击比赛，获第一名20人次，第二名12人次，破省纪录20项。1975年经毕节地区行署正式批准，定名为毕节地区业余军事体育运动学校。此后，学校正式开设步枪、气枪和手枪射击训练。1984年增设无线电测向、航空模型和射箭项目训练。经过多年努力，地区军体校建成50米、25米、10米靶的训练场地，能开展步枪、手枪、气枪射击综合训练，曾多次承办全省射击运动会和西南地区射击通讯赛。建校50年来，每年都有数十名中、小学生到校进行所设项目训练，为国家选拔、培养和输送有专业水平的军事体育后备人才。据统计，1975～2005年，在参加全省和全国军事体育项目比赛中，毕节地区军事体育学校在全省举办的赛事上共获得金牌206块、银牌91块、铜牌79块，158次打破省纪录。多次代表省参加全国射击比赛，共获金牌45块、银牌32块、铜牌50块，刷新气枪一项世界纪录，平一项青少年气手枪世界纪录。开创贵州省体育史零的突破，使贵州省第一次有运动员参加亚运会和奥运会，多次获亚运会、世界射击比赛好成绩。先后培养出运动员张卫刚、吴辉、刘斌、张继克、杨世华、袁昌雄、张建国、上官海棠、吴昊、程斯永、刘庆元、谢瑞芬、李娅、杨贵碧、周春意、王晓莉、王鸣冰、张悦、张驰、熊静、朱贵明和张忠毅。1983年、1998年，毕节地区军体校两次获得国家体委（体育总局）

授予全国先进军体校荣誉证书。

县市业余体育学校　1963年，黔西县业余体育学校建立。1965年，赫章县业余体育学校建立。20世纪70年代，毕节、大方、金沙、织金、纳雍、威宁县先后建立业余体育学校。黔西县业余体校自建立后，开展篮球、乒乓球、田径、游泳、体操、武术、举重、摔跤、棒垒球训练。当年招生录取70多人，经过1年多的培训，在参加省游泳和田径项目比赛中就取得较好名次，9人破游泳和田径省纪录，4人被选参全国比赛。70年代后，学校调整训练项目，只进行田径、游泳和摔跤训练。1974年，25人破省青少年游泳、田径纪录，23人次参加全国比赛。1975年，学校被评为全国先进单位，学校代表出席在北京举行的表彰会。1978年后，学校决定将教育训练与竞技比赛和输送体育人才相结合，加强体育项目教育训练的竞争能力。1978～1987年24人破省游泳、田径纪录；30人参加全国比赛，8人取得名次，3人夺得金牌；为上级输送91名体育人才。毕节县业余体校1979年建立，初时开展篮球、射击、田径、排球、乒乓球、武术训练。1985年，增设象棋、围棋、射击、击剑训练。1987～1992年，击剑队在省举行的比赛中，获金牌12块、银牌9块、铜牌7块，其培养的运动员王春祥，在全国性击剑比赛中获第二、三名各1次。其培养的田径运动员王丽娟在全省比赛中，4次获女子长跑第一名，并4次破省纪录。在参加全国比赛中，夺得第三、四名各1次。其培养的射击运动员杨贵碧，在全省射击比赛中，6次获得第一名，5次破省纪录；在全国青少年射击比赛中，获女子步枪3×20冠军。威宁、赫章县业余体校，重点训练项目为中长跑、超常跑和射击。

## 二　体育教学点、系

省体育运动学校教学点　1989年在毕节设置，为全日制中专学校，主要招收初中毕业或初二结业生，学制3～4年，主要培养优秀运动员参加省运会和全运会。学生毕业后，根据其素质情况，输送到省和国家体工队或安排到各县体委任教：亦可分配到中、小学校任体育教师。其教学日课程为：上午授中学文化知识，下午分项进行体育训练。训练项目有田径、射击、击剑、摔跤、举重、射箭、拳击、游泳、羽毛球。教学点配备专项教练14名。1989年招收初中二年级结业生25名，1990年招收初二结业生39名，分别编成两个教学班，学制4年；1991年招收初中毕业生1个班，学制3年。1992年，省体校毕节教学点撤销。

毕节师专体育系　1978年，毕节师范高等专科学校设体育科（专科），学制2年；1988年改称体育系，学制3年。体育系设有田径、体操、球类和公共体育教研室，开设田径、体操、球类、武术、健美操、体育游戏学科，同时开设人体运动解剖学、运动生物力学、运动生物化学、运动保健学、运动生理学、运动医学、学校体育学、体育管理学、体育统计学、体育概论、中学体育教材教法、教育实习等专业理论课程。至2005年，毕节师专体育系共招收21届学生计1062人．其中培养专科毕业生801人、本科毕业生143人。其学生孙彤、宋贵春、侯德明、韩菊、吴学高任教后，先后被评为全国体育传统项目学校优秀教师、全国千名农村优秀体育教师、全国先进体育教师和全国群众体育先进个人。挑选学生组队参加全省和全国的体育赛事，多获好成绩。1986年，参加全省体操教学比赛，获男子个人全能第一名、女子个人第三名。1987年，全省体操教学比赛在毕节师专举行，该校体育系获团体总分第一名，专业组获得男子总分第一名，普通组获得男子总分第二名。1982年、1986年、1988年、1992年、1996年、2000年，先后挑选学生组队赴北京、大连、南京、武汉参加第1～6届大学生运动会，高庆在第四届大学生运动会上，获女子5000米跑铜牌和1万米跑第四名，实现贵州省在全国大学生运动会上奖牌零的突破。1992年，毕节师专被国家教委评为全国普通高等学校公共体育课评估国家级优秀学校；1996年，被国家教委评为贯彻《学校体育工作条例》国家级优秀学校；1999年，被国家体委、国家教育部和卫生部评为全国体育卫生工作先进单位；2000年，被国家教育部评为贯彻《学校体育工作条例》国家级优秀学校。体育教师余永培、陈德寿、杨兵被评为全国优秀先进个人。

## 第二节　群众体育

毕节地区的群众体育历史悠久，居民在劳动和工作之余，因地制宜地开展形式多样的民间体育运动。民国时期，群众体育活动多为自发的健身活动。中华人民共和国成立后，中国共产党及各级人民政府重视群众的体育活动。20世纪50～70年代，各单位均广泛开展群众性体育活动。1978年12月后，全地区城乡群众体育活动更加蓬勃兴起。1995年，毕节地区建立全民健身指导委员会，实施国家《全民健身计划纲要》建设工程，组织指导全民健身活动。地区行署和各县市政府将全民健身计划列入地、县1996～2000年经济和社会发展计划，发展体育事业，支持广大群众开展各种体育活动。毕节市，织金、大方县重视全民健身活动，把体育工作纳入政府目标管理，进行年终考核评比；赫章、威宁、钠雍、黔西、金沙县结合本地实际，大力开展传统体育活动项目。1996～2000年间，全地区建起老年体协、农民体协和钓鱼协会、信鸽协会、乒乓球协会、游泳协会、气功协会等体育团体16个，会员1.05万人，建立县市级体育社会团体64个，会员9180人；建镇、乡、街道体育社会团体109个，会员2780人；建体育活动中心站、点3136个，1.7万多人常年参加体育锻炼。1997年，威宁县政府、织金县实兴乡政府、大方县教育局、纳雍县乐治小学、金沙县少体校、地直机关工委、地区公路局、地区体总、地区军体校被国家体委授予全国群众体育先进单位称号。唐华清、吴学高、胡家敬、刘从文、刘斌被国家体委授予群众体育先进个人称号。1998年，纳雍县被评为全国全民健身工作先进单位，威宁县被评为全省全民健身工作先进单位，毕节市、纳雍县被国家教委、国家体委评为施行国家体育锻炼标准先进县，毕节地区被评为全省全民健身工作先进集体。织金县实兴乡、纳雍县沙包乡、毕节市普宜镇、大方县响水镇先后被评为全国和全省农民体育先进乡镇。2001～2005年间，毕节地区新增群众体育活动专用场地设施157个，占地1.6万多平方米，创建健身路径21条；全地区27个单位获国家体育总局全民健身工作的组织奖或被评为全民健身先进单位，9人被评为全民健身活动先进个人，1个家庭被评为全民健身先进家庭。

## 一　职工体育

**体育活动**　民国前期，职工体育主要为学校教职工在校内开展的体育活动。1937～1945年抗日战争时期，一些机关、工厂和军事单位由境外移驻毕节、大定、黔西、威宁县，文教事业和工商企业一度繁荣，公教人员一时数量大增，职工体育运动活跃，篮球、乒乓球活动较为普及。民国后期，各县城职工体育以民众教育馆为中心持续开展。中华人民共和国成立后，中共组织和各级政府重视职工体育。1951年，专、县总工会联合文化、宣传部门，组织指导职工实行早操或工间操，进行广播体操锻炼，组织职工进行星期球赛及各类体育活动。1956年，专区及各县建立体育活动委员会（称专、县体委），将指导职工开展体育活动纳入自身工作内容。专区及各县体委联合专区及各、县总工会、专县文化、宣传、教育部门，组织和指导机关和厂矿等企事业单位职工开展普及性的体育活动，在“五一”“十一”和元旦、春节期间，组织职工开展各项体育竞赛活动。其后，除1960～1962年生活困难时期和“文化大革命”初期而外，职工体育活动在全地区城乡均广泛开展。1978年后，毕节地区根据国家体委制定的《基层体育协会章程》，组织推动全地区职工全面开展体育活动。从1981年开始，通过选拔和组训，发现和推荐各类职工体育人才，推动职工基层体育活动的开展。1985年后，全地区公安、税务、司法、检察、财政、建材、银行、邮电、水电及交通、烟草等系统，以球类、棋类、田径及军事体育项目为主，坚持每年举办运动会，以推动本系统、本单位职工体育活动的开展。1986年后，职工体育广泛开展，田径项目有短、中、长跑，越野跑、跳高、跳远及单双杠、平衡木、高低杠；体操项目有广播体操、健身操、健美操、健身球、艺术体操；球类项目有篮球、排球、乒乓球、羽毛球、足球、门球、网球；武术项目有练拳、练剑、练气功；棋类项目有象棋、围棋、跳棋和国际象棋。此外还有登山、爬竿、举重、游泳及垫上运动。据1988年统计，全地区举办各类职工体育项目比赛493次，上万名职工运动员参加比赛。20世纪90年代后，全地区实施全民健身工程，职工体育活动项目有新的发展，职工体育活动的规模更加壮大。每天早晨，成千上万的职工，或在广场，或在公园，进行各种体育锻炼，场面蔚为壮观。

**体育竞赛**　1951年，专、县工会和各县文化馆开始组织星期球赛。是年，专、县工会主办职工运动会。1954年，专、县及职工较多的厂矿建立工人俱乐部，组织和指导职工体育竞赛活动。1955年专区主办“五一”职工体育运动会，竞赛项目有男女篮球、排球、乒乓球、标枪、铁饼、跳高、跳远、越野赛跑、举重、手榴弹投掷及女子垒球。毕节县714名运动员参加各项目竞赛，为专区各县之最。1957年，专区体委、专区总工会联合主办专区职工篮球运动会，参赛男队15支，女队9支，运动员298人，赛球112场。通过竞赛，按国家标准评出国家三级运动员35名，三级裁判10名。20世纪60年代后，区内各县组织的职工体育运动竞赛大增。据统计1962年至1966年6月，毕节县体委和工会每年都牵头举办1～2次职工体育综合性竞赛。竞赛项目有篮球、排球、乒乓球、羽毛球、射击、象棋、公路自行车、环城跑，151个运动队，1366人参赛，历时27天。1965年5月～1976年10月，受“文化大革命”运动影响，职工体育竞赛活动基本上停止，唯篮球运动尚称活跃。1975年10～11月，地区总工会和地区体委联办全地区篮球运动会。1981年，通过基层竞赛选拔乒乓球运动员和棋手集训，参加省总工会和省体委联合举办的职工乒乓球赛和全省职工棋类比赛。1984年7月27日～8月18日，地区总工会和地区体委联合举办毕节地区首届工人运动会，各县和地直单位组建成9个代表团，共669名运动员参加篮球、排球、乒乓球、田径比赛。赛后选拔运动员组建篮球、排球、乒乓球、田径、游泳男、女队和举重、自行车男队，组成毕节地区职工体育代表团，于10月参加在贵阳举行的全省第二届工人运动会，共夺得金牌8枚，银牌6枚，铜牌4枚，3名运动员被选入省职工体育代表团，参加全国比赛。从1985年开始，地、县体委和地、县工会及地、县团委密切配合，开展职工球类、棋类、田径体育竞赛。其后，逐渐形成惯例。此外，地区税务、公安、司法、财政、建材、检察、银行、邮电、水电、公路养护系统及国营厂矿企事业单位，每年均举行球类或棋类的竞赛。1986年，区内各县职工开展迪斯科健身活动，每天清晨或晚间开展1～2个小时的健身运动。1988年春节期间织金县总工会与文化局联合举办城关迪斯科比赛，决赛4场，每场观众1000余人。同年，威宁县工会举办两期迪斯科健身骨干培训班，培训骨干100多人。是年“五一”举办中、老年职工男、女迪斯科健身操比赛，400余人参赛。此期间，毕节地区及各县体委还与相邻的外地区、县及省外毗邻地、县组成协作体育赛区，轮流做东联合举办协作赛。毕节、叙永、镇雄县组成邻县协作赛，其后赫章、威宁县与四川古蔺、珙县、兴文，云南威信、彝良加入协作赛区。至1990年，协作赛区举办篮球比赛19次。金沙县参加遵义、仁怀、习水、赤水和四川省江津、綦江县篮球协作赛；黔西、大方、纳雍、织金县与六盘水市的水城县、钟山区举办以篮球为主的运动会，每年轮流做东组织竞赛。区内各县亦组织片区职工体育竞赛。地直和毕节县城关及卷烟厂、复烤厂、电厂、化肥厂、印刷厂、冷冻厂、食品厂、水泥厂和六中组成东片区职工运动会，以一个单位做东参与单位协办方式举办运动会，比赛项目有篮球、乒乓球、围棋、象棋等。1990～1992年，共举办七届片区运动会。

## 二　农村体育

**农村体育活动项目**　民国时期，农村居民多开展简便易行的乡土传统体育活动，有游泳、舞龙、舞狮、放风筝、摔跤、扳手劲、跳拱背、仙鹤抱蛋、斗鸡、打毛球、打茅褡、跳绳、踢毽子、拔河、打秋千、扭扁担、跳高脚（高竿）、抽陀螺、跳板、射箭等。活动多在农闲和传统节日期间举行；活动或在院坝，或在田野，或在河川。除少数活动项目由民间自发组织外，多数活动项目则是乘兴而动，率性而为。新中国成立后，随着农村经济和文化的发展，农村居民体育活动逐渐增加篮球、乒乓球、羽毛球、跳高、跳远、短跑、中长跑、象棋和射击等现代体育项目。20世纪80年代后，纳雍县沙包乡和黔西县定新乡、威宁县金钟镇、毕节县小坝镇、织金县三塘镇先后被评为全国亿万农民健身活动、全省千万农民健身活动先进乡镇。2007~2009年，实施《农民体育健身工程建设规划》，建成农民健身工程268个。2011年，建乡镇农民体育健身工程6个，村级农民体育健身工程50个，农民健身路线工程25个。

**农村体育竞赛** 1.基层体育竞赛活动。随着农村经济和文化的发展，境内产生一批基层体育竞赛先进典型。黔西县化屋乡最为突出。1951年，化屋小学教师把篮球运动传到化屋，到1956年，全乡4个农业合作社都建有篮球场。乡里多数青年男女都喜欢打篮球，农闲打、节日打，乡内社队组队打，邀请外区、乡队打。1984年，大关区举行篮球、射击比赛，化屋乡包揽这两项冠军。1986年化屋乡代表大关区参加黔西县举行的水西杯篮球比赛，也取得较好成绩。1982年4～5月，化屋乡的芦笙拳先后在毕节地区和省首届少数民族传统体育运功会上获表演奖。是年9月，苗族运动员杨开轩、杨开美、杨开芬、杨德英、王光忠、杨树华被选拔代表贵州省参加在内蒙古呼和浩特市举行的第二届全国少数民族运动会。赫章县响水公社把体育竞赛纳入民兵训练内容，平常以生产队民兵排为单位，每周竞赛两次：一次篮球竞赛，一次军事训练竞赛。生产大队民兵连，每月召开1次民兵大会，会前会后都安排篮球比赛。到1972年，全公社23个生产队都置有篮球场，其中1个为简易灯光球场。1972～1973年全公社举行篮球比赛120多场，70%的基干民兵参加篮球运动。金沙县禹谟区每逢节日、赶场天，都举行体育竞赛活动。1966～1974年，区、社共举办各种体育运动会50多次，生产大队办运动会150多次，开展以篮球、射击、拔河为主要项目的竞赛活动。威宁县牛棚区幅员广，地处高海拔，辖13个公社，住有汉、彝、苗、布依族群众5.4万多人。从20世纪60年代后期到1971年2月，全区312个生产队中有270个修建起既是会场、晒粮场，又是练兵场、体育场的场地。生产队以民兵排为主体，组织男女篮球队、拔河队和军事体育队，进行射击、刺杀、投弹、行军训练，组织打篮球、排球、足球、乒乓球、爬山、拔河、游泳、做广播体操等竞赛；每年元旦、春节、“五一”劳动节、“七一”建党节、“八一”建军节和“十一”国庆节，都要组织开展体育竞赛活动，全区有3万多男女老少坚持参加体育锻炼，有篮球队700多个，参加比赛男女队员6000多人。1972年5月，毕节军分区召开全地区军事体育先进代表会，牛棚区武装部长禄永华被推举出席全国群众体育先进单位经验交流会。次年，牛棚区男、女篮球队参加省在思南县许家坝区召开的农村体育先进典型会议，会议期间进行竞赛，牛棚区男、女篮球队均保持不败纪录。此后，牛棚区男、女篮球队多次被邀出席毕节地区组织的篮球运动会，多次出访云南省昭通市和昭通军分区举办的篮球友谊赛，均获得较好名次。1975年，牛棚区革委副主任马应堂被推举出席第三届全国运动会和体育先进表彰会。

2.片区组织体育竞赛活动。1962年后，毕节、金沙、大方、黔西、威宁、赫章县的边远山区与四川叙永、古蔺，云南镇雄、威信、昭通及遵义、清镇等县市开展毗邻地区农村体育友谊竞赛活动。1962年，毕节专署保尔篮球队队员王大学调到大方长石区任区委书记，组织篮球邀请赛，大方县瓢儿井、毕节县普宜和龙场营、金沙县清池和石场、四川古蔺县白沙等区的男子篮球队应邀参赛。1963年，毕节、大方、金沙和四川古蔺县毗邻6区联合发起组织庆丰收男子篮球邀请赛，参加邀请赛运动员以农民运动员为主体，首届由毕节县龙场营区主办。此后，毕节县龙场营、普宜区，大方县长石区，金沙县清池、石场区，古蔺县白沙区联合举行庆丰收邀请赛，增加毕节县小吉场区、遵义县泮水区和仁怀县茅坝区。1974年，毕节县林口区举办庆“八一”民兵篮球邀请赛。参赛球队21支300多名运动员。同期，大方县马场区举行民兵体育运动会暨文艺汇演大会，邀请本县坡脚区和纳雍县乐治代表队及龙场区知青队参赛，邀请县人民武装部、一中、文化馆、车队和红卫小学参加。参赛男女篮球队34支，703人。比赛项目有篮球、广播体操、百米赛跑、拔河、射击。20世纪80年代后，各片区的运动竞赛除篮球和军体项目外，还有羽毛球、乒乓球、长跑、短跑、跳高、跳远和铅球。

3.县级以上农村体育竞赛活动。自1956年起，毕节地区各县几乎每3年即举行1次农民运动会。1956年夏和1959年冬，毕节县两次举行农民运动会，规定参赛运动员必须是真正具有农民身份的人员。比赛项目为篮球和田径。1956～1959年，黔西县12次举办有农民参加的运动会，1126人参赛。1963年1月，黔西县举行农民运动会，全县9个区代表队126人参加。1970年9月下旬至10月初，威宁县举行农民运动会，全县区、乡共组成篮球129队，乒乓球9队参赛，2000多名运动员参加运动会，运动项目有篮球、乒乓球和民兵军事体育。1974年7月29日～8月7日，纳雍县举行民兵体育运动大会，全县11个区代表队、418名运动员参赛。共进行篮球赛132场，进行立、跪、卧姿射击竞赛。1988年4月16～19日，毕节地区举行首届农民运动会，8个县代表队参赛，毕节、威宁、黔西县代表队分别获团体总分第一、二、三名。1987年7月，贵州省举办全省第二届农民运动会，毕节地区获团体总分第四名，获两项第一名，四项第二名，三项第三名。1988年4月27日～5月1日，贵州省举办全省农民田径运动选拔赛，毕节地区获7项第一名，8项第二名，7项第三名。威宁县王俊获男子400米、800米赛跑第一名；威宁县谢桂兰获女子100米、300米赛跑两项第一名；毕节县樊焕荣获女子400米、800米跑第一名。1989年5月，毕节地区组队参加省举办的农民运动会，共获金牌13枚，银牌11枚，铜牌14枚，居全省第一，10名运动员被省选拔参加全国首届农民运动会。1998年6月，毕节市组织农民象棋队参加地区象棋大赛，获团体第一名。继后代表毕节地区参加七月在贵阳举办的全省农民象棋运动会，获男、女团体和个人的全部冠军，随后代表贵州省参加全国第八届农民象棋比赛和全国农民象棋大赛，毕节农民象棋运动员吴庆伟、王琪都取得较好成绩。2003年，毕节地区组队参加全国第五届民运会，射弩获团体第一名，另获4金、5银、2铜的好成绩。2008年，毕节地区组织148人的代表团，参加全省农民运动会，获金牌24枚，银牌20枚，铜牌18枚。

## 三　民族体育

**活动项目**　1.射弩。分大、小弩。大弩长1.5米左右，弩床长75厘米~1米；小弩长1米左右，弩床50～70厘米左右。大弩的最大射程为200米左右，小弩的最大射程为100米左右。弩和弩床用岩桑木或其他硬而有韧性的木制成，在弩床上凿一剑槽，放置箭身，发牙（即扳机）用牛角或羊角制成。弩绳，用青麻搓成。箭，由箭杆、尾翼和箭头组成。箭杆用细毛竹或斑竹条、树条修制而成；尾翼用篾青或玉米秆皮制成；箭头多是铁制，并根据打猎、打靶、比赛用途，制成三角形或圆形物体。上弩分坐式上弩法、膝式上弩法和手拉式上弩法。射弩，可分为立、跪、卧姿势，也可安置地弩，在敌人或猎物经常通过的路口或要道、独路、蔽处，拉上引线，一触即发达到预期效果。使用弩的多为苗族村民，一般在10岁左右开始练习小弩，成年后练习大弩，参加村寨的打猎活动。青年习弩者，首先用砖、石等物用绳子或藤条捆紧吊在手腕上练习臂力，重量从3斤、5斤到10余斤左右，练到手臂吊重物体达到平衡自如，然后再练习标准射击。大方县马干山、竹园、八堡一带的杨姓彝族祖上是操方弩头领，便以弩弓命家支名，称为洽哪家。威宁县和织金县海马冲素有射弩之乡称谓。

2.摔跤（俗称抱腰）。是彝族、苗族、回族、水族青年喜爱的一种传统体育活动，尤以苗族青年更为喜好，常利用草场、草坡作练习场地，每逢节假日，以村或联村组织比赛。中华人民共和国成立后，苗族摔跤多次在贵州省民族运动会上获奖，1986年织金县苗族运动员杨家永获省民运会52公斤级摔跤金牌。

3.赛马。彝族、苗族、仡佬族和布依族都能弓善射。彝族赛马节多在农历五月。是时，男女老幼身着节日盛装从四乡八里汇集赛场。比赛规定：参赛骑手只乘不配鞍蹬的裸马，且所乘马必须是自己饲养的，否则，不准参赛。苗族、布依族赛马，多在春节、清明节、六月六、八月十五、九九重阳、十月初一等传统节日举行。赛马分走马、跑马。走马，其形式是立坐于装备马背上的驮架上，平稳身体，两手操绳持鞭，众马并排，扬鞭催马前进，但马只可急走不可纵跃，以马行走快而平稳，配合骑手最先到达目的地为胜。跑马，以最先跑到终点为胜。

4.打茅褡。毕节地区仡佬族特有的传统体育活动。攻防都只能用击、扣、踢、身体挡等运传方式，不能用手接或扔、甩。茅褡分为草球和竹球。草球用有韧性的干草作心，再用细麻绳编织或捆绑成为毛茸茸的草球。竹球用篾青编成空心圆球，外装饰彩布条或彩线。其打法分赶茅褡和围茅褡。赶茅褡的场地不画底线，场地的两端尽量延长，一般在秋后的空地或坡地上进行；围茅褡的场地则有底线。赶茅褡和围茅褡共同规则是：场地中间先要划界河；参赛人员多少不定，但对抗双方人员要对等。少则两人对打，多则每方有三四十人。赶茅褡的攻防打法：活动开始，双方各在界河两边布防，何方先发球由抽签方式决定。赶茅搭以争夺对方地盘为主，发球后双方都尽力攻击对方空当，以茅褡不受阻拦而落地，并迅速占领茅褡落点的地方地盘。如有一方力量较弱，或防守一再失误，就会被赶到几千米以外，直至被追得精疲力竭，认输方罢；如双方力量相当，形成拉锯的往来争夺，以快对快，以攻对攻，直到最后判输。围茅搭的攻防打法：活动开始，由先发球的一方推选的运动员站立接近河界处，将球上抛后随即猛向对方防线扣去，也可以用脚猛踢去。如不受阻拦飞过对方防线，即胜一球（盘）。如对方将球立即击回或扣回、踢回，也可以用队员身体挡球落地（叫死球），再将死球拾起，按发球方法扣或踢猛攻先发球方。如有一方发球或回球，使对方触及不到球而使球没有阻拦就落地，这个球就叫活球，得球方人员可越过界河到落球点将球拾起，继续向前直接发球，向失球方进攻。失球方为了防守，保护防线，采取阻或挡方式，作好退守。在攻防中，无论何方将球击落在界河上，这叫落河，应由对方发球；如将球击落在对方防线（底线）上，这叫烧茅（死球），也应由对方发球。胜负之分，以攻方击球后不受阻拦落在对方底线（防线）多少球（盘）为准。

5.打毛球。用弹性较好物作芯，外用毛线或棉线、棉纱交织编成。打毛球，可两人对打，也可以分成人数相等的两队对打。回族青少年最喜欢此项运动，打法可分5种。一是平抛平打式：

即用手用力将毛球垂落地上，使毛球跳起，然后一拍一跳不停地拍打数次，以各自连续拍打多少个定胜负。二是吊打式：先将球抛上离地上距离两米以上，让其自然落地跳起来时，再行拍打呼数吊一，即算一个，继后，被拍打跳高升起落地起跳后再拍吊二，如此反复，让其自然落地又跳起来才能再拍。技巧好的可多拍几个吊球，反之只拍1～2个。三是转球式：即是打转球者先将球砸下地后，原地转身360度再拍球，紧接着再转身一圈，口数转二，如此一拍一转连拍连转，以转球多者为胜。四是平拍平转球式：先打平拍球，而后才转身一圈再拍球。五是胯式：将毛球通过胯脚拍打于地上，随即以左脚为轴，右脚旋转360度，呼数胯一、胯二，如此一胯一拍，连续进行，直到失误为止。毛球弹性差，20世纪50年代皮球在山区出现后，毛球逐渐被皮球所代替。

6.打鸡毛。布依族的传统体育活动。鸡毛用3～5厘米长、一端有节的小竹筒插上七八匹雄鸡毛而成。打鸡毛拍子用木质较好的杉板锯成，木拍呈长方形，比乒乓球拍稍大，也可用乒乓球当鸡毛打。一般在村寨院坝或平坝里活动，只要有长和宽各10米即可。活动时，在场坝中间画个中线作界河，对打的双方各站一边进行，接不到对方打过界河的鸡毛或打不过界河算输。打鸡毛，有单打或双打，类似于打羽毛球和乒乓球。进行比赛时，可分组循环，按胜负决定每组或每人的名次。

7.托竹球。布依族的一项传统体育活动。毕节地区托竹球，自金元以来就有。竹球用竹子编成，直径约10～15厘米。参加活动人数不限，围成圆圈，先由一人用手将竹球托到空中，其他人依次轮流接托。胜负以接托球的多少，托得高或低而定，负者受罚唱歌、跳舞、或在地上打个滚，以逗引人发笑。民国时期，竹球改为用棉花或棉布捆成。中华人民共和国成立后，棉球逐渐改用大皮球、最后被排球代替，但活动的托法不变。

8.跳花盆。彝族、白族青少年的一种传统体育活动。开始跳花盆时，两人相对席地而坐，相距约1.5～2米，上身稍向前倾斜，两腿伸直；右方坐者右脚跟叠在自己左脚尖上，左方坐者右脚跟叠在对方左脚尖上，左脚跟叠在自己的右脚尖上，然后要参加活动的一一跃过。如需再加高，右方坐者左手握拳，拳眼向上，平直伸出，叠于左方坐者的拳眼上；左方坐者左手握拳，平直伸出，叠于对方坐者的拳眼上，每升高一次，加拳头一个，以跳得高者为佳。这类体育活动，似近代体育的跨越式跳高，民间别有兴味。

9.滚坛子。穿青人传统的体育活动。起源于穿青人民俗中庆五星坛。开始活动时，人坐地上，两腿蜷曲，双手紧抱两膝，脚跟不得落地；滚动时，先向左侧倾倒，左手臂触地后，旋翻起，双手始终抱紧两膝；紧接着向反时针方向滚约半圈，连续滚动颇似坛子翻滚，故此命名。滚坛子除1人滚外，还有两人滚，3人4人滚。两人对滚，是两人抱膝靠背而坐，然后两人朝一个方向绕圈滚动，两人以背着地时，两者的座臀要紧紧相贴，翻身坐起时，又复背靠背，如此反复滚动，谁先撒手谁负。

10.提石磴。威宁县回族青年人喜爱提石磴活动。石磴重量分180斤、280斤、380斤、500斤。练习时，由轻到重循序渐进，能提起一个等级的石磴者，方可再试提上一等级的石磴。比赛时，不分身体重量级别，以提起石磴等级高重量大次数多者为胜。

11.扯地牛。回族青年喜好的传统体育。比赛时，两人相对平坐在地，脚掌对脚掌抵紧，双方两手相互握紧，裁判发令后，双方用力蹬或拉，谁先把对方拉离开地面，谁就得胜。

12.象步虎拳。仡佬族少年儿童喜爱的传统体育活动。活动时，选一平地，从中画线为界河，界河两侧各画一底线，相距2～3尺。比赛时，双方立于界河两面对峙，各伸出双手掌相抵。中人（裁判）发令后，双方即用巧力前推后让，左摇右晃，使对方脚掌离开原位置为胜，这种活动主要是锻炼腿力、臂力、巧力，故称为象步虎拳。

13.打手毽。水族男女的传统体育活动。手毽，用布条或稻草扎成球状，直径约10厘米，球上插有几片雄鸡毛，再用彩线扎成小花，缀于鸡毛上端即为手毽。打手毽时，男女各为一方，人数相等，距离5至6米，面对而立，女方先向男方抛出手毽，男方即用手掌将手毽拍回，女方也用同样方式将手毽拍回，反复往来，边拍手毽边对唱，以不能拍回对方拍来的手毽为负。

14.打手拍球。布依族传统体育活动项目。手拍球是用苞谷壳裹成球形状，球上插公鸡毛数匹，再用细麻线捆扎而成。其打法和打鸡毛差不多，所不同的是用双手拍打，不用拍子，与现代打排球相似。比赛时，在场地中间画一线作界河，拍打不过界河或接不到，还有接到后拍打不过中线都为输。比赛可分数组进行，最后进行决赛。

15.托篾球。托篾球自金、元以来即有。查南宋孟元老《辕孟华录》卷之九及周密《武林纪事》卷之四载："仲夏日，僚人编竹为球，以手托之，前后交击为胜。"布依族所玩托篾球用竹篾编制而成，球直径约10～15厘米，玩球时，参加人数不限，大家围成圈，先由一人用手将球托至空中，其余人依次轮流接托，比赛时，以接的次数多，托得最高者为胜，否则为负。

16.扭扁担。是回族、彝族和其他少数民族经常开展的体育活动项目，操作简便，随时随地都可开展。

**比赛项目**　1.射弩。是毕节地区苗族、水族等少数民族经常开展的体育比赛项目。中华人民共和国成立后，国家及有的省、区在召开少数民族体育运动会时，都将射弩作单项参赛项目。1985年，国家体委和国家民族事务委员会制定并颁发《民族射弩竞赛规则》，是年贵州省举办射弩教练员培训班，织金县、威宁县的一些乡、村也举办业余射弩培训班，培训射弩运动员。织金县桂果区实兴乡海马村人朱开富，参加第三届全国少数民族传统运动会获奖后，县体委、县民委资助其组织业余射弩训练班，培训男运动员50名，女运动员10余名。1994年，毕节地区组建射弩队参加省第三届少数民族运动会，获男、女立姿、跪姿和全能6块金牌、4块银牌。2003年毕节地区射弩队代表贵州省参加全国第五届民运会，获团体第一名。

2.摔跤。1982年，毕节地区首次召开少数民族传统体育运动会，举行中国式摔跤比赛，并选拔摔跤手参加是年5月举行的贵州省第一届少数民族传统体育运动会。黔西县蔡家人宋先文、威宁县回族马永亮分别获58公斤级、74公斤级中国式摔跤第一名。1986年3月，毕节地区举办第二届少数民族传统体育运动会，并选拔摔跤手参加同年5月举行的全省第二届少数民族传统体育运动会，织金县苗族杨家永获52公斤级中国式摔跤金牌。1988年10月，毕节地区举办少数民族运动会，进行中国式、自由式摔跤比赛。

3.赛马。1986年，毕节地区召开第二届少数民族传统体育运动会，设立赛马比赛项目，进行男、女1000米、3000米比赛，威宁县杨兴光获男子1000米、3000米第一名，文兴妹、王作珍分别获女子1000米、3000米第一名。获前三名的运动员均被地区选拔参加第二届全省少数民族传统体育运动会赛马比赛。此后，赛马运动普遍展开。

4.拉绳（拔河）。满族人称接力。清代及民国时期，每逢节日，满族人不分男女老幼都要进行拉绳比赛。中华人民共和国成立后，拉绳比赛被定名为拔河比赛，机关、单位，每逢春节、“五一”“十一”等节日或民族节日，大都将其设为比赛项目。

**表演项目** 1.跳芦笙。为苗族的一种文体活动。1956年，赫章县兴发区倮柱乡箐营村李德明、杨志忠和杨志明在毕节专区表演芦笙后，到贵阳、北京表演，受到好评。跳芦笙作为体育表演项目。分以下几类：

（1）爬花杆。花杆，是将一根长约3丈、粗如大碗口的圆木立于地上，杆顶固定一横木长约1米，或用两横木交叉固定在杆顶上。杆顶置放鞭炮、果品、奖品。表演者爬花杆时，所有参加者按先后次序边吹芦笙边往杆上爬。爬杆时芦笙声不断，爬到杆顶边吹芦笙边点燃鞭炮、收取杆顶的果品和奖品，然后头朝下，腿盘花杆，并在芦笙声不断中滑下花杆。在爬上或滑下花杆的过程中，表演者要作挂腿悬重、杆顶倒立、下滑急停等精彩动作。1982年、1986年，金沙县运动员陶仲德参加省第一、二届少数民族传统体育项目运动会爬杆表演均获金奖。

（2）爬花树。花树用枝叶茂密的青杉树制成，高4丈左右，剥光树皮，涂上桐油，极为溜滑。树枝上挂上鞭炮、红布、糖果。爬花树时，凡是在场的观众，均可参加。凡爬上去的人，即可在树上摘取东西；如有人爬上树梢摘到果品，下树时必须头朝下，以示勇敢，优者为胜。

（3）钻楼梯。钻楼梯前，先在场地中央斜架3～4米左右高的楼梯；钻楼梯开始时，表演者吹起欢快的芦笙曲，舞步入场，然后边吹芦笙边爬上楼梯的第一级，再从楼梯第三级钻过去，又从第四级钻过来；再依次从第五级钻过去，直钻到顶端，整个身躯成蛇形来回钻入楼梯的各级中。当钻到楼梯顶端时，必须作倒挂，并左右摆动作表演。下楼梯时，依次来回钻楼梯，直钻下到地面为止。表演中，表演者都不能用手触及楼梯，全部用双脚和躯干完成动作。1982年赫章县芦笙手代表毕节地区参加省少数民族传统体育表演钻楼梯，很受观众欢迎。

（4）翻桌子。表演前，在场地中央放一桌子，表演由一人或多人同时进行。先由芦笙手边吹芦笙边跳舞入场，并在桌子周围表演舞蹈动作，然后翻身上桌或跳跃上桌表演翻滚、倒立动作，再从桌上翻身下地。在赫章县一些乡村，还在桌上放一层麻秆，在桌上表演翻滚动作过程中，不弄破麻秆才叫成功；有的表演者一面吹芦笙，一面向后仰下腰肢，用嘴含起放在身后桌上或地上的铜钱，整个动作连续笙奏不断，动作惊险迷人。

（5）叠罗汉（堆山）。首先，表演者吹笙入场进行集体舞蹈，接着2人、3人配合的肩上托人、两人背挂动作，然后4人站成圆圈，另4人在其身后倒立，并用脚挂住站立者的脖子；再用腰力向上挺起立坐在站立者肩上表演；随后又站在立者的肩上表演动作；最后还要再上两人站在第二层4个人的肩上，并表演左右圆转动作。1986年，省召开第二届少数民族传统运动会，威宁县的叠罗汉参加表演者较多，动作惊险，获得广大观众的赞扬。

（6）滚山珠，也叫滚碗。表演时，在场地中央先画一个直径为1米左右的圆圈，然后，沿着圆圈放置双层重叠的大水碗（碗底对碗底）碗与碗之间距离20厘米左右，在上面的大碗内倒满水，表演者吹着芦笙，跳着舞蹈，移动着梭子步，从外入内，由内出圈，表演一圈，只用碗与碗之间的空隙进出自如，决不能碰着任何一个碗。此外，在圈外边还要边吹芦笙边向后仰下腰动作，使头顶着地于圆圈中央，双脚着地于圈外，以头为轴心，沿着圆圈翻滚身体，且不能碰着水碗。表演者翻滚一周或连续两周后，才吹着芦笙慢慢收腹抬头，站立起来。1982年，毕节运动员王国明在省首届少数民族传统体育运动会上作表演，受到观众热烈赞赏，之后被选拔作参加第二届全国少数民族传统运动会的表演项目。1992年6～8月，由29名表演者组成的贵州农村民间艺术家代表中国贵州民间艺术团赴欧洲荷兰和比利时献艺，纳雍县苗族少年王景才、王景香、王景琼兄妹和王明贵、祝发贵所表演的滚山珠是该艺术团主要表演项目。此艺术团先后参加第27届荷兰瓦尔伏国际民间舞蹈节、第10届荷兰布鲁瑟姆国际民间舞蹈节、第七届比利时什科国际民间艺术节，与30多个国家艺术团同台演出8场。表演滚山珠7分钟，在荷兰获得16次掌声，荷兰北部地区日报头版刊登巨幅彩色画面和报道。

全国第九届民族运动会开幕式上表演苗族滚山珠

（7）芦笙拳、芦笙操。芦笙拳、芦笙操源于毕节地区苗族的打鼓芦笙舞。20世纪50年代和60年代，中共组织及各级政府在农村推广全民健身的广播体操和武术活动。黔西县大关区化屋乡的苗族青年把广播体操和武术与本民族的打鼓芦笙舞结合起来，逐渐练习发展为芦笙操和芦笙拳，开展民间健身训练，黔西县体委、民委将其加以整理，逐步规范和训练，于1982年推荐参加毕节地区首届少数民族传统体育运动会，获得好评，随即被推选参加第二届全国运动会表演，被选为向中央首长汇报的表演项目之一。

2.跳脚。亦名马铃舞或铃铛舞。彝语称为体合摆，为彝族的一种文体活动。每年农历六月二十四日火把节、十月初一至初五的星回节，彝族人多举行跳脚比赛。跳脚开始前，在广场中或在广场四角燃起篝火，众人围坐四周，由青年男子4～8对，左手各执毛巾1条，右手各执用彩绸扎成的马铃一串，跑步入场。跳脚开始时，由1人暗中指挥，有节奏地摇铃、摔帕、扭动腰肢，然后翻滚、相互背驮、扭结、转圈。并按舞曲边跳边唱，动作多系模仿攀登悬崖峭壁、翻山越岭、披荆斩棘、清除草莽之状。1982年，跳脚作为毕节地区的少数民族传统体育竞赛项目参加省首届少数民族传统体育运动会，获得广大观众的好评。

3.荡秋千。是仡佬族、彝族、穿青人在民族节日中的竞赛项目，分为：

（1）高秋荡。在寨子宽敞处栽3米以上高的两根柱子，上置横梁作秋千架。拴上粗麻绳或竹练绳，吊上荡板即可荡秋千。高秋的动作是：1人（有时是两人面对面）站荡板，两手紧握吊绳，双脚用力向前蹬，使荡板前后自然摆动，观众也可帮助推送荡板。荡秋千的人双脚双手使力越大，荡板前后摆动也越来越高，一般荡板与头上的横杆一样平，有时还会超过或高于横杆，这就叫高秋荡。

（2）磨秋荡。在宽敞的空地上竖起一棵1.5米左右高的圆柱，圆柱顶端细削圆，安装1根10米左右的坚实木枋，木枋两端距离相等，逢中固定可转动。运动时，木枋两端各趴1人或两人，双方轮流用脚蹬地，促使上下起伏旋转，可顺时针转，也可逆时针转。磨秋荡者迎风飞舞，悠然自得。

（3）转秋荡。形如水车或风车。即在坝子中竖两根立柱，柱顶有叉，在两叉上架上一根圆木为轴，再在圆木上架两个十字秋架，十字秋架的每一端都挂一坐板，运动时，每个坐板一人，一个十字秋架上坐4人，两个十字秋架坐8人，秋架借转到下面的人蹬地着力与空中运着之人紧密配合，形成风车似的上下左右旋转，可顺时针旋转，也可逆时针旋转。

（4）滚龙荡。分单人龙秋和双人龙秋。单人龙秋：竖两根粗大木桩，高两米以上，木桩上悬上一根坚实的横木，横木正中用卡子固定可以旋转的梯形木架。运动时，两手紧握顶部梯架上的横木，两脚蹬于梯架的下梯适当部位，用力狠蹬，借力用力，愈蹬愈高，有时荡高与横木平，有时还超过横木高。滚龙秋的翻动，快时状如莲花，亦叫莲花秋。双人龙秋：竖两根粗大木桩，约两米高，两柱搭上一根圆柱体横木梁，在横梁中间安置相连的两个梯架，装置似跷跷板。运动时，亦若玩跷跷板。

4.甩花包、甩糖包。是布依族青年传播爱情信息的传统体育表演项目。宋代，已有甩花包、甩糖包活动。花包呈枕形，约20厘米；也有制成球形大如小皮球，用五彩布缝成袋，内装小豆、小米，重量约1市斤；四角订上4条近1米的彩带。呈球状者，只订1根彩带。布依族甩花包在每年春节或农历六月六、七月半等民族节日里举行。是时，男女青年身穿民族盛装，口吹木叶、口琴，男女各站一边，相距20～30米，互相投掷花包。开始时，男女双方随意抛投，渐渐地花包只投向自己心爱的人。甩糖包，类似甩花包，在毕节地区的彝族、白族中流行，多在农历五月端午举行。糖包用方约10厘米棱形布袋，内装谷糠。甩包时，男女数人或数十人分站两边，两边相距在20米左右，互投传送糖包，看谁投得准，接得准，如投不准或接不住，就算输。输者要赠送对方一件物品作纪念。

5.跳马、射弩、爬山。满族人传统体育表演项目。跳马表演时，跳马者站立在场地中，待马奔驰而过面前时，即纵身上马，驱驰奔跑。射箭时，箭靶高悬，用响箭射之，箭靶有各种层次的“羊眼”，善射者不以箭中“羊眼”为满足，而以“只箭射圈，皆开而不落，如花篮似，此为至难”。射箭有平射、仰射、俯射及骑马跑射等多种姿势。每逢春节和民族节日，青壮年射手群集显露身手，观者甚众，热闹非常。爬山，满族语叫导击。古代曾盛行辽、金，满族带到毕节后，仍然在本民族节日中作表演项目，优胜者，可得到酒食或其他物质奖励。

6.跳火绳、打麻鞭。彝族人民传统体育表演项目。火绳系用藤条拴着易燃物。表演时，在场地的两端标明起点和终点线，表演者手执火绳站在起点线上，听到发令后，即点燃火绳，甩绳跳跃前进，先到终点线为胜。麻鞭有2米左右长，手拿处的前4尺左右，用构皮编成，其形状似头发辫，所以叫鞭；鞭的后3尺用麻丝接编，越编越细，成头发辫梢状。打鞭时，将鞭使劲在自己的头顶上旋转，待旋转速度最快时，倏然向目标猛力击去，顿时发出清脆响亮的爆炸声。如在山崖峡谷间，其声音与枪声相仿，打响麻鞭足以使人使兽惊吓。为此，打麻鞭，成为彝族青少年锻炼、表演的体育项目。

## 四　少儿体育

民国32年（1943），省立毕节师范幼儿园教师指导儿童开展猫捉老鼠，以及击鼓传花、骑木马、跷跷板、坐滑梯等体育活动。20世纪40年代，毕节县民众教育馆曾组织儿童开展健康比赛。中华人民共和国成立后，毕节专署及各县开办机关幼儿园，购置少儿体育设施和玩具，组织少儿开展体育活动。50年代，全专区开展的少儿体育项目有模仿操、徒手操、广播操和器械操；列队、散步、游戏、赛跑和浅水游泳。20世纪60～70年代，地县机关幼儿园设置体操课，每天教入园孩童跳舞、作游戏、滑梯、撬板、摇船。20世纪80代代开始，少儿体育活动项目逐渐规范。少儿操有模仿操、徒手操、拍手操、红旗操、双环操、哑铃操、橡筋操、火箭操和羽毛球操；少儿体育基本动作练习有练走、跑、跳跃、平衡、投掷、钻、爬；少儿活动性游戏有比走、跑，接球、传球、拍球，跳绳，钻圈，浅水游泳，玩滑梯，玩跷跷板、摇花船，并结合体育项目玩猫捉老鼠、猎人和小兔、进山探宝等游戏；还有队列训练。每逢“六一”儿童节和“十一”国庆节，地、县妇联、体委、教育局组织幼儿体育运动会，开展拔河、接力赛跑、花操、花环、骑三轮车竞赛。1982年，毕节县举行幼儿运动会，283名小运动员参赛；1984年6月1日，举办幼儿健康评比活动，680名幼儿参加评比，162名被评为健美儿童。1987年，毕节县城关举办首届幼儿运动会，地、县托儿所、幼儿园及小学学前班960多名小运动员开展拔河、赛跑、兔跳、三轮车竞赛。1994年，毕节地区组队参加全省少儿体操比赛，获少儿团体总分男、女第三名。

## 五　老年人体育

**老年人体育活动项目**　老年体育活动有跑步、爬山、做早操、练气功、跳舞、学武术、打太极拳和打篮球、羽毛球、排球、乒乓球及下象棋、围棋、打牌等项目。1984年，地区及各县相继成立老年人体育协会，有组织地开展老年人体育活动。1986年，地区老年人体育协会在毕节城区修建6个门球场，门球成为老年人喜爱的体育活动。各县亦组建1～3支门球队。次年，毕节县举办门球培训班，购置门球器材24套，组建12支门球队。1988年，地区老年人体育活动

迎奥运健步行活动

中心增加老年迪斯科健身操、太极剑。1990年初，地区老年人活动中心开辟网球场，开展老年人网球运动。2000年后，增加老年人健身舞、健身操、健身球。

**老年人体育比赛**

区内老年人体育比赛分：1.每年元旦节、春节、国庆节，地、县老年人体育协会组织象棋赛、围棋赛、乒乓球赛、羽毛球赛、门球赛、长跑赛、桥牌赛和太极拳、老年迪斯科表演赛。

2.举办老年人运动会。1984年7月，毕节县举行老年人长跑和象棋比赛。1984～1985年，纳雍、织金县每年举办1次老年人运动会，比赛长跑、象棋、围棋、乒乓球。1986年11月，地区在织金县城举行全地区老年人运动会，毕节、织金、威宁县分别获男子组长跑团体总分第一、二、三名；织金、金沙、赫章县分别获女子组长跑团体总分第一、二、三名。织金县二、一队和威宁队获门球比赛第一、二、三名。黔西、金沙、毕节县分别获象围棋比赛团体总分第一、第二、第三名。1987～1989年，地区每年举行1次老年人门球比赛，毕节县、纳雍县、地直分别获1987年、1988年、1989年第一名。

3.开展片区协作比赛。1988年后，地区老年体协组织毕节、纳雍、赫章、威宁和大方、金沙、黔西、织金县协作赛，每年各协作区由一县依次做东，举办老年人运动会。

4.组队参加省比赛。1983年4月，地区组队参加省职工马拉松跑、中长跑比赛，老年组运动员获男子5000米第二名，1万米第三、四名；女子组运动员获3000米和1.5万米第五名。是年12月19日，毕节县老年人运动员王全成参加省老年人长跑比赛，获5000米第一名，成绩为20′39″，打破全国21′27″中老年人长跑纪录。同月20日，王全成在贵阳参加省登山比赛，获第一名。1984年9月，王全成参加全国老年人登山比赛，获第一名。1985年11月，省举行首届老年人1万米长跑比赛，王全成获第一名。1986年9月，70岁的王全成被推荐参加国际老年人长跑比赛，因脚扭伤而未参加比赛。1990年4月，毕节地区老年人体育协会组队参加在云南曲靖举办的滇、桂、黔三省七地、州、市老年人门球、中国象棋比赛，获门球第一名。1991年4月，滇桂黔七地、州、市老年人门球、中国象棋赛在毕节举行，毕节地区门球一队获第一名；毕节地区中国象棋一队选手获第一、二、五名。2005年，毕节地区6次组队参加省老年体协举办的竞赛，以参加夕阳红杯钓鱼比赛成绩最佳，获个人名次9项，团体第一名。此外，地区老年体协还举办太极柔力球培训班、健身球操培训班、太极柔力球裁判员培训班，地区体育局不定期举办老年人运动会，较大规模地开展老年体育竞赛活动。

## 六　残疾人体育

20世纪80年代，始有残疾人体育竞赛。1984年5月18日至20日，毕节地区体委、民政局联合举办全地区伤残运动会，42名伤残运动员参加60米、400米、800米、500米、5000米跑，铅球、铁饼、跳高、跳远和乒乓球单打。同时选拔优秀运动员参加省举办的首届伤残人运动会。刘建超获截肢A5级1500米、5000米第一名，傅光仙获女子聋哑组铁饼第二名。1987年6月，毕节地区选拔盲人、聋哑人、截肢人共13名运动员参加在贵阳举行的全省伤残人田径、乒乓球选拔赛，毕节地区获2项第二名、6项第三名。1999年，毕节地区组织伤残运动员代表团参加贵州省第二届残疾人运动会，在5个项目的比赛中，获金牌9枚、银牌11枚、铜牌5枚。2002年，毕节地区选拔智力障碍人和聋哑人运动员参加全国第三届特殊奥林匹克运动会和全国聋哑人篮球锦标赛。2003年，毕节地区选拔残疾人运动员参加全国第六届残运会，获银牌2枚、铜牌1枚；1人参加雅典世界残奥会，获第四名；2人参加全国第三届特殊奥林匹克运动会，获金牌2枚、银牌2枚、铜牌2枚。2008年，毕节地区组队参加贵州省残疾人游泳锦标赛，获金牌15枚，银牌7枚，铜牌1枚。

## 七　体育群团组织

**地区体育群团组织**　1984年4月，地区建立老年人体育指导协会（简称老年体协）。1990年10月，地区成立体育总会，领导全地区群众体育活动。此外，毕节地区先后成立篮球协会、足球协会、乒乓球协会、羽毛球协会、棋类桥牌协会、象棋协会、围棋协会、武术协会、太极拳协会、游泳协会、钓鱼协会、信鸽协会。

**县市体育群团组织**　1955年，金沙县成立银鹰、钟声、前进体育协会，其后，县委、人委和县公安、供销、银行等部门及部分中小学亦建立体育协会。1956年秋，黔西县建立体育协会，其后，县委、县人委和县公安、商业、供销等部门和部分学校亦先后建立体育协会；至1960年，全县体育协会37个。毕节县1959年建立体育协会，是年，全县建起46个基层体育协会，会员6700人，多数为一哄而起转瞬又一哄而散。20世纪80年代后，各县市建立的体育群团组织，毕节市（县）有棋类协会、武术协会、乒乓球协会、老年人体育协会；大方县有桥牌协会、信鸽协会、体育协会、棋牌协会、乒乓球协会；黔西县有象围棋协会、信鸽协会、武术协会、老年人体育协会、篮球协会、体育舞蹈协会、太极拳协会、冬泳协会、钓鱼协会；金沙县有乒乓球协会、老年人体育协会、篮球协会、棋牌协会；织金县有信鸽协会、老年人体育协会、围棋协会；纳雍县有老年人体育协会、象围棋协会、钓鱼协会、门球协会、信鸽协会、健身舞蹈协会、健身操协会；威宁县有武术协会、老年人体育协会、信鸽协会、象围棋协会；赫章县有老年人体育协会、信鸽协会。

## 第三节　竞技体育

民国时期，始有现代竞技体育活动，但项目少，规模小，活动水平低。中华人民共和国成立后，随着经济文化发展和社会安定，竞技体育日益兴盛，项目日益增多，其活动规模及水平显著提高。1996～2005年，毕节地区多次组队参加贵州省举办的各类体育竞技赛事，共获金牌388块、银牌257块、铜牌341块。1996～2000年，毕节地区运动员代表贵州省参加全国体育项目竞赛，31人次获前三名，158项打破省纪录，1人打破奥运会纪录；8人次代表国家参加世界体育项目比赛，获金、银牌各1块，1人次打破世界纪录。2002年，毕节地区运动员参加国家及世界体育项目比赛，共获金牌2块，银牌24块，铜牌1块。2001～2005年毕节地区培训优秀学生运动员300多名，41名被省选定为最佳优秀运动员苗子，向省和国家队输送优秀运动员16名。1名参加雅典奥运会，13名参加全国九运会，12人参加全国十运会，4人参加世界杯和世界锦标赛、3人参加亚洲杯和亚洲锦标赛，13人参加全国青少年锦标赛。2008年，毕节地区组队参加贵州省青少年锦标赛，获金牌45枚，银牌36枚，铜牌56枚。2009年，组队参加全省青少年锦标赛，获金牌34枚，银牌41枚，铜牌50枚。2010年，皮划艇运动员李丽参加2010年世界杯皮划艇比赛获女子4人皮艇500米第二名2次，世界锦标赛第七名。2011年，毕节地区运动员代表国家，贵州省参加国际和全国体育赛事，共获金牌8枚，银牌10枚，铜牌13枚，2人为国际运动健将，6人进入国家队。是年，毕节地区组队参加全省青少年锦标赛，获金牌33枚，银牌37枚，铜牌38枚。

### 一　田　径

清光绪三十二年（1906），英国传教士柏格理在威宁县石门坎创办光华小学，教学生进行田径运动，是田径运动之肇始。民国5年（1916）、民国6年（1917），织金县举行第一、二届运动会，竞赛项目有男子短跑、中跑。民国17年（1928）黔西县举办首届田径运动会。民国24年（1935）毕节县举办第一届运动会，将田径列为比赛项目。民国32年（1943）春，毕节专署组队参加贵州省第一届国民体育大会，毕节县运动员龙万芬获女子铅球第一名。民国35年（1946）5月，毕节专署举行田径运动员选拔赛，龙万芬掷铁饼23.5米，打破省纪录。民国37年（1948）5月，国民政府在上海举行第七届全国体育运动会，贵州代表团田径运动员有毕节县舒士贵、宋旋珍和大定县籃兴文。

中华人民共和国成立后，田径竞技体育得到较好发展，技术水平不断提高。1952年4月，毕节专区运动员宋旋珍在省第一届全运会上，夺得女子铁饼、铅球、标枪个人总分4项第一名。1958年10月下旬～11月中旬，毕节专区举办第一届人民体育运动会，毕节中学学生张世清获1万

米跑第一名，并打破省纪录。1959年3月，贵州省举行第一届全国运动会选拔赛，毕节专区组队参加16个项目的选拔，10个项目取得名次，获全省田径赛总分第二名。张世清、杨国基、余艺兰、文德芬、余和文等36名运动员被选拔参加是年9月在北京举行的第一届全国运动会。1960年暑假，毕节专区在织金举行田径运动会。织金县获女子团体总分第一名，男子团体总分第二名；赫章县获得男子团体总分第一名。1966年5月～1973年，受“文化大革命”影响，全地区田径体育竞技活动开展受到严重影响。1974～1977年，毕节地区组织5次田径比赛，田径竞技活动在全地区逐渐恢复。

1978年后，毕节地区以业余体校为生源，常年、系统地培养少年儿童田径运动员，同时抓好一批体育运动开展得较好学校的田径运动。1979～1992年，在全省举办的15次田径运动会上，毕节地区女子中长跑共获单项第一名25次，第二名15次，第三名13次。1989年2月全省越野赛中，毕节地区谢桂兰、李云碧和王俊包揽10千米跑前三名。1990年3月省举行的少年公路赛跑中，谢桂兰、高岭、安云霞、王庆英包揽女子10千米跑前四名。1991年，省举行公路赛跑比赛，谢桂兰、罗梅、徐祝英、尤光兰、赵英琼包揽女子组10千米赛跑前五名，安云霞、祖大琴、高玲、李琴、龙朝珍包揽女子组7千米赛跑前四名。1992年2月，在全省第八届运动会上，毕节地区田径获团体总分第三名，获个人金牌5枚、银牌11枚、铜牌7枚，其他奖牌37枚。1996年，毕节地区组团参加贵州省第三届工人运动会，获田径团体总分第一名，1人破奥运会800米跑纪录。1997年，毕节地区组队参加贵州省中学生田径运动会，获团体总分第三名。1999年，毕节地区组队参加贵州省第二届残疾人运动会，获田径团体总分第三名。2000～2005年，毕工地区田径体育持续开展，成绩突显。2008~2009年，毕节地区组队参加全省越野跑锦标赛，共获金牌7枚，银牌6枚，铜牌8枚。2011年，组队参加全国田径耐力项目高原地区对抗赛，获1个第一名，4个第二名，2个第三名。是年，组队参加“汇茶杯”首届桂林国际马拉松（半程）邀请赛，获1个第二名。同年，组队参加全省越野跑锦标赛，获金牌2枚，银牌3枚，铜牌5枚。

## 毕节地区组团参加贵州省田径比赛团体成绩统计

| 时间 | 运动会名 | 团体成绩 |
|---|---|---|
| 1959.3 | 贵州省田径选拔赛 | 团体总分第二名 |
| 1960.7 | 贵州省田径运动会 | 男子少年组团体第一名 |
| | | 女子少年组团体第一名 |
| | | 男子成年组团体第一名 |
| | | 女子成年组团体第一名 |
| | | 团体总分第二名 |
| 1981 | 贵州省第三届长征杯长跑赛 | 女子团体总分第一名 |
| | | 男子团体总分第一名 |
| 1983.5 | 贵州省第五届长征杯少年中长跑赛 | 男子20千米跑团体第一名 |
| | | 女子10千米跑团体第一名 |
| | | 男子中长跑团体第一名 |
| | | 女子中长跑团体第一名 |
| 1985 | 贵州省越野跑赛 | 男子组团体第一名 |
| | | 女子组团体第一名 |
| 1986 | 贵州省第三届运动会 | 少年男子甲组团体第二名 |
| 1988.7 | 贵州省第七届运动会 | 团体总分第四名 |
| 1989 | 贵州省中小学传统体育项目比赛 | 毕节二中初中队男子团体第一名 |
| | | 毕节二中初中队女子团体第二名 |
| | | 毕节四小团体第一名 |
| 1989.2 | 贵州省越野赛 | 男子20千米团体第一名 |
| | | 女子10千米团体第一名 |
| 1990.5 | 贵州省中学生运动会 | 女子团体第三名 |
| 1990.3 | 贵州省少年公路赛跑 | 男子组15千米团体第一名 |
| | | 女子组10千米团体第一名 |
| 1990.8 | 贵州省少年田径赛 | 女子团体第二名 |

## 1959～2005年毕节地区运动员参加历次贵州省田径运动比赛成绩统计

| 时间 | 运动会名 | 运动员及成绩 | 备 注 |
|---|---|---|---|
| 1959 | 贵州省第二届全运会选拔赛 | 余艺兰铝球第一名 | 破省纪录 |
| | | 余艺兰投掷手榴弹第二名 | |
| | | 文德芬投掷手榴弹第二名 | |
| | | 杨国基1500米跑第二名 | |
| | | 杨国基3000米跑第二名 | |
| 1960.3 | 全省少年田径运动会 | 刘彦如男子少年组5千米竞走第一名 | 创省纪录 |
| 1960.7 | 贵州省田径运动会 | 19个单项第一名 | 3项破省纪录 |
| | | 23个单项第二名 | |
| | | 18个单项第三名 | |
| 1962.8 | 贵州省少年田径运动会 | 王吉贤男子组三项全能第一名 | |
| | | 陈国强男子组200米跑第二名 | |
| | | 王龙友男子标枪第二名 | |
| | | 王良珍女子铅球第二名 | |
| 1963.8 | 贵州省业余体校运动会 | 王阴举男子400米第一名 | 破省纪录 |
| | | 黄方贵跳高第一名 | |
| 1963.8 | 贵州省业余体校运动会 | 王龙友标枪第二名 | |
| | | 黄方贵100米跑第一名 | 破省纪录 |
| | | 徐朝贵标枪第三名 | |
| | | 蔡永祥800米跑第四名 | 破省纪录 |
| | | 贺运勤4×100米接力第四名 | 破省纪录 |
| | | 王国富女子80米低栏第二名 | |
| | | 王忠惠女子400米跑第三名 | |
| 1964 | 贵州省中学生田径运动会 | 王阴举男子400米跑第一名 | 破省纪录 |
| | | 何灵发男子3000米跑第一名 | |
| | | 王龙友男子标枪第一名 | |
| | | 黄方贵跳远第二名 | |
| | | 何灵男子1500米跑第二名 | |
| | | 朱孝洪男子铁饼第二名 | |
| | | 李立男子三级跳远第二名 | |
| | | 黄方贵男子100米跑第三名 | |
| | | 张新尚男子3000米跑第三名 | |

续表

| 时间 | 运动会名 | 运动员及成绩 | 备 注 |
|---|---|---|---|
| 1964 | 贵州省中学生田径运动会 | 李寿昌男子跳高第三名 | |
| | | 安汪美女子铁饼第一名 | |
| | | 王忠惠女子400米跑第二名，跳远第二名 | |
| | | 王明秀女子五项全能第三名4×100米接力第三名、4×200米接力第二名 | |
| 1965.4 | 贵州省优秀运动员测验 | 余艺兰女子铁饼81.84米 | 创省纪录 |
| 1973.7 | 贵州省中学生田径运动会 | 李森少年男子跳高1.65米 | 创省纪录 |
| 1974.2 | 贵州省长跑越野赛 | 余林志少年男子800米跑第三名 | |
| | | 齐清平少年女子400米跑第一名 | |
| 1975.3 | 贵州省第三届全运会 | 龚启国男子800米跑第一名，1500米跑第二名，3000米跑第三名 | |
| | | 李森男子跳高第一名、跳远第二名、三级跳远第二名 | |
| | | 王品琪男子撑竿跳高第二名 | |
| 1975.3 | 贵州省第三届全运会 | 杨霞女子100米跑第一名，200米跑第二名，4×100米接力第二名 | |
| | 贵州省少年田径选拔赛 | 张莲英女子铅球铁饼均获第二名 | |
| | | 蒋开慧女子铅球第三名 | |
| 1976.8 | 贵州省少年田径运动会 | 颜俊男甲组铅球、铁饼第三名 | |
| | | 张莲英女甲组铅球、铁饼第二名 | |
| | | 杨霞女甲组跳远第二名 | |
| | | 戴敏女甲组1500米跑第三名 | |
| | | 杨黔芳等女甲组4×100米接力第一名、200米跑第一名 | |
| | | 杨明男乙组跳高第三名 | |
| | | 杨柳女乙组跳高第二名 | |
| | | 薛英女乙组铅球第一名 | |
| | | 黄文珍女乙组60米跑第二名 | |
| | | 王英女乙组100米跑第三名，80米低栏第二名 | |
| 1978 | 贵州省少年田径运动会 | 杨柳女乙组跳高跳远第一名 | 破省纪录 |
| 1979.4 | 贵州省第四届运动会 | 史红星男子成年组5000米跑第一名，1万米第三名 | |
| | | 韦德明男成年组标枪、手榴弹投掷第二名 | |
| | | 白永康男少年甲组400米跑第一名 | 破省纪录 |
| | | 郭孝祥男少年甲组铁饼第一名，铅球第三名 | |

续表

| 时间 | 运动会名 | 运动员及成绩 | 备 注 |
| --- | --- | --- | --- |
| 1979.4 | 贵州省第四届运动会 | 韩正秀女子甲组1500米、3000米跑第一名 | |
| | | 杨柳女少年乙组跳远第二名、跳高第二名 | |
| | | 张莲英女少年乙组铅球铁饼第二名 | |
| 1981.8 | 贵州省田径比赛 | 牛建华男子100米跑、跳远第一名 | |
| | | 韩维龙男子五项全能第一名、4×100米第一名。 | |
| | | 刘太全男子铁饼、标枪第二名 | |
| | | 刘洪书男子100米跑第三名 | |
| | | 孔云男子5000米竞走第三名 | |
| | | 袁泽华女子100米跑、100米栏第一名 | |
| | | 钟兆群女子800米、1500米跑第二名 | |
| | | 王丽娟女子3000米跑、4×100米接力第二名 | 破省纪录 |
| | | 张锡英少年女2000米跑第一名 | 破省纪录 |
| 1982.7 | 贵州省第五届运动会 | 徐祥明少年男100米跑第一名 | 破省纪录 |
| | | 郭永禄少年男1500米、3000米跑第一名 | 破省纪录 |
| | | 赵国清、李刚、潘微等少年男4×100米跑第一名 | 破省纪录 |
| | | 潘微少年男100米栏第一名 | |
| | | 赵国清少年跳远第一名、铅球第三名 | |
| | | 许国书少年男铅球第二名 | 破省纪录 |
| | | 袁联红少年女800米跑第一名 | 破省纪录 |
| | | 王丽娟少年女400米跑第三名，1500米跑第一名 | 1500米、3000米跑破省纪录 |
| | | 孙洪英少年女200米跑第二名 | |
| | | 李德祥少年女60米跑第三名 | |
| 1983.5 | 贵州省第五届少年中长跑比赛 | 朱大永男子20千米第三名 | |
| | | 冷水花女子10千米第二名 | |
| | | 罗微男子5000米第一名，3000米跑第一名 | 5000米跑破省纪录 |
| | | 王丽娟女子1500米跑第一名，3000米跑第一名 | 破省纪录 |
| | | 袁永红女子800米、1500米跑第三名 | |
| | | 彭永红女子3000米第三名 | |
| 1985 | 贵州省越野跑比赛 | 罗洪义男子20千米跑第一名 | |
| | | 王丽娟女子10千米跑第一名 | |
| | | 袁永红女子10千米跑第二名 | |

续表

| 时间 | 运动会名 | 运动员及成绩 | 备　注 |
| --- | --- | --- | --- |
| 1986.8 | 贵州省第六届全运会 | 余翼、王涛、管绍德、张大坤男子4×100米第一名 | |
| | | 张大坤男子400米跑第一名，200米第三名 | |
| | | 杨钳亮男子1500米跑第二名 | |
| | | 吴能飞少年女3000米跑第一名，1500米跑第一名 | 3000米跑破省纪录 |
| | | 石咏梅少年女400米跑第二名，800米跑第三名 | |
| | | 张德勇少年男100米跑第二名，200米跑第二名 | 破省纪录 |
| | | 张德勇、仇利毕、陈林等男少年乙组4×100米接力跑第二名 | |
| | | 张敏女少年乙组1500米跑、3000米跑第一名 | 破省纪录 |
| | | 樊焕荣女少年乙组800米跑第三名 | |
| | | 周艳平女少年乙组3000米跑第三名 | |
| | | 卯昌群女少年乙组铅球第三名 | |
| | | 张进男少年丙组全能第三名 | |
| 1987 | 贵州省少年田径比赛 | 徐开友男子跳远第一名 | |
| | | 张德勇男子100米跑、200米跑第一名 | |
| | | 吴限男子跳高第一名 | |
| | | 罗梅女子3000米跑第一名 | |
| | | 李艳女子400米跑第一名 | |
| | | 陈春女子标枪第一名 | |
| | | 胡庆华女子3000米竞走第一名 | |
| | | 王玉兰女子3000米跑第三名 | |
| | | 苏云女子1500米跑第三名 | |
| | | 范玉芬女子铅球第三名 | |
| 1988.7 | 贵州省第七届运动会 | 何亮文男子5000米跑第二名 | |
| | | 李德亮男子1万米竞走第二名 | |
| | | 王军男子标枪第三名 | |
| | | 苏云女子1500米跑第二名 | |
| | | 吴能飞女子1500米跑第三名，5000米跑第二名 | |
| | | 王琼女子1500米跑第一名 | |
| | | 罗梅女子1500米跑第三名 | |
| | | 谢桂兰女子3000米跑第一名 | |

续表

| 时间 | 运动会名 | 运动员及成绩 | 备　注 |
|---|---|---|---|
| 1988.7 | 贵州省第七届运动会 | 胡庆华女子5000米竞走第二名 | 破省纪录 |
| | | 王会女子5000米竞走第三名 | 破省纪录 |
| | | 范青女子100米栏第三名 | |
| | | 陈春女子标枪第一名 | |
| | | 谢飞女子标枪第三名 | |
| | | 曾晓梅女子100米跑第三名 | |
| | | 徐占荣男子丙组100米跑第二名 | |
| | | 刘景男丙组跳高第二名 | |
| | | 邹小红女丙组跳高第二名 | |
| 1989.5 | 贵州省中学生田径运动会 | 赵正洪男子20千米越野第一名 | |
| | | 谢桂兰女子10千米越野第一名 | |
| | | 李云碧女子10千米越野第二名 | |
| 1990.5 | 贵州省中学生运动会 | 樊焕荣女子800米跑第一名 | |
| | | 金诚惠女子800跑第二名 | |
| | | 王芳林女子标枪第一名 | |
| | | 晚兰女子铁饼第一名 | 破省纪录 |
| | | 晚兰女子4×100米接力跑第一名 | 破省纪录 |
| | | 冯永伟男子5000米竞走第二名 | |
| | | 张静男子三级跳远第三名 | |
| 1990.8 | 贵州省少年田径比赛 | 罗勇男甲100米跑第二名 | |
| | | 高平男甲3000米第二名、5000米跑第二名 | |
| | | 周劲松男乙组3000米跑第二名 | |
| | | 鄢军男乙组800米跑第二名 | |
| | | 翟永辉男乙组1500米跑第三名 | |
| | | 朱祥男乙组5000米跑第三名 | |
| | | 郭智男乙组5000米竞走第一名，竞走全能第三名 | |
| | | 郑宝男乙组标枪第三名 | |
| | | 高玲女甲组800米跑第二名 | 破省纪录 |
| | | 罗梅女甲组3000米跑第一名、5000米跑第二名 | |
| | | 高玲女甲组1500米跑第二名 | |
| | | 谢桂兰1500米跑第三名、5000米跑第一名 | |

续表

| 时间 | 运动会名 | 运动员及成绩 | 备　注 |
|---|---|---|---|
| 1990.8 | 贵州省少年田径比赛 | 谢朝珍女乙组3000米跑第二名 | |
| | | 杜娟女乙组800米跑第一名，中长跑第二名 | |
| | | 刘俊红女乙组800米跑第二名 | |
| | | 朱永淑女乙组3000米竞走第一名 | |
| | | 梁月红女乙组铁饼、铅球全能第一名 | |
| | | 孙小红女乙组跳远第一名、跳远全能第三名 | |
| | | 张朝珍女乙组全能跳远第二名 | |
| | | 尤华女乙组标枪全能第三名 | |
| | | 白桂英女乙组短路全能第二名 | |
| | | 张月芳女乙组1500米跑第一名 | |
| 1990.3 | 贵州省少年公路赛跑 | 李发达男15千米第一名 | |
| | | 赵正洪男15千米跑第二名 | |
| | | 谢桂兰、高岭、安之霞、王庆英女10千米跑第一、二、三、四名 | |
| 1991 | 贵州省少年田径赛 | 郭银献、翟永辉、鄢军等男子4×100米接力第三名 | |
| | | 常晓东、赵险峰、赵涛等男4×100米接力第二名 | |
| | | 郭智男5000米竞走第一名 | |
| | | 郭银献男1500米跑第二名 | |
| | | 翟永辉男1500米跑第三名 | |
| | | 常晓东男100、200米跑第二名 | |
| | | 胡亚军男5000米竞走第三名 | |
| | | 高玲女800、1500米跑第二名 | |
| | | 安云霞女3000米跑第一名，1500米跑第二名 | |
| | | 黄丽娜女800米跑第三名 | |
| | | 陈红女标枪第三名 | |
| | | 石勇军男乙组400、800米跑第二名 | |
| | | 梁月红女乙组铅球铁饼第一名 | |
| | | 彭林女乙组跳高第一名 | |
| | | 彭林、杜娟、王建波、陈贵玉女乙组4×100米接力第三名 | |
| | | 郑姣女乙组铅球第二名 | |
| | | 祖大琴女乙组1500米跑第二名 | |
| | | 杜娟女乙组3000米跑第三名 | |

续表

| 时间 | 运动会名 | 运动员及成绩 | 备　注 |
| --- | --- | --- | --- |
| 1991 | 贵州省公路赛跑 | 高平男甲组10千米跑第三名 | |
| | | 谢桂兰女甲组10千米跑第一名 | |
| | | 罗梅女甲组10千米跑第二名 | |
| | | 徐祝英女甲组10千米跑第三名 | |
| | | 郭银献男乙组7千米跑第一名 | |
| | | 蔡定斌男乙组7千米跑第二名 | |
| | | 苏平男乙组7千米跑第三名 | |
| | | 安云震女乙组7千米跑第一名 | |
| | | 祖大琴女乙组7千米跑第二名 | |
| | | 高玲女乙组7千米跑第二名 | |
| 1992.8 | 贵州省第八届运动会 | 常晓东男甲组100、200米跑第二名 | 达国家运动员标准 |
| | | 郭智男甲组5000米竞走第二名 | |
| | | 常晓东、赵险峰等男甲组4×100米接力跑第二名 | |
| | | 何飞男乙组跳远第一名 | |
| | | 王奠南男乙组5000米竞走第三名 | |
| | | 赵高贵男乙组1500米跑第三名 | |
| | | 安云霞女甲组3000米跑第一名 | 达国家二级运动员标准 |
| | | 高玲女甲组1500、800米跑第一名 | 达国家二级运动员标准 |
| | | 刘俊红女甲组5000米竞走第一名 | 达国家二级运动员标准 |
| | | 朱永淑女甲组5000米竞走第三名 | |
| | | 白桂英女甲组跳远第三名 | 达国家二级运动员标准 |
| | | 张朝春、赵莉、于字字、孙小红女甲组4×100米接力跑第二名 | |
| | | 彭琳女甲组跳高第二名 | 达国家二级运动员标准 |
| | | 侯小弟女甲组400米跑第二名 | 达国家二级运动员标准 |
| | | 王建波女甲组跳远第三名 | 达国家二级运动员标准 |

续表

| 时间 | 运动会名 | 运动员及成绩 | 备　注 |
|---|---|---|---|
| 1992.8 | 贵州省第八届运动会 | 陈贵玉女甲组100米跑第三名 | |
| | | 彭琳、侯小弟、王建波、陈贵玉女甲组4×100米第二名 | 达国家二级运动员标准 |
| | | 杜娟女甲组3000米竞走第三名 | |
| | | 龙海菊800、1500米跑第二名 | 达国家二级运动员标准 |
| 1994 | 贵州省青少年运动会 | 龙朝珍女子3000米跑第三名 | |
| | | 周顺女子3000米跑第二名 | |
| | | 潘秋云女子3000米跑第一名 | |
| | | 赵高贵男子1500米跑第三名、3000米跑第一名 | |
| | | 虎林仙女子3000米竞走第三名 | |
| | | 徐兴松男子5000米跑第二名 | |
| | | 黄刚男子跳高第二名 | |
| | | 旭杰男子跳高第三名 | |
| | | 常开华男子中长跑第一名 | |
| | | 张敏女子跨栏第三名 | |
| 1995 | 贵州省少年田径锦标赛 | 樊劲松男甲组5000米跑第一名、1万米跑第二名、3000米跑第三名 | |
| | | 李世勇男甲组100米跑、200米跑第三名 | |
| | | 潘秋云女甲组3000米、5000米竞走第一名 | |
| | | 常开华男乙组中长跑全能、400米跑第一名 | |
| | | 陈万军男乙组短跑全能第二名 | |
| | | 周刚男乙组跳远第二名 | |
| | | 杨亚青女乙组3000米跑、5000米跑第一名 | |
| | | 郑琼女乙组3000米跑、5000米跑第三名 | |
| | | 王敏女乙组铅球第三名 | |
| | | 黄丽娜女甲组800米、1500米跑第三名 | |
| | | 常丽娅女甲组5000跑第三名 | |
| | | 陈李娜女甲组800米跑第三名 | |
| | | 邓薇女甲组铅球、铁饼第三名 | |
| | | 赵高贵男甲组5000米跑第一名 | |
| | | 聂开富男甲组5000米跑第二名、1万米跑第三名 | |

续表

| 时间 | 运动会名 | 运动员及成绩 | 备注 |
|---|---|---|---|
| 1995 | 贵州省少年田径锦标赛 | 石勇军男甲组800米跑第三名 | |
| | | 陈尧跃男甲组1500米跑第三名 | |
| | | 黄琨男甲组铅球第三名 | |
| | | 彭佑相男乙组1万米跑第三名 | |
| 1996 | 贵州省少年田径锦标赛 | 田景跃男子中长跑全能第三名 | |
| | | 尤智男子3000米跑第三名 | |
| | | 王奇男子中长跑全能第二名 | |
| | | 高云男甲组1000米跑、5000米跑第二名 | |
| | | 李泰俊男甲组3000米跑第二名 | |
| | | 李义男甲组5000米跑第三名 | |
| | | 熊正宇男甲组110米栏第二名 | |
| | | 黄家楷男甲组铅球第二名 | |
| | | 宋艳梅女子中长跑全能第二名、800米跑第二名、400米跑第三名 | |
| | | 唐胜江女子100米栏第三名 | |
| | | 周姜女子3000米跑第一名、1500米跑第三名 | |
| | | 蔡洁女子100米栏第一名 | |
| | | 肖艳女子3000米跑第三名 | |
| 1997 | 贵州省田径锦标赛 | 蒋丽女子3000米竞走第一名 | |
| | | 肖艳女子3000米跑第二名、1500米跑第三名 | |
| | | 蔡洁女子100米栏第二名 | |
| | | 龙娟女子800米跑、1500米跑第一名；短跑全能第二名 | |
| | | 孙杰女子3000米跑第二名 | |
| | | 廖祥艳女子3000米跑第三名 | |
| | | 朱艳梅女子中长跑第三名 | |
| | | 陈万军男子400米跑第一名，200米跑第三名 | |
| | | 卯昌国男子铅球第一名 | |
| | | 陈江男子5000米跑第二名、3000米跑第三名 | |
| | | 李仲奎男子5000米跑第三名 | |
| | | 龙远男子3000米跑第一名、1500米跑第二名、中长跑全能第二名 | |

续表

| 时间 | 运动会名 | 运动员及成绩 | 备　注 |
|---|---|---|---|
| 1997 | 贵州省田径锦标赛 | 万孝江男子3000米第三名 | |
| | | 钟义男子100栏第三名 | |
| | | 蒋思勇男子跨栏全能第三名 | |
| 1998 | 贵州省田径锦标赛 | 陈昌俊男乙组200米障碍第一名、300米跑第二名 | |
| | | 万孝江男乙组1500米跑第二名、300米跑第三名 | |
| | | 陈璐男乙组跳高全能第三名 | |
| | | 陈一鹏男甲组400米跑第一名、800米跑第二名 | |
| | | 李健男甲组800米跑第一名、400米跑第二名 | |
| | | 龙远男甲组3000米跑第二名 | |
| | | 马启志男甲组5000米跑、2000米障碍第二名，4×100米接力第三名 | |
| | | 龙媛女甲组2000米障碍第二名 | |
| | | 周姜女甲组3000米跑第一名、1500米跑第二名 | |
| | | 罗艳女甲组3000米跑第二名 | |
| | | 邹书美女甲组1500米跑第三名 | |
| | | 孙杰女乙组3000米跑第三名 | |
| | | 王雪女乙组2000米跑障碍第二名 | |
| 1998.5 | 贵州省中学生田径运动会 | 张伟男甲组110米栏第一、跳远第一名 | |
| | | 陈万军男甲组400米跑第一名 | |
| | | 龙智男甲组800米跑第二名 | |
| | | 卯昌国男甲组铅球第二名 | |
| | | 蒋思勇男乙组100米栏第一名 | |
| | | 谭江男乙组200米跑第三名 | |
| | | 周姜女甲组1500米跑、300米跑第三名 | |
| | | 朱艳女甲组400米跑第三名 | |
| | | 孙杰女乙组1500米跑、3000米跑第二名 | |
| | | 赵英子女乙组200米跑第三名 | |
| 2001.1 | 贵州省青少年冠军赛 | 顾鹏男乙组2000米障碍第三名 | |
| | | 欧阳男乙组跳远第三名 | |
| | | 王丽女甲组1500米跑第三名、3000米跑第三名 | |

续表

| 时间 | 运动会名 | 运动员及成绩 | 备注 |
|---|---|---|---|
| 2001.1 | 贵州省青少年冠军赛 | 陈俊昌男乙组3000米障碍第一名、1500米跑第二名 | |
| | | 詹雨顺男乙组110米栏第三名 | |
| | | 杨杰男乙组跳远第三名 | |
| | | 马启志男甲组3000米障碍第一名 | |
| | | 陈一鹏男甲组100米跑、200米跑第一名 | |
| | | 李健男甲组400米跑、800米跑第三名 | |
| | | 杨尧梅女乙组2000米障碍第二名、5000米跑第三名 | |
| 2001 | 贵州省青少年运动会 | 周姜女甲组3000米跑第一名 | |
| | | 孙杰女甲组3000米跑第三名 | |
| 2002.7 | 贵州省少年田径锦标赛 | 顾怀松男乙组2000米障碍第二名 | |
| | | 王义旭男乙组3000米跑第三名、5000米跑第三名 | |
| | | 吴单女甲组1500米跑第二名、5000米跑第三名、3000米障碍跑第三名 | |
| | | 武念女甲组5000米跑第三名 | |
| | | 唐继娜女乙组3000米跑第二名 | |
| 2004.7 | 贵州省少年田径锦标赛 | 顾怀松男甲组3000米障碍第三名 | |
| | | 钟万军男甲组1万米第二名 | |
| | | 吴磊男甲组800米跑第三名、1500米跑第二名 | |
| | | 张兰女乙组3000米跑第三名 | |
| | | 赵玉勤女乙组5000米跑第三名 | |
| | | 张萍女乙组跳远三级、跳远第三名 | |
| 2005.7 | 贵州省青少年田径锦标赛 | 张萍女甲组跳远三级跳远第一名 | |
| | | 蒋璠女乙组跳远第一名 | |
| | | 朱家利男乙组3000米跑第一名 | |
| | | 吴长义男乙组800米跑第一名 | |
| | | 王涛男乙组3000米第二名 | |
| | | 吴磊男甲组3000米障碍第三名 | |
| | | 况茜女乙组5000米跑第三名 | |
| | | 张兰女乙组5000米跑第三名 | |
| | | 徐坤敏女甲组2000米障碍第三名 | |

## 1979～1991年毕节地区运动员入选省队参加全国比赛成绩统计表

| 时间 | 竞赛名称 | 运动员简况 | | 成绩 |
|---|---|---|---|---|
| | | 姓　名 | 籍　贯 | |
| 1979 | 全国马拉松赛 | 罗义祥 | 威宁 | |
| | | 唐开友 | 威宁 | |
| | | 管士伯 | 威宁 | |
| 1981.2 | 全国少年田径赛 | 韩维龙 | 黔西 | 男子五项全能第三名 |
| | | 钟兆琼 | 黔西 | |
| 1981.5 | 国际马拉松跑 | 罗义祥 | 威宁 | |
| 1981.9 | 全国中学生田径赛 | 张锡英 | 威宁 | 女子3000米跑第八名 |
| 1983.9 | 国际马拉松跑 | 马贤文 | 威宁 | |
| 1983.5 | 七省区体校田径赛 | 王丽娟 | 毕节 | 女子1500米跑第四名、3000米跑第五名 |
| 1984.8 | 全国传统项目田径运动会 | 王丽娟 | 毕节 | 女子800米跑第三名 |
| 1984 | 全国少年田径赛 | 韩　琼 | 黔西 | |
| 1985.5 | 九省体校田径赛 | 王丽娟 | 黔西 | 少年女子3000米跑第三名、1500米跑第四名 |
| 1985.5 | 国际马拉松赛 | 朱大勇 | 威宁 | |
| 1985 | 成都马拉松跑 | 罗洪义 | 威宁 | |
| 1986 | 九省市第三届长江杯田径赛 | 毕节一中初中田径队 | | 男子300米跑第一名、200米跑第二名、400米跑第四名 |
| 1987 | 全国少年田径运动会 | 张德勇 | 黔西 | |
| 1986 | 九省市第三届长江杯田径赛 | 余　翌 | 毕节 | 男子100米跑第一名、200米跑第二名、400米跑第四名 |
| 1987 | 九省市长江杯传统项目学校田径运动邀请赛 | 樊焕荣 | 毕节 | 女子800米跑第四名、男子跳远第五名、女子400米接力第四名 |
| | | 张　静 | 毕节 | |
| 1988 | 全国少年田径赛 | 李　艳 | 毕节 | 女子四项全能第六名 |
| 1991 | 全国少年田径分龄分社区赛 | 高　玲 | 赫章 | 女子1500米跑第一名、800米跑第二名、3000米跑第一名；铅球、铁饼第二名。 |
| | | 安云霞 | 威宁 | |
| | | 石荣军 | 毕节 | |
| | | 梁月红 | 毕节 | |

## 二 球 类

篮球运动 据史载，清光绪三十四年（1908），威宁县石门坎小学即开始篮球运动，是最早的篮球运动。民国14年（1925），黔西县安底镇修建篮球场，是修得最早的乡镇篮球场。民国15年（1926），谢长安在黔西中学开辟篮球场，教学生打篮球，篮球运动在黔西县展开。其后，通过在筑读书返乡学生和驻军的传播，毕节、大方、织金、威宁县相继开展篮球运动。民国22年（1933），毕节县城青年组建卡登、猛鹫男子篮球队，进行篮球比赛。民国24年（1935），贵州省第四行政督察专员公署（下称毕节专署）教育科长敖华木到毕节县立中学兼任体育课教师，组织开展篮球竞赛。是年，毕节县召开第一次运动会，篮球列入比赛项目。次年，毕节县城关举办第一次篮球锦标赛，民力、猛鹫、兴中和133师代表队参赛。民国27年（1938）春，刘家瑞在毕节女子二小教学生打篮球，毕节篮坛出现一批女运动员。同期，贵阳国魂男子篮球队主力队员黄保书应聘到毕节县中教体育课，促进毕节县篮球运动技术提高。是年，川滇东路管理局、西南运输处等机关迁至毕节，国民党陆军305师陈明仁部移驻毕节，每到星期天，均组织篮球队员赛球。民国29年（1940），毕节城关举行第二次篮球锦标赛。民国32年（1943），毕节专署举行省运动会选拔赛，黔西中学男子篮球队代表黔西县参加选拔赛。赛后，专署以毕节师范和黔西中学男篮运动员为主组成毕节篮球队参加省运动会。毕节师范女子篮球队代表毕节专区参加省运动会。民国36年（1947），毕节专署举办篮球运动会，黔西篮球队夺得冠军，再次以主力队员代表毕节专区参加次年省举办的运动会。

中华人民共和国成立后，毕节地区的篮球运动发展迅速。自1953年起，毕节、大定、金沙、织金、威宁县城关，均由工会和县文化馆组织星期篮球赛，带动机关、学校、企事业单位开展篮球运动。1954～1955年，各县城关篮球队一般都在30支以上，且频频举行篮球比赛。每当举行专区篮球赛时，军分区男子篮球队、专署保尔队和公安处保卫队，均要为来自各县的篮球队员打表演赛。1958年12月，毕节专区女子篮球队在省举办的青年篮球比赛中获第三名。1959年9月，专区体委组建专业男女篮球队。尔后，各县亦组建起专业男女篮球队。是年底，毕节专区女篮参加在铜仁举行的全省篮球赛，战胜贵阳市女篮，获第二名。1960年，省体委以毕节专区女篮队员为主组队，代表贵州省参加是年4月在成都举行的全国篮球乙级联赛。1960～1962年经济困难时期，专区和各县专业男女篮球队解散，篮球运动基本停止。1962年10月，专区组建青年男子篮球队参加全省青年篮球赛，获第三名。1963年后，各县城区及乡镇群众性篮球运动又复活跃，篮球运动成为机关、学校、企事业单位职工和居民业余生活的重要内容。城区频繁举行篮球赛，数以千计的男女老少围满球场四周兴致勃勃观看比赛的场景屡见不鲜。1963年8月，专区体委委托黔西县业余体校培训地区青年篮球队员，组建专区男、女篮球队参加贵州省青年篮球锦标赛，女篮获第一名，男篮获第二名。翌年，毕节专区中学生女子篮球队参加全省中学生篮球赛，获冠军。1962～1966年，专区每年组织篮球等级联赛，由各县组队参加。1966～1967年，受“文化大革命”冲击，全地区城乡均少有篮球比赛。1968年篮球运动有所恢复。1969年毕节开展中华人民共和国成立20周年庆祝活动，举办篮球邀请赛，水城铁路13处、208地质队，省体工队和遵义101公司男篮队应邀参赛。1970年11月30日～12月15日，毕节地区举办毛泽东思想篮球培训班。军分区、0276部队、各县、地直单位、毕节运输公司、威宁县牛棚区男女篮球队及赫章铅锌矿男篮参加培训，其间邀请四川宜宾、叙永球队到毕节参加比赛。随后，组队参加遵义地区革委邀请的男女篮球赛。1970～1976年，地区举办3次职工运动会和一次青年篮球运动会。1972年8月、1973年8月，地区组队参加贵州省少年篮球运动会，女篮两次获第一名，男篮两次获第二名；1973年4月，省在毕节举行中学生运动会，毕节地区女篮获第一名，男篮获第二名。是年9月，省体委以毕节地区女篮4名运动员为主力组队赴山东烟台参加全国中学生运动会；12月，地区组队参加贵州省职工、驻军篮球赛，毕节地区女篮获第二名。1974年，地区男女篮球队赴云南昭通地区作访问比赛，男篮六战六胜，女篮六比五胜。1976年后，毕节地区贯彻国家体委“选好苗子、从小培养、打好基础、系统训练、积极提高”体育训练方针，着力抓中学生篮球训练，每年都举行中学生运动会及少年篮球运动会。在1975年、1977年、1979年、1980年、1981年、1983年、1985年，贵州省举行的青少年男球赛或运动会上，毕节地区少年男篮获4个第一名、3个第二名、1个第三名、1个第四名；少年女篮获2个第一名，1个第二名、2个第一名、1个第四名。1981年2月贵州省业余体校篮球调赛和是年8月贵州省少年篮球运动会上，毕节地区少年男女篮均获第一名。赛后，毕节地区少年女子篮球队代表贵州省参加全国第二届中学生基层篮球分区赛；以毕节地区少年男篮成员为主组队代表贵州省参加全国业余体校篮球分区赛。1985年后，地区体委调整体育项目，不再把篮球作为竞技项目。此后，地区及各县体委仍将篮球作为群众性体育运动的主项。地县体委、工会、共青团联合举办以篮球为主的各种奖励赛，并成为制度。毕节的丰收杯、威宁草海杯、黔西水西杯和九狮杯篮球赛，仍然年年开展，云贵川三省八县的篮球协作赛继续轮流举行。

**1959～1991年毕节地区男女篮球队参赛名次统计表**

| 时间 | 比赛名称 | 比赛名次 | |
|---|---|---|---|
| | | 男篮 | 女篮 |
| 1959 | 贵州省篮球运动会 | | 第二名 |
| 1962.12 | 贵州省青年男子篮球赛 | 第三名 | |
| 1963.8 | 贵州省篮球赛 | 第二名 | 第一名 |
| 1964.9 | 贵州省青年篮球运动会 | 第四名 | 第四名 |
| 1964 | 贵州省中学生篮球赛 | 第四名 | 第一名 |
| 1972.8 | 贵州省少年篮球运动会 | 第四名 | 第一名 |
| 1973.4 | 贵州省中学生运动会 | 第二名 | 第一名 |

续表

| 时间 | 比赛名称 | 比赛名次 | |
|---|---|---|---|
| | | 男篮 | 女篮 |
| 1974.6 | 贵州省小学生运动会 | 第二名 | 第一名 |
| 1975 | 贵州省第三届运动会 | 第一名 | 第二名 |
| 1977.5 | 贵州省少年篮球赛 | 第四名 | 第六名 |
| 1979.4 | 贵州省第四届运动会 | 第二名 | 第三名 |
| 1979 | 贵州省小学生篮球赛 | 第三名 | 第三名 |
| 1980.1 | 贵州省中学生篮球赛 | 第二名 | 第一名 |
| 1981.2 | 贵州省业余体校赛 | 第一名 | 第一名 |
| 1981.8 | 贵州省少年篮球赛 | 第一名 | 第一名 |
| 1982.7 | 贵州省第三届运动会 | 第三名 | 第四名 |
| 1983.3 | 贵州省少年篮球赛 | 第一名 | 第四名 |
| 1984 | 贵州省少年篮球赛 | 第二名 | |
| 1985 | 贵州省少年篮球赛 | 第三名 | |
| 1986 | 贵州省第六届少年篮球赛 | 第二名 | 第三名 |
| 1991 | 贵州省建设系统篮球赛 | 第四名 | |

**排球运动**　民国27年（1938），毕节县立中学体育教师黄宝书教学生打篮球、排球，是最早的排球运动。其后，毕节师范、弘毅中学和黔西中学、大定中学、织金中学亦开展排球运动。民国33年（1944），毕节中学校长王桂浑、教师葛天雄、徐长福、李时方及学生罗安良、陈名谦、川滇东路的褚某联合组成第四行政督察区男子排球队出席省运动会，获亚军。民国35年（1946），毕节县民众教育馆馆长兼弘毅中学体育教师葛天雄，征得国民党荣军第九休养院院长涂直的资助，举办排球涂直锦标赛，弘毅中学、毕师、毕节县中和伯特利中学组队参赛，弘毅中学获第一名，是首次举行的排球竞赛。翌年7月，毕节师范学校排球队代表毕节专区参加省运动会。民国36年（1947），毕节师范体育教师王思敏与校长宋怀忠组建排球队，代表第四行政区参加省运会。

中华人民共和国成立后，毕节地区的排球运动迅速发展。1950年初，有毕节军分区、毕节、黔西、织金、大方和金沙县建有排球队，各县中学普遍开展排球运动。1954年，毕节专区举办首届青年篮、排球运动会，选拔运动员组队参加省排球运动会。1958年10月，毕节专区举办首届运动会，把排球列为比赛项目之一。1959年4月，贵州省举办第一届全国运动会选拔赛，毕节专区女子排球队获第三名，赛后，毕节专区正式组建专业男女排球队。1960年4月，省在安顺召开全省排球运动会，毕节专区男排获冠军，女排获亚军。毕节专区男女排球队的作风和球艺，受到省体委和观众好评。1960年秋后，毕节专区男女排球队被解散。1963年后，排球运动恢复活跃。1964年，专区举办排球赛。是年，省举办排球锦标赛，毕节专区男排获第二名，女排获第四名。1966年2月，贵州省排球赛在都匀举行，织金一中男子排球队代表毕节专区参加比赛，获第一名。1966～1969年，全地区排球运动受“文化大革命”影响，活动锐减。20世纪70～80年代初，排球运动逐步恢复和发展。地区体委刘晏儒在地区体校排球训练班先后培养少年运动员176人。其间，地区体委举办排球对抗赛4届，举行中学生排球运动会3次。此期间，省举办7次排球竞赛，毕节地区少年男排获3次第一名，第二名、第三名各1次；少年女排获1次第一名、4次第三名。1980～1984年，地区举行过4次排球赛，6次组队参加省举办的排球比赛，男排获3次第一名，2次第二名；女排获2次第一名，3次第二名。1981年、1983年毕节地区组队参加省少年排球赛，男、女排球队双双夺冠。1985年后，毕节地区按照省体委的安排，不把排球作为竞赛项目，但中等学校仍坚持排球运动，排球竞技仍在群众体育赛中开展。

**毕节地区参加贵州省排球赛成绩表**

| 时间 | 比赛名称 | 比赛名次 | |
|---|---|---|---|
| | | 男排 | 女排 |
| 1964.8 | 贵州省中学生排球赛 | 第二名 | 第四名 |
| 1966.2 | 贵州省排球赛 | 第一名 | |
| 1971 | 贵州省少年排球赛 | 第一名 | |
| 1972.8 | 贵州省少年排球运动会 | 第一名 | 第三名 |
| 1973.3 | 贵州省少年女排赛 | | 第三名 |
| 1974.6 | 贵州省六中学排球赛 | 第一名 | 第一名 |
| 1975.4 | 贵州省“三运会”选拔赛 | 第五名 | 第四名 |
| 1979.8 | 贵州省中学生女排选拔赛 | | 第一名 |
| 1979 | 贵州省“四运会”少年排球赛 | 第三名 | 第三名 |
| 1980 | 贵州省中学生排球赛 | | 第一名 |
| 1980 | 贵州省“三好杯”邀请赛 | 第二名 | 第二名 |
| 1981 | 贵州省少年排球赛 | 第一名 | 第一名 |
| 1982.7 | 贵州省“五运会”少年排球赛 | 第二名 | 第二名 |
| 1983.7 | 贵州省男子排球赛 | 第一名 | |
| 1984 | 贵州省“三好杯”排球赛 | 第二名 | 第二名 |

**足球运动**　清光绪三十二年（1906），英国基督教传教士柏格理在威宁石门坎创办光华小学，开辟足球场，开展足球教练和运动，开毕节地区足球运动之先河。其后，石门坎教会各支堂开办光华小学分校，足球运动亦随之遍及石门坎教区。1936年，国民党贵州省主席杨森带足球队到威宁和石门坎足球队比赛。1941年，毕节中学校长王桂浑倡导在小校建立简易足球场，开展足球竞赛。

中华人民共和国成立后，威宁县足球运动得到不断发展。1956年，专、县以龙街区马踏、天桥、新民的苗族青年为主，组成毕节专区足球队参加省足球比赛。1957年春节，石门坎中学苗族足球队代表毕节专区参加省少年足球运动会比赛。1958年，专区体委以威宁苗族运动员为主，吸收地直单位部分人员参加，组成毕节专区足球队，参加第一届全国运动会贵州省选拔赛，获第三名。1959年，这支足球队参加省举办的足球赛，获第二名。1964～1966年，专区体委在毕节城关中、小学校组织十几支足球队，分小学生、中学生两个组进行训练比赛；京剧团、毕节运输公司、军分区独立营亦组建足球队，参加中学生组训练比赛。1965年，黔西县组建足球队26个。1966～1969年，受“文化大革命”影响，区内足球运动基本处于停滞状态。1970年专区体委主任邓志达为足球专职教练，在毕节城区开展足球训练。1972年，毕节地区少年足球队参加全省足球比赛，获第四名，1973年获第一名。1982年，毕节地区足球队参加省五届运动会足球赛，获第四名；1983年参加省少年足球赛，获第三名。1982年后，足球运动广泛开展。中小学生踢足球的人增多，城区机关和厂矿、企业、事业单位的不少青年职工亦喜欢踢足球。1985年2月，地区体委举办“新兴杯”（1986年改为“兴毕杯”）足球赛，6个队参赛。1986年2月举办“兴毕杯”足球赛。1987年2月举办第三届“兴毕杯”足球赛，参赛队8个。1988年2月举办第四届“兴毕杯”足球赛，参赛队16个。1989年12月30日～1990年1月9日，举办第五届“兴毕杯”足球运动会，大方、黔西、织金、金沙县派队参赛。经过46场角逐，毕节二中队、织金队、师专教师队分别获得第一、二、三名。是年，由共青团毕节地委资助，组建毕节“苗苗”儿童足球队。1990年寒假，苗苗足球队参加“贵烟杯”足球赛，获第六名。1991年10月1～15日，毕节县教育局、县体委和团地委、地区足球协会主办毕节城区南桥“贝贝杯”小学生足球赛，12支球队参加，240名运动员参赛。1991年12月21日～1992年1月5日，地区体育总会、地区足球协会、团地委联合主办第六届“兴毕杯”足球赛，参赛队25个。

**1958～1983年毕节地区足球队参加省赛成绩统计表**

| 时间 | 运动会名 | 成绩 | 时间 | 运动会名 | 成绩 |
|---|---|---|---|---|---|
| 1958 | 贵州省足球运动会 | 第三名 | 1973 | 贵州省少年足球赛 | 第一名 |
| 1959 | 贵州省第一届运动会 | 第二名 | 1982 | 贵州省少年足球赛 | 第四名 |
| 1972 | 贵州省少年足球赛 | 第四名 | 1983 | 贵州省少年足球赛 | 第三名 |

**乒乓球运动** 中华人民共和国成立后，乒乓球运动由学校发展到机关、企事业单位。1954年，毕节县俱乐部购置乒乓球台5套为职工提供在工作之余开展乒乓运动的场所。1956年，毕节县俱乐部利用星期日组织职工开展乒乓球比赛。1957年，毕节成立乒乓球协会，组织毕节城区各机关、学校和厂矿企业人员开展打乒乓球活动。是年“五一”举办职工运动会，有41人参加乒乓球竞赛，比赛406场。同期，黔西、织金、大方县亦举办乒乓球比赛。1958年9月，黔西县举办首届少年乒乓球比赛，32名中小学生运动员参加单打比赛。是年．专区体委举办乒乓球运动员选拔赛。20世纪60年代，乒乓运动普遍开展。据毕节城关统计：在此期间，全城关有乒乓球活动的地方60余处，乒乓球队13个，乒乓球运动员数百人。1960年3月，专区体委和团委联合在大方举办全专区青少年乒乓球竞赛。1963年，省举行少年乒乓球赛，毕节代表队获男子团体第三名，女子基层学校组获团体第三名。1963~1964年，黔西县每年举行5次乒乓球竞赛。至1965年，毕节专区达到国家二级乒乓球运动员标准的男乒乓球运动员有5人，女乒乓球运动员有4人。1966~1969年，受“文化大革命”影响，乒乓球训练和竞赛受到冲击。1970年后，毕节、黔西县开始组织少年乒乓球运动员进行正规化训练。1972年8月地区举办少年乒乓球赛。1973年4月，地区举行少年乒乓球赛，毕节县队获儿童组男、女团体冠军和男、女单打前三名。随后连续两年代表地区参加全省比赛，分别获儿童男子团体第四名和儿童女子团体第三名。1974年贵州省举办第三届省运动会，黔西县业余体校学生薛书敏获少年女子乒乓球单打第三名。1980年，毕节县少年儿童乒乓球队代表地区参加省的乒乓球赛，获儿童女子团体第一名、儿童男子团体第二名、少年男子团体第三名。1982年6月，毕节地区举办少年、儿童乒乓球选拔赛，毕节县获男女团体两项第一名、男女团体身体素质测验两项第一名、男子单打第一、二、三名和女子单打第一、二名。其后，代表毕节地区出席省运动会，获少年乒乓球女子团体第一名、男子团体第三名，女子单打前三名。1984年毕节地区举办乒乓球赛，毕节县少年和儿童乒乓球队获男、女团体第一名，获男子前三名、女子前二名。1985年代表毕节地区参加省儿童女子乒乓球选拔赛，获女子团体第一名，女子单打前三名，运动员顾红被省选拔参加全国乒乓球赛，获得少年女子组第八名。1987年7月，地区举行第二届青少年运动会，毕节县获乒乓球男子团体第三名和单打第一名，织金县获团体第一名，纳雍县获团体第二名。是年，省举行儿童乒乓球比赛，顾红获女子单打第一名，唐春霜获第二名。1989年，毕节地区将乒乓球列为非重点布局项目。此后，只有大方、织金县业余体校坚持乒乓球训练，其他各县只在节日活动中安排乒乓球比赛。2004年在贵阳举办全省“小灵通杯”首届领导干部乒乓球联谊赛，毕节地区获优秀组织奖，并获团体总分第一名。2005年，省体育局在金沙举办“金沙杯”青少年乒乓球锦标赛，金沙县代表队获女子甲组第三名、男子甲组第五名、女子乙组第五名、混双甲组第五名和混双丙组第五名。毕节地区代表队获男、女乙组团体第五名。2011年，毕节地区组队参加全国青少年乒乓球锦标赛，获团体第三名，并从乙Ｂ进入乙Ａ。

**羽毛球运动** 毕节地区羽毛球运动开始于20世纪50年代，机关、学校师生将开展羽毛球活动作为一项娱乐活动。1959年，贵州将羽毛球作为全国第一届运动会选拔项目，专区组建羽毛球队进行集训，参加省举行的选拔赛，获得团体总分第二名。从此，羽毛球运动逐渐展开。

1964年，专体委举办羽毛球训练班。1973年，省举行第三届全国运动会选拔赛，毕节地区羽毛球队女队获团体第一名，高雪琴获女子单打第一名；男子获团体第三名。1979年4月，省举办第四届运动会，毕节地区羽毛球女队获团体第一名。赛后，毕节地区均取消羽毛球运动训练项目。1990年1月，毕节地区体委选拔和引进少年羽毛球运动员9人赴重庆训练，聘请重庆著名羽毛球教练员何孝文协助训练。是年8月，在省举行的少年羽毛球赛上，毕节地区羽毛球队张松涛、冯勇获男子乙组双打第一名。1991年，省体委举办全省羽毛球比赛，毕节地区羽毛球队获男子团体第一名、男子单打第一名、女子双打第一名和男子双打第二名，男女混双第五名；另外，少年组获女子单打第一名、男子单打和双打两项第三名。赛后，毕节运动员张松涛、王梅入选省少年羽毛球队，分别参加在苏州、漳州举行的全国少年羽毛球比赛，王梅获女双第二名，张松涛获男子单打第四名。1992年8月，在省第八届运动会上，毕节地区羽毛球队获金牌5块、银牌2块、铜牌1块。之后，毕节地区羽毛球队少年运动员基本上入选省代表队，在江苏南京和浙江萧山举行的全国少年羽毛球比赛上，王梅获南京赛区女子双打冠军和女子单打第三名，刘松、冯勇获男子双打亚军，刘松获男子单打第五名。在萧山举行的12～13岁少年羽毛球比赛中，张松涛获男子单打第三名和男子双打第四名。

### 1959～1992年毕节地区羽毛球队参省比赛成绩表

| 年月 | 赛称 | 运动员 | 项目 | 名次 |
|---|---|---|---|---|
| 1959.3 | 第一届全国运动会省选拔赛 | 安泽仙、王贻雯 | 团体 | 第二名 |
| | | 王贻雯 | 女子单打 | 第二名 |
| 1964.4 | 省羽毛球选拔赛 | 王贻雯 | 女子单打 | 第二名 |
| 1973 | 第三届全国运动会省选拔赛 | 高雪琴、董丽华 | 女子团体 | 第一名 |
| | | 黄玲、刘纯朴 | 男子团体 | 第三名 |
| | | 高雪琴 | 女子单打 | 第一名 |
| | | 董丽华 | 女子单打 | 第二名 |
| 1979.4 | 第四届全省运动会羽毛球赛 | 高雪琴、董丽华等 | 女子团体 | 第一名 |
| | | 高雪琴 | 女子单打 | 第二名 |
| 1991 | 全省羽毛球赛 | 张松涛、杨涛等 | 男子团体 | 第一名 |
| | | 杨　涛 | 男子单打 | 第一名 |
| | | 蒋　羽 | 女子单打 | 第一名 |
| | | 张松涛、杨涛 | 男子双打 | 第二名 |
| 1991 | 全省少年羽毛球赛 | 周亚利 | 女子单打 | 第一名 |
| | | 王梅等 | 女子双打 | 第三名 |
| | | 冯永 | 男子单打 | 第三名 |

续表

| 年月 | 赛称 | 运动员 | 项目 | 名次 |
|---|---|---|---|---|
| 1992.8 | 第八届全省运动会羽毛球比赛 | 刘松、谭志龙、吴际、杨涛 | 男子团体 | 第一名 |
| | | 冯　勇 | 男子单打 | 第一名 |
| | | 刘松、谭志龙 | 男子双打 | 第一名 |
| | | 冯勇、蒋雪莲 | 男女混双 | 第一名 |
| | | 刘　松 | 男子单打 | 第二名 |
| | | 蒋雪莲 | 女子单打 | 第二名 |
| | | 蒋雪莲、王梅 | 女子双打 | 第一名 |

**棒球、垒球、手球运动**　1.棒球、垒球。1934～1945年，黔西县中先后由体育教师黄宝书、邓月娟在学校组织师生开展棒球、垒球活动。

中华人民共和国成立后，一些学校在体育课中教授垒球。1951年，大定中学在体育课中教学垒球。1953年春，黔西中学在体育课中进行垒球教学。其后，其他县的一些中学也先后进行垒球教学。1958年10月，毕节专区体委成立棒球、垒球集训队，队员主要来自织金、毕节县的一些中学。1959年3月，专区棒球、垒球集训队参加全省首届棒球、垒球锦标赛，获预选赛名次，于次月参加第一届全国运动会贵州省选拔赛，女子垒球队获第三名。1960年，专区体委在黔西举办棒球、垒球教练员和裁判员训练班，共训练学员25人。是年黔西举行棒球、垒球比赛，黔中、教工、机关联队和地质队组队参赛。1978年秋，黔西县体委受省体委委托，组建贵州省棒球、垒球代表队，先后赴河南郑州、四川渡口、福建永安训练比赛。1979年，棒球、垒球主要是在学校中开展活动和教学，毕节地区体委未将其列为重点项目进行训练和竞赛，城乡群众很少进行棒球和垒球运动。

2.手球。居民原无打手球习惯。1960年，专区体委以织金县男子篮球队为主体，组成专区男子手球队，在贵州省军区集训两个月，即往遵义参加省手球比赛，获团体第二名。全省手球运动会结束后，专区手球队解散。其后，全专区未开展手球运动项目。

## 三　棋　类

**中国象棋**　民国及其以前，居民就有下象棋的爱好，在茶楼、酒店、厅堂、庭院，甚至街口路边都可看见对局的人。政府部门或群众团体未组织象棋比赛。

新中国成立后，居民下象棋活动广泛开展。1951年“五一”劳动节毕节县工会在城区举办象棋比赛，参赛近百人。1956年，国家体委将象棋列入体育竞赛项目。此后，毕节地区各县体委与工会配合，在元旦节、春节或“五一”劳动节、“十一”国庆节举办象棋比赛，干部和职工踊跃参赛。1960年，毕节县建立象棋协会。1962年、1963年，毕节县文化馆、人民公园及茶馆、酒店都开展象棋比赛活动，机关、团体和厂矿企业设象棋娱乐室，到处都有象棋对弈。黔西、织金县频繁组织象棋比赛。1964年春，毕节专区举行首届象棋比赛。尔后，专区组建象棋队参加省少年、成年棋类比赛。1974年，毕节地区举办第二届象棋、围棋比赛，除地直单位和各县棋手参加外，还邀请四川叙永县棋手参加。次年，地区在金沙举办东4县象棋、围棋赛。1976年，毕节县棋手参加云贵川三省八县象棋赛，获团体第二名。是年毕节县棋手宋德益代表毕节地区参加省象棋比赛，获第二名。1982年5月30日～6月7日，毕节地区举办第五届全省运动会象棋选拔赛，毕节、金沙、威宁县分别获团体总分第一、二、三名。1984年，举办少年儿童象棋赛，金沙、赫章、毕节县获团体总分第一、二、三名。1986年8月，省举行第六届运动会，毕节地区象棋队获一个第五名和两个第六名。1987年7月，毕节地区举办第二届青少年运动会，设象棋比赛项目。是年，毕节地区小棋手参加省象棋比赛，徐宇获男子甲组第二名，王琪和朱林各获得女子乙组第三、四名。赛后，王琪入选省体校培训，在1988年省第七届运动会上，获象棋女子乙组第一名；在1989年8月省少年儿童棋类比赛上，获象棋女子甲组第一名。1990年8月，省举行棋类比赛，毕节棋手获象棋第三名。1998年7月，毕节市农民运动员吴庆伟、王琪（女）参加贵州省第三届象棋大赛，获男、女团体第一名和男、女个人第一名，之后代表贵州赴沈阳参加全国农民象棋大赛，并取得较好成绩。

**中国围棋**　明代，中国围棋传入今毕节地区，不如象棋普及，多为文化人士的休闲活动。直至民国时期，仍只有少数知识分子下围棋。20世纪60年代，毕节、黔西、金沙、织金县逐步在城关开展围棋活动。1962年毕节县举行首次围棋比赛，5人报名参加比赛。1964年春，毕节专区举办首届棋类比赛，设围棋项目。随后，毕节专区组队参加全省少年、成年围棋比赛，各有1人分别获成年和少年围棋赛第七名。1972年省举办围棋比赛，毕节县包龙生代表毕节地区参赛，获第二名。1976年2月，毕节地区举行围棋选拔赛，随后组队参加省围棋比赛，1人获成年组第五名，1人获少年组第四名。1982年5月30日～6月7日，毕节地区举行第五届省运动会选拔赛，黔西、毕节、大方县分别获围棋选拔赛团体总分第一、二、三名。1983年5月，地区举办象棋、围棋比赛。1984年，毕节地区举办少年儿童围棋赛。1986年8月，省举办第六届运动会，毕节县秦谋获少年围棋赛第一名；金沙县敖羽中获儿童围棋组第二名。1987年6月，地区组队参加省举办的少年围棋比赛，敖羽中获男子乙组三名。1988年8月，省举办第七届运动会，毕节地区敖羽中获围棋少年男子乙组第一名。1989年、1990年，毕节地区的小棋手两次赴贵阳参加省的比赛，成绩均欠佳。从1995年开始，毕节地区举办“中国贵州杜鹃花节围棋邀请赛”，最初有三省八队参加比赛，后来扩大到西南、中南、西北等8省、区和贵州省各地州、市27个队。在2004年“中国贵州杜鹃花节第十届围棋邀请赛”中，毕节地区代表队获团体第一名。赛后，有3人被授予中国围棋业余6段。

## 四　游　泳

毕节地区民间的游泳活动，古已有之。其泳姿多为传统姿势。据资料记载，现代游泳姿势的教授，最早者为民国27年（1938）刘家瑞、洪文芬在毕节女子小学教高班女生学习蛙泳、自由泳和仰泳。民国30年（1941），浙江人顾文均任毕节师范学校训导主任，指导学生改造学校操场边泮池为1.5米深的游泳池，教学生学蛙泳、自由泳和仰泳，还教从拱桥上跳水。民国32年（1943），第四行政督察专员公署举办贵州省第一届国民体育大会选拔赛，在城东黑滩举行游泳比赛。

中华人民共和国成立后，游泳运动广泛开展。1956年夏，黔西县在南门河道上首次举行游泳比赛。1957年7月，毕节县在城南娃娃塘举行首届静水游泳比赛，比赛项目有50米和100米蛙泳、仰泳和侧泳，参赛者百人，观众数千人。1962年7月，黔西县8名游泳运动员代表毕节专区参加省少年游泳运动会，1人获男子组400米自由泳第二名，1人获100米蝶泳第三名。1963年，黔西开办业余体校游泳训练班，聘请教练，组织学员进行正规训练。是年8月，专区抽游泳班学员组队出席省少年游泳运动会，刘友正获男子250米蝶泳第一名，破省少年游泳该项纪录；辜宪敏获100米蛙泳第一名；宋志坚获200米、400米自由泳第二名，均破省少年游泳纪录。1964年，专体委和省体委拨款在黔西水西公园右侧建成游泳池，由黔西县承办省少年游泳运动会。毕节专区以黔西县运动员为主体组队参加比赛，获4项第一名和3项第二名。此后，受“文化大革命”影响，黔西县业余体校停止游泳训练。1971年6月，毕节地区举办游泳选拔赛，43个单项游泳运动员，25个是毕节县运动员。1973年，黔西县业余体校恢复游泳班，招收7～15岁少年儿童60人进行培训，经训练成为毕节地区游泳主力队。是年8月，省在黔西举办少年游泳运动会，黔西业余体校游泳班代表毕节地区参加比赛，35人次获良好成绩，其中袁时进获男子甲组100米、200米仰泳第一名；蔡其毅获男子乙组200米自由泳第一名；董发仙获女子乙组100米蝶泳、200米自由泳第一名；金桂荣获女子甲组800米自由泳第一名。1974年4月，毕节地区游泳队参加省第三届运动会，男子组获得团体第三名，女子组获得团体第六名。1976年，全国游泳比赛增加儿童组，毕节地区体委安排在黔西、金沙、织金县培训少年儿童游泳运动员。是年7月中旬，地区在金沙举行少年儿童游泳比赛。是年，黔西县14名运动员代表地区参加全省少年儿童游泳运动会，9人获19项名次。其中梁万诚获100米、200米蛙泳两项第一名，龙光黔获100米、200米仰泳两项第一名，王宇获100米蝶泳、200米混合泳两项第一名；五项破省少年乙组纪录。随后，黔西运动员袁时进参加在广西武鸣举行的全国游泳分区赛，获男子1500米自由泳第一名。1978年，龙光黔参加全省少儿游泳比赛，创男子少年乙组100米和200米仰泳1′24″1和2′56″8的省纪录。1979年4月，省举行第四届运动会，毕节地区游泳队获男子游泳团体总分第三名、女子游泳团体总分第六名。个人获4项第一名、7项第二名、8项第三名。王宇获少年男子乙组100米、200米蝶泳第一名，破一项省纪录；梁万诚获少年男子甲组100米、200米蛙泳第一名。是年，王宇参加全国业余体校游泳运动会，获男子200米蝶泳第一名；龙光黔参加全国游泳分区赛，获男子蝶泳第一名；继后，龙光黔参加全国25个单位少儿游泳比赛，创少年甲组100米和200米蝶泳全省纪录。1981年，毕节地区组队参加省游泳比赛，获一项第二名。1987年后，黔西、金沙、织金县加强游泳训练力度，增加训练项目。是年7月，毕节地区组队参加全省少年儿童游泳比赛，金沙运动员杨兰获女子丙组50米、100米蝶泳第一名；参加女子甲组400米、1500米自由泳测试，创两项省纪录。翌年，杨兰在第七届全省运动会上获女子丙组50米、100米蝶泳和200米自由泳金牌，并破省纪录。是年，杨兰入选参加全国游泳比赛，获100米蝶泳第二名。1989年4月，杨兰参加全国少年儿童游泳锦标赛，获200米仰泳和400米混合泳第三名，50米、100米蝶泳及全能第四名，200米第五名，并破400米混合泳、50米蝶泳和100米蝶泳省少年女子甲组纪录。是年8月，杨兰在成都全国游泳分赛上，获蝶泳全能和400米自由泳第一名；在全省少年儿童游泳比赛上，获女子甲组100米、200米蝶泳第一名，400米混合泳第二名。1990年，地区体委引进云南、广西部分优秀游泳运动员，是年两次组队参加省少年儿童游泳比赛，共获28个单项第一名、16个单项第二名和8个单项第三名。1992年8月贵州省举办第八届运动会，毕节地区游泳队获团体总分第一名；个人获金牌15块、破省9项纪录。是年，地区游泳队两次参加全国少年游泳比赛，运动员李娟获女子200米仰泳第三名，张规平获女子100米蛙泳第四名，朱颜获女子200米自由泳第五名；在江西吉安分赛中运动员李晓蓝获女子100米蛙泳第一名，杨子波获男子200米蝶泳第二名。

### 1962～2003年毕节地区游泳队个人参加全省比赛成绩表

| 年份 | 赛　名 | 成　绩 |
|---|---|---|
| 1962.8 | 贵州省少年游泳运动会 | 何忠林男子自由泳第二名 |
| | | 余文选男子100米蝶泳第三名 |
| 1963.8 | 贵州省少年游泳运动会 | 辜宪敏100米蛙泳第一名，破省纪录 |
| | | 刘友正50米蝶泳第一名，破省纪录 |
| | | 宋志坚200米自由泳第二名，破省纪录；400米自由泳第二名，破省纪录 |
| | | 朱祖民200米侧泳第二名 |
| | | 辜宪敏400米混合接力泳、800米自由接力泳第二名 |
| 1964 | 贵州省少年游泳运动会 | 刘友正男子100米、200米蝶泳第一名 |
| | | 宋志坚男子200米自由泳第一名、400米自由泳第二名 |
| | | 肖朝品男子50米自由泳第二名 |
| | | 颜享寿男子100米仰泳第二名 |
| | | 宋文选男子4×100米混合接力泳、4×200米自由接力泳第二名 |
| | | 董兴全男子800米自由泳第二名 |
| | | 郭福荣400米自由泳第三名 |
| | | 宋忠英女子青年组400米自由泳第二名 |
| 1973 | 贵州省少年游泳比赛 | 袁时进男甲组100米仰泳第一名，200米仰泳、1000米自由泳第二名 |
| | | 刘铁军男甲组200米混合泳、4×100米混合接力泳第二名，4×100米接力自由泳第三名 |

续表

| 年份 | 赛　名 | 成　绩 |
|---|---|---|
| 1973 | 贵州省少年游泳比赛 | 黄银发男甲组200米、400米自由泳第三名 |
| | | 甘行远男甲组1000米自由泳第三名 |
| | | 董鸣男甲组100米蝶泳第三名 |
| | | 谭晨宇男甲组100米蛙泳第三名 |
| | | 徐勇男甲组200米蛙泳第三名 |
| | | 舒桂琴女甲组100米自由泳第一名、200米自由泳第三名 |
| | | 金桂苗女甲组800米自由泳第一名、400米自由泳第三名 |
| | | 侯洪英女甲组200米蛙泳第一名 |
| | | 阎黔林女甲组400米接力自由泳第一名、100米仰泳第二名 |
| | | 蔡其毅男乙组200米自由泳第一名，100米自由泳第二名 |
| | | 董发仙女乙组100米、200米自由泳第一名 |
| | | 唐小玲女乙组100米蛙泳第三名 |
| 1974.4 | 贵州省第三届运动会 | 梁万成少年男甲组100米、200米蛙泳第一名 |
| | | 杨黔生少年男甲组400米自由泳第二名、1500米自由泳第三名 |
| | | 安迁宁少年男甲组200米仰泳第二名、100米仰泳第三名 |
| | | 李德生少年男甲组400米混合接力泳第三名 |
| | | 王宇少年男乙组100米蝶泳第一名，破省纪录；200米蝶泳第一名、400米混合泳第三名 |
| | | 汪守义男乙组100米仰泳第二名，破省纪录；200米仰泳第二名，破省纪录；400米混合接力泳第二名 |
| | | 陈连峰男乙组400米自由泳第三名 |
| | | 翟燕少年女甲组200米仰泳第二名 |
| | | 徐爱华少年女乙组200米仰泳第二名 |
| | | 刘胜波儿童男甲组蛙泳第三名 |
| | | 彭剑英儿童女甲组100米蛙泳第三名 |
| | | 王永光儿童女甲组100米仰泳第三名 |

续表

| 年份 | 赛名 | 成绩 |
|---|---|---|
| 1980.8 | 贵州省业余体校游泳赛 | 殷明志少年男甲组200米仰泳第三名 |
| | | 杨守琴少年女乙组800米自由泳第二名、4×100米混合接力自由泳第三名 |
| | | 李必勇儿童男甲组800米自由泳第三名 |
| | | 王菊云儿童女甲组100米蛙泳第三名 |
| 1981.8 | 贵州省少年游泳赛 | 殷明志少年男甲组200米仰泳第三名 |
| | | 王晓丽少年女甲组100米仰泳第二名 |
| | | 李黔少年女乙组100米自由泳第三名 |
| 1981.8 | 贵州省少年游泳赛 | 管运红少年女乙组100米、200米蝶泳第三名 |
| | | 杨晓燕少年女乙组800米自由泳第三名 |
| 1983.8 | 贵州省少年游泳赛 | 唐晓雨少年男乙组400米自由泳第三名 |
| | | 谭贤男少年女乙组100米仰泳第三名 |
| 1986.8 | 贵州省第六届运动会 | 张洪少年男乙组100米自由泳第三名 |
| | | 唐荣少年女乙组200米蛙泳第二名 |
| | | 杨兰儿童女甲组100米蝶泳第三名 |
| 1987.7 | 贵州省少年儿童游泳赛 | 杨兰女丙组50米蝶泳、100米蝶泳第一名 |
| | | 李师女丙组50米自由泳第三名 |
| | | 刘倩女丙组200米混合接力泳第二名 |
| | | 杨兰参加女甲组测试400米自由泳5′33″14、1500米自由泳22′54″03，创省纪录，200米混合泳2′53″78。达国家二级运动员标准 |
| 1988.7 | 贵州省第七届运动会 | 杨兰女丙组100米蝶泳第一名，1′14″66，达国家二级运动员标准；50米蝶泳、200米自由泳第一名；4×50米蛙泳第三名 |
| | | 唐荣女甲组200米蝶泳第二名 |
| | | 杨益刚男丙组50米蛙泳第一名，破省纪录 |
| 1990.8 | 贵州省少年游泳赛 | 许丽娇女甲组800米自由泳第一名，11′03″5，达国家二级运动员标准；200米仰泳第一名、400米混合接力泳第三名 |
| | | 杨兰女甲组100米、200米蝶泳第一名，400米混合泳第三名 |
| | | 李晓兰女乙组100米蛙泳第三名，1′33″05，破省纪录 |
| | | 杨宗波男乙组200米蛙泳第三名，3′06″77，破省纪录 |
| | | 陈伟男乙组蝶泳全能第三名 |

续表

| 年份 | 赛　名 | 成　绩 |
|---|---|---|
| 1991 | 贵州省少年儿童游泳赛 | 秦德宏男甲组100米蝶泳、100米蛙泳、200米蝶泳第一名 |
| | | 王波男甲组200米蝶泳第一名 |
| | | 杨宗波男甲组50米、200米仰泳第一名，100米仰泳第三名 |
| | | 朱颜男乙组50米、100米、200米仰泳第一名 |
| | | 许丽娇女甲组200米混合泳第三名 |
| | | 李娟女乙组50米、100米、200米自由泳、200米混合泳第一名 |
| | | 张规平女乙组100米蝶泳、100米蛙泳第一名；200米混合泳、50米蝶泳第二名 |
| | | 刀绍云男甲组100米仰泳、200米仰泳、200米混合泳第一名 |
| | | 蒋尚武男甲组200米自由泳、蛙泳第一名 |
| | | 杨宇波男甲组100米仰泳、200米混合泳第一名，1500米自由泳第二名 |
| | | 王波男甲组100米、200米蝶泳第二名 |
| | | 秦德宏男甲组100米自由泳第二名、200米混合泳第三名 |
| | | 梁华宪男甲组200米自由泳第二名 |
| 1991 | 贵州省少年儿童游泳赛 | 杨宇波、王波、秦德宏、蒋尚武男甲组4×100米混合接力泳第一名 |
| | | 朱颜男乙组100米、200米仰泳第二名，200米混合泳第三名 |
| | | 许丽娇女甲组100米、200米仰泳第二名，200米女甲混合泳第三名 |
| | | 杨海燕女甲组200米自由泳第二名、100米自由泳第三名 |
| | | 李娟女乙组50米、800米自由泳，200米混合泳第一名 |
| | | 张规平女乙组100米蝶泳、100米自由泳第一名，200米混合泳第二名 |
| | | 陈雅洁女子100米蛙泳第一名，200米蛙泳第二名 |
| | | 李晓兰女乙组100米蛙泳第二名，200米蛙泳第三名 |
| | | 沈庆华女乙组100米、200米仰泳第三名 |
| | | 李娟、张规平、陈雅洁女乙组4×100米混合接力泳第一名 |

续表

| 年份 | 赛　名 | 成　绩 |
|---|---|---|
| 1992.8 | 贵州省第八届运动会 | 刀绍云男甲组200米仰泳第一名，100米仰泳第二名，400米混合泳第二名 |
| | | 蒋尚斌男乙组50米自由泳第一名，27″59，破省纪录，100米自由泳第一名，200米混合泳第二名 |
| | | 杨宇波男乙组200米蝶泳第一名，2′23″42，破省纪录；100米蝶泳第二名 |
| | | 秦德宏男乙组200米自由泳第二名，200米混合泳第三名，100米蝶泳第四名 |
| | | 王波男乙组200米仰泳第三名 |
| | | 蒋尚斌、秦德宏、杨宇波、万青男乙组4×100米混合接力泳第一名 |
| | | 许丽娇女甲组100米、200米仰泳第二名 |
| | | 杨兰女甲组100米、200米蝶泳第一名 |
| | | 赵娟女乙组200米混合泳第一名，2′32″70，破省纪录；100米自由泳第一名，1′03″79，破省纪录；50米自由泳第一名，29″09，破省纪录 |
| | | 张规平女乙组100米蝶泳第一名；200米混合泳第二名，2′34″09，破省纪录；200米仰泳第二名 |
| | | 朱毅女乙组200米混合泳第三名，100米仰泳第一名，1′11″23，破省成人纪录；200米仰泳第一名，2′34″68，破省甲组纪录 |
| | | 陈雅洁女乙组200米蛙泳第一名，100米蛙泳第二名 |
| | | 李娟、张规平、朱颜、陈雅洁女乙组4×100米混合接力泳第一名，4′46″23，破省纪录 |
| | | 尚进女乙组100米自由泳第二名，50米自由泳第二名 |
| 1993.7 | 贵州省少年游泳赛 | 蒋尚斌男甲组100米自由泳第一名，100米蛙泳、200米混合泳第三名，100米仰泳第二名 |
| | | 刘三男乙组400米自由泳第一名 |
| | | 李娟女甲组100米混合泳第一名，100米蝶泳第二名 |
| | | 陈雅洁女甲组混合泳第三名，蛙泳第二名 |
| 2003.7 | 贵州省健身赛 | 张森男甲组100米蝶泳第二名 |
| | | 张茂安男甲组100米蛙泳第三名 |
| | | 聂宗惠女子老年组50米蝶泳第二名 |

## 五　体　操

民国9年（1920）刘碧莲在黔西县女子国民小学教徒手体操，为现代体操运动的嚆矢。民国11年（1922），黔西县保民学校熊慎东教学生哑铃操。民国14年（1925）柏建儒驻军黔西，设置部分体操器材，次年部队调离时，将器材设备留给黔西一小，供学校师生练习体操。民国16年（1927），黔西中学体育教师谢长安将竞技体操列入教学，黔西小学体育教师赵毓琴在学校开展技巧教学，使黔西的体操教育从单项动作向多项运动发展。是年，黔西小学学生在省运动会上表演哑铃操、叠罗汉，受到贵阳观众赞扬和省主席周西成的奖励。1930年后，省立毕节师范学校和各县中学先后开展团体操、单杠、双杠和垫上运动，体操技艺逐步提高。

中华人民共和国成立后，各级中共组织及政府重视体操运动，由财政拨款给学校购置单杠、双杠、高低杠、爬竿、垫上、跳箱、跳马、平衡木供师生作体操活动，并将自由体操列为学校体育课和师生课外活动内容。同时在机关、学校、企事业单位推行国家体委颁布的成人广播体操、少年广播体操和儿童广播体操。自1950年起，毕节师范和各县中学开始进行竞技体操教学。黔西中学选拔男、女生20人组成体操队，坚持常年训练，并多次向师生、家长和群众表演，颇受大众欢迎。1955年秋，黔西中学体操队代表专区参加全省中学生体操测验；1957年代表县参加专区比赛。到1960年，黔西中学体操队有2人达国家一级运动员标准，3人达到国家二级运动员标准。1973年，黔西业余体校成立女子体操班，代表地区参加全省运动会选拔赛，两名队员被选拔代表省参加第三届全国运动会。1979年，体校体操班代表毕节地区参加第四届全省运动会。

1980年，毕节地区在业余体校成立少年儿童体操队，体操队队员主要来自毕节四小。体操队利用每天下午课外活动时间进行教学，寒暑假坚持每天训练半天。女子训练跳马、高低杠、平衡木、自由体操；男子训练跳马、单杠、双杠、山羊、吊环、自由体操。1981年，参加全省少年儿童体操比赛，获6项第一名、10项第二名、4项第三名、3项第四名，男子体操队获团体第一名。1983年，全省少儿体操比赛，毕节地区体操队女队共获5项第一名、4项第二名、5项第三名。1984年，省举行儿童体操比赛，毕节地区体操队女队共获11项第一名，6项第二名、3项第三名。1985年，全省举行少儿体操比赛，毕节地区体操队女队共获10项第一名、4项第二名和4项第三名，男队获1项第一名、1项第二名和2项第三名。

1986年后，毕节地区体操队孙萍、周静等一批优秀运动员被选入省培训，其后参加全省、全国乃至国际体操比赛均取得好成绩。1988年，孙萍参加全国协作区体操比赛，获平衡木第一名；1989年，参加在沈阳举行的第二届全国青少年运动会体操比赛，获高低杠第三名；随后孙萍被选入国家集训队，中国体操队去法国参加“马赛杯”国际体操比赛，在与苏联、美国、罗马尼亚等14国强手激烈竞争中，夺得平衡木、高低杠两项冠军和全能第六名，并与队友合作获得女队团体亚军。周静在1988年8月第七届全省运动会体操赛上，囊括艺术体操全能、徒手、球操、绳操金牌；1989年春，在江西南昌举行的全国艺术体操邀请赛上，获得少年女子组2项第四名、1项第六名和1项第七名。

1990年，毕节地区重点业余体校体操队，参加全省少儿体操集训赛，女队共获5项第一名、1项第二名、3项第三名、3项第四名和4项第五名。1992年8月，毕节地区儿童体操队参加第八届省运动会，女队共获金牌3块、银牌1块、铜牌2块，其他奖牌13块。是年9月18～24日，全国体操锦标赛在江西南昌举行，毕节运动员孙萍获高低杠银牌和女子全能第四名。

### 1981～1992年毕节地区体操队参加省比赛成绩表

| 年　份 | 赛　名 | 成　绩 |
|---|---|---|
| 1981 | 贵州省少年儿童体操赛 | 徐兴全男乙组全能、吊环、跳高、单杠第一名，双杠第二名，自由体操第三名 |
| | | 唐勇男乙组双杠第一名，单杠、跳马、吊环第二名 |
| | | 尤勇自由体操第二名 |
| | | 郑莉女乙组全能、跳马、平衡木第二名 |
| | | 余莉莎女乙组高低杠第二名 |
| | | 王雪梅女乙组高低杠第二名 |
| | | 刘亚娣女乙组全能、平衡木第三名 |
| 1982 | 贵州省第五届运动会 | 徐兴、唐勇、尤勇团体第二名 |
| | | 徐兴儿童男子自由体操、单杠第一名，全能第二名 |
| | | 王雪梅、吴小静、陈林少年女子组团体第三名 |
| | | 郑莉、余莉莎、王婷儿童女子组团体第二名 |
| 1983 | 贵州省少儿体操赛 | 郑莉儿童女子全能、跳马、高低杠、平衡木第一名，自由体操第二名 |
| | | 王婷儿童女子全能、平衡木、自由体操第三名 |
| | | 吴小静少年女子自由体操第一名，平衡木、高低杠、全能第二名，跳马第三名 |
| 1984 | 贵州省少儿体操赛 | 熊正红男乙组自由体操第三名 |
| | | 郑莉女甲全能、跳马、平衡木第一名；高低杠、自由体操第二名 |
| | | 吴小静女甲组高低杠第一名、全能第三名 |
| | | 王婷女甲组自由体操第一名，跳马、平衡木、全能二名，高低杠第三名 |
| | | 彭梅女乙组全能、跳马、高低杠、平衡木、自由体操第一名 |
| | | 孙萍、彭瑶、刘洁、董莉娜女丙组团体第二名 |
| | | 孙萍女丙组平衡木第一名，全能第二名 |

续表

| 年份 | 赛名 | 成绩 |
|---|---|---|
| 1985 | 贵州省少儿体操赛 | 彭梅女甲组全能、跳马、高低杠、平衡木、自由体操第一名 |
| | | 孙萍女乙组全能、低单杠、平衡木、自由体操第一名，跳马第二名 |
| | | 彭瑶女乙组跳马第一名，全能、自由体操第二名，平衡木第二名 |
| | | 刘洁女乙组全能、跳马、自由体操第三名 |
| | | 张国民男乙组跳马第一名，全能、自由体操第三名 |
| | | 杨涛男丙组跳马第二名 |
| 1986 | 贵州省第六届运动会 | 孙萍女乙组全能第一名 |
| | | 杨涛男乙组全能第三名 |
| 1987 | 贵州省少儿体操赛 | 杨涛男甲组全能、单杠第一名，跳马、自由体操第二名 |
| | | 刘蕊女乙组跳马第二名，全能第三名 |
| | | 钟小霖女乙组低单杠第三名 |
| | | 赵扬女乙组低单杠第二名 |
| 1988.8 | 贵州省第七届运动会 | 周静女子艺术体操全能、徒手球操、绳操第一名 |
| 1990.7 | 贵州省少儿体操集训赛 | 邓娟儿童女子全能、跳马、平衡木、低单杠第一名，自由体操第二名 |
| | | 尹露儿童女子自由体操第一名，全能、跳马第二名 |
| | | 何庆平儿童女子平衡木第三名 |
| 1991 | 贵州省少儿体操集训赛 | 邓娟儿童女子全能、跳马、高低杠、平衡木、自由体操第一名 |
| | | 马思佳儿童女子平衡木第二名 |
| | | 郑圆圆男子跳马第三名 |
| 1992.8 | 第八届省运动会体操赛 | 邓娟女子全能、跳马、高低杠、平衡木、自由体操第一名 |
| | | 马思佳女子自由体操第一名、高低杠第三名 |

## 六　武　术

民间武术历史悠久。清末民初，传说有一位武林高手叫五荤和尚小佛临，住在毕节城东关坡东岳庙（今地区卫校所在地），其武艺属北派少林，绝招是“八法镖弹”和“哼字功”的硬气功。小佛临在毕节有3个俗家弟子：分别是住东关坡的李伯俺、中山路的刘殿英、黄尧甫。1930年，年逾古稀的刘殿英表演“哼字功”，只听其“哼”地大吼一声，用掌将正在转动的水碾石轮推反转好几步，待去碾盘下查看，见水碾硬木水轮轴已扭裂。

民国时期，境为较有名气的武术师有张鑫源、蓝泽周、叶真荣、詹直兵、庞测新、殷浩山、董清泉、谢福辉、刘成章、崔伯琴、周继武、冯明山。1935年，少林梅花门子弟崔伯琴住大定莲花塘，有人于清晨曾见其在栽成梅花形的大莲花白上打拳，莲花白被踩得咕咕响，但却未踩坏。20世纪40年代，周继武在毕节免费教亲朋子弟习武术。一次，他在西岳庙表演硬气功，用掌一次劈断十二块砖，手掌撞大殿中一抱多粗的木柱，把屋檐上筒瓦震下几片；表演轻功，背贴着墙，攀上3米多高的砖墙。冯明山气功表演有三项：一是钉板腹上碎石；二是用大刀刃部接裸胸，自己用木棒猛击刀背，而其胸肌未受损伤；三是用两块厚约两厘米，宽约10厘米，长约90厘米的铁板重叠在一起，猛击头部，先将两块铁板击弯，然后又击伸直，头脑未受影响，在毕节及毗邻县域城乡均颇有名气。

中华人民共和国成立后，毕节县武术名师有王之和、罗德泽、孙文选、刘仁寿、张怀仁、颜树森、杨绍武、冯灿、罗明、蒋林，黔西县有武术名师冯胜刚、董剑。20世纪20年代，王之和向华北武术大师修剑痴学习武术，熟悉北派少林内家、外家拳，最长于纵横通臂。70年代初来毕节居住，在地区体委办3期武术训练班，培训武术骨干300多人，后任省武术协会主席。1986年3月王之和获国家体委发给献拳经、拳谱“雄狮奖”。1988年10月，获中国国际武术节武术贡献奖。1985年，冯胜刚的学生田晓代表毕节地区参加全省工人运动会武术比赛，获三等奖，并入选省工人体育代表队，参加是年6月在杭州举行的全国工人运动会，获对练一等奖和单练三等奖。毕节地区武术新秀蒋林，在传统武术中擅长鹰爪、形意、八卦、长枪、刀、棍、剑、绳、镖。1977年，蒋林参加全国武术比赛，获男子少年组棍术第八名；1984年参加全国武术比赛，获男子青年组鹰爪拳、形意拳、棍术3项优胜奖；1986年，参加国际武术比赛，获男子青年组鹰爪拳、形意拳、八卦拳、棍术优胜奖。

### 1972～1992年毕节地区参加省武术比赛成绩表

| 年份 | 赛名 | 成绩 |
|---|---|---|
| 1972 | 贵州省首届武术赛 | 毛磊男子少年单刀优秀奖 |
| | | 黄祖国男子成年双刀优秀奖 |
| 1977 | 贵州省武术赛 | 蒋林对练第三名 |
| 1979 | 贵州省武术赛 | 蒋林自选拳第三名 |
| 1982 | 贵州省武术赛 | 蒋林对练、鹰爪拳、棍术第二名 |
| 1984 | 贵州省少年武术赛 | 邓静女子拳术第三名 |
| | | 姬国萍长器械第二名 |
| 1983 | 贵州省少年武术赛 | 蒋林男子鹰爪、棍术、对练、形意拳、八卦拳第一名 |
| | | 郭传云女子少年剑术第一名，棍术第三名 |
| | | 姬国华剑术第二名 |
| | | 王琦剑术第二名 |
| 1992 | 贵州省第八届运动会 | 邓静女子剑术第二名，棍术第三名 |
| | | 王贵琼女子棍术第一名 |

## 七　军事体育

**射击**　1958年4月，毕节专区及毕节县举行射击训练选拔赛，选拔贵州省参加全国第一届运动会射击运动员。同时，其他各县开展业余射击训练。黔西县体委先后举办业余射击骨干培训班6期，培训180人。1959年3月，专区组成射击代表队参加第一届全国运动会贵州射击选拔赛，获团体总分第一名，姬高运获运动步枪100米靶第一名。20世纪60年代，专区体委以毕节、赫章、威宁县为重点，开展以军用步枪、小口径步枪、小口径手枪为主的军事体育训练。各中学、机关、街道和部分区、社相继组成民兵射击队，由毕节军分区、各县武装部派人指导射击竞赛。1964年7～12月全专区8915人参加运动步枪射击训练，3218人参加军用步枪射击训练，5047人达普通射手标准。1963年8月，在省射击运动会上，毕节专区射击队获团体第三名，章正席获男子运动步枪3×20第一名。1964年，在全省射击通讯赛上，1人获男子运动步枪15+60第二名，1人获女子运动步枪3×10第三名。是年，毕节县唐玉禄参加全国青少年射击通讯赛，获第五名。1965年，贵州省举行射击比赛，毕节专区射击队获1项第一名，3项第三名，2项第四名和9项第五名，运动员周玉萍以453环获女子运动步枪3×20第一名。是年5月，毕节二中学生孙义德参加全国男子青年组自选步枪通讯赛，获15+60第四名；8月，贵州省举行青年射击运动会，毕节地区射击队创运动步枪4×40卧射1302环、气步枪4×20卧射763环最高纪录。1965～1972年，受"文化大革命"影响，毕节地区射击训练及竞赛中断。1973年，毕节地区体委决定恢复射击训练，组建地区射击队。1974年8月，毕节地区射击队参加贵州省第三届运动会射击比赛，获团体总分第一名，获20项一名、12项二名、4项第三名、7项第四名和2项第五名，破省24项纪录。杨世华获男子运动步枪3×10和3×20两项第一名，破省纪录；张建国获男子运动手枪60发慢射第一名，495环，创省纪录；张维克获男子运动步枪60发卧射第一名，张莉萍获女子运动手枪8+30慢射第一名，均破省纪录；周春意获女子运动手枪60发慢射第一名，1424环，创省纪录；王晓莉获女子3+30手枪慢射和标准手枪第一名；程斯永、上官海棠分别获男子自选手枪60发慢射、男子标准手枪第一名。此后，省体委把毕节地区射击运动列为重点项目。1975年，成立毕节地区业余军事体育学校，开设步枪自选、标准和手枪慢射、慢加速、速射项目。参加训练的学生平时为30～40人，假期达50人左右。同期，赫章、威宁、金沙、纳雍县体委也进行业余射击训练。是年，毕节地区体委修建拥有24个标准靶位的射击场1个，各县亦效仿修建靶场。1976年8月，毕节地区射击队获贵州省少年射击运动会运动步枪1项第一名，运动手枪2项第二名，并破1项省纪录。1977年8月，毕节地区射击队参加贵州省少年射击比赛，获运动步枪2项第一名，运动手枪3项第一名，4项破省纪录。1978年7月28日～8月4日贵州省在毕节举行射击选拔赛，毕节地区射击队获运动步枪4项第一名，运动手枪、运动气步枪各1项第一名，4项破省纪录。1979年4月，毕节地区射击队参加贵州省第四届运动会，12项破省纪录，获运动步枪2项第一名和气步枪1项第一名。1980年6月，参加贵州省少年射击比赛，获运动步枪4项第一名，运动手枪2项第一名和汽步枪1项第一名。1982年7月，参加贵州省第五届运动会，获运动步枪4项第一名，运动步枪2项第一名和气步枪1项第一名，1项破省纪录。1983年8月参加贵州省射击比赛，获运动步枪7项第一名，运动手枪2项第一名，气步枪和气手枪各1项第一名，3项破省纪录。是年，参加贵州省优秀射击手赛，获运动步枪4项第一名、气手枪2项第一名和汽步枪1项第一名，2项破省纪录。1984年2月，参加省优秀射击手比赛，获运动步枪7项第一名，运动手枪2项第一名，气手枪1项第一名，两项破省纪录；7月，参加贵州省青少年选拔赛，获气步枪两项第一名和运动步枪1项第一名，破省纪录1项；8月，参加贵州省射击比赛，获运动手枪两项第一名，运动步枪和气手枪各1项第一名。1976～1984年，毕节地区射击队11次参加全省比赛，获团体总分第一名6次；单项：获运动步枪第一名33次，获运动手枪第一名15次，获气步枪第一名10次，获气手枪第一名5次，破或创省纪录31次。涌现出优秀射击运动员张卫刚、朱贵明、王鸣冰、刘斌、杨贵碧、刘庆元、李娅、谢瑞芬、张悦、袁昌雄、曾翔。张卫刚，原为毕节第二中学校高中班学生，1975年底被选入毕节地区军体校进行射击训练，此后，随毕节地区射击队参加贵州省的各类射击比赛，且成绩优异。1974年入选贵州省射击队，改练飞碟项目，多次参加全国射击比赛，在成都赛中获冠军。1985年入选国家射击队。在此后参加亚运会射击比赛中与队友合作获团体冠军，个人冠军，1987年参加24届汉城奥运会，获双向飞碟射击第五名。先后获一等功2次，二等功1次，并被授予“边陲优秀儿女”“全国新长征突击手”称号。1992年被选为中共第十四次全国代表大会代表。1983～1984年，杨贵碧随毕节地区射击队参加全省射击比赛，两次获6个单项第一名，成为贵州省第一个女运动员健将。1985～1992年，毕节地区射击队共获全省射击比赛金牌24块，银牌26块，铜牌21块。其中，突出运动员有：王新立获金牌5块，熊林获金牌4块，王灵玲、吴辉各获金牌3块，张忠毅获金牌2块。1992年11月，毕节市运动员吴辉在参加全国达标射击比赛上获得男子运动手枪慢射第五名；继后，参加全国射击锦标赛，以568环的优异成绩，被国家授予体育运动健将称号。1995年10月，吴辉参加第八届亚洲射击锦标赛，与队友王义夫、徐丹代表中国队，以1670环的成绩获男子气手枪慢射团体冠军；赴朝参加中国射击冠军表演赛，获第一名。20世纪90年代，是毕节地区射击运动较辉煌的时期，著名男运动员除张卫刚、吴辉外，还有王立新、康虎、沈涛、张忠毅、张池、余光荣；著名女运动员有邓桂英、王灵玲、吴海艳、熊静、周佳。进入21世纪后，毕节地区出名的男射击运动员有余涛、卢虎、刘浪涛；女射击运动员有胡迅、邓小玉。2000年，毕节地区射击队在贵州省青少年运动会上，取得的金牌名列全省第一，团体总分第二名。2001～2007年在全省射击锦标赛上获金牌32枚、银牌16枚、铜牌21枚。2009年，毕节地区组队参加贵州省青少年射击冠军赛，获金牌8枚，银牌8枚，铜牌8枚。2011年，组队参加全省射击冠军赛，获金牌12枚，银牌14枚，铜牌9枚。

## 1959~2006年毕节地区射击队射击团体成绩表

| 年份 | 运动会名 | 成绩 |
|---|---|---|
| 1959 | 贵州省第一届运动会 | 第一名 |
| 1963 | 贵州省射击比赛 | 第三名 |
| 1973 | 贵州省第三届运动会 | 中学生第一名 |
| 1974.8 | 贵州省射击运动会 | 女子第二名，92分 |
| | | 男子第一名，98分 |
| | | 男子组2086环，第二名 |
| | | 女子组步枪60发卧射1562环；步枪3x20，595环；步枪 3 x 20，1402环，均获第二名 |
| 1974.9 | 贵州省第四届运动会 | 男子组运动步枪9+30卧射1074环第三名 |
| | | 女子组运动手枪3×20，1504环第二名 |
| 1976.8 | 贵州省少年射击赛 | 女子组步枪9+30卧射第三名，步枪9+30卧射第三名，手枪 9+30立射第一名 |
| 1977.8 | 贵州省少年射击比赛 | 总分第二名 |
| | | 男子组运动步枪3×20第三名，运动手枪9+30第三名；气步枪5+20第三名 |
| | | 女子组运动步枪3×20第一名；气步枪5+20第一名，运动手枪9+30第二名，团体金牌数第一名 |
| 1978.7 | 贵州省射击选拔赛 | 男子组运动步枪9+30卧射1049环，第三名，破省纪录 |
| | | 女子组运动手枪9+30卧射第二名 |
| 1980.6 | 贵州省少年射击比赛 | 男子组运动步枪9+30卧射，1052环，第一名;运动步枪3×10，944环第一名 |
| | | 女子组运动步枪9+30卧射第二名 |
| 1982.7 | 贵州省第五届运动会 | 青年组第三名，少年组第一名 |
| | | 少年男组运动步枪10+30卧射1054环，第一名，运动步枪 3 x 20卧射1998环第一名 |
| 1984.8 | 贵州省射击比赛 | 金牌4枚，银牌2枚，铜牌1枚，第一名 |
| 1988.7 | 贵州省第七届运动会 | 团体得分第四名 |
| 1990.8 | 贵州省射击比赛 | 团体得分第二名 |
| 2003.8 | 贵州省青少年锦标赛 | 男子自选手枪60发卧射1959环，第三名 |
| 2006 | 贵州省第一届青少年运动会 | 名列金牌榜，团体获得奖牌总数第二名 |

## 1959~2006年毕节地区射击队运动员参加省及国家竞赛成绩表

| 年份 | 赛名 | 运动员名 | 项目 | 环数 | 名次 | 备注 |
|---|---|---|---|---|---|---|
| 1959 | 贵州省第一届运动会 | 姬高远 | 运动步枪100米射 | 280 | 第一名 | |
| 1963 | 贵州省射击赛 | 章正帝 | 男子步枪3×20 | | 第一名 | |
| | | 沈明珍 | 女子步枪3×20 | | 第三名 | |
| 1964 | 贵州省射击通讯赛 | 罗光荣 | 男子步枪15+60 | | 第二名 | |
| | | 王玉珍 | 女子步枪3+10 | | 第三名 | |
| 1973 | 贵州省第三届运动会 | 杨世华 | 男子步枪3+10 | 89 | 第一名 | 破省纪录 |
| | | | 男子步枪3+20 | 187 | | |
| | | 程斯永 | 男子自选手枪60发慢射 | 515 | 第一名 | |
| | | 张维克 | 男子步枪60发卧射 | 547 | | 破省纪录 |
| | | 魏 翌 | 男子步枪3+10 | 247 | 第二名 | |
| | | | 男子步枪3+20 | 85 | | |
| | | 李 叶 | 男子步枪3+20 | 87 | | |
| | | 张建国 | 男子手枪60发慢射 | 495 | 第一名 | |
| | | 上官海棠 | 男子自选手枪60发慢射 | 360 | 第三名 | |
| | | | 男子运动手枪8+30 | 240 | 第三名 | |
| | | 那 林 | 男子手枪8+30慢射 | 242 | 第二名 | |
| | | 周春意 | 女子手枪60发慢射 | 486 | 第一名 | 破省纪录 |
| | | 王晓莉 | 女子运动手枪8+30 | 273 | | |
| | | | 女子运动手枪60发慢射 | 479 | 第二名 | |
| | | 邹赞荣 | 女子运动步枪60发卧射 | 527 | | 破省纪录 |
| | | 刘惠南 | 女子运动手枪8+30 | 246 | 第三名 | |
| | | 朱晓萍 | 女子运动手枪3×20 | 487 | 第二名 | 破省纪录 |
| 1974.8 | 全省射击运动会 | 张维克 | 运动步枪60发卧射 | 547 | 第一名 | 破省纪录 |
| | | | 运动步枪3+10 | 88 | | |
| | | 杨世华 | 运动步枪3+20 | 187 | | |
| | | | 运动步枪3+20 | 487 | | |
| | | 李 叶 | 男子步枪3+20 | 178 | | |
| | | | 男子步枪60发卧射 | 545 | 第二名 | 破省纪录 |
| | | 张建国 | 运动手枪60发慢射 | 495 | 第二名 | 破省纪录 |

续表

| 年份 | 赛名 | 运动员名 | 项目 | 环数 | 名次 | 备注 |
|---|---|---|---|---|---|---|
| 1974.8 | 全省射击运动会 | 张建国 | 运动手枪8+30 | 252 | 第一名 | 破省纪录 |
| | | 张利平 | 运动手枪8+30慢射 | 251 | | |
| | | 上宫海棠 | 运动手枪 | 240 | 第二名 | |
| | | | 男子自选手枪60发慢射 | 490 | 第三名 | |
| | | 那　林 | 运动手枪8+30 | 1340 | 第三名 | 破省纪录 |
| | | | 标准手枪队 | 242 | | |
| | | 朱晓萍 | 步枪3×20 | 482 | 第二名 | 创省纪录 |
| | | | 女子步枪60发卧射 | 533 | 第一名 | |
| | | | 运动步枪3+10 | 182 | 第一名 | |
| | | 周春意 | 步枪60发卧射 | 557 | 第一名 | |
| | | | 运动步枪9+30卧射 | 284 | 第一名 | |
| | | 王晓莉 | 运动手枪8+30 | 273 | 第一名 | |
| | | | 气手枪40发 | 349 | 第一名 | |
| 1974.9 | 贵州省第四届运动会 | 张华平 | 运动步枪3×20 | 527 | 第二名 | 破省纪录 |
| | | | 运动步枪3×20 | 2071 | 第二名 | |
| | | 徐跃勤 | 运动步枪3×20 | 520 | 第五名 | |
| | | 袁昌雄 | 运动步枪3×20 | 520 | 第六名 | |
| | | | 气步枪10+40立射 | 365 | 第一名 | |
| | | 蔡国防 | 气步枪10+40立射 | 348 | 第二名 | |
| | | 徐跃勤 | 气步枪10+40立射 | 348 | 第三名 | |
| 1976.8 | 贵州省射击比赛 | 谢瑞芬 | 运动手枪3×20 | 508 | 第六名 | |
| | | | 运动手枪3×20 | 553 | 第一名 | 破省纪录 |
| | | 唐　碧 | 气步枪10+40立姿 | 351 | 第二名 | |
| | | 邢晓霞 | 气步枪10+40立姿 | 344 | 第三名 | |
| | | 张卫刚 | 步枪9+30卧姿 | 264 | | |
| | | | 手枪9+30立姿 | | 第一名 | |
| | | 王中秋 | 手枪9+30立姿 | 235 | | |
| | | | 手枪9+30立姿 | | 第三名 | |
| | | 徐跃勤 | 手枪9+30立姿 | | 第二名 | |
| | | 王玉品 | 气枪5+20立姿 | | | |

续表

| 年份 | 赛名 | 运动员名 | 项目 | 环数 | 名次 | 备注 |
|---|---|---|---|---|---|---|
| | | 李 娅 | 步枪9+30卧姿 | | 第三名 | |
| | | 李 娅 | 步枪9+30立姿 | 232 | 第一名 | 创省纪录 |
| | | 刘惠南 | 手枪9+30立姿 | | 第三名 | 创省纪录 |
| 1977.8 | 贵州省少年射击赛 | 张华平 | 运动步枪3×20 | | 第一名 | 创省纪录 |
| 1977.8 | 贵州省少年射击赛 | 王中秋 | 运动手枪9+30 | | 第二名 | 创省纪录 |
| 1977.8 | 贵州省少年射击赛 | 陈 波 | 运动手枪9+30 | | 第三名 | 创省纪录 |
| 1977.8 | 贵州省少年射击赛 | 张卫刚 | 气步枪5+20 | | 第一名 | 破省纪录 |
| 1977.8 | 贵州省少年射击赛 | 王品玉 | 气步枪5+20 | | 第三名 | 破省纪录 |
| 1977.8 | 贵州省少年射击赛 | 谢瑞芬 | 运动步枪3×20 | | 第二名 | |
| 1977.8 | 贵州省少年射击赛 | 李 娅 | 运动步枪3×20 | | 第三名 | |
| 1977.8 | 贵州省少年射击赛 | 李 娅 | 气步枪5+20 | | 第一名 | 破省纪录 |
| 1977.8 | 贵州省少年射击赛 | 高云杰 | 运动手枪9+30 | | 第三名 | |
| 1978.7 | 贵州省射击选拔赛 | 张华平 | 运动步枪9+30卧姿 | 267 | 第一名 | 破省纪录 |
| 1978.7 | 贵州省射击选拔赛 | 张华平 | 运动步枪3×10 | 967 | 第一名 | 破省纪录 |
| 1978.7 | 贵州省射击选拔赛 | 袁昌雄 | 运动步枪3×10 | 251 | | |
| 1978.7 | 贵州省射击选拔赛 | 袁昌雄 | 气步枪10+40立姿 | 848 | 第一名 | |
| 1978.7 | 贵州省射击选拔赛 | 唐 碧 | 气步枪10+40立姿 | | 第二名 | |
| 1978.7 | 贵州省射击选拔赛 | 唐 碧 | 运动步枪9+30卧姿 | 801 | 第一名 | |
| 1978.7 | 贵州省射击选拔赛 | 谢瑞芬 | | 278 | | |
| 1978.7 | 贵州省射击选拔赛 | 谢瑞芬 | 运动步枪3×10 | 707 | | |
| 1978.7 | 贵州省射击选拔赛 | 李 娅 | 运动步枪3×10 | 253 | 第二名 | |
| 1980.6 | 贵州省少年射击比赛 | 吴战鹰 | 运动步枪3×10 | 248 | 第一名 | |
| 1980.6 | 贵州省少年射击比赛 | 彭新志 | 运动步枪3×10 | | 第二名 | |
| 1980.6 | 贵州省少年射击比赛 | 程 华 | 气步枪10+40立射 | 378 | 第一名 | |
| 1980.6 | 贵州省少年射击比赛 | 朱明贵 | 运动步枪9+30慢射 | 243 | | |
| 1980.6 | 贵州省少年射击比赛 | 周袁祥 | 运动步枪9+30慢射 | | 第三名 | |
| 1980.6 | 贵州省少年射击比赛 | 盛劲松 | 运动步枪9+30卧姿 | | | |
| 1980.6 | 贵州省少年射击比赛 | 盛劲松 | 运动步枪3×10 | | 第二名 | |
| 1980.6 | 贵州省少年射击比赛 | 盛劲松 | 气步枪10+40立射 | | 第二名 | |
| 1980.6 | 贵州省少年射击比赛 | 颜 红 | 气步枪10+40立射 | | 第二名 | |

续表

| 年份 | 赛名 | 运动员名 | 项目 | 环数 | 名次 | 备注 |
|---|---|---|---|---|---|---|
| | | 谢瑞芬 | 自选标准步枪3×20 | 544 | 第一名 | |
| | | 唐碧 | | | 第二名 | |
| | | 谢瑞芬 | 自选汽步枪10+40 | 349 | 第一名 | |
| | | 唐碧 | | | 第二名 | |
| 1982.7 | 第五届省运动会射击比赛 | 刘斌 | 运动步枪3×20 | | 第二名 | |
| | | 李时权 | | | 第三名 | |
| | | | 气步枪10+40 | 1356 | 第一名 | |
| | | 马建洪 | 气步枪10+40 | | 第二名 | |
| | | 曾翔 | | | 第三名 | |
| | | | 运动手枪10+30 | 932 | 第一名 | |
| | | 刘庆元 | | | 第二名 | |
| | | 吴昊 | | | 第三名 | |
| | | 周训桂 | 运动步枪3×20 | | 第二名 | |
| | | 杨贵碧 | 运动手枪5+30 | 821 | | 破省纪录 |
| | | 王鸣泳 | | 280 | 第一名 | |
| | | 袁昌雄 | 自选步枪3×20 | | 第二名 | |
| | | | 自选步枪15+60 | | | |
| | | | | 577 | 第一名 | |
| | | | 气手枪10+40 | | 第二名 | |
| | | 吴昊 | 自选手枪15+60 | | 第三名 | |
| | | 刘庆元 | | | | |
| | | 谢瑞芬 | 标准步枪3×20 | | 第二名 | |
| | | | 标准步枪15+60 | 581 | 第一名 | |
| | | 唐碧 | | | 第二名 | |
| 1983.2 | 贵州省优秀射手赛 | 彭新志 | 运动步枪3×20 | | 第三名 | |
| | | 刘庆元 | 自选手枪60发慢射 | 540 | 第一名 | 破省纪录 |
| | | 吴昊 | 运动手枪30发 | 259 | | |
| | | 程华 | 运动步枪30发卧射 | | 第三名 | 破省纪录 |
| | | 刘庆元 | 气手枪 | 383 | 第一名 | |
| | | 张黔玉 | 运动步枪3×20 | 500 | 第一名 | |

续表

| 年份 | 赛名 | 运动员名 | 项目 | 环数 | 名次 | 备注 |
|---|---|---|---|---|---|---|
| 1983.2 | 贵州省优秀射手赛 | 周训桂 | 运动步枪3×20 | | 第三名 | |
| | | 杨贵碧 | 气步枪 | | 第二名 | |
| | | 王鸣冰 | 运动手枪30发 | 288 | 第一名 | 破省纪录 |
| | | 张　悦 | 气手枪 | 252 | | |
| | | 王鸣冰 | 标准手枪慢加速 | 574 | | |
| | | 张黔玉 | 运动步枪30发卧射 | 271 | | |
| 1983.8 | 贵州省射击比赛 | 刘　斌 | 运动步枪30发卧射 | 279 | 第一名 | |
| | | 马建洪 | | 279 | 第二名 | |
| | | 彭新志 | | 277 | 第三名 | |
| | | 刘　斌 | 运动步枪3×20 | 538 | 第一名 | 破省纪录 |
| | | 马洪建 | | | 第二名 | |
| | | 杨贵碧 | 气步枪40发 | | | |
| | | | 运动步枪30发卧射 | 287 | 第一名 | 破省纪录 |
| | | | 运动步枪20×3 | 509 | | |
| | | | 标准步枪3×20 | 548 | | |
| | | 周训桂 | 运动步枪3×20 | | 第三名 | |
| | | | 气步枪40发 | 356 | 第一名 | |
| | | 王鸣冰 | 运动手枪30发 | | 第二名 | |
| | | 张黔玉 | 标准步枪3×20 | | 第二名 | |
| | | | 气步枪40发 | | | |
| | | 张　悦 | | 352 | 第一名 | |
| | | | 标准手机慢加速 | | 第二名 | |
| | | 曾　翔 | 自选步枪60发卧射 | 580 | 第一名 | |
| | | 程　华 | 自选步枪3×20 | 548 | | |
| | | 刘庆元 | 自选手枪60发 | 548 | | |
| | | | 气步枪 | | 第二名 | |
| 1984.2 | 贵州省优秀射手赛 | 郭敬勇 | 运动步枪30发卧射 | 287 | 第一名 | 破省纪录 |
| | | | 运动步枪3×20 | | 第三名 | |
| | | 刘　斌 | 运动步枪30发卧射 | 286 | 第二名 | |
| | | | 运动步枪3×20 | | | |
| | | | 自选步枪3×40 | 109 | 第一名 | |

续表

| 年份 | 赛名 | 运动员名 | 项目 | 环数 | 名次 | 备注 |
|---|---|---|---|---|---|---|
| 1984.2 | 贵州省优秀射手赛 | 曾　翔 | 运动步枪3×20 | 529 | 第一名 | |
| | | 曾　翔 | 自选步枪60发卧射 | 581 | 第一名 | |
| | | 曾　翔 | 自选步枪3×40 | | 第二名 | |
| | | 戴劲松 | 自选步枪3×40 | | 第三名 | |
| | | 靳红琼 | 运动步枪30发卧射 | 284 | 第二名 | 平第一名 |
| | | 靳红琼 | 运动步枪3×20 | | 第一名 | |
| | | 周训桂 | 运动步枪30发卧射 | | 第三名 | |
| | | 周训桂 | 运动步枪3×20 | | 第一名 | |
| | | 张　悦 | 气手枪40发 | 366 | 第一名 | |
| | | 张　悦 | 气手枪40发 | | 第二名 | |
| | | 王鸣冰 | 气手枪40发 | | 第二名 | |
| | | 王鸣冰 | 手枪慢加速 | 572 | 第二名 | |
| | | 于　兰 | 气手枪40发 | | 第三名 | |
| | | 于　兰 | 运动手枪30发慢射 | | 第二名 | |
| | | 杨贵碧 | 标准步枪60发卧射 | 576 | 第一名 | |
| | | 杨贵碧 | 标准步枪3×20 | 551 | 第一名 | |
| | | 杨贵碧 | 气步枪40发 | | 第二名 | |
| | | 王鸣冰 | 运动手枪30发慢射 | 284 | 第一名 | |
| 1984.7 | 贵州省少年射击选拔赛 | 刘　斌 | 步枪3+40 | | 第二名 | |
| | | 刘　斌 | 气步枪60发 | | 第三名 | |
| | | 程　华 | 运动步枪60发 | | 第三名 | |
| | | 马建洪 | 气步枪60发 | 554 | 第一名 | 破省纪录 |
| | | 杨贵碧 | 运动步枪60发卧射 | | 第三名 | |
| | | 杨贵碧 | 步枪3×20 | | 第二名 | |
| | | 杨贵碧 | 气步枪40发 | 363 | 第一名 | |
| | | 张　悦 | 手枪慢加速 | 574 | 第一名 | |
| | | 张　悦 | 气步枪40发 | | 第二名 | |
| | | 刘道莲 | 手枪慢加速 | | 第二名 | |
| | | 刘道莲 | 气步枪40发 | | 第三名 | |
| 1984.8 | 贵州省射击比赛 | 高昌昆 | 手枪速射8秒30发 | 285 | 第一名 | |
| | | 刘　斌 | 自选步枪3×40 | 1109 | 第一名 | |

续表

<table>
<tr><th>年份</th><th>赛 名</th><th>运动员名</th><th>项 目</th><th>环数</th><th>名次</th><th>备注</th></tr>
<tr><td rowspan="5">1984.8</td><td rowspan="5">贵州省射击比赛</td><td>刘 军</td><td>自选手枪60发慢射</td><td>514</td><td>第一名</td><td></td></tr>
<tr><td>曾 翔</td><td>气步枪60发</td><td></td><td>第二名</td><td></td></tr>
<tr><td>于 兰</td><td>气手枪40发立射</td><td>365</td><td>第一名</td><td></td></tr>
<tr><td>苏 燕</td><td>气步枪40发</td><td></td><td>第二名</td><td></td></tr>
<tr><td>靳红琼</td><td>标准步枪3×20</td><td></td><td>第三名</td><td></td></tr>
<tr><td rowspan="7">1986.8</td><td rowspan="7">贵州省第六届运动会</td><td>刘 斌</td><td>气步枪60发立射</td><td></td><td>第二名</td><td rowspan="7"></td></tr>
<tr><td rowspan="2">熊 林</td><td>自选手枪60发慢射</td><td>633</td><td>第一名</td></tr>
<tr><td>气手枪60发</td><td></td><td rowspan="3">第二名</td></tr>
<tr><td>张忠毅</td><td>自选手枪60发慢射</td><td></td></tr>
<tr><td rowspan="2">杨贵碧</td><td>运动步枪60发卧射</td><td></td></tr>
<tr><td>气步枪40发</td><td></td><td>第三名</td></tr>
<tr><td>于 兰</td><td>运动手枪40发</td><td></td><td>第三名</td></tr>
<tr><td rowspan="5">1988.7</td><td rowspan="5">贵州省第七届运动会</td><td rowspan="2">熊 林</td><td>自选手枪慢射</td><td>640</td><td rowspan="2">第一名</td><td rowspan="5"></td></tr>
<tr><td>气手枪60发</td><td>668</td></tr>
<tr><td rowspan="2">张忠毅</td><td>自选手枪慢射</td><td></td><td rowspan="3">第三名</td></tr>
<tr><td>气手枪60发</td><td></td></tr>
<tr><td>于 兰</td><td>气手枪40发</td><td></td></tr>
<tr><td rowspan="3">1989.2</td><td rowspan="3">全国青少年贵阳选拔赛</td><td>熊 林</td><td rowspan="2">运动手枪</td><td>553</td><td>第一名</td><td></td></tr>
<tr><td>张忠毅</td><td></td><td>第二名</td><td></td></tr>
<tr><td>吴 辉</td><td>气手枪</td><td></td><td>第三名</td><td></td></tr>
<tr><td rowspan="3">1990.2</td><td rowspan="3">贵州省冠军赛</td><td rowspan="2">张忠毅</td><td>气手枪60发</td><td></td><td>第二名</td><td></td></tr>
<tr><td>运动手枪慢射</td><td></td><td>第一名</td><td></td></tr>
<tr><td>王灵玲</td><td>标准步枪3×20</td><td></td><td>第三名</td><td></td></tr>
<tr><td rowspan="5">1990.8</td><td rowspan="5">贵州省射击比赛</td><td rowspan="2">张忠毅</td><td>运动手枪慢射</td><td></td><td>第一名</td><td rowspan="5"></td></tr>
<tr><td>气手枪60发</td><td></td><td rowspan="4">第二名</td></tr>
<tr><td>吴 辉</td><td>运动手枪慢射</td><td></td></tr>
<tr><td>王灵玲</td><td>运动步枪3×20</td><td></td></tr>
<tr><td>杨 玲</td><td>气手枪40发</td><td></td></tr>
<tr><td rowspan="2">1991.2</td><td rowspan="2">贵州省冠军赛</td><td rowspan="2">张忠毅</td><td>手枪慢射</td><td></td><td>第二名</td><td></td></tr>
<tr><td>气手枪60发</td><td></td><td>第三名</td><td></td></tr>
</table>

续表

| 年份 | 赛 名 | 运动员名 | 项 目 | 环数 | 名次 | 备注 |
|---|---|---|---|---|---|---|
| | | 王立新 | 步枪3×40 | | 第二名 | |
| | | 康　虎 | 步枪40发立射 | | 第三名 | |
| 1991.8 | 贵州省射击比赛 | 张　驰 | 10米移动靶 | | 第一名 | |
| | | 王立新 | 步枪4×40卧射 | | | |
| | | | 步枪3×40立射 | | | |
| | | | 步枪3×40跪射 | | | |
| | | | 步枪60发卧射 | | 第二名 | |
| | | | 气步枪60发 | | 第二名 | |
| | | 康　虎 | 步枪3×40跪射 | | 第三名 | |
| | | | 步枪3×40卧射 | | | |
| | | 王灵玲 | 步枪60发卧射 | | 第二名 | |
| | | | 步枪3×20 | | 第一名 | |
| | | | 气步枪40发 | | | |
| | | 吴　琼 | 气步枪40发 | | 第三名 | |
| | | 邓桂英 | 气手枪60发 | | 第二名 | |
| 1992.8 | 贵州省第八届运动会 | 吴　辉 | 运动手枪慢射 | | 第一名 | |
| | | | 气手枪60发 | | | |
| | | 张　驰 | 移动靶标准速 | | | |
| | | | 10米移动靶 | | 第三名 | |
| | | | 步枪60发卧射 | | 第二名 | |
| | | 张忠毅 | 运动手枪慢射 | | 第二名 | |
| | | 王立新 | 运动步枪3×40 | | 第一名 | |
| | | 邓桂英 | 气手枪 | | | |
| | | | 运动手枪慢射 | | 第三名 | |
| | | 杨　玲 | 气手枪 | | | |
| | | 王灵玲 | 运动步枪3×20 | | | |
| 1993.3 | 贵州省射击冠军赛 | 王立新 | 气步枪60发慢射 | 573 | 第一名 | 671分 |
| | | 康　虎 | | 566 | 第二名 | 659分 |
| | | 吴　辉 | 小口径自选手枪60发 | 554 | 第三名 | 647分 |
| | | | 气手枪60发慢射 | | 第二名 | |

续表

| 年份 | 赛 名 | 运动员名 | 项 目 | 环数 | 名次 | 备注 |
|---|---|---|---|---|---|---|
| 1993.3 | 贵州省射击冠军赛 | 王灵玲 | 小口径步枪3×20发 | 541 | 第三名 | 624分 |
| | | | 气步枪40发 | 372 | | |
| | | 邓桂英 | | | 第二名 | |
| | | 吴　辉 | 气手枪慢射 | | 第三名 | 两轮 |
| 1993.11 | 贵州省射击赛 | 康　虎 | 气步枪60发 | 568 | 第一名 | |
| | | | 自选步枪3×40发 | 1199 | | |
| | | | 气步枪60发卧射 | 661 | | |
| | | 王立新 | 自选步枪60发卧射 | 592 | | |
| | | | 自选步枪3×40发 | 1193 | 第二名 | |
| | | | 气步枪60发 | 659 | | |
| | | 瓦　晓 | 自选步枪60发卧射 | 584 | 第三名 | |
| | | 邓桂英 | 运动手枪3×30 | 662 | 第二名 | |
| | | | 气手枪40发 | 391 | 第三名 | |
| | | 王灵玲 | 标准步枪3×20 | 534 | | |
| 1995.1 | 贵州省少年射击锦标赛 | 康　虎 | 气步枪60发 | | 第一名 | 657分 |
| | | | 小口径自选步枪3×40 | 1196 | 第二名 | |
| | | | 小口径步枪60发卧射 | | 第三名 | 670分 |
| | | 杨孝雄 | 气手枪60发 | | 第一名 | |
| | | | 自选手枪60发慢射 | | 第二名 | |
| | | 张　驰 | 10米移动靶 30+30 | | 第一名 | 640分 |
| | | | 10米移动靶混合速射 | | | 377分 |
| | | 沈　涛 | 小口径自选步枪60发卧射 | | 第二名 | 675分 |
| | | 刘　森 | 10 米靶 30+30 | | 第三名 | 602分 |
| | | 石　健 | 10米移动靶混合速射 | | | 334分 |
| | | 王灵玲 | 小口径步枪60发卧射 | | 第一名 | 670分 |
| | | | 小口径步枪3×20 | | | 628分 |
| | | | 气步枪40发 | | | 453分 |
| | | 邓桂英 | 运动手枪60发 | | | 663分 |
| | | | 气手枪40发 | | | 469分 |
| | | 吴海燕 | 运动手枪60发 | | | 621分 |

续表

| 年份 | 赛名 | 运动员名 | 项目 | 环数 | 名次 | 备注 |
|---|---|---|---|---|---|---|
| 1996 | 贵州省项目射击比赛 | 康　虎 | 小口径步枪60发卧射 | | 第一名 | 683分 |
| | | | 小口径步枪3×40发 | | | 1200分 |
| | | | 气步枪60发 | | | 678分 |
| | | 沈　涛 | 小口径步枪3×40发 | 1152 | 第三名 | |
| | | | 气步枪60发 | | | 632分 |
| | | 李华雄 | 小口径步枪60发卧射 | | | 614分 |
| | | 刘　森 | 10米移动靶20+20 | 347 | | |
| | | 熊　静 | 10米移动靶 30+30 | | | 631分 |
| | | 聂艳霞 | 气步枪40发 | | | 441分 |
| 1997.1 | 贵州省射击冠军赛 | 沈　涛 | 运动步枪3×40 | 1120 | 第一名 | |
| | | | 气步枪60发 | 557 | 第一名 | |
| | | | 自选步枪60发卧射 | 579 | 第三名 | |
| | | 吴海艳 | 气手枪 | | 第二名 | |
| 1997 | 全国第七届运动会 | 张卫刚 | 男子双向飞碟 | | 第一名 | |
| | | 王立新 | 男子自选步枪3×40 | | 第二名 | |
| 1998.1 | 贵州省射击冠军赛 | 沈　涛 | 男子自选步枪60发卧射 | | 第一名 | |
| | | | 男子自选步枪30+40 | | 第三名 | |
| | | 刘　森 | 男子自选步枪30+30 | | 第一名 | |
| | | | 男子移动靶混合速射 | | 第二名 | |
| | | 余光荣 | 男子手枪慢射 | | 第一名 | |
| | | 李华雄 | | | 第二名 | |
| | | 吴海燕 | 女子气手枪 | | 第三名 | |
| 2000.7 | 贵州省青少年射击比赛 | 沈　涛 | 男子自选步枪3×40 | | 第一名 | 1216.8 分 |
| | | | 男子自选步枪60发卧射 | | | 690分 |
| | | | 男子气步枪60发 | | | 665.3 分 |
| | | 李华雄 | 男子运动手枪60发 | | 第三名 | 645.4分 |
| | | | 男子自选手枪60发慢射 | 581.1 | | |
| | | 余光荣 | 男子自选手枪60发慢射 | | 第一名 | 640.1 分 |
| | | 刘　森 | 男子移动靶标准40发 | | 第三名 | 625.1 分 |
| | | | 男子移动靶混合速30+30 | 360 | 第二名 | |

续表

| 年份 | 赛名 | 运动员名 | 项目 | 环数 | 名次 | 备注 |
|---|---|---|---|---|---|---|
| 2000.7 | 贵州省青少年射击比赛 | 李　超 | 男子移动靶标准30+30 | | 第三名 | 604.7分 |
| | | 吴海艳 | 女子气手枪40发 | | 第一名 | 472.3分 |
| | | | 女子运动手枪60发 | | 第三名 | 652.7分 |
| 2001.12 | 全国八运会 | 王立新 | 男子小口径步枪3×40 | | 第五名 | |
| | | 张卫刚 | 男子双向飞碟 | | 第六名 | |
| 2002.7 | 贵州省青少年射击锦标赛 | 余光荣 | 男子自选步枪60发卧射 | | 第三名 | 594.3分 |
| | | 余　涛 | 男子自选手枪60发速射 | | 第一名 | 674.1分 |
| | | 余　涛 | 男子气手枪60发 | | | 653.4分 |
| | | 曾　杰 | 男子气步枪60发 | | 第三名 | 654.4分 |
| | | 李林燕 | 女子运动步枪60发 | | | 645.8分 |
| | | 胡　迅 | 女子气手枪40发 | | 第二名 | 460.7分 |
| | | 段丽娜 | 女子飞碟双向50靶 | | | 资格 |
| | | 赖丽娟 | 女子飞碟双向50靶 | | 第三名 | 资格 |
| | | 张岩松 | 男子飞碟双向50靶 | | 第一名 | 资格 |
| | | 余光荣 | 男子飞碟双向50靶 | | 第三名 | 资格 |
| 2003.8 | 贵州省青少年射击锦标赛 | 沈　强<br>赵　斌<br>刘　刚 | 男子自选步枪男子60发卧射 | 1659 | 第三名 | 1659 分 |
| | | 余光荣 | 男子自选手枪60发慢射 | | 第三名 | |
| | | | 男子气手枪60发 | | 第一名 | |
| | | 张岩松 | 男子自选手枪60发慢射 | | 第三名 | 571.1 分 |
| | | 马春辉 | 男子移动靶标准速30+30 | | | 619.1 分 |
| | | 卢　虎 | 男子气手枪60发 | | | 638.8分 |
| | | 胡　迅 | 女子气手枪40发 | | 第一名 | 646.2分 |
| | | | 女子运动手枪60发 | | | 651.9分 |
| | | 吴媛媛 | 女子气手枪40发 | | 第三名 | |
| | | 赖丽娟 | 女子双向飞碟75靶 | | 第一名 | 资格 |
| | | 刘江燕 | | | 第二名 | |
| 2004.2 | 贵州省青少年冠军赛 | 余光荣 | 男子自选手枪慢射60发 | | 第一名 | 632.4分 |
| | | | 男子气手枪60发 | | | 667.4分 |
| | | 余　涛 | 男子气手枪60发 | | 第二名 | 661.1 分 |
| | | 胡　迅 | 女子运动手枪60发 | | 第一名 | 资格 |

续表

| 年份 | 赛名 | 运动员名 | 项目 | 环数 | 名次 | 备注 |
|---|---|---|---|---|---|---|
| | | 马春辉 | 男子移动靶混合速40发 | | | 资格 |
| 2004.2 | 贵州省青少年冠军赛 | 刘浪涛 | 男子移动靶混合速40发 | | 第二名 | 资格 |
| 2004.8 | 贵州省青少年射击锦标赛 | 刘浪涛 | 男子移动靶混合速40发 | | 第二名 | 328分 |
| | | | 男子移动靶标准速30+30 | | 第三名 | 517分 |
| | | 胡　迅 | 女子运动手枪60发 | | 第一名 | 570分 |
| | | 邓　丽 | 女子气手枪40发 | | 第三名 | 448.6分 |
| 2005.2 | 贵州省射击冠军赛 | 余光荣 | 男子自选手枪慢射60发 | | 第一名 | 643.6分 |
| | | | 男子气手枪60发 | | | 665.6分 |
| | | 刘　刚 | 男子气步枪60发 | | 第三名 | 667.9分 |
| | | | 男子自选步枪60发卧射 | | 第二名 | 569分 |
| | | 陈玉龙 | 男子自选步枪60发卧射 | | 第三名 | 559分 |
| | | 刘浪涛 | 男子移动靶标准速30+30 | | 第一名 | 634分 |
| | | | 男子移动靶混合速20+20 | | 第二名 | 354分 |
| | | 胡　迅 | 女子运动手枪30+30 | | 第一名 | 650.7分 |
| | | 邓　丽 | | | 第二名 | 632.1分 |
| | | 邓小玉 | | | 第三名 | 618.6分 |
| | | | 女子气手枪40发 | | 第一名 | 465.5分 |
| 2005.7 | 贵州省青少年射击锦标赛 | 卢　虎 | 男子自选手枪速射60发 | | 第一名 | 622.8分 |
| | | 刘浪涛 | 男子移动靶标准速30+30 | | | 533分 |
| | | | 男子移动靶混合速40发 | | | 338分 |
| | | 刘　刚 | 男子自选步枪3×40 | | 第三名 | 1115 分 |
| | | 邓小玉 | 女子运动手枪60发 | | 第一名 | 647.7分 |
| | | | 女子气手枪40发 | | 第二名 | 457.9分 |
| | | 胡　迅 | 女子运动手枪60发 | | | 632.9分 |
| | | 邓　丽 | 女子气手枪40发 | | 第三名 | 457.2分 |
| 2006.2 | 贵州省青少年射击冠军赛 | 邓小玉 | 女子气手枪40发 | | 第一名 | 460.7分 |
| | | 张婷婷 | 女子标准步枪60发卧射 | 575 | | 资格 |
| | | 段　茜 | 女子标准步枪60发卧射 | 573 | 第二名 | 资格 |
| | | 刘浪涛 | 男子移动靶标准速30+30 | 507 | 第一名 | 资格 |
| | | 周　旭 | 男子移动靶混合速40发 | 342 | | 资格 |

航模、无线电　1953年，黔西中学副校长曹东升组织师生结合物理课教学，开展航模和无线电活动，全校制成弹射式、牵引式、橡皮发动式航模3000多架，每天课外活动在黔中操场放飞。1954年秋，学校在黄家小坡进行航模放飞比赛。1958年，黔西县体委购置一些航模和无线电器材发放给航模爱好者进行训练。1962年6月，黔西县科委、体委、文教局和武装部、团县委联合发出《关于开展业余无线电、航模活动的通知》，并组织部分中、小学教师和邮电、广播、民警、公安单位的航模及无线电爱好者参加业余辅导训练班接受培训。其后，无线电、航模活动在全县城乡逐步开展。1963年，黔西一中学生自制航模送省评比，其中有一架获全省评比第四名。1964年，黔西一中纪念“一二·九”学生运动，在学校大操场举行航模飞机表演活动，39架弹射式航模机参加表演，其中有一架留空30多秒。

1984年，毕节地区把无线电和航模纳入体育竞技项目，吸收毕节城关的中学生进入地区业余体校接受无线电测向和航模训练，训练科目有弹射、牵引、无线电特技遥控和自由飞行。是年7月，参加省无线电测向和航空模型比赛，周光武获无线电测向第四名；康碧波获第五名；王鹏获航空模型无线电遥控特技操作第一名。1985年7月，毕节地区无线电测向和航模代表队分别参加省无线电测向和省航模比赛暨航空模型全国通讯赛，周光武分别以37′07″找4台和89′14″找8台获男子80米波段测向和测向全能比赛第一名；何阳丽获女子测向全能第一名，女子2米波段测向第二名，女子80米波段测向第三名；徐品、詹志松分别获一级无线电遥控牵引滑翔机和一级无线电遥控特技飞机第二名。1986年8月，毕节地区无线电测向队、航空模型队参加第六届省运动会比赛，唐燕获女子80米波段测向第一名和女子2米波段测向、女子测向全能第二名；詹志松、徐品分别获无线电遥控特技模型飞机、无线电遥控滑翔机第一名；梁光辉获二级橡筋模型飞机第三名。徐品、康碧波、唐燕被选入省队，参加全国无线电测向比赛，分别获男、女80米波段测向第三名。1987年，毕节地区航空模型队参加省比赛，詹志松、徐品、邓军各获一级无线电遥控特技飞机、无线电遥控模型滑翔机、二级线操纵特技模型飞机第一名，并获团体第一名。1988年7月31日～8月11日，毕节地区无线电测向队和航空模型队参加省第七届运动会，获团体第二名，邓军、徐品、詹志松分别获P2B-2线操纵特技模型飞机、P3B-1无线电遥控牵引模型飞机、P3A-1无线电遥控特技模型飞机第二名。1989年8月，毕节地区无线电测向队和航空模型队赴省参赛，邓军获P2B-2线操纵特技模型飞机第一名，黄启辉、刘漫江分别获男、女2米波段测向第三、四名。赛后，毕节地区根据省竞技项目调整安排，停止航模及无线电项目竞赛。

射箭　毕节地区的射箭活动历史悠久，作为军事体育项目列入竞技比赛历史较短。1987年，先是委托省军体学校代训尖子运动员，而后由地区业余体校设射箭班进行培训。1989年8月，省举行射箭比赛，王军、安菊代表毕节地区参赛，王军获男子组两项第一名，安菊获女子组两项第二名。1990年8月，全省射箭比赛在毕节举行，毕节地区队获六项第一名、两项第二名，两项第三名，四项第四名和一项第五名。1991年9月，毕节地区射箭队代表贵州省参加全国青年射箭比赛，男子获团体赛第二名，女子获团体赛第四名；运动员刘芳获女子双轮单项50米第二名、双轮单项30米第三名、双轮全能第四名，并获女子运动健将称号。

1992年8月，毕节地区射箭队参赛省第八届运动会，获金牌3块，铜牌4块，银牌2块。1995年，参加贵州省青少年射箭运动会，陈清艳包揽女子60米、50米、40米、30米靶五全能项第一名。2005年，参加贵州省青少年射箭锦标赛，毕节地区射箭队获团体第三名。2006年，参加全国青少年运动会，毕节地区射箭队获团体总分第二名，女子团体赛第一名。运动员徐永利获女子单轮全能第二名和女子60米靶第一名、40米靶第二名、30米靶和50米靶两项第三名；韩星获女子30米靶第四名；吉丽获女子30米靶第五名。

## 1990~1992年毕节地区射箭运动员参赛成绩表

| 年份 | 赛　称 | 参赛人 | 比赛项目 | 名次 | 备注 |
|---|---|---|---|---|---|
| 1990 | 贵州省射箭赛 | 王　军 | 男子双能全轮团体赛 | 第一名 | |
| | | 陈忠义 | 男子混合轮团体赛 | | |
| | | | 男子混合轮个人 | 第三名 | |
| | | 安　菊 | 女子双轮全能团体赛 | 第一名 | |
| | | | 女子混合轮团体赛 | | |
| | | 李秋云 | 女子双能全轮个人赛 | 第二名 | |
| | | 安　菊 | 女子混合轮个人赛 | 第一名 | |
| | | 刘　芳 | | 第三名 | |
| 1991 | 全省射箭比赛 | 刘　芳 | 女子单轮全能团体赛 | 第一名 | |
| | | | 女子室内团体赛 | | |
| | | | 女子单轮室内个人赛 | | |
| | | | 女子单能全能个人赛 | 第二名 | |
| | | | 女子室外单轮全能个人赛 | 第一名 | 1252环破省纪录 |
| | | | 女子室内25米单项 | 第二名 | 553环破省纪录 |
| 1992 | 贵州省第八届运动会 | 陈忠芳 | 男子室内团体赛 | 第二名 | |
| | | 刘劲松 | 男子室外团体赛 | 第二名 | |
| | | 陈忠义 | 男子室内个人赛 | | |
| | | 刘　芳 | 女子室内团体赛 | 第一名 | |
| | | | 女子室外个人赛单位全能 | | |
| | | | 女子室内25米单项 | 第二名 | |
| | | 李秋云 | 女子室内团体赛 | 第一名 | |
| | | | 女了室外个人赛 | 第三名 | |
| | | 李　杰 | 女子室外个人 | 第三名 | |

**训鸽** 毕节地区信鸽训练历史悠久。1983年5月，毕节地区信鸽协会成立，其后，黔西、大方、毕节县相继建立信鸽协会。1984年，毕节信鸽协会开展信鸽放飞活动，30多人参加，从镇远放飞到毕节，空距320千米。1985年，有50多人参加从镇远放飞毕节信鸽活动，朱永乾的信鸽获第一名。1986年，毕节县信鸽协会组织1000多人参加信鸽放飞，活动分成两组进行，一组从镇远放飞毕节；另一组从湖南新化放飞毕节，空距600千米。1987年，毕节地区信鸽分三路放飞。一路由镇远放飞毕节；二路从湖南叙浦放飞毕节，空距500千米；第三路从江西南昌放飞毕节，空距1100千米，6天飞回毕节，第一、二名的均是朱永乾所养的信鸽。1988年，信鸽放飞活动如上年。1991年5～7月，地区信鸽协会组织区内各县联翔，先后组织从清镇辛店放飞毕节，空距100千米；从镇远放飞回毕节，空距320千米，从湖南叙浦放飞回毕节，空距500千米；从南昌放飞回毕节，空距1100千米。其后地、县信鸽协会先后与昆明、重庆、成都、南昌、上海、福州、广州、武汉进行信鸽放飞交流。1997年，地区信鸽协会组织信鸽参加去香港放飞，放飞90多只信鸽，回巢4只，其中毕节信鸽协会回巢1只。

## 八 其他体育竞赛

**摔跤** 摔跤活动历史悠久，多为民间及学校的娱乐活动。传统摔跤分为两种：一种是自由式摔跤，注重于抱腰、抱腿、绊脚，以倒地定胜负，近似于中国式摔跤；另一种叫死抱腰，双方抱好腰进行较劲，以落地在下为负。1958年，地区举行运动会设摔跤竞赛项目，各县从乡下选几名力大会抱腰的青年参加比赛。1959年，黔西县举行摔跤比赛，30多人参赛。1960～1970年，黔西县摔跤爱好者摔跤练习不辍。1982年5月，毕节地区举行首届少数民族运动会，黔西县宋先文参赛获52公斤级中国式摔跤冠军。赛后，宋先文被选为地区摔跤代表队员兼教练，是年赴省参赛获摔跤冠军。1983年，黔西县举行少数民族运动会，80多名摔跤运动员参赛。1985年，黔西县运动员史洪明被入选省摔跤队训练。是年参赛全国摔跤运动会，获自由式摔跤第六名。1986年6月，毕节地区摔跤队参赛省第六届少年自由式摔跤，获3项第二名和1项第三名。是年，地区以黔西县6名少年运动员为主体组建摔跤培训队。1987年，毕节摔跤队参加全省少年自由式摔跤赛，朱建平、陈祖远、王春雨、罗小青和雷霆分别获男子乙组51公斤级、55公斤级和男子丙组45公斤级、50公斤级、55公斤级第一名，另获第二、第三名各1项。1988年8月，参加贵州省第七届运动会，朱卫

国、王春雨分别获少年自由式摔跤赛男子甲组58公斤级和男子丙组50公斤级第一名，其他运动员获3项第二名和两项第三名。1989年，参加贵州省摔跤赛，王春雨获男子甲组51公斤级第一名，其他运动员获两项第二名和两项第三名。1990年8月参加贵州省迎“亚运”少年摔跤赛，获男子甲组55公斤级第一名，获两项第四名和两项第五名。1991年，在贵州省年度少年自由式摔跤赛上，罗忠卫、李红雷分别获男子乙组60公斤级、45公斤级第一名，其他运动员获两项第二名和5项第三名。运动员罗忠卫、王进被入选省体工队，参加全国第七届运动会摔跤比赛。是年，王进参加全国少年摔跤比赛，获85～90公斤级自由式摔跤第四名。1995年，贵州省举行摔跤锦标赛，樊金华获男子甲组自由式70公斤级第一名。1996年，贵州举行摔跤锦标赛，杨义、成江红、刘石、刘世伦分别获55、65、70、76公斤级男子自由式摔跤第一名，张春强和成江红分别获56、60和68公斤级男子自由式摔跤第一名。1998年，贵州省举行摔跤锦标赛，龙鉴获男子68-75公斤级自由式摔跤第一名。2006年，贵州省举行“西宁村杯”青少年摔跤冠军赛，毕节地区女运动员涂雨欣获50公斤级第一名；男运动员赵永春、张泽鑫分别获50公斤级第一名。

### 1986~1992年毕节地区摔跤运动员参加省赛成绩表

| 年份 | 赛名 | 运动员 | 组别 | 公斤级 | 名次 |
|---|---|---|---|---|---|
| 1986.6 | 贵州省第六届运动会自由式摔跤比赛 | 苏　平 | 男子甲组 | 51 | 第二名 |
| | | 朱卫国 | | 55 | |
| | | 周贵平 | | 59 | |
| | | 刘　军 | | 78 | 第三名 |
| 1987.8 | 贵州省少年自由式摔跤比赛 | 朱建平 | 男子乙组 | 51 | 第一名 |
| | | 陈祖远 | | 55 | |
| | | 王春雨 | 男子丙组 | 45 | |
| | | 罗小青 | | 55 | |
| | | 雷　霆 | | 50 | |
| | | 董发林 | 男子甲组 | 54 | 第二名 |
| | | 蒋万军 | 男子乙组 | 51 | 第三名 |

续表

| 年份 | 赛名 | 运动员 | 组别 | 公斤级 | 名次 |
|---|---|---|---|---|---|
| 1988.8 | 贵州省少年自由式摔跤比赛 | 朱卫国 | 男子甲组 | 58 | 第一名 |
| | | 朱建军 | | 63 | 第二名 |
| | | 蒋万军 | 男子乙组 | 51 | |
| | | 朱建平 | | 51 | 第三名 |
| | | 陈祖远 | | 55 | 第二名 |
| | | 万广进 | | 55 | 第三名 |
| | | 王春雨 | 男子丙组 | 50 | 第一名 |
| 1989.8 | 贵州省少年自由式摔跤比赛 | 王春雨 | 男子甲组 | 51 | |
| | | 王　强 | | 51 | 第二名 |
| | | 徐　斌 | | 60 | 第三名 |
| | | 万广进 | 男子乙组 | 50 | 第二名 |
| | | 黄　俊 | | 45 | |
| 1990.8 | 贵州省“迎亚运”少年自由式摔跤比赛 | 徐　剑 | 男子甲组 | 55 | 第一名 |
| 1992.8 | 第八届省运动会自由式摔跤比赛 | 王　进 | 男子甲组 | 70 | |
| | | 罗忠卫 | 男子乙组 | 60 | |
| | | 朱光亚 | | 45 | 第二名 |
| | | 刘汉春 | 男子甲组 | 55 | 第一名 |
| | | 金勇平 | | 70 | 第三名 |
| | | 李红雷 | 男子乙组 | 45 | 第二名 |

**举重**　举重运动始于20世纪50年代。50～70年代部分中小学将举重作为体育课内容开展练习。1979年，地区体委聘请金沙县体委干部陈祖泽任举重教练，训练选拔运动员参加贵州省第四届运动会。是年4月，运动员王晓峰参赛省四运会，获抓举75公斤级、挺举95公斤级、总成绩170公斤及52公斤级第一名，创省3项纪录；聂宗林获75公斤级第二名。是年9月，王晓峰入选贵州省代表队参加第四届全国运动会，以抓举77.5公斤再创省纪录。此后，聂宗林在第二届全国工人运动会六盘水赛区举重比赛中获75公斤级抓举、挺举和总成绩3块金牌。1989年秋，贵州省体育学校毕节教学点聘请四川人冯永通、江晓庆任举重教练，招收本地少年进行训练。1990年初，引进几名少年举重运动员组建毕节地区举重队。是年8月，毕节地区举重队分两路，一部分运动员在毕节参加全省少年举重比赛，另一部分运动员参加在辽宁省朝阳市举行的全国少年举

重分龄赛。在全省少年举重比赛中，毕节地区举重队刘军、郑中华分别获60公斤级第二、第三名，栗天明获67.5公斤级第二名。在全国少年举重比赛中，杨贵生获44公斤级第三名，银厚林获52公斤级第五名。1991年，贵州省举行少年举重比赛，毕节地区举重队陈小刚获男子乙组48公斤级第一名，胡勇、郑中华分别获男子乙组48公斤级和60公斤级第二名，陈艳、邓雪梅分别获女子乙组44公斤级第三名、52公斤级第二名。是年，国家体委在福建省龙岩举行全国少年举重比赛，毕节地区举重队杨贵生获男子48公斤第六名、素质总分第五名。1992年8月。毕节地区举重队在全省第八届运动会举重比赛上，获金牌2块，银牌和铜牌各1块，其他奖牌6块。杨贵生、陈小刚分别获男子甲组、乙组48公斤级第一名，双破省纪录，杨贵生达国家运动健将标准。1995年，贵州省举行少年举重锦标赛，刘亮、吴顺江分别获男子46、50公斤级第二名。1996年，举行贵州省少年举重锦标赛，吴顺江获50公斤级第二名，刘亮获第三名，王正义获54公斤级第三名。1997年，举行贵州省少年举重锦标赛，陈羽获46公斤级第三名，张潇获70公斤级第三名。1998年，举行贵州省少年举重锦标赛，杨雄获69公斤级第一名，王昆成获52公斤级第二名。2000年，在全省少年举重锦标赛上，顾永辉获男子62公斤级第三名。之后，在各类举重比赛中，毕节地区运动员数次取得优秀成绩。

### 毕节地区举重运动员参加贵州省第八届运动会成绩表

<table>
<tr><th>姓　名</th><th>公斤级</th><th>总成绩</th><th>名次</th><th>破纪录</th><th>达运动员等级</th></tr>
<tr><td>杨贵生</td><td>48</td><td>267.5公斤</td><td rowspan="2">第一名</td><td rowspan="2">破省纪录</td><td>运动健将</td></tr>
<tr><td>陈小刚</td><td>48</td><td>177.5公斤</td><td>一级</td></tr>
<tr><td>郑中华</td><td>60</td><td></td><td>第二名</td><td></td><td>二级</td></tr>
<tr><td>胡　勇</td><td>48</td><td>180公斤</td><td rowspan="2">第四名</td><td>破省纪录</td><td>一级</td></tr>
<tr><td>刘　军</td><td>56</td><td></td><td></td><td></td></tr>
<tr><td>黄虎林</td><td>48</td><td></td><td>第五名</td><td></td><td>二级</td></tr>
<tr><td>郭　敏</td><td>52</td><td></td><td>第三名</td><td></td><td></td></tr>
<tr><td>邓雪梅</td><td>48</td><td>135公斤</td><td rowspan="2">第四名</td><td>破省纪录</td><td>一级</td></tr>
<tr><td>白　艳</td><td>52</td><td></td><td></td><td>二级</td></tr>
<tr><td>宋帮敏</td><td>44</td><td></td><td>第六名</td><td></td><td rowspan="2">一级</td></tr>
<tr><td>陈　艳</td><td>44</td><td></td><td>第五名</td><td></td></tr>
</table>

2010年亚运会拳击52公斤级亚军常勇载誉归来

**拳击** 1989年3月，毕节地区重点业余体校开办拳击班，招收少年运动员17人，由蒋林任教练。是年12月，省体委举办拳击调赛，在省体校学习的毕节小拳击手徐良军代表毕节地区参赛，获60公斤级第一名。1990年11月，贵州省举行拳击比赛，毕节地区拳击队王迅获51公斤级比赛第一名，徐良军获57公斤第一名，1人获60公斤级第二名，3人分别获48公斤级、51公斤级、54公斤级第三名。1991年，贵州省举行青年拳击赛，毕节地区拳击队徐良军、刘耕地分别获60公斤级、51公斤级第一名。赛后，徐良军、岳松、刘耕地代表贵州省参加在吉林省延边举行的全国青年拳击锦标赛，徐良军获57公斤级第一名，岳松获51公斤级第二名。继后，徐良军入选国家拳击集训队。1992年，贵州省举行第八届省运动会，毕节地区拳击代表队获金牌2块，银牌、铜牌和其它奖牌各1块，徐良军获60公斤级第一名，刘耕地获51公斤级第一名。毕节市拳击运动员刘渊1995年8月获贵州省少年拳击比赛乙组48公斤级第一名，全国少年拳击比赛48公斤级第一名；1996年6月，参加中国“市长杯”拳击赛，获48公斤级第一名。是年8月，参加中国少年拳击锦标赛，获甲组48公斤级第一名；1997～2001年，参加全国第十一届运动会预赛，获48公斤级第三名；参加第八届世界杯拳击赛，获48公斤级第三名；参加全国“三箭杯”拳击锦标赛，获第五名；参加全国“彩电杯”拳击锦标赛，获51公斤级第三名；参加全国拳击冠军赛，获51公斤级第一名；参加中国拳击擂台挑战赛，获51公斤级第一名；参加全国农行杯拳击精英赛暨锦标预赛，获51公斤级第一名；参加全国拳击锦标赛，获51公斤级第三名；参加全国“兴业杯”拳击冠军赛，获51公斤级第一名；参加全国第九届运动会“圣方杯”拳击预赛暨2001年全国拳击锦标赛，获51公斤级第一名；参加全国第九届运动会，获男子拳击亚军。2005年，毕节地区籍拳击运动员刘渊、刘涛、杨德东、田石义、成波在全国拳击锦标赛中，刘渊、刘涛获第一名，杨德东、田石义、成波获第三名，5名运动员均取得参加第十届全国运动会资格，刘涛在全国拳击冠军赛中，获拳王称号。常勇在全国少年拳击锦标赛上，获第三名。2011年，毕节地区拳击选手常勇获亚洲拳击锦标赛52公斤级冠军，中国拳击精英赛冠军，中国拳击公开赛52公斤级冠军，全国男子拳击锦标赛第二名。

## 毕节地区拳击运动员1995～2005年参加贵州省及全国拳击赛成绩表

| 年份 | 赛名 | 运动员 | 公斤级 | 名次 |
|---|---|---|---|---|
| 1995 | 贵州省拳击锦标赛 | 刘　渊 | 男甲48 | 1 |
| | | 杨　峰 | 男甲63.5 | 2 |
| | | 李　勇 | | |
| | | 谢中才 | 男甲45 | 3 |
| | | 张旭光 | 男乙45 | |
| | | 邱荣华 | 男乙48 | |
| 1996 | 贵州省少年拳击锦标赛 | 谢宗才 | 男甲45 | 2 |
| | | 刘　渊 | 男甲48 | 1 |
| | | 刘　涛 | 男甲51 | |
| | | 周　旭 | 男甲54 | 3 |
| | | 杨　枫 | 男甲63 | 1 |
| 1997 | 贵州省少年拳击锦标赛 | 潘远军 | 男甲51 | 1 |
| | | 杨　枫 | 男甲63.5 | |
| | | 谢宗才 | 男甲45 | 3 |
| | | 邹开富 | 男甲51 | |
| | | 陈华林 | 男甲48 | |
| | | 刘　君 | | |
| 1998 | 贵州省少年拳击锦标赛 | 罗　华 | 男81 | 1 |
| | | 冯廷林 | 男67 | |
| | | 陈华林 | 男54 | 2 |
| | | 刘　君 | 男48 | 3 |
| 2000.8 | 贵州省青少年拳击锦标赛 | 高　昂 | 男子81 | 1 |
| | | 田石义 | 男子54 | 2 |
| | | 秦木令 | 男子60 | 3 |
| | | 陈毕林 | 男子48 | |
| | | 陈　华 | 男子57 | |
| 2002.8 | 贵州省少年拳击锦标赛 | 杨德东 | 男甲54 | 1 |
| | | 李　伟 | 男甲48 | 3 |
| | | 李　义 | 男乙45 | 2 |
| | | 陈　超 | 男丙 | 3 |
| 2003.8 | 贵州省少年拳击锦标赛 | 杨德东 | 男甲51 | 1 |
| | | 成　波 | | 3 |
| | | 蒋　鹏 | 男甲54 | 2 |
| | | 李　伟 | 男乙45 | 3 |
| | | 李　义 | 男乙48 | 2 |
| | | 刘星辰 | 男丙42 | 3 |
| 2004.2 | 贵州省少年拳击赛 | 李　义 | 男甲48 | 2 |
| | | 成　波 | | |
| 2004.8 | 贵州省少年拳击锦标赛 | 常　勇 | 男甲45 | 1 |
| | | 成　波 | 男甲51 | |
| | | 李　义 | 男甲48 | 2 |
| 2005 | 贵州省拳击锦标赛 | 常　勇 | 男甲51 | 1 |
| | | 李　义 | 男甲51 | 3 |
| | 全国拳击冠军赛 | 刘　渊 | 男子48 | 1 |
| | | 刘　涛 | 男子54 | |
| | | 杨德东 | 男子51 | 5 |
| | | 田石义 | 男子51 | |
| | 全国少年拳击锦标赛 | 成　波 | 男子51 | 3 |
| | | 常　勇 | 男子48 | |

**击剑** 1985年，毕节县成立击剑队，进行重剑和花剑训练。1986年8月，由3名毕节县男子重剑运动员代表毕节地区参加省第六届运动会击剑比赛。1987年8月毕节县击剑队代表毕节地区参加省少年击剑比赛，获两项第一名，四项第二名，两项第三名和一项第四名。王春祥获男子乙组花剑第一名，邓丽红获女子乙组重剑第一名，毕节击剑队获精神文明奖。1988年6月，毕节县击剑队代表地区参加省第七届运动会击剑比赛，获金牌7块、银牌和铜牌各1块。1989年8月，毕节击剑队参加省少年击剑比赛，获1项第一名，1项第二名，3项第三名。1990年8月，毕节击剑队与省体校毕节教学点击剑的学生混合组队参加省少年击剑比赛，获两项第一名、3项第二名、1项第三名。教学点运动员周猛获男子乙组花剑第一名；毕节击剑队运动员韩刚、陈顶、贾华获男子重剑团体第一名。1991年8月，毕节教学点女生参加全省少年击剑比赛，获5项第一名，4项第二名，第三名和第五名各1项。运动员饶波、刘群华分别获男子乙组、女子乙组花剑第一名，朱毅、陈顶、郑波获男子甲组花剑第一名。毕节运动员杨杰入选贵州击剑队，参加全国青年击剑锦标赛获男子重剑冠军。之前，金沙入选省体校的击剑运动员黄蓝林与队友合作获第二届全国青少年运动会少年佩剑团体亚军；骆帮军随贵州击剑队参加在马来西亚吉隆坡举行的亚洲青少年击剑锦标赛，获男子少年佩剑第一名。1992年8月，毕节地区击剑队参加省第八届运动会，获金、银牌各2块，铜牌3块。1995年，贵州省举行少年击剑锦标赛，1人获男子重剑第三名。1996年，省举行少年击剑锦标赛，毕节地区1人获女子重剑第二名。1997年，省举行少年击剑锦标赛，毕节地区击剑队获男子重剑团体第三名，女子重剑团体第三名。另外，1人获女子乙组重剑第二名。1998年，省举行少年击剑锦标赛，毕节击剑队获男子重剑团体第三名，1人获女子重剑个人第三名。2000年7月，省举行迎接新世纪击剑比赛，毕节地区击剑队1人获女子重剑银牌，1人获铜牌。2002年，省举行青少年击剑比赛，毕节地区获男、女重剑团体第二名，并获精神文明运动队奖。毕节地区运动员袁敏、李美、蒋恋恋获女子重剑第三、四、五名。

### 1987～1992年毕节地区击剑队参加省击剑比赛成绩表

| 年份 | 赛名 | 运动员 | 项　目 | 名次 |
|---|---|---|---|---|
| 1987.8 | 贵州省少年击剑赛 | 王春祥 | 男乙组花剑 | 1 |
| | | 邵　力　王　祥　谢宗红 | 男乙组重剑团体 | 2 |
| | | 王春祥　尹零祥　吴长玉 | 男乙组花剑团体 | 3 |
| | | 邵　力 | 男乙组重剑 | 2 |
| | | 邓丽红 | 女乙组重剑 | 1 |
| | | 王　祥 | 男乙组重剑 | 3 |
| | | 熊　茜 | 女乙组重剑 | 2 |
| 1988.8 | 贵州省第七届运动会击剑赛 | 王春祥　尹零计　吴长玉 | 男甲组花剑团体 | 金牌 |

续表

| 年份 | 赛名 | 运动员 | 项　目 | 名次 |
|---|---|---|---|---|
| 1988.8 | 贵州省第七届运动会击剑赛 | 王　祥　刘劲松　谢宗红 | 男乙组花剑团体 | 金牌 |
| | | 罗永刚 | 男甲组花剑 | |
| | | 卯　洪 | 男甲组重剑 | |
| | | 王春祥 | 男乙组花剑 | |
| | | 尹零计 | 男乙组花剑 | 银牌 |
| | | 熊　茜　邓丽红　田碧春 | 女乙组重剑团体 | 金牌 |
| | | 熊　茜 | 女乙组重剑 | |
| | | 邓丽红 | | 银牌 |
| 1989.9 | 贵州省少年击剑赛 | 王春祥等 | 男乙组重剑团体 | 1 |
| | | 刘劲松等 | 男乙组花剑团体 | 3 |
| | | 刘劲松 | 男乙组重剑 | 2 |
| | | 黄瀚晶 | 男乙组重剑 | 3 |
| | | 王春祥 | 男乙组花剑 | |
| 1990.8 | 贵州省少年击剑赛 | 王春祥 | 男甲组花剑 | 2 |
| | | 周　猛 | 男甲组花剑 | 1 |
| | | 郑　波 | | 2 |
| | | 黄瀚晶 | 男甲组花剑 | |
| 1990.9 | 贵州省少年击剑赛 | 韩　刚　贾　华　陈　顶 | 重剑团体 | 1 |
| | | 杨　坤　周　猛　郑　波　黄翰晶 | 花剑团体 | 3 |
| 1991.8 | 贵州省少年击剑赛 | 朱　毅　陈　顶　郑　波 | 男子花剑团体 | 1 |
| | | 饶　波 | 男乙组花剑 | |
| | | 杨　坤 | 男乙组花剑 | 2 |
| | | 朱　毅 | 男甲组花剑 | 3 |
| | | 刘群华 | 女乙组花剑 | 1 |
| | | 吴　莉　唐　丽　史　杨 | 女甲组花剑团体 | 2 |
| 1992.8 | 贵州省第八届运动会 | 饶　波　周　猛　郑　波　陈　顶 | 花剑团体 | 1 |
| | | 杨　凯　刘大力　刘　锐　贾　华 | 佩剑团体 | 2 |
| | | 程龙毅　朱　毅　韩　刚　林　伟 | 重剑团体 | 2 |
| | | 刘群华　唐　丽　吴　莉　史　杨 | 女子花剑团体 | 1 |
| | | 饶　波 | 男子花剑 | 1 |
| | | 王　毅 | 佩剑 | 3 |
| | | 林　伟 | 重剑 | |

**赛艇、皮划艇**　赛艇、皮划艇运动，均始于1989年。是年11月，组建赛艇队。1990年2月在织金游泳馆进行游泳训练，3月开始在红枫湖水上基地训练。此后，在毕节倒天河水库集训。是年7月，毕节地区赛艇、皮划艇队参加省赛艇、皮划艇锦标赛，获5块金牌、4块银牌、1块铜牌，总分及奖牌总数均为全省参赛队第一。1991年，参加全省皮划艇比赛，获第二名、第三名各1项，其中毕节女划手入选贵州省皮划艇队，参加全国少年皮划艇比赛，获女划4人皮划艇第六名。1992年7月5～12日，参加贵州省第八届运动会，毕节地区赛艇队获金牌4块、银牌5块、铜牌4块，奖牌总数名列第一；团体总分88.3分，居榜首。此后，因场地、器材限制，经费不足，停训、停赛。1997年，复建毕节地区赛艇和皮划艇队，训练并参与赛事。代表省参加全国八运会，刘海清、龙胜忠获男子双皮艇1000米第五名，余静、王晏获女子双人双桨第七名。2005年，参加省青少年赛艇、皮划艇锦标赛，获团体总分第三名，张荣、彭昌、何花、王翔、刘正杰获水上项目优秀苗子称号，张荣、彭昌、何花、刘正杰获本年水上项目最佳优秀苗子称号。

### 1990～1992年毕节地区赛艇队参加省赛艇、皮划艇比赛成绩表

| 年月 | 赛称 | 运动员姓名 | 项　目 | 名　次 |
|---|---|---|---|---|
| 1990 | 贵州省赛艇皮划艇锦标赛 | 肖　尧 | 男子2000米单人双桨 | 第1名 |
| | | 肖　尧、潘兴龙 | 男子2000米双人单桨 | 第1名 |
| | | | 男子2000米双人双桨 | 第2名 |
| | | 安　宇、程宗文 | 男子2000米双人单桨 | |
| | | 谌红霞、苏会琴 | 女子2000米双人单桨 | 第1名 |
| | | 罗　佳 | 女子2000米单人双桨 | |
| | | 覃　丽 | 女子2000米单人双桨 | 第2名 |
| | | 刘朝霞、罗　佳 | 女子2000米双人双桨 | 第1名 |
| | | 刘朝霞、余　晶 | 女子2000米双人单桨 | |
| | | 余　晶、覃　丽 | 女子2000米双人双桨 | 第3名 |
| 1992.8 | 贵州省第八届运动会 | 曹明永 | 男子2000米单人双桨 | 第1名 |
| | | 曹明文、程宗文 | 男子2000米双人双桨 | |
| | | 潘兴龙、肖　尧 | 男子2000米双人单桨 | |
| | | 曹明发、安　宇 | 男子2000米双人单桨 | 第3名 |
| | | 潘兴龙、肖　尧 | 男子1000米双人单桨 | 第1名 |
| | | 曹明永、程宗文 | 男子1000米双人双桨 | 第2名 |
| | | 曹明发、安　宇 | 男子1000米双人单桨 | 第3名 |
| | | 罗　佳、刘朝霞 | 女子1000米双人双桨 | 第1名 |
| | | 余　晶、覃　丽 | 女子1000米双人单桨 | 第3名 |

续表

| 年月 | 赛称 | 运动员姓名 | 项　目 | 名　次 |
|---|---|---|---|---|
| 1992.8 | 贵州省第八届运动会 | 罗　佳 | 女子2000米单人双桨 | 第2名 |
| | | 刘朝霞 | 女子2000米单人双桨 | 第3名 |
| | | 罗　佳、刘朝霞 | 女子2000米双人双桨 | 第2名 |
| | | 余　晶、覃　丽 | 女子2000米双人双桨 | 第3名 |
| | | 余　晶、覃　丽 | 女子2000米双人单桨 | 第2名 |

## 1990～1992年毕节地区皮划艇参加省赛成绩表

| 年月 | 赛称 | 运动员姓名 | 项　目 | 名　次 |
|---|---|---|---|---|
| 1990 | 贵州省赛艇皮划艇赛 | 安　龙、王　进 | 男子500米双人划 | 第1名 |
| | | 李学智 | 男子500米单人划 | 第2名 |
| | | 王太红 | | 第3名 |
| | | 徐小健 | 女子500米单人划 | 第1名 |
| | | 禄云仙 | | 第3名 |
| 1991 | 贵州省皮划艇赛 | 李学智 | 男子500米单人划 | 第2名 |
| | | 禄云仙、李敏 | 女子500米双人划 | 第3名 |
| 1992.8 | 贵州省第八届运动会 | 李学智 | 男子500米单人划 | 第2名 |
| | | 李学智、禄　江 | 男子500米双人划 | |
| | | 安　龙、禄　江 | 男子500米双人单桨划 | |
| | | 李　敏、苏会琴 | 女子500米双人划 | 第1名 |
| | | 李　敏 | 女子500米单人划 | 第2名 |

**跆拳道**　1998年，毕节地区开始设训跆拳道体育项目。次年组队参加省跆拳道比赛。2001年、2002年和2003年，毕节地区跆拳道连续三年在省跆拳道比赛中获团体总分第三名，获冠军38人次。2004年，谢迪代表贵州省参加全国青少年跆拳道锦标赛，获团体及个人第二名；金国华获男子第四名。其间，地区及各县均开设有跆拳道训练馆（班），先后向省体校、省专业队输送20多名优秀苗子。在全国2005年跆拳道少年比赛中，毕节地区运动员谢迪获第三名，张文颖获第五名。2011年，毕节地区组队参加全国跆拳道少年赛，获金牌1枚，银牌1枚，铜牌2枚。

## 2001～2004年毕节地区参加全省跆拳道比赛成绩统计表

| 年份 | 赛名 | 运动员 | 项目 | 名次 |
|---|---|---|---|---|
| 2001.8 | 贵州省少年跆拳道锦标赛 | 张晓林 | 女甲组50公斤级 | 1 |
| | | 金　烨 | 男甲组60公斤级 | |
| | | 王　曦 | | 2 |
| | | 陈　涛 | 男甲组69公斤级 | 1 |
| | | 陈孝军 | 男甲组51公斤级 | 3 |
| | | 毕节地区队 | 团体总分 | |
| 2002 | 贵州省少年跆拳道锦标赛 | 陈　军 | 男乙组54公斤级 | 1 |
| | | 樊　雄 | 男乙组66公斤级 | |
| | | 武文豪 | 男乙组57公斤级 | 3 |
| | | 汪　宏 | 女乙组56公斤级 | 2 |
| | | 陈梦雪 | 女乙组47公斤级 | 3 |
| 2003.8 | 贵州省跆拳道锦标赛 | 陈　军 | 男甲组56公斤级 | 1 |
| | | 刘子靖 | 男甲组50公斤级 | 2 |
| | | 刘　兵 | 男甲组53公斤级 | |
| | | 安雪萍 | 女甲组53公斤级 | 3 |
| | | 刘　丽 | 女甲组47公斤级 | 1 |
| | | 宋　瑶 | 女甲组44公斤级 | 2 |
| | | 刘贞艳 | 女乙组44公斤级 | |
| | | 陈梦雪 | 女乙组50公斤级 | |
| | | 张文颖 | 女乙组53公斤级 | |
| | | 管　虎 | 男子组51公斤级 | 3 |
| 2004.2 | 贵州省少年跆拳道冠军赛 | 谢　迪 | 男子组59公斤级 | 1 |
| | | 李　俊 | 男子组62公斤级 | |
| | | 张文颖 | 女甲组50公斤级 | |
| 2004.8 | 贵州省少年跆拳道锦标赛 | 杨　丹 | 女甲组53公斤级 | 1 |
| | | 陈　军 | 男甲组57公斤级 | 1 |
| | | 武文豪 | 男甲组60公斤级 | 2 |
| | | 张海琴 | 女甲组44公斤级 | 3 |

# 第四节　地县市体育比赛

## 一　地（专）区体育比赛

**民国时期**　民国7年（1918），黔军混成旅在毕节举行运动会，驻军各部队组队参赛，表演各种武术体操和游戏体操。民国36年（1947），贵州省第四区行政督察专员兼保安司令公署（简称毕节专署）举办短跑、中长跑、跳高、撑竿跳、跳远、三级跳远、篮球、排球和武术表演选拔赛，选拔运动员组队参加省运动会。民国37年（1948），毕节专署举办全专区国民体育运动大会，比赛项目有篮球、排球、乒乓球和田径。

**中华人民共和国成立后**　1953年10月，举办第一届专区职工篮球运动会。1954年，专区委托毕节县承办第一届篮、排球运动会。1957年7月，专区在黔西举行游泳运动会。是年9月，专区委托威宁县承办专区足球运动会。10月，举行专区职工篮球运动会。是年，举办全专区田径和少年男子篮球运动会；毕节专区体育代表团，参加全国运动会贵州选拔赛。1958年2月，专区举办足球运动会。是年7月，组织大方、威宁赛区选拔赛，之后，承办全省篮球锦标赛第一阶段毕节赛区比赛。是年，举办专区体育运动会，选拔、集训运动员1100多人，经筛选组成毕节专区体育代表团，参加全国运动会贵州选拔赛。1959年1月，在水城县举办专区排球锦标赛，全专区9个县组队参赛。9月，专区委托黔西县承办全专区篮球、排球锦标赛。1960年5月，在大方举办专区乒乓球运动会。6月，在织金县举行专区田径运动会。8月，委托黔西县承办全专区游泳和跳水锦标赛。是年，在大方举办全专区职工乒乓球运动会。1962年11月，举办全专区男篮定级锦标赛，全专区共12个单位参赛。1963年6月，委托黔西县举办专区少年游泳、乒乓球选拔赛。11月，举办专区男、女篮球定级赛，12个男篮甲乙队、11个女篮队参赛。1964年6月，举办全专区乒乓球运动会、全专区小学生足球运动会和中学生运动会。1965年10月，委托赫章县承办专区篮球乙级组等级赛，委托毕节县承办专区篮球甲级组等级赛。1971年8月，地区在黔西县举行排球锦标赛，在毕节举办少年足球、乒乓球运动会。1972年2月，举办全地区职工篮球赛，各个县组队参赛，邀请云南省镇雄县、四川省叙永县、古蔺县职工篮球代表队参赛。6月，举办全地区中学生排球赛。11月，举办全地区少年乒乓球运动会。1973年，在金沙县举办全地区篮球运动会。1974年3月，举办中学生排球选拔赛。8月，承办全省中学生篮球运动会。9月，举行中长跑、越野赛，黔西、织金、毕节分别获团体总分第一、二、三名。12月，举办小学生足球锦标赛。1975年6月，举办全地区中学生足球赛运动会，黔西队获第一名。1976年7月，在金沙县举行少儿游泳、射击比赛。1977年7月，举行中学生田径运动会，织金、毕节县和毕节一中分别获团体总分第一、二、三名。9月，在黔西举办全地区农民运动会，各县组队参赛。

1978年2月，举办越野赛，各县组队参赛。7月，举办中长跑和中学生田径运动会，赫章、大方、毕节分获中长跑团体总分第一、二、三名。黔西、毕节、赫章分别获中学生田径团体总分第

一、二、三名。是月，全地区举办少儿乒乓球赛和中学生篮球赛。11月，在威宁县举办马拉松长跑赛，威宁、赫章、大方分获团体总分第一、二、三名。1979年8月，举办全地区中学生篮球、排球运动会。1980年在毕节举办全地区中学生田径运动会，黔西、毕节一中、织金代表队分获团体总分第一、二、三名。是月，在织金举行全地区少年篮球赛，织金县男女队均获冠军。8月，在赫章县举行地区小篮球赛，全地区10个单位29支男女球队参赛。是月，委托织金县承办全地区中学生排球运动会。1981年2月，举行全地区女子10千米、男子20千米越野赛，威宁县代表队获团体总分第一名。7月，在纳雍县举办全地区中学生篮球运动会，黔西、毕节、纳雍县代表队分获男女篮第一、二、三名。10月，举办全地区中学生射击比赛，赫章、毕节、威宁县代表队分获团体总分第一、二、三名。1982年，举办选拔赛，选拔参加第五届省运动会运动员。7月，举办少数民族传统体育项目运动会。9月，举办全地区射击比赛，毕节、赫章县分获团体总分第一、二名。11月地区举行武术比赛。是年，举行全地区田径、越野赛，黔西县、毕节一中、毕节县代表队分获田径团体总分第一、二、三名；威宁、赫章、毕节县代表队分获越野赛男子团体总分第一、二、三名；威宁、赫章、大方县代表队分获越野赛女子团体总分第一、二、三名。1983年2月，举办第三届全地区中学生篮球运动会，各县及毕节一中组队参赛。4月，举办全地区职工象、围棋赛。7月，举办全地区男子20千米、女子10千米越野赛、马拉松赛、少年中长跑赛和第三届中学生田径运动会。威宁县一队、赫章县队、威宁县二队分获男子20千米越野赛第一、二、三名；赫章县队、威宁县第一、二队分获女子10千米越野赛第一、二、三名；威宁、赫章县队分获马拉松赛一、二名；毕节一中、赫章县队、织金县队分获少年中长跑第一、二、三名；黔西县队、毕节一中、毕节县队分获中学生田径团体总分第一、二、三名。8月，举办全地区小学生篮球赛。1984年2月，举办全地区中长跑赛，威宁、赫章、毕节县队分别获团体总分第一、二、三名。4月，在威宁举办全地区中学生足球赛，7月，举办全地区篮、排球运动会，织金、金沙、毕节队分获男篮第一、二、三名；织金、黔西、金沙队分获女篮第一、二、三名。毕节、纳雍队分获男排第一、二名；毕节、织金、毕节三中分获女排第一、二、三名。是月，举办全地区老年人运动会和工人运动会。3月，举办全地区少年运动会、老年人长跑运动会和少数民族传统体育运动会。1985年4月，举办全地区中长跑和优秀射手赛。6月，举办全地区“希望杯”球类和田径运动会。1986年2月，举办全地区中长跑和射击优秀选手赛，威宁、赫章、金沙队分获中长跑团体总分第一、二、三名。毕节、威宁、赫章队分获射击团体总分第一、二、三名。3月，举办全地区青少年运动会，黔西、毕节一中、织金队分获团体总分第一、二、三名。7月，举办全地区乒乓球和田径运动会。11月，在织金县举办全地区第三届老年人运动会，毕节、织金、威宁队分获男子团体总分第一、二、三名，织金、赫章、金沙队分获女子团体总分第一、二、三名。1987年2月，地区在织金举办全地区农村中学生田径运动会。5月，举办全地区少年乒乓球赛。7月，举办全地区第二届青少年运动会，黔西、毕节一中、织金队分获田径团体总分第一、二、三名，黔西、金沙、织金队分获游泳团体总分第一、二、三名，织金、纳雍、大方队分获乒乓球团体总分第一、二、三名，织金队获象棋3项第一名，毕节队获4项围棋第一名。1988年1月，举办全地区老年门球赛，毕节、织金、军分区队分获团体总分第一、二、三名。2月，举办全地区越野赛，威宁、大方、纳雍队分获

1998年4月，杜鹃花围棋赛

男子20千米跑第一、二、三名，威宁、毕节、纳雍队分获女子10千米跑第一、二、三名。10月，在威宁举办全地区老年门球运动会，毕节县代表队获第一名。同月，在毕节举行全地区老年羽毛球赛、象棋赛。1989年12月，举办全地区“越野杯”赛，威宁、织金、赫章队分获男子团体总分第一、二、三名，威宁、地区重点体校、赫章分获女子团体总分第一、二、三名。是月，举办毕节地区神射击手比赛，毕节、威宁队分获团体总分第一、二名。1990年3月，地区行署、毕节县联办青年篮球邀请赛，北京、河北、湖北、江西和八一及南京、兰州军区应邀参赛，3.6万人次观看。4月，举办全地区少年田径运动会，赫章、毕节一中、大方队分获男子团体总分第一、二、三名，毕节、黔西、织金队分获女子团体总分第一、二、三名。1991年5月，举办全地区老年人中长跑、篮球等项目运动会。7月，举办毕节地区第三届青少年运动会，黔西、织金、毕节队分获团体总分第一、二、三名，黔西、赫章、毕节队分获田径团体第一、二、三名，织金、黔西、金沙队分获游泳团体第一、二、三名，毕节、赫章队分获射击团体第一、二名，黔西、毕节队分获摔跤团体第一、二名，毕节、金沙队分获击剑团体第一、二名，毕节、纳雍队分获举重团体第一、二名，织金、金沙、纳雍队分获篮球团体第一、二、三名，大方队获乒乓球团体第一名。9月，举办全地区老年篮球和中长跑运动会。1994年1月，在金沙县举办毕节地区第三届中小学生乒乓球联谊赛，120余人参赛。5月，在赫章举行老年门球协作赛，全地区共13个队160多名老年运动员参赛。1995年4月，举办“杜鹃杯”钓鱼邀请赛和首届“中国贵州杜鹃花节”围棋邀请赛。是年，委托黔西县承办全地区老年门球赛，全地区140多名老年运动员参赛。1996年4月，举办第二届“中国贵州杜鹃花节”围棋邀请赛，3省8个队参赛。9月，在大方县举办全地区中小学生田径运动会。1997年4月，举办第三届“中国贵州杜鹃花节”围棋邀请赛，3省8个队参赛。1998年4月，举办第四届“中国贵州杜鹃花节”围棋邀请赛，3省8个队参赛。1999年4月，举办第五届“中国贵州杜鹃花节”围棋邀请赛。同月，举办全地区体育传统项目学校中学生田径运动会。8月，举办全地区中学生篮球运动会。

2000年4月，举办第六届“中国贵州杜鹃花节”围棋邀请赛，6省（区）14个队参赛。5月，在织金县举办全地区“红五月”职工交谊舞和拉丁舞比赛。2001年4月，举办第七届“中国贵州杜鹃花节”围棋邀请赛，6省（区）14个队参赛。2002年4月，地区举办第八届“中国贵州杜鹃花节”围棋邀请赛，8省（区）22个队参赛。10月，承办贵州第十届中国围棋团体赛和棋王赛。2003年4月，举办第九届“中国贵州杜鹃花节”围棋邀请赛，8省（区）27个队参赛。7月，举办全地区乒乓球选拔赛。12月，在织金县举办毕节地区“织金杯”乒乓球锦标赛，织金县、弘宗

2007年全国山地自行车赛在百里杜鹃举行

公司、宏业公司队分获男子团体第一、二、三名，织金县农行、织金县金龙乡、地区老年大学队分获女子团体第一、二、三名。2004年4月，举办第十届“中国贵州杜鹃花节”围棋邀请赛，7省（区）27个队参赛，毕节地区队首次获团体第一名。7月，举办全地区中学生田径运动会，黔西、金沙、威宁队分获甲组团体第一、二、三名，金沙、黔西、大方队分获乙组团体第一、二、三名。8月，举办全地区教职工篮球运动会。2005年4月，举办第十一届“中国贵州杜鹃花节”围棋邀请赛，5省（区）13个队参赛。6月，在金沙县举办全地区老年柔力球和健身操比赛，金沙县队获柔力球冠军。9月，举办全地区老年运动会，参赛运动员238名，进行健身球、太极柔力球、钓鱼、中国象棋、门球和乒乓球竞赛。2006年4月，举办全地区老年人钓鱼、门球、网球、柔力球、健身球比赛。5月，举办第十二届“中国贵州杜鹃花节”围棋邀请赛，5省（区）18支棋队50名运动员参赛。8月，举办全地区中学生田径运动会。11月，在金沙县举办全地区老年“腾龙杯”运动会，全地区300多名老年运动员参赛。2007年1月，地区体育局与地区妇联联合举办百万妇女健身活动展示大赛，选拔运动员参加全省千万妇女健身活动展示大赛和全国亿万妇女健身活动展示大赛。2月，举办全地区“青春飞扬”青少年文艺舞蹈、足球大赛，中水“火电杯”乒乓球锦标赛、“和谐烟草”杯职工运动会。4月4～6日，由国家体育总局中国自行车运动协会主办，毕节地区行署、贵州省体育局、贵州电视台承办，地区体育局、黔西县政府、贵州省汽车摩托车自行车运动协会、百里杜鹃管理处协办，在黔西县金坡杜鹃花区举行“中国贵州百里杜鹃花节湖北宜化杯”全国自行车精英赛，来自北京、河北、山东、山西、安徽、辽宁、甘肃、江苏、浙江、广东、云南、四川、贵州和解放军自行车队180余名专业、业余选手参赛。同月9～12日，举办第十三届“中国贵州杜鹃花节”围棋邀请赛。6月，在大方、黔西、赫章举办全地区“夜郎杯”老年运动会。2008年7月，在纳雍举办“煤电杯”全地区老年人第四届运动会。2009年8月，在黔西举办“中国杜鹃花都杯”全地区老年人第五届运动会。同年，举办第十五届“杜鹃花节”围棋邀请赛，来自云南、甘肃、湖南、河北、山东及贵州各地、州、市的16支代表队50余名选手参赛。2010年9月，在毕节市举办全地区老年人第六届运动会。2011年7月，在威宁自治县举办全地区老年人第七届运动会。

## 二　县市体育比赛

**民国时期**　民国5年（1916），织金县举办学校联合会首届运动会，开毕节地区县级运动会先河。参赛学生表演和比赛士兵队列操、器械团体操、匙蛋竞走、障碍竞走和100米、200米赛跑。民国6年（1917），织金县举行第二届学生运动会，增加400米、800米、1500米赛跑。此后一段时间织金县每年均举行全县学生运动会。民国16年（1927），黔西县举办首届运动会，选拔田径、男篮、体操等项目运动员组队，赴贵阳参加贵州省第一届运动会。民国17年（1928），黔西县举办第二届运动会，选拔百名运动员组队参加省第二届运动会：在省运会上，谢如松获男子880码跑第一名，罗思才获男子铅球、铁饼第一名。民国24年（1935），毕节县举行男子篮球锦标赛，民力、猛鹫、兴中和133师球队参赛。民国26年（1937），大定县举办篮球运动大会。民国27年（1938）大定县举办田径运动会，将万米跑列入比赛项目。民国29年（1940），毕节城区举办篮球运动会。民国32年（1943）9月9日，毕节县举行国民体育运动大会。是年，大定县举办第二届田径运动会，是年，织金县举办全县国民体育运动大会，20个队参赛。民国34年（1945），毕节、大定、金沙、织金、纳雍、赫章县举行36年度国民体育运动大会。织金县24个乡镇组队参加田径和球类比赛，其运动会规模为全专区之首。民国37年（1948），威宁县举办青年运动会。

**中华人民共和国成立后**　1950年，黔西县团委举办青年篮球运动会。1951年，毕节县总工会举办职工运动会，进行篮球、赛跑和拔河比赛。1954年6月，黔西县举办“六一”田径运动会，城关各小学组队参加比赛。是年，威宁县先后举办篮球、乒乓球运动会。1955年5月，威宁县举办县直机关职工篮球、乒乓球和田径运动会，15支男篮、4支女篮和12支田径、乒乓球队参赛。是年6月，黔西县举办小学生篮球运动会，各区组队参赛。1956年夏，毕节县举行农民运动会，各区组队参赛。是年7月，纳雍县举办“八一”运动会，县直和各区组队参赛。1957年1月，赫章县举办少年篮球选拔赛，8支男队，3支女队共76名运动员参赛。2月，威宁县举办春节篮球、乒乓球运动会，各区镇组队参赛，参赛运动员200余人。4月，毕节县举行20千米自行车公路比赛。5月，威宁县举办篮球、乒乓球和田径运动会，20支男女篮球队、22支男女乒乓球队、14支拔河队共760多名运动员参赛。7月，毕节县举行第一届游泳比赛。8月，赫章县举办田径和篮球锦标赛。9月大定县举办篮球、乒乓球运动会，13支球队136名运动员参赛。1959年1月，威宁县举办中、小学教工篮球、乒乓球运动会。1959年2月，威宁县举办篮球、田径和马拉松运动会，363名运动员参赛；黔西县举办篮球、田径、摔跤、马拉松运动会，638名运动员参赛。是年6月，黔西县举办田径9项及举重、通讯赛，775名中、小学生运动员参赛；11月，毕节县举行农民运动会；12月，织金县举办篮球运动会。1960年1月，黔西县举办迎春长跑运动会，1万多名运动员参赛。是年2月，威宁县承办贵州省出席全国足球赛第一阶段选拔分区赛；3月，黔西县开展乒乓球分层次竞赛，3万多人参赛；4月，黔西县举办民兵实弹射击比赛，2649人参赛；5月，威宁县体委、县兵役局、团县委联合举办篮球、乒乓球和广播体操比赛，17个单位700多名运动员参赛。1962年1月，威宁县举办县直机关篮球、乒乓球锦标赛。是年2月，黔西县举办篮球、乒乓球和棋类邀请赛，大方、织金、金沙、清镇和遵义县应邀组队参赛。1963年1月，黔西县举办农民运动会，比赛项目有篮球、乒乓球和象棋；威宁县举办全县篮球定级赛。是年2月，黔西县举行篮球、乒乓球、小口径步枪、军用步枪比赛；6月，黔西县举办“六一”

中小学校广播操、小皮球、象棋、田径等竞赛，1500多名中、小学生参赛。1964年1月，赫章县举办篮球运动会，9支男队、7支女队参赛。是年2月，大方县举办中学生篮球运动会；5月，威宁、黔西县举办职工运动会和中、小学生运动会。1965年6月，黔西县举办“六一”少年运动会，659人参加田径、乒乓球、小皮球和广播操比赛。是年9月，黔西县举办中小学游泳比赛，243名运动员参赛。1966年4月，黔西县举办中学生女子篮球运动会。1968年9月，毕节县举办篮球邀请赛，毕节地区各县男、女球队和四川省宜宾运输公司、叙永县、古蔺县代表队应邀参赛。1970年，黔西县举办中学生篮球运动会。1971年2月，黔西县举办春节篮球赛，参赛运动员280名。是年7月，赫章县举行民兵运动会，36支男女运动队400名运动员参赛。1972年6月，毕节县举办全县民兵篮球运动会，邀请云南省镇雄、威信县和四川省叙永、古蔺县及区内威宁等县代表队参赛。1973年2月，黔西县举办篮球和田径运动会，535名运动员参赛。是年5月，举办小学生篮球、足球、游泳运动会，1633名少年运动员参赛；8月，赫章县举办中学生运动会，12所中学24支男女篮球队和6支男女排球队计300多名运动员参赛。1974年6月，黔西县承办全省小学生小篮球运动会。1976年7月，毕节县为纪念毛泽东主席畅游长江10周年，举办横渡倒天河水库游泳比赛，数百人参赛。是年8月，赫章县举办云、贵、川三省毗邻7县篮球联赛，217名运动员参赛。1977年8月，赫章县举办云、贵、川三省毗邻8县中学生代表队篮球运动会；黔西县举办黔西、大方、金沙、织金、清镇、修文县篮球联赛。

1979年9月，毕节县举行道德风尚良好体育月活动，46个单位参加篮球、乒乓球、羽毛球、象棋、小口径步枪射击、拔河和赛跑竞赛。1980年8月，毕节县举办云、贵、川三省毗邻8县篮球联赛；黔西县承办贵州省少年儿童乒乓球运动会。是年10月，毕节县举办城区篮球定级赛，56支男女篮球队参赛，经过250场角逐，将参赛队定级为甲、乙、丙三级球队。1982年5月，赫章县举办射弩、摔跤、芦笙、打秋千选拔赛。是年7月，赫章县举办民兵运动会，10支运动队120名运动员参加射击、投弹、篮球等项目比赛。1986年5月，黔西县举办“雏鹰杯”田径、乒乓球运动会，805名中学生运动员参赛。1987年4月，黔西县承办全地区师范学校篮球和棋类运动会。5月，大方县举办大方、黔西、纳雍县篮球联赛。1993年10月，毕节县举办“丰收杯”农民运动会。1994年，各县举办春节运动会。1996年4月，黔西县举办黔西、大方、织金、纳雍和六盘水市钟山区男女篮球赛。是年，黔西、织金县举办“友谊杯”武术擂台赛，近百名武术运动员参赛。1997年8月，大方县举办“四县一区”篮球联赛。

## 第五节　体育场馆建设　体育产业

### 一　体育场馆建设

清末至民国初年陆续引进现代体育运动项目，促进学校和民间体育场馆建设。20世纪40年代，各县中学和中心国民学校均建起土质简易体育场，开展篮球、田径及体操运动。毕节、大定、黔西、织金和威宁有驻军校（操）场，学校和民间都利用作为体育场进行体育活动。

中华人民共和国成立后，中共组织和各级政府重视体育事业建设，投资兴建公共体育场地以满足学校教学及民众体育活动的需求。据1992年统计，全地区有标准运动场4个，小运动场13个，游泳馆2个，游泳池2个，有固定看台的灯光球场15个，体操房1个，篮球场794个，排球场14个，射击场1个，天然游泳池1个。其后，加大体育场馆建设力度，至2004年，全地区有运动场7个，小运动场75个，田径场14个，足球场8个；有固定看台灯光球场10个，标准篮球场1766个，非标准篮球场322个，室内篮球场1个；排球场17个，羽毛球场27个，门球场10个；乒乓球馆1个，乒乓球房10个、乒乓球场288个；体操房4个，体操场11个；健身房8个，健身场1个；室内游泳池2个，室外游泳池12个，天然游泳池1个；网球场3个，棋牌房4个，台球房2个，保龄球房1个，室外射击场2个，击剑房4个，健身路径8条。

**学校体育场馆建设** 1.中小学校体育场馆建设。至2005年，全地区中小学校建有篮球场2001个，排球场14个，足球场10个，羽毛球场169个，小运动场71个，健身房10个，体操房18个，乒乓球场273个，室外游泳池2个，其中新建的初级中学284所，校校建有标准的水泥篮球场；普通高中学校88所，每校均有标准水泥篮球场1～2个。

2.大中专学校体育场地建设。据2006年统计，全地区有大、中专学校11所，有篮球场20个，羽毛球场2个，网球场1个，乒乓球场15个，乒乓球馆1个，体操房1个，室内球场1个，环形跑道田径场2个，足球场2个。其中，毕节学院有400米环行跑道的标准田径场一个，总面积1.6万平方米，设6条跑道，田径场长182米、宽88米；每节看台长170米、宽0.4米，可容观众2900人；田径场内设有足球场、跳远场地、铁饼场地、铅球场地和标枪场地。建有室内篮球场1个，长29.3米、宽17.4米，总面积510平方米，有6级看台，可容观众590人。建有室内乒乓球馆1个，总面积224平方米，内设木制乒乓球桌14台，室外设水泥乒乓球桌5台。建有中心篮球、排球场，长64米、宽18米，总面积2416平方米，设标准水泥篮球场3个，排球场1个，建有河边体育场，长122米、宽43米，总面积5189平方米，内有标准篮球场8个，排球场2个；并在篮、排球场两面分建有2级和4级看台，长110米，可容观众2200人，还安有单杠7副、高低杠3副、双杠12副、大众健身器材3副。建有网球场1个，长36米、宽21米，总面积756平方米。毕节学院的体育场馆建设总面积2.56万平方米。

**机关厂矿及社区体育场馆建设** 1.机关及企事业单位体育场馆建设。20世纪50～70年代，地、县、区（镇）党政机关都建有篮球场，不少单位还有乒乓球场；企事业单位，主要是粮食系统和供销社系统，在各区粮管所和供销社都建有较标准的三合土水泥篮球场。

2.厂矿企业体育场馆建设。地区厂矿企业和各县较大型的厂矿企业，多建有标准的篮球场或灯光球场，部分厂矿企业建有排球场、羽毛球场和乒乓球场，尤以地区烟厂、复烤厂、化肥厂、水泥厂和毛纺厂体育场馆建设较为完备。据2005年底统计，全地区厂矿企业有标准篮球场54个，门球场5个，羽毛球场4个，乒乓球房16间，网球场1个，保龄球房1间，台球房2间，棋牌房2间，体操房3间，健身房8间，灯光球场3个，室外游泳池3个，足球场1个。

3.社区体育场馆建设。随着全民健身运动的兴起，以城镇为中心的社区体育场馆建设有所发展。一是以毕节城区为中心的大批游泳池已建成。现有天河游泳池、林山秀水游泳池、阳山公园游泳池、凯迪果园游泳池、泰丰园游泳池、五里山庄游泳池，还有五里坪、德沟、流沧桥、草堤冲和三板板，已建游泳池20余个开馆营业。二是在毕节电视塔的沙帽山，由民间捐资，已建成水泥运动场地8个、标准水泥羽毛球场10个。三是民间开展的乒乓球场地、台球场、健身房场地、棋牌场地和保龄球场地到处可见。

**专业体育场馆建设**　中华人民共和国成立前，未建有专业体育场馆。中华人民共和国成立后，地县政府将专业体育场馆建设纳入建设计划，拨款兴建专业体育场馆。

1.以篮球场为中心体育场馆建设。地区总工会首先在小校场修建起1个标准水泥篮球场。继后，毕节县文化馆修建1个三合土篮球场。1958年，毕节县体委在小校场修建土质篮球场，次年改为三合土篮球场，随后建成县体育场，在四周砌成6级看台，安装电灯，成为毕节地区第一个有看台座位的灯光球场，可容纳观众2000人。此后，各县把体委的篮球场修建成县体育场，既可打篮球，也可进行排球、羽毛球和乒乓球赛。1962年，毕节县普宜区修建一个水泥篮球场，并安装电灯，成为全地区第一个农村灯光篮球场。1963年，黔西县总工会建成县域内第一个水泥灯光球场。1971年，地区体委在公园路修建一个可容纳观众4000人的灯光篮球场。1977年，毕节县体委又扩建小校场灯光篮球场，将看台座位6级改成12级，可容纳观众3500人。此后，地直各厂矿、地区各县专业篮球场建设发展更快。1993年，全地区有固定看台灯光篮球场10个，普通篮球场2088个，其中，毕节城区有标准水泥篮球场91个，基本满足众多篮球运动员需要。

2.运动场建设。（1）毕节小校场。位于今毕节专署办公驻地东侧。民国年间，是毕节驻军的中心操场，也是军民、学校运动的体育场。场内设有篮球场、排球场和足球场，还能开展田径等多项运动。中华人民共和国成立后，地区总工会和县体委在其西侧建成篮球场后，小校场地段逐渐被地区商业局、县电影公司等单位征用。（2）毕节大校场。位于今地区建筑公司为中心的地带。民国年间，既是军队的操场，也是居民的运动场，场内设有篮球场、足球场和环形跑道，大多数学校田径运动都在此地举行。1958年，军分区操场建成后，大校场被地区林业局和地区建筑公司征用。（3）毕节军分区操场。今爱民广场。1958年，毕节军分区在五龙桥西侧的倒柳村田坝修建1.5万平方米的操场，不仅供军分区部队出操、练兵之用，还提供给地、县机关召开各种群众大会和地、县体委举行各类大型体育运动会之用。场内设有足球、篮球、

毕节奥林匹克体育中心

排球、乒乓球、铅球、垒球、铁饼、单双杠、跳高、撑竿跳高、跳远、标枪、秋千和爬杆等运动设施，并建有400米环形跑道和可容纳100人的指挥台。21世纪初，军分区操场改建为爱民广场。（4）三板桥体育场。位于毕节城西之虎踞山脚下，中心长320米，宽约290米，占地139.5亩，总建筑4.3万平方米。其内包括田径运动场和体育馆、游泳池、综合馆及辅助用房和服务设施，是毕节地区功能较全较大的体育场馆。1988年8月动工兴建体育场，已建成田径运动场、足球场、网球场、门球场、练习房和辅助用房及服务设施。田径场和足球场为体育中心场，共有看台座位1.56万个。在东侧设置主席台，悬挑12米的倾斜大雨篷，设贵宾席200座；场内设有电视、广播和评论员工作座；看台有12个进出口，每个连接座椅区的座位不超过50个，以方便出进或疏散。田径运动场、足球场、网球场均严格按照国家标准设计和修建：标准400米环形跑道，其转弯半径为36米，8条跑道，每条宽1.22米，采用炉渣坪地，满足竞赛所有项目正式比赛。田赛场设置跳高、跳远、铅球、铁饼、标枪、链球等场地。足球场采用国内常用104×68米，球场地坪铺植草皮，四周设有喷洒水装置，以便于对草坪的养护。体育场配套工程有游泳池、比赛房和练习房待建。（5）夜郎体育馆。2005年7月11日，国家体育总局在赫章县实施雪炭工程，投资250万元兴建。

3.游泳池建设。1964年，省、地财政拨款在黔西水西公园右侧修建游泳池，由黔西县承办全省少年游泳运动会。1966年，地区体委在毕节县城公园路修建标准游泳池和儿童游泳池各1个，面积250平方米。1983～1985年，由省、地、县财政拨款53万元，委托毕节县体委承办，在倒天河响水滩筑坝修建1.15万平方米天然游泳池，平均水深2米，靠石坝处深7米，水质清洁。此后，在游泳池侧面修建男、女更衣室、厕所、职工宿舍和一个750平方米的综合训练场。据1993年底统计，全地区有游泳池15个，其中天然游泳池1个，室内游泳池2个。

4.其他体育专业场地建设。1975年，毕节军分区在城南娃娃塘修建有24个靶位的标准射击场1个，供地区射击运动员进行射击训练。是年，地区业余军事体育运动学校正式成立后，修建50米、40米、30米、20米、10米靶训练场，供射击运动员进行小口径步、手枪和气步、手枪及移动靶等多枪种的项目综合训练。此外，相应建设开展击剑、摔跤、射箭、拳击和跆拳道训练场地。

## 二　体育产业

1981年，毕节地区体育产业根据国家体委关于“要充分利用现有公共体育场馆实行有偿服务，组织收入，以弥补体育经费的不足”和1986年关于公共体育场馆要以行政管理型向经济管理型过渡的指导方针，实行以场养场、以馆养馆的目标要求，逐步开展和发展起来。

**体彩发行**　1.体育彩票发行组织。1996年，毕节开始发行销售体育彩票。按照上级规定，毕节地区是贵州省体育彩票管理中心的一个工作站，其主要职责是负责全地区体育彩票网点管理建设、种类营售、宣传、培训、表彰、兑奖工作，体育彩票终端机维护和保养工作，办理本地销售网点开通、停止、调整、恢复、移动、变更，在全地区组织发行销售体育彩票。

2.发行方式。体育彩票的发行销售为电脑型和即开型。电脑型体育彩票每注2元，由6位数彩票号码及一个特别号码组成，彩票号码范围为000000-999999，特别号码范围为0～4。各期开奖前，售出的电脑体育彩票，属该期开奖的有效彩票范围。即开型体彩属传统型或被动型彩票，购买者当场打开就能知道是否中奖。（1）电脑型彩票发行销售。1996年6月，毕节地区有电脑型体育彩票终端机40台，到2006年底达64台。发行销售玩法有：超级大乐透、七星彩、排列三、排列五、同花五、三十六选七、足球彩票、篮球彩票。1996年在8个县销售额为360多万元。2000～2001年销售1.3亿元，2002年销售900万元，2003年销售380万元，2004年销售480万元，2005年销售700万元，2006年销售2000万元，共获公益金273万元。（2）即开型彩票发行销售。1996年，毕节市开始发行即开型体育彩票，当年销售额为85万元，获公益金20万元。1999年，威宁、赫章县发行即开型体育彩票，当年销售300多万元．获公益金81万元。2000年，纳雍、赫章县销售120万元，获公益金32万元。2001年，毕节市，织金、黔西、赫章县销售160万元，获公益金43万元。2002年，毕节、威宁、纳雍县销售额180万元，获公益金48万元。

3.经济社会效益，在发行体育彩票明显得到以下社会经济效益：一是资助建成地区体育中心足球场草坪；二是资助建成赫章县体育中心看台场；三是资助建成毕节市、黔西县体育中心训练房；四是资助建成全地区18个单位实施的全民健身工程，购置健身器材316件；五是资助已建和拟建健身路径3条，篮球健身长廊1条，乒乓球健身长廊1条。据2006年底统计，全地区体育彩票销售网点64个，销售体育彩票量稳步上升。2008年，全区体育彩票销售网点达121个。2009年，全区体育彩票销售收入突破6000万元。

**出租场地**　自20世纪90年代中后期起，凡外单位借用地、县体育管理部门的场馆召开会议，举办联欢会、演出会和运动会，一律按规定收取场馆使用费和服务费。在体育场馆业务使用的淡季期间，对外提供用作商务展销及营业活动场地。地、县体育管理部门还把体育场、馆周边空地或空房改建成门面，或由本部门经营，或出租给其他人经营。地区体育局建门面150平方米，年租金收入8万元；地区体育中心建门面1866平方米，年出租三分之一，收入7万元；毕节市建门面100平方米，年收租金3万元；大方县建门面100平方米，年收租金5万元；黔西县建门面580平方米，年收租金9万元；织金县建门面100平方米，年收租金1万元；纳雍县建门面80平方米，年收租金2.5万元；威宁县建门面300平方米，年收租金2万元；黔西县建游泳池2个，年收租金1.5万元。

**开发公司**　1.毕节地区五环体育产业开发有限责任公司。建立于2004年8月，为地区体育局下属独立核算企业单位，注册资金为30万元。经营游泳池、体育器材、体育服装。

2.毕节地区腾飞体育娱乐中心。建立于2005年11月，注册资金56万元。经营地区体育局室内温水游泳池，室外游泳池、卡拉OK、蒸汽浴、餐饮等。此外，地区体育局与地区房地产开发公司在三板桥体育场地段联合开发建成商住楼一幢，计6000平方米，建成训练房一幢，计400平方米。

# 第二章　卫　生

民国及其以前，境内无传染病预防控制机构，传染病流行，为害甚烈；无妇幼保健机构，妇女儿童健康缺乏保障；无公立中医药机构；民国后期，始建立公立现代医疗机构卫生所，但直到1949年，全专区所属9个县卫生所，据不完全统计（缺黔西、水城），仅共计有医技人员40人，病床44张。广大人民群众处于缺医少药的困境之中。

中华人民共和国成立后，人民卫生事业迅速发展。20世纪50年代，专区及各县均建立人民医院，各区均建立卫生所，形成医药卫生事业的主力军。专区及各县均建立防疫队，进行传染病的预防控制。各县均建立妇幼保健站，开展妇幼保健工作。50年代中期，基本消灭天花，控制了斑疹伤寒、疟疾、猩红热等传染病。

20世纪80年代后，区内卫生事业迅猛发展。一座座医疗卫生大楼拔地而起，现代医疗设备不断充实，医疗队伍不断壮大，医疗技术日益提高，地、县人民医院均设内科、外科、妇产科、儿科、急诊科、放射科、检验科、药剂科（地区人民医院还设核医学科），不但治疗内、外、妇、儿科常见病、多发病，且能治疗诸多大病、疑难病症，为人民群众的健康提供了重要保障。传染病得到有效控制，1980年后，疟疾基本消失。1986年后，白喉基本消失。2000年，全地区法定报告传染病发病率已降至190.72/10万，死亡率降至38.38/10万，麻苗、百白破苗、脊灰苗、卡介苗“四苗”计划免疫覆盖率以乡镇为单位达85%。

至2005年，毕节地区有县级以上医院29个，乡镇卫生院345个，卫生监督所9个，疾病预防控制中心9个，妇幼保健机构9个，采供血机构4个，专科疾病防治院1个，医学教育机构4个，其他卫生机构2个；有病床5110张，各类卫生人员7322人，其中，卫生专业技术人员6717人；有村级卫生室（医疗点）3232个，各类乡村医生和卫生员9202人；还有私立医疗卫生机构（医院、诊所）近千个，医务人员千余人。

## 第一节　疾病控制

### 一　疾病控制机构

**疾病预防控制中心**　1.毕节地区疾病预防控制中心。1956年3月27日，根据贵州省人民委员会加强防疫工作的指示，建立毕节专署卫生防疫队，开展卫生防疫工作。地址始设专员公署内，时有队员12人，内设办公室、业务科。后迁东关坡。1958年3月，毕节专署卫生防疫队与省卫生防疫大队第十一分队合并改建毕节专署卫生防疫站，人员增至38人。专署防疫站占地6006平方米，建筑面积3890平方米。内设办公室、防疫科、卫生科、地区病科、检验科、食品卫生科、药库等科室。20世纪50年代，卫生防疫站主要以防治天花、疟疾、回归热、斑疹伤寒等疾病。1962年2月，毕节专署卫生防疫站更名毕节专区卫生防疫站。1963年，内设办公室、总务股、卫生股、检验股。当年，增设防疫股、药房，后改股为科。1972年1月，毕节地区革命委员会生产指挥部将毕节地区卫生局药品检验所合并到地区防疫站，设置药品检验股。1979年，毕节地区防疫站改称毕节地区卫生防疫站，人员增至62人，其中医务人员23人。1984年，地区防疫站迁文峰路210号。1987年，毕节地区结核病防治所并入地区防疫站，对内为地区防疫站结核病防治科，对外称毕节地区结核病防治所。20世纪80年代后，内设防疫科、环境卫生科、劳动卫生科、检验科、食品卫生科、地方病科、学校卫生科、后勤科、办公室。2002年4月，毕节地区行署根据国务院深化卫生体制改革精神，撤销地区防疫站、地区结核病防治所、地区皮肤性病防治所，分别组建毕节地区疾病预防控制中心（下称地区疾控中心）、毕节地区卫生监督所。疾控中心为毕节地区卫生局下属全额预算管理副县级事业单位。其职能为：贯彻执行党和国家有关卫生工作方针政策，拟定全地区疾病预防控制方案和技术规范，并组织实施；负责疾病预防控制的监测、评价、科研、培训和咨询工作；运用技术手段对化学性、物理性、生物性、社会性、心理性、环境性、职业性等因素所致疾病进行流行病学调查检测和危险因素监测，负责疫点、疫区及卫生学评价；指导全地区开展健康教育、健康促进工作以及行为干预；负责疾病预防和控制信息的收集、整理、统计分析、综合评价、反馈及疫情预测和报告等工作；拟定全地区免疫接种规划，并负责预防性生物制品的使用管理、技术指导及效果分析评价；参与重大疫情和突发疫情的调查，提出控制措施，参与对危害公共卫生中毒事件的调查；指导和承担全地区救灾防疫有关技术工作；指导和参与社会卫生服务及初级卫生保健工作；承担预防性体检工作及健康相关产品的卫生质量检测、出证和涉及公共卫生相关场所的卫生学评价的技术服务；参与预防医疗应用性科学技术研究，引进、推广适用技术和先进的预防医疗手段；承担地区卫生局交办的其他任务。地区疾控中心人员编制80人。2003年，地区疾控中心占地8422平方米，建筑面积1.07万平方米；有职工83人，其中卫技人员66人。

2.县市疾控中心。

（1）毕节市疾病预防控制中心。1951年3月，建立毕节县民族卫生巡回医疗队防疫分队。1957年2月，改建为毕节县卫生防疫站。1958年12月，县防疫站并入县人民医院，设卫生防疫股。1962年6月，恢复防疫站建制。1967年3月，改名毕节县防疫站革命委员会。1978年4月，恢复县防疫站称谓。1994年，毕节县撤县建市，毕节县防疫站改称毕节市防疫站。2002年10月，撤销原市防疫站，组建毕节市疾病预防控制中心，编制59名。2003年，毕节市疾控中心占地1050平方米，建筑1497平方米；在职职工61人，其中医务人员40人。

（2）大方县疾控中心。1953年，大定县卫生院巡回医疗队改为防疫队。1956年，从县卫生院划出，隶属县卫生局直接领导。1962年7月，改称大方县卫生防疫站。1967年12月，并入县人民医院。1970年3月，恢复防疫站建制。1988年，升格为副科级事业单位。1999年，全站编制人数60人，实有职工47人，其中卫技人员44人。2002年2月，撤销县卫生防疫站，改建大方县疾病预防控制中心。编制33人，实有32人。2003年，大方县疾控中心占地1180平方米，建筑面积1047平方米。

（3）黔西县疾控中心。1951年，在黔西县卫生院内设置公共卫生组。1953年3月，从县卫生院分出改建黔西县卫生防疫大队。1961年，改建黔西县卫生防疫站，1967年被撤销。1970年12月，恢复防疫站建制。2002年7月，撤销卫生防疫站，建黔西县疾病预防控制中心，隶属县卫生局领导，编制47人，实有职工45人。2003年，黔西县疾控中心占地3412平方米，建筑面积3412平方米。有职工46人，其中医务人员40人。

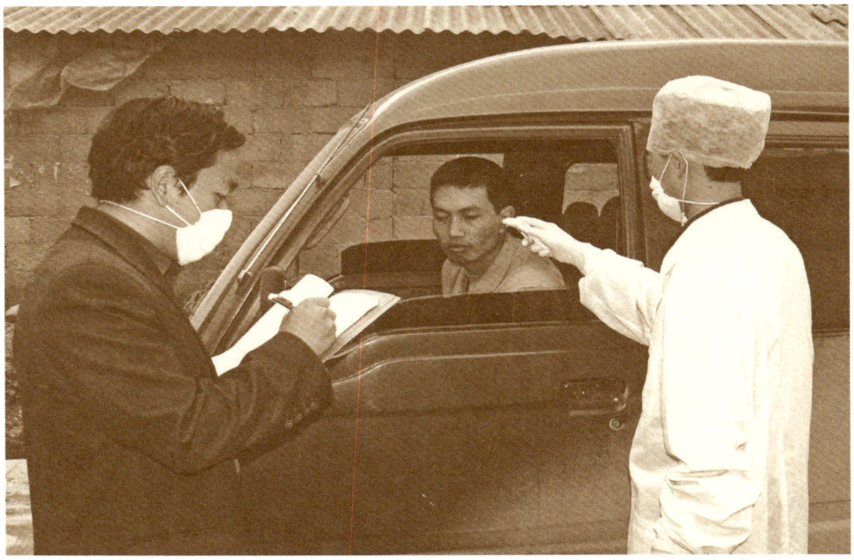

黔西县卫生防疫部门开展非典预防筛查

（4）金沙县疾控中心。1954年，在县卫生院内设置防疫组。1956年5月，建金沙县卫生防疫组，隶属县卫生科领导。1957年5月，改建防疫队。1962年，改建金沙县卫生防疫站，2002年7月，撤销原卫生防疫站，建金沙县疾病预防控制中心，有在职职工33人。2003年，金沙县疾控中心占地3320平方米，建筑1056平方米。

（5）织金县疾控中心。1955年，在县卫生院内设公卫组负责卫生宣传和防疫工作。1956年，独立设置防疫组，人员5人。是年下半年，防疫组、疟疾防治组合并组建县防疫队。1958年，贵州省卫生厅将织金县防疫队定级为三等防疫队。1962年，将县防疫队改建织金县防疫站，人员34人。1990年，人员增至61名，其中医务人员47名。2002年5月，撤销织金县卫生防疫站，组建织金县疾病预防控制中心，编制70人。2003年，织金县疾控中心有职工68人，其中卫生技术人员57人。

（6）纳雍县疾控中心。民国31年（1942），在县卫生院内设卫生稽查负责卫生工作。1950年，在县卫生院内设防疫、防疸组，组织开展全县卫生防疫工作。1956年5月，组建纳雍县卫生防疫队，有工作人员15人。1958年4月，更名为纳雍县防疫站。1959年，人员增至21人。1968年秋，撤销防疫站，并入县医院，设防疫组。1972年，恢复防疫站建制。有职工46人，其中医务人员41人。2002年，撤销纳雍县防疫站、纳雍性病皮肤病防治站，组建纳雍县疾病预防控制中心，有职工44人，其中医务人员35人。

（7）威宁县疾控中心。1952年2月，省卫生厅在威宁建贵州省卫生厅威宁消毒站，在威宁开展卫生防疫工作。1953年3月，更名为威宁县卫生防疫站，人员12人，其中卫技人员10人。1959年，县防疫站并入县医院，设置卫生防疫科。1961年3月，恢复县卫生防疫站建制。1968年，县卫生防疫站与县人民医院合并。1970年5月，恢复县卫生防疫站建制。1990年，有职工46人，其中医技人员41人。2002年7月，撤销县卫生防疫站，组建疾病预防控制中心和卫生监督所，有职工42人，其中卫生技术人员36人，建筑1850平方米。

（8）赫章县疾控中心。1951年5月，在县卫生院成立公共卫生组，负责全县卫生防疫工作。1956年5月，改建防疫组，与疟疾防治组合署办公。1957年1月，防疫组从县卫生院分出，建赫章县卫生防疫队。1959年3月，更名赫章县卫生防疫站。1968年4月，撤销防疫站，人员分散至各医疗单位。1970年4月，恢复县卫生防疫站。2002年12月，撤销卫生防疫站，改建疾病预防控制中心。2003年，赫章县疾控中心占地1809平方米，建筑面积820平方米，有职工30人。

3.织金县地防所。1982年，在县防疫站地方病防治组的基础上成立，有职工6名。主要调查研究织金县地氟病的致病因素和分布，氟中毒对人体的危害，以及其他地方病防治。1990年，人员增至10人。1999年，织金县被定为国家级及省级氟病监测点。2002年8月，撤销织金县地防所，业务、人员划归新组建的织金县疾控中心。

**麻风病（皮肤、性病）防治机构**　1.地区防治机构。（1）毕节地区撒拉溪医院。民国20年（1931），内地会传教士与当局取得联系，经民国政府毕威水绥靖司令部批准，拨大洋2000元，由德国基督教传教士苏宽仁女士以基督教中国内地会毕节分会名义在毕节撒拉溪创建撒拉溪麻风病院，收容遭迫害而流散于社会的麻风病人，并在毕节城西郊大水口附设保育院一所，收容不满15周岁麻风病人子女。由德国人苏宽仁任院长。1940年，英国人贝克继任院长。1945年，由加拿大人费济华任院长至1950年。1931～1949年，撒拉溪麻风病医院共收容治疗麻风病人约280人。1951年9月29日，贵州省卫生厅指示，由毕节地方政府接管撒拉溪麻风病院及保育院。时有职工39人，其中医务人员6人，病床250张。病员174人，保育孩子30人，房屋2000余平方米。是年12月24日，根据西南卫生部批示，将毕节撒拉溪麻风病院更名为贵州省毕节撒拉溪麻风病院。1952年，省政府拨款扩建房屋1500平方米，增设木床，添置棉被、棉衣、蚊帐，购置大量药品设备，增加医务人员。是年，撒拉溪医院有工作人员23人，床位272张，住院病人达300人。是年6月，根据贵州省人民政府行文通知，撒拉溪医院不再收容各县转送麻风病员。1952年5月，住院病人300人。是年，省拨款2亿元（旧币），修建干部培训班房屋。是时，毕节麻风病院成为贵州省治疗麻风病人及麻风病防治中心，支援20余名骨干新建安龙疗养院，指导本专区9县民政部门建立麻风村，培训业务骨干，指导收容隔离治疗病人。同时，开展中草药治麻风的研究，与省皮肤病防治研究所、省中医研究所在黔西麻风村试用“杀菌收风丸”治疗麻风，取得显著疗效，在全省麻风防治单位推广。自行研制苦参丸、扫风丸与氨苯砜联合，治疗麻风有效率达95.16%。1957年，建4个疗区，4个治疗室、4个换药室及供应室、手术室，能作一般骨科及腹部手术。技术革新100余项，被中共贵州省委、省人委评为一等先进单位。至1959年，有房屋5118.24平方米，收治麻风病人576人，治愈出院151人。1963年，病院医生戴富贵为麻风病人开展皮瓣植眉术成功，使许多病人消除无眉的痛苦。1978年，经省政府批准，创办毕节撒拉溪医院附设卫生学校，面向全省招生，为省培养麻风病防治专业人才。附属卫校是全国、也是全世界唯一一所培养麻风病防治专业的中等卫生学校。1981年，中国提出在20世纪末基本消灭麻风病的目标，撒拉溪医院配合省皮研所开展全省麻风病流行病学调查，培训基层麻风防治人员；配合毕节地区皮肤病防治所，进行麻风病联合化疗试点工作。1989年4月，毕节地区皮肤病防治所并入撒拉溪麻风病院，实行两块牌子一套人员开展麻风病防治工作，时有各类人员68人，其中专业技术人员48人。2000年，采用地区财政拨款加自筹方式，投资100万元，修建门诊业务用房1500平方米。建院至1995年，院内收治麻风病人1036例，治愈970例。2003年，全院有职工58人。其中医务人员36人。

（2）毕节地区皮肤病防治所。1984年，毕节地区行署批准建立，与毕节地区结核病防治所两块牌子、一套人员合署办公，编制6人，隶属毕节地区卫生局，承担全地区的皮肤病防治社会防治指导和管理工作。1989年4月，地区皮肤病防治所并入毕节地区撒拉溪医院。2001年3月，地区皮肤病防治所增设艾滋病初筛中心。2002年，机构改革，撤销地区皮肤病防治所，其人员编制划入地区疾病预防控制中心。

2.县市麻风病（皮肤、性病）防治机构。（1）毕节市大坪子医院。1958年，毕节县政府建立撒拉溪东山麻风村及何官屯大坪子麻风村。麻风村行政管理隶属县民政局，病人每人每月发生活费3.5元，自种粮食补充；卫生局管业务，医药费凭发票到卫生局列支。1962年，两村计有工作人员9人，病人450余人。1971年两村合并成立大坪子医院，隶属县民政局领导，业务由卫生局指导。时有工作人员10人，病人199人。1972～1977年，由省、地、市民政拨款修建病人住房石木结构瓦房9幢，约2000平方米，建职工宿舍及办公用房四合院式建筑4幢。相继成立化验室、消毒隔离室、诊断治疗室、中西药房。至1982年底累计收治病人876人。1984年有工作人员24人，病人30人。1987年，医院在毕节城区内创办门诊部。建院至2003年，做畸残手术20多例次。是年，医院编制16人，实有职工17人。其中医技人员10人。有房屋约3000平方米，均属危房。

（2）毕节市皮肤病防治站。1984年8月成立，隶属县卫生局。1988年，有职工11人。2002年撤销，皮防工作移交毕节市疾控中心。

（3）大方县麻风村。1955年，大方县政府根据省卫生会议精神，在坡脚牛集乡杨家大箐建成可容120人的麻风隔离村。1957年1月，经毕节专署批准，在双山素合乡建成麻风隔离村。两村均由县民政局管理。1959年9月，决定通过2～3年扩建，将牛集麻风村迁到素合麻风村。1960年10月，完成扩建迁村。1981年有工作人员18人，其中医务人员8人。1984年改称大方县新村医院，有工作人员21人。仍由县民政局管理。以后，随着病员减少，工作人员随之减少。1999年，有工作人员6人。2002年，撤销新村医院，病人防治移交县疾控中心。

（4）大方县皮肤病性病防治站。1984年3月，成立大方县皮肤病防治站，隶属县民政局，承担全县麻风病社会防治工作。1990年1月，改由县卫生局管理。1993年6月，改称大方县皮肤病性病防治站。2002年，撤销大方县皮肤病性病防治站，麻风病防治工作移交疾控中心。

（5）黔西县麻风村。1959年前，黔西县在大关区的三岔河、纸厂的罗圈岩、重新区的后槽建麻风村，收容隔离治疗麻风病人。1959年，合并3个麻风防治村，在距县城8千米的多罗坝建黔西县新村医院。医院占地370亩，隶属民政局、卫生局领导。1964年，通过民主选举，建立病区管理委员会，实行民主管理，病员自治。1984～1995年，共收治麻风病人1230人。是年，医院与黔西皮肤性病防治站合并。2003年，新村医院有职工25人，其中医务人员16人。有房屋104间，2100平方米。

（6）黔西县皮肤病防治站。1982年建立，承担县辖区内麻风病防治。隶属县卫生局领导。时有职工16人。1995年，与新村医院合并，统称黔西县皮肤病防治站，有职工21人，均为医务人员。2002年，撤销黔西县皮肤病性病防治站，麻风病防治工作移交县疾控中心。

（7）金沙麻风村。1957年，中共金沙县委决定在禹谟区协兴乡金光村建立麻风病隔离村，收治麻风病人，隶属民政局领导。1966年，麻风村更名金沙县立新医院。1968年，工作人员增至6人。1972年，有砖木、土木结构房屋共4864平方米。1977年，工作人员增至9人。1979年，再修石木结构房两栋，322平方米。医院占地100亩。

（8）金沙县皮肤病防治站。1985年1月成立，负责全县麻防工作，隶属县卫生局领导，时有职工2人。1988年，在罗马街89号修建办公用房450平方米。1990年，有职工14人。2003年，有职工12人。

（9）织金县麻风村。又名织金县康复医院。1958年9月，织金县在化处公社以那垮罗家寨建立麻风村，隶属县民政局，占有耕地300余亩。业务由卫生（科）局领导。村内建生产大队、小队、小组、副业组，病人自行组织管理。1960年，住村病人160人。1980年，麻风村有职工11人，病床213张。1984年后，实行社会防治，医院不再收新病人。据统计，1950～1990年，收治麻风病人698人，治愈308人，死亡99人，尚在治疗222人。

（10）织金县皮肤病防治站。1986年6月成立，职工4人，负责全县麻风病防治工作。1993年，设立皮肤、性病专科门诊，增加性病防治。1995年，织金县政协调查统计，1950～1995年，全县累计收治麻风病人730人，治愈480人。1997～2001年，收治麻风病人29例，全部实行规范联合化疗。1999年，织金县皮防站与地区皮防站配合，对县戒毒所刑拘人员265人进行艾滋病感染调查，查出HIV阳性病例6例；经省确认HIV感染4例，疑似感染1例。是年，县内发现各种性病38例。2002年5月，撤销织金县皮肤病防治站，麻风病防治工作移交县疾控中心。

（11）纳雍县麻风村。亦名东风医院。1956年3月，纳雍县在城关猫场乡斗篷村办麻风村试点，聘请草医用草药治疗麻风病人。是年底，在鬃岭公社仲家箐小队建麻风村收容病人。1957年，收容病人181人。1958年，有医务人员5人，有办公室、宿舍各1幢，共3.84万平方米，更名东风医院。1960年，麻风村移交县民政局。据统计1956～1988年共收容治疗麻风病人429例，治愈出院175例，死亡135例，外逃75例，续住院44例。1992年，住院病人26例，有职工32人。

（12）纳雍县皮防站。1982年9月建立，职工14人，负责辖区内麻风病防治。据统计，1956～1985年调查发现麻风病人574例。1988～1989年，举办各种麻风病培训班15期，培训基层麻防人员100余名。1991年，调查发现全县23个乡镇有现症麻风病人168例。2002年，撤销纳雍县皮肤病防治站，麻风病防治工作移交县疾控中心。

（13）石门坎麻风病院（村）。民国初年，住威宁石门坎英籍基督教会牧师柏格理将贵州威宁和云南彝良、镇雄等地麻风病人情况登诸报端，世界麻风救济协会见报致函柏格理，委托柏氏在石门坎开办一所麻风病院。民国2年（1913），柏格理收到世界麻风救济会所资助款项，购地一块，开始筹建石门坎麻风病院。民国4年，柏格理病逝，其继任者张道谦与传道士杨雅国、张武、钟焕然等于民国8年（1919），在石门坎砂锅厂建成病院，收治滇东北及威宁县麻风病人。1951年，威宁县政府接管石门坎麻风病院。1954年4月7日，石门坎病院合并给毕节地区撒拉溪麻风病医院。1956年11月，省政府批准恢复石门坎麻风病院。1987年12月，撤销石门坎麻风病院。

（14）赫章县麻风村。又名新光医院。坐落在妈姑镇砂石小水井。1956年秋筹建，占地50余亩，房屋约1200平方米。1958年，收治入院病人92人。1968年，改名为赫章县新光医院，属县民政局管理。1986年5月撤销，老残及无家可归病人继续留村治疗。据统计，1958～1988年，麻风村及皮防站累计收治病人344例。至2002年，麻风村房屋多年未维修，多已成危房；土地被当地村民全部占用。

（15）赫章县皮肤防治站。1987年8月建立。1991年5月，开展赫章县第二次麻风病流调，抽查1.54万人，新发现病人12例。1996年10月，地区皮防站派出7名骨干医生和车辆支援赫章县，开展赫章县第三次麻风病流调，调查4716人，新发现病人5例。2002年4月，配合省残联开展麻风病需求康复调查，调查赫章县死亡的麻风病人和成活的161例麻风病人，对麻风病家属547人进行体检，新发现病人1例。是年12月，撤销皮防站，与县防疫站合并组建赫章县疾控中心。

**结核病防治机构**　1984年，毕节地区建立结核病防治所。此后，各县相继在防疫站内建立结核病防治科（组）或慢性病科，开展结核病防治及管理工作。毕节地区皮肤病防治所与毕节地区结核病防治所，两块牌子、一套班子合署办公，编制6人。隶属毕节地区卫生局。1985年、1990年，参与活动性肺结核流行病学调查。其间，进行毕节地区中小学及高危人群肺结核流行病学调查，开展肺结核病例登记管理，培训地县区结核病防治业务骨干。1988年，毕节地区卫生局将毕节地区结核病防治所并入毕节地区防疫站，实行两块牌子、一套班子合署办公，外称毕节地区结核病防治所，内为毕节地区防疫站一个科。

## 二　毕节地区传染病、常见症流行概况

中华人民共和国成立前，常流行天花、霍乱、麻疹、伤寒、麻风等传染病。中华人民共和国成立后，从1951年起，毕节地区始收集登记各类传染病资料，共发现有资料记录的传染病30余种，常见病、多发病有肺源性心脏病、风湿性心脏病、地方性氟中毒等。甲类传染病有霍乱；乙类传染病有天花、白喉、麻疹、伤寒、痢疾、流行性脑膜炎（下称流脑）、斑疹伤寒、疟疾、猩红热、麻风等20余种；丙类传染病除血吸虫病和包虫病外均较常见。大部分传染病分布各地，少部分疾病具有发病地方聚集性。流行性出血热和钩端螺旋体病主要分布在金沙。斑

疹伤寒主要分布在威宁县和赫章县。有些疾病具有周期性，相隔若干年发生一次流行，造成相隔若干年发病例数激增，高峰年与低谷年患病人数相差较大，间隔期随疾病种类不同，自然免疫的抗体持续时间，人群免疫高低的变化而变化。乙型脑炎隔1年出现1个高峰，伤寒则5~8年出现1个高峰，最近1个高峰年为1998年。随着居民生活水平的提高，卫生事业的发展，一些疾病发病例数大幅度下降，重症死亡病人减少。麻疹历史上年年有发病，最高年的1959年达5万多例，死亡3600余人，1987年后发病大幅下降，年发病在2000例以下。百日咳也年年有发病，1964年死亡399人，最高年的1971年达4万多例，1987年后，发病大幅下降，年发病在200例以下。一些疾病随着疫苗的普种以及生活条件的改善，已经基本消失，偶有部分年份散发几例。1980年后，疟疾基本消失；1986年后，白喉病基本消失；2000年后，脊髓灰质炎未有发生。亦发现新产生的一些疾病。1990年，发现淋病以来，相继出现梅毒，特别是1997年在威宁发现区内首例HIV感染者后，性传播疾病的患者逐年上升。囿于性传播疾病发现和报告较为困难，未发现的患者比发现的患者要多得多。一些慢性传染病，由于较难医治，而且目前没有很有效的防治方法，传染性强，人群免疫水平不高，造成发病情况逐年上升。肺结核患者从1995年起呈上升趋势；病毒性肝炎也有上升。麻疹、痢疾、伤寒、乙脑等疾病常年占据发病榜前列；虽然与历史上相比，近几年发病数下降，但发病例数依然很多，这些疾病仍是防治重点。其他疾病常见的有肺源性心脏病、风湿性心脏病、地方性氟中毒等。

## 三　免　疫

**免疫接种**　清代，民间已有种痘防天花的方法。清道光八年（1828），大定即有痘医种水痘（介豆）防天花。民国20年（1931）11月，大定县种牛痘100人；民国25年（1936）4月，大定县普种牛痘。民国31年（1942），大定县预防接种扩大至三种疫苗，共接种4897人。是年，织金县卫生院种牛痘756人，注射霍乱菌苗2812人次。民国32年（1943），金沙县种痘700人，民国34年（1945）种痘2789人。民国36年（1947）后，大定县在城关及部分区实行春秋各种痘1次。20世纪50年代，毕节专区以普种牛痘防天花为主，同时开展伤寒、百白破混合疫苗接种。几年后，天花被消灭。60年代，增加脊灰减毒活疫苗、破伤风类毒素、炭疽菌苗、卡介苗免疫接种；70年代增加麻疹减毒活疲疫苗、流脑菌苗、乙脑疫苗免疫接种。1970~1983年，毕节地区每年进行1次突击接种。1975年前，毕节县在城镇、学校集中开展生物制品接种。1975年，开始在全县普种麻疹疫苗、脊髓灰质炎苗（简称“脊灰苗”）。此后，各县逐步进行“脊灰苗”、百白破疫苗普种。1978年，最后1次普种牛痘，凡半岁~40岁以下未种过牛痘者均接种。1979年，麻疹发病率由普种前的1177/10万降至62/10万；白喉由普种前的1142/10万降至359/10万；脊灰降至0.4/10万。达到省1980年的灭病指标。20世纪80年代起，根据世界卫生组织提出1990年全球实现儿童普及免疫及2000年人人享有卫生保健工作目标，中国制定计划免疫（下称计免）程序，毕节地区有计划进行免疫接种。

**计划免疫**　自1978年，毕节地区开始实施计免工作。1983年起，按《全国计划免疫工作条例》规定，开展“四苗”（麻苗、百白破苗、脊灰苗、卡介苗）基础免疫工作及加强接种工作，每年年初制定计免计划，坚持每年检查评比。1984年，开始冷链建设。1985年，全地区普及“三苗”接种，接种率由1983年13.9%升至67.68%。是年，在各县城关开展卡介苗接种工作。1987年，全地区冷链装备基本完成，并在近200万人口地区开展冷链运转。同年，加强计免冷链管理与监测，开展麻苗免疫后血清阳转率调查，抽查双份血清23份，阳转17份，阳转率73.91%。白喉易感性调查1138人，并对186人作锡克氏试验，阳性30人，阳转率16.13%；卡介苗免疫后阳转率调查，检查967人，阳转835人，阳转率86.35%。开展接种后的免疫水平调查。织金、威宁、赫章县0～3岁儿童卡介苗阳转率调查，共查241人，阳转152人，阳转率63.07%。在织金进行麻疹抗体水平调查，共查198人，阳性164人，阳转率83.83%。调查发现抗体水平低，未达保护人群的目的，证明疫苗保管，接种技术存在问题。是年，地区卫生局组织检查评比1986年计免冷链。当年建卡率96.79%，建证率90.6%，麻苗接种95.24%；百白破92.86%；脊灰苗95.24%；卡介苗92.86%。四苗接种覆盖88.57%。冷链运转县“四苗”覆盖率90%以上。1988年，全地区按上级要求，全面完成冷链建设，实施冷链运转，100%的乡、99.97%的村，96.57%人口实施冷链运转。各县“四苗”接种率均在90%以上。经国家卫生部、和贵州省卫生厅抽查，计免接种率达85%目标。1989年1月9～17日，WHO、卫生部、省卫生厅评审毕节地区计免工作。抽查纳雍、黔西、织金县18月龄儿童基础免疫情况。调查630名儿童基础免疫初种建卡率99.84%，建证率99.52%；基础免疫接种率为：麻疹苗94.44%，脊灰苗92.06%，百白破苗88.1%，卡介苗98.41%；“四苗”接种率均以地区为单位达85%以上。同年4月14～23日，地区卫生局组织检查毕节、大方、金沙、威宁、赫章县计免工作，共查75个点，525名儿童基础免疫接种率、18月龄接种率均在85%以上。1990年12月23～29日，贵州省计免第二个85%预审评现场会在毕节召开。会议期间，评审毕节县9个区、30个点内210个适龄儿童基础免疫接种情况，评审认定“四苗”接种覆盖率均达85%以上。是年，全省计免检查毕节地区获171.47分（总分200分），在全省地、州、市中排名第七。是年，地区卫生局组织调查大方、纳雍、织金、威宁县13个区、22个乡镇、38个村1990年4月30日后出生5955名儿童的免疫情况，5718人免疫，免疫率96.02%；1987、1988年出生儿童2271人，建卡率51.92%，完成基础免疫仅921人，服苗率40.55%。1991年，地区及各县均成立计免领导小组，地区成立计免评审领导小组，领导实施计免工作。1992年，毕节地区卫生局制发《毕节地区计免工作考评办法》。1993年3月，地区卫生局组织评审全地区计免。抽查240个村，1680名儿童，抽查确认建卡1615份，建卡率96.13%；建证961份，建证率54.52%。毕节、大方、金沙县被评为先进县。是年，全地区从事计免工作人员2852人，乡村医生2553人。1995年，麻疹等疾病暴发流行。是年7月12～20日，地区卫生局召开全地区计免工作研讨会。省派专家到会指导讨论计免对策。1997年，省卫生厅转发国家卫生部《关于加强贵州省计免薄弱地区工作行动计划》通知要求：计免冷链运转6次以上；建卡率达85%；四苗接种率达80%；强化免疫率达90%；AFP报告率达1/10万，60天随访达80%；乙肝，每个县一个乡开展试点。是年后，各县市根据卫生部、省卫生厅的要求，继续做好免疫接种工作。至2000年，毕节地区麻疹发病率降至2.89/10万，比1986年降95.91%；百日咳发病率3.18/10

万，比1986年降60.5%；当年无脊灰、白喉病例发生。毕节市和赫章、金沙县被评为先进县。2005年，地区疾控中心利用疫苗专用冷藏车向各县市运送疫苗各4次，各县、市均按要求完成6次冷链运转；全区实种卡介苗8.57万人，脊灰糖丸24.52万人，打百白破针27.39万人，打乙肝疫苗针18.6万人。是年，全区报告AFP病例64例，报告发病率3.11/10万，75天随访表及时报送率75%。2007年，组织开展入学入托查验接种证及补种工作，发放查证补种用糖丸58.6万粒，百白破三联8.03万人，百白破二联82.6万人，麻苗10.86万人份。是年，报告AFP病例40例，报告发病率1.75/10万。2008–2009年，毕节地区获贵州省卫生厅配发免疫规划冷链设备及信息化设备一批，计有8立升低温冷库1台，20立升常温冷库3台，8立升常温冷库10台，常温冰箱170台，低温冰箱50台，小冰箱1800个，冷藏箱542个，冷藏仓1300个，电脑314台，打印机304台，小型疫苗运输车5辆。2011年1月，完成2010~2011年大方、黔西、织金3县第二轮脊灰强化服苗活动，应种儿童15.79万人，实种15.51万人，接种率98.23%。4月，组织除威宁县外7县市2006~2007年出生儿童乙脑强化免疫活动，应种儿童11.66万人，实种11.34万人，接种率97.25%。10~12月，组织开展8县、市消除麻疹和消灭脊灰强化免疫活动，第一轮脊灰苗应接种33.04万人，实种32.10万人，接种率97.15%；第二轮脊灰苗强化和查漏补种26.9万人，实种26.12万人，接种率97.10%；苗麻查漏补种学龄前儿童，应种20.59万人，实种19.9万人，接种率96.65%；小学生应种28.51万人，实种27.87万人，接种率97.65%，是年，地区疾控中心利用疫苗专用冷藏车向各县市运送疫苗、注射器9次，计运送卡介苗29.8万人份，脊灰糖丸124.57万人份，麻疹疫苗59万人份，百白破15.5万人份，麻腮风二联苗9.95万人份，麻腮风三联苗9.9万人份，白破二联苗32.8万人份，甲肝苗9.9万人份，乙肝苗10.95万人份，A群流脑苗27.9万人份，A+C苗20万人份，精制乙脑苗19.9万人份，注射器85.44万支，安全盒9600个。同年，各县、市均完成6次运转并上报报表，除乙肝疫苗首针接种率为87.8%，其余各苗报告接种率均大于95%。

### 毕节地区部分年份计免接种率统计表

单位：%

| 年　份 | 年　龄 | 建卡率 | 麻苗 | 百白破 | 脊灰苗 | 卡介苗 | 四苗覆盖 |
|---|---|---|---|---|---|---|---|
| 1984 | | | 62.5 | 39.29 | 55.12 | | |
| 1985 | | 89.7 | 79.58 | 75.06 | 76.43 | 42.85 | |
| 1986 | | 96.9 | 93.33 | 92.86 | 93.51 | 92.86 | |
| 1988 | 18月龄 | | 89.91 | 91.40 | 90.76 | 90.62 | |
| 1989 | 12月龄 | 79.89 | 71.79 | 74.35 | 87.14 | 65.71 | |
| | 18月龄 | 86.67 | 81.61 | 84.29 | 90.95 | 86.13 | |
| 1990 | 12月龄 | 68 | 72.54 | 62.06 | 64.92 | 83.33 | 56.19 |
| | 18月龄 | | 84.76 | 76.51 | 79.68 | 88.73 | |

续表

| 年　份 | 年　龄 | 建卡率 | 麻苗 | 百白破 | 脊灰苗 | 卡介苗 | 四苗覆盖 |
|---|---|---|---|---|---|---|---|
| 1991 | 12月龄 | 96.43 | 86.31 | 82.44 | 83.63 | 92.26 | 77.68 |
| | 18月龄 | 92.86 | 93.75 | 93.75 | 95.24 | 90.77 | |
| 1992 | 12月龄 | | | 80.71 | 84.34 | 87.61 | 76.72 |
| | 18月龄 | | | 90.00 | 92.08 | 93.63 | 86.96 |
| 1993 | 12月龄 | | 84.82 | 80.71 | 84.34 | 87.61 | 76.72 |
| | 18月龄 | | 91.3 | 90.00 | 92.08 | 93.63 | 86.96 |
| 1997 | | | 76.89 | 78.15 | 76.00 | 79.61 | |
| 2000 | | | 150513<br>85 | 105499~113616<br>85 | 102093~104047<br>85 | 118470<br>85 | 85%以上 |

注：2000年的各项接种率在85%以上

**计划免疫保偿**　1987年6月，毕节地区推行计划免疫保偿（简称：计免保偿），大方县率先试行。1988年8月，毕节地区行署批准施行《毕节地区计免保偿试行办法》，实行有偿和无偿相结合的计免接种制度。《办法》规定：1.对象：0～7岁儿童，0岁为重点。2.入保方法及保偿金额：入保最短3年，最长7年。入保7年，收取入保经费10元，入保3年，收取入保经费5元。入保者进行6种相应疫苗免费接种。接种后有相应疾病发生，给予相应赔偿，其中发生麻疹、百日咳，赔偿100元；发生结核性脑膜炎、破伤风，赔偿200元；发生脊灰、白喉，赔偿350元；发生死亡，赔偿500元。1989年2月止，全地区在20.52万人口的地区开展计免保偿工作。0～3岁儿童入保7.49万人，入保率80.26%，收取入保经费12.6万元。至6月，全地区在69个区、425个乡290.75万人口的地区开展计免保偿工作。0～7岁儿童入保19.5万余人，入保率33.66%，收取入保经费30.678万元。1989年8月13～15日，贵州省计免保偿现场会在毕节县召开。毕节县龙场营卫生院介绍开展计免保偿经验。至是年底，全地区有349.53万人口开展计免保偿工作，占全地区总人口的60.89%。0～3岁儿童27.1万人，入保14.12万余人，入保率52.21%，收取入保保偿经费34.07万元。1990年，毕节地区人口592.84万人，0～7岁儿童入保率29.93%，0～1岁儿童入保率63.5%，收取入保保偿经费23.8万元。各县逐步开展凭证入托入学。1991年，在202.99万人口地区开展计免保偿，占全地区总人口33.8%。0～3岁儿童3.98万人，入保2.51万人，入保率62.97%，收取入保经费12.45万元。抽查入托952人，凭证入托945人，凭证入托率99.05%；抽查，入学774人，凭证入学719人，凭证入学率92.89%。

**消灭脊髓灰质炎与强化免疫**　1990年，织金县9个区23个乡部分发生脊髓灰质炎（简称“脊灰”）暴发流行。地、县有关部门组织防疫、医疗人员赴疫区防治，扑灭疫情；同时开展应急服苗。应服苗儿童4.93万人，实服4.56万人，占92.51%。是年，纳雍县脊灰发病较高，防疫部门在全县开展应急服苗，使疫情得到控制。1993年，卫生部制定《全国消灭脊髓灰质炎强化免疫日活动实施方案》，要求在全国开展消灭脊灰强化免疫。毕节地区卫生局印发《毕节地区第一次消灭脊髓灰质炎强化免疫日活动计划》，并制定全地区强化免疫实施方案。地区财政、卫生局共同拨出经费6万元到各县开展强化免疫工作。全地区第一轮服苗44.4万人，服苗率88.73%；第二轮服苗46.18万，服苗率90.21%。至此，毕节地区每年12月，次年1月均开展2轮强化免疫工作。2000年2月，毕节地区首次组织专家进行AFP鉴定活动，对1999年全区报告40例脊灰疑似病例进行鉴定。经省、地专家审核，非AFP病例2例，AFP病例38例。15岁以下儿童AFP病例报告率为1.77/10万。2001年3月，联合国儿基会官员董胜利，中国无脊灰证实专家、中国工程院院士赵凯，中国预防医学科学院计免专家王莉霞，北京生研所计免专家陈海平赴毕节地区督导消灭脊灰强化服苗工作。督导组先后抽查地区医院、毕节市、赫章县平山乡和野马川镇、威宁县城关，小海镇等地强化服苗工作。督导组对毕节地区强化服苗工作给予高度评价。是月，应卫生部邀请，日本国际协事业团（JICA）专家山本悌司小林诚石川尚子，在卫生部预科院、贵阳医学院、省防疫站专家陪同下到毕节地区考察AFP监测工作。共查病例19例，符合临床病例4例。

**乙肝免疫**　1992年，毕节地区卫生局下发《关于推行乙肝免疫接种通知》，将乙肝疾病纳入免疫接种范围。决定从1992年1月起，实施新生儿、学前儿童乙肝免疫接种。是年，举办甲乙丙型肝炎实验室诊断技术与方法培训班，培训医务人员40余人。1993年，地区卫生局下发《关于做好乙肝疫苗接种工作通知》要求各县推行乙肝疫苗免疫接种，城区新生儿接种，毕节、金沙达85%，黔西、大方达80%，织金、纳雍、威宁、赫章达60%；毕节、金沙在条件好的乡选择试点推广。1997年，全地区认购1997～2000年乙肝疫苗13.39万份，价值147.32万元。是年，各县市在城关开展乙肝疫苗接种工作。

## 四　慢性传染病控制

**麻风病控制**　1.毕节地区麻风病防治概况。民国4年（1915）后，先后由英籍传教士柏格理在威宁县石门坎、德籍传教士苏宽仁在毕节县撒拉溪建立麻风病院，收治麻风病人。中华人民共和国成立后，国家重视对麻风病的防治。1953年，贵州省卫生厅、贵州省民政厅下发《关于各地散在麻风病患者处理问题的通知》，要求建立收容点，收治麻风病人。1956年后，各县执行中央"积极防治，控制传染"方针，在对麻风病员调查摸底的基础上，由民政、卫生等部门拟定计划，选择地点修建麻风村，对病员进行强制收容和隔离治疗。据1959年统计，全专区建麻风村14个，强制收容、隔离、治疗重症麻风病人1511人。工作延续至20世纪80年代初。80年代后，地区及各县建起麻风病防治机构，对麻风病人施行以家庭为主的社会防治。至1985年底治疗现症病人410例，治愈230例，治疗率98.342%，有效率84.63%，治愈率61.17%。1987年，发病率降到0.59/10万，患病率0.16‰。1990年，毕节县累计有麻风病人1158例，大坪子医院累计收治826例，治愈498例，12.85%复发。继1986年毕节县作为中国政府与世界卫生组织合作的联合化疗麻风症现场工作点，进行以家庭为主的社会防治后，其余各县都参与世界卫生组织合作的联合化疗治疗麻风病工作，使大批麻风病人得到康复。2003年，除毕节地区撒拉溪医院和直属各县民政部门的8个麻风村外，区内各麻风病防治机构均被撤销并入疾病预防控制中心。至2003年，毕节地区累计发现麻风病6887例，死亡1360余例，外迁及失联系660余人，治愈存活2788例，1500例存在不同类型的畸残，2307例进行MDT治疗，尚有现症病人164例。2005年，全地区麻风病患病率由20世纪50年代的1.2‰左右，降到0.023‰，达到国家规定的基本控制目标。

2.麻风病流行病学调查。1950年8月，毕节专区开展麻风病流行病学调查，初步发现麻风病人1000人左右，居全省之首。1957年，北京皮肤性病研究所、省皮肤性病防治所在黔西县组织开展麻风病线索调查，共查423户家庭，1790人，发现麻风病患者605例，患病率1.72‰，1户发病1例354户，1户发病6例2户，全家发病者7户。1959年9月统计，全专区除毕节县外，8个县共有麻风病人2009人。其中大方县480例、黔西县605例、金沙县59例、织金县322例、纳雍县285例、威宁县106例、赫章县75例、水城县77例。1963年5月、8月，毕节专区抽出医务人员与省防疫站人员组成4个工作组，到全专区10个麻风村调查搜集有关麻风病流行病学资料。经调查统计，估计全专区有麻风患者4365人，发现2691人，近年死亡391人，住村病员1138人，逃跑出村436人。1981年10月，毕节撒拉溪医院医务人员15人，附设卫校毕业生50人，与省、县相关人员调查毕节县麻风病状况，查出麻风新病人111人，现症病人293人。

3.麻风病社会防治。20世纪80年代后，治疗麻风病由强制收容、隔离治疗改为社会防治。1984年，成立毕节地区皮肤病防治所，专职从事麻风病防治工作。此后，各县相继成立麻风病防治专门机构，专事麻风病社会防治。1985年，全地区累计发现麻风病人5284人，当年治愈病360人，历年治愈病人数1972人。1986年起，毕节地区与世界卫生组织联合开展化疗研究，缩短病人治疗时间，大量病人在短期内治愈。1986年，全地区累计发现麻风病人5762人，当年治愈病511人，历年治愈病2483人。1989年，毕节地区皮肤病防治所与撒拉溪麻风病院合并，麻风病社会防治工作移交撒拉溪麻风病医院。至2003年，全地区累计发现麻风病6887例，死亡1360余例，外迁及失联系660余人，治愈成活2788例，1500例存在不同类型的畸残，2307例进行MDT治疗，尚有现症病人164例。

### 1985～2003年毕节地区麻风病人联合化疗（MDT）统计表

单位：例

| 年　份 | 当年发现 | 累计发现 | 复发病 | 现症病 | 当年治疗 | 当年治愈 | 累计治愈 |
|---|---|---|---|---|---|---|---|
| 1985 | 449 | 5631 | | 1937 | | 360 | 1972 |
| 1986 | 131 | 5762 | 10 | 1506 | | 511 | 2483 |
| 1987 | 91 | 5853 | 16 | 1491 | | 76 | 2559 |
| 1988 | 66 | 5919 | 9 | 1406 | | 147 | 2706 |
| 1989 | 101 | 6020 | 5 | 1304 | | 154 | 2860 |

续表

| 年　份 | 当年发现 | 累计发现 | 复发病 | 现症病 | 当年治疗 | 当年治愈 | 累计治愈 |
|---|---|---|---|---|---|---|---|
| 1990 | 113 | 6133 | 15 | 1318 | | 76 | 2936 |
| 1991 | 91 | 6224 | 8 | 1238 | | 96 | 3032 |
| 1992 | 91 | 6315 | 4 | 1130 | | 169 | 3201 |
| 1993 | 53 | 6368 | 3 | 960 | | 213 | 3414 |
| 1994 | 51 | 6419 | 4 | 917 | | 83 | 3497 |
| 1995 | 58 | 6477 | 4 | 314 | | 670 | 4167 |
| 1996 | 47 | 6524 | 2 | 317 | | 246 | 4413 |
| 1997 | 45 | 6569 | 8 | 109 | | 50 | 4463 |
| 1998 | 51 | 6620 | 3 | 107 | | 50 | 4513 |
| 1999 | 63 | 6683 | 2 | 101 | | 47 | 4560 |
| 2000 | 56 | 6739 | 2 | 115 | | | |
| 2001 | 67 | 6806 | 0 | 222 | | | |
| 2002 | 41 | 6846 | | | | | |
| 2003 | 33 | 6887 | 3 | 293 | 168 | | |
| 合计 | | 6887 | 95 | | | | 4560 |

4.麻风病康复工作。1987年，卫生部制发《关于加强麻风康复工作的几点意见》，1996年，毕节地区卫生局根据卫生部的《意见》要求成立麻风病康复领导小组、麻风病康复督导小组、麻风病康复技术指导小组等组织，领导、督促、指导毕节地区麻风病康复工作。1997年2～3月，毕节地区组织1260例麻风病人进行畸残调查，筛选出康复治疗病员566例。调查后，组织病员进行自我护理方法培训，使患者在日常生活及劳动中增强保护意识，进行自我康复。省、地共投入资金7.9万元，支持康复工作。1999年，与国际麻风救济会（TLM）签订麻风康复项目，发放防护鞋410双，566例病员学会自我护理，98%病员减少手足皲裂，98%病员减少红眼，溃疡下降49%。2003年8月，为毕节市、黔西县麻风病人开展眼科手术，共做眼科手术43例。此后，在毕节市20个乡镇办事处和大方6个乡镇为110名麻风病人做外眼手术畸残手术。

5.麻风病人福利。中华人民共和国成立前，创办麻风病医院救治麻风病人，经费主要靠国际社会捐助救济及自己劳动补助自给。中华人民共和国成立后，政府最初将病人强制收容、隔离、治疗，药费全免，补助一定生活费，自己劳动增加部分生活资料。1951～1952年，威宁县民政科拨款700万元（旧币），解决石门坎麻风病院病人生活困难问题。1956年，各县麻风村每月由民政局拨给每人34.5元生活补助费，县卫生科负责麻风病人每年发单衣2套、3年发棉衣2套、棉被1床、垫单一床、面盆1个、蚊帐1床；每人每月由政府拨给伙食费6元，鞋袜及卫生费1.5元，平均每张病床月占开支经费25元（含工作人员工资）。2003年，麻风村（院）麻风病人生活费：撒拉溪医院、毕节市大坪子医院每人每月104元，纳雍县东风医院病人每人每月80元、医药费50元。大方双山麻风村50元，织金县康复医院、威宁县石门麻风村30元，赫章县麻风村、金沙县麻风村15元，黔西金碧新村20～40元。

6.麻风节庆祝活动。1983年，世界卫生组织决定每年1月最后1个星期日为国际麻风节。1987年11月27日，中国麻风防治协会理事扩大会第三次会议决定，从1988年起，将国际麻风节定为中国麻风节（下称麻风节）。从1988年起，毕节地区各级政府，年年举行麻风节庆祝活动，动员社会支持麻风病防治工作。每逢年度麻风节，地县市党委、政府、人大、政协领导成员都要深入麻风病院、村慰问麻风病人及麻防工作者，为病人送生活物资。宣传防治麻风病，鼓励病员战胜疾病，争取早日康复。

7.消除麻风运动。1999年，贵州省安排开展消除麻风运动。毕节地区卫生局资助每县2万元，省卫生厅配套1万元，各县配套1万元，开展消灭麻风运动活动。是年7～10月，在毕节市培训乡镇村人员，发现新病人20例。1998～2000年，大方县、织金县发现新病人较多。2001年，省卫生厅行文要求在大方、兴仁、荔波、织金、晴隆县开展消除麻风运动。大方县培训乡村卫生人员200余人，提供线索183个，查出麻风病人32例。织金县查出麻风病人13例。2002年，全地区组织调查麻风病患者及康复者畸残，共查4000余人，上报资料200人。2004年，毕节地区麻风患病率下降至0.023‰，达国家基本控制目标。

**结核病控制** 1.结核病流行病学调查。1979年3～9月，毕节地区组织人员参加全国第一次结核病流行病学抽样调查，抽样点为毕节县梨树坪公社联盟大队，大方县渣平公社渣泥、群兴大队，金沙县杨柳公社大兴、石新大队，织金县新果公社川洞大队，纳雍县凹书公社坪子大队，赫章县水塘公社水湖大队，共查1.51万人，其中活动性肺结核患病者44人，菌阳患病者4人。以此据估算，毕节地区活动性肺结核病人约1.57万例，菌阳病人约1272例。1984年，建立毕节地区结核病防治所，开展全地区结核病人管理工作。1985年，根据卫生部组织全国第二次结核病流行病学抽样调查安排，毕节地区进行第二次结核病流行病学抽样调查。地、县卫生局组建流调专业队，制定抽样调查实施方案，对毕节、大方、黔西、织金、纳雍、威宁县进行为期3个多月调查。应查8679人，实查8527例，调查率达98.25%；查出活动性肺结核病例17例，菌阳病例2例。患病率为199.36/10万，菌阳患病率为23.45/10万、全人口结核自然感染率13.5%。是年，调查1979～1985年住9所综合医院治疗活动性肺结核患者2512人，其中菌阳患病144例。1986年，在1985年全国随机抽样6个点上进行肺结核病年感染率、年发病率的调查，共查8227人，发现新感染221人，新发病4例，全地区年感染率为2.69%，年发病率0.49%。是年，毕节地区结核病防治所与大方县防疫站结防科，在鸡场区安化乡开展结核病调查，线索调查128人，流调5000余人，确诊病例35例，其中涂阳病例7例，患病率达700/10万，肺结核病流行严重。调查后，省、地、县联手对患者免费治疗，并安排乡村医生每月送药1次，1年内督促病人全程服药。1987年，毕节地区结核病防治所给毕节县城关二街555名0～7岁儿童作结核菌素试验及X光胸透，自然感染结核188人，确诊结核病例11例。结核自然感染率为33.87%，患病率980/10万。是年，发现在威宁县民族中学师生中不断发生肺结核病，地区结核病防治所与威宁县防疫站合作，蹲点威宁县民族中学，排查全校1959名师生，查出活动性肺结核病人38例，菌阳病人2例。传染源为一名教师，其所教班级学生感染率达100%。1988年，地区结防所在派出人员参加全省、全国防痨医师学习班学习的同时，举办为期20天的防痨医师学习班1期，学员30人；举办15天的查痰学习班一期，学员20人。是年，全地区结防部门，共调查15所小学，1.3万余名小学生结核病疫情，发现病人186例，其中涂阳病例5例，平均患病率达1428/10万，涂阳患病率达38/10万。1990年，根据国家卫生部开展全国第三次结核病流行病学抽样调查安排，毕节地区开展第三次结核病流行病学抽样调查。流调点有：毕节县青场区鲍家乡渔洞村，黔西县谷里区谷里镇居委会，金沙县安底木孔乡龙江村、龙滩村，织金县化起区化起镇果底村，纳雍县城关区复兴乡永明村、浪厂田村、兴隆村，威宁县二塘区草平乡天桥村、采掩村，赫章县城关镇狮子村。7个点抽样人口1.19万人，应查人口1.13万人，实查1.01万人，受检率达97.59%。7个点有6个点9357人作PPT试验，进行全人口自然感染结核菌调查，其中未种过卡介苗者8572人。查出活动性肺结核病人51例，菌阳病人9例，自然感染结核菌1890人，活动性肺结核发病率497.2/10万，菌阳患病率81.37/10万。全人口结核菌自然感染为22.05%。15岁以下儿童结核菌自然感染为9.89%。1989年，调查点内死亡66人，其中因肺结核病死亡1人。据调查估算，毕节地区有活动性肺结核病人2.94万例，菌阳病人6959例。1991年，毕节、赫章县进行年感染率、年发病率调查，抽样2990人，应检2855人，实检2781人，受检率97.4%。15岁以下儿童作PPD试验992人，阳性67人，阳性率6.75%。是年，调查地直部分大中专生，自然感染率45.1%，患病率1210/10万。1992年，再次调查地直部分大中专生，自然感染率40.53%，患病率990.76/10万；对地直振兴机械厂126名职工体检，检出活动性肺结核病9人；复查1990年结核病流调病人，落实治疗；调查毕节城区11所大、中、专学校教职工结核病；举办防痨医师骨干学习班1期。1993年，组织调查地直食品、环境卫生从业人员结核病，对1192人作PPD试验，复验956人，阳性反应588人，阳性率61.1%，强阳性反应366人，强阳性率36.36%。胸透1438人，肺部可疑96人。摄片诊为活动性肺结核病45人，痰涂片阳性1人。2000年7月，根据国家卫生部开展全国第四次结核病流行病学抽样调查通知，毕节地区进行第四次流调，共调查2111人，查出活动性肺结核病人18例，发病率为853/10万；菌阳病人9例，患病率为117.5/10万。全人口结核菌自然感染为22.05%，15岁以下儿童结核菌自然感染为9.89%。2002年，毕节市吉场镇梁都村、鲍家村，纳雍县阳长镇马店村发生医源性肺外结核感染事件，省、地、市、县领导深入发病现场调查了解发生疫情原因，安排部署处理疫情。经组织调查，在毕节市查出肺外结核病人175例；在纳雍县查出肺外结核病人50例，活动性肺内结核病51例。行署拨款6万元，对查出肺、内外结核病人全部给予免费治疗。2005~2008年，毕节地区疾控中心对毕节城区大中专和中学新生1.1万余人进行结核病检查。2010年，在全国第五次结核病流行调查中，毕节地区组建结核病流行病和抽样调查工作队，于4月15-28日，赴国家结核病流行调查办公室抽样确定的威宁县二塘镇新合村和明洞村进行抽样调查，对15岁以下儿童600余人进行PPD检查，对15岁以上成人1500人进行结核病拍片检查，对有可疑症状和胸片异常者236人进行痰涂片实验室检查，查出传染性肺结核9例，诊断活动性肺结核28例。

2.结核病防治。1984年前，区内设专门的结核病防治机构，由地、县医院设传染病房被动收治严重结核病病人。1984年7月，毕节地区行署批准建立毕节地区结核病防治所，负责组织指导全区结核病防治工作，编制3人。1984～1985年，区内各县先后在县防疫站设结防科，负责组织指导县域内的结核病防治工作。自是年起，根据国家卫生部、全国结核病防治中心和省卫生厅有关规定，开展活动性肺结核病人登记管理工作，对登记管理病人进行全程管理。1986年，召开全地区结核病防治标准化研讨会，统一发现、登记、治疗结核病病人、统一治疗标准；举办结核病防治专题讲座、结核病标准化疗、痰菌检查、卡介苗接种等培训班，共培训结核病防治机构、医疗机构骨干300余人；举办防痨医师学习班，80人参加学习；举办检验人员培训班，培训48人，统一规范治疗标准，推行开展痰涂片检查、诊断结核病。是年，各县培训防痨医师200余名，卡介苗接种人员2588人。1988年8月，贵州省卫生厅在大方县召开贵州省结核病防治工作经验交流会。1991年，地区结防所给1597名大、中学生接种卡介苗，接种前进PPD试验；是年，毕节、威宁、大方、黔西、金沙、赫章县进行BCG接种质量监测，共测24月龄内儿童450人，有卡痕423人，卡疤率达94%；PPD阳性295人，阳性率65.6%；7岁内儿童50人，有卡痕43人，卡疤率达86%；PPD阳性15人，阳性率24%。至是年，全地区登记管理活动性肺结核病人3348例，临床治愈病人1903例。活动性肺结核病病人由国家实施减免治疗，传染性病人免费治疗。1995年，根据《贵州省结核病管理办法》，毕节地区加强结核病归口管理。1996年，全地区有防痨人员36人；登记管理活动性肺结核病病人566例；将活动性肺结核病病例纳入传染病疫情报告管理。1997年起，毕节地区建立活动性肺结核疫情报告制度。2002年1月，中国结核病控制日本援助项目在贵州启动，毕节市、大方、织金、金沙县被列为项目县。是年，治疗病人932例。同年12月，世行贷款/英国政府赠款结核病控制项目毕节地区项目启动。2003年，黔西、赫章日援项目启动，2004年威宁、纳雍日援项目启动。2006年，地区举办进行贷款/英国赠款结核病控制项目中期评估培训班，组织开展评估工作。举办全区30家结核病防治机构与综合医疗机构合作实施结核病控制策略培训班，培训62人。是年，毕节市和大方、织金、纳雍、威宁县超额完成全年管理治疗涂阳肺结核病人任务。2008年，举办全区全球基金结核病项目综合医院与结核病防治机构合作开展结核病报病、转诊、追踪培训班及全球基金结核病项目管理培训班，全球基金第五轮防治培训班等各1期，培训209人次；召开全区全球基金第五轮结核病项目协调会议及世行贷款/英国赠款结核病项目工作会议各两次。2009年“3·24”结核病宣传日，全区发放宣传围裙6700个，宣传画1000张，宣传卡片2000张，传单2.1万份，环保袋4000个，接受咨询380余人次。2010年，全区完成初治和复治涂阳治疗管理肺结核病人任务107%和96%，完成重症涂阴和一般涂阴治疗管理肺结核病人任务113%和100%。2011年，全区完成治疗管理新涂阳肺结核病人任务的118%，复治涂阳肺结核病人任务的141%，重症涂阴肺结核病人的132%，初治涂阴肺结核病人任务的123%，非结防机构报告肺结核病人或疑似病人总体到位率90.2%，治愈率保持在85%以上。经贵州省卫生厅全年结核病防治考评，毕节地区以综合成绩89.32分排名全省第一。

**艾滋病防治**　2011年，区内对各类人群进行HIV抗体检测共19.1万人，发现感染者109人，对全区累计发现艾滋病病毒感染者和病人1543人。对8317名暗娼进行干预，干预比例为85%；为145名男同性恋者提供综合干预服务，干预比例为76%；开展艾滋病抗病毒治疗3306人，正在治疗1191人，保持率74.6%。

## 五　地方病防治

**地氟病**　1.流行概况。何时起流行此类疾病，至今无史料记载。民国36年（1947），英国人里斯在威宁石门坎办教会学校，观察到学校中134名学生患有氟斑牙病，学校附近的偏坡村有4名村民患有氟骨症，并将以上患病情形撰文刊在英国《柳叶》杂志上，引起国内外对居民患有地氟病的关注。1954年，威宁县卫生部门两次派员深入石门坎偏坡村作地氟病调查，发现当地农民一般到30多岁后，多数先是腿、膝疼痛，走下坡路时，不能活动；或由腰部痛起，继有颈部痛，看人不能仰视和转动，腰身向前倾，不能做重活。发病者多为苗族同胞。1976年后，贵阳医学院卫生学教研组、省环境保护监测站、贵阳地化所和北京地理研究所等单位赴毕节、织金、威宁、金沙县调查研究地氟病。贵阳医学院调查毕节县小吉场公社8个生产队，共查1567人，患氟斑牙1285人，患病率82%，拍X光片211人，诊断氟骨症病人92例，患病率为43.6%。测定尿氟184人，均值6.4毫克/升、测室内空气含氟0.072毫克／立方米、7种食品含氟均值11.7毫克／千克、46个水源点含氟均值0.17毫克／升、土壤含氟213.66～999.12毫克／千克、岩石含氟303.32毫克/千克。调查认定地氟病的流行因素为土壤、食物。1977年，贵医、省环保站，中科院地球化学研究所与织金县共同调查以那架区多吉公社高坡、城关区阿烈、后冲、北门公社荷花池、三甲、干坝、桂果区新华等地，共查593户，3135人。同时，采集岩石、土壤、空气、煤炭、磷矿石、水稻、玉米、饮用水及各种蔬菜样品134份，进行光谱及实验室测定。其中高坡等5个生产队调查429人，氟斑牙患病427人，患病率达99.5%，氟骨症患病123人，患病率达28.7%。测尿氟264人，尿氟均值4.2毫克／升；测水氟，均值0.1毫克／升。5个生产队10种食品氟均值4.3毫克／千克、茶叶氟均值128.56毫克／千克、烟叶氟34.5毫克／千克、岩石含氟均值853毫克/千克、煤系土壤氟1366.4毫克／千克。城关阿烈公社后冲氟斑牙患病95%，关节畸形者占45.5%；三甲公社平坝生产队氟斑牙患病99.1%，氟骨症患病43.3%；北门公社氟斑牙患病100%，氟骨症患者57.8%。

1979年，北京地理研究所李日邦调查金沙县，著文报道金沙县煤、食物含氟量高，是引发氟病的主要原因。1982年，毕节地区卫生防疫站组织普查全地区8～15岁中小学生氟斑牙。共查19.11万人，检出患氟斑牙15.02万人，占78.6%；对2.17万人作氟骨症患病调查，34.7%患病。地区组织医务人员调查全地区776个公社成年人及8～15岁儿童氟斑牙，调查19.47万人，氟斑牙患病14.44万人，占78.16%；查8～15岁儿童19.08万人，氟斑牙患病14.79万人，占77.48%。1985

年，根据省地方病领导小组安排，毕节地区随机抽样各县3～4个点，复查8～15岁中小学生患氟斑牙病情况，共查7244人，5853人患氟斑牙，占80.8%。在毕节、金沙、织金、纳雍县102个乡镇中，抽样7.2万人，平均检出率占97.2%，其中96个乡镇在90～100%之间；在织金县北门、多吉、三甲、新华、鸡场乡的32个村民组调查3186人，抽取拍片910人，查出氟骨症病人543例，59.7%患病。1986年，副省长张玉芹带领医疗队调查金沙禹漠区高坪乡联合村氟骨症，查406人，拍片100人，94人患氟骨症，占94%。是年，威宁县抽118个乡8～15岁中小学生2.79万人作氟斑牙患病调查，患氟斑牙9200人，占33.01%。是年，毕节地区地方性氟中毒，病区人口532万余人，调查19.11万人，查出氟斑牙14.82万余人，平均患病占77.5%；重点共查2.167万余人，诊为氟骨症7500余人，平均患病占34.8%。6个县80%以上的人口患氟斑牙病，2个县30～70%的人口患氟斑病。1997年后，织金县多次组织调查全县102个片区地氟病，50个片区人口100%患氟斑牙，47个片区80～90%人口患氟斑牙。荷花池片区最高，氟斑牙患病率达99%，氟骨病患病率达77.6%，患病年龄最小3岁半。以上调查证明，毕节地区是氟中毒重病区。据调查推算，氟斑牙患者达400多万人，患病率79.17%；氟骨症患者180万人左右。1993年前，全地区100个区镇，其中84个区镇，有不同程度的氟斑牙、氟骨症患者。病情严重的有织金、纳雍、金沙、毕节县，氟斑牙患病90%以上，其他县在80%以上。据调查验证，由于毕节地区大量产煤，煤中含有高量的氟元素，有的地方岩石、土壤中亦含高量的氟元素，由于在生产生活中大量消耗燃煤，造成污染空气、土壤、水源和食物，大量的氟元素被摄入人体中，导致大量人口患地氟病。

2.氟病防治。20世纪70年代，毕节地区以调查为重点，开展地氟病防治；80年代后，开展全面防治。1982年4月，省地方病防治领导小组在织金县召开地方病防治工作会议。1983年，毕节地区贯彻省会议精神，各县选择地点开展防治试点，织金县根据省的要求，在荷花池村进行重点防治试点。1983年，毕节地区开始进行改灶防氟试点。1986年，进行全面改灶防氟。至1988年，全地区改灶计3835户。1989年，地区防疫站在织金县北门乡新寨村选20例氟骨症病人用中草药泡酒治疗半年，疗效显著，大部分病人症状消失，有效率100%。同时与省、县地方病防治所进行防氟研究，在煤中加入8%的石灰燃烧，能降低空气氟85%，降低二氧化硫78%。1990年后，推广改灶防氟工作。据各县监测报告，各县境居民经改灶防氟，室内空气及食物含氟量明显下降，人体尿氟逐年下降。毕节县监测人体尿氟，第一年改灶防氟，人体尿氟由16.2毫克/升降至8.89毫克/升，第三年降至6.6毫克/升。1991年，在织金北门大戛乡设国家级监测点进行监测，当年850余人作氟骨症体检、150余人作氟斑牙调查、126人作尿氟测定，确定60人用中草药治疗氟骨症观察。是年，用氟宁片治疗58例，96.5%的症状好转。1996年，国家级织金监测点抽粮食样330份、空气样180份、人群尿样180份、小学生氟斑牙180人。是年，纳雍县改灶500户。2005年，毕节市、织金县落实中央专项财政资金防治地氟病项目，毕节市改回风铁炉1.02万户，织金县改良炉灶7.09万户，超额完成省下达任务。2006年。中央补助毕节地区地氟病防治经费1783万元，主要安排给毕节、织金、黔西3县市用于6.5万户炉灶改良。至年底，改良炉灶2.07万余个，改回风铁炉5000个。2008年，地氟病改良炉灶综合防治项目安排在毕节、大方、黔西、金沙、威宁5县市进行，计划改良炉灶8.2万户，至年底，实际完成8.23万户。2009年，国家卫生部部长陈竺视察毕节地区的麻风病、地氟病防治工作，将毕节地区列为卫生部开展地氟病防治工作联系点，加快了毕节地区防氟改良炉灶工作，至是年11月6日，全区完成改良炉灶22.23万户。2010年，全区8县市同步实施2009年，2010年中央资金地氟病防治改良炉灶综合防治项目，任务数为73.8万户，是年12月，组织评估验收，全区实际完成炉灶改良77.3万户，为省下达任务数的104.7%。2011年1月6~10日，国家卫生部与贵州省合作消除燃烧污染型氟中毒危害项目评估检验小组一行14人对毕节地区实施2008~2010年度地氟病防治项目工作进行评估检查，对毕节地区按计划完成98.8万户炉灶改良任务给予充分肯定。

**碘缺乏病防治**　1.疫情。1981年，毕节地区根据贵州省地方病防治领导小组安排，组织8县市开展碘缺乏病抽样调查。共查农村居民8.24万人，查出地甲病患者4307例，平均患病率5.23%。按中央制定的《地甲病病区划分标准》对照大方、黔西、纳雍、威宁县的地甲病患病率分别为：5.14%、3.13%、3.01%、9.73%，被划为地甲病轻病区。1981～1982年，毕节地区再查14.49万人，查出甲状腺增生2.15万人，肿大5070人，肿大率18.45%，患病率3.52%。1982～1983年，再查14.9万余人，查出地甲病患者4739人，平均患病率3.38%。1984年，各县进行饮用水水源碘含量水质调查，其中大部分水源碘含量在10微克／升以下。按国家碘缺乏标准，均属水源碘缺乏地区。1985年，毕节地区基本摸清地甲病疫情，各地区地甲病患病率在3%～10%的轻病区有13个乡，分散在毕节、金沙、织金、赫章县；患病率在10%以上重病区4个乡，分布在大方、黔西、纳雍、威宁县。1987年，毕节地区调查学校1409所，病区7个。共查在学校学生346万人，查出患甲状腺增生3685人，增生率10.64%，Ⅱ°肿大230人，占0.66%，Ⅲ°肿大2人，占0.006%；病区1399户，应查6710人，实查6488人，受检率96.69%。生理肿大351人，占5.14%，Ⅰ°肿大42人，占0.64%，Ⅱ°肿大2人，占0.03%，患病44例，发病率0.67%。是年，又查3县7个乡，共查居民4889人，患甲状腺增生112人，肿大率2.3%，患病17人，患病率0.35%；查7～14岁中学生1993人，增生74人，肿大率3.1%，患病6人，患病率0.3%。

2.防治。20世纪70年代，毕节地区开始碘缺乏病防治。1987年起，盐业部门落实国家有关政策规定，组织含碘食盐供应市场。1985年1月，地区卫生局、商业局、工商局、供销社联合制发《关于做好碘盐监测工作的联合通知》规定：（1）地县防疫站要不定期地对盐业部门的盐巴仓库、盐巴供应点进行采样监测，以保证碘盐的碘质含量。（2）商业、供销部门应建立碘盐检测制度，要先进行自检，保证碘盐的含碘质量。（3）盐巴仓库要密封、防潮、以防碘质挥发，散装的碘盐，要加盖存放，防碘挥发流失，严禁销售非碘盐，违者按食品卫生法处理。1985～1987年，地区地方病防治办公室在盐库采样1302份，销售点采样519份，居民户中采样1159份，进行含碘量监测。1987年，在大方、威宁县进行达标验收。经查，两县居民尿碘值均在70微克/克肌酐以上，甲状腺肿患病率均下降至3%以下，7～14岁儿童肿大率下降到20%以下，均未发现克汀病，达到卫生部制定的碘缺乏病消除标准，通过合格验收。至此，碘缺乏防治转入监测和巩固成果。1988年，省地病办要求在大方县开展碘盐监测，新碘盐采样280份，合格率77.14%，不合格率22.86%；对常规盐采样220份，合格率66.36%，不合格率33.6%。是年，复查考核3县7乡，考核居民4889人，查出增生112人、患病17人，甲状腺肿大率2.63%，患病率

0.35%；考核7～14岁中小学生1993人，复查考核率100%，查出增生74人、患病6人，甲状腺肿大率4%，患病率0.3%。90年代后，卫生部门重点加强市场碘盐及病区人群的监测，商业部门负责按国家要求供应含碘食盐。1991年，监测大方县碘缺乏病区，监测7～14岁学生535人，甲状腺增生13人、Ⅰ°肿大16人，甲状腺肿大率5.42%、患病率2.99%。监测居民1246人，甲状腺增生108人、Ⅰ°肿大51人，甲状腺肿大率12.76%、患病率4.09%。监测尿碘45份，几何均值16.13微克/分升。其中碘含量低于5微克/分升1份，低于2.5微克/分升2份。1992年，大方、纳雍县进行碘盐监测，大方县采样347份，合格率75.5%；纳雍县采样165份，合格率85.45%。1995年、1997年、1999年，卫生系统按国家制定《碘缺乏病病情监测方案》开展病区监测，经监测发现各县市8～10岁学生甲状腺肿大率都低于20%，尿碘中位数大于100微克／人，居民食用合格碘盐从1988年起达90%以上。1996年，全地区监测库盐1437份，合格率89.4%；零售盐750份，合格率72.3%；居民盐1015份，纳雍县在乡镇查出非碘盐80吨，没收非法所得1.12万元，查处销售散装碘盐25起，没收散盐36.4吨，查处就地加工小包装盐1.4吨，罚款1400元。1999～2000年，根据卫生部等五部委局和贵州省卫生厅等6厅局通知，毕节地区组织消除碘缺乏病评估工作，抽查库盐200份，97.5%碘含量合格；零售点碘盐200份，99%碘含量合格，居民户碘盐1517份，92.9%碘含量合格；抽查8～14岁学生3.2万人，甲状腺肿大Ⅰ°371人、Ⅱ°40人，12.8%甲状腺肿。评估认为：毕节地区碘缺乏防治工作已实现国家规定2000年基本消除碘缺乏病阶段目标。2005年，毕节地区疾控中心配合省疾控中心监测金沙、大方、织金、威宁县碘缺乏病病情，8～10岁学生中甲状腺肿大率都在5%以下，毕节地区碘缺乏病防治工作达到国家规定消除目标。2007年，开展全区实现消除碘缺乏病目标评估工作，以县为单位评估组织领导，健康教育、碘盐管理三项指标均达85分，居民食用盐合格率达94.5%，8~10岁儿童尿碘中位数为311.0微克/升，甲状腺肿大率为3.1%，达到国家消除碘缺乏病标准。2008年，全区监测碘盐2304份，合格2167份，合格率94.9%碘盐覆盖率97.7%合格碘食用率93%。2010年，地区疾控中心组织开展全区实现消除碘缺乏病评估工作，完成《毕节地区2010年实现消除碘缺乏病评估报告》。

**克山病防治**　20世纪70年代初，威宁曾有一名患克山病者赴云南昭通医院诊治。此后，曾有多名克山病者到昭通医院诊治。1982年5月，省心血管研究所，毕节地区医院、威宁县医院抽调11名医务人员组成联合调查组，赴威宁县牛棚、中水区及云南昭通、曲靖调查克山病，昭通地区医院向调查组介绍克山病在昭通地区流行及威宁患者在院医治情况。1983年后，威宁县先后发现克山病人30例。除死亡、外迁外，对19例病人进行复查、建卡、随访。1991年，在赫章县铺处乡调查3～12岁儿童640人，查出克山病人22例，占3.44%。1996年，在威宁县抽4个村民组400人进行克山病监测调查，查出病人11例，进行药物观察治疗。2007年．地区卫生局组织专业调查队对威宁县中水镇居乐村3~14岁儿童和育龄妇女共800余人进行克山病体检，采集30例克山病区正常人和患者头发样和粮食样送省检测；又组织专家对体检异常的人进行克山病诊断，诊断虫潜在克山病例12例，检出率为1.5%。2009年，地区疾控中心会同威宁县疾控中心对威宁县观风海区勺口村和小海镇小新官村共1010人进行克山病体检，采集人群头发样40份，玉米样20份送省检测。

## 六　性病、艾滋病防治

20世纪80年代后，性病在恢复流行，且扩张蔓延，各级政府和医疗部门投入大量人力物力防治。

**人员培训与组织管理**　1988年，毕节地区卫生局组织区内300余名医务骨干，举办性病、艾滋病防治培训班，邀请省民主党派专家到班讲座防治知识。1991～1992年，全地区选派5名人员到南京、扬州、北京学习性病、艾滋病防治知识。1996年，毕节地区派出技术骨干50名到省接受防治性病、艾滋病培训。1997年，区内相关医务部门组织全地区6587名医务人员接受防治性病、艾滋病培训。以后，均在每年拨出15万元经费进行防治培训。2002年1月，地区首次召开控制艾滋病联席会议，讨论有关部门工作职责，安排全地区性病、艾滋病防治工作。是年5月，省卫生厅在毕节举办艾滋病规范化管理培训班，培训骨干80人。2002年下半年，在地区和织金县分别举办艾滋病、性病防治与控制规范化管理培训班和学校健康教育师资培训班，培训500余人。11月，地区组织相关部门人员110名举办性病、艾滋病规范管理培训；举办地、市学校与生活技能健康教育骨干师资207人接受培训。12月，举办大型预防与控制艾滋病文艺晚会，观众万人。并在《毕节日报》举办防治艾滋病知识竞赛。

**艾滋病监测**　1999年3月，对650名吸毒人员抽血进行艾滋病监测，发现艾滋病毒携带者10例。至2000年8月，毕节地区发现艾滋病感染者13例。是年，建立毕节地区艾滋病初筛实验室，设立于毕节地区撒拉溪医院，并接受省卫生厅专家验收，批准为省级艾滋病初筛实验室。是年，抽取吸毒人员血样638份作HIV初筛试验，初筛阳性17人。2001年3月，成立毕节地区皮肤病防治所艾滋病初筛中心，监测艾滋病。2002年，大方、织金等县参加全省艾滋病流行病学调查，大方县完成1125人份吸毒人员的血清学检测，织金完成3000人次血清学检测。2005年，全地区完成监管场所高危人群5284人HIV筛查。是年，向社会发放艾滋病防治宣传资料7万份。2006年，5个县市开展美沙酮替代维持治疗，入组维持治疗406人。是年，全区建立艾滋病初筛实验室5个，监测吸毒人员2561人，新发现感染者34个。当年，艾滋病自愿咨询检测7617人，新发现感染者21例。2007年，获中央用于艾滋病控制资金124.65万元，举办各类防治艾滋病项目培训班4期，培训100余人。2008年，全区共建立艾滋病初筛实验室9个，确认实验室1个。是年1~10月，全区共对监管场所人员监测2015人，发现确认阳性19人。2009年，全区开展对吸毒、羁押人群等高危人群HIV筛查，初筛检查468人次，HIV阳性血清确证实验144份，CD4+T淋巴检测104份。至是年，全区共建8个美沙酮门诊（1个流动服务点），累计入组2566人，正在治疗10100人，平均每日服药625人。2010年，全区疾控部门、综合医院、血站共建立艾滋病检筛实验实14个，地区疾控中心启用艾滋病抗病毒治疗信息系统2010版，网络报告率88%，首次个案流调率99.1%，哨点监测完成率83.33%，CD4检测率40.32%。2011年，对各类人群进行HIV抗体检测共19.1万人，发现感染者109人。是年，对8317名性工作者进行干预，干预比例为85%；为145名男同性恋者提供综合干预服务，干预比例76%；美沙酮维持治疗门诊累计入组治疗3306

人，正在治疗1191人，保持率74.6%。

**性病、HIV控制** 1988年，区内在采供血机构设立HIV特检室，举办HIV流调培训班，培训骨干15人。对8405名献血人员进行HIV流调；管好HIV感染者，严防造成新的感染；在地区皮防所建立省级HIV监测哨点；开展性病、艾滋病防治科普宣传。1989～1997年，利用广播、电视、宣传栏、咨询方式进行宣传，受教育者约40万人次。1993年，对高危人群进行STD检查，共检查1.07万人，发现STD患者451人。1997年，查治1500余人。

## 七 食品、劳动、环境、学校卫生，放射卫生

**食品卫生** 1.全地区食品卫生中毒简况。1960年，大方县发生食物中毒13起，死亡15人；1961年，发生食物中毒579人，死亡25人。1963年7月19～23日，县粮食局职工、家属503人中毒，79人发烧、拉肚子，经查为沙门氏菌食物中毒。1965～1994年，大方县发生坡脚公社三干会人员食变质猪肉中毒，长石区发生群众食变质猪肉中毒，双山区粮管所食堂发生葡萄糖污染中毒，沙厂区村民食变质猪肉致沙门氏菌感染中毒；城关北街旅社旅客误食亚硝酸中毒，东关乡发生村民食死猪牛肉中毒事件6起，共中毒143人，死亡2人。1973年，毕节地区耕读师范举行毕业典礼会餐，483人就餐，377人食物中毒，中毒发病377人，重病35人，地区防疫站调查确诊为乙型副伤寒暴发流行。1978年7月31日，解放军驻毕某部举行“八一”建军节会餐，125人就餐，69人发病。经查，确诊痢疾暴发流行。1985年，全地区发生食物中毒9起，中毒196人。据1986～1991年食品卫生资料统计，全地区发生食物中毒30起，就餐2333人，中毒1117人，死亡8人。1992年，毕节一中食堂发生食物中毒，就餐70人，23人中毒。1993年12月1日，毕节地区烟厂150余人进餐，发病20多人，医院确认为砷化物中毒。1996年，毕节地区因婚宴食物中毒2起，中毒36人。2001年8月5日，威宁草海镇龙凤村民举办丧葬酒席，进食580人左右，中毒发病542人，重症30人。经分析，可疑食鸡肉中毒。

2.食品卫生管理组织。20世纪50年代后，境内地、县成立卫生防疫站，将食品卫生纳入卫生防疫管理，其管理行为多为临时或突击，缺少常规管理。1978年9月，成立毕节地区食品卫生工作领导小组，领导全地区食品卫生工作。80年代初，地、县防疫站内设置食品卫生组（科），从事食品卫生专项监督管理工作。1983年后，贯彻施行《中华人民共和国食品卫生法》，地区及各县市政府批准任命食品卫生监督员，依法管理食品卫生。1987年，全地区共聘食品卫生监督员49人。1996年，增至56人。2002年，改革卫生机构，设立地区及县市卫生监督所，负责食品卫生监督；设置地区及县市疾病预防控制中心，负责食品卫生监测。

3.卫生监督管理。20世纪50年代，毕节专区多以结合开展爱国卫生运动方式开展灭蝇、灭鼠活动，改变生活环境，减少蝇、鼠对食品的污染，减少肠道传染病的发生。1957年，对部分食品进行卫生管理，要求建立卫生管理制度，制定卫生公约，使用过滤水，便前、便后洗手，使用公筷，不喝生水。1964年，开始推行国家卫生部、商业部《食品加工、销售、饮食业卫生“五四”制》：（1）由原料到成品实行采购员不采购腐烂变质原料、保管验收不收腐烂变质原

料、加工人员不加工腐烂变质原料、营业员服务员不卖腐烂变质和包装不卫生食品；（2）成品食物存放实行生与熟、成品与半成品，食品与杂物、药品，食品与天然冰隔离；（3）食品实行一洗、二刷、三冲、四消毒；（4）环境卫生实行定人定物定时间定质量；（5）个人卫生实行勤洗手剪指甲、勤洗澡理发、勤洗衣被褥、勤换工作服。1966年，开始执行贵州省卫生厅、商业局等单位《关于制发食品企业登记等四个办法的联合通知》的规定，登记批准食品企业，办理职工体检，进行食品卫生监督检查。

1980年，为贯彻《食品卫生管理条例》，全地区进行粮食、蔬菜等15个主要品种169份样品的有机磷农药残留量测定，68份超标准，调查为合理使用农药、防止食品污染提供科学依据。1983年，贯彻《中华人民共和国食品卫生法》，实施食品卫生监督员管理制度。1984年，以送省或自培方式，培训全地区卫生监督员72名。此后，地区及各县坚持在元旦、春节、“五一”“十一”期间进行食品卫生检查，或不定期进行重点突击检查。是年，全地区有食品生产、经营户3445户，核发卫生许可证1508户，发证率43.77%；有食品从业人员9186人，从业人员体检6746人，体检率73.44%，体检后全部发给健康证。1985年，地区及各县建立食品生产、经营单位档案、从业人员卡，监督管理食品卫生。是年，地区防疫站派出监督、检查565人次赴各县检查，没收、销毁过期、霉变、腐败变质食品5649千克，折合人民币7931.49元，另有1008瓶弋阳小香槟、120吨湖北衡水麦精汽酒作退货处理。没收销毁赫章变质汽酒572瓶，处理麦精汽酒7.15万瓶；处理金沙污染猪油4.79吨。罚款1.17万余元。1986年，地区举办食品卫生监督员培训班1期，培训监督员36名。培训食品加工、运输、生产、贮存、销售从业人员15期，380人。是年，全地区食品生产、经营户3098户，1.04万户次受监督检查，核发卫生许可证2740户；有食品从业人员1.01万人，体检9367人，发健康证6746人。交叉进行食品卫生执法检查，检查饮食业、副食业户、农贸市场经营户共420户，300户受处罚，罚款1308元。经省检查验收，获全省第一名，奖金500元。是年，地区防疫站对地直175户食品生产、经营单位建档建卡；建立国家监督员、工厂管理员、街道检查员管理网。检验各种食品156份、碗筷189份。1987年，全地区有食品生产单位4123户，应发“卫生许可证”3629户，审发3228户；有食品卫生从业人员1.07万人，体检1万余人，检出五病201人，调离127人，发健康证9619人；对从业人员5人以上食品生产、经营单位建档案469个，从业人员建卡3023个，84.7%建卡；处理食品卫生违法案200多件，限期改进263户，48户停业改进，没收、销毁过期、变质、假冒、伪劣食品58.65吨，罚款217户，1.17万余元。是年，进行夏令重点检查，没收变质饮料16.63万瓶、糖果11.08吨、酱油1.55吨、酒类7147瓶、罐头8062听、麦乳精1010袋、大米67.28吨；假金沙窖4248瓶、假味精2500包、假蜂糖15千克，价值19.46万元。1988年，全地区有3617户食品生产经营户，发放卫生许可证3279户，从业人员9464人，体检9345人，发健康证9139人。是年，地区举办食品卫生监督员执法学习班1期，培训46人。要求食品卫生监督员每月现场监督检查不少于16天。是年，重点突击性监督检查48次，监督检查1.98万户次，查处违反《中华人民共和国食品卫生法》案714件，给予警告限期改进202户，停业整顿52户，责令收回变质食品1.84吨，没收销毁197户各种变质食品9.62吨，罚款276户，8481元，吊销许可证2户。并组织各县进行交叉执法监督检查。行署组织地区所在地10多家单位、30余人在国庆、中秋节检查毕节城区食品卫生，共查出伪劣霉变食品9.62吨，罚款2481元，吊销2户卫生许可证。1989年，根据《贵州省食品卫生分级管理暂行规定》，毕节地区实行地、县食品生产经营单位分级管理。地区防疫站对地直161户食品生产经营单位进行办证管理，实行定期检查、考核评分，年终检查评比，奖励20个达标单位；针对全地区食品从业人员对加工污染原料、半成品无卫生意识问题，培训从业人员7175人。是年，毕节地、县政协邀请有关部门14人组成检查组，调查毕节城区食品卫生，共查50个单位及摊点，17个合格，查出19种不合格食品。1989年，全地区有食品生产经营单位4657户，发放卫生许可证4359户；从业人员9834人，健康体检9517人，发健康证9208人；检出伤寒、痢疾、病毒性肝炎、活动性肺结核、化脓性皮肤病94人，占体检人数的0.98%。是年5月，贵州省爱国卫生运动委员会检查毕节城区食品卫生，共查16个单位，最低得分85分，最高得分99分。1990年8月，开展夏令食品卫生检查。全地区共查902户经营、生产摊点，没收销毁变质伪劣食品5.19吨，罚款3570元，查封超期、不符合标签标准酒类3.41万瓶，饮料724瓶，罐头2353听。1992年，在农村聘用食品卫生检查员。1993年6月，地区卫生局、爱卫办、防疫站组成食品卫生执法检查组，检查各县食品卫生执法，共查食品经营单位331户，发现无证经营现象严重，从业人员未体检办证122人。是年11月，地区爱委会组织检查7县食品生产经营单位107户，警告、限期整改2户、罚款11户。1994年，全地区卫生监督执法检查1214户次，没收销毁违法食品930.9千克；警告限期改进3户，罚款16户，罚款1920元。1995年，地区会同毕节市组织整顿毕节城区夏季饮料市场，没收销毁假冒伪劣饮料高橙1166瓶，果冻31千克，香槟2172瓶，粒粒橙74瓶，啤酒27瓶，保健糖果12千克，裸体色素冰棒1000余支，其他饮料196瓶；取缔地下窝点2个。1996年，全地区有食品生产经营单位4089户，发放卫生许可证3660户，从业人员6889人，进行健康体检6288人，办健康证6288人，检出“五病”患者107人，患病率1.7%，全部调离。是年，监督检查食品生产经营单位1.53万户次。地、县爱委会、工商部门开展食品卫生监督执法检查，没收销毁违法食品596千克；饮料950瓶；罐头132瓶，价值4700余元；罚款1户，罚款200元，停业整顿1户。1997年，宣传贯彻《中华人民共和国食品卫生法》，印发资料2万份，单行本1000余册，没收销毁假冒伪劣变质食品189种，价值5万余元，培训从业人员5000余人。1998年，毕节地区有食品生产经营单位4690户，监督1.6万户次，办证率95%以上；从业人员7826人，体检合格发健康证97.98%。处罚违法违规771户；责令收回售出不合格食品5户1.2吨；责令停止生产经营53户次；没收销毁违法食品84户次4.07吨；没收违法所得22户次，款306元；罚款63户次，1.39万元；吊销卫生许可证1户。

2000年，全地区有食品生产经营单位4401户，监督1.74万户次，处罚820户次；从业人员7701人，健康体检6288人，办健康证7406人，检出“五病”患者107人，全部调离。2001年4月，地区卫生局、防疫站参加全地区整顿规范市场经济秩序联合行动，收缴假冒伪劣食品4.7吨。是年7月，地区卫生局、质量技术监督局、工商局、经贸局、农业局、商贸局、教育局、公安处联合行文部署开展食品打假专项斗争。其间，开展盐业专项检查，查处涉盐案90件，收缴各类违法盐19.8吨，罚款9525元；9月，地区卫生局、教育局、公安处共组织79人，检查115所学校校园内外食品卫生经营户324户，查出无证经营户149户，无健康证从业107人，取缔校外摊点8个，销毁三无食品157千克、饮料及软包装食品6500包（瓶），价值2350元。2001年，全地区开展元旦、春节、“五·一”中秋节，对旅游景点、大中专学校食堂食品生产经营单位的监督执法检查，对违反食品卫生法者给予相应处罚。2002年1月，毕节地区集中开展打击制售假冒伪劣食品违法犯罪突击行动周活动，共出动公共卫生监督员400余人，检查食品卫生生产经营户469户，查处无证经营27户，取缔制售假冒伪劣食品黑窝点7个，吊销卫生许可证1户，收缴过期变质及伪劣食品2.9吨，封存5.7吨，销毁7.02吨，总价值10.2万元。是年春节，开展毕节城区食品安全检查，查饮食业19户、加工业10户、副食业11户、公共场所6户、化妆品2户，没收销毁病死猪肉88千克，罚款500元；10月，检查毕节城区18个大学、中专、中学学生用餐单位，多数未办健康证。2003年，进行健康体检1800人。2007年，全区共检查餐饮单位4636家（1.04万户次），出动执法人员5456人次，出动执法车辆581辆次，整顿重点区域128个；检查县城以上餐饮单位2988户，查出无证单位94户，持证率96.9%。建立原料进货索证制度100%，查处违反卫生法规200起，销毁超期变质食品4470千克，查处未经检验来历不明猪肉220千克。全区纳入食品卫生监督量化分级管理餐饮单位2988户，管理率99.3%，县城学校食堂量化分级管理率100%，为搞好学校，托幼机构食品、饮用水卫生安全和传染病预防控制工作，全区和级卫生监督机构于3月26日~4月19日，开展春季学校、托幼机构卫生安全检查，出动卫生监督人员415人次，车辆50台次，检查学校、托幼机构191所，校园周边饮食摊点98户，副食品点54户，取缔无卫生许可证及从业健康证流动摊点5户，没收过期变质食品100千克。2009年，出动卫生监督人员9086人次，检查餐饮单位1.31万户次，学校食堂和集体用餐配送单位224户，机关厂矿食堂25个，郊区民俗旅游接待户23户，监督覆盖率100%，查出无有效卫生许可证的单位95个，未建立食品原料采购索证制度的单位89个，对28家违法单位进行了行政处罚，罚款金额1.45万元。是年，开展餐饮消费环节打击违法添加非食用物质和滥用食品添加剂专项整治行动，全区共出动卫生监督员7820人次，车辆568辆次，检查餐饮单位7200户次，卤制品及卤肉制品熟食店160户次，抽检样品30份，发放宣传资料6000余份，培训餐饮单位3062户，签订《规范使用食品添加剂承诺书》2160家，承诺合理使用食品添加剂的单位为100%。同年继续开展餐饮业食品卫生监督量化分级管理，全年新增C级单位285家。

### 1984～2000年毕节地区部分年份颁发食品卫生许可证、从业人员体检发证统计表

单位：人·%、户、户次

| 年份 | 食品生产经营户 | 核发卫生许可证 | 监督户次 | 发证率% | 从业人员 | 从业人员体检 | 体检率% | 发证数 | 发证率% |
|---|---|---|---|---|---|---|---|---|---|
| 1984 | 3445 | 1508 | | 43.77 | 9186 | 6746 | 73.44 | 6746 | 100 |
| 1986 | 3098 | 2740 | 10369 | 88.44 | 10146 | 9367 | 92.32 | 6746 | 100 |
| 1987 | 4123 | 3228 | 10105 | 88.95 | 10724 | 10064 | 93.85 | 9404 | 93.44 |

续表

| 年份 | 食品生产经营户 | 核发卫生许可证 | 监督户次 | 发证率% | 从业人员 | 从业人员体检 | 体检率% | 发证数 | 发证率% |
|---|---|---|---|---|---|---|---|---|---|
| 1988 | 3617 | 3279 | 19754 | 90.66 | 9464 | 9345 | 98.74 | 9139 | 96.57 |
| 1989 | 4657 | 4359 | 26689 | 93.6 | 9834 | 9517 | 96.88 | 9208 | 96.65 |
| 1990 | 5171 | 4006 | 14081 | 77.47 | 9980 | 9693 | 97.12 | 9152 | 94.42 |
| 1991 | 5321 | 4652 |  | 87.43 | 9863 | 9310 | 94.39 | 9706 | 97.49 |
| 1992 | 3693 | 3233 | 19910 | 87.54 | 7190 | 6650 | 92.49 | 6506 | 97.86 |
| 1993 | 33777 | 27124 | 108777 | 80.31 | 76167 | 73565 | 96.58 | 69340 | 94.27 |
| 1996 | 4089 | 3660 | 15267 | 89.51 | 6889 | 6288 | 91.29 | 6288 | 100 |
| 1998 | 4690 |  | 15988 | 95 | 7826 |  |  |  | 97.98 |
| 2000 | 4401 |  | 17379 |  | 7701 | 6288 | 91.29 | 7406 |  |

**劳动卫生**　1.毕节地区劳动卫生发展概况。20世纪60年代，工业企业逐渐增多，始有劳动卫生工作。1962年，对大方硫磺厂、赫章铅锌矿进行劳动卫生调查。1963年起，贯彻国务院关于防止厂矿矽尘危害的决定，开展尘肺普查和防治。1964～1965年，毕节专区防疫站组织人员调查厂矿，帮助各厂矿设立职工医院或医务室，大厂矿各工作场设保健站，设测尘器及化验室；设澡堂或浴室。在水城钢铁厂、煤厂，赫章铅锌矿进行矽肺普查，共查1631人，拍片830余张，发现0–1期矽肺患者318人，1期矽肺24人，II矽肺2人，II–III矽肺4人。1977年4月～1980年12月，根据国家卫生部《关于开展职业中毒普查的通知》，在全地区开展“五种毒物”普查，并获省科技三等奖。1985年，全地区成立60个工业卫生工作领导小组，地、县召开建档建卡会议146次；翻印建档建卡宣传资料1700余份；地、县举办建档建卡培训班10期，292名骨干接受培训，组织422人参加建档建卡，对厂矿企业实行建档建卡管理；抽调198人组成10个体检专业队，给厂矿职工体检。地、县经委、劳动、卫生、工会、防疫站抽调81人，组成10个调查验收组，验收区内129个厂矿建档建卡。经查，94.85%的厂矿建档建卡，建档建卡职工1.83万人。全地区有害作业点393个，采样监测315个，监测率80.15%。经验收，评出先进县3个，先进企业14个。1986年，全地区成立劳动卫生领导小组174个，地、县召开建档建卡会议205次，举办建档建卡学习班，培训骨干448人；组织502名建档建卡人员在164个厂矿中开展建档建卡工作；抽调203人组成10个体检专业队，给厂矿职工体检。是年，地、县经委、劳动、卫生、工会、防疫站两次抽调157人，组成10个调查验收组，验收区内164个厂矿建档建卡。经查，100%厂矿建档建卡，给2.05万余名职工建档建卡；给2.02万名职工体检，体检率98.26%。经验收评比，评出先进县4个，先进企业41个，合格企业164个。对3个不合格的县及23个不合格企业限期整改。全地区有害作业点超标60.58%，粉尘作业点超标62.31%，毒物作业点超标59.38%，物理因素作业点超

标57.99%。查出尘肺比例严重，尘肺作业点超国家标准1000余倍。大方煤矿职工106人，尘肺患者76人，最后因病人多，无法生产而倒闭。1987年，制定《毕节地区尘毒治理规划》和治理措施。地区防疫站监测地直14家厂矿尘毒、物理等因素，测得粉尘点、铅作业点、苯作业点、锰作业点、噪声作业点、辐射热、气温、气压等数据207个。是年，地区举办尘肺诊断新标准学习班，对全地区原诊断0~1期尘肺926人进行复查；对87例中毒观察对象进行复查。全地区建立地、县、厂矿职业病报告网，实行季报、年报。大方县完成小硫磺劳动卫生学调查。织金县完成小煤窑劳动卫生学调查。赫章县进行土法炼锌的乡镇企业劳动卫生学调查。1988年6月，地区举办尘肺流调学习班，对244例对象进行流调，确诊尘肺5例、职业中毒3例；监测84个矿尘毒，测粉尘点158个、毒物作业点10个、噪声作业点95个、热辐射点1个；体检1044人，测尿铅114人，锰作业化验41人。1990年，调查全地区乡镇企业，全区有乡镇企业9.5万个，职工26.29万人。调查发现，受粉尘影响6.28万人，受物理因素影响1.32万人，受化学因素影响5899人。2003年，毕节地区的工业卫生工作进入常规程序，并建立职业病报告制度，在全地区建立职业病报告网，各种工作资料进入规范管理。

2.职业健康监护。1962年起，开始对职工进行职业健康监护。是年，监测调查赫章铅锌矿、大方猫场硫磺厂有害因素污染严重作业点，对近100人作X光拍片检查。1963年，地区防疫站组织工作组，协助水城钢铁厂给矽尘作业工人作健康监护体检，体检637人，查出疑似矽肺67人，占10.5%；疑似肺结核96人，占15%；疑似尘肺合并肺结核25人。1974～1976年，开展全地区尘毒和尘肺普查，共查60个厂矿、5个小煤窑，查出尘肺481例，可疑尘肺2314例。1980年，地区防疫站调查赫章铅锌矿冶炼车间作业环境，给车间工人作健康监护体检，共查335人，查出铅吸收46人，占13.73%；轻度铅中毒134人，占40%。是年，监测地区所属厂矿苯、汞、锰的含量；给500余名矽肺患者拍片复查，尿铅检查。1984年，给全地区74个厂矿3448名工人作尘肺普查。1988年5月～1989年6月，开展全地区尘肺流调，查163个单位，有粉尘作业厂矿120个，有尘肺病人单位34个，查有尘肺病人237例。1988年6月，举办尘肺流调班，对244例对象进行流调。1989年，对地区水泥厂、复烤厂、药厂职工进行健康监护，体检1022人，照片568人，尿铅化验67人。1990年，地直厂矿给2190名职工作监护体检，照片1033人，尿铅化验36人。1992年，给地直厂矿306名职工作健康监护体检。1993年，给卷烟厂896名工人作健康监护体检，查出肺结核患者9人；乙肝两对半检查176人，阳性27人；B超查出胆囊炎64人、胆石性胆囊炎29人，胆结石7人，前列腺炎20人，宫颈炎63人，鼻炎351人。1995～1996年，对机动车驾驶员进行健康监护体检。全地区有机动车驾驶员2.05万人，1.71万接受体检，查出不合格者411人。1996年，给441名接触有害作业工人进行体检，检出Ⅰ期尘肺病人2例。1997年，给地区卷烟厂208名工人作健康监护体检，查出肺结核3人，肺功能障碍3人。1998年，给地区水泥厂663名工人作体检，查出肺部异常改变302人，鼻炎147人，高血压37人。1999年，给地区卷烟厂、水泥厂658名工人作健康监护体检，检出鼻炎61人，高血压26人，胸片异常273人，肺功能异常5人。2001年，在地直14个厂矿开展卫生监督，给151名接触有害工作环境的职工作体检。2003年，进行从业人员健康监护体检1800人。2007~2008年，地区疾控中心对区内厂矿企业2835人进行职业病体检。2009

年，对768户用人单位开展职业卫生监督，建立健康监护档案1036人次。2011年，地区疾控中心对区内厂矿企业2000余人进行职业病体检。

3.尘毒作业监督监测。1962年，开始对重点厂矿有害因素污染严重的作业点进行监测、调查。1980年，监测全地区厂矿苯、汞、铝、锰的含量，给职工作尿铅检查。1985年，毕节地区开始对厂矿建档建卡，建档建卡126个，有尘毒作业点393个，采样测定315个。1990年，监测地直厂矿尘毒13家，128个点，获数据128个。1992年，监测地直厂矿尘毒4家，235个点，获数据235个。1993年，监测地直厂矿尘毒2家，336个点，获数据336个，合格213个，超标123个。1995年，监测地直5家厂矿的尘毒污染270个点，获数据336个，合格215个，超标55个。1996年，全地区有害作业监测点795个，监测355个，合格251个点。1997年，监测地直厂矿尘毒2家，134个点，合格83个点，超标51个。1998年，监测卷烟厂有害工作环境143个点，合格74个。1999年，监测卷烟厂、复烤厂2家，监测219个点，合格83个点，超标51个。2000年，监测卷烟厂、复烤厂、水泥预制厂3家，监测168个点。2002年，监测复烤厂39个点。2003年，监测卷烟厂有害因素作业点58个点，合格33个。2006~2007年，对地区烟叶营销中心等单位车间61个粉尘点，65个噪声点，235个采光点进行采样监测。2008年，对毕节顺泰公司，地区烟厂等单位车间93个粉尘点，97个噪音点和235个采光点进行采样监测。2010年，完成对地区复烤厂，大方云龙水泥厂等单位有害因素监测。

**环境卫生** 1.水质监督监测。1963年，大方县防疫站开展水质监测，理化分析县豆棒厂、粮食加工厂生产采用的水质。分析认定：豆棒厂水质被污染，粮食加工厂的水质硬度偏高。1964年，随机抽查分析大方10口水井，细菌数、硬度均超标。1980年，织金县防疫站对本县自来水水源进行PH、钙、矿物质、细菌微生物等监测分析。1980年，地区监测毕节城关自来水水源及倒天河水质。1985年4月，根据国家普查水源的要求，全地区开展水质普查，地区防疫站完成120个点、大方县完成1.16万个点的调查。是年，地区防疫站进行地区医院有关科室污水及污物排放卫生学调查，并抽检污水样品；对威宁、赫章、毕节、大方、织金县11个改水点水样作抽样理化、细菌学分析；对毕节自来水厂、毕运司生活饮用水作理化、细菌学分析。1986年，地区要求各县对生活饮用水、自来水出作采样水质监测，经采样监测确认基本符合要求。地区防疫站督促各县对集中式给水或较多人饮用水的分散式水源进行每月监测1次余氯、细菌总数、大肠菌群。全地区计采样217个点，测数据557个。其中，测余氯123个、细菌总数217个、大肠菌群217个，监测确认全地区水质污染严重。1987年，对全地区集中式饮水单位进行建档管理。对8个供水自来水厂，55个自备水单位，分别对其水源水、出厂末梢水，枯、丰期水各监测1次。各县配专人每周测余氯、混浊度1次；每半年测细菌学指标；监督水厂清除30米范围内污染源。是年，各县建立起水质常规和污染事故报告制度。1988年，地区防疫站进行指令性空气采样50份，枯、丰期水采样30份，共得数据750个，为单位改水和水源的卫生处理提供依据。1989年，地区防疫站对地直自备水源单位枯、丰期水进行卫生监督监测，采样32个，获实验数据736个；受地区水电局、毕节县水电局、赫章、纳雍县委托，对毕节利民水库及各种类型窖水进行采样分析，共采水样42份，获实验数据1218个。

1990年后，用水水质监督监测管理走向制度化、经常化、规范化。是年，地直进行20个自备水源单位枯、丰期水监测，采样31个，收集各县资源汇总归档；协助地区水电局进行水质卫生监测，采样37份。1991年，地区防疫站对地直19个单位枯、丰期水监测，采样24份作理化分析。1992年，地区防疫站对地直自备水单位枯、丰期水监测，采样26份；调查地区周驿茶场、毕节头步桥园子生产队改水工程现场，并对水源作采样分析。1993年，地区防疫站对地直自备水单位枯、丰期水监测，采样41份作理化分析；对地区体委游泳池水进行周围环境卫生学调查，协助、指导池水消毒。1995年，地区防疫站对地直16个自备水单位枯、丰期水监测，采样33份作水质理化分析。1996年，毕节地区从事环境卫生工作人员29人，监督管理饮用水单位55户，监督监测53户，合格31户，24户水源微生物超标。1997年，地区防疫站对地直22户自备饮用水单位水质采样监测，采样28份，不合格22份；查670个项目次，合格624项次。核发供水卫生许可证8户，自备水卫生许可证10户。1998年，地区防疫站对地直27户供水单位进行监督，监测供水2次，采样25份，合格14份；采样自备水24份，合格1份；采样零星水14份，均不合格。1999年，地区防疫站对地直18户供用水单位监督监测，采样2次供水16份，全合格；采样自备水17份，均不合格，要求安装消毒设备。2000年，毕节地区有供饮用水单位66户，监督56户。地区防疫站对地直16个自备水单位监测，采自备水样16份，合格4份；监测2次供水水样7份，合格6份。2001年，地区防疫站监测地直16个自备饮用水单位枯、丰水期水样32份，合格3份；监测12个2次供水单位水样50份，合格26份。2002年，地区防疫站监测地直19个饮用水单位水样27份，理化指标均合格，6份水样微生物指标超标。2008年，完成6县市农村饮用水枯水期、丰水期水质检验410份。2010年，完成8县市253处农村饮用水、枯水期水质检验。2011年，完成8县市农村饮用水233处，466份水质检验和45份城市常规供水采样及检测。

2.公共场所卫生监督监测。1987年，地区开始对各县城区及工矿区公共场所和服务性行业进行卫生调查。1988年，举办全地区公共卫生监督监测学习班，25名公共卫生监测人员参加学习。是年，毕节县给215名公共单位服务人员体检，给200名身体健康者发健康证；进行公共场所指令性空气采样50份，枯、丰期水采样30份，共得数据750个。1989年7月，召开全地区环境卫生工作研讨会，布置开展公共场所经营单位监督监测，从业人员健康体检及发证工作。是年8～11月，地直监督检查公共服务单位40个，职工628人，查出乙肝表面抗原阳性19人，发证580人。1990年，地区防疫站对地直42家公共场所经营单位进行监督管理，经卫生学调查，符合公共场所管理经营范围及条件的33个单位38户；给540名从业人员作健康体检，查出乙肝表面抗原阳性18人，发证473人。1991年，地区防疫站给地直557名公共场所从业人员作健康体检，发健康证533人，查出乙肝表面抗原阳性24人，建议调换工种。进行从业人员持证上岗检查；对公共场所经营单位进行环境监测，监测公共场所21个，布点65个，对不符合要求的提出改进建议。1992年，地区防疫站给新开业的3户公共场所经营单位核发卫生许可证，对地直原21户公共场所经营单位换发卫生许可证，监测布点150个。给地区棉纺厂工人作岗前体检，给250名旅店业人员体检。培训全地区30名共场所卫生监督员。1993年，地区防疫站给地直新开办的17户招待所及舞厅核发卫生许可证；给42家公共场所385名从业人员体检，发证348人；协助纳雍、金沙、黔西、威宁、赫章县开展公共场所监测。1995年，地区防疫站复核发放公共场所卫生许可证12户，给260名从业人员体检，培训260人，现场监督检查150次；并调查毕节城区化妆品销售市场，将化妆品销售市场纳入卫生监督管理。1996年，全地区共监督公共场所经营单位407户；监测131户，共监测466项次，合格341项次；给1362名环境卫生从业人员作健康体检，健康体检率61.74%，发放健证1087人，检出“五病”5人，要求调离；培训864人。1999年，地区防疫站监督地直27户公共场所经营单位，经审查基本合格，均发给卫生许可证。给230名从业人员体检，给225名发放健康证，检出职业禁忌症5人；对8户18个点进行11项消毒效果监测，均合格；卫生知识培训200人。2000年，全地区有公共场所经营单位922户，核发卫生许可证654户；监督868户；给1052名从业人员作健康检查，给1027人发放健康证，检出“五病”25人，全调离；全年处罚74户次。2001年，地区防疫站监督检查地直143户公共场所经营单位，给136户发放卫生许可证，监测131户、监测846项，合格636项；给357名从业人员作健康体检，给340人发放健康证，卫生知识培训340人。2002年，地区防疫站对地直公共场所经营单位供顾客所用餐饮具、接触物品采样583份作卫生监测，给从业人员作健康体检。2002年后，机构改革，撤销地、县防疫站，公共场所监督检查职责划归地、县卫生监督所，监测工作由疾病预防控制中心承担。2006~2008年，对食品卫生经营单位和公共场所从业人员共3520人进行健康检查。至2010年，全区有从事公共场所经营单位1496家，其中，住宿业661家，娱乐场所101家，沐浴业95家，美容理发业590家，游泳场所12家，其他37家。通过开展量化分级管理工作，城市住宿业实施量化评分553家，推广率80.6%，已评定等级288家；12家游泳场所全部推行量化分级管理制度。

**学校卫生** 1.学校卫生工作简况。20世纪50年代，学校开展校内环境清洁卫生、绿化工作，坚持教室每天一小扫，校园每周周六大扫，教育学生保持学校环境卫生和个人卫生。1963年，根据国家教育部、卫生部《关于加强学校卫生工作》的指示，专县卫生部门指派防疫机构监督检查学校环境、清洁卫生，学校开展卫生大突击清除垃圾，将勤洗衣、勤剪指甲列入学生个人卫生操行考核，周一进行检查。1965年，开始测定学校建筑卫生、学生视力。1980年，中小学开始建学生健康卡，卫生部门监测学生生长发育情况。1986年，根据国家安排，开展学生体质调研，测量学生体重、身高、肺活量、坐高。1988年起，在中、小学中开设健康教育课。90年代后，全地区贯彻国家卫生部《学校卫生管理条例》，规范学校卫生工作管理。1992年，毕节地区聘用学校卫生监督员，举办卫生监督员及肠道感染综合防治培训班，培训学校卫生监督人员26人。1993年，根据省驱虫会议精神，组织各县领驱虫药33.6万片，8.95名万学生服药驱虫。是年，进行5所学校2465名学生伤寒疫苗预防注射及3所学校3012名学生流脑疫苗预防注射。1994年，根据省卫生厅安排，开展学生驱虫服药工作。1996年，预防碘缺乏病，9350名学生服碘油丸。1999~2003年在314所小学10.04万名学生，43所中学5.14万名学生中进行卫生监测。在95所学校中给5.82万名学生作健康体检。检查发现1.04万名学生视力不良，占18.2%。

2.学校卫生业务。（1）教室卫生监测。1981~1985年，个别县开始对学生教室卫生进行监测。1986年，调查地直11所学校建筑卫生，共查教室47间，19个项目，所有学校课桌椅全不合格，仅有6所学校教室采光系数符合卫生要求。1991年，地区调查毕节五小新教学楼，教室采光、照度均达卫生要求。1992年，地区调查毕节一小、朱昌中学新教学楼建筑卫生监测，教室采光、照度、玻地比、黑板面积均达卫生要求。毕节一小教室面积偏小，每生占0.67平方米。1993年，地区监测毕节八小建筑卫生，教室采光、照度、玻地比均达卫生要求，教室面较小，每生占0.67～0.97平方米。1998年，调查30所小学课桌椅与身高配套情况，受调查学生9440人，64人符合条件，占0.6%；基本符合120人，占1.27%；不符合占98.12%。（2）学生健康体检。1964～1988年，大方县从个别学校开始，逐步发展到全县，给学生作健康检查。至1988年，共给2.04万余名学生作健康体检，发现视力减退2207人。1985～1995年，地区防疫站在32所中、小学校给2.1万余名学生作健康体检。1996年，全地区合计给2.43万名学生作健康体检，占应检学生的2.37%。检出视力不良5077人，占20.91%；检出沙眼4464人，占11.27%；检出龋齿1695人，占6.98%；检出肠蛔虫2737人，占1.27%；检出营养不良293人，占5.33%；检出肥胖574人，占2.36%。给眼睛近视、患有沙眼学生实施治疗，给有蛔虫的学生作服药治疗。是年，全地区有179所学校开设健康教育课，14.64万名学生接受卫生教育。1997～2000年，地区防疫站给15所中小学校9400余名学生作健康体检。2000年，全地区开展学校卫生监督执法检查，监督检查学校82所，体检8807人，其中视力不良1500人，占17.03%；疑似沙眼2805人，占31.85%。2001～2003年，地区防疫站给地直学校8700名学生作健康体检。2006~2011年，地区疾控中心对1.49万名学生进行健康体检。

3.学校卫生试点。1985年，地区安排各县选择学校作卫生工作试点。地区防疫站将毕节师范学校、毕节一中、朱昌中学、毕节一小、五小列为卫生试点学校，建立学校档案，进行建筑卫生及开展学生健康体检，防治常见病等工作。1986年，大方将一中、城关二中、理化中学、羊场小学列为卫生试点学校。1988年，在大方师范等4校建立学生健康档案，体检学生3176名，并建立有关学生疾病档案。是年，地区防疫站监测试点校学生3501人健康，并进行驱虫及沙眼治疗。对资料完整的3009名学生作体质评价统计。

4.学生常见病防治。（1）眼病。①沙眼。1988年，大方县对大方一、二中，城关中心校、羊场小学2439名学生进行沙眼治疗。1990～1997年，给5所学校的7599名学生治疗沙眼。1992、1993年，地区防疫站给毕节一小、五小的125名学生治疗沙眼，经治疗，两所学校患沙眼疾病学生沙眼程度减轻。②近视眼。1992～1993年，地区防疫站给毕节一小、毕节五小共100名眼睛近视学生采用小孔眼镜法进行治疗，每天戴小孔眼镜看书、写字2小时，半月后复查，五小学生73.8%、一小学生69.2%有效。（2）地甲病。1999年，大方县在5所学校400人中作甲状腺肿触诊调查，1度肿大82人，肿大率20.50%。（3）氟病。1982年，大方县调查各区中心校学生，氟斑牙患病率78.80%。（4）结核病。1986年，大方给小学一年级2.03万新生作卡介苗接种；其他县开展中小学生结核病患病调查。1986年后，毕节地区多次安排中、小学校活动性肺结核病的调查和治疗工作。（5）肠寄生虫。1979～1991年，各县均调查和治疗中、小学生肠寄生虫病。1992年，地区防疫站给毕节一小、五小、朱昌小学3340名学生施行服药驱虫，排虫率50%左右。

1993年，全地区发放驱虫药20.33万片，5280名中、小学生服药驱虫。地区防疫站以毕节五小为监测点，经调查发现该校蛔虫感染率61.54%、鞭虫感染率24.79%；对一年级新生作蛲虫检查，阳性率11.54%。1994～1999年，地区防疫站共组织地直学校2.19万名学生驱虫服药24万余人次。（6）预防注射。1991～1998年，地区防疫站对毕节城区一小、五小1627名学生进行麻疹、伤寒、乙脑菌苗、流脑菌苗预防注射。

**放射卫生**　1986年，毕节地区开始进行放射卫生调查。经查，全地区有放射源29个，诊断用X光机147台，使用单位124个，从事放射工作人员180人。1987年，有50MAX光机28台。1996年，全地区共有放射设备153台，医用放射同位素6个，工业探伤机2个，放射工作人员241人。2000年，检查全地区放射源单位安全工作，共查放射源36个，涉源单位16个。2003年，完成全地区医疗单位183个点的放射卫生监测。至2010年，全区有放射诊疗单位237家，放射诊疗许可证持证率100%，放射工作岗位人员569人，持放射工作人员证545人；建立放射卫生管理档案156家监督覆盖率100%，下达卫生监督意见书156份，监督落实整改69家，组织放射工作人员进行职业健康检查292人，对严重违反《放射诊疗许可办法》的25家医疗卫生单位违法行为进行整处，警告7家，责令停业2家，限期整改8家，罚款8家，罚款金额1.09万元。

## 第二节　爱国卫生

### 一　机构设置

1951年，设置毕节专员公署环境卫生委员会（简称专署爱卫会），下设爱卫办，指导各县开展公共环境卫生活动。1952年7月，成立毕节专区卫生防疫委员会，吕栋任主任委员。是年，各县成立卫生防疫委员会，下设78个分会，713个支会，5885个卫生领导小组。1953年初，根据贵州省第三届卫生工作会议精神，全省各级卫生防疫委员会复称为爱卫会。1956年，改专区爱卫会为专区“除四害”爱卫会，各县成立指挥部，区、乡镇也建立相应组织。1960年3月，成立毕节专区除害灭菌病领导小组，恢复指挥部，各县、区镇同样恢复。1963年，重建毕节专区爱卫会，设置爱卫办，办公室设在专署卫生局，由一名副局长兼办公室主任。1965年5月，经毕节专员公署同意，改毕节专署“除四害”爱卫办为毕节专署爱卫办。1966～1977年，受“文化大革命”影响，全专区爱卫会工作呈瘫痪状态，公共卫生工作由文教卫生办公室兼管。1978年，毕节专区贯彻国发（1975）38号文件，恢复重建地区及各县爱卫会，设爱卫会办公室在地区和各县卫生局内。爱卫会主任分别由副专员、副县长担任，其组成人员随政府相关机构人员的变动而调整，1980年后，根据贵州省爱卫会、省编委、省财政厅、省卫生厅联合制发的文件规定，地区爱卫办设专职工作人员5人，日常办公费用列入事业预算内，业务经费由省、地根据各项任务分配安排，地方财政适当匹配，部门特殊专项任务由有关部门适当补助。地区爱卫办配合协调各县爱卫办开展爱国卫生活动，主要抓除害灭病，讲卫生的宣传和重大疫情防治，创建文明卫生城市和乡镇以及农村改水改厕。协助督促各县开展对农民进行健康教育和到2000年人人享有初级卫生保健活动，1984年后，县爱卫会单设办公室，配备专职人员1～4名。区、乡镇和大型厂矿企业设立爱卫会领导小组，明确专人抓爱国卫生工作。办公费用主要由地方财政以专项经费方式拨给，业务经费主要由省、地根据任务安排下拨，县政府匹配一定经费和向受益群众筹集。1992年4月，毕节地区行署成立行署办爱卫会领导小组，行署机关内亦成立爱卫会领导小组。1993年9月，中共毕节地委成立党群部门爱卫会领导小组。1999年，各县市直机关、单位均成立爱卫领导小组，明确人员抓工作。

毕节地区历任爱卫会主任委员：吕栋、杨文才、侯国祥、杨智光、李朝忠、周祖宣、孙仁培、杨继红、顾久；副主任委员：杨明远、李仿尧、蒋开印、邬浩川、陈先福、张晓光、朱启荣、杨兰平、张兴华、王若桐、刘声魁、王仁修、谭鹏、黄维俊、杜昌远、郭慧轩、姜继伦、刘家学、糜崇益、吴之徐、陈明显、金国藩、冉鄂生、阮仕君、刘昭明、杨继红、潘志华、陈烈跃、陈湘、章少民、安宁、薛家璐、王炳荣、徐世贵。历任爱卫办主任：邬浩川、李宗俊、王允娟、吴文明、陈湘、李国宝。

## 二　卫生治理

**城市卫生治理和创建卫生城市**　1951年，各级政府爱国卫生运动委员会以指导城市公共环境卫生为重点，清除大街小巷的污泥浊水、各种垃圾，疏通阴阳沟道，并以户为单位订立《爱国卫生公约》，建立统一的检查制度。各县城关镇以户为主订立《爱国卫生公约》和检查评比制度，开展衣、被、庭院、厕所、厨房干净；灭蛆、蝇、蚊、跳蚤、臭虫、老鼠为中心的城镇卫生治理活动。1953年，专区爱卫会号召各县在城关镇开展卫生突击月活动，以后逐渐推行到区、乡所在集镇，开展群众卫生运动，消灭各种传染病。1958年，全区开展爱国卫生运动。金沙县提倡个人、用物、环境清洁，不准随地吐痰、随地大小便、乱倒垃圾、乱丢果皮纸屑、乱倾倒粪便污水；用物摆设条理化、室内外环境卫生经常化、街道两旁绿化、庭院环境美化、坚持卫生经常化、检查评比制度化；阴阳沟污泥清光、蝇蛹掏光、房前屋后杂草除光、家具用具洗光、虱子跳蚤灭光、畜圈厕所垃圾扫光。黔西县要求城关居民做到个人牙刷面巾化、户户痰盂化、食堂进餐公筷化、使用开水化、墙壁粉刷白色化；室内、院坝、街道、家具、厨房、厕所干净。1959年，各县城清理垃圾、污泥、杂草2.8亿多吨，疏通阴阳沟2411万米，填平各种污水坑748万立方米。大方县城关镇实现改水井、改厕所、改畜圈；公共厕所化、家家痰盂化、人人面巾牙膏牙刷化、防病口罩化、食堂环境卫生化、新法接生化、房屋粉白化、饭前洗手饭后刷牙漱口化、卫生检查经常化、喝开水化、洗澡普遍化、卫生岗位化、水井加盖紧闭化、食堂用水过滤化、托儿所清洁化、吃饭公筷化。其余县在城关居民中提倡勤洗衣洗澡、理发、剪指甲；不随地吐痰、不喝生水、不随地大小便、不吃腐烂变质食物；人人有毛巾牙膏牙刷、户户有痰盂、食堂有开水桶和防蝇设备，炊事员有工作衣帽、口罩，单位有卫生值日。每年元旦、春节、“五一”节、国庆节，各县城关开展大规模的卫生突击行动。1960～1962年，国家经济困难，各级政府爱国卫生工作基本处于瘫痪。1963年，毕节专区各县城关和集镇坚持开展爱国卫生运动，制定检查评比规章制度，以单位或户挂清洁或不清洁牌，鼓励和促进工作的开展。1966～1969年受"文化大革命"运动影响，区内各级爱卫会机构瘫痪，其职能由地、县革委文卫办公室所取代，爱国卫生运动不能正常开展。1970～1972年，各县革委相继成立除害灭病领导小组，要求在城镇和区集镇开展爱国卫生运动，杜绝传染病的发生和蔓延。1976年后，恢复区内各级爱卫会，组织发动驻城镇机关、单位干部职工和街道居民大搞室内外环境卫生，发动城镇居民重新订立爱国卫生公约。

1979年，毕节地区贯彻落实国家八部委局《关于进一步加强爱国卫生运动宣传工作的联合通知》精神，掀起消灭蚊蝇，整顿市容市貌活动，开展"两管五改"（管水、管粪，改水、改厕所、改畜圈、改炉灶、改善环境卫生），预防夏秋季传染病为重点的爱国卫生运动。1981～1982年，各县在县城大力开展"五讲四美"暨文明礼貌月活动。1985～1986年，贵州省爱卫会制定《贵州省10城市（县、区）卫生竞赛方案》，组织贵阳市、南明区、云岩区、遵义、安顺、都匀、凯里、铜仁、毕节、兴义县10城市（镇）开展卫生竞赛活动，经综合检查评比，毕节县城得分为84.39分，居10城市榜首。省组织2个检查团进行第二次检查，抽查毕节城区65个党政机关和主要街道，得分居检查团所检查单位的第二。后经综合检查评比，获全省10城市第三名。1987～1988年，毕节地区爱卫会制发《毕节地区各县城卫生达标竞赛评比方案》，地区爱卫会先后3次组织检查，按《评比方案》综合评分，毕节获91.86分，为第一；纳雍88.47分，为第二；织金87.53分，为第三。其余县在87.42～78.75分之间。1989年，黔西县城关镇开创千户卫生之家活动。1990年初，贵州省开展创建卫生城市活动，毕节县城被列其中。1991～1992年，毕节地区行署制发《毕节地区1992年度爱国卫生目标管理考核实施方案》，经检查考核，大方县城被评为目标管理达标县城，县爱卫办获达标奖。1993年，贵州省爱卫会下发《关于在全省开展创建卫生县城活动的通知》和《贵州省卫生县城（试行）标准》。地区及各县爱卫会拟定创建卫生县城的规划和实施方案，成立相应机构组织实施。是年，各县政府总计投入经费2162万元，用于市政建设，硬化街道2.57万平方米、修下水道6000多米，增添果皮箱（桶）900多个，新增环卫垃圾车1部，新建改建公厕各2座，新建农贸市场7个。经省检查评比，金沙为全省第三名。1991～1995年，全地区共投资8170余万元，改善城市设施，修建街道、治理河道、修建公厕、增加清扫垃圾工具。1995～1996年，毕节地区开展宣传、贯彻实施《贵州省爱国卫生工作条例》活动，促进文明卫生城市建设。1997年，省抽查13个市级城市，毕节市达标；抽查10个县级城镇，黔西县基本达标，获省级卫生县城称号。1998年5月，地区爱国卫生暨创建文明卫生县城工作现场会在黔西县召开。毕节市、黔西、织金、金沙县在大会上作典型经验交流发言。1999年，全区创卫暨爱国卫生现场会在金沙县召开。2000～2002年，毕节地区精神文明建设指导委员会、爱卫会制发《关于在全区开展"倡导文明新风，共建美好家园"及卫生与秩序活动的实施意见》和检查评分标准、《关于在全区开展治理"脏、乱、差，树立毕节新形象"为主题活动的实施方案》。贵州省爱卫会、精神文明办组织抽查1995年以来获省级卫生城市称号的城市，分别通报表彰黔西县、表扬金沙县。

**改良饮水** 民国31年（1942）金沙县政府制定《金沙县城区管理办法》，改良给水设备，将各地使用的水井依照规定尽量改善，构架木栅围绕，加高井台，立牌禁止在井台上洗涤衣物。利用国民月会或其他场合，宣传饮水消毒的重要性以及常识，并购置大量漂白粉配置溶液分配各用水码头、水井源等逐日消毒。中华人民共和国成立后，人民政府重视饮水卫生。1951年，金沙县修整水井140个，立碑（牌）禁止使用不卫生水井。1952～1955年，毕节专区各地注重改良或新建比较卫生的水井。金沙县改良水井417个，新建水井20个，禁用不卫生井20个。威宁县改良水井195个。部分县爱卫会、卫生、水利部门开始修建蓄水池（库），挖山塘积水，修整简易渠道引水。1956～1960年，全专区共改良水井（源）5.41万口（个），其中水城县1.36万口，威宁县2.2万多口，黔西县4900多口，织金县3100口，大方县3148口，金沙县2417口。威宁县修自来水供水点130多个。1963～1965年，区内各级政府在城关、区乡集镇、公路沿线重点村寨开展水井改良试点，全专区改良水井1万多个。金沙县改良水井的先进经验在全省农村改水工作会上进行交流。毕节专员公署行文，推广威宁、金沙、赫章县改水改厕先进经验。1966年初，贵州省委转发毕节地区改良水井的先进经验材料。4月，省卫生厅向全省转发毕节县小吉公社官户生产队的水改、粪管经验。至1976年，全地区改良的6210个水井基本符合卫生条件。

1977年，大方县在全地区率先开展普查水源监查水质工作，组织县、区（镇）卫生人员调查全县109个乡（社）水源，共查水源1.16万个，其中890个受污染。1984年，根据国家和省爱卫会的安排部署，毕节地区开展农村饮用水源普查和水质调查。地区爱卫会组织培训普查人员3928名，调查全地区4.04万个生产队的人畜饮水源。调查历时30多天，共调查水源点7.12万个，涉及人口53.64万人。调查显示，全地区90%以上农村群众生活饮用水受到不同程度污染，需要改良。1985～1987年，省爱卫会安排织金、威宁、赫章县11个点的人畜饮水工程项目。毕节地区爱卫会与相关县签订责任书，3县共投入经费18.9万元，省拨4.6万元，地区匹配6.5万元，地区水利电力局投资107万元，并负责组织实施。1988年，贵州省爱卫会、省财政厅、省卫生厅安排毕节地区农村改水工程受益人口20万人，集中式供水项目5个，分散式改饮用水源163个，总投入经费69.1万元，其中群众自筹17.6万元。1986～1990年，省拨44.7万元、地区民委补助147.33万元、地区财政拨出61.1万元，各县匹配50.2万元，受益群众自筹90.34万元，共393.677万元用于改水。1991～1993年，毕节地区用于农村改水经费119万多元，改造集中式供水工程2个，改建分散式水井83个，受益6万多人。香港宣明会、红十字会援助纳雍县13.4万元，修建简易自来水厂6个。1994年6月，毕节地区制发《毕节地区贯彻执行〈贵州省城镇生活饮用水卫生监督管理办法〉的若干规定》，以规范全地区改水。1991～1995年，全地区投入5000万元用于农村改水，41.32%的农村人口饮用水得到不同程度的改善，20%的人口用上卫生方便的自来水。1996～1997年，地区及各县爱卫办配合水利电力部门开展农村改水。是年，全地区改良水井3395处，水源保护2277处，修水窖1209处，修蓄水池649处，修其他水源4处。省、地下拨农村改水经费53.6万元，用于各县市改水。1998年，成立毕节地区行署世界银行贷款第四期中国农村供水与环境卫生项目领导小组，向省财政厅签订项目承诺书，同意利用世界银行贷款700万美元开展农村改水与环境卫生项目，并按1:1配套。1999～2001年，省、地下拨农村改水经费76.6万元，要求各县市匹配和受益群众自筹部分，毕节市、金沙、威宁、黔西、纳雍、织金县获改水工程补助，解决26万人的卫生饮用水。2002年4月，地区爱卫会办李国宝和纳雍县卫生局何德义被评为全国1996～2000年农村改水改厕先进工作者，受到表彰。9月9日，世界银行官员胡树农、李晓峰及国家项目办史日升、付彦芬到威宁县检查评估世界银行贷款第四期中国农村供水与环境卫生项目进展情况。11月，地区爱卫会拨专款改水经费1万元给威宁县雪山镇勺甫村改水。

**改良厕所**　20世纪50年代，各县动员群众清除垃圾，管理人畜粪便，对露天厕所定期使用石灰粉杀蛆灭蝇；在县城和有条件的乡镇建公共厕所。1955年，在农村提倡高温积肥，使粪便无害化。大定县推广瓦瓮式厕所。1958年，掀起改良厕所热潮。织金县改厕1253个。织金县平寨乡，制定上不漏雨，中不漏气，下不漏粪标准，改造100多户苗族村民厕所，建公厕3个。经省、地卫生检查团验收，被评为全省卫生先进村寨。威宁县修改厕所2.36万个，修建畜圈1.54万个，6.2万余户实现人畜分居。水城县改建厕所2668个，改造畜圈1.22万个。1959年，毕节县拆除不符合规定私厕5000多个，改建公厕300多个；大方县改厕3.14万个，黔西具改厕2.33万个，畜圈1.5万多个；织金县取缔不卫生厕所8524个，新建厕所1990个，改良厕所4900多个；威宁县新建公厕48个，新建畜圈1.92万个；水城县改厕所1.7万个，新建厕所9727个；赫章县改造厕所1.5万个，消除不合卫生要求厕所1585个，改造畜圈2407个。1960年，威宁县改造厕所6996个，新建厕所1832个，改良粪坑2845个，基本改变农户不设厕所的习俗。1963～1966年，在全地区推广威宁县、赫章县野马川区改水改厕经验，共修瓦瓮式厕所4400多个。1966年下半年～1971年，改水改厕基本停止。1972年，重起改厕工作。至1978年，全地区共改良各类厕所4.08万个。威宁县改建沼气池获得成功。1979～1991年，各县在农村继续施行“两管五改”，在县城修建垃圾池（库），建立县环境卫生管理站，清理公厕粪便，进行药物消毒。1992～1994年，贵州省爱卫会、财政厅、卫生厅补助毕节地区农村改厕经费7.85万元，地区投入2.9万元，县匹配2万元，受益群众自筹经费6万元，共18.75万元，改沼气池厕所207个，改造三格式厕所278个。1995～2003年，贵州省爱卫会、省财政厅、省卫生厅下拨毕节地区农村改厕经费229.3万元，地区财政补助84.5万元，县市匹配57万元，乡镇投入10.8万元，受益群众自筹经费287.52万元，修建厕所2500个，改造三格式厕所900个，建沼气池厕所1400个、改良通风式厕所3700个，其他类型厕所7.6万多个。2008~2010年，全区农村改厕3.1万户。

**除“四害”**　中华人民共和国成立前，无除“四害”记载。1950年，水城县开展灭虱、蚤、蚊子、苍蝇、臭虫、老鼠活动，灭鼠9361只，灭苍蝇若干斤，灭蛆76.5斤，挖蛹5781斤，衣物灭虱2907件。1953年，全专区灭鼠18.61万只，填鼠洞8.84万个，灭蝇蚊717.9斤，灭蛆、蛹5580.84斤，衣物灭虱33.34万件。1957年，专区建立除“四害”指挥部，下设办公室。威宁、水城、织金县成立相应机构，部分区镇建立除“四害”指挥部。1958年，全专区开展除“四害”跃进活动，共计灭鼠8174万只，灭麻雀1.03亿只，灭蛆、蛹264.5千克，灭蚊子56千克，消灭各种害鸟1666万多只，各种害兽395万多头只。1959年，全专区灭鼠1992万多只，灭麻雀2806万多只，灭蚊子、苍蝇和挖蛆279吨，消灭各种害兽181万多头（只），害鸟1029万多只。1960年3月，贵州省贯彻中共中央关于卫生工作的指示，制定1960～1962年卫生工作计划，要求在此期间基本除尽“四害”消灭痢疾、钩虫、绦虫、伤寒、百日咳、白喉、梅毒。毕节县灯塔公社在除害灭病中，成绩突出，被评为全省卫生先进单位。水城县未梦公社倮摩管理区实现室内外扫光、四周垃圾搬光、房前屋后杂草铲光、污泥清光、粪便捡光，做到无蚊子、苍蝇、老鼠、臭虫、虱子、跳蚤；个人有毛巾、牙刷、牙膏，家家有蚊帐，户户有痰盂，有茶缸，有温水瓶；房屋洁白化、水井防护化、用水滤净化、卫生经常化、厕所公共化、村庄街道化、村庄公园化、碗筷消毒化，被国务院评为社会主义建设先进单位。1983～1984年，全地区城乡在春秋两季大力开展灭鼠活动。据毕节、大方、黔西、金沙、织金县统计，13.31万户投放灭鼠药，捡得死鼠71.66万多只。1986年，毕节地区行署批转地区爱卫会《关于开展春秋季灭鼠活动的报告》，要求各级政府切实抓好灭鼠工作。是年7月，地区爱卫会、农牧渔业局、卫生局联合在赫章县城关举办灭鼠培训班，培训灭鼠骨干50多人。织金、毕节、赫章、黔西、威宁县城关镇共5.08万户在春秋两季投放毒鼠药，拾得死鼠40.47万只。1990年，开展灭鼠活动。毕节县财政拨款1万元，机关单位、街道居民集资2.3万元，拨粮食千余斤配制灭鼠毒饵，500多个机关单位、1700多户居民、5200多户村民在统一时间内投放。金沙县政府拨款2000元、粮食3000斤，菜油80斤配制灭鼠毒饵，在城关镇3000多户居民家中投放。赫章县在5个区镇的4672户和143个机关单位投放灭鼠毒饵4604份。1993年，各县爱卫办在城关镇开展灭鼠活动，共投入灭鼠经费7.08万元。同时，各县城关镇组织消杀队，施放药物，灭杀公共厕所、垃圾场所、污水沟渠蚊蝇。1998年6月，根据全国爱卫会及国务院8部、委、局、社《关于在全国统一开展严厉打击非法制售毒急性鼠药活动的通知》，查禁急剧毒鼠药。1999年11月4日，毕节市政府组织公安等8个单位在城乡查禁急剧毒鼠药。2001年12月，毕节地区行署办公室制发《关于开展收缴剧毒急性鼠药，严厉打击投毒犯罪专项活动的实施方案》，要求各县、地直各部门严格执行。2007年，毕节地区各县市城区鼠密度从2006年的20%降为2%，达到国家规定3%的标准。

## 三　健康教育

**健康教育工作梗概**　民国年间，第四行政督察区及各县均未设置健康教育机构。1949年11月～1950年初，各县先后解放。自1950年起，专区及各县逐步在组织民众开展爱国卫生运动的同时，向民众开展健康教育。1952年，贵州省卫生厅在威宁县组建消毒站，开展健康教育宣传。1959年，威宁县卫生防疫站成立卫生宣传组，对民众进行健康教育；各公社医院也相继安排兼职卫生宣传员对民众进行健康教育。1966～1976年，受“文化大革命”影响，健康教育一度中断。20世纪70年代后期，毕节地区贯彻中共中央、国务院关于做好对民众进行健康教育的指示，要求各级医疗卫生机构，逐渐在机关、学校、厂矿开展大众卫生教育宣传工作。80年代后，地区及各县卫生防疫和爱卫会机构逐渐恢复对民众的健康教育工作。1987年10月，威宁县成立健康教育所，时为毕节地区首家健康教育机构。1992年，联合国儿童基金会中国健康教育项目在毕节地区施行，6月，毕节县在省健康教育所所长任昕等指导下，抽调培训26名骨干，在10个乡镇抽调100名医务人员协助，随机抽样全县800名妇女进行保健知识调查，在800名被调查对象中，了解幼妇保健知识的极少。1993年6月，国家和省教育所，地区及各县财政部门共拨款3.5万元，在毕节地区开展生命知识为主的健康教育培训；9月，培训乡镇卫生院长或副院长32人；10～11月，培训乡村医生、妇幼卫生人员350人。1993年9月，各县成立健康教育所，组织开展生命知识传播。

**学校健康教育**　中华人民共和国成立前，学校健康教育情况无考。20世纪50～60年代中期，各级各类学校均注重健康教育。1966～1976年，受“文化大革命”影响，学校健康教育开展不正常。80年代后，学校健康教育走向经常化、规范化。地、县卫生防疫站与学校配合，举办学校保健教师培训班。1984年，金沙县采用贵州省统编健康教育教册，率先在学校开设健康教育课。1988年起，大方县选择4所学校作健康教育试点。1989年后，中小学贯彻国务院《学校卫生工作条例》，逐渐把健康教育纳入教学计划，开设健康教育课。1999年，各县城关中小学和乡镇中心校学生的卫生知识知晓率和卫生行为形成率达80%以上。

**农民健康教育**　中华人民共和国成立后，各县乡卫生医疗机构坚持常年定期或不定期对农民进行健康教育，讲解新法接生和消灭急性传染病知识。1994年后，根据全国爱卫会、国家卫生部、广电部、农业部文件要求，要求各级政府开展农民健康教育。是年，大方县采用举办培训班和以会代训方式，培训农民健康教育宣教员952人；采用印发宣传资料，张贴卫生宣传画、宣传标语，出专刊，广播宣传，上门宣传方式，向10余万农民宣讲健康知识。1996年，大方县有47.7%农民接受健康教育，农民卫生知识知晓率和卫生行为形成率均达60%以上。同期，地区防疫站采用以下方式，向农民宣传健康知识：购置各种宣传小报2.99万份、小册子7.07万册、宣传画9299张、电视片13部、幻灯片3套发放；科普赶场12次，广播宣传211次；组织1500人参观卫生展览1次；播放录像98场次，观众34.46万人；举办卫生知识讲座8次；上街宣传34次，发放各类宣传资料11万份。

**行业健康教育**　1.公共服务业健康教育。自20世纪50年代始，区内各县防疫机构便对公共服务人员进行健康教育，其主要教育内容是：饮食卫生的重要性，食堂内外环境卫生，厨房用具卫生，工作人员个人卫生，食物的挑选、保管、加工和食物营养以及怎样预防食物中毒。经过教育培训，多数人员基本能做到工作服化、口罩化、自来水化；灶头净、炊事用具净、蔬菜洗净；有开水设备、有防蝇防尘设备、有洗手设备；无扬尘灰渣、无长指甲、无积存垃圾、无蚊蝇鼠雀、无污泥油浊水。1983年后，地区及各县卫生行政和防疫部门贯彻《中华人民共和国食品卫生法》，多次举办培训班，在成乡利用有线广播、电视等宣传工具和散发宣传资料的方法宣传食品卫生法。经过长期坚持不懈的宣传教育，公共服务行业人员卫生防疫意识不断增强，公共服务场所卫生不断改善。

2.预防控制疾病的健康教育。20世纪50年代后，县、乡卫生机构常年进行定期、不定期的预防控制疾病健康教育宣传。1989年，地区防疫站增设健康教育科，对全地区健康教育进行指导、安排，每月在毕节城中心出健康教育宣传专栏1期；各县成立健康教育科（组），开展预防控制疾病健康教育宣传。1991年，毕节地区成立防疫培训分中心，负责防疫工作业务培训。1991～1993年，全地区投入14.89万元进行预防控制疾病健康教育。1998年，全地区编辑健康教育专栏62期，发放宣传资料5000余份、卫生知识小册子3000余份。组织消费者权益日、科技日、爱牙日、消灭脊灰强化免疫日、“3·24”世界结核病活动日咨询宣传活动，共计发放各种宣传资料3.8万余份，书写宣传标语490幅，宣传版块45块，播放各种录像112台（次）。1999年，全地区编辑健康教育专栏13期，上街宣传10次，发放卫生宣传资料1.2万余份。

# 第三节　传统医药

## 一　草医　民族医

**草医**　明清及以前，居民皆以草医治疗疾病。草医多以识几味药、能治某种病的一技之长，施治于人，常以家传、拜师学艺流传。草医对骨伤、风寒腹痛、风湿劳伤、小儿疳积、鱼鳅症、妇女疾病都有较好疗效。民间有小小单方治大病之说。据载，中华人民共和国成立前，大定县有吴怀善、王大排、彭玉清、周桂廷、王国良等人为以中草药主治骨科能手。中华人民共和国成立后，政府重视草医草药发展，动员草医参加防病治病。1950年11月，金沙县成立医师协会，会员484人，其中草医64人。1959年，大定县开展草药献方活动，县内草医献方1000余个，曾分内、外、妇、儿、五官36门整理成册刊印验方汇编。经推广应用，对流感、咳嗽、肠炎、痢疾、胃痛、红崩、白带等都有很好疗效。20世纪60～70年代，大批中草医参加合作医疗，为群众防病治病。草医遍布城乡，多为亦农亦医者，用药多为自采、自制、自用。织金县专治骨伤出名者有三甲乡左姓、龙场镇饶姓等人，治枪伤出名者有县城覃姓、蔡姓。70年代，中国农村大办合作医疗，提倡一根针、一把草为村民治病。1970年，金沙县召开中草药工作现场会，总结交流中草药防病治病经验、举办中草药展览、收集秘验方615个。1971年，金沙县用草药乌棒子、岩白菜、虎杖、果上叶治疗老年性慢性支气管炎，有较好疗效。1985～1987年，按照国家和省部署，毕节地区开展中草药资源普查，普查重点产药区镇70个、乡456个，一般产药区乡270个，普查3445.1万亩，占全地区总面积的85.5%。采集药用植、动、矿物药标本2.02万份，隶属229科，1660种；新发现药用价值和经济价值较高药材47种；澄清混乱品种21个；收集少数民族常用药129种，民间单验方1560个。经综合分析，整理写出《毕节地区中草药资源普查资料汇编》《中草药资源名录》《民间单验方》。普查成果获毕节地区1988年科技进步二等奖。普查资料反映，草药分布广，全地区大致可分为4个产区：①东部低中山山原丘陵地带：含30个区，258个乡。此区域水源条件好，开发较早，但栽培不多，以野生药物为主，有中药601种，植物药蕴藏量约2.97万吨。②中北部中中山地带：含36个区，286个乡。此区域自然条件和社会经济条件介于东部地带和高原之间，家种药材稍多，仍以野生药材为主，保存量较大，有610个品种，植物药蕴藏量约3.07万吨。③中南部中中山地带：含16个区，116个乡。此区域自然条件较好，以野生药物为主，有510个品种，植物药蕴藏量约4.7万吨。④西部高原中山地带：含19个区，72个乡。此区域野生药材保存量大，资源比较丰富，有735个品种，植物药蕴藏量约4.13万吨。

草药种类较多，其生长环境可分为以下4个海拔地带：①海拔500～1000米之间地带：野生药材有天冬、玄参、苦栋子、柴胡等601种。适宜栽种白术、地黄、白芷、石斛、泽泻、红花、川芎、吴茱萸、贝母等。②海拔1000～1600米之间地带：野生药材有杜仲、黄柏、厚朴、乌梅、五倍子等610种。适宜栽种有厚朴、吴萸、黄柏、天冬、玄参、桔梗、五倍子、银花等。③海拔1600～2000米之间地带：野生药材有黔党参、前胡、独活、牛夕等22种。适宜栽种有潞党参、白术、贝母、三七、人参等21种。④海拔2000米以上地带：野生药材有玉竹、香独活、紫草、防风、秦艽等24种。适宜栽种的有：潞党参、杜仲、人参、三七、黄连、独定子、三分三、秦艽、乌梅、小玉竹。

### 毕节地区中药资源区域分布表

| 地貌区名 | 分布范围 | 面积 | | 地貌类型 | 地貌特征 | 代表品种 |
|---|---|---|---|---|---|---|
| | | 万亩 | 占全区% | | | |
| 东部低中山山原丘陵区 | 金沙县全县；黔西除桃井、纸厂、金坂、石板、仁和乡外区乡；织金县城关、八步、桂果、牛场、化起、龙场、猫场、以那架 | 984.28 | 24.5 | 低中山丘陵 | 起伏平缓，以低中山丘陵为主，间以山地，海拔高达1600米 | 杜仲、天麻、龙胆、玄参、半夏、桔梗、石斛、五倍子、穿山甲、天南星、丹皮、银花、续断、白术、乌梢蛇、天冬、黄精、泡参、黄楝子、木瓜、青藤香、半边莲、栀子 |
| 中北部中山山区 | 毕节县全县；大方县部分区乡；赫章县野马川、青山、双河、坪子、茶园、古达、安郎、向河、平山、六曲、哲庄、古基、发倮、拉乐、倮歪、娃多；黔西桃井、纸厂、石板、仁和、金坡乡 | 1176.99 | 29.2 | 中中山，间有坝地、盆地 | 地形起伏较大，以中中山深切山地为主，间以坝、盆地，海拔1800米以上 | 黄连、泡参、五倍子、大玉竹、麝香、连翘、白术、金银花、杜仲、柏、厚朴、天冬、首乌、胆草、半夏、续断、白芍、丹皮、粉葛、天花粉、瓜蒌、大牛夕、云木香、乌梅、荆芥、映山红、官桂、树形杜鹃、红果蔷、乌梢蛇、九香虫、前胡、独活、天麻、木瓜、大枣 |

续表

| 地貌区名 | 分布范围 | 面积 | | 地貌类型 | 地貌特征 | 代表品种 |
|---|---|---|---|---|---|---|
| | | 万亩 | 占全区% | | | |
| 中南部中山山区 | 纳雍县全县；织金县三塘、阿弓、珠藏区 | 540.87 | 13.4 | 中中山地，间有盆地 | 地形处于低中山向高中山及高原山过渡段，中中山深切割间有盆地，海拔2000米以上 | 独活、前胡、泡参、云木香、厚朴、杜仲、胆草、大牛夕、九眼独活、黄连、白芍、粉葛、丹皮、红枣、板蓝根、乌梅、五倍子、黄柏、半夏、天冬、天麻、首乌、续断、茯苓、百合、风藤、黄精、穿山甲、乌梢蛇、黄药子、白药子 |
| 西部高原高中山区 | 威宁全县：赫章兴发、妈姑、可乐、财神、恒底区；六曲河中寨、青山独山、洗菜河、水塘、铜厂、古达威奢、石板、佳娃乡 | 1325.1 | 32.9 | 离中山高原山地，中中山山地 | 地形起伏大，以高中山高原山地为主，间有中中山山地，海拔最高2900米（即韭菜坪） | 秦艽、防风、独定子、乌梅、厚朴、杜仲、人参、三七、竹根七、香独活、黄芩、辛夷花、苍耳子、小玉竹、黄精、亭劳子、地骨皮、野丹参、潞党参、紫草、黄茅耳草、天南星、茯苓、猪苓、女贞子、桃仁、杏仁、卷柏、斑蝥虫、山楂 |

主要中草药种植品种有天麻、半夏、三七、杜仲、银花、太子参、白术。至2005年，纳雍县19个乡镇已种植中草药9152亩，其他县亦有种植，但数量偏少。

**民族医** 民族医与中草医联系密切，不易区别。主要以治风湿、骨伤科、杂症等病症为主，颇见功效。民族医多秘不外传，单传亲属，有的已失传。民族医有针刺、拔罐、洗淋、熏蒸、小夹板固定等技术。民国年间，大方百纳普底黄松柏，善治风湿、外伤；八堡乡苗族草医杨发云、王明永、王发章足迹踏遍省、内外，诊治患者，疗效显著，多受称赞；新开村新寨124户人家，有行医卖药者20户。

## 二 中医

明洪武年间，中医传入。清代，中医药业日益兴起，主要以个体开业形式为群众治病，名中医时有涌现。清代乾隆年间，大方有胡致中、张琼、邬凤翔；嘉庆年间有李永华、黄发光、李树荣、黄辑五。民国时期，大定中医多达40余人，名望高者有王相琴、王渭滨、王虚谷、杨叔文等；织金有王希仲、王兰溪叔侄，王希仲深通《内经》《伤寒》，对内科、妇科有造诣；

王兰溪对儿科有造诣，尤以推拿自成一家。其后，王希仲成为省内名医之一。此期间，外地人氏定居织金，县城洪兴阶以治伤寒为主，洪荣安专治杂症，徐树轩擅长内科、庹儿禅擅长外伤科；县城知识界人士郑世民、刘兴基、张志辉、曾复兴、王润苍、杨从周等学习中医，皆有所成。城关有亦官亦医、亦教亦医、开药铺行医者多达40余人，全县城乡中医逾百人。金沙清末始有中医，1920年后盛行。1941年，39户四川中医到金沙落户。毕节县名中医有李道生、汪振华、周济民、杨根南等。

中华人民共和国成立初期，中医响应政府号召，联合成立中医诊所。1952年，大定县王虚谷、杨叔文、穆海凡、张恂成立区内第一个联合诊所。此后，凡有条件的地方，皆成立中医联合诊所。至1965年，全专区成立中医联合诊所20余个。

1959年，成立毕节专区中医院。20世纪80年代后，中医事业进一步发展，各县相继建起中医院。

1978年后，国家准许个体中医开业，区内个体中医诊所逐渐增多。

1988年，国家卫生部将大方县列为全国农村中医工作先进县，在大方县实施《全国农村中医药工作五年规划》。至2002年，大方县22个乡镇卫生院、10个中心村卫生室开展中医诊疗。

**附：地、县市中医院简介**

## 毕节地区中医院

1960年建成，占地1.17万平方米，病房1588平方米。建院初，设有病房、门诊、药房、化验室、X光室、病床50张。此后，医疗服务范围逐渐扩大 、医疗门类逐渐健全、医疗技术设施不断更新完善。1984年，毕节地区行署批准将郭家湾农场102.8亩土地划拨给地区中医院修建住院部和职工宿舍。1988年，占地1291平方米，建筑面积4520平方米的郭家湾住院部综合大楼建成投入使用。同时建成占地800平方米，建筑面积1015平方米的锅炉房，营养室、制剂室等附属设施。1994年，毕节地区计委核定地区中医院病房床位220张。1997年，建成投资372万元，占地1057.58平方米，建筑面积5259.7平方米的门诊大楼。至2003年，医院设有院办公室、党委办公室，后勤服务中心、人力资源开发中心，信息咨询中心、医务科、护理部、审计室；临床设外科两个病房，床位60张；内科3个病房，床位92张；在院内设普通、发热、急诊、专家门诊，在院外设二、二、四及洪山路，车站门诊；另设有检验科、放射科、药剂科、针灸理疗按摩科、儿科、口腔科、供应室。具有较先进的CT机，300MAX光机，彩色B超，纤维胃镜、麻醉机，全自动血流综合检测仪，彩色多普勒、生化分析仪、腹腔镜、无影灯、心电监护器。除开展以中医为主的诊疗外，还能开展常见的外科手术及较疑难的手术。

1960年建院时，其治疗技术及医疗设备较为简陋。因有周济民、汪振华、张泽名、李道生、刘兴基等名老中医从诊和参与病房管理，医院管理制度完善，医疗秩序井然，医疗质量好，深受群众好评。收治病种有肺结核肺痈、肝炎、伤寒、风心病等。1976年后，先后增加收治痔漏、骨伤等多种病患者，诊疗范围不断扩大 。2001年，在长期坚持中西医结合，医治病员的基础上，建立中西医结合病房、中西医结合的二分院，在扩大业务范围的同时，病员的收治量增大，医疗质量提高。

1960年建院时，医院有职工75人，医务人员多为从医多年的老中医。1981年，全院有职工197人，其中行管人员14人，卫技人员183人，183名医技人员中有门诊主任1人，医务科正副科长2人，主治医师5人，医生22人，其他医技人员153人。1994年，中共毕节地委人员编制办公室核定毕节地区中医院编制255人。1999年，毕节地区机构编制办公室核定毕节地区中医院编制人员303人。至2003年，毕节地区中医院实有职工280人，其中行政管理人员7人，工勤人员30人，医技人员220人，其他专业技术人员23人。在220名医技人员中，有主任医师1人，副主任医师16人，主治医师37人，主管医师1人，医师33人，医士6人；副主任护师1人，主管护师32人，护师32人，护士7人。

## 大方县中医院

1981年10月建立。地址在城南解放路112号。1983年2月，将城关区卫生院并入，设置中医内科、儿科病床40张。1985年，床位增至100张。实行院科两级管理制度。1987年，全院有职工81人，开展中、西医业务，设置化验室、放射室、心电图室，开展常规化验、心电图、X光等辅助检查。1991年，设置中药加工炮制室、中医骨伤专科。次年设B超室，增加生化设备，开展生化检查。1993年4月，在北门老车站增设第二门诊。次年增设病理室、脑电图室、口腔科。1992～1995年，先后成立办公室、总务科、医务科、护理部、药械科、煎药室。1998年，通过国家中医药管理局评审为全省首家县级二级甲等中医医院。1999年，有职工104人，其中，医技人员60人；又其中，高级职称4个，中级职称25人。增设肛肠科、结石专科、小针刀专科。设床病126张。

## 黔西县中医院

1983年，由黔西城关医院改建而成。建筑1105平方米，设病床40张。1986年1月，经县政府批准，挂牌开业。1989年，修建住院大楼，设病床110张。1999年8月，经省地有关部门验收评审，定为二级乙等医院、爱婴医院。2003年，修建医技大楼，800平方米；内设办公室、后勤科、财务科、医务科、护理部、药剂科、病案室、统计室；内科、外妇科、综合科、骨伤科、放射科、检验输血科、门诊。开设病床123张。职工中有副主任医师3人、主治医师10人、医师19人、助理医师6人、主管护师4人。

## 金沙县中医院

1983年9月，金沙县政府批准筹建。1984年9月，借县妇幼保健站一楼约30平方米及卫生局房屋，设门诊、中药房、中药库房，开展常见病门诊。1986年10月，在城关杨叉街河滨修建门诊部。1987年修建住院部，增设西医业务，设化验室、照光室，修建第二门诊，设内、妇、儿科应诊。1988年，开展电解质、尿十项、脱落细胞等检测项目；成立急诊科，配置心电监护、呼吸机、洗胃机，并将照光室改建为放射科，配置200MAX光机，开展照片、钡餐、胆囊、肾盂造影检查。2000年后，购置胃镜、体外碎石机、脑电图机，开展相应诊疗。2003年，有房屋5230平方米，有设备CT机、500毫安及100毫安X光机、心电监护仪、半自动生化分析仪等13种现代医疗设备。除开展以中医诊疗业务外，尚能开展普外腹部、腹腔镜胆囊摘除、颅脑开颅术等多种手术。是年，有职工85人，其中医技人员71人。

## 织金县中医院

1979年7月组建，职工8人。1980年11月，中共织金县委批准建立。时有设备30MAX光机，固定资产10.5万元。1981年，始设住院部，设病床14张。职工增至30人。实行中医治疗为主、西医为辅的原则。1983年，征用北门大石岩土地2.75亩，拟建住院部。1995年，县财政投资50万元，1905平方米的综合楼建成投入使用，迁新址办公。院内设办公室、急诊室、住院部、护理部、药剂科，中、西医诊断室，放射科、化验室、肛肠科、针灸科、眼科、B超室、心电、脑电图室、手术室；配备X光、B超、心电、脑电图、电脑多功能治疗机。能开展外科大面积烧伤治疗、肝脾破裂、胃穿孔等中上腹部及骨折、妇产科子宫切除手术。1988年，添置眼科裂隙灯、心电图机。1994年，添置500MAX光机、救护车。1996年，增设西医业务。1998～2001年，新建1560余平方米业务房。1999年，经地区卫生局组织专家评审，定为二级乙等医院。2002年，城关卫生院并入。是年，投资60余万元，添置程控500MAX光机、尿十项检测仪，开展脊柱、骨盆、四肢复杂骨折手术。2003年，有职工76人，其中医技人员65人。设床位100张。除开展中医业务外，能开展西医及外妇科手术，腹腔镜胆囊摘除、开颅术、髋关节成形术、脊柱内固定术等大中型手术。

## 纳雍县中医院

1984年8月，纳雍县政府批准将原城关卫生院改建中医院，隶属县卫生局领导，时有职工45人。至2003年4月，医院天使号信息化系统启动，建成院长查询系统，中西药房划价系统、药库管理系统、财务管理系统、门诊住院收费系统。是年，有在职职工75人，其中卫生专业技术人员67人。医院设置办公室、医务科、护理部、内儿科、外科、妇产科、门诊部、药剂、检验科、放射科、感染科、财务科、统计科、病案室、供应室、收费室；有f30-IIFX光机、C臂X光机、200MAX光机、移动式X射线摄影机、潘太克斯电子内镜、彩色脑电地形图、阿洛卡超声诊断仪、多功能心电监护仪、血球记数仪、电介质分析仪、五官治疗仪、多功能麻醉机，痔疮治疗仪、血球记灵敏仪、心电图机、妇科红外光治疗仪、显微镜、恒温箱、三氧灭菌机、天马皮卡车、韩国救护车等医疗设备。开展以中医为主的诊疗活动，并能做一般中下腹部外科手术。

### 威宁县中医院

1985年2月，威宁县政府批准建立，隶属县卫生局。时有职工18人，其中医护人员12人。设有住院、门诊部，病床18张。1988年，草海镇卫生院并入县中医院，人员增至68人，病床60张。至2003年，医院内设办公室、西医门诊、中医科、内儿科、外妇科、针灸科、药剂科；编制职工81人，实有职工67人，其中医务人员64人；有200MAX光机、B超机、心电图机、电子内窥镜、裂隙灯、痔疮治疗仪、多功能麻醉机、洗板机、超声诊断仪、多功能心电监护仪、全自动生化仪、彩色脑电图仪、电解质分析仪、血球计数仪、恒温箱、无影灯、高频电刀、电动吸引器、显微镜、三氧灭菌机、产房取暖器、辐射台、冰箱、冰柜、消毒锅、检验等医疗设备。开展以中医为主的医疗工作，能做一般中下腹部外科手术，胃大部切除术、胆囊手术、四肢骨折切开复位内固定术、妇产科子宫肌瘤切除术、卵巢囊肿切除术、无痛分娩术。

### 赫章县中医院

1991年12月，赫章县政府批准建立，隶属县卫生局。院址在城关镇建设路菜市场中心地段。时有职工17人。业务用房380平方米。设有住院部、门诊部、病床20张。2003年，有职工17人。其中卫技人员13人。有250毫安X光机、B超机、心电图机、检验机。开展以中医为主的医疗工作，并能作常见外、妇科手术。

**中医管理**　中华人民共和国成立后，国家制定优惠政策，扶持引进和发展中医事业。20世纪50～70年代，多数个体中医联合起来，创办联合诊所或办卫生院。1978年后，准许个体中医开业。1998年，国家卫生部将大方县列为全国农村中医工作建设先进县，在大方县实施《全国农村中医药工作五年规划》。至2002年，大方全县22个乡镇卫生院、10个中心村卫生室开展中医诊疗。中医诊疗在全县发展、普及。1999年，毕节地区开展清理整顿中医医疗秩序，打击以“中医特色门诊、祖传秘方”等名义为幌子的乱办医、乱行医等违法行为。赫章、纳雍县清理检查中医医疗机构64户，限期改进不符合开业条件10户，取缔4户。

## 第四节　现代医药

### 一　医疗机构

**机构发展概况**　清光绪三十三年（1907），英国传教士柏格理在威宁石门坎传教，在教区建立药房，用西医西药为教徒诊疗疾病，现代西医传入毕节地区。清宣统二年（1910），德国基督教女教士巴宽敬、包宽爱、苏宽仁、韦宽良到大定府传教，用西医技术免费为百姓看病施药；民国元年（1912），设小型医院，有病床10张，收治感冒、腹泻、外伤等病人，开展外伤缝合止血。民国15年（1926），彝医学生吴性纯大学毕业后回石门坎办医。民国16年（1927）起，苗、彝族西医技术人员逐步进入社会防治疾病，王霄汉、张超伦、张仁义、朱明义为其中显著者。毕业于成都华西医科大学的聂光廷创办威宁四方井卫生所和济宁医院，陆世贤、安超云、余万珍先后在彝民居住区创办医疗机构。民国27年（1938）8月，贵州省卫生委员会批准建立毕节县卫生所，直属省卫生委，为首家公立一等县特等医院，编制23人，实有工作人员7人，设病床5张，首任院长周成梁。此后，相继批准建立大方、黔西、金沙、织金、纳雍、威宁、赫章、水城县卫生所。民国30年（1941），国民政府航空委员会第一航空发动机制造厂（在大定县羊场坝建厂），内设卫生科，有医务人员约50人，以西医诊疗技术为病员诊疗疾病。中华人民共和国成立后，人民政府接管各县卫生院，后相继改称县人民医院；毕节县卫生院改建为毕节专区人民医院，后称毕节地区人民医院。1958年5月，毕节县以联合诊所为基础，组建毕节县人民医院。20世纪50年代起，各县在区镇建卫生所（院），在乡（公社）建卫生所。至2003年，毕节地区建起公立医疗卫生机构374个。其中县级以上医院29个，乡镇卫生院345个，病床5110张，各类卫生人员7322人，其中卫生专业人员6717人；有村级医疗点（村卫生室）3232个，各类乡村医生和卫生员9202人；私立医疗卫生机构近1000个，医务人员1000余人。

**县级以上综合性西医院** 至2003年，境内有毕节地区人民医院和毕节市及大方、黔西、金沙、织金、纳雍、威宁、赫章县人民医院共9所综合性西医院。

**附：县级以上西医院简介**

## 毕节地区人民医院

医院前身为民国27年（1938）8月成立的毕节县卫生院。院址设在毕节城关七道坎落水洞（今古道路93号），占地400平方米。民国35年（1946），更名为毕节县中心医院。

1949年11月27日，毕节解放。旋即，毕节专署派员接管毕节县中心医院，改称为毕节医院。1950年7月，根据国家卫生部指示，将毕节医院改称为毕节专署医院，将院址迁至毕节双井寺三义殿（今毕节市人民医院住地）。1953年，根据省卫生厅《1953年贵州省卫生院编制》规定，将毕节专署医院更名为毕节专区人民医院。旋即更名为毕节专区医院。1954年，将院址迁至城北文庙（广惠路112号）。更名为贵州省毕节医院，占地40亩，建筑5万平方米。是年，毕节县政府给医院增加土地60亩，占地扩大为100亩。1958年，省编委批准毕节医院编制床位100张。是年，增设口腔科。1970年，建立贵州省毕节地区医院革命委员会，负责管理医院。1972年，兴建医院第二门诊楼。此后，医院土地被周边农户侵占近26亩。1979年，撤销贵州省毕节地区医院革命委员会，恢复贵州省毕节地区人民医院称谓。1980年，投资40万元，建成面积3500平方米的办公楼。1985年，添置日产FUB—26B型超声诊断仪，550MA闭式录像X光机彩色扫描机。1988年，投资320万元，建成6295.5平方米的综合病房楼。1990年投资23万元，购置750MAX光机1台。1991年，投资20万元，扩建锅炉房。1992年，增设设备、审计、信息科。是年，申报并经省卫生厅组织专家评审，被评为全省首家地区级医院“二级甲等医院”。1998年7月，地区计委批准投资120万元，面积1500平方米的综合业务楼建成投入使用。1999年，由医院投入120.3万元，贵阳医学院捐资30万元，面积2870平方米的实习生楼建成投入使用。同年，集资修建28户，面积2996平方米的职工宿舍楼建成投入使用。是年，经省教委、卫生厅验收批准，医院为高等学校教育实习基地。2003年，医院内设有行政、临床、医技、辅助科室60多个，医院占地约5万平方米，房屋建筑5.5万多平方米，其中业务用房3.5万平方米，办公、生活用房2万平方米，编制床位500张。拥有核磁共振双螺旋CT数字X光机等大中型高科技、新技术医疗设备300余台（件）。

毕节地区人民医院

1950～1954年，设门诊部，分设内、外科诊断室、药房、化验室、注射换药房、挂号室；设住院病房，分设内、外、妇科。1955年后，增设放射、五官、皮肤、中医、针灸理疗、病理、妇儿科诊断室。1956年，在内科病房内增设传染儿科病房。1958年，增设口腔、五官科病房。1961年，分设内、外、传染、妇、外病房。20世纪60年代，增设护理干事，总护士长，病房、人事、保卫、总务科。70年代中期，增设医务、政工、政保科。1979年，内科分办内一、内二病房；外科分设外一、外二病房。1984年，设老干病房（后改称内三病房）。1989年，增设康复科（后改称内四病房）。至2003年，临床科室分别是：内科1～4病房，外科1～3病房（含五官、口腔病床），儿科病房，传染病房，妇产科病房，手术室。

各科室专业发展概况：①内科。20世纪50～60年代初期，主要收治常见病、多发病患者，主要靠物理诊断及普通药物治疗。60年代初期，开始肝穿、骨穿、脾穿、心房除颤检查。60年代中期，开展导尿、胸穿、腹穿、组织疗法，封闭疗法、计划疗法；开展心电图，肺功能、直肠镜、食道镜、气管镜及基础代谢检查。70年代后期，开展纤维胃镜，M超声显像、骨髓分析、十二指肠分流检查。80年代后，探索出诊疗肺心病并发心力衰竭措施，挽救大量危重病人生命；开展胃穿刺、心电向量、心肺血流图，超声心动图、B超脑电图，血气分析检查；开展纤维胃镜直视止血、电除颤、乙胺碘肤酮治疗心律失常，联合化疗治疗白血病，血管扩张剂治心律衰竭等诊疗。

90年代后，内科各类疾病诊断准确律95%以上，治愈率90%以上。②外科。1950～1954年，收治常见多发病患者，能作下腹手术和开放性损伤手术。1955年后，可进行骨折整复，截肢、胃大部切除、胃肠吻合、胆囊切除、取石、尿道断裂修补、乙状结肠肿瘤切除、游离植皮术；开展食道镜、气管镜、直肠镜检查。1961年，开展胸烧伤治疗。1963年，开展胸外科手术，可作食道癌根治、肺叶切除、纵隔肿瘤切除、缩窄性心包炎、心包剥离、胸壁结核病灶清除、甲状腺次全切除等切除，骨折钢板内固定术。1973年，开展小血管吻合术。1977年，开展右半肝切除术，胰腺、十二指肠切除术，肝动脉鞘剥离术、膀胱黏膜代尿道形成术、股骨颈骨折切开复位三翼钉内固定及静脉高营养疗法。1979年，外科两个病房分设骨、脑、胸、泌尿、小儿、烧伤整形专业组。1983年，开展显微外科术，能吻合1毫米的微血管。1984年后，进一步开展胸腹纤维板剥离脱治疗慢性脓胸，作中、下段食道癌根治术，贲门癌根治术、心包引流术、心脏贯通修补术、二尖瓣闭式扩张术；支气管纤维镜检查，高频治疗机治疗呼吸衰竭术；回肠代膀胱、显微镜下腹壁下静脉精索、静脉曲张吻合术、膀胱肿瘤电灼和电切除、右肝管整形、大脑凸面肿瘤切除、侧脑室血肿清除、隐睾内腹外固定、先天性胆总管囊内引流、先天性尿道下段II期尿道成型，烧伤整形术等。③急诊室（科）。1953年，设急诊室，有业务用房1间，医师、护士各1名，设观察床5张。1977年，观察床增至8张，医师2名，护士4名。20世纪60~70年代，对休克、心脏骤停、呼吸衰竭、消化道大出血、药物食物中毒等进行药物抢救。80年代后，增设洗胃机、心脏起搏器。1985年，观察床增至20张。1983~1985年，抢救危重病人888例，死亡70列，抢救成功率92%。1986~1999年，抢救危重病人2200例，抢救成功2128例，死亡72例，抢救成功率96.8%。2001年，改建急诊科，配内科医师6名，儿科医师4名，护士14名。④放射诊疗。1956年，设门诊X光室，开展一般透视、照片工作。后逐步开展钡餐透视、肾盂造影、支气管造影。1958年，添置进口100MAX光机1台。1962年后，添置200MAX光机。1975年，开展特殊造影检查。1979年，添置KC400MAX光机。以后，先后添置7500MAX光机、乳腺X光机、CT机。至2003年，有各型X光机8台，基本能适临床检查之需要。⑤检验科。1952年，设置门诊化验室，开展常规化验。1959年，增加生化、细菌、病理检验；开展肝功能、肾功能、血脂、血糖、电解质、细菌培养、药物敏感试验等检查。1979年，建检验科，内设临床检验、生化、细菌、细胞、免疫、血库室（组）。2000年后，开展肌红蛋白、肌钙蛋白、肌酸酶、抗胰岛、尿液、血细胞分析、凝血系列、HCV、HIV等检验。⑥药剂科。1955年，设普通制剂室，配制生产醇、碘酊红汞、器械消毒液、双氧水、美兰等60余种制剂。后设灭菌制剂室，生产葡萄糖、氯化钠、甲硝唑、诺氟沙星、利巴韦林、环丙沙等数十种制剂。1984年，成立药剂科。2000年后，国家要求无菌制剂应由厂家生产而停产。⑦同位素（核医学）科。1976年，建同位素室，最初开展肝、胆扫描业务，后陆续开展131Ⅰ作甲状腺、肾图、脑、骨扫描。1984年，建同位素科，设备增至20余台件，陆续开展肾血浆流量、尿HCG，乙肝“三对”癌胚抗原、甲肝抗体、透明质酸、免疫球蛋白等检查，并开展甲状腺功能亢进症、各种皮肤病、肿瘤、类风湿性关节炎治疗。1998年后，改称核医学科，开展项目60余项。医院人员配置：民国27年（1938），有行管及卫技人员11人。1948年，有6人，其中医技人员4名。1949年末，人民政府接管时，除6名接管人员外，仅剩药房学徒1人。1965年，人员增到294人，其中医技人员

204人，占68.46%。1985年，全院有职工324人，其中医技人员337人，占77.6%。2003年，全院有职工537人，其中医技人员436人，占81.19%，其他专业技术人员48名，占8.94%。在436名医技人员中，有主任医师5人，副主任医师32人，主治医师77人，主管医师1人，医师63人，医士8人；副主任护师5人，主管护师73人，护师80人，护士13人，护理员6人；副主任药师1人，主管药师12人，中西药师5人，药剂士11人，主管技师6人，技士12人，主管麻师1人；主管检验师10人，检验师12人，检验士1人，其他卫技人员72人。

## 毕节市人民医院

1958年10月5日，经毕节县人民委员会批准，撤销毕节县联合医院，成立毕节县人民医院（下称县医院），地址双井路40号，病床77张。1959年，病床70张，增设传染科病房和外科病房。1976年，投资32万元，新建4层3700平方米住院楼一幢，内设内、外、妇、儿科病房。1980年，病床增至150张；增设第二门诊部。1984年，上级拔款4.5万元，修建3600平方米中医病房，增设中医院病床34张。1985年4月，投资18.8万元新建1400平方米门诊楼。是年，增设心电图、脑电图、A超、心电图室、皮肤科；设置院办公室、护理办公室、财务科、总务后勤科及相关临床医技、科室，一、二门诊部。1994年，更名为毕节市人民医院。2003年，医院有房屋8879平方米，有设备400MAX光机等，总资产数百万元。

1958年，县医院成立时，各科只有一般常规诊疗器械。设西医门诊部，中医门诊部。在院本部设牙科，开展拔牙、镶牙。1959年，外科添置诊疗腹部疾病的一般器械，开展中、下腹部手术，收治骨科及烧伤病人。是年，建立化验室，开展常规化验。1961年，成立供应室、营养室、接生室。1963年，增设婴儿室。1964年，建X光室，开展放射诊断。1965年，设立制剂室，配制常用制剂、酊剂及药品分装。检验科开展生化检验。1968年，撤销外科、妇科病房，设综合病房床45张。1972年，添置电动吸引器、七孔无影灯各1台，手术床1张，氧气筒2个，纤维膀胱镜、高频电刀、电冰箱、闭式麻醉机、多用麻醉机各1台。1973年，门诊设内儿科、外科、中医科、妇产科、口腔五官科、急诊室和观察室；建立心电图、A超室，开展心电、A超诊查技术。1974年，床位增至64张。1976年，新住院楼开设内科、儿科、外科、妇产科病房，共有床位100张。是年，设计划生育门诊，开展计划生育手术。1984年，增设中医病床34张。1985年，添置心电图机、超声雾化器、负离子交换器、摄影显微镜、纤维胃镜。1986年4月，开设针灸专科门诊。是年，开展脑电图检查。1987年，有病床183张，观察床17张。1988年，开设皮肤科门诊、M型超声心动图诊断检查，并开展病理切片及多项生化检查。2003年，有400MAX光机、B超、心电图机、脑电图、手术床、无影灯、显微镜、冰箱、培养箱立式、卧式高压消毒锅，立、卧式洗衣机等设备。能开展外科常见中下腹部、泌尿、一般骨折及妇产科子宫肌瘤、卵巢囊肿切除剖宫产等手术。

1958年，全院有职工62人，多数为医技人员。1961年，人员增至161人，其中医技人员85人。1968年，全院职工119人，下放医护人员及其他人员45人到农村安家落户，剩74人。至2003

年，全院职工164人。其中副主任医师6人、主治医师18人、医师34人、助理医师4人；副主任护师1人、主管护师24人、护师24人、护士3人；主管检验师3人、检验师1人；放射医师1人、放射医士1人；药剂18人；其他人员26人。

## 大方县人民医院

1949年12月，大定县人民政府派员接管大定县卫生院。次年3月，将大定县卫生院更名为大定县人民医院。10月，复称大定县卫生院。1952年，将住址由黑神庙迁到核桃湾福音堂，占地800平方米，办公用房480平方米，设综合病床10张。是年，改称大定县人民政府卫生院。1953年，增设妇产床5张。1955年，改称大定县卫生院。1956年5月，改称大定县人民医院。1958年，改称大方县人民医院。1962年11月，迁驻书院街109号，占地9205.98平方米，建筑面积1800平方米。1966年，病房分设内儿科、外妇产科。1967年12月，县卫生防疫站、妇幼保健站并入，改名大方县人民卫生院。1968年4月，改称大方县人民医院。1977年，外妇产科分设外科、妇产科。1986年，设中医老干病房，有中医病床20张。1991～1993年，先后成立办公室、医务科、护理部、药械科、总务科、财务科、防保科等行政、业务、后勤管理科室。1995年6月，成立急救中心。是年，县残联、县卫生局在县人民医院成立大方县儿麻矫治、白内障复明康复中心，承担全县小儿麻痹后遗症及白内障康复工作。1996年8月，评审为二级乙等医院。是年，被评审为爱婴医院。1999年，占地9206平方米，建筑面积1.59万平方米。

1952年前，仅开展门诊，对病员实施简易治疗；推行新法接生，接平产、处理部分难产。1952年后，分科诊治：①内科。1952年，设综合病床10张，收治病人。1956年，内科开始做腹腔穿刺术、肾脏、奴夫卡因封闭术。1957年起，能进行腰椎穿刺鞘内注射链霉素治疗结核病，1975年能做心包穿刺。1978年，购置A超开展颅脑、胸、腹、肝、脾辅助检查，积液定位；开展A超检查，肝穿刺、腹腔穿刺。20世纪80年代初，采用维持量法代替传统速给法、饱和量法治疗心衰患者。1992年，引进纤维胃镜技术，诊治胃、十二指肠疾病。1998年起，采用中西医结合法治疗老年性疾病。1999年，使用心电监护仪对心脏病患者进行监护治疗。②外科。1952年，使用普鲁卡因作局部麻醉，做小手术。1957年，外科建病房及手术室，开展蛛网膜下腔阻滞麻醉作阑尾手术，并作痔疮切除术、白喉气管切开术。1963年后，开始作乙醚吸入全身麻醉、持续硬膜外麻醉，逐步开展肠梗阻松解术、肠穿孔修补术、肠坏死切除吻合术、胃大部分切除术。1972年起，作胆囊切除术、胆道取石脾切除术。1970～1978年，开展针刺麻醉和氯氨酮静脉复合麻醉。1989年，开展首例先天性髋关节脱位术。1990年，作气管插管全身麻醉。1992年，配合省儿麻专家手术队作儿麻矫治术119例。之后，独立开展此项手术。1993年，作单侧肾切除术。是年7月，成功开展首例剖胸探查术。1994年，杨成毅成功进行首例开颅探查术。1999年，成功开展首例胆总管——空肠吻合术。③妇产科。1953年，妇产科能做内倒转术、穿颅术、产钳碎胎术。1958年，作输精管、输卵管结扎术。1961年，作人工流产，上、取环术。1962年，做首次成功子宫切除术。此后，能作卵巢囊肿切除、子宫下段修补术。1963年，做剖宫产术。1977年，进行高渗盐水羊膜腔注射、水囊引产术。1978年，作子宫切除术、子宫修补术。1979年，作单纯性尿瘘修补术。1982年，作子宫肌瘤切除术。1995年起，施行人工气门芯断脐法。1997年，进行无痛性分娩。④儿科。1963年起，作髂前上棘骨髓穿刺术，采用补液疗法抢救菌痢中毒患者。1989年，能作胸穿、腰穿术。2000年起，采用静滴丙种球蛋白治疗血小板减少性紫癜。⑤检验科。1952年，能进行常规化验。1956年，开展配血输血。1963年，开展肝肾功能检查。1977年，开展脑脊液检查、网状红细胞计数、骨髓细胞检查。80年代，开展血小板计数、各种细胞染色、胆固醇、甘油三酯、查瘤细胞等40余项检查。1985年，开展病理切片。1994年，开展乙肝两对半及性病检查。1997年，引进先进设备、开展电解质、尿八项测定。1999年，开展细菌培养及兹药敏试验。⑥放射科。1963年，设照光室，开展透视。1974～1987年，添置200MAX光机、300MAX光机，进行摄片、透视取异物、骨折复位、造影检查。1977年，添置500MAX隔室遥控光机。1988年，开始肺部断层摄片。⑦心电图室。1987年，购进心电图机开展一般心电图检查。1991年11月，购进ECG-6511心电图机，诊断心肌肥厚、心肌梗塞、冠状动脉供血不足、心肌炎、心律失常。⑧B超检查。1987年，购日本产EUB-26B超，开展诊断颅脑、胸、腹、肝、脾及妇科疾病。1996年，购韩国产麦德逊B超，诊断颅脑、胸、腹、肝、脾及妇科疾病。1996年，购韩国产麦德逊B超，检查心脏和小型器官，诊断心房间隔缺损、二尖瓣关闭不全。1996年10月，购进脑电图／脑地形图仪，开展脑电图／脑地形图检查，检查脑炎、颅内占位性病变、脑血管疾病及癫痫与癔症的鉴别、脑炎与精神病的鉴别。⑨五官科。1990年10月，门诊安装涡轮机、齿科打磨机、牙病治疗机，开展拔牙、补牙、镶牙和治疗牙周炎、牙髓炎；开展外科颌面部囊肿摘除、唇裂修补、鼻息肉摘除、鼻甲肥厚切除、乳突开窗减压、中耳炎引流、扁桃体切除及眼科患疾手术。1985年，成立县白内障复明康复中心，开展白内障摘除及其他眼疾手术。⑩皮肤美容。1996年8月，门诊部设皮肤美容科，开展皮肤病、性病及美容业务。

治疗实力增强。1949年12月，大定县人民医院有行管医技人员8人。至1999年，有行管及医技人员162人，在医技人员中，有高级职称的3人，中级职称的32人。

## 黔西县人民医院

民国28年（1939）7月，成立黔西县卫生所，所址设武宫（今武庙）。民国30年（1941）7月，改黔西县卫生所为黔西县卫生院。内设公卫组、妇婴保健组，并与警察局共同推行公共卫生工作。民国35年（1946），迁址城关西街。

1952年，黔西县人民政府接管卫生院，改名黔西县人民政府卫生院，承担医疗、预防及卫生行政工作。1953年，迁址至县城西北卢家公馆，设门诊、病房，病房置综合病床15张。1956年5月，改名为黔西县人民医院，隶属黔西县人民委员会卫生科。1962～1983年，先后设放射室，内儿科、外科、妇产科、骨伤科、中医科，开展超声心电图、脑血流图、病理切片、纤维胃镜等检查。1996年，评定为二级乙等医院及爱婴医院。1998年后，陆续添置CT、500MAX光机、多功能麻醉机、彩色B超机、手术显微镜、奥林巴斯胃镜、动态血压分析仪等先进医疗设备，开展相应工作。2003年，有职工230人，其中医技人员205人。在医技人员中，有副主任医师12人，主治医师26人，医师46人，医士7人；主管护师12人，护师51人，护士6人；主管药师5人，药师5人，主管检验师3人，检验师6人，检验士2人，放射医师4人。有房屋1.34万平方米，设床位120张。设有内科、外科、儿科、妇产科、耳鼻喉科、口腔科、皮肤科、医疗美容科、传染科、结核病科、地方病科、急诊科、中医科、中西医结合科、检验科、病理科、麻醉科、放射科、预防保健科。拥有CT1台、B超4台；500、200毫安X光机各1台；碎石机、腹腔镜、彩色多普勒成像仪、自动生化分析仪各1台；麻醉机、心电图机各2台；亚健康检测分析仪1套。

1953年，设门诊、病房，门诊分设西医内儿科、中医科。1956年，设置检验科，开展三大常规。60年代，并展肝功能检查、交叉配血。1962年，设放射室，作放射诊治。1968年，分设内儿科、外科、妇产科。1978年，增设骨伤科。1979年，开展超声检查，电解质测定、脑脊液检查。1983年，开展心电图、脑血流图、病理切片、纤维胃镜诊治；增设中医科。80年代中期，成立护理部，管理护理工作。

## 金沙县人民医院

民国31年（1942），成立金沙县卫生所，地址文昌宫庙内。是年8月，改名金沙县卫生院。1950年7月，金沙县人民政府接管金沙县卫生院。旋即，将金沙县卫生院更名为金沙县人民政府卫生院。1953年4月，改称金沙县卫生院。1956年5月，更名为金沙县人民医院至今。是年，修建病房。病床增至30张。1960年，设X光室。1982年，床位增至168张。1998年，2700平方米的门诊楼建成投入使用，有设备心电图机、500毫安X光机、麻醉机。

1951年，设综合诊断、外科室，病床10张。当年起，内儿科主要诊治伤寒、痢疾、疟疾、麻疹、百日咳，外科主要诊治脓疡、疥疮、外伤。1953年，增设化验室、妇产科门诊。化验室开展三大常规、血沉、血型交叉配合试验。1954年，增设中医科。1955年4月，成功开展首例阑尾手术。1960年，设X光室。1970年，设置五官科、针灸理疗室，诊治常见病，作拔牙、镶牙术；针灸理疗室开展电疗、超声理疗。1987年，设置保健科，皮肤科。保健科开展预防保健及预防接种工作。2003年，全院有职工148人，其中医务人员116人。医务人员中，有副主任医师8人，主治医师23人，医师19人，医士4人；副主任护师7人，主管护师23人，护师24人，护士2人；主管检验师2人，检验师3人；放射医师3人，放射医士1人。

## 织金县人民医院

民国27年（1938），贵州省卫生处批准成立织金县卫生所，所址书院阁南侧厢房。1942年7月，改称织金卫生院，承担织金县一般医疗，兼办医药、救济、防疫。1944年，院址迁双堰塘报恩寺。1945年，省政府将织金县卫生院升格为二等卫生院。1947年，院舍迁张家祠堂。

1950年1月，织金解放，织金县政府接管县卫生院，将其更名织金县人民政府卫生院。1951

年2月，卫生院迁北门将军街观音阁（今县委宿舍处），院内分设门诊部及住院部，开展医疗、预防、妇幼、保健工作。1952年，卫生院人员增至15人，设床位8张。1953年，卫生院人员增至25人，床位10张。内设公卫组、医疗组、总务组、院长室。下辖中场卫生所、龙场保健站。上级批准为四等卫生院。1956年6月，更名为织金县人民医院，人员增至45人，床位14张。是年4月，增设中医部，门诊分设中医、西医。1958年后，门诊、住院部几经搬迁。1971年，织金县革委投资21.18万元在三道坡兴建新县医院，兴建门诊楼1710平方米，住院楼2150平方米，时有职工200人，病床增至150张。拥有300MAX光机2台，200MAX光机1台、显微镜2台；B超机、裂隙机、切片机、心电图机各1台；无影灯2盏、手术床8张、救护车1辆及相关设备，总价值25万多元。1993年9月，中共织金县委决定，升格医院为正局级事业单位。1994年，实行院长负责制。1997年，经毕节地区卫生局评审，定为二级乙等医院。1998年，经省、地卫生行政部门评审，定为爱婴医院。是年，投资200万元，新建五层3400平方米病房大楼。1999年，有病床110张。20世纪末，县医院购置500MA电视透视X光机、麻醉机、心电监护仪各1台；大型B超机2台。2003年，内设科室有：办公室、财会股、后勤股、保卫股、医务科、护理部、防保科、住院部、门诊、供应室、手术室、放射科、检验科、中医科、五官科、口腔科、急诊室。住院部、门诊分别设内、外、妇、儿各科。是年，有职工173人，其中医技人员152人。医技人员中，有副主任医师4人、主治医师22人、医师46人；主管护师11人、护师38人、护士5人；主管药师2人、药师7人、药剂士5人、药剂员1人；主管检验师1人、检验师4人；其他技术人员6人。医院占地2.6万多平方米，房屋2.35万平方米，有500MAX光机2台、B超机3台、心电图机3台、多功能麻醉机1台、呼吸机5台、心脏监护仪1台、纤维胃镜1套、潮化器1台、脑电图脑地形图1台。除开展常见病诊疗外，能开展外妇科常见手术，骨科、颅脑部分手术。

## 纳雍县人民医院

民国30年（1941）11月，贵州省卫生委员会批准在地母庙吴家祠堂建纳雍县卫生院。1950年，纳雍县解放。9月，毕节专署派员接管，将其更名为纳雍县人民政府卫生院。1950年设置简易床位5张，开展医疗、传染病防治、推行新法接生工作，并承担部分卫生行政工作。1953年2月，县政府设置卫生科，县卫生院不再承担卫生行政工作。是年，医院设置总务、卫生、防疫组、设病床10张，承担医疗、防疫工作。1954年，设置化验室，开展化验。1955年，修建楼房500平方米，增设X光室、手术室。1956年3月，更名纳雍县人民医院。原县卫生院防疫组划出单列。是年，全院职工18人；业务用房扩大到600平方米，设置病房、门诊、中医、化验、药房、注射室、简易手术室和收费室。1957年，成立药剂科。1958年，建普通制剂室，生产普通制剂及常用中西药品。1960年，投资3万元建住院部。1962年，购置50MAX光机，设置放射室，开展透视业务。1963年，设置供应室，开始进行小儿头皮输液；化验室开展肝功能化验。是年，纳雍县流行脑脊髓膜炎，11.62万人发病，2584人死亡。县医院协同昆明军区、省军区医疗队人员奋力救治，历时3月将疫情扑灭。1964年，修砖瓦房一幢，228平方米，设照光室、手术室。

1965年，增设中医门诊。1968年，扩建门诊业务用房790平方米。1969年，扩建外妇科病房。70年代，设置办公室、医务科、护理部、后勤科、财会室、供应室、收费处；设置内儿科病房、外妇科病房；设置医技科室、检验科、放射科、药剂科、病理室、心电B超室。是时，有职工170人。1975年，增设五官科、B超室、五官科门诊。1979年，实行党支部领导下院长分工负责的管理体制。1980年，投资8.32万元，建病房432.5平方米。1981年，选址建新医院，毕节地区拨款35万元。1985年，建病理室，开展活检工作。1988年，医院实行院长负责制；改革人事制度，改任命制为聘任制。1990年，搬入新址大松林新医院，占地2228.1平方米，建业务房5764.08平方米，设病床121张。是年，有职工171人，其中卫技人员142人。是年11月，国家卫生部派员到纳雍县医院考察。1991年5月30日，纳雍县人民医院与中国人民解放军第44医院结为兄弟医院。1992年，能做白内障手术，鼻腔囊肿及口腔良性肿瘤手术。是年4月19日，北京朝阳医院、儿童医院，是年9月，民革中央、贵州医学院派员先后考察纳雍县人民医院。1994年，经省卫生厅，毕节地区卫生局验收批准，建立中心制剂室。1996年，省地卫生行政部门组织人员评估批准纳雍县人民医院为爱婴医院。1997年10月，经地区卫生局组织专家评审，定为二级乙等医院。是年，设胃镜室，开展消化系统疾病检查和治疗。1998年5月，民革中央主席、全国人大常委会副委员长何鲁丽视察县医院。2003年，医院有较先进300及200MAX光机各1台，九头无影灯、万能手术床、半自动生化检测仪、胃镜等设备，能做上、下腹部手术，四肢骨折、骨关节骨折内固定术，脾切除、甲状腺手术，利用胃镜治疗消化出血、消化道取异物术。

## 威宁县人民医院

民国27年（1938）10月，贵州省卫生委员会派员到威宁县建卫生所。民国30年（1941），改为三等县卫生院。是年，与川滇东路卫生所合并，改为二等县卫生院。1949年，驻威宁的国民保安部队独立师成立，将威宁县卫生院列为下属军医处。1950年1月1日，中国人民解放军毕节军分区派员接管。是年3月，卫生院由万寿宫三岔马路迁入中正路71、72号。10月，更名为威宁县人民政府卫生院（下称县卫生院）。1951年10月，迁江西街东岳庙。1953年10月，设置医疗、总务组，医疗组下设病房、门诊、药房、化验、护理、产房。1954年，更名为威宁彝族回族苗族自治县卫生院。1955年，改名威宁彝族回族苗族自治县医院。1956年，增设中医门诊，中药房。12月，改称威宁彝族回族苗族自治县人民医院。是年，设外科。1957年起，能作阑尾切除、腹股沟钭疝修补、刮宫术。是年6月，附设县初级卫生学校。1959年，县医院与县卫生防疫站合署办公，内设机构调整为行政秘书股、防疫股、医疗预防股、妇幼保健股。是年6月，增设中医病床20张。1960年，可作脾、胃、肝、胆、肠外科大小手术，在贵医于世英教授指导下首次作开颅术成功。1968年，县卫生防疫站、妇幼保健站合并。实行医护包干，设内、儿、外、妇综合病房、传染病房。1970年，撤销医护包干工作小组，恢复原建科室。1979年，迁入三宫庙侧新址。1980年，在原开放科室基础上增设儿科病房，成立中医科、药剂科、X光科、检验科、供应室，设置护理部。是年，妇产科自制利凡诺注射液注入羊膜腔引产取得成果。1981年，作先天性多囊肾切除术成功。1982年，开展病理切片、生化、超声波、心电图等项目辅助检查。1984年，首次进行显微镜下作输卵管吻合术成功。1987年，开展颅脑外伤致硬脑膜缺损作游离损状腱膜移植修补成功。1988年，开展显微镜下手指血管吻合术成功。1988年，院内设置院办公室、医务科、护理部、总务科、防保科、财务科、门诊部、内科、儿科、外科、妇产科、传染科、中医科、检验科、放射科、药品器械科、供应室。1998年，首次进行肺叶切除术获成功。90年代后，先后购进大中型先进医疗设备500毫安X光机、麻醉机、半自动生化仪、B超机、尿10项检测仪、CT机、电子胃镜。2003年，设内科、外一科、外二科、妇产科、儿科、储血库、医务科、护理部、防保科、控感科、办公室、财务科、总务科、保卫科、门急诊、手术室、检验科、放射科、中医科；有开放病床238张，有业务用房1.26万平方米；有大中型先进医疗设备CT机1台、500毫安X光机2台、心电监护仪5台，麻醉机、血疗机、洗衣设备、牙科治疗台各1台（套），B超机3台、无影灯2台、电刀。除诊疗常见疾病外，能开展外、妇科常见手术及部分疑难颅脑、胸腹手术及显微外科手术。

2003年，全院有职工216人，其中医技人员196人。医技人员中，有副主任医师5人，主治医师27名，医师26人，医士8人；副主任护师4人，主管护师29人，护师47人，护士4人；助产士4人；主管药师4人，药师22人，药剂士5人；主管检验师3人，检验师5人；放射医师2人、放射医士1人；其他1人。

## 赫章县人民医院

其前身为民国31年（1942）建立的赫章县卫生所。时有职工3人，土木结构楼房一幢，约170平方米，开展简易医疗工作。是年7月，更名赫章县卫生院，时有职工5人，设简易病床5张。1948年，被省政府确定为三等乙级卫生院。1950年，毕节专署派员到赫章县接管卫生院，为更名赫章县人民委员会卫生院。1956年4月，政府拨款在今人民广场东面新建业务用房，设病床33张，有职工25人。1959年7月，更名为赫章县人民医院。1976年，设病床53张，有职工70人。1986年，被省地评为文明医疗单位，获奖状及奖金5000元。1988年，占地1.5万平方米，有业务、职工用房7000平方米，设病床120张，职工152人。1998年，经地区卫生局评审，定为国家二级乙等医院。2001年4月，由深圳市福田区资助及自筹资金，选址小康一路东征地32.76亩建用房1.03万平方米，设病床120张。新址分行政楼、门诊楼、住院部、传染病楼，设办公室、总务科、医务科、护理部、防保科、五官科、医技科、放射科、检验科、药剂科、中医科、病理室、理疗室等科室；病房设内、儿、外、妇产、传染科，门诊设相应科室。院内绿化面50%。2003年，有CT、进口彩色B超、500毫安X光机、酶标仪、麻醉机、心电图机、24小时心电分析仪、除颤监护仪、全自动生化分析仪、半自动生化分析仪、尿十项分析仪、手术床、无影灯等大中型医疗设备及电脑、空调机、汽车、救护车、冰箱、冰柜、摄影机等现代办公用品。能做外科、妇产科手术。

至2003年，赫章县人民医院编制170人，实有职工152人，其中卫技人员130人。卫技人员中，有副主任医师6人、主治医师27人、执业医师21人、助理医师1人；主管护师12人、护师28人、护士13人；助产士5人；主管检验师1人、检验师6人；放射医师4人；未评职称2人；其他人员6人。

**区（乡）、镇医疗机构** 民国年间（1912～1949），农村几乎没有医疗机构。民国33年（1944），毕节县在鸭池、燕子口设过医疗点。次年，大定县在响水建卫生所，织金县卫生院在牛场、猫场设置过短暂西医疗点。中华人民共和国成立后，中共组织和政府重视农村医疗机构建设。20世纪50年代，每个区镇都建起卫生院。至1992年，共建区镇卫生院101个。1992年，贵州省施行撤区并乡建镇，境内同时配套建起乡镇医院245个。至2002年，全地区245个乡镇卫生院有业务用房10.77万平方米，除少数乡镇卫生院无业务用房，多数都有业务用房。乡镇卫生院设备达国家配置标准的不上10个。90%卫技人员是中专及其以下学历。经调查120个乡镇卫生院，其中，能开展下腹部手术的仅占6.7%，开展住院分娩的占38%，开展剖宫产的占38%，开展B超、X光检查的各占15%，开展三大常规检查的仅5个，开展心电图检查的仅3个。毕节市，金沙、威宁县发防疫保健人员基本工资，其余县仅发50%～80%工资，并有80个乡镇卫生院拖欠工资。2003年，毕节地区有乡镇卫生院241所，其中中心卫生院104所，一般卫生院137所；床位编制2562张，实有床位2111张。计有职工2698人，其中卫生专业技术人员2488人，其他专业技术人员49人。卫生专业技术人员中，有执业医师992人（缺黔西县）。

一般乡镇卫生院能进行常见病、多发病医疗卫生防疫和幼妇保健工作，少数能作某些医疗手术。

**附：各市、县区、（乡）镇医疗机构简况**

## 毕节市36个

**朱昌镇卫生院** 1952年12月创建，时有卫生人员5人，用房30平方米。2003年，有职工22人，其中主治医师3人、执业医师3人、助理医师7人；护师2人；检验师1人；放射医师1人；其他人员5人。配置有300MAX光机、心电图机、B超、显微镜、手术床各1台。能开展医疗、防疫、妇幼保健，下腹、四肢骨折、剖宫产手术。

**阴底乡卫生院** 1952年创建，名田坝区卫生所。时有卫生人员5人，用房200平方米。1956年，随区迁阴底，改为阴底区卫生所。1958年改为阴底区卫生院。2003年，有职工17人，其中主治医师2人，执业医师2人，助理医师8人；护师1人、护士2人；放射助理医师1人。配置有200MAX光机、心电图机、B超机、显微镜、手术床。除开展医疗、防疫、妇幼保健外，能作剖宫产等手术。

**杨家湾镇卫生院** 1952年创建，时有卫生人员5人，用房200平方米。1976年，成立小制药厂。配制大输液及中草药制剂。生产药品除供本区外，还销往临近区乡及赫章部分区乡卫生院。2003年，有职工11名，其中执业医师1人，助理医师2人；护师3人；其他人员5人。有

30MAX光机、心电图机、B超。能开展医疗、防疫、妇幼保健工作。

普宜镇卫生院　1952年创建，有卫生人员5人。1953年，县拨款200万元，建用房200平方米。2003年，有职工15名，其中主治医师1人，执业医师3人，助理医师6人；护师1人，放射医师1人。有200MAX光机、心电图机、B超。能开展一般外科、妇产科手术。

燕子口镇卫生院　1952年创建，有卫生人员5人。1955年，建用房120平方米。2003年，有职工20人，其中主治医师3人，执业医师3人，助理医师5人；护师1人，检验师1人，检验士1人；放射医师1人。配置B超、显微镜各1台。能开展外科中下腹部及妇产科剖宫产、卵巢囊肿摘除术等手术。

海子街镇卫生院　1953年5月创建，有卫生人员5人。是年7月，县拨款50万元（旧币），建用房200平方米。1958年，建用房200平方米。2003年，有职工38人，其中主治医师12人，执业医师5人，助理医师3人；主管护师2人，护师5人，护士3人；检验士1人；放射医师1人，助理医师1人。有X光机、手术床、产床、心电图机、B超机、显微镜。能开展外科中下腹部及妇产科剖宫产等手术。

何官屯镇卫生院　1953年5月创建，名对坡卫生所。有卫生人员5人。1955年，随区迁何官屯，改称何官屯区卫生所。是年，县拨款1500元，建用房60平方米。2003年，有职工19人，其中主治医师2人，执业医师2人，助理医师6人；护师1人，护士1人。

龙场营镇卫生院　1953年创建，有卫生人员5人。1954年，建用房200平方米。2003年，有职工12人。其中主治医师2人，执业医师1人，助理医师4人；护师1人，护士1人；主管检验师1人；放射助理医师1人。有心电图、B超。开展医疗、防疫、妇幼保健工作。

吉场镇卫生院　1956年初建立，有卫生人员7人。是年，县拨款0.5万元，建用房260平方米。2003年，有职工22人，其中主治医师2人，执业医师、助理医师、护师、护士各4人。有200MAX光机、显微镜、B超、万能手术台。

鸭池镇卫生院　1955年创建，有卫生人员4人，房屋3间。2003年，有职工25人，其中主治医师1人，执业医师4人，助理师9人；护师4人，护士2人；其他人员4人。有X光机、B超机、心电图机、冰箱、产床。

长春堡镇卫生院　1955年创建，有用房200平方米。2003年，有职工25人，其中主治医师3人，执业医师5人，助理医师4人；主管护师2人，护士1人；检验师1人。有X光机、显微镜、B超机。

林口镇卫生院　1956年创建，有卫生人员6人。以林口街上庙宇200平方米用房开展医疗业务。2003年，有职工18人，其中主治医生2人，执业医师3人；助理医师6人，主管护师2人、护师1人。有X光机、显微镜、B超、手术台。

清水铺镇卫生院　1956年创建，有卫生人员6人。2003年，有职工19人，其中主治医师2人、助师2人、护士2人，检验士1人。有50MAX光机、显微镜、B超、万能手术台。并开展外科下腹部、骨科、妇科剖宫产手术。

青场镇卫生院　1966年创建，有卫生人员27人；借青场公路养护道班房作用房。1967年，建用房200平方米。2003年，有职工8人，其中主治医师3人，助理医师1人；主管护师1人、护师1人、护士2人。有50MAX光机、显微镜、冰箱。

**小坝镇卫生院** 1992年创建，在小坝街上租用民房开展业务。1999年，县拨5.88万元，建用房196平方米，搬进新房办公。2002年，毕节市拨6万元，建用房300平方米；2003年，有职工18人。其中主治医师1人，医师2人，助理医师4人；护师3人，护士2人；检验师、检验士、放射医师各1人。有100MAX光机、B超、心电图机。能作外科下腹部及妇产科计划生育手术。

**八寨坪镇卫生院** 1992年创建。1994年，市拨8.37万元，建用房188平方米，设病床5张。2003年，有职工13人。其中执业医师2人，助理医师4人；护师1人，护士4人。有X光机、冰箱等设备。

**田坝桥镇卫生院** 1992年创建。1993年，县拨6.02万元，建用房188平方米。2003年，有职工13人，其中主治医师1人，执业医师1人，助理医师2人；护师1人，护士3人；检验师2人；放射医士1人有X光机、显微镜、冰箱等设备。

**田坎彝族乡卫生院** 1992年创建。1993年，县拨9.42万元，建用房188平方米。2003年，有职工6人，其中执业医师2人，检验师1人，检验士1人。有X光机、显微镜、冰箱等设备。

**大屯彝族苗族乡卫生院** 1992年创建。1993年，市拨7.13万元，建用房188平方米。2003年，有职工8人，其中执业医师2人，助理医师4人；护士3人。有冰箱等设备。

**层台镇卫生院** 1992年创建。1999年，市拨6万元，建用房220平方米。2003年，有职工10人，其中主治医师1人，执业医师2人，助理医师1人；护士1人。有X光机、冰箱。

**梨树坪镇卫生院** 1992年创建。1995年，市拨4.2万元，建用房155平方米。2004年，拨6万元，建用房188平方米。2003年，有职工19人，其中主治医师2人、执业医师5人、助理医师3人；护师2人，护士3人；放射1人。有X光机、显微镜、冰箱等设备。

**岔河镇卫生院** 1992年创建。1993年，县拨4.2万元，建用房155平方米。2003年，有职工12人，其中主治医师1人，执业医师4人，助理医师5人；检验士1人。有X光机、显微镜、冰箱。

**千溪乡卫生院** 1992年创建。1998年，市拨9.71万元，建用房188平方米。2003年，有职工9人，其中主治医师2人，医师3人，助理医师1人。有冰箱等设备。

**田坝镇卫生院** 1992年创建。是年，县拨款建用房188平方米。2003年，有职工10人，其中主治医师、执业医师各1人，助理医师5人；护师、检验师各1人。有X光机、显微镜、冰箱。

**撒拉溪镇卫生院** 1992年创建。1999年，市拨6万元，建用房300平方米。2003年，有职工16人，其中主治医师2人，执业医师6人，助理医师2人，主管护师1人，护师、护士各2人；放射医士1人。有200MAX光机，B超机，半自动生化分析仪及心电图机各1台。能作外科腹部及妇产科剖腹产、子宫切除手术。

**放珠镇卫生院** 1992年创建。是年，县拨12万元建用房188平方米。2003年，有职工7人，其中执业医师1人，助理医师、护士各2人，检验士、放射医士各1人。有50MAX光机、心电图机、B超机、制氧机。能作外科腹部及妇产科手术。

**大河乡卫生院** 1992年创建。2003年，有职工7人。其中执业医师、助理医师各1人。

野角乡卫生院　1992年创建。是年，县拨5.64万元，建用房188平方米。2003年，有职工4人。其中主治医师、助理医师、放射医士各1人。

亮岩镇卫生院　1992年创建。是年，县拨13.03万元，建用房557平方米。2003年，有职工10人，其中主治医师2人，执业医师、助理医师各3人，放射医士1人。有200MAX光机，B超机，心电图机。能作外科中、下腹部及妇产科剖宫产术。

大银镇卫生院　1992年创建。1993年，县拨6.3万元，建用房198平方米。2003年，有职工9人，其中主治医师、助理医师各3人。

团结乡卫生院　1992年创建。1993年，县拨9.75万元，建用房188平方米。2003年，有职工6人，其中主治医师1人，助理医师2人。有冰箱等设备。

生机镇卫生院　1992年创建。是年，县拨4.2万元，建用房155平方米。2003年，有职工8人，其中助理医师4人。有100MAX光机、B超机各1台。

阿市乡卫生院　1992年创建。2000年，市拨6万元，建用房200平方米。2003年，有职工9人，其中主治医师、助理医师、护士、检验师、检验士各1人。

水箐镇卫生院　1992年创建。1995年，市拨8.38万元，建用房188平方米。2003年，有职工5人，其中助理医师3人，护师1人。

对坡镇卫生院　1992年创建。1999年，市拨6万元，建用房188平方米。2003年，有职工10人，其中助理医师3人，护士2人，检验师1人。

毕节市卫生技术指导站　1984年，毕节县政府批准组建环城区卫生技术指导站，开展防疫、妇幼保健工作。1992年，毕节市区扩大，建大新桥、流仓桥、三板桥、观音桥办事处，指导站负责新大新桥、流仓桥、三板桥、观音桥办事处预防、妇幼保健工作。1994年，更名毕节县卫生指导站。2002年，合并入毕节市疾病控制中心。

## 大方县37个

响水镇卫生院　民国34年（1945），建响水卫生所，次年并入县卫生院。1952年，复建响水区卫生所。1992年，更名响水镇卫生院。1999年，县拨8万余元，建用房约300平方米。2003年，有冰箱等设备。

马场镇卫生院　1952年10月，建立马场区卫生院。1992年，更名马场镇卫生院。2003年，有冰箱等设备。

理化镇卫生院　1952年12月，建立理化区卫生院。1992年更名理化镇卫生院。2003年，有冰箱等设备。

百纳乡卫生院　1952年10月，建百纳区卫生院。1992年，更名百纳乡卫生院。2003年，有冰箱等设备。

瓢井镇卫生院　1952年10月，建立瓢井区卫生院。1982年，上级拨款，修建安装自来水及业务用房。1992年，更名瓢井镇卫生院。1999年，县拨9万元，扩建用房约300平方米。2003年，有X光机、产床、冰箱、化验等设备。

**鸡场镇卫生院** 1955年，建鸡场区卫生院。1986年，县拨款3.7万元，扩建业务用房；拨款0.8万元维修原用房。1992年，更名鸡场镇卫生院。1999年，县拨9万元，扩建用房约300平方米。2003年，有X光机、产床、冰箱、化验等设备。

**长石镇卫生院** 1955年，建立长石区卫生院。1992年，更名长石镇卫生院。2002年，县拨款建用房335平方米。2003年，有X光机、心电图机、B超机。

**双山镇卫生院** 1956年3月，建立双山区卫生院。1979～1982年，县拨款1.38万元，安装自来水及维修职工宿舍。1984～1985年，拨款5万余元，扩建业务用房。1992年，更名双山镇卫生院。2003年，有X光机、产床、冰箱、化验等设备。

**坡脚镇卫生院** 1956年3月，建坡脚区卫生院。1968年，县拨款0.5万元，扩建用房125平方米。1982年，再次拨款4.7万元扩建业务用房。1992年，更名坡脚镇卫生院。2003年，有X光机、产床、冰箱、化验等设备。

**六龙镇卫生院** 1956年4月，建立六龙区卫生院。1985年，县拨款万余元，扩建业务用房。1992年，更名六龙镇卫生院。1992年，县拨款建业务用房。2003年，有X光机、产床、冰箱、化验等设备。

**达溪镇卫生院** 1956年3月，建立达溪区卫生院。1992年，更名达溪镇卫生院。1999年，县拨9万元，建用房300平方米。2003年，有X光机、产床、冰箱、化验等设备。

**沙厂乡卫生院** 1956年4月，建沙厂区卫生院。1970年，地区拨款0.5万元，扩建用房125平方米。1987年，县拨3万元，建门诊用房。1992年，更名沙厂乡卫生院。2003年，有X光机、产床、冰箱等设备。

**城关镇卫生院** 1975年12月，建立。1983年3月，并入县中医院。

**东关乡卫生院** 1992年4月，建立。1994年，县拨4万余元建业务用房。2003年，有冰箱等设备。

**竹园乡卫生院** 1992年4月，建立。1994年，县拨4万余元建业务用房。2003年，有冰箱等设备。

**文阁乡卫生院** 1992年4月，建立。1996年，县拨4万余元建业务用房。2003年，有冰箱等设备。

**绿塘乡卫生院** 1992年4月，建立。1996年，县拨4万余元建业务用房。2003年，有冰箱等设备。

**牛场乡卫生院** 1992年4月，建立。1994年，县拨4万余元建业务用房。2003年，有冰箱等设备。

**猫场镇卫生院** 1992年4月，建立。1996年，县拨4万余元建业务用房。2003年，有冰箱等设备。

**鼎新乡卫生院** 1992年4月，建立。1994年，县拨4万余元建业务用房。2003年，有冰箱等设备。

**高店乡卫生院** 1992年4月，建立。1998年，县拨4万余元建业务用房。2003年，有冰箱等设备。

小屯乡卫生院 1992年4月，建立。1994年，县拨4万余元建业务用房。2003年，有冰箱等设备。

羊场乡卫生院 1992年4月，建立。1994年，县拨4万余元建业务用房。2003年，有冰箱等设备。

黄泥塘镇卫生院 1992年4月，建立。1995年，县拨4万余元建业务用房。2003年，有冰箱等设备。

安乐乡卫生院 1992年4月，建立。1998年，县拨6万余元建业务用房。2003年，有冰箱等设备。

核桃乡卫生院 1992年4月，建立。1994年，县拨4万余元建业务用房。2003年，有冰箱等设备。

凤山乡卫生院 1992年4月，建立。1994年，县拨4万余元建业务用房。2003年，有冰箱等设备。

三元乡卫生院 1992年4月，建立。县拨款建业务用房。2003年，有冰箱等设备。

星宿乡卫生院 1992年4月，建立。1997年，县拨5万余元建业务用房。2003年，有冰箱等设备。

普底乡卫生院 1992年4月，建立。1994年，拨4万余元建业务用房。2003年，有冰箱等设备。

果瓦乡卫生院 1992年4月，建立。1994年，县拨4万余元建业务用房。2003年，有冰箱等设备。

兴隆乡卫生院 1992年4月，建立。1994年，县拨4万余元建业务用房。2003年，有冰箱等设备。

八堡乡卫生院 1992年4月，建立。1994年，县拨4万余元建业务用房。2003年，有冰箱等设备。

大山乡卫生院 1992年4月，建立。1997年，县拨5万余元建业务用房。2003年，有冰箱等设备。

雨冲乡卫生院 1992年4月，建立。1996年，县拨5万余元建业务用房。2003年，有冰箱等设备。

大水乡卫生院 1992年4月，建立。1996年，县拨5万余元建业务用房。2003年，有冰箱等设备。

黄泥乡卫生院 1992年4月，建立。2003年，有X光机、冰箱、产床等设备。

## 黔西县26个

金碧镇卫生院 1956年4月，建沙窝区卫生所。1958年，更名沙窝区卫生院。1974年，扩建用房450平方米，设置病床15张。1992年，更名为金碧镇卫生院。2003年，有职工17人，其中主治医师1人、医师8人、医士3人；护师、护士各2人。

雨朵镇卫生院　1958年4月，建雨朵区卫生院。有用房120平方米。设病床2张。1974年，扩建用房400平方米。1992年，更名雨朵镇卫生院。2003年，有职工9人，其中主治医师、医师各1人，医士4人、护士1人。用房500平方米，设病床14张。

大关镇卫生院　1953年1月，建大关区卫生所，院址大关中街，用房200平方米。1958年，改称大关区卫生院。1975年，县拨款扩建用房580平方米。1999年底，拥有用房2260平方米，设病床26张，设外科手术室、妇产科、化验室、放射室。2003年，有职工14人，其中主治医师1人，医师3人，医士4人，护士1人。有200MAX光机、B超机、心电图机各1台。

谷里镇卫生院　1954年，建谷里区卫生所，院址在谷里下街，用房200平方米。1958年，更名谷里区卫生院。1992年，更名谷里镇卫生院，用房800平方米，设置病床15张。2003年，有职工14人，其中主治医师1人，医师2人，医士4人，护师2人，护士3人。有300MAX光机、B超机、心电图机各1台，用房1106平方米。

素朴镇卫生院　1954年，建素朴区卫生所。1958年，更名素朴区卫生院。1968年，迁刘家山脚，有用房645平方米。1989年，成立铁石分院。1992年，更名素朴镇卫生院。2003年，有职工12人，其中主治医师1名，医师4人，医士5人；有100MAX光机、心电图机各1台，用房540平方米。

协和镇卫生院　1958年，建协和卫生院，有用房300平方米，置病床2张。1977年，建用房800平方米。1992年，更名协和镇卫生院。2003年，有职工12人，其中主治医师2人、医师5人、医士3人；护士2人。有300MAX光机1台，用房1243平方米。

中坪镇卫生院　1954年，建中坪区卫生所。1992年，更名中坪镇卫生院。2003年，有职工6人，其中主治医师1人，医师3人，医士1人。有用房1390平方米。

重新镇卫生院　1953年2月，建重新区卫生所。1992年，改为重新镇卫生院。2003年，有职工14人，其中主治医师2人，医师、医士各4人，护师2人，护士1人。有200MAX光机、B超机、心电图机各1台，用房1601平方米，设病床14张。

洪水乡卫生院　1955年，建纸厂区卫生所，占地800平方米，有用房400平方米。1984年10月，成立金坡分院。1992年，改称洪水乡卫生院，设病床10张。2003年，有职工7人，其中主治医师1人、医师4人；护士1人。有B超机、心电图机各1台，用房239平方米，设病床4张。

林泉镇卫生院　1958年，建林泉区卫生院，坐落于街上公路旁的小山上，有用房200平方米。1974年，县拨款建用房1000平方米。1992年，更名林泉镇卫生院。2003年，有职工20人。其中主治医师1人、医师4人、医士6人；护士1人。有30MAX光机、B超机、心电图机各1台；用房1180平方米。

甘棠乡卫生院　1953年，在甘棠街背后建甘棠区卫生所。1979年起，可开展疝气手术、计划生育手术，能作男、女扎结扎术，引产、刮宫、上环等手术。1992年，更名甘棠乡卫生院。2003年，有职工18人，其中主治医师1人、医师6人、医士4人：护师1人、护士2人。有30MAX光机、B超机、心电图机各1台，用房800平方米，设病床10张。

钟山乡卫生院　1965年初，在钟山沙帽头建钟山乡卫生院。1978年为县直属医院。1985年，设床位50张，分内、外、儿、妇、中医等科；添置照光、检验、超声波；心电图等仪器，开展辅助诊断。1992年，更名钟山乡卫生院。2003年，有职工13人。其中主治医师1人、医师5人、医士3人；护师1人。有200MAX光机、B超机、心电图机、显微镜各1台，用房1188平方米。能作外科、妇科手术。

花溪乡卫生院　1991年7月，创建。1992年，县拨4万元建用房171平方米。2003年，仍无设备。

中建乡卫生院　1991年7月，创建。1992年，县拨6万元建用房205平方米。2003年，有职工3人，其中执业医师2人，助理医师1人。

定新乡卫生院　1991年7月，创建。1994年，县拨4万元建用房172平方米。2003年，有职工6人，其中执业医师2人，助理医师4人。

永兴乡卫生院　1991年7月，创建。1992年，县拨4万元建用房171平方米。2003年，有职工4人，其中助理医师2人，其他人员2人。

太来乡卫生院　1991年7月，创建。租用私房至今。2003年，有职工4人，其中执业医师1人，助理医师2人。

新仁乡卫生院　1991年7月，创建。有用房145平方米。1992年，县拨6万元建用房250平方米。2003年，有职工5人，其中执业医师1人，助理医师4人。

绿化乡卫生院　1991年7月，创建。1992年，县拨6万元建用房350平方米。2003年，有职工5人，其中执业医师1人，助理医师4人。

五里乡卫生院　1991年7月，创建。有用房450平方米。2003年，有职工11人，其中主治医师2人、执业医师2人、助理医师6人，护士1人。有30MAX光机、心电图机。

红林乡卫生院　1991年7月，创建。有用房550平方米，50MAX光机1台。2003年，有职工15人。其中执业医师3人、助理医师5人；护士2人。

沙井乡卫生院　1991年7月，创建。1992年，县拨4万元建用房160平方米。2003年，有职工7人，其中执业医师2人，助理医师3人，护士1人。有冰柜、冰箱各1台。

锦星乡卫生院　1991年7月，创建。1992年，县拨4万元建用房171平方米。2003年，有职工9人，其中执业医师2人，助理医师3人；护士1人。

羊场乡卫生院　1991年7月，创建。1994年，县拨6万元建用房250平方米。2003年，有职工9人，其中执业医师2人，助理医师3人；护士1人；其他人员3人。

铁石乡卫生院　1989年，创建。有用房500平方米。2003年，有职工7人，其中执业医师2人，助理医师2人；护士2人。

金坡乡卫生院　创建于1984年，原为纸厂区卫生院分院，是时有业务用房300平方米。1991年7月，改建为乡卫生院。2003年，有职工7人，其中执业医师1人，助理医师4人。

## 金沙县26个

石场镇卫生院　1952年12月，建石场区民族卫生所。1958年，更名石场区卫生院。1992年，更名石场镇卫生院。2003年，有职工20人，其中主治医师3人，执业医师13人，助理医师4人；有心电图机、B超机。

安底镇卫生院　1956年5月，建安底区卫生所。1958年，更名安底区卫生院。1992年，更名安底镇卫生院。2003年，有职工17人，其中主治医师2人，执业医师7人，助理医师5人；主管护师1人，护士1人，有心电图机、B超机。

清池镇卫生院　1956年4月，建清池区卫生所。1958年，更名清池区卫生院。1980年，县拨款建用房150平方米。1992年，更名清池镇卫生院。2003年，有职工16人，其中主治医师2人，执业医师6人，助理医师2人。有心电图机1台。

安乐乡卫生院　1964年，建安乐区民族卫生所。1958年，更名为安乐区卫生院。1992年，更名安乐乡卫生院。2003年，有职工26人，其中主治医师5人，执业医师12人，助理医师9人。有用房400平方米，有X光机、心电图机。

岩孔镇卫生院　1964年，建岩孔区卫生所。1958年，更名为岩孔区卫生院。1992年，更名岩孔镇卫生院。2003年，有职工18人，其中主治医师4人，执业医师10人，助理医师3人。有用房200平方米，有X光机、显微镜。

禹谟镇卫生院　1956年5月，建禹谟区卫生所。1958年，更名为禹谟区卫生院。1990年，县拨款11万元，建用房947平方米。1992年，更名禹谟镇卫生院。2003年，有职工13人，其中主治医师4人，执业医师6人。有200MAX光机、化验等设备。

平坝镇卫生院　1956年，建平坝区卫生所。1958年，更名为平坝区卫生院。1992年，更名平坝镇卫生院。2003年，有心电图、B超机等设备。

沙土镇卫生院　1956年6月，建沙土区卫生所。1958年，更名为沙土区卫生院。1992年，更名沙土镇卫生院。1993年，县拨款建用房250平方米。2003年，有职工11人，其中执业医师4人，护士2人。有X光机、冰箱、产床。

城关镇卫生院　1964年，建金沙县城关区卫生院。1992年，更名城关镇卫生院。2003年，有心电图机、冰箱等设备。

源村乡卫生院　1992年7月，新建。2003年，有职工5人，其中主治医师、助理医师、主管护师各1人。有冰箱等设备。

官田乡卫生院　1992年7月，新建。1996年，县拨4万元建用房180平方米。2003年，有职工3人，其中执业医师2人。有心电图机、B超机。

后山乡卫生院　1992年7月，新建。无房屋、设备。1993年，县拨4万元建用房170平方米。2003年，有职工2人。其中，执业医师、助理医师各1人。

岚头镇卫生院　1992年7月，新建。1994年，县拨4万元建用房200平方米。2003年，有职工8人，其中主治医师1人，执业医师4人，助理医师3人。有显微镜1台。

长坝乡卫生院　1992年7月，新建。无房屋、设备。2003年，有职工4人，其中执业医师2人，助理医师1人，护士1人。

木孔乡卫生院　1992年7月，新建。1993年，县拨4万元建用房150平方米。2003年，有职工6人，其中，主治医师1人，执业医师4人，助理医师1人。

茶园乡卫生院　1992年7月，新建。1993年，县拨4万元建用房150平方米。2003年，有职工5人，其中主治医师1人，执业医师2人，助理医师2人。

高坪乡卫生院　1992年7月，新建。1993年，县拨8万元建用房200平方米。2003年，全院职工6人，其中主治医师1人，执业医师2人，助理医师3人。

化觉乡卫生院　1992年7月，新建。1993年，县拨4万元建房150平方米。2003年，有职工4人，其中主治医师1人，执业医师2人，助理医师2人。

太平民族乡卫生院　1992年7月，新建。1993年，县拨4万元建用房150平方米。2003年，有职工4人，其中执业医师2人，助理医师2人。

箐门乡卫生院　1992年7月，新建。无用房，无设备。

马路乡卫生院　1992年7月，新建。2001年，县拨4万元建用房180平方米。2003年，有职工7人，其中执业医师2人，助理医师5人。

新化乡卫生院　1992年7月，新建。1993年，县拨4万元建用房200平方米。2003年，有职工7人，其中执业医师2人，助理医师5人。

大田民族乡卫生院　1992年7月，新建。1993年，县拨4万元建用房200平方米。2003年，有职工13人，其中主治医师1人，执业医师6人，助理医师6人。

西洛乡卫生院　1992年7月，创建。1993年，县拨21万元建用房200平方米。2003年，有职工24人，其中主治医师3人，执业医师18人，助理医师3人。

桂花乡卫生院　1992年7月，新建。1993年，县拨4万元建房150平方米。2003年，有职工12人，其中主治医师1人，执业医师10人，助理医师1人。

龙坝乡卫生院　1992年7月，新建。无用房和设备。2003年，有职工7人，其中主治医师2人，执业医师2人，助理医师3人。

## 织金县25个

城关镇卫生院　1956年12月，建在东门胡家房，面积110平方米，设病床3张。1957年，县拨10万余元在小教场建用房870平方米。1980年，设病床25张，可作胃大部切除、剖宫产术。1992年，更名为城关镇卫生院。1999年，经县卫生局评审达一甲医院标准。2002年8月，撤销。

桂果镇卫生院　1956年，建立。1958年，更名桂果区卫生院。1979年，新建业务用房380平方米，设床位6张，开展中、西医业务。1992年3月，更名桂果镇卫生院。1998年，县拨18.6万元购买供销社仓库600平方米改造作业务用房。2003年，有用房1006平方米，设病床18张；有B超、心电图、化验等设备；有职工16人，其中主治医师2人、医师4人，护士3人，其他7人。

牛场镇卫生院　1953年4月，建立。1992年3月，更名为牛场镇卫生院。2003年，有用房1060平方米，病床8张；有X光机、B超机、五官科及化验等设备；有职工13人，其中卫技人员6人。

猫场镇卫生院　1956年，建立。1969年，建业务用房620平方米，设床位22张。1992年3月，更名为猫场镇卫生院。是年，新建用房600平方米。2003年，有用房1200平方米；有B超、X光机、心电图机、产床、婴儿抢救台、冰柜、电冰箱、综合手术床、手术刀包、无影灯、化验等设备；有职工21人，其中主治医师1人，助理医师16人。

化起镇卫生院　1953年，建立。1983年，在马鞍山建业务用房260平方米，设病床8张。1992年3月，更名为化起镇卫生院。2003年，有用房1100平方米，设病床10张；有X光机及一般手术设备；有卫技人员11人。

龙场镇卫生院　1956年8月，建立。1958年，能开展外科手术，曾作脂肪瘤切除术。1974年，在半边街征地1700平方米，建房700平方米，设病床12张。1992年，更名龙场镇卫生院。2003年，有用房1000平方米；有心电图机、500毫安X光机、麻醉机；有职工9人，其中主治医师1人，助理医师6人。能做中下腹部手术。

八步镇卫生院　1956年4月，建立。1971年，投资在下街征地500平方米，建用房640平方米，设病床15张。1992年，更名为八步镇卫生院；投资建用房1016平方米。2001年，核编18人。2003年，有房屋1200平方米，设病床15张；有X光机、B超机；有职工16人，其中卫技人员12人。能做下腹手术。

以那镇卫生院　1956年，建立。1964年，在塔山脚征地620平方米，建用房1431平方米。1986年，获省卫生厅授予文明卫生院称号。1992年，更名为以那镇卫生院。1998年，经县卫生局评审，达一级甲等医院标准。2003年，有房屋1931平方米，病床36张；有100MAX光机，B超机，心电图机、产床、婴儿抢救台、冰柜、电冰箱、综合手术床、手术刀包、无影灯、化验、五官治疗仪；职工29人，其中主治医师6人，助理医师13人。能做肝肾功能化验、中下腹部手术、剖宫产术。

三塘镇卫生院　1956年，建立。1980年，征地2800平方米，建用房2379平方米，设床位14张。1992年，更名为三塘镇卫生院。2003年，有房屋1000平方米，病床14张；有200MAX光机，心电图机、产床、婴儿抢救台、冰柜、手术床、手术刀包；有职工18人，其中主治医师6人，助理医师6人。

阿弓乡卫生院　1956年，建立。1989年，在罗家坝新建用房1743.44平方米，设床位10张。1992年，更名为阿弓镇卫生院。2003年，有用房1000平方米，设病床12张，有化验及手术设备；有职工12人，均为卫技人员。

珠藏镇卫生院　1955年10月，建立。1967年后，在新街龙山脚征地1300余平方米，建用房530平方米，设病床10张。1992年，更名为珠藏镇卫生院。2003年，有职工8人，其中主治医师2人，助理医师1人，其他医技4人；有房屋1200平方米，病床12张；有200MAX光机、B超、化验等设备。

绮陌乡卫生院　1992年3月，建立。1994年，县拨款修建用房1000平方米，设病床5张。2003年，有职工13人，其中主治医师2人，助理医师5人，护士2人，有显微镜等化验设备及一般手术设备。

三甲乡卫生院　1992年3月，建立。1994年，县拨款建业务房900平方米，设病床5张。2003年，有职工3人，其中助理医师1人，护士1人。

实兴乡卫生院　1992年3月，建立。1996年，县拨款建业务房800平方米，设病床6张。2003

年，有职工6人，其中主治医师1人，助理医师2人。

上坪寨乡卫生院　1992年3月，建立。1996年，县拨款建业务房800平方米，设病床10张。2003年，有职工8人，其中主治医师1人，助理医师2人，护士4人；有化验等设备。

大平乡卫生院　1992年3月，建立。1994年，县拨款建业务房800平方米，设病床4张。2003年，有职工7人，均为卫技人员。

官寨乡卫生院　1992年3月，建立。1996年，县拨款建业务用房900平方米，设病床4张。2003年，有职工7人，均为卫技人员。

板桥乡卫生院　1992年3月，建立。1996年，县拨款建业务房900平方米。2003年，有职工7人；有设病床6张。

茶店乡卫生院　1992年3月，建立。1996年，县拨款建业务房1000平方米，设病床4张。2003年，有职工6人，均为卫技人员。

金龙乡卫生院　1992年3月，建立。1994年，县拨款建业务房1100平方米，设病床4张。2003年，有职工8人，均为卫技人员；有X光机、B超机等设备。

后寨乡卫生院　1992年3月，建立。1996年，县拨款建业务房900平方米，设病床4张。2003年，有职工7人，其中主治医师2人，助理医师3人,其他2人。

鸡场乡卫生院　1992年3月，建立。1994年，县拨款建业务房1000平方米，设病床4张。2003年，有职工12人，其中主治医师1人，助理医师5人，护士1人。

白泥乡卫生院　1992年3月，建立。1994年，县拨款建业务房1000平方米。2003年，有职工8人，其中卫技人员2名；设病床6张。

少普乡卫生院　1992年3月，建立。1996年，县拨款建业务房1640平方米。2003年，有职工13人，其中卫技人员12名；设病床12张；有200MAX光机、B超、丙种手术包、化验等设备。

熊家场乡卫生院　1992年3月，建立。1996年，县拨款建业务房900平方米。2003年，有职工7人，其中卫技人员7名；设病床3张；有化验设备。

## 纳雍县25个

阳长镇卫生院　1952年2月，建阳长区卫生所。1959年，改称阳长区卫生院。1992年，改称为阳长镇卫生院。2003年，有职工33人；有用房1740平方米；有照光机、B超机、制氧机。能开展外科中下腹部、妇产科手术。

姑开乡卫生院　1952年3月，建姑开区卫生所。1957年，改称姑开区卫生院。1992年，改称姑开乡卫生院。2003年，有职工14人，有用房1400平方米，有显微镜、冰箱、丙种手术包。能做外科下腹部小型手术。

昆寨乡卫生院　1952年8月，建昆寨区卫生所。1960年，改称昆寨区卫生院。1992年，改称昆寨乡卫生院。2003年，有职工17人，房屋600平方米；有X光机、双目显微镜、手术包。能做下腹部外科手术。

维新镇卫生院　1953年3月，建维新区卫生所。1957年，改称维新区卫生院。1992年，改称维新镇卫生院。2003年，有职工21人；有用房700平方米；有甲种手术包、丙种手术包、X光机。能开展外科下腹部及妇产科手术。

百兴镇卫生院　1953年12月，建百兴区卫生所。1957年，改称百兴区卫生院。1968年起，能开展外科、妇产科手术。1992年后，改称百兴镇卫生院。2003年，有职工17人；有用房1640平方米；有X光机、B超机、外科、妇产科设备。

乐治镇卫生院　1955年2月，建乐治区卫生所。1963年，改称乐治区卫生院。1992年，改称乐治镇卫生院。2003年，有职工16人；有房屋800平方米；有X光机、B超机、心电图、脑电图机、化验、产床、冰柜。能作计生、外科和五官科手术；能化验、作心脑电图、拍X光照片。

龙场镇卫生院　1955年3月，建龙场区卫生所。1964年，改称龙场区卫生院。1992年，改称龙场镇卫生院。2003年，有职工18人；有房屋750平方米；有X光机、微波治疗仪、五官治疗机、制氧机。能作外科、五官科、产科一般手术。

王家寨镇卫生院　1951年2月，建王家寨区卫生所。1956年，改称居仁区卫生院。1992年，改称王家寨镇卫生院。2003年，有职工23人；有房屋635平方米；有50MAX光机、双筒显微镜等设备。能开展外科下腹部手术、产科手术。

董地乡卫生院　1958年2月，建董地卫生所。1992年，改称董地乡卫生院。2003年，有职工11人；有房屋400平方米；有双管显微镜、洗胃机、丙种手术包。能开展外科下腹部手术、产科手术。

张家湾镇卫生院　1958年8月，建张家湾区卫生所。1960年，改称张家湾区卫生院。1992年，改称张家湾镇卫生院。2003年，有职工18人；有房屋600平方米；有显微镜、X光机、离心机、洗胃机。能开展外科下腹部手术，妇产科、五官科小手术。

鬃岭镇卫生院　1958年5月，建鬃岭区卫生院。1992年，改称鬃岭乡卫生院。2003年，有职工19人；有房屋2000平方米；有X光机、半自动生化分析仪、洗胃机。能开展生化检查、B超检查、外科中下腹部手术。

猪场乡卫生院　1967年，建猪场区卫生院。1992年，改称猪场乡卫生院。2003年，有职工12人；有房屋400平方米；有X光机、洗胃机、丙种手术包。能开展外科下腹部手术、产科手术。

勺窝乡卫生院　1974年2月，建立。2003年，有职工8人；有房屋360平方米；有双目显微镜、无影灯、离心机。可做下腹部外科手术、产科手术。

库东关乡卫生院　1992年1月，建立。2003年，有职工14人；有房屋490平方米；有X光机、B超、制氧机、洗胃机。能开展外科、妇产科小手术。

左鸠戛乡卫生院　1992年2月，建立。至2003年，有职工9人；有用房640平方米；有200MAX光机、心电图机、洗胃机、显微镜、手术床、无影灯、制氧机、丙种手术包。能开展化验、外科、妇产科、五官科小手术。

锅圈岩乡卫生院　1992年2月，建立。2003年，有职工7人；有房屋240平方米；有丙种手术包、无影灯、冰箱、产科配套设备。能做下腹部手术、产科手术。

曙光乡卫生院　1992年2月，建立。至2003年，有职工10人；有用户房600平方米；有冰柜、显微镜、X光机、产床、洗胃机、产科手术包、甲种手术包、无影灯。能进行化验，做外科下腹部手术、产科手术。

水东乡卫生院　1992年2月，建立。至2003年，有职工8人；用房420平方米；有显微镜、电冰箱、产床、洗胃机、电冰柜、妇科检查床。能开展外科、产科小手术。

沙包乡卫生院　1992年2月，建立。至2003年，有职工14人；有用房490平方米；有X光机、手术全套、助产全套、洗胃机、冰箱。能做外科下腹部手术、产科手术。

老凹坝乡卫生院　1992年2月，建立。至2003年，有职工16人；有房屋450平方米；有检验（全套）、手术包（套）、电冰箱、冰柜、能做外科、妇产科手术。

化作乡卫生院　1958年2月，成立化作区卫生所。1974年1月，改称化作乡卫生院。1992年改称化作乡卫生院。至2003年，有职工12人；有房屋200平方米；有冰柜、冰箱、产床、手术床。能做计生手术、外科下腹部手术。

新房乡卫生院　1992年2月，建立。至2003年，有职工16人；用房600平方米；有手术器械全套、助产器械全套、洗胃机、电冰箱、冰柜、产房、超声雾化器。能做产科急救，外科下腹部等手术。

寨乐乡卫生院　1992年3月，建立。至2003年，有职工8人；有用房450平方米；有综合手术包、冰柜、X光机、B超、制氧机。

羊场乡卫生院　1992年3月，建立。至2003年，有职工7人；用房300平方米；有冰柜2个、产床2张、高压消毒锅。

雍熙镇卫生院　1992年4月，建立。至2003年，有职工25人；有房屋406平方米；有产床、手术包、电脑、打字机。

## 威宁县35个

二塘镇卫生院　1952年9月，建二塘区民族卫生所。1993年7月，更名二塘镇卫生院。至2003年，有职工13人，其中主治医师1人、医师3人、医士6人、护士1人；有冰箱、X光机、高压消毒锅。

金钟镇卫生院　1953年3月，建金钟区卫生所。1992年，更名金钟镇卫生院。2003年，有职工24人，其中主治医师1人、医师8人、医士10人，主管护师、护师各1人，护士2人、药剂师1人；有冰箱、X光机、高压消毒锅。

黑石头镇卫生院　1953年，建黑石头区卫生所。1992年，更名黑石头镇卫生院。2003年，有职工26人，其中主治医师1人、医师8人、医士8人、主管护师1人、护师4人、护士2人、放射医师1人；有冰箱、高压消毒锅。

龙街镇卫生院　1955年，建乐居卫生所。1959年8月，改称龙街区卫生院。1992年，更名龙街镇卫生院。至2003年，有职工14人，其中医师3人，医士、护师各2人，护士3人、检验师1人；有30MAX光机、显微镜、冰箱、高压消毒锅。

么站镇卫生院　1956年，建么站区卫生所。1992年，更名么站镇卫生院。2003年，有职工10

人，其中医师、医士各3人，护师1人、护士2人、药剂士1人；有冰箱、高压消毒锅。

**龙场镇卫生院** 1954年，建龙场区卫生所。1992年，更名龙场镇卫生院。2003年，有冰箱、高压消毒锅。

**中水镇卫生院** 1956年，在石门坎建立黑土河区卫生所。1958年，迁后河高坎子，称公社医院。1961年，改称中水区卫生院。1992年，更名中水镇卫生院。2003年，有职工15人，其中主治医师4人、医师3人、中药士1人、检验师1人、卫生员3人、行管理人员2人；有冰箱、高压消毒锅。

**观风海镇卫生院** 1956年，建观风海区卫生院。1992年，更名观风海镇卫生院。2003年，有职工13人，其中主治医师1人、医师4人、医士5人，护师、护士、检验师各1人；有冰箱、高压消毒锅。

**牛棚镇卫生院** 1956年，建牛棚区卫生院。1964年，列为地段医院。1992年，更名牛棚镇卫生院。2003年，有职工27人，其中主治医师2人、医师8人、主管中药师1人、医士11人、护师3人、护士1人。设病床5张；有冰箱、高压消毒锅等设备。

**羊街镇卫生院** 1956年，建五里岗区卫生所。1959年8月，改称羊街人民公社医院。1961年8月，改称羊街区卫生院。1992年，改称羊街镇卫生院。2003年，有职工21人，其中主治医师2人、医师7人、医士6人、护师2人、护士1人、药剂士1人、卫生员1人；有冰箱、高压消毒锅。

**小海镇卫生院** 1956年，建立小海区卫生所。1992年，更名小海镇卫生院。2003年，有职工23人，其中主治医师1人、医师11人、医士7人、护师3人、卫生员1人；有冰箱、高压消毒锅。

**盐仓镇卫生院** 1956年，建立盐仓区卫生所。1959年8月，改称盐仓人民公社医院。1961年，改称盐仓区卫生院。1992年，更名盐仓镇卫生院。2003年，有职工8人，其中主治医师1人、医师6人、医士1人；有冰箱、高压消毒锅。

**雪山镇卫生院** 1956年，成立大街乡法地卫生所。曾改称大街公社医院。1975年7月，迁狗街。1992年，更名为雪山镇卫生院。2003年，有职工15人，其中主治医师1人、医师7人、医士4人、护士1人；有冰箱、高压消毒锅。

**城关镇卫生院** 1962年5月，建立城关区卫生所。1968年，撤销。1971年，复建。1988年，改建为县中医院。

**石门乡卫生院** 1976年，建立。1992年4月，单列为新建乡镇卫生院。2003年，有职工8人，其中医师3人、医士3人；有冰箱、高压消毒锅。

**哲觉镇卫生院** 1961年，建立。1963年，撤销。1992年，复建。2003年，有职工18人，其中医师7人、医士8人、护师1人、卫生员2人；有X光机、B超机、产床、化验等设备。

**金斗乡卫生院** 1992年，建立。2003年，有职工4人，其中医师1人、医士3人；有冰箱、高压消毒锅。

**炉山镇卫生院** 1992年，建立。2003年，有职工4人，其中医师1人、医士3人；有冰箱、高压消毒锅。

**东风镇卫生院** 1993年7月建。2003年，有职工11人，其中医师、放射师各1人，医士5人、护士3人；有冰箱、高压消毒锅。

猴场镇卫生院　1993年7月建。2003年，有职工11人，其中医师4人、医士4人、护士2人、卫生员1人；有冰箱、高压消毒锅。

新发乡卫生院　1992年4月建。2003年，有职工8人，其中医师7人、中医士1人；有冰箱、高压消毒锅。

麻乍乡卫生院　1992年4月建。2003年，有职工11人，其中主治医师2人、医师4人、医士4人、护士1人；有冰箱、高压消毒锅。

岔河乡卫生院　1992年4月建，有用房232平方米。2003年，有职工7人，其中主治医师1人，医师、医士各3人；有冰箱、高压消毒锅。

海拉乡卫生院　1992年4月建。2003年，有职工7人，其中主治医师1人、医师2人、医士1人、护士1人、卫生员2人；有冰箱、高压消毒锅。

秀水乡卫生院　1992年4月建。2003年，有职工8人，其中医师4人、医士2人、卫生员2人；有冰箱、高压消毒锅。

哈喇河乡卫生院　1992年4月建。2003年，有职工7人，其中医师3人、医士3人、护师1人；有冰箱、高压消毒锅。

迤那镇卫生院　1992年建，有用房225平方米。2003年，有职工13人，其中主治医师2人，医师、医士各4人，护士、检验师各1人；有用房225平方米；有冰箱、高压消毒锅。

斗古乡卫生院　1992年4月建。2003年，有职工6人，其中医师2人、医士3人；有冰箱、高压消毒锅。

玉龙乡卫生院　1992年4月建。2003年，有职工8人，其中医师3人、药剂师1人、卫生员4人；有用房屋620平方米；有冰箱、高压消毒锅。

黑土河乡卫生院　1992年4月建。2003年，有职工10人，其中医师4人、医士5人；有用房200平方米；有冰箱、高压消毒锅。

云贵乡卫生院　1992年4月建。2003年，有职工9人，其中医师6人、医士2人、卫生员1员；有用房200平方米；有冰箱、高压消毒锅。

兔街乡卫生院　1992年4月建。2003年，有职工11人，其中主治医师1人、医师8人、医士2人；有冰箱、高压消毒锅。

大街乡卫生院　1992年建。2003年，有职工8人，其中医师4人、医士3人、卫生员1人；有冰箱、高压消毒锅。

双龙乡卫生院　1992年建。2003年，有职工11人，其中医师4人、医士5人，护师、护士各1人；有冰箱、高压消毒锅。

板底乡卫生院　1992年建。至2003年，有职工6人，其中医师5人、医士1人；房屋200平方米；有B超、显微镜、呼吸器、冰箱、高压消毒锅。

草海镇预防保健站　1992年4月建。至2003年，有职工12人，其中医师5人、医士4人，中医师、主管护师各1人；有用房200平方米。

## 赫章县27个

河镇乡卫生院　1952年，建恒底区卫生所。1953年6月撤销。1956年4月恢复。1958年6月，更名恒底卫生院。1992年，更名河镇乡卫生院。至2003年，有职工9人，其中主治医师1人、助理医师2人、护士5人；有X光机、显微镜、B超机；有用房1500平方米。

财神镇卫生院　1956年4月，建财神区卫生所。房屋1700平方米。1992年，更名财神镇卫生院。至2003年，有职工12人，其中主治医师1人，执业医师7入，护师、护士各1人；有X光机、显微镜；有用房1700平方米。

六曲河镇卫生院　1952年9月，建六曲河区卫生所。1992年，更名六曲河镇卫生院。至2003年，有职工16人，其中执业医师2人，助理医师4人、护士8人；有X光机、显微镜等设备。

野马川镇卫生院　1956年4月，建胜陶区卫生所。1992年后，更名野马川镇卫生院。2003年，有职工21人、其中主治医师4人、助理医师9人、护士6人；有用房190平方米；有X光机、显微镜。

古达乡卫生院　1961年8月，建古达区卫生所。1992年4月，更名古达乡卫生院，设床位9张。2003年，有职工18人，其中执业医师6人，助理医师7人，护士2人；有用房500平方米；有X光机、冰箱。

可乐乡卫生院　1952年9月，建可乐区卫生所。1992年4月，更名可乐乡卫生院。2003年，有职工12人，其中主治医师1人，助理医师5人，护士3人；有X光机、冰箱；有用房150平方米。

白果镇卫生院　1956年4月，建金钟区卫生所。1958年6月，更名金钟区卫生院。1961年8月，更名为青山区卫生院。1992年，更名白果镇卫生院。2003年，有职工18人，其中主治医师1人，助理医师9人，护师1人，护士3人；有设备X光机、冰箱；有用房135平方米。

兴发乡卫生院　1956年4月，建兴发区卫生院。1992年4月，更名兴发乡卫生院。2003年，有职工15人，其中主治医师1人，执业医师3人，助理医师6人，护士2人；有用房994平方米；有X光机、冰箱、B超各1台；设病床21张。

妈姑镇卫生院　1952年4月，在珠市建妈姑区卫生院。1953年，迁妈姑。1992年4月，更名妈姑镇卫生院。2003年，有职工22人，其中主治医师1人，执业医师2人，助理医师8人，护师8人，护士3人；有X光机等设备；设床位15张。

城关镇卫生院　1992年4月建。2003年，有职工12人，其中主治医师1人、执业医师5人、助理医师1人、护师1人、护士3人；有用房200平方米；设床位5张。

雉街乡卫生院　1992年4月建。2003年，有职工8人，其中主治医师1人，助理医师5人，护士2人；有用房100平方米。

平山乡卫生院　1992年4月建，设病床6张。2003年，该院有职工11人，其中助理医师8人，护士2人；有用房230平方米。

哲庄乡卫生院　1992年4月建，设病床10张。2003年，有职工11人，其中助理医师8人、护士2人；有用房440平方米。

古基乡卫生院 1992年4月，设病床10张。2003年，有职工6人，其中助理医师2人、护士1人；有用房470平方米。

安乐乡卫生院 1992年4月建，设病床4张。2003年，有职工4人，其中助理医师1人、护士1人；有用房300平方米。

铁匠乡卫生院 1992年4月，建立，设病床43张。2003年，有职工7人，其中执业医师1人、助理医师1人、护士5人；有用房300平方米。

辅处乡卫生院 1992年4月建。2003年，有职工5人，其中助理医师2人、护士3人；有用房300平方米。

结构乡卫生院 1992年4月，建立。2003年，有职工6人，其中助理医师4人、护士1人；有用房500平方米。

朱明乡卫生院 1992年4月建，设病床4张。2003年，有职工7人，其中助理医师3人、护士4人；有用房170平方米。

珠市乡卫生院 1992年4月建，设病床6张。2003年，有职工8人，其中助理医师2人、护士3人；有用房350平方米。

罗州乡卫生 1992年4月建，设病床4张。2003年，有职工8人，其中助理医师2人、护士3人；有用房240平方米。

双坪乡卫生院 1992年4月建，设病床6张。2003年，有职工6人，其中助理医师2人、护士1人；有用房230平方米。

松林乡卫生院 1992年4月建，设病床4张。2003年，有职工5人，均为助理医师；有用房160平方米。

水塘乡卫生院 1992年4月1建，设病床7张。2003年，有职工9人，其中助理医师7人、护士1人；有用房230平方米。

达依乡卫生院 1992年4月建，设病床4张。2003年，有职工12人，其中助理医师4人、护士4人；有用房200平方米。

德卓乡卫生院 1992年4月建，设病床5张。2003年，有职工6人，其中主治医师1人、助理医师3人、护士1人；有用房300平方米。

威奢乡卫生院 1992年4月建，设病床5张。2003年，有职工10人，其中主治医师2人，助理医师5人、护士2人；有用房340平方米。

**村卫生室** 中华人民共和国成立前，无村级卫生组织。中华人民共和国成立后，各县逐渐开建村级卫生室。1952年始，毕节地区城乡具有一技之长个体医生，组建联合诊所集体行医。1958年后，将农村联合诊所改建为政府管理下的公社卫生所或卫生院。1984年，恢复乡建制，公社卫生所（院）改称乡卫生所（院）、大队卫生室改称村卫生室，各县由县财政发给卫生所（院）卫生人员一定补助工资。据1999年6月统计，全地区有行政村4535个，应建村卫生室的村4107个，有3019个村建卫生室3065个（个别村建2个），有乡村医生3964人，平均每村有乡村医生0.88人。乡村医生中，具备大专学历11人，中专学历或中专水平1425人，县级卫校毕业724人，其他学校培训52人，无医学学历1821人。2002年，地区卫生局组织900余名乡村医生参加全省达中专水平统一考试，安排100多名乡医进行1年制培训，参加次年全省达中专水平统一考试。以后，安排毕节、大方、金沙、纳雍县职业卫校对乡村卫生人员进行1年制培训，陆续参加全省达中专水平统一考试。2003年，有村卫生室3057个，乡村医师及卫生员4480人，其中有执业医师119人，大专以上学历34人，中专或中专水平2112人，在职培训合格1371人。

### 附：全地区村卫生室简介

毕节市　1956年前，毕节县有农村联合诊所、民办卫生所19家。1956年，改建为乡卫生院。之后，全县建起124个公社卫生院，有卫生员476人。公社卫生院为集体性质，卫生员待遇按公社内中等劳动力工分给予补助，并留卫生院收入的大部分作公共积累，小部分作卫生员补助。1982年，组织乡卫生员考试考核，结合能力及工作年限，实行任务工资，分42元/月、38元/月、34元/月三个等级工资，年终考核，一次发放。1992年，乡卫生院改为村卫生室，每个村卫生室配1名卫生员，个别村大、人口多的配2名。全县聘用卫生员642名，按每人每月38元发任务工资。其后，整顿村卫生室，全县聘用村卫生员595名，由县补助每人每月30元。2003年，有村卫生室593个，乡村医师及卫生员971人，其中乡村医生62人；具有大专以上学历8人，中专或中专水平学历397人；经在职培训合格215人。

大方县　1952年，建7个接生站。1992年，对全县499个村卫生室进行规范化建设。1996年，招聘村防保人员936人。1999年，经评审，达甲级卫生室标准30个，合格村卫生室标准270个。2003年，有村卫生室299个，乡村医师及卫生员644人，其中乡村医生310人；具有大专以上学历4人，中专或中专水平学历305人；经在职培训合格300余人，卫生员334人。

黔西县　1952年，建联合诊所2家。2003年，有村卫生室315个，乡村医师及卫生员399人，具有大专以上学历9人，中专或中专水平学历230人；经在职培训合格110人。

金沙县　1952年，建联合诊所14家。1958年，全县建大队卫生室911个，有卫生员3600人。不久，大部分解体。1968年后，在全县提倡合作医疗，培训赤脚医生。至1977年底，全县有合作医疗站99个，赤脚医生747人。1980年，允许群众集资办医。是年，全县办起大队卫生所65个，有卫生人员550人。1984年，撤销生产大队，大队卫生室改为村卫生室。1992年，原乡镇卫生院一律改建甲级村卫生室，原乡镇卫生人员待遇不变。1999年底，全县有村卫生室487个，村卫生人员555名。2003年，全县有村卫生室434个，乡村医师及卫生员435人，其中医生343人；具有中专或相当中专学历343人，卫生员92人。

织金县　20世纪60年代中期，织金县农村普遍成立民办公助卫生所。1979年，全县建公社卫生院84个，每个卫生院以考试择选录用方式招聘卫生员3人，每人每月由财政补助人民币15元。从1980年1月起，每人每月补助增至29.5元。1982年，建卫生院102个，医技人员397人，设床位140张。1988年4月起，每一卫生员每月补助增至39元。1985年，公社卫生院改称乡卫生院。1992年，全县562个行政村，村村建卫生室，有村卫生员562名。至2003年底，投资534万元，为82个村卫生室建用房3936平方米。480个村卫生室由卫生员租房自办。报酬每月39元。全县有村卫生室457个，乡村医技人员495人，其中具有中专及中专水平学历40人，经在职培训合格382人，卫生员69人。

毕节清水铺镇橙满园村新农合卫生室

纳雍县　2003年，455个行政村，村村已建村卫生室。其中甲级村卫室90个，一般村卫室355个，聘用村卫生员540人，其中大专学历11人，中专及中专水平439人，高中学历13人，初中学历65人，小学文化12人。利用公有或集体房屋1.11万平方米；利用私房8464平方米。卫生室有设备听诊器541具、血压计329具，高压消毒锅364个，22个卫生室备有诊查床、出诊箱，19个卫生室有产包，4个有产床设备，个别卫生室有B超机。

威宁县　2003年，有村卫生室479个，乡村医师及卫生员809人，其中具有中专或中专水平学历479人，经在职培训合格330人。

赫章县　2003年，有459个行政村已建村卫生室；聘用村卫生员524名。其中大专学历8人，中专及相当中专水平240人，高中文化61人，初中文化182人，小学文化33人。甲级村卫生室52个，一般卫生室407个。利用公有或集体房屋4347平方米；利用私房1.18万平方米。个别卫生室备B超、产床设备。

## 二　医疗技术

中华人民共和国成立前，经济文化落后，导致医疗技术发展缓慢。1907年，西医传入，至20世纪40年代末的42年间，各县卫生院仅能开展简易医疗。除简单诊断器械外，普遍无大型、先进有效的诊治器械。中华人民共和国成立后，经济社会不断发展，近代医疗技术逐渐得到采用，医治技术水平不断提高。

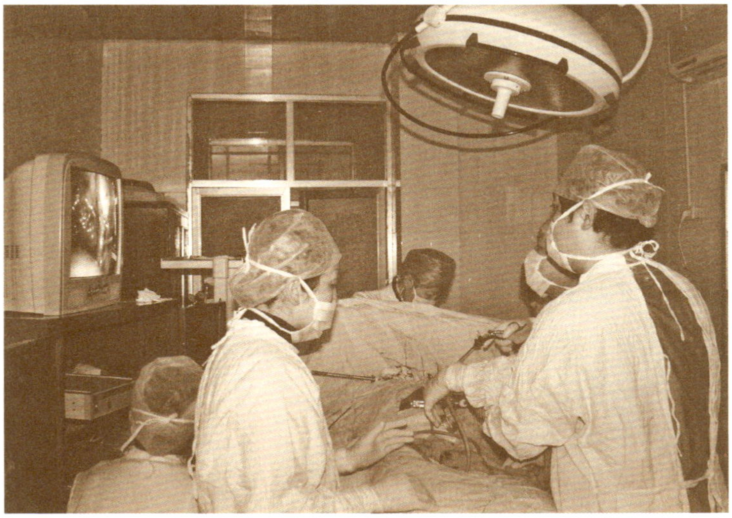

毕节地区人民医院开展第一例腹腔镜胆囊切除术

内科技术　20世纪50年代初，专区及各县医疗机构主要靠物理诊断及普通药物治疗；同时能作肌注、皮下注射、静脉注射治疗。1958年后，部分区卫生院开展小儿头皮输液。60年代中期，开展导尿、胸穿、腹穿、组织疗法、封闭疗法、计划疗法；并开展心电图、肺功能、直肠镜、食道镜、气管镜及基础代谢等检查。地区医院开展肝穿、骨穿、脾穿、心房除颤。1966～1976年，受“文化大革命”影响，医疗技术发展减缓。70年代后期，对多发性神经根炎、尿毒症、心肌梗塞、流行性出血热等治疗取得较好疗效。同时，地区医院开展纤维胃镜、M超声显像检查、骨髓分析、十二指肠引流等检查技术。80年代后，地区医院对慢性肺心病发心力衰竭治疗探索出新的治疗措施，挽救大量病人生命。并开展肾穿刺、心电向量、心肺血流图、超声心动图、B超、24小时心电图、脑电图、血气分析等检查；开展纤维胃镜直视止血、电除颤、乙胺碘肤酮治疗心律失常、联合化学治疗白血病、血管扩张剂治疗心力衰竭，大剂量肾上腺皮质激素治疗肾病综合症和系统性红斑狼疮，膜透析治疗、急慢性胃衰与食物中毒等。90年代后，地区医院内科对各系统疾病的诊断准确率已达95%以上，治愈率达90%以上。

**外科技术**　20世纪50年代初，地县医院收治常见病、多发病，能作简易清创缝合。1955年后，地区医院开展骨折整复、截肢术、胃大部切除、胃肠吻合术、胆囊切除、胆囊切开取石术、尿道断裂修补术、乙状结肠肿瘤切除术、游离植皮术。开展食道镜、气管镜、直肠镜检查。1959年，副院长朱晓春主刀首例开颅血肿清除成功。1961年，成功治愈大面积烧伤病人10例。1963年，进行食道癌根治术、肺叶切除术、纵隔肿瘤切除、缩窄性心包炎、心包剥离术、胸壁结构病灶清除术、甲状腺次全切除术、胃切除术、骨折钢板内固定术。1973年，开展小血管吻合术。1977年，开展右半肝切除术、胰、十二指肠切除术，肝动脉鞘剥离术、膀胱黏膜代尿道形成术、股骨颈骨折切开复位三翼钉内固定及静脉高营养疗法等。1979年，设骨、脑、胸、泌尿、小儿、烧伤整形专业组，分科收治病人。1983年，开展显微外科，经过实践，能吻合1毫米的微血管。1984年后，开展胸膜纤维板剥离治疗慢性脓胸，中、下段食道癌根治术，贲门癌根治术，心包引流术，心脏贯通修补术，二尖瓣闭式扩张术，支气管纤维镜检查，高频治疗机治疗呼吸衰竭；泌尿外科开展回肠代膀胱、显微镜下腹壁下静脉精索、静脉曲张吻合术、膀胱肿瘤电灼和电切除、右肝管整形、大脑凸面肿瘤切除、侧脑室血肿清除、隐睾内腹外固定、先天性胆总管囊内引流、先天性尿道下段Ⅱ期尿道成型，烧伤整形术。

20世纪50年代中期，各县逐步开展下腹部手术，进行开放性损伤清创术。70年代，县级医院可开展胆囊切除、脾切除、胆道取石。70年代后，部分区卫生院能开展肠梗阻、阑尾炎、腹外疝等下腹部手术。

**急诊技术**　20世纪50年代，境内地、县医院设急诊室，对重危病人进行一般观察抢救治疗。60年代，对休克心脏骤停、呼吸衰竭、消化道大出血、药物、食物中毒等进行药物抢救。80年代后，增设洗胃机、心脏起搏器抢救病人。2003年，地区医院急诊科主要设备有GY-1型高氧医用液体治疗仪、ECG-6511型、多参数监护仪各1台，多功能杀菌机3台。

**妇产科技术**　20世纪50年代，全地区大量培训接生员，推行新法接生，以提高新生儿的成活健康率。50年代中期，县级医院可开展内倒转术、穿颅术、碎胎术。60年代起，开展取环、人流、计生手术。70年代起，地、县医院可做子宫切除术、子宫修补术、尿瘘修补术、80年代起，县级医院可做膀胱修补术、子宫肌瘤切除术。90年代起，县级医院可做子宫下段剖宫产、子宫外翻复位术、腹壁子宫悬吊术等。

**儿科技术**　20世纪50年代初，地、县医院儿科设在内科，主要收治儿童常见病、多发病、传染病，以药物为主进行治疗。后逐步开展小儿头皮输液、补液疗法、胸腔穿刺、腰椎穿刺、骨髓穿刺等诊断治疗儿科疾病。50年代起，进行疫苗接种，预防白喉、百日咳、破伤风、流脑、结核病、脊髓灰质炎。80年代起，纳入计划免疫，要求85%以上儿童得到免疫。同时，将乙肝疫苗注射防止乙肝发生纳入计划免疫。

**放射技术**　20世纪50年代，地、县级医院设门诊X光室，开展一般透视、照片工作。后逐步开展钡餐透视、肾盂造影、支气管造影。1958年，地区医院添置进口100MAX光机1台。1962年后，添置200MAX光机。1975年，开展泌尿系、胆囊、脑血管的造影检查。1979年，添置KC400MAX光机。以后，先后添置7500MAX光机，乳腺X光机、CT机。现有各型X光机8台，基本能适临床检查之需要。21世纪初，黔西、大方县医院均有CT机、200–500MAX光机等大型设备。

**检验技术**　20世纪50年代，地、县医院设置门诊化验室，开展常规化验。60年代，县级医院开展肝肾功能检查。1959年，地区医院增加生化、细菌、病理检验，开展肝功能、肾功能、血脂、血糖、电解质、细菌培养、药物敏感试验检查；1960年，独立进行病理检验；1966年，增加细胞室；1978年，增加免疫室，开展细胞形态免疫球蛋白类风湿因子、DNA乙肝两对半等检查；1979年，改建检验科，内设临床检验、生化、细菌、细胞、免疫、血库室（组）；1980年起，院副院长蒋登州10余年开展临床免疫细胞免疫体液免疫研究获得一定成果，1985年出版《单克隆抗体的研究和应用一书》，发行国内部分省市。2000年后，开展肌红蛋白、肌钙蛋白、肌酸酶、抗胰岛、尿液、血细胞分析、凝血系列、HCV、HIV等检验。

**药剂配制技术**　50年代，地、县医院设门诊药房，配发病人处方用药。1955年，地区医院增设普通制剂室，病房药房。制剂室配制生产乙醇、碘酊、红汞等60余种制剂。后设灭菌制剂室，生产葡萄糖、氯化钠、甲硝口、诺氟沙星、利巴韦林、环丙沙等数十种制剂；1993年，改革制剂包装，基本杜绝热源反应。2000年后，据国家规定停止生产。60年代起，部分县级医院设制剂室，生产普通制剂红汞、碘配、软羔及大输液。

**同位素诊断技术**　1976年，省卫生厅调配扫描机等医疗器械给毕节地区医院。最初开展肝、胆扫描，后陆续开展甲状腺、肾图、脑、骨扫描。1984年，设备增至20余台件，建同位素科，开展肾血浆流量、尿HCG、乙肝“三对”、癌胚抗原、甲肝抗体、透明质酸、免疫球蛋白检查，并开展甲状腺功能亢进症、各种皮肤病、肿瘤、类风湿性关节炎治疗。开展检查项目60余项。

**护理技术**　20世纪50年代初期，专区及各县医院收治病人，护理人员根据医生所开医嘱对病人进行体温、脉搏、呼吸、血压、尿量、痰量、大便次数观察、记录；根据医生所开医嘱对病人进行药物治疗，进行病房被褥、床单整理，给重症病人做洗头、喂饭、倒便盆、倒痰盂等特别护理，开展肌肉注射、皮下、静脉注射。50年代中后期，实施护理责任制，可开展头皮静脉输液、腹腔穿刺放腹水、鼻饲、导尿、腰穿、鞘内注射。80年代，实行操作前查、操作中查、操作后查和对姓名、对床号、对药名、对剂量、对浓度、对使用方法、对执行时间，逐步推行三级查房制。90年代后，推行护理责任制。

**乡镇医疗技术** 20世纪50年代，区、镇卫生所（院）只能开展卫生防疫及简易治疗，处理常见病、传染病，进行肌肉、皮下、静脉注射。50年代后期，少数卫生院可开展小儿头皮输液。70年代，部分区、镇卫生院逐步添置小型X光机及检验设备，开展透视及三大常规化验，并开展预防接种工作。多数卫生院能开展剖宫产。70年代后，大部分区、镇卫生院能开展取环、人流计生手术。80年代，部分区、镇卫生院能开展输精管、输卵管结扎计生术。部分卫生院能开展肝肾功能及心电图检查，部分卫生院能开展肠梗阻、阑尾炎、腹外疝等下腹术。1992年，全地区由原100个区镇卫生院改建245个乡镇卫生院，医疗技术、质量、水平严重下降。2002年，经组织考察，全地区245个乡镇卫生院，达到配置标准的不到10个，卫生人员90%以上为中专以下学历；金沙等4个县120个卫生院，能开展下腹部手术仅占6.7%，能开展住院分娩仅占38%，能开展剖宫产仅占10.8%，能开展X光照片、B超检查各占15%，能开展心电图仅3个，能开展三大常规检查仅5个。

## 第五节 妇幼保健

### 一 妇幼卫生概况

中华人民共和国成立前，妇女保健工作十分薄弱，妇女、儿童健康无保障。以不洁器物断脐的旧法接生，往往造成产妇产褥感染、产后出血，新生儿破伤风发生，孕产妇、新生儿死亡之例比比皆是。个别县开展少量妇女保健工作，但收效甚微。民国20年（1931），贵州省立医院开办妇产婴科传习所，黔西县派李俊贞参加学习，学成归来，在县内首推新法接生，成为黔西县新法接生第一人。民国30年（1941），黔西县成立妇婴保健组推行新法接生，限制和取缔旧法接生。民国30年（1941），大定县羊场坝航空发动机厂毛科长夫人（比利时人）在大定县城开设诊所，推行新法接生，成为大定县新法接生之始。民国36年（1947），大定县卫生院曾倡导新法接生，未能推行。

中华人民共和国成立后，中国共产党和各级政府重视妇幼卫生工作，制定一系列妇女、儿童发展规划及相应法律、法规，组建妇幼卫生机构，推进妇幼卫生工作。1951年，毕节专区广泛宣传卫生知识，宣传新法接生，培养新法接生员，组建基层妇幼卫生组织，推行新法接生。1952年，毕节县成立县妇幼保健站，开展妇幼保健工作。至1953年，全专区各县先后建立起妇幼保健站，组织开展妇幼保健工作。1956年后，贯彻国家民委、卫生部、教育部、全国妇联联合通知，大办托儿所、幼儿园。据1959年统计，全专区入托、入园幼儿32.81万人。此后，受经济发展制约，妇幼卫生工作发展缓慢。1984年11月，成立毕节地区妇幼保健所，负责组织指导全地区妇幼保健工作。自是年起，着手建设全地区妇幼卫生网，将历年培养的接生员逐步纳入村防保网，提倡办村妇保室，进行职业化培训。1985年，全地区进行乡、村两级妇幼卫生人员补充更新，招聘、培训接生员1724人，并配接生包1175个，全地区75.2%的乡有专职妇幼保健人员。是年，各县区卫生院有1名专职或兼职妇幼保健人员参加防保组，做妇幼保健工作；全地区4490个行政村，42.3%的村有1个以上接生员。1986年，区卫生院有助产士或妇幼医士，村级有2393名接生员，52.4%的行政村有接生员。1988年，实行妇幼卫生改革，开展保偿和有偿服务试点，各县开展母子系统管理，实行保偿试点，每人交保偿费20～30元。同时，妇幼保健机构实行任务与经济挂钩，定额包干、超劳务提成奖金的承包责任制。纳雍县增设门诊，扩大业务，全年收入4.86万余元，比上年增4.25倍，既解决职工奖金、津贴、出差费问题，又有余钱修建照光室、阅片室。实行妇幼保健有偿服务改革，有效促进各县妇幼保健工作开展。同年，全地区建立起县、区、乡、村四级妇幼保健网，区区有妇幼保健专职或兼职人员，乡有专职妇幼保健员，村村有妇幼保健接生人员。但人员素质差，起作用的仅占50%。是年，根据省卫生厅安排，地区在毕节、大方、黔西、赫章县开展婴儿、孕产妇死因抽样调查。4县共抽样44.87万人，调查1985～1987年内常住人口中的活产婴儿、死亡未产儿、0至未满7周岁死亡儿童及孕产妇。根据调查，全地区活产婴儿出生率在22.20%～34.37%之间，婴儿死亡率8.37%～14%，孕产妇死亡率在200.5/10万～330.8/10万之间。毕节县抽样调查11.77万人，0至未满7周岁儿童1.87万人，死亡915人，死亡率4.9%，孕产妇死亡23人，孕产妇死亡率290.3/10万；3年共死亡婴儿695人，3年婴儿平均死亡率8.42%。据1989年统计，全地区有妇幼保健机构9所，工作人员183人，其中有妇女保健医师97人，儿保医师29人，妇产科医师16人，儿科医师7人；有副主任医师3人，大专以上学历42人。共设床位108张，共有业务用房4825平方米。1989年后，各县将区以下卫生工作机构人权、财权下放给区公所，县卫生行政管理机构，指导不灵，致使卫生工作滑坡。1992年，新建乡镇卫生院增多，人员、设备分散、不足，妇幼保健网呈网破人散状况，工作处于瘫痪、半瘫痪状态。90年代，中国与世界卫生组织合作，寻找开辟妇幼卫生工作捷径。1994年，毕节地区争取到“加强中国基层妇幼卫生/计划生育服务”项目。是年，中国与联合国儿童基金会签订“营养监测”合作项目，以孕妇母乳、婴幼儿断乳期为重点，在兴义、毕节、铜仁3县市进行改善学前儿童营养、生长和发育状况调查。据调查，1995年，儿童营养不良状况在1990年基础上下降30%，佝偻病、贫血下降30%，母乳喂养12月达80%，60%合理制备断奶品。是年，在黔西实施农村未产期保健30条措施试点，各县开展小儿呼吸道传染病、婴幼儿腹泻管理试点。2000年，全地区有妇幼卫生人员263人，乡防保人员383人，村接生人员4029人，起作用接生员2921人；妇幼卫生人员中，行政8人，卫技人员233人；大学以上8人，大专28人，中专172人；高级职称1人，中级58人，初级174人；工勤人员22人。

## 二 妇幼卫生保健机构

1950年，贵州省卫生处明确各专署卫生院为实施妇幼卫生工作单位。是年，毕节专署中心卫生院改造培训旧接生婆13人。1951年，毕节专区结合土改，派卫生工作队赴毕节、大方、金沙县，边土改边宣传卫生工作，发展基层妇幼卫生组织，培养接生员。是年，全地区开展妇婴卫生调查，共查3027人，改造旧接生婆144人；各县卫生院配备助产人员。1952～1954年，各县先后成立妇幼保健所（站），担负辖区内妇幼保健工作。同时，在城乡建立接生站，推行新法接生。据有关资料记载，1950~1953年，全专区共建接生站174个。各县结合推行新法接生，改造旧接生婆。据1958年统计，全专区共办托幼机构1.29万所，培训保育人员2.48万人。同时，大办接生站及妇产院，推行新法接生。据大定、黔西、金沙、水城县统计，办妇产院682个。毕节、大方、黔西、金沙、赫章、水城县共培训接生员2960人。据1959年统计，全专区发展农村妇产院、接生站778个，产床577张，接生员3951人；毕节、大方、纳雍、威宁县共办幼儿园3170个，托儿所2.16万所。1966～1976年"文化大革命"期间，妇幼保健机构有的被撤销，妇幼保健工作开展不正常。1985年，毕节地区培训乡、村二级保健员、接生员1724人，配发接生包1165个，75.2%的乡配有专职妇幼保健员。1986年后，贯彻国家卫生部《妇幼卫生工作条例》，全地区妇幼保健网稳步发展。

附：地区及县市妇幼保健机构简介

## 毕节地区妇幼保健院

1984年6月成立，隶属毕节地区卫生局，编制5人。其主要任务为代地区卫生局行使妇幼卫生管理、监督职能。建立之初，根据贵州省卫生厅指令任务，深入各县、区、乡，重点普及新法接生，抓三级妇幼保健网建设，进行接生员培训工作。1988年，设置妇女保健组、儿童保健组，开展以社会妇女、儿童保健为中心的妇幼保健业务；根据省、地区卫生行政部门安排，组织毕节、大方、黔西、赫章县开展孕产妇、婴儿死亡率调查。1991年，设置检验室，开展常规检验，有酶标仪1台及常规化验设备。1993年，省、地财政共拨142.11万元在毕节市区洪山路建成2200平方米的业务大楼投入使用。是年，设置综合门诊，妇产科病房。1996年，添置200MAX光机1台，设置X光室，开展放射辅助检查。1997年，根据医疗机构管理要求，为拓展业务及转变职能，更名为贵州省毕节地区妇幼保健院，内设办公室、妇女保健科、儿童保健科、保健部、医技科。1998年5月，调整为：办公室、保健科、医务科、护理部、后勤科、病房、门诊部。2003年，毕节地区妇幼保健院有职工48人，其中行政后勤9人，卫生技术人员39人。卫生技术人员中，有副主任医师6人，主治（管）医师8人；有200MAX光机、酶标仪、心电监护仪、手术床、产床、心电图机、B超机、新生儿抢救台、乳腺透视仪、微波治疗仪、磁分离仪。除开展新法接生、孕产妇住院分娩、孕产妇、儿童系统保健外，尚能开展剖宫产及子宫切除术。

## 毕节市妇幼保健院

1952年3月，在毕节城关威宁路建民办公助接生站。是年7月，建毕节县妇幼保健站（下称县妇保站）。旋即，与接生站合并。建站之初，主要推行新法接生宣传和进行一般接生工作。1958年，并入县人民医院，设妇幼卫生股，开展城关妇幼卫生及指导全县妇幼卫生工作。1962年，恢复妇幼保健站建置。1968年，贯彻毛泽东主席关于把医疗卫生工作的重点放到农村去的指示，县妇幼保健站多数人员被下放到农村卫生院工作，留3人抓站内工作。1980年，下放人员陆续回站。1981年，县财政拨5万元，单位自筹3万元，在威宁路修建砖木结构用房750平方米，设妇产科床位15张。1985年，添置50MAX光机及化验设备，设置放射、化验室，开展相应业务；设立妇保组、儿保组、计划生育组、病房、门诊，收治各种妇科疾病、住院接生，作计划生育手术。1986年，参与地、县医疗卫生单位对毕节城区实行地段妇幼保健工作，对孕产妇、儿童进行建卡登记。1987年，开始进行婚前保健工作。1990～1994年，参与联合国儿童基金会《加强中国基层妇幼卫生/计划生育服务》合作项目，指导全县实施项目。1996～2000年，滚动发展《妇幼卫生人力发展项目》，经过项目实施，使毕节市孕产妇死亡率由1990年的315.4/10万下降至1997年的116/10万，5岁以下儿童死亡率由1990年的156.95‰下降至1997年的89.13‰；婴儿死亡率由1990年的112.36‰下降至1997年的57.59‰。1996年，经省地验收，毕节市妇幼保健院被确认为爱婴医院。2003年，有职工39人，其中卫技人员37人。37名卫技人员中，有副主任医师1人，主治医师13人，医师10人；设置办公室、妇产科、妇保、儿保、计划生育、婚前保健、门诊、病房、放射、化验、B超等科室；有业务用房750平方米；有200MAX光机、B超机、心电图机、冰箱、冰柜、综合产床、综合手术床、红外线乳腺仪、妇科微波治疗仪、低压吸引器、新生儿复苏囊、新生儿培养箱、新生儿辐射抢救台、胎儿监护仪、分析天平、比色计、显微镜、12孔无影灯、蒸发消毒器、复印机、电脑、打印机、救护车和化验设备。除开展新法接生、孕产妇住院分娩，孕产妇、儿童系统保健外，尚能开展妇产科剖宫产、子宫切除术。

## 大方县妇幼保健院

1953年5月，在六区（理化）成立大定县人民政府妇幼保健站，领导和组织全县推广新法接生。1954年6月，保健站迁城关福音堂与县卫生院合署办公。1957年，分出单列办公，改称大定县城关妇幼保健所。次年，改称为大方县妇幼保健所。1960年2月，迁南街办事处。1962年，迁核桃湾。1964年，迁新民路153号。1967年，撤销。1970年，恢复，称大方县妇幼保健站，1976年，在新民路136号新建办公楼。1982年，添置化验设备，设化验室，开展检验工作。1984年，设儿童保健门诊。1988年12月，开设婚前检查专科保健门诊。1994年，县财政拨款在西大街修建办公楼，设妇产科、儿科病房，有床位20张。1996年，经评审，被国家卫生部、联合国儿童基金会、世界卫生组织（WHO）评估确认为爱婴医院。1998年，设X光室、B超室、心电图室。1999年12月，更名为大方县妇幼保健院。2003年，有职工27人，其中卫生技术人员25人。在卫生技术人员中，有副主任医师1人、主治（管）医师9人、执业医师9人、助理医师1人、护士3人、检验师1人；有200MAX光机、胎儿监护仪、产床、心电图机、半自动生化分析仪、恒温箱、冰箱、电脑、打印机；除开展新法接生、孕产妇住院分娩、孕产妇、儿童系统保健外，尚能开展妇产科剖宫产、子宫切除术。

## 黔西县妇幼保健院

其前身为1956年建立的黔西县接生站，主要任务是宣传妇幼卫生知识、推广新法接生，培训农村接生员，建立三级妇幼保健网。1966～1976年间，被撤销。1978年，恢复建置。1979年，获千例计生手术无事故一等奖。1984年，县财政拨款5万元，在金黔路168号修建业务用房960平方米，设办公室、后勤、保健、儿保、妇保、门诊、病房。1990～1994年，参与《加强中国基层妇幼卫生促进》合作项目。1992年，获国家卫生部、人事部授予全国卫生系统先进集体奖。1994年，创贵州省第一所县级爱婴医院。1996年，参与开展《加强中国基层妇幼卫生/社区及家庭健康促进》合作项目。1997年，参与实施《卫生/社区项目妇幼卫生子项目》。1998年，更名黔西县妇幼保健院。2003年，有职工34人，其中有主治医师4人，执业医师22人、主管护士3人，助产士、药剂师、检验师、放射医师各1人；有用房1749.47平方米。能开展新法接生、孕产妇住院分娩、孕产妇儿童系统保健、妇产科子宫切除、剖宫产、阴道前壁修补术。

## 金沙县妇幼保健院

1952年，在县卫生院内成立妇保组，宣传妇幼卫生，推行新法接生。1956年5月，以县卫生院妇保组为基础建金沙县妇幼保健所。1958年，将县妇幼保健所并入县人民医院，成为医院妇保科。1962年，恢复县妇幼保健所，不再隶属县人民医院。1964年，更名为金沙县妇幼保健站。是年，县财政拨800元，购木板房80平方米办公。1968年，再次并入人民医院。1971年10月，再次复建。1970～1974年，县财政拨3万元，在罗马街修建业务用房。1975年，建手术室、检查室、病房、产房，设病床4张。1995年，县财政拨款20万元，县卫生局借款17万元，税收减免17.5万元，购买原城关镇联合医院土地1300平方米、房屋300平方米。1998年，更名为金沙县妇幼保健院。2003年，有职工25人，其中卫生技术人员23人，在卫生技术人员中，有主治医师17人，医师6人；有房屋600平方米；有100MAX光机、B超机、胎儿监护仪、冰柜、简易手术台、产床、电脑、打印机、汽车。能做下腹部及剖宫产、子宫切除术。

## 织金县妇幼保健院

1962年前，在县医院内设妇保机构，开展妇幼卫生宣传及推行新法接生。1964年，迁址黄家花园。1966年初，与防疫站合并，不久被撤销。1972年，恢复县妇幼保健站建制，主要开展计划生育工作。1975年，拨县医院三道坡门诊给妇幼保健站作业务用房，迁址三道坡。1986年，迁址九龙屯新建办公楼办公。1992年，调整内设机构，设妇产科、儿科、婚前保健科、化验室、B超室、手术室、财会室。2000年，创建爱婴医院。2001年，实施降、消项目，设立产科急救中心，提倡住院分娩。2003年，有业务用房1826平方米，有200MAX光机、B超机、心电图机、产床、救护车；能开展新法接生、孕产妇住院分娩、孕产妇、儿童系统保健及子宫切除、剖宫产术。

## 纳雍县妇幼保健院

其前身为1952年建立的雍熙接生站。1953年，改站称纳雍县少数民族妇幼保健站，宣传推广新法接生。1955年，县人委拨给木房80平方米。1958年，改称纳雍县妇幼保健站。1967年8月，与县医院合并。1970年，分出独立。1978年，县财政拨款建房400平方米，设置门诊，开展全县妇幼保健、计划生育工作。20世纪80年代，普及新法接生及开展妇女、儿童保健工作。90年代中后期，提倡住院分娩，降低孕产妇死亡率、消除新生儿破伤风。1997年，更名纳雍县妇幼保健院。是年，县财政拨款在农贸大街建业务用房822平方米。同年，创建爱婴医院。2000年，设孕产妇急救中心，开通120、3525391孕产妇急救热线，建立孕产妇转诊系统。2002年，定为副科级事业单位。2003年，有电脑、综合产床、普通手术台、无影灯、红外线、乳腺扫描仪、制氧机、干燥箱、B超、激光机、新生儿抢救台、婴儿保暖箱、婴儿辐射台、胎心仪、妊高征筛查系统、酶标仪、显微镜、水浴箱、冰箱、生化分析仪、尿十项、血凝仪。能开展新法接生，孕产妇住院分娩、孕产妇、儿童系统保健术。

## 威宁县妇幼保健院

1952年，由县卫生院抽调人员在城关解放路设置接生站。1953年，成立威宁县民族妇幼保健站。1954年2月，更名为威宁县妇幼保健站。1958年，并入县人民医院妇产科。1961年8月，恢复县妇幼保健站建制，与县防疫站合署办公。1968年，再次并入人民医院。1972年9月，恢复县妇幼保健站建制，在江西街楚圣宫办公。1982年8月，更名为县妇幼保健院，迁解放路，内设办公室、保健部、住院部、门诊部。区乡卫生院设防保组，明确妇幼保健员。1989年1月，被县编委明确为区级卫生事业单位，隶属县卫生局领导。2003年，内设办公室、妇产科、儿科、门诊、保健部，有业务用房1758平方米；有B超机1台，新生儿抢救台2台，200MAX光机、复印机、便携式B超、胎心监护仪、新生儿暖箱各1台；职工编制71人，其中卫生技术人员中，有主管（治）医（技师）11人、医（技）师25人、医（技）士9人。开展医疗临床、新法接生、孕产妇住院分娩、孕产妇、儿童系统保健外，尚能开展妇产科手术。

## 赫章县妇幼保健院

1952年6月建立，站址在解放西路120号。建站之初，主要宣传推广新法接生。1956年，迁建设路143号。1959年，更名赫章县妇产医院。1968年，并入县医院妇产科。1970年5月，恢复县妇幼保健站建制，地址仍在建设路143号。1973年5月，迁址解放西路282号。1989年，抽取全县

20%总人口作妇幼卫生调查，共查17乡10.56万人，查出孕产妇死亡82人，死亡率768/10万，1～4岁儿童死亡72人，死亡率7.9‰，5岁以下儿童死亡428人，死亡率33.15‰。1991年，利用妇幼卫生项目资金40万元，在县城小河沟征地3.3亩，修建业务用房1665平方米。1998年，更名赫章县妇幼保健院。2003年，有职工18人。其中有主治医师7人，助理医师1人、护士6人、检验师1人；有业务用房1665平方米；有电脑、救护车、综合产床。能开展新法接生、孕产妇住院分娩、孕产妇、儿童系统保健及妇产科剖宫产、子宫切除等手术。

## 三　爱婴医院　妇女保健

**爱婴医院**　1993年9月，经省评审通过，确认毕节地区人民医院为爱婴医院；同年9月21日，通过国家评估，成为贵州省第一所综合爱婴医院。是年，地区卫生局根据省卫生厅要求，举办毕节地区第一期妇保院（站）、县医院创建爱婴医院培训班，要求将母乳喂养、母婴同室，创建爱婴医院推向全地区。1994年，黔西县妇幼保健院成为贵州首家县级爱婴医院。1996年，地区卫生局再次举办全地区争创爱婴医院师资培训班，共培训各县妇幼保健院、县医院人员50人。是年，毕节市、大方、金沙、威宁县妇幼保健院及大方、黔西、金沙、纳雍县医院申报评审爱婴医院，通过省级评审验收。1997年，地区妇幼保健院和纳雍、赫章县妇幼保健站及威宁县医院通过评审验收，成为爱婴医院。1998年，织金县医院及赫章县野马川镇卫生院、黔西县合心村卫生院通过评审验收，成为爱婴医院。至1999年，全地区共有16家地、县、乡（镇）、村卫生院被确认为爱婴医院。

**妇女保健**　1.孕产妇死亡概况。1984年前，孕产妇死亡，没有具体文字记载。1985～1989年，全地区每年报告孕产妇死亡在74～105例之间，报告死亡率在102万～155/10万之间。1990年，参与妇幼合作四项目县实地逐户调查，孕产妇死亡率达570/10万。1996年，毕节地区孕产妇死亡率107.4/10万。2000年，全地区孕产妇死亡101人。

2.妇女保健。中华人民共和国成立前，妇女没有劳动保健。中华人民共和国成立后，随着妇幼保健工作的展开，始有妇女劳动保健。1956年起，随着农村集体化发展，在广大农村及厂矿、机关对妇女实行经期调干不调湿、孕期调轻不调重、哺乳期调近不调远，产后休假56天的妇女劳动保健。1959～1961年，出现经济困难，妇女多发闭经、浮肿、子宫脱垂疾病（下称三病），省、地、县政府拨出专款、派出大量医务人员查治。1978～1984年，政府拨出专款，派出医务人员深入农村，查治妇女子宫脱垂及尿瘘。80年代起，加强妇女保健工作，从婚前保健、孕期、产后进行建卡建档专人保健。

（1）婚前保健。中华人民共和国成立前，政府对居民结婚未作过婚前检查的规定和要求。近亲及带病结婚现象时有发生，导致出现缺陷婴儿增多，人口素质下降。中华人民共和国成立后，国家颁布实施《中华人民共和国婚姻法》，控制部分早婚及近亲婚配。20世纪80年代后，开展婚前保健检查，有效减少缺陷婴儿的出生。1988年，毕节地区卫生局、民委、计生委联合行文，要求各县在城关开展婚前医学保健检查工作，指定各县妇幼保健院为婚前医学保健检查单位。是年，毕节县妇幼保健站（院）在城关开展婚前医学保健检查639人，织金县妇幼保健站在城关开展婚前医学保健检查148人。1989年，毕节地区婚前医学保健检查工作在毕节、织金、纳雍县进行，3个县共检查1170人，查出患病38人，其中暂缓结婚17人、不许生育1人。1995年，增开部分乡镇婚检工作。1997年底，省卫生厅专家组考核毕节市婚检机构及专业人员，经考核认定合格。次年2月，地区卫生局组织人员考核验收其余县的婚检机构及专业人员，针对存在问题提出限期整改意见。年底再次考核验收，全部合格。2000年，全地区应进行婚前医学检查4081对男女，实检2637对。检查出男性患病101人，女性患病93人，其中作出暂缓结婚结论的男性43人、女性40人；作出不宜生育结论的女性1人。

（2）新法接生。中华人民共和国成立前，普遍实行旧式接生，导致孕产妇患病率、死亡率以及新生儿的死亡率高。亦有个别县初试新法接生，但因政府不提倡，条件不具备而夭折。中华人民共和国成立后，政府重视妇女保健工作，倡导实行新法接生。1950年，贵州省人民政府卫生处确定以毕节专署卫生院为妇幼卫生实施单位，开展妇幼卫生工作。是年，专区医院改造旧接生婆13人，威宁县采用新接生法接生32个婴儿。1951年，专署卫生科为专、县配备助产士，培训新法接生员。是年3月，进行全专区妇幼卫生调查3027人，改造培训旧接生婆144人。是年下半年，毕节县办接生员训练团，开展新法接生和产前检查工作，有一接生员，采用新法接生，半年时间接生新生儿67个。1952年，各县为接生员配备接生包推行新法接生，黔西、纳雍、水城县共新法接生839个婴孩。1951～1953年，毕节专区建县妇幼保健站6个、接生站124个，培训保育员62名。大定、黔西、织金、纳雍、威宁县给2585名儿童作健康体检。1953年，全专区共建县妇幼保健站8个，接生站174个，免费新法接生1.13万人。1954年，毕节、大定、威宁县新法接生7600余人。据统计，1956～1959年，全专区新法接生8.87万人。1959年，毕节、大方、黔西、织金、纳雍、威宁、赫章县共建农村产院、接生站971所，置产床577张，培训接生员3951名。是年，新法接生率达94.5%。1963年后，生活好转，出生率高，实行新接生法接生的不多，孕产妇、新生儿破伤风死亡率升高。是年，大方县理化区生新生婴儿162人，仅有30%的采用新法接生；全县新生儿破伤风发病率17%，孕产妇死亡率占170/10万。1966～1976年，受“文化大革命”影响，全地区新法接生工作停滞。20世纪70年代中期后，全地区逐渐恢复开展新法接生工作。1978年，毕节、黔西、纳雍、威宁、赫章共组织培训接生员555人。是年，新法接生在全地区普遍开展，黔西县城关新法接生率93%。至1982年，全地区有乡村新法接生员1563人。1984年，毕节鸭池区被定为省新法接生试点单位。是年，地区财政拨经费2万元资助各县培训新法接生员，全地区共训新法接生员931名。各县城关新法接生率达95%左右，全地区平均新法接生率为21%。1985年，省卫生厅下达毕节地区计划内新法接生率达75%的指令。毕节地区卫生局以责任状形式与各县卫生局签订妇幼卫生工作各项任务指标；各县以同样形式与区、乡签定各项任务指标。是年终，毕节地区卫生局组织检查，全地区出生婴孩7.22万人，新法接生3.1万人，新法接生率平均为48%，计划内新法接生率为62.7%，低于省下达指标。此后，地区卫生局每年都以责任状形式与各县卫生局签订妇幼卫生工作各项任务指标，促使全地区新法接生率逐年提高，1986年平均达54.38%，计划内达67.94%；1987年平均达74.7%。1988年，金沙县自查计划内普及新法接生率达96.8%，未发现新生儿破伤风，孕产妇死亡率为60.7/10万、婴儿死亡率为12.2‰，普及新法接生工作达国家卫生部规定标准，申报验收普及新法接生县。经省卫生厅组织全省有关妇幼卫生干部、专家验收，达到省制定的《普及新法接生县验收方案》标准。1989年10月，省卫生厅行文通报，余庆、金沙县成为全省首批达普及新法接生的县，颁发奖金1万元。1989年4月，地区卫生局在金沙县召开全地区妇幼卫生工作现场会，向各县推广金沙县的工作经验。1990年后，区内各县参与联合国卫生组织与国家组织开展妇幼合作项目，使新法接生工作稳步发展。至2000年，全地区平均新法接生率为86.92%。

（3）妇女系统保健。中华人民共和国成立前，开展妇女系统保健的县不多，享受保健妇女极少。民国36年（1947），大定县卫生院开展孕产妇产前检查、产后访视，孕产妇接受产前检查、产后访视者甚少。中华人民共和国成立后，政府重视妇女保健，卫生机构开展产前检查、产后访视，受检妇女逐年增多。据统计，1951～1953年，毕节、大定、黔西、织金、威宁县共开展产前检查5619人，产后访视1.45万人。1986年，地区在毕节、金沙县城关进行孕产妇保健建卡管理试点。1987年，除赫章县外，其余各县在城关开展试点。是年，全地区除赫章县外，其他各县在城关共建卡保健管理孕产妇2.74万人，孕产妇保健管理率达76.8%。1989年，开始在城关对孕产妇实行系统保健管理。据统计，至1999年，全地区孕产妇9.43万人，建卡系统保健管理8.09万人，建卡率85.79%，产后访视7.67万人，访视率81.63%。是年，根据省的要求，成立毕节城区母子系统保健领导小组，领导和组织城区医疗卫生单位，以责任状形式分片包干一定地段范围的母子系统保健工作。1990年后，卫生医疗单位根据国家要求，与相关国际社会组织合作，探讨加强贫困地区妇女保健途径、方法。毕节地区被选为合作项目单位，经过全方位、多领域探讨工作措施和办法，有效促进全地区妇幼保健工作的开展。至2011年，全地区孕产妇系统管理率达86.81%。

（4）妇女病防治。①妇女闭经、子宫脱垂、浮肿（简称“三病”）防治。1960～1962年，国家经济严重困难，区内多数妇女因营养不良，产生“三病”。此期间，仅大方县就查出患“三病”妇女4.53万人，对2.54万人作免费治疗和营养补助。1961年，金沙县先后组织300余名医务人员深入农村查治“三病”，对患者给予营养疗法、蒸气疗法、口服闭经丸、上子宫托等治疗。②妇女子宫脱垂和尿瘘防治。1978年起，毕节地区进行妇女疾病普查普治。毕节县普查60岁以下已婚育龄妇女9.05万人，占育龄妇女70.6%；共查出妇女疾病3.18万例，占被普查妇女的35.12%。其中尿瘘186例，占被普查妇女的0.21%，子宫脱垂1.23万例，被普查妇女的13.6%；其他妇女疾病1.93万例。普查后，对患者采取相应措施给予治疗。赫章县普查8个区已婚育龄妇女2.22万人，占育龄妇女80%，其中查出患尿瘘45例、子宫脱垂727例，占被普查妇女的3.27%。威宁县普查已婚育龄妇女9453人，共查出妇女疾病1082例，占被普查妇女的11.4%，其中查出子宫脱垂1058例，占被普查妇女的11.28%；尿瘘24例，占普查妇女的0.25%；其他县开展妇女尿瘘，子宫脱垂疾病普查普治。1981年、1983年，金沙县两次组织医务人员在县内普查、普治妇女子宫脱垂和尿瘘疾病。两次共查6856人，查出子宫脱垂2531例，占被查妇女的36.92%，手术治疗110例，子宫托318例，治愈686例，治愈率68.2%；尿瘘25例，占被查妇女的0.4%，治疗2

例。1984年，各县开展妇女子宫脱垂，尿瘘疾病普查，查出子宫脱垂1.56万例，占已婚110.44万妇女的14.1%；尿瘘348例，占已婚妇女110.44万的0.03%。1985年，行署拨专款2万元，作治疗妇女尿瘘疾病的专项补助经费。治愈1例病人，补助80～120元。是年，治疗子宫脱垂7698例，治愈2426例，治愈率31.5%；累计全地区妇女患尿瘘384例，治疗90例，治愈63例，治愈率70%。1986年，毕节、大方、黔西、金沙、赫章县共治疗尿瘘32例，治愈19例。③其他妇科疾病防治。1979年，毕节县在城关调查葡萄胎，共查已婚育龄妇女1.02万人，查出葡萄胎39例，占被查妇女的0.38%。1981～1982年，大方普查出患宫颈炎、阴道炎、盆腔炎、息肉、囊肿疾病妇女1026人，给予治疗856人。1989年，毕节、黔西、织金、纳雍、威宁、赫章县开展妇科病普查，共查已婚育龄妇女8.04万人，查出各种妇科病1.03万例，占被普查妇女的12.79%，治疗8515例，治疗率82.8%。黔西县在城关地区开展妇科病普查，共查妇女1481人，查出宫颈癌患者19例。1992年，全地区共查妇女2.57万人，查出各种妇科病患者6125人，占被普查妇女的23.86%。1993年，地区及毕节、黔西、织金、赫章共查妇女2810人，查出各种妇科病患者1281例，占被普查妇女的45.5%，均治疗。2000年，金沙县检查妇女1.55万人，查出患妇科疾病者649人。

## 四　儿童卫生保健

**入托、入园儿童保健**　中华人民共和国成立前，几乎没有开展儿童入托入园健康保健。中华人民共和国成立后，儿童入托、入园保健逐渐开展。1951～1953年，全专区创办11个托儿组。大定、黔西、织金、纳雍、威宁县给2585名儿童进行健康体检。1959年，毕节、大定、威宁县建幼儿园2964所，托儿所1.9万个，入园托儿童29.83万人；1959年，全专区有托儿所2.9万个，入托儿童26.65万人，占儿童数的70.25%；有幼儿园5454所，入园15.6万人，占应入园儿童的47.26%。至21世纪初，地、市、县除国家办托幼机构外，私人办托儿所兴旺。随着儿童入托、入园的发展，儿童保健工作亦深入开展。

**围产期保健**　1995年，毕节地区根据《农村围产期保健三十条》，在黔西县开展农村围产期保健试点，进行小儿呼吸道传染病、婴幼儿腹病管理。同时，要求各县开展。2000年，全地区围产儿出生体重小于2500克的2420人，死胎死产4457人，7天内死亡1006人。

**儿童健康状况监测**　1988年，各县在城关监测7岁以下儿童健康状况，40.16%的儿童身高达标，47.61%的儿童体重达标。1989年，省卫生厅决定在兴义、铜仁、毕节县进行监测儿童营养状况试点。毕节县对1510名儿童进行生长监测，1027人达标，占68%；监测783名儿童体重，635人达标，占81%。是年，各县城关共有7岁以下儿童3.31万人，给1.68万人作健康体检，受检率50.72%；对1.56万人作生长监测健康评价，8216人身高达标，占52.61%，8602人体重达标，占55.1%。1993年，地区给6008名儿童作生长监测，1569人体重达标，占26.12%；监测1.01万名3～6岁儿童生长状况，2482人体重达标，占24.51%。1995年，监测7岁以下儿童身高、体重、营养、血液；围产儿童死亡。是年，各县城关共有7岁以下儿童2.41万人，给8733人做健康体检，占36.2%；849人体重达标，占9.72%；发现9.7%的儿童处于中度以上营养不良。1996年，全地区给1.46万名儿童做体检，1992人体重达标，占13.6%；中度以上营养不良1990人，占13.6%。1998年，给2.61万名5岁以下儿童做体检，中度以上营养不良1907人，占7.31%。

**儿童死亡监测**　1992年，毕节地区开始在农村监测儿童死亡。是年，监测活产儿童1.03万名，婴儿死亡438人，占4.24%；5岁以下儿童死亡661人，占6.41%。1993年，全地区监测活产儿7.97万人，5岁以下儿童死亡3314人，占4.16%；婴儿死亡2209人，占2.77%。1995年，全地区监测活产儿8037人，5岁以下死亡3114人，占38.75%；婴儿死亡535人，占6.66%；新生儿死亡404人，占5.03%。1996年，部分乡共监测活产儿8454人，5岁以下儿童死亡400人，占4.73%，婴儿死亡313人，占3.7%。2009年，全区婴儿死亡率11.73‰，新生儿死亡率7.37‰，5岁以下儿童死亡率15.46‰。2011年，全区婴儿死亡率7.36‰，3岁以下儿童死亡率9.1‰。

**儿童系统保健管理**　儿童系统保健管理始于1985年。是年，全地区对3339名独生子女进行建卡系统保健管理，“六一”儿童节，免费为1.67万名儿童进行健康体检；开展健美儿评选活动；卫生行政管理机关与妇联联合召开儿童家长、教师座谈会，进行育儿知识讲座。1986年，毕节、大方、黔西、金沙、织金、纳雍县开设儿保门诊。各县在城关进行儿童建卡系统保健管理，1.48万名儿童入卡受管；给6439名儿童作生长监测评价，6053人身高合格，占94%；5125人体重合格，占75.59%；给全地区2.34万学前儿童作健康体检。在1.05万3岁以下儿童中，发现佝偻病341人，占3.2%；在3290人7岁以下儿童中，发现缺铁性贫血病人278人，占8.4%。1988年，各县在城关共对7岁以下2.15万人儿童，进行建卡系统保健管理。1990年，各县城关0～7岁儿童共3.32万人，其中0～3岁儿童1.83万人，建卡作系统管理2675人，占14.6%；3～6岁儿童1.48万，建卡作系统管理1446人，占9.8%。1991年，各县对7岁以下儿童作系统管理。是年，各县城关7岁以下儿童共4.62万人，体检1.8万人，占38.9%，体重2572人不达标，占14.29%。1993年，地区及各县妇幼保健机构加强托儿所、幼儿园健康档案建设，坚持1年1次体检；加强地段、散居儿童健康管理。是年，全地区0～3岁以下儿童28.39万人，系统管理6127人，占2.16%，3～7岁以下儿童48.06万人，系统管理5.27万人，占10.97%。1995年，全地区0～3岁以下儿童30.37万人，系统管理6579人，占2.17%。1996年，全地区7岁以下儿童70.67万人，系统管理2.57万人，占3.64%；3岁以下儿童30.37万人，系统管理6579人，占2.17%。2000年，全地区0～7岁儿童73.98万人，系统管理总数44.85万人，占60.63%。其中0～2岁儿童34.21万人，系统管理19.24万人，占56.25%；3～6岁儿童39.77万人，系统管理30.61万人，占76.97%。2011年，全区3岁以下儿童系统管理率76.04%。

**儿童疾病调查**　1986年，全地区调查1.05万名3岁以下儿童患佝偻病情况，发现患者341名，占3.25%；调查3290名7岁以下儿童患贫血病情况，发现患者278人，占8.4%。1988年，在各县城关监测3岁以下儿童5192人，发现佝偻病患者617人，占11.88%；患贫血病者349人，占6.72%。1993年，毕节、大方、黔西、织金、威宁县调查城乡7749人患佝偻病情况，发现患者792人，占10.22%，调查6607人患贫血病情况，发现患者534人，占14.47%。

**母乳喂养**　1994年，开展促进母乳喂养签名活动，2176名医务人员签名。同时，组织全地区各级卫生机构开展创建爱婴医院活动，提倡母乳喂养，严禁在医疗卫生机构推销代乳品。

1995年，全地区儿童营养不良、患佝偻病、贫血病儿童比1990年分别下降30%，母乳喂养12月达80%，60%合理制备断奶品。

**新生儿破伤风防治** 20世纪50年代初，境内大力改造旧接生法，推行新法接生，使新生儿破伤风死亡率大幅度下降。1985年，毕节地区出生婴儿7.22万人，患破伤风死亡124人，占1.7%；1989年，出生婴儿6.76万人，患破伤风死亡124人，占1.27%；1993年，出生婴儿7.97万人，大方、赫章共患破伤风死亡131例；1996年，全地区患破伤风发病108例，死亡97例，占0.16%。1996年3月，财政拨款支持贫困地区实施降低孕产妇死亡率、消除新生儿破伤风项目（下称降消项目）。卫生部妇幼司确定纳雍、织金县为降消项目县。两县进行抽样基础调查；纳雍县新法接生率33.7%，新生儿破伤风死亡率52.10‰；织金县新法接生率70.1%，新生儿破伤风死亡率39‰。1997年8月，威宁县参加实施降消项目。1998年，经国家抽样考查，纳雍县新生儿破伤风死亡率降至0.83‰。2007年，全区新生儿破伤风发病率为0.42‰，2009年降至0.19‰，2010年为0.14‰（目标值为1‰以下），2011年降至0.12/万。

## 五 妇幼卫生项目

**“强化新法接生、消除新生儿破伤风”项目** 1996年3月，国家卫生部在全国施行“强化新法接生、消除新生儿破伤风项目”，纳雍、织金、威宁先后成为实施项目县。纳雍、织金县抽样进行基础调查；纳雍县新法接生率33.7%，新生儿破伤风死亡率5.21%;织金县新法接生率70.1%，新生儿破伤风死亡率3.9%。是年，国家卫生部决定全国在新生儿破伤风高危县对18～35岁的育龄妇女进行破伤风类毒素突击接种，地区及各县市局分别成立接种领导小组，并将接种工作列为工作目标进行考核。1998年，经国家抽样考查纳雍县新生儿破伤风死亡率降至0.83‰。

**“降低孕产妇死亡率、消除新生儿破伤风”项目（简称降消项目）** 2000年1月～2003年，由国家财政拨款，地方组织实施，“降低孕产妇死亡率、消除新生儿破伤风”项目。通过实施项目，实现在1999年基础上孕产妇死亡率降至119/10万；新生儿破伤风降至1‰以下；在1990年基础上，住院分娩率≥30%，高危住院分娩率≥95%，新法接生率≥95%，产前检查率≥90%，育龄妇女健康教育率≥80%，乡村助产人员持证上岗人率≥95%。以两年为一个项目执行周期，共执行两个周期。2000～2001年，在国家划拨配套资金的基础上，省、地、县按2∶4∶4的比例配套资金，毕节地区应得175.1万元，实得127.04万元。大方、织金、纳雍、威宁县为两周期执行县，共有人口427万，155个乡镇，2617个行政村，153个卫生院，能开展住院分娩的110个。有妇产科及妇幼保健人员272人，村级接生员及保健员2609人。执行项目县均成立降消项目协调领导小组及指导小组，制定消降方案，全地区1042名参与实施消降项目助产人员经资格考核，认定合格后，持证上岗。每周期开展前，均作人员培训。第一周期，全地区共培训管理人员、妇幼保健人员、乡医、村接生员共计1.52万人次。其间，开展各种形式宣传，发放宣传资料55万多份，接受健康教育宣传育龄妇女14万余人；开展孕产妇贫困救助，对县、乡住院分娩实行限价收费，县级不超过200元，乡级不超过70元，特别贫困孕产妇实施贫困救助，第一周期救助

616人，救助金额3.85万元；建立绿色通道，县、乡、村建立相应急救组织转诊急救孕产妇，第一周期，5个项目县急救孕产妇345人，急救成功339人，乡村接待转诊急救孕产妇421人。通过实施项目有效促进县、乡、村三级妇幼保健网建设，提高各级妇幼保健人员业务水平、服务质量，提高乡镇卫生院产科服务能力和住院分娩率，降低孕产妇死亡率。2003年，全地区孕三月检查率达43.32%，住院分娩已由1990年的24.83%提高到29.52%；高危住院分娩率达94.97%，产前检查达82.58%，新法接生率达84.7%，产后访视率达80.59%，孕产妇系统管理率达53.5%，孕产妇死亡率由127.67/10万下降至99.94/10万，新生儿破伤风发生0.91‰，乡村助产人员持证上岗率79.52%。

## 第六节　医学教育与医药学术团体

### 一　医学教育概况

中华人民共和国成立前，没有设置专门的医学教育机构，民间医生多以师傅带徒弟方式，传授医疗技术。中华人民共和国成立后，医学教学在不断发展。20世纪50年代中期，创办毕节专区卫生训练班，招收在职卫生人员进行技术培训。1958年9月，在专区卫生干部训练班的基础上，选择毕节城关东关路文峰塔下建毕节专区卫生学校。毕节专区卫生学校为中等卫生专业学校，学制3年。1958年，大方、织金、威宁县，分别创办县属初级卫生学校，培训基层卫生人员。1959年，纳雍县创办初级卫生学校，培养本县基层卫生人员。1966年，金沙县在城关杨柳公社建半耕半读卫生学校，培养本县乡村卫生人员。1968～1972年，贵阳医学院先在金沙县安底镇创办教学点，培养农村赤脚医生及女卫生员，共办5期，258名学员接受过培训。1972年，将安底教学点升格创办贵阳医学院金沙县医校，分担毕节卫生学校部分招生任务，学制2年。1975年，贵阳医学院金沙县医校更名为贵阳医学院金沙分院，为大专体制，面向毕节地区招生，学制2年，学生毕业后实行社来社去的分配原则。1975～1976年，招收工农兵学员220人。1976年，贵阳医学院在织金创办贵阳医学院织金分院，招收社来社去学员1期。是年，毕节县创办卫生学习班，为本县培训基层卫生员。1981年，改建为毕节县卫生学校，培训目标不变。1978年，经贵州省政府批准，创办撒拉溪医院附属卫生学校，学制3年，招收培养麻风病防治医技人员。1988年，毕节地区行署批准撒拉溪医院附属卫生学校迁毕节城关，更名为毕节地区第二卫生学校，隶属毕节地区卫生局，在全省范围招生。是年，赫章县在城关职业中学内设卫生专业班，学制3年，为本县培养基层卫技人员。上述卫生学校，除贵阳医学院金沙分院、织金分院1979年停办外，其余均开办自今。

1950～1958年，大定、金沙、织金、威宁县共培训各类卫技人员9645人。1958～2003年，各县市卫生职业学校培养各类卫技人员1.5万余人，其中2年制以下短期培训8300余人，3年以上培训6.78万余人。同期，毕节地区卫生学校、毕节地区第二卫生学校共培训各类卫技人员1.75万人。

附：毕节地区卫生教育机构选介

## 毕节地区卫生学校

1958年9月，在毕节专区卫生干部训练班的基础上创办。校址在毕节市东关路文峰塔下。建校初有教职工37人，其中教师23人，开设普通学科、基础学科、医学临床学科。学校自创办以来，不断发展扩大。至2003年，有教学用房6128.8平方米（教室3492平方米，实验室3240.8平方米），公办用房1124.27平方米，学生宿舍3970.1平方米，教职工宿舍1.27万平方米，图书阅览室817.18平方米。有300米环形跑道的体育场1个，篮球场3个，共1500平方米。教职工队伍不断壮大，教学力量不断增强。至2003年，全校有教职工153人，其中专职教师97人，在专职教师中，高级讲师29人，讲师54人。

学校为中等卫生专业学校，总体学制为3年。1958年，设置医士、护士、助产士3个专业。1994年，设置医士、中医士、妇幼士、计划生育、民族医士、乡村医士、护士7个专业。其后先后增设妇产士、检验士、卫生财会统计、卫生保健专业；将医士专业改为社区医学、护士专业改为护理专业。

学校开设一般课程有：语言、政治、体育、数学、物理、化学、生物、解剖学及组织学、生理学、微生物及寄生虫学、病理学、药理学、内科学、卫生学、外科学、儿科学、中医学概论、传染病及流行病学。根据不同专业增开不同课程，诸如医学专业增开处方学、眼耳鼻喉科、皮肤性病学，护士专业有内科学及护理、外科学及护理、妇产科学及护理、儿科学及护理。

学校自建立以来，学生入学基本实行封闭式管理，统一住校食宿。学杂费、生活费由国家供给，毕业后由国家统一分配。1984年后，除按国家下达计划招生外，学校自挖潜力，扩大招生、试办自费班，学杂费、生活费由学生个人承担，学生毕业后自主择业。1988年后，实行并轨招生，无论计划或非计划招收的学生，国家均不承担学杂费、生活费，学生毕业后均由其自主择业。

1958～2003年，毕节卫生学校共招收培养护理（护士）2454人，社区医学（医生）6877人，助产士609人，妇产士104人，妇幼卫生（医士）1263人，中医士654人，检验士89人，计划生育525人，乡村医生490人，卫生财会统计80人，农村中医学（含中西结合）319人，卫生保健208人，3＋2高级护理179人，临床医学20人，共计13871人。

## 毕节地区第二卫生学校

1978年，贵州省人民政府批准建立毕节撒拉溪医院附属卫生学校，招收培养麻风病防治医技人员。学生毕业后，享受中专待遇，统一分配到基层医疗机构开展麻风病防治。1988年，毕节地区行署批准，将毕节撒拉溪附属卫生学校迁入毕节城关翠屏路交通新村，改称毕节地区第二卫生学校，为中国唯一培养具有中等专业知识的麻风病防治人才的中等卫生学校。隶属毕节地区卫生局。至2003年，学校占地14亩，有用房1.2万平方米，其中教学用房6899平方米、学生宿舍1797平方米、教职工宿舍2945平方米、其他配套用房及体育场地共5000平方米；有教职工68人，其中教师45人。在教师中，有高级讲师9人，讲师17人。

毕节地区第二卫生学校学制3年，其教学目标为培养具有中等专业知识的麻风病防治人员。1994年，增设皮肤性病专业。1995年，增设中西结合专业。1999年，增设皮肤美容专业。2000年，增设护理专业。设置一般课程有：政治、语文、体育、数学、物理、化学、生物、解剖及组织胚胎学、生理学、生物化学、病理学、药理学、内科学、外科学、妇产科学、儿科学、免疫学及病原微生物学。麻防专业增开：皮肤性病学、预防医学、麻风病学、五官科学、常规护理技术。中西医结合专业增开：中医基础学、中医内科学、中医学、方剂学、针灸学、医学心理学、常用护理技术、医学心理学。皮肤美容专业课程设置为：语文、数学、政治、体育、化学、英语、计算机应用、美容应用、人体解剖学、医学美容、美容心理学、美容皮肤科学、美容牙科、美容外科、美容实用技术、美容实用临床护理学、艺术与摄影、免疫学基础与病原微生物学、美容化妆品学、中医美容学、美容应用药物学、内科学基础、皮肤性病学、五官科、毕业实习。各专业一般在校学习两年半，实习半年，实习结束，进行毕业考试，合格者发给毕业证书。

1978～1990年，根据国家安排计划统一定向招收培训学生。学生入学后，公费包干培养。学生毕业后，分配到原报名乡镇开展麻风病防治。1991年后，实行双轨制招收培养学生。统招生实行公费培养，定向分配；自费生，一切费用个人承担，毕业后自谋职业。1985～1988年间，先后受贵州省卫生厅、国家卫生部及外省区委托培训麻防卫技人员116人。1997年起，受爱德基金会资助，由省地卫生行政部门安排，为边远贫困乡村培训爱德村医，先培训一年至一年半，发给结业证书，后再函授一年或一年半，发给中专毕业证书。1978～2003年，毕节地区第二卫生学校共招培养生2832人。

2002年，经毕节地区劳动和社会保障局、地区教育局批准，建立毕节地区第二卫生学校职业培训中心，同意医士类专业毕业学生选修护理专业为第二学业。同时，经省高教管理部门批准，在毕节地区第二卫生学校设高等学校函授教育辅导站。2003年1月，经地区教育局组织专家评审，同意毕节地区第二卫生学校为合格的中等职业学校。

## 毕节市卫生职业技术学校

1976年，毕节县政府决定在原长春区卫生院地址创办县卫生学习班，培训农村赤脚医生和区卫生院青年医技人员，学制1年，结业后返回原籍安排工作。教员工资由县财政拨付，办学经费由县卫生局拨给，学员由国家每月补助粮食15斤，每月补助生活费9元。1977～1980年，每年办班1～2期，学制为3个月至1年，共办7期，培训340人。1981年，将学习班改办为毕节县卫生学校，学制2年，采用中等卫生专业学校教材实施教学，学员修业期满后，回原单位工作。1981～1986年，共招培学员175人。1985年，县政府决定将毕节县卫生学校校址转让给县教育局办中学，由县财政拨款另选址毕节城关东安路征地1.4亩建房办学。1986年10月，建成677平方米校舍，学校迁至新址。1987年，毕节地区行署批准将毕节县卫生学校改为毕节县卫生职业技术学校，培训农村卫生员。至2003年，共培训9期378人。1976～2003年，毕节市卫生职业技术学校，共为本市培训基层卫生技术人员2149人。

## 二　医药学术团体及其学科活动

**医药学术团体组织**　1.卫生工作者协会。1950年11月，金沙县成立医务工作者协会。1952年，改为卫生工作者协会。是年，水城县成立医务工作者协会。1951年3月，大定县34名中医师、8名西医师发起组织医务者协会。1952年，改称卫生工作者协会。1951年3月，黔西县成立医务工作者协会。是年4月，毕节专区卫生协会成立，时有会员258人，1958年，发展至1000余人。是年，毕节县成立医务工作者协会。1953年1月，织金县成立医务工作者协会。1955年10月，纳雍县成立卫生工作者协会。

2.中华医学会贵州省毕节分会。1979年5月成立，隶属毕节地区卫生局，编职事业人员5名。1981年，召开会员代表大会，选举产生第一届理事会。毕节地区医院副院长颜若平为名誉会长，毕节地区副局长王允娟兼会长，徐照明、陈荣森为副会长，秦芝玲为秘书长。分会内设：内、外、妇产，放射、检验科分会。1990年7月，召开会员代表大会，选举产生第二届理事会，名誉会长刘鸿钧，会长王允娟，副会长徐照明、邵才尤、姜厚成。学会下分内科、外科、儿科、妇产科、放射科、检验科6个分科学会。

3.中华护理学会贵州省毕节分会。1982年成立，理事长秦芝玲，副理事长陈良英、涂世芬。1986年，召开第二届会员代表大会，选举涂世芬为理事长，刘福琴为副理事长。1990年5月，召开第三届会员代表大会，选举涂世芬、刘福琴分别任理事长、副理事长。1996年4月，召开第四届会员代表大会暨护理学术交流会，选举涂世芬任理事长，刘福琴、罗长秀任副理事长。2004年4月，召开第五届会员代表大会，选举吴凤莲为理事长，邱国会、熊惠玲、薛景智、李群为副理事长。

4.中华预防医学会贵州省毕节地区分会。1990年10月成立，程郅平、周平一为名誉会长，谭亚林为会长，李显鹄为副会长兼秘书长。1997年6月，召开第二届会员代表大会，选举刘家学、陈晓英为名誉会长，杨大成、余伯敦为名誉副会长，陈湘为会长，罗全鹤、周聘贤、王仲民、卢启秀、陈森禄、刘放鸣，张义丽为副会长，李吕华为秘书长。

5.贵州省中医药学会毕节分会。1983年6月成立，周济民、黄汉琼为名誉理事长，李开勋为理事长，汪义强、刘宗明、黄泽忠为副会长，王厚安为秘书长。之后陆续下设内科、针灸科、肛肠科分会。1986年，召开第二届会员代表大会，选举李开勋任理事长，汪义强、黄泽安、姚树蓉为副会长。1990年9月，召开第三届会员代表大会暨学术交流会，选举刘家学为理事长，李开勋、汪义强、姚树蓉、张朝萍、黄泽忠为副理事长。1996年7月，召开第四届会员代表大会，选举刘家学为理事长，李德良、汪义强、杨秀兰为副理事长。2002年，召开第五届会员代表大会，选举杜刚平为理事长，龙训、陈一川、牛义贵、李林、海市、刘仁才为副理事长，李瑞霞为秘书长。

6.中华中西医结合学会贵州省毕节分会。1992年7月成立，刘家学为理事长，谭亚林、袁来明、穆保富为副理事长，苑贵毕为秘书长。1996年7月，召开第二届会员代表大会，选举刘家学任理事长、陈晓英、袁来明、杨秀南、常琦、刘近凡为副理事长。2002年，召开第三届会员代表大会，选举杜刚平为会长，龙训、张斌、苑贵华、常琦、杨应明为副理事长。

7.中国药学会贵州省毕节地区分会。1982年4月成立，陈汝绍任理事长，腾光全、黄泽忠、王祖天为副理事长。1991年6月，召开第二届会员代表大会，选举刘家学、陈安国为名誉会长，陈汝绍任理事长，腾光全、周聘贤、黄泽忠为副理事长，王祖天为秘书长。

8.贵州省麻风防治协会毕节地区分会。1986年6月成立，李朝忠为名誉会长，王允娟为理事长，姜太宁、李德良为副理事长，姜太宁兼秘书长。

**学术活动**　1.召开学术交流会，进行学术交流。各学会一般坚持在举行换届选举学会组成人员时，召开学术交流会，进行学术交流。亦有召开学术交流年会进行学术交流。1982年，医学分会外、妇、儿科分科学会成立，交流学术论文25篇。同年，药学分会召开学术会议，交流论文7篇，应听众要求，翻印论文600份分发。1983年，药学分会在金沙县召开学术会议，收到论文22篇，分别在会上作学术交流，并翻印装订成100册分发。1990年，医学分会召开第二届换届选举暨学术交流会，交流学术论文16篇。是年，中医药分会召开第三届会员代表大会暨学术交流会，收到论文22篇，在会上交流12篇。同年，预防医学分会召开第一次代表大会暨学术交流会，交流学术论文17篇。1991年，医学分会妇产科分科学在织金县召开分科学会成立10周年暨学术会议，与会148人，交流学术论文35篇。是年，医学会检验科分科学会召开成立10周年暨学术会议，交流学术论文12篇。1992年，检验科分科学会召开年会，交流论文5篇。

2.参加省内外学术活动。医学分会自1979年成立至20世纪90年代，先后派员参加省内外举办的医学学术活动数十次。其中，参加省外及全国医学学术活动有：在山东举行的多脏器衰竭学术研究会议，西南5省检验学术交流会，全国肾病抢救学术会议，全国输血工作会议，全国原发性肾小球疾病，血液涂化专题讨论，全国第三次风湿病及全国肾病急救会议，全国临床药理学会议，全国内科诊脉技术进展学术会议，全国第四次人工心脏起搏电生理会议，在南京召开的全国外科学术会议，在吉林长春召开的国际肝胆外科会议，在江苏南通召开的全国肝胆外科会议，全国泌尿外科学术会议，在北京召开的国际第二届肿瘤学术会，全军整形外科研讨会。

3.举办学术讲座。1984年，医学分会邀请贵阳医学院专家到毕节作学术讲座。1985年5月，邀请全国政协委员、民进浙江省副主委、浙江大学教授陶祥裕一行7人来毕作学术讲座10场，3000余名地县医疗机构骨干、医务人员到场听讲。1992年，中国地方病咨询委员会主任李维汉来毕考察克山病，中华预防医学会贵州省毕节分会邀请李维汉教授给91名会员作克山病防治学术讲座。医学分会亦派出内、外、妇儿、放射、检验科分科学会专家赴境内各县开展学术讲座。

4.举办技术培训。1983～1991年，药学分会共举办有关中药材生产、收购、炮制、药剂、药检培训班11期，共培训相关人员323人。预防医学分会自成立以来，先后举办计免、流行病学、学生肠道蠕虫防治、公共卫生及管理人员、健康教育基本现状调查、防痨师骨干、食品单位管理人员及卫生监督人员培训。1993年，麻风病防治分会受省麻风协会委托，为全国和贵州省各地州市办麻风康复培训班1期，50余人接受培训。

5.开展技术咨询和技术服务。1989年，药学分会分别对纳雍过狮河水库库区中药材生产基地、毕节县小坝镇西冲中药材生产基地规划进行实地调研，并撰写可行性报告。1991年1月25～31日，麻风防治分会组织协会人员深入各县市宣传防治麻风病，全地区共有5400余人次提出相关问题咨询，均一一作答。1992年3月15日，预防医学分会开展“3·15”消费者活动及“4·25”计划免疫日活动，开展防疫知识宣传，接受咨询8000余人。

6.撰写学术专著和论文。药学分会组织会员编著《新编临床药物手册》由科技出版社出版发行；编著《药剂学》由贵州人民出版社出版发行，作为贵州省乡村医生学习教册；编著《毕节药材》《毕节地区中药材资源汇集》作内部发行。各卫生学术团体组织全体成员撰写学术论文，有105篇在国内各种刊物、杂志、学术会上发表交流。

## 第七节　对外合作卫生项目

### 一　妇幼卫生合作项目

**“加强中国基层妇幼卫生、计划生育服务”合作项目**　项目为联合国儿童基金会、联合国人口基金会无偿援助中国“老、少、边、穷”地区的妇幼卫生合作项目，境内毕节、大方、黔西、赫章、威宁县受援。毕节、大方、赫章县进行妇幼卫生人力发展项目，黔西县进行家庭健康促进项目，威宁县进行提高妇幼卫生综合服务项目。项目实施周期为1990～1994年。

通过项目援助，改善贫困地区基层妇幼卫生状况，提高儿童和孕产妇的健康水平，降低孕产妇、围产儿、新生儿、婴儿死亡率，降低儿童常见病发病率，改善儿童生存和营养状况。

项目实施期，联合国儿童基金会、人口基金会经费。项目县每县5万美元，省、地、县共配套投入资金235.46万元，用于购设备、宣传、培训、会议、补助。

项目实施。1.地、县成立政府分管领导为组长，卫生、财政、妇联、计生等部门领导为成员的项目领导小组，成立妇幼保健机构、医院有关专家组成的技术指导小组，负责领导及技术指导项目工作的实施。2.开展妇幼卫生基础抽样调查。4县抽样75个乡，调查65.06万人，其中孕产妇平均死亡率570/10万；5岁以下儿童平均死亡率156.9‰；婴儿平均死亡率116.9‰；新生小儿破伤风发生率14.9‰。3.培训人员。省为地县办培训师资班5期，培训师资69名，各项目县先后进行3轮乡村业务人员培训，共3876人接受培训；还进行1次强化培训，培训419人。

项目成果。通过项目实施，为项目县妇幼保健增一批工作设备，有效促进全地区妇幼保健工作的开展，大部分项目目标基本达到。1994年，毕节市有孕产妇1.04万人，死亡14人，死亡率从1990年315.40/10万下降至135.20/10万，比1990年下降57.13%，超过项目目标1.48‰；出生1775例，出生率由17.73‰下降至15.12‰；以新法接生1273例，新法接生率由22.3%上升至71.72%，未达85%的项目目标；5岁以下儿童死亡113人、死亡率从1990年的156‰下降至46.8‰，超过项目目标；发生新生儿破伤风3例，发生率1.6‰。

1994年，第一周期项目实施结束，同时争取到第二周期项目。项目执行周期为1996～2000年。

项目内容：通过项目实施，至2000年，项目县25%的家庭接受有关妇女保健、生殖保健、儿童保健基本知识的健康教育；60%以上家庭知道如何对患有急性呼吸道感染、腹泻等常见病的儿童进行家庭护理；采纳有关妇女卫生适宜健康行为的家庭，增加30%；88%的高危孕产妇住院分娩；85%的新婚夫妇进行婚前检查；孕产妇死亡率下降50%，其中孕产妇产科出血死亡率下降30%；孕产妇产前检查3次产后访视1次；低出生体重数降至全县出生婴儿数的6%以下；80%的乡村实行母乳喂养6个月，大多数12个月；对3岁以下儿童用生长发育图进行生长监测60次以上；全县发生率下降至1%以下；30%腹泻病例得到口服补盐治疗；全县所有育龄妇女都能得到计划生育咨询，并有机会在3种以上避孕措施中选择一种，节育率达80%；每个乡村至少有一名妇幼卫生人员；全县懂得妇幼卫生知识群众增加30%;5岁以下儿童肺炎、腹泻死亡率下降30%。

项目实施。1.地、县成立项目领导小组及技术指导小组。2.进行基础调查。1996年，威宁县抽7乡镇，19.86万人开展调查，以掌握妇幼保健现状。3.培训人员。1996年，威宁县培训乡级人员225人，村级人员515人。1997年，省为5个项目县培训儿科师资；各项目县培训乡级人员共415人。1998年，各项目共培训乡镇长、妇女干部、卫生院院长、妇儿保医师、卫生人员共160人。

项目成果。通过项目实施，各县妇幼保健项目基本达到要求指标。据毕节市资料反映：1.落实防保人员全额工资；2.针对接生员无待遇情况，市妇保站从业务经费中为接生员开展新法接生进行补助，每接生1例，补助1元钱；3.组织巡回指导组，分片下乡指导，年达180人天次；4.实施孕产妇建档建卡，1996年建卡率80.07%、1997年建卡率74.97%；5.产前检查，1996年80.07%，1997年74.97%；6.产后访视，1996年76.27%、1997年72.96%；7.新法接生，1996年85.80%、1997年84.00%；8.儿童保健管理，1996年5.33%、1997年6.85%；儿童系统管理，1996年8.22%、1997年6.11%；9. 5岁以下儿童肺炎死亡率由1989年基础163‰下降至1997年的7.37‰；5岁以下儿童腹泻死亡率由1989年基础89.00‰下降至1997年10.25‰；10.孕产妇知识知晓率达80%以上；孕产妇死亡率从1990年基调基础315.40/10万下降至1997年116.70/10万；5岁以下儿童死亡率从1990年基调基础156.95‰下降至1997年89.13‰；婴儿死亡率从1990年基调基础112.36‰下降至1997年的57.59‰。

**“营养监测”合作项目**　1994年，联合国儿童基金会在中国实施《营养监测》项目，以改善学前儿童营养、生长、发育状况。通过项目实施，实现儿童营养不良在1990年基础上下降30%，佝偻病、贫血下降30%，母乳喂养12月达80%；60%合理制备断奶品。毕节市被列为项目实施县市。

**妇女卫生综合项目**　1999年，联合国儿童基金会资助毕节市、纳雍县实施“妇女卫生综合”项目。要求通过项目实施，探索在贫困地区有效组合卫生资源，将有限的资源用于最需要人群，使贫困人口，尤其是妇女儿童真正享受到基本的卫生服务，以提高孕产妇住院分娩率，降低孕产妇死亡率。2县市分别成立项目实施领导小组，并结合实际制订实施方案，按要求付诸实施。

**世界银行卫生ⅠX项目妇幼卫生子项目**　项目称ⅠX。项目实施期为1988～2000年。实施县市为：毕节市，黔西、威宁、赫章县。在项目实施中，开展以下工作，1.孕产妇系统管理。项目县市共有孕产妇5.09万人，其中早检2.49万人；一次以上产检4.17万人，占81.97%；5次以上产检3.07万人，占60.48%；产访两次以上3.61万人，占71.13%；住院分娩1.44万人，占28.3%；未住院新法接生3.06万人，占83.95%；高危孕产妇3329人，住院分娩2880人，占86.51%；孕产妇死亡45例，占88.56/10万；新生儿死亡594人，占11.69‰；婴儿死亡1140人，占22.44‰；5岁以下儿童29.97万人，监测7.62万人，占25.42%；测出中重度营养不良2828人，占3.71%；5岁以下儿童死亡1660人，占32.67‰。2.儿童保健工作。进行儿童营养监测，筛查体弱儿童，对营养不良、佝偻病等进行专案管理、指导并治疗，管理1.33万人；管理5岁以下急性呼吸道感染病儿3.75万人，腹泻病儿2.97万人，占58.8%。3.2000年，开展全地区乡级助产执业资格评审，全部通过。4.筛查高危孕妇，建立高危孕妇管理制度，村用高危筛查表对孕妇进行初筛，转诊高危孕妇，县建急救中心。5.地区及项目县成立孕产妇死亡评审组织，建立死亡报告及评审制度。县每半年对孕产妇死亡评审1次，地区每年评审1次。评审死亡孕产妇198例，明确死亡原因，根据存在问题，制定干预措施。6.开展创建爱婴医院活动，促进和支持母乳喂养，减少因母乳喂养低而造成的营养不良。2003年止，共创建爱婴医院24家。7.开展妇幼健康教育。利用宣传栏、电视、发放宣传资料，对目标人群进行健康教育，其中2002～2003年健康教育目标人群为9.95万人，5.65万人接受教育，占56.8%。发放宣传资料12.81万份、传单7.64万份，出黑板报2368期。8.培训妇幼卫生人员。2000年，全地区培训19079人；2003年，全地区培训5516人。两年共培训1.46万人。9.进行妇幼工作基本建设。4个项目县市共完成妇幼工作改扩建工程14项，其中县级妇保院1个、乡镇卫生院13个。10.救助贫困。4个项目县共筹集贫困救助资金14.74万元，救助孕产妇374人、5岁以下儿童1192人，成功345人；急救5岁以下儿童1862人，成功1777人。监督指导。地、县分级实施定期不定期监督指导工作。地区每年定期4次下县监督指导项目实施，县定期下乡镇村监督指导项目实施，覆盖率100%。县对乡镇监督指导749次，对2241村监督指导2.1万次。

## 二　改善农村基本卫生服务项目　卫生Ⅶ项目　西南扶贫项目

**改善农村基本卫生服务项目**　为中国政府向世界银行贷款的卫生项目。大方、纳雍县为项目实施县，实施周期为1998～2002年。1997年，经世界银行专家分别审定，给大方、纳雍县贷款，省、地区及大方、纳雍分别按要求比例配套资金。以大方县为例，获货款105.03万美元（按1：8.2计算，折合人民币861.25万元），按比例，省配套资金66.25万元，地区配套资金132.5万元，县配套资金265万元，合计1325万元。1998年，制定《大方县卫生资源规划》，调整乡（镇）卫生院功能，将35个乡（镇）卫生院分为8个中心卫生院，13个普通卫生院，14个防保型卫生院，防保型卫生院不设病床，其他卫生院共设病床219张。1999年，举办乡（镇）卫生人员培训班8期，增训560人次；举办村级卫生人员培训班13期，共培训5500余人次；为5个乡（镇）卫生院建业务用房2078平方米，认购211.92万元设备采购清单，装备基层卫生单位；在6个试点乡（镇）12个村开展健康教育，进行孕妇系统管理963例，3岁以下儿童系统管理668例；在7个乡（镇）筛出特困补助对象511户1169人，发放救助卡进行救助。1998年，大方、纳雍县分别作出所属县的卫生资源规划。1999年1月，省政府召开启动会议。会后，两县即启动项目实施。项目实施期间，均开展以管理和专业技术为内容的人员培训。同时，针对农村基本卫生条件，相应进行基础设施建设，购置卫生设备，开展农村卫生监测。经过项目实施，完成县、乡镇、村妇幼人员培训；开展健康教育、孕产妇系统管理，进行孕产妇高危筛查管理、住院分娩、3岁以下儿童系统管理；在农村开展按人均收入1%～2%集资，交合作医疗管委会管理，医疗补偿以收定支，按一定比例补偿；制定《特困人口救助实施方案》，至1999年底，发放救助卡，领取救助金。

**卫生Ⅶ项目**　为中国政府向世界银行贷款实施的卫生项目。1997年实施，各县市均为实施项目县市。1997年7月25～31日，省卫生厅，省计委、省财政厅联合检查毕节地区1996年度卫生Ⅶ项目计免工作，检查发现计免工作存在质量和人员培训等问题。是年，省卫生厅举办卫生VII项目计免师资培训班，毕节地区送训9人。是年，毕节地区财政局与卫生局达成协议，地区财政局将省财政厅转贷世行款6.78万元转给地区卫生局。

**西南扶贫项目**　为中国政府向世界银行贷款的扶贫项目，主要用于云南、贵州、广西3省区边远山区，改善极贫户的生存条件。大方、纳雍县被列为项目县，5年投入项目资金7200万元。其中卫生子项目540万元。世行贷款与国内资金比为1：1，即世行贷款270万元、中央、省、地、县各匹配67.5万元。通过实施项目，在村一级建立贫困农户医疗基金，使之逐步发展成一种能持续发展的合作医疗保险制度；加强农村医疗网点建设，增加人员、改善工作条件、提高服务质量；改善乡镇、村预防保健工作；加强基本医疗卫生工作管理和监督。1992年起，大方、纳雍县制定项目实施计划，成立项目实施领导小组。1995年，正式启动，实施项目。大方县投资124.8万元，建两所乡（镇）卫生院业务用房600平方米，改、扩建51所村 卫生室达2700平方米；购发乡（镇）卫生院设备15套，村卫生室设备82套；补助乡（镇）防保员、村卫生员工资共35.2万元；培训村卫生员及接生员85人；为乡（镇）卫生院和村卫生室配发价值26.21万元药品；接种育苗5000人份。

## 第八节　医药管理

### 一　管理机构

**行政机构**　1980年8月前，毕节地区医药管理由地区卫生局负责。是年9月，建立毕节地区医药管理局，定编8人，归毕节地区经委领导，履行全地区医药行业行政管理职能。1981年6月10日，地区商业局将医药公司和药材公司移交毕节地区医药管理局管理。1982年6月19日成立的毕节地区制药厂以及7个县的医药、药材公司，均隶属地区医药管理局。其管理职能为组织、领导及宏观指导全地区中、西、成药品和医疗器械的生产、销售等业务工作。1984年1月，毕节地区医药管理局更名为贵州省医药总公司毕节分公司。1985年7月，恢复毕节地区医药管理局。1996年6月机构改革，毕节地区医药管理局更名为毕节地区医药局、毕节地区医药总公司，一个机构两块牌子。1997年1月，合并为毕节地区医药事业局，仍沿用毕节地区医药管理局称谓。内设办公室、质量及市场管理科。毕节地区医药事业管理局历任正副局长耿家礼、陈安国、陈霖、陈湘、杨乾勋、柏占录、胡家福、常利平。2011年毕节地区医药事业局更名为毕节地区药品监督管理局，属省垂管机构，正副局长为陈湘、海市、杨应明。2004年5月，更名为毕节地区食品药品监督管理局，行政编制16名，事业后勤编制3名，增加食品、保健品、化妆品安全管理的综合监督、组织协调和依法组织开展对辖区内重大事故查处的职责，正副局长为陈湘、海市、杨应明。2010年6月，毕节地区食品药品监督管理局下划地方管理，核定行政编制16名，机关后勤编制3名。2010年7月，设立下属事业单位毕节地区食品药品稽查局，核定事业编制25名，履行全区食品、药品、医疗器械、保健食品和化妆品安全管理的职责。

**直属经营机构**　1.地区医药公司。1952～1954年，毕节地区百货公司负责西药批发零售。1954年12月成立毕节地区医药采购供应站，负责全地区药品供应和调配。1956年，与地区药材公司合并，称毕节地区中西药公司，负责经营中西药品和医疗器械。隶属毕节地区行政公署卫生科。1956年地区药材公司从地区中西药公司划出。毕节地区中西药公司归属地区商业局，独立经营西药、医疗器械兼营中成药。1958年精简机构，毕节地区药材公司并入地区医药公司。1963年根据上及指示恢复毕节地区医药公司名称，直至1980年。1987年7月，地区医药公司和中药材公司从商业部门划出，归属毕节地区医药管理局领导。1970年底，水城县医药公司划归六盘水市管理；大方、黔西、金沙、织金、威宁各县相继成立医药公司。赫章、纳雍县中西药公司合并。2001年，地区医药部门管理的所有医药生产企业从地区医药管理局划归毕节地区经贸局管理。

2.地区药材公司。1956年6月，毕节地区药材公司成立。1958年精简机构，地区药材公司并入地区医药公司。1963年根据上级指示，恢复毕节地区医药公司、毕节地区中药材公司。1956年底前，织金、赫章、黔西、金沙县先后成立药材公司。1957年，威宁、水城县相继成立药材公司。1958年、1960年、1962年，纳雍、毕节、大方先后成立县药材公司。1964年，毕节县药材公司并入地区药材公司。

## 二　药品监督检验与市场管理

**药品监督检验**　1.药品检验机构。民国及以前，未设药品检验机构。1965年8月，成立毕节地区药检所，其主要任务是：负责药品检验和技术仲裁；草拟本辖区的药品检验计划，承担核定和抽检任务，提供药品质量公报所需的技术数据和质量分析报告；承担药品标准的拟定、修订和药品新产品、医院新制剂的有关质量技术考核工作；开展药品检验、药品质量等有关方面的科研工作；指导药品检验所及药品生产、经营、使用单位质量检验机构的业务技术工作，协助解决技术疑难问题，培训有关技术管理人员；综合上报和反馈药品质量情报信息；执行卫生行政部门交办的有关药品监督任务。

2.药品检验技术装备。1965年前，各医药单位使用药品，由厂家自行检测；由经营单位统一供应。卫生行政部门随时监督。各医药单位自查有无劣药和霉烂变质、过期失效的药品。有则自行报损。1965年8月，成立毕节地区医药检所。当时设备简陋，技术力量薄弱，只能采用中和法、碘量法、银量法；对中药材、中药饮片只能作外观性状鉴别和简单的显微鉴别，对酊水剂及大输液制剂作含量测定。年检40来个检品，只能作部分项目检验。1980～1986年各县分别建立药检所，开展监督检查工作和部分项目的检验工作。1986年以来，地区药检所有卫生部统一装备的美国高效液相色谱仪、天津产溶出度测定仪、日本岛津紫外分光度汁、日本奥林巴斯生物显微镜、离心沉淀器、PC1500电子计算机、生化培养箱。1996～2001年，国家卫生部通过扶贫项目统一装备仪器有：标准检验筛、超声波清洗器、标准药筛、智能崩解仪、箱式电阻炉、薄层制板器、智能集菌仪、智能药物溶出仪、自动永停滴定仪。随着检测仪器的更新和增加，化学室主要开展含量测定、定性分析、毒物分析、水质分析、重量法分析、不溶性微粒检测；生物室主要开展热原和毒性试验、卫生学检验：中药室主要开展性状鉴别、显微鉴别、物理鉴别、化学鉴别和层析鉴别等。全所检验设备，基本能满足2000年版《药典》所载药品的检验项目。2001~2010年，毕节地区药品检验主要使用了以下几种新技术：气相色谱法、原子吸收分光光度法、微量水分测定仪测定水分、微生物限度、无菌检查中采用集菌仪检查污染菌、抗生素效价测定采用抑菌圈测量仪测定，不溶性微粒检查采用微粒测定仪测定。

3.药品监督。毕节地区药检所不定期地监督检查各县的医药公司、药材公司的仓库和营业部；县人民医院、中医院的药房、库房，防疫站、妇幼保健站以及各区乡的卫生院药房，中西医药个体户的药房。主要检查项目有：毒麻药品的管理有无使用假劣药品、过期失效药品、不炮不炙药品以及霉烂药品。1965年，检查西药496批次，发现劣药28批次；检查中药550批次，发现霉烂、变质、虫蛀、鼠咬中药饮片35批次。1966年共监督检查中药26批次。1967年检查西药580批次，发现过期失效17批次；检查中药558批次，发现劣药35批次。1968年检查西药517批次，发现劣药18批次；中药693批次，发现劣药25批次。1969年检查西药695批次，发现过期药品23批次；检查中药728批次，发现劣药42批次。1970～1976年，集中人员到地区卫生所学习。1977年5月在毕节县举办中草药片剂学习班。9月，地区举办，机制浓缩丸学习班，培训各县医疗单位人员。1979年，深入各县检查中西药9048批次，合格5295批次，占58.5%；不合格3753批次，占41.5%。1981年，深入33个医药单位检查药品质量。检查西药703批次，发现过期失效药37批次，劣药15批次；检查中药1.17万余批次，发现霉烂变质11批次、鼠咬5批次、虫蛀15批次。1982年抽派20多人深入各县，检查中药4514批次，发现虫蛀霉变237批次；检查西药3421种，合格3315种，不合格106种；检查处方899张，合规定705张，不合规定194张。1983年，派10人次到各县10个医疗单位，检查西药1504批次，中药1623批次。1984年，抽派6人次到8县的30多个医药单位查处18种中药伪品。1985年，地、县药品监督检验机构根据药品管理法，督促和帮助医药公司、医院设立毒麻药品专柜、专账、专人用处方管理制度，制定减少和避免假劣药品的措施与管理制度。1986年，深入55个医药单位检查，发现伪品17种次，过期失效药15批次，严重虫蛀39批次，劣药3批次，吸潮10批次，糖衣裂片7批次。1987年抽派73人次监督检查药品。共抽查中西药品7.59万余批次，发现假药66批次，劣药990批次，过期失效药45批次。均予现场销毁。1988年，每季度监督检查医药单位药品质量1次，共派员116人次。全年抽查中西药品10余万批次。发现假药67批次，过期失效药109批次，其他不合格药品551批次。1989年，查处毕节地区医药公司批发部销售假药醋酸强的松片案，依法处理并通报全地区。对赫章县医院继续使用鸡血藤等7种假药案依法处理。抽派专业人员174人次，对348个医药单位监督检查。共检查药品13.6万余批次；发现假药38种次，劣药158批次，过期失效药83批次，不合格药品380批次。1990年，全地区共监督检查医药单位393个次，检查中西药品17.49万余批次；发现假药112批次，劣药168批次，价值11.98万元，依法予以处理。1991年，共监督检查医药单位495个次，检查中西药品14.31万余批次；发现假药3批次，劣药476批次，价值7338.9元。1992年，共抽派专业人员118人次，监督检查339户医药单位，共检查各类药品18.95万余批次；发现假劣药品346批次，价值3.27万元。1993年，抽派436人次，抽检266户医药单位药品。检查各类药品10.8万批次；发现假药52批次，劣药77批次，价值2.47万元。1995年，共抽派技术人员88人次，检查医疗单位62户次，经营单位28户次，个（集）体户193户次，学校、厂矿医务室7户次。共检查中药3.15万余批次，0.19%不合格；中成药2.19万批次，0.19%；不合格西药6.01万余批次，0.13%不合格。非法经营精神药品6批次，淘汰药品1批次，自制药粉1批次。是年10～12月，调查地直和各县医疗单位麻醉药品的使用、管理。调查县级以上医疗单位16户、城关医院1户。调查发现无专人负责的1户，无专柜加锁保管的2户，无专账的6户，借用或转让的3户，无处方保存时间规定的2户，无专册登记的5户，无专用处方的4户，超剂量开方的7户，配方不签名的5户，处方无核对人签名的15户，按相关法规处理。1996年，共抽派447人次，检查医药单位296户次，检查中药2.31万余批次，发现假药7批次，劣药5批次；中成药1.33万余批次，发现假药4批次，劣药7批次；西药4.88批次，发现假药29批次，劣药102批次。统计供、用药单位：医疗单位药品0.13%不合格；经营单位药品0.08%不合格；个（集）体医药单位药品0.26%不合格；厂矿医务室药品0.52%不合格。是年，调查麻醉药品管理。调查地直和6个县的医药单位19户，有10户符合要求；调查经营单位3户，无1户符合要求。调查精神药品的管理，调查医疗单位26户，15户符合要求；医药经营单位完全不符合要求。按GMP管理要求逐项调查地区制药厂，资料整理报地区卫生局和相关单位。1997年，监督检查药品产、供、用单位质量。全地区共检查西药7.66万批次，中药2.98万余批次，中成药2.88万余批次；发现假药213批次，劣药144批次，违禁药121种次。对发现的问题，配合卫生行政部门，依照药品管理法予以处理。

1998年，共派员280人次，检查药品产、供、用单位627户次。检查中药5.88万批次，中成药7.8万批次，西药13.11万余批次；发现假药316批次，价值3.27万元，劣药150批次，价值2781.77元，违禁药134批次，价值2397.23元。罚没款7339.28元。参与卫生行政部门查处假劣药7起，其中西药8批次，成药16批次，价值2.35万元，罚款1000元，没收违法所得2755.28元。1999年，共检查药品生产单位10户次，经营单位37户次，个体诊所251户次，个体药店94户次，检查中药8.41万批次，成药7.8万批次，西药14.78万批次。发现假药298批次，价值9784.98元，劣药49批次，价值3037.56元，违禁药131批次，价值1993.02元。查处假药、违禁药478批次，价值1.48万余元。是年5～8月，配合地区90天扫毒行动，对全地区7县市有关单位进行交叉执法检查，检查药品经营单位21户，医疗单位43户，个体药店39户，诊所114户。检查中药2.43万余批次，中成药2.23万余批次，西药4.81万批次；发现假药138批次，劣药27批次，违禁药品76批次。2000年，共派出监督人员543人次，检查药品生产单位11户次，经营单位111户次，个体药店89户次，医疗单位168户次，单位医务室32户次，村卫生室56户次，个体诊所391户次；检查中药6.78万批次，中成药9.45万余批次，西药16.07万余批次；现场发现假药706批次，价值2.92万元，劣药201批次，价值2661.83元，违禁药品111批次，价值2394.55元。对违法药品依法处理。是年8～9月，配合地区卫生局开展执法检查。检查供、用药品单位205户，检查各类药品10.55万批次，发现假药378批次，劣药50批次，价值1.82万元。查处假劣药品案25起，没收假劣药价值约13万元，罚款及没收违法所得12.03万余元。2001年，检查药品生产单位16户次，个体药店1025户次，经营单位56户次，医疗单位160户次，单位医务室74户次，个体诊所1899户次；检查西药12.66万余批次，中成药8.07万余批次，中药11.51万余批次；发现假药232批次，价值1.38万余元，劣药40批次，价值639元，违禁药品89批次，价值9679.2元。

2002年，检查化学药品15482批次，中成药7574批次，重要饮片10210批次，一次性输液（注射）器152批次，共没收假劣药品172批次，销毁过期失效药品11批次，货值金额共4733.80元，查封无证经营户5户，非法制售假药2户，非法批发1户；清理过期失效药品1327批次，货值金额116800元。2003年，检查药品161106批次，医疗器械866批次，查处假劣药品711批次，货值金额1.313万元，处以罚款1.263万元；检查乡镇集贸市场138个，检查药品经营、使用单位5041家，查获假冒伪劣药品4547批次。2004年，检查集贸市场60个，检查药品经营使用单位3911个，立案查处629件，处以罚款66.34万元，查获假冒伪劣药品2403批次，其中化学药品1905批次，中药材、中药饮片、中成药498批次。2005年，检查乡镇集贸市场355个，检查药品经营、使用单位2347户次，查获假劣药品525批次，查处假劣一次性医疗器械7122支，非一次性医疗器械306支，查处各类违法案件495件，罚款60.3295万元。2006年，检查乡镇集贸市场227个，药品经营、使用单位3943户次，查处假劣药品2090批次，查处假劣一次性医疗器械7866支，非一次性医疗器械28支，查封取缔非法经营点19个，端窝点2个，查处案件427个，查处金额45万元。2007年，检查乡镇集贸市场152个，共检查涉药涉械单位9378家，查处假劣药品1053批次，货值金额18.52万元，查处金额33.15万元，查处假劣一次性医疗器械19906支，非一次性医疗器械252支，货值1.61万元，查处金额4.10万元。2008年，检查乡镇集贸市场173个，检查涉药涉械单位2868家，查处假劣药品466批次，货值金额13.56万元，查处金额28.82万元，查处假劣一次性医疗器械630支，货值金额0.189万元，查处金额1.08万元。2009年，检查乡镇集贸市场156个，检查涉药涉械单位1364家，查处药品、医疗器械案件138件，货值金额10.815万元，罚没金额32.8万元。2010年，检查乡镇集贸市场56个，检查涉药涉械单位2898家，立案查处药品、医疗器械违法案件70件。

### 毕节地区1965～2010年药品检验统计表

单位：件、%

| 年份 | 检验数 | 合格 | | 不合格 | | 年份 | 检验数 | 合格 | | 不合格 | |
|---|---|---|---|---|---|---|---|---|---|---|---|
| | | 数 | 合格率 | 数 | 不合格率 | | | 数 | 合格率 | 数 | 不合格率 |
| 1965 | 228 | 119 | 522 | 109 | 47.8 | 1988 | 411 | 188 | 45.7 | 223 | 54.3 |
| 1966 | 63 | 36 | 57.1 | 27 | 42.9 | 1989 | 365 | 183 | 50.1 | 182 | 49.9 |
| 1967 | 23.5 | 131 | 55.7 | 104 | 44.3 | 1990 | 345 | 205 | 59.4 | 140 | 40.6 |
| 1968 | 20 | 12 | 60 | 8 | 40 | 1991 | 409 | 226 | 55.3 | 183 | 44.7 |
| 1977 | 81 | 16 | 19.8 | 65 | 80.2 | 1992 | 380 | 261 | 68.7 | 119 | 31.3 |
| 1978 | 119 | 59 | 49.6 | 60 | 50.4 | 1993 | 330 | 279 | 84.5 | 51 | 15.5 |
| 1979 | 45 | 24 | 52.2 | 21 | 47.8 | 1994 | 401 | 272 | 67.8 | 129 | 32.2 |
| 1980 | 229 | 73 | 31.9 | 156 | 68.1 | 1995 | 316 | 240 | 75.9 | 76 | 24.1 |
| 1982 | 85 | 56 | 65.9 | 29 | 34.1 | 1996 | 316 | 236 | 74.7 | 80 | 25.3 |
| 1981 | 79 | 67 | 84.8 | 12 | 15.2 | 1997 | 406 | 287 | 70.7 | 119 | 29.3 |
| 1983 | 119 | 74 | 59.7 | 48 | 40.3 | 1998 | 551 | 347 | 63 | 204 | 37 |
| 1984 | 103 | 39 | 37.9 | 64 | 62.1 | 1999 | 785 | 486 | 61.9 | 299 | 38.1 |

续表

| 年份 | 检验数 | 合格 | | 不合格 | | 年份 | 检验数 | 合格 | | 不合格 | |
|---|---|---|---|---|---|---|---|---|---|---|---|
| | | 数 | 合格率 | 数 | 不合格率 | | | 数 | 合格率 | 数 | 不合格率 |
| 1985 | 136 | 59 | 43.4 | 77 | 56.6 | 2000 | 1077 | 523 | 40.8 | 554 | 59.2 |
| 1986 | 45 | 25 | 55.6 | 20 | 44.4 | 2001 | 1066 | 607 | 56.8 | 459 | 43.1 |
| 1987 | 384 | 190 | 49.5 | 194 | 50.5 | 2002 | 1033 | 696 | 67.38 | 337 | 32.62 |
| 2003 | 612 | 523 | 85.46 | 89 | 14.56 | 2007 | 701 | 552 | 78.71 | 149 | 21.29 |
| 2004 | 637 | 585 | 91.94 | 52 | 8.06 | 2008 | 680 | 551 | 81.03 | 129 | 18.97 |
| 2005 | 705 | 658 | 93.31 | 47 | 6.69 | 2009 | 600 | 537 | 89.5 | 63 | 10.5 |
| 2006 | 720 | 609 | 84.58 | 111 | 15.42 | 2010 | 600 | 547 | 91.17 | 53 | 8.83 |

注：缺1969～1976年统计资料。

**药品市场管理** 1.行政管理。1965年毕节地区药检所建立，开展监督检查药品生产、经营、使用质量。1965～1974年，共检查药品2806批次，发现不合格药品248批次。1975～1984年，共派出120人次检查产、供、用药单位400户，检查药品1.83万批次，发现不合格药品795批次。所有不合格药品，令其停用销毁。1985起，贯彻实行《药品管理法》，监督检查药品质量。1985～1994年，全地区共抽派5315人次，检查医药单位5307户次，检查药品171.87万批次；发现假药5995批次，价值6.13万元，劣药7602批次，价值9.44万元。取缔非法行医、售药摊点1384个，没收违法人员销售药品价值11.2万余元；没收假劣药品共1.36万批次，价值155.65万余元；销毁淘汰药品105批次，价值12万元；没收违法所得11.2万余元；销毁假劣药237批次，价值29.6万元，罚款25.21万元。1995～2001年，全地区共抽派监督检验人员4054人次，检查医药单位1.48万余户次，共检查各类药品386.78万批次；发现假药3162批次，价值25.61万元，劣药3905批次，价值33.92万余元；查处违禁药品647批次，价值21.05万元。配合缉毒队在“6·26”国际禁毒日期间突击检查毕节城内诊所药店。监督销毁假劣药品1093批次，价值30.62万元，销毁淘汰药品及自制药粉各1批次，价值15元；查处违法案412件，取缔非法诊所、药店及无证行医45户；没收违法药品及器械64种，价值20.29万元，罚款34.05万元。2002~2010年，全区共出动执法人员30504人次，共检查药品、医疗器械生产、经营使用单位3.3万余户次，查处假药7908批次，查处药品、医疗器械违法案件4345件，罚没金额465.31万余元。

2.行业管理。1979年3月28日，毕节地区行署商业局、卫生局联合下发《关于认真开展中药质量检查整顿工作的通知》，规定没有经过加工的中药材，一律不得进入中药房配方：1979年6月以前县以上单位的中药房炮制品种，要求达到100%；区、社单位的中药房炮制品种要求达到50%。1979年6月后要求达到中药配方率、炮制饮片品种共125种。通知下达后，全地区组织122人的检查组，分9个组，检查医药单位448个，发现部分单位长期使用不炮不制的中药材。地区举办中药材加工炮制培训班，以提高中药饮片质量。1985年，国家颁布药品管理法，卫生部下发《药品管理法实施办法》《药品生产质量管理规范》和《药品经营质量管理规范》。1986年，国务院、贵州省政府相继行文禁止个人销售麝香、甘草、杜仲、厚朴、黄柏、穿山甲、半夏、石斛。此后，禁止和限制个人销售的有毒中药材28种、国家重点保护的野生药材42种和进口药材57种。1988年，一些不法药贩抬级抬价抢购名贵中药材，毕节地区药材公司议价收购杜仲价格从每千克2.3元暴涨到32.66元，致使一些未成材的杜仲树遭到破坏性盗伐。1989年6月，毕节地区行署批转地区医药局《对当前药品检查情况的报告》，要求各地加强管理遏制贩卖假劣药品的势头。1994年，毕节地区行署下发《关于加强全区药品生产、经营、使用管理的决定》，重新组建各县医药市场治理整顿领导小组，领导治理整顿医药市场。查明全地区药品经营企业1100户，医疗机构3500户，医药保健生产企业6户。查封无证经营的个体药店136户，游医药贩200起，没收伪劣药品、过期失效药品、违禁药品等价值35万多元。查处失效、假劣药品428批次，端掉制售假药窝点15处；销毁假劣药品113种，价值1.72万余元。处罚非法生产经营者罚款6.8万元，补收偷漏税款7万多元。收到用假药致死人命的检举揭发材料20余件。威宁县采取查市场、查旅馆、查车站、查外来暂住户方式，查出制售假药的地下窝点8处，取缔游医药贩120起，没收“祖传秘方”药品2.5万余件，价值近10万元。1996～1997年上半年，按行署安排检查各县市医药市场，取缔证照不全的药品生产企业1户，无证经营企业29户、游医药贩56起，捣毁制售假劣药品窝点2处；限期整顿药店16户，没收非法生产、经营的药品238个品种，价值13万元；查处精神药品、违禁药品经营户65户和因假劣药品致人伤残的事故9起；补收偷漏税款8万多元。1999年，毕节地区行署下发《关于整顿规范全区医药市场的若干规定》。地区医药管理局配合有关部门检查药店及医疗机构1745户。取缔无证照药品经营户2户、非法诊所、药店129户、游医药贩25人，没收非法经营药品价值6.6万余元，发出限期整顿通知书278份。抽查各类药品46万批次，查出假劣药品1875批次，价值27.5万余元；查处违禁药品1921盒，价值6万余元，并处罚款5.52万元；取缔虚假药品电视广告205条，没收非法药品广告10万余张、宣传画5700余张；纠正虚高定价药品539个品种，降低药价76.3万余元；查处医药购销中的违法违纪案17件，涉及金额12.9万余元，6人受党纪处分。

## 三　制药工业

1958年前，无制药工业。一些个体诊所和药店利用本地药材按传统配方制成各种膏、丹、丸、散，使用工具简单、产量低、成品粗糙，多属自产自用，形不成批量生产。1958年，地区商业局组建中西药制药厂，生产六味地黄丸、归脾丸、壮筋健肾片、虎骨丸等中成药。1962年停产。

1968年，毕节县医院建立“六二六”制药厂，生产独脚莲软膏、白药、山栀茶糖浆20多种药品和医疗制剂，主要供毕节县医院使用，部分调剂给水城125水泥厂医院。1973年产值达16.3万元。1980年行署决定停产。1982年合并给毕节地区制药厂。

1970年，成立毕节地区医药公司制药厂。1974年生产药品13种，产值8.7万元。1976年起实行独立核算，成品药由地区医药公司包销。生产片剂注射用蒸馏水、葡萄糖注射液、氯化钠注射液和黄连素粉。是年产值13.68万元。1978年药品销售1.2万元。1979年产值16.6万元。1980年10月停产。

1988年建成毕节县胶囊厂。1991年新建一条生产药用胶囊1.5亿粒的生产线。1993年投产。年产值150余万元。1994年，因管理不善而倒闭。1993年2月，赫章县野马川镇建成贵州省乌蒙保健药品厂，利用郭德泽家传秘方南仙牙痛酊报请立项。1994年3月19日省医药管理局批复，同意筹建。1994～2000年年均产值约15万元。2000年，因管理不善而倒闭。1995年8月，贵州省士心制药有限责任公司成立，生产百草骨质宁膏，主治各类骨质增生及风湿关节疼痛。1996年正式投产，深受患者欢迎。年均产值40多万元。已在北京、广州、深圳、海南等地建立销售网络。由于资金短缺，无力过GMP论证。2004年将该药品生产权与贵阳同济堂制药有限公司合股。1998年10月1日，织金县成立贵州省弘康药业有限公司，引用全套不锈钢胶囊生产线。产品主要原料为草药头花蓼。生产热淋清胶囊，功能清热利湿，主治各类淋病及泌尿系统感染。1998年正式投产，至2003年，年均产值680万元。2003年12月迁贵州省龙里县。至2005年毕节地区制药企业7个，其中国营企业有毕节地区制药厂、毕节地区中药饮片厂，集体企业毕节市胶囊厂，民营企业有贵州康诺制药有限公司、贵州弘康药业有限公司、贵州南仙药业有限公司、毕节地区士心制药有限公司。

附：制药厂选介

## 毕节地区制药厂

1982年6月，毕节地区行署决定将毕节县“六·二六”制药厂和毕节地区医药公司制药厂合并，组建贵州省毕节地区制药厂。厂址德厚乡路家湾，占地3.83万平方米，厂房9500平方米。1982年职工29人，2001年达156人。主要产品倍酸甲酯，由地区科委列项扶持。试验完成后投产，年产50吨，产品一度走俏，生产速效伤风胶囊。1983年试制鞣酸苦参碱。次年试验成功，全检合格率87.5%投入批量生产。攻关小组获省医药管理局优秀QC小组奖。原先生产的黄连素，质量未达国家标准，后经两次组织技术攻关，1986年获得成功，盐酸黄连素含量达97%～98%，炽灼残渣为0.5%，被评为省内1985版药典合格标准第一家。1984年产值2.5万元，主要产品六神曲、建曲、天麻片、甲紫（紫药水）等。1985年产值15万元。主要产品有天麻片、安乃近片、去痛片、硫酸黄连素粉、克感敏片。1987年产值41.2万元。生产速效胶囊、复方新诺明、APC等11个品种。1988年产值48.28万元。生产鞣酸苦参鹹等15个品种。1988年开始易地技术改造，产值70万元。

1988年技术改造后，全厂设5个车间：乙醇提取线年处理原料药20吨，年提取挥发油15吨；合成车间年产鞣酸苦参碱30吨，生产甲酯酰肼50吨；制剂车间年产片剂532万片，散剂100万袋，糖浆300万瓶；胶囊车间年产1000万粒；酒剂车间年产药酒24万瓶；纯水站年产纯水180吨。按90年不变价计算，可实现年产值5000万元以上，年税利800万元。1990年药品生产产值80.27万元。1991年产值达129.67万元。

1992年按GMP标准技改后，生产规模扩大，生产设备和工艺在同行业中处于先进地位。技术力量雄厚，中等专业学校卫技人员占职工总数的35.48%。主要产品有；鞣酸苦参碱（片）、胶囊、天麻片、银翘解毒片、复方板蓝根冲剂、山花晶冲剂、仙灵脾酒、强力止咳批把露、去痛片、盐酸黄连素片、小儿复方新诺明片、氟派酸胶囊、咳感敏片、复方新诺明片、速效伤风胶囊、盐酸吗啉呱片（病毒灵）、盐酸左旋咪唑片、安乃近片、维B1片、APC片、风热感冒冲剂、风寒感冒冲剂。1992～1996年，毕节地区财政局投资1700多万元加强内部设施建设。年均销售额达300多万元。

1997～1998年，管理不善，处于半停产状况。1998年9月，地区医药管理局根据地区行署决定，租赁给毕节地区士心制药股份有限公司经营生产。租赁期自1998年9月~2002年。租赁后年销售额达200万～300万元。

## 毕节地区中药饮片厂

1993年建立，994年，省医药管理局、省卫生厅发给“药品生产企业合格证”“药品生产许可证”。1996年1月5日，经国家中医药管理局批准，中国药材公司拨付生产扶持资金20万元。1993～1996年投入60万元进行技改。有生产厂房300平方米；有切片机3台，筛药机、炒药机、磨刀机各1台。已具备原料药挑选、清洗、冷浸软化，切片干燥以及复制、炮制能力。年产饮片能力300吨。

1995年饮片加工37个品种，年生产910千克；1996年为63个品种，年产1.64万千克；1997年为88个品种，年产2.92万千克；1998年为97个品种，年产1.87万千克；1999～2001年，从101个品种增加到125个品种，年均产饮片2万余千克。供应全地区，基本满足全地区中药饮片配方的需求。

# 四　药品与医疗器械

**采购**　民国时期，毕节城关只有几家西药房，多用进口药品。1952～1954年，西药由毕节地区百货公司批发零售。1954年12月成立毕节地区医药采购站，经营西药和医疗器械。大量药品从外省调入。2001年，地区医药公司经营药品、器械、玻璃器皿共1708种，3002个规格。其中药品889种，1257个规格；器械819种，1945个规格；玻璃器皿99种，356个规格。

1971～2001年毕节地区药品及医疗器械采购统计表

单位：万元

| 年度 | 药品 | 器械 | 合计 | 年度 | 药品 | 器械 | 合计 |
|---|---|---|---|---|---|---|---|
| 1971 | 243.7 | 12.2 | 255.9 | 1987 | 375 | 48 | 423 |
| 1972 | 277.6 | 41.1 | 318.7 | 1988 | 581 | 56 | 637 |
| 1973 | 603.1 | 68.1 | 471.2 | 1989 | 530.6 | 51.9 | 582.5 |
| 1974 | 307.3 | 29.2 | 336.5 | 1990 | 780.33 | 42.2 | 822.53 |
| 1975 | 355 | 71 | 426 | 1991 | 612 | 50.86 | 662.86 |
| 1976 | 368.5 | 88.1 | 456.6 | 1992 | 623 | 50.3 | 673.3 |
| 1977 | 601.3 | 107.3 | 708.6 | 1993 | 686 | 30.1 | 716.1 |
| 1978 | 584.1 | 31 | 615.1 | 1994 | 879.36 | 112.22 | 991.58 |
| 1979 | 488.8 | 82.6 | 571.4 | 1995 | 1019.96 | 103 | 1125.26 |
| 1980 | 390 | 58.4 | 448.4 | 1996 | 900.62 | 89 | 989.62 |
| 1981 | 429.3 | 28.6 | 457.9 | 1997 | 880.03 | 69 | 949.03 |
| 1982 | 610.9 | 44.8 | 655.7 | 1998 | 1081 | 86.23 | 1167.23 |
| 1983 | 644 | 50 | 694 | 1999 | 1103.43 | 105 | 1208.43 |
| 1984 | 626 | 56 | 682 | 2000 | 1200.26 | 91.3 | 1291.56 |
| 1985 | 362 | 34.5 | 396.5 | 2001 | 1200.13 | 151.05 | 1351.18 |
| 1986 | 361 | 37 | 398 | | | | |

**仓储**　1954～1971年，毕节地区医药公司经营部设简易货仓存放药品。以分类方式储存。储存设备简陋。各年年终库存额在50万～100万元之间。1971年迁双树路仓库，1500平方米，分设针剂、片剂、酊水、外用、特殊药品、器械库。

**1971～2001年毕节地区医药公司库存统计表**

单位：万元

| 年度 | 库存额 | 年度 | 库存额 | 年度 | 库存额 | 年度 | 库存额 |
|---|---|---|---|---|---|---|---|
| 1971 | 128 | 1979 | 250.2 | 1987 | 189 | 1995 | 332.8 |
| 1972 | 113.3 | 1980 | 217.8 | 1988 | 207 | 1996 | 326 |
| 1973 | 188.9 | 1981 | 164.3 | 1989 | 322.6 | 1997 | 303.6 |
| 1974 | 140.5 | 1982 | 210 | 1990 | 329 | 1998 | 497 |
| 1975 | 165 | 1983 | 200 | 1991 | 226 | 1999 | 570 |
| 1976 | 174 | 1984 | 259 | 1992 | 306 | 2000 | 607 |
| 1977 | 280 | 1985 | 198 | 1993 | 252 | 2001 | 619 |
| 1978 | 315.1 | 1986 | 186 | 1994 | 310.4 | | |

**销售**　1949年前，西药价格昂贵，一支4万单位的盘尼西林值大洋1元，可买大米50千克。1954年，地区医药公司年销售几十万元。1970年，销售200多万元。1971～1980年，销售2454.3万元，年均245.43万元；1981～1990年销售5179.3万元，年均517.93万元；1991～2001年销售12032.6万元，年均完成销售1093.87万元。

**专项供应**　20世纪60年代，计划生育药品与药具由医药部门经营。70年代，分免费供应品和有价调拨品管理。免费供应品由计划生育部门联系货源，拟订发放计划；医药部门负责保管货物，按计划将药品药具发到县、区、乡。70年代中期至80年代初期，计划生育药品与药具的供应以及发放区、乡，全由计划生育部门承担。自80年代后期起，计划生育药品与药具由计划生育部门管理。

## 五　中　药

**中药材生产**　毕节地区多产中药材，《神农本草》中所载365种药材，区内产128种。李时珍的《本草纲目》载的中药1982种，境内产300余种。长期以来，居民就有栽培、采制、应用中草药的经验。贵州省的10种名药材：吴茱萸、艾纳香、杜仲、党参、半夏、桔梗、黄连、天麻、茯苓、千张纸，除千张纸外，其他均有出产。据1985～1987年《毕节地区中药资源普查资料》记载，全地区野生和野生变家种，家养的中药有2100多种。全地区常年调供省外的本地产药材200余种，调供出口的70余种。大宗药材有：杜仲，蕴藏量110多万千克，年收购量5万多千克；黄柏藏量80多万千克，年收购4万多千克；厚朴藏量40多万千克，年收购2万多千克；木瓜藏量20多万千克，年收购1万多千克；天麻藏量3万多千克，年收购1万多千克；茯苓藏量3万多千克，年收购1万多千克；桃仁藏量40多万千克，年收购1万多千克；乌梅藏量40多万千克，年收购1万多千克；何首乌藏量150多万千克，年收购3万多千克；苦参藏量50多万千克，年收购5万多千克；续断藏量300多万千克，年收购10多万千克；党参藏量100多万千克，年收购5万多千克；半夏藏量60多万千克，年收购10多万千克；龙胆草藏量18万多千克，年收购3万多千克。

从20世纪50年代开始，国家、省、地、县逐年下达生产指标，各县药材公司按生产计划抽派技术人员到农村，动员并指导农民种植药材。大方、毕节、威宁、赫章、纳雍县野生天麻较多，其他县也有少量野生。全地区年产野生天麻7万千克左右，居全省之首。1956年，纳雍县居仁供销社率先栽培天麻成功。《新黔日报》发表文章介绍人工栽培天麻经验。毕节专署合办处要求各地基层社推广其经验。70年代，毕节、大方、赫章、威宁、纳雍、黔西县试种天麻。1985～1986年，地区供销社先后在毕节和金沙举办天麻栽培技术培训班5期，培训学员110名。地区供销社优惠供应天麻种615千克，蜜环菌柴3030千克，技术资料157份，普及人工栽培天麻技术。1987～1990年，毕节县青场区野葛、吴家屯等地家种获得成功，年产30万千克。

1957年，国家计划收购中药材47种。地区合办处要求开展野生变家种。试验成功的有天麻、红花、茯苓、百合、牛蒡子、乌头、泡参（南沙参）等30种。

1960年，在黔西县甘棠、沙窝，赫章县青山梁子等地建中药材生产基地13个，种植天麻、党参、杜仲等10多个品种共2万亩。1961年，引种成功黄连、苦参、贝母、黄芪、荆芥、元胡、云木香、太子参、山茱萸、连翘、红花、玄参、大黄、知母、款冬花、丹参、猪苓、银耳、积壳、佛手、千张纸；野生变家种成功的有半夏、龙胆草、防风、秦艽、金银花。1962年，全地区引种潞党参、三七、菊花、川芎成功。1963年，引种白芍、生地、泽泻。1964年，地区药材公司在产地购买黄柏种子250千克、云木香种子250千克、潞党参种子750千克，分发到适宜地方种植。1965年，扩大中药材栽种，共计10个品种，5304亩。1966年，地区医药公司向各县药材公司下达杜仲等15个品种种子、种苗收购通知，种植供应不足的16种中药材3285亩。1967年，种潞党参、大牛膝共2238亩。1968年，种植潞党参、泽泻、大牛膝、白芷共2546亩。1969年，全地区种植潞党参、白术、白芍、云木香、大牛膝、丹皮共5119亩。

1970年，种潞党参、白术、白芍、泽泻、云木香、大牛膝、丹皮、三七、白芷共4813亩。1971年，种潞党参、白术、白芍、泽泻、云木香、丹皮、大牛膝、三七、白芷1.21万亩。1972年，全地区种植4个品种、共1.38万亩。种植野生变家种天麻、天门冬、黄花射干、瓜蒌、桔梗、独脚莲、龙胆草、马槟榔共45亩。1973年，全地区种植占耕地的29个品种，共1.75万亩。

**1974～1997年毕节地区中药材种植统计表**

单位：亩

| 年份 | 品种 | 面积 | 年份 | 品种 | 面积 |
| --- | --- | --- | --- | --- | --- |
| 1974 | 8 | 9133.9 | 1987 | 9 | 9330 |
| 1975 | 11 | 9733.8 | 1989 | 10 | 1596 |
| 1976 | 11 | 100009 | 1990 | 13 | 23317 |
| 1977 | 11 | 5903.5 | 1991 | 13 | 22520 |
| 1978 | 27 | 52454 | 1992 | 15 | 9567 |
| 1979 | 11 | 2497 | 1993 | 20 | 19903 |
| 1980 | 10 | 993 | 1994 | 28 | 17480 |
| 1981 | 5 | 1340 | 1995 | 16 | 15810 |
| 1983 | 14 | 4623 | 1996 | 14 | 9085 |
| 1985 | 8 | 7690 | 1997 | 6 | 13500 |
| 1986 | 5 | 11210 | | | |

1998年后，中药材种植受市场价格影响，价高多种，无利不种，致使一些有条件种植的品种造成货源紧缺，潞党参濒临断产。据调查，全地区常用留存23个药材品种，分别是：杜仲1万亩，黄柏5000亩，厚朴1000亩，白芍200亩，牛膝200亩，天花粉10亩，木瓜300亩，荆芥20亩，白术200亩，乌梅1000亩，天麻1万亩，射干10亩，银花100亩，桔梗50亩，五倍子1000亩，山楂10亩，半夏200亩，桑白皮500亩，潞党参500亩，柴胡10亩，吴茱萸10亩，菊花15亩，板蓝根10亩。2000年，全地区列入规划的万亩以上药材基地6个，分布在毕节市、黔西、赫章、威宁、纳雍县，已种植药材1.15万亩，种有天麻、续断、淫羊藿等13个品种。其中苦参是省食药监局指定定点种植品种和定点原料生产基地。

**中药材收购** 1.收购品种。中药材收购量居全省第一的有天麻、潞党参、半夏、龙胆草、牡丹皮、大牛膝、泽泻、黄芩、厚朴、南板蓝根、竹叶柴胡、紫菀、豹骨、牛黄；收购量居全省第二的有杜仲、茯苓、木瓜、牛蒡子、天冬、云木香；大宗三类药材有续断、何首乌、桃仁、杏仁、乌梅、防己、独脚莲、小通草等10种。1957年地区药材公司成立，当年收购中药材20余种。1961年增加到178种，1971年新增29种，1984年增15种。

2.收购网点。1949年11月~1958年，中药材收购业务由地区供销社、各县供销社及土产公司兼营。1956～1962年，大部分药材收购业务由地区供销社兼营。1962年后，大部分药材收购业务归地区药材公司，供销系统经营少部分。根据上级分工，县以下区乡的中药材收购，由国营专业公司委托基层供销合作社代购，但须先付代购手续费。供销合作社及其分销店，对收购的品种、规格、等级、质量、价格，均按国营专业公司的有关规定和要求执行。全地区共有934个中药收购网点。

3.药材收购奖售。1961～1979年，国家实行中药材收购奖售政策。1961年，实行收购奖励粮食的中药材39种，以每50千克为计奖单位（下同）。奖励粮食以千克为单位（下同）：天麻30；猪苓25；山药15；川牛膝12.5；党参、白芍10；木瓜、云木香、泽泻、吴茱萸、天冬7.5；马兜铃6.5；白术6；茯苓、杜仲、黄芩、天花粉、牛蒡子、黄精、厚朴、前胡、独活、柴胡、紫菀、瓜蒌、半夏、续断、何首乌、玉竹、龙胆草、黄柏、天南星、赤芍、牙皂、草乌、白芷5；银花、桔梗4;枳壳（实）3.5。1962年，根据国家奖售政策规定，全国奖售的中药材72种，27种。1963年，中药材收购奖售粮食、化肥、棉布和胶鞋。全国52种药材，19种。1964年奖售粮食、棉布，全国44种，6种。1965年，全国奖售粮食、棉布的中药材35种，7种。1966年，全国中药材收购奖售31种，7种。1967年全国32种，12种。1968年，全国中药材收购奖售27种，10种。1973年，全国中药材收购奖售29种，10种。奖售粮食以千克计，棉布以米计；党参，粮40，布5；杜仲，粮5，布1；茯苓，粮15，布5；金银花，粮15，布7.5；丹皮，粮50，布3；天麻，粮50，布4；云木香，粮12.5；三七，粮30；川牛膝，粮25，布1.5。1979年，全国中药材收购奖售计31种，4种：天麻，粮50，布4；金银花，粮15，布7.5；杜仲，粮5，布1；厚朴，粮5。

4.收购实绩。1949年末~1951年，国营单位尚未经营中药材收购业务。1952～1957年，由供销系统兼营中药材，共收购165万元，收购量（以价折产）约172万千克。1958～1963年，收购546万元，收购量470万千克。1964～1969年，收购1019万元、750万千克。1970～1975年，收购1434万元、1050万千克。1976～1981年，受国内外市场因素影响，白芍、潞党参等15个品种大量积压，药材发生质变，损失20多万元。6年间，收购1498万元、355万千克。1982～1986年，停止生产潞党参、生地等20余种家种药材；停止收购31个品种中药材。5年收购761万元、395万千克。1987年，全地区中药材收购334.3万元。1988年，收购品种有所增加，收购1270.4万元。1989～1991年收购品种数量锐减，全地区收购193万元。1992年，收购中药材品种18个，收购14.67万千克、219万元。1993年，国营企业收购额大幅下滑，全地区收购116万元。1997年收购品种不到10个，收购18万元。1998～2001年10月止，受市场影响，只按市场需求作临时的少量收购。

**中药材仓储** 1.仓库建设。20世纪50年代初，供销社收购中药材，大都租用民房堆放。1956年后，专区和各县相继建立中药材公司。各公司根据实际需要，申请国家拨款或自筹资金建设药材仓库。当时的药材仓库、成药仓库多为砖木结构。药材养护多采取烘、晒、焙、熏等传统方法。地区药材公司仓库680平方米，1984年达1891平方米。仍不足需要，搭建简易仓棚120平方米。1995年，全地区药材仓库1.1万余平方米，其中地区公司3425.1平方米，大方县公司1248

平方米，黔西县公司896平方米，金沙县公司921平方米，织金县公司883平方米，威宁县公司1208平方米，纳雍县公司1712平方米，赫章县公司743平方米。

2.仓库管理。20世纪50年代中期~60年代初，毕节地区中药材系统仓储设施逐渐改善，商品保管也逐渐规范。做到分类储存，货位编号以便查对；堆码苫垫以防潮湿；入库验收，出库复核以便盘点；坚持商品先进先出以防陈腐；防火防盗，有消防设备，夜间库门加锁。60～70年代，贯彻供销总社仓库工作条例，对商品保管工作提出8条要求：①商品分类存放，编号定位，悬卡标量；②堆码整齐安全；③有适应各类药材性质的存放条件和保护措施；④易燃易爆，有毒商品按有关安全规定存放和保管；⑤库内无火源，无带电线路；⑥仓库与生活区、加工厂、车间、油库严格分开；⑧保持库区清洁卫生。1980年开始，开展以商品保管养护好、服务思想好、指标完成好、安全生产好的竞赛活动。通过活动，加强全地区药材系统的仓库业务管理。90年代初，全地区药材系统要求保管人员做到勤检查、勤翻晒、勤整理；无火灾、无盗窃、无霉烂变质、无走油、无虫蛀、无鼠咬鼠屎。设置质量检验科室，逐步建立药品检验制度。90年代后期，区内药材购销业务萎缩，多数中药材仓库处于闲置，少部分仓库租给烟草系统或其他单位堆放烟叶和其他物资。

3.中药材库存。1965年，全专区纯销售58万余元，年末库存105.68万余元，库存额占销售额的182%。1970年，纯销售79.2万元，年末库存181.45万元，库存为销售额的229%。1975年，纯销售129.12万余元，年末库存额200.88万余元，库存为销售额的156%。1982年，纯销售131.3万余元，年末库存额153.56万元，库存额为销售额的117%。1988年，纯销售234.34万元，年末库存额365.01万元，为销售额的115%。地区药材公司约占60%，各县药材公司约占40%。

4.中药材炮制。民国时期，各县的个体诊所、药店根据中药配方的需要，按传统方式炮制药材。方法有蒸、炒炙、煅等，设备简陋，工艺欠规范。直到20世纪50年代初期沿袭未改。1956年，各县相继成立中药材公司，都先后设置加工房，有专人负责对外调药材挑选、加工、打包，同时炮制部分中药饮片供应本地。仍沿用刀砍、斧剁、秤砣砸、槽碾等方法，炮制质量不很稳定。1958年，毕节地区中药材公司开始供应中药饮片。当时只有两间共180平方米的加工房和手工切制用的刀桌。1975年增添1台切药机。1966，加工炮制中药饮片37个品种，生产910千克；1978年炮制63个品种，生产16434千克；1987年为88个品种，年生产2.92万千克；1995年为97个品种，年生产1.87万千克。1999年为101个品种，生产2.01万千克。生产技术由单一的粗制发展到规范化的精制，供应范围由地区机关所在地扩销到全地区各县，基本上满足全地区中药饮片配方供应。1993年，建立毕节地区中药饮片厂。

**中药材经营** 1953年前，中药材销售由民间个人自由购销。1953年实行计划经济，中药材购销业务仍由供销系统兼营，但经营不全面，未开展批发业务。1956年底后，全地区中药材专业体制逐渐形成，根据中央和省有关文件精神开展业务。

**1957～1988年毕节地区中药材国内销售金额统计**

单位：万元

| 年份 | 销售金额 | 年份 | 销售金额 | 年份 | 销售金额 | 年份 | 销售金额 |
|---|---|---|---|---|---|---|---|
| 1957 | 76 | 1965 | 58 | 1973 | 133.23 | 1981 | 123.79 |
| 1958 | 39.1 | 1966 | 49 | 1974 | 108.83 | 1982 | 131.3 |
| 1959 | 78 | 1967 | 66 | 1975 | 129.12 | 1983 | 147.18 |
| 1960 | 76.7 | 1968 | 68 | 1976 | 114.01 | 1984 | 163.37 |
| 1961 | 53 | 1969 | 108.35 | 1977 | 115.38 | 1985 | 187.53 |
| 1962 | 57 | 1970 | 79.1 | 1978 | 117.49 | 1986 | 173.53 |
| 1963 | 46 | 1971 | 100.87 | 1979 | 141.34 | 1987 | 168.36 |
| 1964 | 52 | 1972 | 120.54 | 1980 | 118.75 | 1988 | 253.34 |

1988年后，药材市场完全放开，各公司自主经营。据19个年度统计，中药材国内纯销售额占贵州省的10%，名列第三。据22个年度统计，全地区中药材国内纯销售中，毕节县占29.7%金沙县占16.4%，大方县占14.4%，以下依次为黔西县、威宁县、织金县、纳雍县，赫章县最低，占全地区的4.5%。

**中药材调拨** 1.中药材调入。（1）供应种类。中药材供应品种，外地药材占60%多。1961年，全地区中药材供应470种中，外地药材为292种。1971年，供应461种，外地药材减少9种。1984年供应473种中，外地药材增加3种。（2）支付金额。①省外调入支付。1965～1969年，省外调入药材支付36.23万元；1970～1974年为105.87万元；1975～1979年为11.79万元；1980～1984年为155.57万余元；1985～1988年为164.7万元。②省内支付。1970～1974年，378.24万余元；1975～1979年为611.03万元；1980～1984年为465.79万元；1985～1988年为355.23万余元。

2.中药材调出。调出二类药材有党参、茯苓、金银花、云木香、天麻、杜仲、厚朴、黄柏、半夏、龙胆草、木瓜、天冬、大牛膝、三七；大宗三类药材何首乌、续断、桃仁、杏仁、天花粉、天南星、黄精、独活、泡参、骨碎补、小通草（丝）、旋复花、百合片、马兜铃、猪苓、粉葛、菟丝子等。

3.出口二类药材有党参、天麻、半夏、龙胆草、杜仲、黄柏、茯苓、木瓜、银耳、大牛膝、陈皮、白附片、云木香、三七、丹皮、厚朴、川芎；大宗三类药材有桃仁、杏仁、续断。

调省内地州市：1970～1974年，货值283.71万元；1975～1979年，657.61万元；1980～1984年，336.9万元；1985～1988年，238.71万元。调外省市区：1965～1969年，82万元；1970～1974年，575.25万元；1975～1979年，834.17万元；1980～1984年，2136.63万元；1985～1988年，314.59万元。出口：1965～1969年，33.8万元，1970～1974年，175.06万元；1975～1979年，243.93万元；1980～1984年，254.44万元；1985～1988年，17.61万元。

## 六　中成药

**中成药经营品种**　1965年，中药材专营机构经营中成药224种。1971年比1965年减140种，增149种，实际经营233种。1984年比1971年减188种，增214种，实际经营259种。

**中成药购进**　1965～1969年，中成药纯购进为14.58万余元；1970～1974年18.41万元；1975～1979年16.67万元；1980～1984年16.07万元；1985～1988年302.69万元。

**中成药销售**　据21个年度统计，中成药国内纯销售额累计为2669.77万元，其中，地区药材公司占24%，各县药材公司为：大方18%，威宁13.8%，金沙9.6%，黔西9.5%，赫章8.7%，织金18.2%，纳雍7.2%，水城公司1%。

### 1961～1988年毕节地区历年中成药销售统计表

单价：万元

| 年份 | 金额 | 年份 | 金额 | 年份 | 余额 | 年份 | 金额 |
|---|---|---|---|---|---|---|---|
| 1961 | 22 | 1968 | 47 | 1975 | 121.21 | 1982 | 128.71 |
| 1962 | 29 | 1969 | 59 | 1976 | 83.61 | 1983 | 146.67 |
| 1963 | 18 | 1970 | 60.191 | 1977 | 114.79 | 1984 | 168.09 |
| 1964 | 17 | 1971 | 62 | 1978 | 103.84 | 1985 | 163.59 |
| 1965 | 18.52 | 1972 | 89.92 | 1979 | 98.68 | 1986 | 230.25 |
| 1966 | 31 | 1973 | 118.82 | 1980 | 85.16 | 1987 | 271.04 |
| 1967 | 44 | 1974 | 123.49 | 1981 | 96.47 | 1988 | 325.70 |

**中成药调拨**　1.省内调入1970～1974年300.96万元；1975～1979年368.07万元；1980～1984年378.01万元；1985～1988年534.81万元。2.省外调入：1970年～1974年194.7万元；1975～1979年193.58万元；1980～1984年217.03万元；1985～1988年147.89万元。

**中成药库存**　1965年，全地区中成药年末库存20.12万元；1970年37.97万元；1973年76.09万元；1978年100.46万元；1984年99.21万元；1988年183.17万元。

**纳税和利润** 中成药经营缴纳国家税款和上交国家纯利润：1962～1966年纳税1.1万元，利润11.5万元；1967～1971年纳税1.83万元，利润40.22万元；1972～1976年纳税6.83万元，利润72.17万元；1977～1981年纳税7.05万元，利润22.85万元；1982～1986年纳税15.28万元，利润129.33万元；1987～1988年纳税30.13万元。

## 七 中草药资源

**中药材分布** 毕节地区中药资源品种多、分布广、产量大。1985年，调查汇编《毕节地区中药资源名录》载有中药材资源1672种，其中有植物1577种，隶属185科；动物79种，隶属56科；矿物16个品种。全国统一安排普查的368种重点品种，有172种，占47.3%。全地区统一安排普查的647个品种，通过走访座谈、实地调查、样方测试和参阅各个时期的有关资料，加以综合分析，确认其蕴藏量为17.7亿千克，其中植物药14.725千克，动物药13.51万千克，矿物药16.3万千克。其分布为：1.东部低中山山原丘陵地30个区，258个乡，包括金沙县全部区乡；黔西县除桃井、纸厂、金坡、石板、仁和5个乡外；织金县城关、八步、桂果、牛场、化起、龙场、猪场、以那架，984.28万亩，占全地24.5%。药材栽培不够发达，家种药材少，以野生药材为主。有中草药601种，植物药总蕴藏量2972万千克。主要品种为杜仲、天麻、龙胆草、玄参、半夏、桔梗、石斛、五倍子、穿山甲、丹皮、天南星、金银花、续断、白术、天冬、乌梢蛇、黄精、泡参、苦栋子、木瓜、半边莲、栀子、青藤香。2.中北部中中山地带36个区，286个乡。包括毕节、大方县全部；赫章县野马川区、青山区的双河镇、青山、坪子、茶园，古达区的古达、安郎、向河、平山林场，六曲河区的苏奶、哲庄、古基、发倮、罩子、新店、拉罗、娃多、倮歪，黔西县的桃井、纸厂、石板、仁和、金坡乡，1176.99万亩，占全地区29.2%。家种药材较多，但仍以野生药材为主。有中草药品种610个，植物药总蕴藏量3071万千克。主要品种有：黄连、泡参、五倍子、大玉竹、金银花、连翘、苍术、麝香、杜仲、黄柏、厚朴、天冬、何首乌、龙胆草、半夏、续断、白芍、丹皮、粉葛、天花粉、瓜蒌、大牛膝、云木香、荆芥、乌梅、闷头花、红果蔷薇、官桂、云南勾儿茶、乌梢蛇、九香虫、前胡、独活、天麻、木瓜、大枣。3.中南部中中山地带16个区，118个乡。包括纳雍县全部；织金县的三塘、阿弓、珠藏区，540.87万亩，占全地区13.4%。以野生药材为主。家种药材黄柏、杜仲、厚朴。家种和野生植物药品种510个，植物药总蕴藏量4704万千克。主要品种有独活、前胡、云木香、厚朴、杜仲、黄连、龙胆草、大牛膝、九眼独活、大枣、板蓝根、乌梅、五倍子、黄柏、半夏、天麻、天冬、何首乌、续断、旋复花、泡参、白芍、粉葛、丹皮、百合片、大风藤、黄精、穿山甲、乌梢蛇、黄药子、白药子。4.西部高原中山地带19个区，72个乡。包括威宁县全部；赫章县的兴发、妈姑、可乐、财神、恒底区，六曲河区的中寨，青山区的独山、洗菜河、水塘、铜厂，古达区的威奢、石板、佳娃等乡，1325.09万亩，占全地区32.9%。野生药材保存较多，资源比较丰富，家种药材主要是潞党参、云木香等。家种和野生药材品种有735个，植物药材总蕴藏量1412.5万千克。主要品种有秦艽、防风、独定子、乌梅、厚朴、三七、杜仲、人参、竹根、三七、香独活、黄芩、辛夷花、苍耳子、地骨皮、鸡蛋参、杏仁、潞党参、野丹参、黄毛耳草、紫草、半夏、天南星、茯苓、猪苓、女贞子。桃仁、卷柏、斑蝥虫、山桂。

**少数民族用药**　为多民族杂居地，各民族在长期生活实践中，积累了丰富的医疗经验，有的还形成自身的医学体系。地区中药资源普查共收集苗族、彝族、布依族等民族中药122种。回族按伊斯兰教教义心净、身净、食净、衣净、居室净要求，注重生活卫生，流行病、地方病较少。一旦生病，主要用自然药物治疗，不信巫医鬼神。回族生活中使用汉语，所用药物与汉语同名同实，许多药物纳入官药。彝族、苗族、布依族、仡佬族认识大量药草，创造不少单方、验方。在治疗方法上，除用药物内服外敷之外，还有拍法、追法、刮法、按法、放血、刺割等外治疗法。苗族治骨折，正骨后使用接骨术，见血飞、三百棒、大鹅儿肠等药物捣绒外敷，用鲜杉树皮包扎固定，疗效显著，消肿和愈合都较快速；且药物易得，经济方便。彝族用朝天罐、车前草、牛儿大黄、马鞭草、旱莲草等治疗急性肾炎，只要两三天水肿和血尿即消，腰痛腰胀等自觉症状大为减轻。布依族常用药不下100种。其用三颗针于痢疾、肠炎，用白英于肝炎，用岩豇豆于颈淋巴结核和止咳化痰，均有显著疗效。地区中药普查收集到的药物中筛选出疗效较好的122种少数民族用药，其中苗族76种，彝族24种，布依族19种，其他民族3种。

# 第九节　其他卫生工作

## 一　药品监督检验机构

**毕节地区药品检验所**　1965年前，毕节地区防疫站内市设药品检验室，开展药品检验工作。1965年5月，省编委批准建立毕节专员公署卫生局药品检验所，在城内百花路8号原福音堂办公。1966年，内设中药室、化学室、生测室。1972年1月，将毕节专署药检所并入毕节地区防疫站，设置药品检验组。1976年1月，恢复药检所建制，更名为毕节地区革命委员会卫生局药品检验所（下称地区药检所）。1978年，增设办公室。1980年8月，财政拨款在毕节城关翠屏路建600平方米业务用房，地区药检所由百花路8号迁翠屏路办公。1986年8月，财政拨款37.6万元购天河路104号1626.6平方米砖混结构房办公。所内设办公室、技术管理室、化学室、生测室、中药室、财会室。1987年1月，创办《毕节地区药品监督与信息》，每年4期，当年出刊3期，宣传《药品管理法》及相关法律法规、药品外观鉴别常识、药品监督检验结果。1994年3月，毕节地区药检所申报计量认证，成为卫生系统首家获国家技术监督局颁发计量合格证书单位，当年获毕节地区3项科技进步4等奖，1项贵州省首届科学技术大会奖。是年，进行1万人次药物滥用调查。2001年10月，毕节地区药品检验所从毕节地区卫生局划出，隶属于毕节地区药品监督管理局领导。

**县市药品检验机构**　1982年6月，成立大方县药品检验所；1982年8月，毕节、黔西、威宁分别建立县药品检验所；1986年3月，1986年11月，织金、纳雍县分别建立县药品检验所；1990

年11月，金沙、赫章县分别建立县药品检验所。各县药品检验所均隶属所在县卫生局，代县卫生局开展药品监督执法及药品质量监督检测。2001～2002年，根据国家关于改革卫生体制的要求，各县市药品检验所均划归所在县市药品监督管理局管理。

## 二　采供血机构设置

**毕节地区中心血站**　1992年11月建立，挂靠毕节地区医院检验科，对外称毕节地区中心血站，对内属地区医院一个科，以采浆为主，以采供毕节市区医疗机构临床用血为辅。承担毕节市区各医疗机构临床用血及单采血浆业务，供浆人员约1000人，年采浆约10吨，临床用血约20万毫升。1995年7月，根据卫生部要求，血站与毕节地区医院脱钩，成为独立机构，为隶属毕节地区卫生局的正科级差额拨款卫生事业单位。1996年，租用毕节地区中医院城郊郭家湾房屋4500平方米，开展业务。设置办公室、后勤科、血源科、采浆科、临床血科、检验科、质控科。有洗板机、采浆机、大容量离心机、稳压器、锅炉、低温冰箱、冰柜、X光机、交通车。是年，采浆量达60多吨。2002年，根据省卫生厅批示，取消采浆业务，重点采供临床用血，承担毕节市及大方、黔西、金沙、纳雍、赫章县医疗机构临床用血采供工作，在毕节市以外的5县设供血点，对6县市的临床用血实行“三统一”管理。到2003年底，采供血工作形成较为完善的供血网络。2002年，国家投资血站201万余元的设备款，血站增加电脑、空调机、大型低温冰箱、储血冰箱、送血车、采血车、血小板分离机、冷库等设备，大大地改善血站的硬件设施。2003年，国债资金投入500万元，于环城路选址新建地区中心血站，占地10亩，建砖混结构房屋3000平方米；有职工33人，其中副主任医师2人、主治医师2人、医师1人；主管护师11人，护师、护士各1人；主管检验师5人、检验师1人。2003年底，年临床用血量1.5吨，临床无偿献血为100%，成分用血90%以上。血站实现微机化管理，在建立起供血网络，安全有效地保障各县市医疗机构的临床用血和急救用血。

毕节地区血站

**县单采浆（血）站**　1995~1996年，织金、纳雍、威宁、金沙、黔西县先后建立单采浆（血）站。人员编制18~29人不等。各县单采浆（血）站房舍面积分别为：织金县站1800平方米，纳雍县站3000平方米，威宁县站1200平方米，纳雍县站3000平方米，威宁县站1200平方米，金沙县站1000平方米，黔西县站2000平方米。各县单采浆（血）站均有酶标仪、洗板机、采浆机、低温冰箱、低温速冻柜等设备，配置血源室、采浆室（采血室）、化验室、质控室、抢救室、冷藏室（冷库），采集原料血浆及供县境内临床用血（或只采供县境内医疗机构临床用血）。1996年，织金县采浆（血）站有献血员800余人，采单浆2.21吨，血浆合格率99.93%。1997年，采供血浆21.9吨，合格率99.91%；采供全血1.85万毫升。同年，纳雍县采血浆站建立合格采浆人员卡3601人。1998年，织金县采浆（血）站有献血员8435人，采供血浆4.5吨，合格率99.5%；采供全血2.4万毫升。同年，纳雍县采浆（血）站购采浆机8台，停止手工采浆，改为机器采浆。1999年，织金县采浆（血）站采供全血8.01万毫升，其中无偿献血7200毫升。2002年，撤销黔西、金沙、织金县单采浆（血）站。金沙县采浆（血）站不再进行单浆业务，只采集供县境内医疗机构临床用血。威宁县采浆（血）站停止临床供血业务，其临床供血业务移交威宁县中心血库，只开展单采浆业务。2003年，威宁县采浆（血）站有采浆床30张，职工40人。其中，正式职工16人，聘用职工24人。正式职工中，有副主任医师1人，医师1人；主管护师1人，护师5人，护士3人；主管检验师1人，检验师1人。同年，纳雍县采浆（血）站有职工38人，其中，正式职工16人，聘用职工22人，有采浆机16台，采浆床16张，建立合格采浆人员卡8.21万人次。

1.黔西县单采浆（血）站。其前身为1994年9月黔西县人民医院投资组建的黔西县红十字血站。1996年4月，根据国家卫生部要求，黔西县人民政府批准撤销黔西县红十字血站，建黔西县单采血浆站。租用县人民医院房屋，向银行贷款开展采浆、采血。1997年，征用东大街土地，新建业务用房2000平方米。1998年底，血站迁新址办公，站内设办公室、财务室、血源室、候采室、采浆室、全血采血室、化验室、质控室、抢救室、成分血制作室等科室。拥有洗板机、酶标仪、采浆机、大型离心机、稳压器、锅炉、低温冰箱、冰柜、X光机、水浴箱、恒温箱、空调；定编职工29人。2002年，撤销。

2.金沙县单采血浆（血）站。1996年1月建立，隶属全沙县中医院。1997年5月，根据国家卫生部、贵州省卫生厅要求金沙县单采血浆（血）站与金沙县中医院脱钩隶属县卫生局，差额拨款卫生事业单位，定编18人。省卫生厅颁发“采供血机构执业许可证”，独立开展工作。是年7月，自筹资金118万元，购买县糖厂土地4000平方米，用房1000平方米。旋即，迁新址开办公。2002年5月，根据省卫生厅要求，撤销金沙县单采血浆站，改建金沙县血站。职工减为12人，其中副主任医师1人，主治医师、医师、助理医师各1人；主管护师2人、护士1人；主管检验师1人、检验士2人。设置办公室、财务室、血源室、体检室、采样室、化验室、采血室、成分血制作室、质控室、消毒供应室、储血发血室、库房等科室，新增酶标仪、储血冰箱。不再进行单浆业务，只采集和供给县医疗机构临床用血。

3.织金县单采浆（血）站。1995年4月，建立，附属织金县人民医院。1996年11月，根据卫生部、贵州省卫生厅要求与织金县人民医院脱钩，独立建站，隶属县卫生局，差额拨款卫生事业单位，定编23人。省卫生厅颁发“采供血机构执业许可证”，独立开展工作。1997年，购买县物资局星秀田仓库400平方米作业务用房，内设机构办公室、财会室、后勤科、血源室、化验室、单采室。1999年，扩建业务用房1800平方米，建职工宿舍400平方米。增加档案资料室、微机室、消毒供应室、全血室。2001年7月，实行血源“三统一”，织金县卫生系统统一由单采浆

（血）站分设血库供临床用血。2002年6月撤销。

4.纳雍县采血浆站。1995年，地区中医院、纳雍县卫生局、纳雍县人民医院共同投资66万元建纳雍县红十字会血站。是年8月，地区卫生局向省卫生厅报告建立纳雍县红十字血站；10月，省卫生厅批复同意建立，规定其主要任务是负责本县临床用血采供及生物制品单位采集血浆。1996年3月，根据国家卫生部、省卫生厅要求，纳雍县红十字会血站更名为纳雍县单采浆站（下称单采浆站），编制25人，隶属县卫生局。原投资者撤出，机构独立建制，工作人员由县医院抽调。单采浆站内设办公室、血源室、采血室、化验室、质控室、机采室、冷藏室、献血休息厅，拥有酶标仪、洗板机、冰箱、采浆机、自动打印机、低温速冻柜、空调柴油发电机、冷库、电脑、越野车。1998年1月，根据卫生部要求，停止手工采浆，购采浆机8台，改为机器采浆。是年，推广成分输血，填补县内成分输血空白。1999年6月，在沿河开发小区新建3000平方米用房。2003年，有正式职工16人，聘用职工22人。有采浆机16台，采浆床16张；建立合格采浆卡人员8.21万人次，年采浆50吨。

5.威宁县采浆（血）站。1995年5月，建威宁县红十字血站。1996年3月，威宁县政府批准血站为隶属威宁县卫生局的差额拨款股级事业单位，编制27人。是年6月，经报省卫生厅组织复查验收，发给采供血“执业许可证”。其任务是：采集原料血浆及采供县临床用血。内设办公室、财会后勤科、会议室、血源室、采血室、化验室、质控室、机采室、冷藏室；拥有酶标仪、洗板机、冰箱、采浆机、自动打印机、低温速冻柜、空调柴油发电机、冷库、电脑、越野车。1996～1997年12月，采用人工采浆，1998年1月1日起，改用机器采浆。2002年12月31日，根据上级要求，停止临床供血业务，将临床供血业务移交威宁县中心血库。2003年，有用房1200平方米，单采桨床30张，职工40人，其中正式职工16人，聘用职工24人。

## 三　卫生监督执法机构

**毕节地区卫生监督所**　2002年4月，成立地区卫生局直属副县级卫生事业单位。编制33人，其中专业技术人员23人。内设办公室、监督一科、监督二科、监督三科。2003年，该所有用房2014平方米，有职工38人，其中行政管理人员6人，工勤人员5人，医技人员27人。主要职责是受理卫生许可、审核、进行卫生监督管理、执法。

**县、市卫生监督所**　2002年，各县市卫生监督所先后建立，负责各县市辖区卫生许可申请受理、审核，进行卫生法制宣传，开展食品、公共场所、学校卫生、放射卫生、职业病卫生、生活饮用水卫生、传染病卫生、化妆品卫生、消毒卫生、医疗机构等监督管理执法工作。

1.毕节市卫生监督所。2002年10月成立，隶属毕节市卫生局，编制28人。当年即开展辖区卫生监督执法工作。

2.大方县卫生监督所。2002年2月成立，隶属县卫生局。编制18人。主要任务是受理卫生许可、审核，进行卫生监督管理、执法。

3.黔西县卫生监督所。2002年7月组建。编制11人。负责黔西县食品、医疗机构监督检查、执法工作。

4.金沙县卫生监督所。2002年7月建立，金沙县卫生局直属副科级卫生事业单位。编制18人。负责金沙县食品、医疗机构监督检查和执法。2003年，该所有职工18人，有业务用房250平方米。

5.织金县卫生监督所。2002年5月组建，为织金县生局直属副局级卫生事业单位。编制23人。主要开展食品、公共场所、学校卫生、放射卫生、职业病卫生、生活饮用水卫生、传染病卫生、化妆品卫生、消毒卫生、医疗机构等监督管理和执法工作。

6.纳雍县卫生监督所。2002年6月14日组建，纳雍县卫生局直属副科级卫生事业单位，编制25人，实有30人。负责纳雍县食品、医疗单位卫生监督检查和执法工作。

7.威宁县卫生监督所，2002年4月成立，威宁县卫生局直属副科级卫生事业单位，编制30人，实有职工19人。主要开展威宁县环境卫生法律法规宣传、实施。

8.赫章县卫生监督所。2002年1月成立，赫章县卫生局直属副科级卫生事业单位。实有职工12人，聘用人员4人。主要进行卫生许可申请受理、审核，进行卫生法制宣传、卫生监督监管。

## 四　企事业及军队医疗机构

**企事业及军队医疗机构**　1941年，国民政府航空委员会第一发动机厂内设卫生科，开展西医业务。中华人民共和国成立后，各县有一定规模的厂矿、学校、托儿所、军队都设有卫生所、医务室。1958年，全专区有厂矿卫生所96个，学校卫生所12个。1962年，全专区有厂矿医院2所，设正规病床105张，有卫技人员85人；厂矿卫生所30个，其他卫生所15个，共设简易病床228张，有卫技人员146人。1970年，全地区有厂矿医院2所，卫生保健所76所，设病床167张，有卫技人员288人。1978年，全地区有厂矿医院2所，卫生保健所98所，设病床212张，有卫技人员442人。20世纪90年代后，厂矿、企事业单位以及军队设有卫生所或医务室共34个。

**集体医疗机构**　中华人民共和国成立初期，城乡个体医生响应政府号召组织起来走集体化道路。大方县：1952年成立联合诊所1个，1955年12个，1965个20个，1968年，联合诊所改办公社卫生所；织金县：1953年在城关十字街成立第一联合诊所，1957年，全县有联合诊所12个，中医中药人员59人；金沙县：1952年成立联合诊所1个，1956年个体医全部参加联合诊所，1991年全部解体。1958年，全专区建联合医院28所、联合诊所40所。1959年，全专区建联合医院21所、联合诊所8所。1965年，全专区发展联合诊所30所，公社卫生所30所，培训中医学徒20人，中药学徒5人。80年代后逐步解体，改办个体诊所。

## 五　民营医疗机构

中华人民共和国成立前，民间多有个体卫技人员就诊行医，这种形式一直持续到1951年。1952年，多数医技人员响应国家号召，联合组成诊所或卫生室，为民众医治疾病。1980年后，国家改革医疗制度，允许民间经过考试、考核，建立个体医疗机构，为民众治疗疾病，以缓解国家医疗资源的不足。至2003年，各县市共上报批准开业诊所751户，卫技人员993人，其中执业医师187人，助理医师154人、注册护士38人，药剂人员5人，其他人员558人；年诊疗123.36万人次，出诊2.89万人次，年收入1119.5万元。同时，批准建立部分私立医院。

**2003年毕节地区诊所情况统计表**

单位：所、人、平方米、万人次

| 县 市 | | 毕节 | 大方 | 黔西 | 金沙 | 织金 | 纳雍 | 威宁 | 赫章 | 合计 |
|---|---|---|---|---|---|---|---|---|---|---|
| 机构数 | 总数 | 122 | 277 | 103 | 41 | 82 | 13 | 63 | 50 | 751 |
| | 普通诊所 | 114 | 277 | 103 | 41 | 82 | 13 | 63 | 34 | 727 |
| | 中医诊所 | 6 | | | | | | | 4 | 10 |
| | 中西医诊所 | 1 | | | | | | | 10 | 11 |
| | 口腔诊所 | 1 | | | | | | | 2 | 3 |
| 人员 | 总人数 | 131 | 361 | 140 | 42 | 77 | 30 | 94 | 118 | 993 |
| | 卫技人员 | 131 | | | | | | | | |
| | 执业医师 | 56 | 29 | 9 | 15 | 24 | 11 | 12 | 31 | 187 |
| | 其中中医师 | | 11 | 2 | 2 | 4 | 2 | 1 | 5 | 27 |
| | 助理医师 | 2 | 45 | 13 | 27 | 11 | 5 | 22 | 29 | 154 |
| | 其中中医师 | | 15 | 2 | 1 | | | 2 | 10 | 30 |
| | 注册护士 | | 13 | 1 | | | 10 | 3 | 11 | 38 |
| | 药剂人员 | 1 | | | | | | 4 | | 5 |
| | 其他人员 | 21 | 274 | 117 | | 42 | 4 | 53 | 47 | 558 |
| 业务用房 | | 6422 | 5863 | 5488 | 1675 | 3673 | 830 | 2807 | 3041 | 29799 |
| 诊 疗 | | 18.39 | 23.13 | 37.75 | 2.57 | 25.5 | 2.92 | | 13.1 | 123.36 |

**附：部分私立医院选介**

**毕节山城精神病院** 1985年成立。时有职工5人，设病床20张，开展精神病人诊治工作。1989年，在翠屏村征地3.06亩修建院舍，建筑面积2200平方米，其中，病房700平方米。有心电图机、ECT治疗仪、心脑诊疗仪。2003年，有职工25人，其中医师2人，医士2人，护师3人，护士12人。

**毕节精神病康复医院** 1997年，毕节地区卫生局批准设立。投入100万元，购地3亩，建用房

400平方米，并相应购置部分医疗设备，聘用职工13人。2002年，占地7000余平方米，有业务用房6000余平方米，增设分院，开设以外科为主的综合病房，收治病人。有职工50人，病床位100张，设置有心电图、B超、放射、化验、心理门诊和住院部，年诊疗4万余人次。被毕节地区各县市、云南省镇雄县、贵阳医保局定为医保报销单位。

**毕节燕氏骨科医院**　2001年建立。聘用职工39人，其中，主任医师1人，副主任医师2人，主治医师4人，医师2人，助理医师12人；主管护师2人，护师2人，护士8人；摄影师1人，检验师2人，制药工程师1人。设置骨伤科、中医科、放射科、化验室、门诊、住院部、手术室。有移动式800MAX光机、手术床、手术牵引床、手术空调机、麻醉机、调频电动手术刀、心电监护仪、心电图机、生化分析仪、尿分析仪、电解质分析仪、离心机、721分光光度计、恒温冰箱、救护车等设备。设病床80张。开展骨科四肢骨折、骨不连接、骨缺损、骨髓炎、断指再植等外科手术。还开展一般创伤、撕脱伤、神经损伤、颅脑损伤手术。

**毕节四通医院**　2002年毕节市卫生局批准设立。是年，租用毕节地区公安处洪山路192号400平方米房屋作业务用房，并相继购置X光机、B超等一批医疗设备，设内、外、妇、儿科，设病床100张。聘用职工244人，主要收治内、外、妇、儿科常见病、多发病，能做外科、妇科常见手术。2003年，医院有职工250人，其中副主任医师5人、主治医师4人、助理医师4人；副主任护师1人，主管护师2人、护师4人，护士11人；检验师1人、检验士1人；放射医师1人，放射医士1人。能做外科常见下腹部、泌尿、骨折、神经外科、颅脑及妇产科手术。

**毕节市鸿福医院**　2002年毕节市卫生局批准创建。是年，租用毕节城区清毕南路中段房屋960平方米，购置设备X光机、B超、心电监护仪等医疗设备。设置内、外科、放射科、检验科、手术室、门诊、住院部、药房，设病床30张，聘用职工30人。2003年，病床增至80张，全院有职工32人，其中副主任医师4人、主治医师2人、医师3人、助理医师3人；主管护师1人、护士5人；主管检验师检验士、放射医师、放射医士各1人；有500MAX光机、心电图机、手术床、无影灯等设备。能开展外科中下腹部、泌尿、胸部外科及妇产科子宫肌瘤、子宫切除、卵巢囊肿切除等手术。

**初级卫生保健**　1990年，毕节地区选择金沙县作推动2000年人人享有卫生保健工作试点，起步全地区初级卫生保健工作。1991～1998年，全地区投入964.83万元，建设农村卫生设施，其中，省拨款630.01万元、地区配套拨款172.72万元、县配套162.1万元。245个乡镇有171个建立初保委员会。4523个行政村建卫生室3532个，78%的村建起卫生室。全地区有1258所中小学开展健康教育课；1352个行政村开展改水工作，使292万余人饮用上卫生水。大方、金沙、织金、纳雍县开展合作医疗。2001年11月，经省卫生厅组织复核审评，确认毕节市、大方、黔西、金沙、织金、纳雍县初级卫生保健达标。

**红十字工作**　1989年12月7日，毕节地区红十字会成立。此后，主要开展以下工作：①发展组织、壮大队伍。1989年，发展85个基层团体红十字会。1991年，地区医院输血科附设成立红十字会中心血站，开展伤病员用血采供工作。至1995年，发展会员7193人。②备灾救灾工作。毕节地区各级红十字配合各级政府、卫生、公安、交通部门，发扬人道主义、救死扶伤精神，开展卫生救护培训、实施备灾救灾、救护工作。1989年，组织全地区开展义务献血、募捐活动，首次捐得现金3450元。1993年夏季，各县市遭受不同程度的冰雹、暴雨、洪涝和旱灾，地区及各县市红十字会配合政府组织捐款、捐物，派医疗队，送医送药，救灾抗灾，扑灭疫情。共计捐款6600余元，化肥53包，免费治病500余元；接受中国红十字总会、红十字国际联合会、台湾、香港及省红十字会捐赠购粮款6万元，购粮分发给灾民。1995年11月17日、12月28日，地区红十字会在毕节军分区操场举行向灾区人民送温暖、献爱心救灾物品捐赠仪式，现场受捐值13.92万元的药品、粮食及棉被。③参与输血、献血管理工作。将地区地、县市医院列为红十字医院，参与伤病员的救护工作。1995年初，毕节地区卫生局、地区红十字会联合成立毕节地区整治采供血机构领导小组，要求各县市卫生局、红十字会、血站、医院严格执行一人一证和定点采供血制度，使输血工作实现“三统一”。参与纳雍、织金、金沙、威宁县红十字会血站的筹建工作。每年红十字纪念日，均要组织红十字纪念活动及献血活动，推动和发展毕节地区义务和无偿献血。④组织青少年参加红十字会活动。1995年8月，毕节地区红十字会组织青少年参加在湖北宜昌开展的海峡两岸同胞夏令营活动及铜仁开展的夏令营活动。2007年，毕节地区部分县遭受严重自然灾害，地区红十字会上报实情后，得到中国红十字会，香港红十字会的援助，向金沙、纳雍、威宁等县捐赠价值200余万元的救济物资。是年地区红十字会开展造血干细胞捐献活动，6月13日，毕节市大新坊办事处青年志愿者王志鑫成功为浙江一位16岁的女孩捐献造血干细胞，被贵州省推荐为全国道德模范先进人物候选人。2010年地区红十字会组织为青海玉树地震灾区捐款14.56万元，为毕节地区旱灾受灾群众发放慰问金2.4万元，协调到位的救灾物资折合人民币7.07万元，又争取到中国海洋石油总公司对毕节地区抗旱捐赠资金450万元，其中，拨发给织金红十字会150万元，300万元用于“春雨行动”解决人畜饮水问题，6.08万人受益，是年，开展“5・8”红十字日、“6・14”世界急救日活动，共免费义诊120人，接受咨询260余人，发放宣传资料1万余份，无偿献血423人，献血量8.6万毫升。

**采供血管理** 20世纪90年代前，区内抢救危重病人采供血，由具备一定条件及技术的县级以上医疗单位自采自供。1991年，随着社会发展的需要，毕节地区卫生局统一规划，发展全地区采供血事业。1992年，经省卫生厅、毕节地区行政公署批准，建立毕节地区中心血站。之后，经省卫生厅规划批准，相继建立黔西、金沙、织金、纳雍、威宁县单采血浆（血）站。1995年，将设在县的单采血浆（血）站，划隶县卫生局管理。1996年4月，毕节地区卫生局召开全地区输血工作会议，逐级签订责任状，以把好采供血质量关。同时，执行省卫生厅规定，毕节地区所采血浆，全部供给卫生部成都生物制品厂，并全部运到地区中心血站储存。1997年，举办两期培训班，学习、贯彻落实《血液制品管理条例》，增强职工依法管理血液的法律意识。是年8月，毕节地区卫生局批准建大方中心血库，签发“中华人民共和国中心血库采供血许可证”，由大方县中心血库供应县医疗机构全血、成分血。是年11月，举办机器采血培训班，培训各单采血浆（血）站人员，改手工采血为机器采血；明确规定地区中心血站负责毕节、大方、赫章县采供血，其他县单采血浆（血）站负责本县采供血。2001年1月1日起，执行贵州省献血条例，实行无偿献血。全地区实行县以上人民政府领导，卫生行政主管部门监督管理的献血采血制度，具体负责本行政区域内献血计划的实施及献血的组织动员等日常管理工作。是年，执行省卫生厅《关于单采血浆站与血站（库）分设的有关规定》《关于撤销镇宁等11个单采血浆站的通知》，撤销黔西、金沙县单采血浆站。2002年后，以国债项目重建地区中心血站，强制撤销黔西、金沙、织金单采浆（血）站，大方、赫章

义务献血

血站，只设金沙血站、威宁中心血库及纳雍单采血浆站。是年，无偿献血从30%上升到90%。2007年，毕节地区行署召开全区血液工作及无偿献血表彰大会，表彰无偿献血先进集体15个，先进个人255人。是年，地县卫生监督所出动监督员96人次，车辆17辆次。对全地区采供血机构进行3次监督检查，未发现非法采血现象。同年，地区中心血站采血9242人次，采血总量11737单位，临床用血量11612单位。至2011年，全区采血11.7万人次，采血总量339.68万毫升，比上年增加55.12万毫升，增幅为19%，红细胞用量324.12万毫升，比上年增加44.02万毫升，增幅为15.7%。是年，未发生一起血液技术及责任事故，确保了辖区内临床用血的需要和安全。

**非典型肺炎防治**　2003年，国内发现非典型性肺炎（简称非典），来势凶猛，导致人心惶惶。4月，毕节地区卫生局制发《关于加强非典型性肺炎防治工作的通知》《关于加强非典型肺炎诊疗救治工作的通知》，要求提高对非典防治工作的认识，加强疫情报告，指定医院完成治疗非典病人病房设置和设备配置，设置发热门诊，实行24小时值班，严格实行首诊负责制，避免疫情扩散。4月27日，毕节市在与四川古蔺县交界的大河口，与叙永县交界的赤水河设非典检查站，监测从四川疫区进入毕节市境的车辆、旅客，每辆客车配温度计10支，测量旅客体温，并对过往营运车辆实行洗车、消毒。4月28日，行署召开全地区非典防治工作紧急会议暨防治培训班；地区卫生局在毕节城区组织地市医疗卫生单位医务人员开展防治非典宣传咨询活动，发放防治非典资料3万余份。是日，一湖南女性从疫区安徽合肥抵达毕节，发热咳嗽就诊于地区医院，疑为非典隔离观察治疗，专家组讨论，排除非典；大方县报告一外出广东打工者带回一患儿发热咳嗽伴腹泻3天，就诊于大方中医院，疑为非典，地区专家组赴该院会诊，并将资料传省专家组讨论，排除非典。5月26日，毕节地区非典型肺炎治疗中心收治首例疑似非典病例，经5天治疗观察排除非典，出院随访。5月28日，省非典型肺炎防治领导小组第四批督导组到毕节地区开展检查督导非典防治工作。是日，在毕节地区中医院郭家湾病房成立毕节地

区传染性非典型肺炎治疗中心，成立毕节地区传染性非典型肺炎医疗救治指挥协调小组。是年，全地区贯彻地委、行署制定的“堵、防、治、处”工作方针，确保无“非典”病例传入毕节地区。

**视觉第一·中国行动** 1997年，中国与国际狮子会合作，实施“视觉第一·中国行动”，金沙、赫章县成为首批项目县。1998年，两县组建眼科。1999年，两县按项目要求配置所需设备和医务人员。国际狮子会资助两县价值30万元裂隙灯、眼科显微镜、眼部A超、角膜曲率计、眼科手术包。是年，先后安排12人参加国际狮子会“视觉第一·中国行动”在贵州省举办的白内障学习班。先后14次参加项目技术培训。自是年起，省卫生厅、省残联曾4次抽调省医、遵医眼科专家组成白内障复明手术队，赴毕节地区各县开展白内障复明手术，并为毕节地区培训眼科医生。2001年，省组派第三批“视觉第一·中国行动”专家赴金沙、纳雍县医院、威宁中医院设点为全地区480名白内障患者施行白内障复明手术。2002年底，省、地卫生行政部门、残联组织白内障复明专家手术队，在金沙县开展白内障复明手术活动，历时1个月，检查患者267人，为55名手术适宜者做白内障复明手术。至2003年，金沙县已为947例白内障患者进行白内障摘除晶体植入术，为2.24万人次眼病病人进行诊疗，为1660多例患者进行手术治疗；培训基层人员眼科常见疾知识4次，120人。赫章县共做白内障复明手术868人次（例），术后脱盲率97%。2004年后，毕节地区以金沙县眼科为主，组成白内障复明手术队。

**新型农村合作医疗暨城镇居民基本医疗保险** 从2006年起，毕节地区启动新型农村合作医疗制度，“农民看病、国家报销”，为农民“看病难、看病贵”问题开辟了一条新路。2007年，城镇居民已纳入基本医疗保险范围。至2011年，全地区参合农民621.43万人，参合率98.9%。至2011年12月30日，全地区新农合补偿914.05万人次（占参合人数621.43万人的147%），受益金额9.83亿元；城镇居民基本医疗保险补偿6.81万人次（占参保人数13.47万人的50.56%），受益金额6813.26万元。

**实施国家基本药物制度** 2011年，全地区255个基层医疗卫生机构（240个乡镇卫生院，15个社区卫生服务中心）全部实施国家基本药物制度。一是基层医疗卫生机构100%配备使用基本药物（国家307种，省增补110种）；二是在255个基层医疗卫生机构和896个村卫生室实行药品零差率销售；三是所有非营利性医疗机构，纳入医疗保险和新农合基金支付范围的营利性医疗机构基本药物采购通过贵州省供药集中采购平台“药品交易系统”进行采购，基层卫生医疗机构实施基本药物制度居全省第三。

# 毕节地区通志

毕节市地方志编纂委员会 编

方志出版社
Publishing House of Local Records

# 目　录

## 第二十四篇　文　化

# 第二十四篇

# 文化

# 第一章　文　物

毕节地区历史悠久，文化源远流长。自20多万年前的远古时期，黔西观音洞人在与大自然的顽强搏斗中，开创了远古历史文化，影响着华南地区旧石器时代的文化发展。毕节麻窝口洞人牙化石的出现，为现代人类起源“多地说”提供了重要的实物资料。进入新石器时代，生活在这片土地上的先民拥有了陶器制作、出现了农业，将文明继续向前推进；商周至战国时期，先民逐步从穴居走向旷野（屋居），并掌握了青铜、铁冶炼技术；秦汉时期，辉煌的夜郎文化在这里得以彰显；至汉代，已初开昌明，同中原有了政治、经济、文化联系；蜀汉时期，彝人首领济火助诸葛亮南征有功，建立罗甸国，被蜀汉政权封为罗甸国王，与乌撒地方政权“勾”一起创造了千年古彝文明；明洪武年间，彝族女政治家奢香夫人开“龙场九驿”以通西南。清初，进一步推行“改土归流”政策，促进了境内经济、文化、交通的大发展，民族文化百花齐放。中共毕节第一个党支部、鸡鸣三省会议、中华苏维埃川滇黔省革命委员会、贵州抗日救国军、中国工农红军川滇黔边区游击纵队活动及斗争等显示了毕节地区是一块红色苏区。民国时期，大方中国航空第一发动机制造厂的建立，标志着中国航空工业在这里诞生。从诸多历史人文、红色文化看出，毕节地区是一个历史悠久、人文荟萃、文化源远流长的地区。

## 第一节　古遗址

### 一　旧石器遗址

毕节地区史前文化发达，通过20世纪60年代黔西观音洞文化遗址发现以来，现已探明新、旧石器时代遗址44处，分布于各县，以毕节、黔西、大方最为集中。其文化传承发展清晰，旧石器时代早、中、晚三期遗址俱全。

**何官屯扒耳岩巨猿化石遗址**　位于河官屯扒耳岩。2001年发现。2007年5月以后，在当地群众“开山炸石”过程中，四颗巨猿牙化石被发现，填补了贵州高原无巨猿活动遗址的空白，同时出土了猩猩、柯氏熊、大熊猫、鬣狗、嵌齿象、贵州剑齿象，似东方剑齿象、马、巨貘、中国犀等动物化石。

**黔西观音洞遗址**　位于沙井乡锦山村，地处南北长约700米、东西宽约500米的封闭洼地，洞口高出洼地15米，主洞口向西，长90米，宽2～4米，堆积物表面至洞顶高2～8米。入洞35米、46米处，分别有南北两个支洞。文化堆积物主要在西洞口内外。1956年，当地居民在洞中挖出大量“龙骨”（动物化石）出售，引起文物部门重视。1964年冬，中国科学院古脊椎动物与古人类研究所、贵州省博物馆联合对观音洞进行首次发掘。1965年冬，由旧石器考古学家裴文中教授主持对观音洞进行了系统发掘。1972年冬，中国科学院古脊椎动物与古人类研究所在西洞口进行发掘，获得大批石制品和动物化石，为确定观音洞堆积物的地质年代和论证观音洞文化性质提供充分依据。1973年秋，毕节地区考古训练班以观音洞遗址为考古实习基地，发掘出大量的石器和大量动物化石。以上几次发掘，共出土石制品近4000件，动物化石25种。观音洞出土的石制品有石核、石片、石器3大类，分别用燧石、硅质岩、细岩砂及大成岩为原料。石核，绝大部分是单台面石核、双台面石核和多台面石核，其中又以双台面石核为数最多。从台面观察，人工台面占多数，天然台面次之。石片在出土石制品中，数量少，其形制以人工台面居多。观音洞的石器，大多用石片加工而成，其大小多在3～5厘米之间，占石制品总数的66%，在中国旧石器文化遗址中成品率很高。刮削器数量多，器形复杂，约占石器总数的82%；端刮器100件，其加工部位主要在石器一端，长50～70毫米，形制有单端、双端和尖端；砍砸器出土80余件，器身长而大，大件长度超过100毫米，小件长度约为70毫米；尖状器出土60余件，属小型工具类，形状不一，分为厚刃、薄刃和三棱；石锥出土10件，凹缺刮器出土5件，雕刻器出土2件。观音洞石器文化特征主要为以锤击法打制石器为主，与欧洲的旧石器文化和中国猿人文化很少有相同之处，考古学界将其命名为“观音洞文化”。出土动物化石25种，其中哺乳动物化石有猩猩、柯氏熊、大熊猫、鬣狗、嵌齿象、贵州剑齿象，似东方剑齿象、马、巨貘、中国犀等23种。观音洞遗址的地质时代属更新世中晚期，文化时代为旧石器时代早期（距今30万年左右）。观音洞文化代表中国旧石器时代早期的一种文化，在研究中国旧石器时代的起源和发展问题上，观音洞的材料具有和北京人遗址的材料同等重要的价值。2001年6月25日，国务院批准公布为全国重点文物保护单位。

黔西观音洞史前文化遗址

**毕节麻窝口洞古人类化石遗址**　位于毕节县乡团结村北，云贵川三省交界处，属于低中山深切河谷地貌区。地势向西北方向的赤水河倾斜，是一个石灰岩溶洞，洞口朝东北方向，宽6.2米，高2.7米。洞口曾是一个活跃的地下暗河通道，如今洞内被第四纪洞穴沉积物填充，仅留上部狭小空间。沉积物保存状况良好，基本没有被扰动。2008年后，中科院古脊椎动物与古人类研究所与毕节地区文物局、毕节市文化遗产局工作人员进行了多次科学考古试掘、发掘，发掘出大量的更新世哺乳动物化石。初步鉴定有剑齿象、猩猩、长臂猿、猴类、苏门羚、鹿、麂子、猪、牛、中国犀、巨貘、黑熊、鬣狗、豪猪、竹鼠等，尤其是发现了更多的大型类人猿——猩猩牙齿化石和两颗珍贵的古人类牙齿化石。经对麻窝口洞地层、取样、沉积物研究测定，确定麻窝口洞是一个更新世古人类化石点。初步判断麻窝口洞发现的古人类年代为中更新世晚期（距今20万年左右）。这一时段的古人类化石对研究现代人起源演化问题具有重要的科学价值。丰富的更新世哺乳动物化石，特别是灵长类动物化石为研究贵州高原环境变迁、生物多样演化提供了宝贵依据。

**毕节扁扁洞遗址**　位于毕节县海子街周家桥东侧，洞穴坐落于一个东西长约1050米、南北宽约250米的封闭型槽状洼地。洞向西北，高出洞前小溪水面约15米。洞体长约26米，宽1.2～12.4米，高2～4.2米。含文化遗物和化石的堆积物在洞内深部。1983年，贵州省博物馆调查发现此洞。1984年，中国科学院古脊椎动物与古人类研究所、贵州省博物馆联合对其进行发掘，其褐黄、黄色土层中有3米多厚堆积物，分4层，除第2层外，各层均含有石制品和动物化石，获石制品75件和大量哺乳动物化石。石制品有石核、石片、石叶，原材料以砾石和石核居多。其文化性质与黔西观音洞文化有较多联系。与石制品伴出的动物化石13种，其中哺乳动物有虎、中国黑熊、东方剑齿虎、中国犀、巨貘等11种。扁扁洞遗址的地质时代属晚更新世早一阶段或稍早，文化时代为旧石器时代中期或稍早。3～4层牙齿化石的铀系测年结果为距今13～17万年，为研究旧石器时代中期文化的传承和发展提供了实物资料。1999年12月，贵州省人民政府批准公布为省级文物保护单位。

**毕节海子街大洞遗址**　位于毕节县海子街周家桥东侧，洞发育于三叠纪下统的中厚层灰岩，其南壁与早期的扁扁洞遗址相邻，地貌环境相同。洞口向西，高约15米，宽约25米，高出溪水面约15米。洞道曲折向东延伸100米未尽。1983年11月，贵州省博物馆调查发现此洞。1985年，中国科学院古脊椎动物与古人类研究所、贵州省博物馆联合进行发掘。洞内受后期使用破坏严重，洞口平台已辟为耕地。现存堆积物主要分布在洞口岩檐下，约300平方米。其洞口部位厚约2.5米的堆积物分上下两层，下层淡黄色，上层被扰乱。两层均含有文化遗物和动物化石，发掘石制品近千件，动物化石10余种，以及大量碎骨和烧骨。石制品原料以燧石为主，分石核、石片、有疤的砾石和石器等几大类。石核、石片台面多样。石器多为石片，以正向加工为主，有刮削器、尖状器、砍砸器、端刮器、凹缺刮器、石箭镞等。石箭镞为贵州旧石器时代遗址中首次发现，国内同时期遗址中亦少见。出土哺乳动物化石有竹鼠、豪猪、猕猴、大熊猫、熊、剑齿象、中国犀、巨貘、野猪、鹿、牛、羊等，属大熊猫——剑齿象动物群。遗址堆积物下层的时代属晚更新世后期，文化时代为旧石器时代晚期。对研究旧石器时代晚期文化的划分和探讨技术学、类型学等方面具有重要意义。1999年12月，贵州省人民政府公布为省级文物保护单位。

**威宁草海遗址**　位于东山王家院北，地处草海南缘的低阶地和湖滩。1982年春，贵州省108地质队和中国科学院古脊椎动物与古人类研究所联合考察发现并试掘。堆积物厚3米，分9层。

上部第3层出土化石程度很低的鹿角、牛骨和陶片各1块，第4层出土石制品、鹿角、剑齿象及大量腹足类化石、第5、7、8层或多或少有鹿角碎骨化石。发掘获石制品41件。原料几乎全为燧石，有石核、石片和石器。石器32件，其中刮削器28件，制型多样。圆端刃刮削器7件，型制规整，修理精致。尖状器有单尖和双尖各2件。哺乳动物化石有剑齿象、威宁轴鹿等6种；第8层掘出的威宁轴鹿为新发现的哺乳动物种类。草海遗址含石器地层临近更新世结束，文化时代属旧石器时代晚期。贵州境内已发现的旧石器时代文化遗址，均在岩溶洞穴或岩厦内，唯草海遗址在低阶地和湖滩。

**毕节青场老鸦洞遗址** 位于毕节县湾寨老鸭洞，地处山间槽谷东麓，青场河贯穿槽谷。洞口向西南，高出青场河20米。洞高约3米，宽约10米，进深约13米。1983年10月，贵州省博物馆调查发现此洞。次年5月，中国科学院古脊椎动物与古人类研究所、贵州省博物馆派员联合考察，并试掘。1985年10～11月，联合进行正式发掘。洞内堆积基本水平，胶结坚硬，面积约120平方米。其1.7米厚的堆积物分为9层，上部略呈灰色或黑色，中部为黄色，第7层为灰烬，底部为紫色沙砾层。除第9层外，以上8层均不同程度的含有文化遗物和动物化石。几次发掘共获石制品1000余种，动物化石10余种，以及用火遗迹和大量动物碎骨。石制品原料以燧石为主，分为坑疤砾石、石核、石片和石器等几大类。石器有刮削器、尖状器、砍砸器、端刮器、凹缺刮器等。用火遗迹有灰堆、炭屑和烧骨等。哺乳动物化石有竹鼠、猕猴、熊、大熊猫、中国犀、巨貘、野猪、鹿、牛、羊等10余种，属大熊猫——剑齿象动物群。遗址为研究旧石器时代晚期文化类型、分布和发展具有重要意义。1999年12月，贵州省人民政府公布为省级文物保护单位。

**大方韦家洞（岩脚洞）遗址** 位于大方前进桥边，遗址堆积文化层于20世纪60–70年代当地村民洞内熬硝翻土，原生堆积物及文化层扰乱损毁严重等现状，但遗存遗物多。中国科学院古脊椎动物与古人类研究所古人类研究室副主任、古人类研究专家赵凌霞，组成调查组，对该洞穴遗址进行了考古清理试掘。共采集动物碎骨及烧骨数十斤。从单个动物牙齿上看：有灵长目的猕猴，啮齿目的豪猪、鼠，肉食类的熊，偶蹄目的猪、牛、鹿、羊，奇蹄目的马等，共有5个目9个属种；其中鹿牙数量最多，其余属种牙较少。从已发现的动物化石上看，均为现生种，未见绝灭属种。采集石制品3000余件，经过初步分类为：石原料石制品2500件，石英石原料石制品近300余件，砾石石制品200余件，新石器时代印纹陶片30余件，明清民窑青花瓷片10余件。通过采集的骨化石、石器及陶片、瓷片等遗物分析，初步认为：该洞穴遗址是目前发现人类使用时间最长（公元前2万年左右至20世纪70年代），遗存遗物最为丰富的遗址。随着研究工作的不断深入，将展示出黔西北人类从原始状态向文明社会发展的过程。

**大方穿洞遗址** 位于羊场穿岩村，洞从东南向西北对穿，高出西面小溪水面约60米。洞高约15米，宽20余米，对穿长约60米，面积约1000平方米。1986年发现。洞内堆积物呈灰色和灰黄色，出露厚度约1米。采集石制品4件，有石片和刮削器。夹砂陶片9片，褐色为主，并有灰色，火候较高，多饰方格纹。动物化石有蜗牛和哺乳类碎骨。刮削器出自灰黄色砂质黏土层，代表旧石器时代晚期；陶片则可能处在新石器时代或更晚。两者之间应有间断。

**大方奶奶洞遗址**　位于理化乡羊场村东0.3千米处。洞口朝向西南，高出北面小溪水面约45米。洞高10~20米，宽15~25米，进深约60米。面积约1000平方米。1986年发现。洞内文化层多呈灰黑色，可见厚度1.5米。采集石制品15件，有打制石片、石锤、刮削器和磨制石斧等。除1件残陶纺轮外，还采集夹砂陶片70多块，多为灰色和黑色，火候较高。纹饰有绳纹、篦纹、方格纹、刻划纹、锥刺纹和附加堆纹等。用火遗迹有灰烬、炭屑、烧土、烧骨等。动物遗骸有蜗牛、鹿、牛等。时代初定为新石器时代。

**黔西包包上遗址**　位于新仁乡长井村。地处山间槽谷低阶地土丘顶部，高出小溪水面约10米，面积约1000平方米。1988年发现，采集石核、石片、石锤、砍砸器、刮削器、尖状器、端刮器等石制品60余件。文化遗物表现出明显的“观音洞文化”类型和技术传统。时代为旧石器时代晚期。

**黔西谷里观音洞遗址**　位于谷里乡香山村。洞身高出地面约10米，洞口朝向西北，高约6米。宽约8米，深约20米。面积约200平方米。1988年发现，堆积以灰黄色和灰褐色为主。采集到石核、石片和刮削器等石制品5件，时代为旧石器时代晚期。

**黔西县营洞遗址**　位于定新乡群星村蒋家槽子。洞口朝西北，高出山间洼地90余米，洞高10余米，宽30余米，进深约10米，主洞深40余米未尽。2003年发现，采集到石制品14件，陶片17块，动物遗骸6件，石制品类型有石锤、石核、石片、刮削器、和砺石等。陶片均为加粗砂陶，多数火候较高，有褐、灰、黑色，饰有绳纹、蓝纹、刻划纹和附加堆纹等，动物遗骸为石化差异的哺乳类足骨和碎骨。采于黄色胶结中的石制品集化石暂归于旧石器时代晚期，采于灰色集扰乱层的砺石、陶片及动物遗骸暂归于新石器时代早期。

**黔西大岩洞遗址**　位于沙井乡观音洞。高出山间洼地约90米，洞前为一深切河谷，洞口朝向东，高约9米，宽约20米，进深约50米，面积约300平方米。堆积为灰褐色，采集到石片、石锤，石制品等3件。根据器物来看，暂定为旧石器时代晚期至新石器时代。

## 二　新石器遗址

在经历漫长的旧石器时代艰辛历程之后，黔西北人类的脚步终于踏进了文明之门。从穴居到旷野，从打制石器到磨制石器，虽只有一步之遥，然而这种生活环境和工具制造技术的改进，人类却经历了几十万年的探索发展。磨制石器提高了生产效率，陶器提供了熟食，并能储物防饥，种植和驯养为生活提供了基本保证。磨制石器的出现、陶器的产生、农业的起源、动物驯养，标志着黔西北古人类步入了文明的进程。这一时期遗留的遗址，现已发现19处，主要分布在毕节、金沙、织金、赫章、威宁、纳雍等县，以织金猫猫洞、大方羊场奶奶洞、黔西凤凰穿洞、新场营洞、威宁中水鸡公山、金沙石场大宝洞、源村、官田、赫章松林、可乐杨柳湾、毕节朱昌牛鼻子洞、龙场黑洞等遗址为代表。从简单的磨制石斧、石锛到穿孔石镰、石刀、石锛，以及磨制骨器，说明了当时人类的交流不断扩大，生产、生活方式不断进步，生活视野不断扩展，为聚落社会的形成奠定了基础。

**黔西凤凰穿洞遗址**　位于黔西城郊凤凰新民穿洞寨。北、西两洞互通。西洞口高、宽均大于北洞口。堆积物多存在于西洞口内外。1988年10月，贵州省博物馆发现此洞，于11月进行试掘。堆积物由北向南缓倾，上覆约1.2米厚的堆积物受后期人为破坏而缺失。现存堆积物厚约1.4米，分5层，其中含两灰烬层。上灰烬层限于局部，复层状，且胶结。在2米×2米的3个探方的地层中，出土石制品近千件，骨制品数件，陶片数块以及单个动物牙、大量碎骨和烧骨。另从扰乱层和地表采集得数百件遗物。石制品均为打制，原料以燧石为主。有石核、石片，有坑疤的砾石和砍砸器、刮削器、尖状器、端刮器、凹缺刮削器等石器。大部分石制品体形在3厘米以下，其小石器之丰富，在贵州除普定洞遗址外，其余地方很少见到。其经过第二步加工的石器在石制品中占相当高的比例，以石片石器为主，刮削器占绝大多数，加工方向多为正向加工。骨制品多用骨片加工并磨制成型，有骨椎、骨铲等出土陶片4块，呈红色、质地夹砂，饰有绳纹、蓝纹。还采集到素地、刻划纹、印方格纹等陶片，质地均夹粗砂，多为灰色。动物种类有螺、蚌、鱼、竹鼠、猕猴、鹿和牛等。遗址堆积物时代属全新世早期，文化时代晚期地层为新石器时代早期，底部层位可上溯到旧石器时代晚期，为研究贵州新石器时代的起源和发展具有重要意义。1999年12月，贵州省人民政府公布为省级文物保护单位。

**金沙大宝洞遗址**　位于石场乡西南2千米处，地处山间槽谷南侧丛岭半山。洞口宽敞，向北。1988年9月，贵州省博物馆调查发现并试掘。现存堆积物分布在洞口西侧岩檐下，厚约1.3米，分3层：上层扰乱，含少量石制品；中层为灰褐色黏土夹灰岩角砾，出土石制品和大量哺乳动物遗骸；下层灰黄色黏土，未见遗物。出土石制品81件，原料以燧石为主，有石核、石片，有疤痕砾石和石器。石核有单台面和双台面之分。石片有天然台面、素台面、有疤台面，其中以天然台面和素台面石片居多。有坑疤的砾石仅有石锤一种。石器多用石片加工，用石块和石核加工的较少，正向、反向加工均有。类型有刮削器和砍砸器。哺乳动物有竹鼠、猕猴、猪、鹿等6种，均为现生种属。碎骨中有烧骨，石化程度较浅。遗址堆积物时代属全新世早期，文化时代约为新石器时代早期。

**毕节牛鼻子洞遗址**　位于毕节县朱昌镇街口东北。洞沿灰岩层面发育，洞口沿岩石一分为二，形似牛鼻。洞口高7～9米，宽12～14米，相对高度7～10米。南侧洞稍低于北侧洞。堆积分四层：上层为钙板；二层呈灰色砂质黏土夹白云质灰岩风化角砾，厚25厘米，含较多的哺乳动物化石骨片和砾石；三层为钙板；四层为灰褐色砂质黏土夹风化角砾，厚60～80厘米，含零星化石骨片。北侧洞偏西，往深处斜下有钟乳石和水。堆积为褐色、灰褐色粉砂质黏土夹风化角砾，有钙板，偶夹粗

牛鼻子洞古文化遗址

磨的砾石等堆积物。1983年底，贵州省博物馆派员在毕节进行旧石器和第四纪哺乳动物化石普查，在遗址北侧洞口的上方阶土地表采集到几件砂岩砾石、燧石、石核、石片和一件磨光石器的后端。在洞外接近田坝的阶土中，采集到60多件陶片。陶片主要为黑褐色、灰色的夹砂陶，厚的13毫米，薄的3.5毫米，夹砂较细，多有纹饰，有绳纹、篮纹、方格纹、刻划纹、附加堆纹、锥刺纹等。另发现一枚鹿类的上臼齿和一枚鼠类下颌的左半体，几件骨片和桡骨。1985年5月，毕节文管所进行田野调查，在遗址地表采集到3枚动物牙齿化石和陶片2片。遗址时代属新石器时代。

## 三　商周至秦汉代遗址

**毕节青场瓦窑遗址**　位于青场镇瓦窑村。乌江上游六冲河的支流青场河由南向北流去，在瓦窑村形成宽约500米的河谷平地；河谷平地周围群山环绕，河西形成数百米的三级阶地，遗址分布在阶地上，下距河面20余米。遗址约为10万平方米。1960年以来，不断有石器和陶片出土。贵州省博物馆和毕节县文化馆多次派人调查遗址。1977年冬，向村民征集到石斧、石锛、石刀、石锄、刮削器等磨光石器63件，原料以三叠纪碎屑岩为主，其次是二叠纪玄武岩、燧石和石髓。石器大小不一，最大的长17厘米，最小的仅4厘米，其中有10多件半成品和废弃品能清楚地反映制作和加工磨光的全过程。1984年7～9月和2006年9月，贵州省博物馆考古队、贵州省考古所三次考古发掘瓦窑遗址。1984年发掘，开探方11个，揭露面积255平方米。由于表层厚，遗址保存较好，已发掘部分基本未受后期扰乱，较完整地保留当时人类活动所遗留的各种痕迹。发现房屋遗址4座，清理2座；窑址一座，出土石器、陶器、骨、牙器等文化遗物200多件。房屋依山面水而建，坐西向东，以木结构为建筑主体，形式分两种，一为半地穴形抹角方式单间房，面积约3.3平方米，利用四周高中间低的自然地形改造而成；一为立柱式地面木构建筑，平面呈长方形，面积约19平方米，分南北两室，每室有火塘1个。圆形单孔露天式窑址一座，保存较为完好，窑室直径约90厘米，中设碗口粗大的火孔，旁有风道相通，窑体被烧成红褐色，窑侧堆满红烧土和破碎陶片。发现火塘8处，分布集中，间距不过数米，形状多为圆形式略呈放射状，直径40～50厘米之间，有的厚度达10厘米，火塘旁边布满红烧土和黑色的炭屑，并有支锅用的锅桩石及有火烧痕迹的夹砂陶片。出土的文化遗物以石制生产工具和陶制生活用具为主，另有部分骨牙饰器。生产工具有梯形石锛9件，梯形石斧1件，半月形单孔、双孔石刀8件，圆形、算珠形、宝塔截尖形陶纺轮16个，石范6件，加工磨制器物的砺石6件，石锤1件，石杵1件，石砧4件，研磨器1件，石支座5件，捕鱼和猎兽用的石网坠45件。石范完整者有鱼镖石石范1件，其余5件残；其中可辨器形者2件，一为剑叶、二为剑基。石网坠数量最多。生活用具以陶制的炊器和盛储器为主，出土陶器223件。陶器多数残破，少数修复成形，皆为手制，质地以夹砂红陶为主，其次是夹砂黑陶，有少量泥质红陶和泥质黑陶，造型多为卷沿、鼓腹、小平底。可辨器形有壶、罐、釜、钵、碗、杯、豆、器皿，器形规范，大小适用。纹饰分布在器体颈部以下和底部，有绳纹、方格纹、刻划纹、回纹、涡纹、圆点纹、几何纹、叶脉纹等。此外发现工艺精致的骨笄一件，长16厘米、厚约0.4厘米，通体磨光、尖头、扁身、燕尾，尖端部分有6条刻画。有璜形牙饰2件（残），铜手镯1件（残），蕉叶贝化石1件，一些小型陶管和陶环，系装饰品。遗址年代以T9窑内残存的木炭标本做碳十四测定，距今2950±125年，树轮校正为3210±175年，时为商末周初。作为至今为止贵州发现最早、最完善的商周时期聚落遗址，是毕节青铜时代的发源地。1985年11月，贵州省人民政府公布为省级文物保护单位。

**赫章可乐遗址** 位于可乐镇所在地。遗址埋藏区面积9.4平方千米，为一山间坝子，乌江北源的可乐河、麻腮河在坝中交汇向东流去，坝子四周为缓坡丘陵地，海拔在1780～1900米之间。遗址分布于可乐、农场、大田、水营、岔河村等地，现已探明有15个墓葬群、一个汉代遗址、一个夜郎民族聚落遗址、一个汉代工业遗址。自20世纪50年代以来，共进行了九次考古发掘，出土文物近4000件，时代自新石器时代晚期至东汉。遗址分叙如下：

赫章县可乐遗址出土的汉代乐舞砖

1.柳家沟遗址。位于可乐柳家沟半坡，海拔1800米。遗址南临可乐河，距河床高约50米，北依陆家坪子。1977年11月，贵州省博物馆、赫章县文化馆在陆家坪子南沿台阶上开5米×5米探方3个，发掘面积75平方米。文化堆积为：第一层，扰乱层，厚20～80厘米，灰褐色土夹有红烧土颗粒，内含较多陶片，有少量石器、石材和近代陶瓷片；第二层，红烧土木炭层，厚约50厘米。红烧土皆为块状，内含大量木炭，出土器物有陶片和石器，但无1、3层多；第三层，灰黄色土，一般厚80厘米，出土器物石器较少，陶片较多。出土石制品37件，均系硅质砺石打磨而成。出土陶器残片500多片，除2件纺轮外，均无完整器形。经分类辨认，有罐、杯、碗等器皿。大部分为夹砂粗陶，极少数为细砂陶，无泥质陶。陶色有黑、灰、灰白、红几种，以灰黑陶为主。制法以轮制为多，兼有手制。另发现铜器残片2件，其一刃部呈半圆形，中空，似为铜锄。根据出土文化遗物分析，柳家沟古遗址的年代应为新石器时代晚期至战国晚期。

赫章县可乐遗址

2.大山炼铜遗址。位于可乐乡大山村。遗址长约500米，宽约300米，冶炼窑炉一字形排列在坡坎之上，现残存铜冶炼窑炉5座，其余被毁。冶炼窑炉呈圆形状，似葫芦，窑口小，直径约0.7～1.2米；窑腹大，直径约2.2～2.5米，从口沿至底部深约2～2.5米。窑内四壁均呈高温烧煅痕迹，土质坚硬呈深红色。窑内残存冶炼过的块状铜矿渣，表面可见氧化形成的铜绿。遗址距可乐古墓群4千米，此墓群出土大量青铜器，有的器物记载有生产时间和制造地点；铜奁腹部的装饰为羽人纹和船纹，其他地方出土器物未发现过同类纹饰，表明属当地产品。遗址年代约为汉代或更早些。

3.可乐战国墓群。主要分布于可乐乡可乐河南岸的祖家老包、罗德成地、锅落包等地。自20世纪50年代后期起，贵州省博物馆曾多次在此发掘清理墓葬，发现其中20座墓葬式特殊，有铜釜（或铁釜或铜鼓）置墓室一端近壁处，釜与鼓中有死者头骨牙齿。其中一墓葬于墓底另一端又放一铁釜，釜内有死者脚趾骨；另一墓葬死者头骨外包裹有篾席而后再置于釜中。此种套头套脚葬俗，在国内考古资料中尚未发现。墓葬形制多为小型竖穴土坑，墓室一般长约2米，宽1米左右，无墓道，墓具未发现棺木痕迹。随葬物品有生产工具、生活用具、兵器和装饰品。其中210号和212号墓出土的铜戈，器形与云南江川李家山出土的战国晚期铜戈大同小异，花纹则较之简单古朴，铸造技术亦较粗糙原始。25、39、74、144、161、187、190、194号墓均出土鼓形铜釜，与云南楚雄万家坝出土的春秋战国时期铜鼓相类。144号墓的碳14测定数据为距今2535±110年，树轮校正年代为2585±150年，与上列通过器物对比所得到的时代相去不远。

4.可乐秦汉时期墓群。位于可乐乡政府所在地周围。2000年9～10月，贵州省考古研究所在岔河组罗德成地东南坡麓的砖厂及紧邻的一块农耕地进行考古发掘。发掘面积300余平方米，清理出土墓葬108座，灰坑6个。墓葬密度大，且排列有序，形制和文化内涵一致。系夜郎时期一土著氏族墓地。墓葬形制规模小，均为竖穴土坑，无封土。墓室内填土为红褐色黏土。墓室长度多在2.1～2.7米之间，宽度0.5～1米，平均深度0.6米左右。套头葬两座，此种埋葬方式在国内实属罕见。出土随葬品400余件，有陶、铜、铁、漆、石、骨等。兵器为多，有青铜剑、铜柄铁剑、铁戈及铜釜、铜洗、铜铃、虎形铜挂饰、“敬吏”铭文印章和玦、骨、珠等随葬品，其套在死者头上的铜釜，其耳侧铸造有一对老虎，形象生动逼真，铸造工艺精湛，为省内首例，国内亦罕见。

5.可乐汉代遗址。位于可乐乡坝子中部麻腮河与可乐河交界处的缓坡平台，高出河床40余米。遗址南北长400余米，东西宽300余米。遗址地表散布有大量绳纹瓦当、板瓦、陶器残片和其他文化遗物。遗址上建有可乐粮管所和可乐区政府机关。20世纪60年代初，可乐粮管所在遗址西段修建仓库和门市，掘出戈、矛、箭、簇等青铜兵器。1980年，粮管所建晒坝时，出土石磨盘、石臼等物；同年扩建门市部，出土“大泉五十”钱币6000余枚，同时出土一批铜蒺藜和生活用具。1988年4月，贵州省博物馆、赫章县文物管理所在遗址前部南侧进行抢救性清理试掘，开5米×5米探方5个。1992年10月，在遗址西北段发掘200平方米，开方8个。文化堆积层厚度为0.6～4.1米不等，出土大量板瓦、筒瓦、瓦当和铜箭族、铜蒺藜等兵器以及碗、盘、豆、罐等陶器残片。遗迹有灰坑、地窖、水沟等。在T183探方东隔梁第7层下一灰坑洞中发现1枚“宜相”铜印。遗址分为前、中、后三部分，前部主要出土兵器，中部主要出土钱币及生活用具，后部出土磨盘、石臼等物。东南和东北部出土防护兵器。东南原存夯筑的古城墙一段，高0.5米，宽约5米，长20余米，被粮管所砌围墙破坏。遗址时代为汉代。

6.可乐汉墓群。位于可乐乡政府所在地可乐河两岸，分布于老街、官山、营盘、柳家沟、祖家老包、锅落包等处。已发掘墓葬近200座，出土器物1000余件。分为具有地方文化特点墓葬和中原文化特点的墓葬两类。前一类多为竖穴土坑墓，墓室一般长约2米，宽1米左右，无墓道。此类墓葬中，有用铜鼓、铜釜或铁釜套在死者头部的套头墓葬法。后一类墓葬，形制可分土坑墓、砖石墓、木椁墓和砖石室墓，形状有长方形、刀形、铲形、方形。多室者少，单室者居多。一般长5米，宽2～3米，深1.5米。8号墓最大，从墓道至后室通长17.55米，前室宽4.3米，后室宽4.75米，木椁尚存。出土器物质地有金、银、铜、铁、木、石。种类有生产用具锄、锸、铲、斧、斤；生活用具有釜、洗、盘、瓶、罐、壶、纺、耳杯、豆、缽、带钩、温炉、梳、镜；兵器有戈、矛、剑、刀、镞、蒺藜；明器有鸡、仓、井、房屋，此外还有货币、印章及装饰品。8号墓出土一件铜器，口沿上阴刻“同劳澡盘比五尺周一元始四年十月造”铭文；48号墓出土一件铜奁，其盖与腹部上的纹饰有羽人、船、翔鸟、水鸟仿铜鼓纹饰，为断代和研究民族民间文化提供实物依据。

可乐遗址从新石器时代晚期至东汉，完好地保留了夜郎时期600多年的人类发展遗迹遗物，其遗址出土的“套头葬”，即将铜釜套头，铜釜或铜铣套脚，这种葬式为夜郎民族所独有，目前除可乐遗址以外全国其他地方尚未发现。丰富的夜郎时期遗存和考古发掘研究成果，被评为2000~2001年度全国考古十大新发现。2001年6月25日，被国务院公布为全国重点文物保护单位。2013年11月，公布为全国首批国家考古遗址公园建设名录。赫章县已完成了《可乐国家考古遗址公园保护建设规划》编制、各项专项规划方案编制，遗址公园打造建设正在进行中。

**威宁中水遗址**　位于中水镇的山间盆地，与云南省昭通市接壤。遗址包括吴家大坪、水果站、鸡公山、营盘山、梨园、新街等地，遗存面积10余平方千米，从20世纪50年代开始，贵州考古工作者先后在该遗址展开了10次考古调查，进行了4次大规模考古发掘，共发现遗址及墓葬区10余处，距今3000年至1000年左右的重要古代遗存。目前，揭露面积3000余平方米，清理出祭坑、墓葬、灰坑、房址、沟基等遗址 200余处，出土大量的陶器、石器、骨器、玉石器、青铜器、碳化稻谷物等文化遗物，出土文物3000余件。中水遗址包括鸡公山文化遗址、吴家大坪遗址、红营盘墓地、银子坛墓地和大河湾遗址等。中水遗址的发掘，是贵州考古的重大突破，是在贵州第一次揭露出功能较为全面的山区史前聚落遗址。遗址中发现的大量水稻标本为探讨云贵高原早期稻作农业提供了珍贵资料。初步建立起了滇东黔西青铜时代至早期铁器时代的地方考古学时代序列。鸡公山遗址的发现，不仅填补了贵州新石器时代末期至青铜时代早期考古和聚落考古的空白，还为研究分布在贵州西北部与云南东北部地区的一种新考古学文化提供了典型器物组合，为探讨贵州地区和完善西南地区的考古学文化发展序列提供了重要资料。1982年2

月23日，贵州省人民政府公布为省级文物保护单位。遗址分述如下：

1.威宁鸡公山遗址。位于中水镇鸡公山顶。2004年10月~2005年1月，贵州省文物考古研究所联合四川大学考古系等单位对贵州威宁中水史前至汉代遗址与墓地进行了首次发掘。2005年9月至11月，贵州省考古研究所对其中的鸡公山遗址进行了第二次大规模考古发掘，揭露面积2000余平方米，清理出祭坑、墓葬、房屋建筑、沟和路等遗迹200多处，基本弄清了整个遗址的聚落布局。遗址出土了大量的生产工具，主要是磨制石器，有石斧、石锛、穿孔石刀、石镰、石镞等，其中梯形石锛、弧壁穿孔石刀等最有特色。还有少量骨器、玉器和铜器。骨器主要有骨镞和骨饰，玉器主要有领镯、环，铜器主要有细耳饰、铜锛和铜凿等。据初步统计，出土遗物中有完整和可复原的陶、石器近千件。通过对鸡公山遗址出土文物进行分析，专家认为鸡公山遗址可能是以祭祀为主的新石器时代晚期至商周早期遗址。其两次发掘出土的炭化植物种子多达上万粒，包括稻谷、粟、黍和芸薹属四个种类，其中又以稻谷和芸薹属植物种子的数量格外突出，二者合计占到了所有出土植物种子总数的99%。作为中国南方史前人类最早的原始宗教信仰和祭祀活动遗存地，是贵州第一次发掘出功能较为全面的山区史前聚落遗址，填补了贵州地区史前考古的许多空白。2005年，该遗址的考古发掘工程被国家文物局评为“年度十大考古新发现”，2006年6月，鸡公山遗址被省人民政府公布为省级文物保护单位。

2.威宁中水墓群。位于中水镇中河村，分布在银水、中河两村交界处的独立树、梨园与张狗儿包3处。地表无封土堆。1978、1979年两次发掘，清理墓葬58座，除1座砖室墓外，均系长方形竖穴土坑墓，墓穴长2米、宽1米左右，深度不一，浅者0.2米，深者可达2米多。有单人葬及多人葬。出土随葬品400余件，陶器有罐、碗、杯、觚、豆、瓶等，部分陶器有刻画符号，共40多个；铜器有戈、剑、矛、镞、釜、贮贝器、臂甲、发钗、带钩、扣饰、手镯、铃等；铁器有矛、剑等。另有玉、石装饰品、纺轮等，还有“五铢”“大泉五十”“大布黄千”钱百余枚。该墓群是夜郎时期民族墓葬。

3.威宁吴家大坪遗址。位于中水镇中河村。1960年，贵州省博物馆在该遗址东侧陡坡下的中河大河湾冲沟采集到锛、斧等石器。1972年和1981年的调查分别在大河湾和吴家大坪遗址采集到一批陶片和磨制石器，初步断定这是一处新石器时代遗址。1995年和2002年，贵州省文物考古研究所对该遗址进行了钻探，并试掘了3个稻谷坑，同时采集到一批陶器、石器和骨器。2004年10月至2005年1月，贵州省文物考古研究所等对该遗址进行发掘。该遗址与鸡公山遗址的出土物相同，时代也大体一致，该遗址出土的碳化水稻碳14测年距今3100年。

4.威宁红营盘墓地。位于中水镇。2004~2005年，贵州省考古研究所和四川大学考古研究院进行联合考古发掘。此次清理发掘墓葬26座，规模偏小，单座面积不超过2.5平方米。部分墓葬有葬具板灰痕迹，为长方形板式葬具。葬式为单人仰身直肢葬。大部墓葬都有随葬品，出土有陶、石、玉、铜和骨器等，共计56件，其中兵器有柳叶形青铜剑、骨箭镞、青铜箭镞等，其中青铜剑明显受到巴蜀文化的影响。工具有铜刀、穿孔磨石等;装饰品有铜镯、铜指环、石璜、玉等;陶器组合有带流鼓腹罐、圈足鼓腹罐、单耳折沿罐、圈足碗（钵）、杯等，器表多为素面，另有少量乳钉装饰。陶器器形独特，为贵州此前所未见。陶器均为手制，火候较低。与鸡公山遗址发现的陶器相比，陶器质量下降，推测，可能由于出现金属物品如青铜剑等，烧制陶器的技艺下降。另一种可能是专门烧制用来随葬的陶器，与生活中使用的陶器不一样。陶器一般放置在头顶，少数放置在胸部;铜剑和磨石一起放置在胸腹之间;装饰品均为随身佩戴之物。该墓地的时代大约在战国时期或更早。

5.威宁银子坛墓地。位于中水红营盘山西山梁北坡上，地势稍低。该处墓葬分布密集，墓坑开口位于第4~6层下。已清理墓葬82座，出土陶、铜、铁、玉、骨、漆等质地的器物250件以上。均为长方形竖穴土坑墓，有复杂的叠压打破现象，墓葬形制有从狭长形向长方形再向近方形发展的趋势。有明显板灰葬具痕迹的墓葬占相当比例。

目前发掘的早期墓葬均为单人一次葬，后期则出现多人一次葬和二次葬的合葬现象。葬式多为仰身，上肢和下肢摆放情况富于变化，后期的多人合葬，一墓内所葬个体在2~5人之间，并出现将颅骨置放在肢骨之上的捡骨二次葬现象。另外值得注意的是，所清理的墓葬中有部分墓穴短小、入葬者的骨骼纤细，较明显是儿童墓葬，表明夭折的儿童也可以葬入公共墓地。有个别的儿童墓葬还有厚葬的现象。葬具痕迹的发现，是此次发掘较为重要的收获之一。在相当部分墓葬的底部和墓壁发现葬具板灰痕，从板灰痕看应是由侧板、挡板、底板和盖板合成的长方体板式葬具。部分葬具平面的板灰痕迹略呈“井”字形，但四角又似乎有角状装饰。随葬器物以陶器为主，主要组合有单耳盘口罐、盘口深腹罐、喇叭口杯、折腹杯、喇叭口钵、浅盘豆等。主要放置在头顶，少数放置在脚侧，随葬陶器较多者则放置在头顶及身体两侧。部分陶器的肩部或口沿有刻画符号。此外有铜（银）镯、铜钗、指环、铜带钩、骨、玛瑙管和玉珠等随身佩戴的装饰品。少数墓葬随葬铜矛、铜剑等青铜兵器。这些青铜兵器应属于滇文化风格。银子坛晚期墓葬中出现了棺椁式葬具，随葬品中也出现了五铢、盖弓帽、铁器等，这些应是受汉文化影响的结果。根据对这些汉式器物的观察，其晚期墓葬的时代约为西汉中晚期，而早期墓葬的时代也可能要早到战国晚期。

## 四　古矿冶炼遗址

**赫章大山炼铜遗址**　位于可乐乡大山村，为古代冶炼铜矿之地，现存遗迹长约200米，宽50~60米不等，在这片区域中，可见矿渣无数，裸露于地面。

**赫章天桥银矿遗址**　位于妈姑镇天桥银厂沟，始建年代待考，清代盛行。井口依山势而开，高矮不等，高的有2米多，矮的也有1米左右。在洞口及洞外仍可看到废矿。

**赫章小海子铅矿遗址**　位于兴发乡小海子，矿洞开采于清乾隆年间。现仅存洞口一个，洞口呈不规则形状，长约1.5米，高约1.7米。

**威宁民河铸铁锅厂遗址**　位于炉山镇民河东南约2千米处，兴办于清光绪年间。面积约500平方米，现存铁矿渣，其余痕迹均不可见。

**威宁明槽拿铜矿冶炼遗址**　位于玉龙乡沙田南，清乾隆年间开办。现存古矿井2口，石棚石底，最大的一口井高2米，宽1.4米，深百余米，矿渣分布面积约500平方米。

**威宁铜厂沟铜矿冶炼遗址**　位于新发乡铜厂东南约1.5千米，清康熙年间开办，道光年间废弃。现存矿井三口，多数矿井塌陷。部分矿渣被洪水冲走，现存矿渣堆积面积约600平方米。

**威宁新田铜矿冶炼遗址**　位于龙场镇克沟北，清康熙年间开办。遗址矿井基本塌陷，矿渣堆积面积约2000平方米。

**威宁清水河铜矿冶炼遗址**　位于龙场镇长坪北约2.5千米，清康熙年间开办。现存古矿井三口，井口高均为1.5米，宽1米，矿渣堆积约2000平方米。

**威宁平街铜矿冶炼遗址**　位于龙场镇平街西北约3.5千米，清康熙年开办，乾隆年间大旺。面积约3000平方米，现残存矿井5口，井高均为1.7米，宽4.45米，有矿渣堆积。

**威宁银厂铅矿冶炼遗址**　位于岔河乡银厂南约1.5千米，清道光年间开办。面积约3000平方米。1958年一度开办，1960年停办。矿井分布较密，新井、古井相互连接，现存古矿井34口，最大一口井残高1.4米，高1米。

**威宁回龙铜厂遗址**　位于雪山镇建民三格，开办于清道光年间（1821~1850）。面积约1000平方米，现存废矿井3口，高约1.5米，宽约1.3米。地面有矿渣堆积。

**威宁哈喇河铜厂遗址**　位于哈喇河乡发沙北，开办于清代晚期。面积约1200平方米。矿渣堆积厚0.2~1.5米左右。

**威宁红松铜矿冶炼遗址**　位于哲觉镇瓦竹与红松交界处，开矿时间不详。残存古矿井一口和矿渣数万吨。该遗址是研究古代铜矿冶炼技术的实物依据。

**威宁二田坝铜厂遗址**　位于麻乍镇二田（小地名：二田村五组），清道光年间（1821~1850）开办，民国初期停办。面积约2000平方米。现存古井5口，最大一口高1.7米，宽1.4米。

**威宁沙飞宜铜厂遗址**　位于二塘镇明洞沙飞宜，开办于清初。面积约1万平方米，地面有矿渣堆积。残井3口，其中1号井口高1.5米，宽1.3米。

**威宁陆家坡铜厂遗址**　位于么站镇岔河（小地名：陆家坡），明末开办，延续至民国末年。包括采矿及冶炼生产。遗址分布面积约2000平方米。矿渣堆积厚0.1~1米左右。

**威宁岔河铅锌厂遗址**　位于岔河乡银厂西南约1.5千米，清道光年间（1821~1850）开办，面积约3000平方米。1958年一度开办，1960年停办。矿井分布较密，新井、古井相互连接。现存古井34口，最大一口残高1.4米，宽1米。

**威宁兴隆铜矿冶炼遗址**　位于羊街镇兴隆厂东北约2千米，乾隆年间（1736~1795）开办，道光、咸丰年间处于鼎盛时期。面积约500平方米。矿渣堆积厚约0.4米。

**威宁开厂铜矿冶炼遗址**　位于黑石头镇四营西南约4.5千米开厂，清光绪年间（1875~1908）开办，面积约1万平方米。今存矿井数十口，最大高1.3米，宽1米。该遗址为研究清代冶炼工艺提供了实物史料。

**金沙菜籽沟铜矿遗址**　位于龙坝乡境内，开采于明朝。分布在小里、官田坝等村方圆数平方千米范围，至今犹存矿洞20个。矿洞多开挖于半山腰坡度较陡的斜坡地，洞宽和高均从1.2到1.7米不等，深度亦各不相同，有十几米深的，有上千米深的。因洞内挖掘多采用先缓下又折缓上的方式，导致折返处有较深积水。从洞壁凿痕可见当年工程之浩大和铜矿业发展之繁荣。

**纳雍小箐口山铜矿遗址** 又名八宝洞铜矿遗址，位于勺窝乡鱼塘坎水井小箐口山北面。洞口走向：其中最大的洞口面北，高1.7米，宽1.25米。其余洞口分布在上下左右。清代开采，民国时因水淹废弃。洞内有残留木龙杆等遗物。

## 第二节 古墓葬

### 一 汉代墓葬

贵州历史上第一次大规模移民，是汉武帝因修南夷道粮食要从巴蜀远调而采取的“募豪民，填南夷”政策，招募“豪民”到贵州垦种，就地向郡县纳粮，由内府拨钱偿付粮价的措施而致。贵州东汉时期遗存分布范围明显扩大，说明自从汉武帝开发西南以来，中原文化在贵州山区得到大范围推广，促进了贵州文明进程的快速发展。毕节地区是贵州东汉考古遗存集中分布的地区之一。除赫章可乐、威宁中水遗址外，从20世纪70年代以来，考古部门在黔西林泉、甘棠、绿化，金沙后山，赫章铺处，威宁观风海，毕节双树湾、虎踞山等地发掘过数十座东汉时期的墓葬，为汉文化在贵州的分布传播研究提供了重要的资料。

**威宁野鸡河墓群** 位于观风海镇野鸡河，墓群地处缓坡，呈狭长形，平均海拔2200米，南北长3千米，东西长4千米，盆地中的土丘高不过10米，野鸡河从东北流向东南，注入天生桥海子。墓群主要分布在“苏家坪”“假粮堆”两大墓区，占地面积约5万平方米，现均为耕地，种植玉米、土豆等农作物。长期以来，墓葬区内有大量墓砖暴露地表，个别处还有微微鼓起的封土堆，农民在耕作中经常发现刀、灯及人头骨之残骸，墓砖有长方形，楔形两种，长方形墓砖长32厘米，宽26厘米，厚7.5厘米，楔形墓砖边长34厘米，短边26厘米，厚7厘米，砖呈灰色，质地坚硬，纹饰有几何纹，车马纹和耕耘纹，为研究汉代的葬俗提供了不可多得的实物资料。1982年，威宁县政府公布为县级文物保护单位。

**威宁赫章铺处汉墓群** 位于威宁羊街镇辅处西南约2.5千米牛蜗、赫章县辅处乡交界处的辅处河两岸，分布在威宁的牛蜗，赫章的辅处村、罗锅寨、梨树寨一带约2.5平方千米的范围内，由于墓葬形成久远，水土流失，封土堆已不存在。1958年修水沟在罗锅寨南山弯子出土石寨山形铜鼓与铁剑等器物，并有竖穴土坑墓等暴露，散见汉代砖与墓石若干。砖有几何纹、马车纹及“富贵昌”等铭文砖。有小型土坑墓、大型土坑墓，砖室墓、石室墓等，随葬物品有生产工具、生活用具、兵器、装饰物、钱币等，还发现冶铜窑址，出土的器物造型和纹饰具有中原文化特点和本地民族文化特点。它的发现，为研究两汉时期黔西北的族属关系，古夜郎文化与中原文化的关系，古驿交通发展等提供了可喜的实物史料。1982年2月，贵州省人民政府公布为省级文物保护单位。

**毕节虎踞山汉墓** 位于毕节城区虎踞山麓。于1973年发现，贵州省博物馆考古队组织清理发掘，为一大型汉代砖室墓。长约5米，宽约3米。汉砖为素面，无纹饰，由于早年被盗，随葬品甚少，出土少量铜器。

**毕节双树湾汉墓** 位于毕节城区双树湾，墓葬近百座，散乱分布于小山丘上。1987年3月，毕节毛纺厂基建，挖出东汉晚期墓葬1座，地区（原）文管办和毕节县文物管理所联合举行清理发掘。该墓葬坐东北向西南，长3.9米，宽1.5米，汉砖扣砌而成，出土时砖室券顶坍塌。砖饰纹有几何纹、菱形纹、钱币纹等。出土陶俑3件，分别为：庖丁立俑，高23厘米，平头，双眼注视前方，面无表情，腹前有一食物桶，左手撑桶，右手执瓢，造型生动；侍从立俑，高27厘米，头戴软帽，表情沉静，左手护胸，右手贴身，似聆听状；武士立俑，高23厘米，平头，双手各执刀剑紧贴于身，威武雄壮。陶马两匹，均高25厘米，长38厘米，四肢直立，头微仰，直视前方，耸耳，闭嘴，尾短，配鞍；陶狗1只，高20厘米，两耳下伏，双眼微凸，注视前方，张口，身长足短，尾断缺；陶鸡舍模型1件，高10厘米，宽24.5厘米，上沿长30厘米，底边长26.5厘米，内分4隔，每格均长11厘米，宽8厘米，隔墙中央蹲1母鸡，头仰视左方，左方格一根3厘米底座上站一雄鸡，伸颈俯视，鸡头前方有鱼一条，其他3格中均蹲有一母鸡，鸡旁各有一不同造型的鱼，母鸡头部均向雄鸡仰视。陶罐1件，折沿，素面，高20厘米。另有残陶片150余件。出土文物藏于毕节地区博物馆。该墓葬是毕节出土的唯一完整砖室汉墓，具有很高的文物价值，是中原第一次移民贵州的珍贵实物证据，为研究毕节古城的形成和演变，提供了科学实物资料。

毕节双树湾出土的东汉时期的陶俑

**黔西野坝汉墓群** 位于城关镇新潭罗布垮一带，残留有大量封土堆，高0.8-2.5米，直径8-16米，当地人称“万人坟”，现为耕地。一般墓葬直径8-16米，1972年发掘10座，其中东汉墓7座，形制有竖穴土坑与砖室墓各一座，石室墓5座，典型的又黔M1系刀型券顶石室墓，墓长4.94米，宽1.6米，高1.76米；有2米多长，1米多宽，1米多高的墓道。黔M13为竖穴土坑墓，长3.44米。宽1.97米，高1.4米。这批墓葬均被严重扰乱，估计为下葬同时期被盗，出土罐、壶、俑（家禽和人物歌、舞、抚琴）、镇墓兽等陶器，釜、洗、摇钱树、泡钉、首铺等铜器，刀、刀鞘、马饰、抓钉等铁器，手镯、戒指、铃、镜、耳当、带钩（金、玉、铜、石质）等饰品。另有琉璃珠、五铢、大泉五十钱等大量出土，随葬品共有40多类。

**黔西甘棠汉墓群** 位于甘棠镇红星和笔架一带，分布在1.25平方千米的范围内，20世纪70年代初，圆丘形封土尚完整，一般存高约2米，底径15米许，现已遭破坏，残存封土高0.4~2米，长1.5~3米，宽0.9~2米。有的甚至封土碓都没有，只是凭当地老人回忆找到的。当地人称“万人坟”，1973年和2005年贵州省博物馆、贵州省考古研究所分别进行过两次大规模的发掘，清理发掘墓葬20余座，墓葬形制有长方形竖穴土坑、长方形竖穴石室券顶、刀形竖穴石室券顶、刀形竖穴石室券顶带边箱、刀形竖穴石室券顶带边箱带耳室等墓葬形制。墓室用石均有一面加工痕迹，其他面为自然岩面。出土罐、壶、俑、镇墓兽等陶器，釜、洗、摇钱树、泡钉、首辅等铜器，刀、刀鞘、马饰、抓钉等铁器，手镯、戒指、铃、带钩（金、玉、铜质）等饰品。另有琉璃珠、五铢、大泉五十钱等大量出土，随葬品共有四十多类。这对于研究贵州移民史、开发史、民俗史具有重要的作用。1982年2月，贵州省人民政府批准为省级文物保护单位。

**黔西大海子汉墓**　位于绿化大海子八仙包包。2004年，绿化乡对大海子进行开发，在修环湖路时挖出汉墓墓室的汉砖，贵州省文物考古研究所遂进行清理发掘。该墓的封土堆已变成耕地，墓向朝北，墓室与墓道通长5米，宽约1.5~2.5米，高1.35米，墓壁用菱形饰纹砖砌成，属于大型长方形砖室券顶墓，砖纹饰有菱形纹、平行线纹、变形叶纹，砖的形状有梯形和长方形两种，底部用素面青砖铺就，墓室内填满夯土，其中夹杂着大量碎砖块和少量红烧土，骨渣已融入泥土，只留下白色痕迹，无棺木痕迹。出土立耳铜釜、铁刀、五铢钱等器物，从墓葬的砖石室形制和出土器物分析，为东汉时期墓葬。铜釜内盛的无数鸡大腿骨在贵州汉墓中很少发现，属较为特殊的现象之一。另外7座墓从山顶直线排列延伸至大海子中央。

**金沙后山古墓**　位于后山古乡文坝屯坪山麓，1974年开展乌江电站水库区文物普查时发现。1991年，山洪暴发冲刷出墓室一壁，1995年，贵州省考古研究所抢救发掘。墓葬早期被盗，殉葬品无存，仅幸存几块画像石和一块买地券。画像石的风格和散失在当地农民手中的击鼓、杂技、舞蹈等画像石风格相近，石质和大小有所区别。墓形制为铲形券顶石室墓，墓室后部和西侧分别用石块隔离出宽0.53米和0.48米的头厢和边厢，为贵州罕见汉墓。墓底平铺石板，石板下、中部偏东处设置宽0.5米、深0.3米南北向排水沟。陈放在墓室东南角的画像石为“伏羲女娲神龙交尾图”。陈放在墓室西南角的画像石为“门阙图”，阙为双阙，阙柱高22厘米，上部为两重檐双角顶。“人物图”出土于墓室右壁龛上，图中部为一侧立女子，梳丫叉髻，著交领宽袖衣裙，右手握一刀状物向前伸出；图右前方为一男子，著交领宽袖衣，头戴钭顶帽，面向女子屈膝蹲跪，手中亦握有一物。吹箫俑、持丸俑、镇墓兽均出土于甬道内。吹箫俑戴尖形帽，着交领衣，双手握箫拢于胸前，低头凝神作吹奏状。持丸甬头部残，着交领宽袖衣，跪坐，左手抚左膝，右手持一弹丸平伸于胸前。镇墓兽兽身浑圆矮胖，短足贴身，形如猪，头似马，眼球突出，鬃高耸。买地券刻于封门石内壁，汉隶，其文为：“□冢直二万五”。所有画像皆古朴、稚拙，风格与四川所出土的同时代画像石相似。后山古墓为贵州首次发现的汉画像石墓。1982年2月，贵州省人民政府批准为省级文物保护单位。

## 二　彝族向天墓

**威宁彝族向天墓群**　位于盐仓镇，分布于大坟梁子、小坟梁子周围。另在二塘、龙场、中水、大街、羊场、城关等乡镇亦有发现。向天墓分两种类型。Ⅰ型：以毛石砌椭圆石墙，直径一般10～20米。墓依山而建，则依山一侧的石墙顶部与墙外地表大体齐平，另一侧石墙则高出地表2米左右。石墙内地表略高于墙外地表。中央有一封土堆，直径3～4米，高1米以内。少数墓葬在圆墙一侧建一段弧形石墙或半圆形石墙。有的墓葬不用石头而用泥土筑成椭圆形墙。此类墓葬规模较小，圆墙直径在10米左右。有的墓葬周围砌石墙，中央用泥土填平。Ⅱ型：有椭圆形大封土堆，其基部南北长45米，东西宽29米，封土墙顶部长27米，宽15米，高10米。周围有3道石砌墙，南北有阶梯。石墙与封土堆间及石墙距离分别为2.5米、4米、3.5米。“向天墓”乃威宁、赫章两地对此种墓的称谓，其实并非坟地。据唐樊卓《蛮书》、段成武《酉阳杂俎》及明清时代相关文献记载，彝族古代实行火葬，“向天墓”应是火葬场所。据方国喻《彝族史稿》称，其上限时代可追溯到东汉末。据《大定府志》记载，大定府知府黄宅中的《喻民二十条》中明令禁止火葬，其下限时代应早于清代。1985年，贵州省人民政府批准为省级文物保护单位。

**赫章黑泥寨向天坟**　位于妈姑镇九股。相传该墓是盐仓府土司家支留下的，墓葬由土石垒砌而成，现仅存一个面积约314平方米的土堆。残墓呈圆形，残高0.4米，直径约20米。

**赫章大坪子向天坟**　位于珠市核桃村大坪子组西北约1千米的山顶上，现存石头砌筑的土堆一座，整体呈圆形，直径约10米。中间建有墓室一座，墓室以粗加工的石条砌成，宽约1米，长约5米，墓室底部以条石铺砌，高1.2米。墓室被盗掘，部分已垮塌。

**赫章罗笔山向天坟**　位于珠市乡核桃大坪子组西山腰上。现仅存圆形土堆一座，直径约8.4米，圈石已毁，从散落在旁边的部分石头看，高约50厘米。整墓占地面积约25平方米。

**赫章凉水井向天坟**　位于铁匠乡三家寨后山平台上。坟上灌木杂草丛生，已被毁去部分，残存部分有黄褐色疏松土壤覆盖，顶部向下依次有黄色土层及十余厘米厚的石块层和灰褐色疏松土。该坟外观呈圆形，平均直径约8米，加上被毁遗迹，原直径应该在10--12米之间。坟顶有挖掘痕迹。具有鲜明的特色，系彝族之望天坟。

**赫章铁矿山向天墓**　位于珠市乡七一和团结交界山顶上。封土完整，植被良好。墓直径20米。

## 三　石板墓

**黔西青源石棺墓群**　位于羊场乡青华棺家坡和驾雾。两处占地共约1万平方米，均为石棺墓。每座墓由6块石板组成：约1.8~2米长，0.8~1米宽米4块（棺底、棺墙、棺盖），两挡头石块为0.6~0.8米见方，石块没有凿痕，均为就地取材天然剥离而成，厚约5厘米，无任何黏合剂，随葬品极少，扰乱严重。据文献和有关权威人士分析，墓葬为当地世居少数民族墓葬。

**黔西羊耳石棺墓群**　位于沙井乡中大羊耳尖山。分布面积约1万平方米，均为石棺墓（由6块石板组成：约1.8~2米长，0.8~1米宽米4块，即棺底、棺墙、棺盖；两头石块为0.6~0.8米见方），石块没有凿痕，均为就地取材天然剥离而成，厚约5厘米，无任何黏合剂，随葬品极少，扰乱严重。据文献和有关权威人士分析，墓葬为当地世居少数民族墓葬。

**黔西化屋石棺墓群**　位于新仁乡化屋基东风湖北岸。占地1万余平方米，长方形咄咄石板墓层层叠压。1991年，因修电站抢救性发掘50余座，出土少量陶器。根据贵州其它地区类似墓葬推测，应为苗族墓葬。

**黔西新仁基石板墓群**　位于新仁乡化屋基，分布于鸭池河北岸的大寨、水头寨、河头上一带。计有墓葬800余座，占地面积1.7万平方米。1990年8月，贵州省博物馆发现。1991年清理150余座。墓葬形制为竖穴土坑，用当地产的石板砌盖。出土文物有陶碗、“弘治通宝”钱等，应为明朝墓葬。如此大片密集的石板墓不仅在省内属首次发现，在国内亦属罕见，为研究古代民族分布、迁徙及丧葬风俗提供了重要资料。

**纳雍岩脚寨墓群** 位于水东乡箱子岩脚寨内，明代石棺墓群。外露石棺10座，大的长1.97米，宽0.4米，高0.42米，小的长1.07米，宽0.25米，高0.38米。其中，水东至箱子公路坎上外露单室墓一座，坐南向北。在村委会东南侧的一座石棺内发现土壶一把，在岩脚寨一石棺内发现2只土碗。从造型和质地上看：土碗属明代产物，土壶属宋代产物。

## 四　历史人物墓

**黔西烈姬冢** 又叫奢节墓。位于城区水西公园内，墓前雕刻石联为“欲铸红颜成黑铁，独留青冢向黄昏”。墓碑和石联毁于民国时期。奢节，乃元初水西总管府总管阿里之妻，后摄总管府政事。大德五年（1301）元廷出兵远征“八百媳妇”（民族名），向水西苛派马匹钱粮。时水东土官宋隆济反元，奢节起兵响应，在今黔西城关、龙家箐、马蹄关一带与元兵大战，屡战获胜，声威远震。六年（1302）冬，与元兵战于墨特川（今赫章县城关前河），因寡不敌众败走。七年（1303）1月，奢节被擒，在乌撒被戮。奢节死后，水西兵民按照族规将其尸体火化，骨灰撒在附近的松山之上，将其衣冠背回黔西，葬于东山之麓，并立石碑，以志不朽。黔西县政府出资兴建三碑四柱五楼式石刻墓祭奠。

**大方奢香墓** 位于城区云龙山麓乌龙坡头洗马塘畔。奢香，明代贵州彝族女政治家。明洪武十四年（1381），奢香夫霭翠病逝，奢香代袭贵州宣慰使职。履职间，维护民族团结和国家统一，修筑道路，“开偏桥、水东，以达乌蒙、乌撒及容山、草堂诸境”，立“龙场九驿”，沟通贵州与滇、蜀、湘、桂的交通；兴办宣慰司学，奖励耕织，促进水西地区的开发，功勋卓著。明洪武二十九年（1396），奢香病故，太祖朱元璋加谥为“顺德夫人”，并赐朝衣锦帛，遣使参加葬礼。墓葬按明代正三品规模营造外，又以彝俗兼造，占地约2万平方米。清康熙初年，吴三桂率兵剿水西时，奢香墓及其附属设施毁于兵乱。道光十三年（1833），奢香后裔安淦辛禀文大定府请予修葺。十八年（1838）获准，由大定知府王绪昆与黔西知州吴嵩梁主持将

大方奢香墓

墓修复为围石封土墓，将原墓碑嵌于墓石上，并新立罩碑一方于墓前碑亭中。又建奢香祠于梅花墓田中，立“奢香夫人故里”石标于墓侧路旁。日久年湮，奢香墓地碑亭、故里石标和祠早毁，至1949年只存石墓和罩碑。新中国成立初期，墓石、墓碑被毁。1964年，贵州省人民政府将奢香墓列为文物保护单位，维修奢香墓。1988年，国务院公布奢香墓为全国重点文物保护单位，国家文物局、省文化厅及大方县人民政府拨款按原建规模修葺奢香墓，1994年竣工。墓为围石土封，高4.5米，直径6米，圆围18.84米，采用须弥座式，分9盘围石安砌，每盘用36块精料白石。第六圆围系9板9柱高浮雕，柱上为彝族图案花纹，板上为9龙9虎变形图。第九圆围为瓦筒，72瓦当均为虎面浮雕组成。墓前依地形筑两道勒石平台，各高1.5米。第一平台46.8米，中为9米长的9级踏跺，踏跺左右有栏板浮雕各3块，平台左右38根虎头立柱上，镶嵌白石双面浮雕虎头纹图案栏板36块，第二平台长23.4米，中仍为9级踏跺，左右安拦板、立柱各3块，左右平台上20根立柱上镶嵌栏板18块。第一平台中轴线立墓碑1块，高3.6米，宽1.45米，碑面刻彝汉文合璧“明顺德夫人摄贵州宣慰使奢香墓”。左右为石狮一对，各高2.6米，平台前神道宽7米，长70米，立华表一对，全高6.4米，华表下为白石浮雕础立柱栏板16柱16块。华表上为云鹤高浮雕，顶为坐兽。墓地四周为仿古马头墙围圈保护。恢复奢香墓原建规模2万平方米。墓葬陵园将明代汉制葬规与彝俗精巧结合，熔汉族文化与彝族文化、中原文化与水西文化于一炉。1988年1月13日，经国务院批准为全国重点文物保护单位。1993年，为宣传展示奢香的历史功绩，在墓侧修建了奢香博物馆，于1994年面向社会开放，2008年，大方县政府出资进行了展厅扩建，新建展厅面积2000余平方米，开辟为彝族历史文化陈列馆，2009年，纳入国家第三批全国博物馆、纪念馆免费开放单位。

**大方陈友德墓**　位于六龙镇和平村东1千米，始建于洪武年间。陈友德，元末起义军陈友谅三弟。明初，陈友德应诏任云南金枪道。未及，朱元璋病逝，陈友德解甲归田，路经罗甸（今大方一带）被水西宣慰使委以重任。其辞世后，葬于六龙大尖山。土丘墓，高1.45米，底径4米。残存青石质墓碑，高0.44米，宽0.69米。后于2005年陈氏家族集资修缮，原碑存在。现墓为土封石围鱼尾形，墓前立有牌楼三碑四柱面碑一通。桅杆两柱，墓高2.2米，底径4米。碑通高2.2米，宽3.14米，厚0.25米。2015年6月，大方县人民政府公布为县级文物保护单位。

**大方陈恩墓**　位于六龙镇青林南1.5千米。陈恩（1552~1616），字槐亭，祖上系汉人。传为陈友德六世孙。陈氏家族历代在贵州宣慰使司内担任要职。陈恩接连辅佐安国亨及其两子安疆臣、安尧臣和孙子安位理政，长达34年。万历四十四年（1616）去世，葬于六龙母鸡山。墓为土封石围，呈圆丘形，坐北向南。前立青石质墓碑，墓高2.5米，底径4米。2015年6月，大方县人民政府公布为县级文物保护单位。

**毕节薛开泰墓**　位于毕节县清水铺镇石井村。薛开泰，原籍西安泾县人，明洪武元年（1368），由武庠连捷进士；洪武四年（1371），官拜先锋，挂印南征，后卒于赤水河畔（卒年不详）。清代，追封为安靖候。墓高约1.8米，系土石墓，占地约30平方米，墓前立碑两块，一里一外，里面一块，立于乾隆三十七年（1772），单碑单帽，高1.8米，宽1.3米，外面一块立于咸丰十一年（1861），三碑五帽，歇山顶重桅，高4.5米，宽3.52米。檐下坊间浮雕文臣武将及各位人物16人，其中1人跪拜受封，为薛开泰接受先锋印。另有双狮拱卫、花草虫鸟图案。碑上镌双联两副，明间一副为“一本万殊，原由山陕发；五王八俊，将复川黔来”，次间一副为“血战功酬表辟地，紫诰侯封申闻天”。右碑镌阴刻直书《重修始祖墓志铭》。

**毕节糜子义合葬墓** 位于毕节县观音桥办事处五里坪村西杉林大水沟，建于明初，封土石围，呈竖长形。糜子义：诰授昭武将军，原籍句容来苏（今南京行香乡）。明洪武十四年（1381），随颍川侯傅友德南征，以军功授指挥职。墓宽4.7米，长9米。四柱三碑，碑通高2.2米，宽2.1米。

**黔西王三善墓** 位于锦星乡白泥村。封土已被扰乱，现状为自然耕地土坎。王三善，字鼓佰，河南永城人，明万历年间进士，天启三年累迁太常寺少卿，擢右佥都御使，巡抚贵州。天启四年（1624）领兵平“安奢之变”（也称“安奢之役”）。从大方回师东还至内庄（今白泥村），遭安（邦彦）军伏击，与其将领47人被斩于铧口山下，葬于白泥刘家屋基后侧。崇祯元年（1628），被明廷追赠为兵部尚书，世荫锦衣卫佥事，后又加赠太子少保。

**织金安邦彦墓** 位于官寨乡青山凉水井。始建于清代，土封石围，呈圆丘形。坐西向东，高1.5米，底径3.5米。墓前立有青石质墓碑，高1.6米，宽0.6米，厚0.18米。为其后人补立于光绪二十八年（1902）。安邦彦（？~1629），织金那威（今织金官寨）人，明朝末年著名的水西彝族土司。天启二年（1622）二月，安邦彦起兵响应四川永宁宣抚使奢崇明反明，自称“罗甸大王”，掀起了一场声势浩大的反明起义，其领导下的义军，波及贵州大部、四川、云南、湖南等地，三次围攻贵阳，1629年9月，因兵败在四川被杀。1981年，织金县人民政府公布为县级文物保护单位。

**黔西李世杰墓** 位于雨朵镇扯泥坝。李世杰，清康熙五十五年（1716）生于黔西，曾任兵部尚书。清乾隆五十五年（1790）告老还乡，乾隆五十九年（1794）逝世，葬于故里。陵墓坐北向南，建于乾隆六十年（1795），为李世杰同其夫人高氏合葬墓，占地2237平方米。分5级平台：第一台有华表1对，高4米，正方形，顶端置朝天大斗，上各托仰天石狮1尊；第二台有石马石虎各1对，左侧立有御祭碑；第三台有石人石羊各1对；第四台有大石狮1对；第五台为土葬陵墓，墓前有碑。碑为石雕厦顶，碑脊角饰有龙形鸱吻，碑体两侧镶有条石。碑高2.5米，宽1.2米。碑文阴刻楷书“乾隆陆拾年闰贰月吉旦皇清。诰授荣禄大夫兵部尚书、诰封一品夫人显考李公勤公妣高太夫人之墓　男华封等敬立”。“文化大革命”期间，陵园遭到严重破坏。1985年，贵州省人民政府公布为省级文物保护单位。

### 附：乾隆“御祭碑”文

朕惟四方宣立，赖精良综事之材。三俊见心，重清白爱民之选。苟勤俭以奉，克矢志于冰霜。斯褒恤而酬庸，俾垂荣于竹帛。尔原任兵部尚书李世杰，才称敏练，性本公廉。事迹边隅，起家薄尉。临州典郡，叠腾表荐之声。总臬开藩，专寄军储之任。曰惟士饱，遂奏凯以宣饶。与有臣劳，佐饷军而转毂。阅三年而两镇，自西粤而南湘。旋移节于中州，复晋阶于都府。旬宣益部，依然夙夜厥辛。保义吴疆，溥矣东南之泽。至若再来就熟，尚依积绥。乃因一往积劳，原需调揖。爰以外节，用典中枢。令代步以趋朝，施恩佚老。亦原衔而致仕，宥肩过思。前曾几载而溘逝林泉，缅数帮之风流节钺。呜呼！殚真诚于器局，素志犹存。兹保持于疆封，成劳未泯。象其心迹，谥曰恭勤。式启丰碑，昭之茂典。

乾隆六十年闰二月吉旦

**毕节韩镆父墓（韩钦墓）**　位于毕节县观音桥办事处五里坪村。韩钦（？–1787），韩镆之父。韩镆（1729–1804），字序东，号兴亭。历任江南淮徐道、工部右侍郎、户部右侍郎。乾隆五十二年（1787）为父建墓。土封石围，呈圆形，高2.1米，底径4.5米。占地面积60平方米。青石质墓碑。圆首，高1.5米，宽0.2米。额刻二龙戏珠，额题“恩荣”二字。碑文楷书阴刻。兵部尚书李世杰撰书。

**毕节余达父墓**　位于毕节大屯乡杉木岗。葬于1934年，1937年迁黄金白泥塘，墓为椭圆形土冢，占地20余平方米，坐南向北，高1.40米，三碑四柱五帽，墓碑通高2.20米，左右两碑墓表各高1米，宽0.67米，为周培艺撰文，前清秀才熊文照书。书法细腻，笔调圆润。左右墓表横额上分别阴刻楷书“雅道沦亡”“荫远德明”。门额上均镌浮雕卷草纹、莲花纹等图案。余达父（1870~1934），名若瑔，号达父，彝族杰出诗人、法学家，爱国人士。曾留学日本，是毕节历史上最早的留学生之一。余达父世居四川省古蔺县水潦乡，自幼过继给伯父余象仪为嗣，入籍于贵州省毕节县龙场驿大屯。虽没做过土目，却因过继给伯父余象仪而成为大屯土司庄园的主人。1906年留学日本江户大学，专攻法律，并与贵州同盟会领导人平刚结为挚友。1910年学成归国，秋试中举，成为前清政法科举人。1911年10月，辛亥革命之武昌起义成功，贵州自治学社及时响应起义宣告贵州独立，余达父被选为省立法院议员。不久，贵州革命政权被反动军阀勾结滇军颠覆，余达父被迫远赴上海避祸，与安健（彝族）创办《斯觉报》，鼓吹革命，鞭挞军阀。之后，余达父赴北京开设律师寓所，任专职律师，并在北京法政学校兼任教员。时人称其“学究申韩，辩媲苏张”“仗义执言，耻附权贵”。5年后，余达父回故里，在家中读书著述，扩建庄园。在大屯，余达父不幸因中风造成半身不遂，卧病3年方治愈。由于乡间兵匪频仍，难以安居，经挚友周素园推荐给省长袁祖铭，出任贵州大理分院刑庭庭长，于是全家迁居贵阳。在任上，余达父“法理深邃，冤屈雪伸”，时与官场相扞格，遂弃官入云南，漫游数载后复归故里潜心著述。1933年，王家烈任贵州省主席，余达父受聘为省政府名誉顾问。1934年，贫病交加的余达父在贵阳不幸逝世，归葬大屯故里。

**黔西丁扬斌墓**　位于锦星乡白泥村，占地约30平方米。丁扬斌，生于1892年，字光训，四岁启蒙，五岁能诗，七岁通诗书，十四岁任教，人称“小才子”。曾加入国民党，在军中，官至纵队（旅）长、师长。在南京任国民党中央财经委员会委员期间，因撰写《四万万救国方略》而被捕，出狱后弃政从教。1941年回黔西任教。之后，将祖上宗祠改作“农文小学”。1955~1965年期间，曾当选第一、二、三、四、五届黔西县人大代表和贵州省文史馆长等职。1965年逝世。

**鸡鸣三省团首周启元墓**　位于毕节县林口镇鸡鸣三省村，清代古墓。墓主周启元，人称周七公，苗族，清末鸡鸣三省团练头目。墓面向赤水，碑高丈余，安放在一块数吨重的青石碑座上，极为稳固。碑上刻“忠、孝、礼、义、福、禄、寿、喜”图和碑联“千脉朝阳沙明水并秀；万龙拱手兰馥桂连香”。雕刻艺术精湛，人物栩栩如生。碑序部分文字，已剥蚀不可辨认。

## 第三节　古建筑

### 一　古驿道

毕节地区历史上是西南地区的交通要道。自秦开“五尺道”、汉开“南夷道”之后，成为川滇黔三省之枢纽，是西南地区自古以来“贡茶古道”“市马古道”的必经之地和重要通道。2009年，经贵州省文物局会同云南、四川等省联合申报，“茶马古道”于2013年5月，被国务院公布为全国重点文物保护单位。毕节地区有16个文物点列入其中。

**金沙鱼塘河古道**　位于金沙与四川古蔺边界的鱼塘河，离金沙县城约70千米，途中架设桥梁10余座。路面为自然石块，历史上为人背马驮的运盐之路，故名石墁三尺盐道。据火石娅彝、汉文镌刻的万年碑记载，盐道于清乾隆四年（1739）年竣工。道光年间（1821～1850）重修山王沟、鹿崽桥等石拱桥。后于同治九年（1870）六月，建鱼塘河渡口。现盐道残存数段和部分桥梁。

**大方甘棠古道**　位于黄泥塘镇甘棠西南。筑于明代，青石铺墁，现存古道长约2千米，宽1~2米，南与西河古道相接。驿道上残存有1918年立的李太英伯母节孝坊，石刻工艺精湛，占地面积10平方米，原坊三门四柱，因“文化大革命”时遭破坏，现仅存一门四柱，门宽1.27米，门高2.3米，通高5.8米。

**大方阁雅古道**　位于双山镇与竹园乡交界落脚河西岸，为明初摄贵州宣慰使奢香所建“九驿”中的归化驿之一段。东连金鸡驿，西接归化驿，建于洪武十七年（1384）。毛石砌筑，全长15千米，宽2.5米。现存小阁雅至双山一段长约5千米，石砌阶梯式蹬道，依山傍岭，逶迤蜿蜒，至今仍有人马行走。

**黔西谷里古道**　位于谷里镇北，为摄贵州宣慰使奢香所建“龙场九驿”之一。东南起自谷里驿，西北接奢香驿，建于洪武十七年（1384）。毛石砌筑，现存古道段长约2千米，宽2.5米。

**毕节七星关古道**　位于毕节县杨家湾镇七星关，为秦初开辟的“五尺道”之残存。蜀汉建兴三年（225）春，诸葛亮率蜀汉大军平南中四郡反叛，既平，诸葛亮率师沿“五尺道”北归成都经七星关时，与助武侯平南有功的彝人首领济火在此筑坛结盟拜七星，封济火为罗甸国王。明洪武十四年（1381），朱元璋命颍川侯傅友德率师30万南征，夺取七星关要隘后，命千户指挥周必贤屯兵扼守七星关，次年筑七星关城。1936年2月，红二、红六军团在贺龙、萧克的率领下，在七星关与杨正荣、朱益斋等国民党地方反动武装进行殊死战斗，击溃反动武装多次进攻。红军撤离川滇黔边苏区时，红六军团政治部主任夏曦在此渡河不幸溺水牺牲。古道现存青石道长约2千米。

**毕节层台古道**　位于毕节县层台镇所在地，筑于秦、汉，为古夜郎道。明初建层台卫，始有此名，卫城又名官厢城。北经斯梨堡、太极、阿落密（今亮岩）、清水铺、南关，渡赤虺河（今赤水河）去四川永宁（今叙永）；南经小吉场、八堡至水西、比喇（今织金）、普定至安顺；东经瓢儿井、普宜、龙场、清池、打鼓新场、遵义、桐梓至四川合江（古笮关）；西经木樨关、倮倮桥、海子街、威镇乡（今观音桥）、毕节（古平夷）、七星关、乌撒、可渡河至云南宣威。

**毕节鸡鸣三省川盐古道**　位于毕节县林口镇鸡鸣三省村观音岩崖壁间。明代从石崖间凿出，长约3千米，宽1米至2米不等，是明、清四川永岸川盐流入黔西北、滇东北的主要通道之一。北渡赤水上游起点三岔河古渡口后，接四川水潦，经摩尼、麻城去永宁（今叙永），南至林口、燕子口、孙家铺、海子街至毕节。

**赫章鹦哥嘴古道**　位于水塘乡水槽村鹦哥嘴。筑于明洪武年间，为毛石砌筑，长约3～4千米，宽约1.2米。

**威宁六洞桥长堤**　位于草海镇鸭子塘西。长堤由六洞桥和烟柳堤组成，均为料石所筑，年代各异。为草海名胜之一，人称“六桥烟柳堤”。桥为圈拱石桥，跨大中河，长17米，宽4.5米，单孔净跨3.6米，矢高2.2米，是威宁至云南宣威的公路桥。

**威宁四铺古驿道**　位于盐仓镇境内。青石铺砌，“五尺道”残存，长约10千米。今人马仍行其上。

**威宁营洪古驿道**　位于黑泥西南观音岩至可渡河边之旧城街。以青石铺砌，“五尺道”残存，长约3千米。为古代川滇必经孔道。

**大方猪大坡古道**　位于城北，筑于明初，青石铺墁。南达慕俄格城堡，北接阁雅驿，现存长约2千米，宽1.5米至2米。为县城经毕节普宜入四川叙永之盐道一段。

**大方西河古道**　位于黄泥塘镇西河东北，筑于明代，青石铺墁。现存长约2千米，宽1~4米。北接甘棠古道。

**大方金鸡驿道**　位于化苗金鸡东，筑于明代，青石铺墁。西北接阁雅驿，东南接水西驿，现存长约2000米，宽1米，总占地面积约2000平方米，为奢香主持修筑的九驿之一。

**大方银祥盐道**　位于凤山乡白鸡银祥，始筑于清代，青石铺墁，为大方通往遵义的古道之一段。现存路段长100余米，宽0.6~2米。

**大方兰花山驿道**　位于马场镇马场、桥上老塘，是明代水西通往水城要道之一段，青石铺墁。全长3千米左右，宽1~2米，东北接千岁衢，西南至纳雍，东南至织金，西北至毕节。

**大方崔苏坝盐道**　位于星宿乡龙山中寨。筑于清道光年间，南北走向，青石铺墁，现存长约500米，宽1~1.5米。

**大方松树盐道**　位于星宿乡松树，始筑于清代，青石铺筑。现存长约1千米，宽1~2米。

**大方石丫口盐道**　位于果瓦乡上寨之中寨。筑于清道光年间，西北—东南向，黄沙石铺墁，为慕德长官杨凤山组织修筑。现存150余米，宽1.2~1.5米。

**大方赵家钵盐道** 位于沙厂乡营山，为大方通往遵义主要通道之一段。筑于清道光年间，以青石铺砌。现存长约3千米，宽1.2~2米。

**大方花底河盐道** 位于三元乡群丰，筑于清光绪年间，青石铺墁。现存长约2千米，宽0.8~2.4米不等，是连接达溪、瓢井的古盐道。

**大方妈鸠寨盐道** 位于达溪镇龙井，始筑于清代，以青石铺墁。现存长约500余米，宽1~1.5米。为大方通往四川叙永的古盐道。

**大方新店盐道** 位于达溪镇新店兴朝，始筑于清代，青石铺墁。现存长100余米，宽0.8~1.2米，为瓢井到达溪的古盐道。

**大方马蹄岩盐道** 位于百纳乡马蹄，筑于清咸丰、同治年间，以青石铺砌。现存长约2千米，宽0.8~1.5米。为大方通往遵义的古盐道。

**黔西张家湾盐道** 位于甘棠镇同心张家湾。现残存约5千米，路宽约1.5米。青石铺筑，路面留有深深的马蹄印。始筑于明末清初，是为遵义盐商邹氏出资修筑，东北接定新，南至谷里、绿化。

**黔西索桥盐道** 位于铁石乡许家坝索桥。残存长约200米，宽约1.5米，毛石去就。西北接大关，南过索桥至修文、清镇。

**黔西四方井盐道** 位于绿化乡四方井。现残存约200米，路宽约1.5米。毛石铺筑，路面多留下深深的马蹄印。始筑于明末清初，为遵义盐商皱氏出资修筑。东北接谷里，东南至大关、清镇。

**黔西石门驿站** 位于谷里镇健全石门，属奢香所筑“九驿”之一。东接修文六广驿站，西至水西驿站。残存房屋一间、左右两厢基石、三道槽门已改为民居，石墙上残留有雕刻精美的花草、人物及瑞兽图案。

**黔西石梯子盐道** 位于中建乡新桥。残段约5千米，宽约1米，毛石砌筑，石路上多残留明显的马蹄印。为黔西府（州）组织修筑，全程由三重堰至打鼓新场（今金沙）去沙溪、岩下、下渡、卧牛河。

**黔西素朴驿道** 位于素朴镇古胜、百花。筑于明洪武十七年（1384）。为摄贵州宣慰使奢香所筑，残存约3千米，宽约1.2米，毛石砌就。

**黔西水西驿道** 位于锦星乡洪湖大水沟。筑于明洪武十七年（1384），为摄贵州宣慰使奢香所筑。残存约200米，宽约1.2米，用不规整的红褐色和灰褐色鹅卵石砌筑。

**赫章小哨口古道** 位于水塘乡水槽，从水槽堡经小哨口到天桥，青石铺砌。现残存4段，宽约1.7米，4段总长约500米。

**赫章黑泥寨古道** 位于妈姑镇九股黑泥寨。由可乐经法都、三锅庄、熊数块、双大坪、垮岩、儿马冲、四方井、石垭口至妈姑，石灰石平砌。现存残黑泥寨至石垭口段，约700米，宽1.5~1.7米不等。

**赫章回水古道** 位于双坪乡回水下街。由回水经福来厂、五里坪至四铺、水塘、天桥至威宁。石灰石平砌，现存残段150米，宽1.5米至1.7米不等。

**赫章福来厂古道**　位于双坪乡福来厂五里碑，筑于明代。石灰石砌筑，宽1.6米至1.7米不等。

**赫章高枧古道**　位于铁匠乡联盟高枧。部分被农户建房或种地破坏，残存长度约200米，宽1.7米。

**纳雍十二弯古道**　位于雍熙镇东北山王庙猴子岩，筑于清代，青石铺筑。为纳雍与织金、大方、乐治（史称卧这城）等地通道。从猴子岩至永新桥，长944米，宽1.5米左右，700余步阶梯，并建有亭牌。

**纳雍水淹塘垭口驿道**　位于老凹坝乡龙场水淹塘垭口至果几盖。今存1千米左右，路边有一摩崖，嵌在长89厘米，高55厘米岩石上，碑长31厘米，高36厘米，为汉、彝文碑，左为汉书，右为彝文，刻于清乾隆□年三月二十□日，汉、彝文现存共8行，每行9字，左已缺损，半圆形。

**纳雍沙落驿道**　位于董地乡石关南，始筑于明代。今存赖石关垭口段，长3千米，宽1.5~2米不等，沙砾、毛石砌筑。清康熙三年（1664），吴三桂剿水西，水西宣慰使安坤从此道退避“宣慰洞”。

**纳雍卧这古驿道**　位于乐治镇对叉、平寨等地，筑于明洪武年间（1368～1398）。乐治旧称卧这，明代曾设宣慰府，为贵州宣慰使霭翠、奢香、安贵荣、安坤的府第之一。与大定（今大方）、黔西、平远（今织金）水城等驿道相通。由卧这经对叉、老凹坝、平寨，过以那河，跨卑忠桥，越喇叭桥而去平远。其中从扒扯河安氏别墅延伸长约4千米一段为料石铺砌，保存完整，可容双马并行，当地人称跑马射箭道，又称箭道。

**威宁川黔滇驿道头塘段**　位于草海镇赵山头塘，毛石铺筑。长约3千米，宽2米。南接县城，北接盐仓，为秦“五尺道”。

**威宁观音岩驿道**　位于金斗乡营洪，毛石砌筑。现存观音岩至可渡河旧城残段，长约3千米，宽1.7米。为秦“五尺道”。

## 二　桥　梁

毕节地区位处乌蒙山区，由于青藏高原的抬升和冰川消融洪水冲刷，形成了冲沟、切割的丛山地貌。桥，成为历史上必不可少的交通设施。毕节地区桥梁大致可分为早期的索桥、浮桥、跳磴桥和后来的木桥、石拱桥。今遗存的均为石拱桥。

**黔西朵泥桥**　位于谷里镇境内，建于元代。长36.5米、宽5米，高出水面5米左右。为五孔石拱桥，有桥墩4个，呈六角形，块石构成。桥面呈拱形，两边有拦马石。明代，成为龙场九驿中谷里驿至水西驿的要冲。年久，桥身风化，拱石缺损，拦马石无存。2004年，建甘棠火电站蓄水库，没于水中。

**大方大渡河桥**　位于城东南40千米大方与黔西交界的大渡河上，为水西土目安邦母子捐银1150两所建。始筑于明万历十八年（1590），二十年（1592）竣工，且于桥头立彝、汉文碑两通。五孔石拱桥，长70米，宽8米，高15米，各孔跨度不一，是水西十桥之一。1982年2月23日，贵州省人民政府公布为省级文物保护单位。2000年，建洪家渡水电站，没于水中。

**黔西渭河桥** 位于重新镇石坪村。黔西知州黄秉中于康熙三十年（1691）始建，三十二年（1693）毁于水；四十一年（1702），黔西州武将抚军重建，五十六年（1717）又毁于水；五十七年（1718），知州金获再建；六十年（1721），因木板渐腐，金获再次重建。雍正二年（1724），毁于火。乾隆七年（1742），知州冯光宿复建五孔石拱桥，并于桥南立碑记一通。桥长69.78米，宽4.9米，高10.1米，今仍坚固。1956年筑金（沙）黔（西）公路，为公路桥。

**附：**

## 建桥碑记

从来桥梁之设，原以通商贾、便往来也。然造作之初，未有不需众人之资而成于一人之力者。谚云，众擎易举，独力难持，诚哉是言。吾于渭河桥之重修而益信之。是桥崇石深壑间，虽非通都大邑，而食货之去来，行旅之交错者，亦日不胜数。粤至新疆始辟，民多病涉。及秉中黄公来牧是邦，爰辑众志，俾造为梁，褰之患病乎免矣。无何春水一泛，荡焉无存，而望洋兴叹留流而返者，仍如故焉。州耆老请于前任抚军，当事者乐为赞勷鸠工，庀材为桥。立硐石墁木为屋于上，以蔽风雨。至是而溪涨不虞，坦然周道矣。孰意壬癸之忧，而丙丁肆害。丁酉岁陡遭回禄，所墁之木覆之屋，尽成煨炉。所余者止石蹬耳。是时余方下车，得闻其事，倾囊所余，极力补修，约三百金，亦祇能墁以木，覆以板。仍不数年，霜日浸曝，风雨飘摇；兼之骡马�蹋，趾蹲蹂燃，板木渐成腐朽。余因慨然思曰，与其为数年计，何如为长久计乎！犹是工多费繁，挥囊羞涩，除竭力自捐外，郡人争相鼓舞，慷慨乐施。故得分命工师，选林邓、林环集匠土，剖石荆山，木工覆板，仍其旧制。板上墁石，宽属新增，工费虽倍于先，而坚固亦倍于前。将来霜日浸曝，风雨飘摇，兼止及于石，无妨于木矣。骡马�踵蹂蹴，已离于木，何损于桥乎?则斯桥之重修，虽不敢谓千百年不敝，而较之为数年计者，已大相径庭矣！是役也，劳民之力，伤民之财，固余之所不忍；然亦民之所不能已者，诚以其利溥也。所谓独立难持，其必能谅之者。是为记。

**金沙袁家桥** 位于城西北1.5千米处，亦称新场桥。《黔西州志》记载，此桥为当地袁姓皮匠致富后捐资所建，后两遭水圮，袁力竭，由康熙乙卯乡试候选广东乐昌知县的任衡继建。五孔石拱桥，长46.2米，宽4.25米，高7米。民国10年（1921）复遭水圮，乡人又聚资重建。

**织金蔡氏桥** 位于城东普翁六冲河支流上。建于清嘉庆二十三年（1818），为当地蔡氏所建，是平远（今织金）通往贵阳必经桥梁之一。单孔石拱桥，长21米，宽5.7米，券顶水面高15米。桥面两侧券石上，各浮雕龙头1个。离桥20米有岩石摩崖两方，一为阴刻正楷“平修古道”4字，为清乾隆壬申举人堪克慎撰题；一为序文：“帝君垂训，得修数百年崎岖之路，造千万人往来之桥，后之履斯桥由斯路者，将有感于斯文。”为清乾隆乙卯举人湛守琢撰题，今摩崖字迹清晰。

**纳雍果伟河桥** 又名阳长镇大桥。位于阳长果伟河上，清嘉庆二十五年（1820）始建，道光元年（1826）竣工。三孔石拱桥。长51米，宽7.04米，高19.7米，桥面厚2.1米；大孔跨距14米、小孔跨距3.6米。1960年筑纳水公路、1990年改建公路均用此桥。桥西端百米处，道光六年（1826）十二月初九日立石碑两通。小碑阴刻楷体“桥碑”，高1.6米，宽0.7米，厚0.16米，碑面阴刻直书捐资者姓名。大碑高2.4米，宽1.1米，厚0.16米，阴刻“果伟河桥碑记”。

附：

## 果伟河桥碑记

□□□□□□比德之接壤，自设立郡县，凡所于此连界，粤稽古昔□□，系四十八部□衍。比德在禄德四□□，列水□□而界，亦当□□□□□□□即河之所。为联络无造，即施人工，继起此辅相之专，有赖于修举也。溯河端原委，出乌撒碣里，由法窝入水城西，扒瓦河迂回而过之，注阿勒诸河，沿倚阁以联于果伟，蜿蜒数百里，众漾以渐集而汇。向有舟揖之设，以济往来，因亦□使其下注牂牁，浮于巴涪达于江。然河在于兹，大道通衙，毂击肩摩，日无停止，时不暇息。当夫暑雨骤涨，悬崖石壁间，雷声鸣，波拍天，洪涛泛滥，巨浪奔腾，每临流而徘徊，未免兴失磋叹。时强渡而沉溺，尤为悲夫惨伤。仁人念此，恨己力之莫补者有之。孰是有力而兼有心者，毅然以善果自肩，倏忽而工告竣。如有其人，岂征济人利物之之极薄而隐然哉。□洽于□天帝好生之大德哉。辛巳仲夏比德侄来，以果伟河石桥竣工，嘱记于元、询及资费，云：吾族归宗二翁咸党，比德叔侄偕毕邑糜翁创首募建，纠工笼材，不惜重费，不辞辛勿，其他欣助者莫之却，不助者未之强。始于嘉庆庚辰九月，凡八阅月，至道光元年辛巳四月落成。桥疏三洞，长十六丈五尺，宽二丈二尺，高五丈九尺有奇，自今行人往来悉经其上。元曰：嗟哉！建桥济人，善行也，助□□□□□□，善人□□，善之大者未强助，而不先蹈乎不与人方便之覆辄；是又得与行人方便之事，而不先蹈乎不与人方便之辄，其视俗之强募者抑又远矣，又尽善矣，一举而三善备，兹有其专。且闻乎人之善壹而不眸□善又□吾党其益复何如?□曰积善余庆，书曰作善降祥。利济亿万人，亿万人颂祷之；利济亿万年，亿万年之人颂祷之。是则先人之庆而庆，□自不后人之乐而乐。千祥百福，三多九如，天固有以赐善人矣，亦又何惑乎！志善者之乐于替壤，而共存盛举耶！是为记，西水比启后学安家元谨撰。

**纳雍万寿桥**　位于维新镇总溪河上，始建于清道光十七年（1837）九月，次年四月竣工，单孔石拱桥。长56米，宽8.5米，高2.5米，孔跨21米，为毕节富商糜肇瑞等捐资建造。南端岩下立四棱碑两通，高、宽分别为2.24米、0.35米，碑面阴刻楷书，一通镌“万寿桥”3字，一通镌碑铭：“尝读《丹桂集》有言，修千百年崎岖之路，造千万人往来之桥。总已河原有渡船，每遇水泛之期，不无阻隔，上下往来行人，对河两岸，苦守水退方能开渡。瑞等因此举念，修造石桥。于道光十七年九月兴工，十八年四月告竣，谨将姓名勒石为铭。”1958年，修筑毕纳公路，用此桥。

**纳雍喇叭桥**　位于老凹坝乡武佐河上，单孔石拱桥，桥基筑于两岸绝壁之上。长20米，宽4.5米，高约10米，孔跨距11米，桥面厚1.2米。北为织金界，残存石梯10级；南为纳雍界，石梯6级连接3千米石板路达以那桥。石梯西侧立碑一通，刻“永垂不朽”及“咸丰三年六月初一修十二月三日立”字样；南侧立碑三通，一通刻“永垂不朽”4字，余二通无碑铭。此桥今仍为行人走。2000年，建洪家渡电站，没于水。

**毕节七星桥** 位于毕节县杨家湾镇七星河上。七星关襟蜀扼滇，地形险要。明永乐十四年（1416），七星关置渡而以铁索系舟建“应星桥”。清顺治十三年（1656），云贵总督卞三元重建；十八年（1661），桥孔自毁。康熙五年（1666），巡抚罗绘锦复建；二十七年（1688），毁于水；三十七年（1698），改建木桥；五十四年（1715），再毁。乾隆九年（1744），知县劳孝舆请帑建复，在老桥下方建四跨石礅木梁桥，桥上建廊，十九年（1754）毁于火。二十年（1755）知县董朱英复建，改为双跨石礅木伸臂梁桥，上覆屋十四间，两端辟桥门，并各建牌坊一座。咸丰十年（1860），毁于兵燹。同治八年（1869）复修。1936年，大地主朱益斋为阻红军而毁桥。1939年修筑川滇公路，改为石礅钢架桥，上铺木板作桥面。1965年，改建为长50米、宽6米之六孔石拱桥。七星桥以丰富的文化内涵，同葛镜桥一起被载入茅以升主编的《中国桥梁史》。

附：

## 《七星桥记》

夫惟山水者蜀也。蜀之西南关之雄险者七星也。七星之城，成于山巅。四壁悬崖，摩空屹立，中有七山列秀，若蛇蟠兔走之形，凤飞云屯之势。下临大江，石道盘旋而上，曲屈如北斗焉。昔诸葛驻师七营于兹，故号其名也。关河之渡应星桥也。竹篾为缆，排船为桥，以通滇南之要冲。其如春和景明，波澜未兴，风清月白，如练如鉴，络绎从步，悠悠而乐也；其或阴云不开，骤雨经日，山高江狭，洪流暴至，惊涛拍空，怒浪吼雷，则必解缆折桥以避水势。或有驿驰飞报者尚阻其行，趋公务而役于工者悉违其期。于是，御关武略朱公曰：我受国恩，分守兹土，岂不立法以便经行乎？莫若以铁代竹，连环为锁，铸双柱立于两岸之石，横缆于中，分索持航，布船为梁，奚畏江涨洪涛之险，实为久长之计乎？旋即鸠工立炉，冶造铁缆贰拾伍丈，斤重壹仟贰佰；铁柱贰，重陆佰；铁分索柒，各佰斤。后又亲率健卒登山伐木，造船伍艘，不叁月而成功。以永乐拾肆年捌月拾肆日巳时举缆横江，系于双柱，移时桥完，江面如履平地焉。

——【明】刘子翀撰

**毕节五柳桥** 又名五里桥。位于层台镇小哨五里桥，清乾隆四十一年（1776）建，为明清川黔重要津梁之一。三孔石拱桥，长40米，宽8.7米，离水面高5米，每孔跨距6.4米。桥头立碑记两通，各高1.3米和1.4米，宽0.92米和0.94米，砂石质，弧顶，字迹已南辨识。

**毕节加嘎桥** 位于林口镇新庄加嘎河上，清代彝族土目杨仲瑶先祖捐资、四川匠人赵氏兄弟所建。三孔石拱桥，桥面铺青石，长30米，宽6.2米，桥高出水面5.2米，每孔跨距5.5米。桥头立四棱碑一通，后毁。民国20年（1931），杨仲瑶重立三碑五帽，帽镌八仙图及各种花草、禽兽纹，碑面记杨仲瑶公德，毁于20世纪60年代末。今桥尚完好。

**毕节万福桥** 位于朱昌镇双华村。清咸丰二年（1852）建，单孔石拱桥。长26米，宽4.4米，高5.4米，孔跨距8米。桥设石栏栅，两端有10余级石阶上下。桥头立碑记一通，高1.5米，宽0.7米。

**毕节猴子桥** 位于大吉公子河，清光绪年间彝族土目杨仿岩捐建。单孔石拱桥，长22.25米，宽5.33米，拱跨7.5米，桥距水面25米。桥面设1.03米高石栏，刻狮、象各1对，现已毁。桥墩阴刻楷书“灵泉”二字，字旁左镌“光绪甲辰蒲月”、右镌“毕阳杨芳枝题”。桥两端各立四棱碑一通，以彝、汉文分记建桥经过，今无存。猴子桥一带环境优美，一道高60余米的瀑布从峭壁上飞泻而下，注入深潭，河中怪石嶙峋，两岸花木葱茏，过往行人常在桥上小憩，观山望景。

**毕节甲秀桥** 俗称拱背桥，位于毕节城区德溪威镇河与德厚河交汇前50米处，清康熙年间建。单孔石拱桥，券半圆形，锁桥石有圆形浮雕一，直径0.3米，圆内镌连球套图案。长20米，宽0.6米，高7.3米，跨距14.5米。

**毕节斑竹林桥** 又名月亮桥，位于岔河乡双华河上，建于清代，单孔石拱桥。长16米，宽4.4米，高4米，孔跨7米。东南角立彝、汉文碑记一通，高1.1米，宽0.65米，厚0.14米。

**大方花底河** 位于三元乡群丰西北花底河上，建于清光绪年间，单孔石拱桥。长16.1米，宽3.5米，高30余米。

**大方何家桥** 位于大山乡柿树西蚂蚁河上。为彝族“卜卧白索”后裔阿局及其亲侄啥吐诺义于清嘉庆七年（1802）倡建，单孔石拱桥。长9.36米，宽2.3米，距水面6.8米。桥头立碑一通，今藏于奢香博物馆。

**大方目睹桥** 位于大山乡柿树西目睹河上。清乾隆二十四年（1759）建，2006年加固修缮。长17米，宽4.8米，高8米。桥端立碑一通，今弃于北20米河边。

**赫章安兴长命桥** 位于水塘新河海子田洗菜河上。长4米，宽2.3米，高2.5米。拱顶阴刻楷书三行：“嘉庆二十四年七月初二日卯时，安兴□保长命百岁。”

**赫章丰沟大桥** 位于双坪乡与朱明乡交界的可乐河上。清道光十一年（1831）建，1975年加固，单孔石拱桥。长30米，宽7米，高9米，跨距25米，为镇雄至威宁的古桥。

**赫章天桥** 位于妈姑镇天桥北小河上，清道光年间建，捐资建桥者姓名刻于拱顶一块料石之上。长7米，宽4米，高3.5米，净跨5.5米，今尚完好。

**赫章发河石桥** 位于古达乡发河河边，建于清代，是毕节至水城的古桥。长11.5米，宽3米，高3.5米，跨距3米。拱顶有三块料石刻文，字迹模糊不可辨认。

**金沙晏家石桥** 位于岩孔镇安河与遵义羊榜交界处，清道光二十五年（1845）建，单孔石拱桥。长20米，宽4.85米，高5米，跨距5.1米。东立石碑三通，一通为四棱碑，上部阴刻“永垂万古”四字，下部刻晏家功德；余二通碑文剥蚀不可辨。

**金沙永盛桥** 位于长坝乡花滩崔家洞。咸丰八年（1858）建，单孔石拱桥。跨距20米，宽3.2，高11米，今坚固如初。桥西北立四棱碑一通，上刻捐建者名，部分字迹模糊难辨。

**金沙陇纪引水桥** 位于大田乡白泥陇纪（属大定府东乡乐贡里，又名笼已、陇儿、龙溪、陇箕箐等），约建于明末。此桥面为水渠，应为引水设施，可引水灌溉千亩“陇箕”坝子稻田。青石砌筑，长14米，宽2.5米，高约6米，跨距5米。桥面沟渠，宽0.4米，深0.5米。

**金沙龙门桥** 位于大田乡白泥陇纪，道光二年（1822）建，单孔石拱桥。长9.8米，高11.5米，宽4.3米。西南立四棱碑一通，记捐建者之名。

**金沙癞子桥** 位于清池镇街上坳上村，清代建，单孔石拱桥。桥宽5米，高4.1米，跨距7.4米。清池（清水塘）古有“一弯三座庙，九里三洞桥”之说，癞子桥即为其中之一。

**金沙大石包桥** 位于清池镇罗坪大石包，清末建，单孔石拱桥，为当地富户汪氏所建。高11米，宽4.73米，跨距6.44米，今坚固如初。

**纳雍永新桥** 位于雍熙镇东北猴子岩下木井卡拉河上。清光绪十六年（1890），大定（今大方）西乡守备谢宝川建。单孔石拱桥。长19米，宽5米，跨距10米，矢高5.3米。孔两侧分别嵌谢宝川书:“永新桥”“万世咸昌”石刻。

**纳雍木介河桥** 位于雍熙镇西北双水井木盖河上。宣统元年（1909）建。民国13年（1924），大定县西二区区长安子亭捐资维修。单孔石拱桥，长25米，宽5.3米，跨距11.5米，矢高3米。面铺青石，并设护栏；两端有十六级台阶，以青石铺墁连接古道。

**纳雍以且桥** 位于沙包乡大寨以且河上。单孔石拱桥，长10.5米，宽3.4米，高5.6米，跨距8米。桥端立功德碑两通，1983年毁于洪水。

**纳雍七洞桥** 位于寨乐乡革新、平桥、大寨三地交界的鼠仲河上，始建于清代，七孔石拱桥。长28米，宽4.4米，高5米，中孔矢高2米，跨距2.8米。1979年，于东北端增一孔为成八孔。

**纳雍锁凤桥** 位于寨乐乡新桥鼠仲河上，清道光年间建，同治年间复建，三孔石拱桥。长32米，宽4.3米，三孔跨距分别为3.5米、6.8米、5米，中孔矢高3米。西南立“锁凤桥碑”一通。

**纳雍干河沟桥** 位于化作乡羊场干河沟上。清道光六年（1826）十月二十六日始建，七年（1827）七月完工，单孔石拱桥。长33米，宽5米，高8.8米，矢高7.7米，跨距9米。拱镌捐建者之名，但字迹已模糊不清。

**威宁拱河桥** 位于龙场镇柳树村南。清末建，主桥为料石砌筑，引桥用毛石砌筑。主桥长16.3米，宽3.15米，高4.9米；东引桥长7.5米，西引桥长3.5米，单孔跨距3.95米，矢高4.5米。

**威宁井房沟桥** 位于龙场镇河块村西井房沟小河上，清末建，单孔石桥。长9米，宽2.5米。

**织金小马场桥** 原名“织金桥”，位于桂果镇马场绮陌河上。清初建木桥，嘉庆年间由塘房刘姓与当地彭、张两大户共同捐资改建为细錾石桥，三孔。长46.3米，宽4.8米，跨距分别为4.88米、9.25米、4.88米，中孔矢高约5米。中孔龙门石上方嵌宽0.7米，高0.4米之镇水斩龙神像四幅。龙门石上的圆雕石螭首，挑出0.52米。螭尾从东西两孔迎水面之龙门处挑出，长0.4米，桥面设高0.4米、宽0.3米护栏。

**织金大新桥** 位于桂果镇兴平小岔河上，始建于清，单孔石拱桥。宽5.4米，长2.5米，矢高7米。

**织金高家桥** 位于绮陌乡二塘黄泥坡绮陌河上。元代高氏所建，故名。单孔石拱桥，长18.4米，宽7.8米，矢高5.7米，面设护栏。

**织金杜家桥** 位于熊家场镇化作村，清康熙十二年（1673）当地富户杜洪仁建，单孔石拱桥。长22.5米，宽7.8米，高33米。

**织金倮龙桥** 位于茶店乡上寨桥边底那河上。明洪武二十年（1387）建，二孔石拱桥。长22.8米，宽9.3米，净跨8米，矢高6.8米。为古平远（今织金）通大定（今大方）之津梁。

**织金干河桥** 位于自强乡桥上村。建于清末，三孔石桥。长31米，宽4.9米，高10.08米，矢高2.2米。

**织金大院桥** 位于中寨镇大院花坡。单孔石拱桥，建于清代，桥面为不规则石头铺设，两端石阶上桥。长10.8米，宽4.42米，高6.5米，跨度86米。

**威宁可渡河桥** 位于威宁城南45千米之可渡河上。此处谷深壑险，水流湍急。早为木桥，清康熙三十年（1691）云贵总督范承勋于下游改建石桥，且作《可渡桥记》，谓“桥关政务，今幸落成也”，“梁曰可渡，今诚可渡矣”。后，因水圮。雍正十二年（1734）复建木桥于上游，亦水圮。现存石桥为民国6年（1917）由前守备赵瑞麟经理、广东虎门总司令赵越督建，桥东有建桥碑记一通。桥为三孔石桥，料石砌成，长37米，宽5.6米，高约10米，两侧有0.55米高的拦马石。

**织金月华桥** 位于城内贯城河中段，原名“奢香桥”。明洪武二十一年（1388）建，清顺治十八年（1661）整修。东西向，跨贯城河。三孔石桥，长18米许，宽4.7米，主孔净跨15.7米，矢高约10米。

**织金太平桥** 位于城内沿河路中段西侧。康熙年间建，东西向，跨贯城河。二孔石拱桥，长28米许，宽13米许，西侧主孔净跨23米许，东侧泄洪孔小，上为引桥，矢高8米许。1976年增设大理石浮雕望柱、栏板。

**织金日升桥** 位于城内沿河路中段西侧。康熙五十四年（1715）建，因与下游月华桥共取“日月升华”之义，故名“日升桥”。乾隆十三年（1748）建成，连接东西桥头，为贯城河上5座桥梁之首，人称“上水关”。光绪十三年（1887）整修。东西向，跨贯城河。单孔石拱桥。长20米许，宽5米许，净跨14米许，矢高5米许。

**织金童生桥** 位于城内沿河路中段。因在城北永安门东北河口，又名“永安桥”。乾隆十三年（1748）始建，次年（1749）告竣。因建时银两不够，由州童生捐资助建，故名“童生桥”，俗称“下水关”，1962年扩建后更名“重兴桥”。东西向，跨贯城河。单孔石桥，长25米许，宽7米许，净跨19米许，矢高12米许。

**织金兴隆桥** 位于城内小东门，又称“半边桥”。嘉庆十五年（1810）建，东北西南向，跨凉江河。二孔石拱桥，连接河堤，长7余米，宽2.5米，净跨2米，1米。桥西北侧饰石龙栏杆，头向东北，高1米许。桥西北河床石岩上立四方棱碑，南北两面均楷书阴刻“南无阿弥陀佛”6字，每字0.12米见方。碑东面刻建桥记，西面刻捐资者姓名、数额。

## 三　井

**大方珍珠泉** 位于城东火焰山济火峰下，占地40平方米。大方城有“九十九口井”，素以井多而闻名，珍珠泉为“九十九口井”之一。此泉自山中流出，喷入池中，有如珍珠，经久不散，清代文士多以诗赞之。西南立石碑一通。

**大方半坡井** 位于城区竹子巷中段，占地13平方米。原为毛石垒砌，后改青石垒砌，井壁长2.2米，高2.8米，井口呈圆拱形，宽0.8米，高0.6米。

**大方罗家井** 位于大方镇蔬菜村六组，占地25平方米。青石垒砌，出水口为一石雕龙头，井壁高1.6米，宽4米。

**大方岩脚井** 位于大方镇蔬菜村六组，占地13平方米。青石垒砌，井壁高2.75米，宽1.5米，出水口为一石雕龙头，离地0.5米。

**大方崔家井** 位于大方镇蔬菜村六组，占地12平方米。青石垒砌，井壁高1.5米，宽2.5米，出水口为一石雕龙头，离地0.3米。

**大方杨柳井** 位于城区庆云街中段东侧，占地50平方米。青石垒砌，井壁高2.8米，宽4.5米，出水口为三个石雕龙头，中为大龙头，离地0.75米；两侧小龙头，离地1.2米，南、西、北三面设石栏。

**大方杨家关井** 位于城区庆村路东侧，占地45平方米。青石垒砌，西、南面井壁高2.4米，各设两个石雕龙头出水口，离地0.4米。井壁之上立亭子1座，四周设石栏。

**大方关水井** 又称“官水井”，位于大方镇关井村东南，占地40平方米。为明代水西宣慰所掘，水味清凉，沁人心脾。青石垒砌，出水口两个石雕龙头，井壁高2.5米，宽7.1米。

**大方慈善井** 位于城区慈善街中段北侧，占地14平方米。井口朝上，圆形，离地0.23米，内径为0.8米，外径为1.15米。

**大方龙水井** 位于城南环东路东侧，占地5平方米。青石垒砌，水自龙口流出，水味极佳。井壁高1.7米，宽3.4米，出水口为一石雕龙头，离地20厘米。

**大方黄家井** 位于大方镇陡坡村，占地15平方米。青石垒砌，水极清凉。井壁高1.8米，宽2.62米，井口高1.14米，宽0.82米。

**大方双水井** 位于城区双井巷东北，占地15平方米。青石垒砌，二井相连，上端隔一石梁，因而得名。右边水味清凉可口，左边水味稍涩。井壁均高1.8米，宽1.3米，两旁设石栏。

**大方马家井** 位于城南新民路马家湾，占地20平方米。井口原为青石垒砌，高0.95米，宽0.85米。

**大方大水井** 位于大方镇蔬菜村三组。占地12平方米。井口向上，正方形，边长为0.76米，井上建四柱亭子一座。

**大方晏家井** 位于大方镇蔬菜村二组，占地4平方米。青石垒砌，井壁高1.45米，宽3.4米，井口高0.45米，宽0.73米。

**大方潘家井** 位于大方镇蔬菜村二组。占地18平方米。井壁高1.9米，宽3.37米，井口高1.14米，宽0.68米。

**大方城隍庙井** 又称大水井。位于城区人民路体育场北侧，占地25平方米，青石垒砌。原为四方井，后改为桶井，井径1.7米，内径1.27米，井口离地0.6米。上建亭子一座。

**大方小水井** 又名和平井。位于和平路中段北侧，占地15平方米，青石垒砌。高2.1米，宽

3.1米，井口宽1.1米，高1.5米，前方设雕花石板及护栏。

**大方王家井**　位于大方镇竹子巷中段南侧，占地4平方米，青石垒砌。四方形井口，高0.8米，宽0.9米。

**大方龙王庙井**　位于城区人民路东侧，占地35平方米，井口朝上，圆形，直径1米，青石垒砌，为桶井。西立三门四柱牌坊1架，正上方阴刻“龙王庙井”四字，东立重建碑记1通。

**大方桶桶井**　位于城区人民路中段竹子巷口，占地11平方米，水井口朝上，青石垒砌，圆形，直径为1.2米。井上筑一正方形四柱石亭，边长1.4米，高2.25米，四周设石栏杆。

**大方皂角井**　位于城区文星街中段东侧，占地12平方米，俗称“大水”，青石垒砌。井高3.2米，井口半圆形，半径为0.8米，顶部有石质雕花。

**大方桂家井**　位于城区文星街核桃湾北侧，占地55平方米，俗称“小水”，两井口并排，间距2米，青石垒砌，水自石雕龙头流出。井壁高1.4米，宽4.1米。

**大方海趴井**　位于大方镇西街海趴井湾湾，占地80平方米，俗称“小水”，青石垒砌。井壁高 3 米，宽 7.6 米，出水口为一个石雕龙头。井上立重建碑一通。

**大方钱局井**　位于大方镇蔬菜村三组，占地18平方米，青石垒砌。井壁高2米，宽3米；井口正方形，高0.6米，宽0.6米。

**大方大小井**　位于大方镇蔬菜村三组，占地25平方米，青石垒砌。井壁宽2.6米，高1.4米；井口长方形，宽0.8米，高0.5米。

**大方达溪龙井**　位于达溪镇达溪村龙井组，始建于清代。分上龙井和下龙井。光绪三年（1877），在上龙井东侧立功德四棱碑一通，高1.6米，宽0.37米，厚0.37米，碑帽残损。下龙井在上龙井西侧500余米，前立碑刻1通，正面镌“饮水思源”，并介绍筑井历史。

**大方瓢儿古井**　位于瓢井镇联坪大水井古盐道旁，始建于清代，占地约20平方米，因井中有一瓢形石板而得名。

**赫章可乐古井**　位于可乐乡村元田组，清光绪二十三年（1897）户部厅傅大老爷派人筑。井边立功德碑一通，长1.3米，宽0.7米。井长1.9米，宽2米，高1.1米，容水量4.18立方米，当地称石家水井。

**赫章永乐古井**　位于古达乡大水井，始筑于明代，1977年古达乡政府于重新修缮，青石砌成，圆形，三眼出口，外壁高1.5米。刻“自力更生，勤俭修井”及“永乐幸福水，潺潺千古流”铭文。

**毕节北镇关井**　又名洗心泉。位于毕节城北1.5千米北镇山关口上，筑于明代，青石砌筑。井两口，一为八角圆形，一为半圆形，呈一“明”字形。据所立碑文记载，井筑于明万历年间，圆形者称“洗心泉”，半圆形者称“来复池”。古碑两通，高1.85米，宽0.88米，一为平碑，一为四棱碑，皆有帽，为清乾隆、同治年间所立。记载了“北镇关”及“洗心泉”“来复池”之历史，碑文为楷书竖向阴刻，共20行，满行28字，计417字，“洗心泉”三字，每字0.22米见方，碑文每字0.03米见方，落款为乾隆十年（1745）。现为市级文物保护单位。

**黔西吊井坎古井**　位于城中惠民路23号旁吊井坎，明清即有此井，但始建年代不详。口径

2.5米，深约2米，水质清澈，终年不竭，井旁立近年缮井功德石碑三通。

**毕节惠泉**　位于毕节城区东关坡惠泉寺右下侧。明正统十四年（1449），毕节武略将军、千户指挥王仲瓖所凿，青石砌筑，井口方形，边长约1.2米。泉水四季不绝，清澈如镜，味甘凉爽，惠及百姓，故名惠泉。井旁立石碑五通，记凿井经过记功德者之名。今井尚存，为人们背水、游览胜地。

**毕节双井**　位于毕节城区双井路与惠泉路交叉口内侧。泉水清澈，流量尤大，以为龙潭。明初，邑人以青石砌筑井壁，并于井东南筑一寺庙，名曰双井寺。毕节解放后，寺庙撤除建县人民医院。复以寺庙废弃料石、残碑重砌双井，故井壁多间杂石刻，文字明显者如“民不能忘”四个大字石刻。今井犹存，附近居民常至汲水、洗涮。

**黔西四方井**　位于绿化乡四方井，明代筑，因原地有四井而得名，井水清澈。井口长5.9米，宽7.25米，深约5米，井壁嵌功德碑刻一通，字迹模糊难辨。

**黔西平寨水井**　位于钟山镇猫山村，道光五年（1825）始筑，长条料石砌城，井口宽1.45米，高0.33米，水深约1.50米。

**威宁南门大水井**　位于草海镇富民村东，明代筑，占地约3.3平方米，料石镶砌，容量约40立方米，清澈见底。

**威宁四方井**　位于龙街镇四方井村西南约1千米处，清末筑，因井为四方形而得名。井口长30米，宽20米，深4米，井壁用毛石砌筑。

**威宁涌珠泉**　位于草海镇龙凤村西北约300米，井四围用石雕板围砌。石雕板长10米，宽7米，高1.2米，浮雕历史故事20幅，每幅高0.23米，宽1.7米，取材于《西厢记》《红楼梦》《水浒传》《三国演义》等，但年代与作者无考。

## 四　城堡衙院

黔西北彝族历史悠久。从蜀汉建兴三年（225）起，妥阿哲氏族正式成为黔西北的统治民族，直到清康熙三十七年（1698）结束，长达1474年。在长期的统治发展中，彝族统治者建立了独具地方和民族特色的政治、经济和文化制度，形成了灿烂辉煌的古彝文化。

据彝、汉文献和“济火记功碑”记载：蜀汉建兴三年（225），彝族首领妥阿哲（汉文献称“济火”）因助诸葛亮南征有功，被蜀汉政权封为罗甸国王，建立了慕俄勾政权，统治含今毕节地区及周边的大片土地。元代，慕俄勾势力已越过了乌江上游的鸭池河，向东一直延伸至今贵阳一带，但其统治中心仍在鸭池河之西，因此慕俄勾后来亦称为水西。

除慕俄勾外，在黔西北地区的西北面，尚有俄索氏建立的纪俄勾乌撒君长国，至宋朝的折怒时期，纪俄勾统治区域大致包括了今威宁、赫章及周边一带。

慕俄勾和纪俄勾是黔西北同时并立的两大彝族统治政权，前者统治中心遗址在今大方，后者统治中心遗址在今威宁。昔日彝族的辉煌，在清康熙初吴三桂征剿水西的战火中，成为废墟。

**大方九层衙遗址**　位于城东7千米之五指山麓。清道光《大定府志》载："今考城东十五里有九层衙，久圮，惟阶石九层尚存，故名。"九层衙系彝族默部落始祖慕齐齐之二十一世孙莫翁于西晋中叶所建。唐总章二年（669）后，为彝族默部在水西地区最高首府。九层衙系按彝族土官制之"九扯九纵"等级，依山势逐级建成。九层台基逐层上升而宽度递减，一层台基宽40米、高3米、进深25米；二层23米，三层21米，四层19米，五层17米，六层15米，七层13米，八层11米，九层9米。石基均以等块条石砌成，总占地7000余平方米，衙署南侧里许有水井，左后山旁为街市，右山湾处为花园。衙署早毁，今惟余九层土、石台基。一、二、三层有小段石基，九层台基中均留有大量残砖断瓦。清康熙年间，水西摩师撰写的《西南彝志》写道："九千人弹线，八万人划墨，象天九重，法地八层"。"九层宫室，依序排列，各有归依。头二、三层贮戈矛、扎兵将，四、五层置仙鼓、悬仙钟。六层住军师议事，七层居君长臣慕，八层为君妇寝室，九层乃歌师之住所。另有两幢，一为已故君长之灵房，'鸡卦如柴堆，扇骨迭叶层'，一为名匠之住所，'风箱来鼓风，炉火闪星光'。"九层衙署独具民族风格，是研究古代彝族社会和建筑的重要文物。1982年2月23日，贵州省人民政府公布为省级文物保护单位。

**大方慕俄格城堡遗址**　位于城北郊之雾笼（乌龙）坡。慕俄格、九层衙，均为彝族默部在水西地区的最高首府。慕俄格城堡占地数10亩，周巨石砌筑城垣，设东、西、南、北四门。南门前掘洗马塘，供骑士、家丁洗马之用，故名。北门外掘罗（倮）氏塘，水面约50亩。城内房屋布局已无迹可寻。20世纪70年代末，贵州省博物馆考古人员曾在遗址内发现早期的雕砖残块；20世纪80～90年代维修奢香墓时，发现大量残砖碎瓦，并在南门前出土石雕虎头和兽座。从附近小地名得知，城堡四周原有18个兵营环卫：东有台子土大营、瘦大土小营，西有安家大营、胡家大营、钟家大营，南有大营盘，北有罗氏塘小营。城堡右侧设市。据《明史·贵州土司传》云：天启三年（1623），贵州巡抚王三善率兵直入大定，毁慕俄格城堡。1985年11月2日，贵州省人民政府公布为省级文物保护单位。

**纳雍杨家湾宣慰府遗址**　位于乐治镇杨家湾，原为水西卧这城遗址。康熙三年（1664），吴三桂领兵剿水西，烧毁火灼堡衙院。道光初年，安氏后裔安家元在卧这建宣慰庙，供奉安氏祖宗，并铸钟造鼎，镌刻碑记，对水西安氏历史详为记载。1966～1976年"文化大革命"期间，拆除宣慰庙修建乐治小学，铸钟及碑刻均被毁。宣慰府遗址占地约1万平方米，四周约有1千米的石墙围护。遗址前窄后宽，前低后高。大门内分为6级台状地基。第一、二级面阔40.35米，进深分别为29米和25.5米；第三级前半段面阔40.35米，后半段面阔42.35米，进深26.2米；第四级面阔42.35米，进深14.5米；第五、六级面阔均为85.85米，进深分别为27.5米和20米。大门前为面阔40.35米，进深9.5米的石院。石院东西两端各设石券洞门1座，现已不存。大门对面为照壁，长21.78米，残存高2.5米，基座为须弥座，厚1.35米，高1.95米。大门两旁石墙尚在，每边长10余米，高5米，墙基亦为须弥座，高1.2米，作法类似照壁，束腰部分的装饰线条与北方明清彩画中的枋心线同。墙面与基座加工精湛，具有较高的艺术价值。遗址左侧石围墙保存较好，墙厚0.85米，残高2～3米不等。右侧及后面石围墙毁坏。在第一级地基后面，尚留有两道八字墙基，似为另一大门遗址。第六级地基内，尚存3个较大的柱础，长1.1米，宽0.95米，柱径0.6

米，覆盆高0.12米，其建筑风格当为明代遗物。遗址西侧原为绣楼、厨房、金银库、兵器库等，现仅存石桥，高4米，宽2.8米，单孔石拱，桥上的上（下）马石尚存。在原绣楼的废墟上，曾发现瓦当、雕砖、大小薄砖及青花瓷片等遗物。1982年2月，贵州省人民政府公布为省级文物保护单位。

**织金那威遗址安邦彦衙院遗址**　位于官寨乡青杠坡。明天启二年（1622），贵州宣慰同知安邦彦与四川永宁宣抚使奢崇明联合起兵反明，崇祯八年（1635）战死。明军攻占那威，先后斩杀1000余人，并将安邦彦宅第及外围石城夷为平地。衙院遗址占地60余亩，分内城外城。外城石围墙部分残基尚存，厚近6米；内城占地2亩余，朝门台阶、墙基及屋宇层次明显可见。现朝门侧内墙石基一段较为完整，高1.53米，长12米，由8块高0.9米的长方形细磨料石砌筑而成，上有竹节、古钱、八瓣莲花、棱形连环扣等浮雕图案。

**黔西则窝则溪衙署遗址**　位于新仁乡群益田坎则溪坝子槽谷地带，有南北两处遗址。现存院子、石条、石梯等。占地约5万平方米。“则溪”系明代水西土司设置的地方政权衙署。原有粮仓、兵房、瞭望台、烽火台、碉楼等。

**金沙奢家宣慰府遗址**　位于石场大木树，占地千余平方米，相传为扯勒祖上旧房遗址。虽未经挖掘清理，但据史料、民传口碑、所在地名及地表散见的局部构件等资料印证，应为隋朝扯勒奢家自称为王时期遗存的产物。现存做工粗糙但较大的柱础6个，在方圆1000平方米的旱地里，发现许多砖块、瓦片，还在一土坎上离地表2.5米深处发现有烧灼过的红土、瓦片、铁钉等遗迹。

**毕节威镇乡遗址**　威镇乡，又名关索镇，是南中平夷庲降都督府住址地，位于城区观音桥焉家凹。境内有威镇河、焉家洞和明代威镇桥、迎宾铺、元代梁王台等遗迹。据《毕节县志》（光绪志）载：“关索镇，武侯南征还，留索镇此地。”明杨慎《七星桥记》：“关号七星，孔明祃牙之地；卫名毕节，关索受钺之区。”受钺者，即古代大将出征，接受天子所受的符节与斧钺。蜀汉章武元年（221），刘备在平夷县（今毕节）威镇乡设置地方军政合一的最高指挥管理机构——蜀汉平夷庲降都督府，以总摄南中益州、犍为、牂牁、朱提四郡，平夷成为蜀国政治、军事重地，屯重兵把守。章武三年（223）四月，刘备病逝。蜀汉建兴（后主）三年（225），南中越嶲高定、益州雍闿、牂牁朱褒和朱提孟获等豪强大姓叛乱，严重干扰了诸葛亮结盟孙吴北上与曹魏争夺中原的大政方针。蜀汉政权以诸葛亮亲率大军南征。蜀军兵分三路行动：西线由诸葛亮亲自率领从成都出发，经僰道南下至越巂平高定；东线由马忠率领从僰道与诸葛亮分道，向东南进发平牂牁朱褒；中路由平夷庲降都督李恢率领由平夷驻地出发，经七星关西进益州平雍闿，并与诸葛亮合兵征服孟获。是年秋，南中平定。秋末，诸葛亮率南征将士从今云南晋宁出发，经曲靖沿五尺道北上回成都。诸葛亮归至七星关时，曾于军中祃祭七星，还在七星关楚敖山（今敖家包包）与“积粮通道以迎诸葛”、协助诸葛亮擒拿孟获，并在平定牂牁时勇立战功的默部彝族君长济火举行了结盟仪式。诸葛亮在都督府封李恢为建宁郡太守，仍驻平夷；封马忠为牂牁太守，驻且兰；封济火为罗甸王，治理慕胯（今大方、黔西）一带。还对南中四郡行政区划进行了调整，先把益州郡改为建宁郡，然后再将四郡重新改置为永昌、建宁、云南、朱提、牂牁、兴古、越嶲七郡，加强了蜀汉对西南夷地区的经营。庲降都府在平夷的十三年治理期间，蜀汉曾发生了一系列重大历史事件。如：①诸葛亮南征；②诸葛亮与彝族首领济火在七星关楚敖山结盟，开民族团结之先河；③诸葛亮在南夷地区实施招抚政策，实现其“西和诸戎、南抚夷越”的“隆中之策”；④诸葛亮在平夷都督府，对南中四郡进行行政区划调整，将南中四郡改置为七郡，加强了蜀汉对南中少数民族地区的治理；⑤诸葛亮在平夷都督府，代表蜀汉政权加封南征有功将领和彝族首领；⑥平夷都督马忠平定南中刘胄之乱，再次稳定南中地区。20世纪80年代，位于观音桥焉家洼石油公司老仓库处的当地农民在翻地时曾掘出10余件汉代青铜器，其中一件重达300余斤的青铜鼎，一件青铜器形似花瓶，底部有“长乐”“未央”字样。在仓库后山脚有一古洞，洞内很宽敞，原洞内有很多人骨、古代兵器等物。毕节解放初期，古洞被石油公司用作石油储存备战仓库，是古代屯粮、储存军用物资及防御躲藏之处。今古洞尚在，但底部已填厚土。

毕节层台卫城遗址

**毕节卫城遗址** 位于毕节旧城区。黔西北重镇，地处山间小盆地，有充裕的水系、坝子、丘陵，是早期人类选择的宜居之地。考古资料证明，毕节城远在东汉时期，就已形成“聚落”，人们围栅而城。明洪武二十年（1387），普定侯陈桓、靖宁侯叶升受傅友德之命，率兵十万驻守毕节屯田布耕，排栅而守。二十六年（1393），都指挥使李焕率兵驻此，改排栅为砖石城垣，周长六里二分，城墙高一丈五尺，厚一丈三尺，开四门，东曰武安（大东门），西曰西定门，南曰镇南门，北曰拱北门。正统十四年（1449），增建通津门（水东门）。嘉靖八年（1529），在通津门外建月城，凿池引水以备祸患。后卫城几历战火，城墙被毁。清乾隆四十五年（1780），知县胡翘春将砖石城改为石城，并在东北开一小城门，名曰“猫猫城”。新中国成立初期，因人口增加，城墙上、下已成民居，古城墙被淹没于历史的尘埃之中。2008年，毕节市文物管理所将铁匠街中段幸存下来的长约150米、宽3~5米、厚1~2米的古城墙，实施了文物保护。

**毕节层台卫城遗址** 位于层台镇官厢城。据《毕节县志》记载：“层台站城，明洪武十三年（1380）建，周围六百余丈，女墙一千二百余垛。二十一年（1388）设层台卫城。二十七年（1394），废卫，置赤水前守御千户所，隶贵州都司。”清乾隆年间，层台设讯，同治年间改置站，属毕节县之长乐里。层台卫城原设东、西、南、北四门，城内有衙门、钱庄、盐局、布店、铁铺、米店等，有居民800余户。历经战乱，城内建筑及城门、女墙，已荡然无存。现仅存部分房基、衙门照壁上的12个石狮浮雕和部分厚约1.5米、高3～6米不等的城垣残段及城门外的一小段古道。

**毕节七星关城遗址** 位于杨家湾镇七星河畔，衔接南中秦初“五尺道”，占地约1平方千米，离城区45千米。内有三国蜀汉时期诸葛亮南征时的祭星坛、结盟坛和宋代武侯祠等遗址。清乾隆《毕节县志》记载：“七星坛，在城西90里，城内四山，城外三山，形如七星，相传武侯于此祃祭。”蜀汉建兴三年秋末，诸葛亮南征结束，率蜀军沿“五尺道”北上回成都归至此处，便于此处的楚敖山（今敖家包包）与“积粮通道以迎诸葛”支持蜀军南征有功的彝族君长济火（彝名妥阿哲）筑坛结盟，代表蜀汉政权封济火为罗甸王，治理南中地区今黔西北一带。同时在此设坛祃祀七星，驻兵七营镇守古道要隘，七星关因此得名。明洪武十四年（1381）八月，傅友德遵朱元璋谕旨筑七星关城，十五年（1382）建成，设七星关守御千户所，命周必贤任千户指挥，率秦光、朱显中、顾的方、周友铭、杨丁富等屯兵把守，成为军事城池。据清乾隆《毕节县志》记载：“洪武十四年秋八月，颍川侯傅友德城七星关，十六年置毕节卫。”又载：“七星关城明洪武十五年修建，周围四百五十丈，女墙八百余垛。门二：东曰‘武宁’、北曰‘大定’。外有坊额：‘黔服雄关’。”七星关成为“黔中第一胜地矣”。七星关古城名胜很多，除古道、摩崖、祭星坛、武侯祠、武侯坊等胜迹外，还有“七星映斗、三山拱瑞、翠屏旭日、斧炳仙踪、石柱当阳、印浮水面、鱼跃龙门、狮象挽水”等自然风景奇观，时称“七星八景”。

**黔西古城垣** 位于县城内。据（道光）《大定府志》记载，“洪武十五年五月初三日，安陆侯吴复领赣州等卫官军钦依旨至水西，选择地名郭张兴工筑城，至五月某日完备”，筑成水西城垣。明末清初，几经战乱，土城垣多废坏。清康熙四年（1665），置黔西府，改水西城为黔西城。次年，知州王命来、总兵李如碧重修城垣。其后，历任知州不断维修改建。康熙二十五年（1686），知州何缙、副将谢英复修。雍正四年（1726），知州陈德荣重修东城门，建石额二：东曰“旭升”，西曰“宝城”。雍正八年（1730），知州鲍尚忠筑城四周土垣。乾隆七年（1742），知州冯光宿修四门城楼，额曰“黔西锁钥”，又曰“水西保障”。乾隆年间，改土垣为石垣，据《大定府志》载：“乾隆二十三年（1758）建修甃以石，周四里三分，计八百六十七丈，五门。”清光绪《黔西州志续志》载，咸丰四年（1854），杨隆喜率义军攻黔西州城，致使垛石多倾圮，署牧赵铁筠劝捐督修，始复完好。同治三年（1864）十月，农民起义军黄白号军攻下黔西，次年（1865）五月十三日清军收复，城垣倾圮多处，知州扎拉芬、陈廷梁先后补修，至同治五年（1866）修复。光绪九年（1883），知州白建鋆再次将东、南、西、北四门楼重修加固。1953年后，城垣陆续被拆除，现存西南黔西三小球场处数十米长残垣一段。

**黔西十万溪箐城堡** 又名龙家箐。位于中坪镇境内。清咸丰年间，水西安氏在此修筑城堡，将一座山头和井泉圈于城中，占地约6平方千米。城堡有城门3道，进门后便入双层石套墙，道路斗折蛇行，每逢拐弯处设隐蔽射击台，射击孔外小内大。套墙四周筑碉堡，进堡的几条道路均在射击圈内，并有暗道通向后山。城堡内有水井，冬夏不竭，还有储粮千石的粮仓。城堡后被龙姓大户占据，故又名龙家箐。1958年，拆除龙氏房屋及碉堡，现城堡尚存。

**威宁吴三桂行宫遗址** 位于金斗乡战坡，筑于清代。为吴三桂征云南时的行宫，建筑已毁，今残存部分础石、砖瓦等。遗存砖长44厘米、宽21厘米、厚13厘米，残瓦厚4.5厘米，础石直径87厘米、高42厘米。

**黔西亦奚不薛牧厂遗址** 位于金碧镇新富洗马塘一带，这里水源丰富，植被茂密，平坦开阔，有30多个大小连片的淡水湖群。据文献载：元代初年，朝廷为征战和运输的需要，全国办起了14个大型牧厂（场），亦奚不薛（蒙古语：水西之意）牧厂名列第十位。此牧厂地域包括黔西南部、中部和西部，附近有拴马棚、拦马墙、马厂坝、牧厂田、养马槽、洗马槽等地名。现残存洗马塘、拦马墙和大片草地、森林、淡水湖群。

**黔西羊场衙院遗址** 位于羊场双玉，占地2500平方米，建于明代。有前厅、后院、厢房等建筑。从残存基石看，为三进三重。清初，毁于吴三桂剿水西的战火。现存围墙、石坎、墙体、石坝子等，后院坟墓处有一个雕刻精美的石花钵。

**黔西龙场衙院遗址** 位于雨朵镇马场口。残存基石、石坝子、石坎等，占地3000平方米左右，为明代水西安氏土司四十八土目衙院。

**黔西法地屯城遗址** 位于花溪乡耿底箐脚和太来交界，由城门往洱海河方向延伸，均为不规整的石头铺路，长约8千米，宽约1.2米。据文献记载，为南北朝齐、梁时，昆明彝卢鹿部承统者勿啊纳率兵修筑，毁于清初吴三桂剿水西时。城门拱形，内径宽1.43米，高约2.7米，叠加两道门洞厚2.3米，门上方有一石刻，镌捐粮者之名及捐粮数量。今残存城门、城墙长约15米。

**黔西沙井关马槽遗址** 位于沙井乡关马槽，占地约1.3万平方米。为元代亦奚不薛牧厂饲养和训练战马之地。今已成自然山体，仅存散落于边缘的一些石块及通往山间道路的基石。

**黔西仁慕衙院遗址** 位于新仁乡仁慕衙院，占地约200平方米，建筑面积约150平方米。为水西安氏土司下属的一个土目治所。今仅存基础。

营盘遗址有：

**黔西红卫营盘遗址** 又称“协和城”。位于协和乡果坝红卫，占地约1万平方米，今存残墙3000余米，高1.5~3米，厚约1米，临近安氏土目庄园。清咸、同年间，是防苗民义军袭击的黔西第六联防营驻地，后与太来营合并，称“协和团”。设营期间，由当地徐、冯、王、周等大户捐筑石城墙。

**黔西石门坎安家营遗址** 位于五里乡石门龙背坡，又称“石门坎城”，距县城约25千米，三面环山，一面临水（六冲河）。自元、明、清、民国以来，均为安氏土目“白舍”家支的据点，清咸、同年间土目安铭建团练所筑。据《黔西县地名录》载：“安氏在此筑石城墙，围地10平方千米，取名安家营，太平军到此也未攻破。”今残存城墙高1.5–4.5米，长约3千米，厚1.5米，有垛口和射击孔。

**黔西红灯教练兵场遗址** 位于洪水乡官庄马家湾屯山顶。清咸丰四年（1854）秋，谭六禄率“缘军”（红灯教徒）响应义军围攻黔西州城40余日，无果，遂率兵西撤，驻扎屯山，坚营固守。数日后，官兵围攻屯山，“缘军”不支，拼死突围，伤亡惨重，谭六禄率残兵逃匿黔西与大方交界的三节箐。今残存工事长约50余米，高约1米，厚约1米。

**纳雍猴儿关古战场遗址** 位于曙光乡猴儿关西北。清康熙三年（1664），吴三桂剿水西，与安坤战于此。关呈月牙形，绝壁，高约60米，上有瀑布。

**毕节水西洞古战场遗址** 位于毕节县小吉场镇吉丰屯上，因水西拒吴三桂于此得名。洞有前后门，前门在陈家麻窝，门口有一小方台，称点将台。洞口有10级石梯供上下。洞长140米，宽30~50米，可容数千人，后门高20余米，陡壁绝崖，残存石墙约30米。清康熙三年（1664），吴三桂率云、贵各镇守兵将征剿水西，宣慰使安坤联络乌撒土官安重圣等人，率数万众抵抗，经激战，水西洞被攻破。

**毕节垭口营盘遗址** 位于毕节县大屯乡左泥垭口，清咸、同年间，当地百姓为避兵集资所筑，占地约4000平方米。营盘有四：以山势从上至下，为大营、中营、下营、子营，彼此间距约200~400米。墙厚1米，高2~4米不等。营内以石隔为若干小间供人居住。今大部分已毁。

**毕节花厂营盘遗址** 位于毕节县朱昌镇花厂高石埂。清代，当地百姓集资所筑，三面悬崖呈圆形。占地1000平方米，营墙以毛石砌筑。今仅存残段。

**毕节康家大营遗址** 位于林口镇灯塔、团结营坪。营屯分两处：一处在林口灯塔，屯名“塞辘铲山屯”，又称“康家大营梁子”，为康兆寅于清咸丰十一年（1861）所筑；一处在团结乡营坪，屯名“长春屯”，为康兆蓉于清同治三年（1864）所筑。

**毕节创刀营盘遗址** 位于普宜镇龙家寨。清咸、同之交，太平天国翼王石达开率部由黔入川时，其前锋李福猷向黔西北挺进，普宜火马附近地方团练，在此设营防守。占地5000平方米。今存残墙长约900米。

**毕节凯碑老营盘遗址** 位于大河乡凯碑上寨后山。为清咸、同年间黔西北苗民义军大本营红岩尖山与猪拱箐之间的一个重要子营，其南为七星关要塞，北为镇雄州城，东至猪拱箐二十余千米，西至尖山营仅五、六千米，使尖山与猪拱箐互为犄角之势，互相驰援。同治六年（1867），清军约500人，从镇雄州头屯经摆拉沟进攻尖山营，当行至凯碑营盘山麓，被陶三春率领从猪拱箐过来的义军前哨发现，陶三春立即与营内守军一起，在狭长的山谷（今雄都、兰家沟一带）设伏，待清军进入，义军突然杀出。清军在山谷中路径不熟，突遭袭击，到处乱窜，死伤惨重，战至黄昏被义军全歼。陶三春获此大捷，非常高兴。次日，在准备离开凯碑营盘赴尖山营时，便命留守军士取来一块大青石，刻“凯旋碑”三字于石上，立于营盘山巅，从此这个地方就以“凯碑”为地名至今。

**黔西罗家营盘遗址** 位于谷里镇五里村，为水西末代宣慰使安胜祖协助清廷追击吴三桂叛军的战场之一。咸、同年间，黔西北苗族义军也在此有过战事。占地约500平方米，现残存防御石墙20~30米长，高1.5~2米，厚1米左右。

**黔西猫儿山大小营盘遗址** 位于钟山镇猫山治庆。大、小营盘以两座山头连接，西南为大营盘，占地约1500平方米，残存防御石墙约600米，高1.5米，厚0.8米，营内残存石砌屋基两处，约100平方米。东北为小营盘，占地约2500平方米，残存防御石墙约150米，高约1米，厚约1米，营内残存石坎约50米，原为练兵场后壁石坎。为清咸、同年间“水西二十八团”之一的“治中团”营区。

**威宁烟包烽火台**　位于黑泥旧城街古驿道旁的烟包山顶，方块石砌筑。方形，边长2米，高1米，正面有宽0.3米、高0.7米的券洞大门，台顶设有高0.44米、直径0.21米的锥状烟囱，今尚存完好。

**大方集安营遗址**　位于响水乡新桥村穿洞，明筑，清代沿用。1923年，陈希虞，陈明惠重加修葺。三面陡峭，地势险要。营门高20米，门额题“集安营”。今残存石墙、屋基。

**大方果邦安家营盘遗址**　位于瓢井镇果帮营脚，明筑，为水西“四十八目”之一，青石砌筑。半椭圆形，占地约3000平方米。东西二门：东曰保安门，西曰永安门。城墙长约300米，西为悬崖绝壁，另三面地势平缓。内有四洞：下洞、中洞、望天洞、关牛洞，除下洞外，余三洞相通。

**大方凤山大营盘遗址**　位于凤山乡村，明筑，青石砌筑。不规则形，占地25万余平方米，内有5个山头，地势起伏较大，今基石尚存，基宽1.5–2米。

**纳雍石丫口营盘遗址**　位于百兴镇补董山，康熙三年（1664），水西宣慰使安坤为抵御吴三桂征剿所筑。以山势环山而建，料石砌筑，占地约1000平方米。今残存石墙200米，北墙长16米，高5米，基宽1.9米。

**纳雍闹地城墙遗址**　位于雍熙镇闹地大屯，康熙三年（1664），水西宣慰使安坤为抵御吴三桂征剿所筑，方石砌筑。长约2千米，高2~5米不等，设一门二卡。城门北，今存城门宽3.6米，城墙高3.3米左右不等，厚3.9米。今尚存完好。

**织金果勇底遗址**　位于以那镇五星大花圈。明末筑，清水西复建，土城。占地约5平方千米。康熙三年（1664）二月，吴三桂剿水西，曾被困于此，双方激战两月余，死伤万余人，城方始破。今残存断墙20余米，余无。

**大方六圭河营盘遗址**　位于鸡场乡松林六合营盘山，明末筑，当地熊氏家族为屯兵和防御外族侵扰所建。青石砌筑，半圆形，占地约1万平方米。今存城墙长约300米，宽0.8~1.1米，高2~3.5米。建洪家渡电站，成水中一小岛。

**大方前锋营盘遗址**　位于鸡场乡化理东，清咸、同年间，为屯兵和防御外族侵扰所筑。青石砌筑，圆形，占地2000余平方米。城墙三层，营门、城墙已毁，仅存基石。

**大方同安堡营盘遗址**　位于鸡场乡天堂东5千米，清咸、同年间，为屯兵和防御外族侵扰所筑。青石砌筑，圆形，占地约1000平方米。东、南、北三面临水、悬崖，西面有城墙、营门，营门高2.63米，宽2米，今存城墙长约400米，墙高3~6米，宽2~3米。

**大方黑泥营盘遗址**　位于鸡场乡大坝西，清咸、同年间，为屯兵和防御外族侵扰所筑。青石砌筑，圆形，占地2000平方米，营门已毁。今存城墙长250余米，高1~1.5米，宽1米左右。

**大方大桥营盘遗址**　位于鸡场乡南1.5千米，清咸、同年间，为屯兵和防御外族侵扰所筑。青石砌筑，圆形，占地约1000平方米。前营门已毁，后营门尚存。今存城墙长约200余米，墙高3~4米，宽1~2米。

**大方联丰营盘遗址**　位于鸡场乡松林东，清咸、同年间，为屯兵和防御外族侵扰所筑。青石砌筑，圆形，占地约2000平方米，今仅存基石。

**大方红旗营盘遗址** 位于鸡场乡兴林南，清咸、同年间，为屯兵和防御外族侵扰所筑。青石砌筑，圆形，占地约1500平方米，营门已毁，今存城墙长400余米，高3~7米，宽1~2米。

**大方周家营盘遗址** 位于鸡场乡村南，清咸、同年间，为屯兵和防御外族侵扰所筑。青石砌筑，圆形，占地约2000平方米，今存营门，城墙长500余米，高3~7米，宽1~2米。

**大方西河营盘遗址** 位于黄泥塘镇西河西北，清咸、同年间，为屯兵和防御外族侵扰所建。青石砌筑，圆形，占地500平方米，营门已毁，今存城墙长约200米，高1~2米，宽1~1.5米。

**大方尖山营盘遗址** 位于黄泥塘镇西河，清咸、同年间，为屯兵和防御外族侵扰所建。青石砌筑，圆形，占地2000平方米，东为正营门，南为侧营门，营内有烽火台基石，今存城墙长约600米，高2~7米，宽1~2米。

**大方高岩营盘遗址** 位于黄泥塘镇西河东北2千米，清咸、同年间，为屯兵和防御外族侵扰所筑。青石砌筑，半椭圆形，占地1万余平方米。西、北有城墙，东面绝壁，南面较缓，今营门已毁，仅存城墙长50余米，高1米，宽2~2.5米。

**大方营盘坡营盘遗址** 位于黄泥塘镇西河西南3千米，清咸、同年间，为屯兵和防御外族侵扰所筑。青石砌筑，圆形，占地1500平方米。营门已毁，今存城墙长500余米，高2~6米，宽1.5~2米。

**大方盘山营盘遗址** 位于黄泥塘镇化联东北3千米，清咸、同年间，为屯兵和防御外族侵扰所筑。青石砌筑，圆形，占地2000余平方米。城墙两层，外墙长600余米，设枪弹射击孔；内墙长400余米。两墙均宽0.7~1米，高3~7米。

**大方大水井营盘遗址** 位于瓢井镇联坪西北，清咸、同年间，为屯兵和防御外族侵扰所筑。青石砌筑，圆形，占地约1500平方米，今存城墙长500余米，高2~5米，宽1.5~2米。

**大方瓢井大营盘遗址** 位于瓢井镇东2千米，清咸、同年间，为屯兵和防御外族侵扰所建。青石砌筑，圆形。今存城墙长500米，高3~10米，厚0.7~2米。

**大方邹家营盘遗址** 位于核桃乡木寨西北，清咸、同年间筑。青石砌筑，椭圆形，占地2000平方米。今存石墙长500余米，高3~5米、基宽0.7~1.2米。东北营门尚存，东南营门已塌。

**大方公鸡岭营盘遗址** 位于三元乡群丰西北，清咸、同年间筑。占地约5000平方米。南、西、北三面临崖，东为毛石垒墙，门已毁；墙存，长50余米，高2~5米，宽1~2米。

**大方龙角山营盘遗址** 位于三元乡群丰西北龙角山上，清咸、同年间筑。青石砌筑，占地约2万平方米。营门毁，今存城墙长80余米，高2~5米，宽1~1.5米。

**大方沙坝营盘遗址** 位于竹园乡沙坝北，清咸、同年间筑。青石砌筑，椭圆形，占地5000余平方米。三道城墙，第一、第三城墙已毁，今存第二道城墙，长400余米，高1~米，宽1.5米。

**大方百纳大营盘遗址** 位于百纳乡东北和平组，清咸、同年间筑。占地4000余平方米。营门二：西北门已毁，北门尚存。今存城墙1000余米，高2~7米，宽1.2~2.7米。北墙外20余米掘战壕一，壕宽1.5~2米，深1~4.5米，今存500余米长。

**大方创新营盘遗址** 位于六龙镇坝子创新，清咸、同年间筑。青石垒砌，椭圆形，占地500余平方米。现存城墙长300余米，高3~7米，宽1.5~2米。

**大方赵家营盘遗址** 位于绿塘乡营盘西北尖山顶，清咸、同年间筑。占地约2000平方米，东距营门20米建一碉楼，已毁。今仅存部分残基。

**赫章王家营盘遗址** 位于罗州乡高山李树块营盘山，清末筑，石墙。今存残垣长约5米，高1.2米至1.5米不等。

**赫章陇家营盘遗址** 位于团山营盘山顶，清末筑，石墙。为当地陇氏地主筑，后被哲庄席家所占，今存残垣多处，高约2.5米，长约3米。

**纳雍薄刀岭营盘遗址** 位于沙包乡黄泥田与包包寨交界的薄刀岭上。为清咸、同年间避乱所筑。今存残墙长约8米，高0.8米左右，厚0.5米不等。

**纳雍大麻窝营盘遗址** 位于张家湾镇河尾大麻窝，清代筑。今存双层圆拱门和城墙长18米，最高处高4.6米，厚3.15米。第一道洞门高2.4米，厚1米，宽1.4米；第二道洞门宽2米，高2.8米，厚2.15米。营后约50米有城墙，依山而筑，宽0.78米，高2.5米左右，长断续300余米。

**黔西石门坎官寨遗址** 位于五里乡石门，为水西安氏土目“白舍”安金余衙署。红军曾将其没收，红军走后，土匪反攻，大土匪郭龙驹藏于此。今存基石、石墙和石坝子。

**黔西许家坝营盘遗址** 位于铁石乡许家坝箐脚，今存营墙长约50米，高约3米，厚约2米，有射击孔、瞭望处。

**黔西油沙坡营盘遗址** 位于铁石乡油沙坡，今存营墙长约50米，高约3米，厚约2米，有射击孔、瞭望处。

**黔西堰塘营盘遗址** 位于铁石乡堰塘关口寨，圆形环山。今存营墙长300余米，高约2.5米，厚约1.2米；南、北营门，均为不规整毛石所砌。

**黔西登高村营盘遗址** 位于雨朵镇登高营盘山，方形。占地约3000平方米。墙高约2.5米，厚约1米。

**黔西白泥老营盘遗址** 位于锦星乡白泥田坝青㭎坡半坡上，圆形环山，为清道光、咸丰年间当地侯、丁两大户合资修筑。曾被红、白号义军攻破。今存残墙，长约500米，高约1.5–3米，厚约1.2米。

**黔西侯家营遗址** 位于锦星乡洪湖凹水河西岸悬崖上，为清道光年间大户侯光信所筑。咸、同战乱，当地百姓避难于此。占地约1万平方米，今存部分残垣，石条等。

**黔西碳山顶营盘遗址** 位于花溪乡碳山顶，清咸、同年间义军筑。占地约1万平方米，今存石墙长约300米，高1米，厚1.5米。

**黔西丰坪营盘遗址** 位于花溪乡营盘，清咸、同年间义军筑。占地约3000平方米，今存石墙长约100米，高1米左右，厚1.5米，有射击孔（垛口）。

**黔西平桥营盘遗址** 位于重新镇平桥与金沙交界地，清初，吴三桂剿水西时，水西兵筑，民国土匪延用。占地约1000平方米，今存垣长约400米，高约1.5米，厚约1.5米。

**织金阳关屯遗址** 位于官寨乡联盟屯脚，明初筑，三面绝壁山。石屯，占地5000余平方米。墙长1500余米，高3米；屯门高2.2米，宽1.6米。

碉楼遗址有：

**黔西方田碉楼** 位于太来乡方田，5米见方，高约9米。中部嵌有一石碑，字迹风化模糊，有瞭望孔及垛口，民国护院碉楼。所护建筑群，为4个四合院组成的一个自然村落，中有戏楼（已毁），院外有护城河。今存完好的只有一个四合院，其余已毁。四合院中的木雕工艺精湛，图案精美，隔扇、窗棂、廊檐、屋檐，月亮枋、驼峰处均布满雕工精美的浮雕人物、花草、祥鸟、瑞兽等图案。院落中央还保存有浅浮雕石水缸，屋内还珍藏有全木雕镂空木床、高浮雕碗柜和春凳。

**黔西龙家箐碉楼** 位于中坪镇柏杨村，民国时期筑。四边均宽5.7米，顶部已毁，残高约5米，长方形红石砌成。中部有一券顶石门，门框为长方形条石砌成，外窄内宽，厚103厘米，窄处宽67厘米，厚33厘米，内部厚70厘米。下方有一不规则门洞，高140厘米，宽59厘米。左墙体上部嵌有一楷书青石碑，中书“为民干城”四字，左书：陆军暂编第五旅第二督察队区队长谢树標和区队副、督察员、区长等人名，右书：民国二十五年九月十三立。碉楼主为龙氏家族，筑于龙家箐城庄园之内。龙家箐城古称十万溪箐，易守难攻。元奢节、明安氏和清吴三桂、安坤、安胜祖、太平军等都曾战于此。庄园坐西向东，依山而建。从下往上有山门、两厢、前厅、天井、正厅、偏房无计。前为深谷。今残存围墙、石铺地坪、石坎、部分建筑和水井、粮仓、水塘和花圃。房屋多为木瓦穿斗式建筑。清初，吴三桂征剿水西后，跟随征剿的龙姓族人镇守此地。新中国成立前夕及黔西解放初期，龙庆仁、龙桃芳盘踞于此，纠合金沙吴相荣、车子扬和黔西的土匪头目在此召开“军事会议”，成立“反共救国第九路军”，多次袭击解放军和支前军民，抢劫过往商贾、行人，后被解放军140团、141团、135团由黔西和大方出击消灭。

**黔西鱼塘碉楼** 位于红林乡鱼塘村。四方形，三层，覆瓦，高约15米，边长5米，墙体下石、上土。每层设射击、瞭望孔。

**黔西干田边碉楼** 位于洪水乡红庆干田边，民国时期大户史伯勋筑，三层，覆瓦。墙体下石、上土，长5.2米，宽4.61米，高约12米。设瞭望、射击孔。黔西解放之初，县政府组织征粮结束那天（1950年正月初三至二十九），征粮队在史伯勋家大院里召开总结大会，史伯勋纠集史良桐、史良栋、杨松山、蔡光武等残余地主武装，在碉楼上袭击征粮队，造成征粮队三人壮烈牺牲。

**毕节钱家碉楼** 位于撒拉溪镇中街铁匠路，民国初大户钱和深为防匪患所筑。正方形，五层，覆瓦，木地板。墙体下石（高2米）、上砖（高13米），边宽5.32米，四壁均设不规则的射击孔。1936年2月，红二、红六军团撤离黔大毕苏区时，红二军团曾宿营于此。

**毕节王家碉楼** 位于林口镇穿山磨擦营，当地大户王兴龙、王兴义兄弟为防匪盗筑于1940年，1943年筑成。正方形，高15米，宽5米。

**毕节董家碉楼** 位于林口镇穿山大团包。1945年筑，用于防匪盗。正方形，石瓦结构，四层，木楼板。四壁设平行、垂直射击孔。高13米，宽5米，一、二层均有门进出入。今存完好。

**毕节张世伦碉楼** 位于林口镇大地皂角树。1946年筑，用于防匪盗。正方形，石瓦结构，四层，设走廊，木楼板，四壁设射击孔。高13米，宽5米。1983年，走廊、碉顶拆除，今存墙体。

**毕节杨继伯碉楼**　位于林口镇林前东北。1938年地主杨继伯任林口乡乡长时筑，正方形，四层，悬山顶石瓦结构，木楼板，四壁设射击孔。高20米，宽5米。今尚完好。

**毕节林口袁氏碉楼**　位于林口镇灯塔，民国初年当地大户袁氏为防盗匪所筑。正方形，石瓦结构，四层，木楼板。一层雕门刻联一副：上联“门继簪缨环拱滇蜀”，下联“雕奠磐石屏藩西南”。

**毕节长春堡碉楼**　位于长春镇下伍溪。清道光十九年（1839）筑。正方形，悬山顶土石结构，高12米，宽4.5米。墙体下部石高3.2米，上部土夯筑高8米。

**毕节凯碑碉楼**　位于大河乡凯碑下寨，民国时当地大户张清云为防盗匪所筑。正方形，石瓦结构，四层，木楼板。高约12米，宽约4.5米。20世纪90年代村民建房拆毁。

**金沙永安洞碉楼**　位于禹谟镇普门寺，民国13年（1924）筑于一天然洞穴之上，石瓦结构，正面离地约5米处阴刻“永安硐”三字。正方形，高约13米，宽7.1米，墙厚1.1米；正门进出，门高1.7米，宽0.73米。20世纪六七十年代，建普门中学拆毁。

**金沙代家碉楼**　位于龙坝乡官田坝上寨，民国25年（1936）地主代文楼筑。砖石土混建筑，覆瓦，分主碉和耳碉，从耳碉进主碉。主碉三层，底层半条石砌成，上为砖块砌成，边宽6.5米，高约10米；耳碉两层，一层条石砌成，二层土墙，边宽4.5米，高约7米。

**金沙冯家碉楼**　位于安底镇温泉老房子，民国初年当地富户冯敬修所筑。砖瓦结构，五层，占地约20平方米，高约10米，南侧有石门可入。今墙体完好，碉内楼板已撤。

**金沙谢家碉楼**　位于岚头镇东隆，民国25年（1936）地主谢凤祥（保长）为防匪盗所筑。五层，土木结构，墙体设放哨口、射击孔。占地20平方米，高约16米。今尚完好。

**金沙赵家碉楼**　位于木孔镇阳坝兴黔，民国33年（1944）地主赵应林为防盗匪所筑。石碉，正方形，高约12米，宽5.5米，四壁设射击孔。今除楼板被拆除或朽烂外，余尚完好。

**织金谌家碉楼**　位于化起镇九甲下寨，民国初年筑。正方形，长方形料石砌成，上部四角立木柱，五层，覆瓦，设“十”字形枪眼8个。高11.5米，宽5.1米，墙厚0.58米。北面开门，门高1.8米，门首为圆弧形，门宽85厘米。第五层四壁开窗，窗口正方形，窗楣弧形。

**织金磨石村碉楼**　位于熊家场镇西南约17千米磨石唐冲。民国时地主杜公国筑，正方形，四层，宽5.3米，高10.3米，两面滴水，石料砌成。

**织金民生碉楼**　位于官寨乡民生街上。民国29年（1940）筑。石碉，正方体，宽5.3米，高16.5米，高6层。

**织金爱国村碉楼**　位于纳雍乡爱国对门，民国初年筑。石碉，四层，高12米，进深5.9米，开间5.75米，悬山顶式，覆瓦。

**织金阳光北碉楼**　位于龙场镇阳光营上。正方形，四层，覆瓦，不规则石块砌成，宽5.85米。一层开门，门两边石条长方形，木方作门板，长5.15米，墙厚0.8米，高1.93米。

**织金阳光南碉楼**　位于龙场镇阳光营上，民国初年当地富户王氏所建。正方形，青灰色长方形料石砌成，四层，覆瓦。东面开门，每层四壁均设观察孔、枪眼。顶层设1米高围墙。

**织金小坡上四角碉楼**　位于龙场镇小坡坡上，民国初年当地富户为防匪盗所筑。青石砌成，层高2.7米，厚0.8米，一层5.7米×5.6米。四层，覆青瓦。二、三层设观察窗、枪眼。木方雕门，高1.75米。

**织金小坡上六角碉楼** 位于龙场镇小坡坡上，民国初年当地富户所建防盗之用。一层平面正六边形，四层。西北开门，园首，顶门石上有浮雕图案，阴刻“桃园”二字，每字见方18厘米，高宽28厘米，六边形3.22米。

大屯土司庄园

**织金小马场碉楼** 位于上坪寨乡小马场石头寨。民国24年（1935）筑，不规则石块砌成，正方形，两座，均四层，宽分别为6米、5.89米，高约15米。

**织金新寨碉楼** 位于猫场镇新寨。民国年间富户谢丛芝筑。方整细錾石块砌成，正方体，五层，高15米，宽6.2米，墙厚85厘米。

**织金四甲碉楼** 位于猫场镇四甲后寨。民国年间筑。方整石块砌成，正方体，四层，高13.5米，宽6米，墙厚85厘米。四壁设不规则的观察孔、枪眼。

彝族土司庄园建筑有：

**彝族土司庄园** 是彝族上层阶级土司、土目的居住建筑，是彝族传统建筑的典型代表。建筑形制分为两类：一类是以木瓦结构为主的水西式庄园建筑，一类是以夯土墙木屋架为主的乌蒙式庄园建筑。共同的特点为：整个庄园布局中，分公共活动区域（即主人、仆人、家丁、兵庸共同使用）、家人活动区域（即只有主人和佣人使用）。有高大的围墙和为数不等的雕楼等防御设施。以大屯土司庄园为代表的黔西北彝族土司庄园，是民族建筑的瑰宝。

**毕节大屯土司庄园** 位于毕节县大屯乡，始建于清康熙年间（1662～1722）。明天启、崇祯年间（1621～1644），奢崇明、安邦彦反明失败后，奢崇明之子奢寅、奢辰、奢震及其家族皆改名换姓，隐遁避世。奢辰改名余保寿，清顺治十六年（1659）潜居于龙场营之卧牛河。康熙年间，奢辰之子将大屯分给第三子张翔置业，下传11代。庄园自张翔后，经乾隆年间杨廷栋增建，道光年间（1821～1850）余象仪重建，再经余达父逐年扩建和民国初年加以修葺，始具今之规模，为毕节八大土目之一。庄园依山而建，逐次升高，占地6000余平方米，整个建筑呈中轴对称的左、中、右三路主体构筑，各路皆有三重堂宇。既相对独立又相互贯通。部分建筑造型具有唐代殿宇建筑风格。中路建筑依次为大堂、对厅（二堂）、正房及厢房。大堂建于2米高的台基上，面阔5间，占地225平方米，二层楼房雄伟挺拔，蔚为壮观。上设藏砚楼，前、后、右三面设回廊。右面为歇山顶，左面为悬山顶。1985年9月25日晚，大堂被火烧毁。1994年修复。对厢及正堂均为悬山顶，前后设廊。正堂后面设梯式三级花台，种植花木。左路建筑依次为轿厅、客厅、西花园（即时园）、祠堂。客厅檐下悬“雅堂”匾。祠堂围墙后设厨房，其后与中路相通。客厅、祠堂均面阔3间，三面设回廊，歇山顶。祠堂系二层重檐楼房。西花园有双环形鱼池，池上横卧风雨桥，桥两侧设吴王靠。鱼池两侧各设有一长方形花坛，植四时花木。园中小桥、回廊、漏窗、隔扇屈曲回环，参差错落，玲珑别致，格调清雅。右路建筑依次为东花园、客房、仓房、碾房。东花园也称亦园，园中砌有3个花池。客房面阔3间，悬山顶。仓房于20世纪50年代中期被龙场中学拆除建教室。碾坊面阔3间，上下两层，四面设回廊。楼上是女眷刺绣处所，故亦称绣楼。其后亦与中路相通。庄园四周有高2～5米不等的砖墙围护，并设高8～12米的碉堡6座。20世纪50年代至80年代，庄园先后为龙场区公所、龙场乡政府和龙场中学所用，外檐装修和内部设施大部分被拆除或改变，总体布局及主要厅堂的构架保存完好。1988年1月13日，国务院批准为全国重点文物保护单位。1990～1998年，国家文物局先后拨款维修其大部分建筑。

**毕节法戛（鞍山）土司庄园** 位于毕节县团结乡鞍山，其地与鸡鸣三省接壤。庄园始建于清初，坐南向北，背倚青山，面朝赤水。园主余人瑞，彝族，清赤水南岸八大土目之一，是水西奢香娘家永宁宣慰使的后裔、大屯土司庄园园主余珍的祖上。民国时，土目余祥恒扩建。中共毕节党组织曾在庄园里以办学作掩护，在川滇黔边区从事秘密革命活动。木瓦结构，依山而建，三级平台，为三路不对称的三重堂宇结构。周围以砖石砌筑围墙，并筑石碉堡3座，围墙全长350米，占地3700余平方米。前面高大的照壁，长10余米，高3米，壁上绘有图画、花纹和"福""寿"等字，今已毁，基础尚存。门楼与照壁之间是500余平方米的长方形院坝，为操练家丁的地方。院坝左右两侧为八字牌楼门，门上有彩绘和雕塑金瓜、麒麟等，牌楼高7.1米，门洞宽3米。正门在院坝北侧，处于庄园主纵轴线上，门前有九级青石垂带踏跺，门开"八"字，两边设花窗，门楼早毁，磉礅尚存。门内院坝用青石铺成，东西两侧为一楼一底木结构厢房三间，东厢房比增设走廊，用着客房，右厢房已毁。二堂正房面阔5间，穿斗式结构，九根大柱着地。三堂为四合大院，门楼前有五级青石垂带踏跺，中门为镶板门，门上有线刻贴金门神，左右两侧门系椭圆形藻刀门，门两侧院墙逐渐往东西展开，东厢房后分别设有粮仓、马房、猪圈、羊圈、碉堡等，西厢房后设有花园、鱼池、仓房、兵房等，现鱼池尚存。东厢房除粮仓、猪圈、羊圈保持完好，其余建筑早毁。正堂面阔5间，悬山式木结构。庄园颇具华丽堂皇之感，且有浓郁的乡土气息。

**毕节北肇土司庄园** 又叫北肇山庄。位于毕节县林口镇渭河村，其地与鸡鸣三省接壤。南北坐向，筑于小山之顶，清末民国初年彝族土目杨砥中筑，为毕节八大土目庄园之一。庄园朝门三道，大朝门上横幅阴刻楷书"北肇山庄"石额，每字约0.2米见方。园内设兵房、仓库、客房、炮楼、碉堡等建筑。兵房面阔5间、进深2间，二楼一底，木瓦结构。在转角相连的客房之间，中央为青石院坝。新中国成立后，庄园被拆除，今仅存大量的石构件和部分瓷器残片。

**毕节湾溪土司庄园** 位于毕节县团结乡青松，清乾隆年间（1736~1795），彝族李氏土目所建。民国时，李小全扩建成三合院木结构大院，为毕节八大土目庄园之一。坐西南向东北，占地3600平方米，建筑。庄园纵轴线上依次为照壁、院坝和正房，横轴线上设厢房、碉堡、马房等。正房建在五级踏跺台阶上，面阔5间，通面阔20.15米，进深3间，通深8.18米，前带回廊，宽2.8米。今存正房，房门窗纹饰有不同程度损毁。

**毕节法郎土司庄园**　位于毕节县团结乡新田，清末民初李氏土目所筑，毕节八大土目庄园之一。坐南朝北，木瓦结构，三合大院，占地1500平方米。前堂朝门两道，石板院坝，左、右为厢房，两厢对称，面阔3间，进深2间，今左厢已毁。右厢明间为堂屋，进深为1间。房通高7.6米。左次间于1980年初被拆毁，今存明间、右次间。正堂建在三级石阶上，面阔5间，长20余米，进深2间，通高7.6米。院内有马房、牛圈、粮仓、花园等建筑设施。正堂背后，筑石碉一座，九层，覆瓦，四壁设枪孔。底层石拱门上阴刻楷书“法日轮流垂千古朗月星辉照四民”，横批“巩固维新”，此联不仅对仗工整，而且书法考究，上、下联第一字合起来即为庄园“法郎”之名。碉堡第8层设木结构回廊，用以观察。1970年庄园拆改办学。

**毕节镰刀湾土司庄园**　位于毕节县团结乡大渡李家寨，筑于清中叶，先后有王、苏、杨等姓土目居住，几经改扩后，至民国始形成今日规模，为毕节八大土目庄园之一。坐南向北，面向赤水。木瓦结构五重堂宇，三条纵轴线布局，中轴线上依次为朝门、门楼、二堂、三堂、正堂等五重建筑。在纵轴线上，有厢房、仓库、石碉、花厅和兵房等。不仅建筑规模大，而且布局严谨。朝门照壁，长约20米，高3米，青石基础，土砖壁体，今已毁。二堂面阔5间，进深2间，一楼一底，砖木结构。两山为硬山顶青砖墙，楼层背面为走廊，设美人靠栏杆；堂前约70平方米，青石铺地，镶六个雕刻精美的石柱础式坐凳。穿过二堂是一青石院坝，左、右两边院墙分设小门各一。正前方上三级踏踩进入三堂，面阔5间，长20米，进深2间，深10米，一楼一底，木结构。正堂为面阔5间，进深2间的木瓦结构房，早年毁，屋基尚存。左纵轴线的石雕堡、厢房、粮仓均毁，今存花厅为歇山顶式砖木结构，面阔3间，长7.35米，进深1间，深7.5米，其左侧山墙为斗砖砌筑，厅前为长、宽11.7米的正方形青石院坝。右纵轴线上的厢房早毁，马房于1959年失火烧毁，现存屋基。九层土木碉堡一座，顶部已毁，残墙高10余米。今庄园虽现状残破，但许多柱础、门方石、门楣以及磉墩上的石刻、木雕构尚存，不仅造型逼真，而且具有浓郁的民族风格和艺术特色，是研究彝族土司制度和民族艺术的实物资料。

**毕节海嘎土司庄园**　又叫海棠庄。位于毕节县团结乡海嘎村，其地与鸡鸣三省接壤。清代筑，民国初年彝族土目余祥华改扩，石木瓦结构，占地约3000平方米，为毕节八大土目庄园之一。民国时，曾用于开办私塾，由庄园主聘请塾师教授土目子弟学习汉儒文化，也是20世纪30年代中共毕节党组织在云贵川三省边界秘密进行革命活动的联络点之一。庄园规模宏阔、结构坚固，且雕刻艺术细腻精致，颇具民族风格特色，只因年久多毁，今仅存极少数建筑和一副石刻门联，门头刻“海棠庄”三个大字。

**毕节新庄亭**　位于林口镇新庄村。民国时彝族土目杨仲瑶筑。坐东向西，筑于3.7米高石基上，周围以10根立柱组成柱网，通面阔3间，长12.7米，进深3间，通进深8.6米，土木结构，庑殿顶覆瓦。2000年，被公布为县级文物保护单位。

**金沙契默土目庄园**　又名陇官寨。位于马路乡契默村，占地3600平方米，为陇氏土目朱砂眼所筑，大部分房舍毁于清同治年间（1862～1874）。清末民国初，陇氏后裔龚贯州复建。庄园由门楼、正厅、下厅、花厅、书院、粮仓、兵营及石碉等组成。除石碉外，其余均为穿斗式悬山木瓦建筑。四周为高1丈的砖墙围护。八字门楼坐东朝西，明间1楼1底，两侧配守卫耳房。下厅面阔5间，两梢往后延伸为厢房，左有茶室，右有餐厅。正厅面阔9间，通面阔36.45米，进深8.2米。正厅与下厅之间的天井两侧，左为粮仓，右为书房，各面阔8.6米，进深8.55米。下厅左为花圃，花圃之后为花厅，面阔3间13.7米，进深6米。正厅左为碾坊、厨坊、磨坊、厕所、骡马圈等，且左右皆有兵房1座。主体建筑的外檐及券板、柱础等均精工雕琢，造型美观。

威宁牛棚土目庄园　位于牛棚镇，占地约7000平方米，为彝族土目禄贞祥于清光绪年间（1875～1908）所筑。庄园依山而建，前低后高，坐北朝南，前后五进，连同侧院，共7个院落。庄园四周筑围墙，四角设碉楼。墙基用3～5尺长的条石砌筑，上为土墙，外抹灰色砂浆，并画出白色灰口线，形似砖墙。每个院落均设有正、侧两道朱红大门，平时进出均走侧门，逢年过节迎接贵宾开正门。今存第一进院落，由正房、两厢、倒座及左右两座碉楼构成。正房面阔5间，前带走廊。正房明间为堂屋，作祭祖用；左次间为经堂，左梢间存放贵重物品；右次间存放祭品，右梢间为女主人住房。左厢3间为粮仓、磨房和厨房。右厢3间为管家、仆人居住。倒座底层内间存放枪支弹药，楼上为闺房。天井铺石板，四角置石桌、石凳，右上角置长方形石水缸。影壁内外分别书"福""禄"两个行书大字。正房、厢房及倒座的正脊中央分别塑忠、孝、仁、爱4字，正房正脊两端塑蛟龙和骏马。大门两侧各置一做工精细的石缸，上刻日月星辰和花木鸟兽图案。侧门额书"延德山"及"广化里"两行大字。第二个院落的正房明间为过道，两次间分别书"东壁图书""西园翰墨"字样，相传为家塾、师爷办公之所。院落两侧有两个小院落：小院落旁为花园，园内种植花木，并置石桌，石凳。第三个院落为内管家等人居住。第四、第五个院落为家兵及长工住房。庄园对面小山上筑一座碉堡，称大新碉。庄园外围有一条长约2.5千米的壕沟，现多数已改为庄稼地。

黔西协和安氏土司庄园　位于协和乡仡仲村，1927年筑土目后安飞如筑。分上、下两个建筑群，坐东向西。面阔21.9米，进深9.3米，穿斗式木构硬山青瓦顶建筑。山墙三层，第一层窗为圆形，二层为三角形，三层为心形双窗。朝门三道，第一道为"八"字形，第二道为素面墙，第三道为石花栏。上院石、木雕刻精美，下院建筑形制独特。

## 五　楼阁书院

织金古建筑群　织金古城，山清水秀，溪涧纵横，历史悠久，文物古迹众多。建筑大部建于"改土归流"之后，仅从康熙五年（1666）至十年（1671）之间，就建有武庙、文庙、斗姥阁、隆兴寺、东山寺、财神庙、城隍庙、马王庙、黑神庙、炎帝庙、地藏寺等10余座建筑。其后屡有修建，很快形成了当地人引为自豪的"四庵""四阁""四祠""八大庙"。经贵州省文物局捆绑申报，25处文物单位已纳入"织金古建筑群"进行文物保护，2006年5月，被国务院公布为第六批全国重点文物保护单位。

织金鱼山黑神庙　位于城东北隅。在一片平畴沃野之中，一山兀然而立，三面绝壁，仅东南面有石径可上山顶。此山小巧玲珑，古木苍苍，远观酷似僧人的木鱼，故名鱼山。明代，山上有神女智琼祠，后祠毁。清代至民国时期，相继在山上建黑神庙、济赈亭、藏书楼、且住亭及鱼池、花园，有大小摩崖石刻6处，为城郊名胜景点。黑神庙坐落在山顶中央平坦处，清初筑，光绪十六年（1890）重建，由正殿与对厅组成。正殿坐东北朝西南，为并排五间悬山顶式木瓦结构建筑。明间大门上方悬挂清代贵州书法家严寅亮书“惠此南国”和织金王宇平书“忠义服人”匾额，檐柱上挂木板阴刻对联“有唐大将军轰轰烈烈德与山河并寿；全黔真福祖铮铮皎皎业与日月同辉”。正殿前面为对厅，又名“碧琉璃精舍”，民国6年（1917）建。据屋梁上文字记载，乃云南人吴树松劝全邑民众捐资而建。通面阔10.94米，进深5米，四周设回廊。正殿与对厅之间为石院坝。黑神庙右梢间后面为藏书楼，系住持庹几禅于民国年间募捐修建，坐北朝南，砖木结构，形似教堂，面阔4.18米，进深3.84米。楼前有喻友山书“且把鱼山添二酉；好同蝉窖映三辉”和“日照锦城头，月映藏书楼”对联。济赈亭建在后山之巅。民国初年，织金大饥，向省告急，待省府赈济款下达时，饥荒已过，遂用该款修亭，亭因此而名。亭为正方形二重檐四角攒尖顶砖木结构建筑，边长8.3米，四周有扶座栏杆，廓深1.2米。二楼正面前额悬挂“济赈亭”木刻横匾，亭前有喻友山书联一副“此间便是蓬莱，有名禅论道，好鸟兴歌，陶情美景，怡之娱之，使我超然物外；你看亭称济赈，想沧浪妙词，醉翁佳句，修楔良辰，悠也久也，令人乐在其中”。亭下左边为花园，右边为鱼池。且住亭翼然立于上山石径之左侧，六方形六角攒尖顶木结构建筑；额枋上有“且住亭”金字匾，柱上有联“步步登高于斯且住，摇摇直上别有可观”。1967年，鱼山曾被改为红山，古建筑及石刻均遭严重破坏。1979年后，县城建局对鱼山作部分维修，复修阶梯、鱼池及且住亭。

**织金东山梵帝宫** 位于城东隅东山上。康熙八年（1669），副将霍维鼐及兵民在山腰筑东山寺；十年（1671）济南赵印昌率士民添建前楼、东西厢僧房、钟鼓楼，后毁。道光年间（1821～1850）重建。同治三年（1864），被农民起义军头领杨有才焚毁。光绪五年（1879），重修正殿，名“梵帝宫”，此宫5间并排悬山式木结构建筑，通面阔18.71米，进深7.75米，九架梁，木浮雕花枋支撑，瓜柱雕各式花纹图案，青瓦覆面。前殿高2层，系悬山式木结构建筑，面阔21.52米，进深8.72米，前有斜形靠栏，走廊为上山通道，为悬空楼阁。前后殿间左厢为钟楼，构成梯级四合天井大院。钟楼内悬铁铸大钟一口，击钟，其声20里可闻，故名东寺晚钟。寺后30米有一洞，洞前有观音阁，阁左侧建凉亭1座。东山寺和观音阁之间，有108级“之”字形踏道，踏道外沿为石龙栏杆，长58.5米，分108节，头在观音阁旁，尾在东山寺后。东山有上、中、下三层溶洞，上层有慈云洞，中层有打拳洞和穿

织金文昌阁

洞，下层溶洞分布在山麓东南一带。东山崖壁上有晚清以来各种题刻16方。

**织金文昌阁** 位于城内东，坐南向北。清康熙二十七年（1688）建，原址在城东门外，后毁。嘉庆七年（1802），知州周景益移建于城内双堰塘前文昌宫后。据清光绪《平远州续志》记载，现存建筑为光绪九年（1883）举人谢忠良捐资重修。阁为3层3檐8角攒尖顶木结构建筑，青筒瓦屋面。底层平面为长方形，歇山顶，面阔13.45米，进深8.81米；四周回廊置木扶坐栏杆；明间装雕花六合门，次间稍间装半壁花窗。二层为六角形，正面装四扇花窗，其余5面为圆形寿字花窗。三层为八角形，八方皆为方形花窗，正面花窗上方挂“文昌阁”横匾；8根檐柱的桃檐枋上有垂莲柱，8个翼角下吊风铃。阁前的文昌宫始建于清康熙初年，由正殿、天赐台、左右配殿和山门组成封闭性四合院，正殿为单檐悬山顶，面阔5间16.55米，进深9.5米。正殿前为高约1米、宽约10米的正方形天赐台，石板铺面，台前中部为7级石梯，梯中央为一石雕盘龙。天赐台前左右为木结构配殿，左配殿建于民国16年（1927），系织金同善社社员出资建造。1963年，织金城关三小修建操场，将右配殿移建于正殿左前方，拆毁天赐台。最前面的山门为石木结构，大理石檐柱，分为明间和左右次间，明间又名望水厅，登厅可赏“双潭对镜”全景。现山门和移建的右配殿已拆毁。2016年，织金县政府拨款进行了全面修缮。

**织金财神庙** 位于今城内太平社区新华北路73号。乾隆四十年（1775），平远州（今织金）民捐资重建，据财神庙碑记载，承建此庙的匠师未及完工，溘然去世，后由其女继续掌墨将庙建成。由正殿、两厢及山门组成院落，四周筑有石围墙。正殿为4层4檐歇山顶木结构建筑，净高13.98米，四面带廊。殿身面阔5间，通面阔20.79米，通进深15.54米，廊深2.05～2.1米。二层以上面阔、进深逐层收缩，形成高低错落有致、轮廓参差起伏有序，各个立面显现不同状貌的别致构图。正殿底层共72根柱子落地，东三缝及西三缝，每一步架立落地柱1根，东二缝及西二缝，仅脊檩及前、后上金檩下有3根落地柱。底层老檐柱直通二层，作为二层的檐柱；底层的金柱直通三层，作为二层的金柱和三层的檐柱；三层的金柱直通殿顶，作为四层的檐柱。柱架上下贯通，紧密榫接，高达四层的殿堂异常稳固。二、三层屋顶正脊与三、四层博脊成直角相交，构成丁字形。而侧面二、三、四层的山尖构成3个重叠的三角形，别具风致。整座庙共有54条脊，18个翼角，翼角下各系铜铃1个。财神庙外形之奇，国内罕见。1967年，财神庙被改为红旗大楼，遭到严重破坏，幸主体结构基本完好。2000年，贵州省文物局、织金县政府拨款进行全面修缮，为文物开放点。

**织金保安寺** 位于三甲贵阳至织金公路一侧，清道光二十四年（1844）建。由保安寺、观音阁、地母庙、僧房组成，占地800余平方米。依山势分三层台而建：第一层为保安寺，建于慈云洞下洞口前、坐东向西，建筑面积66平方米，重檐悬山式木结构建筑。面阔3间，通面阔12.2米，进深3间，通进深8.2米，四周回廊相通。后有石阶与慈云洞相连。1987年岩石坍塌，一巨石飞落，将寺屋面、构架砸烂， 2010年省文物局拨款修复。寺右侧高台，左建观音阁，右建僧房。观音阁坐北向南，建筑面积45平方米，六角攒尖顶，二层二重檐，通高14米。建筑依慈云洞洞口搭建，后屋架依岩体形状，顺势搭入其间，后四角无翘角，檐靠于岩壁之上。正立面为二层，底层为八洞门洞，二层挑出，有单面走廊，两角起翘。僧房与观音阁相对，坐北向南，建筑面积40余平方米，面阔3间，通面阔9.5米，进深一间，通进深3.8米，悬山式建筑。观音阁右上侧第三台，建地母庙，坐东向西，建筑面积50余平方米，面阔三间，通面阔11.9米，进深3间通进深7.3米，悬山式建筑。保安寺20世纪50年代后为织金县农业部门使用，先后于1964年、1980年和1982年作部分维修。

**织金回龙庵** 位于城内清泉路东段南侧。康熙八年（1669）始建，光绪十三年（1887）扩建、维修。坐北向南，由前殿、后殿、右禅房、左山门、得月楼组成。占地面积约360平方米，建筑面积约240平方米。后殿面阔3间，通面阔10.84米，进深4间，通进深8.51米，前后带廊，抬梁穿斗混合式悬山青瓦顶，殿内设须弥座神龛。前殿面阔3间，通面阔10.8米，进深4间，通进深8.5米，前后带廊，抬梁穿斗混合结构悬山青瓦顶。得月楼面阔3间，通面阔8.36米，进深5间，通进深6.24米，带周围廊，深约1米，穿斗式木结构重檐歇山顶。

**织金炎帝庙** 位于城内城南路中段东北侧，康熙十年（1671）建。坐北向南。由大殿、戏楼组成。大殿面阔五间，通面阔19米许，通进深19.5米，穿斗式木结构悬山青瓦顶，前后带双步廊，深1.9米。戏楼二层，通面阔9.12米，通进深7.12米，穿斗式木结构歇山青瓦顶。

**织金斗姆阁** 位于城内沿河路中段南侧。康熙六年（1667）始建，乾隆十八年（1753）重修。坐东向西。原由阁、左右凉亭、正殿、武侯祠、偏殿等建筑组成。占地约300平方米。今存阁楼，三层，三重檐六角攒尖青筒瓦顶。一层长方形，面阔11.75米，进深8.15米。二层四边形，长9.5米，宽6.3米。三层六边形。撑拱、隔扇门窗、风窗等木雕精湛。

**织金小街龙王庙** 位于城内城南小街四方井。始建于清初。坐西向东。由山门、大殿、观音阁组成。占地约300平方米，建筑面积约260平方米。大殿面阔3间，通面阔9.8米，进深3间，通进深8米许，抬梁穿斗混合结构悬山青瓦顶，前后双步廊，前廊深1.82米，后廊深1米许，隔扇门窗。观音阁，面阔3间，通面阔7.78米，进深3间，通进深6.2米，穿斗式木结构歇山青瓦顶，隔扇门窗。

**织金仲机桥** 位于三甲村东。雍正元年（1723）建。南北向，跨纳弓河。单孔石桥，长4米，宽2.5米，净跨4米许，矢高2.5米。

**织金南门塔** 位于城南3千米。乾隆年间建，局部毁于1966年，1997年修复。圆锥体白绵石塔，底径6米许，通高14米许。

**织金南塔** 位于城内工业路东端。乾隆三十八年（1773）建，系“传临济正宗第三十七世存上慧下参和惺老和尚之塔”，为其徒弟性宗、性慈、性忠及徒孙海成、海棠、海兴与重孙寂等建。一级镌刻和惺和尚法兄石静和尚题诗：“屡次修持莫远求，内藏纳子一比丘。弥陀宝塔三千界，永垂东土万古流。”

**织金白衣庵** 位于城内白玉巷东。乾隆六十年（1795）始建，嘉庆七年（1802）重修。坐东向西，抬梁穿斗混合结构封火山墙硬山顶。存前殿、正殿，两殿均面阔3间，通面阔10.89米，进深4间，通进深7.42米，隔扇门窗，正方形天井。

**织金隆兴寺** 位于城内城防路南段西侧。康熙六年（1667）始建，道光十八年（1838）重修。坐北向南。原由前殿、左右偏殿、后殿组成，占地面积约870平方米，建筑面积约620平方米。现存后殿，面阔3间，通面阔13.1米，进深2间，通进深9米许，抬梁穿斗混合结构歇山青瓦顶。前带廊，深1.9米，穿枋雕刻精湛。

**织金紫竹庵** 位于城内紫竹路东侧虎丘山上。康熙四十六年（1707）始建，道光十九年（1839）重修。坐南朝北，面阔3间，通面阔11.6米，进深2间，通进深7.2米，穿斗式木结构重檐歇山顶。台基高1米许。隔扇门窗，翼角起翘。

**织金寿佛寺** 又名“三楚宫”，位于城内支前路中段东侧。清初始建，乾隆五十六年（1791），由城南移建现址。道光二十一年（1841）至二十五年（1845）重修。坐西向东，由大殿、戏楼、厢房及牌坊组成。占地面积约900平方米，建筑面积约610平方米。大殿面阔5间，通面阔21.28米，进深6间，通进深16.2米，抬梁穿斗混合结构硬山青瓦顶。前后带双步廊，深1.84米。山墙嵌“重修三楚会馆序”碑，青石方首，高2.25米，宽0.9米，厚0.24米。碑座高0.3米，宽1米许，厚0.4米。额题“庙貌常新”4字，每字0.1米见方。首题“重修三楚会馆序”。碑文记重修事。立于道光二十五年（1845）。

**织金玉皇阁** 位于城内玉屏路中段北侧。康熙二十九年（1690）始建，嘉庆、道光年间两次重修。坐东向西。由阁楼、前殿、后殿及禅房组成。现存后殿，二层，底层面阔5间，通面阔17.49米，进深3间，通进深10.2米，抬梁穿斗混合结构歇山青瓦顶。明、次间前檐为砖拱门，梢间砖砌拱窗。

玉皇阁

**织金龙王庙** 位于城内清泉路龙潭南侧，清代中期建。坐南向北，由大殿、两厢、山门组成。占地约800平方米，建筑面积约300平方米。现存大殿，面阔5间，通面阔19.1米，进深5间，通进深11米许，抬梁穿斗混合结构悬山青瓦顶。前后带廊，分别深3.5米、2.9米。

**织金杨泗将军庙** 位于城内双堰塘畔，清代中期建。坐西向东，穿斗式木结构悬山顶。面阔3间，通面阔10米许，进深3间，通进深5米许。隔扇门窗。2014年进行全面维修。

**黔西水西公园** 位于城东隅狮子山西面，占地6万平方米。前有荷塘，后有水渠，左有绣球山，右有游泳池。早在元代，彝族女杰奢节衣冠墓葬于此。明正德初年修建观音阁，并铸大铁钟，后遭战火，寺毁钟残，故名正德残钟。清雍正四年（1726）知州陈德荣等捐资在绣球山上建观文塔（俗称七层塔），八年（1730）知州鲍尚志增修。乾隆四十四年（1779）重修观音阁。此后，黔西本地人李世杰出资在附近建文峰书院。嘉庆年间，在绣球山下建李世杰牌坊。咸同年间，寺庙、书院毁于战火。光绪八年（1882）乡人捐资将前后殿宇及神像修复。民国5年（1916）至19年（1930），黔西名人姜僠溪募资筹款，重修观音阁，增筑莲花池，建正厅、半山亭，砌筑园墙，且邀黔西知名人士题字、作诗、书联，取名水西公园。中华人民共和国成立后，中共黔西县委、县人民政府派人管理，拨款维修。1966～1976年的“文化大革命”中，不少碑记、古迹被毁坏。1979年起，中共黔西县委、县政府逐年拨款修建。1981年，县政府公布观音阁、正德残钟、观文塔、尚书坊、吴嵩梁诗碑、观音阁牌、东山寺诗碑为县级文物保护单位。并陆续维修观文塔、观音阁、正厅、三角亭和园墙，复原去思亭、半山亭、荷塘，新辟入园水泥大道，依山形地势新修鱼池、月门、温室、花坪、杜鹃亭、梅亭，塑李世杰、奢香像，水西公园文物名胜特质更形显影。

**大方庆云楼**　位于城北隅回龙岭下，宣统元年（1909）大定知府陈庆慈用民款在紫微垣遗址上修建。楼落成之时，天空现五彩祥云，故名“庆云楼”。六方形3重檐建筑。民国17年（1928），拆去顶层，加配一栋两亭凉台，四周围以木栏杆及座椅，改为贵州省主席周西成、毛光翔的生祠。民国24年（1935），改为双重檐攒尖式，并把凉台移于斗姥阁左右侧，更名为翼然亭。楼前翰墨池中遍植荷花，游鱼跳跃，怡然自乐。游人可从楼前“问渠小舫”沿石栏平桥穿池心而过庆云楼。楼正面门楣上，“庆云楼”3个斗大金字高悬；两面走廊有“光高武肃”“枕霞漱玉”“天保南山”“有亭翼然”等匾额。门额间钭立6根撑柱，上面精雕各种戏文故事。楼正面台基前有龙蟠石，系大定名雕琢工杨玉章的杰作。石上蟠龙，翻腾滚跃，隐隐然于云雾间；龙口喷泉流，冲击空花石球。龙蟠石两边，有道州何绍基手迹“流水当鸣琴，风篁类长笛”楹联阴镌于石上。翰墨池南岸草地上，古木参天，新竹滴翠；石阶路旁围墙脚下，为一排古代碑刻。登上庆云楼，天花板上有哪吒闹海故事画。登临楼顶，凭栏眺望，西山一带如屏，数百里江山在望。庆云楼和蟠龙石今尚存。

**威宁玉皇阁**　位于城内文化路中段台地上，清顺治末至康熙初年建成，由正殿、左右配殿及前殿构筑成封闭式四合院，院前有山门，占地1500平方米。正殿为歇山顶式殿堂与八角攒尖顶阁楼相结合的建筑，分上、中、下三层。底层平面为长方形，面阔3间8.1米，进深5.5米，前带廓。二、三层平面为八角形，八角攒尖顶，屋面盖青筒瓦。三重檐下方有“万神朝礼”匾额一方。二层为双圆柱，外围一圈，有8根檐柱；里围一圈，有金柱8根。金柱由底层向上延伸直达3层。左右配殿均面阔3间，前带廊，高2层，悬山顶，屋面盖小青瓦，通面阔11米，通进深6.5米。前殿为面阔5间的九脊歇山顶式，通面阔13米，进深7.5米，单檐歇山顶，屋面盖小青瓦。1965年，玉皇阁的翼角装饰被砸毁，宝顶被拆除，山门亦被毁坏。1985年11月，贵州省人民政府公布为省级文物保护单位。1997～2000年，贵州省文化厅拨款维修阁楼。

**金沙茶园万寿宫**　位于茶园场口，坐西南向东北，清道光十五年（1835）建。今存左右两厢及万寿宫戏楼，戏楼为万寿宫组建之一，因供庙会唱戏专用而得名。总占地面积约200平方米，戏楼占地面积约70平方米，楼高约9米，戏台高2米余。后台壁两侧设“马门”，门后有化妆室。楼层为斗拱集音建筑，楼台前有一块平整的石墁坝，可容观众千余，两侧对称厢房，各面阔5间（现为茶园小学教师宿舍，左侧厢房旁有石碑1块），各通阔20米，进深7米。厢房楼层面各设宽1.5米的回廊一通，并置格花栏栅一道。戏楼面壁及主要突出部件上，雕有“龙凤、人物、花草”图案。

**黔西寿佛寺万年台** 又称“三楚宫戏楼”，位于城内解放路80号。清嘉庆六年（1801），光绪十九年（1893）重建，原有后正殿及两厢，现已改建为学校（城关五小）教学楼和民房（多为五小教师宿舍）。现占地面积为550平方米，建筑面积300平方米，现存照壁与戏楼，照壁面阔三间，通面阔15米，进深10米，通高19米，穿斗式歇山青瓦顶，翼角，现存建筑于2004年修复。照壁砖石墙上方正中央有云龙透雕图案镶嵌于“三楚宫”字周围，下面三道石拱门两边与门额处，均有门联和额题。戏楼为木结构，从戏台到屋面下构架全部布满各种手法雕刻而成的精美图案，高浮雕人物、建筑、花草、瑞兽，传统戏文组雕（荆轲刺秦、杨广逼宫、刘谌哭庙、三关折书）等图案。透雕盘龙，造型生动，雕工精湛。两边台柱上有楹联两副，其中一副联：看来离合悲欢假笑啼中真面目，演出忠孝节义新声歌里旧衣冠。2006年，和武庙一起捆绑申报，被贵州省人民政府公布为省级文物保护单位。

**威宁准提阁** 位于草海文化路东南，清同治年间建，坐北向南，由前殿、两厢、正殿组成四合院，占地面积约750平方米，建筑面积550平方米，正殿面阔三间，通面阔13.5米，进深3间，通进深10米，穿斗式硬山青筒瓦顶。前殿面阔3间，通面阔12.3米，进深2间，通进深7.3米，穿斗式硬山青筒瓦顶，因年久失修部分建筑已破损。

**毕节杨家湾回龙阁** 又称回龙寺，位于杨家湾杨箐大鱼塘，为明初征南明威将军、都指挥使周必贤第四子周友铭所建。据清《毕节县志》记载：“回龙寺，在西里杨家湾大鱼塘，明时所建。”该寺建筑宏伟，是当地望族周氏用于培植墓地风水的建筑，也是周氏祭祀先人和开办塾馆培养子弟的场所。清乾隆五十六年（1791），回龙阁因年久破损复修。回龙阁复修后，在阁旁建四棱碑，以记建阁经过和捐资族人名单。毕节解放初期，毕节县人民政府曾在回龙阁兴办农中。1960年，倾圮。

**大方万松书院遗址** 位于城内书院街。清乾隆四十四年（1779）大定知府凌浩绘成书院图纸，乾隆四十八年（1783）知府永福任内建成。计有木房1座，头门3间、仪门5间、斋房12间、座房5间、齐房8间、左斋后厨房1间，头门外奎星阁1座。有永福署名的《万松书院勒石》。清道光二十年（1840），知府王绪昆任内重修，更于东、西舍侧各添建伙房两间，并请大中丞嵩公书额“读书明理”，王绪昆以“乐育群英”同揭于门楣以勉诸生，镌《重建万松书院记》。清同治年间，书院毁于兵燹，迁考棚协署。光绪六年（1880）知府程荣寿改建于城东学宫右侧（今大方一中处），主讲室5间，左设万松书院，右设文峰书院，东西斋房各3间，讲堂3间，头门3间。光绪三十一年（1905），知府史鸾书与大定符瑞贞、孙仲瀛、王宝珩将万松书院旧址修缮创办官立中学堂。后改办官立师范简易科，并附设高等小学堂。民国3年（1914）改办学校至今。

## 六 寺 庙

**威宁凤山寺** 位于城东北飞凤山上，寺因山而得名。原名真武观，俗称上帝庙。据《重修凤山寺碑记》载，寺始建于明代，坐北朝南，由正殿、左右配殿和前殿组成。清咸丰七年

（1857），左右配殿毁于火。同治六年（1867）复修，并增建前殿戏楼，正殿后之三清殿，两厢后侧之小观楼、大观楼。整个建筑自南而北依山势逐级台升，占地约5000平方米。戏楼、前殿、正殿、三清殿均位于同一中轴线上，正殿前的两厢对称排列，构成一四合院。小观楼、大观楼及灵潭位于四合院西侧。前殿面阔3间，进深2间，明间两扇厦门各刻1尊护法神像。前置踏跺和一对浮雕云龙华表，高3.5米，直径0.4米，龙身盘绕于云蒸霞蔚之中，神态栩栩如生。柱础为浮雕石狮，狮毛纷披，身负石龙，昂首向天。正殿面阔3间，通面阔13.8米，进深9.7米，正中须弥座神龛，供真武塑像。殿前月台上置石鼎香炉，月台两边各置踏跺进入正殿。左右配殿各面阔3间，通面阔11.5米，通进深8.5米，盖小青瓦，置六抹头方格窗棂装修。左配殿为住持禅房，右配殿为过厅，辟圆洞门一道通西侧院。西侧院的大观楼和小观楼为歇山顶建筑，由走廊相连，楼上四面皆窗，登楼凭栏，远可眺望草海，近可鸟瞰城郭。楼上楹联荟萃，清同治年间知州题“别有洞天”，云南翰林陈小甫题联“俯仰天人大怀抱，咏游山水古风流”，无名氏题“蓬莱依稀在人间，好凭它长虹引去；指点山城如画里，莫认之大蜃吹来”。宣威徐仁龙题“慧海明珠，龙光射斗三千丈；灵山丽日，凤翼连云十万家”。大观楼前有灵潭，5米见方，深1米，进水处有石雕龙首，淙淙细流由龙口吐入潭内，终年不竭。1966～1976年“文化大革命”时，凤山寺遭严重破坏，三清殿、大、小观楼、云龙华表被毁，主体建筑幸存，被改作食品公司羊圈。1985年贵州省人民政府公布为省级文物保护单位。1983年以来，社会集资近20万元，贵州省文化厅文物处拨款12万元，修复三清殿，修建寺前石阶路及盘山公路和提水工程，并在寺周围营造华山松、刺槐、水杉、榆树、扁柏7万余株。2000年，修复后四合院，两厢及后殿。

**毕节长春观音阁** 位于长春堡街中心，清光绪二十九年（1903）建，占地约350平方米。前殿为四柱三间木结构楼房，正殿有木雕阴刻匾额三方，二殿有周仓、关平等塑像，正殿即为观音殿，为重檐悬山式木结构建筑。2000年，被公布为县级文物保护单位。

**毕节惠泉寺** 又称观音庙。位于城东东关坡。据《毕节县志》记载，明正统十四年（1449），武略将军王仲瓖在此凿井，置小憩之所。后，经逐年整修，改建为寺庙。寺依山建筑，基石用青石砌成，高4.5米。进山门为四合小院，经7级踏跺进正殿。正殿紧靠山崖，呈不规则长方形，高出小院1.2米。左右为禅房。前殿面阔3间，围有宽约1米、长30余米的凌空回形走廊，下有暗室。凭栏远眺，毕节山城风光尽收眼底。寺内原有明代孙隐、林晟撰书的《惠泉记》和清代罗英撰写的《游惠泉记》石碑两通，早年损毁。殿前左右两侧现有石碑两方，其中之一为清光绪年间的《修建观音阁序》。碑文为：“毕邑，乌蒙故地，赤水名区，当三省之冲，甲全黔之秀。螺峰近接，鹰塔高标，耸北镇之雄关，挹西山之爽气。翠屏则隐约，旭日东升则灿烂朝霞。虎踞龙蟠，文字得江山之助。魁垣桂籍，人材皆林秀所钟。名胜既佳，神迹更异。则有东阁之东，文峰之名，先农坛畔，惠泉井边，旧有观音阁，由来已久。” 1986年县政府拨款1万元，1988年省文化厅拨款1.5万元，进行抢救性维修。1993年，县成立筹委会，向社会募集资金20万元，进行全面修缮，并安装上山石阶360余级。现已成为游览胜地。

**毕节文庙**　又称孔庙、夫子庙，位于毕节地区医院处。明隆庆六年（1572），毕节兵备道沈离建。万历十八年（1590），改为青螺书院。清康熙二十九年（1690），文庙迁于广惠路。乾隆年间，知县凌均、董朱英曾多次维修、重建。民国时期，毕节男子小学、贵州省立毕节师范学校先后在文庙办学。新中国成立后，文庙改建毕节地区医院。坐北朝南，依山而建。门前两架石牌坊，坊高3层，4柱3门。东坊中门上方刻着“金声”二字，西坊中门上方刻有“玉振”二字。两坊中间是长约50米的红色门墙，墙上用青花碎瓷镶嵌“万仞宫墙”4个楷书大字，使文庙显得孔庙威严雄壮。大墙东西各有一拱门，东为“礼门”，西称“义路”，但两门长期关闭，据说是毕节未出过状元的缘故；在两拱门边立有高约1.5米、宽约40厘米石碑各一块，碑上刻有“文武官员至此一律下马”。红墙东西辕门内是高大的木制牌坊，东坊上端刻有“德配天地”四字，西坊刻有“道冠古今”四字。进入文庙，是一个广场，广场四周古柏参天。广场的北端为一半圆形水池，曰“泮池”，上架小桥一座，桥栏板上雕龙画凤，装饰精细。沿石阶而上是一平台，平台中央为4柱3门的“棂星门”，平台右侧建有“忠孝祠”，西侧建有“节义祠”。站在平台上，仰望石阶上黄瓦翘檐的“大成门”威严雄壮，大成门两侧为青瓦砖墙的“乡贤祠”“名宦祠”。沿石阶而上过大成门，就可看飞檐斗拱、黄色筒瓦的大成殿，殿内有8根朱红色木柱，柱脚均有石雕石墩。大殿中央供奉“大成至圣先师孔子”牌位，两侧则供奉孟子、曾子、颜子、思子等72贤人的牌位。自明清数百年来，毕节儒学文风大振，人才辈出，考取举人、进士者人数，居全省之冠。

**毕节城隍庙**　位于城区北门广惠路与司法路连接地。建筑坐西向东，总长65.30米、宽52.20米，占地约2900平方米。庙依山而建，前后落差高达11.43米，平面呈矩形二进院式布局。由门楼、一进院南厢、北厢、正殿和二进院南厢、北厢、钟鼓楼及后殿共8个单体建筑组成。城隍庙原名广惠寺，据乾隆《毕节县志》记载：广惠寺由明代毕节卫指挥柳楫始建。清乾隆十五年（1750）知县凌均进行维修，二十二年（1757）知县董朱英改扩成现有规模，并改名为城隍庙。据正殿北次间《大梁题记》载：正殿始建于明万历三十九年（1611）岁次己酉（辛亥）冬十二月吉日始建；南次间《大梁题记》载：清乾隆二十二年（1757）岁次丁丑冬十二月望五继建；明间《大梁题记》载：□□毕节县知县刘大琮重建，后殿《大梁题记》载：大清光绪丙午年（1906）巧月重建，及大清光绪丙午年（1906）孟秋上浣榖旦。民国初年，蔡锷护国第一军朱德团指挥部曾在此办公。门楼《大梁题记》载：贵州高级法院第五分院。毕节解放前，城隍庙为国民党贵州省毕节法院（分院）办公及住所；解放初期，毕节军分区司令部进驻城隍庙，1951年3月毕节军分区四十七师撤离城隍庙。同时期，毕节地区中级人民法院进驻城隍庙。1956年～1962年城隍庙为毕节公安大队办公场所。20世纪80年代后期，毕节地区法院在城隍庙正殿办公，后为地区法院宿舍。2011年，被列为“五古”保护修缮项目之一。

**七星关武侯祠**　位于毕节县杨家湾镇七星关古城，始建于唐代。自宋以降，历代名士凭吊不绝，留下许多诗联、游记等珍贵的文史资料。清代，武侯祠渐成规模，瞻仰者甚众。据《毕节县志》（乾隆志）记载：“武侯庙，在（毕节）城西90里七星关旁，明御史毛在建（毛在，南直隶苏州府太仓人，万历二年进士，云南道监察御史、贵州巡按），康熙年间修，乾隆二十一年（1756），知县董朱英以基址狭窄，不成规模，复拓基址，造树立坊表，前建戏楼一座，大门三间，中建大殿，上、下二层，上奉三义神像，下奉武侯神像。额曰：‘功盖华夷’。左右俱建厢房。二十二年（1757），云贵总督恒公文巡边，诣庙行香，题‘千古师保’额，郡守（董朱英）题‘伯仲尹吕’额。祠成，绅士为之立碑，金淑国（毕节贡生）撰文（即《重修七星关武侯祠碑记》）”以记其事。 前人吟咏七星关武侯祠的诗联文目前发现有20余首（副、篇）之多。如，南宋贵州经略安抚使宋永高的《题七星关武侯祠》联：“八战八克威震华夏，七擒七纵义高南中。”清代张鲲（贵州思南人，毕节教谕）的《七星关武侯祠》诗：“泸水当年五月寒，八番此日尽衣冠。齐登王会甯瓯脱，共沐声施到且兰。香火武侯千嶂翠，柏台丞相寸心丹。何人解诵出师表，来向祠堂倚马看。”又如，毕节训导邵熙载的《七星关武侯祠》诗：“武侯遗庙枕江关，曳杖登临俯万千。挽汉丹心悬北斗，吞曹浩气满南天。云山叠叠惊营垒，河水潺潺咽鼓弦。伫立低回追往迹，夕阳落照翠微烟。”上海嘉定人唐材的《七星关谒武侯祠》诗：“牂牁巨浪断崇山，丞相祠堂控百蛮。铜鼓春喧千社雨，灵旗夜飏七星关。名垂伊吕身先病，敌遇孙曹势转艰。今日风流巾扇尽，英雄下马泪潸潸。”武侯祠碑记有毕节贡生金淑国的《重修七星关武侯祠碑记》，原文是：

“邑城西九十里有七星关，关侧一巨梁横截两岸，岭上有武侯祠。相传建兴三年，武侯南征，率步骑，由水道入越嶲，渡泸，战于盘东，战于漏江之南，追擒孟获，返道经于此，见七峰形如北斗，遂祃焉。明御史毛公筑祠岭上，以表遗迹。后又建坊，曰‘汉诸葛武侯祀七星处’。土人岁岁禋之，久而弗替。我康熙年间，张广文鲲，因旧祠朽蠹，复建于关之南城。连年未修，日渐颓废。窃思七星一关，为滇、蜀、黔三省咽喉，筑祠于与关相望，良以崇德报功，兼祈神灵之默佑也，可听其若灭若明乎？乾隆乙亥，董父师以顺天名进士来治我邑，政通人和，百坠之举，巡览关中形势，三省之人艰于济渡，即捐赀重建七星关桥，宏壮完固，万世利赖。落成祭告，见西岸关圣庙、观音堂、三官阁皆已倾欹，不胜嗟叹。及晋谒武侯祠，更恻然曰：“武侯乃三代下之尹吕，关乃武侯经历之地，祠乃武侯灵爽之所式凭，斯而不兴，谁其当兴者？”爰择东方高壤立侯之祠，殿堂门庑，轩廊坊表，无乎不备，并建阁，塑三义神像。不鄙迂拙，命淑董理。经始于丙子之秋，阅丁丑夏而告成。凡两岸零落古寺，亦莫不次第兴复，并增建河神杨泗将军庙。由是，长桥如虹，庙貌巍焕，古木扶疏，云霞蒸蔚，俾七星关为黔第一胜景矣。盖公本素封，且乐善不倦，故不惜金以建桥，又不惜金以建庙，补偏救敝，惟日孜孜。武侯之泽，新斯祠而益显；报功之典，新斯祠而弥著；我公之政，亦于新斯祠而弥见其尽善。于是，谨志颠末而系以颂曰：“帝命我公，牧民黔中。如霖甘雨，如播和风。诚求保赤，教旨从容。文武两庙，建竖聿隆。雁塔奎阁，修葺玲珑。坛壝古迹，兴工络绎。养济复流，捐赀增益。书院鼎新，膏火是迫。生息常供，栽培无斁。半粜救饥，施棺掩骼。失火堪伤，给民栖房。更思善后，广置水瓯。灵峰忧旱，疏凿琼浆。官册推挽，民得坦行。下发匠役，怜其苦尪。邑中大事，春秋二祭，永助牺牲，捐金滋利。邑乘久湮，是非锢蔽。采访编纂，雕刻美备。生童赴试，斧资畀。巡七星关，江险渡艰，舆梁重建，直达南滇。武侯功业，万祀恒存。祠堂高筑，禋祠年年。我公善政，碑不胜传。”

**毕节灵峰寺**　位于城西南约5千米之灵峰山上。明洪武年间（1368~1398），颠籍高僧燃指和尚云游至此，见群山竞秀，万峰叠翠，主峰巍峨壮丽，气势极为雄伟，遂赞叹道：“此乃吾寻之仙境也。”便以自己精湛的医术，四处行医化缘，募得白银一千五百余两，建成灵峰寺，为毕节城八景之首。明成祖朱棣（1403~1424）曾以“瑞甲全黔”御告封赐。山门上，清乾隆皇帝御赐题额“白云古刹”。此地群山锦绣、清溪潺潺、雨带苍烟、云似飘带、山势如虎踞龙盘、蜿蜒嵯峨，殿前有两株古杉、两株古玉兰，春三月满树银花香溢四野、神气清爽、游人踏青、络绎不绝。明人有诗赞云：“灵峰秀异即蓬莱，苍翠玲珑似剪裁；红树白云围药宽，琪花瑶草足丹台。采芝人语松边径，骑鹤仙留石上苔；际此悠悠忘世虑，绝胜刘阮到天台。”后山之巅筑有灵峰宝塔，高11米。1999年，恢复前殿、厢房、大雄宝殿及围墙山门等，占地约8000平方米，建筑面积2000平方米。灵峰山古称北天目，峰峦峻峨，大雄峰气势磅礴，山中松竹苍郁，曲径流泉。灵峰寺在群山环抱之中，寺前古树参天，流水淙淙，森异幽绝。古《志》云：“寺因峰建，峰以寺传，冈峦耸秀，林木深幽。”自清光绪以来，经百余年变化，寺庙毁坏较多。现尚存灵峰讲寺、藏经楼、部分僧舍，以及《明道人智旭碑》《范公云碑》《重建灵峰寺碑》《灵峰百福讲寺碑》等文物。今为毕节著名的佛教、游览胜地之一。

**毕节观音桥观音寺**　位于观音桥右侧台地上，清乾隆中期建。据清乾隆之前的方志及有关典籍、文献记载，此地原名威镇乡，所属相关名称有威镇河、威镇桥等。观音寺建成后，当地的地名、水名、桥名、村名等皆以寺改名。明《贵州图经新志》云：“威镇河，在（毕节）卫城东十里，源出北山，东南流，灌溉之利颇饶。”明万历《贵州通志·毕节卫》记载：“威镇桥，城东十里。”清乾隆二十三年（1758）修纂的《毕节县志》记载：“威镇桥，在城东十里，即观音桥。”清道光《大定府志》记载：“威镇河出大定西北之黑川洞，洞在毕节东二十余里。威镇河自洞西南流二十里，出威镇桥下。水以桥氏，又谓之观音桥也。”同治《毕节县志稿》云：“观音桥，乾隆《志》作威镇乡。”观音寺 为当地朱、罗、吉、范、张、邵、胡、卢等八大望族富户，在乾隆中期捐资所建，寺建成名曰“观音寺”。寺后建奎星阁，当地乡绅、举人罗体善曾于阁中设馆授徒，乾隆五十一年（1786）丙午科乡试，因中举五人，遂题其阁曰“香满一楼”而名扬四外。同治《毕节县志稿》记载：“观音寺，在观音桥侧。乡绅罗体善授徒其中，寺后有奎星阁。乾隆丙午科乡试中式五人，题其楼曰‘香满一楼’。”该寺是当地百姓信仰佛教、就近入学就读之所。今寺已改建成毕节十七小，庙无存，唯残存石基。

**毕节普惠寺**　又名双井寺，位于县医院处。据《毕节县志》载：“普惠寺，乾隆邑志在城东关外，正统中建，欲称普惠禅林，康熙中修，前有双井，故又名双井寺。”普惠寺坐东南向西北，原有殿堂三重，分前殿、二殿和大殿，占地约300平方米。毕节解放后为县武装部驻地，1958年县医院占用至今。该寺大殿左前方院中有二重檐六角攒尖顶木结构青筒瓦面亭一栋，亭中设石凳，石桌以供乘凉小憩之用。1973年毁。大殿建在三级踏跺之上，系抬梁式歇山顶九脊梁青筒瓦面结构，大梁上有楷书“大清乾隆壬寅年仲冬月重新改建”题记。

梁中央有彩绘双鱼图案。大殿正面是青石板铺地院坝，横宽20米，纵宽15米，并植有桂花树两株，每岁8月开花，其香气浓郁，飘香四溢，至今仍不减当年。大殿面阔5间，长21.55米，进深三间，宽11.65米。通高约8.5米，背面及左右墙群均系斗砖砌筑。前带走廊，廊宽2.3米，柱础上有浮雕花鸟，兽面纹等图案。其雕刻技艺精湛，刀法细腻，线条流畅。有线雕刻，图浮雕等工艺技法。柱础最粗周长达1.5米，用材和结构十分宏大、壮观，令人肃然起敬。大殿前左右两边均设厢房，面阔3间，长12米，进深1间，深6米，通高约7米。前带廊，廊宽1.3米，左右厢房对称。原为青筒瓦顶，解放后经维修改造，为小青瓦屋面，其余各部均保存原来风格。大殿后面有月亮门一道，上七级石踏跺通花园，正处为三义殿前院石保坎。花园横宽28米，纵深7.5米，园中植物有梅花、紫竹等四季花木，幽雅芳香，步入花园，令人心旷神怡。可惜在不断占用和改建中，今已面目全非，荡然无存。清康熙年间维修寺院残碑一通，今存县文化馆。

**毕节层台关圣殿** 位于层台官厢城。坐北朝南，三合大院，占地3000余平方米。围墙砌在2+7米高的基石上，正面院墙用白石灰粉面，以小青瓦盖顶，并设拱券二合薄刀门两道。墙周长71.2米，墙檐下有彩绘饰之，墙上部分砖可见有模制“关圣殿”字样。正殿在三级踏跺上，叠檐悬山顶，屋架系穿斗与台梁混合结构，古瓦屋面，叠檐上有魁星楼，四面翼角各系小铜铃一只，微风拂过，铃声叮当十分悦耳。1967年魁星楼被拆毁，正殿设六合院，面阔5间，长16.35米，进深一间7.2米。前后设有1米宽回廊并与左右厢房走廊连通。两厢房对称，各面阔3间，长8.75米，进深一间3.7米。解放后均办过学校，其中右厢房第三架梁上有清晰的楷书题记“皇图巩固，伟寿延龄”。此房曾为江西、湖广会馆。1958年开办农具厂、铁厂。1960年后为层台人民公社、乡驻地。殿内存清乾隆五十六年（1791）立四棱碑一通，楷书阴刻千字，记关圣殿四邻沿革及部分史实。

**毕节洗心寺** 位于城北北镇关垭口，距城中心1.5千米。明万历年间筑关，以徐氏为指挥镇守关口。清末，知县董朱英出资建寺，颇具规模，因寺内有明兵备道黄镆所掘之“明”字形洗心泉（又叫“来复池”）古井，且泉水清甜甘冽，素有洗涤身心、增福延寿之誉，故名洗心寺，山门额曰“毕川胜景”。占地约1.5万平方米，几经修复，今保存完好，为毕节城郊著名的佛教游览胜地之一。

**毕节鸡鸣三省三圣宫** 又叫一览三省楼。位于林口鸡鸣三省古盐道旁一长满翠柏的秀丽的小山之巅，清同治十年（1871）始建，民国3年（1914）当地苗族团首周朝阳领头并捐资在原址复建，新中国成立后破“四旧”时被拆毁。

民国时，周廷兰接任鸡鸣三省团首后，将底层改为学馆办学，聘请塾师周开甲等人教授各族子弟读书，教化鸡鸣三省人民，开学当天题于大门上的对联是：

借三圣宫殿，再设坛堂；往不追，来不拒，无怠无荒施化雨

集四方英才，重归马帐；幼儿学，壮而行，有廉有义坐春风

附：

## 鸡鸣三省《三圣宫碑序》

原夫！世变风移，总之扶衰以救弊。垣颓屋败，不离革故而（鼎新），当斯时也。吾里界属黔阳 ，三省当曲，犬牙交错 ，有蜀川倒流于臂左；虎踞盘环，得滇山峨蔽于脑（右）。（夫）倬彼云汉，前见朱雀之昭回；怜他斗柄，后来玄武之垂象。以故先祖落业于兹，始建山堂，继竖（三圣寺）观，自今创焉。彼夫！神威暂停，运际昌明祥瑞，休嘉莫下，普及由是。二世祖见人杰地灵，伸白（于乡里），（遂）与同地邻年耆张等募化捐资，培修成阁，巍峨毕汉 ，聊遂心愿。孰知贼匪猖獗，民遭蹂躏，一旦（浩劫），（宫）墙化为灰烬。余等观其屋破垣折，不得不抚境兴怀，触目心伤而为之，以作其制一也。兹者，竭诚尽（力以）慰圣聪，所以鸠工连年，木石俱兴，补垣、塞穴、建阁，成壁辉煌。来龙之山，炳鳞感应之堂，斯时门楣（光耀），里党壮其观瞻，春秋享其不减。虽未尝丹楹刻桷，作开先之盛，而维持调护，亦未免遏佚前人之（光） 。（明德）爽有 ，鉴降福无疆。以是序云。（并刻有以周朝阳为首，周廷兰等22姓72人捐资承办名录）

民国甲寅年又五月二十四日谷旦众姓公立

张天霖拜撰

**黔西武庙** 又名关圣庙。位于城内，原为西门外之古佛堂，因地处荒郊，康熙三十八年（1699）迁至州署右侧。雍正十年（1732），知州鲍尚志曾募修。嘉庆、道光年间，均作修葺或增建。占地约1500平方米，坐北朝南，中轴线上依次为影壁、状元桥、正殿、后殿，前后二进院落。影壁为砖石砌筑的空花墙，两旁各开一道月亮门。状元桥跨于直径约5米的水池上，为三孔石拱桥。池周及桥两侧有石栏，栏板上有浮雕装饰，望柱上均有坐狮1尊。正殿及左右配殿均系硬山顶木结构建筑。正殿面阔5间，通面宽18.84米，进深13.55米，山墙为观音兜式封火墙，外侧砌砖，内侧砌土坯。后檐亦为砖墙封护。前带廊。明间及两次间前4根檐柱为浮雕盘龙石柱，其下为双象双狮形柱础。殿前木装修为宫式长窗，裙板上松、竹、兰浮雕已毁。屋顶盖小青瓦。滴水及瓦头均为神面纹饰。脊上原有瓷片镶嵌的二龙戏珠，檐枋下悬垂4个金瓜吊挂。正殿下与厢房间原有平台，台上立有青石花浮雕栏板和莲花柱，正中镶1块直径2米的圆形云龙青石深浮雕。后殿由戏楼及两侧厢房组成。现仅存正殿、左右厢房，其余均毁。1991年，贵州省文化厅拨款进行维修，2006年省人民政府公布为省级文物保护单位。

**黔西观音庙** 位于城区劳动路27号学宫坡东侧半山腰，清代建。依山势而建，坐西向东，现存房屋两栋，抬梁式歇山青瓦顶，占地约300平方米，北间面阔6.5米，进深5.8米，南间面阔8.4米，进深9.7米。今为佛教活动场所。

**黔西文阁庙** 位于谷里镇街上，清代建，坐西向东，占地约300平方米。现存阁楼一间，呈六角形二层楼，屋面翼角翘起，屋檐有木雕瓜柱和斜撑雕饰。前院门为砖结构牌坊式院门。

**威宁黑神庙** 位于中山路北侧，清乾隆年间建，坐东向西，有山门，前殿、正殿、后殿及厢房等建筑，占地约1800平方米，建筑面积850平方米，正殿面阔3间，通面阔13.85米，进深2间，通进深12.5米，穿斗式硬山青筒瓦顶。前殿面阔3间，通面阔15.1米，通进深13米，穿斗式硬山青筒瓦顶。后殿面阔3间，通面阔13.65米，进深3间，通进深11.2米，穿斗式硬山青筒瓦顶。牌楼式山门，面阔22米，高7.5米。

**威宁下坝清真寺** 位于草海下坝，为威宁最早修建的清真寺之一。据下坝《马氏族谱》记载，下坝早年所建清真寺，年久失修。康熙四十三年（1704），钦差总成大掌教韩忠奉命镇守威宁，军政之暇，莅临下坝，大骤教人而拜之。见清真寺荒烟蔓草，瓦砾遍地，遂经筹措，鸿工庀材，期年而重建明经楼、训圣堂、教拜楼，使栋宇辉煌。年湮日久，几遭损坏。民国20年（1931），当地回民集资，由马遵鸣、马遵伏经手修复。时任威宁县长提议设学校于内以教育子弟，其后该清真寺一直为学校所使用。现存建筑由朝真殿、教拜楼及左右两厢构成一封闭式四合院，占地490余平方米，保存基本完好。朝真殿为正殿，面阔3间，前带廊，通面阔12间，廊深2米，明间设隔扇门，次间装方格窗。教拜楼为前殿，面阔3间，通面阔12米，通进深7.5米，明间设两扇大门，门两侧及次间均装方格窗。左右两厢各面阔3间，通面阔10.7米，通进深6米。现左厢为阿訇住，右厢仍为学校使用。

**威宁嘎利清真寺** 位于麻乍镇嘎利，乾隆十九年（1754）建。坐西向东，占地1200平方米，建筑面积700平方米，由正殿、两厢、前殿组成四合院，正殿面阔5间，为石木结构，青瓦顶，两厢面阔3间，为土木结构，二层，前殿面阔3间，土木结构。

**威宁岩格箐清真寺** 位于麻乍镇岩格箐。据清真寺碑记载：该寺始建于明洪武年间（1368~1398），坐西向东。清康熙末重修，为四柱板壁瓦房3间，后几经拆建，于2008年重修为现样，具有阿拉伯风格。占地约260平方米。寺后有古树四棵，树龄在600年左右，为当地名胜。

**赫章葛布教堂** 位于辅处乡葛布。清光绪三十一年（1905），英国传教士党居仁号召教徒献工献料筑，次年建成。木瓦结构，4厅，面阔30米，宽10.3米，高8米，两端设小间，中间为大间，可容千人。大厅内备长条木凳百余，毁于火。次年重建，改砖木结构，大小如前。民国6年（1917），增建传教士宿舍1幢，西式砖木结构楼房，砖墙为双层。1968年，教堂大厅被拆除，保留宿舍。1985年，县政府拨款2万元重建教堂大厅，内设讲道台1座，长宽各4米，连接道台有一长5米的木栅栏回廊。厅内备长条木凳数十，供传教士和信徒做礼拜之用。

**织金关帝庙** 位于城南路南段北侧。清初建，原址在州署（今县政府驻地）侧，康熙四年（1665），知府刘勇移建于南关外。康熙二十八年（1689）、乾隆五十八年（1793）、道光二十一年（1841）重修。坐东向西。由前殿、月台、后殿、左右厢房组成。占地约980平方米，建筑面积约650平方米。前殿面阔5间，通面阔21.15米，进深6间，通进深11.61米。抬梁穿斗混合结构悬山顶。前后带廊，深1.98米。隔扇门窗。月台长13.85米，宽6.92米，高0.65米，正中用正方形石块斜铺，左右铺方形，前、左、右用大理石镶边。台前左右两旁透雕双狮。

**金沙都佛寺** 位于官田乡新河下坝，清嘉庆二十三年（1818）建。坐东南向西北，穿斗式木结构建筑。面阔4间，面阔15.6米，进深6米。以石刻山门为寺院大门，主殿面阔现存4间，分明间、两次间、右梢间，右梢间现为火房。殿内有佛像共计16尊，建筑构件上有彩绘等，主殿内壁上写有“打倒日本”的标语，应为当年红军活动所留。

**金沙仙佛寺**　位于岚头镇岚丰仙人洞半山腰，原名“乾源寺”，后名“仙人洞寺”，现改名“仙佛寺”。坐西北向东南，穿斗式木结构四合院建筑，占地约700平方米。嘉庆十七年（1812年）始建，后毁。民国16年（1927），复建。2001年进行维修。面阔30米，进深10米，现有大雄宝殿，单房6间，厨房1间，祖师堂1间，厢房1间。

**金沙白云山观音寺**　位于岚头镇东隆，查考寺内保存资料，为清嘉庆十二年（1807）当地大户捐资建。光绪六年（1880）扩修，今尚完好。建筑面积约100平方米，木结构穿斗寺四合院建筑，进山门后左右侧为厢房，正厅为大雄宝殿，木雕和彩绘图案精美。今寺内奉佛像19尊，存古钟一口。

**金沙凤鸣山寺**　位于清池镇圆坪大石包，清咸丰六年（1856）建。坐西南向东北，占地300多平方米。穿斗式木结构建筑。前殿为悬山式，面阔3间，四列七柱架梁小青瓦顶。后殿为歇山式，面阔3间，两次间较窄，六暗柱及十四明柱隔成。原寺奉观音等佛像34尊，2005年被盗27尊。

**金沙高岩寺**　位于城关镇大定坡，坐南向北，清嘉庆元年（1796）建，占地约100平方米。木结构重檐歇山式建筑，依势坐落于岩石之上，唯前沿外廊凌空，下以数根木柱（1980年10月改为方形砖柱）支撑。寺分正殿、配殿、斋房。正殿内存放石碑两通，记高岩寺修建原委。寺门三楹，门窗雕花镂格。正面外廊右端上方悬铁钟一口，字迹模糊。2000年前后扩建，今占地约1000平方米。

**金沙茶园黑神庙**　位于茶园镇民乐新寨，占地约200平方米，坐西向东，清嘉庆二十一年（1816）建。穿斗木结构重檐歇山式建筑，屋面盖小表瓦，十级台阶上院坝，一正两厢，面阔16米，进深7米。由于近期无人看守，屋面及木结构已多处漏雨、朽坏。1988年被公布为县级文物保护单位。

## 七　石塔、牌坊

**黔西观文塔**　俗称七层塔。位于城东文峰山顶。塔高约25米，里外皆呈八角形，塔基每边长4.16米。中空，有木楼6层。第一层高3.48米，面宽4.12米。西南面有门，高2.72米，宽2.02米，门上方书有“还我河山”4字。2～7层每层有窗3扇。各层高度及窗的大小随塔升高而递减。第二层起均有翘角，第6层西南面有阴刻“文峰塔”3个大字。据清乾隆《黔西州志》载，观文塔始建于雍正四年

黔西观文塔

（1726），由知州陈德荣捐修。雍正八年（1730）知州鲍尚忠续建落成。原塔内供奉千手观音1尊，现已无存。塔内第3层左侧壁镶嵌大理石小碑4块，高0.35米，宽0.2米，为修塔时助银碑记。现保存完好，开放为文物景点。1981年，黔西县政府公布为县级文物保护单位。

**大方联壁塔** 位于城东万松山（又名火焰山）上，旧有石塔七级。史载："乾隆四十五年，郡守姚君重为修建。"清嘉庆二十三年（1818），大定知府普恩重建，存修建题记。1978年，曾用作县电视转播塔。2008年2月，电视转播塔重建，联壁塔恢复原貌。嘉庆二十三年（1818），立 联壁塔石碑，方首，高1.74米，宽0.82米，厚0.22米，额题"联壁塔碑记"5字，每字0.04米见方，竖向楷书阴刻文字19行，每行30字，共计350余字，记联壁塔名称由来、沿革等。

**大方扶风塔** 位于城西新庄牛头山上。清嘉庆二十三年（1818）筑。圆锥体石塔。1918年，塔圮。1922年，黔军旅长易筱南以罚款2000元（银币）重修，1923年竣工，并于底层东侧正墙面嵌石碑一通。塔身为四角五层楼阁式石塔，高14米。塔碑方首，高1.53米，宽0.88米，厚0.12米，离地0.3米。碑文竖向楷书阴刻文字，19行，每行24字，共计420余字，记此塔环境、沿革、重修事。

**大方奎峰塔** 位于城南玉文山（又名青龙岗）上。清乾隆四年（1739），知府李曜倡建。四十一年（1776），知府姚学英重修。塔为7级楼阁式石塔，下大上小，呈六棱形，高14.1米，塔基每边长3.54米。塔身逐级内收，底层实心，二、三、四级内空。底层高3米，二层高2.54米，三层以上逐级减少。各层下面辟券洞门，顶部转角处砌出小翼角。底层券洞门内嵌有乾隆四十一年（1776）的重修碑记。碑宽0.93米，高1.85米，塔前原有一庙，名玉皇阁，建于明代。庙已毁，遗址尚存。

**黔西内庄石塔** 位于锦星乡内庄文阁山上。原有文昌阁与之相映成趣，20世纪60年代中期，文昌阁被毁，惟石塔尚存。塔高10.2米，占地37.2平方米，5层，中空，六角攒尖顶，阁楼式，短出檐，大开窗，塔身逐级缩小。第1层门楣上阴刻楷书"浩然凌云"，第2层横批"诞启文德"，第3层横额"斯文真宰"。塔内存石碑2方，其中一方除"永垂不朽"4个大字能辨认外，其余小字已模糊不清，另一方"万古流芳"碑高1.64米，宽0.73米，厚0.21米，楷体直书15行，记叙修葺文昌阁的经过及集资人姓名，落款为"主持僧月郎，乾隆四十三年岁次戊戌孟月"。

**金沙中心字库塔** 位于沙土镇平凤山王庙，清咸丰元年（1851）建。青石质地，3层，四方形，有披檐伸出。第1层高2米，边长1.6米，檐长1.75米；第2层高2米，边长1米，檐长1.4米；第3层高1.5米，边长0.6米，檐长0.8米。四边框及瓦当上有阴刻花纹、传说典故、人物、鸟兽等图案共240幅。塔正面和背面均有碑文，阴刻小楷直书。正面中刻《仓颉大圣人夫子谕惜字文》，上刻"仓圣训"，左刻"共道仓圣训"，右刻"莫背帝君言"，背面刻《文仓帝君惜字条目》和《大帝君惜字箴》。

**金沙付宋氏墓塔** 位于安洛乡大贤村祥丰。坐东向西，墓为土堆垅，底直径1.2米，高0.89米。塔，青石质，清咸丰四年（1854）建，为四方形三层台浅出披檐建筑，高3米，宽0.78米，厚0.67米。一层为实心，正面有镂空雕石板镶嵌。四面均有阴刻楹联及图案等，二、三层为四棱支撑，每层四面的出檐瓦当及塔身边框，柱子上均雕有图案。塔正前0.5米处为烧钱化纸的字库，字库上部已被掀翻在地。字库亦叫惜字塔。

**黔西文阁石塔**　位于锦星乡文阁，清乾隆四十二年（1777）建。坐东向西，六角五层楼阁式中空石塔，通高10.2米，平面呈六边形，边长3.8米，塔内原镶有“万古流芳”碑和“永垂不朽”碑两通，今已倒塌。

**黔西文山塔**　位于城关镇塔山坡，乾隆六十年（1795）建。坐东南向西北。六角三层阁楼式石塔，高12米，底层平面呈六边形，边长5.6米，塔身上半部因修建清毕路时被拆毁，俗称断塔，残存高4.5米，原塔旁立有建塔碑记（已毁），知州汪为翰撰文，记“乾隆乙卯年，知州赵其南修头层，扬继之、李世任修中层。郑知州结顶”事。李世任，兵部尚书李世杰之胞弟。

**黔西李世杰牌坊**　位于水西公园内，为旌表兵部尚书李世杰而建。清乾隆六十年（1795）建，原址位于文笔峰西北麓，去思亭侧。坐南向北，1979年被暴雨大风吹倒。1995年县政府拨款迁建于此。为四柱三间三楼牌楼，红绵石质。高12.5米，宽8米，基础为须弥座，楼顶为石雕歇山顶，正脊饰鱼龙吻及透雕火焰珠，匾额楷书阴刻“盛朝石柱”四字，每字0.35米见方，额枋分别有高浮雕“二龙戏珠”“八仙过海”“鲤鱼跳龙门”“麒麟与鲲鹏”等，下为狮座抱鼓石。旁边有重修碑记一通。

**毕节贞寿坊**　原址位于城区双树湾。道光七年（1827）清宣宗为表彰邵氏贞节百岁，命地方长官建。坊高8.5米，宽7.5米，青石质，南北向，五楼四柱三重檐悬山式。坊南面明间平枋上镌浮雕“龙凤吉祥”，横额内阴刻正楷“贞寿之门”。额枋镌“皇封诰命”，两侧为云龙浮雕。栏额上方刻篆体“寿”字，两侧为高约1米的元宝形镂空立窗；栏额下方正中嵌以透雕云龙作饰的“圣旨”。各楼均有呈鳌吻状的鸱吻。左右次间额枋上均为元宝形窗棂。立柱、横额均有浮雕图案和文字。坊北面多雕人物，或坐或卧，或立或跃，神态各异。贞寿坊除1楼局部有损，平枋和额枋断裂外，基本完好。1988年，县政府迁建于天河公园内实施易地保护。

毕节贞寿坊

**黔西穿心寨牌坊**　又名贞寿坊，位于城东南郊凤凰穿心寨，坐北向南，跨小路而立。清道光十五年（1835），为96岁高龄的徐彭氏建。青石质地，四柱三门三楼式建筑，高8.52米，宽8.2米，单檐歇山顶，翘角，脊上有龙吻、宝顶。4立柱抱鼓夹柱置柱础，夹柱顶托石雕，明间为石狮，次间为石像。柱四方皆有阴刻楷书楹联。正面明间中柱为大定知府王绪昆题联“秉正气于坤维，喜冬斯繁庆，鹤算绵庥，一树女贞花不老；降纶音于枫陛，羡玉质含芳，金章焕彩，千年宝婺影长昭”。明间内侧为贵州提督学院翰林院编修司经局洗马道字侍生贾克题联“誓志柏丹坚，兰幽有馨，玉立无玷；褒贞芝诰丽，身备五福，天崇百龄”。横批题“贞孝慈善”，题额镌“柏老芝荣”，分别为贵州提督学院、贵州翰林院题。题额上方正中立匾额“圣旨”。

明间小枋上浮雕二龙戏珠，小枋下有云钩雀替。左右次间垫板上黔西知州事等题联。四周有浮雕图案和寿字花窗。

**黔西贞孝慈善坊** 位于城内莲城大道南端东侧。清道光十五年（1835），为旌表曾任四川、浙江等省知县的徐寿觉之孙，奉旨为96岁高龄的祖母彭氏建造。南北向，四柱三间三楼，青石质，高8.5米，宽8.2米，须弥座上立圆雕狮、象抱鼓石，楼顶为石雕歇山顶，正脊饰鱼龙吻，中置宝瓶，旌表匾额以高浮雕云龙做装饰，竖向楷书阴刻“圣旨”2字，每字0.15米见方，明间字碑横向楷书阴刻“贞寿慈善”4字，每字0.34米见方，额枋高浮雕“二龙戏珠”“五福捧寿”“狮子抢绣球”等。

**赫章拉乐大地牌坊** 位于六曲河海眉。清道光二十一年（1841），彝族土目安从龙为其母王氏请旌修建。左、右朝门两牌坊形制相同，均高4.46米，宽5.7米。正向左座为“三门三楼”，正面中门正中刻有“圣旨”字样，其下横书“安从龙母王孺人节孝坊”，其下再有“彤管扬辉”四字。门楼联语“诸兰吐秀映春风，一片冰心同夜月（威宁丁良嗣书赠）”；背面正中竖竖“圣旨”，其下横书“安从龙母王氏节孝坊”，再下横书“巾帼完人”四字，联语：“懿薇著史馆乌头璀璨焕褒纶，旌诏光门楣凤彩辉煌邀棹楔”；右座背面正中横书“乌撒闲范”四字，联语：“九重锡命光闾里，百代芳型著简编”；正面书“节孝”二字，联语：“庭立栏兰荻作字，启归天地冰为心”。坊顶正中“旌表”二字。2003年12月，赫章县人民政府公布为县级文物保护单位。

## 八　民居建筑

**金沙彭家民居** 位于清池镇金田大田湾，清道光十五年（1835）始建，占地约570平方米，坐西北朝东南。房舍中的酿酒作坊和前殿已拆毁，仅存基础。现存正房及东西厢房，呈三合庭院式建筑，正房面阔5间，进深2间。厢房各面阔3间。均为穿斗式木结构歇山顶建筑。正房堂屋门楣上悬“婺彩高照”金字横匾。堂屋后壁置宽2.3米、高1.8米的雕花神龛。房屋的门窗、楼廊、封檐板、斜撑、挑枋均有人物、花鸟、祥兽、卷草浮雕或镂雕计200余幅。正房的明、次间及厢房的明间廊柱柱础，亦有精致的雕刻。檐口的垂莲柱制作亦颇精工。

**金沙马鞍山赵家民居** 位于石场乡岩上马鞍山，坐北朝南，占地约2000平方米。清光绪二十二年（1896）彝族秀才赵天松历时20年建成。由正房、左右厢房及门楼组成封闭式四合院，其余建筑及设施如马圈、厨房、小憩房及部分围墙，均毁。四合院保存较好，建筑面积750平方米，为穿斗式木结构硬山式建筑。正门为八字形门楼，门楼前是长7.05米、宽14.7米的石院坝；左右为耳房，面阔4.72米，进深4.9米。门内为天井，天井正面为正房，建在0.8米高的台基上，并排5间，通面阔28.56米，通进深8.56米，明间阔5.58米，次间阔4.14米，梢间阔5.4米；明间与次间中为回廊，廊深1.45米；正房两山及后檐均有空斗砖墙围护。山墙作观音兜式，正面檐下有泥塑撑拱，侧面有圆形泥塑装饰。天井左右为厢房，面阔3间11.14米，进深5.9米。正房与厢房由回廊连接，廊深1.45米。厢房两山为屏风墙，后檐亦有砖墙封护。小憩房位于四合院左侧

1.8米高的石台基上，悬山式穿斗木结构建筑，1间，阔4.6米，进深3.5米，装有4个直径1.2米的圆形花窗。赵家民居木雕、石雕、泥塑、彩绘均十分精湛。木雕构件80件，其中44件透雕葵式花窗，装饰于正房及两厢板壁及六合门之上；14个垂瓜柱为镂空雕灯笼形；28件透雕雀替搭配瓜垂柱，两厢与正房檐下由透雕花板组成；廊柱与金柱间有8板高浮雕月牙形穿枋；两厢房廊檐柱上的高浮雕奔鹿撑拱，做工尤为精美。木雕部件构图，多以人物典故及花鸟祥兽图案组成。石雕工艺主要用于石柱础，垂带座鼓上。正房及左右厢房廊檐柱下均有8个对称石柱础，上雕花草、人物、鹰含玉旨等图案；左右观音兜内檐角，用两根3.78米的方条石支撑，条石下为长0.5米、宽0.4米的方整石柱础，3面浮雕图案，正房踏跺两边垂带上原有圆雕伏狮各1尊，已毁，石雕部件多为民族卷草花纹及传说故事图案。彩绘和泥塑工艺主要用于封火山墙及屋面宝顶上。两厢宝顶图案基本相同，均以卷草花卉为主。宝顶从上到下塑“莲叶捧阳”，两侧为“双凤朝阳”，正中为一神态安然的行云仙人，底部是翘首正视前方的卧狮，其左右是双龙仰狮。正房宝顶图案主要描绘人物故事。山墙泥塑墙脊、翼角基本相同，正脊中为宝瓶宝顶，脊中翼角为卷草形起翘。观音兜墙脊内边檐壁和翼角底部，塑观音、天神、天狗等。左右三五封火墙外壁内角嵌台上，有武松打虎、寿星捧桃、仙童打鼓等16幅泥塑上彩图案。左右观音兜外壁“玉帝降旨”彩绘图案，直径约2米。厢房山墙墀头处，塑狮子戏球撑拱，撑拱上挑檐石角处塑1小鬼头像。耳房左右粉面彩画，各长4.72米，宽0.25米，为人物、山水、树木和祥兽图案。山墙檐下3层挑砖彩画，图案分别为卷草纹图，莲叶云雷图和卵石图。三五山墙顶至桃檐石处有山水、民居、花卉、树木、双龙抢宝等图案11幅。右山墙外壁，嵌有1砖，上刻“清光绪二十二年”“泸州□人营造□□□”。1988年，贵州省人民政府公布为县级文物保护单位。

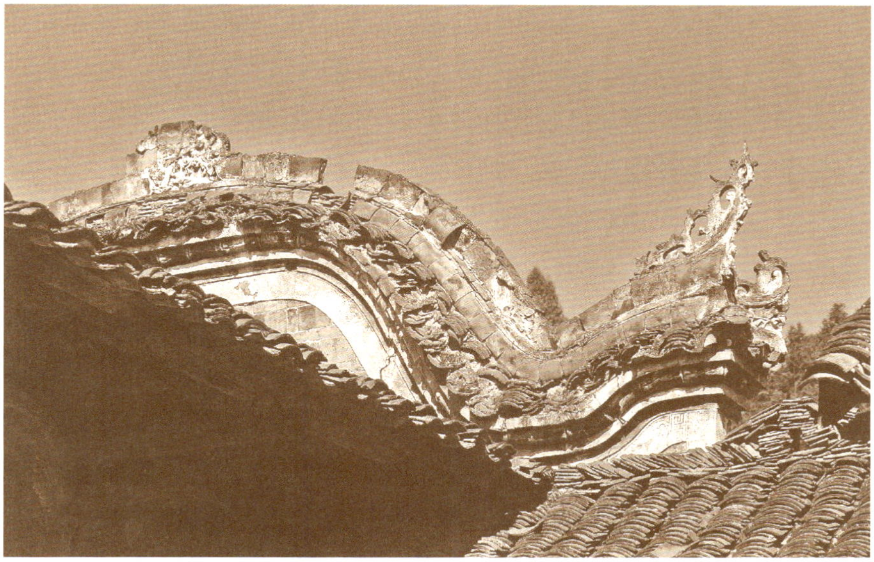

金沙马鞍山赵家民居

**金沙宴家民居**　位于岩孔镇安河干河坝。分两个院落，相距1千米，分布在东北—西南线上。西南宴家民居保存稍好，坐北朝南，为木结构六合门三合院建筑，面积约600平方米。该民居约建于200年前清中后期，其屋面盖小青瓦，院坝全由青石板铺就。房屋共七间，民居门、窗等多处饰精美木雕和镂空窗花，花鸟虫鱼、人物形象栩栩如生。后来宴家祖上又发展到往东北方向约1千米的地方居住，并于清道光丙戌年（1826）修建水井青龙井一口，牌坊一座，道光壬寅年（1842）修筑福寿桥和应贵桥，与南边约1千米的该村长江组的晏家石桥合称“九里三栋桥”。

**金沙罗家民居** 位于后山乡幸福罗家寨，为穿斗木结构三合院建筑，屋顶为悬山式，有正堂，左右厢房，有牲畜圈。通面阔16米，进深6.4米。均以石阶作基础，正堂左右侧为花窗装饰。该民居虽然现在无人照应，房屋显得有些陈旧，但可见其是经过修缮的，结构基本完整，而且主体也比较稳定。

**金沙张氏民居** 位于沙土镇解放路106号，坐北朝南，为穿斗式木结构建筑，建筑面积近1000平方米。分左右院，左院又分前后院，左右院后部相通，后院为仓库。右院与另一房屋有山墙相隔，山墙右面房屋两层，有阳台，瓜柱、门檐等处饰雕花。今为张远红等25户人家住所。

**金沙红岩赵家民居** 位于太平乡红岩，坐南向北，占地约500平方米，建筑面积240余平方米。原为一正两厢，木结构穿斗式硬山顶建筑，现右厢已毁。面阔3间宽14.8米，进深11米。建筑的吊瓜、月梁坊、窗户等构件上饰许多精美的木雕，踏跺等处有狮子、花草等石雕。

**金沙胡家民居** 位于石场乡新街小坡上，清末胡肖氏于主持修建。坐东向西，占地约400平方米，一正两厢，硬山顶穿斗木结构建筑。正厅5间，面阔13.4米，正厅进深12米，两厢宽6.8米，长8.2米。该建筑融合石雕、木雕于一体，在柱础及台基石上有花瓶等石雕，木雕分布在吊瓜、回廊、廊柱与金柱间的浮雕月梁枋、透雕花窗等处。虽然雕工不是太精细，但整个建筑保存相对完整，是典型的江南风格建筑。今为胡齐江等四户胡姓人家居所。

**金沙敖家大院** 位于石场乡鹿崽楼三角寨，离金沙至清池公路约500米。坐西北向东南，以三合院形式构成。硬山顶屋面，正厅5间，面阔16.3米，进深7米，两厢分别由两间构成，面阔9.8米。正厅与两厢前方由石板筑成梯形坝子，占地160平方米。正厅次间和两厢的窗格还保留风格各异的精美木雕，是典型的传统黔西北民居。为“敖家坟石刻”的主人旧居。

**黔西侯氏大夫第府** 位于锦星乡白泥抬轿坡，清同治年间建。为南乡忠义团团首、奉政大夫侯敦本府邸。侯敦本祖父侯光宗曾组建水西二十八团之一的“南乡忠义团”保家护国，水西战乱平息后，祖孙三代同获朝廷赐予五品顶戴花翎殊荣。光绪初，侯敦本迁居抬轿坡建府邸后，后裔一直居住于此，且人才辈出。今存一正两厢土木结构建筑，窗棂和大门上有雕刻精美，寓意深厚的木雕装饰。府邸前水塘边，侯敦本植于清同治末的一株桂花树还茂盛地生长着。

**黔西付林玉民居** 位于中坪镇关寨，民国年间建。今为当地村民付林玉、付立学居住，两处建筑一字并排，均为一列五间、一正两厢格局，左厢房和右厢房已毁，只剩中间厢房和两正房保存下来，院坝均由细锤细凿方正石铺就，廊檐石坎线条轮廓堪称一流，建筑物为砖木结构青瓦顶歇山式建筑，右正房的廊檐斜撑拱、月梁枋、驼峰等木雕，堪称贵州省内民居木雕艺术之精品，廊檐石柱的石雕图案夸张、怪异，雕刻手法细腻，集各种雕刻手法于一体。柱础形状多样性，或方形，或圆形，或不规整六面、八面。此建筑集民居建筑的石雕木雕之大成，特别就是廊檐部位全布满了浮雕人物、花草、瑞兽等图案，建筑面阔22.5米，进深6米，厢房面阔12.5米，进深6米；左边正房木雕风格和右边的木雕风格迥异，格局是吞口燕窝式（典型的黔西北民居风格），美在堂屋和次间窗棂的镂空木雕，几乎布满祥鸟、瑞兽。特别是堂屋窗棂的木雕，感觉像现在中国结的始祖，可比丝带编织的造型复杂多样，图案精美，寓意深刻，图案或深或浅，线条或明或暗，真算得上是民间雕刻之瑰宝。此建筑一列五间，面阔20米，进深6米。屋内存一赭色寿联“双铄著身模庆溢林壬三月春浓天兴福，康疆标德范祥基花甲六旬人艳地行仙”，长约2.5米，宽约0.3米。

**黔西野马龙氏民居**　位于中坪镇吉丰野马街，为龙家箐龙家祖屋。面阔3间，约13米，进深约8米，门窗木雕图案精美，工艺精湛，布满寓意吉祥之祥鸟、花卉。碉楼建于1945年，原为龙家箐龙家为护卫龙家箐城而建，属于龙家箐城的附属建筑，占地面积约50平方米，为一正方形建筑，边长约6米，四层土木结构建筑，属我县保存较完好的碉楼之一。其建筑风格独特，是不可多得的战争遗迹，有一定的历史（黔西解放前夕和解放初期龙家箐土匪叛乱战争史实）研究价值。清初吴三桂平定水西后，龙姓家族择此地而居（古称十万溪箐，历来是兵家必争之地，元奢节，明安氏、明末败将，清吴三桂、安坤、安胜祖、太平军等都曾战于此），新中国解放前夕和解放初期龙姓盘踞一方，主事者龙庆仁、龙桃芳纠合金沙土匪头目吴相荣车子扬等以及黔西的土匪头目在这号称“小台湾”之地召开“军事会议”，并成立了“反共救国第九路军”，多次袭击我各乡驻军及武装和支前军民。抢劫过往商贾、行人。时年3月、4月、5月端阳以万众之多向黔西城发起进攻。7月，贵州省军区统一部署，140团、141团、135团由黔西和大方分兵出击，两天才彻底消灭这个土匪巢穴。

**黔西箐口官房民居**　位于太来乡箐口。一正两厢二层建筑，清末至民国时建。面阔约15米，进深8米许，两厢面阔8米，进深5.5米，院落地坪全为细锤细凿方正石板铺就，正房和两厢回廊处的石雕柱础，图案精美，造型生动，雕刻技艺精湛。正房中央廊檐的镂空雕挂罗（雀替）实属贵州民居挂罗中之精品，回廊上的月梁枋、驼峰、瓜柱上的木雕堪称一绝，极富艺术价值和民俗研究价值。

**黔西油沙坡熊氏民居**　位于铁石乡油沙坡，占地约300平方米，建于清末民初。朝门建筑大气、别致，从残存的基石和院墙不难看出昔日大户人家的辉煌。今住户还保存有当时的木雕狮子一对，燕窝大门外两侧有一对石墩，上镂空雕刻异体字，别具一格，字迹清楚，因无字典可查，不知所云。现存建筑面阔22米，进深8米许，土木结构。

**黔西华沙姚氏民居**　位于铁石乡油沙坡华沙，占地约400平方米，原为四合院，现在只存一列五间的正房，其余建筑只残存基石。正房廊檐处有精美的石雕柱础，六合门的隔扇和窗棂布满各种寓意丰富，吉祥如意的木雕，雕刻技艺精湛，图案多姿多彩，如：琴、棋、书、画，事事如意（如意）、福寿（蝙蝠，桃子）、多子（石榴），还有别具一格的童子钓鱼、童子钓螃蟹等造型生动，栩栩如生。月梁枋上的木雕也精美绝伦。

**黔西李选吉民居**　位于铁石安乐上中槽，占地约200平方米，为典型的苗族（素苗支系）居住的吊脚楼建筑。一正两厢，土木草顶，正房面阔约20米，进深6米，两厢面阔约6米，进深5米，右厢房已毁。正房柱头为稀有的马桑木。厢房分上下两层，上层窗棂木条镶嵌别致，似蜘蛛网状和“万”字格状，乃黔西北和黔东南苗族民居的融合体，极富艺术价值和民俗研究价值。

**黔西郭家柱民居**　位于钟山镇猫山平寨。一正两厢，木质结构，青瓦顶，坐西南向东北，正房原一列六间，现存五间，原长10米，现长14.8米，进深6.1米，左厢房一间，长5米，右厢房3间，长9.9米。堂屋正中供奉一木雕神龛。现居住郭家柱、郭家富两户人家。猫山村大约创建于1825年，祖先从江西搬迁至猫山村居住，原是水族，后来改为布依族。空间按五行八卦进行布局，其中平寨现有的200多户人家，仍有100多户老房子，水井、古巷、周围有梯田环绕，整个村寨的基本布局保存完好，建筑构造具有强烈的军事色彩，房屋几乎连片构筑，没有孤零的人家，内部巷道相互连接，纵横交错，家家相通，户户相连，形成“点、线、面”结合的防御体系。住家的外墙相互连接，形成自然的巷子，垒砌巷子的石头采用干砌法，没有使用任何黏合剂，且排列有序。

**大方丁氏民居**　位于东关乡龙泉村西北，清末丁德馨父所建。占地300余平方米，坐西南向东北，为穿斗式木结构、斜山青瓦顶建筑，整体保存较好，局部有所维修，房屋面阔5间，为典型的黔西北民居。丁德馨（1898~1944），青年时考入贵州讲武堂，毕业后任大定县讲武所所长。

**大方陈氏民居**　位于瓢井镇东街，镇政府北面，民国初年建。坐西北向东南，为斜山式房顶穿斗木结构，占地1000余平方米。正房面阔5间，两侧有厢房，中为四合天井，是典型的黔西北民居。

**大方汪家大院**　位于鼎新乡政府大院西南侧，1947年建成。穿斗木结构、斜山青瓦顶建筑，占地8000余平方米，建筑占地1000余平方米。今存：正房一栋，坐东北向西南，面阔5间；厢房一栋，面阔3间；绣楼一栋，面阔3间；粮仓一栋，面阔3间。

**毕节祖家龙门**　位于中华南路35号，民国年间建。石门框，青石质，高3.5米，宽2.8米，门框两侧围护高墙，门框顶部镶木质匾额，高0.6米，宽2.3米，横向隶书阴刻“至性过人”，每字0.30米见方。上款竖向楷书阴刻“治成先生优行”，落款竖向楷书阴刻“毕节县知县愚弟凌均拜题”。今建筑基本保存，部分被改建。

**毕节罗章勤民居**　位于毕节县层台镇五里村，清光绪十六年（1890）罗章勤获取功名后建。三合院，悬山顶木结构建筑，坐东向西，南北厢房已毁。今仅存正房，面阔3间，进深2间，面阔12.8米，进深7米。明间系镂空雕花六合格扇门，6块扇形穿枋上有人物浮雕，造型逼真。次间窗户均有镂空雕花。

**毕节白果湾大院**　位于毕节县小坝镇汉屯。三合院，木结构建筑，民国时孙寿春建。正房建在5级台阶上，面阔5间，通面阔22米，进深2间，通进深8.2米，通高7.25米，明间为六合格扇门，刻有花草，鸟兽图案，东西两厢对称。院中设须弥座石砌花台，长4.25米，高1.17米，宽2.65米。原占地近千平方米，今仅存200平方米。原有护院的土木结构碉楼1座，六层，1964年毁。

**毕节吴氏民居**　位于毕节县大河乡鸡姑竹林院子，清代富户吴永招筑。吴永招之子吴学全在民国初年曾任独山县县长。建筑占地579.8平方米，坐东向西，由两厢、正房组成，穿斗式悬山青瓦顶，正房悬有一匾额“五世同堂”，为贵州提学使司京选进士题赠。正房面阔3间，通面阔26米，进深2间，通进深22.3米。

**毕节向氏民居**　位于毕节县亮岩镇核桃今703县道边，清筑。坐东向西，占地120平方米，悬山顶穿斗式青瓦顶，面阔3间，进深2间，通面阔13.5米，通进深8.4米。六合门雕刻花鸟、动物等图案，左次间毁于20世纪70年代，现存明间、右次间。

**毕节陈章超宅** 位于毕节县大屯乡三官寨下三官。泥土夯筑墙体，麦草屋顶，悬山式房屋结构，由正房及右厢房组成，坐西南向东北。面阔3间，进深2间，通面阔15.4米，通进深7.5米。厢房面阔一间，进深一间，通面阔4.2米，通进深2.5米。

**毕节陈大伟宅** 位于毕节县大屯乡三官寨下三官。泥土夯筑墙体，麦草屋顶，悬山式房屋结构，坐西南向东北。面阔3间，进深2间，通面阔16.5米，通进深8.5米。

**毕节陈大庆宅** 位于毕节县大屯乡三官寨上三官。泥土夯筑墙体，麦草屋顶，悬山式房屋结构，坐西南向东北。面阔3间，进深2间，通面阔15.4米，通进深7.5米。

**毕节鸡鸣三省苗族团首周启元大院** 位于毕节县林口镇鸡鸣三省，清代当地苗族团练头目周启元建。木瓦结构，三合院，一正两厢，第一年开工，第二年建成。柱子、椽梁、板壁等用材均为上好的马桑圆木和杉板，柱子、椽梁两头粗细均匀，板壁无节巴留痕，窗户格子嵌入具清代特色的木雕花。厢房、正房皆设檐坎走道连接，其条石基础分别高出院坝水平面0.5米左右。民国初年，毕节县知事那松乔曾为第二代团首周朝阳（周启元长子）题一匾额“护乡国柱”，悬于正房大门门首。院坝用石板铺成，以石阶上檐坎。院落大门外是石砌堡坎，门两侧砌筑坚固的围墙。整栋建筑在香樟、柏树和翠竹的掩映下，显得气势庄严，令人称慕。

**织金水西的独则溪楼** 位于城关镇星秀村，明初水西十三则溪之一的独则溪土司杨氏所建，当地人称“官房”。坐东南向西北。原建在今三塘猴场村西面的一座独秀山峰上，今存建筑为清初复建。清光绪十四年（1888），杨氏后裔迁建于戥杆寨。歇山顶式，并排5间，通面阔19.8米，其中明间4.28米，左右次间各3.98米，左右梢间各3.78米，廊深1.18米，9柱17梁，全木结构，一楼一底，柱枋为黑色，板壁为红色，小青瓦顶，独具彝族建筑风格。

**织金胡家大院** 位于城关镇双堰塘北侧。坐东向西，面阔5间，四壁木板，上盖小青瓦，由明间和左右次、梢间组成，左右次间带回廊，明间正前二步石阶，石阶长3.8米，宽30厘米，高15厘米，明间长3.8米，次间和稍间均为3.5米，左边梢间人为砖墙和现代百叶窗，回廊宽1.1米，栏阳坎高46厘米。院坝占地约200平方米，窗花为万字格，明间左右两根立柱。进深8.5米。

**织金邓家大院** 位于城内新华南路东。由正房和左厢组成，正殿坐北朝南，西面的左厢，正殿由7间组成，四壁木结构，上盖小青瓦，前面回廊，廊柱八棵，下有柱基，廊深1.15米，左右两端三级石阶，回廊由长方形块料石砌成，高50厘米，院坝料石铺面，柱础高35厘米，八方形，窗花木雕图案精美，九架梁，厢房左右次间和明间组成，明间3.5米，左右次间3.34米。

**织金谌家大院** 位于城关镇金西社区。坐东北向西南，四合院落式，正房面阔五间，四壁木板，上盖青瓦，前面回廊，左右两厢，朝门两端建有古木屋。正方形青石辅院坝，成棱形状，进深为9.1米，九架梁，明间3.75米，左右次梢间3.26米，廊深1.06米，院坝长9.6米，宽6.8米。

**织金黄家大院** 位于城内新华西路35—5号，坐东北向西南，面阔3间，四壁木板，上盖青瓦，由明间和左右次间组成，百叶门窗，上、下、三层，右次间二楼万字格花窗，前面院坝方块石板成棱形状铺面，靠前面水泥接石板面，一进格，档山七架梁，长11.7米，进深8.9米。

**织金王家大院** 位于城内支前路167号。坐西向东，四壁木结构，上、下两层，上盖青瓦。由明间和左、右次梢间组成，明间一层窗花雕刻精美，次、梢间人为有所改变，前面院坝石板国铺面，右次、梢间已改成砖墙，面阔18.2米，进深8米，柱础石雕精美。

**织金陈跃雄民居** 位于城内支前路81号。坐西向东，木结构，面阔5间，长18.7米，二层，上盖小青瓦，窗花木雕精美图案，面临西二街，二级石阶进屋，进深8.7米，每间长3.7米，无回廊，面临西二街。

**织金冯安朝民居** 位于大平新寨。清末建，坐东南向西北，长5间，由明间和左右次梢间组成，前后四壁为木板，共二层，上盖石板，建国前上盖小青瓦。一层前面回廊，次间二层前面有扶栏，明间和梢间无扶栏。栏高110厘米，次间面阔375厘米，明间面阔410厘米，右梢间面阔375厘米。档山共九架梁，长7.8米，面阔19.1米。次间中上二扇门窗，上花小方格。明间中大门二扇，左右各耳间，每间门均为两扇，耳门上部万字格花。门前回廊石板铺面，二级石阶。院内不规则石板铺墁。

## 第四节　石　刻

### 一　摩崖石刻

**毕节七星关摩崖** 位于毕节县杨家湾镇七星村六冲河畔古道旁的悬崖上。石刻多方：其一为“黔服雄关”4字，横向楷书阴刻，每字0.5米见方，为明洪武十九年（1386）傅友德所题；其二为“应星桥记”摩崖。明永乐十四年（1416），毕节卫指挥佥事秦光在河上架设铁索浮桥，称应星桥，并在古驿道旁的崖壁上刻《应星桥记》。摩崖距地面2米，高0.5米，宽0.93米，竖向楷书阴刻，41行，满行22字，共633字，刻技甚佳。因年代久远，受自然风化，个别字迹模糊难辨。内容除略述七星关形胜、掌故及建桥之事，并镌七言诗一首：“雄兵镇垒戍边庭，历代明关号七星。千嶂嵯峨山拥翠，一江澄澈水流清。横波铁作浮桥缆，悬崖劈开纪石铭。喜遇升平无以报，皇图万载永清宁。”

**附：**

#### 《应星桥记》

毕节卫指挥佥事　秦光

夫惟山水者，蜀也。蜀之西南，关之雄险者，七星也。七星之城，成于山巅，四壁悬崖，摩空屹立。中有七山列秀，若蛇蟠兔走之形，凤飞云屯之势。下临长江，古道盘旋而上，曲屈如北斗焉。昔诸葛驻师七营于兹，故号其名也。关河之渡，应星桥也，竹篾为缆，排船为桥，以通滇南之冲要。其如春和景明，波澜未兴，风清月白，如练如鉴，络绎从步，悠悠而乐也。其或阴云不开，骤雨经日，山高江狭，洪流暴至，惊涛拍空，怒浪吼雷，则必解缆折桥，以避水势。或有骤驰飞报者，尚阻其行，趋公务而役于此，悉违其期。于是，御关武略朱公曰：我受国恩，分守兹上，岂不立法以便经行乎！莫若以铁代竹，连环为锁，铸双柱立于两岸之石，横缆于中，分索持航，布船为梁，奚畏江涨洪涛之险，实为久长之计乎！乃文陈卫司，雷铁鸠工立炉，冶造铁缆贰拾伍丈，斤重壹仟贰佰；铁柱贰重陆佰斤；铁分索柒，各佰斤。后又亲率健卒，登山伐木，造船伍艘，不叁月而功成。以永乐拾肆年捌月贰拾肆日举缆横江，系于双柱。移时桥完，面如履平地丐。遂摩崖江浒，命冲记其事，再辞弗许。乃曰：昔郑子产以乘舆济人于溱洧。孟子曰："惠而不知为政，岁拾壹月徒杠成，拾贰月舆梁成，民未病涉也。"君子平其政，人人而济之，每人而悦之焉。有雨寒江涨，而人不济乎。我侯幼习文学，长进武业，故能克勤王事。为政如此，使我军民共守兹土，永享太平，万载无疆也。庐陵刘子羽冲记。武略将军毕节后卫所守御七星关提调千户举证阳朱离显中书丹。督修七星关铁索桥陈英题以诗曰：雄兵筑垒戍边庭，历代名关号七星。千嶂嵯峨山拥翠，一江澄澈水流清。横波铁作浮桥缆，悬崖劈开纪石铭。喜遇升平无以报，皇图万载永清宁。时永乐拾肆年玖月初玖日。毕节卫指挥佥事秦光、顾青、朱玉。把总作头张歆镌。木匠作头罗保、谭嫡。七星关巡检杨斌。

**毕节峰岩摩崖**　位于毕节县清水铺镇橙满园川滇公路旁的崖壁上，离地1米，横长形，长2.08米，高1.2米，竖向隶书阴刻102字，每字0.12米见方。为民国27年（1938）国民政府下令修筑川滇公路时，记赤水县全体民工修路一事。

**毕节踩山坪摩崖**　位于毕节县普宜镇龙家村踩山坪豺狗湾。清道光二十一年（1841）刻。高0.81米，宽56米，共镌109字，内容为赵氏女人无嗣，捐资修路以积公德，祈求神灵保佑早生贵子。

**毕节大洞摩崖**　位于毕节县海子街镇周家桥大洞，距地表高约30米。文字有"洞天福地"四个阴刻楷书，填绿色颜料。每字约0.4米见方，字迹工整，笔锋粗犷，旁有小字题款："大清宣统元年九月村农忆题，海粟山人郑口书。"4字之下约1.5米处，另凿一长约2米，宽约0.8米，深约0.02米的石刻，上镌200余字，每字约0.06米见方。其文字是："吾乡之东有一古洞，洞旁喜木参天，绿荫扑地……俨然人间仙境，时逢动乱之年，兵戈四起，哀鸿遍野，怨声载道。民不聊生，公理何在？况人心不古，世风日下，余深痛之。愿隐居山林，闭门思过，超尘脱俗，立地成佛。刻石铭志，皇天可鉴……（题款辨识不清）"。摩崖内容反映的是清末社会动乱，兵祸四起的历史现实和士大夫、平民阶层为逃避这种现实而归隐山林、委身自然的消极情绪。

**威宁翠屏摩崖**　位于可渡河北岸，古驿道依翠屏岩入云南宣威境。翠屏岩巍峨峻峭，叠嶂千重。摩崖"水流云在""山高水长"，字高1.29米，宽1.08米，深0.05米，隶书，阴刻，笔力苍劲。据《贵州通志》《威宁县志》载，"水流云在"系明洪武年间傅友德南征过此，"纠工凿岩而镌"。《大定府志》载：河渡河岸，奇峰峭立，削壁天成。曾留仙笔"水流云在"四字。指挥李文龙后镌"山高水长"四字。"观者叹其陡绝，莫不羡焉"。

**威宁双霞洞摩崖**　位于草海镇大洼塘石洞山。横书，阴刻，每字约0.35平方米，落款见田书。《威宁县志》记载："洞如斗室有两门，一门向南，一门向西，与干海子相近。……相传明惠帝逊国，自号乐隐秀才，与从臣尝栖此。明指挥李文龙有山水癖，于洞侧石壁镌‘双霞洞’三个大字，西洞门镌‘洞云含雨润，山月弄清辉’对联，近人颇有题咏以纪逊国之事。”

**大方躲兵洞摩崖** 位于凤山乡白鸡西3千米“躲兵洞”洞口崖壁上。离地0.3米，竖长型，宽0.25米，高0.35米，竖向阴刻汉、彝两种文字，内容记安氏后裔老年无子修桥以求如愿事。

**大方檫耳岩摩崖** 位于大水大田村“檫耳岩”崖壁上，刻于清初。离地0.6米。竖长形，高0.6米，宽0.3米。竖向阴刻彝文28行，满行15字，共计156字。记沿河护田事。

**大方千岁衢及摩崖石刻** 位于高店乡石桅南2千米，明代刻。明嘉靖二十四年（1545），彝族土司安万铨捐资筑千岁衢，以石板铺墁，千岁衢筑成，立连山碑。摩崖位于洛启坡麓崖壁上，离地1米，圆首，高1.5米，宽0.85米，碑文为汉、彝两种文字，主要记安万铨捐资修建驿道一事。1985年，被公布为省级文物保护单位。

**黔西马鞍山摩崖石刻** 位于城关镇马鞍山山腰崖壁上，唐元和五年（810）刻。高0.4米，宽0.3米，每字见方0.05米，竖向阴刻彝文八行，满行16字，共计128字，记违规放牧，“牲畜平分，并征收皮、尾，没皮给铜钱十七至二十”。

**黔西观农台摩崖石刻** 位于城关镇后山坡东面山顶崖壁之上，有摩崖多处，有的已经风化，字迹模糊，现存完好的有知州陈德荣雍正四年（1726）题的“民依在目”，知州俞汝本雍正六年（1728）题“观农台”，知州赫霖泰乾隆十二年题：“观农台上望农田，一片黄云蔽陌阡。远近岚烟秋色里，前山樵歌夕阳还。”和知州吴嵩梁道光年间题诗：“官舍如村舍，开门即后山，缓行红树下，深坐翠微间。谷暖群莺出，平田一鹭闲。遥看荷锄者，日暮踏歌还。”摩崖均刻于高约5米、宽约15米的一块崖壁上。

**黔西倒马坎摩崖** 位于大关镇前进鸭池河北岸倒马坎崖壁之上，乾隆六年（1741）刻。离地0.7米，横长形，高1.8米，宽0.4米，竖向楷书阴刻“为善最乐”4字，每字1米见方，另有若干阴刻小字，记周世爵修“倒马坎”道路事。今字迹风化难辨。

**黔西反字岩摩崖墨书** 位于中建乡营盘溪畔的崖壁上，离地1.7米，横长形，高0.5~0.8米，宽约1米，竖向墨书，18行，满行27字，共计300余字，因当地人不识彝文，故称为“反字岩”。由于年代久远，墨迹渗透于岩石，干燥时不可见，水湿就显字迹。今已风化，较难辨认。

**纳雍通作寨摩崖** 位于新房乡通作寨。离地约2米，为铲平岩面凿线筐定而成。上方下圆。高0.42米，宽0.45米，从左至右，额刻“垂远碑记”四字，每字0.04米见方。碑文竖书16行，每行21字，最短行2字，全文约300字。每字0.02米见方。另有“益德、治安、夜灯照行”等字样。立碑留名者30余人，均为安成学家佃户，会道成员信士。落款：乾隆十八年正月十三。

**金沙观音洞摩崖佛像** 位于岩孔镇白云山下。摩崖数面，均依洞壁自右而左排列，今已毁，唯存“释迦牟尼”观音等四面，距地约3米高，各面积约0.58平方米，洞内外崖壁上留存“观音庙”遗址多处。

**赫章窝肘写字岩摩崖** 位于松林乡喜鹊寨对面石壁上。刻字离地百米，横宽约12米，上有用繁体隶书从右至左横向书写“威服仁怀”4字，每字见方约2.4～2.5米。大字左下角有数行直书款识，由于风化及苔藓掩盖，现只能看清“同题”2字，余难辨认。据《威宁县志》记载：明洪武十四年（1381），征南将军傅友德受明太祖朱元璋命，率步骑30万进攻云南途中，路过此地，命石工削平石崖4丈余，镌“威服仁怀”4字于岩上。

**金沙岩孔观音洞造像**　位于岩孔镇观音洞。洞前观音庙，早毁，仅存遗址。洞内西面崖壁上自北而南依次镌释迦牟尼、观音、文殊佛像。佛像距地表约3.8米，各占约0.6平方米。三像构图严谨，线条流畅，现状较好。

**织金东山摩崖**　位于城东隅。摩崖16处，计横幅3处，直幅13处。其中4处摩崖为打拳洞、佩剑披云、出岫云蒸、织金平市米店纪念碑。打拳洞，在山顶南侧打拳洞顶上，横幅、阴刻，长1.5米，宽0.6米，从左至右书“打拳洞”3字，无题款；佩剑披云，在东山顶部慈云洞右侧岩壁上，横幅，阴刻，长4.6米，宽1.25米，从右到左书“佩剑披云”4字，题款同治乙丑秋，为同治乙丑年（1865）军门赵达庵驻军平远时题书；出岫云蒸，在慈云洞右下侧岩壁上，横幅，阴刻，长3.2米、宽1.3米，从右至左书“出岫云蒸”4字，上款题“辛巳仲春”，下款落“息烽王佐题”；平市米店纪念碑，在东山东南50米处龙王庙右侧石壁上，高1.3米，宽0.65米，碑文记述民国22年（1933）织金县城绅士集资买来救济灾荒事。碑文原文：“民国22年夏，吾织大荒，斗米20元，邑民之饥饿毙命者指不胜屈。孟子所谓有饿殍，亦其时矣。溯厥由来，实缘去秋雨阳不调，收成欠薄；今春冰雹为灾，小春尽毁，有以致之。加以股匪劫城，影响所及。纵□黄金，无处购买。本邑□□目睹以骇，遂倡议捐资采购米粮，减价零售，以抑市价。同人等趋而和之，更集巨款，扩大规模，定其名平市米店。凡邑中贫民之诣店购买者，无不有以应之。计自五月初间开幕，至八月下旬终止，历四阅月。虽不敢言救济，亦不可谓为徒劳。兹际新谷登场，鱼众之象呈于目前，差幸同人等少数之能力，始终其事，堪慰初衷。爰述颠末，以志不忘，中华民国癸酉秋八月同人等识。”

**织金鱼山摩崖**　位于城东北隅。摩崖5处，其中2处为：1.江山胜踪，在鱼山南岩壁上，高1.70米，宽0.73米，直书阴刻，上下无题款。2.陈判长东汉去思碑，在鱼山东南山脚岩壁上，高1.4米，宽0.78米，楷书阴刻。正中书“陈判长东汉去思碑”8字，左右书中楷序文：“公四川温江人也，于民国二十三年六月到织任判长职，于二十四年七月卸任。在这一年当中，判案千余，杀匪数百，不近土劣，不贿分文。斯时也，我省军阀主政，土劣贪污横行，无不以金钱为转移。惟公出污泥不染，实我织民元以来未有之好官，亦可为后来之模范。吾辈等目睹始终，特勒石以纪之。织金民众制。”

**织金圭峰摩崖**　位于城内，山上建筑物4处，摩崖石刻43处，高30余米，占地近2500平方米。1966～1976年期间，山上亭台楼阁尽毁，摩崖亦被全部凿毁，现存数处依稀可见其轮廓。1.畏于民岩，在峰南石笏西壁，高1.8米，宽0.66米，真书阴刻，上下题款已难辨认。2.开天图画，在圭峰石笏北壁，高1.2米，宽0.55米，隶书阴刻。上下题款已无从辨识。3.真乐地，在圭峰石笏西壁，高0.8米，宽0.32米，行书阴刻。4.雨后青光，在第一重山峰正东岩壁上，就岩面从右至左横书阴刻，为同治十三年（1874）知州钱壎书题。5.渐入佳境，在圭峰东边上山石梯旁一小石包上，分为二行直书，第一行书“渐入佳”3字，第二行书“境”字。题款已剥蚀无法辨认。

## 二　墓雕石刻

金沙县敖家坟

**金沙敖家坟石刻墓群**　位于石场乡鹿崽楼。由南、北两组墓群组成，间距40米。均坐东向西，依山势而建。北墓建于清光绪二十四年（1898），南墓建于光绪三十一年（1905），占地1000余平方米。系敖氏三代茔地。北墓碑铭文载：敖家先辈，家境贫寒。至敖国治，“俭怜一粟，勤惜分阴”，惨淡经营数十载，遂发家致富。敖国治死，敖正科继承家业，成为一方巨绅。光绪二十年（1894），敖正科独子步焜早丧。又二年，敖正科亦亡。光绪二十四年，敖氏遗孀建成北墓。未及十载，敖氏遗孀先后全殁，族人悯之，罄其遗产，修建南墓敖氏节墓，南墓群顺山势逐层升高，分四层台。过石坝登15级台阶，至二层台，前沿为三间四柱五楼石牌坊，高5.26米，底宽3.61米，两中柱上有“冰雪真操管标青史，松柏劲节瑶映紫霞”阴文对联，夹柱及边柱亦刻有阴文对联。中、夹柱下两个基座有“人狮共舞”等图案，两次间各嵌一块高1.51米、宽1.3米的青石板，左右分别阴刻行书“福”“寿”2个大字。左次间小额枋透雕花草纹，大额枋浮雕“文官坐堂”图，正中坐一官员，左右各有4人站立；右次间小额枋透雕六角纹，大额枋浮雕“武官升帐”图，正中坐一武官，左右各有部将4员，或骑马，或执枪。明间雀替为透雕花草纹；小额枋阴刻“节孝两全”4字，两端浮雕人物像。小额枋两侧各有4块上大下小的梯形花板，板上浮雕人物图案，板间呈三角形空窗。大额枋浮雕“六飞骑”图。左右边楼的庑殿顶屋面，卧砌于花板之上，脊上各有透雕花草成翼角起翘。大额枋之上为正堂匾额，上刻篆书“敖氏节墓”4字，两侧匾杠上各浮雕3个举手重叠人物，作捧匾之态。匾顶上小额枋浮雕6个人物像。枋两侧为卷棚式重檐屋面，浅浮雕卷草翘角。主楼下置3块梯形浮雕花板，板上的圆框内雕一罗汉像，卷棚式翘角屋面即卧砌于其上。牌坊背面结构、雕刻与正面大体一样，唯正堂匾额为“小蓬莱”3字。牌坊两边与石砌花栏杆相连接，栏高0.9米，平伸2米许成倒八字形，栏柱间嵌有字及空心十字形栏板。第三层台比第二层台高0.5米，坟冢即筑于此，两墓并列，左为敖正科衣冠及其妻顾氏之合葬墓，右为敖正科之女与儿媳曾氏之合葬墓，俱用巨石砌筑。后部与第四层台相联，等高。墓碑为牌楼式，3间4柱5楼庑殿顶，通高5米余。其柱、枋、檐、匾上有各式浮雕人物、花草等图案。此层台两端“八”字墙壁上各雕一幅长1.27米、高0.9米的“征战图”。围墙依山势分段，次第上升，其最高处，即墓正后方为牌坊式石壁，圆卷拱顶，顶部饰透撰花纹图案，左右两端饰飞云翘角，壁上一匾，横刻“冰雪情操”4个大字，匾上方至檐下之间，浮雕龙、凤及人物图案。各段围墙上有长2.05米、高0.64米的浮雕图案，左右对称，共6幅，上刻狮子、麒麟等动物。北墓建于平坦地面，四周亦有围墙、栏杆。三墓并列：敖正科居中，左葬其父，右埋其子。墓葬形制、结构与南墓同，雕刻别具一格。敖家坟墓群石刻规模宏大，内容丰富，布局精巧，文图并茂，格调高雅，雕刻手法多样，工艺精湛绝伦。墓群中刻有各种人物上千个，马90余匹，动植物30多种，书法作品百余件计3000多字。其中最大的圆雕“火焰龙”2.8米，镂雕“龙凤呈祥”3.5米，书法横匾“冰雪情操”2平方米，福、寿二字各长1.5米。墓群石刻堪称黔西北石刻艺术宝库，于2012年，经与罗家坟石刻墓群捆绑申报，被国务院公布为第七批全国重点文物保护单位。

金沙敖家坟石刻

**金沙罗家坟石刻** 位于中普大坡，墓建于清光绪九年（1883），占地200余平方米。为清武德校尉罗源清之三房眷属即阎氏、王氏、刘氏的墓葬。均坐北向南，一字排列，前为石院坝，中置拜台、供桌。三碑四柱五层牌楼式建筑高3.6~4.8米，宽3.5~2米不等。雕刻图案80余幅，有线刻、浅浮雕、深浮雕、圆雕、镂空雕等雕刻技艺，工艺精湛。

**金沙赵家墓群石刻** 位于源村镇派出所对面。坟四座，均坐南向北，东为咸丰十年（1860）赵松青之墓，南为道光十五年（1835）赵母车老太君之墓，西为道光十八年（1838）赵绘宁之墓，北为道光三十年（1850）赵冕青之墓。四墓碑文及雕刻十分细腻清晰。赵绘宁、赵冕青墓联为清代贵州文坛名人莫友芝所书，联文篆书，款识楷书，笔法流畅，具有较高艺术价值。

**金沙杨在义合葬墓石刻** 位于后山乡坎坝石家沟。坐南向北，为土堆墓，底径3米，高1.1米。今墓已坍塌成一小土堆，且长满杂木。墓前竖一碑楼，宽3.4米，高4.4米；中门高1.9米，宽1米，四柱三楼，字阴刻，图案阳刻。横穿方等处雕有二龙戏珠、人物花草、云纹等图案，手法细腻、雕刻工艺精湛。

**金沙毛杨氏墓石刻** 位于沙土中学旁，坐东南向西北。清咸丰九年（1859）筑，由块石垒砌，底径2.1米，高1.1米。墓前一石碑，记筑墓年代等事。光绪癸巳年（1893），又立碑三通，其中两通为四棱碑，四棱碑高2.3米，边阔0.4米，两碑相距2.6米。碑上为贵州状元赵以炯的题字。

**金沙一把伞谢氏合葬墓石刻** 位于清池镇普安一把伞，坐北朝南。料石砌成，裙高2.4米，直径6.2米。前立三碑四柱五帽牌楼式墓碑，高5米，宽3.6米。墓围为方石砌筑的半圆形墙垣，由前至后，分五层墙垛厚高一层，最后两端紧连照壁。墓碑立于光绪二十五年（1899）。碑体、碑帽及墙垛上有人物车马、卷草花卉等雕刻，集线刻、浮雕、透雕等技法，形象逼真。

**金沙石厂墓群石刻** 位于清池镇圆坪大坡头，占地约150平方米，墓三座，墓主人阎氏、王氏、刘氏为清武德校尉罗源清之三房眷属。墓群置碑楼式碑3通，照壁一面，有图画和楹联、匾额、题记的圆雕、透雕、浮雕、镂雕等。清光绪九年（1883）刻。

**金沙沙坡节孝墓石刻** 位于清池镇罗坪沙坡，墓主人罗祈氏受道光帝旌表“节孝”，旋即建墓于清池沙坡，名曰“节孝墓”，占地约70平方米。道光七年（1827）重建，坐北向南，石裙土封，立二柱三楼牌坊氏墓碑，上有透雕五龙云纹饰火焰匾，内置阳刻楷书“圣旨”二字，径约15厘米。墓铭题：“皇清旌表节孝诰封孺人九十寿显妣罗母祈氏太君墓”。

**金沙曾传杰墓石刻** 位于清池镇鱼塘河大坪子，坐南向北，占地约60平方米，光绪十四年（1888）筑，石裙土封冢，竖牌坊式墓碑1面，高4.5米，宽2.8米。浮雕云纹花草等图案。碑柱饰圆雕“倒挂石狮”一对，阴刻墓联一副，碑脊为笔架宝顶，碑帽四角起翘，饰瓦面。

**金沙罗国祥合葬墓石刻** 位于清池镇圆坪响沟组红豆树，坐东北向西南，清光绪十年（1884）筑。占地约160平方米，为罗国祥、罗曾氏夫妇合葬墓。石围土封，砌墙垣，石墁坝。竖牌坊式墓碑1面。坊额、碑柱等为细沙石，碑为青石，高5.2米，宽4.6米，前置象腿石供桌及两通华表。牌坊各构（部）件之上，镌如意、卷草花纹、鱼虫鸟兽、人物风情图案和楹联、匾额等题字，雕工细致，图案精美。

**金沙胡氏墓石刻** 位于石场乡新街小坡上，坐东向西，面积约50平方米，光绪二十二年（1896）筑。墓门接石墙垣，石围土封冢，置牌坊式墓碑。门墙、坊上刻匾额、楹联及人物花卉、飞禽走兽等图案。

**金沙庄家墓石刻** 位于安洛乡庄家洞，清光绪十八年（1892）建，坐西北向东南。墓圆形，石裙土封。裙高1.8 米，立四柱三碑五帽坊碑，碑高3.7米，宽2.1米。墓体各料石及墓碑上，均刻有花草、鱼、虫、鸟、兽及人物等，雕工虽有些粗糙，但构图寓意深刻。1988年7月，被公布为县级文物保护单位。

**金沙高家坟石刻** 位于安洛乡河松林堡，道光十七年（1837）建，占地100平方米。茔地石墁，围马蹄形墙垣，置石阶数级出入。墓圆形，坐北向南，石裙土封，裙高1.85米，立三碑四柱三楼牌楼式墓碑，通高3.8米，饰浅出檐翼鱼翘顶。碑柱上刻楹联二副。落款下镌满、汉文兼备的印章二枚。墓裙石及墓碑上雕刻有动植物及吉祥物60余幅，雕工细腻。石裙所各料石均有雕刻。

**织金方家坟石刻** 位于以那镇落圈村。一字排列墓3座，中为方彦墓，左为其妻段氏墓，右为其子方国玺墓，清道光十三年（1833）筑。墓地原为方彦正宅房基，因绝嗣而改为墓地。墓前有石阶及方形儿案，左右设矮围墙，占地250平方米。三墓均为料石砌筑的圆形墓，高2米，直径4米。墓碑均为3间4柱牌楼式，通高4.5～4.9米，底宽3.24～3.77米，外形相近，雕刻各具特色。方国玺墓碑构造较为复杂，雕刻最精美。三墓碑一为须弥座，另二座为圭角，正面浮雕草纹或人字纹。碑左右两侧均有抱鼓石，正面、侧面和顶部均有雕刻。正楼及次楼屋面均雕出瓦楞，檐下雕鹤胫轩。正脊和正吻上部或前后雕各种花纹，正脊中央置葫芦宝项或透雕重檐小阁楼。方彦墓碑明间及次间均嵌有石刻文字，明间为碑文，左次间为墓志铭，右次间为方氏家族字辈及立碑人姓名。中柱及边柱为方柱，正面阴刻楷书楹联，明间小额枋的人物浮雕，毁坏过半；两次间小额枋的八仙图，保存基本完好。正楼匾阴刻“硕德不朽”4字，明间大额枋雕“双狮戏球”图，两次间大额枋分别雕牡丹和宝相花图案。周氏及方国玺墓明间亦嵌碑文，次间嵌十八罗汉及人物故事浮雕。二碑中柱均为圆形透雕盘龙柱，边柱亦为圆柱，上刻楷书楹联。

1998年，被公布为省级文物保护单位。

**黔西宋家沟花坟**　位于金坡乡宋家沟。碑已毁，坟上石雕图案可见咸丰三年字样，墓主系一位满族妇女。墓石上精雕细刻各种人物图案、鸟兽虫鱼、日月星辰，故称花坟。花坟占地318平方米，分两层台。第一台高出地面约1米，条石砌成，占地265平方米。第二层为坟台，占地51平方米。墓为规整青石砌就，圆形，周长12.5米，高1.84米。墓壁由3层弧形条石砌成，每层条石12块，每块条石有浮雕两幅，条石共计36块，浮雕72幅，雕刻跳花盛会、元宵舞龙、花灯歌舞、百姓观灯、杂技表演、战士凯旋图，场景逼真、形象生动。

**毕节土目苏氏墓石刻**　位于毕节县团结乡大渡镰刀弯左家村，当地人称二十四孝坟。为彝族土目苏氏为其母苏安氏所筑茔墓，占地156平方米。坟前立彝、汉文碑各一方，毁于20世纪60年代。从尚存的彝文碑残段上知其墓为乾隆年间所建。石刻随墓砌包成圆形，周长12米，高1.7米，由12块高0.97米、宽0.65米的人物浮雕墓石和12块高0.97米、宽0.31米的花鸟浮雕墓石组成。花鸟浮雕石刻正中琢12根花草、如意图案浮雕石柱。石刻置于0.38米高的须弥座上。人物浮雕石刻内容为古代二十四孝故事，每块墓石分上下两部分各刻一孝子故事，有朱寿昌寻母、杨香打虎、吴猛喂虫、王祥卧冰、大舜耕田、蔡顺采桑、唐氏奉乳、董永卖身、文帝养母、王裒跪墓、郭巨埋儿、丁阑刻木、孟宗哭竹、老莱子乐双亲、江苇背母逃难、黄庭坚奉母、曾参打柴养母等。花鸟浮雕有宝相牡丹、出水芙蓉、金葵向日、玉鼠偷桃、鱼跃龙门、乌飞南山等图案。

**毕节土目李氏墓碑刻**　又叫官家坟石刻。位于毕节县团结乡青杠林湾溪，清乾隆五十二年（1787）筑，为彝族土目李氏郗与夫人安氏合葬墓。坐南向北，占地150余平方米，立石雕碑楼一座，三碑四柱五楼重檐歇山顶结构，牌楼上浮雕各类人物、花草、禽兽等图案，雕工精湛，毁于1966年。牌楼后设有三级拜台，每级长10米，宽3米，现仅存最上边一级。拜台前有高0.25米、宽0.3米两层供台，作焚香、烧纸、置供品之用。碑为五碑五帽，中碑高2米，宽0.51米，镌墓主名讳，立碑年月及子孙名字；次碑高1.6米，宽0.48米，均为整体浮雕，左次两碑一为金童，一为文臣；右次两碑一为玉女，一为武将。檐下坊上，际间镌仙鹿衔枝、如意葫芦等各种卷草纹饰。中碑柱宽0.16米，上镌阴刻楷书对联“金鞍岑秀排天鸟，木笔峰高拥贵人”，书法细腻。墓两侧各有4块高宽约为0.85米、呈正方形的整体浮雕，各镌牛郎织女、山伯英台、柳毅传书等中国古代爱情故事。人物造型生动，呼之欲出，雕刻精湛绝伦。墓左右各立一方碑记，左侧汉文碑已毁，右侧彝文碑尚存，字迹清晰，保存完好，刻彝文千字。

**毕节邹家坟石刻**　位于毕节县龙场镇营黄金，清咸丰十一年（1861）筑。由围墙、碑刻、茔墓、照壁等组成，占地约80平方米。顺五级宽0.66米、高0.3米的石阶而上，便是石刻正门，门宽1.1米，两边各有一个纵形抱鼓，上镌卷草花纹，正对大门，即是高达5.4米，宽4.45米的碑刻。青石碑，三碑四柱五帽重檐歇山，高大雄伟，肃穆壮观。次间两碑侧各镂雕一只悬羊，羊角呈佛手状，上托石抱鼓，抱鼓面镌有薛仁贵、薛丁山、樊梨花等历史人物图案。抱鼓上为狮子戏球石雕，形象威猛矫健，雄风凛凛，两狮旁各有一人手持扇子或令牌持引。碑顺檐往下布满各种图案浮雕，多为战争或招亲图案，连起来即是一个完整的历史传说，叙述薛丁山和樊梨花的爱情故事。主碑上横额是“巾帼完人”四字。额枋上浮雕图案为“出征图”，下为“升堂图”。整个石刻共镌各类人物107人，或站或坐或骑或跪，或喜或怒，或哭或笑，或交锋或求爱或投水斥骂，或悠然钓鱼，或拼死搏斗，或面带羞色，或怒发冲冠。人物姿态各异，形象万千，栩栩如生，呼之欲出。各种花草鸟兽纹饰雕刻精细。除了碑侧的两个大石狮，主碑柱上还有四个中石狮、四个小石狮，形成群狮拱卫的布局，气象森严，庄重肃穆。中石柱上楹联是“一世守清操月岭音光史录，百龄臻上寿留福泽在儿孙”，题款为“诰授昭武都尉赏戴翎候补都阃府世再晚余珍拜撰”，边石柱上楹联是“千古孀星长炳跃，一杯华月独清寒”，题款为“钦加翰林林院西厅候补中书科中书世再晚余昭顿首拜撰”。楹联为行书，功力不凡。左次碑面镌“祖妣黄孺人墓志铭，凡600余字”，主要记录死者生平；中碑面镌死者生卒年月及子媳姓名，立碑年月；右碑面镌其胞、堂侄名字。碑前是石铺拜台，长4.7米，宽3.2米，上置拜台、拜登。围墙总长35.6米，与碑成水平线处往前为前半段，高1.05米，往后为后半段，高2米，与茔墓等高。前半段左右各有四块长1.62米，宽0.64米的凹面，上面分别镌刻有莲花、牡丹、卷草、梅花、喜鹊、狮子、麒麟等花草鸟兽图案。凹面之间有石柱，高1.2米，上各有寿桃、雄狮、弥勒佛等石雕造型。后面一字排开三堵石照壁，左右两堵高3米，宽1.3米，中间凿成圆形，镌刻图案。右边图案是“征东图”，镌有人物10个；左边图案是“草桥卦边”，镌有人物12个。图案四边是蝙蝠纹饰。中间的照壁呈“山”字形，排列与前面碑齐成一条线。“山”字两边高3.35米，宽1.75米，右镌双马旌旗图。中间高4.35米，宽2.15米，镌刻图案也是一面旌旗，旗上楷书阴刻“节母吟”。系其子邹文惠、邹文钦所志。中石柱上镌有行书楹联：“劲节天同老，青黍水共长。”

**毕节李家坟石刻**　位于毕节县清水铺镇高山石井沙湾，民国7年（1918）筑，为墓主李文煌生前所建。李文煌妻薛氏先逝，李为薛氏造茔时，即作双石墩，砌圆弧台，立牌楼碑。嘱其子侄，待其死后即与妻合葬，李卒于民国28年（1939）。坐西向东，占地120平方米，高大巍峨，蔚为壮观。立三间四柱五楼式重檐歇山碑，明高次低。高5.2米，宽4.07米，脊顶附透雕云饰。檐下额坊布满各种图案的浮雕，内容不一，形状各异，明间檐下有长0.8米、高0.6米的宝剑图，饰以如意花纹。阑额上浮雕双凤朝阳，饰以云纹。往下是0.8米见方的“仙井图”，图上有一棵桂树，树上挂一古钟，树下是两个人合提一条大鱼，旁有一古色古香的亭阁，窗内有一人探出头来，下有“此地仙井”四小字。接下来是“升堂图”，中间一人高坐，两旁百官排列，文臣儒雅，武将威凛，气氛庄严，雕刻精湛绝伦。碑上还刻有“喜鹊闹梅”“仙鹿衔枝等飞禽走兽”“苏兰馥桂”等奇花异草。碑刻两旁各一个石抱鼓，鼓面一镌幽兰、一镌牡丹；一趴青狮口衔绣球加饰水纹，一立白象鼻卷苍穹加饰云纹。左次碑面镌“合冢墓志铭”；中碑镌死者姓名及生卒年月；右碑镌族人名字。碑际间镌对联两副，边石柱上一副为“带蜀枕黔臻百副，芳兰馥桂集升祥”；中石柱上一副为“寿城偕营藏骸堪徵孔固，真灵芳妥裕后立睹进昌”。横联为：“辉增合璧”。书法遒劲，入石三分。墓全用细凿料石嵌扣而成，高2.1米，周长16米；围墙高2.1米，长15米。墓前为拜台。长9米，宽4.1米，细石板铺地。中碑1.2米处的一块石板可起动，下面即为墓道，通往墓室。李家坟石刻工艺精美，设计考究，格调古朴，结构严谨，雕刻细腻，集浮雕、平雕、透雕、圆雕于一体。

**毕节糜氏四棱碑**　位于毕节县观音桥。碑高1.6米，宽0.37米，碑帽已毁。碑文为楷书阴刻直行。文字记载糜氏家族祖先的茔地、祭田等。碑文如下：

予家江南江宁府句容县来苏乡黄桥人也，自明洪武初，始祖公讳子义者，从征人黔，寄籍于毕，遂以家焉。世系相沿，迄今已历经一十三代矣。予想后之人或有问名讳而不知指坵丘墓击罔识者，因缕述先茔及祭田中坐落以备览观焉。始祖暨有秋公代衍八世皆合葬打蕨沟；高祖考讳昌祚公葬滥泥沟；高祖妣谢太君葬德沟；曾祖考艺公公葬张鸡屯，曾祖妣孙太君葬德沟，祖考讳信公葬犀牛塘；祖妣王太君葬石板井。即今立石从示后处也。显考讳时雍公葬大石头；二叔考讳时敏公葬德沟；显妣黄太君、二叔妣王太君合葬府属鸭子塘；三叔考讳时习公葬犀牛塘与祖考合墓，三叔妣顾太君葬窑罐厂，继叔妣张太君葬犀牛塘；二堂兄肇元葬阿市青杠寨，二堂嫂王氏葬对居山；三胞兄讳肇春与显考合葬大石头；三堂嫂王氏葬犀牛塘；嫡配傅氏葬北肇坟；长子锦修与堂侄卓修合葬裸裸桥；次子聿修葬大石头。以上坟茔，具有碑志，以垂不朽，至于有田祀祭，士庶类然。予曾祖艺公创祭公田数亩，以为打蕨沟、德沟、滥泥沟祭扫之资，其坐落租石，载在公碑。不渎予因子孙繁衍，复在滥泥沟坟界内开垦田一湾，收租四石，以添三处公费。予祖父母祭田，足以资后。噫！瓜瓞肇嗣，当厘生民之恩；万藟庇根，漫志追远之意。凡我子孙有叨念初水，缅怀木本，尚睹斯碑而计日：某山某水，吾祖宗之所依也，某蚯某壑，予先灵之所厝也。事死如生，昭兹来许矣！

**毕节邓氏祖茔碑**　位于毕节县朱昌镇双堰塘。四棱碑，通高2.8米，青石质，碑高2.04米，宽厚为0.19米，上有攒尖顶二重檐碑帽，碑帽上雕刻有筒瓦，瓦当上阳刻太阳花，双鱼图案，工艺精巧。碑四面均刻文字。其一为“邓氏祖茔”四字，楷书阳刻。每字0.2米见方，由上而下书写。其二为立碑年代，楷书阴刻“大清道光六年岁在丙戌仲夏月朔九日”十六字；其三为叙事内容；其四为子孙家序排列，均为楷书阴刻。附碑文：

昔明时洪武十三年在位征南调北，发楚为军。自湖广黄叫府麻城县孝感乡沙河邓一湾人氏，归至黔省毕节落业，住居水东门邓家湾半边街。同祖口墓一父一母乃系三祖。大祖军讳邓千，旗田二十四亩，坐落南关行宫下。此祖子孙现在毕节城外即今赵铁冲人等是也。二祖军讳邓茂三，旗田二十四亩，坐落海子街土者河。此一家子孙被水西安土官于壬戌年将火尽灭于海子街。所剩子孙奔移四川。嫡三祖军讳邓惠忠，张氏所生一子邓隆六，张氏落业百乌屯，田一十八亩，住居邓家湾，坟茔大树湾脚下，酉山卯向，玉贤子孙将祖母詹氏迁移葬望重坡两山，壬兼午山子向；邓秀过继龚门，坟葬狮子穴小地下，酉山卯向。其祖隆六子孙繁昌，各创异地为业，若不汇续宗图，恐世远年湮，子孙无所凭考。今继其由，俾百世下永不能忘也。

**大方周雨生墓石刻**　位于牛场乐公底，民国16年（1927）筑，民国30年（1941）修缮。坐南向北，围石土封鱼尾形。底径4.7米，高2米。青石墓碑，高3.8米，宽2.38米，厚0.47米。墓左侧为墓志铭碑，高2.25米，宽1.24米，厚0.19米。墓右侧为生平简介碑，高2.28米，宽1.32米，厚0.19米。墓前立坐兽四尊，已毁；前15米又立石桅两通，左已毁，右石桅高6米，上镌刻时任国民党军团以上官员题字铭文。

**纳雍何家坟石雕** 位于王家寨镇核桃园。墓碑高4米，宽3米，三碑四柱五帽牌楼式建筑。石雕由20块料石组成，建筑部件均布满雕刻图案，刻艺精湛，雕工精巧。共汇集民间吉祥如意图案32种。

**黔西蒋氏墓石刻** 位于永燊乡火石坝上街，清嘉庆二十五年（1820）筑。土封石围，呈圆丘形，高3米，底径4米，青石质牌楼式（八字形）墓碑，高3.3米，宽1.8米，刻墓主生平及建墓时间，浮雕人物、花草、瑞兽等图案。透雕盘龙，造型生动，雕工精湛。

**黔西蔡氏墓石刻** 位于谷里镇天桥，清咸丰九年（1859）筑。土封石围，呈圆丘形，高2.85米，底径3.8米，青石四柱三间牌楼式墓碑，圆雕石狮子，透雕双龙戏珠横额，遍饰花草图案，阴刻楹联碑记，造型生动，雕刻精湛。

**黔西谢氏墓石刻** 位于金碧镇红岩双寨之小寨，为清咸丰太学生谢玉恩父母合葬。占地约400平方米，周围有2.5米院墙，墙基厚0.7米，左右墙体里镶嵌有记事碑，墓体为土封石围，呈圆丘形，石围顶部为浅出檐滴水，高1.8米，宽4.5米，墓体前有大型石雕花钵三个，口径约1米，底足径约0.6米，墓院门为青石质圆拱门，门高2.8米，宽1.7米，刻门联和饰雕，墙顶为两坡出檐滴水。

**黔西赵公墓石刻** 位于城关下马赵公山半山腰（马坎大坡），占地约300平方米，土封，土堆较大，高约1.6米，宽约5米。青石墓碑镌：赵公府君之墓，大清咸丰七年岁次丁巳年秋吉旦，风化严重，字迹模糊。据《贵州通志》载：咸丰五年，赵崇庆，号铁筠（江苏太仓人），任黔西知州，其父随子赴黔，乐于助学，捐资书院，不久其父回乡去世，特运遗体来安葬于此，买田作春秋祭祀费用，离任前在果雍买田四十四丘、土两幅交书院管理，收入的租谷除春秋二祭外，余作书院费用。清末至民国时期，县公立学校教师每年清明都去扫墓，以纪念赵公。

**黔西花溪王氏墓石刻** 位于花溪乡钟山，清光绪十三年（1887）筑，土封、料石围，坐西向东，高约3.5米，底径5米，勾头滴水。碑高6米，宽2.55米，四柱三间重檐，笔架形葫芦宝顶牌楼式，整个墓碑分三格局，三层次，均布满人物（古代戏剧故事）、瑞兽、花草图案，造型生动，雕技精湛。碑联：岭上梅花香十里，墓前明月照三更。

**黔西丰坪高氏墓石刻** 位于花溪乡丰坪高氏祖坟山，清末筑，占地约150平方米。土封、料石围，高约3米，底径约4米。立四柱三间二重檐浅出檐勾头滴水牌楼式，笔架形碑帽，檐上有鱼吻、翼角，墓碑雕刻瑞兽、人物、花草图案，造型生动，雕工精湛。

**黔西罗斯论墓石刻** 位于钟山镇白龙沙磨子水塘侧，占地约20平方米，清道光十三年（1833）筑，为登仕郎罗斯论墓，因墓碑刻立一对栩栩如生的石狮子，故又叫“狮子坟”。土封石围，高约3.5米，底径约4米。碑约2.5米，宽约2米，浮雕人物、花草、瑞兽等图案。透雕盘龙，造型生动，雕工精湛。

**黔西陈时俊夫妇墓石刻** 位于重新镇小坡桥头坡，民国32年（1943）筑，座东南向西北。以细凿料石砌成，浅出檐勾头滴水。左为陈时俊墓呈不规整长方形，高2.65米，底径3.5米，四柱三间二重檐青石质牌楼式墓碑，高3.53米，宽2.49米。右为何氏墓，呈圆形，高2.45米，底径

3.1米。碑高3.7米，宽2.25米。两墓碑形制相同，遍布浮雕人物、花草、瑞兽等图案，以杨广练兵为代表的民间二十四孝中典型的群组浮雕，八仙及太上老君雕刻精美绝伦，透雕盘龙，造型生动，栩栩如生。陈时俊墓联：群山会合千千象，景运鸿开万万春，横批：百世其昌；何氏墓联：砂呈吉祥牛角蝉翼，水现瑞彩蟹眼虾须。横批已毁。题字笔力刚健，书法隽永。整个墓院由四层平台组成，第一层为拜祭台，第二层为墓地，第三层两墓冢尾部相连形成一个自然平台，第四台为院墙后台，院墙顺山势从高到低呈八字形，把整座墓院包围在其中，甚是肃穆。

**黔西李应宗墓石刻**　位于铁石乡安乐场大麻窝，清嘉庆十四年（1809）筑，座西北朝东南。圆丘形，土封石围，高约1.5米，底径约2米，青石墓碑，笔架形碑帽，高1.3米，宽0.4米。墓联：裕日补天区甸国（黔西属罗甸国），云龙凤虎赞先朝。碑文落款处均为“李世……”字辈。墓主李应宗，文献及李氏家谱均有时人李世杰干爹的记载。据李氏家谱载：李世杰成年时已家道中落，李应宗祖公予以扶持，李世杰在外为官后，曾赠给应宗“冠国之光”匾额（后来用作教学用黑板）和一套茶具，惜均毁于20世纪60年代。

## 三　碑　刻

**毕节擅受民词碑**　位于毕节地区行署大门左侧，清代立，已毁。碑高1.27米，宽0.58米，厚0.12米，青石镌刻，完好无损。碑文记载光绪年间，毕节地方吏治十分混乱。捕厅（保警一类武装）违法乱纪，干预词讼，欺诈百姓的事例。人民激于公愤，群起抗予，终以正压邪，并向不法人员罚款六两白银而立此碑，以警告吏役不得再犯。

**毕节清水告示碑**　位于毕节县清水铺镇关田大坡，民国21年（1932）立于钟离山财神庙下。钟离山号称川黔十大名山之一。财神庙殿分三重，上供玉皇，中供观音，下供财神川主。现庙宇大部已毁，仅存部分厢房及碑记。碑高1.2米，宽0.6米，青石质，楷书阴刻。字迹略有风化。碑上部正中阴刻0.09米见方的“毕节县政府印”篆书印章，印章下楷书阴刻“毕节县政府布告”七字。每字约0.06米见方，横书。附碑文：

为布告禁止事案。据第三区兴隆镇财神庙首士刘卓之、廖国章、张子希、刘电五、郎国均等呈称：绿民处有朽坏财神庙一座，势倾颓。有关风水首士等特设法招住持孟光和在庙侍俸香灯，一面任其募化，一面由首士捐助陆续培修。行将告竣，准料竟有不肖乡镇闾长等借庙软诈恐住持。勒索不遂，大肆斥辱，幸蒙吴区长令禁该乡镇长以后，稍得安靖。惟恨区公所相隔较远，鞭长莫及，有时不能顾到。该不肖乡镇，难免不照旧习惯仍来庙内诈恐住持，为久远计，势非呈请均长府准立案出示禁止不可，首士等伏思神赖人以维持。而香灯始得不断，人赖神以庇佑，而福禄方获久远。是以上至政府，下及黎民，对于古先神圣无不万分钦仰。故维大人定能屈体下情，断不至任该不肖乡镇籍权营私，卑神圣香灯无着，住持远徙他方，庙宇如前倾颓，风水愈见损坏。首士等扪心难问，因特冒渎上呈，如蒙府准存案，出示禁止。则神人两感，千古不朽。等情据此，除照准存案外，令行布告，禁止抽提该庙之款。仰该处乡镇长及人民等一体遵照。切切此布。

县长陈世道

实贴与兴隆镇晓谕

民国二十一年六月三十日

**毕节黔边保障碑**　位于毕节县林口镇渭河平坝挖银坳，民国19年（1930）立，乃当地民众为表彰彝族开明士绅杨仲瑶治乡有方的德政碑。民国时，杨仲瑶任第二区（林口）区长，着力治安、整顿民风、减租免息、缉盗安良，社会清平。当地各界民众遂为其立碑颂德。碑高2.3米，宽1.15米，厚0.25米，青石质，楷书阴刻直书：黔陆军上校独立大队，毕节县东里第二区区长杨公仲瑶德政，碑中是“黔边保障”四个楷书大字，每字约0.45米见方，字迹深达0.01米。落款为：中华民国十九年四月二日，陆军少校衔刘忠撰，大北肇各界人士公主。今碑体尚完好。

**毕节诸庙免夫碑**　位于毕节县大新桥天河公园南。清乾隆三十三年（1768）立。四棱碑，高1.80米，宽0.36米，四面均竖向阴刻楷书文字，主要内容为：免除毕节诸寺庙夫差徭役。

**毕节禁止捕厅擅受民词碑**　出土于毕节城内中山路原毕节地区行署大院内，清光绪十三年（1887）刻立。青石质，长方形，高1.27米，宽0.58米，厚0.12米。首刻“遵例永远禁止捕厅擅受民词碑记”。碑文楷书阴刻，凡7行，满行20字，共计129字。为“合邑绅民”据当地官府文告所立。今移至天河公园内实施保护。

**附：碑文**

## 遵例永远禁止捕厅擅受民词碑记

查捕厅之设，专营捕盗，不得擅受民词。兹因姚典吏纵役执标锁拿痒生，自知违例，愿罚银六两，勒碑禁止擅受。以后凡遇婚姻、（田）土债务案件，厅差现行捉人，无论城乡绅民，即行将该役捆送辕门，请官究治。恐后任误蹈前辙，再理民情，特立此碑。

光绪丁亥年季冬月中浣合邑绅民公立

**毕节禁止抽提庙款碑**　位于毕节县清水铺镇清水村。民国21年（1932）立。高1.2米，宽0.6米，青石质，楷书阴刻，碑上部正中阴刻0.09米见方的“毕节县政府印”篆书印章下楷书阴刻“毕节县政府布告”七字，每字约0.06米见方，从右到左横书，共493字。

**大方翰墨泉诗碑**　位于城内慈善街东段北侧，青石质，碑高1.08米，宽1.65米，厚0.12米，为9块大小不等的碑石镶成。民国29年（1940）大定正本学校校长陈锡康倡镌。碑上阴镌的对联、诗、画，丰富多彩，文图并茂，书法精湛。诗有古诗、律诗、宝塔诗、回文诗和三叠曲；书法正、草、隶、篆不拘；画有“月竹”等。碑刻为大定耆英会诗人、画家、书法家王宝珩、饶本初、赵泉生、杜伯华、吴雨痕、彭修伍等10人的作品。共321字。

**黔西洱海河古路补修碑**　位于花溪乡耿底、太来长槽两地交界地。洱海河两岸悬崖峭壁，河道三弯九曲，河水汹涌澎湃。惟洱海一段河面宽阔，水势平缓，可容小舟横渡。两岸古道傍崖依山，顺势蜿蜒而行，路面毛石铺就，石梯数以百计，为明初进入水西要道，宣德年间曾兴工葺补，距今500余年。古道旁立石碑一通，赞水西胜景、记葺补古道情由。

附：碑文

尝观名山大川，录之图径，书以典籍，宇内旷达之士皆欲趋之。茅乡茨壤，几无问津。同寓乾坤，华夷皆然，岂秀气尽属华区而夷壤岂无一山一壑夺毓华丽者乎?非关造化之区华夷，实人心人贵华而贱夷耳。水西，古鬼方属国，三代亦常与会，秦汉始归国版。然叛服无常，虽有奇观胜景，未得大人先生之鉴，以致淹没无闻。我明建藩六十余年，实太祖所缔造。累朝之所覆育，迄今周甲聊余，类皆观文成化，列之雄藩。农歌畎亩，士乐诗书，彬彬然与中土何异?洱水原为别子河，出布朗山，浩瀚烟波，一泻百里，与诞江合流，为犍之为内河。延岸奇峰秀岭，有胜于中州；两壁之古木延瀑，何殊于山峡。原有古道，茅茨不减。顺德夫人之通九驿，开山通道，征危岩，伏洪流，辟此为入黔之道，然基工有怠，途址渐圮。故兴工葺补，原基稍扩，并建对河雄关，既可通商贾之利，亦可免盗贼之忧。逾五月而工竣，泐石为记。

威宁二铺疆界碑　位于盐仓镇二铺境内，共二通：一通立于二铺南，一通立于二铺东北，相距约8千米，均为明嘉靖四十四年（1565）乌撒卫巡捕指挥使陈于前所立。二铺东北境，明、清两代属于四铺，立于此地，乃四铺疆界碑，当地俗称弯腰碑。碑长2.03米，宽0.95米，厚0.15米，圆首，阴刻楷书“疆界碑”3字。此二碑非铺与铺界碑，实为明乌撒卫与乌撒府之疆界碑。明洪武十五年（1382）正月初七日，置乌撒卫，领左、右、中、前、后5个守御千户所，隶贵州都司。同年三月初十日，置乌撒府，隶云南布政司；十六年（1383）正月二十五日，改隶四川布政司。碑文中所刊左所、中所、二铺、十里铺、火烧铺、泉水铺、幺站等，均为乌撒卫管辖地。彝族土目白菲伍约、伍镯沙都所领地，则属乌撒府管辖。

附：二铺疆界碑碑文

## 疆界碑

（一）

巡捕指挥使陈于前京河隆张伦岳聪石梯子止，又自起至本卫管下在城铺、二铺，司、李二官地界。左至地名老位水泉止，起至本卫管下左、中所，百户剑英，辛俸军屯，屯头李保、田大，保长李冲。乌撒卫管下十里铺，管铺百户王国闰，铺司冯恩忠，保长王见、唐仲仁、孙大良。右至地名倒象坡上，起至乌撒府管下夷民头目百菲伍约地石口子止，又起至本卫管下左所、腰站止，百户王禄军屯，保长马俸，屯头申白脸地界。

嘉靖四十四年二月吉日立

（二）

巡捕指挥使陈于前本卫管下十里铺止，铺司冯恩忠、保长唐仲仁兄地界。左至地名石口子止，属乌撒府下夷民头目白菲伍约地方到象坡止。又起至乌撒卫管下左所、腰站，屯军印，千户李承恩，百禄军屯，小片李□，屯头申白脸，保长杨伟，保长马俸。右至地名火烧铺止，乌撒府和下夷民头目伍镯沙都地□□白桓止。又起至本卫管下泉铺止，铺□到晋保长朱朝武、王六光地界。

嘉靖四十四年立

**赫章平山铺放水碑** 存今平山乡政府门前。长方形，青石质地，高1.57米，宽0.85米，厚0.05米。碑文楷书直向阴刻，因年久风蚀，只隐约可辨。道光十四年（1834）立，刻放水规约。

**附：碑文**

庞堂正县为民请示，恳批示。据呈该处放水轮班，尚与农田有益，准存案以侯，各宜遵奉，免兹扰。如争为惩，准定条规。其水剖为六轮，日夜如轮耕放。承接轮水□，以日出时起至日落时止，不准私行夜间偷放，违者公罚。持强估放不遵轮期者，报官究治。同轮放水者，约□多寡不一，务宜计数均派，不可以估少，亦不可以多抗少，稍有估抗，请示至于公罚。未至轮期私自盗放者，一径查出，此等不遵乡正规定之人，必逐人移居，不惟止其轮期并公罚。轮期为永定制，无分晴雨，俱宜通守，肆意混放者罚。坝头上之水，或被痕箕山之处，擅行挖去放在它处，不由右沟□□该处引放螺丝田沟水者，齐集向伊理论；推诿不前者，凭众处罚。值水少天旱，水每不足，各人公议分均酌量放水多少，以资灌溉，不准一家人占沟放水流水，违者禀就。以上数条，俱系乡中老幼遵奉。

奉命同议定□□□□□将此水剖为六轮，永远不得混乱；倘恃势抗违者，详控罚。头轮街横沟起，到后街横沟田坝，横街至庙门长秧田止，昼放。二轮至横田以下，革化子田二斗，夜放。三轮瓦厂平头道沟起，酸梨树沟止，同轮分放，昼放。放坝头上之处，日后开田者，勿得占官沟之水。四轮石丫岔沟至庙门大路以下沟尾止，夜放。五轮平埂田石丫起，至坟左右同放，昼放。六轮碗厂坪起至庙山后，顺大路高坎子左右至上街口止，夜放。横街一路，横沟至尾沟各日轮者，有劫水者罚款一两八分。

大清道光十四年四月二十八日立

**黔西东山寺诗碑** 原立城郊东山，山上原有东山寺，又名开元寺，清康熙年间建。当地文人雅士常到此游览，题诗唱和，寺僧择其优者刻于碑上，以为胜迹。碑长1.31米，宽0.68米，青石质，行书，阴刻。20世纪50年代寺毁，诗碑今已移入水西公园内。

**附：碑文**

东山寺僧苍遥新构禅房落成，于以相屏其额，兼赋二律，以记胜迹。

徐旬龙题

自笑探奇孰与俦，闲寻古寺柏偏幽。参天直干苔痕老，近露繁枝日影稠。钟鼓歇时声寂寂，云烟幻处景悠悠。山僧亦是饶清兴，新起禅房为容留。禅室清幽幽境苏，柏树屏列翠交柯。河边绰约风翻蓼，亭外潆洄水浸荷。拟植松楸增黛色，频栽桃李待春和。从今处处堪图画，好与诗人妙笔摩。

袁绍孙和题

胜境寻芳喜结俦，东山古刹柏青幽。绿荫环绕苍烟秀，翠霭氤氲玉露稠。爱护云操情自切，栽培黛色兴何悠。天然屏障无穷趣，僧构禅房好景留。山阿古柏万年多，雨露生成连理柯。劲节漫夸二径竹，青枝偏称半庭荷。当前点缀增春色，到此逍遥养太和。客里恰适名胜地，篇章歌咏入神摩。

侄绍墀恭和

千年古柏出群俦，玉架新堂境倍幽。翠嶂参差青琐密，绿屏林列黛烟稠。禅居花木情无限，福界清虚性自悠。野趣不同尘世俗，山云雾霭望中留。

揽胜东皋爽气多，山房恰称碧枝柯。繁阴低荫庭前竹，密叶斜遮水面荷。最爱秋来寒色净，更看春至暖风和。徘徊佳处题难尽，也学诗人着意摩。

乾隆乙酉秋浙西袁洛孙书于黔西官署寺僧苍遥立石周士乾镌刻

**黔西素朴四棱碑**　位于素朴镇境，清乾隆十四年（1749）立。

**附：碑文**

禁赌博曾闻娼盗出于赌博，古今深可痛恨。而好之者彼谓逢场作戏，久之同党昭明，求赢反输，终有不可胜言。于是而寡廉鲜耻，荡产倾家，虽华屋粮油，皆无足惜，嗟嗟！今日泥沙而用之。愿吾乡村往来者，及早回头，水行者，宜防失足，而门第可以增光矣。擗邪龙传曰，国家将兴，必有祯祥；国家将亡，必有妖孽。道盛人襄，在国当然，而况士庶之家乎?近世风俗日逾，僧道而外，更有符水术法，尼姑斋姑，卜女相女，为戏不一其术初迷于妇女，渐惑于男子。甚至穿门入户，奸淫盗窃，为害不小，明明之士当禁其往来，以杜后患，获福无量矣。

大清乾隆十四年立

**黔西中建四棱碑**　位于中建乡，清道光十九年（1839）立。碑体正方形，故名曰四棱碑。四面均阴刻楷书碑文。因年久风雨侵蚀，加之在20世纪60、70年代遭毁坏，虽经拼凑，仍有部分字迹难以辨认。

**附：碑文**

第一面，国泰民安；第二面，共享太平（碑文难辨认）；第三面，拿贼捕盗：一楚不遵国法肆行凶恶、一禁窝贼分肥盗窃掳抢、一禁恶乞估丐奸盗邪淫、一禁盗伐竹木焚烧山林、一禁盗窃五谷蔬菜瓜果、一禁践踏禾苗朽坏碑石、一禁聚众赌博种毒吸毒、一禁以强凌弱恃众拷磕、一禁讨债不遂挟尤生端、一禁畏缩不前与贼同情、一禁以下犯上酗酒辱骂。以上众议乡规，勿得违犯。不遵者，或理讲法制，或伏礼赔还，或送官禀报。务必同心协力，以免奸风日腾，仁里复兴矣！ 第四面，署贵州大定府黔西州正堂、州卫堂示。大清道光十九年岁次己亥冬月吉旦立。

**黔西王三善碑** 立于内庄。明天启三年（1623），右佥都御使王三善领兵平“奢安之变”，战死于黔西内庄，朝廷追赠兵部尚书。清咸丰辛亥年（1851），贵州兵备道黄宅中等立王三善神道碑以资旌表。

**附：碑文**

明赠兵部尚书、巡抚贵州、右佥都御史永城王公讳三善大人神道中丞河南永城人也，天启进士，由太常卿巡抚贵州，时值水西安邦彦之变，公屡战克捷。三年冬，率马炯等三大元帅兵四万，深入大定。贼匿箐洞，无何粮运不济乃还师。贼暗从间道邀其归路，至内庄兵溃，公殉节焉。事闻，赠兵部尚书，祀忠烈祠，距今二百余年矣。唯史册无稽而遗迹渐远，则将来之建树既零，荩诚之碧血空化，斯亦守土者之责也。爰谘之士人，得诸从冢，因墓表而志之，就内庄地刱（创）构新祠以祀公。详其始末，铭诸石并刊碑以表神道，度节烈所著之区，昭美不朽云。

权贵州兵备道前知大定府事河曲黄宅中前知黔西州事襄城黄斯崇署理大定府知府曹兴仁署理黔西州事渝州何珽（下略）

咸丰辛亥年秋月立

**黔西修月城水池碑** 原立于西门城墙炮台脚新水井（今黔西三小右侧），1956年修黔西县看守所，拆墙毁井，将碑移入看守所内。碑高0.7米，宽1.9米，厚0.2米，青石质地。碑文30行，每行12字，行书，阴刻。记载了清咸丰四年（1854），黔北暴发各族农民起义，以杨隆喜为首的起义军在黔西安底（今属金沙县）“在缘人”（即黄白号军）首领王三痄疤义军的配合下，攻打黔西，将前来镇压的贵西道台福连及其率领的500清兵围困在城内48天，以及引水入城、修建月城水池的经过。

**附：碑文**

咸丰甲寅之秋，逆贼杨隆洗作乱。我州乃有本地土匪王三痄疤造逆，竟往遵邑勾贼数千，又结伙人数万，攻围黔城四十八天之久。道宪福来此坐镇，始保全一州之大幸也。第城中仅有双龙一井汲，时有局董李朝选等，曾具禀于东城外设法引水入城。不过乃急需，似非为久安之计。至乙卯年六月，将贼剿灭殆尽，道宪谕令，善后事，必宜先以开水增修城垣□。而州侯葛公调省协办军务，来牧是邦，亦遵此谕。是以会同崔公并召公局董事等出郊相流泉，于城西之郭家湾，踩得河水兼进城垣，足掘一池，修建月城而其势乃固。于是卜吉兴工，米公丁艰卸篆，双公莅任亲阅，谕月城添建敌楼，以御外寇，开□□使内汲。□数月而城池告成。道宪福公厥始，葛公厥中，双公克成厥终。然开池之地，石岩尽高阜，掘一池，石岩石缝显然水道在焉，石□□然水源见焉。即掘城垣下，墙根有生成之石岩，至河底，又有生成孔，观者未尝不叹天造地设。城巩固之休，我州无疆之福也。

爰于咸丰六年岁次丙辰孟夏日

**织金凤西书院捐输碑**　原在城内凤西书院礼堂讲台前，3块，青石质，为横枋竖柱镶嵌横碑。清咸丰七年（1857）立。今一块为残碑，长2.27米，宽0.87米。镌刻“凤西书院捐输碑记”，记述平远州职官及郡人捐输兴学育人义举；另两块尚完好，均长1.97米、宽0.85米，一块记495名捐输银人名及捐银数，另一块记各里、甲捐输田土地名、坐落、四至及捐者姓名。

**附：凤西书院捐输记碑文**

道光乙巳夏，皖江石民先生莅吾平越。年余，政通人和，事简刑清。末流治矣，而亟斯端本之化焉。爰捐廉二百作夫马费，集郡之练达者三十九人为首，六里劝输，共一万四千五百余金，以为作育计。适余自格州谢署归，亦获勷其事焉。时丙午秋也。书院有谷租九十余石，除祭祀修葺外，所余无多。修脯无所出，膏火无所资，虽历任循良未有不捐奉为之课读者，第需用浩繁，亦时兴而时废。夫培人才者，治之首务也。十室之邑，必有忠信；况一州之大，其后秀之有造者，正自不乏。在有余之家，教养有资，固易底于成才矣；而时际艰难者，弃而不学，虽有用亦不免归于无用。此公之汲汲于学校而极力筹画也。事既竣，因所赢余，又复为之设试资、修志，垂新书院，建节孝祠，使郡之人士观感兴起，共由于圣贤之途，条规炳然，可一览而知也。斯举也，公之苦心不可没，而郡人士乐成之心尤不可泯焉。故特镌于石以志之。

咸丰七年岁次丁巳季秋月前普安厅学教谕裁取知县张钧序

**威宁严禁派夫折价通谕碑**　位于金斗乡黑垆坡三官庙正殿前廊右。高1.5米，宽0.8米，厚0.13米，碑座高0.29米。圆首，阴刻楷书，碑额正中为光绪四年七月初十日同立等字，左右分别镌“永垂不朽”“泽被万民”。

**附：碑文**

## 永垂不朽泽被万民

钦命布政使衔贵州等处提刑按察使司按察使兼管驿传事博奇巴图鲁吴为。

严禁派夫折价并酌定用伕数，剀切晓谕永远遵行事：照得黔地初平，元气未复，休养生息，为善后第一要务。兹查夫摇一项，民虽供之，素有每官派一夫，土司辄派数夫，勒令折价。更或指称误差，横加诈索。官用民夫一次，民间受累无穷。如地方官，因公下乡，再用民夫，一年不定数次，则官吏下乡一次，土司得以科钦一次。兵燹孑遗，实有不堪，亟应严行示禁。嗣后有驿地方，遇有大差及学差过境，准派实夫应役，不准虚派一夫一马，勒令折价。有驿地方，三年中只学差两次，每次准派民夫一百五十名，不准多派一名。用不足数，亦不准余剩之夫折价，并令按站交接，轮流充当。其余别项差使，地方官因公下乡，概不准擅役民夫尽役；土司人等，也不得私派骚扰，用以均劳逸而培民气。除□抚部院，并移道转饬遵办外，合行示谕。为此示，仰阖省土司民苗人等知悉。自示之后，凡有大差学差过境，务必遵照派用实夫，不得虚派勒令折价。无驿地方遇有学差，除此次定数一百五十名外，不准多派一名，并不得一名折价。使民苗人等，即分别汉苗或按寨分派，或合数寨轮流充当，一面齐集公议，禀明地方官。刊立石碑，永远遵行。土司人等胆敢仍有折价情事，或借端妄派民夫，一经本司访闻，定行严拿究办，永远革除不贷。各宜禀遵毋违，特示。

告示右谕通知实砧黑坭坡晓谕

六寨头人沈世贤陆海亭安建勋吴世忠同立

**威宁石门坎苗文溯源碑** 位于石门坎乡光华学校旧址，立于1906年，两通，用汉苗两种不同文字镌刻。汉文碑于1966年初期毁，残碑存145字，已难连贯，唯碑眉“溯源”2字可辨。苗文碑已成3段，但文字尚完整，残碑高1.4米，宽0.9米，厚0.3米，1997年政府拨款修复。碑文记述清末民初英国传教士柏格理从云南昭通到贵州威宁石门坎传教、创造苗文及办学的情况。

**附：苗文溯源碑汉译全文**

苗族的情况刻在石上。苗族的老习惯丧失了。如像其他民族没有进化以前一样，没有地方，受彝官家的统治，向彝官家交给很多租谷，子孙后代又非常害怕汉人。苗族蒙昧无知，又非常穷困，又有不好的风俗习惯：敬鬼神、酗酒等。别的民族歧视笑话我们，我们却不知害羞和进步。幸亏上帝派他的传教士来到我们地方，指明我们要走的道路。我们苗族实实际际是中国的一个古老民族，祖先们长期住在中原地方，祖先们有歌唱道：“我们从什么地方来?到什么地方去？我们变成了野人，住在高山上和森林里，国家、政府没有谁关心我们。”直到1903年，听说安顺有传教士在那里传教，有的人就到那里去，传教士说：“你们来得很远，很诚心，你们就去昭通找柏格理吧，他能帮助你们。”这些人回来了。不久有两个苗族同胞到了昭通。柏格理非常高兴，他说：“你们两个回去，传信给苗寨，欢迎他们来。”苗族各寨听到消息后，互相邀约去到昭通。礼拜堂容纳不下这么多人，于是柏格理带了汉族教师李斯提反，及苗族老人王道光、杨雅各来到苗族地方，寻找修建礼拜堂的地点。最后找到了石门坎，修了教堂，办了学校。从此我们苗族开始读书。但我们四千年一直没有文字，学汉字又非常困难。幸亏柏格理、李斯提反和苗族老人张约翰创造了苗文给我们学。我们苗族有了文字，学校的学生一天比一天多，房子容纳不下。柏格理看到我们苗族很困难，修不起大学校，1908年他返回英国，在英国各教会讲述苗族人民的苦难生活，劝各教会资助苗族办大学校。有个叫阿斯多的英国老人施了慈爱之心，捐了两千两银子（残缺）。

我们在这里歌颂几句：

荆棘的天地谁可怜我们?砍掉荆棘，丢得老远。感谢上帝拯救他的人民，派柏格理来我们地方传教，我们有书读，我们有了好名声。我们从此精神愉快，心灵纯洁，战胜了黑暗。我们要经常歌唱，永远记住，记住柏格理的献身精神。（翻译杨宗德）

一九一六年八月十日

**大方翰墨泉集锦碑**　位于城内正本学校（今县招待所）内，高1.08米，宽1.65米。正本学校内有一泉，名翰墨泉。民国29年（1940），学校负责人陈锡康倡镌一碑于泉上，碑上阴刻对联、诗、画。诗有古诗、律诗、三叠诗、宝塔诗、回文诗等。书法正、草、隶、篆皆有。另有一幅“月下竹”画。系当时耆英诗社诗人、画家、书法家王宝珩、饶本初、赵泉生、杜伯华、吴雨痕、彭修五等人的作品。内容为咏赞翰墨泉。陈锡康撰文云：“课余疏池凿井，亦清洁卫生之常耳。乃诸君子题咏，以为翰墨留香之胜迹，实不敢承，为尊重手泽，泐为集锦之碑，亦冀我生徒有所观感兴起云尔。”碑两边有彭修五所作对联：“碧水长天一色，胜迹大地腾光。”碑正中一幅毛克斋《三叠曲》，系以“一泓清影透空明凉意生来宾共赏”14字按顺时针方向以篆书阴刻作圆形排列，首句从顶上一字向右念为“一泓清影透空明”，二句从首句第四字起念为“影透空明凉意生”，三句从二句第五字起念为“凉意生来宾共赏”，末句从三句第四字起念为“来宾共赏一泓清”，14字变成4句28字的七绝诗。碑上其余部分分别镌刻的诗为：王宝珩《新井观成感赋》：“为玩蒙泉士象文，师儒肖德挹清芬。依稀□水双源合，逼近浑塘宿□分。地质何年陈玉片，天光容处见纤云。宁将一曲洪崖饮，疏凿难于古所云。”赵泉生《翰墨泉支流井》：“每感清泉裁断流，纳污藏垢几经秋。谁将一脉分来此，续孕文光射斗牛。往事惊心弗可追，源清本正又名垂。愿将一勺涓涓水，洒向人间没字碑。”彭汉清《回文诗》：“山围外廓绕青青，静里间缁一卷经。顽石化来留迹古，环联妙句好镌屏。”回读为：“屏镌好句妙联环，古迹留来化石顽，经卷一缁间里静，青青绕廓外围山。”饶本初《即景回文诗》：“攀跻爱好景玲珑，浪柳摇风漾水萍。还往凭轩临水井，删诗把酒醉中庭。”回读为：“庭中醉酒把诗删，井水临轩凭往还。萍水漾风摇柳浪，玲珑景好爱跻攀。”臧怒阶诗：“记得翰墨香，先泽何可忘。源流分一派，清澈几沧桑。”简季平诗：“一池傍一池，判然分泾渭。濯足与濯缨，于此微名贵。”徐少华宝塔诗：“井；水清，泉冷；得雅人，壁幽境；酿酒香浓，煎茶味永；染翰墨分支，优流崖出沈；静对庭院悠，不偕江河滚；任他屡被俗情牵，饮此合教尘梦醒。”

**陆军三○五师师长陈公子良纪念碑**　原立于黔西城东七层塔下碑林。黔西解放初被打断，埋于土中。1979年水西公园修复时挖出，修整立于公园梅亭绿林中。

**附：碑文**

## 陆军三○五师师长陈公子良纪念碑

黔西地濒鸭池，适居贵毕中心，因之军旅过往频仍。而延积岁月，亦惟各随其时。然欲求一军风纪整齐、严肃，且能为人民解苦痛、矫习惯、易风俗，甚至与之合作而为之操劳者，直不翅凤毛麟角。去年冬，三○五师师长陈公于收复南宁后，移驻此间休息整理，一转瞬即六个月。而此六月中，每于训练有余，锐意励行新生活，卒使嗜好不良、酣睡晏起、行不规则、漫无纪律之辈，至此皆欣欣向荣，顿变其畴昔之偷风陋习。而学校操场，汲水码头与乎公共建筑工程稍大之处，又无时不见赳桓者驰逐其间，力作不辍。时也，暮春已至，霖雨愆期，骤降滂沱，农事罔济。而全军士卒分布陇亩，协助及时布播。最怪人者，人或饷以酒食，坚辞不受，问之则曰："奉师长命不敢违。"于是讴歌四野，无不感其饥溺痌瘝之诚，故半年来军民水乳，方之往古，直无异党国叔子，此邦人父老感怀大德，自愧报乏涓埃！特议刻贞珉，并群起而为之颂曰：衡山之英，洞庭之灵，大气磅礴，秀钟醴陵。诞降师长，厥姓为陈，子良其字，明仁其名。头角崭露，投笔请缨，力试诸艰，揽辔沉清。会师抗战，猷树奇勋，躬冒矢石，收复南宁。移节水西，经武整军，卧薪尝胆，轸念人民。摘奸发伏，害马潜行，禁烟缉赌，风俗以纯。行新生活，夜寐夙兴，勃勃朝气，习惯养成。运煤出售，物价是平，派队协助，及时春耕。欢声雷动，髓洽肌沦，方之东里，足称惠民。用勒诸石，纪念永存。

中华民国三十五年五月吉日黔西县全体民众公立

**丁氏封山碑**　位于毕节县朱昌镇宋伍陈家营。四棱碑，高1.56米，宽0.32米，厚0.37米，碑帽已毁，碑四面均刻文字，楷书阴刻竖书。其一为："合族封山"四字，每字0.2米见方；其二为序言；其三为家谱序列；其四为封山地界及功德人员出资情况。附序言：

碑者记事立石所计久远也。故述先人德善后世章程必寄之焉。宋欧阳文忠公作陇岗阡表，先世之德善勒于碑阴。后之人仿而行之，多有尊先善后亦寄于碑阳者。我丁氏系出姜太公分封于丁，以邑为氏，原籍南京应天府嗣，因兵燹转徙，宋谱遗失，不能备考。自七世祖讳贵吾公由川来黔，定居毕阳卫头屯，传公世祖讳□贤公。六世祖传五世祖讳文灿公，俱各一入先绪之不□□一线耳。赖天佑其□，□祖创世于毕阳宋伍，宣祖、宏祖、宽祖三人遂延而繁衍盈昌。至伯祖建伦□，建等得先人之□授，□□□□□□□□□已计排行尚未记载，今族大又繁，非踵而修之其能得保勿失序。□□□□闱九世孙世钰得领乡荐，立志□□文，合族人将排行字祇勒石于灿祖公之墓侧，实以计久远也，是为序。

民国二年岁在癸丑仲春月廿三日合族议立

## 四　彝文碑刻摩崖

**大方济火纪功碑**　立碑年代待考。原立于大方县响水乡柯家桥，现存大方奢香博物馆。济火，亦名妥阿哲，彝族六祖默部25世孙系蜀汉建兴时南中彝族默部君长。据《三国志》载："建兴三年，丞相诸葛亮南征，济火积粮通道，佐丞相擒孟获，命世为罗甸君长。"《西南彝志》载："妥阿哲之世，孔明先生来临，出兵南征，大破蛮王。祖先妥阿哲率军随蜀汉王，背军粮给他们吃，紧紧跟随，征服南蛮。汉皇说，妥阿哲为人真是位忠臣，爵禄和顶子给予妥阿哲。"济火为西南彝族历史上有影响的人物之一，清代曾入乡贤祠祭祀。济火纪功碑高55厘米，宽60厘米，砂石。左上角损毁，残存彝文174字，经毕节地区彝文翻译组译为汉文。

**附：《济火纪功碑》译文：**

□□世间□□□祭祖场□□心令修□□鞭马骑□□□居于显贵地位，握有大权。用楚吐城制的名帛，祭奠祖宗，而后进占了四十六个山庄。按卧龙先生的谋略，要联合阿勿纳的后裔，攻城如摧枯拉朽，野战则呐喊称强。与汉官同心协力，助帝出征，视为贤能老臣。在楚敖山设宴，给卧龙先生接见，与他盟誓：本帅所统帅的人，都听命令，若有反叛之心，当无善果。旭日东升，大军出征，分为三路□□各自进军。助帝长者征兵粮给络绎不绝。帝师胜利归来，将彝族君长的功勋记入汉文史册。阿哲□的辖地兴盛，如阳光灿烂，呈现康乐景象。君命传来，长者着冠冕袍带，俨然一代王侯。建兴丙午年（建兴四年226年），封君长爵位，治理慕胯的疆土。

**大方千岁衢碑（摩崖石刻）** 位于高店乡白布小寨落气坡。摩崖刻于古驿道旁的崖壁上，距地面0.5米，高1.76米，宽0.88米。为圆首方底，碑首横刻“福寿”“新修千岁衢碑”两行楷体大字。碑身左前部阴刻楷体直书汉文14行，305字。因日久年湮，风雨剥蚀，部分字已模糊不清，可辨认283字。记述嘉靖年间，摄贵州宣慰使安万铨捐白银300两修筑白布河渡口经落气坡至鼠场大石板衢道事。碑身右侧有阴刻直书彝文6行，311字，可辨认241字，记述彝族先民阿勿纳的历史功绩和安万铨修筑衢道事迹。衢道于明嘉靖二十四年（1545）兴工修筑，次年告竣，宽2米余，长5千米许。衢道修成，行人无人称便。“过者相与仰天祝公寿，愿公千岁”，千岁衢遂以得名，并于石围杆一端摩崖勒石，刻《千岁衢碑》以颂扬其善举。20世纪20年代，丁文江曾将此碑彝文选入《爨文丛刻》由商务部印书馆出版，并于序言中称其为倮文最古的文献。

**附：意译《千岁衢碑》彝文**

从创业者勿阿纛到后来即位的妥阿哲时，在蔚蓝的天空和灿烂的阳光下，繁荣昌盛，如巴底的鹤群。君长阿纪说：“自古以来，修筑道路，财富随之而至，长寿的人多如繁星。”天堑变通途，山野筑道路，皆由君长所为。其子孙万世其昌，自是理所必然。有一次，我因公路过阿鲁博，晚上到了慕勾珐卧。次日早晨，经过村寨，对该村头目及民众说：“阿鲁有箴言，‘明君贤臣，历代长者，重视修筑道路’，是这样说的。”六祖认为，在天地间，心地光明是第一，处处做好事，祭祖□□□，修路则长寿。人们常盼望修筑慕勾珐卧这条路，曾请布摩祝告祖先，君民团结，君臣参与，合力修路。君长阿纪十分关心这条石阶路的修筑。大家来帮助，道路修筑成功，舅舅家也以财物相助。修好这条路，于子孙万代，如日长存。纪念修路的碑文，请布载参予其事，由阿武仁家应承，于乙巳年七月初三动工，丙午年四月十七日竣工，付工价银三百六十余两。缮写人是阿载默部摩阿则。

**大方水西大渡河桥碑** 原立于黄泥塘镇与黔西凹水接壤的大渡河桥西北端，后因建洪家渡水电站被水淹没，今移至奢香博物馆收藏。汉文、彝文碑各一通，大小相等，均高2.23米，宽0.83米，碑座高0.5米，碑帽高0.6米。汉文碑额正中镌“水西大渡河建石桥记”篆字9个，两边刻彝族传说白翅送日、根固彩岩浮雕两幅。上款为撰文、篆画、书册人姓名，下款为立碑年月督石工、石匠、督工把事姓名。碑文为阴刻楷书，计17行681字，记述安邦世系及建桥经过，表彰安邦母子捐资建桥义行。彝文碑额正中刻彝文《水西大渡河建石桥记》，两侧刻彝族传说眉鸣红花、雁落青山浮雕两幅。碑文左起直书24行，阴刻彝文1923字，记述建桥经过及水西彝族历史和彝族先民在慕俄格的武功、政绩、疆域、风尚、文化等。彝文碑现保存于大方县奢香博物馆。

**附一：水西大渡河桥碑汉文碑碑文**

贵州宣慰使司亚中大夫宣慰使龙源安国亨道隆甫撰文，属下长官槐亭陈恩篆盖，典史王峰、李孟琪书丹。

安邦者，予祖昭勇将军之裔，内露其首封，即弟子怀远将军讳荣贵者。而水西诸地，实带厉壤也。奕叶守土迄白芍、白叶、白蓍、世有奇勋茂绩，载在简策历历可记。至今龙脉之子盖五世焉。□莫为前，虽美弗彰；莫为之后，虽盛弗传。矧邦以妙龄失古（怙），举民间疾苦，险□□畴为之，耳提而面命耶！□计轲母，提携义方，绳绳井井，若鱼贯然。诸一切谋贻，靡暇具举间尝迪。邦曰：天根见而成梁，石道也。吾析壤土沙溃流巨浸，号大渡河者，其未归矣。相距若干许，通衢大道，往返于兹，又若干许，未始不叹息痛恨于徒杠舆梁者之寥寥也。夫司民命，视民之溺由己之溺，且其私忧过计乎，责在故耳。于是捐资募建，靡论暑雨祈寒，屡省率作。始于庚寅年八月，终于丙辰年四月，凡经两年，桥乃成。为（桥）长20丈，宽2丈，高四丈有奇。费约一千一百五十两有奇，工程浩大，翘首溱效，殆授非人力也。（自）今至于后日，无俟冰寒，可渡可众；无俟乘舆，利涉者广。俾襄所为咨嗟□怨愤者，且熙熙皋皋，若登春台而入华胥也。夫邦弱龄，其母禄氏箕帚耳，乃毅然吐非常之见，矢非常之谟，大至道，小私恩，而□舆诵者于不□齿，讵非吾目中最表者耶！是举也，上以弼预之不逮，可以观中（忠）；下以济人病涉，可以观仁；远以扬祖烈而后以照来世，可以观孝与慈，一举而众美具焉。则在邦也，得是母而能始立；在禄氏也，得是子而贤益彰，两者固相与有成哉！倘非天之惠我元元，赐之以母若子也，表而彰，盛而传，盖有自舆桥成，请志于予。予嘉其能行道而福苍，亦且钦之世系忠贞，为诸目倡，乃命勒之，以垂不朽云。

明万历二十年壬辰岁夏四月谷旦

督石工（略），石工（略），石匠（略）

□家督工把事（略）

**附二：《水西大渡河桥碑》彝文碑译文**

## 水西大渡河建石桥记

天地形成，六祖有好根。传到默德实，德实的君长，住在中部地区。不讲别的，只讲慕齐齐、勿阿鼐、妥阿哲，都是笃慕的好后代。作祭祀，祭祖灵，多富多贵，天地保佑。从宲母尼以来，历代相传，行善者高尚。古时候，赤陀有规定，东方为首方；地分九方好，直嘎阿鲁有箴言。从此以后，大地查好了，各方有其主。默家为亲族之首，有精良武器，有巨大基业，有至高权位。祭天地，祭祖灵，天地保佑，神喜人悦，奉默氏为主，人们安居乐业，古今传扬。祖先默阿德，登临境内高处，环顾四方，观看叟扯扯，保宝九岭峰，形如马鞍蹬，绵延起伏，呈现在眼前，是鸟类的乐园。叟扯扯是个土地肥美的地方，多如繁星，满如海洋。君威高，臣势大，掌握各族政权，守卫边境。各样事做得很好，谋事有效益，世代有威荣。从偶吉笃帕载到巴底侯吐，从格打帕苏到拟伍热舍，从堵密叶切到拟伍珐果，可以看见偶吉笃帕裁。经过古伍博，迁到保宝侯，开荒辟草，开疆拓土，如鹿迹遍山野。保宝本热地，如强鹿破雾；沓娄珐戛地，如鹿兔奔驰。开辟三处，就地住下。默家有首领，祖先启（堵）阿迭，开拓旨朴以后，贤君被迎接去居住。君民团聚，洛那阿壳，开辟嘎娄侯博，威望高，名声大，安居乐业，论姓氏辈分开亲，二十四岁娶妻，四十八岁生子，有子孙后代。纪启仁额继承基业，统管大片肥美土地，四方有标致，四方有界线，与耿作陀尼家接壤，自不必说了。就水泛舟，渡过洛禹河，与益直米构家开亲。因有兵来争斗，转移到朴策博。与东部武陀尼打了十仗。风过白云观，鸭子水上游，赋税增多，有如江河长流，祖先的好规矩，子孙来奉行。到鲁铺布局，住在姆块珠乍。古时直嘎阿鲁有箴言：彝住中部地区，要敬重天君地王，开创基业，有天威护佑。有了基业，历代君王如高空飞鸟，如参天大树，如艳丽花卉，代代都兴旺。君长阿施之世，在姆块卧作博，兴创大基业，为众所周知。君长布局时，扩大权利和基础，在天地之间，有如日月之明，如一簇艳丽的鲜花。在人间威高势大，贵如珠宝。在统治管理方面，从无错乱。辅佐之臣，是君的助手，做了不少好事。布摩祭祀灵验，天地间出现清平世道。在宫廷议事，臣受君委派，到纪古布地，说开亲时间很长了，威荣也很高，现在要另寻新亲路，与德歹朴卧地、纳知阿施的后裔、密砌民益的耿诈陀尼家议婚开亲。阿格是赫默珠舍家姆阿施、额杰姆碧之孙、笃杰鲁格的甥女，是德歹家沽苦姆的女儿。珐舍尼益家娶之为媳，门第光荣，美丽无比，心地善良，己未年结婚，到丙寅年，蒙天地保佑，有了好后代，如愿以偿，有子袭位，鲁默出生。到庚寅年，我阿格想，要修桥筑路谢天地，付出代价不计较。过路的人都知道，这条路是一家人为做好事而修筑的，也是阿哲家和妥舍益慈家运送租粮的路。为了子孙寿长福大，心好人家许诺，诚心诚意修一条行善路，将会增福添寿，能享龄九十九。凡住此地的人，都很关心这条善路，所有长幼积极参与。妥舍鲁沟底靠船渡河不行，每年都有人翻船溺水。看着河水发愁，因河里有石头滚动。居住在慕块的人，世世代代议论不休。珐乍家有一个正直可亲的人，他首先想建桥修路。但年事已高，想在有生之年建桥修路，了却夙愿。从前江河为害甚烈，在天地间，到处有江河。治理了江河，水顺势流走。吐妥苟益、维维楚益和色局益柏，三条河各有源头。大地的四方，江水漫溢山来挡。过河需要船，是众所周知。横架过渡桥，是一方人的心愿。彝族首领不倡议，犹如一家人无主。自己的首领出面，民众支持，动工建桥，人们有桥了。慕俄勾家，祖宗开创的好规矩，后代子孙来奉行。保宝九岭峰，慕作七千岭，于底五大坝，陡起七凹地，热卧是重地，以著是特意留的好地，这两处地方，是征收租粮的富庶之区。先辈征收租粮，都要经过这条河。在慕块卧乍博，要渡过很宽的河，只有用竹木筏，才能渡过河。收租赋是鼐家的大事，这是运租赋的要道。到了夏天，大水成灾，鱼翻白肚，水妖吃松毛，水怪狂叫，波涛澎湃，浓雾笼罩，没有运租赋的路，怕有时阻断鼐家运租粮的要道。另外，姆笃安和祖益歹之间，阿哲的七家毕额，理构的五家抹迭，笃舍的六个慕濯，乍姆的十一姓、南部的四家善歹，妥莫和直娄家，毕脉十一家头目，众多民众，大量租赋，亲戚朋友，娶媳妇，嫁淑女，喜庆之日，是大家必经之路；是君民之间，传达命令之路；是布摩之主人祭祀时必经之路，宜早根治，从速宣告，应该这样做。过去无论怎样祈求，江水仍然泛滥，水怪不断为患。人们来来往往，行人很多，有时被水冲走，为患甚烈。我阿格想修桥筑路，我出面做好事，大家一定造成，竭尽全力以赴，对大家都有好处。运租赋的路，永远畅通，再不会运不来。为了替儿子作长远打算，要行善积德，在母子俩手中，请来宗则阿纪，又叫阿诺来，在河上建桥，作人马通行的路。兴工掘土之前，能工巧匠到齐了，先杀猪作祭，破土杀鸡鸭，灯烛辉煌。建桥用银为一千一百五十两。建桥始于庚寅年十月初三辛未日，壬辰四月十九庚戌日竣工。从此，运送租赋，往来道路畅通，子孙寿高福大，在民众中很有威望，租赋成倍增加，经琢磨雕刻，建成光滑的横跨着的大桥，花费很多金钱，是由于阿格的威高势大，峡谷变通途。构土耿底的人，有治理山川的能力，成群的民众聚集，多如堆积的木材。

工程负责人：毕额抹迭后裔磨苦阿啥阿显，耿作朴直后裔摩苦布莫阿珐，阿可觉朵后裔摩苦取汝阿陀，额则陀尼后裔摩若阿觉阿馈，武阿卡后裔博莫阿耿阿格，毕珠布规后裔布纪布嘎直甫，布策额珠后裔武吐阿布补作，赫密阿启直知，卓莫布举后裔赤默苦赫、阿史布窦，笃朴阿甲后裔武吐阿布补作，是他们经办完工的。劈水施工者：名匠古略布筹之孙铎素阿哈，武家的儿子阿巴直谷，阿查阿武之子铎旨鸠歹、保旨更姆，名匠古略布筹，阿哈克阿遮家欧米阿亨后裔阿戛阿赫等。建桥竣工于明万历二十年，斋墨我二十工岁撰文并缮焉。于壬辰年四月初三壬辰日竣工。

**大方祖源碑** 位于大山乡箐脚。碑高1.5米，宽0.62米，刻彝文370字，清道光三年（1823）彝族默部慕德同支部族立。

**附：祖源碑译文**

祖源，阿溯邃古地，乾坤奠，穹苍递衍，两曜迭运定西东，君臣伊始产。呗博耿推演，传诸于后世。人兴武洛撮，十分心乃善者思，目乃良者观，人才济济似繁星。此乃不须述。有善言者云：旭日明月照，始兴礼仪，善行者众焉。有鲁班之先，汉族的礼仪，建庙塑偶像。勿阿纳君之世，追袭武洛撮。有鲁旺之后，彝乃效旧规，孝敬父与母，后嗣乃强盛，是此论也矣。恐后嗣不知根本，乃溯源范言，载诸石碑也。嫡子东迁属恒部扯勒的一支，在法几俄以的撒亚白戛居住，是腓吐诺义家，就是妥各的高祖阿余。其苗裔再往慕迭分支而来。高祖阿余之世，有一支东迁到杓朋居住。后来，其子再返慕迭，均系远祖子孙。其墓葬于底胯田坎上之青杠树下。次为其子阿余呗保，乃曾祖母乌贯之苗裔，其墓葬于打古洛宜。次为呗克，亦曾祖母之苗裔，系里墨底项之孙。次为子穆儿巴之祖母，乃热洛家之苗裔，名曰恩贯巴。次为其孙果巴之妻，乃撮底家苗裔。另一个乃阿额家，有妻二人，其子取奢把之妻乃朵局家孙子。

壬午年（清道光二年）八月二十三日甲子日

呗克之子易蒙以局把，其妻乃阿洪家孙子

道光三年立碑竣工，孙额旺把立祖宗来境卫子孙享官宅

（罗正光、罗正仁、罗显仁、黄昌寿、王世忠翻译）

**赫章可乐银子岩彝文摩崖**　位于可乐营盘银子岩上。版面高1.6米，宽0.7米，碑文竖书阴刻，共171字，皆彝文，刻于汉武帝太初元年（前104），为西汉置汉阳、平夷两县时的划界实录。

### 附一：银子岩彝文摩崖（直译）

彝人拜灵桶布耄司祭后立宗而凝聚则濯立太初丑年申月二十六未日议基界有五十一文官共议划布卢（平夷）界□山水林物随属新兴的江山无论民禽物随辖附属人界经马摆岩往厘弥到则鲁穿过野鸡境到雄营下边往苦署岩后直下□划界后的啥苦（汉阳）辖34个麻汝部阿武人后裔开发彝地区树文人做官以学阿武人争基创立势颇置属下吏阿著时代官隐避或归附宜汉置邑城皆知划布卢（平夷）封名的时候两名汉文吏作议界笔录留建制凭据划治犹分家

### 附二：银子岩彝文摩崖意译

灵桶是先祖的灵室。彝族分支立系，均由布耄主持祭祀之后，以灵桶为新的祖宗灵室，对其崇拜，进而凝聚成邑。则濯（汉武帝刘彻的彝文音译）太初丑年（公元前104年）申月二十六日，有51名文官聚义划布卢（“布则卢格”的缩写即平夷县）。划定界线后，山水林物随属。新划分设定的县，无论庶民还是禽物都随属。定界为马摆岩（今水城南开境）往厘弥，到则鲁，穿野鸡境，去雄营，至苦署大岩（今毕节垭关），然后往北直上。划界后的啥苦（即汉阳县）辖34个区域。阿武人后裔开发彝区后，施行阿武人的政纲，立当地文人为部落首领，各首领又设官置吏，创立基业。原阿著之彝官吏目，有的隐居，有的归附汉王朝，汉王朝的郡县制度得以实施。凡有识者皆知，置县划界合乎天理，犹如家大分居合乎潮流。时有两名汉族文吏作议界笔录，以作建制凭据。

**纳雍扯垲箐汉彝文摩崖**　位于左鸠戛乡扯垲箐孙家梁子东石崖上，乾隆二十九年（1764）刻。长1.16米，宽0.62米，离地约2米。汉文在前，彝文列于后。记载内容：乾隆年间，扯垲箐一带汉、彝人民重修因洪灾坍塌的桥梁。

### 附一：扯垲箐汉彝文摩崖——汉文

盖闻天地之息，莫过于为善，人在市廛中，何期至乎？积千祥衍庆，万福来朝。世德攸遵，布于人之险隘，裔恒修蹈途之驱驰。欲求康庄之道，须存自赡之资。行善之人，如春茵芝兰，不见生长，日有所增。人之苏世不可如此乎！前因蹈途崩颓，家□自赡修果以济万民跋涉。不意于癸未年，天降滂沱，水涌石潭。仍就砂石成崖。是以悦服里九甲住居阻王架信士舍人驾安普内室人卢氏夫妻二人，持发虔心，乃修后裔功果，以绍续嗣之裕，流芳百世之缘。开平要路之驱，能济行人之危，深则不历，浅则不竭。叟稚之辈，无不叹念于流芳。高不畏而低不惧，曷似乎人人有发善之心。埋蛇渡蚁，享宰相之荣；补路修桥，岂无果报功德？善由人积，福自天降。兹于今甲申年，仍将路修坦，以为后人效验之功。夏禹泣罪，深痛其民，况闻善言，则拜王地，虽不能及，自古流今。伏愿天地交泰，福降亿民。未能敢夸大勋，而惜恳酬之德，恐惶高贤休哂为后快。

乾隆二十九年岁官甲申年仲冬月吉日谷旦竖

**附二：扯垲箐汉彝文摩崖——彝文（译文）**

从前发生过这样一件大事。在扯垲箐口这个地方，是行人必经的要道。我的父母承民众的赞助，曾架了一座桥。不料癸未年，天降滂沱大雨，造成山洪暴发而将桥冲毁，使此地彝汉十一姓人惟赖驮运之咽喉要道遭受梗阻，往来很不便利。到甲申年八月十四吉日，由我卜氏兴修这条道路。常言道，修路者寿长龄高，筑路者子孙延嗣，诚不谬也。我承蒙上天的庇佑，又得邻近十一姓人的赞助，在大地的河流上重建了一座美丽的大桥。作善事者，是为了求神灵的保佑和获得长寿。为此，又在高山深谷修了一条平坦的路。这都是积德行善之举，虔行善道就可以进入福门。至此，我卜氏的善行带来了高龄长寿，享受了威荣富贵。蓄金积银，乃米诺莫懿德所聚。贤子从贤母来，又得贤妻积存之助。我白昼驰骋各处，都受到上天的庇佑；夜间在路上行走，星月带来吉祥。积善之道，以勤劳耕作为首，次为修桥筑路。一生一世，即使搬去一块拦路的大小石头，也算作了一件善事。所以，行善能延嗣啊！我卜氏和舅表莫补俩人，都三十余岁了，一个属牛，一个属蛇。我俩曾向宇宙十二方的神祇许下两次愿，要作两次功德，使自己在宇宙间能顺利发展，得上天的保佑，受大地的福禄。福门者，有引渡福门，有行善福门，还有治水的果报。在阳世兴盛之时，就当为阴曹地府积善。有三个福门求富贵。福门有九十个，是由春天君来管。福门惟善者居之，善移则灾祸临。善行迎来岁神，如十六条河汇成大江；善行迎来月神，适于建桥筑路；善行迎来日神，则利于拓土开工，这是善行的果报。路桥由民众奠基施工，修筑和架起了披锦般的道路和桥梁。民众齐声赞颂这工程的雄伟美丽。这路桥也是通往于底给阿普额索输送五谷盐茶的唯一要道。笃慕的子孙啊，都是有善行的人，将各自积攒的金银用在大小岩谷间修桥筑路，这是积德于人的善行，也是大家齐心协力的成就。辽阔壮观的坦途，象征威荣吉祥，展示在艰险的岩谷之间。

# 第五节　近现代遗址遗迹

## 一　近代遗址遗迹

**毕节猪拱箐苗民起义遗迹**　位于青场猪拱箐，地域范围较广，与赫章和云南镇雄接壤。为清末黔西北陶新春、陶三春领导苗民起义的根据地。清咸丰九年（1859），苗族穷苦青年陶新春、陶三春兄弟，在赫章韭菜坪发动了以苗族为主体的黔西北苗民起义。咸丰十一年（1861），起义军发展到10余万人。起义军与太平天国革命军翼王石达开部配合，以猪拱箐为根据地，在川滇黔三省边区十余县地域展开与清政府反动腐朽统治的抗争。同治六年（1867），猪拱箐陷落，起义失败被清兵镇压。遗址绵延30余里，地势陡峻，山路崎岖。今山巅正营尚存长数百米、深1米的壕堑，当地群众在遗址内拾得铅弹、残刀、戈矛无数。1982年4月，被公布为省级文物保护单位。

**威宁石门坎光华学校旧址** 位于今石门乡政府所在地，占地约1平方千米，文物遗址40余处。清光绪三十一年（1905），英传教士柏格理到此传教时创办学校，在边远贫困山区兴办文化教育和社会福利事业，为贫困山区带来了文明：创制苗文，结束苗族无母语文字的历史；兴建威宁第一所中学；创办中国第一所双语教育学校；开创中国第一所男女学生同校的先河；修建贵州有史以来的第一个足球场；是20世纪上半叶中国西南最大的基础教育网络，管辖川滇黔地区100余所学校和机构；中国最早的麻风病院和中国第一所苗民医院诞生；中国境内首次发现和报告地氟病的地点；历史上第一位苗族博士从这里走出……柏格理经过40余年的艰苦创业，把一个“晦盲否塞、结绳刻木”的苗族地区，发展成为“西南苗族文化的最高区”。

**柏格理墓** 位于石门荣和。1915年，光华小学流行伤寒，柏格理为患病师生熬汤喂药，不幸感染伤寒，以身殉道，葬于村东。1994年，人民政府出资修复柏格理墓。土封石围，长方形，两柱三碑牌楼式结构，高约3米，宽1.5米，主碑及耳碑，分别用英、中、苗三种文字镌刻墓主生平事迹。汉文铭曰：“唯我先生，辟开石门。传宣圣道，觉镛斯民。若雨时降，勃然苗兴。民人喜爱，万世留馨。”

**高志华墓** 位于柏格理墓一侧，坐东北向西南，占地约20平方米。高志华，英国人，1921年来华传教。1938年在石门坎遭遇暴徒遇害，葬于柏格理墓旁。其墓形制与柏格理墓相仿。碑文称：“传播福音，多有教诲。务俾信徒，家喻户晓。”“广与交游，接纳居恒。见义勇为，直言不讳。殷勤待人，持躬整洁。事无巨细，然诺不苟。”

**光华小学旧址** 位于石门荣和东南，是由英籍牧师柏格理于1905年春，带领汉族牧师王玉洁、傅正忠、李司提反、钟焕然、刘申五到石门坎与苗族青年王道元、杨雅各，一起以教会投资和民助的形式，创建教堂和学校，王玉洁将学校命名为石门坎光华小学，今存8栋建筑，占地1.5万平方米。

以上2006年被列为省级文物保护单位。

**大方中国第一航空发动机制造厂旧址** 第一航空发动机厂，亦称大定航空发动机厂、云发机器制造公司。位于羊场村北。1939年筹建，1941年建成，占地2平方千米，分东西两区。西区为生产区，主厂房建在乌鸦洞内。乌鸦洞口在百丈绝壁之下，由地面径直可入。洞高30米左右，进深900米。主厂房分3层，为木石结构建筑，建筑1万平方米。洞外为附属厂房、技术大楼、办公大楼。东区为生活区，建工厂俱乐部、官佐宿舍、技工宿舍及其他公共配套设施。1943年，职工1200人。1941～1946年，生产出中国自制航空发动机32台，经耐久试验和美国莱特工厂鉴定，全部合格。1949年，部分人员及机器设备迁往台湾，其余人员及机器设备保留原厂，1951年迁成都。今存办公大楼、技术大楼、洞穴生产车间、俱乐部、蒋介石下榻处、部分官佐和技工宿舍。

**黔西红林机械厂旧址** 位于红林乡穿洞，由主厂房、制氧房和相关配套设施及生活设施构成。主厂房位于穿洞之中，洞长180米、高20米、宽30米，整个厂房共有215间房屋。1966年筹建，1970年建成投产，1994年搬迁。今山洞、主厂房、制氧车间保存完好。

## 二　红色旧址遗址

**中共贵州省毕节第一个党组织——毕节党支部成立旧址** 1934年1月，林青、缪正元在毕节文庙主持秦天真宣誓加入中国共产党后，立即根据党章的规定，就地正式成立中共贵州省第一个党组织——毕节党支部，林青任支部书记，缪正元、秦天真为支部委员，并提出党支部四条行动纲领（一）发动武装斗争，创造条件建立苏维埃政权；（二）加强对“草原艺术研究社”的组织领导，推动群众性的抗日救亡宣传活动；（三）加强党的建设，发展党的组织；（四）继续设法与党的上级机关取得联系。支部成立后，加强了对“毕节草原艺术研究社”的领导，以文艺研究、歌咏、话剧、绘画等活动，在群众中秘密宣传马列主义，宣传社会主义苏联，公开宣传抗日救国道理，进行反帝反封建教育，使广大人民从黑暗中看到了曙光，进一步领导和推动了毕节民众抗日救亡运动的发展。

**毕节鸡鸣三省会议会址** 位于林口镇鸡鸣三省村，为苗族周团守家三合大院。清末建筑，木瓦结构，一正两厢，正房六列五间，厢房四列三间，正、厢等高。料石基础，高出院坝60厘米。门窗雕花，建筑考究，距今约200年历史。院坝青石铺成，以三级台阶上檐坎进屋。毛石围墙坚固，配置枪眼，拱首门洞，两扇木方大门。1935年2月5日，中央红军在鸡鸣三省宿营时，中共中央政治局在此召开了中共党史上著名的鸡鸣三省会议。会议作出了一系列重大决定：1.中央政治局常委进行分工，根据毛泽东提议，由张闻天代替博古负中央总的责任（习惯上也称之为总书记）。2.毛泽东为周恩来在军事指挥上的帮助者。3.博古任总政治部代理主任。4.讨论决定了红军的行动方向。5.讨论了中央苏区问题：一是中央苏区及邻近苏区坚持游击战争的基本原则不可动摇；二是中央苏区及邻近苏区要立即改变组织方式与斗争方式，使之与游击战争的环境相适合；三是成立以项英、陈毅、贺昌等组成，项英为主席的革命军事委员会中央苏区分会，负责领导和保证中央苏区军事战略转变的实施。

**中华苏维埃人民共和国川滇黔省革命委员会（毕节）旧址** 位于毕节城区百花山福音堂，此福音堂为德国姊妹会传教士在毕节的传教之所，始建于民国16年（1927）。占地约2200平方米，由礼拜堂、牧师楼、办公楼、客房、门楼、大小伙房、医药房、佣人住房、奶牛房等13幢建筑组成。牧师楼南北朝向，长方形重檐十字悬山式砖木结构，3层，面阔3间，进深2间，设有围廊和地下室，12根廊柱直撑梁架。拱式门窗，窗顶有雕花纹饰。台基长17.27米，宽12.85米，高0.35米，占地226.8平方米。1936年2月17日，红军将中华苏维埃人民共和国川滇黔省革命委员会从大方迁至毕节百花山福音堂办公。毕节解放初期，毕节军分区政治部、毕节专员公署也先后在此办公和用作职工宿舍。1985年，政府拨专款维修，举办“红色在毕节革命活动展览”活动。2006年被公布为全国重点文物保护单位。

毕节中华苏维埃人民共和国川滇黔省革命委员会旧址

**红六军团政治部旧址** 位于毕节城区中山路，原为安息会礼拜堂，民国15年（1926）建。坐北向南，占地568.56平方米。正屋、两厢房均为木结构，歇山式屋顶，覆瓦。正屋面阔5间，有前廊，通面阔24米，进深13.14米，高12.7米，上有阁楼。屋前有石台基，高1.27米，左右厢房各3间，有回廊，通面阔均为10.9米，进深6.4米，高11米，台基均高0.35米。正、厢房之间为青石院坝。四周砖墙维护，大门靠左侧，临街。1936年2月8日，红六军团进驻毕节县城，军团政治部在此办公。1985年，政府拨款维修。临街大门顶上镌萧克题写的“中国工农红军第六军团政治部旧址”匾额。2006年被公布为全国重点文物保护单位。

**贵州抗日救国军司令部旧址** 位于毕节城区和平路74号，原为周素园先生住宅，建于清末。占地650平方米，坐西北向东南，二重檐悬山式木结构，青瓦屋面，一楼一底，面阔5间，通面阔18.8米，进深10.2米。底层正面和左右两边均有1.3米宽的回廊，沿廊设坐靠栏杆。院内植四季花木。周围院墙高2米，长100余米。前院墙附设门楼，进门后两侧植翠竹。1936年2月14日，贵州抗日救国军成立，周素园出任救国军司令员，司令部在此办公。1985年政府拨款修缮，并举办“贵州抗日救国军与周素园陈列展览”，面向社会开放。2006年被公布为全国重点文物保护单位。

**七星关红军战斗遗址** 位于毕节杨家湾镇与赫章县平山镇之间（含七星关）长约1.5千米、宽约1千米的地形范围。1936年2月底，红二、红六军团撤离黔大毕苏区进抵七星关，与当地民团武装发生战斗，战斗持续3小时。2月28日，红六军团政治部主任夏曦渡七星河动员贵州抗日救国军第一支队席大明部随红军长征，不幸落水遇难。

**贵州抗日救国军第三支队黄塘梁子整训遗址** 位于大银镇黄塘梁子，海拔1600米左右，逶迤绵延，方圆上百平方千米，北进四川，西向云南，山脉交错，地形复杂，丛峰密林。1936年2月，阮俊臣抗日救国军第三支队在红六军团总部被授予军旗后，立即开到云贵川三省边区的黄塘梁子驻扎，接受寻找中共川滇黔边区特委和中国工农红军川滇黔边区游击纵队的任务。为提高部队战斗力，第三支队在此进行了著名的黄塘梁子整训。支队以红六军团派在支队任政委的欧阳崇庭和几个营、连红军干部为主，对支队进行了一次红军政治、思想、纪律和军事训练的教育。经过整训，支队政治素质和军事素质普遍得到明显提高，干战面貌为之一新，基本形成了一支能适应对敌斗争需要的新型武装。在整训期间，还培养和发展了一批主要骨干加入中国共产党，增强了支队的中坚力量和核心领导，有力地保证了党对支队的绝对领导，为支队的建设起到了极其重要的作用。同时抓住有利时机，派出小分队发动群众在附近的对坡、林口和镇雄母享等区乡开展打土豪、分田地，镇压十恶不赦的地主恶霸，在三省边区产生了很大的影响。当地一些绿林武装还前来参加支队，壮大了支队力量。

**贵州抗日救国军第三支队金银山伏击战遗址** 位于八寨坪镇金银山，海拔2000米左右。周围群山绵延不断，十几里长的山脊，长满箐林，主峰下的屯脚，是一片开阔的沼泽地。1936年2月27日，红二、红六军团撤离毕节，国民党追剿军先头部队万耀煌纵队即占领了毕节县城。为了牵制敌人，掩护红军主力转移，贵州抗日救国军第三支队探明经金银山之敌的14团行军路线及战略意图后，阮俊臣立即召开军事作战会议，作出了“为牵制敌人，掩护红二、六军团的战略行动，应主动出击”的决定。3月4日，支队以欧阳崇庭为前线总指挥，连夜赶到敌人必经之地金银山设伏阻击。上午10点左右，夜宿八寨坪的敌14团前卫营开始出现。待敌前卫营到了屯脚后，支队战士所有武器向敌人一起开火，伏击战全面打响。战斗从上午10时一直打到天黑，支队战士连续打退敌人7次进攻，歼敌80余人，毙敌一名副团长，缴获大批枪支弹药。支队牺牲战士30余人，三营副营长、神枪手刘政才不幸牺牲。

**贵州抗日救国军第三支队孙家铺阻击战遗址** 位于燕子口镇四川叙永至毕节古盐道上的小哨至母猪箐之间的孙家铺山洼里，东是冷沙梁子，西是蚂蝗梁子和百刀梁子大山，南是大南山，北是羊叉大山。这里地势险要，是川黔交通要塞。1936年3月下旬，第三支队接到密报：毕节国民党专署有两百多担“杠担”（军用物资）着民夫背挑，从四川方向运往毕节。支队领导认真进行商量后，决定截住这批“杠担”补充装备。担任截击任务的支队战士们在支队参谋长彭云辉的率领下连夜出发，于次日凌晨四点赶到孙家铺悄悄占领了各个制高点和有利地形。天刚发白时，敌哨兵正好换岗吃饭，准备出发。这时战士们在彭云辉的指挥下，立即抓住战机，突然发起袭击，不知所措的敌人狼狈不堪，丢下数具尸体，不顾“杠担”逃命去了。此次阻击战从打响到结束仅一个多小时。游击队共毙敌8人、伤敌4人，缴获枪支10余支，200多挑“杠担”无一漏网。支队战士牺牲2人，负伤2人。

**中国工农红军川滇黔边区抗日先遣队放珠宿营遗址** 位于杨家湾镇与放珠镇接壤的三岔路（今拱拢坪）区域。1936年6月初，阮俊臣领导的贵州红军游击支队与国民党毕节驻军陶树清率领的起义部队在杨家湾放珠会合后，开到云南省镇雄县王家院子进行休整。6月8日，部队在镇雄花躲坝与红军川滇黔边区游击纵队会师。9日，所有部队进行合编，改称为“中国工农红军川滇黔边区抗日先遣队”，阮俊臣任司令员，陶树清任副司令员，刘复初任政委，曾春鉴任参谋长，李青云任特派员。先遣队下辖三个支队：原阮俊臣部为第一支队，支队长阚世英（红军干部），政委欧阳崇庭；原陶树清部为第二支队，支队长唐和中（红军干部），政委邝善荣；原川滇黔边区游击纵队为第三支队，支队长龙厚生，政委刘复初兼任。7月5日，抗日先遣队开赴杨家湾放珠三岔路一带宿营，陶树清向刘复初、曾春鉴、李青云等提出几条建议：（1）减少公开宣传，加强秘密活动，缩小我部目标，避免敌人进攻。采取隐蔽活动，使敌人找不到我军行踪，便于休整；（2）对白军起义士兵和“绿林”兄弟的弱点进行耐心说服教育，不要歧视、当面辱骂、严厉谴责，使人难以接受。有错可以批评，甚至给予适当的处分，这样有利于增强内部团结；（3）队伍暂时离开老游击区，摆脱敌人的围剿，减少伤亡，保存实力，开辟新的游击区，扩大党的政治影响，有利于开展群众工作。此时，受“左”倾影响的原川南特委领导人，误认为陶“革命意志动摇，逃避艰苦斗争”，不但不予采纳，相反还召开特委扩大会议，视其为动机不纯，并错误决定将阮、陶两个支队甩掉。致使合编不久的“先遣队”被解散。6日，阮俊臣、欧阳崇庭、陶树清为顾全大局，安定军心，在放珠召开了两个支队的领导干部会议，欧阳崇庭作了形势的分析和估价，坚定干部的信心和革命斗志。当日下午，部队往镇雄黑树庄方向开拔。遗址地今已变为拱拢坪林区。

**邻里小学旧址**　位于毕节小坝中屯。邻里小学是20世纪30年代末40年代初，中共毕节党组织创立的在农村开展革命活动用延安精神培养青少年的一所学校。校址原在白马山麓孙氏宗祠。1938年，“毕节草原艺术研究社”骨干孙师武同其侄子孙煊（共产党员，因病从延安返家疗养）在县工委的领导下，团结爱国人士孙寿春（孙氏族长），在孙氏宗祠兴办邻里小学。孙师武任校长，孙煊任教导主任。地下党员邱在陵、李一民和爱国人士周乐天、孙梓才、阮家英、吴学敏、孙师礼、孙定国、葛天回等为教师，第一学期招生300余人。除按正规小学开设各课程外，还根据抗大办学方针，教师生唱《义勇军进行曲》《黄河颂》《我们在太行山上》等革命歌曲，阅读《新华日报》《解放》《群众》等进步书刊，被誉为“抗大式的小学”。1941年被国民党反动当局以宣传革命查封，孙师武被捕，孙煊外逃。不久，又在孙寿春的支持下继续开办，直至解放。新中国成立后，改名中屯小学。党的十一届三中全会后，恢复邻里小学校名。1988年毕节地区行署拨款进行扩建。

**草原艺术研究成立旧址**　位于毕节城区松山路15号今毕节二小校园内。此地在清康熙年间，为松山书院，附设松山讲易堂。民国时，开办女子小学。毕节解放后，拆除建毕节二小。1933年冬，林青、缪正元、秦天真等决定，在城区公开建立群众性革命团体——毕节草原艺术研究社，以歌咏、戏剧、绘画、文学等文艺形式，积极开展抗日救亡活动。草原艺术研究社除林青、缪正元、秦天真等领导成员外，主要骨干有：邱照（徐健生）、熊开梅（熊蕴竹）、宁起鲲、宁起枷、邱在先、孙师武、高大光、林绍铭等数十人，成员最多时发展到200余人。

**草原艺术研究活动旧址**　位于毕节城区中华南路41号陕西庙内。清代毕节商业繁荣，陕西商贾在毕节城中永宁路（今中华南路）集资修建陕商活动场所，人称陕西庙，又叫春秋祠。占地1500平方米，建筑以“甲”字状布局，有戏楼、正殿、观音殿三重大院。木瓦结构，斗拱飞檐重叠，雕刻工艺精湛。1934年2月中旬，正值春节，草原艺术研究社抓住这个有利时机在陕西庙举行了一次连续三天的大规模公演。许多学生和教师、学生家长和民众，老老少少，男男女女，提着取暖的竹编烘笼，围坐着挤满了陕西庙，热热闹闹，盛况空前。社员们合唱《国际歌》《草原之歌》《马赛曲》《伏尔加船夫曲》《囚徒歌》《大路歌》等歌曲和朗诵岳飞《满江红》等词，演出《暴风雨中的七个女性》《敌同志》《火的跳舞》《最后一吻》等话剧。每次演出，台上台下一起唱，引起了人们思想上的共鸣，鼓舞了青年学生走向世界、走向光明的斗志，激发了青年们积极学习马列主义、同封建势力斗争的热情，激励着青年们向着光明前进，在革命的征途上英勇奋斗，激发广大群众抗日救亡、争取民族独立、争取解放的热情。同时，通过活动培养了一大批有志气的热血青年，为毕节党组织的成立打下了坚实的基础。建筑保存完好，1983年被公布为县级文物保护单位。

**毕节群益书店** 位于城区威宁路3号。1937年6月，由共产党员邱在先、熊蕴竹、阮明伦、陆鸿章等人发起集资筹建，租用威宁街天后宫（福建会馆）设立门市部，开展对外营业。书店有共产党员、进步青年24人。阮明伦任经理，陆鸿章任采购，刘传铎任保管，何忠明任营业员。1938年1月，中共毕节县工委成立，加强了对书店的领导。书店从省工委领导的贵阳生活书店、读书书店直接购进《列宁选集》《鲁迅选集》《辩证唯物主义与历史唯物主义》及毛泽东《论持久战》《新民主主义论》等书籍，以发行教科书的形式，派人到县内外（包括云南的镇雄、威信、昭通）推销，扩大党的影响。书店还设立读书室，由共产党员指导社会进步青年和学校师生阅读进步书刊，传播马列主义，启迪人们思想，引导青年走上革命道路。1938年底，书店的革命活动引起了国民党反动当局的注意，经常派特务进行监视和对书店的书刊进行严格检查。1940年在蒋介石发动的第一次反革命高潮中，县工委书记王芸生、共产党员阮明伦等被捕，书店被查封。今因城市改造，书店无存。

**毕节七一文具体育用品社旧址** 位于毕节城区威宁路65号。1938年底，群益书店的革命活动因引起国民党反动当局的注意。为了扩大业务，转移目标，分散特务注意力，防止特务捣乱破坏，1939年7月县工委决定：邱在先、孙师武、葛发声等人退出股金，另租用威宁路邵仁梦的房子开办七一文具体育用品社，简称“七月书店”，由葛发声任经理，王树林任营业员，有成员16人，其中共产党员8人。书店以销售体育、文化用品为掩护，继续秘密出售进步书刊，还将营业和募集到的600多块大洋，寄给重庆新华日报社作办报经费。1940年底，同群益书店一起遭到国民党毕节县党部查封，部分未转移人员被特务逮捕。今因城市改造，书店无存。

**中国工农红军川滇黔边区游击纵队贵州林口战斗遗址** 位于毕节县林口镇老街一带。1940年10月，蒋介石发动第一次反共高潮，在重庆召见了毕节林口土司后裔杨砥中，封杨为川滇黔边区“土司民众代表”“剿匪司令”，并发给杨武器弹药扩大其反共武装，全权负责川滇黔边的“剿匪”任务。为鼓励杨砥中为反共效力，蒋介石亲自题写一块“忠孝传家运、华国可长春”的匾额赠给杨，促使杨发誓“誓死效忠总裁”。杨砥中以彝族上层人物身份，得到蒋介石召见和委以重任后，趾高气扬，扬言“要铲除三省边境的赤匪”，而且把矛头直指中国工农红军川滇黔边区游击纵队贵州游击支队。为了给杨以沉重打击，11月7日詹绍武、康海平率领游击队，秘密开进离林口五里远的箱子厂驻扎，以便伺机攻打林口杨砥中。行军途中，因一个战士疏忽走漏消息，使杨早有准备。杨及时联系镇雄陇承尧民团增援的同时，以自己800余人武装，分三路主动攻击游击队。紧急时刻，詹绍武、康海平将计就计，灵活指挥。先集中兵力打败杨第一路进攻，击毙指挥杨育贤，然后又袭击杨的第二路王华斋、第三路谢超，并乘胜围攻杨的老巢林口，迫使杨求饶讲和。林口战斗的胜利，镇住了周围的地霸武装，从此杨砥中不再与游击队交恶。

**毕节燕子口攻击战遗址**　位于毕节县燕子镇口老街上。1950年农历二月二十日清晨，匪首杨兰甫、蒋有来、李保和率匪众3000余人，强占燕子口，并在周围制高点和通道烧起大火照明，以防人民解放军夜袭。当日傍晚，人民解放军毕节军分区派出2个连从县城出发，直奔燕子口，部队到达先进沟后，即兵分左、右、中三路：中路沿川滇公路正面攻击燕子口街上；左、右两路则由东、西两侧山上包抄。当东、西两路部队接近敌阵地时，被土匪发现，双方展开了激烈的夜战，接着正面部队也与土匪交上火。一时枪声四起，土匪不知来了多少解放军，趁夜逃命。燕子口攻击站击毙杨兰甫及众匪50余人，俘匪100多人，缴获步枪50多支。

**毕节亮岩保卫战遗址**　位于毕节县亮岩镇老街第五区人民政府所在地。1950年3月，匪首杨维宇（后向人民解放军投诚）、李保和在普宜小河召开有清水铺、燕子口、林口、小吉场、普宜、龙场6个乡匪首和四川古蔺县匪新一军代表参加的7方匪首会议，研究作战方案，妄图武装暴乱，颠覆新生地方人民政权。其反动计划是：第一步占领第五区人民政府所在地亮岩；第二步攻打毕节城。为防备土匪进攻，五区人民政府政委（区委书记）程汝玉，一面向县委汇报匪情，一面积极作好应战准备：部署区武工队干部李向军带领武工队员20余人，携带机枪2挺，步枪10余支，固守观音阁制高点；区委委员侯冠品、张存正带领区机关10余人，携带机枪1挺，卡宾枪2支，长短枪10余支，固守玉皇阁碉堡。农历二月二十九日中午，普宜、清水铺、小吉场、林口几股土匪共2000余人，向亮岩发起进攻。普宜匪首杨维宇、清水铺匪首薛高永、夏顺堂率部从亮岩东北公路垭口冲向街上，固守两个制高点的区武工队员和机关干部，集中火力，居高临下，猛烈向街上的土匪射击，击毙匪中队长夏金福等6人。接着，小吉场匪首李敏、王之牧率匪众沿公路向观音阁扑来。在距观音阁约40米处，遭区武工队迎头痛击，土匪死伤10余人，李、王率匪后撤。不久，林口匪首范成忠率匪众从西南方向进攻玉皇阁和观音阁，冲在前面的土匪被击毙，吓得众匪卧在原地不敢抬头。为了击退靠近玉皇阁的土匪，侯冠品等5人组成突击小组，在两个碉上的火力掩护下，向土匪发起反击，打死打伤数人，土匪慌忙撤退。进攻亮岩的三路土匪先后受挫，不敢再轻举妄动。次日清晨，人民解放军毕节军分区派一个加强排前往增援，用机枪、冲锋枪向土匪猛烈射击，激战一夜，击毙土匪20余人、伤40余人，余匪四处逃窜，土匪嚣张气焰被扑灭。

**毕节长春堡保卫战遗址**　位于毕节县长春堡镇中街四区区政府驻地。1950年4月初，赫章县遭严重匪患，县人民政府暂时撤退到毕节县第四区（长春堡区）办公。人民解放军毕节军分区派警卫连连长张文学率部驻扎长春堡，保卫赫章县人民政府和长春堡区政府的安全。5月3日，正逢长春堡赶场。自称匪师长的阮绍伯、林润，吴家屯匪团长吴殿华，张官屯匪首周光荣、周光远，赫章匪首刘洪军、刘洪熬、朱益斋、石勋等，率匪众3000余人攻打长春堡。土匪占领几处制高点，扬言要“吃掉长春堡，拿下毕节城”，气焰异常嚣张。解放军警卫连和赫章县政府共同作出战斗部署，坚决捍卫新生人民政权。县领导率机关干部坚守驻地，连长张文学率2个班攻击南面山头，胡副连长率2个排强攻东南烟灯山，二排长张克荣率1个班强攻西北山头，连指导员杨永贤率1个班和部分伤员抢占街头碉堡。方案确定后，大家同时向土匪发起攻击。经过数小时激战，警卫连占领了东、西、南三面各制高点和街头碉堡。土匪先后发起6次反击，使战斗一直持续到天黑才停止。次日拂晓，军分区派出两个连的增援部队赶到长春堡，一起向土匪发起猛攻，将土匪打败，部分残匪逃至撒拉溪兴隆。此次战斗，共歼匪340余人，警卫连牺牲战士3人，伤6人。

**毕节石梁子围歼战遗址** 位于毕节县对坡镇石梁子一带。1950年4月，匪首蒋有来在燕子口被打败后，率残匪窜至林口大坡和对坡保旺、初都等地活动。为了尽快消灭土匪，人民解放军毕节军分区于1950年5月19日，派出三路部队对土匪实施围剿：一路由作战科长刘玉满率1个连，经燕子口直插对坡初都；一路由参谋长郭海波率1个营经何官屯、对坡到大坡；一路由毕节县长马有庆、军分区征粮队长李向英、指导员孟昭俊率征粮队员和部分战士约60人，经对坡保旺直插石梁子。20日拂晓，三路部队按时到达预定地点，包围了土匪盘踞的石梁子，当正面部队与土匪交上火时，其余两路立即包抄投入战斗。激战半小时，击毙匪大队长高朝贵、石麻子及匪众50余人，俘匪大队长曹建民及匪众60余人，缴获长短枪60余支、冲锋枪2支、马1匹。匪首蒋有来只身逃往云南镇雄，后被他人枪杀。

**毕节吴家屯剿匪及反击土匪遗址** 位于毕节县吴家屯（今青场镇）老街一带。1950年5月，吴家屯匪首吴殿华，在攻打长春堡失败后，伙同"川滇黔反共救国军"参谋长杨华，率残匪100余人窜回吴家屯。6月中旬，人民解放军毕节军分区派出部队追剿，将杨华及40余名匪众活捉，并缴获轻机枪1挺、步枪40余支，吴殿华只身逃脱，后被抓获。1950年，为协助地方开展工作，毕节军分区抽调通讯连2个班，组成武工队到吴家屯。9月20日，武工队队长奉命回毕节学习，留下2个班长主持武工队工作。21日，匪师长阮绍伯伙同赫章野马川匪首刘洪熬，率匪徒500余人包围吴家屯武工队驻地，妄图置武工队于死地。武工队在两位班长的率领下，英勇战斗，与土匪激战一昼夜，击毙匪徒13人，终使土匪阴谋未得逞。此次战斗武工队无一伤亡，阮绍伯只身逃到鸭池隐藏。10月1日，阮绍伯被鸭池乡农协会员、民兵吕先明和张炳荣抓获。

**毕节卓家冲夜袭战遗址** 位于毕节县中屯卓家冲。1950年10月4日，匪营长罗德友率残匪逃窜到中屯卓家冲一带活动。当日黄昏，人民解放军毕节军分区侦察连一排奉命进剿该匪。部队经过5个小时行军到达卓家冲，将土匪包围。土匪发觉被包围后，拼命突围。部队用火力封锁土匪去路，匪首罗德友和8名匪徒只好向人民解放军缴械投降，当了俘虏。侦察连一排大获全胜，无一伤亡。

**毕节老鹰洞奇袭战遗址** 位于毕节县杨家湾镇戛木老鹰洞。1952年，县境大股土匪基本肃清，窜逃到杨家湾戛木惯匪头子周光辉，与国民党保长周光汉、周祖刚、周训田（称"四周"匪）狼狈为奸，纠集当地流氓、地痞，出没于杨家湾一带，作恶多端，残害人民。匪首周光辉先后参与杀害解放军2人，工作组长1人，村干部、积极分子和民兵26人，群众恨之入骨。为了剿灭"四周"匪，保护人民群众安全、利益，1952年8月4日，人民解放军毕节军分区由10名精干战士组成武工队，由杨家湾区武装部长王安林任队长，进驻杨家湾一带。9月8日，戛木民兵队长顾泽清和民兵刘朝忠、夏海银向武工队报告，周光辉一伙躲在戛木老鹰洞内。王安林立即带领武工队员及杨箐20多个民兵，深夜抵达老鹰洞，秘密包围洞口，同时将匪情电告军分区。军分区司令员侯国祥立即率领一个排，于次日上午11时赶到老鹰洞，亲自指挥战斗。老鹰洞地形险恶，洞口离地十余丈高，下面是河，四周悬崖峭壁，部队很难接近。司令员侯国祥经过周密计划，决定从上往下打，并抽出有战斗经验的班、排长和武工队员，组成4个爆破组。爆破组人员每人腰上系一根绳子，手拿捆有炸药包的树丫，将绳拴在树上，把人吊在洞边，再把炸药包丢进洞内。第一次未爆炸，接着丢第二次爆炸成功。洞内浓烟滚滚，隐蔽在洞口两侧的部队，趁着浓烟迅速冲进洞内，当场击死、击伤匪徒各1人，活捉匪首周光辉、周光汉。周训田因未在洞内，获悉后便化名逃往云南镇雄，9月底被杨箐民兵周光春、刘世民跟踪到镇雄将其抓获。周祖刚化名逃到赫章、镇雄、宜宾等地，后窜回杨家湾永安隐藏，次年3月15日被武工队捕获。至此，猖狂一时的“四周”匪全被歼灭。

**毕节普宜合围战遗址** 位于普宜戛拉山一带。1950年2月27日，人民解放军毕节军分区为了消灭盘踞在毕节、大方、金沙三县交界戛拉山一带股匪，决定以普宜为中心，抽调军分区特务一、三连，侦察连、通讯连各一部和一四〇团一部以及林口、燕子口、清水铺、小吉场、普宜、龙场营等区、乡武装，组成合围队伍进行围剿。3月1日，合围队伍按预定部署，分别进至县境普宜、小吉场、大屯和大方县的瓢儿井、大石板以及金沙县的龙平场，开展围歼战。此次合围战持续7天，共歼匪首单少武、曾代辉、潘荣之、杨永泉、沈西背、沈西武及匪徒250余人，缴获大炮1门、轻机枪2挺、步枪39支，刺刀14把、炮弹14发、各种枪弹1120余发、火枪2支、马5匹、牛2头、羊5只。

**毕节罩子山剿匪遗址** 位于毕节生机镇罩子山一带。1950年5月20日，毕节军分区剿匪部队在对坡石梁子围歼匪首蒋有来后，次日又兵分两路，围歼盘踞在生机罩子山一带的土匪李保和，击毙匪大队长王中祥及匪徒10余人，俘匪20余人，缴获轻机枪1挺、步枪20余支，匪首李保和只身逃到燕子口罗家坪隐藏。11月21日，被军分区公安武装和民兵围困于黄窑洞，李匪畏罪跳岩自杀。

**毕节烈士陵园** 位于毕节城区大新桥凤凰山（又叫红军山）麓，倒天河西岸的苍松翠柏之间，占地约1200余亩。陵园依山傍水，景色迤逦。1956年始建，1958年竖立革命烈士纪念碑。1985年至1986年，为纪念中国工农红军长征经过毕节50周年，省、地有关部门拨专款进行规划建设。1987年，被列为省级历史纪念地。2001年4月，被中共中央、国务院批准为全国重点烈士纪念建筑文物保护单位和国家级爱国主义教育基地。2005年7月，陵园前期维护、修葺工程竣工。2010年3月，毕节市（县级）投资470万元，再次对陵园进行改造和完善相关设施。5月，又继续投资约100万元修建烈士陈列馆，建筑面积650平方米，展区300平方米，3个展厅，当年对烈士遗物、用品、图片、资料等进行陈列并向社会开放。

陵园依山就势，逐级抬高，呈四级台地。沿着170余级石阶而上，即到陵园高大巍峨的龙门牌坊。坊高6米，宽4.7米，横额正面题“烈士千古”，背面题“浩气长存”。再沿阶梯而上，即为高达12米的烈士纪念碑。碑青石质，重檐歇山式，攒尖宝顶，须弥座。正面阴刻仿宋体“革命烈士纪念碑”七个大字。重檐下四方浮雕五角星及姿态各异的象征和平的吉祥鸟——鸽子。碑左题“继承烈士革命事业，学习烈士革命精神”，右题词“功在人民虽死犹荣”，背面则刻烈士名单。今陵园内有烈士茔墓近150座，安眠着从红军时期至毕节解放初期的烈士英灵。

**大方中华苏维埃人民共和国川滇黔省革命委员会旧址** 位于城区文星街原福音堂内，此福音堂为清末德国传教士在大定传教时所建的内地教堂。仿德式建筑，门厅及礼拜堂分别为一层砖木攒尖结构，占地约250平方米；传教士宿舍为双重檐攒尖式砖木结构，占地180平方米，三层楼房，长11米，宽8米，高11.92米。1936年2月初，中国工农红军红二、红六军团，在黔大毕苏区大定县城成立了中华苏维埃人民共和国川滇黔省革命委员会，在福音堂里办公。1985年，政府拨款修复。中楼下面悬挂萧克书写的中华苏维埃人民共和国川滇黔省革命委员会旧址横匾。旧址陈列展出“红军在大方”文物展览。2006年被公布为全国重点文物保护单位。

**黔西红二、红六军团临时指挥所旧址** 位于洪水乡洪水小学内。占地约5000平方米，硬山式青瓦顶砖木结构建筑，坐北向南，面阔11米，进深21米许。1936年2月1日，中国工农红军红二、红六军团在贺龙、萧克、任弼时、王震、关向应等的率领下，强渡鸭池河，进入黔西县境，部队分驻沙窝、化石、雨朵、大关、白泥田、洪水、高家场、林泉等地。红军临时指挥所设在洪水戴家大屋。黔西解放后，此屋改作学校。

**黔西大关盐号旧址** 位于大关镇中心街。1936年2月2日，红二、红六军团在大关打开土豪盐仓，将盐发给贫苦百姓。盐号为晚清建筑，硬山式砖木结构四合院，面阔3间，通面阔15米，进深20米，建筑面积约350平方米。黔西解放后，为大关供销社营业厅和仓库。

**赫章野马川会议旧址** 位于野马川镇所在地。清末民初建，木结构，覆瓦。前院临街，面阔5间；后院为四合院楼房。左侧连接庭院后楼，配筑5层石碉一座。1936年2月17日，红二、红六军团曾在此召开会议，党史称“野马川会议”。赫章解放后，为野马川区公所办公用房。1974年后，撤毁。

**金沙白云寺洞新场党总支第一次全体会议旧址** 位于西洛乡金槐白云寺。1938年10月，中共贵州省工委秦天真到新场（金沙）发展李绍夫等20人入党，在此举行集体入党宣誓仪式，并建立新场党总支委员会。建筑已毁，其狮、象石雕尚存。1988年中共金沙县委在此竖碑一通，以示纪念。

**大方观音洞中共党组织秘密联络旧址** 位于鸡场乡西南500米半山腰观音洞，洞口高3米，宽7米，占地150余平方米。明末清初，洞前建有寺庙。20世纪40年代，中共羊场坝特别支部曾在此开会，组织秘密革命活动，成为革命活动秘密联络点。

**大方七家田伏击战指挥所旧址** 位于东关乡七家田，占地60余平方米。1936年2月，红二、红六军团右翼部队郭鹏师部驻符家寨，指挥七家田伏击战，消灭国民党军郝梦麟纵队先锋加强营。旧址正房3间，面阔9米，进深7米，为穿斗式悬山青瓦顶木结构建筑。已被公布为县级文物保护单位。

**大方六寨苗族游击队成立活动旧址** 位于八堡乡复兴上寨，五柱三间草木装板竹角结构，清嘉庆年间建，占地150平方米。1936年2月，红六军团政治部巡视团主任谢忠光等三位同志和六寨苗族九位代表在此召开会议，宣布成立一支由30多名苗族游击骨干组成的六寨苗民游击队。今房屋骨架及装板保存尚好，室内存谢忠光睡床一间，办公桌一张。

**赫章江南村苏维埃政权旧址**　位于平山乡江南庄子上。1936年2月27日，红二、红六军团撤离毕节，向赫章方向移动。29日，红军攻占七星关，进驻平山江南，并在江南发动群众打土豪、分田地，建立江南村苏维埃政权。房屋为三合院建筑一幢，面阔三间，长14.5米，进深8.5米，木雕、石雕工艺精湛，艺术价值较高。

**金沙大塘河红军渡口**　位于后山乡幸福大塘河乌江边，为1935年中央红军战略转移的渡江地点。后建乌江水库，原渡口淹没，今渡口上移。

**金沙菜子坳红军战斗遗址**　位于木孔镇阳坝石槽，占地6000余平方米。1935年4月5日，红九军团在阳坝田菜籽坳设伏，经一天激战，击退尾追黔军犹国才部七个团，消灭敌人300余人，俘敌1800多人（含团副2人），缴获长、短枪支1000余支。这一仗使红九军团切掉“尾巴”摆脱敌人，争取了主动。1975年底至1985年，当地农户肖华轩等向有关部门提供战斗遗物数件。2008年7月，中共金沙县委、县人民政府在此竖立“红九军团菜籽坳战斗胜利纪念碑”。

**金沙鹞子洞红军战斗遗址**　位于石场乡新街安家坡一绝壁之上鹞子洞。洞口下离阴河高30米，洞口高约10米，由侧面一条从半崖中凿出的险路进洞，民国时为地方反动武装周猫龙盘踞之处。1935年4月6日，红九军团一部在此与周交战，经3小时制敌获胜。今洞口残存石、土墙各一段，外石墙、内土墙，均高约4米，长3米，厚2米。为中央红军转战黔北留下的战斗遗址之一。

**黔西鸭池河红军渡江遗址**　位于大关镇丘陵瓦房。今残存两岸石阶、石凳，321国道从上游1千米处经过。鸭池河为乌江上游干流，水西门户，汉称延江、夹水，元称鸭水，明后始称鸭池河。渡口两岸岩壁陡峭，水流湍急，史有鸭池天险之称。元设渡口，并在北岸设鸭水县。明天启三年（1623），总兵张彦芳、副总兵秦明屏率兵与水西宣慰同知安邦彦战于此，官兵大溃，退保威清卫。清咸丰四年（1854），苗民义军在此大战清军。1936年2月，红二、红六军团在贺龙、任弼时、萧克、王震等的率领下，强渡此渡口，进入黔西北境，创建了黔大毕红色苏区。

**黔西枷担湾战斗遗址**　位于定新乡枷担湾，山高坡陡，树木茂密，一条小石路蜿蜒顺河谷而行，为黔西至金沙（打鼓新场）的必经之路。1936年2月9日，为阻止蒋介石嫡系万耀煌纵队的围追，红军在此与万部激战。战斗从9日中午12点打响，多次发生激战，直至11日结束。此次战斗，红军相继在渭河、火金山、青岗寨、象鼻岭一带与敌短兵相接，殊死搏战。万敌遗尸200余具，红军第18团参谋长贺崇禄同一些战士在战斗中壮烈牺牲。

**大方红九军团猫场战斗遗址**　位于猫场镇长征东，占地4000平方米。1935年4月15日，掩护主力红军北渡乌江之后的红九军团到达猫场宿营，16日凌晨，国民党黔军王家烈部刘鹤鸣团伙同当地土匪、地主武装偷袭红九军团，红军与敌发生激战。为了纪念此次战斗，1985年大方县委、县人民政府拨款修筑“红九军团猫场战斗烈士纪念碑”。碑基平台长40米，宽25米，占地100平方米。纪念碑立于平台中央，平顶塔式，高3.48米。正面由黄火青题写碑铭；背面为县政府撰写的碑文：1935年3月下旬，中国工农红军第九军团在罗炳辉、何长工、王首道、黄火青、郭天明等人率领下，长征途经大定长岩、瓢儿井、八堡、取道小坝、凉水、响水、双山、素合、牛集，到达猫场。4月16日凌晨，国民党黔军尾随而至，纠合当地地主武装，分三路向红九军团驻地偷袭。1985年被公布县级文物保护单位。

猫场战斗纪念碑

**大方梯子岩战斗遗址** 位于猫场镇长沙岩脚。梯子岩，又称鸡飞岩，处在九洞天风景区中，是纳雍与大方的交界点。梯子岩栈道为明嘉靖年间筑，是大方通往水城的要道，青石铺墁，今存长约3千米，宽1~1.5米，占地4500平方米。岩壁栈道，宛若天梯，故名梯子岩。1935年4月16日，红九军团在猫场，遭到国民党军队和地方土匪、地主武装袭击后，经一天一夜的激战，向梯子岩方向突围，于次日凌晨4时退到梯子岩脚下，侦察连迅速登上梯子岩，用轻重机枪封锁敌人的追击，掩护大部队通过梯子岩天险，进入纳雍，顺利地向云南挺进。

将军山战役纪念碑

**大方将军山战斗遗址** 位于东关乡七家田村东2千米。1936年2月19日，为了保卫苏区，萧克率十七师、十八师五十三团在将军山痛击国民党军万耀煌部先头部队，歼灭敌“尖兵营”7个连，俘敌300余人，缴获步枪300余支、机枪9挺。为了纪念此次战斗胜利，1985年大方县委、县人民政府拨款修筑“将军山之役纪念碑”。碑高15米，碑文为1984年1月7日萧克所题。

**赫章川滇黔边区游击纵队战斗遗址** 位于野马川镇新田一峡谷地带的偏坡上，坡下是深切的河谷。1935年8月，中国工农红军川滇黔边区游击纵队为掩护红军长征取道镇雄，进占赫章，在赫章、毕节、镇雄边境一带开展活动。8月17日，红军游击纵队800余人从杨家湾奔袭金山，活捉地主朱益山等人，将其财产分给当地百姓。

**赫章川滇黔边区游击纵队水坡战斗遗址** 位于赫章县城关水沟坡一东西走向的狭长山间谷地。1935年8月18日，川滇黔边区游击纵队从金山过乌木拟攻赫章，行至水沟坡与前来阻击的国民党赫章县政府特务和地方民团武装200余人展开战斗，战斗持续3小时，毙敌10余人，缴获枪支10余支，俘获民团头目张耀宗，吓退特务头子沈义方。

**赫章平山堡红军战斗遗址** 位于平山乡北。1936年3月初，红二、红六军团进攻平山堡，战斗一天一夜，击溃大地主朱益斋等民团武装，击毙击伤敌人30余人，活捉敌人70余人，缴获各类枪支30余支，烧毁敌碉堡3座。

**赫章财神塘红军战斗遗址** 位于财神镇一带山间谷地。1936年3月14日，红二、红六军团一部从哲庄坝转移到财神塘，国民党军队派出5个纵队于此堵截红军，敌我双方展开激烈战斗，最后红军取得胜利。

**赫章以则河红军战斗遗址** 位于河镇乡以则舍虎梁子、飞来梁子、安家坪子和海拉梁子之间的峡谷地带，主要区域为从倮依以下至煤炭沟约2千米，宽约1.5千米的范围，包括了舍虎梁子、呆摸梁子、蒋家河坝、倮依沟、歹兔垭口等地点。今倮依梁子等处仍存战壕迹象。

**赫章哲庄坝红军战斗遗址** 位于哲庄乡桃园大垭口，遗址占地2.2公顷。1936年3月12日，红二、红六军团根据野马川会议精神，决定在乌蒙山区与敌周旋。哲庄坝战斗是红军与敌万耀煌纵队第九十九师和第十三师打的一次伏击战，此次战斗歼敌两个团，红十八团政委余秋里负伤失去左臂。为纪念此次战斗，1982年，中共赫章县委、县人民政府在桃园大垭口竖立一座红军战斗遗址纪念碑，并将席大明等烈士的坟墓迁葬于此。

哲庄坝红军战斗遗址纪念碑

**纳雍一棵树剿匪战斗遗址** 位于寨乐乡平桥拜林，为纳雍解放初期剿灭匪首江洪开之地。江洪开是纳雍县解放初期杀人最多，危害最大，最顽固的土匪头子。1952年11月18日清晨至下午6时，解放军和当地民兵等将江洪开围困于拜林一棵树，经激战，江被当场击毙在一棵树下，其余匪徒被消灭或被俘。此仗将纳雍县最顽固的一股土匪彻底消灭。毕节军分区参谋马明珠为消灭江匪，牺牲于此。

**黔西牛场坡战斗遗址** 位于定新乡英雄龙洞沟。1950年3月21日，解放军一四〇团二营四连一个排，去金沙送信返回。次日途中，在龙洞沟被土匪黄明志、刘俊卿集结匪徒400余人伏击，战斗从中午一直打到黄昏。解放军副政治指导员王金榜、副排长王仲国及战士26人壮烈牺牲。

## 三 纪念建筑

**威宁抗日阵亡将士纪念标** 位于威宁县城关一小内，为等边三棱剑式造型。一度被推倒。1982年底，修筑学校大门保坎时掘出，标文尚完好。标座高0.48米，标高2.17米，下部棱面各0.6米，标锋0.36米。标座三个棱面均有阴刻魏碑题词，下面镌：抗日阵亡将士纪念标建立纪念，正中刻：为国争光，为驻军师长何应昆所题；右面刻：千古流芳，为当时国民党县党部书记长颜明璋题；另面标文剥蚀难辨。标身题字：抗战死难同胞纪念碑，左下落款：中华民国二十八年七月七日贵州全省抗敌后援总会威宁分会建。

**黔西红军强渡鸭池河纪念碑** 位于大关镇丘林小箐坡，为纪念1936年2月2日中国工农红军红二、红六军团胜利强渡天堑鸭池河而立。两平台，第一平台由公路分东西路经水泥梯而上，台壁上嵌鸡血大理石，阴刻“红军强渡鸭池河天险纪念”10个大字。第二平台由第一平台拾级而上，纪念碑立于正中。碑体以混凝土浇制，白色马赛克贴面，第一级高3.6米，寓红军1936年渡河；中镶杜鹃花一束，象征黔西各族人民将本地名花献给红军。碑顶一组塑像，高2.6米，一艘小船载着3名红军指战员乘风破浪前进，再现当年红军强渡鸭池河天险英姿。

**黔西英雄桥烈士纪念碑** 位于定新乡英雄龙洞沟。英雄桥原名太平桥，清道光年间修建。1936年2月，红二军团六师十八团参谋长贺崇禄和一批战士在此阻击国民党军队，英勇献身。1950年春，国民党军队残部在黔西勾结地方反动势力组织叛乱。是年3月7日上午11时左右，中国人民解放军一四〇团某排奉命进剿，回经龙洞沟，被国民党保安六团蔡国祥、金沙贯匪吴向云等率匪徒2000余人狙击，全排指战员壮烈牺牲。此后，黔西县人民政府将太平桥命名为英雄桥，并于1985年在桥北岸修建纪念碑。纪念碑离桥50余米，高出金黔公路10余米，碑地分两平台，第一平台长30米，宽30米，左右两边建四角亭，亭内各安置一块镌刻红军、解放军在龙洞沟壮烈牺牲的英雄业绩的横碑。第二平台为长方形，长20米，宽5米，四周有栏杆，纪念碑矗立平台正中。碑体以水泥浇制，白色马赛克贴面，高8.6米，下面用鸡血大理石刻“革命烈士永垂不朽”8个大字，碑顶塑红军和解放军形象。

**大方黄家坝阻击战纪念碑** 位于普底乡新丰南3.5千米处。1936年2月19日，红二军团六师在黄家坝击溃国民党军郝梦龄纵队先头团，缴获步枪60余支、轻机枪1挺。1985年大方县人民政府修建。碑为横长须弥座立面式。碑全高2.98米，长2.2米，碑面横宽1米，厚0.25米，前面横书“黄家坝阻击战纪念碑”，背面为碑记铭文。

**大方将军山战役纪念碑** 位于东关乡七家田将军山。建筑占地3200平方米，依山而建，108级10.4米宽的混凝土踏跺上至广场。广场1140平方米，前有混凝土浇制的两道柱花板栏栅，后靠山筑有长40米，高1.92米的挡土保坎。纪念碑立于广场中央，全高15.35米，其中碑座高2米，长宽各3.5米，四方嵌大理石，前后刻正楷直书铭文，左右刻白描战场画面。碑身基部2.2平方米，呈塔形向上延伸，下面嵌入长8米、宽0.9米的大理石，上刻萧克将军题写“将军山之役纪念碑”8个大字。碑顶为1.95米高的宝盖。1936年2月19日凌晨，为保卫黔定毕苏区，红六军团十七师在七家田狙击从大定向毕节进犯之敌，歼敌7个连。1985年，大方县人民政府树立此碑，以示纪念。

**赫章哲庄坝红军战斗遗址纪念碑** 位于哲庄乡桃园大丫口茶山巅。青石碑体，等边正方形。碑座分两层：第一层宽4米，第二层宽3.6米，高2米。碑体高6米，四面等边各1.4米。碑帽宽4米，高1米，通高9米。碑面用墨晶玉大理石镶嵌。由廖汉生题写碑名，竖向镌刻于正面。背面竖向隶书镌刻乌蒙山回旋战简介，均用贴金修饰。碑前修平台2个。由赫章镇雄公路左侧达平台筑有90余级台阶，阶梯顶端立一碑志。1936年3月，红二、红六军团转战于乌蒙山区的贵州赫章、威宁和云南镇雄、彝良等县，12日，红四师、五师、六师在哲庄坝伏击敌万耀煌纵队十三师，歼敌两个团，打死打伤敌营以下军官17人，士兵150余人，缴获轻重枪支300余支。1986年，毕节地区行署，赫章县人民政府拨款竖立哲庄坝红军战斗遗址纪念碑。

**金沙钱壮飞烈士纪念碑** 位于沙土镇观音山顶，为中共金沙县委、县人民政府1990年立，以纪念1935年随中央红军长征到遵义，在金沙后山乌江边遭土匪杀害的中央军委政治部副秘书长、被誉为中共特工“龙潭三杰”的钱壮飞。钢筋水泥结构，坐北朝南，占地约200平方米。二层台碑座上塑四棱形制碑身。碑座底边阔约4米，二层台边坐阔约2米，碑身边阔约1.2米并逐一收分攒尖，通高7米。二层台座及碑身的南北面各嵌有不同规格的墨晶大理石一方，南侧镌有“钱壮飞烈士纪念碑”8个大字，北侧镌有缅怀词。

**金沙吴正卿烈士纪念碑** 位于城区戴家堡。1985年，中共金沙县委、金沙县人民政府立，以纪念红二、红六军团长征途中，经打鼓新场（今金沙县）大定坡与敌作战不幸壮烈牺牲的红十七师师长吴正卿。占地约80平方米，钢筋混凝土结构，五级台四棱形制。碑座边长4.9米，由此向上逐渐收分攒火炬顶，通高7米。距碑座四周各1.45米处，均置长虹装饰四道。碑身、碑座之向面和背面，各嵌墨黑大理石一方。碑身向面系萧克题“吴正卿烈士纪念碑”，背面为刘转连题“吴正卿同志的革命献身精神永远活在人民心中”。碑座向面和背面阴刻楷书吴正卿烈士生平和缅怀词。

**毕节鸡鸣三省纪念碑** 位于林口镇鸡鸣三省村观音岩一小山之巅。1996年2月5日，中共毕节地委、毕节地区行署，中共毕节市委、毕节市人民政府和中共林口镇党委、林口镇政府立。碑座设两平台，第一平台圆形，设护栏；第二平台三棱形，三面刻竖立单位名称；碑体高约2.5米，三棱形，上部略窄，正面刻萧克题写的碑名“鸡鸣三省”三个大字，右侧一面刻1935年2月5日中央政治局鸡鸣三省会议的简略介绍碑文；碑顶安装铁质红色五角星。

**毕节夏曦烈士纪念碑** 位于杨家湾镇七星关，坐北向南，面对七星桥。1985年，中共毕节县委、县人民政府立，以纪念红二、红六军团过七星关时，因涉水不幸牺牲的红六军团政治部主任夏曦。碑立在距七星桥90余米的陡坡上，分四层平台，各层均用毛石保坎，水泥踏步梯，依山势次第升高。由山脚而上，步行70余米的毛路，入第一层台。第二层台呈八字形，可双边行人。双梯中间石壁上，嵌大理石一方，其上阴刻楷书“夏曦烈士纪念碑志”。四层台宽15—22米，深4—15米，各台高约3.1米。纪念碑建于第四层台中央，碑正面、背面均嵌大理石，镌萧克亲题的“夏曦同志纪念碑”7个大字。碑座阴刻楷书小字碑文，记述夏曦烈士生平。碑通高11米，通体用青石琢制而成。上置碑帽，下有须弥座和台基。碑宽边长1.2米×1.2米，须弥座边长2.1米×2.1米，束腰处1.7米×1.7米，台基边上3.3米×3.3米。

**大方戛木战斗烈士纪念碑** 位于黄泥乡戛木，占地200平方米。1950年2月，人民解放军某连副排长阎庆瑞奉命带领战士郭旗玉、吴兴起等11人同教师征粮队一起进入戛木，与当地群众开展征粮剿匪工作。3月11日下午1时，11位英雄与匪众展开搏斗，掩护征粮队安全转移，最后终因寡不敌众，全部壮烈牺牲。1957年7月30日，县人民政府立此碑以纪念英烈。

**纳雍武佐烈士纪念碑** 位于老凹坝乡新街，立于1970年，纪念1950年在武佐剿匪战斗中牺牲的指导员许云芝等28名烈士。烈士墓坐西向东。纪念碑高4.94米，宽1.02米，碑顶有一红五角星。碑四面各嵌有一块长1.68米，宽0.65米书刻的石碑。正面阴刻直书："革命先烈永垂不朽"八个大字。许云芝（1911～1950）：汉族，山东省单县徐集镇许集村人。幼年讨过饭，给地主当童工，饱受虐待。稍大逃离地主家门，到冯玉祥部当兵。1940年离开冯部，回到家乡加入中国共产党，领导家乡群众开展抗日游击活动，任自卫队长。1946年担任芳桂区（今徐集镇）民运干事、武委会副主任、副区长等职。1948年春，受中共党组织指派到关帝庙、奶奶庙、初楼一带为军、烈家属送困难补助款，巧妙越过敌人多重哨卡，把钱送到军、烈属困难户手中，圆满完成任务。同年，许云芝带领6名同志在万庄工作，被国民党部队一个营包围，在群众配合下，他指挥同志们英勇反击，巧妙周旋至拂晓，指挥百多名群众撤离，无一伤亡。又一次，国民党地方部队一个排袭击阮庄，抢走公粮2000多公斤，许云芝和区负责人邵海明率10余人击溃敌人，粮食悉数夺回。1949年，从山东荷集南下江西省乐平县，任第四区副区长。西进贵州后任织金县三塘区副区长。1950年2月调到纳雍，和吴骥吾一起负责乐治、武佐片区剿匪、征粮工作。3月25日，许云芝带一个班战士和征粮队员一行18人，分作三组抵达武佐。一组留驻乡政府，两组深入村寨。遭到国民党武佐乡乡长刘银安匪部袭击。匪众50多人分三股扑向三处工作队驻地。许云芝得知消息，持枪奔乡政府驻地与工作队会合，途中几次负伤，穿越土匪三道埋伏，最后献出了年轻生命，工作队14人同时殉难，遗骸安葬于乐治烈士陵园。

## 第六节　文物保护与管理

### 一　文物管理机构

1978年后，毕节地区文化局明确专人负责文物工作，各县亦然。

1984年4月，毕节地区行署组建成立毕节地区文物管理委员会，下设办公室，设在毕节地区文化局，时编制3人，负责全区文物保护管理工作。2006年，在原毕节地区文物管理委员会办公室的基础上，成立了毕节市文物局（加挂毕节市非物质文化遗产保护局牌子），编制增加到6人。

1983年8月，织金县文物管理所成立。1984年9月，毕节县文物管理所成立。1984年，威宁文物管理所成立。1986年7月，金沙县文物管理所成立。1985年，黔西县文物管理所成立。2011年11月升格更名为黔西县文化遗产局，负责文物、非物质文化遗产的保护管理工作。1985年1

月，赫章县文物管理所成立。2003年6月，升格更名为赫章县文物事业管理局（加挂非物质文化遗产局牌子），负责全县文物、非遗保护工作。2003年，赫章县可乐遗址文物执法大队成立。2004年，毕节大屯土司庄园文物管理所建立。1985年，大方县文物管理所成立。2006年，在原文物管理所的基础上，升级更名为大方县文化遗产局，负责全县的文物保护管理、非物质文化遗产保护管理工作。1986年4月，在毕节地区管理使用的川滇黔省革命委员会旧址、红六军团政治部旧址的基础上，成立了毕节地区博物馆。1994年，大方县成立了大方奢香彝文化博物馆。

## 二　文物普查

在国家文物局的统一安排部署下，于1982年、1987年、2008年开展了三次较为全面的文物普查工作。通过普查，今已查出文物点近2000处。通过多次的申报和各级公布，全区公布各级文物保护单位388处，其中，全国重点文物保护单位8处（51个文物点），省级文物保护单位27处，市级文物保护单位34处，县级文物保护单位319处。登录国家保护文物点858处。

2011年起，在国家文物局的统一安排部署下，开展了全国国有单位可移动文物普查工作，毕节地区普查登录可移动文物3500余件（套）。

织金隆兴寺

## 三　历史文化宣传教育阵地建设

全区在逐步建立和完善中华苏维埃人民共和国川滇黔省革命委员会旧址、红六军团政治部旧址、贵州抗日救国军司令部旧址、毕节烈士陵园陈列馆、钱壮飞烈士纪念馆等红色文化专题馆和大方奢香彝族文化博物馆、威宁文化遗产陈列室、赫章夜郎文化陈列室、织金丁保贞纪念馆、毕节大屯土司庄园彝族建筑艺术陈列馆、毕节博物馆等的基础上，着手进行鸡鸣三省会议会址的考证和林青纪念馆、徐健生故居、毕节历史文物陈列馆、毕节古城、七星关古城、织金古城、赫章可乐遗址等的保护、规划、建设。同时，通过文物保护、建设与利用，面向社会开放了一些文物保护单位。开放的文物保护单位有：

毕节市：中华苏维埃人民共和国川滇黔省革命委员会旧址、红六军团政治部旧址、贵州抗日救国军司令部旧址、毕节烈士陵园陈列馆、陕西会馆、邻里小学、大屯土司庄园、惠泉寺、灵峰寺、北镇关等。

大方县：中华苏维埃人民共和国川滇黔省革命委员会旧址、奢香彝族文化博物馆、庆云楼、斗姆阁、双烈园、扶风塔、奎峰塔、联壁塔、将军山战斗遗址纪念碑等。

金沙县：钱壮飞烈士纪念馆、吴正卿烈士陵园、敖氏墓群石刻、罗氏墓群石刻、清池万寿宫、邢氏贞节牌坊、凤鸣山寺、高岩寺等。

织金县：东山、鱼山、财神庙、文昌宫、文昌阁、小街龙王庙、回龙庵、斗姥阁、保安寺、黑神庙、南门塔、白衣庵、紫竹庵等。

威宁县：凤山寺、玉皇阁、牛棚土目庄园、石门光华学校旧址等。

赫章县：茶园大垭口战斗遗址。

## 四　实施“五古”保护建设工程

2010年，毕节地区将文物保护、历史文化复兴，纳入各级政府重要工作议事日程，抢救了一批面临损毁的文物，修缮了一批重要的文物点，一批已消亡的“古城”在规划建设中得到恢复，大量民族民间传统文化得到充分挖掘、保护传承和利用，各具民族文化特色的乡村应运而生，成为文化旅游的亮点、热点。

织金月华桥

## 五　科学编制保护规划

毕节地区先后组织编制完成了全国重点文物保护单位《赫章可乐遗址保护规划》《赫章可乐国家考古遗址公园建设规划》《黔西观音洞遗址保护规划》《川滇黔省革命委员会旧址抢救性维修方案》及《防雷、消防工程立项报告》《织金古建筑群修缮方案》及《防雷、消防工程立项报告》《防雷工程设计方案》《七星关大屯土司庄园修缮设计方案》及《防雷、消防工程立项报告》《茶马古道·贵州毕节段·金沙清池万寿宫修缮勘查设计方案》及《防雷、消防工程立项报告》《茶马古道·贵州毕节段·七星关陕西会馆修缮勘查设计方案》及《防雷、消防工程立项报告》《茶马古道·贵州毕节段·金沙罗马街义昌隆盐号修缮方案》及《防雷、消防工程立项报告》等规划方案的编制工作，通过积极申报，一些重点文物保护单位的消防、防雷等安全防范工程项目建设取得进展。

## 全国重点文物保护单位（8处51个文物点）表

| 序号 | 文物保护单位名称 | 批次或公布日期 | 年代 | 类别 | 级别 | 所在地址 | | | |
|---|---|---|---|---|---|---|---|---|---|
| | | | | | | 市（地、州） | 市（县、区） | 镇（乡） | 村 |
| 1 | 毕节大屯土司庄园 | 1988 第三批 | 清 | 古建筑 | 国保 | 毕节市 | 七星关区 | 大屯乡 | 大屯村 |
| 2 | 大方奢香墓 | 1988 第三批 | 明 | 古墓葬 | 国保 | 毕节市 | 大方县 | 城关镇 | 乌龙坡 |
| 3 | 黔西观音洞文化遗址 | 2001 第五批 | 旧石器 | 古遗址 | 国保 | 毕节市 | 黔西县 | 沙井乡 | 沙井村 |
| 4 | 赫章可乐遗址 | 2001 第五批 | 秦汉 | 古遗址 | 国保 | 毕节市 | 赫章县 | 可乐镇 | |
| 5 | 1.毕节川滇黔省革命委员会旧址 | 2006 第六批 | 近现代 | 纪念建筑 | 国保 | 毕节市 | 七星关区 | 城关镇 | 百花路19号 |
| 5 | 2.红六军团政治部旧址 | 2006 | 近现代 | 纪念建筑 | 国保 | 毕节市 | 七星关区 | 城关镇 | 中山路34号 |
| 5 | 3.毕节“贵州抗日救国军司令部旧址” | 2006 | 近现代 | 纪念建筑 | 国保 | 毕节市 | 七星关区 | 城关镇 | 和平路47号 |
| 5 | 4.大方川滇黔省革命委员会旧址 | 2006 | 近现代 | 纪念建筑 | 国保 | 毕节市 | 大方县 | 城关镇 | 文星街 |
| 6 | 1.织金东山 | 2006 | 清 | 古建筑 | 国保 | 毕节市 | 织金县 | 城关镇 | 工业路南侧中段 |
| 6 | 2.织金黑神庙 | 2006 | 清 | 古建筑 | 国保 | 毕节市 | 织金县 | 城关镇 | 鱼星大道北端 |
| 6 | 3.织金文昌阁 | 2006 | 清 | 古建筑 | 国保 | 毕节市 | 织金县 | 城关镇 | 双堰路435号 |
| 6 | 4.织金保安寺 | 2006 | 清 | 古建筑 | 国保 | 毕节市 | 织金县 | 三甲乡 | 乡三甲村街上组 |
| 6 | 5.织金财神庙 | 2006 | 清 | 古建筑 | 国保 | 毕节市 | 织金县 | 城关镇 | 新华北路70号 |
| 6 | 6.织金斗姥阁 | 2006 | 清 | 古建筑 | 国保 | 毕节市 | 织金县 | 城关镇 | 沿河路 |
| 6 | 7.织金玉皇阁 | 2006 | 清 | 古建筑 | 国保 | 毕节市 | 织金县 | 城关镇 | 玉屏路 |
| 6 | 8.织金月华桥 | 2006 | 清 | 古建筑 | 国保 | 毕节市 | 织金县 | 城关镇 | 太平社区 |
| 6 | 9.织金回龙庵 | 2006 | 清 | 古建筑 | 国保 | 毕节市 | 织金县 | 城关镇 | 太平社区共同路31号 |
| 6 | 10.织金炎帝庙 | 2006 | 清 | 古建筑 | 国保 | 毕节市 | 织金县 | 城关镇 | 太平社区南林路47号 |
| 6 | 11.织金太平桥 | 2006 | 清 | 古建筑 | 国保 | 毕节市 | 织金县 | 城关镇 | 太平社区 |
| 6 | 12.织金日升桥 | 2006 | 清 | 古建筑 | 国保 | 毕节市 | 织金县 | 城关镇 | 太平社区 |
| 6 | 13.织金童生桥 | 2006 | 清 | 古建筑 | 国保 | 毕节市 | 织金县 | 城关镇 | 太平社区 |
| 6 | 14.织金小街龙王庙 | 2006 | 清 | 古建筑 | 国保 | 毕节市 | 织金县 | 城关镇 | 金南社区四方井村一街 |

续表

| 序号 | 文物保护单位名称 | 批次或公布日期 | 年代 | 类别 | 级别 | 所在地址 | | | |
|---|---|---|---|---|---|---|---|---|---|
| | | | | | | 市（地、州） | 市（县、区） | 镇（乡） | 村 |
| 6 | 15.织金仲机桥 | 2006 | 清 | 古建筑 | 国保 | 毕节市 | 织金县 | 三甲乡 | 乡三甲村街上组 |
| 6 | 16.织金南门塔 | 2006 | 清 | 古建筑 | 国保 | 毕节市 | 织金县 | 城关镇 | 金南社区白马村 |
| 6 | 17.织金南塔 | 2006 | 清 | 古建筑 | 国保 | 毕节市 | 织金县 | 城关镇 | 金东社区 |
| 6 | 18.织金白衣庵 | 2006 | 清 | 古建筑 | 国保 | 毕节市 | 织金县 | 城关镇 | 白玉巷 |
| 6 | 19.织金兴隆桥 | 2006 | 清 | 古建筑 | 国保 | 毕节市 | 织金县 | 城关镇 | 双堰社区 |
| 6 | 20.织金隆兴寺 | 2006 | 清 | 古建筑 | 国保 | 毕节市 | 织金县 | 城关镇 | 双堰路 |
| 6 | 21.织金紫竹庵 | 2006 | 清 | 古建筑 | 国保 | 毕节市 | 织金县 | 城关镇 | 金南社区紫竹路59号 |
| 6 | 22.织金寿佛寺 | 2006 | 清 | 古建筑 | 国保 | 毕节市 | 织金县 | 城关镇 | 新华南路 |
| 6 | 23.织金回龙桥 | 2006 | 清 | 古建筑 | 国保 | 毕节市 | 织金县 | 城关镇 | 太平社区 |
| 6 | 24.织金杨泗将军庙 | 2006 | 清 | 古建筑 | 国保 | 毕节市 | 织金县 | 城关镇 | 双堰路 |
| 6 | 25.织金文庙 | 2006 | 清 | 古建筑 | 国保 | 毕节市 | 织金县 | 城关镇 | 金西路（现织金一小所在地） |
| 7 | 敖氏和罗氏墓群石刻 | 2013 第七批 | 清 | 石窟寺及石刻 | 国保 | 毕节市 | 金沙县 | 石场乡 | 鹿崽楼村东 |
| 8 | 茶马古道　（贵州段）<br>1. 甘棠古道<br>2. 谷里古道<br>3. 阁雅古道<br>4. 毕节陕西会馆<br>5. 七星关古道<br>6. 七星关摩崖<br>7. 鹦哥嘴古道<br>8. 四堡古道<br>9. 六洞桥长堤<br>10. 营洪古道（含可渡桥.翠屏山摩崖石刻.飞虹跨鹤摩崖石刻）<br>11. 义盛隆商号<br>12. 清池江西会馆<br>13. 清池节孝坊<br>14. 鱼塘河古道<br>15. 鱼塘河义渡石刻<br>16. 黑泥哨古道（含刘氏贞节坊） | 2013 | 唐至民国 | 古遗址 | 国保 | 跨省区市 | | | |

## 省级文物保护单位（27处）表

| 序号 | 文物保护单位名称 | 批次或公布日期 | 年代 | 类别 | 级别 | 所在地址 | | | |
|---|---|---|---|---|---|---|---|---|---|
| | | | | | | 市（地、州） | 市（县、区） | 镇（乡） | 村 |
| 1 | 毕节青场瓦窑村古遗址 | 1985 | 商 | 古遗址 | 省级 | 毕节市 | 七星关区 | 青场镇 | 瓦窑村 |
| 2 | 毕节海子街大洞 | 1999 | 旧石器 | 古遗址 | 省级 | 毕节市 | 七星关区 | 海子街镇 | 周家桥村 |
| 3 | 毕节青场老鸦洞 | 1999 | 旧石器 | 古遗址 | 省级 | 毕节市 | 七星关区 | 青场镇 | 大湾寨村 |
| 4 | 毕节海子街扁洞 | 1999 | 旧石器 | 古遗址 | 省级 | 毕节市 | 七星关区 | 海子街镇 | 周家桥村 |
| 5 | 毕节猪拱箐苗民起义遗址 | 1982 | 清 | 古遗址 | 省级 | 毕节市 | 七星关区 | 青场镇 | 大山村 |
| 6 | 大方慕俄格城堡遗址 | 1986 | 明 | 古遗址 | 省级 | 毕节市 | 大方县 | 城关镇 | 奢香路 |
| 7 | 大方九层衙遗址 | 1986 | 明 | 古遗址 | 省级 | 毕节市 | 大方县 | 城关镇 | 陇公村 |
| 8 | 大方千岁衢碑 | 1982 | 明 | 摩崖 | 省级 | 毕节市 | 大方县 | 高店乡 | 白布村 |
| 9 | 大方大渡河桥 | 1982 | 明 | 古建筑 | 省级 | 毕节市 | 大方县 | 黄泥塘镇 | 洪家渡水淹区 |
| 10 | 黔西李世杰墓 | 1984 | 清 | 古墓葬 | 省级 | 毕节市 | 黔西县 | 雨朵乡 | 泥坝村 |
| 11 | 黔西甘棠汉墓 | 1982 | 东汉 | 古墓葬 | 省级 | 毕节市 | 黔西县 | 甘棠镇 | 子街口村杨家寨村 |
| 12 | 黔西凤凰穿洞 | 1999 | 新石器 | 古遗址 | 省级 | 毕节市 | 黔西县 | 黔西城西南 | |
| 13 | 黔西武庙 | 2006 | 清 | 古建筑 | 省级 | 毕节市 | 黔西县 | 城关镇 | 城东路 |
| 14 | 威宁玉皇阁 | 1985 | 清 | 古建筑 | 省级 | 毕节市 | 威宁县 | 城关镇 | 文化路 |
| 15 | 威宁凤山寺 | 1985 | 清 | 古建筑 | 省级 | 毕节市 | 威宁县 | 城关镇 | 飞凤山 |
| 16 | 威宁彝族向天墓 | 1985 | 唐至明 | 古墓葬 | 省级 | 毕节市 | 威宁县 | 盐仓镇 | |
| 17 | 威宁中水汉墓 | 1985 | 汉代 | 古墓葬 | 省级 | 毕节市 | 威宁县 | 中水镇 | |
| 18 | 威宁鸡公山遗址 | 2006 | 新石器 | 古遗址 | 省级 | 毕节市 | 威宁县 | 中水镇 | 独立树村 |
| 19 | 威宁光华学校旧址 | 2006 | 清 | 古建筑 | 省级 | 毕节市 | 威宁县 | 石门坎乡 | |
| 20 | 金沙后山古墓 | 1982 | 东汉 | 古墓葬 | 省级 | 毕节市 | 金沙县 | 后山乡 | 文坝村 |
| 21 | 金沙赵家民居 | 1988 | 清 | 其他 | 省级 | 毕节市 | 金沙县 | 岩上乡 | |
| 22 | 赫章可乐古墓群 | 1982 | 秦汉 | 古墓葬 | 省级 | 毕节市 | 赫章县 | 可乐镇 | |
| 23 | 赫章辅处汉墓 | 1982 | 东汉 | 古墓葬 | 省级 | 毕节市 | 赫章县 | 辅处乡 | |
| 24 | 纳雍水西宣慰府遗址 | 1982 | 明 | 古遗址 | 省级 | 毕节市 | 纳雍县 | 乐治镇 | 史家街村 |
| 25 | 黔西象祠遗址 | 2015 | 明、清 | 古遗址 | 省级 | 毕节市 | 黔西县 | 素朴镇 | |
| 26 | 大方三塔 | 2015 | 清 | 古建筑 | 省级 | 毕节市 | 大方县 | 大方镇 | |
| 27 | 织金营上古建筑群 | 2015 | 清、民国 | 古建筑 | 省级 | 毕节市 | 织金县 | 龙场镇 | |

## 市、县级文物保护单位 （858处）表

| 序号 | 文物保护单位名称 | 批次或公布日期 | 年代 | 类别 | 级别 | 所在地址 | | | |
|---|---|---|---|---|---|---|---|---|---|
| | | | | | | 市（地、州） | 市（县、区） | 镇（乡） | 村 |
| 1 | 惠泉寺 | 1981 | 明 | 古建筑 | 县级 | 毕节市 | 七星关区 | 城关镇 | 市东办事处 |
| 2 | 明代玉兰树 | 1981 | 明 | 其他 | 县级 | 毕节市 | 七星关区 | 三板桥办事处 | 灵峰村 |
| 3 | 双树湾“贞寿坊” | 第二批 | 清 | 石刻 | 县级 | 毕节市 | 七星关区 | 大新桥办事处 | 天河公园内 |
| 4 | 甲秀楼 | 第二批 | 清 | 古建筑 | 县级 | 毕节市 | 七星关区 | 流沧桥办事处 | 德后乡定新村 |
| 5 | 陕西庙戏楼 | 第二批 | 清 | 古建筑 | 县级 | 毕节市 | 七星关区 | 城关镇 | 中华南路 |
| 6 | 长春堡观音洞 | 第二批 | 清 | 古建筑 | 县级 | 毕节市 | 七星关区 | 长春堡镇 | 距镇政府100米 |
| 7 | 中屯白果树 | 第二批 | 800余年 | 其他 | 县级 | 毕节市 | 七星关区 | 小坝镇 | 中屯村 |
| 8 | 中屯樟树 | 第二批 | 800余年 | 其他 | 县级 | 毕节市 | 七星关区 | 小坝镇 | 中屯村 |
| 9 | 邻里小学遗址 | 第三批 | 1938 | 近现代重要史迹 | 县级 | 毕节市 | 七星关区 | 小坝镇 | 邻里村 |
| 10 | 土司苏氏墓石刻 | 第三批 | 清 | 石刻 | 县级 | 毕节市 | 七星关区 | 生机乡 | 镰刀湾村 |
| 11 | 湾溪土司庄园 | 第三批 | 清 | 古建筑 | 县级 | 毕节市 | 七星关区 | 团结乡 | 青松村 |
| 12 | 高家坟石刻 | 第三批 | 清 | 石刻 | 县级 | 毕节市 | 七星关区 | 生机乡 | 镰刀湾村 |
| 13 | 邹家坟石刻 | 第三批 | 清 | 石刻 | 县级 | 毕节市 | 七星关区 | 龙场镇 | 黄金村 |
| 14 | 余达父墓 | 第三批 | 1934 | 其他 | 县级 | 毕节市 | 七星关区 | 龙场镇 | 黄金村 |
| 15 | 韩镲荣父墓 | 第三批 | 清 | 古墓葬 | 县级 | 毕节市 | 七星关区 | 观音桥办事处 | 五里坪村 |
| 16 | 层台古城垣 | 第三批 | 明 | 古遗址 | 县级 | 毕节市 | 七星关区 | 层台镇 | 官厢城村 |
| 17 | 加嘎桥 | 第三批 | 清 | 古建筑 | 县级 | 毕节市 | 七星关区 | 林口镇 | 新庄村 |
| 18 | 鞍山土司庄园 | 第三批 | 清 | 古建筑 | 县级 | 毕节市 | 七星关区 | 团结乡 | 海嘎村 |
| 19 | 阿市土司庄园 | 1993 | 清 | 古建筑 | 县级 | 毕节市 | 七星关区 | 阿市乡 | |
| 20 | 七星关古遗址 | 第三批 | 明 | 古遗址 | 县级 | 毕节市 | 七星关区 | 杨家湾镇 | 七星村 |
| 21 | 康家大营 | 第三批 | 清 | 古遗址 | 县级 | 毕节市 | 七星关区 | 团结乡 | 海嘎村 |
| 22 | 新庄亭 | 第三批 | 1943 | 古建筑 | 县级 | 毕节市 | 七星关区 | 林口镇 | 新庄村 |
| 23 | 灵峰寺 | 1995 | 明 | 古建筑 | 县级 | 毕节市 | 七星关区 | 三板桥办事处 | 灵峰村 |
| 24 | 毕节古城墙铁匠街段 | 2000 | 明 | 古建筑 | 县级 | 毕节市 | 七星关区 | 市西办事处 | 城区南关桥 |
| 25 | 北镇关 | 2001 | 明 | 古建筑 | 县级 | 毕节市 | 七星关区 | 市西办事处 | 金钟村 |
| 26 | 城隍庙 | | 清 | 古建筑 | 县级 | 毕节市 | 七星关区 | 百花社区 | |
| 27 | 祖家龙门 | | 民国 | 近现代重要史迹及代表性建筑 | 县级 | 毕节市 | 七星关区 | 中华社区 | |

续表

| 序号 | 文物保护单位名称 | 批次或公布日期 | 年代 | 类别 | 级别 | 所在地址 | | | |
|---|---|---|---|---|---|---|---|---|---|
| | | | | | | 市（地、州） | 市（县、区） | 镇（乡） | 村 |
| 28 | 扒耳岩巨猿化石出土地 | | 早更新纪 | 古遗址 | 市级 | 毕节市 | 七星关区 | 何官屯镇 | |
| 29 | 团结麻窝口洞遗址 | | 晚更新纪 | 古遗址 | 市级 | 毕节市 | 七星关区 | 团结乡 | |
| 30 | 朱昌牛鼻子洞遗址 | | 新石器 | 古遗址 | 市级 | 毕节市 | 七星关区 | 朱昌镇 | |
| 31 | 韩镤父墓 | | 清 | 古墓葬 | 市级 | 毕节市 | 七星关区 | 观音桥街道 | |
| 32 | 余达父墓 | | 民国 | 古墓葬 | 市级 | 毕节市 | 七星关区 | 龙场营镇 | |
| 33 | 路翰林山庄 | | 清 | 古建筑 | 市级 | 毕节市 | 七星关区 | 德溪街道 | |
| 34 | 夏曦烈士纪念碑 | | 1936 | 近现代史迹 | 市级 | 毕节市 | 七星关区 | 杨家湾镇 | |
| 35 | 莲花塘遗址 | 1981.9 | 明代 | 古遗址 | 县级 | 毕节市 | 大方县 | 红旗街道办事处 | 庆云村 |
| 36 | 万松书院遗址 | 1981.9 | 清代 | 古遗址 | 县级 | 毕节市 | 大方县 | 红旗街道办事处 | |
| 37 | 慕德八层衙遗址 | 1981.9 | 清代 | 古遗址 | 县级 | 毕节市 | 大方县 | 果瓦乡 | 果瓦村 |
| 38 | 竹子巷古巷道 | 2012.6 | 清代 | 古遗址 | 县级 | 毕节市 | 大方县 | 红旗街道办事处 | |
| 39 | 寿福寺遗址 | 2012.6 | 清代 | 古遗址 | 县级 | 毕节市 | 大方县 | 红旗街道办事处人 | |
| 40 | 龙洞水西营盘遗址 | 2012.6 | 明代 | 古遗址 | 县级 | 毕节市 | 大方县 | 小屯乡 | 大田村 |
| 41 | 六圭河营盘遗址 | 2012.6 | 明代 | 古遗址 | 县级 | | 大方县 | 黄泥塘镇 | 松林村 |
| 42 | 红旗营盘遗址 | 2012.6 | 清代 | 古遗址 | 县级 | 毕节市 | 大方县 | 黄泥塘镇 | 兴林村 |
| 43 | 同安堡营盘遗址 | 2012.6 | 清代 | 古遗址 | 县级 | 毕节市 | 大方县 | 黄泥塘镇 | 天堂村 |
| 44 | 果邦安家营盘遗址 | 2012.6 | 明代 | 古遗址 | 县级 | 毕节市 | 大方县 | 瓢井镇 | 果邦村 |
| 45 | 盘山营盘遗址 | 2012.6 | 清代 | 古遗址 | 县级 | 毕节市 | 大方县 | 黄泥塘镇 | 化联村 |
| 46 | 西河古道 | 2012.6 | 明代 | 古遗址 | 县级 | 毕节市 | 大方县 | 黄泥塘镇 | 西河村 |
| 47 | 凤山大营盘遗址 | 2015.6 | 元末明初 | 古遗址 | 县级 | 毕节市 | 大方县 | 凤山乡 | 凤山村 |
| 48 | 虚灵洞遗址 | 2015.6 | 清代 | 古遗址 | 县级 | 毕节市 | 大方县 | 马场镇 | 新迎村 |
| 49 | 柳春恒墓（柳家花坟） | 2003.12 | 清代 | 古墓葬 | 县级 | 毕节市 | 大方县 | 达溪镇 | 达溪村 |
| 50 | 谢氏石室墓 | 1981.9 | 清代 | 古墓葬 | 县级 | 毕节市 | 大方县 | 对江镇 | 石桅村 |
| 51 | 陈恩墓 | 1981.9 | 明代 | 古墓葬 | 县级 | 毕节市 | 大方县 | 六龙镇 | 凰山村 |
| 52 | 陈氏墓群 | 2012.6 | 清代 | 古墓葬 | 县级 | 毕节市 | 大方县 | 东关乡 | 大寨村 |
| 53 | 吴桢墓 | 2012.6 | 清代 | 古墓葬 | 县级 | 毕节市 | 大方县 | 东关乡 | 岩下村 |
| 54 | 臧如兰墓 | 2012.6 | 清代 | 古墓葬 | 县级 | 毕节市 | 大方县 | 羊场镇 | 穿岩村 |
| 55 | 杜伯华墓 | 2012.6 | 现代 | 古墓葬 | 县级 | 毕节市 | 大方县 | 慕俄格古城街道办事处 | 九层衙村 |
| 56 | 王登弟合葬墓 | 2012.6 | 明代 | 古墓葬 | 县级 | 毕节市 | 大方县 | 顺德街道办事处 | 石墙村 |

续表

| 序号 | 文物保护单位名称 | 批次或公布日期 | 年代 | 类别 | 级别 | 所在地址 | | | |
|---|---|---|---|---|---|---|---|---|---|
| | | | | | | 市（地、州） | 市（县、区） | 镇（乡） | 村 |
| 57 | 黄土观墓 | 2012.6 | 现代 | 古墓葬 | 县级 | 毕节市 | 大方县 | 核桃乡 | 石艳村 |
| 58 | 杨蔚林（杨秀）墓 | 2012.6 | 清代 | 古墓葬 | 县级 | 毕节市 | 大方县 | 凤山乡 | 凤山村 |
| 59 | 陈为杰墓 | 2015.6 | 清代 | 古墓葬 | 县级 | 毕节市 | 大方县 | 对江镇 | 湾子村 |
| 60 | 陈百鹏墓 | 2015.6 | 现代 | 古墓葬 | 县级 | 毕节市 | 大方县 | 六龙镇 | 和平村 |
| 61 | 陈友德墓 | 2015.6 | 明代 | 古墓葬 | 县级 | 毕节市 | 大方县 | 六龙镇 | 和平村 |
| 62 | 朱万春夫妇墓 | 2015.6 | 清代 | 古墓葬 | 县级 | 毕节市 | 大方县 | 顺德办事处 | 龙昌村 |
| 63 | 朱礼宗夫妇墓 | 2015.6 | 清代 | 古墓葬 | 县级 | 毕节市 | 大方县 | 顺德办事处 | 龙昌村 |
| 64 | 熊裕庭墓 | 2015.6 | 清代 | 古墓葬 | 县级 | 毕节市 | 大方县 | 东关乡 | 大寨村 |
| 65 | 冯登科墓 | 2015.6 | 清代 | 古墓葬 | 县级 | 毕节市 | 大方县 | 东关乡 | 朝中村 |
| 66 | 冯母李氏墓 | 2015.6 | 清代 | 古墓葬 | 县级 | 毕节市 | 大方县 | 东关乡 | 朝中村 |
| 67 | 杨母颜氏墓 | 2015.6 | 清代 | 古墓葬 | 县级 | 毕节市 | 大方县 | 凤山乡 | 凤山村 |
| 68 | 杨母刘老太君墓 | 2015.6 | 清代 | 古墓葬 | 县级 | 毕节市 | 大方县 | 凤山乡 | 凤山村 |
| 69 | 杨母徐老太君墓 | 2015.6 | 清代 | 古墓葬 | 县级 | 毕节市 | 大方县 | 凤山乡 | 凤山村 |
| 70 | 杨承恩墓 | 2015.6 | 清代 | 古墓葬 | 县级 | 毕节市 | 大方县 | 慕俄格古城街道办事处 | 云龙村 |
| 71 | 杨母崔老太君墓 | 2015.6 | 清代 | 古墓葬 | 县级 | 毕节市 | 大方县 | 慕俄格古城街道办事处 | 云龙村 |
| 72 | 杨时茂墓 | 2015.6 | 清代 | 古墓葬 | 县级 | 毕节市 | 大方县 | 慕俄格古城街道办事处 | 云龙村 |
| 73 | 杨公李夫人墓 | 2015.6 | 清代 | 古墓葬 | 县级 | 毕节市 | 大方县 | 慕俄格古城街道办事处 | 云龙村 |
| 74 | 杨天爵墓 | 2015.6 | 清代 | 古墓葬 | 县级 | 毕节市 | 大方县 | 慕俄格古城街道办事处 | 云龙村 |
| 75 | 杨富春墓 | 2015.6 | 清代 | 古墓葬 | 县级 | 毕节市 | 大方县 | 慕俄格古城街道办事处 | 云龙村 |
| 76 | 杨萃府君墓 | 2015.6 | 清代 | 古墓葬 | 县级 | 毕节市 | 大方县 | 慕俄格古城街道办事处 | 云龙村 |
| 77 | 杜鸿勋墓 | 2015.6 | 清代 | 古墓葬 | 县级 | 毕节市 | 大方县 | 慕俄格古城街道办事处 | 九层衙村 |
| 78 | 杨凤山父子墓 | 2015.6 | 清代 | 古墓葬 | 县级 | 毕节市 | 大方县 | 果瓦乡 | 上寨村 |
| 79 | 安李玉夫妇墓 | 2015.6 | 清代 | 古墓葬 | 县级 | 毕节市 | 大方县 | 果瓦乡 | 上寨村 |
| 80 | 袁母曾老太君墓 | 2015.6 | 清代 | 古墓葬 | 县级 | | 大方县 | 红旗街道办事处 | 石关村 |
| 81 | 彭莲池夫妇墓 | 2015.6 | 清代 | 古墓葬 | 县级 | 毕节市 | 大方县 | 马场镇 | 双群村 |
| 82 | 彭泰墓 | 2015.6 | 清代 | 古墓葬 | 县级 | 毕节市 | 大方县 | 马场镇 | 双群村 |
| 83 | 彭魁夫妇墓 | 2015.6 | 清代 | 古墓葬 | 县级 | 毕节市 | 大方县 | 慕俄格古城街道办事处 | 陡坡村 |
| 84 | 李春华之妻节孝坊 | 2012.6 | 清代 | 古建筑 | 县级 | 毕节市 | 大方县 | 黄泥塘镇 | 甘棠村 |
| 85 | 对江大桥 | 2012.6 | 明代 | 古建筑 | 县级 | 毕节市 | 大方县 | 对江镇对 | 江村 |
| 86 | 王孝传故居 | 2012.6 | 清代 | 古建筑 | 县级 | 毕节市 | 大方县 | 对江镇对 | 江村 |

续表

| 序号 | 文物保护单位名称 | 批次或公布日期 | 年代 | 类别 | 级别 | 所在地址 | | | |
|---|---|---|---|---|---|---|---|---|---|
| | | | | | | 市（地、州） | 市（县、区） | 镇（乡） | 村 |
| 87 | 丁氏民居 | 2012.6 | 清代 | 古建筑 | 县级 | 毕节市 | 大方县 | 东关乡 | 龙泉村 |
| 88 | 花底河石拱桥 | 2012.6 | 清代 | 古建筑 | 县级 | 毕节市 | 大方县 | 三元乡 | 群丰村 |
| 89 | 乌溪仙人桥 | 2012.6 | 明代 | 古建筑 | 县级 | 毕节市 | 大方县 | 黄泥塘镇 | 黄泥村 |
| 90 | 达溪上龙井 | 2012.6 | 清代 | 古建筑 | 县级 | 毕节市 | 大方县 | 达溪镇 | 达溪村 |
| 91 | 达溪下龙井 | 2012.6 | 清代 | 古建筑 | 县级 | 毕节市 | 大方县 | 达溪镇 | 达溪村 |
| 92 | 大小井 | 2012.6 | 明清 | 古建筑 | 县级 | 毕节市 | 大方县 | 红旗街道办事处书院街 | 莲花塘 |
| 93 | 钱局井 | 2012.6 | 明清 | 古建筑 | 县级 | 毕节市 | 大方县 | 红旗街道办事处书院街 | |
| 94 | 海琶井 | 2012.6 | 明清 | 古建筑 | 县级 | 毕节市 | 大方县 | 红旗街道办事处三善街 | |
| 95 | 桂家井 | 2012.6 | 明清 | 古建筑 | 县级 | 毕节市 | 大方县 | 红旗街道办事处 | |
| 96 | 皂角井 | 2012.6 | 明清 | 古建筑 | 县级 | 毕节市 | 大方县 | 红旗街道办事处文星街 | |
| 97 | 大十字桶桶井 | 2012.6 | 明清 | 古建筑 | 县级 | 毕节市 | 大方县 | 红旗街道办事处 | |
| 98 | 龙王庙井 | 2012.6 | 明清 | 古建筑 | 县级 | 毕节市 | 大方县 | 红旗街道办事处人民中路 | |
| 99 | 王家井 | 2012.6 | 明清 | 古建筑 | 县级 | 毕节市 | 大方县 | 红旗街道办事处竹子巷 | |
| 100 | 大水井 | 2012.6 | 明清 | 古建筑 | 县级 | 毕节市 | 大方县 | 红旗街道办事处红旗社 | |
| 101 | 马家井 | 2012.6 | 明清 | 古建筑 | 县级 | 毕节市 | 大方县 | 红旗街道办事处环府路 | |
| 102 | 双水井 | 2012.6 | 明清 | 古建筑 | 县级 | 毕节市 | 大方县 | 红旗街道办事处双井巷 | |
| 103 | 黄家井 | 2012.6 | 明清 | 古建筑 | 县级 | 毕节市 | 大方县 | 红旗街道办事处庆春路 | |
| 104 | 龙水井 | 2012.6 | 明清 | 古建筑 | 县级 | 毕节市 | 大方县 | 红旗街道办事处庆春路南段 | |
| 105 | 慈善井 | 2012.6 | 明清 | 古建筑 | 县级 | 毕节市 | 大方县 | 红旗街道办事处慈善街 | |
| 106 | 关水井 | 2012.6 | 明清 | 古建筑 | 县级 | 毕节市 | 大方县 | 慕俄格古城街道办事处 | 关井村 |
| 107 | 杨柳井 | 2012.6 | 明清 | 古建筑 | 县级 | 毕节市 | 大方县 | 红旗街道办事处庆云街 | |
| 108 | 崔家井 | 2012.6 | 明清 | 古建筑 | 县级 | 毕节市 | 大方县 | 红旗街道办事处庆云街 | |
| 109 | 岩脚井 | 2012.6 | 明清 | 古建筑 | 县级 | 毕节市 | 大方县 | 红旗街道办事处庆云街 | |
| 110 | 罗家井 | 2012.6 | 明清 | 古建筑 | 县级 | 毕节市 | 大方县 | 红旗街道办事处庆云街 | |
| 111 | 半坡井 | 2012.6 | 明清 | 古建筑 | 县级 | 毕节市 | 大方县 | 红旗街道办事处竹子巷 | |
| 112 | 珍珠泉 | 2012.6 | 明清 | 古建筑 | 县级 | 毕节市 | 大方县 | 慕俄格古城街道办事处 | 堰塘村 |
| 113 | 三公桥井 | 2012.6 | 明清 | 古建筑 | 县级 | 毕节市 | 大方县 | 慕俄格古城街道办事处螺蛳塘 | |
| 114 | 杨家关井 | 2012.6 | 明清 | 古建筑 | 县级 | 毕节市 | 大方县 | 慕俄格古城街道办事处杨家关 | |
| 115 | 小水井 | 2015.6 | 明清 | 古建筑 | 县级 | 毕节市 | 大方县 | 红旗街道办事处 | |

续表

| 序号 | 文物保护单位名称 | 批次或公布日期 | 年代 | 类别 | 级别 | 所在地址 | | | |
|---|---|---|---|---|---|---|---|---|---|
| | | | | | | 市（地、州） | 市（县、区） | 镇（乡） | 村 |
| 116 | 晏家井 | 2015.6 | 明清 | 古建筑 | 县级 | 毕节市 | 大方县 | 红旗街道办事处环府路 | |
| 117 | 潘家井 | 2015.6 | 明清 | 古建筑 | 县级 | 毕节市 | 大方县 | 红旗街道办事处环府路 | |
| 118 | 城隍庙井 | 2015.6 | 明清 | 古建筑 | 县级 | 毕节市 | 大方县 | 红旗街道办事处慈善街 | |
| 119 | 刘氏民居 | 2015.6 | 清代 | 古建筑 | 县级 | 毕节市 | 大方县 | 理化乡 | 果木村 |
| 120 | 双烈园 | 1981.9 | 近现代 | 近现代史迹 | 县级 | 毕节市 | 大方县 | 慕俄格古城街道办事处 | 陡坡村 |
| 121 | 七家田战斗指挥所旧址 | 1981.9 | 近现代 | 近现代史迹 | 县级 | 毕节市 | 大方县 | 东关乡 | 大寨村 |
| 122 | 翰墨泉诗碑 | 1981.9 | 近现代 | 石刻 | 县级 | 毕节市 | 大方县 | 红旗街道办事处慈善街 | |
| 123 | 大海坝烈士公墓 | 1981.9 | 近现代 | 近现代史迹 | 县级 | 毕节市 | 大方县 | 慕俄格古城街道办事处 | 红河村 |
| 124 | 蔡应达烈士纪念碑 | 2012.6 | 1991 | 近现代史迹 | 县级 | 毕节市 | 大方县 | 红旗街道办事处书院街 | |
| 125 | 八堡红军坟 | 2012.6 | 1936 | 近现代史迹 | 县级 | 毕节市 | 大方县 | 八堡乡 | 新开村 |
| 126 | 六寨苗族游击队成立会议旧址 | 2012.6 | 1936 | 近现代史迹 | 县级 | 毕节市 | 大方县 | 八堡乡 | 复兴村 |
| 127 | 杨伯瑶兵营遗址 | 2012.6 | 民国 | 近现代史迹 | 县级 | 毕节市 | 大方县 | 八堡乡 | 中箐村 |
| 128 | 猫场战斗遗址 | 2012.6 | 1935 | 近现代史迹 | 县级 | 毕节市 | 大方县 | 猫场镇 | 长征村 |
| 129 | 红九军团政治部指挥所旧址 | 2012.6 | 1935 | 近现代史迹 | 县级 | 毕节市 | 大方县 | 瓢井镇 | 瓢井村 |
| 130 | 梯子岩战斗遗址 | 2012.6 | 明–民国 | 近现代史迹 | 县级 | 毕节市 | 大方县 | 猫场镇 | 长沙村 |
| 131 | 汪家大院 | 2012.6 | 1947 | 近现代史迹 | 县级 | 毕节市 | 大方县 | 鼎新乡 | 新启村 |
| 132 | 九洞天溶洞电站 | 2012.6 | 1969 | 近现代史迹 | 县级 | 毕节市 | 大方县 | 猫场镇 | 五丫村 |
| 133 | 前锋渡槽 | 2012.6 | 1975 | 近现代史迹 | 县级 | 毕节市 | 大方县 | 黄泥塘镇 | 化理村 |
| 134 | 人民渡槽 | 2012.6 | 1974 | 近现代史迹 | 县级 | 毕节市 | 大方县 | 长石镇 | 巨石村 |
| 135 | 锅圈洞水利枢纽 | 2012.6 | 1958 | 近现代史迹 | 县级 | 毕节市 | 大方县 | 长石镇 | 巨石村 |
| 136 | 同盟会六龙分会旧址 | 2015.6 | 民国 | 近现代史迹 | 县级 | 毕节市 | 大方县 | 六龙镇 | 坝子村 |
| 137 | 古佛堂 | 1981 | 清 | 古建筑 | 县级 | 毕节市 | 黔西县 | 城关镇 | |
| 138 | 王三善神道碑 | 1981 | 明 | 古墓葬 | 县级 | 毕节市 | 黔西县 | 锦星乡 | 县城西郊 |
| 139 | 玲珑洞 | 1981 | 清 | 石刻 | 县级 | 毕节市 | 黔西县 | 城关镇 | 县城西郊 |
| 140 | 吴嵩梁诗碑 | 1981 | 明清 | 古遗址 | 县级 | 毕节市 | 黔西县 | 城关镇 | 水西公园内 |
| 141 | 永垂不朽碑 | 1981 | 明清 | 古遗址 | 县级 | 毕节市 | 黔西县 | 城关镇 | 水西公园内 |
| 142 | 东山寺诗碑 | 1981 | 清 | 石刻 | 县级 | 毕节市 | 黔西县 | 城关镇 | 水西公园内 |
| 143 | 烈士陵园 | 1981 | 1956 | 近现代史迹 | 县级 | 毕节市 | 黔西县 | 城关镇 | 县城南山 |
| 144 | 野马川抗洪抢险烈士纪念碑 | | 1996 | 近现代史迹 | 县级 | 毕节市 | 赫章县 | 野马川镇 | 利河村 |

续表

| 序号 | 文物保护单位名称 | 批次或公布日期 | 年代 | 类别 | 级别 | 所在地址 | | | |
|---|---|---|---|---|---|---|---|---|---|
| | | | | | | 市（地、州） | 市（县、区） | 镇（乡） | 村 |
| 145 | 白果普照寺 | 2003 | 清 | 古建筑 | 县级 | 毕节市 | 赫章县 | 白果镇 | 大营村 |
| 146 | 湖广会馆 | | 清 | 古建筑 | 县级 | 毕节市 | 赫章县 | 白果镇 | 七家湾村 |
| 147 | 大坪子向天坟 | | 清 | 古墓葬 | 县级 | 毕节市 | 赫章县 | 珠市乡 | 核桃村 |
| 148 | 阿发大岩洞遗址 | | 旧石器时代 | 古遗址 | 县级 | 毕节市 | 赫章县 | 六曲河镇 | 老场坝村 |
| 149 | 窝绷大岩洞穴群遗址 | | 旧石器时代 | 古遗址 | 县级 | 毕节市 | 赫章县 | 松林乡 | 喜鹊村 |
| 150 | 威服仁怀摩崖石刻 | 1981 | 明 | 石刻 | 市级 | 毕节市 | 赫章县 | 松林乡 | 喜鹊村 |
| 151 | 丰沟大桥 | 2003 | 清 | 古建筑 | 县级 | 毕节市 | 赫章县 | 朱明乡 | 丰沟村 |
| 152 | 席大明故居 | | 1935 | 近现代史迹 | 县级 | 毕节市 | 赫章县 | 哲庄乡 | 坪子村 |
| 153 | 银子岩摩崖 | 2003 | 汉 | 石刻 | 县级 | 毕节市 | 赫章县 | 可乐乡 | 营盘村 |
| 154 | 拉乐汉墓 | 2003 | 汉 | 古墓葬 | 县级 | 毕节市 | 赫章县 | 六曲河镇 | 拉乐村 |
| 155 | 大地牌坊 | | 清 | 古建筑 | 县级 | 毕节市 | 赫章县 | 六曲河镇 | 海眉村 |
| 156 | 葛布教堂 | 2003 | 清 | 古建筑 | 县级 | 毕节市 | 赫章县 | 辅处乡 | 葛布村 |
| 157 | 哲庄坝红军战斗遗址 | | 1936 | 近现代史迹 | 市级 | 毕节市 | 赫章县 | 哲庄坝 | 垭口村 |
| 158 | 野马川会议会址 | | 1936 | 近现代史迹 | 县级 | 毕节市 | 赫章县 | 野马川镇 | 下街村 |
| 159 | 滑石板丫口渡槽 | | 1970 | 近现代史迹 | 县级 | 毕节市 | 赫章县 | 可乐乡 | 大田村 |
| 160 | 竹林烈士纪念碑 | | 1952 | 近现代史迹 | 县级 | 毕节市 | 赫章县 | 古基乡 | 中寨村 |
| 161 | 红星大桥 | | 1969 | 近现代史迹 | 县级 | 毕节市 | 赫章县 | 城关镇 | 后河村 |
| 162 | 安兴正故居 | | 民国 | 近现代史迹 | 县级 | 毕节市 | 赫章县 | 哲庄乡 | 环山村 |
| 163 | 大山炼铜遗址 | | 清 | 古遗址 | 县级 | 毕节市 | 赫章县 | 可乐乡 | 大山村 |
| 164 | 文昌阁 | | 清 | 近现代史迹 | 县级 | 毕节市 | 赫章县 | 平山乡 | 对江村 |
| 165 | 朱歪革命烈士墓群 | | 1952 | 近现代史迹 | 县级 | 毕节市 | 赫章县 | 朱明乡 | 朱歪村 |
| 166 | 东山摩崖 | 1981 | 清 | 石刻 | 县级 | 毕节市 | 织金县 | 城关镇 | 东山村 |
| 167 | 北门桥 | 1981 | 清 | 古建筑 | 县级 | 毕节市 | 织金县 | 城关镇 | |
| 168 | 吕祖仙踪摩崖 | 1981 | 清 | 石刻 | 县级 | 毕节市 | 织金县 | 城关镇 | 东山村 |
| 169 | 圭峰山摩崖石刻 | 1981 | 清 | 石刻 | 县级 | 毕节市 | 织金县 | 城关镇 | |
| 170 | 李辉林合葬墓 | 1981 | 清 | 古遗址 | 县级 | 毕节市 | 织金县 | 城关镇 | |
| 171 | 海应滔墓 | 1981 | 清 | 古墓葬 | 县级 | 毕节市 | 织金县 | 城关镇 | |

续表

| 序号 | 文物保护单位名称 | 批次或公布日期 | 年代 | 类别 | 级别 | 所在地址 | | | |
|---|---|---|---|---|---|---|---|---|---|
| | | | | | | 市（地、州） | 市（县、区） | 镇（乡） | 村 |
| 172 | 大石岩摩崖 | 1981 | 清 | 石刻 | 县级 | 毕节市 | 织金县 | 城关镇 | |
| 173 | 起凤岩摩崖 | 1981 | 清 | 石刻 | 县级 | 毕节市 | 织金县 | 城关镇 | 花红村 |
| 174 | 新寨碉楼 | 1981 | 民国 | 近现代史迹 | 县级 | 毕节市 | 织金县 | 猫场镇 | 新寨村 |
| 175 | 小马场碉楼 | 1981 | 中华民国 | 近现代史迹 | 县级 | 毕节市 | 织金县 | 上坪寨乡 | 小马场村 |
| 176 | 牛场烈士纪念碑 | 1981 | 1971 | 近现代史迹 | 县级 | 毕节市 | 织金县 | 牛场镇 | 群兴村 |
| 177 | 牛场屯遗址 | 1981 | 清 | 古遗址 | 县级 | 毕节市 | 织金县 | 牛场镇 | 群兴村 |
| 178 | 白龙屯遗址 | 1981 | 明 | 古遗址 | 县级 | 毕节市 | 织金县 | 鸡场乡 | 蚱瓦村 |
| 179 | 蔡氏桥 | 1981 | 清 | 古建筑 | 县级 | 毕节市 | 织金县 | 普翁乡 | 大街村 |
| 180 | 平修古道摩崖 | 1981 | 清 | 石刻 | 县级 | 毕节市 | 织金县 | 普翁乡 | 大街村 |
| 181 | 丁氏墓群 | 1981 | 清 | 古建筑 | 县级 | 毕节市 | 织金县 | 牛场镇 | 大坝村 |
| 182 | 小坡上六角碉楼 | 1981 | 民国 | 近现代史迹 | 县级 | 毕节市 | 织金县 | 龙场镇 | 太平村 |
| 183 | 小坡上四角碉楼 | 1981 | 中华民国 | 近现代史迹 | 县级 | 毕节市 | 织金县 | 龙场镇 | 太平村 |
| 184 | 小马场桥 | 1981 | 清 | 古建筑 | 县级 | 毕节市 | 织金县 | 桂果镇 | 马场村 |
| 185 | 爱国村碉楼 | 1981 | 民国 | 近现代史迹 | 县级 | 毕节市 | 织金县 | 纳雍乡 | 爱国村 |
| 186 | 马家屯遗址 | 1981 | 清 | 古遗址 | 县级 | 毕节市 | 织金县 | 马场乡 | 马家屯村 |
| 187 | 三塘镇龙王庙 | 1981 | 清 | 古建筑 | 县级 | 毕节市 | 织金县 | 三塘镇 | 街上村 |
| 188 | 李时宾墓 | 1981 | 清 | 古墓葬 | 县级 | 毕节市 | 织金县 | 后寨乡 | 坪寨村 |
| 189 | 水塘万人坟 | 1981 | 清 | 古墓葬 | 县级 | 毕节市 | 织金县 | 八步镇 | 水塘村 |
| 190 | 八步烈士公墓 | 1981 | 1987 | 近现代史迹 | 县级 | 毕节市 | 织金县 | 八步镇 | 八步村 |
| 191 | 民生村碉楼 | 1981 | 民国 | 近现代史迹 | 县级 | 毕节市 | 织金县 | 官寨乡 | 民生村 |
| 192 | 安邦彦墓 | 1981 | 明 | 古墓葬 | 县级 | 毕节市 | 织金县 | 官寨乡 | 青山村 |
| 193 | 阳关屯遗址 | 1981 | 明 | 古遗址 | 县级 | 毕节市 | 织金县 | 官寨乡 | 联盟村 |
| 194 | 十一烈士纪念碑 | 1981 | 1986 | 近现代史迹 | 县级 | 毕节市 | 织金县 | 熊家场乡 | 群潮村 |
| 195 | 江西庙遗址 | 1981 | 清 | 古遗址 | 县级 | 毕节市 | 织金县 | 熊家场乡 | 群潮村 |
| 196 | 珠藏革命烈士纪念碑 | 1981 | 1974 | 近现代史迹 | 县级 | 毕节市 | 织金县 | 珠藏镇 | 龙山村 |
| 197 | 杜家桥 | 1981 | 清 | 古建筑 | 县级 | 毕节市 | 织金县 | 熊家场乡 | 化作村 |
| 198 | 杨自学墓 | 1981 | 清 | 古墓葬 | 县级 | 毕节市 | 织金县 | 普翁乡 | 杨柳村 |

续表

| 序号 | 文物保护单位名称 | 批次或公布日期 | 年代 | 类别 | 级别 | 所在地址 | | | |
|---|---|---|---|---|---|---|---|---|---|
| | | | | | | 市（地、州） | 市（县、区） | 镇（乡） | 村 |
| 199 | 胡家大院 | 1981 | 民国 | 近现代史迹 | 县级 | 毕节市 | 织金县 | 城关镇 | |
| 200 | 邓家大院 | 1981 | 民国 | 近现代史迹 | 县级 | 毕节市 | 织金县 | 城关镇 | |
| 201 | 谌家大院 | 1981 | 民国 | 近现代史迹 | 县级 | 毕节市 | 织金县 | 城关镇 | |
| 202 | 黄家大院 | 1981 | 民国 | 近现代史迹 | 县级 | 毕节市 | 织金县 | 城关镇 | |
| 203 | 陈跃雄民居 | 1981 | 民国 | 近现代史迹 | 县级 | 毕节市 | 织金县 | 城关镇 | |
| 204 | 张槐宽民居 | 1981 | 民国 | 近现代史迹 | 县级 | 毕节市 | 织金县 | 城关镇 | |
| 205 | 东山村墓群 | 1981 | 清 | 古墓葬 | 县级 | 毕节市 | 织金县 | 城关镇 | 东山村 |
| 206 | 谢家桥 | 1981 | 清 | 古建筑 | 县级 | 毕节市 | 织金县 | 三甲乡 | 箐脚村 |
| 207 | 刘母李氏墓 | 1981 | 清 | 古墓葬 | 县级 | 毕节市 | 织金县 | 营合乡 | 三甲村 |
| 208<br>209 | 阵亡将士纪念标 | 1997 | 民国 | 近现代史迹 | 县级 | 毕节市 | 威宁县 | 城关小学内 | |
| 210 | 野鸡河古墓群 | 1982 | 汉 | 墓葬 | 县级 | 毕节市 | 威宁县 | 观风海镇 | 七里半村 |
| 211 | 辅处汉墓群 | 1982 | 汉 | 墓葬 | 县级 | 毕节市 | 威宁县 | 铺处乡 | |
| | 柏格理・高志华墓 | 1995 | 清 | 墓葬 | 县级 | 毕节市 | 威宁县 | 石门乡 | 后山坡 |
| 212 | 施彦荣墓 | 1997 | 明 | 墓葬 | 县级 | 毕节市 | 威宁县 | 草海镇 | |
| 213 | 万寿宫 | 1997 | 清 | 古建筑 | 县级 | 毕节市 | 威宁县 | 草海镇 | |
| 214 | 黑神庙 | 1997 | 清 | 古建筑 | 县级 | 毕节市 | 威宁县 | 草海镇 | |
| 215 | 牛棚土目庄园 | 1997 | 清 | 古建筑 | 市级 | 毕节市 | 威宁县 | 牛棚镇 | |
| 216 | 祖氏宗祠 | 1997 | 明清 | 古墓葬 | 县级 | 毕节市 | 威宁县 | 草海镇 | 西海村 |
| 217 | 双霞洞摩崖 | 1982 | 清 | 摩崖 | 县级 | 毕节市 | 威宁县 | 草海镇 | |
| 218 | 涌珠泉石雕 | 1982 | 清 | 石刻 | 县级 | 毕节市 | 威宁县 | 草海镇 | |
| 219 | 明代疆界碑 | 1997 | 明 | 石刻 | 县级 | 毕节市 | 威宁县 | 腰站办事处 | |
| 220 | 游击团成立旧址 | 1997 | 民国 | 近现代史迹 | 县级 | 毕节市 | 威宁县 | 雪山镇 | |
| 221 | 李国栋墓 | 1997 | 清 | 古墓葬 | 县级 | 毕节市 | 威宁县 | 草海镇 | 大洼塘村 |
| 222 | 江良墓 | 1997 | 明 | 古墓葬 | 县级 | 毕节市 | 威宁县 | 草海镇 | 星光村 |
| 223 | 草海抗日阵亡将士纪念碑 | 1997 | 1939 | 近现代史迹 | 县级 | 毕节市 | 威宁县 | 草海镇 | |
| 224 | 蔡氏宗祠 | 1997 | 清 | 古建筑 | 县级 | 毕节市 | 威宁县 | 盐仓镇 | 盐仓村 |
| 225 | 赵氏墓群 | 1997 | 明、清 | 古墓葬 | 县级 | 毕节市 | 威宁县 | 草海镇、海拉乡 | 响塘村、海昌村 |

续表

| 序号 | 文物保护单位名称 | 批次或公布日期 | 年代 | 类别 | 级别 | 所在地址 | | | |
|---|---|---|---|---|---|---|---|---|---|
| | | | | | | 市（地、州） | 市（县、区） | 镇（乡） | 村 |
| 226 | 管氏家族墓群 | 1997 | 明 | 古墓葬 | 县级 | 毕节市 | 威宁县 | 草海镇 | 星光村 |
| 227 | 卯氏家族墓群 | 1997 | 明、清 | 古墓葬 | 县级 | 毕节市 | 威宁县 | 草海镇 | 西海村 |
| 228 | 张南峰合葬墓 | 1997 | 明 | 古墓葬 | 县级 | 毕节市 | 威宁县 | 双龙乡 | 红光村 |
| 229 | 孔氏家族墓群 | 1997 | 清 | 古墓葬 | 县级 | 毕节市 | 威宁县 | 草海镇 | 草海村 |
| 230 | 李氏八世指挥墓园 | 1997 | 明 | 古墓葬 | 县级 | 毕节市 | 威宁县 | 草海镇 | 西海村 |
| 231 | 杨湾桥清真寺 | 1997 | 明 | 古建筑 | 县级 | 毕节市 | 威宁县 | 草海镇 | 卯关村 |
| 232 | 宴家民居 | 1986 | 清 | 古建筑 | 市级 | 毕节市 | 金沙县 | 岩孔镇 | 安河村 |
| 233 | 宴家石桥 | 1988 | 清 | 古建筑 | 市级 | 毕节市 | 金沙县 | 岩孔镇 | 安河村 |
| 234 | 岩孔古碑 | 1988 | 明 | 石刻 | 县级 | 毕节市 | 金沙县 | 岩孔镇 | |
| 235 | 观音洞摩崖佛像 | 1986 | 明 | 石刻 | 县级 | 毕节市 | 金沙县 | 岩孔镇 | |
| 236 | 岩孔水口寺 | 1986 | 清 | 古建筑 | 县级 | 毕节市 | 金沙县 | 石场镇 | |
| 237 | 菜子坳红军战斗遗址 | 1986 | 民国 | 近现代史迹 | 县级 | 毕节市 | 金沙县 | 湾子乡 | |
| 238 | 赵家碉楼 | 1986 | 1944 | 近现代史迹 | 县级 | 毕节市 | 金沙县 | 木孔乡 | 阳坝村 |
| 239 | 蓝家墓群 | 1986 | 清 | 古墓葬 | 县级 | 毕节市 | 金沙县 | 茶园乡 | 沿河村 |
| 240 | 幸福桥 | 1986 | 清 | 古建筑 | 县级 | 毕节市 | 金沙县 | 茶园乡 | 幸福村 |
| 241 | 茶园黑神庙 | 1988 | 清 | 古建筑 | 县级 | 毕节市 | 金沙县 | 茶园乡 | |
| 242 | 茶园万寿宫 | 1988 | 清 | 古建筑 | 市级 | 毕节市 | 金沙县 | 茶园乡 | |
| 243 | 钱壮飞烈士就义处 | 1986 | 近现代 | 近现代史迹 | 市级 | 毕节市 | 金沙县 | 后山乡 | |
| 244 | 钱壮飞烈士墓 | 1986 | 近现代 | 近现代史迹 | 县级 | 毕节市 | 金沙县 | 后山乡 | |
| 245 | 杨在义合葬墓 | 1988 | 清 | 古墓葬 | 县级 | 毕节市 | 金沙县 | 后山乡 | 坎坝村 |
| 246 | 白云山观音寺 | 1988 | 清 | 古建筑 | 县级 | 毕节市 | 金沙县 | 岚头镇 | 东隆村 |
| 247 | 永盛桥 | 1988 | 清 | 古建筑 | 县级 | 毕节市 | 金沙县 | 长坝乡 | 花滩村 |
| 248 | 清静洞躲匪遗址 | 1988 | 清 | 古遗址 | 县级 | 毕节市 | 金沙县 | 长坝乡 | 昆仑村 |
| 249 | 大岩洞遗址 | 1988 | 清 | 古遗址 | 县级 | 毕节市 | 金沙县 | 大田彝族苗族布依族乡 | 幸福村 |
| 250 | 龙门桥 | 1988 | 清 | 古建筑 | 县级 | 毕节市 | 金沙县 | 大田彝族苗族布依族乡 | 幸福村 |
| 251 | 白泥卧大山营盘遗址 | 1988 | 清 | 古遗址 | 县级 | 毕节市 | 金沙县 | 大田彝族苗族布依族乡 | 大田村 |
| 252 | 和平水电站旧址 | 1988 | 清 | 石刻 | 县级 | 毕节市 | 金沙县 | 马路彝族苗族乡 | 龙山村 |
| 253 | 公议十禁碑 | 1988 | 清 | 石刻 | 县级 | 毕节市 | 金沙县 | 城关镇 | 古楼村 |

续表

| 序号 | 文物保护单位名称 | 批次或公布日期 | 年代 | 类别 | 级别 | 所在地址 | | | |
|---|---|---|---|---|---|---|---|---|---|
| | | | | | | 市（地、州） | 市（县、区） | 镇（乡） | 村 |
| 254 | 代家碉楼 | 1988 | 民国 | 近现代史迹 | 县级 | 毕节市 | 金沙县 | 龙坝乡 | 官田坝村 |
| 255 | 菜籽沟铜矿遗址 | 1988 | 明 | 古遗址 | 县级 | 毕节市 | 金沙县 | 龙坝乡 | 小里村 |
| 256 | 白云寺洞新场党总支第一次全体会议旧址 | 1988 | 1938 | 近现代史迹 | 县级 | 毕节市 | 金沙县 | 西洛乡 | 金槐村 |
| 257 | 童家百岁碑 | 1988 | 清 | 石刻 | 县级 | 毕节市 | 金沙县 | 马路彝族苗族乡 | 龙山村 |
| 258 | 王正松合葬墓 | 1988 | 清 | 古墓葬 | 县级 | 毕节市 | 金沙县 | 马路彝族苗族乡 | 龙山村 |
| 259 | 契默土目庄园 | 1986 | 清 | 古建筑 | 县级 | 毕节市 | 金沙县 | 契默乡 | |
| 260 | 敖家大院 | 1988 | 清 | 古建筑 | 县级 | 毕节市 | 金沙县 | 石场苗族彝族乡 | 鹿崽楼村 |
| 261 | 野鸡田顾氏合葬墓 | 1988 | 清 | 古墓葬 | 县级 | 毕节市 | 金沙县 | 岩上乡 | |
| 262 | 胡氏墓 | 1988 | 清 | 古墓葬 | 县级 | 毕节市 | 金沙县 | 石场乡 | 新街村 |
| 263 | 教思碑 | 1988 | 清 | 石刻 | 县级 | 毕节市 | 金沙县 | 石场镇 | |
| 264 | 水井坎煤窑遗址 | 1986 | 明 | 古遗址 | 县级 | 毕节市 | 金沙县 | 石场苗族彝族乡 | 新街村 |
| 265 | 万年碑 | 1986 | 清 | 石刻 | 县级 | 毕节市 | 金沙县 | 石场镇 | |
| 266 | 大宝飞云洞摩崖 | 1981 | 清 | 摩崖 | 县级 | 毕节市 | 金沙县 | 石场镇 | |
| 267 | 万福桥碑 | 1988 | 清 | 石刻 | 县级 | 毕节市 | 金沙县 | 石场苗族彝族乡 | 鹿崽楼村 |
| 268 | 汪哇遮夫妇墓 | 1988 | 清 | 古墓葬 | 县级 | 毕节市 | 金沙县 | 清池镇 | 坳上村 |
| 269 | 兰土字库塔 | 1988 | 清 | 古建筑 | 县级 | 毕节市 | 金沙县 | 清池镇 | 路羊村 |
| 270 | 癞子桥 | 1988 | 清 | 古建筑 | 县级 | 毕节市 | 金沙县 | 清池镇 | 坳上村 |
| 271 | 清池粮仓 | 1988 | 清–中华人民共和国 | 近现代史迹 | 县级 | 毕节市 | 金沙县 | 清池镇 | 罗坪村 |
| 272 | 罗国祥合葬墓 | 1988 | 清 | 古墓葬 | 县级 | 毕节市 | 金沙县 | 清池镇 | 圆坪村 |
| 273 | 一把伞谢氏合葬墓 | 1988 | 清 | 古墓葬 | 县级 | 毕节市 | 金沙县 | 清池镇 | 普安村 |
| 274 | 沙坡节孝墓 | 1986 | 清 | 石刻 | 县级 | 毕节市 | 金沙县 | 青池镇 | |
| 275 | 彭家民居 | 1988 | 清 | 古建筑 | 市级 | 毕节市 | 金沙县 | 清池镇 | 渔河村 |
| 276 | 清池烈士纪念碑 | 1986 | 1966 | 近现代史迹 | 县级 | 毕节市 | 金沙县 | 清池镇 | |
| 277 | 兰土石室墓 | 1988 | 待定 | 古墓葬 | 县级 | 毕节市 | 金沙县 | 清池镇 | 路羊村 |
| 278 | 凤鸣山寺 | 1982 | 清 | 古建筑 | 县级 | 毕节市 | 金沙县 | 石场镇 | |
| 279 | 上棺山刘氏合葬墓 | 1988 | 清 | 古墓葬 | 县级 | 毕节市 | 金沙县 | 清池镇 | 坳上村 |
| 280 | 仓上墓 | 1988 | 明 | 墓葬 | 县级 | 毕节市 | 金沙县 | 烂坝乡 | |
| 281 | 马坎摩崖 | 1988 | 清 | 摩崖 | 县级 | 毕节市 | 金沙县 | 湖水乡 | |

续表

| 序号 | 文物保护单位名称 | 批次或公布日期 | 年代 | 类别 | 级别 | 所在地址 | | | |
|---|---|---|---|---|---|---|---|---|---|
| | | | | | | 市（地、州） | 市（县、区） | 镇（乡） | 村 |
| 282 | 大定坡盐碉遗址 | 1988 | 1918 | 近现代史迹 | 县级 | 毕节市 | 金沙县 | 城关镇 | 大定村 |
| 283 | 无著亭题咏碑 | 1988 | 1917 | 近现代史迹 | 县级 | 毕节市 | 金沙县 | 城关镇 | 大定村 |
| 284 | 龙王庙 | 1987 | 清 | 古建筑 | 县级 | 毕节市 | 金沙县 | 干田乡 | |
| 285 | 高岩寺 | 1981 | 清 | 古建筑 | 县级 | 毕节市 | 金沙县 | 城关镇 | |
| 286 | 徐久道墓 | 1988 | 清 | 古墓葬 | 县级 | 毕节市 | 金沙县 | 城关镇 | 玉屏村 |
| 287 | 吴正卿烈士墓 | 1986 | 近现代 | 近现代史迹 | 县级 | 毕节市 | 金沙县 | 城关镇 | |
| 288 | 吴正卿烈士纪念碑 | 1986 | 1965 | 近现代史迹 | 县级 | 毕节市 | 金沙县 | 县城郊 | |
| 289 | 李旭华烈士纪念碑 | 1986 | 民国 | 近现代史迹 | 县级 | 毕节市 | 金沙县 | 城关镇 | |
| 290 | 金沙烈士陵园 | 1986 | 1966 | 近现代史迹 | 县级 | 毕节市 | 金沙县 | 清池镇 | |
| 291 | 玉屏石塔 | 1986 | 清 | 古建筑 | 县级 | 毕节市 | 金沙县 | 玉屏 | |
| 292 | 袁家桥 | 1988 | 清 | 古建筑 | 县级 | 毕节市 | 金沙县 | 城关镇 | 红岩村 |
| 293 | 蓝芸夫夫妇墓 | 1988 | 1994 | 近现代史迹 | 县级 | 毕节市 | 金沙县 | 城关镇 | 金坪村 |
| 294 | 中坝川主庙 | 1988 | 清 | 古建筑 | 县级 | 毕节市 | 金沙县 | 城关镇 | 淹坝村 |
| 295 | 花尖营古营盘遗址 | 1981 | 清 | 古遗址 | 县级 | 毕节市 | 金沙县 | 白沙乡 | |
| 296 | 何母郑太君墓 | 1988 | 1941 | 近现代史迹 | 县级 | 毕节市 | 金沙县 | 化觉乡 | 新民村 |
| 297 | 杨璠父子墓 | 1988 | 清 | 古墓葬 | 县级 | 毕节市 | 金沙县 | 禹谟镇 | 沙兴村 |
| 298 | 大桥城垣遗址 | 1982 | 清 | 古建筑 | 县级 | 毕节市 | 金沙县 | 茶元乡 | |
| 299 | 禹谟粮仓 | 1988 | 20世纪50年代 | 近现代史迹 | 县级 | 毕节市 | 金沙县 | 禹谟镇 | |
| 300 | 高家坟 | 1988 | 清 | 石刻 | 县级 | 毕节市 | 金沙县 | 安民乡 | |
| 301 | 付宋氏墓 | 1988 | 清 | 古墓葬 | 县级 | 毕节市 | 金沙县 | 安洛苗族彝族满族乡 | 大贤村 |
| 302 | 庄家墓 | 1988 | 清 | 古墓葬 | 县级 | 毕节市 | 金沙县 | 洛苗族彝族满族乡 | 安洛河村 |
| 303 | 仓上墓 | 1988 | 汉 | 古墓葬 | 县级 | 毕节市 | 金沙县 | 桂花乡 | 果松村 |
| 304 | 马坎摩崖 | 1988 | 1975 | 近现代史迹 | 县级 | 毕节市 | 金沙县 | 平坝乡 | 八一村 |
| 305 | 字库塔 | 1986 | 清 | 古建筑 | 县级 | 毕节市 | 金沙县 | 沙土镇 | 观堂村 |
| 306 | 毛杨氏墓 | 1986 | 清 | 古建筑 | 县级 | 毕节市 | 金沙县 | 沙土镇 | 观堂村 |
| 307 | 卡子门隘口遗址 | 1986 | 清 | 古遗址 | 县级 | 毕节市 | 金沙县 | 官田乡 | 新爱村 |
| 308 | 都佛寺 | 1986 | 清 | 古建筑 | 县级 | 毕节市 | 金沙县 | 官田乡 | 新河村 |

续表

| 序号 | 文物保护单位名称 | 批次或公布日期 | 年代 | 类别 | 级别 | 所在地址 | | | |
|---|---|---|---|---|---|---|---|---|---|
| | | | | | | 市（地、州） | 市（县、区） | 镇（乡） | 村 |
| 309 | 车步云墓 | 1988 | 清 | 古遗址 | 县级 | 毕节市 | 金沙县 | 源村乡 | 瓦房村 |
| 310 | 联合寨营盘遗址 | 1986 | 清 | 古遗址 | 县级 | 毕节市 | 金沙县 | 源村乡 | 普会村 |
| 311 | 齐家宅 | 1986 | 清 | 古建筑 | 县级 | 毕节市 | 金沙县 | 源村乡 | 瓦房村 |
| 312 | 绍龙寺遗址 | 1986 | 清 | 古遗址 | 县级 | 毕节市 | 金沙县 | 源村乡 | 石刘村 |
| 313 | 赵家墓群 | 1986 | 清 | 古墓葬 | 县级 | 毕节市 | 金沙县 | 源村乡 | 源村村 |
| 314 | 李伲脚汉彝文墓碑 | 1987 | 清 | 石刻 | 县级 | 毕节市 | 纳雍县 | 东关乡 | |
| 315 | 陈家坟墓志碑 | 1987 | 民国 | 石刻 | 县级 | 毕节市 | 纳雍县 | 曙光乡 | |
| 316 | 汉彝文摩崖石刻 | 1987 | 清 | 石刻 | 县级 | 毕节市 | 纳雍县 | 左鸠戛乡 | |
| 317 | 千年白果树 | 1981 | 清 | 其他 | 县级 | 毕节市 | 纳雍县 | 水东乡 | |
| 318 | 雍熙烈士陵园 | 1987 | 近现代 | 古墓葬 | 县级 | 毕节市 | 纳雍县 | 雍熙镇 | |
| 319 | 乐治烈士墓 | 1987 | 近现代 | 古墓葬 | 县级 | 毕节市 | 纳雍县 | 乐治镇 | |
| 320 | 阳场烈士纪念碑 | 1987 | 近现代 | 石刻 | 县级 | 毕节市 | 纳雍县 | 阳场镇 | |
| 321 | 武佐烈士纪念碑 | 1987 | 近现代 | 石刻 | 县级 | 毕节市 | 纳雍县 | 老凹镇 | |
| 322 | 徐进墓 | 2008 | 1935 | 近现代史迹 | 县级 | 毕节市 | 纳雍县 | 沙包乡 | 街上村 |
| 323 | 尚何氏墓 | 2008 | 清 | 古墓葬 | 县级 | 毕节市 | 纳雍县 | 沙包乡 | 天星村 |
| 324 | 邬朝选、禄氏夫妇墓 | 2008 | 清 | 古墓葬 | 县级 | 毕节市 | 纳雍县 | 乐治镇 | 史家街第七村 |
| 325 | 安墓洛、邬氏夫妇墓 | 2008 | 清 | 古墓葬 | 县级 | 毕节市 | 纳雍县 | 沙包乡 | 黄泥田村 |
| 326 | 沙落古驿道 | 2008 | 明 | 古遗址 | 县级 | 毕节市 | 纳雍县 | 董地苗族彝族乡 | 石关村 |
| 327 | 安大有墓 | 2008 | 清 | 古墓葬 | 县级 | 毕节市 | 纳雍县 | 董地苗族彝族乡 | 冷冲村 |
| 328 | 梯子岩红军战斗遗址 | 2008 | 1935 | 近现代史迹 | 县级 | 毕节市 | 纳雍县 | 化作苗族彝族乡 | 达那村 |
| 329 | 箐脚洞遗址 | 2008 | 新石器时代 | 古遗址 | 县级 | 毕节市 | 纳雍县 | 老凹坝乡 | 箐脚村 |
| 330 | 龙场宣慰庙 | 2008 | 1935 | 近现代史迹 | 县级 | 毕节市 | 纳雍县 | 龙场镇 | 龙场村 |
| 331 | 罗朝献墓 | 2008 | 清 | 古墓葬 | 县级 | 毕节市 | 纳雍县 | 老凹坝乡 | 果儿盖村 |
| 332 | 大房张口洞遗址 | 2008 | 旧石器时代 | 古遗址 | 县级 | 毕节市 | 纳雍县 | 龙场镇 | 龙场村 |

续表

| 序号 | 文物保护单位名称 | 批次或公布日期 | 年代 | 类别 | 级别 | 所在地址 | | | |
|---|---|---|---|---|---|---|---|---|---|
| | | | | | | 市（地、州） | 市（县、区） | 镇（乡） | 村 |
| 333 | 猫寨苗俗碑 | 2008 | 清 | 古墓葬 | 县级 | 毕节市 | 纳雍县 | 水东乡 | 猫寨村 |
| 334 | 柯道秀墓 | 2008 | 清 | 古墓葬 | 县级 | 毕节市 | 纳雍县 | 王家寨镇 | 王家村 |
| 335 | 李登弟、李陈氏墓 | 2008 | 清 | 古墓葬 | 县级 | 毕节市 | 纳雍县 | 王家寨镇 | 糯克村 |
| 336 | 闹地古城墙 | 2008 | 清 | 古遗址 | 县级 | 毕节市 | 纳雍县 | 雍熙镇 | 闹地村 |
| 337 | 何天庥墓 | 2008 | 清 | 古墓葬 | 县级 | 毕节市 | 纳雍县 | 张家湾镇 | 补作村 |
| 338 | 王显章烈士墓 | 2008 | 1951 | 近现代史迹 | 县级 | 毕节市 | 纳雍县 | 维新镇 | 盐井村 |
| 339 | 杨光斗烈士墓 | 2008 | 1958 | 近现代史迹 | 县级 | 毕节市 | 纳雍县 | 维新镇 | 维新村 |
| 340 | 杨仕海烈士墓 | 2008 | 1998 | 近现代史迹 | 县级 | 毕节市 | 纳雍县 | 维新镇 | 维新村 |
| 341 | 七洞桥 | 2008 | 清 | 古建筑 | 县级 | 毕节市 | 纳雍县 | 寨乐乡 | 革新、平桥、大寨村交界 |
| 342 | 扯瓜河桥 | 2008 | 清 | 古建筑 | 县级 | 毕节市 | 纳雍县 | 沙包乡 | 天星村 |
| 343 | 姑开烈士墓 | 1987 | 近现代 | 其他 | 县级 | 毕节市 | 纳雍县 | 姑开乡 | |
| 344 | 怀远将军墓 | 1981 | 清 | 古墓葬 | 县级 | 毕节市 | 纳雍县 | 厍东关乡 | |
| 345 | 万寿桥 | 1987 | 清 | 古建筑 | 县级 | 毕节市 | 纳雍县 | 维新镇 | |
| 346 | 果伟河桥 | 1987 | 清 | 古建筑 | 县级 | 毕节市 | 纳雍县 | 阳场镇 | |
| 347 | 呐叭桥 | 1987 | 清 | 古建筑 | 县级 | 毕节市 | 纳雍县 | 老凹坝乡 | |
| 348 | 以那桥 | 1987 | 清 | 古建筑 | 县级 | 毕节市 | 纳雍县 | 老凹坝乡 | |
| 349 | 龙场烈士陵园 | 1987 | 近现代 | 其他 | 县级 | 毕节市 | 纳雍县 | 龙场镇 | |
| 350 | 治昆烈士墓 | 1987 | 近现代 | 其他 | 县级 | 毕节市 | 纳雍县 | 昆寨乡 | |
| 351 | 拉嘎百岁碑 | 1981 | 清 | 石刻 | 县级 | 毕节市 | 纳雍县 | 雍熙镇 | |
| 352 | 何家坟碑刻 | 1987 | 清 | 石刻 | 县级 | 毕节市 | 纳雍县 | 王家寨镇 | |
| 353 | 盐井彝族墓及碑刻 | 1987 | 待考 | 石刻 | 县级 | 毕节市 | 纳雍县 | 维新镇 | |

## 未定级文物点（858处）

| 序号 | 文物保护单位名称 | 批次或公布日期 | 年代 | 类别 | 级别 | 所在地址 | | | |
|---|---|---|---|---|---|---|---|---|---|
| | | | | | | 市（地、州） | 市（县、区） | 镇（乡） | 村 |
| 1 | 龙盘山墓 | 2012 | 明 | 古墓葬 | 文物点 | 毕节市 | 七星关区 | 中华社区 | |
| 2 | 三官庙遗址 | 2012 | 清 | 古建筑 | 文物点 | 毕节市 | 七星关区 | 八寨镇 | 茅栗坪村 |
| 3 | 梓潼阁 | 2012 | 清 | 古建筑 | 文物点 | 毕节市 | 七星关区 | 流沧桥镇 | 德沟村 |
| 4 | 诸庙免夫碑 | 2012 | 清 | 石刻 | 文物点 | 毕节市 | 七星关区 | 大新桥镇 | 天河村 |
| 5 | 禁止捕厅擅受民词碑 | 2012 | 清 | 石刻 | 文物点 | 毕节市 | 七星关区 | 大新桥镇 | 天河村 |
| 6 | 大桥烈士陵园 | 2012 | 1956 | 近现代史迹 | 文物点 | 毕节市 | 七星关区 | 大新桥镇 | 大桥村 |
| 7 | 糜子义合葬墓 | 2012 | 清 | 古墓葬 | 文物点 | 毕节市 | 七星关区 | 观音桥镇 | 五里村 |
| 8 | 洞天福地摩崖石刻 | 2012 | 清 | 石刻 | 文物点 | 毕节市 | 七星关区 | 海子街镇 | 周家桥村 |
| 9 | 跳蹬河遗址 | 2012 | 商周 | 古遗址 | 文物点 | 毕节市 | 七星关区 | 海子街镇 | 平桥村 |
| 10 | 垭口营盘遗址 | 2012 | 清 | 古遗址 | 文物点 | 毕节市 | 七星关区 | 大屯乡 | 左泥村 |
| 11 | 长春堡碉楼 | 2012 | 清 | 古建筑 | 文物点 | 毕节市 | 七星关区 | 长春堡镇 | 下午村 |
| 12 | 癞子洞 | 2012 | 旧石器 | 古遗址 | 文物点 | 毕节市 | 七星关区 | 长春堡镇 | 阳鹊沟村 |
| 13 | 安氏墓 | 2012 | 清 | 古墓葬 | 文物点 | 毕节市 | 七星关区 | 阴底乡 | 阴底村 |
| 14 | 安定贤墓 | 2012 | 清 | 近现代史迹 | 文物点 | 毕节市 | 七星关区 | 阴底乡 | 阴底村 |
| 15 | 对坡村石高炉遗址 | 2012 | 1958 | 古遗址 | 文物点 | 毕节市 | 七星关区 | 对坡镇 | 对坡村 |
| 16 | 李雨铺合葬墓 | 2012 | 清 | 古墓葬 | 文物点 | 毕节市 | 七星关区 | 千溪乡 | 大屯寨村 |
| 17 | 大屯村李氏墓 | 2012 | 清 | 古墓葬 | 文物点 | 毕节市 | 七星关区 | 千溪乡 | 大屯寨村 |
| 18 | 李柯哇墓 | 2012 | 清 | 古墓葬 | 文物点 | 毕节市 | 七星关区 | 青场镇 | 青坝村 |
| 19 | 李或兄墓 | 2012 | 清 | 古墓葬 | 文物点 | 毕节市 | 七星关区 | 青场镇 | 青坝村 |
| 20 | 双堰塘邓氏墓 | 2012 | 清 | 古墓葬 | 文物点 | 毕节市 | 七星关区 | 朱昌镇 | 双堰塘村 |
| 21 | 宋伍红军标语 | 2012 | 1936 | 近现代史迹 | 文物点 | 毕节市 | 七星关区 | 朱昌镇 | 宋伍村 |
| 22 | 邓氏祖茔碑 | 2012 | 清 | 石刻 | 文物点 | 毕节市 | 七星关区 | 朱昌镇 | 双堰塘村 |
| 23 | 石林萱墓 | 2012 | 清 | 古墓葬 | 文物点 | 毕节市 | 七星关区 | 朱昌镇 | 宋伍村 |
| 24 | 刘家祠堂 | 2012 | 1938 | 近现代史迹 | 文物点 | 毕节市 | 七星关区 | 朱昌镇 | 白泥井村 |
| 25 | 云台寺遗址 | 2012 | 明 | 古遗址 | 文物点 | 毕节市 | 七星关区 | 朱昌镇 | 上街村 |
| 26 | 花厂营盘 | 2012 | 清 | 古遗址 | 文物点 | 毕节市 | 七星关区 | 朱昌镇 | 花厂村 |
| 27 | 丁氏封山碑 | 2012 | 民国 | 石刻 | 文物点 | 毕节市 | 七星关区 | 朱昌镇 | 宋伍村 |
| 28 | 余家桥 | 2012 | 清 | 古建筑 | 文物点 | 毕节市 | 七星关区 | 朱昌镇 | 宋伍村 |
| 29 | 玉皇阁 | 2012 | 明、清 | 古建筑 | 文物点 | 毕节市 | 七星关区 | 层台镇 | 青春村 |

续表

| 序号 | 文物保护单位名称 | 批次或公布日期 | 年代 | 类别 | 级别 | 所在地址 | | | |
|---|---|---|---|---|---|---|---|---|---|
| | | | | | | 市（地、州） | 市（县、区） | 镇（乡） | 村 |
| 30 | 五柳桥 | 2012 | 清 | 古建筑 | 文物点 | 毕节市 | 七星关区 | 层台镇 | 五里村 |
| 31 | 罗章勤民居 | 2012 | 清 | 其他 | 文物点 | 毕节市 | 七星关区 | 层台镇 | 五里村 |
| 32 | 万福桥 | 2012 | 清 | 古建筑 | 文物点 | 毕节市 | 七星关区 | 岔河镇 | 浅寨村 |
| 33 | 李天祥墓 | 2012 | 清 | 古墓葬 | 文物点 | 毕节市 | 七星关区 | 岔河镇 | 晨思村 |
| 34 | 塘丰墓群 | 2012 | 清 | 古墓葬 | 文物点 | 毕节市 | 七星关区 | 岔河镇 | 塘丰村 |
| 35 | 斑竹林桥 | 2012 | 清 | 古建筑 | 文物点 | 毕节市 | 七星关区 | 岔河镇 | 岔河村 |
| 36 | 禁止抽提庙款碑 | 2012 | 1932 | 石刻 | 文物点 | 毕节市 | 七星关区 | 清水铺镇 | 清水村 |
| 37 | 薛开泰墓 | 2012 | 清 | 古墓葬 | 文物点 | 毕节市 | 七星关区 | 清水铺镇 | 石井村 |
| 38 | 峰岩摩崖 | 2012 | 民国 | 近现代史迹 | 文物点 | 毕节市 | 七星关区 | 清水铺镇 | 清水铺镇 |
| 39 | 七星村万人坟 | 2012 | 清 | 古墓葬 | 文物点 | 毕节市 | 七星关区 | 杨家湾镇 | 七星村 |
| 40 | 夏曦烈士纪念碑 | 2012 | 1985 | 石刻 | 文物点 | 毕节市 | 七星关区 | 杨家湾镇 | 七星村 |
| 41 | 川滇黔驿道七星关段 | 2012 | 明 | 古遗址 | 文物点 | 毕节市 | 七星关区 | 杨家湾镇 | 七星村 |
| 42 | 石桥大岩洞遗址 | 2012 | 新石器时代 | 古遗址 | 文物点 | 毕节市 | 七星关区 | 鸭池镇 | 石桥村 |
| 43 | 马槽洞遗址 | 2012 | 新石器时代 | 古遗址 | 文物点 | 毕节市 | 七星关区 | 鸭池镇 | 场坝村 |
| 44 | 沈家岩洞遗址 | 2012 | 新石器时代 | 古遗址 | 文物点 | 毕节市 | 七星关区 | 鸭池镇 | 场坝村 |
| 45 | 杨梅坡大岩洞遗址 | 2012 | 新石器时代 | 古遗址 | 文物点 | 毕节市 | 七星关区 | 鸭池镇 | 核桃村 |
| 46 | 梓桐阁四棱碑 | 2012 | 清 | 石刻 | 文物点 | 毕节市 | 七星关区 | 鸭池镇 | 岩兴村 |
| 47 | 观音阁石洞壁画 | 2012 | 清 | 石刻 | 文物点 | 毕节市 | 七星关区 | 鸭池镇 | 场坝村 |
| 48 | 羊圈冲遗址 | 2012 | 新石器时代 | 古遗址 | 文物点 | 毕节市 | 七星关区 | 鸭池镇 | 场坝村 |
| 49 | 杨溪达合葬墓 | 2012 | 清 | 古墓葬 | 文物点 | 毕节市 | 七星关区 | 团结乡 | 青杠村 |
| 50 | 康家大营遗址 | 2012 | 清 | 古遗址 | 文物点 | 毕节市 | 七星关区 | 林口镇、团结乡 | 灯塔村、营坪村 |
| 51 | 杨继伯碉楼 | 2012 | 1938 | 古建筑 | 文物点 | 毕节市 | 七星关区 | 林口镇 | 林前村 |
| 52 | 张世伦碉楼 | 2012 | 1946 | 古建筑 | 文物点 | 毕节市 | 七星关区 | 林口镇 | 大地村 |
| 53 | 董家碉楼 | 2012 | 1945 | 古建筑 | 文物点 | 毕节市 | 七星关区 | 林口镇 | 川山村 |
| 54 | 王家碉楼 | 2012 | 1940 | 古建筑 | 文物点 | 毕节市 | 七星关区 | 林口镇 | 川山村 |
| 55 | 杨仲瑶德政碑 | 2012 | 1930 | 石刻 | 文物点 | 毕节市 | 七星关区 | 林口镇 | 平坝村 |
| 56 | 毕节渡槽 | 2012 | 1971 | 近现代史迹 | 文物点 | 毕节市 | 七星关区 | 大银镇 | 保旺村 |
| 57 | 大岩洞遗址 | 2012 | 旧石器时代 | 古遗址 | 文物点 | 毕节市 | 七星关区 | 何官屯镇 | 关口村 |

续表

| 序号 | 文物保护单位名称 | 批次或公布日期 | 年代 | 类别 | 级别 | 所在地址 | | | |
|---|---|---|---|---|---|---|---|---|---|
| | | | | | | 市（地、州） | 市（县、区） | 镇（乡） | 村 |
| 58 | 吴家大洞遗址 | 2012 | 旧石器时代 | 古遗址 | 文物点 | 毕节市 | 七星关区 | 小坝镇 | 凤皇村 |
| 59 | 白果湾大院 | 2012 | 民国 | 近现代史迹 | 文物点 | 毕节市 | 七星关区 | 小坝镇 | 汉屯村 |
| 60 | 邻里小学旧址 | 2012 | 1938 | 近现代史迹 | 文物点 | 毕节市 | 七星关区 | 小坝镇 | 中屯村 |
| 61 | 孙家龙门 | 2012 | | 近现代史迹 | 文物点 | 毕节市 | 七星关区 | 小坝镇 | 窝中屯村 |
| 62 | 万寿宫 | 2012 | | 古建筑 | 文物点 | 毕节市 | 七星关区 | 小坝镇 | |
| 63 | 黄连村桥 | 2012 | | 古建筑 | 文物点 | 毕节市 | 七星关区 | 水菁镇 | 黄连村 |
| 64 | 水西洞战场遗址 | 2012 | 清 | 古遗址 | 文物点 | 毕节市 | 七星关区 | 吉场镇 | 吉丰村 |
| 65 | 猴子桥 | 2012 | 清 | 古建筑 | 文物点 | 毕节市 | 七星关区 | 吉场镇 | 高兴村 |
| 66 | 陆母安氏墓 | 2012 | 清 | 古墓葬 | 文物点 | 毕节市 | 七星关区 | 撒拉溪镇 | 水浸沟村 |
| 67 | 范氏龙门墓 | 2012 | 清 | 古墓葬 | 文物点 | 毕节市 | 七星关区 | 生机镇 | 镰刀湾村 |
| 68 | 高流大沟 | 2012 | 1968 | 近现代史迹 | 文物点 | 毕节市 | 七星关区 | 生机镇 | 高流村 |
| 69 | 赵氏四棱碑 | 2012 | 清 | 石刻 | 文物点 | 毕节市 | 七星关区 | 梨树镇 | 小河村 |
| 70 | 踩山坪摩崖石刻 | 2012 | 清 | | 文物点 | 毕节市 | 七星关区 | 普宜镇 | 龙家寨村 |
| 71 | 龙家寨摩崖石刻 | 2012 | 1935 | 石刻 | 文物点 | 毕节市 | 七星关区 | 普宜镇 | 龙家寨村 |
| 72 | 创刀营盘遗址 | 2012 | 清 | 古遗址 | 文物点 | 毕节市 | 七星关区 | 普宜镇 | 龙家寨村 |
| 73 | 雷吼淌摩崖石刻 | 2012 | 清 | 石刻 | 文物点 | 毕节市 | 七星关区 | 田坎乡 | 大元村 |
| 74 | 汪家坟墓群 | 2012 | 清 | 古墓葬 | 文物点 | 毕节市 | 七星关区 | 田坎乡 | 大元村 |
| 75 | 吴氏民居 | 2012 | 清 | 古建筑 | 文物点 | 毕节市 | 七星关区 | 大河乡 | 鸡姑村 |
| 76 | 张德科墓 | 2012 | 1920 | 近现代史迹 | 文物点 | 毕节市 | 七星关区 | 野角乡 | 大麻塘村 |
| 77 | 燕林大沟 | 2012 | 1968 | 近现代史迹 | 文物点 | 毕节市 | 七星关区 | 燕子口镇 | 龙洞村 |
| 78 | 龙洞桥 | 2012 | 20世纪70年代 | 近现代史迹 | 文物点 | 毕节市 | 七星关区 | 燕子口镇 | 龙洞村 |
| 79 | 晓铺观音庙 | 2012 | 清 | 古建筑 | 文物点 | 毕节市 | 七星关区 | 燕子口镇 | 海子村 |
| 80 | 向家民居 | 2012 | | 古建清筑 | 文物点 | 毕节市 | 七星关区 | 亮岩镇 | 核桃村 |
| 81 | 前锋营盘遗址 | 2012 | 清代 | 古遗址 | 文物点 | 毕节市 | 大方县 | 黄泥塘镇 | 化理村 |
| 82 | 黑泥营盘遗址 | 2012 | 清代 | 古遗址 | 文物点 | 毕节市 | 大方县 | 黄泥塘镇 | 大坝村 |
| 83 | 联丰营盘遗址 | 2012 | 清代 | 古遗址 | 文物点 | 毕节市 | 大方县 | 黄泥塘镇 | 松林村 |
| 84 | 周家营盘遗址 | 2012 | 清代 | 古遗址 | 文物点 | 毕节市 | 大方县 | 黄泥塘镇 | 兴林村 |
| 85 | 大桥营盘遗址 | 2012 | 清代 | 古遗址 | 文物点 | 毕节市 | 大方县 | 黄泥塘镇 | 鸡场村 |
| 86 | 营盘坡营盘遗址 | 2012 | 清代 | 古遗址 | 文物点 | 毕节市 | 大方县 | 黄泥塘镇 | 化联村 |

续表

| 序号 | 文物保护单位名称 | 批次或公布日期 | 年代 | 类别 | 级别 | 所在地址 | | | |
|---|---|---|---|---|---|---|---|---|---|
| | | | | | | 市（地、州） | 市（县、区） | 镇（乡） | 村 |
| 87 | 二程岗岗哨遗址 | 2012 | 清代 | 古遗址 | 文物点 | 毕节市 | 大方县 | 黄泥塘镇 | 西河村 |
| 88 | 西河营盘遗址 | 2012 | 清代 | 古遗址 | 文物点 | 毕节市 | 大方县 | 黄泥塘镇 | 西河村 |
| 89 | 尖山营盘遗址 | 2012 | 清代 | 古遗址 | 文物点 | 毕节市 | 大方县 | 黄泥塘镇 | 西河村 |
| 90 | 高岩营盘遗址 | 2012 | 清代 | 古遗址 | 文物点 | 毕节市 | 大方县 | 黄泥塘镇 | 西河村 |
| 91 | 金鸡驿道 | 2012 | 明代 | 古遗址 | 文物点 | 毕节市 | 大方县 | 理化乡 | 金鸡村 |
| 92 | 路穿岩古道 | 2012 | 明代 | 古遗址 | 文物点 | 毕节市 | 大方县 | 羊场镇 | 穿岩村 |
| 93 | 瓢井大营盘遗址 | 2012 | 清代 | 古遗址 | 文物点 | 毕节市 | 大方县 | 瓢井镇 | 瓢井村 |
| 94 | 山王庙盐道 | 2012 | 清代 | 古遗址 | 文物点 | 毕节市 | 大方县 | 瓢井镇 | 联坪村 |
| 95 | 大水井营盘遗址 | 2012 | 清代 | 古遗址 | 文物点 | 毕节市 | 大方县 | 瓢井镇 | 联坪村 |
| 96 | 石丫口盐道 | 2012 | 清代 | 古遗址 | 文物点 | 毕节市 | 大方县 | 果瓦乡 | 上寨村 |
| 97 | 崔苏坝盐道 | 2012 | 清代 | 古遗址 | 文物点 | 毕节市 | 大方县 | 星宿乡 | 龙山村 |
| 98 | 松树盐道 | 2012 | 清代 | 古遗址 | 文物点 | 毕节市 | 大方县 | 星宿乡 | 松树村 |
| 99 | 姆姑安家营盘遗址 | 2012 | 明代 | 古遗址 | 文物点 | 毕节市 | 大方县 | 星宿乡 | 龙山村 |
| 100 | 邹家营盘遗址 | 2012 | 清代 | 古遗址 | 文物点 | 毕节市 | 大方县 | 核桃乡 | 木寨村 |
| 101 | 雨卷大营遗址 | 2012 | 清代 | 古遗址 | 文物点 | 毕节市 | 大方县 | 达溪镇 | 雨卷村 |
| 102 | 新店盐道 | 2012 | 清代 | 古遗址 | 文物点 | 毕节市 | 大方县 | 达溪镇 | 新店村 |
| 103 | 妈鸠寨盐道 | 2012 | 清代 | 古遗址 | 文物点 | 毕节市 | 大方县 | 达溪镇 | 达溪村 |
| 104 | 花底河盐道 | 2012 | 清代 | 古遗址 | 文物点 | 毕节市 | 大方县 | 三元乡 | 群丰村 |
| 105 | 公鸡岭营盘遗址 | 2012 | 明代 | 古遗址 | 文物点 | 毕节市 | 大方县 | 三元乡 | 群丰村 |
| 106 | 龙角山营盘遗址 | 2012 | 明代 | 古遗址 | 文物点 | 毕节市 | 大方县 | 三元乡 | 群丰村 |
| 107 | 创新营盘遗址 | 2012 | 清代 | 古遗址 | 文物点 | 毕节市 | 大方县 | 六龙镇 | 坝子村 |
| 108 | 兰花山驿道 | 2012 | 明代 | 古遗址 | 文物点 | 毕节市 | 大方县 | 马场镇 | 马场村<br>桥上村 |
| 109 | 猪大坡古道 | 2012 | 明代 | 古遗址 | 文物点 | 毕节市 | 大方县 | 慕俄格古城街道办事处 | 云龙村 |
| 110 | 赵家营盘遗址 | 2012 | 清代 | 古遗址 | 文物点 | 毕节市 | 大方县 | 绿塘乡 | 营盘村 |
| 111 | 猫场硫磺厂遗址 | 2012 | 近现代 | 近现代遗址 | 文物点 | 毕节市 | 大方县 | 猫场镇 | 长征村 |
| 112 | 彭殿元墓 | 2012 | 清代 | 古墓葬 | 文物点 | 毕节市 | 大方县 | 理化乡 | 金鸡村 |
| 113 | 安宣慰墓 | 2012 | 明 | 古墓葬 | 文物点 | 毕节市 | 大方县 | 小屯乡 | 珠场村 |
| 114 | 余家花坟 | 2012 | 清代 | 古墓葬 | 文物点 | 毕节市 | 大方县 | 六龙镇 | 青林村 |

续表

| 序号 | 文物保护单位名称 | 批次或公布日期 | 年代 | 类别 | 级别 | 所在地址 | | | |
|---|---|---|---|---|---|---|---|---|---|
| | | | | | | 市（地、州） | 市（县、区） | 镇（乡） | 村 |
| 115 | 罗万柱墓 | 2012 | 清代 | 古墓葬 | 文物点 | 毕节市 | 大方县 | 三元乡 | 群丰村 |
| 116 | 王杨合葬墓 | 2012 | 清代 | 古墓葬 | 文物点 | 毕节市 | 大方县 | 羊场镇 | 坪寨村 |
| 117 | 陈氏墓 | 2012 | 清代 | 古墓葬 | 文物点 | 毕节市 | 大方县 | 核桃乡 | 核桃村 |
| 118 | 杨沙略墓 | 2012 | 清代 | 古墓葬 | 文物点 | 毕节市 | 大方县 | 核桃乡 | 核桃村 |
| 119 | 嘎勒阿取墓 | 2012 | 清代 | 古墓葬 | 文物点 | 毕节市 | 大方县 | 三元乡 | 双元村 |
| 120 | 马登科墓 | 2012 | 清代 | 古墓葬 | 文物点 | 毕节市 | 大方县 | 牛场乡 | 德克村 |
| 121 | 李阿音岳父母墓 | 2012 | 清代 | 古墓葬 | 文物点 | 毕节市 | 大方县 | 安乐乡 | 白公村 |
| 122 | 李沛祖岳父母墓 | 2012 | 清代 | 古墓葬 | 文物点 | 毕节市 | 大方县 | 安乐乡 | 白公村 |
| 123 | 充军坟墓 | 2012 | 清代 | 古墓葬 | 文物点 | 毕节市 | 大方县 | 安乐乡 | 白公村 |
| 124 | 直珠母子墓 | 2012 | 清代 | 古墓葬 | 文物点 | 毕节市 | 大方县 | 猫场镇 | 兴合村 |
| 125 | 张经志墓 | 2012 | 明代 | 古墓葬 | 文物点 | 毕节市 | 大方县 | 八堡乡 | 新开村 |
| 126 | 杨白工墓 | 2012 | 清代 | 古墓葬 | 文物点 | 毕节市 | 大方县 | 八堡乡 | 天宝村 |
| 127 | 彭登念墓 | 2012 | 清代 | 古墓葬 | 文物点 | 毕节市 | 大方县 | 慕俄格古城街道办事处 | 陡坡村 |
| 128 | 李希尧墓 | 2012 | 清代 | 古墓葬 | 文物点 | 毕节市 | 大方县 | 小屯乡 | 法启村 |
| 129 | 李氏民居 | 2012 | 清代 | 古建筑 | 文物点 | 毕节市 | 大方县 | 理化乡 | 大塘村 |
| 130 | 元田古桥 | 2012 | 清代 | 古建筑 | 文物点 | 毕节市 | 大方县 | 理化乡 | 金鸡村 |
| 131 | 瓢儿古井 | 2012 | 清代 | 古建筑 | 文物点 | 毕节市 | 大方县 | 瓢井镇 | 联坪村 |
| 132 | 大水井（碓窝井） | 2012 | 明 | 古建筑 | 文物点 | 毕节市 | 大方县 | 马场镇 | 桥上村 |
| 133 | 何家桥 | 2012 | 清代 | 古建筑 | 文物点 | 毕节市 | 大方县 | 大山乡 | 柿树村 |
| 134 | 目睹桥 | 2012 | 清代 | 古建筑 | 文物点 | 毕节市 | 大方县 | 大山乡 | 柿树村 |
| 135 | 乐公周氏民居 | 2012 | 清代 | 古建筑 | 文物点 | 毕节市 | 大方县 | 牛场乡 | 乐公村 |
| 136 | 珠场解放军141团指挥部旧址 | 2012 | 清代 | 古建筑 | 文物点 | 毕节市 | 大方县 | 小屯乡 | 珠场村 |
| 137 | 保乐大庙遗址 | 2012 | 清代 | 古遗址 | 文物点 | 毕节市 | 大方县 | 黄泥塘镇 | 甘棠村 |
| 138 | 观音洞地下党联络处旧址 | 2012 | 近现代 | 现代史迹 | 文物点 | 毕节市 | 大方县 | 黄泥塘镇 | 鸡场村 |
| 139 | 胡兴隆烈士纪念碑 | 2012 | 近现代 | 现代史迹 | 文物点 | 毕节市 | 大方县 | 瓢井镇 | 联坪村 |
| 140 | 红岩大桥 | 2012 | 近现代 | 现代史迹 | 文物点 | 毕节市 | 大方县 | 长石镇 | 东风村 |
| 141 | 杨氏宗源纪念碑 | 2012 | 清代 | 石刻 | 文物点 | 毕节市 | 大方县 | 八堡乡 | 天宝村 |
| 142 | 龙昌化出土点 | 2012 | 旧石器时代 | 其他 | 文物点 | 毕节市 | 大方县 | 顺德街道办事处 | 龙昌村 |

续表

| 序号 | 文物保护单位名称 | 批次或公布日期 | 年代 | 类别 | 级别 | 所在地址 | | | |
|---|---|---|---|---|---|---|---|---|---|
| | | | | | | 市（地、州） | 市（县、区） | 镇（乡） | 村 |
| 143 | 关牛洞遗址 | 2012 | 新石器时代 | 古遗址 | 文物点 | 毕节市 | 大方县 | 理化乡 | 大塘村 |
| 144 | 大水井化石出土点 | 2012 | 更新世时代 | 其他 | 文物点 | 毕节市 | 大方县 | 理化乡 | 大塘村 |
| 145 | 穿洞遗址 | 2012 | 旧—新石器时代 | 其他 | 文物点 | 毕节市 | 大方县 | 羊场镇 | 穿岩村 |
| 146 | 奶奶洞遗址 | 2012 | 新石器时代 | 其他 | 文物点 | 毕节市 | 大方县 | 羊场镇 | 羊场村 |
| 147 | 彭寿远墓 | 2012 | 清代 | 古墓葬 | 文物点 | 毕节市 | 大方县 | 慕俄格古城办事处 | 陡坡村 |
| 148 | 饶家琳墓 | 2012 | 清代 | 古墓葬 | 文物点 | 毕节市 | 大方县 | 对江镇 | 对江村 |
| 149 | 彭占鳌墓 | 2012 | 清代 | 古墓葬 | 文物点 | 毕节市 | 大方县 | 顺德街道办事处 | 白石村 |
| 150 | 张朝相墓 | 2012 | 清代 | 古墓葬 | 文物点 | 毕节市 | 大方县 | 长石镇 | 东方村 |
| 151 | 彭鸿儒墓 | 2012 | 清代 | 古墓葬 | 文物点 | 毕节市 | 大方县 | 慕俄格古城街道办事处 | 红星村 |
| 152 | 陈应先夫妇墓 | 2012 | 清代 | 古墓葬 | 文物点 | 毕节市 | 大方县 | 慕俄格古城街道办事处 | 庆云村 |
| 153 | 段氏合葬墓 | 2012 | 清代 | 古墓葬 | 文物点 | 毕节市 | 大方县 | 东关乡 | 田坪村 |
| 154 | 以朵王氏民居 | 2012 | 清代 | 古建筑 | 文物点 | 毕节市 | 大方县 | 牛场乡 | 以朵村 |
| 155 | 达溪柳氏民居 | 2012 | 清代 | 古建筑 | 文物点 | 毕节市 | 大方县 | 达溪镇 | 达溪村 |
| 156 | 川主庙遗址 | 2012 | 清代 | 古遗址 | 文物点 | 毕节市 | 大方县 | 顺德街道办事处 | 龙昌村 |
| 157 | 七星关大桥 | 2012 | 1962 | 现代史迹 | 文物点 | 毕节市 | 赫章县 | 平山乡 | 江南村 |
| 158 | 利河万人坟 | 2012 | 清代 | 古墓葬 | 文物点 | 毕节市 | 赫章县 | 野马川镇 | 利河村 |
| 159 | 水塘摩崖石刻 | 2012 | 清代 | 石刻 | 文物点 | 毕节市 | 赫章县 | 平山乡 | 营塘村 |
| 160 | 硐上摩崖石刻 | 2012 | 清代 | 石刻 | 文物点 | 毕节市 | 赫章县 | 野马川 | 硐上村 |
| 161 | 安兴长命桥 | 2012 | 清代 | 古建筑 | 文物点 | 毕节市 | 赫章县 | 水塘乡 | 新河村 |
| 162 | 青山安氏墓 | 2012 | 清代 | 古墓葬 | 文物点 | 毕节市 | 赫章县 | 城关镇 | 青山村 |
| 163 | 江南苏维埃政权旧址 | 2012 | 1936 | 现代史迹 | 文物点 | 毕节市 | 赫章县 | 平山乡 | 江南村 |
| 164 | 新民安氏墓 | 2012 | 清代 | 古墓葬 | 文物点 | 毕节市 | 赫章县 | 水塘乡 | 新民村 |
| 165 | 龙洞安氏墓 | 2012 | 清代 | 古墓葬 | 文物点 | 毕节市 | 赫章县 | 城关镇 | 青山村 |
| 166 | 黑泥寨向天坟 | 2012 | 清代 | 古墓葬 | 文物点 | 毕节市 | 赫章县 | 妈姑镇 | 妈姑九股村 |
| 167 | 赫章铅锌矿大楼 | 2012 | 1958 | 现代史迹 | 文物点 | 毕节市 | 赫章县 | 妈姑镇 | 妈姑锌厂村 |
| 168 | 杨浦渥墓 | 2012 | 清代 | 碑刻 | 文物点 | 毕节市 | 赫章县 | 妈姑镇 | 妈姑海子村 |
| 169 | 砂石石拱桥 | 2012 | 1942 | 现代史迹 | 文物点 | 毕节市 | 赫章县 | 妈姑镇 | 妈姑大桥村 |
| 170 | 安挪则墓 | 2012 | 清代 | 古墓葬 | 文物点 | 毕节市 | 赫章县 | 妈姑镇 | 妈姑后河村 |

续表

| 序号 | 文物保护单位名称 | 批次或公布日期 | 年代 | 类别 | 级别 | 所在地址 | | | |
|---|---|---|---|---|---|---|---|---|---|
| | | | | | | 市（地、州） | 市（县、区） | 镇（乡） | 村 |
| 171 | 安雨浦墓 | 2012 | 清代 | 古墓葬 | 文物点 | 毕节市 | 赫章县 | 达依乡 | 元地村 |
| 172 | 杨者杂墓 | 2012 | 清代 | 古墓葬 | 文物点 | 毕节市 | 赫章县 | 珠市乡 | 光明村 |
| 173 | 罗笔山向天坟 | 2012 | 清代 | 古墓葬 | 文物点 | 毕节市 | 赫章县 | 珠市乡 | 核桃村 |
| 174 | 花苗寨洞穴群遗址 | 2012 | 旧石器时代 | 古遗址 | 文物点 | 毕节市 | 赫章县 | 松林乡 | 花苗寨村 |
| 175 | 岩脚寨大岩洞遗址 | 2012 | 旧石器时代 | 古遗址 | 文物点 | 毕节市 | 赫章县 | 松林乡 | 花苗寨村 |
| 176 | 张家岩洞遗址 | 2012 | 旧石器时代 | 古遗址 | 文物点 | 毕节市 | 赫章县 | 松林乡 | 花苗寨村 |
| 177 | 何家岩洞遗址 | 2012 | 旧石器时代 | 古遗址 | 文物点 | 毕节市 | 赫章县 | 松林乡 | 花苗寨村 |
| 178 | 黑寨洞穴群遗址 | 2012 | 旧石器时代 | 古遗址 | 文物点 | 毕节市 | 赫章县 | 松林乡 | 喜鹊村 |
| 179 | 永康大岩洞遗址 | 2012 | 旧石器时代 | 古遗址 | 文物点 | 毕节市 | 赫章县 | 水塘乡 | 永康村 |
| 180 | 苗寨大岩洞遗址 | 2012 | 旧石器时代 | 古遗址 | 文物点 | 毕节市 | 赫章县 | 水塘乡 | 新民村 |
| 181 | 新店和尚坟 | 2012 | 清代 | 古墓葬 | 文物点 | 毕节市 | 赫章县 | 六曲河镇 | 新店村 |
| 182 | 川滇黔边区游击队金山战斗遗址 | 2012 | 1935 | 现代史迹 | 文物点 | 毕节市 | 赫章县 | | 野马川金山村 |
| 183 | 苏嘎寨大岩洞遗址 | 2012 | 旧石器时代 | 古遗址 | 文物点 | 毕节市 | 赫章县 | 水塘乡 | 田坝村 |
| 184 | 大六沟岩洞遗址 | 2012 | 旧石器时代 | 古遗址 | 文物点 | 毕节市 | 赫章县 | 水塘乡 | 新民村 |
| 185 | 陈家岩洞遗址 | 2012 | 旧石器时代 | 古遗址 | 文物点 | 毕节市 | 赫章县 | 兴发乡 | 大寨村 |
| 186 | 郭家岩洞遗址 | 2012 | 旧石器时代 | 古遗址 | 文物点 | 毕节市 | 赫章县 | 兴发乡 | 中营村 |
| 187 | 凉水井向天坟 | 2012 | 待定 | 古墓葬 | 文物点 | 毕节市 | 赫章县 | 铁匠乡 | 铁匠村 |
| 188 | 财神塘红军战斗遗址 | 2012 | 1936 | 近现代史迹 | 文物点 | 毕节市 | 赫章县 | 财神镇 | 财神村 |
| 189 | 刘炳德墓 | 2012 | 清代 | 古墓葬 | 文物点 | 毕节市 | 赫章县 | 安乐溪乡 | 中河村 |
| 190 | 青杠陈氏墓 | 2012 | 清代 | 古墓葬 | 文物点 | 毕节市 | 赫章县 | 安乐溪乡 | 青杠村 |
| 191 | 川滇黔边区游击队水坡战斗遗址 | 2012 | 1935 | 近现代史迹 | 文物点 | 毕节市 | 赫章县 | 安乐溪乡 | 青杠村 |
| 192 | 石坪红军烈士墓 | 2012 | 1936 | 近现代史迹 | 文物点 | 毕节市 | 赫章县 | 安乐溪乡 | 青杠村 |
| 193 | 七星关红军战斗遗址 | 2012 | 1936 | 近现代史迹 | 文物点 | 毕节市 | 赫章县 | 安乐溪乡 | 青杠村 |
| 194 | 营盘脚红军烈士墓 | 2012 | 1936 | 近现代史迹 | 文物点 | 毕节市 | 赫章县 | 结构乡 | 蘑菇村 |
| 195 | 平山堡红军战斗遗址 | 2012 | 1937 | 近现代史迹 | 文物点 | 毕节市 | 赫章县 | 平山乡 | 平山村 |
| 196 | 永兴桥 | 2012 | 清代 | 古建筑 | 文物点 | 毕节市 | 赫章县 | 城关镇 | 下街村 |
| 197 | 天桥村桥 | 2012 | 清代 | 古建筑 | 文物点 | 毕节市 | 赫章县 | 妈姑镇 | 天桥村 |
| 198 | 板桥安氏墓 | 2012 | 清 | 古墓葬 | 文物点 | 毕节市 | 赫章县 | 朱明乡 | 朱歪村 |
| 199 | 罗氏墓 | 2012 | 清 | 古墓葬 | 文物点 | 毕节市 | 赫章县 | 古基乡 | 中寨村 |

续表

| 序号 | 文物保护单位名称 | 批次或公布日期 | 年代 | 类别 | 级别 | 所在地址 | | | |
|---|---|---|---|---|---|---|---|---|---|
| | | | | | | 市（地、州） | 市（县、区） | 镇（乡） | 村 |
| 200 | 陈氏墓 | 2012 | 清 | 古墓葬 | 文物点 | 毕节市 | 赫章县 | 兴发乡 | 垭口村 |
| 201 | 余氏墓 | 2012 | 清 | 古墓葬 | 文物点 | 毕节市 | 赫章县 | 朱明乡 | 朱歪村 |
| 202 | 平山放水碑 | 2012 | 清 | 碑刻 | 文物点 | 毕节市 | 赫章县 | 平山乡 | 平山村 |
| 203 | 银矿遗址 | 2012 | 清 | 古遗址 | 文物点 | 毕节市 | 赫章县 | 妈姑镇 | 天桥村 |
| 204 | 以则河红军战斗遗址 | 2012 | 1936 | 近现代史迹 | 文物点 | 毕节市 | 赫章县 | 河镇乡 | 以则村 |
| 205 | 营盘引水渠 | 2012 | 1974 | 近现代史迹 | 文物点 | 毕节市 | 赫章县 | 平山乡 | 呆梅沟村 |
| 206 | 铅矿遗址 | 2012 | 清 | 古遗址 | 文物点 | 毕节市 | 赫章县 | 兴发乡 | 小海子村 |
| 207 | 茅草坪红军战斗遗址 | 2012 | 1936 | 近现代史迹 | 文物点 | 毕节市 | 赫章县 | 哲庄坝 | 坪子村 |
| 208 | 铁矿山向天坟 | 2012 | 待定 | 古墓葬 | 文物点 | 毕节市 | 赫章县 | 珠市乡 | 七一村 |
| 209 | 钱氏墓群 | 2012 | 清 | 古墓葬 | 文物点 | 毕节市 | 赫章县 | 松林乡 | 喜鹊村 |
| 210 | 得胜碑 | 2012 | 清 | 碑刻 | 文物点 | 毕节市 | 赫章县 | 德卓乡 | 德卓村 |
| 211 | 回水奢香古驿道遗址 | 2012 | 明 | 古遗址 | 文物点 | 毕节市 | 赫章县 | 双坪乡 | 回水村 |
| 212 | 桃花古渡口遗址 | 2012 | 宋 | 古遗址 | 文物点 | 毕节市 | 赫章县 | 古达乡 | 水营村 |
| 213 | 海源安氏墓 | 2012 | 清 | 古墓葬 | 文物点 | 毕节市 | 赫章县 | 罗州乡 | 海源村 |
| 214 | 小营村修路碑 | 2012 | 清 | 石窟寺及石刻 | 文物点 | 毕节市 | 赫章县 | 威奢乡 | 小营村 |
| 215 | 黑沟大桥 | 2012 | 1963 | 近现代史迹 | 文物点 | 毕节市 | 赫章县 | 六曲河镇 | 拉乐村 |
| 216 | 柜子岩修桥功德碑 | 2012 | 清代 | 石刻 | 文物点 | 毕节市 | 赫章县 | 白果镇 | 柜子岩村 |
| 217 | 辅处铁桥 | 2012 | 清代 | 古建筑 | 文物点 | 毕节市 | 赫章县 | 辅处乡 | 辅处村 |
| 218 | 大寨石拱桥 | 2012 | 1984 | 近现代史迹 | 文物点 | 毕节市 | 赫章县 | 辅处乡 | 葛布村 |
| 219 | 可乐古井 | 2012 | 清代 | 古建筑 | 文物点 | 毕节市 | 赫章县 | 可乐乡 | 可乐村 |
| 220 | 红岩水库 | 2012 | 1970 | 近现代史迹 | 文物点 | 毕节市 | 赫章县 | 可乐乡 | 长评村等 |
| 221 | 则姑大桥 | 2012 | 1983 | 近现代史迹 | 文物点 | 毕节市 | 赫章县 | 朱明乡 | 则姑村 |
| 222 | 安正德墓 | 2012 | 清代 | 古墓葬 | 文物点 | 毕节市 | 赫章县 | 罗州乡 | 高山村 |
| 223 | 西坪办事处大楼 | 2012 | 1972 | 近现代史迹 | 文物点 | 毕节市 | 赫章县 | 罗州乡 | 光明村 |
| 224 | 法河石拱桥 | 2012 | 清代 | 古遗址 | 文物点 | 毕节市 | 赫章县 | 古达乡 | 法河村 |
| 225 | 九股水电站 | 2012 | 1977 | 近现代史迹 | 文物点 | 毕节市 | 赫章县 | 六曲河镇 | 加竹村 |
| 226 | 海子大桥 | 2012 | 1971 | 近现代史迹 | 文物点 | 毕节市 | 赫章县 | 双坪乡 | 海子村 |
| 227 | 陇显明旧居 | 2012 | 1974 | 近现代史迹 | 文物点 | 毕节市 | 赫章县 | 双坪乡 | 拱桥村 |
| 228 | 法都老公社办公楼 | 2012 | 1976 | 近现代史迹 | 文物点 | 毕节市 | 赫章县 | 双坪乡 | 岔河村 |

续表

| 序号 | 文物保护单位名称 | 批次或公布日期 | 年代 | 类别 | 级别 | 所在地址 | | | |
|---|---|---|---|---|---|---|---|---|---|
| | | | | | | 市（地、州） | 市（县、区） | 镇（乡） | 村 |
| 229 | 福来厂奢香古驿道 | 2012 | 明代 | 古遗址 | 文物点 | 毕节市 | 赫章县 | 双坪乡 | 福来厂村 |
| 230 | 福来厂功德碑 | 2012 | 民国 | 近现代史迹 | 文物点 | 毕节市 | 赫章县 | 双坪乡 | 福来厂村 |
| 231 | 王家营盘遗址 | 2012 | 清代 | 古建筑 | 文物点 | 毕节市 | 赫章县 | 罗州乡 | 高山村 |
| 232 | 陇家营盘遗址 | 2012 | 清代 | 古建筑 | 文物点 | 毕节市 | 赫章县 | 古基乡 | 团山村 |
| 233 | 罗者多墓 | 2012 | 清代 | 古墓葬 | 文物点 | 毕节市 | 赫章县 | 古基乡 | 长冲村 |
| 234 | 柯毓秀合葬墓 | 2012 | 清代 | 古墓葬 | 文物点 | 毕节市 | 赫章县 | 兴发乡 | 野里村 |
| 235 | 高嫩定合葬墓 | 2012 | 清代 | 古墓葬 | 文物点 | 毕节市 | 赫章县 | 兴发乡 | 新营村 |
| 236 | 哲庄大桥 | 2012 | 1972 | 近现代史迹 | 文物点 | 毕节市 | 赫章县 | 县哲庄乡 | 哲庄村 |
| 237 | 威镇界址石刻 | 2012 | 清代 | 石刻 | 文物点 | 毕节市 | 赫章县 | 哲庄乡 | 三友村 |
| 238 | 野马川桥 | 2012 | 1941 | 近现代史迹 | 文物点 | 毕节市 | 赫章县 | 野马川镇 | 下街村 |
| 239 | 麻布河二桥 | 2012 | 1998 | 近现代史迹 | 文物点 | 毕节市 | 赫章县 | 平山乡 | 岔河村 |
| 240 | 板桥水库 | 2012 | 1972 | 近现代史迹 | 文物点 | 毕节市 | 赫章县 | 兴发乡 | 丫口村 |
| 241 | 葛布公社旧址 | 2012 | 1972 | 近现代史迹 | 文物点 | 毕节市 | 赫章县 | 辅处乡 | 营塘村 |
| 242 | 刘启坤碉楼 | 2012 | 1973 | 近现代史迹 | 文物点 | 毕节市 | 赫章县 | 铁匠乡 | 铁匠村 |
| 243 | 麻布河头桥 | 2012 | 1983 | 近现代史迹 | 文物点 | 毕节市 | 赫章县 | 山乡 | 岔河村 |
| 244 | 大坡办事处大楼 | 2012 | 1974 | 近现代史迹 | 文物点 | 毕节市 | 赫章县 | 可乐乡 | 银光村 |
| 245 | 安思孝墓 | 2012 | 清代 | 古墓葬 | 文物点 | 毕节市 | 赫章县 | 稚街乡 | 发达村 |
| 246 | 永乐古井 | 2012 | 清代 | 古建筑 | 文物点 | 毕节市 | 赫章县 | 古达乡 | 永乐村 |
| 247 | 安俊合葬墓 | 2012 | 清代 | 古墓葬 | 文物点 | 毕节市 | 赫章县 | 古达乡 | 水营村 |
| 248 | 平山林场瞭望台 | 2012 | 1952 | 近现代史迹 | 文物点 | 毕节市 | 赫章县 | 平山乡 | 平山村 |
| 249 | 阿穴酒厂 | 2012 | 1974 | 近现代史迹 | 文物点 | 毕节市 | 赫章县 | 哲庄乡 | 阿穴村 |
| 250 | 高枧奢香古驿道遗址 | 2012 | 清代 | 古遗址 | 文物点 | 毕节市 | 赫章县 | 铁匠乡 | 高枧村 |
| 251 | 六曲大桥 | 2012 | 1962 | 近现代史迹 | 文物点 | 毕节市 | 赫章县 | 六曲河镇 | 大田村 |
| 252 | 集中安氏祖墓群 | 2012 | 清代 | 古墓葬 | 文物点 | 毕节市 | 赫章县 | 白果镇 | 集中村 |
| 253 | 上水井杨正孟宅 | 2012 | 清 | 古建筑 | 文物点 | 毕节市 | 金沙县 | 官田乡 | 青山村 |
| 254 | 蒋应世合葬墓 | 2012 | 清 | 古墓葬 | 文物点 | 毕节市 | 金沙县 | 官田乡 | 青山村 |
| 255 | 老虎洞躲匪遗址 | 2012 | 清 | 古遗址 | 文物点 | 毕节市 | 金沙县 | 官田乡 | 团山村 |
| 256 | 凉风洞遗址 | 2012 | 待定 | 古遗址 | 文物点 | 毕节市 | 金沙县 | 源村乡 | 石刘村 |
| 257 | 普会学校旧址 | 2012 | 1946 | 近现代史迹 | 文物点 | 毕节市 | 金沙县 | 源村乡 | 普会村 |

续表

| 序号 | 文物保护单位名称 | 批次或公布日期 | 年代 | 类别 | 级别 | 所在地址 | | | |
|---|---|---|---|---|---|---|---|---|---|
| | | | | | | 市（地、州） | 市（县、区） | 镇（乡） | 村 |
| 258 | 田坎营盘遗址 | 2012 | 清 | 古遗址 | 文物点 | 毕节市 | 金沙县 | 源村乡 | 农庄村 |
| 259 | 张仕文墓 | 2012 | 清 | 古墓葬 | 文物点 | 毕节市 | 金沙县 | 源村乡 | 源村村 |
| 260 | 风吹坝红军烈士墓 | 2012 | 1936 | 近现代史迹 | 文物点 | 毕节市 | 金沙县 | 岩孔镇 | 青风村 |
| 261 | 绿竹山营盘遗址 | 2012 | 清 | 古遗址 | 文物点 | 毕节市 | 金沙县 | 岩孔镇 | 绿竹村 |
| 262 | 唐家祠堂遗址 | 2012 | 清 | 古遗址 | 文物点 | 毕节市 | 金沙县 | 岩孔镇 | 上山村 |
| 263 | 朝阳寺遗址 | 2012 | 清 | 古遗址 | 文物点 | 毕节市 | 金沙县 | 木孔乡 | 湾子村 |
| 264 | 吴松林烈士墓 | 2012 | 1968 | 近现代史迹 | 文物点 | 毕节市 | 金沙县 | 龙坝乡 | 五关村 |
| 265 | 大塘河红军渡口 | 2012 | 1935 | 近现代史迹 | 文物点 | 毕节市 | 金沙县 | 后山乡 | 幸福村 |
| 266 | 联盟大沟 | 2012 | 1962 | 近现代史迹 | 文物点 | 毕节市 | 金沙县 | 后山乡 | 贵山村 |
| 267 | 刘印载合葬墓 | 2012 | 清 | 古墓葬 | 文物点 | 毕节市 | 金沙县 | 后山乡 | 贵山村 |
| 268 | 天灵寺遗址 | 2012 | 元 | 古遗址 | 文物点 | 毕节市 | 金沙县 | 后山乡 | 天灵村 |
| 269 | 罗家民居 | 2012 | 20世纪30年代 | 近现代史迹 | 文物点 | 毕节市 | 金沙县 | 后山乡 | 幸福村 |
| 270 | 杜元凤墓 | 2012 | 清 | 古墓葬 | 文物点 | 毕节市 | 金沙县 | 沙土镇 | 合群村 |
| 271 | 胡家祠堂 | 2012 | 1917 | 近现代史迹 | 文物点 | 毕节市 | 金沙县 | 沙土镇 | |
| 272 | 花滩渡槽 | 2012 | 20世纪70年代 | 近现代史迹 | 文物点 | 毕节市 | 金沙县 | 沙土镇 | 天星村 |
| 273 | 罗家四合院民居 | 2012 | 清 | 古建筑 | 文物点 | 毕节市 | 金沙县 | 沙土镇 | |
| 274 | 钱壮飞烈士纪念碑 | 2012 | 1990 | 近现代史迹 | 文物点 | 毕节市 | 金沙县 | 沙土镇 | |
| 275 | 沙土饭店旧址 | 2012 | 20世纪60年代 | 近现代史迹 | 文物点 | 毕节市 | 金沙县 | 沙土镇 | |
| 276 | 杨家屯碉楼遗址 | 2012 | 清 | 古遗址 | 文物点 | 毕节市 | 金沙县 | 沙土镇 | 民族村 |
| 277 | 张氏民居 | 2012 | 清 | 古建筑 | 文物点 | 毕节市 | 金沙县 | 沙土镇 | |
| 278 | 新民桥 | 2012 | 1915 | 近现代史迹 | 文物点 | 毕节市 | 金沙县 | 城关镇 | 外寨村 |
| 279 | 鼓楼大桥 | 2012 | 清 | 古建筑 | 文物点 | 毕节市 | 金沙县 | 城关镇 | 古楼村 |
| 280 | 中坝川主庙 | 2012 | 清 | 古建筑 | 文物点 | 毕节市 | 金沙县 | 城关镇 | 淹坝村 |
| 281 | 上小河桥 | 2012 | 清 | 古建筑 | 文物点 | 毕节市 | 金沙县 | 城关镇 | 大定村 |
| 282 | 仙佛寺 | 2012 | 清 | 古建筑 | 文物点 | 毕节市 | 金沙县 | 岚头镇 | 岚丰村 |
| 283 | 宋广厚墓 | 2012 | 清 | 古墓葬 | 文物点 | 毕节市 | 金沙县 | 岚头镇 | 东隆村 |
| 284 | 谢家碉楼 | 2012 | 1936 | 近现代史迹 | 文物点 | 毕节市 | 金沙县 | 岚头镇 | 东隆村 |
| 285 | 朱正德合葬墓 | 2012 | 清 | 古墓葬 | 文物点 | 毕节市 | 金沙县 | 长坝乡 | 花滩村 |
| 286 | 蔡国元墓 | 2012 | 清 | 古墓葬 | 文物点 | 毕节市 | 金沙县 | 长坝乡 | 双堰村 |

续表

| 序号 | 文物保护单位名称 | 批次或公布日期 | 年代 | 类别 | 级别 | 所在地址 | | | |
|---|---|---|---|---|---|---|---|---|---|
| | | | | | | 市（地、州） | 市（县、区） | 镇（乡） | 村 |
| 287 | 冯家碉楼 | 2012 | 清 | 近现代史迹 | 文物点 | 毕节市 | 金沙县 | 安底镇 | 温泉村 |
| 288 | 冯家祠堂 | 2012 | 民国 | 近现代史迹 | 文物点 | 毕节市 | 金沙县 | 安底镇 | 温泉村 |
| 289 | 邓志德烈士墓 | 2012 | 1950 | 近现代史迹 | 文物点 | 毕节市 | 金沙县 | 安底镇 | 桃园村 |
| 290 | 陇纪引水桥 | 2012 | 明、1965 | 古建筑 | 文物点 | 毕节市 | 金沙县 | 大田乡 | 白泥村 |
| 291 | 大发寨烈士墓群 | 2012 | 1951 | 近现代史迹 | 文物点 | 毕节市 | 金沙县 | 高坪乡 | 发明村 |
| 292 | 毛主席语录碑刻 | 2012 | 1971 | 近现代史迹 | 文物点 | 毕节市 | 金沙县 | 龙坝乡 | 小里村 |
| 293 | 张阑浦夫妇墓 | 2012 | 清 | 古墓葬 | 文物点 | 毕节市 | 金沙县 | 西洛乡 | 申家街村 |
| 294 | 付朝勋合葬墓 | 2012 | 清 | 古墓葬 | 文物点 | 毕节市 | 金沙县 | 安洛乡 | 满族乡 |
| 295 | 上水井杨正松宅 | 2012 | 清 | 古建筑 | 文物点 | 毕节市 | 金沙县 | 官田乡 | 青山村 |
| 296 | 红岩脚躲匪遗址 | 2012 | 民国 | 近现代史迹 | 文物点 | 毕节市 | 金沙县 | 马路乡 | 清坪村 |
| 297 | 田坝头袁氏合葬墓 | 2012 | 清 | 古墓葬 | 文物点 | 毕节市 | 金沙县 | 马路乡 | 龙山村 |
| 298 | 大石包石拱桥 | 2012 | 清 | 古建筑 | 文物点 | 毕节市 | 金沙县 | 清池镇 | 罗坪村 |
| 299 | 龙井村宋氏合葬墓 | 2012 | 清 | 古墓葬 | 文物点 | 毕节市 | 金沙县 | 新化乡 | 龙井村 |
| 300 | 黄家墓群 | 2012 | 清 | 古墓葬 | 文物点 | 毕节市 | 金沙县 | 新化乡 | 联合村 |
| 301 | 陈仲修烈士墓 | 2012 | 1950 | 近现代史迹 | 文物点 | 毕节市 | 金沙县 | 太平乡 | 环路村 |
| 302 | 红岩赵家民居 | 2012 | 清 | 古建筑 | 文物点 | 毕节市 | 金沙县 | 太平乡 | 太平村 |
| 303 | 陈家墓群 | 2012 | 清 | 古墓葬 | 文物点 | 毕节市 | 金沙县 | 太平乡 | 环路村 |
| 304 | 上水井杨正伟宅 | 2012 | 清 | 古建筑 | 文物点 | 毕节市 | 金沙县 | 官田乡 | 青山村 |
| 305 | 猪槽井 | 2012 | 清 | 古建筑 | 文物点 | 毕节市 | 金沙县 | 大田乡 | 白坪村 |
| 306 | 朱锡山烈士墓 | 2012 | 1971 | 近现代史迹 | 文物点 | 毕节市 | 金沙县 | 桂花乡 | 回龙村 |
| 307 | 永安碉楼 | 2012 | 1924 | 近现代史迹 | 文物点 | 毕节市 | 金沙县 | 县禹谟镇 | 城墙村 |
| 308 | 胡家民居 | 2012 | 清 | 古建筑 | 文物点 | 毕节市 | 金沙县 | 石场乡 | 新街村 |
| 309 | 大宝飞云洞壁画 | 2012 | 不详 | 石刻 | 文物点 | 毕节市 | 金沙县 | 石场乡 | 文兴村 |
| 310 | 奢家宣慰屋基遗址 | 2012 | 隋 | 古遗址 | 文物点 | 毕节市 | 金沙县 | 石场乡 | 大木树村 |
| 311 | 老官房遗址 | 2012 | 清 | 古遗址 | 文物点 | 毕节市 | 金沙县 | 石场乡 | 马鞍山村 |
| 312 | 锅匠湾彝文碑 | 2012 | 清 | 石刻 | 文物点 | 毕节市 | 金沙县 | 石场乡 | 柏杨村 |
| 313 | 野鸡田墓群 | 2012 | 清 | 古墓葬 | 文物点 | 毕节市 | 金沙县 | 石场乡 | 鹿崽楼村 |
| 314 | 会灵关遗址 | 2012 | 隋 | 古遗址 | 文物点 | 毕节市 | 金沙县 | 石场乡 | 青木村 |
| 315 | 烟灯坡古生物化石埋藏点 | 2012 | 旧石器时代 | 其他 | 文物点 | 毕节市 | 金沙县 | 石场乡 | 新街村白云村 |

续表

| 序号 | 文物保护单位名称 | 批次或公布日期 | 年代 | 类别 | 级别 | 所在地址 | | | |
|---|---|---|---|---|---|---|---|---|---|
| | | | | | | 市（地、州） | 市（县、区） | 镇（乡） | 村 |
| 316 | 罗家祠堂 | 2012 | 清 | 古建筑 | 文物点 | 毕节市 | 金沙县 | 石场乡 | 构皮村 |
| 317 | 宋昌兰墓 | 2012 | 1918 | 近现代史迹 | 文物点 | 毕节市 | 金沙县 | 石场乡 | 文兴村大宝村 |
| 318 | 曾传杰墓 | 2012 | 清 | 古墓葬 | 文物点 | 毕节市 | 金沙县 | 清池镇 | 渔塘河村 |
| 319 | 鹞子洞红军战斗遗址 | 2012 | 1935 | 近现代史迹 | 文物点 | 毕节市 | 金沙县 | 石场乡 | 新街村 |
| 320 | 小山堡彝文墓碑 | 2012 | 清 | 石刻 | 文物点 | 毕节市 | 金沙县 | 石场乡 | 新街村 |
| 321 | 大土彝文墓碑 | 2012 | 清 | 石刻 | 文物点 | 毕节市 | 金沙县 | 石场乡 | 新街村 |
| 322 | 石灵山遗址 | 2012 | 新石器时代 | 古遗址 | 文物点 | 毕节市 | 金沙县 | 石场乡 | 文兴村 |
| 323 | 田坝头陶器出土点 | 2012 | 汉 | 古遗址 | 文物点 | 毕节市 | 金沙县 | 马路乡 | 木落村 |
| 324 | 民丰水库 | 2012 | 1974 | 近现代史迹 | 文物点 | 毕节市 | 金沙县 | 城关镇 | 三合村 |
| 325 | 金塘村养殖场旧址 | 2012 | 1974 | 近现代史迹 | 文物点 | 毕节市 | 金沙县 | 城关镇 | 金塘村 |
| 326 | 高坡新桥 | 2012 | 清 | 古建筑 | 文物点 | 毕节市 | 金沙县 | 城关镇 | 双兴村 |
| 327 | 荣顺通盐号旧址 | 2012 | 清 | 古建筑 | 文物点 | 毕节市 | 金沙县 | 城关镇 | |
| 328 | 申家水井 | 2012 | 清 | 古建筑 | 文物点 | 毕节市 | 金沙县 | 城关镇 | 联盟村 |
| 329 | 后坝石枧槽 | 2012 | 清 | 古建筑 | 文物点 | 毕节市 | 金沙县 | 岩孔镇 | 光明村 |
| 330 | 岩孔粮仓 | 2012 | 20世纪60年代 | 近现代史迹 | 文物点 | 毕节市 | 金沙县 | 岩孔镇 | |
| 331 | 泡木湾烈士墓群 | 2012 | 1997 | 近现代史迹 | 文物点 | 毕节市 | 金沙县 | 禹谟镇 | 禹谟村 |
| 332 | 永安硐烈士墓 | 2012 | 1989 | 近现代史迹 | 文物点 | 毕节市 | 金沙县 | 禹谟镇 | 城墙村 |
| 333 | 凉水井毛主席万岁标语 | 2012 | 20世纪60年代 | 近现代史迹 | 文物点 | 毕节市 | 金沙县 | 安洛乡 | 大贤村 |
| 334 | 安洛粮仓 | 2012 | 20世纪60年代 | 近现代史迹 | 文物点 | 毕节市 | 金沙县 | 安洛乡 | 安洛村 |
| 335 | 石门坎马道遗址 | 2012 | 清 | 古遗址 | 文物点 | 毕节市 | 金沙县 | 大田乡 | 幸福村 |
| 336 | 楚圣宫遗址 | 2012 | 清 | 古遗址 | 文物点 | 毕节市 | 威宁县 | 草海镇 | |
| 337 | 天后宫遗址 | 2012 | 清 | 古遗址 | 文物点 | 毕节市 | 威宁县 | 草海镇 | |
| 338 | 禹王宫遗址 | 2012 | 清 | 古遗址 | 文物点 | 毕节市 | 威宁县 | 草海镇 | |
| 339 | 三圣宫遗址 | 2012 | 清 | 古遗址 | 文物点 | 毕节市 | 威宁县 | 草海镇 | |
| 340 | 龙王庙遗址 | 2012 | 清 | 古遗址 | 文物点 | 毕节市 | 威宁县 | 草海镇 | 龙凤村 |
| 341 | 下坝清真寺 | 2012 | 清 | 古建筑 | 文物点 | 毕节市 | 威宁县 | 草海镇 | 下坝村 |
| 342 | 准提阁 | 2012 | 清 | 古建筑 | 文物点 | 毕节市 | 威宁县 | 草海镇 | |
| 343 | 川主庙遗址 | 2012 | 清 | 古遗址 | 文物点 | 毕节市 | 威宁县 | 草海镇 | 鸭子塘村 |
| 344 | 草海遗址 | 2012 | 旧石器时代 | 古遗址 | 文物点 | 毕节市 | 威宁县 | 草海镇 | |

续表

| 序号 | 文物保护单位名称 | 批次或公布日期 | 年代 | 类别 | 级别 | 所在地址 | | | |
|---|---|---|---|---|---|---|---|---|---|
| | | | | | | 市（地、州） | 市（县、区） | 镇（乡） | 村 |
| 345 | 六殇冢 | | 清 | 古墓葬 | 文物点 | 毕节市 | 威宁县 | 草海镇 | 龙凤村 |
| 346 | 崇实中学教师宿舍旧址 | 2012 | 20世纪50年代 | 近现代史迹 | 文物点 | 毕节市 | 威宁县 | 草海镇 | |
| 347 | 川黔滇驿道驿道头塘段 | 2012 | 明 | 古遗址 | 文物点 | 毕节市 | 威宁县 | 草海镇 | 赵山村 |
| 348 | 神仙洞摩崖石刻 | 2012 | 待定 | 石刻 | 文物点 | 毕节市 | 威宁县 | 草海镇 | 响塘村 |
| 349 | 五里碑 | 2012 | 明 | 石刻 | 文物点 | 毕节市 | 威宁县 | 草海镇 | 阳关村 |
| 350 | 新坪疆界碑 | 2012 | 明 | 石刻 | 文物点 | 毕节市 | 威宁县 | 草海镇 | 新坪村 |
| 351 | 孔尚爵墓 | 2012 | 明 | 古墓葬 | 文物点 | 毕节市 | 威宁县 | 草海镇 | 孔山村 |
| 352 | 虎氏家族墓群 | 2012 | 清 | 古墓葬 | 文物点 | 毕节市 | 威宁县 | 双龙乡 | 大地村 |
| 353 | 所永珍合葬墓 | 2012 | 清 | 古墓葬 | 文物点 | 毕节市 | 威宁县 | 双龙乡 | 大地村 |
| 354 | 小海封山碑 | 2012 | 清 | 石刻 | 文物点 | 毕节市 | 威宁县 | 小海镇 | 小海村 |
| 355 | 杨湾桥水库 | 2012 | 1958 | 近现代史迹 | 文物点 | 毕节市 | 威宁县 | 草海镇 | 卯关村 |
| 356 | 杨氏家族戒碑 | 2012 | 清 | 石刻 | 文物点 | 毕节市 | 威宁县 | 草海镇 | 银龙村 |
| 357 | 嘎利清真寺 | 2012 | 清 | 古建筑 | 文物点 | 毕节市 | 威宁县 | 麻乍乡 | 嘎利村 |
| 358 | 蜜蜂人民公社旧址 | 2012 | 1971 | 近现代史迹 | 文物点 | 毕节市 | 威宁县 | 黑石头镇 | 新河村 |
| 359 | 河坝水库 | 2012 | 1974 | 近现代史迹 | 文物点 | 毕节市 | 威宁县 | 黑石头镇 | 八一村 |
| 360 | 岩格箐清真寺 | 2012 | 明 | 古建筑 | 文物点 | 毕节市 | 威宁县 | 麻乍乡 | 岩格村 |
| 361 | 瓜拉乡人民供社旧址 | 2012 | 1971 | 近现代史迹 | 文物点 | 毕节市 | 威宁县 | 么站镇 | 联合村 |
| 362 | 顾有胜合葬墓 | 2012 | 清 | 古墓葬 | 文物点 | 毕节市 | 威宁县 | 草海镇 | 白马村 |
| 363 | 开厂铜矿冶炼遗址 | 2012 | 清 | 古遗址 | 文物点 | 毕节市 | 威宁县 | 黑石头镇 | 四营村 |
| 364 | 杨氏家族墓群 | 2012 | 清 | 古墓葬 | 文物点 | 毕节市 | 威宁县 | 草海镇 | 银龙村 |
| 365 | 兴隆铜矿冶炼遗址 | 2012 | 清 | 古遗址 | 文物点 | 毕节市 | 威宁县 | 羊街镇 | 兴隆厂村 |
| 366 | 汤家包包石器出土点 | 2012 | 新石器时代 | 古遗址 | 文物点 | 毕节市 | 威宁县 | 岔河乡 | 恰西村 |
| 367 | 岔河铅锌厂遗址 | 2012 | 清 | 古遗址 | 文物点 | 毕节市 | 威宁县 | 岔河乡 | 银厂村 |
| 368 | 马坡武庙遗址 | 2012 | 清 | 古遗址 | 文物点 | 毕节市 | 威宁县 | 草海镇 | |
| 369 | 南门大水井 | 2012 | 明 | 古建筑 | 文物点 | 毕节市 | 威宁县 | 草海镇 | 富民村 |
| 370 | 火龙山李氏家族墓群 | 2012 | 明 | 古墓葬 | 文物点 | 毕节市 | 威宁县 | 草海镇 | 西海村 |
| 371 | 孙可超墓 | 2012 | 民国 | 近现代史迹 | 文物点 | 毕节市 | 威宁县 | 草海镇 | 白岩村 |
| 372 | 孙家祥合葬墓 | 2012 | 清 | 古墓葬 | 文物点 | 毕节市 | 威宁县 | 草海镇 | 白岩村 |
| 373 | 盐仓土司府署衙遗址 | 2012 | 明 | 古遗址 | 文物点 | 毕节市 | 威宁县 | 盐仓镇 | 盐仓村 |

续表

| 序号 | 文物保护单位名称 | 批次或公布日期 | 年代 | 类别 | 级别 | 所在地址 | | | |
|---|---|---|---|---|---|---|---|---|---|
| | | | | | | 市（地、州） | 市（县、区） | 镇（乡） | 村 |
| 374 | 蔡庭栋墓 | 2012 | 清 | 古墓葬 | 文物点 | 毕节市 | 威宁县 | 盐仓镇 | 盐仓村 |
| 375 | 马王庙修建碑 | 2012 | 清 | 石刻 | 文物点 | 毕节市 | 威宁县 | 盐仓镇 | 高丰村 |
| 376 | 百草坪赛马场 | 2012 | 清 | 其他 | 文物点 | 毕节市 | 威宁县 | 盐仓镇 | 新发村 |
| 377 | 老鸦营摩崖石刻 | 2012 | 民国 | 近现代史迹 | 文物点 | 毕节市 | 威宁县 | 盐仓镇 | 盐仓村 |
| 378 | 李世英墓 | 2012 | 明 | 古墓葬 | 文物点 | 毕节市 | 威宁县 | 金斗乡 | 河畔村 |
| 379 | 向文美墓 | 2012 | 清 | 古墓葬 | 文物点 | 毕节市 | 威宁县 | 金斗乡 | 坪子村 |
| 380 | 观音岩驿道遗址 | 2012 | 汉 | 古遗址 | 文物点 | 毕节市 | 威宁县 | 金斗乡 | 营洪村 |
| 381 | 可渡河桥 | 2012 | 清 | 古建筑 | 文物点 | 毕节市 | 威宁县 | 金斗乡 | 营洪村 |
| 382 | 翠屏山摩崖石刻 | 2012 | 明 | 石刻 | 文物点 | 毕节市 | 威宁县 | 金斗乡 | 营洪村 |
| 383 | 严禁派夫折价碑 | 2012 | 清 | 石刻 | 文物点 | 毕节市 | 威宁县 | 金斗乡 | 黑泥村 |
| 384 | 飞虹贮鹤摩崖石刻 | 2012 | 明 | 石刻 | 文物点 | 毕节市 | 威宁县 | 金斗乡 | 营洪村 |
| 385 | 吴三桂行宫遗址 | 2012 | 清 | 古遗址 | 文物点 | 毕节市 | 威宁县 | 金斗乡 | 战坡村 |
| 386 | 陆家坡铜厂遗址 | 2012 | 明–民国 | 古遗址 | 文物点 | 毕节市 | 威宁县 | 么站镇 | 岔河村 |
| 387 | 夸都观音寺遗址 | 2012 | 清 | 古遗址 | 文物点 | 毕节市 | 威宁县 | 金钟镇 | 夸都村 |
| 388 | 粮赋碑 | 2012 | 清 | 石刻 | 文物点 | 毕节市 | 威宁县 | 金钟镇 | 夸都村 |
| 389 | 石鸣春晓摩崖石刻 | 2012 | 1912 | 近现代史迹 | 文物点 | 毕节市 | 威宁县 | 金钟镇 | 米斗村 |
| 390 | 沙飞宜铜厂遗址 | 2012 | 清 | 古遗址 | 文物点 | 毕节市 | 威宁县 | 二塘镇 | 明洞村 |
| 391 | 二塘河石拱桥遗址 | 2012 | 1930 | 近现代史迹 | 文物点 | 毕节市 | 威宁县 | 猴场镇 | 街上村 |
| 392 | 三河红军烈士墓 | 2012 | 1955 | 近现代史迹 | 文物点 | 毕节市 | 威宁县 | 黑石头镇 | 三河村 |
| 393 | 二田坝铜厂遗址 | 2012 | 清 | 古遗址 | 文物点 | 毕节市 | 威宁县 | 麻乍乡 | 二田村 |
| 394 | 牛金玺合葬墓 | 2012 | 清 | 古墓葬 | 文物点 | 毕节市 | 威宁县 | 麻乍乡 | 双包塘村 |
| 395 | 瓦竹造纸遗址 | 2012 | 清 | 古遗址 | 文物点 | 毕节市 | 威宁县 | 哲觉镇 | 瓦竹村 |
| 396 | 红松铜矿冶炼遗址 | 2012 | 待定 | 古遗址 | 文物点 | 毕节市 | 威宁县 | 哲觉镇 | 瓦竹村、红松村交界处 |
| 397 | 丁志槐墓 | 2012 | 清 | 古墓葬 | 文物点 | 毕节市 | 威宁县 | 哲觉镇 | 官房村 |
| 398 | 柏格理墓 | 2012 | 1915 | 近现代史迹 | 文物点 | 毕节市 | 威宁县 | 石门乡 | 荣和村 |
| 399 | 高志华墓 | 2012 | 1938 | 近现代史迹 | 文物点 | 毕节市 | 威宁县 | 石门乡 | 荣和村 |
| 400 | 新华水库 | 2012 | 1975 | 近现代史迹 | 文物点 | 毕节市 | 威宁县 | 中水镇 | 小寨村 |
| 401 | 青山红军宿营地旧址 | 2012 | 1936 | 近现代史迹 | 文物点 | 毕节市 | 威宁县 | 迤那镇 | 青山村 |
| 402 | 拉达营盘遗址 | 2012 | 清 | 古遗址 | 文物点 | 毕节市 | 威宁县 | 迤那镇 | 大山村 |

续表

| 序号 | 文物保护单位名称 | 批次或公布日期 | 年代 | 类别 | 级别 | 所在地址 | | | |
|---|---|---|---|---|---|---|---|---|---|
| | | | | | | 市（地、州） | 市（县、区） | 镇（乡） | 村 |
| 403 | 白碗窑陶器厂遗址 | 2012 | 清 | 古遗址 | 文物点 | 毕节市 | 威宁县 | 牛棚镇 | 手工村 |
| 404 | 关口溜索桥 | 2012 | 清 | 古建筑 | 文物点 | 毕节市 | 威宁县 | 斗古乡 | 关口村 |
| 405 | 禄贞祥墓 | 2012 | 1934 | 近现代史迹 | 文物点 | 毕节市 | 威宁县 | 斗古乡 | 关口村 |
| 406 | 岩头上铜铃出土点 | 2012 | 汉 | 古遗址 | 文物点 | 毕节市 | 威宁县 | 观风海镇 | 塘房村 |
| 407 | 得胜坡记事碑 | 2012 | 清 | 石刻 | 文物点 | 毕节市 | 威宁县 | 观风海镇 | 野鸡河村 |
| 408 | 摆布嘎清真寺碑 | 2012 | 清 | 石刻 | 文物点 | 毕节市 | 威宁县 | 秀水乡 | 前峰村 |
| 409 | 哈喇河铜厂遗址 | 2012 | 清 | 古遗址 | 文物点 | 毕节市 | 威宁县 | 哈喇河乡 | 发沙村 |
| 410 | 团箐战斗旧址 | 2012 | 1950 | 近现代史迹 | 文物点 | 毕节市 | 威宁县 | 哈喇河乡 | 发沙村 |
| 411 | 云贵桥修建记事碑 | 2012 | 清 | 石刻 | 文物点 | 毕节市 | 威宁县 | 云贵乡 | 检角村 |
| 412 | 大观寨土目庄园遗址 | 2012 | 清 | 古遗址 | 文物点 | 毕节市 | 威宁县 | 雪山镇 | 鱼塘村 |
| 413 | 回龙铜厂遗址 | 2012 | 清 | 古遗址 | 文物点 | 毕节市 | 威宁县 | 雪山镇 | 建民村 |
| 414 | 仙胡桃歌序碑 | 2012 | 清 | 石刻 | 文物点 | 毕节市 | 威宁县 | 雪山镇 | 鱼塘村 |
| 415 | 陆宗堂烈士墓 | 2012 | 1950 | 近现代史迹 | 文物点 | 毕节市 | 威宁县 | 雪山镇 | 高营村 |
| 416 | 安疆记功碑 | 2012 | 清 | 石刻 | 文物点 | 毕节市 | 威宁县 | 雪山镇 | 银光村 |
| 417 | 松山墓群 | 2012 | 清 | 古墓葬 | 文物点 | 毕节市 | 威宁县 | 雪山镇 | 银光村 |
| 418 | 杨世才墓 | 2012 | 清 | 古墓葬 | 文物点 | 毕节市 | 威宁县 | 兔街乡 | 乐园村 |
| 419 | 三河榨油坊遗址 | 2012 | 清 | 古遗址 | 文物点 | 毕节市 | 威宁县 | 小海镇 | 三河村 |
| 420 | 黑泥沟观音寺修建碑 | 2012 | 清 | 石刻 | 文物点 | 毕节市 | 威宁县 | 小海镇 | 卯家村 |
| 421 | 梨树寨遗址 | 2012 | 新石器时代 | 古遗址 | 文物点 | 毕节市 | 威宁县 | 羊街镇 | 车边村 |
| 422 | 七姊妹岩悬棺葬 | 2012 | 待定 | 古墓葬 | 文物点 | 毕节市 | 威宁县 | 羊街镇 | 双河村 |
| 423 | 潘家寨墓地 | 2012 | 汉 | 古墓葬 | 文物点 | 毕节市 | 威宁县 | 羊街镇 | 双河村 |
| 424 | 火厂墓地 | 2012 | 汉 | 古墓葬 | 文物点 | 毕节市 | 威宁县 | 羊街镇 | 双河村 |
| 425 | 陆家大营遗址 | 2012 | 清 | 古遗址 | 文物点 | 毕节市 | 威宁县 | 双龙乡 | 高山村 |
| 426 | 马坡清真寺遗址 | 2012 | 清 | 古遗址 | 文物点 | 毕节市 | 威宁县 | 草海镇 | |
| 427 | 昭忠祠遗址 | 2012 | 清 | 古遗址 | 文物点 | 毕节市 | 威宁县 | 草海镇 | |
| 428 | 熊王冲石膏厂遗址 | 2012 | 清 | 古遗址 | 文物点 | 毕节市 | 威宁县 | 龙街镇 | 奢基姑村 |
| 429 | 银厂铅矿冶炼遗址 | 2012 | 清 | 古遗址 | 文物点 | 毕节市 | 威宁县 | 岔河乡 | 银厂村 |
| 430 | 平街铜矿冶炼遗址 | 2012 | 清 | 古遗址 | 文物点 | 毕节市 | 威宁县 | 龙场镇 | 平街村 |
| 431 | 清水河铜矿冶炼遗址 | 2012 | 清 | 古遗址 | 文物点 | 毕节市 | 威宁县 | 龙场镇 | 长坪村 |

续表

| 序号 | 文物保护单位名称 | 批次或公布日期 | 年代 | 类别 | 级别 | 所在地址 | | | |
|---|---|---|---|---|---|---|---|---|---|
| | | | | | | 市（地、州） | 市（县、区） | 镇（乡） | 村 |
| 432 | 新田铜矿冶炼遗址 | 2012 | 清 | 古遗址 | 文物点 | 毕节市 | 威宁县 | 龙场镇 | 克沟村 |
| 433 | 铜厂沟铜矿冶炼遗址 | 2012 | 清 | 古遗址 | 文物点 | 毕节市 | 威宁县 | 新发乡 | 铜厂村 |
| 434 | 明槽拿铜矿冶炼遗址 | 2012 | 清 | 古遗址 | 文物点 | 毕节市 | 威宁县 | 玉龙乡 | 沙田村 |
| 435 | 直沟铁矿冶炼遗址 | 2012 | 清 | 古遗址 | 文物点 | 毕节市 | 威宁县 | 炉山镇 | 勤光村 |
| 436 | 民河铸铁锅厂遗址 | 2012 | 清 | 古遗址 | 文物点 | 毕节市 | 威宁县 | 炉山镇 | 民河村 |
| 437 | 牛棚红岩花场 | 2012 | 明 | 其他 | 文物点 | 毕节市 | 威宁县 | 牛棚镇 | 发洪村 |
| 438 | 林林洞祭祖场 | 2012 | 清 | 古遗址 | 文物点 | 毕节市 | 威宁县 | 龙街镇 | 马塌村 |
| 439 | 龙街大寨跳花场 | 2012 | 明 | 其他 | 文物点 | 毕节市 | 威宁县 | 龙街镇 | 大寨村 |
| 440 | 黑土河化石出土点 | 2012 | 旧石器时代 | 其他 | 文物点 | 毕节市 | 威宁县 | 黑土河乡 | 黑土河村 |
| 441 | 唐国全宅 | 2012 | 1947 | 近现代史迹 | 文物点 | 毕节市 | 威宁县 | 炉山镇 | 海舍村 |
| 442 | 茶园水库 | 2012 | 1972 | 近现代史迹 | 文物点 | 毕节市 | 威宁县 | 炉山镇 | 茶园村 |
| 443 | 赵建洪合葬墓 | 2012 | 清 | 古墓葬 | 文物点 | 毕节市 | 威宁县 | 炉山镇 | 炉山村 |
| 444 | 潘存宗墓 | 2012 | 清 | 古墓葬 | 文物点 | 毕节市 | 威宁县 | 炉山镇 | 结里村 |
| 445 | 六音寺遗址 | 2012 | 清 | 古遗址 | 文物点 | 毕节市 | 威宁县 | 东风镇 | 鲁章村 |
| 446 | 长海人民公社旧址 | 2012 | 1958 | 近现代史迹 | 文物点 | 毕节市 | 威宁县 | 龙场镇 | 长元村 |
| 447 | 黑嘎地花场 | 2012 | 清 | 其他 | 文物点 | 毕节市 | 威宁县 | 龙场镇 | 河块村 |
| 448 | 拱桥河石拱桥 | 2012 | 清 | 古建筑 | 文物点 | 毕节市 | 威宁县 | 龙场镇 | 柳树村 |
| 449 | 井房沟石拱桥 | 2012 | 清 | 古建筑 | 文物点 | 毕节市 | 威宁县 | 龙场镇 | 河块村 |
| 450 | 姬家院子电站蓄水池 | 2012 | 1974 | 近现代史迹 | 文物点 | 毕节市 | 威宁县 | 龙场镇 | 龙丰村 |
| 451 | 尖山水库 | 2012 | 1974 | 近现代史迹 | 文物点 | 毕节市 | 威宁县 | 龙场镇 | 尖山村 |
| 452 | 树舍火车站旧址 | 2012 | 1964 | 近现代史迹 | 文物点 | 毕节市 | 威宁县 | 龙场镇 | 树舍村 |
| 453 | 海叉块引水灌渠 | 2012 | 1974 | 近现代史迹 | 文物点 | 毕节市 | 威宁县 | 龙场镇 | 田元村 |
| 454 | 罗家大岩引水灌渠 | 2012 | 1974 | 近现代史迹 | 文物点 | 毕节市 | 威宁县 | 龙场镇 | 龙丰村 |
| 455 | 车口花场 | 2012 | 清 | 其他 | 文物点 | 毕节市 | 威宁县 | 新发乡 | 联合村 |
| 456 | 陈氏祠堂遗址 | 2012 | 清 | 古遗址 | 文物点 | 毕节市 | 威宁县 | 新发乡 | 联合村 |
| 457 | 孔彦儒墓 | 2012 | 明 | 古墓葬 | 文物点 | 毕节市 | 威宁县 | 草海镇 | 西海村 |
| 458 | 蛇街人民公社旧址 | 2012 | 1958 | 近现代史迹 | 文物点 | 毕节市 | 威宁县 | 羊街镇 | 蛇街村 |
| 459 | 赵承功墓 | 2012 | 清 | 古墓葬 | 文物点 | 毕节市 | 威宁县 | 羊街镇 | 云桥村 |
| 460 | 冒水水库 | 2012 | 1975 | 近现代史迹 | 文物点 | 毕节市 | 威宁县 | 金钟镇 | 冒水村 |

续表

| 序号 | 文物保护单位名称 | 批次或公布日期 | 年代 | 类别 | 级别 | 所在地址 | | | |
|---|---|---|---|---|---|---|---|---|---|
| | | | | | | 市（地、州） | 市（县、区） | 镇（乡） | 村 |
| 461 | 嘎基花场 | 2012 | 清 | 其他 | 文物点 | 毕节市 | 威宁县 | 大街乡 | 嘎基村 |
| 462 | 四方井教会学校旧址 | 2012 | 清 | 近现代史迹 | 文物点 | 毕节市 | 威宁县 | 龙街镇 | 四方井村 |
| 463 | 四方井水井 | 2012 | 清 | 古建筑 | 文物点 | 毕节市 | 威宁县 | 龙街镇 | 四方井村 |
| 464 | 雪山水库 | 2012 | 1958 | 近现代史迹 | 文物点 | 毕节市 | 威宁县 | 雪山镇 | 新渠村 |
| 465 | 蔡家地马氏家族墓群 | 2012 | 清 | 古遗址 | 文物点 | 毕节市 | 威宁县 | 草海镇 | 中塘村 |
| 466 | 松科坪子李氏家族墓群 | 2012 | 清 | 古墓葬 | 文物点 | 毕节市 | 威宁县 | 小海镇 | 小海村 |
| 467 | 十二弯古道遗址 | 2012 | 清 | 古建筑 | 文物点 | 毕节市 | 纳雍县 | 雍熙镇 | 东北环城村 |
| 468 | 永新桥 | 2012 | 清 | 古建筑 | 文物点 | 毕节市 | 纳雍县 | 雍熙镇 | 木井村 |
| 469 | 王谢氏墓 | 2012 | 1930 | 近现代史迹 | 文物点 | 毕节市 | 纳雍县 | 雍熙镇 | 永明村 |
| 470 | 安氏家族墓群 | 2012 | 清 | 古墓葬 | 文物点 | 毕节市 | 纳雍县 | 雍熙镇 | 余家岩村 |
| 471 | 谌忠职墓 | 2012 | 清 | 古墓葬 | 文物点 | 毕节市 | 纳雍县 | 雍熙镇 | 余家岩村 |
| 472 | 李自文合葬墓 | 2012 | 清 | 古墓葬 | 文物点 | 毕节市 | 纳雍县 | 雍熙镇 | 双水井村 |
| 473 | 双水井 | 2012 | 清 | 古建筑 | 文物点 | 毕节市 | 纳雍县 | 雍熙镇 | 双水井村 |
| 474 | 新下墓群 | 2012 | 清 | 古墓葬 | 文物点 | 毕节市 | 纳雍县 | 雍熙镇 | 高坡村 |
| 475 | 箐脚李母墓 | 2012 | 清 | 古墓葬 | 文物点 | 毕节市 | 纳雍县 | 雍熙镇 | 高坡村 |
| 476 | 高坡禄氏墓 | 2012 | 清 | 古墓葬 | 文物点 | 毕节市 | 纳雍县 | 雍熙镇 | 高坡村 |
| 477 | 大新桥 | 2012 | 1957 | 近现代史迹 | 文物点 | 毕节市 | 纳雍县 | 雍熙镇 | 双水井村 |
| 478 | 木介河桥 | 2012 | 清 | 古建筑 | 文物点 | 毕节市 | 纳雍县 | 雍熙镇 | 双水井村 |
| 479 | 百岁桥 | 2012 | 清 | 古建筑 | 文物点 | 毕节市 | 纳雍县 | 雍熙镇 | 黄包包村 |
| 480 | 何母高氏墓 | 2012 | 清 | 古墓葬 | 文物点 | 毕节市 | 纳雍县 | 雍熙镇 | 黄包包村 |
| 481 | 白骨坟 | 2012 | 清 | 古墓葬 | 文物点 | 毕节市 | 纳雍县 | 雍熙镇 | 猫场村 |
| 482 | 文昌阁 | 2012 | 清 | 古建筑 | 文物点 | 毕节市 | 纳雍县 | 雍熙镇 | 猫场村 |
| 483 | 老君佛寺碑 | 2012 | 清 | 石刻 | 文物点 | 毕节市 | 纳雍县 | 雍熙镇 | 友谊村 |
| 484 | 宣慰府遗址 | 2012 | 明 | 古遗址 | 文物点 | 毕节市 | 纳雍县 | 乐治镇 | 史家街村 |
| 485 | 王世学合葬墓 | 2012 | 清 | 古建筑 | 文物点 | 毕节市 | 纳雍县 | 乐治镇 | 嘎泥坝村 |
| 486 | 以且桥 | 2012 | 清 | 古建筑 | 文物点 | 毕节市 | 纳雍县 | 沙包乡 | 大寨村 |
| 487 | 佛觉宛如寺碑 | 2012 | 清 | 石刻 | 文物点 | 毕节市 | 纳雍县 | 沙包乡 | 天星村 |
| 488 | 薄刀岭营盘遗址 | 2012 | 清 | 古遗址 | 文物点 | 毕节市 | 纳雍县 | 沙包乡 | 黄泥田村与包包寨村交界处 |
| 489 | 蒙家祠堂 | 2012 | 1913 | 近现代史迹 | 文物点 | 毕节市 | 纳雍县 | 沙包乡 | 包包寨村 |

续表

| 序号 | 文物保护单位名称 | 批次或公布日期 | 年代 | 类别 | 级别 | 所在地址 | | | |
|---|---|---|---|---|---|---|---|---|---|
| | | | | | | 市（地、州） | 市（县、区） | 镇（乡） | 村 |
| 490 | 阳长烈士墓 | 2012 | 1959 | 近现代史迹 | 文物点 | 毕节市 | 纳雍县 | 阳长镇 | 街上村 |
| 491 | 水淹塘垭口驿道遗址 | 2012 | 清 | 古遗址 | 文物点 | 毕节市 | 纳雍县 | 老凹坝乡 | 龙场村 |
| 492 | 祖师庙 | 2012 | 清 | 古建筑 | 文物点 | 毕节市 | 纳雍县 | 老凹坝乡 | 新街村 |
| 493 | 惠珉宫遗址 | 2012 | 清 | 古遗址 | 文物点 | 毕节市 | 纳雍县 | 老凹坝乡 | 新山村 |
| 494 | 罗氏家族墓 | 2012 | 清 | 古墓葬 | 文物点 | 毕节市 | 纳雍县 | 老凹坝乡 | 果儿盖村 |
| 495 | 小箐口山铜矿遗址 | 2012 | 清 | 古遗址 | 文物点 | 毕节市 | 纳雍县 | 勺窝乡 | 鱼塘坎村 |
| 496 | 五佛寺 | 2012 | 清 | 古建筑 | 文物点 | 毕节市 | 纳雍县 | 勺窝乡 | 鱼塘坎村 |
| 497 | 大冲岩头化石出土点 | 2012 | 旧石器时代 | 其他 | 文物点 | 毕节市 | 纳雍县 | 勺窝乡 | 后槽村 |
| 498 | 高峰盐道遗址 | 2012 | 清 | 古遗址 | 文物点 | 毕节市 | 纳雍县 | 昆寨乡 | 治沟村 |
| 499 | 晏母谢氏墓 | 2012 | 清 | 古墓葬 | 文物点 | 毕节市 | 纳雍县 | 昆寨乡 | 建新村 |
| 500 | 晏白都墓 | 2012 | 清 | 古墓葬 | 文物点 | 毕节市 | 纳雍县 | 昆寨乡 | 关门山村 |
| 501 | 昆寨烈士墓 | 2012 | 1951 | 近现代史迹 | 文物点 | 毕节市 | 纳雍县 | 昆寨乡 | 中心村 |
| 502 | 岔河桥 | 2012 | 清 | 古建筑 | 文物点 | 毕节市 | 纳雍县 | 水东乡 | 木城村 |
| 503 | 划筷奠祖苗俗碑 | 2012 | 1943 | 近现代史迹 | 文物点 | 毕节市 | 纳雍县 | 水东乡 | 猫寨村 |
| 504 | 蓄箐碑 | 2012 | 1931 | 近现代史迹 | 文物点 | 毕节市 | 纳雍县 | 水东乡 | 厢子村 |
| 505 | 岩脚寨墓群 | 2012 | 明 | 古墓葬 | 文物点 | 毕节市 | 纳雍县 | 水东乡 | 箱子村 |
| 506 | 猫寨周氏墓 | 2012 | 清 | 古墓葬 | 文物点 | 毕节市 | 纳雍县 | 水东乡 | 猫寨村 |
| 507 | 锁凤桥 | 2012 | 清 | 古建筑 | 文物点 | 毕节市 | 纳雍县 | 寨乐乡 | 新桥村 |
| 508 | 修路碑 | 2012 | 清 | 石刻 | 文物点 | 毕节市 | 纳雍县 | 寨乐乡 | 新发村 |
| 509 | 一棵树剿匪战斗遗址 | 2012 | 1952 | 近现代史迹 | 文物点 | 毕节市 | 纳雍县 | 寨乐乡 | 平桥村 |
| 510 | 罗在珠家族墓群 | 2012 | 清 | 古墓葬 | 文物点 | 毕节市 | 纳雍县 | 羊场乡 | 凹书村 |
| 511 | 聚洞记事碑 | 2012 | 1936 | 近现代史迹 | 文物点 | 毕节市 | 纳雍县 | 羊场乡 | 发窝村 |
| 512 | 摩得盐道遗址 | 2012 | 清 | 古遗址 | 文物点 | 毕节市 | 纳雍县 | 羊场乡 | 茅草坪村 |
| 513 | 炭山摩崖石刻 | 2012 | 1957 | 近现代史迹 | 文物点 | 毕节市 | 纳雍县 | 羊场乡 | 菜籽地村 |
| 514 | 羊场城墙遗址 | 2012 | 清 | 古遗址 | 文物点 | 毕节市 | 纳雍县 | 羊场乡 | 民主村 |
| 515 | 安氏家族墓 | 2012 | 清 | 古墓葬 | 文物点 | 毕节市 | 纳雍县 | 姑开乡 | 胜利村 |
| 516 | 王者吐把墓 | 2012 | 清 | 古墓葬 | 文物点 | 毕节市 | 纳雍县 | 姑开乡 | 前进村 |
| 517 | 安孟卿合葬墓 | 2012 | 清 | 古墓葬 | 文物点 | 毕节市 | 纳雍县 | 姑开乡 | 田坝村 |
| 518 | 李沙陆墓 | 2012 | 清 | 古墓葬 | 文物点 | 毕节市 | 纳雍县 | 姑开乡 | 安坪村 |

续表

| 序号 | 文物保护单位名称 | 批次或公布日期 | 年代 | 类别 | 级别 | 所在地址 | | | |
|---|---|---|---|---|---|---|---|---|---|
| | | | | | | 市（地、州） | 市（县、区） | 镇（乡） | 村 |
| 519 | 安天宝合葬墓 | 2012 | 清 | 古墓葬 | 文物点 | 毕节市 | 纳雍县 | 姑开乡 | 安坪村 |
| 520 | 平民小学建校碑序 | 2012 | 1939 | 近现代史迹 | 文物点 | 毕节市 | 纳雍县 | 锅圈岩乡 | 街上村 |
| 521 | 安氏家族墓 | 2012 | 清 | 古墓葬 | 文物点 | 毕节市 | 纳雍县 | 锅圈岩乡 | 拥护村 |
| 522 | 盐井汉彝文墓 | 2012 | 待定 | 古墓葬 | 文物点 | 毕节市 | 纳雍县 | 维新镇 | 盐井村 |
| 523 | 钱在朝墓 | 2012 | 清 | 古墓葬 | 文物点 | 毕节市 | 纳雍县 | 厍东关乡 | 东关村 |
| 524 | 土母墓 | 2012 | 清 | 古墓葬 | 文物点 | 毕节市 | 纳雍县 | 厍东关乡 | 东关村 |
| 525 | 马松林包包赵氏墓 | 2012 | 清 | 古墓葬 | 文物点 | 毕节市 | 纳雍县 | 厍东关乡 | 东关村 |
| 526 | 王氏家族墓 | 2012 | 清 | 古墓葬 | 文物点 | 毕节市 | 纳雍县 | 厍东关乡 | 长坡村 |
| 527 | 王家寨封山碑 | 2012 | 清 | 石刻 | 文物点 | 毕节市 | 纳雍县 | 厍东关乡 | 长坡村 |
| 528 | 蔡舒氏墓 | 2012 | 清 | 古墓葬 | 文物点 | 毕节市 | 纳雍县 | 化作乡 | 枪杆岩村 |
| 529 | 张王海夫妇墓 | 2012 | 清 | 古墓葬 | 文物点 | 毕节市 | 纳雍县 | 化作乡 | 枪杆岩村 |
| 530 | 赵白昇合葬墓 | 2012 | 清 | 古墓葬 | 文物点 | 毕节市 | 纳雍县 | 化作乡 | 枪杆岩村 |
| 531 | 干河沟桥 | 2012 | 清 | 古建筑 | 文物点 | 毕节市 | 纳雍县 | 化作乡 | 羊场村 |
| 532 | 刘兴文烈士故居 | 2012 | 20世纪50年代 | 近现代史迹 | 文物点 | 毕节市 | 纳雍县 | 左鸠嘎乡 | 兴文村 |
| 533 | 蔡世云墓 | 2012 | 清 | 古墓葬 | 文物点 | 毕节市 | 纳雍县 | 左鸠嘎乡 | 下瓦房村 |
| 534 | 红旗水库 | 2012 | 1958 | 近现代史迹 | 文物点 | 毕节市 | 纳雍县 | 猪场乡 | 大多拱、夹沟、水箐村交界 |
| 535 | 丁粮碑 | 2012 | 1912 | 近现代史迹 | 文物点 | 毕节市 | 纳雍县 | 新房乡 | 石板寨村 |
| 536 | 罗家营盘遗址 | 2012 | 清 | 古遗址 | 文物点 | 毕节市 | 纳雍县 | 新房乡 | 石板寨村 |
| 537 | 通作寨摩崖 | 2012 | 清 | 石刻 | 文物点 | 毕节市 | 纳雍县 | 新房乡 | 通作寨村 |
| 538 | 安上达墓 | 2012 | 清 | 古墓葬 | 文物点 | 毕节市 | 纳雍县 | 新房乡 | 河边村 |
| 539 | 张兴诚合葬墓 | 2012 | 清 | 古墓葬 | 文物点 | 毕节市 | 纳雍县 | 新房乡 | 河边村 |
| 540 | 油客大洞齐心会遗址 | 2012 | 1937 | 近现代史迹 | 文物点 | 毕节市 | 纳雍县 | 新房乡 | 后寨村 |
| 541 | 法克大洞齐心会遗址 | 2012 | 1942 | 近现代史迹 | 文物点 | 毕节市 | 纳雍县 | 新房乡 | 发克村 |
| 542 | 大营盐道遗址 | 2012 | 清 | 古遗址 | 文物点 | 毕节市 | 纳雍县 | 龙场镇 | 大营村 |
| 543 | 场坝脚张口洞遗址 | 2012 | 旧石器时代 | 古遗址 | 文物点 | 毕节市 | 纳雍县 | 龙场镇 | 龙场村 |
| 544 | 王勋墓 | 2012 | 清 | 古墓葬 | 文物点 | 毕节市 | 纳雍县 | 王家寨镇 | |
| 545 | 何肇薪墓 | 2012 | 清 | 古墓葬 | 文物点 | 毕节市 | 纳雍县 | 雍熙镇 | 后寨村 |
| 546 | 百骨坟 | 2012 | 清 | 古墓葬 | 文物点 | 毕节市 | 纳雍县 | 王家寨镇 | 王家村 |

续表

| 序号 | 文物保护单位名称 | 批次或公布日期 | 年代 | 类别 | 级别 | 所在地址 | | | |
|---|---|---|---|---|---|---|---|---|---|
| | | | | | | 市（地、州） | 市（县、区） | 镇（乡） | 村 |
| 547 | 刘云墓 | 2012 | 清 | 古墓葬 | 文物点 | 毕节市 | 纳雍县 | 王家寨镇 | |
| 548 | 铧匠寨金银出土点 | 2012 | 明 | 古遗址 | 文物点 | 毕节市 | 纳雍县 | 王家寨镇 | 马家村 |
| 549 | 周少璞墓 | 2012 | 1947 | 近现代史迹 | 文物点 | 毕节市 | 纳雍县 | 王家寨镇 | 莲花村 |
| 550 | 宋氏家族墓 | 2012 | 清 | 古墓葬 | 文物点 | 毕节市 | 纳雍县 | 王家寨镇 | 马井村 |
| 551 | 石垭口营盘遗址 | 2012 | 清 | 古遗址 | 文物点 | 毕节市 | 纳雍县 | 百兴镇 | 垭口村 |
| 552 | 万人坟 | 2012 | 清 | 古墓葬 | 文物点 | 毕节市 | 纳雍县 | 曙光乡 | 猴儿关村 |
| 553 | 猴儿关古战场遗址 | 2012 | 清 | 古遗址 | 文物点 | 毕节市 | 纳雍县 | 曙光乡 | 猴儿关村 |
| 554 | 陈士贵墓 | 2012 | 清 | 古墓葬 | 文物点 | 毕节市 | 纳雍县 | 中岭镇 | 老鸡场村 |
| 555 | 王成荣烈士墓 | 2012 | 1986 | 近现代史迹 | 文物点 | 毕节市 | 纳雍县 | 张家湾 | 镇跨桥村 |
| 556 | 大麻窝营盘遗址 | 2012 | 清 | 古遗址 | 文物点 | 毕节市 | 纳雍县 | 张家湾 | 镇河尾村 |
| 557 | 陈其藻墓 | 2012 | 清 | 古墓葬 | 文物点 | 毕节市 | 纳雍县 | 张家湾 | 镇幸福村 |
| 558 | 黄绍元墓 | 2012 | 清 | 古墓葬 | 文物点 | 毕节市 | 纳雍县 | 张家湾 | 老翁村 |
| 559 | 洪母何氏墓 | 2012 | 清 | 古墓葬 | 文物点 | 毕节市 | 纳雍县 | 张家湾 | 老翁村 |
| 560 | 禄文光墓 | 2012 | 清 | 古墓葬 | 文物点 | 毕节市 | 纳雍县 | 张家湾 | 补作村 |
| 561 | 张世学合葬墓 | 2012 | 清 | 古墓葬 | 文物点 | 毕节市 | 纳雍县 | 张家湾 | 补作村 |
| 562 | 马正扬墓 | 2012 | 清 | 古墓葬 | 文物点 | 毕节市 | 纳雍县 | 勺窝乡 | 群兴村 |
| 563 | 木花营墓群 | 2012 | 明 | 古墓葬 | 文物点 | 毕节市 | 纳雍县 | 寨乐乡 | 木花村 |
| 564 | 纳雍广播站旧址 | 2012 | 1958 | 近现代史迹 | 文物点 | 毕节市 | 纳雍县 | 雍熙镇 | |
| 565 | 老凹坝跳花场 | 2012 | 清 | 其他 | 文物点 | 毕节市 | 纳雍县 | 老凹坝乡 | 街上村、坝子上村交界处 |
| 566 | 猴儿关歌场 | 2012 | 清 | 其他 | 文物点 | 毕节市 | 纳雍县 | 曙光乡 | 猴儿关村 |
| 567 | 神仙坡跳花场 | 2012 | 清 | 其他 | 文物点 | 毕节市 | 纳雍县 | 新房乡 | 通作楷村 |
| 568 | 和惺和尚墓塔 | 2012 | 清 | 古墓葬 | 文物点 | 毕节市 | 织金县 | 城关镇 | 东山村 |
| 569 | 重修三楚会馆序碑 | 2012 | 清 | 石刻 | 文物点 | 毕节市 | 织金县 | 城关镇 | |
| 570 | 斩龙桥 | 2012 | 清 | 古建筑 | 文物点 | 毕节市 | 织金县 | 城关镇 | 西湖村 |
| 571 | 鱼山且住亭 | 2012 | 民国 | 近现代史迹 | 文物点 | 毕节市 | 织金县 | 城关镇 | 星秀村 |
| 572 | 鱼山碧琉璃精舍 | 2012 | 1917 | 近现代史迹 | 文物点 | 毕节市 | 织金县 | 城关镇 | 星秀村 |
| 573 | 鱼山藏书楼 | 2012 | 1922 | 近现代史迹 | 文物点 | 毕节市 | 织金县 | 城关镇 | 星秀村 |
| 574 | 鱼山济赈亭 | 2012 | 1925 | 近现代史迹 | 文物点 | 毕节市 | 织金县 | 城关镇 | 星秀村 |
| 575 | 鱼山摩崖 | 2012 | 民国 | 近现代史迹 | 文物点 | 毕节市 | 织金县 | 城关镇 | 星秀村 |

续表

| 序号 | 文物保护单位名称 | 批次或公布日期 | 年代 | 类别 | 级别 | 所在地址 | | | |
|---|---|---|---|---|---|---|---|---|---|
| | | | | | | 市（地、州） | 市（县、区） | 镇（乡） | 村 |
| 576 | 闺阁奇英摩崖石刻 | 2012 | 清 | 石刻 | 文物点 | 毕节市 | 织金县 | 城关镇 | 东山村 |
| 577 | 堰塘化石出土点 | 2012 | 更新世 | 其他 | 文物点 | 毕节市 | 织金县 | 桂果镇 | 绮陌村 |
| 578 | 四甲碉楼 | 2012 | 民国 | 近现代史迹 | 文物点 | 毕节市 | 织金县 | 猫场镇 | 四甲村 |
| 579 | 马路河筑路碑 | 2012 | 清 | 石刻 | 文物点 | 毕节市 | 织金县 | 牛场镇 | 群光村 |
| 580 | 阳光村南碉楼 | 2012 | 民国 | 近现代史迹 | 文物点 | 毕节市 | 织金县 | 龙场镇 | 阳光村 |
| 581 | 阳光村北碉楼 | 2012 | 民国 | 近现代史迹 | 文物点 | 毕节市 | 织金县 | 龙场镇 | 阳光村 |
| 582 | 大新桥 | 2012 | 清 | 古建筑 | 文物点 | 毕节市 | 织金县 | 桂果镇 | 兴平村 |
| 583 | 鸡场坝碉楼遗址 | 2012 | 民国 | 近现代史迹 | 文物点 | 毕节市 | 织金县 | 马场乡 | 鸡场坝村 |
| 584 | 圆口洞遗址 | 2012 | 旧石器时代–新石器时代 | 古遗址 | 文物点 | 毕节市 | 织金县 | 三塘镇 | 干河村 |
| 585 | 小岩山遗址 | 2012 | 旧石器时代 | 古遗址 | 文物点 | 毕节市 | 织金县 | 八步镇 | 沙冲村 |
| 586 | 白洞遗址 | 2012 | 民国 | 近现代史迹 | 文物点 | 毕节市 | 织金县 | 八步镇 | 桶井村 |
| 587 | 安邦彦旧宅遗址 | 2012 | 明 | 古遗址 | 文物点 | 毕节市 | 织金县 | 官寨乡 | 官寨村 |
| 588 | 高家桥 | 2012 | 远 | 古建筑 | 文物点 | 毕节市 | 织金县 | 绮陌乡 | 二塘村 |
| 589 | 田坝曾氏墓 | 2012 | 清 | 古墓葬 | 文物点 | 毕节市 | 织金县 | 八步镇 | 八步村 |
| 590 | 李氏祖源碑 | 2012 | 清 | 石刻 | 文物点 | 毕节市 | 织金县 | 官寨乡 | 凤岗村 |
| 591 | 大佛寺遗址 | 2012 | 清 | 古遗址 | 文物点 | 毕节市 | 织金县 | 以那镇 | 松林村 |
| 592 | 松林村碉楼遗址 | 2012 | 民国 | 近现代史迹 | 文物点 | 毕节市 | 织金县 | 以那镇 | 松林村 |
| 593 | 三官殿 | 2012 | 民国 | 近现代史迹 | 文物点 | 毕节市 | 织金县 | 以那镇 | 松林村 |
| 594 | 以那龙王庙 | 2012 | 民国 | 近现代史迹 | 文物点 | 毕节市 | 织金县 | 以那镇 | 松林村 |
| 595 | 果勇底遗址 | 2012 | 清 | 古遗址 | 文物点 | 毕节市 | 织金县 | 以那镇 | 五星村 |
| 596 | 方氏家族墓 | 2012 | 清 | 古墓葬 | 文物点 | 毕节市 | 织金县 | 以那镇 | 三合村 |
| 597 | 三坝碑刻 | 2012 | 清 | 石刻 | 文物点 | 毕节市 | 织金县 | 黑土乡 | 三坝村 |
| 598 | 江西庙契约碑刻 | 2012 | 清 | 石刻 | 文物点 | 毕节市 | 织金县 | 城关镇 | |
| 599 | 龙杠屯遗址 | 2012 | 清 | 古遗址 | 文物点 | 毕节市 | 织金县 | 以那镇 | 凉山村 |
| 600 | 川洞一号洞遗址 | 2012 | 旧石器时代 | 古遗址 | 文物点 | 毕节市 | 织金县 | 以那镇 | 化合村 |
| 601 | 川洞二号洞遗址 | 2012 | 旧石器时代 | 古遗址 | 文物点 | 毕节市 | 织金县 | 以那镇 | 化合村 |
| 602 | 三相田遗址 | 2012 | 旧石器时代 | 古遗址 | 文物点 | 毕节市 | 织金县 | 板桥乡 | 红光村 |
| 603 | 罗氏焚台碑 | 2012 | 明 | 石刻 | 文物点 | 毕节市 | 织金县 | 金龙乡 | 新立村 |

续表

| 序号 | 文物保护单位名称 | 批次或公布日期 | 年代 | 类别 | 级别 | 所在地址 | | | |
|---|---|---|---|---|---|---|---|---|---|
| | | | | | | 市（地、州） | 市（县、区） | 镇（乡） | 村 |
| 604 | 杨家寨粮赋碑 | 2012 | 清 | 石刻 | 文物点 | 毕节市 | 织金县 | 上坪寨乡 | 八寨村 |
| 605 | 石棺坟 | 2012 | 待定 | 古墓葬 | 文物点 | 毕节市 | 织金县 | 上坪寨乡 | 八寨村 |
| 606 | 文家桥 | 2012 | 清 | 古建筑 | 文物点 | 毕节市 | 织金县 | 熊家场乡 | 高粱村 |
| 607 | 熊家场观音阁 | 2012 | 清 | 古建筑 | 文物点 | 毕节市 | 织金县 | 熊家场乡 | 群潮村 |
| 608 | 地契摩崖石刻 | 2012 | 明 | 石刻 | 文物点 | 毕节市 | 织金县 | 熊家场乡 | 宝山村 |
| 609 | 卷洞门摩崖石刻 | 2012 | 明 | 石刻 | 文物点 | 毕节市 | 织金县 | 熊家场乡 | 宝山村 |
| 610 | 修路摩崖石刻 | 2012 | 明 | 石刻 | 文物点 | 毕节市 | 织金县 | 熊家场乡 | 宝山村 |
| 611 | 老鹰岩化石出土点 | 2012 | 更新世 | 其他 | 文物点 | 毕节市 | 织金县 | 珠藏镇 | 牛洞村 |
| 612 | 磨石村碉楼 | 2012 | 民国 | 近现代史迹 | 文物点 | 毕节市 | 织金县 | 熊家场乡 | 磨石村 |
| 613 | 小河洞遗址 | 2012 | 清 | 古遗址 | 文物点 | 毕节市 | 织金县 | 熊家场乡 | 群潮村 |
| 614 | 三坝摩崖石刻 | 2012 | 1929 | 近现代史迹 | 文物点 | 毕节市 | 织金县 | 黑土乡 | 三坝村 |
| 615 | 画眉屯遗址 | 2012 | 清 | 古遗址 | 文物点 | 毕节市 | 织金县 | 马场乡 | 关上村 |
| 616 | 庞世缘墓 | 2012 | 清 | 古墓葬 | 文物点 | 毕节市 | 织金县 | 营合乡 | 三甲村 |
| 617 | 阿鲁卜额墓 | 2012 | 清 | 古墓葬 | 文物点 | 毕节市 | 织金县 | 茶店乡 | 龙井村 |
| 618 | 倮龙桥 | 2012 | 明 | 古建筑 | 文物点 | 毕节市 | 织金县 | 茶店乡 | 上寨村 |
| 619 | 猫猫洞遗址 | 2012 | 旧石器时代–新石器时代 | 古遗址 | 文物点 | 毕节市 | 织金县 | 茶店乡 | 跑瓦村 |
| 620 | 水西的独则溪土司楼 | 2012 | 明 | 古建筑 | 文物点 | 毕节市 | 织金县 | 城关镇 | 星秀村 |
| 621 | 谢慎堂神道碑 | 2012 | 清 | 石刻 | 文物点 | 毕节市 | 织金县 | 城关镇 | |
| 622 | 凤凰山跳花场 | 2012 | 清 | 其他 | 文物点 | 毕节市 | 织金县 | 珠藏镇 | 凤凰村 |
| 623 | 乌家山跳花坡 | 2012 | 清 | 其他 | 文物点 | 毕节市 | 织金县 | 官寨乡 | 官寨村 |
| 624 | 以支跳花坡 | 2012 | 清 | 其他 | 文物点 | 毕节市 | 织金县 | 龙场镇 | 营仓村 |
| 625 | 箐脚跳花坡 | 2012 | 清 | 其他 | 文物点 | 毕节市 | 织金县 | 大平乡 | 花坡村 |
| 626 | 城关砂器作坊 | 2012 | 清 | 古建筑 | 文物点 | 毕节市 | 织金县 | 城关镇 | 东山村 |
| 627 | 桥边砂器作坊 | 2012 | 清 | 古建筑 | 文物点 | 毕节市 | 织金县 | 板桥乡 | 红光村 |
| 628 | 干坝村大营盘遗址 | 2012 | 清 | 古遗址 | 文物点 | 毕节市 | 织金县 | 实兴乡 | 小干坝村 |
| 629 | 谌氏墓群 | 2012 | 清 | 古墓葬 | 文物点 | 毕节市 | 织金县 | 这兴乡 | 花园村 |
| 630 | 谌母陈氏墓 | 2012 | 清 | 古墓葬 | 文物点 | 毕节市 | 织金县 | 实兴乡 | 新场村 |
| 631 | 冯安朝民居 | 2012 | 民国 | 近现代史迹 | 文物点 | 毕节市 | 织金县 | 大平乡 | 大平村 |
| 632 | 刘炳志墓 | 2012 | 明 | 古墓葬 | 文物点 | 毕节市 | 织金县 | 大平乡 | 大平村 |

续表

| 序号 | 文物保护单位名称 | 批次或公布日期 | 年代 | 类别 | 级别 | 所在地址 | | | |
|---|---|---|---|---|---|---|---|---|---|
| | | | | | | 市（地、州） | 市（县、区） | 镇（乡） | 村 |
| 633 | 谌家碉楼 | 2012 | 民国 | 近现代史迹 | 文物点 | 毕节市 | 织金县 | 化起镇 | 九甲村 |
| 634 | 化起镇粮仓 | 2012 | 1952 | 近现代史迹 | 文物点 | 毕节市 | 织金县 | 化起镇 | 化起村 |
| 635 | 竟成桥 | 2012 | 民国 | 近现代史迹 | 文物点 | 毕节市 | 织金县 | 化起镇 | 大田边村 |
| 636 | 喻梦兰墓 | 2012 | 清 | 古墓葬 | 文物点 | 毕节市 | 织金县 | 自强乡 | 二坪村 |
| 637 | 干河桥 | 2012 | 清 | 古建筑 | 文物点 | 毕节市 | 织金县 | 自强乡 | 桥上村 |
| 638 | 菜林墓群 | 2012 | 清 | 古墓葬 | 文物点 | 毕节市 | 织金县 | 少普乡 | 菜林村 |
| 639 | 大院桥 | 2012 | 清 | 古建筑 | 文物点 | 毕节市 | 织金县 | 中寨乡 | 大院村 |
| 640 | 大院盐道遗址 | 2012 | 清 | 古遗址 | 文物点 | 毕节市 | 织金县 | 中寨乡 | 大院村 |
| 641 | 铁厂粮道遗址 | 2012 | 清 | 古遗址 | 文物点 | 毕节市 | 织金县 | 中寨乡 | 铁厂村 |
| 642 | 张正坤墓 | 2012 | 清 | 古墓葬 | 文物点 | 毕节市 | 织金县 | 白泥乡 | 先锋村 |
| 643 | 倮木民居 | 2012 | 民国 | 近现代史迹 | 文物点 | 毕节市 | 织金县 | 白泥乡 | 倮木村 |
| 644 | 凤凰穿洞遗址 | 2012 | 旧石器时代 | 古遗址 | 文物点 | 毕节市 | 黔西县 | 城关镇 | 新民村 |
| 645 | 包包上遗址 | 2012 | 旧石器时代 | 古遗址 | 文物点 | 毕节市 | 黔西县 | 新仁乡 | 长井村 |
| 646 | 白龙洞遗址 | 2012 | 旧石器时代 | 古遗址 | 文物点 | 毕节市 | 黔西县 | 绿化乡 | 石桐树村 |
| 647 | 谷里观音洞遗址 | 2012 | 旧石器时代 | 古遗址 | 文物点 | 毕节市 | 黔西县 | 谷里镇 | 香山村 |
| 648 | 谷里穿洞遗址 | 2012 | 旧石器时代 | 古遗址 | 文物点 | 毕节市 | 黔西县 | 谷里镇 | 天桥村 |
| 649 | 乌落洞遗址 | 2012 | 旧石器时代 | 古遗址 | 文物点 | 毕节市 | 黔西县 | 城关镇 | 民族村 |
| 650 | 岩封口大洞遗址 | 2012 | 旧石器时代 | 古遗址 | 文物点 | 毕节市 | 黔西县 | 雨朵镇 | 登高村 |
| 651 | 老君洞遗址 | 2012 | 旧石器时代 | 古遗址 | 文物点 | 毕节市 | 黔西县 | 定新乡 | 群星村 |
| 652 | 营洞遗址 | 2012 | 旧石器时代 | 古遗址 | 文物点 | 毕节市 | 黔西县 | 定新乡 | 群星村 |
| 653 | 广福洞遗址 | 2012 | 旧石器时代晚期–新石器时代 | 古遗址 | 文物点 | 毕节市 | 黔西县 | 新仁乡 | 田坝村 |
| 654 | 风水山岩洞遗址 | 2012 | 旧石器时代晚期–新石器时代 | 古遗址 | 文物点 | 毕节市 | 黔西县 | 绿化乡 | 四方井村 |
| 655 | 沙地白岩洞遗址 | 2012 | 旧石器时代晚期–新石器时代 | 古遗址 | 文物点 | 毕节市 | 黔西县 | 大关镇 | 锦岗村 |
| 656 | 小洞遗址 | 2012 | 新石器时代 | 古遗址 | 文物点 | 毕节市 | 黔西县 | 大关镇 | 锦岗村 |
| 657 | 建明洞遗址 | 2012 | 明 | 古遗址 | 文物点 | 毕节市 | 黔西县 | 定新乡 | 堡堡寨村 |
| 658 | 绿化龙骨洞遗址 | 2012 | 旧石器时代晚期–新石器时代 | 古遗址 | 文物点 | 毕节市 | 黔西县 | 绿化乡 | 四方井村 |

续表

| 序号 | 文物保护单位名称 | 批次或公布日期 | 年代 | 类别 | 级别 | 所在地址 | | | |
|---|---|---|---|---|---|---|---|---|---|
| | | | | | | 市（地、州） | 市（县、区） | 镇（乡） | 村 |
| 659 | 大岩洞遗址 | 2012 | 旧石器时代晚期-新石器时代 | 古遗址 | 文物点 | 毕节市 | 黔西县 | 沙井乡 | 观音洞村 |
| 660 | 尖坡洞遗址 | 2012 | 旧石器时代晚期-新石器时代 | 古遗址 | 文物点 | 毕节市 | 黔西县 | 沙井乡 | 观音洞村 |
| 661 | 丁堡山观音洞庙遗址 | 2012 | 清 | 古遗址 | 文物点 | 毕节市 | 黔西县 | 中建乡 | 民主村 |
| 662 | 萨喇门遗址 | 2012 | 清 | 古遗址 | 文物点 | 毕节市 | 黔西县 | 钟山乡 | 治中村 |
| 663 | 苏家洞遗址 | 2012 | 清 | 古遗址 | 文物点 | 毕节市 | 黔西县 | 仁和乡 | 百花村 |
| 664 | 平寨大黑洞遗址 | 2012 | 清 | 古遗址 | 文物点 | 毕节市 | 黔西县 | 仁和乡 | 百花村 |
| 665 | 营盘洞遗址 | 2012 | 明、清 | 古遗址 | 文物点 | 毕节市 | 黔西县 | 仁和乡 | 双寨村 |
| 666 | 大坑洞寺庙遗址 | 2012 | 民国 | 近现代史迹 | 文物点 | 毕节市 | 黔西县 | 金坡乡 | 煤洞场村 |
| 667 | 黔西城遗址 | 2012 | 明、清 | 古遗址 | 文物点 | 毕节市 | 黔西县 | 城关镇 | |
| 668 | 则窝则溪水西土司衙署遗址 | 2012 | 明、清 | 古遗址 | 文物点 | 毕节市 | 黔西县 | 新仁乡 | 群益村 |
| 669 | 羊场衙院遗址 | 2012 | 明 | 古遗址 | 文物点 | 毕节市 | 黔西县 | 羊场乡 | 双玉村 |
| 670 | 五显庙遗址 | 2012 | 明 | 古遗址 | 文物点 | 毕节市 | 黔西县 | 素朴镇 | 双玉村 |
| 671 | 龙场衙院遗址 | 2012 | 明 | 古遗址 | 文物点 | 毕节市 | 黔西县 | 雨朵镇 | 马场口村 |
| 672 | 红卫营盘遗址 | 2012 | 清 | 古遗址 | 文物点 | 毕节市 | 黔西县 | 协和乡 | 果坝村 |
| 673 | 石门坎官寨遗址 | 2012 | 明 | 古遗址 | 文物点 | 毕节市 | 黔西县 | 五里乡 | 石门村 |
| 674 | 石门坎安家营遗址 | 2012 | 清 | 古遗址 | 文物点 | 毕节市 | 黔西县 | 五里乡 | 石门村 |
| 675 | 南明寺遗址 | 2012 | 清 | 古遗址 | 文物点 | 毕节市 | 黔西县 | 金碧镇 | 杨家店村 |
| 676 | 仁慕衙院遗址 | 2012 | 明 | 古遗址 | 文物点 | 毕节市 | 黔西县 | 新仁乡 | 仁慕村 |
| 677 | 鸭池河红军渡江遗址 | 2012 | 民国 | 近现代史迹 | 文物点 | 毕节市 | 黔西县 | 大关镇 | 丘陵村 |
| 678 | 庙山战斗遗址 | 2012 | 1950 | 近现代史迹 | 文物点 | 毕节市 | 黔西县 | 绿化乡 | 石桐树村 |
| 679 | 去思亭遗址 | 2012 | 清 | 古遗址 | 文物点 | 毕节市 | 黔西县 | 城关镇 | |
| 680 | 雷响孔安氏土目衙署遗址 | 2012 | 清 | 古遗址 | 文物点 | 毕节市 | 黔西县 | 红林乡 | 雷响孔村 |
| 681 | 黔西州府衙门遗址 | 2012 | 清 | 古遗址 | 文物点 | 毕节市 | 黔西县 | 城关镇 | |
| 682 | 凉风洞庙遗址 | 2012 | 清 | 古遗址 | 文物点 | 毕节市 | 黔西县 | 绿化乡 | 四方井村 |
| 683 | 忠烈庙遗址 | 2012 | 明 | 古遗址 | 文物点 | 毕节市 | 黔西县 | 锦星乡 | 文阁村 |
| 684 | 百花关帝庙遗址 | 2012 | 清 | 古遗址 | 文物点 | 毕节市 | 黔西县 | 素朴镇 | 百花村 |
| 685 | 回龙寺遗址 | 2012 | 清 | 古遗址 | 文物点 | 毕节市 | 黔西县 | 城关镇 | |

续表

| 序号 | 文物保护单位名称 | 批次或公布日期 | 年代 | 类别 | 级别 | 所在地址 | | | |
|---|---|---|---|---|---|---|---|---|---|
| | | | | | | 市（地、州） | 市（县、区） | 镇（乡） | 村 |
| 686 | 城隍庙遗址 | 2012 | 清 | 古遗址 | 文物点 | 毕节市 | 黔西县 | 城关镇 | |
| 687 | 蒋氏庄园遗址 | 2012 | 清 | 古遗址 | 文物点 | 毕节市 | 黔西县 | 永燊乡 | |
| 688 | 古胜城遗址 | 2012 | 明、请 | 古遗址 | 文物点 | 毕节市 | 黔西县 | 素朴镇 | 古胜村 |
| 689 | 垮岩坡战场遗址 | 2012 | 清 | 古遗址 | 文物点 | 毕节市 | 黔西县 | 洪水乡 | 永福村 |
| 690 | 张家湾盐道遗址 | 2012 | 明 | 古遗址 | 文物点 | 毕节市 | 黔西县 | 甘棠乡 | 同心村 |
| 691 | 索桥盐道遗址 | 2012 | 清 | 古遗址 | 文物点 | 毕节市 | 黔西县 | 铁石乡 | 许家坝村 |
| 692 | 四方井盐道遗址 | 2012 | 明 | 古遗址 | 文物点 | 毕节市 | 黔西县 | 绿化乡 | 四方井村 |
| 693 | 石门驿站遗址 | 2012 | 明 | 古遗址 | 文物点 | 毕节市 | 黔西县 | 谷里镇 | 健全村 |
| 694 | 许家坝营盘遗址 | 2012 | 明 | 古遗址 | 文物点 | 毕节市 | 黔西县 | 铁石乡 | 许家坝村 |
| 695 | 油沙坡营盘遗址 | 2012 | 明 | 古遗址 | 文物点 | 毕节市 | 黔西县 | 铁石乡 | 油沙坡村 |
| 696 | 堰塘营盘遗址 | 2012 | 明 | 古遗址 | 文物点 | 毕节市 | 黔西县 | 铁石乡 | 堰塘村 |
| 697 | 石梯子盐道遗址 | 2012 | 清 | 古遗址 | 文物点 | 毕节市 | 黔西县 | 中建乡 | 民主村 |
| 698 | 杀人坡营盘遗址 | 2012 | 清 | 古遗址 | 文物点 | 毕节市 | 黔西县 | 雨朵镇 | 雨朵村 |
| 699 | 登高村营盘遗址 | 2012 | 清 | 古遗址 | 文物点 | 毕节市 | 黔西县 | 雨朵镇 | 登高村 |
| 700 | 红灯教练兵场遗址 | 2012 | 清 | 古遗址 | 文物点 | 毕节市 | 黔西县 | 洪水乡 | 官庄村 |
| 701 | 罗家营盘遗址 | 2012 | 清 | 古遗址 | 文物点 | 毕节市 | 黔西县 | 谷里镇 | 五里村 |
| 702 | 白泥老营盘遗址 | 2012 | 清 | 古遗址 | 文物点 | 毕节市 | 黔西县 | 锦星乡 | 白泥村 |
| 703 | 官塘南乡忠义团营盘遗址 | 2012 | 清 | 古遗址 | 文物点 | 毕节市 | 黔西县 | 金碧镇 | 联合村 |
| 704 | 侯家营遗址 | 2012 | 清 | 古遗址 | 文物点 | 毕节市 | 黔西县 | 锦星乡 | 洪湖村 |
| 705 | 白家营营盘遗址 | 2012 | 清 | 古遗址 | 文物点 | 毕节市 | 黔西县 | 谷里镇 | 中狮村 |
| 706 | 猫儿山大小营盘遗址 | 2012 | 清 | 古遗址 | 文物点 | 毕节市 | 黔西县 | 钟山乡 | 猫山村 |
| 707 | 碳山顶营盘遗址 | 2012 | 清 | 古遗址 | 文物点 | 毕节市 | 黔西县 | 花溪乡 | 花溪村 |
| 708 | 丰坪营盘遗址 | 2012 | 清 | 古遗址 | 文物点 | 毕节市 | 黔西县 | 花溪乡 | 营盘村 |
| 709 | 法地屯城遗址 | 2012 | 南北朝 | 古遗址 | 文物点 | 毕节市 | 黔西县 | 花溪乡 | 耿底村 |
| 710 | 沙井关马槽遗址 | 2012 | 元 | 古遗址 | 文物点 | 毕节市 | 黔西县 | 沙井乡 | 沙井村 |
| 711 | 尖山营盘遗址 | 2012 | 清 | 古遗址 | 文物点 | 毕节市 | 黔西县 | 林泉镇 | 岔白村 |
| 712 | 平桥营盘遗址 | 2012 | 清、民国 | 古遗址 | 文物点 | 毕节市 | 黔西县 | 重新镇 | 平桥村 |
| 713 | 黄泥屯古战场遗址 | 2012 | 元 | 古遗址 | 文物点 | 毕节市 | 黔西县 | 中坪镇 | 飞蛾村 |
| 714 | 素朴驿道遗址 | 2012 | 明 | 古遗址 | 文物点 | 毕节市 | 黔西县 | 素朴镇 | 古胜村 |

续表

| 序号 | 文物保护单位名称 | 批次或公布日期 | 年代 | 类别 | 级别 | 所在地址 | | | |
|---|---|---|---|---|---|---|---|---|---|
| | | | | | | 市（地、州） | 市（县、区） | 镇（乡） | 村 |
| 715 | 水西驿道谷里段 | 2012 | 明 | 古遗址 | 文物点 | 毕节市 | 黔西县 | 谷里镇 | 五里村 |
| 716 | 水西驿道西溪段 | 2012 | 明 | 古遗址 | 文物点 | 毕节市 | 黔西县 | 锦星乡 | 洪湖村 |
| 717 | 王庆林民居 | 2012 | 民国 | 近现代史迹 | 文物点 | 毕节市 | 黔西县 | 太来乡 | 方田村 |
| 718 | 平桥红军战斗遗址 | 2012 | 1936 | 近现代史迹 | 文物点 | 毕节市 | 黔西县 | 重新镇 | 平桥村 |
| 719 | 亦奚不薛牧厂遗址 | 2012 | 元 | 古遗址 | 文物点 | 毕节市 | 黔西县 | 金碧镇 | 新富村 |
| 720 | 牛场坡战斗遗址 | 2012 | 民国 | 近现代史迹 | 文物点 | 毕节市 | 黔西县 | 定新乡 | 英雄村 |
| 721 | 枷担湾战斗遗址 | 2012 | 民国 | 近现代史迹 | 文物点 | 毕节市 | 黔西县 | 定新乡 | 英雄村 |
| 722 | 索子桥遗址 | 2012 | 清 | 古遗址 | 文物点 | 毕节市 | 黔西县 | 铁石乡 | 许家坝村 |
| 723 | 水西驿道朵妮桥段 | 2012 | 明 | 古遗址 | 文物点 | 毕节市 | 黔西县 | 甘棠乡 | 杨柳村 |
| 724 | 野坝墓群 | 2012 | 汉 | 古墓葬 | 文物点 | 毕节市 | 黔西县 | 城关镇 | 新潭村 |
| 725 | 青源石棺墓群 | 2012 | 不详 | 古墓葬 | 文物点 | 毕节市 | 黔西县 | 羊场乡 | 青华村 |
| 726 | 李絻祖合葬墓 | 2012 | 清 | 古墓葬 | 文物点 | 毕节市 | 黔西县 | 铁石乡 | 堰塘村 |
| 727 | 蒋氏墓 | 2012 | 清 | 古墓葬 | 文物点 | 毕节市 | 黔西县 | 永燊乡 | 火石坝村 |
| 728 | 宋家沟墓 | 2012 | 清 | 古墓葬 | 文物点 | 毕节市 | 黔西县 | 金坡乡 | 附源村 |
| 729 | 蔡氏墓 | 2012 | 清 | 古墓葬 | 文物点 | 毕节市 | 黔西县 | 谷里镇 | 天桥村 |
| 730 | 谢玉恩合葬墓 | 2012 | 清 | 古墓葬 | 文物点 | 毕节市 | 黔西县 | 金碧镇 | 红岩双寨村 |
| 731 | 烈姬冢 | 2012 | 元 | 古墓葬 | 文物点 | 毕节市 | 黔西县 | 城关镇 | |
| 732 | 赵公墓 | 2012 | 清 | 古墓葬 | 文物点 | 毕节市 | 黔西县 | 城关镇 | 下马村 |
| 733 | 马坎墓群 | 2012 | 汉 | 古墓葬 | 文物点 | 毕节市 | 黔西县 | 城关镇 | 下马村 |
| 734 | 黎明墓群 | 2012 | 汉 | 古墓葬 | 文物点 | 毕节市 | 黔西县 | 城关镇 | 双星村、石园村 |
| 735 | 张弘德合葬墓 | 2012 | 明 | 古墓葬 | 文物点 | 毕节市 | 黔西县 | 大关镇 | 前进村 |
| 736 | 西溪李氏墓 | 2012 | 清 | 古墓葬 | 文物点 | 毕节市 | 黔西县 | 林泉镇 | 西桥村 |
| 737 | 西溪曾氏墓 | 2012 | 清 | 古墓葬 | 文物点 | 毕节市 | 黔西县 | 林泉镇 | 西桥村 |
| 738 | 赵绍隆合葬墓 | 2012 | 清 | 古墓葬 | 文物点 | 毕节市 | 黔西县 | 林泉镇 | 韦寨村 |
| 739 | 花溪王氏墓 | 2012 | 清 | 古墓葬 | 文物点 | 毕节市 | 黔西县 | 花溪乡 | 钟山村 |
| 740 | 丰坪高氏墓 | 2012 | 清 | 古墓葬 | 文物点 | 毕节市 | 黔西县 | 花溪乡 | 丰坪村 |
| 741 | 树嘎张氏墓 | 2012 | 清 | 古墓葬 | 文物点 | 毕节市 | 黔西县 | 新仁乡 | 东风村 |
| 742 | 张璥墓 | 2012 | 清 | 古墓葬 | 文物点 | 毕节市 | 黔西县 | 新仁乡 | 东风村 |
| 743 | 罗斯论墓 | 2012 | 清 | 古墓葬 | 文物点 | 毕节市 | 黔西县 | 钟山乡 | 白龙村 |

续表

| 序号 | 文物保护单位名称 | 批次或公布日期 | 年代 | 类别 | 级别 | 所在地址 | | | |
|---|---|---|---|---|---|---|---|---|---|
| | | | | | | 市（地、州） | 市（县、区） | 镇（乡） | 村 |
| 744 | 邓公墓 | 2012 | 清 | 古墓葬 | 文物点 | 毕节市 | 黔西县 | 金碧镇 | 土桥村 |
| 745 | 烂嘎寨墓群 | 2012 | 明 | 古墓葬 | 文物点 | 毕节市 | 黔西县 | 金碧镇 | 土桥村 |
| 746 | 安元吉墓 | 2012 | 清 | 古墓葬 | 文物点 | 毕节市 | 黔西县 | 金碧镇 | 双寨村 |
| 747 | 安白格墓 | 2012 | 清 | 古墓葬 | 文物点 | 毕节市 | 黔西县 | 金碧镇 | 双寨村 |
| 748 | 李植合葬墓 | 2012 | 清 | 古墓葬 | 文物点 | 毕节市 | 黔西县 | 绿化乡 | 天坪村 |
| 749 | 大海子墓群 | 2012 | 汉 | 古墓葬 | 文物点 | 毕节市 | 黔西县 | 绿化乡 | 大海子村 |
| 750 | 水井湾墓群 | 2012 | 明、清 | 古墓葬 | 文物点 | 毕节市 | 黔西县 | 绿化乡 | 丰收村 |
| 751 | 木渣黑墓群 | 2012 | 明、清 | 古墓葬 | 文物点 | 毕节市 | 黔西县 | 锦星乡 | 木渣黑村 |
| 752 | 侯氏墓群 | 2012 | 清 | 古墓葬 | 文物点 | 毕节市 | 黔西县 | 锦星乡 | 白泥村 |
| 753 | 王三善墓 | 2012 | 明 | 古墓葬 | 文物点 | 毕节市 | 黔西县 | 锦星乡 | 白泥村 |
| 754 | 丁扬斌墓 | 2012 | 民国 | 近现代史迹 | 文物点 | 毕节市 | 黔西县 | 锦星乡 | 白泥村 |
| 755 | 谢宗南烈士墓 | 2012 | 1956 | 近现代史迹 | 文物点 | 毕节市 | 黔西县 | 太来乡 | 方田村 |
| 756 | 冯氏墓群 | 2012 | 清 | 古墓葬 | 文物点 | 毕节市 | 黔西县 | 羊场乡 | 慕栗村 |
| 757 | 陈时俊夫妇墓 | 2012 | 1943 | 近现代史迹 | 文物点 | 毕节市 | 黔西县 | 重新镇 | 小坡村 |
| 758 | 张凤林墓 | 2012 | 清 | 古墓葬 | 文物点 | 毕节市 | 黔西县 | 重新镇 | 冒沙村 |
| 759 | 张子钰墓 | 2012 | 清 | 古墓葬 | 文物点 | 毕节市 | 黔西县 | 重新镇 | 龙塘村 |
| 760 | 李应宗墓 | 2012 | 清 | 古墓葬 | 文物点 | 毕节市 | 黔西县 | 铁石乡 | 安乐场村 |
| 761 | 李应宗妻墓 | 2012 | 清 | 古墓葬 | 文物点 | 毕节市 | 黔西县 | 铁石乡 | 许家坝村 |
| 762 | 大堪包墓 | 2012 | 清 | 古墓葬 | 文物点 | 毕节市 | 黔西县 | 锦星乡 | 木渣黑村 |
| 763 | 付德洋墓 | 2012 | 民国 | 近现代史迹 | 文物点 | 毕节市 | 黔西县 | 仁和乡 | 桃园村 |
| 764 | 西门桥 | 2012 | 明 | 古建筑 | 文物点 | 毕节市 | 黔西县 | 城关镇 | |
| 765 | 文峰塔 | 2012 | 清 | 古建筑 | 文物点 | 毕节市 | 黔西县 | 城关镇 | |
| 766 | 渭河桥 | 2012 | 清 | 古建筑 | 文物点 | 毕节市 | 黔西县 | 定新乡 | 英雄桥村 |
| 767 | 文阁石塔 | 2012 | 清 | 古建筑 | 文物点 | 毕节市 | 黔西县 | 锦星乡 | 文阁村 |
| 768 | 李世杰牌坊 | 2012 | 清 | 古建筑 | 文物点 | 毕节市 | 黔西县 | 城关镇 | |
| 769 | 文山塔 | 2012 | 清 | 古建筑 | 文物点 | 毕节市 | 黔西县 | 城关镇 | 双桥村 |
| 770 | 东门桥 | 2012 | 清 | 古建筑 | 文物点 | 毕节市 | 黔西县 | 城关镇 | |
| 771 | 贞孝慈善坊 | 2012 | 清 | 古建筑 | 文物点 | 毕节市 | 黔西县 | 城关镇 | |
| 772 | 刘晓渠故居 | 2012 | 清 | 古建筑 | 文物点 | 毕节市 | 黔西县 | 城关镇 | |

续表

| 序号 | 文物保护单位名称 | 批次或公布日期 | 年代 | 类别 | 级别 | 所在地址 | | | |
|---|---|---|---|---|---|---|---|---|---|
| | | | | | | 市（地、州） | 市（县、区） | 镇（乡） | 村 |
| 773 | 八卦井 | 2012 | 清 | 古建筑 | 文物点 | 毕节市 | 黔西县 | 城关镇 | |
| 774 | 寿佛寺万年台 | 2012 | 清 | 古建筑 | 文物点 | 毕节市 | 黔西县 | 城关镇 | |
| 775 | 观音庙 | 2012 | 清 | 古建筑 | 文物点 | 毕节市 | 黔西县 | 城关镇 | |
| 776 | 文阁庙 | 2012 | 清 | 古建筑 | 文物点 | 毕节市 | 黔西县 | 谷里镇 | 中狮村 |
| 777 | 侯氏大夫第府 | 2012 | 清 | 古建筑 | 文物点 | 毕节市 | 黔西县 | 锦星乡 | 白泥村 |
| 778 | 张子钰故居 | 2012 | 清 | 古建筑 | 文物点 | 毕节市 | 黔西县 | 重新镇 | 伏龙村 |
| 779 | 重新平桥 | 2012 | 清 | 古建筑 | 文物点 | 毕节市 | 黔西县 | 重新镇 | 平桥村 |
| 780 | 梅家茶店旧址 | 2012 | 清 | 古建筑 | 文物点 | 毕节市 | 黔西县 | 谷里镇 | 中狮村 |
| 781 | 吊井坎古井 | 2012 | 明、清 | 古建筑 | 文物点 | 毕节市 | 黔西县 | 城关镇 | |
| 782 | 徐家大夫宅 | 2012 | 清 | 古建筑 | 文物点 | 毕节市 | 黔西县 | 城关镇 | |
| 783 | 四方井 | 2012 | 明 | 古建筑 | 文物点 | 毕节市 | 黔西县 | 绿化乡 | 四方井村 |
| 784 | 李世杰故居 | 2012 | 清 | 古建筑 | 文物点 | 毕节市 | 黔西县 | 城关镇 | |
| 785 | 黄文中墓 | 2012 | 清 | 古墓葬 | 文物点 | 毕节市 | 黔西县 | 谷里镇 | 自治村 |
| 786 | 张氏合葬墓 | 2012 | 清 | 古墓葬 | 文物点 | 毕节市 | 黔西县 | 重新镇 | 桥边村 |
| 787 | 马鞍山摩崖石刻 | 2012 | 唐 | 石刻 | 文物点 | 毕节市 | 黔西县 | 城关镇 | 八块村 |
| 788 | 观农台石刻 | 2012 | 清 | 石刻 | 文物点 | 毕节市 | 黔西县 | 城关镇 | |
| 789 | 倒马坎摩崖石刻 | 2012 | 清 | 石刻 | 文物点 | 毕节市 | 黔西县 | 大关镇 | 前进村 |
| 790 | 反字岩摩崖墨书 | 2012 | 清 | 石刻 | 文物点 | 毕节市 | 黔西县 | 中建乡 | 营盘村 |
| 791 | 吴嵩梁诗碑 | 2012 | 清 | 石刻 | 文物点 | 毕节市 | 黔西县 | 城关镇 | |
| 792 | 中建禁革碑 | 2012 | 清 | 石刻 | 文物点 | 毕节市 | 黔西县 | 中建乡 | 营盘村 |
| 793 | 陈子良纪念碑 | 2012 | 民国 | 近现代史迹 | 文物点 | 毕节市 | 黔西县 | 城关镇 | |
| 794 | 红军强渡鸭池天险纪念碑 | 2012 | 1985 | 近现代史迹 | 文物点 | 毕节市 | 黔西县 | 大关镇 | 丘林村 |
| 795 | 协和安氏土司庄园 | 2012 | 清 | 古建筑 | 文物点 | 毕节市 | 黔西县 | 协和乡 | 仡仲村 |
| 796 | 李华国神道碑 | 2012 | 清 | 石刻 | 文物点 | 毕节市 | 黔西县 | 绿化乡 | 天坪村 |
| 797 | 武自珍神道碑 | 2012 | 清 | 石刻 | 文物点 | 毕节市 | 黔西县 | 城关镇 | 牌庄村 |
| 798 | 兴隆四棱碑 | 2012 | 清 | 石刻 | 文物点 | 毕节市 | 黔西县 | 素朴镇 | 兴隆村 |
| 799 | 红寨红军碑 | 2012 | 1936 | 近现代史迹 | 文物点 | 毕节市 | 黔西县 | 金碧镇 | 红寨村 |
| 800 | 幸福大田碑 | 2012 | 1973 | 近现代史迹 | 文物点 | 毕节市 | 黔西县 | 金碧镇 | 中寨村 |
| 801 | 阳和石碑 | 2012 | 清 | 石刻 | 文物点 | 毕节市 | 黔西县 | 大关镇 | 后寨村 |

续表

| 序号 | 文物保护单位名称 | 批次或公布日期 | 年代 | 类别 | 级别 | 所在地址 | | | |
|---|---|---|---|---|---|---|---|---|---|
| | | | | | | 市（地、州） | 市（县、区） | 镇（乡） | 村 |
| 802 | 马蹄关防贼御盗摩崖 | 2012 | 清 | 石刻 | 文物点 | 毕节市 | 黔西县 | 羊场乡 | 猴场村 |
| 803 | 羊耳石棺墓群 | 2012 | 不详 | 古墓葬 | 文物点 | 毕节市 | 黔西县 | 沙井乡 | 中大村 |
| 804 | 木渣黑古井碑 | 2012 | 清 | 石刻 | 文物点 | 毕节市 | 黔西县 | 锦星乡 | 木渣黑村 |
| 805 | 赵和春纪念碑 | 2012 | 民国 | 近现代史迹 | 文物点 | 毕节市 | 黔西县 | 重新镇 | 头堰村 |
| 806 | 甘水井德政碑 | 2012 | 民国 | 近现代史迹 | 文物点 | 毕节市 | 黔西县 | 重新镇 | 头堰村 |
| 807 | 途旅怀恩碑 | 2012 | 民国 | 近现代史迹 | 文物点 | 毕节市 | 黔西县 | 重新镇 | 头堰村 |
| 808 | 前进四棱碑 | 2012 | 清 | 石刻 | 文物点 | 毕节市 | 黔西县 | 铁石乡 | 慕老坝村 |
| 809 | 州界碑 | 2012 | 清 | 石刻 | 文物点 | 毕节市 | 黔西县 | 金坡乡 | 化哪村 |
| 810 | 洪家渡烈士纪念碑 | 2012 | 1950 | 近现代史迹 | 文物点 | 毕节市 | 黔西县 | 五里乡 | 荒田村 |
| 811 | 丁扬斌故居 | 2012 | 民国 | 近现代史迹 | 文物点 | 毕节市 | 黔西县 | 锦星乡 | 白泥村 |
| 812 | 黎又霖故居 | 2012 | 民国 | 近现代史迹 | 文物点 | 毕节市 | 黔西县 | 城关镇 | |
| 813 | 雷家寨砂缸作坊 | 2012 | 清—现代 | 古建筑 | 文物点 | 毕节市 | 黔西县 | 雨朵镇 | 雷家寨村 |
| 814 | 向阳天主堂 | 2012 | 清 | 近现代史迹 | 文物点 | 毕节市 | 黔西县 | 城关镇 | |
| 815 | 福音堂 | 2012 | 民国 | 近现代史迹 | 文物点 | 毕节市 | 黔西县 | 城关镇 | |
| 816 | 英雄桥 | 2012 | 1936 | 近现代史迹 | 文物点 | 毕节市 | 黔西县 | 定新乡 | 英雄村 |
| 817 | 红二、六军团临时指挥所旧址 | 2012 | 民国 | 近现代史迹 | 文物点 | 毕节市 | 黔西县 | 洪水乡 | 解放村 |
| 818 | 附廓水库 | 2012 | 1958 | 近现代史迹 | 文物点 | 毕节市 | 黔西县 | 洪水乡 | 附廓村 |
| 819 | 干田边碉楼 | 2012 | 民国 | 近现代史迹 | 文物点 | 毕节市 | 黔西县 | 洪水乡 | 洪庆村 |
| 820 | 付林玉民居 | 2012 | 民国 | 近现代史迹 | 文物点 | 毕节市 | 黔西县 | 中坪镇 | 关寨村 |
| 821 | 野马龙氏民居 | 2012 | 民国 | 近现代史迹 | 文物点 | 毕节市 | 黔西县 | 中坪镇 | 吉丰村 |
| 822 | 鸭池河钢索桥 | 2012 | 1957 | 近现代史迹 | 文物点 | 毕节市 | 黔西县 | 大关镇 | 丘林村 |
| 823 | 箐口官房民居 | 2012 | 清末 | 古建筑 | 文物点 | 毕节市 | 黔西县 | 太来乡 | 箐口村 |
| 824 | 农文小学旧址 | 2012 | 民国 | 近现代史迹 | 文物点 | 毕节市 | 黔西县 | 锦星乡 | 白泥村 |
| 825 | 新桥渡槽 | 2012 | 1959 | 近现代史迹 | 文物点 | 毕节市 | 黔西县 | 锦星乡 | 白泥村 |
| 826 | 黄宇人故居 | 2012 | 民国 | 近现代史迹 | 文物点 | 毕节市 | 黔西县 | 重新镇 | 平桥村 |
| 827 | 红山学堂旧址 | 2012 | 民国 | 近现代史迹 | 文物点 | 毕节市 | 黔西县 | 铁石乡 | 慕老坝村 |
| 828 | 跃进渡槽 | 2012 | 1978 | 近现代史迹 | 文物点 | 毕节市 | 黔西县 | 雨朵镇 | 雨明村 |
| 829 | 自治学堂旧址 | 2012 | 民国 | 近现代史迹 | 文物点 | 毕节市 | 黔西县 | 谷里镇 | 自治村 |
| 830 | 油沙坡熊氏民居 | 2012 | 清末 | 古建筑 | 文物点 | 毕节市 | 黔西县 | 铁石乡 | 油沙坡村 |

续表

| 序号 | 文物保护单位名称 | 批次或公布日期 | 年代 | 类别 | 级别 | 所在地址 | | | |
|---|---|---|---|---|---|---|---|---|---|
| | | | | | | 市（地、州） | 市（县、区） | 镇（乡） | 村 |
| 831 | 华沙姚氏民居 | 2012 | 民国 | 近现代史迹 | 文物点 | 毕节市 | 黔西县 | 铁石乡 | 油沙坡村 |
| 832 | 李选吉民居 | 2012 | 民国 | 近现代史迹 | 文物点 | 毕节市 | 黔西县 | 铁石乡 | 安乐村 |
| 833 | 红林机械厂旧址 | 2012 | 1966 | 近现代史迹 | 文物点 | 毕节市 | 黔西县 | 红林乡 | 川洞村 |
| 834 | 金坡跳坡场 | 2012 | 清 | 其他 | 文物点 | 毕节市 | 黔西县 | 金坡乡 | 大洞口村 |
| 835 | 穿洞火把节场 | 2012 | 明–现代 | 其他 | 文物点 | 毕节市 | 黔西县 | 红林乡 | 穿洞村 |
| 836 | 雍真等处蛮夷管民官印出土点 | 2012 | 元 | 古遗址 | 文物点 | 毕节市 | 黔西县 | 羊场乡 | 双庆村 |
| 837 | 三合四蛙铜鼓出土点 | 2012 | 汉 | 古遗址 | 文物点 | 毕节市 | 黔西县 | 大关镇 | 前关村 |
| 838 | 水泥厂采石场化石出土点 | 2012 | 旧石器时代 | 其他 | 文物点 | 毕节市 | 黔西县 | 城关镇 | |
| 839 | 羊场砂陶工艺作坊 | 2012 | 清–现代 | 古建筑 | 文物点 | 毕节市 | 黔西县 | 羊场乡 | 金兰村 |
| 840 | 遵达砂陶工艺作坊 | 2012 | 清–现代 | 古建筑 | 文物点 | 毕节市 | 黔西县 | 谷里镇 | 遵达村 |
| 841 | 荷花村墓群 | 2012 | 汉 | 古墓葬 | 文物点 | 毕节市 | 黔西县 | 金碧镇 | 荷花村 |
| 842 | 鱼塘碉楼 | 2012 | 民国 | 近现代史迹 | 文物点 | 毕节市 | 黔西县 | 红林乡 | 鱼塘村 |
| 843 | 化陇海洋生物化石出土点 | 2012 | 旧石器时代 | 其他 | 文物点 | 毕节市 | 黔西县 | 羊场乡 | 双玉村 |
| 844 | 尚家槽字库 | 2012 | 清 | 古建筑 | 文物点 | 毕节市 | 黔西县 | 重新镇 | 冒沙村 |
| 845 | 安乐石水窖 | 2012 | 清 | 近现代史迹 | 文物点 | 毕节市 | 黔西县 | 铁石乡 | 安乐村 |
| 846 | 朵妮桥 | 2012 | 明 | 古建筑 | 文物点 | 毕节市 | 黔西县 | 甘棠乡 | 杨柳村 |
| 847 | 化屋石棺墓群 | 2012 | 明 | 古墓葬 | 文物点 | 毕节市 | 黔西县 | 新仁乡 | 化屋村 |
| 848 | 化屋跳花场 | 2012 | 明 | 其他 | 文物点 | 毕节市 | 黔西县 | 新仁乡 | 化屋村 |
| 849 | 鸭池河渡口遗址 | 2012 | 元 | 古遗址 | 文物点 | 毕节市 | 黔西县 | 大关镇 | 丘陵村 |
| 850 | 龙家箐粮仓 | 2012 | 20世纪40年代 | 近现代史迹 | 文物点 | 毕节市 | 黔西县 | 中坪镇 | 柏杨村 |
| 851 | 龙家箐井 | 2012 | 清 | 古建筑 | 文物点 | 毕节市 | 黔西县 | 中坪镇 | 柏杨村 |
| 852 | 龙家箐碉楼 | 2012 | 1936 | 近现代史迹 | 文物点 | 毕节市 | 黔西县 | 中坪镇 | 柏杨村 |
| 853 | 方田碉楼 | 2012 | 民国 | 近现代史迹 | 文物点 | 毕节市 | 黔西县 | 太来乡 | 方田村 |
| 854 | 平寨水井 | 2012 | 清 | 古建筑 | 文物点 | 毕节市 | 黔西县 | 钟山乡 | 猫山村 |
| 855 | 郭家柱民居 | 2012 | 清 | 古建筑 | 文物点 | 毕节市 | 黔西县 | 钟山乡 | 猫山村 |
| 856 | 郭家仁民居 | 2012 | 清 | 古建筑 | 文物点 | 毕节市 | 黔西县 | 钟山乡 | 猫山村 |
| 857 | 王成义民居 | 2012 | 清 | 古建筑 | 文物点 | 毕节市 | 黔西县 | 钟山乡 | 猫山村 |
| 858 | 中河古道遗址 | 2012 | 清 | 古遗址 | 文物点 | 毕节市 | 黔西县 | 仁和乡 | 中河村 |

# 第七节 非物质文化遗产保护

## 一 非物质文化遗产名录

2005年，境内开展非物质文化遗产普查和项目申报工作。普查范围为：口述文学（民间故事、民间长诗、民间史诗、民间歌谣、民间谚语、民间神话）；民间艺术（民间音乐、民间舞蹈、民间美术、民间戏曲、民间游艺、民间体育和竞技）；民间工艺技能（器械制作工艺、金属工艺、陶瓷工艺、木作工艺、漆器工艺、织染工艺、造字工艺、酿造炮制工艺、饮食工艺）；民俗（物质民俗、社会民俗、精神民俗、语言民俗）；与上述表现形式有关的文化空间（定期举行传统文化活动或集中展现传统文化或表现形式的场所，兼具时间性和空间性）；其他需要保护的对象。通过历年普查和申报工作，至2008年，全地区有国家级非物质文化遗产保护项目6项，省级保护项目17项，县级保护项目191项。2011年，全地区增加国家级非物质文化遗产保护项目12项。

附：

### 国家级非物质文化遗产保护名录

威宁自治县彝族古傩舞“撮泰吉”，纳雍县苗族芦笙舞“滚山珠”，大方县漆器传统制作工艺，纳雍县箐苗服饰，赫章县彝族“铃铛舞”，彝族火把节。

### 省级非物质文化遗产保护名录

黔西县素朴金钱棍，黔西县文琴戏，黔西县花灯戏，黔西化屋苗族文化空间，织金县苗族射弩，织金县砂陶制作工艺，威宁自治县彝族擀毡制作工艺，威宁自治县彝族酒礼舞，威宁县四桐鼓舞，金沙县烟火，金沙县薅秧歌，金沙县仡佬族吃新节，赫章县苗族大迁徙舞，赫章县彝族年，纳雍县划筷奠祖苗俗，毕节大屯三官寨彝族祭祀，彝族咪古。

### 县（市）级非物质文化遗产保护名录

毕节市（12项）

大屯乡三官寨彝族衣角舞，大屯乡三官寨彝族撒麻舞，阿市乡苗族扁担舞，燕子口镇苗族世界标准语言，大屯乡大河口彝族喜调唢呐，普宜镇乐都唢呐，燕子口镇大南山苗族祭祀，阴底乡彝族送水神活动，苗族解簸箕祭祀，八寨苗族采花节，苗族艺坡节，苗族刺绣、蜡染工艺。

### 大方县（58项）

普底红丰仡佬族语言，彝族民间口碑文化，苗族民间口碑文化，彝族酒礼文化，民间绘画，“梅花篆”，苗族芦笙演奏，彝族唢呐演奏，彝族羊皮四胡演奏，苗族口弦演奏，民间舞蹈《花灯戏》，苗族芦笙舞，六龙民间舞龙，仡佬族舞蹈《打亲敬酒》，彝族民间歌舞，彝族舞蹈《打亲敬酒》，响水青山彝族火把节，苗族过年节，彝族过年节，彝族插花节，牛场苗族跳花节，响水显母苗族跳花节，六寨苗族跳花节，响水白族团圆节，普底红丰仡佬族祭山节，普底红丰仡佬族吃新节，彝族婚嫁习俗，苗族婚嫁习俗，白族婚嫁习俗，仡佬族婚嫁习俗，彝族丧葬习俗，苗族丧葬习俗，白族丧葬习俗，彝族祭祀习俗，苗族祭祀习俗，普底红丰仡佬族丧葬习俗，苗族逛花坡，漆器制作工艺，豆制品制作工艺，石刻工艺，彝族羊皮四胡制作工艺，喜鹊苗服饰制作工艺，彝族建筑工艺，苗族刺绣工艺，彝族刺绣工艺，苗族蜡染工艺，苗族芦笙制作工艺，苗族口弦制作工艺，彝族唢呐制作工艺，六寨苗族文化空间，彝族典籍文化，古彝文字，彝族十月太阳历，苗族民间传统医药，彝族民间传统医药，普底红丰仡佬族民间医药，灯谜，诗词楹联。

### 黔西县（26项）

布依族《六月六吃粽子的来历》，苗族《笋子岩传说》，彝族《丢买路钱的来历》，布依族民间《门墙歌雨朵》，苗族各支系多声部民歌，化屋苗族打鼓芦笙拳舞，红林苗族斗鸡舞，谷里龙灯，羊场茶食，苗族芦笙制作（协和五管笙），化屋苗族服饰、头饰、足饰工艺，中坪青苗族服饰、头饰、吊饰工艺，定新苗族服饰、头饰、足饰工艺，铁石头苗族服饰、头饰、足饰工艺，治中布依族婚俗，苗族婚俗，铁石苗族花场节（米花节），苗族花坡节、跳年厂、年节，布依族六月六对歌节，金坡、红林彝族火把节，苗族献山节，金坡、红林彝族年，撞钟山庙会，刘氏祖传苗族骨伤草药，化屋苗族文化空间，李氏苗族妇科草药。

### 金沙县（7项）

化觉布依族“六月六”歌节，苗族“二月三”“七月七”跳花场，高坪苗族米花节，茶元仡佬族打“篾鸡蛋”“磨磨秋”，城关苗族刺绣、蜡染，岩孔苗族芦笙制作，岩底苗族唠蒡倒。

### 织金县（14项）

阿弓长角苗原生态唱法，三眼箫传统演奏技艺，苗族蜡染刺绣，竹荪栽培制作技术，实兴乡苗族射弩，苗族芦笙制作，珠藏青山羊场跳花节，大理石雕刻工艺，白苗织布，箐苗擀毡，织金花灯，苗族口弦，板桥穿青人傩戏，以支花场。

### 纳雍县（28项）

神仙坡跳花场，猪场乡湾子苗族蜡染，苗族丧葬习俗，水东苗俗碑，苗族小芦笙制作工艺，苗族“调解酒令”，苗族祖先的传说，苗家安山药，苗族服饰文化，苗族支系史，黔西北第一苗寨（龙场地委），苗族的“阿署”祝酒，苗族口碑文化体系，苗族各支系及大姓历史根源，苗族儿童歌谣体系，苗族芦笙语体系，苗族历法的来历，苗族宗教文化体系，彝族古迹体系，彝汉文碑刻体系，彝族历史文化体系，十二曾纪日集场，苗族乐器体系，苗族游方系列，苗族婚丧嫁娶习俗系列，苗族饮食文化，苗族狩猎习俗，彝族古迹体系。

威宁自治县（25项）

彝族源流，苗族古歌，彝族铃铛舞，苗族迁徙舞，苗族芦笙舞，中水桐鼓舞，苗族迁徙古歌，布依情歌，彝族情歌，马摆山歌，彝族月琴调，彝族唢呐调，苗族芦笙调，荞酥传统制作工艺，火腿传统制作工艺，苗族蜡染，布依族服饰制作工艺，回族剪纸、刺绣工艺，彝族服饰制作工艺，彝族年，回族“开斋节”，苗族花山节，布依族“蚂螂节”，彝族民间画，布依族“赶嘎”。

赫章县（21项）

彝族歌舞阿西里西，苗族酒礼舞，彝族酒礼歌，彝族撒麻舞，苗族古歌，彝族傩戏撮泰锦，苗族服饰工艺，彝族服饰工艺，乌蒙马鞍，龙角酒器，织布工艺，漆艺，芦笙唢呐制作工艺，苗族蜡染工艺，方国志书《恒述数》，君专谱牒书《主摩菜述》，教化书《努额数》，历法书《历咪数》，艺文志书《凯米数》，通书《嗒数》，歌韵《曲谷》。

## 二 非物质文化遗产概况

**大方漆器传统制作工艺** 大方县生漆资源丰富，质量优异，是全国六大产漆县之一。“方漆清如油，照见美人头，摇动虎斑色，提起钓鱼钩”就是大方漆质地优良的写照。大方漆器，历史悠久，东汉年间（25~220），彝族同胞就以优质生漆涂髹皮胄、马鞍、箭筒等器物。进而以水牛皮为胎坯，用色调漆涂髹，制成茶、酒革器。明洪武年间（1368~1398），时属贵州宣慰司的今大方境域的漆器工艺大有提高，形成一套以皮胎漆器为主的漆器制作工艺，胎料用牛、马、羊皮，灰地、漆地工艺更为完善，装饰有镂嵌填漆等技法，增多奇禽异兽纹样，器形品种也有增加，并有了木胎制品。清代，大定（今大方）漆器更为兴盛，贵州《乾隆通志》载：“黔之革器以大定为最佳。”大定皮胎漆器即以其独特的工艺而与北京雕漆、山西云雕、甘肃填彩、四川推光雕漆、福州脱胎漆齐名，并独创具有深浅变化自然、淡雅含蓄、古朴别致艺术风格的隐纹装饰技法。清道光年间，大定城内漆器家庭作坊遍布大街小巷，从业人员800余人，有“漆半城”之称。道光六年（1826），漆器朝珠盒、朝帽盒、凤冠霞帔盒、满汉全席全套餐具、皮胎朱地描金葫芦被选为入朝贡品，其中皮胎朱地描金葫芦制作精巧，彩绘煌煌，作为精品收藏于故宫博物院。民国4年（1915），在庆祝巴拿马运河开通博览会上，大定漆器与扬州漆器双双获奖。

大方漆器生产有制漆、胎坯、灰地、漆地、装饰5大工艺。制漆，有制作朱色、黄色及赤、蓝、绿、紫各种深色漆和浅色漆的技艺。胎坏，有皮胎、脱胎、木胎、半纸皮胎、纸胎等，其中皮胎独具特色。灰地，即固型整形工序，有上粗、细灰、搪灰、修削等环节，要求器皿达到方圆规正，缝口密合，松紧适度而不变形。漆地，即器物面上的髹饰等艺术加工的工序，有上漆打底、重漆、清灰、面漆以及平磨、推光等环节。装饰，即以纹样、色彩增加器物美观的工序，分为髹饰、纹饰两种，髹饰有赤金砂（绿、蓝、紫宝砂）、台花、印锦、描金、五彩嵌花、平涂彩绘、黄隐纹等技艺；纹饰，传统工艺有花卉、山水、人物、鸟、兽、虫、鱼等。中华人民共和国成立后，又吸收少数民族蜡染、刺绣优秀图案，丰富纹饰。1959年，为人民大会堂贵州厅制作的一对大花瓶和参加全国工艺美术展览的部分产品，纹样应用少数民族工艺图案，轻工部工艺美术司认定："大方漆器独树一帜，形成贵州风格。"大方漆器被誉为"贵州民族工艺之花"，与贵州茅台、玉屏洞箫并称为"贵州三宝"。

大方漆器的品种门类，按工艺及用料特征划分，共有81714类55个品种。8门为质色门、罩明门、嵌隐门、描饰门、填嵌门、堆起门、铃划门、复饰门。每门含一类或两三类，每类含两三个或八九个品种。如嵌隐门有嵌色、隐纹两个类别，嵌色类有五彩嵌花、磨漆画两个品种，隐纹类有黄隐纹、银隐纹、嵌隐纹3个品种。填嵌门有填漆、彰髹、嵌片3个类别，填漆类有镂嵌填漆、斑纹填漆、漆纹填漆3个品种，彰髹类有赤宝砂、绿宝砂、蓝宝砂、紫宝砂、宝砂描彩、宝砂描金、宝砂嵌银、宝砂嵌色片、变涂等9个品种，嵌片类有台花、台花着色、印锦、嵌色片、嵌蛋壳、嵌螺钿、嵌金银片等7个品种。

民国年间，大方漆器产品有皮箱、皮盘、葫芦、捧盒、传盒、烟盒、茶盘、匾对、马匙、筷子等50多个品种。中华人民共和国成立后，新增茶点、瓜盒、花瓶、挂屏、金猴托壶、拷红镜盘、孔雀开屏屏风、刘海戏金蟾盒、倒口瓶等花色品种。至20世纪60年代，花色品种达200余种。20世纪80年代以后，蚌壳盒、鸳鸯盒、鲤鱼盒、盘桃盒、梅花盒、竹节盒、荷叶盘等动植物造型品种增多，又新增东洋瓶、圆坛绣瓶，家具和名特产品包装盒等品种。1982年，制作五彩嵌花遵义会议镜盘、台花茶儿、赤宝砂沙发送人民大会堂贵州厅陈列。漆画技术又有出新，采用漆器的彩绘、镶嵌、罩堆工艺制作的漆画，具有版画的朴素，油画的厚重，水墨画的清逸和浮雕的立体感，重彩富丽，生趣盎然。1986年5月，全国漆画展评会上，大方漆画《龙宫奇观》《乡间小路》《石头寨》分别获工艺奖、创作奖，《新娘》被列为珍品，由中国美术馆收藏。至1990年，大方漆器花色品种已达400多种。是年，生产玉屏箫笛筒盒204个。1991年，生产茅台酒盒8079个，围棋内盒5939个。大方漆器不仅畅销国内，还远销日本、俄罗斯、波兰、捷克、瑞士、比利时、芬兰、美国、意大利、新加坡等国，享誉中外。

**纳雍县箐苗服饰** 箐苗是纳雍县苗族四个支系之一，人口不足5000人，占全县苗族人口二十分之一。居住在纳雍县百兴镇、张家湾（张维）镇和水东乡的15个村寨，以海拔2000米以上的高山箐林为主要居住地，自称是"丢在深山老箐里的民族"。

箐苗服饰最鲜明的特色由女装体现。苗家妇女上着前襟至腰、后披长及小腿呈燕尾服式的对襟上衣，下穿镶有波浪花样条纹长齐脚踝的百褶长裙，腿裹擀毡羊毛护腿，腿穿翘头挑花鞋，头戴在特制"V"状木梳上用祖辈的头发和其他丝线缠绕而成的长3米、重2公斤的形似牛角、具有“鬘首”和《山海经·大南荒经》所载“蚩尤氏耳鬓如剑戟，头有角”的“族徽”标致的黑色高髻，显得雍容华贵，被西方学者称为是有“殿下气质的民族”。

箐苗服饰女装，主要分刺绣、蜡染两种，成衣形式为全刺绣和刺绣、蜡染相间两种。其中全刺绣服饰手工精巧，技艺精湛，手法多样，花样精美，大方、古朴而艳丽。

纳雍箐苗服饰成衣全以自己种植的苎麻，经栽种、刈割、锤打、揉搓、洗、纺、织、染等多道工序成布，再在布上挑花刺绣。全刺绣服饰以黑色面料为底，以蓝色、水红色、橙黄色配以其他颜色花线刺绣。刺绣手法有数纱绣、剪纸绣、编织绣、蜡染绣、拼贴绣、卷纱绣、滚绣、盘绣等多种多样。技艺有明挑（即正面挑，反面看）、暗挑（即反面挑，正面看）。图案造型质朴，美观，富有寓意。花纹图案繁简相宜，疏密有间。最具特色的花纹是蕴含文化意味的刺绣文字，如：卌（龙），※（蝶），×（叉），乙~（钩），N（弯），e（虫），田（量具），χ（转子），？（拐爪），∽S（挂钩），卍（筛、车、旋、水虫），∽≌（江、河、水），♀（人）……这些刺绣文字，形、音、义俱全。一块绣片，融入众多刺绣文字，使服饰图案艺术成为“无字史书”。

纳雍箐苗服饰花纹复杂奇特，且所有服饰没有一件是相同的。花样图案古朴，花纹多呈对称型，或十字对称，或四角对称，或棱形对称，也有单个图案独立存在者。有象形、写意多种手法，图案多与生活息息相关，载有远古历史的信息，也有现代生活的影子。同其他支系的苗族一样，纳雍箐苗服饰上有祖先生活过的田园山川。裙子上有两条明显的代表黄河、长江的空白图案。

纳雍箐苗服饰刺绣手法多样，技术含量高。挑花时先用线勾出轮廓，再按图案隔一根纱或几根纱插针，而且多为背面挑，正面看。花纹多呈几何图形，常是几朵不同纹样的小花拼成一朵大花，外套棱形方格。以布的经纬纱交叉呈“十”字形为坐标，对角插针为“χ”形或“一”字形，称平挑花。挑花的两根平行线必须加挑若干个方格，方格代表祖先原来居住的田园。基础花纹还有圆形、半圆形、葫芦、圆勾、圆勾藤串、S形花瓣、旋涡、小圆圈、梯形等。成品花纹有疏有密，花簇有繁有简，互相辉映，典雅美观。

纳雍箐苗服饰工艺繁复而精美，故完成一件成衣往往需要3~5年。

纳雍箐苗在全国苗族100多个支系中人数最少，生存环境最原始，因此，原生态的习俗保存完好，其刺绣服饰是所有苗族支系中服饰保存最完整的一支，含载的历史信息最齐全，且至今还尚此习俗。苗族是一个无字的民族。苗族服饰是记载苗族历史的活史书。纳雍箐苗一件完整的服饰，堪称苗族历史的陈列馆，穿在身上的诗史，随身携带的历史档案库，是中国服饰史上的活化石。

**赫章县彝族“铃铛舞”** 俗称“跳脚”，彝语称“恳合呗”，意为“向灵体告别，一起来唱歌、跳舞”，是彝族人民祭奠亡灵的一种传统民间舞蹈。《西南彝志·论歌舞的起源》载：“斋场四面八方……巧舞者手执小铃而舞”，表明《铃铛舞》是远古年代就流行在彝族的斋祭场中的一种舞蹈。至现代，主要流传区域为赫章县珠市乡，财神镇、雉街乡、河镇乡、双坪乡、安乐乡等乡镇也有流传。

原先，“铃铛舞”在做大斋的第二天表演，由各亲戚家所带的舞队以火塘为中心，依秩按逆时针方向进行。整个祭场通宵燃着火把，歌舞达旦。“铃铛舞”无音乐伴奏，主要凭借舞者手中有节奏地摇响的铃铛声统一动作，载歌载舞。数十名舞者手持铃铛摇动，发出统一的节奏鲜明的清脆响声，同时高歌祭祀歌“恳也漏”，豪放粗犷，气氛雄浑悲壮。也有唢呐、锣鼓间隙欢奏和敲击，但不直接为舞蹈伴奏。

“铃铛舞”是理解彝族人民的审美情趣的重要载体。彝族是一个能歌善舞的民族，通过歌舞表达他们对亡灵的祭祀。“铃铛舞”也为了解彝族的信仰、礼仪、丧葬习俗提供了鲜活的版本。彝族人民认为老人去世是人生的必然归宿，故将祭祀活动当作“白喜”操办，跳一场“恳合呗”，唱一曲“恳也漏”，祭奠逝者，慰藉生者。

传统“恳合呗”只在斋祭时跳，且仅限男性舞蹈。其后，突破传统，女子也加入其中歌舞；且场合不限，节庆或农闲时候，皆可男女群聚乘兴执铃且歌且舞。

“铃铛舞”保留着较完整的原始风貌，对研究人类学、民俗学、宗教学和舞蹈均有重要价值。

**彝族火把节** 彝族十月太阳历中的节日。其源起在境内不同地方有不同传说，活动方式亦有别。

彝族火把节

赫章县彝族火把节，彝语称“朵扔吉”。彝族历法中记载，每年五月初五，南方火星之神开始飘弋，六月初五降临大地。火星之神降临会出现火灾，故六月二十四日傍晚，彝族布摩即用一根麻线捆吊一个象征宇宙的鸡蛋，在村寨中挨家逐户念诵经咒，收拾失散火种。人们从火炉中点燃火把，从门底递出，再出门举起火把，跟在布摩后面走出村寨。到达预定地点，绕场3周，布摩即在地上挖一小土坑（或用小坛）放蛋入内，将所有火把投在上面，用水浇灭，念咒掩埋，表示已把失散火种全收归于宇宙。待布摩祭祀火神后，众人再取新火种依原路返回，从门上方接回炉中，并从炉中点燃火把，又聚集到村外事先已准备好的柴堆上，燃起熊熊篝火，欢歌跳舞。

大方彝族火把节，是彝族十月太阳历的第二个星回节。传说，彝家从游牧转为农耕后，在定居的地方垦荒辟土，种植庄稼，获得好收成。天王恩休古兹获悉后，就派大神斯热阿比下来收赋税。彝家认为庄稼是自己辛勤耕种出来的，并非天王恩赐，天王没有理由收赋税，因此，拒不缴纳。彝家大力士阿提巴拉武艺高强，将天神打败。天王收不到赋税，就撒下大批天马（蝗虫）来吃庄稼。阿提巴拉又带领彝家砍来松枝柴草，点起火把，将天马烧死，保护了庄稼。从此便有了火把节。每逢火把节到来，彝家都要高举火把游山，以驱逐野兽，扫除虫害，保护庄稼，夺取粮食丰收。

每逢农历六月二十三日至二十六日，是大方彝族的火把节。火把节主要在响水乡和百纳乡、凤山乡举行。是时，彝家男女穿上节日盛装，于傍晚时分，点燃事先准备好的以麻秆、竹篙、桦树皮或以旧布裹扎浇油而成的各种火把，同时把装上杜鹃老树皮、柏树叶、荞子等磨成的干粉的袋子挂在身上，左手擎火把，右手握粉末，只等头人一声呼唤，便各自将粉末频频撒向火焰，使之爆发出阵阵粉火；同时结队而出，绕屋3周，“驱瘟神”“送魔鬼”。再到自家的田间地块去“驱魔鬼”，逐虫害。而后，从田间走向小路，渐渐汇合成人流，形成条条大龙向青山头走去。一路高声呐喊，呼啸应和，山鸣谷应，十分热闹。人们走向田间的同时，山头上已有寨老点燃熊熊篝火，为火龙指明方向。人们走上山头，高举火把围着篝火边跳边唱。待到手中的火把待燃尽之时，将余下的火把投入篝火堆中，助燃篝火。而后弹月琴，喝咂酒，对唱山歌，玩乐通宵。兴犹未尽者，还要开展拔河、摔跤、打秋千等活动，尽情欢乐。

**威宁自治县彝族古傩戏“撮泰吉”**　是仅存于威宁彝族回族苗族自治县板底乡裸戛寨的一种古老的戏剧形态。“撮泰吉”为彝语，多数研究者认为，“撮”意为“人”，“泰”意为“变化”，“吉”意为“游戏，玩耍”，三字相连，可译为“人类演变的戏”“人类变化的戏”，简称“变人戏”。也有研究者认为，“撮泰”是一个彝语古词，意为“猿人”，因而“撮泰吉”就是“猿人戏”。

“撮泰吉”一般在农历正月初三到十五演出。其演出多在夜晚进行。演出通常由10~17人参演，3人演狮子，2人扮牛，2人击打锣鼓，4人打灯笼火把，6人扮不同角色。角色为：

惹戛阿布，意为山林老人或山神，2000岁，是自然神与智慧的化身，不戴面具，用正常人语调说话；青布包头，用玉米棒插于头上，表示金角，象征古老；戴细绳或麦草制作的假须，象征长寿；戴用两个生鸡蛋壳捆束而成的眼镜，象征透视混沌。扮演者多为世袭，一般不能改变。

阿布摩，意为老爷爷，1700岁，戴白须面具。其面具宽大而厚重，画横波浪白纹饰，以黑巾包头呈圆锥状，象征苍老。

阿达姆，意为老婆婆、老奶奶，1500岁，是阿布摩的配偶。戴无须面具，面具略呈圆盘脸状，上端画螺旋形白线纹，脸庞部位画下斜波浪白纹饰，用黑布包头为圆锥状，初上场时背婴儿阿安。

麻洪摩，意为苗族老人，男性，1200岁，戴黑须面具，画直式波浪白纹饰。

嘿布，汉族老人，1000岁，戴兔唇面具。

阿安，意为小娃娃，是阿布摩和阿达姆之子，戴无须白色纹饰小面具，在正戏下半场方才入场。

戴面具的演员，要以白布带缠腿，以白布带搭肩交叉于腰间，象征裸体。

“撮泰吉”表演分为祭祀、耕作、喜庆、扫寨4个部分。第一部分祭祀，演出者作猿猴步态，由阿布摩领头跟随狮子和牛之后出场，手拄棍棒，发猿猴似的叫声，绕场一周后，向天地、山神、谷神、祖先祭拜。第二部分耕作，是“撮泰吉”的主体内容，表演买牛、驯牛、整地、选种、播种、收割、脱粒、贮藏过程，劳动间歇，嘿布挑逗阿达姆与之交媾，阿布摩发现后打走嘿布，与阿达姆交媾。第三部分喜庆，演狮子舞，庆祝丰收。第四部分扫寨，即“扫大星”，于正月十五日表演。表演者走村串寨，扫除灾难和瘟疫，祝愿人畜兴旺，五谷丰登。每到一家，都要坐到火塘边念一段吉祥祝词，并向主人索要一个鸡蛋，走时从柴房4角扯一束草。之后，到寨边路口，把3个鸡蛋埋入土中，点燃茅草，将其余鸡蛋煮熟分食，口中念育“火星走了，火星走了”。

“撮泰吉”是至今还保存着原汁原味的原生态民俗傩戏，被誉为“戏剧的活化石”，“人类的祖宗戏”。这种原始艺术，对戏剧发生学和艺术形态学的研究具有很高的价值，戏中关于生产、生活的表演，对人类学、民俗学、民族学的研究，也具有很高的价值。

**纳雍县苗族芦笙舞“滚山珠”**　原名“地龙滚荆”，苗语“子落夺”。是纳雍县珠场乡一带苗族世代相传的芦笙舞蹈。舞蹈反映远古时期苗族同胞在迁徙过程中跋山涉水、披荆斩棘的艰难历程，体现了苗族同胞不畏艰险、排除万难、勇往直前的大无畏精神。舞蹈一般由6~8人组合而舞。舞者手执6管芦笙，头戴野鸡翎帽，身着绣花白褂，脚穿麻耳草鞋。早期表演时，将6支长约0.3米的木制双刃尖刀刀尖朝上插在地上，围成1平方米许圆圈，象形荆丛。舞者手捧芦笙，一边吹奏，一边跳跃翻滚，舞至高潮时，舞者仰身至身躯似弓形，头下至圈内着地，脚在圈外，一边吹奏芦笙，一边以头作轴心，移动双脚，回环旋转翻滚，身躯不近刀刃。若地上用6对碗底相对叠放的碗摆放，碗中盛满清水，舞者表演完毕，碗中之水不外溢一滴。1983年端阳节，猪场乡雷打岩村的几个苗族青年在“地龙滚荆”的基础上，充实“蜻蜓点水”（苗语“古东林”）、“骏马奔驰”（苗语“朝古”）、“打场”（苗语“飞冷枯”）等其他芦笙舞的动作和技巧，编为一套完整的舞蹈，取名“滚山珠”，在当地神仙坡民族节日集会上表演，博得赞赏。之后，在演出中不断加工提炼，又加上“二人立”“三人立”“双飞燕”等舞蹈造型，并借鉴杂技、京剧和其他舞蹈表演技巧，新增侧射翻、前后空翻、“上三人”“上四人”等高难度舞蹈造型和动作，使“滚山珠”越益完美，成为苗族芦笙舞中的奇葩。1984年，苗族少年王景全以“滚山珠”参加全国少年儿童业余歌舞、学校木偶剧比赛，摘取桂冠。1989年后，“滚山珠”表演队先后到广州参加羊城中华博览会演、赴香港参加中国少数民族艺术表演，参加北京亚运会艺术节演出，赴挪威、荷兰、比利时、丹麦和加拿大演出，均博得赞誉。

纳雍县苗族芦笙舞“滚山珠”

## 附：部分已毁及未收录文物古迹名录表

### 寺、观

| 寺名 | 地址 | 建立时间 |
| --- | --- | --- |
| 观音寺 | 赤水卫治东北隅 | 明洪武二十年 |
| 开化寺 | 毕节卫城东15里 | |
| 般若寺 | 毕节卫城东50里 | |
| 涌泉寺 | 毕节卫通津门内 | |
| 灵峰寺 | 毕节城西5里 | 明洪武年间 |
| 回龙寺 | 毕节城内杨家湾大鱼塘 | 明代 |
| 普惠寺（双井寺） | 毕节城双井路现毕节市医院处 | 明正统年间 |
| 普丰寺 | 赤水卫（毕节市）城1里 | 明正统年间 |
| 翔龙寺 | 毕节城东门处五龙桥南 | 明代 |
| 三教寺 | 毕节城马王庙后 | 清康熙年间 |
| 寿佛寺 | 毕节城南关大定街 | 清雍正年间 |
| 开化寺 | 毕节城东15里 | |
| 观澜寺 | 毕节翔龙寺左 | 清乾隆十年 |
| 护国寺 | 毕节城南关佛寺左 | |
| 灵台寺 | 毕节城西5里大坡坪 | |
| 镇江寺 | 毕节城南关寿佛寺左 | |
| 普陀寺 | 毕节市长春堡乡 | |
| 寿佛寺 | 毕节市海子街 | |
| 观音寺 | 毕节市鸭池镇 | |
| 云台寺 | 毕节县燕子口阿落弹 | |
| 观音寺 | 毕节市高岩镇 | |
| 定水寺 | 毕节市小吉场乡 | |
| 万寿寺 | 大定府（大方县下同）城北文龙山 | 清康熙六年 |
| 大佛寺 | 大定府城南 | 清康熙八年 |
| 东山寺 | 大定府城东门外 | 清代 |

续表

| 寺名 | 地址 | 建立时间 |
|---|---|---|
| 回龙寺 | 大定府六龙场 | 清代 |
| 永洪寿 | 黔西城关镇凤凰村 | 明代 |
| 永丰寺 | 黔西县谷里镇 | 明代 |
| 水口寺 | 黔西县谷里镇 | 明代 |
| 寿佛寺 | 黔西县洪水乡 | 明代 |
| 角羊寺 | 黔西县中坪乡 | 明代 |
| 寿佛寺 | 黔西县中山乡 | 明代 |
| 海会寺 | 黔西县大关镇 | 明代 |
| 南明寺 | 黔西县金碧镇 | 明代 |
| 寿福寺 | 黔西县林泉镇 | 明代 |
| 寿福寺 | 黔西县金碧镇 | 明代 |
| 寿福寺 | 黔西县协和乡 | 明代 |
| 圆通寺 | 黔西城关 | 明代 |
| 开元寺（东山寺） | 黔西城东门外东山 | 清康熙三年 |
| 回龙寺 | 黔西城关 | 清代 |
| 上龙寺 | 黔西城关 | |
| 川壁寺 | 金沙城关镇 | 明代 |
| 寿福寺 | 金沙城关镇 | 清代 |
| 天灵寺 | 金沙城关镇 | 清代 |
| 沙土寺 | 金沙沙土镇 | 清代 |
| 金龙寺 | 金沙城北油沙坡 | |
| 回龙寺 | 金沙城平坝乡 | 清代 |
| 莲花寺 | 金沙长坝乡黄泥 | 清代 |
| 金山寺 | 金沙城关镇 | |
| 开化寺 | 金沙西洛乡开化村 | |
| 白云寺 | 金沙西洛乡小河村 | |
| 大山寺 | 金沙西洛乡白云山 | |

续表

| 寺名 | 地址 | 建立时间 |
|---|---|---|
| 寿福寺 | 金沙安底镇 | |
| 普惠寺 | 金沙禹漠镇城墙村 | |
| 西霞寺 | 金沙安底镇 | |
| 观音寺 | 金沙沙土镇红星村 | |
| 观音寺 | 金沙沙土镇民族村 | |
| 都佛寺 | 金沙官田乡民协村 | |
| 白云寺 | 金沙岩孔镇 | |
| 南林寺 | 织金县城城南 | 清康熙二十八年 |
| 大佛寺 | 织金以那镇 | |
| 乘龙寺 | 纳雍城关拉戛坝 | |
| 寿福寺 | 纳雍城关新猫场 | |
| 能仁寺 | 乌撒卫（今威宁县）治东 | 明洪武二十年 |
| 下坝清真寺 | 威宁草海镇下坝村 | 明洪武年间 |
| 马家屯清真寺 | 威宁双龙乡大地村 | 明洪武年间 |
| 马撒营清真寺 | 威宁县双龙乡高山村 | 明洪武年间 |
| 杨湾桥清真寺 | 威宁卯关村 | 明万历二年至三年 |
| 城关清真寺 | 威宁城关 | 清雍正元年至十三年 |
| 凉水井清真寺 | 威宁牛棚镇红旗村 | 清康熙元年 |
| 老院子清真寺 | 威宁中水镇正山村 | 清雍正年间 |
| 启沙戛清真寺 | 威宁麻乍乡启戛村 | 清雍正年间 |
| 鸭子塘清真寺 | 威宁观风海镇七舍村 | 清雍正年间 |
| 岩格箐清真寺 | 威宁县麻乍乡岩格村 | 清雍正年间 |
| 戛利清真寺 | 威宁麻乍戛利村 | 清嘉庆年间 |
| 新院子清真寺 | 威宁中水镇泉山村 | 清代中期 |
| 撒家院清真寺 | 威宁草海镇中塘村 | 清代中期 |
| 摆布戛清真寺 | 威宁秀水乡前半村 | 清道光二年 |
| 包包营清真寺 | 威宁龙塘村 | 清道光二十四年 |

续表

| 寺名 | 地址 | 建立时间 |
|---|---|---|
| 后寨清真寺 | 威宁中水镇前河村 | 清咸丰八年 |
| 野马海清真寺 | 威宁迤那镇合兴村 | 清光绪元年 |
| 梨园清真寺 | 威宁哈喇河六角村 | 清光绪六年 |
| 坚强清真寺 | 威宁秀水乡坚强村 | 清光绪二十六年 |
| 海子屯清真寺 | 威宁草海镇民族村 | 清宣统二年 |
| 涌珠寺 | 威宁县城凤山脚 | |
| 大佛寺 | 威宁城关文化路 | |
| 观音寺 | 威宁城关西宁路 | 明初 |
| 高真观 | 赤水卫东门外 | 明景泰四年 |
| 崇真观 | 赤水卫治南1里 | 明嘉靖年间 |
| 龙泉观 | 马撒卫东北凤岭山 | 明嘉靖年间 |
| 万寿观 | 大方县成关镇 | |

## 庙

| 庙名 | 地址 | 建立年代 |
|---|---|---|
| 武庙 | 毕节城内东北 | 明清年间 |
| 城隍庙 | 毕节城内 | 明代建，清乾隆十五年改建 |
| 东岳庙 | 毕节城东关坡 | 明代 |
| 祖师庙 | 毕节城东南 | 清乾隆年间改建 |
| 真武庙 | 毕节城南关 | 明代 |
| 忠义庙 | 赤水卫治西南20里清水铺侧 | |
| 城隍庙 | 赤水卫治西南隅 | 明洪武年间 |
| 关王庙 | 赤水卫治内北隅 | 明永乐年间 |
| 旗纛庙 | 赤水卫治后 | 明代 |
| 文庙 | 毕节城广惠路今毕节地区医院址 | |
| 财神庙 | 毕节城内 | |
| 关帝庙 | 毕节七星关桥西岸 | 清乾隆二十年 |

续表

| 庙名 | 地址 | 建立年代 |
|---|---|---|
| 梅葛庙 | 毕节城内 | |
| 农神庙 | 毕节城内今毕节木材公司 | |
| 帝君庙 | 毕节城东郊望城坡今流沧小学 | |
| 关圣庙 | 毕节三小址 | |
| 晏公庙 | 毕节城东关 | 清雍正年间 |
| 北镇关庙 | 毕节城北北镇关 | |
| 观音庙 | 毕节小吉镇 | |
| 财神庙 | 毕节清水铺钟离山 | |
| 祖师庙 | 毕节吉场 | |
| 真武庙 | 毕节赤水河 | |
| 东岳庙 | 毕节城东隅东关坡 | |
| 五显庙 | 毕节城郊杨家塘 | |
| 西岳庙 | 毕节城西 | |
| 四圣庙 | 毕节城东隅东关坡 | |
| 五圣庙 | 毕节城南门外 | |
| 文庙 | 大方城关文星街 | 清康熙六年 |
| 城隍庙 | 大定府城内 | 清康熙七年 |
| 文昌庙 | 大定府城南文笔山 | 清乾隆十五年 |
| 黑神庙 | 大定府城内 | 清代 |
| 火神庙 | 大定府城内 | 清代 |
| 关帝庙 | 大方黄泥塘镇甘棠村 | 清代 |
| 关圣庙 | 大方马场镇虚灵洞 | 清代 |
| 关帝庙 | 大方六龙镇 | |
| 关帝庙 | 大方瓢井镇 | |
| 关岳庙 | 大定府城内 | |
| 灵官殿 | 大定府城内 | |
| 城隍庙 | 大定城西15里大阁雅 | |
| 川主庙 | 大定府城北街 | |

续表

| 庙名 | 地址 | 建立年代 |
| --- | --- | --- |
| 川主庙 | 大定瓢井镇 | |
| 嫘祖庙 | 大方县瓢井镇 | |
| 黑神庙 | 大方县瓢井镇 | |
| 天主庙 | 大方县瓢井镇 | |
| 财神庙 | 大定城南门 | |
| 财神庙 | 大方县六龙乡 | |
| 马王庙 | 大定城东北 | |
| 东岳庙 | 大方城东门外 | |
| 南岳庙 | 大定城南部 | |
| 雹神庙 | 大定城中街 | |
| 龙王庙 | 大定城中街 | |
| 观音庙 | 大方响水乡 | |
| 文庙 | 黔西城东门 | 清康熙三年 |
| 关帝庙 | 黔西城关 | 清康熙三十九年 |
| 城隍庙 | 黔西城关 | 清雍正十年 |
| 川祖庙 | 黔西城关 | 清代 |
| 观音庙 | 黔西城关 | 清道光六年 |
| 三官庙 | 黔西城关 | 清代 |
| 马王庙 | 黔西城关 | 清代 |
| 肖神庙 | 黔西城关 | 清代 |
| 神树庙 | 黔西城关 | 清代 |
| 老君庙 | 黔西城关 | 清代 |
| 詹爷庙 | 黔西城关 | 清代 |
| 鲁班庙 | 黔西城关 | 清代 |
| 牛王庙 | 黔西城关 | 清代 |
| 龙王庙 | 黔西城关 | 清代 |
| 五岳庙 | 黔西城关 | 清代 |
| 雷神庙 | 黔西城关 | 清代 |

续表

| 庙名 | 地址 | 建立年代 |
|---|---|---|
| 轩辕庙 | 黔西城北隅 | 清代 |
| 黑神庙 | 黔西林泉镇西溪 | 清代 |
| 八角庙 | 黔西重新镇 | 清代 |
| 观音庙 | 黔西马蹄河 | 清代 |
| 观音庙 | 黔西大岩河 | 清代 |
| 龙王庙 | 黔西绿化乡 | 清代 |
| 黑神庙 | 黔西素朴镇九龙山 | 清代 |
| 财神庙 | 黔西素朴镇 | 清代 |
| 城隍庙 | 黔西谷里镇 | 清代 |
| 观音庙 | 黔西素朴镇九龙山 | 清代 |
| 祖师庙 | 黔西素朴镇朴厚古胜城 | 清代 |
| 关圣庙 | 黔西素朴镇朴厚古胜城 | 清代 |
| 龙王庙 | 黔西谷里镇 | 清代 |
| 川祖庙 | 黔西洪水乡 | 清代 |
| 观音庙 | 黔西金坡乡 | 清代 |
| 财神庙 | 黔西仁和乡纸厂 | 清代 |
| 川祖庙 | 黔西中坪镇顺石 | 清代 |
| 观音庙 | 黔西永燊乡 | 清代 |
| 龙王庙 | 黔西永燊乡 | 清代 |
| 观音庙 | 黔西甘棠乡 | 清代 |
| 观音庙 | 黔西钟山乡 | 清代 |
| 天公庙 | 黔西甘棠乡 | 清代 |
| 地母庙 | 黔西陶家坝 | 清代 |
| 观音庙 | 黔西大关镇 | 清代 |
| 川祖庙 | 黔西大关镇 | 清代 |
| 财神庙 | 黔西兴隆官寨 | 清代 |
| 观音庙 | 黔西桂箐 | 清代 |
| 川祖庙 | 黔西桂箐 | 清代 |

续表

| 庙名 | 地址 | 建立年代 |
|---|---|---|
| 关帝庙 | 黔西鸭池 | 清代 |
| 雷祖庙 | 黔西新仁乡 | 清代 |
| 火神庙 | 黔西金碧镇 | 清代 |
| 观音庙 | 黔西金碧镇 | 清代 |
| 关帝庙 | 黔西五里乡寄仲坝 | 清代 |
| 观音庙 | 黔西五里乡化石 | 清代 |
| 关帝庙 | 黔西林泉镇 | 清代 |
| 财神庙 | 黔西锦星乡 | 清代 |
| 观音庙 | 黔西锦星乡 | 清代 |
| 黑神庙 | 黔西锦星乡白泥内庄 | 清代 |
| 黑神届 | 黔西仁和乡桃园 | 清代 |
| 财神庙 | 黔西协和乡 | 清代 |
| 观音庙 | 黔西协和乡 | 清代 |
| 川祖庙 | 黔西太来乡 | 清代 |
| 灵官庙 | 黔西太来乡 | 清代 |
| 地母庙 | 黔西杨柳井 | 清代 |
| 观音庙 | 黔西县绿化乡 | 清代 |
| 文庙 | 黔西雨朵镇龙场 | 清代 |
| 武庙 | 黔西雨朵镇龙场 | 清代 |
| 观音洞庙 | 金沙县禹谟镇 | 明代 |
| 八景宫东岳庙 | 金沙城关镇 | 清代 |
| 八角庙 | 金沙西洛乡八角 | 清代 |
| 大寺庙 | 金沙平坝平洛 | 清代 |
| 大宝洞庙 | 金沙石场乡 | 清代 |
| 观音庙 | 金沙桂花乡 | 清代 |
| 大庙 | 金沙县岩孔镇白云山 | 清代 |
| 观音庙 | 金沙岚头乡后寨 | 清代 |
| 神仙洞庙 | 金沙安底镇白虎山 | 清代 |

续表

| 庙名 | 地址 | 建立年代 |
|---|---|---|
| 火神庙 | 金沙城关镇羊叉街 | 清代 |
| 黑神庙 | 金沙城关镇罗马街 | 清代 |
| 药王庙 | 金沙城关镇干田片区 | |
| 黑神庙 | 金沙安底镇 | |
| 黑神庙 | 金沙茶园乡 | |
| 三圣庙 | 金沙城关罗马街 | |
| 武庙 | 平远州署侧 | 清康熙四年 |
| 城隍庙 | 平远州城中 | 清康熙八年 |
| 龙王庙 | 平远州城中 | 清雍正八年 |
| 马王庙 | 平远州城西 | 清康熙九年 |
| 鲁班庙 | 平远州城中 | 清道光二十八年 |
| 江西庙 | 织金县城东门 | 清代 |
| 江西庙 | 织金熊家场 | 清道光十七年 |
| 关帝庙 | 织金熊家场 | |
| 八腊庙 | 平远州城中 | |
| 文庙 | 威宁县城东南隅 | 明正统八年 |
| 城隍庙 | 乌撒（今威宁县，下同）卫治东 | 明洪武年间 |
| 灵官庙 | 乌撒卫治东北凤岭 | 明嘉靖二十九年 |
| 三官庙 | 乌撒卫治南关 | 明嘉靖三年 |
| 圣母庙 | 威宁州城内 | |
| 禹王庙 | 威宁州城内 | |
| 观音庙 | 威宁二塘镇色开 | |
| 观音庙 | 威宁中水镇中河 | |
| 观音庙 | 威宁羊街镇蛇街 | |
| 观音庙 | 威宁炉山镇 | |
| 北屯庙 | 威宁城关王老山 | |
| 观音庙 | 威宁小海镇黑泥洞 | |
| 观音庙 | 纳雍县百兴镇拦马墙 | |
| 观音庙 | 赫章县妈姑镇 | |

## 宫

| 宫名 | 地址 | 建立年代 |
| --- | --- | --- |
| 三元宫 | 赤水卫治内 | 明代 |
| 文昌宫 | 赤水卫治内 | |
| 王虚宫 | 毕节城关南 | 明代 |
| 万寿宫 | 毕节城内东关桥侧 | |
| 天后宫 | 毕节城内威宁街 | 清代 |
| 七圣宫 | 毕节海子街前所阳大坡 | |
| 福禄宫 | 大定府城中街 | |
| 万寿宫 | 大方六龙镇 | |
| 文昌宫 | 大方则溪戛 | |
| 文昌宫 | 大方猫场镇 | |
| 文昌宫 | 大方理化乡 | |
| 文昌宫 | 大方六龙镇 | |
| 文昌宫 | 大方百纳乡 | |
| 文昌宫 | 黔西州东门内 | 清康熙四十四年 |
| 万寿宫 | 黔西州城内 | 清道光二年 |
| 万寿宫 | 黔西重新镇 | |
| 万寿宫 | 黔西素朴镇 | |
| 万寿宫 | 黔西谷里镇 | |
| 万寿宫 | 黔西金坡乡 | |
| 三圣宫 | 黔西钟山乡 | |
| 万寿宫 | 黔西金碧镇 | |
| 万寿宫 | 黔西五里乡化石 | |
| 万寿宫 | 黔西林泉镇 | |
| 万寿宫 | 黔西化乡 | |
| 三圣宫 | 黔西羊场乡 | |
| 万寿宫 | 金沙县城内 | |
| 川主宫 | 金沙县城内 | |

续表

| 宫名 | 地址 | 建立年代 |
|---|---|---|
| 三圣宫 | 金沙县城骡（罗）马街 | |
| 八景宫 | 金沙县城羊叉街 | |
| 荣禄宫 | 金沙县城内 | |
| 万寿宫 | 金沙县茶园乡街上 | |
| 万寿宫 | 金沙清池镇街上 | |
| 禹王宫 | 金沙清池镇 | |
| 桓侯宫 | 金沙岩孔乡街上 | |
| 万寿宫 | 金沙县安底镇街上 | |
| 万寿宫 | 金沙源村乡新农村 | |
| 万寿宫 | 平远州（今织金县）南关外 | 清乾隆六年 |
| 文昌宫 | 织金猫场镇 | |
| 万寿宫 | 威宁县民享路 | 清康熙初年 |
| 文昌宫 | 威宁县城城新街 | |
| 天后宫 | 威宁县城江西街 | |
| 三圣宫 | 威宁县城民享路 | 清乾隆年间 |
| 三圣宫（福圣宫） | 毕节海子街白杨林 | 清康熙三十二年 |

## 祠、庵、堂、殿

| 名称 | 地址 | 建立时代 |
|---|---|---|
| 文昌祠 | 赤水卫治西 | 元大德年间 |
| 武侯祠 | 毕节七星关 | 明代 |
| 名宦祠 | 毕节文庙大成门外左 | 明代 |
| 忠烈祠 | 毕节城南门外 | 清乾隆十九年 |
| 君子祠 | 毕节五龙桥左 | 清乾隆十九年 |
| 忠义祠 | 毕节城内毕阳书院左 | 清乾隆二十一年 |
| 节孝祠 | 毕阳书院右 | 清乾隆二十一年 |
| 杨泗祠 | 毕节七星桥东 | 清乾隆二十一年 |

续表

| 名称 | 地址 | 建立时代 |
|---|---|---|
| 昭忠祠 | 毕节猪拱箐 | 清同治七年 |
| 济火祠 | 大方县响水乡柯家桥 | |
| 名宦祠 | 大定文庙大成门外左 | |
| 乡贤祠 | 大定文庙大成门外右 | |
| 郭公祠 | 大定府城内 | |
| 春秋祠 | 大定府城北90里瓢井 | |
| 象祠 | 黔西素朴 | 三代 |
| 阳明祠 | 黔西城东山 | 明代 |
| 谭公祠 | 黔西城东山 | 清代 |
| 崇圣祠 | 黔西州城内 | |
| 名宦祠 | 黔西州城内 | |
| 乡贤祠 | 黔西州城内 | |
| 忠孝祠 | 黔西州城内 | |
| 福公祠 | 黔西州城内 | |
| 周公祠 | 黔西州城内 | 民国17年 |
| 骆公祠 | 金沙县城关镇 | 清乾隆年间 |
| 吴公祠 | 黔西州玉屏书院前 | |
| 太乙祠 | 平远州北关外耸秀山顶 | 清代 |
| 土地祠 | 平远州署内 | |
| 节孝祠 | 平远州东关外 | 清雍正八年 |
| 忠孝祠 | 平远州学正署旁 | 清雍正八年 |
| 丁文诚公祠 | 平远州东街 | 清光绪二十八年 |
| 忠烈祠 | 平远州城内南隅 | |
| 寿亭候祠 | 乌撒卫治南门处 | 明嘉靖二十七年 |
| 忠烈祠 | 威宁州城东 | 明天启二年 |
| 蔡公祠 | 威宁城内西北隅 | |
| 东庵 | 毕节卫治内东隅 | |

续表

| 名称 | 地址 | 建立时代 |
| --- | --- | --- |
| 西庵 | 毕节卫治内西隅 | |
| 即心庵 | 毕节卫治东北10里 | |
| 三佛庵 | 毕节城内英济庙左 | 清康熙年间 |
| 准提庵 | 黔西州城内 | 清代 |
| 地藏庵 | 平远州城东 | 清康熙十年 |
| 寿乐堂 | 赤水卫治内 | 明代 |
| 龙神堂 | 毕节城东龙潭上 | 明代 |
| 三官堂 | 毕节七星桥西关帝庙内 | 清乾隆二十二年 |
| 江南会馆 | 毕节城东北隅响水潭 | |
| 崇正堂 | 大定府城西隅 | |
| 财神堂 | 黔西州城内 | |
| 关圣殿 | 毕节市层台乡 | 清乾隆五十六年 |
| 关圣殿 | 毕节城内毕节三小址 | 清代 |
| 大雄宝殿 | 大定府城西隅莲花塘 | 清代 |
| 灵官殿 | 大定府城南隅 | |
| 大雄宝殿 | 黔西州城内 | 清道光六年 |
| 大佛殿 | 黔西州牛场九龙山 | 清代 |
| 观音殿 | 黔西县永燊乡 | 清代 |
| 祖师殿 | 黔西雨朵镇龙场 | |
| 玉皇殿 | 金沙县城关镇 | |
| 关圣殿 | 金沙县城关镇 | |
| 灵官殿 | 金沙安底镇慕祥村 | |
| 灵官殿 | 威宁县城东北隅凤山 | 明嘉靖三十九年 |
| 三清殿 | 威宁县城东北隅凤山 | |

## 楼、阁、亭、台

| 名称 | 地址 | 建立年代 |
|---|---|---|
| 谯楼 | 毕节卫治中 | |
| 角楼 | 毕节卫治东南 | |
| 水城楼 | 毕节卫通津门外月城上 | 明嘉靖年间 |
| 宣威楼 | 赤水卫城北门楼 | 明洪武年间 |
| 东壁轩 | 毕节龙蟠山文昌宫左廊 | 清乾隆二十年 |
| 密云楼 | 平远州东50里 | 清康熙十一年 |
| 梯云楼 | 平远州署后 | 清咸丰辛酉年 |
| 平政楼 | 乌撒卫城南 | 明洪武年间 |
| 望海楼 | 威宁州成东北海子畔 | 清同治年间 |
| 玉皇阁 | 毕节城东龙蟠山 | 清康熙年间 |
| 奎文阁 | 毕节城东龙蟠山 | 清康熙年间 |
| 观澜阁 | 毕节城翔龙寺后 | 清乾隆十九年 |
| 奎星阁 | 毕节城翔龙寺后山 | 清乾隆二十三年 |
| 观音阁 | 毕节七星桥西岸关帝庙后 | 清乾隆二十二年 |
| 梓橦阁 | 毕节城东隅山顶 | 清代 |
| 梓橦阁 | 毕节城东5里德沟 | |
| 梓橦阁 | 毕节城东望城坡 | |
| 梓橦阁 | 毕节朱昌 | |
| 玉皇阁 | 毕节周驿 | |
| 玉皇阁 | 大定府城南隅文笔山前 | 清乾隆十五年 |
| 回龙阁 | 大定府城北隅庆云阁后 | 清代 |
| 斗姥阁 | 大定府城北隅 | 清代 |
| 文昌阁 | 大定府城内 | 清代 |
| 观音阁 | 黔西州城东门处 | 明正德五年 |
| 奎星阁 | 黔西州文庙后 | 清雍正十二年 |
| 梓橦阁 | 黔西白泥境内 | 清代 |
| 文昌阁 | 黔西城郊双狮山 | 清康熙四十四年 |

续表

| 名称 | 地址 | 建立年代 |
| --- | --- | --- |
| 玉皇阁 | 黔西城东郊 | 清代 |
| 玉皇阁 | 黔西牛场九龙山 | 清代 |
| 斗姥阁 | 黔西城 | 清代 |
| 龙泉阁 | 黔西索风营 | 清代 |
| 观音阁 | 黔西谷里镇 | 清代 |
| 文阁 | 黔西大关镇 | 清代 |
| 文阁 | 黔西青龙山 | 清代 |
| 文阁 | 黔西太来乡 | 清代 |
| 文阁 | 黔西羊场乡 | 清代 |
| 文阁 | 黔西绿化乡翠屏山 | 清代 |
| 观音阁 | 黔西雨朵龙场 | 清代 |
| 财神阁 | 黔西金碧镇 | 清代 |
| 财神阁 | 黔西白泥庄内 | 清代 |
| 牛王阁 | 金沙西洛乡 | |
| 观音阁 | 平远州城中月华桥前 | 清康熙六年 |
| 玉皇阁 | 织金州城北龟山 | 清康熙二十五年 |
| 奎阁 | 织金城内 | 清道光十八年 |
| 梓橦阁 | 织金城东门外 | |
| 玉皇阁 | 威宁州城内 | 清朝初年 |
| 文昌阁 | 纳雍县城东南3里 | 清光绪十年 |
| 观音阁 | 纳雍维新镇总溪河毕节一侧 | 清代 |
| 演武亭 | 毕节卫治南2里 | |
| 迎恩亭 | 毕节卫治南2里 | |
| 惠泉亭 | 毕节城东关坡 | 明代 |
| 讲易亭 | 毕节城郊松山 | 清乾隆十四年 |
| 观澜亭 | 毕节翔龙寺左 | 清乾隆十九年 |
| 锁水亭 | 毕节七星关 | 清乾隆二十三年 |

续表

| 名称 | 地址 | 建立年代 |
| --- | --- | --- |
| 禊亭 | 毕节城内松山书院后 | 清光绪己卯年 |
| 八角亭 | 毕节宝黔局神炉寺前 | |
| 一览亭 | 平远州署后笏山 | 清道光二十六年 |
| 暂住亭 | 威宁州西南可渡河北岸 | 清嘉庆五年 |
| 永清亭 | 威宁城内 | |
| 梁王台 | 毕节城东北2里 | |
| 悠然台 | 大定府署内 | 清道光年间 |
| 社稷坛 | 黔西州城内 | 清雍正二年 |
| 先农坛 | 黔西州城内 | 清雍正四年 |
| 山川坛 | 黔西州城内 | 清雍正四年 |
| 观农台 | 黔西城内狮子山 | 清雍正四年 |

## 衙署、学校

| 名称 | 地址 | 建立年代 |
| --- | --- | --- |
| 毕节县署 | 毕节城内 | 清康熙二十六年 |
| 宝钱局 | 毕节城北隅 | 清雍正八年 |
| 大定府署 | 大定府城内 | 清康熙六年 |
| 大定钱局 | 大定府城西门处 | 清乾隆五十二年 |
| 黔西州署 | 黔西州城中街狮子山下 | 清康熙五年 |
| 吏目署 | 黔西州城南后街 | 清康熙二十八年 |
| 训导署 | 黔西州城东学宫左右（现黔西一小校址） | 清雍正九年 |
| 游击署 | 黔西州城中街 | 清康熙五年 |
| 守备署 | 黔西州城西北角 | 清代 |
| 平远州署 | 平远州城内 | 清康熙四年 |
| 威宁府署 | 威宁城内 | 清康熙四年 |
| 宝黔局 | 威宁州署内 | 清光绪十年 |
| 京铜局 | 威宁城中大十字之北街 | 清光绪九年 |

续表

| 名称 | 地址 | 建立年代 |
| --- | --- | --- |
| 毕节县学 | 毕节城南 | 明正统三年 |
| 毕节县义学 | 毕节城永兴街 | 清康熙三十五年 |
| 青螺书院 | 毕节城东门外青螺山 | 明万历十八年 |
| 黎社书院 | 毕节城内桥溪村 | 清康熙三年 |
| 鹤山书院 | 毕节城内仓上 | 清康熙三十年 |
| 毕阳书院 | 毕节城永兴桥右 | 清乾隆二十一年 |
| 松山书院 | 毕节城永兴桥右 | 清康熙三十五年 |
| 曹伍书院 | 毕节白果屯 | 清道光初年 |
| 文峰书院 | 毕节城内 | 清道光年间 |
| 大定府义学 | 大定府学宫右 | 清康熙四十六年 |
| 文龙书院 | 大定府城外观音阁 | 清乾隆十五年 |
| 万松书院 | 大定府城内 | 清乾隆四十五年 |
| 社学 | 黔西州蛇场（今黔西县金碧镇） | 清顺治十五年 |
| 黔西州学 | 黔西城东门外 | 清康熙三年 |
| 文峰书院 | 黔西州城外文峰塔前 | 清乾隆四十五年 |
| 狮山书院 | 黔西州城西关内（今黔西城关六小址） | 清乾隆五十八年 |
| 阳明书院 | 黔西州城东郊开元寺（今黔西师范址） | 清道光年间 |
| 州书院 | 黔西州城南后街 | 清代 |
| 北书院 | 黔西州城北正街 | 清代 |
| 东书院 | 黔西州城东街 | 清代 |
| 平远州学 | 平远州城北（今织金城关一小址） | 清代 |
| 平远义学 | 平远州城东北 | 清康熙二十一年 |
| 平远书院 | 平远州城北隅（今织金县委址） | 清乾隆二十年 |
| 乌撒卫学 | 乌撒卫城东南 | 明正统八年 |
| 威宁府学 | 威宁城内 | 清康熙三年 |
| 凤山书院 | 威宁城东门内 | 清乾隆二十七年 |
| 涌泉书院 | 威宁城东北隅 | 清嘉庆四年 |

## 桥

| 名称 | 地址 | 建立年代 |
|---|---|---|
| 永兴桥 | 毕节城内 | 明洪武年间 |
| 七星桥 | 毕节城西90里七星关 | 明弘治年间 |
| 济川桥 | 毕节城东门外 | 明代 |
| 五龙桥 | 毕节城南隅 | 明代 |
| 土老河桥 | 毕节城东25里土老河 | 明代 |
| 浮桥 | 赤水卫治南 | 明正统年间 |
| 辛济桥 | 赤水卫白崖站 | 明天顺辛巳年 |
| 阜安桥 | 毕节城南5里 | 明天顺年间 |
| 夹铺桥 | 毕节城南10里 | 明正德年间 |
| 文津桥 | 毕节城东60里小坝 | 明万历年间 |
| 桂花桥 | 毕节城南门外 | 清乾隆二十年 |
| 五柳桥 | 毕节城东85里小哨 | 清乾隆四十一年 |
| 万福桥 | 毕节朱昌双华 | 清咸丰二十年 |
| 西溪桥 | 大方城南70里西溪河上 | 明万历年间 |
| 阁鸦桥 | 大定城西20里落折河上 | 明万历年间 |
| 总机河桥 | 大定府城西北150里总机河 | 清道光十八年 |
| 乌庆大桥 | 黔西州城东南 | 清康熙年间 |
| 新桥 | 黔西州城东郊东门河上 | 清乾隆年间 |
| 东门桥 | 黔西州城东郊 | 清嘉庆年间 |
| 天坪石桥 | 黔西雨朵镇 | 清代 |
| 高家桥 | 平远州城北30里 | |
| 鼠把桥 | 平远州城东北30里 | 清康熙五十二年 |
| 杜家桥 | 平远州城南70里 | 清雍正五年 |
| 永安桥 | 平远州城下水关 | 清乾隆十三年 |
| 麟趾桥 | 平远州城北隅 | 清乾隆十四年 |
| 万缘桥 | 平远州城东70里处 | 清乾隆十九年 |

续表

| 名称 | 地址 | 建立年代 |
|---|---|---|
| 观音桥 | 平远州城东15里 | 清嘉庆二十二年 |
| 四善桥 | 威宁州城东180里野马川 | 明万历年间 |
| 石河桥 | 威宁州城西北20里跨海 | 清康熙三十年 |
| 可渡桥 | 乌撒卫治南90里可渡河 | 清康熙三十年 |
| 新桥 | 威宁州城东160里黑章河 | 清雍正元年 |
| 六道桥 | 乌撒卫治东南4里 | 清咸丰六年 |
| 关口铁索桥 | 威宁牛棚关西北14里 | |

## 塔

| 名称 | 地址 | 建立年代 |
|---|---|---|
| 雁塔 | 毕节城崧山上 | 明万历六年 |
| 凌云塔 | 毕节城东壁上 | 清康熙五十九年 |
| 白塔 | 毕节城西灵峰山 | 清同治十二年 |
| 文峰塔 | 黔西州城东郊双狮山 | 清乾隆年间 |
| 文山塔 | 黔西州城东5里甘家庄 | 清乾隆己卯年 |
| 文明塔 | 黔西州城西门外 | 清乾隆年间 |
| 莲峰塔 | 黔西州城西南角山上 | 清乾隆年间 |
| 乾峰塔 | 黔西州城西门外小山上 | 清道光十一年 |
| 万魁塔 | 平远州城门外 | 清乾隆六年 |
| 三元塔 | 平远州城北门三元山 | 清乾隆二十一年 |
| 九霄塔 | 平远州城南 | 清代 |
| 五云塔 | 平远州城西 | 清代 |
| 东山佛塔 | 平远州城东门外东山寺前 | 清乾隆嘉庆年间 |

## 牌坊、碑、摩崖

| 名称 | 地址 | 建立年代 |
|---|---|---|
| 筹边武帅坊 | 毕节 | 明万历十五年 |
| 黔服雄关坊 | 毕节七星关 | |
| 礼门坊、义路坊 | 毕节城内文庙红墙外两则 | 清乾隆二十一年 |
| 文光普照坊 | 毕节城东门外文昌阁 | 清乾隆二十一年 |
| 彰善坊 | 毕节城十字街 | 清乾隆二十一年 |
| 金声玉振坊 | 毕节城内文庙红墙处 | 清乾隆二十二年 |
| 民之父母坊 | 毕节城南外大税对门 | 清乾隆二十二年 |
| 一品坊 | 毕节南城门外大街 | 清乾隆五十二年 |
| 礼门坊、义路坊 | 大定城内文庙红墙两侧 | |
| 德配天地坊 | 大定城西文星街文庙前 | |
| 道冠古今坊 | 大定城西文星街文庙前 | |
| 五子登科坊 | 大定府城南玉皇阁前 | 清代 |
| 清慎勤坊 | 大定府署大堂前 | |
| 天下湘山坊 | 大定城中街两两湖会馆 | |
| 礼门坊、义路坊 | 平远州城中文庙前 | 清康熙年间 |
| 期颐偕老坊 | 平远州城南门外 | 清道光六年 |
| 东门总坊 | 平远州城东门 | 清代 |
| 北门总坊 | 平远州城北门 | 清代 |
| 新牌坊 | 威宁中水新街 | |
| 诸葛碑 | 毕节上坝 | |
| 黔边保障碑 | 毕节渭河平坝 | |
| 大洞摩崖 | 毕节东北14里海子街周家桥村 | 清宣统年间 |
| 石人桥碑 | 黔西州协和 | 清乾隆三十二年 |
| 龙洞碑 | 黔西州雨朵龙洞 | 清嘉庆年间 |

续表

| 名称 | 地址 | 建立年代 |
| --- | --- | --- |
| 引水入城碑 | 黔西州城 | 清光绪年间 |
| 劝世碑 | 黔西城西青木树 | 清代 |
| 五里大碑 | 平远州八步东14里凤岗 | 清嘉庆十二年 |
| 宾兴洞摩崖 | 织金县城东门外2千米 | 清康熙四十年 |
| 起风岩摩崖 | 织金县城南5千米鹿尾坡右侧悬崖上 | 清康熙年间 |
| 闺阁奇英摩崖 | 织金城东门外宾兴洞峡谷口右山岩壁上 | 清康熙年间 |
| 马厂摩崖 | 织金西南1千米处 | 清乾隆年间 |
| 著名千秋碑 | 威宁盐仓 | 明洪武年间 |
| 马王庙碑 | 威宁盐仓 | 清嘉庆十七年 |
| 得胜碑 | 威宁城西北100里得胜坡 | 清咸丰八年 |
| 夸都四方碑 | 威宁金钟镇夸都 | 清道光元年 |
| 可渡河摩崖 | 威宁可渡河北崖 | |

# 第二章　文化设施与艺术团体

毕节地区社会文化指民众教育馆、群众艺术馆、文化馆、文化站及图书馆、电影公司等文化事业机构和业务文艺社团的文化活动，专业艺术指京、川、黔剧团和艺术团、文工队的演艺活动。民国时期，各县先后成立民众教育馆，开展民众文化教育活动。中华人民共和国成立初期，境内各县即建立文化馆，其后，又建立地区群众艺术馆和乡（镇）文化站。群众艺术馆、文化馆开展了文艺演出、文艺汇演、艺术展览、群众文化活动辅导、文艺培训、节日文化活动、少儿艺术等文化艺术活动。地、县（市）图书馆，20世纪50~90年代，各县有电影院和农村电影队，放映了丰富多彩的节目。毕节地区京剧团、川剧团，在全区城乡演出了数以百计的传统剧目和现代戏。在毕节地区发源、创新的黔剧，跻身全国艺苑，成为全国地方戏曲剧种之一。

## 第一节　群众文化

### 一　民众教育馆

**机构设立**　1.省立民众教育馆。民国31年（1942），贵州省教育厅筹建毕节民众教育馆，未建成。次年改建大定民众教育馆。馆址设于大定贡院（今大方城关二小）。其职责是：（1）普及失学民众教育。调查统计所在区域内失学民众及失学儿童数字；制定分期扫除区内文盲计划，创办规模完备之民众学校；与当地成绩优良之中小学合办实验国民学校或巡回民教补习班；协助当地壮丁训练，编撰民众学校补充教材。（2）办理职业补习教育。举办规模完备之职业补习学校；举办函授学校，办理民众各种职业指导及服务；传习各种工艺；提倡家庭副业；指导选择或介绍优良种子，防除病虫害；提倡生产及消费合作社组织等。（3）举办抗敌及兵役宣传。举办通俗演讲及化妆演讲；发动知识分子组织抗敌及兵役宣传队，深入区域内各乡村宣传；举办战时知识、防空知识等展览；组织民众戏剧队，定期在馆内公开演出和分期巡回区内各地演出；组织歌咏队，教授富于抗战意识及民族精神之歌曲，分赴各处巡回歌唱；放映教育影片及抗战影片；编制和张贴介绍抗战消息及抗战知识之墙报；陈列有关战时知识之书报及画刊供民众阅览等。（4）推行新生活运动。提倡节约、革除浪费，破除迷信陋习、革除不良嗜好，提倡正当娱乐、指导业余运动。（5）促进国民精神总动员。训练民众厉行国民公约及誓词；领导民众举行国民月会，讲解精神总动员要求；聘请热心社会教育人士及教育界名流或学者，定期公开演讲中华民族光荣史、日本侵略中国史、抗战必胜建国必成的理由、民众在抗战时期应负的责任、国民兵役。（6）社会教育研究及辅导。派员巡回辅导区内各县立民众教育馆；编辑辅导刊物；研究讨论有关民众教育事项；调查统计区内各县校馆工作实施状况及成绩。省立大定民众教育馆经费从省财政中拨付；馆长由省政府任命，各部主任由馆长遴选合格人员呈请省政府核定任用。民国36年（1947），省立大定民众教育馆停办。

2.县立民众教育馆。民国25年（1936），织金县建立民众教育馆，为毕节专区建立的第一个县立民众教育馆。馆址设于织金县城中正街财神庙。民国27年（1938），建立黔西县立民众教育馆，馆址设于黔西城中武庙，民国32年（1943），馆址迁至东门城外黑神庙。民国29年（1940），建立毕节县立民众教育馆，馆址先设于鸭池乡，民国35年（1946）迁至毕节县城小校场。民国30年（1941），建立大定县民众教育馆，馆址设于大定贡院；民国32年（1943）迁出贡院；民国36年（1947），几经迁址后迁回原址贡院。同时，威宁县在县税务局建民众教育馆；水城县在县城建民众教育馆。民国30年（1941），省教育厅划分民教馆等级，黔西馆为一等馆，毕节、大定、织金馆为二等馆，威宁、水城馆为三等馆。民国30年（1941），金沙、纳雍置县，设立民众教育馆。金沙民教馆馆址先设于文昌宫，不久迁观音洞，民国36年（1947）迁至城中。纳雍县民教馆设于县城北门场口。民国31年（1942），赫章建县，置民众教育馆。是年，贵州省教育厅颁布《贵州省各级民众教育馆三十一年度中心工作细目》，规定县立民众教育馆工作职责：（1）办理民众补习教育。办理实验国民学校，办理补习班及学术讲座，办理图书杂志报纸阅览，编贴民众读物。（2）办理公民教育。实施集团训练，协助保甲及地方自治。（3）办理健康教育。设立民众运动场，组织民众体育团体，举办各种运动竞赛，办理卫生指导。（4）办理家事教育。办理家庭教育补习班，指导家事改良。（5）办理生计教育。办理职业指导及训练，办理农业推广，提倡合作事业。（6）办理电化艺术教育。办理播音教育，组织民众戏剧歌咏队，提倡正当娱乐。（7）办理战时展览及宣传工作，绘制各种展品、举行各种展览会，征存地方文献，宣传政策。（8）办理战时工作。普及战时常识，办理战时民众服务训练，建立征属服务处。县立民众教育馆馆长由县政府遴选合格人员呈请省政府核准任命，各组主任、干事由馆长遴选合格人员呈请县政府核准任用。编制为：一等馆7人，二等馆、三等馆5人。重新划分等级后定编为：甲等馆11人，乙等馆9人，丙等馆6人，丁等馆5人。经费由地方财政开支。民教馆人员工资标准参照小学校长、级任教员、科任教员及事务员的待遇制定。

**文化传承** 1.开展民众教育。民国31年（1942），毕节县立民众教育馆办民众补习班38班，2165人进班学习；办民众学校高级成人班1班，学员45人；初级妇女班1班，学员17人；办工人识字班3班，学员120人。黔西县立民众教育馆于馆内附设贫民小学，开办1～4年级，招收贫民子弟入学，免收学杂费；对特别困难者，免费发给书籍及纸、笔、墨；教师由民教馆人员兼任，开设国文、算术、音乐、美术、体育课程。织金县立民众教育馆开办文化补习班和平民教育班，补习班学员多为小学高年级学生和校外青年，平民教育班学生多为贫寒人家子弟，对无力购买课本者免费发给课本。民国32年（1943）纳雍县立民众教育馆办民众教育班1班；民国36年（1947），办民众教育班2班。各民众学校使用的课本均为贵州省教育厅所编《贵州省民众学校课本》，计30课，另有3课附录，旨在抗战期间培养民族意识，激发抗战精神。

2.开展文艺宣传。民国31～34年（1942~1945），省立大定民众教育馆与学校配合，组织歌咏队、戏剧队，演出话剧、小歌剧，演唱《义勇军进行曲》《保卫黄河》等抗战歌曲，办宣传橱窗和墙报，转抄时事新闻，举办刊物、登载文艺和美术作品，宣传抗日，宣传文化科学卫生知识和禁烟禁毒。毕节县立民众教育馆组织民众剧团、民众歌咏团各1个，开展抗日戏剧演出及歌咏活动；办贴报栏5处，时事简报栏2处，墙报2处，多方作抗日宣传。民国37年（1948）6～9月，毕节县立民众教育馆出《民众半月刊》数期；自10月起，改为《民众导报》，报道时事，宣传政府法令，推行民众教育；10月10日，出刊第1期，其后每周出刊1期，出刊数期后停刊。大定县立民众教育馆开展抗日救亡宣传，多次组织文艺演出，演出《凤凰城》《空军之家》等话剧，并组织演唱抗日歌曲。黔西县立民众教育馆定期出黑板报和墙报，逢场天或节日，上街进行演讲和文艺演出。织金县立民众教育馆在馆前设墙报栏，摘抄新闻及政论文章；场天或节日，组织街头演讲和文艺演出。纳雍县立民众教育馆组织民众演剧队和宣传队，演出抗日戏剧，演唱抗战歌曲。

1946年毕节SD合唱团唱响《黄河大合唱》

3.开展文体活动。民国33年（1944）7月，毕节县民众教育馆举办篮球赛，贵州省第四区行政督察专员兼保安司令公署制赠银质奖杯1只，俾资促进。民国34年（1945）10月5～9日，举办国锋锦标小学男子篮球赛，县内7所小学组队参赛；10月13～17日，举办胡佛锦标女子篮球赛暨男子排球赛，5所中等学校组队参赛。民国35年（1946），省立大定民众教育馆与大定县教育科配合，举办大定县首届运动会，竞赛项目为田径和篮球，9个乡组队参赛，美国技术人员参加表演赛。民国35年（1946）青年节，毕节县立民众教育馆举办球类、爬山、风筝、论文、讲演竞赛；是年11月26～29日，举办树经锦标男子篮球赛，7个球队参赛。黔西县立民众教育馆组织篮球、游泳、爬山、放风筝等项比赛。织金县立民众教育馆内设篮球场、乒乓球室和棋艺室，每日有众多男女老幼到馆内作体育活动；每月举办1～2次篮球赛或乒乓球赛，多次举办歌曲演唱会和书画展览。金沙县立民众教育馆开办民众俱乐部和文化茶社。纳雍县立民众教育馆组织开展篮球、乒乓球、越野、登山活动。

4.生计指导。黔西县立民众教育馆开办生计训练班，指导种桑养蚕、纺纱织布。民国34年（1945），纳雍县立民众教育馆曾派员到县内一些擀毡制毯织土布作坊和陶瓷工厂，帮助改进工艺，美化图案，提高产量和质量。民国35年（1946），毕节县民众教育馆因组织民众开展文化活动成绩突出，被贵州省教育厅评为成绩优良者，颁发训令，发给奖金10万元。

## 二　群众艺术馆

**机构馆舍建设**　毕节地区群众艺术馆于1984年9月建立。是年，贵州省文化厅拨专项经费10万元；1985～1987年，地区财政拨33万元，建成1059平方米的用房，设置少儿培训部、文艺部、美术书画摄影部、产业发展部、创研室、图书数据室等，为群众开展文化艺术活动提供较好场所。至2005年，全馆占地面积1800平方米，有用房2800平方米。

**艺术活动**　1.艺术培训。常年举办音乐、舞蹈、美术、书法、器乐、戏剧艺术培训，累计培训学员逾万人次。1984～1985年，举办全地区农民画培训班2期，培训学员54人；1986年，与省群众艺术馆联合举办全地区民间工艺美术讲习会1期，培训学员33人；1989年，为毕节卷烟厂办声乐、器乐、舞蹈培训班1期，培训30人；1991年，办国标舞训练班2期，培训学员284人；1997年，承办全省文化馆（站）音乐、舞蹈业务干部培训班，培训学员70余人。2000年举办培训班11期次，培训学员400余人次。2001年器乐培训460人次，舞蹈培训600余人次，美术培训300余人次，声乐培训60余人次。2004年培训学员2000余人次。2005年，开办乐器培训班46期，培训2350人次。2008年举办各类艺术培训班80期（班），培训学员3000人次。2010年，开展音乐、美术、舞蹈培训，共培训1000余人。

地区群众艺术馆到大方指导小学生创作农民画

2.艺术辅导。1985～2008年，地区艺术馆业务人员到数十个单位进行艺术辅导400余次，一些节目经过艺术辅导在全省全国参赛中取得优异成绩。2000年辅导排练节目47个。2001年，到60余个单位进行文艺辅导，辅导6000余人次。2005年到20多个单位进行文艺辅导，辅导地区聋哑学校排练《铃铛舞》参加贵州省残疾人文艺调演获一等奖。2006年，辅导少儿创作美术作品参加在澳大利亚和俄罗斯举办的世界和平少儿美术展，获金奖3个、银奖6个、铜奖18个。

3.文艺演出。1987年2月，举办毕节城区声乐比赛，31个单位120人参赛，演出节目80个。1992年，举办春节文艺活动，举办龙灯会、联欢晚会和书画展。1993年，主办或协办文艺活动14项。1994年，组队参加省委宣传部、省文化厅等单位联合主办的全省信邦杯戏剧小品大赛，获创作、演出、组织8项奖。小品《金贵劝妻》选送北京，获全国第四届群星奖银奖。是年，组织有关单位和人员参加全省纪念遵义会议60周年演出，14件作品获奖。1995年，组织全地区戏剧、曲艺录像比赛。1997年，参与组织春节联欢晚会、“庆七一迎回归”文艺演出，国庆慰问演出、建军节文艺晚会。1998年，参与纪念周总理诞辰100周年文艺晚会、毕节试验区建立10

周年文艺晚会、纪念中共十一届三中全会20周年文艺晚会演出活动。2000年元旦和春节期间，参加送科技、文化、医疗下乡演出活动，为地区农业银行和地区工商局各组织一台文艺晚会；6月，协助金沙县文化馆创作和排练大型彝族广场舞蹈；11月，受地委宣传部、地区文化局委托，组织1台节目在欢送中国科学院赴毕节考察组联欢晚会上演出。2001年初，组织文艺节目参加地区团拜会演出；6月，参加协办庆祝中国共产党成立80周年大型合唱比赛。2002年，参加春节文艺演出、地区三级干部会议演出、“5·15”科技活动周演出、“八一”建军节文艺晚会演出、“廉政颂”文艺演出、公民道德建设演出和全地区“颂毕节·唱家乡”歌手大赛。2003年，派员参与关爱女孩行动文艺比赛；派员参与毕节地区艰苦奋斗廉洁勤政教育活动文艺比赛。2004年4月，参与“颂毕节·唱家乡”、中国电信小灵通杯地直职工广场舞蹈大赛；5月1～7日，参与“五一”黄金文艺活动。2005年参加为失学儿童募捐广场义演活动、金色童年广场演出活动，承办联通之声弦乐四重奏音乐会；4次参与小型演出活动。2006年参与大型广场演出活动4次，中型演出活动3次，小型演出活动5次。2007年“五一”黄金周期间，承办毕节试验区大型群众文化展演10余场；国庆节期间，承办毕节城区文化活动展演。2008年5月1～3日举办毕节地区首届乌蒙传媒杯青少年器乐电视大赛，参赛青少年300余人；9月18～24日参与庆祝毕节试验区建立20周年系列文艺演出；9月18～21日，在毕节爱民广场连续举行4场广场文艺演出；在毕节市政府礼堂举办4场大型歌舞——《乌蒙春韵》晚会。2011年，完成《多彩贵州·魅力毕节》《乌蒙古风》两台大型文艺节目策划方案。参加“多彩贵州”歌唱大赛，获1个金奖、1个铜奖、3个优秀奖和团体优秀。参加“多彩贵州”器乐大赛，获1个一等奖、4个三等奖、2个优秀奖。参加“贵州省第十一届杜鹃曲艺节”，获1个二等奖、1个三等奖、3个优秀奖、1个创作奖。

4.作品展览。1985年，与云南省昭通地区群艺馆合办《毕节·昭通地区美术作品联展》，与贵州省老年书画研究会合办《老年国画书法作品展》。1986年举办《春节书法作品展》；与毕节卷烟厂合办《职工美术作品展》。1987年举办《毕节地区民族民间工艺美术作品展》。1988年与云南昭通、四川泸州群众艺术馆合办《川、滇、黔地区美术、书法作品展》。1991年举办《毕节地区民族民间绘画展》。1995年与地区文联合办《八月画展》。1996年举办《“六一”少儿书画展》。1997年举办《爱祖国迎回归少儿美术作品展》。2000年举办《迎国庆毕节城区青年画展》。2006年举办《农民画画展》。2008年举办《毕节地区少儿绘画展》《2000～2008毕节地区群艺馆群文活动图片展》。2011年，举办“三江依山雅苑杯”毕节地区美术专业比赛，获奖作品通过画展展出。

5.文艺创作。至2008年，毕节地区群艺馆创作的作品有6个获全国奖，其中戏剧小品3个、舞蹈作品1个、美术作品2个；获省级奖32个，其中戏剧小品4个、音乐作品7个、舞蹈作品8个、美术作品13个。另有各类群艺论文10余篇、歌曲创作百余首在全国及省地级刊物上发表。

6.组建业余艺术团体。20世纪90年代，组建毕节小杜鹃少儿艺术团。2001年后，先后组建毕节民乐团、毕节管弦乐团、毕节女子杜鹃合唱团、毕节红杜鹃京剧艺术团、毕节军乐团，并经常对上述艺术团体作业务指导。

## 三　县级文化艺术馆

**机构及馆舍建设**　县市文化（艺术）馆。20世纪50年代初，各县先后建立文化馆，组织当地群众开展群众文化艺术活动。1950年，建立威宁县文化馆，以威宁县党部为馆舍；1979年、2003年先后撤旧房建新房；至2005年，有用房2776平方米。1952年3月，建大定县文化馆，1958年改名为大方县文化馆；馆址位于大方县城中街杜家祠堂；至2008年，县文化馆占地面积约3000平方米，有用房2722平方米。是年，建织金县文化馆，馆址设于斗姥阁，1964年迁南门；至2005年，有用房999平方米，有职工4人。1953年1月，建黔西县文化馆，馆址在县东路；1957年迁工商巷，次年迁文化路11号，21世纪初迁东山剧场；至2005年，有用房3700平方米。1953年，建毕节县文化馆，馆址设在威宁街，1960年迁小校场，1993年更名为毕节市群众艺术文化馆；至2005年，有用房1500平方米。1953年，建金沙县文化馆；至2005年，有用房2776平方米，有职工16人。1956年，建纳雍县文化馆，馆址在县城大十字水巷子一侧，1965年迁县政府印刷厂；至2005年，有用房2600平方米。1956年，建赫章县文化馆；至2008年，有用房1500平方米。

**县文化（群众艺术）馆活动**　1.文艺演出。20世纪50年代，各县文化馆组织农村俱乐部和城镇街居民业余文艺演出为主。1962～1965年，以文化馆人员为主，或以组织“乌兰牧骑”式文化工作队，或配合机关业余文艺组织进行文艺演出。毕节县文化馆排练自创话剧《弯腰树之歌》《炉火熊熊》公演。大方县文化馆先后协同大方县机关业余话剧团、大方县医院在县城排练话剧《霓虹灯下的哨兵》《红岩》《抓壮丁》《年轻一代》数十场；组建农村文化小分队到六龙、坡脚、马场区演出。1966～1970年，受“文化大革命”影响，各县文化馆工作开展不正常，很少有文艺演出。70年代，文艺演出逐渐恢复，各县文化馆组织文艺宣传队，深入城乡进行文艺演出。毕节县文化馆在1978～1983年间，两度组织农田基本建设宣传队到农田基本建设工地演出，与地区消防队联合组成消防宣传队赴各县巡回演出20场，连续举办3届迎春音乐会，组织街头宣传演出12场；1984～1987年，先后到14个民族乡慰问演出14场，为各种会议和计划生育、人口普查、烤烟收购等演出计92场；1996年，到21个乡镇演出36场，观众10余万人次；是年11月2日，中央电视台报道毕节市坚持开展送文化下乡活动。大方县文化馆在1979～1984年间，先后组织排练演出话剧《于无声处》《权与法》《深夜静悄悄》《神秘的古城》《赵钱孙李》和花灯小戏《抢娘》等共31场；组建农村文艺工作小分队，下乡演出329场。金沙县文化馆于1976～1983年，每年下乡演出时间均不少于半年，共计演出文艺节目150余个600余场，年均演出70余场。1991～1996年，金沙县文化馆组织文艺小分队、文艺宣传队赴县属乡镇演出150余场，观众10万余人次。黔西县文化馆组织排练大型花灯歌舞《花海行》，分别在1992中国贵州首届杜鹃花节、1993中国贵州杜鹃花节黔西分会场演出。纳雍县文化馆于20世纪80年代末90年代初，为绿色工程、长防工程、坡改梯工程等多次送戏下乡，1992年在城乡共计演出60余场。赫章县文化馆先后组织演出队深入县属21个乡镇演出21场，排练话剧《报春花》，小戏《抢娘》《相亲》，小舞剧《喜送爱国粮》，舞蹈《苗家欢苗家乐》《花儿与少年》在县城公演。1997年，各县文化馆均倾全力投入“庆七一迎回归”文艺演出活动。21世纪初，各县文化馆文艺演出继续开展。2004年，毕节市群众艺术馆排练歌舞、小品、曲艺节目下乡演出，在市属乡镇巡回演出10余场，观众2万余人；组织毕节撤县设市10周年庆典演出，参演单位有贵州省歌舞团等10余个；配合市教育局等部门举办毕节城区加强和改进未成年人思想道德建设大型歌咏会，参加活动的学校19所，参加演唱的学生近3000人。2004年，大方县文化馆参与承办春之声大型文艺演出，现场观众1500余人；百里杜鹃花节期间，参与组织1台文艺节目演出，观众4000余人。2004年，金沙县文化馆于年初和8月两度送戏下乡，到县内6个乡镇演出。2004年，织金县文化馆组织排演节目，参加送科技、文化、卫生下乡活动，巡回县内8个乡镇演出8场，观众数万人；排练歌舞节目，参加苗族跳花节演出。2004年，赫章县文化馆参与全国第四届散文诗夜郎笔会大型民族歌舞晚会；与县林业局配合举办水塘省级森林公园开园仪式文艺演出；参与举办在赫章县召开的川、滇、黔三省九县森林联防工作会议文艺晚会演出。2004年5月，纳雍县文化馆组织文艺宣传队到寨乐乡进行文艺演出，观众近万人；7月，参与组织中老年文艺爱好者排练节目作广场演出；9月，协助县教育局举办中小学弘扬和培育民族精神月暨师德师风教育启动仪式文艺演出，演出节目18个，观众2000余人；10月，参与举办老年节文艺演出，演出节目15个，观众1000余人。

2.文艺会演、竞赛。1956年11月，毕节县举办城区工人业余会演，25个单位100余名职工参加汇演，演出节目37个。1956年春节，大定县举办第一届民间文艺会演，县直机关、厂矿、学校及部分农村俱乐部组队参演，演出节目42个；是年12月，举办第二届工农业余文艺会演，178人参演，演出节目84个；1958年12月，大定县举办第三届文艺演出，全县15个代表团、1000余人参演，8天演出节目33个。1956～1959年，黔西县举办全县文艺会演4次。1956年11月，织金县举办第一届民族民间文艺演出，各区镇组织代表团参演，300余人演出节目40余个；1958年举办第二届民族民间文艺会演，754人参演节目100余个。1956年，威宁县举行首届文艺会演，演出《彝族酒礼舞》等节目；1958年、1959年举办第二、第三届文艺汇演，演出《阿西里西》等节目。1957年，纳雍县举行文艺会演，演出《柳青问病》等文艺节目，苗族芦笙舞一枝独秀，嗣后上京演出，受到好评。1963～1965年，各县多举行演唱革命歌曲会演。1966～1976年，各县文化站举行文艺汇演，多演唱革命样板戏。1970年，大方县举办革命文艺汇演，1971年举办业余文艺会演。1970～1973年，黔西县连续4年举办文艺会演，金沙县3次举办文艺会演。1970年8月，织金县举行业余文艺会演，全县15个代表队520余人7天演18场，演出节目184个；各区文化站举办文化汇演，演15场554个节目，15万余人次到场观看。1974年11月，织金县举办样板戏汇演，11个代表队580余人参演147个节目。1978年后，文艺汇演、竞赛频繁。1979年，毕节县举办农村文艺调演；1981年举办音乐创作作品演唱（奏）评奖会；1983年举办县直机关歌咏比赛；1990年，举办全县农民剧团文艺调演，7个农民剧团177名演员参加演出节目54个。大方县1982年6月举办全县青少年文艺汇演，688人参加演出节目60余个；1985年9月，举办纪念抗日战争胜利40周年音乐会，17个单位演唱革命历史歌曲20首；1989年7月，举办全县职工篮球运动会暨歌咏比赛，21个单位1200余人参加演唱；1991年举办烟草杯篮球运动会暨歌咏比赛，21个单位参赛。1980年5月，织金县举办各区文艺汇演，80个演出队1700余人参演；是年8月举办县直机关文艺汇演，3天演8场；1983～1984年，举办全县民族民间文艺汇演、县直机关文艺汇演；1992年举办《乌蒙欢歌》汇演，11个单位800余人演出70余个节目。1981～1984年，黔西县先后举办舞蹈汇演、少数民族文艺调演和城关地区文艺汇演。1982年，赫章县举办农村业余文艺汇演，9个区文化站组队参加，演出节目93个。1984年，纳雍县举办县直机关现代舞比赛，25个单位820人比赛5场，近3万人次到场观看；1991年举办银练山庄纪念毛泽东诞辰100周年歌咏比赛，观众3000余人；1966年举办卡拉OK大赛，评出优秀歌手44名。1986～1991年，大方县连续举办城关歌咏比赛。1996年，威宁县举办老年歌咏比赛、民族团结月歌咏比赛。21世纪初，文艺汇演仍是各县市群众文化活动的重要内容。2004年，大方县举办国庆国歌咏比赛，全县24个代表队参赛；黔西县举办"三个代表"重要思想歌咏比赛；金沙县举办"七一"建党节歌咏赛，16个队参赛。织金县举办"五一"北京新秧歌舞蹈比赛，19个单位参赛；举办国庆"颂祖国·唱家乡"歌咏赛，全县65个队参赛，近2万人次观看。纳雍县举办"移动杯"歌舞比赛，23个县直机关组队参赛，演唱歌舞35个；举办"联通杯"歌舞赛和"煤电杯"合唱、独唱、舞蹈比赛。

3.辅导群众文化活动。1956年，织金县建起农村俱乐部109个，区文化站10个，县文化馆常年给予业务辅导；纳雍县文化馆常年派干部下乡，以中心带业务，重点辅导城关、乐治、居仁俱乐部的群众文化活动；威宁县文化馆以黑坭坡、黑石、牛棚、板底等区乡俱乐部为重点开展文化辅导。1956～1957年，大定县建农村俱乐部49个，文化馆派员到对江乡俱乐部、长石区文工团长期蹲点辅导。1958～1960年，毕节县在鸭池区头步桥高级社、长春乡长春高级社和燕子口区、龙场区建文化站，县文化馆派干部出任站长，负责辅导片区群众文化工作。1963～1965年，金沙县文化馆人员分片包干，辅导农村俱乐部开展群众文化活动；黔西县重点辅导凤凰、大关、谷里、协和俱乐部。20世纪70～90年代，文化馆将辅导群众文化活动列为其职责之一，坚持深入基层开展辅导。1974年，大方县学习陕西户县经验，在全县开展农民画活动，文化馆采取举办培训班、召开创作会、组织到工厂和少数民族地区写生、作个别辅导，指导142人次作者修改作品。是年，金沙县文化馆派人到四川省新都县学习讲故事，之后以集中培训、下乡辅导等方式开展讲故事活动。1974～1977年，全县发展故事员600余人，讲故事1900余场，听众17万余人次，讲故事91个，讲故事活动遍及金沙城乡。在此期间，毕节市农村活跃着40多个农民文艺演出团体，有花灯团、杂技团、歌舞团、合唱团、地灯团、黔剧团、芦笙队、唢呐队、龙灯队、高跷队、武术队等。毕节市群众艺术馆在经费、乐器、服装、道具方面给予支持，派业务人员下乡辅导，帮助其提高创作和演出水平。1996年8月28日，中央电视台在新闻节目中报道了毕节市农村文化红红火火的情况。1989年10月，赫章县文化馆辅导百人表演《乌蒙欢歌》。11月初，中央电视台在晚间新闻中报道其演出情况；1990年5月，辅导珠市民族乡业余文艺演出队演出《撒麻舞》《阿西里西》等彝族舞蹈，被选入北京农业电影制片厂拍摄的《草坡风情》片内；8月，文化馆到珠市民族乡彝族村寨组织辅导彝族青年排练《铃铛舞》《琴弦舞》《乌蒙欢歌》等彝族舞蹈，给日本到珠市考察人员演出1台；1991年5月，辅导雉街乡发达村排练文艺节目参加全省村寨文艺调演，有两个演员被选拔参加中国民族博览会，表演木叶吹奏和《酒礼舞》；1995年，辅导山脚冶炼厂文艺演出队排练节目，其中两个节目被选送参加全国优秀乡镇企业文艺节目比赛。

4.培训业余文艺骨干。1956年，大定县文化馆举办俱乐部骨干培训班，培训37人；1958年，举办4期，培训600人；1965年，举办农村文化室骨干培训班11期，培训728人。1957年，黔西县开展农村俱乐部骨干培训，培训421人；1965年，培训农村文化室骨干，培训193人。1965年春节，织金县培训农村俱乐部骨干，培训109人。20世纪70～90年代，各县继续开展培训，成效明显。在此期间，毕节县文化馆举办乡镇文化站专职干部培训班40余期，2000余人次接受培训。1970～1997年，金沙县举办培训班76期，培训文艺骨干2224人次。1974～1999年，大方县文化馆举办农民画家培训29期，培训农民画作者1000余人次。1979～1991年，举办音乐、舞蹈、讲故事及文化站专干培训，培训623人。1974～1983年，黔西县文化馆举办农民绘画、音乐及文化站专干培训班5期。1977～1989年，威宁自治县举办培训班31期，培训文艺骨干700余人次。80～90年代，赫章县文化馆举办舞蹈培训班4期，培训200余人次。

5.艺术展览。1953～1954年，大定县7次举办爱国卫生运动、斯大林生平、《中华人民共和国宪法》图片展览；1962年，大方县举办《周光亮忘本回头展览》《社会主义教育巡回展览》共25场；1964年举办《家史、社史、村史》巡回展览，159天行程2140千米，深入8个区、65个公社、969个生产队展出，11万余人次群众到场观看。1953～1963年，黔西县文化馆举办“中苏友好、中印边界冲突真相、向雷锋学习”图片展15次。1954年，织金县文化馆举办《群众当家作主人》等图片、模型展。1963～1964年，毕节县举办家史、村史、社史展10余次。20世纪70年代后，多举办艺术展览。1974～1991年，大方县文化馆举办农民画、书画展25次。1974～1996年，威宁自治县文化馆举办美术、书法、摄影展25次，展出作品3100余件（幅）。1975～1993年，赫章县文化馆共举办展出36次。1975～1986年，黔西县文化馆5次举办美术、书法、摄影展。1980～1990年，金沙县文化馆举办书画作品展9次，展出书画作品853件（幅）；举办集邮展1次，展出邮票305张。

6.节日文化活动。20世纪50～70年代，各县文化馆多在“五一”“五四”“七一”“八一”“十一”举办节日文艺晚会、电影晚会。1978年后，节日活动日趋丰富多彩，其中尤以国庆、春节盛况空前。1978年春节，大方县文化馆在县体育场举办群众灯谜竞猜活动，6天展猜灯谜4000余条，数万人次参与。1981年春节，织金县文化馆排练文艺节目在城内演出11场；组织花灯演出队14个，出龙15条。1985年，大方县文化馆组织城关、理化、六龙在县城开展龙灯游艺活动；毕节县文化馆与县文化局联办文娱、游艺活动，3万余人次参加活动。1988年春节，大方县文化馆与县书协联合发动书协会员义务写春联1500副发给群众张贴；举办3天猜灯谜活动，出谜2000余条；举办农民书画展，展出作品140幅；举办民间工艺灯会，展出工艺彩灯100盏。1989年春节，赫章县文化馆与有关单位联合举办书画、摄影作品展，歌手赛，春联有奖赛，电影晚会；国庆期间，配合县文化局演出两会文艺晚会；组织街道居民开展文艺表演。1989年春节，毕节县文化馆与县文化局配合，举办歌咏比赛，31个单位参赛，观众万余人。1989年春节，纳雍县文化馆配合县文化局开展猜灯谜、青年歌手赛、民间花灯、傩戏演出、山歌演唱活动。“三八”“五一”“五四”，与有关单位配合，举办迪斯科舞蹈赛；“七一”，与有关单位配合，举办音乐演唱会；国庆节举办文艺汇演，24个单位375人参赛。1990年“三八”妇女节，毕节县文化馆配合有关单位举办秧歌游行赛，28支秧歌队翩翩起舞，城内居民沿街观看。1990年元旦，赫章县文化馆举办城区迎春舞蹈赛；春节，与县文化馆配合在县城创建文化经济一条街，开展书法、游艺、猜灯谜等10余次文化活动。1990年，大方县文化馆举办业余歌手舞蹈有奖赛，近100名选手参赛；举办春联征集评奖和春联书法展览；与县团委联合举办计划生育文艺晚会；与县灯谜协会联办灯谜展猜；与县文化局联办民间灯会，展示各式彩灯80余盏。1991年，金沙县文化馆受县政府之托，在县城举办文化一条街、春节乐园活动，活动从正月初三进行到十五日，开展20余次文化活动。1991年春节，威宁自治县文化馆配合县文化局，在春节、“三八”“五一”“五四”“六一”及教师节，分别举办文化艺术活动。1992年春节，织金县文化馆举办美术书法、摄影作品展，展出作品280幅（件）；举办舞会8场，迎春诗会1场、卡拉OK演唱比赛1场。1992年、1993年春节，金沙县政府拨款13万元，举办“颂祖国·唱家乡”歌咏赛，35个县直单位和32个乡镇组队参加，近2万人观看。

## 四 乡镇文化站

1979年，中共毕节地委同意地区文化局分别在各县选择条件较好的区建文化站的报告。旋即，在毕节县燕子口区、大方县百纳区、黔西县大关区、金沙县平坝区和石场区、织金县阿弓区、纳雍县居仁区、威宁县盐仓区、赫章县青山区建立文化站。1985年，在全地区99个区、709个乡镇中建文化站566个，其中有人员、有场地、有经费、有活动的163个，占29%；一般的265个，占47%；有牌子、无人员、无场地、无经费、无活动的137个，占24%。1992年，实施撤区并乡建镇，文化站与广播站合并，建立文化广播站。1997年，全地区250个乡镇办事处，建有文化广播站的133个。至2000年，178个乡镇办事处建文化广播站，其中有人员、有场地、有经费、有活动的69个，占38.7%，共有用房1.23万平方米，有职工400人。在178个文化广播站中，能开展正常活动的97个，占54.4%。2006年，将乡镇办事处文化广播站改建为乡镇综合文化站，全地区250个乡镇综合文化站中有44个有约50平方米的独立馆舍。2008年，全地区有54个乡镇综合文化站获国家立项新建300平方米的馆舍。其中毕节市27个、大方县4个、黔西县21个、百里杜鹃管理区2个；金沙县自筹资金建2个。2009~2011年，全地区完成中共中央下达的乡镇综合文化站建设项目193个。

乡镇文化站活动。办得好或办得比较好的乡镇文化站主要开展以下活动：（1）组织业余文艺演出、举办文艺晚会、歌咏会；（2）开展游艺和球类、棋类比赛活动；（3）开办图书阅览室，借阅图书、阅览报刊；（4）办情报橱窗，开展法律、政策、文化常识宣传；（5）培训文艺骨干，组织业余文艺创作；（6）开展民族民间文化活动。

## 五　少儿艺术　文工队

**少儿艺术**　1.艺术培训。1974年，大方县文化馆开办少儿业余艺术学校，设声乐、器乐、舞蹈3个班，首开少儿艺术培训之先河。之后，增设美术班、书法班。1985～1989年，共办少儿艺术培训班7期，培训少儿280余人次。1990～1995年，地区群众艺术馆共开办少儿艺术培训班30期166班，举行声乐、舞蹈、电子琴、小提琴、书法、美术、扬琴培训，共培训少儿4000余人次。少儿学员创作的美术作品，多次参加省及全国的少儿美展，获全国美展三等奖4名、优秀奖15名；排练的少儿舞蹈节目，多次参加省举办的少儿文艺赛事，并获奖。1993～1997年，毕节市群艺馆举办少儿美术、书法、声乐、舞蹈、器乐培训班14期，培训少儿700余人。1994～1996年，金沙县文化馆举办少儿音乐、舞蹈培训班6期。2000年后，毕节地区群众艺术馆开展一系列的少儿艺术培训活动。2001年举办舞蹈、美术、小提琴、声乐培训班，培训1260余人次；2004年，举办各类少儿艺术培训班4期，培训2000余人次。2005～2006年培训的4000余人次中多数为少儿学员。2008年举办80班，培训3000人次，多数为少儿学员。

2.文艺演出。1980年，大方县文化馆举办“六一”歌咏比赛，14所学校900余名少儿参赛。1987年，举办“六一”少儿歌舞汇演，9校400余名少儿参演，演出节目30个。组织少儿艺术演出队代表毕节地区参加贵州省首届少儿艺术节，戏剧小品《无题》获三等奖，舞蹈《响铃舞》和女童声二重唱获表演奖。1990年，在贵州省第二届艺术节上，毕节地区群众艺术馆少儿艺术培训班演出的舞蹈《牵手跳龙门》获优秀创作奖，大方县少儿艺术表演队演出的舞蹈《仡佬娃娃辘鱼乐》获编导奖、音乐奖、服装设计奖和优秀节目奖。是年，大方县举办全县少儿文艺汇演，演出节目42个。1992年，织金县文化馆举办少儿器乐演奏比赛和少儿书法比赛，30余名少儿参赛。是年，地区文化局、团地委等单位联办全地区“六一”少儿电子琴邀请赛，34名少年选手参赛。1996年，地区文化局、地区群众艺术馆、地区音协联办“新春少儿钢琴音乐会”，

66名小选手参赛。是年，织金县举办鱼山之夏希望少儿器乐独奏比赛和鱼山之夏少儿现场书法比赛，76名少儿参赛；威宁自治县举办首届少儿歌曲演唱比赛，41名小歌手参赛；毕节地区群众艺术馆小杜鹃艺术团在贵州省第四届少儿艺术节上演出儿童舞蹈《草海鹤的故事》获三等奖；毕节市群众艺术馆少儿杂技艺术团与外省区27个少儿艺术团同台演出，获表演特别奖。2000年，地区举办全地区少儿拉丁舞比赛。2004年，地区小杜鹃少儿艺术团先后参加春节广场演出、“五一”专场演出和国庆小杜鹃之声器乐演奏会。2005年，小杜鹃少儿艺术团先后参加为失学儿童募捐大型广播义演、贵州省第七届少儿艺术节演出和与毕节六小进行联谊演出。2006年“六一”节，小杜鹃少儿艺术团在泰丰园举行专场文艺演出。2008年7月，地区艺术馆组织参加贵州省第八届少儿艺术节毕节地区选拔活动，各县市推荐195个表演节目、63件美术及书法作品参选。经评选，推荐声乐表演节目27个和书法、美术作品各10件参加贵州省第八届少儿艺术节，获一等奖5项、二等奖11项、三等奖8项、优秀奖15项。

3.少儿艺术作品展览。1983年，大方县文化馆选送4件少数民族少儿工艺品参加全国民族工艺品展览，2件获奖。1985年，黔西县文化馆举办《少年儿童书法绘画展览》。1985～1986年，金沙县文化馆分别举办少儿书画展。1986年，地区文化局举办《少儿书法、绘画、劳作、摄影展览》。1987年，在《贵州省少儿民族民间工艺美术作品展览》会上，大方、织金分别入展少儿工艺作品12件、13件。1990年，大方县文化馆选送少儿根雕作品参加北京第十一届亚运会中国少儿造型艺术展览，24件作品入选展览，20件作品被收藏。1996年，威宁自治县举办首届少儿书画摄影展览。是年，地区群众艺术馆举办《六一少儿书画展》；1997年，地区举办《爱祖国迎回归少儿美展》，展出作品400余件。2007年，地区群艺馆举办少儿绘画展。2008年，地区群众艺术馆举办全地区少儿绘画展，展出作品160余件。

**文工队**　1.金沙县文工队。1976年，金沙县建立文艺宣传队。1980年改称文化工作队。至1983年，共下乡演出600余场，演出自创的各类节目102个，演出非自创节目70个，帮助区乡建立业余文艺宣传队111个，辅导业余文艺骨干2100余人次。1984年，改为民族文化工作队。1985～1987年，共演出103场，演出各类节目86个，观众10余万人次。

2.大方县文工队。1979年建立，其前身为大方县文化馆农村文艺小分队，当年即下乡演出85场。1980～1981年，深入县境边远少数民族地区演出121场，观众10余万人次。1983年，深入9区、28个公社演出115场，行程2500千米，演出51场。1984年改为民族文化工作队。1987年，排练舞蹈《梳春》参加全国民族民间音乐舞蹈录像调演，获三等奖。1988年，改为大方县文化馆文艺小分队。1997年，复建为大方县民族文工队，为县文化广播电视局下属事业单位。

3.威宁自治县文工队。1980年建立。1980～1985年，演出198场，观众近8万人次。1989年，排练彝族《酒礼舞》参加贵州省民族民间艺术节演出。1990年，排练月琴弹唱《普查春风遍彝家》参加全省人口普查文艺调演，获一等奖。1991年，排练节目为贵州省第四届彝学会演出。1992年，参与彝族舞蹈《乌蒙欢歌》排练，为3省27县老年门球运动会表演。1997年，排练舞蹈《欢聚在火把节》赴筑参加火把节演出。

4.织金文工队。1984年建立。次年深入县内农村演出90余场，观众10万余人次。1986年，排练苗族双人舞《擀冉情深》、布衣舞《索绣球》参加全省民族民间音乐舞蹈比赛，均获三等奖。《擀冉情深》入选全国民族民间音乐舞蹈录像调演，获国家文化部、广电部丰收奖。是年，先后到黔西、纳雍、赫章、水城、安顺及贵州民族学院作交流演出。1989年，排练《花笼舞》《索绣球》参加贵州省首届民族民间艺术节演出18场。1990年，创作苗族舞蹈《鼓笙魂》《花坡舞》参加毕节地区文艺调演，获特别奖。其后代表毕节地区参加全省业余文艺调演。1992年解散。

5.黔西县文工队。1986年建立。1986～1989年，送戏下乡20余次，参加民族节日集会活动10余项，演出各种节目50余个。1990年撤销。

6.纳雍县文工队。1986年建立。文工队以本县区乡为演出服务重点，多演出自编小戏、歌舞、曲艺。其间自编彝族舞蹈《槎子舞》参加贵州省首届民族民间艺术节演出，获一等奖。1991年解散。

## 第二节　社会文化团体

### 一　文艺社团

**民国时期的文艺社团**　1.毕节草原艺术社（简称草原社），1933年，由中共地下党员林青、缪正元、秦天真组织成立，是贵州省第一个抗日救亡文艺团体。毕节城区200余名师生参加活动。草原社的文艺活动和方针是：“歌咏不唱靡靡之音，演戏要演有进步意义的戏剧，绘画要绘刚强的人，文学要为劳苦大众。”草原社分设话剧队、美术组、歌咏队、读书会，分别组织社员阅读进步书刊，排练戏剧，练唱歌曲，学习绘画。民国23年（1934）春节，草原社在毕节县城陕西庙戏楼举行公演，盛况空前。歌咏队演唱《国际歌》《划原青年之歌》《大路歌》《囚徒之歌》《春光普照》《金谷园中》《第二次世界大战又迫在目前》等歌曲。话剧队演出《暴风雨中的七个女性》《火之舞》《敌同志》《最后一吻》。草原社的公演，轰动毕节山城，亦震惊毕节国民党当局。演出两场，即被国民党当局强横干涉，被迫停演。是年夏，林青、缪正元、秦天真离毕，草原社停止活动。

2.毕节民众俱乐部。民国25年（1936）成立，以进步青年为骨干，开展进步文化活动。民国26年（1937）秋，毕节民众俱乐部改为毕节各界抗敌后援会，会址设于国民党毕节县党部礼堂。中共地下党员邱在先、邱在模、宁汉戈、宁起枷、宋达廉参加抗敌后援会，组织开展抗日宣传活动。出战报和黑板报，报道前方战况及日寇侵华暴行。编辑散发会刊，刊登宣传抗日政论文章和文艺作品，报道抗日消息。组织歌咏队在街头演唱《义勇军进行曲》《大路歌》《打回老家去》《抗敌军歌》《大刀进行曲》《松花江上》《九一八小调》等抗日歌曲。排练演出话剧《火焰》《八百壮士》《放下您的鞭子》。歌咏队、话剧队除在毕节城区演出外，还到海子街、小坝等区乡作宣传演出。

3.大定耆英诗社。初名耆社，民国25年（1936）夏成立，有成员8人，均系60岁以上的大定城关宿儒。公推王楚珍、赵泉生为正副社长，社址设赵泉生家。议定活动方式为在8家轮流聚会。与时，薄酒三杯，清茗一盏，由正、副社长命题，上周命题，下周交稿，赓酬唱和，语工意新，或寄情山水，描景状物；或叙民风民俗，摩写现实。耆社初期，创作诗词数百首，传抄于大定文化界，激发起一些诗词爱好者的诗兴，遂主动参加耆社聚会，领题创作。民国28年（1939），耆社成员扩大到24个，少长咸集，遂更名为耆英诗社。耆社前后持续活动8年，创作诗词楹联1000余首。其后几经动荡，各家收藏之作品失散殆尽。

4.新场文艺研究会。民国26年（1937）黔西县新场镇（今金沙县城）一小校长蓝芸夫及教师卢促成、李绍夫、刘星洲、余英、罗学敏、廖明星、王丞云、蒋学正、林正良、吴家臣、蓝运槐等组织成立新场文艺研究会，引导民众阅读进步书刊。文艺研究会设有图书室，藏有政治类书籍《社会主义从空想到科学的发展》《什么是列宁主义》《国家与革命》《政治经济学》《大众哲学》等；文艺类书籍《牛虻》《铁流》《毁灭》《母亲》《死魂灵》，鲁迅的《呐喊》《彷徨》，茅盾的《子夜》，胡愈子的《莫斯科印象记》，范长江的《陕北状况文集》等。文艺研究会聚会地点为新场镇一小（今城关二小地址），有时也在野外开讨论会。1938年10月，秦天真到新场吸收蓝芸夫、李绍夫、林正良等20名文艺研究会成员加入中国共产党。

5.毕节孩子剧团。民国27年（1938）秋成立。有数十名小孩参加孩子剧团。国民党军政部第八补充兵训练处政治部科长李荣凡任团长，中共毕节县工委派地下党员宁起枷、邱在模、邱在陵、陈国枢、周鼎祥、肖国炳参加孩子剧团活动。孩子剧团的行动宗旨是宣传抗日救亡。孩子剧团除在毕节城区演出外，民国28年（1939）春还到大定、黔西、水城县巡回演出街头剧《难民曲》《打东洋》《打城隍》和舞台剧《流亡曲》，演唱抗日歌曲。每到一地，还张贴标语，散发传单，进行抗日宣传讲演。

6.大定职中读书会。民国28年（1939）初，中共大定地下支部在大定职中秘密组织三个读书会，组织50多名读书会成员，阅读《大众哲学》《大众政治经济学》《新华日报》，鲁迅的《呐喊》《彷徨》，茅盾的《子夜》，巴金的《家》，邹韬奋的《萍踪寄语》。读书会共有图书300余册，多为进步书刊。读书会成立文学、绘画、音乐、木刻学习小组，掩护与会成员阅读进步书刊。民国29年（1940）4月，蔡应达、杜华疆被国民党逮捕，读书会解散。

7.勃生剧社。民国28年（1939）寒假，黔西县吴与人、宋福钧、方文实发起成立，主旨宣传抗日救亡。30余人入社活动。申报成立初，国民党黔西县党部欲将剧社纳入三青团范畴，遭到众社员拒绝。后得移驻黔西休整的陆军305师支持，以勃生剧社名义排练五场六幕大型话剧《凤凰城》公演。春节，《凤凰城》首场演出，305师师长陈明仁率连以上军官前往观看，陈被剧中抗日联军司令为国捐躯的英勇牺牲精神感动得热泪盈眶。此后，排演《面子问题》《代用品》《人与傀儡》演出。

8.石场中心民众读书会、文研会。民国28～30年（1939～1941），由中共地下党员林正良、罗学敏等发起成立，组织石场中心示范小学师生和社会进步青年阅读哲学、政治经济学、文学进步书刊；组织宣传队在石场、太平、铸钟、清池、托腰树等乡镇进行宣传演出，宣传抗日救国；出墙报和漫画宣传栏，刊登读书会和文研会成员创作的文艺作品。

9.织金中学抗日救国话剧团。民国27年（1938），由织金县县长陈虎生筹资组建。每逢场期或集会，话剧团即在县城街头或场坝演出，并到县内三甲、绮陌等乡镇演出《放下你的鞭子》《除汉奸》《游击之歌》等剧。民国30年（1941）停止活动。

10.川滇东路运输局业余剧社。川滇东路运输局驻毕节县海子街镇，民国30年（1941）运输局职工成立业余剧社。民国30～34年（1941～1945），业余剧社在海子街和毕节县城先后演出京剧《梅龙镇》《捉放曹》《苏三起解》《武家坡》和话剧《渔家女》《孙四姑娘》《重庆二十四小时》。

11.旋风剧社。民国32年（1943），由中国空军航空委员会第一航空发动机制造厂职工成立，分京剧、话剧两组开展演出活动。京剧组曾到毕节演出京剧《四郎探母》《御碑亭》《打渔杀家》。民国35年（1946），话剧组演出《升官图》《面子问题》，演唱《塞上儿女行》《不能打》等歌曲。民国36年（1947），剧社停止活动。

12.弘毅剧团。民国33年（1944），由毕节弘毅中学校长葛天回发起建立。是年，演出话剧《铁血将军》《伯爵夫人》《蓝蝴蝶》。民国34年（1945），开展向社会公演，给抗日将士募集寒衣，演出话剧《日出》《仇情》。民国35年（1946）暑假，组织演出《升官图》，只演几场，即被毕节国民党当局禁演。民国37年（1948），组织演出《钦差大臣》。

13.SOLDO（51）合唱团。民国35年（1946）3月，由毕节师范学校音乐教师魏岩发起建立，以《义勇军进行曲》音符命名。合唱团成员多为毕节城区小学教师，也有公职人员和毕节师范学校学生。合唱团每天晚上7～10时，在安息会礼拜堂排练《黄河大合唱》。5月26日，SOLDO（51）合唱团在毕节师范礼堂公演《黄河大合唱》，轰动毕节山城。是年夏，SOLDO合唱团全体成员集会于怡园茶社，举行茶话会，高唱《不能打呀不能打》《我们要和平，要民主》《我们为什么不歌唱》《天快亮时暗一暗》《炸掉嘴上的封条》《我们要战斗》等反内战歌曲。

**中华人民共和国成立后的文艺社团**　1.大定县机关业余京剧团。1950年，中共大定县委宣传部组织机关成立业余京剧组排练演出京剧《法门寺》。1952年初，县工商联组建工商联业余京剧团，演出《空城计》《法门寺》《武家坡》。是年10月，将上述两个业余京剧演出团体合并组成大定县机关业余京剧团。剧团先后排演京剧《甘露寺》《金玉奴棒打薄情郎》《打龙袍》《潇湘夜雨》《白蛇传》《梁山伯与祝英台》《荒山泪》《将相和》《宝莲灯》《葛麻》。1956年7月，剧团无经费支撑而解散。

2.红星剧团。1951年初，由黔西县城关30名中学教师发起组建。剧团活动近1年，先后排练《赤叶河》《王秀鸾》在县城和大关、谷里演出20余场，观众逾万人。

3.大定城关业余川剧团。于1952年5月成立，成员多为城关各县川剧爱好人士。1952～1956年先后排演《还是互助好》《将相和》《五台会兄》等剧。

4.黔西县人民业余剧团。于1953年4月25日成立，下分京剧、川剧、文琴、话剧4个组。各剧组演出活跃，尤以文琴组演艺成绩最佳，将文琴从坐唱搬上舞台，开黔剧先河。

5.毕节师范学生合唱团。于1954年成立，成员百人。同时成立中师部、初师部乐队。20世纪50年代中期，毕节师范学校每年在校园举行迎新、国庆、元旦、五一、五四、六一联欢晚会、欢送毕业同学晚会，演出多种文艺节目。合唱团或成建制演出，或分散到班级组合演出。1954年，演唱《黄河大合唱》。乐队除为学校文艺演出伴奏外，还排演《金蛇狂舞》《森基德玛》《步步高》等器乐合奏曲演出。

6.大定县业余川剧团。1956年由大定县文化馆组建，先后上演《金霞配》《御河桥》《铡美案》等剧目。除在城关地区演出外，还到县属部分区乡演出。1957年底解散。

7.纳雍县机关京剧社。于1956年建立。先后在纳雍县城演出《武家坡》《空城计》《捉放曹》等剧目。次年解散。

8.黔西县城关文工团。于1957年成立。1957～1958年，先后排练《岳母刺字》《雪梅教子》《花田写扇》《燕燕》《铁盔山一年》在县城和县属部分区乡演出。1958年8月解散。

9.大方县机关业余话剧团。于1961年11月成立。先后排练话剧《春雷》《霓虹灯下的哨兵》《抓壮丁》《红岩》《战斗的青春》在县城演出。1964年停止活动。

10.黔西县机关团总支业余话剧组。1963年建立。1963～1964年，排练大型话剧《年轻的一代》《千万不要忘记》在县城演出，演出30余场，观众几乎场场爆满。

11.毕节县田坝乡农民杂技团。1980年，由王祖斌组建，演员15人，均为农民。农忙时种地，农闲时演戏。杂技团从湖南延师传技，在毕节杂技团拜师学艺，学会魔术、杂要、飞刀花鼓、悬空含花、柔术含花等节目。除在本县演出外，还到省内及川、滇、桂等省30多个县市演出。省、地报纸及中央、省、地电视台对其演出活动曾作报道。

12.金沙县城关镇业余剧团。1981年建立。剧团租借金沙县工会场地售票演出，亦到附近乡镇演出。1985年，因经费拮据而解散。

13.毕节地区群众文化学会。1984年4月成立。此后，组织会员进行学术研究，撰写群众文化学理论文章近百篇。

14.大方县灯谜协会。于1985年1月成立，此后，每年均举行群众会猜、竞猜及电影灯谜活动。灯谜协会成员创作的500余条灯谜佳作先后在《中国谜报》《贵州日报》等17家报刊发表。1985年，毕节地区文化局编辑《毕节灯谜》，共选编灯谜1480条，其中大方谜作入选980条。是年11月，为贵州省群众文化事业单位以文为主多种经营现场会举办迎宾灯谜会。1987年春节，应贵州省文化出版厅邀请，参与举办贵阳丁卯年元宵灯谜会。10月，应毕节地区文化局邀请，在毕节主办国庆灯谜会。是年，编辑出版《大方灯谜》，铅印2000册。1988年3～8月，为《贵州日报》举办的友谊迷宫灯谜有奖猜赛提供谜作80条。是年4月，举办大方首届杜鹃谜会。1988年10月，充任《中国谜报》虎山摆擂主擂，560名谜界知名人士及灯谜爱好者参加，为历年参与者最多。1993年，贵州省文化厅、省群众艺术馆在贵阳举办癸酉年春节灯谜会，特邀大方县主持谜场，设悬谜1320条，其中特级奖组谜18组，灯谜180条。自1987年元宵灯谜会起，大方灯谜七上省城。1985～1991年，大方灯谜协会共组织协会会员创作灯谜2万多条，编印谜刊《虎林寻踪》。

15.黔西县杜鹃诗社。1986年成立，创办《杜鹃诗刊》，每期印发800份。初时编重旧体诗词，后逐步改为新旧诗词并重，诗社社员由30余人发展到130余人。1991年，停办《杜鹃诗刊》，计出刊20期，印发1.6万册。是年，诗社编辑《黔西历代诗选》内部出版，入编诗作613首；编辑《黔西当代诗选》，收编诗作数万首。1994年，编辑《丁扬斌诗集》内部出版，入编诗作260首。1999年，编辑《时代颂歌》内部出版，入编诗词439首。2007年，编辑《黔西当代诗词三百首》内部出版。此外，还协助诗社社员编辑内部出版诗集《凝霞诗选》《凝霞诗选续集》《旅痕》（1～4集）《沧粟吟草》《初探诗文集》《三国唱词》《心声集》《颜亨祥诗词选集》。

16.金沙县玉屏诗社。于1987年成立，其成员多为离退休干部职工。县财政拨给一定经费，出刊《玉屏诗刊》，编印《玉屏诗集》。

17.纳雍民族杂技团。于1987年成立。每年在县内农村演出40场，其余时间自行在毕节地区所属各县演出。90年代后，拓展至广西、云南、四川、湖南等省份演出。

18.乌蒙诗社暨毕节地区诗词学会、楹联学会。于1988年7月26日成立。至2008年，主要开展以下活动。（1）编辑出版《乌蒙诗刊》。1988年10月20日创办《乌蒙诗刊》（季刊），每年出版4期。截至2008年9月，已编辑出版80期。平均每期按刊发290件作品计算，则20年间共发表诗词等艺术作品近3万件。（2）收集、整理编辑出版各类诗词选集或专著14卷共2.4万册，260多万字，分别是：《吟秋山馆诗词钞》《滴碎愁心集》《中国对联集成·贵州毕节卷》（上下卷）《乌蒙诗词楹联选》《乌蒙诗刊文选》《毕节地区风景名胜诗词选》《诗文吟咏织金洞》《诗苑新秀》。（3）开展诗教活动，创建诗词校园。2006年，中共毕节地委宣传部批准毕节地区诗词楹联学会关于《开展诗词之乡、诗词校园创建活动的实施方案》，决定由地区文明办牵头，在全地区开展“诗词之乡”“诗词校园”创建活动，并选定毕节二中和大方六龙镇、六龙中学作试点单位。是年，3个单位被省命名为先进诗教单位。2008年4月，地区精神文明建设委员会召开全区诗教工作经验交流暨表彰会，毕节二中、大方六龙中学被授予诗词校园称号；大方六龙镇被授予诗词之乡称号；金沙岩孔镇、毕节二小、纳雍一中等20个单位，被评为诗教先进单位。（4）培训骨干教师，在全地区大中小学开展中华诗词大赛。2001～2002年，根据省教育厅和省诗词学会的安排，举办全地区首届大中学生中华诗词大赛。50余所学校4000名学生参赛，创作诗词3000余首。在各县市报送1756首诗词作品中，除评审遴选162首优秀诗词作品报省外，还对其他作品进行分组评奖，其中高中组评出一等奖5个、二等奖7个、三等奖12个；初中组评出一等奖2个、二等奖4个、三等奖6个。金沙、织金、纳雍、黔西县、毕节市获组织奖。2004年5月，地区教育局与诗词楹联学会联办全地区第二届大中小学生中华传统诗词大赛。赛前进行诗词骨干培训，全地区38名教师接受培训。至2005年底，共收到作品1744首。2006年上半年，组织评委评审，评出获奖作品168件，其中一等奖11件、二等奖24件、三等奖37件、鼓励奖96件。2007年，地区诗词楹联学会、乌蒙诗社与地区教育局联办全地区大中小学生第三届中华诗词大赛。赛前，地区及各县市均举办诗词知识骨干培训，为开展大赛作准备。是年8月，全地区分11个赛区进行初赛，而后，每赛区从优遴选作品50件，报送地区参赛。经评审，评出获奖作品113

件，其中一等奖16件、二等奖30件、三等奖67件。（5）组织开展中华诗词楹联创作和研究。每年召开年会总结年度工作，提出下一年度工作目标。每届年会诗友间均有新作交流。与毕节报社联合举办春节征联活动6次，计2000余人次应征。举办端阳诗会7次。每逢重大纪念活动以及重大历史事件，诗社均安排开展专题创作活动，并在《乌蒙诗刊》新辟专栏，选登作品。

19.大方县诗词楹联学会。于1990年1月成立，编辑《扶风》诗刊，共出刊18期。为教育、宣传等部门编辑《普教颂》5集，登载诗词曲联300余首（副）。编辑《扶风前人诗联拾逸》，搜集整理和选载本县陈凤占、章永康、周婉如、陈枕云、宋蛟、彭修伍等明清诗人遗作近500首（副）。为奢香博物馆编纂《奢香夫人赞》诗刊1册；编辑整理出刊《蓝芸夫诗词选辑》《滴碎愁心集》《晚晴集》；参与《中国对联集成》地方资料搜集整理工作；编纂《大方对联选辑》。会员在《中华诗词集》发表诗作20多首，在贵州省《爱晚诗刊》登载诗联约150首（副），在《中国楹联报》发表对联20多副；1997年，杨鹰诗作入选中华诗词大赛金榜集。

20.“滚山珠”苗族芦笙技巧舞表演队。“滚山珠”苗族芦笙技巧舞源于古代传说。1983年端阳节，纳雍县猪场乡雷打岩村的几个苗族青年在地龙滚荆基础上，充实蜻蜓点水、骏马奔驰、打场芦笙舞的动作和技巧，编为一套完整的舞蹈，取名“滚山珠”，在神仙坡民族节日集会上表演博得观众赞赏。之后，在演出中不断加工提炼，成为苗族芦笙舞中的奇葩。1984年，苗族儿童王景全以“滚山珠”参加全国少年儿童业余歌舞、学校木偶剧比赛，摘取比赛桂冠。1985年，在上海参加全国金誉杯歌舞比赛，获表演奖。1987年，在北京参加全国民间工艺、文物展览汇演，赴香港参加中国少数民族艺术表演，参加北京亚运会艺术节演出，赴挪威、荷兰、比利时、丹麦和加拿大演出，均博得赞誉。1994年，“滚山珠”在北京中华民族园演出两个月；1995年3月，应国家民委邀请，到北京参加一系列对外表演活动，还到威海市贸易公司、承德市旅游公司等处作客串演出；同年11月，又赴昆明参加全国第五届少数民族传统体育运动汇演。1997年分为几个表演队在红枫湖、珠海、北戴河等演出。

**毕节小杜鹃少儿艺术团**　20世纪90年代初，由毕节地区群众艺术馆组建。1993年，参加“中国·贵州国际少儿艺术联欢节”演出。1996年，参加贵州省第四届少儿艺术节，演出舞蹈《草海鹤的故事》，获三等奖。21世纪初，演出活动更为频繁。2005年4月，参加为失学儿童义演募捐演出活动；5月，进行“金色童年”广场文艺演出；7月，赴贵阳参加贵州省第七届少儿艺术节，演出的声乐5人组合《阿西里西》获艺术节最高奖“小杜鹃奖”，舞蹈《舞动查尔瓦》获表演奖；7月，与毕节六小进行“手拉手，心联心”联谊演出。2006年6月1日，在毕节泰丰园进行“六一”专场文艺演出。2008年3月，参加地直“三八”节文艺演出；7月，参加贵州省第八届少儿艺术节，演出的舞蹈《鹤梦》获舞蹈类节目一等奖，两个器乐节目分别获一、二等奖。

**金沙县农民黔剧团**　1994年组建。当年排练小黔剧《紧急结婚》《烧香》和黔剧小品《求职》《彩礼》参加贵州省黔剧调演，获省戏剧专家好评。

**金沙县民歌协会**　1995年1月建立。至2007年，共编唱各类民歌1000余首。

**金沙县吉利管乐队　西部管乐队**　均组建于1998年。两支管乐队频繁活动于民间各种庆典和晚会上。两支乐队的演出，带动了金沙县管乐艺术的发展。2001年后，又先后建立起光明中学、逸夫中学、安氏镇、平坝乡等单位和乡（镇）管乐队。至2007年，全县管乐队发展到100余支。

**黔西县盆景协会** 建立时间不详。2002年，在县城黔龙山庄举办树根盆景、小石盆景、根雕展览，展出作品300余件。同年，选送20余件作品参加贵州省第六届盆景、赏石、根艺及第二届贵州（白云）花鸟盆景、根雕奇石展览交易会，蔡勇的火棘盆景《枯茶神韵》获金奖，蒋兴栋的石榴盆景《相依》、卢德才的石榴盆景《其乐无穷向晚风》获银奖，向故寿的火棘盆景《古雅风韵》、卢德才的树石盆景《绿水情系山水间》获铜奖，黔西盆景协会获组织奖和优秀协会第二名。2005年杜鹃花节期间和2006年“走进奥运”观赏石选拔赛中，盆景协会均推荐作品参加展出。

**毕节民乐团** 2004年由毕节地区群众艺术馆主持组建，由毕节地、市30余名民族乐器演奏者组成。2007年，参加在毕节举办的贵州省“移动通信杯”二胡观摩音乐会颁奖晚会演出。2009年8月，派出33人组成的中型民族管弦乐团参加贵州省首届民乐队邀请赛，演奏的创作曲目《草海节日》及京剧曲牌《夜深沉》获演奏金奖、新作品创作优秀奖、优秀指挥奖和组织奖。

毕节民乐团

**黔西县水西文琴社** 2005年初，文琴老艺人刘兴国、文琴爱好者周光临等自筹资金购买乐器，组建黔西县文琴复兴社，成员10余人。2006年，更名为黔西县水西文琴社。2007年，黔西县文体广电局将维修一新的黔西武庙作为水西文琴社活动场所，举行挂牌仪式，武庙戏台前张贴对联1副：“小小方寸地说唱世上兴衰成败事，细细几根弦弹奏人间离合悲欢情。”此后，水西文琴社在武庙排演《搬窑》《西厢记》《借亲配》《人面桃花》（片断）等文琴戏传统剧目和《花山行》《情系一方》等现代小戏参加县举办的有关文艺演出活动，并到地区参加有关演出。是年6月，中央电视台“走进毕节”剧组拍摄了水西文琴剧社演出的节目。

**杜鹃女子合唱团** 2005年由地区群众艺术馆主持组建，成员近百人。2006年元旦，参加地区群众艺术馆与毕节卫校联合举办的“辞旧迎新”文艺晚会演出；5月，参加地区纪律检查委员会主办的“弘扬廉政文化，共建和谐毕节”文艺演出；6月，参加地、市文化局主办的“文化遗产日”文艺演出；12月，在毕节卫校礼堂举办“杜鹃女子合唱团音乐会”。2008年3月，参加地直“三八”节庆祝文艺演出。

**黔西北说唱艺术团** 2009年3月10日成立，5月18日在毕节天宫大酒店举行授牌仪式，中共毕节地委书记秦如培致贺信，省文联副主席井绪东、中共毕节地委副书记安金黎出席并为说唱团授牌。授牌仪式上演出了四川清音、彝族月琴弹唱、相声等说唱节目。

## 二 文艺宣传队

**民国时期的文艺宣传队** 1.黔西县联合分会演出队。民国8年（1919）暑期，在北京就读政法大学的进步学生黎又霖回到黔西，与黔西在贵阳读书回乡度假的学生一起组织黔西县学生联合分会演出队，在万寿宫演出话剧《武训兴学》《孤儿泪》。

2.织金新剧团。于民国12年（1923）冬成立，由织金在贵阳读书的覃伯平、张月石等人发起成立，有成员20余人。回织金后，吸收彭允恭、王重辉等10余名小学教师和师范讲习所学生参加，计有30余人。新剧团设于县城南大街寿福寺内。演出经费大部分为募捐所得，少部分剧团成员自捐，共得小洋1000余元。新剧团排练《再造共和》《大战凉山》《箕豆悲》《灾民泪》，于民国13年（1924）旧历正月初八试演，初九至十二连演4场，观众3000余人。

3.黔西新场公演新戏筹委会。民国18年（1929），由蓝运富、林正良等人发起成立，组织演出《生命与国家》《岂有此理》新戏。剧场设在新场镇川祖庙，剧场门口牌坊上撰联：惟妙惟肖促进文化，绘声绘色指导人生。

4.黔西师生演剧会。民国20年（1931），由黔西县胡士杰（女）、游巡五、张国钧、宋福均发起成立，在万寿宫演出《长工与小姐》《货郎郎》《森林之歌》《月光曲》。是时，女子与男子同台演戏，在黔西为前所未有，成为黔西街谈巷议的头号新闻。

5.毕节学生寒假工作团。民国27年（1938）初，中共贵州省工委特派员徐健生利用国民党当局组织学生寒假工作团的机会，组织贵阳回乡学生和毕节师生参加工作团，开展抗日宣传活动。工作团深入毕节城区街道、行业、机关，采取演讲、唱歌、演戏、办墙报、印发传单等方式，向社会各阶层宣传抗日救亡；组成若干宣传队，自带行李和道具，分别深入部分乡镇演出《放下你的鞭子》《难民曲》《打东洋》节目，演唱抗日歌曲。是年正月初三到初十，工作团在川祖庙戏楼演出戏剧《八百壮士》《卫国保家》《大义灭亲》等节目，演唱《义勇军进行曲》《大刀进行曲》歌曲。

6.织金学生寒假工作团。民国27年（1938）1月，在省师范学校读书的中共地下党员方献祥利用国民党贵州省党部组织学生寒假工作团回乡宣传的机会，通过竞选，取得织金学生寒假工作团领导权。方献祥把参加学生寒假工作团人员分别组成歌咏组、话剧组，在织金城关和城郊平桥、杨柳河、荷花池、花红、坡脚开展抗日宣传，教唱《九一八小调》等抗日歌曲，演出戏剧《放下你的鞭子》《凤凰城》，自编《弃妇》《新莲花落》《慰劳歌》演出。

7.大定职中抗日宣传队。民国28年（1939），由中共大定地下支部组建。宣传队以童子军建制组成。宣传队在大定县城和六龙、野坝、阁雅、小屯演唱抗日歌曲，演出抗日戏剧，书写抗日标语，绘画抗日壁画。演出戏剧《老邻居》《夜之歌》《三江好》《追兵来了》《电线杆子》等节目，演唱《义勇军进行曲》《大刀进行曲》等数十首歌曲。

8.雪光抗日宣传队。民国28年（1939）初，由中共地下党员蓝运富、陈炯、尹伯英、廖明星、张有名发起成立。宣传队，在黔西县城和谷里、沙窝演出戏剧《放下你的鞭子》《一块一块的吃》《冰天雪地》《赵树青》《黄昏》《母亲的光辉》《黄花曲》《送郎打日本》；演唱歌曲《义勇军进行曲》《游击队之歌》《起来吧祖国的孩子们》。《赵树青》《黄昏》为蓝运富自编自导剧目，亦是黔西县话剧创作的发轫之作。自编节目尚有《日野蛮》《二、四炸贵阳》《节衣缩食》。是年底，蓝运富等离开黔西，宣传队解散。

9.中山班宣传队。抗日战争时期，由从沦陷区到黔西的刘国芬、王仲言等人所创办。中山班成立抗日宣传队，演唱《八百壮士》《流亡三部曲》《孤岛天堂》和自创《小钢鼓咚咚响》等抗日歌曲，排练曹禺名剧《雷雨》在黔西和大定演出。

10.秋声合唱团。民国28年（1939）9月，由毕师音乐教师汪秋逸组建。是年11月24日，毕师建校1周年校庆，合唱团演唱《抗敌歌》《游击队之歌》《黄河船夫曲》《河边对口曲》《我们在太行山上》《微山湖畔》《正气歌》和汪秋逸、杨友群合创歌曲《咱们毕节人不怕鬼子兵》《毕师校歌》《毕师劳动服务歌》。是年，学期结束即自行解散。

11.玉屏职中抗日救亡农村工作团。民国29年（1940）暑假，由中共新场地下总支建立。工作团从新场出发，历时45天，徒步跋涉400余千米，深入新场周边乡镇，演出30余场。演出戏剧《夜子歌》《黄花曲》《打东洋》《张家店》《最后一计》《一颗炸弹》《放下你的鞭子》等，演唱《醒狮怒吼》《延水谣》《流亡三部曲》《在太行山上》《黄河颂》《生死已到最后关头》等歌曲30多首。

**中华人民共和国成立后的文艺宣传队** 1.赫章县业余文化宣传队。1950年成立。先后排练歌剧《兄妹开荒》《女状元》《皆大欢喜》和话剧《过关》在县内城乡演出。

2.大方县对江文工团于1955年建立对江俱乐部，1958年更名为对江文工团。文工团边生产边搞文艺活动，除在当地演出外，还到县内坡脚、马场、鸡场、百纳区演出，并经常到县城为各种会议演出。1958年，参加全省农村文艺汇演，并应邀到贵州大学演出。文工团开展群众文化活动成绩突出，团长王祖芬（女）曾出席团中央在北京召开的第二次全国青年社会主义建设积极分子大会。文工团演出花灯剧《双报名》《茶山会》《皇历迷》《苏幺妹挑郎》，傩戏《二郎神追小黑龙》《百花张四姐》，花灯表演唱《祝英台》，舞蹈《庆丰收》。1960年底解散。

3.大方县长石文工团。前身为湾子村煤山杂技组。1955年更名为长石俱乐部，1958年更名为长石文工团。长石文工团除在当地演出外，曾到县内六龙、鸡场、达溪、瓢井区作示范演出，并到县城为会议演出，多次参加省、地、县文艺汇演。在贵阳云岩宾馆为苏联专家演出，受到称誉。1958年，被评为全国农村文化工作先进单位，团长陈子贵出席在北京召开的全国农业生产先进单位代表会。1960年，陈子贵出席全国文教群英会。长石文工团演出话剧《血海深仇》，黄梅戏《打猪草》，秧歌剧《兄妹开荒》，小歌剧《科学站的年轻人》《双喜临门》，歌舞《花儿与少年》《辟开荒山筑水库》《长石水利造福多》，舞蹈《大刀舞》《骑兵舞》《乌克兰集体舞》《红绸舞》《荷花舞》《纺织舞》。1961年解散。

4.毕节县红小兵宣传队。1970年秋，由毕节县一小、二小、四小、八小抽调学生演员组成，分《沙家浜》剧组、《红灯记》剧组。是年，代表毕节地区参加全省革命样板戏汇演，一举夺魁。贵阳市有关单位和参加汇演的各地州纷纷邀请毕节红小兵宣传队前往演出。省革委政治部决定由省京剧团和省黔剧团对红小兵宣传队进行辅导提高。尔后，到贵阳市国营大中型企业和事业单位以及全省各地州巡回演出《红灯记》《沙家浜》。巡回演出9个月，在全省名扬一时。

5.纳雍县毛泽东思想宣传队。于1970年成立，先后排练现代京剧《红灯记》《沙家浜》《智取威虎山》，在县城和区乡演出。1971年解散。

6.威宁自治县毛泽东思想文艺宣传队。于1970年组建，断断续续存在五六年。先后演出现代京剧、舞剧《红色娘子军》《白毛女》《龙江颂》《杜鹃山》《沙家浜》片段，歌舞剧《小黑麦》，小戏《春红探亲》，歌舞《洗衣歌》《红绸舞》《山山水水听我巧安排》《接鞭》。

7.威宁采伐场文艺宣传队。于1969年建立。排练现代京剧《红灯记》《智取威虎山》《沙家浜》《龙江颂》，现代舞剧《白毛女》、歌舞《洗衣歌》在威宁、毕节、水城、贵阳演出。

8.毕节县文艺宣传队。1975年，毕节县文化馆组建知青宣传队参加地区汇演，演出歌舞《赤水河畔迎红军》。之后，以知青宣传队为基础，组建文艺宣传队。宣传队创作、排练黔剧《战红岩》，花灯戏《山茶花开》，文琴坐唱《尹春华》，表演唱《公社来了理发员》，参加地区举办的曲艺调演和农业学大寨文艺调演，并到县内各区巡回演出。参与毕节军分区组建的毕节地区民兵宣传队排练小戏《林海红鹰》、小舞剧《高原骑兵》参加全省民兵汇演。1977年初解散。

9.大方县农建宣传队。于1977年8月建立，主要在县内区乡农田基本建设工地演出，先后演出100余场。自创节目有小舞剧《晒谷场上》、花灯剧《找画题》、表演唱《四老太婆上工地》。1979年初解散。

10.毕节县农建文艺宣传队。1979年建立。宣传队以农田基本建设工地为舞台，演出秧歌剧《兄妹开荒》《夫妻识字》，花灯小戏《送瓜记》《黄龙坡赞歌》和相声、独唱、二重唱、笛子独奏等节目。

11.毕节地区党建宣传队。1992年3月，由中共毕节地委组织部和毕节地区文化局联合组建。是年，党建宣传队先后排练戏剧《金贵劝妻》《刘红贵相亲》《获奖之后》等15个节目，在地直单位和区内各县巡回演出24场，观众达5万余人次。

12.毕节地区税法文艺宣传队。1992年10～12月，毕节地区税务局、文化局联合组建，排练话剧《老周交税》、小戏《税务所长》、谐剧《屠户》及曲艺、歌舞节目，在地直单位和各县巡回演出。

## 第三节　专业艺术与团体

### 一　剧　种

**黔剧**　由贵州琴书演变发展而成。贵州琴书又名贵州弹词、贵州扬琴、文琴。演唱时置扬琴于中心位置，其他器乐演奏者则围扬琴演奏者而坐，演奏者兼作演唱者，分担各种角色与说白。清代，黔西、大定、平远、毕节有文人雅士弹唱扬琴怡情遣兴、自娱自乐；光绪年间，有扬琴班社出现，扬琴逐渐走向民间。文琴于清乾隆年间传入黔西。光绪二年（1876）大定府廖伯平、曹聚堂、杜淑岩常汇聚于廖家弹唱扬琴。演唱本子均为杜淑岩所编，曲目有《单刀会》《凤仪亭》《孔子骂颜回》等30余本。光绪十年（1884），平远州人杨凤钧殁于四川维州协署副将任上。次年，其白、张、汪3位夫人及子女扶柩回里，归葬平远。白、张、汪3氏于旅蜀期间即喜好扬琴弹唱，嗣后便以扬琴技艺教习杨氏族人杨起鸾、杨起忠、杨起常及外姓子弟吴坤山、焦辅成、黄结轩，逢年过节或喜庆时日，每每于庭院弹唱扬琴。此为平远州扬琴演唱第一代班子。自晚清至民国，杨氏族人扬琴弹唱不断，演唱曲目有《单刀赴会》《走马荐诸葛》《黛玉葬花》《贾宝玉吊潇湘》《秦雪梅吊孝》《茶瓶记》共30余个。光绪十一年（1885），黔西州张益哉、徐鼎铭、涂寅祥、董晓和成立文音俱乐部，从事扬琴弹唱和研究。民国13年（1924）张泮轩等成立大同俱乐部。民国15年（1926），封炳坤等成立同乐俱社。民国16年（1927），黄有余等成立群乐俱乐社。民国31年（1942），海少章开设文娱茶社，邀友人到茶社弹唱扬琴，听众纷至沓来，当局惧怕民众聚会谈论国事，派军警干涉，茶社被迫关门，扬琴演唱转而以庭院活动形式继续于民间。在长期的演唱活动中，曲目不断增加，日益丰富。黔西县搜集的晚清和民国时期的曲目抄本有《青梅记》《琵琶记》《玉姣梨》《回龙阁》《二度梅》《柜中缘》等多折本34本，有《古城相会》《单刀会》《太白醉酒》《貂蝉拜月》等单折本39本。1950年6月，中共大定县委书记吴清卓布置文化单位配合清匪反霸运动排练戏剧节目以发动群众。钟德宏以群众喜闻乐见的扬琴调子配唱腔，以大定地方话道白，由李维精、段以仁等任剧中角色，杨希贤、陈忠烈等以扬琴、三弦、二胡、碰铃伴奏排练秦腔剧本《穷人恨》。吴清卓到现场指导，半月成戏，先后为大定县各族各界代表会议及其他会议和驻军演出10余场，颇受欢迎。1950年12月，中央民族访问团到大定，获扬琴戏《穷人恨》演出情况，团长费孝通特派访问团音乐组负责人王建中召集戏剧音乐唱腔座谈会。1952年，黔西城区业余戏剧演出分外火热，街道扬琴组艺人魏利亨将婺剧剧本《百日缘》进行移植，徐肖三负责导演，根据扬琴弹唱唱腔旋律优美，伴奏器乐文雅动听等特点，将新排练的戏取名“文琴戏”，于是年10月在县委会大会场为县机关干部演出。演出文琴戏《百日缘》，反响热烈。一时间，黔西街头巷尾到处都能听到文琴戏幽雅纯朴的唱腔。随后，文琴组将贵州弹词唱本《搬窑》改编排练成文琴戏上演。1953年，黔西县成立县人民业余剧团，内设京剧组、川剧组、话剧组、花灯组、文琴组。1954年初，全国人民慰问人民解放军慰问团贵州分团到黔西慰问演出。中共黔西县委决定用文琴戏向慰问团作达谢演出。慰问团团长欧百川、川剧表演艺术家黄跃庭以及慰问团成员观看文琴戏《百日缘》和《搬窑》后，认为文琴戏有地方特色，建议助其发展。黔西县委听取此意见，作出发展文琴戏的决定。1956年5月2日，经黔西县报经毕节专署文化科、贵州省文化局批准，成立黔西县文琴剧团。是年11月，省文化局副局长陈杰、省文联副主席翟强、《新黔日报》文艺编辑夏静到黔西观看文琴戏《三难新郎》《人面桃花》，并录音。11月25日，剧团首次赴筑汇报演出《搬窑》《三难新郎》《人面桃花》。省委书记、省长周林和书记处书记苗春亭、省委文教部部长刘子毅到场观看演出。1957年2月，根据省委、省政府领导指示，省文化局、省文联联合组成以纪芒为组长，卢鸿沐、罗重廉为副组长的艺术辅导工作组到黔西县文琴剧团进行艺术辅导。经2～7月的培训，剧团在编剧、导演、音乐设计、伴奏技能、表演理论、基本功练、演唱技巧、舞台美术方面均大有提高。1959年6月，黔西县文琴剧团赴筑汇报演出《西厢记》《谭记儿》，周林、苗春亭和省、市文艺界专家到场观看演出。6月28日，省文化局、省文联在省政府交际处召开文琴戏座谈会，周林等领导人出席会议，对文琴戏作了充分肯定。10月28日，苗春亭在省文化局二楼会议室召开文琴戏座谈会，提出要把文琴戏发展成为一个优秀的剧种。1960年2月，在贵州省第二届文琴戏汇演后，中共贵州省委正式将文琴戏命名为黔剧，成为全国地方戏曲剧种之一。同年5月3日，周恩来总理为黔剧题词："发扬黔剧自己的风格，吸收其他剧种的优点，融会贯通，推陈出新，为创造新黔剧而奋斗！"进一步确立了黔剧在全国地方戏曲剧种中的地位。

花灯　民国时期，各县灯班数量多少不等，少则数个，多则数十。逢年过节或喜庆寿宴，均为花灯演唱时节，尤以春节期间灯事最盛。是时，灯班或于集镇乡场，或是走村串寨，演出花灯歌舞，深受群众欢迎。民国后期，黔西县有灯班演唱《抓壮丁》《卖儿卖女交苛捐》等花灯戏。中华人民共和国成立后，各县文化部门把建立花灯演唱组织列在建立农村文艺之乡组织名单中。1956年，黔西县农村建有76个花灯演唱组。文化工作者与民间花灯艺人合作，将花灯艺术表演形式推陈出新，并借鉴其他剧种艺术表演形式，将花灯搬上舞台，演出花灯剧。1954年，黔西县金凤村成立业余剧团花灯组，1956年改建为沙窝区业余花灯团，参加全县首次民间艺术汇演，演出《小姑梳头》《五更绣荷包》，获创作一等奖；1957～1958年，在各乡演出《红军送我一把壶》《哑姑泉》《王三姐夸公社》；1957年，毕节县排练花灯剧《六亲妹与四蛇哥》《尼姑思凡》参加全省民间文艺汇演。1958年，参加毕节专区文艺汇演。之后，与大方队组成专区代表队，代表毕节专区参加省军区文艺汇演。1960年2月，黔西县沙窝区业余花灯团转建为黔西县花灯剧团。是年，赴筑向省花灯剧团观摩学习《七妹与蛇郎》，在县内公演。是年底，毕节专署指示撤销。此后，花灯艺术保持其原生形态，活跃于民间。1977年，黔西县凤凰公社业余花灯队与大关公社业余文艺宣传队合排花灯剧《七妹与蛇郎》，花灯歌舞《开门》在大关镇公演；1978年，排练花灯歌舞《抢伞》在地区文化工作会期间作汇报演出。至1987年，黔西县农村尚有花灯（班队）41个。20世纪70～80年代，毕节、大方、黔西、纳雍县文化馆曾排演自创或移植的花灯戏《山茶花开》《送瓜记》《为何起火》《挂红灯》《护林曲》《抢娘》《苏幺妹挑郎》。

川剧　清乾隆初年，黔西州城四川会馆始有四川高腔、昆腔演唱活动。光绪年间，黔西城内有玩川戏围鼓（清唱）聚会点两个，川戏玩友40余人。民国初年，织金川剧爱好者刘甫成、黄华轩、赵秀文组织川剧自乐班。民国3年（1914），时逢天旱，自乐班与外地来织金的川剧艺人沈树庭、周双兰联合演出《精忠说岳传》等剧目求雨。至民国8年（1919），自乐班先后演出《樊哙借头》《大赐酒》《战长沙》《芦花荡》《收董平》《单刀会》。此间，川剧艺人洪占超、吴筱雷在毕节县川祖庙演出《古城会》《风波亭》；川剧艺人蒋矮子、杨贵红、双飞燕、月月红、魏香庭先后在黔西县城演唱过川剧。民国8年（1919），织金县城疾病流行，且发生豺狼入城伤害人畜事故。县政府发起打合城醮以祈庆吉平安，请川剧艺人张云山、李海云、钟少云在织金县城演出20余天。自民国11年（1920）起，黔西县城先后出现过大同俱乐部、同乐社、合群俱乐部、维新俱乐部、俊英俱乐部、新华俱乐部、东门俱乐部、西门俱乐部等川剧玩友组织，区乡亦有沙窝围鼓、石桐树围鼓、大关俱乐部、谷里俱乐部、协和俱乐部等川剧玩友组织。民国16年（1927），毛光翔部驻毕节，邀请魏香庭、月月红川剧班在县城小校场演出《四下河南》《陈姑赶潘》《目莲救母》。民国18年（1929），黔西川剧玩友与外来艺人合作，演出《大佛寺》《高平关》《情探》《困夹墙》。民国23年（1934），大定士绅商贾集资，邀请川剧艺人苏燕飞、月月红在县城川会馆、江西会馆演出《武二杀嫂》《战长沙》。民国24年（1935），大定民众集资演出《目莲救母》《火烧葵花树》《火烧百鹊寺》《刘十四打阴叉》。民国26年（1937），川剧艺人赵月秋、月月红在毕节川祖庙挂牌演出，历时半年，演出《前楼会》《五台会兄》《三仙访友》《桂姐修书》《白蛇传》。民国27年（1938），织金县川剧乐班更名川剧俱乐部，先后演出《铡美案》《斩黄袍》《摆渡》《战长沙》。民国28年（1939），织金县谌玉书从外地接来专业戏班，开办民众剧园，在城隍庙唱川戏。民国32年（1943），黄少山请来一戏班，在城南忠烈祠搭胜利舞台，与民众剧团唱对台戏，数月后将民众剧园挤垮。约两年，胜利舞台散伙。川剧俱乐部复登台演出，直到1949年。民国年间，川剧玩友组织还有金沙县城及清池、石场、岩孔、沙土、安底、茶园等区乡的川剧俱乐社和三盟俱乐社、日乐社等。川剧爱好者在茶楼、酒肆及红白喜事时的川戏围鼓演唱活动，遍及城乡。中华人民共和国成立后，川剧演出一度活跃。1952年5月，大定城关建立业余川剧组，至1956年，先后上演《还是互助好》《将相和》《五台会兄》《秦香莲》等剧。1953年，黔西县成立人民业余剧团，内设川剧组，先后排演《梁山伯与祝英台》《白蛇传》《秋江》等剧。1956年，大定县文化馆组建业余川剧团，先后排演《一只绣花鞋》《铡美案》《穆桂英挂帅》等剧目。1957年，大定手联社川剧团成立，先后演出《菱角配》《望娘滩》。是年，纳雍县川剧社成立，先后演出《刁窗》《杀惜》《情探》。1954年，毕节县工商联成立业余川剧社，演出《小二黑结婚》等剧。20世纪60～90年代，川剧多由专业艺术团体演出，亦有业余川剧演唱组织出现，但存在时间均不长，惟川戏围鼓演唱，继续活动于民间。

**京剧**　民国25年（1936），国军万耀煌部在黔西城演出京剧《桑园寄子》，是为最早的京剧演出。民国30～32年（1941~1943），川滇东路运输局业余剧社在毕节县城先后演出《梅龙镇》《捉放曹》《苏三起解》《武家坡》等京剧折子戏。民国31年（1942），京剧艺人陈佩钦、刘奎馆、刘汉培、王丙辰、李亚琴、马志宝、王传松在黔西县城公演《虹霓关》《探阴山》《贺后骂殿》《玉堂春》《御碑亭》《打渔杀家》。此间，西南运输处在黔西成立神光戏剧研究社，荣军第十二临教院在黔西成立青衫俱乐部，黔西业余俱乐部、业余京剧社相继成立，先后排练公演京剧。民国33年（1944），毕节县城联谊剧场聘请京剧艺人刘汉培组班挂牌演出《霸王别姬》《美猴王》《宝莲灯》。民国35年（1946），黔西县城关教师及公职人员成立业余京剧俱乐部，与青衫俱乐部联合公演。民国38年（1949），驻黔西的保六团成立中山俱乐部，联合业余京剧俱乐部演出《钓金龟》《坐宫》《杀惜》《空城计》。1950年，大定县召开第一届各族各界代表会，大定县机关成立业余京剧组，为会议排练演出京剧《法门寺》。是年，黔西县业余京剧组与中国人民解放军140团宣传队联合排演京剧《逼上梁山》。1952年初，大定县工商联成立业余京剧团，排演《空城计》《法门寺》《武家坡》。是年10月，与大定县机关业余京剧组合并，成立大定县机关业余京剧团。至1955年，先后上演《甘露寺》《金玉奴棒打薄情郎》《白蛇传》等10出京剧。1953年，黔西县成立人民业余剧团，内设京剧组，先后排演《打严嵩》《追韩信》《金玉奴》《王佐断臂》《打渔杀家》。1955年，纳雍县组织机关业余京剧社排演《武家坡》《空城计》《捉放曹》《四郎探母》《打渔杀家》。20世纪60年代初，京剧空前普及。

话剧　1919年“五四”运动爆发，话剧随着新文化运动浪潮传入毕节。是年，少年贵州会毕节支部会员周稚九、刘超凡、李仲群等10余人在毕节城湖南会馆演出自编新剧《恶婆贤媳》《一门忠孝》。同时，黔西县学生演出队张仲方、张远思、徐肖三等排练新剧《武训兴学》《孤儿泪》在黔西县城万寿宫演出。民国13年（1924），刘灿南、谌幼伯、覃伯平等40余人成立织金新剧团，演出《再造共和》《灾民泪》《萁豆悲》《大战凉山》。民国18年（1929），蓝运富、林正良、李正荣等在打鼓新场成立公演新戏筹委会，演出《生命与国家》《岂有此理》。民国20年（1931），黔西胡士杰（女）、游巡五、张国钧、宋福钧等成立师生演剧会，演出话剧《长工与小姐》。民国21年（1932），大定县立第六初高两级学校校长高治昆组织师生排练《铁蹄下的东北》《天下兴亡匹夫有责》《我爱祖国》公演。民国23年（1934），林青、缪正元、秦天真成立毕节草原艺术研究社，演出话剧《暴风雨中的七个女性》《火之跳舞》《敌同志》《最后一吻》。1937～1945年，以抗日救亡为主旨的话剧演出在境内掀起热潮。此期间，文艺社团演出的话剧有《八百壮士》《火焰》《放下你的鞭子》《打东洋》《难民曲》《卫国保家》《大义灭亲》《家何在》《打城隍》《流亡曲》《家国恨》《冰天雪地》《凤凰城》《一颗炸弹》《除汉奸》《九一八事变》等32个剧目。许多学校亦组织师生排演话剧。毕节师范学校杜任远、傅越寰、钟湘等演出老舍的话剧《残雾》和曹禺的话剧《北京人》。大定职中蓝运富组织师生演出《棠棣之花》《脱下你的旗袍》《西子湖畔》；大定六龙小学演出《坟圈女》《夜之歌》《茶山上》《大海中的孤军》。黔西大关小学演出《汉奸末路》《青年之光》；新场小学蓝运铮、卓问渔、李正华、吴与人等演出《沙场志士》《打东洋》《魔窟》；安底致用小学林正良、李绍夫组织演出《幽灵》；黔西中山班演出话剧《雷雨》；中共地下党员蓝运臧在金中讲习班组织演出话剧《五里雾》。民国34年（1945），川滇东路运输局业余剧社演出《重庆24小时》；民国35年（1946），航空发动机制造厂旋风剧社演出《升官图》《面子问题》；民国33～34年（1944~1945），朱桐仙执导演出《铁血将士》《伯爵夫人》《花蝴蝶》《日出》《仇情》；民国35～37年（1949~1948），李半鲁执导演出《升官图》《钦差大臣》。1950年初期，毕节县工会俱乐部组织排练上演《刘胡兰》《丁佑君》，大方县机关业余话剧组上演《后方的前线》。1960年前期，大方县机关话剧团组演出《春雷》《霓虹灯下的哨兵》《红岩》《抓壮丁》《战斗的青春》；大方县人民医院演出《年轻的一代》《祝你健康》；黔西县机关业余话剧组演出《年轻的一代》《千万不要忘记》；威宁县农业局话剧组演出《年轻的一代》；威宁中学话剧组演出《千万不要忘记》《椰林怒火》；专区黔剧团演出《农奴戟》《槐树庄》《赤道战鼓》《艳阳天》。20世纪60年代，地区京剧团演出《西南的春雷》。20世纪70年代末80年代初，地区黔剧团、大方县文化馆、金沙县文化工作队、威宁自治县民族文化工作队分别演出《枫树湾》《不准出生的人》《伤痕》《于无声处》《权与法》《深夜静悄悄》《神秘的古城》《新来的欧阳副官》《救救她》《赵钱孙李》《炮兵司令的儿子》。20世纪80年代末90年代初，话剧小品演出风靡一时，话剧《刘红贵相亲》《金贵劝妻》均受观众青睐。

## 二　专业艺术团体

**县艺术团体**　1.黔西县文琴剧团。1956年5月2日成立。是年6～9月，赴织金、大定、毕节、赫章、威宁、水城县演出。11月25日，省文化局、省文联安排剧团赴筑向省委、省政府领导及省市文艺界作汇报演出。12月上旬，在省人民剧场公演并到省委党校、省军区等单位作慰问演出。旋即，到安顺、镇宁、关岭等10县作巡回演出，殊受欢迎。1958年，在县内乡作巡回演出，参加毕节专区文艺汇演。1959年4月，参加贵州省第一届文琴戏汇演。5月，剧团由集体所有制职业剧团转为全民所有制剧团。6月，再次赴筑向省委、省政府领导和省、市文艺界专家汇报演出《西厢记》《谭记儿》，省委书记周林、书记处书记苗春亭观看演出。8月28日，代表贵州省地方剧种赴四川重庆、成都市演出。9月12～16日，在成都东风剧场演出《西厢记》《搬窑》《嫁妆》，受到欢迎。10月中旬，在省政协礼堂为董必武副主席演出《三难新郎》《卓文君》。1960年1月，赴贵阳参加贵州省第二届文琴戏汇演。6月，文琴剧团被评为全国文教先进单位，女演员熊立芬代表剧团到北京出席全国文教卫生群英会。8月，转为毕节专区黔剧二团。黔西县文琴剧团整理演出《搬窑》《三难新郎》《安安送米》《蝴蝶媒》《香莲闯宫》《借亲配》《西厢记》《柳荫记》《三击掌》《王姣鸾》《双摇会》《玩月》《诈妮子风月记》《拉郎拜年》《玉簪记》《绣襦记》《描容上路》。移植演出：《人面桃花》《牛郎织女》《萝卜园》《茶瓶记》《潇湘夜雨》《凤还巢》《闹严府》《桃花扇》《孔雀东南飞》《杜十娘》《望江亭》《李十娘》《百日缘》《荔枝换降桃》《搜书院》《葛麻》《三不愿意》《真假新郎》《太君抗婚》《卖余粮》《金满斗》《小女婿》《两兄弟》《刘胡兰》《战报催春》《一场空喜》。创作剧目：《炼铁炉开花》《嫁妆》《铁盔山》《小英雄除害记》《高原红娘》。

2.织金县文琴剧团。1956年5月成立织金县业余文琴剧团。是年下半年至1958年，在县内演出《钗头凤》《百日缘》《三不愿意》《三家福》《借亲配》《刘海砍樵》；到纳雍县演出《萝卜园》《进贡得瓜》《小姑不贤》。1958年6月，转为专业文琴剧团；12月上旬，赴威宁为铁道兵部队、铁路工人和民工作慰问演出。下旬，参加专区文艺演出，演出新编神话剧《天上人间》。1959年4月，参加贵州省首届文琴戏汇演，演出移植古装剧《人面桃花》。是年6月，转为国营剧团。9月，剧团为赴织金视察工作的周林、苗春亭演出《赵氏孤儿》。1960年1月，参加贵州省第二届文琴戏汇演，演出《埋香曲》《碧桃花下》《五娘剪发》。1956～1960年，共演出剧目80余个，每年演出百场以上，1960年8月，与大方、毕节文琴剧团合并为毕节专区黔剧一团。

3.毕节县文琴剧团。1957年秋，毕节县文化馆以毕节城关文琴茶社为班底成立业余文琴戏训练班排练《借亲配》《姑侄抗颜》等节目公演。1958年秋，毕节县城关镇以训练班为基础，成立业余文琴剧团，排演《李十娘》《潇湘夜雨》。1959年秋，转为毕节县文琴剧团，至1960年秋，先后排练《谭记儿》《葬花》《葛麻》《香罗帕》《人面桃花》《拷红》《三难新郎》《三击掌》在县内及四川叙永演出。1960年8月，与织金、大方文琴剧团合并为专区黔剧一团。

4.大方县文琴剧团。于1959年5月成立，先后排练《西厢记》《倒栽麻》《喜荣归》《红军万岁》《邬二妹》《安品与满秦》在县内及毕节、赫章县演出，均获好评。1960年8月，与织金、毕节文琴剧团合并为专区黔剧一团。

5.金沙县黔剧团。于1960年3月成立，是年8～11月，先后上演《小姑不贤》《人面桃花》《西厢记》《搬窑》《嫁妆》《红旗食堂》《星火燎原》《木匠迎新》。1960年12月撤销。

6.纳雍县黔剧团。于1960年3月成立，先后排练《进贡得瓜》《小姑不贤》《搬窑》《红旗食堂》《审土地》在县内演出。是年底撤销。

7.威宁县歌舞团，于1960年3月成立，分黔剧和歌舞队。先后在县城上演黔剧《搬窑》《进贡得瓜》《三难新郎》《茶瓶记》《倒栽麻》《安安送米》和歌舞《阿西里西》《芦虹彝家》《撒麻舞》《芦竹舞》。是年底剧团撤销。

8.毕节县川剧团。前身系1955年成立的毕节县工商联业余川剧社。1956年7月，改剧社为剧团。至1960年，除在本专区各县演出外，还到贵阳市、安顺专区、平坝县演出，演出大、中、小剧目共计200余个。1960年9月，与赫章县川剧团合并为毕节专区川剧团。

9.赫章县川剧团。前身为1949年底成立的桐梓县川剧院，1953年改为新生川剧团，1954年为四川南桐矿区川剧团，1956年10月调回贵州，11月改为毕节新生川剧团。1957年5～9月曾改为水城县新生川剧团。1959年9月易名赫章县川剧团。1960年3月，转为国营剧团，排演《孔雀胆》《打金枝》《赵盼儿》《赤胆忠心》《杨八姐盗刀》《在前进的道路上》。1960年9月，与毕节县川剧团合并为毕节专区川剧团。

10.毕节县杂技团、毕节县曲艺组。（1）毕节县杂技团。1953年成立，属集体所有制性质文艺团体。1966～1976年“文化大革命”中解散。1979年重新组建，演出魔术、柔术、杂耍、车技、流星、马戏、飞杠、爬杆、蹬技。80年代，主要在毕节、大方、金沙、织金、纳雍、镇雄、古蔺县内乡镇演出。（2）毕节县曲艺组。于1962年成立，属集体所有制性质文艺团体。除在毕节演出外，还到赫章、威宁、水城等地演出杂技、车灯、魔术、花鼓、金钱板、水火流星等节目。1965年，毕节县政府将小横街原毕节县川剧团剧场拨给曲艺组作演出场地。1967年，曲艺组扩大，演员增多，分为3队开展演出活动：一队下到本县海子街演出，一队赴四川叙永演出，一队留守书场开讲评书。1979年，更名为毕节县曲艺队。1981年，因演入不敷出，自行解散。

**地区专业剧团** 1.毕节地区黔剧团。1960年8月，毕节专区贯彻中央文件精神，决定撤销县级剧团，精简下放织金、大方、毕节县黔剧团部分人员，保留艺术骨干，合建毕节专区黔剧一团，驻织金县。将黔西县黔剧团改为毕节专区黔剧二团，驻黔西县。是年12月，将毕节专区黔剧一、二团合并为毕节专区黔剧团，驻黔西，直属中共毕节地委宣传部、毕节专署文教局领导，委托中共黔西县委宣传部、黔西县文教局代管。1961～1963年，共演出545场，1964年初，排练现代戏《年轻的一代》和自创现代戏《智取鸭池天险》在专区内巡回演出。是年，演职人员参加毕节专区文艺代表团赴贵阳参加贵州省革命现代剧汇演，演出现代剧《青松岩》《把关》《开锁》《贫农代表》。是年9月，黔剧团《把关》《开锁》《贫农代表》剧目演员和部分乐队、舞美人员被选拔参加贵州省代表团赴成都参加西南地区话剧、地方戏观摩演出，在成都演出《开锁》《把关》《贫农代表》，获好评。是年12月，参加贵州省各族各界慰问团毕节分团赴威宁、水城、六枝、安顺为修筑铁路人员演出现代剧《江姐》《红灯记》《梨山曲》《向北方》，演出20余场，观众约8万人次，时在梅花山的著名数学家华罗庚亦观看演出。1964～1966年上半年，共演出575场。1967～1976年，演出减少，10年演出178场，为1964～1966年的31%。1977年后，每年演出多时演百余场，少时仅演几场。

2.毕节地区川剧团。1960年9月，中共毕节地委、毕节专员公署决定将毕节县川剧团与赫章县川剧团合并建立毕节专区川剧团，驻赫章，由中共赫章县委代管。1960年，在赫章县内演出；1961年，到专区内外19个县演出。1963年，剧团移驻金沙，由中共金沙县委代管。1964年，剧团分成两个演出队，到金沙县属区、镇、公社及生产大队演出，全年演出500余场，被评为全省文化先进单位。1965～1966年5月，到遵义、仁怀、习水、桐梓、开阳县属区乡演出，《贵州日报》发表文章赞誉川剧团为扁担剧团。1966年5月“文化大革命”开始后，演出受到影响，至1974年共演出128场，平均每年演出18场，有的年份无演出。1975年，先后到贵阳、成都、重庆、泸州市及乐山地区川剧团学习现代川剧，后回毕演出，场场满座，全年演出39场。1977～1978年，排练自创或他创川剧在毕节、威宁等演出，两年共演出152场。1979年，排练传统古装剧和大型现代戏到四川叙永、古蔺、泸州、隆昌等县市演出。是年演出283场。1980～1987年，每年演出多在百场以上。自1988年起，清毕路剧场租给私人开舞厅，川剧团未排大戏上演。20世纪90年代，川剧团多以折子戏、小戏勉强完成每年下乡演出和慰问演出任务，每年演出70～80场不等。2000年后，演出场次有所上升。2001～2002年，共演出216场。

毕节地区川剧团20世纪60~90年代，演出的大型现代戏有《丰收之后》《年轻的一代》《六号门》《夺印》《箭杆河边》《洪湖赤卫队》《江姐》《柯山红日》《霓虹灯下的哨兵》《南方来信》《焦裕禄》《红嫂》《智取威虎山》《龙江颂》《红灯记》《沙家浜》《阿花》《苗岭风雷》《刑场》等37出；演出的大型传统戏有《沉香扇》《十五贯》《柳荫记》《窦娥冤》《战洪洲》《孔雀胆》《乔老爷奇遇记》等21出；整理演出的传统剧目有《白蛇传》《王宝钏》《四下河南》《凤仪亭》等22出；整理演出的小型传统剧目有《别洞观景》《射雕》《拷红》《东惜》《柜中缘》《思凡》《秋江》《打渔杀家》《三岔口》《十字坡》等31出。

3.毕节地区京剧团。毕节地区京剧团前身系1958年6月成立的遵义市京剧团。1960年9月调毕节，更名为毕节地区京剧团。是年在毕节演出传统戏、新编历史剧55个，到威宁、水城、赫章县演出剧目27个；共演出74场。1961年，在毕节、大方、黔西、金沙、织金、威宁等县共演出443场。1962年，在毕节、水城、威宁共演出375场，演出剧目161个。1963年，分赴威宁、赫章、纳雍、黔西和四川叙永演出356场。1960年9月～1963年12月，共演出大型传统剧《凤还巢》《甘露寺》《大名府》《铁弓缘》《将相和》《四进士》《秦香莲》《浔阳楼》《野猪林》《吕布与貂蝉》《穆桂英大破天门阵》《打登州》《法门寺》《王宝钏》《群英会》《黑旋风李逵》《楚汉相争》《碧玉簪》《逍遥津》《包公》《霓虹关》《锁麟囊》《玉堂春》《长坂坡》《杨排风》《红楼二尤》《孔雀东南飞》《打金枝》《白蛇传》《花木兰》《武松》《樊梨花》《狸猫换太子》《御碑亭》《人面桃花》等61出；演出的中小型传统剧有《扫松下书》《三击掌》《徐策跑城》《打严嵩》《三岔口》《贺后骂店》《岳母刺字》《钓金龟》《古城会》《起解》《武家坡》《空城计》《定军山》《阳平关》《汾河湾》《清风亭》《大登殿》《花田错》《快活林》《打渔杀家》《六月雪》《击鼓骂曹》《霸王别姬》《宇宙风》《贵妃醉酒》《二进宫》《拾玉镯》《搜孤救孤》《昭君出塞》等129出；演出的新编历史剧有《三打祝家庄》《戚继光斩子》《蔡文姬》《杨门女将》《唐知县审诰命》《杨乃武与小白菜》《嫦娥奔月》等28出；演出的现代戏有《红军万岁》《刘胡兰》等4出，合计222出。1964年演出294场。1965年春，随贵州省春节慰问毕节分团到水城、六枝等地慰问铁道兵部队、铁路工人和民工演出。是年6～7月排练剧目参加全省革命现代戏汇演，演出《嘎山灭匪记》《把关》《赶车》《把关》由省电台录音播放。11～12月分两队到织金、大方县演出。是年共演出310场。1966年1月，再次参加贵州省春节慰问团毕节分团到水城滇黔铁路工段毕节、纳雍、威宁、赫章、水城驻军和工矿企业作慰问演出，至6月，演出196场。1964年1月～1966年6月，上演新编历史剧18出、现代戏27出。1966年7月～1976年，受“文化大革命”影响，剧团艺术生产力遭到严重破坏，10年共演出384场，年均演出38.4场，1975年演出最多，演出158场，1971年无演出。演出京剧《沙家浜》《红灯记》《智取威虎山》《杜鹃山》《盘石湾》《铁流战士》《三打白骨精》；评剧《收租院》；话剧《西南的春雷》。1977年后，恢复正常演出，重排《八一风暴》，在毕节连续上演27场；排练其他剧目，在区内巡回演出。全年共演出104场。1978年，剧团向泸州市京剧团学习现代戏《霓虹灯下的哨兵》，向遵义市京剧团学习新编历史剧《杨八姐盗刀》，向贵阳市京剧团学习传统戏《白蛇传》，学成后在毕节演出，全年演出156场。1979年，分别到大方、黔西、织金、威宁、贵定、龙里、都匀、独山、普定县和广西南丹及四川叙永、古蔺、泸州共演出268场。1980年演出232场。1981年，分成两个演出队到金沙、织金和四川古蔺、叙永、宜宾演出。1982～1983年，演出288场。1984年后，大多分队到各县农村演出。每队带剧目20出，每场平均收入40～50元。每在乡下演出1场，地区财政先补助40元，后增补至60元、80元。1984～1986年，共演出379场。1987年夏，应毕节地区行署邀请，著名京剧表演艺术家关肃霜来毕节讲学、演出，地区京剧团主要演员与关配戏演出《杨排风》《花田八错》《霸王别姬》《天霸拜山》《玉堂春》《十八扯》。是年，共演出100场。1977～1987年上演剧目28出、新编历史剧和神话剧25出、现代戏12出。1988年后，清毕路剧场租给人开舞厅，其后由开发商拆除修建商住楼，剧团无排练和演出场地，演出大幅下降，至1997年后，每年演出多为60多场。1991年，排练《战冀州》参加全国京剧大赛贵州赛区比赛，获中央电视台银屏奖，贵州电视台优胜奖。同获优胜奖的还有朱曼平表演的《扈家庄》，聂芹表演的《卖水》。1992年，排练《断桥》《穆柯寨》《战冀州》参加贵州省纪念徽班进京200周年展演，获好评。1994年，郑少普参加贵州省京剧代表团赴南非演出，在《闹天宫》中饰孙悟空。1995年，与贵州省京剧团合排《水西遗恨》参加首届中国京剧艺术节演出，获程长庚演出奖。1998年，剧团自筹资金修建210平方米的排练厅，并开办座演出，演出场次逐渐上升。2001年，全年演出145场，观众10万人次。2002年，演出149场。毕节地区京剧团的代表性剧目为新编民族历史故事剧为《水西遗恨》。是剧初名《水西轶事》首发于1989年《毕节剧作》第二期，后为《水西遗恨》，发表在1995年《贵州剧作》第一期。1995年，获全国第四届少数民族戏剧剧本孔雀银奖；1995年移植成京剧，由毕节地区京剧团和贵州京剧团合排，并由文化部下文列为重点剧目参加首届中国京剧艺术节演出，获程长庚奖。1996年获贵州省“五个一工程奖”，贵州省第二届戏剧文学奖一等奖。

4.毕节艺术团。20世纪90年代后，地区京、川、黔3剧团存在人员老化、行当不齐、设备陈旧、艺术生产力下降问题。2001年，地区文化局拟《关于合并地区京、川、黔三剧团组建毕节艺术团的报告》呈中共毕节地委、毕节地区行署。2002年12月31日，毕节地区机构编制委员会制发《关于组建毕节艺术团的批复》，同意将地区京剧团、川剧团、黔剧团合并组建毕节艺术团，为地区文化局下属正科级财政差额拨款事业单位。明确毕节艺术团的工作宗旨是：创作演出优秀的曲艺、小品、舞蹈等节目，为观众服务。其业务范围为：（1）贯彻执行党和国家关于文化艺术的方针、政策和法律法规，创作更多的舞台艺术作品，以满足人民群众精神文化生活的需要。（2）负责京剧、川剧、黔剧等传统艺术的整理加工与保护和创作演出。（3）负责艺术普及推广和舞台艺术作品演出。（4）负责艺术创作表演人才的教育和培养。核定毕节艺术团事业编制137名，其中专业技术人员104名、党政管理人员20名、工勤人员13名。设团长1名，副团长3名；正副主任（队长）6名。2006年4月29日，地区机构编制委员会行文批复，毕节艺术团加挂毕节地区民族歌舞团牌子。2003～2008年，毕节艺术团除参与历年送科技、卫生、文化“三下乡”和进小区文艺演出及节日文艺演出以外，还参与有关单位举办的各种专题文艺演出。2004～2005年，共演出374场。

**县民族文化工作队** 1.威宁县民族文化工作队。1979年成立。由文化馆领导，开展演出活动。1980～1985年，演出198场，观众近8万人次。演出花灯剧《闹渡》《七妹与蛇郎》《隔河看亲》《墙头记》；现代剧《买鱼》《嫁妈》《抢娘》《她为什么死了》《闹春》《友谊酒会》《救救她》《姑娘跟我走》；歌舞《欢乐的彝家》《草海的春天》《欢乐的黑颈鹤》。1985年，改名为威宁县民族文工队。1989年贵州省民族民间艺术节，将反映彝族婚俗的《酒礼舞》安排在主会场演出。1990年，为县委、县政府的会议和礼宾活动举行文艺演出8场；配合科教电影制片厂、贵州省电视台拍摄科教片《南方的天然牧场》和电视片《乌江行》《撮衬姐》；参加地区和省举办的文艺赛事，月琴弹唱《普查春风遍彝家》分别获地区和省人口普查文艺调演一等奖，省电视台拍为录像播放；《手镯情》等4个小品参加地区个协文艺调演并获奖。1991年，贵州省第四届彝学会年会在威宁自治县召开。文工队参与组织大型广场团体操、铃铛舞方块队、规范舞表演和舞台文艺演出。之后，赴筑向省委、省人大、省政府、省政协及有关单位作汇报演出。1992年，3省27县老年门球赛在威宁召开。文工队参与彝族大型舞蹈《乌蒙欢歌》表演。1997年1～8月，民族文工队配合县国税局作税法宣传，配合县文化局、文化馆组织晚会，赴贵阳参加彝族火把节演出《欢聚在火把节》，为深（圳）黔携手帮扶活动签字仪式演出《铃铛舞》《敬酒歌》《花场路上》。

2.金沙县民族文工队。其前身为1976年建立的金沙县文艺宣传队，1980年改称文化工作队，实行馆队合一体制。全队有队员29人。宣传队每年平均有半年以上时间在农村巡回演出。1980～1983年，共演出600余场，演出小话剧6个、歌舞9个、快板剧6个、表演唱13个、小歌剧6个、曲艺9个、歌曲8首、故事39个、舞蹈33个、单口词2个、戏剧21个；帮助区乡建立业余文艺宣传队111个，夜校64所，辅导业余文艺骨干2100余人次。1984年7月，文艺宣传队改为民族文工队。县民委每年拨给民族文工队经费1.2万元。文工队人员除由文化馆调配部分外，其余则用合同制招聘，聘用期两年。队员每月工资36元，同时享受国家职工差旅费、医药费待遇。1986年，工资标准提为老队员51元，新队员41元。招聘的13名队员，少数民族占70%。1985～1987年文工队共演出103场，观众逾10万人次。1989年，因无经费开支，民族文工队停办。

3.织金县民族文化工作队。于1984年8月建立。实行馆队合一体制。1985年，到县属16个民族乡和民族节日集会点共演出90余场，观众达10余万人次。是年10月，排演苗族双人舞《擀冉情深》、布依族舞蹈《索绣球》、彝族铃铛舞《铜铃声声庆丰收》、苗族舞蹈《洗麻舞》、歌伴舞《花坡相会》参加毕节地区第二届民族文工队文艺汇演，获表演、编导、创作奖8项，获奖数全地区第一。1986年，《擀冉情深》和《索绣球》被选调参加全省民族民间音乐舞蹈比赛，均获三等奖。《擀冉情深》入选全国民族民间音乐舞蹈录像调演比赛，获国家文化部、广播电视部丰收奖。是年，文工队先后到黔西、纳雍、赫章、水城、安顺、贵州民族学院作交流演出。1989年，民族文工队进行队员轮换，新招聘16人。之后，排练《花笼舞》等新节目和《擀冉情深》《索绣球》等保留节目。是年，《花笼舞》和《索绣球》参加贵州省首届民族民间艺术节演出，演出18场。1990年，自创大型苗族舞蹈《鼓笙魂》《花坡舞》参加毕节地区文艺汇演，获特别节目奖，并代表地区参加全省业余文艺调演，先后演出3场。1992年后，由于经费支出、队员待遇不落实，大多数队员自动辞职，文工队难以为继，自行解散。

4.大方县民族文化工作队。其前身为1979年4月建立的大方县文化馆农村文艺小分队。是年，下乡演出85场；排练话剧《权与法》《深夜静悄悄》，在县城上演11场。1980年，深入边远山区和少数民族地区演出60场，观众5万余人次。1981年，下乡演出61场，观众5万余次，排练《神秘的古城》《抢娘》《赵钱孙李》在城乡演出21场。1983年，在县内9个区28个公社演出115场，演出文艺节目51个。是年7月，参加贵州省乌兰牧骑文工队文艺调演，仡佬族舞蹈《打亲敬酒》获优秀节目奖。1984年，排演仡佬舞蹈《仡佬渔歌》，苗族舞蹈《洗蜡染》《穿花房》《静静的山林》，彝族舞蹈《火把节之夜》等参加地区民族文工队文艺调演，获奖11项。1984年12月，改建为大方县民族文化工作队。1985年，排练舞蹈《仡家姑娘》《在那桃花盛开的地方》《快乐的插花节》《思念》，到县属12个区23个乡镇巡回演出。1987年，排练舞蹈《梳春》《铃》参加全国舞蹈录像调演，《梳春》获三等奖、《铃》获鼓励奖。1988年，经费支出不能保证，辞退招聘人员，改民族文工队为县文化馆文艺小分队。1997年，大方县委、县政府决定重新组建县民族文工队，为大方县文化广播电视局下属事业单位。

5.黔西县民族文化工作队。建于1986年7月，文工队立足本县，以活跃农村群众文化生活为宗旨，深入基层进行文艺演出。1986～1989年，送戏下乡20余次，参加民族节日活动10余次，演出节目50余个。1989年，财政不再拨款，1990年撤销。

6.纳雍县民族文化工作队。建于1986年9月。经费由县财政拨付。文工队以本县区乡为演出服务重点，亦担任县委、县政府指派的会议和接待演出任务。演出节目多为自编小戏、歌舞、曲艺。根据民间舞蹈素材加工提炼的彝族舞蹈《搓子舞》参加贵州省首届艺术节演出获一等奖。小戏《赶集路上》和歌曲《乌蒙晨曲》《情系高原》亦获奖。1991年，县财政停止拨款，文工队解散。

**县艺术团**　2006年，中共毕节地委、毕节地区行署决定，各县（市、区）建立艺术团。之后，赫章、金沙、大方、黔西、纳雍县和百里杜鹃管理区先后建立艺术团（歌舞团）。

1.赫章县夜郎歌舞团。2006年12月8日成立。有演职人员59名。2006~2009年，除完成节日晚会、送文化下乡等演出任务外，还收集整理、加工编排彝族《铃铛舞》《婚礼》《阿哥阿妹一起跳》《阿媚恳》和苗族《大迁徙舞》《矮桩舞》，苗族情歌组合《踩月亮》等数十个精品节目和编创大型歌舞史诗《夜郎魂》，在地区和省乃至全国文艺赛事中频频亮相，并多次获奖。2007年8月，《矮桩舞》参加由中国民间文艺家协会和河北省文联在河北省秦皇岛南戴河举办的中国民族民间文艺精品展演暨第五届南戴河荷花艺术节，获艺术节最高奖——“金荷花奖”。同年，《铃铛舞》参加第八届全国少数民族运动会，获表演项目金奖。同年，《大迁徙舞》参加“多彩贵州”舞蹈大赛全省决赛，获原生态组“铜鼓”奖。2008年，《铃铛舞》《矮桩舞》受邀在广东江门举办的有48个国家和地区的华侨参加的第三届“中国·江门华人嘉年华”活动上表演，获优秀演出奖。2009年，《铃铛舞》在河北涉县举行的“中国首届女娲文化节”上获“女娲杯”金奖　。同年12月，《夜郎魂》代表毕节地区参加在凯里举办的贵州省第四届民族民间文艺调演，获优秀剧二等奖、优秀创作奖、优秀组织奖。

2.金沙县艺术团。2006年底成立。2007~2009年，除完成节日文艺晚会，送红下乡等演出任务外，还参加了“多彩贵州”舞蹈大赛、“多彩贵州”形象大使选拔赛等文艺活动。2009年，送戏下乡演出25场。

3.大方奢香艺术团。2007年成立。当年演出156场，2008年演出170场，2009年，送戏下乡演出37场。

4.黔西水西艺术团。2007年成立。建团后，除参加县内节日文化活动及送文化下乡演出外，还在中共黔西县委、黔西县人民政府举办的各项大型文化旅游活动中进行文艺演出。2009年，送红下乡演出25场，参加黔西县油菜花节、杜鹃花节、中华布依西部民歌生态文化节、“中国·贵州·黔西乌江源百里画廊旅游文化节”及“庆祝黔西解放60周年文艺晚会”演出。

5.纳雍“滚山珠”艺术团。2007年成立。2009年，排练《箐鸡舞》《搓子舞》和原生态苗族敬酒歌等节目，演出20余场。

6.百里杜鹃管理区索玛花艺术团。2008年成立。2009年，送戏下乡演出15场；排练节目参加贵州省农民艺术节演出，获优秀奖。

## 1979～2007年毕节地区戏剧、小品、曲艺创作表演获奖名录表

| 节目名称 | 类别 | 作者 | 表演者 | 导演 | 表演单位 | 授奖单位及授奖等级 | 授奖时间（年） |
|---|---|---|---|---|---|---|---|
| 春归苗山 | 黔剧 | 邓元华 | | | 毕节地区黔剧团 | 省文化局、剧协，戏剧创作三等奖 | 1983 |
| 今日农家女 | 故事 | 任焰林 | 任焰林<br>张承菊 | | | 省文化厅、曲协，曲艺新曲（书）目赛创作，表演三等奖 | 1986 |
| 相亲 | 贵州琴书 | 张正周 | 赵忆祖<br>郝贵红<br>唐曼玲<br>张承菊 | | | 省文化出版厅、曲协，曲艺新曲（书）目赛音乐设计三等奖 | 1986 |
| 鸡状元与鱼专家 | 苗族拴箫歌 | | | | | 省文化厅曲艺新曲（书）目赛伴奏奖 | 1986 |
| 无题 | 小品 | | | | 大方县 | 省文化厅：全省首届少儿艺术节三等奖 | 1987 |
| 迷津 | 戏曲小品 | 姜太智 | 姜太智<br>唐学琴<br>兰福永 | 姜太智 | 地区川剧团 | 省文化厅、剧协、电视台：省首届戏剧小品电视赛业余组三等奖、创作奖 | 1988 |
| 搭车 | 话剧小品 | 张维柱 | 龚元宏<br>邱体敏<br>钟 青 | | 赫章县文化馆 | 省文化厅、剧协、电视台：省戏剧小品赛业余组创作奖、三等奖 | 1988 |
| 情牵故里 | 故事 | 任焰林 | 张承菊<br>任焰林 | | 金沙县文化馆 | 省文化厅、曲协：省首届杜鹃书会曲艺赛二等奖、创作奖 | 1988 |
| 王二娃翻梢 | 方言诗 | 任焰林 | 任焰林 | | 金沙县文化馆 | 省文化厅、曲协：省首届杜鹃书会曲艺赛三等奖 | 1988 |
| 该怨谁 | 谐剧 | 邱义远 | 姜太智 | | 地区川剧团 | 省文化厅、曲协：省首届杜鹃书会曲艺赛创作奖 | 1988 |
| 柜台轶闻 | 谐剧 | 姜太智 | 任风云 | | 地区川剧团 | 省文化厅、曲协：省首届杜鹃书会曲艺赛创作奖 | 1988 |
| 盘灯 | 花灯小戏 | 陈明远 | 黄雯雯<br>刘玉玲<br>赵忆祖 | 吴国清<br>杜华兰 | 地区黔剧团 | 省文化厅、剧协：省花灯电视赛专业组一等奖 | 1989 |

续表

| 节目名称 | 类别 | 作者 | 表演者 | 导演 | 表演单位 | 授奖单位及授奖等级 | 授奖时间（年） |
|---|---|---|---|---|---|---|---|
| 买爱 | 花灯小戏 | 邱义远 | 姜太智等 | 姜太智 | 地区川剧团 | 省文化厅、剧协：省花灯电视赛创作奖 | 1989 |
| 自食其果 | 小品 | 黎方清 | | | | 省公安厅、电视台：省公安文艺调演三等奖 | 1989 |
| 车科长 | 谐剧 | 邱义远 | 陈建方 | | | 省文化厅、曲协：省第二届杜鹃书会曲艺赛二等奖、创作奖 | 1990 |
| 报中人 | 谐剧 | 邱义远 | 赵忆祖 | | | 省文化厅、曲协：省第二届杜鹃书会曲艺赛三等奖、创作奖 | 1990 |
| 祝寿 | 谐剧 | 姜太智 | 姜太智 | | | 省文化厅、剧协：省第二届杜鹃书会曲艺赛三等奖、创作奖 | 1990 |
| 苗乡巨变 | 方言小品 | 任焰林 | 任焰林 | | | 省文化厅、剧协：省第二届杜鹃书会曲艺赛三等奖、创作奖 | 1990 |
| 路上 | 方言小品 | 程大有 | | | | 全省人口普查文艺汇演二等奖 | 1991 |
| 请你赴宴 | 小品 | 邱义远 | 赵忆祖<br>唐曼铃 | 姜太智 | | 省工商局、个体协会：全省个体工商劳动者文艺调演二等奖 | 1991 |
| 生活不是演戏 | 小品 | 周剑平 | 潘玉琳<br>薛应昌<br>周剑平 | 周剑平 | | 省工商局、个体协会：全省个体工商劳动者文艺调演三等奖 | 1991 |
| 通心路 | 小戏 | 邱义远 | | | | 省文化厅：省首届群众文化艺术创作二等奖 | 1991 |
| 水西轶事 | 大戏 | 陈明远<br>孙　阳 | | | | 省文化厅：省首届群众文化艺术创作二等奖 | 1991 |
| 烧洋芋 | 小戏 | 张维柱 | | | | 省文化厅：省首届群众文化艺术创作二等奖 | 1991 |
| 舔肥 | 小戏 | 陈明远 | | | | 省文化厅：省首届群众文化艺术创作三等奖 | 1991 |
| 路遇 | 小戏 | 程大有 | | | | 省文化厅：省首届群众文化艺术创作三等奖 | 1991 |

续表

| 节目名称 | 类别 | 作者 | 表演者 | 导演 | 表演单位 | 授奖单位及授奖等级 | 授奖时间（年） |
|---|---|---|---|---|---|---|---|
| 车科长 | 谐剧 | 邱义远 | | | | 省文化厅：省首届群众文化艺术创作二等奖 | 1991 |
| 驼背大弯腰 | 曲艺 | 薛应昌 | | | | 省文化厅：省首届群众文化艺术创作二等奖 | 1991 |
| 请你赴宴 | 小品 | 邱义远 | 赵忆祖<br>刘明跃 | 姜太智 | | 国家工商局：全国个体劳动者文艺调演（录像）优秀奖 | 1992 |
| 二憨替罚 | 小品 | 邱义远 | 陈友明<br>朱曼平<br>陈启新 | 姜太智 | | 省司法厅：省法制文艺调演表演奖 | 1992 |
| 哈经理 | 谐剧 | 姜太智 | | | | 省司法厅：全省法制文艺调演表演奖 | 1992 |
| 儿女经 | 相声 | 邱义远 | 李天庆<br>徐茂良 | | | 省曲协：全省相声赛二等奖 | 1992 |
| 红灯一亮 | 小品 | 邱义远 | 任风云<br>朱天训 | 姜太智 | | 省公安厅：全省公安文艺调演一等奖 | 1992 |
| 丢眼镜 | 小品 | 黎方清 | 任恩等 | 黎方清 | | 省公安厅：全省公安文艺调演三等奖 | 1992 |
| 刘红贵相亲 | 小品 | 任焰林 | 赵忆祖<br>聂琴 | 吴国清 | | 国家文化部：全国戏剧小品赛三等奖、表演奖 | 1992 |
| 买爱 | 小川剧 | 邱义远<br>姜太智 | 姜太智<br>童华东<br>李丽新 | 姜太智 | | 省文化厅：省小戏小品赛演出奖 | 1992 |
| 小甜品苦 | 相声 | 邱义远 | 熊振宇等 | | | 省曲协：省第三届杜鹃书会曲艺赛表演奖 | 1992 |
| 金贵劝妻 | 小品 | 官志红 | 姜太智<br>童华东<br>李丽新 | 姜太智 | | 省委宣传部、省文化厅：全省信帮杯小品赛二等奖、创作奖 | 1994 |
| 邂逅 | 小品 | 姜太智<br>周剑平 | 周剑平<br>薛应昌 | 周剑平 | | 省委宣传部、省文化厅：全省信帮杯小品赛创作奖 | 1994 |
| 8路三轮 | 小品 | 邱义远 | | | | 省委宣传部、省文化厅：全省信帮杯小品赛创作奖 | 1994 |

续表

| 节目名称 | 类别 | 作者 | 表演者 | 导演 | 表演单位 | 授奖单位及授奖等级 | 授奖时间（年） |
|---|---|---|---|---|---|---|---|
| 开张 | 小品 | 邱义远 | 黎方清<br>唐曼玲<br>赵忆祖 | 黎方清 | | 省委宣传部、省文化厅：全省信帮杯小品赛创作奖 | 1994 |
| 小土屋 | 小品 | 杨文双 | | | | 省委宣传部、省文化厅：全省信帮杯小品赛创作二等奖 | 1994 |
| 金贵劝妻 | 小品 | 官志红 | 姜太智<br>童华东<br>李丽新 | 姜太智 | | 国家文化部：全国第四届“群星奖”创作、导演、表演银奖 | 1995 |
| 水西遗恨 | 大戏 | 陈明远<br>孙　阳 | | | | 全国第四届少数民族戏剧剧本“孔雀奖”银奖 | 1995 |
| 派车 | 小品 | 姜太智 | 姜太智<br>郑少普<br>朱文华 | 姜太智 | | 省委宣传部、省文化厅：纪念遵义会议60周年文艺演出创作二等奖 | 1995 |
| 补漏 | 谐剧 | 邱义远 | 童华东 | 姜太智 | | 省第四届杜鹃书会表演、创作三等奖 | 1995 |
| 名人传 | 小品 | 姜太智 | | | | 省文化厅：全省群文创作演展赛创作三等奖 | 1995 |
| 烧香 | 小戏 | 任焰林 | | | | 省文化厅：全省群文创作演展赛创作二等奖 | 1995 |
| 不学有术 | 小品 | 任焰林 | | | | 省文化厅：全省群文创作演展赛创作二等奖 | 1995 |
| 济公惩恶 | 小品 | 李德裔 | | | | 省文化厅：全省群文创作演展赛创作三等奖 | 1995 |
| 紧急结婚 | 小戏 | 邓元华 | | | | 省文化厅：全省群文创作演展创作三等奖 | 1995 |
| 王老三那个 | 小品 | 雷兴隆 | | | | 省文化厅：全省群文创作演展赛创作三等奖 | 1995 |
| 修电话 | 小品 | 袁方圃<br>黄文静等 | | | | 省邮电局：全省邮电文艺调演一等奖 | 1996 |
| 水西遗恨 | 大戏 | 陈明远<br>孙　阳 | | | | 省文化厅：1986～1996年全省戏剧文学一等奖 | 1996 |

续表

| 节目名称 | 类别 | 作者 | 表演者 | 导演 | 表演单位 | 授奖单位及授奖等级 | 授奖时间（年） |
|---|---|---|---|---|---|---|---|
| 金贵劝妻 | 小戏 | 官志红 | | | | 省文化厅：1986～1996年全省戏剧文学二等奖 | 1996 |
| 水西遗恨 | 大戏 | 陈明远<br>孙　阳<br>申镇声 | | | | 省委宣传部：省五个一工程奖 | 1996 |
| 选马 | 小戏曲 | 徐剑平 | | | | 省文化厅：1986～1996年全省戏剧文学三等奖 | 1996 |
| 买爱 | 小川剧 | 邱义远 | | | | 省文化厅：1986～1996年全省戏剧文学三等奖 | 1996 |
| 盼归 | 小品 | 姜太智 | 任　恩<br>黄红卫<br>王琼丽 | 姜太智 | | 省政法委：全省政法首届文艺调演创作奖 | 1996 |
| 怪招 | 小川剧 | 程大有<br>姜太智 | 李丽新<br>兰福永<br>王东平 | 姜太智 | | 省计生委：全省计划生育文艺调演二等奖；国家文化部：全国第七届群星奖创作优秀奖 | 1997 |
| 隔岸观火 | 谐剧 | 姜太智 | | | | 省文化厅、省曲协：省第五届杜鹃书会二等奖 | 1997 |
| 守护神 | 戏剧小品 | 姜太智 | 郑少普<br>张　钥 | 姜太智 | 地区公安局 | 省公安厅：省公安文艺汇演一等奖 | 2001 |
| 孔雀岩 | 戏剧小品 | 姜太智 | 姜太智<br>唐　进 | 井立民 | 地区文化局 | 国家文化部：全国十一届群星奖小品类银奖；省人民政府：首届全省文艺三等奖 | 2001 |
| 造林人家 | 花灯小戏 | 姜太智 | 张亚西<br>王琼莉<br>敖爱梅 | 姜太智 | 地区黔剧团 | 国家文化部：全国十一届群星奖小戏类银奖 | 2001 |
| 山坳上 | 花灯小戏 | 姜太智 | 姜太智<br>张亚西<br>安　黔<br>童华东 | 张孝先 | 地区群艺馆 | 省文化厅：全省农村题材小戏调演二等奖。省政府，省第三届文艺三等奖。 | 2003<br>2004 |
| 老子、儿子、房子 | 韵白小品 | 姜太智<br>丘　榆 | 童华东<br>王东平<br>姜太智 | 姜太智 | 地区文化局 | 省政府：全省第三届文艺二等奖。 | 2007 |

续表

| 节目名称 | 类别 | 作者 | 表演者 | 导演 | 表演单位 | 授奖单位及授奖等级 | 授奖时间（年） |
|---|---|---|---|---|---|---|---|
| 哑女 | 戏剧小品 | 姜太智 | 陈　平 | 姜太智 | 地区聋哑学校、毕节艺术团 | 国家民政部、文化部、教育部、残联：全国第六届残疾人文艺决赛金奖 | 2005 |
| 雨夜 | 戏剧小品 | 姜太智 |  |  |  | 省剧协、贵州日报：省少儿题材剧本二等奖 | 2006 |
| 彩礼 | 花灯小戏 | 杨义平<br>洪　瑛 | 雷轰龙<br>马再仙等 | 雷轰龙 | 黔西县文化馆 | 省文化厅：全省花灯调演三等奖 | 2006 |
| 寸土 | 韵白小品 | 姜太智 | 姜太智<br>童华东<br>王东平 | 姜太智 | 地区艺术团 | 省文化厅：省十四届群星奖选拔赛二等奖 | 2007 |
| 白日梦 | 川剧小戏 | 姜太智 | 姜太智<br>王东平<br>朱晓莉 | 姜太智 | 地区艺术团 | 省纪委、监察厅：全省廉政题材小戏小品调演三等奖 | 2007 |
| 撮泰吉 | 小品 |  |  |  | 地区艺术团 | 省委宣传部、省文化厅、省文联：多彩贵州小品大赛金黔奖、优秀整理奖 | 2010 |
| 寸土 | 小品 | 姜太智 |  |  |  | 贵州省第四届文艺奖二等奖 | 2009 |
| 医风 | 快板小品 |  |  |  | 黔西县文化馆 | 贵州省第四届文艺奖三等奖 | 2009 |
| 瞎子点灯 | 小品 |  |  |  | 金沙县文化馆 | 贵州省第四届文艺奖三等奖 | 2009 |
| 乡里乡亲话科学 | 曲艺 |  |  |  |  | 贵州省第十届杜鹃艺术节二等奖 | 2009 |
| 这个官司打不打 | 曲艺 |  |  |  |  | 贵州省第十届杜鹃艺术节二等奖 | 2009 |

## 1979～2007年毕节地区歌曲创作演唱获奖名录表

| 歌曲名称 | 作词 | 作曲 | 演唱 | 授奖单位及授奖等级 | 授奖时间（年） |
|---|---|---|---|---|---|
| 我们的小队 | | 石应宽 | | 中国少先队建队30周年创作歌曲三等奖 | 1979 |
| 彝家最爱唱山歌 | | 胡家勋 | | 省文化厅、音协：全省文艺创作二等奖 | 1980 |
| 愉快的歌声飞满坡 | | 石应宽 | | 省音协：全省歌曲创作奖 | 1980 |
| 我们的队旗 | | 石应宽 | | 省文化厅：全省歌曲创作奖 | 1983 |
| 苗山下面有条河 | | 黎方清 | | 省文化厅：全省农村歌曲征集二等奖 | 1983 |
| 我们是光荣的汽车驾驶员 | | 黎方清 | | 省交通厅：全省运输系统文艺调演创作奖 | 1984 |
| 老水牛角弯弯 | 张维柱 | 胡家勋 | | 省文化厅、音办：全省少儿歌曲一等奖 | 1986 |
| 幼儿园门口 | | 胡家勋 | | 省文化厅、音协：全省少儿歌曲三等奖中国音协：1982～1986年全国少儿歌曲二等奖 | 1986 |
| 小披毡 | | 胡家勋 | | 省文化厅、音协：全省少儿歌曲二等奖 | 1986 |
| 梳妆台前轻轻唱 | | 胡家勋 | | 省文化厅：全省农村歌曲三等奖 | 1985 |
| 放羊歌 | | 胡家勋 | | 省文化厅：全省农村歌曲三等奖 | 1985 |
| 小风筝 | | 石应宽 | | 省文化厅：全省少儿歌曲创作奖 | 1986 |
| 祖国爱我，我爱祖国 | | 石应宽 | | 全省少先队队列歌曲一等奖 | 1988 |
| 忆贺龙 | | 黎方清 | | 省文化厅：全省文艺创作三等奖 | 1990 |
| 悄悄话 | 敖行维 | 胡家勋 | | 省文化厅：省首届群众文艺创作一等奖 | 1991 |
| 高原春耕曲 | | 潘　章 | | 省文化厅：省首届群众文艺创作一等奖 | 1991 |
| 乌蒙晨曲 | | 周道光 | | 省文化厅：省首届群众文艺创作一等奖 | 1991 |
| 火把之夜 | 段　扬 | 胡家勋 | | 省文化厅：省首届群众文艺创作二等奖 | 1991 |
| 彝家欢 | 杨世明 | 许　可 | | 省文化厅：省首届群众文艺创作二等奖 | 1991 |
| 草海牧歌 | | 潘　章 | | 省文化厅：省首届群众文艺创作二等奖 | 1991 |
| 茶山谣 | 李镇宇 | 程大有 | | 省文化厅：省首届群众文艺创作三等奖 | 1991 |
| 我从山里来 | 杨世明 | 付善修 | | 省文化厅：省首届群众文艺创作三等奖 | 1991 |
| 如今土地喊得应 | 陈晓碑 | 周剑平 | | 省文化厅：省首届群众文艺创作三等奖 | 1991 |
| 刚刚去了你又来 | 龙泽瑞 | 龙庆陆 | | 省文化厅：省首届群众文艺创作三等奖 | 1991 |
| 情系高原 | 杨　军 | 杨　军 | | 省文化厅：省首届群众文艺创作三等奖 | 1991 |
| 芦虹高原 | | 胡家勋 | | 省文化厅：省合唱艺术节三等奖 | 1992 |

续表

| 歌曲名称 | 作词 | 作曲 | 演唱 | 授奖单位及授奖等级 | 授奖时间（年） |
|---|---|---|---|---|---|
| 乌蒙喊山谣 | 敖行维 | 石应宽 | | 省文化厅：省合唱艺术节三等奖 | 1992 |
| 一副腰板一堵墙 | 程大有 | 龙庆陆 | | 省文化厅：省合唱艺术节三等奖 | 1994 |
| 我爱养路这行 | 罗维加 | 张明华 | | 省文化厅：省第二届新长征歌赛三等奖 | 1994 |
| 永放光芒的遵义会议 | | 石应宽 | | 省文化厅：纪念遵义会议60周年金叶杯奖三等奖 | 1994 |
| 我把亲人盼 | 敖行维 | 胡家勋 | | 省文化厅：纪念遵义会议60周年歌曲舞蹈赛三等奖 | 1994 |
| 山沟里种果树的姑娘 | 邓元华 | 蒋兴明 | | 省文化厅：纪念遵义会议60周年歌曲舞蹈赛三等奖 | 1994 |
| 木鼓敲起来 | | 汪芸芸 | | 省文化厅：纪念遵义会议60周年歌曲舞蹈赛三等奖 | 1994 |
| 长在祖国的春天里 | | 胡家勋 | | 省文化厅：全省第二届少儿艺术节三等奖 | 1990 |
| 爷爷的故事 | 任焰林 | 朱　灿 | 张晓红 | 国家文化部：全国群星征集奖优秀奖 | 1995 |
| 嗨罗 | | 胡家勋 | | 省民委：全省少数民族服饰表演一等奖 | 1996 |
| 苗家风采 | | 胡家勋 | | 省民委：全省少数民族服饰表演一等奖 | 1996 |
| 高原苗歌 | | 胡家勋 | | 省民委：全省少数民族服饰表演一等奖 | 1996 |
| 彝家向往的地方 | | 胡家勋 | | 省民委：全省少数民族服饰表演一等奖 | 1996 |
| 超戛朵 | | 胡家勋 | | 省民委：全省少数民族服饰表演一等奖 | 1996 |
| 碾房新歌 | 阮居平 | 蒋兴明 | | 省文化厅：全省群文殿演创作三等奖 | 1995 |
| 彝山春秋 | | 张中笑 | 田应萍 | 国家文化部、广电部丰收奖 | 1986 |
| 威宁梨 | | 田应萍 | | 省文化厅、广电厅三等奖 | 1986 |
| 我从山里来 | 杨世明 | 付善修 | 田应萍 | 省电台：全省农村歌手赛二等奖 | 1991 |
| 苗岭美苗岭秀 | 马　瞻 | 周　杰 | 洪　英 | 省电台：全省农村歌手赛一等奖 | 1990 |
| 我的情我的爱我的故乡 | 周　杰 | 周　杰 | 田应萍 | 省电台：全省农村歌手赛二等奖 | 1990 |
| 叫你天天都把苗山想 | | | 田应萍 | 省电台：全省农村歌手赛二等奖 | 1990 |
| 人口普查好 | | | 田应萍 | 省委宣传部：全省第四次人口普查文艺调演二等奖 | 1990 |
| 普查春风遍彝家 | 孔繁毅<br>王宇正 | | | 省委宣传部：全省第四次人口普查文艺调演一等奖 | 1990 |

续表

| 歌曲名称 | 作词 | 作曲 | 演唱 | 授奖单位及授奖等级 | 授奖时间（年） |
|---|---|---|---|---|---|
| 父老乡亲 | | 李毓成 | 田应萍 | 省电视台：全省消防杯青年歌手卡拉OK电视赛三等奖 | 1994 |
| 小蝴蝶找春天 | | 卢兆荣 | | 省文化厅：全省群众文演展赛三等奖 | 1985 |
| 童铃声声 | | 胡家勋 | | 省文艺汇演组委会：“拥抱明天的太阳”演唱一等奖 | 1998 |
| 百鸟禧倜图 | | 田应萍 | 田应萍 | 全国民歌之春演唱赛十佳演唱奖 | 2000 |
| 月琴叮咚 | | 胡家勋 | | 全国第五届残疾人艺术汇演组委会二等奖 | 2001 |
| 铜铃声声 | | 胡家勋 | | 全国第五届残疾人艺术汇演组委会二等奖 | 2001 |
| 蝴蝶飞花儿红 | | 石应宽 | | 中国儿童音乐学会：儿童音乐创作奖 | 2001 |
| 日子富了歌也多 | 李隆汉 | 潘军伟 | | 中国音协：《东方之春》中国民族歌曲征歌赛金奖 | 2004 |
| 彝家酒歌 | 潘军伟 | 沈凤鸣 | | 中国音协：《东方之春》中国民族歌曲征歌赛银奖 | 2004 |
| 这方热土 | 潘军伟 | 沈凤鸣 | | 中国音协：《东方之春》中国民族歌曲征歌赛银奖 | 2004 |
| 阳雀声声在呼唤 | | | 黔西县高锦村 | 中国西部民歌电视大赛优秀奖 | 2004 |
| 推石磨 | 阮居平 | 潘军伟 | | 中国音协：《东方之春》中国民族歌曲征歌赛铜奖 | 2004 |
| 青石小巷 | 潘军伟 | 沈凤鸣 | | 中国音协：《东方之春》中国民族歌曲征歌赛铜奖 | 2004 |
| 乐海浪花 | | 石应宽 | | 国家教育部电教司：全国CAI赛一等奖 | 2004 |
| 祝福您，马岭河 | | | 安　黔 | 首届多彩贵州歌唱赛组委会：非职业组美声唱法第二名 | 2005 |
| 我想回家 | | | 熊正江 | 首届多彩贵州歌唱赛组委会：职业组通俗唱法第二名 | 2005 |
| 喀什噶尔女郎 | | | 吴险峰 | 首届多彩贵州歌唱赛组委会：非职业组民族唱法第三名 | 2005 |
| 杜鹃花舞 | | 胡家勋 | | 多彩贵州舞蹈赛组委会三等奖 | 2006 |
| 乌江放歌 | | 周正军 | | 省文化厅：省首届激情乌江青年歌手赛一等奖 | 2006 |
| | | | 安　黔 | 省文化厅：省首届激情乌江青年歌手赛美声唱法一等奖 | 2006 |
| | | | 朱　娆 | 省文化厅：省首届激情乌江青年歌手赛美声唱法二等奖 | 2006 |
| | | | 谭　刚 | 省文化厅：省首届激情乌江青年歌手赛美声唱法三等奖 | 2006 |

续表

| 歌曲名称 | 作词 | 作曲 | 演唱 | 授奖单位及授奖等级 | 授奖时间（年） |
|---|---|---|---|---|---|
| | | | 李　芸 | 省文化厅：省首届激情乌江青年歌手赛民间唱法二等奖 | 2006 |
| | | | 王郢鑫<br>李俊美 | 省文化厅：省首届激情乌江青年歌手赛民间唱法一等奖 | 2006 |
| | | | 赫章县河镇乡演唱组 | 省文化厅：省首届激情乌江青年歌手赛民间唱法二等奖 | 2006 |
| | | | 杨守艳等组合 | 省文化厅：省首届激情乌江青年歌手赛民间唱法三等奖 | 2006 |
| 警察妈妈的情怀 | 伍润强 | 潘军伟<br>沈凤鸣 | | 中国音协：奥运之春中国民族歌曲征集赛金奖 | 2007 |
| 我的太阳我的月亮 | 潘军伟<br>伍润强 | 沈凤鸣 | | 中国音协：奥运之春中国民族歌曲征集赛银奖 | 2007 |
| 白鹭的故乡 | 潘军伟<br>伍润强 | 沈凤鸣 | | 中国音协：奥运之春中国民族歌曲征集银奖 | 2007 |
| 党啊！亲爱的母亲 | 谢正发 | 潘军伟 | | 中国音协：奥运之春中国民族歌曲征集铜奖 | 2007 |
| 白衣天使之歌 | 伍润强 | 潘军伟<br>沈凤鸣 | | 中国音协：奥运之春中国民族歌曲征集铜奖 | 2007 |

## 毕节地区1979～2010年歌舞表演获奖名录表

| 节目名 | 类别 | 编导 | 作曲 | 演出单位 | 授奖单位及等级 | 授奖时间（年） |
|---|---|---|---|---|---|---|
| 滚山珠 | 苗族芦笙舞 | | | 王景全 | 全国金雀杯歌舞赛表演奖 | 1984 |
| 擀冉情深 | 布依族舞蹈 | | | 织金县民族歌舞队 | 省文化厅：省民间音乐舞蹈调演二等奖 | 1986 |
| 索绣球 | 布依族舞蹈 | | | 织金县民族歌舞队 | 省文化厅：省民间音乐舞蹈调演三等奖 | 1986 |
| 擀冉情深 | 苗族双人舞 | | | 织金县民族歌舞队 | 国家文化部、广电部：民间音乐舞蹈（录像）调演丰收奖 | 1987 |
| 普米阿美 | 舞蹈 | 黄　涛 | | | 全国民间音乐舞蹈（录像）赛一等奖、编导三等奖 | 1986 |

续表

| 节目名 | 类别 | 编导 | 作曲 | 演出单位 | 授奖单位及等级 | 授奖时间（年） |
|---|---|---|---|---|---|---|
| 静静的山林 | 舞蹈 | 黄　涛 | | | 全国民间音乐舞蹈（录像）赛三等奖 | 1986 |
| 凯也欧 | 舞蹈 | 黄　涛 | | | 全国民间音乐舞蹈（录像）赛三等奖 | 1986 |
| 梳春 | 舞蹈 | 黄　涛 | | | 全国民间音乐舞蹈（录像）赛三等奖 | 1986 |
| 滚山珠 | 苗族芦笙舞 | | | 王景全 | 全国民间工艺文物展览会三等奖 | 1987 |
| 红军路 | 双人舞 | 黎方清 | 黎方清 | 毕节县文化馆 | 省文化厅：省民间音乐舞蹈调演三等奖 | 1986 |
| 响铃舞 | 仡佬族少儿舞 | 潘玉玲<br>江友娟 | 程大有 | 大方县文化馆少儿业余艺校 | 省文化厅：全省首届少儿艺术表演奖 | 1987 |
| 走妹家 | 花灯歌舞 | 钱勋木 | 王达志 | 钱巨星马再仙 | 省文化厅、电视台：省首届花灯电视赛，业余组三等奖 | 1989 |
| 仡佬族娃娃麓鱼乐 | 仡佬族儿童舞 | | | 大方文化馆少儿业余艺校 | 省文化厅：全省第二届少儿艺术节编导、音乐、服装设计奖 | 1990 |
| 滚山珠 | 苗族芦笙舞 | | | 王景全王景才王学贵等 | 国家民委：全国少数民族传统体育运动会艺术表演金杯奖 | 1991 |
| 舞蹈 | | 巩兰菊 | 胡家勋 | 地区毛纺厂 | 省总工会：全省职工文艺调演二等奖 | 1994 |
| 金苗苗 | 少儿舞 | 巩兰菊 | 胡家勋 | 地区群艺馆少儿艺术培训班 | 省委宣传部、省文化厅：全省纪念遵义会议60周年歌舞赛三等奖 | 1994 |
| 金叶 | 集体舞 | | 黎方清<br>潘　章 | 地区复烤厂 | 省文化厅：省金叶杯歌舞赛二等奖 | 1994 |
| 金海螺 | 少儿舞 | 巩兰菊 | 杨　军<br>蒋兴明 | 地区群艺馆少儿艺术培训班 | 省文化厅、群艺馆：全省群文演展赛三等奖 | 1995 |
| 草海鹤的故事 | 少儿舞 | 巩兰菊 | 朱大年 | 地区群艺馆少儿艺术团 | 省文化厅、少儿艺委会：省第四届少儿艺术节三等奖 | 1996 |

## 毕节地区2001～2008年歌舞节目获奖名录表

| 节目名 | 类别 | 编导 | 演出单位 | 授奖单位、授奖名称及等级 | 授奖时间（年） |
|---|---|---|---|---|---|
| 欢聚在火把节 | 舞蹈 | | | 省民委：全省第二届少数民族文艺调演一等奖 | 2001 |
| 滚山珠 | 芦笙舞 | | | 省民委：全省第二届少数民族文艺调演二等奖 | 2001 |
| 乌蒙铃 | 舞蹈 | | | 省民委：全省第二届少数民族文艺调演二等奖 | 2001 |
| 阿媚恳 | 舞蹈 | | | 省民委：全省第二届少数民族文艺调演三等奖 | 2001 |
| 月琴叮咚 | 舞蹈 | 巩兰菊 | 小杜鹃艺术团 | 省残联：全省第五届残疾人艺术汇演二等奖、创作奖<br>中国残联，国家民政部、文化部：贵州省全国残疾人文艺汇演二等奖、创作一等奖 | 2001 |
| 我的家乡 | 舞蹈 | | | 全省中行杯文艺调演三等奖 | 2001 |
| 乌蒙魂 | 舞蹈 | | | 省民委：全省第三届少数民族文艺汇演创作、舞美金奖 | 2005 |
| 草海铃韵 | 舞蹈 | 孙嫚君 | 毕节聋哑学校 | 省文体厅：全省第六届残疾人文艺汇演金奖 | 2005 |
| 铃铛舞 | 舞蹈 | 邱体敏<br>何　健 | | 中国民间文艺家协会：中国第七届民间艺术节山花奖 | 2006 |
| 滚山珠 | 舞蹈 | | | 多彩贵州舞蹈赛银瀑奖 | 2007 |
| 大迁徙 | 舞蹈 | | | 多彩贵州舞蹈赛铜鼓奖 | 2007 |
| 星星火 | 舞蹈 | | 大方奢香艺术团 | 二等奖 | 2010 |
| 给拖裹 | 舞蹈 | | 纳雍县滚山珠艺术团 | 第八届民中国间艺术节、金奖 | 2010 |
| 花裙子 | 舞蹈 | | 地区群艺馆 | 全省青少年舞蹈大赛一等奖 | 2010 |

## 毕节地区1979～2009年美术、书法、摄影创作获奖名录表

| 作品名 | 类别 | 作者 | 授奖单位、授奖名称及等级 | 授奖时间（年） |
|---|---|---|---|---|
| 文姬抚琴 | 中国画 | 杨小吾 | 省文化局、省美协，全省美展三等奖 | 1980 |
| 走向深渊 | 电影宣传画 | 杨小吾 | 中国美协、电影公司，全国电影宣传画创作一等奖 | 1981 |
| 二泉映月 | 电影宣传画 | 杨小吾 | 中国美协、电影公司，全国电影宣传画创作二等奖 | 1981 |
| 从奴隶到将军 | 电影宣传画 | 杨小吾 | 省美协，全省美展三等奖 | 1981 |
| 苗岭深处 | 中国画 | 杜世忠 | 省文化局、美协，全省美展二等奖 | 1982 |

续表

| 作品名 | 类别 | 作者 | 授奖单位、授奖名称及等级 | 授奖时间（年） |
|---|---|---|---|---|
| 云洞天开 | 中国画 | 杜世忠 | 省文化局、美协，全省美展三等奖 | 1982 |
| 牡丹 | 中国画 | 苗麒麟 | 省文化厅，全省艺术、文化馆美术作品展三等奖 | 1984 |
| 鲁迅 | 中国画 | 杨小吾 | 省总工会、美协，全省职工美展三等奖 | 1984 |
| 漆林曲 | 民间画 | 王明亮 | 中国美协、美术杂志社，全国农民画展二等奖 | 1984 |
| 跳花坡上 | 民间画 | 黄天明 | 中国美协、美术杂志社，全国农民画展二等奖 | 1984 |
| 巧手 | 民间画 | 杨福光 | 中国美协、美术杂志社：全国农民画展二等奖 | 1984 |
| 春雨归来 | 中国画 | 阮剑冰 | 全国总工会：全国职工美展三等奖 | 1987 |
| 从地狱归来 | 电影宣传画 | 杨小吾 | 中国美协：全国电影宣传画展二等奖 | 1987 |
| 牧归图 | 民间画 | 彭德银 | 国家农业部、中国美协：全国农民书画赛三等奖 | 1988 |
| 斗神鹰 | 民间画 | 高光友 | 国家文化部群文司：全国画乡作品邀请展二等奖 | 1988 |
| 黎明 | 中国画 | 吴良勇 | 省委宣传部，省文化厅、文联：省“七一”美展三等奖 | 1991 |
| 打花脸 | 农民画 | 陈开芬 | 省文化厅、美协：省首届少数民族农民画展一等奖 | 1991 |
| 喜洋洋 | 民间画 | 高光友 | 省文化厅、美协：省首届少数民族画展二等奖 | 1991 |
| 撒高粱粑 | 民间画 | 王应祥 | 省文化厅、美协：省首届少数民族农民画展二等奖 | 1991 |
| 正月初一 | 民间画 | 王文举 | 省文化厅、美协：省首届少数民族农民画展三等奖 | 1991 |
| 吃龙井水 | 民间画 | 杨云珍 | 省文化厅、美协：省首届少数民族农民画展三等奖 | 1991 |
| 赶花场 | 民间画 | 杨元富 | 省文化厅、美协：省首届少数民族农民画展三等奖 | 1991 |
| 秋千之歌 | 民间画 | 陈先华 | 省文化厅、美协：省首届少数民族画展三等奖 | 1991 |
| 牧归 | 中国画 | 刘学颖 | 省文化厅：省首届群文创作三等奖 | 1991 |
| 秋色赋 | 中国画 | 刘继贤 | 省文化厅：省首届群文创作三等奖 | 1991 |
| 祥云 | 民间画 | 刘学颖 | 西南艺术节组委会：现代民间绘画展三等奖 | 1991 |
| 黔西情 | 中国画 | 钟绍让 | 省美协：省首届人物画展二等奖 | 1991 |
| 花场途中 | 民间画 | 彭德银 | 中国国际评论经艺术促进会，山东省文联、美协：国际文化艺术博览会特别金奖 | 1994 |
| 秋之韾 | 中国画 | 吴良勇 | 省文化厅：全省群文创作演展二等奖 | 1995 |
| 记得那年三月三 | 中国画 | 刘学颖 | 省文化厅：全省群众文创作演展三等奖 | 1995 |
| 跳花 | 民间画 | 彭德银 | 省文化厅：全省群众文创作演展三等奖 | 1995 |

续表

| 作品名 | 类别 | 作者 | 授奖单位、授奖名称及等级 | 授奖时间（年） |
|---|---|---|---|---|
| 劲节高风 | 中国画 | 高远宁 | 庆祝中华全国总工会成立70周年全国书展摄影展三等奖 | 1995 |
| 晴朗的乌蒙 | 中国画 | 吴良勇 | 省文联、美协：全省纪念红军长征胜利60周年画展二等奖 | 1996 |
| 山水 | 中国画 | 彭德银 | 三峡文化艺术总公司：三峡杯国际书画展铜奖 | 1996 |
| 绿色的梦 | 中国画 | 吴良勇 | 省文化厅：全省迎香港回归书画展一等奖 | 1997 |
| 千里共婵娟 | 中国画 | 吴良勇 | 省文化厅：全省迎香港回归书画展一等奖 | 1997 |
| 圆明园的故事 | 中国画 | 吴良勇 | 省文联、美协：迎香港回归书画展三等奖 | 1997 |
| 晨牧 | 摄影 | 苗麒麟 | 省文化厅：省首届群众文艺创作一等奖 | 1991 |
| 曙光 | 摄影 | 苗麒麟 | 省文化厅：省首届群众文艺创作二等奖 | 1991 |
| 喂 | 摄影 | 杨光勋 | 省文化厅：省首届群众文艺创作三等奖 | 1991 |
| 咂酒 | 剪纸 | 刘仲元 | 东方艺术研究院：全国首届民族民间艺术展三等奖 | 1988 |
| 火把节 | 剪纸 | 刘仲元 | 全国首届风俗画展组委会三等奖 | 1989 |
| 蝴蝶 | 剪纸 | 刘仲元 | 中国剪纸学会：全国应用剪纸展览二等奖 | 1990 |
| 龙君九子 | 剪纸 | 袁化鹏 | 中国剪纸学会：中国首届民族民间剪纸作品展三等奖 | 1991 |
| 希望小学 | 剪纸 | 刘仲元 | 全国红烛颂书画作品展组委会银奖 | 1997 |
| 千里共婵娟 | 中国画 | 吴良勇 | 省美协：迎回归书画展三等奖 | 1997 |
| 舵手 | 美术 | 何　容 | 中国地市报研究会新闻美术委员会：好新闻美术作品三等奖 | 1997 |
| 请珍惜这些血汗钱 | 美术 | 何　容 | 中国地市报研究会新闻美术委员会：好新闻美术作品二等奖 | 1998 |
| 春韵 | 中国画 | 彭德银 | 澳大利亚：第三届世界和平书画展银奖 | 1998 |
| 草海曲 | 中国画 | 彭德银 | 99金谷园国际书画赛银奖 | 1999 |
| 闻天下商机，达无限创意 | 美术 | 何　容 | 中国地市报研究会新闻美术委员会：好新闻美术作品二等奖 | 2000 |
| 阴风 | 民间画 | 彭德银 | 美国旧金山：第五届世界和平书画展金奖 | 2000 |
| 山居图 | 中国画 | 吴良勇 | 贵州省浙江群文书画联展主委会一等奖 | 2001 |
| 同一个地球 | 民间画 | 彭德银 | 法国巴黎：第六届世界和平书画展金奖 | 2001 |
| 百岁夫妻喜逾三世纪 | 摄影 | 聂宗荣 | 中国地市报新闻评选委：新闻二等奖 | 2001 |
| 金秋欢乐颂 | 美术 | 何　容 | 中国地市报研究会新闻美术委员会：好新闻美术作品二等奖 | 2001 |

续表

| 作品名 | 类别 | 作者 | 授奖单位、授奖名称及等级 | 授奖时间（年） |
|---|---|---|---|---|
| 安居才乐业 | 美术 | 何　容 | 中国地市报研究会新闻美术委员会：好新闻美术作品一等奖 | 2001 |
| 洋人喜游黔西北 | 漫画 | 杨小吾 | 省文化厅：全省第四届漫画展金奖 | 2003 |
| 城市怪噜 | 摄影 | 魏运生<br>李文生 | 省文化厅：省摄影展特别奖 | 2003 |
| “四大区”风采 | 美术 | 何　容 | 中国地市报研究会广告工作委员会：广告设计二等奖 | 2003 |
| 书法作品 | 书法 | 周　钰 | 贵州省首届楹联书法赛三等奖 | 2003 |
| 用耳来倾听 | 美术 | 何　容 | 中国地市报研究委员会广告工作委员会：优秀广告设计三等奖 | 2003 |
| 夜郎觅踪 | 中国画 | 杨小吾 | 省文化厅：全国十三届群星奖贵州美术作品赛二等奖 | 2004 |
| 情系乌蒙 | 中国画 | 杨小吾 | 省文化厅：庆祝中华人民共和国成立五十五周年暨第十届全国美术选拔赛入围奖 | 2004 |
| 梦中家园 | 中国画 | 吴良勇 | 省文化厅：全国第十三届群星奖贵州美术作品赛三等奖 | 2004 |
| 光明使者 | 摄影 | 魏运生 | 省政府：省第二届文艺成果三等奖 | 2004 |
| 聆听夜郎 | 摄影 | 聂宗荣 | 省新闻工作者协会：新闻学会：全省纪念邓小平诞辰100周年摄影展二等奖 | 2004 |
| 书法作品 | 书法 | 黄跃进 | 省平航杯行草书赛三等奖 | 2004 |
| 锦绣乌蒙 | 摄影 | 魏运生 | 省摄影家协会：省第二届油菜花摄影赛二等奖 | 2005 |
| 草海骄子——黑颈鹤 | 摄影 | 魏运生<br>李文生 | 贵州摄影家协会：省三松数码杯摄影赛二等奖 | 2005 |
| 倒爬花杆 | 民间画 | 彭德银 | 省文化厅：省民间绘画展金奖 | 2005 |
| 书法作品 | 书法 | 周钰 | 中国楹联书法展三等奖 | 2005 |
| 书法作品 | 书法 | 谢贵新 | 省首届茫父杯书法双年展三等奖 | 2005 |
| 乌江明珠——洪家渡水电站 | 摄影 | 聂宗荣 | 中国文联、摄影家协会：聚焦长征路摄影展入选奖 | 2006 |
| 元宵夜 | 民间画 | 彭德银 | 国家文化部艺术服务中心：全国群众书法美术摄影展铜奖 | 2007 |
| 苍鹭新情 | 摄影 | 魏运生 | 省摄影家协会：全省地州市摄影擂台赛一等奖 | 2007 |
| 奥运百米长卷 | 民间画 | 彭德银 | 国际奥林匹克艺术中心金奖 | 2008 |
| 草海精灵 | 摄影 | 李文生 | 中国网地理“飞羽瞬间”摄影大赛优秀奖 | 2008 |
| 乌蒙 | 摄影 | 吴良勇 | 贵州省第四届文艺评奖二等奖 | 2009 |

# 第四节 文艺汇演 艺术展览 文化交流

## 一 文艺汇演赛

**国际演出** 1992年，苗族芦笙舞滚山珠表演队参加国家演出团，出访挪威、荷兰、比利时、丹麦，在荷兰、比利时举办的国际民间艺术节表演，与贵州省民间艺术团一道捧回世界民族民间艺术金山杖奖。

**参加全国汇演** 1983年，大方县文化馆文艺小分队编演仡佬族舞蹈《打亲敬酒》参加全国乌兰牧骑式演出队文艺调演。1987年，织金县民族文工队编演苗族双人舞《擀冉情深》参加全国民族民间音乐舞蹈录像比赛，获丰收奖。大方县民族文工队编演彝族舞蹈《普米阿美》《凯也欧》参赛，亦获奖。1992年，毕节地区文化局选送方言小品《刘红贵相亲》参加全国戏剧小品比赛，获三等奖；刘红贵扮演者赵忆祖获表演奖。是年，毕节地区话剧小品《请你赴宴》《生活不是演戏》由省工商局、省个协选送参加全国个体劳动者文艺录像调演，《请你赴宴》获优秀奖。1994年，毕节地区文化局选送话剧小品《金贵劝妻》参加全国第四届群星奖文艺比赛，获创作、导演、表演银奖。1995年，毕节地区京剧团与贵州省京剧团合排京剧《水西遗恨》参加首届中国京剧艺术节演出，获程长庚奖。是年，毕节地区文化局选送歌曲《爷爷的故事》参加全国第五届群星奖文艺比赛，获优秀奖。1996年，毕节地区文化局选送小川剧《怪招》参加全国第六届群星奖文艺比赛，获优秀创作奖。2000年，地区艺术馆选送田应萍参加全国民歌之春创演赛，演唱其创作的《百鸟禧倜图》，获十佳演唱奖。2002年，地区文化局选送2名歌手参加西部歌手大赛，均获铜奖。2004年，毕节地区选送黔西县高锦村苗族多声部歌曲《阳雀声声在呼唤》参加2004年西部民歌电视大赛，获优秀奖。2005年，地区文化局选送戏剧小品《哑女》参加全国第六届残疾人文艺汇演，获金奖；选送曲艺小品《老子·儿子·房子》代表贵州省参加第五届中国曲艺节，被评为精品节目；选送彝族舞蹈《铃铛舞》参加中国第七届民间艺术节，获山花奖。2006年，地区文化局、民政局选送小品《墓地》参加全国殡葬职工文艺调演，获优秀奖。2007年，赫章县文化馆、文工队排演《苗族矮桩舞》代表贵州省参加中国民族民间歌舞精品展演暨第五届南戴河荷花艺术节，获金荷花奖。2008年，地区文化局推荐的苗族歌手王郢鑫参加第六届西部民歌（花儿）歌手邀请赛，获银奖。

**参加全省汇演** 1956年，毕节县文化馆评选5个节目参加贵州省第一届工农业余艺术汇演，分别获二、三等奖。1957年，中共毕节地委宣传部、毕节专署文教局选送舞蹈《撮衬吉》《四桐鼓舞》、花灯《小姑梳头》参加贵州省第二届文艺汇演。1959年3月，中共毕节地委宣传部、毕节专署文教局从全专区第二届文艺汇演节目中挑选优秀节目60个代表毕节专区，参加贵州省第三届文艺汇演。1960年1月15～21日，毕节专区以黔西、织金县文琴剧团组成代表团参加贵州省文琴戏汇演，黔西文琴剧团演出《搬窑》被选为进京汇报演出剧目之一。1963年5月，毕节专区黔剧团排练《太君抗婚》《周仁献嫂》《界树风波》参加贵州省黔剧音乐表演研讨演出。1965年6月，中共毕节地委、毕节专署以黔剧团、京剧团和川剧团观摩组组成毕节专区代表团参加贵州省革命现代剧汇演，黔剧团演出《青松岩》《贫农代表》《把关》《开锁》《梨山神曲》，京剧团演出《嘎山灭匪记》《把关》《赶车》。1965年9月，毕节专区黔剧团组合入贵州代表团，参加西南地区地方戏观摩演出大会，演出《把关》《开锁》《贫农代表》。1970年9月，毕节地区红小兵宣传队参加全省业余文艺汇演，演出现代京剧《红灯记》《沙家浜》。1973年12月，毕节地区以毕节地区黔剧团、川剧团和大方县文化馆演出队组成代表团，参加贵州省文艺调演，黔剧团演小戏《要药方》《女拖拉机手》，川剧团演出小戏《漆艺生辉》《镜框》，大方县文化馆演出花灯小戏《嫁妆》、歌舞《苗家儿女上大学》。1976年8月，毕节地区派出地区黔剧团参加贵州省农业学大寨调演，演出黔剧小戏《青石岗》《显微镜》。1980年4月，毕节地区抽调毕节县文化馆演员参与大方县文化馆排练仡佬舞蹈《打亲敬酒》参加贵州省少数民族音乐舞蹈选调观摩演出，获优秀节目奖。是年10月，毕节地区黔剧团排练《麦浪滚滚》参加贵州省地方戏调演。1981年，毕节地区选派大方县文化馆参加全省小戏调演，演出花灯剧《护林曲》。1983年7月，毕节地区选派大方县文化馆文艺小分队排练仡佬族舞蹈《打亲敬酒》参加贵州省乌兰牧骑式演出队首届文艺调演，获优秀节目奖。是月，选派男歌手2人、女歌手1人参加省花溪之夏音乐节。是年，地区文化局推荐歌曲参加全省农村歌曲征集评奖。1984年9月，毕节地区黔剧团排练《小姑不贤》参加贵州省黔剧研究调演。1985年9月，地区黔剧团排练《思凡》《闹店》《奢香放马》参加贵州省首届黔剧音乐研究会汇演。是年，地区文化局征集评选15首歌曲参加全省第二届农村歌曲征集评奖。1986年7月，毕节地区组织代表队参加贵州省民间音乐舞蹈调演，织金县民族文工队演出的苗族双人舞《擀冉情深》和布依族舞蹈《索绣球》获三等奖。8月11～20日，组成代表队参加省苗岭之声音乐节，获创作、演出奖各1个。是年，组织曲（书）节目参加贵州省曲艺新曲（书）目比赛，《今日农家女》《相亲》获奖；组织少儿歌曲参加全省少儿歌曲评奖，《老水牛角弯弯》《小风筝》获奖。1988年，毕节地区组织排练戏剧小品节目参加贵州省戏剧小品大奖赛，川剧小品《迷津》、话剧小品《搭车》获奖；组织排练曲艺节目参加贵州省首届杜鹃书会曲艺赛，《情牵故里》《王二娃翻梢》《该怨谁》《柜台轶闻》获奖。1989年，毕节地区选派地区艺术馆、织金县民族文工队、威宁自治县民族文工队和纳雍县文工队排练节目参加贵州省首届民族民间艺术节演出，地区群艺馆表演彝族舞蹈《铃铛舞》，织金县民族文工队表演苗族舞蹈《花笼舞》、布依族舞蹈《索绣球》，威宁县民族文工队表演彝族舞蹈《酒礼舞》，纳雍县文工队表演彝族舞蹈《搓子舞》。是年，组织排练节目参加贵州省首届花灯电视大赛，花灯小戏《盘灯》《买爱》和花灯歌舞《走妹家》获奖。1990年5月，毕节地区选送节目参加贵州省民族民间芦笙舞表演赛，苗族芦笙舞《滚山珠》获特别奖，《迁徙舞》获优秀节目奖，《花坡舞》《倒爬花杆》获优秀表演奖。是年11月，选织金县民族文工队编演的苗族舞蹈《鼓笙舞》《花坡舞》和毕节县文化馆编演的《阿龙与梭妹》参加贵州省群众业余文艺调演。是年，选送曲目参加贵州省第二届杜鹃书会曲艺大赛，《车科长》《报中人》《祝寿》《苗乡巨变》获奖；选送节目参加全省人口普查文艺调演，威宁自治县民族文工队演出的月琴弹唱《普查春风遍彝家》获一等奖，大方县文化馆演出的方言小品《路上》、黔西县文化馆演出的花灯表演《比翼双飞》、毕节县的女声独唱《赞人口普查》获二等奖；选送歌手参加全省农村歌手比赛，获一、二、三等奖各1个。1991年6月，毕节地区组织纳雍县治昆区新寨民族乡新春村和赫章县新发区发达民族乡陈家寨村演出队参加贵州省村寨文艺调演，演出苗族芦笙舞《滚山珠》、苗族舞蹈《巴斗舞》、彝族铃铛舞《恳合呗》、彝族婚礼舞《迎新舞》。是年10月10～16日，选送节目参加西南三省十市、地第二届歌舞厅雪竹杯歌手、交谊舞选手大赛，获民族唱法、通俗唱法三等奖各1个；交谊舞二、三等奖各1个。是年，选送节目参加全省工商个体劳动者录像文艺调演，戏剧小品《请你赴宴》《生活不是戏》《太阳伞下》分获二、三等奖和优秀奖。1992年5月，毕节地区选送节目参加贵州省首届小戏、小品比赛，话剧小品《刘红贵相亲》获优秀奖，小川剧《买爱》获演出奖。是年8月，组队参加贵州省首届合唱艺术节，毕节师范合唱团和大方县合唱团均获二等奖，合唱歌曲《乌蒙喊山谣》《芦虹高原之歌》《一副腰板一面墙》获创作三等奖。是年，选送节目参加全省法制文艺调演，戏剧小品《二憨替罚》获一等奖，谐剧《哈经理》获表演奖。1993年7月，毕节地区代表队参加全省少儿钢琴邀请赛。是年9月，选送节目参加西南三省十市、地、州歌舞厅大赛，获民族唱法二等奖1名，通俗唱法、民族唱法、国标舞三等奖各1名。1994年9月，选送8个戏剧小品参加省信邦杯戏剧小品比赛，《金贵劝妻》《邂逅》《8路三轮》《开张》《小土屋》分别获二等奖和创作奖。是年10月，选送5名歌手参加全省市、地、州第五届歌舞厅怀酒杯歌手、交谊舞选手大赛，获民族唱法二、三等奖各1个，通俗唱法二等奖2个、三等奖1个。是年，选送节目参加全省纪念遵义会议60周年歌曲舞蹈大赛，歌曲《永放光芒 的遵义会议》《我把亲人盼》《山沟里种果树的姑娘》《木鼓敲起来》，舞蹈《金叶》《金苗苗》分获二、三等奖。1995年9月，选送地区卫生局合唱团、地区文化局合唱团参加“颂中华·唱贵州·赞家乡”合唱比赛，地区卫生局合唱队获二等奖。是年10月，地区文化局选送5名歌手参加西南3省10市、地、州明珠之光歌舞大赛，获通俗唱法一等奖1名，民族唱法和通俗唱法二等奖4个；选送节目参加全省文化系统群文创作演展大赛，小戏《烧香》《王老三那个》《金河湾》均获三等奖；选送节目参加贵州省第四届杜鹃书会，谐剧《补漏》获奖。1996年10月，毕节地区选送歌手参加西南3省10市、州第七届歌舞厅歌舞大赛，获通俗唱法一等奖1个。是年，地区公安处、地区群众艺术馆选送节目参加全省政法系统首届文艺调演，戏剧小品《盼归》获奖。1997年，毕节地区选送节目参加贵州省计划生育文艺调演，小川剧《怪招》获二等奖。是年，选送节目参加贵州省第五届杜鹃书会，《隔岸观火》获二等奖。2001年，毕节地区选送韵白小品《守护神》参加全省公安文艺调演获一等奖；选送曲艺《聊天》参加全省杜鹃书会曲艺节，获三等奖；选送舞蹈《月琴叮咚》《小路弯弯》参加贵州省残疾人艺术汇演，《月琴叮咚》获二等奖、舞蹈创作奖，《小路弯弯》获优秀奖。是年，地区黔剧团排演花灯戏《造林人家》、黔西县文化馆排演花灯戏《送彩礼》参加贵州省花灯调演，均获优秀剧目奖；选送舞蹈《我的家乡》参加全省中行杯文艺调演，获三等奖；推荐歌手参加全省卡拉OK大赛，1名歌手获三等奖，4名歌手获优秀奖；

组织编排1台歌舞节目参加贵州省第二届少数民族文艺调演，彝族舞蹈《欢聚在火把节》获一等奖、优秀创作奖、优秀编导奖，苗族芦笙舞《滚山珠》、彝族舞蹈《乌蒙铃》同获二等奖、优秀编导奖，彝族舞蹈《勇士魂》获优秀创作奖，彝族婚礼舞《阿媚恳》、苗族芦笙独奏《串月亮》和女声独唱《拉太阳》均获三等奖；选送选手参加全国省国标舞比赛，6对选手获奖。2002年，毕节地区推荐赫章县合唱团和毕节师范学校合唱团参加全省歌咏比赛，分获金、银奖；选送节目参加贵州省第二届少儿艺术节，舞蹈《红群秀》、故事《小虎英卡历险记》、诗歌朗诵《我做了一个好梦》获优秀奖；独唱《太阳从那里升起》获优秀奖、故事《警醒》获银奖。2003年，毕节地区选送花灯戏《山坳上》参加贵州省农村文艺调演，获第二名；选送方言顺口溜《夸媳妇》参加全省第七届杜鹃书会曲艺比赛，获二等奖；选送节目参加全省关爱女孩行动文艺比赛，诗朗诵《走向光明》《太阳梦》《被拐走的妹妹》《我的名字叫女孩》均获三等奖，小品《将心比心》获优秀奖。2005年，毕节地区组织编排民族歌舞《乌蒙魂》参加全省第三届少数民族汇演，获创作金奖、舞美金奖和组织奖；选送戏剧小品《哑女》参加全省第六届残疾人文艺调演，获创作奖和演出铜奖；选送节目参加全省第七届少儿艺术节，声乐五人组合《阿西里西》获小杜鹃奖，独唱《苗家小阿妹》、舞蹈《春姑娘与小精灵》获优秀奖；选送歌手参加全省多彩贵州歌唱大赛，3位歌手获银奖，1位歌手获铜奖，21位歌手获优秀奖。2006年，黔西、织金县文化馆选送节目参加贵州省首届花灯王大赛，黔西县花灯戏《彩礼》获三等奖，花灯舞蹈《杜鹃飘香》获优秀奖，黔西县孙家坝花灯班钱巨星、织金县牛王洞花灯班高支麟获花灯王称号。是年，毕节地区选送歌手参加贵州省首届激情乌江青年歌手大赛，获一等奖2个，二等奖4个，三等奖4个；选送群众艺术馆、文化业务干部参加全省群众文艺干部才艺展演，13人获才艺能手证书。2007年，毕节地区选送节目参加全省廉政建设小戏小品比赛，川戏《白日梦》获三等奖，话剧小品《金项链》获优秀奖；选送小品《墓地》参加贵州省戏剧小品调演，获二等奖；推荐选手参加全国第十三届青年歌手大赛贵州省选拔赛决赛，获二、三等奖各1名；选送毕节艺术团《变脸》参加全省首届专业戏剧小戏小品比赛，获优秀奖。2008年，毕节地区推荐27个声乐、器乐、舞蹈、小品、讲故事、诗朗诵节目和20件书法、绘画作品参加贵州省第八届少儿艺术节，获一等奖5项，二等奖11项，三等奖8项，优秀奖15项。

**地区文艺演赛**　1955年举行全专区第一届文艺汇演，各县组织代表队参加演出。1956年1月27日～2月5日，毕节专区举行第二届文艺汇演。各县组织代表团共843名演员演出27台，节目201个。从196个节目中评出一等奖节目13个，二等奖节目36个，三等奖节目57个，荣誉奖节目1个。1970年9月，毕节地区举行业余文艺汇演。各县参加会演的节目主要是学演的舞剧《白毛女》，京剧《红灯记》。1972年7月，地区举行文艺调演。各县代表队和地区京、川、黔剧团参演，演职人员共578人，演出节目51个。1975年8月15～31日，毕节地区举行文艺调演，各县代表团及地区京、川、黔剧团参演，演出样板戏选场、选段节目40个；其他自编文艺节目70个。1975年5月6～13日，毕节地区举行农业学大寨文艺调演，各县代表队及地区京、川、黔剧团600名演职人员演出节目78个。1976年3月16～20日，地区举办曲艺调演。各县代表队及地区京、川、黔剧团200名演员共演出节目8台56个。1978年，毕节地区举办讲故事调演。演讲《强妹子与李牯头》《红旗搬家》《马鞍山下春来早》《我与小齐》等自编故事。1978年5月，地区举行戏剧调演。地区黔剧团演出《踩台》《三喜临门》，地区京剧团演出《争鱼苗》，地区川剧团演出《儿女传奇》。1984年10月，地区举行业余文艺会演。8个县140余人参演。演出结束评出获奖戏剧3个、舞蹈5个、表演唱1个、歌曲9首、器乐曲1支；12人获演员奖，5人获演唱奖，3人获舞蹈表演奖，还有导演、音乐设计、舞美、作曲、伴奏奖，共55个。1985年10月20～24日，地区举行民族文工队文艺调演暨曲艺调演。7个单位190余名演员参加演出4台晚会，59个节目，13个音乐作品，5个舞蹈，6个曲艺获节目奖；8个声乐节目，5个舞蹈节目，7个曲艺节目获表演奖；2个获伴奏奖。织金县文工队演出的苗族双人舞《擀冉情深》、布依族舞蹈《索绣球》和舞蹈《铜铃声声庆丰收》《洗麻舞》《花坡相会》，金沙县文工队演出的舞蹈《苗家盛开幸福花》、布依族舞蹈《采刺梨》、木叶独奏《山乡情》，威宁自治县文工队演出的舞蹈《插花节》，毕节县代表队演出的《衣角舞》《苗寨园丁》均获创作、编导、音乐、表演、伴奏奖。1986年12月，地区举行专业剧团青年演员学员艺术表演比赛，地区京剧团演出《卖水》获一等奖；地区黔剧团演出《思凡》《包公赔情》，地区川剧团演出《拾玉镯》《别洞景观》，地区京剧团演出《借东风》获二等奖。1987年，地区举行曲艺录像调演，《开年大吉》《王二公逛赫章》《父与子》获创作二等奖，《送礼》《王法令》《苦果》获创作三等奖；1人获表演奖一等奖，2人获二等奖，3人获三等奖。1988年7月，地区举行戏剧小品录像调演，10个节目获奖。1988年11月9～10日，地区举行创作歌曲、器乐曲、舞蹈录像比赛，毕节、黔西、织金、纳雍、威宁、赫章县组队参赛，演出节目51个。毕节县演出的11首歌曲和两个器乐曲分别获歌曲节目一、二、三等奖，纳雍县演出的2个舞蹈分获一、三等奖，威宁自治县演出的2个舞蹈分获二、三等奖。1989年7月，地区举行曲艺调演。1989年10月，毕节地区举行花灯小戏、歌舞录像比赛，《盘灯》《走妹家》等6个节目获奖。1989年，地区举行青年歌手大赛。1990年9月，地区举行曲艺调演共演出曲目11个。是年10月，地区举行业余文艺录像调演，参赛节目28个，其中8个节目获奖。1990年12月13～15日，地区举行首届音乐作品演唱会，地直及各县共7个代表队参加，演唱（奏）作品61件。1991年5月，地区举行首届青年艺术节。是年6月，地区举行个体劳动者文艺录像调演，全区各县工商局、文化局和个体劳动者协会共同选送节目参演，参赛节目36个，歌曲5首。戏剧小品《请你去赴宴》《生活不是演戏》《太阳伞下》获奖。是年8月11～17日，地区举行首届乐华杯卡拉OK业余歌手大赛，400余人参赛，获一、二、三等奖各1名，少儿特别奖1名，优秀奖16名。是年，地区举行青年歌手赛。1992年5月，地区举行首届职工交谊舞比赛，经过3天角逐，6对舞伴分别获一、二、三等奖。1995年4月25～27日，地区举行第三届歌舞厅歌舞大赛，比赛项目为声乐和国标舞，44名选手分别获各项比赛一、二、三等奖。是年7月，地区举行戏剧小品、曲艺录像赛，近20个节目参赛，评出创作奖5个，优秀演出奖6个。是年8月15～16日，地区举行“颂中华·唱贵州·赞家乡”合唱比赛，地区卫生局合唱队获一等奖，地区文化局合唱队、地区百货公司合唱队获二等奖，行署办合唱队、党群系统合唱队、武警支队合唱队获三等奖。1996年4月，地区举行少数民族歌曲创作演唱演奏比赛，地直、黔西、纳雍、威宁共组织130余人参赛，参赛创作歌曲28首，器乐演奏曲14首，演唱歌曲57

2005年首届多彩贵州歌唱大赛毕节地区选拔赛决赛

首。1997年7月，地区举行“庆七一迎回归”歌咏比赛，地、市直60余个单位组成31支合唱队参赛。毕节市西办事处代表队获一等奖，地区纪委、文化联队、行署办、地区工商局、市东办事处代表队获二等奖，市烟草局等10个队获三等奖。2002年，地区举行颂毕节唱家乡歌手大赛。2005年，地区举行“多彩贵州”歌唱大赛选拔赛。8县市和地直机关工委、地区教育局10个赛区共选拔100个节目，187名选手参加地区选拔赛，24名选手分别获民间唱法、美声唱法、民美唱法、通俗唱法一、二、三等奖和优秀奖。是年，地区举行第三届家庭文化艺术节。2006年4月，地区举行“多彩贵州”旅游形象大使选拔赛。2007年7月，地区举行廉政建设小戏小品比赛。各县市和毕节艺术团参赛节目共19个，节目《白日梦》《金项链》《潜移默化》分别获一、二、三等奖。

## 二 艺术展览

**参加全国艺术展览** 1954年，杜国敏创作的版画《晒干簸净交爱国公粮》《我们要持久和平，反对原子弹战争》参加全国版画展，《我们社里的财富》参加全国青少年美术作品展，获三等奖。1963年，刘继贤创作的木刻《车水》《送肥归来》《牛群》入选全国美展。1964年，刘继贤创作的木刻《山区春忙》《三月》入选全国美展。1978年，大方县4幅农民画被贵州省群众艺术馆选送参加全国农民画展，彭世荣、张文林合作的《向阳河畔谱新歌》被中国美术馆收藏。1981年，杨小吾创作的《走向深渊》《二泉映月》入选全国电影宣传画创作展。1982年，威宁自治县农民韩庆龙创作的《志在龙河绘新图》入选全国农民画展。1983年，何正元创作的版画《苗寨今朝》《采访间隙》入选全国第八届版画展。1984年，大方县民间画作者杨福光创作的《巧手》、王明亮创作的《漆林曲》、黄天明创作的《跳花坡上》等6幅作品入选第一届中国现代民间绘画作品展。1987年，杨小吾创作的电影宣传画《从地狱归来》入选全国电影宣传画展，阮剑冰创作的中国画《春雨牧归》入选全国职工美展，彭德银创作的民间画《牧归图》入选中国艺术节绘画展。1988年，彭德银创作的《木叶情》入选全国农民书画大展、《伴新娘》入选中国风俗画大展，高光友创作的《斗神鹰》入选全国画作品邀请展。1990年，大方县民间画作者创作的58件作品入选1990年圣诞中国现代民间绘画展。是年，杨云珍创作的《斗鸡》、杨元富创作的《对歌》入选中国现代民间绘画展，并送乌拉圭、阿根廷展出；大方县民间画作者高光友、王文举、刘德荣的作品入选全国首届民间工艺美术名人佳作展览；彭德银创作的民间画《相争图》入选第十一届亚运会美展。1991年，杨小吾创作的中国画《乌蒙星火》入选全国“七一”美术作品展览。是年，大方县选送47幅民间画作品参加1991北京圣诞中国现代民间绘画展。1993年，彭德银创作的民间画《木叶情》入选全国农民画展，中国画《山水》入选中国画大展。1994年，彭德银创作的民间画《跳花坡》入选全国书画大展。是年，毕节地区选送18件少儿书画作品参加全国青少年书画大展，其中14件作品获奖。1996年，高远宁的中国画《劲节高风》入选庆祝中华全国总工会成立70周年书画摄影展。1997年，吴良勇创作的中国画《晴朗的乌蒙》入选纪念中国人民解放军建军70周年美展，2011年的国画作品《磅礴乌蒙》被选入贵阳国际机场迎宾厅悬挂。2002年，杨小吾创作的中国画《夜郎觅踪》入选全国美展。2004年，杨小吾创作的中国画《夜郎觅踪》入选全国第十三届群星奖评奖美术作品展览。是年，省推荐彭德银等创作的20件民间绘画作品参加全国民族民间绘画展览，纳雍县摄影协会选送99幅作品参加中国第六届摄影艺术节暨第二届都匀国际摄影博览会，魏运生的摄影作品《起舞》《光明使者》分别获全国《摄影之友》月赛及《大众摄影》月赛二、三等奖。2005年，杨小吾的中国画《情系乌蒙》入选全国美展；李前明的书法作品入选“冼夫人怀”书法展。

晴朗的乌蒙

**参加省艺术展** 1964年，毕节地区选送美术作品《倒天河》《草海的主人》《蜡染之乡》《我爱北京天安门》《硕果累累迎战友》参加省美术作品展览。1984年，选送35幅大方县农民画参加省首届农民画展。1990年，选送大方县农民画作者创作的22幅农民画参加贵州省首届少数民族农民画展，获一、二、三等奖。1991年，中国画《乌蒙星火》入选贵州省“七一”美展。1996年，中国画《晴朗的乌蒙》入选贵州省纪念长征胜利60周年书画展览。1997年，中国画《绿色的梦》《千里共婵娟》入选贵州省迎回归书画摄影大赛。2002年，选73件摄影作品参加贵州省第三届红绿灯摄影展，14件作品入展。是年，地区书法协会遴选33件作品参加全省第七届书法篆刻临摹展，11件作品入选参展。2003年11月，贵州省美协在毕节举办第八届临帖书法大展，展出作品232件，其中毕节地区入展31件。是年，盖家华美术作品入选日本——贵州篆刻作品联展。2004年，选送美术作品参加贵州省庆祝中华人民共和国成立55周年暨第十届全国美展选拔展，13件作品入展。是年，毕节地区6件书法作品入选贵州省第九届临帖展。2005年12

月，省摄影家协会，毕节地区文联，赫章县委、县政府，在贵阳举办今日夜郎摄影展，展出图版238幅。是年，王文武、谢贵新、廖晓政、施正军、鲁国荣、周惠萱、冯金榜的书法作品入选贵州省首届“茫父杯”书法双年展；11件美术作品入选贵州省反腐倡廉漫画展。

乌蒙星火

**地区艺术展**　1972年3月，举办美术展览。1974年10月，举办摄影展览，展出摄影作品80余幅。1975年，举办农业学大等摄影展览，展出摄影作品150余幅。是年8月，举办民兵摄影展览。1977年，举办美术作品展览，展出作品170余件。1978年，举办美术、摄影展览，展出美术作品190余件、摄影作品30余件。1979年，举办美术、摄影展览，展出作品近200件。1987年4月，举办民族民间工艺美术作品展览，展出作品2000余件。1989年国庆，举办美术、书法、摄影展览。1991年，举办毕节地区民族民间绘画展，展出作品83幅。1994年，举办八月画展，展出毕节地区青年美术工作者作品近百件。1996年3月，举办黔西北民族风情刻纸画展，展出刘仲元的黔西北民族风情刻纸画。1997年4月，举办税法宣传月书法展，展出作品76件。2001年5月，举办走进新世纪书画展，展出作品120件。2001年6月，举办环保书画展，展出作品120余件。是年7月，举办刘继贤美术作品展，展出作品85件；举办王明灯书法作品展，展出作品125件。2002年，举办黔西北风光风情摄影作品展；举办新华杯摄影大赛，展出作品600余件；举办周秋亮、杨贤德个人摄影作品展，展出作品700余件。是年7月，举办毕节地区首届书法篆刻临摹展，展出作品78件。是年8月，举办首届观音缘杯硬笔书法大赛。2003年，举办“红绿灯”摄影展，展出作品133件。是年，举办毕节试验区建立15周年纪念摄影展，展出作品200余件。是年4月，在威宁自治县举办“保护地球家园，再造秀美山川”摄影展，展出作品150件。是年，在黔西举办遵义、六盘水、毕节3地市书法联展，展出作品110件。是年，举办毕节城区少儿书画展，展出作品175件。2004年1月，举办金猴迎春书画展，展出书法作品42件，美术作品38件。是年5月，举办首届畜牧杯书法摄影大赛，展出书法作品80件，摄影作品750幅。是年12月，举办全地区公安练兵成果摄影展及第二届“红绿灯”摄影展。2005年9月，在大方黄泥塘镇举办第二届农产品展销会书画作品展，展出作品230余件。

## 三　文化交流

**对外文化交流**　1956年，中国青年联合会推荐石应宽作曲的《我们签名》大合唱歌曲参加第五届世界青年联欢节评奖。1989年，刘仲元创作的剪纸美术作品《彝族姑娘背水忙》入选法国巴黎展出。1990年，刘仲元创作的剪纸美术作品《彝族铃铛舞》入选日本、中国美术展。岳红霞，黔西县剪纸非遗传承人，多年从事剪纸艺术实践和研究，颇有艺术造诣，先后多次获得国家级、省级地级多项大奖，获得全国剪纸艺术“金剪刀”称号。岳红霞一直坚持致力于培训青少年学习剪纸艺术，在黔西县锦星镇一小她培养了一大批农村学生学习剪纸艺术，促使他们爱上了这项传统文化。在她的努力下，锦星镇一小的剪纸艺术教育成为黔西县中小学校课间活动的一大亮点。是年，杨元富创作的民间画《对歌》、杨云珍创作的《斗鸡》在乌拉圭、阿根廷展出。1992年，“滚山珠”表演队一行6人参加由文化部组织的演出团，出访挪威、荷兰、比利时、丹麦，在国际民间艺术节上作表演，与贵州省民间艺术团一道捧回“金山杖”奖。是年，彭德银创作的民间画《天地间》参加加拿大国际枫叶书画大展展出。1993年6月28日～8月3日，应加拿大蒙特利尔市植物园邀请，国家民委委派毕节地区组建中国民族艺术团，赴加拿大作访问演出。艺术团在蒙特利尔市植物园演出70场，深受加拿大各界人士欢迎。2002年6月，经国家文化部、贵州省文化厅批准，由贵阳、凯里、都匀、安顺、遵义、毕节演出公司联合邀请俄罗斯阿穆尔州现代风情艺术团和哈萨克斯坦桑拉塔娜国家歌舞团在贵州省部分地市进行巡回演出，6月21～24日在毕节市政府礼堂演出3场，在大方县影剧院演出1场，演出俄罗斯舞蹈、杂技、歌曲。

岳红霞民间剪纸——“归去来”

**国内文化交流** 1985年，毕节地区群众艺术馆和云南昭通地区艺术馆联合举办毕节、昭通美术作品联展，展出作品360幅。1986年，全国苗族作家座谈会在威宁自治县召开，苗族作家陈靖、伍略参加座谈会。1987年8月，应中共毕节地委、毕节地区行署邀请，著名京剧表演艺术家、中国戏剧家协会副主席关肃霜到毕节作示范演出，地区京剧团演员配合演出5场。1988年，织金县文化局邀请新华社、《人民日报》《光明日报》、中央新闻社、中央电视台、《人民画报》《中国文化报》《经济日报》《国际商报》《中国商报》记者到织金县作文化考察。是年10月，举办川、滇、黔边区美术作品展，展出作品129幅。是月，大方县灯谜协会在《中国谜报》第19、20期举办虎山擂擂。1989年，纳雍县文化局组织滚山珠舞蹈队，参加贵州省少数民族歌舞队赴广州为中华博览会演出，历时51天，表演90余场，观众百万人次。中共中央政治局常委李瑞环观看表演，并接见舞蹈队人员。是年6月，陕西户县举办全国画乡作品邀请展，大方县选送10件农民画作品参展。是年，大方县文化馆与吉林省东丰县文化馆联合举办现代民间绘画展，11月在东丰展出，12月在大方展出。是年，大方县文化馆组织排练傩戏《二郎神追小黑龙》，在上海参加国际舞台美术节演出。1990年7月，大方县受邀，选送5幅农民画参加全国画乡作品展。是年，苗族芦笙“滚山珠”赴北京亚运会艺术节演出58场。是年10月，由贵州毕节、金沙、仁怀、桐梓、赤水、习水县，云南省镇雄、威信县，四川叙永、古蔺、合江县在习水县联合举办首届赤水河之声音乐节，毕节县代表队获团体第一名，获通俗唱法、民族唱法、歌曲创作冠军。1991年9月29日～10月6日，应中国首届民族文化博览会组委会邀请毕节地区选送《黔西北墓雕文化展》赴北京参加中国首届民族文化博览会，展出金沙县敖家坟、罗家坟，织金县方家坟，黔西县宋家沟花坟墓雕石刻拓片、照片60余幅。是年，“滚山珠”表演队受文化部派遣，赴香港参加中国少数民族艺术表演，受到香港同胞赞誉。是年，在四川合江县举办第二届赤水河之声音乐节演唱会，毕节、金沙县组队参加。1992年，在云南镇雄县举办第三届赤水河之声音乐节演唱会，毕节、金沙县组队参加。1993年9月，在毕节县举办第四届赤水河之声音乐节演唱会，毕节县获团体第一名。1994年，苗族芦笙滚山珠演出队在北京中华民族园演出两个月；第五届赤水河之声音乐节在仁怀县举行，毕节市、金沙县组队参加。1995年，第六届赤水河之声音乐节在桐梓县举行，毕节市代表队获团体第一名。1996年，第七届赤水河之声音乐节在云南省威信县举行，毕节市代表队获团体第一名。1997年11月，威宁自治县文化局举办“草海笔会”，邀请省内外著名作家、诗人张韧、邓刚、舒婷、张克、余未人、苏晓星参加。2001年，中共毕节地委、毕节地区行署成立慰问演出团，特邀请福建东南“银河之星”7位知名播主联袂开展慰问演出。是年4月5～15日，慰问演出团在全地区演出9场文艺节目。2002年4月27日，毕节地区举行“2002年中国毕节情系乌蒙”大型文艺晚会，著名歌星腾格尔、韩磊、李进、龚琳娜到场演出。是年6月，中共毕节地委、毕节地区行署在重庆举办贵州毕节旅游推介会，地区群众艺术馆组织的歌舞表演队，在渝中区皇嘉宾馆和解放碑帝王广场进行两场演出，向重庆山城观众展示毕节地区少数民族风情。是年8月19日，深圳交响乐团赴毕节作慰问演出，是日晚，在毕节市政府礼堂演出芭蕾舞剧《红色娘子军》选曲、《炊事班长和女战士》《火把节》《青藏高原》等乐曲。2004年7月8～11日，毕节地区承办西南3省市7地市“相约毕节”京剧票友演唱会。参加演唱会京剧票友年龄最大的87岁，年龄最小的8岁。同时邀请贵州省著名京剧艺术家姚萍、周百重穗、卢小玉、吴秀莹登台献艺，演出7场，演出唱段80多个、折子戏18个。是年8月20日，中共毕节地委宣传部、毕节地区文化局邀请中国亚欧“五行”乐队

多彩贵州舞蹈大赛毕节地区选拔赛决赛舞蹈

在毕节高等师范专科学校礼堂举办1台音乐会。毕节社会各界840余名观众到场观看演出。2005年7月15日晚，由成都中海阳文化传播公司投资主办、贵州省演出中心承办的“协成地产，站前广场之夜”大型明星演唱会，在毕节三板桥体育场举行。明星费翔、孙悦、满文军、李丹阳、杨臣刚登台演唱，1万多观众观看演出。是年10月22～28日，地区文化局组织京剧票友联谊会近20人到重庆参加“中国·重庆·丰都第四届西南京剧票友艺术节”，与云南、贵州、四川、广西、重庆、黑龙江、新疆参加艺术节的京剧票友进行艺术交流。

**省内文化交流** 1958年，大方县长石文工团应邀到贵阳市各区作交流演出。1971年，毕节红小兵宣传队参加全省业余文艺汇演后，由省革委政治部安排到省直机关单位和省内其他地、州、市作交流演出，历时9个月，演出现代京剧《红灯记》《沙家浜》。1975年10月，大方县在贵阳举办农民画展；11月赴黔西南、黔东南州展出。1986年，省文化厅组织大方、黄平、麻江、水城县农民画联展，大方县选送60件作品参展。1987年，省群艺馆主办丁卯年贵阳元宵灯谜会，大方县组织代表队参办，在北京路影剧院设《大方虎林》，张挂谜条2400条。1988年4月24～28日，大方举办杜鹃谜会，邀请省总工会、贵阳市谜协、省有机化工厂、凯里市和桐梓、毕节、威宁县谜友近百人同研谜艺。1993年，大方县组织代表队参加贵州省癸酉年春节灯谜会。大方县悬谜1320条。2002年5月30日，毕节地区邀请贵州民族管弦乐团到毕节举办“黔西北之夏”民族交响音乐会。是年7月，省计生委组织遵义市文工团优秀剧目《国事、家事》巡回演出队到毕节地区各县巡回演出。地区文化局应邀组织京剧节目与遵义文工团联袂演出。同期，毕节地区主办贵州省第二届漫画巡展，展出贵州31位漫画作者作品90余件。2007年1月26～27日，省“移动通信杯”二胡交流观摩音乐会在毕节洪山宾馆举行。全省55名选手分别参加幼儿、少儿、少年、成年、老年组的二胡独奏角逐赛。是年6月，毕节地区邀请贵阳市组织160余人的文艺演出队到毕节开展“走进毕节试验区”文化交流演出活动。6月29日晚，在毕节学院艺术楼演播大厅举行“携手并进共建和谐”主题晚会，6月30日~7月1日，贵阳市木偶剧团到毕节一小、四小演出魔幻卡通童话剧《白雪公主》。是年8月28日，邀请黔西南州“走进毕节试验区”文化交流演出《飞啊飞——天上飘来的花》

## 第五节 图书馆

### 一 民国及以前的图书馆事业

**官学书院藏书** 图书院收藏，最早起于官学和书院。官学和书院设尊经阁，藏经史书籍供士子阅读和教学参考之用。清康熙四十五年（1706），朝廷令“御制经史图书听书坊刊刻行世”，官学、书院之藏书大增。清道光《大定府志》记载，大定、平远、黔西、威宁、毕节尊经阁书目，大定府学有《廿一史》52套500本，《十三经注疏》12套112本，《钦定周易经折衷》《钦定书经传说汇纂》《钦定诗经传说汇纂》《御纂四书目讲》《御制驳吕留良四书讲义》6本，《圣谕广训》1本，《上谕》2部34本。《御纂文庙乐章》《钦定先贤先儒位次》《钦定御饮酒礼仪注》各1本。《钦定学政全书》8本又1部1本、《钦定磨勘简明条例》1本，《钦定朱子全书》《钦定四书文》各1部、《钦定乡会墨选》1部、《御纂平定准噶尔碑文》1道、颁发各坛庙《祝文》2本，《御纂周易述义》《御纂诗义折衷》《御纂春秋直解》《钦定明史》《御纂性理精蕴义》各1部；平远学有《钦定周易经折衷》《钦定书经传说汇纂》《钦定诗经传说汇纂》《钦定春秋传说汇纂》《御纂四书日讲》《钦定明史》各1部，《御制驳吕留良四书讲义》《圣谕广训》1部，《上谕》2部，《钦定文庙祭器图》1本，《钦定乐器图》1部，《钦定文庙乐章》《钦定先贤儒位次图》各1本，《钦定学政全书》2部。《钦定朱子全书》《御纂性理精蕴义》各1部。《御制训饬士子文》《御制四子赞石刻》各1道，《御选古文渊鉴》1部，颁发《条约》8本，颁发各坛庙《祝文》2本，《阙里志》1本，《玉衡录》《斯文精萃》各1部；毕节学有《钦定诗经传说汇纂》1部，《钦定春秋传说汇纂》《御纂四书日讲》2部、《钦定明史》1部、《御纂通鉴纲目》3编1部，《圣谕广训》1本，《上谕》1部，《钦定文庙乐章》《钦定文庙祭器图》《钦定乡饮酒礼仪注》各2本，《钦定学政全书》1部，《御制朋党论》1道，颁发各坛庙《祝文》2本，《万世玉衡律》《臣鉴录》各1部；黔西学有《钦定周易经折衷》《钦定书传说汇纂》《钦定诗经传说汇纂》《钦定春秋传说汇纂》《御纂四书日讲》各1部，《圣谕广训》《上谕》各2部，《御纂性理精蕴义》《钦定朱子全书》各1部，《五经集解》4套，《朱文公家礼》2本，《近思录》3本，《玉衡录》4本，《臣鉴录》1部，《古文雅正》6本，《刘文公策略》4本。

私家藏书　清代中期起，仕宦之家藏书之风日盛。毕节最有名的私家藏书楼为德沟路家待耕草堂。路氏诗书传家历经百余年，拥有藏书2万余册。民国年间，藏书散佚甚多。及至中华人民共和国成立后，经辗转而为毕节县图书馆收藏1000余册。民国初年，邱氏族居的毕节城中邱家花园内有双丰书楼和玉书楼，藏书不详。

图书馆（室）　1.公共图书馆。民国16年（1927），水城经费局变卖青林公产，得大洋1500元，创办水城县图书馆。民国17年（1928），织金县长杨寅亮在协台衙门修建图书馆。次年，刘桂初接任县长，续建图书馆，未竣工即遭风暴摧垮。民国22年（1933），县长万世俊征得丁姓同意，以丁公祠作馆址设立织金县图书馆，两年后关闭。民国24年（1935），黔西新场镇小学校长蓝芸夫与教师林正良、廖陵君、喻德修、余中铭、赖汉清和校外青年王鹤群、李葛霜筹资，创办新场图书馆，馆址在川主宫前街房，阅览室与书库同为一室，约40平方米。图书室书源以捐赠为主，中医师石玉书以1000银币购《万有文库》全套捐赠。图书馆自筹资金向上海生活书店订购进步书籍供青年阅读。民国25年（1936），国民党毕节专署派特务队长审查金沙图书馆，认定宣传赤色书刊，令其关门。民国27年（1938）金沙图书馆复开馆，馆内经费完全出自地方人士捐助，各种书报杂志尚属充实。

2.民众教育馆图书室。民国26～31年（1937～1942），各县先后成立民众教育馆，馆内设图书阅览室，陈列书籍和报刊供读者借阅。毕节县民众教育馆至民国36年（1947）藏书有《万有文库》全套，其他图书1472册，共计2472册；有阅览刊物《三民主义周刊》《读书通讯》《中国青年》等31种。是年，有《中央日报》等刊物5种。大定、黔西民众教育馆图书阅览室亦有藏书、报纸和期刊供民众阅览。织金县民众教育馆图书阅览室接收织金县图书馆的图书，加上时任县长曹毅的一批图书，藏书较丰。纳雍县民众教育馆图书阅览室得当地士绅捐赠数百册经、史、子、集图书和一些古典小说，自订《中央日报》等刊物7种，另有刊物3种。威宁县民众教育馆图书阅览室面积约40平方米，有图书968册，另有刊物3种。

3.学校及其他图书馆（室）。随着教育事业的发展，学校图书室增多，但规模不大。民国31年（1942），大定中学图书馆筹建砖木结构平房馆舍一幢，有《万有文库》《中学生文库》《普希金全集》等各类藏书数千册。毕节弘毅中学图书室有社会各界人士捐赠的图书数百册，有半套《万有文库》及少量线装书。金沙初级中学图书室有图书数百册。金沙安底致用中学有《万有文库》图书数百册。工商企业图书室有大定县羊场坝的航空发动机制造厂图书室藏书上万册，图书种类较齐备，以文艺书籍和科技书籍为主。民国23年（1934）秋，毕节人宁起枷、宁汉戈联系一批青年，在林绍铭家建立“我们的图书室”，图书为大家集资，到上海订购的一些进步书刊提供读者阅读。不久，宁起枷介绍卢涛参加“我们的图书室”。卢涛给图书室捐赠部分进步书籍。是时，通过中共地下组织，图书室还有《新华日报》《中苏月刊》等报刊。民国27年（1938）后，宁汉戈、宁起枷先后离开毕节，“我们的图书室”停办。

## 二　中华人民共和国成立后的图书馆事业

**阅览室**　1.大众阅览室。1951年4月，毕节专员公署教育科在毕节县城松山路设大众阅览室，陈列报刊，供民众阅览。1950～1951年，共青团大定县委在县城中街设立大众阅览室，每日下午对外开放。1950年9月，中国人民解放军第47师政治部宣传科在威宁县城开办大众阅览室，陈列书刊供军人阅读，是年底停办。

2.文化馆阅览室。各县建图书馆前，在文化馆设图书阅览室，办理公共图书借阅。至60年代中期，大方县文化馆图书室已有藏书万余册，报刊数十种。1954年，黔西县文化馆图书室有报刊5种，藏书1000册。并继续开办图书室。织金县文化馆接收民众教育馆部分图书，并购新书5000余册，开办图书室、阅览室各1个，常年开放；1953年后，逐步开展鱼山藏书楼、学校、街道借阅组和农村俱乐部图书室图书流通业务；至1958年，文化馆图书室藏书近万册。20世纪50年代，纳雍县文化馆图书室有报刊数十种，60年代初期，藏书2000余册；70年代末，订阅全国主要文艺刊物和各省、市党报，图书阅览室陈列报刊逾百种；80年代初，藏书达5000余册。1951年初，威宁县人民文化馆建立，设图书阅览室对外开放；至1958年，有藏书3000余册，刊物50种，报纸32种。赫章县文化馆图书室，有藏书2000余册，刊物50余种，报纸10余种，其后，书刊有增有减，常年对读者开放。

**地区图书馆**　1993年建立。

1.馆舍及设备建设。1990年7月动工兴建，是年12月停建，1992年5月后复建。1994年12月建成。是年，国家文化部副部长高占祥应请题写毕节地区图书馆馆名。馆舍坐落于毕节市桂花路大道中段。占地14.2亩，建筑8400平方米，投资690余万元。馆舍建筑群将7层书库楼和3幢各3层阅览楼和少儿阅览厅、办公楼融为一体。书库设计藏书80万～100万册，8个阅览室共设读者座位1000个。1996年，投资44.8万元，购置藏书、存放报刊设备。1997年，在5个阅览室安装空调机9台。1998年启用图书馆自动化管理系统管理读者借阅、典藏、流通查询、流通统计、数据接收、系统维护。2000年，增设微机3台，光笔1台，增加LAS连续出版物子系统1个。2001年，投资3万多元装置多媒体视听室1个，设座位30个，每天接待青少年80人在网上学习。2002年，建成备有先进投影仪、实物展示仪和高保真调音设备的报告厅，为行业内和社会各学术团体提供学术交流场所。

2.藏书建设。1996年，投资6万余元订购1997年报纸160余种，期刊900余种；接受省图书馆赠送图书5400余册；购新书6000余册。是年有图书1.2万册。1997年5月，接受中共中央统战部、各民主党派中央、全国工商联捐赠价值30余万元的图书2.1万册。1998年，地区财政拨款28.87万元，订购各类图书1.2万册；接受捐赠各种图书2.5万册。1999年购新书1万余册。2000年，接受秦天真遗嘱捐书1200余册，设立天真书斋。2001年，采购新书4635种、6471册。2002年，地区财政拨款23.15万元，购书1.03万册，购视听文献1314张；订购报纸153种，刊物809种。2003年，购新书9180册，订期刊760种，报纸165种。2004年，购新书5135种，7561册，订购期刊781种，报纸150种。2005年4月，接受全国公共图书馆评估定级，被国家文化部命名为二级图书馆。2007年，接收北京有关单位赠送图书馆光盘3套54张，其中包含电子图书7.8万册；是年，香港石景宜先生赠送港澳版图书1912册。至2008年，地区图书馆藏有各类图书13万册，电子读物4000多种，拥有1.5T数字资源。

3.读者服务。1997年11月25日，地区图书馆对外开放社会科学、自然科学、儿童、老年、报纸阅览室。当年办借书证和阅览证近4000个，接待读者8000余人次。1998年，使用图书馆自动化管理系统为读者服务。1997年11月～2005年，共接待读者129.64万人次，办借书证9789个，阅览证2.7万个。整理、加工、分类、著录图书3.87万册。2006～2008年，接待读者借阅35.45万人次，借阅图书13.34万册，流通图书6.96万册。2007年，将原半开架和闭架图书改为全开架借阅，内设新书专架可陈放图书5000余册。至2008年，有报刊阅览、流通外借、少儿阅览、工具书、地方文献阅览等10个服务窗口。是年8月1日起，实行免费办理借书证、阅览证，在搞好阵地服务的同时，在馆外建立多个图书流动服务点，开展馆际互借，并编印二次文献，开展咨询服务，组织学术交流；参与全国文化信息资源共享工程建设，建起2T磁盘阵列，基本满足文化共享工程资源存储、服务需要。2010年，接待读者7.69万人次借阅，图书4.3万册次。

### 县市图书馆

1.机构设置。1956年，毕节县图书馆建立，是中华人民共和国成立后毕节地区建立的第一个公共图书馆。1958年，黔西县图书馆建立。1979年，大方、金沙两县图书馆建立。1981年，威宁县图书馆建立。1982年，织金、纳雍两县图书馆建立。1985年，赫章县图书馆建立。至此，毕节地区实现县县有图书馆。1994年，毕节县撤县改市，毕节县图书馆更名毕节市图书馆。

1988年，大方县图书馆获文化部授予“全国文明图书馆”称号。1994年，在全国图书馆评估定级中，大方县图书馆获文化部评为国家二级图书馆；同年，再度获文化部授予“全国文明图书馆”称号。1999年，在全国图书作第二次评估定级中，大方县图书馆再度被文化部评为国家二级图书馆。2005年，在第三届全国图书馆评估定级中，大方县图书馆第三度被文化部评为国家二级图书馆。2007年，大方县图书馆被教育部体育卫生艺术教育司评为先进单位。2009年，在第四届全国公共图书馆评估定级中，评估组专家就本次评估定级标准中的办馆条件、基础业务建设、读服务、业务研究辅导、文化共享工程建设等7个方面100多个子项目对大方县图书馆进行逐项检查评估，在总分1000分的分值中，打出921分的高分。

2.馆舍建设。（1）毕节县图书馆。1956年，贵州省文化局拨款1万元在毕节县文化馆内建起毕节县图书馆，时为中华人民共和国成立后毕节专区建立的第一个公共图书馆。毕节县图书馆舍为一楼一底砖木结构房屋，201平方米。1967年1月，图书馆迁至法院街，有房屋2幢，共791平方米。1969年，毕节县革委将图书馆房屋改为县革委招待所，图书馆迁回小校场，以原毛麻加工房为馆舍。1978年4月，图书馆迁至清毕南路，以县物资局一仓库作馆舍。1980年，再拨县物资局另一仓库作补充馆舍。共计392平方米。1994年毕节县撤县设市，更名为毕节市图书馆。2003年获国家立项在原址建新馆舍，总投资100万元。2005年竣工，建筑2000平方米。

（2）黔西县图书馆。1958年，贵州省文化局拨款2.8万元在今黔西三小附近建黔西县图书馆。其馆舍楼1幢4室1库，因嫌地势较偏而未启用，仍与县文化馆同在一处，馆舍为一幢3开间平房，70平方米。1975年，图书馆使用一幢582平方米的办公楼。1985年，省文化出版厅拨款5万元补助修建黔西图书馆。黔西县选定征用县城东门2000平方米作建馆地址，因资金不足而未动工。2004年，获国家立项新建图书馆，工程预算投资80万元。是年12月1日，地区发展和改革局制发《关于黔西县图书馆项目初步设计的批复》，核定黔西县图书馆建筑1530平方米，工程概算138.35万元。2007年，服从黔西县城市建设总体规划，停建在建中的图书馆工程，重新设计，另选行政中心旁兴建。2008年动工新建。

（3）金沙县图书馆。1979年建立。建馆初，在河滨路原川剧后院边搭建38.5平方米的偏厦作馆舍。1984年，金沙县财政拨款11万元，省文化出版厅补助1万元，建成1071平方米新馆。至2002年，馆舍达1700平方米。

（4）大方县图书馆。1979年建立。1986年和1989年，地、县财政共拨款27万元，建成1577平方米新馆。1994年，全国图书馆评估定级，大方县图书馆被文化部定为县级二级图书馆。1999年，馆舍增至1638平方米。

（5）威宁县图书馆。1981年建立。1982年，贵州省文化厅拨款1.2万元与县文化馆合资修建3层楼房1幢。图书馆得2楼，80平方米。1983年，省文化厅拨5万元给威宁县建图书馆用房，时值县体委变卖办公楼，遂将此款购买其400平方米办公楼作图书馆用房。1994年，省、地、县共拨21万元建800平方米新馆。2005年，威宁县图书馆新建项目获国家立项，预算投资100万元。是年10月，毕节地区发展和改革局批复威宁县图书馆项目初步设计，核定建筑1200平方米，概算工程投资127万元。2008年正式动工兴建。

（6）织金县图书馆。1982年建立。建馆初，从县文化馆划拨一间60平方米用房作馆舍，其余用房均为外借。1985年，国家财政部文教行政财务司、贵州省财政厅和毕节地区行署负责人到织金视察文教卫生设施，商定由国家财政部、省财政厅和毕节地区行署各出10万元新建织金县图书馆。1990年，新建1426平方米新馆舍。

（7）纳雍县图书馆。1982年建立。1985年，投资6.5万元新建410平方米馆舍。21世纪初，图书馆被城建规划撤除。2004年，争得国债资金50万元，县财政配套20万元，自筹23万元，中共纳雍县委宣传部争取资金124万元，共217万元，建成纳雍县2690平方米宣传文化活动中心综合大楼。2008年3月投入使用，县图书馆被纳入其中，分房办公。

（8）赫章县图书馆。1985年建立。1988年，投资18万元新建的馆舍落成，建筑面积960平方米。

3.藏书建设。毕节县图书馆建馆初，有藏书3000余册，至1966年，增至4万余册。1978年，大方县图书馆有图书5000余册。至1986年，各县图书馆藏书量为：毕节县图书馆11万册，大方县图书馆11.3万册，黔西县图书馆8.5万册，金沙县图书馆6.5万册，织金县图书馆1.3万册，纳雍县图书馆7000册，威宁县图书馆1.1万册，赫章县图书馆2000册。共计40.6万册。1997年，各县市图书馆藏书量为：毕节市图书馆13.1万册，大方县图书馆13.6万册，黔西县图书馆6.2万册，金沙县图书馆8.3万册，纳雍县图书馆6000余册，威宁县图书馆1.3万册，赫章县图书馆近6000册。共计40万余册。至2000年，各县市图书馆藏书量为：毕节市图书馆12万册，期刊120种5万册，报纸15种8万份。大方县图书馆13万册，期刊80种1万册，报纸10种。黔西县图书馆藏书8万册，期刊、报纸各3种。金沙县图书馆藏书8.4万册，期刊120种，报纸20种。织金县图书馆藏书2.5万册，期刊60种，报纸13种。纳雍县图书馆藏书4435册，期刊72种，报纸1.53万册；2005~2008年，纳雍县图书馆收到财政部、文化部、新闻出版局赠送图书6400册。2006年，织金县图书馆完成政府采购10万元图书编目上架工作。至2009年，全地区各县市公共图书馆共计藏书50多万册，其中，毕节市图书馆13万册，大方县图书馆13万册，黔西县图书馆9万册，金沙县图书馆8.2万册，织金县图书馆4万册，纳雍县图书馆1万册，威宁县图书馆5万册，赫章县图书馆1.2万册。赫章县图书馆藏书5700册。2003年，中央文明办、文化部新闻出版总署各赠送大方、织金、纳雍、威宁、赫章县图书馆图书2277册。2004年，赫章县争取到中央和省赠书8000余册。

4.读者服务。境内各县市图书馆均设图书借阅和书刊阅览室，每周开放6天，常年向读者开放。1986年，全地区县市公共图书馆共接待读者96.8万人次，图书流通91.1万册次；1997年，共接待读者19.2万人次，书刊外借17.6万册次。2000年，全地区各县市公共图书馆共接待读者30.61万人次，借阅图书39.14万册次。2004年，大方、黔西、织金、纳雍、赫章县图书馆共接待读者6.45万余人次，外借图书3.76万册。

5.乡村图书室及农家书屋。（1）乡村图书室。1978~1987年，大方县图书馆建乡村图书室22个，藏书共计14.3万册，期刊1万册。1980~1988年，威宁县图书馆建乡村图书室37个，共接待读者3.3万人次，借阅图书26.2万册次。织金县图书馆于1982~1990年，建乡村图书室50个，计有藏书1.7万册。黔西县图书馆于1985年建乡村图书室41个，计有藏书3171册。1997年，毕节市有乡镇图书室36个，村图书室近百个。同年，金沙县有农村图书室24个，计有图书7万余册。2002

年，毕节市有乡镇图书室40余个，计有藏书4万余册，阅览5万余人次。

（2）农家书屋建设。2007年，毕节地区建成32个农家书屋示范点。2008年，完成贵州省新闻出版局下达的300个农家书屋建设项目，图书及有关设备配置到位，正式投入使用。2009年，争取到708个农家书屋建设点获国家新闻出版总署批准立项，至此，全地区共获国家新闻出版总署批准建设农家书屋1040个，总投资2080万元。2011年，全区新建农家书屋1715个，数字农家书屋50个，数字图书进农家30户。是年，地区文化局组织开展农家书屋阅读演讲活动。

6.文化信息资源共享工程。2007年，境内开始实施全国文化信息资源共享工程，主要内容是利用先进的科学技术，有步骤地整合戏剧、音乐、图书等文化艺术资源，通过互联网、卫星传输等形式，为城乡基层群众提供快捷、丰富的文化信息产品和文化服务，实现优秀文化信息资源共享。文化信息资源共享工程建设体系为：省图书馆建立中心，地（州、市）级图书馆建立分中心，县（市）级图书馆建立支中心，乡（镇）综合文化站建立基层服务点，行政村配备部分设备。县（市）级支中心由中央配备68万元的设备（中央财政补助80%，地方财政配套20%），同时，当地政府匹配9万元作维护费；乡（镇）服务点由中央配送并安装价值3.8万元的设备，地方无偿提供场地；行政村配置0.5万元的设备（中央财政补助80%，地方财政补助20%）。2008年，境内建成威宁、毕节、大方3个县（市）级文化信息资源共享工程支中心，其中威宁县为全国文化信息资源共享工程试点县。2009年，全地区3694个行政村的文化信息资源共享工程设备全部配置到位，安装完毕，投入使用，总投资1800多万元。2010年，全地区建成4个县级文化信息资源共享工程支中心，55个乡（镇）及1个城市社区基层服务点。2011年，建成70个乡（镇）文化信息资源共享工程基层服务点。

7.学校及单位图书馆（室）。各职业院校均有图书馆；各中学和中等专业学校均有图书室；少数中学有图书馆；各乡镇中心小学亦有图书室；一些党政机关和企事业单位，亦建有藏书规模不等的图书室。在学校及单位图书馆中，以毕节学院图书馆规模最大。毕节学院图书馆的前身为毕节师范高等专科学校图书馆，1984年建立。是年，省地财政共投资138万元新建2600平方米图书馆，内设办公室、采编部、流通部、期刊阅览部、信息咨询部、技术服务部。每年购书费均在5万元以上。学校图书馆根据师范教育的特点，有计划、有针对性地进行文献数据的采集和补充。通过读者信息回馈，各学科学术带头人对文献数据的使用意见，采用预订、邮购、参加书展等形式补充馆藏书刊，1997年，藏书18.5万册，报纸合订本6000多册，人大复印报刊资料10.5万册。除收藏传统的印刷型文献载体外，还收藏视听类数据《四库全书》缩微胶卷574盒以及其他光盘数据等非印刷型文献载体，形成较为完整的藏书体系。2000年后，图书馆拥有惠普服务器、联想、方正计算机等现代化设备，购置清华同方学术期刊（CNKI）8个专题的全文数据库，创建起图书网站，实现互联网上信息数据查询。2004年，毕节师范高等专科学校图书馆和毕节教育学院图书馆合并建成毕节学院图书馆。是年，图书馆引进金盘图书馆集成管理系统（GDIS XP V2.1）实现书目数据自动化；2006年后建设成曙光集群服务器系统，13TB IP—SAN存储系统、270台计算机的多功能电子阅览室，各藏借阅室和门厅均安装检索终端，学院师生可通过网络检查查看相关文献信息资源。2007年2月，毕节学院现代化的新图书馆投入使用。馆舍

1.33万余平方米，阅览座位1156席，具备现代化功能齐全400座国际学术报告厅，有藏书近51万册，期刊700余种，生均拥有图书85.4册。内容包括领袖著作、哲学、法律法规、社会科学、自然科学等图书；有包括清华同方学术期刊全文数据库（CNKI），人大复印报刊数据电子光盘，《中国大百科全书》电子光盘，《四库全书》电子光盘等电子文献近千种。图书馆通过图书借阅，报刊阅览、信息咨询、电子文献阅览、网上信息检索、定题服务、跟踪服务、宣传报道、指导阅读等工作为学校教学科研服务，履行其教育职能和服务管理职能。图书馆现每周开馆72小时，年借阅书刊10多万册次，接待读者20多万人次。2011年，中央财政拨款300万元用于数字图书馆资源与共享平台建设。

# 第六节　电影放映

## 一　民国时期的电影放映

放映电影始于民国20年（1931）。是年，大定刘云绩购美国产百代牌电影放映机1部、上海产小型发电机1台，在大定城内江西会馆、两湖会馆、黑神庙设露天放映点，售票放映国内外产无声影片。民国30年（1941），因亏损停映。民国24年（1935），一外地人在织金县城放映过一场无声电影《人猿泰山》。民国27年（1938），外籍人王寿山租用毕节城内四川会馆开设大中电影院放映，不到一年即停业。民国29年（1940）夏，由毕节电报局局长牵头，合股在湖南会馆开设新华电影院，放映电影，不到半年即停业。是年，驻威宁的中国航空公司，在威宁放映过2场电影。民国30年（1941）初，贵阳电影从业者兰克安与毕节县刘仙池会同永岸盐业公司经理刘熙乙在湖南会馆开设毕节大戏院，放映电影，后因亏损而停业。民国31年（1942），贵州省教育厅电影巡回放映施教车在毕节县城大校场放映有声片《民族万岁》。民国32年（1943），大定县羊场坝中国第一航空发动机制造厂在厂内放映有声电影，民国37年（1948）停映。

## 二　中华人民共和国成立后的电影事业

**电影发行放映机构**　1.电影公司。（1）毕节地区电影发行放映公司。其前身为1957年9月成立的毕节专区电影管理站。成立初在行署礼堂前楼办公。1964年11月，更名为毕节专区电影发行放映公司。1965年，迁人民剧场前楼办公。1975年，投资14.1万元建成中山路办公楼，迁至新楼办公。1980年，电影发行放映实行中央、省、县三级所有、四级管理体制，毕节地区电影公司改为贵州省电影发行放映公司毕节分公司，为省电影公司派出机构。1993年，省将毕节地区电影分公司下放给毕节地区管理。是年10月，贵州省电影发行放映公司毕节分公司更名为毕节地区电影发行放映公司，归属毕节地区文化局领导，为独立核算、自负盈亏的独立法人经济实体。1994年，公司清查固定资产、货币资金和应收款项，收回资金7万余元，尚有应收款24.3万元，同时欠片租26.2万元。1995年10月，公司经营无法维持，遂以中山路办公楼作资金投入，与地区利民开发总公司签订联合经营协议书，进行开发经营。11月，地区电影公司迁出中山路办公大楼，借人民剧场两间房屋作办公用房。至2008年，地区电影公司有职工12人，退休职工15人，退休职工全部由社保管理。

（2）县电影公司。1959年起，各县先后建立电影管理站。1980年，国家改革国营电影发行放映企业管理体制，实行中央、省、县三级所有、四级管理体制，各县电影管理站改为县电影发行放映公司，为独立核算单位。各县电影公司贯彻执行电影工作方针政策，拟订并实施本县电影事业发展规划，组织本县各类放映单位完成电影发行放映业务计划和财务收支计划，负责县内16毫米、8.75毫米放映单位影片发行、放映技术、影片宣传和人员管理。20世纪80年代，各县电影公司发行放映业务蒸蒸日上。1981年，织金县电影公司放映发行电影总收入26.81万元，实现利润3.98万元；1982年，共放映1.01万余场，观众530余万人次，放映发行收入共3490.9万元，实现利润6.7万元。1982年，金沙县电影公司放映1.26万场，观众788.2万余人次，发行放映收入共163.03万元，实现利润8.02万元。1992年后，全地区电影事业逐渐凋敝，各县电影公司逐渐陷于困境。至2003年，全地区8县市电影公司均为危困企业，除织金县电影公司外，其余7县市电影发行放映均处于瘫痪或半瘫痪状态，职工工资无法保障，在册363人，除离退休137人、在岗98人外，其余128人或靠承包经营电影公司房产维持生计，或自谋生路。

2.电影院。（1）毕节县电影院。1954年10月，投资2.45亿元（旧币）、面积1380平方米、912个座位的毕节县电影院建成开业。时为贵州省中华人民共和国成立后新建的一家县影院。1978年放映2481场，每天平均放映6场；1992年放映2478场，观众130余万人次。是年，省电影公司、省财政厅、毕节县计委批准翻新改建毕节电影院，总投资140万元，1993年4月竣工交付使用，总建筑2550平方米，门面为6层楼房。1995年停业，撤除观众厅座位，承包给私人转行经营。

（2）大方县电影院。1958年建立，借县人委礼堂作放映场地。1981年，大方县财政投资50余万元，新建大方县影剧院，1983年竣工交付使用。建筑3300平方米，其中观众厅800平方米，安放铁制靠椅1050个。1983年，放映2210场，观众近150万人次。90年代后，放映场次逐渐减少，1997年后，有零星放映。

（3）黔西县电影院。1958年春，黔西县人委决定发行福利建设无息公债并发动县机关、企事业单位职工、学校师生、街道居民义务挖土方，在大府坝修建影剧院。1959年竣工使用，建筑面积1400平方米，观众厅坐席1134个。1992年改为商场，转行经营。1985年，投资80万元新建东山影剧院，观众厅800平方米，坐席1200个。2007年，黔西县政府拨款100多万元，装修东山影剧院。

（4）织金县电影院。1958年10月1日建立，先后借一、四小操场售票放广场电影。1959年3月，人民剧场竣工，转为室内放映。1988年，贵州省电影公司拨款8万元，织金县财政拨款12万元，织金县电影公司自筹12.99万元，贷款10万元，共计投资42.99万元建成织金新影院，座席1013个。1981年放映1651场，观众123万人次。1982年，放映1992场，每天平均放映5.45场。90

年代后，放映场次逐渐减少。1997年后，有零星放映。

（5）金沙县电影院。1958年10月建立，借用县人委老礼堂放映。1980年10月1日，投资31.8万元建成占地1639平方米，观众厅798平方米、坐席1100个的科普影院开业。1981年放映1469场，实现利润4.54万元。1982年放映2150场，实现利润6.6万元。1995年停映。

（6）纳雍县电影院。1962年建立，借用县人委大礼堂放映，有坐席1300余个。1979年，贵州省电影公司拨款10万元，纳雍县财政拨款15万元，新建占地2600平方米、坐席1095个的纳雍县电影院。1984年竣工开业。1995年停映。

（7）威宁县电影院。1958年10月，借用县人委礼堂放映。1979年，省电影公司和地、县财政共同投资新修建筑1000平方米，坐席1107个的威宁电影院。1995年停映。

（8）赫章县电影院。1962年建立，初无固定场地，借川剧院或县人委礼堂放映。1964年，将川剧院拨给电影院放映用。剧场设450余个座位。1978年，投资22万元建成建筑1024平方米，观众厅坐席1200个的电影院。1980年10月1日开业。1997年后，时有放映。

（9）人民剧场。1959年由毕节县投资新建，建成前楼及剧场半截墙体。1960年，因无后续资金停建。1964年，剧场移交专区文教局。1978年，毕节地委、地区行署决定由地区财政拨款53万元续建2000平方米、观众坐席1200个的人民剧场，1980年竣工，放映、演出两用。1999年11月，经地区建设施工质量监督管理站鉴定为危房。2001年，根据专员办公会议决定，拆除放映大厅。放映、演出终止。

（10）毕节军分区电影院。1982年兴建，次年竣工，建筑面积1530平方米，设坐席1130个。1986年停映。

（11）百花电影院。1980年，由集体贷款10万元将简易放映室改建而成，建筑451平方米，座席352个。1982年放映2075场，1983年放映2285场，1991年停映。20世纪90年代末拆除。

（12）集镇影院。20世纪80年代，以省、县电影公司作部分投资、银行贷部分款方式，修建起以下集镇电影院：金沙县沙土区电影院，712平方米；安底镇电影院，1127平方米；光明电影院，856平方米；石场电影院，799平方米；岩孔电影院666平方米；平坝电影院，543平方米。织金县牛场区电影院，600平方米；八步区电影院，600平方米。赫章县野马川电影院，650平方米。毕节县朱昌电影院，630平方米。由区财政投资兴建起以下集镇影院：大方县沙厂区电影院，1320平方米；响水区电影院，1080平方米；坡脚区电影院，1400平方米；黄坭塘电影院，1320平方米。金沙县民委兴建安洛区电影院，650平方米。另外，尚有黔西大关、林泉、重新，纳雍县阳长、乐治、张维、治昆、维新，赫章妈姑、威宁羊街等集镇影院。上述集镇影院于20世纪90年代先后停映。

3.电影队。（1）文化电影队。亦称国办电影队。1953年11月，成立贵州省文化局电影教育工作队毕节区分队，辖3个小队。1955年，在原有小队基础上，全专区各县各设1个小队。1956年，电影队交各县管理。是年，全专区有电影队15个。1958年增至18个。1959～1962年经济困难时期，电影队减为15个。1965年，全专区国办电影队增至39个，其中有10个为区电影队。20世纪70年代末至80年代，电影队增至59个。其中毕节县9个，大方县7个，黔西县10个，金沙县8

个，织金县9个，纳雍县2个，赫章县8个，威宁县6个。上述电影队服务区域均为农村。电影队每到一地放映，均被当地群众当作一件喜事奔走相告，四乡八寨的青年一齐赶来看电影。各国办电影队放映均有业绩，其中放映场次多的电影队有：织金县猫场区电影队，服务猫场区9个公社、牛场区2个公社、龙场区2个公社共60个放映点。1977年，出勤254天，放映451场；1982的，放映1104场，平均每天放映3场。织金县八步区电影队，1982年出勤330天，放映1103场，平均每天放映3.45场。1982年，金沙县电影八队放映811场，六队放映842场。到1996年，除毕节市仍有少数电影队零星放映外，其余各县电影队均告停业。

（2）单位电影队。20世纪50～80年代，一些单位先后建立电影队以方便单位人员看电影。全地区建单位电影队38个，它们是：毕节军分区、毕节运输公司、毕节电厂、毕节水泥厂、毕节化肥厂、红卫纸厂、地区养护总段、地区商业局、地区交通局、赫章铅锌矿、113地质队、110地质队、金江机械厂、红林机械厂、174地质队、髿岭煤矿、大方硫磺厂、金沙铁厂、曙光动力站、威宁采育场、砂石铁厂、马干山牧垦场、化窝煤矿、垭关煤矿、撒拉溪麻风医院、周驿茶场、水城铁厂珠市河矿、黔西岔白农场、金沙大水农场、金沙新化煤矿、大方六龙电站、金沙长征电站、威宁养护段、威宁羊街电站、威宁保家糖厂、威宁炉山煤矿、威宁新合磷肥厂、赫章县科委。

（3）集体和个体电影队。1978年后，政府提倡国家、集体、个体群策群力办电影，以集体或个体方式建电影队在农村兴起。1985年，全地区集体和个体电影队397个。放映场次较多的电影队有：威宁县白碗乡电影队，1987年放电影408场，1988年放447场，观众30余万人次，全乡人均看映45次；金沙县岚头公社电影队，1982年放映388场；黔西县林泉公社电影队，1982年放映390场；毕节县生机公社8.75毫米电影队，1978年在公社设62个放映点，出勤247天，放映435场；赫章县可乐公社8.75毫米放映队，1978年在全公社巡回放映10天，放映430场。20世纪90年代后，集体和个体电影队逐渐消失。

**新中国的电影放映** 1953年11月，贵州省文化局电影教育工作队毕节区分队建立，在毕节专区开展巡回放映，至1954年4月，放映204场。1956年，全专区有放映单位17个。1958年全专区放映单位37个，全年放映9593场，观众近77万人次。1959年，全专区放映单位58个，全年放映1.31万场，观众1041万人次。放映影片10余部。从1960年起，电影放映单位和放映场次均大幅减少。1961年，全专区放映单位28个。是年，纳雍县农村电影仅放映56场。

1963年，国民经济恢复和发展，电影事业亦随之复苏。全专区开展农村普及放映，在生产队设立放映点，实行定点、定场、定期放映，农村放映点由1962年的672个增至2597个。1964年，全专区农村电影队恢复到39个，设农村放映点3612个。加上县城和工矿单位电影队，全专区共计放映单位48个，共放映1.64万场，观众9333万余人次，放映收入63.9万元，发行收入24.7万元，实现利润8.09万元。至1966年上半年，全专区映出影片27部。有的影片反复放映，备受观众欢迎。

1966～1976年，受“文化大革命”影响，电影事业受到严重摧残。1967年初，影片节目拷贝全部封存，一律不准发行。城乡放映单位全部停止放映活动。1968年10月后，逐步开展少量放映活动，放映影片节目受限，数量不多，仅有《钢琴伴唱〈红灯记〉》《地道战》《奇袭》《打击侵略者》《英雄儿女》等影片。1970年，毕节地区电影公司陆续接收和发行现代京剧《智取威虎山》，现代舞剧《白毛女》《红色娘子军》，现代京剧《红灯记》《沙家浜》《杜鹃山》《龙江颂》《奇袭白虎团》《海港》等影片。各放映单位除放映革命样板戏外，就是放映《地道战》《地雷战》《南征北战》，放映场次及收入大幅度下降，电影发行部门和放映单位全面亏损，职工工资靠贷款发放或由财政拨款支付。1971年，8.75毫米电影问世。各县逐步发展8.75毫米放映队。1974年5月，毕节地区举办革命样板戏影片汇映，全地区投入放映单位78个，放映1636场，观众168万余人次。是年7月5日～8月31日，举办全地区工业学大庆、农业学大寨影片汇映。

1976年10月后，逐步恢复发行“文化大革命”中被封存的影片，给广大人民群众创造看映良机，看映热情空前高涨，城市影院场场爆满。人口不到7万的毕节县城，有地区影剧场、毕节电影院、百花影院等4家影院，每天从上午8时放映到深夜，一天放映几十场，仍不能满足观众需求。农村电影队在山乡巡回放映，每月出满勤也不能满足农民渴望看映的要求。

1978年12月后，随着改革开放和现代化建设事业的全面推进，毕节地区的电影事业进入新年的发展时期。1978～1991年，政府提倡国家、集体、个人一起办电影，电影放映单位猛增。全地区城乡放映单位和放映场次均大幅度增加。1982年，毕节电影院放映2478场，大方电影院放映1874场，金沙电影院放映2150场，织金电影院放映1992场。是年，织金县电影六队在农村放映1104场、电影四队放映1003场。是年，金沙县、织金县各级各类放映单位分别共放映1.26万场和1.01万余场。继后，大方、毕节、威宁县放映亦突破万场关。1978至1991年，全地区共放映107.2万场，观众711万人次。1978～1991年全地区放映收入共计3952万元，发行收入共计2517万元，实现利润521万元。

随着电影事业的繁荣，区内上映的电影节目也日益丰富多彩。1983年～1988年，毕节县电影公司共发行影片2300余部，月均3～4部新影片发行到放映单位，每天约有20部影片在县内放映。其他各县发行放映影片均有明显上升。1992年后，电影发行放映开始滑坡。是年底，全地区放映单位283个，各类放映队274个，比上年减少40个，全地区共放映电影7.82万场，观众3869.76万人次，放映收入34.08万元，发行收入10.47万元，为上年放映场次的77%、观众的68%、收入的7.1%，发行收入的6.5%，亏损6.68万元。1993年，全地区放映单位减为90个，其中正常活动的只有31个。全年放映电影1.83万场，观众655.53万人次，放映收入78.55万元，发行收入38.09万元。1994～1995年，全地区放映单位、影片发行放映场次、收入逐步减少，电影公司经营亏损增加。至1996年，毕节地区电影发行放映几乎停止。全地区35毫米城市影院偶尔放映。16毫米电影放映，仅部分乡镇零星、继续开展。各县放映均告停业。全年发行收入5.79万元，影片成本及费用支出6.68万元，多种经营收入5.36万元。当年亏损8万余元。1997年亏损5.93万元。

### 1978～1991年毕节地区电影发行放映统计表

单位：个、万场、万人次、万元

| 年份 | 放映单位 | 放映场次 | 观众人次 | 放映收入 | 发行收入 | 实现利润 |
|---|---|---|---|---|---|---|
| 1978 | 299 | 6.11 | 4372.07 | 195 | 82.79 | 15.27 |
| 1979 | 283 | 6.3 | 4239.24 | 215.59 | 92.18 | 20.49 |
| 1980 | 268 | 4.87 | 3277.26 | 196.43 | 84.1 | 17.98 |
| 1981 | 270 | 4.75 | 2514.12 | 218.39 | 89.89 | 21.53 |
| 1982 | 276 | 6.07 | 3561.24 | 250.64 | 97.29 | 22.91 |
| 1983 | 375 | 7.65 | 4606.76 | 265.1 | 98.78 | 19.04 |
| 1984 | 476 | 7.61 | 4722.59 | 256.74 | 97.99 | 16.33 |
| 1985 | 484 | 7.71 | 5534.94 | 276.91 | 107.23 | 12.55 |
| 1986 | 453 | 8.23 | 5837.83 | 274.71 | 105.54 | 13.34 |
| 1987 | 420 | 9 | 6791.8 | 279.82 | 110.11 | 16.29 |
| 1988 | 409 | 9.02 | 6780.66 | 308.3 | 111.06 | 17.14 |
| 1989 | 353 | 9.33 | 6394.31 | 308.14 | 129.95 | 15.96 |
| 1990 | 319 | 10.4 | 6762.5 | 425.2 | 149.42 | 20.53 |
| 1991 | 315 | 10.14 | 5667.8 | 480.71 | 1670.74 | 205.21 |
| 合计 |  | 107.2 | 71123.12 | 3951.68 | 1517.08 | 2511.37 |

1998年，国家计委、国家广电总局、文化部联合制发《关于进一步实施农村电影放映“2131”工程的通知》，要求在20世纪末至21世纪初实现农村1个乡（镇）拥有一个电影队，每个村民每月能看到一场电影，电影公司每年到农村放映电影200场以上。至2001年，全地区计有国有电影院18座，非国有电影院5座；毕节市有国有电影队29个，非国有电影队25个。是年，在城乡共放映3161场，其中城市放映255场，农村放映2806场。至2002年6月，国家广电总局、中共贵州省委宣传部和贵州省文化厅共赠送给毕节地区放映机45台，发电机25台，拷贝25个。是年，全地区用“2131”工程资助设备共放映电影4686场，其中织金县放映2558场。多数电影院成为危房，无力维修放映；放映设备亦严重老化，无钱维修和更换。是年，区内各县市电影公司收入锐减，多的41万元，少的仅为3万元，大方、赫章县电影公司收入为零。2003年，全地区有电影放映队54个，其中国有29个，非国有25个，全年在农村电影放映4102场，观众38.5万人次。2004年，地区电影公司组织送电影下乡，每放映1场电影，地区文化局给予补助200元。各县市亦采取相应财政补贴措施，支持电影放映单位到农村放电影。毕节市由财政拨给市电影公司8000元，作为农村电影放映“2131”工程启动资金。纳雍县拨给县电影公司2万元，以推进“2131工程”，明确每放映1场电影，由县、乡镇财政各补贴50元；与县计生局达成协议，组织百场电影放映活动，每场电影由县计生局补

贴100元。威宁县由县委宣传部筹集资金，每放映1场电影，补助50元。是年，全地区农村电影放映4426场。2005年，全地区放映单位在农村放映4452场。2007年2月15日～6月30日，在全地区开展国产新片进农村公益放映活动，开展优秀国产影片“金秋展映月”活动及第八届农民电影节电影放映活动。是年，全地区各级放映单位共放映电影近2万场，其中地区电影公司放映1800场。至2008年，全地区农村电影放映共获国家资助胶片电影放机79套，发电机25台，电影流动放映车4辆，16毫米电影拷贝285个，另有私人出资购置数字电影放映机40套。是年，区内共组建农村电影放映队100余支。是年初，毕节地区文化局行文同意地区电影公司组建股份制禾盛农村数字电影放映有限责任公司，负责组织实施毕节地区农村电影放映工程。是年3月，地区文化局下达2008年农村电影放映工程公益性放映活动放映任务2万场，分别为：织金县电影公司2800场，毕节、金沙县电影公司各2500场，威宁县电影公司2200场，地区和大方、黔西、赫章、纳雍县电影公司各2000场；地区禾盛农村数字电影放映，1800场。放映补贴为：每场由中央补贴80元，省补贴7元。全地区共获兑现补贴经费433万余元。在实施农村公益电影放映工作的同时，还大力发展城市电影院线。2010年，引资500万元建设“星空电影城”毕节店，全年上映中外电影165部，放映5831场，观众7.5万人次。2011年，全区农村公益电影放映4.72万场，观众1052万人次。

## 第七节　文化市场

**文化市场沿革**　1978年后，文化市场随着改革开放的深入与发展，形成包括演出市场、电影市场、娱乐市场、书刊市场、音像市场、艺术品市场、业余艺术培训市场和印刷出版市场等多门类组成的文化市场体系。至1997年，全地区共有各类文化经营单位（户）1385家，其中卡拉OK舞厅270家，台球126家，电子游戏机室174家，音像制品零售或出租260家，录像放映256家，音像制品发行3家，复印、打字、装潢131家，印刷厂23家，书刊经营78家，其他64家。2003年，全地区共有各类文化经营单位（户）1268家，其中毕节市473家，大方县108家，黔西县130家，金沙县156家，织金县158家，纳雍县79家，威宁县81家，赫章县83家。2004～2007年，全地区各类文化经营户分别为1060家、879家、1054家、998家。2008年，全地区共有各类文化经营户920家，其中毕节市302家，大方县82家，黔西县100家，金沙县97家，织金县81家，纳雍县95家，威宁县68家，赫章县107家。

**文化稽查**　20世纪80年代后，随着文化市场的逐步发展和繁荣，一些稗莠甚至毒草也乘机滋生蔓长，扰乱文化市场的健康发展；在各类文化经营活动中，亦有违法甚至犯罪活动出现。1989年12月1日，毕节地区编制委员会根据中央关于“一手抓繁荣、一手抓管理”的指示，行文同意地区文化局设立社会文化管理科和新闻出版科，两块牌子、一套人员，事业编制8人；同意建立地区文化市场管理稽查队，为事业单位，定编10名。地区文化市场稽查队负责本辖区文化行政执法监督、检查和指导，查处违规经营单位和经营活动，培育和促进文化市场有序发展。1990年2月22日，地区编制委员会行文各县编制委员会，同意各县在文化局设立社会文化和新闻出版股，两块牌子、一套人员，定编2～3人；同意各县成立文化市场管理稽查队，为事业单位，定编3～5人。县文化市场稽查队伍负责本辖区文化经营单位和文化经营活动的日常监督检查，对违规行为进行查处，培育和促进文化市场有序发展。1995年8月，地区文化局在毕节举办全地区文化市场管理人员培训班。全地区54人接受培训，通过结业考试，成绩全部合格。1997年，毕节地区国家公务员制度实施领导小组行文批复，同意毕节地区文化市场管理稽查队过渡国家公务员制度。是年，全地区有9支文化市场管理稽查队，编制51人，实有专职稽查人员62人。是年7月底至8月初，按照国家文化部、省文化厅的要求，由地区文化局在织金举办全地区文化市场管理稽查队员岗位培训，培训结束考试，35名受培训人员全部合格。1998年，地区文化局举办全地区文化市场、新闻出版管理人员培训班，培训56人。2000年9月11~15日，地区文化局举办全地区文化市场、出版物市场管理稽查人员岗位培训班，除组织受训人员学习行政诉讼法、行政处罚法、行政复议法、娱乐市场管理条例外，还对其进行2000年度版物市场管理稽查工作重点和有关出版物市场业务技能培训。2001年，全地区文化市场管理稽查队人员56人。2002年11月12～13日，地区文化局举办全区文化市场管理法规培训班，组织全地区48名文化稽查干部学习著作权法、印刷业管理条例、音像制品管理条例、互联网上网服务营业场所管理条例、出版管理条例、营业性演出管理条例实施细则。全地区有文化市场稽查队共9支，有稽查人员55人，其中地区稽查队13人。2004年9月15～16日，地区文化局举办全地区文化市场管理人员培训班，聘请法律专家讲授《行政许可证》和《行政执法程序》，全地区48名文化市场稽查人员接受培训。2005年7月20日，地区文化局制发《文化市场稽查纪律〈十不准〉》以规范文化市场执法，其内容为：不准泄露稽查行动时间和内容；不准假公济私随意稽查；不准酒后执行稽查任务；不准两人以下行使稽查权；不准将查缴物品占为己有或退还被稽查对象；不准接受被稽查对象的礼金、礼品和各种有价证券以及就餐和宴请；不准在被稽查单位报销任何费用；不准参加被稽查对象安排的旅游、娱乐和联欢活动；不准无偿使用被稽查对象的交通和通信设备；不准个人随意撤销稽查和作出处罚决定。

**文化市场行政执法**　1988年7月18日，中共毕节地委、毕节地区行署发出通知，要求查禁淫秽书刊、净化文化市场。1989年4月19日，毕节地区行政公署办公室转发毕节地区社会文化市场管理委员会草拟的《毕节地区社会文化管理暂行办法》。是年8月12日，地区社会文化市场管理委员会办公室印发《关于提取社会文化市场管理费细则》《关于营业性舞会（厅）、音乐（文艺）茶（餐）座管理细则》《关于营业性文化娱乐项目用乐队、伴奏（唱）人员管理办法》《关于图书、报刊零售、租赁业管理办法》《关于印刷行业管理办法》《关于营业性桌（台）球管理办法》《关于综合型娱乐场所经营管理办法》《关于电子游戏机经营活动管理办法》《关于字画裱贴市场管理办法》《关于营业性演出及演出场地管理办法》《关于民间艺人管理办法》。是年，全地区调集266人组成48个检查组，检查书刊点136个，取缔无照经营户41户，查缴非法出版物233种1415册，查禁图书418种5724册，封存送审218种5432册，共计869种1.44万册。检查音像单位289个，录像带4209盒，封存非法出版带（含翻制带）2477盒，取缔个体放像点65个，收缴封存非法录音带754盒。此后，采取经常性管理与集中治理相结合，正面引导与检查整顿相结合的方法，坚持不懈开展扫黄打非。1990～1993年，全地区参与“扫黄打非”9690人次，出动车辆1372台次，收缴色情淫秽书刊和非法出版物6.7万册（张），收缴色情淫秽音像制品1.14万盒（张），收缴违法机具39台（件），取缔违法经营户83户，没收所得罚款1.35万元。1994年7月4日，毕节地区行政公署制发《毕节地区实施〈贵州省文化市场管理办法〉（试行）细则》，规定在毕节地区内，以下以商品形式进入流通领域的文化产品和文化娱乐活动，属文化市场管理范围：各类营业性文艺演出、文化艺术展览、时装和健美艺术表演及比赛；电影和电视拍摄，录音带、唱片、激光视盘（影碟）放映活动；图书、报刊和字画印刷、制作、销售及租赁活动。舞厅、音乐茶（餐）座、酒吧、电子游（艺）戏、各类游艺、台（桌、保龄）球、汽（电子、实弹）枪射击、麻将、棋类、斗牛（鸡）经营活动；艺（美）术摄影（像）、影印、印刷、复印、打（印）字、铸字、缩微、图书装订、书画艺术裱糊、装潢、锦旗、奖状、招牌、广告、灯箱、礼宾物品制作、石（木）雕泥塑、文化艺术咨询、戏装租赁、乐器维修、工艺美术品经营活动；书法、美术、摄影、摄像、音乐、舞蹈、演技、播音、文学有偿培训、讲座活动；经国家鉴定允许出售的文物及文物复（仿）制品经营活动；除国家邮（政）电部门以外的新老邮票交易活动；其他文化经营活动。并对文化市场管理机构与体制、文化经营活动的审批程序及规划、图书报刊经营、音像制品经营作出具体规定。是年12月14日，毕节地区行政公署印发《关于加强电子游戏机经营活动管理的决定》，规定经营电子游戏活动的单位和个人，必须健全管理制度，向广大群众提供文明健康的文化娱乐服务；电子游戏机经营面积不得少于20平方米，在中、小学校200米半径内不得设置电子游戏机经营点；严禁用电子游戏机进行赌博活动；严禁任何单位和个人，以任何理由开办老虎机、角子机、苹果拼盘机或与之相类似的带有赌博性质的游戏机经营活动；电子游戏机的荧屏必须健康有益，不准使用带淫秽、色情、恐怖图像的电路板。是年，全地区1376人次参与“扫黄打非”行动，出动车辆139台次，收缴色情淫秽书刊和非法出版物1.76万册（张），收缴淫秽色情音像制品1169盒（张），收缴违法机具124台（件），没收所得罚款386元。1995～1997年，全地区5506人次参与“扫黄打非”，出动车辆786台次，收缴色情淫秽书刊和非法出版物共155.75万册（张），收缴色情淫秽音像制品1.07万盒（张）、违法机具500台（件），没收所得罚款7.12万元，刑事处罚6人。2000年7月20日，毕节地区行政公署办公室转发地区文化局、地区公安处、地区工商局、地区电信局、地区监察局联合草拟的《毕节地区电子游戏经营场所专项治理方案》，明确专项治理重点解决以下问题：电子游戏机赌博屡禁不止；网吧、计算机屋以各种名目从事计算机游戏经营；非节假日接待未成年人和违规在中小学校周边设置经营点；领导及执法人员对电子游戏经营场所赌博现象视而不见、失职失察甚至充当保护伞。治理以下重点场所：电子游戏机集中经营地段；大、中型电玩城；地下黑窝点；校园周边经营点。采取以下措施重点治理毕节市城区及各县城区：1.停止审批新的电子游戏经营场所，不得审批现有的电子游戏经营场所增添或更新任何类型的电子游戏设备。2.取缔下列各种非法经营和严重违规经营的电子游戏经营场所：无证照或证照不全的；设置具有退币、退钢珠、退奖券、荧屏记分和其他中奖方式等赌博功能的电子游戏机机型、机种、电路板的；电子游戏机内设计、装置的游戏项目中含有反对宪法确定的基本原则，危害国家的统一、主权或者领土完整，危害国家安全、利益或者社会稳定，破坏民族团结、煽动民族分裂、侵害少数民族风俗习惯，宣传淫秽、色情、迷信或者渲染暴力、有害消费者身心健康、违背社会公道或者诽谤、侮辱他人等内容的；在中小学校周边200米内的；在国家法定节假日以外接纳未成年人进入的；违反国家消防安全规定的；将电子游戏经营场所转包他人经营的；以计算机屋、网吧等名义利用电子计算机从事经营性计算机游戏活动的；经营者有其他违法经营和严重违规经营行为的；提供有赌博功能的游戏机机型、机种、电路板的。3.严厉打击赌博等违法经营活动。依法从严惩处设置具有赌博功能电子游戏的经营者。4.严格按照有关规定对电子游戏经营场所进行重新年审核登记。经所在地县级以上人民政府文化、公安部门重新年审核合格的，由工商行政管理部门重新核发营业执照；重新审核不合格的，立即停业、关闭，由工商行政管理部门注销登记或吊销营业执照。因违法经营或严重违规经营被取缔或吊销营业执照的电子游戏经营场所，其经营者不得再从事电子游戏经营活动。5.规范经营行为。是年，全地区开展电子游戏经营场所专项治理，电子游戏经营场所由150家减到92家。是年，全地区组织1083人次、出动车辆234台次参与“扫黄打非”；查处无证经营书摊点16户；收缴非法出版物近7.43万册，其中气功类1万余册，淫秽色情类200余册，封建迷信类1200余册；查收非法音像制品1.59万盘（盒）；收缴非法盗版教辅教材7.9万册；取缔非法音像制品经营户4户；查收非法销售明信片2500套；收缴盗版盗印杂志1200册，年画4200余张。2001年3月26日，地区文化市场管理稽查队，当众销毁盗版、盗印书刊5万余册，价值30余万元。是年4月28～30日，全地区开展文化和新闻出版物市场全面清理工作，共出动检查人员113人次、车辆19台次，检查各类经营户395户，收缴非法盗版光盘6353盘（张）、非法盗版图书300多册，查收游戏机赌机6台；取缔无证经营户10户，责令停业5户；查封无证经营“网吧”主机184台，取缔黄网1户。是年5月20日，地区整顿、规范市场经济秩序领导小组办公室在毕节军分区操场举行全地区“4·29”打击假冒伪劣商品，清理整顿文化市场销毁行动，销毁VCD盗版光盘、故事碟、盗版录音带、共8560余盒（张）。是年6月，全地区电子游戏经营户由92户减少为69户。2001年9月，毕节地区行政公署制发《关于整顿和规范全区文化市场秩序工作意见》，决定在全地区开展整顿和规范文化市场秩序工作。1.整顿和压减电子游戏经营场所。对未经批准无任何证照的电子游戏经营场所，限期停业；对有违规经营行为的，限期整改；对存在违法行为的，坚决取缔，收缴销毁其经营机具；坚决制止在学校周边200米内和非法定节假日接纳未成年人；对多次严重违法违规经营的，坚决吊销经营许可证。通过专项治理，压减30%以上的经营数量。2.清理整顿互联网上网服务营业场所。主要检查相关证照是否齐全；设备数量、营业场地规模及安全设施是否达到要求；是否存在国家法定节假日8～21时以外向未成年人开放的情况；是否存在实施危害网络和信息安全及制作、复制、查阅、发布、传播违法信息行为；是否经营含有色情、赌博、暴力、愚昧迷信内容的不健康计算机游戏；是否脱网利用计算机从事电子游戏经营活动。如有上述情况，依照国家有关条例进行处理直至吊销其执照。在校园周边200米以内开办互联网上网服务营业场所的，经营者必须征得学校同意，并提供由学校出具的证明。3.开展音像市场专项治理。清理整顿音像零售、出租点和录像放映场所，压缩总量，调整结构，淘汰一批规模小、经营差、有严重违法行为的经营单位，使全地区音像制品经营单位在现有数量上压减20%以上。提倡和扶持连锁经营、超市经营，鼓励音像经营单位向社会公开承诺无盗版或与主管部门签订无盗版责任书，规范经营行为。严厉打击反动、淫秽、盗版、走私等非法音像制品经营活动。凡发现有经营淫秽或反动音像制品的经营单位一律吊销音像经营许可证，并依法予以处罚，其非法音像制品予以收缴销毁，数量过大触及刑律的，交公安、司法机关处理。持有零售、出租经营许可证而暗地从事音像制品批发业务经营的，按有关规定予以查处。一律停止审批新的音像制品经营单位。同时整顿歌舞娱乐场所色情陪侍问题，演出市场中存在的色情淫秽表演问题，电影市场中拷贝走私问题；加强出版物市场整治，严肃处理少数学校、教辅站擅自订购非法盗版教辅读物问题。采取有力措施严厉打击电子出版物市场出现的非法盗版行为，对盗版计算机软件发现一张查收一张。加强对印刷企业的日常监管，坚决取缔无证经营或证照不齐的印刷厂；对已经查封的无证经营印刷厂，在办齐有关证照之前，任何人不得擅自启封；从严查处印刷非法出版物。全面清理复印打字市场、书刊出租出售市场，使全地区出版物市场朝着健康、有序的方向发展。至11月，全地区查封或取缔非法经营户110户，收缴电子游戏机整机95台，电路板97块；收缴非法音像制品7.02万张（盒）、非法盗版计算机软件16.49万张（盒）；查获非法盗版图书、教辅读物89.89万册（本）；二次组织销毁行动，公开销毁非法盗版书刊7万册，非法音像制品4万张（盒）。

2002年初，地区文化局制发《关于进一步加强我区文化市场管理工作的通知》规定：1.暂停申报新的互联网上网服务营业场所；严禁在中小学校园周围200米范围内和居民住宅楼（院）内设立互联网上网服务营业场所，已经设立的限期迁出；严禁接纳未成年人进入营业场所；营业场所显著位置必须悬挂未成年人禁入标志；各经营场所必须对上网消费者的身份证等有效证件进行核对、登记；每个营业场所计算机设备数量不得少于25台，每台占地必须达到2平方米，未达到的，限期整改；从2002年11月15日起，所有互联网上网服务营业场所营业时间限于8~24时。2.暂停审批新的音像制品经营点；禁止申报一项经营业务而从事两项经营业务行为；2002年12月31日前，经营户必须拟定2003~2005年正版音像制品铺设计划交当地文体广局监督执行；音像制品经营点场地应达以下标准：a、零售点，地区所在地30平方米，县市城区内20平方米，乡镇15平方米。b、出租点。地区所在地15平方米，县市城区及乡镇10平方米；引导和鼓励现有音像制品经营点发展成为连锁超市。3.停止审批新的录像放映经营单位；原审批设立的地区所在地录像放映经营单位必须于2002年12月31日前全部关闭，其他县市现有录像放映经营单位必须于2006年12月31日前全部关闭；加大对营运车辆上VCD放映活动的监管力度，严厉打击营运车辆上放映淫秽光盘的非法行为。4.暂停审批新的电子游戏经营点；坚决取缔有奖类电子游戏机；严厉查处违规接纳未成年人的经营行为；营业场所显著位置必须悬挂未成年人限时进入内容的警示牌。5.暂停审批新的歌舞娱乐场所，加大对迪斯科舞厅的监管力度，严禁接纳未成年人的经营行为。6.严格审批营业性演出团体；营业性演出团体，以属地管理原则进行年审；对外来营业性演出团体严格审查其相关手续，无论省内省外演出团队必须同时提供《营业性演出许可证》和工商部门的《营业执照》原件，缺一不可，复印件无效；认真审查所有营业性演出的节目内容和演出剧照，同意演出后，对该团队的首场演出要进行跟踪暗访。7.严厉打击政治性、邪教“法轮功”类和气功类等非法出版物；彻底收缴64开口袋本和日本卡通画册；坚决制止和查处非法发行中小学教辅行为。8.严格按标准审批设立复印、打字企业，其经营场所不得小于15平方米，注册资本不得少于10万元人民币；适当调整辖区内复印、打字企业的总量和布局规划。9.各印刷企业必须建立、健全承印验证、承印登记、印刷品保管、印刷品交付和印刷活动残次品销毁制度，并将上述管理制度公布上墙，严格执行；督促辖区所有印刷企业在2002年12月31日前完成技改工作；从2002年起，印刷企业的年检工作一律由当地文体广局出具鉴定材料后，由企业持上述材料到地区参加年检；严禁印刷企业超资质印刷；严肃查处和打击非法盗印行为，重点打击非法印刷政治性非法出版物、邪教“法轮功”类和气功类非法出版物以及盗版教辅读物的非法行为。是年，全地区共出动1293人次，检查出版物市场经营户81家，取缔、关闭9家非法摊点；查缴非法图书、报刊6.14万册，查缴非法音像制品、电子出版物4.64万盘，查缴盗版软件110盘，查处邪教“法轮功”类出版物1册；收缴有害卡通和淫秽色情64开口袋本2133册，收缴盗版教材教辅3.7万册。

2003年，全地区分2月10～31日、5月1日～6月30日、7月1日～9月30日3个时段开展“扫黄打非”活动。3个时段共出动人员928人次；检查市场各类摊点704家，取缔、关闭非法经营点50个，处罚违规经营户162家，收缴非法出版物4.64万册，查缴政治性非法出版物34册，收缴盗版音像制品5.02万盘，查收淫秽色情出版物音像制品1655盘，盗版计算机软件1200盘，查处违规经营户86家，处罚违规印刷企业3家。

2004年4月5日，毕节地区行政公署批转地区文化局、工商行政管理局、公安局、教育局等地直工作部门联合草拟上报《关于开展全区网吧等互联网上网服务营业场所专项整治的实施意见》。是年4～8月，各县市按《实施意见》要求开展。专项整治工作主要取缔无证无照或证照不全的黑网吧，整顿以计算机学校，劳动职业技术培训班、电子阅览室、计算机房等名义变相经营网吧的行为；严厉查处网吧违规接纳未成年人进入的行为；打击网上传播有害文化信息行为，净化和规范网络文化经营活动。专项整治的重点区域为各县市政府所在地城镇和交通沿线乡镇。全地区共出动检查人员3897人次，检查经营户3483户次。受处罚的违规经营单位275户，其中取缔黑网吧29户。其间，全地区共聘217名网吧义务监督员配合管理部门参与网吧监督管理工作。是年10月25日，地区文化局制发《关于进一步加大网吧市场监管力度的通知》，要求各县市文体广局继续开展专项整治，有序发展网吧市场。是年11月4日，地区文化局、公安局、工商行政管理局等9个地直工作部门联合制发《关于进一步深化网吧专项整治工作的意见》，决定将全地区网吧专项整治工作延长到2004年12月31日，同时明确整治的突出问题。是年，全地区对网吧实施安装监控软件管理。

2005年5月19日，地区文化局制发《关于调整互联网上网服务营业场所经营单位控制数的通知》，对全地区互联网上网服务营业场所经营单位实行总量控制，调整各县市互联上网服务营业场所、经营单位控制数。至年底，全地区共有互联网上网服务营业场所（以下称网吧）159家，其中已领取《网络文化经营许可证》的136家；正办理中的23家。其分布为：毕节市39家，大方县17家，黔西县28家，金沙县14家，织金县9家，纳雍县20家，威宁自治县19家，赫章县13家。是年，开展保护知识产权打击侵权盗版法制宣传活动，散发《关于办理侵犯知识产权刑事案件具体应用法律若干问题解释》《音像制品管理条例》《音像制品批发、零售、出租管理办法》9800余份，接待群众咨询2400余次，全地区共出动人员166次，检查音像制品经营户451户，取缔无证经营户6家，查缴盗版、色情淫秽光盘1.14万盒；清理整治娱乐场所吸毒贩毒，全地区统一制定禁毒宣传牌悬挂在娱乐场所醒目处，同时出动人员198人次，检查娱乐场所278家。开展“扫黄打非”专项集中整治行动，检查出版物市场及店摊点1453家（次），处罚违规经营户253家，收缴各类非法出版物12余万册（盘）。开展10次查禁娱乐市场赌博专项行动，查缴电子游戏赌博机板173块（张）；出动人员45人次，检查印刷企业48家。

2006年，全地区开展“扫黄打非”专项斗争，整治网吧、音像市场专项整治行动，开展文化市场娱乐场所大检查、反盗版百日行动，共出动2268人次，收缴盗版音像制品6.51万张（盒），盗版图书6620册，计算机软件4108张，取缔22户无证经营摊点，吊销经营许可证2户，勒令停业整顿5户，查获1家经营盗版教辅窝点，移交公安机关立案侦查。2007年，全地区共出动检查人员972人次、出动车辆600余台次，开展“扫黄打非”行动，检查出版物市场366户次，检查印刷复制企业192户次，查缴非法盗版出版物5.04万册（份），查缴盗版音像制品4.39万盒（盘），处罚1家违规印刷企业；取缔无证经营网吧19家，收缴用于非法经营的主机122台，交换机10台，终端机3台。是年， 开展第九届全国音像市场法制宣传活动和“4·26”全国违法音像制品统一销毁行动，全地区销毁违法音像制品66.06万张（盒）；开展打击非法预装软件、印刷非法教辅行动，整治假报刊、假记者站、假记者、假新闻，打击网络侵权盗版，整顿印刷、复印打印市场等文化市场检查专项行动；完成地直政府部门50个单位计算机正版软件铺设，为1451台办公计算机发放正版操作软件、办公软件和金山杀毒软件。2008年5月12日，毕节地区行政公署制发《关于进一步加强全区互联网上网服务营业场所管理工作的意见》，要求严厉查处网吧违法经营行为，坚决取缔无证经营黑网吧，进一步根治黑网吧生存条件，电信部门不得为黑网吧接入互联网信号；同时，采取行政和市场调节手段，调整网吧结构，削减网吧数量，提升网吧服务水准。是年，全地区共出动执法检查人员1280人次，检查网吧经营点1783户次，处罚违规经营网吧385家，吊销6户，注销1户。2009~2010年，全区开展“扫黄打非”共出动执法检查人员2331人次，出动车辆402台次，查缴非法书刊5.96万册、非法盗版音像制品6.63万张（盒）；开展网吧专项整治行动，处罚违规网吧84家，取缔41家。2011年，检查出版经营点4084家次，检查印刷企业1027家次，收缴非法出版物6.94万件。完成地直政府机关正版软件化的检查验收。

# 第三章　文化艺术

毕节地区的文学发展相对滞后，迄至元代，尚未发现本土诗人的文学作品留存。明代，有诗文著作存目5部。清代，有人文蔚起之象，文苑日兴。有诗文存目114部。有清一代，境内最杰出的诗人，首推大定（今大方）府亲辖地章永康，堪称道（光）咸（同）年间黔中诗星。民国时期，境内各县都有一批文人骚客，写出大量闪光的诗文。毕节周素园写了大量函电，不仅有重要的社会历史意义，且有文学意义；不仅内容丰富，且以文采见长。毕节余达父诗文著作成果丰硕，颇受省内外名家赞许。大定宋蛟有“民国才子”之称，有诗文集和长篇小说传世。中华人民共和国成立后，特别是1978年12月中共十一届三中全会以后，毕节地区的文苑日益昌盛。文学、戏剧、美术、音乐、舞蹈等各个文学艺术门类均人才辈出，佳作迭出，呈现出前所未有的繁荣景象。文学方面，不但有大量的短篇和中篇小说涌现，更有一批长篇小说问世；诗歌创作，更是成绩斐然。20世纪90年代中期至21世纪初，区内作者公开出版发行的诗歌集、散文集和长篇小说即达75部。戏剧创作不但产生了一批优秀的小戏、小品，还产生了优秀的大戏。

## 第一节　文学创作

境内文学的发展相对滞后，迄至元代，尚无本土诗人。河间（今河北省河间县）人李京于元成宗大德五年（1301）年任乌撒乌蒙宣慰副使，有诗集《鸠巢漫稿》（惜仅留下《过七星关》1首），这是境内有史料记载的第一本诗集。

明代，境内的文学有所发展。毕节卫人张谏为明宣宗宣德十年（1435）举人，历官监察御史、太仆寺卿，《黔诗纪略》存其遗诗1首。张谏之后，有卢世安、林晟、缪玉良、缪文龙、王硕辅、管良相等政坛诗人出现，缪文龙有《缪参奏稿》《缪参政诗文集》等诗文集。《大定府志》记载，明代，境内还有邹旦有《花间词》《邹氏家训》，释维庆有《霜柏集》，余仕章有《听猿序诗集》。

清代，境内有人文蔚起之象，文苑日兴，人才辈出，各领一时风骚。乾隆年间历任两广总督、四川总督、兵部尚书的黔西州人李世杰，历任工部侍郎兼都察院右都御史、总督河南山东河道的毕节县人韩镲，同治、光绪年间历任山东巡抚、四川总督的平远州（今织金县）人丁宝桢，均系文武兼备的俊杰之士。李世杰有《李恭勤奏议》《家山纪事》《南征草》传世，韩镲著有《治河要言》（二奏），丁宝桢有《丁文诚公奏稿》《十五弗斋诗存》《十五斋文存》传世。道光年间（1821~1850年）的黔西州诗人张琚，时人将其与有“西南巨儒”之称的遵义著名经学家郑珍并称为“黔中二子”，著有《焚余诗稿》。有清一代，境内最为杰出的诗人，当首推大定（今大方）府亲辖地人章永康，著有《瑟文集》《瑟诗钞》《瘦梅书屋诗存》《海粟楼诗稿》《海粟楼词》《絮吟红馆词》等诗文集，黎庶昌赞其诗作“牢愁悲思，有屈子悲悲遗风，莫友芝将其诗风与唐代李商隐、温庭筠相比拟，近人有评：“章永康是道（光）咸（丰）黔中诗坛上光芒耀眼的诗星，诗词兼工，尤以词为高，在中国近代词坛上也堪称名家。”另外，境内诗文有名者，还有毕节的邱煌、陈瑜、罗英、路斯京、陈庚、路璜、吴湛溪、邱宝森、路朝霖、康兆寅，大方的吴兰芳、宋璠，黔西的史获州、任衡、高文亮、赵文光、潘桐、潘杼、潘如樽、徐火道、熊朝滨、毛登峰、毛仙樵，平远的谌显模等。

清代，境内出现了一些女诗人，有周婉如、陈枕云、路秀贞、谭兰英、明巧珍等。以周婉如、陈枕云为杰出代表，周、陈并称“贵州两絮才”，周婉如有《吟秋山馆诗词钞》传世，陈枕云有《滴碎愁心集》传世。

同时境内也出现了一批以汉文写作诗词的彝族诗人，以余家驹、余达父、余珍、余昭、安履贞（女）、黄思永最为杰出。安履贞被时人称为“乌蒙奇女”，与余昭结为伉俪。余昭著有诗集《大山诗草》，收录诗作350余首；安履贞有诗集《园灵阁遗草》。

清代，先后在境内任职的一些外籍朝廷命官，他们在任期写作的诗文作品，也是境内文苑的一道光彩。康熙年间（1662~1722）曾任平远州通判的黄元治，雍正年间（1723~1735）曾任黔西知州的鲍尚忠，道光年间（1821~1850）曾先后任大定知府的姚柬之、黄全中，曾任黔西知州的吴嵩梁等均有诗文传世。

民国时期，毕节最负盛名者为周素园。其著作在文化上的意义重大而深远。与周素园交谊甚笃的彝族著名学者、诗人余达父（名若瑔），于《憀雅堂诗集》之后，又有《罂石精舍文集》《蠖盦拾尘录》刊行，其诗文著述颇为省内外名家赞许。大定县简书著有《商君书笺证》《荀子笺证》《墨子笺证》《公孙龙子笺证》。《商君书笺证》由上海商务印书馆出版。宋蛟有“民国才子”之称，著有《清凉仙子吟稿》《吴铁庄传》等诗文，民国初年，文通书局曾出版其长篇谴责小说《梦中梦》（前三十回），是为黔西北文学史上最早出现的长篇小说。民国26年（1927），王宝珩、赵泉生等成立耆社，大定诗坛为之一振，景从者如流。诗社前后持续活动8年，产生诗词1000余首。黔西县张醒汉能诗善文，尤以民国8年（1919）所作《黔西县学生联合分会声援北京学生爱国运动宣言》影响为大。丁扬斌诗放达，黎又霖诗平实，姜磻溪诗作明白晓畅。黔西有诗集行世者还有熊渭全、刘从忠、史秋萍、李花溪、丁渭泉等。金沙县以方伯鸾、林正良、兰芸夫最负文名。织金县主要诗文著作有王雨山著长篇白话小说《海南遗传》，民国19年（1930），由文通书局出版。谌湛溪著《柏余集》，民国21年（1932）印刷出版。黄理清著有《醉依楼诗选》。

中华人民共和国成立后，1954年，苏晓星在《西南文艺》发表短篇小说《模范妈妈的女儿》，是中华人民共和国成立后作者在公开出版发行刊物上发表的第一篇文学作品。1956年，谈治华在《红岩》创刊号上发表小说《二秀出嫁》，入编重庆出版社小说选集，且以《二秀出嫁》作书名。1958年，熊正国在《山花》发表的短篇小说《高炉边的彝家》，受到著名作家茅盾赞誉，为《人民文学》转载，并一度选入中学语文课本。1981年，其短篇小说《小哥俩闹春》分别获贵州省首届民族文学创作奖和全国首届民族文学创作。1985年，贵州省人民出版社出版其短篇小说集《小镇风情》。20世纪70年代，陈学书开始文学创作。1979~1996年，其儿歌集《我驾飞船太空游》由贵州人民出版社出版；1983年，贵州人民出版社为其先后出版中篇小说集《因为有了那颗心》《凶手》《命运魔方》及诗集《南方的高原》和儿歌集《我驾飞船太空游》《星星小雨点》。20世纪90年代末至21世纪初，毕节地区的文学创作人才辈出，文学创作出现繁荣局面，诗歌、小说佳作不断涌现。小说，以长篇小说创作成果最为耀眼，罗勇的校园题材长篇小说《擦亮阳光》《爱情选择题》《我是差生》，由花城出版社出版，《擦亮阳光》获贵州省人民政府文艺评奖三等奖。吴勇出版历史题材的长篇小说《水西悲歌》《柔远夫人》，罗建明、李东升出版革命历史题材长篇小说《磅礴乌蒙》，陈国辉出版现实题材长篇小说《债务人》，史洪拯出版历史题材长篇小说《李世杰》，陇山出版长篇小说《九层岩》。中短篇小说创作亦有成就，马学文、郑吉平、吉柚权的作品为《小说月报》《小说选刊》选用。诗歌、散文园地繁花似锦，姹紫嫣红。禄琴、彭澎、空空（赵翔）、张培立、刘馨泉、管彦博等撑起黔西北诗歌群，为贵州省文学界诗歌界独有，被省内外众多专家称为黔西北诗歌现象，在中国诗歌界亦有一定知名度。禄琴的诗集《面向阳光》2000年获中国作家协会、国家民委颁发骏马奖，2001年获贵州省人民政府首届文艺评奖荣誉奖。2004年，禄琴另一部诗集《三色梦境》获贵州省人民政府第二届文艺评奖二等奖。禄琴还出版有诗集《水中之梅》。2008年，赵翔的诗集《人之高原》入围第九届全国少数民族创作“骏马奖”。此外，在小说、诗歌、散文创作上有成就的还有陈寿柏、肖岭梅、胡孟雄、敖行维、胡家揆、杨启孝、杨春明、张永光、韩秉明、游孟宪、高致贤、冯金榜、刘群峰、刘靖林、陈绍陟、高君儒、陈虎、李文均、傅立勇、赵春芳、赵风普、王明贵、曾居一、陆有冰、徐丹玲、安琼、黄莉等。20世纪80年代末，中华诗词创作在境内蓬勃兴起，作者近千人。领军者为盛郁文，诗坛老将和新秀有李登峰、魏朝真、洪延星、侯祚照、徐正云、周祖宣、王明灯、张志侠、杨鹰、陈绍炎、蔡荣德、谢正发、李德辉、庞开荣、汪寿先、叶章龙、周遵鹏、高君儒、余祥元、丁垂赋、张贵刚、潘义生、阮祥泰、钟德宏、黄中修、李卿、张中笑、赵正乾、朱辅治等。

此外，有以下作者公开出版发行诗集、散文集：张志侠诗集《针松岸石集》《半山石》《山之旅》《自由曲集》，王明灯散文集《神游》，张培立诗集《月琴上的火焰》，彭澎诗集《你的右手，我的左手》、散文集《酒中舍曲》，空空（赵翔）诗集《人之高原》、散文集《酒杯里苍凉的倒影》，张永光诗集《新月与火焰》《太阳晒黑的岩石》，赵春芳诗集《山玉兰》《幽雁》《生命之树》《夜行的歌人》《翔》，游孟宪散文集《捧书入眠》；故事集《命系棕绳》，傅立勇散文集《冷面真情》，刘馨诗集《含在嘴里的生活》，冯金榜散文集《遥远对面坡》，陈虎散文集《西门集》，管彦博诗集《点不诗存》，冰木草诗集《黑暗中的手语》，姜玮静诗集《感谢》，丁世逊诗集《神州情思》《弹指集》。之后，区内较著名的作品有：《磅礴乌蒙》《黔西北文学史》等。

# 第二节　艺术创作

## 一　戏　剧

民国8年（1919），少年贵州会毕节支会会员周稚九、刘超凡等编创方言话剧《恶婆贤媳》《一门忠孝》在毕节演出，是为境内戏剧创作的发轫之作。民国28年（1939），蓝运富编创独幕剧《赵树青》《黄昏》由黔西雪光抗日宣传队演出。中华人民共和国成立后，1950年12月，大定县李维精取本县官僚、恶霸作恶多端的事实，创作大型歌剧《乌衣巷》在县城和六龙区演出，均有热烈反响。1951年，李维精和章正祺创作反映清匪反霸和生产救灾的话剧《映山红》在大定县城演出。20世纪50年代中期，农村一些俱乐部自编自演反映现实生活的小戏。1959～1960年，汪羽仪创作革命历史戏《红军万岁》和新编民间故事戏《安品与满凑》和《邬二妹》，由大方县文琴剧团排练，在大方、毕节、赫章县演出。20世纪60年代前期，唐谊全编写的《把关》《贫农代表》，陈耿光编写的《开锁》，为当时编写小戏的代表作。以上3个小戏，均由毕节地区黔剧团排练参加贵州省革命现代戏调演，其后赴成都参加西南地区话剧、现代剧观摩大会演出，均获好评。同期，还有陈耿光编写的《弯腰树之歌》《青松岩》《嘎山天匪记》，魏序文编写的小戏《梨山晨曲》《界树风波》，杨继明编写的《小英雄除害记》。1966～1976年，有高承仁编写的《漆艺生辉》，郑泉声编写的《镜框》，魏序文编写的《女拖拉机手》，龚宗文编写的《要药方》《显微镜下》，左群编写的《嫁妆》，张仁弘编写的《青石岗》，王志雄编写的《扁担千秋》，陈耿光编写的《战红岩》。1978年12月中共十一届三中全会召开后，戏剧创作更加繁荣。大戏创作时有涌现，陈明远、申镇声、孙奎平编写的《水西遗恨》，1995年获全国少数民族戏剧剧本孔雀奖银奖。是年，由毕节地区京剧团、贵州省京剧团合排参加首届中国京剧艺术节演出，获程长庚奖。1996年获贵州省“五个一工程”奖。此外，高水平的大戏还有龚宗文、陈明远、张仁弘、颜享通、胡孟雄合编的《麦浪滚滚》、李元昌编写的《雄鹰展翅》，杨义平编写的《象祠记》（入围全国少数民族戏剧剧本“孔雀奖”参评），张维柱编写的《张家湾、杨家寨》，王达志编写的《大路上》、朱大年编写的《索玛花》。李德裔、李东升分别编写的电视连续剧剧本有李德裔编写的《红妹》，李东升编写的《贵州抗日救国军》。小戏小品创作硕果累累，本篇第二章多有记载，此不赘述。境内戏剧创作有成就的作者为魏绪文、陈明远、姜太智、丘榆（邱义远）、李元昌、龚宗文、王志雄、张仁弘、张维柱、杨义平、李德裔、徐剑平、程大有、周剑平、任焰林、官志红、朱大年、李东升等，以陈明远、姜太智成果最丰，陈明远以大戏创作突出，姜太智以小戏小品见长。

## 二 音 乐

1937～1945年抗日战争时期，毕节师范学校音乐教师汪秋逸创作歌曲《野戍三念》《淡淡江南月》《烟雨梦江南》《咱们毕节人不怕鬼子兵》《拿起刀枪和鬼子干一场》《毕师校歌》《毕师劳动服务歌》，此为境内音乐创作的滥觞。中华人民共和国成立后，音乐创作和音乐理论研究均有成果。1952年，石应宽开始发表音乐作品，至1997年，共发表音乐作品200余首（件），音乐论文40余篇，音乐随笔230余篇。其主要音乐作品有提琴独奏曲《高山苗歌》，大合唱《我们签名》《太阳把光芒放出来》《春来苗寨》《蝴蝶飞、花儿红》等。主要音乐论文有发表在美国音乐刊物上的《Day of songs for the Bu Yi' s》（《布依族民歌节》）《Lusheg Languae Unique Pnenomenon of Miao music》（《芦笙语——苗族音乐特有的文化现象》），国家级课题《基于信息资源的音乐电子教材——音乐电子教材开发原则及结构特征》，参加美国印第安纳州学校交流的《The charvning chinese music》（《充满魅力的中国音乐》），国家“九五”课题《CAI软件开发与应用研究》，获世界文化艺术中心（港）国际优秀论文奖的《西欧哲学家论音乐艺术》，以及《黔西北苗族多声部民歌之发掘及其结构初探》（合作）《音乐CAI教学与实距》（文、碟）《民族乐器欣赏》（CAI碟）等。1990年，中国音乐家协会贵州省分会理论创作委员会为其编辑出版音乐知识文章选集《乐苑撷萃》。2003年，公开出版发行《高原乐情》。胡家勋以对黔西北彝族、苗族音乐的研究见长。主要成果，论文有《黔西北苗族多声部民间歌曲的发掘及其结构初探》（合作）《彝族音乐》《贵州彝族民间歌曲集成·贵州卷·彝族分卷》等，专著有《中国民间歌曲集成·贵州卷·彝族分卷》（执行主编）《乌蒙苗歌》（主编）《彝族音乐史》《乌蒙古韵》，创作歌曲有《老水牛角弯弯》《幼儿园门口》《小披毡》《火把节之夜》《乌蒙欢歌》（配乐）《月琴叮咚》等。潘军伟的音乐创作颇有成就，主要作品有《高原春耕曲》《草海牧歌》《日子富了歌也多》《推石磨》《我从赤水河上走过》《苗山马铃响叮咚》等。黎方清、周杰、蒋兴明、周正军、陈明、程大有、王达志、周剑平、周道光、龙庆陆、张荣魁、张明华、李毓成、邓石远、彭福平、付善修、沈凤鸣。潘军伟作词、沈凤鸣作曲的《这方热土》2005年被国家教委列入全国小学音乐教材。境内音乐创作有成果者还有黎方清、张正周、周杰、蒋兴明、周正军、陈明、程大有、王达志、周剑平、周道光、龙庆陆、张荣魅、张明华、李毓成、邓石远、彭福平、付善修等。孔忠明在胡琴演奏和教学方面影响广泛，常年活跃在省市各类舞台。擅长演奏二胡、板胡、京胡、高胡、中胡等民族弓弦乐器，对秦派音乐风格把握精准，韵味浓郁。任毕节市民乐团首席期间，演奏《红梅随想曲》获贵州省第二届民乐团队大赛金奖，将毕节民乐整体水平推上新的高度；独奏《阿西里西》《秦风》《望长安》《秦腔牌子曲》等在省、市多次获奖。其倡导成立了祥韵二胡工作室，开展免费培训，为省内外艺术院校输送人才，为毕节民乐团培养后备力量，对当地民乐发展起到积极意义。

## 三　美　术

清代绘画名作现可稽考者，有毕节路朝銮《秋溪钓艇》和与梁鸿志合作的《米家云山》扇面、大定杜湘为章子和绘《机声灯影图》、黔西举人史胜书为纪念其母所绘《秋灯画荻图》。民国时期，大定杜伯华花鸟虫鱼、人物山水皆能各尽其妙，尤以画牡丹、蝴蝶为最著，其所绘《百蝶衅》，姿态各异栩栩如生。黔西周临川所画山水、花卉、人物俱佳。画人物，以寿星、八仙、钟馗见长；花卉，以牡丹、荷花、菊、梅为妙，动物，画虎、画马、画龙画凤，皆栩栩如生。民国30年（1941）春，应在黔西休整的305师师长陈明仁之请，画四尺鲜水墨写意画《奔马》相赠，深得陈赞赏。熊佐禹擅水墨山水、花卉，尤以画竹出名。

中华人民共和国成立后，毕节画坛人才济济。刘继贤早期多作版画。1963～1964年，其套色木刻《车水》《送肥归来》《山区春忙》《三月》和木刻《牛群》参加全国美展；后主画花鸟，收获颇丰，有《牡丹图》《梅花图》《孔雀》等佳作，至1995年，发表或展出作品129件幅，出版《刘继贤画册》，收录花鸟画50幅。杨小吾以中国画人物画见长。1991年，国画《乌蒙星火》获全国"七·一"美展三等奖，《情系乌蒙》入选第十届全国美展，《夜郎觅踪》获第十三届群星奖美术作品展奖，还入选纪念毛泽东《在延安文艺座谈会上的讲话》发表60周年全国美术作品展览，《吾来也》入选中国首届竹文化书画展。入选贵州省美展获奖作品有《边寨老民兵》《文姬抚琴》《梨香时刻》《风雨同舟》《洋人喜游黔西北》，为毕节学院艺术大楼设计创作《夜郎魂》《乌蒙欢歌》大型浮雕，出版《杨小吾中国人物画》《杨小吾中国画》。2003年，杨小吾被贵州省美术家协会评为贵州省优秀美术家。刘仲元擅剪刻纸画，20世纪80年代后，创作反映少数民族风情剪刻纸画200余件。其中民族特色浓郁且制作精美者有《火把节》《彝族铃铛舞》《彝族姑娘背水忙》《大芦笙舞》《酒礼古歌》《水土、生态、环境》等，有的作品在全省、全国国美展中获奖，有的作品出国展出。1998年，出版《刻纸艺术》专著。何正元有版画《苗寨今朝》《采访间隙》入选第八届全国版画展。吴良勇创作中国画《秋之韾》《晴朗的乌蒙》《绿色的梦》《千里共婵娟》《圆明园的故事》《山居图》《梦中出园》入选省美展获奖。刘国旭有《当代中国实力派画家丛书·刘国旭》画册出版。区内擅丹青者还有陈其心、杜昌诗、苗麒麟、刘学颖、钟绍让、宋捷生、苑贵毕、阮剑冰、王作斌、高远宁、陈绍竹、吴维瑒、方安元、叶作钧、林发荣、李远正、何守先、曾国华、顾德志、何容、杨洪文、强春云、姜枫、翟云、钟翀、安亚、黄苇、严小兰等。

**农民画创作**　农民画（民间画）为毕节地区画一大特色，兴起于20世纪70年代，以大方农民画作者最多，画事最为活跃。1975年，即在贵阳红展馆举办大方农民画展。1978年，彭世荣、张文林合作的《向阳河畔谱新歌》被选送北京参加中国美术家协会、中国美术馆联合主办的美展，被中国美术馆收藏。1980年，大方11幅农民画作品入选全省青年美术作品展，5幅获奖。1983年，贵州省选送10件农民画作品参加第一届中国现代民间绘画作品展，大方作品有6件；贵州获奖4件，大方王明亮的《漆林曲》、黄天明的《跳花坡上》、杨福光的《巧手》被选作出国展品。1984年，大方农民画被誉为中国农民画三种风格之一。1989年，大方58件农民画作品在北京音乐厅画廊举办的“90圣诞中国现代民间绘画展”展出。1990年，杨云珍、杨元富的《斗鸡》《对歌》入选中国现代民间绘画展，并选送乌拉圭、阿根廷展出；高光友、王文举、刘德荣的作品入选全国首届民间工艺美术名人佳作展览；高光友、杨云珍、吴正奎、刘德荣的5件作品参加在长春举办的全国现代民间绘画画乡作品邀请展；是年，贵州省举办首届少数民族农民画展，大方县选送的22件作品分别获一、二、三等奖和鼓励奖。1991年8月，大方选送40件农民画作品参加在贵阳举办的西南艺术节，获一等奖1件，二等奖、三等奖各2件；11月，选送47件农民画新作进京参加1991年北京圣诞中国现代民间绘画展。据统计，至1991年，大方县共有260余件农民画作品在省以上举办的展览中展出，其中有4件获全国二等奖、33件被中国美术馆、中国民间美术博物馆收藏，有63件送乌拉圭、阿根廷、美国、瑞士展出。大方县被国家文化部命名为首批中国现代民间绘画之乡。彭德银为民间画创作代表人物。1989年10月，彭德银在北京中国民间美术博物馆举办民间绘画展，时为在中国民间美术博物馆举办个人画展的第一位农民。1990年，其《第11届亚运会》百米长卷在北京国际饭店展出。1992年，其民间画《古歌》获全国八卦杯书画大赛优秀奖。1993年，其中国画《山水》获中国美协举办的中国画大赛优秀奖。1994年，其民间画《花场途中》获国际文化艺术博览会特别金奖，《跳花坡》获全国书画大赛优秀奖。2007年，其民间画《元宵夜》获全国群文书法美术摄影展铜奖。2008年，其民间画《奥运百米长卷》获国际奥林匹克艺术中心金奖。彭德银对中国画亦有造诣。2006年，出版《彭德银民间绘画作品集》。

## 四　书　法

毕节县书法名家有清康熙年间进士路元升，灵峰寺碑记、梓橦阁对联及碑记均是其书法佳作。邱煌楷书、草书俱佳。乾隆年间，韩镕善作楷擘窠大书，笔力健劲，神韵隽永，砂石路牌坊上“台达先开”及四柱三门牌坊横额“与民同乐”，龙蟠山顶玉皇阁石台题匾“龙蟠虎踞”，黑神庙巨匾“黑赫冥明”，万寿宫巨匾“寿福宝殿”，均是其佳作。道光年间进士葛宾阳亦善书法，文庙棂星门匾额“金声玉振”及左右前门匾额“德配天地”“道冠古今”系其手迹。光绪至民国时期，翰林山庄路朝霖、路朝銮兄弟诗书、画俱佳，被誉为清末、民国时期的国学大师。大定才女周婉如工小楷，其手书《旧馆坛神》娟秀而有神。黔西书法名家有清乾隆年间李世杰，毕节韩镕墓志铭即其手迹。举人刘乃东书法成就颇高，有晚清黔西第一书家之誉，水西公园内“人育万物”即其手书。出掌狮山、玉屏两书院多年的诗人张琚，不仅诗文享誉黔中，且善书法。光绪年间修造的石场敖家坟墓群石刻书法，系杨佐清所书，楷、行、草、篆俱佳。清乾隆年间，大定简朝贵、简贵发即以工书闻名。其后，楷书、八分书，篆、隶皆不乏妙手。白绍英书法，笔画端正，结构浑成。王宾用善草书，见重一时。民国时期，毕节熊明达善左手书，楷、行、草、隶、篆均可。宋蛟、赵鉴、刘鲁凡、聂辅堂、饶慕欧、吴雨痕为大定善书者。熊朝滨、魏次壁、徐树轩、童济初、杨佩苏、李花溪、徐云仙（女）为黔西书家。

方伯骞为金沙书手，纳雍以周少璞书法最有名气。

中华人民共和国成立后，早年工于书法艺术者，毕节有王鉴清、黄勋章、孔宪聪，大方有李葆春、尹开武、臧学达、杨少先、郭兴吾，李葆春行、草、楷、篆皆长。黔西黄一杭书写的《送温神》《唐诗条幅》等12幅作品先后参加省及数省书法联展，《送温神》条幅被选入国宾馆陈列。魏占绪工正楷，黔西县内各烈士纪念地及观农台均有其书法碑刻。金沙善书者有王小弟、张定才。威宁有谢正纪。20世纪80年代后，书法造诣卓尔者有王明灯、陈影平、戴淑金、冯金榜、程灵玉、谢贵新、符德云、李世清、陶仁礼、王文武、廖晓政、施正军、鲁国荣、周惠萱、周钰、李前明、黄跃进、包白福等。王明灯擅行草，2000年，《王明灯书法集》由贵州人民出版社出版。2002年，谢贵新、冯金榜、周钰的书法作品被省选送全国书法“群星奖”评选。2003年，王文武、周惠萱的书法作品获中国书协与上海通用汽车公司联办的书法赛佳作奖。2005年，李前明的书法作品入选中国书协举办的“冼夫人杯”书法展；周钰的书法作品获中国楹联书法赛三等奖。

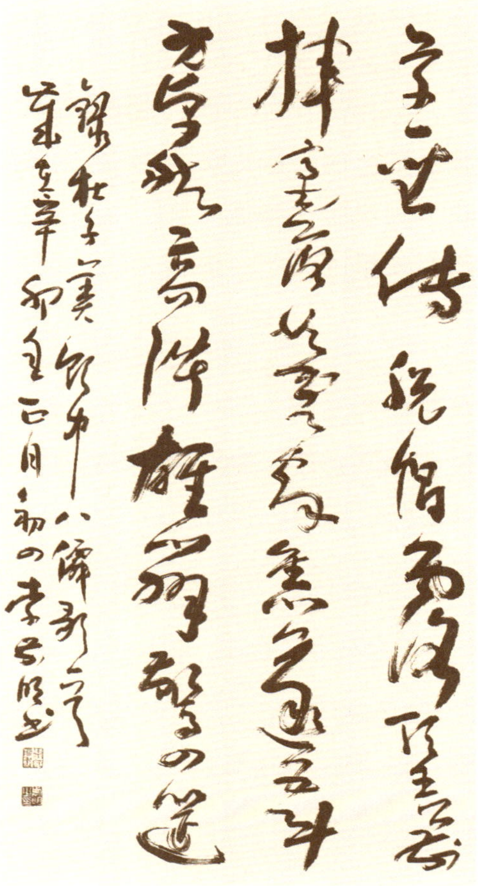

李前明书法

## 五　摄　影

20世纪80年代，彭裕硕摄影作品《战犹酣》《柑橘丰收》《山区梯田》先后在省内外报刊发表。彭新立摄影《看稀奇》《石墙下》在北京展出；1989年《高原春色》《雨中作业》入选法国巴黎展出，1990年，《彝族铃铛舞》入选新加坡第12届国际影展。樊章全拍摄的军旅照片数十幅入选省军区举办的展览和编影册。1988年，黄琳的摄影作品《小路》《一夜龙凤舞》入选香港国际文化展，《龙舞》《过彝年》入选亚运博览会摄影作品展，《火把节之夜》《牵手跳龙门》等10幅作品参与美国节日文化展。1993年，李渡摄影作品《盛夏》获贵州省第三届书法、绘画、摄影大赛成年组二等奖；《富饶多姿的黔西》一组4件刊载于香港《中国和世界》中英文版双月刊。2000年，其摄影作品《建设贵阳后花园，发展毕节东大门》一组9件刊载于《二十一世纪可持续发展的中国（贵州卷）》。魏运生的摄影作品《起舞》《锦绣乌蒙》《苍鹭亲情》及与李文生合作的《草海骄子——黑颈鹤》先后获省摄影展览奖；2004年，《光明使者》获贵州省第二届文艺作品三等奖。聂宗荣的摄影作品《扶贫帮困》《百岁夫妻喜越三世纪》《花开富贵》《聆听夜郎》先后获中国地市州盟报新闻摄影奖、贵州省摄影奖，《乌江明珠——洪家渡电站》获聚焦长征路大型摄影展入选奖。2001年，其摄影作品《晨霜》《古堡》

《高原彝家》入载中国摄影家协会制作的《中国摄影家》，2002年，《夕照归程》载《中国摄影家作品集》。1987～2007年，潘安民先后在《中国建设报》《农民日报》《西南民兵》发表摄影作品1000余幅，200余幅作品在各类影展中入选或获奖。其中《农家喜事》获奥达杯家庭生活全国摄影大赛二等奖，《温馨》获第三届中国艺术节摄影展优秀奖，《雪趣》获全国群众书画摄影大赛优秀奖，《物归原主》《检修》获贵州省新闻摄影展览优秀奖，《秋实》获贵州省爱祖国赞家乡摄影大赛三等奖，《青山飘银浪》获"爱我中华、照我大地"全国摄影大赛最佳作品奖，《相映生辉》等10幅获"跨越2000——世纪龙年全国书画摄影大赛"金奖，《童趣》获环保世纪行情系中华美术书法摄影大赛金奖，《气贯长虹》获首届"和谐杯"全国诗书画摄影作品大赛一等奖，《看玉龙腾飞》赴美国、加拿大展览获铜牌奖。2002年，潘安民被中国艺术学会评为中国优秀摄影家。2003～2004年，被评为贵州摄影十佳。

## 六　篆刻和根雕艺术

早年，毕节刘涌先精研印字著作《汉印分韵》《说文古籀补》，专用鸡眼石刻印。民国35年（1946），与其门生邹先觉在万寿宫举办锈石轩金石画展，展出印章500余方（印）。至中华人民共和国成立前夕，刘涌先已集印石8箱，印谱数卷。其作品婉约秀丽，典雅大方，构字考究，善为切刀。近年，篆刻艺术造诣较高者为李前明，从事篆刻30多年，深得传统篆刻艺术传承真谛，宗法秦汉玺印，功力雄健，精微之处妙趣横生，所作大小印无不专注到位。盖家华，篆刻艺术家，宗法汉印，兼习明清，自创一格。每印必认真构思，讲求功力和意境的兼容到位，印作趣味无穷风格独特。谢拯民擅长梅花篆字。罗洪伦的根雕《犀牛望月》《天鹅小照》发表于《中国花卉盆景》杂志；郭安钦的根雕自1982年以来多次在北京、广州、重庆、贵阳、桂林展出。黔西根雕艺人黄顺贵在根雕艺术基础上创制出根书、根画作品，其代表作毛泽东词《沁园春·雪》、徐悲鸿《八骏图》《梅寺竹菊画》《报春梅花园》，多次在全国获奖。2004年，其作品梅、兰、竹、菊四条屏获中国第九届根石艺术博览会刘开渠根艺奖银奖。2006年，其根书作品《雅室兰香》入选中西杯全国美术书画大赛作品集。2007年，其根书作品《在延安文艺座谈会上的讲话》入编全国书画大赛作品集。同年，其根书作品《不到长城非好汉》获纪念毛泽东同志《在延安文艺座谈会上的讲话》发表65周年全国书画大赛金奖，入编《当代杰出书画家新作博鉴集》；根书作品《老骥伏枥》获"纪念怀素诞辰1270周年全国书画大赛"金奖，入选《当代中国实力派书画家代表作曲案集》。

盖家华篆刻

李前明篆刻

# 第三节 民族民间文学

## 一 彝族民间文学

境内彝族民间文学有神话、传说、故事、歌谣、古歌、叙事诗。

**神话** 1.天地和山川形成的神话。黔西有《山坡是怎样出现的》，金沙有《天地起源》，威宁有《射日月的传说》《诸神争大》。

2.洪水和人类繁衍的神话。织金有《两兄弟和两姐妹》，威宁有《笃米》《竹的儿子》，其中《竹的儿子》是关于彝族支系的神话。《竹的儿子》说的是，洪水滔天的时候，一个彝族姑娘抱着一棵竹子随水漂流。洪水消退后，人间就只有姑娘一人了。在金画眉的指引下，姑娘用石头敲破第一节竹子，跳出一个儿子，向姑娘要奶吃，姑娘急得哭起来，儿子吃了姑娘的三颗眼泪，就长成大人，姑娘给他取名祖摩。姑娘又敲破第二节竹子，又跳出一个儿子来，吃了姑娘的三颗眼泪，就长成大人，姑娘给他取名哪苏。姑娘把竹全敲破，咚咚咚三声，跳出老三、老四和老五，各吃了姑娘的三颗眼泪，就长成大人。姑娘给老三取名叫兔苏，给老四取名叫纳苏，给老五取名叫沟哉协。传说彝家的支系就是这样来的。

3.神和神性英雄神话。威宁有《拆掉通天桥》，赫章有《罗布石林的神话》，威宁、赫章有《支戛阿鲁的故事》。

**传说** 境内彝族民间传说有人物传说、史事传说、地方传说、动植物传说、风俗传说。地方传说，黔西有《隔母河的传说》《朵泥桥的传说》；威宁有《威宁的山为什么这样多》《玛过迪》《锁住神马保草海》《天生桥》；赫章有《海马姑等地名的由来》《羊子岩的故事》。动植物传说，大方有《杜鹃仙子的传说》《大毛稗的来历》；金沙有《鸡的传说》《豆子的传说》；威宁有《猫的来历》《鸡冠的来历》《蛇为什么蜕皮》《万年青》《秋猫树为什么是红的》；赫章有《乌鸦为啥没有好衣穿》《甜荞为什么杆红》《罗汉树与棕树》《一棵骄傲的松》。风俗传说，威宁有《姑娘出嫁前只喝点蜂蜜掺酒的传说》《安葬亡人的传说》《人死做斋的来由》；赫章有《彝族赛马节的故事》。

**故事** 境内彝族故事有幻想故事、动物故事、鬼狐精怪故事、生活故事、机智人物故事。幻想故事，流传大方百纳的有《汝欧丽与阿戛喽》，讲述美丽彝族姑娘汝欧丽和英俊彝族青年阿戛喽在神仙帮助下，一次又一次逢凶化吉，在抽物（即今天普根底）安居乐业的故事。流传百纳、沙厂、六龙的《吐鲁布聚亲》，说吐则妥彝王的三公子吐鲁布在河神、蚂蚁和蜜蜂的帮助下，与另一个彝王阿则勒的公主阿则佐结为伉俪的故事。流传大方、金沙、黔西的有《龙女与布吐》，说龙女与布吐坚贞的爱情故事。流传威宁、赫章的《米谷藉娄啥》，说倾心相爱的彝族青年啥一居鲁汝和彝族姑娘娄得得兔斗在烈火中飞升上天，变为米谷藉娄啥——两颗明亮星星的故事。威宁流传的幻想故事还有《膝盖上长鸡蛋》《偶吉阿苏巴与母沟斗鱼那的故事》《小园宝》《蛤蟆女》《憨包老三》《一个桃子》《老虎和山妹》《阿秀》《小女孩与老虎》。动物故事，织金县三塘有《小鸡为母报仇》；纳雍居仁有《老鹰借粮》；威宁有《猴子和蚱蜢打仗》《小鸡救妈妈》；赫章有《母鸡报恩》《狗和猫》《小鸡打野猫》《老虎和青蛙》《喜鹊和蜜蜂》《蛇聚亲》。鬼狐精怪故事，黔西有《曾吃雷巧换阎王》；威宁有《姑娘治死老变婆》《阿野》；赫章有《狐狸精》《张三姑嫁蛇王》《笃指尕阿鲁收拾撮祖欸》。彝族故事以生活故事最多，黔西有《叫命雀》《阿勒齿》《一眼误终身》；纳雍有《找鹅》《鸳鸯井》；威宁有《陈买大汉子》《乌洛糯记》《善歌与长牛》《叉戛拉》《三个懒媳妇》《大南瓜》《老不死的东西》《这才是我的兄弟》《狠心的后娘》；赫章有《择丈夫》《络洪阿拉与络洪阿尼》《拾柴》《万事不求人》《特莫布汝郎》《相思树》《头上长角》《一对鸳鸯》《龙灯神》《一双绣花鞋》《射俄》《爹十七、儿十八》《奴隶的女儿智斗祖慕》《害人又害己》《智妇巧制憨男人》《神梦》《彝家为什么要砍柴背水》《阿兜处与阿兜匊》《阿汗摔父亲》《诗乖》《端公先生》《苦学的人》《阴阳先生和他的三个儿子》《围腰与大印》《急性子的年轻人》《宝石桩》《懒婆娘》《糊涂的祖摩》《人为什么要吸烟》《花姑娘洞》《一个风水先生的故事》《三妯娌与叫花子》《发纳莫一的故事》《张三与财主岳父》《皇帝找儿子》《赶考》《取金子》《巧媳妇》。机智人物故事，毕节、大方有《阿啥哪哩智斗祖摩》《哪哩智取猪羊酒》《哪哩伏虎》；纳雍中岭有《祸害大哥》；金沙平坝有《机智的老大》；赫章有《浪子回头是个宝》《祖卡候那祖》《阿哄》《机智的哪哩》《巧还粮食》《聪明的瓦厄猫》。

**歌谣**　彝族歌谣有时政歌、劳动歌、生活歌、情歌、仪式歌、儿歌和新民歌，为五言诗体。受汉文化影响，山歌用七绝句式演唱。

1.时政歌。典型的有威宁的《什么最残忍》。

2.劳动歌。威宁有《满桑树周围》《放牛歌》《比打》《蚕儿上桑叶》；织金有《放羊歌》；金沙有《种荞歌》《风箱歌》《编篮歌》。

3.生活歌。威宁有《苦啊，太苦啊》《想姑娘》《嫁姑娘难》《歌舞场》；赫章有《闷葫芦》《颂新年》；织金有《奴之悔》《苦情歌》《媒人歌》；金沙有《说子歌》；毕节有《姊妹调》《布播勒家规矩难》。

4.曲谷，是汉语讲的彝族情歌。古老的曲谷，突出的特点是三首构成一组歌，采用排比的手法，以日、月、星辰、木石、花鸟、虫鱼为比喻，最后引出主题。每首歌句数不等，每句歌多为五字，也有三、六、七字，都用彝语唱。用汉语唱的七言山歌，彝语称洒权。曲谷一般不在家里和长辈面前唱，只在歌场和山野唱。据赫章县歌手王朝兴介绍，过去曲谷的唱歌活动，极为热闹。每年的正月初一到十五和端阳节为歌节。四面八方的人们云集歌场，有的连唱数日。唱曲谷有程序，按程序唱完才能开始对情歌。赫章县唱曲谷的程序为：①出门歌；②相会歌；③请坐歌；④分排坐歌；⑤试探歌；⑥开口歌。完成程序，开始对歌。曲谷有传统的歌，也有即兴创作的歌，从古至今，有多少曲谷，不可胜数。唱曲谷是彝族男女青年谈情说爱中十分重要的活动。

5.新民歌。其中较为典型的有在威宁广泛传唱的《幸福歌儿唱不尽》《阿波毛主席》。

6.仪式歌。有婚嫁喜事歌和丧葬祭祀歌。婚嫁喜事歌有盘问接亲队的《初初候》，有女家的酒礼歌舞《阿署凯》，有男家的酒礼歌舞《卢外》《洛外》。赫章彝族接亲时，一般要请两个能说善唱的“慕使”同男方的兄弟等，牵上马，带上一坛酒，半边猪头，一瓶好酒到女方家寨前，一群姑娘夹道欢迎，唱歌考问接亲队，这种歌称“马诺”（意为考问杜鹃花）。双方的问答对唱从“马诺”开始，然后连续唱以后内容。第二关叫玛戞夷辛呵，双方边对歌边用杜鹃枝蘸碗里的水洒向对方。第三关叫超各仆，其意为开篱门对唱的歌。第四关叫超戞仆，迎宾朋对唱的歌。第五关叫壳长抖鲁外（交礼物对唱盘古歌）。第六关叫倮斗打，即上堂屋前石阶交礼歌。第七关鲁阁仆，开堂屋门问答歌。第八关叫可则约则述，盘问餐具菜饭来历的对歌。第九关叫嫩期嫩毕（婚姻嫁娶的来历）。丧葬祭祀歌，叫恳洪歌。咏唱逝者的生平事迹，孝敬父母的伦理，生老病死的规律，天地日月的形成，事物变化的哲理。

**古歌**　境内彝族古歌有《天地祖先歌》《彝族古歌》《洪水记》。

**叙事诗**　境内彝族叙事诗有：《天神争王》《人神相争》《哪哩斗虎》《神奇的绵帛》《支嘎阿鲁王》《降妖捉怪》《眨眨昂里》《娄克布汝与丕娄能尼》《山海恋》《漏卧鲁沟的婚礼》《竹仙》《嫩妮和阿珠》《夜郎史传》《盖那悲歌》《俄索折怒王》《阿诺楚》《红白杜鹃花》《娄赤旨睢》《娄仇阿朵与朵姆格鲁》《米谷姐娄啥》《达恩妹与鲁汝朵》《一双彩虹》《乌鲁诺记》《举喽赛歌记》《麻舍都诸》《鲁汝朵娶亲记》《恒苏博朵与麦硕米须》《戈阿娄》《迷苦赫舍人》《盖卧布珠和洛蒂舍芝》《阿落家的故事》《哲珠喽儿和带布汝珠》。

境内彝族叙事诗题材广泛，想象奇异，体式规模大，多运用生动的比喻和一唱《珠尼阿依》三叹的手法，歌咏完整曲折的故事情节，塑造鲜明的艺术形象。诸如：

《娄克布汝与丕娄能尼》，全诗彝文和汉文各960余行，写富家女丕娄能尼看上穷布摩娄克布汝，逼迫成婚。婚后，又嫌娄克布汝贫穷，遂与另一个富人阿施罗苴勾搭成奸，并订下毒计，将娄克布汝推下枯洞谋杀。布汝得洞神相救，惩治了丕娄能尼和阿施罗苴。

《嫩妮和阿珠》，全诗1400行，写罗洪山神米尼奏的女儿嫩妮嫁给色图山神洛启佐的儿子朵立后，备受虐待。朵立与妖女觉笃补阿买荒淫无度。一天，两人在山上野合时被上山砍柴的嫩妮无意间发觉，妖女怂恿朵立杀死嫩妮，被上山采灵芝草的穷苦青年阿珠救下，阿珠帮助罗洪山神荡平色图洛启佐家后即辞别返家，嫩妮爱上阿珠，追随阿珠而去，寻求自己的幸福。

《夜郎史话》，有彝文诗6000行，写武夜郎和夜堵士兄弟征战四方，开创王国的故事：东向攻占东濮的古诺（贵阳），西向夺得西濮的可乐（今赫章可乐），又较为详细地写了武夜郎和夜堵士建设和治理都城可乐的业绩。

《红白杜鹃花》，有五言彝文诗和五言汉文诗各3400余行，叙写芒布地方君长的女儿芒布，奇珠娄和布摩吐赫斋为爱情殉难而变成一红一白两种杜鹃花的故事。

《娄赤旨睢》，全诗100余行，叙写生在葛慕野（韭菜坪），在凉山长大的像索玛花一样美丽的彝家牧羊女娄赤旨睢不慕荣华富贵，誓死不做祖摩阿纪的姬妾的故事。

《迷苦赫舍人》，全诗2300余行，写美丽的彝家姑娘莫得阿丽身入虎穴，杀死侵凌迷苦侯舍（地名）、蹂躏百姓的君长侯苦麻，与恋人柔古阿古带领百姓赶走侵犯者，使迷苦侯舍的百姓重新过上安居乐业的生活。

《米谷姐娄啥》，全诗1830余行，叙写朵谷供糯郎和液比吐嫩妮至死不渝的爱情故事，最后化为两颗星，星名就叫米谷姐娄啥。

《阿落家故事》，全诗逾3000行，前半部分以华丽的辞藻铺陈阿落官家为儿子杨落遮办婚事的富丽堂皇的场面，后半部分用神奇的幻想叙写杨落遮进北京读国子监得功名的故事。

《珠尼阿依》，全诗2100多行，叙写美丽的彝族姑娘珠尼阿依不愿嫁到土司苦麻家做儿媳，带着父母逃离家乡。逃到阿谷地，猎人史汝奏布将其全家收留。阿依和史汝在共同的狩猎生活中相爱成亲。不料，被苦麻发现，在与苦麻的家丁的格斗中，史汝负伤，阿依被擒。苦麻逼阿依与其子成婚，阿依不从，被关进水牢。史汝伤愈，只身前往营救阿依，未果，又负伤。后来，得仙人赐予宝剑，杀死苦麻，夫妻团圆。特别值得提出的是，诗中表达了一种素朴的政治理想：

史汝和阿依／两人商议定／苦麻的财产／自己不留存／牛羊拿来分／全部分穷人／金银拿来散／散给穷百姓／土地按人口／划给众乡亲／山林人人有／狩猎无界分／自从那以后／兹塞这地方／所有的财产／全部归穷人／人人住新房／个个有地耕／日子很幸福／到处是歌声

彝族神话古歌为流传最多的神话歌。赫章有《米弥撮斗箕》《宇宙人类》《武珠汝才妮》《君臣师的传说》《注戛阿鲁除妖害的传说》《病死的根源》《洪水泛滥与笃米传说》《笃米世系》《乌撒克博君王的起源传说》《嫁娶的传说》《金银和乌铜的传说》《盐的传说》《酒药和酒的传说》；威宁有《召唤日月》《管天管地的》《阿欧米麻邓》。

**叙事诗**　流传叙事诗，多见于彝族叙事诗，其题材广泛，内容丰富，体式规模大，运用生动的比喻手法，咏唱完整曲折的故事情节，塑造鲜明的人物形象，其中较为典型的有《米谷姐娄啥》《娄赤旨睢》《娄克布汝与丕娄能尼》《迷苦候复兴记》《珠阿伊记述》《阿落实故事》《半尼奏嫩妮——罗洪山上的嫩妮》。

## 二　苗族民间文学

区内苗族民间文学有神话、传说、故事、歌谣、情歌、古歌、叙事诗。

**神话**　流传在赫章的《洪水与体仑米》是一个描述洪水潮天和人类繁衍的神话，说的是古时候，人们到处开荒，一家兄弟二人，哥哥叫仑洛，弟弟叫体仑米，他们开荒开垦到天神肯执的后花园，不过，他们第一天开垦过的地，第二天又恢复了原样；第二天再开垦，第三天又恢复成原样。兄弟二人万分诧异，晚上就躲在地边的石旮旯里，要看个究竟。夜深人静的时候，一个拄着龙头拐杖的白发老翁来到地里，把他们挖翻的泥块一块一块地翻过来，仑洛见状，跳上前揪住老翁，就要动粗；体仑米劝止住仑洛，有礼有节地向老翁询问缘由。老翁言说，人们到处开荒，闹得洪水要潮天了。体仑米向老翁请教躲避洪水的方法，老翁要仑洛造铁鼓躲避，要体仑米造木鼓躲避。洪水来了，仑洛钻进铁鼓，没有逃脱洪水；体仑米揣着一个鸡蛋钻进木鼓，随水漂浮。一天，体仑米怀里有小鸡的叫声，木鼓也不动了。体仑米拿剃头刀划开木鼓一看，洪水退了，原来洪水潮天持续了21天。体仑米爬出木鼓，四野无人，人间就只剩下他一个人了。体仑米幸存下来，他用剃头刀砸山雀的时候，在石头上砸出了火花，又取得了火种。火烟升到天上，肯执知道地上还有人烟。后来，肯执要办花场，天上没有芦笙手，就派天将下来传体仑米到天上去跳花。体仑米会唱九十九种歌，会奏九十九种曲，会跳九十九种舞，七天七夜的花场，四方客人到了千千万，八方客人到了万万千。第七天，更是热闹非凡，连天上最美丽的仙女、雷公爷梭的妻子谷走也来观看。谷走被体貌英俊且芦笙吹得好舞又跳得好的体仑米迷住了，向体仑米投去脉脉含情的目光。引起爷梭大怒，就将谷走休了。体仑米对爷梭说："仙人既已不要，就把她给我吧。"于是，谷走成为体仑米的妻子。他们回到人间，生儿育女，有三个孩子。雷公爷梭又气又怒，不时来袭扰人间，却被体仑米套住，装在羊皮口袋里，吊在火炕上。一天，夫妻二人干活，爷梭震破羊皮口袋，发出轰隆隆巨响，把三个孩子震惊成哑巴。后来体仑米从山上砍来一背柴，燃起熊熊大火，毕毕剥剥的火星子四处飞溅。一点火星子落在老大身上，他"啊哟炼"大叫一声，夫妻俩说："哦，这是一个嘎母（苗族）！"一颗火星子落在老二身上，他哼一句："阿玛哟！"夫妻俩说："这是一个嘎冒（彝族）！"又一颗火星子落在老三身上，他喊了一声"妈"。夫妻俩说："这是一个嘎沙（汉族）！"三弟兄长大了，生儿育女，各民族兄弟就是这样繁衍起来的。

传说　1.史事传说。赫章有《迁徙的传说》《侠义苗胞冒险护送亲人，迷路红军安然跟上部队》。威宁有《迁徙的故事》《安姓苗族之由来》。

2.人物传说。纳雍有《苗族祖先的传说》，威宁有《巴不眨的故事》。

3.地方传说。黔西有《龙潭映月的传说》《海马宫的传说》《倒马坑的传说》《阿娘井》；金沙有《桂花井》；织金有《鸳鸯坡的由来》《花岩、断心坡、船头山的传说》《龙场的来历》《两扇门的故事》《虎跳岩》；纳雍有《纳雍河的传说》《接龙桥的传说》《藤桥河的传说》；威宁有《草海的传说》《苗家桥的来历》。

4.动植物传说。毕节有《羊和牛为什么没有上牙》；黔西有《公鸡冠子的来历》《杜鹃伴煤生》《媳妇骂苞谷》；金沙有《鸡冠子的来历》《仙女扭弯水牛角》《野猫咬鸡》；织金有《羊角旋了、牛鼻子被穿、鱼鳃漏水的传说》《猴子的屁股为何被人打上烙印》《牛无上牙马无角》；纳雍有《狗尾巴带来的谷种》；威宁有《蜘蛛姑娘》《鸡喝水抬头的由来》《鹅为什么不吃鱼虾》《派狗上天去取粮种》；赫章有《牛为什么没有上门牙》《鱼为什么没有舌头》《鹰为啥没有牙齿》《狗为什么吃屎》。

5. 风俗传说。此种传说最多。黔西有"打嘎"。金沙有《苗族婚礼半路吃少午的传说》《苗家死人打牛的传说》《打嘎的来历》《石场区苗族节日场的传说》《苗族绣花裙的来历》《火炉猪的传说》《桃花场和谷花场》《倒药渣的传说》《苗族结婚打红伞的传说》《苗族接亲为什么吹芦笙打红伞》《采山节的传说》《芦笙的传说》《芦笙音乐和芦笙舞步的来历》；织金有《为什么说会有跳花坡》《箐脚花坡的来历》《青山花场的传说》《打牛的传说》；威宁有《雄鸡扫人的故事》《郎舅不开亲的传说》《腊月三十学虎叫》《迎舅舅敬酒》《打嘎的来历》《苗族安定门神的来历》。

6.其他传说。纳雍有《猪心和龙心》；威宁有《箫的来由》；赫章有《男人生孩子》《由嫁男到嫁女》《阿王赫打猎》等。

**故事** 1.幻想故事。毕节、大方有《闹盖异配饶与恳蛋噌谷嬷奏》；黔西有《花扇仙姑》《糯假假与花龙女》《龙女与瑟琅》《筛冗与猪儿》；金沙有《麻么和龙女》《土地菩萨想供品》；织金有《诺和贾》《光儿和龙女》《假哥哥和龙女传》《刘忠的故事》《报应》《十个饺子》《开银和豆豆》《劳拉和文佳》《神箭手杯龙》《螺蛳姑娘》《神扇》《神娃》《咋楚》《蛇郎的故事》《从乞丐到皇帝》；威宁有《都底杂》《黄麂姑娘》《召赞和龙公小女儿》《卓赞取了自给奥的独生女》《皇帝的七个女儿和跛脚军人》《孤儿——瓦匠的故事》《庄稼汉和猴子》《咱召赞的故事》《召赞》《直夠和他的父亲》《阿诗郎和娥彩》《欧糯的故事》《榜然》《巴家小山羊》《花虎抢走啊玛棒蘑》《叨觉哩尤和莫童采略翠》；赫章有《睹丝和睹丝满奏》《玛鲁谷稿芳汞》《堵扎与谷绕妮薄》《白佳和谷绕》《谷经与蛇》。

2.动物故事。黔西有《猴子的屁股为什么是红的》《虎精》；纳雍有《木乃报仇》《公鸡救妻》；威宁有《猪与狗》《猴子和蚱蜢打仗》《小白兔智斗虎大王》《老虎与狐狸》《鸡和野猫》《蛤蟆和老虎比武》《猴子和乌龟争功》《跑不脱的公鸡》；赫章有《写字雀和开门雀》《山羊、狐狸和老虎》《癞蛤蟆与老虎》。

3.鬼狐精怪故事。黔西有《无影衣》；纳雍有《蛇报恩》；威宁有《自弗老和老变婆》《老变婆》。

4.人物故事。金沙有《苗家猎手打老虎》；赫章有《右芜和三弟兄》《指绕的故事（四则）》《天狗吃月亮》。

5.寓言故事。黔西有《癞疙宝智斗老虎》《扫把、索子、木棒为小鸡报仇》；织金有《爱猴人的猴》；纳雍有《骄傲的青蛙》；威宁有《子归鸟找不到朋友》；赫章有《阎王为什么瞎了眼》《禾苗与小草》。

6.生活故事。毕节有《囊的后悔》《结婚伞》《呼烟叉》《满奏和倒内沙》《咪闹的故事》《讨厌的藕裹摆》《略察裹》《爷葩与猴精》；大方有《安品与满奏》《两兄弟和两姐妹》《织榜和织嚷》；黔西有《燕子》《恶妇从善石变银》《劳妹》《思朗和告诵》；金沙有《多让和绒朵》《春秀》《劼》《一念酿出千古缘》《植桑办案》《金员外百忍得金》《挖金坛》《钱财和仁义的故事》；纳雍有《憨包丈夫》《因祸得福》；威宁有《彼诺和骚诺开亲》《皇帝考儿子》《略匝和韬史纳》《娥榜》《召赞的故事》；赫章有《妮那和尼婷》《锅漏》《夺通哥与拔朵妹》《鲁楂和和母苏》《穷孤儿和富娇子》《呆女婿（三则）》《聪明的小媳妇》《儿子学老子》。

**歌谣** 1.时政歌。在威宁有《老鸦无树桩》《我们苗家的命难养活》《龙街子土目心太坏》《当伕役之歌》《反歌》。

2.劳动歌。威宁有《都伯都世涛打猎歌》《渔猎生活传说歌》《打猎歌》《哲巴召觉世度赶马歌》；赫章有《放羊歌》；金沙有《打猎歌》。

3.生活歌。威宁有《包办婚姻的害处》，织金有《孝子歌》；金沙有《花甲歌》《酒歌》《寡崽歌》《苦情歌》；黔西有《酒令歌》；毕节有《寡崽歌》《媳妇苦情歌》《穷人歌》《富人歌》《背盐巴歌》。

4.仪式歌。毕节媒妁仪式歌为：（1）开门歌。（2）屋内歌：①进门歌；②餐后歌；③起床歌；④迎寨主歌。（3）吃定桩酒歌：①一请寨主和内媒歌；②二请寨主和内媒歌；③三请寨主和内媒歌；④请酒歌；⑤顺桌歌。（4）接亲歌：①交鸡歌；②交供饭歌；③交肉歌；④交奶母衣歌；⑤交铧歌；⑥请发亲歌；⑦道谢歌；⑧回车马歌；⑨迎亲歌；（5）交女歌：①交与寨主歌；②请寨主恭请新郎的叔子歌；③交女给新郎叔子的歌；④交代今后管理女儿歌；⑤请寨主恭敬媒公歌；⑥交女与媒公歌；⑦交女与公婆歌。毕节苗族丧葬或祭祀活动中，亲戚馈送的礼物一般是粮食、牲畜和少量货币。女婿家的赙赠更丰，礼仪亦隆重，要由女婿家请的交礼者与孝家总管对唱16首礼仪歌才完成赙仪交接仪式。威宁苗族的婚嫁仪式歌有《开亲歌》，相亲时有《泼水歌》；祭祀歌有《爷利涛祭祀歌》。赫章的丧葬仪式歌有《醒悟歌》《丧歌》《送葬歌》。《醒悟歌》是丧葬场中唱的斋祭仪式歌，通常由两个精通丧葬礼仪的歌师和一个鼓手、两个芦笙手、一个歌手配合而唱，叙述斋祭的来历。婚嫁和各种喜事场中的敬酒歌，有《踩亲歌》《联姻歌》《送亲歌》《迎亲歌》《勤劳恩爱歌》《宾主相敬歌》《咂酒歌》《辞别歌》《送别歌》。

**神话古歌** 苗族流传神话古歌多为演唱开天辟地和与万物的来源。威宁的古歌有《盘古》《混沌天地》《盘古王创天地》《古歌》《苗族开天辟地歌》《杨亚射日月》《谷佛补天》。

**叙事诗** 苗族叙事诗规模较大，有完整曲折的故事情节、生动的人物形象，反映生活面广。叙写历史表现现实，描绘人物叙述事件，是苗族人民的历史和社会生活的形象记录。威宁有《居诗老》《则戛老》《格鸟列擦、格鸟列帮歌》。《居诗老》叙述居诗老设法砍山、烧山、驱逐毒蛇猛兽，让子孙定居；《则戛老》叙述则戛老开垦荒田，栽种庄稼，发明医药为人们治病的故事。赫章的《肯拢拔朵造反歌》，叙写咸丰年间陶新春领导苗民反清大起义，歌颂陶新春的英雄业绩。直接描写迁徙史事的有威宁《苗族迁徙歌》《苗族迁到乌蒙歌》《苗族是从故乡直米力迁来的》，赫章有《苗族迁徙歌》。叙写英雄人物带领族众迁徙的叙事诗，威宁有《三位老人之歌》《爷觉力塘歌》《黎由则老、爷觉黎望》《格自老爷——爷觉比考歌》《爷操波操歌》。威宁的爱情叙事诗有《摩莫棒勾和卓比棒兼》《召凯和卯彩厄佐》《哈莲的传说》《召党诗那和俄展》。赫章的爱情叙事诗有《谷赞和史鲁》《使朵和攒碓》《诺盖安舍和安珍》《宝珍和宝多》《宝朵和夺勇》《安咂谷仁舒》；纳雍的爱情叙事诗有《盖绕和玛柔》。

**情歌** 赫章有初恋歌、交信物歌、路途相送歌、逃婚歌、讨烟歌；纳雍有试探歌、赞慕歌、相思歌、相爱歌等；黔西县有初识、试探歌，赞美、迷恋歌，誓盟、勉励歌，相思、离别歌，苦情、逃婚歌。

**古歌** 境内苗族创世古歌吟唱开天辟地和人与万物的来源。毕节县有《开天辟地》；大方县有《偶佛补天》《朵疆氏际》《射日月》《洪水潮天》《莱珑讴玛制人烟》（《兄妹成婚》）《芦笙和木鼓的根源》等；黔西县有《盘古王》；织金县有《盘古》；威宁县有《创造天地歌》《创造世界歌》《天地争霸》《杨亚射日月》《测天量地》《公鸡唤日月》《洪水滔天歌》等。

《开天辟地》，全诗290行，讲述远古时候天神“造九个太阳，九个月亮，来照耀九层天和九层地”。

《朵疆氏际》，全诗56行，讲述起初苍天连着大地，大地连着苍天，朵疆妈妈隔开了天，氏际爹爹分开了地，有了天，有了地，人们就在天底下生活。

《杨亚射日月》，全诗240行，说的是“以苍天形成那时起，从大地形成那时起，六个铜匠从六个地方来，七个铁匠从七个地方来”，造了8个太阳和8个月亮在天空运行，于是赤地千里，只有一棵长在河边的岩桑树没有被晒死。杨亚砍倒桑树，将树干做成弓，树枝做成箭，拉弓搭箭，7箭射中7个太阳，7箭射中7个月亮，大地温暖，万物生长，人类过上安宁生活。

《莱珑讴玛制人烟》（《兄妹成亲》），全诗510行。叙写洪水潮天之后，世间只剩下莱珑和讴玛两兄妹，要传后代得去寻人成亲。两兄妹首先去问神树，神树劝两兄妹结为夫妻，两兄妹强烈反对，两人又去问蕨草，蕨草也劝两兄妹结为夫妻，两兄妹强烈反对。两人再去问菖蒲，又再去问倒沟刺，都劝两兄妹结为夫妻，两兄妹都强烈反对。两兄妹只好去问天神九代婆和九代公，九代婆和九代公让他们去问博臾和尤臾，博臾和尤臾叫他俩各在一个山头滚一扇石磨，石磨滚到山脚若合在一起，两人就可成为夫妻。两兄妹在两个山头各将一扇石磨滚下，两扉石磨在山脚竟合在了一起。然而兄妹俩还是不愿成亲。博臾和尤臾再让他们隔岭穿针，莱珑的线若能隔岭穿过讴玛手持的针孔，两人就可以成婚。莱玛的线果然隔岭穿过了讴玛手持的针孔，看来是天意了，兄妹俩只好结成夫妻，人类从此得到繁衍。

**叙事诗** 境内苗族叙事诗题材广泛，有叙写历史的，有表现现实的，有描绘人物的，有转述事件的，故事情节完整曲折，人物形象生动，是苗族人民的历史和社会生活的形象记录。

战争和迁徙是境内苗族叙事诗的重要题材。大方县有《战争与迁徙》；威宁县一带有《苗族迁徙歌》《苗族迁到乌蒙歌》《苗族是从故乡直米力迁来的》《格武爷老、格诺爷老》《格耶爷老、格蚩爷老》《格耶爷老的子孙》《制作服饰纪念失去的家园》《怀念失去的地方》《格资爷老、格来爷老》《爷觉毕考》《直米地利战大起》《三位长老的故事》《铁柱悲歌》《爷觉力塘歌》（《爷觉黎刀事迹》）《十二姓苗族进入彝族地区》等。

《爷觉黎刀事迹》，全诗434行，叙写爷觉黎刀率领人民建起格间城，开荒造田，过上丰衣足食的生活。沙蹈爵氏赦率众侵入格间城，爷觉黎刀被迫迁徙另一部族史彼居自老处，其后又迁往力阿拉河深山里。

《战争与迁徙》，全诗564行，以苗族先民迁徙的历史进程为线索，有惨烈的战争场景的描写，有清晰的迁徙路线的描述，有众多英雄人物形象的展现，是境内苗族的一部历史画卷，堪称苗族民间文学中反映战争和迁徙叙事诗的一部杰作。

歌颂英雄人物是苗族叙事诗的一个重要主题。威宁一带有《居诗老》《则戛老》。《居诗老》叙写居诗老开荒辟草，驱逐毒蛇猛兽，让子孙安居；《则戛老》叙写则戛老开垦田园，栽种庄稼，以及发明医药为人们治病的故事。赫章县的《肯拢拔朵造反歌》，肯拢拔朵即陶兴春，叙写清咸丰年间陶新春领导的黔西北人民反清大起义，歌颂了陶兴春的英雄业绩。

爱情和婚姻生活是苗族叙事诗的又一个重要题材。威宁一带有《摩莫棒勾和卓比棒兼》《召凯和犯蚩彩厄佐》《哈莲契的传说》《娥扎和召觉诗那》等。《娥扎和召觉诗那》人物设置和故事情节都与《梁山伯与祝英台》相似，娥扎是祝英台，召觉诗那是梁山伯。赫章一带的爱情叙事诗有《谷赞和史鲁》《史朵和赞碓》《诺盖安舍和发珍》《宝珍和宝多》《宝朵和夺勇》《安扎谷仁舒》等。《诺盖安舍和安珍》叙写美丽的安舍姑娘爱上漂亮的小伙子诺盖，但互相倾吐爱慕之心时，安舍觉得自己配不上诺盖，真诚地为她所爱的诺盖介绍了更漂亮的姑娘安珍，使他们结为伉俪，全诗赞美了三个主人公纯真的爱情和友谊。纳雍县的爱情叙事诗有《盖绕和玛柔》，全诗1520多句。流传在大方二寨的苗族叙事诗《诺幺与咪奏》（《安品与满奏》），全诗2060行，有动人心魄的场面，有回肠荡气的咏叹，有如泣如诉的倾吐，情节波折，故事生动感人。其故事梗概是：诺幺和咪奏是在“赶月”中相爱的一对恋人，但虎精把咪奏掳去，破坏了他们的爱情和婚姻。诺幺历经种种艰险，最后杀死虎精，救回咪奏，有情人终成眷属。

## 三　布依族民间文学

区内布依族民间文学有古歌、神话、传说故事、歌谣。

**古歌**　古歌神话色彩浓厚，因此又称为神话诗。有《混沌王》《盘古王》《开天辟地》《十二个太阳》《洪水潮天》《伏羲兄妹》《造千种万物》《造天》《造地》《造人》等。

**神话**　有《兄妹成亲》《人的第二次来历》《张果老上当记》《葫芦兄妹再造人烟》《两兄弟和两姐妹》《十丁射太阳》《芒耶寻谷种》《兄弟找水》等。

**传说故事**　境内布依族的传说有历史人物传说，地方风物传说、风俗传说。诸如《六月六歌节的传说》《六月六吃粽子的来历》《竹王的传说》《保白马祖》《送大人的由来》等。《保白马祖》讲说，以前，一支布依先民随“白马祖”征战乌撒（今威宁）后，遂落籍于乌撒的河谷地带，开垦田园、兴修水利、种植水稻、生息繁衍。

区内布依族的民间故事有生产生活故事、鬼狐精怪故事、惩恶扬善故事、爱情故事、动物故事。诸如《白梅和共勇》《无娘儿》《螺蛳姑娘》《青蛙王子》《曾侯的故事》《帮工的故事》《长工与财主》《仆当的故事》《草墩上的小狗》等。

**神话史诗**　布依族流传的神话史诗，民间称为古歌，织金县布依族古歌有《造天》《造地》《造人》《造地基》《造房子》《造桥》。

**歌谣**　布依族的歌谣，有用布依语唱的，有用汉语唱的，有用布依语夹汉语唱的。一般是五言或七言一句，每首歌谣的行数不等，少则几行十几行，多的可达数百行。以内容分，有时政歌、劳动歌、生活歌、情歌、仪式歌。

1.时政歌。黔西有《洋烟本是外国生》《洋烟本是蝴蝶花》。

2. 劳动歌。黔西有《十二月农事歌》，金沙有《打渔歌》。

3. 生活歌。有叙史述怀，日常生活和寡妇苦、光棍苦、小丈夫、童养媳等内容，如：《唱歌原来有歌根》。

4.情歌。布依族的情歌有长达数百行的长篇抒情歌，也有几行十几行的即兴短歌。短歌数量浩繁，分相会歌、赞美歌、相爱歌、誓盟歌、相思歌、离别歌、逃婚歌，如：《说不尽的恩爱》。

5.仪式歌。主要为结婚礼仪歌 。黔西布依族结婚礼仪计有踩华堂、抽枕头、送客衣、收红、坐夜宴、闹店子、叫礼、参厨、谢主、送客十个仪程，分四天完成，每个仪程有不同内容，多以唱歌表达。金沙布依族举行婚礼，到女方家接亲和送亲到男方家，都要举行接风迎驾仪式。婚礼一般5 天时间。在这五天中，两晚上坐夜宴。夜席上有宗师大人、秋客二官、把水官和众亲友，席上摆有酒、香烟、茶水、糖果、瓜子、核桃、毛栗。众亲友坐定后，酒过数巡，关好大门，鸣炮三声，而后，开财门，演唱《送大人》，从“一送大人鞋”唱到“十送大人枪”“再送大人印”。大人，即新娘的亲叔叔或伯伯。《送大人》唱词每首四句。坐夜宴时，宗师大人出《酒令歌》考亲朋好友（称童生）。《酒令歌》多有曲调，亦有念白。“童生”答对，即为“新科状元”，众人起立举杯齐唱《贺状元》。《贺状元》唱词多为四句。没有回答对的，则罚酒双杯。而后由宗师大人继续出令考“童生”。织金县布依族婚俗歌有《送新郎》《挂红四句》《恭贺新郎》《送大人》《贺大人》《酒令》。

在布依族歌谣中有一种八句谈诗，每首歌八句，一、二句每句各7字，四、六句每句或7字或6字、或5字，七、八句各7字；一、二和七、八句唱，四至六句或念白或吟咏。流传较为广泛的有《太阳落坡坡背阴》《金鸡飞过桂花村》。另一种叶排歌，又叫长流歌。歌唱内容按时间、季节或计数顺序排列，有《四季歌》《五更五点五炷香》《五更送郎》《五更长流歌》《五更想娇》《五更怨》《五更泪》《十朵莲花十几鲜》《十里送妹》《十二花名》《十二月盘花》《十二时辰歌》。

## 四　仡佬族民间文学

区内仡佬族民间文学有神话、传说和故事、歌谣、史诗。

**神话**　仡佬族神话流传久远，有《天和地的来历》《阿英打日月》《太阳和月亮》《白天和黑夜、二十四气节的制定》《谷子的来历》《竹王的故事》《夜合山》《将军石》《龙女与志歌》等。

**传说和故事**　境内仡佬族传说和故事有《披袍和桶裙的由来》《搭桥》《羊角》《李万财和李万春》《两兄弟》《吉耶赵郎和财主》《仡佬族由来》《打篾鸡蛋的来历》《发枝发丫万古长青》《水牛坟的来历》《草药南布政一名的由来》《杀狗祭祖》《“石人母”消失》《拉鲁斯》《罕诺和季耶》《嗲赫哼》《红军喝水也开钱》《邱大鸡舍己救红军》《七兄弟》等。

《披袍和桶裙的由来》，讲述境内一支“披袍仡佬”服装的来历——“赶古”：衣服要做得像古时候祖先原来披的一张大树皮那样，中间挖个洞，从头上套下来，这就是披袍；裙子也要缝制得像古时候祖先围的树皮一样无褶子，这就是桶裙。

歌谣　在仡佬族人民的生活中，歌谣是更为广泛流传的民间文学形式。举凡生产劳动、男女社交、迎宾送客、节日喜庆、婚丧嫁娶、祈年禳灾，均有歌谣。歌谣内容和体式，大体可分为苦歌、情歌、劳动歌、仪式歌、生活歌、时政歌、新民歌等几类。苦歌是仡佬族人民对残酷的阶级压迫的血泪控诉，有《帮工苦》《壮丁歌》《背盐歌》等。

史诗　流传在黔西县、大方县、织金县交界处的六圭河一带的《叙根由》，是自称为夜郎贵族后裔的雅伊仡佬在祭拜祖先时用以超荐亡灵的一部神话史诗，由仡佬族祭师在丧葬仪式上用仡佬语吟唱。全诗4000余行，除去祈祷性质的部分，有2500余行属于创世史诗和训诲歌，分为“寻祭师”“找草果”“砍树造房”“打虎、擒獐、射羊”“婆媳不合”“挖矿炼铁”“铁牛精那约”“阿利捉风”“阿仰兄妹造人烟”“巨人由录”“毛呼呼借窝”“由海的流浪儿”共12章，故民间又将其称为“十二章经”。

“阿利捉风”中的阿利，是一个神通广大的英雄，他见风怪兴风，吹得天昏地暗，树倒泥飞，就领头去捉住风，给风定了规矩。“巨人由录”是一个身躯伟岸的巨人，他的全身化作了大地万物。

“阿仰兄妹制人烟”包括“大哥做错九件事”“洪水潮天”“兄妹结婚”“九子九个族”4个部分。

“打虎、擒獐、射羊”，描绘了壮阔的围猎场面。主人公阿利邀来汉、苗、彝、布依等各族兄弟各带刀、枪、弓、弩和号角，齐心协力，打死猛虎，擒得獐子，射死岩羊，然后，大家友善地平分猎物。史诗生动地反映了古代的狩猎生活，也反映了各民族的友爱团结。

“砍树造房”“找草果”从不同侧面再现了仡佬族先民由渔猎转入农耕、过定居生活的历史影子。“找矿炼铁”描绘了仡佬族先民的冶炼生活。

“毛呼呼借窝”“婆媳不和”“由海的流浪儿”属训诲歌。“毛呼呼借窝”以毛呼呼（猫头鹰）懒惰成性，到处借窝，把幼崽寄放在铁鹞子的窝里，被铁鹞子吃掉，讽喻世人，要勤劳，不可懒惰。“由海的流浪儿”反对年轻人游手好闲，“婆媳不合”主张婆媳相亲相爱。

## 五　汉族民间文学

区内汉族民间文学有神话、传说、故事、歌谣和民间说唱。

神话　1.自然天象神话。大方县有《“火闪”的由来》《火的来源》《狮子山》；黔西县有《太阳和月亮》《山的来历》《云贵的山为什么多》；金沙县有《下冰雹的来历》《煤的来历》《赶山鞭》；赫章县有《赫章大山与威宁草海》。

2.洪水潮天、人类繁衍的神话。毕节市有《人的来历》；大方县有《人的由来》《伏羲兄妹传人烟》《姓的来源》；金沙县有《洪水潮天的故事》《汉族的来历》；赫章县有《洪水潮天》。

3.神和神性英雄神话，毕节市有《二郎神和鲁班爷修桥的故事》《关爷磨刀》；大方县有

《铁拐李》《仙葫芦》；黔西有《货郎救张果老》《麻糖供灶神》《千手观音的传说》《仙人跺石》；纳雍县有《王白笼》；赫章县有《太阳妹妹和月亮姐姐》《赵侯与季姬的故事》《太白星君搞平均》《菩萨宜倒不宜抽》《供菩萨的来历》。

4. 动植物神话。大方县有《癞蛤蟆》《狗传粮食到人间》；黔西县有《为什么牛无上牙》《老虎、水牛和黄牛结伴下凡》《粮食的来历》《毛稗为什么比谷子高》；金沙县有《牛的来历》《螃蟹的传说》《谷子和毛稗的传说》；织金县有《牛吃草》《毛稗为什么长在水稻中间》《稻子树》；威宁县有《叫天子的来历》《猴子来历》。

**传说** 1.人物传说。毕节市有《杨状元》《宋马刀的传说》；大方县有《吴钱生卖宝记》《谢翰林与刘京官》《清官巧助孝媳妇》《吴光打虎》《张三丰轶事二则》《赵家天子的传说》《吴教头与周教头》《杨丫头的传说》《七妹与蛇郎》；黔西县有《李世杰的传说》《张三丰的传说》《吴三桂的传说》《刘公》《贩米娶妻》《夫妻情长》《赠依得扇》《妙题难举子》《巧对夫妻案》《县官断抢鸡案》《县官巧对哑巴案》《童秋禄趣题豆芽联》《遭鞭挞不违民愿》《贺龙来了》《贺军长登上绣球山》《送银水》《贺军长断公道》《贺军长在黔西》；金沙县有《乌鸡白凤丸》《杨应龙筑马场城墙》；织金县有《丁宫保的传说》《菩萨吃苞谷花》《寄诗息纷争》《联语识才》《查办侄儿》《修盐道、兴义渡》《宫保鸡的来历》《宫保鸡的传说》；纳雍县有《贤女送餐得御带》《石达开兵过西乡》《周少璞巧对宋马刀》《西乡恶霸何定功》；威宁县有《赵文举三箭射皇宫》《李将军的传说》《孔道中小传》《龙县长轶事》《董仲舒找娘》《张讽作画》等；赫章县有《李大蛮子》《庙县长巧断诬陷案》《李丞相》《围腰》《阴阳先生的善报》。

2. 史事传说。毕节市有《米粮沟》《彝良大战》；黔西县有《红云一串串》《展翅双飞》《天兵忽降》《黑龙大哥上戏台》《朱铁臂捉拿花野猫》《团年鸡》《照路灯》《巧夺险关迎大军》《拐棍龙》《牛角一响遍山应》；纳雍县有《罗军长伤马赠海清》《杨登奇兵阻起义军》《“救总”飞机坠纳雍》；赫章有《红军灯》《贺龙巧过七星关》《贺龙的拐棍变成龙》《乔装破伏击》。

3. 地方传说。毕节市有《美女晒羞》《灵峰仙境的传说》《双峰脱颖的来源》《响水轰雷》《惠泉寺东壁朝霞的来源》《翠屏旭日》《南山雨霁》《丰乐秋城》《北镇雄关记》《五龙闹毕节》；大方县有《娃娃岩的传说》《羊水井的传说》《瓦厂塘的传说》《扁担岩和石桅杆的来历》《白布河三井的传说》《天子地的传说》《鸳鸯桥的传说》《新寨的传说》《海马田的传说》《公鸡山母鸡山的传说》《海封口的传说》《半边街的传说》《母猪龙潭的传说》《观音岩的传说》《六龙的传说》《金七里银七里》《雷打坡的传说》《花鱼洞的传说》《轿子岩的传说》；黔西县有《大箐坡的传说》《狮山的传说》《公鸡山的来历》《石柜子的传说》《观音洞的传说》《黑龙滩的传说》《九狮闹莲》《摘盔桥的传说》《勒马桥的传说》《七层塔的传说》；金沙县有《袁家桥取名的来历》《打鼓新场》《石牛口的传说》《清池贡茶》《翁贡米的传说》；织金县有《灯盏窝、大扇磨、山脚山与土锅寨的来历》《白马山》《金桩石的故事》；纳雍县有《万寿桥的加尖石》《总已河糜百万补路修桥》；威宁县有《巧取八仙营》《神仙洞的传说》《小黑龙显圣保草海》《六桥烟柳遇神仙》《六洞桥上追神仙》《羊街天生桥的传说》；赫章县有《鞍马山的故事》《按宝山的传说》《女貌山的传说》《石母猪的传说》《猪拱箐与猴子岩》《太阳井的传说》《犀牛潭的故事》《天桥》《代家湾》《黑龙潭的传说》。

4.动植物传说。毕节市有《高粱树为什么有红斑点》；大方县有《苍蝇和蚊子的来历》《蛇的恩仇》《一片叶子一个苞谷》《穿牛鼻的由来》《鸡冠子的由来》《神奇的白果树》《荞子与麦子》《苞谷的来历》《甜荞秆为什么是红的》《白果树的传说》《牛为什么吃草》《牛为何没有上牙》《牛是怎样被人征服来耕田的》《猫的来源》《鸡的起源》；黔西县有《老虎为什么不多》《公鸡为什么叫“咯咯”》《喜鹊的肚皮为什么是白的》《老鹰为什么刁鸡吃》《马桑树为什么长不高》《杜鹃花的传说》；金沙县有《牛的来历》《金花训牛》《聪明的小麻雀》《老虎报恩》《野鸡和老熊婆》《猫儿和耗子》《茶叶解毒的传说》《荞麦形状的传说》《谷子和毛稗的传说》《猫头鹰为什么隐身》；织金县有《毛稗为什么长在水稻中间》《桃树松树枫香树为什么有油》等：赫章县有《家雀的来历》《叫天子夸口》《谷子的来历》《大豆为啥会被虫吃》《茯苓的故事》

5.风俗传说。大方县有《供灶的传说》《妇女围腰的来历》；黔西有《元宵节挂红灯的来历》《挂陈艾的来历》《新娘盖头巾的传说》《陈、科二姓不开亲的传说》；金沙县有《白纸人家供猪头的传说》《龙王会的传说》《玩龙灯的来历》《立猫杆的来历》；织金县有《“除夕之夜思犬恩”的传说》《灶神为什么耳聋》；威宁县有《清明节门上为何插柳》《木鱼的传说》。

**故事** 1.幻想故事。大方县有《螺蛳精》《宝瓶》《花狮子》《宝珠》《太阳和月亮》《雨童》《见曲长》《猴王石与八戒石》《进宝状元》《张打鱼的故事》《宝狗》。黔西县有《龙王三小姐》《白绫带》《酒葫芦》《十八罗汉的来历》《神仙也怕硬汉》《贪心的王大》《兄妹相商除魔障》《小黑龙的传说》《贪口福的土地菩萨》《金汤匙》；织金县有《乌龟背上为什么有花纹》《万般的故事》《三兄弟的故事》《石头变金银》《千里求亲》《秦始皇赶南山填北海》《樵夫砍树》《太阳和月亮的故事》；赫章县有《叫花子都有三天年》《学本事》《王恩和白义》《钱财如粪土，仁义值千金》《绿茵秀才系列故事》《万邦和半点》《唐赊三和张献二》《魏七巧》《斗量金》《鱼姑娘的故事》《一吊小米与金壶的故事》《神剑》《哥嫂弟故事》。

2. 动物故事。大方县有《老虎与水牛争大哥》《老虎、青蛙和猴子》《青蛙与公鸡》《哥哥鸟》《天犬的故事》《老虎和水牛》《老虎和青蛙》；黔西县有《燕子报恩》《山羊报恩》《虎三》《兔子、狐狸、马及猴子的故事》；织金县有《猫儿为啥要吃耗子》《骄傲的小公鸡》《猫狗结仇》；纳雍县有《鸡为什么啄虫子》《耗子和牛争大哥》；威宁县有《喜鹊的花衣》《猴子和乌龟争功》。

3.鬼狐精怪故事。黔西县有《贤妇救愚夫》《十七儿子大过娘》《四殿阎君》《鬼怕胆大人》；纳雍县有《害怕说实话的员外》《皇帝和他的三个女儿》《金马驹》《白秀才进京招亲》；赫章县有《前世有缘》《鬼的冤屈》《同鬼赌钱》《人和他的鬼朋友》。

4.生活故事。大方县有《诚实人应得的恩赐》《二怪待父》《争横财兄弟丧命》《老庚兄弟》《鸭头和阿兴》《错配姻缘》《晚识夫君》《母子情》《打狗棒》《落难做好人》《请媒》《祖传的宝瓶》《巧嘴媒婆》《学本事》《瓜稀饭与金马鞍》《关边锅》《割苦救母》《亲儿不如义儿孝》；黔西县有《张先生巧劝美佳人》《凤凰姑娘》《双还魂》《叫花姑娘》《巧妇难为篾匠》《憨姑爷学艺》《贤女》《金龙洗澡汤》《小姐与叫花子》《玉银》《赵白》《孝心感动天仙》《雷打不孝子》《不孝媳妇招雷打》《喜欢听好话的爹》《割肝救母》《老爹死后儿卖尸》《找幸福》《县官认哥哥》《好心自有好报》《黄大锤》《娘害儿子进杀场》；金沙县有《双拜堂》《巧对》《人心不足》《听到风皮就是信》《国王和打更匠》《夹壳财主》《懒汉哭丧》；织金县有《明中去暗中来》《皮匠考状元》《财主和仆人》《老羊倌牵红线》《享幺儿的福》《憨姑爷的故事》《幺姑爷拜寿》《夸文彩老翁现原形》；威宁县有《邻居》《俩兄弟》《拷问菩萨》《贪财的人》；赫章县有《强盗老三的故事》《董六三九死一生回享人间福》《石匠和地主》《出题择郎君》《说四句选女婿》《三八出门二八归》《聪明的屠户女儿》《三个女婿祝寿》《包姑爷》《圆梦》《两世姻缘》《毛红与张玉英》《拣粪郎巧娶员外女》《将错就错的婚配》《戏要成真》《恶夫恶妇》《舔肥》《养儿恩》《姜筛筛》《被送给叫花子的李兰》《穷人与皇帝》《勤劳穷不久，懒惰富不长》《有志不在年高，无志空长百岁》《借米》《秀才过年》《三两黄金四两福》《八锭银子》《莫忘挂支》《人不要脸鬼都怕》《算八字》《老公公告状》。

5.人物故事。大方县有《流浪人的好运》《聪明的佃户》《吃鬼的故事》《憨婆娘算命》；黔西县有《半山亭佳话》《聪明的四媳妇》《熊先生戏答昏官》《先生巧言劝才女》《穷书生巧解七七迷》《三公子巧吟得才女》《红娃娃》《吃锅巴》《姐弟当红军》；织金县有《端公着鬼打，诀法全不灵》《三姨夫拜年》；威宁县有《金丝猫与龙凤瓢》《千里马和万里羊》《聪明的儿媳妇》《谎张三》《小书童巧对老秀才》；赫章县有《陆明秀才治老变婆》《解梦》《柯四先生的故事》《秀才与县官斗智》。

区内各县汉族民间故事还有寓言、笑话。

**歌谣** 1.时政歌。中华人民共和国成立前的时政歌，多唱旧社会的苦难。如威宁县的《佃农歌》。中华人民共和国成立后的时政歌，多歌唱新社会、新生活。如威宁县的《庆解放》。

2.劳动歌。不同行业皆有劳动歌。黔西县有《木匠歌》《瓦匠歌》《石匠歌》《裁缝歌》《农夫歌》《田歌》《牧歌》《渔歌》；金沙县有《铁匠歌》《长工歌》《栽秧歌》《薅秧歌》《点荞歌》《赶马歌》《放羊歌》《扯箱歌》《打夯歌》《石工号子歌》《抬木号子》《打油歌》《十二月采花》；织金县有《插秧歌》《做砂锅》《开山号子》《送丧号子》；纳雍县有《田歌》《牧歌》《刺绣歌》；威宁县有《放牛歌》《放羊歌》《渔歌》。

3.生活歌。有唱社会世态、日常生活、叙史述怀的歌，有唱寡妇苦、光棍苦、孤儿苦、小丈夫、童养媳的歌。威宁还有唱人伦事理的《老人歌》《父母歌》《婆媳歌》《妯娌歌》《邻舍歌》《为人歌》《养育歌》《养亲歌》《训子歌》《教女歌》《育婴歌》。

4.情歌。如恒河沙数，初识试探、赞美迷恋、誓盟、相思、离别、苦情、逃婚均有歌。

1937～1945年 抗日战争期间，西南联大学生搜集、编印的《西南采风录》，其中有一首威宁山歌很受闻一多称赞："马摆大山高又高，打把火钳别在腰，哪家姑娘不嫁我，关起门来放火烧。"

5.仪式歌。黔西县有：（1）哭嫁歌。有哭开声、哭爷爷、哭奶奶、哭爹爹、哭娘、哭外婆、哭舅爷、哭舅妈、哭伯伯、哭伯娘、哭叔叔、哭叔娘、哭姑爹、哭姑妈、哭姨爹、哭姨妈、哭哥哥、哭嫂嫂、哭姐姐、哭妹妹、哭弟弟、哭友邻、哭媒人、哭接亲、哭送亲。（2）哭丧歌。有哭娘死、哭做棺木、哭梳头入棺、哭烧倒头纸、哭起道场、哭看地、哭过殿、哭下祭、述哭、哭娘恩、哭开棺、哭送丧。（3）孝歌。可一人唱，可二人对唱，可多人唱，唱开场孝歌后，则唱历史演义，唱世相百态，有《鱼儿五更歌》《打架歌》《懒鬼歌》《懒婆娘》《对骂一更歌》《十八扯》《杂字孝歌》《二十一朝代歌》《三国孝歌》《四季行兵歌》《十二月行兵歌》《叙事歌》《英雄孝歌》《五更小乔哭夫》《五更周瑜哭妻》《征东孝歌》《征西孝歌》《杨家将》《黄灯夺位》《五更梵王太子》《五更黄毛小书生》《五更玉英悲诉》《寡妇哭五更》《五更寡公道苦》《五更寡妇诉情》《美女哭五更》《五更柳氏哭夫》《母恩孝歌》等。（4）礼仪说唱。为婚嫁、寿诞及杂仪诸如"回喜神""挂红""闹洞房""金果押帐""小儿剃头""拴红绳""踩桥立碑"、祝寿穿戴等场合的说四句，均为贺词，用念诵形式表达，带韵，每句七字，每首四、六、八、十句不等。（5）散花。有《散花文》《仙童传道》《散花形》《劝散花人》《散花态》《十字花》《百花争锋》《散奇花》。金沙县汉族仪式歌有哭嫁歌、孝歌，有婚嫁、寿诞、立房及杂仪的贺词，给洞房新床挂帐子时说四句扫床吉语，为新郎挂红的上红歌、下红歌、拜寿歌、新房上梁歌、上梁吉语、祭梁吉语、抛高粱粑吉语，还有说春词中的开财门、踩造财门、谢烟、谢茶、谢酒、谢饭、铁匠铺参李老君、遇木匠参鲁班、参药王。织金、纳雍汉族仪式歌有哭嫁歌、孝歌及立房、寿诞和杂仪的贺歌贺词。威宁汉族礼仪歌有孝歌。赫章汉族仪式歌有孝歌、散花和立房、开财门等吉语。

6.民间小调。黔西县已搜集整理的有《十杯酒》《五更盼郎》《十二月唱祝英台》《烟花告状》《贤女劝夫》《二姑倒提》《月望郎》《放风筝》《叹十声》《五更叹贫》等。

7.其他歌谣。各县还有游戏歌、事物歌、催眠曲、绕口令。

## 第四节　民族民间戏剧

### 一　傩　戏

傩戏亦称傩坛戏、傩堂戏、端公戏。有傩仪、傩舞、傩戏3种形式。傩仪属傩坛仪式性活动，带有浓厚的宗教色彩。傩舞，以舞蹈表演较短的情节。傩戏戏剧形式较完整，扮演的故事多荒诞离奇，富于想象，充满神话与神秘色彩。艺术处理方式以时空流动，不拘一格，变形，象征，怪诞不经。表演朴拙、怪异，随意性强，插科打诨，生动幽默。

最原始的傩戏是威宁、纳雍、赫章县彝族的《撮泰吉》，以反映彝族先民的农耕生活为内容，表演只用道白和吟诵，人物戴面具。由阿布摩、阿达姆、麻泼摩、嘿布、阿安布及山村老人惹戛布，作原始农耕活动的表演，表现采种、买牛、耕作、收获，并有男女交媾、休憩、祝丰收词的表演和念白。（详见本篇第一章第八节二目）

织金县穿青人的傩戏，有庆五显傩舞和庆五显傩戏两种形态，庆五显傩戏有15场，每一场又分为好几折，全在穿青人举办庆赛五显坛人家的堂屋中和院坝里表演，前7场多为祭祀性傩舞，后8场多为庆贺性傩戏。主要场次有交牲、淌白、砍先锋、出灵官、二郎殿、捉龙锁龙、打五猖、妆仙娘、山魈殿。称剧本为科书，名《五圣文科书》《五圣上表科》《五圣请神簿》《五圣发功曹科》《五圣解秽科》《五圣参灶科》《五圣拈香合会科》《五圣大郎殿科》《五圣二郎殿科》《五圣云霄殿科》《五圣山霄殿科》《五圣四府殿科》《五圣南游殿科》《五圣水霄殿科》《五圣宴宾科》《五圣收坛科》《五圣表白科》。织金县有庆五显傩戏班子100余个。

大方县对江、白布、双山的端公戏，有九版13腔、36牙子之说，即有9种唱腔，13种锣鼓点子，36个具有一定情节或人物的戏剧表演。锣鼓点子有流水、闹台、长流水、让三钵、快板、慢板、长板、短板、追板、拖板、日换、丰换。戏剧表演有请神童子、发招兵帖、招阳兵、传静、领牲、迎銮接驾、撤坛放兵、放兵土地、淌白、开坛、敬灶、回述、迎判官、祭武猖、画梁变宅、吴道子、造枪、发枪、调枪、点钢封枪、挑水打菜、和活二仙、招兵土地、铁船过海、太公钓鱼、打八蛮、驼灰土地、祭阴兵、贺殿上寿、砟磴、迁境接界、踩九州、下二郎、天官土地、迎十二花园姊妹、祭黄山、简斋和尚、亮坛祝圣。演出的剧目有：《二郎神追小黑龙》《七姊妹游天河》《锁孽龙》《寡妇上坟》《王道亨算命》《灵官考土地》《闹花堂》《武猖捉鬼》《钟馗斩鬼》《斧劈华山》《包公审案》《八仙庆寿》《大闹花船》《祝寿》《蟠桃会》《挑水打菜》《百花张四姐》。剧目情节简单，演员头戴面具，扮演不同角色，动作随意，无固定表演程式，服装简朴，演出时仅用锣鼓敲击。

毕节市官屯、林口、燕子口的端公戏分文武坛。文坛主要活动有打清醮、庆菩萨、请神、砟磴，丧事中有指路、小安葬、大安葬、做斋。武坛唱戏则为娱神、娱人的演出活动。由于师从不同，有的端公戏班只懂文坛道士念经一套，有的则只会唱戏而不懂念经，成为专事端公戏演出班子。官屯混元班唱的戏有《挡亮》《张三扬开店》《还怨记》《怒打金枝》《薛仁贵寒窑招亲》《三打穆柯寨》《二十四孝》等20余出。戏的内容多为歌颂历代英烈、扬善惩恶，或以表现忠孝节义为主题，或以表现英雄豪杰的爱情纠葛为线索。演出剧本，一是从川剧移植，一是根据古书的故事自行编演。演员熟悉故事后，即按行当分配角色，台词、唱腔、做功全由各自设计，一般不多作排练。一个戏的演出场与场之间不相同。演员临场即兴发挥，做到基本上完成一个戏剧故事的表述，使观众获得满足。演出剧目有《服古老三》《火烧博望坡》《古城相会》《过五关》《大闹野猪林》《杨六郎充军》《靳德闯宫》。剧中角色分生、旦、净、末、丑行当，每个行当身段手势有一定表演程式。生，手高与肩平，食、中2指直伸，其余3指内握，身型持重，步行稳健；旦，伸食指，余4指内握，手与胸平，闺门旦步行时斜向侧身，花旦正身走步，两手于胯部两侧作小摆动，身体稍摇动；净，常把两腿列开，挺腹展臂；丑，多作歪头、缩颈、伸舌、噘嘴、晃膀、弯腰、踢脚动作。唱腔吸收川剧、孝歌、道士念经的音调，咏唱较多，只用打击乐作情绪烘托和过渡伴奏。打击乐主要有大锣钗，有时也用三页板和边鼓为清唱打节奏。化妆常用红、黑、白色，根据角色调用。

黔西县傩戏经过改进，脸谱除三星、三仙、土地、歪嘴和尚用木脸子外，其余角色均用颜色开脸。角色由一角代几角，发展到分老生、小生、须生、武生、花旦、青衣旦、刀马旦、老旦、彩旦、大花脸，服装从法衣、神衣、鬼衣发展为龙袍、花山、裙、靠子、女花冠、男盔帽。乐器发展为大鼓、小鼓、大锣、大钹、勾锣、点子、岔子、铰、牛角、月琴、二胡、唢呐。道具发展为刀、枪、叉、戟、锤、剑、文房四宝。改进的节目颇多，据不完全统计，有《七姊妹游天河》《锁孽龙》《寡妇上坟》《孟姜女寻夫》《王道亨算命》《灵官考土地》《闹花堂》《武猖捉鬼》《钟馗斩妖》《斧劈挑山》《地塘配》《包公审案》《八仙庆寿》《凤凰山》《祝寿》《大闹花船》《杨七郎托壮》《佘太君点兵》《八郎回营》《杨八姐盗刀》《沉香救母》。

中华人民共和国成立前，端公戏较为流行。中华人民共和国成立后，禁演，只在乡村间有零星的端公戏活动。1989年，大方县文化馆组织傩戏班排演《二郎神追小黑龙》《挑水打菜》傩戏片段于1990年4月参加国际舞台美术节，赴上海为戏剧界作观摩演出。

## 二 花 灯

花灯艺术产生于何时，尚无文字可考。清咸丰二年（1852），黔西州纸厂宋家沟某氏建花坟，刻有浮雕，上有4人高举花灯分列两厢，中间1男1女手执折扇翩翩起舞，左上角栏内3人以打击乐伴奏，为发现反映花灯艺术的记载。自清代至民国年间，花灯为民间自娱自乐活动。传统花灯活动时间，通常在古历正月初一至十五。平时，或因寿诞喜庆，或为求子祈福，若有主家相邀，亦可玩灯。灯班为自发组织，或以某姓氏家庭为主组建，班主家传世袭；或由某地花灯艺人自由组合，班主自荐或大家推举。其中较为出名的有织金县桂果镇果底灯班、城关镇花红村牛王洞高家灯班，大定县大屯村陈家灯班，黔西县谷里杨家灯班，毕节县田坝花灯班。中华人民共和国成立后，群众文化艺术工作者和民间花灯艺人，将花灯歌舞加以发展，运用花灯艺术形式，编演新戏，将花灯表演搬上舞台，逐渐发展为花灯戏。

花灯剧目分古典剧目和现代剧目。古典剧目分传统花灯剧目和移植改编古典戏曲、民间故事唱本。传统花灯剧目有《拜年》《幺妹挑郎》（又称《三会亲》）《槟榔榔讨妻》《干妈问病》《五更劝夫》《放羊》《虞美人》《梳妆》《八仙庆寿》《二龙抢宝》《恶婆婆晒衣》《朱氏割肝》。移植改编古典戏曲、民间故事唱本的花灯剧目有《水打兰桥》《孟姜女》《祝英台》《孟娥吊孝》《目莲救母》《打马下云南》《红灯记》《李逵路过青风寨》《安安送米》《尧洪攻书》《蓝桥汲水》《酒楼闹馆》《借亲配》《假报喜》《王邦贤过西天问事》

《三仙同情》《茶山相会》《凤凰记》《王小二开店》《四儿打草鞋》《梅二赶酒》《谋夫报》《柳荫记》《媒人扯谎》《卖花记》《借亲配》《三访亲》《七妹与蛇郎》《哑姑泉》。新编花灯剧目有《理水》《皇历迷》《追红旗》《安品与满奏》《科学站的年轻人》《女将炉上铁花开》《献种》《挂红灯》《新苗茁壮》《煤山新歌》《不放心》《合家欢》《山茶花开》《辣椒婶告状》《争鱼苗》《对症下药》《包定人选》《林海红鹰》《一把斧子》《孝女婿》《漆林曲》《盘灯》。

花灯音乐，由多源头多渠道从周边省、区传人，与本地民族民间音乐融合而成。据统计，唱腔曲牌有上百种。主要有《新起龙门盖旧瓦》《调兵歌》《望郎歌》《十许郎》《美女坐楼台》《离情调》《水芹花》《闹五更》《蛤蟆歌》《放羊歌》《打戒箍》《娘裙带》《梳妆调》《访亲调》《远望茶山》《媳妇调》《逢春歌》《讲贤文》《行程调》《十月飘》《海棠花》《滚绣球》《打扮调》《桐子树》《送郎》《十送夫》《叹十声》《十二月古调》《五更蚊虫调》《小姑梳头》《千里寻夫》《新年调》《绣荷包》《怀胎调》《十要》《千里路上去栽花》《划拳调》《茶山调》《桃梅李果酸》《十爱郎》《寒梅》《四老四少四哭四笑》《放羊》《祝英台》《于妈问病》《十爱妹》《扁竹根》《佛句子》《安神》《柳含英》《双谈妹》《十二月贤文》《打戒指》《十把扇儿》《十美图》《虞美人》《放羊调》《给个荷包戴》《半夜起来敬寿星》《五更调》《贺调》《牛郎调》《补地缸》《金扇调》《大采花》《妹家门前有蓬篙》《十送郎》《出兵调》《五更小尼姑》《大百文字》《八月桂花香》《小丈夫》《垂金扇》《诉情》《十二月放羊》《喜洋洋》《中秋调》《麻城县》《扣扣板》《打菜娘》《阳雀飞来归大山》《正月初一打秧田》《正月里是新春》《大绣荷包》《路引》《当兵苦情歌》《一心想嫁十个郎》《瞧情郎》《长年调》等90余种。中华人民共和国成立后，唱腔由传统的一曲到底或为曲牌填词，变为设计、编曲，音乐表现力增强。传统花灯唱词，多为诗体，有五字句、七字句、长短句、自由句，自由句接近散文。演唱方法，文（旦）角多用假嗓，其余角色用真嗓，且角多用一领众合的形式以烘托气氛。表演时，通常只用锣鼓间奏，也有少数灯班用二胡、竹笛、唢呐伴奏。

传统花灯，最早由一旦一生两人表演，民间称对子灯。后来有的灯班在表演中增加一丑，成3人表演。移植改编或新编花灯剧，根据剧情需要，发展为多人表演。表演分步法、手势、耍帕、耍扇、身段。基本步伐是，丑角走矮桩步，旦角走梭步，其他角色走八字步、升字步、自由步，老旦走鸡啄米，老生走狗舂碓，小孩走蛤蟆步。手势有云手、分手、摆手挽花、挽手、兰花手、剑指。耍帕分挽帕、丢帕、甩帕，耍扇分花扇、盖扇、抖扇、团扇、挽扇。身段分过场、扑蝶、开弓、白鹤舒颈、抱肩望月、黄莺展翅、孔雀开屏、蚂蟥伸腰、顶篷望月、苦竹盘根、膝上栽花、二狮解带、边鱼上水、仙人摘桃、犀牛望月。

# 第五节　民族民间音乐

## 一　彝族音乐

歌曲　1.情歌。以反映男女青年爱情生活为主要内容。主要演唱形式为独唱或对唱，也有齐唱和简单的二声部合唱。演唱时女声多用假嗓，男声多用真嗓。其下分为：（1）曲谷，汉语直译为玩声音，意即唱歌。由于地域、方言相异，又称确姑歹曲坐。唱词通属彝语五言句式，一般是3段为一首，第一、二段比喻，第三段点题。歌曲曲式，基本上是一二三句体或四句体的分节歌，也有说唱性的多句体。过去歌场上演唱传统曲谷，有以下程序：斗朵，出门上路的歌；谷直候，向天地和歌场酹酒祭拜的歌；谷夜喜，接歌魂的歌；谷夜代，安定歌魂的歌；谷口卜，动员开口歌唱的歌；珠曲谷，寻找唱歌对象的歌；咋曲谷，试探对方心意的歌；来言戛手着，合心合意地唱三段一首的歌；兜曲谷，争着用歌声打动姑娘的歌；谷卡摩，善于演唱的长者演唱的歌；谷鄙腮，鼎敬先灵的歌；嘣啪达，逗趣取乐的笑话歌；曲谷莫轰那啥歹，用唢呐锣鼓伴奏边唱边舞的歌；谷夜漏，退歌魂的歌；沃曲谷，散场的歌。（2）洒叉，意译为汉歌，有的地方称洒谷慕，是受汉族山歌的影响，逐渐形成的一种彝族情歌。歌词用汉族山歌的七言四句结构。有的径直用汉语演唱，有的正词用汉语，衬词用彝语；有的把汉语翻成彝语或把彝、汉两种语言混合使用。无论采用何种形式，均保留着彝族音乐的风格。彝族情歌，一般都比较高亢粗犷。

2.婚事歌曲。无统一名称，有的称阿硕，有的称阿妹凯，有的统称酒礼歌，有的把在女家唱的称阿硕，男家唱的称录外。内容有祝颂、诉苦、劝诫、逗趣取乐和叙述天地产生、万物起源、先祖历史和民间故事的。按一般礼俗程序有：（1）起程歌。男家，接亲的人们上路前在堂屋里唱的歌；（2）马诺。意为有关杜鹃花的问答，在女方家寨门前，姑娘们考问接亲人的歌，属这一程序的歌还有脚诺（问路上所见的情况）、喽苦哄（姑娘挡道如何过）、虎启干（狗挡道如何过）；（3）搓各卜。在彩门，问接亲人的歌；（4）芦果卜。在姑娘家大门前考问接亲人的歌；（5）粗粗后。在晚宴上敬酒时，考问接亲人的歌；（6）录外。祝颂歌；（7）曲姐克吾。送姑娘的礼仪歌，晚上在堂屋里唱，有的地方称摆夜筵；（8）咪哄。接、送亲双方的慕使对唱的长歌，内容比较丰富，有主说摩说、博卖落卖说、舍委保珠说、外录则说；（9）许姑。给姑娘赠送披毡的歌，在午夜赠披毡的仪式上唱；（10）漏古阿硕。唱离别诉苦情的歌；（11）凯署忍。结束歌舞的歌；（12）辞亲歌。辞别亲人离家的歌；（13）迎亲歌。在男家，新娘进大门前唱的歌。由于各地风俗习惯的差异，这些程序的过程和名称亦有所不同。男方家把新娘接进门的3天之内，通常要唱阿硕，内容除在女家必唱的外，一般阿硕的名目均可演唱，其歌词内容与女家有所区别。婚事歌的旋律，大多比较细腻委婉，深情动人，歌词通属五言句式，演唱以对唱、齐唱为主。

3.丧事歌。在老人去世出殡前或祭祖做斋时演唱。分：（1）裉洪，相似汉族的孝歌。由慕使及前来参加祭奠活动和帮忙的人演唱。内容多为悼念死者，亦歌唱历史英雄人物、万物源起、训世娱人、传授知识。（2）布摩歌。由布摩唱诵的歌。内容主要是彝族《指路经》《献牲经》《献药经》《宴祭经》等经文 。丧事歌曲调比较简单，多属说唱，有的仅一个乐句反复，情绪比较低沉。演唱以独唱、对唱为主。

4.叙事歌。农闲、节庆、婚、丧、情场，演唱彝族历史、神话传说、民间故事，旋律起伏小，富于说唱性。结构是一个或两个乐句无限反复，亦有少数旋律性较强的多乐段歌曲。演唱形式为独唱。

5.儿童歌曲。其曲调与曲谷、阿硕关系密切，但已经童化，更具形象鲜明、节奏明快、结构简单、语言生动等特点。

6.其他歌曲。（1）鲁齁，请蜂子神的歌。古历正月初一到十五之间演唱。（2）生产劳动歌，以生产劳动为主要内容，不受时间、地点限制，用对唱或自问自答的形式把某种作物的整个生产过程或某种农事顺序唱出来。（3）新民歌，现代创作歌颂中国共产党、歌颂祖国山河巨变和新人新事的歌曲。威宁县有民间艺人李永才编创的《芦虹高原》《阿娄娄》《毛主席的恩情》；大方县有《大方是个好地方》；赫章县有《太阳出来照四方》。

**歌舞曲**　有婚事歌舞曲《阿媚恳》《扯戛摸夺》，祭祀歌舞曲《恳合呗》，儿童歌舞曲《阿西里西》《遍山红花开》《撒燕麦》，喜庆歌舞曲《直都》《阿斋求堵斗》《玛伟寸》《野署寸》《木书署》《谷格节》《莎史书》。

**乐器及器乐曲**　1.莫轰，即唢呐，也称莫合或摆来。气鸣乐器，簧振类。其型制大小无定规。通常分为头排大、二排中、三排小3种。大者声音浑厚粗壮，小者声音高尖嘹亮。民间惯用两支唢呐齐奏，高音时主奏者吹高音，从奏者吹低音，称为老少配或阴阳配。演奏时，常用打指、滑指、颤音、波音、倚音、吐音、花舌等技巧。同时配以鼓、钗敲击节奏，使气氛更加热烈。莫轰在彝族群众中流行最为普遍，一般多用于丧事，少数地方用于节日吉庆。在丧事场中，除本家有乐手外，前来祭奠的亲戚都要带乐手来，有时在一个场合有数十对乐手吹奏，各展其能，相互竞技，演奏技巧最高，曲子最多的为优胜者，受到主家的奖赏和众人的敬慕。唢呐的曲调丰富，有的乐手可以连吹数日不重复。每吹一声曲子，用竹签在米筛里插一个孔，可插数筛子。唢呐曲种类多样，各地流行的有吟唱谱、花谱、草谱、三扣、四六扣、倒四六、公鸡叫、山雀叫、画眉打架、脱节龙、筒筒腔、螺蛳腔。织金县唢呐曲有《上方谱》《下方谱》《黔西部》《三滴水》《四六倒扣》《鸡叫调》《过街调》《阴谱》《草谱》《绕戛谱》。

2.冒须，即竹笛。型制与汉族竹笛相同，边棱类气鸣乐器，在威宁县一带流行，多在山上吹彝族情歌或唢呐调，有时也在家吹月琴调。代表性曲目有《放羊调》。

3.冒曲，即15弦，簧鸣乐器，分铜制或竹制。多为男女青年对奏情歌用。现仅在威宁、赫章县偏僻彝族居住区偶可见到。

4.切捷，即月琴，弦鸣（拨）乐器。切捷是彝族普遍喜爱的乐器，除丧事外，闲暇或节庆皆可演奏。曲目丰富多彩，且地域各异，流派各别，有时同一名称的曲子，各地、各派的变奏方法不尽相同。常见曲目有《刮地风》《大力调》《野马过河》《一对鹅》《单顶点》《过街调》《孔雀调》《林庵调》《草海调》等数十首。

5.那呃，彝族胡琴，弦鸣（擦）乐器。流行毕节市、赫章县一带，是彝族独有乐器。通常两把胡琴为一对，分公母琴。定弦，公母琴皆定内弦为1外弦为5。两琴内弦音高相同，外弦相距8度，称两琴三音定弦法。演奏时，常以小钗、鼓击节配合，用在婚丧事场中。丧事时常与唢呐齐奏。乐曲功能严格区分，婚丧事曲子不能混用。代表性曲子有喜事曲《对子》、丧事曲《呆罗》。

6.敲打乐。以大锣、钹、小锣组合为一套，由3人演奏。在黔西县协和、铁盔一带流行，多用于丧事。祭奠者带上敲打乐队，称为响祭。演奏时3人按曲牌点子密切配合，击小锣者常不时将小锣在一定的节奏上向上抛丢，展示技艺，增加乐趣。常用的曲牌有《闹台》《剪刀架》《三点心》《路引》《水摸鱼》《八大捶》《收尾》。演奏时，连缀运用。

## 二　苗族音乐

**民歌**　1. 情歌。分嘿竹、嘿作、呆洒、敖倒、声左、苟、倮舵、嗨倮等叫法。在赫章县古达、大方县六仲，远距离相召唤的情歌还称戛夫垛，即喊歌。其中有《相识歌》《把凭歌》《逃婚歌》《分离歌》《怀念歌》。此外，还有埋怨父母包办婚姻、控诉买卖婚姻以及抒发婚姻不称心之苦的《苦情歌》。织金县的《长林歌》，属情歌中的叙事歌。其句式多为五、七字或多字句长短不限押尾韵体，多到十数行甚至上百行。当演唱者唱完每段歌词时，众歌者于尾句和之，其演唱形式除单声部对唱外，在织金、黔西、大方、纳雍县还有多声部结构的歌曲。其基本结构形式：当主唱者唱到歌尾时，对方为表示赞美、支持、提问或要求，便加声和唱。同时，主唱者为答复提问、要求或向对方表白、自谦，也与之相和，两人形成二声部重唱，其加声和唱部分，苗语称娄斗、朵兜、鲁斗或娄同歹。意为帮腔、和唱，也有打脚收尾之意。在演唱中，有时出现一男对数女，或一女对数男的现象，有时采用多人加声合唱，形成更多声部。

2.婚事歌。按传统的礼规，婚事分说媒和接亲。说媒，有的不唱歌，在织金县龙场，大方县六仲、海马，毕节市灵峰、甘河、观音桥，则需在唱歌中进行。有《提亲歌》《赞扬祝福歌》《要洗脚水歌》《要床铺歌》《试探歌》《报喜歌》《定亲祝福歌》。接亲人到姑娘家门口，主人家用桌子挡住大门，接亲人要唱《开门歌》，主家要唱《认亲歌》；晚上接亲交礼时唱《交礼歌》；主客同唱《酒歌》，内容从天生地产、族根渊源到民间生活，包罗万象。次日发亲唱《起程歌》《祝福歌》。到男家，送亲的人唱《送亲歌》，男家唱《迎亲歌》，晚上主客同唱《酒歌》。第二天在答谢宴上唱《交亲歌》。

3. 丧事歌。苗族老人去世及打戛祭祀活动中演唱的歌曲。有的地方称根打龙，多数地方无统一的苗语名称。只有礼仪程序歌名，各地流行的有：（1）《指路歌》。老人去世当夜，在开路仪式上演唱的歌曲。（2）《交礼歌》。亲戚前来祭奠，交礼时唱的歌。（3）《收礼歌》孝家收礼时唱的歌。（4）《请酒竿歌》。孝家请客人喝咂酒歌。（5）《姑妈话》。女老人去世，舅家祭奠时唱的歌。（6）《对话歌》。舅家代理歌师与总管的问答歌。（7）《祝福歌》。娘舅祝福孝家的歌。（8）《说冷话歌》。毕节一带，唱死者苦难身世的歌。（9）《献牲歌》。杀牛祭祀歌。（10）《苏郎苏噜》。织金吹聋一带，为淡化悲伤之情而唱的笑话歌。

4.叙事歌。在婚、丧事及节日吉庆场合，唱天地产生、万物起源、先祖迁徙、神话传说及民间生活故事，用以训世娱人的歌，代表曲目有《苗族古歌》《创造天地万物歌》《迁徙歌》《安品与满奏》《白佳与谷绕妮薄》。

5.巫事歌。在驱鬼去邪及叫魂活动中由巫师演唱的歌。黔西县化屋、织金县龙场等地流行的《芝麻歌》最具代表性。

6.儿童歌曲。苗族儿童闲暇自娱而唱的歌及大人哄娃娃睡觉的歌，有黔西化屋一带的《小鸡不够我杀》和赫章、纳雍一带的《阿噜愣》。

7.其他歌曲。（1）节庆歌。立房、做生、乔迁之日迎客、宴请和宾主相互祝颂、送客的歌曲。（2）呻。为抒发某种情感，自言自语地独唱的歌曲。其中有“呻动呻朵”为思念外出丈夫的歌；“呻闹呻打”为思念已故亲人的歌；“呻动呻衬”为背着娃娃做活，使之安静不哭啼的歌。（3）反映过去悲惨生活的歌曲。威宁有《逃荒躲难歌》《当夫役歌》，赫章县有《肯拢拨朵造反歌》，黔西县有《劳苦歌》。（4）狩猎歌。反映狩猎生活的歌曲。（5）新民歌。反映新社会山乡巨变、人民生活幸福的歌曲。

**乐舞曲** 用芦笙伴奏或用芦笙自吹自舞的芦笙乐舞曲和用笙、鼓配合伴奏的笙鼓乐舞曲。芦笙乐舞，在情场和喜庆场合表演。情场芦笙乐舞曲有：《指仍》，抬花树绕圈舞曲：《登充》，栽花树舞曲：《枯充》，放倒花树舞曲：《商充目阶》，送还花树舞曲：《嘎技簸》，花场舞曲：《哽阿施》，情谊舞曲：《拿肯劳忝》，端阳欢跳舞曲：《嘎机硬》，男女社交、自娱的舞蹈曲，在赫章县毛姑、四方井、平乡流行；《隆咕波》，花场舞曲，在织金县龙场、化起流行，其中分为祝花、朋友来相会、赛跳、歇谱；《哽梭充》，花场舞，在织金县龙场、城关、八步和黔西县化屋流行，其中有《跳花舞曲》《叙相交押舞曲》《唤回舞曲》《比赛舞曲》。喜庆芦笙乐舞曲有：《哩鸠忝》，敬酒舞曲（婚场中群舞），在赫章县恒底、可乐、财神流行；《哽充》，闹新房舞曲，在金沙县、黔西县流行；《哽兜》，喜庆竞技舞曲，在织金县箐脚、大平、支东流行；《够戛底戛且》，大迁徙舞曲；《嘎几夺咖》，迁徙舞曲。笙鼓乐舞曲专用于丧祭场合，各地常见《哽朗略》《格腮垛》《哽咋机嗒》。

**器乐曲** 苗族器乐曲，依其曲子的载体而存在。各种乐器，又因其表现特色及在苗族人民生活中的社会功能而区别。

1.芦笙。苗语称哽、格、梗、母、盖。其曲分为：（1）情场芦笙曲，苗语称哽呻，或隔榜。花坡场上有《指充》《商充》。恋爱活动中，有《求爱曲》《相爱曲》《相约曲》《进寨曲》《呼唤曲》《邀约曲》《串寨曲》。（2）婚事芦笙曲，苗语称哽充。接亲人出门吹《接亲曲》，沿途吹《行路曲》，到达女家吹《进门曲》，晚上交礼吹《交礼曲》，次日有《送亲曲》《喜事曲》，到达男家有《迎亲曲》《进门曲》。（3）丧事芦笙曲，苗语称哽则或隔担。老人去世时，即吹《断魂曲》《穿衣曲》《接鼓曲》《绕转曲》《进门曲》《吊鼓曲》，晚上开路仪式上有《开路曲》，悼念活动时有《诉苦情曲》，悼念结束有《安慰曲》，出殡后有《吉利曲》，结束有《收尾曲》《送鼓曲》。祭祀打戛有《接魂曲》《迎魂曲》《安位曲》《招魂曲》及敬香、敬酒、敬饭曲。晚上有《上表曲》，黎明有《天亮曲》，献牲时有《交牲曲》《抢牛命曲》，结束时有《送魂曲》。在整个祭祀活动中，凡洗脚、洗脸、睡觉、起床、吃饭，均用芦笙专曲指挥行动。（4）其他芦笙曲，节日吉庆，乔迁祝寿，客人到门前必以曲相报，主人家以曲相迎，进屋有芦笙曲相互祝福；红白喜事或农闲，男女老少相聚吹奏的内容丰富、有故事情节的曲调，有《聪明曲》《勤郎曲》《孤儿曲》；威宁县、赫章县有反映历史迁徙事件的组曲《鸡叫调》《天亮调》《过江调》；日常生活，路上遇到同族生人，双方以曲问好及答谢，路过苗寨要吹曲向寨里的同胞致意，在人地生疏的地方，问路、求援有时也用芦笙曲；在织金县苗族居住区，有童谣小调《坛子与缸钵》《老虎要爬岩》《接桃花开》等。

2. 掸冉，因只有3个音孔，又名三眼箫。边棱类气发音乐器，在织金县的吹聋流行。男女都能吹奏，专用于爱情场合，用以邀约情人，互吐衷情。常用《邀约曲》《试探曲》《求爱曲》《相爱曲》。

3. 掌司，亦称四眼箫。边棱类气发音乐器。在赫章、毕节、大方、纳雍等县、市广泛流行，各种场合都可应用。各地常见的代表性曲子有《爱情谱》《欢迎谱》《思念谱》，以及叙事性的《孤儿调》《离娘调》。

4. 牧角，横吹。又名三眼笛或三眼箫。边棱类气发音乐器，流行在黔西县铁盔、定新、白杨及大方县竹园。其功用因地而异。在黔西，由2人专为丧事场中的拴箫歌伴奏；在大方竹园，除丧场中独奏曲子外，还用于情场独奏或为情歌伴奏。代表性曲子有《求爱曲》《悲哀调》。

5.掌栽。有木塞的箫，有的称直箫，边棱类气发乐器。音色，功用与掌司相同，代表曲有《戛罗给》《掌苍夺》《嗨佐》。

6.振嗽，即口弦。簧发音乐器，区内各地广泛流行。专用于爱情场合。代表曲有《呻谱》《断心谱》。

7.改良口琴。将现代口琴用三滴水、大勾小、改反音等方法按照苗族音乐音阶结构的特点改良的一种乐器。广泛流行于各地苗区，声音比口弦洪亮、优美，深受苗族青年男女欢迎。主要用于情场。情场上芦笙、掸冉、掌司演奏的曲子，口琴均可演奏。代表曲为《新呻谱》。

8.唢呐。与彝族唢呐相同，在大部分苗族居住区流行，多用于丧事，也有的用于喜事。代表曲有《斟酒调》《下山虎》《画眉打架》。

## 三　布依族音乐

**民歌**　1.情歌。在农历六月六及正月初一、二、三和十五的歌节中唱。分独唱、对唱，男声多用真嗓，女声多用假嗓，或真假嗓结合。除传统歌外多即兴编创，步韵而作，各地名称不尽相同，有过山调、山歌、相谈歌。在黔西、大方、织金县，情歌分：（1）喊歌，表示呼唤，相约的歌，歌头皆有哎呼哟一类衬词；拐交歌，相识初交；解歌，互相询问、盘诘，以达相互了解。（2）恩爱歌，双方情投意合，把爱慕之情化成一片赞美之声，相互称颂、美化，共同憧憬未来。（3）定情歌，把凭歌，互换信物，丢下把凭。歌曲通常一种内容用一个曲调，也有的一个曲调唱几种内容。布依族情歌以细腻、抒情见长，旋律多级进和四、五度跳进。歌曲结构多为上下句式和起承转合式单乐段。

2.婚事歌。各地常见的婚事歌有：（1）开门歌。接亲人到达时，姑娘家用一张桌子挡着天门，家里的坐凳，全挂在壁头上，这时接亲人必须唱歌，唱对，主人家才把桌子抬开，让他们进去，接着再唱一首，才准把接亲的礼物放在神龛上，紧接着又唱一首，主人家才把坐凳取下来请他们坐。（2）踩华堂歌，新娘接到男家，由男家迎宾人与女家送亲客对唱，相互恭维、祝颂的歌。（3）抽枕头歌，送亲客住下后，主人家热情招待的歌，分装烟歌、敬茶歌。（4）坐夜宴歌，接亲的第二天晚上，宴请客人的歌分酒壶歌、斟酒歌、筷子歌、汤匙歌、板凳歌、桌子歌、消夜歌、参厨歌、谢主歌。

3.丧事歌。在老人去世，夜间守灵时演唱，以独唱为主。歌词为悼念死者，或劝善行孝，或歌唱历史故事。

4.生活歌。在布依族的日常生活中，盖房建屋、生朝满日、农闲吉庆之际演唱的祝颂、问候、生活苦情、民间故事、消遣娱乐以及知识趣味性等各种内容的歌。

布依族歌曲，除上述分类外，民间还广泛流行按歌词结构分类命名的习惯，直接影响歌曲曲调的结构和旋律的发展。各地常见的分类名称有：（1）双头歌。即一首歌分上下两段，下段几乎是上段内容的重复。（2）三滴水。通常为8句，一头一尾两个长句，中间4个短句构成3个部分。（3）排歌。歌词按时间、季节或事物计数顺序排列，有四季歌、五更歌、十二月歌、十里送妹歌。（4）八句谈诗。由内容完整、各部分有内在联系的8句歌词组成的歌。（5）双头八句谈诗。同时具有双头歌和八句谈诗结构特点的歌。（6）结巴歌。即有绕口令的歌。歌词吐字拗口，必须快而准确在密集的节奏中唱出来。（7）长流歌。将一段故事从头到尾予以叙述的歌。（8）夹黄歌。在一首歌中，在末两句或中间部分用与布依歌词押韵的汉语间插或结尾。

**器乐**　1.姊妹箫。将长短、粗细、音高相同的两支箫并列捆绑在一起，演奏时一口同吹，发同度双音、音色高亢明亮，通常在情场上独奏，用以倾吐心声。山歌小调便是其演奏曲目。

2. 唢呐。布依族唢呐的形制和演奏方法，与彝族唢呐相似，多用在丧事场中。曲目丰富，绝大多数没有固定名称。

3.四弦胡。与汉族二胡相似。通常用于丧事场中。有的地方，由两把不同定弦的四弦胡与鼓组合演奏；有的地方用一把四弦胡和一把小京胡及鼓组合演奏。所奏曲子均为唢呐曲。

## 四　仡佬族音乐

**民歌**　山歌，多在山间田野唱，内容较丰富，多即景随机，乘兴而唱。演唱形式分独唱和对唱，用大嗓或小嗓演唱。属于情爱内容，一般不能在长辈面前唱。山歌的结构，以上下句组成的单乐段居多，曲调高亢粗犷。其典型歌曲大方县有《是个好住处》《想哥哥》《细细钥匙细细开》，黔西县有《千里找来万里行》，毕节市有《出门歌》，金沙县有《推豆腐歌》。酒歌，在红白喜事、祝寿、立房等场合唱，一般由老年人唱。歌曲旋律起伏不大，有的仅一个乐句的变化重复。代表曲有大方县的《请客歌》和《谢主人歌》。丧事歌，老人去世时演唱。其中有丧事活动的主持人及白慕先生、巫师唱的法事歌和群众演唱悼念死者的孝歌两种。

**器乐及乐曲**　在仡佬族中普通流行使用乐器有唢呐，其型制、演奏方法，与彝族唢呐相似。大多在丧事场中演奏。代表曲有《阴谱》《草谱》《一枝花》。

## 第六节　民族民间舞蹈

### 一　苗族芦笙舞

**概况**　芦笙舞是苗族古老的传统舞蹈。苗族凡婚嫁喜庆、谈情说爱、节日纪念、丧葬祭祀均举行芦笙舞活动。可分为独舞、双人舞、3～4人 舞、集体舞、芦笙鼓舞、芦笙武舞。芦笙独舞的舞者须有较高的吹奏技巧和舞蹈功夫。黔西县化屋乡苗族芦笙手杨清泰自幼随父学艺，后拜当地芦笙拳舞老艺人阿尤相、阿尤罗为师，技艺日精。据传，芦笙拳舞在化屋乡兴起已有200多年历史，其舞分南北两派，南派出手小套，重视矮桩，动作稳沉；北派出手大套，臂腿并用，动作刚健。杨清泰融南北两派拳舞于一炉，技艺超群。赫章县古木乡（现平山乡）曹绍华亦为苗族芦笙舞能手，其表演的骏马奔驰、刀丛滚身和吹笙前后滚翻，技巧精妙。纳雍县猪场乡苗族芦笙手杨光富，芦笙舞技独特，无论跨大步、翻脚板、背脚、矮子步等动作，还有燕子玩耍、抽天柱、前后翻、青蛙晒肚等高难动作，均得心应手，为芦笙独舞佼佼者。芦笙双人舞为1人吹笙领舞，或2人吹笙对舞，多为竞技性、娱乐性舞蹈。舞目有《斗鸡舞》《斗牛舞》。3～4人舞亦属竞技性芦笙舞蹈，其舞目有名称者少，无名称者多。独具特色的为《连环吹套芦笙舞》，舞者自己捧笙，但把吹口递给右旁舞者衔住吹奏，由捧笙者操按音孔。连环套吹，协调舞蹈，除左右移步外，还须倒地做各种造型或矮蹲舞蹈动作，音舞技巧均称高难。芦笙集体舞分为4类，一类为芦笙男子单、双导舞，由1～2名男芦笙手吹笙引舞于前，女舞者人数不限，徒手踏歌尾舞于后，其舞目有《跳月》《跳年》《跳场》《跳花》；一类为男青年集体舞，其舞目有《芦笙圆舞》《芦笙庆丰收舞》《踩山舞》；一类为青年男女交际性集体舞，其舞目有《踩芦笙》《相会舞》《花场舞》《花坡舞》《迎客舞》《敬酒舞》《欢跳舞》《送客舞》；一类为男女老少均可参加的庆贺或纪念性集体舞。舞目有《跳花场》《跳花坡》《跳花树》《踩山舞》《大迁徙舞》。芦笙鼓舞将芦笙乐舞与鼓乐舞融为一体，其舞目有《芦笙铜鼓舞》《芦笙木鼓舞》，舞蹈功能分为叙事芦笙舞、花坡芦笙舞、喜庆芦笙舞、丧祭芦笙舞。

**叙事芦笙舞**　1.够戛底戛且，亦称大迁徙舞。描述远古时代，部落征战，苗族先祖格蚩尤老，带着千万队伍和家室，被迫迁徙，途经浑水河，跨过杜那义慕大江，穿过黑羊箐，落脚棱诺地哪鲁、比讨坝子的悲壮历程。大迁徙舞以芦笙与歌谣交织，舞与史结合，再现悲壮迁徙画卷。此舞流传威宁苗族村寨。

2.嘎几夺咖，亦称小迁徙舞。描述远古时代，部落征战，苗族先祖肯蚩尤扬鲁率部迁徙，抵达奴若全涧（黑洋大箐，泛指贵州）的艰苦历程。舞蹈单或双人舞。舞蹈用骏马奔驰、鹞子翻身，寓含先民在故乡平原、安居乐业的情景；用刀丛滚身、点将赞扬肯蚩尤扬鲁英明善战、敢于斗争的英雄气概；用滚山珠，表明迁徙之艰辛；用打场步表现开荒拓土、重建家园的决心；用四面翻脚，表现男子开荒种地和狩猎生活；用扭秧、绞脚表现苗族妇女勤劳善绣，过着幸福生活的喜悦心情。

**花场芦笙舞** 1.嘎技簸。在每年农历正月初五和十五、二月二十五和五月端阳节进行，流行于赫章县青山、兴发、古达和野马川苗族村寨。苗族青年或双手捧芦笙，或双手持大刀，踏着芦笙节奏围着花树起舞，刚柔相济的舞步使嘎技簸舞活泼跳跃，欢快热情。

2. 哽梭充。流行于织金县龙场、城关、八步。很早以前一位叫尤娄的苗族首领蒙难，人们于其殉难之日（农历二月十八日）踩花坡聚会跳花以示纪念。由男女青年混合而舞，也可由女性和男性分别舞蹈。单独女性舞蹈时，男性芦笙手吹笙引导，围绕花树结队成圈而舞。围花树而跳的舞还有赫章县的拿肯劳忝和流传在织金县熊家寨等地苗族中的一种舞蹈隆咕坡。隆咕坡以螺旋形绕圈方式进行，绕进为上花，绕出为下花。两个舞蹈均由男青年表演，在女性面前显露才能而博得其欢心。

**喜庆芦笙舞** 1. 哽啊施。是苗族青年男女于农历正月、八月和十一月上中旬咕哩（串月）时，谈情说爱以及社交活动中表演的一种芦笙舞蹈。傍晚，小伙在村头寨边吹响动听的《进寨曲》，向寨中的女青年传出讯号，进寨后即在宿寨房旁跳起情谊舞。过去一般吹笙者皆为男子，现今有男女共同吹笙而舞。舞蹈持续到黎明，小伙子吹起《出寨曲》，姑娘们唱着歌，依依不舍地送小伙子们出寨。此舞流行在赫章、威宁县的苗族村寨。

2.哽兜。流行在织金县箐脚、大平、讨瓦、支东等乡村，多在喜庆和比赛竞技场合表演。单人表演时，表现个人的表演技巧，动作随意自由、难度较大；2人表演时要求动作相互协调，配合默契，合拍合韵。多人表演动作单纯。基本动作为交脚晃手，未执笙者多以云手、推掌、冲拳随脚上动作变化，以足顿地为节，随芦笙曲谱进行表演。

3.格帕垛。流行在织金县龙场、化起。一种具有综合性社会功能的乐舞，红白喜事均可表演。其中有仡兜、已祭几体飞、裸祭飞、噜克芝洛调、搓勒比广夺、格巴叨、格裸叨、格哽叨、格格噜、格抱、高兴谱。

4.哩鸠忝。赫章县、威宁自治县和滇东北次方言区苗族婚礼场合的传统礼俗舞蹈。传说，苗族先祖格麻和格妈两家为儿女订下婚约后，因灾荒流落他乡，失散多年。后在荒野意外相遇，高兴万分，立即赶到镇上各打回一壶好酒冲和，并为女儿完婚，边喝边舞。从此，苗家接亲嫁女都要跳哩鸠忝。

**丧祭芦笙舞** 1.哽嘎机嗒。举办丧祭时跳的一种舞蹈。在老人去世时用打鼓吹笙跳舞来祭奠，寄托哀悼心愿。 硬嘎机嗒主要流行于赫章县青山、兴发、妈姑、财神、六曲、野马川、古达的苗族村寨，哽嘎机嗒有严格程序，整个活动从出丧前一天晚饭前后起至翌日，天明发丧，分12段：哽希嗒（接鼓舞），哽啾（转嘎舞），哽冬嘎夺（喝门舞），哽批针（进屋舞），哽冗咕（守灵舞），哽晋（分界舞），哽刀模（半夜舞），哽呢（回归舞），哽桑尔（天亮舞），哽梯咕（发丧舞），哽娄嗒（卸鼓舞），哽桑嗒（交鼓舞）。舞蹈由3人组成，1人击鼓，2人吹笙，均为男性。

2.哽朗略。意为打牛餉祭死者，即打戛。织金县西部岩洞口、务卜一带苗区的一种祭祀乐舞。由笙、鼓手配合自奏自舞，内容依序有招魂、志哀、祭酒、指路、交牲、祭饭、祭肉、放魂、讲姑妈话、发丧。

3. 哽咋。又称打鼓芦笙舞，流行在黔西县化屋和织金县龙场箐脚、八步、珠藏。表演分沙冈咋和斗哽咋。前者在室内，后者在室外。一般由两人相对舞鼓，两人相对舞笙或一男舞笙率男队，一男舞笙率女队，队伍呈圆形绕鼓而舞。

## 二 彝族舞蹈

**祭祀舞** 主要有恳合呗，也称铃铛舞、钞子舞和肯沤、肯儿俩、跳脚舞。（详见本篇第一章第八节二目）向灵体告别时跳。恳合呗无音乐伴奏，主要靠舞者摇响手中的马铃声统一动作。唢呐、锣鼓作间隙吹奏和敲击，不直接为舞蹈伴奏。过去恳合呗是彝族斋祭时男性跳的一种集体舞。现今，不仅于丧祭时跳，节日、喜庆、农闲时都可以看到执铃而舞者；既有男子，也有女子。此舞流传赫章、威宁、纳雍、织金等县彝族村寨。

**婚嫁舞** 1. 阿媚恳。川、滇、黔毗邻彝族婚嫁歌舞，汉语称为酒礼歌舞，彝语称阿媚恳、阿署恳、阿摩克，即出嫁姑娘的歌舞。其婚仪程序分为7段：（1）克武克佐（嫁姑娘歌舞开始），新娘由哥哥背着加入姑妈和嫂子们组成的舞队中间边歌边走，绕堂屋3圈后，出门下石阶，过铜门、银门、金门，进入舞场。（2）咪恳宝（盘歌），新娘进入舞场后坐一旁，由亲友中女性面对新娘组成半圆形歌舞队，齐声而歌，牵手而舞。（3）蒙书书（撒麻舞），女家另外组织一舞队，以歌舞形式，再现撒麻、薅麻、刈麻、刮麻、洗麻、绩麻、纺线、织布等劳动过程。（4）鄱抖恳（量布舞），表现量布为新娘作嫁衣的舞蹈。（5）许姑恳（赠披毡舞），边歌边舞，把披毡赠给新娘。（6）能署恳（惜别舞），新娘加入舞队中间，且歌且舞，依依惜别。（7）社安娄（金凤飞舞），12人载歌载舞，祝福新娘像金凤鸟，展翅蓝天。

2.扯戛摸夺。在威宁县马街一带流行。在新郎家跳。送亲的人返回前夜，新郎家的总管和送亲的总管到厨房敬酒时，帮忙的人们，有的把饭箩顶在头上（象征丰衣足食），有的舒着猪肠子（象征年年杀猪宰羊），有的背背扇（象征生儿育女），有的舞着鼓满气的猪尿泡（表示兴高采烈），一个执火把于前（象征家道兴旺），领舞者手舞白帕，一声吆喝，余舞者纵情欢闹，背背扇者学婴儿大哭，拿猪肠子者学猪大叫，其余者则哈哈大笑，或“哦！哦！”大吼。接着，众舞者手牵手地歌舞。

**喜庆舞** 1.煞始书（燕麦舞）。模拟群草开垦、撒麦收割、打麦扬糠的舞蹈。逢年过节、喜庆丰收皆跳此舞。

2.木书署（撒麻舞）。展现挖地、撒麻、薅麻、泡麻、刮麻、绩麻、纺线、洗线、牵线、织布、量布、做衣过程的舞蹈。

3.谷节格（荞丰收舞）。反映挖地种荞和收割劳动过程的舞。

4. 野署寸（采韭菜舞）。反映彝家姑娘在春节、五月端阳、十月彝族年等节日，借口上山采韭菜，而会情人的情景。

5.阿斋求堵斗（喜鹊钻篱笆）。以喜鹊在篱笆上穿梭自如、活泼愉快的形态，表现彝族热爱自由生活的美好心愿。

6.阿西里西（汉语意译为“我们来跳舞”）。集体舞，表演者一般为4男4女，人数也可不限。由威宁、赫章县文艺工作者取材于威宁县板底乡和赫章县珠市乡彝族民间舞蹈，后经贵州省民族学院、贵州省民族歌舞团文艺工作者协助提炼而形成。1964年，由威宁、赫章抽调人员排练上京参加全国少数民族业余文艺观摩演出，录入北京电影制片厂拍摄的纪录片《红花遍地开》在全国放映。

7.克惹吉（月琴舞）。反映彝族英雄柱戛阿龙给彝家创造能发出雷鸣闪电响声的鼓、锣、镲、唢呐，人们又制作鼓形锣状的龙头月琴，并在演奏中加上坐弹、跳弹、蹲弹表演技巧。逢年过节，或月明风清之夜，彝家男青年欢聚一起比赛技艺，逐渐形成克惹吉，流行在威宁、赫章县彝族村寨。

8.那洼歇陆鲁（汉语意译“龙门舞”）。大方县中箐乡彝族在节日吉庆活动时跳的大型集体舞蹈。龙门舞源于彝族图腾崇拜，展现独龙钻龙门、双龙绞柱、反龙钻门、龙盘洞的各种形态。舞者男女相间手拉手，以“之”字形出场，正钻反钻交替，内圈外圈循环，变化多端。参舞者越多，完成一个特定动作的时间越长，有时跳完一次龙门舞，所需时间2～3小时。

9.乌蒙欢歌。大型民族集体舞，1989年编创，先由邱体敏、阿鲁舍峨、胡家勋编创成《乌蒙彝舞》雏形，历经两年加工提高和推广，深受群众喜爱。此后，毕节地区民委、地区青年联合会邀请省、地、县有关音乐、舞蹈、美术专家深入赫章古达和威宁小米、马踏的民族村寨考察采风，反复提炼、编创而成。乌蒙欢歌舞，不择场地，不计人数，易学易记，便于参与，具有民族性、群众性、时代性和艺术性特点。各县凡有大中型民族民间文化活动，每逢召开彝、苗学术研究会，都要组织几十至数百乃至1000余人表演乌蒙欢歌舞。1991年11月，贵州省委宣传部和省民委、省文化厅指调毕节地区彝族歌舞赴省汇报演出。1993年7月，由国家民委指派毕节地区行署承办组织的中国民族歌舞团，赴加拿大访问演出。

## 第七节　民族民间曲艺

### 一　彝族民间曲艺

**咪谷**　流行于威宁、赫章、纳雍、大方、毕节等县、市彝族村寨。表演者操彝语单口演唱，一人多角，徒歌，无特定服装、道具、化妆和表演程式。其唱腔尚未形成固定曲牌，由演唱者根据婚丧或其他不同喜庆场合，选用相应民歌曲调演唱。曲调通常无固定名称，一般为一、二个或三、四个乐句无限反复；有的具有强烈说唱性，旋律仅在一个相对固定调式音列内，随字调高低升降变化。唱词大多为彝语五言韵句。因演唱场合及内容不同，咪谷分为：1.走谷。在情场中演唱，多说唱爱情故事。男女均可演唱。代表曲目有《一双彩虹》《珠阿伊记述》。2.阿硕。在婚事场中演唱，以历史传说、劝教训世等故事内容为主。多由接送亲双方的慕使在喜家室内对唱，宾客中男女歌手也可自由演唱。代表曲目有《放鹅娄记》《嫩尼和阿珠》。3.裉咪。在丧事斋祭活动中，在室内或野外特设火塘边演唱。演唱者为前来祭奠人家请来的幕使，他人亦可参与演唱。内容以颂扬祖先业绩和劝善行孝故事为主。代表曲目有《戈阿娄》《支嘎阿鲁王》。4.细厂把。在丧事及斋祭活动中由布摩演唱，多为道德训诲故事。演唱时布摩需着斋祭专用衣帽并执神具。代表曲目有《阿德侯舍哩》。咪谷演唱内容和曲调各有不同，严格区分为：婚事场中演唱阿硕，必用彝族婚事歌曲调；情场中演唱的走谷，只能是彝族情歌曲调，不能错用。

**噼啪达**　流行在威宁、赫章、大方县彝族村寨，通常在情场中操彝语单口演唱。场地不拘，演唱者无专司之人，亦无服装道具，主要通过滑稽幽默的唱词内容和风趣的演唱以逗趣取乐。其唱词结构有七言句式和五言句式。七言句式从头至尾似汉族咬头诗，即利用彝语前句末尾一字的谐音，引出下句的开头一字。五言句式唱词内容较随意，顺上句之意而溜出下句，似顺口溜。代表曲目有《花的喜鹊歇篱笆》《我们来唱噼啪达》。

**白话鑰**　流行在威宁、赫章、大方县彝族村寨，用彝语韵白单口述说。通常在情场中表演，在婚、丧、吉庆及闲暇的各种场合也可表演，场地不限。语言结构多为五言句式，具有风趣、幽默、滑稽显著特征。有时两人对讲，互相嘲讽、逗趣。代表曲目有《彝人说的花颈马》《园中包包白》。

## 二　苗族民间曲艺

**洛珰**　流行在大方、金沙、黔西、赫章、纳雍等县苗族村寨，因地域和方言土语不同，分别称洛签、杜哪、杜胆、不度。洛珰由单人操苗语表演，综合运用说、唱、奏、学艺术手段，故事中人物需唱时便唱，需何种乐器演奏时便用何种乐器演奏，并模仿故事中各种人物语调，绘声绘色地表现角色感情。洛珰表演不拘场合，婚、丧、节庆、室内外皆可表演。表演者重在说而不在演，观众重在听而不在看。表演不需服装道具和化妆。洛珰曲目丰富，现搜集有百余个。内容多带有神话传说色彩，其中拟人化故事占相当比重。代表曲目有《安品与满奏》《麻幺与龙女》《老虎与狐狸》。

**署日**　流行于赫章、纳雍、大方、毕节等县、市苗族村寨。分为婚、丧场合中演唱和情场中演唱。演唱时，两者不可错用。其表演形式为单人操苗语演唱，不择场地，不用服装道具。署日唱腔具有强烈说唱性。旋律音仅在一个相对固定调式音列内，随字调高低升降变化。唱词结构散、韵相间。代表曲目有《鲁楂和母苏》《白佳与谷绕妮薄》。

# 第八节　民族民间服饰艺术

## 一　苗族服饰

大方县苗族服装色调较浅，蜡染工艺较精。女装袖大领宽，前襟无扣，左右前襟交叉过腋缠在后腰。袖与肩上有蜡染的花瓣图案及红、白、蓝、紫三角形布料组成的方块图案。下装为白褶裙，裙腰为6～7寸宽白布，裙身绘有螺蛳、虎脚、雀眼、蝴蝶等精美图案，两条红布横跨，红布条上下有黄绿色细小布料镶嵌于图案间。已嫁女子在裙下端加青布一段。男子头缠帕子，穿对襟衣或右衽长衫，肩绣几何图案，镶寸许宽青布，后臂吊若干线花球须，有的在外装套上披挂或披肩。

黔西县苗族服饰以女装式样最多，一县之中的服饰也有差异，其共同特点是盘髻插簪，穿绣花衣，着百褶裙，戴银首饰。衣裙长短、色彩丰简、花纹风格、绣花部位、银饰种类及发髻形状各有不同。化屋苗族，成年妇女拢发盘于头，用黑毛线或假发挽圈斜套，绾花木梳。少女侧梳两根发辫，上衣齐腰，青布底，对开襟，以花边镶方背心，沿边用蜡染或刺绣花纹图案。下系宽褶裙多件，裙腰加青色水脚，上有花纹。耳坠银环，颈戴银项圈，手戴银或玉手镯，白布绑腿。男子蓄发包头帕，着长青衫，大袖无领，宽裤脚，冬天缠裹腿。

金沙县石场、清池、安底等乡镇从川南迁徙入境的苗族，多穿蓝色，男着长衫，系腰带，头帕蓝、白色。女上着蓝短衣，下着多褶蓝麻布花裙，裙身多蜡染3条蓝底白花图案，裙边有刺绣或蜡染花边图案，裙脚围长2丈；领、飘带、围腰亦有刺绣图案；头包白布长帕，前面交叉成人字形。岩孔、沙土等乡镇入境最早的苗族，着白色服装。男子多着白短衣，青布裤，头包白布帕；女子多上着白衣，下着白色饰青色图案多褶裙，头包白布长帕。城关、安洛、禹谟等乡镇的苗族，男子一般穿蓝麻布长衫，系蓝或青腰带，女子所穿衣裙，均有色彩斑斓的花色图案。新化、化觉等乡镇的部分苗族，则以穿青色为主，蓝色为辅。男子穿青或蓝色麻布长衫，头包青或蓝色布帕；女子穿青或蓝布短上衣，系长裙，桶裙无花色图案。

织金县苗族服饰，以女装为标志，分5种服饰。第一种又分4种。一为女子头发后梳，结田螺发髻于脑后偏左，以花漆木梳固定。上衣大领、斜襟、右衽均无扣，于右襟钉线绊拴结，有青底白花蜡染图案。裙青色，上半部全为蜡染，下半部则仅镶一条花栏杆。二为已婚女子头发加入青丝线，合梳盘绕于头，以小木梳固定，形如锅圈。衣裙多青色，衣为大领对襟无扣短衣，领、襟、肩、后摆、袖各部位均有色泽鲜艳刺绣；裙为大褶长裙，上半部有红、白、蓝刺绣3环，环间镶花边。下半部为青色，裙脚镶花边。三为已婚女子发右梳，发髻压右耳。衣裙青色，衣分内外，内为高领对襟密扣短衣，外为蜡染大领对襟无扣短衣。裙长，上半部有白花蜡染图案3环，下半部纯青，裙脚不镶边。前系蜡染方围腰。四为妇女以红线缠头为圈状，衣为斜襟，右衽青底白花衣，裙为长花褶裙，系吊牌长围腰。第二种服饰，妇女向后梳发加入青丝线，于头上弯月形木梳中部结髻，梳齿上指，略微前倾，形如长角。服饰有便装盛装之分。便装为白短衣、白褶裙，裙长及膝，缠白色绑腿；盛装为蜡染花短衣，花褶裙，花披肩，裙上镶6环色彩鲜艳栏杆，披肩上吊3环彩色绒球。第三种服饰，妇女头饰以梳齿向上大木梳置头上，以大量青丝线掺入头发，作横8字形缠绕于木梳上，挽成宽过两肩的大横发髻，再以纯白丝线架十字7个将发髻固定。花衣花裙，上衣为大领对襟短衣，两襟有对称的6环蜡染或刺绣图案，后背一幅长及裙脚，以3种不同图案分为上中下3个层次。裙子上面三分之一部分为浅蓝底白花蜡染图案，其下三分之二部分以青色为底，加镶红白或红黄相间的7环栏杆及裙脚，系花围腰，扎毡裹脚，束彩色带。第四种服饰，男女衣着白色，女便装上着白色对襟短衣，下着白色褶裙，镶红、白、黄相间通幅线条数环。盛装加大花披肩，两肩及后背共3幅，垂吊红、白、黄3色绒球。穿着时以白腰带将背幅束住，两肩如披短袍，背幅外连挂一块十字花纹图案背牌。第五种服饰，妇女头饰以宽3寸长数丈的青布帕缠绕头上，形如筛盘，名“多戛帕”。帕外边叠绕刺绣花边，下沿等距离排20节寸许长绒线，缀20个垂领绒球。上穿蓝布花短衣，绣十字花、杉树巅、旗子块、粉团花等图案。下穿青布细褶裙，裙身下部四分之三处绣一环云勾或棱形连环套花纹图案，裙脚镶白、黑、黄、红、蓝5色布条，腰系比裙长的花布围腰。

威宁县苗族服饰分礼服和便服。礼服为花衣，由披肩、吊块、袖子、内衬、肩带、系腰组成，颜色以红、白、青为主，花衣的披肩用白麻线和青、红羊毛挑花刺绣，图案有虎背花、孔雀花、蕨草花。男女礼服披肩花纹相同。裙分漂白花布裙、麻花布裙、麻花格裙、麻布靛染花格裙、麻布靛染裙、白麻布裙。以漂白花裙为精致，由裙基、裙身、裙脚组成。

毕节县中南部苗族，妇女戴牛角形木梳，长度2尺许。上着大襟小领无扣白麻布长衫，下穿百褶长裙。东北部苗族，女子用红头绳，掺入发内绾于头上，裙长过膝。女子衣裙，有盛装、便装之别，盛装做工精细，刺绣花饰图案精美。

## 二　彝族、布依族服饰

**彝族服饰**　威宁县彝族男性上穿对襟短衣，外加无袖短褂，下缘一周转包，俗称褡褡；下着八幅大裙裤，又称灯笼裤。女性上着短衣，领口、袖口、肩部、胸部镶嵌或刺绣花纹图案，下着三接头或五接头白褶长裙。毕节县彝族妇女着长袍，于衣领、袖口、襟边、下摆、裤脚处绣云彩花、游纱花、吊吊花、八角花、六耳结、连环扣及必力妥罗花纹图案。黔西县彝族，老人衣着少有花纹图案。青壮年妇女着青蓝色长袍，领口、袖口、襟边、下摆和裤脚镶嵌或绣花纹组合图案，系绣花围腰，鞋子刺绣图案多为鹰头形。逢年过节或探亲访友，佩戴银饰耳环、手镯。儿童不分男女均着长衫、长裤，男童装无花纹，女童装在领口、袖口、襟边、下摆绣以花纹图案或镶嵌花边。童帽、背扇多绣太极、八卦、虎头、花鸟、蜂蝶图案。彝族现多穿时兴服装。民族传统服饰多在节日或喜庆日穿着。

**布依族服饰**　大方县布依族服饰，男子穿大襟或对襟短衣、长裤，包蓝色或白色头帕。妇女穿大襟短衣、长裤，袖口、盘肩、裤脚镶花边。腰系黑色绣花短围裙，服饰淡雅素净。黔西县布依族男女服装以青、蓝色为主，内衣喜白色。男子穿青蓝布长衫，以青布帕包头。女子穿青布大领衣，下着青布长裙，细褶多至10余幅拖腰。已婚妇女头发挽于头顶成宝塔形，先用一块四方小帕包发，再用一块长6尺、宽1.2尺白布包在小帕上，于前额蒙髻作斜角形。威宁县布依族男女服装以青、蓝、白色为主体，男子穿大襟长衣或对襟短衣，下着大腰大脚裤，年轻人喜外套长褡褡。妇女身穿大襟短衣或双层白布褂，下着青色或粉蓝色裙子。

# 第九节　民族民间工艺

## 一　苗族蜡染刺绣

**蜡染**　苗族蜡染历史悠久，多数苗族妇女精于此道。其制作工艺以蜡熔化，用蜡刀蘸蜡汁在白色布上绘花、鸟、虫、鱼和云、虎、龙纹及方形、圆形、棱形几何图形。绘画不作草图，仅凭构思，心想手画而成。放入染缸染就，清水煮沸去蜡，便现出靛青或浅蓝底色的各种白色花纹图案。传统蜡染品种有成衣、头帕、手帕、围腰、枕套、裙子、门帘；近年来，增加床单、被面、帐沿、沙发巾、台桌布、时装新工艺品。

织金县官寨乡小妥倮苗族蜡染

**刺绣**　苗族刺绣工艺精巧，构图秀美，色彩艳丽，风格多样。黔西县苗族刺绣有平绣、辫绣、结绣、缠绣、绉绣、贴花、抽花、堆花、舀花、打子。图案有龙、凤、麒麟和花、鸟、虫、鱼及果类。喜用大红、小红、紫红、橙黄、金黄、深蓝、浅蓝、深绿、浅绿色。难度较大的辫绣、结绣、堆花工艺，图案花纹富立体感。毕节市苗族刺绣有散绣、绉绣、穿绣，图案有人物、花鸟、果木。颜色以红、黄色为主，搭配其他相称色调。织金县苗族刺绣民国年间即以制作精密、结构秀丽独具特色，产品多且精美而闻名，别具一格的有缀绣、剪贴绣。缀绣，在布上绣成浮雕似的图案；剪贴绣，用纸剪好各种花纹图案，在被剪空的图案底面铺垫五彩布料，然后沿图案边沿扎固，呈现各种色彩图案紧贴视象。刺绣图案多为斗框、波纹、梅花型、锯齿型、杉树巅、棱形连环套、窗花型及鸟、兽、虫、鱼。纳雍县苗族刺绣，多以刺藜花、杜鹃花、山楂果、桃花、李花、蝴蝶、喜鹊组成图案，其传统针法有平插、欠插、挑针、数纱、穿针。

**挑花**　以布作底，分素花和彩色挑花两种。针法有十字针、长短针。十字针法以规则的若干小十字构成基本线条和块面，组合成各种图案。长短针法横向或斜向架线，构成图案。花纹多为几何图形，亦有动、植物图案。

织金县官寨乡小妥倮苗族十字绣古典老藏品

## 二　漆器、石砚

**大方漆器**　（详见本篇第一章第八节二目）1.生产历程。古代，大方民间即用以涂髹皮胄、马鞍、箭筒，进而以水牛皮为胎坯，用色调漆涂髹，制成茶、酒革器。明洪武年间，皮胎漆器制作工艺发展，胎料用牛马羊皮，灰地、漆地工艺更为完善。装饰有镂嵌填漆等技法，增加异禽怪兽纹样，器形品种增加，并有木胎制品。清代，技术提高。清康熙年间《黔书·革器说》记大定漆器有“雕虫镂卉，运斤成风”的绘饰文采。《乾隆通志》云：“黔之革器以大定为最佳”。大定皮胎漆器以其特色而与北京雕漆、山西云雕、甘肃填彩、四川推光雕漆、福州脱胎漆齐名，并独创深浅变化自然、淡雅含蓄、古朴别致艺术风格的隐纹装饰技法。清道光年间，大定城内漆器家庭作坊遍及大街小巷，从业者800余人，有漆半城之称。道光六年（1826），漆器朝珠盒、朝帽盒、凤冠霞帔盒、满汉全席全堂餐具、皮胎描金葫芦被选为入朝贡品，其中皮胎朱地描金葫芦中竖开启为两半，内装杯、盘、碗、筷，制作精巧，彩绘煌煌，作为精品收藏于故宫博物院。民国4年（1915），在巴拿马运河开通博览会上，大定漆器与扬州漆器双双获奖。民国27年（1938），漆器艺人孙伯卿的工场“宝光斋”制作的皮胎漆葫芦获国民政府实业部奖状。中华人民共和国成立前夕，大定漆器生产逐渐衰落，从业人员40余人，不及清道光年间十分之一。中华人民共和国成立后，人民政府扶植和发展漆器生产。1988年12月，全国政协副主席钱伟长到大方漆器厂视察，为大方漆器作“发扬有民族风韵绚丽多彩的工艺传统”题词。

2.生产工艺。大方漆器生产，有制漆、胎坯、灰地、漆地、装饰5大工艺近50道工序。制漆，有制作朱色、黄色及赤、蓝、绿、紫各种深色漆和浅色漆的技艺。胎坯，有皮胎、脱胎、木胎、半纸皮胎、纸胎。皮胎独具特色，装饰分为髹饰、纹饰。髹饰有赤宝砂、台花、印锦、描金、五彩嵌花、平涂彩绘、黄隐纹等17种技艺；纹饰，有花卉、山水、人物、鸟、兽、虫、鱼。中华人民共和国成立后，画艺提高，绘画艺人夏德鑫的金龙、吴世忠的牡丹、刘克利的菊花、臧善耕的蝴蝶、杨承龙的山水，异彩纷呈。吸收少数民族蜡染、刺绣优秀图案。1959年为北京人民大会堂贵州厅制作一对高2米、直径1米的大花瓶和参加全国工艺美术展览的部分产品，纹样应用少数民族工艺图案，国家轻工部工艺美术公司认定“大方漆器独树一帜，形成贵州风格”。

3.品种。大方漆器，至民国年间，计有皮箱、皮盘、葫芦、棒盒、传盒、烟盒、茶瓶、茶船、匾对、马匙、筷子11类50多个品种。中华人民共和国成立后花色品种增加。新增茶点瓜盒、花瓶、挂屏、金猴托壶、拷红镜盘、孔雀开屏屏风、刘海金蟾盒、倒口瓶，至20世纪60年代后期，花色品种达200余种。80年代以来，蚌壳盒、鸳鸯盒、鲤鱼盒、盘桃盒、梅花盒、竹节盒、荷叶盘等动植物造型品种增多，新增东洋瓶、圆坛绣瓶、家具和名特产品包装盒品种。至1990年，花色品种达400多种。1982年，制作直径2.5米的五彩嵌花遵义会议镜盘、台花茶几、赤宝砂沙发送北京人民大会堂贵州厅陈列。1990年，生产玉屏箫笛筒盒204个；1991年，生产茅台酒盒8079个，围棋内盒5939个。漆画制作采用采绘、镶嵌、雕刻、罩堆工艺制作，具有版画的朴素、油画的厚重，水墨画的清逸和浮雕的立体感。1986年5月，全国漆画展评会上，大方漆画《龙宫奇观》《乡间小路》《石头寨》分别获工艺奖、创作奖；《新娘》被列为珍品，由中国美术馆收藏。大方漆器不仅畅销国内，还远销日本、俄罗斯、波兰、捷克、瑞士、比利时、芬兰、美国、意大利、新加坡，享誉中外。

**织金石砚** 织金县盛产大理石，矿点主要分布于县城周围。城东隅古佛山系大理石山，樱桃洞系大理石溶洞。三甲至大戛，绵亘10多千米，均系大理石山。品种有晶墨玉、残雪、汉白玉、小桃红、雪花石、玉龙甲、鳝玉、辉绿岩、松花黄，尤以晶墨玉、残雪堪称佳品。贵州省地质科学研究所《织金大理石（晶墨玉）踏查情况》鉴定：“织金大理石（晶墨玉）质地细腻，颜色均一，打磨抛光后色黑似漆，光亮如镜，可照眼眉，为国内外所产晶墨玉最优品种。”在国际上，定为晶墨玉79号。织金石砚采用晶墨玉大理石雕刻而成，其性能具有“水石殊质，浑金璞玉，涩不留笔，滑不拒墨”的优点，出水不耗，历寒不冰，哈气可研，经久不涸，为文房四宝之珍品。织金石砚工艺精巧，造型精美，绘神绘形，艺人根据石质坯件及花纹色泽的不同，因材造型。传统的空花葡萄、明月梅花造型，系清光绪年间艺人黄乾昌所创，流传至今，俗称空花石砚。至今，织金石砚已有双龙抢宝、双凤朝阳、喜鹊含梅、蜻蜓点水、青蛙跃水、白鹤青松、池塘浴牛、犀牛望月等10余种造型。其刀法有雕、镂、刻、磨、铿、凿，技艺精湛。织金石砚有盒盖，雕诗词、人物、山水、花鸟、浮雕或镂空雕龙凤图案，配以珍贵木料制成的砚座，更显华贵。织金石砚于元、明代即作为贡品供奉皇室或翰林院使用，清廷还以之作为礼品赠送邻国。民国2年（1913），在贵州省工艺展览会上，获特级奖；民国28年（1939）在全国工艺器展览会上，获金质奖；民国32年（1943）参加全国艺术品展览获二级奖，是年产砚1.45万块，民国33年（1944）产砚1.55万块，民国37年（1948）产砚约3万块。中华人民共和国成立后，织金石砚多次在全国工艺美术展览会上获奖。1970年，国务院总理周恩来在会见日本友人时，将织金石砚作为礼品赠送客人。织金石砚除在国内市场备受珍爱外，还远销东南亚、日本及欧美一些国家。

### 三　其他民间工艺

**傩面具**　傩面具，主要为木雕面具，多用白杨、柳木材料制作。大方县傩堂戏面具有八蛮、二郎神、活活二神仙、童子、罗裸、铁琼仙姐、简斋和尚、天官土地、灵官、三星、八仙、钟馗、包公、歪嘴和尚。一堂戏一套面具。面具造型依据角色形象而定。傩面具分生、旦、净、末、丑，雕刻技法洗练简括。威宁县板底乡彝族变人戏《撮泰吉》，其面具5面，均有特定角色。阿布摩戴白胡须面具，阿达姆戴无须面具，麻泼摩戴黑须面具，嘿布戴无须兔唇面具，阿安布戴无须面具。均比其他傩戏面具略显长大，一般长约40厘米，宽约30厘米，约为常人脸长的一倍。造型独特，面具呈长方形，四角略显圆弧，前额宽阔厚实，眼角上挑，鼻高而直，雕刻工艺简单粗糙，无雕饰，仅在双眼和嘴处挖孔3个，用墨和烟灰把面具染黑，再用石灰或粉笔随意在黑底上勾划上线条，安上用麻线做成的胡须，即告完成，于稚拙中透出古朴、原始、粗犷、刚劲风格。

**织金砂锅**　原叫平远锅。以煤渣、煤灰、胶泥、白泥作原料，将煤渣用碓舂成细沙，胶泥晒干舂成粉末，按比例拌和后揉成手指大小的泥条，照模型放在手转木盘车上转动，制坯过程似燕子垒巢，稍干后用白泥浆糊面或绘画各式图案，用玉片或瓷片打磨，上釉，入地炉煅烧，经摄氏1000多度高温烧红后，置于木屑之上，再用特制的大砂锅盖住，经木屑烟熏，即制作完工。织金砂锅质地优良，烹炖食物，荤素皆宜，其味鲜美，拒腐蚀，抗酸碱，以之盛食品，不易变质。以砂罐煎茶或熬中药，茶味及药效特佳。织金砂锅以其特异性能，深受群众欢迎，行销省内外。

**不嘟**　儿童玻璃玩具，形略似葫芦，厚薄如纸，规格大小不同，口衔嘴吹气吸气，便发出清脆悦耳的“不嘟、不嘟”声，为儿童最喜爱的玩具之一。清康熙年间在大定县小路坡开始生产，迄今有200多年历史。每年春节前大批生产，畅销省内，远销邻近各省，市场历久不衰。

**金沙藤编**　金沙产藤，经炮制后，藤条洁白柔韧。以之编织而成的各式藤椅、藤包、藤沙发，素雅美观，轻巧别致，为家庭和办公室所喜用。

**剪纸**　各民族剪纸风格多样，各具特色。苗族剪纸主要为绣花纹样及蜡染刻花图案。刺绣和蜡染能手亦是剪纸能手。威宁回族剪纸，多为胸花及围腰绣样，纹样多以蝴蝶花鸟对称组合布局，疏密得当，错落有致，线条流畅，运剪圆熟，工整秀美。

## 第十节　文化遗产保护与利用

### 一　保护与利用工作梗概

20世纪50年代，毕节地区的民族民间文化保护与利用取得显著成绩。1978年12月后，成绩更为卓著。2004年，启动民族民间文化保护抢救工程，按照“保护为主，抢救第一，合理利用，继承发展”的方针和“政府主导，社会参与，长期规划，分步实施，形成合力”的实施原则，采取立法保护与政策保障相结合，政府保护与民间保护相结合，财政投入与社会赞助相结合的方法，开展保护抢救民族民间文化工程。保护抢救对象为珍贵、濒危并具有历史、文化和科学价值的民族民间文化，包括传统的口述文学和语言文学；传统的戏剧、曲艺、音乐、舞蹈、美术、杂技，传统的工艺美术和制作工艺；传统的礼仪、节日、庆典、体育活动；与上述各项目相关的代表性原始资料、实物和场所及其他需要保护的特殊对象。

**民族民间文学**　20世纪50年代，威宁县韩绍刚、李永才搜集、翻译和整理苗族、彝族民间文学，　成果不菲。1959年作协贵州省分会筹委会、贵州省民族语文指导委员会和贵州大学联合编印《民间文学资料》，先后刊发威宁民间故事55篇，苗族歌谣84首，彝族歌谣163首。20世纪60年代，黔西县魏绪文搜集整理数十篇民间故事在《山花》《南风》《苗岭》刊物上发表，其中水族故事《画眉鸟》被选入高等学校文科教材《中国少数民族文学作品选》第四分册。1978年12月后，各级文化部门搜集整理民间文学。1979年，地区文化局编印《苗族民间故事》（一）和红军故事《贺龙来了》，是年，大方县文化馆编印《红军长征故事集》。1981～1986年，地区文化局编印《彝族叙事诗》《彝族民间故事》和《苗族民间故事》（二）。20世纪80年代中后期搜集、整理、编辑出版《中国民间文学三套集成》地直卷和各县卷，编辑出版地直《叙事诗》《故事歌谣谚语》各一卷，《中国民间文学故事集成纳雍县卷》《中国民间歌谣谚语集成纳雍县卷》《中国民间文学三套集成金沙卷》《中国民间故事歌谣谚语集成威宁县卷》《中国民间故事集成黔西县卷》《中国民间谚语集成黔西卷》《中国民间歌谣集成黔西卷》《中国民间文学三套集成赫章县卷》《中国民间文学三套集成毕节县卷》《中国民间歌谣谚语集成织金县卷》《中国民间故事集成织金县卷》，计22卷500余万字。

**民族民间戏剧**　1952年，黔西县街道扬琴组艺人用扬琴弹唱唱腔的旋律移植婺剧《百日缘》搬上舞台演出，取名文琴戏。随后又将贵州弹调唱本《搬窑》排练文琴戏。文琴戏诞生。1965年，成立黔西县文琴剧团。1960年2月，中共贵州省委正式将文琴戏命名为黔剧，成为全国地方戏曲剧种之一。

**民族民间音乐**　1956年，贵州民族出版社出版《贵州民间歌曲选集》收录毕节专区汉、彝、苗族民间歌曲《毛风细雨》《下山调》《花歌》《桃子开花桃子红》等24首。1958年，省音协毛家乐为大方县彝族民歌手陈学秀（女）记录整理大方民歌演变调17首和民歌歌词300余首，陈学秀赴北京参加全国民族民间音乐汇演，演唱《山歌不唱不开怀》等5首民歌，获优秀演出奖。1959年，贵州省民族学院艺术系音乐班师生，赴威宁采风，陈天乐教授将采风所得彝族民歌琵琶独奏曲《草海》送贵州人民广播电台播放，继而送中央人民广播电台播放，彝族音乐首次在全国亮相。1960年，大方、黔西、毕节、金沙、赫章、水城县花灯调94首，被收入贵州省花灯团和贵州省群众艺术馆收录入编《贵州花灯资料》。是年，彝族歌手李永才演唱、宋树秀记录的威宁彝族民歌《芦虹高原》，在全国音乐刊物《歌曲》杂志上发表。1964年，省、地、县音乐工作者采录、整理、辅导、毕节地区的彝族民歌《乐呵呵》《丰收歌》《姑娘推车快如梭》《下田归来唱山歌》等10首歌曲；仡佬族民歌《一颗红心向北京》，彝族月琴曲《赛马调》等6首歌曲；苗族芦笙曲《夜乐舞曲》及彝族民歌舞蹈《芦虹彝家》、仡佬族舞蹈《毛主席像太阳》等23个音乐舞蹈节目参加贵州省少数民族群众业余艺术观摩演出，并入编资料汇刊出版，其中《乐呵呵》《下田归来唱山歌》、月琴曲《赛马调》、舞蹈《莎史书》《芦虹彝家》，被选送北京参加全国少数民族群众业余艺术观摩演出。1978年起，遵照中央有关抢救民族民间文化艺术遗产指示，音乐工作者按照范围广、品种全、质量高的要求，深入少数民族村寨搜集采录。历时两年多，通过调查、录音、记谱、翻译，1980年，地区文化局从各县选送的1050首民歌歌曲中精选850首编成《毕节地区民间歌曲集成》6册。是年，大方、黔西、毕节、赫章县的《八月桂花香》等12首花灯调及织金，大方县的《坐谱》《梗斗抓》等60首苗族芦笙曲分别入编贵州省群众艺术馆编辑的《贵州花灯三百首》和《贵州苗族芦笙》出版。自1981年起，地县音乐工作者深入黔西、纳雍、织金、大方县苗寨，梳理查清6种方言土语各异，音乐特色显著不同的苗族多声部民歌。经记谱、翻译后精选歌曲72首，编成《毕节地区民间歌曲集成》专辑。1981年，贵州省群众艺术馆编辑《贵州彝族民歌选》出版，毕节地区的《月亮明朗夜》《站在高山望四方》《板底芦虹山》等316首彝歌入编，占全书民歌总数的90%；《贵州布依族民歌选》，毕节地区的《脚跨门槛就唱歌》《天上星宿排对排》等8首民歌入编出版。1987年，贵州民族出版社出版《贵州水族、仡佬族民间音乐》，毕节地区的《劝嫁歌》等10首仡佬族民歌入编。1986年，区内首次发掘到苗族民间乐器捽冉、掌司、牧角、五管芦笙的介绍文章入编《中国少数民族乐器志》出版。1995年，毕节地区汉、彝、苗、布依、仡佬族民间歌曲307首入编《中国民间歌曲集成·贵州卷》，由国家ISBN中心出版，国内外发行。毕节地区的民族民间歌曲，进入中华民族文化典籍宝库。1997年，毕节地区苗学会编辑《乌蒙苗歌》出版，发表苗族民间歌曲109首，为首次用少数民族文字出版的民间歌曲专辑。

**民族民间歌舞**　1957年，中共毕节地委宣传部、毕节专署文教局选送威宁县彝族舞蹈《撮衬吉》《四铜鼓舞》参加贵州省第二届文艺汇演，选送威宁县彝族歌舞《阿西里西》《芦虹彝家》《阿波毛主席》《撒麻舞》参加贵州省第二届文艺汇演。1980年，选送大方县仡佬族舞蹈《打亲敬酒》参加贵州省少数民族文艺调演，获优秀节目奖。1983年，《打亲敬酒》参加贵州省乌兰牧骑式文工队文艺调演，获优秀节目奖，并被选送参加全国乌兰牧骑式文工队文艺调演。1984年，地区文化局选送纳雍县治昆区苗族儿童王景全参加全国金雀杯歌舞比赛，表演苗族芦笙舞滚山珠，夺取桂冠。1986年，织金县民族文工队排练的苗族双人舞蹈《擀冉情深》和布依族舞蹈《索绣球》参加贵州省民间音乐舞蹈调演，分别获二、三等奖。1987年，《擀冉情深》被选送参加全国民族民间音乐舞蹈录像调演，获国家文化部、广播电视部丰收奖。是年，大方县文化馆少儿业余艺校排练的仡佬族少儿舞蹈《响铃舞》在贵州省少儿艺术节上获表演奖。2005年，由地区文化局邱体敏等加工编排的彝族《铃铛舞》获第七届中国民间文艺山花奖、民间艺术表演山花奖。2007年，由赫章县选送《苗族矮桩舞》代表贵州省参加中国民族民间歌舞精品展演暨第五届南戴河荷花艺术节，获金荷花奖。是年，由毕节地区选送的苗族舞蹈

《大迁徙舞》在多彩贵州舞蹈大赛上获铜鼓奖。文艺工作者还编创大型民族歌舞《乌蒙欢歌》《乌蒙魂》。织金、赫章县编印《中国民族民间舞蹈集成》织金县卷、赫章县卷。赫章县还编印彝族舞蹈《肯合呗》。

**民族民间工艺** 毕节地区群众艺术馆编写《毕节地区民间美术概况》和《毕节地区民间工艺美术》各1卷，收集苗族挑花刺绣蜡染品百余件，拍摄民间工艺照片3000余幅，整理文字资料5万余字。

## 二　非物质文化遗产保护工作

2005年，开展非物质文化遗产普查和项目申报工作及建立县市非物质文化遗产保护名录。普查范围：1.口述文学；2.民间艺术；3.民间工艺技能；4. 民俗；5.与上述表现形式有关的文化空间；6.其他需要保护的特殊对象。通过历年的普查和申报，至2011年，威宁县歌舞《撮泰吉》、纳雍县苗族芦笙舞《滚山珠》、大方县漆器制作工艺、纳雍县箐苗服饰、赫章县彝族《铃铛舞》被列入国家级非物质文化遗产保护名录。黔西县素朴金钱棍、文琴戏、花灯戏、化屋苗族文化空间；织金县苗族射弩、砂陶制作工艺；威宁县彝族擀毡制作工艺、彝族酒礼舞、四桐鼓舞；金沙县烟火、薅秧歌、仡佬族吃新节；赫章县苗族大迁徙舞、彝族年；纳雍县划筷奠祖苗俗；地区的彝族咪古和毕节市的大屯三官寨彝族祭祀等17项非物质文化遗产被贵州省政府公布为省级非物质文化遗产保护名录。同时，区内各县市共公布县市级非物质文化遗产保护名录202处。其中，毕节市13项：大屯乡三官寨彝族衣角舞，大屯乡三官寨彝族撒麻舞，阿市乡苗族扁担舞，燕子口苗族世界标准语言，大屯乡大河口彝族喜调唢呐，普宜乐都唢呐，大屯乡三官寨彝族祭祀，燕子口大南山苗族祭祀，阴底乡彝族送水神活动，毕节市苗族解簸箕祭祀，八寨苗族采花节，苗族花坡节，苗族刺绣、蜡染工艺等。大方县56项：普底红丰仡佬族语言，彝族民间口碑文化，苗族民间口碑文化，彝族酒礼文化，民间绘画，“梅花篆”，苗族民间乐器芦笙演奏，彝族唢呐演奏，彝族民间乐器羊皮四胡演奏，苗族口弦演奏，民间舞蹈《花灯戏》，苗族芦笙舞，六龙民间舞龙，仡佬族舞蹈《打亲敬酒》，彝族民间歌舞，彝族舞蹈《打亲敬酒》，响水青山彝族火把节，彝族过羊节，彝族插花节，牛场苗族跳花节，响水显母苗族跳花节，六寨苗族跳花节，响水白族团圆节，普底红丰仡佬族祭山节，普底红丰仡佬族吃新节，彝族婚嫁习俗，苗族婚嫁习俗，白族婚嫁习俗，仡佬族婚嫁习俗，彝族丧葬习俗，苗族丧葬习俗，彝族祭祀习俗，苗族祭祀习俗，普底红丰仡佬族丧葬习俗，苗族逛花坡，漆器制作工艺，豆制品制作工艺，石刻工艺，彝族民间乐器羊皮四胡制作工艺，喜鹊苗服饰制作工艺，彝族建筑工艺，彝族刺绣工艺，苗族刺绣工艺，苗族蜡染工艺，彝族唢呐制作工艺，苗族民间乐器芦笙制作工艺，苗族口弦制作工艺，灯谜，六寨苗族文化空间，彝族典籍文化，古彝文字，诗词楹联，大方彝族十月太阳历，彝族民间传统医药，苗族民间传统医药，普底红丰仡佬族民间医药；黔西县28项 ：布依族《六月六吃粽子的来历》，苗族《笋子岩传说》、彝族《丢买路钱的来历》，布依族民歌，苗族各支系多声部民歌，化屋苗族打鼓芦笙拳舞，红林苗族斗鸡舞，黔西文琴戏和花灯，素朴金钱棍，谷里龙灯，羊场茶食，苗族芦笙制作，化屋苗族服饰、头饰、足饰，中坪青苗服饰、头饰、足饰工艺，定新苗族服饰、头饰、足饰工艺，铁石苗族服饰、头饰、足饰工艺，治中布依族婚俗，苗族婚俗，铁石苗族花场节，苗族花坡节、跳年厂、年节，布依族六月六对歌节，彝族火把节，彝族年，苗族献山节，撞钟山庙会，苗族医药——刘氏祖传骨伤草药、李氏妇科草药，化屋苗族文化空间；织金县14项：阿弓长角苗原生态唱法、三眼箫传统演奏技艺，苗族蜡染刺绣，竹荪栽培制作技术，实兴乡苗族射弩，芦笙制作，城关镇沙陶工艺，珠藏青山羊场跳花节，大理石雕刻工艺，白苗织布，箐苗赶毡，织金花灯，苗族口弦，板桥穿青人傩戏，以支花场；纳雍县31项：苗族芦笙舞，神仙坡跳花场，猪场乡弯子寨苗族蜡染，独特的苗族丧葬习俗，水东苗俗碑，苗族小芦笙工艺制作技巧，百兴、张维箐苗刺绣服装，苗族调解酒令，苗族祖先的传说及苗族祖先饶盖和玛柔坟实物，苗家安山药，苗族服饰文化——苗族历史活化，苗族支系史，龙场地尾——黔西北第一苗寨，苗族阿署祝酒，苗族口碑文化体系，苗族各支系及大姓历史根源，苗族儿童歌谣体系，苗族芦笙语体系，苗族历法的来历，苗族的宗教文化体系，彝族古籍体系，彝文汉文碑刻体系，彝族历史文化体系，十二兽纪日集场，苗族乐器体系，苗族飞歌系列，苗族游方系列，苗族婚丧嫁娶习俗系列，苗族民居，苗族饮食文化，苗族狩猎习俗；金沙县10项：布依族“六月六”歌节，苗族“二月三、七月三”跳花场，苗族米花节仡佬族吃新节，仡佬族打蔑鸡蛋、磨磨秋，苗族刺绣、蜡染，苗族芦笙制作，汉族烟火架，苗族唠嫆倒，汉族嫆秧歌；威宁县29项：彝族源流，苗族古歌，彝族铃铛舞，彝族酒礼舞，苗族迁徙舞，苗族芦笙舞，中水桐鼓舞，彝族酒礼歌，苗族迁徙古歌，布依情歌，彝族情歌，马摆山歌，彝族月琴调，彝族唢呐调，苗族芦笙调，赶毡制作工艺，荞酥传统制作工艺，火腿传统制作工艺，苗族蜡染，布依族服饰制作工艺，回族剪纸、刺绣工艺，彝族服饰制作工艺，彝族年，回族开斋节，苗族花山节，布依族蚂螂节，撮泰吉，彝族民间画，布依族赶嘎；赫章县23项：《阿西里西》《酒礼歌》《大迁徙舞》《铃铛舞》《撒麻舞》，《苗族古歌》《撮太锦》，苗族服饰工艺，彝族服饰工艺，乌蒙马鞍，龙角酒器，织布工艺，漆艺，芦笙唢呐制作工艺，苗族蜡染工艺，《恒述数》《主摩菜述》《努额数》《历咪数》《凯咪数》《咪谷》《喳数》《曲谷》。

2011年，嫆秧歌（金沙县）、彝族酒礼舞（威宁县）、素朴金钱棍（黔西县）、四桐鼓舞（威宁县）、文琴戏（黔西县）、花灯戏（黔西县）、苗族射弩（织金县）、大方漆器制作技艺（大方县）、烟火（金沙县）、仡佬族吃新节（金沙县）。箐苗服饰（纳雍县）、彝族年（赫章县）、化屋基苗族文化空间（黔西县）、“划筷奠祖”苗俗（纳雍县）、彝族咪古（毕节地区文化局）、大屯三官寨彝族祭祀（毕节市）16个民族民间文化项目被省政府公布为第二批非物质文化遗产代表作名录。彝族撮泰吉、苗族滚山珠4名传承人被省文化厅公布为全省首批非物质文化遗产保护传承人。

# 第四章　图书报纸

民国32年（1943）创刊的4开铅印版《西黔日报》，是境内正式出版发行的第一张报纸。

1951年，中共毕节地委机关报《毕节大众》创刊，1953年停刊。1956~1957年，《织金县报》《赫章县报》《威宁县报》《纳雍县报》先后创刊；1958年，《金沙县报》《毕节县报》《黔西县报》《大方县报》相继创刊，均为公开出版发行的县委机关报。1961年，皆停刊。

1967年创办的《新毕节报》，为毕节地区革命委员会的机关报，1969年底停办。

1985年，中共毕节地委机关报《毕节报》创刊，为公开发行的报纸。1998年，国家新闻出版局行文批复，同意《毕节报》更名为《毕节日报》，每周一、三、四、五出版。2001年，《毕节日报》扩版为4开8版，每周一到周六出版。2010年，《毕节日报》的征订发行量达5.2万份。

《毕节报》自创刊到2000年，每期4版：一版为要闻版，二版为经济版，三版为政治文化版，四版为副刊版。2004年，《毕节日报》的版面为：一版主要承担重大题材报道，刊发具有指导意义的评论员文章；二版刊发国际国内重大新闻，并对热点问题进行追踪报道；三版以经济报道为主；四版、五版均为社会新闻版；六版为综合新闻版；七版为特刊版；八版为文艺副刊。《毕节日报》对重大新闻都安排重要版面进行报道；对重点工程建设、扶贫攻坚等，则进行深度重点报道。报纸各个版面共开辟数十个栏目，全面反映毕节地区的政治、经济、文化生活和社会生活。

20世纪90年代中期，区内各县复又创办机关报，先后有《黔西报》《赫章报》《织金报》《毕节晚报》《大方报》《金沙宣传》《纳雍报》《威宁报》，均公开发行。2003年12月，根据上级报刊治理文件精神，均停办。

明代，境内人士著作的图书，现存目录7部。清代，境内有官刻书坊，刻印往史文籍、地方志、学校用书和私人著述；有坊刻，刻印学校用书，实用图书及通俗读物。据不完全统计，清代，刻印地方志25部（现存10部，佚亡15部），刻印的个人著述，今存目179部。

民国时期，境内人士多采用石印、铅印出版图书。据不完全统计，个人著述今存目16部。

中华人民共和国成立后，随着经济和文化事业的发展，区内由出版社公开出版发行的图书和内部出版的图书日益增多。据不完全统计，1953~2011年，毕节地区的单位和个人（不含在外地工作的毕节人士）编著的由出版社公开出版发行的图书逾300部（不含新编地方志），1979~2008年，内部出版的图书近500部。

民国时期，境内出版不定期的小型刊物12种，出刊时期大多短暂。中华人民共和国成立后，境内公开出版发行的期刊为《毕节学院学报》，内部出版的期刊有40余种。

民国时期，境内有书店13家，规模均不大，开办时间均不长。中华人民共和国成立后，地区及各县均成立新华书店，并发展乡镇发行网点，发行教材和各类图书。1951年，新华书店毕节中心支店销售图书24.6万册，销售收入3.38万元。1996年，全地区新华书店销售图书1354万册，销售收入1573万元。2005年，全地区图书销售码洋1.37亿元，完成不含税销售收入1.2亿元。

## 第一节　图书、期刊出版

### 一　图书出版

**清代及民国时期的图书出版**

1.官刻图书。清代，官刻图书，主要刻印官府修纂的志书、地方官吏的著述、经史文籍和学校用书。

2.坊刻图书。清代，随着教育事业的发展，刻书业亦随之兴起，采用木板刻印学校用书和蒙童习字红模、亦刻印历算、农桑医药等图书以及《柳荫记》《白蛇传》等说唱本。民国年间，乡间部分私塾不用小学通用教材，仍采用传统蒙学读本和四书五经作教材，故刻印私塾传统教材和习字本仍为坊刻重要经营项目。

清代雕版印刷（反相）

3.石印铅印图书。民国时期人士较多采用石印铅印出版印行图书，石印本有《素园文存》《国学初基》《大定县志》；铅印本有《柏余草》《商君书笺证》《生物学大纲》《爨文丛刻》，由上海商务印书馆出版发行。

**中华人民共和国成立后的图书出版**　中华人民共和国成立后，随着经济和文化事业的发展，境内由出版社公开出版发行的图书及内部出版的图书资料日益增多。特别是1978年12月中共十一届三中全会以后，随着改革开放的深化和经济社会的发展，境内公开出版发行的图书和经新闻出版部门批准内部出版的图书日益增多，据不完全统计，1953~2011年，毕节地区的单位和个人（不含在外地工作的毕节人士）编著的由出版社公开出版发行的图书逾300部（本）；

1979~2008年，内部出版图书近500部（本）。

**毕节专区人民出版社** 毕节专区人民出版社建立于1959年，为综合性地方出版社。1960年有职工（含出版社印刷厂职工36人，其中正副主编辑各1个，编辑5人。总编辑罗演存，副总编辑真空如）。出版社贯彻执行“地方化、通俗化、大从化”出版方针，编辑出版以工农群众为主要对象的政治、经济、科技和文艺读物。1959年8月~1961年2月，出版《干部学习文选》《由穷变富之路》《农业上的新人新事》《工业上的突击手》《怎样推行三包一奖制》《怎样办好农村公共食堂》《开展技术革新和技术革命的经验》《发展社办工业　开发山区富源》《保卫山区的英雄　建设山区的能手》《怎样办好工农业余教育》等社科类图书13种3.5万册；《长石人民公社几项主要的科学研究成果》《农事手册》《毕节专区肥料志》《毕节专区粳稻栽培技术》《几种主要农作物密植经验》《毕节专区烤烟丰产经验》《毕节专区小麦丰产经验选编》等科技图书18种4.31万册；《毕节专区山歌选》（1、2、3集）《春节演唱材料》等文艺图书2种1.71万册。1961年，根据文化部关于“为保证书籍质量，省以下专区除少数民族地区或有特殊条件外，一般不建立出版社”的指示精神，毕节专区人民出版社撤销。

## 毕节地区明代清代图书目录（部分）

| 书名 | 时代 | 编撰者 | 书目出版 |
|---|---|---|---|
| 缪参政奏稿　缪参政诗文集　武定或问 | 明 | 缪文龙　撰 | 《黔诗纪略》 |
| 桃花词　邹氏家训 | 明 | 邹　旦　撰 | 《大定府志》 |
| 霜柏集 | 明 | 释继庆　撰 | 《大定府志》 |
| 听猿序诗集 | 明 | 余仁章　撰 | 《大定府志》 |
| 墨庄集 | 明 | 林　晟　撰 | 《毕节县志》 |
| 李恭勤奏议 | 清 | 李世杰　撰 | 《龙威秘书》 |
| 家山纪事　南征草 | 清 | 李世杰　撰 | 《黔诗纪略后编》 |
| 丁文诚公奏议 | 清 | 丁宝桢　撰 | （访册） |
| 双荫轩集 | 清 | 李华国　撰 | 《黔诗纪略后编》 |
| 周易引蒙 | 清 | 冯云祥　撰 | 《毕节县志》 |
| 书经正旨　今文质疑 | 清 | 秦克勋　撰 | 《毕节县志》 |
| 书经提要 | 清 | 冯云祥　撰 | 《毕节县志》 |
| 诗经正本 | 清 | 冯云祥　撰 | 《毕节县志》 |
| 春秋志在 | 清 | 冯云祥　撰 | 《毕节县志》 |
| 春秋左传校字各一卷 | 清 | 简通材　撰 | 《毕节县志》 |

续表

| 书名 | 时代 | 编撰者 | 书目出版 |
|---|---|---|---|
| 孝经浅注二表 | 清 | 陈秉厚 撰 | 《毕节县志》 |
| 五经提要 | 清 | 冯云祥 撰 | 《毕节县志》 |
| 九经音义二十四卷 | 清 | 陈 濂 撰 | 《毕节县志》 |
| 四书汇析 | 清 | 秦克勋 撰 | 《毕节县志》 |
| 四书述问 | 清 | 冯云祥 撰 | 《毕节县志》 |
| 昌明字学论 | 清 | 简通材 撰 | 《大定县志》 |
| 黔西古迹考 | 清 | 钱 霦 撰 | 《小方壶斋舆地丛钞》 |
| 新平水西纪略一卷 | 清 | 谢 管 撰 | （访册） |
| 平朱拱箐苗匪始末纪一卷 | 清 | 余 昭 撰 | （访册） |
| 水西安氏本末 乌撒安氏本末 | 清 | 王允浩 撰 | 《大定府志》 |
| 水西安氏本末三卷 | 清 | 黄宅中 撰 | 《大定府志》 |
| 平彝纪闻一卷 | 清 | 周 熙 撰 | （访册） |
| 水西安氏谱 | 清 | | 《大定府志》 |
| 陈氏文献录一卷 | 清 | 陈秉厚 撰 | 《大定县志》 |
| 毕节刘孝子寻亲歌及传 | 清 | 龚守正 杨 芳 撰 | （抄本） |
| 康熙平远风土记 | 清 | 黄元治 撰 | 《乾隆平远州志》 |
| 康熙威宁风土记 | 清 | 宋 起 撰 | 《大定府志》 |
| 乾隆永康州志 | 清 | 李华国 撰 | 《大定府志》 |
| 治河要言二卷 | 清 | 韩 锳 撰 | 《黔诗纪略后编》 |
| 大定考 | 清 | 陈 绎 撰 | 《大定府志》 |
| 守御纪略 | 清 | 冯云祥 撰 | 《毕节县志》 |
| 毕工振录一卷 | 清 | 刘大淙 撰 | （访册） |
| 伤寒辨证十卷 | 清 | 秦克勋 撰 | 《毕节县志》 |
| 经世仁术 | 清 | 冯云祥 撰 | 《毕节县志》 |
| 保幼集外科治法一卷 | 清 | 胡致中 撰 | 《大定府志》 |
| 天文论天文图 | 清 | 吴文昭 撰 | 《黔诗纪略后编》 |
| 蠢子训一卷 日记十二卷 | 清 | 黄树烈 撰 | 《大定府志》 |

续表

| 书名 | 时代 | 编撰者 | 书目出版 |
|---|---|---|---|
| 庭训录一卷　古风日记五卷 | 清 | 郭　鹏　撰 | 《大定府志》 |
| 考槃杂录 | 清 | 曾应鸿　撰 | 《大定府志》 |
| 三才小引　经国大业 | 清 | 冯云祥　撰 | 《毕节县志》 |
| 大方杂记一卷 | 清 | 陈　濂　撰 | 《大定府志》 |
| 瑟庐文集十六卷　瘦梅书屋诗存二十四卷　海粟楼诗稿十二卷　宝瑟山房四六四卷　瑟庐尺牍四卷　幼存馆课诗赋稿八卷 | 清 | 章永康　撰 | 《黔南丛书》 |
| 海粟楼遗诗三卷 | 清 | 章永康　撰 | 《大定府志》 |
| 瑟庐尺牍四卷 | 清 | 章永康　撰 | 《大定县志》 |
| 尚论新编 | 清 | 秦春勤　撰 | （访册） |
| 二松一柏山访文钞六卷　野言汇殂诗抄六卷　诗选二卷 | 清 | 王其璪　撰 | 《大定县志》 |
| 离骚注疏 | 清 | 冯云祥　撰 | 《毕节县志》 |
| 养恬集 | 清 | 李时芳　撰 | 《大定府志》 |
| 翠屏寄客集 | 清 | 潘文芮　撰 | 《贵阳府志》 |
| 断续亭诗一卷 | 清 | 潘　晓　撰 | 《贵阳府志》 |
| 宁思堂稿一卷 | 清 | 潘以征　撰 | 《黔诗纪略后编》 |
| 思敬堂集一卷 | 清 | 潘以溶　撰 | 《黔诗纪略后编》 |
| 客留集一卷 | 清 | 潘　桐　撰 | 《贵阳府志》 |
| 蓺兰轩集 | 清 | 潘　桪　撰 | 《贵阳府志》 |
| 适情斋诗集八卷 | 清 | 刘玉泉　撰 | 《大定府志》 |
| 云溪杂咏　乃奄诗集 | 清 | 曹应选　撰 | 《大定府志》 |
| 铁山集 | 清 | 刘明儒　撰 | 《大定府志》 |
| 春田集 | 清 | 简贵发　撰 | 《大定府志》 |
| 居敬堂文稿八卷 | 清 | 黄树烈　撰 | 《大定府志》 |
| 飞鸟遗音一卷 | 清 | 郭　鹏　撰 | 《大定府志》 |
| 畲纪堂文集 | 清 | 简贵衡　撰 | 《大定府志》 |

续表

| 书名 | 时代 | 编撰者 | 书目出版 |
|---|---|---|---|
| 莲塘纪事诗一卷 | 清 | 吴兰芳　撰 | 《大定府志》 |
| 南壁文集 | 清 | 吴文昭　撰 | 《大定府志》 |
| 焚余草 | 清 | 张　琚　撰 | 《黔诗纪略后编》 |
| 秋灯画荻草堂诗一卷 | 清 | 史胜书　撰 | 《黔诗纪略后编》 |
| 一涣草堂诗 | 清 | 邱　煌　撰 | 全庆撰《邱公墓志铭》 |
| 时园诗草二卷 | 清 | 余家驹　撰 | （访册） |
| 阶平遗稿 | 清 | 安履泰　撰 | （访册） |
| 四余诗草 | 清 | 余　珍　撰 | （访册） |
| 醉吟风稿一卷 | 清 | 宋　璠　撰 | 《大定县志》 |
| 一叶小房集 | 清 | 陈世彬　撰 | 《大定县志》 |
| 聊自娱斋文集 | 清 | 简锐材　撰 | 《大定县志》 |
| 经腴集 | 清 | 饶益谦　撰 | 《大定县志》 |
| 松菊书屋遗稿 | 清 | 陈　冶　撰 | 《大定县志》 |
| 十五弗斋文存一卷　诗存一卷 | 清 | 丁宝桢　撰 | 《黔诗纪略后编》 |
| 中隐山房诗文集二卷　山居杂咏一卷 | 清 | 吴德铭　撰 | 《大定县志》 |
| 系匏山房稿 | 清 | 张大荣　撰 | 《大定县志》 |
| 沧海遗珠集一卷 | 清 | 陈培厚　撰 | 《大定县志》 |
| 莲漪画舫吟草 | 清 | 路　瑄　撰 | 《毕节县志》 |
| 一敬堂诗集四卷 | 清 | 邱宝森　撰 | 《毕节县志》 |
| 宦余吟草二卷　五桂轩缀锦集二卷 | 清 | 王旭昌　撰 | 《大定县志》 |
| 捌择堂诗集一卷 | 清 | 毛登峰　撰 | （访册） |
| 滴翠愁心集 | 清 | 陈枕云　撰 | 《大定县志》 |
| 淡静楼诗抄 | 清 | 徐元仪　撰 | 《大定县志》 |
| 吟秋山馆诗一卷（词附） | 清 | 周婉如　撰 | （访册） |
| 黔诗备采十卷 | 清 | 毛登峰　撰 | （访册） |
| 蒲编堂诗文集八卷 | 清 | 毕节路氏辑四世诗文 | （访册） |
| 溯源堂诗文集八卷 | 清 | 毕节张氏汇集三世诗文 | （访册） |

续表

| 书名 | 时代 | 编撰者 | 书目出版 |
|---|---|---|---|
| 园灵阁遗稿一卷 | 清 | 安履贞　撰 | （访册） |
| 论文随笔三卷 | 清 | 黄树烈　撰 | 《大定府志》 |
| 雁影庵词二十卷　海粟楼词一卷 | 清 | 章永康　撰 | 《黔诗纪略后编》 |
| 五凤楼访稿 | 清 | 谭兰英　撰 | 《黔诗纪略后编》 |
| 古今诗选 | 清 | 吴文昭　撰 | 《黔诗纪略后编》 |
| 希姓类考姓氏探源 | 清 | 吴文昭　撰 | 《黔诗纪略后编》 |
| 止轩诗话一卷 | 清 | 任　衡　撰 | 《黔诗纪略后编》 |
| 康熙乐昌县志十卷 | 清 | 任　衡　撰 | 《故宫方志目》 |
| 一涣草堂诗　今文质疑 | 清 | 邱　煌　撰 | 《毕节县志》 |
| 读左訾言　邱给谏奏稿 | 清 | 邱　煌　撰 | 《毕节县志》 |
| 府判录存 | 清 | 邱　煌　撰 | 全庆撰《邱公墓志铭》 |
| 大山诗草三卷 | 清 | 余　昭　撰 | 《黔诗纪略后编》 |
| 椽雅堂全集 | 清 | 余若瑔　撰 | （访册） |
| 玉山咏稿 | 清 | 路京斯　撰 | 《毕节县志》 |
| 红鹅馆诗抄二卷　附路承均啸亭遗诗一卷　野松书屋文集四卷　壬戌蜀道杂诗一卷 | 清 | 路朝霖　撰 | 《毕节县志》 |
| 梦中梦东溪诗稿 | 清 | 陈　瑜　撰 | 《毕节县志》 |
| 萃元堂诗西土区诗稿 | 清 | 陈　庚　撰 | 《毕节县志》 |
| 修竹吾庐吟草 | 清 | 吴德清　撰 | 《毕节县志》 |
| 四石山房诗抄二卷 | 清 | 康兆寅　撰 | 《毕节县志》 |
| 七十二峰堂诗 | 清 | 许盛芳　撰 | 《毕节县志》 |
| 一敬堂诗集 | 清 | 邱宝森　撰 | 《毕节县志》 |
| 铁云轩诗集四卷 | 清 | 王铭勋　撰 | 《毕节县志》 |
| 安生斋诗抄 | 清 | 李　炘　撰 | 《毕节县志》 |
| 漫坡集 | 清 | 陈万言　撰 | 《毕节县志》 |
| 次山文集 | 清 | 陈　瑜　撰 | 《毕节县志》 |
| 玉竹山房文集 | 清 | 吴步司　撰 | 《毕节县志》 |

续表

| 书名 | 时代 | 编撰者 | 书目出版 |
|---|---|---|---|
| 清凉仙子吟稿 | 清 | 宋　蛟　撰 | 木刻本 |
| 四怀吟稿 | 清 | 张大有　撰 | 木刻本 |
| 吟莛馆遗诗 | 清 | 路秀贞　撰 | 木刻本 |
| 水西杂咏 | 清 | 印山诗社　撰 | 《黔西县志》 |
| 翠屏客诗集 | 清 | 曾应鸿　撰 | 《黔西县志》 |
| 对窗听雨书屋诗抄 | 清 | 戴禾庄　撰 | 《黔西县志》 |
| 一树梅花屋诗抄 | 清 | 杨春谷　撰 | 《黔西县志》 |
| 曹太夫人百花诗 | 清 | 曹太夫人　撰 | 《黔西县志》 |
| 藤花馆主诗抄　旅筑草 | 清 | 熊潮滨等　撰 | 《黔西县志》 |
| 印山诗稿 | 清 | 熊朝滨　撰 | 《黔西县志》 |
| 畹丝诗抄 | 清 | 谭兰英　撰 | 《黔西县志》 |
| 谈经骈语 | 清 | 谭开甲　撰 | 《大方县志》 |
| 大定兵事纪要 | 清 | 杨玉堂　撰 | 《大方县志》 |
| 医学稿 | 清 | 黄发光　撰 | 《大方县志》 |
| 药性歌括 | 清 | 李树荣　撰 | 《大方县志》 |
| 凤山诗草　凤山文稿 | 清 | 黄　琮　撰 | 《大方县志》 |
| 香盈楼诗抄 | 清 | 毛仙樵　撰 | 《金沙县志》 |
| 分类春秋 | 清 | 曹沐恩　撰 | 《威宁县志》 |
| 壶天门馆诗草 | 清 | 宁　泉　撰 | 《威宁县志》 |
| 陈孝子遗著 | 清 | 陈　绎　撰 | 《大定县志》 |
| 竹林山方集 | 清 | 安吉士　撰 | 《黔诗纪略后编》 |
| 待月堂杂记十二卷 | 清 | 黄育春　撰 | 《大定府志》 |
| 大定志略一卷　谭氏家训 | 清 | 谭文藻　撰 | 《大定府志》 |
| 瘦梅书屋诗存二十四卷　絮红吟馆词四卷 | 清 | 章永康　撰 | 《黔南丛书》 |
| 宝瑟山房四六四卷　幼存课馆诗赋稿八卷 | 清 | 章永康　撰 | 《大定府志》 |
| 一叶山房文集　诗词集 | 清 | 杨凤仪　撰 | 《大定县志》 |
| 困学人 | 清 | 简名材　撰 | 《大定县志》 |
| 玉桂轩缀锦集二卷　宦余吟草二卷 | 清 | 王旭昌　撰 | 《大定县志》 |

续表

| 书名 | 时代 | 编撰者 | 书目出版 |
|---|---|---|---|
| 十年心血一卷 | 清 | 刘及善　撰 | 《大定县志》 |
| 伯谦遗诗 | 清 | 臧国光　撰 | 《大定县志》 |
| 藤溪吟稿 | 清 | 安永松　撰 | 《大定县志》 |
| 屏岚山馆遗稿一卷　日记四卷 | 清 | 陈　瀛　撰 | 《大定县志》 |
| 铁庄文编一卷　诗编一卷 | 清 | 吴铁庄　撰 | 《大定县志》 |

## 毕节地区清代及民国图书目录（部分）

| 书　名 | 时代 | 编撰者 | 版　本 |
|---|---|---|---|
| 邱给谏奏议遗稿二卷 | 清 | 邱　煌　撰 | 民国元年（1912）铅印 |
| 今文质疑 | 清 | 邱　煌　撰 | 民国元年（1912）铅印 |
| 十五弗斋诗存二卷 | 清 | 丁宝桢　撰 | 文通书局 |
| 瑟庐诗抄三卷 | 清 | 章永康　撰 | 文通书局 |
| 海粟楼词一卷 | 清 | 章永康　撰 | 文通书局 |
| 黔灵山樵诗抄四卷 | 清 | 路　璜　撰 | 民国14年刻本 |
| 焚余草三卷 | 清 | 张　琚　撰 | 民国15年石印本 |
| 古柏轩诗存一卷 | 清 | 谌显谟　撰 | 民国17年贵阳京华书局印制 |
| 柏余集三卷 | 清 | 谌湛溪　撰 | 民国21年铅印本 |
| 素园文存五卷 | 清 | 周素园　撰 | 上海石印本 |
| 生物学大纲 | 清 | 王其澍　撰 | 上海商务印书馆 |
| 商君书笺证 | 清 | 简书笺证 | 上海商务印书馆 |
| 国学初基 | 民国 | 向渭川　编著 | 石印本 |
| 路金坡诗钞 | 清 | 路朝銮　撰 | 木刻本 |
| 啸亭诗钞 | 民国 | 路承鋆　撰 | 木刻本 |
| 怀斋言情百律 | 民国 | 余　源　撰 | 木刻本 |
| 滇黔苗民夜校课本（4册） | 民国 | 朱焕章　撰 | 石印本 |
| 爨文丛刻 | 民国 | 罗文笔整理翻译 | 上海商务印书馆 |

中华人民共和国成立后毕节地区公开出版发行图书一览表（部分）

| 书名 | 编著者 | 版本 | 出版年份 |
|---|---|---|---|
| 苗族女副县长项毕英 | | 贵州人民出版社 | 1953 |
| 中级师范音乐基本知识 | 石应宽 | 上海文艺出版社 | 1954 |
| 农业大跃进十讲 | 陈健吾 | 贵州人民出版社 | 1958 |
| 大跃进中的金沙 | 贵州人民出版社 | 贵州人民出版社 | 1958 |
| 金沙县在跃进中的农村金融工作 | 人民银行贵州省分行 | 贵州人民出版社 | 1958 |
| 真金不怕火烧（花灯剧） | 大方县文化馆 | 贵州人民出版社 | 1958 |
| 贵州山歌选（九） | 中共金沙县委 | 贵州人民出版社 | 1958 |
| 长石在飞跃 | 中共大方县委 | 贵州人民出版社 | 1959 |
| 大方县开展群众科学研究的经验 | 中共大方县委 | 贵州人民出版社 | 1959 |
| 多种经营好处多 | 中共织金县委财贸部 | 贵州人民出版社 | 1959 |
| 土化肥的制造方法（三） | 大方县经工专学校 | 贵州人民出版社 | 1959 |
| 楠竹栽培 | 赤水林场金沙林场 | 贵州人民出版社 | 1959 |
| 有机肥料积制方法 | 大方县红专学校 | 贵州人民出版社 | 1959 |
| 牡丹与竹山 | 阿　永 | 贵州人民出版社 | 1959 |
| 毕节开遍幸福花 | 贵州人民出版社 | 贵州人民出版社 | 1959 |
| 女将炉上铁花飞（演唱材料） | 大方县长石人民公社俱乐部 | 贵州人民出版社 | 1959 |
| 由穷变富之路 | 毕节专区人民出版社 | 毕节专区人民出版社 | 1959 |
| 农业战线上新人新事 | 毕节专区人民出版社 | 毕节专区人民出版社 | 1959 |
| 工业战线上的突击手 | 毕节专区人民出版社 | 毕节专区人民出版社 | 1959 |
| 长石人民公社几项主要的科学研究成果 | 毕节专区人民出版社 | 毕节专区人民出版社 | 1959 |
| 农业手册 | 中共毕节地委农工部 | 毕节专区人民出版社 | 1959 |
| 几种急性传染病的防治方法 | 颜若平 | 毕节专区人民出版社 | 1959 |
| 高山苗歌（小提琴曲） | 石应宽 | 人民音乐出版社 | 1959 |
| 黔西红旗飘 | 中共黔西县委 | 贵州人民出版社 | 1960 |
| 阔步前进的毕节 | 中共毕节县委 | 贵州人民出版社 | 1960 |
| 威宁十年 | 中共威宁县委 | 贵州人民出版社 | 1960 |
| 跃进中的赫章 | 中共赫章县委 | 贵州人民出版社 | 1960 |
| 前进中的织金 | 中共织金县委 | 贵州人民出版社 | 1960 |

续表

| 书名 | 编著者 | 版本 | 出版年份 |
|---|---|---|---|
| 黔西县大办县社工业的经验 | 中共黔西县委 | 贵州人民出版社 | 1960 |
| 农村公共食堂会计工作须知 | 中共黔西县委 | 贵州人民出版社 | 1960 |
| 怎样办好县社工业 | 中共毕节地委工交部 | 贵州人民出版社 | 1960 |
| 小型农药生产技术（二） | 黔西化工厂 | 贵州人民出版社 | 1960 |
| 毕节专区的洋芋 | 毕节专署农业科学研究所 | 贵州人民出版社 | 1960 |
| 土法生产板纸 | 黔西科学工作委员会 | 贵州人民出版社 | 1960 |
| 中小型水库的设计与施工 | 王治平 | 贵州人民出版社 | 1960 |
| 干部学习文选 | 中共毕节地委宣传部 | 毕节专区人民出版社 | 1960 |
| 干部学习文选（二集） | 中共毕节地委宣传部 | 毕节专区人民出版社 | 1960 |
| 把青春献给养猪事业的人 | 中共毕节地委农工部 | 毕节专区人民出版社 | 1960 |
| 怎样推行三包一奖制 | 中共毕节地委福利办公室 | 毕节专区人民出版社 | 1960 |
| 怎样办好农村公共食堂 | 中共毕节地委工交部 | 毕节专区人民出版社 | 1960 |
| 开展技术革新和技术革命的经验 | 中共毕节地委工交部 | 毕节专区人民出版社 | 1960 |
| 发展社办工业　开发山区富源 | 中共毕节地委工交部 | 毕节专区人民出版社 | 1960 |
| 保卫山区的英雄　建设山区的能手 | 毕节军分区 | 毕节专区人民出版社 | 1960 |
| 毕节专区肥料志 | 毕节专署土地利用局 | 毕节专区人民出版社 | 1960 |
| 毕节专区高速度发展养猪事业 | 中共毕节地委农工部 | 毕节专区人民出版社 | 1960 |
| 主要猪病防治方法 | 毕节县畜牧局 | 毕节专区人民出版社 | 1960 |
| 毕节专区粳稻栽培技术 | 毕节专区农业科学研究所 | 毕节专区人民出版社 | 1960 |
| 怎样才能使甜菜高产 | 毕节专署农业局 | 毕节专区人民出版社 | 1960 |
| 毕节专区烤烟丰产经验 | 毕节专署农业局 | 毕节专区人民出版社 | 1960 |
| 几种主要农作物密植经验 | 毕节专署农业局 | 毕节专区人民出版社 | 1960 |
| 怎样使家畜满膘满怀 | 毕节专署畜牧局 | 毕节专区人民出版社 | 1960 |
| 毕节专区小麦丰产经验选编 | 中共毕节地委农工部 | 毕节专区人民出版社 | 1960 |
| 苞谷、水稻、小麦、油菜副产品综合利用 | 中共黔西县委员会 | 毕节专区人民出版社 | 1960 |
| 谷壳的综合利用 | 毕节专署石油化工局 | 毕节专区人民出版社 | 1960 |
| 食堂煤气炉灶的修建与使用 | 中共纳雍县委员会 | 毕节专区人民出版社 | 1960 |
| 甜菜的栽培和综合利用 | 毕节专署科委 | 毕节专区人民出版社 | 1960 |

续表

| 书名 | 编著者 | 版本 | 出版年份 |
|---|---|---|---|
| 农业计算手册 | 李贵斌 | 毕节专区人民出版社 | 1960 |
| 毕节专区民间医治猪病验方 | 中共毕节地委畜牧部 | 毕节专区人民出版社 | 1960 |
| 毕节专区山歌选（第一集） | 毕节专区人民出版社 | 毕节专区人民出版社 | 1960 |
| 怎样办好工农业余教育 | 毕节专署文教局 | 毕节专区人民出版社 | 1960 |
| 跃进中的农业中学 | 毕节专署文教局 | 毕节专区人民出版社 | 1960 |
| 金沙处处红旗飘 | 中共金沙县委 | 贵州人民出版社 | 1961 |
| 高歌猛进的大方 | 中共大方县委 | 贵州人民出版社 | 1961 |
| 纳雍十年 | 中共纳雍县委 | 贵州人民出版社 | 1961 |
| 毕节专区山歌选第二集 | 中共毕节地委生活福利办公室 | 毕节专区人民出版社 | 1961 |
| 毕节专区山歌选第三集 | 毕节专区人民出版社 | 毕节专区人民出版社 | 1961 |
| 春节演唱材料 | 毕节专区人民出版社 | 毕节专区人民出版社 | 1961 |
| 门画喜庆丰收 | 刘仲元 | 贵州人民出版社 | 1963 |
| 把关 | 唐谊全 | 贵州人民出版社 | 1965 |
| 开锁 | 陈耿光 | 贵州人民出版社 | 1965 |
| 贫农代表 | 唐谊全 | 贵州人民出版社 | 1965 |
| 考幺女 |  | 贵州人民出版社 | 1965 |
| 我驾飞船太空游 | 陈学书 | 贵州人民出版社 | 1979 |
| 夏橙栽培技术 | 许猛义 | 贵州人民出版社 | 1980 |
| 马铃薯栽培 | 李贵斌　刁荣生 | 贵州人民出版社 | 1980 |
| 巴把和官家（连环画） | 谈治华改编，何伊华、何正元绘画 | 贵州人民出版社 | 1980 |
| 智力、人才与教学 | 王鉴清 | 安徽人民出版社 | 1980 |
| 因为有了那颗心 | 陈学书 | 贵州人民出版社 | 1984 |
| 门画鲁智深、李逵 | 何伊华 | 贵州人民出版社 | 1984 |
| 威宁彝族回族苗族自治县概况 | 熊正国等 | 贵州人民出版社 | 1987 |
| 小镇风情 | 熊正国 | 贵州人民出版社 | 1987 |
| 纳雍县综合农业区划 | 本书编写组 | 贵州人民出版社 | 1988 |
| 毕节县综合农业区划 | 本书编写组 | 贵州人民出版社 | 1988 |

续表

| 书名 | 编著者 | 版本 | 出版年份 |
|---|---|---|---|
| 织金县综合农业区划 | 本书编写组 | 贵州人民出版社 | 1988 |
| 毕节地区综合农业区划 | 本书编写组 | 贵州人民出版社 | 1988 |
| 黔西县综合农业区划 | 本书编写组 | 贵州人民出版社 | 1989 |
| 威宁彝族回族苗族自治县综合农业区划 | 本书编写组 | 贵州人民出版社 | 1989 |
| 小学生作文例话 | 刘世桢 | 贵州人民出版社 | 1989 |
| 宇宙人文论 | 贵州省民族研究所<br>毕节地区彝文翻译组 | 贵州人民出版社 | 1989 |
| 增订爨文丛刻（上集） | 罗国义（合作） | 四川民族出版社 | 1984 |
| 增订爨文丛刻（中集） | 罗国义（合作） | 四川民族出版社 | 1988 |
| 增订爨文丛刻（下集） | 罗国义（合作） | 四川民族出版社 | 1988 |
| 西南彝志（1~2） | 毕节地区彝文翻译组<br>毕节地区民委 | 贵州民族出版社 | 1988 |
| 赤子心声 | 靳松 | 作家出版社 | 1990 |
| 西南彝志（3~4） | 毕节地区彝文翻译组<br>毕节地区民委 | 贵州民族出版社 | 1991 |
| 西南彝志（5~6） | 毕节地区彝文翻译组<br>毕节地区民委 | 贵州民族出版社 | 1992 |
| 西南彝志（7~8） | 毕节地区彝文翻译组<br>毕节地区民委 | 贵州民族出版社 | 1994 |
| 彝文金石图录（一） | 毕节地区民委　六盘水市民委　大方县民委毕节地区彝文翻译组　大方县彝文编译组 | 四川民族出版社 | 1989 |
| 彝文金石图录（二） | 毕节地区民委<br>六盘水市民委<br>大方县民委<br>毕节地区彝文翻译组<br>大方县彝文编译组 | 四川民族出版社 | 1994 |
| 西南彝志选 | 贵州民族研究所<br>毕节地区彝文翻译组 | 贵州民族出版社 | 1982 |
| 彝族源流（1~4） | 毕节地区彝文翻译组 | 贵州民族出版社 | 1989 |
| 彝族源流（5~8） | 毕节地区彝文翻译组 | 贵州民族出版社 | 1991 |
| 彝族源流（9~12） | 毕节地区彝文翻译组 | 贵州民族出版社 | 1992 |
| 彝族源流（13~16） | 毕节地区彝文翻译组 | 贵州民族出版社 | 1993 |
| 彝族源流（17~20） | 毕节地区彝文翻译组 | 贵州民族出版社 | 1994 |
| 彝族源流（21~24） | 毕节地区彝文翻译组 | 贵州民族出版社 | 1997 |

续表

| 书名 | 编著者 | 版本 | 出版年份 |
|---|---|---|---|
| 物始纪略（一） | 毕节地区民委<br>毕节地区彝文翻译组 | 四川民族出版社 | 1990 |
| 物始纪略（二） | 毕节地区民委<br>毕节地区彝文翻译组 | 四川民族出版社 | 1991 |
| 黔西北彝族美术（一） | 毕节地区民委<br>毕节地区彝文翻译组<br>贵州人民出版社美术部 | 贵州民族出版社 | 1993 |
| 支嘎阿鲁王 | 贵州省民委古籍办<br>毕节地区彝文翻译组 | 贵州人民出版社 | 1994 |
| 彝文典籍目录 | 毕节地区彝文翻译组 | 四川人民出版社 | 1994 |
| 简明彝汉字典 | 贵州省彝学研究会<br>贵州省民委语言办公室<br>贵州民族学院彝文文献研究室<br>毕节地区彝文翻译组 | 贵州民族出版社 | 1994 |
| 曲谷精选 | 毕节地区民委<br>毕节地区彝文翻译组 | 贵州民族出版社 | 1996 |
| 盖娜悲歌 | 毕节地区彝文翻译组<br>毕节地区民宗局 | 贵州民族出版社 | 1997 |
| 彝族指路丛书（1~2） | 毕节地区彝文翻译组 | 四川民族出版社 | 1997 |
| 彝族指路丛书（3~4） | 毕节地区彝文翻译组 | 四川民族出版社 | 1997 |
| 彝族指路丛书（5~6） | 毕节地区彝文翻译组 | 四川民族出版社 | 1997 |
| 彝族指路丛书（7~8） | 毕节地区彝文翻译组 | 四川民族出版社 | 1997 |
| 彝族指路丛书（9~10） | 毕节地区彝文翻译组 | 四川民族出版社 | 1997 |
| 彝族创世志 | 赫章县民委<br>贵州民族学院彝文文献研究室 | 四川民族出版社 | |
| 曲谷走谷选 | 毕节地区彝文翻译组<br>毕节地区民委 | 贵州民族出版社 | |
| 草海晨韵 | 《草海晨韵》编写组 | 贵州民族出版社 | |
| 娄分阿朵与朵梅格鲁 | 李光平搜集整理 | 贵州民族出版社 | |
| 苗族丧祭（川滇黔方言区） | 织金县民委 | 贵州民族出版社 | |
| 苗文教学课本第一册（川滇黔方言区） | 项兴荣 | 贵州民族出版社 | |
| 乌蒙欢歌 | 毕节地区民委<br>毕节地区青年联合会 | 四川民族出版社 | 1994 |
| 展翅腾飞的“金三角”织金 | 本书编委会 | 四川大学出版社 | 1994 |

续表

| 书名 | 编著者 | 版本 | 出版年份 |
| --- | --- | --- | --- |
| 故事选（1） | 游轩宪选编 | 贵州人民出版社 | 1993 |
| 故事选（2） | 游轩宪选编 | 贵州人民出版社 | 1993 |
| 邓小平建设有中国特色社会主义重要言论 | 姜纪伦主编 | 贵州人民出版社 | 1993 |
| 命运魔方 | 陈学书 | 贵州人民出版社 | 1994 |
| 吟秋山馆诗词抄 | 周婉如 | 贵州人民出版社 | 1995 |
| 乌蒙壮歌 | 刘群峰　张化吉 | 贵州人民出版社 | 1995 |
| 吟秋山馆诗词抄 | 贵州省毕节地区文化局、贵州省毕节地区乌蒙诗社编 | 贵州人民出版社 | 1995 |
| 泉水集 | 谢正发 | 贵州省新闻出版局 | 1996 |
| 马克思主义原理 | 糜崇琦　付于川 | 贵州人民出版社 | 1996 |
| 星星小雨点 | 陈学书 | 贵州人民出版社 | 1996 |
| 洋芋栽培和加工 | 李贵斌　王国良 | 贵州人民出版社 | 1986 |
| 毕节地区风景名胜诗词选 | 毕节地区诗词学会、毕节地区旅游局 | 黔新出（97）内图资准字第7–07号 | 1997 |
| 雅堂诗集 | 余达父 | 贵州人民出版社 | 1988 |
| 大方县综合农业区划 | 本书编写组 | 贵州人民出版社 | 1988 |
| 总义齿修复学 | 段联戎 | 黑龙江人民出版社 | 1988 |
| 金沙县综合农业区划 | 本书编写组 | 贵州人民出版社 | 1989 |
| 赫章县综合农业区划 | 本书编写组 | 贵州人民出版社 | 1990 |
| 生理学标准化试题 | 夏远溪（副主编） | 山西省科技出版社 | 1991 |
| 永远不能靠近你 | 韩秉明 | 东方文化出版社 | 1992 |
| 跨入历史新轨道 | 中共毕节地委组织部<br>地委党校 | 贵州民族出版社 | 1993 |
| 中国文学之最 | 包顺武 | 贵州民族出版社 | 1993 |
| 高原魂 | 韩先绪 | 香港金陵出版公司 | 1993 |
| 山玉兰 | 赵春芳 | 四川民族出版社 | 1993 |
| 杜鹃之乡·黔西 | 本书编委会 | 四川大学出版社 | 1993 |
| 周素园文集 | 本书编委会 | 贵州人民出版社 | 1994 |
| 慎轩诗文集 | 黄思永 | 贵州民族出版社 | 1994 |

续表

| 书名 | 编著者 | 版本 | 出版年份 |
|---|---|---|---|
| 凹凸之恋 | 韩先绪 | 群众文艺出版社 | 1994 |
| 中师音乐教材（合著） | 石应宽 | 人民教育出版社 | 1994 |
| 毕节地区“爱我中华、爱我家乡”读书教育活动优秀作文选 | 本书编委会 | 贵州人民出版社 | 1994 |
| 党旗颂 | 丁世逊 | 同西高校联合出版社 | 1995 |
| 解剖学图与强化训练 | 胡晓苏（副主编） | 河南人民出版社 | 1995 |
| 赛特阿育 | 毕节地区彝文翻译组 | 贵州民族出版社 | 1995 |
| 毕节指南 | 本书编辑组 | 四川民族出版社 | 1996 |
| 幽雁 | 赵春芳 | 四川人民出版社 | 1996 |
| 生理学 | 夏远溪（主编） | 贵州科技出版社 | 1996 |
| 生理学达标与评测 | 夏远溪（主编） | 贵州科技出版社 | 1996 |
| 《解剖学及组织胚胎学》目标教学训练与达标检测 | 刘正柱（副主编） | 东北师范大学出版社 | 1996 |
| 乌蒙苗歌 | 本书编委会 | 贵州民族出版社 | 1997 |
| 乌鲁诺记 | 毕节地区彝文翻译组 | 贵州民族出版社 | 1997 |
| 彝族源流（第七辑） | 毕节地区彝文翻译组 | 贵州民族出版社 | 1998 |
| 苏巨黎味 | 毕节地区彝文翻译组 | 贵州民族出版社 | 1998 |
| 明清彝文书法汇辑 | 毕节地区彝文翻译组 | 贵州民族出版社 | 1998 |
| 百川灌河 | 刘邦举 | 贵州民族出版社 | 1998 |
| 乌蒙放歌 | 毕节地区民族宗教事务局 | 贵州民族出版社 | 1998 |
| 刻纸艺术 | 刘仲元 | 贵州民族出版社 | 1998 |
| 面向阳光 | 禄 琴 | 贵州民族出版社 | 1998 |
| 三色梦境 | 禄 琴 | 贵州民族出版社 | 1998 |
| 彝文书法字帖 | 丁诗建、阿铺索卡、阿洛兴德 | 贵州教育出版社 | 1998 |
| 岩溶山区农业技术研究与应用 | 本书编委会 | 贵州科技出版社 | 1998 |
| 经济发展与民族文化 | 梁兴华、陈扬、李廷贵、杨正银 | 贵州教育出版社 | 1998 |

续表

| 书名 | 编著者 | 版本 | 出版年份 |
|---|---|---|---|
| 生命之树 | 赵春芳 | 漓江出版社 | 1998 |
| 苗族民间故事 | 王维阳整理 | | 1998 |
| 语文新论——美辞论 | 李廷杨 | 贵州教育出版社 | 1999 |
| 彝族美术 | 毕节民宗局毕节地区彝文翻译组 | 贵州教育出版社 | 1999 |
| 毕节地区“光辉的五十年”读书教育活动优秀作文选 | 本书编委会 | 贵州人民出版社 | 1999 |
| 乡音 | 史洪拯 | 大连出版社 | 1999 |
| 赤子心声 | 靳　松 | 作家出版社 | 1999 |
| 晚晴居诗词耦钞 | 盛郁文 | 香港天马图书有限公司 | 1999 |
| 寂寞的探戈 | 徐　琳 | 香港天马图书有限公司 | 1999 |
| 子也的诗 | 子　也 | 作家出版社 | 1999 |
| 神州情思 | 丁世逊 | 中国文联出版公司 | 1999 |
| 乌蒙灵峰 | | 贵州民族出版社 | 1999 |
| 晚晴居诗词耦钞 | 盛郁文　徐正云 | 香港天马图书有限公司 | 1999 |
| 蒋海燕诗词集 | 蒋海燕 | 黔新出（2000）内资准字第136号 | 2000 |
| 估哲数·农事篇 | 毕节地区彝文翻译组 | 贵州民族出版社 | 2000 |
| 王明灯书法集 | 王明灯 | 贵州人民出版社 | 2000 |
| 虎尾捉风 | 王明贵 | 华艺出版社 | 2000 |
| 毕节地区民族研究（1） | 毕节地区民宗局民族研究所 | 贵州民族出版社 | 2000 |
| 月琴上的火焰 | 张培立 | 贵州民族出版社 | 2000 |
| 摩史书 | 王继超　罗德显 | 贵州民族出版社 | 2001 |
| 神州大地毕节人 | 朱生亮　彭伯元策划<br>杨兴举主编 | 贵州民族出版社 | 2001 |
| 西部大开发与黔西北山区 | 罗　剑 | 远方出版社 | 2001 |
| 威宁散记 | 子　也 | 中国工商联合出版社 | 2001 |
| 诗词曲格律例释 | 盛郁文 | 香港天马图书有限公司 | 2001 |
| 齐夷德传承斋诗词钞 | 谢正发 | 天马出版社 | 2001 |

续表

| 书名 | 编著者 | 版本 | 出版年份 |
|---|---|---|---|
| 余达父诗文选 | 余达父 | 远方出版社 | 2001 |
| 乌蒙飞虹（摄影集） | 毕节地区文联 | 贵州民族出版社 | 2002 |
| 债务人 | 陈国辉 | 中国文联出版社 | 2002 |
| 山乡家庭分析 | 汤正仁 | 贵州人民出版社 | 2002 |
| 阿买恳 | 王继超　文朝志 | 贵州民族出版社 | 2002 |
| 诺沤曲姐 | 韶明祝 | 贵州民族出版社 | 2002 |
| 西门集 | 陈　虎 | 远方出版社 | 2002 |
| 琢玉集 | 本书编委会 | 贵州民族出版社 | 2002 |
| 屹立高原 | 丁世逊 | 中国文学艺术出版社 | 2002 |
| 毕节地区民族乡概况 | 本书编委会 | 贵州民族出版社 | 2002 |
| 毕节地区民族研究（2） | 毕节地区民宗局民族研究所 | 贵州民族出版社 | 2002 |
| 在未知的中国 | 东达人、东旻翻译注释 | 云南民族出版社 | 2002 |
| 纳雍苗族丧祭祭词 | 纳雍县民委 | 贵州民族出版社 | 2003 |
| 水西悲歌 | 吴　勇 | 贵州民族出版社 | 2003 |
| 岳飞形象史研究 | 母进炎 | 贵州人民出版社 | 2003 |
| 墨子辞典 | 张仁明 | 贵州人民出版社 | 2003 |
| 可乐考古与夜郎文化 | 毕节地区社科联 | 贵州人民出版社 | 2003 |
| 兵部尚书李世杰 | 史洪拯 | 贵州人民出版社 | 2003 |
| 黔西北民族文化纵横谈 | 杨继红　主编 | 贵州民族出版社 | 2003 |
| 农耕集 | 陈远谋 | 贵州科技出版社 | 2003 |
| 针松岸石集 | 张志侠 | 中国文联出版公司 | 2003 |
| 实践·探索 | 王明灯 | 贵州民族出版社 | 2003 |
| 毕节主导产业选择与培育的理论与实践 | 余大亮、陈清华、邱凤林 | 贵州人民出版社 | 2003 |
| 与时代同行 | 刘衍奎 | 贵州民族出版社 | 2003 |
| 冷面真情 | 傅立勇 | 人民日报出版社 | 2003 |
| 诗意黔西北摄影作品集 | 中共毕节地委宣传部<br>毕节地区文联 | 贵州民族出版社 | 2003 |

续表

| 书名 | 编著者 | 版本 | 出版年份 |
|---|---|---|---|
| 高原乐情 | 石应宽 | 南洋出版公司 | 2003 |
| 弹指集 | 丁世逊 | 中国文联出版公司 | 2003 |
| 含在嘴里的生活 | 刘馨泉 | 重庆出版社 | 2003 |
| 山间纪事 | 陆有斌 | 中国广播电视出版社 | 2003 |
| 金岳霖逻辑哲学思想研究 | 张学立 | 贵州人民出版社 | 2004 |
| 现代逻辑导论 | 张学立 | 贵州人民出版社 | 2004 |
| 陈英彝学研究文集 | 陈英 | 贵州人民出版社 | 2004 |
| 测度与积分理论及其新研究 | 金瑾 | 贵州人民出版社 | 2004 |
| 西南彝志（修订本1~2卷） | 王运权、王世举 | 贵州民族出版社 | 2004 |
| 如何提升基层领导者的能力 | 李权 | 贵州人民出版社 | 2004 |
| 六寨苗族口碑文化 | 毕节地区民宗局、民族研究所、大方县民宗局、地区苗学研究会 | 贵州民族出版社 | 2004 |
| 中国当代实力派画家丛书·刘国旭 | 刘国旭 | 中国国际美术出版社 | 2004 |
| 记者眼中的毕节试验区 | 张　益 | 人民日报出版社 | 2004 |
| 毕节地区布依族 | 罗　剑 | 贵州民族出版社 | 2004 |
| 景云诗文集 | 李卿 | 贵州民族出版社 | 2004 |
| 诗文吟咏织金洞 | 《诗文吟咏织金洞》编辑委员会 | 贵州民族出版社 | 2005 |
| 逻辑学 | 张学立 | 贵州人民出版社 | 2005 |
| 理发思维与实践 | 漆国江 | 贵州民族出版社 | 2005 |
| 《说文》语义考论 | 卢凤鹏 | 贵州人民出版社 | 2005 |
| 中国历代文学作品选 | 母进炎、孙大星参编 | 贵州人民出版社 | 2005 |
| 凉山彝族风情 | 马　辉（合著） | 巴蜀书社 | 2005 |
| 半山石 | 张志侠 | 作家出版社 | 2005 |
| 中国试验区——科学发展观的“冶炼炉” | 杨继红　王　庆 | 社会科学文献出版社 | 2005 |
| 爱情选择题 | 罗　勇 | 花城出版社 | 2005 |
| 高山流水 | 毕节日报社 | 贵州民族出版社 | 2005 |

续表

| 书名 | 编著者 | 版本 | 出版年份 |
| --- | --- | --- | --- |
| 神州大地毕节人（续集） | 杨兴举主编，高永英、黄中华副主编 | 贵州民族出版社 | 2005 |
| 踏遍青山人未老 | 李效敬 | 贵州民族出版社 | 2005 |
| 迈向小康社会的探索 | 毕节地区民宗局<br>贵州省民族研究所<br>贵州省民族学会 | 贵州民族出版社 | 2005 |
| 诗文吟咏织金洞 | 本书编委会 | 贵州民族出版社 | 2005 |
| 彝族文献翻译与彝族文化研究 | 王继超 | 贵州民族出版社 | 2005 |
| 彝文古籍释名集 | 王运权 | 贵州民族出版社 | 2005 |
| 彝文金石图录（第三集） | 王世忠、王维超、龙正清 | 四川民族出版社 | 2005 |
| 新修增广 | 陈远谋 | 贵州民族出版社 | 2005 |
| 走进毕节（摄影集） | 毕节地区文联 | 团结出版社 | 2005 |
| 这方热土——潘军伟音乐作品集 | 潘军伟 | 大众文艺出版社 | 2005 |
| 山水织金 | 詹大方 | 贵州人民出版社 | 2005 |
| 彭德银民间绘画作品集 | 彭德银 | 中国画报出版社 | 2005 |
| 在我吸毒的日子里 | 卢步辉 | 花城出版社 | 2005 |
| 守望灵魂 | 毛永健 | 远方出版社 | 2005 |
| 直把千山作玉川 | 谢正发 | 贵州省新闻出版局 | 2006 |
| 杨小吾中国画（画册） | 杨小吾 | 云南美术出版社 | 2006 |
| 倾听乌蒙（摄影专集） | 吴良勇 | 中国摄影出版社 | 2006 |
| 你的右手我的左手 | 彭　澎 | 作家出版社 | 2006 |
| 石门坎文化百年兴衰 | 沈　红 | 万卷出版公司 | 2006 |
| 载苏 | 王子国、王秀旭、王秀旺翻译 | 贵州民族出版社 | 2006 |
| 黔西苗族百年 | 政协黔西县文史委员会 | 贵州人民出版社 | 2006 |
| 黔西布依族仡佬族满族百年 | 政协黔西县文史委员会 | 贵州民族出版社 | 2006 |
| 威宁苗族百年实录 | 本书编委会 | 贵州民族出版社 | 2006 |
| 权力动作与执政能力 | 陈清华 | 贵州人民出版社 | 2006 |
| 干部教育培训条例（试行）学习课本 | 李　庄　参编 | 新华出版社 | 2006 |

续表

| 书名 | 编著者 | 版本 | 出版年份 |
|---|---|---|---|
| 树立社会主义荣辱观教育读本 | 李　庄　参编 | 红旗出版社 | 2006 |
| 山之旅 | 张志侠 | 作家出版社 | 2006 |
| 如何当好现代领导 | 余大亮 | 贵州人民出版社 | 2006 |
| 遥远对面坡 | 冯金榜 | 贵州民族出版社 | 2006 |
| 像鸟一样飞翔 | 毛永健 | 远方出版社 | 2006 |
| 大学逻辑 | 张学立 | 贵州人民出版社 | 2007 |
| 敖行维论文集 | 敖行维 | 贵州人民出版社 | 2007 |
| 人力资源开发与管理 | 易艳玲参编 | 四川大学出版社 | 2007 |
| 岩溶山区生态农业技术与经营模式 | 胥献宁 | 贵州科技出版社 | 2007 |
| 山坳上 | 姜太智 | 中国文联出版社 | 2007 |
| 彝族音乐史 | 胡家勋 | 京华出版社 | 2007 |
| 布默战史 | 毕节地区民族宗教事务委员会、地区彝文翻译组 | 贵州民族出版社 | 2007 |
| 神游 | 王明灯 | 贵州人民出版社 | 2007 |
| 自由曲集 | 丁　芒　张志侠 | 作家出版社 | 2007 |
| 毕节书法集萃 | 毕节地区文联 | 贵州人民出版社 | 2007 |
| 柔远夫人 | 吴　勇 | 贵州民族出版社 | 2007 |
| 毕节回族文化 | 刘　砺 | 云南民族出版社 | 2007 |
| 夜行的歌人 | 赵春芳 | 中国文联出版社 | 2007 |
| 翔 | 赵春芳 | 内蒙古人民出版社 | 2007 |
| 毕节试验区优秀小戏小品荟萃 | 毕节地区文化局 | 贵州民族出版社 | 2008 |
| 谢正发诗文选集 | 谢正发 | 贵州省新闻出版局 | 2008 |
| 美丽毕节（摄影集） | 毕节地区文联 | 贵州人民出版社 | 2008 |
| 毕节试验区高等教育研究 | 张学立 | 贵州大学出版社 | 2008 |
| 语法修辞学 | 李廷扬 | 贵州人民出版社 | 2008 |
| 中国篆刻大字典（1~4卷） | 卢凤鹏 | 贵州教育出版社 | 2008 |
| 实用英语阅读教程（贵州版） | 夏蔚兰 | 高等教育出版社 | 2008 |
| 酒中舍曲 | 彭　澎 | 大众文艺出版社 | 2008 |

续表

| 书名 | 编著者 | 版本 | 出版年份 |
|---|---|---|---|
| 绝地突围——中国贫困地区崛起之路·毕节试验区 | 苏　丹　刘　莹 | 贵州人民出版社 | 2008 |
| 改革创新科学发展 | 毕节试验区理论研究课题组 | 贵州人民出版社 | 2008 |
| 彝族传统诗歌研究 | 李平凡　王明贵 | 贵州民族出版社 | 2008 |
| 磅礴乌蒙 | 罗建明　李东升 | 贵州民族出版社 | 2009 |
| 太阳晒黑的岩石 | 张永光 | 中国文联出版社 | 2009 |
| 乌蒙古韵 | 胡家勋 | 贵州民族出版社 | 2009 |
| 与幸福留影 | 刘靖林 | 中国文联出版社 | 2009 |
| 国之宝桢 | 吴　勇 | 贵州民族出版社 | 2009 |
| 人祖 | 赵凤普 | 中国国际出版社 | 2009 |
| 晚晴居诗文集 | 盛郁文　徐正云 | 中华诗词出版社 | 2009 |
| 传统节日楹联集萃 | 毕节地委宣传部、毕节地区文明办、毕节地区诗词楹联学会编 | 中华诗词出版社 | 2010 |
| 门外诗文选 | 刘衍奎 | 中华诗词出版社 | 2010 |
| 七星关 | 贵州省毕节地区诗词楹联学会、乌蒙诗社编 | 中国诗联书画出版社 | 2011 |
| 杜鹃花开 | 贵州省毕节地区诗词楹联学会、贵州省百里杜鹃管委会 | 中华诗词出版社 | 2011 |
| 歌颂新农村 | 中央毕节地委宣传部、毕节地区新农村建设办公室、毕节地区文明办、毕节地区诗词楹联 | 中华诗词出版社 | 2011 |
| 黔西北文学史 | 母进炎主编 | 贵州大学出版社 | 2011 |
| 水西简史 | 王明贵、王继超主编 | 贵州民族出版社 | 2011 |
| 跨世纪的乐章 | 石应宽 | 南海出版社 | 2011 |
| 稻粱集 | 叶章龙 | 大众文艺出版社 | 2011 |
| 古城记忆 | 郑亮　朱永德　邹芝桦 | 中国摄影出版社 | 2011 |
| 乌蒙山区铺路石——禄文斌文稿选编 | 禄文斌 | 方志出版社 | 2011 |
| 红歌唱响乌蒙山 | 中共毕节地委宣传部、毕节地区文明委办公室、毕节地区文联、毕节地区诗词楹联学会、乌蒙诗社编 | 中华诗词出版社 | 2011 |

## 二　期刊出版

**民国时期的期刊**　“五四”运动后，宣传新思想新文化的期刊逐渐出现。民国9年（1920），黔西县留省学生创办《黔西月刊》，不久停刊，民国15年（1926）复刊，民国20年（1931）再停。民国23年（1934），由兰运藏等人再度复刊，宣传新思想、新文化，颇受黔西县学界和民众欢迎。不久被迫停刊。同时，黔西县欧阳希虞、刘明恕、胡嘉驹、李俊昌创办《醒狮月刊》。揭露贪官污吏恶行，获社会各界舆论支持。后因经费困难而停办。民国17年（1928），毕节县肖吉人创办《毕阳周刊》，1年后停刊。民国23年（1934），中共地下党员邓止戈指导邱在先、杨杰以毕节学生自治会名义创办《合一半月刊》，宣传革命思想，出刊4期被迫停刊。民国24年（1935）黔军25军3旅旅长犹禹九创办《军民半月刊》。出刊几期后停刊。民国25年（1936），毕节县宋达谦、宁起枷、葛天琦创办《新潮月刊》，发表时政评论和杂文、诗歌，出刊6期，被当局勒令停刊。民国27年（1938），大方县职业中学创办《抗日救国》，宣传抗日救国。是年，黔西养正小学校长王仲襄、教师刘从忠创办《养正校刊》，不定期出版。民国34年停刊，共出刊46期。《养正校刊》宣传抗日，指陈时弊，在黔西县社会影响颇大。民国30年（1941），驻黔西休整的陆军305师政治部创办《铁军周刊》宣传抗日救国，揭露社会时弊。同期，还创办有《金沙》《社教通讯》《师范生》《灵峰学报》《织金》等期刊。

**中华人民共和国成立后的期刊**　20世纪50年代，先后创办期刊《毕节县教育通讯》《大定县教育通讯》《织金教育》《威宁教育》《教育研究》《文艺资料》《文化与生活》。1960～1962年国家经济困难，大都停办。1964年后，除逐渐恢复教育期刊外，金沙县文化馆创办《俱乐部》、黔西县文化馆创办《革命文艺》。1966年5月“文化大革命”开始后均停办。1972年后，有毕节地区教育局教研室创办《教育简讯》、威宁文化馆创办《威宁文艺》、金沙县文化馆创办《金沙文艺》。1978年后，各类期刊大量涌现。据不完全统计，1979～2005年，各级各部门先后创办期刊46种。

1.《毕节学院学报》。早期为《毕节师专学报》，由毕节高等师范专科学校于1981年1月创刊，季刊，每期80页。1999年公开出版发行，更名为《毕节师范高等专科学校学报》，为唯一公开出版发行刊物。2006年，毕节师范高等专科学校与毕节地区教育学院合并建毕节学院，更名为《毕节学院学报》，改季刊为双月刊，每期128页。设置“修辞学专栏”“彝学专栏”“逻辑学专栏”“哲学研究”“文学研究”“语言学研究”“心理学研究”“写作学研究”“民族学・历史学研究”“思想政治教育研究”“英语教学研究”“高校文化建设研究”“数理逻辑研究”“数学研究”“物理学研究”“化学研究”“环境与生命科学研究”“计算机科学研究”“体育科学研究”等栏目。以“修辞学”专栏最为特出，栏目于1996年开办，2001年与中国修辞学会联合举办，中国修辞学会会长王德春撰写《中国修辞学会与毕节师专合办“修辞学专栏”发刊词》。栏目是受到国内修辞学界青睐的特色栏目，有一批固定的著名修辞专家学者作者群，在修辞学界有广泛影响。《毕节学院学报》是中国期刊网收录期刊，《中国学术期刊

（光盘版）》全文收录期刊，中国学术期刊综合评价数据库来源期刊，万方数据——数字化期刊群收录期刊，中国核心期刊（遴选）数据库收录期刊。1989年，获贵州省高校优秀学报评比一等奖，2002年，获贵州省社会科学报质量进步奖，2006年被评为全国质量进步社科学报。至2008年，出刊101期。

2.《高原》。1980年由地区文化局创办，文学季刊，内部出版发行。1989年转由毕节地区文联主办。2005年改为双月刊，设“特别推荐”“黔地作家”、小说、散文、散文诗、评论等栏目。《高原》与全国近500家文学期刊有刊物交流。至2007年，共出刊112期。

3.《乌蒙论坛》。综合性学术刊物，毕节地区社科联主办。1991年1月创刊，内部出版发行，季刊，立足毕节，研究毕节社会经济发展问题。自2004年起，《乌蒙论坛》被清华大学中国学术期刊全文收录。《论坛》设有“保持共产党员先进性”“试验区研究”“执政能力建设”“工作研究”“文史论丛”“夜郎文化研究”“人才强区战略”“民俗研究”“文化视野”“领导论坛”等栏目。2007年，改为双月刊，每期80页。《乌蒙论坛》除免费赠地、县市直单位外，还与全国300余家理论学术刊物进行交流。

4.《乌蒙诗刊》。1988年创办。毕节地区乌蒙诗社、诗词学会、楹联学会主办，季刊，内部发行，每期68页，设“诗词荟萃”“古风遗韵”“民族诗篇”“诗友求声”“诗词评论”“楹联专辑”“新诗选登”等栏目。至2008年，共出刊81期，刊登诗词作品近3万件，在省内外中华诗词界产生广泛影响。

5.《毕节党史研究》。1980年创刊，季刊，内部发行，每期78页。中共毕节地委党史研究室主办。设有“地方党史研究”“党史工作论坛”“保持共产党员先进性”“建设毕节试验区”“加强党的执政能力建设”“史海钩沉”“学习·调查·思考”“百花园”等栏目。

6.《毕节教育》。1959年，毕节地区教育局教研室创办《教育研究》，1966年停刊。1972年复刊，更名为《教育简讯》，出刊13期。1974年更名《教研资料》，出刊50期。1984年更名《教研园地》。1996年更名为《毕节教育》，地区教育局主办季刊，每期80页，内部发行。2005年改为双月刊，设“本刊特稿”“教育论坛”“工作指南”“信息快递”“德育研究”“教育研究”“中学文科教学”“中学理科教学”“小学教学”“艺体教学”“特殊教育”“幼儿教育”“学生习作选登”等栏目。至2005年，出刊117期。

7.《草海》。威宁县文化局主办。1981年创办，文学季刊，内部发行。设有“小说方阵”“时代足音”“散文视野”“诗苑”“青春诗丛”“文艺评论”“习作园地”等栏目。

8.《毕节教苑》。1997年创刊，季刊，内部发行，毕节市教育局主办。1997～2004年为16开本，每期86页。2005年改为大32开本，每期236页。设“保持先进性，办人民满意教育”“教育管理”“教坛春秋”“德育天地”“职业教育”“学科教学”“教改实验”“作文教学”“质疑与争鸣”“调查报告”“四季风”等栏目。

9.《毕节公安》。1998年创刊，内部发行，双月刊，每期48页。毕节地区公安局主办。设“本刊特稿”“队伍建设”“执法为民”“卫士风采”“警察文化”“禁毒战线”“防控体系”“严打前沿”“治安管理”“监所管理”“人口信息系统建设”“工作指导”“调研园地”等栏目。

10.《毕节党校学报》。1999年创刊，季刊，内部发行，每期64页。中共毕节地委党校主办。设“本刊特稿”“试验区建设”“专家论苑”“党校教育研究”“执政能力建设”“党的建设”“公共行政”“法治园地”“考察报告”“调查研究”“学习与探索”等栏目。

11.《毕节地区食品药品监督》。原名《毕节地区药品监督》，2000年创办，更名《毕节地区食品药品监督》，双月刊，内部发行，每期48页。毕节地区食品药品监督管理局主办。设“法规与文件”“药品质量与信息”“药品监督”“药品检验”“GSP指南”“案例分析”“药品赏识”“药品不良反应”“简讯”等栏目。

12.《毕节试验区》。系中共毕节地委为加大毕节试验区宣传力度，加强舆论引导，为毕节试验区的发展凝智聚力而创办的机关刊，中共毕节地委主管、主办，毕节地区杂志社编辑出版，2007年9月正式创刊，月刊，每期96页，内部出版发行。设“新闻快递”“第一视点”“专题报道”“特别报道”“特稿”“试验区之窗”“试验区笔谈”“魅力毕节行”“党建园地”“社会经纬”“历史·文化”等栏目。

此外，各级各部门创办的期刊（办刊时间长短不等）尚有：地区文化局办的《毕节剧作》《杜鹃之声》，地区卫生局办的《毕节卫生》，地区体改委办的《改革与开放》，地区农业局办的《毕节农村实用技术》，农行毕节地区中心支行和毕节地区农村金融学会办的《毕节农村金融》，地区公路局承办的《公路文学》，毕节教育学院办的《毕节教育学院学报》，地区老年大学办的《毕节老年大学》，地区农科所办的《农业科技》，地区林科所办的《毕节林业科技》，地区科技情报所办的《毕节科技》，毕节县文化局办的《山泉》，毕节市诗词楹联学会办的《毕节诗词》（2011年初改为《灵峰》诗词季刊），《灵峰诗刊》，大方县党史研究室办的《大方党史研究》，大方县教育局教研室办的《大方教育》，大方县中学语文教育学会办的《语文教学园地》，大方县物理化学教育学会办的《理化教育》，大方县诗词楹联学会办的《扶风》，大方县灯谜协会办的《虎林寻踪》，黔西县文化局办的《杜鹃诗刊》，金沙县文化馆办的《金沙演唱》，金沙县教育局教研室办的《金沙教育》，金沙县玉屏诗社办的《玉屏诗刊》，织金县文化馆办的《织金文艺》《织金歌声》，织金县教育局教研室办的《织金教育》，纳雍县文化局办的《纳雍文艺》，纳雍县教育局和诗词楹联学会办的《纳雍诗词》，威宁县教育局教研室办的《威宁教研》，赫章县文化局办的《双河》等。

## 第二节　图书发行

### 一　民国时期的图书发行

私营书店　1.五车书局。原名广益书局，系王光武于民国11年（1922）在大定城中街创办，所售书籍有小学课本及私塾教材和古典小说，亦售鲁迅、茅盾著作。民国26年（1937）后，书局营业日渐下降，遂停业。

2.义和书店。民国年间开设于毕节，出售武侠小说和《全国小学国文成绩大观》《尺牍大全》等书籍。

3.民德书社。民国23年（1934）开办于黔西新场镇，用木板刻印《三字经》《女儿经》、四书五经、《柳荫记》和风水命相书籍出售。

4.新民书店。民国24年（1935），在毕节城威宁路江西会馆开办。出售世界书局和商务印书馆出版的书籍和教材。民国38年（1949）底停业。

5.广文书店。民国26年（1937），王粟初、黄洁斋等11人集资在大定县城大十字开办，销售古典及现代文学著作及科技书刊。销售图书多属进步书刊，受青年读者欢迎，营业较兴旺。民国32年（1943）出售列宁著作，被大定县国民党当局追查，部分股东撤走股金，书店停业。

6.商务印书馆黔西代销店。民国25～27年（1936～1938）在黔西县城东路52号开设，销售商务印书馆出版发行的课本和图书。

7.文通书店。民国26～32年（1937～1943）在黔西城东开设，主要销售贵阳文通书局出版发行的图书。

8.开明书店黔西代销店。民国34～36年（1945～1947），在黔西县城东路开设，出售开明书店出版发行新书，亦兼营文具。

9.文化教育用品合作社。民国35年（1946），李代泽等人在毕节小横街开办，销售文艺书刊。1947年，改售一般图书和文化教育用品。

**中共地下党组织领导或影响的书店** 1.群益书店。民国26年（1937）6月，由中共地下党员邱在先、熊蕴竹、邱在模等开办。书店租用毕节城内福建会馆房屋作营业部，购进《列宁选集》《联共（布）党史简明教程》《辩证唯物主义和历史唯物主义》《鲁迅全集》等革命和进步书刊出售。同时，到其他县及云南省的镇雄、昭通、彝良进行流动出售。书店名声大振，引起国民党毕节县当局注意，派人到书店检查、监视，并令邮政局扣留外地寄给书店的书刊。民国29年（1940），书店被国民党毕节县当局查封。

2.七月文具体育用品社。民国28年（1939）7月，由中共毕节县地下工委创办，又名七月书店。七月文县体育用品社以出售文具体育用品为掩护，同时出售革命和进步书籍。七月书店16名股东，有8名为中共地下党员。民国29年（1940）12月，七月文具体育用品社被国民党毕节县当局查封。

3.十友书店。民国29年（1940），由中共黔西新场地下党总支书记林正良等10人以集资方式创办。因集资者10人，故称十友书店。书店公开销售一般文艺书刊，同时秘密出售《列宁文选》《新华日报》等革命书刊。民国30年（1941）初，林正良等人被捕，书店被国民党当局查封。

4.更生书店。民国30年（1941）由赖更生、张琦在十友书店旧址开办，书店经营图书、报刊、课本和文具，同时销售鲁迅、郭沫若等人著作。1949年停业。

## 二　中华人民共和国成立后的图书发行

**发行机构**　1.地、县新华书店。1949年12月，毕节新华书店成立并挂牌营业，不久更名为贵州省新华书店毕节中心店。1950年1月，新华书店贵州分店黔西县代销处建立，为全省最早建立的县级代销处之一。旋即，威宁县分销处建立。是年3月，织金县建立人民书店，两年后更名为群众书店。1951年，纳雍县成立新华书店门市部。是年，金沙县建立群众书店，赫章县建立大众书店。1952年，大定县建立群众书店。1953年4月，根据省新华书店通知，毕节中心支店派员赴黔西接收黔西分销处，改名为新华书店黔西县支店。是年12月，威宁县支店成立。1954年，毕节中心支店接收金沙、织金县群众书店，分别建起新华书店金沙支店、织金支店。1955年，大定县支店建立。1956年9月，水城、纳雍、赫章县支店相继建立。各县支店隶属毕节中心支店，人事、业务、财务则均由新华书店贵州省分店管理。1958年，根据国家文化部《关于改变新华书店体制的通知》、贵州省政府《关于各县市新华书店领导关系的决定》，将县（市）新华书店划归地方管理，并将店名改为县（市）新华书店。各县新华书店行政上隶属县文教局，财务和人事权分别由县财政和县组织人事部门管理。1963年，省调整新华书店管理体制，毕节中心支店和各县新华书店业务、财务由省新华书店管理，干部教育和管理以地方为主。1985年2月，贵州省人民政府批准贵州省文化出版厅《关于改革新华书店人员管理体制的请示》，将地县新华书店人事管理权上收省新华书店管理。

2.乡镇发行网点。地县建起新华书店后，即在各县城建立图书综合门市部，发行各类图书。同时抽出三分之一左右人员在农村集镇摆摊设点，或开展流动供应。1958年各县大办人民公社书店，发行网点延伸到区镇。1959～1962年，压缩区镇新华书店网点，调进图书大量积压，造成巨额浪费。1962年，全专区新华书店共亏损8.69万元。1963～1965年，农村图书发行逐步好转。1963年，全专区有农村图书流动发行员37人；1964年，有农村图书流动发行员33人，农村固定图书供销点31处，季节性销售点89处，销售图书85.62万册，占城乡销售总数的46.69%，金额13.39万元，占销售总额的41.38%。1965年8月，毕节专署文教局批转新华书店毕节中心支店《关于召开全专区图书发行会议的主要情况及对下半年工作意见的报告》，农村图书发行实行专、兼、群结合方法。是年，全专区有常年销售书店87处，季节书店74处，有代销员171人。1966～1977年，受“文化大革命”影响，农村图书发行网点经营难以为继，不少发行网点自行撤销。1978年后，新华书店安排三分之一的人员作农村图书发行，采取定点、定片、定销售任务、定利润指标、定出勤的方法开展农村图书流动供应。农村图书发行员每月出勤不少于20天，并作到发行图书品种对路、数量恰当、服务周到。20世纪90年代后，书店利用自筹资金和财税部门减免的税金，投资建设小型书店。至2005年底，全地区先后建成毕节市杨家湾、小吉场、普宜、撒拉溪，大方县坡脚、马场、羊场坝，黔西县协和、钟山、中坪、重新、甘棠，金沙县安底、禹谟、沙土、石场、安洛，织金县八步、以那、龙场、官寨，纳雍县维新、百兴，威宁县黑石头、中水、二塘，赫章县妈姑、野马川等28个乡、镇图书发行网点。

3.供销社发行网点。1956年，专区及各县新华书店贯彻国家文化部和全国供销合作总社《关于加强图书发行工作的联合指示》，在区供销社建立图书销售门市部或专柜。1957年，贯彻贵州省文化局、贵州省商业厅、贵州省供销社《关于妥善安排农村图书供应的通知》，扩大供销社售书网点。1958年，各地办起人民公社书店，多数供销社售书点停止图书销售业务。1963～1965年，逐步恢复供销社售书业务。1966～1976年，农村图书发行任务主要由供销社承担，发行网点大幅度增加。1967年，全专区发行网点658个，比上年增481个。1973～1974年，全地区销售图书价值170.95万元，其中供销社销售23.32万元，占13.64%。1967～1973年，织金县以那架区供销社图书门市部营业员李华荣，身背夹篓送书下乡，7年间跑遍全区9个公社500多个生产队，发行《毛泽东选集》1.8万部，《毛主席语录》2.5万多册，毛主席画像2万多张，毛主席语录贴2.5万张，其他图书1.5万多册。1968～1975年，大方县马场区供销社会计陈正清主动兼搞图书发行业务，经常背书下乡，共发行马列著作、毛主席著作及其他图书共19万多册。1975年5月，地区文化局、地区供销社在毕节县海子街区召开全地区图书发行工作座谈会，贯彻国家出版局、商业部《关于进一步加强农村图书发行工作的意见》，研究依靠供销社，建立健全农村图书发行网点，搞好农村图书发行。供销社常年性售书点一般设在区、镇所在地，售书点经营图书以经销包退货的方式为主，代销为辅。经销一般图书折扣率为12%，代销一般图书折扣率为8%，经销课本折扣率为8%，经销不退货折扣率为15%。新华书店农村流动发行人员与供销售书点在发行图书上的分工为：区所在地厂矿、机关、学校由供销社售书点负责供应，售书点难以辐射的公社，由书店负责流动供应。供销社售书点经营的品种，一般在100～200种左右。适合农村需要的图书，新华书店优先发到农村，对供销社售书点的货源尽可能予以照顾，做到品种对路，数量恰当，分配合理，适时调剂，使售书点做到不亏本而略有盈余。1978年，新华书店毕节中心支店及各县新华书店将原由供销社经营的农村中小学课本发行业务收回70%。1983年，新华书店将课本发行业务全部收回，供销社售书点经营一般图书销售业务无盈利，不再经营图书销售业务。

4.民营书店。1978年后，民营书店兴起。民营书店在发展过程中，其经营者数量时有变化。至1997年，全区有民营书店78家；2002年，全区有民营书店69家；2003年，有民营书店114家；2005年，有民营书店101家。

**新华书店图书发行业务**　1.重点图书发行。（1）发行马列著作、毛泽东著作。1952年初，新华书店开始发行《毛泽东选集》第一卷之后，相继发行第二、三、四卷。1964年，大量发行《为人民服务》《纪念白求恩》《愚公移山》《中国社会各阶级的分析》《湖南农民运动考察报告》和《毛泽东著作选读》甲、乙种本。是年，全专区发行毛泽东著作《选读》甲、乙种本17.43万册。1966～1976年“文化大革命”期间，毛泽东著作发行量遽增。1966年，省书店分配毕节中心支店发行《毛泽东语录》5.5万册。是年，毕节中心支店发行毛泽东著作143.38万册。1967年，全专区发行毛泽东著作500.1万册，发行毛泽东标准像65.98万张。1968年，根据上级指示，中等学校课本一律改供《毛泽东选集》甲、乙种读本。高中、中专供甲种本，余者供乙种本。1969～1971年，全地区发行毛泽东著作981.7万册，毛泽东画像495.2万张，单条《毛主席语录》58.03万条。1977年发行《毛泽东选集》第五卷，中共毕节地委制发《关于建立〈毛泽东选集〉第五卷发行领导小组的通知》，由地委书记王振江任组长，在毕节中心支店门市部举行隆重发行仪式。毕节县杨家湾区、普宜区户户有《毛泽东选集》第五卷；威宁县羊街区6226户人家购《毛泽东选集》第五卷6618册，平均每户1册多。

（2）发行其他中共领袖人物的著作。20世纪50年代，新华书店开始发行刘少奇著作《论党》，20世纪60年代，发行《论共产党员的修养》。1978年后，新华书店先后发行《刘少奇选集》《周恩来选集》《朱德选集》《陈云选集》《邓小平文选》数万册。

（3）配合地方党委政府中心工作，发行大量图书。1953～1957年，发行《必须大张旗鼓地向农民宣传总路线》《怎样办农业生产合作社》《农民识字课本》等读物。1963年发行《毛主席的好战士——雷锋》《南京路上好八连》等图书30余万册。1964年发行《农村阶级斗争基本知识》《地主是怎样剥削农民的》《资本家的笑脸后面》等图书100余种13万多册。1978年后，配合宣传新时期党的基本路线，实施经济体制改革、精神文明建设和普法教育等活动，发行《中共中央关于经济体制改革的决定》《中共中央关于社会主义精神文明建设的决定》《中国共产党第十五次全国代表大会文件汇编》和法律知识读本等图书数十万册。2002年，全地区书店发行《十六大文件汇编》等重点图书2.42万册。2003年，全地区新华书店销售《“三个代表”重要思想学习纲要》5万余册。

2.教材发行。1951年毕节新华书店发行课本12.4万册，货值1.21万元；1997年，上升到796万册，货值1253.3万元。两年相比，分别增64倍、1035倍。20世纪50～80年代，农村小学课本一般由书店向各区中心小学寄发订单，由中心学校向所属区域内学校征订后报送新华书店；中学和城关地区的小学，由书店直接征订。教材发行，中学和城关地区小学直接到新华书店取书，农村小学教材，或由新华书店网点发行，或由供销社售书点发行。1983年后，新华书店收回全部课本发行权，供销社不再发行教材。教材由区中心学校代订代发，书店付给代发总金额2%～5%的代订代发手续费。1990年6月，地区教育局、地区文化局、新华书店毕节中心支店在织金县联合召开教材征订发行工作会议。会后，由地区文化局、教育局联合签发的《毕节地区教材征订发行工作会议纪要》规定：①教材划类供应，根据各县、各地经济、文化、学校规模、师资条件，原则上划为3类，一类学校为城关地区学校和区中心完小，按照省教材编审委员会审定的科目，根据国家教委的要求，订齐各类教材；二类学校为乡、镇中心校和村级完小，根据师资条件，按国家教委规定的开设科目，订好所需品种；三类学校为村以下学校，要求订齐思想品德、语文、数学课本，其他课本可根据需要选订。②教材征订实行县、区、乡三级会审制，每季收到上级教材征订文件和书目后，书店即与县教育局联系，联合召开会议，贯彻到区、乡学校，按照订书目录和预订时间填报。乡级中心校汇总所属学校订单，报区教育办审核汇总，而后报县书店和教育局共同审定上报。③继续提倡区教育办有偿代发课本。④为防止教辅读物的滥编、乱印、乱征订发行，新华书店不得在省教委规定的所开科目之外，任意增加品种，强行征订。一、二类学校应向新华书店订好一套作业，其他教辅读物自由选订；三类学校学生作业和教辅读物由学校自由选订。各级各类学校所需教材、教辅读物，只能向新华书店订购，不得从其他渠道订购。2000年5月，根据贵州省新闻出版局《新华书店教材发行单独核算的意见》，全地区以织金支店为试点单位，实行教材发行单独核算。2001年后，中心支店和其他各县支店逐步实施教材发行独立核算。2003年，地区新闻出版局、教育局联合制发通知，重申教材及教辅资料必须由新华书店统一征订、发行，各级各类学校一律不得在当地新华书店以外的地方订购教材及教辅资料。是年，全地区销售教材教辅资料9729.87万元，占销售总额的93.55%。2004年起，全地区各新华书店统一把学校划类供应的教材教辅送达各乡镇中心学校（教辅站）代发，新华书店按实际代发教册的1%，实际代发教辅的1.5%，支付代发费。划分小学为三类：城区学校为一类，乡镇完小为二类，村校为三类。一类小学订思想品德、语文、数学、自然、写字、社会、英语（含磁带）、劳动、信息技术、音乐、美术课本，二类学校不含磁带，三类学校不含英语、劳动、信息技术教材；城区初中学校为一类，农村初中学校为二类，一类初中必订教材为思想品德、语文、数学、英语（含磁带）、几何、物理、化学、历史、地理、信息技术、劳动技术、音乐、美术、体育，上述教材有图册的含图册；二类初中不含磁带，含图册。是年，全地区销售教辅教材1.07亿元，占总销售数的95.53%。2005年，全地区销售教辅教材1.36亿元，占销售总额的98.55%。

3.一般图书发行。中华人民共和国成立后，新华书店在作好重点图书及教材发行的同时，发行大量古今中外的哲学、社会科学、文学艺术和科学技术图书。至1985年，新华书店毕节中心支店综合门市部陈列图书达5000种。1986年国庆期间，地区文化局、地区工会和毕节中心支店联合举办首届图书展销，以开架售书方式，分别在地区工会和新华书店门市部设5个展厅，展出图书8000余种21万多册，接待读者5万余人次，销售图书5.5万余册，货值4.71万元。1990年国庆期间，中心支店举办“庆国庆、迎亚运”图书展销，销售各种图书24万多册，货值12.14万元。1999年10月，毕节中心支店举办庆祝建店50周年图书展销，展出图书、音像制品3万种，销售图书货值21万元。1983～2004年，毕节中心支店配合中共毕节地委宣传部、地区教育局和文化局等单位，举办8次读书教育活动，参加活动的中小学生共计达300余万人次。1999年举办“光辉的五十年”读书教育活动，发行各类读本43万册；2004年举办的“三个代表”重要思想读书教育活动，销售图书货值230万元。2006年5月，中心支店图书发行综合大楼建成开业，二楼图书超市陈列图书2万多种。

**新华书店图书销售**　中华人民共和国成立后，社会经济不断发展，图书销售亦日益增加。1951年，新华书店毕节中心支店销售图书24.6万册，销售收入3.38万元。1956年，销售图书98.7万册，销售收入14.25万元。1966年，销售图书31.9万册，销售收入31.64万元。1979年，销售图书227.3万册，销售收入61.46万元。1988年，销售图书423.9万册，销售收入239.83万元。1996年，全地区新华书店销售图书1354万册，销售收入1573万元。1990年，全地区新华书店销售收入1460万元，实现利润71万元。1999年，销售6500万元，实现利润210万元。2001～2005年，销售收入4.28亿元，实现利润3116万元。

**书店建设**　20世纪50～60年代，新华书店毕节中心支店门市及仓库均系旧房。1971年，投资33万元在毕节城砂石路建916平方米综合门市。1974年，黔西县投资17万元在县东路3号建600

平方米门市综合楼。80年代，大方县投资50万元在中街建1184平方米综合门市及仓库；金沙县投资24万元在紫荆街建853平方米新华书店营业楼；赫章县投资16万元在民主路建1328平方米新华书店新楼。20世纪90年代后，全地区新华书店基本建设力度加大。90年代新修的新华书店有：地区中心支店投资47万元，新建共913平方米的二门市、三门市及翠西路图书仓库；大方县新华书店投资53万元，扩建1178平方米中街综合门市；金沙县新华书店投资113万元新建1613平方米中华路营业楼及紫荆街图书仓库；织金县新华书店投资23万元，建1521平方米十字街营业楼；纳雍县新华书店建中华路1419平方米综合楼；威宁县新华书店投资110万元，建900平方米草海仓库；赫章县新华书店投资57万元，建2746平方米90路综合楼。21世纪初新修的新华书店有：地区中心支店投资5000万元，建1.5万平方米砂石路图书发行大楼；大方县新华书店投资122万元，建1283平方米西大街业务楼；金沙县新华书店建1124平方米戴家堡仓库；织金县新华书店投资185万元，建2083平方米北大街综合楼；纳雍县新华书店投资655万元，建4465平方米中华路综合楼、沿河街门市及环城路仓库，威宁县新华书店投资216万元建综合大楼2500平方米。

## 第三节　地（专）区报纸

### 一　机关报

**民国时期的机关报**　《西黔日报》。民国32年（1943）9月1日，贵州省第四区行政督察专员公署专员廖兴序向贵州省政府主席吴鼎昌《呈报创设〈西黔日报〉社旨趣与经过并核转该社登记申请书》，申述报社旨趣为宣传主义，灌输文化，提高国家民族意识，倡导抗战建国之推行。报社获毕节士绅刘熙乙捐送四开印刷机、圆盘机各1部；由专员募获乐捐款10万元，铸齐各号铅字，购入各项印刷器材，并购备收报机3部，自设电台日夜收听中央社电讯，供给新闻消息；由渝聘请中央政治学院新闻学毕业学员到社担任编辑。是年10月1日，《西黔日报》正式出刊，采用大报版式，日出四开1大张。第一版为要闻版，第二版为综合版，第三版为国际时事和国内新闻版，第四版为副刊，亦刊登相当数量广告。报纸每期发行2000份，以指令性方式发行。报社地址在毕节城中华南路商会后院，报社社长由专员兼任。报社设总编室，总编辑杨次青，副总编辑杨如凌，主笔黄有群，电讯室主任刘传祀，经理部主任王芸生。报纸后期发行人为方少仙。《西黔日报》于民国36年（1947）5月停刊。

**新中国成立后的机关报**　1.《毕节大众》。1951年9月创刊，社址在毕节小校场，为中共毕节地委机关报。四开铅印，邮局发行，每期近万份。地委委员、宣传部长陈健吾兼报社社长，王广魁、旷嘉颖为副社长，内设编辑组、通讯组、经理部、印刷厂。《毕节大众》报结合实际宣传马列主义、毛泽东思想，宣传中共路线、方针、政策和法律、法令。1、4版为要闻版，主要刊发本地区和国内外重大新闻；2版为农村版，主要宣传中共的农村政策，并报道农副业生产方面的情况和经验；3版为综合版，在刊发政治、文化、军事、政法等内容的同时，不定期地刊发文艺作品。1953年底，遵照中共贵州省委关于撤销专区一级报刊的指示而停刊。

2.《新毕节报》。其前身为毕节城区群众组织于1967年初创办的《捍红报》，4开铅印，周2期，间出号外，内部发行。1967年3月29日，更名《新毕节报》，成为地革委机关报，主要刊发区内外"文化大革命"的情况和地革委工作部署。1969年底停办。

3.《毕节日报》。（1）办报宗旨。1984年6月14日和9月6日，中共毕节地委宣传部向中共毕节地委呈报《关于建议创办〈毕节报〉的点滴认识》，提出《毕节报》办报宗旨：坚持四项基本原则，密切联系实际，用丰富多彩的形式，宣传马列主义、毛泽东思想，宣传党的路线、方针和政策，宣传毕节地区两个文明建设的新成就、新经验和新人新事。1985年6月2日，中共毕节地委向省委呈报《关于创办〈毕节报〉的报告》，提出《毕节报》的办报方针和目的是大力宣传马列主义、毛泽东思想，宣传党的纲领、路线、方针和政策，宣传现代科学技术，表彰先进人物，传播先进经验，动员、组织全地区各族人民，在中国共产党的领导下，团结一致，同心同德，克服困难，开拓前进，为实现党在新时期的总路线、总任务、总目标，为振兴毕节经济、最终摆脱"干人"地位而顽强奋斗。

（2）编辑方针及原则。《毕节报》的编辑方针是：立足毕节，宣传毕节，认识毕节，开发毕节，为振兴毕节经济服务。在用稿上，坚持以发地方新闻为主，新闻性稿件，一般占每期用稿量的60%以上；需用的新华社电讯稿，一般经过改编；有针对性地选择采用区外稿。其用稿标准是：应是某一战线的新成绩、新创造、新纪录、新发现；应是现实生活中的新情况、新动向、新问题、新经验；应是富有时代精神的新人新事新风尚；应是广大干部群众的呼声、意见和要求；应具有新闻性、知识性、趣味性，报道必须真实。根据以上标准，毕节报社编委会要求每个采编人员认真审视每一篇来稿，精编每一篇稿件，把每一个错误消灭在出刊之前；依质取稿，不用关系稿和人情稿；不乱约稿，若需约稿，事前得经编辑部讨论决定。凡打印或复印稿件，一律不用；对言论稿和文艺稿，慎重采用，且比例不宜过大。在用稿上，做到报道中心与报道面平衡，在突出报道现实生活中重大问题的同时，对群众关心的其他问题也注意报道，以扩大报道面，拓宽报道领域；报道内容之间平衡，在突出经济报道的同时，兼顾文化、教育、卫生、体育、政法、军事方面的报道；新闻稿同非新闻稿之间平衡，在突出新闻稿的同时，对文艺稿、科普和介绍地方风貌、风土人情、风景名胜、文物古迹方面的文章，亦注意刊发；县与县、部门与部门和单位与单位之间平衡，争取在每一期的版面上，都有每个县的报道；老作者与新作者、专业作者与业余作者、本地作者与外地作者平衡，团结广大作者，扩大作者队伍，发现和培养新秀。同时，辅之以必要的批评性报道。对批评性的稿件精选慎用，凡刊发的，必须从爱护党的工作出发，事实准确，用语平和，态度诚恳，坚持党性原则，不带任何个人恩怨和成见，看后能使人引以为戒，从反面受到启发和教育；不随意在报上点名批评单位或个人。需要点名批评者，见报前坚持把稿件送请上级主管部门审定，不得擅自做主；对党委和政府在执行政策中的缺点、错误，一般不公开批评报道；对刑事案件方面的报道，一般待结案后进行，报道中既不泄露公安机关的侦破技术，又不过多地描述犯罪嫌疑人的作案手段和作案细节，干预司法机关独立行使侦查权和审判权。2001年1月1日起，《毕节日报》从4开4版周五刊增版扩容为4开8版周6刊。报社编委会定位扩容增版后的《毕节日报》是保持党报性质，兼容晚报风格，并吸收都市报、专业报及其优势的报纸。扩容增版坚持以下原则：①本地新闻占60%；②以市场需求为导向，对报纸进行全新包装；③设置一定与培植广告源有关的特刊，兼顾厂商客户读者的同时，为报社创收打基础；④保留原来有影响和有生命力的品牌栏目，淘汰过时栏目；⑤版式上尽力达到主题鲜明、内容丰富、图文并重效果。

（3）报纸出版发行。1985年6月22日，中共贵州省委宣传部下文同意《毕节报》先行试刊。是年11月1日第一张4开4版《毕节报》面世。试刊阶段主要是赠阅，共出版31期。第1~5期为半月报，每月1日和15日出版；第6~31期为旬报，每月10日、20日、30日出报，每期赠阅数近1万份。1986年6月19日，中共贵州省委批复同意《毕节报》正式出刊，由邮政局代办在省内公开发行。1986年11月1日~1990年6月30日，从第32期开始改为周一报，每周六出报，发行量为1.3万~2万份。1990年7月1日~1996年12月31日，改为周二报，每周二、四出版，发行量为1.2万~1.9万份。1997年1月1日~1998年12月31日，改为周三报，每周二、四、六出版，发行量为1.6万~1.7万份。1998年10月16日，国家新闻出版局行文批复，同意《毕节报》更名为《毕节日报》。1999年1月1日~2000年12月31日，每周一、二、三、四、五出报，发行量1.6万~1.7万份。2001年1月1日~2007年4月30日，《毕节日报》扩版为4开8版，周六刊，每周一到周六出报，发行量为1.6万~1.7万份。2007年5月1日~2009年10月31日，扩版为对开8版彩报，周六刊，周一到周六出报，发行量增至2.5万份。2009年11月1日~2010年12月31日，《毕节日报》突破由邮政局征订发行的单一渠道发行模式，转变为多种发行渠道并进的发行模式，即报纸的全部征订工作和部分报纸的发行投递工作由报社成立的报业公司负责完成，大量报纸的投递工作由邮政局完成。至2010年，《毕节日报》的征订发行量达5.2万份。

《毕节日报》（《毕节报》）1986年至2009年出版发行期，每期报纸发行单价分别定过0.45元和0.6元。2010年，每期定价0.85元。

（4）版面及栏目。从1985年试刊出版至2000年，《毕节日报》（《毕节报》）为每期4版，一版为要闻版，二版为经济版，三版为政治文化版，四版为副刊版。1991年，推出“来自牛栏江的报道”栏目。1992年，推出“来自白布河流域的报道”栏目。1993年，推出“来自偏岩河的报道”专栏。1997年，创办《草海周末》版。1998年，开办“改革开放二十年暨试验区建设十周年成就展”“两路建设追踪”“新闻追踪”“百姓话题”栏目，并继续办好“科技兴毕”“交安热线”“半边天”等栏目。2000年，开辟神州大地毕节人栏目，发表文章70余篇，在区内外产生较大影响；开辟“西部大开发、毕节怎么干”专栏，发表各级各界为毕节投身西部大开发献计献策的文章数十篇。是年6月7日，中共毕节地委同意地委宣传部《关于将〈毕节日报〉扩版增容为四开八版的请示》。

自2001年1月1日起，《毕节日报》正式出刊4开8版：一版为要闻版，二版为综合新闻版，三版为都市新闻版，四版为体育新闻版，五版为文化娱乐及作品连载版，六版为国际国内要闻版，七版为文摘及特刊，八版为副刊版。是年，开辟校园专版。2002年，除继续办好原有

“神州大地毕节人”“头条新闻竞赛”“一事一议”等16个栏目外，新开辟“法庭内外”“社会经纬”“警界传真”“读者热点”“我为城市建一言”栏目。2003年，推出“三个代表在基层”“毕节故事”“毕节民生”“文化星空”“经济在线”“乡村专递”“小康”“家居卫生与健康”“本草”和“逸言堂”栏目。

2004年，《毕节日报》再次改版，一版主要承担重大题材报道，刊发具有指导意义的评论员文章；二版刊发国际国内重大新闻，并对热点问题进行追踪； 三版主要以经济报道为主，着重探寻经济发展的规律，剖析新的经济现象；四版、五版均为社会新闻版；六版是文体综合新闻版；七版为特刊版；八版为文艺副刊，是年，《毕节日报》采编人员走出编辑部与有关单位及乡镇协作，联办一批弘扬时代主旋律、关注百姓生活的栏目，促进报纸质量的提高和报业经济的发展。开设“党旗飘飘”“千方百计促农增收”“树立科学发展观”专栏，开办“人口与计生”“医疗前哨”“饮食天地”“交安热线”“血浓情更浓”等栏目。围绕试验区生态建设，与地区林业局联办加强试验区生态建设、再造秀美山川新毕节栏目；围绕控制人口，与地区计生局联办人口与计生栏目；与地区公路局联办注目干线公路栏目，反映全地区基础设施建设成就与毕节市层台镇联办农业结构调整栏目，反映农民增收问题；与地区医院、地区中心血站联办医疗前哨、血浓情更浓栏目，反映卫生医疗部门医德医风状况；与地区卫校等单位联合推出改革创新、校园窗口、饮食天地栏目，反映学生和市民学习与生活状况的要求；与地区文化局等单位联办文物走笔栏目，与毕节卷烟厂工会联办向往小康栏目以追寻毕节的文化遗迹、唤起人们创造小康生活的激情。与地区公安局交警支队、地区运管处、织金县委政法委联办交安热线、《道路运输条例》释义、执法为民栏目，反映全地区道路安全执法与状况。1月1日起，《毕节日报》全新改版。一版新增“保持党员先进性，建设毕节试验区”“毕节试验区前进足音”“落实科学发展观，建设毕节试验区”栏目。一、六版互动，推出大型系列报道“乌江纪行”将原三版“国际国内”转到二版，便于第一版地方要闻转版及其他要闻统筹。四、五版为都市、社会类新闻，设立热线记者组，新开设“民生热线”“今日关注”。2005年与毕节地区预防职务犯罪领导小组联办“预防职务犯罪漫画专栏”，共刊发48期。该专栏在全省首开先河，得到省内的新闻专家的首肯和读者的喜爱。2007年，开设“聚焦毕节城建”“走新型工业化道路”“城建与我”“走进社区”“村风拂面”“周边传真”“改茅进行时”“纸上博客”“龙门客栈”以及“乌蒙览胜”漫画专栏。2008年，推出“改革开放30周年巡礼”“改革开放30年——众生读”“改革开放30年——图说今昔”“抗震救灾”“学习宣传贯彻十七大精神”“在十七大精神指引下”“高举旗帜，科学发展”等专栏，还推出了特色专栏“本土作家”“黔西北作家方阵”“成长的天空”“我们的格调”“图片故事——毕节影像”“毕节时光”“爱心漂流瓶”等，推出《桂花镇记事》等感人至深的系列报道。2009年，“都市新闻”和“社会看台”版面推出“都市飞花”“记者出动”“新闻追踪”和“毕节市一周治安播报”等栏目。

2010年，相继推出《经济周刊》《社会周刊》《房产周刊》和《教育周刊》。《经济周刊》立足本地、立足实际、立足经济的基本点，对毕节试验区经济发展的典型事例、重大经济活动等进行报道，设置“大农视野”“旅游·市场”“深度报道”等板块。版面设置上，《社会周刊》重心为“社会生活”“民生问题”“平安维稳”，包括“全视角”“热线出动”“专递”“速读”“记者调查”“特别关注”等近40个栏目。《教育周刊》每周一期4个版（五至八版），五版为教育要闻版，主要反映本地教育新闻和全国教育动态；六版专门反映为试验区教育作过重大贡献、取得优异成绩的教育工作者风貌的“红烛情怀”，反映试验区各级校园风采的“多彩校园”；七版有针对性地对试验区教育发展过程中出现的各类重大事件进行报道，开辟推广教师在教育工作中收获的各种教学经验的“教学一线”；八版开辟让各中小学生展露才华的“成长的天空”。是年，《草海周末》也全新改版，除黄金一版和特别报道外，所涉内容增加“健康养身”“毕节名人”“风土人情”“质感生活”“街头巷尾”“文化人物”“财富天下”“黔西北文萃”等栏目。

（5）重大报道。1988年6月以来，国家领导人江泽民、胡锦涛、温家宝、钱其琛、田纪云、王兆国、邓力群、萧克、钱伟长、费孝通、李沛瑶、李锡铭、卢嘉锡、何鲁丽先后来毕视察。毕节报社编委会均派出记者采访、报道。

1996年3月9日，《毕节报》一版以《翻山越岭送温暖》为题，报道中共中央政治局候补委员、书记处书记温家宝考察黔西、毕节、赫章、大方的情况。5月21日和24日，报道中共中央政治局常委、书记处书记胡锦涛于5月11～14日在毕节地区考察的情况。11月1日，刊发《总书记，乌蒙儿女欢迎您》报道中共中央总书记、国家主席、中央军委主席江泽民10月26日考察赫章县珠市民族乡的情景。11月8日，《毕节报》刊发新华社电稿《江泽民总书记到贵州考察扶贫工作》。

2001年，《毕节日报》组织报道西电东送工程在毕节地区的实施情况；开辟“走近四大区”“炒热四大区、打好四张牌”专栏；宣传洪家渡移民工作；报道“三个代表”学教活动和企业“三讲”宣传；报道市民关注的热点问题；开辟“党旗飘飘”专栏报道先进党组织和优秀党员的事迹，开辟理论专刊，发表学习江泽民“七一”讲话的理论文章；报道区内各县市实施“十五”开局战略工作的举措；报道中国入世、“9·11”事件、中国足球冲出亚洲等大事。

2002年，开辟“展示新成就，迎接十六大”专栏，发稿40多篇，报道区内各方面迎接中共十六大召开的先进工作典型；推出电视理论解说词《东方之光——“三个代表”与理论创新》和迎接中共十六大特刊21期。中共十六大召开期间，连续六期套红报道大会消息、社论。会后，开辟宣传贯彻十六大精神栏目，报道区内贯彻十六大精神情况。是年，开辟“西电东送电源点”“贵毕经济文化长廊专递”“开启新世纪农业之门”栏目，报道在试验区建设中涌现的先进典型人物和先进经验，为全地区实施西部大开发战略，建设试验区提供良好的舆论基础。

2004年，通过精选新华社稿，让读者了解国际国内发生的重大事件，把党的路线、方针、政策及时传播给人民群众；同时围绕地委、行署开创试验区工作新局面，推进全面建设小康社会进程的要求，宣传试验区建设的重大成就、西部大开发战略在全地区实施的情况，各级践行“三个代表”的先进典型等，为全地区改革、发展，创建稳定大局服务。是年，以套红和一、二、三版联动方式，完成中共十六届四中全会召开、中共建党83周年、中华人民共和国成立55

周年、召开全国人大、政协会议、澳门回归5周年及召开地区三干会的报道。

2005年初，制订《重大报道刊发要点》，采取多种方式报道召开全国人大、政协会议，中共建党84周年，世界反法西斯胜利60周年，中华人民共和国成立56周年，中共十六届五中全会召开，神舟六号发射成功，中央经济工作会议情况。是年，围绕建设毕节试验区的报道，仅头版头条就达52条。

2007年，针对全区经济工作会议、迎接毕节试验区建立20周年和中共十七大召开进报道策划，成立9人组成的要闻报道组，拟定重大要闻报道要点：根据年初全区经济工作会议确定的今后一段时期经济社会发展的总体工作思路，把重点放在开放带动战略上；同时，深刻总结试验区建立20年来探索实践所取得的主要经验和成就，集中推出试验区各条战线上的先进人物和典型经验，充分展示试验区建设的伟大成就、建设轨迹和示范经验。在一版开辟相关专栏，集中进行报道。使得迎接试验区成立20周年报道逐渐升温。通过重大要闻的集中报道，为全区又好又快发展营造良好舆论氛围。

2008年，《毕节日报》编委会在年初就对试验区成立20周年的系列报道作周密细致的安排部署，集中力量开办好“深化三大主题、推动科学发展”“改革开放30周年、毕节试验区20周年”“迎接毕节试验区成立20周年”三个栏目。刊发60篇以上深度典型报道，如深受读者好评的《一条土地政策为中央决策提供依据》等，重点展示了毕节试验区建设的经验和成就。同时，又推出“改革开放30年——图说今昔”和“改革开放30年——众生谈”两个专题报道，发稿60余篇。于9月22日推出反映试验区建设成就的12个专刊的特别报道，于9月23日推出64个版的《毕节试验区成立20周年珍藏版》，全方位立体展示了试验区20年来各条战线取得的辉煌成就。是年，及时开设“众志成城抗雪凝”专栏，共出动记者400多人（次），刊登消息581篇，人物通讯31篇，图片196幅，为全区抗雪凝、保民生，抓重建、促发展工作营造了良好舆论氛围。第一时间在第一版至第八版开设“抗震救灾”专栏，积极报道毕节地区和全国抗震救灾的壮举、一方有难八方支援的义举和血浓于水的亲情。仅在全国哀悼日的三天里，就推出抗震救灾专刊近20个，刊发稿件百余条。与此同时，报社组织人员用不到一个月的时间编写出《众志成城抗雪凝》一书，编印出版画册一本。

2009年，策划大型组合式系列报道“纪念建国60周年”特别报道，组织记者20余人历时半年，推出了“同行——生于1949”“解密——纸上晖光”“见证——回望60年”“凸显——平凡飞翔”等四个系列的纪念报道，发稿共38篇。同年，第二、第三批学习实践活动先后启动，《毕节日报》推出“深化三大主题，推动科学发展，加快毕节崛起”专栏，围绕学习实践科学发展观，加快毕节崛起这一主题，对各级各部门学习实践活动的情况作动态和深度报道，至年底共刊发稿件198篇。为深刻领会、贯彻落实中央领导同志的批示精神和是年4月14日各民主党派中央、全国工商联参与毕节试验区建设座谈会（简称“4·14”会议）精神，推出“多党合作的标志性平台·情倾毕节谱华章”系列报道，聚集统一战线继续参与试验区建设与发展和20多年来对毕节试验区经济社会发展做出的卓越贡献。推出12篇全方位反映中央统战部、各民主党派中央、全国工商联20多年来一如既往帮扶毕节试验区以及新一轮帮扶情况的深度专题报道，发稿12

篇（综述1篇，中央统战部、八个民主党派中央、全国工商联、北京专家顾问组各1篇）。

2010年，《毕节日报》紧紧围绕中共十七大、十七届四中全会、五中全会、中共贵州省委十届十次全会精神的贯彻落实抓好重大报道；紧紧围绕毕节试验区“三大主题”做好毕节经验、毕节模式的总结、提炼和报道；紧紧围绕中央领导同志的批示精神和“4·14”会议和是年6月28日中央统战部、各民主党派中央、全国工商联参与支持毕节试验区建设工作联席会议第三次全体（扩大）会议（简称“6·28”会议）精神的贯彻落实，做好抢抓机遇、促进跨越的宣传报道；紧紧围绕毕节试验区建立22周年，抓好各领域的宣传报道；紧紧围绕全区经济工作会议、全区工业发展大会精神做好深度报道；紧紧围绕“强区升位、跨越发展”目标做好典型报道。新闻宣传做到“深、强、细、透”，报道形式进一步拓展，在以消息为主体的新闻体裁基础上，摄影、通讯、言论、访谈、经验典型报道等取得新的突破。

（6）重点报道。①牛栏江、白铺河、偏岩河、乌江流域采访报道。1991年7月6日，《毕节报》记者从威宁哲觉开始，步行月余采访人迹罕至的牛栏江流域，搜集到许多富有传奇色彩的故事，采访到很多鲜为人知的新闻素材，先后向编辑部发回45篇介绍牛栏江流域经济、文化和风土人情的报道，引起社会强烈反响。1992年5月2日，记者从黔西开始，进入白铺河流域，进行长达11个月的采访活动，先后在《毕节报》上刊发35篇报道文章，介绍白铺河流域的经济、文化情况和开发前景。1993年7月14日，记者从金沙沅村乡开始，徒步进入偏岩河流域进行采访报道。途经11个乡镇，历时26天，共采写稿件28篇在《毕节报》上刊发。这些报道，为金沙县开发利用偏岩河流域资源提供启示。

②重点工程报道。1989年，毕节、威宁、赫章、大方县被国家列为长江中上游水土流失治理片区。治理工程开展期间，《毕节报》采取各种形式进行宣传报道。1994年上半年，长江上游水土保持重点防治区在毕节召开第6次工作会议。其间，毕节报社成立专题报道组，分赴毕节市、威宁、赫章、大方县，在水利水保部门配合下，采写长篇报告文学《乌蒙壮歌》和通讯《龙滩坪上鏖战激》《千山万壑绘彩图》等60余篇报道，在《毕节报》上刊发。2005年6～8月，毕节报社组织采编人员途经50多个乡镇，行程8000多千米，采写报道69篇，18万字，配发图片300余幅。这组大型系列报道，以新闻故事或新闻散文手法，反映毕节开发扶贫、生态建设的成就和乌江流域山川地貌、民族风情、生产生活状态，引起读者强烈反响。

③扶贫攻坚报道、新农村建设。1996年，中共毕节地委、毕节地区行署根据中共中央、贵州省委指示精神，在全地区开展扶贫攻坚活动。1996年4月，《毕节报》推出扶贫攻坚栏目，拟定报道实施方案，派出15个采访报道小组，分期深入到全地区15个贫困地带进行采访报道。1997年3月29日，《毕节报》三版刊发《要圆读书梦，还得先抓阄》，介绍威宁县海拉乡由于师资缺乏、校舍不足，适龄儿童入学十分困难的情况。新闻刊出后，先后被《光明日报》《羊城晚报》《新民晚报》等20多家报刊转载，引起海内外人士关注，向海拉捐钱捐物，建成两所希望小学，一举解决适龄儿童入学难的问题。当年，毕节报社被评为扶贫先进单位，并在全地区扶贫工作会上介绍新闻扶贫先进经验。2006年，把全区新农村建设作为宣传报道重头戏，推出《从城市边缘破题》等7组专题报道，同时推出“深化试验区三大主题，建设社会主义新

农”“建设新农村”等专栏，全年发稿1100余篇。是年，还组织大型组合式报道《梦重新开始的地方——毕节返乡农民工创业就业特别报道》，以7个整版的版面，全面反映全地区农民工返乡就业、创业情况。

④典型报道。1990年10月20日～11月17日，《毕节报》先后发表6篇通讯，报道全国劳动模范、金沙县湖水乡高原营林生产合作社主任杨明生的先进事迹；1991年10月23日~11月30日，报道毕节地区土肥站站长、高级农艺师杨大晋主持创办毕节县金银山和八寨坪万亩旱地农业综合丰产技术样板获得成功的先进事迹；从1996年7月30日起，陆续发表消息和通讯，报道黔西县定新乡马驂村党支部书记罗正明为保护3名公安干警，毅然扑向歹徒引爆的炸药包，壮烈牺牲的英雄事迹。

（7）摄影采访报道。1988年毕节试验区建立后，至21世纪初，先后有50多位党和国家领导人到毕节考察。《毕节日报》均派出摄影记者采访拍摄，在报纸上安排重要版面，进行专题摄影采访报道。如《江泽民同志在赫章县珠市乡考察扶贫》《胡锦涛同志在毕节试验区考察》《吴邦国同志在洪家渡水电站考察》《温家宝同志在毕节试验区考察》《贾庆林同志在织金县农村考察调研》《李岚清同志在农村考察义务教育》等。毕节试验区政治、经济、文化、社会、生态建设的重要成就，是《毕节日报》采访拍摄的重要内容，历年均拍摄大量照片，进行摄影采访报道。如《五子登科》《磅礴乌蒙第一路》《建设中的洪家渡水电站》《建设中的杭瑞高速公路》《毕节五园新村建设》《成贵高铁开工典礼》《毕节学院挂牌成立》等。还开设“毕节故事”栏目，刊发新旧照片《小妥倮苗族蜡染》《抗战歌曲唱响毕节山城》《毕节古城墙寻踪》《牌坊的故事》等，展现毕节人文风貌。又用照片连环画《张家三姐妹的一天》《本该读书的儿郎在挖煤》等，讲述普通人的故事。

（8）广告。《毕节日报》广告经营始于1992年，由报社成立广告发行部，经营广告业务。1996年，由报社出资成立“毕节闻达广告公司”，代理报社广告业务，公司性质为独立核算、自主经营、自负盈亏的全民所有制企业，隶属报社管理。广告运作初期，广告收入从几万元到几十万元不等。1999年，报纸从周三报改为日报后，广告收入突破百万元大关。2003年，《毕节日报》社将经营性的广告、印刷、网站等业务与报社剥离，对毕节报社印刷厂和毕节闻达广告公司进行股份制改造，组建“毕节地区闻达报业有限责任公司”，负责报社广告、印刷、网站的经营。是年，公司收入达400多万元。2009年，将《毕节日报》的发行业务也交由闻达报业公司运作，报社采编与经营业务剥离，完成报社文化体制改革任务。

（9）报纸征订。《毕节报》读者主要为毕节地区居民。1986年，中共毕节地委宣传部、农工部和地区邮电局联合制发〔1986〕18号文件，把发行任务数分解到各县。2000年12月，《毕节日报》计划发行1.78万份。至年底，全地区共订阅《毕节日报》1.65万余份，为计划的93.5%。2001年，全地区订阅《毕节日报》1.47万份。

（10）新闻队伍建设。毕节报社从建立之年起，每年派出2～3名采编人员到中国新闻学院接受短期业务培训。到1997年底，共派出20余人前往学习，并取得合格证书。又每年派出一批人员，或参加贵州省记协和中国地市州盟报研究会开展的业务活动，或前往一些办得好的报社学习取经。还根据地委安排，不定期派出人员到县到乡镇挂职锻炼。同时，注重养成采编人员良好思想工作作风，鼓励采编人员淡泊名利，在新闻业务上冒尖，向名编辑、名记者、名评论员目标奋进；坚持真理，敢于直言，不用关系稿、人情稿，不搞有偿新闻。1992年，制定《毕节报社采编人员管理条例》，条例对采编人员的工作职责、任务和完成任务后应得的报酬作出明确规定。1999年，制定《毕节日报差错监督奖惩条例》《差错认定细则》及《总值班岗位职责》《值班主任岗位职责》《毕节日报三级审稿制度》。严格管理考核采编人员。2001年，制定《毕节日报采编人员任务考核试行条例》，对采编人员实行任务分计分制考核。2003年9月，报社制发《关于实践"三贴近"的决定》，要求记者努力实践贴近群众、贴近生活、贴近社会，采写实际、亲切、鲜活的原创性作品和有思想、有深度的研究型力作。自是月起，毕节日报社每个采编人员每月采写一篇符合"三贴近"要求的原创稿件，每个编辑每月策划一版符合"三贴近"要求的主题版面，每个采编人员每个季度写一篇从自身实践中总结出来的新闻业务论文。是年，毕节日报社党组成员带队到赫章可乐、黔西韦寨、大方八堡苗寨蹲点采访，推出《韦寨现状与梦想》《夜郎寻踪》《八堡苗寨》报道。是年，《毕节日报》所有采编人员到贵阳参加上岗资格培训，取得上岗资格证。2005年，制定《关于毕节日报社采编人员管理"十不准"的规定》。2009年，制定《毕节日报社编委会工作条例》。至2010年，毕节日报社有从业人员41人，其中，采编人员27人。采编人员中，有高级编辑（记者）2人，主任编辑（记者）9人，编辑（记者）10人，助理编辑（记者）6人。

（11）报社建设。①领导班子。1986年5月~1987年10月，地委宣传部副部长兼任毕节报社总编辑，刘衍奎任毕节报社副总编辑主持工作。1987年10月至1998年6月，刘衍奎先后任毕节报社社长、总编辑、党组书记。副社长、副总编辑、党组成员有：高承祥、韩秉明、刘群峰、刘国学、钟尚豪、李向东，纪检书记：吴维汉。1998年7月~2009年3月，刘群峰任毕节报社社长兼总编辑，高承祥任党组书记，其间的副社长、副总编辑有：戴淑金、张培立、刘靖林、禄炳宪、李建生、钟尚豪（兼任纪检书记）。2009年3月至2011年12月，刘群峰任毕节报社社长、党组书记，张培立任总编辑，其间的副社长、副总编辑有：刘靖林、禄炳宪、李建生、施毅、钟尚豪（兼任纪检书记）。

②房屋建设。1985年11月，报社与地委宣传部宣传科合署办公。是年，办公用房因火灾烧毁，报社搬到原文化局创作室办公。1986年，搬到地区电力公司办公。1988年4月，搬到科技大楼5楼办公。1988年，地区行署行文将郭家湾农场2800平方米土地及有关资产划归报社管理使用，地区财政拨款在郭家湾建成报社办公楼、职工宿舍各1幢。1990年4月，搬到新址办公。截至1998年，毕节报社已经建起多功能综合性办公大楼1幢，职工住宅3幢，综合用房1幢，制版车间1幢，共5836.35平方米，总投资162.26万元。

③毕节报社印刷厂。1989年3月中共毕节地委、毕节地区行署决定创办毕节报社印刷厂，采用华光电子出版系统。胶版印刷报纸。1990年7月，毕节报社印刷厂基本建成，投入试运行。当年印刷收入6万元。1992年2月22日，地区计委组织验收，认定设备先进、可靠、工艺合理，同意验收，交付使用。至1996年，毕节报社印刷厂有职工26人，固定资产108万元，设备30多

台套，年印刷能力1.1万对开色令。在完成本报社印刷业务的同时，还承接《织金报》《毕节晚报》《大方报》和其他部分社会印件的印刷业务。1998年，印刷收入达百万元。

（12）通联工作。1991年3月15日，中共毕节地委宣传部制发《关于做好新闻通讯工作的意见》，要求各系统、各单位建立通讯组，区一级有通讯组，乡有通讯员。规定各县委宣传部的宣传（通讯）科为新闻通讯工作的组织领导机构。是年10月5日，中共毕节地委宣传部制发《关于重新登记核发〈毕节报〉通讯员证的通知》，明确规定通讯员证的发放对象，为地、县专职通讯干部；《毕节报》骨干通讯员为能写稿、爱写稿的区、乡镇宣传委员和连续3年被评为《毕节报》优秀通讯员、并能长期坚持为《毕节报》提供稿件的业余通讯员。根据上述两个文件精神，地县委宣传部在全地区城乡组建起有组织、有领导、能写稿的通讯网络。到1997年底，毕节报社共有持证通讯员416名。同时开展《毕节报》优秀通讯员评选活动。1987～1998年，共评选优秀通讯员365人次。从1999年开始，毕节报社在境内各县市分别安排1名优秀通讯员为特约记者。2008年，在8县市分别设立记者站，并吸纳各县市新闻中心记者为记者站成员，设定专门新闻通道，供各记者站传输稿件，《毕节日报》每周为各记者站刊发一期各县市新闻专版。

（13）优秀新闻作品评选。①《毕节报》季度好作品评选。其评选方法为：由采编人员根据编委会提出的限额，推荐出本季度好作品，体裁包括消息、通讯、调查报告、专访、言论、来信和照片、标题、栏目、版面、文艺作品等，以新闻为主。总编室参考得票多少，根据作品质量高低评出本季度获奖作品，并评定等级。原则上每个季度评出好作品12～18件，设一、二等奖，发给一定数额奖金，作者、编者奖金等同。奖金在本报自营收入提成部分列支。

②地区好新闻评选。到1998年，全地区共开展13次好新闻评选活动。报纸、广播、电视新闻均在其中。毕节报社每年都要推荐一定数量的作品参评。1986～1998年《毕节报》推荐作品获毕节地区新闻奖为：新闻（言论）一等奖34件、二等奖64件、三等奖102件、特别奖3件、鼓励奖9件；副刊一等奖8件、二等奖11件、三等奖23件；摄影美术二等奖1件；版面标题二等奖9件、三等奖3件。以上共计267件。

③推荐作品在全省、全国参评。毕节报社除坚持标准、按照要求向贵州省新闻工作者协会、新闻学会和全国地市州盟报新闻研究会开展的年度好新闻评委会推荐参评作品以外，还参加省人大等机关开展的好新闻评选活动。1999年，《毕节日报》选送的作品《在讲台上与学生诀别》获贵州省优秀新闻一等奖，全国地市州盟报优秀新闻一等奖。2004年，在第十九届贵州新闻奖评奖中，《毕节日报》选送的《可渡河纪行》获一等奖，另有3件作品获奖；在第十八届中国地市报新闻奖评奖中，选送的5件作品获奖；在全省报纸副刊评奖中，选送的两件作品获奖；在全国首届老龄新闻评奖中，选送的《激情燃烧的岁月》获三等奖；在全省老龄新闻奖评奖中，选送的两件作品获奖；在宣传贵州精神文明建设好新闻评奖中，选送的两件作品获奖；在中国地市报第三届女记者新闻评奖中，选送5件作品获奖。2005年，在第二十届贵州新闻奖评奖中，《毕节日报》选送的体育述评《看奥运》系列获贵州省体育新闻奖及全国地市报纸优秀好新闻奖；选送的《从毕节到雅典》获二等奖、3件作品获三等奖；在第十九届中国地市报新闻奖评选中，选送的两件作品获一等奖、3件获二等奖、4件获三等奖，3个标题被评为优秀标题，

1个版面被评为优秀版面；在省副刊好作品评选中，选送的《乡愁是一张温暖的地图》获一等奖，另有一件获三等奖；在省第十四届宣传人大制度好新闻评选中，选送的《织金县人大常委会评议县长》获三等奖。

### 1987～1998年《毕节报》获省以上新闻奖统计表

| 类别<br>年度 | 文题 | 体裁 | 刊发时间 | 刊发版次 | 作者 | 编者 | 获何处奖及奖次 | |
|---|---|---|---|---|---|---|---|---|
| | | | | | | | 全省 | 全国 |
| 1987 | 别了，阿混哥 | 言论 | 7.11 | 1 | 刘衍奎 | 韩秉明 | 3 | 3 |
| 1988 | 夫妻角逐乡长助理 | 消息 | 9.10 | 3 | 胡显谋 | 刘兴科 | 2 | 3 |
| | 谢谢你，师娘 | 通讯 | 7.9 | 3 | 陈永德<br>熊益强 | | 3 | |
| | 魂兮归来 | 散文 | 8.20 | 4 | 韩秉明 | 刘衍奎 | | 3 |
| | 夕照归程 | 照片 | | | 聂宗荣 | | | 2 |
| 1989 | 心灵的火焰 | 通讯 | 9.30 | 3 | 高承祥<br>张培立 | 刘兴科 | 2 | |
| | 个体户：深夜猛敲县长门 | 消息 | 12.26 | 1 | 李光平<br>禄炳宪 | 刘衍奎 | | 3 |
| | 多干实事少发牢骚 | 言论 | 4.1 | 2 | 高承祥 | | 3 | 3 |
| 1990 | 镇长玻板下的“座右铭” | 通讯 | 5.26 | 3 | 高致贤 | 张培立<br>吴维汉 | 2 | |
| | 杨仕海点点滴滴（8篇） | 深度报道 | 6.6～7.25 | 3 | 刘群峰<br>张培立 | 刘兴科 | 3 | |
| | 征赌友启事 | 杂文 | 4.14 | 4 | 周　末 | 刘衍奎 | 3 | |
| | 卓问渔写意 | 报告文学 | 8.22 | 3 | 刘群峰 | 韩秉明 | | 优秀 |
| 1991 | 为了这条母亲河（5篇） | 深度报道 | 4.3～27 | 2 | 刘靖林 | 高承祥 | 3 | |
| | 农民彭恩富徒步百里送捐款 | 消息 | 8.21 | 3 | 王志华<br>张英祥 | 刘兴科 | 3 | 2 |
| | 为了五十万名各族群众（1～6） | 连续报道 | 1.5 | 1 | 高承祥 | 刘衍奎 | | 2 |
| | 彭德银画外音 | 报告文学 | 4.20 | 4 | 刘群峰 | 韩秉明 | 2 | 3 |
| | 捧回的爱情 | | 7.31 | 4 | 韩秉明 | 高承祥 | 3 | |
| | 特殊讲台 | 特写 | 6.19 | 3 | 刘兴科 | | 2 | |
| | “唉，可惜题太少！” | | 5.29 | 1 | 李发达 | 金　雁 | 3 | |

续表

| 类别<br>年度 | 文题 | 体裁 | 刊发时间 | 刊发版次 | 作者 | 编者 | 获何处奖及奖次 | |
|---|---|---|---|---|---|---|---|---|
| | | | | | | | 全省 | 全国 |
| 1992 | “我还有病人” | 通讯 | 4.22 | 1 | 韩秉明 | 刘衍奎 | 1 | |
| | 走出机关自找饭吃 | 消息 | 8.15 | 1 | 刘兴科 | | 2 | |
| | “你不能代表我” | 特写 | 2.5 | 3 | 张英祥<br>周礼荣 | 刘靖林 | | 2 |
| | 苗家霹雳舞 | 美术 | | | 何　容 | | | 荣誉奖 |
| | 烈火英姿 | 组照 | 3.11 | 3 | 戴淑金 | 刘衍奎 | | 优秀 |
| 1993 | 石破天开处，车水马龙来 | 通讯 | 10.23 | 1 | 张培立<br>刘　莹 | 刘衍奎 | 3 | |
| | 人间处处真情在 | 通讯 | 10.20 | 1 | 翟绪琴 | 戴淑金 | | 3 |
| | 牛栏江写生 | 散文 | 10.23 | 4 | 冷　智 | 刘群峰 | 2 | |
| | 充满阳光的无声世界 | 组照 | 11.27 | 3 | 戴淑金 | 刘衍奎 | | 优秀 |
| 1994 | 赵厂长精明不被“烫” | 通讯 | 10.5 | 1 | 戴淑金 | 刘衍奎 | 3 | |
| | 万水千山总是情 | 通讯 | 5.27 | 1 | 戴淑金 | 高承祥 | | 2 |
| | 石磨霍霍 | 散文 | 12.31 | 4 | 周东东 | 史红云 | 3 | |
| | 今夜，没有揪心的话题 | 散文 | 2.26 | 4 | 陇　山 | 刘群峰 | 2 | |
| | 岩洞口中红烛颂 | 通讯 | 9.7 | 1 | 张利平 | 戴淑金 | | 2 |
| 1995 | 让科技跳上“花坡” | 通讯 | 4.13 | 1 | 史红云 | 刘群峰 | 3 | |
| | 我要为金沙人民造福 | 通讯 | 5.24 | 1 | 李　华 | 刘衍奎 | | 3 |
| | 纳雍有个“灰姑娘” | 通讯 | 12.26 | 4 | 史红云 | 刘群峰 | | 3 |
| | 洋芋情思 | 散文 | 12.29 | 4 | 王明灯 | 史红云 | | 3 |
| | 放舟总溪河 | 散文 | 12.12 | 4 | 刘　莹 | | | 3 |
| | 费孝通在农家作客 | 照片 | 6.21 | 4 | | | | 优秀 |
| 1996 | 黔西5000多贫困户得到重点帮助 | 消息 | 11.26 | 2 | 刘兴科 | 刘　莹 | 3 | |
| | 张县长与“状元郎” | 通讯 | 12.26 | 1 | 王荣泮<br>翟绪琴 | 戴淑金 | | 3 |

续表

| 类别<br>年度 | 文题 | 体裁 | 刊发时间 | 刊发版次 | 作者 | 编者 | 获何处奖及奖次 | |
|---|---|---|---|---|---|---|---|---|
| | | | | | | | 全省 | 全国 |
| 1996 | 远方飞来的女教师 | 通讯 | 10.25 | 3 | 史红云<br>禄炳宪 | 王荣泮 | | 2 |
| | 杨全胜和他的画廊 | 报告文学 | 2.2 | 4 | 史红云 | 刘群峰 | 1 | |
| | 舵手 | 美术 | 9.3 | 3 | 何　容 | | | 3 |
| | 总书记，乌蒙儿女欢迎您 | 照片 | 11.1 | 1 | 刘衍奎 | | | 优秀 |
| 1997 | 要圆读书梦，还得先抓阄 | 消息 | 3.29 | 3 | 史　峰 | 李向东 | 2 | |
| | 野里小学老师三十二年背学生过河 | 消息 | 5.8 | 1 | 王荣泮 | 高承祥 | 3 | |
| | “局长，给你开个后门” | 通讯 | 4.17 | 2 | 李向东 | 张培立 | 3 | |
| | 情洒乌蒙山水间 | 通讯 | 6.10 | 1 | 刘靖林 | 戴淑金 | | 2 |
| | 下午结婚，早上还上讲台<br>明天生孩今天仍在教室 | 消息 | 3.8 | 3 | 刘莹 | 刘兴科 | | 3 |
| | 扶贫帮困 | 照片 | 9.4 ~ 10.1 | | | | | |
| | 请珍惜这些血汗钱 | 美术 | 9.17 | 4 | 何　容 | | | 2 |
| | 钱老在毕节 | 照片 | 5.31 | | 戴淑金 | | | 优秀 |
| | 扶贫帮困 | 照片 | 9.4~10.1 | | 聂宗荣 | | | 优秀 |
| 1998 | 在讲台上与学生诀别 | 消息 | 12.30 | 3 | 罗孝军<br>杨　超 | 刘　莹 | 1 | 1 |
| | 灼甫印象 | 散文 | 8.25 | 4 | 肖良宪 | 史红云 | 2 | |
| | 农民的儿子　国家的人才 | 通讯 | 8.25 | 3 | 刘　莹 | 李　霓 | 3 | |
| 2003 | 可渡河纪行 | | | | 史红云 | | 1 | |
| 2005 | 乌江纪行 | | | | 刘群峰<br>张培立<br>刘靖林<br>杨春明<br>施　毅<br>李文勇 | | 1 | |

## 二　部门及行业报纸

**民国时期的部门及行业报纸**　民国27年（1938），民国军政部第八社充兵训练处创办《荡寇报》在毕节出版，周二刊，每期300份，内容有电讯、社会要闻，辟有副刊，亦刊登广告。民国28年3月停刊。

**中华人民共和国成立后的部门及行业报纸**　1.《冲锋报》。1949年12月，中国人民解放军毕节军分区政治部创办，4开4版，周报，内部发行，主要刊载军内新闻、连队生活、剿匪经验等，出版130期。1952年7月停刊。

2.《四·二战报》。1966年10月毕节城区群众组织创办，4开小报，不定期出刊，内部发行。主要报道区内外“文化大革命”情况。1967年初停办。

3.《战地通讯》。1977年10月底毕节地区农田基本建设指挥部创办，4开铅印小报，先为旬报，后为周报，每期印3000～5000份，区内发行。《战地通讯》创办初期，主要以宣传报道农田基本建设、农副业生产为基本内容。后来，根据形势的发展，适量增加工业、交通、商业、供销、文化、教育、卫生、政法等方面的报道内容。截至1979年初，《战地通讯》共发刊87期后停刊。张瑞珠兼任编辑组长。

4.《毕节烟草报》。1984年，毕节卷烟厂创办。原名《生产报》。1986年12月10日改为《毕节烟厂报》；1988年7月，贵州省新闻出版局批准创办《草海报》。1992年5月，更名为《毕节卷烟报》。1996年，毕节卷烟厂、毕节地区烟草分公司和毕节复烤厂联合筹建贵州驰宇集团，改《毕节卷烟报》为《毕节烟草报》。《毕节烟草报》为4开4版行业内部报：一版为要闻版，报道烟草行业法规、政策和集团直属单位工作动态；二版报道各项工作中的先进人物及事迹；三版登载企业管理、企业文化、思想政治工作、党组织建设、群团工作、生产经营、市场情况、技能技术、烤烟种植及社会热点；四版为《星河》文艺副刊。每期印5500份，寄投全国500家大中小型企业，全国宣传、文化、新闻部门，省地党委、人大、政府，地直各工作部门、各县市各单位、各企业，以及省内外烟草行业相关单位和部门。1995年，《毕节烟草报》举办企业报刊副刊研讨会，全国80多家报刊社长、总编、副总编参加会议，会议评出获奖论文15篇。

5.《毕节公路报》。1986年1月毕节公路管理局创办，每月出版2期，4开4版。一版为要闻版，重点报道公路系统各时期中心工作，党和政府有关公路工作的重大决策。二版为新闻版，设有“千里公路线”等栏目。三版为综合版，辟有共青团园地、知识窗、毕节风物、知识系列讲座、文摘栏目。四版为《行道树》文艺副刊。初为钢板刻印，后改为打字复印。1991年7月15日，经省、地新闻出版主管部门批准，改版铅印，试刊出版，每期1000份，发至各段、处、队、站及道班，并赠发各县委、县政府及宣传文化部门，公路沿线乡镇，地直各有关单位和国内40多家公路报刊，并与区内各县报、行业报、企业报、刊物交流。1991年7月15日改版，试刊印刷发行。1993年1月，获省内部报刊登记，以登记证号黔09-B002号出版，先后由吴长华、吴太成兼任总编辑。

6.《毕节税务报》，旬报。1993年12月6日毕节地区税务局创办。1995年由毕节地区国家税务局主办。1997年12月停刊，共出版147期。办报初，只设兼职编辑。1995年9月成立编辑部，王明灯、毛世华先后任总编。《毕节税务报》要闻实行总编审稿制度，新闻实行副总编审稿制度，副刊实行责任编辑审稿制度。报纸由8县市国税局向社会各界联系征订，通过邮电投递。最初每期3000份，1997年每期改为9000份。

7.《毕节文化报》。1990年5月地区文化局创办，4开4版铅印小报，不定期，内部发行。到1997年底，出版60多期。之后停刊。

8.《毕节师专报》。1985年毕节高等师范专科学校创办，4开铅印，每季出版1期，每期印1000份，内部发行。一版为校内新闻，二版为学术研究，三版为校园生活，四版为副刊。

9.《民中报》。1992年9月毕节地区民族中学创办，4开铅印，不定期，内部发行，主编陈长友。1993年更名为《毕节民族教育报》，由毕节地区民族事务委员会主办，不久停刊。

## 第四节　县市报纸

### 一　机关报

**民国时期的县机关报**　1.《毕节周报》。民国31年（1942）8月出版发行。发行人为国民党毕节县党部书记何德川。民国32年（1943）10月《西黔日报》出刊后停办。

2.《民锋报》。民国36年（1947）金沙县长谭永年创办，谭自兼主编。每旬出版1期，每期印300份，发至县内各乡公所、保办事处和国民学校。各乡镇小学校长为义务记者。民国37年（1948）秋停办。

**中华人民共和国成立后的县市委机关报**　1.《毕节县报》。于1958年2月创刊，中共毕节县委机关报，主编邱亮。报社社址在县委院内。4开4版铅印小报，3日1期，期发7000份，邮局公开发行。1960年12月停刊，共发行389期。

2.《黔西县报》。1958年5月1日创刊，4开铅印，期发3000余份，中共黔西县委机关报，主编黄泽汇。版面设计为：一版要闻版，刊发县内重大新闻；二版经济版，刊发县内工农业生产情况和经验；三版综合版，刊发县内文教、卫生、商贸等新闻；四版时事版，同时不定期开办《木叶》文艺副刊。1961年12月停刊。

3.《织金县报》。1956年6月1日创办，为4开小报，初为5日报，石印；后改为3日报，铅印。每期印7500份。1961年7月23日停刊。共出版823期。

4.《威宁县报》。1956年7月创刊，由中共威宁县委宣传部主办。先为《威宁报》，后改为《威宁县报》。先为蜡纸刻版油印，后改为铅印。赵洪、郑曦先后任主编。新闻宣传报道以本县为主，同时兼顾对全国政治、外交等大事的新闻报道，文艺稿多见缝插针。最大发行量为1700多份，通讯员130余人。1961年5月停刊，共发行470期。

5.《金沙县报》。1958年创办。中共金沙县委机关报。其前身是刻印的《争鸣通讯》和《战斗的农村》。县委书记赵广玉兼任县报总编辑。至1960年7月31日停办，共出刊420期。初为4开两版周一报，发行900多份。1958年6月后，改为4版周六报，发行上升到5000份。刊登《孙悟空下凡参观记》《八十老翁一本账》在读者中反映强烈。后篇文章曾被《人民日报》、中央人民广播电台、《贵州日报》采用。1960年7月停办，共出刊420期。

6.《大方县报》。中共大方县委机关报。1958年7月1日创刊，4开铅印。主编邱益新。是年7～10月，为4开4版周二报；11月～次年6月中旬，改为8开2版日报；1959年6月21日～1960年5月27日，改为4开4版周三报，共出版741期。《大方县报》立足本县，面向农村，以生产建设为重点，宣传马列主义、毛泽东思想和中共路线、方针、政策；传达县委对全县工作的指示和部署；反映各条战线、各单位工作的新情况、新问题、新经验；报道先进人物事迹，刊登县内文艺作品；转载国内外大事。在全县建立115个通讯组，有通讯员689人，特约记者19人。1961年6月1日停办。

7.《纳雍县报》。中共纳雍县委机关报。1957年1月创刊，1961年3月28日停刊，主编方俊。铅印，4开。每月出版10期。共出版110期。

8.《赫章县报》。中共赫章县委机关报。1956年6月创刊。先为8开2版油印小报，1958年9月改为铅印，1960年3月增至4开4版，不定期出版。1961年12月停刊，共出版512期，发行123万份。李安仁、莫宗毅先后任主编。

9.《黔西报》。中共黔西县委机关报。1990年5月10日创刊，旬报，每月出版3期。《黔西报》以宣传马列主义、毛泽东思想和邓小平理论，宣传党的路线、方针、政策，宣传现代科技，传递市场信息，传播先进经验，表彰模范人物为办报方针。一版为时事要闻版，二版为经济生活版，三版为文教政法社会生活版，四版为文艺综合副刊版。开设有“春在水西”“校园内外”“金色盾牌”等30多个栏目，其采编的600余件稿件先后被国家和省地报刊采用。2003年12月，根据贵州省报刊治理办〔2003〕6号文件精神停办。

10.《赫章报》。中共赫章县委机关报，其前身为《赫章县报》，1992年12月复刊，刊号为黔09-B006号，4开4版，铅印，旬报。1997年12月，经贵州省新闻出版局批准为周报，刊号为黔新出1998内资准字294号，4开4版。赫章报社为正科级事业单位，编制10人。《赫章报》的总编辑由县委宣传部部长兼任。其办报宗旨是：以邓小平理论为指针，坚持党在新时期的基本路线和群众办报的方针，立足赫章，面向机关、农村，宣传本县物质文明和精神文明建设中的新人新事、新风尚，传播科学文化知识，为全县的经济、政治服务。其版面为：一版为要闻版，二版为经济版，三版为综合版，四版为副刊版。在管理上，实行采编合一及责任编辑制。1993年，在“我们最喜爱的中国优秀市、县党委报”评报活动中，《赫章报》被评为三星级市县党报，获二等奖。2003年12月，根据贵州省报刊治理办〔2003〕6号文件精神停办。共出版125期，每期印5000份。

11.《织金报》。1993年3月创刊，4开4版，周1报。至1998年，出版205期，总计发行62万多份。其版面设置为：一版为要闻版，二版为经济版，三版为综合版，四版为副刊版。织金报社注重通讯队伍建设，采取培训乡镇通讯员、建立乡镇及县直机关通讯组，鼓励通讯员向地区以上报社投稿、表彰奖励优秀通讯员方式培训通讯员，至1998年，全县宣传通讯队伍已发展近600人，并在全国和省、地级200多家报刊上发稿4200多篇。1993～1998年，先后举办9次征文活动；与有关部门联合举办“党章和建设有中国特色的社会主义理论”“城市规划年活动”“迎接香港回归祖国”等大型知识竞赛活动；办专版24期，集中宣传报道县内13个企业和部门情况，刊登宣传电力法、公路法等9个法规；专门开辟“迎接十五大展示新成就”“深织携手扶贫帮困”等10个专稿专栏。2003年12月，根据贵州省报刊治理办〔2003〕6号文件精神停办。

12.《毕节晚报》。毕节市委机关报，报社为正科级事业单位。1994年4月1日，省新闻出版局批准创刊，为4开旬报；1995年7月，省新闻出版局批准改为周报：一版为要闻，二版为经济版，三版为社会生活版，四版为综合副刊版。《毕节晚报》先后与有关单位联合举办“巾帼风采”“党的建设”“迎香港颂祖国赞家乡”“人生感悟”“头条新闻”“环境保护”有奖征文活动。2003年12月，根据贵州省报刊治理办〔2003〕6号文件精神停办。

13.《大方报》。中共大方县委机关报。1994年7月8日创办，报社为正科级事业单位。1994年11月25日正式出刊，旬报，4开4版，一版要闻、二版经济、三版综合，四版副刊。1996年起，根据宣传报道重点，与一些乡镇、部门和企业试办征文栏目“路在何方”“科技兴方”“特色经济之路”“向畜牧大县迈进”。同时，根据报道需要，开设临时性栏目“大兴调查研究”“实施温暖工程”“为党旗增辉”“爱心曲”。自创刊到2000年，均为赠阅发行，每期印0.25万份。2003年12月，根据贵州省报刊治理办〔2003〕6号文件精神停办。

14.《金沙宣传》。1996年1月试办，为内部刊物。1999年3月，地区新闻出版局批准《金沙宣传》创刊，编辑部在全县共建立63个通讯组，发展184名通讯员，其中聘请特约记者79名。《金沙宣传》1～8期为杂志，16开48页，发行量780册。1996年7月15日改为4开4版小报，发行量增到1500余份。其版面设计为：一版为要闻版，二版为经济版，三版为教育、科技、文化版，四版为文艺副刊版，中缝登载知识性、趣味性文章。《金沙宣传》辟有“政治学习”“决策要点”“群众心声”等12个栏目。2003年12月，根据贵州省报刊治理办〔2003〕6号文件精神停办。

15.《纳雍报》。中共纳雍县委机关报，报社为科（局）级事业单位。1997年1月1日创刊，其前身为《今日纳雍》，4开4版，每月出版3期。一版重要新闻，二版经济新闻，三版综合新闻，四版文艺副刊。2003年底，根据贵州省报刊治理办〔2003〕6号文件精神停办。

16.《威宁报》。中共威宁彝族回族苗族自治县委机关报。1998年4月重新创办。报社为正科级全额拨款事业单位。到2000年底，共出版96期。《威宁报》为4开4版：一版为要闻版，二版为经济新闻版，三版为综合新闻版，四版为文艺副刊版，辟有“草海”“百草园”等栏目。2003年底，根据贵州省报刊治理办〔2003〕6号文件精神停办。

## 二 部门及行业报纸

**民国时期的部门及行业报** 1.《毕节周报》。民国31年（1942），毕节县刘裕远创办，每周星期一出版，4开油印小报，刊发时事新闻和时政评论文章。辟有“读者园地”，刊登读者来信。民国32年（1943）停刊。

2.《改新导报》。民国35年（1946），荣军十二临教院政治部孙昭烈等创办，每期印500份，散发给该院荣军和黔西民众阅读。该报揭露社会丑恶现象，出刊4期，被勒令停刊。

**中华人民共和国成立后的部门及行业报** 1.《织金战报》。1977年7月1日创办，4开4版铅印小报，每期发行0.1万份。1978年7月15日停刊，共出50期，累计发表宣传织金新闻2000条。

2.《大方农村战报》。1977年10月创刊，4开4版，铅印，每月10日出刊1期。由大方县农田基本建设指挥部政治处主办。每期印0.12万份，发至全县各单位、农村生产队，并与毕节地区各县进行交流。1979年1月停刊，共出版40期。

3.《科普新苑》。于1992年5月，由毕节县科学技术协会创办，4开铅印，不定期，内部发行，每期印0.5万份。主要刊载现代科学技术成果、科技动态和先进生产经验。1994年停刊，共出版28期。

# 第五章　地方志编纂

毕节地区修志的历史，可溯到晋代。晋常氏修《华阳国志》时，把毕节地区古代的史实都专门记载在其《南中志》中。唐宋时毕节作为边关，战争频繁，无修志条件。元代李京在乱中取静撰写了《乌蒙志略》。明清及民国，毕节地区文人辈出，不仅撰写了若干大部头的府、州、县志，而且有的还成为全国的名志，如《大定府志》；有的还用少数民族的文字写成，如《西南彝志》等，得到方家赞许。但把方志作为事业来做，还是在新中国成立后，特别是中共十一届三中全会之后。20世纪80年代初，在各级党委和政府的重视下，毕节地区成立地、县方志机构以来，组织点校古志、编纂各县新志和地直部门专志，指导编纂各乡各镇志、特色志和各村志等等，成果累累。已经把修志从“一本书主义”转型升级为传承优秀传统文化、促进地方社会健康发展的方志事业。

## 第一节　明清及民国时期的地方志

**现存志书**　共13部，其中明代1部、清代10部、民国2部。

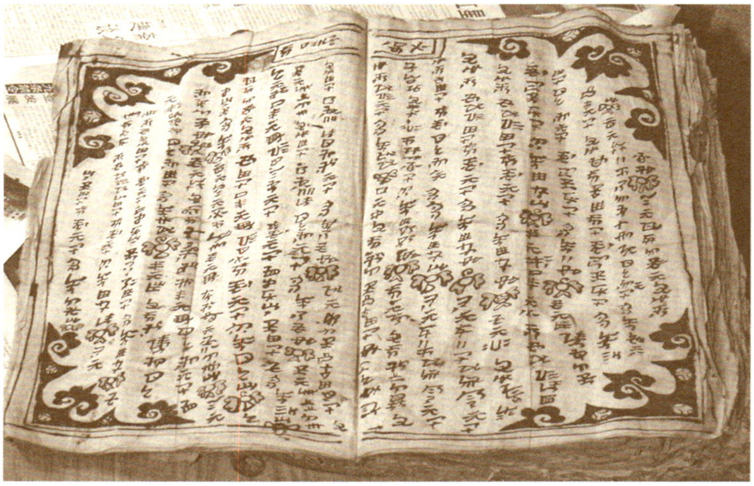

毕节市彝文典籍丰富

《西南彝志》。系明代水西热卧土目慕史（歌师）溢果那艾八编修，手抄彝文本16卷，37万字。现藏于北京民族文化宫。

《黔西州志》。作卷首1卷。乾隆九年（1744）知州冯光宿纂修。

《平远州志》。16卷。乾隆二十一年（1756）成书。知州鹿聰豫、李云龙先后主修，刘再向纂。

《毕节县志》。8卷。乾隆二十三年（1758）知县董朱英主修，路元升、冯锡绶等纂。

《黔西州志》。8卷首1卷。嘉庆八年（1803）知州刘永安主修，徐文璧等纂。

《平远州志》。20卷图1卷。道光二十七年（1847）知州徐丰玉主修，谌厚光纂。

大定府志

《大定府志》。道光二十九年（1849）知府黄宅中主修，湖南邹汉勋总纂。记载大定府所辖毕节县、大定、黔西、平远、威宁州，水城厅自周赧王三十八年（公元前277）至清道光二十九年（1849）共2126年历史。全书共60卷，其中《疆土志》8卷、《地理志》3卷，《惠人志》10卷，《俊民志》7卷，《经政志》6卷，《旧事志》6卷，卷首冠有皇帝召章1卷，《典礼》9卷，卷后附《文征》9卷，《旧事叙录》1卷。

《毕节县志稿》。20卷首1卷。同治十年（1871）知县王正玺设局采访，十二年知县陈昌言续修编辑，十三年知县扎拉芬踵成，周范纂。

《毕节县志》。10卷。光绪四年（1878）毕节人徐和甫等编纂。

《黔西州续志》。6卷。光绪十年（1884）知州白建鋆主修，谌焕模纂。

《平远州续志》。8卷首1卷。清光绪十六年（1890）知州黄绍先主修，申云根、谌显模纂。

《威宁县志》。18卷。民国威宁人苗勃然、王祖彝修纂，始修于清光绪二十八年（1902），历22年完成。

《大定县志》。22卷。县长张鉴、潘慎勤先后主修，李芳纂，民国15年（1926）成书。

**亡佚志书** 19部，其中元代1部、明代2部、清代15部、民国1部。

《乌撒志略》。4卷。元大德年间（1297～1307）乌撒乌蒙宣慰副使李京撰。

《毕节卫志》。明万历年间（1573～1620）高少室（又作宝）、韩锦（又作襟）江撰。

《乌撒军民府志》。撰人未详。

《黔西州志》。清康熙二十五年（1686）黔西知州何缙主修，高人龙主纂。

《平远府志》。清康熙二十五年（1686）知府邱业、通判查函撰。

《毕节县志》。清康熙三十二年（1693）知县方瑞合主修，罗英主纂。

《威宁志略》。清康熙三十二年（1693）知府宋起撰。

《平远州志》。清康熙三十六年（1697）知州刘惇、学正田祖同修。

《平远州后志（十六卷）》。康熙四十一年（1702）知州俞九成编纂。

《毕节县后志》。康熙五十三年（1714）知县柯天健主修，教谕张鲲主纂。

《大定考》。雍正五年（1727）陈绎撰。

《黔西州志》。雍正五年（1727）知州鲍尚忠主修。

《毕节县志》。雍正十三年（1735）邵熙载撰。

《威宁州志》。乾隆十年（1745）威宁州学正牟岳（又作松）龄撰。

《威宁州后志》。8卷。乾隆二十年（1755）威宁州吏目卢永胜撰。

《大定府志》8卷。乾隆二十八年（1763）知府王允浩主修，江西王梦桂主纂。道光二十六年（1846），大定知府黄宅中访得前任知府王允浩所修《大定府志》未刊稿作底本，重修《大定府志》。

《大定志略》。嘉庆年间（1796～1820）谭文藻撰。

《平远州志稿》。光绪年间（1875~1908）赵光表撰。

《毕节新志》。民国葛霞仙撰。

## 第二节　新编地方志

### 一　组织领导

1983年，根据贵州省政府及毕节地区行政公署关于编修地方志的有关规定和要求，各县组建地方志编纂委员会及其办公室，选配工作人员，抽调或聘用编修力量，开展编修地方志工作。

1986年4月，中共毕节地委、毕节地区行署决定成立毕节地方志编纂委员会办公室，地区局级事业单位，归口行署办公室，定员5人。是年5月14日，地区行署办公室批转《毕节地区地方志工作会议纪要》，要求各县加强领导，认真开展地方志编写工作。是年9月29日，毕节地区行署行文通知，成立毕节地区地方志编纂委员会，李效敬任主任委员，王同祥、王国文、朱启荣、刘福永任副主任委员。并明确地方志编纂委员会的任务是：1.拟定和修改《毕节地区志》篇目；2.协助地直相关部门及各县建立方志编修机构、培训队伍、使用资料、交流经验、探讨理论；3.负责各专志和各县志的审稿工作。是年12月3日，中共毕节地委、毕节地区行署批转地区地方志编纂委员会草拟的《毕节地区志编纂方案（草案）》，明确《毕节地区志》的编纂工作由地委领导，行署主持；要求编纂《毕节地区志》以马列主义、毛泽东思想为指导思想，坚持四项基本原则，以《关于建国以来的党的若干历史问题的决议》为准绳，坚持实事求是，力求思想性、科学性、资料性的统一，详今略古，古为今用，重点反映社会主义革命和社会主义建设时期特别是1978年12月召开中共十一届三中全会以来的成就，并突出毕节地区的优势、地方特点和民族特色。《毕节地区志》暂定编修以下41部专志：大事记、地理志、党派群团志、政权志、民族志、军事志、民政志、政法志、经济综述、工业志、交通运输志、邮电志、城乡建设志、农村互助合作志、农业志、烟草志、畜牧水产志、水利电力志、乡镇企业志、农业机械志、财政税务志、金融志、商业志、供销志、外贸志、粮油志、教育志、体育志、医药卫生志、计划生育志、文化艺术志、文物名胜志、科学技术志、劳动人事志、宗教志、计量志、计划统计表、物价志、物资志、工商行政管理志、人物志。是年12月15日，地区编委行文通知，增加地区地方志编纂委员会办公室编制5名。1987年11月10日，地区行署行文通知，明确毕节地区地方志总编、副总编，陈治恪任总编，魏朝真、李安仁、陶必谦任副总编。总编、副总编在地区地方志编纂委员会领导下工作。1988年5月23日，毕节地区行署制发《关于进一步搞好地方志编纂工作的意见》，要求各县和地直各工作部门加强对地方志工作的领导，配备和充实编写人员，落实编写责任，除配齐地、县志办公室人员外，地、县承担专志的部门，采取老、中、青，专职借调、聘请相结合方式，组织编写班子，以定人员、定任务、定时间、定质量、定报酬的方式，按时保质保量完成志书编写任务。是年12月10日，毕节地区地方志编纂委员会制发《关于县、地区审稿工作的意见（初稿）》，明确志书质量的标准是观点正确，史料翔实，特点鲜明，体例完备，文风端正。志书审稿内容为：一审政治观点是否符合马列主义、毛泽东思想，是否符合党的路线、方针、政策，是否符合国家保密规定。二审史料。查核资料，核对行文，严禁失真，防止把不属于地方志范围的材料硬塞入志；同时审查材料是否科学，前后有无矛盾。三审地方特点、时代特点、行业特点、人物特点反映是否准确、突出、鲜明，是否体现服务当代，惠及后人。四审体例，结构是否完整，篇目是否得体，体裁是否完善，内容是否重复，详略是否得当。五审文风，审查语言的运用，字句的推敲，文风的体现，以及纪年、称谓、数字、繁简字、标点符号等是否符合行文规定。1989年3月14日，毕节地区行署行文通知，增补王绪才为地区地方志编纂委员会副主任，糜崇习为地方志副总编。是月24日，中共毕节地委、毕节地区行署制发《关于批转〈全区县志工作会议纪要〉的通知》，要求各县县志于1990年底前完成总纂任务。是年底，《黔西县志》付梓。

1991年9月10日，地区行署行文通知，增补禄智明为毕节地区地方志编纂委员会副主任。是年，《毕节地区志·人物志》出版。1992年，《金融志》《邮电志》《水利志》出版。1993年5月18日，地区行署行文通知，增补周祖宜为毕节地区地方志编纂委员会副主任。同时决定不再设立地区地方志总编工作班子，原任总编、副总编自然免职，由地区地方志办公室根据各专志的编修情况，聘请专门人才进行志稿审改、编辑。是年，在全国新编地方志优秀成果评奖中，《毕节地区志·人物志》获一等奖。1994年1月31日，毕节地区行署批转地区地方志编纂委员会《关于严格志书审查验收程序的请示》，明确各县志和地区各专志严格实行省、地、县三级志书审查验收程序。纳入地区志系列的各专志，经严格内审、外审后，承编单位写出书面意见，提交地区地方志编纂委员会审订，再由地区地方志编纂委员会写出审定意见，报送省地方志编纂委员会审改验收，各县志经过内审、外审和认真修改定稿后，报县志编委会、县委和县政府审查批准，由县政府提出审查意见，送地区地方志编委会复审，再由地区地方志编委会提出复审意见，报送省地方志编委会审改验收。是年7月5日，行署办公室转发《毕节地区地方志工作会议纪要》，强调志书质量是志书生命力的保证，志书是让历史资料说话，资料要有思想性、科学性、资料性，核实分析资料，取舍入志资料，要存实求真。对入志史实、人名、地名、年代、数据、引文等，要事必须有据，记录准确。是年，《威宁彝族回族苗族自治县县志》出版。地区出版专志《文物名胜志》《教育志》《军事志》《税务志》《交通志》《烟草志》。1995年9月1日，毕节地区行政公署制发《关于加强地方志编修工作的决定》，要求各县市要把县市志编修出版工作列入政府重要议事日程，安排专门机构、人员，抓紧抓好新志编修；地区各专志的编修工作列入承编单位主要负责人年终考核内容之一；各县市及地直承编单位主要负责人必须对承编的志书质量负责，加强对编修工作的领导，稳定修志队伍，关心修志人员，调动各方面的积极性，保质保量完成第一届社会主义新方志的编修任务。是年，地区出版专志《商业志》《农机志》《林业志》。1996年，出版《毕节县志》《大方县志》及地区专志《科学技术志》。1997年3月18日，中共毕节地委、毕节地区行署制发通知，调整毕节地区地方志编纂委员会，禄智明、李效敬为名誉主任，吴学香为主任，彭伯元、解德蕴、周祖宣、丁诗建、孙仁培、于明汉、杨继红、王仁修、黄平、吕开邦、张志侠为副主任，王同祥、朱启荣、陈文轩、张宏方为顾问。是年《金沙县志》《织金县志》出版。

1998年3月31日，召开全地区地方志编纂工作会议，强调地方志书是地方政府的官书，修志是各级政府的官责。各级政府要把修志工作纳入经济社会发展计划和政府工作任务，纳入各部门的工作计划，议事日程和目标管理责任，做到领导到位、机构到位、经费到位、队伍到位、条件到位，按时完成第一届志书编修任务；强调，加快志书编修进度，按时保质保量完成编修任务。要求已完成第一届志书编修任务的县市和行署各工作部门，转入续修下届志书准备工作，同时编修好年鉴和开展读志用志活动。是年，《大方县志》获全国优秀志书二等奖，《威宁彝族回族苗族自治县志》获贵州省优秀志书一等奖，《毕节地区志·金融志》《毕节地区志·林业志》《金沙县志》获三等奖。是年，出版地区专志《财政志》。1999年初，地区地方志办公室经与有关部门协商，调整部分专志。原定《毕节地区志·劳动人事志》，分为《劳动志》《人事志》编修，《毕节地区志·计划统计志》分为《计划志》《统计志》编修，《毕节地区志·医药卫生志》分为《医药志》《卫生志》编修。是年，出版地区专志《政权志》《纳雍县志》。其后，对第一届志书编纂规划又进行调整。2000年，出版地区专志《建设建筑志》《价格志》。2001年，出版《赫章县志》，地区专志《供销合作志》《粮食志》。

毕节地区志·部门志

2002年5月29日，地委办公室行文调整毕节地区地方志编纂委员会组成人员，朱生亮、李效敬为名誉主任，张群山为主任，黄家培、周祖宣、丁诗建、王明灯、胡学林、杨继红、龙廷华、龙厚华为副主任，吴学香、孙仁培、王同祥、朱启荣为顾问。是年8月，毕节地区行署召开全地区地方志续修工作会议，落实国务院办公厅《关于进一步加强地方志编纂工作的通知》和全国地方志第三次工作会议精神，贯彻执行省人民政府办公厅《关于加强全省地方志续修工作的通知》和《贵州省地方志续修方案》，部署启动毕节地区第二届新方志编修工作。第二轮新方志编纂任务为：地区组织编纂《毕节地区通志》，各县市接第一轮编纂出版志书下限，分别续编各县（市）志。2003年5月，地委办公室、行署办公室制发《关于切实抓好第二届志书编修启动工作的通知》，要求各县市切实抓好第二届志书编修启动工作。9月，地区行署召开全地区地方志工作会议，检查第二届志书编修启动工作情况，行署与各县政府签订目标责任状，落实第二届县市志编纂任务。之后，各县先后启动第二届县市志编修工作。2003年8月18日，中共毕节地委、毕节地区行署调整地区地方志编纂委员组成人员：赵友良、李效敬为名誉主任，吴学香、孙仁培、王同祥、朱启荣为顾问，黄家培为主任，龙廷华、丁诗建、杨继红、王明灯、胡学林、顾久、李秀珍、胡显谋为副主任。2004年7月，地委办公室、行署办公室制发《关于切实抓好首轮毕节地区部门专志编纂工作的通知》，要求各专志承编单位，加大工作力度，保质保量完成首轮部门专志编纂出版任务。是年，地区地方志办公室先后到毕节检察分院、毕节中级人民法院和地区乡镇企业局、公安局、司法局、工商行政管理局、民宗局、贸易合作局、质量技术监督局、体育局、食品药品监督管理局等单位督促、指导。

## 二　新编地方志提要

**县志**　至2001年，全地区出版县志8部。

1.《黔西县志》。1983～1989年编修。1983年编写委员会主任委员杨金伦，副主任委员田绍文、殷朝鼎、滕居位、张昨非、罗朝云。1987年编写委员会主任委员彭世富，副主任委员田绍文（常务）、侯正邦，主编张仁德，副主编魏绪文、徐德中。成书时编委员会主任委员朱世光，副主任委员刘荣俸、黄泽汇、樊林、侯正邦，主编张仁德，副主编魏绪文、徐德中，特约编辑殷朝鼎。全书92万字，1990年8月贵州人民出版社出版。

2.《威宁彝族回族苗族自治县志》。1987～1993年编修。1987年编纂委员会主任委员黄平。1990年至成书时编纂委员会主任委员禄绍康，副主任委员马光树、曾衍铭、吴鼎先。总编吴鼎先，副总编陈绍炎、张德辉、杨忠信。全书99.5万字，1994年7月贵州人民出版社出版发行。

3.《毕节县志》。1984～1995年编修。1984年10月编纂委员会主任委员张名庆，副主任委员周平一、王国珍、周稚九、刘宗南。1986年3月调整编纂委员会，主任委员肖忠杰，副主任委员周平一、周稚九。1988年12月调整编纂委员会，主任委员陈永阶，副主任委员吕开邦、夏远超、陶正华、邓振铭、刘宗南，主编晏懋浦，副主编李声亮、闵步扬、李晓谷。1993年7月至成书编纂委员会主任委员黄家培，副主任委员陈永阶、常绍友、郭正良、杨国兵，主编李声亮，副主编晏懋浦、闵步扬，谭祈亮。全书168万字，1996年7月贵州人民出版社出版发行。

4.《大方县志》。1982年开始编修，1996年定稿。1982年编纂委员会主任王学良，副主任姚庆延、王春武、李景祥、廖朝栋、袁泽润。1986年12月调整编纂委员会，主任刘伦才，副主任李志远、李进修、陈璠。1987年4月中共大方县委、县人民政府行文明确，县志总编饶继武、副总编徐德厚、杨鹰、陈祖彭、吴溟鲲。1988年11月增补熊祯富、李景祥为编纂委员会副主任。1990年11月调整编纂委员会，主任黄家培，副主任武孟伟、王秀峰、李进修、李景祥、王福尧、王光发。同时调整编纂班子，总编赵江，副总编任贵明、刘正肖、杨鹰、陈祖彭、徐德厚、饶继武、文应祝。1993年增补郭兴祥为副总编。成书时编纂委员会主任为杨兴举，副主任为武孟伟、谭亚林、吴太成、王福尧、陈世方、王秀峰、谢志全、李进修、李景祥、王光发。全书140万字。1996年9月方志出版社出版发行。

5.《金沙县志》。1985年成立编纂委员会，投入编修。1996年定稿。1981年编写筹备组组长李乃蔚，副组长郑成斌、曹言福。1984年筹备工作领导小组组长周志明，副组长许正维、陈富华、路玉祥。1985年编纂委员会主任周志明，副主任张荣业。1987年编纂委员会主任彭海清，副主任施世海。1991年主编宋勤实，副主编赵正乾、温贤民、张忠孝、熊茂辉、何正寿。1993年调整编纂委员会，主任彭伯元，副主任宋勤实、赵正乾。1994年调整总纂班子，主编温贤民，副主编廖忠毅、何正寿、黄泽军。1995年编纂委员会主任为廖昌辉。成书时编纂委员会为主任彭伯元、廖昌辉，副主任宋勤实、赵正乾，总纂人员为温贤民、黄泽军、李访明、钱永丰、唐汝雄、蒋克勤。全书168万字。1997年6月方志出版社出版发行。

6.《织金县志》。1984～1997年编修。1984年编纂委员会主杨继红，副主任文仁才、敖兴荣、李秀明。1988年调整编委会，主任龙廷华，副主任杨继红、丁永邦、文仁才、孙连德。1989年调整编委会，主任姜主华，副主任邓生国、丁永邦、文仁才、孙连德、杨兴举。1992年调整编委会，主任罗德藻，副主任陈宏枢、左定超、梁兴华、王瑞鹏、夏远超。主编曾依农，副主编张成坤、谢克振、黄贵选、喻泽正、杨玉书。1993年增补李德鹏为副主编。成书时编纂委员会，主任沈先启，副主任陈宏枢、左定超、杨中庭、王瑞鹏，主编张成坤，副主编曾依农、李德鹏、谢克振、黄贵先、喻泽正。全书135万字。1997年12月方志出版社出版发行。

7.《纳雍县志》。1984～1999年编修。1984年编纂委员会主任委员卢启君，副主任委员王景达、杨荧。1987年3月调整编纂委员会，主任蒋弟元，副主任委员王景达、卢启君、李哲生、张钟鸣、邱益新。1988年6月调整编纂委员会，主任委员为黄体揆，副主任委员杨永芬、李哲生、王景达、杨国兵、张钟鸣、刘世亭、喻少秋。主编喻少秋，副主编刘世亭、郭振武、王家法。1992年，增补谢洪溟为副主编。1997年10月调整编纂委员会，主任委员张汉周，副主任委员龙从刚、李德超、胡伯乐、周兴志、喻少秋。1998年7月调整编纂委员会，主任委员张汉周，副主任委员周荣、谷友莲、胡伯乐、王祖鹤，增补张家荣、王德珍为副主编。全书126万字。1999年12月贵州人民出版社出版发行。

8.《赫章县志》。1985～2000年编修，整个编写过程历经4届政府、7位县长、5次调整编纂委员会，历时15年。1998年6月至成书时编纂委员会主任张政纲，副主任徐仁德、张慧芳，主编王应忠，副主编袁芳圃、龙宪良、何永祥。全书112.5万字。2001年4月贵州人民出版社出版发行。至2011年，黔西、赫章、威宁、毕节县市第二轮志书相继出版发行，其余各县第二轮志书尚在编撰中。

**毕节地区专志**　1991～2005年，毕节地区地方志编纂委员会编修出版毕节地区专志，共35部，占应编纂出版志书的70%。

1.《毕节地区志·人物志》。1988～1990年编修。编修领导小组组长朱启荣（兼），副组长糜崇刁，主编糜崇刁，特约编辑闵步扬，编辑周悟真。全书30万字。1991年12月贵州人民出版社出版发行。

2.《毕节地区志·邮电志》。贵州人民出版社出版发行。

3.《毕节地区志·金融志》。1985～1992年编修。编委主任萧世贤，常务副主任刘仁华，副主任李洪发、刘宇光、文建群、郑子亮；主编黄永寿，副主编曾丹墀、冷德生、戴克军、巫清友、秦仲义、廖桐生、谢洪骏。全书25万字，1992年10月贵州人民出版社出版发行。

4.《毕节地区志·水利志》。1987～1993年编修。编纂委员会主任乔增南，副主任王祥林、常铸国、夏立明；主编王治平，责任编辑王彤，编辑黄王书。全书34.8万字。1993年12月贵州人民出版社出版发行。

5.《毕节地区志·文物名胜志》。1987～1993年编修。编写组组长陈治恪，副组长邱义远；主编魏朝真，编辑郑远文、李龙舟、彭裕硕。全书29万字。1994年3月贵州人民出版社出版发行。

6.《毕节地区志·教育志》。1987～1993年编修，编写领导小组组长刘致君，副组长真空如、陶必谦；主编真空如、刘致君，副主编陶必谦。全书37万字。1994年3月贵州人民出版社出版发行。

7.《毕节地区志·税务志》。1988～1993年编修。编写领导小组组长庞开荣、王明灯，副组长马顺霖、陈文治、张仲俊、李靖邦；主编吴健敏，副主编窦树萱、傅忠明。全书18万字。1994年3月贵州人民出版社出版发行。

8.《毕节地区志·军事志》。1991～1993年编纂。编纂委员会主任委员禄文斌、姜延虎，副主任委员王绪才、禄智明、刘声魁、朱勋耀；总编刘声魁、朱勋耀，主编糜崇刁、雷昌应，副主编潘义生、雷安良、闵布扬，特邀编辑周悟真，编辑农职双、徐国文、蔡军、吴南剑。全书25万字。1994年6月贵州人民出版社出版发行。

9.《毕节地区志·交通志》。1987～1993年编修。1987年7月成立交通志领导小组，组长徐胜日。1988年10月调整交通志领导小组，冯友谊任组长，张佑礼、邓振才、赖世荣为副组长。1990年初，路喜源任领导小组组长。至成书时，交通志编审委员会主任委员为路喜源，副主任委员邓振才、赖世荣、吴太成、林茂藻，主编周宏范。全书33.1万字。1994年12月贵州人民出版社出版发行。

10.《毕节地区志·烟草志》。1988～1993年编修，编纂委员会主任梅德志、黄正才，副主任赵秉伦、刘树必；主编李安仁、王自惠，副主编袁宗福，编辑陈天富、王洪斌。全书36万字。1994年10月由贵州人民出版社出版发行。

11.《毕节地区志·商业志》。1987～1995年编修，第一届编纂委员会主任张青槐，副主任姚近水。第二届编纂委员会主任王玉屏，主编王玉屏、汤正仁，副主编陈霖、史良文、邵文吉、周鹏。全书30.3万字。1995年5月贵州人民出版社出版发行。

12.《毕节地区志·农机志》。1989～1994年编修。编纂领导小组组长徐祖耀，副组长赵忠文；主编袁华先，编辑李远君，特约编辑史良文、饶艳兰。全书11万字。1995年5月贵州人民出版社出版发行。

13.《毕节地区志·林业志》。1987～1994年编修。1987年2月，韩准初任编纂委员会主任。是年5月调整编纂委员会，主任委员邹志彬。1989年，邹志彬任主编，副主编韩准初、杨言会、尹若兰、陈银华。成书时，编纂委员会主任周志彬，副主任韩准初、师怀远、吴学坤；主编周志彬，副主编陈银华，编辑张愧安。全书31.2万字。1995年12月贵州人民出版社出版发行。

14.《毕节地区志·科学技术志》。1988～1994年编修。编纂委员会主任谌志铭、李贵斌；主编谌志铭，副主编刘云、孙崇仁，编辑张凌云、张仕刚。全书57.1万字。1996年3月贵州人民出版社出版发行。

15.《毕节地区志·财政志》。1995～1998年编修。编纂委员会主任委员丁诗建，副主任委员王明灯、刘晓益、袁德琴、伍润强；主编糜崇习，副主编袁世俊，编辑马仁政、杨天模、徐光才、周悟真、张裕光。全书50万字。1988年12月贵州人民出版社出版发行。

16.《毕节地区志·政权志》。1994～1998年编修。编纂委员会主任委员周祖宣，副主任委员张志侠、黄平，主编张志侠，执行主编陈治恪，编辑闵布扬、詹绍才。全书36万字。1999年12月贵州人民出版社出版发行。

17.《毕节地区志·价格志》。1988～1998年编修。编纂委员会主任蒋能柱，副主任罗自权；主编蒋能柱，副主编罗自权、丁照华，编辑史良文、吴南剑、罗静、饶艳兰。全书32万字。2000年12月贵州人民出版社出版发行。

18.《毕节地区志·建设建筑志》。1989～2000年编修。编委会主任委员陈明显，副主任委员熊良楷、黄正乾、李文德、徐本贵、项培生；主编陈明显、夏承祖，副主编张明学、杨榕，陈宝佐。全书50万字。2000年12月贵州人民出版社出版发行。

19.《毕节地区志·供销合作志》。1987～1998年编修。第一届编纂委员会主任王学良，副主任吴维才、张达伟，主编董彬，编辑郑祥赓、姚念真、黄文跃、申荣昌、邓书华、邓劲东。第二届编委会主任王学良，副主任吴维勇，主编戴克军，编辑邓书华、梁军、李义广、张道义。全书32万字。2001年1月由贵州人民出版社出版发行。

20.《毕节地区志·粮食志》。1996～2000年编修。编委会主任龚宗祥、孔庆凯，副主任杨兴元、唐廷模、张春学、王时全；主编龚宗祥、孔庆凯，副主编陆士衡（总纂）、李宗华。全书25万字。2001年12月贵州人民出版社出版发行。

21.《毕节地区志·武警志》。1999～2001年编修。编委会主任李安立、陈昌模，副主任王济波、刘明华；总编刘地，主编杨委贵，编辑黄明祥、雷刚进、杨晓强。全书35万字。2002年3月贵州人民出版社出版发行。

22.《毕节地区志·农牧渔业志》。1991～2001年编修。1991年第一届编委会主任杨继红，副主任陈烈耀、杨恒友，总纂张文卿。1999年第二届编委会主任陈烈耀，副主任杨恒友、李敬丹、申时洪；主编谌志铭，副主编刁荣生，撰稿谌志铭、刁荣生、周佳清。全书60万字。2002年7月贵州人民出版社出版发行。

23.《毕节地区志·民政志》。1987～1999年编修。1987年，编写组负责人黄家源。1991年谢永盛任主编，江先振任副主编。1996年成立编委会，编委主任为肖宗杰，副主任聂宗兴、康庆明、乔遵；主编肖宗杰，副主编聂宗兴、康庆明、乔遵，特邀编辑陈治恪、闵布扬。全书45万字。2002年8月方志出版社出版发行。

24.《毕节地区志·人事志》。1988～2002年编修。1989年9月成立编纂领导小组，组长吴学香；主编吴学香，副主编方云华、吉真元。1990年2月增补丁希文、王玉佩为副主编。1998年6月成立编修工作领导小组，组长胡学林，副组长王玉佩、沈晓春、许平、文继良。1999年1月调整编修领导小组，李文汉任组长；主编李文汉，副主编陈治恪、闵布扬，撰稿陈治恪、闵布扬、刘厚祥。全书44万字。2002年12月贵州人民出版社出版发行。

25.《毕节地区志·文化艺术新闻出版志》。1991～2002年编修。1991年12月，建立文化志编纂工作领导小组，组长潘军伟，副组长邱义远、洪延星。1998年12月成立文化艺术新年闻出版志编委会，主任委员肖联冰，主编高承仁，副主编刘衍奎，编写组成员周代明、聂宗荣、徐锦华、向鹏、卯青。2001年，调整编委会，聂华为主任委员。全书46万字。2003年9月贵州人民出版社出版发行。

26.《毕节地区志·广播电视志》。1990～2001年编修。1990年12月成立第一届编委会，主任委员及主编为胡耳顺，副主任委员及副主编为涂云富、李绍武，责任编辑詹绍才、万莉、李绍武。1998年8月成立第二届编委会，主任委员及主编为潘军伟，副主任委员及副主编为洪江平；执行主编晏懋浦，副主编郑子由、江执中。全书29万字。2003年10月贵州人民出版社出版发行。

27.《毕节地区志·地理志》。1988～2003年编修。1988年8月成立编写小组，刘福永任组长，陈胜元任副组长，陈治恪任主编。1998年成立编纂委员会，周祖宣任主任，撰稿丹玉有、傅必顺、林光、杨澄本、饶艳兰、罗静。全书50万字。2004年9月贵州人民出版社出版发行。

28.《毕节地区志·劳动志》。1988～2003年编修。2000年7月成立编写领导小组，组长及主编吴道贵，副组长及副主编刘汉奇、梁和平、吴良平，编辑闵布扬、丹玉有。全书38万字。2004年10月贵州人民出版社出版发行。

29.《毕节地区志·大事记》。1988～2004年编修。1988年编写组组长陈治恪，副组长马敏进、邱亮，主编魏朝真，副主编吴国利。1997年第一届编委会主任委员周祖宣，主编晏懋浦，编辑郑子由。2004年第二届编委会主任委员李秀珍，主编金国藩，副主编吴维轶，编辑陈治恪、闵步扬。全书40万字。2004年11月贵州人民出版社出版发行。

30.《毕节地区志·计划志》。1996～2003年编修。2000年3月成立第一届编委会，主任张敦华，副主任龙泽玉、雷先用、陈听敏，主编张敦华、副主编史良文，编辑张玉书、吴晓君、张伟、苏秀华。2001年10月调整编委会组成人员，增补谭亚林为主任委员和主编，增补王钥进为副主任委员。全书40万字。2005年10月贵州人民出版社出版发行。

31.《毕节地区志·土地志》。1998～2003年编修。编委主任张正刚，副主任赵高义，长编撰写丁竹茂，编纂黄永林、史良文、何贵甫，总纂黄永林。全书23万字。2005年10月贵州人民出版社出版发行。

32.《毕节地区志·公安志》。1999～2004年编修。1999年，编纂委员会主任为朱世光，副主任吴福涛、李隆文，主编华文清，副主编张增友、张松，特邀编辑陈治恪、朱文榜、潘樵民。2003年后，编纂委员会主任为阳成俊，副主任吴福涛，主编华文清，副主编尚寿芝、王健康，特邀编辑陈治恪、李隆文、廖绍明。全书39万字。2005年11月贵州人民出版社出版发行。

33.《毕节地区志·司法行政志》。1999～2005年编修。2003年建立编纂委员会，编委会主任委员夏远超，副主任委员李洪海、文连甫、李发荣、王文武，主编夏远超，编撰高承仁。全书24.5万字。2006年10月贵州人民出版社出版发行。

34.《毕节地区志·乡镇企业志》。1992～2006年编修。主编阮仕君，副主编杨云芬，编辑杨天模、傅必顺。全书30万字。2007年5月中国广播电视出版社出版发行。

35.《毕节地区志·党派群团志》。1999～2005年编修。编纂小组组长龙廷华，副组长谌毅业，主编龙廷华，副主编谌毅业，编纂王志远、杨天模。全书47.5万字。2007年12月贵州人民出版社出版发行。之后，剩余部门专志相继出版发行。

**县市部门志及乡镇志** 1.公开出版。全地区共公开出版发行部门志5部。

（1）《黔西县烟草志》。总编袁来辉，副总编向步金，特约主编魏绪文。1995年方志出版社出版发行，全书20万字。

（2）《赫章县烟草志》。赫章县烟草专卖局、贵州省烟草公司赫章县公司编纂，1995年方志出版社出版发行。

（3）《威宁彝族回族苗族自治县民族志》。威宁自治县民族事务委员会编纂，1997年贵州人民出版社出版发行。

（4）《黔西县财政志》。主编张仁德，2001年贵州人民出版社出版发行。

（5）《黔西县民政志》。主编谢家华，副主编杨贤茂、刘发仁、齐学海，2006年贵州人民出版社出版发行，全书45万字。

2.内部发行。《毕节县地名录》，1985年出版。黔西县《三角乡志》，1986年内部出版。《黔西县税务志》1987年内部出版。《黔西县粮食志》，1987年内部出版。《黔西县城乡建设环保志》，1987年内部出版。《黔西县电厂志》，1987年内部出版。黔西县《化屋民族乡志》1987年内部出版。《赫章县政府志》，1988年内部出版。《赫章县水利志》，1988年内部出版。《毕节地区农村金融志》《毕节县综合农业区划》。1991年内部出版。《黔西县体育志》，1991年内部出版。《毕节县粮食志》，1991年内部出版。《毕节县交通志》，1992年出版。《金沙县文化志稿》，1992年内部出版。《织金县文化艺术志》，1994年内部出版。《毕节县金融志》，1994年内部出版。《大方县金融志》，1994年内部出版。《织金县水利电力志》，1994年内部出版。《大方县教育志》1994年内部出版。《毕节县教育志》，1994年内部出版。《大方县烟草志》，1995年内部出版。《赫章县统战志》，1995年内部出版。《赫章县苗族志》，1996年内部出版。《毕节地区农业科研志》，1996年内部出版。《毕节地区公安消防志》，1996年内部出版。《贵州省毕节县建设志》，1996年出版。《金沙县烟草志》，1997年内部出版。《毕节地区统战志》，1997年内部出版。《赫章县商会志》，1997年内部出版。

《赫章县粮食志》，1997年内部出版。《毕节县水利志》，1998年内部出版。《毕节市农业机械化管理志》，2001年出版。《大方县卫生志》，2002年内部出版。内部出版的部门和乡镇志尚有《金沙县军事志》《金沙县供销合作志》《金沙县地名志》《金沙县财政志》《金沙县民政志》《金沙县石场乡志》等。《毕节市军事志》，2008年出版。《毕节市乡镇企业·煤炭志》，2008年出版。

旧志整理出版　1995～2003年，地区及部分县市地方志办公室在做好新编地方志编修的同时，进行旧志点校出版工作，以充分利用旧志对现代经济社会发展的有用价值。1995年，威宁县地方志办公室组织人员点校《威宁县志》，1996年内部出版。1998年，毕节地区地方志编纂委员会成立《大定府志》点校领导小组，由地区地志办和大方县志办具体组织点校工作，由杨鹰、陈君述、罗万象、黄思潜、臧学达、饶继武、赵江点校，至2000年蒇事毕功，经中华书局专家审查认可，由中华书局出版发行，全书194万字。毕节市地志办组织人员点校《毕节县志》，内部出版。2003年，织金县志办组织点校《平远州志》，内部出版。

## 第三节　年鉴编纂

2001年11月5日，中共毕节地委办公室、毕节地区行署办公室印发《〈毕节地区年鉴〉编纂方案》，明确《毕节地区年鉴》是中共毕节地委领导、毕节地区行政公署主办、毕节地区年鉴编辑部编辑，以年度为单位，全面记述毕节地区经济、社会发展情况，公开出版发行的地方综合性资料工具书。《年鉴》设置大事记、专文、文件选编、毕节地区概述、政治、军事、法制、民族、经济管理与监督、财政、税务、金融、农业、工业、交通运输、邮电、建设、环保、贸易、非公有制经济、教育、卫生、体育、科技、社会科学、文化出版、文学艺术、新闻、广播电视、社会生活、县市概况等类目。是月17日，地区机构编制委员会行文通知，地区地方志编纂委员会办公室增挂《毕节地区年鉴》编辑部牌子，地方志办公室内设机构调整为秘书科、地方志编辑科、年鉴编辑科。

2002年，《毕节地区年鉴》创刊，每年1卷，至2007年，共出版6卷。《毕节地区年鉴》系中国年鉴全文数据库（CHINAALMANACFULL—TEXTDABASE）全文收录年鉴。

2002年11月《2002·毕节地区年鉴》由贵州人民出版社出版发行。编纂委员会名誉主任朱生亮、吴学香、彭伯元、孙仁培，主任周祖宣，副主任龙厚华、戴淑金，主编戴淑金（兼），副主编金国藩、吴维轶、肖会明，编辑罗静、吴南剑、饶艳兰，特约编辑况明勤、阎静坤。全书共设27个部类，即《专文》《大事记》《文件选编》《地区概况》《领导人名录》《政治》《军事》《法制》《经济管理与监督》《财政·税务》《金融》《农业》《工业》《城建·环保》《交通·邮电》《贸易》《教育》《学校选介》《科技·科协》《文化、艺术、史志》《广播电视·新闻》《卫生·体育》《社会生活》《企业之窗》《县市概况》《获奖名录》《经济社会发展统计资料》。

2003年11月，《2003·毕节地区年鉴》，由贵州人民出版社出版发行。编纂委员会主任李秀珍，副主任胡显谋、戴淑金，《年鉴》编辑部主编、副主编，编辑与2002年同。全书共设29个部类，在《2002·毕节地区年鉴》27个部类的基础上增《特辑》《中介组织》两部类。

2004年10月，《2004·毕节地区年鉴》，由贵州人民出版社出版发行，1/16.32.75印张。编委会主任、副主任及主编、副主编、编辑与2003年同。全卷设32个部类，在《2003·毕节地区年鉴》29个部类基础上，减《专文》1个部类，增设《回顾与展望》《招商引资项目》《驻外联络》《服务指南》4个部类。

2005年10月，《2005·毕节地区年鉴》，由贵州人民出版社出版发行，编纂班子与《2004·毕节地区年鉴》同。全卷设31个部类，在《2004·毕节地区年鉴》32个部类的基础上，减《回顾与展望》《招商引资项目》两部类，增《西电东送建设项目》1个部类。

2006年12月，《2006·毕节地区年鉴》，由贵州人民出版社出版发行。编纂班子与《2005·毕节地区年鉴》同。全书设29个部类，在《2005·毕节地区年鉴》31个部类的基础上，减《中介组织》《服务指南》两个部类。

2007年11月，《2007·毕节地区年鉴》，由中国文联出版社出版发行。是年调整组委会组成人员，编纂会员会主任宋丽丽，副主任、主编、副主编、编校不变。全卷共设31个部类，在《2006·毕节地区年鉴》所设部类的基础上，增《专文》《环境状况公报》两部类。至2011年，《毕节地区年鉴》共出版发行10部。

毕节地区年鉴

此外，毕节、黔西、金沙、威宁、赫章一年一鉴正常出版。

# 第六章 档 案

民国以前，境内无综合档案馆。档案由各机关单位设立档案室或档案柜管理。

中华人民共和国成立初期，境内档案仍由各机关单位设立档案室或档案柜立卷归档。20世纪50年代末至60年代初，毕节专署和所属各县先后建立档案馆，分别管理专、县机关和企事业单位档案。1978年12月中共十一届三中全会以后，境内档案事业有长足发展。20世纪80年代后，地区及各县均修建起新档案馆，配备档案管理设施，全地区的档案事业迈上新的台阶，提升到新的水平。全区9个国家综合档案馆，积极进行档案收集与征集，认真进行档案整理与编目，精心进行档案保护与抢救，档案资源建设取得显著成绩。至2006年，地区档案馆馆藏民国毕节专署档案573卷，川滇东路公务局档案344卷，贵州省高等法院毕节分院和毕节县地方法院档案35275卷；馆藏中华人民共和国成立后中共毕节地委办公室、毕节地区行署办公室和地直机关及企事业单位档案61个全宗3.18万卷。档案利用成效显著，1983~1990年，全地区综合档案馆共接待档案利用者9.33万人次，提供利用档案26.82万次。1996~2011年，共接待档案利用者6.9万人次，提供利用档案40.22万卷次。全区地、县（市）档案部门对机关单位的档案业务辅导和指导不断加强，档案工作制度化管理、法制化管理和目标管理有序推进，档案事业健康发展。21世纪初，档案管理改革步伐加快，档案开放、现行文件阅览、档案信息化建设均有成效，档案执法创新、社会主义新农村档案管理、县级档案馆档案资源数据库建设迈出新的步伐。

## 第一节 档案资源

### 一 民国时期档案

地区档案馆馆藏民国时期档案3个全宗：一为民国毕节专署档案全宗，包括民国毕节专署、毕节县政府、毕节县党部、三青团毕节分团、毕节军人会、毕节退伍军官会、毕节妇女会、毕节“反共救国会”、荣军第十二临教院、毕节邮电局、毕节税务局、毕节师范、毕节县中、弘毅中学、德生中学、标准小学（男一小）、男二小、女一小、女二小、豫章小学、毕节卫生院等单位及部门档案及毕节党政军同学录、通讯录等档案573卷；二为川滇公路管理处、川滇东路公务局档案全宗344卷，分别为政务、总务、人事、工务、机务、业务、财务等方面档案；三为贵州省高等法院毕节分院（又称高五分院）和毕节县地方法院审判档案35275卷，包括民事审判档案和刑事审判档案。

**中国国民党党务类** 1.会议档案。民国32年（1943）6月15日毕节县党部印发《中国国民党贵州省毕节县第一次全县党员代表大会质询规则》，毕节县第一次全县党员代表大会提案审查委员会提案审查办法，毕节县第一次全县党员代表大会提案审查委员会组织办法，毕节县第一次全县党员代表大会出席代表应注意事项，抄发县执行委员会及监察委员会选举法大纲实施办法、县代表大会组织法大纲。是月19日国民党毕节县执行委员会印发中国国民党贵州省毕节县第一次全县代表大会宣言。民国33年（1944）6月16日水城县长彭季良呈报本县县党部选举纠纷经过情形祈鉴核。

2.宣传工作档案。民国29年（1940）1月毕节县政府抄发教育部令发全国公私立中等以上学校及各级社会教育机关兵役宣传原则。3月毕节县政府令发种植标语并将张贴地点呈报备案训令，附抄发种植标语19条。4月9日，毕节县宣传委员会制发毕节县各宣传队工作纲要、各宣传队编队须知。5月14日转发声讨汪逆组织方案。民国30年（1941）10月毕节县政府检发总理遗教训令、检发总裁言论训令。民国31年（1942）5月毕节县政府抄发国家总动员法，国家总动员宣传纲要。7月16日印发抗战5周年纪念日宣传大纲。民国32年（1943）7月23日毕节县政府令饬中等以上学校员生中心学校教员及社会教育机关工作人员于8月10日以前撰述《中国之命运》论文及研讨结果与批评意见呈送本府以凭汇转训令，抄发全国中等以上学校学生中心学校教员及社会教育机关工作人员撰述《中国之命运》论文及研究结果与批评意见办法。11月9日国民党毕节县执行委员会抄发国民党五届十一中全会宣言研讨大纲，五届十一中全会总裁训词研讨大纲。民国33年（1944）2月3日毕节县政府为奉令饬将总裁元旦书告两篇于纪念周时提出宣读讨论令仰遵照训令。3月毕节专署抄发教育部三民主义论文比赛办法要点。7月20日毕节县政府广为张贴空军招生标语训令，翻印空军招生标语。11月30日贵州省政府转发教育部部长陈立夫为发动知识青年从军告全国中等以上学校学生文。民国35周年（1946）4月1日毕节县政府抄发行政院颁35年度通用中心宣传标语。民国36年（1947）3月25日，毕节专署转发贵州省政府“研读歌唱建设新贵州之理论与实践表解，建设新贵州浅谈，建设新贵州歌谱”训令，抄发建设新贵州之理论与实践表解、建设新贵州浅说，建设新贵州歌谱。10月贵州省教育厅转发行政院新闻局制发实施宪政扩大宣传纲要。民国37年（1948）8月毕节县政府抄发贵州省政府颁发贵州省中心宣传标语、贵州省中心宣传标语缮制须知。9月毕节县政府制发毕节县物价管制宣传纲要。民国38年（1949）1月18日贵州省政府为颁发正视时局坚定信心讲词仰详加研究随时阐扬训令，附发贵州省主席谷正伦1月17日在省府月会讲词。9月11日，毕节县政府令发贵州省二五减租办法仰即知照广为宣传训令，奉令彻底推行二五减租一案令仰遵照扩大宣传训令。10月5日，为定自10月4日起至10日止为二五减租宣传周令仰遵照训令。是月6日毕节县政府印发西南军政长官公署辖区38年度实施农地减租宣传纲要，西南长官公署政务委员会为实施农地减租告民众书。31日毕节县政府令发各级学校经常运用标语仰即遵照办理训令，令发标语56条等。

3.中国国民党反共剿共档案。民国30年（1941）8月2日贵州省第四区行政督察专员兼保安司令为川匪刘复初等潜伏势力甚大，饬转所属接近川边各区注意侦防并派探侦查匪情具报训令。民国34年（1945）7月4日贵州省政府教育厅抄发教育部检发防止奸伪诱骗青年参加解放区工作对策。民国35年（1946）11月11日毕节专员公署、保安司令部拍发严密防范中共密电。12月15日毕节专署令饬各辖县各保警大队为奉转空军特务旅七团剿办刘匪复初情形令仰切实防剿具报训令。民国36年（1947）2月10日毕节专署呈省保安司令部奉复饬防堵协剿昭通股匪刘复初等一案情形祈鉴核呈文。27日毕节专署令饬密切防范奸伪潜藏本市活动训令。7月贵州省政府转发国民政府公布动员戡乱完成宪政实施纲要。8月21日贵州全省保安司令部关于共产党军队称谓代电。是月毕节专员兼保安司令公署制定贵州省第四区行政督察专员兼保安司令公署防奸办法，防奸对策表。10月3日贵州全省保安司令部抄发行政院令发后方共产党处置办法。11月7日毕节专署制发实施后方共产党处置办法布告。11月14日毕节专署制发实施奖励检举共产党办法布告，抄发国防部颁奖励检举“共匪”办法。18日重庆行辕关于国共谈判若一旦决裂注意防范共产党代电。29日毕节专署层奉国防部代电抄发动员戡乱完成宪政实施纲要等法令仰切实遵照训令，附发动员戡乱完成宪政实施纲要、暂行条例。12月19日毕节县政府抄发行政院令发剿匪动员宣传计划纲要。民国37年（1948）1月14日贵州全省保安司令部制发彻底肃清省内各级机关及学校奸党分子6项办法。3月18日毕节专署为层奉电知大批共匪将潜入我区刺探军情电希严密侦防代电。31日毕节县政府抄发教育部制发戡乱宣传纲领、戡乱宣传纲领实施办法。5月4日毕节专署饬威宁、水城县长严密防剿民主联军密电。12月28日毕节各界庆祝38年元旦纪念大会筹备会宣传组制发剿匪建国春联。民国38年（1949）1月毕节县政府抄发国防部制发剿匪要诀歌、修订周会仪式。2月1日贵州省第四区行政督察专员兼保安司令公署转发国防部陆军剿匪作战官长宣誓办法，22日转发贵州省保安司令部签发贵州省保安司令部所属官兵研读国防部官兵剿匪问答及军人读训办法。4月23日陆军108军第239师司令部制发陆军第239师赫章威宁水城边区清剿计划。6月23日，贵州人民自卫军西北军区第三纵队在黔西县正式成立呈文。8月24日毕节县政府印发毕节县反共救国动员委员会成立大会会议记录。9月1日毕节专署抄发国防部、内政部颁戡乱时期警察保安团自卫队配合运用纲领草案。10月16日毕节县政府兹随令附发反共救国标语暨国民反共公约克日张贴于礼堂国父遗像两侧仰即遵照办理为训令。11月毕节县政府饬严防奸匪混入作内线活动如有发现依法严惩训令。

4.与其他党派关系档案。民国35年（1946）11月8日贵州省保安司令部、贵州省政府奉国民政府主席重庆行辕代电饬属严密防范民主同盟在滇黔线沿途活动一案会仰遵照训令。民国36年（1947）12月5日毕节专署案奉贵州全省保安司令部训令一案以民主同盟勾结“共匪”参加叛乱饬依《防害国家总动员惩罚暂行条例》及《后方共产党处置办法》严加取缔切实执行以靖匪乱而维治安仰即转饬所属遵照为要训令。是年贵州省政府抄发内政部处置民盟办法。民国38年（1949）2月28日贵州政府案奉重庆行辕代电防范民盟渗入地方自治工作密令。

**政务总类**　民国30年（1941）8月行政院颁县参议会组织暂行条例，县参议员选举条例，乡镇民代表选举条例。民国31年（1942）4月贵州省政府转内政部从速成立各县保民大会乡镇民代表会县参议会咨嘱。民国32年（1943）6月24日贵州省政府抄发内政部颁县参议会议事规则、乡镇民代表会议议事规则。7月3日贵州省政府抄发贵州省各县临时参议会组织规程。8月31日贵州省政府制发各县筹设县临时参议会应注意事项。9月威宁县政府拟订召开保民大会会议方法及开会注意事项、威宁县召开保民大会补充办法。10月8日贵州省政府制发贵州省各县临时参议会议事规则。民国33年（1944）1月4日贵州省政府抄发贵州省各县临时参议会对外行文办法，贵州省各县临时参议会开会程序，贵州省各县市临时参议会办事通则。2月26日威宁县政府呈报本县召开第三次保民大会情形。5月6日贵州省政府定期成立各县乡镇民代表大会训令。8月黔西县政府造呈黔西县保民大会成立报告表。10月黔西县党部、黔西县政府呈报黔西县临时参议会参议员候选人姓名清册。是年毕节县临时参议会印发毕节县临时参议会提案。民国34年（1945）3月5日内政部县市各级民意机关应在本年底一律成立电令，20日贵州省政府本省各县市局自本年度起所有保长一律实施普遍选举乡镇长一律实施试行选举并限于本年12月完成训令。同月贵州省政府抄发大定（今大方）、黔西、纳雍、威宁等县参议会参议员名单。3月纳雍县临时参议会印发第一次大会议决案。6月30日黔西县临时参议会印发第一届第二次大会宣言。7月2日赫章县政府呈复本县已成立乡镇民代表会12个祈鉴核呈文。民国36年（1947）10月毕节专署专员廖兴序向贵州省民政厅长推荐水城、黔西县参议长参议员函。12月贵州省政府转行政院禁止选举舞弊训令。民国37年（1948）8月29日大定县长吴庭芳向毕节专署专员刘鹤鸣函呈大定县参议员候选人名单函。

内政类　1.地方行政工作档案。民国31年（1942）3月16日贵州省政府奉行法院令颁布战时各省行政督察专员公署及区保安司令部合并组织办法令仰遵照训令。4月1日毕节专署呈省政府遵令自4月1日起专保两部改组合并办公祈鉴备案呈文，14日，贵州省政府制发修正各县举行行政会议及县政会议应注意事项。5月25日贵州省政府为各区专员兼保安司令因公离署应指定由副司令代行内部关于行政方面事务仍由秘书主持办理令仰遵照训令。民国32年（1943）11月毕节县政府印发毕节县32年度第一次县行政会议记录。民国34年（1945）1月毕节县政府拟订毕节县政府34年度工作计划目录、毕节县政府34年度工作计划、毕节县政府34年度工作计划实施进度表。4月20日贵州省政府转行政院抄发如何使政令贯彻到基层而能确实执行案。12月24日转内政部减少集会县长专心处理县政工作代电。民国35年（1946）1月28日贵州省政府准内政部函以奉交办第四届第一次参政会议建议请政府确实制止现任官吏兼充各工商机关之经理董事等职以期逐渐肃清贪污并防止资本官僚化案请查照办理等由令仰照知训令。1月贵州省政府制发各县行政督导室设置办法。8月26日贵州省政府为准行政院秘书处通知以准国防最高委员会秘书处函送国民参政会建议严厉清除官僚资本案奉谕交各主管机关采择施行一案转饬遵照训令。11月18日贵州省政府奉行政院训令为国民参政会议建议修改行政法条文严禁地方当局滥施禁令以清吏治而苏民困一案令仰遵照训令。同月印发民国35年度贵州省第四区行政督察专员兼保安司令公署行政会议提案、议决案。民国36年（1947）1月1日，贵州省政府印发杨主席手订建设新贵州之理论与实践表解。3月14日行政院检发贵州省36年度县政建设实施方案审核意见。同月21日贵州省政府令发贵州全省行政会议规则、贵州全省行政会议秘书处组织规程、贵州省行政会议议事规则、贵州省全省行政会议议场规则、贵州全省行政会议出席人员须知。4月行政院抄发国民政府施法方针。5月14日行政院抄发三中全会政治改革案。6月16日贵州全省保安司令部奉重庆行辕代电以军警机关部队应尊重保甲职权一案电仰遵照代电。12月毕节县政府制发奉令转饬知为肃清贪风整饬吏治暨奖励密告防止流弊起见特提示各员令仰遵照训令。是年毕节专署转抄内政部官吏不得经营商业训令。民国37年（1948）3月1日贵州省政府抄发行政院调整县级机构、整理县级财政，减省县长兼职与牵制，并慎选严核县级员吏通令，制发贵州省调整县级机构整理县级财政减少县长兼职与牵制并慎选严核县级员吏方案。4月23日贵州省政府公布贵州省各县县长保证办法。8月25日贵州省政府为各县县长于更调离县时对所属科秘乡镇干部不得示惠提升或徇情安插倘敢故违定予严惩训令。6月30日贵州省政府制发贵州省37年度下半年中心工作实施计划大纲。8月12日贵州省政府今后各县县长决不轻予更调务各安工作发挥服务精神共济时艰令仰遵照训令。10月16日贵州省政府为铲除贪污澄清吏治各机关直接长官应负连带责任令仰遵照训令。11月毕节县政府为转发县级机构调整方案令仰遵照训令。12月30日赫章县政府各项中心工作报告。民国38年（1949）2月12日贵州省政府提高县政府秘书地位建立幕僚长制度令仰遵照训令。3月14日金沙县政府呈送37年度政绩比较表。4月13日贵州省政府县长任期法有明文规定亟应淬砺奋发勤慎将事共济时艰力图建树训令，22日贵州省政府制发提高专员县长职权办法。27日大定县政府拟订38年度中心工作实施计划大纲表解。5月4日金沙县政府拟订38年度中心工作实施计划。民国38年（1949）8月15日贵州省政府规定各县县长应酌定时间接县民众训令。

2.民政档案。（1）行政区划档案。民国30年（1941）4月12日水城县政府为呈明水城纳雍划分经界纠纷析鉴核呈文。7月1日贵州省政府为威宁石门坎地方析置县治一案令仰查勘核议具报训令。3日贵州省政府为纳雍与织金经界原案中二道河互争不决一案令仰遵照召集勘办具报训令。17日贵州省主席吴鼎昌饬毕节专署就威宁县析治问题查明实际情形速至复以凭核办电。19日黔西县政府为呈报本县第六七八九区已奉令自7月1日起正式拨归金沙管辖祈鉴核呈文。29日毕节专署为据实详呈大定纳雍原案疆界情形除库东关联保应归纳雍外应否维持原案以杜争议请鉴核示呈文。31日毕节专署专员廖兴序呈贵州省政府主席吴鼎昌为奉令核议石门坎析置新县一案谨呈管见拟请改为析置赫章县呈文。民国31年（1942）3月赫章县政府呈复遵令会勘县界情形祈鉴核呈文；威宁县政府呈报会勘析赫章县划拨经界情形呈文。6月赫章县政府、威宁县政府会报两县析县划界情形呈文。民国37年（1948）7月20日贵州省政府抄发贵州省重行划分行政督察区域及辖县表等。

（2）抚恤档案。民国35年（1946）10月23日行政院颁人民守土伤亡抚恤实施办法。民国36年（1947）2月22日行政院提高战时乡镇保甲长联保主任因公伤亡给恤暂行标准令。5月26日铨叙部颁布绥靖区内行政党团负责人员殉职优恤办法。9月1日行政院颁布军事征雇民工伤亡抚恤暂行办法。10月21日内政部颁公务员抚恤办法、雇员给恤办法。民国37年（1948）3月2日联合勤务总司令部荣誉军人第十二临时教养院军官佐属编配名册。6～12月份第十二临时教养院请领荣员兵37年度代替收抚恤金证名册。民国38年（1949）1月荣军第十二临时教养院38年元旦总统犒赏费发放证明册，2月第十二临教院38年春节参谋总长犒赏费发证名册。7月荣军第十二临制教院编制军官佐属编配名册、留毕节在编及荣军员兵姓名册等。

（3）礼乐典礼档案。民国29年（1940）3月毕节县政府制发奉省动员委员会令国民精神总动员周年纪念与总理逝世纪念暨植树运动合并举行一案令仰遵照训令。5月23日制发奉发党国旗升降办法饬即转令遵照训令。7月16日毕节县政府转发滇黔绥靖副主任公署主任、贵州省政府主席吴鼎昌饬各级公务员应酬宴会积习立予禁绝训令。民国30年（1941）3月16日毕节县政府抄发总理逝世16周年国民精神总动员运动两周年纪念办法。8月26日毕节县政府制发孔子诞辰纪念定于8月27日上午8时在县城文庙大成庙与教师节合并举行仰遵照办理训令，抄发孔子诞辰纪念典礼仪式，孔子诞辰暨教师节纪念标语。9月毕节县政府制发奉发公民公约暨实施办法，区保人员信条仰遵照办理具报训令，抄发贵州省第三分区司令部令发贵州省第三清乡区公民公约、公民公约实施办法，附发毕节县政府派赴各区督导亮团人员姓名任务表，区保人员守则，区保人员信条。10月毕节县政府制发奉令饬各机关学校团体自行制成白字横书忠孝仁爱信义和平八字匾额悬诸礼堂或公共场所以资启迪固有道德提倡善良风俗令仰遵照训令。民国31年（1942）6月，毕节县政府抄发升旗歌、降旗歌、周会歌、朝会歌、夕会歌。民国32年（1943）9月25日毕节专署抄发毕节各界纪念32年国庆暨总裁蒋膺选国民政府主席大会第二次筹备会议记录。10月29日毕节县政府抄发纪念第四届空军节办法。民国33年（1944）3月13日三民主义青年团毕节分团抄送毕节各界举行首届青年节暨革命先烈纪念第一次筹备会议记录。4月毕节专署转发国旗制用升降办法。民国34年（1945）3月8日毕节县政府印发国民精神总动员纪念筹备会会议记录。4月6日毕节县政府抄发大禹纪念歌。8月17日毕节专署印发毕节各界庆祝抗战胜利大会筹备会会议记录。民国35年（1946）3月28日毕节县党部印发35年度儿童节宣传组会议记录。5月28日毕节县政府印发35年度“六三”禁烟纪念筹备会记录、35年度“六三”禁烟纪念宣传纲要。6月3日制发7月6日在县政府大礼堂召开第23届国际合作节纪念大会通知。7月4日毕节专署本年七七国难纪念筹备会议决定于是日上午9时在忠烈祠举行公祭，通知并知照纪念日正午12时施放警报3分钟，全市人民一律停止工作，坐者起立，行者止步，立正默念至警报停放时为止。8月31日贵州省政府饬毕节专署奉行政院训令以国民参政会建议请以一耻字教国人为矫正其所耻饬遵照案令仰遵照训令，并附抄张参政难先等九人提请政府以一耻字教育国人并矫正其所耻建议案。10月7日毕节县各界庆祝国庆纪念大会筹备会印发会议记录、标语口号。30日毕节县党部印发毕节县各界举行总裁六秩华诞签名录致敬筹备会议记录。11月9日召开毕节县各界庆祝国父诞辰纪念筹备会，印发筹备会议记录，纪念标语。12月30日毕节各界庆祝宪法成立暨开国36年纪念筹备会，印发第二次会议记录和标语口号。民国36年（1947）2月27日召开毕节各界纪念“三八”妇女节筹备会，印发筹备会议记录。3月31日毕节县政府印发4月4日上午8时在小校场举行儿童节纪念大会通知，附抄发36年四四儿童节纪念筹备会议记录。4月毕节专署转发贵州省政府制订贵州省敬老尊贤办法。5月7日贵州省政府令发凡各地军政机关、学校及人民团体举行升降旗时在中央未制定其他升降乐前奏青天白日满地红谱以示尊崇训令。9日毕节各界36年母亲节纪念筹备会印发定于5月12日上午9时在小校场举行36年度母亲节纪念大会通知。7月11日毕节专署转行政院春秋二季致祭阵亡将士办法。8月20日毕节县政府印发毕节县36年孔子诞辰及教师节纪念大会筹备会议记录。9月1日毕节专署抄转国家纪念日期表。6日毕节县党部印发毕节各界庆祝

36年国庆纪念筹备会议记录。民国37年（1948）4月16日毕节专署、毕节县政府、毕节县党部印发“五一”劳动节纪念会筹备会录。12月毕节县政府抄发内政部国父遗像张设办法。民国38年（1949）2月28日毕节各界“三八”妇女节筹备会印发筹备会议记录、“三八”妇女节纪念标语口号。3月10日毕节县政府制发3月12日为国父逝世纪念暨植树节兹依照往例定于是日上午9时在小较场举行纪念大会并划定大文峰阁山地为植树地区相应通知希查照准时参加通知，印发毕节各界举行国父逝世24周年暨38年度植树节纪念大会办法、标语口号。是月31日毕节县政府制发4月4日在小较场举行儿童节纪念大会通知。4月24日印发毕节县38年度“五一”劳动节纪念筹备会会议记录。9月2日制发9月3日上午9时在小校场举行纪念抗战胜利4周年暨公祭阵亡将士典礼各机关学校部队团体及城区保甲长全体参加民众每户一人参加通知，印发标语、口号。同月23日印发毕节各界庆祝38年度双十节国庆纪念暨鹤鸣银盾篮球赛筹备会录。10月6日毕节县政府印发奉令凡公共集合均应集体合唱国歌仰遵照训令。

（4）褒奖档案。民国11年（1922）4月20日，大定县公署转省长公署为谭（冠英）简（忠义）二先烈建双烈园以昭忠荩而垂不朽训令。民国34年（1945）10月29日毕节县政府转发贵州省政府如有绅民向当地现任官吏树德政碑献名誉旗赠纪念品或登报颂扬者统应一体禁绝以期新树政风训令。是月毕节专署抄发教育部、内政部令发各省市县民众教育馆设置忠烈纪念堂办法。民国35年（1946）12月6日，贵州省政府准内政部代电嘱转饬按照忠烈祠设立及保管办法普遍设立忠烈祠并照国殇墓园设置办法筹设墓园一案令仰遵照训令。

（5）宗教档案。民国29年（1940）8月31日毕节县政府抄发国民参政会建议请严禁邪教以免摇动抗战心理案。民国34年（1945）3月30日毕节基督教会、毕节伯特利保育院4月1日上午10时左右在百花山福音堂举行纪念礼拜下午2时在小较场举行歌咏大合唱及讲道以资纪念基督耶稣复活节公函。民国35年（1946）12月31日贵州省政府准内政部函准中国佛教会整理委员会函为中枢保护寺庙财产及僧众自由之恩德不能下达各地占庙毁像夺产逐僧如故嘱饬保护一案令仰遵照训令。

4.警政方面档案。（1）警政管理档案。民国30年（1941）4月3日贵州省第四区保安司令部拟订保安司令部特务班组织细则。民国32年（1943）8月威宁县政府制定威宁县军警督察处组织办法，10月22日毕节专署印发毕节军警联席会议记录。民国35年（1946）2月22日赫章县政府制定赫章县各乡镇预备队警卫班设置办法，3月1日纳雍县政府制定纳雍县各乡镇预备队警卫班设置办法。4月，毕节县政府制定毕节县各乡镇设置警卫班实施计划。10月30日贵州省政府抄发内设部颁各省市警察机关执行勤务应注意事项。民国36年（1947）3月16日，贵州全省保安司令部颁发贵州保安司令保安步兵总（大）队，各行政区保警大队36年度整训教育计划大纲、贵州省保安司令部保安步兵总（大）队、各行政区保警大队36年度整训教育实施细则。6月1日毕节专署规定驻毕保安团警及警局负责警戒巡查区域命令，28日毕节专署令毕节县警察局必要时双井寺派出所应以一部控置大东门城楼，镇南派出所应以一部控置北门城楼，珠市街警局应以一部控置水东门城楼指令。民国37年（1948）3月15日重庆行辕查大定空军第一发动机制造厂居位荒山土匪猖獗厂内机器设备位居全国第二位警卫事宜殊属重要希选派素质优良之保警部队担任警卫以策安全并将办理情形具报代电。6月19日毕节专署根据大定县政府电复已派保警第二大队第一中队驻防发动机制造厂担任警卫祈鉴核呈电。

（2）治安管理档案。民国34年（1945）11月19日毕节专署令发严禁造谣敲诈布告仰遵照张贴具报训令，发布专员萧树经严禁造谣敲诈布告。民国35年（1946）7月9日贵州全省保安司令部准后勤司令部电话饬各地驻军加强公路治安以利运输训令，21日制发贵州省桥梁维护计划。11月28日贵州省政府、贵州全省保安司令部饬缉捕一贯道分子训令。12月31日毕节专署发布宵禁布告。是年，毕节专署印发贵州省第四区行政督察专员兼保安司令公署35年度冬防会议提案。民国36年（1947）12月17日毕节专署制发毕节市区36年度冬防实施计划。

（3）地方联防档案。民国31年（1942）2月18日贵州省第四区行政督察专员兼保安司令公署检发黔大织三县边区联防组织办法及清剿办法仰遵照训令，附发贵州省第四行政督察区黔、大、织边区联防办事处设置办法、贵州省第四行政督察区各县联防警戒会哨清剿实施办法。24日黔西、金沙县政府拟订黔西、金沙两县联防实施办法。民国32年（1943）7月29日滇黔绥靖副主任公署、贵州省政府主席兼全省保安司令制发贵州省西路各县边区联防办事处组织及办事规则、贵州省西路各县设置联防办事处一览表。民国34年（1945）4月10日西溪联防办事处呈报黔西、大定、织金三县边区联防办事处第一次会议记录。民国35年（1946）11月15日上午在毕节专署召开的川滇黔三省边区各县联防会议第一次会议记录，同日下午召开的川滇黔三省边区各县联防会议第二次会议记录及会议通过的川滇黔毕蔺叙威镇五县联防指挥部组织规程、川滇黔毕蔺叙威镇五县联防剿匪纲要。民国36年（1947）2月7日毕节县燕林清普龙五乡防务会议记录。民国37年（1948）9月8日织普郎纳水五县联防清剿会议记录、织普郎纳水五县联防办事处设置略图。10月15日毕大遵金仁五县联防会议记录。民国38年（1949）2月，遵仁毕大金五县边区联防清剿指挥部呈报遵仁毕大金五县边区联防清剿报告书等。

（4）枪支管理档案。民国30年（1941）6月23日毕节专署为前发民枪枪照不敷请省保安司令部补发枪照电呈。8月5日贵州省保安司令部致毕节专署寄发第四区各县枪照数目表。民国34年（1945）2月20日赫章县政府呈报赫章县民枪登记给照及现有子弹调查表。3月31日纳雍县政府呈报纳雍县民检登记烙印给照及现有子弹调查表。同月黔西县政府呈报黔西县民枪登记给照及现存子弹调查表。民国35年（1946）3月26日毕节专员兼保安司令发布严格民间枪支管理与查禁非法使用枪支规定禁条六项布告。民国36年（1947）6月贵州省政府抄转国民政府自卫枪支管理条例。民国38年（1949）8月18日贵州省保安司令部颁发贵州省各县市民枪管理运用办法等。

（5）禁烟档案。民国27年（1938）9月15日毕节县政府抄发贵州省主席吴鼎昌责成各机关学校各级主管人员检举吸食烟毒之服务人员手令。民国34年（1945）6月2日滇黔绥靖副主任公署、贵州省政府颁发贵州省吸烟犯处刑勒戒办法。民国35年（1946）2月7日内政部函送各级禁烟协会组织要点。10月3日贵州省政府亟应遵照令颁肃清烟毒计划及彻底禁绝偷种烟苗办法训令。12月6日贵州省保安司令部令毕节专署查拿究办大定县马场牛场坡烟毒代电。

5.卫生工作档案。民国29年（1940）3月11日毕节县政府印发毕节县新运会第一次清洁大扫除讨论会记录、毕节县新运会第一次清洁大扫除办法。民国30年（1941）7月21日毕节县政府印发毕节县夏令卫生动员委员会第一次会议记录。民国31年（1942）2月毕节县政府抄发防制敌机散播鼠疫杆菌实施办法、处理敌机掷下物品须知。6月毕节县政府抄发贵州省政府教育厅、卫生处促进省属各公私立中小学学校卫生合作办法。民国32年（1943）5月16日毕节卫生院印发学龄前儿童卫生条规。12月14日毕节县政府制发毕节县城区清除垃圾疏浚沟渠工程实施办法。

社会类 1.民众组训档案。民国29年（1940）5月6日毕节县政府奉发修正国民月会办法大纲仰遵照办理训令。7月19日抄发改进国民月会议程办法、国民月会仪式。是月翻印法令讲习大纲第六号、法令讲习大纲第七号，8月转发法令讲习大纲第八号。民国34年（1945）1月22日金沙县政府呈报金沙县33年度9月保民大会开会情形月报表、金沙县33年度10月保民大会开会情形月报表。民国37年（1948）8月28日贵州省保安司令部“解释《民众组训规程》疑义各点”代电等。

2.合作事业档案。民国34年（1945）5月毕节县政府抄发贵州省政府检发国民学校员工消费合作社推售办法、国民学校员工消费合作社章程准则。民国35年（1946）11月贵州省政府制发县合作社公用业务报告表、县合作社消费业务报告表、县合作社保险业务报告表、县合作社运销业务报告表、县合作社供给业务报告表、县合作社工业生产业务报告表、县合作社农业生产业务报告表、县合作社信用业务报告表。民国36年（1947）7月贵州省政府令发规定36年度关于农民福利社应办事项。

3.社会福利公益慈善档案。民国37年（1948）4月15日金沙县政府呈报本县36年度冬令救济实施概况呈文。5月17日贵州省政府为联合国劝募儿童救济金汇转在即令催督各辖县克日成立支会发动劝募并于5月20日以前将规定应募金额募足缴转贵州省银行核收以便汇转训令。7月21日毕节专署致贵州省政府主席联合国儿童救济金毕节支会先后共募得国币1亿零200万元电。12月27日毕节县冬令救济委员会印发毕节县37年冬令救济委员会第一次会议记录等。

4.优待抗属、荣军档案。民国29年（1940）4月22日毕节县政府抄发全国人民尊敬负伤将士办法。民国33年（1944）6月29日毕节县政府印发毕节县各界“七七”慰劳征人慰问征属筹备会议记录。民国34年（1945）4月27日毕节县各界妇女劝募10万双布鞋劳军运动筹备会印发筹备会会议记录、毕节县妇女界劝募10万双布鞋劳军运动办法。民国35年（1946）1月31日毕节县政府印发毕节各界35年度春节慰劳征属筹备会议记录等。

5.新生活运动档案。民国32年（1943）5月19日毕节县政府抄发中国国民党贵州省执行委员会、滇黔绥靖副主任公署、贵州省政府订颁贵州省推行新生活运动办法通令、贵州省推行新生活运动办法。民国33年（1944）2月17日毕节县政府印发毕节县各界庆祝新生活运动10周年纪念筹备会会议记录。民国34年（1945）11月12日毕节专署制发推行毕节市区居民早起运动办法。民国35年（1946）1月10日毕节县政府饬城区标准中心学校及第一、二中心学校每日分别轮流组织晨呼队沿城内外各街道大声疾呼提倡早起以激励地方朝气训令。民国37年（1948）1月20日毕节专署催报36年度推行新生活运动成果仰遵照代电，26～31日大定、黔西、威宁县政府呈报36年度推行新生活运动成果报告表。10月5日毕节专署制发转饬为加强推行新生活运动规定取缔事项令仰遵照训令。民国38年（1949）1月13日毕节专署令仰该县迅将加强新生活运动取缔事项情形办理具报训令。2月赫章、毕节、织金县政府遵令呈报加强新生活运动规定取缔事项办理情形祈核备呈文。

6.节约储蓄运动档案：民国29年（1940）10月贵州节约建国储蓄团印发蒋委员长为节约建国储蓄告全国同胞书、贵州省节约建国储蓄推行办法。12月5日贵州省节约建国储蓄团毕节县支团印发节约建国储蓄团毕节县支团筹备会议记录、毕节县节约建国储蓄推行办法。民国33年（1944）7月毕节县政府抄转行政院机关团体及各业员工励行储蓄办法。民国34年（1945）1月5日毕节县政府印发中国国民节约献金救国运动会毕节分会筹备会记录。民国35年（1946）5月20日教育部转发新生活运动促进总会推行节约实施办法、节约标语。民国38年（1949）10月12日毕节县政府制发奉令转饬切实推行厉行节约取缔浪费仰遵照训令。

7.社会团体管理档案：民国27年（1938）12月毕节县政府抄发贵州省动员委员会令颁策动民众团体协助地方治安办法。民国32年（1943）4月毕节县政府抄发行政院令发严禁党员团员公务人员参加帮会办法。民国35年（1946）7月贵州省政府抄发人民团体游行注意事项。8月30日毕节专署奉令禁止帮会活动一案令仰遵照训令。民国37年（1948）12月9日毕节县政府奉令以各地帮会组织分子复杂行为诸多不轨应即严厉取缔一案令仰遵照严格查禁训令。

**考试监察类** 1.考选、铨叙档案。民国29年（1940）12月25日行政院颁县参议员及乡镇民代表候选人考试暂行条例。民国30年（1941）1月25日考试院公布县参议员及乡镇民代表候选人考试暂行条例施行细则、县参议员及乡镇民代表候选人检核办法。民国32年（1943）5月17日国民政府公布省县公职候选人考试法。6～7月织金、黔西、赫章、水城、金沙县政府呈送各级组织纲要月报表。10月1日考试院颂省县公职人员检核办法、省县公职候选人考试法施行细则。民国36年（1947）11月18日贵州省政府抄发贵州省普通考试县行政人员考试办法。12月8日铨叙部制发本年度考绩应特别从严切实就低劣人员加以淘汰训令等。

2.人事管理档案。民国31年（1942）3月贵州省政府抄发贵州省各区行政督察专员兼保安司令公署员额编制经费预算表。民国34年（1945）3月19日行政院公布公务员内外调任条例，公务员内外调任条例施行细则。11月13日贵州省政府制发贵州省各县机关人事管理员办事细则。民国35年（1946）3月4日国民政府公布暂行文官等官俸表说明。3月5日贵州省政府制发贵州省各级合作社实务人员聘用办法。7月贵州省政府抄转行政院重申公务员不得兼职令仰遵照并转饬所属一律遵照训令。8月26日贵州省政府转知为持有后方工作离职证件及胜利前加入党团证件人员裁员时应注意保留密令。9月19日贵州省政府令发贵州省县市行政工作考核办法实施细则，10月1日贵州省政府公布贵州省公务员内外调任办法。同月19日贵州省政府准铨叙部公函请尽先录用并褒奖曾在沦陷区域参加抗战人员训令。11月2日贵州省政府准铨叙部咨复乡镇公所暂不专设人事管理机构人事事务指定干事一人兼办训令。12月17日毕节专署抄发贵州省政府处理人事任免案件简化办法，呈送任免职员表填用时应注意事项。民国36年（1946）1月13日毕节专员兼保安司令公署规定各县政府及保警队剿匪不力处罚各项令仰遵照训令。5月8日贵州省政府抄发各机关人事管理人员办理任免案件注意事项。10月26日贵州省政府抄发贵州省各县市局长平时施政工作奖惩办法。11月20日行院抄发实行人才主义健全人事制度打破派系之支配之意见。民国37

年（1948）6月25日贵州省政府人事任免训令。7月毕节、大定、黔西、纳雍、赫章县政府呈报37年上半年度公务员平时成绩考核结果汇报册。民国38年（1949）1月14日贵州省政府人事处检发各机关人事管理人员办理37年度考绩考成应行注意事项。2月27日毕节专署呈报荐任人员37年度考绩表、荐任人员37年度考绩清册、委任人员37年度考绩表、委任人员37年度考绩清册、雇员37年度考成清册、37年度考绩考成人员统计表。8月15日贵州省政府准云贵考铨处函复该署公务员37年度考绩案令仰饬知训令。民国38年（1949）6月1日贵州省政府制发为确立公务员保障制度嗣后机关主管长官异动不得任意将参加选考后留用人员无故免职训令。

3.人事资料档案。民国30年（1941）3月毕节专署专员廖兴序履历表。民国32年（1943）1月14日毕节专署填报贵州省第四区行政督察专员兼保安司令公署组织状况调查表。民国35年（1946）5月毕节专署专员萧树经履历表。民国36年（1947）2月21日织金县政府呈报各机关现有人员调查表。同月31日毕节专署呈报民国35年（1946）12月各机关现有员额调查表。民国36年（1947）5月27日毕节专署呈报36年3月员额编制调查表。9月5日毕节专署填报贵州省第四区行政督察专员兼保安司令公署组织情形及人员调查表。民国36年（1946）10月26日毕节专署编制职员名册，填报民国36～37年（1947～1948）毕节专署职员履历表。民国37年（1948）1月毕节专署专员周希濂公务员履历表。8月毕节专署专员刘鹤鸣公务员履历表。

4.监察视察档案。民国35年（1946）4月毕节专署制发35年度联合视导本区各县应注意事项。民国36年（1947）4月1日贵州省政府制发国民政府主席蒋此次莅黔巡视临行时曾向党政军首长暨地方绅耆训话对本省今后工作方案指示甚详亟应遵照切实施行合行随令颁发训话词原文仰即遵照办理并将进行情形随时具报查考为要训令。民国37年（1948）10月20日贵州省政府检发省主席谷正伦巡视黔西北各县对各县各项工作应改进事项指示：黔西县行政改进事项、大定县应行改进事项、毕节县应行改进事项、赫章县应行改进事项、威宁县应行改进事项，21日检发各县应行改进事项。11月23日检发各县亟应改进事项。民国38年（1949）10月12日毕节县长令发本职定于本月12日起出巡各乡督导二五诚租民众组训查禁种烟复查保甲清理积谷及督导征粮布置防务等工作仰即知照训令等。

司法类　1.司法行政档案。民国29年（1940）12月19日国民政府凡对于主管或监督之事务借端诈财及收受贿赂之行为适用《惩治贪污暂行条例》第三条第二款训令。民国31年（1942）贵州省政府颁贵州省人民控告官吏办法。民国32年（1943）3月31日司法行政部令发无审判权之机关部队禁止私讯人犯及私设监所令。10月9日贵州省政府转发内政部公布乡镇调解委员会组织规程。民国33年（1944）8月1日国民政府公布保障人民身体自由办法。9月30日贵州省政府奉颁《保障人民身体自由办法实施要点》仰切实遵行训令。12月1日毕节专署奉令严禁各军事机关滥用体罚一案令仰遵照训令，4日滇黔绥靖副主任公署、贵州省政府主席兼全省保安司令员吴鼎昌制发禁止机关部队工厂人员违背法令擅入民家借口搜赌搜烟搜匪搜逃兵种种名义肆意搜索逮捕妨碍人权训令。民国34年（1945）7月17日社会部、司法行政部公布出狱人保护会组织规程。9月14日司法行政部殚精竭诚以求贯彻保障人民身体自由办法及惩治贪污办法四项令仰遵照训令。12月11日行政院重申调整行政与司法之关系以加强法治建设训令，13日行政院关于汉奸案件应迅即依法办理训令，同月27日贵州省保安司令部电复毕节专署盗匪案件如被告无军人身份的应由司法机关审理不能概予受理所请拿获为首盗匪就地处决一节于法有违未便照准特复饬遵代电。民国35年（1946）3月1日贵州全省保安司令部奉军事委员会代电以各部队及军事机关非依法律对于人民不得逮捕拘禁审问处罚严行整饬擅捕人民滥施刑法借端勒索等情事发生一案电仰遵照代电，14日毕节专署制发贵州省第四行政区人民呈递诉呈办法。9月4日贵州省政府准内部函嘱饬普遍成立区乡镇调解委员会一案令仰遵照训令。民国36年（1947）2月15日贵州省政府奉行政院令饬切实保障人民基本权利令仰遵照训令。5月8日贵州省政府转发行政院凡受理诉原官署应即组织诉愿审议委员会训令，检发贵州省政府诉愿审议委员会组织规程、贵州省政府诉愿审议委员会办事细则。7月21日贵州全省保安司令部为奉电民主政治首重自由宪政国家端崇法治严格保障人民身体自由言论出版自由集会结社自由严禁非法逮捕与干涉代电。9月17日贵州省政府奉行政院令饬切实保障人民基本权利一案令仰遵照训令。同月24日贵州省政府转发行政院诉愿为救济不法行政之良制其处理须力求迅捷以免人民权益遭受损失令仰遵照训令，严加纠正怠忽诉愿法以保障人民权益训令。10月30日毕节专署呈报办理大赦案件呈报表。11月1日贵州全省保安司令部奉国防部代电凡非司法机关及非依法赋予司法普察职权之机关绝对不得逮捕人民尤其不得有其他法外侵扰人民自由之行为令仰遵照训令。12月24日贵州省政府奉行政院令为肃清贪污提示七项令仰饬遵一案令仰遵照并转饬所属一体遵照训令。民国37年（1948）8月20日毕节专署发布抄发贵州省政府制发贵州省人民控告官吏须知布告。10月23日贵州省政府、贵州全省保安司令部通饬保安团队及各县政府保警队剿匪擒获匪禁止擅用非刑训令。

2.监狱管理档案。民国30年（1941）12月13日毕节地方法院函达毕节专署本院看守所押犯拥挤亟应疏通以资救济公函。民国31年（1942）2月8日水城县政府拟建修监所一座经费由行动罚金项下动支祈核文呈文。27日毕节专署饬水城县政府呈悉准予照办仍仰将收支预算报呈查核指令。民国32年（1943）5月2日军政部切实办理监犯调服兵役代电。民国33年（1944）5月24日毕节地方法院请疏通寄押人犯公函，29日毕节专署函复本署寄押人犯正积极设法疏通公函。7月毕节地方法院看守所遵令呈请迅将寄押本所人犯切实分别疏通令鉴核办理示遵呈文。11月8日大定县政府呈报大定县政府政警室35年11月16日冲监逃脱人犯姓名表。民国35年（1946）12月28日毕节地方法院编制毕节地方法院看守所寄押四区专署未决人犯姓名清册。民国36年（1947）8月2日贵州省政府制发贵州省监犯筑路实施办法。民国37年（1948）2月16日贵州省政府主席监所改良是为要政务须悉心擘画限本年上半年内一律完成监所修建手令。10月28日行政院各地军警机关部队应酌派队警协助司法监所戒护事宜训令。民国38年（1949）6月8日大定地方法院函达毕节专署疏通人犯情形附送名册请查照公函。

**军事类** 1.地方武装档案。民国35年（1946）3月4日军政部抄发县市国民兵团裁撤后国民兵组织训练管理办法。6月8日贵州省政府、贵州省军管区司令部、贵州省保安司令部组织壮丁成立民众自卫队加强地方自卫力量代电。10月22日威宁县政府呈报关于恢复国民兵自卫总队的报告、威宁县国民兵自卫总队各支队组织情形表。民国36年（1947）9月毕节专署转发国民兵组织管理训练服务规程。是年毕节专署编制贵州省第四区行政督察专员兼保安司令公署暨各保警大队官佐名册、各保警大队战力统计表。民国37年（1948）5月毕节专署编制贵州省第四区保安警察第一大队、第二大队现有官兵花名册，川康区盐务税警第六区第34队官警名册。6月毕节县政府编制毕节县乡镇民卫队编制表、毕节县民卫总队组织系统表、毕节县兵力驻地表、毕节县军事略图、毕节县兵要地志调查表。8月3日贵州省保安司令部制发贵州省民众自卫总队奖惩办法。9月水城县政府呈民众自卫总队官兵花名册。10月28日毕节专署奉令各县乡镇自卫队或自卫班食米规定由县得公粮项下支给不得再向人民非法摊派训令。11月6日大定县政府呈大定县民众自卫总队暨常备一、二、三中队官兵花名册。民国38年（1949）1月贵州省保安第五团编制官佐士兵名册。4月29日贵州全省保安司令部检发贵州省保安司令部组织系统表等。

2.兵役档案。民国32年（1943）3月6日行政院检发修正战时国防军需工矿业及交通技术员工缓服兵役暂行办法。12月军政部公布学生志愿服役办法。民国33年（1944）11月30日毕节县政府印发毕节县知识青年志愿从军须知。民国34年（1945）6月29日贵州省政府教育厅抄发教育部令颁知识青年从军优待办法实施细则、青年远征军政治工作人员实施优待处理办法。7月毕节县政府抄发知识青年志愿从军优待办法。民国35年（1946）贵州省政府抄发志愿从军女青年退役办法。10月29日黔西师管区制发办理壮丁及抽签代电、贵州省第四行政区所辖各县实配壮丁数量表。12月13日黔西师管区司令部饬纳雍、织金遵限交拨新兵代电。同月贵州省政府、贵州军管区司令部饬各县征额务依限征齐交清如逾限10日者记大过一次，20日者记大过二次训令。民国36年（1947）1月17日水城县政府呈报水城县参议会、县党部、青年团为证明征兵延期原因代电。12月2日贵州省政府奉重庆行辕电嗣后兵役弊端发生不论为服兵役国民或为办理兵役人员等均应尽法惩治一案令仰遵照训令。12月13日黔西师管区司令部司令致毕节专署专员催促毕节、大定两县遵限交足尚欠300余名征兵额函，同日，毕节专署令毕节、大定县政府遵限征足兵员额代电。12月30日贵州政府奉令发动民意机关协助征兵训令。民国36年（1947）1月16日贵州省军管区司令部希派员查报金沙县政府办理兵役违法舞弊等情一案代电。4月1日贵州省政府抄发行政院兵役协会组织规程，11日抄发兵役奖惩规则。15日贵州省政府、贵州省军管区司令部令各级组织成立兵役协会代电。是年贵州省政府抄转国防部复员军官转业人员管理办法。民国37年（1948）3月16日贵州全省保安司令部抄发改善复员青年军办法。民国38年（1949）3月9日贵州军管区司令部为本省38年度兵额重行调整为三万五千名代电，制发贵州省各县市38年度兵额配赋调整表。

3.军纪政工及勤务档案。民国31年（1942）2月20日毕节专署专员廖兴序呈滇黔绥靖副主任公署副主任吴鼎昌请管教第五伤兵教养院员兵电。民国35年（1946）3月15日重庆行辕令后各部队作战以外各种业务均应公开俾能取信于士兵电仰切实遵照代电。5月6日毕节专署为近有散兵游勇假借机关部队名义滋生事端亟应从严拿究训令、布告。民国36年（1947）2月7日贵州省政府准国防部代电为据报各地荣军时有以荣军身份向地方勒索情事希随时拘办一案令仰遵照训令。3月28日行政院令颁慰劳过境新兵办法。5月3日行政院颁军事运输征雇输力给予办法。6月25日颁发军事机关部队征雇民工办法。8月2日贵州全省保安司令部抄发国防部陆海空军监察办法。民国37年（1948）2月4日国防部据报部队官兵一般对人民态度甚为不良甚至营长以上之官长亦多如是以致招致人民之不良印象视军队为虎狼拟请饬令各部队切实纠正以融洽军民间之感情而收配合作战之实效代电。3月9日贵州全省保安司令部抄发加强前方伤病官兵救护医疗运送办法。5月22日贵州省政奉国民政府主席重庆行辕代电为各部队征工征料应注意减轻人民负担等因一案令仰遵照训令。6月毕节专署抄转军事机关部队租用民房办法、国军部队过境宿营办法、修正军民合作站组织办法。7月3日国防部令发严禁贩运买卖械弹废品及零件、严禁无票搭乘公商营业汽车令，8月制发取缔冒着军服实施办法，规定整饬军纪肃清贪污办法事项。是月毕节专署抄转国防部加强实施爱民拥军教育方案。9月国防部令发国军各级部队经理委员会组织规程。10月2日国防部各部队应提高士气加强作战精神代电，规定采买物品须遵用合法度量衡代电，重申规定视察人员不得接受招待代电，6日毕节专署抄转国防部注意整饬地方武力风纪代电。11月贵州省保安司令部抄转国防部部队官兵康乐活动实施方案、人事行政应行遵守事项、选用新进人员办法、注意行军纪律代电。12月6日毕节专署奉转抄行政院推行爱护军队运动办法。民国38年（1949）3月21日贵州省保安司令部转发重庆绥署重整军纪国军官兵对于军纪方面必须遵守之信条代电。5月20日贵州省保安司令部抄发省参议会请军政当局严禁所属不得借事苛扰以安人心案。6月30日贵州省保安司令部奉转西南军政长官公署各地治安及军风纪之维持着由各地驻军最高长官负责代电。

**清剿档案** 民国30年（1941）4月29日织金县政府呈剿查报告。5月10日遵金仁三县边区清剿会议印发会议记录。6月6日威宁县政府呈报剿查工作汇编。14日贵州省第四行政督察区专员公署保安司令部呈滇黔绥靖副主任公署为请价发本区各辖县子弹2.4万粒暨免价发给本部子弹6000粒祈鉴核示遵代电。7月5日滇黔绥靖副主任公署下达毕节专署准予一并价发七九步弹3万发每发计价叁角仰即派员携款来署具领指令。民国31年（1942）4月5日金沙县政府呈金遵剿匪联防会议记录。6月3日毕节专署饬保安直属第五大队据请惩办遵金仁三县边区豪匪以绝匪源而靖地方一案电复妥慎施行代电。9月15日大定县政府制订各区临时剿匪队设置办法。民国32年（1943）4月10日滇黔绥靖副主任公署、贵州省政府主席兼全省保安司令吴鼎昌电发贵州省西路清剿计划，郎普织纳水关贞望紫镇10县匪情表。5月20日滇黔绥靖公署副主任吴鼎昌签发清剿黔西匪患命令转委员长蒋辰蒸令一享电令。6月12日滇黔绥靖主任公署副主任吴鼎昌签发清剿命令转委员长蒋辰蒸一享绥电令，随令附发贵州西路清剿计划、黔西北匪情调查表。同期，第四区行政督察专员兼保安司令公署呈报第四行政区各县匪情现况一览表、第四行政区各县保警大队及自卫班队组织实力统计表、第四区行政督察专员兼保安司令公署西路清剿会议报告书。26日西路清剿指挥部制发清剿训令，清剿期间剿匪军律10条。7月2日毕节专署制发呈滇黔绥靖副主任公署请价发子弹1.5万粒交刘（熙乙）总经理代领运毕以便转发运用代电；8日毕节县八寨乡公所请核发子弹1000发步枪10支呈文；12日长春乡公所请领弹药600发呈文；18日新张乡公所请领弹药400发呈文。28日镇毕赫三县边区清剿会议印发清剿会议记录、清剿镇雄毕节赫章三县边区股匪计划。9月4日贵州省西路清乡善后会议印发清乡善后会议决议案。20日陆军第5军第96师制发奉命归还建制，清剿任务由保安4、5团及军政部特务团第4营接替，贵州省西路清剿指挥撤销代电。24日滇黔绥靖副主任公署饬毕节专署奉委座代电应即加紧办理肃清黔西余匪兴办清乡并清查户口登记民枪实施连保联防等事宜一案电仰遵照办理代电。30日滇黔绥靖公署主任龙云令毕节专署为成立镇毕赫三县清剿指挥部附清剿办法祈核备由呈件均悉权准备案但限奉准后三个月内肃清即予结束报查为要指令。10月26日毕节专署饬所属各县仰遵照委座电饬整理保甲澄清吏治调整团队驻地代电。11月18日毕节专署呈滇黔绥靖副主任公署为奉发之2.5万粒子弹不敷应用请再价发2.5万粒电。12月14日滇黔绥靖副主任公署主任吴鼎昌签发恢复贵州省西路清剿指挥部，严整保甲，清剿匪患命令。是月西路清剿指挥部制发贵州省西路清剿计划、贵州省西路匪情表。民国34年（1945）10月31日贵州省保安司令部制发贵州省34年度冬防绥请计划。11月27日毕节专署制发水毕清剿区指挥部清剿计划，同日制发电送（保六团）清剿计划希转饬遵照并给予协助清剿事宜代电。是月赫章县政府呈报赫章县34年度冬防期间清剿散匪实施办法。12月31日金沙县政府呈报金沙县34年度冬防清剿实施办法。民国35年（1946）1月24日保警二大队呈报大定县冬防治安配备计划，25日毕节专署转发重庆行辕辖区内省与省区与区与县间联防清剿办法大纲。2月10日贵州省保安司令部拍发金沙大定毕节县习水赤水仁怀等县及各该驻县保安团队在清剿期间应接受整编79师方师长统一指挥代电，12日毕节专署呈贵州省保安司令部请价发七九步弹10万粒电。9月12日织普郎纳4县清剿指挥部检呈贵州省织普郎纳四县清剿计划。11月8日遵义专署专员致毕节专署专员准协同肃清遵金黔边区匪患电。12月24日毕节专署制发35年度冬季剿匪计划、清剿纵队35年度冬防剿抚布防计划、对区属各县土匪自新办法。是月大定县政府呈报大定县35年度冬季剿匪计划、大定县35年度清剿股匪散匪姓名表。民国36年（1947）1月毕节专署呈报元月份匪情月报表。2月18日叙泸警备司令部拍发请毕节专区协助清剿川黔滇边区各地零散股匪代电。是月陆军整编第79师川滇黔边区清剿指挥所制发告边区各界及全体民众书。3月10日贵州全省保安司令令发贵州省第一至七行政区清剿指挥官委任令、清剿散匪计划；23日毕节专署制发进剿毕节大定边境戛那三槽股匪孙吊角命令。11月6日大定县政府编报县属各乡现有匪徒姓名册。民国37年（1948）4月14日金沙县政府制定金沙县西区各乡镇清剿散匪办法。7月25日重庆行辕拍发撤销川滇黔边区清剿指挥部各地股匪由各区专署负责清剿限期肃清代电。

经济总类　民国29年（1940）3月贵州省政府转财政部猪鬃统销办法、猪鬃统销办法施行细则。民国30年（1941）9月12日贵州省政府抄转行政院禁运资敌物品条例。10月29日贵州省政府制发贵州省政府办理查禁敌货工作程序简明表。12月3日准经济部代电奉行政院令当归大黄应予解除禁运毋庸订定疏销办法请查照饬知一案电仰知照代电、准经济部代电为各省土产烟叶烟丝准许商人自由运销请饬知见复一案令仰遵照代电。民国31年（1942）6月16日贵州省政府抄转行政院战时争取物资办法大纲，11月21日制发为奉委员长电饬依法严厉取缔物价乘机涨价一案电仰遵照代电。民国32年（1943）4月10日贵州省政府奉委座电令订定限价议价物品种类补充办法五项一案令仰遵照训令，20日抄发贵州省实施菜油限价县份及核定限价表，23日奉委座电令限价实施应尽最大努力不得轻易变更一案令仰遵照训令。民国32年（1943）9月8日毕节专署奉经济部训令多匪区域以开发经济以裕民生为治匪根本要图一案令仰遵照办理训令，20日织金县政府呈报本县推动工商业情形。10月3日毕节县政府奉饬筹划推动工商事业之开发遵办具报备查呈文，4日大定县政府呈报大定县多匪区域开发经济计划。民国38年（1949）8月16日贵州省政府颁发贵州省二五减租办法、9月13日制发各县市办理二五减租应注意事项。21日贵州省政府发布二五减租布告，9月9日毕节专署严令饬办二五减租代电。10月24日毕节专署二五减租必须彻底实行勿稍苟假代电。

财政金融类　1.财务行政档案。民国29年（1940）11月27日毕节县政府印发毕节县地方财政会议记录。民国30年（1941）3月27日毕节县政府抄发毕节县30年度第一次预算会议记录。民国31年（1942）3月毕节县政府令发31年度岁出经费预算分配表。民国36年（1947）贵州省第四区行政督察专员兼保安司令公署岁出决算表。民国37年（1948）3月17日毕节县参议会、毕节县政府印发毕节县37年度县地方岁入岁出总预算书。民国38年（1949）1月11日毕节专署报省政府呈请增加本署经费呈文，13日贵州省政府制发自38年度起拟准该署购置骑马一匹以备专员及副司令因公出差乘用令仰遵照训令。2月10日毕节专署呈请调整办公费祈鉴核呈文，21日毕节专署呈请增加办公费电文，3月9日毕节专署呈请增加办公费代电，11日毕节专署请拨办公费急电，4月16日毕节专署专员刘鹤鸣致贵州省主席谷正伦请拨款济困急电。9月2日毕节专署呈省政府请拨款维修房屋呈文。

2.会计统计及审计档案。民国29年（1940）4月毕节县政府检发会计规程。5月令发毕节县地方经济收支统计表。民国35年（1946）3月15日毕节县政府制订毕节县政府统计室组织及暂行办事细则。10月30日贵州省政府令发贵州省各机关35年度国家财政系统账目与省财政系统账目划分处理办法。11月10日贵州省政府令发县政府公务统计方案改进意见表。民国36年（1947）12月8日贵州省政府奉行政院令为各公有营业机关嗣后不得再行巧立名目额外津贴及向所属机关派款并将所有盈余径解国库不得擅自移用一案令仰遵照训令。民国37年（1948）10月24日审计部贵州审计处制发毕节专署37年上半年度决算审核通知。同月贵州省第四区行政督察专员兼保安司令公署填报财产目录。

3.田赋档案。民国30年（1941）10月毕节县宣传委员会印发毕节县田赋征收实物宣传纲要、为田赋征收实物告毕节民众书、贵州省田赋征收实物问答。民国32年（1943）毕节县田赋粮食管理处抄送财政部整理契税宣传大纲。民国35年（1946）8月29日贵州省政府抄发征粮办法六项。9月贵州省政府制发贵州省35年度田赋征收实物实施办法、贵州省35年度征借军粮办法、贵州省各县集体纳粮竞赛办法、各县田粮处人员编制表。12月10日毕节专署对于田赋实物征起数额应核实列报不得虚浮并避免侵蚀挪移暨虚收存条等事由发生训令。民国36年（1947）5月7日贵州省政府制发各县（局）历年欠赋清理催收及拨放实施办法。6月13日毕节专署奉电历年欠赋清理催收及拨放实施办法等项仰遵照一案令仰遵照训令。7月30日贵州省政府制发贵州省各县市局征收35年度田赋及地方公粮划拨程序。是年贵州省政府主席杨森令发征粮训示八条等。

4.税务档案。民国31年（1942）11月23日贵州省政府抄转行政院公教人员薪给报酬所得税照原支薪俸课征训令。民国36年（1947）9月28日毕节县政府抄发修正印花税条文、印花税税率表。12月5日国民政府修正公布筵席及娱乐税法。民国36年（1947）3月14日贵州省政府抄发财政部颁修正营业牌照税法，制发贵州省各县市局营业牌照税征收细则、贵州省各县市局使用牌照税征收细则、贵州省各县市局屠宰税征收细则。6月26日抄发财政部特种营业税法，7月3

日抄发行政院印花税法实施细则。10月20日贵州省政府公布贵州省各县市（局）筵席税及娱乐税征收细则。民国37年（1948）3月16日贵州省政府抄发37年度营利事业所得税稽征办法。是年10～12月、次年1～4月遵义稽征局送达毕节稽征所遵义行商一时所得税主要物品计课标准表。民国38年（1949）5月12日贵州省政府检发贵州省税务人员保证办法。7月27日毕节县税捐稽征处填报税务人员保证书等。

5.金融档案。民国30年（1941）11月6日行政院公布施行非常时期奖励资金内移兴办实业办法。是年中国农民银行毕节办事处与中国农民银行重庆、桂林、南昌、赣州分行，成都、西宁、汕头分行，四川乐山、万县、江津、合川、资中、北碚、大渡口、化龙桥和西康康定、西昌及广西南宁、苍梧、柳州、陕西宝鸡、江西泰和、萍乡、上饶、宁都办事处业务往来函件。民国34年（1945）8月22日中中交农四行联合办事总处颁中国农民银行办理农贷办法纲要、中国农民银行办理农贷手续细则。民国35年（1946）5月1日毕节县政府印发人寿保险奖励办法、15年定期保额1万元保费表。民国36年（1947）1月4日内政部、经济部订颁修正典押当业管理规则。8月9日毕节专署奉转推行各种农贷以免农民出售耕牛一案令仰遵照办理训令。10月4日贵州省政府抄发贵州省未设金融机关县份设置独立县公库暂行办法。27日贵州省政府奉行政院令将修正地方金融机关办理小工业贷款通则标题改为地方金融机关办理小工业贷款办法借款数额最高以五百万元为度令仰遵照训令。12月毕节专署奉颁安定金融办法转仰切实遵办代电。民国38年（1949）5月毕节贵州省银行试办银元存、放及汇兑业务公告。

**农林水利类档案**　民国25年（1936）9月15日贵州省政府委员会制发贵州省防止烧毁森林办法。民国29年（1940）2月毕节县政府令推广种漆植麻普栽马铃薯训令，同月毕节县政府令发漆桐乌桕核桃栗梓分配表限期具领训令。11月8日毕节县政府制发毕节县联保造产实施计划、联保造产实施办法、毕节县推广冬耕及协助联保造产实施纲要、毕节县冬季休闲地调查表、毕节县荒山荒地调查表、毕节县各学校推行冬耕运动及协助联保造产宣传表。民国30年（1941）10月毕节县政府制发毕节县30年度推广冬耕实施办法。民国31年（1942）1月22日毕节县政府制发毕节县各乡镇学校扩大造林五年实施办法，24日制发毕节县扩大造林五年实施办法，2月8日制发毕节县造林五年实施补充办法。是月制发指定城区各校造林地仰遵照办理训令。10月毕节县政府制发毕节县造林实施细则。12月27日滇黔绥靖副主任公署制发贵州省各县市严禁放火烧山实施办法。民国32年（1943）1月9日贵州省政府饬毕节专署饬知该区联合农场32年度经费数目收支报销等项办法仰于32年元月内组织成立具报训令。21日毕节专署呈报奉令组织本区联合农场经遴员候委一俟奉到委状及规章办法即正式成立呈文。3月15日贵州省政府令发贵州省区农场组织规程，18日毕节专署为本区奉令成立联合区农场开办费由署筹给兹特酌情分配各辖县担负筹款以资开办训令，31日毕节专署令毕节县政府、区农场奉省政府训令暨省农业改进所公函本区区农场成立后应将所在地之县农业推广所及农林场圃合办一案仰遵照移交给收训令，是月毕节专署电令各辖县禁止放火烧山防害林政代电，毕节县政府抄发农林部各省县举办植树竞赛办法、林业工作竞赛办法大纲。4月贵州省政府制发非常时期强制修筑塘坝水井实施细则。同月毕节县政府抄发贵州省政府制发贵州省各县市推行粮食丰收运动办法、春耕冬耕防虫防旱须知。

7月6日威宁县政府制订各区乡镇农民家庭畜牧副业实施办法。10日农林部公布公私有林登记规则，国有林区伐木查验规则。民国35年（1946）2月16日毕节县政府各校员生应于校内或校外集中造林1000～3000株，定名为各该校纪念林令仰遵照训令。10月4日大定县政府制订35年度冬耕增产实施办法、35年度乡镇苗圃整理办法、35年度垦荒造林办法。11月8日贵州省政府制发贵州省36年度各县农业生产工作竞赛实施办法。民国36年（1947）9月20日贵州省政府制发改进本省农林事业办法。10月6日贵州省政府饬各县市（局）及乡镇（区）组设农场育苗造林恢复农业推广所筹设畜牧场大量推广美（烤）烟栽种代电。13日毕节专署奉令随时督促地方官吏注意防制水患以遏水患一案令仰遵照办理具报训令。是年贵州省政府抄发县农业推广所组织规程、县农业推广所组织规程补充要点。民国37年（1948）2月15日毕节专署配发树苗及美（烤）烟种子布告。

**商业类档案** 民国30年（1941）9月29日贵州省政府抄转行政院修正经济部平价购销处纱布内运办法。11月27日贵州省政府抄发内政部、农林部农业仓库建筑标准、农业仓库概况表。民国32年（1943）9月28日贵州省政府抄转各地花纱布价格调整原则。是年毕节专署转发贵州省政府修正贵州省查获私运粮食处理办法。民国35年（1946）9月12日贵州省政府为规定调整本省各县城乡场期令仰知照训令。10月20日毕节专署抄转粮商登记规则。12月7日毕节专署饬毕节县长取缔贩卖军服地摊训令。民国36年（1947）6月22日毕节专署饬金沙县政府布告严禁以粉浆增加银耳重量阻滞产品销路训令。7月10日毕节专署制发禁止米类油类出口检查办法，11日贵州省政府制发贵州省各县（市、局）设置乡镇公营市场办法，12日毕节专署印发开放粮食布告，23日制发开放菜油布告。9月6日毕节专署奉令保护正当粮商使其照常营业以济民食一案令仰遵照训令。12月23日毕节专署制发粮食管制实施暂行办法、粮食检查站设置办法。民国37年（1948）2月8日毕节专署转饬切实疏畅粮源，严格管制市场，查禁囤积居奇、投机操纵等不法行为代电。7月13日毕节县政府制定毕节县粮食管制实施暂行办法等。

**交通类档案** 民国31年（1942）8月31日贵州省政府转发交通部各机关部队征用车辆限制办法。民国32年（1943）6月1日行政院颁布公路两旁建设物取缔规则。民国33年（1944）8月2日贵州省政府制发县市公路行道树保护规则。民国34年（1945）11月21日贵州省政府、贵州全省保安司令部制发维护公路干线计划。民国35年（1946）6月29日贵州省政府制发县乡道路运输业务计划。民国36年（1947）6月贵州省政府通行公路人兽力车地方政府不得征收养路费训令。11月18日大定县政府拟具大定县修筑定（大定）水（城）金（沙）大（定）两省道施工办法。

**邮电类档案** 民国30年（1941）3月14日毕节县毕阳镇公所、第五粮区仓库，撒拉溪经征处致毕节邮政局函请增设撒拉溪邮政代办所以利交通公函。民国33年（1944）7月21日滇黔绥靖副主任公署、贵州省政府制发贵州省省有防空专线及空军据点话线杆线巡护暂行办法。8月贵州邮政管理局饬毕节邮电局关于最近各区所变动情形令仰知照通令。9月为检发邮歌歌词曲谱及歌唱办法令仰遵照通令。民国34年（1945）2月23日贵州邮政管理局抄发战时邮政人员子女就读中等学校补助办法，3月13日抄发为发行国父逝世20周年纪念邮票令仰知照通令，21日抄发邮政人员补助办法。是年贵州邮政管理局饬毕节邮电局通常邮务事项通令，贵州省邮电局下达毕节邮电局关于邮政职工工资、津贴、福利的有关文件。民国35年（1946）12月贵州省政府抄发行政院邮局查扣邮包办法。民国37年（1948）交通部第五电信管理局与毕节电信局有关业务来往函件等。

**教育、文化、科研类**　1.教育行政档案。民国27年（1938）10月毕节县政府抄发教育部令发全国各级学校制定校训校歌训令及青年守则训令规定，同月贵州省政府制发各级学校教职员及学生制服颜色划一办法。民国29年（1940）12月毕节县政府抄发行政院令颁抗战功勋子女就学免费条例。民国29年（1940）至民国38年（1949）贵州省政府制发贵州省中小学校各年度学校历。民国29年4月毕节县政府转饬各校聘用教职员时注意思想之外并介绍入党令仰遵照训令。同月毕节县政府为提高教师待遇令发征收学费办法饬造报学生名册呈候核办训令，检发毕节县立各小学征收学费实施办法。同月21日毕节县政府为转发委员长训勉全国各级学校校长教职员电令仰遵照训令。8月毕节县政府制发转令嗣后各学校教师对于各种赌博行为务须严予戒绝训令。9月毕节县政府抄发教育部令颁教员服务奖励规则。10月3日抄发教育部令颁小学教员升任初级中学及其同等学校教员暂行办法。民国30年（1941）7月11日贵州省政府奉行政院令各机关从业人员以私人资格兴办学校应依照修正私立学校规程办理一案令仰知照训令，14日贵州省政府重申行政院第14号整顿教育令暨教育部第1304号整顿学风令令仰遵照训令。8月28日毕节县政府制发毕节县30年度学校名称表、毕节县各学校建设数额表、毕节县各学校设置应需事物表、毕节县各学校一般缺点表。9月6日毕节县政府印发毕节县30年度教育谈话会议决议案。是月毕节县政府制发毕节县私塾改良取缔暂行办法。11月13日教育部令发边地教育视导应特别注意事项。民国31年（1942）6月13日毕节县政府抄发贵州省政府令发战时各级学校学年学期假期及利用假期服务进修暂行办法、中国童子军贵州省童子军教练员训练班计划大纲。12月毕节县政府依期成立国民教育研究令训令，转发贵州省政府制发各级国民教育研究会筹组办法、各级国民教育研究会组织通则、各级国民教育研究会组织办法、各乡镇国民教育研究会31学年度工作项目、县市国民教育研究会31学年度工作项目、乡镇国民教育研究会章程草案。民国32年（1943）1月贵州省政府印发贵州省32年度国民教育实施计划。5月1日教育部制发专科以上毕业生选送服务办法。6月10日毕节专署呈贵州省政府呈复本署本年内暂不需用专科以上学校学生奉命填报各表恳予免填呈文。12月15日，贵州省政府制发本省各小学自33年1月起一律采用国定教科书训令。民国33年（1944）4月3日教育部公布抗战功勋子女就学免费给予办法。10日毕节县政府抄发教育部检发各级学校德育日工作大纲。7月毕节专署制发贵州省第四行政区教育人员暑期讲习所学员召集办法。12月13日毕节县政府抄发教育部检发学生自治会规则。民国34年（1945）4月24日中国童子军贵州省支会毕节县分会筹备处印发第一次筹备会议记录，抄发中国童子军服务员登记办法，中国童子军团登记办法。17日毕节县政府抄发教育部令颁促进注音国字推行办法、各省市县推行注音符号办法。民国35年（1946）1月5日抄发教育部制发国民学校教职员任用待遇保障及进修办法。11月毕节县教育会抄发毕节县教育会第八次理监事联席会议记录。民国37年（1948）6月贵州省政府抄发教育部中小学应注意体育课训令。同月27日贵州省政府制发教职员及机关职员兼课办法。是年毕节县政府嘉奖热心地方教育人士训令。民国38年（1949）6月毕节县政府抄发贵州省政府令准公教人员子女免费入学办法。9月3日毕节县政府为令发贵州省中等以上学校员生工役思想行动整肃办法令仰遵照训令，抄发贵州省中等以上学校员生及工役思想行动整肃办法，制发毕节县所属各级学校工作竞赛奖惩办法、毕节县所各级学校工作考核成绩登记表，20日制发为奉令办理久任优良教师奖励令仰遵照训令。10月31日毕节县政府制发为令发各级学校经常应用标语仰即遵照办理训令等。

2.中学教育档案。民国30年（1941）2月21日毕节私立弘毅中学校董会签请划拨校址以便培修开学祈备案呈文。3月24日毕节专署梓橦阁地址孤悬郊外高踞山巅以之创办中学自较作为高五分院院址为宜高五分院另筹地址指令，同日毕节专署致高五分院据毕节弘毅中学校董会呈请转商兴工修理梓橦阁以利秋季开学一案相应函达请烦查照见复公函。4月14日贵州高等法院第五分院函复本院对于为弘毅中学请调拨梓橦阁为校址极表同情一俟商得具体办法即行转呈司法行政部公函。民国31年（1942）4月8日弘毅中学呈报招生及开学上课日期仰祈鉴核备案呈文。22日贵州省政府令示本省推行公立中等学校建校运动办法要点。民国33年（1944）2月，毕节专署抄转贵州省政府推进中学教育计划。民国35年（1946）4月毕节专署转发贵州省政府颁贵州省所属中等学校校长奖惩及考绩办法。5月16日铨叙转部电毕节县立初级中学电仰迅缮送教职员名册以凭办理登记代电。民国37年（1948）3月15日威宁县政府令饬各乡照数征集递送修建省立威宁中学木料令仰遵照训令。民国37年（1948）11月13日贵州省政府制发各县市立中等学校改进要点。

3.师范教育档案。民国29年（1940）4月毕节县政府为简易师范学生准予缓役转令知照训令。民国30年（1941）10月1日贵州省政府令发贵州省设置清寒优秀师范生奖学金办法。11月1日令发贵州省政府教育厅选送学生免试升入师范学院暂行办法。民国31年（1942）5月14日贵州省政府令发贵州省推进师范教育计划、贵州省政府增设省立师范学校经费估计表。民国32年（1943）7月毕节专署转发教育部各省市清寒优秀师范生奖学金办法、奖励师范学校教员学术研究实施办法、改进师范学校教导环境实施要点、树立社会风气倡导师范学校实施要点。

4.小学教育档案。民国29年（1940）6月21日毕节县政府奉令办理小学教员总登记令仰遵照训令。7月19日抄发贵州省各级小学29年度暑假工作办法。民国30年（1941）4月3日毕节县政府抄发教育部颁小学课程标准、短期小学课程标准。民国31年（1942）2月毕节县政府抄发贵州省政府令发贵州省各县（市）中心、国民学校组织系统。5月订定毕节县国民教育实施计划、毕节县中心学校辅导国民学校及私塾办法。6月制发毕节县实施强迫教育暂行办法。7月毕节专署转发贵州省政府令发贵州省小学教员假期训练实施办法、贵州省小学教员假期训练课程纲要。民国32年（1943）3月29日贵州省政府检发贵州省各县国民教育工作竞赛暂行办法。7月毕节县政府抄发教育部初步充实中心学校要项，制发购买修正小学课程标准训令。9月21日贵州省政府提高小学教职员役待遇训令。12月28日毕节县政府转抄教育部颁小学教员待遇及服务办法。民国33年（1944）2月毕节专署抄转教育部小学教员检定办法。5月6日毕节县政府呈复本县小学教师待遇已与当地公务员同等呈文。15日大定县政府呈报大定县国民学校及乡镇中心学校基金筹集办法。是月毕节县政府抄发贵州省各县市标准中心学校设置办法、贵州省各县市标准中心学校初步设施设备标准，制发毕节县标准中心学校计划书、毕节县标准中心学校33年度行政实施计划。7月毕节县政府抄发教育部检发小学统一课本教学实验纲要、初小国定教科书实验教学33年度实施计划。是年毕节县政府转发小学战时教育实施方案，训育纲要，小学公民训练标准。民国34年（1945）4月毕节县政府抄发贵州省小学教员福利事业协助实施事项、贵州省小学教员福利事业加强辅导办法。民国35年（1946）4月10日毕节县政府抄发贵州省政府令发贵州省小学教员检定要则。11日抄发教育部令发各省市小学教员总登记及检定实施要点。民国36年（1947）3月7日毕节县政府制发毕节县乡镇中心学校及国民学校基金筹集实施办法、毕节县乡镇中心及国民学校基金保管委员会章程。民国37年（1948）8月毕节专署制发贵州省第四行政区各初等学校推行生产自给运动纲要。民国38年（1949）2月黔西县政府呈报黔西县各乡镇国民学校概况调查表、黔西县各乡镇中心学校及私立小学职员一览表、黔西县各乡镇教育概况调查表、黔西县各乡镇中心学校及私立小学校一览表、黔西县各乡镇私塾概况调查表等。

5.社会教育档案。民国27年（1938）9月15日毕节县政府制发切实办理民众补习学校勿得违延诿卸责任训令、毕节县27年度筹办民众补习学校计划大纲，21日遵期筹办民众补习学校开学勿得迟延训令。民国29年（1940）3月毕节县政府制发毕节县29年度第一学期战时民众学校一览表、各战时民众学校遵期开学并将开学时期学生名册等项具报训令、为16岁以上35岁以下之失学民众应尽先入学案令仰知照训令、奉令转饬各学校兼办社会教育应遵照规定切实遵办训令。4月令知饬各战时民众学校4月15日一律开学领取课本训令。5月10日制发毕节县肃清文盲时限分配表。民国30年（1941）9月11日贵州省政府抄发教育部订定奖励农工商业团体办理职业学校职业训练班及职业补习学校办法。民国31年（1942）4月20日毕节县政府制发毕节县各中心学校及国民学校办理民教应行注意事项。5月30日贵州省政府令发贵州省各县市实施民工教育办法。是月毕节县政府印发贵州省各教育机关及各级学校利用民众集会机会施教办法。6月制发毕节县31年下半年利用修筑道路暨国民兵集训机会实施民教办法。9月28日抄发贵州省政府令发贵州省各县市乡镇中心学校及保国民学校民教部设施办法。10月抄发教育部订定全国各级学校学生社会服务年实施办法大纲、社会教育中心活动表。12月转发贵州省政府推行家庭教育办法。民国32年（1943）7月19日毕节县政府抄发教育部令发中心学校及国民学校分期办理失学民众补习教育办法、贵州省政府订定贵州省各县市失学民众强迫入学暂行办法。民国33年（1944）1月7日贵州省政府令发贵州省各县立社会教育机关33年度组织经费及薪给标准。3月3日毕节县政府抄转教育部民众教育馆工作实施办法、各级学校办理社会教育方案。4月10日制发令饬各级学校及社教机关迅即筹办家庭教育讲习班推行家庭教育令仰遵办具报训令。5月11日抄转贵州省各县民众教育馆、卫生院举行通俗卫生讲演办法。9月8日制发饬县立民众教育馆扩大宣传法治思想灌输国民法律常识训令。是年毕节县立民众教育馆拟订民众夜校实施办法。民国35年（1946）3月5日毕节县政府饬县立民众教育馆为奉全国教育善后复员会议决议案积极推行科学教育一案仰遵照训令。4月29日毕节县政府抄发贵州省各级社会教育机关35年度工作实施要项、贵州省各中学办理社会教育工作实施要项、贵州省各中心学校办理社会教育工作实施要项。5月11日抄发贵州省社会教育改进事项。同月饬毕节县立民众教育馆据县参议会函请转饬创设工人识字班仰遵照组织成立具报训令。10月3日抄转贵州省政府制发社会教育机关推行识字教育要点。18日制发为奉专署令饬将小较场指定为民教馆体育场一案转饬遵照拟具整修计划呈核以凭办理训令。民国36年（1947）4月3日毕节县政府抄转贵州省各级民众教育馆36年度中心工作及细目。

6.文化档案。民国27年（1938）9月毕节县政府搜集民间歌曲以凭汇转训令。民国29年（1940）4月毕节县政府制发奉令收毁汉奸陶希圣等各项著述刊物转饬遵照训令。5月8日印发天下为公及精神总动员歌词简谱令仰遵照训令。民国30年（1941）10月27日毕节专署制发成立物产陈列室暨物产征集办法。民国31年（1942）1月28日毕节县党部函请订阅《中央周刊》公函、县党部代征《中央周刊》长期订户办法。7月2日毕节周报社呈报通讯简则。民国32年（1943）5月毕节专署转行政院书店印刷店管理规则。8月12日西黔日报社印发征稿办法、订购及推销办法。9月1日毕节专署呈中央执行委员会宣传部（重庆）为呈报创设西黔日报社旨趣与经过并请核发该社每月补助费暨员工生活补助费米代金呈文、呈贵州省政府为呈报创设西黔日报社旨趣与经过并核转该社登记申请书请鉴核示遵呈文。民国33年（1944）3月6日毕节县政府抄发教育部令颁普及全国图书教育办法、民众教育馆工作实施办法、代印国民历办法，9日毕节县政府制发奉令禁止吟唱《秋风儿》歌曲训令。4月4日毕节县政府令县立民众教育馆普遍搜集民歌民谣报府以凭转报训令，27日抄转教育部图书馆工作实施办法。5月6日抄转中央图书杂志审查委员会制发奖励剧目表、准演剧目表、取缔剧目表，12日抄转贵阳中央日报社优待订阅办法。12月14日令饬订阅贵州省教育月刊、民族文学、青年与科学、国民画报训令。民国34年（1945）9月18日省立大定民众教育馆制发举办第二次画展办法。10月22日毕节县政府令饬订阅省训团发行之《黔灵月刊》训令。11月23日贵州省立大定民众教育馆、毕节县立民众教育馆拟订会办时事照片、科学图片展览办法，同日毕节县政府令县立民众教育馆遵令转饬迅速搜集抗战史料陈列展览具报训令。12月17日毕节县政府奉令检发联合国歌饬各级学校演唱训令。民国35年（1946）12月9日贵州省政府饬毕节专署准中国国民党贵州省执行委员会函为新闻纸杂志之发行应遵照出版法之规定核办训令。民国36年（1947）3月14日贵州省政府饬毕节专署准内政部函为规定凡未经注册之著作物不得刊载业经注册与有著作权翻印必究等字样著作请饬遵一案令仰遵照训令。民国36年（1947）6月17日贵州省政府奉国府主席重庆行辕代电以准国防部电请饬嘱对各地报馆通讯社等予以合法保障希遵照一案令仰遵照训令。10月毕节县政府转发贵州省政府取缔学潮歌曲训令。11月6日贵州省政府准内政部加强报刊新闻管理代电请查照饬属切遵办理并希见复一案令仰遵照训令。是月毕节县政府电发纳粮歌仰即分别散发张贴以广宣传代电。民国38年（1949）6月28日贵州省政府新请登记及各地迁入本省出版报社杂志社一律不准训令。7月20日贵州省绥靖公署检发书报杂志检查暂行办法等。

7.史志编纂档案。民国35年（1946）1月26日毕节专署奉省府令饬查填各该县志书调查表转饬遵照查呈并分报本署备查训令。2月12日赫章县政府本县设治不久志书尚未编纂呈文，14日织金县政府本县志书于32年开始修纂远未完竣呈文，15日威宁县政府本县志书现正筹备撰修呈文。10月国防部制发抗战史料征集办法。11月28日贵州省政府奉行政院令为征集抗战期中一般行政史实仰遵办训令。同月国防部颁发抗战军人忠烈录征集办法。民国36年（1947）1月14日国防部制发军事珍贵文物史料搜集办法。2月毕节专署转发国防部中日战争地方抗战史实搜集办法。3月27日贵州省政府饬毕节专署奉重庆行辕代电饬将抗战期中殉国高级长官之壮烈事迹查照编报国防部一案令仰遵照训令。4月毕节专署转发国防部征集史料奖励办法。是年，赫章县政府呈报赫章县中日战争地方史实。

8.体育档案。民国31年（1942）4月毕节县政府抄发领袖健康操令仰遵照训令。12月13日贵州省政府令发贵州省32年度各县立体育场及简易体育场组织经费及薪给标准。民国32年（1943）5月15日毕节县政府制发毕节县第二届儿童整洁健康比赛大会告民众书。8月18日毕节县第一届全县国民体育运动大会筹备委员会印发成立大会记录、毕节县第一届全县国民体育运动大会比赛规约、毕节县第一届全县国民体育运动大会计划大纲，25日印发于本年9月9日体育节举行第一届全县国民体育运动大会通知。民国36年（1947）4月8日毕节县政府印发毕节县36年度全县运动大会第一次筹备会录，19日制发毕节县36年度全县运动大会竞赛规章、毕节县36年度全县运动大会比赛规约。11月21日毕节县政府抄转县立体育场场地暂行标准。民国37年（1948）3月31日毕节县政府制发推行复兴操办法，印发复兴体操教范。

## 二　中华人民共和国成立后的档案资源

至2011年，地区档案馆馆藏中华人民共和国成立后档案全宗100个，文节档案5876卷，案卷排架长度1545米。其中永久保管档案26196卷，长期保管档案32565卷。另有科技档案2101卷，会计档案4197册（盒），照片档案5097张。

### 毕节地区档案馆全宗馆藏情况一览表（截至2011年12月）

| 全宗号 | 全宗名称 | 起止年代 | 文书档案 | | | 科技档案 | 照片档案 | 光盘 | 会计档案 |
|---|---|---|---|---|---|---|---|---|---|
| | | | 小计 | 永久 | 长期 | | | | |
| | | | 卷 | 卷 | 卷 | 卷 | 张 | 张 | 卷 |
| 4 | 地委办 | 1949~2010 | 4946 | 2440 | 2506 | 15 | | | 659 |
| 5 | 地区政协 | 1950~1997 | 370 | 114 | 256 | 15 | | | 39 |
| 6 | 地区纪委 | 1952~1993 | 581 | 236 | 345 | 1 | 139 | | 3 |
| 7 | 地区政策研究室 | 1950~1997 | 142 | 129 | 13 | | | | |
| 8 | 地委组织部 | 1949~2006 | 2224 | 882 | 1342 | | 262 | 12 | |
| 9 | 地委统战部 | 1950~1995 | 432 | 277 | 155 | | | | |
| 10 | 地委宣传部 | 1950~1995 | 646 | 215 | 431 | | | | |
| 11 | 地委党校 | 1952~2000 | 365 | 196 | 169 | | 1833 | | |
| 12 | 地区工会 | 1951~2006 | 564 | 191 | 373 | | | | |
| 13 | 团地委 | 1951~1999 | 1055 | 465 | 590 | | | | |

续表

| 全宗号 | 全宗名称 | 起止年代 | 文书档案 | | | 科技档案 | 照片档案 | 光盘 | 会计档案 |
|---|---|---|---|---|---|---|---|---|---|
| | | | 小计 | 永久 | 长期 | | | | |
| | | | 卷 | 卷 | 卷 | 卷 | 张 | 张 | 卷 |
| 14 | 地区妇联 | 1953~1996 | 358 | 75 | 283 | | | | |
| 15 | 地区工交部 | 1956~1970 | 437 | 186 | 251 | | | | |
| 16 | 地区农工部 | 1954~1988 | 352 | 139 | 213 | | | | |
| 17 | 地区财贸部 | 1956~1966 | 209 | 69 | 140 | | | | |
| 18 | 地委离退干局 | 1982~1997 | 216 | 158 | 58 | | | | |
| 19 | 地区老年大学 | 1987~2006 | 285 | 201 | 84 | | | | |
| 20 | 地委讲师团 | 1984~1999 | 134 | 66 | 68 | | | | |
| 21 | 机关工委 | 1987~2004 | 183 | 135 | 48 | | | | |
| 23 | 地委党史研究室 | 1982~1996 | 104 | 66 | 38 | | | | |
| 24 | 地区科协 | 1980~1999 | 426 | 115 | 311 | | | | |
| 25 | 地区社科联 | 1989~1997 | 25 | 16 | 9 | | | | |
| 26 | 地区文联 | 1988~2002 | 41 | 27 | 14 | | | | |
| 27 | 毕节日报社 | 1985~1997 | 101 | 69 | 32 | 9 | 1354 | | |
| 28 | 地区人大 | 1984~2006 | 665 | 279 | 386 | | | | |
| 29 | 地区行署办 | 1950~2007 | 4105 | 1982 | 2123 | | 175 | | 404 |
| 30 | 地区劳动人事局 | 1950~1997 | 2161 | 533 | 1628 | | | | |
| 31 | 地区民宗局 | 1950~2000 | 675 | 278 | 397 | | 68 | | |
| 32 | 地区档案局 | 1957~2002 | 463 | 235 | 228 | 13 | | | |
| 33 | 地区科技局 | 1979~2001 | 344 | 134 | 210 | 672 | | | 52 |
| 34 | 地区监察处 | 1951~1959 | 199 | 117 | 82 | | | | |
| 35 | 地区审计局 | 1983~1998 | 165 | 133 | 32 | | | | |
| 37 | 地区方志办 | 1986~1998 | 67 | 58 | 9 | | | | |
| 38 | 毕节地区旅游局 | 1984~2000 | 106 | 30 | 76 | | | | |

续表

| 全宗号 | 全宗名称 | 起止年代 | 文书档案 | | | 科技档案 | 照片档案 | 光盘 | 会计档案 |
|---|---|---|---|---|---|---|---|---|---|
| | | | 小计 | 永久 | 长期 | | | | |
| | | | 卷 | 卷 | 卷 | 卷 | 张 | 张 | 卷 |
| 39 | 地区城建局 | 1958~1998 | 843 | 425 | 418 | | | | |
| 40 | 地区计划局 | 1952~1978 | 510 | 289 | 221 | | | | |
| 41 | 地区统计局 | 1953~2000 | 677 | 366 | 311 | | | | |
| 42 | 地区物价局 | 1953~2007 | 1124 | 208 | 916 | | | | |
| 43 | 地区农业区划办 | 1981~1993 | 81 | 35 | 46 | | | | |
| 44 | 地区政法委 | 1984~2000 | 583 | 134 | 449 | 2 | | | 25 |
| 45 | 地区车辆管理所 | 1951~1955 | 49 | 15 | 34 | | | | |
| 48 | 地区司法局 | 1980~2005 | 242 | 111 | 131 | | | | |
| 49 | 地区民政局 | 1949~1994 | 1329 | 539 | 790 | | | | |
| 50 | 地区教育局（文教局） | 1950~1999 | 1887 | 544 | 1343 | | 806 | | 75 |
| 52 | 毕节一中 | 1950~1997 | 333 | 118 | 215 | | | | |
| 53 | 毕节广播电视大学 | 1986~2007 | 85 | 20 | 65 | | | | |
| 54 | 毕节教育学院 | 1964~1997 | 41 | 41 | | | | | |
| 55 | 毕节学院 | 1956~1997 | 273 | 273 | | | | | |
| 56 | 地区文化局 | 1958~1999 | 740 | 346 | 394 | | | | 7 |
| 59 | 地区广电局 | 1975~1997 | 239 | 53 | 186 | | | | |
| 60 | 地区体育局 | 1959~1997 | 61 | 40 | 21 | | | | |
| 61 | 地区卫生局 | 1951~2002 | 1141 | 419 | 722 | | | | |
| 62 | 地区医院 | 1965~1997 | 60 | 60 | | | | | |
| 63 | 地区中医院 | 1989~2006 | 53 | 31 | 22 | | | | |
| 69 | 地区计划生育局 | 1965~2006 | 719 | 302 | 417 | | | | |
| 70 | 地区经贸局 | 1959~2005 | 1630 | 435 | 1195 | 390 | | | |
| 71 | 地区工业局 | 1952~1985 | 616 | 293 | 323 | | | | |

续表

| 全宗号 | 全宗名称 | 起止年代 | 文书档案 | | | 科技档案 | 照片档案 | 光盘 | 会计档案 |
|---|---|---|---|---|---|---|---|---|---|
| | | | 小计 | 永久 | 长期 | | | | |
| | | | 卷 | 卷 | 卷 | 卷 | 张 | 张 | 卷 |
| 72 | 轻工局（原手管局） | 1954~1965 | 133 | 59 | 74 | | | | |
| 73 | 地区交通局 | 1950~1994 | 600 | 129 | 471 | 343 | 330 | | 128 |
| 74 | 毕节公路养护段 | 1950~1955 | 22 | 22 | | 4 | | | |
| 88 | 地区烟叶复烤厂 | 1971~1999 | 340 | 230 | 110 | | | | |
| 97 | 地区质量技术监督局 | 1995~2006 | 978 | 208 | 770 | | | | |
| 98 | 地区医药监督局 | 1982~2001 | 355 | 178 | 177 | 3 | 30 | | 649 |
| 99 | 地区医药公司 | 1955 | 2 | | 2 | | | | |
| 106 | 地区农办（扶贫办） | 1966~2008 | 815 | 598 | 217 | 5 | | | |
| 107 | 地区农业局 | 1950~2001 | 1184 | 201 | 983 | 221 | | | 296 |
| 108 | 地区农推站 | 1953~1977 | 228 | 83 | 145 | | | | |
| 118 | 地区林业局 | 1954~2004 | 2653 | 1102 | 1551 | 219 | | | |
| 119 | 地区水电局 | 1953~1997 | 436 | 131 | 305 | | | | |
| 122 | 地区农机公司服务中心 | 1972~1998 | 125 | 47 | 78 | | | | |
| 124 | 地区乡企局 | 1985~1997 | 88 | 51 | 37 | | | | |
| 125 | 地区土管局 | 1984~2000 | 309 | 171 | 138 | | | | |
| 127 | 地区软木厂 | 1956~2001 | 143 | 107 | 36 | 17 | 36 | | 974 |
| 128 | 地区财委会 | 1950~1984 | 555 | 195 | 360 | | | | |
| 129 | 地区财政局 | 1949~1997 | 4336 | 2948 | 1388 | | | | 525 |
| 130 | 地区财贸学校 | 1978~2000 | 350 | 115 | 235 | | | | |
| 132 | 地区税务局 | 1950~1996 | 1461 | 522 | 939 | | | | |
| 134 | 地区保险公司 | 1950~1958 | 113 | 63 | 50 | | | | |
| 135 | 地区人民银行 | 1950~1975 | 652 | 378 | 274 | | | | |
| 137 | 地区农行 | 1963~1971 | 86 | 29 | 57 | | | | |

续表

| 全宗号 | 全宗名称 | 起止年代 | 文书档案 | | | 科技档案 | 照片档案 | 光盘 | 会计档案 |
|---|---|---|---|---|---|---|---|---|---|
| | | | 小计 | 永久 | 长期 | | | | |
| | | | 卷 | 卷 | 卷 | 卷 | 张 | 张 | 卷 |
| 140 | 地区粮食局 | 1950~1999 | 819 | 510 | 309 | | | | |
| 141 | 地区外贸局 | 1957~1996 | 516 | 122 | 394 | | | | 152 |
| 142 | 地区商业局 | 1950~1998 | 981 | 250 | 731 | | | | |
| 143 | 地区百货公司 | 1951~1957 | 99 | 27 | 72 | | | | |
| 144 | 地区专卖公司 | 1953~1957 | 20 | 12 | 8 | | | | |
| 145 | 地区纺织品公司 | 1951~1955 | 29 | 18 | 11 | | | | |
| 146 | 地区盐业公司 | 1950~1957 | 31 | 20 | 11 | | | | |
| 148 | 地区民贸公司 | 1953~1955 | 15 | 8 | 7 | | | | |
| 153 | 地区供销社 | 1950~1999 | 513 | 258 | 255 | 10 | | | |
| 160 | 地区劳动局 | 1953~1997 | 1447 | 1255 | 192 | | | | |
| 161 | 地区残联 | 1989~2000 | 197 | 36 | 161 | | 64 | | |
| 162 | 地农产品采购局 | 1953~1970 | 24 | 7 | 17 | | | | |
| 164 | 地区老龄委 | 1986~1997 | 39 | 20 | 19 | | | | |
| 168 | 地区煤炭管理局 | 2006~2009 | 289 | 145 | 144 | | | | |
| 170 | 地区房产局 | 1991~2000 | 59 | 26 | 33 | | | | |
| 171 | 水库移民局 | 1988~2000 | 151 | 72 | 79 | | | | |
| 173 | 地区水保办 | 1965~2000 | 160 | 66 | 94 | 152 | | | |
| 178 | 毕节地矿局 | 1986~2001 | 204 | 87 | 117 | | | | 209 |
| 179 | 地区体改委 | 1988~1995 | 19 | 11 | 8 | | | | |
| 181 | 应急办 | 2001~2009 | 436 | 260 | 176 | | | | |
| 190 | 毕节地区电视台 | 1978~2008 | 287 | 76 | 211 | 10 | | | |
| | 合计 | | 58761 | 26196 | 32565 | 2101 | 5097 | 12 | 4197 |

至2005年，地区档案馆保存有中共毕节地委1949～1980年全宗档案1036卷，毕节地区行政公署1949～1994年文书档案2523卷。

**中国共产党党务类** 1.会议档案。1950年2月《地委党委会议记录》（地委为中共毕节地委简称；以下各类档案省略书名号），6月23日地委扩大会议决议。7月地委党委会议记录、办公会议记录。1954年3月25日地委关于召开县书联席会议情况向省委的报告。5月21日关于地委扩大会议向省委的报告。1955年3月25日地委关于召开县书联席会议情况向省委的报告。6月21日关于地委扩大会议情况向省委的报告。1956年1月20日地委关于毕节区各县党员大会情况的综合报告。2月15日关于召开县委书记会议情况向省委的报告。4月1日地委关于召开地委扩大会议情况的综合报告，3日地委复黔西县委关于召开中共黔西县第一次代表大会的意见，20日地委批转毕节县委关于毕节县第一次党代表大会的报告。5月3日大方县委报送中共大方县第一次代表大会开幕词，11日金沙县委报送金沙县召开第一次党代表大会的报告，15日赫章县委报送中共赫章县第一次代表大会总结，21日水城县委召开第一次党代表大会的总结报告，22日织金县委报送召开第一次党代表大会的报告、纳雍县委召开第一次党代表大会的总结报告。1957年1月25日地委扩大会议总结。6月25日地委关于县委书记联席会议的综合报告。8月15日关于召开县书紧急会议的报告，10月14日关于召开县委书记会议情况的报告，31日关于召开县委书记会议情况的简报。1958年1月28日地委关于各县四级干部会议情况的综合报告。3月13日地委关于召开全委扩大会议向省委的报告，20日关于各县四级干部会议情况的报告。5月3日关于1958年第二次全委扩大会议情况向省委的报告，6月21日关于1958年第三次全委扩大会议情况向省委的报告，8月31日关于召开第四次全委扩大会议向省委的报告，11月3日关于召开县委书记会议情况的简报。1959年2月地委召开四级干部会议会议文件。3月3日地委关于召开四级干部会议情况向省委的报告。4月3～10日毕节、大方、黔西、金沙、织金、纳雍、水城、威宁、赫章县委关于召开五级干部大会情况向地委的报告，21日省委批转毕节地委关于各县五级干部会议精神贯彻情况向省委的第四号简报。7月1～12日毕节、大方、黔西、金沙、织金、纳雍、威宁县委关于召开五级干部会议贯彻中央和省委关于夏收分配指示精神向地委的报告。1960年4月27日地委关于各县五级干部会议情况的报告。5月8日关于分片召开县委第一书记紧急会议情况的报告。11月9日地委关于各县五级干部会议情况的汇报。1961年1月13日地委关于各县五干会议的总结报告，23日关于召开县书紧急会议的情况报告。2月10日地委印发地委常委会议讨论整风和生产问题的意见。7月29日地委关于各县召开三级干部会议的报告。1962年3月13～21日地委工作会议会议材料，3月29～4月9日地委工作会议会议材料。5月8日地委关于地委机关党员干部会议和各县县委扩大会议情况的报告。1963年1月12日地委关于召开县书会议讨论深入贯彻中共八届十中全会精神的报告，6月24日～7月5日地委扩大会议简报。11月27日地委关于各县三级干部会议情况向省委的报告。是年各县召开县委扩大会议、区书会议、三干会议报告、简报。1964年9月15日地委关于各县三级干部会议情况的报告。是年各县召开三级干部会议报告、简报、汇报材料。1966年2月1日地委关于县书会议上几个思想认识问题的报告。3月15日关于召开学习毛主席著作的县书会议的报告。5月8日地委关于召开工作会议解决抗旱夺丰收斗争中几个思想认识问题的报告。1970年9月14日毕节地区革命委员会（下称地革委）核心领导小组第一次会议纪要。1971年3月5日金沙县委关于召开中共金沙县第三次党代表大会的工作总结报告。5月17日黔西县委关于召开中共黔西县第三次党代表大会的情况报告。22日毕节县委关于召开党代会的情况报告，28日威宁县委报送威宁县党代会有关材料。7月20日大方县委关于召开中共大方县第三次党代会的请示报告，23日织金县委关于召开党代表大会的请示报告。12月15日地革委核心小组关于召开毕节地区第一次党代表大会的请示报告，31日关于召开毕节地区第一次党代会的情况报告、关于毕节地区第一届党委的选举结果的报告。1972年5月8日地委关于召开县委书记会议情况的报告，15日关于召开县委书记紧急会议的报告。10月7日关于召开地委全委扩大会议的情况报告。1973年2月23日地委第三次全委会议决议。1974年2月14～20日地委扩大会议简报。5月13日地委关于召开县委农业书记会议情况的报告。11月29日地委印发李葆华在毕节地委召开的县委书记会议上的讲话。1975年2月地委常委扩大会议简报。4月23日地委关于召开一届四次会议的报告。1976年2月11～12日县委书记会议材料，3月18～21日县委负责人会议简报。1977年1月12～21日地委常委扩大会议简报。4月17～24日毕节地直单位党员负责干部会议简报。7月17～24日地委常委扩大会议简报。1979年7月31日地委关于召开县书会议情况的报告。11月13～19日全区三干会简报。12月13～20日地直单位党员负责人会议简报。

2.组织工作档案。1952年2月18日地委制发1952年建党计划、各批发展新党员数字分配表。7月22日地委制发执行省委整党指示计划。8月13日地委关于整党的意见。12月19日关于1953年地委关于培养提拔干部的计划。1956年8月27日地委组织部关于建议将地委管理的部分干部转托各县委、地委各部代管的报告。1957年6月25日地委批转地委组织部、宣传部关于加强文教卫生部门建党工作的意见。1959年2月5日地委关于1959年发展新党员工作的意见。10月6日地委批转地委组织部关于目前干部员工审查工作进展情况和几个问题的请示报告。1961年6月18日批转地委组织部关于贯彻省委批转省委组织部关于加强农村工作干部和党员训练的意见的意见。1965年9月29日地委组织部关于培养提拔新生力量的初步规划。1966年3月25日地委关于贯彻省委关于今后接收党员的意见的意见，31日地委组织部关于训练农村党支部书记的总结报告。4月4日地委组织部关于各县召开先进党支部工作座谈会议情况的报告。5月17日地委组织部关于认真贯彻执行省委批转省委组织部关于抽调一批年轻优秀干部下放充实公社领导核心的意见的意见。6月17日地委批转地委组织部关于改进地直单位党的基层组织和党员管理制度的意见的报告。1967年12月4日地革委关于贯彻执行中央、省委关于建立党的领导小组和恢复党组织生活指示的意见。1968年1月3日地革委关于建立中共毕节地区领导核心小组的报告。12月18日地革委核心小组制发基层整建党分批计划，25日地革委核心小组关于从农村吸收2000名党员积极分子参加整建党工作问题的请示报告。1971年12月31日中共贵州省委对建立中共毕节地区第一届委员会的批复。1972年1月12日地委关于建立毕节地区直属机关核心领导小组的通知。4月17日地委大方、黔西、金沙检查组关于原正副区长以上干部安排使用情况的调查报告。7月19日地委关于农村整建党工作总结报告，10月15日关于地直机关单位干部管理的几点暂行意见。1974年5月4日地委关于各县领导干部调整配备的请示报告。1975年6月5日地委转发落实政策小组关于当前落实政策情况和今后意见的报告。1979年5月29日地委批转地委组织部关于认真做好老干部安置工作的报告。

3.纪检工作档案。1950年6月7日地委书记郭强在地委干部扩大会议上关于目前干部思想倾向及领导作风问题的报告。10月4日地委组织部关于干部享乐腐化、闹宗派、拉私人小团体、不团结现象的通报。1951年6月28日地委关于无组织无纪律现象的通报。7月7日地委转发大定县委关于对丧失立场、违反政策、贪污腐化严重分子要坚决迅速处理的意见。1952年2月28日地委关于区乡干部整风总结报告。1953年1月20日大定、金沙、赫章、织金、威宁、毕节县委整风总结报告。1954年2月28日地委关于检查官僚主义强迫命令违法乱纪向省委的报告。1956年8月24日金沙县委对当前基层组织中存在严重的强迫命令情况的检查报告。9月27日纳雍县委关于纠正当前农村干部强迫命令的意见。1957年6月15日地委关于改进作风密切联系群众的几项规定。1959年5月11日地委关于和基层干部座谈"谈真话"问题的报告。11月24日毕节县委关于开展谈内心话运动的六条办法的报告。1960年11月16日地委关于金沙县委所犯错误的报告。1961年1月4日地委、专署关于颁发地委、专署《关于迅速纠正五风一化、制止强迫命令、违法乱纪行为的10项规定》的联合通知等。

4.宣传工作档案。（1）理论教育档案。1951年8月11日地委关于学习毛主席著作《实践论》的通知。1952年10月17日地委制发1952年在职干部理论教育计划。1957年3月25日地委关于学习《改造我们的学习》等6个文件的通知。1958年4月7日地委转发地委文教办公室关于在职干部学习问题的意见。1959年7月7日地委关于加强在职干部理论学习的意见。1960年3月15日地委关于进一步加强县委常委学习的安排意见。1961年6月7日地委批转地委宣传部关于加强干部理论教育工作的意见。1965年3月27日地委关于县以上干部学习毛主席哲学著作的意见。12月24日地委关于召开全区学习毛主席著作积极分子代表会情况的报告。1966年1月30日地委印发地委常委学习毛主席著作情况的简报，3月8日地委关于大力组织工农群众学习毛主席著作的指示，10日地委关于贯彻执行省委关于县以上干部学习毛主席《在扩大的中央工作会议上的讲话》和《论十大关系》的指示的安排。4月5日地委印发学习毛主席著作中心小组讨论突出政治问题纪要。6月24日地委关于召开毕节地区区委书记以上领导干部学习毛主席著作积极分子代表会议的通知。7月20日地委关于召开毕节地区学习毛主席著作积极分子代表会议的通知。1967年6月22日地革委关于学习和宣传毛主席《关于正确处理人民内部矛盾的问题》的通知，25日地革委关于把活学活用毛主席著作的群众运动推向新阶段的决定。1968年2月8日地革委关于1968年农村毛泽东思想学习班的安排意见的批复，3月3日大方县革委关于"天天读制度"的重要通知，15日地革委关于做好统计好省革委、省军区赠送给全省贫下中农每户1本《毛主席语录》和一枚毛主席像章工作的通知。1969年2月14日地革委拟订地革委常委毛泽东思想学习班学习计划。1970年4～6月大方、织金、水城、威宁县革委关于进一步深入开展活学活用毛泽东思想群众运动新高潮的决定。7月1日地革委关于进一步掀起活学活用毛泽东思想群众运动新高潮的决议，15日地革委关于召开全区活学活用毛主席著作讲用会的通知。10月22日地革委政治部关于认真学好用好毛主席光辉哲学思想的意见。11月3日地革委核心领导小组拟订学习毛主席哲学著作计划，23日地革委核心小组关于进一步掀起活学活用毛泽东思想群众运动新高潮的决议。1971年4月16日地革委核心领导小组关于召开地、县领导班子一、二把手学习毛泽东思想讲用会的通知。1973年8月16日地委批转地委宣传部关于召开县以上干部看书学习经验交流会的意见。1974年9月14日地委关于认真贯彻执行中共贵州省委关于深入批林批孔，加强马克思主义理论队伍建设的指示的意见。1975年4月12日地委关于认真学习无产阶级专政理论的通知。1977年4月7日地委办公室关于召开3万人以上参加热烈欢呼《毛泽东选集》第五卷发行大会的通知。23日地委关于贯彻执行中共中央关于学习《毛泽东选集》第五卷的决定的决定。

（2）时事政治宣传档案。1950年3月3日地委关于宣传禁烟对各县委的指示。1951年6月9日地委关于作好宣传劳动生产政策，保证完成春耕任务对各县委的指示。1953年12月22日地委关于开展国家在过渡时期总路线的学习宣传运动的计划。1956年11月10日地委印发学习八大文件简报。1958年6月3日地委关于向广大群众宣传八大二次会议精神的几点意见。7月28日地委关于学习《介绍一个合作社》《一个苦战二年改变面貌的合作社》和《幸福的会见，巨大的鼓舞》文章的通知。12月14日地委关于全民讨论毛主席提出专作党中央主席不作中华人民共和国主席的建议向省委的简报，29日地委关于组织全民学习中共八届六中全会文件的通知。1960年5月20日地委关于学习纪念列宁诞生90周年3篇文章的意见。1962年6月29日地委关于地、县机关学习周总理政府工作报告的反映综合简报。1964年3月26日地委宣传部关于进行反对现代修正主义宣传试点情况的报告。1967年10月4日地革委关于贯彻省革委关于认真学习林彪国庆节重要讲话的通知的意见，11日地革委关于贯彻执行毛主席视察华北、中南、华东时的重要指示的决定。1968年1月17日地革委关于学习《文汇报》1月12日社论《论派性的反动性》的紧急通知，5月2日关于认真学习《红旗》杂志社论《对派性要进行阶级分析》的通知、关于隆重纪念“五七”指示发表两周年的通知，同月19日关于进一步深入学习中央《5·16通知》和两报一刊社论《划时代的文献》的决定，7月25日关于认真学习毛主席最新指示和《人民日报》7月22日重要编者按的通知，8月5日关于认真学习两报一刊重要社论《无产阶级专政的坚强柱石》的通知、关于认真学习《在以毛主席为首的无产阶级司令部领导下团结起来》的通知，9月2日关于认真学习毛主席最新指示和姚文元文章《工人阶级必须领导一切》的通知，10月7日关于认真学习周总理在国庆招待会上的讲话以及中央两报一刊国庆社论和林彪在庆祝中华人民共和国成立19周年大会上的讲话的重要通知，11月25日关于学习《认真学习两条路线斗争的历史》一文的通知，12月4日关于学习、宣传、落实八届十二中全会精神的通知。1969年3月17日地革委关于认真学习、贯彻执行毛主席最新指示和《红旗》杂志重要社论《关于总结经验》的决定。4月4日地革委、军分区关于学习、宣传、庆祝九大的重要通知，7日地革委、军分区关于进一步庆祝九大胜利召开和掀起大学习、大宣传、大落实九大重要文件新高潮的通知，28日地革委关于认真学习和宣传党的九大一系列光辉文献的决定。1973年10月6日地委关于认真学习贯彻十大文件的意见。1975年1月18日地委关于认真学习贯彻中国共产党十届二中全会公报和四届人大新闻及重要文件的通知。1977年8月25日地委关于毕节地区收听、庆祝游行、学习讨论党的十一大和十一届一中全会公报、文件的情况汇报。1978年4月26日地委关于广泛深入地宣传、落实五届全国人大精神的意见。1979年2月20日地委呈报全区传达贯彻党的十一届三中全会精神的基本情况。

（3）节日纪念日宣传档案。1951年6月9日地委转发关于中国共产党建立30周年纪念的指示，12月30日地委关于利用春节进行宣传活动的指示。1952年7月18日地委、军分区党委关于纪念“八一”建军节的指示。1957年1月19日地委关于贯彻执行省委关于春节期间的宣传通知的通知。1958年9月22日地委印发庆祝1958年国庆宣传参考提纲、国庆节讲话提纲。1959年4月23日地委关于庆祝“五一”国际劳动节的通知。8月19日地委关于庆祝建国10周年的通知。1967年4月28日毕节地区无产阶级革命派联合指挥部关于纪念“五一”国际劳动节的意见。12月28日地革委关于过一个革命化元旦节的通知。1968年8月1日地革委关于召开毛主席发出人民公社好伟大号召10周年庆祝大会的通知。1969年9月11日地革委、军分区关于隆重庆祝中华人民共和国成立20周年的通知，12月22日地革委关于纪念遵义会议35周年的通知。1970年6月10日地革委关于纪念毛主席著作《愚公移山》发表25周年的通知，29日地革委政治部印发纪念中国共产党诞生49周年口号。1972～1977年地委关于“五一”、国庆庆祝活动的通知。1976年5月15日地委关于纪念《中共中央5月16日通知》发表10周年活动的几项措施。12月24日地委关于召开伟大领袖和导师毛主席诞辰83周年纪念会的通知，29日地委、毕节县委关于召开热烈庆祝毛主席《论十大关系》、华主席重要讲话、陈永贵副总理重要报告发表大会的通知，31日地委关于隆重纪念周总理逝世一周年大会的通知。1977年9月6日地委关于隆重纪念伟大领袖和导师毛主席逝世一周年的通知等。

（4）其他宣传工作档案。1950年11月1日地委制发关于今冬明春加强通讯工作的指示。1951年3月29日地委制发关于目前宣传工作给各县的指示。7月20日地委关于出版毕节大众报的决定。1952年6月22日地委关于加强对毕节大众报领导的决定。1953年5月8日地委印发第三次宣传工作会议决议计划。1956年4月10日地委批转地委宣传部关于农业生产合作社政治工作情况的报告，23日地委制发关于加强农村支部教育工作的意见向省委的报告。6月27日地委关于地专机关建立报告员制度的意见。1957年3月3日地委宣传部关于加强农村政治思想工作的指示。6月22日地委关于在地专机关建立时事政策报告制度的几项规定。1959年8月6日地委批转地委宣传部关于当前报刊出版和今后意见向地委的报告，11月29日地委宣传部关于改进和加强县报报道工作的通知。1960年11月15日地委批转地委农工部、宣传部关于在农村基层干部和社员中开展冬季政策理论和文化学习意见的请示报告，28日地委批转地委组织部、宣传部关于召开县委党校校长会议研究农村基层干部培训意见向地委的报告。1961年5月8日地委批转地委宣传部关于在农村党的基层组织中认真执行党课制度的意见。1962年7月23日地委批转地委宣传部关于开展对台宣传工作的意见。1963年12月24日地委关于思想战线上阶级斗争的情况和今后意见的报告。1966年1月17日地委关于召开全区通讯工作会议情况及加强通讯工作的意见。1973年7月26日地委批转地委宣传部关于搞好农业学大寨先进典型报道的意见。

5.统战工作档案。1955年4月20日地委对统一战线政策执行情况的检查报告。1957年10月25日地委批转地委统战部关于迅速做好对省、地委管理的民主人士进行鉴定的通知。1958年9月13日地委统战部关于贯彻全国统战工作四级干部会议精神的意见。1960年2月23日地委转发地委统战部关于在织金召开对私改造工作现场会议情况的报告。1961年4月9日地委批转地委统战部对资产阶级“五不变”政策和私改干部作风的报告。1962年9月3日地委批转地委统战部关于贯彻全省第三次统战工作会议精神的意见。1964年11月27日地委统战部关于召开全区工商界人士座谈会议的请示报告。1974年8月15日地委批转地委对台工作领导小组对台工作座谈会纪要。1979年4月16日地委批转地委统战部全区统战工作会议纪要。1980年8月4日地委批转对台工作领导小组关于继续加强对台工作的报告。

6.政治运动档案。（1）清匪、反霸、减租、退押、征粮档案。1949年12月毕节专区公安分局清匪工作报告。1950年1月2日地委关于迅速建立城乡秩序加强防匪的指示，26日地委关于剿匪工作的指示，28日关于发动群众完成剿匪、征粮任务的几点意见。2月13日地委对目前剿匪、征粮工作的补充意见。4月3日地委关于发动群众完成剿匪、征粮工作的指示，17日地委关于组织一元化剿匪斗争的指示，19日关于乱打乱杀违反政策现象的检查给各县委指示并报省委，23日关于建立剿匪委员会的补充指示。5月17日地委关于发动群众剿匪、生产的补充指示。是月织金县委关于乱杀严重现象的检查报告。6月13日织金县委关于处以匪首李名山极刑的请示报告，20日地委关于武工队工作的指示，制发武工队手册。7月6日地委关于发动群众完成剿匪、征粮任务的几点意见。9月17日地委关于减租、退押工作的几点意见。29日地委关于执行省委提早完成今冬明春反封建任务的指示。12月3日地委制发秋征工作是我区党政军民重大政治任务的指示。1951年1月13日地委制发反霸、减租和退押工作简报。9月2日地委制发对土匪处理的再次指示，23日地委关于秋征工作的指示。10月20日地委社会部对清理案犯与土匪受训工作的指示。25日地委关于秋征工作的补充指示。1953年1月7日地委、军分区制发1～4月份清匪指示。7月17日地委、军分区制发上半年清匪工作报告。

（2）土地改革档案。1951年5月15日地委朱昌工作组呈报朱昌土改工作总结。7月7日地委制发认真掌握政策进行土改的通知。8月11日省人民政府通报毕节六区土改重点试验的评田评产经过，15日省委关于威宁目前反封建斗争中几个问题给陈健吾的信。10月4日地委关于划分阶级成分及土改中的几个问题的指示。11月8日地委制发一、二期土改总结报告，11日地委制发对土改工作检查的意见，29日地委批转金沙县委关于土改结合镇反的意见。12月10日地委制发三期土改前准备工作意见。1952年2月6日地委关于土改复查和生产备荒的指示。4月20日地委关于提高警惕、克服麻痹思想、端正干部作风、保证顺利完成土改任务的指示。5月10日地委关于第三期土改地区贯彻五大任务情况综合报告。6月17日地委关于第四期土改布置情况报告，26日关于第四期土改中一些特殊问题的处理意见的报告。1953年4月4日地委关于土改复查中存在的几个问题的报告，28日地委呈报土改复查工作报告。

（3）镇反、肃反档案。1950年11月5日毕节专署公安处关于大定县方家坪封建会道门暴动事件的报告。12月10日毕节专署公安处关于镇反检查工作报告，14日地委社会部、专署公安处制发赫章监狱暴动通报。1951年5月12日地委关于土改、镇反工作对各县委的指示。6月28日纳雍县委关于镇反工作向毛主席的报告。12月17日地委批转毕节五、六区公审大会报告。1954年2月2日地委签署基本同意公安处对镇反判定工作的报告。9月12日地委批复毕节县委第二批捕人计划。12月11日地委关于逮捕人犯的意见。1955年5月9日地委批转专区政法党组贯彻执行省委批转省政法党组关于严格控制逮捕人犯和判刑问题的指示的意见，10日地委关于在地专机关进行肃反的意见，14日地委制发同意专区政法党组关于1955年全区预捕各种罪犯计划，16日地委制发同意专区政法党组关于今后镇反工作的几点意见。7月1日地委关于贯彻执行省委关于揭露和肃清胡风反革命集团的通知的意见。8月8日地委批转地委肃反领导小组关于毕节区地专机关肃反运动的总结报告，12日地委关于1955年下半年逮捕反革命等分子工作计划。12月8日地委制发毕节全区1956年肃反工作计划。1956年6月4日地委批转专区政法党组关于1956年春季镇反意见的报告。1957年2月17日地委关于检查镇反工作的总结报告。9月3日地委批转专区政法党组关于目前镇反工作情况和今后意见的报告。

（4）“三反”运动档案。1952年1月9日大定县委关于贯彻反贪污反浪费反官僚主义运动的计划、金沙县委关于开展反贪污反浪费反官僚主义运动的报告。13日地委制发1个月来毕节全区开展“三反”运动情况统计，14日织金县委关于开展“三反”运动的决议，16日地委转发金沙县委关于“三反”运动情况的报告，24日威宁县委关于“三反”运动的报告。2月28日纳雍县委关于“三反”运动的报告。3月14日地委关于“打虎”战果的通报，21日军分区关于“三反”运动初步总结报告。4月1日地委关于继续开展“三反”运动的意见。5月15日地委宣传部关于毕节区宣传文教系统“三反”运动的综合报告。6月3日赫章县呈报“三反”运动案件呈请复核表、13日金沙县呈报“三反”运动案件呈请复核表，18日大定县委制发大定县“三反”运动总结报告。6月20日地专直属机关和威宁、赫章县呈送贪污分子登记表，22日大定、金沙、织金、纳雍呈送贪污分子登记表，23日黔西县委关于“三反”运动的综合报告。8月1日威宁县委关于“三反”运动中政策检查情况向地委的报告，同月专署制发毕节专署直属机关“三反”运动总结。9月5日水城县呈送贪污分子登记表，6日威宁县呈报“三反”运动案件呈请复核表。11月2日黔西县呈报“三反”运动案件呈请复核表、贪污分子登记表。是年专区和各县“三反”运动各类统计表。

（5）农业私营工商业手工业改造档案。1952年11月17日地委制发毕节地区互助合作运动总结报告。1953年2月8日地委制发整顿、巩固与提高互助组几个问题的意见。5月18日制发1953年互助合作运动概况及发展计划。9月2日地委关于贯彻省委重点会议精神及我区互助合作运动情况和今后意见的通报。1954年2月3日地委关于试办农业生产合作社工作的总结报告。6月8日地委关于今冬明春发展农业生产合作社的方案。8月29日地委关于当前生产和办社中存在的几个问题的意见。1955年1月28日省委批转黔西县委关于大关镇私营工商业社会主义改造试点工作的报告。2月28日专署讨论制发《农业生产合作社示范章程（草案）》的总结。3月1日地委关于现有65个农业生产合作社的检查和巩固意见的报告。5月1日地委关于进一步贯彻现有农业社整顿巩固工作的意见，10日地委关于加强互助合作运动的全面领导，巩固发展互助组，切实做好建社准备工作的意见。6月2日织金县委拟订关于1955年6～12月发展农业生产合作社的计划（草案），7月7日地委答复大方县委关于若干入社具体问题的处理意见。9月9日地委关于第一批建社工作总结。11月1日省委毕节工作队关于毕节三、四、十二区第二批建社工作报告，12日地委关于农业合作社和农业生产全面规划意见的报告。12月6日地委关于重点示范以合作化为中心的全面规划总结报告。1956年1月16日地委制发对资本主义工商业实行社会主义改造的情况与今后改造规划意见，18日专署制发对城市私营商业实行社会主义改造的规划意见。2月18日地委关于资本主义工商业社会主义改造情况及今后意见的报告。3月14日地委关于全面开展整顿农业生产合作社和春耕生产运动的意见。5月8日地委制发对整社工作的初步总结报告。9月8日专署关于目前对私改造工作情况和今后意见。10月19日地委关于执行省委关于今冬明春做好初级社升级转社工作的意见。

（6）整风反右档案。1957年8月24日地委整风办公室转发省委整风领导小组对当前反右斗争的指示。9月2日地委关于在工商界中开展整风运动的通知。11月地委口对右派分子言行大辩论记录、地委宣传部反右总结汇报会议记录。1958年11月28日地委关于整风运动的总结报告。1959年9月26日地委批转地委组织部、统战部关于贯彻执行中央批转中央组织部、中央统战部对今年国庆节前后摘掉一批确实悔改的右派分子的帽子的意见的意见。12月20日批转地委摘掉右派分子帽子审查领导小组关于摘掉确实悔改的右派分子帽子工作情况的总结报告。1978年12月31日地委关于错划右派案件改正结论审批权限的通知。1980年6月30日地委摘帽办公室关于原划右派摘帽、安置和改正工作的总结报告。

（7）总路线、“大跃进”、人民公社档案。工业“大跃进”档案。

中共毕节地委办公室、毕节地区行署办公室档案全宗有下列各类档案：

**中共毕节地委党务类档案** 有会议档案，组织工作档案，宣传工作档案，统一战线工作档案，纪律检察工作档案。

**重要政事类档案** 有清匪、反霸、减租、退押、征粮档案，土地改革档案，镇反、肃反档案，“三反”运动档案，农业私营工商业手工业改造档案，整风“反右”档案，工业“大跃进”档案，农业“大跃进”档案，技术革新及其他“大跃进”档案，反“右倾”档案，社会主义教育运动档案，“文化大革命”运动档案，揭批林彪、江青反革命集团档案。

**政务类档案** 有人民代表会议档案，政府行政工作档案（含政府行政会议、总结等档案，秘书工作和机关事务工作档案），机构编制档案，人事劳动档案（含人事管理档案，劳动工作档案，安全生产管理档案），民族事务档案，宗教工作档案。

**政法类档案** 有政法工作档案（含政法工作综合档案，公安治安管理档案，公安消防档案，交通安全管理档案），民政工作档案（含行政区划档案，优抚及安置工作档案，救灾及社会救济工作档案）。

**军事类档案** 有人民防空、战备工作档案，民兵工作档案，兵役工作档案，政治工作档案。

**群众团体类档案** 有工会工作档案，共青团工作档案，妇联工作档案。

**文化广播电视旅游类档案** 有文化工作档案，广播电视工作档案，地方志编纂工作档案，旅游工作档案。

**教育科技卫生和计划生育体育类档案** 有小学教育工作档案，中学教育工作档案，高等教育工作档案，职业技术教育档案，成人教育档案，科学技术工作档案，卫生工作档案，计划生育工作档案，体育工作档案。

**计划及经济管理类档案** 有国民经济和社会发展计划档案，经济管理工作档案，国土资源管理档案，统计工作档案，物价管理档案，工商管理档案，标准计量管理档案。

**财政贸易金融类档案** 有财政工作档案，税务工作档案，商业工作档案，粮食工作档案，金融工作档案。

**工业交通城乡建设邮政电信类档案** 有工业建设档案，电力工业档案，交通运输档案，城乡建设档案，环境保护档案。

**农业林业畜牧业水利类档案** 有农业和农村工作档案，林业工作档案，畜牧业工作档案，农田水利工作档案，气象工作档案。

**其他档案** 有声像档案，彝文档案。

此外，地区档案馆及有关部门和单位档案室尚有馆（室）藏农业科技档案、畜牧业科技档案、林业科技档案、水利科技档案、气象科技档案、工业科技档案、交通科技档案、医药卫生科技档案等门类科技档案和诉讼档案、会计档案等专门档案。

地区档案馆至2006年有馆藏图书3.42万册。

## 三 档案全宗案卷目录条目摘录举例

**工业“大跃进”档案案卷目录条目摘录** 1958年3月20日大方县委呈请建立大、中型厂矿向中央和省委的专题报告。4月12日地委印发百厂社、千厂区、万厂县——水城工业出现办厂高潮典型材料，10日地委印发赫章地方工业发展中的点滴——妈姑区今年要建厂1088个。6月4日地委关于大力生产生铁问题的意见。7月12日毕节县委关于毕节县决心今年产300万吨铁40万吨钢的报告。8月3日金沙县委关于试验无烟煤炼铁成功的报告，9日地委印发金沙县钢铁生产的情况和经验，21日地委对抓紧当前钢铁生产的几点意见，28日地委关于贯彻省委8月23日电话会议精神加强钢铁生产的意见。9月10日地委关于各县工业战线向地委报喜的通报，12日地委关于动员全地区人民投入当前钢铁生产战斗的几点意见，17日地委关于钢、铁、铜生产的指示，18日织金县委关于大办钢铁实现日产千吨县的紧急指示，26日金沙县委扩大会议关于突破日生产铁300吨难关的决议，29日地委关于钢铁生产翻一番的报告。10月5日地委关于发射钢铁卫量的安排意见、关于建立标兵炉的意见，7日地委关于生铁增长情况的通报，8日地委关于加强安排土钢生产的指示，9日地委转发地委钢铁办公室关于在金沙召开现场会议总结无烟煤炼铁技术操作的几点经验的报告、转发织金县钢铁办公室关于提高生铁产量的经验，10日地委批转地委检查组关于金沙县全党全民炼钢铁的运动是怎样形成的报告，11日金沙县委制发动员全党全民奋战7昼夜突破生铁日产3500吨力争5000吨的紧急指示，12日地委关于当前钢铁生产的主要情况和今后的安排意见，关于加强钢铁生产领导的指示，水城县委呈报10万大军会师钢铁战线报告，13日地委关于贯彻省委电话会议精神加强钢铁生产问题的意见，14日大方县委关于组织运输大军为钢铁而战的专题报告。15日地委关于贯彻省委“三秋”生产和钢铁生产的意见的意见；赫章县委拟订关于放出钢铁卫星的作战计划。16日地委批转地委检查组关于金沙全党全民炼钢铁的报告，18日金沙县委关于在20号高放钢铁卫星的紧急指示，21日地委办公室制发全区20号产生铁9.55万吨喜报，22日金沙县委关于生铁日产双万吨的总结，23日毕节县委呈报为放钢铁卫星创造条件试制脚手两用高速鼓风机成功、大方县委呈报石灰窑炼铁成功总结、织金县呈报土高炉上技术革新经验，24日赫章县委关于放钢铁卫星的报告，27日大方县委关于全民大办钢铁生产的总结报告，黔西县委关于放射钢铁卫星的几点体会和准备放射第二颗卫星的报告，28日织金县委对放钢铁卫星战役的基本总结和下步工作的意见，31日地委办公室关于金沙县黄瓜炉、土平炉经验介绍。11月3日纳雍县委关于放钢铁卫星总结报告，4日大方县委关于召开炼钢现场会议创造推广9种炼钢方法的报告、水城县委关于第一次钢铁“淮海战役”的总结报告、毕节县委关于日产生铁6217吨的主要情况总结，8日地委关于10月20日发射钢铁卫星向省委的报告，9日大方县委关于鸡窝矿炼钢总结，10日水城县委发布钢的高产突击周总攻击命令，13日毕节县委呈报用烧结铁炼钢的两种简易办法，16日水城县委关于钢生产高产周及卫星日的总结，19日毕节县委关于11月15日我县日产铁1.68万吨的报告。

**农业“大跃进”档案案卷目录条目摘录**　1958年1月18日金沙县委关于实现农业大跃进，开展大生产运动向地委的报告，28日金沙县委关于在3年内消灭“四害”的基本经验和决定，31日地委关于提前实现农业发展纲要四十条的通知。2月1日毕节县委批转燕子口区委关于1958年实现平均亩产800斤，每户养猪10头、水利化、“四无”区的简报，5日金沙县委印发关于动员全县人民，克服一切困难，为我县今年亩产800斤而奋斗的决议，15日毕节县委关于在1960年实现农业发展纲要四十条的意见，16日地委印发大方县鸡场区亩地一头猪、户户有母猪、亩施2万肥、亩产双八百跃进规划，23日黔西县委关于苦战3年提前实现四十条纲要的规划意见，26日毕节县委关于召开誓师大会情况向地委的报告、金沙县委关于召开县委（扩大）紧急会议贯彻地委3月25日夜12时电话会议对当前工作指示的报告。4月4日地委印发学倮摩、赶倮摩、6个农业社一天消灭鼠、雀1万多典型材料。6月29日织金县委关于1958年全县实现亩产千斤粮的决议，30日地委关于今年增产粮食20亿斤和生铁生产50万吨的措施及意见。7月6日地委关于加强秋季生产领导力争实现增产30亿斤粮食的指示，威宁县委印发为实现今年粮食亩产千斤、每人平均双千斤而奋斗的决议，9日毕节县委印发苦战7月，实现今年每人两吨粮一吨铁一头猪，10月上省进北京的意见，10日毕节县委印发苦战3个昼夜彻底消灭一切虫灾的意见，同日金沙县委印发常委动员全党全民大战7月，为保证亩产双千斤、力争四千斤而奋斗（草案），12日水城县委制发大战7月，把工农业生产推向更大高潮的紧急指示，13日金沙县委关于实现红苕化，力争增产粮食8亿斤向地委的报告，30日地委关于集中力量战胜旱灾，为实现增产30亿斤粮食而奋斗的意见，12日地委办公室印发北京农大小麦万斤丰产田技术措施计划，20日毕节县委印发值得提倡的劳动组织形式——劳动组织军事化、战斗化材料，21日地委印发鼓干劲，争上游，争取1958年更大丰收的意见，23日地委批转金沙县委关于实现生产军事组织化的报告。9月2日纳雍县委印发培育小麦卫星的几项措施，25日地委转发赴京参观团关于北京农业大学深翻土地、分层施肥向地委的报告，27日金沙县委关于金沙县组织15万大军日夜抢收庄稼的报告，28日金沙县委关于仿制绳索牵引，大搞深翻土地运动向地委的报告。10月2日织金县委关于1958年实现千斤县的意见，15日地委批转金沙县委关于领导工农业生产同时跃进基本经验向地委的报告。23日毕节县委呈报火箭人民公社3天深翻土地395亩典型材料，27日地委关于认真贯彻深翻要求的紧急指示，30日毕节县委呈报毕节县秋耕秋种放出“卫星”报告。11月3日金沙县委关于以土地深翻为中心的“三秋”生产运动开展情况向地委的报告，织金县委关于书记到田间召开现场会，开展深耕密植运动的经验报告，8日地委关于贯彻执行省委关于大搞小麦、油菜高额丰产地和丰产坝的指示的几点意见，13日地委关于苦战10昼夜，完成深翻及秋种任务的意见，19日纳雍县委关于开展大兵团作战向地委的报告。12月22日水城县委呈报思想大解放，养猪放卫星，水城县平均每户养猪10头报告。

**技术革新及其他“大跃进”档案案卷目录条目摘录** 1958年3月31日金沙县委关于领导群众性的工具改革运动向地委的报告。4月3日地委印发水城县苦战7昼夜，实现万里道路网材料。5月8日金沙县委拟订为力争两年实现机械化、电力化、科学化而奋斗（草案）。8月3日地委印发毕节县大搞滚珠轴承运动的情况及几种制造方法的介绍，7日织金县委关于召开千人以上的技术革新会后进一步促进革命，5天内取得很大成绩的报告，10日地委批转金沙县委关于开展群众性的大搞滚珠轴承，7天内全县实现滚珠轴承化向地委的报告，15日地委制发大战两月在我区实现滚珠轴承化的意见，19日金沙县委关于全县实现生产车子化向地委的报告，毕节县委制发劳力不足，要在40天实现工具、农具改良化的意见，21日水城县委呈报技术革新改良工具誓师大会总结。11月22日地委关于第一次放财贸“卫星”的总结，28日地委关于机械工业卫星的意见。12月21日毕节地区中级人民法院关于1958年司法工作跃进情况的报告。

1. 人民公社档案：1958年8月29日地委关于贯彻执行省委关于人民公社的五点指示的意见。9月3日毕节县委关于城关镇建立灯塔人民公社的报告，10日赫章县委关于重点试办青山、白果人民公社情况简报。17日地委批转金沙县委关于红旗人民公社在“三秋”生产中生产组织军事化、行动战斗化、生活集体化，大搞协作的报告。10月9日金沙县委关于实现人民公社化的初步总结。11月18日水城县委关于合并人民公社处理人民公社体制的几点初步意见，19日大方县委关于人民公社编制方案机构设置及组织规划意见（草案）。12月20日织金县委关于成立织金人民公社联社、区基层社有关机构设置和人员编制方案（草案）。1959年3月22日地委关于农村人民公社管理体制和若干政策问题的意见向省委的报告。4月3日地委关于农村人民公社若干具体问题的处理意见向省委的报告。5月15日地委关于人民公社清理账目中若干具体问题的处理意见。8月7日地委制发1959年公社基本核算单位秋收分配试算的10条指示。1960年2月12日地委批转黔西县委关于由现阶段人民公社的基本队有制过渡到基本公社所有制的规划意见。3月29日地委关于试行毕节专区农村人民公社财务管理暂行办法（草案）的通告。4月15日地委关于农村人民公社三级所有中若干具体问题意见。9月20日地委关于人民公社的几个问题的意见。11月12日威宁县委、18日大方县委关于历次纠正“一平二调”的共产风和目前存在问题的报告。31日地委关于农村整风整社运动的总结报告。1960年3月9日威宁县委关于“一平二调”清退情况向地委的简报，21日金沙县委关于经济退赔情况的报告。4月25日地委召开各县委书记座谈贯彻《农村人民公社工作条例（草案）》会议记录。1961年6月8日地委关于贯彻中央六十条中若干具体问题的处理意见向省委的报告。7月20日大方县委关于纠正平调错误彻底退赔的意见，26日织金县委关于纠正平调错误彻底退赔的规划的意见，28日金沙县委关于纠正平调错误彻底退赔的方案。1962年3月24日地委关于讨论改变农村人民公社基本核算单位问题的简报。24日地委关于巩固人民公社集体经济发展农业生产的决定（草案）。

2. 民众生活档案：1958年11月8日黔西县委关于下一步办好集体食堂等福利事业的初步意见。1959年6月30日毕节县委关于农村集体食堂中若干问题的处理意见。7月20日地委批转金沙县委关于浮肿病情况向地委的报告，24日地委制发农村人民公社公共食堂章程（草案），29日地委关于整顿农村食堂的情况和经验。8月2日地委关于浮肿病情况向省委的报告。10月14日地委关于开展以采集野生植物为主的多种经营的群众运动的意见。12月23日地委批转黔西县委关于利用野生蕨根大搞淀粉的报告。1960年2月26日地委关于办好农村集体食堂的意见。5月3日地委关于推广治疗浮肿病的几种有效药方的通知，12日地委批转关于金沙推广草药蒸吃疗法治好肿病的报告，20日地委转发几种治疗肿病药方和预防方法的通知。6月3日地委批转毕节县委关于林口公社桂中管理区吃枇杷子中毒死亡5人的报告，5日地委办公室印发制造谷壳、菜籽壳淀粉的办法介绍，12日地委印发综合利用农作物秆、壳和几种野生植物及制小球藻的几种方法，24日地委批转地委工作组关于织金县多吉管理区妇女疾病的调查报告。7月9日地委关于大力推广糠壳淀粉的通知。10月8日地委关于贯彻中共贵州省委关于防治妇科病的意见的意见，26日地委关于金沙红旗禹谟公社使用剧毒药治妇女病造成死亡的通报。11月6日地委批转赫章县委关于“低指标”“瓜菜代”方针贯彻情况的简报，同日地委办公室印发20种淀粉原料加工方法，13日地委关于进一步开展淀粉加工的指示。1961年1月5日地委关于农村公共食堂情况向省委的汇报提纲，11日水城县委关于灭病工作的紧急指示，13日地委关于进一步抓好当前生活安排的紧急通知，关于印发几种淀粉加工方法的通知，关于加强灭病工作的通知，同日毕节县委关于近来在部分地区发生误食有毒野生植物造成吃后中毒事件的通知，24日地委转发地委瓜菜代办公室关于大搞代食品情况的报告。12月2日、8日毕节县委转发县委瓜菜代办公室关于用马尾松、杨梅叶去毒治病又作代食品试验情况向县委的报告。

3. 反右倾档案：1959年9月1日地委制发贯彻中共八届八中全会公报和决议情况简报，8日水城县委关于贯彻八届八中全会公报决议的报告，12日毕节县委关于贯彻为保党的总路线、反对右倾机会主义而斗争和中共八届八中全会决议的报告。9月27日～10月2日毕节地专机关区级以上党员干部会议简报。9月28日水城县委关于县委扩大会议需要批判人员的排队报告。10月8日地委对当前县委扩大会议整风和生产问题等工作的几点意见，17日地委关于各县五级干部会议和县机关干部整风会议中几个具体问题的批复意见。11月24日地委制发关于在地、县机关干部中开展整风运动的通知，批转毕节县委关于五级干部会议掀起鸣放高潮情况简报，29日毕节县委关于对重点批判对象的几点作法的报告。12月8日地委关于地专机关整风运动情况的简报，毕节地区各县整风运动简报，16日地委转发毕节县委关于在公社级机关全体干部中开展整风运动的意见。1960年1月21日地委关于地县机关整风运动总结报告。

4. 社会主义教育运动档案：1962年1月4日地委关于贯彻执行中共中央关于在农村进行社会主义教育的指示的意见。3月4日地委关于贯彻中共八届十中全会精神情况向省委的汇报，22日黔西县委关于彻底纠正包产到户的意见。4月15日金沙县委关于纠正包产到户情况的报告，16日赫章县委关于包产到户和纠正情况的报告。5月3日织金县委关于纠正包产到户情况的报告，6月1、5、6日纳雍、威宁、毕节县委关于纠正包产到户情况的报告，9日地委办公室制发毕节地区纠正包产到户情况的报告。8月10日水城县委关于包产到户情况和纠正意见的报告。12月5日黔西、金沙、织金县委关于贯彻八届十中全会精神试点情况的报告，14日大方县委关于贯彻八届十中全会精神情况的报告，18日毕节县委关于贯彻八届十中全会精神试点情况的报告，22日织金县委关于贯彻八届十中全会精神对党员和干部进行社会主义教育试点情况的报告，24日地委关于各县召开扩大会议和地委直属机关贯彻党的八届十中全会精神情况的报告。1963年1月12日地委关于召开县书会议讨论深入贯彻中共八届十中全会精神的报告。2月13日大方县委关于农村社会主义教育运动的初步总结及今后意见，27日地委关于讨论周光亮问题的通知。3月8日赫章县委关于农村社会主义教育运动的总结。4月7日地委关于认真开展增产节约和反对贪污盗窃、反对投机倒把、反对铺张浪费、反对分散主义、反对官僚主义运动的意见，18日地委常委关于贯彻执行中央"五反"指示进行整改情况的报告。18～25日金沙、织金、纳雍、黔西、水城、毕节县委关于开展农村社会主义教育运动的总结报告，30日地委关于农村社会主义教育的总结报告。5月3日黔西县委关于召开纠正包产到户问题座谈会议情况的报告。6月12～14日金沙、水城、威宁县委关于纠正包产到户工作情况的报告。7月14日地委关于农村清理账目、清理仓库、清理财物、清理工分工作初步规划的意见，9月13日地委办公室印发毕节海子街公社进行以"四清"为中心的社会主义教育试点工作总结报告，21日地委关于10个公社"四清"试点工作综合报告。10月8日地委关于贯彻执行中共中央《关于目前农村工作中若干问题的决定（草案）》试点工作的报告。12月20日地委关于今冬明春开展农村社会主义教育运动部署问题向省委的报告。1964年1月2日地委关于社教运动中应注意的几个问题的通知。3月11日地委关于当前"五反"运动情况和今后安排的几点意见，23日地委关于目前农村社教运动应注意的几个问题的意见。4月4日地委监察委员会关于召开全区"五反"组织处理工作座谈会议情况的报告，8日地委关于贯彻中央关于继续抓紧进行"五反"运动的指示的意见。5月1日地委批转地委"五反"领导小组关于结合"五反"运动进行整党和政治清理工作的安排意见。8月19日地委关于贯彻执行省委关于我省"五反"运动重新部署的意见的意见。10月14日专署关于取消机关、企业、事业单位摆设盆花的通知，19日地委关于当前"五反"运动的安排意见的意见，关于在地、县委领导机构开展"五反"运动的具体部署向省委的请示报告，24日地委关于处理"五反"案件报批手续的通知。11月7日地委、省委工作组关于地、县委领导核心开展"五反"整风运动的部署向省委的请示报告。1965年3月12日地委关于地专机关干部"洗手洗澡放包袱"的情况报告，关于第一批基层干部集训情况的报告。4月12日地委关于划分集体和单干的界限问题的意见，18日地委关于毕节地区纠正农业单干的概况（草稿），大方县委关于面上社教运动情况报告，19日金沙、黔西县委关于面上社教运动情况报告，23日威宁县委关于巩固集体、反对单干的情况报告，25日赫章县委关于面上社会主义教育运动纠正单干半单干歼灭战的报告，28日地委关于面上社会主义教育运动的初步总结。5月10日地委关于今春农村社会主义教育运动的基本总结。6月22日织金县委，28日毕节、威宁、赫章县委面上社教运动的总结报告。30日地委关于贯彻省委批转清镇县康济公社解决干部“四不清”的18条意见的情况报告，水城县委关于开展农村社会主义教育运动的情况报告。8月4日地委关于地专机关开展“四清”运动的安排意见（初稿），地委关于县级机关“四清”运动的安排意见。10月3日地委关于地县级机关“四清”运动的总结报告，17日地委关于农村“四清”试点工作的意见。1966年1月28日地委关于农村面上社会主义教育运动的意见。6月25日地委关于第二批农村“四清”运动安排意见。7月7日地委关于1966年面上社教运动的总结报告，30日地委关于农村“四清”运动的规划意见等。

5. “文化大革命”运动档案：1966年5月28日地委关于当前社会主义“文化大革命”的进展情况和初步安排意见。6月19日地委关于坚决开展无产阶级“文化大革命”的报告。7月8日地委关于在无产阶级“文化大革命”中受批判斗争、停职反省和逮捕法办案件审批权限的意见，15日地委关于地县机关各单位开展“文化大革命”的安排。9月16日地委关于组织中等学校革命职工和学生代表赴京参观无产阶级“文化大革命”运动的简报。1967年3月18日毕节地区无产阶级革命派联合指挥部制发十项通令，21日地革委制发对部分群众组织采取措施的紧急通告，29日地革委制发告全区人民书。4月5日地革委关于各级革委会审批权限和呈报手续的几项规定，12日地革委关于进一步掀起大批判“党内最大的走资本主义道路当权派”的群众运动新高潮的意见，25日地革委文革办公室关于当前夺权斗争的情况和意见。7月17日地革委、军分区关于紧紧掌握斗争大方向的几点意见，18日地革委印发农村“文化大革命”座谈会纪要。8月12日地革委关于将毛泽东思想毕节地区革命委员会改为毕节地区革命委员会的通知。9月9日地革委批转干部办公室全区专案工作座谈会议纪要，10日地革委关于更高地举起毛泽东思想伟大红旗，紧跟伟大领袖毛主席的战略部署，紧紧掌握斗争的大方向，搞好革命大批判的决定，11日地革委关于保卫革命大批判、严厉打击阶级敌人的破坏活动的决定，24日地革委关于立即行动起来，迅速实现革命大联合的通知。10月10日地革委批转地区红卫兵代表大会筹委会关于红卫兵代表大会的报告，28日地革委关于对待“四·二”派中外流人员的通知。12月9日地革委关于“文攻武卫”伙食补贴问题处理的通知，29日地革委制发关于贯彻执行正确对待犯过错误的“老造反派”的通知，批转干部办公室关于专级单位专案情况及意见的报告，31日地革委关于成立毕节地区贫下中农代表大会筹备委员会的通知。1968年1月8日地革委关于武装“文攻武卫”兵团一个连的武器的请示报告，15日关于贯彻执行省革委、省军区关于全面落实毛主席最新指示，夺取无产阶级“文化大革命”全面胜利的规划的意见。2月3日地革委核心小组关于建立中共毕节、黔西、织金、赫章县核心领导小组的报告，15日地革委核心小组关于建立中共金沙、水城、威宁、大方、纳雍县革委领导核心小组的报告。4月2日地革委关于在全区深入持久地开展忠于毛主席、忠于毛泽东思想，忠于毛主席的革命路线的决定。6月5日地革委关于对参加过“四二”“四一一”派的头头和群众处理问题的通知，14日关于贯彻执行省革委、省军区关于毕节地区“文化大革命”当前工作几点决定的决定。7月3日地革委批转地区清理阶级队伍工作会议纪要，9月11日地革委关于对水城县无产阶级“文化大革命”当前问题处理意见的报告，18日地革委关于报批毕节县革命委员会的报告，20日关于报批黔西、织金、威宁、赫章县革命委员会的报告，27日关于报批大方县革命委员会的报告。10月3日关于报批金沙、纳雍县革命委员会的报告。12月23日地革委关于制止金沙当前武斗的意见，25日地革委关于通过万里调查孟子明的入党和来历问题的请示报告。1969年1月6日地革委关于认真学习毛主席最新指示及中共中央、中央文革关于对敌斗争中应注意掌握政策的通知和省革委通知的意见，26日地革委、军分区关于解决织金问题的意见，29日地革委、军分区关于处理当前金沙问题的紧急通知。5月15日地革委、军分区关于贯彻落实江青同志的重要指示和省革委、省军区5月14日的电话会议精神的意见。7月24日地革委、军分区关于维护革命、生产秩序的通告。9月1日地革委关于今冬明春农村开展无产阶级“文化大革命”的意见，25日地革委、军分区关于迅速彻底收交一切武器的意见。10月19日地革委、军分区关于贯彻执行林副主席重要指示的紧急通知，关于迅速彻底收缴一切武器的通告。1970年4月27日地革委印发地革委大批判小组关于当前革命大批判的基本情况及今后工作意见的报告，地革委政工组关于揪斗对象批准权限的通知。4～5月省革委关于大方、黔西、金沙、织金、纳雍、赫章县革命委员会补台的批复。5月15日地革委“三查”办公室关于揪斗有关问题的通知。7月16日地革委关于召开毕节地区清理阶级队伍试点工作会议的通知，29日中共贵州省核心领导小组关于毕节地区革命委员会补台的批复。8月1日中共贵州省核心领导小组关于建立毕节地区革命委员会核心领导小组的决定。9月8日省革委关于派军代表参加大方、黔西、金沙、织金、纳雍、威宁、赫章县革命委员会的批复，9日地革委清理阶级队伍办公室关于毕节地区清理阶级队伍试点工作会议情况报告。11月4日中共贵州省核心领导小组关于建立中共大方、黔西、金沙、纳雍、威宁、赫章县革命委员会核心领导小组的批复，21日省革委、省支左领导小组、省军区关于派军队代表参加毕节地区革命委员会的批复。1971年8月20日地革委制发关于当前农村斗、批、改的基本情况及今后意见。1972年7月15日地委关于认真落实党的政策继续搞好“一打三反”运动的意见。1974年8月28日地委关于“文化大革命”运动中举办的几期学习班的材料和案件处理的通知。1979年2月16日地委关于解决“三一八”夺权问题的请示报告。3月6日地委关于处理毕节“三一八”夺权的通知等。

6. 揭批林彪、江青反革命集团档案：1971年1月8日地革委核心小组关于掀起批修整风的高潮的通知。6月1日地革委核心小组关于批陈整风情况的报告。11月14日关于传达讨论林陈反党集团问题的具体事项的通知，23日关于去掉林贼文字的通知。1972年1月12日地委关于认真看书学习，继续进行思想和政治路线教育，深入开展批林整风的决议。7月11日地委关于传达中央批林整风汇报会议10个文件的意见，关于开展批林整风的情况、经验、问题和下一步安排意见的报告，19日关于开展批林整风情况报告。是年地委关于彻底揭露和批判林贼一伙大搞阴谋诡计、耍两面派反革命策略，彻底批判林彪反革命集团反革命政变纲领“571工程纪要”的有关资料。1973年1月11日地委制发批林整风动员提纲。是月，毕节、大方、金沙、织金、纳雍县委关于开展批林整风运动情况的报告。5月25日地委制发地直单位批林整风运动情况和下步意见，29日制发关于批林整风运动情况和存在问题的报告。10月4日地委关于继续深入开展对林彪反革命集团的批判的意见。1974年2月11日地委关于贯彻落实中央1、2、3、4号文件，迅速掀起批林批孔斗争高潮的意见。1976年10月21日地委关于召开热烈庆祝华国锋同志任中国共产党中央委员会主席、中央军委主席，热烈庆祝粉碎“四人帮”江青反革命集团篡党夺权阴谋的伟大胜利大会的通知。11月4日地委关于揭发批判王、张、江、姚反党集团滔天罪行的意见，12日关于初步揭发王、张、江、姚反革命集团罪行的报告。12月5日关于深入贯彻中共中央〔1976〕16号文件，掀起大揭发、大批判、大清查江青反革命集团罪行高潮的意见。1977年1月12日毕节地、县委办公室关于在军分区操场召开毕节地县大揭发、大批判、大清查、大控诉江青反革命集团罪行大会的有关事项的通知，14日地委、毕节县委领导在地、县揭发批判江青反革命集团罪行大会上的讲话。3月25日地委办公室印发毕节地区揭、批、查江青反革命集团情况。5月地委制发紧跟以华主席为首的党中央的战略部署，坚决把粉碎江青反革命集团的斗争进行到底，彻底揭发批判江青反革命集团及其在贵州的黑爪牙在毕节地区所犯的严重罪行。6月22日地委办公室印发毕节地区揭、批、查“四人帮”运动第二战役的情况。1978年1月5日地委办公室制发毕节地区揭批“四人帮”第三战役情况汇报。5月1日地委关于批判“四人帮”，打击贪污盗窃、投机倒把分子，打击现行反革命分子运动情况汇报提纲，24日地委批转“一批双打”领导小组关于抓好“一批双打”运动的几点意见。6月9日地委关于“一批双打”运动初获战果的报告，10日关于“一批双打”运动的第二次战果报告，24日地委关于“一批双打”斗争开展情况的汇报。8月11日地委关于进一步开展“一批双打”运动的意见，16日地委办公室关于公开处理民愤大的“四人帮”打砸抢分子，贪污盗窃、投机倒把分子的通知，9月5日地委关于“一批双打”斗争开展情况的汇报。12月10日地委关于结束“一批双打”斗争的报告等。

**其他类别档案**　分别有：政务类档案，政法类档案，军事类档案，群众团体档案，文化、教育、卫生、体育类档案，科学技术档案，计划、经济管理类档案，财政、金融、保险类档案，商业旅游类档案，农、林、牧、水利类档案，工业档案，电力建设档案，交通类档案，邮电通讯类档案，城乡建议类档案，环境保护类档案，气象、地震、测绘类档案，标准计量类档案。

**馆藏图书**　至2005年，地区档案馆藏图书3.42万册，分为：1.马克思、恩格斯、列宁、斯大林著作、传记；2.毛泽东、刘少奇、周恩来、朱德著作、传记；3.国际共运；4.中共党史、政治；5.哲学、政治经济学、科学社会主义；6.政法、军事；7.法规汇编；8.统战、青年、工会、妇女；9.计划、统计、物价；10.纪检、监察、组织、审计、人事、劳动、工资；11.财税、贸易；12.宣传、文教、卫生；13.工建交、邮电；14.农业、林业、水利、气象；15.民族资料；16.名人著作；17.资料汇编；18.秘书档案；19.中外历史；20.史志；21. 文学；22.中外小说；23.天文、地理、科技、画册；24工具书；25.期刊、杂志、报纸。

## 四　县市档案资源简介

**毕节市县档案资源**　至2005年，毕节市档案馆藏档案全宗77个，3.4万卷。上架排列总长度459米。馆藏资料1.54万册。民国时期档案有民国毕节县政府、毕节县商会和民国时期房地产档案3个全宗，1101卷。最早的档案为清道光年间的房屋买卖契约。中华人民共和国成立后的文书档案，为党、政、群团机关和企事业单位的档案，共74个全宗，3.29万余卷。另有声像档案61盘、照片档案2007张。馆藏资料有领袖著作、文件汇编、报刊、图书，内有清《毕节县志》《毕节县志稿》，糜氏家谱，向氏家谱，远征军纪念册等。

**大方县档案资源** 至2005年，大方县档案馆藏档案全宗172个，2.96万卷，上架排列总长度570米。馆藏资料1.66万册。民国时期档案有10个全宗，1245卷。中华人民共和国成立后的档案162个全宗，28417卷，为馆藏主体，系中共大方县委、大方县人民政府、县直机关和企事业单位档案。另有科技图纸资料58册，声像档案8盘，照片档案2187张，光盘1张。

**黔西县档案资源** 至2005年，黔西县档案馆馆藏档案全宗74个，4.3万卷。其中，民国时期档案2.73万卷，中华人民共和国成立后档案1.54万卷，上架排列总长度430米，资料1.63万册。重要全宗：中共黔西县委办公室全宗。收进1950～2000年黔西县委文书档案1230卷；黔西县政府办公室全宗，收进黔西县人民政府1949～2003年文书档案1572卷；中共黔西县委组织部全宗，1950～1991年档案共535卷；国民党黔西县党部全宗，档案270卷；黔西县田赋管理处全宗，档案544卷；民国黔西县农推所全宗，档案11卷；黔西县警察局全宗，档案39卷；民国黔西县邮电局全宗，档案130卷；黔西县地方法院全宗，案卷2.63万卷。馆藏资料有内部刊物、统计资料、报纸杂志、史书和各种图书资料等。

**金沙县档案资源** 至2005年，金沙县档案馆馆藏档案全宗117个，1.6万卷。上架排列总长度224米。馆藏资料3640册。民国时期档案于中华人民共和国成立前夕被毁，现藏民国档案仅15卷，系1987年从省档案馆等处收集、整理、复制而成。中华人民共和国成立后的文书档案为馆藏档案主体。另有科技档案157卷，底图192张；专业档案344卷，照片569张。

**织金县档案资源** 至2005年，织金县档案馆馆藏档案全宗163个，4.6万卷。上架排列长度689米。馆藏资料1.25万册。民国档案305卷。中华人民共和国成立后的机关文书档案4.56万余卷。重要档案：中共织金县委办公室全宗，档案1716卷；织金县人民政府办公室全宗，档案1347卷；县委组织部全宗，档案1.11万余卷；织金县人事劳动局全宗，档案1144卷；土地房产所有证全宗，档案365册。另有科技档案21卷。馆藏资料有明《黔记》、清《贵州通志》《平远州志》《平远州续志》《遵义府志》及《土改清册》。

**纳雍县档案资源** 至2005年，纳雍县档案馆馆藏全宗82个，1.33万卷，上架排列总长度188米。馆藏资料6722册。民国档案1个全宗，79卷。中华人民共和国成立后的文书档案有81个全宗，1.05万卷，为馆藏档案主体。另有科技档案10册，录音磁带34盒，照片档案729张，声像档案12册。馆藏资料中有领袖著作、文件汇编、报刊、图书等。

**威宁县档案资源** 至2005年，威宁县档案馆馆藏全宗73个，1.53万卷，上架排列总长度353米。馆藏资料1.19万册。馆藏1914～1949年民国档案6个全宗，834卷。最早的档案资料为清代同治年间的任职通令和道光年间的房屋地契。中华人民共和国成立后的档案计67个全宗，14440卷，为馆藏档案主体。另有照片档案1398张，专业档案542卷，实物档案2盒，声像档案1盘，光盘2张，磁盘86张，个人存馆档案4卷。馆藏方志和地方资料有清《贵州通志》《毕节县志》

《黔南识略》、民国《威宁县志》《基督教会石门坎发展情况》《基督教赫章葛布教区发展情况》《苗族的救星——柏格理》及《彝族史料翻译》，马、刘、陈、夏、代等家谱。

**赫章县档案资源**　至2005年，赫章县档案馆馆藏全宗78个，1.06万卷，上架排列长度325米。馆藏资料6560册。民国时期档案2个全宗，105卷。中华人民共和国成立后的档案76个全宗，10607卷，为馆藏档案主体。另有土改清册66卷，科技档案39卷，声像档案10盒，照片档案113张。馆藏资料中有彝文古籍文献42册，赫章苗民起义的材料，及部分年鉴、史书、家谱等。

## 五　科技档案

**科技档案管理**　1960年，专区档案管理局在一些工业企业开展技术档案征集管理试点。至年底，全地区29个有技术档案资料的单位，11个建立档案室，配备专职技术档案干部5人，兼职干部6人。技术档案资料室的职能是：验收、登记、整理、统计和保管技术档案资料；编制各种目录、汇编、索引、报道，为利用者服务；管理技术档案资料的出借和借阅；承办鉴定和销毁技术档案资料的具体工作；维护技术档案资料的完整和安全，定期对技术档案资料进行检查；监督归档后的技术档案资料的复制和修改；负责技术资料的搜集和情报工作；按照国家规定定期将技术档案移交给国家档案馆；作好其他有关技术档案工作。1963年12月6日，专区计划委员会、档案管理局制发《关于编制基本建设工程竣工图的通知》，明确竣工图应作为交工验收、工程总结的重要技术文件，由施工、设计、建设单位协同并由设计单位综合编制，建设单位与设计、施工单位签订设计委托书和施工合同时，必须把编制竣工图列入委托书和合同内容；工程验收时，把交验竣工图作为验收工作的一项内容。1964年8月17日毕节专员公署批转专区档案局《关于加强技术档案和基建工程档案工作的报告》，要求相关单位加强对所属企业、事业单位技术档案工作的领导，切实管理好技术档案。到年底，全专区共建立技术档案室13个，配备专职干部7人，兼职干部8人。其他有技术档案的单位亦配备专柜存放科技档案和资料。并指定有人兼管科技档案。

1966～1976年“文化大革命”期间，技术档案工作受到严重影响，一些新建单位从未收集整理技术图纸和资料，不少单位收发技术文件材料不登记，借阅无手续，谁要谁拿，分散乱放，成包成捆，丢失、霉烂、虫蛀鼠咬、灰尘覆盖，查找困难。

1976年后，全地区开展清理积存文件工作，有技术资料的单位成立档案室，配备专兼职档案干部，相应建立工作制度和措施，收集、整理、保管技术档案资料。

1980年12月，地区科委、建委、经委、农委和档案局联合召开全地区科技档案工作会议，明确基建、生产单位应由主管企业的负责人或总工程师直接管理科技档案，厂矿、企业、事业、科研单位建立科技档案室或综合性档案室，配备专、兼职技术人员专门负责科技档案工作。1981年，全地区12个单位清理积存科技档案，立卷2619卷。1982年，全地区建立健全科技档案室（或综合档案室）56个，配备专、兼职科技档案干部59人，16个单位共立科技档案1055卷。1983年，地区气象局、农业局、水电局、城建局以及一些地县企业、事业单位，组织力量清理原保存的零散科技材料并立卷归档，纳入管理。是年，全地区有103个单位清理、整理积存零散科技档案共立卷969卷。1984年7月，地区档案局召开科技档案工作会议，研究和部署农业科技档案、城建档案、重点工程档案和企业科技档案整顿验收，清理、挽救积存零散科技材料，建立健全科技档案、资料管理制度，开展科技档案利用工作。1985年，地区档案局配合地区企业整顿办公室整顿、检查和验收地直各厂矿的科技档案工作。1986年9月4日，地区科学技术委员会、地区档案局联合制发《关于转发国家科委、国家档案局〈检查科研项目档案材料归档工作的通知〉的通知》，规定检查归档重点为科技成果档案和科研课题档案。至10月，各县基本完成检查任务。1987年，地、县档案局配合城建局、建设银行检查验收基建工程。1988年3月，行署印发《全区科技档案工作会议纪要》，明确科技档案工作重点为抓好企业档案管理升级工作，重点工程档案工作，重大科技项目档案工作，技术引进、技术改造项目档案工作，农业科技档案工作和城建档案工作。至1990年，全区地、县档案馆共保存科技档案369卷，图纸4641张。1994年9～12月，地区档案局对大（方）纳（溪）公路和毕节环城东路工程档案进行分类、组卷、编目、制卡，整理科技档案203盒，文书档案86卷，财会档案近600卷，裱糊破损档案1.2万余张，并进行移交。2004年6月，地区发展改革局、档案局联合制发《关于认真做好省级重点项目档案工作的通知》，要求省级重点建设项目建设单位建立和完善建设项目档案工作，将建立项目档案管理纳入项目法人责任、招投标、工程监理、合同管理和基本建设财务管理中，确保项目档案工作与项目建设同步进行。是年地区档案局指导全地区列入2004年省级重点建设的19个项目档案工作，组织安排重点建设项目档案管理登记。2005年7月4日，地区发展和改革局、档案局联合制发《关于认真做好2005年省、地级重点建设项目档案工作的通知》，要求省、地各级重点建设项目建设单位健全和完善档案工作。是年，地区档案局收集毕节倒天河水库加高扩建工程、大方电厂、黔西电厂、黔西青龙煤矿、织金大新桥水库、纳雍电厂、纳雍中岭煤矿《重点建设项目管理登记表》上报省档案局，并参加毕节日产10万吨自来水厂竣工验收。是年底，地区档案馆馆藏科技档案728卷。

**农业科技档案** 1.农业科学研究和农业技术推广档案。20世纪70～90年代，全地区形成的农业科学研究及农业技术推广档案有：《小麦新品种毕麦5号选育》（以下均省略书名号），农村定点科技扶贫，水稻品种西农175粳、川大粳、农育1744引种及亩产千斤栽培技术研究，水稻品种毕粳6号、7号选育与推广，甜菜播种期研究，黏虫发生规律及防治研究，苕子发展及改土效果，耕制改革调查研究，石灰改良黄壤增产试验，麦烟套作试验，异源八倍体小黑麦在大面积生产上的应用，洋芋良种米拉的引进鉴定和推广，烤烟新品种育成，毕节等5县杂交玉米综合增产技术，绿肥聚垄耕作法研究，小麦新品种毕麦13、毕麦26号研究与推广，高产玉米杂交毕单3号，优良玉米自交系449，黔西北山区旱地农业耕作技术研究与推广，玉米大斑病、小斑病和丝黑穗病防治技术研究，低芥酸油菜引进示范与推广，高寒山区玉米地膜覆盖持续丰产栽培技术研究与应用，玉米大面积综合增产技术示范推广，毕节地区旱地农业综合高产配套技术，黏虫迁飞研究，中国高粱品种资源目录，玉米种质资源对大小斑病及丝黑穗病的抗性鉴定，全国大区级小麦良种区域试验“六五”成果及其应用，贵州省八倍体小黑麦高产栽培技术，贵州省大豆生产区生产调查及综合增产技术中间试验，大豆耕作栽培研究，贵州省烤烟质量普查，贵州省农田杂草种类和分布调查，八种粮食作物种质资源抗病虫特性鉴定与评价，贵州省推广水稻旱育浅植技术，地膜玉米高产配套技术，杂交玉米大面积推广应用及其增产效果，杂交玉米大面积制种获优质高产，马铃薯玉米套作研究，贵州粳稻地方品种研究，杂稻大面积推广和高产栽培，烤烟优质丰产栽培和烘烤技术应用与改进，高寒山区水稻亩产千斤的一些形态生理指标研究，水稻良种川毕粳80号选育，玉米大豆间作研究，火管平走式烤房，黔西县万亩杂交玉米样板示范，玉米杂交系列配套研究与中试，玉米双交种兴中、兴黔的选育与推广，毕节地区西部优质烟技术开发，稀土在烤烟生产上的推广应用，粳稻新品种毕粳22号选育与推广，蔬菜丰产栽培示范推广，清香型烟叶品种及产区调查研究，织金县万亩油稻两熟丰产综合配套技术示范工程，绿肥烟试验示范推广，玉米杂交种毕三1号、2号的选育和推广，小麦新品种毕麦10号、11号，毕节地区农田烟草昆虫调查研究，粳稻新品种毕粳37号选育与应用，毕节地区稻瘟病大发生原因及防治策略研究，小麦白粉病抗性鉴定及遗传规律研究，旱坡地土壤改良和综合发展研究，毕节“5·1”式简易烤烟房设计与使用效果，红芸豆提纯复壮及推广先进技术获得大增产，烤烟优质丰产栽培烘烤与技术改进，小麦腥黑穗病的大面积防治，马铃薯米粒脱毒增产优势及使用研究，毕节地区马铃薯科研推广成果，油菜良种引进、试验、鉴定及大面积推广应用，金沙县10万亩油菜高产示范，毕节县金银山、八寨坪万亩旱地农业综合丰产技术，毕节地区杂交玉米综合增产技术，毕节地区推广马铃薯高产栽培技术，毕节地区种用绿肥获粮烟增产，毕节地区旱地农业综合高产配套技术，毕节地区高海拔生态区玉米杂交种及高产配套技术推广。

2.土壤普查档案，1979年7月～1986年9月，毕节地区分期分批开展第二次土壤普查。形成、积累和采集土壤纸盒标本2.5万个，岩石标本212个，整段标本329块，拍摄各种照片1270张，填写各种调查统计表812套，采集数据4978万个。编绘各种图片3252份，编写各种报告812套2048万字。1986年，地、县土壤普查办公室根据土壤普查自然形成规律，进行清理整理和立卷归档，形成案卷348卷，整理照片600张，标本100块。形成以下土壤普查档案：毕节地区土壤、毕节地区土种志、土地资源概查报告，土壤化验资料，土壤普查统计资料，毕节地区第二次土壤普查，毕节县第二次土壤普查，金沙县第二次土壤普查，黔西县第二次土壤普查，织金县第二次土壤普查，纳雍县第二次土壤普查，威宁县第二次土壤普查，赫章县第二次土壤普查，织金县土地资源调查，纳雍县土地资源调查，威宁县土地资源调查，赫章县土地资源调查报告，石灰改土调查报告，低产田地改良利用调查报告，毕节地区土壤普查试点县的土壤普查报告，毕节地区土壤资源调查和土壤普查技术实施规范，毕节县水土流失情况调查报告，毕节县土地开发利用调查报告，毕节县林口区硫磺烟对农业环境危害的调查报告，毕节县土壤剖面耕地样品常规分析资料汇总，毕节县土壤普查成果图，旱坡地土壤改良和综合发展研究，赫章县土地和土壤资源调查报告等。

3.农业区划档案。1980年，开始农业资源调查和农业区划档案工作。是年10月～1982年底，全地区8个县、14个专业完成粗线条区划。1984～1985年9月，完成细线条区划。1988年底，全地区区划工作基本结束。此期间，全地区先后编写出地县综合农业区划、土地资源、种植业、农业经济、林业、畜牧业、水产、水资源、水土保持、农业气候、乡镇企业、农村能源、农业机械、农房规划、烤烟等专业报告和地、县经济社会综合发展规划，2000年扶贫规划，岩溶山区开发建设规划，形成和积累大量文字报告、图件、表册、文件、标本、录音、录像等材料。1988年，毕节地区贯彻国家农委、国家档案局《关于加强管理自然资源调查和农业区划工作档案资料的通知》，地区及各县档案局协助相关农业部门开展对农业区划档案资料的收集、清理、立卷、归档工作。至1989年6月，地区及除毕节县以外的7个县均基本完成农业区划档案建档工作，共立卷归档289种1536卷4499册，其中文字报告1341册（盒），技术图纸2731幅（张）、数据427册。农业区划科技档案有：毕节地区综合农业区划，毕节县综合农业区划，大方县综合农业区划，金沙县综合农业区划，织金县综合农业区划，纳雍县综合农业区划，威宁县综合农业区划，赫章县综合农业区划，毕节县细线条综合农业区划，毕节县土地资源调查报告，毕节县农村经济区划，毕节地区种植区划报告，毕节地区农业区划材料汇编，大方县粗线条综合农业区划，黔西县粗线条综合农业区划，黔西县细线条综合农业区划，大方县土地资源调查及利用区划，黔西县农业经济结构的动态预测模型，黔西县细线条农经专业区划，织金县种植业调查及区划，毕节县烤烟区划，金沙县烤烟区划报告，赫章县烤烟区划专题报告，毕节地区农村能源综合区划，毕节地区烤烟区划，毕节地区农村经济开发试验区规划研究，黔西县经济社会综合发展战略暨规划，威宁县牛栏江流域经济社会综合发展规划研究，毕节地区农业综合开发后备资源调查评价，黔西县农业综合开发后备资源调查评价，大方县综合农业开发后备资源调查评价，纳雍县农业综合开发后备资源调查评价，毕节市农业综合开发后备资源调查评价，赫章县农业综合开发后备资源调查评价。

**畜牧业科技档案**　20世纪50年代后期至60年代前期，先后建立牧场和畜牧兽医科研单位。70～90年代，形成以下畜牧业科技档案：绵羊改良与杂交组合试验，贵州半细毛羊培育阶段成果推广，云贵川三省接壤地区猪种资源调查，牧草大面积飞播成功，依靠科技发展养猪事业，贵州地方猪种资源调查，考力代羊选育，山羊资源调查及开发利用研究，半细毛羊杂交组合试验，贵州黄鸡培育，山地草场资源开发利用研究，缩短猪育肥期提高出栏率研究，提高牛肉生产性能途径研究，贵州省草地调查及草地遥感技术研究，贵州省牧草病虫害防治技术研究，考力代半细毛羊纯繁提高研究，贵州半细毛羊培育，降低猪、牛死亡率研究，毕节县畜牧业资源调查与区划报告，大方县水产资源调查及渔业区划，黔西县水产资源调查及渔业区划，商品瘦肉型猪杂交组合研究，纳雍县畜牧资源调查及区划，赫章县畜牧业资源调查及区划，大方县畜牧业资源调查及区划报告，织金县畜牧业资源调查及区划报告，毕节地区畜牧业资源调查及区划报告，毕节地区山、绵羊寄生虫病区系调查，马头山羊繁殖推广，秸秆氨化技术示范，小尾寒羊引种驯化试验初报，本地乌骨鸡选育研究，商品鹅生产配套技术研究，毕节地区家畜家禽品种资源调查，高蛋白饲料新技术应用研究，喀斯特地貌灌木林草丛植被山羊载畜量研究。

**林业科技档案**　1956年，专署林业局建立档案室，开展收集、整理、管理林业文书档案和林业科技档案。至1963年，保存案卷176个，其中永久保存144个，短期保存32个。70年代后形成的林业科技档案有：毕节地区森林资源清查报告，毕节地区漆树品种资源调查、毕节地区林业区划报告，毕节地区漆树区划，毕节马家坪杉木用材林基地规划设计、各县商品用材杉木基地规划设计，毕节、大方、黔西、金沙、织金、纳雍、赫章用材林、油料林基地造林规划，“中国3356项目”造林技术规程，“中国3356项目”工程技术手册，长江中上游防护林体系毕节、大方、织金、纳雍、赫章一期工程规划，毕节地区森林病虫害分布及危害调查研究，黔西部、北部地区云南松大面积死亡原因调查初报，华山松种子园设计及嫁接技术研究，核桃冬季室内舌接试验成果，毕节县乡土树种调查报告，杉木地理种源试验育苗报告，对金沙县引进栽培楠竹生长情况的调查和发展楠竹生产的意见，毕节地区华山松人工林优势树调查及分级报告，毕节县漆树品种资源普查初报，赫章县漆树品种资源调查报告，纳雍县漆树品种资源普查初报，泡桐育苗技术推广，黔西县林业区划（粗线条），毕节县林业资源调查及区划，毕节地区森林资源二类调查，大面积粮桐间作速生丰产栽培技术研究，毕节地区森林资源连续清理成果报告，毕节地区漆树农家品种树皮解剖研究，毕节地区森林病虫害普查报告，浅谈毕节地区水土流失及防治的林业措施，关于黔西北林业经济结构调整的初步探讨，毕节地区漆树品种资源普查报告，毕节地区核桃细菌性黑斑病的模糊评价及区分，论毕节地区防护林发展战略，毕节地区乌江流域部分防护林营建规模的设想，营造防护林治理乌江水土流失，毕节地区漆树分区及产漆量预测，毕节地区林业发展战略决策分析，浅谈毕节地区竹林的发展，野生刺梨的系列加工方法。

**水利科技档案**　1963年，毕节专区农水局建立科技档案室，统一保管全局科局档案，并拟订以下水利科技档案分类：1.水利工程设计技术档案。2.水利工程设计技术资料；3.电力工程设计技术档案；4电力工程设计技术资料；5.灌溉提水机械技术档案；6.测量技术档案；7.测量技术资料；8.地质技术档案；9.地质技术资料；10.查勘报告档案；11.水文技术资料；12.设计底图档案资料（描图）；13.技术图书资料。至1965年，共收集各种技术图纸和资料2740本，1.02万张，整理成552袋。经鉴定，划为永久72袋，占13.1%；长期480袋，占86.9%；剔除、销毁1355本，2154张。20世纪70～80年代，毕节地区水利科技档案有水资源科技档案、水土保持科技档案、农田水利科技档案、地方电力科技档案、水利建设基础工作科技档案及水利科研档案。个体档案为：毕节县倒天河扩建、宋官水库、福集电灌站、头步电灌站、水牛屯电站、双河口水库、崔家沟水库、伍家寨电站、燕林大沟、利民水库勘测设计资料；大方县毛栗水库、官田水库扩建、吊兰水库、移山水库、东风电站、落脚河电站、岔河水库、仙人洞电站、石板河水库、牛集水库配套勘测设计资料；黔西县水淹坝水库、干河沟水库、青浦塘配套、林泉水库、桃井大沟、大陌排洪勘测设计资料；金沙县红卫水库、木蓑衣水库、花滩水库、花滩渠道、史家田水库、三岔沟水库加固、宝塔水库、民丰水库、民族水库、升子岩水库、古新电站、红联电站、长征二级电站、倒悬塘电站勘测设计资料；织金县程家河渠道、红阳水库、平桥电站、落水洞电站、化董电站、吹聋水库除险、红旗水库除险、险峰水库除险勘测设计资料；纳雍县红旗水库、吊水岩水库、峰子岩水库、鞍山水库勘测设计资料；威宁县白玉灌区、新华水库、雪山水库、胃水水库、绿荫塘水库、玉龙电站、杨湾桥水库、小海人畜饮水工程、马踏人畜饮水工程、乐溪水库除险、尖山水库除险、李子沟水库配套勘测设计资料；赫章县扇子田水库除险配套、红岩水库、上游水库、深沟水库配套勘测设计资料。水利科研档案举例：毕节地区水利水电建设中的浆砌石拱坝，贵州省岩溶地区减少渠道渗漏损失的技术措施，关于电站35KV电压互感器损坏原因及防止事故的措施，从渗漏损失论山区灌溉渠道规划设计相对的不准确性，山区小型水库泥沙淤积问题探讨，从附廓渠输水损失看渠道防渗的重要性，隧洞与排洪渡槽定型设计，长征水电站工程志，西洛河水库工程志，提高6–35KV系统接地故障反映可能性，石板塘电站径向推动轴承循环路改进，小水电站10千伏升压站设计运行，双曲拱坝圈二样程序，万亩烤烟灌溉，山区渠道设计若干问题的讨论，U型渠槽的设计与施工，毕节地区水资源调查评价，贵州岩溶水资源评价及开发利用之渠道防渗研究，贵州省砌石坝施工技术，贵州省中小型水利工程渠道施工技术规定，木蓑衣水库岩溶渗漏及坝肩稳定分析与处理，毕节地区水土保持规划，毕节地区渠道防渗试验研究，岩溶地区减小渠道渗漏的技术措施，倒天河水库考察，毕节县水资源调查及水利区划，大方县水资源调查及水利区划，黔西县水资源调查及水利区划，织金县水资源调查及水利区划，赫章县水利区划，渠道防渗衬砌，金沙红卫水库渠道防渗试验研究，威宁新华水库渠道配套设计，黔西附廓供水工程设计与施工，织金县红阳水库大坝防渗设计与施工。

**气象科技档案**　民国26年（1937），贵州省交通厅在毕节建立测候所，始有气象科技档案。是年至民国31年（1942），黔西、威宁、金沙、大方、纳雍县先后建立雨量站，民国31年（1942），国民政府中央气象局在威宁县建立直属测候所，气象科技档案逐渐增多。川滇公路管理处亦设简单气象报告，民国30年（1941）川滇公路管理处赤（水河）杨（家湾）分段、杨（家湾）威（宁）分段，威（宁）杉（木箐）分段即填报是年1～12月各旬《气象报告表》，民国38年（1949）赤水河渡口管理所填报1～12月《晴雨报告表》。20世纪50年代，地、县气象台先后建立。1981年设置地区气象局。地区气象局设科技档案室，集中管理气象科技档案，担负资料预测处理、统计整编、档案管理、气候服务。各县气象局亦配有兼职档案人员，负责本局和县内气象哨档案的收集、整理、保管、汇交和提供利用。1987年，根据国家气象局颁发的《气象科技档案分类法》，地区气象局科技档案室将档案分为气象科技管理、气象科研、气象仪器设备、气象教育、气象基建等8个方面，重新归类整理气象科技档案。是年，全地区共收存气象档案20多种，计有3.43万余册，其中地区局存1.09万册，大方县2691册，黔西县2972册，金沙县2722册，织金县2722册，纳雍县2691册，威宁县6940册，赫章县2691册。至2005年，气象科技档案有：毕节地区风向频率玫瑰图、气候资料整编，天气日历，气温、气压、湿度风向风速、云状量、能见度、降水、日照、蒸发量、地温、雪深、电线结冰等地面气象观测资料，高空气象观测资料，短期（1～3天）、中期（3～10天）、长期（1月～1年）天气预报资料，干旱、冰雹、暴雨或持续时间长的大中雨、低温、霜冻、凌冻灾害性天气资料，灾害性天气预防资料。气象科研档案有：毕节地区的风速与风压，乌蒙山对本区西部气候的影响，金沙县夏季旱涝趋势预报方法，毕节地区夏季暴雨分析及短期预报模式，毕节水稻低温冷害分析及预报，贵州西半部夏季（6～8月）降水广谱分析与西太平洋副热带高压研究。农业气候资源及区划科技档案有：毕节地区光能资源、日照时数和日照百分率、太阳辐射、热量资源、降水、无霜期气候资源资料，毕节地区气候带与农业气候类型区，毕节县农业气候区划，大方县农业气象资源和区划，黔西县农业气候资源调查及区划报告，织金县农业气象区划。

工业科技档案　1960年，部分工业企业建立技术档案资料室，集中管理企业科技档案。是年，毕节机械技术档案资料室拟订《技术档案重审暂行办法》，收集技术档案300余袋（卷、册），技术资料140余袋；整理技术档案200余袋，立卷124卷。20世纪60～70年代，煤炭、电力、冶金、有色金属冶炼，机械、化工、轻工、建筑材料等类工业企业或设档案室，或置档案柜，保管技术档案。80年代后，档案部门配合各工业企业主管部门，加强对科技档案工作的领导和业务指导，工业科技档案工作逐渐步入正轨。1985年，地区档案局配合地区企业整顿办公室整顿、检查、验收地区电厂、烟厂、复烤厂、印刷厂、瓷厂的档案工作，建立以生产技术副厂长领导的企业档案管理体制，企业档案管理列入科技部门和科技人员的职责范围和岗位、经济责任进行考核，档案管理同基建管理、生产管理、科研管理挂钩。1986年，全地区开展工业企业档案普查，89家工业企业建立档案室28个，面积689平方米，其中库房228平方米，有专职档案员16人，兼职档案员152人；室藏科技档案、资料2.26万卷（册），其中产品档案752卷、经济档案1.87万卷、设备档案2208卷、科研档案198卷、基建档案719卷。另有底图2865张，科技资料1.5万册。1988年8月1日，地区经济委员会、档案局制发《关于在企业升级中作好档案管理定级、升级工作的意见》，要求各企业建立健全综合档案室，集中管理本单位文书档案、科技档案、会计档案和各种专业档案；档案室有与工作相适应的柜架和档案保护设施，有专（兼）职档案人员，有规章制度，并明确归档范围、归档率、完整率、准确率和分类立卷质量符合标准。各工业企业自此展开档案管理定级、升级活动。1990年12月，贵州省档案局、贵州省烟草公司档案考评组依据《贵州省企业档案管理定级、升级试行办法》《贵州省企业档案管理定级、升级标准》要求，考核评审毕节烟草分公司档案管理。经考评，档案管理成绩为86.5分，获贵州省档案局批准为省级先进档案管理单位。是年，毕节卷烟厂、地区复烤厂、毕节县烟草公司、毕节县长春区烟草站、毕节县鸭池区烟草站、大方县烟草公司、大方县复烤厂、织金县烟草公司，经贵州省档案局、省烟草公司档案管理考评组考评达标，获省档案局批准为省级先进档案管理单位。1991年1～10月，全地区经考评达标，33个企业获准定为省级先进档案管理单位。是年10月，根据贵州省档案局转发国家档案局《关于暂停企业档案管理升级考评工作的通知》，暂停企业档案管理升级考评工作。90年代后期，开展企业档案工作目标管理活动。1998年11月，地区档案局考评组按照国家档案局《企业档案工作目标管理办法》和贵州省档案局《企业档案工作目标管理认定标准》，考核毕节供电局档案工作目标管理。经考评，各项考核指标综合得分85分。是年11月23日，省档案局批准毕节供电局为企业档案工作目标管理省级先进单位。至2005年，全地区形成工业科研档案有：提高电子电位差计抗共模干扰性能研究，稀土盐及铬锆铝多金属鞣制剂在绵羊服装手套革上的应用，废铬液封闭式循环使用，0.64NPaΦ2800中变炉串Φ2000低变新工艺，普钙副产氟硅酸分解高岭土（或氢氧化铝）制氟化铝、冰晶石中间试验，Ks—水泥熟料库顶运输机，沉淀硫酸钡的试制，再生气、驰放气、贮罐气回收工艺，黔农222型搅拌机，精炼废铜液回收使用，光敏液烤版试验，1.5吨—2吨/时三节炉用离心式鼓风机技术改进，7CDZX-1.5吨自卸拖车（A、B）两型，毕节电厂三、四号锅炉炉前落煤系统改进，毕节化肥厂三号锅炉改燃无烟煤，高压低温洁钝化氨触煤，GBS-10型翻胎过热水装置，MC-60大理石圆盘机，环形预应力混凝土电杆制造工艺研究，第二次全国工业普查毕节地区普查成果，烟叶密封降氧技术应用及改进，KG-1型电池矿灯，利用毕节地区烟叶生产清香型卷烟。

**交通科技档案** 民国时期的交通科技档案，保存完整者为川滇公路管理处（川滇公路管理局）民国28～38年（1939～1949）的工务、机务、桥渡工程技术档案，具体是：民国28年（1939）11月川滇公路管理处《赤水河三孔35公尺托式花木梁桥设计图》、川滇公路管理处赤（水河）杉（木箐）段工程处《赤水河正桥施工图》。民国29年（1940）3月赤杉段工程处杨（家湾）威（宁）分段《平山堡一带路面破坏情形图》《平山堡抢修路面工程预算表》，4月30日《平山堡一带537～544千米修理路面竣工图》，9月泸（县）赤（水河）段工程处《江门桥整理施工图》《江门桥加做栏杆保坎图》，11月《江门峡整理路面设计图》《江门峡修理涵洞加做保坎工程预算表》《江门峡保坎平面图》《江门峡保坎施工图》。是年赤杉段工程处赤（水河）杨（家湾）分段《毕节大街添加条石工程预算表》《毕节大街桥沟工程预算表》《毕节大横街暗沟工程详细估价表》《毕节小横街改条块石为碎石路面工程预算表》，泸赤段工程处《老虎坎路线改善设计图》《老虎坎路线改善横断面图》《老虎坎路线改善土石方计算表》。民国30年（1941）3月赤杉段工程处《毕节公共停车场设计图》《哲觉车站附近地形图》，4月桥渡工程处《赤水河正桥设计图》《赤水河正桥纵断面图》，7月野马川桥梁工程段《野马川三孔8公尺石拱桥实施工程详细表》，是年川滇公路管理局《七星关附近地形图》《七星关桥纵断面图》《七星关桥头接线纵断面图》《七星关正桥接线纵断面图》《七星关正桥接线横断面图》《七星关正桥接线半圆拱涵洞图》《七星关正桥接线石盖板方形涵洞图》《七星关木桥设计及预算书》。民国31年（1942）1月川滇东路工务局赤杉段工程处《赤水河正桥南桥面竣工图》。民国32年（1943）8月川滇东路工务局赤杉段工程处《赤水河正桥桥台加高图》《赤水桥正桥竣工图》。中华人民共和国成立后，交通事业发展，交通科技资料大为丰富。至2005年形成的交通科技档案有：清毕路大方—归化（石母猪）段改线勘测设计，白（腊坎）大（方）公路金沙—大方段勘测设计，毕节环东路勘测设计，大（方）纳（溪）公路初步设计，占（街）织（金）公路凹河—织金城关段勘测设计，毕（节）纳（雍）水（城）公路毕节流仓—水城丰家垭口段勘测设计，水（城）镇（雄）公路木冲沟—煤灰包段南段勘测设计，大方—纳雍公路整修改建设计，修（文）黔（西）公路素朴—黔西段改建整修设计，黔西—化窝公路勘测设计，遵义三合—金沙杨柳公路整修续建设计，普（定）织（金）公路重依山—织金城关段勘测设计，织（金）纳（雍）公路勘测设计，赫章平山—纳雍维新公路勘测设计，赫（章）奎（乡）公路赫章—胡垭口段勘测设计，妈姑—可乐公路勘测设计，牛街—哈喇河公路改建整修设计，大方落脚河大桥设计，织金凹河桥设计，毕节流仓桥改建设计，大方响水桥重建设计，金沙萨拉门桥设计，黔西新长征桥设计，黔西花溪大桥设计，纳雍武佐河桥设计，威宁云贵桥设计，金沙偏岩河桥设计，纳雍十二湾桥设计。

医药卫生科技档案　中华人民共和国成立前，各地著名中医医师在行医治病中，积累不少中医科技资料，惜多未加整理，今已散佚殆尽。中华人民共和国成立后，人民医药卫生事业发展。至2004年，全地区计有各类医疗卫生机构310个，有各类卫生人员7179人。20世纪70～80年代，各级各类医疗卫生人员还结合医疗实践，开展科研，形成医药卫生科研档案有：地方性食物氟中毒调研，黄曲霉素B1检查，斑疹伤寒病原体分离研究，粟粒型肺结核X线诊断，病毒性肝炎流行病学及乙型肝炎病毒感染的血清流行病学调查，贵州省遗传性红细胞缺陷研究，煤火烘烤粮食对其含氟影响的试验观察——兼论毕节氟病区食物氟的部分来源，系统性红斑狼疮早期诊断探讨，带蒂回肠膀胱扩大术，环甲膜切开术临床应用，电除颤治疗心律失常临床应用，地高辛维持量疗法血清浓度放射免疫测定分析，毕节地区中药资源普查，输卵管妊娠破裂腹腔血液的应用，建立单颌总义齿平衡的方法及分类，335例骨髓诊断对儿童贫血原因的探讨，血清肝胆酸与肝胆疾病的相关研究，风心病二尖瓣狭窄外科治疗，小儿麻痹后遗症的外科矫正术，毕节地区肺吸虫病流行病学调查研究，总义齿修复学，DDV中毒的抢救护理，经皮肝穿刺置管引流治疗细菌性肝脓疡，β2——微球蛋白及蛋白检测对肾脏病变的临床意义，肾丛神经阻滞喙突下进路法，高位选择性迷走神经切断治疗十二指肠球部溃疡，伤寒196例临床及药敏分析。

## 六　其他档案

教学档案　20世纪初叶，开始举办现代教育，一批小学先后建立。30～40年代，先后建立数所中学。至民国38年（1949），有17所中等学校，282所小学。各级各类学校在教学、教学管理、教学研究活动中形成的档案有：民国28年（1939）3月贵州省立毕节师范与校教导处编印《贵州省立毕节师范学校学则要项》《学生自治会章程》《各级级会章程》《师范科学生实习办法》《导师个别谈话纲要》《导师考查记录表》。民国31年（1942）8月私立弘毅初级中学拟订《民国31学年度第一学期学校历》。民国32年（1943）3月毕节县毕阳镇第一中心学校制订《教室公约》，9月毕阳镇第一中心学校制订《32学年度第一学期行事历》。民国33年（1944）1月毕节县立初级中学《33学年度第一学期应届毕业生履历表、应届毕业生成绩一览表》，3月，毕节县政府核准《毕节县立初级中学33年度第一学期清寒学生奖学金发领清册》。6月26日～7月2日毕节县标准中心学校编制学生毕业考试座次表、试场规则，7月14日毕节师范学校制发《贵州省立毕节师范学校师范部新生保送免试入学办法》，是月印发《毕节师范学校33年秋季招生简章》。9月毕节县标准中心学校拟订《33年度第一学期教学进度表》。11月30日毕节县立初级中学造呈《毕节县立初级中学33学年度第一学期初中科学生学籍表》。民国34年（1945）3月毕节县标准中心学校造呈《33年度第二学期学校概况表》。6月18日，弘毅中学编印《弘毅周刊》。同月21日毕节县立初级中学造呈《毕节县初级中学33学年度第一学期简明概况》。7月毕节县毕阳镇中心小学填发家长通知单。民国35年（1946）1月14日毕节县立初级中学制发《学生家庭通知书》。5月25日造呈《34学年度第二学期应届毕业生履历表》《班级教学生数报告表》。民国36年（1947）8月弘毅中学检订《弘毅中学校史》。9月，毕节县政府制发《毕节县立中学校学生调查表》。中华人民共和国成立后，教育事业巨大发展。20世纪50年代～21世纪初，各级各类学校和教师在教学、教学管理和教学研究活动中形成的教学档案，其件数总以百万计。

**会计档案** 20世纪50～70年代，无统一的会计档案分类整理和立卷归档办法。有的单位将形成的会计资料按年度和性质立卷，分包打捆，入柜或装箱上锁。不少单位则未对会计档案进行整理，凌乱堆放，致使损毁、散失、虫蛀鼠咬者所在多有。1985年9月6日，地区财政局、地区档案局根据国家财政部、档案局《会计档案管理办法》和《关于清理1966年以前积存会计档案的几点意见》，制发《关于切实抓紧清理会计档案的紧急通知》，要求凡建立财会工作单位以年为时段清理本单位自建立财会工作起至1985年的财会档案。通过清理鉴定，对超过保管期限又无债权债务的会计档案，按规定销毁；对永久和长期保管的会计档案，按规定整理立卷后，造册移交本单位档案室。是年，部分单位开始清理1966年以前的会计积存档案。1986年9月，根据财政部、国家档案局和省财政厅、省档案局关于清理积存会计档案工作的指示精神，地区财政局、档案局下发文件，召开地直机关、企事业单位主管财会工作的领导和各县财政局长、档案局长会议，安排布置清理积存会计档案工作。会后，凡建立财会工作单位的均成立清档小组，开展清理积存会计档案工作。截至1987年4月，全地区913个独立核算单位3316人参加清理工作。共清理1950～1985年的各类会计档案35.63万卷（册），其中属永久保存的3.44万卷（册），长期的20.43万卷（册），短期的8.2万卷（册），并按规定手续销毁处理3.57万卷（册）。

**诉讼档案** 1.审判诉讼档案。20世纪50年代初，各审判机关先后建立档案室，保管诉讼档案。1960年，审判机关贯彻最高人民法院和国家档案局《关于全国地方各级人民法院档案管理工作若干规定的通知》，组织人员开展诉讼档案的清理和归档工作，按照统一的方法，系统地整理和保管诉讼档案。1966～1972年，受“文化大革命”影响，中断审判档案管理工作。1973年，复建地、县审判机关，恢复档案室，配备专、兼职档案干部共10人，随即组织力量清理被搞乱和积存的诉讼档案。1984年，地区及各县人民法院根据中华人民共和国最高人民法院、国家档案局颁布的《人民法院诉讼文书立卷归档办法》《人民法院诉讼档案管理办法》和《关于人民法院诉讼档案保管期限的规定》，加强整理、管理诉讼档案工作。至1989年底，地区及各县人民法院档案室共藏解放以来的诉讼档案13.82万卷，15.73万册。20世纪90年代后，全地区审判机关档案室档案工作条件及室藏诉讼档案条件大为改善，各种规章制度渐臻健全，审判档案管理基本实现法制化、规范化、科学化。毕节地区中级人民法院档案室建筑面积180平方米，分设库房、阅览室和办公室。有档案柜34个，档案盒3万余个，有微机、复印机、去湿机、吸尘器等设备。有专职档案人员6人，且均分别接受过省及国家审判机关的专业培训。室藏档案立卷、分类、编号、装订、排列标准化、规范化，能在3分钟以内调出档案供利用。制定有《档案立卷归档和保管制度》《档案借阅制度》《档案安全保密制度》《档案管理人员岗位责任制》。1995年，经贵州省档案局、贵州省高级人民法院考核，被评为贵州省档案管理一级标准。1998

年接受省档案局、省高院档案管理工作达标升级复检，仍被评为一级标准。1999年，获贵州省人事厅、省档案局表彰为贵州省档案工作先进集体。是年，档案室藏档案达12.21万卷，12.73万册。其中，民国时期5.19万卷，5.19万册；中华人民共和国成立后档案7.02万卷，7.54万册。另有录音、录像、影片档案110盘，照片档案80张，底图30张。

2.检察诉讼档案。1955年2月，贵州省人民检察署毕节专区分署更名贵州省人民检察院毕节分院，由此，开始形成诉讼档案。至1989年，毕节检察分院档案室保存1978～1988年诉讼案件档案1728卷。1996年，地区档案局指导和帮助检查分院整理成符合规范标准的诉讼档案1400余卷。至2004年，毕节检察分院档案室室藏档案1.09万卷。

**声像档案**　档案收藏机构未收藏民国及其以前的声像档案。中华人民共和国成立后的20世纪50年代初期，各级党政机关和企事业单位开始有重要会议和重要活动照片记录。1958年后，各级各单位更重视政治、经济、文化教育和科学研究中的重要活动和重要成果的照片记录，但多分散保管在摄影者个人手中，地、县档案馆所收集的照片档案为数不多。1978年地、县档案馆加强声像档案的宣传、收集和管理工作，各机关档案室亦注意收集本机关的声像档案。20世纪80年代后，声像档案内容拓展，声像档案增加，保有声像档案的单位增多，地、县市档案馆收集和征集进馆的声像档案更充实。至1990年，各档案馆共接收照片档案1.57万张，录音录像带86盒。至2005年，地区档案馆馆藏声像档案3467张，录音录像光盘10盒。

**村及社区档案**　1.村级档案。20世纪50年代初，在农村设立村政府，开始产生村级档案。1958年，实行人民公社化，建生产大队管委会替代村，1981年，取消生产大队管委会，建村民委员会，村级档案随之延续。至20世纪90年代，多数村级档案均系成包成捆堆放，未按规范立卷归档和整理。1999年，全地区有1987个村委会建立第二轮土地承包经营档案和村委会换届选举档案，占全地区村委会总数的44.4%。2000年，全地区2231个村基本建立村级档案。2002年9月3日，地区档案局转发省档案局《关于认真做好村民委员会换届选举档案工作的通知》，要求各县、市档案局配合有关部门做好换届选举工作中文件材料的收集、整理、立卷归档。是年，金沙县档案局（馆）配合县委、县政府实施村级办公阵地化、规范化建设工作，分类开展村级建档工作，当年，298个村建立村级档案。2003年5月20日，中共毕节地委组织部、毕节地区档案局制发《关于加强村级党建档案工作的通知》，同时决定由地区统一为每个村发放10个卷宗，集中规范整理村级档案，统一保管在村综合办公房。2004年8月11日，地区档案局制发《毕节地区村级档案管理办法》，要求全地区各村委会依规收集、整理、保管档案。2005年1月18日地区档案局制发《关于建立村务公开和民主管理档案稽查工作网络的通知》。是年，全地区3936个村对村务公开档案资料进行整理归档，建档率为98%。至年底，全地区4016个村实现村村建立村级档案。

2.社区档案。2004年，地区档案局会同毕节市档案局，在毕节城关双树、桂花两区进行社区档案建档试点，帮助双树社区整理1998～2003年文书档案14盒400件。是年，各县社区档案建档工作亦先后起步。大方县南郊社区整理文书档案20余卷，黔西县水西社区整理文书档案31卷，赫章县城关社区和妈姑社区分别整理文书档案350卷和20卷，威宁县草海镇民享路区居委会整理档案20余卷。至2005年，全地区76个社区均先后开展社区档案建档工作，共立卷归档档案2.19万卷（册、盒），其中，文书档案2025卷（盒），科技档案1600卷，财会档案1.1万册，人事档案7272卷（册）。

**彝文档案**　彝文古籍档案搜集工作始于20世纪50年代，首倡者为专署副专员李仿尧。1956年成立毕节地区彝文翻译组，开展彝文古籍档案的搜集、整理和翻译工作。至1966年，从民间共搜集到彝文古籍档案257本。1966～1976年，“文化大革命”期间，彝文翻译组被解散，彝文古籍档案移地区档案馆保管。1977年，恢复彝文翻译组，将交档案馆保管的全部彝文古籍档案领回作翻译之用。20世纪80～90年代，进行彝文古籍档案搜集工作，所获更丰。至90年代末，全地区共搜集彝文古籍档案1270本。其形成年代多为清代及民国年间，少数为明代及明代以前案卷，殊为珍贵。其制式多为白皮纸毛笔手抄本，部分案卷用羊皮、牛皮和麻布作封皮，俗称羊皮档案。其内容以历史、民俗类卷帙最多，历史类计281本，民俗类计349本；其次为哲学类61本，伦理类63本，祭祀类83本，算学类93本，天文、历法类47本，故事、传说类102本，神话23本，诗歌、美术等文艺类56本，工艺类24本名，谱牒类21本；还有政治、经济、军事、教育、地理、医药卫生、建筑等类计67本。《西南彝志》等史志书籍，不失为有关彝族发展的经典之作。2006年接收进院彝文图书39本，内容涵盖哲学、社会科学、民俗等方面。

## 第二节　档案基础业务建设

### 一　立卷与归档

1954年1月29日，贵州省人民政府毕节区专员公署（下称毕节专署）秘书室制发《档案管理试行办法（草案）》，明确机关办理完毕的一切文件及簿册、计划、总结、电报、会议记录，均应采取统一管理制度、分科分别立卷、定期集中管理办法，立卷归档。是年12月13日，专署秘书室制发《关于改进机关档案管理办法继续整理各年档案与结合改进文书处理工作的意见》，明确专署内各科、室、会，按办公室、民政科、人事科、财委会、财政科、工业科、商业科、农林科、交通科、卫生科、统计科、民委会、协（商）委（员）会为顺序号分别立卷，专署代管单位在各有关行政业务领导科室类立卷。凡机关活动过程中所形成的一切文件，当其承办完毕之后均应立即立成案卷。立卷原则是要保持文件之间的历史联系。立卷的6个特征为：1.名称特征，即文件的文别。指具体事件的文书文种特征。2.问题实物特征。指具体事件的文书及客观存在的物质名称。3.作者特征。4.收发文机关特征。5.地区特征。指省、县、市、区等的地理特征。6.时间特征。即根据文件多寡，按年代或季、月立成案卷。至是年底，地委办公室计立省委文件34卷，地委文件41卷，县委文件4卷，地专直属机关文件33卷。1955年，地专机关文书档案立卷归档工作停顿。至1956年，地委机关积存零散文件2万件。1958年6月19日地委办公室翻印《党的机关档案材料保管期限的一般标准》，各机关文书档案立卷归档和整理工作按《标准》规定期限执行。同日，专署办公室翻印《关于国家机关一般档案材料保管期限的暂行规定》，作为各级政府机关档案材料立卷归档和整理鉴定的依据。科技档案、企业档案和诉讼档案按各专业（专门）档案保管期限标准执行。1961年10月3日，地委办公室制发《文书处理工作实施条例（草案）》规定，各单位办理完毕的文书材料，均应汇交本单位文书处理工作人员立卷保存，几个单位会办的文书，由主办单位立卷。文件和电报统一管理，由文书处理部门统一立卷归档（密码电报统一交地委办公室），绝密文件由专人单独处理和保管。是年，地委办公室计立270卷。1962年9月25日，地委办公室、专署办公室制发《毕节专区党委、国家机关一般档案材料保管期限表（草案）》规定：确定文件保管价值分为永久保存、长期保存和短期保存；凡是在本机关工作中形成的，记述和反映本机关工作的，对工作查考、经验总结和科学研究有长远利用价值的重要文件，列为永久保存；凡是只在一定时期内具有查考作用的文件，列为长期保存，如10年、20年；对短期内具有一定意义的文件则列为短期保存，如3年、5年。《保管期限表》将毕节专区党委、国家机关档案分为：①领导指导与监督类；②组织人事类；③统计类；④科学技术研究工作类；⑤文书、档案、行政管理类；⑥民政类；⑦司法、监察类；⑧财政、金融、税务类；⑨工业类；⑩基本建设类；劳动类；农业类；林业类；水利气象类；商业类；粮食类；交通运输类；教育类；卫生类；文化艺术、体育、出版类；华侨、民族、人民来信、宗教事务类；群众团体类。对上述各类679种文书档案保管期限作出明确划分。1962年10月30日，毕节专区档案局制发《毕节地专机关文书材料立卷、归档工作试行细则》，要求各级各单位按《细则》规定实施档案资料立卷、归案工作。是年，专区及各县机关共立卷归档文件、图纸、资料19.3万份。1964年1月11日，地委办公室制发《关于做好平时文书立卷工作的意见》，要求各县及地、专各有关部门做好平时文书立卷工作。是年，全区专、县机关313个单位中，有283个建立文书档案立卷归档制度。1965年，全专区499个机关及企事业单位建立平时立卷归档制度。

1967年5月10日，地革委秘书处制发《关于作好1966年各种文件材料清理、整理和立卷归档工作的通知》，要求各单位作好1966年各种文件材料清理、整理和立卷归档工作。明确下列文件材料不立卷归档："文化大革命"运动中各机关单位、学校编写的整群众的各种档案材料；原省、地、县委和省人委、专署、县人委所发布的有关"文化大革命"的指示文件；按有关规定不应归档的各种文书材料。囿于"文化大革命"造成的混乱情况，致使《通知》未能有效执行。

1977年6月，地委办公室、地区档案局制发关于建立健全文书处理与档案工作基本制度的通知，要求各级、各单位在年初（或上年底）制订出案卷类目，设立若干空卷壳，把办理完毕的文件，随时收入有关卷宗，年终进行审查调整，于第二年的第一、二季度装订归档，避免文件积压过多，产生突击清理现象。立成的案卷要求做到：类别区分清楚、价值大体准确，厚薄适宜，卷内排列系统，标题简明扼要。长期、永久保管的案卷编注张号，拆除金属物，抄制案卷目录和备考表，装订成册，注明保管期限，编制一式两份案卷目录，定期送档案室归档。是年，地委办公室立卷107卷。1979年，全地区2497个单位恢复建立现行文书立卷制度。1981年4月3日，地区档案局制发《地直机关文书档案案卷质量试行标准》，拟订1980年后的档案案卷质量标准为：全宗划分清楚，一个机关的档案材料包括党、政、工、团4部分，不得分开；不是一个全宗的文件，不得在一起立卷；收集齐全、完整；分类清楚、归类准确，不同类不得混淆；立卷合乎要求，运用6个特征，将同一问题、同一类型文件组卷，数量以200页左右为宜，正本与底稿、请示与批复、正件与附件、同文与复文放在一起立卷，不同年代的文件一般不放在一起组卷（学校按学年度、粮食按粮食年度，兵役按兵役年度）；立卷材料只限于记述和反映本机关主要职能活动有关的文件资料，不属立卷范围的文件和重复文件不立卷；保管期限划分准确；案卷标题简明确切，卷内文件排列有序；永久和长期保管的案卷编张号、填写卷内目录和备考表；永久和长期保管的卷不用圆珠笔复写和铅笔起草、修改、批注。是年，地委办公室立成1978～1980年案卷152卷。20世纪80年代后，文书档案立卷归档工作逐渐步入正轨。20世纪90年代～21世纪初，绝大多数机关按照立卷归档制度进行文书档案立卷归档工作，且立卷归档日臻规范化、科学化，立卷归档范围亦适应事业发展需要不断拓展，不惟作好日常文书档案立卷归档工作，亦且注重重大政事和建设项目档案立卷归档。1999年，金沙县档案局（馆）配合县农村改革办公室收集整理归档第二轮土地延包档案资料，共立卷198卷，经省、地政策研究室和档案部门检查验收，达二级目标管理标准，受到表彰。至2000年，全地区第二轮土地延包档案清理建档工作基本完成，其中毕节市立卷1500卷，进馆1180卷。2002年5月28日，地区退耕还林工作领导小组办公室、地区档案局联合制发《关于切实加强退耕还林工作档案管理的通知》，要求各县切实做好退耕还林档案资料的立卷、归档工作，县级退耕还林领导小组办公室作为一个特殊的全宗单位，保存1套完整的退耕还林档案，定期向同级国家档案馆移交。2003年，进行农村税费改革，地区档案局与地区税费改革办公室联合制发《关于做好全区农村税费改革档案工作的通知》，部署农村税费改革档案的收集、整理工作。至2004年，地、县档案局（馆）与地、县农村税费改革办公室协同，共立卷农村税费改革档案3849卷（盒），光盘档案331张，软盘档案331张，照片档案446张。2005年5月10日，中共毕节地委保持共产党员先进性教育活动领导小组办公室、地区档案局联合制发《关于做好保持共产党员先进性教育活动文件材料收集归档工作的通知》，要求各县市、各部门、各单位先进性教育活动领导小组办公室指定专人，做好档案材料的收集、整理和归档工作。2006年5月，地区先进性教育活动领导小组办公室立卷归档先进性教育活动文书档案207盒，声像档案12盘，于6月全部移交地区档案馆。

## 二　收集与征集

1959年，毕节、黔西、金沙、织金、纳雍、水城、威宁、赫章县档案馆共接收档案47个全宗1.45万卷。1960年5月，毕节专区档案馆建立。是月，专区档案馆拟订《毕节专区档案馆工作暂行细则》，确定档案收集范围为地、专党政机关、群众团体及直属厂矿、企业、事业、学校需要长期和永久保管的档案；解放以来撤销的地、专党政机关、群众团体及直属厂矿、企业、事业、学校的全部档案资料；毕节地区的革命历史档案和历史资料；民国时期毕节专区政权档案资料；地委和上级档案管理机关指定接收的档案资料。同时明确暂不接收下列档案：人民公社的档案；军分区、公安局、法院、检察院的档案；中央、省驻本地区的机关的档案；工厂、企业的技术档案。地专党政机关、群众团体及直属单位永久和长期保存的档案，一般在本单位保存5年后，由专区档案馆接收。撤销机关如其职能无其他机关代替，其档案移交专区档案馆。接收档案基本要求：全宗档案完整；正确区分全宗和分类；中共党组织的文件和行政文件分开立卷；案卷符合立卷原则；案卷标题与内容相符，文字简明清楚，卷内文件经过系统排列，编张号，填写备考表，有卷内目录；去掉金属物，装订整齐美观；正确划分保管期限；编写立档单位和全宗历史事实考证；编好一式三份案卷目录。专区档案馆根据案卷目录接收案卷，逐卷清点，经核对无误，交接双方在目录上签名盖章。是年，专区及各县档案馆共接收档案8465卷。1962年，全专区档案馆共接收档案43个全宗2.35万卷，其中专区档案馆接收43个全宗，6496个案卷。1963年，全专区10个档案馆共接收档案26个全宗，2553卷。1965年，全专区共接收档案33个全宗，7420卷。全专区馆藏档案达149个全宗，3.87万卷，（缺威宁县统计数）。

1966～1976年“文化大革命”期间，地、县档案馆共接收档案57个全宗1.47万卷。至1979年，全地区档案馆馆藏档案206个全宗5.34万卷。

1981年10月29日，贵州省政府办公厅转发《省公安厅、省档案局关于贯彻国发〔1981〕20号文件的意见的通知》，明确“旧政权档案应迅速由公安部门移交档案部门集中保管，以适应开放历史档案的需要”。其后，各县（除织金县）和地区原保存在政法部门的民国时期档案，先后移交地、县档案馆集中保管。1983年，全地区档案馆共计接收中华人民共和国成立前后的档案207个全宗，2.97万卷。1984年后，毕节地区贯彻国家档案局和省档案局指示，地、县档案馆均将丰富馆藏作为工作重点，扩大接收进馆档案的范围。1984～1989年，全地区地县档案馆共计接收各种档案171个全宗，8.35万卷，其中地区馆接收16个全宗，1.9万卷；各种资料6344种，4.4万册，其中地区馆2245种，1.44万册。1990年，全地区馆藏档案共577个全宗，16.34万卷，资料1.78万种，9.8万册。至此，全地区各县档案馆藏档案和资料均达万卷（册）以上。

1991年，全区地、县档案馆共接收档案2.07万卷。1992年，全区地、县档案接收档案5.04万卷，为历年之冠。1993年，全地区档案馆共接收档案2.6万卷，其中地区档案馆从毕节中级人民法院接收民国时期审判档案2.13万卷。1994～1996年，全区地、县档案馆共接收档案2.01万卷。1999年，地区档案馆接收钱伟长、费孝通、吴阶平、王兆国、何鲁丽、成思危、许嘉璐、蒋正华、万国权、经叔平等国家领导人及省委、省政府领导为毕节试验区建立10周年题词29件珍贵档案进馆。

2001年8月6日，地区档案局制发《毕节地区档案馆收集档案实施细则》规定：①地区档案馆接收以下地直机关、团体、企事业单位及其他组织的档案：地委、行署及其直属部、办、委、局的档案；人大工委、政协工委的档案；纪委的档案；工会、妇联、团委、文联、社科联、讲师团、科协、残联等机关和人民团体的档案；法院、检察院、公安机关的档案；人民银行、工商银行、农业银行、建设银行、中国银行、保险公司档案；驻毕节地区的中央、省属管理机构档案；地直所属事业单位和大、中专院校的档案；地直所属企业单位档案；地直所属部门隶属的公司、站（段）、所、院（医院、影剧院）、馆（群艺馆、博物馆）、文艺团体等具有保存利用价值的档案；中华人民共和国成立以前的历史档案；接收代存各民主党派及其他有价值的私人档案。②接收以下门类的档案：文书档案；科技档案（含生产技术档案、基本建设档案、设备档案、科学技术研究档案、专门性科技档案）；专门性档案（含诉讼档案、纪检档案、统计档案、会计档案、审计档案、工商管理档案、专利档案、艺术档案、干部人事档案、宗教档案、书稿档案、教学档案、民营企业档案、家族档案、私人档案等）；图书资料档案（含各机关单位编印和收集的有保存利用价值的图书资料）；实物档案（含各机关单位获全国性奖励的证书、奖杯、奖章、奖牌以及在全国、全省行业有较大影响的具有纪念意义和重要价值的各种物品）；照片、录音、录像、磁盘、光盘等不同载体档案。③接收以下保管期限的档案：所属辖区内立档单位具有永久、长期保存价值的档案；撤销机构的全部档案；属于本馆应接收的中华人民共和国成立以前的各种历史档案。④接收立档单位年满10年以上的档案进馆。有下列情况可提前接收进馆：不具备保管档案条件的立档单位，经本馆同意，可提前接收进馆；撤销机关、团体档案，可提前接收进馆；珍贵档案、有价值档案可随时接收进馆；历史档案，随时接收进馆；知名人士档案随时接收进馆；副县级以上死亡干部档案，在单位保存5年以上，接收进馆；图书资料、实物档案可随时接收进馆。同时，对案卷移交办法作出规定。是年，地区各县国家综合档案馆共接收档案9635卷进馆。同年，纳雍县档案馆征集纳雍4×30万千瓦火电厂照片档案79张、《3356》工程照片档案15张进馆。2002年，地区档案馆接收地委组织部、地区软木厂等单位2037卷档案进馆。2003年，全地区档案馆共接收7200卷档案进馆。2004年7月15日，地委宣传部、地区档案局制发《关于征集毕节试验区建立以来形成的有关档案资料的通知》，明确征集内容和征集方法。是年，地区档案馆征集到3卷彝文档案。2005年，地区档案局征集到党和国家领导人视察毕节试验区照片182张，题词30幅，光盘2张进馆。2007年，地区档案馆共接收39个单位的2.14万卷（件）档案进馆，又征集137册彝文档案进馆，并对其中的22册550页全文扫描。2008年，地区档案馆配合有关部门，对毕节试验区成立20周年纪念活动中形成的文件材料、录音、录像、照片、光盘、题词、文件汇编、资料汇编、画册等各种门类、各种载体的档案资料完整收集，规范整理，全部接收进馆。同年，接收14个单位的7802卷（盒）1261件档案进馆，又征集毕节地区政协工委和毕节地区苗学会的351张珍贵照片进馆。2009年，全区地、县（市）档案馆共接收108个单位的7824卷、6025盒、8.24万件档案进馆。2010年，全地区档案馆共接收档案近3.6万卷（盒）进馆。同年，地区档案馆还征集国家级非物质文化遗产项目纳雍县苗族芦笙舞《滚山珠》图片资料55张、纳雍县彝族《铃铛舞》资料16张和纳雍县箐苗服饰4套进馆。2011年，全地区档案馆共接收文书档案2万卷（盒）、照片（图片）档案853张、退耕还林档案587盒、会计档案383盒2055卷、印章档案264枚、电子档案386个、彝文档案67册进馆入藏。

## 三　整理与编目

1954年2月27日，专署秘书室拟订《整理档案初步计划》，专直部分单位开始进行档案整理工作。1955年2月7日专署秘书室拟订《关于整理本署各年档案的工作计划的方案》，决定从商业科、财政科、财委会、文教科、卫生科各抽调1人，组成档案清整小组，清理商业科档案。中途清理档案人员被抽调搞中心工作，档案清整工作半途而废。1956年2月8日，专署制发《关于文书处理工作和档案工作情况的报告》，要求专、县机关1956～1957年，均设置档案室，区、乡设置档案柜，专、县配备专职档案干部，各所属单位明确兼办人员，负责收集、整理、立卷、出借和向机关档案室移交本机关的档案。同年3月22日专署转发省人民委员会办公厅《关于划分我省各级国家机关、学校、厂矿档案全宗问题的意见》，要求专署各部门按照《意见》整理和妥善保管本机关的档案材料。明确构成全宗的条件是：1.自己可以单独行使职权，并且能够主要以自己的名义单独对外行文；2.是一个法定的会计单位，自己可以编造预算或财务计划；3.设有专门的人事机构或管理人事的干部，并且有权任免一些干部。根据上述划分全宗的原则精神，提出专署各部门划分全宗意见，划分专署、公安处、法院、检察院、供销合作社、银行、邮电局、工会、工商联等单位为构成全宗单位。1957年7月4日，专署办公室制发《关于计划整理积存档案文件的意见》，要求各单位确定1人专事积存档案文件整理，再安排2人协助其事，争取1958年底以前完成积存档案清整工作。同时翻印《如何整理积存档案》《国家档案材料鉴定工作试行办法》供各单位参考。1958年9月6日，专署办公室制发《关于署内各部门清理积存文件的情况的报告》称，是年4～8月，专署所属18个单位共清理1950～1957年积存文件近30万件，其中10个单位全部装订移交档案室。同年10月17日，中共毕节地委要求全专区各级各单位贯彻“全党办档案，人人办档案”的方针，突击完成历年积存文件清理工作。是年11月20日，地委办公室制发《毕节地区当前档案工作情况和今后工作的初步意见》称，1958年6～11月，全专区共动员1.05万人投入积存档案清理工作，共清理积存零散文件384万份，立卷12.7万卷，编写目录、卡片、索引、专题一览等利用工具36种717件。1959年，全专区清理积存文书档案17.61万卷358.05万件，编写各种利用工具30余种1.12万件。1961年，全专区共收集整理案卷8640卷。1962年10月18日，专区档案管理局制发《关于划分毕节地专机关档案全宗的意见（草案）》，划分地专机关党委部门全宗单位6个，政府部门全宗单位24个，其他部门全宗单位27个，合计57个。是年8～12月，根据省保密委员会和省档案局关于检查、清理当前档案文件的紧急通知，全专区开展档案文件检查、清理、处理工作。全专区66个单位中，完成清理整理的单位26个，占40%；大部完成清理、整理工作的单位28个，占42%；未清理整理的单位12个，占18%。共检查、清理各类文件、图纸、资料91万余份。除应立卷归档案者外，按规定销毁重份和无保存价值文件87.58万份，其中绝密6300份，机密86.95万份。1963～1964年，全专区开展“清查文件、检查制度、审查干部”运动，投入1609人，划分458个小组，清理历年积存零散文件67.75万份，其中清理出散存于个人手中的文书材料、电报、技术文件1.74万份，立卷归档3.58万卷，上交3.4万份，销毁12.87万份。1965年5～10月，全专区组织1799人投入档案备战工作，改制和新制平战两用档案备战箱3016个，清理积存零散文件139.34万份，立成案卷4.72万卷，技术图纸1081套，各种资料1.58万册，鉴定档案1.99万卷，调整加工档案7904卷。

1968年3月4日，毕节地区革命委员会（下称地革委）秘书处制发《关于作好文书处理和档案工作的几点意见》，要求各单位革委会和群众组织，组织力量，清查、整理1965～1967年各种零散文件、材料、简报。但直至1976年10月，由于受“文化大革命”影响，多数单位文书档案未立卷归档形成大量积存档案。

1976年12月6日，地委办公室从地直工交、农林、财贸、科教、宣传系统各抽调1人，协助清理地委、地革委1966～1975年积存文件。历时1年，于1977年底清理完毕，共立卷归档646卷。1978年，全地区各级各单位组织共6645人清理积存档案，立卷10.37万卷。全地区2538个地、县、区机关和公社完成清理任务，占应清理积存档案单位总数的90%。其中445个地、县局完成清理任务，占96.5%；1688个区、社完成清理任务，占88.5%；2173个大队完成清理任务，占47.2%。至1981年，全地区基本完成积存档案清理工作。

20世纪80年代后，各级各单位文书档案立卷归档日趋制度化、规范化，文书档案大量积存现象不复出现。地区及各县档案馆和各级各单位在规范化整理档案的同时，进行编制档案检索工具工作。1990年4月23日，地区档案局制发关于填写《全宗介绍》的通知，用表格式的方法制发《全宗介绍》供各机关档案室填写归档，且规定在移交档案的同时，要移交《全宗介绍》。同年7月27日，地区档案局制发《关于明确地直单位档案全综号和编制目录号、案卷顺序号的通知》，编定地直158个机关和企事业单位全宗代号。是年，全区地县档案馆共编制参考资料5种计23.02万字，编制查找工具5种计111.08万字。1991年11～12月，各县档案局（馆）组织力量，突击清整撤销的区、乡档案。毕节县动员以区、乡干部为主的清理队伍500余人投入清整，至年底，县馆接收区、乡档案2.01万卷，占区、乡档案应进馆的95%。1992年，全区9个档案馆编制目录索引516册。同年，大方县清整122个建镇并乡撤区档案1.5万卷进馆。金沙县档案局将原73个小乡镇档案全部清收到县档案局，以每个乡镇为一个全宗共立卷8200余卷，编制全引目录118本，案卷目录9本。1993年地、县档案部门帮助地、县各部门收集、整理档案1万余卷，其中地区档案局整理行署办公室、土地管理局等单位文书档案1600余卷，修复残破张页6400余张，填写专题和著录卡片2542张，为行署办公室收集整理1950～1992年的会计档案2000余卷。是年全地区档案馆共编制各类目录30万字，其中地区档案局编制刑事诉讼档案案卷目录14.9万字。1994年，地区档案局按照规范化、标准化鉴定整理地区人事局1959～1975年人事档案298卷，裱糊破损档案3000余张。1994～1995年，威宁县档案馆对“建并撤”中接收进馆档案重新进行鉴定、整理，整理档案6872卷，抄写卷内目录3.14万条，案卷目录2412条。1996年，织金县档案局整理、鉴定、编目、排列馆藏档案2.76万卷。1997年，全区档案馆计有案卷目录984本，全行目录141本。1999年，地区档案局整理1.7万卷档案，编写页号2.591卷，抄写卷内目录1.607卷，拟写案卷标题7889卷，对6576卷档案重新划定保管期限，复印1.06万卷档案卷内目录7.05万页和17个全宗档案案卷目录1.04万页。是年，全地区档案馆计有案卷目录1409本，全引目录436本，专题目录簿式60本、卡片式7501张，重要文件目录簿式25本、卡片式3860张。

2000年，地区档案馆抄写全宗目录15个，复印全宗4个，计4万余页，抄写销毁档案清册1750份，编制期刊卡片416张，拟写部分全宗指南。2000~2005年，全区国家综合档案馆编目情况见下表：

毕节地区9个国家综合档案馆2000～2005年档案编目情况统计表

| 项目/数量/年份 | 手工目录 | | | | | | 机读目录 | |
|---|---|---|---|---|---|---|---|---|
| | 案卷目录 | 全引目录 | 专题目录 | | 重要文件目录 | | 案卷级 | 文件级 |
| | | | 簿式 | 卡片式 | 簿式 | 卡片式 | | |
| | 本 | 本 | 本 | 万张 | 本 | 万张 | 万张 | 万张 |
| 2000 | 1435 | 482 | 60 | 0.75 | 25 | 1.05 | | |
| 2001 | 1585 | 640 | 68 | 1.43 | 19 | 0.39 | | 1.22 |
| 2002 | 1608 | 645 | 51 | 1.43 | 19 | 1.05 | 0.29 | 0.93 |
| 2003 | 1979 | 715 | 72 | 1.45 | 19 | 0.39 | 3.75 | 1.30 |
| 2004 | 2033 | 711 | 72 | 1.45 | 20 | 0.39 | 3.99 | 14.78 |
| 2005 | 1344 | 300 | 64 | 1.45 | 19 | 0.39 | 1.99 | 26.24 |

2008年，地区档案局（馆）对馆藏档案7.58万卷（册）、6054盒、7.33万件档案资料、1518张老照片、16盒录音资料进行全面清点统计、排列和标识。

## 四 鉴定与销毁

1954年1月28日，专署秘书室制发《档案管理试行办法》规定，已满保管年限的档案，填销毁明细表，经机关首长批准销毁。1960年5月，专区档案馆拟订《毕节专区档案馆工作暂行细则》（初稿）明确，需要销毁的档案，编制销毁清册，经鉴定委员会审查批准后始得销毁，同时报上级档案管理机关备案。鉴定委员会由地委秘书长和地委、专署办公室主任及档案馆正、副馆长组成。销毁档案时，由地委指定专人监销。旧政权档案，暂不鉴定。革命历史档案作永久保管。1963年8月23日，毕节县委办公室向地委办公室呈送《关于对1957～1962年各级重份文件销毁的请示报告》，请示销毁经清理、鉴定后的重份文件3.75万份，临时资料2.43万份。同月29日，地委办公室批复，同意由毕节县委办公室派两名机要人员押送应销毁档案至大方纸厂，且负责监销，直至全部打成纸浆为止。1964年4月20日专区档案局呈报销毁重份文件报告，填报《中共毕节地委办公室1952年3月份至1960年3月份党内文件清理报告表》《中共毕节地委办公室1950～1960年党内刊物清理报告表》，经秘书长批准，销毁重份文件491份，重份党内刊物1887册。1965年，各县档案馆共鉴定档案2665卷6603件（缺威宁县统计数），其中毕节1150卷、大方750卷、黔西46卷、金沙325卷、织金4132件、纳雍2471件、水城285卷、赫章109卷。

1966～1976年“文化大革命”期间，全地区机关档案室多未进行档案鉴定工作。

1979年，地、县部分机关档案室恢复档案鉴定工作。1980年8月，全地区429个单位开展档案鉴定工作，鉴定档案1.76万卷。是年8月26～30日，地区档案馆召开毕节地区档案鉴定工作座谈会，部署档案鉴定工作。至1981年7月，全地区250个地、县局以上单位完成鉴定工作，占单位总数的52%，鉴定案卷2.88万卷。1982年，全地区360个地、县局以上单位完成鉴定任务，占有档案鉴定任务单位的70%，鉴定档案3.74万卷。1983年后，地区及各县档案局协助机关档案室对拟移交进馆的案卷进行鉴定，确定为永久、长期的案卷，另编目录移交档案馆保存；对失去保存价值的档案按手续和审批权限进行销毁。

20世纪80年代中期起，地区及各县档案馆分期分批进行馆藏档案鉴定。1985年，地区及毕节、大方、金沙、织金、赫章县档案馆共鉴定馆藏档案6691卷。1986年，地区和毕节、大方、金沙、纳雍县档案馆共鉴定馆藏档案5040卷。1987年，地区及毕节、黔西、纳雍、赫章县档案馆共鉴定馆藏档案3110卷，1988～1990年，地区及各县档案馆共鉴定馆藏档案1.78万卷。1994年，全地区9个国家综合档案馆共鉴定、销毁档案8129卷。1996～2000年，地区及各县国家综合档案馆共鉴定、销毁档案2.06万卷。2001年，黔西县档案馆鉴定、销毁档案4799卷，威宁自治县档案馆鉴定、销毁档案94卷。2002年，毕节市档案馆鉴定销毁456卷，金沙县档案馆鉴定销毁500卷，织金档案馆鉴定销毁5303卷，威宁县档案馆鉴定销毁120卷。2003年，毕节市档案馆鉴定销毁231卷，威宁县档案馆鉴定销毁135卷。2004年，威宁县档案馆鉴定销毁245卷。2005年，地区档案馆鉴定销毁1668卷，毕节市档案馆鉴定销毁248卷，纳雍县档案馆鉴定销毁125卷，威宁县档案馆鉴定销毁113卷。

## 五　保护与抢救

**安全保护**　1954年1月28日，专署秘书室制定《机关档案管理试行办法》，规定档案保管应有必要的物资设备，以能防盗、防水、防火、防虫伤、防鼠损。20世纪50年代末至60年代初，专区及各县先后建立档案馆开展档案保护工作。1960年5月，专区档案馆制定《毕节专区档案馆工作暂行细则》规定，档案库房必须门窗严实，室内保持适当温度和湿度，并有防火、防虫、防潮、防鼠设备，库房内严禁吸烟和存放易燃物品。对不能继续保存和破损的重要文件，应即时进行修复和复制。60年代前期，专县档案馆和部分机关档案室开始制定档案安全保卫制度。80年代后，地、县档案馆和部分机关档案室档案安全保卫制度进一步完善。90年代后，地区及各县、市档案馆分别制定《档案安全保卫制度》《安全保卫目标管理责任制度》《办公楼安全消防责任书》《库房消防责任书》等安全保卫制度，档案防盗、防火、防光、防湿、防尘、防鼠、防虫、防霉和防有害气体侵蚀工作基本到位。2002年6月3日，地区档案局组织开展全地区档案安全大检查。检查档案馆9个，机关和企事业单位档案室187个，地、县档案馆均建立健全档案安全保管和保密工作责任制及各项规章制度，且严格执行，库房基本配齐防火、防盗设备，各馆均安排有24小时值班人员，严密排查安全隐患，库房安全保密工作均有专人负责，无安全事故发生。

**档案抢救**　20世纪60年代，专县档案馆对档案作过小量修裱。对破损褪变档案的大量抢救与修裱则在80年代之后。1980年，全地区9个国家综合档案馆共复制褪变档案3.5万页，修复破损档案1.32万页。1982年，地区及各县档案馆调查馆藏破损与褪变档案，地区档案馆馆藏民国时期档案破损较为严重，中华人民共和国成立后的档案褪变约1.05万卷，占总数的30.2%。毕节县档案馆馆藏档案1.57万卷，褪变、老化的3759卷，占总数的24%。大方县档案馆馆藏中华人民共和国成立前档案1052卷，6.33万页，其中破损、受潮发霉、鼠咬虫蛀的5.08万页，占80.18%；20世纪50～60年代的案卷7700卷，115.5万页，其中复写纸、圆珠笔、铅笔书写的较多，纸质差，导致纸张老化的46.3万页，占40.07%；70～80年代案卷2255卷，33.82万页，案卷质量不一，金属物未拆除的有7.53万页，占22.25%。黔西县档案馆馆藏民国时期档案需修复的1.3万卷，部分中华人民共和国成立初期的褪变档案也应修复。金沙县档案馆馆藏破损、褪变档案主要是1960年以前的土改清册和历次政治运动中形成的个人材料2000余卷，占馆藏总数的21.2%。织金县档案馆馆藏破损案卷1325卷，占馆藏档案总数的7.07%，字迹褪变档案3050卷，占16.3%，有约7.17万页需要复印抢救。纳雍县档案馆馆藏档案破损的500卷，占馆藏总数的4.6%，褪变档案2500卷，占22.3%。威宁县档案馆原抢救的1308卷档案，均需重新裱糊，需恢复字迹的占20%。赫章县档案馆馆藏档案破损、褪变的2980卷7.12万页，占馆藏档案总数的41.97%。其后，各馆均分别制定抢救办法，分期分批地对破损、褪变档案进行修裱和复制。1985年地县档案馆共复制褪变档案6787张，地区及毕节、黔西、织金、赫章档案馆共裱糊历史档案6.44万张。1986～1990年，中央和省财政共补助毕节地区重点档案抢救经费18.84万元。至1990年，地区及各县档案馆共裱糊与复制破损及褪变档案7.5万卷，342万页，其中地区档案馆裱糊与复制3.26万卷171.47万页。1991年，地区及各县档案馆共修复抢救破损褪变档案1.15万页。1994年，全地区9个国家综合档案馆共抢救档案2372卷，其中大方县档案局与县公安局配合，组织36人，抢救、修复和整理民国24～38年（1935～1949）大定县旧政权档案1384卷。1995年，地区档案馆抢救档案3.62万卷。1996年3月，省档案局分配给毕节地区重点档案抢救补助费2.5万元。1996～2000年，全地区9个国家综合档案馆共抢救重点档案1.38万卷。2002年12月，地区财政局转发省财政厅、省档案局分配给毕节地区重点档案抢救补助费2.1万元。2003年地区档案局抢救重点档案293卷。至2004年，全地区9个综合档案馆共有馆藏重点档案8.62万卷，其中地区档案馆3.72万卷，8县市档案馆4.62万卷。馆藏重点档案中，应抢救档案8.27万卷（册），还有约4000卷彝文档案急需抢救并征集进馆。全地区档案馆已抢救馆藏档案7.46万卷，只作修裱处理，尚需进行复制、加固、脱酸、字迹恢复等工作。实际全部完成抢救的重点档案为1837卷（册），其中民国时期政权档案748卷册，中华人民共和国成立后档案1089卷，尚有8.08万卷档案需抢救。2005年9月8日，黔西县档案馆和地区档案馆先后建立特藏室，保管具有永久保存价值的档案，内容珍贵和重要的档案，形成时间久远的档案，国际国内有影响的作者形成的档案，有地区特色的档案。两馆进入特藏室保管的档案共10个全宗，3.89万卷。其中民国时期的档案8个全宗3.85万卷，谱牒档案1个全宗32卷；中华人民共和国成立后档案1个全宗330卷，彝文档案10卷，党和国家领导人视察毕节试验区的照片、录音、录像和VCD，题词等档案资料5卷。2007年，全地区9个国家综合档案馆共抢救重点档案1849卷，其中毕节市档案馆抢救重点档案851卷，修表破损档案5.47万张。2008年，全地区共争取到中央和省下拨的重点档案抢救经费62万元，地区行署及各县（市）政府亦加大重点档案抢救经费投入。是年，全区共抢救民国档案2200卷。2011年，全区档案馆共抢救重点档案1.66万卷，对重点档案进行清点、修裱、著录、数字化处理、消毒、杀虫、装盒、编号和上架等抢救和保护工作，其中，地区档案馆抢救民国诉讼档案1.54万卷。

## 六　档案统计　档案专项调查　档案信息化建设

**档案统计**　1960年8月，根据贵州省档案管理局《关于填报5种档案工作基本情况统计报表的通知》，专区档案管理局填报全区档案业务指导情况、档案干部情况、档案馆情况、档案室情况、档案利用情况统计报表。20世纪70年代，地区档案馆多次向省档案馆报送有关档案统计资料。1983～2009年，地、县市档案馆逐年填报国家档案局统一制发的《全国档案事业统计综合年报》。

**档案专项调查**　1989年5月16日，地区档案局制发《关于对地直单位档案工作基本情况进行全面调查的通知》，印发《地直机关档案工作基本情况调查表》，调查地直机关档案工作机构、人员、经费情况、档案设施设备情况、保存档案情况、积存文件情况、编制检索工具及编写参考资料情况和档案工作制度建立情况。1994年，根据省档案局《关于印发国家档案局〈国有企业调研提纲〉的通知》精神，地区档案局调查毕节烟厂等企业的档案工作情况。1997年，根据贵州省档案局《关于转发国家档案局〈乡镇机关档案工作调查提纲〉的通知》，各县档案管理部门开展乡镇机关档案工作调查。是年，各县档案局还进行农业科技档案工作调查研究和乡镇企业档案工作情况调查研究。1999年7月，地区档案局调研国有企业资产与产权变动档案情况，据不完全统计，毕节市、大方、黔西、织金县共有改制企业44个，在企业资产与产权变动过程中，各企业均对档案进行清理、移交，档案安全基本保证。2005年地区档案局会同省档案局调研国有破产企业赫章铅锌矿档案工作，写出调研报告上报省档案局和毕节地区行署。2010~2011年，地区档案局对下列档案工作进行了调研。一是对毕节、黔西、织金3县林改档案进行调研，了解林改档案情况，制发《关于加强退耕还林成果专项资金建设项目档案管理工作的通知》，要求林改档案做到户有卡，村有账，乡（镇）有册，县有档，保证退耕还林项目档案系统、完整、规范。二是与地区人力资源与社会保障局联合，对金沙、大方两县社保档案进行调研，联合制发《毕节地区社会保障业务档案管理实施办法（暂行）》，对社会保障档案材料的收集、整理、保管、利用提出规范性指导意见。三是到大方、金沙、纳雍3县民政局、社保局，对低保档案、婚姻档案工作进行调研，探索低保档案、婚姻档案管理机制。四是与地区危房改造办公室联合，对全地区危房改造档案工作进行调研，联合制发《关于做好农村危房改造档案管理工作的通知》，规范全区农村危房改造档案收集、整理和保管事项。五是会同地区高速公路建设指挥部对全区高速公路征地拆迁档案工作进行调研，联合制发《关于进一步规范毕节地区高速公路建设征地拆迁档案管理工作的意见》，规范高速公路征地拆迁档案管理。

六是与地区信访局联合，对毕节市和大方、黔西两县的信访档案工作进行调研，联合制发《毕节地区信访档案管理规定》，规范信访档案工作。此举为省内档案部门首家创新做法，得到省信访局、省档案局赞许，省信访局向全省转发《毕节地区信访档案管理规定》《中国档案报》对此进行报道。

**档案信息化建设** 2000年，地区档案馆购入DAMS档案现代化管理软件。2001年，黔西县档案馆微机录入机检目录8000余条，人名索引6000余条。2003年，地区档案馆微机录入档案案卷目录3.62万条，全宗目录63条。2004年5月18日，省档案局行文通知，向大方、金沙县档案局（馆）各发1套超越2000～2003版计算机管理档案软件。是年，地区档案馆和大方、黔西县档案馆藏民国政权档案开放目录全部实现计算机管理，中华人民共和国成立后档案录入14个全宗、6.1万条文件级目录，其中地区档案馆录入全宗7个，目录1.4万条。2005年7月，省档案局给织金、纳雍、威宁、赫章县档案局（馆）配发“泰坦超越2000～2003版”档案管理软件。是年，全地区档案馆共微机录入档案条目15.9万条，其中，地区档案馆录入7.2万条。地区档案馆微机录入成绩显著，获省档案局表彰。2007年，全地区档案馆共完成档案电子数据库目录条目42万余条。2008年，全地区档案馆全面加快档案信息化建设步伐，充实文件级、案卷级目录数据库，完成档案电子数据库目录条目65.6万条。2009年，全地区档案馆共完成档案电子数据库目录条目481.1万条。2010~2011年，全地区档案馆共录入档案条目81.33万条。2010年，在完善黔西、大方、毕节3个县级档案馆信息网站的基础上，新建金沙县档案信息网。2011年，金沙、黔西两县档案馆共全文扫描民国档案11.2万条（幅）。

## 第三节 档案利用

**档案利用制度** 20世纪50年代中期，地、县部分机关单位建立机关档案室和科技档案室，即制定档案利用制度，开展档案利用工作。60年代初，专县档案馆建立，亦即制定档案利用制度，开展档案利用工作。1965年10月5日，专区档案馆制发《毕节专区档案馆提供档案利用暂行通则（草案）》规定：

1.毕节专区档案馆保存的档案主要是为地专各机关党政领导进行阶级斗争、生产斗争、科学实验服务。

2.专区档案馆先采用以下几种方式开展利用：（1）建立阅览室；（2）编制基本的参考工具，逐步创造条件汇编资料；（3）答复外地机关对本馆档案的查询，并根据情况和工作需要开列证明。

3.专区档案馆保存档案只供给机关使用，一般不提供私人利用。

4.不同性质、不同机密程度档案文件，使用范围有所不同，中共党委档案只供给党委部门和党的负责人使用，国家机关的档案文件只供给党和国家机关使用。旧政权档案除机密部分外，可供给一般机关使用。

5.专区档案馆所保存的档案文件，对于形成该档案的机关及上一级机关可以无保留地提供使用；旧政权档案，对于有关业务的单位也可以无保留地提供使用。根据利用单位的使用目的，提供一定范围的有关档案，无关的档案不予提供。

6.利用档案原则上只限于馆内阅读，不能将原件借出馆外；确实需要借出时，得经领导批准，尽可能借出复制本，借出时间不得超过7天，确属需要可续借。

7.借阅档案文件人员必须爱护档案，妥善保存，不能拆散、涂改、圈点、污损，交回时需严格审查，如有损坏，根据情节报经领导给予应得处分。

8.利用单位在征得专区档案馆同意后，可将档案作简要摘录。摘录的材料应经专区档案馆同意后，寄送利用单位或根据情况交本人带回。

9.利用单位如需复制档案需经秘书长及有关领导批准。复制的档案使用完毕后，应根据专区档案馆意见交机关档案室保存或退回专区档案馆，不得擅自转送、翻印或公布。

10.各机关到专区档案馆使用档案时，应持机关介绍信。使用党的档案需持党委机关介绍信。

11.利用党的档案和绝密档案需派党员干部到馆使用。

12.利用者对使用档案，必须严加保密，不得外传。

13.为配合档案利用，专区档案馆保存部分资料，利用办法与档案同，对秘密资料借阅需持机关介绍。1968年3月27日，毕节地区革命委员会批转地革委秘书处《关于查阅毕节地区革委档案馆档案材料的规定》：（1）查阅地区革委档案馆档案材料者，必须持上级正式批准的县以上革命委员会、军管会（军管小组）介绍信，地级机关须持本单位的革命委员会、军管会或实行联合的革命组织的介绍信，并注明调查的问题、目的、范围、年代，由文书档案组审查，报经地区革委值班常委批准后，方可查阅。

（2）凡经批准查阅的档案材料，只准在档案馆内阅览，不准借出，不准复制。若需借出或复制时，需经地区革委领导批准。

（3）在批准查阅的范围内，摘抄一般档案材料，由文书档案组负责人批准；摘抄重要档案材料，经地区革委秘书处负责人批准；摘抄机密档案材料，需报请地区革委领导批准。

（4）尚未成立革命委员会和未实行军管以及未实现革命大联合的单位，原则上不能借阅档案。

（5）查阅档案材料的人员，必须政治上绝对可靠。80年代后期，根据中央关于开放历史档案的指示和《中华人民共和国档案法》关于国家档案馆保管的档案一般应自形成之日起满30年向社会开放的规定，地、县档案馆扩大向社会开放档案范围。同时进一步完善档案利用制度，以更好地提供档案利用。

**档案利用**　20世纪50年代末60年代初，专、县档案馆相继建立，随即开始档案利用工作，提供档案为各项政治运动和生产建设服务。1965年，全专区档案馆共提供利用档案870人次1564卷。威宁县档案馆为国家建委赴威宁调查组提供工业、交通、邮电、农牧业、财贸案卷，帮助调查组开展调查。“文化大革命”期间，档案利用主要为政治运动、阶级斗争服务。1978年后，全地区档案利用以为社会主义各项事业服务为目标，向经济建设、工作查考、科学研究、编史修志、落实政策等政治、经济、文化和社会事业提供服务，档案利用数量大增，档案利用所取得的经济效益和社会效益日益显著。1983～1990年，地、县档案馆共接待档案利用9.3万人次，提供利用档案26.8万卷（册）次。

### 1983～1990年毕节地区及各县档案利用情况统计表

单位：人次、卷次

| 年份 | 接待利用 | 提供档案资料 | 年份 | 接待利用 | 提供档案资料 |
|---|---|---|---|---|---|
| 1983 | 1356 | 3041 | 1987 | 12999 | 91603 |
| 1984 | 1585 | 2441 | 1988 | 55418 | 69404 |
| 1985 | 2372 | 11624 | 1989 | 11617 | 51620 |
| 1986 | 5959 | 17062 | 1990 | 8289 | 22031 |
| | | | 合计 | 93323 | 268268 |

1987～1990年，全地区档案馆共提供利用档案22.9万卷次，其中，编史修志20.7万卷次，工作查考1.4万卷次，经济建设1918卷次，科学研究354次，其他5479次卷次。1996～2005年，全地区档案馆共接待利用2.5万人次，提供利用档案27.7万卷次，其中经济建设1.1万卷次，工作查考9.7万卷次，编史修志16万卷次，科学研究492卷次，宣传教育737卷次，其他8441卷次，复印档案、资料7万页。

### 1996～2005年毕节地区9个国家综合档案馆提供利用档案统计表

| 时间 | 提供利用（总人次） | 提供利用（总卷次） | 提供利用时间 | | 提供利用 | | | | | | 印档案资料页次 |
|---|---|---|---|---|---|---|---|---|---|---|---|
| | | | 解放前 | 解放后 | 编史修志 | 工作考查 | 科学研究 | 经济建设 | 宣传教育 | 其他 | |
| 1996 | 1966 | 13074 | 1260 | 11814 | 8861 | 553 | 400 | 2000 | | 1260 | |
| 1997 | 1704 | 5074 | | 5074 | 1189 | 2571 | 24 | 996 | | 294 | 207 |
| 1998 | 1635 | 5745 | | 5745 | 3124 | 1711 | | 910 | | | |
| 1999 | 1430 | 7024 | 72 | 6952 | 2119 | 1537 | | 2037 | 176 | | 6072 |
| 2000 | 5443 | 43626 | 57 | 43569 | 41540 | 1096 | 28 | 658 | 44 | 260 | 19940 |
| 2001 | 4015 | 67589 | 52 | 67537 | 32572 | 33265 | 20 | 676 | 110 | 946 | 1947 |

续表

| 时间 | 提供利用（总人次） | 提供利用（总卷次） | 提供利用时间 | | 提供利用 | | | | | | 印档案资料页次 |
|---|---|---|---|---|---|---|---|---|---|---|---|
| | | | 解放前 | 解放后 | 编史修志 | 工作考查 | 科学研究 | 经济建设 | 宣传教育 | 其他 | |
| 2002 | 2664 | 14582 | 87 | 14495 | 5072 | 6719 | 20 | 1170 | 216 | 1385 | 7805 |
| 2003 | 1637 | 82345 | 28 | 82317 | 57715 | 22811 | | 781 | | 1038 | 1920 |
| 2004 | 2002 | 7556 | 55 | 7501 | 2366 | 3977 | | 631 | 15 | 567 | 4468 |
| 2005 | 2462 | 30664 | 224 | 30440 | 5780 | 22282 | | 890 | 176 | 1536 | 28865 |
| 合计 | 24958 | 277279 | 1835 | 275444 | 160338 | 96522 | 492 | 10749 | 737 | 8441 | 70504 |

2007~2009年，全地区档案部门共接待利用者2.4万人次，提供利用档案8.44万卷次。2010~2011年，全地区档案部门共接待利用者2.1万人次，提供利用档案5.06万卷次。

## 第四节　档案事业管理

### 一　行政管理

自20世纪50年起档案事业管理主要通过召开会议安排部署和下达指令性文件两种方式实施。1954年1月29日，毕节区专员公署秘书室制发《档案管理试行办法》，明确机关单位处理完毕的一切文件以及簿册、计划、总结、电报、会议记录，均应采取统一管理制度、分科分别立卷、定期集中管理办法，归档管理。专署秘书室确定专职档案人员，专署内各科室确定兼职档案管理人员，专署以外的处、局、院均要设立档案室，自行管理档案。《试行办法》对档案分类、归卷、编制索引、调阅、清查、保管与移交作出明确规定。1958年10月30日，地委办公室转发《贵州省区、人民公社党组织文书、档案工作试行简则》，规定区、社党组织阅办完毕文件，要及时收集，统一立卷。是年，全专区建立公社档案室55个。1959年7月27～31日，地委办公室、专署办公室召开全专区档案工作会议，研究部署档案工作。1960年2月12～16日，专区档案管理局在织金召开现场评比会议，交流开展档案业务的经验，传达全国技术档案会议精神。1961年12月15～19日，专区档案局召开全区档案业务工作座谈会，研讨相关档案业务技术问题。1964年9月18日，中共毕节地委批转专区档案管理局关于加强档案工作的几点意见，要求各县地直各工作部门认真作好档案工作。各县和地直各单位贯彻执行地委关于档案工作指示，至1965年，全区专、县档案馆馆藏档案达149个全宗，3.22万卷。1966年3月21～26日，专区档案局召开全区档案工作座谈会，传达中央对机要保密和档案工作的重要指示，研究档案备战及相关档案业务工作和档案工作革命化问题。1968年3月4日，毕节地区革命委员会秘书处制发《关于作好文书处理和档案工作的几点意见》，安排档案工作。是年11月9日，地革委批转地革委秘书处、政工领导小组组织办公室《关于作好撤销机关档案材料的清理、移交工作的报告》，要求全面清理原地委、专署及所属各部、委、科、局、室历年保管的尚未按规定立卷的各种档案材料。1975年5月14日，地委批转地区档案局《关于建立和健全档案管理机构的报告》，要求各县委参照执行。各县参照《报告》的建议恢复建立档案馆，配备人员，建立管理制度和工作制度，开展档案工作。

1977年5月10～14日，地委办公室、行署办公室召开全地区档案、信访工作会议，部署档案、信访部门揭批江青反革命集团和档案、信访工作任务，1980年12月22～25日，地区行署召开全地区科技档案工作会议。要求地、县科技主管部门和各科技单位加强对科技工作的领导，建立和健全科技档案室，配备专、兼职科技档案管理人员，加强科技档案基础业务建设。1989年10月30日，毕节地区行政公署制发《关于进一步加强我区档案工作的意见》，要求：1.各县人民政府和各级各部门要切实加强对档案工作的领导，及时解决档案工作中遇到的困难。各县应由一名副县长分管档案工作，各级机关、团体、企事业单位要有一名领导分管档案工作，并列入分管领导的目标管理责任制。

2.按照档案法规定，将档案事业的建设列入国民经济计划和社会发展规划，使其同国民经济和社会发展同步进行，并为之服务。将档案工作列为年终工作考评内容。

3.地区和各县应有计划、有步骤地为档案工作部门办好以下几件事：（1）将地区档案馆列入1990年基建计划，力争1991年竣工，交付使用。（2）对黔西、金沙、织金、纳雍、威宁、赫章县档案馆的建设，从1990年起，每年安排1～2个县，由地区财政补助主体工程总投资的三分之一，力争1993年前，全地区各县档案馆全部建成。（3）对档案的收集、征集、保护和抢救，按照财政分级管理的原则，由地、县财政分别在年度预算中安排一定的经费给予解决，以保证档案业务工作的正常进行。（4）进一步加强档案干部队伍的组织建设、思想建设和业务建设。20世纪90年代后，地区档案馆和黔西、金沙、织金、纳雍、威宁、赫章县档案馆新馆先后落成，档案馆设备得到更新，档案干部队伍建设进一步加强。

## 二　业务辅导

自20世纪50年代末，地（专）区及各县档案馆即将辅导机关单位档案室业务工作作为日常工作内容之一。1959年，专区及各县档案馆组织工作人员到147个单位档案室指导750次，到84个公社档案室指导89次。70年代后期至80年代，地、县档案馆亦不断对机关单位档案室进行业务辅导。90年代以后，业务辅导更加频繁。1990年，地区档案局会同地区烟草分公司对各县烟草系统的档案工作作检查、指导，各县档案局亦对县直机关和区（镇）档案工作进行业务指导。是年，威宁县档案局进行业务指导668次。1994年，地区档案局组织业务人员指导地直30个单位的档案工作，各县档案局共计指导45个县直单位档案工作。1995年全地区9个综合档案馆共派出业务人员700余人次，为255个地、县市直单位提供业务指导和示范帮助，指导整理文书档案2.01万卷，诉讼档案4649卷，科技档案384盒，会计档案186盒，会计凭证333盒，制卡4590张，制导卡79张，编制案卷目录1585条6.1万字。1998～1999年，织金县档案局派员到县直35个单位指导，共整理文书档案4281卷，财会档案8368卷，科技档案112卷，基建档案38卷，声像档案19册。2000年，毕节市对10万吨水厂建设工程，大方县对大方电厂建设前期工程，纳雍县对纳雍火电厂建设工程档案收集、整理作业务指导。2001年，织金县档案局指导县直机关规范化整理文书档案912卷，科技档案381卷（册），财会档案1003册（盒）；威宁县档案局指导41个县直部门档案业务，现场培训档案人员130余人。2002年，地区档案局派员指导18个地直单位的档案业务，辅导破产企业软木厂整理档案115卷且全部移交进馆。毕节市档案局组织3个小组，分别指导市直单位和各乡镇档案业务；金沙县档案局指导23个县直单位档案工作。2003年，纳雍县档案局（馆）指导98个机关、团体、企事业单位档案工作。2004～2005年，地区档案局先后指导48个单位档案业务工作，并对其档案人员进行现场业务培训。2009年，全地区9个综合档案馆共派出业务人员1013人次，对528个地、县市机关、企事业单位和乡镇、村进行档案收集、整理、归档业务辅导。2010~2011年，全地区档案部门共派出2060人次，对地、县（市）595个机关企事业单位、101个乡镇、22个重点工程和重点项目的档案工作进行业务指导，受指导单位的档案人员基本掌握档案的收集、鉴定、整理等业务知识，完成单位档案整理工作，按时将整理完毕的档案移交档案馆。2011年，全区举办档案培训班10余期，培训910人次。

## 三　制度化管理　法制化管理

**制度化管理**　20世纪50年代末~60年代初，专区及各县档案馆相继建立后，即起步档案管理制度建设。1960年，毕节县档案馆制定《档案接收制度》《档案阅读制度》《阅览室制度》《档案保管制度》；专区档案馆和各县档案馆亦先后制定档案管理规章制度。80年代后，地县档案馆、机关档案室和科技部门档案室不断健全和完善档案管理规章制度。至1990年，地区邮电局档案室先后制定《档案室规则》《文书档案管理制度》《邮电科技管理制度、办法》《邮电科技图纸保管、更改、复制制度》《邮电生产经营管理文件材料归档制度》《会计档案管理制度》《文书档案保管期限表及说明》《档案鉴定制度》《档案库房管理制度》《邮电档案统计制度》《借阅档案注意事项》《档案员岗位责任制》，成为全地区管理制度较为完备的档案室。至2005年，地区及各县、市档案局先后制定《档案收集制度》《收集档案实施细则》《档案征集制度》《档案鉴定制度》《档案开放制度》《开放档案实施细则》《档案查阅制度》《查阅档案资料须知》《档案整理编目制度》《档案利用效果登记制度》《档案库房管理制度》《档案保管制度》《档案统计制度》《档案保密制度》《档案安全保卫制度》《档案局（馆）岗位责任制》《档案馆馆长职责》《档案馆副馆长职责》《档案保管、接待人员职责》

《档案接收工作人员职责》《档案技术保护工作职责》《档案馆工作人员守则》，管理制度日臻完善。

**法制化管理**　1987年9月5日国家颁布《中华人民共和国档案法》。是年11月7日，中共毕节地委、毕节地区人大联络处、地区行署联合召开地直单位学习、宣传、实施档案法动员大会，号召全区依照档案法规定，做好档案工作。旋即，各县市相应组织开展学习贯彻档案法活动。至是年6月，全地区档案部门共发放档案法宣传材料9378份，利用有线广播宣传98次，举办宣传专栏13期，且利用报纸和电视进行宣传。全地区各级各单位先后召开学习、宣传档案法的会议205次，5752人与会。是年7月，全地区开展贯彻执行档案法情况检查。由行署办公室、地区档案局、司法局、保密委员会联合组成毕节地区学习、宣传、实施档案法工作检查组，检查地直机关、企事业单位执行情况；各县档案局抽1人、地区档案局抽2人检查各县；各县人民政府办公室、档案局、司法局、保密委员会联合组成检查组，检查本县各机关、企事业单位和区、乡；地直各系统主管部门分管档案工作的领导和办公室主任组织本系统检查组，检查所属单位。至8月上旬，地、县学习、宣传、实施档案法检查组分别对61个地直单位、448个县直单位和84个区镇计593个单位学习、宣传、贯彻执行档案法情况进行检查。其中较好的单位168个，占283%；一般的单位34.7个，占58.5%；较差的单位78个，占13.2%。

1991年1月31日～2月2日，地区行署召开全地区档案法制工作会议，部署全地区档案法制工作。是年，地区档案局翻印档案法和档案法实施办法5000余册发至全地区各级各单位，地、县档案局采取广播、举办专栏、张贴宣传画等多种形式，广泛深入地宣传档案法和档案实施办法。1996年全地区档案部门订购档案法3000册分送各级各单位和有关领导，并请行署领导在毕节地、县有线电视台发表宣传档案法电视讲话。1997年6月24～27日，经中共毕节地委、毕节地区行署批准，地区档案管理部门和司法行政、保密等部门联合组成4个检查组，检查全地区贯彻执行档案法情况，重点检查20个地直单位及黔西、金沙、织金县的344个县直单位、54个乡镇。大多数受检查单位贯彻执行档案法情况较好。是年9月，地区及各县档案局开展档案法颁布10周年和修改后的档案法颁布1周年纪念活动，地区及各县市档案局组织机关单位档案人员开展“档案法及档案工作知识竞赛”；张贴档案法宣传挂图；征订档案法和档案法实施办法1000余册发至各机关单位。1995年6～8月，地区及各县市档案局开展学习、宣传、贯彻档案法执法检查活动，地区档案局征订发放国际档案周宣传专刊和放映档案法宣传教育录像片《兰台魂》，组织地县档案局干部职工和地直单位档案人员近200人参加中宝杯档案知识竞赛，与毕节市档案局在毕节市南关桥头举办档案法宣传专栏。同期，各县亦采用多种方式开展档案法宣传活动。

2000年，经贵州省人民政府法制局批准，地区及各县市档案局共19名执法人员取得档案行政执法资格证书。是年11月13日，地区档案局制发《关于开展档案行政执法检查的通知》。至12月上旬，地区及各县市档案局分别组成检查组，对机关单位档案工作进行检查。共检查机关单位260个，均无档案违法行为。是年，威宁县档案局发放《档案法实施办法》230余套、张贴宣传标语150余条。2001年，黔西县档案局向县直各单位及各乡镇发放档案法、档案法实施办法和《贵州省档案条例》数百份，张贴宣传标语156幅，办宣传板报6期，召开座谈会1次。2002

年6月3日，地区档案局转发省档案局《关于开展（中华人民共和国档案法）颁布15周年宣传日活动的通知》。是年9月5日，地区档案局和各县、市档案局均开展档案法宣传日活动。其间，地、县档案局共组织300余人参加国家档案局举办的法制知识竞赛。织金县档案局发放档案法近800本。2004年4月7日，地区人大工委科教文卫处、地区行署法制办公室、地区档案局制发《关于开展2004年档案行政执法检查的通知》，各县市亦相继制发检查档案执法的通知，并组织检查组检查县市机关、乡镇村档案执法情况。4月22～30日，黔西县政府办公室、县档案局联合组成调查组，检查33个县直单位和各乡镇档案执法工作。是月，赫章县档案局组织检查组，检查64个机关单位和15个乡镇的档案执法情况。威宁县人大科教文卫委、县政府法制办、县档案局组织联合调查组，检查93个县直单位档案行政执法情况。5月初，织金县人大组成检查组检查9个乡镇和12个县直单位档案行政执法情况。是月19～27日，地区人大工委科教文卫处、行署法制办公室、地区档案局联合组成检查组，检查6个地直单位和毕节市、织金县部分县直机关及乡镇、村档案行政执法情况，受检查单位档案行政执法均较好。是年8月17～22日，省档案行政执法检查组检查毕节地区档案行政执法情况。实地检查地区档案馆、烟草公司、民政局、畜牧局和金沙县档案馆、金沙县禹谟镇、关兴村，黔西县档案馆、黔西县城关镇，大方县档案馆、大方县凤山乡、羊场镇、穿岩村及纳雍县档案馆，充分肯定这些单位的档案执法工作。2005年，地区档案局向地直机关发送档案法150本，《贵州省档案条例》190份，进行档案法制宣传；毕节市档案局检查24个市直单位及16个乡镇、办事处档案行政执法工作；威宁县档案局在县城举办《中华人民共和国档案法实施办法》和有关档案收集整理的宣传咨询活动，印发宣传资料1250份，现场指导625人次。2006年9月，地区人大工委科教文卫处、地区行署法制办公室、地区档案局组成联合调查组，对地委办公室、地委政策研究室、地区人事局6个单位进行档案行政执法检查。2008~2011年，全地区各级档案部门对737个地、县（市）机关、企事业单位和193个乡（镇）及村、社区进行档案执法检查。

## 四　目标管理

1988年，根据贵州省档案局部署，毕节地区各综合档案馆实施档案工作目标管理。

**目标管理考评标准**　1.行政管理。经费与机构：档案事业列入同级人民政府国民经济和社会发展计划，档案事业经费列入同级财政预算；人员配备与人员素质：按国家档案局、人事部文件核定人员编制，按编制配齐档案干部；配齐馆级领导干部及中层干部，业务人员全部具有高中以上文化水平且全部受过专业培训，各专业工作岗位均有与之相适应的工作人员；行政管理手段：有年度计划及长远规划，实行岗位责任制，目标管理考核制，建立并严格执行档案收集、保管、整理、编目、保密、利用、统计、鉴定、安全保卫等工作制度。

2.建筑与设备。（1）建筑。地区档案馆建筑1800平方米，县级档案馆1200平方米，档案库房与各类用房比例为6：4；阅览室面积，地区档案馆不少于60平方米，县级档案馆不少于40平方米。档案馆建筑符合《档案馆建筑设计规范》基本要求，库房有防潮层、隔热层、过渡间、水磨地面、墙体光洁、窗子两玻一纱。（2）设备。有温湿度测记仪器及控制设备，消防器材及防火、防盗报警及监视设备，消毒杀菌及除尘设备，复印设备，开展修裱档案的设备，档案柜架能满足今后10年接收档案需要。

3.基础业务工作。（1）档案收集工作。按照国家档案局《各级国家档案馆收集档案范围的规定》制定有本馆实施细则，编制有接收计划，编制有本馆全宗名册，按照档案接收期限规定应进馆档案均已接收或馆藏档案2.5万卷以上。（2）档案保管与技术保护工作。建立库内外温湿度记录且定期分析，库内温度基本控制在14℃～24℃以内，湿度基控制在45%～60%以内，库房有防火、防盗、防水、防潮、防尘、防鼠、防虫、防光、防高温、防污染等措施，库内无霉、无积尘、无火患、无水浸、无鼠、无虫，对破损、褪变档案进行修复抢救，对古老、珍贵档案进行复制，库内档案柜架排放整齐合理并统一编号。（3）档案整理工作。进馆档案均已编目上架，投入使用，馆藏档案已系统整理，全宗设立规范、准确，编号固定并有全宗卷，档案卷皮、卷盒符合《文书档案案卷格式标准》，每个保管单位内文件排列科学，有卷内文件目录，案卷题名简名准确，案卷排列符合规范要求，案卷目录号与类别号编制符合《档案编制规则》，案卷号编制符合规范要求，馆藏资料按《中国图书分类法》分类整理，编目上架，投入使用。（4）检索工具编制工作。基本按照《档案馆编制规范》编写有本馆《档案馆指南》并提供利用，编印有馆藏各个全宗《全宗介绍》，编有中华人民共和国成立前档案案卷目录和中华人民共和国成立后档案案卷文件目录，馆藏档案按《中国档案分类法》和《档案著录规则》编制有分类目录，编有各种专题目录，馆藏资料编有分类目录，编制有人名卡片或人名索引。（5）鉴定工作。成立有档案鉴定组织，制定有本馆鉴定工作计划，对过期档案进行鉴定并有专题报告。（6）统计工作。统计年报统计项目齐全，统计数据准确，统计年报有定量、定性分析报告。

4.档案信息资源开放利用。（1）开放利用工作，有内部接待阅览室，有开放利用阅览室，有接待、咨询人员和接待登记，接待室有阅览须知、检索工具、检索工具使用说明等服务指南，有查阅时间公告，应开放档案均已向社会开放，档案经过逐卷审核，明确划分开放或控制范围，开放档案编制有开放目录供利用者自行检索，接待利用调卷快速、准确，按规定手续接待利用者，根据利用需要开展函电代查、代抄、代复制业务，建立有利用效果登记制度，编印有本馆档案利用效果汇编，档案利用取得明显社会效益和经济效益。（2）编研工作。编纂档案汇编并内部印发，编写专题资料或档案史料研究论文，参与地方史志编写。

**达标升级考评** 1988年11～12月，地区档案局受贵州省档案局委托，组织考评组按照《贵州省地县综合档案馆目标管理考评标准》和《贵州省地县综合档案馆目标管理考评办法》，对大方、金沙、威宁县档案馆进行目标管理考评。12月，贵州省档案局制发《关于对威宁县档案馆目标管理考评的批复》《关于对金沙县档案馆目标管理考评的批复》《关于对大方县档案馆目标管理考评的批复》，审定威宁、金沙县档案馆为贵州省二级综合档案馆，大方县档案馆为三级综合档案馆。

1990年7月10日，中共毕节地委办公室、毕节地区行署办公室制发关于转发省委办公厅、省政府办公厅《关于印发省档案局〈贵州省机关档案工作达标升级试行办法〉的通知》的通知，要求全地区各级各部门加强对档案达标活动的领导，促进机关档案工作逐步走向正规化和标准化，提高机关档案工作水平。是月11日，地区档案局印发《贵州省机关档案工作达标升级考评细则（试行）》《贵州省地、州、市直机关档案工作达标升级试行标准》。是年9月3日，地区档案局印发《贵州省机关档案工作达标升级试行办法、标准、考评细则若干问题的说明》。同期，各县委、县政府办公室和县档案局分别转发《试行办法》《考评细则》及《贵州省县直机关档案工作达标升级试行标准》。其间，地区和各县分别成立领导小组和考评小组，开展机关档案工作达标升级活动。地、县机关档案工作达标升级各分设一、二、三个等级，每一级标准均设管理工作、业务建设、基础设施3个部分。考评采用百分制，总分达到80分以上者为达标。至是年底，经评审并经省档案局批准，全地区28个机关档案室达等级标准，其中二级17个，三级11个。是年，贵州省档案局批准毕节地区烟草分公司、毕节卷烟厂、地区复烤厂等10个企业为省级先进档案管理单位。1991年，全地区达标升级机关档案室12个。1992年达标升级机关档案室24个，其中地直单位5个、县直单位19个。1993年全地区新增机关档案工作达标单位14个。1994年，全地区机关档案工作目标管理达标单位13个。1995年机关档案工作达标单位28个，其中达一级标准单位10个，二级标准单位8个，三级标准单位10个。是年，地、县市档案局复查考核52个达标单位档案工作，95%被复查单位的档案工作保持达标标准或有所提高。1996年，毕节地区农业银行系统、地区及县市检察机关档案工作通过考评验收，25个单位的档案工作达到标准。1997年7月12日，地委办公室，行署办公室印发《毕节地区地直机关档案工作达标升级计划》，要求各级各单位继续开展档案工作达标升级活动，规定除厂矿企业、科技事业单位和已达标升级的单位外的地直副县级以上机关、团体、企业、事业单位（含中央、省在毕单位）均属计划达标升级范围。是年，全地区共有169个地、县直单位档案工作分别达到地直机关和县、市直机关一、二、三级标准，其中地直机关达标升级单位27个，县市直机关达标升级升位142个。同年，织金县档案馆获省档案局审定为贵州省三级综合档案馆。1998年3月25日，地区档案局制发《关于1997年度各县市档案局目标管理考评结果的通报》，评定黔西县档案局获一等奖，毕节市、织金县、赫章县、纳雍县档案局获二等奖，威宁县、大方县档案局获三等奖。1999年，考评审定毕节市、织金、黔西县档案局获一等奖，大方、金沙、威宁县档案局获二等奖，赫章、纳雍县档案局获三等奖。是年，全地区计有62个单位档案工作达标升级，其中一级18个，二级21个，三级23个。

2000年，根据贵州省档案局制发的《贵州省乡镇档案工作目标管理办法（试行）》，开展乡镇档案工作目标管理活动。是年，全地区36个乡镇档案工作实现目标管理。至是年底，全地区325个单位实现目标管理，其中地直机关34个，县市直机关255个，乡镇机关36个。2001年12月30日，贵州省档案局制发《关于毕节地区档案馆档案工作目标管理达三级标准的批复》，地区档案馆达地、州、市档案馆档案工作目标管理三级标准。是年，全地区有49个乡镇档案工作目标管理达标，占乡镇总数的20%。2002年，金沙县26个乡镇档案工作均达三级以上目标。2003年9月18日，省档案局组织复查组复查威宁县档案馆目标管理，12月1日省档案局下发《关于同意保持威宁县档案馆目标管理二级标准的批复》。是年，毕节市41个乡镇中有28个档案工作实现目标管理，占乡镇总数的68%；大方县36个镇中有22个档案工作实现目标管理，占乡镇数61%。赫章县县直机关档案工作达标单位36个，28个乡镇档案工作全部达标。2004年，全地区332个县、市直机关档案工作实现目标管理，197个乡镇实现档案工作目标管理，占全区乡镇总数78.8%。黔西、金沙、赫章县全面完成乡镇档案目标管理。2005年，全地区250个乡镇中有218个乡镇档案工作达标，达标率为87%，毕节市和大方、黔西、金沙、赫章县乡镇档案工作达标率为100%。2010年，在全区开展档案事业发展综合评估，并继续抓好机关、企事业单位档案评级。8~11月，地区组织档案事业发展综合评估委员会，对金沙、织金、纳雍3县和毕节市档案局（馆）进行评估，上述4个档案局（馆）均获“毕节地区档案事业发展综合评估先进单位”称号。同年，贵州电网毕节供电局档案管理通过贵州省电网公司、省档案局和毕节地区档案局联合组成的评估小组进行评估，获“贵州省档案管理五星级先进单位”称号。

**激励管理**　1960年7月20日，地委宣传部制发关于毕节专区档案局《贯彻省档案局〈关于开展先进档案室运动的通知〉的意见》的意见，决定在全专区开展先进档案馆室及地专机关先进文书处理部门竞赛运动。经评比，织金县档案馆被评为先进档案馆，毕节、赫章县档案馆被评为一类档案馆，黔西、金沙、纳雍、水城县档案馆被评为二类档案馆。全专区384个档案室，16个被评为先进档案室，110个被评为一类档案室，138个被评为二类档案室，84个被评为三类档案室。1964年4月29日，专区档案管理局制发《贯彻省档案局〈发送“五好”档案馆、室条件通知〉的意见》，提出在全专区开展“五好”档案室，在地专机关开展“五好”文书处理比、学、赶、帮运动。专级机关、省属厂矿档案室和各县档案馆由专区档案局负责评比，县级机关和区、社档案工作由各县档案馆负责评比。是年，织金、大方县档案馆被评为“五好”档案馆，全专区38个档案室被评为“五好”档案室，8个地专机关被评为“五好”文书处理单位。1978年，在全地专区档案馆、室和档案工作人员中开展清理积存文件活动评比，95个档案馆室被评为先进单位，95名个人被评为先进档案工作者。1979年3月27日～4月1日，从地、县档案局，地区部、办、委、局，各县委办公室抽调30人组成3个检查组分赴地直和各县124个单位检查清理积存档案情况。4月2～5日，召开全地区清理积存档案检查评比、经验交流会议，表彰档案工作先进县2个、先进系统2个、先进单位106个，先进个人102名。1989年6月20日地区档案局下达《关于表彰档案工作先进集体和优秀档案工作者的通知》，印发《档案工作先进集体标准》《优秀档案工作者评选条件》。是年9月27日，行署办公室签发《关于表彰档案工作先进集体和优秀档案工作者的通报》，表彰档案工作先进单位47个，优秀档案工作者95人。1990年全区评选地、县档案工作先进集体29个，优秀档案工作者50人。另有7名从事档案工作30年以上的档案工作者获国家档案局颁发的荣誉证书。

## 五　档案管理改革

**档案开放**　20世纪90年代前，区内档案不向社会开放。自1990年起，全地区9个综合档案馆，5个向社会开放，共开放查阅档案3772卷。1994年，地区及各县市档案馆均向社会开放，开放档案31个全宗。1997年，地区及各县市档案馆共开放档案76个全宗、9700卷。1999年后，开放档案数量逐渐增多。

### 1999～2005年毕节地区9个国家综合档案馆档案开放情况统计表

单位：个、万卷

| 项目/数量/年份 | 解放前档案 | | 解放后档案 | | 开放档案目录 | |
|---|---|---|---|---|---|---|
| | 全宗 | 案卷 | 全宗 | 案卷 | 全宗 | 案卷 |
| 1999 | 20 | 0.29 | 140 | 2.02 | 0.99 | 0.10 |
| 2000 | 20 | 0.29 | 143 | 2.27 | 1.59 | 0.10 |
| 2001 | 27 | 6.56 | 149 | 2.39 | 7.09 | 1.94 |
| 2002 | 27 | 6.56 | 149 | 2.10 | 7.51 | 1.68 |
| 2003 | 27 | 6.56 | 149 | 2.10 | 7.54 | 1.68 |
| 2004 | 27 | 6.56 | 149 | 2.10 | 7.54 | 1.68 |
| 2005 | 27 | 6.66 | 149 | 2.15 | 8.70 | |

**现行文件阅览**　2003年5月27日地委办公室、行署办公室批转地区档案局《关于设立现行文件资料阅览室的请示》，同意在地区档案馆设立现行文件资料阅览室，收集阅览以下现行文件：地委、地区人大工委、行署、地区政协工委、地直各部门、各单位制发的不涉密的现行文件；地直各单位编印的非涉密文件汇编、资料汇编、各类文集、画册、纪念册；地直各单位公开或内部出版发行的刊物；各级各类出版社出版的反映毕节地区情况的书籍、报纸、杂志。凡持有身份证或其他有效证件的公民，均可到现行文件资料阅览室免费查阅已公开的现行文件资料。是年，地区及各县、市档案馆全部建立现行文件阅览中心（室）并开展工作。至2004年，黔西县档案馆现行文件阅览中心收集现行文件3561份。至2005年4月，地区及黔西等6个县档案馆共计收集现行文件5110件，提供查阅利用500余人次697件次。2007年，全区档案部门共收集368个单位现行文件1.06万件，经鉴定、整理、编号、装盒、条目录入，提供社会利用。是年，提供利用168人次，583件。2008年，共收集现行文件3.82万件，提供利用250人次，460件次。2010~2011年，全地区档案馆共收集现行文件1.71万件，通过鉴定、整理、微机著录和编目，为社会提供利用675人次，1371件次。

**民营企业档案、农户信用档案工作试点**　2004年，地区档案局和黔西、纳雍、赫章县档案局开展民营企业档案试点工作。地区档案局指导燕氏骨伤科医院整理档案1365卷（件），黔西县档案局指导兖矿集团黔西青龙煤矿整理档案40卷，纳雍县档案局指导老鹰岩沙石厂整理档案5

卷，赫章县档案局馆指导润吉奶牛场、仁达公司、智明铁厂整理档案计36卷。是年，地区档案局在毕节市梨树镇二堡村、海子街镇红堰村和大方县双山镇幺塘村开展科技兴农档案试点，辅导农户建立档案。至2005年，全地区有农业科技示范户档案资料2601卷（盒）。是年，地区及各县市档案局均与农村信用合作社配合，开展农户信用档案试点工作。黔西县城关信用社有农户信用档案25卷；金沙县有农户12.9万户，9.68万户农户建立信用档案，建档率为75%；织金县信用联社、建设银行、乡镇信用社发放农户贷款均按户建立信用档案，全县9.4万农户，9.04万户建档，建档率为96%；赫章县建立农户信用档案914卷。是年，7个县市开始农业产业化经营建档工作试点，赫章县产生8盒农业产业化经营档案。7县市起步建立农业基本建设档案，产生档案423卷（盒）。

**档案信息资源上网** 2004年，黔西县档案局制订《黔西县档案局上网信息保密管理制度》《关于开放档案文件级条目上网发布实施方案》和《发布部分开放档案文件级条目说明》，成立鉴定小组，对著录文件条目近10万条逐条进行鉴定，剔除未满30年档案条目和涉及港、澳、台、民族宗教问题、政法工作、计划生育、公民隐私、关键技术、国防、测绘、战备物资、矿产资源以及党委、纪检监察部门不适宜在网上公布的档案条目，将上网条目报黔西县保密局审核批准，于是年12月27日在因特网黔西县人民政府信息网上发布部分开放档案文件级条目1000余条。

**成立档案执法支队** 2011年，毕节地区成立全国首家档案执法支队，将档案行政执法由过去单纯的以管理为目的转变为管理和服务并重，将每年1次与相关部门联合开展的档案行政执法检查，变为常态化、规范化、制度化的执法检查。采取分片区、建协作组、QQ群指导、分系统指导等方式将服务细化、实化，防患于未然，减少和避免档案违法违规现象，促进全区档案工作沿着法制化轨道健康运行。中国档案报、半月谈网、贵州人民政府网等近10家媒体对此进行报道。

**设立地区行政中心机关档案管理中心** 2010年，毕节地区地直40多个正县级以上单位迁往毕节城关南部新区新建的行政办公中心，根据行政办公中心机关单位集中的特点，地区档案局向地委、行署呈报设立行政办公中心档案管理中心的建议，获批准。此项措施可省出各单位档案室所用房屋70余间，每年节省档案管理及设备采购经费100余万元。2011年，地区行政中心机关档案管理中心正式设立。是年，对17家行政事业单位的档案进行统一收集，统一管理，突破档案部门现行体制机制上的诸多障碍，推进地直机关档案“集约化管理，集成式服务”进程，实现档案信息资源共建共享。

**社会主义新农村建设档案管理** 2011年，金沙县投入资金200余万元购置各类档案装具及设备，配发给各乡（镇）、村和社区，并成立领导小组，开展社会主义新农村建设档案管理创建活动。全县26个乡（镇）244个村和社区全部建立档案室，规范整理档案1.35万卷（盒），全县涉农部门、乡（镇）、行政村和社区建档率100%，村级档案实现收集齐全，系统分类，管理科学。是年10月28日，全省新农村档案建设推进会在金沙县召开，12月8日，金沙县新农村档案工作通过国家档案局验收，成为省内首家、全国首批“全国社会主义新农村建设档案工作示范县”。

**县级档案馆档案资源数据库建设** 2011年，黔西县档案馆购置微机、网络服务器、数码摄录像机、档案管理软件、防盗监控系统、扫描仪等数字化设备，建立10台计算机连接的档案，利用查询系统，转换老板本“泰坦”管理软件中的文本数据到网络软件中进行处理，共转换处理文件级档案目录数据63.27万条，案卷级档案目录1362条，现行文件1285条。又完成491卷3.1万幅档案的全文扫描。12月，通过省档案局验收，黔西县档案局（馆）成为省内首家“县级档案馆档案资源数据库示范单位”。

## 第五节 档案机构

**地区档案局（馆）** 1.机构沿革。1959年10月，毕节专区档案管理局建立，配备专职干部2人。1960年5月1日，毕节专区档案馆建立，与专区档案管理局合署办公，配备档案人员3人。档案馆业务职责：（1）负责档案的收集、整理、保管工作；（2）承办馆内档案的鉴定和销毁的具体工作；（3）负责馆内档案的统计和检查工作；（4）编制参考工具和参考资料，开展档案资料的利用工作；（5）参加编史修志工作；（6）根据领导指示和工作需要，收集一部分有关资料以配合档案提供利用；（7）领导交办的其他工作。至1966年，专区档案局、馆共配备专职干部5人。1967年4月，专区档案局、馆拨归地革委秘书处，改称文书档案组，编制2人。1970年，撤销文书档案组，并入地革委办公室。1974年2月，恢复档案局、馆建制，改称地区档案局（馆）。到1980年底，局、馆共配备档案人员6人。1983年3月6日，行署发文通知，地区档案馆定编10人，为事业编制。同年10月14日，地委、行署明确地区档案局与地区档案馆合署办公，委托地委、行署两办公室双重领导，以地委办公室领导为主。1984年1月4日，地委、行署办公室下文通知，毕节地区档案馆（局）更名为地区档案局（馆）。1985年6月24日，地委、行署决定调整毕节地区档案工作领导体制，明确党政档案工作仍贯彻实行统一管理原则，各级档案管理机构性质上仍然既是党委的机构，又是政府机构，列入政府编制序列，改由行署、县政府领导。各级档案馆仍是事业机构，归口各级档案局管理。至1990年，地区档案局、馆共配备档案干部11人，其中档案局5人，档案馆6人。1996年6月25日行署办公室印发毕节地区档案局（馆）机构编制方案，明确地区档案局（馆）为行署直属正县级事业单位。其主要职责为：（1）贯彻执行档案工作的法律、法规以及党和国家有关档案工作的方针政策，对全区档案局、馆及其他机关、团体、企事业单位和组织的档案工作进行监督指导；拟定全区档案事业发展计划和档案工作的规章制度，并组织实施；组织并指导全区档案理论与科学技术研究、档案保护、档案教育、档案宣传、档案干部的培训及学会活动等工作；负责并组织全区档案工作人员专业技术职务评聘工作。（2）接收、收（征）集、保管本辖区内的历史档案、中华人民共和国成立后现行机关形成的根据国家规定应当接收进馆保存的档案。（3）推进档案工作的科学化管理和现代化建设，开展对馆藏档案资料的整理、鉴定、保管、保护、编研、统计工作，为社会各方面提供利用。（4）维护档案资料的完整，确保档案资料的安全，保守党和国家秘密。（5）完成行署和上级业务部门交办的其他工作。2001年10月14日，行署批准《毕节地区档案局（毕节地区档案馆）机构编制方案》，明确毕节地区档案局与毕节地区档案馆实行局馆合一体制，履行全区档案事业行政管理和档案保管利用两种职能，为行署直属事业单位。其主要职责为：（1）贯彻执行国家有关档案工作的法律、法规和方针政策；（2）拟定全地区档案事业发展规划、年度计划和规章制度，并组织实施；（3）监督、指导全地区档案工作，依法查处档案违法行为；（4）组织、指导全地区档案理论与科学技术研究、档案宣传与档案教育和档案工作人员培训工作；（5）对所保存的档案严格按照规定整理和保管；（6）开发档案资源，为社会利用档案资源提供服务；（7）承办行署和上级业务主管部门交办的其他事项。至2009年，地区档案局（馆）在职人员19人。

2.馆舍。地区档案馆建馆初期，馆舍设于专署大楼3楼，96平方米。1966年、1967年，地区财政先后拨款2.23万元，在行署大院内修建250平方米的专区档案馆，其中库房用房160平方米，办公用房90平方米。1989～1995年，地区财政先后拨款145万元，在洪山路修建地区档案馆新馆，库房坐北向南，办公业务用房坐东向西，占地面积6.58亩，建筑面积3044平方米，其中库房用房1158平方米，办公用房1886平方米。地区档案局（馆）馆库设备有电脑20台，打印机5台，刻录机2台，空调4台，摄像机1台，照相机3架，扫描仪1台，复印机1台，除湿机6台，吸尘器4个，保险柜11个，文件柜106个，五节柜34个，档案柜100套，资料柜33套，战备柜33套，密集档案架184立方米，阅览椅80套，报架14个，另有裱糊墙120平方米。

**县市档案局（馆）**　1.机构沿革。1958年10月27日，织金县档案馆建立，为建立的首家档案馆。1959年4～12月，纳雍、黔西、赫章、毕节、威宁、金沙、水城县先后建立档案馆。至1961年，全专区8个县档案馆，除赫章县档案馆有专职档案人员2人外，其他各县档案馆均为1人。1963年6月1日，大方县档案馆建立。至此，各县均建立起档案馆。至1965年，各县档案馆计有档案干部18人，其中织金、纳雍县档案馆各3人，毕节、大方、黔西、金沙、水城、威宁、赫章县档案馆各2人。

1966年6月～1972年间，各县档案局受“文化大革命”影响均处于半瘫痪状态。1970年，水城县档案馆划归六盘水市管辖。1973年后，各县档案馆逐渐恢复业务工作。1975年初，各县档案馆人员配备为：威宁县3人，织金、纳雍县各2人，毕节、大方、黔西、金沙、赫章县各1人。同年5月14日，地委批转地区档案局《关于建立和健全档案管理机构的请示报告》，要求于是年建立和健全地、县档案馆。档案馆人员编制，暂定为地、县档案馆各配备3～4人。各级档案管理机构职责范围和领导关系以及业务指导，仍遵照1956年国务院《关于加强国家档案工作的决定》和1959年中共中央《关于统一管理党政档案工作的通知》执行。

1976年10月后，各县档案馆机构日益健全，人员逐渐充实，档案业务工作全面开展。至1979年，全地区各县档案馆共有档案干部27人，其中织金、威宁、赫章县档案馆各4人，毕节、大方、黔西、金沙、纳雍县档案馆各3人。1980年，根据中共中央、国务院批转国家档案局《关于全国档案工作会议的报告》的意见，各县先后成立档案局。档案局与档案馆实行局、馆合一体制，合署办公；档案馆归口档案局管理。1984年，进行机构改革，根据地委、行署《关于批复县级党政机构改革方案的通知》规定，各县档案局与档案馆仍实行合署办公，为事业编制，委托县委办公室和政府办公室实行双重领导，以县委办公室领导为主。1985年，根据国家和省、地县指示精神，各县县委和政府均先后发出《关于调整档案工作领导体制的通知》，明确党政档案工作仍贯彻实行统一管理的原则；县档案管理机构，性质上仍然既是党的机构，又是政府机构，列入政府编制序列。县档案局恢复为政府的直属局，其领导关系改由政府领导。档案馆仍为事业机构，归口同级档案局管理。截至1990年底止，8个县档案局、馆共计配备专职干部70人。其中黔西10人，毕节、纳雍各8人，织金7人，大方、金沙、赫章各6人，威宁19人。1994年，毕节县撤县设市，毕节县档案馆更名毕节市档案馆。至2005年，各县、市档案局（馆）计有78人，其中织金、威宁县档案局（馆）各14人，黔西县档案局（馆）1人，毕节市档案局（馆）9人，大方、纳雍、赫章县档案局（馆）各8人，金沙县档案局（馆）7人。

2.馆舍。（1）毕节市档案局（馆）。1959年设在县政府办公楼内，仅有10余平方米房屋1间，作档案库房兼办公室。1960年后，移至县委大楼，馆舍面积163平方米。1986年，省、地、县共拨款30.3万元在县委、县政府大院西北角修建建筑面积1284平方米的档案馆，坐北向南，高5层，20间，其中档案库房4间各175平方米，工作用房16间。20世纪末，市委、市政府将原办公地邱家花园出卖给房地产开发商，市档案局（馆）办公地已在其中。2005年7月，市委、市政府迁至新行政办公中心，市档案局（馆）未搬迁。

（2）大方县档案局（馆）。建馆之初，有库房3间，面积87平方米；办公用房1间，面积29平方米。1984年，在县委机关大院南侧新建县档案馆，1988年竣工，馆库坐东向西，占地面积358平方米，建筑面积1717平方米，其中库房面积1067平方米；总投资35.6万元。至1995年馆库设备有去湿机4台，除尘器1台，消防栓4套，灭火器8个，库房湿温度计6只，复印机、誊印机、切纸机各1台，裱糊台4张，晒墙3块，档案柜443个，资料柜68个，报箱20个，卡片柜2个，阅览桌椅70张，收录机、电视机各1台，照相机2部，放大机、印象机、上光机各1套。至2005年，新增微机4台，档案密集架50余立方米。

（3）黔西县档案局（馆）。建馆初期，在县委大楼内办公。1967年，在县委大楼左侧新建面积187平方米平房1幢作档案馆用房。1982年，在平房之上加升1层，增加面积为187平方米。1995年，在县委大楼东侧建成新馆，坐西向东，占地面积608平方米，建筑面积1062平方米，其中库房408平方米，办公用房654平方米，总投资41.5万元。馆内设备有档案柜112个，除湿机6台，温湿度计3个，空调1套，灭火器12个，消防栓3个，水带水枪2套，复印机1台，刻录机2台，扫描仪1台，电脑6台，打印机6台，传真机1台，电视机1台。

（4）金沙县档案局（馆）。建馆初期，馆舍设在县人委一楼。1966年，金沙县财政拨款修建建筑面积300平方米的档案馆。1978年，馆址迁至县委大楼4楼，用房11间，面积220平方米，其中档案库房160平方米，办公用房60平方米。1992年9月位于金沙县城中华路右侧的金沙县档案馆新馆竣工交付使用，坐南向北，占地面积2.6亩，建筑面积1327平方米，其中档案库房693平方米，办公用房634平方米，投资51.8万元。

（5）织金县档案局（馆）。20世纪60～80年代，馆舍设在织金县委院内，建筑面积383平方米，其中库房246平方米，办公用房137平方米。1991年，贵州省财政厅、省档案局批准立项，新修织金县档案馆，1995年竣工。新馆在县政府后院内，坐北向南，一幢4层，占地面积460平方米，建筑面积1100平方米。投资54.3万元。馆内置有木质档案柜209个，资料柜52个，除湿机3台，温湿度计3个，电脑1台，复印机1台，传真机1台，消防栓2套，消防推车2台，灭火器8具。

（6）纳雍县档案局（馆）。建馆之初，设在县人委机关内。1963年，移至县委办公大楼3楼，馆舍面积170平方米，其中库房90平方米。1993年，在县城原县政府旧址老营上修建新馆，1995年竣工，占地面积1440平方米，建筑面积1080平方米，屋高三层，使用面积950平方米，其中库房面积420平方米、办公用房510平方米。投资37万元。

（7）威宁县档案局（馆）。建馆初，与县委档案室合署办公。1965年，县人委拨款1.54万元修建256.6平方米的档案馆，后拆除。1978年，县财政拨款7.5万元，修建建筑面积900平方米档案馆。1989年，省、地、县共投资36万元，在草海之滨修建建筑面积1300平方米的档案馆，1992年竣工交付使用，其中库房780平方米。

（8）赫章县档案局（馆）。建馆初，馆舍设在赫章县委办公室大楼正前方，为一楼一底砖木结构房屋。建筑面积125平方米，其中档案库房98平方米。1990年，在县委办公室大楼南侧修建新馆，1993年竣工。新馆高5层，坐南向北，建筑面积1533平方米，其中，库房768平方米，总投资47万元。

**机关档案室**　民国前机关档案工作无从稽考。民国前期的机关档案工作，亦不甚了了。民国27年（1938）后，贵州省第四区行政督察专员兼保安司令公署按照国民党贵州省政府制定的《县政府档案整理办法》，在专员公署秘书室内设立档案室，配备专职管卷员，负责专员公署内各科、室文书档案的收集、整理和保管。各县政府亦在秘书室下设档案室，设管卷员，负责县政府各科室文书档案的收集、整理和保管。区、乡的重要文书档案，由区长、乡长保管。其余机关团体、学校的档案，则由文书保管。档案工作分为点收、分类、登记、编卷、编目、典藏、出纳，档案分为法规、组织、铨叙、民政、财政、建设、教育、军政、司法、杂项等10类119目。民国30年（1941）毕节专员公署和各县政府根据国民党贵州省政府制定的《保存档案暂行办法》，将档案保管期限分为永久、10年、5年及1年4种。凡重要法令、规章、掌故史料、会计簿记、计划、报告、记录及人事、考铨等文书簿册，均属永久保存档案；尚有参考价值有留待考查价值的档案，保存期限属10年、5年；所属呈复饬知的文件在办理完毕后，无须留待作参考者属一年保存范围。

中华人民共和国成立后，随着各级党政机关、团体和企事业单位的建立，产生大量档案。自1950年起，地委办公室即开始文书档案立卷归档工作。专署各科室档案则各自保管。1954年，专署秘书室档案室建立，集中统一管理专署内各科室档案。至1957年，专、县级机关档案室共有专职档案员9人，兼职档案员50人，另有专、县级机关档案柜49个。1958年，全专区共建专、县级机关档案室84个，公社档案室55个，共有兼职档案员614人。1959年底，全专区共设有机关档案室157个，配有专职档案员4人，兼职档案员40人，保管案卷3.15万卷；公社档案室增加到99个。全区共有专职档案员40人，兼职782人。已建档案室，人员基本固定，各种制度基本健全。1960年6月12日，专区档案管理局制发《机关档案室工作通则（草案）》，规定机关档案室的基本任务是：接收、整理、保管和统计本机关档案；编制参考工具和参考资料，开展档案利用工作；进行档案鉴定工作；按照规定向档案馆移交档案；协助机关有关人员将需要归档的文件材料正确进行立卷和确定保管期限，并督促其及时归档；收集、保管和本机关档案有关的资料，以配合档案提供利用。是年，全区共建机关档案室285个，技术档案室19个，公社档案柜1234个，配备专职档案员47人，兼职614人。1961年毕节专区调整行政区划，档案机构随着变化调整，285个机关档案室调为269个，有专职档案员7人，兼职357人。1964年专、县级机关建立档案室246个，其中有库房，有档案柜，有人专管或兼管，无积存零散文件，案卷排列有序，有查找工具和有一定规章制度的档案室96个，占总数的35%。另有区档案室106个，公社一级档案柜639个。专、县级机关档案室共有专职人员39人，兼职263人。区、社有兼职档案人员725人。1965年，专、县级机关档案室发展到286个，均配备专职或兼职档案员。

1966~1976年，“文化大革命”期间，全地区机关档案室分为以下三种情况：第一种是平时文书处理制度比较健全，对档案资料保管较好，档案管理人员较为稳定，这类档案室属少数；第二种是1966年以后积存文件未着手清理，文书处理制度不大健全，人员不够稳定，对档案资料不大过问，但未发现档案丢失现象，这类档案室为多数；第三种是平时文书处理制度不健全，“文化大革命”运动开始以后文书档案无人过问，从未进行过清理且保管零乱，原有的档案和资料有的被拆散、撕走或遭到烧毁，此类档案室属个别。

“文化大革命”结束后，机关档案室逐步恢复和发展。1977年后，各单位按照毕节地区革委办公室制发的《文书处理与档案工作基本制度》办理档案业务，机关档案工作逐步走上正轨。1979年，贯彻全国档案工作会议制定的“恢复、整顿、总结、提高”的档案工作方针和尽快恢复档案室工作的要求，全地区恢复地、县级局以上机关档案室285个、区级机关建档案室463个、公社和生产大队建档案室1251个。至1981年底，全地区共建有地、县局以上机关档案室549个，推行现行文书立卷归档制度的540个。1988年，全地区区乡以上机关档案室820个，其中综合档案室112个，基本形成多层次、多门类的网络。全地区各级机关档案室共配备兼职档案员1390人，专职档案员39人。至2000年全区机关档案室共保存文书档案全宗792个，案卷33.01万卷，录音、录像、影片档案1231盘，照片档案2.32万张、底图8071张。2001年后，全地区着力进行乡镇档案室的建立和健全工作。至2005年，全地区250个乡镇均建立档案室，配备专职或兼职档案员，管理乡镇档案，且对全乡镇档案工作进行监督指导。绝大多数乡镇档案室制定有《档案借阅利用制度》《档案保密制度》《档案管理实施细则》《档案员岗位职责》等规章制度。

# 第七章　广播电视

民国时期，毕节地区无电视台。

1950年2月，中共毕节地委宣传部收音站建立，是为区内广播事业的发轫。至1952年，全专区县级收音站全部建齐。1956~1958年，各县在收音站的基础上先后建立有线广播站，利用电话线路传输广播讯号，大凡通电话的区、乡均可收到县广播站转播的贵州人民广播电台节目。至1998年，全地区有县级广播站8个，小调频电台71座，乡镇广播站215个，通广播的村1223个，广播覆盖率60.35%。

1977年，地区广播事业局在大方县城东郊火焰山建成境内第一座电视差转台，结束毕节地区不能收看电视的历史。1980年，全地区8个县城均实现电视覆盖。1981年后，区、乡电视差转台逐步建立，电视由城镇扩展到广大农村。1986年，贵州省政府租用国际卫星组织的转发器传送电视节目，变差转接收方式为地面卫星接收，毕节地区卫星电视收转站建设迅猛发展。至1992年，全地区有电视转播台146座，配有卫星电视收转站140座。是年，全地区8个县城有线电视用户逾3万户。至1998年，全地区有中小功率电视转播台415座，地、县（市）、乡（镇）有线电视台（站）160个，入网用户8.39万户；村级有线电视系统498个，用户2.5万户，传输电缆1043.08千米，电视覆盖率66.47%。

1999年，毕节地区开始实施村村通广播电视工程。至2000年，建农村广播电视站逾万座，广播覆盖率77.07%，电视覆盖率77.39%，基本实现村村通广播电视目标。至2004年，全地区共有卫星广播电视接收站7.05万座，全地区3947个行政村通广播电视，占行政村总数的98.28%，电视综合覆盖人口589.45万人，覆盖率82.77%；广播综合覆盖人口572.59万人，覆盖率80.4%。

## 第一节　广　播

### 一　收音站

**专区收音站**　1950年2月，建立中共毕节地委宣传部收音站，1951年3月，建立毕节专署收音站，1954年3月15日，两站合并为毕节专区收音站，隶属中共毕节地委宣传部。其职责为：收抄记录新闻，组织干部收听，办黑板报，管理各县收音站收音业务，定期向贵州省人民广播电台和中共毕节地委宣传部汇报工作。

**县收音站** 1950年12月15日，赫章县在中共赫章县委宣传部内设赫章县收音站。是月，威宁县建立收音站。1951年，大定、纳雍、织金、毕节、黔西、金沙收音站先后建立。至此，全专区各县均设收音站。每站配1名收音员，省配发收音机1部。收音站隶属县委宣传部，人员属县委宣传部编制。毕节县收音站建立初期，由贵州省人民广播电台发给1台干电池收音机开展工作，收音员每天收抄中央人民广播电台、西南人民广播电台和贵州省人民广播电台新闻，当夜复写或刻印成资料，次日晨送党政领导阅览，并为《毕节大众》报社和城内各机关、学校、街道以及农村黑板报提供资料。大定县收音站通过抄收新闻记录、组织收听、出黑板报和办屋顶广播开展宣传，贵州人民广播电台总结大定县收音站办屋顶广播经验向全省推广，并确定大定县收音站为全省县级重点收音站。是年，省广播电台对专、县收音站工作状况进行排队，确认毕节地委、专署收音站和大定、金沙、毕节县收音站为一类站。黔西、威宁、织金、赫章、纳雍县收音站为二类收音站。1952～1954年，黔西县收音站连续3年被评为全省模范收音站，获中央广播事业局奖励。1954年底，中共毕节地委行文，明确县收音站的主要任务为抄印和组织收听新闻，除星期六外，每天抄收记录新闻，不得间断；每月印发新闻、宣传资料不得少于25期；宣传资料经党委审查；按上级通知要求，重要新闻节目组织干部群众收听；在离城较近的乡村建立宣传基点；加强与相关单位配合，共同搞好收音宣传。是年末，全专区8个县收音站共有收音机31部，专、县公安、税务、气象、供销部门有收音机79部，计有收音机110部。1956年后，专县收音站逐渐被有线广播站取代。

**区收音站** 1953年2月，省广播电台决定在金沙县安底、清池区建收音站试点。4月，建成安底、清池区收音站。是月，省广播电台发给织金县干电池直流收音机1部，建立三塘区收音站。7月，织金县以那、猫场、八步等6个区收音站建立，省广播电台各配发长江牌收音机1部。至1955年末，全专区有区级收音站34个。

**乡社收音站** 1954年2月，中共毕节地委宣传部召开全区收音工作会议，要求各县在有条件的农业生产合作社和边远少数民族地区建立收音站。会后，威宁县在白马乡朱家村草海农业生产合作社筹建收音站，省广播电台配发给收音机1部。7月，省广播电台配发给威宁县收音机8部，先后建立8个乡社收音站。是年，纳雍县先后建立8个农业生产合作社收音站，收音员均由社员担任，报酬由农业社记工分。其任务是抄收记录新闻，出黑板报，组织社员收听广播。1955年，各县贯彻国务院《关于在边远省份和少数民族地区建立收音站的通知》，开展筹建乡、社收音站工作。是年末，全专区建起乡、社收音站56个。

## 二　有线广播

**专署有线广播** 1959年5月，中共毕节地委同意地委宣传部《关于设立专区广播站的请示报告》，专区财政拨款2.3万元，在专署院内改建平房3间，设机房、播音室、办公室；购置250瓦扩大机2台，熊猫牌收音机2台，601型录音机2台，直流电手提式录音机1台，206型电动机1台和部分零配件及维修仪器。是年9月21日毕节专区广播站（又称毕节专区广播电台）正式建立，隶属中共毕节地委宣传部领导。专区广播站利用邮电线路联通9个县站，逢单日向各县广播站播出节目，再由县站转播，每次播音30分钟。是年12月，专区广播站撤销，机器设备交给毕节县广播站。1967年，复建毕节专区广播站。先后由地区“造反派指挥部”“文攻武卫兵团”使用。1970年7月，由毕节地区革命委员会政治部管理，称毕节地区广播站，工作人员从各单位抽调。广播站转播中央人民广播电台节目，亦播送本地区时事新闻节目，宣传本地区的“文化大革命”及中心工作。由于人员不稳定，广播时播时停。1971年12月，地革委政治部决定撤销地区广播站，毕节城区广播宣传由毕节县广播站负责。

**县市有线广播**　1956年1月13日，威宁县广播站建成并播音，为全省最早建立的县广播站之一。是年2月，威宁县财政拨款8000元，为县广播站添置上海产远程牌14管收扩机1台，收音机3台，电唱机1台，唱片60张，750瓦旧发电机1台。架设县城福音堂经东门至万寿宫广播线路2.5千米，安喇叭44只。是年，黔西县财政拨款8500元作建站经费，购置黑老虎牌250瓦扩大机1台，东德产3千伏安汽油发电机1台，利用电话线路安装喇叭85只。1956年5月1日正式开播，每天早、中、晚3次播音。是年5～6月，省广播电台安装队到大定帮助建立县广播站。7月1日，大定县广播站正式建成开播，城关及12个区和34个乡通广播。是年5月26日，毕节县完成广播线路安装任务。9月8日，毕节县广播站正式播音，每晚播音2小时。是年，金沙、赫章县亦建起广播站，利用1台5千瓦发电机，在县城安装4个高音喇叭，用150瓦扩音机转播中央人民广播电台和贵州人民广播电台节目；赫章县广播站则在县城安装2只高音喇叭进行广播。1957年，全专区共有扩大机9台，功率3.65千瓦，安喇叭1289只。1958年2月，纳雍县财政拨款1万元购置天津产500瓦扩大机1台及其他设备建县广播站。是年5月1日县广播站正式建立，隶属县委宣传部，有工作用房30平方米，有职工3人。全县城乡共安装喇叭200余只。是年6月，织金县财政拨款购置天津产2×250瓦扩大机及前置增音机等设备，利用农具厂的柴油发电机，建立广播站，10月1日正式开播。全县共安装喇叭860只，11个区96个公社通广播。是年，大方县长石、理化、坡脚、响水和金沙县清池、安底、沙土区建立广播站。是年全专区建起公社广播站8个，共发展喇叭8258只。大方县采取国家、集体、个人共同出钱办广播的办法，全县共安喇叭2600只，培训300多名农村广播维修业余技术员，建立健全维护管理制度，全县95%以上的喇叭声音正常。1959年4月，省广播事业处在大方县召开全省广播工作现场会，推广大方县发展农村广播事业经验。是年，全专区有县级广播站8个，区乡广播站10个，公社广播站10个，利用邮电线路3919杆千米，安装喇叭1.21万只。1960～1962年国民经济暂时困难时期，全地区农村广播网覆盖面急剧下降。大方、威宁县广播站一度停办。未停办的县站也仅在县城和城郊保留少数喇叭，多则200～300只，少则30～50只。织金县最少时仅有广播喇叭31只；赫章县站仅有1名工作人员，27只喇叭；威宁县站停播后，线路、喇叭损毁严重，1000余只喇叭只剩2只。全专区区级广播站仅存2个。1963年，全专区按照《省市有线广播站工作条例》，贯彻自筹、自建、自管、自用方针，整顿农村广播网，各县广播站恢复播音。至1965年，全地区有区广播站4个，公社广播站6个，广播喇叭达1.46万只。

“文化大革命”初期，各县广播站受到不同程度冲击，农村广播网处于瘫痪半瘫痪状态。1967年6月后，根据贵州广播事业局《关于目前我省农村有线广播网工作的意见》，进入县广播站的外部群众退出，对县广播站实行军事管制，机器设备得到保护，工作秩序恢复正常。1969年，根据全省广播会议精神，毕节地区革命委员会确定毕节、黔西、威宁、赫章县为农村广播网建设重点县。1970年11月，地革委政治部召开毕节、黔西、威宁、赫章县广播建设座谈会，讨论建设农村广播网标准。会议确定凡有条件的区、社，都应建立广播站和放大站；90%的生产队通广播；70%的农户挂上喇叭。年末，4县50个区镇15个建立广播站；418个公社，25个建立放大站；1.29万个生产队，4691个通广播。1972年，全地区建立区广播站56个，建立公社放大站168个，通广播村1839个，通播率42%；入户喇叭28.24万只，入户率38.86%；架设广播专线3596杆千米。赫章、大方、黔西县试验推广有线载波，地区广播器材厂生产载波机11台分发各站使用。1974年，全地区有区镇广播站77个，公社广播站214个，2016个村通广播，广播喇叭36.87万只，入户喇叭34.62万只；架设广播专线6272杆千米。威宁县85%的生产队通广播，入户喇叭占总农户的75%以上。大方县13个区建立广播站，50%的公社建立放大站，2575个生产队通广播，占总队数的72%；安喇叭7.3万只，占总农户的63%，埋设地下广播线1条。至年底，全地区初步形成面向广大农村，连接千家万户的农村有线广播网。1975年后，先后建立地、县广播事业局。1976年，全地区新建区、社广播站34个，架设或埋设广播专线174杆千米。

1978年，全地区有区广播站86个，占区总数的94.79%；公社广播站236个，占公社总数的29.91%；入户喇叭28.38万只，入户率29.4%；广播专线1.04万杆千米。1979年后，各县偏重发展电视，农村广播事业受到影响，连续10年滑坡。1980与1978年相比，全地区区社广播站减少30个，通广播村减少786个，入户喇叭减少17.22万余只，专线减少5579杆千米。地、县广播事业主管部门采取多种措施，力图恢复农村广播事业，但农网下滑趋势仍难扭转。1982年与1978年相比，公社站由236个下降到147个，喇叭由28.83万只减少到8.85万只，广播专线由1.04万杆千米减少到2995杆千米。1985年，改公社为乡镇，全地区有乡镇广播站131个。1989年12月，中共毕节地委、毕节地区行署召开全地区文化广播工作会议，制定农村文化广播事业发展规划及实施措施。决定1990～1995年，地区财政每年拨款15万元，解决购置中转设备所需经费；各县财政每年拨款5万元，解决区、乡广播站恢复和发展经费；区乡解决广播站常年维护经费及广播人员报酬；入户喇叭按照“谁受益，谁出钱”的原则，由用户自行解决。同时决定区广播站与区文化站合并，改为区文化广播电视站，每站编制最少3人，与当地同级同类人员享受同等待遇。是年，全地区有区镇广播站81个，其中正常工作的55

个。有乡镇站112个，其中正常工作的55个。1990年，全地区共投入资金73.29万元，新建、巩固区、乡广播站76个，有线路294杆千米，有高音喇叭510只，舌簧和动圈喇叭207只。至1992年，全地区由省、地、县、乡镇共投资近200万元，用于乡镇广播网的恢复和发展。是年末，全地区有乡镇广播站119个，占乡镇总数的51.8%；村级广播站87个，371个村通广播。农村广播网被动局面得以扭转。1994年，全地区以发展农村广播为重点，实行有线与无线相结合。在配套建设卫星收转站的同时发展村级以下小片广播网。是年末，全地区有乡镇级广播站159个，占乡镇总数的63%；村级广播站59个，通广播村398个；建小功率调频发射台20座，有发射机21部。1995年后，全地区配合卫星收转站建设，建设县市、乡镇级小功率调频发射台，促进农村广播事业发展。1997年，全地区有乡镇级广播站172个，通广播村744个，小功率调频台52座，发射机功率1.14千瓦。1998年末，全地区乡镇级广播站发展到215个，占乡镇总数的86%；通广播村1223个，占总村数的27.1%；小功率调频台71座，发射功率1.42千瓦；广播覆盖人口387.83万人，覆盖率60.35%。

**农村小片广播网**　20世纪60年代后期，部分生产队利用半导体多用机交直流两用，既可收音，又可用机子上的喇叭直接传声、对讲、广播，一机三用，以一台三用机连接农户，安装30～50只舌簧喇叭，建立农村小片广播网。其后，小片广播网遍布全地区农村。1970年，毕节县3900个生产队，有2600个设置小片广播网，占生产队总数的66%，入户喇叭8.23万只。纳雍县采取公社、大队、生产队筹集资金办法，基本普及小片广播网。全县有三用机1000余台，喇叭4万余只。至1972年，大方、黔西、赫章县农村小片广播网发展较快。大方县有1532个生产队建立三用机站，通广播生产队2573个，占生产队总数的72%；广播农户7.4万户，占总农户的63%。黔西县在732个大队建立广播室，入户喇叭6.68万只，80%的生产队和75%的农户通广播。赫章县2150个生产队，1400个建小片广播网，通广播生产队1880个，占总队数的87%；入户喇叭4.53万只，有收音机、扩大机、三用机1631台。是年，全地区共有农村小片广播网7463个。1974年，威宁县三用机总数达2899台，架线7500杆千米，安装喇叭8万余只，85%的生产队和75%的农户通广播。是年，全地区有小片广播网6984个，比1972年减少479个，共有三用机2.3万台。全地区用三用机带小喇叭发展农村小片广播网，一般维持3～4年。1975年后，全地区农村小片广播网急剧下降，至1979年，仅存289个；至1984年，仅存30个。至1988年，仅存10个。

**单位广播室**　20世纪50年代中期，已有少数部门、单位建立广播室，开展广播宣传。60年代中期至70年代中期，单位广播室逐渐增多。80年代后，区内大、中专学校、普通中学、城镇小学、乡镇中心小学，大多数都购置广播设备，开设广播室。1988年全地区200多个大小厂矿，46所中等专业学校，106所普通中学，800多所城镇小学和乡镇中心小学，基本建有广播室，另有300多所小学建有固定或不固定广播室。上述单位广播室除播送中央及省广播电台节目外，有的还自办有节目，多数为单位生产工作服务。

## 毕节地区部分年份广播机构及广播普及统计表

单位：个、%

| 年 份 | 县广播站 | 区级 | | 乡级 | | 村级 | | | 小片广播网 |
|---|---|---|---|---|---|---|---|---|---|
| | | 广播站 | 通播率 | 广播放大站 | 通播率 | 通广播村 | 通播率 | 广播室（站） | |
| 1956 | 6 | 1 | 11.6 | | | | | | |
| 1958 | 8 | 8 | 65.17 | | 78.54 | 125 | | | |
| 1960 | 8 | 5 | 76.4 | 84.27 | | | | | |
| 1962 | 6 | 2 | 85.42 | 1 | 76.5 | 31 | 0.69 | | |
| 1964 | 8 | 2 | 85.42 | 1 | 75.86 | 171 | 3.81 | | |
| 1966 | 8 | 3 | 85.42 | 11 | 74.14 | 304 | 6.84 | | |
| 1968 | 8 | 4 | 85.42 | 14 | 74.19 | 337 | 7.68 | | |
| 1970 | 8 | 25 | 86.46 | 34 | 74.32 | 1111 | 25.4 | 84 | 5048 |
| 1972 | 8 | 56 | 100 | 168 | 75.67 | 1839 | 42 | 349 | 7463 |
| 1974 | 8 | 77 | 100 | 214 | 89.23 | 2016 | 46.2 | 312 | 6984 |
| 1976 | 8 | 84 | 100 | 216 | 89.23 | 1693 | 38.7 | 67 | 3598 |
| 1978 | 8 | 86 | 94.79 | 236 | 85.95 | 1649 | 36.6 | 10 | 1059 |
| 1981 | 8 | 85 | 92.78 | 178 | 41.79 | 650 | 14.7 | 4 | 98 |
| 1983 | 8 | 86 | 93.81 | 132 | 16.65 | 825 | 18.5 | 7 | 60 |
| 1985 | 8 | 79 | | 131 | | 674 | 15 | | 9 |
| 1987 | 8 | | 80 | 123 | | 746 | 16.4 | | 11 |
| 1989 | 8 | 81 | | 112 | | 107 | 12.3 | | 9 |
| 1992 | 8 | | | 119 | | 371 | 8.19 | 87 | |
| 1994 | 8 | | | 159 | | 398 | 8.75 | 59 | |
| 1996 | 8 | | | 158 | 63.2 | 694 | 15.2 | | |
| 1997 | 8 | | | 172 | 68.8 | 744 | 16.4 | | |
| 1998 | 8 | | | 215 | 86 | 1223 | 27.1 | | |

## 毕节地区部分年份广播覆盖统计表

单位：万人、%

| 年 份 | 全区人口 | 综合覆盖 | | 中央台 | | 省台 | |
|---|---|---|---|---|---|---|---|
| | | 覆盖人口 | 覆盖率 | 覆盖人口 | 覆盖率 | 覆盖人口 | 覆盖率 |
| 1950 | 242.47 | | | | | 1.94 | 0.8 |
| 1952 | 254.39 | | | | | 20.27 | 7.97 |
| 1954 | 268.92 | | | | | 21.38 | 7.95 |
| 1956 | 287.95 | | | | | 22.38 | 7.77 |
| 1958 | 301.52 | | | | | 25.69 | 8.52 |
| 1960 | 291.26 | | | | | 21.89 | 7.52 |
| 1963 | 300.02 | | | | | 28.18 | 9.39 |
| 1966 | 325.49 | | | | | 32.21 | 9.9 |
| 1968 | 351.03 | | | | | 38.21 | 10.89 |
| 1970 | 319.47 | | | | | 44.3 | 11.67 |
| 1972 | 407.31 | | | | | 55.36 | 13.59 |
| 1974 | 437.36 | | | | | 60.62 | 13.86 |
| 1970 | 462.20 | | | | | 65.1 | 14.08 |
| 1978 | 485.39 | | | 43.68 | 9 | 68.84 | 14.18 |
| 1980 | 506.07 | | | 44.91 | 8.87 | 73.35 | 14.49 |
| 1982 | 525.95 | | | 47.56 | 9.04 | 79.39 | 15.09 |
| 1984 | 535.77 | | | 48.23 | 9 | 90.73 | 16.93 |
| 1986 | 550.91 | | | | | 199.94 | 36.81 |
| 1988 | 558.87 | 307.78 | 55.07 | 164.24 | 29.39 | 185.02 | 32.57 |
| 1992 | 604.85 | 338.7 | 56 | 148.19 | 24.5 | 277.43 | 45.87 |
| 1994 | 613.47 | 348.24 | 56.77 | 327.09 | 53.37 | 336.85 | 54.91 |
| 1996 | 626.15 | 335.9 | 56.84 | 271.27 | 43.32 | 350.63 | 56 |
| 1998 | 637.78 | 378.83 | 60.35 | 303.06 | 47.52 | 381.6 | 59.74 |

**有线广播传输方式** 1.邮电线路传输。1956年，毕节、威宁、黔西、大定、赫章县建广播站初期，多利用电话线传输，广播架设专线少，常出现电话、广播传输相互影响现象。是年6月，根据省电台、省邮电管理局《关于利用县内电话线路定时开放有线广播的各项规定的联合通知》，各县广播站在规定时间内将广播信号传送县邮电局，县邮电局通过各区的电话线路传到区，经过邮电所交换再传到乡（社）。区、乡凡有电话的地方，均用单刀双掷的小闸刀倒换。是年，毕节专区广播站利用396杆千米邮电线路传输广播。1958年，织金县广播站架设县城至区的邮电线路11条，总长239杆千米；架设分支邮电线路780杆千米。纳雍县广播站利用邮电线路675杆千米，使全县10个区、77个乡通广播。是年，全专区8个县广播站共利用邮电线路3878杆千米传输广播。此后，县、区广播站利用邮电线路传输广播的里程逐年增加。1962～1972年，全专区有线广播利用邮电线路里程在4200～4700杆千米之间；1973～1975年，达5700余杆千米。此后，邮电部门收取线路占用费，逐步推行利用电灯零线传输广播信号和设专线传输，利用邮电线路传输广播逐步减少。1976～1979年为4100余杆千米，1980年为3100余杆千米，1982～1984年为2068杆千米，1985年停止使用邮电线路。

2.专线传输。1956年2月，威宁县广播站架设县城广播专线2.5杆千米。1957年，毕节县海子街、何官屯、燕子口、小吉场区自架广播专线近20杆千米，大方县广播站架设县站至区专线34杆千米。1958年，全专区共架设广播专线474杆千米。其中，县至区25杆千米，区至乡26杆千米，乡以下432杆千米。1960～1962年，专杆专线建设中断。1963年后，各县对原有专线进行修复，并逐步增设新线。至1966年，全专区共有广播专线561杆千米，其中县至区93杆千米，区至公社179杆千米，公社以下289杆千米。其后，各地筹集资金，建设广播专线。至1969年，全专区广播专线增到1203杆千米。1970年后，根据中央和省关于加强以专线传输为主的农网建设指示，县、区、社建立农网建设领导小组，筹集资金，发动和组织群众投入广播专线建设。至1971年末，全专区广播专线达9405杆千米。大方县从县到生产队共筹集资金2000多万元，架设区以下广播线路3200杆千米，名列全地区榜首。至1973年末，由于工程质量差，维护管理不落实，全专区广播专线降到5315杆千米。1975年，中共毕节地委制发恢复和巩固农村广播网文件，并拨款2万元补助各县广播站。是年全地区架设专杆专线250千米。1977年，金沙县石场区发动群众筹集木杆2225根，筹资7195元，架通区到公社、大队的专线310杆千米。至此，金沙县共建成广播传输专线1403杆千米，其中县至区172杆千米，至公社449杆千米，公社以下782杆千米，入户喇叭4.8万只，基本实现从县到区、公社广播传输专线化。是年，地区广播事业局在毕节县鸭池区进行用竹竿代替钢筋生产水泥电杆试点，共生产竹筋水泥电杆千余根，架通区站到11个公社专线54杆千米，耗资万余元，每根水泥杆合12元。年末，全地区新架专线707杆千米。1978年，地区广播事业局根据区内山高石头多的特点，在黔西县进行石塔飞线试点，用石料堆砌成小型塔杆，代替木杆、水泥杆架线，建成石塔52座，高架梯架4座，架线10杆千米。是年，全地区专线达1.04万杆，其中县至区466杆千米，区至公社868杆千米，公社以下9092杆千米。1979年冬，毕节地区雪凝大，持续时间长，广播杆线损失严重。经各级广播人员尽力抢修，仍未复原。至1980年，全地区专线减到4847杆千米，近一半的区、社广播站停播。经调查，主要是杆线质量差而导致。其后，广播专线传输里程逐年减少。至1983年，全地区有专线2546杆千米。此后，根据中央关于“四级办广播，四级办电视，四级混合覆盖”的方针和大力发展调频广播，普遍建立小型卫星地面接收站，整顿、提高、发展有线广播网的精神，毕节地区调整广播事业发展策略，确定发展调频广播，走“有线与无线相结合”道路，县至区乡用调频传输代替专杆专线传输，乡以下进行网络覆盖，改造更新原有专线传输线路。1992年，全地区专线降至195杆千米，1998年降至97杆千米。

3.载波传输。1960年，赫章县广播站试验载波广播，用1000千赫兹载波机通过邮电线路开通县城至妈姑广播站信号获得成功。1962年，缺乏经费而中断。1970年，全省农村广播网惠水现场会要求充分利用电话线路安装载波机传输广播节目。翌年，赫章县广播站试制成广播载波机，全县除可乐、恒底区外，其余均用载波技术传输广播，效果良好。后因维护工作跟不上，未能巩固。1972年，地委宣传部组织生产载波机11台，每县发1台以推广载波传输。1976～1978年间，赫章县再度运用载波传输广播技术，常出现雷击破低通滤波器影响传输畅通而停止载波传输。

4.埋设地下线。1974年，大方县广播站派人赴广东澄海县、湖南源江县学习埋设地下广播线技术。次年，用普通胶质线埋设县城至六龙区地下广播线12千米，单线传输，以大地作回路，信号良好。继而将地下线延伸到百纳区。坡脚区埋设区至公社的地下专线29千米。1975年，毕节县广播站采取民办公助办法，埋设县城至海子街至小吉场的地下线49千米。1977年，大方县广播站增设县城至羊场、对江、新庄公社的地下线26千米。1982年，由于大方县广播信号利用大地作回路，导致县广播站信号串音到邵阳、上海等地，干扰长途通信，受邮电部和省邮电局批评而停止使用。

5.电灯零线传输。1972年，大方县广播站利用电灯零线传输广播信号试验获成功。1974年，金沙县广播站利用电灯零线传输广播信号亦取得成功，在沙土、平坝、禹谟、石场区推广使用。是年，大方、金沙利用电灯零线传输广播76杆千米。1975年，国家广播事业局、国家水利电力部联合制发《关于在低压电力线上传送有线广播的联合通知》，各县广播站先后在有小水电站的地方利用电灯零线发展有线广播。是年，织金县在通电的公社、大队、生产队利用电灯零线传输广播计100千米。毕节县在有小水电站的公社采用电灯零线传输广播81杆千米。1977年，全地区共利用电灯零线传输广播219杆千米。此后，大方、金沙、织金、毕节县继续发展电灯零线传输广播。至1980年，全地区利用电灯零线传输广播1032杆千米。1981年，纳雍县广播事业局在居仁、王家寨、乐治公社试行电灯零线传输广播，由于接线安装技术不过关，造成喇叭烧毁，甚至酿成触电事故，其他县亦发生类似情况，导致电灯零线传输广播减少。是年，全地区利用电灯零线传输广播667杆千米。1983年，贵州省水利电力厅下达《关于在全省农村中禁止采用电灯零线传输广播，以免造成伤亡事故的通知》，各县陆续停止用电灯零线传输广播。1985年，全地区停止用电灯零线传输广播。

## 三　无线广播

**地区中波转播台（八二七台）**　1982年筹建，1985年建成。台址位于毕节城南郊郭家湾，占地5926.9平方米。地区财政投资40万元建主体工程。1986年1月，安装贵州省广播电视厅调拨的1台1千瓦发射机，并调试成功，5月1日开通，使用765千赫兹试转播省广播电台第1套节目。1988年1月1日，省广播电视厅无线电管理处同意毕节地区中波台正式转播省广播电台第1套节目，并纳入省厅技术维护管理。是年8月，省广播电视厅增拨1台1千瓦发射机，转播中央人民广播电台第1套节目，发射频率为1143千赫兹。10月，购置6米卫星地面接收设备1套，用于接收信号源。1992年2月，省广播电视厅从都匀中波台调拨1台1千瓦发射机给毕节地区中波台作备用机。1996年8月，地区中波台接收省台上星节目，每日播音由3次改为2次，发射功率不小于9.5千瓦。1998年，台内停播率为零，台外停播率为百小时2′30″，设备完好率100%。1999年3月26日，地区机构编制委员会办公室行文通知，核定地区中波转播台人员编制数为21名。2000年，台内300W调频发射机播出3342小时，500瓦调频发射机播出6630小时，调频停播率为零，被省广播电视厅评为安全优质播出先进单位。2002年5月，毕节地区中波转播台上划贵州省广播电视局管理。

**调频广播**　1983年，地区广播事业局购置50瓦调频发射机1台，在毕节纱帽山地区电视转播台、威宁县塔山电视转播台和纳雍县轿子山电视转播台试验。1985年，省广播电视厅批准毕节县新建调频发射台1座，发射频率为9.12兆赫，功率50瓦。12月开机试播，邻近县城的海子街、长春堡、鸭池等20多个区乡所在地均能收到调频广播。1986年，黔西县购进50瓦调频发射机2台，与县电视转播台配合，开通调频广播，覆盖县内大部分区乡。1987年1月1日，大方县开通调频广播，使用50瓦调频发射机2台，发射频率96.3兆赫，响水、双山、马场等9个区广播站和对江、竹园等10个乡广播站均能收到调频广播。是年，地区广播电视局在毕节纱帽山电视转播台安装1000瓦调频发射机1台，频率为89兆赫，用于转发省电台第1套节目。是年，威宁县调频发射台安装调试成功。年末，全地区地、县有调频台5座，发射功率为1.22千瓦。同年，国家计委、国家广播电视部联合下达县级调频完善配套计划，省广播电视厅下达分配计划，给金沙、织金、纳雍、毕节县调频发射机各1台。1989年10月1日，织金县调频广播台开播。1990年3月，赫章县广播站安装50瓦调频发射机，与有线广播信号同步开关机，覆盖城关及附近区乡。是年9月，金沙县开通调频广播台，覆盖半径70千米。1991年5月，纳雍县调频台建成发射，为全县50%的乡镇广播站提供稳定、良好的信号源，初步形成有线与无线结合覆盖的广播网络。至是年，全地区地、县调频台、站全部建齐。发射功率1000瓦的有地区台和威宁站，100瓦的有毕节、金沙、织金、纳雍站，50瓦的有大方、黔西、赫章站。1992～1993年，中央和省分两次向毕节地区拨款21.6万元，地区投入5.5万元，县配套投入6.9万元，共计34万元，用于全地区8个县调频广播站增添和更新设备，改善工作条件，增加广播人口覆盖率。至1994年，全地区有小调频站109座，乡镇广播站143个，村广播室186个，广播覆盖率56.77%。1995年，地区广播电视局以农村为重点，购置5瓦调频发射机121台，配发给乡镇广播电视站和覆盖范围较小的有线广播站，发展调频广播。大方县在31个乡镇广播站配备调频接收机，其中28个站与县站调频广播联网，广播覆盖扩大到80%。1996年2月，贵州省计划委员会、省广播电视厅、省财政厅安排给大方、纳雍、金沙县调频广播建设资金58万元。1997年，大方县建乡镇调频广播站35个，村级调频广播室16个，广播覆盖85%。纳雍县新建村级调频广播室19个，均配置5瓦调频发射机。

## 第二节　电　视

### 一　电视转播

**毕节地区转播台**　1977年5月，毕节地区广播事业局组织2个测试组，先后在大方县境燕子岩、壁挂灯、笋子山、火焰山、龙昌坪大山和毕节境乌箐大山、灵峰寺、文笔山进行测试，选定大方县城东火焰山为建台地址。是年7月，地区财政拨款4.5万元、购CED-50瓦黑白差转机2台、5千瓦发电机1台，作建台用。是年10月7日，火焰山电视差转台正式收转安顺台信号。1978年10月1日，建成毕节东郊观音山二级差转台，接收大方县火焰山电视差转台信号并转播。同期，贵州省建成云雾山10千瓦调频电视中心台，火焰山差转台改收云雾山台发射的9频道信号。1979年2月，毕节地区财政拨款15万元，修建毕节城东北郊纱帽山1千瓦电视转播台。是年4月，贵州省广播事业局拨款15万元给毕节地区电视转播台购置机器设备。1980年，机房和电视铁塔先后建成，机房161平方米，铁塔高53.7米。发射设备为CS-1-1型双通道1千瓦彩色电视发射机。是年10月1日，地区电视台收转省云雾山电视中心台节目。次年，贵州省广播事业局行文批复，同意毕节地区电视转播台从1981年1月起转播贵州电视台节目。1986年4月，地区卫星地面接收站建成，并收转电视节目。1997年4月，地区电视转播台与地区电视新闻中心合并，组建毕节电视台。

**大方县电视转播台**　1979年5月，地区广播事业局将大方火焰山电视差转台移交大方县管理，更名大方县电视差转台。1982年11月，省广播事业局提供机器设备在大方火焰山建1千瓦中功率发射台。大方县财政投资18.7万元作三通一平和建铁塔经费。1984年9月，机房及铁塔竣工，机房236.8平方米，铁塔高31米。是年10～12月试播。发射功率1千瓦，接收9频道，发射2频道，并插播本县新闻节目。1985年3月，经省广播电视厅检查验收，改大方火焰山电视差转台为电视转播台。1988年1月，大方县建成卫星地面接收站并收转3套电视节目。

**黔西县电视转播台**　1977年，黔西红林机械厂建成一座发射功率为50瓦的电视差转台，为厂区职工收看电视服务。是年，黔西县财政拨款2万元筹建黔西县电视转播台。1979年5月1日，县广播事业局在县委、县政府后山坡建成电视差转台并投入使用。差转台占地7600平方米，总投资25万元。机房建筑面积36平方米，铁塔高30米，发射功率10瓦，接收云雾山台9频道信号，用6频道发射，覆盖人口3.5万人。1987年10月，黔西县建成卫星地面站并转播中央台一、二套节目和贵州电视台节目，发射功率300瓦，覆盖城关及周边地区。建台初，台内建有一座高铁塔，1栋半圆形阳台式小机房，一个天然石穴石槽异型水池。电视台绘制园林建设规划图，开展园林建设。经数年栽培，拥有各种花木上百种万余株。同时，依山顺势修建文明门、赤门、九狮闹莲、观农台等20余个亭台楼阁、莲池曲廊景点，并伴有雕塑彩绘、摩崖碑刻于其间，成为古朴典雅、精致美观的袖珍公园。1987年，贵州省电视台将黔西县电视转播台风景录制成专题片向全国播放。

**织金县电视转播台** 1978年春，织金县广播站购买银星牌24英寸黑白电视机1台，试收电视节目。是年初夏，县广播站组织人员进行建电视差转台的选址测试，选在县城北大岩山建立电视差转台。是年11月，织金县决定由县水电局，县财政局、教育局、县广播局、煤勘174队合力修建电视差转台。1979年7月，大岩山电视差转台建成，铁塔高22.5米，机房11平方米。购置CDH-10瓦电视差转机1台。8月1日，正式转发电视节目。用9频道接收省云雾山台信号；用5频道接收安顺台备用信号，发射为6频道。1981年添置CDH-50瓦电视差转机1台。1992年，县直机关单位和个体工商户集资2万元增添设备。

**威宁自治县电视转播台** 1975年8月，县广播站人员在城郊山上踩点踏勘，选择差转台地址。经测试，选在距县城4.5千米、海拔2475米、相对高度283米的凤山建台。1979年10月1日，凤山电视差转台建成开通，铁塔高30米，购置HG-50瓦电子管差转机1台，接收云南宣威台2频道信号，用10频道发射，转播中央电视台一套节目。1983年，贵州省广播电视厅赠送威宁1000瓦发射机1台，重新选定城郊塔山为转播台台址。塔山台铁塔高63.8米，平台高45米，时为全省县级台最高的铁塔。1984年10月，塔山电视转播台建成开通，总投资100万元。转播台接收六枝老马地电视台7频道信号，用2、10、12频道转播中央电视台一、二套节目和贵州电视台节目。县城及附近的盐仓、小海、雪山、金钟等区乡均可收视两套电视节目。

**纳雍县电视转播台** 1978年，县广播事业局组织人员测试选定在轿子山建台。1979年7月1日，轿子山电视差转台建成开通，接收安顺台5频道信号，用3频道发射，功率50瓦，转播中央电视台一套节目。1984年，纳雍县财政拨款9万元，在县城文昌阁新修电视转播台，1986年1月1日正式转播，发射功率50瓦，接收7频道信号，用4频道发射，转播省电视台一套节目。同时，撤除轿子山电视差转台机器设备和铁塔等设施。

**赫章县电视转播台** 1979年，赫章县广播事业局在距县城10多千米的韭菜坪设临时性1瓦差转台，接收水城钢铁厂电视台信号，同时在城郊龙洞山建50瓦二级电视差转台，接收韭菜坪转发的5频道信号，用3频道发射覆盖城关。1980年10月，龙洞山二级差转台建成投入使用。是时，地区在毕节城郊纱帽山兴建的1千瓦电视转播台开通，龙洞山差转台可直接接收其发射的12频道信号，用3频道发射，韭菜坪1瓦差转设备随即撤除。1983年龙洞山差转台改发4频道，覆盖300平方千米，人口5.5万人。1983年，赫章县财政拨款在天麻山新建电视转播台。是年10月，天麻山50瓦电视转播台建成开播，接收地区电视台12频道和六枝老马地电视台7频道信号，用4频道发射，覆盖城关及青山、野马川区部分乡镇。1985年3月撤除。

**金沙县电视转播台** 1980年，金沙县财政拨款4万元，县交通局、供电局、邮电局、物资局、农机厂、长征电站配合，在县城附近海拔1284.5米的金宝屯修建电视差转台。是年10月1日建成开通，直立式铁塔高20米，桅杆高5米，双层十字发射天线，收转遵义凤凰山电视台2频道、省云雾山电视台9频道发射的电视节目。1982年，县财政拨款修建86平方米的差转台机房。1984年，添置CDC50瓦彩色电视差转机1台。1985年，县广播电视局购买6.2米卫星接收设备1套，在戴家堡兴建卫星地面收转站，电视转播质量提高。

**区乡镇电视差转台** 1981年10月7日，毕节县林口区在青龙山建成发射功率为10瓦的毕节地区第一座区级差转台。1983年，黔西县采取“小功率、多布点”和建台资金以自筹为主，技术由县广播事业局负责，设备统一订购办法，建成区电视差转站11个（中坪区建2个）。同时，先后建成开通毕节县吉场、燕子口、阴底、长春堡；大方县响水、沙厂；金沙县安底、沙土；赫章县古达、野马川区电视差转站。是年，全地区有区级电视差转台22座，发射机22台，功率0.278千瓦。1984年，地区广播电视局在黔西县召开现场会议，推广黔西县建区级电视差转台经验。1989年，全地区1000瓦以下电视差转台发展到57座，有发射机78台，功率1.61千瓦。赫章县政府决定每区、乡建1座差转台，县财政补助1万元。至1991年，建成区乡电视差转台8座。1992年，威宁县兴建区、乡级电视差转台6座。是年，省、地县财政对建卫星电视实行分级补助，促进区乡电视发展，全地区1千瓦以下电视差转台发展到122座，有发射机171台，功率2.62千瓦。1996年，全地区乡镇电视差转台发展到288座，发射机345台，功率3.76千瓦。1998年，全地区乡镇电视差转台437座，发射机521台，功率8.265千瓦。

**1977～1998年毕节地区系统内电视转播台统计表**

| 年份 | 台数 | 发射机功率 | | 转播电视节目 | | | | | |
|---|---|---|---|---|---|---|---|---|---|
| | | | | 中央台一套 | | 中央台二套 | | 省台一套 | |
| | 座 | 台 | 千瓦 | 台 | 千瓦 | 台 | 千瓦 | 台 | 千瓦 |
| 1977 | 2 | 2 | 0.1 | | | | | 2 | 0.1 |
| 1978 | 5 | 0.13 | | | | | | 5 | 0.13 |
| 1979 | 7 | 7 | 0.23 | 1 | 0.05 | | | 6 | 0.18 |
| 1980 | 9 | 9 | 1.28 | 1 | 0.05 | | | 8 | 1.23 |
| 1981 | 10 | 10 | 1.29 | 1 | 0.05 | | | 9 | 1.24 |
| 1982 | 9 | 9 | 1.32 | 1 | 0.05 | | | 8 | 1.27 |
| 1983 | 29 | 29 | 1.55 | 2 | 0.06 | | | 27 | 1.49 |
| 1984 | 38 | 38 | 3.74 | 3 | 1.06 | | | 35 | 2.68 |
| 1985 | 42 | 42 | 3.84 | | | | | 42 | 1.84 |
| 1986 | 46 | 50 | 3.84 | 6 | 1.13 | | | 45 | 2.71 |

续表

| 年份 | 台数 | 发射机功率 | | 转播电视节目 | | | | | |
|---|---|---|---|---|---|---|---|---|---|
| | | | | 中央台一套 | | 中央台二套 | | 省台一套 | |
| | 座 | 台 | 千瓦 | 台 | 千瓦 | 台 | 千瓦 | 台 | 千瓦 |
| 1987 | 53 | 58 | 3.86 | 14 | 1.29 | | | 44 | 2.57 |
| 1988 | 50 | 66 | 5.78 | 22 | 2.65 | 8 | 0.66 | 36 | 2.47 |
| 1989 | 60 | 86 | 6.06 | 28 | 2.83 | 12 | 0.69 | 46 | 2.54 |
| 1990 | 70 | 115 | 6.59 | 52 | 2.14 | 20 | 1.75 | 43 | 2.70 |
| 1991 | 80 | 130 | 6.79 | 64 | 2.27 | 24 | 1.79 | 42 | 2.73 |
| 1992 | 125 | 180 | 7.12 | 101 | 2.516 | 27 | 1.81 | 52 | 2.8 |
| 1993 | 171 | 228 | 7.49 | 145 | 2.867 | 30 | 1.84 | 53 | 2.8 |
| 1994 | 212 | 280 | 6.87 | 190 | 2.181 | 36 | 1.88 | 54 | 2.81 |
| 1995 | 240 | 314 | 7.14 | 186 | 2.183 | 33 | 0.90 | 95 | 4.05 |
| 1996 | 291 | 355 | 7.26 | 177 | 3.018 | 25 | 0.8 | 153 | 3.44 |
| 1997 | 393 | 468 | 7.72 | 208 | 3.138 | 23 | 0.8 | 237 | 3.8 |
| 1998 | 415 | 494 | 7.84 | 218 | 3.176 | 24 | 0.8 | 251 | 2.9 |

注：1998年地区另有1千瓦台转播中央二套节目

**其他电视差转台** 1977年10月1日，黔西县境红林机械厂建立1座发射功率为50瓦的电视差转台，使用12频道，收转省电视台节目，为厂内职工服务。1979年10月，大方县六龙电站在海拔1560米的山上建1座发射功率10瓦的电视差转台，用12频道收转省台节目，服务电站职工和周边村民。其后大方硫磺厂、赫章铅锌矿、卡上电站，威宁羊街电站先后建成电视差转台。至1984年，全地区有系统外电视差转台6座，有发射机6台，功率0.13千瓦。到1988年，全地区建系统外电视差转台32座，有发射机35台，功率0.53千瓦。此后，系统外电视差转台逐年减少，至1993年，有19座，发射机24台，功率0.41千瓦。1998年，上升到22座，发射机27台，功率0.424千瓦。其中，收转中央一套14台，收转中央2套3台，收转省一套7台，收转教育台3台。

## 二　地区电视台

1996年7月10日，贵州省广播电视厅行文批复毕节地区广播电视局《关于成立毕节电视台筹备组的请示报告》，同意筹建毕节电视台和试办自办节目。是年12月6日，中共毕节地委召开办公会议决定，由地区财政拨款400万元购置地区电视台所需设备；土建工程投资，分两年向地区卷烟厂筹集600万元。1997年4月3日，中共毕节地委召开办公会议决定，将地区电视新闻中心和地区电视转播台合并，组建毕节电视台。1998年，建台资金不到位，建台工作搁置。1999年11月30日，贵州省广播电视厅转发1998年2月28日广播电影电视部《关于同意毕节地区电视台登记的批复》，同意设立毕节地区电视台，“电视台许可证”编号为023242166，台标编号码TB023242166，可自办1套节目。台址：毕节市纱帽山，频道DS-12，天线高度53.7米。2000年，引资修建毕节电视台综合大楼工程破土动工，由地区电力建筑公司以土地置换方式开发承建。

2001年7月9日，贵州省广播电视局转发国家广播电影电视总局《关于同意毕节地区电视台和毕节地区有线广播电视台合并、调整节目频道设置的批复》，同意毕节地区电视台和毕节地区有线广播电视台合并，合并后的台名为毕节地区广播电视台；同意原无线台的综合频道变更为第一套电视节目新闻综合频道，原有线台的综合频道变更为第二套电视节目文艺频道，以上各频道的传输方式和技术参数不变，播出时称毕节电视台；同意毕节地区广播电视台电视节目使用原毕节地区电视台台标，台标编号变更为TB053242166，废止原毕节地区有线广播电视台的台标及编号、原毕节地区电视台台标编号。

2002年1月28日，中共毕节地委办公室、毕节地区行署办公室制发《关于对毕节地区电视台频道设置、毕节地区有线广播电视台、毕节市有线电视台合并方案的批复》，同意将毕节地区有线广播电视台、毕节市有线电视台合并组建毕节地区有线广播电视信息网络中心。毕节地区有线广播电视信息网络中心的广播电视专用传输机构，不再为播出机构，毕节电视台为一级播出机构，按国家广电总局批准的毕节电视台新闻综合频道，简称毕节-1；毕节电视台经济文艺频道，简称毕节-2。毕节电视台新闻综合频道采用无线和有线方式播出，毕节电视台经济文艺频道采用有线方式播出。毕节电视台新闻综合频道以传播中共毕节地委、毕节地区行署政令，报道全地区新闻节目、专题节目为主，适当吸收专业频道的特色精品节目，同时转播中央电视台和贵州电视台《新闻联播》节目。毕节电视台经济文艺频道以传播中共毕节地委、毕节地区行署政令，报道毕节地区新闻节目、专题节目为主，同时，报道经济活动，播映影视、文艺、体育节目。毕节地区电视台为副县级全额拨款事业单位、人员编制84名。是年，毕节电视大楼落成，总投资600余万元，高13层，全框结构，建筑面积5500平方米。2003年，毕节电视台安装使用前端硬盘自动播出网络系统，有效提高自办节目播出质量。2004年4月3日，国家广播电影电视总局作出《关于同意毕节地区广播电视台开办交通音乐广播的批复》，同意毕节地区广播电视台开办交通音乐广播，播出时称毕节人民广播电台交通音乐广播。台址毕节市城北纱帽山，经纬度105E17、27N20，海拔1776米，天线高度54米，发射频率98兆赫，发射功率1千瓦，天馈增益4分贝，极化方式：垂直。交通音乐台有300瓦主机设备1台，调音台2台，延时器1台，MD播放机6台以及相关的传输设施，利用电视大楼12楼作播控机房和办公场所300平方米；利用沙帽山无线电视发射机房及铁塔作发射场地，与电视发射纳入统一管理。电台节目以转播中央人民广播电台新闻、贵州人民广播电台新闻、全国交通新闻、播报毕节地委、行署政令、毕节道路交通信息，音乐、文艺节目为主，其他节目为辅。是年9月8日，交通音乐台正式开播。是年，电视台建成盘带自动播出网络系统及播控编辑机房，沙帽山无线发射机实现固化。

## 三　卫星电视

**地区收转站**　1986年1月，贵州都匀振华公司112厂技术人员与地区广播电视局、地区电视转播台人员到毕节城郊纱帽山测试卫星电视信号，定点定位，拟定建站方案和实施措施。是年3月9日，完成天线基础混凝土浇灌。4月12日，开通纱帽山6.2米卫星地面收转站，发射机50瓦，用6频道试转中央电视台一套节目。1987年10月，增设21频道，用100瓦发射机收转中央电视台二套上星节目。1991年12月，增设4.5米卫星接收天线一面，收转贵州电视台上星节目，用12频道1千瓦机发射。1998年6月，改发毕节电视台节目。

**威宁县收转台**　1985年9月，国务院赠送贵州3座6.3米卫星地面接收设备，威宁县获赠1座。是年9月下旬安装调试，10月1日开通。1986年2月，卫星地面站遭暴风雨袭击，北面挡风墙倒塌，6.3米天线被毁，国家航天工业部二院无偿支持卫星电视接收天线1套。1987年12月，威宁县广播电视局投资购置3.2米卫星地面接收天线1套，解决接收省台信号不稳定的难题。1990年3月，购进4.5米卫星地面接收机。除收转中央和省台电视节目外，云南、西藏、新疆上星节目均可收转，还可播本县新闻节目。

**金沙县收转站**　1985年，金沙县财政拨款23万元在戴家堡修建卫星地面收转站，1986年10月1日建成，楼房高20米，铁塔建在楼房顶上，塔高30米，塔顶桅杆高19.5米，避雷针顶端至地面57米。主要设备有4频道50瓦发射机1台，转发贵州电视台一套节目；分米波31频道300瓦发射机1台，转发中央台二套上星节目。1989年，购进50瓦11频道发射机更换10瓦发射机，同时转发中央电视台一、二套节目和贵州电视台一套节目。

**大方县收转站**　1986年12月建成，总投资43.8万元。设备有接收机、6米抛物面卫星接收天线。1987年1月1日，开通卫星电视收转站，向全县转播中央电视台一、二套节目和贵州电视台节目。

**黔西县收转站**　1986年6月3日，黔西县政府拨款57万元，在县城学宫坡建功率300瓦分米波发射台1座，用12频道发射。是年10月1日，建成卫星地面收转站开播，收转中央电视台一、二套节目和贵州电视台一套节目，覆盖城关及周边地区。2000年后，修建近400平方米的演播楼，供小型会议、电视会议专题制作、文艺演出用；新安装1台10瓦发射机，使城关地区未安装闭路电视的群众也能看上电视；新制电视机房播控台、电视墙，保证对播出电视节目的有效监控，提高播出质量；添置2台便携式摄像机和非线性编辑机，重新购置有线电视机房的前端播出系统和机架，并兴建道路及维修设施。2003年，购置带解码卫星电视接收机，新增中央新闻频道节目，更换接收中央3、5、6、8台节目机器设备，提高网络电视质量。2004年，国家广播电视总局批准成立黔西电视台。2005年，电视台有小型DV摄像机8台，非线性编辑系统一套，字幕处理系统一套。

**赫章县收转台**　1986年4月，赫章县财政拨款10万元修建县卫星地面收转站。是年10月1日，建成开通。主要设备有10瓦彩电发射机，用10频道发射；6.5米抛物面接收天线；东芝C3

卫星电视接收机。收转站与天麻山电视转播台配套发射电视信号，混合覆盖县城及周边地区。1987年12月，县财政拨款10万元，增购100瓦分米波彩色电视发射机，用17频道转发中央台二套节目。至此，赫章县城及周边地区可收看中央电视台一、二套节目和贵州省电视台一套节目。

**纳雍县收转台**　1986年8月5日，地区财政补助10万元，县财政拨款2万元在文昌阁电视差转台建立卫星地面收转站。是年底，建成开通。1987年1月1日，用12频道转发中央电视台一套节目，发射功率50瓦，接收天线6米。1988年9月，县财政拨款5.5万元，增购50瓦发射机1台，3米接收天线1套及其他配套设备，用4频道收转贵州电视台一套上星节目，发射功率均为50瓦。至此，纳雍县城及周边地区均能收看3套电视节目。

**织金县收转站**　1987年2月，毕节地区财政拨款15万元，扶持织金县建卫星地面收转站。5月，织金县政府决定在县城近郊古佛山修建卫星地面收转站。是年底，收转站建成，总投资26.5万元。铁塔高25米，设备为6.2米抛物面接收天线，CDH-50瓦发射机、中调器、电源稳压器和监视器。1988年1月1日，古佛山卫星地面收转站开机转播，接收中央台东经87.5°卫星信号，用4频道发射中央一套节目，12频道发射中央二套节目。

**区乡镇村收转站**　1987年，毕节县林口区，大方县长石区，金沙县安底、石场区，纳雍县龙场区先后在区所在地附近兴建卫星地面收转站，改差转方式为卫星地面接收，收视电视质量提高。至1991年，全地区建区乡镇卫星地面站58座。1992年初，省政府决定省级财政每年拨款200万元，地、县、乡级配套投入，用3年左右时间完成全省卫星广播电视站建设任务。是年，省广播电视厅安排毕节地区建站59座，省财政拨款37.5万元，地区财政配套38万元，地区民委补助10万元，县及县以下投入59.7万元，建成乡镇卫星广播电视站60座，占全地区乡镇总数的24.79%。是年，全地区共有电视转播台146座，电视覆盖率54.4%。1993年后，省财政每年平均拨30万元给毕节地区建卫星地面站，地区财政每年配套40万元，县及县以下再加配套资金，至1995年，共建成乡镇卫星广播电视收转站160座，实现有电乡镇均建立卫星广播电视收转站的目标。1996年后，卫星广播电视接收站向村级发展。是年，毕节地区建村级卫星地面收转站22个。1997年，毕节地区新建100个村级卫星地面接收站。是年末，全市电视人口覆盖率达72%。1998年，全地区建村级卫星广播电视收转站2694座，占行政村总数的59.73%；通电视的村2180个，占行政村总数的48.34%。

**其他收转站**　1.单位收转站。1986年8月，赫章县铅锌矿在大麻岩山建立卫星地面接收站，配50瓦发射机1台，用9频道收转中央电视台节目。次年，毕节师范专科学校、毕节教育学院、电大毕节分校分别建立卫星地面接收站，收转中央教育台节目。同时赫章钢铁厂亦建立卫星地面接收站1座，与电视差转台配合，收转中央电视台上星节目。其后，系统外建站数逐年增加，1989年，全地区系统外卫星地面收转站达16座，1991年达20座，1994年达24座，1996年达44座，1998年达52座。

2.农户单收站。1996年，黔西县重新镇有农户单收站100座。据1998年末统计，全地区有农户单收站570座。

1986~1998年毕节地区卫星电视地面站统计表

单位：座

| 年份 | 合计 | 其中 | | 系统内分类 | | |
|---|---|---|---|---|---|---|
| | | 系统内 | 系统外 | 地级 | 县级 | 乡镇级以下 |
| 1986 | 7 | 6 | 1 | 1 | 5 | |
| 1987 | 16 | 11 | 5 | 1 | 5 | 5 |
| 1988 | 29 | 21 | 8 | 1 | 7 | 13 |
| 1989 | 50 | 34 | 16 | 1 | 7 | 26 |
| 1990 | 70 | 60 | 10 | 1 | 7 | 52 |
| 1991 | 86 | 66 | 20 | 1 | 7 | 58 |
| 1992 | 140 | 121 | 19 | 1 | 12 | 108 |
| 1993 | 196 | 178 | 18 | 1 | 12 | 165 |
| 1994 | 258 | 234 | 24 | 1 | 41 | 192 |
| 1995 | 292 | 267 | 25 | 1 | 10 | 256 |
| 1996 | 584 | 540 | 44 | 7 | 43 | 490 |
| 1997 | 993 | 958 | 35 | 7 | 43 | 908 |
| 1998 | 3851 | 3799 | 52 | 8 | 48 | 3743 |

## 四　有线电视

**地区有线广播电视台**　1990年毕节地区计划委员会立项建立地区有线电视中心。1992年4月，地区电视转播台在毕节城区建设有线电视联网工程，开通7套电视节目。是年11月，购置德国宝力通邻频前端，增架干线，收视节目增至12套，用户发展到2000余户。1993年4月，地区物价局批复毕节城区有线电视安装费及维护费：安装费每户为120元，维护费每户每月3元。是年5月11日，毕节地区有线电视站成立。1995年，中央电视台、贵州省有线电视台授权毕节地区有线电视站开通加密电视频道后，毕节城区有线电视用户增至5000余户，基本覆盖毕节城区，新增转播《毕节新闻》，独立制作“天气预报”“节目预告”“影视剧场”“下周银屏”栏目，并承担地委、行署和地直有关部门交办的文艺晚会、知识竞赛等现场直播任务。是年12月，调整传送中央电视台加密电视节目收费标准：每户一次性收取入网费60元，每户每月缴纳加密电视收视费5元，原有有线电视收视维护费3元不变。1996年，地区有线电视网络延伸覆盖至城郊部分乡镇，用户增到7000余户。1997年10月，1700平方米的毕节地区有线电视综合大楼竣工。是年7月，地区物价局调整毕节城区地、市有线电视收费标准：安装费180元/户，入网费

60元／户，工本费10元／户，迁户费30元／户，维护费10元／户；录像发行费5元／盒；现场直播费8000元／小时（可下浮）；专题节目制作费600元／分钟（下浮不限）；一般点歌费20元／首，商业点歌80元／首。1998年1月，地区编委行文通知，建立毕节地区有线电视台，为毕节地区广播电视局下属正科级自收自支事业单位，与地区音像制品发行站实行两块牌子、一套人员的管理体制，定编30名。是年2月28日，国家广播电影电视部行文批复，同意毕节地区广播电视局设立毕节地区有线广播电视台，许可证编号03342465，台标编号TB03342465，可自办1套电视节目，播出时称：毕节有线电视台。毕节地区有线电视台成立后，调整自办栏目，开设《有线报道》；筹资310万元，购置广播级数字化前端播出系统1套；冷灯光源1套，非线性编辑系统1套，数字编辑机1套，高档数字化摄像机5台，卫星地面站4座，提高节目制作和播出质量，并与地区电信局签订协议，利用电信光缆将电视信号传输到农村乡镇。是年末，地区广播有线电视台终端用户1万余户。1999年，地区有线电视台投入100余万元，扩容改造毕节城区有线电视网络，节目增至32套，并与电信部门合作，将节目信号输送到毕节市部分乡镇，开设“有线报道”“有线导视”“信息”和“少儿节目”，以及“影视剧场”“天气预报”栏目。2000年，地区有线电视台投入资金200余万元，改造毕节城区45千米光电缆网，容量从300兆赫增加到光缆干线为750兆赫、电缆网为550兆赫，用户增到1.6万户。2002年1月，地区有线广播电视台与毕节市有线电视站合并组建毕节地区有线广播电视信息网络中心，为正科级自收自支事业单位，人员编制98名。地区有线广播电视信息网络中心负责中央台、省台、地区台及其他上星台节目的传输任务；负责全地区光纤干线网建设；负责上接省、国家广电光缆干线网、下联全地区各县市、乡镇的有线电视网工作。同时，充分利用现代科技手段和有线电视宽带网络，逐步开展视频点播、远程教育、远程医疗、数据服务项目。2003年，地区有线广播电视信息网络中心完成《毕节新闻》传输7县1市安装调试，保证毕节电视台两套节目在全地区播出。2004年，地区有线广播电视网络中心与地区移动公司合作，采用NX2M专线方式，提供计算机互联网接入服务，以电缆调制器CMTS和HFC网络相结合，为用户提供电视、互联网等多项业务合一服务。是年9月，在毕节城区实现e视频宽带上网服务。是年，地区及毕节市自建有线广播电视传输干线网络350.9千米，全地区有线网络共传送地、县两级自办节目4027小时。

**县市城镇有线电视**　1.毕节市。1990年1月，毕节县广播电视局职工技术协会自筹资金，在珠市路、毕节二中试安共用天线系统，开通三套电视节目，使有线电视信号进入普通百姓家。是年6月，县广播电视局与有线电视设备厂方协商，为城区2000多户居民安装有线电视，向用户传送中央电视台和部分省区上星节目及自办节目。1991年10月，贵州省广播电视厅组织技术人员验收毕节城区有线电视设计安装，发给合格证和贵州省有线电视站许可证。1992年4月，中共毕节县委、毕节县人民政府行文同意毕节县广播电视局在桂花路建立毕节县有线电视站。1994年4月，毕节撤县设市，毕节县有线电视站更名为毕节市有线电视站，是时，向用户传输电视节目16套。1998年10月，市有线电视站改造前端设备，向用户开通32套电视节目；自筹和贷款200余万元，改造网络，采用光纤技术传输电视信号。是年末，拥有用户1.83万户，覆盖城区6个办事处，向城郊厂矿企业和鸭池镇传输电视信号。

2.大方县。1991年末，大方县广播电视局开始在城关筹建有线电视系统，至次年6月，入网用户1000余户，传输电视节目5套和自办节目1套。是时，省广播电视厅批准，成立大方县有线电视站。自1995年起，全天播出电视节目6套。1996年，自筹资金60万元购置设备，改隔频传输网络为邻频传输系统，并申购中央台加密电视四套解码器，开通17套电视节目，用户增到3800户。1997年末，主要设备有：模拟式信号接收机11台，数字式接收机4台，邻频调制器1台，高隔离有源混合器2台，加密解码器4台，微波发射机2台，信号传输干线9.8千米。

3.黔西县。1992年，黔西县决定成立有线电视筹建办公室。有线电视网络开通初期，传输节目8套。至1998年，县有线电视台收转中央台和其他省区台节目16套，微波传输节目1套，且自办《黔西新闻》和“水西剧场”“农业科技和广告”栏目。是年底，入网用户9000户。2000年，收转上星节目增至23套。2001年，改造城关有线电视，改电缆传输为主杆线光缆传输，并增加可寻址收费系统。2002年，完成光纤传输信号改造，收转上星节目逐渐增加。2003年，架通7个乡镇光缆线路。2004年，完成红林乡电视联网及网络升级改造。2007年，新架干线6000米，重架挂断光缆、电缆900余米，改造主干线3000余米。是年，可收视节目38套。

4.威宁县。1992年2月，县广播电视局筹建县城有线电视。8月，筹集资金40万元，购置前端设备和配套器材。至10月，架设主干线5千米，安装1000余户。次年3月，开通有线电视信号，向用户传输中央台一、二套和贵州、云南、四川省台节目8套。1996年初，县工商局审核每户收入网费140元，每月交维护费4元。是年8月后，县政府协调部分单位赞助资金8万元，开通中央台加密电视，每户增收加密电视费30元，新安装用户每户入网费增至190元，每户每月收视维护费增至8元。至1998年末，县城用户达8300余户，主干线增到20千米。2005年，完成城域网光纤改造工程。

5.织金县。1992年3月，县广播电视局筹建有线电视。是年9月，完成前端设备安装调试，至12月，架设主干线8千米，分支线30千米，户线48千米，安装用户2904户。是年8月，成立县有线电视站。1994年，县城有线电视用户达5000户。1995年11月，县有线电视站向农行贷款18万元，购550兆邻频前端设备和卫星电视接收设备，开通中央电视台第四套节目，使播出频道增到12个，入网用户6500户。1996年3月，县有线电视站向银行贷款32万元，订购中央电视台加密电视解码器1套，开通中央电视台五、六、七、八套节目，播出频道达16个。每户入网费60元，每月交收视维护费2元。1998年，县文化广播电视局借贷12.4万元，更新改造7.5千米主干线。2005年，完成城域网光纤改造工程。

6.纳雍县。1992年3月，县政府同意县广播电视局建城关有线电视，决定由县财政拨款2.7万元购置前端设备和部分配套器材。4月，筹建县有线电视站，架设主干线路及入户线路，每户收取入网费95元。7月1日，开通6套电视节目。是年底，用户达2000余户。1996年7月，每一用户再交70元加密电视入网改造费。10月，开通中央电视台4个加密频道，县政府批准向每一用户增收增容改造费193元，改造城区主要干线和支线。是年底，新增开通电视节目16套，城区开通电视节目28套。1992～1998年，有线电视入网费渐次由95元调为130元、190元、260元、453元，维护管理费由每月每户3元渐次调为5元、8元、16元。2005年，完成城域网光纤改造工程。

7.赫章县。1992年3月筹建县城有线电视。6月，建立县有线电视站。7月，安装前端，架设主干线6千米，入户安装1000户，每一用户交入网费130元，每月交维护管理费3元。开通信号后，传输中央台和省台电视节目10套。1996年，每户增收入网费100元，每月交维护管理费8元，增开中央台加密电视。至1998年末，县城有线电视用户4000余户。2005年，完成城域网光纤改造工程。

8.金沙县。1992年8月，县广播电视局在城区架设有线电视主干线6.7千米；10月，安装机房设备。至1993年春节，入网用户2400余户，每一户交入网费150元，每月交维护费4元。1996年，购置有线电视前端改换550兆邻频，增添4套解码器，收转中央电视台加密电视和其他省台上星节目计20套。其间，调整入网费和维护费，已入网户每户补交加密电视费60元，新入网户每户交250元，收视维护费每户每月10元。至1998年末，县城有线电视系统电缆主干线达15千米，用户增至7000余户。2005年，完成城域网光纤改造工程。

农村有线电视系统　1993年，部分乡镇所在地群众自发集资兴办有线电视。是年大方县广播电视局采取统一规划，统一安装调试，统一维护，分级管理办法，先后在百纳、文阁等8个乡镇投资25.5万元，办起有线电视，用户1760户，开通电视节目5套。其后，各县乡镇有线电视逐步扩大，并向自然村寨逐步发展。至1998年，全地区有乡镇有线电视站151座，入网用户2.95万户；农村有线电视系统498个，入网用户2.49万户。2011年，全区投资3806万元，推进有线广播电视县乡联网工程，架设有线广播电视数字传输线路3500千米，237个乡镇全部实现有线广播电视县乡联网。创新以政府主管部门为主导，网络公司为实施主体、乡镇广播电视综合服务站为依托，有线电视、直播卫星"村村通"后续服务、乡镇调频（应急）广播维护和农村公益电影放映"四位一体"的农村广播影视覆盖体系建设和服务新模式，得到国家广电总局和贵州省广电局认可，并在贵州全省推广。

### 1977～1998年毕节地区电视覆盖情况统计表

单位：万人、%

| 年份 | 总人口 | 综合 | | 中央台第一套节目 | | 省台第一套节目 | |
|---|---|---|---|---|---|---|---|
| | | 覆盖人口 | 覆盖率 | 覆盖人口 | 覆盖率 | 覆盖人口 | 覆盖率 |
| 1977 | 475.82 | 19.72 | 4.14 | | | 19.72 | 4.14 |
| 1978 | 485.39 | 22.45 | 4.63 | | | 22.45 | 4.63 |
| 1979 | 496.2 | 35.96 | 7.25 | 1.76 | 0.35 | 34.2 | 6.89 |
| 1980 | 506.75 | 65.4 | 12.92 | 1.79 | 0.35 | 63.61 | 12.57 |
| 1981 | 516.75 | 70.72 | 13.96 | 1.82 | 0.35 | 68.9 | 13.34 |
| 1982 | 525.95 | 81.25 | 15.45 | 1.85 | 0.35 | 79.4 | 15.1 |
| 1983 | 530.27 | 110.94 | 20.92 | 2.34 | 0.44 | 108.6 | 20.48 |

续表

| 年份 | 总人口 | 综合 | | 中央台第一套节目 | | 省台第一套节目 | |
|---|---|---|---|---|---|---|---|
| | | 覆盖人口 | 覆盖率 | 覆盖人口 | 覆盖率 | 覆盖人口 | 覆盖率 |
| 1984 | 535.77 | 191.1 | 35.67 | 19.49 | 3.63 | 171.61 | 32.04 |
| 1986 | 543.16 | 241.22 | 44.41 | 44.25 | 8.2 | 211.21 | 38.89 |
| 1987 | 550.91 | 253.35 | 45.99 | 76.42 | 13.87 | 210.18 | 38.18 |
| 1988 | 558.87 | 265.75 | 47.55 | 176.29 | 31.63 | 216.02 | 38.65 |
| 1989 | 576.81 | 284.94 | 49.4 | 212.7 | 36.88 | 284.94 | 49.4 |
| 1990 | 587.96 | 310.86 | 52.87 | | | | |
| 1991 | 598.42 | 316.67 | 52.92 | | | | |
| 1992 | 604.88 | 329.08 | 54.4 | | | | |
| 1993 | 614.9 | 351.91 | 57.23 | | | | |
| 1995 | 620.6 | 385.44 | 62.11 | | | | |
| 1996 | 626.15 | 403.75 | 64.49 | 259.53 | 41.45 | 350.69 | 56.01 |
| 1997 | 632.22 | 404.11 | 63.92 | 280.06 | 44.3 | 404.11 | 63.92 |
| 1998 | 637.78 | 423.94 | 66.47 | 290.2 | 45.5 | 419.68 | 65.8 |

注：缺1985、1994年资料

## 五　村村通广播电视工程

至1998年，毕节地区4557个行政村3344个不通广播，2377个不通电视。1999年，国家实施村村通广播电视工程。是年9月27日，省计委、省广播电视厅联合下达毕节地区2000年建农村广播电视站2050座计划。10月28日，省计委、省广播电视厅、省财政厅下达《1999年度国家补助村村通广播电视工程投资计划的通知》，在国家级贫困县织金、纳雍、大方、赫章、威宁县实施广播电视村村通工程。计划国家拨款619.5万元，地县配套123.9万元，是年11月16日，毕节地区计划局、财政局、扶贫办公室、民族宗教事务局、广播电视局联合下达《关于全区村村通广播电视工程实施方案》，确定全地区2000年完成1886座建站任务。其中，大方266座，织金284座，纳雍239座，威宁227座，赫章223座，毕节市237座，黔西县252座，金沙县165座。同时，力争再建2000座单收站，解决地处偏僻不能接入网络或单家独户居住的农户收听收看广播电视节目的问题，力争到2000年底全地区各类卫星收转站、单收站达8000余座。根据省广播电视厅方案，资金按多级筹资办法解决，国家级贫困县建站经费由国家及省补助资金解决前端设备，每建1站国家补助5000元，省补助1300元，要求地、县两级配套1000元购买监视器；对非国家级贫困县，国家不予补助，由省补助每站3200元，要求地、县两级配套4100元。根据毕节地区实际，资金配置方案调整为：5个国家级贫困县所需配置的监视器由受益乡村根据需要自行安排，3个非国家级贫困县，每建1站，由地区财政补助1500元，县级财政补助1500元，监视器亦由受益乡村自行解决。

2000年12月18日，贵州省村村通广播电视工作领导小组办公室下发《关于村村通广播电视工程省级验收合格的通知》。《通知》确认，经贵州省村村通广播电视工作领导小组办公室组织验收组检查验收，毕节地区村村通广播电视工程各项内容符合《贵州省村村通广播电视工程验收纲要》要求，验收合格。至此，全地区建站1万余座，广播电视覆盖率分别达77.07%和77.39%，全地区通电村基本实现村村通广播电视的目标。

2001年，全地区建成农村卫星广播电视收转站440座。2003年，全地区完成1134座村村通模改数农村卫星广播电视收转站建设任务，新建农村卫星广播电视收转站400座，建电视发射及转播台488座，有乡镇广播电视站242个，通广播的乡镇226个，通电视的乡镇（办事处）250个，广播、电视覆盖率分别达79.95%、82.4%。2004年，全地区新建和改造农村卫星广播电视收转站1134座，其中，模改数902座，新建232座；共有地面卫星广播电视接收站7.05万座，电视发射及转播台488座，电视发射机582部，发射功率8.6万千瓦；有线模拟电视用户32.16万户，入户率17.93%；电视综合覆盖人口589.45万人，覆盖率82.77%；乡镇广播电视站248个，239个乡镇通有线广播电视；3947个行政村通广播电视，占总数的98.28%。其中2373个通有线广播电视，占行政村总数的59.09%；1.67万个自然村通广播电视，占总数的51.67%。全地区县市、乡镇、村有广播喇叭0.78万只，广播专线杆路107千米；县市、乡镇共有5～100瓦调频发射机80部，发射功率2.67千瓦；广播综合覆盖人口572.59万人，覆盖率80.4%。2005年，国家补助毕节地区村村通广播电视工程专项资金455万元，地区财政配套100万元，各县市配套66.1万元，用于通电的50户以上自然村建设通广播电视工程及模改数工程。至年底，建成690个50户以上自然村通广播电视工程，新建550座数字单收站，新增广播扩大机设备690台，高音喇叭1390只，完成模改数1214座，广播综合覆盖率81.73%，电视综合覆盖率83.38%。2010年，全区完成34.9万套直播卫星接收设备的安装调试和地、县两级工程验收工作，在全省率先完成“十一五”期间20户以上自然村“村村通”广播电视工程建设任务。

## 第三节　广播电视宣传

### 一　收音宣传

**组织干部群众收听**　1949年11月28日，毕节解放，中共毕地委宣传部即利用收音机开始收音宣传。1950年12月，威宁县建立收音站。继后，纳雍、赫章、织金、大定、毕节、黔西、金沙县先后建立收音站，开展收音宣传。建站初期，主要收听贵州人民广播电台《时事讲座》

《纪录新闻》及中央人民广播电台、西南人民广播电台的《记录新闻》节目。1951年，各收音站组织收听会均在8次以上，每次听众400余人。大定县收音站成绩突出，两次获贵州人民广播电台通报表彰，并在全省推广其经验。1953年8月，中共毕节地委宣传部召开全专区收音工作会议，确定专署和毕节县文化馆收音站负责城区的收音宣传，毕节县收音站人员到县辖鸭池区头步桥乡第一村开展收音宣传。至年底，在头步乡组织群众收听90次，听众2700余人次。织金县收音站到花红乡、付郭乡组织干部群众收听41次，听众1560余人次。1954年9月，全专区各收音站组织干部群众收听全国人民代表大会第一次会议召开实况。大定县收音站在人民代表大会召开期间，组织收听会17次。1955年上半年，赫章县青山区新营农业社收音站组织群众收听75次，听众1125人次。

**抄收印发电讯资料**　中华人民共和国成立初期，专署收音站、地委宣传部收音站和各县收音站均抄收中央、西南和贵州人民广播电台新闻节目记录广播，刻印成电讯资料，供各级领导参阅。专署收音站印发资料工作出色，受贵州人民广播电台表彰，并总结其经验在全省推广。1953年，根据中共贵州省委宣传部关于加强广播收音工作领导的指示，各收音站坚持每天早、晚收记中央、西南和贵州人民广播电台新闻节目和记录新闻，收抄重要新闻、政令、指示、通知，及时送交党委、政府及有关部门领导参阅；并根据党委意图，结合中心工作，印发电讯资料，供干部学习，并为街道、集镇黑板报提供资料。是年，全专区各县收音站平均印发电讯资料41期，6142份，其中黔西县收音站印发72期9363份，纳雍县收音站印发9865份。黔西县收音站除在县城街道及集镇建立90处黑板报外，还办6个街道广播点，用铁皮制作话筒，干部、教师担任义务广播员，向群众宣传收音站印发的宣传资料，1952～1954年，黔西县收音站连续3年被评为全省甲、乙等模范收音站，1953年被评为全国乙等模范收音站，分别获中央、西南和贵州人民广播电台奖旗，收音员邵北云被评为省模范收音员，获中央广播事业局二等奖。

**办黑板报**　中华人民共和国成立初，各收音站（点）将抄收的新闻供黑板报刊登，向群众宣传。1950年，专署及地委宣传部收音点在专区工会门口和中、小学校办黑板报11块。1951年，毕节专署收音站同毕节县收音站在毕节城区办黑板报90多块，基本遍及机关、学校、街道及基层工会，印发资料124期3.1万份。1954年12月，专区召开第二次收音工作会议，明确黑板报由各县文化馆承办，各收音站继续为黑板报提供电讯资料。

**土广播**　中华人民共和国成立初，各县城乡宣传员用铁皮或纸制成广播喇叭，于赶场天在街头向群众宣传电讯资料。1951年3月，大定县收音站先在县城南街、中街、北街建立屋顶广播点，广播抄收记录新闻；结合中心工作，广播本县新闻。其后，屋顶广播在全县各区乡推广。是年7月，中共毕节地委肯定大定县办土广播的做法，各县学习大定经验开展屋顶广播。1956年，建立有线广播站取代土广播。

## 二　县市广播自办节目宣传

**自办节目演变**　1956年各县建立广播站，在转播中央和贵州人民广播电台节目的同时，试办自办节目。是年，全专区6个县广播站共发展骨干通讯员119人，为广播站写稿1546件，采用1313件。1957年，各县广播站自办新闻通讯、广播评论、广播大会栏目。1958年，各县县委、县政府利用广播召开大会，宣传政策，布置任务，指导工作。8月6日，大方县委召开秋收、秋耕、秋种生产广播大会，听众10万人。是年，全专区各县广播站计有骨干通讯员228人，为广播站撰稿9449件，采用5768件。1959年，大方县委召开广播大会31次，每次听众均在20万人左右。是年，贵州省广播局在大方召开现场会，推广大方县广播站自办节目经验。1961年，根据中央广播事业局关于停办农村人民公社广播站的决定，撤销全专区区、社广播站，各县广播站自办节目基本中断。1963年，各县广播站先后恢复传播新闻节目，播放知识与生活、天气预报等自办节目。是年，全专区各县广播站共有骨干通讯员344人，年写稿4075件，采用3676件。1964～1965年，各县广播站自办节目着重宣传阶级斗争、生产斗争和科学实验三大革命运动，宣传城乡社会主义教育运动。1966年5月后，各县广播站自办节目时有时无。1967年1月，根据上级通知，停止自办节目。1970年5月后，各县广播站先后恢复“本县新闻”“农业科技”“学习”“为您服务”“文学”“文艺”“天气预报”“音乐欣赏”节目。1976年，增加“农业学大寨”“学理论”节目。1978年12月中共十一届三中全会后，各县广播站自办节目着重宣传以经济建设为中心，宣传改革开放，重点宣传放宽农业政策，实行家庭联产承包责任制，搞活农村经济。1988年各县广播站大力宣传试验区建设，自办节目走向制度化、规范化、栏目化轨道，广播语言做到口语化、通俗化，摒弃不合规范的地方语言；新闻报道逐步做到“新、短、快、活、强”；报道体裁逐步多样化，由单一消息过渡到新闻性通讯、专题报道、录音报道。

**自办节目栏目** 1.新闻节目。县市广播站新闻节目主要报道县市委、县市政府的重要政事和县市政治、经济、文化、社会及生态建设的新举措、新经验、新成就、新典型。金沙县广播站每天播出本县新闻占自办节目的60%。1987年，威宁县广播站在新闻节目中设《本县区乡广播站联播节目》。1990年，大方县广播站向区内其他7县广播站倡议开辟《毕节地区新闻联播》，相互交流新闻稿件。金沙县广播站在本县新闻中开设“改革风采”栏目，编播热点新闻，在社会上引起热烈反响。

2.科技节目。各县广播站在自办节目中均设科技节目。毕节县广播站设《讲卫生防疾病》，大方县广播站设《科学之窗》《烤烟种植技术》《油菜栽培》，黔西县广播站设《知识与生活》《卫生与健康》《农村安全用电讲座》《农业科技》，织金县广播站设《科学与生活》《生活之友》《农科知识》，威宁县广播站设《科普知识》，纳雍、赫章县广播站设《农业科普节目》《科学与生活》《卫生与健康》。1989年，大方县广播站采写播出农民技术员谢珣昌发明、县科委改进提高的火管平走式烤房技术在本县普遍推广，后经国家烟草公司推荐，在全国10个省市的100多个县推广使用；是年，利用有线广播介绍地膜覆盖杂交玉米、旱地分带轮作、半旱式栽培、玉米育苗移栽农业技术，推动全县科技兴农活动开展。1990年，大方县推广种植地膜覆盖玉米6.11万亩，杂交玉米5.04万亩，杂交水稻5080亩，水稻半旱式栽培3870亩，玉米移栽3500亩，全县增产粮食1128万公斤。金沙县广播站大力宣传农业科技，使水稻两段育秧、油菜育苗移栽、玉米营养块（坨）移栽技术在全县很快得以普及，粮油喜获丰收。1992

年，金沙县龙坝乡农作物大面积发生病虫害，县广播站配合农技部门及时介绍防治技术，使病虫害得到有效控制。

3.服务节目。大方县广播站开设《为您服务》《致富路上》《一路顺风》；黔西县站开设《信息窗口》《广告》《服务节目》《节目预告》，纳雍县站开设《经济信息》《为听众服务》；毕节、织金、威宁县站开设《为您服务》，各县站均开设《天气预报》。金沙县站在《为您服务》节目中介绍各类商品价格和最新商品、市场行情、优劣商品，为消费者提供识别真假商品知识，向群众提供在市场经济条件下发财致富的途径，为资源开发、产品供求牵线搭桥。

4.文艺节目。各县广播站自办节目中的主要栏目有“文艺节目”“每周一歌”“星期文艺”“文学节目”。黔西县站设“文艺”“水西文艺”；大方县广播站设“文艺版块”“空中艺海”“家乡文学”节目。“家乡文学”选播本县作者和在外地工作或学习的大方人士创作的小小说、散文、诗歌等文学作品，每周六播出1次。20世纪80～90年代，《家乡文学》共播出文学作品3000余篇（首）。

5.联办节目。20世纪80年代后，各县市广播站与有关部门联合举办专栏、专题节目。毕节市广播站与市委组织部联办1月1次《党建荟萃》节目，与市乡镇企业局联办1周1次《企业之声》，与地区妇联联办1月1次《广播家长学校》栏目。金沙县广播站与县城建局、环保局、教育局联办《环境保护征文》竞赛，与县工会联办《我爱这一行》征文竞赛，与县民族事务委员会联办《各民族共同繁荣》节目，与县人民医院、县中医院联办《光荣的白衣战士》节目，与县科协联办《农业科技》，与县计划生育局联办《人口与计划生育》有奖征文，与县林业局联办《绿化金沙，美化家园》《森林防火》节目，与县人民武装部联办《民兵与国防》，与县纪律检查委员会联办《反腐倡廉》征文。织金县广播站与县委组织部联办《党建园地》，与县法院研究室联办《法律之声》。赫章县广播站与县财政局联办《财政知识窗》，与县乡镇企业局联办《乡企与法》。威宁县广播站与县工会、县国税局联办《工会法》《税法》知识大赛，与县司法局联办《“二五普法”》。

6.临时节目。1991年7月11日，金沙县城关遭受洪水袭击，县政府利用广播指挥抗洪救灾，县站全体采编播人员采写稿件，播出灾情和抗洪救灾所取得成绩。1992年，金沙县委、县政府领导到广播站发表录音讲话43次。1994年4月，赫章县城关后山森林起火，火势凶猛。县广播站播音员在未接到有关部门通知的情况下，果断开机发出紧急灭火通知，城关数百名干部群众闻讯，奋勇上山将山火扑灭。

**采编播** 20世纪50年代中期，各县广播站多未设专职播音人员，由机务员兼管播音。广播站的主要任务是转播中央人民广播电台和贵州人民广播电台节目，基本无采编业务。1957年，大定县广播站率先开办自办节目，编播县机关干部和业余通讯员来稿。1958年，区内各县县报相继创刊，县直机关单位和农村区、乡（社）建立通讯组，为县报和广播站写稿。有的县广播站和县报合署办公，通讯员来稿由县报编辑后交广播站播出。60年代，各县广播站均集采编播为一体。70年代，部分县广播站明确编辑人员。80年代初，各县广播站陆续明确采编播人员。

1.采访。各县广播站稿件大部分由业余通讯员供稿，重点稿件由广播站记者采访。县委、人大、政府、政协有重大活动，广播站派记者到现场采访；采访社会各层面产生的重大新闻。

2.编辑。其任务是对通讯员来稿和本站自采稿进行审定，把要播的稿件分主次按顺序编号，填写在各栏目中。对时效性较强的稿件，一般在当天播出。配合中心工作，编辑以本站编辑部名义发表文章，重点稿件加编者按、编者的话、编后感，提高宣传效果。

3.播音。1958年，中共毕节地委宣传部行文，要求各县广播站播音必须做到读音准确、清晰，有感情，不念错、念断、念漏，争取差错率降低到千分之一或无差错。是时至60年代，各县广播站均采用地方语言播音。70年代后，逐步采用普通话播音。急件直播，其余稿件录音播出。1981年5月，地区广播事业局首次召开广播宣传评比会，总结交流经验，并邀请贵州人民广播电台编辑向与会人员授课，传授采编播知识。1983年，毕节县等广播站派出播音员到贵阳和北京等地新闻单位培训深造。1990年，部分县选派播音员到四川温江参加中央人民广播电台播音员葛兰举办的普通话播音技术培训。

## 三　区乡及家庭广播宣传

**区乡广播宣传**　20世纪50～60年代，区、乡（社）转播节目、播音时间与县广播站同时进行，转播县站节目。自办节目，主要供区、乡（社）传达政令，安排工作，指挥生产，或利用赶场天宣传党的中心工作。文艺节目多为播出歌曲、戏曲、曲艺唱片。1960年，大方县理化区广播站年播出新闻稿1843件，召开广播大会5次，组织专题广播6次，先进模范人物到广播站介绍先进事迹及经验4次，文艺节目9次，成为全专区先进广播站。1980年实行家庭联产承包责任制后，利用广播宣传政策、传授科技、倡导新风尚。1981～1983年，纳雍县鼠场公社广播站召开广播大会107次，自办节目276次，播出本社新闻339件。1991年，金沙县龙坝乡广播站自办政策咨询、新人新事、农村适用技术、市场信息节目，播出新人新事稿300余件、农村适用技术400多条、市场信息200多条、政策法规10多万字。是年7月，龙坝乡遭受特大自然灾害，乡广播站根据乡党委、政府决定，利用广播动员群众及时转移出危险地段，鼓励群众奋勇抗灾。

**家庭广播宣传**　1978年，黔西县红林彝族苗族乡化吉村党支部书记陈祖亮把个人积存的5000多元钱购买广播器材，办起家庭广播室，义务为全村村民广播，坚持20余年，无论春夏秋冬，农忙或农闲，均每天3次向村民广播。1982年，赫章县铁匠乡河山村苗族退休干部张文良自投资金960元办起家庭广播室，坚持每天早晚播音，宣传党的方针政策，宣传农业科技知识，活跃苗乡文化生活。1993年，金沙县新化苗族彝族满族乡新农村党支部副书记李富贵自投资金2000多元，购置广播器材，办起家庭广播室，覆盖3个村1000多户人家，每天按时转播中央台、贵州台和县广播站节目，并不定期自办《新化新事》《听众点播》《法制生活》《商品信息》《科技信息》《民族风情》《报刊摘要》节目，10多名单位职工为其撰写广播稿。至1994年末，共播出好人好事新闻或通讯100多条，科技信息300多条，市场信息180多条，听众点歌500余首。

## 四　电视宣传

**转播节目**　1976年，金沙县、威宁县广播站设立电视差转台，始有电视宣传活动。1977年，大方县、毕节县电视差转台只能转播贵州电视台节目，转播时间与省台的起止时间同步。1978年10月，贵州省云雾山调频中心骨干台投入运行，地县差转台直接接收转播贵州台电视节目。1980年10月，毕节城郊纱帽山千瓦电视转播台建成，直接收转贵州电视台第一套节目，转播质量和收视效果明显改善。1981年后，区级电视差转台和系统外电视差转台逐步建立，电视转播面扩大。1985年10月～1986年，地区及各县先后建成开通卫星地面收转站，电视转扩范围扩大，节目套数增多。1990年，毕节城区开通有线电视，电视节目由3套增至7套，收视率提高，宣传面扩大。至1992年，全地区除织金县外，地区及其他各县相继开通有线电视，转播节目套数增加，除直接收转中央电视台一、二套节目和贵州台一套节目外，均能接收云南、四川、西藏、新疆等省区卫星电视节目。1992年后，多数乡镇建起卫星广播电视收转站，集镇和经济条件较好的地方建起有线广播电视网，均能接收8套以上电视节目。1995年后，地、县电视转播台（站）更新设备，开通中央电视台加密电视频道，电视节目上星的技术普遍采用。全地区各县城全天可收视20～30套电视节目。1999年，地区电视台利用开路发射完整转播中央电视台一套节目7272小时，利用微波传输和开路发射共播出本台自办节目及转播中央台和省台新闻联播节目4626.5小时，播出电视连续剧59部，单本剧211部。2000年，地区电视台利用开路发射完整转播中央电视台一套节目7168小时，利用微波传输和十二频道开路发射播出毕节电视台节目5760小时。2001年，利用六频道开路发射完整转播中央电视台一套节目7268小时，利用微波传输和十二频道开路发射播出毕节电视台节目5840小时。2003年，毕节电视台利用六频道开路发射，完整转播中央电视台一套节目7000小时；利用十二频道开路发射，播出毕节电视台节目6002.5小时。2005年，毕节电视台开路传输中央电视台一套节目6800小时，毕节电视台一套节目7300小时，二套节目7300小时，毕节人民广播电台交通音乐广播5800小时。

**插播新闻**　1.地区电视台。1987年6月起，在12频道广告节目时段，插播《毕节新闻》，周一、二、五播出，每次播出15分钟。是年，共采录播出新闻228条。1988年，插播毕节新闻931条。1989年，《毕节新闻》每周增加到2期。至1992年，播出毕节新闻4760条，专题和系列报道47条。1993年11月起，每周播出《毕节新闻》3期，周一、三、五首播，周二、四、六重播，每期播放7～8条新闻。1995年，毕节地区电视新闻中心采录播出《毕节新闻》159期，1564条。开设《热点300秒》《交警传真》《科技之光》《在党旗下》《生活立交桥》《乌蒙民族》《严打动态》《广角镜》等栏目，采写拍摄专题片10余部（集）。1996地区财政局拨款5万元，地区广播电视局利用地区邮电局邮政特快专递传送《毕节新闻》录像带，向全地区覆盖。是年，地区电视转播台共播出新闻节目873期，播出各类新闻1.2万条，专题节目50余个，计9700余分钟。1998年6月，《毕节新闻》每周增至5期，周一至周五每天播1期，周六、周日重播。每期15分钟。是年，共播出《毕节新闻》246期，2952条。节目制作由单一新闻发展到制作专题新闻、直播大型文体活动。1999年，地区电视台制作播出《毕节新闻》318期4100条。2000年，毕节电视台采制播出《毕节新闻》320期4280条，“视点”栏目91期，采访播出“神州大地毕节人”30期。在《毕节新闻》中开设“企业改革与发展”“走进新世纪”“迎接大开发”“走进四大区”“检察纵横”“公路纵横”“外地人看毕节”“8·18”追踪专题栏目，重点实施“迈步跨温饱线”“我区双学双比活动十年成效显著”“深圳帮扶在毕节”“毕节房改”“插队贵州屋脊”系列报道。2001年，毕节电视台采制播出《毕节新闻》310期4650条，各类专题节目31个1868期。在《毕节新闻》中开辟“党建之窗”“为党旗增辉”“喜庆建党80周年”“学习‘七一’讲话”“实践‘三个代表’”“深入学习十五届六中全会精神”专题栏目，播出稿件396件。是年，播放新闻评论节目89期，其中播出《树，招谁惹谁了》《农税改革，利国利民》《垃圾何处去》《两袖清风树正气》《又是村官选举时》节目，引起强烈社会反响。2002年，毕节电视台采访播出《毕节新闻》308期4928条，《毕节市播报》55期550条，各类专题节目279期，录制大型文艺演出9场。先后在《毕节新闻》中开办《实践“三个代表”》《从变化看发展》《激情满怀话盛会》《喜庆十六大》《学习贯彻十六大精神》《催人奋进的号角》《树文明新风》《廉政视窗》《学习“5·31”讲话》《落实省第九次党代会精神》专栏。2003年，毕节电视台播发《毕节新闻》336期5085条，《毕节市播报》156期2340条，专题新闻6个共113分钟。先后在《毕节新闻》中开办《学习贯彻“三个代表”》《推进富民兴毕事业》《学习贯彻十六大精神》《众志成城抗非典》《开展爱国卫生运动、共建美好家园》《廉政视窗》《重点工程巡礼》《十件实事追踪》《农业科技年》《扶贫攻坚》《人口与计生》《除陋习树新风》《科技拔尖人才》《尊重知识，尊重人才》《税收为民》栏目。是年，推出新固定栏目“走进黔西北”和“案与法”。开设固定栏目“摄事99”，对新闻热点事件进行客观公正的访谈评论，采访播出35期共350分钟，其中播出《谁都不管》《破除迷信，直面SARS》节目，社会反响强烈。2004年，共播出《毕节新闻》及《毕节新闻周末版》371期，发搞5986条；《毕节市播报》158期，发稿1738条。“摄事99”栏目播出节目12期，改版《观察》后播出节目42期；“走进黔西北”栏目播出节目27期。推出重大新闻报道《中国毕节试验区的报道》《重点工程建设巡礼》，在《毕节新闻》中开辟“关注‘三农’问题”“关注未成年人”等20多个专栏。交通音乐广播播出节目5840小时，开办“缘分天空”“欢乐节拍”“交通新闻”等30余个栏目。2005年，播出《毕节新闻》及《毕节新闻周末版》365期，用稿6085条；《毕节市播报》158期，用稿1805条。在《毕节新闻》和《毕节市播报》中，开辟“保持党员先进性，建设毕节试验区”“落实科学发展观”“关注‘三农’问题”等30多个子栏目。在《保持党员先进性》栏目中播出《贵州省毕节地区提前组织村支书“热身”，为第三批先进性教育活动打基础》，受到中央先进性教育办公室肯定。之后，围绕一系列重大活动的开展，毕节电视台对重大题材的宣传报道搞得有声有色。2007年，全区各电视台共制作电视新闻节目1829期，自办节（栏）目81个。2009年，毕节电视台制作播出《毕节新闻联播》365期，时长7000多分钟，播出稿件5450余条。开办《抢抓机遇，扩大内需，促进发展》《瞭望毕节》等栏目，从不同角度、不同层面，采取连续报道、系列报道、深度报道等形式，对胡锦涛等中央领导对毕节地区的一系列重要指示和当年4月14日中央统战部牵头组织在北京召开的各民主党派中央、全国工商联参与毕节试验区建设座谈会精神进行宣传报道。是年，在庆祝中华人民共和国成立60周年，贵州解放60周年暨毕节解放60周年庆祝活动期间，毕节电视台和各县电视台均策划、采访、制作和播出一系列宣传报道，营造喜庆气氛，展示光辉成就。同年，毕节实现《直通百姓》节目从录制播出到直播的转型，全年播出民生新闻节目240期，时长4100多分钟。是年，全区累计播出新闻1280期播出稿件1万余条。2010年，毕节电视台共制作播出《毕节新闻联播》和《直通百姓》节目各365期，推出《七彩桥》《我为歌狂》和《法制新干线》3个新栏目。是年，由毕节地区财政投入130万元，各县、市分别投入10万元，建成全区县级《新闻荟萃》平台，实现全天24小时对区内9个县、市电视新闻节目进行滚动播出，是为全国最先开播的县级版《新闻荟萃》。2011年，毕节电视台全年播出时政新闻节目365期，设置专栏、访谈及主题报道30余个，播发稿件6100余条。推出《加快发展、加快转型，推动跨越》等栏目，加大对工业化，城镇化和农业产业化的宣传报道；推出《做毕节试验人，为试验区添光彩》《展示多彩贵州，推介魅力毕节》等栏目，深入宣传毕节试验区；围绕中国共产党建党90周年，推出《庆祝中国共产党成立90周年》栏目；还围绕各种节庆活动和大型活动，进行宣传报道。是年，《直通百姓》播出民生新闻节目318期，时长9000余分钟；《法制新干线》播出节目131期；制作播出广播节目《新闻快报》135期，播出稿件2130余条。

2.地区有线电视台。1992年4月开通，在播出中央、省电视台节目之后插播《毕节新闻》节目。1998年11月，调整自办节目，变新闻栏目为《有线报道》《节目预告》《天气预报》《毕节城区物价信息》《公益广告》《影视剧场》等栏目。1999年5月中旬将毕节新闻节目“有线报道”由每周1期增加到每天1期。2000年，在“有线报道”栏目中增加区外新闻、报摘及小信息板块。

3.县市电视转播台。（1）大方台。1983年，大方县电视转播台开始插播《大方新闻》，每周插播1次；1985年后，每周插播2次，每次插播15分钟。至1997年，共录制播出《大方新闻》12952条，其中，被地区电视转播台采用335条，被贵州电视台采用738条，被中央电视台采用8条。2006年，大方县电视转播台共播出《大方新闻》103期，《一周要闻》51期，播出电视新闻1857条。（2）黔西台。1984年9月，黔西县电视转播台开始插播《黔西新闻》。1995年，共采访录制播出《黔西新闻》510条，其中被地区转播台采用140条，被贵州电视台采用50条。1998年，每周一、二滚动播出《黔西新闻》。2001年，改每周播出二次为播出三次。2004年共采编电视新闻稿件1480件，制作《黔西新闻》节目50期。2006年，共采编电视新闻1600余条，制作《黔西新闻》150期。（3）毕节市有线站。1990年初开通，在转播中央电视台《新闻联播》和贵州电视台《贵州新闻》节目后插播《毕节新闻》。1992年3月，制作播出县三级干部会议新闻。其后，凡县委、县政府重大政务活动，均拍摄制作新闻及时播出。1995年1月，毕节市有线电视站正式开办《毕节新闻》栏目，从每周五播出1期到每周播出3期，周二、三、五晚8时首播，次日中午12时，晚8时重播。开设《本期话题》《今日毕节人》《社会写真》《与改革同行》《文艺万花筒》固定专栏，开设不固定栏目《改革与发展》《精神文明建设》《起步年看发展》《迎接党的十五大》《扶贫攻坚》《校园生活》《军营生活》。（4）赫章有线电视台。1992年7月开通，1993年，与县委宣传部合办《赫章新闻》，在每晚8时《贵州新闻》后播出。2004年，赫章县电视转播台共采写、制作、播出《赫章新闻》82期532条。（5）金沙台。1992年10月，开始插播《金沙新闻》，每周1期，周六首播，周日重播，每次播20分钟。1996年3月调整自办节目，保留《金沙新闻》栏目。是年10月，在《金沙新闻》中不定期开设《厂长经理访谈录》《发展中的金沙》《来自我县重点工程系列报道》《金沙党建》节目。《金沙新闻》每周播2次，周三、周六首播，周四、周日重播。至1998年，共播出《金沙新闻》484期，5468条。（6）织金台。1993年5月开通，即插播本地新闻，每周播出1期。1995年7月，每周播出2期，周二、五首播，周三、六重播。至1998年，年均播出90期500余条。2004年，织金县电视转播台共制作《织金新闻》121期，播发新闻632条。2006年制作播出《织金新闻》125期，播发新闻675条。（7）威宁台。1994年，设置《威宁新闻》栏目。1995年，播出《威宁新闻》180期。1996年，播出《威宁新闻》207条。1998年，播出《威宁新闻》700余条。（8）纳雍台。1995年8月，纳雍县有线电视开始插播《纳雍新闻》，每周1期。是年11月，改为每周2期，周二、五晚8时播出。1998年播出《纳雍新闻》339期2912条。2004年，纳雍县电视转播台共制作播出《纳雍新闻》170期1700余条，在《纳雍新闻》节目中开设《执法为民》《“三个代表”在基层》《“两基”攻坚》《发展畜牧业》《关注“三农”》《乡村瞭望》栏目。

**专题节目**　1.地区电视台。1988～1993年，制作播出优秀共产党员、先进中共组织、中共组织建设专题片《希望之光》《奉献者之歌》《今日松林》《毕节党建工程集锦》《海寨之路》《康政篇》《高原彝风》《录取通知书的故事》等20余部专题片。1995年推出全地区10年建设成就展示专题片《历史的跨越》《异军突起——乡企》《六畜腾乌蒙》，编制《贫困不能跨世纪》《深黔携手，山海情深》《强农之道》《走向住房商品化》《变化中的中国·来自贵州毕节的报道》，分期播出。创办《十年回眸》专栏节目，分工业经济、农业篇、卫生篇、教育篇、人口控制篇、水保篇、非公有制经济的发展、建设中的金沙火电厂、交通建设篇、建设中的洪家渡电站等专题，于5月13日起在地区电视台陆续播出，播出80余分钟。召开毕节开发扶贫、生态建设试验区10周年总结暨研讨会期间，摄制庆祝活动专题片；开设会议特别报道“专家论坛”4期；《跨世纪盛会——毕节试验区10年总结暨研讨会》专题报道分别于会议期间和会后在地区电视台播出。《记者调查》栏目播出专题片《试验区建立10年，人口少生60万》《一切为筑路大军》《内昆铁路攻坚战》《毕节试验区，如火如荼反贫困》《生态建设》，反映试验区建立10年间所取得的巨大成就，讴歌全地区各族人民艰苦创业精神。2000年，地区电视台制作播出专题（栏）节目98期20余小时。2001年，制作播出《乌蒙视窗》专栏节目48期16小时，《法制进行时》专栏节目50期8小时，专题新闻5期，专题片15个。专题片《奢香古驿行》的采访拍摄历时1个月，行程2000多千米，采访100余人次，拍摄素材800余分钟，制作完成22集2.7万余字的专题片在《毕节新闻》中播出。稿件修改后，10条在贵州电视台《新闻联播》中播出。《追寻红军足迹，跨越磅礴乌蒙，讲述红色历史，反映老区风貌》系列报道共20集120余分钟。2002年，增设《新闻人物专访》《神州大地毕节人》《实践“三个代表”》《在党旗下》

《开启新世纪农业之门》专栏。2003年，开展环境之旅公益活动、油杉河纪行、触摸夜郎、毕节试验区15周年庆典、廉政建设等专题采访。先后拍摄制作播出《富电兴毕小康路，与时俱进十五年》《走过去前面是片天——毕节地区5万移民搬迁安置纪实》《全区首届农展会掠影》，制作播出《我爱家乡杜鹃红》《神秘油杉河》《毕节少数民族歌舞》专题电视音乐片。拍摄制作专题片《乌蒙春暖》《人民满意天地间》。2004年，播出“神州大地毕节人”78期近800分钟，播出“全区三级干部会议专题报道”和“书记、县长访谈录”共7期，集中播出“‘七一’党建宣传”24期。与贵州电视台联合拍摄3集《中国毕节试验区系列报道》在毕节电视台播出后，7月下旬连续3天在贵州电视台《今日视点》栏目播出。2005年，毕节电视台配合中央电视台摄制播出《情系乌蒙——纪念红军长征70周年》专题片，与贵州电视台联合拍摄专题片《把弱势群体的利益放在心上》《信访听证架起干群连心桥》和《好人丛飞》，分别在毕节电视台和贵州电视台《今日视点》栏目中播出；与新疆电视台合作拍摄播出反映维吾尔族青年阿里木在毕节生活的专题片《我是阿里木》；与福建泉州电视台合作播出专题片《一个毒犯的忏悔》；播出《2004年感动中国人物——大方县大水乡大石小学支教教师徐本禹的感人事迹》；拍摄制作大型理论文献片《上下求索》。是年8月，抽调20余名采编播人员，深入各县拍摄制作76集大型系列片《神奇乌蒙》在毕节电视台播放，推介毕节神奇优美的自然风光、古朴浓郁的民族风情和独特悠久的黔西北文化。2010年3月18日，毕节地区广播电视局与中共毕节地委组织部、宣传部及地区农委联合策划，启动100集大型系列主题报道——《深化三大主题，推动科学发展，加快毕节崛起——毕节试验区百乡纪行》电视新闻采访活动，对毕节试验区100个具有代表性的典型乡镇（办事处）的政治建设、经济建设、文化建设、社会建设、生态文明建设和党的基层组织建设所取得的成就和经验进行集中宣传报道。节目从是年7月1日–10月8日在《毕节新闻联播》栏目播出，时段长度达1000分钟，在社会上引起强烈反响。其中《普底民族乡——一张白纸描绘最美丽的风景》于是年12月获中国电视艺术节协会、全国农村电视艺术节组委会颁发的“全国十佳魅力乡镇电视风采奖”。

2.县市电视转播台。1985年，大方县电视转播台录制专题新闻《修缮中华苏维埃人民共和国川滇黔省革命委员会旧址》《烤烟规范化、良种化、区域化种植》。《旧址》被中央电视台采用，获省广播电视厅优秀电视节目三等奖，《种植》获二等奖。1986～1988年，录制《中华苏维埃人民共和国川滇黔省革委员会成立50周年纪念活动》等8部（集）新闻专题片，《大方乱建硫磺厂污染严重》获省电视好新闻一等奖；录制7集专题片《云山雾海杜鹃红》。1988～1989年，大方县电视转播台录制《光辉的历程》等专题片5部13集。1991～1998年，大方县电视转播台录制《杜鹃花节》《功在当代，利在千秋》《神秘的油杉河》《物华天宝话大方》等38部专题新闻；1998年，毕节县广播电视局与县委宣传部、县政府办公室和省电教馆联合拍摄《毕节县情》。毕节县广播电视电视局制作专题片《乌蒙深处的呼唤》《沸腾的山城》；金沙县电视转播台制作播出《抱起星光追逐灿烂》《科技之花》等22部专题片；织金县有线电视站制作播出《“二五”普法纪实》《东风库区风光》等6部专题节目；黔西县电视转播台制作播出《功在当代，利在千秋》《杜鹃花在开放》《真诚走向长治久安》专题片；纳雍县有线电视台制作播出《辉煌三十年》《话说十年变迁》《乡镇领导谈三秋》专题节目。2004年，大方县电视台拍摄《奢香故里》等专题片在省内外新闻媒体播出，《奢香故里》被送到美国黄河电视台播出。是年，黔西电视台制作播出4部专题片。织金县电视台制作播出党建专题片24部，纳雍县电视台制作播出专题片及专题节目21部（期），赫章县电视台制作播出专题节目7个。

**采编播**　1979年，全地区广播电视系统有采编人员20人，播音员84人。1984年，全地区广播电视系统有采编人员28人，播音员61人。1987年，毕节地区行署同意成立毕节地区电视新闻采编室，隶属地区广播局，配备采编播人员5人。1989年3月，地区电视新闻采编室同电视转播台合并，采编人员增至9人。是年11月，行署决定恢复地区电视新闻采编室，采编播人员增至18人。是年，全地区广播电视系统有采编人员44人，播音62人。1992年，全地区广播电视系统有采编58人，播音52人。1994年，地区电视新闻采编室更名为地区电视新闻中心，采编人员增加到20人。1995年，全地区广播电视系统有采编86人，播音66人。1996年，全地区广播电视系统采编人员增至127人，播音54人。1998年，全地区广播电视系统有采编人员137人，播音62人。

**广告节目**　1985年2月，地区电视转播台开始承接广告业务。至1988年末，收广告费4800余元。是年11月，地区电视转播台拟定《广告条例及收费标准》，报经地区物价局批准实行。从1989年起，广告收入逐年上升，1992年收入10.63万元。是1988年的22.15倍。1992年6月，毕节县有线电视站在自办节目频道插播广告节目，当年收费7万元。1993年5月，地区电视广告业务转由地区有线电视台承担。其后，各县有线电视站陆续拟订广告收费标准，报经当地工商物价部门批准，开展电视广告业务。1998年，广告业务当年收费5.83万元；2000年经营广告238条，收费22万元；2003年，上缴广告收入44万元，播出各种公益广告180条。2004年1月7日，地区广播电视局同意《毕节地区电视台、网络中心电视广告管理暂行办法》《毕节地区电视广告管理暂行办法的补充意见》，明确所有电视广告由电视台和网络中心共同经营，实行五五分成。广告节目录制由地区电视台负责，地区有线广播电视信息网络中心负责播放。规定播放的广告必须严格按照《中华人民共和国广告法》和国家广电总局制定的《广播电视广告播放管理暂行办法》执行，其经营广告范围须经工商行政管理部门审批，药品和医疗广告须经药监、卫生行政管理部门批准。广告监督管理委员会负责监督电视广告，把握正确舆论导向，监督广告收支，协调广告经营中的有关事项。是年，毕节电视台和网络中心收广告费210余万元。2005年，毕节电视台、地区有线电视网络中心联合制发《广告经营权代理招投标公告》，金沙红日科技有限公司取得广告经营权代理资格，并签订为期3年的广告经营权代理合同。

## 五　通联和新闻评奖

**通联**　1958年，各县在县直机关和区乡干部中发展业余通讯员，为县报和县广播站写稿。是年，全专区发展通讯员228人，向县广播站供稿1.95万件，被采用5768件；向贵州人民广播电台供稿1962件，被采用600件。1960~1962年，全专区有业余骨干通讯员83人，年供稿4237件，采用3596件。1964年4月，中共毕节地委宣传部制发《关于整顿通讯组织，加强通讯报道工作的意见》，要求各级各单位建立和整顿通讯组织，扩大通讯员队伍。是年，全专区发展骨干通讯员265人，年供稿4855件，采用3527件。1968年，毕节地区革委政治部召开全地区通讯工作会议，要求各县配备通讯工作人员2～3人，地、县革委各领导小组及农村区、社设兼职通讯工作人员1人，吸收3～5人组成通讯组，并在工厂、部队和农村发展业余通讯员。是年末，赫章、威宁、金沙、大方、毕节县宣传办公室各配备专职通讯工作人员1～3人，发展骨干通讯员122人，年写稿3459件，采用2447件。1978年，全地区向广播站供稿的通讯员314人，给《贵州日报》供稿1128件，采用146件；给贵州广播电台供稿415件，采用166件。1981年，金沙县广播站采编人员及通讯员向上级新闻单位供稿486件，被《贵州日报》贵州人民广播电台采用83件。大方县广播站组织通讯员向贵州人民广播电台、《贵州日报》供稿262件，被采用82件。1988年，大方县成立新闻通讯学会，发展会员150余人。是年，全地区各县广播站向贵州广播电台供稿3047件，采用307件。1990年，纳雍县11个区镇均恢复建立5～10人的通讯组，10个县直单位建起3～5人的通讯组，全县共发展通讯组29个，有业余通讯员136人，当年写稿3668件。是年，全地区共发展通讯组120多个，有业余通讯员1589人，其中骨干通讯员1033人，全年向广播站供稿13610件，采用11038件。1992年全地区实施撤区建镇并乡后，原区镇通讯组织随即解体，各县站在新建乡镇组建通讯组，发展通讯员。是年，纳雍县建通讯组30个，发展通讯员218人；织金县组建通讯组54个，发展通讯员451人，向广播站供稿2263件；中共大方县委宣传部行文规定乡镇通讯组必须完成向广播站和上级单位选送稿件任务，并以此作为乡镇年终总结评比条件之一。1994年，全地区共有通讯组287个，业余通讯员1707人，其中骨干通讯员405人。1995年，全地区各县广播站向贵州人民广播电台供稿1962件，被采用600多件。20世纪80年代，电视通联工作逐步发展。至1998年，全地区共发展电视通讯员150余人，其中，毕节电视台、有线电视台有电视通讯员86人，毕节市有线电视通讯员18人。

**新闻评奖** 1.广播新闻评奖。从1985年起，全地区县级广播站推荐优秀新闻稿件参加地区、省、全国新闻单位组织的评奖活动。至2011年，计有116件作品获省或全国广播新闻奖。

### 1985～2000年毕节地区广播新闻获奖作品一览表

| 县别 | 新闻作品 | 体裁 | 作者 | 编者 | 颁奖单位及获奖等级 | 获奖年份 |
|---|---|---|---|---|---|---|
| 纳雍 | 女县长看望作过绝育手术不幸 丧子后又喜得娇子的农民妇女 | 通讯 | 曾碧庆 | | 第四届全国优秀广播节目三等奖 | 1985～1986 |
| 织金 | 猫头鹰找到新产房 | 通讯 | 张建敏 | | 贵州省优秀广播节目二等奖 | 1985～1986 |
| 大方 | 小人物做大生意富国利民 | 消息 | 高致贤 | | 贵州省优秀广播节目二等奖 | 1985～1986 |
| 大方 | 王永华进馆子 | 特写 | 高致贤 | | 贵州省优秀广播节目二等奖 | 1985～1986 |
| 大方 | 爆销 | 言论 | 高致贤 | | 贵州省优秀广播节目三等奖 | 1985～1986 |

续表

| 县别 | 新闻作品 | 体裁 | 作者 | 编者 | 颁奖单位及获奖等级 | 获奖年份 |
|---|---|---|---|---|---|---|
| 毕节 | 毕节县七千农民进城参加建筑行业 | 消息 | 罗　晓<br>徐海燕 | | 贵州省优秀广播节目二等奖、贵州新闻奖二等奖 | |
| 大方 | 在职科技人员联办企业见成效 | | 高致贤 | | 贵州省优秀广播节目二等奖、省新闻学会、新闻工作者协会二等奖 | 1987 |
| | 管好基建投资 | | | | 《贵州企业报》协会好新闻二等奖 | |
| | 昔日荒山变乡场，四方客商竞相来 | 消息 | | | 贵州省新闻学会优秀广播节目三等奖 | |
| | 挥舞银锄绘新图 | 报告文学 | | | 贵州省绿色新闻奖 | |
| 金沙 | 敬老院里的婚礼 | | 阮　英 | | 贵州省奖新闻三等奖 | 1987 |
| | 农家妇女马车队 | 消息 | 张慎言<br>阮　英 | | 贵州省广播电视学会三等奖、贵州新闻工作者协会三等奖 | 1987 |
| | 嫁妆 | 消息 | 胡集讯 | 张慎言 | 中国晚报工作者协会三等奖，贵州优秀广播节目二等奖，贵州省广播电视学会三等奖，贵州省新闻学会、贵州省新闻工作者协会二等奖 | 1988 |
| 织金 | 茶店乡有一支经商轻骑队 | | 周礼荣 | | 贵州省优秀广播节目三等奖 | 1988 |
| | 一人难，众人帮 | 通讯 | | | 贵州省优秀广播节目三等奖 | |
| 毕节 | 华日卫士 | 纪实文学 | | 余泽江 | 贵州省广播电台征文一等奖 | 1988 |
| | 一张令人深思的借条 | 通讯 | | | 贵州省优秀广播节目二等奖 | |
| | 长堰乡建立合作基金 | | | | 贵州省优秀广播节目二等奖 | |
| 大方 | 谢谢你，师娘 | | | 陈永德<br>熊益强 | 贵州省新闻学会三等奖 | 1988 |
| 纳雍 | 王乡长还愿记 | 通讯 | 邵书义 | | 贵州省优秀广播节目二等奖 | 1989 |
| 金沙 | 二十二号，二十五年前的送粮日 | 消息 | 张慎言 | | 贵州省优秀广播节目二等奖、贵州省广播电视学会二等奖 | 1989 |
| | 农民需要这样的党支部 | | | | 贵州省优秀广播节目三等奖 | |
| 织金 | “三潭滚月”被污染 | 通讯 | 张建敏 | | 贵州省优秀广播节目三等奖 | 1989 |

续表

| 县别 | 新闻作品 | 体裁 | 作者 | 编者 | 颁奖单位及获奖等级 | 获奖年份 |
|---|---|---|---|---|---|---|
| 大方 | 村姑吴嫦有志气，不置嫁妆去学医 | 消息 | 熊益强<br>陈永德 | | 贵州省优秀广播节目三等奖、贵州省新闻学会、贵州省新闻工作者协会三等奖 | 1989 |
| | 从“天干三年吃饱饭”谈起 | 评论 | 高致贤 | | 贵州省优秀广播节目一等奖、贵州省新闻学会、贵州省新闻工作者协会二等奖 | 1990 |
| | 在基层勇挑重担的人们 | | 熊益强 | | 贵州新闻学会三等奖 | |
| | 两眼一睁，忙到熄灯 | | | | 贵州日报好新闻二等奖 | |
| 织金 | 烈火更铸无私魂 | 通讯 | 张建敏<br>张汉时<br>袁　华 | | 贵州省优秀广播节目二等奖 | 1990 |
| 纳雍 | 莱卡托输了 | 通讯 | 邵书义 | | 贵州省优秀广播节目二等奖 | 1990 |
| 金沙 | 一条夭折的厂规 | 消息 | | | 贵州省优秀广播节目三等奖 | 1990 |
| 赫章 | 个体发明者邓泽深获国家三项专利权 | 通讯 | | | 贵州省优秀广播节目三等奖 | 1990 |
| 毕节 | 来自毕节万亩旱地绿肥聚垄耕作的报道 | 系列报道 | 罗昌琪 | | 贵州省优秀广播节目二等奖 | 1991 |
| 织金 | 用脚教书的人 | 通讯 | 刘馨泉 | | 贵州省优秀广播节目二等奖 | 1991 |
| 织金 | 怎能没有你 | | 李春雨 | | 贵州省优秀广播节目二等奖 | 1991 |
| 黔西 | 微笑的墓碑 | 通讯 | 郁敏 | | 贵州省优秀广播节目三等奖 | 1991 |
| 威宁 | 绿海欢歌 | 通讯 | 郑德荣 | | 贵州省优秀广播节目三等奖 | 1991 |
| 大方 | 给老愚公祝寿 | 特写 | 熊益强 | | 贵州省优秀广播节目三等奖 | 1991 |
| | 初一学生与电视调查报告 | | 高扬忠 | | 贵州省广播电视报好新闻三等奖 | |
| | 群众信赖的南街党支部 | | | | 贵州省优秀广播节目三等奖 | |
| 金沙 | 面对泱泱洪水 | | 胡集讯 | | 贵州省优秀广播节目三等奖 | |
| 大方 | 立碑记 | 通讯 | 陈永德 | | 贵州省广播优秀节目一等奖、贵州省新闻学会二等奖 | 1992 |
| 金沙 | 金沙县600多贫困户有了“家庭技术顾问” | 消息 | 阳伯铮 | 胡集讯 | 贵州省广播优秀节目二等奖、贵州省新闻学会三等奖 | 1992 |
| | 金沙县“三三分流”见成效 | | 胡集讯 | | 贵州省广播优秀节目二等奖 | |
| 纳雍 | 汗水凝成的学校 | 通讯 | 邵书义 | 俞琴姿 | 贵州省广播优秀节目三等奖 | 1992 |

续表

| 县别 | 新闻作品 | 体裁 | 作者 | 编者 | 颁奖单位及获奖等级 | 获奖年份 |
|---|---|---|---|---|---|---|
| 黔西 | 活跃在市场经济中的双桥农民 | 通讯 | 郑开富 | | 贵州省广播优秀节目二等奖 | 1992 |
| 毕节 | 清水铺镇60对农民夫妇喜领养老保险证 | | 阎博 | | 贵州省新闻三等奖 | 1992 |
| 大方 | 大尖山下小草魂 | 通讯 | 陈永德<br>黄 蓓 | | 贵州省新闻三等奖贵州省新闻 学会三等奖 | 1992 |
| | 夙愿 | | 郭光雯 | | 贵州省优秀新闻三等奖 | |
| | 卖车记 | | | | 贵州省新闻学会、贵州省新闻工 作者协会三等奖 | |
| 金沙 | 请还大田片区青山绿水 | 连续报道 | 胡集讯 | 曾自强 | 贵州省广播电视学会二等奖、贵州省新闻三等奖、贵州省新闻学 会编辑三等奖 | 1993 |
| 黔西 | 活跃在市场经济中的双桥农民 | | 郑开富 | | 贵州省广播电视学会二等奖、贵州省新闻学会三等奖 | |
| 织金 | 书记田间作示范 | | 李春雨 | | 贵州省新闻二等奖 | |
| 黔西 | 民兵彭凯连获五项国家专利 | 消息 | 韦清华<br>秦 练 | | 贵州省广播奖二等奖、贵州省新闻奖三等奖 | 1994 |
| | 金碧镇对党政干部实行聘用制 | 消息 | 郑开富 | | 贵州省广播奖三等奖 | |
| 威宁 | 成宁县畜牧寄生虫区发现新虫种 | 消息 | 纪玉珊 | | 贵州省广播二等奖 | 1994 |
| 金沙 | 来自我县市场物价的报告 | 连续报道 | 胡集讯 | | 贵州省广播奖二等奖 | |
| 赫章 | 水火相容 | 消息 | 殷晓明<br>周训品 | 殷晓明 | 贵州省广播奖三等奖、贵州省广播电视学会编辑三等奖 | 1994 |
| 织金 | 情系这方热土 | | 李春雨 | | 贵州省广播奖三等奖 | |
| 毕节 | 地委书记和庄稼汉 | 通讯 | 林文启 | | 中国广播电视学会广播奖三等 奖、贵州广播奖一等奖、贵州新 闻二等奖 | 1995 |
| | 农民有了“护身符” | 消息 | 周建宏 | | 贵州省广播奖三等奖 | |
| 大方 | 杨县长三进苗寨 | | 朱润伯<br>毛道安 | | 中华全国农民报好新闻二等奖 | |
| 金沙 | 穷富“联姻”优势互补，新坝 村与双寨村共同奔小康 | 消息 | 胡集讯 | | 贵州省广播奖三等奖 | 1995 |
| | 来自金沙市场物价的报告 | | 曾自强 | | 贵州省广播电视学会三等奖 | |

续表

| 县别 | 新闻作品 | 体裁 | 作者 | 编者 | 颁奖单位及获奖等级 | 获奖年份 |
|---|---|---|---|---|---|---|
| 黔西 | 济贫扶困落到实处，全县千余名干部交上穷朋友 | | | | 贵州省广播奖三等奖 | 1995 |
| 赫章 | 赫章出现三个亿元乡镇 | 消息 | 刘兴科 | 殷晓明 | 贵州省广播奖二等奖 | 1996 |
| 纳雍 | 百兴区挤出10万元为二孩结扎户进保 | 消息 | 卢　劼 | 俞琴姿 | 贵州省广播奖二等奖 | 1996 |
| 黔西 | 一次催人泪下的捐赠 | 通讯 | 郑开富 | 刘　萍 | 贵州省广播奖二等奖 | 1996 |
| 织金 | 蒙坝河今昔 | 通讯 | 李春雨 | | 贵州省广播奖三等奖 | 1996 |
| 毕节 | 百岁夫妻和他们的家 | 通讯 | 王成华 | 姜　玲 | 贵州省广播奖三等奖 | 1996 |
| 赫章 | 江泽民总书记看望贫困户 | 消息 | 殷晓明 | 殷　梅 | 贵州省广播奖一等奖、贵州省新闻二等奖、贵州省广播电视学会一等奖、贵州省奖新闻学会、新闻工作者协会二等奖 | 1996 |
| 金沙 | 金沙十万学生有了“护身符” | 消息 | 刘太华 | 胡集讯 | 贵州省广播奖二等奖、贵州省新闻奖三等奖 | 1996 |
| | 扶贫县长——吴安玉 | 通讯 | 毛道安 | | 中华全国农民报协会广播奖二等奖 | |
| 大方 | 艺苑之秀——高光友 | 通讯 | 毛道安 | | 中华全国农民报协会广播奖二等奖 | 1997 |
| | 摆脱贫穷危困的领头雁 | 通讯 | 毛道安 | | 中华全国农民报协会广播奖二等奖 | |
| 纳雍 | 三十三个带血的手印 | 通讯 | 岳世举 | 李　俊 | 贵州省广播奖二等奖 | 1997 |
| 赫章 | 我县发现古生物化石 | | 王继超<br>陈卫年 | | 贵州省广播奖三等奖 | 1997 |
| 织金 | 珠藏镇科技兴农启示录 | 连续报道 | 熊江 | | 贵州省广播奖三等奖 | 1997 |
| 毕节 | 毕节市磷肥厂租赁经营走出新路 | 消息 | 蔡　华 | 姜　玲 | 贵州省广播奖三等奖 | 1997 |
| | 全国劳动模范熊廷顺再次用奖金交党费 | | 周建宏 | | 贵州省广播电视学会三等奖 | |
| 威宁 | 草海鸟的种类胜过青海湖鸟岛 | 消息 | 王元康 | 刘　佳 | 贵州省广播电视学会一等奖、贵州省新闻二等奖 | 1998 |
| 纳雍 | 县农产公司下岗职工创业记 | 通讯 | 岳世举 | 苏桂荣 | 贵州省广播电视学会广播奖二等奖 | 1998 |

续表

| 县别 | 新闻作品 | 体裁 | 作者 | 编者 | 颁奖单位及获奖等级 | 获奖年份 |
|---|---|---|---|---|---|---|
| 毕节 | 我市百岁夫妻李光海、王芳珍 荣获两项世界吉尼斯之最 | 消息 | 周建宏 | 姜　玲 | 贵州省广播电视学会广播奖三等奖 | 1998 |
| | 春风一夜满园春 | 消息 | 李学友 | 胡廷举 | 贵州省广播电视学会三等奖 | |
| | 爱心托起山村的希望 | 特写 | 兰世勇 | 吉学华 | 贵州省广播电视学会广播奖三等奖 | |
| 赫章 | 我县夜郎考古获重大成果 | | 宋世坤<br>殷晓明 | | 贵州省广播电视学会新闻奖一等奖 | 2000 |
| 黔西 | 87岁老人立嘱告诫子女，别拿 我的老骨头来发财 | | 黔西县<br>文广局 | | 贵州省广播电视学会新闻奖二等奖 | 2000 |
| 威宁 | 话说草海保护 | | 刘　佳 | | 贵州省广播电视学会新闻奖二等奖 | 2000 |
| 金沙 | 建立速生坑木林基地迫在眉睫 | | 李朝举<br>刘太华 | | 贵州省广播电视学会新闻奖三等奖 | 2000 |
| 织金 | “村村通”广播电视，家家户户“百事通” | | 熊　江 | | 贵州省广播电视学会新闻奖三等奖 | 2000 |
| 纳雍 | 苗族奇葩“滚山珠” | | 纳雍县<br>文广局 | | 贵州省广播电视学会新闻奖三等奖 | 2000 |
| | 热血铸就金盾牌——记为解救妇女壮烈牺牲的民警何俊 | | 岳世举 | | 贵州广播电视学会新闻奖三等奖 | |

**电视新闻及专业评奖**　从1985年起，电视台、电视转播台推荐优秀电视新闻及专业作品参加地区、省乃至全国电视节目评奖活动。至2011年，有72件电视新闻及专业作品获省以上电视节目奖。

### 1985～1997年毕节地区电视新闻获奖节目一览表

| 县别 | 新闻节目 | 体裁 | 作者 | 编者 | 颁奖单位及获奖等级 | 获奖年份 |
|---|---|---|---|---|---|---|
| 大方县 | 修缮中华苏维埃人民共和国旧址，建成将军山之役纪念碑 | | 熊长发<br>廖言昌<br>毛道安 | | 贵州省广播电视厅优秀电视节目三等奖、贵州省电视台电视好新闻二等奖 | 1985~1986 |
| | 大方县少数民族古籍文化抢救翻译工作取得巨大成就 | | 廖言昌<br>毛道安 | | 贵州省优秀电视节目三等奖、贵州省好新闻三等奖 | |

续表

| 县别 | 新闻节目 | 体裁 | 作者 | 编者 | 颁奖单位及获奖等级 | 获奖年份 |
|---|---|---|---|---|---|---|
| 大方县 | 一个生机盎然的农村经济联合体——化联林药场 | | 廖言昌<br>毛道安 | | 贵州省优秀电视节目二等奖 | 1987 |
| 地区电视转播台 | 田坝乡农民剧团文艺汇演 | 电视新闻 | 谭毕磊<br>肖岭梅 | 谭毕磊 | 贵州省新闻学会、新闻工作者协会编辑三等奖、贵州省广播电视学会编辑三等奖、贵州省广播电视厅编辑三等奖 | 1987 |
| | 个体户王祖斌出资办汇演 | 电视新闻 | 谭毕磊 | | 贵州电视台电视好新闻二等奖 | |
| 毕节县 | 希望之光 | 专题 | 于群州 | | 中共贵州省委组织部三等奖 | 1988 |
| 大方县 | 大方县居乐小学修建工程被迫停止 | | 廖言昌<br>毛道安 | | 贵州电视台好新闻三等奖 | 1988 |
| 大方县 | 彝家四代人翻译彝文700万字 | | 廖言昌<br>毛道安 | | 贵州省好新闻二等奖 | |
| 地区电视转播台 | 纳雍县大理石开采浪费严重 | | | | 贵州电视台一等奖 | 1988 |
| | 十年改革十年变化 | | | | 贵州电视台三等奖 | |
| | 孙善碧勇斗蒙面歹徒 | | | | 贵州电视台三等奖 | |
| 大方县 | 大方县盲目开采硫磺矿 | 连续报道 | 毛道安<br>廖言昌 | | 贵州电视台一等奖 | 1989 |
| 地区电视转播台 | 纳雍县大理石矿开采浪费严重 | | 冯　明 | | 贵州电视台一等奖 | 1989 |
| 大方县 | 林家三兄弟捐屋办学 | 系列报道 | 毛道安<br>廖言昌 | | 贵州电视台二等奖 | 1989 |
| | 大方县教育事业长足发展 | | | | | |
| 地区电视转播台 | 抢运条子场积压粮食 | 系列报道 | 冯明 | | 贵州电视台一等奖 | 1990 |
| | 杨士海抓逃犯光荣牺牲 | | 张华 | | 贵州电视台二等奖 | |
| 大方县 | 彝族优秀共产党员李淑彬 | | 廖言昌<br>毛道安 | | 贵州电视台好新闻三等奖 | 1991 |
| 大方县 | 形式与内容的完美统一 | 评论 | 高扬宗 | | 全国电影影评协会、中国电影总公司三等奖、贵州省献礼影片影评三等奖 | 1992 |
| 大方县 | 胡索文向国家捐树200亩 | | 廖言昌<br>毛道安 | | 贵州电视台好新闻二等奖 | 1992 |

续表

| 县别 | 新闻节目 | 体裁 | 作者 | 编者 | 颁奖单位及获奖等级 | 获奖年份 |
|---|---|---|---|---|---|---|
| 地区电视转播台 | 身残志坚的青年教师刘健超 | | 张华 | | 贵州省新闻工作者协会三等奖、贵州省残疾人联合会三等奖 | 1992 |
| | 大方县9.30扫毒大行动 | | 王应军 | | 贵州省广播电视学会二等奖 | 1993 |
| 大方县 | 神秘的油杉河 | 艺术片 | 廖言昌 | | 贵州省人民政府优秀奖 | 1994 |
| | 大方县强行拆除土法炼磺炉 | | 毛道安 | | 贵州省电视通讯员好新闻三等奖 | |
| 织金县 | 强奸杀人犯段中友拒捕被击毙 | 新闻 | 王正华<br>刘　兵 | | 贵州电视台好新闻三等奖 | 1994 |
| 地区电视转播台 | 赫章县城关人大主席团抓好代表议案建议督办 | | 叶光良<br>张　华 | | 贵州省第四届宣传人大会议制度好新闻二等奖、贵州省新闻工作者协会二等奖 | 1995 |
| | 假化肥何时了 | | 王应军<br>冯　明<br>张　旭 | | 贵州省电视新闻作品三等奖、贵州省新闻学会、贵州省新闻工作者协会、省工商局二等奖 | |
| 大方县 | 部分邮政支局强行汇转储引起群众不满 | | 廖言昌 | | 全国新闻作品一等奖 | 1995 |
| | 我县整顿机关工作作风 | | 王晓红<br>章　芸 | | 贵州电视台二等奖 | |
| | 大方县水保工程通过国家级验收 | | 熊长发 | | 长江水利委员会颁奖金1万元 | |
| 金沙县 | 发展的启示 | | 张慎言 | | 贵州省广播电视学会二等奖 | 1997 |

2002年，毕节地区广播电视台选送电视作品参加省广播电视评选，2件作品获二等奖，3件获三等奖。2003年，毕节电视台制播《看谁更“牛”——大方县八堡乡举办杂交牛评比大会》《莫把植树活动变成移树活动》分获贵州广播电视新闻消息类二、三等奖、《触摸夜郎》获社教类二等奖；毕节电视台吴筱洁播音的《再写乌蒙万里春》获电视播音主持三等奖。是年7月，织金县兰世勇撰写的《浅谈基层新闻工作者的采编总结》、黔西县周洪创作的黔西新闻片头作品，分别获中国电视艺术家协会培训中心优秀作品二、三等奖。10月，大方县电视稿件在中国首届梅花杯全国1000县市农业节目评选中获奖，其中《反季节蔬菜让农民走上致富路》获新闻类一等奖，《筑巢引凤谋发展——大水乡科技兴乡扫描》《让辣椒富农》获专题类三等奖，《农村大观园》获栏目类三等奖。是年，在贵州省广播电视局举办的科技论文评奖中，冯丰吉、赵高才撰写的《建大网络，安“小锅盖”，推行职业化管理，实现农村广播电视可持续发展》获三等奖，王清福撰写的《论CATV系统故障及维修》《有线电视安全播出的思考及解决方案》分获三、四等奖。2005年，毕节地区选广播电视作品送省参评，3篇获二等奖，1篇获专题类三等奖。2008年，全区选送26件作品参加全省广播电视“好新闻”评奖，26件作品获奖。2009年，选送41件作品参加全省广播电视“好新闻”评选，21件作品获奖，其中有2件电视作品获一等奖。2010年，选送32件作品参加全省“好新闻”评奖，20件作品分别获一、二、三等奖。

## 第四节　广播电视及音像管理

### 一　业务技术管理

1950～1954年，省配给专、县收音站的直流收音机由收音人员负责维护管理。1956年，中央广播事业局和邮电部联合制发《关于利用县内电话线路建立农村广播网的暂行规定》，规定在采用邮电线路传输广播信号的条件下，邮电线路归邮电部门管理维护，广播线路归广播站维护管理。1958年，区、社广播站和放大站在广播网集中的地方挑选热爱广播、政治上可靠的人作广播线路业余维护员，建立区、社广播线路维护管理制度。1960～1962年，全专区农村有线广播机器损坏、杆倒线断、喇叭丢失严重，农村有线广播业务技术管理工作极为困难。1963年后，农村有线广播逐步复苏，部分县广播站按照自筹、自建、自管、自用原则，明确农村广播网所有权属投资者，喇叭由社员自管，线路由生产队维护管理。1966年5月，区内开展“文化大革命”后，全专区有线广播处于混乱状态，有的广播站一度被群众组织占用，根本不能谈及机器维修，线路维护。1967年6月，各县广播站贯彻省广播电视局《关于目前我省农村有线广播网工作的一些意见》，广播工作逐步走上正轨。1973年8月，织金县广播站制定施行《零线喇叭网络维护制度》《公社广播站机房制度》，加强广播业务技术管理。1974年，大方县区、社均成立农村广播网建设领导小组，整顿和发展农村广播网，按照有关技术指标，检修转播、控制设备及网络传输，做到条条线路通，只只喇叭响，台台机器运转正常。

1981年，地区广播事业局先后制定施行《安全制度》《机房值班人员职责》《领班技术人员责任制》《维修制度》《重要电视节目保证制度》《技术资料和图纸保管制度》《停播界限》《事故界限规定》《物资器材保管领取制度》。1983～1985年，区内厂矿、企业建立电视差转台增多。此期间，地区广播电视局多次召开有关厂矿、企业电视差转台负责人会议，传授技术，交流经验，加强管理。1986年，地区广播电视局拟定《关于1986年度县级小功率调频电视差转台评比工作的安排意见》，开展电视转播技术考评。1987年5月，黔西、金沙、纳雍县电视转播台分别获地区电视转播技术考评一、二、三等奖，黔西县电视转播台获全省小功率电视转播台先进单位奖。1988年5月，地区广播电视局制定实施卫星电视地面接收站、闭路电视申报、安装及管理意见。1991年12月，地区广播电视局组织考评组交叉考评各县广播站、电视转播台技术维护管理。经考评，织金、大方、金沙县名列全地区广电维管工作一、二、三名。1993年，金沙、织金、大方县台、站被评为全地区小功率台和县以上中功率调频电视转播台管理工作先进单位，地区中波转播台连续3年被省广播电视厅评为安全优质播出先进单位，获一等奖。1997年9月，贵州省无线电管理委员会办公室毕节地区办事处、地区广播电视局制发《关于加强广播电视系统无线台（站）管理的通知》，对频率指配、设置无线电台（站）报批程序、办理电台执照、完善健全设台手续和缴纳频率占用费等作出具体规定。是年12月，经省广播电视厅审核，纳雍县电视管理站、黔西县广安有线电视器材经营部、织金县广播电视服务部、大方县广播电视站、金沙县广播电视服务部、毕节市广播电视工程有限责任公司、毕节有线电视台（筹）、毕节地区声威广播电视维修中心为符合条件的有线电视设计安装单位。

2000年10月17日，地区广播电视局制发《毕节地区村村通广播电视工作管理制度》，明确村村通广播电视设备产权属投资者所有，县以上各级广播电视局代表国家广播电视职能部门拥有前端设备及其投入设备的产权，乡村只有使用和管理权。规定村村通广播电视工作实行分级管理，上级业务部门对下一级的工作负有帮助、督促和指导的责任。地区广播电视局负责考核各县市广电局管理工作，各县市广播电视局管理和服务功能延伸至村级；地区及县市广播电视部门对乡镇、村广播电视维护管理人员负有业务培训责任和义务。县市广播电视局帮助乡镇、村制定电视广播操作规程和值班日志、节目播放制度和网络维修、机房收费管理制度。2002年7月6日，地委宣传部、地区广播电视局联合制发《关于贯彻落实〈贵州省市（地、州）、县（市）广播电视机构职能转变工作的实施意见〉的意见》，调整毕节电视台自办频道数量，将自办节目频道压缩为1套。毕节电视台开办1个公共频道，使用毕节电视台台标和呼号，采用有线方式传输。调整各县市广播电视台（站）自办电视节目频道播出时段，并相应调整县市电视台的播出频调。各级台（站）可在各自对应的公共频道中预留时段内插播当地新闻和其他类专题节目，插播有本地特色的文艺节目以及广告；不得插播影视剧、谈话类、竞猜类非本地特色的文艺节目，其他时间须完整转播省、地电视台公共频道节目。规定贵州电视台在公共频道预留给县市广播电视台的插播时段定为每日2次，白天12:10～12:50，晚上20:00～20:40；地区电视台在公共频道预留给毕节市新闻播出时段为每日2次，分别安排在白天1次，晚上1次，每次40分钟。

## 二 宣传管理

20世纪50年代初，专、县收音站分别由地县委宣传部管理。1956年后，各县广播站根据不同时期的报道中心、宣传要点，拟成报道提纲由县委宣传部审阅后印发执行，自办节目的重要稿件经县委宣传部审查后方能播出。1966年5月后开展“文化大革命”，有线广播一度成为派性纷争的工具，中共地县委对有线广播的宣传管理失控。1969年，各县广播站工作逐渐恢复正常，除转播中央人民广播电台和贵州人民广播电台联播节目外，还选播《人民日报》《解放军报》《红旗杂志》《文汇报》和《新贵州报》的社论和重要文章。1970年后，各级广播站除转播中央人民广播电台、贵州人民广播电台节目外，还结合中心工作，报道一些地方新闻。

1980年后，各级广播电视部门以量化考核方式对广播电视宣传实行目标管理。1981年5月，经地委宣传部同意，地区广播事业局在各县评比的基础上召开全区第一次广播宣传评比竞赛会，评比条件为：编辑、记者和业余通讯员工作积极、热情，完成采、编、写稿件多；采、编、写稿形式多样，内容真实丰富；稿件质量高，针对性强，教育作用大，宣传效果好；围绕党的中心工作，宣传党的路线、方针、政策和各种先进典型，对推动各项工作有显著成效。1989年，各广播电视转播台贯彻执行省广播电视厅《关于加强广播电视台（站）宣传管理的通知》，调整规范广播电视宣传工作。1991年，地区广播电视局对各县广播站宣传工作实行目标管理，年终考评。1992年，地、县广播台（站）贯彻《贵州省地（州、市）县级广播台（站）宣传工作考核暂行条例》，提高广播宣传质量。1994年，地区广播电视局考评各县市广播站宣传工作，其内容为：坚持四项基本原则，坚持正确舆论导向，突出经济宣传，遵守宣传纪律，建立健全采、编、播制度；每天坚持早、中、晚播音，按时转播上级台节目，全年播音不少于2000小时；自办节目每天60分钟以上；普通话播音；完成全年写稿任务。经年底考评，金沙、大方、纳雍县广播站分别获1、2、3名。1992～1994年，各县广播站每年播音从2010分钟上升到2280分钟，自办节目时间占总播音时间的比例从28.85%上升到34.68%；通讯员写稿和自采稿件从1.29万件上升到1.7万件。1997年，地区广播电视局根据中共毕节地委办公室、地区行署办公室《关于规范全区新闻宣传，建立新闻通气制度的通知》，在全区广播电视系统建立新闻通气制度。

2005年，地区广播电视局分别制发全年及各季度宣传报道意见，拟定宣传报道重点：其宣传重点为：1.深入宣传“三个代表”重要思想和党的十六届四中全会精神，做好保持共产党员先进性教育活动的宣传报道，广泛宣传活动中涌现出的先进典型。2.围绕地委、行署的中心工作，深入宣传科学发展观，营造有利于经济全面发展、社会全面进步的舆论环境。3.继续加大思想道德和精神文明建设的宣传力度。4.做好解决困难群众生产生活问题的宣传，切实维护社会稳定，报道全地区各地各部门化解社会各种矛盾，扫除社会丑恶现象，维护社会稳定的具体行动。5.做好党委政府重要会议、重要活动的报道。是年5月15日，地区广播电视局制发《关于认真贯彻落实〈关于新闻采编人员从业管理的规定（试行）〉的意见》，重申下述宣传报道纪律：凡属批评性的报道稿件，由各级广电部门主要领导把关、批准；对涉及全局性影响的社会敏感问题，须向党委部门报告，获批准后方能播报；坚持新闻工作者八不准：1.未经审查批播的录像、录音带及光碟，不准带入机房；2.党委、政府的人事任免、经济指标、统计数据，未经批准，不准公开报道；3.基层党委、政府负责人违纪行为，未经上级党委、政府批准，不准公开报道；4.重大政治、刑事、经济案件，未经政法部门批准，不准公开报道；5.科技发明中的重要资料、生产流程，未经批准，不准公开报道；6.未作结论事件，不准公开报道；7.有争议的事件，不准公开报道；8.无妥善解决措施的社会热点问题，不准公开报道。之后各年，宣传报道重点均围绕国家重大方针政策、全省全区各项重点工作重大事件和重要活动，深入挖掘新闻亮点，全面、深入、细致地做好宣传报道。

## 三 行政执法

1997年12月，地区广播电视局建立毕节地区广播电视行政执法小组，负责全地区广播电视行政执法工作；部分县市成立广播电视稽查队，负责县市广播电视行政执法工作。1998年1月，地区编委同意地区广播电视局宣传科增挂毕节地区广播电视稽查科牌子，增加1名行政编制。各县市广播电视工作部门亦组建相应机构，负责稽查工作。其稽查职责为：1.全地区广播电视台（站）、发射台、转播台、共用天线的设立及地址、使用频率、频道、发射功率、节目套数；2.广播电视的安装、使用、维护；3.广播电视制作机构的节目制作、发行和经营；4.广播电视台（站）节目的播出；5.广播电视宣传单位执行宣传纪律和有关法规情况；6.完成地委、行署交办其他工作任务情况。是年7月，地区举办广播电视行政执法培训班，培训各县市稽查人员50余人。1999年，全地区有广播电视专、兼职稽查队员43人。是年5～6月，地区广播电视局配合地区国安处检查各县市非法接收境外电视节目的情况，对一些隐患及违规现象予以纠正和处罚；9月，地区广播电视局纠正毕节城区几个电视台站超量播出电视广告、播出移动广告和性病广告现象。是年，毕节市依法纠正、处罚，违章施工事件60起，罚款万余元；验收有线电视网络、地面卫星收转站近百个；清理整顿村民组个人违章设置地面卫星接收设施、闭路电视小网络150余个；办理贵州省地面卫星接收节目许可证350个，查处市区和乡镇偷接、损坏有线电视网160余起，纠正电视节目源混乱事件20起。2001年11月30日～12月13日，地区广电、工商、公安、国安、文化部门组成联合执法队，出动车辆420辆次，人员613人次，清理整顿全地区地面卫星接收站（下称小耳朵），查封27户无证经营“小耳朵”经营户，暂扣“小耳朵”设施478座；对21户证照不齐的经营户实行限期整改，为无接收许可证的319家用户补办证件，停办11个自办节目的小型有线站，拆除擅自接收境外节目的收转站71座。2002年，拆除非法接收境外节目设施71座，整顿无证经营地面卫星设施的经营单位、无自办节目权利的小型有线电视站，为400余个无接收许可证的用户补办证件。2003年，地区广播电视局编印《广播电视管理文件选编》发至全地区各广播电视单位，以规范其管理。是年6月，举办全地区广播电视行政执法培训班，培训各县市广播电视局长、稽查队长及稽查队员100余人。参训人员均取得国家广电总局的稽查证和贵州省人民政府的行政执法证。是年，地区广播电视局继续与地区公安、工商、经贸部门联合开展广播电视地面卫星接收设施销售市场清理整顿、传播秩序专项整治工作，实行全地区广播电视地面卫星接收设施统一销售、统一安装、统一管理。2004年11月4日，毕节地区社会治安综合治理委员会办公室、地区广播电视局制发《关于对全区非法卫星电视接收设施问题加强综合治理的实施意见》，组织人员清理整顿综合治理非法安装、使用卫星接收电视设施。

2005年，毕节地区广播电视局制发《毕节地区农村卫星站规范管理意见》，以塑料壁挂翻印方式发到村张挂。与地区工商局联合制发《关于进一步规范全区卫星电视广播地面接收设施销售行为的通知》，明确毕节地区卫星电视广播地面接收设施安装总队是地区卫星电视广播地面接收设施销售、安装的唯一合法企业，负责全地区的销售安装工作；各县、市文化广播体育局所属的安装队，是各县、市辖区内唯一合法的安装企业，负责承担本县、市的销售安装工作。规定只有同时具有国家信息产业部生产许可证和国家广电总局入网许可证的卫星电视广播地面接收设施，方为毕节地区准予销售产品，规定未经地区安装总队允许不得对各县、市安装队销售，更不得直接进入社会市场销售。对于不按规定渠道销售产品或销售无生产许可证、入网证产品的行为，各级工商、广电部门要严厉打击、严肃处理。是年，共审批下发《贵州省接收卫星节目收视许可证》1800多个。

### 四 音像发行管理

1982年，中共毕节地委决定成立毕节地区音像制品清理小组，领导全地区查禁反动黄色下流录音录像带工作。中共毕节地委宣传部制发《港澳台流入（包括复制、转录）的有声磁带、唱片目录表》下发相关单位。至是年6月末，全地区共清理有声磁带1.17万盒，属查禁销毁的359盒；清查唱片6.05万张，属查禁销毁的21张。1985年，城乡蜂起营业录像放映，部分放映户追求经济效益，不顾社会效益，造成音像片源、复录、销售、放映混乱，甚至引进、放映反动、淫秽、恐怖、凶杀以及封建迷信的录像带。1986年2月，毕节地区行署下发《关于录像管理的意见》规定，禁止私人和集体单位从事营业性录像放映，原发给私人的营业性录相机使用证和营业执照，一律由原发单位收回；由国家主办的城乡艺术馆、文化馆（站）和广播电视系统的企事业单位进行公开性录像放映，须经县广播电视局批准，发给录像机使用证，持证到公安局登记，同时报地区广播电视局、省广播电视厅备案，方可在当地放映；放映只能收取成本费，票价不得高于当地同等长度的电影票价；查禁淫秽录像制品，任何单位和个人都必须严格遵守国务院《关于严禁淫秽录像制品的规定》，严禁走私、贩私、录制和放映反动、淫秽、恐怖、凶杀以及散布封建迷信的录像带。属于反动淫秽的录像带，一律交公安部门处理，其余磁带全部消磁，空白带由地区统一作价收购。建立音像制品发行网，地区成立音像制品发行公司，县成立音像制品发行站，统一录像制品供给。地区发行公司面向各县发行站实行计划调度，县站根据地区公司供给的录像带，对所属公开放映队、点计划供片，并向持有录像机使用证的单位和家庭出租，任何单位和个人不准复制、发行、租借、转销录像带。广播电视部门建立健全月报、年审制度，做好审批签证。工商部门对违章出售出租和非法录制节目录像带的工商户给予严肃制裁。公安部门对走私、贩私、录制和放映反动、淫秽、恐怖、凶杀以及散布封建迷信思想录像带的违法行为，坚决依法惩处。根据以上规定，各县相应制定《关于加强营业性录像放映的暂行办法》。

1989年7月，地区社会文化管理委员会先后发文和召开电话会议，布置全地区音像市场清理工作。旋即，各县组织人力用3个月时间对本地音像市场实施停业整顿，全地区289个单位受检，检查录像带4209盒，其中封存非法出版、非法自翻录像带2477盒，没收非法录音带754盒；取缔个体放映点65个；公安部门没收反动、淫秽录像带42盒。地区社会文化管理委员会音像管理小组核定节目录像带1570盒，认定继续发行国家版权节目录像带349盒，封存节目录像带1221盒，审核批准130多个录像放映点继续放映。1990年2月，音像制品管理移交地区文化局。

## 第五节 广播电视队伍

### 一 职 工

专区及各县收音站建立之初，人民解放军部队派员作收音员。1950年11月，全专区选派9名具有一定文化程度、政治可靠的青年到贵阳学习收音知识，学成返回专、县建立收音站。至

1952年末，全专区9个县建立收音站，有收音员9人。1953年后，部分区、乡和农业生产合作社建立收音站。至1955年，全专区收音员增加到19人，另有26个农业生产合作社的收音员由社员担任。1956年2月，全地区选派20人参加省有线广播训练班学习，学成后回专、县建立有线广播站。是年末，全专区广播系统有职工28人，其中正式职工21人、临时工7人。1957年1月，省人民委员会广播管理处核定毕节专区广播系统编制21人，列入事业编制，经费由同级财政开支；确因工作需要而超编人员，又能自行解决经费的，经县人委研究确定，可保留。是年末，全专区广播系统共有职工32人，其中正式职工23人，临时工9人。1958年，织金、纳雍县建立广播站。是年，全专区广播人员增至36人，其中正式职工33人，临时工3人。1959年3月，省广播管理处转发省编制委员会关于县广播站和专、州广播事业管理机构编制的通知，要求各县广播站配备8～11人。地委宣传部向地委报告每县广播站配5～7人。是年末，全专区共有广播人员45人，其中正式职工41人，临时工4人。1960年，全专区广播人员增至48人，其中正式职工47人，临时工1人。1961年，精简广播人员，全专区有正式广播职工44人。1963年12月，省分配毕节专区向社会招收44名广播人员指标，各县均未能按分配指标足数招收。至1964年末，全专区有广播人员62人。

1966年5月～1976年10月“文化大革命”期间，广播事业迅速发展，广播人员大量增加。1968年，全地区有广播人员87人，1971年240人，1972年325人，1973年419人，1974年444人，至1976年486人。

1977年后，随着广播电视事业的发展，广播电视人员陆续增加。是年，全地区广播系统有职工553人。至1980年，全地区广播电视系统有职工624人，其中正式职工367人。1981年后的10年间，全地区广播电视机构增加，人员相对稳定。至1990年，有职工671人，其中正式职工523人，合同工14人，其他134人。1992年6月，根据省人事局、省编委、省广播电视厅《关于乡镇广播电视站人员编制标准实施意见（试行）》，地区广播电视局、地区劳动人事局联合下发《关于区、乡广播电视站配备人员标准及招收聘用干部的通知》，安排全地区区、乡广播电视站人员考试、考核、招聘、录用工作。经考试考核，全地区择优聘用农村基层广播人员112名。是年末，全地区有广播电视职工773人，其中正式职工565人，合同制职工71人，其他职工137人。至1998年末，全地区广播电视系统有职工1034人，其中正式职工778人，合同制职工92人，临时工162人，其他2人。

## 二　专业技术职务评聘　业务技术培训

**专业技术职务评聘**　1982年，地区广播事业局成立技术职称评定委员会，评定助理工程师5名。其后，专业技术职称评定工作暂停。1987年，恢复评定专业技术职务，评定中级技术职务编辑、记者5名。1988年，地区广播电视局直属事业单位新闻、播音专业评聘高级职务1人，中级职务4人，初级职务29人；工程系列评聘任中级职务2人，初级职务14人。同期，毕节、大方、金沙、织金、威宁县广播电视系统共评聘中级技术职务6人，初级技术职务82人。1998年，全地区广播电视系统共评聘各类专业技术职务人员298人，其中工程技术专业199人、新闻专业47人、播音专业19人、经济专业10人、其他专业23人；中级23人，初级275人。

**业务技术培训**　至1955年，全专区共选送38人次赴省培训。是年下半年，各县均举办收音员训练班，全专区共培训农村收音员70余人。1956年，全专区选送20人参加为期3个月的省有线广播技术训练班培训，学习有线广播安装技术和机器维修技术。“文化大革命”期间，广播业务技术培训分别由地委宣传部、县广播站主持。1972年，地委宣传部先后举办为期1～3个月的广播技术人员培训班3期，培训区、社广播技术人员120余人，培训内容为农村广播站实用技术、扩大机原理和三用机、晶体管收音机、录音机维修技术。1974年8月，地委宣传部举办为期两个半月的农村广播技术培训班，每个区站派1人、县站派2人参加培训，共培训110人，培训内容为广播器材和机修原理。是年，金沙县培训区、社广播站人员105人，毕节县培训农村广播技术人员200人次。20世纪80年代后，地县广播电视局重视职工业务素质建设，加强业务技术培训。1980年，地区广播事业局举办广播电视技术培训班和采编播人员训练班，培训广播电视技术人员150人。1982年，地区广播事业局举办3期广播电视技术培训班，共培训93人。1988年，地区广播电视局举办两期工程技术培训班，培训33天，20名区、乡技术人员接受培训。1993年，地区广播电视局举办全地区乡镇广播电视技术人员培训班，118人参加培训，培训结束时进行考试，98人合格，占学员人数的83%。1994年，地区广播电视局举办乡镇技术人员培训班，培训内容为电视发射机原理及维修、卫星电视接收原理及维修，46人接受培训。1995年10月，地区广播电视局在大方县召开广播电视管理经验交流会，研讨县级广播站主要设备技术指标及测试方法，各县广播电视局管业务的副局长、业务股长参会。1996年12月，地区广播电视局举办全地区农村村级卫星广播电视收转站人员培训班，聘请外地工程技术人员讲授小功率发射机和广播扩大机的原理及维修，72人参训。1998年7月，地区广播电视局举办乡镇广播电视站维护人员培训班，全地区148名人员参训。培训内容为有线广播电视的基本原理、网络设计和维护管理技术。1999年4、5月份，大方县举办卫星地面接收站安装维护技术培训，80余人接受培训。是年8月，赫章县举办乡镇及“村村通”广播电视工程管理人员培训班，培训50余人。2003年7月，地区广播电视局聘请省广播电视局、省电台、电视台有关专家学者培训全地区180余名新闻工作者，受训后参加全国新闻工作者上岗资格考试，分别获编辑、记者、播音员资格上岗证书。是年，毕节电视台5名播音和采编人员到北京广播学院接受短期强化培训。2005年，全地区共组织200余人次参加各类培训。是年，中国电视艺术家协会在黔西县举办全国地、市广播电视改革与发展高级研讨班，全国10余个省区和贵州省8个地、州、市的50余名广电局长、电视台长，毕节地各县市广电局长、电视台长及新闻中心主任150余人接受培训。2008年，全区共培训采编、播放人员340余人次，其中，先后选派36人次到北京中国电视艺术家协会、贵州电视台和贵阳电视台培训，邀请贵州电视台和贵阳电视台的专家到区内培训150余人次。2009年，全区共培训电视采、编、播人员393人次，其中，1人参加中国电视艺术家协会举办的培训，219人次参加贵州电视台举办的培训。

# 毕节地区通志

毕节市地方志编纂委员会　编

方志出版社
Publishing House of Local Records

# 目　录

## 第二十五篇　人力资源管理与民政



## 第二十六篇　社会生活

# 第二十五篇

# 人力资源管理与民政

# 第一章　人　事

人力资源管理工作，作为国家的重要职能自古有之。在毕节地区，这可追溯至古代的库国。在明代以前，这里实行的是半奴隶半封建的官僚世袭制，把人及管理简单化为人身依附关系。明中央王朝在毕节实行军屯和民屯后，朝廷派驻军官兼管地方民政，土司权力范围沿袭世袭制。明王朝开始以科举制在毕节地区选拔人才。清代实行改土归流后，废除土司制和军屯制，清廷中央政府直接任免毕节地区的知府、知县和知州。在选用人才方面，除沿用科举制外，还实行捐官制。民国时彻底废除科举制，专员由委员长或政府行政院或铨叙部调任，各县县长及县科级官员由省政府任命报铨叙部备案，其他的人事比较简化或听其自然。中华人民共和国成立后，人事管理机构、机制日趋规范，不仅强化了公务员管理，而且对专业技术人员也进行规范化管理。

## 第一节　人事管理

### 一　任免调配

**清代官员任免调配**　清代任免、调配官员实行中央集权制。在大定府及所辖州、县的知府、通判、知州、知县由吏部派遣任职。清代任用官员主要有试署实授、升迁调任、兼职加衔、革职留任。官员初任一般试用2年，称为署职。顺治十七年（1660），议准吏部尚书孙廷铨奏请，凡边地贵州、四川、云南、广西省，委任官员题准实授的，加署职字样，待试任二年确有成绩的，方准实授。大定府自康熙五年建府至宣统三年（1666~1911）的245年间，102任知府中，署职者29人。清代定制，本省人不能做本省官，即使不同省而离原籍在500里以内，也必须回避。直系亲属在同一省做官的，小的要回避大的。不回避本省的只有教官及武职，教官照例用本省人，但须隔府。清代，大定府历任知府、通判、照磨及所辖的知州、知县，无一为本省人。

**民国时期公务员任免调配**　民国时期对文职官员、公务员实行官阶制，进行分类管理和任用。北洋政府将文官划分为特任官、简任官、荐任官、委任官，其中荐任官以上为高等官员，委任官为普通文官。国民政府实行公务员制度，将公务员分为两类：一类为政务官，不需经过铨叙，由国民党中央政治会议决定任命；另一类为事务官，包括政府的中、低级官员及法官、技术人员、政府雇员。分公务人员为4等37级：第一等为特任官，只有1级，主要是省政府主席以上的高级官员，由国民党中央政治会议任命；第二等为简任官员，分8级，主要指行政督察专员、市长、省属厅、局、处以上官员，由国民政府任命；第三等为荐任官员，分12级，主要指县长、省政府秘书、科长；第四等为委任官，分16级，主要指县政府秘书、局（科）长以及科员、办事员、技士、技佐。荐任官、委任官由省府的厅、处等主管长官提名，其中县长须由省民政厅提名，经省政府委员会议决定任命。民国时期，简任贵州省第四区行政督察专员，除首任专员莫雄由国民政府军事委员会委员长蒋介石指派外，其余均为国民政府行政院或铨叙部调任。荐任各县县长、专署秘书、科长、视察及专署和各县的人事管理员，由省政府委员会议决定，报铨叙部登记在案。县长任职满5年，认为成绩优良，其学识、经验、体力堪任所拟调任职的，始得调任。调任分定期和临时两种，定期调任3年1次；临时调任由省府根据实际需要确定。专、县会计室主任由省会计处调配。专署科长调任同署秘书，须呈请省政府转报内务部、铨叙部，查无不合，登记在案后调任，也可由省直接调任。委任的技士、技佐、科员、办事员可由专员派代，报省铨叙机关审批，也可由省直接调任。专署和各县政府的书记员、雇员、勤杂人员属雇用人员，不在调配之列。

**中华人民共和国成立后的干部任免**　1．任免权限。1950年4月6日，《贵州省人民政府任免工作人员暂行办法》规定，专员公署的室、科、局、处之主任、科长、局长、处长及其副职和其他各职同级人员，中学校长、副校长由省民政厅提请省人民政府委员会任免或批准任免；专署科员、县人民政府的秘书、科长、区长及其副职和其他各职同级人员由省民政厅提请省人民政府批准任命；县人民政府所属区级以下工作人员，由县长任命，呈报专署备案。12月20日，西南军政委员会制发《各省（行署）市重要干部任免事项》规定，专署下属的处长、局长、科长与其副职由西南军政委员会任免；县长、副县长、委员，选举后报西南军政委员会备案，并转请政务院任命。1951年9月4日，贵州省人民政府制发《贵州省人民政府任免工作人员暂行办法》规定，凡提请任免的各级政府行政干部，其手续均由民政部门办理。省民政厅提请省人民政府委员会任免或批准任免之县级工作人员，须经省人民政府委员会会议通过，报请上级人民政府备案；提请省人民政府批准任命的专署区级干部，须经各级机关正式会议通过，报省民政厅提请省人民政府批准任命。县级干部任命通过后，发给省人民政府主席签发的任命书或委任状。县人民政府所属区级以下工作人员也须经各机关正式会议通过，并由各县县长任命，呈报专署备案，发给县长署名的委任状。9月4日，省人民政府规定，专区任用所辖各级部门区级干部，由专署加委。是年11月5日，中央人民政府委员会第十三次会议批准《中央人民政府任免国家机关工作人员暂行条例》规定：专员、副专员由政务院任免或批准任免；县人民政府的县长、副县长、委员的任免，暂由中央授权地方负责分管。是年，省人民政府下发《贵州省人民政府任免工作人员暂行规定（草案）》规定：专署直属科的股长、副股长、所属各委、局、会、处所属室的主任、副主任，秘书科科长、副科长、股长、副股长；人民法院分院、人民检察署、人民监察委员会所属科科长、副科长，室主任、副主任、秘书，审判庭、民庭、刑庭庭长、副庭长、审判员、检察员；专署所属专业公司及银行中心支行经理、副经理、行长、副行长，公司、行所属的科长、副科长、股长、副股长；专署所属各部门工程师、副工程师；专署所属干部学校校长、副校长；县人民政府所属各委、会、局、处、科的主任、副主任、局长、副局长、处长、副处长、科长、副科长；县立中学校长、副校长；县府所属区人民政府区长、副区长由省人民政府任免或批准任免暂由专区办理，报省备案。同时规定，专署、县人民政府提请任免工作人员时，应填送呈请任命干部履历表，人数较多的应备具清册，载明任职机关、姓名、简历、原任职务、供给待遇、审查意见，呈请或经送省人事厅办理。1952年9月，中共中央西南局组织部制发《关于干部管理制度的暂行规定（草案）》，提出干部升降任免须按下列手续办理；凡属西南局及各级党委、政府、群众团体所管理干部的任免，须经直接管理该干部的机关批准后方可执行；政府系统干部任免，先由党内批准后，由政府按中央人民政府及西南军政委员会工作人员任免手续办理，其手续由政府人事部门或政府党组与有关方面研究提出，交同级党委审查，呈报管理该干部的上级党委批准后，提交政府通过任命。按照上述规定，毕节专区提拔县级干部6人，区级干部93人；1953年提拔县级干部7人，区级干部88人。1956年2月6日，省委办公厅制发《贵州省委关于协助中央管理、监督管理和省委管理的干部职务名称表及省委管理的干部任免调动应注意事项的通知》，确定省委管理县级党政领导班子正副职、县级企事业单位正副职以上干部，经地委讨论，送省委有关部门审查转报省委组织部审议，报省委审批后由省委有关部门直接下达，并将名单抄送组织部备案。任免政府系统干部，同时抄送省人委人事局办理任免手续。1957年11月6日，中华人民共和国人大常委会通过颁布《县级以上人民委员会任免国家机关工作人员条例》，毕节专区各级国家机关工作人员按此条例规定办理。1965年8月16日，贵州省人委决定：今后凡是经省人委任命的工作人员，采取由省人事局内部通知的方式，下达给拟请任命的机关，停止颁发由省长署名的任命书。1966年1月18日，中共贵州省委批转省委组织部《关于改进干部管理制度的意见的报告》，下放干部管理权。中共毕节地委代管县委各部部长、监委正副书记、副县长、完全中学党支部正副书记、正副校长；专署各科（局）副科（局）长、政治处主任。上述干部任免，由地委审批，报省委备案。

1954~1957年毕节专区提拔各类干部统计表

单位：人

| 年份 | 合计 | 专员 | 县长 | 科、局、院处长及主任 | 股（课）长、主任 | 经理 | 厂（矿）长 | 行长 | 场、馆、所长 | 区长 |
|---|---|---|---|---|---|---|---|---|---|---|
| 1954 | 197 | | 11 | 37 | 76 | 15 | | 2 | 4 | 52 |
| 1955 | 220 | | 3 | 44 | 99 | 18 | | 5 | 9 | 42 |
| 1956 | 917 | 1 | 22 | 137 | 458 | 78 | 7 | 16 | 92 | 106 |
| 1957 | 3 | | | 2 | 1 | | | | | |
| 小计 | 1337 | 1 | 36 | 220 | 634 | 111 | 7 | 23 | 105 | 200 |

1979年3月5日，中共贵州省委批转省委组织部《关于改进干部管理的请示报告》，要求按中央规定管理干部。1986年11月10日，省政府拟发《贵州省县以上各级人民政府、地区行政公署任免工作人员暂行办法》，毕节地区行署和各县人民政府按《办法》规定执行：

（1）毕节地区行政公署的专员、副专员和相当职位人员由省人民政府任免；

（2）毕节地区行署授权任免：行政公署秘书长、副秘书长，委、办主任、副主任；局长、副局长，直属处长、副处长，直属县级事业单位的正、副职，省委托代管事业单位的正、副职，其他相应于上列各项职位人员；

（3）县人民政府任免：本级人民政府的委、办副主任、副局（科）长，区公所区长、副区长，街道办事处主任、副主任，直属区级事业单位的正副职，其他相当于上列各项职位人员。

1987年3月1日，贵州省第六届人民代表大会常务委员会第二十三次会议通过《贵州省各级人民代表大会常务委员会人事任免暂行办法》规定：县市人民政府办公室、委员会主任、科（局）长等政府组成人员的任免，分别由县市长提名报本级人大常委会决定，并由县人民政府报上一级人民政府备案；在本级人民代表大会闭会期间，任免个别副县长，分别由县长提名，报本级人大常委会决定，并由县人民政府报上一级人民政府备案；县长、人民法院院长、检察院检察长因故不能担任职务时，由人大常委会从副县长、副院长、副检察长中决定代理人选，并由其任职机关分别报上一级国家机关备案；决定代理的检察长，须报上一级检察院和人大常委会备案。办法相应对县级以上各级人大常委会主任、副主任和各办事机构工作人员的任免作出规定。1988年9月20日，贵州省第七届人民代表大会常务委员会第四次会议决定：凡提请省人大常委会任免的地区中级人民法院的庭长、副庭长、审判员和地区检察分院的检察员，授权省人大代表工作委员会进行审议并提出任免意见，报省人大常委会决定。1983年3月10日，省人事局发出《关于自治州、市、县的秘书长、局长、主任、科长报上一级人民政府备案的通知》规定：经州、县、市人大常委会通过任免的秘书长、局长、主任、科长，不再报送上一级人民政府批准，由州（地）市、县人民政府将任免名单报送上一级人民政府备案。1984年8月25日，省委组织部下发《关于任免国家机构领导必须严格依照法律程序办理的通知》，要求凡依法应由各级人民代表大会选举产生或由人大常委会决定任免以及各级人民政府任免的领导职务，必须严格按照法定程序办理，不由党委直接作出任免决定；按照干部管理权限，事前报请党委审查同意之后的任职通知，只发给与选举或任免有直接关系的部门或单位党委（党组），不再按其他党内文件发送的范围下达；凡各级人大常委会及各级政府部门领导人职务变动，在任免手续完备后才能对外公布。毕节地区各级党委均按此通知精神办理。1986年8月5日，省委下发《关于严格按照党的原则选拔任用干部的几项决定》，重申对不按规定和程序提拔任用干部的，上级党委不予审批。11月10日，省人民政府颁发《贵州省县以上各级人民政府、地区行政公署任免工作人员暂行办法》，规定县以上人民政府、地区行政公署任免的人员，由任命机关发给专员、县市长署名的任命书。1987年4月17日，毕节地区行政公署颁发《关于批转地区劳动人事局贯彻执行〈贵州省县以上各级人民政府、地区行政公署任免工作人员暂行办法〉的实施意见的通知》，明确地区行政公署任免权限为：行署秘书长、副秘书长，委办主任、副主任，局长、副局长，处长、副处长；省委托代管事业单位的行政正副职。行署授权所属各工作部门任免本工作部门的正副科长，正副主任，所属区级企事业单位的行政正副职。县人民政府的任免权限为：县人民政府的委、办主任、副局（科）长；区公所的区长、副区长，街道办事处主任、副主任。1988年，地区劳动人事局代行署为地直170名办、委、局领导干部颁发任命书；代行署考察45名干部，任免干部80名．其中任免局级干部16名、县级企事业单位领导干部20名、区级干部44名。1989年配合组织部门考察调整县级企事业单位领导班子37个，办理任免手续98名。1990年3月，中共毕节地委作出《关于加强干部管理的有关规定》，调整干部管理权限为：行署办、委、局的正副职、县（局）以上事业单位正副职，副县级企事业单位正职，由地委决定任免。是年4月13日，省委组织部、省编委、省人事局、省财政厅联合发出《关于贵州省税务系统干部实行垂直管理有关规定的补充通知》规定，全省税务系统干部实行垂直管理，地区税务局正副局长，党组（党委）正副书记、成员以及相当职务的干部，由省税务局任免管理；原由省税务局管理的干部，逐步下放到地区税务局管理。省以下各级税务局长的任免，不再经各级人大讨论通过，由有任免权限的税务机关直接办理任免审批手续，任免前必须充分征求当地党委和政府的意见。

1995年7月31日，国家人事部制发《国家公务员任免暂行规定》，规定国家公务员职务实行委任制，部分职务实行聘任制；各级人民政府人事部门负责承办本级人民政府任免国家公务员职务的有关事宜，并对本级人民政府工作部门的任免工作进行业务指导和监督、检查；行政公署的专员、副专员、巡视员、助理巡视员及其相当职务，由省人民政府任免；县市人民政府任免各委、办、局（科）的副主任、副局（科）长、主任科员、副主任科员及相当职务和乡、镇人民政府所属机构的国家公务员；县级以上各级人民政府的工作部门，任免本级人民政府以外的国家公务员职务。是年，地区劳动人事局配合中共毕节地委组织部考察地直53个副县级以上企、事业单位和行政机关的党政领导班子，考核任免28名中层领导干部，其中副县级1人，正区级16人，副区级11人。

1995年8月27日，中共毕节地委、毕节地区行政公署拟发《关于实施和参照试行国家公务员制度的意见》，制定施行《关于实施和参照试行国家公务员制度方案》《毕节地区中国共产党机关参照试行（国家公务员暂行条例）的实施办法》，中共毕节地委组织部、毕节地区人事局联合制发施行《毕节地区行政机关实施和参照试行国家公务员制度的实施细则》，组织实施两年多，基本结束全地区党政群机关工作人员向国家公务员、党的机关工作者、群团机关工作者过渡工作，基本建立起国家公务员制度。

2．一般行政职务的确定。中华人民共和国成立后，毕节地区各级国家行政机关均设有科员、办事员等非领导行政职位，但未建立正常的评审、晋升、考核和任免制度。1987年3月，毕节地区劳动人事局根据《贵州省国家行政机关中部分行政人员确定行政职务有关问题的通知》，制发《关于国家行政机关中部分行政人员确定行政职务有关问题的意见》规定：（1）地区行署各工作部门设科的，可设科员、办事员；未设科的，可设主任科员或副主任科员2人，也可设正副主任科员各1人，与科员、办事员的比例为1∶4，按条件还可设科员、办事员。对于曾经担任过科级干部（不含因工作不胜任而降职使用人员）、助理工程师（1983年8月31日前授予，含相似级）工龄满15年以上；工龄30年以上，年龄在50岁以上，符合任现职条件的人员，允许一次性定为副主任科员，不占比例限额。（2）县人民政府各工作部门设科员、办事员，科员相当于副乡长职务。（3）区公所中按编制设助理员（相当于科员）、办事员；乡镇人民政府按编制设置助理员（相当于办事员）。是年，根据省人事局《关于乡镇机关确定行政职务的补充通知》规定：乡镇机关及同级事业单位可设科员、办事员。其比例由各地自定，但不能超过区、县机关的比例。担任主任科员及以下人员的具体条件是：办事员，能完成一般性具体工作。科员，能独立处理本处、室的一般性工作，起草一般性文件。根据德、能、勤、绩情况，以政治表现和工作实绩为主，完成任务好，工作积极、认真负责，有一定工作能力和具备大学本科文化，工作满2年，专科文化，工作满3年，高中文化工作满5年，初中以下文化工作满7年的，可定为科员；从企业事业单位调入机关和从军队转业安排到机关的干部，在机关工作满1年以上，符合上述条件的，可定为科员。副主任科员，熟悉分管工作的情况，掌握有关政策、制度、规定，有独立工作能力，能较好地草拟文件。主任科员，能够根据党和国家的政策、规定，熟悉地草拟文件，能独立承担调查研究工作，制定工作规划，总结工作经验，具有一定的组织领导能力。6月11日，中共毕节地委组织部，地区工资改革领导小组，地区劳动人事局联合制发《关于我区事业单位部分行政工作人员确定行政职务的通知》决定：各级机关所属事业单位中从事行政管理工作的一般干部，可参加一般行政职务的确定。地级事业单位未设科的处（室）和未设科室的县级事业单位，设主任科员、副主任科员、科员及办事员，其正副主任科员与科员、办事员的比例按1：4设置，地级事业单位平均不低于1：2。地级事业单位设科的处（室）和设科的县级以下事业单位，只设科员、办事员，不设主任科员、副主任科员，以实际参加确定行政职务的人员计算比例。其任职条件与国家行政机关基本相同。是年，毕节地区国家机关、事业单位确定行政职务的干部9412名，占应确定行政职务人员数的96.4%，其中主任科员47名、副主任科员2725名、科员4996名、办事员1644名。确定225名以工代干人员的行政职务，其中副主任科员3名、科员154名、办事员68名。确定行政职务后，科级领导与一般干部的比例为1：3.8，科员与办事员的比例为4：1。1988年确定2500名机关、事业单位一般行政人员的行政职务。

1989年贯彻中共贵州省委组织部、贵州省人事局联合下发《关于国家机关、事业单位干部晋升一般行政职务有关问题的通知》，凡新进入地、县行政机关和事业单位从事一般行政职务的干部，均确定行政职务，新分配的中专毕业生和从社会上招收的干部，经过1年试用，能胜任本职工作，一般确定为办事员；大专以上毕业生，经过1年试用，能胜任本职工作，一般确定为科员。工龄满30年，年龄满50岁的工作员；工龄满15年以上的大专以上学校毕业生，现在地、县各工作部门从事行政工作的，可确定为副主任科员，不占比例限额。1994年，地区行署设置督导员1职，配督导员1名。

3．人事制度改革。1996年后，中共毕节地委、毕节地区行署按中共中央任用干部要实行“革命化、年轻化、知识化、专业化”的要求，改革干部人事制度。（1）2001年，中共毕节地委在组织考察的基础上，实行推荐任用干部制度，调整地直和各县市96个领导班子组成人员，提拔166名县级干部，其中35岁以下的25名、妇女干部32名、少数民族干部25名。（2）领导干部任前公示制。1999年11月，中共毕节地委制订施行《关于实行领导干部任前公示制的暂行规定》，2001~2002年，全地区共有378名科级干部和156名县级干部通过任前公示，走上领导岗位。通过任前公示取消或缓任拟提拔的科级干部12名，县级干部1名。（3）公开选拔县处级领导干部。1994年，中共毕节地委制发《关于进一步加强青年干部培养教育选拔工作的意见》，贯彻公开、平等、竞争、择优的原则，在全地区公开选拔副县处级领导干部。从1995年5月起，采取考试与考察相结合的办法，公开选拔地区审计局副局长，地区文化局副局长、地区妇联副主任各1名。其选拔对象应是在党政群机关、企事业单位担任正科级领导职务2年以上，副科级领导职务4年以上，具有大专以上文化程度，年龄在40岁以下的干部。全地区76人报名，67名经资格审查合格。经考试、考察，如期选出设定的领导职务。1996年，公开选拔地区统计局、地区环保局、地区档案局副局长和地区卫生学校校长各1名，选拔对象的条件和选拔方法与第一次相同。全地区报名114人，经资格审查合格的110人，通过笔试、面试，确定12人为考察对象，通过考察，最后确定选拔对象。此后，公开选拔县处级领导干部工作被列入经常性工作。1995~2005年，全地区地、县市党委及组织部门贯彻中共中央制定施行的《党政干部选拔任用条例》，开展公开选拔任用党政领导干部43次，122名政治思想素质好，有工作能力的优秀年轻干部进入县乡（科）级领导班子，其中县处级干部25名，科级干部99名。公开选拔领导干部，实行职位公开、程序公开、条件公开、入围人员分数公开、组织考察公开；公告资格审查合格情况、公告进入面试人员和进入组织考察人员，作任职前公示。公开选拔任用党政干部，从改善干部队伍结构的需要出发，适当放宽选拔任用妇女、少数民族、非中共党员、专业技术干部的条件。实现较好选用各方面人员的目的。在公开选拔领导干部时，中共地、县市委成立公开选拔领导干部指导委员会和办公室，纪委、监察部门实行全程监督。2005年4月，中共毕节地委决定面向全省公开选拔14名副县级领导干部。4月13日，地区公开选拔领导小组办公室召开新闻发布会，向全省发布公告、动员凡是符合条件的干部参加竞争。至5月22日，共有714人报名，经资格审查符合报考条件710人。经过笔试、面试、体检43人被列为拟任人选考察对象。经过量化考察，14人被列为14个职位的第一人选，经地委讨论决定任命。2007年，面向全国公开选拔行署副秘书长等10名正副县处级干部，共有676人报名参考。（4）竞争上岗。2000年，中共毕节地委组织部、地区人事局联合发出《关于贯彻落实〈贵州省党政机关推行竞争上岗暂行办法〉的意见》，决定从2000年起，地县党政机关内设机构职位出现空缺或按规定需进行职位轮换时，除涉及党和国家重要机密的职位，按照法律法规不宜进行公开竞争的职位外，其余均通过竞争上岗确定人选。是年，全地区174个地直或县市、乡镇机关的730个职位实行竞争上岗，参加竞争上岗的1590人。（5）试行领导干部任期制。1999年，中共毕节地委制定《关于在部分地直单位进行任期制试点的暂行办法》，确定以地区卫生局、民族宗教事务局、交通局、农机事业局、建设局、档案事业局为试点单位。办法规定试点单位的领导干部，其任职时间从地委行文之日算起，任职期限为5年，任期届满，重新考察任命。任满一届的正职领导干部一般要进行交流，确因工作需要留任的，在同一职位上任职不能超过两届；任满10年的副职领导干部作有计划的交流，在任职期限内，要保持领导班子的相对稳定。进行任期制试点的单位不实行试行制，属于必须交流的对象，不安排在原单位任领导职务，年龄超过58周岁的，原则上改任非领导职务。同时，各县市也相应制定乡（科）级领导干部任期暂行办法。1999~2000年，全地区36个单位试行领导干部任期制。其中地直单位6个，科（乡）级单位30个，领导干部48人。2004年，各县市提拔575名乡科级干部，其中实行任职试用期制的234名。（6）干部任免票决制。2001年初，中共毕节地委制订《关于干部任免实行无记名投票表决的意见（试行）》，规定讨论任免干部，必须有三分之二以上的委员参加，任免干部必须以地委成员应到会过半数同意方能形成任免决定；同时，规定从2001年开始，凡地委研究提拔、调动干部，全部实行无记名投票表决。是年3月、5月中共毕节地委召开会议讨论任免106名领导干部均实行无记名投票表决。（7）实施人才强区战略。2004年4月，中共毕节地委制发《中共毕节地委、毕节地区行署关于实施人才战略的决定》《毕节地区地管专家选拔管理暂行办法》。地、县市完成各类人才信息的采集和建库任务，各县市建立起1.88万名党政干部人才信息库，2021名企业经营管理人才信息库，5.43万名专业技术人才信息库。编辑出版《毕节地区人才文集》；举办全区第二届人才交流会，地直、毕节市、大方、黔西、赫章、威宁县的27家企业单位参会，招聘300多个职位，吸引近千名大中专毕业生入场竞聘。

## 二　考核奖惩

**清代官吏的考核奖惩**　1．考满。设考满之法，按官吏任职年限进行考核，检查其工作实绩和才能，根据考核结果决定其奖惩升降。每年进行1次，称为一考，三考为“满”。顺治年间规定，考满时，三品以上官员自陈工作；四品以下官员由各衙门呈吏部会同都察院察议，上报皇帝。康熙年间规定，自陈官员以外的其他官员不再个别上报，改分一等、二等、平常、办事不及和不称职五等，造册送吏部和都察院复考。乾隆二十二年（1757），毕节知县董朱英，任期3年内，重建毁于大火的七星关桥，建县城桂花桥，建乡村道路，扩建学宫、书院，设养济院、栖流所周济孤贫，修成《毕节县志》，为官清廉，勤政于民，治理毕节政绩突出，考满时被评为贵州之最，擢升为礼部员外郎。

2．考察。考察政绩，监察过失，决定奖惩分京察和外察，京察主要是对京官的考察；外察又称大计，用于考察地方官员。考察为3年1次，考察内容和标准分为二等八法。二等即卓异与供职，卓异为政绩卓越、成绩突出者；供职为称职者。八法即：对贪与酷者，革职提问；对软与不谨者，革职免官；对年老有病者，退休离职；对才力不及与治事浮躁，酌情降调。乾隆三十四年（1769）七月，威宁知州刘标亏铜本、铅运等项银10余万两，被革职治罪；管辖该州的道员永泰、大定知府马元烈被革职问审；案件涉及贵州巡抚良卿、按察使高积，均被革职论罪。乾隆三十六年（1771）三月，署威宁知州高玮短缺斤及短发工本等款事发，署云贵总督彰宝、贵州巡抚宫兆麟、贵州按察使金祖静等不行查揭，照例降革，宫兆麟革任，彰宝降一级留任，金祖静降三级用。

民国时期公务员的考绩及奖惩　1. 考绩。民国24年（1935）7月16日，国民政府公布《公务员考绩法》，将公务员考绩分为年考和总考两种。年考由主管长官进行，填具考语，密封送铨叙部审查，由铨叙部评定等级，分别决定奖惩。总考3年1次，由各机关长官负责，按总考表要求填写，加上考语，拟订公务员等级，密封送铨叙部核定。9月24日，贵州省政府制定《贵州省政府职员考核奖惩规则》，规定职员考绩于每年12月举行。是年11月26日，省政府委员会第一九六次会议通过《贵州省各县县长考绩办法》，规定考绩每年度分两期举行，1~6月和7~12月各为一期，每期考绩完毕由省民政厅汇总呈省主席核定奖惩。是年，毕节县未能完成税收任务，贵州省第四区行政督察专员兼毕节县长莫雄受记过一次处分。民国25年（1936）10月，国民政府军事委员会委员长行营训令公布《行政督察专员办事成绩考核暂行办法》规定，省政府所属各区行政督察专员办事成绩，应参照县长考绩百分数比率计算办法切实考核，尤应注意下列事项：（1）办理中心工作事项；（2）加强地政事项；（3）整理田赋事项；（4）整理地方财政事项；（5）保安及警察事项；（6）保甲及训练壮丁事项；（7）办理建设事项；（8）办理教育事项。省政府考核时，注意其施政情形与所报施政方案是否相符，是否适合地方需要；省政府于年终将所属各区行政督察专员办事成绩胪列事实，加具详细考语，分别等次予以奖惩，呈报行政院审核，并咨报内政部备案，其成绩优异者，呈请行政院嘉奖。同时公布行政院修正的《行政督察专员公署组织暂行条例》，确定行政督察专员职权包括：对于辖区内各县市长及所属工作人员工作成绩之考核事项和辖区内各县市行政人员之奖惩事项。行政督察专员对于辖区内各县市长及所属工作人员成绩，每年举行考核1次，拟定惩奖意见，呈报省政府；所属各县市长违法失职行为，随时密呈省政府核办。民国28年（1939），毕节县何官屯区水箐口一带设儒坛，聚众祭坛，毕节县县长杨芷泉下令逮捕道首，解散儒坛，引发当地道徒2000余人手持刀棍，进城冲击县署和专员公署，劫狱救道首事件，在与军警冲突中，道徒被打死200余人。事后，第四区行政督察专员何朝宗将事件经过呈报省政府，毕节县县长杨芷泉被撤职查办，何官屯区长被解送省城治罪。

民国25年（1936），贵州省政府制定《贵州省政府所属各机关公务员年度年终考核办法》，规定公务员总考核分工作、操行、学识，其中工作考核占50分、操行和学识各占25分。考核分三等，总分在80分以上为最优，给予晋级晋职，最优人员各机关以1人为限，超过100人的机关增加1人；60分以下的为最劣，给予免职；其余人员为留用。

2. 奖惩。民国22年（1933）7月28日，贵州省政府设立惩戒委员会，制发《贵州省公务人员临时惩戒委员会章程》规定公务员受惩戒范围：违法舞弊、贪赃及侵蚀公款、废弛职务及其失职行为；惩戒处分：免职、降级、罚俸、记过、申诫。次年5月31日，省政府修正惩戒委员会章程，惩戒增加溺职一项，惩戒处分增加治罪、停委两种。民国24年（1935）9月24日，《贵州省政府职员考绩奖惩规则》规定，职员通过考绩后有下列情况之一者应予奖励：（1）工作有特殊贡献的；（2）谨慎耐劳从未贻误公务的；（3）按时工作从未迟到早退的；（4）全年或半年不请假的。考绩发现有下列情形之一的予以惩戒：（1）贪污有据的；（2）泄漏特有之秘密的；（3）办事怠慢贻误公务的；（4）不遵从规则或命令的；（5）行为不检的；（6）旷职的。民国31年（1942），黔西县县长张昭麟犯贪污鸦片罪，被逮捕关押。民国36年（1947）6月，织金县田赋粮食管理处城关办事处主任刘雨之，办理军粮贪污1000余石，被逮捕法办。民国38年（1949）8月，纳雍县县长赖清平庇护亏欠粮食而逃逸的要犯，被省政府免职。

**中华人民共和国成立后的干部考核奖惩**　1. 干部考核。中华人民共和国成立后，按照中共中央组织部《关于干部鉴定工作的规定》，毕节专区实行干部鉴定制度。1950~1958年，采取干部自我鉴定，群众会议评议，领导审查方式进行鉴定。对一般工作人员以考核思想作风、工作态度、组织纪律性、工作成绩、群众关系为主；领导干部以考核其政治观点、组织能力、决策能力、思想水平、领导能力为主。1959年，干部考核侧重于考察提拔任用者。1961年，根据中央规定考察干部的标准，对干部进行考察了解。1963年，对干部进行年终鉴定。1966年“文化大革命”开始后，干部考核工作处于不正常状态。

1979年11月21日，中共中央组织部下发《关于实行干部考核制度的意见的通知》，要求考核坚持德才兼备的原则，按照各类干部任现职应具备的条件，从德、能、勤、绩方面进行考核。毕节地区按照中央规定，实施考核干部工作。1981年，贯彻执行中共贵州省委《关于建立健全农村干部岗位责任制的通知》；中共贵州省委、贵州省政府《关于区、社党政干部考勤工作的若干暂行规定》，制定工作岗位责任制，考核区、社干部。12月20日，国家劳动人事部下发《关于建立国家行政机关工作人员岗位责任制的通知》，要求建立岗位责任制与干部的考核奖惩及工资分配制度结合。1987年，地、县一些机关试行目标管理责任制，将目标任务与个人的责任、权利和义务、功过奖惩联系起来，实行定量考核，按德、能、勤、绩综合评价机关工作人员。1994~1999年，毕节地区按照中共中央、国务院和省委、省政府的部署，实施和参照试行国家公务员制度，地区组织、人事部门相继制定出台12个考核干部的配套政策规定，将平时考核与定期考核、定性考核与定量考核、年终考核与工作目标考核相结合，以提高考核工作的效率和质量。依据考核的结果兑现奖励级别工资和晋升职务工资，参照考核结果开展职务轮换，岗位培训及惩处、辞职辞退。

2001年起，实行考核等级公示制和年度考核“缓审核”制。改季考为月考，根据每月考核得分累计，确定其年终考核等次。2003年末，全地区8.93万人参加考核，9930人被评为优秀等次，7.51万人被评为称职（合格）等次，28人被评为基本称职（基本合格）等次，193人被评为不称职（不合格），4120人未定等次。2004年，全地区9.11万人参加考核，其中评为优秀等次1.02万多人，称职等次7.64万人，基本称职等次35人，不称职191人，未定等次4225人。2005年9.4万人参加考核，其中被评为优秀等次1.04万人，不称职169人，未定等级4672人，其余均为称职或基本称职。2006年，全区参加考核人数9.54万人，其中评为优秀等次的1.07万人，称职（合格）等次的8.12万人，基本称职（基本合格）等次的8人，不称职（不合格）的212人，未定等次的3147人。2007年，全区参加考核人数10.61万余人，其中评为优秀等次1.18万余人，称职（合格）等次8.95万余人，基本称职（基本合格）等次9人，不称职（不合格）的120人，未定等次的4615人。2011年对全区近1.66万人进行年度考核（包括参照公务员管理的事业单位人员），评为优秀等次的2246人，称职等次的1.39万余人，不称职等次的19人，不定等次的314人，未参加考核人数28人。

2．干部奖励。1957年10月26日，国务院公布《关于国家行政机关工作人员的奖惩暂行规定》，凡国家行政机关工作人员有下列表现的，予以奖励：忠于职责，成绩优良，遵守纪律，起模范作用的；在工作中有发明、创造，提出合理化建议，对于国家有显著贡献的；防止或者挽救事故有功，使国家和人民利益免受重大损失的；爱护公共财产，节约国家资财有重大成绩的；同严重违法失职行为进行坚决斗争，有显著功绩的；其他应该予以奖励的。奖励分为记功、记大功、授予奖品或者奖金、升级、升职、通令嘉奖。1959年，毕节专区依据省人事局《关于贯彻执行干部奖惩工作的通知》，奖励全专区536名模范工作者，其中记功9人，记大功5人，授予奖品或奖金510人，升级8人，升职4人。1961年，全专区奖励721名积极工作、忠于职守，带领群众克服困难起模范作用的专县机关工作人员。1966~1976年，受“文化大革命”影响，干部奖励工作受到冲击。1980年省人事局长会议，提出奖惩干部以奖励为主，惩戒为辅，做到赏罚分明。3月，毕节地区教育系统有5人被省政府授予模范教师称号，1人被授予模范班主任称号，43人被授予先进工作者称号。12月4日，省人事局转发国家人事部《关于贯彻执行〈国务院关于国家行政机关工作人员的奖惩暂行规定〉的通知》，明确1957年《国务院关于国家行政机关工作人员的奖惩暂行规定》仍然适用，毕节专区贯彻执行，开展奖惩干部工作。1985年9月，地区行署召开全地区知识分子表彰大会，表彰500名优秀知识分子，并给在毕节地区工作20年以上的1.14万名知识分子颁发荣誉证书。1986年4月12日，地区劳动人事局拟发《关于升级奖励有关问题的通知》，规定从1986年起，每年对各级国家机关及事业单位工作成绩显著、贡献突出的职工进行工资升级奖励。升级奖励工资为机关事业单位职工总数的千分之二。全地区227人获升级奖励，其中副县级以上干部18人。1987年10月31日，国家劳动人事部拟发《国家行政机关工作人员职级奖惩暂行处理办法》，规定实行国家行政机关工作人员的升级奖励一般升一个工资等级，有特殊贡献的可以提升两个工资等级，对职务工资已达到现任职务最高标准的，不给升级奖励，给予其他种类奖励；升职奖励根据其工作贡献、德才条件及职数限额决定。1988年10月21日，毕节地区行署转发地区劳动人事局《关于国家机关、事业单位千分之二升级奖励的规定》，规定在改革开放、经济建设中作出重大贡献的工作人员给予升级奖励。升级范围为各级国家机关、事业单位和参加国家机关、事业单位工资改革未执行3%奖励升级单位的正式职工；升级条件为授予国家级、省级的先进工作者、劳动模范及荣获国家部级科技成果奖一、二等奖获得者的课题主要负责人1~2人。是年末、全地区262人晋升一级工资。1989年10月，中共毕节地委、毕节地区行署表彰在专业技术工作中有突出贡献的9名知识分子，授予毕节地区首届专业技术拔尖人才称号。2001年9月，毕节地区行署召开表彰大会，表彰在争做人民满意公务员活动中成绩突出的3个先进集体和6名先进个人。2002年，开展做人民满意的公务员活动，评选出8个先进集体和16名先进个人。2003年，毕节地区行署表彰7个人民满意的公务员集体和8名先进个人。2005年，地区人事局会同地区工会等5单位推荐上报国家、省表彰19项。2011年，审核、授予三等功公务员57人，嘉奖公务员303人。

3．干部惩戒。1950年12月，毕节专区开始贯彻《西南区各级行政工作人员奖惩暂行条例》，根据所属干部实际表现，实施奖惩。1950~1951年，土匪破坏活动猖獗，183名新吸收的干部因通匪、违法乱纪、动摇等受惩戒处分，其中受行政处分的153人，关押和判刑的30人。1952年，开展“三反”“五反”运动，惩戒工作以各级机关工作人员中的贪污、浪费、官僚主义、违法乱纪、腐败等行为为主。1953年，全专区处分干部126名，其中贪污、腐化占约50%，开除工作籍29人，判刑18人。1957年10月26日，国务院颁布《关于国家行政机关工作人员的奖惩暂行规定》，对违反国家政策、法律、法令和政府的决议、命令、规章、制度的；玩忽职守、贻误工作的；不服从上级决议、命令、压制批评、打击报复的；弄虚作假、欺骗组织的；拨弄是非、破坏团结的；贪污盗窃国有财产的；丧失立场、包庇坏人的；浪费国家资财、损害公共财物的；滥用职权、侵犯人民利益、损害国家机关和人民群众关系的；泄露国家机密的；腐化堕落、损害国家机关威信的，应予以处分。处分分为警告、记过、记大过、降级、降职、撤职、开除留用察看、开除。惩戒审批权限按干部管理权限执行。1959年，全专区审议各种违纪案540件，分别给予处分。1961年，对违法失职的258名干部给予纪律处分。1961~1962年，毕节专区贯彻根据中央指示和省委批转省监察委员会《关于甄别工作情况和意见的报告》，对1958年以来受处分的781名干部给予甄别平反或修改原结论。1966~1979年，受“文化大革命”影响，干部惩戒工作处于停滞状态。

1980年12月起，毕节地区根据国家人事部《关于贯彻执行〈国务院关于国家行政机关工作人员的奖惩暂行规定〉的通知》，对开除或留用察看行政机关工作人员，改由地区行署批准。1986年贯彻执行省人民政府下发《关于报送省人民政府审批或备案的行政人员奖励和处分问题的通知》，处分省人民政府任命的行政人员须报省人民政府审批，处分行政公署工作部门局长，报省人民政府备案。1988年，毕节地区根据国务院《关于在县以上地方各级人民政府设立行政监察机关的通知》，设立地区及各县监察机构，原由政府人事部门承担的部分干部监察职能划归监察部门。是年7月，地区行署制发《毕节地区监察工作暂行规定》，对行政监察的相关事宜作出规定。1989年5月2日，行署批转地区纪委、编委、监察局《关于在地直各行政工作部门设置行政监察机构的报告》，决定在地直20个行政单位设立监察室，在地直14个行政单位设立专职监察员。1989年下半年，根据国家监察部、人事部《关于在惩戒工作中分工协作问题的通知》规定，日常惩戒工作由政府人事部门负责管理，各级行政监察机关直接作出处分决定，按照干部管理权限由政府人事部门办理有关手续。1989年，全地区监察机关受理立案184件，结案170件，127名违纪人员受行政处分，21人移交司法机关处理。130名违反计划生育政策工作人员受行政处分。1990年，地、县监察部门查结贪污受贿、以权谋私、弄权勒索、违反财经纪律、失职渎职、腐化堕落等案174件，159名行政人员受行纪处分，9人移送司法机关处理，给予312名违反计划生育政策的工作人员政纪处分。1991~1992年，全地区开展反腐败斗争，重点查处领导干部违纪案件，立案调查413件，结案381件，354人受政纪处分，7人移送司法机关处理。自1993年起，行署监察机关与中共毕节地区纪律检查委员会合署办公。1993~2000年，1137名行政工作人员受行政处分，其中受刑事处分的27名，送劳动教养的16名。2006年，全区共有166名干部受到责任追究，其中县处级干部2名、乡科级干部112名。2011年，全区处分789人，其中县级干部8人，乡科级干部122人。

## 三　调配管理

1950年11月，贵州省政府贯彻西南军政委员会关于“各级政府如必须调用工厂职工时，应事先商得其领导机关的同意”的训令，指示各专员公署“对各企业部门主要干部之调动，应事先征得其所属上级同意，否则不得调动，以免影响工作”。1951年起，毕节专区贯彻西南军政委员会民政部《关于干部的任命调动吸收之规定事项》，“凡请求到外区或返籍工作者，必须事先商得对方同意，并事前呈报省民政厅核准，西南军政委员会民政部批准，未经批准前，不得随意介绍前往”。1952年9月起，贯彻执行中共中央西南局组织部《关于干部管理制度的暂行规定（草案）》，调配干部，凡属西南局及各级党委、政府管理的干部，在调动时，须事先经管理部门批准，凡不属西南局管理的干部之调动，政府系统按西南军政委员会1952年7月制定的《西南区政府工作人员调动手续暂行规定（草案）》办理。1953年起，根据中央规定：调配干部应坚持统一调整、重点配备的原则，为新建、改建、扩建的厂矿配备足够数量和一定质量的干部。1956年，根据中央紧缩上层、充实基层和生产单位的精神，以及省人事局《关于控制调动的通知》及补充通知，除中央和省函调跨省、跨地区调动者外，从县、区调动到地区一律暂停，如确系工作急需的专业技术人员，其调动须报经专署人事科批准；干部下调县、区、乡不受限制。1957年8月起，贯彻省人事局《关于简化调动干部手续的通知》，因工作需要调动干部时，省外调动和与省级各工作部门之间调动，须报经省人事局统一办理；跨地区调动，专、县人事科直接商洽办理；凡属夫妻关系、家庭困难、身体条件等照顾性调动，专署、县人委会人事部门直接与调入地的人事部门商洽。1963年8月起，贯彻中共贵州省委组织部《关于改进干部任免、调动手续的初步意见》的相关规定，干部调动按干部管理权限报批，通知人事部门办理调动手续。1968年，贯彻贵州省革命委员会规定，“文化大革命”期间，除个别特殊情况外，一般不作干部调动，个别需调动的，经省、地两级革委会批准。“文化大革命”后期，多数党政机关、企事业单位没定编，调入人员，一度失控。

1978年后，地、县人事部主要为新建、扩建部门以及农业、教育、科研部门调配干部。1984年3月14日，毕节地区行署批转地区劳动人事局关于干部调配问题的暂行规定：1. 机关单位需调配干部，要先提出计划，报主管部门审查，再送地区劳动人事局。照顾性调动的，由本人申请，单位审查，主管局签署意见后送地区劳动人事局统筹安排调配。2. 地区局以上行政机关调入、调出干部，由专员办公会议决定。从外省、地和所属各县调进地直企业单位的专业技术人员，由劳动人事局决定；行政干部由劳动人事局把关，管口专员决定。3. 调出地直单位的工程师或相当工程师以上专业干部，由专员办公会议决定，其中调出省的，报省人事局审批；调出助理工程师或相当助理工程师的干部，由管口专员决定；调出技术员或相当技术员以及其他干部，由地区劳动人事局决定。各县调出工程师或相当工程师以上专业技术干部，报地区劳动人事局，经专员办公会议决定，其中调出省的，报省人事局审批；调出助理工程师或相当助理工程师的技术干部及没有职称的大中专毕业的干部，调出省的，报地区劳动人事局决定。4. 地直企业单位调剂干部，在局以内调整的，由主管局决定，报地区劳动人事局备案；跨局调动的，由劳动人事局决定。局以上行政机关互相调剂干部由劳动人事局决定。干部调配原则：1. 行政干部调出从宽、调进从严，各类专业技术干部调出从严，调进从宽。2. 行政机关需调配人员不得突破其编制，原则上从行政机关内部调剂解决，一般不从地直企事业单位和县调入；事业单位需增加人员，要核定编制，从严控制，一般不从企业单位调入，可从行政和事业单位调剂。3. 优先考虑重点单位和新建单位的干部调配。4. 凡属照顾调动干部，根据实际情况逐步解决。属夫妻长期分居的，一般在配偶的辖区内，本着就下不就上的原则解决。对调出的干部，要在其工作不受影响的前提下解决；调进干部，根据接收能力解决；属工程师或相当工程师以上专业干部，优先解决；属离退休干部（含工人），身边无子女者及在职职工体弱多病，身边无亲人照顾者，酌情解决。5. 对夫妻双方都在同一镇内或已有一个子女在身边的，不列入照顾范围；对申请照顾人员的父母或配偶是县属职工、居民、农民的，由县根据需要和可能逐步解决，地区一般不予受理。

1986年5月10日，地区行署批转地区劳动人事局《关于进一步做好干部调配工作的暂行规定》：1. 调配干部，须围绕经济振兴目标，围绕地委、行署工作安排和部署，有利于调动干部的积极性。2. 调配干部，须坚持党管干部、集体研究和从县以上城镇调到区、乡，从行政机关、事业调到企业，一般行政干部调到外县、外地区，具有大专以上文化水平的专业技术干部调进从宽；从区、乡调进县以上城镇，从企业调进行政机关、事业单位，一般行政干部从外县、外地、外省调进，具有大专以上文化水平的专业技术干部调出从严原则办理。3. 干部调配审批权限：（1）国家行政机关内部调进调出，属政府部门的，分别由地、县劳动人事部门审批办理；属政府和党委部门之间的调动，分别由地、县劳动人事部门和地、县组织部门协商办理。（2）跨系统的事业单位之间的干部调进、调出，经主管部门同意，分别报地、县劳动人事部门审批办理。（3）严格控制干部从企业调进事业单位，从企、事业单位调进国家行政机关，确因工作需要调进个别人员，经主管部门同意后，分别报地、县劳动人事部门审批办理。（4）跨县、跨地区、跨省（包括中央和省在地区的单位）调动，由调动单位报当地劳动人事部门与对方单位所在地的劳动人事部门联系，经双方同意后，由劳动人事部门办理调动手续。（5）同一城镇范围内企业之间的干部调配，经企业审查合格的，县级以上企业之间可以直接协商办理，送劳动人事部门备案；不属县级企业的，由主管部门审批办理，送劳动人事部门备案。（6）同一系统（同一城镇）内的干部，在事业单位之间互相调动或从事业单位调企业的，由主管部门审批办理，送劳动人事部门备案。（7）调省外中级以上技术职称的技术干部，由各县、地直部、办、委、局签署意见，送地区劳动人事部门审理报省审批同意后，属地直的由地区劳动人事局办理调动，属县的由县人事部门办理调动。对调出地区（包括在毕节地区的中央和省的单位）的助理工程师和大专以上毕业的技术干部，由各县、地直部、办、委、局报地区劳动人事部门审批同意后，分别由地、县劳动人事部门办理调动手续。（8）严格控制区乡调入县以上城镇，并一律由主管部门报送劳动人事部门审批办理，公安、粮食部门凭劳动人事部门调令办理户、粮手续关系。（9）教育系统的教师，按此暂行规定的调动原则，由地、县教育局审批办理，并抄送劳动人事部门备案，公安、粮食部门凭教育局的调令办理户、粮手续关系。

1992年，毕节地区地、县人事部门贯彻中共毕节地委《关于党政群机关人员实行冻结的通知》，冻结党政群机关人员调动。1996年初，中共毕节地委组织部、地区劳动人事局联合发出文件，决定在机构改革前，冻结地直机关、事业单位人员的调配。是年7月26日，中共毕节地委组织部、地区人事局、地区机构编制委员会办公室联合拟发《关于地直机关、事业单位科级领导干部任免、人员调配有关问题的通知》，鼓励地直行政机关人员调往事业、企业单位，事业单位调往企业单位，财政全额预算管理的事业单位调往财政差额补贴或自收自支的事业单位。地直缺编的行政机关实施公务员制度的事业单位及新建的财政全额预算管理的事业单位补充工作人员按照毕组发〔1996〕5号、毕地劳人干〔1996〕26号文件规定执行。地直行政机关、实施公务员制度的事业单位和新建的财政全额预算管理的事业单位补充后勤服务人员，原则上从地直机关内调整。确实不能调整的，可从地直财政全额预算管理的事业单位调入。如仍有困难，方可从地直财政差额补贴的事业单位调入，不得从自收自支事业单位、企业单位、区外和本地区各县市调入（组织决定交流的县处级领导干部及家属和按规定照顾的子女对口随调除外），机关后勤人员必须用于安排工人身份的后勤服务人员，主要指打字员、驾驶员，个别设有后勤服务中心机构的单位确需安排个别管理人员和从事离退休工作人员，其补充办法按照机关补充工作人员的“双考”办法实行。地直财政全额预算管理的事业单位补充人员，原则上从地直机关和财政全额预算管理的事业单位调整，确因工作需要的，也可从地直财政差额补贴的事业单位调入。1996年起实施公务员制度后，国家公务员的调配管理按公务员法的规定执行。1997年，全地区共调配干部1289名。

## 四　培　训

**民国时期公务员培训**　民国初至民国24年（1912~1935），贵州省未建立正规的公务人员培训制度。民国24年（1935），国民政府改组贵州省政府后，贵州省开始按制度培训公务人员。民国27年（1938）10月25日，贵州省政府第480次会议制发《贵州省县行政人员训练计划纲要》，决定对县政府秘书、科长以上人员，县政府督学、技士、科员，区公所区长、区员，经甄别合格的联保主任以及具有相当资格的非现任人员经考试合格的，予以分期抽调，分班训练。同时，设立贵州省县行政人员训练委员会，委员会下设贵州省行政人员训练所具体办理训练事宜。训练期限：县行政人员为两个月，区保人员为4个月。训练内容主要是三民主义及中央、地方政府之政纲、政策和法规。训练时间，民国28年（1939）3月~29年（1940）6月，分6期训练完毕，成绩及格准予毕业，毕业后原则上回原县供职。民国29年（1940）6月17日，贵州省政府制订《贵州省县各级组织纲要实施计划》，采取分县分期办法培训贵州地方所需人才。主要训练对象为：县行政人员，其中补训前县行政人员训练所拟计划未训人员以及实施各级组织纲要和本机关实施需新增人员；实施各级组织纲要所需乡、镇、保干部及甲长，训练分3期完成。贵州省第四行政督察区所辖各县，分两期实施训练；毕节县列为第二期，民国31年

（1942）组织实施；大定、黔西、金沙、织金、纳雍、水城、威宁、赫章列为第三期，民国32年（1943）组织实施。省政府设置贵州省地方行政干部训练委员会，指导全省县行政干部训练的计划及考核事宜，各专区设置训练班，各县设置训练所，分别执行具体训练事宜。贵州省第四行政督察区各县于民国30年（1941）相继成立训练所。民国35年（1946）奉令撤销县训练所，改设区训练班。

民国28~35年（1939~1946）
贵州省第四行政督察区乡镇保甲干部训练统计表

单位：人

| 县别 | 乡镇干部 | 保干部 | 甲长 | 其他 |
|---|---|---|---|---|
| 毕节 | 246 | 778 | 6057 | 119 |
| 大定 | 210 | 504 | 4224 | 60 |
| 纳雍 | 206 | 598 | 3096 | 112 |
| 黔西 | 178 | 389 | 4232 | 20 |
| 金沙 | 142 | 348 | 2003 | |
| 威宁 | 167 | 577 | 2577 | 28 |
| 赫章 | 231 | 643 | 2988 | 128 |
| 水城 | 255 | 852 | 3986 | |
| 织金 | 184 | 453 | 2525 | 33 |
| 合计 | 1819 | 5124 | 31688 | 500 |

**中华人民共和国成立后的干部培训**　中华人民共和国成立初期，根据当时工农干部多，文化偏低的状况，各县采取多种措施，培训提高干部文化程度。1951年，专区实行省人民政府制定的《贵州省开展在职干部业余文化教育实施办法》，从次年起，专署和各县政府先后举办机关业余文化补习学校，组织文化较低的干部学文化。全专区共有学员316名，通过半年左右学习，一般能认3000多字。1954~1956年，2000多名干部参加业余文化学校学习，通过学习，一般都能达到小学至初中文化水平。1957年后，停办机关业余文化学校。专、县采取多种措施培训新吸收干部，提高政治和业务水平。一是以学习政治理论为主。1952~1956年，地区行政干部学校先后举办多期在职干部轮训班，学习时事、政策及社会发展史，以树立干部的革命人生观。4年间共轮训干部838人。同时，选送干部621人到省以上干部培训学校（班）学习。二是以专门业务学习为主。全专区选455人到省银行干部学校培训。1956年，地区农业局举办会计辅导员培训班4期，培训87人；农作物专业培训班3期，培训90人；烤烟技术培训班1期培训40人。1960年，地委工交部举办培训班，培训工业管理干部300多人。1960年后，由于受三年自然灾害和“文化大革命”影响，干部培训工作中断。

1978年后，地、县采取多种措施，培训提高干部。1986年，全地区脱产学习半年以上的行政干部515人，事业单位干部243人。1980年，国家实施干部学历教育计划，要求各级干部相应达到大中专学历。区内地县党委组织部门和政府人事部门，以及各业务主管部门采取多层次、多规格、多类型培训方式培训干部提高学历。除分期分批选送干部到省和外地进修、委托代培外，1979年10月，地区电视大学工作站成立，1986年3月，改建成贵州广播电视大学毕节地区分校。1982~1994年，电大毕节分校与各有关单位配合，开办学历教育班60多个，21个专业，招收学员2684人，毕业773人。1986年4月，毕节地区财政经济干部学校面向全地区招收财政专业中专班，学员45人，学习两年，80%获中专毕业证书或单科合格证书。1988年开始，地区财干校先后与贵州财经学院、江西财经学院联合举办乡镇企业大专专业证书班、会计函授专业大专班，600多人获大中专毕业证书。1997年，毕节地区行署拟发《毕节地区政府系统培训教育实施办法》，要求在抓好短期培训的同时，创造条件，鼓励和帮助未达到规定学历的人员在3~5年内达到规定学历，鼓励公务人员参加提高学历教育和第二学历教育，提高国家公务员队伍的文化知识水平。据统计，1996~2000年，全地区7513人分别在区内外各类学校接受学历培训，并相应提高学历。2004年5月19日，北京大学光华管理学院为毕节地区专门开设的领导干部培训班，帮助毕节地区提高人才素质。培养依托北京大学光华管理学院优势教育资源，争取国内外大型企业集团赞助经费及辅助实践，通过3~5年，使毕节地区县处级领导干部接受1次高层次现代经济管理知识的培训和教育。第一期培训项目获得天津经济技术开发区的大力支持，项目所需经费由北京大学光华管理学院和天津经济技术开发区泰达集团筹集。培训采取在北大光华管理学院学习理论知识，在天津技术开发区实践认知的方式进行。北大光华管理学院专门制订详尽的、有针对性的教育培训方案。

**国家公务员培训教育**　1996年，中共毕节地委制订《毕节地区1996~2000年干部培训规划》。1997年，毕节地区行署拟发《毕节地区政府系统培训教育实施办法》。此后，各县市委、政府亦下发文件，各业务主管部门具体实施培训教育。培训教育从以下方面展开：1. 培训公务员知识。2. 公务员过渡培训考试工作。1996年共分3批进行培训考试，2.38万人参考。3. 计算机操作技能的培训。1998~2003年6月止，进行初级培训，全地区1万多人受训，基本完成培训任务。2002年起，启动中级计算机培训工作。到2005年，各县市均开展此项工作，2500多人受训。4. 开展公务员科技知识的培训考试。1999~2000年，在全地区公务员中开展统一培训教育考试，全地区1.3万多名国家公务员和党的机关工作者参加统考。5. WTO知识的培训考试。2002年，中共毕节地委、毕节地区行署分3期组织地直党、政机关副科级以上干部1700多人在地区行政学院学习世贸知识；各县市亦结合实际，开展培训教育。是年全地区1.3万多名公务员参加学习考试，全部达到及格以上成绩。6. 培训年度考核不合格不称职人员。1997~2003年，共组织培训600多人次。通过培训，考核考试，参训人员均达到培训要求。7. 提升公务员学历培训。自1995年起，全地区开展提升公务员学历培训。全地区1.85万名公务员，具有大专以上文化的2422人，占总人数的13%。经过1995~1996年的培训，1.32万名公务员中有5939名具有大专以上文化，占总人数的45.1%。2003年，地区委托电视大学举办提高公务员学历培训班，在读公务员有1600余人。2005年末，组织1.37万名公务员进行公务员法的学习测试。2006年，搞好各县市副县级以上领导干部及地直单位公务员通用能力培训，培训10期，1655人参训；完成2004年省公安干部学院毕业分配生及2005年新录用公务员培训任务，480名学员分2期到地区行政学院进行培训；举办2期不称职（不合格）、基本称职（基本合格）人员离岗培训班，148人参训；举办8期计算机中级培训，272人参训；举办2期普通话培训，72人参训；组织完成黔西县公务员通用能力考试工作，1600余人参考；选派地直及各县市37人赴区外学习培训。

2007年，完成地直单位计算机中级技能培训11期461人；公务员信息化和电子政务知识培训17期1100人；普通话培训6期185人。组织2006年全区检察系统新录用公务员58人和2007年度公安系统录用公务员420人及选调生42人参加初任培训。完成对全区2006年度考核不称职、不合格的80名人员离岗培训。选派19人参加省人事厅统一安排的人事业务培训，选派4人赴香港学习，选派2人参加人事部西部公务员对口培训：会同地委组织部选派4名县处级干部参加东西部农业经济开发对口培训。

2008年，会同毕节行政学院对2007年新录用公务员138人进行为期10天的初任培训；完成51人参加的参照公务员法管理事业单位工作人员电子政务和信息化知识培训；举办226人参加的地直机关2006年以来新任科级干部任职培训；完成地直事业单位2007年新进人员初聘培训，203人接受法律基础知识、沟通协调能力和公文写作等科目的培训；完成4052名全区专业技术人员知识产权培训考试；组织举办全区人事政工干部业务培训，全区105名人事政工干部参加培训，系统学习职称、工资、考核等方面的业务知识；会同地区监察局联合举办全区《行政机关公务员处分条例》骨干培训班，全区79名人事（政工）干部和纪检监察干部参加培训；完成全区2007年度考核不称职（不合格）人员离岗培训，83人参加为期一周的培训。

2009年，通过网络和自学的方式，对全区1.68万名公务员进行了突发事件应对的培训考试；完成9县市、区和地直35个单位59人的普通话骨干培训；完成全区2008年新录用的396名公务员初任培训；完成全区100名少数民族公务员培训；完成108人参加的全区2008年年度考核不合格（基本合格）、不称职（基本称职）人员离岗培训；完成了4029人参加的全区基层公务员教育培训和2160人参加的地直机关公务员职业道德培训。组织6.59万人参加的全区事业单位工作人员职业道德培训；完成207名新进人员初聘培训。按照省人社厅安排，年内共选派35人到天津、上海、广州和贵阳等地培训。

2010年，全区共对公务员进行各类培训1.86万人次，其中，公务员初任培训280人，职业道德培训1.65万人次，知识产权培训1794人。

2011年，完成公务员初任培训530人，安排选派10名公务员赴福建、江苏、北京等地参加人社部和省人社厅举办的有关业务培训学习，抽派6名县处级干部到香港参加培训。

## 五　实施国家公务员制度

**党政机关现有工作人员过渡为国家公务员**　1996年7月，中共毕节地委、毕节地区行署贯彻中共贵州省委、贵州省人民政府《关于实施和参照试行国家公务员制度的意见》，拟发《关于实施和参照试行国家公务员制度的实施方案》《毕节地区中国共产党机关参照试行〈国家公务员暂行条例〉的实施方案》。是年8月，开始实施党政机关现有工作人员过渡为国家公务员的工作。地区成立国家公务员制度实施领导小组，各县市也成立相应的领导班子和办事机构。

1．实施范围和对象。按照省委、省政府实施意见的规定，其他实施范围和对象限于各级国家行政机关和行使行政职能、从事行政管理活动的事业单位中除工勤人员以外的工作人员。中共组织的机关参照试行国家公务员制度的范围和对象包括：地区纪律检查委员会、地委办公室、组织部、宣传部、统战部、政法委员会、政策研究室、直属机关工作委员会、离退休干部工作局、机构编制委员会办公室、机要局、保密局、台湾工作办公室等部门；各县、市、乡（镇、办事处）党的机关参照上述试行范围。列入试行范围的中共组织的机关中除工勤人员以外的工作人员均属试行对象。各级人大机关、政协机关、各民主党派机关和工会、共青团、妇联等社会团体机关以及其他参照试行单位，按上述规定执行。

2．职位分类。1996年10月，地区公务员制度实施领导小组召开职位分类会议，会议决定以地区国土局、水电局作职位设置和职位说明书编制试点。试点结束后，组织地直工作部门的分管领导、人事（政工、干部）科科长、办公室主任现场检查验收，并对地直工作部门实施国家公务员制度的措施、方法、步骤、具体时间安排等提出要求。此后，在全地区相关单位和部门展开职位分类工作。到1997年8月，共编制职位说明书1.51万余份，其中地直机关1273份、县市直机关5589份、乡镇、街道办事处8279份，基本符合职位说明书编制的要求。

3．过渡资格审查。1996年，毕节地区公务员制度实施领导小组办公室按照《贵州省各级国家机关、党的机关工作人员过渡为国家公务员、党的机关工作者的实施办法》制定考核标准，考核过渡合格人员1994、1995年年度德、能、勤、绩优劣状况，在考核合格的基础上，再按职位任职资格进行任命。是年，按照机构改革定职能、定机构、定编制的方案，全地区地、县、乡镇（办事处）机关行政编制1.53万个，共设置各类职位1.51万个，其中地直机关1273个，县市直机关5589个，乡镇（街道办事处）8279个。按照职位任职资格，1.46万名符合过渡条件人员过渡为国家公务员、党的机关工作者，占职位总数的96.2%。其中地直机关1273人，县级机关5337人，乡镇（街道办事处）机关7942人，暂不过渡1297人，不予过渡344人。

4．非领导职务的设置。1996年10月10日，中共毕节地委组织部、地区人事局联合下发《关于地、县机关非领导职务设置有关问题的通知》规定：（1）设置原则。地、县机关设置非领导职务，在机构改革的基础上，按照国家公务员制度的实施计划逐步进行。机构改革未完成的部门，不得设置非领导职务。（2）规范名称。非领导职务名称，原则上在地直机关可设置调研员（正县级）、助理调研员（副县级）、主任科员（正科级）、副主任科员（副科级）、科员、办事员。地区人大工委、地区政协工委可设置调研员、助理调研员、主任科员、副主任科员，或设置县级、副县级、科级、副科级秘书；纪委可设置调研员、助理调研员、主任科员、副主任科员，或县级、副县级、科级、副科级纪检员；地委办、行署办可设置调研员、助理调研员、主任科员、副主任科员，或县级、副县级、科级、副科级秘书；地委组织部可设置调研员、助理调研员、主任科员、副主任科员，或设置县级、副县级、科级、副科级组织员；地委宣传部可设置调研员、助理调研员、主任科员、副主任科员，或设置县级、副县级、科级、副科级宣传员。县市国家行政机关各部门可设置主任科员、副主任科员、科员、办事员。（3）设置员额。按照《国家公务员暂行条例》的规定和上级机关应多于下级机关，综合部门多于专业部门的原则，由组织、人事部门统一核定限额不得突破。地、县直机关设置的主任科员、副主任科员总额不得超过科级领导职务的50%。（4）任职条件。调研员应具备大学专科以上文化程度，任副县级职务4年以上；助理调研员应具备大学专科以上文化程度，任正科级职务4年以上；主任科员应具备中专、高中以上文化程度，任副科级职务3年以上；副主任科员应具备中专、高中以上文化程度，任科员职务3年以上；科员应具备中专、高中文化程度，任办事员3年以上；办事员应具备高中以上文化程度。威宁彝族回族苗族自治县县直机关工作人员担任非领导职务，经地委组织部、地区人事局批准，可适当放宽上述任职条件。（5）实施要求。①任命非领导职务，应坚持任人唯贤、德才兼备、能上能下的用人原则，综合考核拟任对象的政治表现、思想品德、工作经历、工作能力、行政管理水平、工作实绩等情况。各部门党组（党委）要坚决执行民主集中制原则，集体讨论决定非领导职务的任免事项，防止任人唯亲和个人专断。②严格按程序任命。地直机关主任科员、副主任科员的任命程序为：单位根据工作需要和职数空缺情况，考察确定人选；到地区人事局办理职数审核手续；单位根据人事局审核通过的《非领导职务职数审核表》在职数限额内任命；单位将任免通知和《资格审核表》报组织、人事部门备案；人事部门根据单位的任免通知，《资格审核表》和审核通过的《非领导职务职数审核表》调整工资。③各级、各部门原来任命的非领导职务，要在规定的非领导职务职数限额内，根据任职条件重新确定。原已任命的非领导职务，超过核定职数的，可保留原级别待遇。④任免权限。调研员、助理调研员由地委任免；地直机关主任科员以下非领导职务，由各部门党组（党委）任免；党组（党委）不健全的党群、政法部门的主任科员、副主任科员由组织部任免；行署部门的人事局任免；各县市主任科员、副主任科员由县市委、政府任免。⑤在建立非领导职务序列工作中违反规定，放宽条件和未经职数审核而造成超职数配备非领导职务的，要追究有关领导的责任。上级组织，人事部门有权纠正违反规定的非领导职务。全地区政府系统共设置调研员4名，助理调研员3名，主任科员80名，副主任科员813名，科员8513名，办事员及其他人员4132名。2000年，全地区政府系统有调研员2名，助理调研员6名，主任科员148名，副主任科员625名，科员7666名，办事员及其他人员2334名。

5. 编制职位代码。1996年8月2日，中共毕节地委组织部、地区人事局拟发《毕节地区国家公务员职位分类工作职位代码编制办法（试行）》国家公务员职位分类工作职位代码由14位数组成，第一部分6位数，为省、地、县市代码采用国家标准编制。第二部分3位数，为所在地各工作部门代码，其中第一位数定为：党委系统为1，政府系统为2，人大系统为3，政协系统为4，检察院、法院系统为5，群众团体为6，民主党派为7，其他单位为8；第二、三位数由各县市人事劳动局对本县市党政群部门（含参照试行国家公务员制度的事业单位）统一编制，县以下乡、镇可视为县直工作部门进行编制；地直单位由地区人事局编制。第三部分为2位数，为各部门内设机构代码，地直为科（室）、县市为股室。第四部分为3位数，由各部门自行编制，报同级政府人事部门备案。毕节地区及所辖各县市代码分别为：毕节地区522400、毕节市522421、大方县522422、黔西县522423、金沙县522424、织金县522425、纳雍县522426、威宁县522427、赫章县522428。

**公务员登记与审核参公事业单位**　2006年，根据省的安排，地直、毕节市开展公务员登记试点工作，地直52个公务员单位和毕节市85个公务员单位参加试点登记。2007年，全区地、县、乡机关1.66万人参加公务员登记，根据《贵州省事业单位参照公务员法管理工作实施意见》，将符合申报条件的59个单位的相关材料按要求上报省人事厅审批。2008年，对全区公务员完善补充登记，对符合条件的728人进行审核登记。完成经省人事厅批准参照公务员法管理的39个地直事业单位工作人员的审核登记。同时，完成281个县市直事业单位参照公务员法管理的审核上报工作。2009年，完成符合条件的1727名公务员的登记。对公务员和参照公务员法管理单位工作人员登记信息进行复核，对已经登记过的1570人公务员登记表按照干部档案管理一级标准进行了更换。根据省人力资源和社会保障厅对各县市区参照公务员法管理单位的批复意见，对各县市区146个参照公务员法管理单位工作人员的有关材料进行复审，审批登记符合参照公务员法管理的963人。2010年，审核登记符合公务员条件的498人，参公管理人员新登记120人。2011年，做好机构改革后，原参照公务员法管理的127个事业单位上报、复核工作。

## 第二节　专业技术人员管理

**专业技术队伍**　民国时期，区内仅有为数甚少的科技人员分散在电信、气象、医疗、金融农业机构中。中华人民共和国成立后，随着国民经济的发展，科技人员逐年增加。1951~1959年，国家分配到毕节专区的理、工、医、农大中专毕业生454人。到1960年，全专区基本形成农业、工业、水利、气象、交通、邮电、建筑、医药科学技术队伍，共有科学技术人员1156人。其中工程技术人员192人，农业技术人员343人，医药卫生人员621人。1961~1965年，国家增加分配到毕节专区的理、工、医农大中专毕业生人数，5年共分配407名。同时，区内中等专业学校毕业生逐渐增加。随着一批工厂的兴建，先后调进一批技术干部。到1965年，全专区自然科学技术人员增至2266人。1978年夏，毕节地区计委、人事局、科技局联合普查全地区自然科学技术人员变动情况。全地区在职自然科学技术人员4994人，其中全民所有制单位有工程技术人员1173人，农业技术人员1460人，医药卫生人员2195人；集体所有制单位工程技术人员19人、农业技术人员35人、医药卫生人员112人；未安排的技术人员584人。1982年，全地区有专业技术人员1.24万人，还包括大中小学教师、经济管理人员、会计人员、统计人员、文博翻译人员、图书档案管理人员、新闻出版人员、律师公证人员、播音人员、工艺美术人员、体育人员、艺术人员、政工人员。1983年，专业技术人员主要来源各级各类大专院校毕业生、外部引进的各类专业技术人员，军队转业干部中的专业技术人员，在职人员中的自学成才者。1995年，全地区有各类专业技术人员4.86万人。1996年，国家实施公务员制度，这些机关单位中的会计、统计、经济等类人员列入公务员系列，专业技术人员只包括事业、企业单位的人员。2000年，全地区各类专业技术人员共5.99万人，其中事业单位5.67万人，企业单位3205人。2010年，全区专业技术人才总量达到80200人，其中，高级职称人数为2719人，中级职称人数为21537人，初级职称以下人数为48556人。具有研究生以上学历人数为355人，大学本科学历人数为17051人。

**管理体制** 民国时期，有关科学技术工作，分别由第四区行政督察专员公署第二科和各县政府建设科管理。中华人民共和国成立初期，专区及各县专业技术人员的管理主要由地县党委组织部门负责。1958年，专署及各县政府相继建立科学工作委员会（后改名为科学技术委员会），统一管理科学技术工作。1981年，地区科技委员会内设的政工科改为科技干部科，负责科技干部的管理工作。1983年，科委科技干部科并入地区劳动人事局。1996年，劳动局和人事局分设后，科技干部科归属地区人事局，改称专业技术人员管理科，其主要职责为：综合管理专业技术人员，会同有关部门研究制订专业技术人员队伍建设的总体规划并组织实施；负责推荐、选拔、管理有突出贡献的专家和享受政府特殊津贴人员的工作；会同有关方面组织实施专业技术人员年度考核工作；承办专业技术人员家属农转非和中级以上专业技术职务的人员调出地区及出国（出境）探亲、定居的审批、审查工作；负责非教育系统留学回国人员科技活动择优资助项目工作；综合管理专业技术人员职称工作；组织实施职称改革政策法规；对专业技术职务设置进行宏观管理，负责事业单位高、中级专业技术职务岗位设置限额的审批和检查工作；指导协调企业技术职称工作；组建、报批高中级评审委员会并统一管理专业技术职务评聘工作；推行专业技术资格、执业资格制度及专业技术人员知识考试及评审制度。是时，各县市的专业技术人员的管理工作均由县市人事劳动局负责。中小学教师的管理由地、县教育部门负责。

**职称管理** 1. 职称制度。中华人民共和国成立初期，毕节专区按照中央的有关规定对中华人民共和国成立前遗留下来的专业技术职务予以承认，保持原有的系列，给予科技人员原职原薪。新参加工作的科技人员，参照过去作法，结合工作需要，定职称（级别），定工资，实行行政任命专业技术职务和职务等级工资相结合制度。1954年，国务院颁发《各专业工程技术人员技术标准（草案）》；1956年，国家教育部、卫生部，中国科学院制定《高等学校教师学衔条例》《科学研究工作者学衔条例》《卫生技术人员职务名称及晋升暂行条例》；1960年国务院发布《关于高等学校教师职称名称及其确定与提升办法的暂行规定》。上述规定对工程、农、林、水利、卫生、科研和高教几个系列专业技术职务名称及其确定与提升作出具体规定。毕节专区根据省转发意见，先后在医疗卫生、科学研究、工矿企业、农林水利部门开展专业技术职务名称、等级确定和提升工作，根据专业技术人员工资级别、工作表现和学历资历情况，确定和晋升相对应的职称和级别。专业技术人员的工资级别，最初按行政级别套定，1956年后，卫生、科研、工业、农林专业技术职务先后规定本系列的工资级别。1966年“文化大革命”开始后，专业技术职务名称的确定和提升工作中断。

1978年，省人事局、省科干局先后制定贯彻执行国务院颁发的7种业务技术职称《暂行规定》的工作意见，并会同各业务主管部门拟制16个系列的实施细则，由省人民政府发布全省贯彻执行。1980年3月，毕节地区成立职称评定工作领导小组，责成地区科委办理具体事务，并在地区农业局、卫生局、水电局进行试点。职称评定工作逐步由自然科学领域扩大到社会科学领域，职称评定系列增加为15个。1980年3月~1983年9月，毕节地区贯彻全地区4582名科技人员参加技术职称评定，2879名专业技术人员获得技术职称，其中高级职称11名、中级职称643名、初级职称2225名。1982年5月，毕节地区行署召开技术职称证书颁发大会，为165名第一批获得中级技术职称的科技人员颁发证书。1983年9月，执行中共中央办公厅通知，暂停评定技术职称，检查、整顿前段技术职称评定工作。1986年贯彻国务院《关于实行专业技术职务聘任制度的规定》，进行职称改革工作，实行专业技术职务聘任制和结构工资制度。1986年4月，地区成立技术职称改革工作领导小组。12月，地区决定以地区农科所为自然科研系列评聘试点，以地区畜禽品种改良站作农业技术系列评聘试点，以地区中医院作卫生技术系列评聘试点，以地区水利勘测设计院作工程技术系列评聘试点，以地区教育学院及毕节高等师范专科学校作高教系列评聘试点。1986年10~11月，地区职改办预测全地区参加职改的自然科学类人员8639名，社会科学类人员2925名，教师1.97万名，共计3.12万余名。拟聘高级职务248名，中级职务5232名，助理级1.23万名，技术员1.36万余名；按比例评审聘任技术职务后，增资7585名，年增资额84.04万元。同时，清理认定1983年9月1日评定，而未审批未授予职称的专业技术人员，全地区共清理、认定中级123名、初级130名专业技术人员的任职资格。是年12月11日，地区职称改革工作领导小组拟发《关于组建系列专业技术职务评审委员会的通知》，将职称评审划分为24个专业技术系列。地区委托各主管部门负责组建系列评审委员会，并明确地区科委主管自然科学系列职称评定工作。没有单独评审系列的专业，根据国家规定，其专业技术职称挂靠相近专业进行评审，计量专业、土地管理专业挂靠工程系列；计划生育专业、法医专业挂靠卫生系列；审计专业挂靠会计系列；群众文化专业挂靠图书资料系列；民族语言专业挂靠翻译系列；农业区划专业挂靠农业系列。1988年2月29日，地区职称改革领导小组拟发《关于下达中小学教师职务专用指标的通知》，决定从省安排给毕节地区的控制指标中安排高级指标40名，中级指标450名作为全地区中小学专业技术职务专用指标，经地区教育局平衡后，分配给各县教育系统。到1989年末，全地区完成首次专业技术职务评聘工作，共评聘高级专业职务503名，中级7568名，初级2.29万名。高、中、初级专业技术人员的比例为1：14.5：43.8。

1990年，毕节地区贯彻国务院决定，停止国家行政机关职称评审工作，对国家行政机关工作人员1980年后评定授予的职称，不予聘任专业技术职务。1991年12月28日，地区职改领导小组贯彻国家人事部指示，拟发《关于做好毕节地区首次职称改革复查考核的实施意见》，复查考核全地区首次职改。共复查专业技术人员3.06万人，复查出谎报学历、资历的专业技术人员7人，其中高级1人、中级2人、初级4人，分别作出处理。1993年，卫生、高教、农业、工程序列把外语考试合格作为专业技术评定的主要条件之一。是年，安排卫生、农业、档案、图书系列1075人的基础理论考试；会计、审计、经济、统计系列3075人的任职资格考试。1995年，组织会计、统计、经济、审计系列1782名专业技术人员参加全国考试；注册资产评估师、房地产估价师、职业药师、注册会计师近200人的执业会计师考试；组织1367名参加晋升专业技术职务外语考试。

1992年9月21日，地区职称改革工作领导小组拟发《毕节地区专业技术职务评审聘任（任命）暂行办法》，地直及各县按照《暂行办法》规定，具体实施专业技术职务评聘。对学历、资历和任职时间不够，但是本行业、本专业中贡献突出、学识渊博者，推荐破格评审聘用。

1992～1997年，全地区共推荐评审专业技术职务4.42万余人，其中高级职务460人，中级职务8712人，初级职务3.5万人；组织会计、经济、统计、审计专业考试，6873人获得任职资格。2000年末，全地区共有各类专业技术人员5.99万人，其中高级职务583人（正高职务8人），中级职务近1.03万人，初级职务4.29万人。2001年，1543名科技人员获中级专业技术任职资格；156人获中学高级教师任职资格。2002年，有186人获中学高级教师资格，1860人获中级技术职称资格。2004年，推进事业单位人事制度改革，专业技术职称评聘由评聘结合转变为评聘分离新机制。是年，除小学教育外，其余职称评聘全部推行评聘分离。2005年，毕节地区制订《2005年事业单位人事制度改革工作方案》，选择地区艺术团、地区图书馆、地区卫生监督所、地区土肥站等单位推行人员聘用制。

2．组织管理。20世纪60年代毕节专区只有少数人员按其所在单位的归属关系参加本系统的职称评定，由省授予技术职称。1979年12月，国务院批转国家科委、国家经委、国务院科技干部局《关于颁发工程技术干部职称暂行规定的请示报告》，并颁发《工程技术干部技术职称暂行规定》《工程技术干部职称评定委员会组织办法（试行）》。此后，相继颁布农业系列、医药卫生系列的职称暂行规定。1980年3月，成立毕节地区职称评定工作领导小组，按以下原则开展职称评定工作：对“文化大革命”以前毕业，具有大、中专学历的科技人员，实行先套改后晋升；学历不合格的，由各系统组织考试，合格后再予评定，对无学历但有相当技术业务水平的，先行考试或考核后评定；对原是技术干部，以后改行的，也予以套改。按规定，初级职称由各系统初级职称评定委员会评定；中级职称由地区中级职称评定委员会评定；高级职称由省评定委员会评定。鉴于区内高、中级职称的人员较少，地区未建立中级职称评定委员会，请省各厅局评定委员会代评，按规定权限审批、授予，高级职称由省人民政府审批、授予，中级职称由地区行署审批、授予，初级职称由各系统审批、授予。1984年1月，地区行署根据《省人民政府办公厅转发省职称评定工作领导小组关于当前整顿职称评定工作的安排意见的通知》精神，决定将原地区自然科学技术职称评定工作领导小组、技术职称评定筹委会及社会科学技术职称评定工作领导小组、技术职称评定筹委会合并，成立毕节地区职称评定工作领导小组，下设办公室于地区劳动人事局。1986年4月，地委、行署根据中央职改领导小组《关于职称改革工作布置的通知》和省有关职改精神，决定撤销原地区职称评定领导小组，建立职称改革工作领导小组；地区直属单位成立职称改革工作领导小组43个，各县成立职称改革工作领导小组和企业职称改革工作领导小组各1个。

3．职称评审。1980~1983年，毕节地区未建立中级职称评定委员会，委托省有关厅局评定委员会代评。1986年，执行国务院《关于实行专业技术职务聘任制度的规定》，地区职改工作领导小组委托地直各主管部门组建系列专业技术职务评审委员会，开展评定专业技术职务。到1990年末，全地区共组建中级职务评审委员会23个，初级职务评审委员会86个。1992年8月15日，毕节地区职称改革工作领导小组拟发《毕节地区专业技术职务评聘工作转入经常化的部署意见》规定：中级评审委员会的人选，由各基层单位的专业技术人员酝酿推荐，专业技术负责人提名，报主管部门，系列主管部门职称改革工作领导小组根据推荐人选的情况进行审查，按《组织评审暂行办法》规定的名额，报地区职称改革工作领导小组批准。中级评委会下设各专业（学科）评审组，评审组人选推荐和组建办法与评委会的组建相同。初级评审委员会，各县由县职改工作领导小组批准组建，地直各企、事业单位按《组织评审暂行办法》要求，具备条件组建评审委员会的，将评委会人选名单推荐报主管部门职称改革领导小组批准，报地区职称改革办公室备案。不具备条件的，由主管部门职称改革领导小组组建。中级职称评审委员会由19人以上组成，委员应具有本系列中级以上专业技术职务，其中具有本系列高级专业职务的委员不少于三分之一。初级评委会由11人以上组成，委员必须具有本系列中级以上专业技术职务。各级评委会设主任委员1人，副主任委员1~2人，正副主任委员由行政领导或较高水平的专家担任。中级评委会专业（学科）评审组由5~9人组成，其成员必须具有本专业（学科）中级以上专业技术职务，其中高级专业技术职务的成员不少于三分之二。各专业（学科）评审组设正副组长各1人，由该委员会1名委员兼任组长或副组长。对国家已颁布考试条例并实行任职资格考试的专业职务档次，地、县不再组建相应的评审委员会和开展评审工作。1996年，全地区共组建中级和初级评审委员会132个。2002年组建高级评委会1个，中级评委会10个，初级评委会28个。2006年，经省人事厅审定，组建1个高级评委会、13个中级评委会。

4．培训与考核。（1）培训。1978~1990年，毕节地区各中专学校受委托，开办为期半年至1年的科学技术培训，培训在职初级技术人员3369人。1984年，执行国家关于《科技人员继续教育暂行规定（讨论稿）》，鼓励科技人员在职自学，单位与学校培训到外地深造、出国考察、学习外语等办法，提高科技人员的业务、技术水平。1978年后，各系统、各单位结合各自业务，举办专业培训，2万余人受训。此期间，选派2509名自然科技人员到外地进修深造。

1986年后，全地区选送27名自然科学技术人员到美国、英国、日本、加拿大学习考察。20世纪80年代后，地直和毕节、黔西县先后举办电大英语单科8个班，日语单科1个班，每班学习3个学期，104名科技人员参加英语班、26名参加日语班接受培训。1992年，地区劳动人事局发出通知，要求各县、各部门遵照省委组织部、省人事厅制定的《贵州省专业技术人员继续教育登记制度暂行规定》，开展专业技术人员继续教育登记，68个单位共5941名专业技术人员纳入继续教育登记证书制度。地区劳动人事局于1995~1996年先后举办英语备考补习班6个，410人参加学习。

（2）考核。1980~1983年、全地区考核专业技术干部分专业和类别，注重工作成就，从学术水平、业务能力和工作成就等方面进行衡量，确定考核内容和考核方法。1986年实行专业技术职务聘任制后，考核工作要求严格掌握思想政治标准。在坚持四项基本原则的前提下，以专业技术人员履行相应职务的岗位职责或任期目标的工作业绩为主要内容，重点考核完成的工作数量、质量、经济和社会效益，业务能力和学术水平，同时考核继续教育和知识更新情况，以及工作态度和职业道德。考核采取两种形式：①通过考核认定对某些专业技术职务需要的基础理论知识和业务技术水平作为评审依据，以增加评审的科学性；②对某些专业技术职务的任职资格进行考试。1992年后，考核分为年度考核和任期考核。年度考核主要考核每年履行岗位职责和完成任务的情况；任期考核侧重考核完成任期目标的情况。考核方法：实行定量考核与定性考核相结合；群众考核与领导考核相结合，建立考核档案，考核结果与专业技术人员的切身利益挂钩。是年，全地区3.67万名专业技术人员参加考核，占应参加考核人数的94.4%，其中考核定为优秀的占10.44%，称职的占85.46%，基本称职的占3.45%，不称职的占0.65%。对不称职人员按有关规定作缓聘、解聘或降格低聘处理。2011年，参加考核人数9.25万人，其中评为优秀等次的1.03万人，合格等次的7.95万人，基本合格等次的6人，不合格等次的90人。

2001年，全地区有1662人参加职称外语考试，1694人参加经济资格考试。2002年1270人参加职称外语考试，1265人参加税务执法考试，1055人参加全国统一经济资格考试。之后，每年专业技术人员计算机通用能力考试、职称外语考试等均按人事部规定条件，规定时间组织实施。

**政府特殊津贴** 1．国务院特殊津贴。1990年7月，中共中央、国务院作出决定，从1990年起，每年为做出突出贡献的专家、学者、技术人员发放政府特殊津贴。其对象是：在科学研究、教育、卫生、生产等第一线工作岗位上以及在社会科学、文化艺术方面做出突出贡献的专家、学者、技术人员。享受政府特殊津贴必须具备下列条件之一：（1）在技术上有重大发明、创造或重大技术革新或解决关键性技术难题，具有显著经济效益和社会效益，对推动技术进步和国民经济发展做出突出贡献；（2）在科学研究上有创造性成果，具有重大科学价值或者达到国际先进水平；（3）在科学研究、医疗卫生和教学工作中，学术造诣高，是某一学科领域的奠基人或带头人，并对该学科的建设、人才培养、事业发展做出重大贡献；（4）在社会科学、文化艺术等方面，作出突出贡献的享有盛名的专家、学者和艺术家。享受特殊津贴标准分每人每月100元、50元两种，免征个人收入调节税，所需经费由中央财政拨给。享受政府特殊津贴人员的选拔和管理工作由人事部门负责，并向享受特殊津贴人员颁发国务院政府特殊津贴证书。享受政府特殊津贴人员经考核合格，离退休后继续享受，数额不减。有下列情况之一者，停发或取消津贴：①未经组织同意出国长期不归者；②因死亡或其他原因停发工资者；③年度考核、任期考核中不合格者；④弄虚作假、谎报成果而取得特殊津贴者；⑤丧失享受政府特殊津贴所必须具备的政治思想条件者。1994年起，政府特殊津贴均为每人每月100元，并将1990~1993年已享受政府特殊津贴人员津贴数额一律改按每人每月100元发放。1995年起，新享受政府特殊津贴人员每人一次性发放5000元，免征个人所得税。1990~1994年已享受政府特殊津贴人员，继续按每人每月100元发放。1991~2000年，毕节地区获政府特殊津贴的共39人，其中1991~1994年30名。

2．省政府特殊津贴。1994年3月，中共贵州省委、省人民政府决定从1993年起，每年给做出突出贡献的专家、学者、技术人员发放贵州省政府特殊津贴。省人事厅发出通知全省各地按省规定执行。省政府特殊津贴所需经费由省财政拨款，每人每月40元，由省人事厅发放，并向享受政府特殊津贴人员颁发贵州省政府特殊津贴证书。1997年起，对新享受省政府特殊津贴人员一次性发放3000元。1993年，毕节地区获省政府特殊津贴人员21名，1997~2000年共8名。

3. 毕节地区行署特殊津贴。2000年8月15日，毕节地区行署拟发《关于给做出突出贡献的专业技术人员发放政府特殊津贴的暂行办法》，决定从2000年起，对做出突出贡献的专业技术人员发特殊津贴，每年选拔10名。一次性发给被选拔者特殊津贴2000元，并由地区行署颁发毕节地区特殊津贴证书。其推荐选拔对象主要是在工农业生产及科技推广第一线、科研、教育、卫生、文化艺术、新闻出版、体育等方面做出贡献的专业技术人员。享受地区政府特殊津贴人员一般应具有中级以上专业技术职务并具备下列条件之一：（1）长期工作在工农业生产和科技推广第一线，在引进、吸收、消化高新技术中有突破，推动技术进步、经济发展；在科技成果向生产力转化中，在新技术、新工艺、新方法推广中业绩突出，经济效益或社会效益比较显著。（2）长期工作在教育、科学工作第一线，对学术探讨、人才培养、事业发展发挥重要作用，所创造的教育理论或教学方法，经地区有关部门鉴定并推广，教书育人成绩显著。（3）长期工作在防病、治病等卫生工作第一线，有解决关键性技术的能力，医术精湛，治愈危重病人，或在较大范围内多次有效预防控制、消除疾病、医德高尚、社会影响大。（4）在自然科学研究中，学术造诣较高，是毕节地区某一学科的带头人或骨干，并对学科建设、人才培养、事业发展做出较大贡献，或是研究成果有创造性和科学价值，得到区内同行专家的公认。（5）在社会科学研究中，学术造诣较高，成绩突出，对社会发展和学科建设做出一定贡献，是毕节地区某一学科带头人或骨干。（6）在乡镇企业，民营企业中个人发明创造，技术革新、技术推广做出突出贡献。（7）在文化艺术、新闻出版领域成绩突出，是毕节地区某一学科或艺术门类的带头人或骨干。（8）在教练训练工作中成绩突出，为发展毕节地区体育事业做出较大贡献的职业体育教练员。同时规定：已获得毕节地区科技兴农人才奖、拔尖人才奖、突出贡献奖的人员，当年不得再申报地区政府特殊津贴。对已获得毕节地区特殊津贴的人员，如继续做出突出贡献的，可以推荐为贵州省和国务院发放的特殊津贴候选人。对获得省贴、国贴的人员，不再推荐评审地区特殊津贴。对已享受地区特殊津贴的人员，每年进行1次考核。对弄虚作假、谎报成果而取得特贴者，一经查实，收回特贴和证书。2000年，有7名科技人员获得地区行署特殊津贴。2002~2004年，全地区获地区行署特殊津贴人员26名。2010年，刘靖林等农业、科研、文化、教育、体育、医疗卫生等一线，有突出贡献者获得地区行署特殊津贴。

**选拔专业技术拔尖人才**　1989年，中共毕节地委、毕节地区行署作出表彰命名毕节地区首届专业技术拔尖人才的决定，对解德蕴等贡献突出的9名专业技术人员授予毕节地区首届专业技术拔尖人才荣誉称号。1994年，作出表彰命名毕节地区第二届专业技术拔尖人才的决定，对贡献突出的10名专业技术人员授予拔尖人才荣誉称号。1999年和2002年，作出表彰命名第三届、第四届专业技术拔尖人才的决定，第三届命名7名，第四届命名21名专业技术拔尖人才。2002年，有3名专业技术人员获毕节地区首届有突出贡献知识分子称号。

**科技兴农人才奖**　1. 贵州省“科技兴农人才奖”。1990年12月，贵州省人民政府制定《贵州省“科技兴农人才奖”奖励办法》，规定申报条件为：热爱社会主义、拥护中国共产党的领导，模范地执行党的方针政策，遵纪守法，在本县范围内工作实绩显著或在地区范围内工作突出者。实行一次性限额奖励，两年奖励1次，全省每次200名左右，不分等级，发给奖励证书和奖金，奖励经费由省财政拨专款。获省科技兴农人才奖的个人奖励材料，装入获奖人员档案，作为考核、晋升和评聘专业技术职务的依据。1992年，省人民政府颁发第一届科技兴农人才奖，毕节地区21人获奖；1995年，毕节地区20人获奖；1997年，毕节地区19人获奖；1999年，毕节地区26人获奖；2001年，毕节地区23人获奖；2003年，毕节地区25人获奖。

2. 毕节地区“科技兴农人才奖”。1992年，毕节地区行署制定《毕节地区“科技兴农人才奖”奖励办法》，规定每两年奖励1次，每次奖励50人左右。1993年，全地区52人获第一届科技兴农人才奖；1997年第二届、1999年第三届，各奖励50人；2001年第四届奖励48人；2003年第五届，奖励34人。

## 第三节　事业单位人事制度改革

2006年，出台《毕节地区行署关于推进事业单位人事制度改革的意见》《毕节地区事业单位新增人员公开招聘实施办法》。2007年，全面推进全区事业单位人事制度改革。全区参加事业单位人事制度改革单位5582个，其中地直事业单位148个、各县市事业单位5434个；改革涉及全区事业单位工作人员8.46万人，其中地直事业单位5821人、各县市事业单位7.88万人。全区有3240个事业单位，涉及4.73万人的人事制度改革工作方案经主管部门审批并报人事部门同意实施，进入聘用合同签订阶段。全区有2768个事业单位3.07万人完成聘用合同签订。2008年，完成5982个单位、84079人聘用合同签订、5973个单位83852人合同鉴证。转发省委组织部、省人事厅、省编办《关于印发贵州省事业单位岗位设置管理实施意见的通知》，结合实际制定毕节地区事业单位岗位设置试点工作方案，在地区妇幼保健院等5家单位启动事业单位岗位设置试点工作。根据行署安排，完成地直部分缺编事业单位公开招聘工作人员申报计划的初审工作。按规定完成对各县市、百里杜鹃管委会事业单位公开招聘工作人员共2175人工作方案的审核批复工作。按照《毕节地区事业单位新进人员公开招聘实施办法》规定，为毕节学院、地区艺术团等单位简化程序聘用41名急需紧缺专业人才。完成毕节民中、地区实验学校、地区紧急救援中心等10个地直事业单位工作人员的公开招聘工作，招考聘用人员50名。2009年，出台《毕节地区事业单位实施岗位设置管理工作方案》《毕节地区事业单位岗位设置管理工作实施意见》，核准2057个单位的岗位设置工作方案，核准岗位4.56万多个，其中，管理岗位4270个、专业技术岗位3.93万多个。审核批复107个事业单位公开招考聘用人员1537人。2010年，全区4266个单位8.41万人签订聘用合同，完成岗位设置方案单位4019个，审批设岗方案3989个，实施方案3810个，共核准岗位8.4万个。2011年，完成岗位设置方案的单位4382个，审批设岗方案4390个，共核准岗位数9.54万个。招考聘用4966人，简化程序招聘504名急需紧缺人才。

# 第四节　工资与福利

## 一　清代及民国工资制度

**清代工资制度**　清代官吏俸给实行年俸制，也称岁银。官吏分九品十八级，九品以下为未入流。顺治年间规定俸银标准为：一品官年俸银180两，二品155两，三品130两，四品105两，五品80两，六品60两，七品45两，八品40两，九品及以下31两5钱2分，均不分正、从。大定府各级官员均在四品及其以下，俸给按以上标准执行。雍正三年（1725），开始执行耗羡归公及养廉制度。行政官员除有岁银外，另有养廉银。清代，分巡贵西兵备道为正四品，大定知府为从四品，黔西、平远、威宁知州为从五品，大定府通判为正六品，毕节知县及府教授为正七品，府经历、学正、教谕为从七品，训导为正八品，府照磨、吏目、巡检为从九品，典史未入流，均按品级领取年俸。主要官员及掌管实权的官吏有养廉银，其他役工发工食米或禄米，年工食银2~12两不等。《大定府志》载，道光年间大定府属经费支出为：分巡贵西兵备道1员，年俸银105两，养廉银2000两；道衙吏役30名，每名年工食银6两，计180两；铅务书办4名，每名年工食银25两，计100两；库子4名，每名6两，计24两；卡书、巡役共33名，每名2两，计66两；七家湾查催书办、巡役各1名，每名2两5钱2分，计5两4分；共计工食粮375两4分。大定知府俸薪银105两，养廉银1200两，府衙有人役24名，各工食银6两，共144两。儒学教授俸薪银45两，草料银6两，人役3名；斋夫1名，工食银12两；门斗1名，工食银6两；膳夫1名，工食银6两6钱6分6厘，共24两6钱6分6厘。训导俸薪银40两，草料、役食与教授同。府经历俸薪银45两，养廉银60两，人役4名，各工食银6两，计24两；铺夫27名，计工食银97两2钱，食米折银116两6钱4分（每人每日给米1升，折银1分2厘，小建扣减，遇闰加增）。水城通判俸薪银60两，养廉银600两；人役16名，每名工食银6两，计96两。水城照磨俸薪银31两5钱2分，养廉银60两，人役4名，每名工食银6两，计24两。平远知州俸薪银80两，养廉银600两，人役32名，每名工食银6两，计192两。吏目俸薪银31两5钱2分，养廉银60两，人役4名，各工食银6两，计24两。学正俸薪银45两，人役3名，共工食银24两6钱6分6厘。训导俸薪银40两，人役3名，计工食银24两6钱6分6厘。黔西知州、吏目、学正、训导俸薪、养廉、人役均与平远州相同。威宁知州俸薪银80两，养廉银700两，人役32名，计工食银192两。威宁州吏目、学正、训导均同平远州。得胜坡巡检俸薪银31两5钱2分，养廉银200两，人役12名，计72两。毕节知县俸薪银45两，养廉银500两，人役30名，计180两。典史俸薪银31两5钱2分，养廉银60两，人役4名，计工食银24两。县学教谕、训导与州学正、训导相同。

**民国工资制度**　民国初，国民政府颁布《中央政府文官官俸法》，废年俸制为月俸制。民国22年（1933）9月，国民政府修订《暂行文官官等官俸表》，将文职公务员薪金分为4等37级。是年末，贵州省政府调整薪金标准，各县均按调整后的标准执行。民国24年（1935）5月，贵州省政府根据省财力，规定按照国民政府《暂行文官官等官俸表》规定的俸额，依职务官等一律按八成实支，贵州省第四区行政督察专员公署及所辖各县均照此执行。是年末，国民政府禁止银元流通，官俸一律改发法币，以1银元折合法币1万元计发。民国26年（1937），抗日战争爆发，国民政府以筹集抗战资金为由，降低公务员薪饷，第四行政区各级职官薪俸均按贵州省政府规定实行七折九扣。民国28年（1939）8月，贵州省政府再次改定职官薪俸，规定按官等官俸表俸额，除基本支数50元实支外，余数作六折支给。民国29年（1940）9月，物价暴涨，生活费用日增，省政府将职员薪饷改为除基本支数50元外，余作八折支给，并对委任四级以下职员酌给生活补助金。民国32年（1943），第四行政区各县按省政府令，调整低级员工生活补助金。次年5月，行政院颁布《公务员支给薪俸限制办法》，11月，考试院发布《修正公务员支给薪俸限制办法》，审核调整公务员俸给。民国34年（1945）8月，贵州省政府调整县、区低级公职人员薪俸标准。由于物价倍增，取消折支办法，改为依据物价上涨指数，按各公职人员叙定底薪加倍发给。民国37年（1948）物价暴涨，贵州省政府随时调整员工薪饷，是年1~8 月4次调整。8月，国民政府发行金圆券以代法币；次年以银圆券替代金圆券，商民拒用，仍用银元。贵州省政府同意薪饷改发银元或粮食。

## 二　中华人民共和国成立初期的工资制度

**供给制**　1949年12月~1952年6月，毕节专区根据政务院规定，在党政机关、人民团体、学校、医院绝大多数工作人员中实行供给制；有的国营企业职工也实行供给制。1950年6月21日，政务院规定各级人民政府供给制工作人员的伙食标准，毕节专区根据工作人员职务高低、工作年限长短分别明确享受小、中灶待遇。据1950年12月统计，全专区干部享受供给制的有：专级4人、县级55人、区级239人，一般干部1687人。1952年3月11日，政务院决定给实行供给制的工作人员增加津贴并规定供给制工作人员的工资等级。规定从中央人民政府主席到勤杂人员，分为10等24级，党派、学校和人民团体供给制工作人员的津贴比照政府工作人员的等级发给。毕节专区从专署专员到勤杂人员分别执行第五等第一级至第十等共14级津贴标准。供给制工作人员统一增加津贴的每月开支计算标准由伙食费、服装费和津贴组成，3项合计全专区最高一级78.42万元（旧人民币，下同），最低一级18.32万元。供给制人员统一增加津贴后，取消过去所规定的普通津贴、保健费、高级干部特别津贴；小孩保育费和小孩保姆费均照原规定不变；老年优待金、政府区长以下人员，年龄达50周岁者照发，其余人员一律取消；亲属招待费，部队团长以下，政府县长以下照发，其余人员取消；技术津贴仍照规定不变。1952年，毕节专区实行供给制的工作人员2309人。1952年7月5日，政务院颁发《关于颁发各级人民政府供给制工作人员津贴标准及工资制工作人员工资标准的通知》，毕节专区根据通知规定和西南军政委员会部署，1952年7月~ 1955年7月，统一以工资分作为工资的计算单位，执行国家规定的工资分所包含的实物品种和数量。每个工资分含5种实物：粮食0.8市斤，白布0.2市尺，植物油0.05市斤，食盐0.02市斤，煤2市斤。按照国营商业的零售牌价计算工资分值，毕节专区的工资分值为每分

0.22元。国家规定供给制工作人员的津贴标准为29个等级，毕节专区执行的最高级为12级，工资分为314分，最低级29级，工资分为85分。1954年6月25日，政务院颁发《国家机关工作人员工资和包干经费标准及有关事项规定》，将供给制改为包干制。1955年7月起，按国务院规定，全专区机关、事业和企业单位中实行供给（包干）制待遇的人员，先后废除工资分计算办法，一律按本单位现行的工资标准改为工资制待遇，实行货币工资制，结束供给制和薪金制并存的状况。实行货币工资制后，工资标准为30个等级，1级为560元、30级为18元。原供给（包干）制人员的包干费和其他费用全部取消。工作人员住公房、使用公家家具、水电一律交租、缴费。多子女人员在生活上发生困难的，单位在福利费中予以补助。

薪金制　中华人民共和国成立初期，在少数机关工作人员、国营企业职工、留用的原国民党政权旧公教人员、爱国民主人士和私营企业职工中实行薪金制或实物工资制。对实行薪金制的职工，执行原职原薪或原取支薪的政策，以职工本人中华人民共和国成立前3个月的平均工资为标准支付工资，按当时的物价折合一定数量的实物，然后以货币支付。1950年，也以折实单位数计算执行薪金制人员的工资数。1950年6月，全专区实行薪金制的职员248人，工人68人。1952年，全专区实行薪金制工资的652人。

1952年毕节专区供给制工作人员每人每月开支标准表

单位：万元（旧人民币）

| 职别 | 等级 | 个人生活费 | | 津贴 | 合计 |
|---|---|---|---|---|---|
| | | 伙食 | 服装 | | |
| 专员及相当人员 | 5 | 22.26 | 4.16 | 52 | 78.42 |
| 副专员等人员 | 5 | 22.26 | 4.16 | 36 | 62.42 |
| 县长等人员 | 6 | 16.36 | 4.16 | 28 | 48.52 |
| 专署科长、副县长 | 6 | 16.36 | 4.16 | 24 | 44.52 |
| 专署副科长 | 6 | 16.36 | 4.16 | 20 | 40.52 |
| 县府科长、区长等 | 7 | 10.06 | 4.16 | 15.60 | 29.82 |
| 县府副长科、副区长等 | 7 | 10.06 | 4.16 | 12.60 | 26.82 |
| 专署科员等人员 | 7 | 10.06 | 4.16 | 7.60 | 21.82 |
| 县府科员、区府助理员 | 8 | 10.06 | 4.16 | 6.60 | 20.82 |
| 办事员 | 8 | 10.06 | 4.16 | 5.60 | 19.82 |
| 警卫、炊事班长等 | 9 | 10.06 | 4.16 | 4.60 | 18.82 |
| 勤杂人员 | 10 | 10.06 | 4.16 | 4.10 | 18.32 |

## 三　工资制度改革

1956年6月，国务院决定对机关、企事业单位的工资制度进行改革。根据按劳取酬的原则和国家工业化的政策，对重工业部门、重点建设地区、等级技术工人和高级科学家、技术人员的工资，有较大的提高；对于工资待遇较低的小学教职员、供销合作社工作人员和乡干部的工资，也有较大的提高。改革内容：对国家机关、事业单位工作人员，采取一职数级、上下交叉的办法，确定每一职务的工资标准；根据各地区物价生活水平，规定11个地区类别，同一工资等级因地区类别不同，工资数额也有所不同。根据国务院规定和省的部署，毕节专区机关、企事业单位执行一类地区工资标准，工作人员执行一类地区第十二级至第三十级共19个工资等级，最高工资150元，最低20元。机关、事业单位技术人员执行一类地区第8~18级工资标准，最高工资102元，最低24元。1956年7月起按照新的级别发给工资。是年，全专区职工月平均工资由改革前的2 8.67元提高到37.2元，增29.75%。

1985年，中共中央、国务院决定改革机关和事业单位工作人员工资制度。其改革原则是：贯彻按劳分配原则，适当体现奖勤罚懒、奖优罚劣；把工作人员的工资同本人的职务、工作责任和劳绩相联系；通过改革建立起正常的晋级增资制度，逐步提高机关、事业单位工作人员的实际工资水平。改革内容为：机关、事业单位的行政人员、专业技术人员均改为以职务工资为主要内容的结构工资制，按照工资的不同职能，分为基础工资、职务工资、工龄津贴、奖励工资。1．基础工资。全地区按五类工资区39元标准执行。从领导干部到一般工作人员均执行相同的基础工资。2．职务工资。按照工作人员的职务高低、责任大小、工作繁简和业务技术水平确定。3．工龄津贴。按工作人员的工作年限逐年增长，每工作1年，每月发给0．5元，但最多不超过40年。4．奖励工资，用于奖励在工作中做出显著成绩的工作人员。此外，中小学、中等专业学校和技工学校的教师、幼儿教师和各级医院的护士，另加发教龄津贴和护士工龄津贴，以鼓励他们长期从事本职业。毕节地区列入此项工资改革的单位4347个，参加工资改革的职工5.48万人。工资改革前月工资总额为316万元，工资改革后增加到443万元；净增127万元，每人每月净增23元。

## 1956年毕节专区国家机关行政工作人员工资标准表

单位：元

<table>
<tr><th rowspan="2">级别</th><th rowspan="2">工资标准</th><th colspan="13">职务等级线</th></tr>
<tr><th colspan="4">专员公署</th><th colspan="4">县人民委员会</th><th colspan="3">区公所</th><th colspan="2">乡镇人民委员会</th></tr>
<tr><td>12</td><td>150</td><td rowspan="3">正副专员</td><td colspan="3"></td><td colspan="4"></td><td colspan="3"></td><td colspan="2"></td></tr>
<tr><td>13</td><td>135</td><td rowspan="4">正副局（处）长</td><td colspan="2"></td><td rowspan="8">正副县长</td><td colspan="3"></td><td colspan="3"></td><td colspan="2"></td></tr>
<tr><td>14</td><td>120</td><td rowspan="5">正副科长</td><td></td><td colspan="3"></td><td colspan="3"></td><td colspan="2"></td></tr>
<tr><td>15</td><td>108</td><td></td><td></td><td colspan="3"></td><td colspan="3"></td><td colspan="2"></td></tr>
<tr><td>16</td><td>96</td><td></td><td rowspan="5">处属正副科长</td><td colspan="3"></td><td colspan="3"></td><td colspan="2"></td></tr>
<tr><td>17</td><td>86</td><td colspan="2"></td><td></td><td rowspan="5">正副科（局）长</td><td></td><td rowspan="6">正副区长</td><td colspan="2"></td><td colspan="2"></td></tr>
<tr><td>18</td><td>76</td><td></td><td rowspan="5">科员</td><td></td><td></td><td colspan="2"></td><td colspan="2"></td></tr>
<tr><td>19</td><td>68</td><td></td><td></td><td></td><td></td><td colspan="2"></td><td colspan="2"></td></tr>
<tr><td>20</td><td>61</td><td></td><td></td><td></td><td></td><td colspan="2"></td><td colspan="2"></td></tr>
<tr><td>21</td><td>54</td><td></td><td colspan="3"></td><td rowspan="4">科员</td><td></td><td rowspan="7">助理员</td><td></td><td rowspan="7">正副乡（镇）长</td><td></td></tr>
<tr><td>22</td><td>48</td><td></td><td colspan="3"></td><td colspan="2"></td><td></td><td></td></tr>
<tr><td>23</td><td>43</td><td colspan="2"></td><td rowspan="4">办事员</td><td colspan="2"></td><td colspan="3"></td><td></td><td></td></tr>
<tr><td>24</td><td>37.5</td><td colspan="2"></td><td colspan="2"></td><td rowspan="4">办事员</td><td colspan="2"></td><td></td><td rowspan="6">文书</td></tr>
<tr><td>25</td><td>32.5</td><td colspan="2"></td><td colspan="3"></td><td colspan="2"></td><td></td></tr>
<tr><td>26</td><td>28.5</td><td colspan="2"></td><td rowspan="5">勤杂人员</td><td colspan="2"></td><td colspan="2"></td><td></td></tr>
<tr><td>27</td><td>26</td><td colspan="3"></td><td colspan="2"></td><td colspan="2"></td><td rowspan="4">勤杂人员</td></tr>
<tr><td>28</td><td>24</td><td colspan="3"></td><td colspan="3"></td><td rowspan="3">勤杂人员</td><td colspan="2"></td><td></td></tr>
<tr><td>29</td><td>22</td><td colspan="3"></td><td colspan="3"></td><td colspan="2"></td><td></td></tr>
<tr><td>30</td><td>20</td><td colspan="3"></td><td colspan="3"></td><td colspan="2"></td><td colspan="2"></td></tr>
</table>

### 1985年毕节地区国家机关行政工作人员工资标准表

单位：元

| 档次 金额 职务 | | 专员 | 副专员 | 县（局）级 | 副县（局）级 | 科（局）级 | 副科（局）级 | 科员 | 办事员 |
|---|---|---|---|---|---|---|---|---|---|
| 基础工资 | | 39 | 39 | 39 | 39 | 39 | 39 | 39 | 39 |
| 职务工资标准 | 一 | 185 | 146 | | | | | | |
| | | 160.5 | 136.5 | 126.5 | 107 | 80 | 63.5 | 47.5 | 41 |
| | 二 | 146 | 126.5 | 117 | 97.5 | 71 | 55.5 | 41 | 35 |
| | 三 | 136.5 | 117 | 107 | 88.5 | 63.5 | 47.5 | 35 | 29 |
| | 四 | 126.5 | 107 | 97.5 | 80 | 55.5 | 41 | 29 | 23.5 |
| | 五 | 117 | 97.5 | 88.5 | 81 | 47.5 | 35 | 23.5 | 17.5 |
| | 六 | | | 80 | 63.5 | 41 | 29 | 17.5 | 11.5 |
| 基础工资、职务工资合计 | 一 | 224 | 185 | | | | | | |
| | | 199.5 | 175.5 | 165.5 | 146 | 119 | 102.5 | 86.5 | 80 |
| | 二 | 185 | 165.5 | 156 | 136.5 | 110 | 94.5 | 80 | 74 |
| | 三 | 175.5 | 156 | 146 | 127.5 | 102.5 | 86.5 | 74 | 68 |
| | 四 | 165.5 | 146 | 136.5 | 119 | 94.5 | 80 | 68 | 62.5 |
| | 五 | 156 | 136.5 | 127.5 | 110 | 86.5 | 74 | 62.5 | 56.5 |
| | 六 | | | 119 | 102.5 | 80 | 68 | 56.5 | 50.5 |

1993年10月，国务院决定改革机关、事业单位工资制度。机关与事业单位实行分类管理，工资标准及工资的表现形式实行“分轨制”。1. 机关工资制度改革。工作人员（工勤人员除外）实行职务级别工资制。按不同职能，分为职务工资、级别工资、基础工资和工龄工资。其中职务工资和级别工资各占职级工资制的35%。按工作人员的职务、资历等确定其职务和级别工资。基础工资为每人每月90元，不分职级档次，工龄工资按工作人员工作年限，每增加1年，工龄工资增加1元，直到退（离）休当年止。机关技术工人实行岗位技术等级工资制，其工资由岗位工资，技术等级工资和奖金构成；普通工人实行岗位工资制，其工资由岗位工资和奖金两部分构成。同时，建立正常的增资制度。工作人员连续两年考核称职的，晋升一档职务工资；连续5年考核称职的，晋升级别工资；连续3年考核为优秀的，提前晋升级别工资。改革现行的奖金制度，对考核优秀和称职的工作人员，年终发给相当于本人当年12月份月工资的一次性奖金。2. 事业单位工资制度改革。按照经费来源划分，事业单位分为全额拨款、差额拨款和自收自支3种类型管理。全额拨款单位，执行国家统一的工资制度和工资标准，其工资构成中，固定工资为70%，活工资为30%，以及年终奖金，均由财政预算内列支。差额拨款单位，按国家规定的工资制度和工资标准，工资构成中固定工资占60%，一般由财政预算列支，活工资占40%，财

政列支的比例，由同级财政决定。自收自支单位，其工资构成，全地区暂定固定工资为55%，活工资为45%。国家规定事业单位不同类型工作人员实行不同的工资制度：（1）专业技术人员分别实行5种不同类型工资制度。除第二类野外或水上作业，第四类体育运动员的体育津贴、奖金外，毕节地区执行第一类教育、卫生、科研、农林水等事业单位的专业技术人员，实行专业技术职务等级工资制；第三类专业艺术表演团体实行艺术结构工资制；第五类金融机构实行行员等级工资制。（2）管理人员实行职员职务等级工资制。（3）技术工人实行技术等级工资制，普通工人实行等级工资制。是年，毕节地区5804个机关、事业单位参加工资改革，在职人员5.57万人，离退休退职人员1.64万人。改革前在职人员工资，每月工资总额1667.12万元，人均220元。工资改革后工资总额增到2252.06万元，人均297元；加上增资不足35元的差额7.23万元，每月净增584.94万元，人均增资77.32元。工资改革前，离退休退职费每月计358.3万元，人均218元；工资改革后增到495.75万元，人均301元，每月净增137.02万元，人均增83.34元。民办教师1.12万人，每月增加工资总计29.73万元，人均增26.48元。

## 四　工资调整与晋升

**工资调整**　1956年，按国务院规定，毕节专区调整国家机关、全民所有制企业、事业单位人员工资。国家机关和事业单位工作人员一般升1级，工资级别在职务等级线以下，可超级提升，但1次最多不超过3级。1959年，根据国务院人事局的规定，毕节专区增加部分工作人员的工资：工业、基建、交通、邮电和公用企业部门的工人，升级面为30%，干部升级面10%；农林水部门的工人和商业部门售货员的升级面为5%。1960年，毕节专区按国家规定给部分中小学教师和职工调整工资。教学人员的升级面为25%，职员和工人的升级面为20%。1963年，按国家规定，全国给40%的职工增加工资。毕节专区调整后的升级面为：工人升级39.9%，一般干部41.7%，17级以上干部占同级人员的25%。1971年，按国务院规定，全地区调整国家机关、企事业单位中1957年底以前参加工作的3级工、1960年底以前参加工作的2级工、1966年以前工作的1级和低于1级的工人工资；矿山、井下的生产工人按上述工作年限放宽1级。符合升级的人员，一般调高1级，少数调高2级。1977年，根据国务院的规定，毕节地区增加符合以下条件职工的工资：1971年底以前参加工作的1级工，1966年底以前的2级工以及工作多年，工资偏低的工作人员。全地区调升工资的职工占职工总数的60%。1979年，根据国务院规定，毕节地区从当年11月起，给部分职工升级，升级面平均为40%。全地区有3.12万人调升工资，占当年10月末职工总数的41.6%。1981年，毕节地区根据国家规定，调整教育、卫生、体育系统职工工资。调整工资对象是：中小学、中等专业学校、技工学校、教研室中的固定教职工、校外专职辅导员、公社专职教育干部和教师；卫生系统中的全民所有制各级各类医院、医务室、卫生防疫站、妇幼保健站、药品检验所等事业单位的工作人员；体育系统中的优秀运动员、专职教练员和其他职工。一般调升一级工资，少数工作成绩显著、工龄较长而工资偏低的人员可调升2级。1982年，根据国家规定，毕节地区调整国家机关、事业单位（不含1981年教育、卫生、体育系统中已升工资人员）中，1981年末在册职工中属于1978年以前参加工作的国家正式职工。据统计，全地区2.11万职工升级， 占1978年底以前参加工作的固定职工的96.8%，人均月增资7.43元。1986年，根据国务院工资制度改革小组和劳动人事部的通知，以及省的规定，毕节地区调升机关、事业单位部分工作人员工资。全地区列入调资职工6.09万人，1.19万人升级，占19.58%，人均月增资6.46元。1987 年，根据国家劳动人事部和省政府规定，毕节地区从是年10月起提高部分专业技术人员和部分工资偏低的行政人员的工资。同时，将中小学教师工资标准的基础、职务工资之和提高10%。全地区机关事业单位2.56万名职工升级，39.8%升级，人均月增资7.25元，其中专业技术人员占升级人数的81.4%。教育系统教职工增资10%后，人均月增资7.38元。1988年，根据人事部、卫生部、财政部和省的通知，毕节地区从是年10月起，提高护士各级工资标准的10%，全地区1247名护士提高工资标准，月人均增资7.47元。1989年，毕节地区根据国务院、省政府的规定，给国家机关、事业单位正式职工普遍调升1级工资的同时，将专业技术人员各职务起点工资标准和最高工资标准分别提高2个档次；同时适当解决行政人员工资的突出问题。是年，全地区6.56万名职工参加调整工资，占在册职工数的96.2%，其中调升1级的1.21万人，调升两级的5.35万人，人均月增资11.03元。提高1.12万人离退休待遇，人均月增12.14元。2001年，根据国家规定，毕节地区调高9.7万机关事业单位在职职工工资标准，月增745.06万元，月人均增资76.8元；提高2.14万名离退休人员离退休费，月增加离退休费168.72元，人均月增78.8元。

**工资晋升** 1．晋升职务工资。1994年起，全地区机关、事业单位实行正常晋升职务工资，职工凡通过连续两年考核称职（合格）者晋升1档职务工资。晋升的职务工资从1995年开始执行。1994~1995年，全地区连续两年考核称职（合格）符合晋升职务档次工资的6.89万人，占全地区机关、事业单位职工总人数的89.87%，人均月增资20.36元。此后，每两年执行1次。

2．提前晋升级别或职务工资档次。1996年，中共贵州省委组织部、省人事厅、财政厅制定《关于连续三年考核为优秀的机关工作人员晋升级别工资的通知》规定，凡1996年末在册并执行职级工资制的工作人员，1994~ 1996年连续考核均为优秀的，不受是否升过级别工资的限制，从1997年1月起晋升1级级别工资。1997年后达到连续3年考核优秀的，从第3年起晋升1级级别工资。1998年3月31日，中共毕节地委办公会议决定，机关、事业单位工作人员连续3年考核为优秀晋升级别工资或职务工资的工作自1998年起暂停办理。

3．正常晋升级别工资。1997年，毕节地区根据国家人事部、财政部《关于机关实行职级制的部分人员正常晋升级别工资问题的通知》和贵州省人事厅、财政厅《关于实行职级工资制的部分工作人员正常晋升级别工资的通知》，实行职级工资制的工作人员，凡连续5年考核为称职，且级别工资未变动的，从考核满5年的次年1月1日起在本职务对应级别内晋升1级级别工资。是年末，全地区在册并实行职级工资制的工作人员2.44万名，从1998年1月起晋升级别工资的1.09万名，占44.79%；未升级1.35万名，占55.21%；未升级的职工中，5年中已晋升过级别工资的9820名。

4．调整工资标准。1997年，毕节地区根据人事部、财政部《关于1997年调整机关、事业单位工作人员工资标准等问题的通知》，从是年7月1日起，机关执行职级工资制的人员，基础工资从原来的90元调整为110元；事业单位工作人员和机关工人的基本工资中的固定部分增14元，并按单位的活津贴比例相应增加津贴。1999年，执行中共中央、国务院决定；从是年7月1日起，按人均增加120元调整机关、事业单位工作人员的工资标准和提高离退人员的生活待遇。行政机关执行职级工资制人员的基础工资标准由原每人每月110元，提高到180元，级别工资标准由15~1级，每人每月55~470元，提高到85~720元。事业单位的专业技术人员，最高增加140元，最低增72元。是年，全地区8.87万名职工增资，月人均增资119.96元。其中机关2.35万人，月人均增资121.7元；事业单位6.32万人，月人均增资119.32元。

## 五　补贴、津贴

补贴　1953年，毕节专区实行高寒地区干部特殊补贴，1957年停止执行，从1966年起，先后发放的补贴有粮价补贴、副食品价格补贴、主要副食品价格补贴、粮油提价补贴等。1993年工资改革时停发。到2005年，仍发放下列补贴：

1．交通费。1993年前，根据省通知，机关、事业单位在职人员和离退人员发放交通费，在职人员每人每月12元，离休人员在原标准基础上每月增发5元，退休干部每人每月7元。1993年提高标准；在职人员每月30元，离休人员中地厅级40元，县处级以下30元，退休干部25元。

2．洗理费。1985年10月起，机关、事业单位在职人员及离退休人员每人每月发给洗理费4元。1991年4月起，提高到10元。

3．书报费。1984年6月开始给专业技术人员和地直党政部门、事业单位干部、职工发放书报费、每人每月10~12元。

4．知识分子生活补贴。1984年7月起对在区内工作的大中专毕业生和有职称的专业技术人员增加生活补贴。1991年，根据省委组织部、省人事厅的通知，除具有一定学历人员的生活补贴继续办理外，具有一定专业技术职务人员的生活补贴不再扩大范围，不再提高标准。

5．岗位补贴。2000年2月18日，地区行署决定从是年1月起，对地直机关、事业单位工作人员实行岗位补贴，按照职务等级，每人每月补贴最低80元，最高150元。离退休人员按离退休时的职务或技术等级，对应在职人员的岗位补贴标准发给生活补助费。2005年，调整地直机关、事业单位在职人员岗位补贴，调整离退休人员生活补贴。

津贴　1979年后，毕节地区根据国务院和省有关部门规定发放的津贴有学校教师的教龄津贴、中小学班主任津贴，医疗卫生系统的护士工龄津贴、公安干警执勤岗位津贴、人民警察警衔津贴、交通民警岗位保健津贴、人民检察院干警岗位津贴、人民法院干警岗位津贴、司法助理员岗位津贴、监察纪检部门办案人员外出办案补贴、政法委员会工作人员岗位津贴，城市社会福利事业单位岗位津贴、殡葬特殊行业津贴、畜牧兽医医疗卫生津贴、水文测站野外工作津贴、林业系统有毒有害岗位津贴、广播电视岗位津贴、环境保护岗位津贴、艰苦地震台站津贴、征税津贴、档案管理人员保健津贴、专职信访工作人员岗位津贴、审计人员工作津贴、计划生育岗位津贴、卫生防疫岗位津贴、聋哑人手语教师翻译津贴、特级教师津贴、从事放射化学工作人员保健津贴。

## 六 福 利

**职工福利费** 1982年起，按省的规定：地直机关、事业单位的福利费，按工资总额的2%提取；县属机关、事业单位按工资总额的2.5%提取；乡镇按3%提取。国家机关、事业单位福利费主要用于举办集体福利事业和工作人员生活困难补助，以解决工作人员生活困难为主。主要包括解决工作人员家属生活困难、工作人员家属患病医药费困难、工作人员家属死亡埋葬困难、工作人员的其他特殊困难。福利费补助的对象，仅限于工作人员本人和依靠其供养的父母、配偶、子女和未成年的或丧失劳动能力的弟妹及其他亲属，不是依靠工作人员供养的亲属，不得享受福利费补助。在解决工作人员生活困难的前提下，福利费还有结余的，可适当补助集体福利事业；少量购置机关文娱、体育用具；节日期间少量的文娱费用；托儿所、幼儿园、理发室、浴室、卫生所、食堂等费用的少量补助开支；慰问伤病工作人员少量慰问品费用的开支。

**保险性福利** 1. 产假待遇。1955年，毕节专区执行国务院《关于女工作人员生产假期的通知》规定：女工作人员产前产后给假56天，难产或双生增加14天，怀孕不满7个月难产的，根据医生意见给予30天以内的产假。产假期间工资照发；产假期满，因病需要继续休养者，按病假处理；怀孕、生育及产后所需的检查费、接生费、手术费、住院费，均实行公费医疗。1988年，执行省政府办公厅文件规定，女职工晚育产假120天；晚育并领取独生子女证的，产假半年。

2. 患病待遇。（1）职工患病期间的工资待遇。从1995年起，毕节专区按省人事厅关于《贵州省国家机关、事业单位职工病事假期间工资福利待遇的暂行规定》：连续病假两个月以内的，工资照发；超两个月不满6个月的，工作年限满10年以上的，工资照发，不满10年的，从第三个月起发给本人基本工资的90%；连续病假超半年的，从第七个月起，根据工作年限，分别发给本人基本工资的60%~90%，新中国成立前参加革命工作的，工资照发。（2）工作人员患病期间的医药费。从1952年7月起，毕节专区执行政务院《关于各级人民政府、党派、团体及所属事业单位的国家工作人员实行公费医疗预防的指示》和《关于国家工作人员公费医疗预防实施办法》，各级人民政府、党派、团体及所属事业单位的工作人员和革命伤残军人，均享受公费医疗待遇。1987年6月22日，毕节地区行署制发《地直行政、事业单位公费医疗管理办法》，推行“定额管理，门诊包干，结余归己，超支按比例负担”的办法，定额按工龄分档次执行。1995年实行公费医疗经费按工龄、职务分档定额，定额内节余归己，超支按比例自负。1998年2月，地区行署批转地区财政局《1998年地直行政事业单位公费医疗管理暂行办法》，调整公费医疗定额及超定额自负比例。中华人民共和国成立前参加革命工作的人员，实行定额控制，定额内结余归己，超过定额部分，确属住院超支金额较大的，由单位领导责成有关人员到医院审核后据实报销。定额标准为：1937年7月6日前参加革命工作的人员，每人每年5000元；1937年7月7日~1945年9月2日参加革命工作的人员，每人每年4500元；1945年9月3日~1949年9月30日参加革命工作的人员，每人每年4000元。中华人民共和国成立后参加工作人员的定额标准为：正副地级干部、教授级知识分子、二等乙级以上残废军人，每人每年800元；工龄在40年以上人员（包括退休，下同），每人每年700元；工龄在30年以上人员、正副局（县）级干部和副教授级科技人员（含相应职称），每人每年600元；工龄在20年以上人员，每人每年400元；工龄在10年以上人员．每人每年300元：工龄在10年以下人员，每人每年200元。中华人民共和国成立后参加工作的人员，其医疗费超过定额控制标准部分，不论门诊或住院治疗的医药费，一律由个人承担30%。

3．机关、事业单位职工社会保险。1995年12月14日，贵州省人民政府制发《关于开展全省机关事业单位社会保险工作的通知》。1996年，毕节地区建立机关事业单位社会保险事业局，专事社会保险事宜。1998年3月，毕节地区行署批准下发《毕节地区机关事业单位职工养老保险社会统筹方案》和《毕节地区机关事业单位职工失业保险社会统筹暂行方案》，决定于1998年1月1日起实施毕节地区机关事业单位职工养老保险、失业保险统筹制度。养老保险的统筹办法分为两类：一类是本方案实施前已退休、退职人员和2000年底前退休、退职人员的基本养老金按原渠道筹集；另一类是2001年1月1日起退休、退职人员的基本养老金筹集办法是：参加统筹单位按在职人员工资总额的3%缴纳；在职职工按本人工资总额的4%缴纳（以后每两年提高1个百分点，最高达8%），一并记入个人账户，所有权属本人。2000年，全地区参保单位3182个，9.07万名职工参保。失业保险金按单位在职职工工资总额的1%由财政（单位）缴纳。失业救济金发放对象为：（1）终止或解除劳动合同的人员；（2）被单位辞退人员；（3）经组织批准开除的人员；（4）依照法律或有关规定，单位被撤并或因其他原因被精减的人员。2000年末，全地区参保单位3182个，7.73万名职工参保。机关事业单位社会保险工作中止。《毕节地区行政公署关于印发毕节地区城镇职工基本医疗保险制度实施方案的通知》要求，毕节地区自2001年7月11日正式启动城镇职工基本医疗保险制度，实行县级统筹。同年，毕节地区行政公署印发《毕节地直建立城镇职工基本医疗保险制度暂行办法》《毕节地直大病医疗补助社会统筹暂行办法》《毕节地直国家公务员医疗补助暂行办法》，自2001年9月1日起执行，毕节地直城镇职工基本医疗保险、大病医疗补助、公务员医疗补助制度正式建立。此后，毕节地区各县（自治县）在2002年底均完成城镇职工基本医疗保险、大病医疗补助、公务员医疗补助制度的建立。

休假待遇　根据国家规定，毕节地区机关、事业单位工作人员可享受以下休假、请假待遇。1．法定节假。1949年12月起，毕节专区执行中央人民政府颁布的《全国年节及纪念日放假办法》规定：（1）全体人员享受的节假，全年7天，即元旦1天，春节3天，“五一”劳动节1天，国庆节2天；（2）部分人员享受的节假日：“三八”国际劳动妇女节，女工作人员放假半天；“五四”青年节，青年放假半天。1999年9月，执行国务院修改后的节假日为：元旦1天，春节3天，“五一”劳动节3天，国庆节3天；“三八”国标劳动妇女节，妇女放假半天，“五四”青年节，青年放假半天。后，均按照国务院的放假规定执行。

2．年休假。1987年执行《贵州省国家机关工作人员实行年休假制度的暂行办法》，工作人员工龄在5年以上的，均可享受休假。按照工龄的长短，每年分别休假10~30天。1989年暂停执行。1991年，根据省政府通知，自是年1月起恢复实行国家机关工作人员年休假制度。工龄满10年的每年可休假5天，工龄满10年不足20年的，每年可休假10天，工龄满20年以上的，每年可休假14天。

3．周休日。中华人民共和国成立后，毕节专区按国家每周工作48小时的规定，区内家机关、社会团体、企事业单位职工以星期日为周休息日。1995年，执行国务院《关于修改职工工作时间的规定》，从是年5月1日起，国家机关、社会团体、企事业单位职工每周工作40小时，以星期六和星期日为周休息日。

4．探亲假。1958年，毕节专区执行国务院《关于工人、职工回家探亲的假期和工资待遇的暂行规定》。1981年，执行国务院新制定的《关于职工探亲待遇的规定》：在国家机关、人民团体和全民所有制企业、事业单位工作满1年的固定职工，与配偶不住在一起，又不能在公休假日团聚；或者与父母亲不住在一起，又不能在公休假日团聚的。探亲的对象仅限配偶和父母包括自幼抚养长大，现在由职工抚养的亲属，不包括岳父母、公婆。探亲假期：探望配偶的，每年给假（限1方）1次，假期30天；未婚职工探望父母，原则上每年给假1次，假期20天，如因工作需要，本单位不能给予假期，或者职工自愿2年探亲1次的，可2年给假1次，假期为45天；已婚职工探望父母的，每4年给假1次，假期为20天。职工探亲时，根据实际需要给予路程假。探亲待遇：探亲假期和路程期内，按本人标准工资发给工资，往返路费及中转住宿1天，由所在单位负担，已婚职工探望父母的往返路费，在本人月标准工资30%以内的，由本人自理，超过部分由所在单位负担。

5．事假。工作人员必须办理家庭紧急事务，经领导批准可予假期。1952年12月，执行政务院人事局规定，国家机关工作人员请事假不扣工资。1995年，执行省人事厅《关于贵州省国家机关、事业单位职工病事假期间工资福利待遇的暂行规定》，从1995年6月1日起，工作人员连续事假1个月以内的，工资照发；连续事假超过1个月不满3个月的，从第二个月起，发给本人基本工资的50%；连续事假超过3个月不满6个月的，从第四个月起发给本人基本工资的40%；连续事假超过6个月的，从第七个月起停发基本工资。

**工作人员因公（工）伤残待遇**　1981年，毕节地区执行国务院规定：因公（工）负伤的医药费、住院费、就医路费等由单位全部报销，住院期间的膳食费，由单位补助三分之二，医疗期间工资照发。1989年，执行省人事局的规定，工作人员因公（工）负伤、致残后享受下列待遇：在医疗期间工资照发，一切医疗费、住院费以及就医路费等均由本单位支付，住院期间的伙食每人每天补助2.7元；因公致残的，可享受国务院规定的因公（工）致残退休待遇。工作人员患职业病，脱产休养在1年以内的，按原工资全额发给；1年后按原标准工资的90%发给生活补助费。自是年8月后，执行国家财政部、民政部《关于全民所有制事业单位工作人员因公负伤致残抚恤问题的通知》，参照《革命伤残军人评定伤残等级的条件》评定伤残等级，伤残等级分为四等六级。在医疗终结后，由所在单位按评残条件提出评定伤残等级意见，报同级劳动鉴定委员会审批，按评定的伤残等级发给伤残保健金。国家机关工作人员因公致残等级的评定由民政部门负责，评残条件和伤残保健金标准与事业单位相同。因公致残人员在医疗终结后，必须安装假腿、假手、镶牙、补眼的，所需费用由所在单位负担。凡因公负伤部位旧伤复发，原单位应负担其全部医疗费用；因公致残完全丧失劳动能力办理退休手续的人员，不分工龄长短，饮食起居需要人扶助的，退休费为60%，还可根据实际情况，发给一定数额的护理费；饮食起居不需要人扶助的，退休费为80%，其中工龄满20年以上的，实行补贴，补贴后退休费不得超过本人工资的100%。

**工作人员牺牲、病故抚恤**　1．明清时期旌恤。明清官员死亡后，按照朝廷规定，除给死难殉职者抚恤外，还根据死者的不同情况，采取赐官封谥，恩荫子孙等措施予以褒扬。明洪武二十九年（1396），摄贵州宣慰使奢香病逝，朝廷遣使专程前来祭奠，诰封为顺德夫人，墓葬按明代正三品规格营造。清代沿袭明制，黔西州人李世杰，乾隆年间官至四川总督、兵部尚书，病故后封谥为“恭勤”，乾隆帝撰写《御祭原任兵部尚书谥恭勤李世杰文》，以示哀悼，并追封其曾祖、祖、父为荣禄大夫，其母为一品夫人。

2．民国时期的抚恤。（1）公职人员抚恤。民国3年（1914），北洋政府规定，因公死亡文官家属享受恤金，分遗族恤金和一次恤金。民国20年（1931）国民政府修正《官吏恤金条例》，对因公亡故或在职10年以上勤劳卓著而亡故，或享受退职待遇未满5年而亡故的公务员，按其最后在职时俸额的十分之一发给遗族抚恤金；公务员在职3年以上不满10年而亡故的，按其最后两个月俸给总额发给亲属一次恤金。民国36年（1947），执行以下公务员抚恤规定：① 兼领遗族年抚恤金及一次抚恤金。对因公死亡或在职15年以上死亡或依法领受年退休金未满10年死亡的，给予遗族年抚恤金；对依法领受年退休金超过10年而死亡的，给予遗族一次抚恤金。遗族年抚恤金的给予标准，按公务员死亡时或退休之月俸额合成年俸，依下列百分比给予：在职15年以上不满20年的给35%；在职20年以上不满25年的给40%；在职25年以上不满30年的给45%；在职30年以上的给50%。②一次抚恤金。公务员在职3年以上不满15年的，病故时给予遗族一次抚恤金。其中在职3~6年的，给予6个月俸；6年以上每满3年增给2个月俸。公务员依法领受年退休金超过10年死亡的，给予遗族10个月俸的一次抚恤金。（2）其他人员抚恤。①教职员抚恤。民国29年（1940）8月起执行贵州省政府转发国民政府《学校教职员养老金及抚恤条例》，教职员在职连续服务10年以上的；因公死亡或因公受伤或积劳成疾致死的。专任教职员在职连续服务10年以上的，支给最后年薪的一半，15年以上支给最后的年薪数。20年以上及因公死亡，因公受伤或积劳成疾死亡的，按最后年薪数的一倍发给。兼任教员略低于专任教职员。②雇员恤金。民国32年（1943）起，执行省政府转发国民政府《战时雇员公役给恤办法》，雇员、公役人员在办公场所或因公出差遭遇意外事变以致死亡的、按其最后薪资给予14个月的抚恤金；在职期间病故，按其最后薪资给予4个月的抚恤金。

3．中华人民共和国成立后工作人员牺牲病故抚恤。（1）确认因公牺牲。自中华人民共和国成立后，执行国家民政部和贵州省政府以下规定，确认因公牺牲人员：在保护国家和集体以及他人合法利益时，见义勇为导致死亡的；在创造发明、技术革新中造成死亡的；在执行任务中遇到本人不能抗拒或避免的意外死亡；因战因公（工）致残，原伤口复发而死亡；所从事的工作导致职业病而死亡；在执行任务中突然发病死亡；乘坐车、船、飞机意外事故或因公（工）外出（包括上下班途中）发生交通事故，并非因本人责任而死亡；由组织确定外出参观、访问遭受不可抗拒的灾害或非由本人负责而发生的意外死亡。（2）因公牺牲、病故待遇。从1955年起，毕节专区按照内务部《关于公布1955年几项优待标准的通知及其补充说明》执行。根据工作人员生前的行政级别发给家属一次性抚恤费，最低150元，最高650元。1979年2月，执行国家财政部、民政部规定，调整机关工作人员因公牺牲、病故抚恤金标准：行政13级以上的，牺牲抚恤700元，病故抚恤600元；行政14~17 级的，牺牲抚恤650元，病故抚恤550元；行政18~20级的，牺牲抚恤600元，病故抚恤500元；行政21级以下干部，牺牲抚恤550元，病故抚恤450元；工勤人员牺牲抚恤500元，病故抚恤400元。1986年7月1日起，全地区执行民政部、财政部对国家机关工作人员因公牺牲、病故一次性抚恤标准的新规定：批准为烈士的，为本人生前40个月工资；因公死亡的，为本人生前20个月工资；病故的，为本人生前10个月工资；荣立二等功以上的，增发应领抚恤金的四分之一。1993年后，根据国家民政部、人事部、财政部的有关规定，国家机关在职人员死亡后，分别按以下工资项目之和计发一次性抚恤费：实行职级工资制的人员，为本人职务工资、级别工资、基础工资和工龄工资；技术工人为本人岗位工资、技术等级（职务）工资及按国家规定比例计算的奖金；普通工人为本人岗位工资及按国家规定比例计算的奖金。事业单位在职人员死亡一次性抚恤金计发基数为本人生前最后一个月职务（技术等级）工资与按国家规定比例计发的津贴之和。（3）遗属生活困难补助。按国家规定，工作人员死亡后，国家给予其遗属定期或临时生活困难补助。定期补助按月发给，临时生活困难补助为遗属临时遇有特殊困难时给予的一次性补助。其照顾补助对象为工作人员牺牲、病故以前生活来源确系死者供养的亲属和配偶。自1963年起，执行以下补助标准：居住在地区所在地的遗属每人每月补助12~15元，居住在县以下的8~12元。1980年后，多次调整遗属补助标准。1999年，调整机关、事业单位遗属生活困难补助标准为：老红军的遗属每人每月补助280元，中华人民共和国成立前参加革命工作和副厅级以上干部以及在保护国家财产或对敌斗争中牺牲的工作人员的遗属，每人每月补助180~190元，其他工作人员的遗属每人每月130~150元。（4）丧葬费。1959年2月，执行贵州省政府规定，工作人员死亡，依照当地经济情况，发给殓埋费100~150元。1983年后，执行省政府修订后的标准：有火葬条件的在300元以内报销，没有火葬条件的地方在400元以内报销。1985年5月后，执行《贵州省殡葬管理实施办法》，划定毕节、大方县城，以及距离殡仪馆50千米内的乡镇为实行火葬区域。1998年2月，毕节地区行署批转地区财政局《1998年地直行政事业单位财政预算管理办法》规定，地直单位职工死亡后，不分职务级别，一律火化。丧葬费在1500元内包干使用，超支不补，丧葬费开支范围：服装、整容、遗体运送、存放、火化、购置骨灰盒、死者直系亲属办丧事的路费。

# 第五节　退休　离休　退职

## 一　退　休

**清代官员退休制度**　清代官员退休称休致。乾隆三十二年（1767）规定“部院属官五十五岁以上，堂官详加甄别”，三十三年改定“京察二三等留任各官，六十五岁以上引见”。嘉庆三年（1798），“命京察二三等官引见，以年逾七十为限”。对文武官员因身体状况要求休致的，须经甄别，凡“龙钟衰迈难以供职者，都应休致；年老有疾，恋职不去而被议者，则勒令休致”。但也有个别老臣、重臣因政治及工作从宽因素，终身任职，毋须休致。休致后的待遇：满汉大臣年老休致的，朝廷给予特殊待遇，可升职加衔。乾隆五十四年（1789），四川总督李世杰（黔西州籍）年满73岁，以年老请解职休致，乾隆帝特批授以兵部尚书职。官员休致后，属世职者给全俸，非世职者，年六十的给半俸，不及六十因病辞职的，不给俸，赏赐钱物。

**民国时期的退休制度**　民国3年（1914）3月2日，北洋政府公布《文官恤金令》，规定文官退休条件是：在职满10年以上，符合下列条件之一的应予退休，并享受终身退休金：年满60岁以上，自愿申请退职的；因身体衰弱或残废，不胜任职务的；因惩戒、刑事案件、官制变更、机构裁减被令休职后满期的。在职未满10年，但符合下列条件之一的也应退休，并享受退休金待遇：因公受伤，身体残废不胜任职务的；因公致病，使身体残废或精神丧失不能胜任职务的。文官退休金的发放：在职满10年以上，按规定退休的，给予退职时俸给的六分之一退休金；对满10年以上，每增1年，加发退职时俸给的六分之一；对在职未满10年，按规定退休的，除给予退职时俸给的六分之一外，再增给退职俸给的二十分之一。文官被剥夺公民权或丧失中华民国国籍，或退休后再任官的，停发退休金。民国32年（1943）末，第四行政督察区执行国民政府《公务员退休法》以下规定，办事公务人员退休事务：1. 公务员，除长警外，按组织法规定有员额、等级，并经铨叙合格或准予任用选派的人员；2. 退休分申请退休与命令退休。申请退休条件：一是任职15年以上，年岁达60岁的；二是任职25年以上成绩卓著的。命令退休的条件：一是年龄已达65岁的；二是精神丧失或身体残废不能胜任工作的。对长警或其他执行特殊任务，经铨叙部门审核可酌情降低年限，但不得少于55岁。3. 退休金的发放，分年退休金和一次退休金。年退休金，按其退休时的月俸合成年俸，以下列标准计发：（1）任职15年以上不满20年的，申请退休的按40%发给，命令退休的按55%发给；（2）任职20年以上不满25年的，申请退休的按45%发给，命令退休的按55%发给；（3）任职25年以上不满30年的，申请退休按50%发给，命令退休的按60%发给；（4）任职30年以上的，申请退休的按55%发给，命令退休的按65%发给。一次退休金的数额按公务员服务年资计算，每满1年给予退职时月俸的1个月的退休金。其未满1年而有6个月以上的以1年计算。4. 取消退休金。领取退休金的权利自退职的次月起，如经5年不行使，则权利丧失。此项权利不得扣押、转让或作担保。公务员死亡、公民权被剥夺终身、背叛中华民国、通缉在案或丧失中华民国国籍时，丧失领取退休金的权利。对公务员被剥夺公民权而未复权或再任有薪俸的公职时，停止其领受年退休金的权利。民国37年（1948）起，第四行政督察区执行国民政府修订《公务员退休法》的规定：办理公务人员退休事宜：1. 对任职15年以上，年满60岁，或任职30年以上申请退休的人员，或任职15年以上，年满65岁的命令退休人员；或任职15年以上，心神丧失或身体残废不胜任职务的命令退休人员，或因公伤，疾病致心神丧失、身体残废不胜任职务命令退休人员，除给予规定的年退休金外，再发给4个月俸的一次退休金。2. 对任职5年以上不满15年，年满60岁的申请退休人员，发给6个月俸的一次退休金，同时每增1年加发1个月俸。3. 对任职5年以上不满15年，年满65岁的命令退休人员，发给8个月俸的一次退休金，同时每增1年加发1个月俸。

**中华人民共和国成立后的退休制度** 1. 退休年龄。1955年12月，贵州省执行国务院《关于国家机关工作人员退休处理暂行办法》的规定，男女职工年龄50岁以上，工龄满10年者可以退休。1958年，毕节专区执行国务院《关于工人、职员退休处理的暂行规定》，退休年龄：男工人、干部年满60周岁，女工人年满50周岁，女干部年满55周岁。1978年，贯彻执行《国务院关于安置老弱病残干部的暂行办法》和《国务院关于工人退休、退职的暂行办法》，地、县党政机关、群众团体、企业、事业单位的干部，男年满60周岁，女年满55周岁，参加革命工作年限满10年的；男年满50周岁，女年满45周岁，参加革命工作年满10年，经医院证明完全丧失工作能力的；因工致残，经医院证明完全丧失工作能力的可退休。1984年5月，贵州省编制委员会决定，对男满55周岁，女满50周岁，以及身体有病不能坚持正常工作的，只要本人申请，经主管部门审查同意，准予提前办理离休、退休手续。是年9月起，执行国务院规定，高级专家的离休、退休年龄，一般按国家统一规定执行。贵州省对确因工作需要的少数高级专家，其身体能坚持正常工作，征得本人同意，其离休退休年龄可适当放宽，副教授最长不超过65周岁，教授级最长不超过70周岁。1992年，毕节地区执行省政府办公厅通知，凡到达国家规定的退（离）休年龄人员，除经组织批准延长退（离）休年龄或留任者外，不需本人申请，由主管部门直接按有关规定办理退（离）休手续。9月25日，机关、事业单位的县（处）级女干部，凡能坚持正常工作，本人自愿，其退（离）休年龄可到60周岁。1998年5月28日，地区人事局拟发《关于认真执行退休制度的通知》规定：（1）国家公务员及参照公务员管理的人员，退休条件按《国家公务员暂行条例》以及省有关规定办理；（2）国家机关公务员及参照公务员管理的人员，男年满58周岁，女年满53周岁，由本人申请，单位同意，按干部管理权限，经组织批准，可办理离岗退养手续。人员离岗退养期间，不占单位编制，工龄和任职时间连续计算，并享受同职级条件在职人员的工资福利待遇，达到退休年龄时再办理退休手续。

2. 退休费待遇。1956年，毕节专区执行国务院令，区内国家机关、人民团体和国家机关所属事业费开支的单位，工作人员退休后，按其工作及劳动年限、因工致残等因素，分别发给本人工资50%~80%的退休费。

1978年6月，根据《国务院关于安置老弱病残干部的暂行办法》和《国务院关于工人退休退职的暂行办法》，党政机关、群众团体、企业、事业单位的干部、工人退休后，按下列标准发给退休费：抗日战争时期参加革命工作的，按本人标准工资的90%发给，解放战争时期参加革命工作的，按本人标准工资的80%发给；中华人民共和国成立后参加革命工作，工作年限（连续工龄，下同）满20年的，按本人标准工资的75%发给；工作年限满15年不满20年的，按本人标准工资的70%发给；工作年限不满15年的，按本人标准工资的60%发给；退休费低于25元的，按25元发给。因工致残，经医院证明（工人经劳动鉴定委员会确认），完全丧失工作（劳动）能力退休，其中饮食起居需他人扶助的，按本人标准工资的90%发给，还可根据实际情况发给护理费。护理费一般不超过一个普通工人的工资；饮食起居不需他人扶助的，按本人工资的80%发给。同时具备两项以上的退休条件，按最高的标准发给。退休费低于35元的，按35元发给。患二、三期矽肺病，以及患矽肺病并有肺结核病，男年满50周岁，女年满45周岁的干部、工人，退休费按本人工资的90%发给，并享受原单位矽肺病人在离职休养期间的待遇。获得全国劳动英雄、劳动模范称号；省革命委员会认为在革命和建设中有特殊贡献的；部队军以上单位授予战斗英雄称号的转业复员军人，在退休时仍保持其荣誉的，退休费标准可酌情高于上述标准的5%~15%，但不得超过本人原标准工资。此后，国务院、省人民政府对获得全国劳动模范和国家部委或省委、省政府授予的先进工作（生产）者荣誉称号的干部、工人；外省知识分子和从省内9个地、州、市所在地到威宁、赫章县工作的知识分子以及三线艰苦地区的职工，退休后的待遇，均作出相应规定。毕节地区均按国家和省的规定执行，并完成退休人员各项生活待遇建卡工作。

1994年8月4日，省人事厅下发《贵州省机关、事业单位工资改革后离休、退休人员离退休费计算办法》规定：（1）机关工资改革后退休人员退休费计算办法：退休干部基础工资和工龄工资按本人原标准全额计发，职务工资和级别工资按贵州省现行退休费比例计发。退休技术工人，以本人原岗位工资、技术等级（职务）工资、奖金三项之和为基数，按贵州省现行退休费规定比例计发。退休普通工人，以本人原岗位工资、奖金两项之和为基础，按贵州省现行退休费比例计发。（2）事业单位工资改革后退休人员退休费计算办法：退休干部以本人职务工资与津贴之和为基数，按贵州省现行退休费比例计发。职务工资含中学、小学、幼儿园、中等专业学校、技工学校教师，医疗单位护士提高10%部分；津贴以本人退休当月职务工资（不含提高10%部分）为基数，按津贴占工资构成比例计发。退休技术工人以技术等级（职务）工资与津贴之和为基数按贵州省现行退休费比例计发，退休普通工人以等级工资与津贴之和为基数，按贵州省现行退休费比例计发。（3）退休费比例：1952年以前参加革命工作，工作年限满30年以上退休的，按100%； 1953年1月1日后参加工作，工作年限满30年以上退休的按95%；工作年限满20年不满30年的按90%；工作年限不满20年退休的按70%执行。因公致残完全丧失工作能力和患二、三期矽肺病按规定审批退休的人员，仍可按国发〔1978〕104号文件规定的退休费比例执行，其中工作年限满20年以上的，可同时按黔人退〔1993〕6号文件规定标准执行，但退休费不能超过本人原工资。荣获全国劳动模范和国家部委或省委、省政府授予先进工作（生产）者荣誉称号的干部、工人，在退休时仍保持其荣誉的人员，外省知识分子和省内9个地、州、市所在地到偏僻县工作的知识分子，三线艰苦地区职工退休时，在执行上述退休费比例的基础上，仍可按〔1980〕黔通字第52号、黔人退〔1992〕10号、省组字第〔1991〕3号、国发〔1984〕76、77号文件规定，提高退休费比例，但退休费不能超过原工资。中华人民共和国成立前从事专业技术工作并符合黔职改字〔1986〕8号文件规定的退休人员和教龄满30年以上，获省政府颁发的30年教龄荣誉证书，在教学岗位上退休的教师，退休费按100%执行。工作人员退休后除享受原单位在职人员所享受的粮价补贴、副食品补贴、洗理费、知识分子补贴、书报费、菜篮子补贴外，另有交通费，1991年3月1日起每人每月按7元发给，1993年3月起增加至25元。1993年3月1日起，退休人员年满70周岁的，每人每月发给高龄补贴费20元。

## 二 离 休

**离休条件** 1982年起，毕节地区执行国务院《老干部离职休养制度的几项规定》，对中华人民共和国成立前参加中国共产党领导的革命战争，脱产享受供给制待遇和从事地下革命工作的干部，达到离职休养年龄的，应离职休养。已经退休，符合离休规定的，改为离休。干部离休年龄：地委书记、副书记和行署专员、副专员及相当职务的干部，年满60周岁；其他干部男年满60周岁，女年满55周岁；身体不能坚持正常工作的，可提前离休。确因工作需要，身体又能坚持正常工作的，经任免机关批准，可适当推延。1982年9月起，执行中共中央组织部、国家劳动人事部《关于确定建国前参加革命工作的时间的规定》，凡符合下列条件的，认定为中华人民共和国成立前参加革命工作人员，到退（离）休年龄时，按规定办理离休手续，享受离休待遇。1. 在根据地、解放区党政机关、群众团体以及公营企业、事业单位的干部，其参加革命工作时间，从脱离生产以革命工作为职业的时间算起，或经中央组织决定，接受党的任务，以公开社会身份为掩护，实际从事地下革命工作的时间算起。机关工勤人员和公营企业、事业单位的工人，凡享受供给制待遇提为干部的，其参加革命工作时间，从当工勤人员或当工人之日算起。2. 1937年7月6日以前加入中国共产党和中国共产主义青年团的，其参加革命工作时间，从入党入团之日算起；抗日战争时期和解放战争时期，在国民党、日伪统治区加入中国共产党的，其参加革命工作时间，从入党之日算起；抗日战争时期和解放战争时期在根据地、解放区加入中国共产党，解放以前脱产，一直坚持革命工作，入党时间早于脱产时间的，其参加革命工作时间，也从入党之日算起。上述人员脱党（团）或被开除党（团）籍后又重新入党（团）的，除组织上对其参加革命工作时间已有结论者外，从其重新入党（团）或重新参加革命工作之日算起。3. 经中央组织决定，接受党的任务，在国民党、日伪统治区以公开社会身份为掩护，主要从事地下革命工作，并一直坚持革命工作的，其革命工作时间，从接受党的任务，主要从事地下革命工作之日算起。4. 根据地、解放区的乡或相当乡一级的行政村中，实际上半脱产的乡（村）长、文书、治安委员会、财粮委员、武委会主任（民兵队长），中华人民共和国成立前直接提拔为脱产干部的，其参加革命工作时间，从担任半脱产职务之日算起。5. 根据地、解放区公立学校的正式教员，凡一贯服从人民政府调动的，其参加革命工作时间，从其在公立学校任教之日算起。6. 原非我在职工作人员，在中共开办的军事学校、干部学校、干部训练班和中共为吸收干部而创办的、以学习政治理论政策为主、短期培训班性质的大学、公学学习后即分配工作的，其参加革命工作时间，从入校之日算起。原非我在职人员，在当地中华人民共和国成立后开办的革命大学和被中共接收、恢复开学的高等学校，以及抗日中学、联合中学、职业学校等各类中等学校和干部学校附设的中学部、预备班学习后分配工作的，从分配工作之日算起。在职工作人员，由组织选送到各类学校学习，毕业后即重新工作的，其原参加革命工作时间不变。7. 起义人员参加革命工作时间，起义后即参加革命工作的，从起义之日算起；曾遣资回家的，从以后参加革命之日算起。8. 留用人员的参加革命工作时间，从其在人民政权下当干部之日算起。9. 转业军人参加革命工作时间，从参军之日算起。复员军人和精减人员又参加革命工作，凡间断年限不超过3年的，如原工作年限长于间断年限，可从第一次参加革命工作之日算起，否则从第二次算起；间断年限超过3年的，一般从第二次参加工作之日算起。10. 因负伤、患病或队伍转移、组织被破坏等原因脱离革命队伍，离队期间积极寻找组织，主动为党工作，当地解放就重新参加革命工作的，其参加革命工作时间，从第一次参加革命工作之日算起；离队期间未积极寻找组织，也未有损害革命的言行，3年内又重新参加革命工作的，也可从第一次参加革命工作之日算起，否则，从第二次参加革命工作之日算起。自动离职，或因思想落后脱离革命队伍，以后重新参加革命工作，其参加革命工作时间，一般从重新参加革命工作之日算起。情节严重的逃亡者，如携械、携款、畏罪潜逃，后又重新参加革命工作的，其参加革命工作时间，一般从重新参加革命工作之日算起。11. 被捕、被俘人员，在被捕、被俘期间没有错误，或虽有错误，但情节较轻，获释后，即积极寻找组织，自觉进行革命工作的，原参加革命工作时间不变。自首情节严重，或有叛变行为，后重新参加革命工作的，其参加革命工作时间，从重新参加革命工作之日算起，但过去组织上对其参加革命工作时间已有结论的，一般可不再变动。12. 被开除公职或判刑，以后又参加革命工作的，其参加革命工作时间，从重新参加革命工作之日算起。因过失犯罪或被判刑情节较轻的，或缓刑、监外执行未离开工作岗位的，也可从第一次参加革命工作之日算起。

离休待遇　1. 生活待遇。1982年起，执行《国务院关于老干部离职休养制度的几项规定》，1921年7月1日~1949年9月30日各个革命时期参加革命工作的干部，离休后原工资照发，1937年7月6日以前参加革命工作的干部，按本人离休前标准工资，每年增发两个月的工资作生活补贴。1937年7月7日~1942年12月31日参加革命工作的干部，按本人离休前标准工资，每年增发一个半月的工资，作生活补贴。1943年1月1日~1945年9月2日参加革命工作的干部，按本人离休前标准工资，每年增发一个月的工资作为生活补贴。1945年9月3日~1949年9月30日参加革命工作的干部，不增发生活补贴。

2. 政治待遇。1982年11月起，根据中共中央组织部《关于行政14级、18级以上干部离休后分别按司局级和处级待遇的通知》，按以下规定，决定相关人员的政治待遇：中华人民共和国成立前参加革命工作未担任司局（地专）级职务的行政14级以上老干部离休后，一般可享受司局（地专）级职务的政治、生活待遇；中华人民共和国成立前参加革命工作未担任处（县）级职务的行政18级以上干部离休后，一般可享受处（县）级政治、生活待遇。1989年，执行中共贵州省委组织部《关于明确部分离休干部享受待遇问题的通知》按以下规定，决定相关人员的政治生活待遇；（1）1937年7月6日以前参加革命工作的干部，原行政工资级别不到14级（含相当）的，离休后可享受副地厅级的政治、生活待遇。（2）1937年7月7日~1942年12月31日期间参加革命工作，担任过正副县长级职务和1943年1月1日~1945年9月2日期间参加革命工作、担任过正县处级职务，1985年工资改革前原工资级别为行政15级，同时具备上述工作时间、职务、工资级别条件的干部，离休后可享受副地厅级的政治、医疗、用车待遇。（3）1937年7月7日~1945年9月2日期间参加革命工作，原工资级别不到行政18级的，离休后可享受副县处级的政治、生活待遇。1990年6月起，执行中共贵州省委组织部《关于明确部分离休老干部享受待遇问题的补充通知》，按以下规定，决定相关人员的政治，生活待遇；（1）1949年9月30日以前参加革命工作，离休前担任过正副处级职务，1985年工资改革前原工资级别为行政15级，同时具备上述条件的干部，可享受副地厅级政治、医疗、用车待遇。（2）1949年9月30日以前参加革命工作，离休前担任过正副区（科）级职务，1985年工资改革前原工资级别为行政19级，同时具备上述条件的干部，可享受副县处级政治、医疗、用车待遇。

3．津贴补贴。自1982年国家建立中华人民共和国成立前参加革命工作干部离休制度起，毕节地区按中央及省的相关规定，离休干部除享受原单位在职人员所享受的各项津贴、补贴外，还享受：（1）特需经费，每个离休干部每年150元。（2）健康保养费，地专级离休干部每人每年200元，县处级以下的离休干部每人每年150元。（3）护理费。年满70周岁的离休干部，每人每月80元；红军时期参加革命工作的干部，每人每月另外补贴100元保健费。（4）高龄补贴。年满70周岁的离休干部，1937年7月6日以前参加革命工作的，每人每月补贴60元，1937年7月7日~ 1942年12月31日参加革命工作的，每月50元，1943年1月1日~ 1945年9月2日参加革命工作的，每月40元，1945年9月3日~ 1949年9月30日参加革命工作的，每月30元。

## 三　退　职

**退职条件**　1952年10月，毕节专区执行 国家人事部关于《各级人民政府工作人员退职处理暂行办法》，凡参加革命工作满2年的机关 及企事业单位的工作人员，因年老（55岁以上）体弱或残废. 不能继续工作的，由本人申请，单位同意，上级核准，可以退职。此后，国务院、国家人事部和省人民政府多次下达关于干部、职工的退职办法文件，按文件的规定，办理职 工退职的相关事宜。1978年、执行国务院《关于安置老弱病残干部的暂行办法》和《国务院关于工人退休、退职的暂行办法》，经医院证明，完全丧失工作能力，又不具备退休条件，由医院证明，并经劳动鉴定委员会确认完全丧失劳动能力的工人，允许退职。已经退职的干部，不再重新处理。到1990年末，全地区机关、事业单位退职人员共505人。

**退职费**　1952年10月，毕节专区执行国家人事部《各级人民政府工作人员退职处理暂行办法》，享受供给制的干部退职，其退职费分勤杂人员和干部，按参加革命工作时间发给退职生活补助粮，折合人民币发给。1956年后，执行国务院规定，根据工作年限一次性发给退职补助费，退职补助费总额最高不超过本人30个月的工资。1978年6月2日，执行国务院规定，干部、工人退职后，当月工资照发，次月起按月发给相当于本人标准工资40%的生活费。1993年10月1日执行中共贵州省委、省政府规定：原享受40%退职生活费的退职人员，每月增退职生活费40元。增加退职生活费后。其退职生活费总额低于100元的，每月按100元发给。此外，按规定发给退职人员粮价补贴、副食品价格补贴、生活补贴、物价补贴。

## 第六节　落实干部政策　人事争议仲裁

### 一　落实干部政策

**落实干部政策机构**　1978年5月，中共毕节地委成立摘掉右派分子帽子办公室。是年11月14日，地委决定成立地委摘掉右派分子帽子领导小组，将原摘帽办改为领导小组办公室。领导小组的任务是：具体负责全地区落实干部政策工作，研究解决落实干部政策工作中遇到的问题，指导开展落实干部政策工作，代表地委审批案件。1979年、1984年，中共毕节地委分别成立落实对国民党起义、投诚人员政策领导小组和落实知识分子政策小组。各县和有关单位也相应设立落实干部政策领导小组及工作机构，抽调专人负责。全地区共抽调1000多名干部负责落实干部政策工作。1978年12月，毕节地区根据中共中央批转中央组织部、宣传部、统战部、公安部、民政部《贯彻中央关于全部摘掉右派分子帽子决定的实施方案》调查区内“右派分子”情况，查明全地区在1957年反“右”派运动中划1312人（含外地调入数）为“右派分子”，1977年以前已摘帽703人，安置工作453人；未摘帽156人。是年，中共毕节地委多次召开摘掉“右派分子”帽子工作会议，按中共中央政策规定，摘掉“右派分子”帽子按以下原则做好错划“右派分子”的改正和安置工作。1. 原保留公职的人员。能工作的安排适当工作，有专业特长的发挥其特长；不能工作的作退职、退休处理。2. 开除公职的，根据本人实际情况给予安置。有专业特长、工作需要的，有关部门可以重新录用，其他人员由组织、人事、劳动部门负责安置就业。3. 被错划为右派分子前是高等院校学生尚未分配工作的，根据其专业特长和工作需要安排适当工作，评定工资级别。4. 因反右派受错误处理的其他人员．也按以上原则给予安置。到1983年，复查属于错划的“右派分子”1312人，予以改正；对定为中右或戴其他帽子以及因错划“右派分子”株连家属子女的，同样给予摘帽、安置和改正。同时，中共毕节地委要求，各级中共组织对在反右倾、整风整社、四清、“文化大革命”运动以及在其他政治运动中受错误处理的人员，实事求是地按政策予以平反纠正。对因冤、假、错案受牵连的家属子女，分别予以妥善安置。1978年10月~1993年10月，全地区共复查各类案8500多件，其中全错全纠的6500多件，部分错部分纠的800多件，维持原定性处理的1100多件；属“文化大革命”期间产生的1900多件，“四清”运动中产生的300多件，反右倾运动中产生的1600多件，反右派的2000多件，其他历史老案2500多件。复查案件中，取消戴帽和刑事处分的1600多人，安排适当工作的2900多人，作离退休。退职安置的900多人，恢复中共党籍的900多人，查清和认定为中共地下党组织7个、中共地下组织成员200多人，游击队（团）58支、成员4200多人，复查处理中共地下组织、游击队（团）和中共秘密外围组织成员案200多件。

**确定落实政策人员的工资** 1978年9月，毕节地区执行中共中央《关于全部摘掉右派分子帽子决定的通知》规定，落实政策人员安置工作的工资，原取消工资级别只发生活费的，根据现在分配的工作评定工资级别；原受降职、降薪处分的，工资级别一般不动，工资级别降得过低的，要适当调整。已作退职、退休处理的，退职、退休金的计算标准，按划右派受处分后的级别或后来重新评定的工资级别确定。经过批准予以改正，恢复政治名誉的，由改正单位分配适当工作，恢复原工资待遇，但不补发工资。生活有困难的，给予必要的补助。至1980年，对落实政策的各类人员一次性困难补助共339人。1979年5月起，毕节地区执行省革命委员会就落实政策中有关补发工资问题的规定，对"文化大革命"期间被错处理的人员，经县或县以上党委审查批准的，予以补发工资；"文化大革命"以前被错处理的人员，一律不补发工资，其中生活特殊困难的，可酌情给一次性困难补助。1986年12月，执行中共中央组织部、统战部，国家劳动人事部、财政部联合行文，对因冤假错案造成工资级别明显偏低的给予适当照顾：1. 在1981~1982年国家机关、事业和企业单位工资普调以前的行政17级（或工资额相当于行政17级的）及其以下人员，因被错划为右派或受其他错误处理，从1956年工资改革到工资普调前，从未升过工资级别，可在原工资级别基础上升一级工资，然后再按普调工资和工资改革文件的具体规定和条件参加普调和套改。2. 1979年1月到1985年7月工资改革前已办理离休、退休手续的人员，符合规定条件的，可在原工资级别基础上增加一级工资，作为计算离、退休费的基数。

## 二 人事争议仲裁

2006年，拟发《2006年全区人事争议仲裁工作安排意见》，建立仲裁员队伍，行文聘任地直机关26人为人事争议仲裁员；建成地区人事争议仲裁庭。2007年，根据《人事争议规定》《贵州省人事争议仲裁办法》规定和相关法规要求，按照法定程序开庭裁决3件、庭外调解2件。2008年，共收到仲裁申请6件，开庭裁决1件、庭内调解2件、案外调解3件。

2011年，地区人事争议仲裁委员会与地区劳动争议仲裁委员会整合，组建毕节地区劳动人事争议仲裁委员会。

# 第二章　劳　动

毕节地区的劳动关系，在古代土司制度及以前，是以农奴制为主其他关系为辅的格局。农奴制下的人身依附关系中，主子对农奴有生杀予夺及赠送、买卖的处理权，从而产生了声名远播的僰童笮马市场。明末清初，毕节地区先后改土归流后，主要实行土地地主私有制，地主把土地租赁给农民耕作的租赁关系，地主对农民没有人身处理权，但在经济剥削上追求利益最大化，从而促进了社会贫富两极分化。新中国成立后，建立了生产资料公有制，实行多劳多得、少劳少得、不劳动者不得食的新型劳动关系，从而进一步解放和发展了社会生产力。

## 第一节　劳动管理机构

### 一　机　构

清代，凡吏治劳资，均受制于知府、知州、知县。民国时期，各级政府未设专职管理劳动事务机构。

民国24年（1935），在毕节设置贵州省第四行政督察专员公署，劳动事务由专署第一科兼管；各县劳动事务由县府社会科或民政科管理。

**地区劳动管理机构**　1952年12月，设置毕节专员公署劳动科，管理劳动工作。1958年4月，劳动科与人事科合并，组建人事劳动科。1959年8月，恢复劳动科。1962年1月，更名专署劳动局。1967年4月，成立毕节地区革命委员会，下设生产领导小组计划劳动安置办事处并取代专署劳动局管理劳动职能。1970年3月，撤销地革委生产领导小组计划劳动安置办事处，设置劳动工资局。

1979年，恢复毕节地区行政公署，劳动工资局归属行署领导。1983年10月，毕节地区实施机构改革，将地区劳动工资局与地区人事局合并建立地区劳动人事局，下设综合科、干部科、科技干部科、工资科、安全科、计划调配科、保险科、劳动监察科、劳动仲裁办公室、编制委员会办公室、军队转业安置办公室、老龄工作委员会、管理地区人才中心、劳动服务中心、锅炉检验所。1996年5月，毕节地区实施机构改革与调整，撤销地区劳动人事局，分设地区劳动局、人事局。劳动局内设置办公室、工资科、劳动监察与仲裁科，职业技能开发科、社会保险福利科、职业安全卫生与锅炉压力容器监察科、矿山安全监察科、安全生产管理科。直属管理社会保险服务中心（社会保险事业局）、劳动就业办公室，劳动就业培训中心和锅炉压力容器检验所。2001年9月，中共毕节地委、毕节地区行署制定《毕节地区党政机构改革方案》，将地区劳动局更名为毕节地区劳动和社会保障局。是年10月9日，毕节地区行政公署办公室印发《毕节地区劳动和社会保障局职能配置内设机构和人员编制规定》，规定毕节地区劳动和社会保障局机关行政编制20名，离退休干部工作人员6名，机关后勤服务人员事业编制4名。其中局长1名，副局长3名，纪检组长1名，调研员或助理调研员1名；正副科长（主任）13名，主任科员或副主任科员6名。局内设办公室、培训就业科、劳动工资科、劳动保障监察科、养老保险科、失业保险科、医疗保险科、社会保险基金监督科。2010年，组建人力资源社会和社会保障局，地区劳动和社会保障局被撤并。局内设办公室、法规与综合规划科、财务科、就业促进科、考试录用调配科、考核奖惩任免科、军官转业安置科（毕节地区军队转业干部安置工作小组办公室）、职业能力培训科、专业技术人员管理科、劳动关系科、工资福利与退休科、养老保险科、失业保险科、医疗保险科（地区城镇职工基本医疗保险制度改革工作领导小组办公室）、工伤保险科、社会保险基金监督科、调解仲裁管理科（地区劳动人事争议仲裁委员会办公室）17个内设机构。机关行政编制为48名，其中：局长1名，副局长3名，机关党委书记1名；正副科长（主任）26名。机关工勤人员编制9名，由财政全额预算管理。

历任正副局长：陶汉一、梁春明、蔡以根、郭海一、吴学香、李静森、吴道贵、李绍武、李文汉、刘汉奇、刘思海、曹杰明、刘继元、丁希文、王玉佩、马平、许平、杨世海、张光友、梁和平、梅品伦。

**下属管理机构** 1996～2001年9月间，地区劳动局直属管理社会保险管理服务中心（后改称毕节地区社会保险事业局）、劳动就业办公室、就业培训中心、锅炉压力容器检验所。2001年10月，机构改革组建毕节地区劳动和社会保障局，原地区劳动局直属管理机构归属其管理。2010年，机构改革后设立毕节地区发展劳务经济办公室，为地区人力资源和社会保障局所属的副县级事业单位，由财政全额预算管理。内设综合科、技能培训科、劳务输出科（均为正科级机构）。事业编制12名，主任1名，副主任2名；正副科长3名。主要职责是：统筹协调全区发展劳务经济工作；贯彻执行上级有关农村劳动力转移就业和跨省、跨地区有序流动的政策和措施；贯彻执行统筹城乡就业发展规划和人力资源发展规划，促进人力资源合理流动和有效配置；协调全区农村技能就业培训工作；协调全区农村劳动力转移就业的各项工作；指导全区农村劳动力劳务派遣工作；指导和协调全区创业促进就业工作；承担地区发展劳务经济领导小组办公室的日常工作。

撤销地区人事培训中心与地区劳动就业培训中心，设立地区人力资源培训中心，为地区人力资源和社会保障局管理的正科级事业单位，由财政全额预算管理。事业编制7名，其中，主任1名，副主任1名。

**中共劳动人事局、劳动局、劳动和社会保障局党组** 1983年，中共毕节地委决定成立中共毕节地区劳动人事局党组。1996年6月，劳动人事局分设为劳动局、人事局，中共毕节地委决定建立中共毕节地区劳动局党组。2001年10月，将劳动局更名为劳动和社会保障局，中共毕节地委将中共毕节地区劳动局党组更名为中共毕节地区劳动和社会保障局党组。历任党组成员是：郭海一、吴学香、李静森、吴道贵、刘汉奇、丁希文、王玉佩、文继良、马平、许平、梁和平、吴良平。2010年机构改革后，局党组书记为李绍武。局党组职权为：保证中共的方针、政策在本单位得到贯彻执行；接受中共毕节地委领导，向地委汇报重要工作和重要问题；研究处理本局及直属单位重大问题；研究、讨论、任免本局科室人员，调配科室领导。

**中共纪律检查组（监察室）**　1990年4月，毕节地区行署决定设立毕节地区劳动人事局监察室，为地区监察局派驻劳动人事局的专门监察机构，其职责是：监督检查劳动人事局机关各职能部门及其工作人员和直属单位贯彻执行国家政策、法律、法规的情况；受理对本部门、本系统监察对象违纪行为的检举、控诉；受理监察对象不服从政纪处理的申诉；配合专门监察机关查处涉及本系统的违纪案件；负责本系统廉政建设的宣传教育。1990年7月，设立中共毕节地区劳动人事局纪律检查组；2001年，建立中共毕节地区劳动和社会保障纪律检查组，为中共毕节地区纪律检查委员会的派出机构，受局党组和地区纪委双重领导，其任务是：维护中共章程和其他重要规章制度，协助局党组整顿党风，检查党的路线、方针、政策、决议的执行情况，对党员进行纪律教育，检查处理党组织和党员违反党纪和国家法律、法规的案件，指导局机关和直属单位党的纪律检查工作。纪检组和监察室实行两块牌子，一班人员，合署办公。历任纪检组长文继良、吴良平。2010年机构改革后，纪检组长为李华。

## 二　职　责

1952年12月后，专署劳动科开展劳动就业登记，登记对象由旧业人员（旧社会就业人员）、城市失业、待业人员逐步扩大到社会各方人员。管理工作从劳动登记扩大到劳动力录用、工资、安全生产、劳动保护、工人调配、退职退休。

1983年10月，建立劳动人事局。1996年6月，地区分设劳动局、人事局。2001年10月，撤销毕节地区劳动局，组建毕节地区劳动和社会保障局，隶属毕节地区行署，主管全地区劳动和社会保障行政事务。

2010年，根据《中共贵州省委办公厅、贵州省人民政府办公厅关于印发〈毕节地区行署机构改革方案〉的通知》（黔委厅字〔2009〕78号）和《中共毕节地委、毕节地区行署关于毕节地区行署机构改革的实施意见》（毕地党发〔2010〕5号），对地区人力资源和社会保障局职责调整：取消已由地区行署公布取消的行政审批事项；取消或停止已由地区行署公布取消或停止的行政事业性收费项目；将原地区人事局、地区劳动和社会保障局的职责整合，划入地区人力资源和社会保障局；牵头承担外国专家来毕工作的管理服务职责；将技工学校评估认定工作交给社会中介组织；加强统筹机关企事业单位人员管理职责，完善劳动收入分配制度，充分发挥人力资源优势；加强统筹城乡就业和社会保障政策职责，建立健全从就业到养老的服务和保障体系；加强统筹人才市场与劳动力市场整合职责，加快建立统一规范的人力资源市场，促进人力资源合理流动、有效配置；加强统筹机关企事业单位基本养老保险职责，逐步提高基金统筹层次，推进基本养老保险制度改革；加强促进就业职责，健全公共就业服务体系，建立城乡劳动者平等就业制度，促进社会充分就业；加强组织实施劳动监察和协调农民工工作职责，切实维护劳动者合法权益。

主要职责为：1. 贯彻执行国家和省人力资源和社会保障事业法律、法规、政策和发展规划；拟订全区人力资源和社会保障事业发展规划和相应的实施办法，组织实施和进行监督检查。

2. 拟订人力资源市场发展规划和人力资源流动办法，建立统一规范的人力资源市场，促进人力资源合理流动、有效配置。

3. 负责促进就业工作，拟订统筹城乡的就业发展规划和实施办法，完善公共就业服务体系，落实就业援助制度；完善职业资格制度，统筹建立面向城乡劳动者的职业培训制度；贯彻执行引导和鼓励高校毕业生就业政策；会同有关部门拟订高技能人才、农村实用人才的培养和激励措施；负责人才引进境外人员在我区就业的管理工作。

4. 统筹建立覆盖城乡的社会保障体系。贯彻执行城乡社会保险及其补充保险的政策和标准，拟定有关措施，贯彻执行社会保险关系转续政策和机关企事业单位及其他社会组织、社会成员的基本养老保险和基本医疗保险政策，拟定有关措施；会同有关部门拟订社会保险及其补充保险基金管理和监督制度；组织编制全区社会保险基金预决算草案，负责全区社会保障基金投资管理工作；按规定做好社会保险基金保值增值的监督管理工作。

5. 负责就业、失业、社会保险基金预测预警和信息引导，拟订应对预案，实施预防、调节和控制，保持就业形势稳定和社会保险基金总体收支平衡。

6. 贯彻执行机关、事业单位人员工资收入分配制度改革的相关政策，建立机关企事业单位人员工资正常增长和支付保障机制；贯彻执行机关企事业单位人员福利和退休政策，拟订有关的补充措施；贯彻执行企业职工工资收入的相关调控政策，完善最低工资制度和工资支付保障机制；参与劳动模范评定工作。

7. 会同有关部门指导事业单位人事制度改革，拟订事业单位人员和机关工勤人员管理办法；参与人才管理工作，贯彻执行专业技术人员管理和继续教育政策并组织实施；不断推进深化职称制度改革工作，负责全区高层次专业技术人才选拔、培养和引进工作。

8. 落实军队转业干部安置政策，会同有关部门拟订军队转业干部安置计划，负责军队转业干部教育培训工作，落实部分企业军队转业干部解困和稳定政策，负责自主择业军队转业干部管理服务工作。

9. 贯彻执行农民工工作法律、法规、政策，会同有关部门拟订农民工工作规划，推动农民工相关政策的落实，协调解决重点难点问题，维护农民工合法权益。

10. 统筹实施劳动、人事争议仲裁制度；贯彻执行劳动关系政策，完善劳动关系协调机制；督促落实消除非法使用童工政策和女工、未成年工的特殊劳动保护政策；组织实施劳动监察，协调劳动者维权工作，依法查处重大案件。

11. 负责拟订基本医疗保险、工伤保险、生育保险支付标准、诊疗项目、用药及服务设施范围、定点医疗机构与定点药店费用结算审核等管理办法，负责基本医疗保险就医管理和监督工作，负责医疗保险基金支付方式改革工作；会同有关部门拟订医疗制度改革的相关配套措施。

12. 承担外国专家来毕工作的管理服务工作；负责有关人力资源和社会保障工作的对外交流与合作事宜。

13. 受理涉及人力资源和社会保障的信访事项，会同有关部门协调处理有关人力资源和社会保障方面的重大信访事件和突发事件。

14. 负责行政机关公务员综合管理，贯彻执行公务员行为规范、职业道德建设和能力建设政策；贯彻执行公务员职位分类标准和管理办法及相应的实施细则，依法对公务员实施监督，负责公务员信息统计管理工作；贯彻执行事业单位工作人员、参照公务员法管理和聘用制公务员的实施细则。

15. 认真搞好全区公务员考试录用调配工作，会同有关部门组织公务员、参照公务员法管理事业单位工作人员的考试录用调配工作；拟订公务员培训规划、计划和标准，负责组织地直公务员培训，指导各县（市、区）培训工作。

16. 完善公务员申诉控告制度和聘用制公务员人事争议仲裁制度，保障公务员合法权益。

17. 贯彻执行公务员奖惩政策；负责政府奖励、表彰工作。

18. 承办行署、省人力资源和社会保障厅交办的其他事项。

## 第二节　劳动力　职业技术培训

### 一　人口　劳动力资源

**人口**　据区内盐务部门计口售盐统计，民国25年（1936），贵州省第四行政区人口181.35万人，到1949年人口增到210.95万人。中华人民共和国成立后，区内民众生活和医疗卫生条件改善，人口增长快。1953年，第一次人口普查，全地区人口增至264.03万人，比1949年增53.08万人。1964年，第二次人口普查，全地区人口301.18万人。1982年，第三次人口普查，全地区人口521.7万人。1990年，第四次人口普查，全地区人口598.42万人。2000年，第五次人口普查，全地区人口632.69万人。2005年，全地区人口726.95万人。2011年，全地区人口853.73万人。

**社会劳动力**　以15～64岁为计，1964年第二次人口普查，毕节地区有社会劳动力178.3万人，占总人口数的59.27%。1982年，城乡社会劳动者共263.61万人，占总人口的44.05%，其中全民所有制和城镇集体所有制单位在业人口13.48万人，占全地区总人口的2.53%。1999年，全地区社会劳动力354.24万人，乡村劳动力333.45万人，占94.13%。其中，从事第一产业的有268.06万人，占75.67%；第二产业30.78万人，占8.69%；第三产业55.4万人，占15.64%。2000年，从业人员377.24万人，比1999年增6.49%。其中第一产业从业人员264.5万人，占从业人员70.11%，比1999年减5.56%；第二产业32.01万人，占从业人员8.49%；第三产业80.73万人，占从业人员

21.4%，比1999年增5.76%。2003年，国有企业人员6.51万人，约占人口总数的0.93%。城镇集体企业从业人员1.34万人，占总人口的0.19%。乡村中从事农业、工业、建筑业、交通运输、仓储和邮政业，批发和零售从业人员及其他从业人员（含外出打工人员）共372.57万人，占人口总数的52.58%，占农村劳动力的91%以上。2005年，国有控股企业从业人员7.61万人，占总人口数的1.05%；城镇集体企业从业人员8855人，内资、港澳台商投资、外商投资企业从业人员3.47万人，两类共计4.36万人，约占总人口的0.6%；乡村从业人员389.97万人，分别占全地区总人口、乡村人口、乡村劳动力的53.6%、60.49%、90.4%。乡村从业人员中，外出打工75.18万人，占乡村从业人员的19.2%。2011年，全区从业人口465.76万人，从事第一产业人口241.95万人，第二产业50.7万人，第三产业173.11万人。

**农村劳动力**　1990年统计，全地区总人口598.84万人，农业人口562.36万人，占总人口的93.97%。全地区271.11万农业劳动者从事农业、工业、建筑业、交通运输业、商业、饮食业、外出务工和其他行业，占农业人口的48.2%。据1996年统计，全地区农业人口占总人口的93.84%，333.44万人从事农业、工业、建筑业、交通运输及邮电业、商业、外出务工和其他行业，占农业人口的51.97%。2004年，全地区总人口714.34万人，农业人口663.39万人，占总人口的93.8%，农业人口人均占有耕地0.82亩，农村劳动力398万余人，除去16岁以上在校生和伤残者，可从业劳动力382万人，占农村总人口的57.58%。按每一劳动力经营3亩耕地计算，富余劳动力164万～200万人，占农业劳动力的43.2%，是年，全地区共转移输出80余万人，剩余80万～100万。

2011年，全区农业人口788.93万人，农村劳动力479.11万人。

## 二　劳动计划

1953年，毕节专区开始实行劳动计划管理，其管理内容为：城镇社会劳动力的分配和平衡职工人数、职工工资总额、劳动生产率计划、技术工人培训。经过综合平衡，将劳动力、工资合理分配到国民经济各部门，1962年前实行“双轨制”。上报计划包括专县属单位，省属在专区内单位。下达计划时，属专、县地方单位下达给地方政府，省属单位计划由省有关厅局逐级落实。1963年改为单轨制，专区编制上报和下达计划只包括专、县地方单位。1973年改为以块块为主的计划管理体制，中央和省驻地区的直属单位纳入地方计划上报，下达计划统一分配到地区。

1978年12月，召开中共十一届三中全会，决定在全国实施经济体制改革，相应对计划管理体制实行改革。1980年后，实行统一计划、分级管理，由国家统一编制劳动工资计划，逐级分解下达，按隶属关系分级管理；由所在地劳动部门在上级主管部门内下达计划内协助监督执行。劳动工资计划管理体制虽经多次更改，但均是高度集中的指令性计划，职工人数、工资总额计划指标自上而下严格控制。1987年，按照省的要求，在有条件企业实行工资总额同经济效益挂钩，暂不具备的，实行工资总额包干管理；职工人数与工资总额挂钩；改进企业职工人数计划管理办法，正式职工数不得突破国家核定数，对使用1年内的临时工、季节性用工，实行工资总额与经济效益挂钩的企业，可在核定的年度工资总额计划内，由企业自行确定用工计划。1996年，把企业用工权和工资、奖金分配权下放给企业，取消向各县市和企业下达指令性劳动工资计划；对企业劳动工作由实施微观管理，转向以宏观规划、调控、信息引导为主管理，加强协调指导、监督检查和社会服务工作。1997年，全地区国有企业实行全员劳动合同化管理。2001年10月，不再对企业招用职工实行计划性指标，改变依照劳动市场管理法规和劳动合同制度进行管理；不再审核国有企业定员标准，改为重点调控企业的工资总额及工资水平。

## 三　劳动就业

就业安排　1949年12月～1950年2月，毕节专署派员接管旧政府遗留下来的企事业机构，共接收公营企业机构人员346名、卫生人员44名。毕节专署和各县人民政府贯彻中共贵州省委、省人民政府有关指示，实行团结改造、量才录用方针，基本上包下来。1952年，贯彻政务院《关于劳动就业问题的决定》，以包下来的政策解决失业者的就业要求。是年，毕节专区劳动就业委员会成立，毕节、大定、黔西县相继成立劳动介绍所或劳动服务站，清理登记失业人员。11月统计，3个县登记失业人员共666名。1953年9月，介绍就业97名，毕节县组织尚未介绍就业人员到建筑单位做临时工，黔西县组织学习，解决眼前生活困难。1953～1959年，全专区陆续建起30多个地方国营小型工业企业。全专区除解决城镇失业问题外，还贯彻择优录用的办法招用员工。全专区职工人数由1952年末的1.24万人增加到2.51万人。1957年，贯彻国务院《关于有效地控制企业、事业单位人员增加，制止盲目招收工人和职员的现象的通知》，一律停止从社会招工。1958年，从城镇、农村招收大量新职工，职工人数由1957年的2.77万人增加到19.52万人，其中地方工业企业职工数从918人，猛增到5.28万人，增56.5倍；年工资总额由24.43万元，增到754.34万元，增30倍。1959年1月～1962年，毕节专区贯彻执行中共中央《关于立即停止招收新职员和固定临时工的通知》，精减职工3.6万余人，减少城镇人口3万余人。此后几年所需增加的职工，均按省下达的招工计划执行。1964～1965年，贯彻省人民委员会关于登记城镇闲散劳动力的通知和省劳动局长会议精神，采取以下措施安置非农业人口中的闲散青年：1.重点向"三线"建设企业输送符合用工条件的劳动力；2.组织临时工队伍，成建制调去修公路、机场、水利工程；3.鼓励组织待业人员举办集体所有制手工业、服务业和商业合作社、组；4.动员部分高、初中毕业生上山下乡或安置到国营农、林、牧、茶场。两年共安置城镇闲散劳动力6837名，上山下乡落户888人，为水城三线建设招收亦工亦农轮换工3300名，为水城矿区公路建设招用民工4000名。1966～1976年，除"三线"建设重点企业按计划在毕节地区招收部分工人，部分下乡知青以民工形式转入湘黔铁路建设，少量补充自然减员和退休职工子女顶替工作外，毕节地区执行国家计委、劳动总局和省停止从社会上招工的通知，并对停止招工中一些遗留问题作出处理。

1979年统计，全地区城镇待业人员3.78万人，其中待业青年2.23万人，其他待业劳动力9608人，上山下乡知青5934人。是年8月，贯彻国务院关于"对招工对象进行考核、择优录用"原则，成立毕节地区城镇待业人员安置领导小组，下设办公室，负责考核、择优录用城镇待业人员安置工作。1981年10月，地区行署决定撤销地、县上山下乡知识青年办公室，地、县劳动局分别设立社会劳动力管理科（股），对外称劳动服务公司。年底止，3年共安置城镇待业青年3.57万人。1984年，毕节地区根据省劳动局《关于改进我省招工办法的通知》要求，在劳动计划内面向社会招工。1986年毕节地区按国务院规定，废除退休工人子女顶替和内招职工子女办法，实行面向社会、公开招收、全面考核、择优录用的招工制度和先培训、后就业原则，招收工人实行劳动合同制。是年，共安置待业青年8668人，其中合同制工人2517人，各类集体单位安置3615人，个体和自谋职业2536人。1988年4月，毕节地区劳动人事局发出《关于深化劳动制度改革的意见》，规定区内企业可根据生产需要，申报招工计划，拟定招工简章，制定考试、考核和择优录用原则；劳动部门审批招工计划，审查招工简章，对招工工作实行监督检查并办理手续。当年，全民所有制单位安置就业比重由1980年的38.6%下降到16.53%；集体所有制单位就业比重由39%上升到50.83%；个体和自谋职业比重由14.56%上升到32.62%。

1993年，毕节地区执行《全民所有制企业转换经营机制条例》规定，下放企业招工和调配人事权制度，行署批转地区劳动人事局《关于完善全民所有制企业招工和职工调配意见》，规定企业招用工人应做到：1. 自我约束机制健全，并实行工效挂钩或工资总额包干的企业，在其所在城镇非农业人口中招用工人，不受本城镇行政区划限制，可按增人不增工资总额，减人不减工资总额的原则，自主决定招工时间、条件、方式、数量和用工形式。劳动人事部门不再下指令性招工计划。2. 停产、半停产和未实行工效挂钩或工资总额包干的企业，以及虽实行工效挂钩或工资总额包干但属经营性亏损的企业原则上不能增人，确需招工的须报同级劳动人事部门审批。3. 企业跨城镇招用工人，须报同级劳动人事部门审批。4. 企业因特殊工种、岗位需要从农村招用工人，必须逐级报省劳动局批准。照顾招收家居农村1959年前参加工作的老工人子女，仍按原规定办理。5. 企业自主招用工人应符合国家有关法律、法规，要坚持面向社会、公开招收、全面考核、择优录用的原则。招工可由企业自主组织，也可委托劳动人事部门或所属职业介绍机构组织。招工简章报同级劳动人事部门审核。招工数量和录用结果，报同级劳动人事部门备案。6. 经企业招收录用的工人，不论其用工时间长短和采用何种用工形式，都必须签订劳动合同，并按国务院规定到劳动人事部门办理养老保险、待业保险和劳动合同鉴证手续，按时如数缴纳养老保险和待业保险基金。是年，毕节运输公司、毕节电厂、棉纺厂等自主招收录用近400名劳动合同制工人。2001年10月，地区劳动和社会保障局不再对企业招用职工实行计划性指标及审批，不再审核国有企业定员标准，改为依照劳动力市场管理法规和劳动合同制进行管理，重点调控企业工资总额和工资水平。2002年，制定毕节地区劳动力市场年薪、月薪的指导价位，并在2002年7月26日《毕节日报》上发布。2004年初，行署将就业再就业工作目标作层层分解，并签订工作目标责任书。是年，全地区新增就业1.59万人，其中再就业4966人；城镇登记失业率3.9%，低于4.7%的控制目标。2005年，地区行署与各县市政府，地直有关部门和下属单位，签订目标责任书，促进新增城镇就业1.31万人，其中再就业4504人，占省下达任务的105%。2006年，全区新增城镇就业人员1.3万余人；2007年，新增1.42万人；2008年，新增1.9

万余人；2009年，新增1.52万人；2010年，新增1.76万人；2011年新增2.74万人。

劳务输出　毕节地区人口较多，劳动力富余。据统计，1958年，全地区有劳动力161.47万人；1968年，有138.53万人；1978年有159.65万人；1988年有210.95万人；2002年有337.467万人；2003年有370.038万人；2004年有398万余人；2005年有387.356万人。2004年统计，全地区共有耕地36万余公顷，每个农业人口仅有0.82亩耕地，在贵州省为最少。以每个劳动力平均经营管理2.5亩计，能容纳182万人农业劳动力。转移输出富余劳动力，成为当地政府重要政务之一。

1987年，根据省委、省政府决定，由地、县劳动部门牵头，起步转移输出农村富余劳动力工作。按照省劳动局离土不离乡原则，全地区在抓好农、林、牧综合经营时，大力发展乡镇企业，成为农村转移富余劳动力的主要途径。同时，抓住国家在沿海地区发展劳动密集型产业的契机，组织开展向省外输出劳动力。是年末统计，全地区富余劳动力56.3万人，转产转业27.17万人，其中能人带领自发输出1.86万人；劳动部门牵头，组织向省内贵阳、遵义、清镇、开阳、六盘水；省外北京市、河北、陕西、广东、云南、四川省输出3056人。是年，地区劳动人事局在广东省东莞市设立劳务输出联络机构，抽调2人长驻东莞，负责劳务输出点的考察、沟通、传递劳务信息，组织管理劳务输出人员，协调劳工人员与厂方关系，督促双方履行劳动合同，并承办劳务方面其他事宜。1988年，地区组织各县党政领导、劳动人事局及下属劳动服务公司、新闻单位负责人共37人次赴珠江三角洲考察。其间，在东莞、宝安与73家工厂的1000余名毕节地区劳务人员见面，了解工作、生活情况。两地务工人员平均月收入249元，最高988元，最低70元。1993年11月统计，全地区累计劳务输出10.18万人，其中省外5.29万人。劳务输出开展较早的毕节县，先后派劳动人事局人员往深圳、东莞、湛江、北海和福建省考察组织劳务输出，县内同时兴办农产品生产加工，11.88万名农村劳动力从传统农业中转移出来。1992年，国家劳动部将毕节县定为中国农村劳动力开发就业联系点。1992～1993年，各县兴起创办乡镇企业，曾一度转移农业劳动力30万～35万人。1994～1995年，外出打工成为老百姓热门话题，其中素有“走江湖闯世界，南下北上求财源”传统的金沙县1995年全县有3.1万名劳务人员在广东、海南、福建、江苏、浙江、上海、重庆务工、经商，当年累计收入近亿元。平坝乡双寨村230名富余劳动力在广东务工、经商，年均每人寄回1500多元。是年，毕节地区劳动人事局劳动就业办公室受省劳动厅委托，在广东省深圳市宝安区建立贵州省劳动厅驻深圳市劳动管理站宝安分站，负责管理劳务人员，并为之服务；采集劳务信息，进行劳务考察；配合毕节地区搞好劳务输出，为劳务人员与用人单位签订劳动合同提供咨询服务；协助当地劳动部门调解劳资纠纷，处理工伤事故、死亡事件和突发性事件，维护用工单位和劳务人员的合法权益；与用人单位协商解决劳务人员在工作、生活中的实际问题。是年统计，全地区外出打工20余万人。1996年12月2日，中共毕节地委、毕节地区行署制发《关于进一步加强劳务输出工作意见》，要求各级党委、政府把劳务输出工作摆在重要位置；加大投入，保证工作正常开展；加强乡镇劳动管理服务机构建设；加强劳动力市场管理，保证劳务输出工作健康发展。1997年4月，贵州省召开劳务输出表彰大会，毕节地区受到省表彰。是年，地区及各县先后建立劳务输出领导小组，244个乡、镇全部建立劳动管理站，共配专兼职工作人员517人。6月，地区劳动局派员到广东深圳等地跟踪考察，接待来访员工107人次，帮助解决79人的劳资纠纷，考察32个用工企业用工条件，配合处理26名生病员工和2名死亡员工有关问题。当年，全地区共输出劳务人员3.24万人次，是省下达任务的115.6%。1998年，地区劳动局牵头，组织县、市劳动部门人员赴新疆考察，并由赫章、威宁、金沙县和毕节市组织富余男劳动力198名到新疆农八师132团务工。1999年，毕节地区驻深圳宝安工作分站考察8个厂家，采集用工信息；协助各县市安置外出员工1250名；结合信访接待，协调处理各类纠纷44起，外出务工人员稳定率95%以上。2000年末，全地区累计外出流动务工人员50万人。2001年起，区内原有乡镇企业受市场经济严重冲击，经营不景气，迫使农村劳动力大量向区外转移。2001年，外出务工4.09万人，其中组织输出9394人，占外出务工人员的22.97%。2002年外出务工人员7.02万人，其中组织输出1.22万人，占17.41%。2003年外出务工人员7.60万人，其中组织输出1.05万人，占13.78%。2004年10月后，毕节地区将向外输出农民工（含进城农民工）纳入公共就业服务范围，免费提供就业信息和政策咨询，免费提供职业指导和职业介绍服务；会同公安、工商等部门开展劳动力市场整治，重点打击职业介绍领域内各种违法犯罪活动、欺诈行为，同时加强民办职业中介机构规范管理。11月26日，地区劳动力市场在毕节市区麻园大道劳动和社会保障大楼三楼落成，落成当日举办首次招聘会，广东、福建、辽宁、上海及贵阳、毕节等地28家单位入场招聘员工，286人与用工单位签订意向协议。是年全地区外出务工人员7.14万人，其中组织输出9399人，占13.16%。2005年1月，中共毕节地委、毕节地区行署决定成立毕节地区劳动力资源开发促进会，重点研究农村富余劳动力流动就业的趋势及对策措施。是年3月15日，首批输出毕节市和赫章县39名人员前往福建省泉州从事工艺品生产，前往广东从事服装生产。是年4月，中共毕节地委制发〔2005〕8号文件，将劳务经济明确为各级党委、政府的一项重要工作。是年6月8日，纳雍县为广东省江门市28户企业提供5335个用工岗位在纳雍进行现场招工，月工资600～2500元不等，当日千余人应聘签订合同。是年，全地区外出务工11.44万人，累计外出务工134万人，其中农村务工人员115万人，累计年收入超15亿元，农民人均收入增200多元。毕节市有17万名农村富余劳动力转移就业或外出务工，每年累计收入5亿元，5万多人的小吉场镇有1.3万人外出打工，每年通过邮局寄回的人民币近2000万元，相当吉场镇年财政收入的20倍。

**下岗职工再就业**　1994年后，地区及各县劳动管理部门，参与企业改制方案的审查，把职工安置工作纳入劳动保障工作职责，协助企业或改制领导小组抓好弱势群体的就业转移和生活生产保障，开展下岗待业职业培训，促进下岗职工再就业或转移就业。1998年8月3日，国家劳动和社会保障部、经济贸易委员会、财政部等部门联合批发《关于加强国有企业下岗职工管理和再就业服务中心建设有关问题的通知》，对企业下岗职工生活保障，作好下岗职工再就业工作。是年，全地区共有下岗职工2053名。2000年，全地区劳动和社会保障局将下岗职工再就业各项指标分解到各县市，并提出具体实施意见。全年共筹集资金2212.99万元，其中省下拨1461万元，社会筹资8.79万元，企业筹集141万元，为全地区8994名下岗职工和进劳动就业服务中心的4436名下岗职工，代缴社会保险费和发放基本生活费。采取以下措施促进下岗职工就业培训和再就业：1．鼓励自谋职业或自发组织就业并给予政策上优惠；2．大力发展非公有制企业，给下岗职工创造再就业良好条件；3. 根据下岗职工特点和社会需求，组织下岗职工再就业培训；4. 组织下岗职工劳务输出。全年共组织1.31万人进行就业培训。2001年，地区劳动和社会保障局多渠道筹集再就业资金1000多万元，组织3580名下岗职工实施再就业培训，使之获得再就业机会或自谋职业。2002年，地区劳动和社会保障局按照中央、省有关实施下岗职工再就业工程的规定，建立国有企业下岗职工、国有企业失业人员、国有企业关闭破产需安置人员享受最低生活保障并失业入库管理1.19万人，并发给“再就业优惠证”，对持优惠证人员从事个体经营资金不足的，提供小额担保贷款；3年内，在相应期限内减免营业税、城市维护建设税、教育附加税和企业所得税。对持有“再就业优惠证”的40周岁以上下岗女职工，50周岁以上下岗男职工（简称“4050”人员），灵活就业后，申报就业并参加社会保险，给予一定数额的限期不超过3年保险补贴；就业确有困难的长期失业“4050”人员，作为就业援助重点，享受城市居民最低生活保障，提供相应政策扶持。是年，为地直国有企业1654名下岗职工代缴社会保险费638.9万元；经过再就业培训的359名国有企业下岗职工，获得职业资格证或合格证，实现再就业；全年共开发就业岗位2070个，为下岗人员（含“4050”人员）再就业创造条件；在全地区11个乡镇办事处和工矿区建立劳动保障管理站，将就业再就业工作重点放到社区。2003年6月，地区劳动和社会保障局按照“劳动者自主择业，市场调节就业，政府促进就业”要求，制定以下再就业扶持政策：1. 鼓励下岗失业人员自谋职业和自主创业。对从事个体经营者，3年内免征营业税、城市维护建设费、教育附加税和所得税，并免收属于管理类、登记类和证照类的各项行政事业性收费。对自谋职业、自主创业或合伙经营与组织起来就业的，可申请2万元左右的小额贷款，限期最长不超过2年，到限期需要延长的，可申请延期1次，贷款利息按照中国人民银行公布贷款利息确定。从事微利项目的，可享受中央财政据实全额贴息，延期不贴息。2. 鼓励服务性企业收纳下岗失业人员。对现有和新办的服务型企业（国家限制的行业除外）当年新招用下岗失业人员占职工总数30%以上，并与其签订3年以上劳动合同的，3年内根据用人数按年度应缴所得税额的一定比例减征企业所得税。3. 对国有大中型企业主辅分离和辅业改制分流安置本企业富余人员兴办经济实体（国家限制的行业除外），凡符合吸纳原企业富余人员达30%以上条件的，3年内免征企业所得税。4. 对大龄就业困难对象的再就业援助。由政府投资开发的公益性岗位优先安排大龄就业困难对象。5. 对下岗失业人员提供免费职业介绍和再就业培训。是年，完善下岗失业人员基本数据库建设，录入1.7万多名下岗职工基本数据。贯彻中发〔2002〕12号文件，免费发放符合条件的7885名下岗失业人员“再就业优惠证”，受理审核下岗失业人员小额贷款1256万元，为从事个体经营的下岗失业人员及安置下岗人员的企业减免税收125万元，免收1327名下岗职工税务登记工本费8万元，促进近2000名下岗职工实现再就业。年内举办培训班22期，培训下岗失业人员1677人、其他各类人员5000余人，促进7210名下岗失业人员再就业；同时，通过开发公益性、企业实施改制改革、主辅分离，开发新就业岗位措施，优先促进668名“4050”人员实现再就业。2004年“五一”劳动节前夕，地市劳动和社会保障局、地市工会、国税、地税及人寿保险公司在毕节市城区南关桥畔举办“五一”送岗位温暖活动，为下岗失业人员搭建就业平台，发放资料1万余份。人寿保险、太平洋保险、恒源超市、市能源公司、金信科技电脑公司、贵州三源喜酒业等9家企业为197名下岗人员提供就业岗位；福建省莆田市与毕节联手，为下岗失业人员提供外送就业机会。2003～2004年，黔西县青龙煤矿安置下岗职工220余人做电工、焊工。是年10月，全地区落实再就业各项优惠政策，促进659名“4050”人员实现再就业。是年共增就业1.59万人，实现下岗失业再就业4966人。劳动和社会保障局与有关部门配合，对从事个体经营或自谋职业的下岗失业人员2796名免收行政事业性收费90多万元，对落实税收优惠扶持政策的2393名人员减免税金220万元，93人获得小额贷款扶持资金117.7万元，组织3600余名下岗失业人员培训计算机操作，汽车驾驶、焊工、厨师、家政服务等技能，促进其有一技之长。地区和县市劳动和社会保障部门在与经贸等部门配合，妥善解决国有企业下岗职工的基本生活保障与失业保险制度并轨同时，建立下岗失业人员再就业信息工程。2005年，根据省劳动和社会保障厅下发文件安排，将全地区供销系统1778名下岗失业人员纳入“再就业优惠证”发放范围。截至11月20日，培训各类下岗失业人员2164人；全地区工商、卫生、城管等部门共为1557名下岗失业人员减免各种行政事业性收费；税务部门为已办理“再就业优惠证”的411名下岗失业人员按规定减税收；为从事公益性岗位的下岗失业人员支付岗位补贴115.7万元。全年下岗失业人员实现再就业4504人，超省下达任务的4.7%；704名“4050”下岗失业人员实现再就业，超省下达任务的56%；共发放再就业小额担保贷款24人26万元。2006年，下岗失业人员实现再就业2974人，“4050”下岗失业人员实现再就业593人；2007年，实现再就业3353人，“4050”实现再就业683人；2008年，实现再就业4322人，就业困难对象再就业1548人；2009年，实现再就业5011人，就业困难对象实现再就业2560人；2010年，实现再就业4624人；2011年，实现再就业9078人。

## 四　劳动力管理

**用工制度**　清末、民国时期，私营手工业作坊、商号普遍实行雇工制度，分师徒制、帮工制、童工养身制、客师制，以师徒制为普遍。学徒3年，谢师1年，其间只供膳宿，不发薪金，谢师期满，给工具一套，或立门户或留下做工。帮工制多在矿场、作坊、商号实现，雇佣从事采矿、冶炼、背抬等笨重劳动，工资由劳资双方认定，工期分长短，少者数月，多者数十年。童工养身制一般招收10岁左右儿童，老板只供食宿，无酬金，养身至18周岁，可走可留。客师制多是手工业作坊聘用有技术专长的人做工，受雇者称客师，根据技术水平，按月付给薪金。商行中常聘用懂经商业务人帮助管理商行，洽谈生意，管理账务，受聘者称先生。中华人民共和国成立初期废除上述各种雇佣员工制度。

1950年，实现大中专毕业生由国家包分配政策，从社会上招收新工人，以固定工为主，并执行不准随意辞退、开除职工的政策。对民国时期遗留下的企业单位职工，实行包下来政策。1952年，毕节专区执行中央和省的指示，成立专区劳动就业委员会，之后，毕节、大定、黔西县相继成立劳动介绍所或劳动服务站，清理失业人员，进行就业登记；介绍部分失业人员到机关、企事业单位工作，组织尚未就业人员组成劳动组，从事临时性工作。1953年，逐步形成统包统分的劳动力管理制度，招工指标由中央分配到省，再由省分配到专区，专区分配到县。1958年，执行中央规定的“两种劳动制度”打破新增工人只能进、不能出用人制度，实行能进能出，亦工亦农，签订劳动合同。除少数掌握比较复杂技术的生产骨干可作为固定工外，体力劳动工、普通熟练工人和简单技术工人一律作为合同工并与其签订合同。1963年，毕节专区执行国务院《关于从社会上招用职工的审批手续的通知》，企事业单位在劳动计划内，可吸收家居城市退休、退职子女顶替和优先录用家居城市子女参加工作；矿山井下、地质勘探、森林采伐工人退休退职或死亡后，其子女不论居住城市、农村都可顶替或优先录用。1964年，金沙、水城县相继制定施行亦工亦农轮换工措施。1965年，毕节专区邮电局招收亦工亦农轮换制乡邮员，水城矿区在织金、水城、纳雍、威宁县共招收3300名轮换工。1966年“文化大革命”开始后，亦工亦农轮换工制度受到批判和否定。

1978年后，区内改革用工制度。改统招配就业制度为在国家统筹规划和指导下，劳动部门介绍就业、自愿组织就业和自谋职业；改革招工制度，实行面向社会，公开招收，考核择优录用；加强职业技术培训，提高劳动者素质，逐步实行先培训，后就业原则。1984年8月，地区劳动人事局制定施行《招收合同制工人的试行办法》。1985年起，废止内招和子女顶替制度。1986年10月1日起，毕节地区贯彻执行国务院《国营企业实行劳动合同制暂行规定》《国营企业招用工人暂行规定》《国营企业辞退违纪职工暂行规定》《国营企业待业保险暂行规定》和贵州省人民政府关于贯彻实施国务院4个改革劳动制度的若干具体规定，对新招工人实现劳动合同制，公开招收、全面考核、择优录用1031名劳动合同制工人；地、县建立合同制职工待业保险和养老保险制度，成立保险机构；地、县建立劳动争议仲裁委员会和办公室，配备专职人员，企业先后制定辞退违纪职工实施细则，建立劳动争议调解组织。1988年4月，地区劳动人事局制发《关于深化劳动制改革的意见》，在区内选择3～4个条件成熟企业作试点，各县选1～2个企业作试点。对企业富余人员实施用工改革，通过企业间余缺调剂，组织多种经营，发展第三产业，集中培训再上岗；对不能坚持生产老弱病残职工作妥善安排。1992年，全地区100余户国有企业实现优化劳动组合，50多户企业推行风险抵押承包。

1993年，毕节地区贯彻国务院《全民所有制企业转换经营机制条例》，施行“国家宏观调控，企业自主用工，多种形式并存，优化劳动组合，全员劳动合同化管理”的用工制度改革，全地区124户9068人，参与内部推行劳动优化组合和全员劳动化管理。其中92户试点国营、合作商业企业有职工5379人，5241人通过考试，平等竞争优化组合上岗；被组合下岗78人；自动停薪留职、自谋职业53人；严重违纪违法被辞退7人。6户企业在实行优化组合试点基础上，推行全员劳动合同化管理。2000余名职工与企业签订岗位合同。到1997年，全地区4.16万名国有企业职工实行劳动合同管理；集体所有制企业的8469名职工签订劳动合同，占1.13万职工的75.3%；三资企业签订合同职工234人，占职工总数73%；私营企业1279名从业人员签订合同，占20%。2001年10月起，劳动管理部门不再审核国有企业定员标准；改为重点调控企业的工资总额及工资水平；组织劳动合同、集体合同制度的实施，负责劳动合同鉴定和集体合同的审核工作。2002年，收集109户企业的5289名职工工资信息，参与310个工种（岗位），制定劳动力市场工资指导价位在《毕节日报》上发表。2003年，全地区国有企业劳动合同签订率达98%，私营企业和个体工商户劳动合同签订率达30%。2005年，地区劳动和社会保障局新鉴证用人单位用工合同1.89万人；集体合同66户，涉及职工4320人；审定5户改制企业的职工安置方案；调查113户企业的4237名在岗职工的工资情况，发布区内劳动力市场工资指导价位，公布省2005年工资指导线和全地区2004年的社会平均工资。

**工人调配** 1952年，全专区贯彻执行《贵州省人民政府劳动就业委员会劳动力统一调配试行办法》，凡公、私营工商企业，机关、学校、团体，需雇用工人、职员及其他人员时，除由政府任免的管理人员与私人企业的资方代理人外，均得报请当地劳动就业委员会统一调配。1958年，区内各县在城乡招收工人，职工人数比1957年增6倍多。1961年起，精简城镇人口和职工，充实农业生产第一线，重点建设所需职工主要从职工内部平衡调剂。1963年，贯彻执行国务院《关于企业、事业单位职工调剂问题的若干规定》，劳动力在本系统难以平衡调剂的，按分级管理原则，报请同级劳动部门调剂解决。1965年，调配职工主要根据生产、工作需要，加强基层充实生产第一线；对家庭特殊困难或夫妻长期分居两地职工，照顾性调配由大城市向小城镇调动；集体所有制职工不得调入全民所有制单位；调动国营农场职工，调入单位必须有增人指标。1974年，地区革命委员会批转劳动局《关于工人调动工作处理意见的报告》规定调动工人必须通过组织联系，从严控制从外省调入职工。1975年6月，地区革命委员会再次规定，除新建单位和生产建设中特别需要的个别技术工人外，暂时一律停止调动。

1981年，执行省劳动局《关于工人调动暂行规定》，控制工人调动，对生产、工作确实需要技术力量和夫妻长期分居，家庭有特殊困难的职工，作适当照顾性调动。1984年，地区行政公署批转《地区劳动人事局关于工人调配问题的暂行规定》，工人调配必须从生产工作的需要出发，调入调出要保持基本平衡，原则为调入从严、调出从宽。调入者以加强基层，充实新建、扩建单位为主；行政单位和亏损企业不得调入工人；非生产单位不得调入或借用生产单位人员；集体所有制单位工人不得调入全民所有制单位；学徒工和试用人员在学徒、试用期不准调动；国营农牧渔场工人不得抽调到其他单位；技术工、熟练工在调动时，一般不应改变工种，更不能改变为非生产人员；照顾性调动只能在生产、工作需要和有接收能力情况下酌情解决。1986年5月10日，毕节地区行署批准施行地区劳动人事局《关于工人调动问题的暂行规定》，强调工人调动坚持调入从严，调出从宽；行政事业单位个别需要调入工人，应在编制数内从行政事业单位之间调剂，尽量减少从企业调入；农林牧渔场和集体所有制工人调入国营单位，必须占用调入单位当年招工指标，并经地区劳动人事部门批准；合同制工人在合同期内、学徒工和试用人员，一般不予调动；技术工人调动，一般不要改变工种或改为非生产人员；照顾性调动在编制允许情况下，分轻重缓急逐步解决；干部调动和军队干部转业，其配偶是国家正式职工，可随同调动；华侨、援外人员、中年知识分子的配偶在异地生活以及身边无一子女的，可优先解决；离退休干部身边无子女照顾，可调1名子女到所在地；夫妻分居15年或年龄在35岁以上要求照顾夫妻关系调动的，可优先解决。

1990年4月，地区劳动人事局贯彻实施国务院《国营企业实行劳动合同制暂行规定》，拟定

《关于进一步加强劳动工资宏观调控的实施办法》规定：1. 跨县、跨地区调动，调入县属单位或地直单位，分别由县或地区劳动人事局审批办理。2. 行政、事业单位调进、调出工人，由主管部门审查同意后，报同级劳动人事部门审批办理。3. 县属单位、中央及省属单位的工人调入地直企业，由地区劳动人事局审批办理。4. 地县属系统内全民所有制企业之间工人调动，由主管部门审批办理，并报同级劳动人事部门备案；跨系统调动的，由同级劳动人事部门审批办理。5. 农林牧渔工人占新增劳动指标调往其他全民单位，必须报地区劳动人事局审批。6. 集体职工占劳动指标调入全民所有制单位（军队转业干部家属是集体工人的安置除外），原则上不予办理，个别特殊技术人才调入必须报劳动人事局审批，现已借用或企业自行调入的必须清退。7. 劳动合同制工人在同一县内不得转移。1993年10月，毕节地区根据国务院《全民所有制工业企业转换经营机制条例》和《贵州省全民所有制工业企业转换经营机制实施办法》及省劳动局有关要求，作出以下规定：1. 在本地区内，企业职工在企业之间调动，由企业自主决定办理，报同级劳动人事部门备案，跨地区调动报同级劳动人事部门办理。2. 从严控制停产、半停产和经营亏损企业调入职工，确实需要，须报同级劳动人事部门审批。3. 集体所有制职工可调入全民所有制企业，但应按规定实行劳动合同制，并到劳动人事部门办理合同鉴证和养老保险、待业保险手续。其以前参加工作的年限必须按规定标准补缴养老保险基金，应补缴的养老保险基金由调入企业缴纳。凡不按规定补缴养老保险基金的，原在集体企业工作年限不计算缴费年限，退休时按实际缴费年限计发退休费。4. 调入企业职工应优先照顾下列情况：夫妻两地分居的、职工（含军队干部）因工作调动随调配偶及符合规定随调子女、职工年老含离、退休职工异地安家后身边无子女照顾的，办理确有困难，可报同级劳动人事部门办理。5. 被调职工的工资保险福利待遇，由调入单位按照国家和本企业有关规定办理。6. 职工具有下列情况之一的，企业可不批准调动工作单位：试用制、学徒期未满的；在培训期间和培训后规定服务期内的；正在被审查处理的。1997年，毕节地区实行国有企业职工全员劳动合同制，劳动部门不再审批企业劳动调配，由企业通过劳动力市场机制和必须要的行政干预，实现劳动资源的合理流动。2001年10月起，工人调配改为依照劳动市场管理法规定和劳动合同制度实行宏观管理。

**劳动定员、定额**　1954年，区内建筑业率先实行劳动定额，后逐步扩大到其他行业。1959年贯彻执行中共贵州省委《关于在工矿企业中进一步整顿劳务组织开展定员编制工作的通知》。1961年，全专区根据省劳动局《关于企业直接生产人员定员的通知》，选择部分企业进行编制定员和劳动定额试点，制定或修订企业编制定员方案和定员、定额标准；贯彻执行中共中央关于压缩企业非生产人员到13%以下的规定，妥善处理多余人员；建立健全劳动定额管理制度。1966～1976年受“文化大革命”影响，劳动定额制度被否定。1978年后恢复。1979年，贯彻执行国家经委、计委《关于做好企业编制定员和劳动定额工作的通知》，在企业中普遍开展定员、定额工作，恢复、建立和健全劳动定额制度，凡是能够计算和考核工作量的人员和班组，均要求实行劳动定额，将多余职工从岗位上减下来，另行安置。1984年起，扩大企业自主权，深化劳动制定改革工作，企业内部实行优化组合。2001年10月起，不再审核企业定员标准，205个国有、集体企业在实行定员定额优化组合基础上实行工效挂钩的管理办法。

**落实工人政策** 1978年，地区及各县劳动工资局按照中共贵州省委、地委安排部署，指定专人负责清理、复查“文化大革命”前和“文化大革命”中受错误处理工人案件。1984年6月，全地区复查涉及工人案1314件，占应复查案件的86%。1987年，落实工人政策工作结束。复查处理时，受冤、假、错案处理的临时工、轮换工、合同工，平反后一般按正常辞退处理，补发辞退费，不再收回原单位工作。被错判刑的，平反后家住城镇的可收回原单位，安排为临时工、轮换工、合同工。在“文化大革命”中被错误处理的，补发其基本工资；“文化大革命”前被错处理的，不计发工资。临时工、轮换工、合同工在错误处理期间工龄，可连续计算。

**劳动争议仲裁** 1986年，地区劳动人事局依据国务院关于《国营企业辞退违纪职工暂行规定》，增设劳动争议仲裁委员会办公室，负责受理审查地直和省属企业与职工发生的劳动争议，调查、取证及调解劳动争议案件。并负责向地区仲裁委员会提请必须仲裁的劳动争议案件；负责审查、鉴证合同制工人的劳动合同书。国营企业设立劳动争议调解委员会或调解小组。1987年7月，国务院发布实施《国营企业劳动争议处理暂行规定》。旋即，省人民政府制发《贵州省贯彻实施国营企业劳动争议处理暂行规定的若干规定》，确定劳动争议的法律程序。是年，地区劳动人事局举办培训班，培训全地区51名劳动争议仲裁人员；帮助189个企业制定《辞退违纪职工的暂行规定》；受理劳动仲裁案7件，调查处理4件。1991年，在地直企业中开展以劳动争议及处理为主的劳动政策、法规知识竞赛，共2000余名职工参加，并对1990年底前签订的1900人、5700多份合同书进行清理、复查、造册登记，进行劳动合同鉴定。年底，共审查办理地直企业2360名合同制工人的劳动合同签证7080份，占应签证数96%以上。审查、办理计划内临时工、季节工劳动合同签订776人2328份，占应签订数的80%以上。1992年起，劳动争议仲裁改会议办案调解制为庭审调解。受理企业、个体经济组织和与之形成劳动关系劳动者的申诉案件。1993年，在企业内推行优化组合和全员合同管理，6户企业基本实现全员劳动合同化管理，共签订2000人的劳动合同。1996年，地区劳动局设置劳动监察与仲裁科。是年，地直企业基本实现全员劳动合同制，签订1.28万名职工的劳动合同，签订率占职工总数98%；全地区4.32万名国有企业职工签劳动合同，占应签人数的96%。8月，毕节地区中级人民法院在劳动局设立执行庭，受理仲裁案6件，结案5件，职工主动撤诉1件。1997年1月29日，行署制发《关于进一步加强我区平等协商签订集体合同工作的通知》，地区及县市劳动部门与工会等部门通力合作推动企业集体签订合同，全年共243户企业签订集体合同，涉及职工2.11万人。是年，受理劳动仲裁案20件，立案17件，结案17件。1998年，全地区共发生劳动仲裁案31件，审理3件，调解处理19件，案外协调2件。

1999年9月，行署调整地区劳动仲裁委员会，劳动局长任主任，办公室设在劳动局。2000年，地区劳动和社会保障局举办培训班，培训各县市人事劳动部门劳动监察人员、地直部分企业工会人员、劳资人员。是年，区内380户企业进行用工年检，通报批评不合格企业，并下发限期整改指令书；对520户各类企业养老、失业保险工资待遇问题进行执法检查，审查鉴证劳动合同850份；指导26家企业签订集体合同；依法妥善处理劳动争议28起。2001年，地区劳动和社会保障局对400多户国家企业进行用工年检，审查和鉴证劳动合同600余份，依法处理劳动争议案

12件；检查督促50余户非公有制企业和个体工商户参加社会保险。2002年，检查用人单位1762个，涉及民工9911人，追回拖欠工人工资5万多元；检查用人单位1967个，涉及劳动者1.79万人，发出监察指令书20多份，办结劳动监察案173件；完善劳动合同管理，国有企业劳动合同签订率98%。2003年，开展妇女权益保护法、民工权益保护、禁止使用童工专项检查，共检查各类企业2355户，涉及用工2.36万人，为农民工追回拖欠工资70余万元；根据群众举报，开展劳动用工监察136件，涉及用工7702人，追回拖欠工资118万元；督促172个用人单位给6758名员工缴纳社会保险费180.2万元；鉴证劳动合同4260余份，国有企业劳动合同签订率保持98%以上，私营企业和个体工商户劳动合同签订率30%。全年共受理劳动争议案142件，结案114件。其中依法裁决80件，调解处理34件。2004年11月起，实施国务院劳动保障监察条例，受理劳动争议仲裁案274件，全部依法办结。地区受理145件，全部办结。为2157名劳动者追回被拖欠的工资226.79万元。督促249个用人单位为3991名劳动者缴纳各种社会保险费764万元。对808户企业用工情况进行年检，帮助8157名劳动者补签劳动用工合同，帮助59名劳动者退回风险抵押金。取缔非法职业中介机构11家，清退16岁以下童工20人。是年12月，毕节地区中级人民法院为154名民工诉控贵阳万利房地产开发有限责任公司，拖欠工资一案开"绿色通道"，免收诉讼费2万余元，经审理为这些民工讨回工资135.34万余元。是年，开展整顿劳动力市场专项监察行动，专项检查建筑工程工资保证金提取、使用童工、农民工工资支付情况，共接受群众举报投诉案234件，立案165件，结案163件。监察用人单位669户，涉及劳动者2.95万人。为1059名劳动者追回被拖欠工资107万元；督促224户用人单位为1.7万名劳动者缴纳各种社会保险费690万元。对763户企业用工情况进行年检，涉及劳动者5.54万人，帮助24名劳动者退回风险抵押金2350元。清退童工6名。纠正违规进行培训单位1家。是年，全地区受理劳动争议案1466件，法定限期内裁决225件，调解241件，办结案率100%。

2006年，全区共受理劳动争议案694件，法定期限内裁决184件，调解532件，案外调解10件；2007年，受理459件，结案398件；2008年，受理1055件；2009年，受理2318件，结案1449件；2010年，受理1751件；2011年受理1670件，结案1538件。

**劳动监察**　1995年3月，地区劳动人事局设立劳动监察科；6月各县、市建立劳动监察机构。全地区劳动监察机构共配备专兼职监察员43人，聘请企业劳动监察联络员21人。是年，共培训专、兼职劳动监察员27人，劳动监察联络员21人。1996年6月，地区劳动局设置劳动监察与仲裁科。1998年5月，地区劳动局受省劳动厅委托，举办全地区第二期劳动监察人员培训班，60多人接受培训，经考核合格，分别颁发"贵州省劳动监察员证"或"贵州省劳动监察助理员证"。2003年，组建地区保障监察支队、县市劳动监察大队。至2005年底，全地区劳动监察机构共接受投诉105件次，涉及劳动者1200人，其中受理52件，全部办结；共年检用人单位1700多户，涉及劳动者9.9万人，督促补签劳动合同2万余份，督促缴纳社会保险费2660万余元。2004～2005年共检查在建工程项目190项，为900多名民工追回工资97万余元；15次专项清理整顿劳动力市场、清理使用童工行为，责令84户用人单位改正；清退风险保险抵押金1万余元，涉及13人；纠正违规培训单位19个；取缔违法中介机构2户。

2006年，劳动保障监察立案182件，结案100%，主动监察用人单位975户，督促147户用人单位缴纳各种社会保险费，对1004户企业用工情况进行年检，帮助1.84万名劳动者补签劳动用工合同，清退童工5名。2007年，监察用人单位4661家。2008年，监督用人单位1330户。2009年，开展农民工资支付，百日安全生产和打击非法用工、人力资源市场秩序整顿等专项检查行动，检查用人单位3008户次。2010年，监察用人单位969户。2011年，监察用人单位1000户。

**贯彻执行《中华人民共和国劳动法》** 1994年，毕节地区行署成立学习宣传《中华人民共和国劳动法》领导小组，组织全地区700多家国有企业和集体企业职工学习劳动法；举办两期劳动法学习班，培训2000多名干部。是年12月，组织8万多名企业职工开展劳动法知识竞赛，采取自查和组队检查方式检查1819户各类企业遵守劳动法情况。通过检查，表彰40户遵守劳动法的企业，对少数存在问题的企业进行批评教育，责令改正。1995年10月17日～12月6日，毕节地区行署组织人员开展用人单位遵守劳动法情况检查。发现企业在裁员中存在违法行为；弱势群体易受伤害；聘用者与被聘用者未订立劳动合同；滞留员工档案；用人单位想方设法躲避社会保险；农民工维权意识差等问题。此后，地区及各县市劳动和社会保障局每年都要结合本地实际明确在实施劳动法工作中有扣押、查封、吊销许可证的权力，做到有法可依，违法必究、抗法必惩。每年通过用工年检，针对用人单位拖欠、克扣民工工资，与有关单位开展工资保障金提取专项检查，明确单位责任，签订责任书，遏制克扣农民工工资问题和群体事件发生；参与企业改制改组工作，把职工安置纳入劳动保障工作职责，抓好弱势群体的就业和生产生活保障问题。劳动行政部门印制企业劳动规章制度范本，发给企业和用人单位，督促建立和健全规章制度，并进行严格审查，提高企业法人遵纪守法意识，减少劳动纠纷投诉人次。严格职业介绍机构和职业培训机构的审批办理，每年进行一次专项检查，防止职业介绍和职业培训中坑蒙拐骗行为，规范劳动市场。

## 五　城镇知识青年下乡参加劳动生产及回城就业

**城镇知识青年下乡参加劳动生产** 1．工作历程。1964年，中共毕节地委贯彻中共中央、国务院《关于动员和组织城市青年和其他闲散劳动力下乡、回乡参加社会主义建设工作》的指示，制发《关于动员和组织城镇知识青年下乡参加农业生产的几点意见》，成立安置城镇下乡青年领导小组，地委常委、副专员张晓光任组长，副专员李仿尧任副组长。领导小组下设办公室，办公室设在劳动局。知青下乡安置工作先在毕节县城关试点，经过宣传、动员、组织，8名青年首批下乡落户。之后，在全专区召开动员城镇知青下乡参加劳动。当年，共动员安置115人。1964～1966年，共动员组织888名城镇知识青年和闲散劳动力下乡插队。1968年2月，省革命委员会批转省生产领导小组《关于1968年全省知识青年上山下乡工作安排意见》，动员年满16岁身体健康的高、初中毕业生和社会青年下乡劳动。是年12月，毛泽东主席发出“知识青年到农村去接受贫下中农的再教育，很有必要”的号召，掀起城镇知识青年上山下乡高潮。1968～1969年，共动员和安置知识青年3565名，回乡知青9276名下乡劳动。1969年，全专区接收安置贵阳市知识青年5000名下乡参加劳动。1970年，毕节地区贯彻省革命委员会《关于进一步做好知识青年上山下乡工作》的指示，组织慰问组深入农村安置点慰问下乡城镇知青，检查安置工作。1973年10月，中共毕节地委召开全地区知识青年上山下乡工作会议，贯彻《中共中央毛泽东主席给李庆霖同志的复信》、国务院《关于全国知识青年上山下乡工作会议的报告》、中共贵州省委《关于省知识青年上山下乡工作会议的报告》精神，根据《贵州省知识青年上山下乡若干问题的试行规定（草案）》和《贵州省1973～1980年知识青年上山下乡初步规划》，规定城镇中学生的分配以下乡为主。除根据有关规定和国家计划直接升学和不动员下乡的人外，其余凡满17周岁的，都动员上山下乡。不动员下乡对象是：病残不能参加农业生产劳动的；独生子女的；多子女身边只留一个子女；中国籍的外国人子女。归侨学生下乡的，主要安排在华侨农场。凡属动员下乡对象任何单位不得作其他安排，招用单位要采取坚决措施，负责清退。1974～1978年，全地区共动员组织城镇知识青年1.4万多人上山下乡。自1979年起，毕节地区贯彻中央及省委指示，不再动员城镇知识青年下乡参加劳动。

2．安置形式。（1）插队。知青插队参加劳动生产，一般以5人以上建立知青点，也有部分1人在1个生产队的。（2）举办集体所有制知青队。1974年，学习湖南省株洲市经验，举办集体所有制知青农、林、茶场，安置下乡知青7283人，占当年下乡知青总数的39%。1975年，全地区共建集体所有制知青场队48个，安置知青1839人。1978年末，知青场队58个，知青2633人，占当年下乡知青的42%。（3）落户国营农、林、牧场。至1978年，全地区累计安置1635个知青到国营农、林、牧、茶场落户，占农村实有知青的11.67%。1977年，根据省农业局、林业局、劳动局、财政局、知青办公室联合通知，根据农场发展需要，将1973年后安置到国营农、林、牧、茶场的知识青年转为农场工人；1977年起，凡安置到国营农、林、牧、茶场知识青年，到场后即为农场工人。（4）干部带队。1974年，各县按照省委批转省知识青年上山下乡领导小组《关于抽调上山下乡知识青年带队干部的意见》；按下乡知青2%的比例配备干部带队，集体青年场队中则可多配一些，带队干部原则上一年一换。1974～1978年，全地区各县先后抽调带队干部数百人。

3．安置经费及粮油供应。（1）安置经费。1964年5月，毕节专区执行省的规定，平均拨发给每位下乡劳动知青经费140元。是年8月31日，中共毕节地委安置小组规定知青插队平均发给每人175元，用于解决住房、生活补贴、家具和小农具购置，当年共拨知青插队安置经费2.01万元。1965年6月19日，执行省的规定，拨发给插队知青平均每人安置经费220元，成户插队平均每人150元。用于建房、生活补助、购置御寒补助、医药费补助；返乡知青安置费平均每人50元。是年，全专区安置771人，拨给经费11.72万元。1968年，省革命委员会规定，凡上山下乡知识青年到人民公社插队的，每人补助230元，到新建场队者每人补助400元，社来社去和家在农村返乡参加生产人员，一律不补助。是年，省拨给毕节地区知识青年上山下乡安置费11.6万元。1969年规定：单身插队每人补助320元；成户下乡插队每人平均在不超过130元标准内酌情补助；投亲插队落户的，分别按单身、成户插队标准计算。1973年，执行《贵州省知识青年上山下乡若干问题的试行规定（草案）》，城镇知识青年回农村老家落户的，到农村插队和到建立集体所有制场队的，每人补助480元；到国营农、牧、渔、茶场的，每人补助400元；1973年前插队的知识青年，生活不能自给的每人补助100元；没有建房的每人补助200元。1979年，执行国务院知青办和财政部规定，到国营农、林、牧、渔、茶场和机关企事业农业基地每人补助400元，由单位使用；到集体知青队每人补助580元。扶持生产资金主要用于扶持独立核算的集体所有制知青队发展生产，属于周转性质，应签订合同办理借款手续。是时，地、县知识青年上山下乡办公室相继配备专职或兼职管理人员，建立会计制度，实行独立核算，管理知青经费。县以下区和公社代管知青经费，实行报账制，建立健全管理制度，保证知青经费专款专用。1974～1979年，全地区累计拨入知青经费570.43万元，累计支出546.8万元。1979年回收结余经费23.73万元。

（2）粮油供应。1968年10月，执行国家粮食部规定标准：每人每月供粮18～20公斤，根据男女不同，体强、弱不同核定口粮；凡上山下乡知青第一个月口粮，由原在单位发给，第二个月起由所在生产队（场）向国家购买；从到安置第二个月起，每人每月油200克，由国家供应；粮油一律供应到第二年秋收时为止。新建场（队）第二年秋收后按国家农场办法供应粮油。1973年8月，全省统一规定，下乡知青口粮，头一年按每人每月20公斤、油200克标准，由国家供应。参加集体分配后，不低于当地单身整劳力的实际吃粮水平。所在社队口粮不足18公斤的，由国家供应补足18公斤。集体所有制知青场队，不能自给的，由社队调剂解决，社队口粮不足18公斤的，由国家供应补足18公斤。到国营农、林、牧、渔、茶场知青，口粮由场安排解决，不能解决的亦按上述标准由国家供应。

**回城安置**　1978年前，依据省下达的专项招工指标，由下乡知识青年所在地的区、公社、生产队推荐选送参与国营、集体企业单位招工，大中专院校招生，党政机关、事业招干。同时，鼓励下乡知青自谋职业。是年底，全地区有下乡知青8549人，其中1972年前老知青554人。自1979年起，贯彻中央及省关于知青回城工作。各县通过全民所有制和集体所有制企业、事业单位招工，劳动部门下达招工指标时规定招录下乡劳动知青的比例，并将招录1972年以前下乡知青作为硬任务保证完成。对已婚的知识青年尽量就近安排到财贸、文卫、交通、轻工等企事业单位、国营农牧林茶场或办得好的社队。与职工结婚的，允许转到配偶所在单位的“五七”工厂，转为非农业户口关系。自谋职业的发给一次性安置费。1981年末，全地区上山下乡知识青年全部安置完毕。

## 六　职业技术培训

**就业前培训**　区内劳动力就业前培训始于清宣统三年（1911）正月。是时，大定府在城北门外斗姥阁设立国立初等农业学校，府城民间人士在南门灵官殿设私立初等农业学校，各招生40人，是年9月结束。

民国4年（1915）9月，大定县创办蚕桑讲习所，招收学员30人，次年4月结束。民国6年（1917），黔西县创办蚕桑女子学堂，教授种桑、养蚕、缫丝技术，兼受国文、修身、刺绣课，当年招学员65人，毕业27人，共办4年。民国7年（1918）3月，大定县创办乙种工业学校，县长挪用办学经费，7月停办。民国25年（1936），改大定县初等中学为大定县立初级职业学校，培训职业有林科、农科、商科，学制3年，当年招林科班1个，学员24人，民国30年（1941）停办。民国27年（1938），毕节县私立豫章小学创办女子职业班1期；民国29年（1940），黔西县新场成立玉屏职业中学；民国31年（1942），毕节县私立弘毅中学开办1期商科职业培训班。

1951年后，专区根据西南局劳动部要求制定培训计划，培训已登记失业工人和知识分子。培训班由用人单位联办，以解决技术工人的统配。1952年10月，毕节专署设立劳动就业委员会，12月20日设立劳动科。1953年1月19日，省劳动局提供培训经费988万元（旧币），开办一期失业人员就业培训班，培训38人。1962～1964年，毕节专区举办培训国营、公私合营、合作企业新招工人培训班，培训安置8664人就业。

1976年，兴建毕节地区水电技工学校、织金县技工学校。继后，各县开办综合性职业中学和民办就业前培训实体，培训财会、木工、民用建筑、家电维修、刺绣、缝纫、医疗卫生、幼儿教育、旅游、乡镇企业、文秘打字、烹调、理发、食用菌栽培、酿造、兽医、烤烟、蚕桑、林果、计算机操作、电力和电器运行、无线电装配、农电、测量业务和技术。1981年10月，地区及各县劳动局增设劳动服务公司承担劳动力管理和待业人员就业培训。是年，根据社会需求培训抽纱刺绣、建筑材料、无线电修理、财会、大理石雕刻技工1165人。1982～1985年，通过自办、联办和推动部门培训，共培训1万余人，其中地县劳动服务公司培训5819人，培训后就业6518人，65%以上就业。1984年，威宁县劳动服务公司率先建设就业训练中心。以后，其余各县和地区陆续建起就业训练中心或基地。1985年9月14日后，地区及各县实施国家劳动人事部颁发《关于就业训练若干问题的暂行办法》，按系统、按行业，多渠道、多层次，采用联合培训、用工培训和劳动服务公司培训方式，培训土建、机械修理、毛纺、钢铁冶炼、烟叶复烤、缝纫、炉前工、服务行业技术业务人员4485人，超省下达任务285人，培训后安置3360人。1987年，省确定毕节县为推广凯里就业培训经验试点县。是年，全地区共培训4726人，完成任务105%，培训后就业4071人；培训工种从原来的10类增加到15类。1988年，全地区贯彻国家劳动部《关于加强劳动就业训练中心工作意见》，招收培训就业学员，实行公开报名，自选工种，经考核择优录取。学习初级技术业务工种一般为一年，熟练工种3～6个月。课程设置：思想教育占10%，专业知识课占30%，技能课占60%，经考核合格发给结业证书。学员结业，不包分配，按“三结合”就业方针，择优推荐就业，或通过劳动市场，择业者与用人单位作双向选择。是年，共培训结业5157人，被全民所有制单位录用808人，集体单位录用3040人，合营、合资、独资企业录用139人，其他录用366人。威宁县培训中心将培训与就业相衔接，终生跟踪调查结业生，受到省劳动局表彰，被省确定为就业试点县。1990年，毕节地区实行《贵州省就业训练暂行办法》，实行就业有偿服务，地县劳动服务公司加强对企业、厂矿、社会团体和私人举办职业培训进行指导。是年，地区劳动人事局制发《关于进一步加强劳动力宏观调控实施办法》，规定各单位需要组织待业青年进行专业培训时，必须经劳动人事部门审批，按照“先招生，后培训，再招工”程序办理。1991～1992年，地区培训中心与振兴机械厂联办两期待业青年机械技术培训班，经考核，结业率达87.6%；与地区麻纺厂、棉纺厂等企业共培训596名待业青年为合同制工人。1992年，金沙县就业前培训工作，经国家劳动部组织西南片区检查组验收，被评为贵州省就业前培训工作优秀试点县；1993年就业前培训数占全地区培训数的40%以上，被评为全国重点培训中心。毕节地区从1994年起，每年就业前培训万余人。

1995年，地区劳动就业办公室贯彻国家劳动部《就业训练规定》，要求各县市在就业前培训中，给城乡初级技术职务求职劳动者、失业职工和需要转换职业的企业富余职工，向非农业转移及在城镇就业的农村劳动者提供就业训练，为妇女、残疾人、少数民族及复员转业军人提供专业就业训练。考核非劳动部门承办的就业中心、班或基地；统一发给地县劳动就业办公室批准承办，工商部门办理手续的民办培训实体，“就业训练资格证书”，并规定定期向劳动就业办公室汇报工作，接受资格年检。是年12月，地区劳动人事局转发国家劳动部“从事技术工种劳动者就业上岗前必须培训”规定，按岗位规模要求培训机械、建筑、交通、电子、内贸、农业、矿山、采选、新闻出版、烹调、西点、美容、美发等技术工种的新工人或个体从业人员，培训后经职业技术鉴定或岗位考核，取得相应的技术等级证书，才能录用、上岗或从业。1996年2月，地区召开的劳动人事工作会议，要求各级政府和有关部门加强就业前培训力度，适当增加培训投入。是年，全地区共培训1.13万人，超省下达任务的41.5%。1997年，国家劳动部颁发《关于实施社区“千校百万”外来务工青年培训计划的意见》、省劳动厅下发《关于对外来务工人员进行培训的通知》，地区和各县市将外来务工人员纳入劳动就业培训计划，就业培训中心分期分批培训外来务工人员。从事技术工种和特种作业人员，在取得相应的职业资格证书后方可上岗。从1998年1月1日起，未经培训的外来人员，不安排就业。1999年，地区劳动就业办公室组织人员检查区内各类社会力量举办的就业前培训实体，要求其规模培训，严格管理。1982～1999年，全地区对11.13万人进行就业前培训，年平均就业率达81.05%。2000年，地区劳动和社会保障局与10余所大中专学校联系，增设就业培训课程，开辟就业培训场所；与各大中专学校相配合，对500余名大中专毕业生进行从业技能培训和技能鉴定；地县及各级劳动和社会保障部门为外地中专、技校组织生源，输送200名适龄青年入学。2001年，地区劳动和社会保障局加大对富余劳动力和下岗再就业职工培训工作。对1227名需要从业人员进行培训和经技术鉴定，确定技术职称，发给结业证和技术资格证书。

2002年，毕节地区贯彻中共中央、国务院《关于进一步做好下岗失业人员再就业工作的通知》，开展劳动力就业前职业培训。是年，全地区共输出各类外出务工人员7.02万人，其中短期培训1.22万人，占输出人员17.4%，占省下达任务数的149%；举办技能培训班，个体工商户的营业员、美容美发、厨师、电工、焊工、汽车驾驶培训22期1200人，其中1077人经过考核取得合格证和资格证；培训国有企业下岗职工，促使399名获得再就业机会。2003年，全地区共举办各类职业培训班22期，培训下岗失业人员1677人，其他各类人员5000余名，并对1.05万外出务工人员进行短期培训。是年，培训120名聘用劳动保障协管员，为基层劳动保障工作开创有利条件。2004年全地区组织开展计算机操作、汽车驾驶、焊工、厨师、家政技能培训，培训下岗失业人员3600余名；短期训练9399人，输出劳动人员占输出人员的13%。通过就业和再就业培训，实现城镇登记失业率控制在4.7%以内。2005年，正式使用职业技能鉴定系统，规范职业资格证书发放。是年，经过培训共有400多人参加职业技能鉴定，取得职业资格证书340人，其中中级工253人，初级工87人。是年，遵循先培训后就业原则，配合山东兖矿集团贵州能化公司招收技校学生520名。

2006年，全区启动农村劳动力技能就业培训，免费培训36期，共培训农村劳动力2.24万余人；2007年，培训农民工3.69万人；2008年，培训农民工1.8万名；2010年，开展职业技能培训1.4万人次，与深圳携创职业培训学校鉴定培训输出1000人的培训协议；2011年，开展蔬菜职业技能培训3.07万人次。

在职职工培训　1．学徒培训。1949年前，以民间手工业匠人带徒培训为主，主要有木工、漆工、泥工、锻工、缝纫等个体经营者带徒培训，学徒期一般为3年。其间，师傅管吃饭，每年给学徒添置一套土布衣服。期满后，师傅给学徒1套工具，让其自谋职业。商业性学徒期满，给师傅经营的商店作坊当员工。1951年8月起，贯彻西南区劳动部《关于如何培养技术工人及实行劳动力统一调配座谈会的通报》，技术工人来源只有订立培养计划，始可解决需求。培养方法，由需人单位自办或由几个有关单位联办技术训练班或师傅带徒培训。培训的技术工人需历史清楚，年龄在14～35岁的高小毕业或具有小学、初中文化程度的工属子女和翻身农民。毕节县新建毛麻厂等国营企业在招收学徒工时，采取一师带一徒或一师带两徒办法，师徒平等，包教、包学、包出师。1956年，贯彻省劳动工作会议决定，从未继续升学的小学、初中毕业生中招收学徒。是年12月，贯彻中共贵州省委批转省劳动局党组关于技术工人培训的报告，在保证完成国家计划的前提下，明确企业对托训和代训的学徒工，应视同本厂职工一样看待，定期完成培训计划。是年，毕节专区兴建贵州软木厂、倒天河水电站、毕节县颗粒肥料厂、毕节和黔西榨油厂，从社会上招收18～30周岁具有高小以上文化青年或辍学学生入厂当学徒。同时，各行业组织的集体企业或商业，从城镇招用部分青年和失学学生当学徒，学徒期一般为3年，学徒期间生活待遇每月13～18元不等。1958年8月后，贯彻国务院《关于国营、公私合营、合作社、个体经营企业和事业单位的学徒期限和生活补贴的暂行规定》，各种学徒期限一般不超过3年，并从签订合同之日算起；对简单体力劳动工种，不实行学徒制度，但所要短期熟练时间由主管部门提出，劳动部门审查后实行。是年，全专区共招学徒工876人，中央和省属企业招收学徒工300多人。1959年，专区和县属企业共招收学徒工1359人。1961年，贯彻中央调整、巩固、充实、提高方针，从农村招收的学徒工和新工人陆续返回农村。1964年，按照省劳动局〔1964〕4号文件精神，毕节专区轻工系统集体企业的手工业老艺（匠）人都带子女入厂、入社当学徒传授技能。1965年，专区所属运输公司、农机厂，大方和黔西县硫磺厂、磷肥厂共招收455名学徒工。1965年、1968年，国家在水城、贵阳建设“三线”企业，在毕节专区招收1860余名学徒工。

1977年、1978年，国家先后对企业学徒工期满后必须进行技术考核，招收工人均要经过学徒期培训进行规定。1979年3月～1981年12月，全地区共安置上山下乡知识青年、城镇待业青年共3.57万人，凡是进入国营企业和集体企业的都安排做学徒工。1986年，毕节地区毛纺厂招收

145名工人，化肥厂招收30名工人，按照国务院发布劳动制度改革的4个文件规定，均录用为合同制工人，学徒3年。1987年1月，贯彻国务院〔1987〕1号文件，学徒在接受培训后，再考核择优录用。1992年，地区烟叶复烤厂、麻纺厂、纳雍火电厂招收686名合同制工人，均接受培训考核后录用。1993年，按有关规定，调整学徒工在学徒期间的工资待遇，学徒期满经考核合格，发给师傅相应奖励。1994年1月，贯彻贵州省职业技能实施办法规定学徒工满学徒期，经职业技术鉴定后，方可转正定级。1997年，地区劳动局规定地直国有、集体企业录用的合同制工人，必须先进行劳动法及配套的规章制度、职工安全常识、职业道德教育培训。职业技能开发科编写出版岗前培训资料。是年11月，地直75名新招合同制工人，经考核合格，录用为合同制工人。1998年4月，根据省劳动厅转发劳动部《关于建立和实施名师带徒制度的通知》，确定在全地区5个企业实施名师带徒，并签订1～3年带徒合同。企业从职工工资总额中提取1.5%比例，以保证名师带徒的实施。截至2005年，各企业内技术工人中，60%以上人员都经过师傅带徒培训。

2．岗位职业技能培训。1950～1980年，企业在岗职工以文化补习培训为主，职工业余文化学习由政府教育部门和工矿行政部门管理。同时，按中央规定，从基层工会经费中拨出75%用于职工文化教育费开支。至1966年，全专区有2.11万名职工参加业余文化补习。1966～1976年，受“文化大革命”影响，停止职工文化教育。

1980年起，职工业余文化补习转向文化、技术双补。经过双补，在职职工文化达到初中以上，对本行业、本工种的技术要应知、应答。此期间，全地区有8万余名职工参加双补学习。1986年，贯彻国务院批转国家教委《关于改革和发展成人教育的决定》，把开展岗位培训作为成人教育的重点。1987年9月后，省人民政府《关于开展岗位培训的试点意见》，将职工教育由文化型转向岗位型，职工培训从文化、技术双补类型，转向以职业技术培训为主。是年底，全地区43个企业开办岗位技术培训班118个，2228人次参加岗位练兵和技术比武活动。1992年，毕节地区劳动人事局执行国家劳动部《关于加强工人培训工作的决定》，有组织企业厂长、经理、矿长、企业财务、电工、电焊工、电梯工、司炉工、家电维修、中式烹饪厨师、矿山安检员进行岗位培训，组织地方电力系统电力线路维修中级工技术培训和实际操作技能比赛，组织全地区企业中、高级车工技术培训和操作技术比赛。1993年5～8月，组织全地区商贸、金融系统初、中、高级工培训，并对中、高级工进行职业技能鉴定。是年，毕节地区11名金融系统职工参加全省技术大比武获贵州省1993年度二类技术能手称号。1995年7月8日，毕节地区行署贯彻《劳动部关于颁发职业技术技能鉴定的通知》《贵州省职业技能鉴定实施办法》和《关于印发1995年全省职业技能开发要求的通知》，成立地区劳动职业技能鉴定中心，负责全地区职工职业技能鉴定。此后，全地区相继成立13个职业技能鉴定所（站），开展劳动技能培训及鉴定初级、中级、高级技术工人和社会从业人员。是年10月，全地区组织机械、化肥、建材、发电、纺织、服装、食品、商业、金融、邮电等行业53个工种，2000余名职工参与全国技能月活动。1996～2000年，共培训4.8万人次，其中对4667名培训合格人员颁发技术等级证书。2001年，共培训鉴定初、中、高级技术工人和社会从业人员1227人，并颁发技术等级资格证书，对500余名大中专毕业生进行从业技能培训及技能鉴定。2002年，开办双职业技能培训班，培训个体工商户的营业员、美容美发人员、厨师、电工、焊工、汽车驾驶1200名从业人员，其中1077人经过考试取得职业资格证或合格证。2004年，组织计算机操作、汽车驾驶、焊工、厨师、家政技能从业人员和下岗失业人员3600余名进行职业技能培训。2005年，全地区正式使用职业技能鉴定系统，规范职业资格证书发放，共有340人取得职业资格证书，其中中级工253人，初级工87人；同时，培训下岗失业再就业人员2164人。2010～2011年间，开展职业技能培训4.47万人次。

**技师评定**　1987年起，执行国家劳动人事部《关于实行技师聘任制的暂行规定》，任用技师按以下条件进行：1．遵守国家政策和法律、法规，有良好的职业道德；2．技工学校或其他中等职业技术学校毕业生，或经自学、职业培训，达到同等技术水平工人；3．具有本工种技术等级标准中高级工的专业技术理论水平和实际操作技能；4．具有丰富的生产实践经验，能够解决本工种关键操作技术和生产中工艺难题；5．具有传授技术、培训技术工人能力。任用技师遵循以下程序：本人申请、单位同意、工人技术考核委员会或技师考评组织考核、评审，发给被考核合格者技师证，单位根据国家规定技师比例限额聘任，聘任期为3～5年。被评任技师者，每月增发20元职务津贴。1988年起，执行《贵州省实行技师聘任制若干问题的暂行规定》，申报、考核，聘任技师。1988年3月，地区劳动人事局成立毕节地区技师聘任工作领导小组。1990年领导小组制发全地区评聘技师的实施办法、工人技师定量考核表。1992年，大方、金沙、织金县和地直农牧局、电力公司、建设局、农机局、水电局共评出51名技师，并由劳动人事部门颁发国家印制的技师合格证书。1993年5月，省劳动局审核批准公布毕节地直有关系统和各县，第2、3批工人技师109名。1994年，省劳动局核准地区振兴机械厂增设工人技师1名。被聘任技师任满5年以上者，在聘用期内退休的，其职务津贴可作为计发退休金基数。1995年3月后，执行省人事厅《关于我省专业技术职务评聘工作问题的意见》，企业单位可自主设置专业技术岗位和聘任在本企业内部有效的专业技术职务；企业内部有效的专业技术职务以及通过社会化评审（考试）取得资格的人员，其职务聘任、岗位职责、工资待遇、由企业自主决定。专业技术职务经常化评聘实行空额补缺；增岗职数，由省直接下达地区。是年，地区工资改革办公室发出《关于国家机关、事业单位技术工人等级考评有关问题处理意见》，规定技术工人1993年9月30日以前满10年以上的，可申报中级工；满20年以上的中级工、高级工可申报技师；获省政府或中央部级授予科技成果奖、技术发明奖的，根据省下达聘任高级技师控制指标可择优推荐评审高级技师。

## 第三节　企业工资管理

### 一　清代及民国时期工资制度

**工食银**　清代，官府实行年俸制，差役、工匠、雇工实行工食银。雍正八年（1730），朝廷批准，贵州布政司在毕节设立宝黔局，为贵州全省铸造方孔小钱，乾隆二十五年（1760）宝黔局迁贵阳；五十二年（1787）在大定建宝黔局，道光十八年（1838）停铸。毕节宝黔局铸钱炉20炉，工匠85人。每炉有炉头1人，炉匠无定数，月产钱币3卯，每卯开支炉头，炉匠工食银12两。其余人员工资为：书办每人月支付工食银1串（相当1两白银），巡阑每月人支工食银1串500文，钱模清字匠每月人支工食银3串，铁匠、木匠每月人支工食银900文，堆兵无工食银，仅领灯油钱。清代龙场九驿和川滇驿道撤驿改铺，铺设铺夫。道光年间，大定府设铺夫27名，共支工食银97两2钱，每年工食银3两6钱；食米折银116两6钱4分。每人每日给米1升，折银1分2厘，小月扣减，遇闰加增。

**月薪制**　民国时期，将工务人员的工食银改为月薪制。工业多以家庭式小作坊为主，雇佣学徒，除供伙食外，仅供少量零用钱。学徒期满，可留下作帮工，工资由劳资双方认定。规模稍大手工业作坊也聘用有技术专长的人做工，根据技术水平，按月付给薪金。商业多以个体商业为主，较大商业仅盐业一家。毕节县城、大定县瓢儿井、黔西县烂泥沟设有八大盐号作盐集散地，每个盐号有雇员几十至百余人。店员工资，月薪13～14元大洋，供伙食；学徒，除供伙食外，每年给浆洗费10元，学徒期满，第1、2年月薪3～5元，第3年7～8元。每年农历正月初五（俗称破五），每家盐号备办筵席，掌柜宣布上年盈亏情况，上年若有盈余，提取1～3成作奖金，根据各人平时表现，掌柜拟定分发数目，用红纸包封，在破五筵席上发放。掌柜、经理的奖金为大洋400～500元，店员一般80～100元，学徒及工人只有20～30元。伙食、理发、医药各费，由盐号全部开支。被解雇店员除上年应得奖金外，不发分文解雇费。民国26年（1937）设立贵州永边区全省区官盐运销营业处，改学徒待遇为月薪制，每月5元，而且视其学习成绩，不受3年满期限制。店员月薪调整为12～18元，工人工资每月8～10元，伙食仍由盐号供给。各盐号除店员外，还雇用大量背盐工。背盐工的报酬自清代以来一直沿用以盐搬盐办法即背盐工从叙永背100斤盐，到毕节后交83斤3两，所余16斤7两为运盐脚价。叙永至毕节320华里左右，背一次盐8～9天，沿途食宿以卖盐为开支后，到毕节所剩无几。若途中被雨淋，使盐溶蚀消耗，交盐时缺斤少两还要折价赔偿。1939年，川滇东路建成前，每天往返叙永至毕节，叙永至瓢儿井运盐背盐工，一般不少于2000人。川滇东路建成后，盐运逐渐改用汽车或马车运输。月薪制一直延续到中华人民共和国成立后。

## 二　企业工资改革与调整

中华人民共和国成立初期，毕节专区除有少数中央及省属企业，其余均为私营小手工业作坊和个体经营商业。作坊一般是厂店合一，店员或学徒工资、补贴、奖金各不相同；有的除供伙食外，仅有极微薄零用钱。1949年12月上旬，毕节专署派出人员接管原国民党第四行政区遗留下来的企事业单位，这些单位实行两种工资制度。由国家派去干部实行供给制一直到1955年7月国务院发布命令废止供给制为止。其供给标准大致与党政干部相似。留用人员、公教人员暂时发给大米，最高每人每月75千克。新参加工作的职工执行薪金制。

1952年底统计，全专区实行供给制人员2309人，实行薪金制人员652人。1952年，首次改革企业工资制度，逐步推行工人八级工资制或多等级工资制，推行员工职务工资制。工资改革分轻重工业，结合企业规模大小、经营好坏、技术水平，划分为三类工资标准：第一类为重工业，包括电厂、煤矿、锌铅矿；第二类为轻重工业，包括纱厂、烟厂、水泥厂、机械厂；第三类为轻工业，包括玻璃厂、火柴厂。暂时实行过渡的十六级工资。是时，毕节专区多属私营手工业作坊，仅省属赫章锌铅矿实行此项改革。改革后锌铅矿实行十六级工资，工资分值为0.215元（折合为新人民币、下同），各等级工资标准为：1级84分，2级91分，3级98分，4级105分，5级112分，6级119分，7级126分，8级138分，9级150分，10级162分，11级178分，12级194分，13级210分，14级230分，15级250分，16级270分。按工资分值计算，最低月工资18.06元，最高月工资50.05元。企业行政管理人员和工程技术人员，原实行供给制的，根据中央和省规定，从1952年起改为包干制；原实行工资制的执行国家机关工资标准。1955年7月，贯彻按劳取酬，同工同酬原则将实行供给制待遇的工作人员，全部改为工资制待遇。

1956年，根据国务院《关于工资改革的决定》，8月起，在全专区国营企业中全面建立工资等级制度，并从是年4月起补发工资。其改革内容是：取消工资分制度和物价津贴制度，实行货币标准工资制度；改进工人工资等级制度，使熟练劳动和不熟练劳动、繁重劳动和轻易劳动，其工资标准差别明显。根据省规定，毕节专区实行一类地区工资标准。企业生产工人工资，除建筑、农林牧场工人实行七级制，汽车驾驶员实行五级制外，其余企业工人统一改为八级制。企业根据隶属关系，按产业分类，实行18种工资标准，县属企业执行16～18种标准。企业行政人员和工程技术人员，根据全省统一拟定职务工资标准，改为国家机关行政人员和技术人员工资标准。通过改革，全专区职工月平均工资由调整前的28.67元提高到37.2元，增29.76%。其中地方国营工业职工月平均工资由23.17元提高到29.84元，增28.79%，国营商业职工月平均工资由29.1元提高到37.84元，增30.03%。1957年2～5月，改革全专区公私合营企业职工工资。县城公私合营企业有的实行多等级工资制度，饮食服务行业多实行提成制或折账制。

1959年，国家决定调整部分职工工资，毕节专区根据省分配的控制指标，给部分老职工升级，并在此基础上，调整工人的工资标准，新、老企业实行统一的工资制度。给1957年底以前参加工作的职工升级，升级面分别为：基本建设为33%，工业、公用事业为30%，汽车运输、邮电业为25%，技术人员和行政管理人员为10%，农、林、水、气象部门的工人和商业部门的业务人员为5%，其他部门的职工原则上不升级，个别调整不超过2%。在调整部分老职工工资的基础上，统一调整地方企业职工工资标准。根据省规定“少数企业略有提高，多数企业不动”原则，执行省制定的工人工资标准，1958年新参加工作的工人，一般实行附加级，企业行政和技术管理人员工资标准，按国家机关工作人员工资标准执行。

1963年，中共中央，国务院决定在完成精简任务后，调整职工工资。调整的工资一律从是年8月份起执行，毕节专区和各县相继成立调资领导小组负责调资工作。调资的主要内容有：1．调整工资区类别。取消一、二类工资区，全地区执行三类工资区标准。一类调三类后增加工资6%。2．职工升级。工人和十八级以下干部（包括国家机关、事业单位和企业）一般按40%的升级面升级，十七级至十四级干部升级面为25%，十三至十四级干部升级面为5%，十级以上干部一律不升级。对多年来未升级，工资偏低老职工予以优先照顾。3．调整工资标准。全专区企业执行省统一制定的工资标准，职工本人原工资低于调整后工资标准最低一级的，一律提高到最低一级，再进行调资；其他等级改按新工资标准执行，符合升级条件的再行升级。工建交企业技职干部按国家机关行政干部和技术人员的工资标准加5%执行。4．调整工资过低的职工工资。工人、职员现行工资低于正式工资标准最低一级的，提到最低一级，取消省原规定附加等级。同时，制定执行国营、公私合营商业、饮食业、服务业人员的工资等级标准新方案。此次调整工资，全专区共增加108.41万元。其中职工升级1.59万人，每月增加工资8.09元，共增49.66万元；经过调整，全专区职工月平均工资从31.5元提高到36.7元，提高16.4%。基建行业增幅最高，增24.21%；金融业增幅最低，增12.7%。9个县中，织金县18.35%，水城县12.35%。全专区职工升级面占36.5%。

1971年11月30日，国务院制发《关于调整部分工人和工作人员工资的通知》，贵州省革命委员会作出补充规定。1972年初，毕节地区按照国务院和省规定，开展调资工作。调资范围是：全民所有制企业、事业单位和国家机关中1957年底前参加工作的3级工，1960年底前参加工作的2级工，1966年底前参加工作的1级工和低于1级工的工人，以及与上述工作年限相同，工资等级相似的工作人员。矿山井下主要生产工人，可分别放宽到1966年底前参加工作的2级工。此次调资一般只提高1级；1957年底前参加工作的2级工，1960年底前参加工作的1级工和低于1级工的，可提高2级，提高1级工资增加金额不足5元的，按5元执行。调资从1971年7月起执行。

1977年8月10日，国务院制发《关于调整部分职工工资的通知》。毕节地区依据通知规定，调整工作多年工资偏低的职工工资。调整的工资范围：1．给1971年底前参加工作的1级工，1966年底前参加工作的2级工，以及与其工作年限相同、工资等级相似的企业干部和商业服务等部门职工升级。2．给1971年底前参加工作的部分职工（不包括17级以上干部和工资相当的其他干部）升级，升级人数不得超过40%。3．给1971年底前参加工作，3、4类工资区现行工资标准低于36元的职工，月工资可增到36元；1966年底前参加工作，工资标准低于41元的，可增到41元。4．调整工资的职工，一般按现行工资级差增加工资，但级差低于5元的，可以增加5元，大于7元的只增加7元。

1978年，根据国家劳动总局《关于给工作成绩特别突出的职工升级的通知》的规定，给全民所有制单位中生产、工作成绩特别优异、贡献较大的提职后工作表现好而工资偏低的人员，进行1次考核升级；对个别学习特别优良的学徒工提前转正定级。升级和提前转正定级的人数，控制在1978年11月底固定职工总人数的2%以内。升级增加的工资从1978年12月起执行。全地区1405人应升级，1401人获升级，月增工资8561.5元，月人均增资6.1元。

1979年9月，国务院决定给部分职工升级和调整部分地区的工资类别。调资原则：1．全民所有制企业、事业单位和国家机关职工，升级面为40%。以1979年10月底职工人数中的1978年底以前参加工作的固定工（包括带工资上学的在册职工）和计划内临时工为基数计算升级面。地区以基层单位完成生产、工作的情况为据分别对待，不平均分配；将不应升级的职工数为基数计算升级指标调给其他职工。2. 升级按劳动态度、技术高低、贡献大小为主要考核条件。充分体现按劳分配原则，反对平均主义。升级职工一般升1级，个别表现突出并有重大贡献的升2级，升级一般按照本人现有工资标准增加工资，级差小于5元的，增加5元。3. 升级职工有附加工资的冲销附加工资。升1级增加工资多于5元的，将超过5元部分冲销附加工资，没冲销完的，在以后升级时再冲销。没有附加工资的职工和新参加工作的职工，一律不发附加工资。4. 调整工资区类别，毕节地区由3类工资区调为4类。此次调整工资，全地区共给3.12万人调升工资，占职工总数41.6%，月增加工资11.79万元，月人均增资5.64元。

1983年4月，毕节地区根据国务院批转劳动人事部《关于1983年企业调整工资和改革工资制度的报告》和贵州省人民政府规定，给企业职工普通增加1级工资。调整工资原则：体现同企业经济效益挂钩，同职工个人劳动成果挂钩；给工资偏低的中年知识分子在升1级的基础上再升1级工资。企业调整工资所需的资金除由国家分配增资指标外，不足部分由自有资金解决。调整工人工资按现行工资标准的级差增加工资；调资干部，在省规定的现行企业工资标准上，按照新拟企业干部工资标准的级差增加工资。调整后的工资从1983年10月起执行。

1985年6月，中共中央、国务院决定改革国家机关、事业单位和全民所有企业的现行工资制度。是年8月，毕节地区成立工资改革领导小组，下设办公室，负责工资改革工作。企业工资改革内容：1.提高工资区类别，调整偏低工资标准。2.以职工标准工资额为基础，就近套入五类工资区三类产业工资标准，再适当向上调整2～3格。3.改革企业内部工资分配，理顺工资关系。按省规定，毕节地区工资区类由4类提高到5类，同时，企业工人工资标准提高2.75%；调整偏低工资标准，轻工业1级工低于31元的，先提到31元，重工业1级低于32元的先提到32元。调整偏低工资标准的资金，由企业在奖金中自行解决。按五类区企业工资标准进行套改，向上就近按贵州省国营企业职工工资标准套入，套到正级为正级，套到副级为副级。全地区企业工资标准分三类产业，一类为钢铁冶炼、矿山井下，二类为化工、机械、纺织和卷烟，三类为商业、物资等，一个企业执行一个工资标准。套改增加工资标准，人均5元以内，套改完毕后再进行工资升级。而后由企业根据按劳分配原则，自主决定分配方式和建立津贴补贴制度。

1986年，国务院决定再给企业适当安排增加一些工资，增资水平按企业职工人均每月1.8元计算增加工资总额，由企业自主安排，增资指标从10月份起执行，并列入企业生产成本。毕节地区按照省安排，给1987年企业职工人均每月增资1.8元，上半年作奖金或浮动工资使用，从7月1日起，用作职工升级。升级职工一般只升1格。升级增资的职工，有保留工资、附加工资和职务补贴一小级。这次调整，升级面在30%以内，人均增资不到6元。另外，国务院决定从1987年10月起适当提高部分中等专业技术人员的工资，调整中年专业技术人员工资，由企业自主决定。根据省政府安排，毕节地区给1985年工资改革以来，企业聘任的工程师、经济师、会计师和统计师累计增资未超过6小级的，可以升1小级工资。实行工效挂钩的企业，增加的工资予以单列，计入标准工资；不实行工效挂钩的企业，增加的工资列入标准工资项下开支。

1990年8月9日，毕节地区劳动人事局召开会议，部署给全地区国营企业部分职工再升一格工资的工作。调资对象是1989年9月30日在册的国家职工，合同制工人和未转正的1971年底前参加工作的计划内临时工，同时适当提高分配到企业处于见习期的大中专毕业生工资待遇。10月底，全地区550个国营企业89.6%结束调资工作，2.37万人应升级，2.36万人获升级，人均月增资5.45元。同时，全地区审批办理20个企业310人的3%奖励升级。

1994年，全地区国有企业有2.45万人调升工资（缺威宁县数字，下同），月增资121.96万元，人均月增资49.72元；集体企业1.07万名职工调升工资，月增资53.55万元。1996年6月，劳动局把企业用工权和工资、资金分配权下放给企业，取消向各县、市和企业下达指令性劳动工资计划。是年，实行工效挂钩的国有企业，给1936名职工升级调资。1998年，根据国家规定，给1519名新参加工作的职工定级；通过考核给2812名职工适当提高工资；给经过职业技能鉴定的1154名合格职工晋升工资。

2001年地区劳动和社会保障局对实行工资总额同经济效益挂钩和工资总额包干的企业进行工资宏观管理。对205户国有、集体实行工效挂钩企业，45户实行工资总额包干管理企业的1386名职工办理升级手续。按企业职工正常增长工资规定给7384名职工增加工资。2002年，收集实行工效挂钩和工资总额包干的109户企业、5289名职工的工资信息，参考310个工种（岗位）工资，制定全地区2002年劳动力市场工资指导价位并在《毕节日报》上发表。

2003年，协助5户企业进行内部分配制度改革；整理录入全地区劳动力工资指导价位信息并在劳动力市场上发布。2004年，地区直属54户企业实行工效挂钩和工资总额包干制，实现内部工资分配制度改革。

## 三　工资总额及管理

**工资总额**　1952年，毕节专区国家机关、事业单位和国营企业职工共1.24万人，工资总额328.48万元。1958年，全专区全民所有制职工增至近20万人，工资总额大幅度增加。1960年，贯彻中共中央调整、巩固、充实、提高方针，精简下放1957年后参加工作的职工。1961年，全专区全民所有制职工5.33万人，工资总额共2079.44万元。1971年，全地区全民所有制职工共6.46万人，工资总额3038.87万元。1975年末全民所有制单位职工27.5万人，工资总额4076.78万元。此期间，年均增职工2093人，增资207.58万元，1978年后，全地区职工人数和工资总额均有较大增长。1980年末，全民所有制单位职工9.79万人，工资总额6715.6万元，比1975年增2638.87万元。1986～1990年，年均增加职工5650人，增资2242万元。1991～1995年，年均增加职工1571人，增资6352万元。1999年，全地区全民所有制职工14.74万人，比1995年减1269人。是年，全地区职工工资总额7.99亿元，比1995年增2.62亿元。2001年国有单位从业人员14.98万人，工资总额11.97亿元。人均年劳动报酬7988元；城镇集体单位从业人员1.42万人，工资总额6782.2万元，人均年劳动报酬4942元。2002年，国有单位从业人员比2001年增967人，人均年工资增541元，平均每月增劳动报酬45.08元；城镇集体单位从业人员1.43万人，人均劳动报酬4946元。2003年，国有单位从业人员15.5万人，比2001年增5150人；劳动工资总额14.93亿元，比2001年增12.48%；人年均劳动报酬9639元，比2001年增1651元，平均每月增137.58元。2004年，国有单位劳动从业人员工资总额17.06亿元，人员平均劳动报酬1.1万元，人均月工资919.92元；城镇集体单位工资总额8375.2万元，人均年劳动报酬6300元，平均每月525元。2005年，国有单位从业人员劳动报酬总额为20亿元，人均劳动报酬1.36万元，平均每月1133.9元；集体企业从业人员劳动报酬总额为6823.2万元，人均劳动报酬7858元，平均每月654.83元。2011年，全区在岗职工年平均工资33084元。

工资管理　1. 国家统一管理。1954年前，多种经济成分并存，地方和企业可因地制宜制定工资制度、办理职工升级、决定工资的管理形式。1954年后，工资管理权限逐渐集中于国家。1956年改革工资制度，职工的工资计划、工资标准、津贴标准和升级，均由国家制定安排；地区、部门职工增减计划，也由国家批准下达。1958年中央向地方下达劳动工资管理权，是年，地方工业企业职工从1957年928人增到5.28万人，年工资总额从244.31万元增到7543.46万元。1961年起，国家实行调整、巩固、充实、提高的国家经济发展方针，恢复集中统一劳动管理，地方和部门的劳动工资计划和超计划增加职工须经国家批准，并对资金提取比例、计件超额作出严格限制。同时，建立工资基金管理制度，保证工资计划贯彻执行。1976年5月，“文化大革命”开始后，国家集中统一管理劳动力的制度受到严重冲击，一整套行之有效的工作制度被废弛。工资管理由集中统一管理逐步转向分级管理和工资基金包干管理。

2. 工效挂钩。1984年，全地区国营企业依照省劳动局《关于国有企业工资总额随同经济效益浮动的意见》，进行工资改革试点。在地区建筑公司实行百元产值工资含量包干；地区百货公司实行工资总额随利润浮动。1985年，国务院决定对企业工资实行分级管理，企业工资总额同经济效益挂钩。是年，毕节地区执行国务院决定，在地区化肥厂、水泥厂、复烤厂、卷烟厂、农机厂实施工资总额随经济效益浮动试点，同时要求各县选择1个具备条件的中型企业进行试点。1988年，全地区实行工效挂钩的国营企业23户，实现税利总额1268.38万元，上缴税利总额772.32万元，分别比1987年同期增55.6%、55.25%。1989年增加工效挂钩国营企业21户，年末实行工效挂钩44户企业，共有职工4625人，占全地区国营企业职工总数的13.74%，挂钩工资总额631.99万元。1991年工效挂钩企业53户，1992年72户，完成挂钩经济效益工资上浮职工6117人，人均上浮工资234.17元；未完成挂钩经济效益，工资下浮1612人，工资共下浮44.11万元，人均下浮工资273.64元。1993年，全地区共有企业683户，实行工效挂钩企业359户，占全地区企业总数的52.56%。1994年，全地区工效挂钩企业380户，挂钩职工3.17万人，其中国有企业职工2.54万人。1997年，全地区工效挂钩企业396户。2000年初，地区劳动和社会保障局制定企业工资工作目标，在地区国有企业和部分改制企业、集体企业中实行，工资总额同经济效益挂钩和工资总额包干；对部分企业实行岗位技能工资试点。是年，全地区397户国有、集体企业中，实行工效挂钩企业276户，工资总额包干121户，其中地直企业工效挂钩43户。2001年，全地区共办理职工升级审批手续7384人。2005年，审核2004年企业工资，调查工效挂钩、工资总额包干113户企业的4237名在岗职工工资情况，制定发布地区劳动力市场工资指导价位。

3. 工资总额包干。1990年，根据国家劳动人事部、财政部对劳动工资管理体制改革精神，在较大企业中推行工资总额与经济效益挂钩管理办法；在暂不具备条件的企业实行工资总额包干办法。企业工资总额包干，实行分级管理，采取自下而上和自上而下相结合的办法进行审核，由企业报同级劳动部门审定，逐级汇总上报，银行监督执行。是年，地直45个国营企业实行工资总额包干，审批指令性工资492万元，指导性工资78万元，单项追加性指标38万元。1991年末，地直37户企业实行包干工资总额，包干工资总额358.06万元。1994年，全地区工资包干企业320户，其中国有企业203户，集体企业117户，职工1.49万人，其中国有企业职工76.47人。包干工资总额2243万元，人均年工资1510元。2000年根据省劳动厅、财政厅〔2000〕50号文件，指导和帮助企业搞好内部分配，加强对执行最低工资保障监督。2001年，指导145户实行工资总额包干企业进行职工工资管理，审核最低工资收入标准和经营者年薪和其他主要负责人的工资标准。办理1386名职工浮动升级审批手续，建立职工工资正常增长机制，全年共办理7384人升级审批手续。2005年，开展对企业职工工资调查，开展工资集体协商试点，为全地区劳动力市场工资指导价位提供依据。

## 四　企业工资分配形式

**计时工资**　企业一般按月发工资，职工全出勤，按月发给标准工资，缺勤或加班、加点工作时，按日工资标准和小时工资标准扣发或加发工资。1999年起，全地区绝大多数企业对职工实行计时工资加奖励制度。

**计件工资**　中华人民共和国成立初期，部分企业和手工业职工工资实行计件工资制，矿山和搬运行业，实行包工工资制。此后，改革工资制度，取消旧的计件工资或包工工资，实行标准工资、劳动定额、工作物等级新计件工资。1956年，贯彻国务院工资改革决定，在企业中推行计件工资。1958年后，计件工资被作为金钱挂帅、物质刺激遭批判，停止实行。1960年，国家劳动部要求地方有条件地实行计件工资制。1961年9月，中共中央发出指示，凡是需要和可能的企业实行计件工资制，毕节专区部分实行计件工资效果好的企业逐步恢复并改进计件工资制。1966年5月"文化大革命"开始后，计件工资再次被取消。1978年12月后，毕节地区在建筑业、手工操作等工种上恢复计件工资制，并逐步扩大实行范围。1988年，省拟定国营企业实行计件工资试行意见，企业可根据生产特点和工作需要，实行直接有限计件、超额计件提成工资和包干工资等形式的计件工资，除计算产品数量外，还考核质量、销售、安全和成本等指标。企业计件超额工资不能突破国家规定的工资总额。区内有条件的企业按以上规定执行计件工资。

**奖励工资**　1950年，毕节专区部分企业实行年终加发奖金办法，1953年取消。1956年，改革企业工资，建立生产质量奖、超产奖、原材料节约奖、安全奖制度，1958年取消。1959年2月，毕节专区按照中央和省的规定，发放1958年跃进奖，奖金总额按12月份工资总额的50%掌握；个人奖分三等，按本人12月份标准工资40%、50%、60%发给，学徒为10元，党政工团负责干部一律不发。1960年春节前，全专区发跃进奖，其标准为生产工人分三等，按本人标准工资的45%、40%和30%发给，学徒工按12元、10元、8元发给；技职人员按技术职务和行政级别分40元、33元、27元、21元、16元、12元发给。是年，根据省人民委员会决定，在工、建、交和邮电企业中建立综合性奖励制度。1961年4月，毕节专署根据省《关于进一步整顿和改进综合性奖励制度的意见》，将实行综合性奖励制度扩大到农场、林场、商业、粮食、饮食、服务等行业的企业单位。其标准为工业、基建、交通、邮电企业为季标准工资总额的20%，月7%；农场、林场、商业、粮食、饮食业、服务业为季15%，月5%；科室人员每半年评奖1次，奖金不超过月标准工资总额的25%。受奖面控制在50%～70%。1966～1976年，“文化大革命”，批判奖金挂帅、物质刺激，把奖金改为附加工资。1971年省确定，除企业领导干部不发给附加工资外，其他职工均可发给，附加工资低于3元的，按3元发给；原执行3～5元发放标准继续发放的企业，新职工可按3～5元发放。

1978年，根据国务院实行奖励制度指示精神，毕节地区先在煤炭、电力等部门试行超产奖和质量奖制度。1979年，企业奖金一般按职工标准工资的8%～10%提取。1983年，国营企业实行第一步利改税，全地区按不同行业、不同企业的产值、营业额、利润等主要经济指标进行考核，根据超额幅度确定奖金水平，把企业的经济效益和发放奖金结合挂钩。1984年，国营企业实行第二步利改税，根据国务院《关于国营企业发放奖金有关问题的通知》精神，国营企业实行奖金上不封顶，下不保底，根据《国营企业奖金税暂行规定》精神，人均年奖金在2.5个月标准工资以内免征奖金税；2.5～4个月标准工资以内，按30%征收；4～6个月标准工资以内按100%征收；6个月标准工资以上按300%征收。1986年12月，全地区国营企业按照国务院《关于深化企业改革，增强企业活力的若干规定》，降低企业奖金税，企业人均年奖金不超过4个月标准工资部分免征奖金税；4～5个月征税20%；5～6个月征税50%；6～7个月征税100%；8个月以上标准工资部分征税200%。同时实行以下奖励制度：1．企业3%晋级奖励。根据1982年国营厂厂长工作暂行条例，部分企业每年奖励升级面从占职工总数的1%提高到3%，所增加的工资计入成本。1987年，规定奖励升级要坚持奖励先进原则，企业必须全面完成或超额完成国家下达的生产经营计划与承担合同才能奖励晋级，工人与干部的升级指标分别计算，互不占用，领导干部的升级面不得超过同级干部的20%，晋级方案经主管部门审核后，送同级劳动部门批准。2．企业试行原材料、燃料节约奖金，奖金计入成本，不征收奖金税，奖金率按考核原材料、燃料价值高低和降低消耗的难易程度确定。3．试行质量奖，1983年起，对获得产品质量奖和对产品质量作出贡献的企业、集体和个人一次性奖励。奖励范围与奖金标准：产品（工程）质量奖，按国家规定，获金质奖、银质奖和获部、省优质产品的，发给企业1.5万元；质量管理奖，评上国家、部级、省级质量管理奖的企业或单位，每人奖金按10～12元提取；优秀质量管理奖：评上全国或部、省优秀质量管理小组，奖金每人按10～15元提取。企业质量奖从企业奖励基金中开支。4．试行企业上等级奖励，1988年对在上等级工作中成绩显著的企业和职工，除授予荣誉称号外，给予物质奖励。5．上等级的企业给予职工升级奖励。分5等，最低4%，最高20%，升级所需资金从成本中列支。从1983年开始，根据国务院通知，实行合理化建议和技术改进奖励。

**浮动工资**　1984年国营企业实行第二步利改税，企业在完成国家计划、增加税利情况下，有权自主使用奖金，发放奖金上不封顶，下不保底。全地区多数企业把职工20%左右的标准工资与奖金合在一起，随企业经济效益好坏上下浮动。企业可用奖金一部分给职工浮动升级，在职工现行的工资等级基础上，根据经济效益和职工技术水平、劳动态度和贡献大小，用企业自有资金给职工升级，升级增加工资计入成本，晋升工资可以上下浮动，国家不予承认。是年，省规定浮动升级面一般不超过20%。随着企业实行工资总额同经济效益浮动后，部分经济效益好的企业浮动升级面逐渐增大，超过省规定的浮动升级面。

**特殊工资** 1．加班工资。中华人民共和国成立后，毕节地区按照国家规定，职工全年有59个法定假日：元旦1天、春节3天、五一劳动节1天、国庆节2天共7天；公休假日每星期1天，全年52天。节日和公休假日工资照发。对节假日需连续性生产或特殊原因出勤的，作为加班及在8小时工作以外从事劳动为加点。1956年，全专区企业根据省和国务院规定，对加班加点职工发加班加点工资。公休假日加班，原则上给予补休，不能补休的，按本人工资标准的150%发给加班工资；在法定节日加班的，按工资标准的200%发给；日常加点的按小时工资标准的150%发给。发放范围仅限于生产工人与跟班职员。1959年，省修改为：春节加班按标准工资的200%发给；其他法定节日、公休假日加班，按本人工资标准的100%发给加班工资。并要求企业严格控制加班加点，职工加班必须经厂长、经理批准，工会同意，报劳动部门备查。1995年5月1日起，国家规定实行双休日制度，每周工作5天，公休日2天工资照发。1999年9月起，国家规定法定节假日为元旦1天，春节3天、五一劳动节3天、国庆节3天。公休日和节假日加班的，按《劳动法》第44条规定，休息日安排劳动者加班工作的，应首先安排补休，不能补休的，则应支付不低于工资的200%的工资报酬。法定休假日安排劳动者加班工作的，应另外支付不低于工资的300%的工资报酬。

2．事假期间工资。1959年，根据劳动部的意见，对企业职工事假期间的工资待遇作如下规定：（1）企业职工，在加班加点时享受加班加点工资待遇的，请事假不发给工资。不享受加班加点工资的行政管理干部和勤杂人员，可享受每个季节请两天事假，工资照发的规定。（2）企业职工结婚、丧假在3个工作日以内的工资照发。以后又陆续规定职工结婚时，双方不在一地的，或职工在外地的直系亲属死亡，需要本人去料理丧事的，都可按路程远近，另给路程假，工资照发。1976年10月后，提倡晚婚、晚育，婚假改为7天，工资照发。

**津贴** 1．补偿性津贴。（1）下井津贴：1963年9月，根据劳动部规定，专区所属煤矿，下井津贴为工人工资10%，县属以下煤矿暂不执行。冶金矿山井下工人参照执行。1965年，煤炭工业部规定，井下采煤掘进工人，每人每天0.6元，井下其他工人每人每天0.4元，按工人实际在井下工作日数发给；干部下井工作，不发井下津贴。1979年冶金部规定，冶金矿山下井津贴按工种、岗位的劳动强度和劳动条件分：甲等每人每天0.6元，乙等0.5元、丙等0.4元。下井津贴均列入企业成本。（2）施工津贴。1964年，根据水利电力部关于在偏僻山区、边远地区从事水电建设工程的职工实行施工津贴的规定和省水电建设工程实行施工津贴的暂行办法，全专区水电施工单位实行施工津贴，每人每天0.2～0.3元。1977年，国家建委通知在建筑安装企业的正式职工中试行流动施工津贴，毕节地区按规定对离开基地外出施工8000米以上距离的，每人每天津贴0.2元；施工地点距离基地较远，公休假日不能返回每人每天0.3元。津贴费用列入工程预算，在建设投资中拨付。1985年，水电施工津贴调整为0.8元，送变电施工津贴提高到1.1元。（3）夜班津贴。1959年企业实行夜班津贴，职工在夜间工作超过23点的可享受夜班津贴，津贴标准为0.2～0.3元；1984年，调整为0.45元；1986年调整为0.7元。企业实行3班制的，中夜班为0.65元，深夜班为0.75元。（4）野外津贴。1964年5月，贵州省根据国务院关于在地质勘探职工野外工作津贴暂行规定，对省内在野外从事地质普查或勘探工作的正式职工和连续工作满3个月以上临时工发放野外津贴。毕节专区属第8类地区，津贴标准为地质普查每人每天0.6元，勘探每人每天0.5元。1989年3月，省地质矿产局根据国家关于调整地质勘探职工野外津贴标准的通知规定，贵州省现行津贴类区分为5～7类。1997年6月9日，地矿部贵州地质局发出《关于调整地质勘探单位职工野外工作津贴标准实施意见》，调整津贴标准。野外工作津贴分4～7类区，威宁、赫章为4类区；毕节、大方、黔西、金沙、纳雍为5类区。4类区野外勘探每人每天7.5元，野外普查每人每天8元；高度流动分散普查，每人每天16元；5类区野外勘探7元／日，野外普查7.5元／日，高度流动分散普查15元／日。（5）林区津贴。1963年6月，根据国家劳动部、林业部对南方各省（区）森林工业林区津贴的意见，省规定在林区从事木材生产、运输、贮存、调拨和在林区从事基建的企业，实行津贴。其标准根据重点林区具体条件和各类人员的不同情况，按工作岗位分为三等，一等每人每天0.22元，二等0.17元，三等0.15元。（6）行车技术津贴。1963年起，根据省规定，驾驶专业客车、驾驶6吨以上大型货车和带拖斗的货车驾驶员，按本人标准工资发给10%的行车技术津贴，行车技术津贴纳入工资基金计划。1964年，根据交通部规定，改为每天1元，不足1天的按1天计算，不足半天的按半天计算。1979年修改营业汽车驾驶员行车津贴标准，按重载行驶的汽车每车公里0.5元，客车每车公里1.8元，技术津贴为每天0.4元。

2．保健津贴。（1）医疗卫生津贴。1980年起，毕节地区根据国家卫生部、财政部、劳动人事部和省规定，对专职从事有害有毒和有传染病工作的职工，按工作量大小、时间长短、防护条件好坏和危害身体健康程度，分3～4类发给津贴，最低每人每月4元，最高每人每月15元。1993年4月22日，省卫生厅、财政厅、劳动局联合发出《关于调整医疗卫生津贴标准的通知》，1级1类每人每月26元，2类22元，3类18元、4类14元；2级1类每人每月22元、2类18元、3类14元、4类10元；3级1类18元，2类14元、3类10元、4类6元。（2）高温津贴。从1978年开始，根据国家劳动部、冶金部规定，发给钢铁和有色金属冶炼中从事高温工种的工人高温津贴。津贴标准分：甲等每人0.2元／日，乙等0.16元／日，丙等0.12元／日。1987年津贴标准调整为0.5元、0.4元、0.3元。高温津贴列入成本开支。（3）有毒有害岗位津贴。1987年，贵州省调整化工系统有毒有害岗位津贴，津贴列入成本开支，其标准为甲等每人0.8元／日、乙等0.6元／日、丙等0.4元／日、丁等0.2元／日。

3．技术津贴。（1）工人技师职务津贴。1987年6月国家劳动人事部《关于实行技师聘任制的暂行规定》，给被聘任的工人技师实行职务津贴，单位人均津贴不得超过20元，个人津贴控每月控制在15～20元之间，企业均按20元标准执行。技师在任职5年以上并在任职期间办理退休手续的，技师职务津贴列入工资基数计发退休费。1993年10月，取消技师职务津贴。（2）中药老药工技术津贴。1987年，给曾获国家医药管理局颁发的老药工荣誉证书，具有技术专长者，发给老药工技术津贴，标准为每人每月15元。

**补贴** 1．粮价补贴。1966年，国务院决定从8月1日起提高粮食统购统销价格，发给职工粮价补贴。毕节专区执行3类工资区粮价补贴标准，每个职工每月补贴3元。1978年7月，全地区职工粮贴标准改为每人每月4元。1979年，调整工资区类别，冲销部分或全部粮价补贴。省决定不扩大现行粮食补贴范围，不提高标准；1979年11月1日以后参加工作的职工，一律不发粮食补贴，并将职工提高工资类别所增加的工资金额的1／4冲销部分粮价补贴。1985年，调整工资区类别，粮价补贴改以新标准执行。毕节地区除个别乡镇和单位执行6类工资区补贴标准为2.1～2.9元外，其余均执行5类工资区标准，每人每月补贴2.3～2.9元。1993年工资改革后，原享受粮价补贴的人员不分工资额多少仍按原标准执行。

2．副食品价格补贴。1979年10月，毕节地区根据国务院决定，发给职工每人每月5元副食品价格补贴。1985年工资改革，7月，取消在职人员和参加工改离退休人员副食品价格补贴，未参加工资改革的离退休人员执行到1993年9月。1988年4月，根据国务院通知，省政府决定发给国营和集体企、事业单位及机关干部职工补贴：地区所在地不超过8元，县不超过6元。1993年10月取消。

3．回族职工伙食补贴。1955年，企业根据财政部、劳动部和国家民族事务委员会规定，发给回族职工每月每人3元伙食补助费，在企业成本中开支。1979年提高为4元。20世纪80年代提高为7元，退休后不再补贴。

4．知识分子生活补贴。1984年7月～1990年12月，中共毕节地委、毕节地区行署决定发给在党政机关、企事业单位的知识分子生活补贴。补贴标准：1955年12月以前参加工作，具有高级技术职称知识分子，月标准工资不满140元的，每人每月补贴30元，但补贴后工资不超过140元；1956年后参加工作，月标准工资不满130元的，每人每月补贴25元，但补贴后工资不超过130元。具有中级职称的知识分子或未评定职称的1966年底以前毕业本科生、1964年底前毕业专科生、1960年底以前毕业的中专生，月工资不满110元的，每人每月补贴15元，补贴后工资不超过110元。有助理级职称，以及未评定职称的1970年底前毕业的本科生、1976年底前毕业的专科生、1966年底前毕业的中专生，每人每月补贴10元。1971年以后毕业的本科生、1968年以后毕业的专科生、1967年后毕业的中专生，以及授予技术员及相当职称的每人每月补贴5元。1991年1月，贯彻省《关于贯彻执行知识分子政策有关问题的通知》精神，对知识分子生活补贴按以下规定执行：1991年1月1日后评聘专业技术职务的知识分子，不再按专业技术职务享受知识分子生活补贴；1990年12月以前评聘专业技术职务的知识分子，按原规定享受知识分子生活补贴，以后也不能随新任职务增加。1991年1月1日后毕业的研究生工作年限满3年、大学本科毕业生工作年限满5年、大学专科毕业生工作年限满7年，1967年1月1日以后的中专毕业生工作年限满15年，每人每月补贴15元。新参加工作的大中专毕业生，见习期不享受知识分子生活补贴，从见习期满下月起，按每人每月5元发给知识分子生活补贴。

### 五　职工生活水平

中华人民共和国成立后，劳动力就业机会增多，职工工资水平、生活水平逐步提高。1952年工资改革，国有企业工人最低月工资为18.06元，最高月工资为58.05元。1956年工资改革，全专区职工月平均工资从28.67元提高到37.2元。赫章锌铝矿井下工人最高，平均每月工资84元。1985～1988年，毕节县连续调整，毕节镇50户职工家庭年人均收入由1985年的582.82元上升到1988年的1069.43元，净增486.61元，增83.49%。1998年，调查230户城镇居民、734人，就业395人，就业负担1.86人，每个就业者人均年收入3205.8元，比1988年增近3倍。1999年调查230户城镇居民，平均每户3.25人，就业1.79人，就业负担1.81人，平均每人每年实际收入为3312.37元。年平均消费性支出2242元。2001年调查270户居民，年平均个人消费3789.02元，比1999年增55.25%。2004年调查270户，平均每户3.21人，每人年总收入5792.45元，可支配收入5626.71元；家庭平均每人总支出5079.92元。其中用于旅游消费，平均每百人支出9102元。2005年，调查城镇270户家庭，平均每户3.24人，人均可支配收入6529.37元，人均消费性支出4619.54元。2011年，城镇居民人均可支配收入16132元。

## 第四节　劳动保险

### 一　劳动保险管理

1951年，毕节专区贯彻执行《中华人民共和国劳动保险条例》（下称《保险条例》）和国家劳动部《劳动保险实施细则修正草案》关于职工在生、老、病、死、伤残等情况下可以享受免费医疗，病、伤、产假工资，养老金，丧葬抚恤及供养直系亲属病、亡等劳动保险待遇的规定，分职工不同状况、享受劳动保险待遇。1954年，由毕节专区及各县工会承担劳动保险业务。1956年，毕节专区执行国务院关于扩大实施劳动保险范围的规定，在国营商业、粮食、森林工业企业职工中实行劳动保险，劳动保险各项费用由实行劳动保险企业负担。由于宣传力度不够，业务生疏，迟交、漏交、不交劳动保险金现象突出，影响施行劳动保险。同时，出现参保企业与非参保企业职工待遇差别扩大。专区工会请示中共毕节地委同意，自1959年1月1日起，停止商业、粮食、森林工业实行劳动保险。1962年，专区工会根据省劳动局《关于劳动保险条例的适用范围和审批手续的通知》，请示中共毕节地委在全专区恢复商业、供销、粮食外贸部门实行劳动保险。1963年，专区酒厂、陶瓷厂、印刷厂、农具厂也相继实行劳动保险，各级工会建立健全劳动保险卡，保证职工享受生、老、病、死、伤、残劳动保险待遇。是年，全地区64户企业参加劳动保险，9975人参保，保险金收入15.8万余元，支出14.31万余元。1964年，全地区90户企业参加劳动保险，1.09万人参保，保险金收入17.49万余元，领取保险金退休、退职68人。1966～1976年，受"文化大革命"影响，企业劳动保险工作混乱。

1978年，恢复劳动保险工作。1980年，毕节地区根据国家劳动总局和全国总工会通知，区内劳动保险业务由地区及各劳动行政部门统一管理，地区及各县工会督促检查基层单位劳动保险业务，处理日常管理工作问题。1986年，毕节地区执行国务院劳动制度暂行规定，设立毕节地区劳动人事局社会保障事业管理科，负责劳动合同制工人养老保险基金的筹集、管理和支付；劳动服务公司承担待业保险业务。1987年4月，地区劳动人事局调查136户全民所有制企业，向中共毕节地委、毕节地区行署作出《改革养老保险制度势在必行》的报告，提出将劳动保险由企业保险改为社会保险，并将固定职工纳入社会养老保险范围建议，职工退休后医疗费、生病住院费、死亡丧葬费、抚恤费、救济费仍由用工单位承担。1992年，地区劳动人事局根据国家《关于发布私营企业劳动管理暂行规定的通知》，制发施行《毕节地区集体企业职工退休费用社会统筹意见》。之后，区内各县逐步将私营企业、集体企业职工养老保险纳入社会统筹范围，待业保险参照国营企业制度执行。是年，制发施行《毕节地区全民所有制企业临时工社会养老保险试行办法》。1993年，贯彻国家劳动部《关于进一步改善和加强外商投资企业劳动工作的通知》，对外商投资企业中方职工实行养老保险和待业保险。1997年底，全地区国有企业实现全员劳动合同化管理，1998年，建立起统一的养老保险制度和征缴养老保险制度。1999年，国务院《关于建立城镇职工基本医疗保险制度的决定》，根据《贵州省建立城镇职工基本医疗保险制度实施规划》，要求区内所有用人单位都要参加医疗保险。9月11日，地区劳动局发出《关于建立企业退休职工增减报告制度的通知》，要求各县从10月1日起，建立离退休职工增减报告制度，要求各企业离退休职工增加或减少，必须从增减之日起20日内报劳动局保险科，便于及时核定养老统筹基金数。2001年7月9日，毕节地区行政公署批发《毕节地直建立城镇职工基本医疗保险制度暂行办法》等8个配套办法，是月11日印发《毕节地区城镇职工基本医疗保险制度实施方案》的通知。按照国家、省和地区行署的决定，全地区启动城镇职工医疗保险制度改革，规定所有用人单位都要参加医疗保险，地区劳动局为医疗保险统筹单位。2003年，国务院颁布《工伤保险条例》。2005年3月21日，毕节地区行署下发《毕节地区实施工伤保险条例暂行意见》。2005年3月，召开全地区工伤保险工作会议，确定自4月1日起，全地区启动工伤保险社会统筹。12月29日，毕节地区行政公署办公室下发《关于批转地区劳动和社会保障局关于〈毕节地区煤炭开采企业参加工伤保险社会统筹实施意见〉（暂行）的通知》，要求全地区自12月1日起实施。

2006年，全区启动生育保险工作。2007年，全区8个县市基本医疗保险制度改革全面启动并进一步完善；煤矿行业工伤保险工作推动社会统筹，全区6.47万人参保，征缴工伤保险费1185万元；出台社会保险基金监督管理工作的意见。2008年，代行署拟订《关于做好被征地农民就业培训和社会保障工作的实施意见》；对全区企业职工基本养老保险和失业保险实行地级统筹；建立煤矿工伤保险和商业保险相结合的煤矿职工工伤救援保障体系；制定《毕节地区城镇居民基本医疗保险实施办法》，正式启动城镇居民医疗保险工作。2009年，启动集体企业社会保险工作、新型农村养老保险试点工作，出台了商贸、餐饮、住宿等服务行业农民工参加工伤保险的通知。2010年，全区进一步规范城镇居民基本医疗保险工作。2011年，对地直单位城镇职工医疗保险政策进行调整，提高报销比例。

## 二　养老保险

1958年，毕节地区执行《国务院关于工人、职员退休处理的暂行规定》和实施细则，条件是：1. 男工人、职员年满60岁，连续工龄满5年，累计工龄满20年；女职工年满55周岁，连续工龄满5年，累计工龄满15年。2. 从事井下、高温和其他有损健康工种男职工，年满55周岁，累计工龄满20年；女职工年满45周岁，连续工龄满5年，累计工龄满15年。3. 身体衰弱丧失劳动能力，经鉴定不能继续工作，男职工年满50周岁，连续工龄满5年，累计工龄满15年；女职工年满45周岁，连续工龄满5年，累计工龄满15年。4. 身体衰弱丧失劳动能力，经鉴定不能继续工作的工人，年龄不限，连续工龄满5年，累计工龄满25年。5. 专职从事革命工作满20年，体弱自愿退休者，退休年龄不限。按以下规定享受退休待遇：符合第1、2项，连续工龄5～9年，每月发给本人标准工资60%；10～14年，发给本人标准工资65%；15年以上，发给本人标准工资70%。符合第3、4项，连续工龄5～9年，发给本人月标准工资40%；10～14年，发给本人月标准工资50%；15年以上发给本人月标准工资60%。符合第5项，每月发给标准工资70%。对社会有特殊贡献的工人、职员，报上级主管部门批准，退休费可酌情提高，提高幅度不得超过本人工资15%。经鉴定确认工人、职员因工残废，完全丧失劳动能力，退休后企业按《劳动保险条例》规定办理，对退休后饮食起居需人扶助者，发给本人工资的75%；不需要人扶助者，发给本人工资的60%。工人、职员退休后，在6个月以内前往居住地车旅费，由单位照规定按现行政经费开支；6个月以后前往居住地车旅费个人自付。职工退休后，由企业行政发给退休证。退休人员重新参加工作，并有固定收入，其固定工资超过本人退休前工资，超过部分在退休费项下扣除。退休人员违法被判刑，停发退休费，收回退休证。符合以下条件，办理退职手续。1. 经劳动鉴定委员会或者医师证明，不能继续从事工作，在本企业、机关确实无轻便工作可分配，又不符合退休条件者。2. 本人自愿退职对本单位或工作并无障碍者。3. 连续工作不满3年，因病或因工负伤而停止工作时间满1年者。4. 录用后6个月以内，发现原来有慢性疾病，不能坚持工作者。享受以下退职待遇：工人、职员退职时，由企业1次发给退职补助费。标准为连续工龄不满1年者，发给1个月本人工资；1～10年，每满1年，加发1个月本人工资，从第11年起，每满1年，加发1个半月本人工资。符合退职第1项条件者，另加4个月本人工资；符合第3项条件者，另加发2个月本人工资。工人、职员退职时，本人和供养直系亲属前往居住地点途中所需车船费、行李搬运费、旅馆费和伙食补助费，由所在企业、机关按本单位现行行政经费开支规定办理。1962年9月3日起，专署劳动局执行省劳〔1962〕250号通知规定，按以下标准发给退职人员退职补助费（不包括安家补助费）：不超过300元的一次发清，300～1000元分两年发给，超过1000元者，分3年发给。1963年9月25日，国务院、劳动部关于从社会招用职工规定，企、事业单位在劳动计划内，可吸收家居城市退休、退职子女顶替和优先录用死亡职工家居城市子女；

对于矿山、井下、森林采伐、地质勘探退休退职职工死亡后，其子女不论居住城市或农村，都可顶替和优先录用。1964年初，地区工会制发《关于退休职工生活困难的救济问题》，要求各县总工会和基层工会应与民政部门联系给予救济，工会可从劳动保险基金中给予适当补贴。补助标准，居住工矿区退休职工，按工矿区一般职工生活水平补贴；住城镇街道按城镇市民生活水平补助。1965年10月16日，毕节地区根据省劳动局、省总工会通知，企业中老干部退休费从8月28日起按本人工资100%发给。1966年，全专区按照国家财综字340号文件规定，退休职工同在职职工一样，每人每月发2.5～3元粮价补贴。1966～1976年“文化大革命”期间，职工退休工作一度停顿。1976年9月，贯彻贵州省革命委员会制发〔1976〕22号文件，恢复职工退休工作，并吸收其子女顶替。

1978年，贯彻执行《国务院关于工人退休、退职的暂行退职办法》《国务院关于安置老弱病残干部的暂行办法》，办理职工退休手续，并享受相应待遇。1. 中华人民共和国成立前参加工作，按参加革命时期规定待遇；中华人民共和国成立后参加工作，干部按工作年限、工人按连续工龄均在10年以上规定退休待遇。退休费由原来工资的40%～85%，提高到60%～90%，退休费低于25元者，按25元发给。2. 因工致残完全丧失劳动能力者，不论工作年限和工龄长短，凡是饮食起居需人护理者，发给本人标准工资90%的退休费，并加发1个普通工人工资的护理费；饮食起居不需要人护理的，退休费为本人工资的80%。3. 获得全国劳动英雄、劳动模范称号，退休、退职可酌情提高退休、退职费5%～15%，提高标准后不得超过本人原标准工资。4. 患二、三期矽肺病离职休养工人，可提前退休，退休费为本人标准工资的90%，并享受矽肺病人离职休养待遇。5. 退职补助费，改按月发给本人标准工资40%退职费，低于20元者，按20元发给。6. 离休、退休干部，工人易地安家，一次发给相当于本人两个月工资的安家费。是年，贯彻国发104号文件规定：获省人民政府以上表彰的英雄、劳模，退休后工资待遇享受100%。从1979年1月起，毕节地区合作商店退休人员、集体所有制退休工人，退休待遇比照国有企业现行标准执行，其退休费不得少于20元。

1981年后，贯彻国劳总计字71号、国发164号文件规定，办理退休职工的相关事宜：1. 凡是符合退休、退职条件者，应动员其退休、退职，如果生产需要，必须缓退，要经上级主管部门批准，未经批准超过退休年龄继续工作时间，不计算连续工龄。2.工人退休、退职，严格按照1978年国务院颁布的两个暂行办法管理，退休年龄不能放宽。因病提前退休，必须经医院证明，劳动鉴定委员会认定。3. 退休后一般不能在原单位工作，其他单位需要聘用，需由原单位、聘用单位和退休工人三方签订合同，劳动部门批准后，方可聘用，退休待遇由原单位继续发给，聘用单位除发给补差外，还可视其工作成绩适当发给奖金。1982年1月起，根据国家规定，区内国有企业退休、退职职工原享有附加工资的，退休（职）费可以本人标准工资作基数计算退休费或退职生活费；有保留工资的，其保留工资额，在本人标准工资50%以内部分，可合并作基数计算，超过部分不能作基数。1983年，贯彻国家劳动人事部《关于建国前参加工作的老工人退休待遇的通知》，中华人民共和国成立前在中国共产党领导下参加工作的工人，退休后除照发本人原标准工资外，属1945年9月2日以前工作的，按以下标准发给生活补贴：1937年7

月6日前参加工作的，退休后每年增发两个月本人原标准工资；1937年7月7日至1942年12月31日参加工作的，退休后每年增发1.5个月本人原标准工资；1943年1月1日至1945年9月2日参加工作的，退休后每年增发1个月本人原标准工资。享受退休待遇和生活补贴的工人，其政治待遇及其他保险福利待遇与一般退休职工相同。是年8月起，国有企业退休、退职职工每月每人增发5元生活费。1984年9月，毕节地区贯彻黔府发〔1984〕67号文件，按以下标准调整提高离退休职工退休费：1949年10月1日至1952年年底参加工作的职工，退休时工龄满30年以上，退休费为本人标准工资的95%；退休时连续工龄满25年不满30年，按本人标准工资85%发给。1953年1月1日后参加工作的职工，退休时连续工龄满30年以上，按本人标准工资的85%发给。1985年5月，企业根据自身负担能力，对离退休职工每人每月增发12元生活补助费。1986年11月起，改为企业根据效益情况和承受能力，在12～17元之间调整，并报主管部门备案。

1986年10月1日起，执行《国务院关于发布改革劳动制度四个规定的通知》，劳动合同制工人的养老保险基金，由企业缴纳合同制工人工资总额的15%，由企业代扣代缴合同制工人月标准工资的1%；由劳动人事局负责其筹集、管理支付。地县劳动人事局社保科（股）将养老保险基金存入银行，并按城乡居民个人储蓄存款利率计算，利息一并计入合同制工人养老保险基金项下。合同制工人退休后，按月发给退休养老金直至死亡。其退休费标准，根据缴纳退休养老金年限长短，金额多少和本人工作期间平均工资收入的比例确定。对缴纳退休养老金年限较短的合同制工人，退休费用可一次性发给。同时，毕节地区相应作出以下规定：1. 合同制工人养老保险金从报到领取工资之月起缴纳；2. 经批准转移单位的合同制工人，养老保险基金随本人转移；3. 合同制工人事假期间无工资，由单位按月垫交个人缴纳基本养老金；4. 被除名、开除的合同制工人，养老金不退还，再次参加工作，前后缴纳养老金年限可合并计算；5. 出国或前往港澳定居的合同制工人，缴纳养老金不退还其亲属。合同制工人退休养老待遇，包括退休费、医疗费、丧葬补助费和供养直系亲属抚恤费、救济费。从1988年1月起，全地区给全民所有制单位离退休人员，每人每月发给生活补贴费5元；集体所有制企业，经济条件允许，可参照执行。从是年4月起，地区根据省人事局、劳动局、财政厅《关于给未参加工资改革的离退休人员发给生活补贴费的通知》，每人每月增发生活补贴6元；5月行署执行省人民政府〔1988〕29号文件规定，发给地区所在地国有企业离退休职工每人每月物价补贴8元；县属国有企业离退休职工每人每月发6元物价补贴。1989年3月，区内实现以县为单位国有企业固定职工社会养老保险统筹。各县根据支付费用实际需要和企业、职工承受能力，按在职职工和离退休职工工资总额的21%～29%缴纳，由企业开户银行代扣缴后转入社保科（股）在银行开设的退休养老金专户并计入利息，企业逾期不缴纳养老保险基金，按规定加收滞纳金，企业养老保险基金在所得税前列支。是年3月，毕节地区行署拟发《关于发给退休知识分子书报费、资料费的通知》，企业退休知识分子参照通知执行。10月1日，执行国发〔1988〕82号文件，将职工退休费最低保障数由原30元提高到50元；将因工（公）致残退休职工退休费最低保证数由40元提高到60元；将退职生活费，由最低保证数25元提高到50元。1990年1月31日，地区行署决定给1985年未参加工资改革的离退休人员，按本人离退休时工资级别向上加一档次差额增加离退休金，增加差额不足15

元者，按15元增加。是年5月，执行省劳动局《关于使用职工待业保险金》规定，凡政府批准关停企业中离退休人员的离退休金，已实施离退休养老保险统筹的企业，在统筹金中支付；未实施离退休金统筹的企业，离退休金从待业保险金中支付，支付标准按省有关规定执行。1990年1月1日起，执行省劳动局、财政厅《关于给企业部分离退休人员增发生活补贴费的通知》，按以下标准发给：中华人民共和国成立前参加革命工作离休干部和退休工人生活补助费，地属企业每人每月增发6元，县属企业每人每月增发5元。

1992年，地区劳动人事局制定施行《毕节地区社会劳动保险财务管理的暂行规定》，对国营企业合同制工人养老保险基金、固定职工养老保险统筹基金及管理费实行专项储存、专款专用、不得挪作他用。4月，贯彻《国务院关于企业职工养老保险制度改革决定的通知》，要求1992年全面推行养老保险统筹。5月，地区劳动人事局发出《加强全地区社会养老保险制度改革宣传工作的通知》，要求企业从1992年4月1日起，职工个人按月标准工资的3%缴纳基本养老费；在县统筹基础上逐步向地级、省级过渡。12月16日，地区劳动人事局制发《毕节地区全民所有制企业固定职工离退休费用地区统筹暂行规定》，养老金统筹范围含地、县所属全民所有制企业和省属在区内全民所有制企业；对新建的全民所有制企业，从验收投产经营之月起即纳入统筹。统筹对象为参加统筹单位所有固定职工，离退休和退职人员。养老保险基本筹集，按在职职工工资总额和离退休费总额之和的26%收缴基本养老保险金；职工个人缴纳养老保险金由企业按工资3%比例在工资中扣缴，并记入《职工基本养老保险手册》。是年，省政府《贯彻国务院关于企业离退休人员增加离退休金的通知》，给1985年未参加工资改革企业离退休人员，每人每月增发10元离退休金；全民所有制企业离退休人员，按本人月基本离退休金的10%增加离退休金。离休人员增加不足12元的，按12元发给；退休人员不足10元的按10元发给。是年，按省劳动局补充通知规定，对离休干部和退休老工人每年增发1～2个月离退休费，可作增加离退休金增发基数。是年，全地区共办理1.07万名离退休人员增加离退休金手续，月净增离退金15.7万元。

1993年1月8日，地区劳动人事局制发《关于严格执行企业职工退休条件的通知》，职工退休工作一律收归劳动人事部门所属社会保险机构审批。是年3月，地区劳动人事局行文规定，凡缴纳养老保险费职工，一律统一使用劳动部门印制的《职工养老保险手册》。5月起，执行劳动部《关于严格按规定办理职工退休的通知》，规定职工退休，由主管部门审查，地、县劳动人事部门审批。8月，贯彻省劳动局《企业补充养老保险实施办法》关于企业发放奖金或效益工资达到征收奖金税或工资调节税起点的，都要参加补充养老保险的规定。补充养老保险由社会保险机构办理，所需管理费按有关规定执行。补充养老保险免征奖金税和个人收入调节税。11月，贯彻贵州省16号文件规定，中华人民共和国成立前参加工作的老工人退休待遇，比照中共贵州省委组织部、老干部局、省劳动局、财政厅《关于给我省企业离休干部增发生活补贴费的通知》规定执行。其执行时间和标准为：从1993年7月起，凡第一、二次国内革命战争时期参加工作的，每月增发70元，抗日战争时期参加工作的，每月增发60元，解放战争时期参加工作的，每月增发50元，所增发经费在企业管理费中解决。是年，参照中共毕节地委、行署制发《关于党政机关、事业单位人员分流工作的总体方案》，企业实行内退制度。在不影响正常工作的前提下，凡年满50岁以上（含50周岁）或工龄25年的中老年职工，本人自愿，经单位批准，可内退，发给退养金。退养金为现职除奖金以外工资的80%，到规定退休年龄时，再办理退休手续；内退期间，如遇调资或评定技术职称，又无特别规定，可参与同等条件职工调资或评定技术等级职称，增资部分按比例计入退养金。是年，为700多名退休职工提高5%退休补助费，给70岁以上的离退休人员增发20元高龄补贴。

1994年2月，执行国务院《关于调整企业离退休人员离退休金的通知》，按以下时间和标准给离退休人员增加退休金：国有企业1993年9月30日以前离休人员，从1993年10月起分别按下列标准增加离退休金：1978年12月前离退休人员，每人分别增加100元离休金、60元退休金；1985年工资改革前离退休人员，每月分别增发70元离休金、30元退休金；1993年10月1日前离退休人员，每月分别增发60元离休金、20元退休金；1993年10月1日后离退休人员已实行以岗位技能工资为基数计发离退休金，不再增加离退休金。8月28日，执行国务院〔1994〕9号文件规定：1993年10月1日～12月31日离、退休人员，从批准离、退休次月起，分别增加60元和20元离退休金；中华人民共和国成立前参加工作的老工人，按100%工资发给。所增离休金从企业管理费中列支，特困企业由银行贷款同级财政贴息解决。是年9月，毕节地区行署制发《关于解决地直企业离休干部离休金和医疗费问题的通知》规定：在1993年10～12月，企业离休干部所调整的离休金额，由社会保险机构计发；1994年1～9月，调整金额由地区财政支付。从1994年10月起，地直企业离休干部离休金和医疗费，由地区财政列入计算，拨入企业主管部门负责支付和决算，并要求各县市参照执行。10月1日前，给地直企业157名离休人员办理手续，平均每人每月增资177.17元。10月，地区劳动人事局制发《关于毕节地区机关事业单位工资改革后缴纳合同制工人养老保险金有关问题的通知》规定：1. 机关单位实行劳动合同制的技术工人，单位缴纳部分按岗位工资、技术等级工资、奖金、津贴之和的15%计缴；个人缴纳部分按岗位工资、技术等级工资和奖金之和的3%扣缴。2. 机关劳动合同制普通工人，单位缴纳部分按岗位工资，奖金和津贴之和15%计缴；个人缴纳部分按职务工资、级别工资、基础工资和工龄工资之和的3%扣缴。3. 事业单位合同制普通工人，单位按等级工资和工改办按比例提高活工资之和的15%计缴；个人按3%扣缴。4. 事业单位合同制工人“以工代技”人员，按技术人员或管理人员套改的，单位按专业技术职务工资和津贴补贴或职员职务工资加津贴补贴的15%计缴；个人按专业技术职务加按比例核定活工资的3%扣缴。以上规定不含发给职工个人交通费、洗理费、医疗保健费、独生子女费。区内国有企业单位，按上述规定执行。11月，毕节地区化肥厂等企业率先实行全员劳动合同制改革、工资改革和养老保险制度改革。是年，行署批准地区劳动人事局制发《地直集体企业养老保险暂行办法》并施行。

1995年，全地区国有企业离休人员离休费全部纳入财政开支。据大方、黔西、金沙、织金、纳雍、赫章县统计，327户国有企业中的离休人员按行政机关套改离休金。10月起，根据贵州省劳动厅《关于1995年调整企业离退休人员基本养老金意见的通知》，按以下规定增发退休人员退休金：1949年10月1日后参加工作，连续工龄满40年以上的退休人员，每人每月增发

35元；连续工龄满30年不满40年人员，每人每月增发30元；连续工龄不满30年，每人每月增发25元；退职人员，每月增发15元。所增加基本养老经费，参加退休社会统筹人员由社保机构从统筹金中解决；未参加退休费用社会统筹人员，按原资金渠道解决。对每年享受1～2个月生活补贴的离休干部，每人每月增发40元，从1995年7月1日执行。是年10月18日，贯彻执行国务院《关于深化企业职工基本养老保险制度的通知》，个人缴纳比例随职工工资的增长每两年增加1个百分点，职工个人缴费最高不超过本人工资的8%。1996年5月起，贯彻国家劳动部《关于企业职工基本养老保险基金转移问题的通知》，职工在统筹范围内流动时，只办理职工养老保险关系的转移，养老保险基金不转移；职工跨统筹范围流动，办理基本养老保险基金和职工养老保险关系转移，基本养老保险转移金额为个人账户中个人缴费部分本息之和，企业按个人比例缴纳划入部分不得转移，并入社会统筹基金。8月19日，行署制发《毕节地区深化企业职工养老保险制度改革的实施意见》及《毕节城区企业职工基本养老保险社会统筹与个人账户相结合实施意见》规定：1．基本养老保险费筹集，包括国有、集体及其他各类企业及职工，企业以上年度职工（含离退休人员）以月工资总额为基数，按县、市人民政府规定的比例，向当地社会保险机构缴纳职工基本养老费；职工本人按当地市、县政府规定以上年度月平均工资的3%，由企业代扣代缴，以后每两年提高1个百点，最终达8%。职工月工资超过职工月平均工资300%以上部分，不计个人缴纳基数；低于60%的，按60%作缴费基数。已离退、退职人员，个人不缴纳基本养老费。职工个人缴费不征所得税。基本养老保险费发生困难时，由同级财政予以支持。1997年起，每年按财政收入的0.5%存入政府养老基金专户，用于职工基本养老保险。2．以职工身份证号码建立个人账户：企业和职工个人缴纳基本养老金，由企业按一定比例记入账户，职工退休退职时，按手册记载缴费工资和个人账户储存额为基数计发基本养老金。职工退休前或退休后死亡，个人账户未领取或未领完的余额中个人缴费部分，按规定发给职工指定受益人或法定继承人；从企业缴纳的基本养老保险费中划转记入部分，归入社会统筹基金。3．社会统筹基金用于：《实施意见》实施前退休、退职人员养老金；实施后退休人员基本养老金中社会性养老金；退休、退职人员个人账户储存额用完后继续支付部分；建立退休、退职费正常调整机制增加的基本养老金；管理服务费用。4．基本养老金计发办法：（1）《实施意见》实施前参加工作，缴费年限满10年或实施后参加工作，缴费年限满15年人员，可享受基本养老金待遇，按月领取基本养老金。（2）基本养老保险金计算：实施意见实施后参加工作缴纳基本养老保险金人员为月基本养老金＝社会性养老金+个人账户养老金；实施意见前参加工作缴纳基本养老保险费，实施3年后退休人员月基本养老保险费、实施3年后退休人员月基本养老金＝社会性养老金＋个人账户储存额×系数÷120（系数根据工龄和缴费年限确定）；《实施意见》前参加工作缴纳基本养老保险费，实施后3年内退休人员月基本养老保险金＝按改革前计发办法计发的养老金＋个人账户储存额÷120；实施意见前参加工作，缴费年限不满10年，或实施后参加工作，缴费年限不满15年达到退休年龄人员，基本养老保险个人账户储存额一次性支付给本人，同时终止基本养老保险关系。职工退休后其他待遇仍按改革前国家规定执行。实施意见实施后，获得劳动模范称号的职工，由奖励单位一次性奖励或由职工所在单位为其办理补充养老保险，退休时不再另外提高基本养老金计发标准；实施前获得劳动模范称号并保持荣誉的职工，退休时按改革前国家规定执行。退休职工领取基本养老金达不到省规定最低标准的，按最低标准发给；退休后超过社会平均寿命，基本养老保险个人账户储存额已用完时，从社会统筹基金中按原标准继续执行。是年，10月，执行省委组织部、省老干局、人事厅、财政厅、劳动厅《关于扩大享受护理费范围的通知》，凡1949年9月30日前参加工作，年满70周岁离休干部，每月发护理费51元；执行黔府发《关于1996年企业离退休人员基本养老金正常调整的通知》《关于企业离休人员生活待遇有关问题的通知》，明确企业离休人员离休金按照机关同职务、同条件离休人员离休金标准整改，整改后原享受离休金高于整改后离休金部分予以保留。今后离休人员随机关离休人员一起按中央和省有关规定执行。1996年7月起，增发给中华人民共和国成立前参加工作的退休老工人每人每月25元。是年12月起，执行省《关于给企业部分退休人员增加生活补贴费的通知》，增发给中华人民共和国成立前参加工作老工人每人每月50元，符合享受增发1～2个月的生活补贴的应列入增发基数。是年，按行政机关离休人员离休金标准办理97名企业离休人员离休金整改手续，按省人民政府办公厅通知，将机关事业单位劳动合同制工人、聘用制人员划入社会保险事业局专设机关事业单位养老保险金专户。

1997年初，毕节地区执行《关于调整企业离退休人员活动经费标准有关问题的通知》，从1月1日起企业离退休人员活动经费从每人每月1.5元调整到每人每月5元。是年，执行国家劳动部《关于印发〈社会保险业务管理程序〉的通知》，地区及各县市社会保险基金经办机构依照法律规定收支、管理和运营社会保险基金，并负社会保险基金保值、增值责任。是年，执行《国务院关于建立统一的企业职工基本养老保险制度的决定》规定，基本养老保险只能保障退休人员退休生活，企业缴纳基本养老保险费不得超过企业工资总额的20%。1997年个人缴费不低于本人工资的4%，从1998年起每两年个人缴费增加一个百分点，最终达8%。按职工本人缴费工资的11%建立养老保险个人账户，不足部分从企业缴费中划入，企业缴费划入部分逐渐降至3%。职工或退休人员死亡，个人缴费部分可继承。个人缴费年限累计满15年的，退休后按月发给基本养老金。决定实施前已退休人员，按国家规定按月发给养老金。决定实施前参加工作，实施后退休，且介入缴费和视同缴费年限累计满15年人员，在按新老办法衔接待遇基本平衡原则发给基础养老金和个人账户养老金基础上，再确定过渡性养老金，过渡性养老金从基金中解决。养老保险由县级统筹逐步向省级或省授权的地区统筹。是年10月，地区劳动局内设毕节地区企业职工社会保险事业管理局。是年，执行省委组织部，省人事、财政、劳动厅通知，按以下标准发给：1949年9月30日前参加工作年满70周岁离休干部的护理费，由每人每月51元增加到80元；红军时期参加工作的离休干部每人每月另外补助100元保健费。自1997年8月起执行。是年12月，根据省劳动厅《关于企业离休人员增加离休费的通知》，企业离休人员增加1个档次工资低于25元的，按每人每月25元增加；中华人民共和国成立前参加工作的退休老工人，所增加退休费25元经费由财政开支。今后凡调整机关离休人员待遇时，企业离休人员同时按机关离休人员调整待遇规定办理，不再另行发文。

1998年1月起，全地区统一征缴基本养老金比例，当年企业按职工工资的26%计缴，职工个人按工资的4%计缴，按职工本人缴费工资设立个人账户。1月24日，行署转发省人民政府《关于调整企业退休人员基本养老金的通知》，决定从1997年7月1日起，调整1996年12月31日前退休人员基本养老金。中华人民共和国成立前参加工作退休老工人，每人每月增发25元；1993年12月31日前退休人员，每人每月增发25元；1994年1月1日后退休人员，每人每月增发15元；符合规定退职人员每人每月增发10元。参加养老保险社会统筹企业，由社保机构从统筹金中解决；按当地政府规定提取比例分步到位统筹的企业，社保机构承担1/3，其余部分由企业解决；1年以上未缴纳统筹金的企业，按原资金渠道解决。是月，执行国家财政部、劳动部、中国人民银行、税务总局《企业职工基本养老保险金实行收支两条线管理暂行规定》，基本养老保险基金纳入社会保险基金财政专户，实行收支两条线，专款专用，任何部门、单位或个人均不得挤占、挪用，也不得用于平衡财政预算。从1月起，按政策规定，职工跨统筹范围流动基金转移，1997年12月31日以前部分，按1996年劳动部通知执行；从1998年1月1日以后部分，按个人账户全部储存额转移。7月7日，行署作出决定：严禁企业采取“买断工龄”等办法把职工推向社会，要求对提前退休、“买断工龄”情况进行清查。1999年5月10日，调查工作结束。是年9月，地区劳动局制发《关于建立企业离退休职工增减报告制度的通知》规定必须在每月20日内报告职工增减情况，便于及时核定养老统筹金基数。9月起，执行《贵州省统一企业职工基本养老保险制度实施方案》，企业缴纳基本养老费从企业管理费中列支；个人缴纳基本养老保险费，不计征个人所得税；基本养老金发生困难时，由财政给予支持。城镇个体工商户本人及非工薪收入者，缴费基数不低于上一年全省职工月平均工资，缴纳比例为20%，其中11%记入个人账户，其余部分进入社会统筹基金作为今后退休时计发基础养老金资金来源。城镇个体工商户帮工，按本人缴费工资8%缴纳基本养老费，其余3%由个体工商户主缴纳保险费中划转。基本养老金计发办法，职工退休以缴费年限作为计发退休金依据。1. 1998年10月1日后参加工作的：缴费年限满15年，月基本养老金计发办法，第一部分为基础养老金，按上一年全省职工月平均工资20%计算，第二部分，个人账户养老金，按退休时个人账户储存额1／120计算；缴费年限累计不满15年，退休时不享受基础养老金，个人账户一次性支付给本人。2. 1998年9月30日及前参加工作的：1998年10月1日后退休，缴费年限累计满15年，月基本养老金，第一部分基础养老金，按退休时上一年职工月平均工资20%计算；第二部分个人账户养老金，按退休时个人账户储存额1／120计算；第三部分过渡性养老金等于退休时上一年全省职工月平均工资×个人缴费平均指数×系数1.4%×个人缴费年限；第四部分为补贴性调节金，标准为150元。缴费年限累计不满10年退休人员，不享受基础养老金待遇，其基本养老个人账户储存额一次性支付给本人。缴费年限累计满10年不满15年退休人员，按月发给基本养老金，其中基础养老金为缴费年限满10年为15%，超过10年，缴费年限每增1年，计发比例增加1%；个人账户养老金，按退休时个人账户储存额1／120计发；过渡性养老金按其未建立个人账户缴费年限，每满1年按本人月平均工资1%计发。3.1998年9月30日及以前退休人员，仍按国家和省原规定发给基本养老金。4. 离休人员离休金待遇按国家和省现行规定执行。5. 城镇个体工商户主及帮工或其他非工薪收入者，退休时按1998年9月30日后参加工作的规定执行。对原曾在企业或单位工作有缴费年限和视同缴费年限的，退休时按1998年9月30日前参加工作的规定执行。参加养老保险退休职工，按规定领取退休养老金时按照全省上一年年底职工平均工资增长的一定比例和养老保险承受能力，每年7月1日起按全省上一年职工平均工资增长率的40%～60%调整养老金；当年退休人员从下一年7月1日起享受调整基本养老金待遇。

1999年1月起，根据《贵州省统一企业职工基本养老保险制度有关问题处理意见的通知》，建立个人账户前职工个人缴费部分，应将企业职工（含合同制职工）从当地实行原固定职工个人缴费之时起至建立个人账户之时止的个人缴费单独记录在案，不计利息，不计入个人账户，职工退休时将其划入个人账户累计储存额合并计算个人账户养老金，个人账户缴费年限计算到月。退休人员被判有期徒刑以上刑罚和被劳动教养的，不享受基本养老保险待遇，刑满释放后或被解除劳动教养后基本养老保险待遇按服刑前标准发放，并参加以后的基本养老金调整。退休人员被判有期徒刑缓刑期间，可继续享受基本养老保险待遇，但不能参加基本养老保险金调整。2月24日，地区劳动局制发《关于严格企业职工退休审批工作的通知》规定，企业职工退休，必须严格按照国家规定执行，违反规定办理退休的坚决退回企业，并追究有关领导人和当事人责任。是年，执行国家劳动和社会保障部《关于制止和纠正违反国家规定办理企业职工提前退休有关问题的通知》，并要求各地清查1998年以来提前退休工作，向省填报《清查和纠正1998年违规办理提前退休统计表》。5月10日前，地区劳动和社会保障局完成1998年以来提前退休工作和对"买断工龄"清查工作，做好退休人员按时、足额发放退休金。9月11日，地区劳动局、财政局拟发《关于下发1999年调整企业离退休人员基本养老金待遇补助资金的通知》，规定以1998年12月31日参加基本养老保险的离退休人员为基数，1999年7～12月，离休人员人均每月补助135元，退休（退职）人员人均补助55元。是年，执行省劳动厅《关于禁止从社会保险基金中提取任何费用的通知》，从当年起，地县市社会保险经办机构不得从社会保险金中提取管理和离退休人员活动费，所需经费，由同级财政解决。

2000年1月起，根据省劳动厅《关于下达企业职工基本养老保险征缴比例的通知》，企业个人缴纳养老保险费从本人工资总额的4%调整为5%。是年7月，根据国家颁发的《社会保险费征缴暂行条例》《失业保险条例》和国家劳动及社会保障部《关于贯彻两个条例扩大社会保险覆盖范围加强基金征缴工作的通知》要求，制定《2000年度社会保险扩面征缴目标任务考核奖惩办法》，编制完善社会保险微机升级管理系统和财务管理系统，将4.2万人基本情况录入微机。

2002年，按有关政策规定，停止机关事业单位养老保险基金征缴工作，其养老保险仍按原渠道解决。是年，毕节市补发1999年前拖欠退休职工养老金300万元。2003年清理消除历年拖欠职工养老金情况，扩大养老保险覆盖面。企业终止拖欠问题，将历年拖欠的486万元缴清。2004年，职工养老保险基金征缴比例从职工个人工资总额的7%调升为8%。是年，制发《毕节地区2004年社会保障基金监督工作要点》《社会保障基金监督工作实施意见》《社会保障基金监督工作计划》，稽查800多户企业4万余名职工社会保险费征缴情况，稽核1万多名离退休人员待遇，防止虚报冒领。2005年3月1日，行署拟发《关于印发〈地直自收自支事业单位及其职工养老保险社会统筹暂行意见〉的通知》，启动地直自收自支事业单位职工养老保险社会统筹工作，职工个人按年工资总额缴纳8%，由单位按月扣缴，单位按职工工资总额11%计入职工个人账户。年底，完成地直自收自支事业单位养老保险统筹工作，其退休人员养老金100%按时足额发放；209家机关事业单位，8292名干部职工缴纳的养老失业保险个人缴费部分全部清退完毕。是年，地区劳动保障局成立地区社会保障监督委员会，负责企业缴纳社会保险费专项稽查。

## 三　职工待业保险

1986年，贯彻执行国务院关于《国营企业职工待业保险暂行规定》，地区及各县劳动服务公司配备专职干部和财会人员开展职工待业保险基金征缴、发放、管理工作。国有企业按职工标准工资总额1%缴纳待业保险基金，企业开户银行以承户方式按月代为扣缴，并转入劳动服务公司在银行开设的职工待业保险基金专户，银行按国家规定利息计入基金专户。职工待业期间领取待业救济金，以离开企业前两年内本人平均标准工资为基数按下列办法发放：工龄不足1年不发放待业救济金；不满5年，每满1年发给两个月救济金；满5年，发给12个月救济金；超过5年，从第6年起，每满1年加发半个月救济金，最多发12个月。宣告和濒临破产法定整顿期间被精简职工和正常解除劳动合同的合同制工人，第1～12个月，按本人标准工资的60%发给；第13～24个月按本人标准工资的50%发给。宣告破产和濒临破产企业法定整顿期间被精简职工，在领取待业救济金期间发生的医疗费、死亡丧葬费、供养直系亲属抚恤费、救济费，按原所在企业有关规定执行。企业辞退职工和终止解除劳动合同的合同制工人，在领取待业救济金期间医疗补助费按每人每月2.5元发给个人包干使用。对管理待业保险的编制人员，参照事业单位人头包干经费标准，加上必要的业务费，从待业保险基金中列支。待业职工转业训练费和生产自救费，在保证以上开支前提下，由县劳动服务公司编制用款计划，报经地区劳动人事部门同意，省劳动局批准方可实施。各县以待业保险基金的总数为基数，上缴15%给地区劳动服务公司，上缴5%给省劳动服务公司，作调剂使用。待业职工有下列情况之一者，停止享受救济待遇：1．领取待业救济金超过规定期限者。2．已重新就业含个体劳动者。3．无正当理由，两次不接受有关部门介绍就业者。4．待业期间受劳动教养或被判刑者。1987年，国家财政部执行《关于加强国营企业职工待业保险和退休养老金财务管理的暂行规定》，待业保险金和养老保险金纳入国家预算管理，并由负责管理国营职工待业保险基金专职机构和负责管理退休社会保险机构按年编制基金收支预算和决算，报财政部门审定。是年，全地区参加待业保险企业户，职工3.71万人，征缴待业保险基金31.69万元。

1990年，毕节地区按省规定，对私营企业职工待业保险纳入社会统筹，并参照国有企业职工待业保险规定执行。1993年执行国务院关于《国有企业职工待业保险规定》和省关于《国有企业职工待业保险实施细则》，停止执行省1986年制发待业保险暂行规定。新的待业保险范围是：1．依法宣告破产企业的职工。2．濒临破产在法定整顿期间被精简的职工。3．按国家规定，经县市、区以上人民政府撤销、解散的企业职工。4．国家有关规定，经县市、区人民政府批准停产整顿的企业精简职工。5．终止或解除劳动合同的职工。6．企业辞退、除名或者开除的职工。7. 依照法律、法规和规定，经省人民政府规定，享受待业保险的其他职工。待业保险金由企业单位缴纳职工工资总额的1%，待业保险基金专户银行利息收入和地方财政补贴部分构成。职工待业期间，根据离开单位前工作时间长短，按月发给待业救济金。不满1年者不发待业救济金；1～5年，每满半年发1个月待业救济金，满5年发12个月待业救济金；5年以上，从第6年起，每满1年加发半个月待业救济金，最多发24个月。待业救济金发放标准，在1～24个月内，按每人每月60元发给，辞退、开除、除名对象每人每月发给50元。待业职工已领取生活补助费者，应予扣除。待业医疗费，每人每月4元随待业救济金发放，住院费不得超过医疗费的50%补助，最多补助1000元（不含打架斗殴、违法犯罪活动伤残住院费）。待业职工待业期间正常死亡，丧葬补助费、供养直系亲属抚恤费、救济费发放标准，参照职工社会保险规定办理。在待业职工转业训练、生产自救中，可按上年度筹集待业保险基金的30%～50%提取，专账管理、专款专用。提取待业保险金管理费，大于300万元提取5%，150万～300万元提取8%，50万～150万元提取10%，10万～50万元提取20%。提取管理费，管理人员每人年平均工资不足3600元，按3600元提取。在救济职工的同时，根据承受能力，将使用重点转向支持企业改革和发展生产。1994年，毕节地区执行省长第8号《国有企业职工待业保险》令，对待业救济期限作如下规定：工龄不满1年不发救济金，连续工龄满1年领取4个月待业救济；连续工龄1～5年，每满半年增领1个月待业救济金，连续工龄满5年，领取12个月待业救济金，超1年增发1个月待业救济金。待业救济金发放标准：工龄不满5年每人每月70元；5年以不满10年每人每月75元；满10年及以上每人每月80元；被企业辞退、除名或开除的每人每月50元；终止、解除劳动合同的合同制工人，领取生活补助费月数与领取待业救济金月数合并计算。待业医疗费每人每月6元；待业期间患严重疾病需住院，经当地待业保险机构批准，在指定医院治疗，医疗费确有困难，可酌情发给不超过医疗费50%补助，最多不超过1000元；待业期间死亡，其丧葬补助费、一次性抚恤费，参照国有企业在职职工规定执行，因参与违法活动死亡的不予发给。待业职工转业训练费、生产自救费，待业保险机构可在不超过上年度筹集待业保险基金50%范围内提取。1995年，地区劳动就业办公室拨出13万元失业保险基金，发给区内1529名特困企业职工作救济。1996年，拨出21.86万元，按当地最低工资标准的60%，救济3个月未发工资的54户困难企业2181名困难职工，1997年，全地区95%国有企业参加失业保险社会统筹，2700余人获得失业救济。1998年，根据国家劳动和社会保障部、经济贸易委员会、财政部、教育部、统计局、全国总工会《关于加强国有企业下岗职工管理和再就业服务中心建设有关问题的通知》，将缴纳失业保险金比例调整为职工工资总额的3%，由企业缴纳2%，职工个人缴纳1%。是年，地区劳动局检查全地区失业保险基金管理，对个别挤占基金行为进行查处；表彰工作突出的毕节市和金沙、黔西、赫章县；向2053名特困企业困难职工发放37万元救济金。

1999年，毕节地区执行国务院《失业保险条例》和《社会保险费征缴暂行条例》，城镇企事业单位的失业保险金：按职工工资总额的2%和个人工资1%缴纳，由失业保险基金利息、财政补贴、依法纳入和其他资金构成。领取失业保险金人员：1. 单位和个人履行缴费义务满1年的；2. 非本人愿意中断就业的；3. 已办理失业登记，并有求职要求的。停止领取失业保险待遇人员：1. 重新就业的；2. 应征服兵役的；3. 移居境外的；4.享受基本养老保险待遇的；5. 被判刑收监或者劳动教养的；6. 无正当理由，不接受政府指定部门或机构介绍工作的；7. 有法律、行政法规规定其他情形的。发放失业救济金标准，一般为本人工资标准的60%～70%，1～5年领12个月，5～10年领18个月，10年以上领24个月，最高不得超过24个月。失业人员在领取失业保险金期间患病就医，可向当地社保经办机构申请医疗补助费；在领取失业保险金期间死亡的，对其家属一次性发给丧葬补助金和抚恤金。是年，地区按照《贵州省统一企业职工基本养老保险制度有关政策问题处理意见（二）》，再就业服务中心按规定代扣代缴下岗人员基本养老保险费，未由再就业服务中心代扣代缴的仍由原单位和职工本人按规定继续缴纳基本养老保险费。

2000年2月28日，行署发文调整机关事业单位失业保险费，规定从1月起，机关事业单位在职职工缴纳失业保险费从工资总额1%调整为2%，个人仍按工资总额1%缴纳。自是年3月起地区社会保险事业局承担失业保险基金筹集、管理、支付工作。是年共筹集失业保险基金2212.99万元，其中省下拨1461万元，社会筹资8.79万元，企业筹集141万元。全年统计共有下岗职工8994人，进入中心管理4436人。2001年，地区劳动和社会保障局累计发放国有企业下岗职工基本生活费和代缴社会保险费474万元，确保率100%；全地区3580名下岗职工进入服务中心管理，筹集再就业资金1000多万元。2002年，按中共中央、国务院《关于进一步做好下岗失业人员再就业工作的通知》的要求，建立国有企业下岗人员、失业人员，国有企业关闭破产需安置人员，享受最低生活保障并且失业1年以下城镇其他人员共1.19万人数据库，建立失业预警机制，制定预案和相应措施，综合运用法律的、经济的和必要的行政手段，调控失业。为1654名国有企业下岗职工发放基本生活费和代缴社会保险费638.9万元，为104名失业人员发放失业救济金近20万元，通过再培训，促进359名国有企业下岗职工实现再就业。2003年全地区参与失业保险8.75万人，共计征缴失业保险费1024万元。共发给再就业中心管理1631名国有企业下岗职工基本生活费322.6万元，发放失业救济金41万元。代缴社会保险费185.1万元。2004年，发给652名国有企业下岗职工基本生活费163.2万元，代缴社会保险费124.1万元，确保发放率100%；发放失业救济金131.11万元。2005年，全地区失业参保9.19万人，收缴失业保险费1571.99万元。检查全地区失业保险基金和再就业资金。是年，全地区收缴失业保险费1571.99万元，支出失业救济金共155万元。

## 四　医疗保险

1953年起执行国家政务院颁布实施《劳动保险条例》，企业职工疾病或非因工负伤，实行劳动保险医疗制度，并在指定医院治疗，所需费用由企业负担。贵重医药费、住院膳食费及就医路费由本人负担。医疗期间，停止工作6个月以内者，按连续工龄长短，发给本人工资的60%～100%，连续工龄不满2年者，发给本人工资的60%；2～4年发给本人工资的70%；4～6年发给本人工资的80%；6～8年发给本人工资的90%；满8年以上发给本人工资100%。医疗在6个月以上改由工会劳动保险基金项下，按月付给疾病或非因工负伤救济费，数额为本人工资的

40%～60%，其中工作不满1年者，发给本人工资40%；1～3年发给本人工资的50%；满3年以上发给本人工资的60%。1956年10月，毕节专署规定：职工供养直系亲属患病医疗时，手术费和普通医疗费由企业行政支付1/2，其他费用自理。以上规定执行到20世纪80年代废止。

1957年2月26日，国家卫生部、全国总工会联合行文通知：工人、职员因患病或受伤而暂时丧失劳动力，需要停止工作治疗或者休养，必须经本企业的医疗单位或者特约医疗单位的医生、医士诊断后，才能发给病伤假证明书；对患精神病、结核病的工人、职员，必须由出具专科医生诊断负责病假证明书，对在门诊救治患者，医生每次给假不得超过5天。对住院患者，医生可根据病情的实际给假期。是年7月3日行文规定：凡经医生确定，为医病所需药品，不分贵重与普通药，其费用均由企业负担。9月14日省工会联合会致函各专、州、市、县，职工医药卫生补助费，由企业行政负责管理，劳动保险待遇部分，按照有关规定使用，不足时由企业内部调剂和企业奖励基金补助解决。是年，根据省总工会补充规定，工人和职员疾病或非因工负伤，停止工作6个月以上，在劳动保险基金项下，按月付给疾病或非因工负伤救济费，数额为本人工资的50%～70%，到不能工作或者确定为残疾、死亡为止；企业医疗机构定期检查伤病员健康，治疗痊愈经医生诊断证明可以恢复工作者，停发疾病或非因工负伤救济费，其工作和生活待遇由企业行政负责解决。1966年，根据省劳动局、总工会转发劳动部、全国总工会通知，职工看病所交挂号费，医病所需贵重药品由企业行政支付，服用营养滋补品费用，由职工自行负担。

1981年8月15日，地区劳动局、工会办事处转发省劳动局、省总工会《关于试行改进国营企业职工病伤待遇的通知》规定：职工因病或非因工负伤停止工作医疗休息期间，发给本人原工资的50%～100%。病伤假停止工作医疗休息。12个月中累计超过150个工作日的，由企业行政支付病伤假期工资的60%～100%，病伤假期超过150个工作日的，工资停发，改由劳动保险基金下视其连续工龄长短，以本人原工资为基数的50%～70%计发疾病或因工负伤救济费。病伤假期粮价补贴、副食品补贴照发。发放病伤假工资比例为：工作不满5年者发给60%，满5年不满10年发给70%，满10年不满15年发给80%，满15年不满20年发给90%，满20年以上发给100%；发放病伤假救济费标准为：工作不满5年发50%，满5年不满10年发55%，满10年不满15年发60%，满15年不满20年发65%，满20年以上者发给70%。1984年，针对个别职工小病大养，或1人开药全家治病，甚至月报医药费超过本人月工资数的现象，部分企业实行门诊医药自行包干办法。医药费包干以每个职工4～6元为基数，按照职工本人工龄每满1年加发0.2～0.4元，按月随工资发放；住院期间医药费据实报销，同时取消住院期门诊医药费。

1987年6月22日，行署制发《地直行政、事业单位公费医疗管理办法》。1989年1月1日起，地区直属国有企业按行署制发管理办法执行。实行门诊包干，结余归己，超支按比例负担，门诊费定额按工龄分档制定。门诊医疗标准为：中华人民共和国成立前参加工作人员全年定额200元，工龄30年以上（以下含退休人员）每人每年120元，工龄20年以上每人每年90元，工龄在20年以下每人每年50元。超支部分，中华人民共和国成立前参加工作人员和中华人民共和国成立后参加工作二等乙级以上残疾军人据实报销。垂危病人，取得医疗单位证明后据实报销；其余人员超支部分，职工个人负担15%，超过标准2倍以上者自负10%。依据职工工作年限，将定额70%包给个人作门诊费用，30%作职工在指定医院住院和转院使用。住院费超过门诊费用一倍者，职工本人负担5%。对于不守法规、酗酒闹事、打架斗殴造成医药费，不得在公费医疗中开支。未经医院批准自购药品、磁疗胸罩、磁疗鞋、降压手表、耳聋助听器、镶牙、配眼镜等，不得在医疗费中开支。

1990年，执行省劳动局《关于发布〈私营企业劳动管理暂行规定〉的通知》第23条关于发给私营企业职工患病或非因工负伤病假工资的规定，企业按其工作时间长短，给予3～6个月医疗期，医疗期间发给不低于本人原工资60%的病假工资。1991年，行署制发《公费医疗管理办法》规定：1．中华人民共和国成立前参加革命工作人员，定额内结余归己，超支部分实报实销。1937年7月6日前参加革命工作人员，定额每人每年1200元；1937年7月7日～1945年9月2日参加革命工作人员，每人每年900元；1945年9月3日～1949年9月30日参加革命工作人员，每人每年600元。中华人民共和国成立后参加革命工作人员，公费医疗不分门诊、住院，定额标准：1949年10月1日～1952年12月31日参加革命工作（含退休人员、下同）每人每年300元，工龄30年以上（含30年）每人每年200元；工龄20年以上（含20年）每人每年120元；工龄10年以上（含10年）每人每年80元；工龄10年以下每人每年60元。在医疗期间，实行超支自挂钩办法：退休人员，超支定额标准200元以内者，个人负担超过定额总数的5%；超过400元以内者，个人负担超过定额总数的10%；超过400元以上者，个人负担超过定额总数的15%。在职人员，超过定额标准200元以内者，个人负担超过定额总数的10%；超过300元以内者，个人负担超过定额总数的15%；超过300元以上者，个人负担超过定额总数的20%。在外地培训的学徒，在学校医务室看病，凭据报销。办法还规定异型包装药品、未批准外购药品、挂号费、出诊费、伙食费、特别营养费、住院陪护费、特护费、婴儿费、保温箱费、产妇卫生费、中药煎药费、取暖费、空调费、电话费、病房内电视费、电冰箱费、押瓶费、医疗咨询费、医疗保险费（指医疗期间加收）、优质优价费（指医院开设特诊）、气功费（不含气功治疗费），非医疗部门组织的各种体检、预防服药、接种、不育症检查治疗费；各种整容、矫形、健美用器具等一切费用；未经单位批准自行疗养、康复、休养的医疗费用；由于打架、斗殴、酗酒闹事造成的医疗费等不报销。并规定由于医疗事故造成伤残所发生的费用，交通肇事发生的医疗费，由责任单位或责任方负担。还规定公费西药门诊最高限额每天3次，出院带药最多服用一周；中药处方一次不超过3年。

1995年起执行国家劳动部《关于发布企业职工患病或非因工负伤医疗期规定的通知》，因患病或非因工负伤，需要停止工作，根据本人参加工作年限和在本单位工作年限给予3～24个月医疗期：具体为实限工作年限10年以下，本单位工作限5年以下为3个月，5年以上6个月；实际工作年限10年以上，本单位工作年限5年以下为6个月，5～10年为9个月，10～15年为12个月，15～20年以18个月，20年以上为24个月，医疗期内，病假工资、疾病救济费和医疗待遇按有关规定执行。非因工致残，不能从事工作，也不能从事用人单位另行安排工作，劳动鉴定委员会鉴定为1～4级，应退出劳动岗位，终止劳动关系，办理退休、退职手续，享受退休、退职待遇；被鉴定为5～10级，医疗期内不得解除劳动合同。是年，地区行政公署修改《公费医疗管理办法》，规定：1949年9月30日前参加革命工作的按原规定标准执行。工龄30年以上人员，每人每年360元；工龄20年以上人员，每人每年280元；工龄10年以上人员，每人每年200元；工龄5年以上人员，每人每年120元；工龄5年以下人员，每人每年80元。中华人民共和国成立前参加革命工作人员，定额内节余归己，超定额经本人申请，上级部门同意，可以报销。中华人民共和国成立后参加工作人员，不分门诊、住院，实行定额管理，定额内结余归己，超定额按比例自负。每人每年超定额300元以内者，个人负担超定额的10%；超定额300元以上者，个人负担定额数的20%；个人负担部分不得超过本人2个月工资总额。1998年2月起，根据省劳动厅《关于企业职工（含退休人员）因病住院治疗费报销问题复函》，毕节地区行署调整公费医疗定额和超定额自付比例，规定中华人民共和国成立前参加革命的工作人员，实行定额控制，定额结余归已，超定额部分，由单位领导责成有关人员到医院实核后据实报销。门诊费定额：1937年7月6日前参加革命工作人员，每人每年5000元；1937年7月7日～1945年9月2日参加革命工作人员，每人每年4500元；1945年9月3日～1949年9月30日参加革命工作人员，每人每年4000元。中华人民共和国成立后参加工作人员含退休，公费不分门诊、住院，一律实行定额控制，定额内结余归已。超定额按比例自付。门诊费定额：工龄40年以上人员，每人每年700元；工龄30年以上人员，每人每年600元；工龄20年以上人员，每人每年400元；工龄10年以上人员，每人每年400元；工龄10年以下人员，每人每年200元。中华人民共和国成立后参加工作人员（含退休），其医疗费超过定额控制标准部分，不论门诊或住院一律由个人承担30%。

1998年12月14日，国务院《关于建立城镇职工基本医疗保险制度的决定》。1999年4月2日，省人民政府办公厅印发《贵州省建立城镇职工基本医疗保险制度改革实施规划》的通知。是年，毕节地区按照国务院决定和省通知，起步开展调查摸底测算工作。经过一年多努力，完成全地区机关、事业、企业单位近16万名职工类别、年龄结构、工资总额、医疗费用等有关情况的基础数据调查测算工作。2001年7月11日，毕节地区行政公署制发《毕节地区城镇职工基本医疗保险制度实施方案》和《毕节地直建立城镇职工基本医疗保险制度暂行办法》《毕节地直大病医疗补助社会统筹暂行办法》《毕节地直国家公务员医疗补助暂行办法》《毕节地直城镇职工基本医疗保险定点医疗机构管理暂行办法》《毕节地直城镇职工基本医疗保险定点医疗机构医疗服务质量考核暂行办法》《毕节地直城镇职工基本医疗保险列入统筹基金支付部分医疗费用门诊特殊疾病病种管理暂行办法》《毕节地直城镇职工基本医疗保险住院病种目录暂行规定》。规定医疗保险费由用人单位缴纳职工工资总额（含退休费）的6%，职工个人缴费率为本人工资的2%。基本医疗费保险基金由统筹基金和个人账户构成。职工个人缴纳部分全部计入个人账户。用人单位缴纳部分，一部分用于建立统筹基金，一部分划入个人账户。划入个人账户比例为：30周岁以下，为本人工资的0.6%；31岁～40周岁，为本人工资的1.5%；41岁～50周岁，为本人工资的2%；51岁以上的，为本人工资的2.5%；退休人员，为本人工资的3%。统筹基金和个人账户划定各自支付范围，分别管理，分别核算，统筹基金用于按比例支付住院费用，个人账户用于支付门诊医疗费及其他应由个人负担医疗费。住院时，统筹基金年度起付标准为：在职职工400元，退休人员200元，最高支付限额为2.5万元。超过最高支付限额，通过大病医疗补助社会统筹金中解决或由单位和个人通过补充医疗保险、社会赞助、商业保险解决。起付标准以上，最高支付限额以下医疗费用比例，个人负担总额25%，统筹基金负担总额的75%。享受特殊疾病参保人员，执行医疗保险年度起付标准和最高支付限额规定，单独计算，个人负担30%，统筹基金负担70%。个人账户金额组成：1．职工个人缴纳的基本医疗保险费；2．用人单位缴纳基本养老保险费按比例划入部分；3．财政拨款建立公务员补助基金（含财政负担事业单位人员）划入个人账户部分；4．个人账户利息收入。离休人员、二等乙级以上伤残军人，医疗费用按原资金渠道解决。退休人员参加医疗保险，个人不缴纳医疗保险费。企业在参加基本保险基础上，报经地区劳动保障部门批准，可建立补充医疗保险，企业补充医疗保险费为工资总额4%以内，从职工福利费中列支，福利费不足部分，经地区财政部门核准后列入成本。大病医疗补助统筹费，用人单位按工资和退休费总额的1.6%缴纳，个人每人每月由单位代扣代缴3元。年度支付超过最高限额至13万元，个人支付15%，统筹金支付85%。超过13万元统筹金不再支付，由单位根据不同情况，通过企业补充医疗保险，商业保险、单位补助、社会赞助和其他途径解决。离休人员、二等乙级以上伤残军人按原渠道解决。毕节地直城镇职工住院病种目录规定，各定点医疗机构在收治符合住院病种目录疾病（共23科325种）的参保人员住院时严格界定住院条件，为参加医疗保险住院人员提供医疗服务。医疗保险不予支付费用有：1．服务项目的挂号费、院外会诊费、病历工本费、出诊费、检查治疗加急费、点名手术附加费、优质优价费、自请特护费；2．非疾病治疗项目的美容、健美、非功能性整容和矫形手术、减肥、增胖、增高、各种预防和保健性诊疗、各种医疗咨询和医疗鉴定；3.诊疗设备及医用材料费。应用正电子发射断层扫描装置、电子束眼科准分子激光治疗仪的检查、治疗项目，眼镜、义齿、义眼、义肢、助听器等康复性器具，各种自用的保健、按摩、检查和治疗器具，省物价部门规定不可单独收费的一次性医用材料；4．治疗项目类。各类器官或组织移植的器官或组织源，除肾脏、心脏瓣膜、角膜、皮肤、血管、骨、骨髓移植外的其他器官或组织移植，近视眼矫形术，气功疗法、音乐疗法、保健性的营养疗法、磁疗等辅助性治疗项目；5．其他。各种不育（孕）症、性功能障碍的诊疗项目，各种科研性、临床验收性的诊疗项目。2001年9月1日，中共毕节地委、毕节地区行署批准实施地直城镇职工基本医疗保险，地区财政投入100多万元，为参加基本医疗保险的近3万名职工制发基本医疗保险卡，建地直基本医疗保险计算机网络。筹集各类医疗保险基金450多万元，保证参保职工的基本医疗。组织专家鉴定申报门诊特殊疾病医疗保险待遇人员，核发73人“门诊特殊疾病诊疗证”。是年，调查500多家各类医疗机构和零售药店的基本情况，经过申报登记和审批，确认17家医疗机构和药店为地直职工定点医疗机构和药店。年底，区内各县市医疗保险制度改革方案全部出台。

2002年6月，地区劳动和社会保障局，编发《毕节地直城镇职工医疗保险政策简明问题》宣传基本医疗保险改革，规定从6月14日起，参保人员在定点医院住院时，起付标准以上，2.5万元以下医疗费个人自付部分为20%，其余从统筹金解决。自付起付标准，在职人员400元，退休人员200元，在1个年度内，退休人员第一次住院时已经支付200元，以后住院就不再支付。执行国务院有关部门规定，属医疗保险药品目录中的，一类药品直接按比例报销；二类先自付部分，其余按比例报销；三类是全自费。参保职工住院，一类医疗保险服务设施可直接按比例报销；二类不能另行收取住院参保人员费用；三类服务设施自费。凡符合规定在非定点医院住院的参保人员（含转院、居住外地、出差时急病住院），手续齐全且出具药品诊疗费用清单的，起付标准以上，2.5万元以下医疗费用，分甲、乙类药品（医疗项目）的报销比例报销；住院情况属实，未提供药品清单的，个人先付17%，剩余部分再按甲类药品的报销比例报销，所提供手续不能证明住院情况属实的，不能报销。确定申请办理特殊门诊病症：1．心脏病并发心功能不全。2．II型糖尿病且包含控制无效；3．各种恶性肿瘤放化疗；4．高血压病II期以上；5．失代偿期肝硬化；6．慢性肾功能衰竭需透析治疗；7．器官移植后抗排斥治疗，其门诊报销比例按门诊特殊医疗费比例报销；不属于特殊门诊，金额由个人账户支付或个人自付。癌症病人，个人在规定的自付比例内（不含起付标准），年度医疗费负担超过2000元以上，可报销90%。企业补充医疗保险，在基本医疗保险基础上，原则上由企业自行管理，也可与医保部门协商委托管理。个人账户医疗卡在定点医疗机构看普通门诊，在定点零售药店购药，账户余额归个人所有，可以继承；参保人员去世后，应将医疗卡交地区社保局注销。是年，全地区除金沙县外，其余县市启动基本医疗保险，10.26万人参加保险，其中在职职工8.26万人，退休人员2万人。收缴基本医疗保险费4272万元，支付参保人员医疗费2160万元。2003年，全地区11.4万人参加医疗保险，收缴基本医疗保险费6142万元，支出4034万元。2004年5月，金沙县启动城镇职工基本医疗保险。是年，全地区参保13.24万人，共收缴基本医疗保险费3517万元，支付参保人员医疗保险费3935元。2005年，修改全地区城镇职工的基本医疗保险软件，进行基本医疗保险软件升级，完成地直医疗保险网与地区医院管理系统接口；建成赫章、金沙等县医疗保险卡刷卡系统；配置并启用地直参保人员医疗保险卡密码系统。

## 五　工伤保险

1951年起，毕节地区执行《劳动保险条例》，职工因工伤残，在指定医院治疗，如无法医疗时，转送外地医院治疗。医疗费住院费由企业负责，医疗期间工资照发。住院伙食费企业补助三分之二，职工个人负担三分之一。1957年5月后，根据省工会联合会的答复：抢救国家和人民群众生命财产负伤的；企业中转业或复员军人，在部队受伤其伤口复发的；职工从事科学研究、发明创造以及在技术改造工作中负伤的；职工执行企业行政所指定的日常工作，突然房屋倒塌压死、压伤均视为工伤，按规定给予及时有效治疗。是年，毕节专区根据国家卫生部规定的职业病范围，给予职工治疗和相应补助。1958年，执行省的规定，因工负伤医疗终结后，完全丧失劳动能力的，按规定办理退休手续，饮食起居需人扶助者，按本人工资75%发给，饮食起居不需要人扶助的，按本人工资的60%发给。1963年，毕节专区根据国家劳动部、全国总工会《关于矽肺病职工待遇问题通知》，给予患矽肺病职工生活适当照顾，已调做轻便工作的，不能降低原来的工资标准；脱产休养1年以内的，由企业按原标准工资发给；休养1年以上的，按原标准工资90%发给生活补助费。是年，劳动部、全国总工会劳薪字第440号通知，毕节专区按照通知对符合退休条件患一期矽肺病的职工，作退休处理，退休后按本人标准工资的60%发给长期生活补助费；患二、三期矽肺病职工，有困难要求企业解决，可根据不同情况分别处理，按工伤残废作退休处理者，可酌情另给一部分长期生活补助费，补助费与退休费合计不能超过本人原工资标准的90%；对已作退职处理人员，改按退休处理，所领取退职补助费，抵消本人退职期间退休费，患矽肺病脱产休养职工，经医生检查，劳动鉴定委员会鉴定可重新参加生产的职工，要分配新的工作，不愿工作者，作旷工处理。1964年1月起，毕节专区企业执行国家劳动部、全国总工会《防止矽尘危害管理办法》规定。1964年，毕节专署根据《内务部、劳动部关于因工负伤退职职工伤口复发的治疗费用等问题的函》，因工伤退职后，伤病复发所需治疗费用，由原单位负责，如原单位合并，由合并后的单位负责，如原单位已撤销，由上一级主管部门负责。

1978年6月，执行省规定，因工负伤退休职工，饮食起居需人扶助的，按本人标准工资90%发给，同时按机械行业二级工工资标准发给护理费。1982年，根据国家劳动局、全国总工会联合通知，因工伤残完全丧失劳动力职工因病死亡，按因工死亡待遇处理；因工致残丧失部分劳动力职工因病死亡，按固定工死亡待遇处理。是年，执行国家劳动总局保险福利司《关于矽肺病待遇问题的复函》规定，退休、退职或精简时，未查明患有一期矽肺病及活动性结核病或未作过矽肺病检查，现查出患一期矽肺代偿机能属于乙、丙两类，按劳动总局规定改为按患二、三期矽肺病职工退休待遇处理。患一期矽肺病及肺结核病的职工，在其病情未好转到硬结钙化期以前，应按二、三期矽肺病职工待遇处理。患矽肺病职工住院期间按照工伤残职工住院伙食补助标准执行。是年，执行劳动总局保险福利司7号文件因工伤残享受补助的职工，调到国家机关、事业单位工作，原单位介绍工资关系时，将其享受因工残废补助费介绍到调入单位，调入单位按标准发给。1984年，执行省劳动局规定，职工因工伤残住院，企业每天补助1元伙食费。1986年12月，执行省规定，因工负伤职工退休后，饮食起居不需人扶助的，按本人标准工资80%发给。是月，按省财政厅发文规定，职工因工伤残住院每天补助1.7元的伙食补助费。1987年起，执行国家卫生部、劳动人事部、财政部、全国总工会卫防字第60号文件规定，职业病为9类103种；废止1957年规定。毕节地区按国家和省的规定，给病患职工医疗或休养假期，医疗终结确定为残废或医治无效死亡，按工伤致残待遇处理。1989年，执行国务院规定，因工致残退休职工退休费最低保证额由40元提高到60元。是年，根据省规定，企业职工因工负伤、致残，医疗期间工资照发，一切诊治医疗费、住院费、就医路费由本单位支付，住院期间每天补助2.7元伙食费。1989年，根据国家民政部文件规定，职工在从事施工、生产、军事训练和上下班途中，遭到本人无法抗拒的意外受伤、致残者；在保护国家利益、维护社会治安，抢救保护人民生命、国家和集体财产，被犯罪分子致伤或遭到意外伤残者；由组织确定外出参观、访问、考察遭受不可抗拒的灾害或非人为因素而发生的意外致伤、致残者；患职业病者均属因工伤残保险范围。

1990年，行署决定成立毕节地区劳动鉴定委员会。1992年，执行省规定，因工伤残人员，在医疗终结后，必须安装假腿、假手、镶牙、补眼者，所需费用均由所在单位负担；凡因工伤部位复发，单位应负担全部医疗费用，原单位合并或撤销，由并入单位或上级主管部门负担其全部医疗费用。1993年，执行国家劳动部、财政部、全国总工会《关于调整企业工伤全残职工护理费标准的通知》规定：企业职工工伤致残完全丧失劳动能力和有疑难争议的1～4级伤、病、残，由省劳动鉴定委员会专家鉴定；大部分丧失劳动能力5～7级和8～10级由地、州、市、县劳动鉴定委员会组织专家鉴定。②鉴定后完全需要护理的，每月护理费100～120元；大部分需要依赖护理的，每月护理费90～110元；部分需要依赖护理的，每月护理费80～100元。全残完全依赖护理的，护理费标准可提高50%；对护理依赖较轻的，护理费标准可减少20%。③有经济承受能力集体企业，可比照上述标准执行。1991年、1995年，毕节地区行政公署制定的公费医疗管理办法规定：因工伤残医疗费实报实销；因工负伤，需要有劳动人事部门鉴定。对因工、因病致残，以及完全丧失劳动能力的伤残等级，参照《革命伤残军人评定伤残等级条件》和按照国家劳动部、卫生部、全国总工会1992年拟发的《职工工伤与职业病致残程序标准》执行。医疗终结时，由所在单位按评定伤残条件提出伤残等级意见，报同级劳动部门审批，伤残等级审定后发给伤残保健金。发放伤残保健金按以下标准：特等每年260元；一等每年180元；二等甲级每年140元；二等乙级每年82元。保健金每年分别在1月、7月发放。1996年10月1日起，执行国家劳动部《企业职工工伤保险试行办法》。1997年7月，地区劳动局草拟《毕节地区企业职工工伤保险试行办法》。是年10月，根据省劳动厅《关于工伤致残有关问题请示报告》复函规定：1996年10月1日以前因工伤致残和已经鉴定伤残等级职工，被鉴定为1～4级者，从1966年10月1日起按国家劳动部〔1996〕266号文件和黔劳动厅发〔1996〕189号文件规定发给伤残抚恤金，不再享受1次性伤残补助金；被鉴定为5～10级的伤残职工，可享受1次性伤残补助金，伤残补助金以职工受伤前本人工资基数计发，个别困难企业1次性补发有困难的，可改逐月补发。计发伤残职工本人工资待遇，包括职工各种形式劳动报酬。1998年1月24日，地区行署制发〔1998〕004号文件规定：因工伤残或患职业病，经劳动鉴定委员会鉴定完全丧失劳动力，并于1996年12月31日前退出生产（岗位）领取伤残抚恤金人员，每人每月增加抚恤费20元。

2004年执行国家《工伤保险条例》、国家劳动和社会保障部《工伤认定办法》。地区劳动和社会保障局组成调查组调查214户企业工伤保险情况，重点抽查17户工伤风险较高企业近几年工伤发生情况。是年，《贵州省实施工伤保险条例办法》出台后，执行省调整因工伤残、死亡供养亲属抚恤金和生活护理费标准，其调整范围为2003年12月31日前退出生产、工作岗位被鉴定为1～4级因工伤残职工，伤残金以2002年职工月平均工资的75%为计发基数，1级伤残为基数的90%、2级为基数的85%、3级为基数的80%、4级为基数的75%；因工死亡职工供养亲属抚恤金标准按2002年职工月平均工资40%计发，其他亲属按30%计发，孤寡老人或者孤儿每月在上述基础上增加1%。伤残者生活完全不能自理，按50%计发，大部分不能自理按40%计发，部分不能自理按30%。2004年1月1日后退出生产、工作岗位的因工伤残被鉴定为1～4级的伤残金、护理费或因工死亡职工供养亲属抚恤金标准按《工伤保险条例》和省实施办法规定执行。

2005年3月21日，行署办公室拟发《毕节地区行政公署办公室关于印发毕节地区实施〈工伤保险条例〉意见（暂行）的通知》规定：工伤保险费由用人单位缴纳，缴纳数额为本单位职工工资总额乘以单位缴费率之积。用人单位职工平均工资高于上年度全省职工平均工资300%的，按上年度全省职工平均工资300%计算工资总额；低于上年度全省职工平均工资60%的，按上年度全省职工平均工资的60%计算工资总额。工伤保险基金按照以支定收，收支平衡原则确定费率：一类风险较小行业基准费率为0.8%；二类中等风险行业基准率为1.8%；三类除煤炭开采业以外风险较大行业的基准费率为3%。工伤保险行业分类按国家劳动部〔2003〕29号文件执行，各县市每月10日前将上月征缴的工伤保险费汇总后，提取基金总额的15%作储备金，储备金中30%上缴者作省级保险调剂金；储备金中70%存入地区财政专户，用于全地区重大事故的工伤保险待遇支付，储备不足支付时，由行署垫付。地区社会保险经办机构按照当年工伤保险基金实际征缴总额的3%提取工伤预防费，作为开展工伤预防，宣传教育和知识培训经费。工伤的认定：1. 在工作时间和工作场所内，因工作原因受到事故伤害的；2. 工作时间前后在工作场所内，从事与工作有关的预备性或者收尾性工作受到事故伤害的；3. 在工作时间和工伤场所内，因履行工作职责受到暴力等意外伤害的；4. 患职业病的；5. 因工外出期间，由于工作原因受到伤害或者发生事故下落不明的；6. 在上下班途中，受到机动车事故伤害的；7. 法律、行政法规规定应当认定为工伤的其他情形的。职工治疗工伤所获救治费用，符合工伤保险诊疗项目目录、工伤保险药品目录、工伤保险住院服务标准的，从工伤保险基金中支付。工伤鉴定由用人单位、工伤职工或者直系亲属在职工医疗终结期满伤情相对稳定的30天内向地区劳动力鉴定委员会提出劳动能力鉴定申请，职业病患者的职业病诊断书及职业病史材料。被鉴定1～4级伤残的保留劳动关系，退出工作岗位，享受以下待遇：1. 一次性伤残补助金，标准为1级24个月本人工资，2级22个月本人工资，3级20个月本人工资，4级18个月本人工资；2. 按月领取伤残津贴标准，1级为本人工资的90%，2级为本人工资的85%，3级为本人工资的80%，4级为本人工资的75%。伤残津贴实际金额不得低于当地最低工资标准。未参加工伤保险职工因工致残被鉴定为1～4级，由用人单位参照实施工伤保险暂行意见规定，经本人申请，与用人单位协商一致，可解除或终止劳动关系，一次性支付各项工作待遇。被鉴定为5～6级伤残的待遇：一次性伤残补助金的标准；5级为本人16个月工资，6级为本人14个月工资；保留与用人单位劳动关系，用人单位安排适当工作；难以安排工作的，由用人单位按月发给伤残津贴，5级为本人工资的70%，6级为本人工资的65%，用人单位按照规定为其缴纳各项社会保险费，伤残津贴低于当地最低工资标准的，由用人单位补足差额；经工伤职工本人提出与用人单位解除或终止劳动关系，用人单位支付一次性工伤医疗补助金和伤残就业补助金，以地区上年度月平均工资为基数，按工伤职工法定退休年龄的剩余月数计算，5级伤残剩余月数不得超过72个月，6级不得超过50个月。被鉴定为7～10级的待遇：1. 一次性伤残补助金标准，7级为本人12个月工资标准，8级为本人10个月工资标准，9级为本人8个月工资标准，10级为本人6个月工资标准；2. 劳动合同期满终止或职工本人提出解除劳动合同，由用人单位支付一次性工伤医疗补助金和伤残就业补助金，两者之间和标准以地区上年度月平均工资为基数，按工伤职工距法定退休年龄的剩余月数计算，7级不得超过24个月；8级不得超过18个月，9级不得超过8个月，10级不得超过4个月。职工因工死亡，其供养直系亲属无生活来源、无劳动能力的可以享受：1．丧葬补助金为地区上年度6个月的平均工资。2．供养无劳动能力直系亲属抚恤金，按照职工本人工资一定比例，配偶每月40%，其他每人每月30%，孤寡老人或孤儿在上述基础上增加10%。核定的各供养亲属抚恤金之和不应高于死亡职工生前工资；3．一次性因工死亡补助金为地区上年度平均工资的54个月。未参加工伤保险职工因工死亡，经其亲属申请，与用人单位协商可参照工伤保险暂行办法规定一次性支付各项因工死亡待遇。《暂行规定》规定，参保对象为全地区各类企业和有雇工的个体户。是年3月31日，毕节地区行署决定，从是年4月1日起，启动工伤保险统筹。至是年11月底，全地区参加工作保险企业247家，登记参保人数1.5万人，征缴工伤保险费99万元。是年12月，行署办公室拟发实施《毕节地区行政公署办公室关于批转地区劳动和社会保障局关于毕节地区煤炭开采企业参加工伤保险社会统筹实施意见（暂行）的通知》。

## 第五节　劳动保护

劳动保护管理　1．管理机构。1950年10月，省总工会毕节专区办事处配备劳动保护专职干部开展劳动保护工作。1962年1月，毕节专署撤销劳动科，设劳动局，负责劳动安全保护与职业卫生监察。1983年，地区设置劳动人事局。1992年负责安全卫生监察、矿山安全监察及锅炉压力容器检测。1996年6月，地区分设劳动局，劳动局负责劳动安全卫生保护和锅炉压力容器监察。1998年，遵照国务院《关于机构设置的通知》，劳动局承担的劳动安全卫生保护工作从2001年起分别移交给毕节地区经济贸易局、地区卫生局和地区质量技术监督局。

2．管理工作。20世纪50年代，专区及各县劳动部门执行“综合治理、组织推动、监督检查、指导协助”政策，履行劳动保护职责。1951年底，全专区贯彻执行中央财政经济委员会《工人职员伤亡事故办法》《关于职工伤亡月报》《重大伤亡事故调查报告》和贵州省劳动局下发《应注意几点事项》。1956年，执行国务院关于《工厂安全卫生规程》《工人、职员伤亡事故报告规程》《建筑安装安全技术规程》，组织安全卫生大检查。1958年1月，专署劳动科制发《毕节专区关于贯彻劳动保护工作的意见》，地区及各县配备专职劳动保护专职干部，开展劳动保护工作。进行安全生产教育，建立企业领导、车间、班组、工人安全责任制，加强厂矿劳动保护工作。1963年，毕节专署制定《关于加强企业生产中安全工作的几项规定》：①对安全机构和专职人员，在精简中已经削弱的应予充实，应配备干部专门管理，所需人员在编制内调剂解决。专署经委、工业、交通、农、林、水、商业、粮食部门除有1名管理生产科、局长分工管理安全工作外，并指定1名干部负责管理本系统安全工作；厂矿企业300人以上设安全科（股），100人以上企业配专职干部1～2人，100人以下指定干部兼管。②厂矿企业组织力量对本单位安全检查，查出问题及时解决，一时不能解决的订出计划，限期解决。③把安全管理工作和整顿企业结合起来，做到安全工作有制度、有措施、有布置、有检查。1964年1月16日，专署劳动局、卫生局、工会办事处，结合执行国务院《关于防止矽尘危害的决定》，转发国务院《防止矽尘危害工作办法（草案）的通知》，制发《关于认真做好防止矽尘危害工作的意见》，下发全专区各县执行。4月11日，专署转发省人委执行《贵州省厂矿企业劳动保护工作试行条例》，要求各企业管理部门和厂矿组织广大职工学习《条例》，结合本单位情况制定实施细则。1965年10月，制定贯彻省《关于当前安全生产情况和意见的报告》的措施：①继续贯彻国务院《关于加强企业生产中安全工作的几项规定》，建立健全安全生产岗位责任制，严格执行规章制度，经常对职工进行安全教育，定期检查职工生产安全，贯彻劳逸结合，严格处理伤亡事故，建立安全工作的正常秩序。②新建、改建、扩建工程项目必须制定相应的安全卫生措施，保证安全生产。③健全安全机构，削弱的要立即恢复加强。自1979年起，全地区贯彻执行"安全第一，预防为主"的安全生产方针，开展安全生产宣传、检查、教育、培训和监察工作。是年，根据省革委《关于加强防尘防毒和工业卫生的通知》，地区劳动局配合有关部门开展厂矿企业防尘防毒工作，督促小煤窑的安全生产和不安全企业抓技术改造工作。1982年，执行国务院《矿山安全条例》《矿山安全监察条例》，要求矿山主管部门和矿山领导严格执行两个条例规定，深入矿山第一线跟班下井，发现并消除事故隐患，做到以防为主；新建、改建、扩建矿山，劳动条例和安全卫生设施必须符合《条例》规定，否则不准投产。1983年，执行国务院颁布〔1983〕85号文件规定，劳动部门指导、协助、督促、检查各地、各部门和企业安全工作；工会在监督行政贯彻执行国家劳动保护政策、法令，组织发动群众协助、督促行政搞好安全生产工作中，行使应有权力。1985年8月，执行省政府拟发《贵州省劳动保护的规定》《五种特种（起重、焊接、建筑登高、厂内驾驶、其他）作业人员的技术培训考核管理办法》和《烟花爆竹安全生产管理暂行规定》，要求相关企业严格按上述法规执行。1992年5月22日，省政府办公厅转发省安全委员会《关于定期进行安全目标管理考评意见的通知》。自此，毕节地区每个年度按省要求，将省下达安全管理目标分解到地直各有关部门及各县，并签订《安全生产目标责任制》，接受省年度检查。是年，地区劳动人事局先后制发《关于对地县企业厂长、经理进行职业安全管理资格证认证的通知》《关于对地、县企业厂长、经理职业安全卫生资格认证的补充通知》，对全地区344名企业厂长、经理进行安全管理培训、职业安全卫生资格认证。是年8月26日，转发省劳动局《关于加强电梯管理的通知》，检查全地区电梯安装、运行安全情况。客运电梯实行1年1监察，货运电梯两年1监察制度。1993年5月1日起，全地区执行《中华人民共和国矿山安全法》《贵州省实施〈中华人民共和国矿山安全法〉办法》。是年，毕节地区发出《关于进一步加强我区工业企业安全生产工作的通知》，转发省劳动局《关于违反〈贵州省劳动保护规定〉的经济处罚办法》。1994年，执行国家劳动部《关于未成年工特殊保护规定的通知》，检查登记区内在岗未成年工。1995年3月2日，地区劳动人事局拟定职业安全卫生考核内容：1. 伤亡事故报告；2. 伤亡事故报告及处理；3. 职业安全生产与卫生的安排和总结；4. 特殊作业人员管理；5. 建筑安全管理；6. 职业卫生工作；7. 其他。对考核成绩实行量化标准，按分数评定优秀、优良、良好、及格、不及格，对不及格企业除处以罚金并规定限期整改。是年5月1日起，施行《中华人民共和国劳动法》。5月3日，执行国家劳动部《关于颁布〈爆炸危险场所安全规定〉的通知》监督爆炸危险场所检查。10月，毕节地区行署贯彻国家劳动部《劳动安全工作监察员管理办法》和《重大事故管理规定》，制发《毕节地区建筑施工安装企业安全资格认证暂行办法》，要求各县市、地直有关部门、省驻毕单位按办法规定执行。1996年10月20日起，执行国家劳动部《关于认真落实安全责任制的通知》。1998年5月19日，毕节地区行署规定：全地区司炉工、水化工、电工、焊工、电梯工必须经考试合格，才能持证上岗，两年复查1次合格证。1999年12月，贯彻国务院《关于加强安全生产有关问题的紧急通知》，在全地区开展安全大检查，重点检查煤炭、矿山、石化、交通、重大工程设施及施工现场，烟花爆竹、商场、娱乐场所，严肃查处责任事故，依法处理责任人。

劳动时间　1950年起，遵照《中华人民共和国共同纲领》第32条规定，实行每周工作6天，每个工作日8～10小时。1951年，执行《西南区公私工矿企业限制加班加点暂行办法》令，严禁滥行加班加点。1953年1月1日起，全专区执行1952年12月31日中央财政经济委员会电令通知，7天有公休假1天，每天工作8小时。20世纪60年代初，规定需要加班加点，必须具备下列需要：1．为完成保卫国家或防止公共危险的紧急任务。2．为消除公用事业的意外故障。3．因机件设备发生临时故障，影响多数工人职员工作，需要及时修复。4．工作性质上，中途停止，导致损坏原料或机器，而因技术条件不能在工作时间内完成。5．为公众利益或建设上需要，必须在一定时间内完成生产任务；因自然事故，按正常工作时间不能如期完成任务。加班加点，需经基层工会同意，上级主管部门批准。加班，每次不得超过1个工作日；加点，每个工作日不得超过4小时。1962年，毕节专区执行国家劳动部《关于企业工人职员法定节日加班工资待遇规定》，因生产（工作）需要法定节日内进行生产，应在节日后给予同等时间补假。如不能补假，实行计时工资制职工，按本人日标准工资200%发给加班工资；实行计件工资职工，除按本人完成劳动定额计件单价发给工资外，另加发本人日标准工的100%加班工资。1989年9月21日，执行国家《私营企业劳动管理暂行规定》，私营企业实行每日不超过8小时工作制，因生产需要延长时间，经职工本人同意，并发给加班工资。日加班时间，不得超过3小时，连续加班不得超过3天。禁止安排未成年工和孕期、哺乳期女职工加班加点。1994年3月1日起，全地区执行《国务院关于职工工作时间的规定实施办法》，实行每日工作8小时，平均每周工作44小时制度。企业可根据实际情况，将两周中两个半天休息时间，调换为1天休息。在正常情况下不得安排职工加班加点，若因特殊情况，可加班加点，加班加点时间应安排相等时间补休，不能补休，按规定支付加班加点报酬。1995年5月1日起，执行《国务院关于职工工作时间的规定》，企业职工每周工作时间不超过40小时；有些企业可实行不定时工作制、综合计算工时工作制等其他工作制和休息方法。对于施行每周40小时工作制有困难企业，迟至1997年5月1日起一律实行。实行不定时工作制和综合计算工时工作制企业，按县属以下企业、地属企业、省属企业的管理权限，分别报县、地区、省劳动行政部门审批。可实行不定时工作制的职工：1．企业高级管理人员、外勤人员、推销人员、部分值班人员和其他因工作无法按标准工作时间衡量的职工。2．企业中长途运输人员、出租汽车司机和铁路、港口、仓库的部分装卸人员及因工作性质特殊，需机动作业职工。实行综合计算工时工作制条件的职工：1.交通、铁路、邮电、水运、航空、渔业等行业中，因工作性质特殊，需连续作业职工。2．地质及资源勘探、建筑、制盐、制糖、旅游等受季节和自然条件限制的行业部分职工。3. 其他适合实行综合计算工时工作制职工，分别以周、月、季、年为周期，综合计算时间，其平均日工作时间和平均周工作时间应与法定标准工作时间基本相同。对于实行其他工作制职工，在保障职工身体健康并在充分听取职工意见基础上，采用集中工作、集中休息、轮换调休、弹性工作时间等适当方式，确保职工休息休假权利和生产、工作任务完成。

**女职工保护**　1951年，毕节专区按政务院和劳动部规定，废除男女职工同工不同酬的旧制，对女职工经期、孕期、哺乳期实行劳动保护。怀孕7个月以上和分娩未满两个月女工均不得加班加点。1953年，执行政务院《劳动保险条例》调换轻工作，怀孕6、7个月以上女工，给予产期45天。厂在制定年度生产措施，月生产计划时，对女职工作特殊照顾。1955年，毕节地区执行国务院《关于女工作人员生产假期的通知》，女工作人员生产假期给予56天，难产或双生增4天；怀孕不满7个月流产的，根据医生意见，给予30天以内产假。产假期间工资照发，因病需要继续休养者，按病假处理；怀孕生育及产后所需休养者，按病假处理；怀孕生育及产后所需检查、接生、手术、住院费用，按公费医疗执行。1962年，专署劳动局制发《关于加强妇女特殊保护规定》：1. 根据妇女生理特点分配力所能及工作，不分配妇女从事井下采掘、支柱、运输和森林采伐等繁重体力劳动，从事接触汞、锌、梯恩梯生产，以及其他严重危害生理机能的操作。2.合理安排妇女月经、怀孕、哺乳期劳动；在妇女月经、怀孕、哺乳期调轻活不调重活，调近活不调远活，月经期间调干活不调湿活。不让怀孕妇女从事经常攀高、弯腰、扭转、震动的操作，不宜让怀孕7个月以上女工和有未满4个月婴儿哺乳女工上夜班。3.妇女在生育期间，一般给56天产假。怀孕不满7个月女工发生流产，按具体情况，给予20～30天假期，产假期间工资照发。4. 给哺乳母亲必要的照顾；对有未满1周岁婴儿哺乳母亲，在每天工作中应有两次哺乳时间。5. 关心妇女的疾病和生活。6.办好哺乳室、托儿所、幼儿园。1964年4月14日，毕节专署执行《贵州省厂矿企业劳动保护工作试行条例》，要求企业切实做好妇女职工劳动保护工作。1987年2月，转发国家卫生部、劳动人事部、全国妇联《关于印发（女职工保健工作暂行规定）（试行草案）》，要求地直单位和各县贯彻执行。1988年执行国务院《女职工劳动保护规定》，凡适合妇女劳动单位，不得拒收女工；不得降低女职工孕期、产期、哺乳期基本工资或解除劳动合同；严禁安排女职工从事矿山井下和第四级劳动强度的劳动；怀孕7个月以上不得安排夜班，劳动时间安排一定休息时间；产假为90天，其中产前休息15天，难产增加产假15天，多胞胎生育，每多一个婴儿增加产假15天，给流产妇女一定时间产假。是年，执行省政府规定，女职工晚育（指23岁婚后生育第一个孩子）产假延至120天；晚育并领取独生子女证，产假半年。女工较多的单位，按省有关规定，逐步建立女职工卫生室、孕妇休息室、哺乳室、托儿所、幼儿园。违反计划生育女职工，不适用此《规定》，按有关计划生育政策办理。1994年，执行国家就女职工产假期间工资计发通知规定：技术工人，为本人岗位工资、技术等级（职务）工资与国家规定按比例计算的奖金；普通工人，为本人岗位工资与按比例计算的奖金。

**工业卫生**　1956年5月，毕节地区执行国务院关于《工厂安全卫生规程》和《关于防止厂矿企业中矽尘危害的决定》起始工业卫生工作。1957年，专署组织人员在赫章锌铅矿开展防尘工作，制定工业卫生制度，推广密闭筛灰等防尘技术措施，1958年4月，根据省《关于工厂和矿山防止矽尘危害技术措施规划》要求，贯彻湿水凿岩、喷雾洒水、通风、密闭、个人防护、建立防尘规章制度和开展防尘管理工作。是年，按照《贵州小型厂矿企业安全卫生暂行规定》要求企业领导负责本企业安全卫生工作，并指定专人兼管安全卫生日常工作，生产班组长负责本班组安全卫生。1962年，贯彻《关于厂矿企业防尘防毒的决定》，规定凡在生产中产生粉尘或工业毒物的厂矿企业，必须以预防为主，采取防尘防毒综合措施；凡新建、改建、扩建有关粉尘和工业毒物的工业设计，必须符合工业设计卫生标准，粉尘和工业毒物为浓度不得超过国家规定的2毫克标准；对有工业毒物或粉尘作业的厂矿企业，应设防尘防毒人员，每月至少对企业作业场粉尘和工作毒物浓度检测1次，定期对矽尘或工业毒物作业人员，供给劳保用品和保健食品，并进行定期健康检查，因职业病或职业中毒死亡，按规定执行报告制度。1963年，执行国家劳动部、卫生部、全国总工会《防止矽尘危害工作管理办法》。是年，毕节专署成立防尘防毒工作领导小组，并组织4个工作组，分赴妈姑锌铅矿、水城钢铁厂、水城煤矿等企业开展矽肺病检查，共体验2274人，查出矽肺病和可凝矽肺病患者156人。是年底，完成矽肺作业工人健康检查。3月12日，专署劳动局、卫生局、工会办事处联合发出《关于矽肺病人的生活待遇通知》，对患有矽肺病职工调作轻便工作后不得降低其原来标准工资。对脱产休养职工，第1年内由企业行政按原标准工资发给，1年后按原标准工资的90%发给生活补助费，其费用在劳动保险费内支付。允许矽肺病人还乡休养，患一期矽肺病人按原标准工资60%发给长期生活费，患二、三期矽肺病人按原标准工资90%发给长期生活费，矽肺病享受保健待遇，由企业行政支付。回家休养矽肺病人，商业部门按原规定供应保健食品，费用由本人支付。是月16日，专署劳动局、卫生局、工会办事处联合制发《关于认真做好矽尘危害工作的意见》要求：①已采取防尘措施，应充分利用，坏的抓紧修理。未采取有效和可行防尘措施企业，要千方百计消除和减轻矽尘对职工的危害，力争在3年内将矽尘作业场浓度尽量下降达到国家规定的标准。②在采掘矿石、岩石及其他掘岩工程中，必须采取湿式凿岩、喷雾洒水和加强通风等防尘措施。采取湿式凿岩有困难，必须采取干式扫尘措施。③破碎、碾压、筛选、输送、搅拌含矽原料，以及喷砂、翻砂等工艺过程，应采取湿式作业或密闭吸尘等措施或两者兼用。④在新建、改建、扩建有矽作业企业时，必须严格按照设计施工，在审查设计和验收工程时，不符合防尘要求不予验收。1966年6月21日，专署贯彻国务院《关于矽尘危害工作情况和今后意见》。

1980～1984年，国家和省拨款30万元给毕节地区用于防尘防毒和矿井安全改造。1981年、1982年、1985年全地区开展预防职业病、治疗尘毒危害安全检查，对检查出有职业病患者给予及时治疗，妥善安排。1985年，地区劳动人事局按省的安排，配合有关部门开展“工业卫生建档、职工健康建卡”（简称两建）工作。20世纪80年代，部分国有企业绿化、美化厂区改善职工生活、生产条件。90年代毕节卷烟厂、烟叶复烤厂、公路养护总段被行署授予花园式工厂称号。1991年，地区劳动人事局配合有关部门审查验收威宁水泥厂等4户新、改、扩建企业，查出21台除尘设备未能正常使用，粉尘严重超标，不同意验收，督促设计、安装和使用单位修改、完善除尘设计、达到安全卫生要求才同意使用。从1992年起，毕节地区贯彻国家食品卫生法规定，对全地区食品加工经营人员、饮食服务人员进行健康检查，凡缺项者或不符合条件者不发给健康合格证，不得从事生产经营活动。是年，检测检验74户企业尘毒危害和特种设备，提出240余条整改意见。1994年3月23日，转发国家劳动部《关于颁发〈有毒作业危害分级监察规定〉的通知》，开展有毒作业、生产性粉尘作业危害程序、高温作业和体力劳动强度分级工作。是年，地区劳动人事局、建设局、纪委等部门组成联合调查组检查毕节市、威宁、黔西、金沙县14户建筑施工企业、7户工业企业，发现部分企业尘毒危害严重，劳保用品不按规定发放和使用，通报全地区。1995年8月21日，转发国家劳动部《关于批准（噪声作业分级）劳动安全行业标准的通知》，并按规定于1996年6月1日起执行。

**锅炉压力容器安全** 1962年10月4日，国家劳动部公布试行《蒸汽锅炉使用试行办法》。1963年5月1日起，毕节专区开展锅炉登记工作。1964年1月，规定锅炉操作人员必须持证操作。1965年，专署劳动局转发《贵州省火管锅炉司炉安全操作须知》《蒸汽锅炉报废试行办法》和《锅炉定期技术检验办法》。1978年1月18日，地区革命委员会批转地区劳动工资局《关于加强锅炉安全管理的意见》要求：1．司炉工须经考试合格，发给操作证，做到持证上岗，地县劳动部门做好锅炉普查发证工作。2．建立健全岗位责任制，定期检修和水处理制度；有计划地改善司炉人员劳动条件。3．地县劳动部门及主管部门加强对锅炉安装、使用、修理管理；锅炉技术人员和司炉工人应保持相对稳定，一般不得随意调动、改换工种。4．严格执行国务院《工人职员伤亡事故报告规程》，要严肃处理发生的事故。

1980年，执行国家劳动总局《低压锅炉水质标准》，停止使用无水处理措施锅炉。1981年，执行《蒸汽锅炉安全监察规程》，检测锅炉安全。是年，地区劳动局印发《关于执行国家劳动总局〈锅炉压力容器事故报告办法〉的通知》，严格执行锅炉压力容器报告事故制度。1982年，实施国务院锅炉压力容器安全监察条例。1984年，地区劳动人事局转发省《关于对锅炉水处理化验工培训考试发证的通知》，要求进行锅炉给水软化处理，对水质处理分析化验工、离子交换器操作工操作培训，考核合格发给操作证后，才允许上岗。地区劳动人事局制发《关于加强蒸汽锅炉工人的安全技术管理的通知》：①严格执行《蒸汽锅炉安全监察》安全操作规程规定。②严格明确司炉工人职责。③司炉工人必须具有蒸汽、压力、温度、水质、燃烧、通风、润滑、电器方面知识。④对司炉工人进行统一技术考试，合格者发操作证，不合格者不准单独操作。⑤对司炉工作人员，应保持稳定，不要轻易调动。同年，地区劳动人事局修改印发《毕节地区司炉工人安全操作须知》，结合使用炉型和锅炉房管理现状进行整顿，确保在用锅炉安全运行。1985年，贯彻执行省《锅炉、压力容器进出口实施细则》《焊工考试管理办法》《锅炉、压力容器检验收费管理办法（标准）》《气瓶充装管理办法》《锅炉安装单位资格审查办法》；拟发《关于做好压力容器工作的通知》，开展普查登记各类压力容器，填报压力容器登记卡、压力容器综合统计表、压力容器登记表、压力容器检查修理记录。1986年7月30日，成立毕节地区锅炉压力容器检验所（简称锅检所），负责锅炉安装、修理、改造、采用水质监督检验，分析鉴定锅炉压力容器事故，培训司炉人员、水处理人员。1990年4～8月，根据国家劳动部《压力容器使用登记管理规则》规定，检验登记全地区压力容器412台，发证123台，报废2台。1992年1月18日，地区锅检所更名为贵州省锅炉压力容器检验所毕节地区检验站。1995年，地区劳动人事局制定《毕节地区职业安全卫生与锅炉压力容器监察工作考核办法》。贯彻国家劳动部《劳动安全卫生监督员管理办法的通知》和《关于换发锅炉压力器安全监察员证有关事项的通知》，作好相关工作。1998年，地区劳动局拟发《关于锅炉、电梯等特种设备安装、修理、检验中有关问题的通知》规定：1. 劳动局下属安全监察检验部门，是依法行使行政职能部门，不承担特种设备安装或修理改造业务及其联系。2. 劳动局职业安全卫生与锅炉压力容器监察科对其审批的锅炉、电梯等特种设备的安装或修理改造方案和锅炉、电梯安装修理部门的资质负责。3. 劳动局锅炉压力容器安全检验监察所对其检验锅炉压力容器的安全性能质量负责，对其检验的电梯等起重设备的完全性能及安装质量负责。是年，全地区经技术考核鉴定，司炉工、水化工当中有高级工13人，中级工293人，初级工27人。从2001年起，锅炉压力容器安装工作和检测检验工作移交地区质量技术监督局。

**矿山安全**　1953年5月统计，全专区农村小煤窑伤亡事故占事故的37.5%，死亡人数占50%，重伤人数占62.5%。专署要求各地政府加强组织管理，禁止险洞采煤。赫章铅锌矿伤亡事故时有发生，责令制定实施矿山安全制度，遏制伤亡事故，伤亡率明显下降。1958年7月，毕节专署执行《贵州省小型厂矿企业安全卫生暂行规定（草案）》，提出预防土法采煤窑伤亡意见。1959年，专署煤炭局转发《贵州省开采小煤矿及小煤窑的暂行草案》。1962年，执行省劳动局、煤管局《关于加强小煤矿安全生产的通知》，要求各县加大对小煤矿、小煤窑的监管力度。1960年，专署按照省《关于当前制止瓦斯爆炸事故的意见》要求，组织检查区内大、中型煤矿，各县组织县小煤矿对地质条件复杂，瓦斯含量高，通风和照明条件差，继续生产有危险的矿山、煤窑、责令其停止生产。1976年6月11日，地区革命委员会批转地区工业局《关于煤炭工业安全生产情况和今后的意见》，要求地、县劳动工资局、安委会、工业局指导地县11个国营煤矿将开拓延伸费用于技术改造，改善生产条件，巷道失修率限制在7%以下，消灭危岩、半危岩干打眼，煤层掘进和采煤运输机头要洒水防尘，粉尘浓度降到规定指标以下；消灭小煤窑独眼井、明火灯、瓦斯、透水事故。1982年，执行国务院《矿山安全条例》《矿山安全监察条例》。1983年10月，地区劳动局设置矿山安全监察检测检验所，负责矿山安全行政监察工作。1986年，省政府颁布《贵州乡镇煤矿安全管理暂行办法》《贵州省乡镇矿山矿长安全资格审查实施办法》，规定乡镇煤矿矿长是安全生产第一责任人。1987年，根据省《关于加强乡镇煤矿安全生产工作的报告》，地县两级建立和充实煤炭管理机构，建立矿山救护队。并按以下标准整顿乡镇煤矿：1. 取得县人民政府矿产主管部门批准的采矿许可证和同级工商部门核发的营业执照。2. 有规定开采范围和开采设计说明与图纸。3. 具备必要的安全生产条件，消灭独眼井生产和明火、明电照明及放炮，消灭明闸刀开关，具备瓦斯检测手段。4. 配备经过培训合格的矿长、瓦检员、安全员、绞车工；特殊工种的工人要经过培训合格后才能持证上岗，并保持相对稳定；生产人员未经安全教育，不准下井。5. 有安全规章制度，并严格执行。未达到上述条件的乡镇煤矿限期整改。1988年2月27日，执行国家劳动人事部、建材局、公安部联合印发

《乡镇露天矿场安全生产规定》，要求全地区严禁在国营矿山范围内的公路、铁路、桥梁、河坝、河滩等附近；国家保护的建筑物、构筑物、学校、居民区、工厂、高压输电线路和输油管附近，国家自然保护区，重点风景区、重点保护的历史文物和名胜古迹附近及所在地从事采矿采石作业。采矿采石必须遵循“采剥并举、剥离先行、贫富兼采”的原则进行。是年，按《贵州省乡镇矿山矿长安全资格审查办法》，实行乡镇矿山矿长安全资格审查制度，要求矿长必须具备安全技术基本知识和安全管理能力。20世纪80年代，全地区乡镇矿山火险、棚险、塌险、透水事故时有发生，瓦斯问题特别严重，1989年，全地区4741个乡镇煤窑经过检查整顿，基本上达到安全生产条件的1169个，约占24.68%。1990年，行署发出《关于加强矿山安全生产的紧急通知》，全地区开展矿山安全生产整顿，减少煤窑1267个；培训矿长305人，安全员、瓦检员1293人。是年，行署拟发《毕节地区乡镇矿山安全生产情况通知》，明确矿主为安全生产第一人，严禁“以包代管”“以罚代管”或放任自流；各级政府把矿山安全治理整顿作为治理经济环境、整顿经济秩序、稳定社会的大事来抓，按照国务院“保护国营、扶持乡镇、限制村办、改造和取缔个体”的原则办矿，严格依法办矿；培训“一长三员”经常检查督促矿山，及时消除隐患；加大劳动部门执行国家监察职责，宣传安全生产方针政策，运用典型案例进行法制教育。1991年，执行国务院《关于加强乡镇煤矿整顿治理工作的通知》《清理整顿个体采煤通知》，要求各县加强对矿山特别是小煤窑的清理整顿、安全检查工作，执行《贵州省乡镇煤矿矿井安全生产条件合格证实施办法》，全地区采矿必须具有安全合格证、采矿许可证、矿长安全资格证，矿山建设必须符合《矿山安全条例》规定，并在年产1万吨以上乡镇煤矿推行安全生产条件合格证书审查、颁证工作，在全地区推行产、供、销、运输、安全的统一管理，严格采矿许可证审批程序和颁证工作。1992年春秋季，检查全地区24个乡镇的112个煤窑和矿山，查出不安全因素86起，限期整改28起，给104个矿井颁布发放安全生产合格证。同期，炸封无证采煤和不具备安全生产条件矿井960个。1993年，执行《中华人民共和国矿山安全法》，行署制发《毕节地区乡镇煤矿安全生产管理办法》，地区安委会规定每年12月15日前各县填报《乡镇煤矿基本情况统计表》。是年，贯彻国家煤炭部、劳动部《关于控制地方煤矿重大安全事故的紧急通知》和《矿山安全法》，对全地区225个乡镇煤矿及铅锌矿进行安全检查，对查出93个重大隐患，分别进行整改。是年行署制发《关于收好、用好、管好乡镇煤矿维简费的决定》规定，60%维简费返还煤矿用于安全改造和矿山公路维修，20%返还乡镇用于煤矿安全的培训、安全活动；15%由县掌握、5%缴纳地区作调剂使用经费。1994年，执行国家煤炭部《关于国有重点煤矿、国有地方煤矿、乡镇集体煤矿防止重大瓦斯煤尘事故的规定》、国家劳动部《矿山安全监察员管理办法》《矿山建设工程安全监督实施办法》，加强矿山生产的监督检查，重点监督检查通风、瓦斯、粉尘、火灾隐患的防治，对放炮执行装药前、放炮前、放炮后和放炮员、班组长、瓦检员连锁制的执行情况；重点检查78个矿山和煤窑，普查3290个煤窑，普查发现6个矿井实现机械通风，缺乏机械通风460个。1995年执行煤炭生产井下作业人员下井搜身，严禁酒后上班、严格交接班制度；节日放假期间切断电源、井口设栅栏，设置禁止入井指示牌，节日后恢复生产，矿领导要带队下井检查风机、瓦斯、电源等井下设备和安全状况。当年检查“五消灭”矿井33处，“三消灭”矿井1582处。1996年检查“五消灭”矿井64处。1996年7月25日，行署办公室转发《省政府办公厅关于进一步清理整顿小煤矿、小煤窑，坚决扼制煤炭矿山重特大事故发生的通知》，要求清理整顿各县市小煤窑，关闭无证小煤窑；10月，转发省《关于进一步做好乡镇煤矿安全生产工作的有关问题的通知》，不准为无证煤矿提供炸药、雷管，提供运力，提供贷借款；不准单位和个人投资入股，经营原煤和煤炭产品。1997年6月，按省要求，各县市相继成立乡镇煤矿整顿小组，检查整顿产煤乡镇、产煤片区。是年，全地区共炸封930个无证开采和不具备安全生产矿井，关闭60个在国有矿井范围内开采的矿井，通过整顿、帮扶“五消灭”矿井130多个，骨干矿井“一长两员”持证上岗100%。1999年，执行省《关于依法办矿，整顿煤炭生产，经营秩序的安排意见》，全地区关井1575处，超年下达任务的1000处；压产405万吨；未完成省下达任务150万吨，是年，地区劳动局加强对矿山管理、装备、培训、防瓦斯和煤尘爆炸整套监察管理，执行依法监察管理原则，杜绝瓦检员受制于办矿人员，重生产、轻安全，假检、假报、不检行为；制止矿中停风、无风或瓦斯超限仍强制工人冒险作业行为和瓦检员不予有效制止行为。2001年，矿山安全监察职能移交地区经贸局，地区劳动和社会保障局不再履行对矿山安全监察的职能。

**安全生产教育**　1954年，执行政务院《关于进一步加强安全技术教育的决定》，对厂矿企业新工人实行进厂、车间、班组安全教育；调换新工种、使用新产品安全教育。对爆炸、电器等危险性大工种进行安全培训，对全体职工实行定期安全教育。是年起，毕节专区在赫章铅锌厂率先建立新工人安全教育制度。1958年，毕节专区按照省劳动局规定，新工人入厂除实行三级安全教育外，还必须指定1名老工人带新工人，进行常规安全教育。1963年，毕节专区执行《贵州省厂矿企业劳动保护工作试行条例》，对新工人进厂实行经厂部、车间、现场安全教育，经考核合格后，才准进入工作岗位；对爆破、电器、起重、锅炉、受压容器、瓦斯检验、焊接、司机等特殊工种，经安全操作技术训练并考试合格取得操作证后方准操作。1964年5月，毕节专区贯彻执行省劳动局《1963年劳动保护工作情况和今年工作意见》，各县劳动保护以防伤亡事故为重点，明确安全责任。重申对电器、锅炉、爆破等特殊工种须进行训练，不经训练考试合格，不能参加生产。1980年，基层企业建立劳动保护监督检查委员会，班组设置劳动保护兼职业安全卫生检查员，开展企业劳动保护培训工作。1987年，省劳动局部署在5年内完成全省特殊工种培训发证工作。从1988年起，毕节地区相继建立特种作业人员培训站，开展培训工作。1988～1992年，先后举办矿长、瓦检员，乡镇分管安全负责人培训班共14期，培训1002人。1988～1994年，举办电工、电焊工、起重工（含电梯工）、司炉上水处理工培训班共12期，共培训1174人。1990年，培训镀工46人。1991年，组织全地区拖拉机驾驶员学习联组120个，5861人参加学习，订农机安全报5560份。1994年11月8日，地区组织150余人学习《中华人民共和国劳动法》。11月15日，组织全地区1.4万余名职工学习劳动法；11月30日，组队参加全省劳动法知识竞赛。1995年毕节地区实施《中华人民共和国劳动法》，地区劳动人事局举办电工、焊工、司炉工、水化工、电梯工等工种安全教育培训班，共培训947人。地区煤炭局、交警、农机监理、港监所、消防部门先后举办矿长、瓦检员、汽车驾驶员、拖拉机驾驶员、修理工、机动船舶驾驶员及从事石油和文化娱乐场所人员安全培训班，共培训3957人。1996年2月，地区劳动工作会议决定：特种作业人员培训，重点抓交通、矿山、建筑、防火等安全教育，全年共培训电工、焊工、电梯工、司炉工、水处理工450余人，培训矿长、瓦检员、安全员、绞车工共900余人，消防管理培训150余人，交通安全培训1532人，农机监理培训1700余人。1997年，全地区开展厂矿企业生产管理人员，特种作业人员培训班20期，共培训1260人，经培训考核，各类从业人员持证上岗率提高，其中骨干矿井矿长、安全员、瓦检员100%持证上岗。是年，组织2000余名矿山安全管理人员参加国家五部委举行的乡镇煤矿安全知识竞赛活动。1998年，地区安委会、劳动局举办特种作业人员培训班8期，273人获操作技术等级证书；举办矿长培训班，培训205人，培训其他人员2110人，鉴定合格2081人。1999年，地区劳动局配合工会办事处，组织国有企业危险性工种和职业病影响严重企业的职工参加全国安康杯知识竞赛，毕化有限责任公司、毕节天工建材总厂、毕节卷烟厂、驰宇集团原料公司、地区建筑工程总公司、地区煤矿入选参赛。

**安全生产活动** 1980年，国家安排每年5月份开展安全月活动。1980～1984年，安全月活动期间，行署及各县政府均拨专项经费，用于宣传安全法规，开展安全检查。1990年3月3日，省政府确定在全省开展安全生产活动。是年3月14日，地区安委会拟发《关于开展安全活动的通知》，安排3月15日～4月15日为毕节地区安全生产活动月时间。《通知》要求各县、各系统在安全生产活动月期间，开展安全教育和安全检查活动，重点检查道路交通、乡镇矿山、防火防爆、尘毒危害；在此期间，地县安委会、经委、劳动、乡企、工会、交通、农机、林业、城建、商业、供销、工商、税务部门重点整顿事故隐患、进行安全生产知识宣传教育，并表彰1989年安全生产先进单位和个人。1991年4月26日，国家安全生产会议下发《关于开展“安全周”活动的决定》，安全生产周定于6月17～23日。5月27日，省安委会拟发《关于开展“安全周”活动的意见》。行署要求各县、各部门、各企业在安全生产周期间，采取多形式、多层次开展安全宣传、安全检查活动。全地区出黑板报100余期，组织宣传车14辆，张贴标语1.2万余幅，发放1600多份安全宣传资料。1992年4月27日，省安委会转发国家安委会《关于开展安全生产周活动的通知》，决定在5月11～17日开展安全生产周活动。地区安委会要求在开展安全生产周活动期间，主要抓好交通安全、煤矿安全、企业生产安全的宣传教育和检查工作，完善安全管理规章制度。1993年4月24～30日，全地区开展安全生产周活动，活动主题是：反对违章指挥、违章作业、违反劳动纪律。毕节地区结合施行《矿山安全法》，编印安全生产法规汇编发至各乡镇矿山，利用电影、电视、广播开展宣传活动。1994年，国家劳动部提出5月16～22日开展以“勿忘安全，珍惜生命”为主题的安全生产周活动。行署决定安全生产月活动期间，组织力量广泛开展安全生产教育，安全检查，整改重大事故隐患。1995年5月15～21日，是全国开展以“治理隐患，保障安全”为主题的安全生产周活动，行署决定在5月全地区开展安全生产月活动。各企业订购安全宣传画，张贴到班组、车间，地直有关部门印发各类安全宣传资料7000多份，全地区各城镇乡村张贴宣传标语及宣传画5600多幅，广播和播放录像250多场次。1996年5月13～19日，全国开展以遵章守纪、保证安全为主题的安全生产周活动。地直各有关部门在毕节市区设立安全咨询点，接受咨询；发放安全资料近万份。是月13日，行署与各县市、地直有关部门签订《1996年安全生产目标管理责任书》，落实安全生产责任考核制度。1997年5月12～18日，全国开展以“加强管理，保障安全”为主题的安全生产月活动。毕节地区在5月开展安全生产月活动。安全月活动期间，地县安委会分别与地县经委、劳动、公安、消防、交警、交通、供电、煤炭、城建部门配合，采取张贴标语、办宣传栏、出动宣传车的形式，开展安全宣传；企业内部组织安全知识竞赛，操作技能比赛和消防演习，开展标准化班组、标准化岗位、标准化工作场所活动。1998年，全国开展以“落实责任，保障安全”为主题安全生产活动。毕节地区及各县市拨专款组织有关部门深入企业、乡镇、矿山、公路交通沿线进行宣传和检查，设立安全宣传咨询点进行安全咨询。烟草、供电、邮电、化肥系统开展安全知识竞赛和安全操作技能考核，交通部门增设公路交通安全标志牌50余块，渡口管理牌20余块。1999年5月9～15日，全国开展以“安全、生命、稳定、发展”为主题的安全生产周活动。行署发文要求围绕主题与抓安全目标管理责任书落实开展安全月活动。各县市在采取广播、电视、张贴宣传画和标语、安全咨询、安全知识等宣传活动同时，表彰先进企业和部门的经验和做法，同时惩戒忽视安全生产的行为。2000年后，随着劳动局职能变动，不再对安全生产活动具体安排部署和实施。

**伤亡事故处理**　1952年，毕节专区执行政务院财政经济委员会关于《工业交通及建筑企业职工伤亡事故报告办法》，按规定每月后10日填写《职工伤亡月报表》若干份，分送劳动行政机关等部门，死1人或重伤2人以上者，应用电话或电报快速办法报告当地劳动行政机关及企业主管机关。发生重大伤亡事故，应立即将发生事故地点、时间、死亡人数、重伤人数、轻伤人数及事故原因以电报、电话或其他快速办法报告当地劳动机关（或人民政府、下同）及企业主管机关；发生事故24小时内会同劳动行政机关、工会及有关部门组织人员调查处理。对伤亡事故隐瞒不报或故意拖延迟报，除责成补充报告外，并按伤亡事故报告办法予以批评、警告直至移送司法机关处理。1955年4月18日，省人委拟发《关于贯彻执行职工伤亡事故报告办法的通知》。1956年2月21日，毕节专署制订《临时补充办法》，于当月24～26日召开劳动保护工作会议，讨论工人职员伤亡事故调查、登记、统计、报告规程规定。1958年底，贵州省人民委员会制发《关于小型厂矿伤亡事故报告暂行规定》。1959年1月6日，专署制发《关于作好工伤事故统计报告的通知》规定：各县和中央、省、专级厂矿企业按季写出书面总结报告，于季后次月10日前报送省劳动局和专署劳动科。是年8月29日晚11时15分左右，水城钢铁厂简易铁路工程指挥部工棚倒塌，死14人，重伤16人，轻伤65人。经调查，指挥部只图快省、忽视安全，指挥部党总支副书记受刑事处分，有关人员给予行政记过处分，钢铁厂党委向专署作书面检查。1960年，毕节专区执行国家劳动部《关于进一步贯彻执行〈工人职员伤亡事故报告规程〉和试行新的伤亡事故报告的通知》，报告伤亡事故，必须报清伤亡事故时间，死亡、重伤、轻伤人数，伤亡者姓名，事故类别，事故时间，简要经过必须在10日内报送省。并按月填写《职工伤亡月报表》，1次死亡3人以上事故，报国家劳动部。是年，统计全专区伤亡事故，死亡74人，重伤173人，轻伤1137人。1963年，国务院下发《关于加强安全生产紧急通知》《关于加强企业生产中安全工作的几项规定的通知的补充通知》，贵州省制发《贵州省厂矿企业劳动保护工作试行条例规定》。要求伤亡事故发生后，应立即组织调查；对违反政策法令和规章制度，或因工作不负责任造成事故的，根据情节轻重和损失大小，给予不同处分，直至移送司法机关；对隐瞒不报、虚报或故意拖延报告，除责成补报外，给予应得处分。是年，毕节专区及所属各县设置安全机构，配备专职人员，负责整治安全事故。1965年，专署劳动局转发省劳动局《关于布置再次修改伤亡事故报告的通知》，从1965年1月1日起，县有中央、省属企业的县，每月填写报表时，应将中央、省属企业和专县企业分别填写两份报专署劳动局。1966年5月，毕节地区执行省劳动局《请认真执行（工人职员伤亡事故报告规程）的通知》，专属以上企业及县属以下企业分别填写伤亡事故月报表，伤亡事故报告书各一式两份，于每月终后15日内报省劳动局。1966～1976年，受“文化大革命”影响，伤亡事故迟报、漏报、不报现象突出。1978年10月，中共中央下达《关于认真做好劳动保护工作的通知》，毕节地区贯彻中共中央通知，对事故责任人实行追究。1981年12月17，金沙县新化煤矿发生特大瓦斯爆炸事故，死亡35人，国家、省、地区、县组成调查组，查明原因，明确责任人的责任。1984年3月2日，织金县烟叶复烤厂基建发生基础塌方死7人，重伤1人，县政府和主管县长，复烤厂指挥长分别向行署检查，副指挥长给予行政处分，厂停工整顿。1989年，毕节地区各类事故死亡人数少于1978年，被省政府评为安全生产先进地区。1990年6月5日，国务院办公厅下发《关于特别重大事故、报告工作有关问题的通知》，要求一次死亡10人以上特大事故，在上报国务院同时抄报全国安全生产委员会。是年，全地区县以上各类事故、经济损失指数下降，其中死亡人数比省下达控制数降10.7%。1991年，毕节地区执行国务院《企业职工伤亡事故和处理报告》《劳动部企业职工伤亡事故处理报告和处理规定》，停止执行1956年国务院《工人职员伤亡事故报告规程》。1992年，毕节地区乡镇企业发生事故72起，行署将金沙县新化鸡爬煤矿死亡13人、大方县凤山乡坝厂煤矿死亡11人的情况通报全地区。同时，司法机关对当年造成重大事故17名主要责任人追究刑事责任。1993年5月23日，地区劳动人事局召开地直有关企业厂长（经理）会议，要求依照国家劳动部和统计局统一印制的《企业职工伤亡事故统计报告》，遵守统计法，填报伤亡事故统计表。是年，多数厂矿企业在落实企业法人代表是安全生产第一责任人的同时、层层签订安全生产承包责任书，健全安全生产奖励制度。是年底，织金、纳雍、大方、赫章县伤亡人数比规定控制数分别下降36%、65%、69%、73.9%，行署给予奖励。黔西、毕节、威宁县比控制数上升，行署处以罚款。1994年3月起，按省劳动局规定，要求企业每月3日前，每年1月10日前，将上月（年）伤亡事故报表送主管部门。是年4月22日、7月31日黔西县鸭池河和纳雍县阳长镇发生特大交通事故，分别死亡31人、伤31人和死50人、伤31人。行署向省政府检查，贵阳客运公司、六盘水市钟山区联运车队受省处理。1995年8月22日，劳动部《重大事故隐患管理规定》，规定死亡50人以上，经济损失1000万元以上为特别重大事故；死亡10人以上，经济损失500万元以上为重大事故。11月26日8时40分，毕节电信大楼发生特大火灾，过火755.84平方米，直接经济损失901.21万元，间接经济损失335.11万元。经调查查清事故原因，值班工人被开除公职，移交司法机关处理；邮电局党组书记引咎辞职；党组副书记、副局长、总工程师、行政科副科长、省微波通信站六盘水市微波分局局长受党纪、政纪处分，并分别罚款3.4万元、2.1万元和1万元。1997年，毕节地区制定安全目标考核规定：一个地方和部门发生2次3人以上重大伤亡事故或发生损失20万元以上火灾事故2起，不得评为先进，对隐瞒事故行为给予通报批评和处理。1999年1月16日10时16分，赫章县妈姑镇肖家冲煤矿发生瓦斯爆炸死亡35人，重伤100人，对责任人矿长、法人代表、瓦检员移交司法机关处理（安全员已死免予追究），乡企站长、县煤管站长受行政记过处分，乡企站副站长被撤职，分管安全县长、县乡企局长作检查受警告处分。是年2月8日，织金县城关镇高新建材水泥厂，发生生料库中毒事件，死亡5人，值班长已死免予追究刑事处分，撤销厂法人代表和县政协常委职务，罚款300元，承担事故全部费用8万元；建设局作检查，罚款3000元；县政府向行署作检查。是年，全地区共发生重特大伤亡事故19起，按照事故管理权限，行署和各县市领导、地直有关部门负责人及时赶赴现场，开展抢救，组织调查，进行善后处理，明确事故原因，事后及时追究责任人刑事责任。2000年，坚持“先安全、后生产，不安全、不生产”，谁主管、谁受益的原则，把安全生产工作同各级各部门的年终考核挂钩，层层签订《安全目标责任书》，责任到人。当年，与有关部门配合，重点监督检查建筑施工，有效消除施工安全隐患。是年，全地区共发生各类特大事故3起，比1999年少1起，全年共死亡272人，伤178人，分别比1999年增6.7%和14.8%，直接经济损失比1999年降21.1%。

# 第三章　民　政

民政，古代称“民事”。毕节地区自有鼻国以来，以人民群众为对象的国家行政管理工作从未间断过。只各个时期由于体制不同，导致民政的表现形式和工作重心、力度、亮点不同，而其“立政安民”的核心是始终一贯的。明代以前，毕节地区的民政工作由方国君长、土司代行，清代改土归流后，由知府、知州、知县代行。由于人少事多的原因，许多事流于形式。辛亥革命后，毕节始有民政部门从事民政工作。中华人民共和国成立后，区内民政机构及体制开始健全。

## 第一节　救灾救济

### 一　清代及民国时期的救灾救济

**蠲免钱粮**　灾害发生严重年份，朝廷诏令蠲免应征之钱粮并给予救济。顺治十七年（1660）毕节发生旱灾，贵州巡抚卞三元请动用从两湖运来3000石米给予救济。康熙二年（1663）夏四月，免水西秋粮2000石。康熙二十年（1681），免大定府二十二年至二十三年应征钱粮。康熙二十五年（1686），清廷诏准蠲免所欠和次年应征钱粮。康熙三十二年（1693），免次年应征钱粮。雍正七年（1729），免应征钱粮十分之三。雍正十三年（1735），免本年应征钱粮。乾隆三年（1738），毕节发生洪涝灾，朝廷派员查实，给予救济。乾隆五十年（1785），免四十年以前积欠耗羡。乾隆六十年（1795），免本年应征赋额十分之二，冬十月，免第二年应征钱粮。嘉庆二十三年（1818）六月，免威宁州应征赋额。二十四年（1819），免次年赋额十分之二。道光五年（1825）8月，免本年正耗、民欠钱粮及一切杂项。光绪七年（1881），免威宁州属被淹地丁、钱、粮。二十六年（1900）大定大饥，斗米白银5两，发府库银1万两购米，在南门煮粥赈济，日食粥者万余人，城内粮尽，又往四川购米，乡间由团绅负责买该团平价米赈济饥民。

**慈善机构**　雍正二年（1724），朝廷谕各省督抚转饬有司，“劝募好善之人于通都大邑人烟稠集之处照京师例设立普济堂、育婴堂养老存孤”。乾隆二年（1737），知州苏松捐银购州城南门外田3亩，设黔西州普济堂，以济州内鳏寡孤独。乾隆四十八年（1783），知州赫霖泰捐银30两；乾隆五十三年（1788），吏目金钟捐银10两，均用来寄商生息，以济孤贫。嘉庆元年（1796），知州许学范支存济田余谷出卖，得银91两6钱，典东关外市房三间，岁收货银以助普济堂之费。次年知州薛振基又捐垫银116两4钱，补买市房之价。乾隆四年（1739），平远州创建养济院于州城东。雍正九年（1731）毕节知县李曜于通津门外建养济院。乾隆十四年（1749），知县凌均在城郊南关堡设栖流所，收容部分无家可归的流浪人员。乾隆二十一年（1756），知县董朱英捐银200两交商生息，以周济额外孤贫。咸丰三年（1853）养济院改建于西狱寺。养济院收养人员份额内、额外两种。清道光《大定府志》载："大定府所属额内孤贫113名，额外孤贫176名，其中大定府亲辖地额内25名，额外65名；平远州额内27名，额外68名；黔西州额内17名，额外5名，另有110名孤贫分别给银给米：威宁州额内5名，额外22名；毕节县额内29名，额外6名：水城厅额内、额外各10名。额内经费由布政司库开支，额外经费由官捐款及公项开支。113名额内孤贫盐米银年支203两4钱，衣裤银111两8钱7分，共计315两2钱7分；另外，口粮米325石4斗4升。"《平远州续志》载：受赈者额内每口给米8合，盐菜银5厘，按月发给；每口给棉衣裤各1件，向布政司库按每石米折银5钱5分领取。额外孤贫23口，每口给米8合，历任捐献；新增孤贫44口，每口月给米1斗5升，历任恩给。

**积贮粮食** 清代，在县城和重点地方设义仓、常平仓储粮备荒，若遇重灾，开义仓放赈：若粮价暴涨则售常平仓储粮平抑粮价。

道光年间，大定府及所辖各州县积谷：大定府亲辖地23905石8斗；平远州33708石7斗；黔西州41046石；威宁州谷荞计27026石1斗，又溢顺谷188石，余米易谷1万石，社仓米469石：毕节县12750石。有以下积贮谷仓库。黔西州义仓5所：一在州城东关外，主要贮官捐谷，一在城内南厢，一在安德里，一在永丰里，一在平定里。大定府亲辖地义仓10所，共贮谷13826石3斗，每遇灾荒则开仓放赈。各仓贮谷数分别为：本城义仓贮谷1905石8斗5升；鸡场义仓贮谷463石9斗9升；六龙义仓贮谷1289石6斗5升；以那架义仓贮谷1454石9斗7升；羊场义仓贮谷1497石6斗8升；马场义仓贮谷711石2斗6升；虎场义仓贮谷3625石8斗5升；双山义仓贮谷710石5斗；牛场义仓贮谷413石2斗6升；瓢儿井义仓贮谷1753石2斗9升。

民国初，贵州军阀混战，生产遭受破坏，人民生活水平日趋下降。1937年，日本侵华战争开始后，沦陷区流亡人口大批流入毕节，失业人员、无生活来源和无依无靠者增多，加上区内自然灾害的影响，城乡群众生活极为困难。国民政府内政部颁发《救济院规则》，各县先后成立各种社会救济团体和救济机构，每遇严重灾害，政府则拨款救灾。

**救济团体** 1．毕节县赈务分会。民国19年（1930）9月成立，先称赈济会，民国25年（1936）8月改称赈务分会，成员有专员兼毕节县长赵璞等10人。次年，调整健全赈务分会，设主席1人，常务委员3人，委员10人。赈务分会下设审核组、筹赈组、总务组，每组设主任1人，由赈务分会常委或委员兼任。2．织金县赈务会。民国19年（1930）7月成立，初称赈济会，民国28年（1939）改为赈务会，设主任委员1人，委员15人。3．威宁县赈务会。民国26年（1937）6月成立，设主席1人，常委4人，委员9人。赈务会下设总务、审核、筹赈3个组，每组设主任1人，由常委兼任。织金、威宁县赈务会主任均由县长兼任。4．威宁社会救济事业协会。民国33年（1944）成立，会址在威宁县政府内。

**救济机构** 1. 织金县救济院。民国18年（1929）建于织金县城龙王庙，专管对贫民的救济及收容入院工作。民国22年（1933）、30年（1941）先后改组，设院长1人，办事员、书记员各1人。院内分设收容、施医、施棺所，每月经费收支各500元，先后施医60人，施棺51具，收容170人。后因人少事繁，经费支绌，以致工作难以为继。2.大定县救济院。民国31年（1942）7月建立，有职员4人。院内分设养残、施医、施棺等所，先后施医147人，施棺2具、收容92人。3.黔西县救济院。民国32年（1943）12月建立，有职员2人。院内分设教养、施医、施棺等所，先后施医63人，收容42人。4.威宁县救济院。民国31年（1942）7月建立，有职员2人，院内设育婴、施医等所，施医28人，收容26人；次年12月增设乞丐游民收容所，基金5万元，每年收支5000元，救济80人；民国33年（1944）3月，增设施药所和济贫所，基金各2万元，每年收支各5000元，施药700人，济贫600人。5.金沙县救济院。前身为新场孤老院，由街上富户集资救济无依无靠、生活困难的孤寡老人。民国32年（1943）改为金沙县救济院，院址迁到观音洞寺内，设院长、职员、工友各1人，靠整理县城慈善团体，清理官、绝、匪产提充救济基金，扩充救济设备。每年掌握救济经费的开支，主要救济沦陷区逃亡来县持有难民证的难民。建院初，曾置编织草鞋架10个，准备收容乞丐编织草鞋，曾收进3～5人，因乞丐在外闲游讨饭已成习惯，不愿过院内受管的生活，不到10天逃光。民国37年（1948），按省政府1299次府务会修正通过的《县级机构调整方案》裁撤。

**政府拨钱粮救济** 民国时期，每年由政府拨出一定数量钱、粮，作为救济之用。民国25年（1936），贵州省赈务会拨给毕节县米谷款1500元，大定县米谷款1500元，威宁县种子款5000元，水城县种子款4000元，黔西县火灾急赈款2000元。民国31年（1942），省配发第四区各县救灾急赈钱粮，毕节县款1200元，谷31石：大定县款960元，黔西县款960元，金沙县款720元，织金县款3770元、谷14石，纳雍县款720元，威宁县款4000元，赫章县款720元，水城县款480元。民国32年（1943），贵州省赈务会配发霜、雪、冰雹灾急赈款，大定县10万元，毕节县8万元，威宁县5万元，赫章、水城各4万元，金沙县2万元，黔西、织金、纳雍县各1万元；旱虫灾急赈款，金沙、威宁县各5万元，纳雍、织金县各2万元。民国34年（1945），省配发雹灾急赈款，水城县50万元，大定县250万元，毕节县20万元，织金、黔西县各80万元，金沙、威宁县各50万元。民国35年（1946），威宁、织金、毕节、水城县发生风雹灾，赫章县发生虫灾，省政府社会处派员查勘，视灾情轻重发给急赈款，威宁县80万元，织金、毕节、水城县各50万元，赫章县60万元。民国36年（1947），威宁、织金、赫章、金沙、大定县遭受水、旱、冰雹灾，经省政府社会处派员查勘，根据灾情大小发给急赈款（法币），威宁县1500万元，金沙县1100万元，织金、赫章县各800万元，大定县700万元。民国37年（1948），省配发毕节县水、雹灾急赈款（金圆券）690元。

**举办平粜** 根据《贵州省赈务会平粜办法》规定，在遭受严重灾害时，向外地采购米粮运往受灾各县举办平粜以平抑粮价，并规定平粜米粮价按照当地市价随时酌量减成，所减成数至少不得少于百分之五。民国25年（1936），织金县遭受严重旱灾，收成大减，入冬后，米价飞涨，省民食调解委员会从湖南芷江等地采购的大米中配发给织金县404石作平粜粮。民国29年（1940）4月，毕节县因上年遭受灾荒引起粮价飞涨，斗米涨至13元余，玉米每市斗售8～9元，经省民政厅、财政厅签呈，由赈务会贷款1万元，交由毕节县政府组织人力向四川省叙永等县购米运回毕节平粜，以平抑粮价。

减免田赋　民国24年（1935），威宁、水城县遭水、旱、冰雹灾，经贵州省政府资请国民政府财政部，对受灾五成以上乡镇准予减免田赋。民国33年（1944），大定、赫章、纳雍、黔西、织金、威宁、水城县遭水、旱、雹、虫灾害，省准予减免田赋。民国35年（1946），赫章县金钟、水塘等4乡镇和黔西县城关、通衢等4乡镇遭受严重灾害，准予减免田赋。民国37年（1948），准予减免毕节县田赋额金圆券3806元。

## 二　中华人民共和国成立后的救灾救济

救灾方针和改革措施　1950年7月15日～8月5日，召开全国第一次民政会议，制订国家关于"生产自救，节约度荒，群众互助，以工代赈，并辅之以必要的救济"的救灾工作方针。1953年10月，第二次全国民政会议将救灾工作方针调整为"生产自救，节约度荒，群众互助，并辅之以政府必要的救济"。1958年人民公社化后，国家将救灾工作的方针调整为"依靠群众，依靠集体，生产自救为主，辅之以国家必要的救济"。1966～1976年"文化大革命"期间，救灾工作方针被搞乱。1978年第七次全国民政会议重申"文化大革命"前的救灾工作方针。1983年第八次全国民政会议根据农村实行联产承包责任制和扶持贫困户发展生产的实际，救灾工作方针修改为"依靠群众，依靠集体，生产自救，互助互济，辅之以国家必要的救济和扶持"。自是年起，毕节地区根据第八次全国民政会议关于救灾救济工作进行改革的总体要求，实行把救灾与扶贫、救济生活与扶持发展生产、无偿救济与有偿借助结合起来。实行以下救灾改革措施：一是从1984～1987年，将国家每年拨出的专门扶贫周转资金投放给贫困县扶持贫困户和贫困优抚对象发展生产（简称双扶周转金）；二是从1983～1995年，根据国家民政部、财政部要求，对特大自然灾害救济补助费实行包干，以提高救灾款使用的时效性，形成救灾款轻重灾年相互调剂使用；三是根据省政府关于同意建立省、地两级救灾扶贫基金，省、地各按民政救灾扶贫经费金额的15%提取的规定，全地区地、县两级于1989～1991年逐步建立救灾扶贫基金，并设立基金管理机构，建立健全基金管理章程和财会制度；四是从1989年起，全地区逐年发展一批农村救灾扶贫互助储金储粮会（简称双储会），发挥救灾扶贫、应急解难的作用。1996年下半年，国家不再实行特大自然灾害救济补助费包干办法，省政府调整救灾救济工作，要求各级政府和民政部门转变观念，落实救灾救济分级管理，救灾救济经费分级负担责任制。此后，全地区各级政府把救灾救济工作分级管理纳入工作目标和当地经济、社会发展的总体规划，救灾经费明显增加，地、县市财政每年都安排自然灾害救济事业费和救济粮差价补贴款预算指标，并落实兑现，逐年有所增加。同时，不再提取救灾基金，全部用于无偿救济。在使用管理上，坚持专款专用和重点使用的原则，发放中实行"救济政策、救济对象、救济品种、救济数量公开”措施，接受群众监督，防止贪污、私分、挪用现象发生。

**国家救济和贷款扶持** 1950年，国民党残余势力、散兵游勇、地方封建势力和土匪恶霸相互勾结，到处骚扰、抢劫，加上水、旱、风雹、虫等自然灾害，粮食歉收，造成不少地方群众生活困难。1951年初，全专区发生严重春荒，毕节、大定县形成灾荒，发生多人病死、饿死和外出逃荒现象。省人民政府拨给毕节专区急救粮398万斤，使群众平稳度过春荒。专区发放农贷粮大米140多万斤，棉烟贷粮大米43万斤，水利畜牧贷款2.2亿余元（旧人民币，下同）。黔西县用37万斤农贷粮解决1.29万户和88.8万亩田土缺粮缺种的困难。结合救灾，全专区还投入土产收购资金72亿元。1952年，全专区共发放农贷粮529.3万斤，种子贷米23.87万斤，无息贷米4.55万斤，无息贷稻谷20万斤，无息贷玉米1091万斤；农具贷款14.63亿元，肥料贷款3.05亿元，农副业贷款1.22亿元，种子贷款8.62亿元，耕畜贷款20.95亿元，水利贷款2.79亿元，农村手工业贷款8.65亿元，农村其他贷款21.22亿元。1955年春季，不少地方遭受不同程度的水、旱、冰雹灾害，部分地方农民缺粮或断粮，据织金、水城、赫章、威宁、金沙县统计，春荒缺粮农户5.57万户30.89万人；夏秋青黄不接，又有部分农民缺粮断炊。是年，全专区共发放农村救济款45.54万元（新人民币，下同），救济39万多人。是年4月，织金县以那架、猫场镇先后发生特大火灾，造成财产重大损失和人畜伤亡，织金县党政领导到达现场救灾和安抚灾民，给以那架镇灾民每人粮食8斤，发给猫场镇大米3425斤、玉米2.52万斤、稻谷3.93万斤；房屋修建款3287元。发给二地灾民发放生活生产用具和种子，开展生产自救。1957年上半年，毕节县遭受严重自然灾害，县政府发放救济款8495元，救济1508户受灾户。1959年夏，各县发生夏荒缺粮，全专区缺粮5052万斤，专区于6月下旬下拨夏荒救济粮款18.5万元，其中拨给毕节、大方、黔西、水城、威宁各2万元，织金县2.5万元，纳雍、赫章县各1.5万元，金沙县3万元。1961年，发生自然灾害，农民生活极度困难，口粮不足，副食品缺乏，农村劳动力体质下降。6月7日，专署增拨12万元救济12个重灾公社。分配给毕节2万元救济撒拉溪公社；大方4万元救济长石、响水、百纳、沙厂、瓢井、达溪、双山公社；纳雍2万元，水城3万元救济南开公社；赫章1万元救济青山、野马川、六曲公社。8月，省追加给毕节专区救济款51万元，专署分拨给毕节、威宁、水城、赫章县各6万元，黔西县7万元，金沙、织金县各5万元，纳雍县4万元。1963年，全专区发放春荒救济粮427万斤，救济1.4万多户；拨夏荒救济款18.6万元，救济粮336万多斤，将省追加的救济款30万元，分拨给各县。8月，专署追加夏荒救济款9.5万元，安排给毕节、黔西、纳雍、威宁县，解决夏荒期间五保户、困难户买粮、吃盐问题。11月8日，专署将省追加给毕节专区的救济款22.05万元下拨给各县。1964年，因上年遭受较重自然灾害，粮食减产，当年春季又遭受雹灾，出现春荒、夏荒，造成群众生产、生活困难，全专区共发放救济款150多万元，救济粮756万斤，救济15.98万户69.43万人。是年6月下旬至7月初，全专区各县遭受暴雨，东部和中部几个县遇近60～70年来未有的大水灾。专区从各有关部门安排救济粮、款和物资拨往灾区救济：1.从专粮局的粮食机动指标中拨出370万斤，分配给纳雍县100万斤，黔西县180万斤，大方、金沙、织金县各30万斤；2.拨出水泥240吨，分配给毕节县80吨，黔西县50吨，纳雍县60吨，金沙县40吨，威宁县10吨；3.拨出麻袋1万条，分配给毕节、黔西县各4000条，纳雍、威宁县各1000条：4.拨出木板800立方米，分配给毕节县400立方米，黔西县200立方米，织金、大方县各100立方米：5.专署民政科下拨救济款25万元，其中黔西县8万元，毕节县5万元，纳雍县4万元，金沙县2万元，大方、织金县各3万元。1966年2月9日，专署将当年农村社会救济款97万元预算安排给各县。2月23日，省民政厅、财政厅从省掌握的自然灾害救济费中拨出45万元分配给毕节专区省派有工作团队开展四清的县，毕节县7万元，威宁县9万元，水城县9万元，织金县9万元，黔西县7万元，金沙县4万元。3月7日，省民政厅、财政厅追拨毕节专区25万元，除专区留15万元作机动外，分配给大方县6万元，赫章、水城县各2万元，以帮助贫下中农困难户解决春夏荒期间的生活困难。5月19日，专署将省追拨的40万元救济款和专署5万元机动救济款分配给各县，救济因灾减产的社队。此外，从救济款指标中安排一定数量的指标，作浮肿干瘦病人的医治专款．1973年2月，地区革命委员会将省分配的重灾救济款下拨毕节县6万元、大方县10万元、黔西县27万元、金沙县15万元、织金县18万元、纳雍县10万元、威宁县5万元、赫章县3万元，救济遭受严重旱灾的社队。3月，地区革委会将省分配给毕节地区解决春荒灾区群众生活困难的专款90万元，拨给毕节县7万元、大方县8万元、黔西县20万元，金沙县14万元、织金县17万元、纳雍县13万元、威宁县7万元、赫章县4万元，救济灾区群众，帮助群众解决生活困难。

1979年，全地区遭受严重灾害，粮食减产，农民人均口粮273斤。1980年全地区粮食虽略有增产，人均口粮仅281斤，不少农户严重缺粮。1980年全地区共由国家银行、信用社发放农业贷款3840万元，救济款301万元，帮助群众抗灾救灾，恢复发展农业生产。1982年4月中旬～5月上旬，各县先后7次受灾。5月12日，地区行署向省人民政府报告灾情，请求解决救灾款和救灾物资。5月18日，省农业厅、省供销社安排给毕节地区救灾化肥1500吨，次日省人民政府增拨化肥指标2400吨，汽油指标100吨，柴油指标50吨，拨救济款100万元，用于解决民众吃饭问题和房屋维修；调给大方、黔西县玉米300万～400万斤，由省粮食厅拨给部分议销大米以平抑粮价。5月21日地区行署将救灾款100万元、化肥指标2750吨、汽油指标100吨、柴油指标50吨分配给织金、纳雍、毕节、大方、黔西、赫章县救灾；地区由机动数中拨出救济款给予解决个别重灾点的特需。5月10日，纳雍县城关区猫场公社木井生产队遭受洪水和泥石流灾害，全队34户受灾，冲毁房屋17间，死37人。灾情发生后，地区民政局发给灾民衣被，地区行署直接拨款3万元给予救济。7月16日，威宁县二塘区草坪公社营坝大队煤矿瓦斯爆炸，死亡13人，行署和有关部门领导赶赴现场，指导县区作处理善后，并发给殡葬补助费1.21万元。1983年7月6～13日，各县连降大暴雨，洪水泛滥成灾。地区行署拨出100万元救灾款和2000吨水泥、500箱玻璃分给各县救灾。

1985年4月下旬～5月上旬，各县连续几次遭受大风、冰雹、洪水袭击；6～8月，又出现涝旱灾，夏粮减产5901万斤，秋收作物严重损失，死伤多人，房屋、财产受毁。地县区乡领导除深入灾区组织人力、物力、财力救灾，全地区共拨出救灾款550万元，救灾粮1740多万斤，化肥4150吨，汽油300吨。1986年上半年，全地区出现旱、霜和风雹灾害，4月后又遭受大面积水灾、低温和虫害，275万多人受灾，地县政府动员各方面力量投入抢险救灾，全地区下拨救济款

831.4万多元，其中645.7万元用于购买救灾粮，41.9万元补助灾民建房，17.1万元用于抢救搬迁款，54.8万元为无息有偿“双扶”款。1987年，纳雍县部分地方遭受严重灾害。5月21日，行署专员办公会议决定由民政、粮食、财政、烟草、农牧渔业、林业、卫生、审计等局抽人组织工作队，协助纳雍县抓生产自救，安排群众生活。地区财政局暂垫10万元由工作队带到纳雍县救灾。6月2日，行署专员办公会研究大方县1～5月灾情，决定分配大方县救灾化肥60吨。

1988年起，地区及各县民政部门按照第九次全国、全省民政会议关于救灾救济改革的精神，从区内灾害多、贫困面大的实际出发，以救灾救济为重点，探索农村社会保障措施：1．狠抓群众生活落实，从每年11月份起，着手考虑第二年春荒期间群众生活安排，每年3～8月，民政部门均抽出250～300人次深入到重灾区和边远贫困乡、镇、村组，调查核实灾情，及时下拨救济粮、款、物，协助基层干部安排好群众生活。截至1993年底、全地区共安排4592.1万元自然灾害救济费购买救济粮6.6万吨，救济53万多户次636.1万多人次，发放救济棉被3500多床、救济衣服6.25万多套以及一大批捐赠物资，搬迁灾民、1.16万多户5.22万多人，重建因灾倒塌民房2.64万多间，集中连片建房点35个。2．改1988年前单纯靠国家无偿救济的做法，采用无偿救济与有偿救助相结合的办法进行救灾。1989～1993年，全地区累计发放有偿救助粮9250吨，借助7.4万多户次33万多人次。采取民主评议、张榜公布、两榜定案、挂牌救济的办法落实救济对象，确定无偿救济对象和有偿借助对象，克服平均分配、乱挪乱用的问题。1988年前，每年发放的救济粮都在1.8万吨以上。1989年后，每年为1.33万吨。比原来少发5000吨。3．建立救灾扶贫基金。1989年，地区及各县先后建立救灾扶贫基金管理所，一是从省每年下拨的自然灾害救济费中提取10%作为基金；二是每年都采取行政、经济、法律手段坚持回收过去的“双扶”周转金转为救灾基金。到1993年底，全地区救灾救济基金共894.65万元，其中地级基金372.4万元，县级基金522.25万元。各级通过有偿借助的办法，扶持民政对象中的特困户发展种植、养殖、加工、运输、服务项目。到1993年，5年累计扶持贫困户发展基金580万元，共扶持贫困户3.9万多户19.6万多人，其中脱贫3.4万多户15.3万多人。1993年4月下旬～5月上旬，各县遭受严重的冰雹、大风、暴雨袭击。中共毕节地委、毕节地区行署召开紧急会议，决定由地区财政拨出救灾专款100万元，帮助灾区解决群众生产、生活中出现的问题。5月5日，省政府决定，由省民政厅、财政厅增拨给毕节地区自然灾害救济费70万元。1994年3月12日，地区民政局、财政局根据省民政厅、财政厅有关文件精神和各县的灾情、群众生活困难程度，将省下拨的自然灾害救济费230万元、各县应承担救济粮差价补贴款33万元，共计263万元，组织购买救济粮，发放到灾区救济对象手中。是年5月7日，地区民政局、财政局联合行文，将省民政厅、财政厅分配给毕节地区自然灾害救济款280万元，加上地区上年结余部分，共计362万元下拨各县救灾救济；10月28日，地区民政局、财政局联合通知，下拨救灾费250万元到各县；11月25日，省财政厅、民政厅下达毕节地区1994年度救济粮差价补贴预算指标596.7万元，其中省财政补贴179万元，地县财政承担417.7万元。地区行署确定，地县分别承担总额的35%。是年，全地区共下拨救济款875万元，购买救济粮6905吨，加上上年结转的2711吨，全年共安排救济粮9616吨，救济27.34万户114.94万人次，并帮助883户灾民搬迁和维修住房1766间。1995年，全地区共下拨特大自然灾害救济款

1000万元；粮食差价补贴款1193.4万元分配给各县救灾救济。

1996年，全地区遭受低温冷冻、风雹、排涝等灾害，尤以低温冷冻灾害严重。全地区有195个乡镇2879个村80.61万户361.48万人受灾，成灾203.8万人，因灾死亡125人，伤病2748人，死亡大牲畜497头（匹）、猪羊1490多头（只），被困人口2.57万人，需转移安置人口1.64万人，1776人无家可归；农作物受灾32.86万公顷，成灾18.47万公顷，绝收5.23万公顷；损坏房屋12万多间，倒塌房屋1.9万多间；损失粮食2.1万多吨，损失粮食产量23.3万多吨，损失油料产量5600吨，损失烤烟产量1.66万吨；直接经济损失13.94亿元，其中农业损失近10亿元。赫章县受灾最严重，16个乡镇受灾，其中兴发等11个乡镇灾情严重，已抽穗扬花的小麦和生长有4～5片叶子的玉米被毁，损坏房屋3.34万间，倒塌房屋403间，死亡19人，受伤200多人；死亡大牲畜125头（匹），猪羊520头（只）；折断树木22万多棵，水打沙壅田土740公顷，冲毁沟渠4.33万米，冲坏公路16.39公里，冲毁炼锌炉600多节，造成直接经济损失1.2亿元。灾情发生后，地区党政领导和地直有关部门及受灾县的党政领导，分赴灾区察看灾情，组织指挥抗灾救灾。5月27日，行署召开专员办公会，听取有关人员汇报赫章灾情，并研究决定：1.由地区财政拨出130万元资金，帮助解决恢复生产用的种子款及维修受损校舍，安排灾民生活；2.由地区化肥厂平价供应计划外化肥1000吨给重灾区，按农户受灾轻重程度，全价、半价或无偿供应灾民；3.将1～5月份的灾情汇总，向省政府汇报。5月31日，副省长袁荣贵带领省有关部门负责人到毕节地区检查灾情，慰问灾民。是年6月30日晚，黔西县有9个乡镇的185个村3.94万户16.78万人遭受特大洪涝灾害，5小时内降雨135.7毫米，农作物受灾1.96万公顷，成灾1.63万公顷，绝收6300公顷，损失粮食产量8500吨，烤烟产量670吨，其他经济作物1210吨；损坏房屋7183间，倒塌房屋3356间，死亡2人；一些地方的交通、通讯、电力、水利设施和树木受损严重，直接经济损失1.2亿元。灾情发生后，行署领导带领民政、水电、农办等部门人员赶赴受灾现场，与黔西县党政领导一起查看灾情，研究救灾措施。是年8月上旬～9月上旬，大方、威宁、纳雍县的部分乡镇遭受风雹、洪涝灾害。地区民政局及时给这些县增拨救灾经费76万元。是年，全地区共安排中央特大自然灾害救济补助费1200万元，地区及受灾县投入救灾款60万元，省级粮差款179万元，救灾捐赠款176万元。下拨救灾款购买救灾粮7700吨、补助3120户重灾户、特困户维修、建房8344间，发放救济衣、被等102.35万件（床），全年累计救济114.4万人次。1997年，全地区遭受风雹、洪涝、干旱、滑坡灾害，226个乡镇的3583个村100.02万户427.83万人受灾，成灾293.67万人；因灾死亡85人，伤病622人；死亡大牲畜307头，损坏房屋6.83万间，倒塌房屋1.55万间；45.13万公顷农作物受灾，成灾29.03万公顷，绝收6.88万公顷，直接经济损失13亿多元。全年投入救灾经费和物资折款1100多万元，安排中央的特大自然灾害救济补助费1080万元，地、县两级救灾款39.7万元，省、地、县3级粮差款524.7万元，救灾捐赠款92万元。

1998年，全地区主要遭受干旱、风雹、洪涝、滑坡灾害，233个乡镇的3613个村79.15万户437万人受灾，成灾264.4万人；39.76万公顷农作物受灾，成灾21.92万公顷，绝收3.4万公顷，直接经济损失7.44亿元。各级政府全年共投入抗灾救济资金和物资折款330万元，安排中央的特大自然灾害救济补助费940万元，省、地、县3级粮差款596.7万元，发放救济粮6309吨，共救济

86.18万人次。1999年，全区洪涝灾害严重。6月26日，赫章县野马川镇发生特大洪水灾害。2000年5月上旬，毕节、大方、黔西、金沙、织金、纳雍6县市相继发生特大风雹洪涝灾害，64个乡镇57万人口受灾，死亡29人，失踪8人，直接经济损失逾亿元。大方县小屯乡清石村因遭受特大暴雨、冰雹袭击，造成严重泥石流灾害，死亡15人，失踪3人，伤18人。是年6月23～24日，金沙县再次遭受特大洪灾．全县26个乡镇全部受灾，造成直接经济损失2314万元。1994～2002年，每年平均受灾人口351.48万人，成灾228.91万人，农作物受灾35.4万公顷，造成直接经济损失8亿元。8年中，地区及各县市民政局共落实救灾经费1.88亿多元，发放救灾粮6.85万吨，恢复因灾毁损房屋3.5万间。

2003年11月15日凌晨2时49分，云南省鲁甸县发生5.1级地震，波及威宁县中水镇和玉龙乡，地震烈度达6度。截至12月6日，共发生大小余震406次。灾情涉及32个村、203个村民组、14578户、6.33万人，直接经济损失2437.1万元。地震造成部分山体断裂，损坏房屋5186间，造成危房991间，倒塌9间；受损学校24所，严重受损7所。群众生产生活和学校教学受到较大影响。灾情发生后，省、地、县3级政府分别组成工作队赶赴灾区，了解灾情，安抚灾民，组织群众进行生产自救。省民政厅领导深入灾区了解灾情后，指令有关部门拨出500顶救灾帐篷、1000床棉被、2000件棉衣、2000盒药品支援灾民。地区及威宁县增拨救灾经费。共青团毕节地委、毕节地区青年联合会、地区青年企业家协会联合发出《地震救灾倡议书》、毕节地直机关工委也发出《倡议书》，分别号召青年和机关工作人员伸出友爱之手，向灾区民众捐款、捐赠衣物。到12月25日，地直单位共捐款19.45万多元，衣物8196件；全区共青团组织捐赠6万多元，5660件衣物和500公斤大米，分别送往灾区。2003年，全地区先后遭受干旱、风雹、洪涝、滑坡、泥石流、地震等灾害。中共毕节地委、毕节地区行署下拨900万元春荒款，其中用450万元采购粮食发放给断粮群众、用450万元定期救助农村特困群众17.6万人；下拨1010万元，用作4.71万名城市居民的最低生活保障。下拨179万元省级粮价款，以保证粮价上涨后发放救济粮数量不减。是年，全地区共投入各类自然灾害救济款2768.5万元，救助灾民86万多人次。

2004年8月10日18时26分，在云南省昭通与鲁甸之间发生5.6级地震，波及威宁县玉龙、中水、牛棚、黑土河4个乡镇，55个村受灾，涉及347个村民组，8587户3.71万余人。8月11日上午，地区行署召开紧急会议，要求相关单位以条块结合方式，根据灾情安排好灾区人民的生产和生活。采取科学抢险措施，最大限度地降低损失。当天下午，由地区行署组成救灾工作小组赶到灾区指导抗震救灾。威宁县委、县政府及受灾乡镇党委、政府组织干部深入灾区，调查了解灾情，采取防范措施，避免人员伤亡。是年8月24～26日，威宁县东风、二塘、猴场、幺站以及赫章县可乐等乡镇遭受特大暴雨袭击，暴发洪涝灾害，造成山体滑坡，人畜死亡，大量房屋、基础设施、工矿企业、车辆、农作物严重被冲毁、淹没，给群众的生产生活以及生命财产造成极大的损害。据统计，威宁境内16个受灾乡镇死亡11人，洪水冲走大小牲畜52头（只），1.55万公顷农作物受灾，房屋倒塌149间，直接经济损失3200多万元。8月30～31日，中共贵州省委、省政府派副省长禄智明率省农办、省农业厅、省防汛办负责人到威宁、赫章县察看灾情，安排灾区群众生产生活。

是年12月3日凌晨3时40分，纳雍县鬃岭镇左家营村岩脚组发生岩体崩塌，造成19户88人受灾，39人死亡、5人失踪。国土资源部、民政部和贵州省委、省政府、省军区、毕节地委、行署和军分区领导全力以赴组织抢救，2000余名军、警、民投入抢险。中共中央总书记胡锦涛、国务院总理温家宝接报灾情后，作出重要指示，要求组织力量全力抢救，并注意防止新的垮崩发生。国务院副总理曾培炎，国务委员、国务院秘书长华建敏对抢救工作作出批示。是日下午，省委常委、常务副省长王正福，省委常委、省军区政委谌宏昌，省军区副司令员张胜祝，省长助理李军率省公安厅、民政厅、国土厅等单位的负责人及专家赶到现场，指挥抢险救灾工作。随后，国土资源部副部长贠小苏率有关专家，民政部救灾司领导也相继赶到现场指导救灾工作。地区及纳雍县党委、政府领导及相关部门负责人亦到受灾现场组织抢险救灾。次日下午，省长石秀诗赶到纳雍，到灾情最严重的左家营村岩脚组，察看灾情，看望受灾群众，并向受灾群众转达党中央、国务院的关怀和省委书记钱运录的问候。当晚，召开抢险工作会议，对抢险工作提出要求。经紧急抢险，31名受灾群众撤离现场，13名受灾群众获救。同时，民政部门紧急调运150顶救灾帐篷、200床棉被和9000多件衣物发放给受灾群众。给受灾群众发放救济金；当地政府已向死难者亲属发放安埋补助费。是年，全地区遭受风灾、雹灾、洪涝、低温冷冻、地震、地质、病虫害灾害，240多个乡镇、3800多个村、2.54万余个村民组受灾，受灾人口304万多人，因灾死亡人口58人，1974万公顷农作物受灾，3.26万公顷绝收，房屋倒塌2818间，造成直接经济损失3.69亿元，其中农业直接经济损失3.29亿元。是年，中央、省下拨毕节地区春荒特大自然灾害救济款900万元，省级粮差款179万元，地区全部如数下拨各县市。各县市实际投入救灾救济经费1481万元，购买发放救济粮4826吨，发放救济款450万元，救济灾民、困难群众50万人次。6～9月，针对发生的较为严重的洪涝、地震等自然灾害，上级下拨自然灾害救济费72万元，主要用于修建因灾损毁房屋及解决灾民的生活困难问题。同时，将地级粮差209万元及20世纪60年代精简退职老职工的定期定量救济费32万元下拨各县市；地区及各县市均相继制定《重大突发性自然灾害救助应急预案》。

2005年5～8月，大方、黔西、织金、威宁、赫章县发生雹灾、洪灾和旱灾。5月下旬，织金县发生4次风雹灾；6月3日，黔西县下大暴雨，8个小时降雨105.3毫米；威宁县干旱严重。据统计，全区共210个乡镇2300个村受灾，受灾247.8万人，14.85万公顷农作物受灾。全地区各级各部门投入抗灾和生产自救。地区农业局调出80万元资金，帮助灾民抗旱、防治病虫害和购买秋荞、蔬菜种子；地区及各县市民政局调配救济资金1641万元和价值50万元的救灾物资，解决受灾群众的生活困难；地县烟草工作部门投入资金600万元，用于购买人工增雨炮弹和修建水窖、引水保苗；地区气象部门开展人工增雨作业。地委、地、县、乡主要领导和相关部门领导深入灾区，参与和组织指挥群众开展抗灾救灾工作。

**社会捐赠和资助**　1951年春季，毕节地区灾荒严重，民众多有缺粮，城乡各界开展捐助，机关团体开展节约救灾，将节约的粮食支援灾区。全专区共捐献粮食30万斤，人民币1.8万多元以及衣物、食盐等物资；接收本区在外地的人士捐款共计9837元。1961年7月，大方县百纳公社永丰大队发生雹灾风灾，东风大队给受重灾的3个生产队送去蔬菜300斤，并安排70个劳动力帮助抢救和改种。

1978年4月，大方县马场区遭受严重雹灾，当地中小学校组织师生600多人到重灾生产队帮助抢种补种。1979年6月和1982年4～5月，部分县先后遭受严重旱、雹、洪灾昆明军区及贵州省军区所属部队先后支援威宁、织金县粮食17.5万多斤，棉被5500多床，棉衣近万件，组织300多名干部战士为群众修筑堤坝，保护农田900多亩，帮助播种补种玉米5200多亩，派出医疗队为灾民防病治病。据不完全统计，从1950～1990年，全地区共接收捐款29.1万元，粮食472吨。

1991年，全地区遭受严重风雹和洪涝灾害，省下拨社会捐赠款557万元和价值103万元的各种物资，地区及各县共接收各界捐赠款58.9万元和价值10.48万元的物资。地、县民政部门将捐款和物资分送灾区，使用131.04万元救灾捐赠款帮助2711户灾民新建房屋8162间计9.68万平方米，帮助1877户维修房屋4258间。1994年，遭受严重自然灾害，北京市海淀区、昌平县共同向毕节地区捐送衣被81.57万件，地县民政局将这些衣被分发给8个县市的229个乡镇3976个村的14.51万户50.87万人。1995年6月下旬～7月，各县市先后遭受严重风雹、洪涝和旱灾，中共毕节地委、毕节地区行署号召全地区民众开展向灾区民众献爱心活动，共筹集捐赠款25.65万元，衣服1474件，水泥35吨，粮24吨和价值2万多元的药品。1996年2月，广东省向毕节地区捐赠衣被100万件，地县民政部门将这批衣被分给221个乡、镇的3574个村14.85万户53.28万灾民。5月，全地区大部分乡、镇遭受严重风雹、洪涝灾害。中共毕节地委、毕节地区行署号召全区干部、职工、驻军指战员，伸出援手，捐款捐物，支援灾民，共捐款47.25万元，衣物4695件。1997年8月，深圳市的三区两部门向对口帮扶的大方、织金、纳雍、威宁、赫章县捐赠衣被96.82万件，5县政府将衣物发给48万多名重灾民和特困户。1991～2002年，全地区累计接受捐赠款1946.6万元，衣被468.3万件（床），其他捐赠物资折款2281.8万元。2002年，全地区设经常性社会捐助站10个，其中地区1个，各县、市9个。

2004年，中共毕节地委、毕节地区行署制发《关于向灾区捐款捐物活动的通知》，党政机关、企事业单位的干部职工，驻军官兵纷纷向灾区民众捐款捐物。是年，全地区共收到捐款40多万元，捐赠衣物1.1万件。地直部门捐款捐物全部送给金沙县高坪乡发生氟骨病贫困群众。4月中旬接收深圳市捐赠衣物25万件；中华慈善总会捐赠药品55箱和省救灾捐赠接收办公室药品20件，下拨各县市发放给贫困群众。11月6日，深圳社会捐助中心向毕节地区发送8个火车皮的捐赠衣物，全部发放给困难群众。12月3日凌晨，纳雍县鬃岭镇左家营村岩脚组遭受特大岩崩地质灾害后，省内外社会各界纷纷伸出援助之手。对口帮扶纳雍县的深圳市宝安区委、区政府捐赠100万元。武警毕节地区支队、贵州金元电力投资股份有限公司、美国汉氏公司、贵州五轮山煤业有限公司、维护现场秩序的公安干警、纳雍县直部门职工、毕节军分区以及省地县红十字会和卫生部门的捐款、捐物。灾民接受捐款捐物共160多万元。2005年，地区组织开展“慈善一日捐”活动，全地区共收捐赠款23.49万元。接收深圳捐赠衣物87万件，省和天津海关、地区烟草局等捐赠的衣物、食品等，全部分发给困难群众。

2006～2011年，毕节地区遭受低温凝冻、持续特大干旱、洪涝、风雹、滑坡、泥石流等自然灾害多灾连发、群灾并发，直接经济损失巨大。民政部投入巨额救灾资金救助。其中，2011

年，全区35.79万公顷农作物受灾，成灾面积达22.68万公顷，绝收面积达8.19万公顷。民政部门投入救灾资金16686.81万元，救助受灾困难群众70.54万人次，紧急转移安置人口5.85万人，恢复重建倒房313户693间，恢复损坏房屋3212间。争取资金2.04亿元（衣被救助资金275万元），开展冬春荒口粮和衣被救助，救助对象95.73万人。创建综合减灾示范社区18个，其中4个被国家民政部命名为“全国综合减灾示范社区”。

## 三　中华人民共和国成立后的社会救济

**农村五保供养**　1. 分散供养。1956年起，毕节专区各地农村贯彻实施《高级农业生产合作社示范章程》和《1956～1976年全国农业发展纲要》规定，对农业社内缺乏劳动力、生活没有依靠的鳏寡孤独的社员，指定所在生产队在生产上给以适当安排，使受保人能够参加力所能及的劳动；在生活上给以适当照顾，做到保吃、保穿、保住、保医、保葬（对孤儿实行保教），使其生养死葬有指靠，保证其生活不低于当地一般群众的水平。全专区各地农村多数社队，按照“依靠群众，依靠集体，生产自救，互助互济，辅以国家必要的救济扶持”的方针，对“五保”户实行按中等劳动力计算工分，参加分配，有的社队在决算中按中等农户水平分粮、钱给“五保”户，政府常发给救济粮款。1963年，毕节县对农村“五保”作出新规定，不论所在社队当年粮食收入多少，“五保”对象口粮不能少于180千克。1978后，毕节地区各地农村相继实行家庭联产承包责任制，各县、乡、村因地制宜地采取多种形式保证无依无靠的老年人、残疾人及孤儿的生活，一是继续由集体供养；二是统一提留供养；三是乡、村分级供养；四是对尚有劳动能力的“五保”户划给“五保田”，组织或指定承包户代为耕种，免除一切征购提留，收获全部归“五保”户所有；住房维修或新建、医药费及老人死亡后安埋费用，继续由集体负责；政府仍实行定期补助。据1993年末统计，全地区社会散居孤老残幼共2.14万人，其中“五保”老人2.05万人。集体供养1.37万人，其中“五保”老人1.26万人，供养金202.8万元。

1994年1月后，毕节地区贯彻《中华人民共和国农村五保供养工作条例》，实行“五保”仍以集体供养为主，国家救济为辅。主要供养方式有3种，第一种是有亲朋好友的，由亲戚、朋友代耕代养。在实行家庭联产承包责任制时，由村委会分配给五保户1份承包地，五保户能自行耕种，吃、穿、住、医能自行解决的，去世后由村委会安葬；五保户失去劳动能力，则由亲友代耕，负责供给吃、穿、住、医及安葬。全地区由亲友代耕代养的五保老人约占散居五保户的30%左右。第二种是无亲友的，由村委会将五保户的承包土地收回转包给其他农户耕种，由这些农户的代耕收入和集体提留，负责五保户的生活口粮、必要的零用钱和去世后的安葬。采取以上两种供养措施后，仍不能保证供养的五保户，由民政部门从每年安排的救济粮中优先解决一部分，以补充五保户的口粮不足，一般每年解决半年的口粮。1996年，全地区用于农村五保户定期定量救济费4.4万元，1997年和1998年均为4.3万元。第三种是在有条件的乡镇或村修建敬老院，将一部分五保户安排入院，集中供养。1995年，毕节地区普查农村五保户。经查，全地区共有五保对象1.84万户2.08万人，其中老人1.78万人、残疾人1972人、孤儿1070人。五保户中，散居1.79万户1.98万人，住敬老院的995人。散居五保户中，乡镇统筹24个单位，供养602人，年平均供应标准361元；村组提留供养的乡镇145个，供养3203人，年均供应标准520元；实行代耕代养的乡镇158个，供养1.39万人，年平均供养标准558元；其他形式供养的乡镇26个，619人，年均供养标准280元；应保未保的乡镇31个，1471人。1996年后，区内各县市贯彻执行《中华人民共和国农村五保供养工作条例》，在抓好亲友代耕代养，村提留供养的同时，县、乡政府在安排救济粮款时，将五保对象作为重点救济对象。2003年，全地区民政部门共落实五保供养经费234万元，供养五保对象2.41万人。

2007年，农村五保供养人数42260人，支出供养金2826.7万元。2008年，五保供养人数41994人，支出供养金2342万元。2009年，农村五保供养人数45299人，支出供养金2378.6万元。2010年，农村五保供养人数38296人，支出供养金4151.7万元。2011年，农村五保供养人数2.75万人，支出供养金3138万元。

2．集中供养。1958年，全专区农村曾兴办一批敬老院，收养孤寡老人，1960年后多数解散，孤老仍由所在地公社、生产队负责供养。20世纪80年代，农村实行家庭联产承包责任制后，部分条件较好的乡、镇，根据对五保户“分散供养和集体供养相结合”的精神，采取民政部分出一点，乡村集资一点的办法，继续兴办农村敬老院。到1988年，全地区有敬老院20所，床位150张。从1990年起，毕节地区民政局按照省民政厅的要求，将发展敬老院工作列为每年的年度工作重要考核指标。各县政府和民政部门每年都要动员条件较好的乡镇修建敬老院。

1996年后，毕节地区宣传贯彻国家民政部颁布实施的《农村敬老院管理暂行办法》采取以下措施加强管理敬老院：一是按照省民政厅关于“抓床位利用率上规划，抓内部硬件建设上档次，抓服务管理上水平”的要求，对现有敬老院的管理进行全面清理。1998年，全地区有敬老院的乡镇115个，共办敬老院138所，床位1559张，收养五保对象935人，床位利用率60%。二是扶持敬老院办经济实体，1998年，全地区敬老院院办经济收入68万多元，院均收入近5000元。三是在安排新建敬老院项目时，强调建在条件较好的乡镇，补助标准最低为5万元，规模最低要有20张床位。2003年3月，毕节市政府投资23万元，将市福利院翻修一新，让散居在外的5名五保老人和16名孤儿集中到福利院供养。2004年，全地区有敬老院122所，床位共1075张，集中供养五保对象674人。2005年，全区有敬老院125所，

威宁自治县板底乡老年公寓

床位1202张。有五保对象2.75万人，其中集中供养的718人，分散供养的2.68万人，按照每人每年不低于625元的供养标准，全年累计支出供养金154.86万元。

2008年，农村集中供养1009人，支出集中供养金123万元。2009年，通过整合农村危房改造资金和地方财政投入的方式，筹集农村敬老院建设资金7119. 3万元。其中农危改资金5656万元，县级自筹资金1463. 3万元，完成77个农村敬老院（老年公寓）项目主体工程建设。是年，农村集中供养1017人，支出供养金135.7万元。2010年，整合各类资金1.31亿元（危房改造资金4412万元，县级财政拨款款8640万元）新建（改扩建）农村敬老院108所。是年，农村集中供养1087人，支出供养金147.8万元。2011年，投入资金1456万元新建7所农村敬老院，新增床位240张；全区194所农村敬老院（老年公寓）入住7729人，床位利用率达83%，集中供养率达28%，支出集中供养金1063.4万元。农村集中供养7729人，支出供养金1063.4万元。

**城乡居民最低生活保障制度**　1998年初，毕节地区行署根据国务院和省人民政府文件精神，召开全地区民政工作会议，讨论部署在全地区建立城乡居民最低生活保障制度问题，要求毕节市和金沙县在年底前建立并实施城市居民最低生活保障制度。中共毕节地委、毕节地区行署决定成立毕节地区建立城市居民最低生活保障制度工作领导小组，要求各县、市分别成立相应的领导小组，组织开展低保调查研究工作。3月17日，各市县全面展开低保调研工作，经调查发现，全地区有月人均收入在100元以下的贫困户3709户，1.08万人。按各市县制定的保障标准，共有保障对象1712户、3496人，共需补差保障金115.29万元。在保障对象中，第一类是无生活来源，无劳动能力，无法定赡养、抚养、扶养人或其法定赡养、抚养、扶养人无赠送、抚养、扶养能力的543户、1344人。第二类为无业人员共410户557人，第三类为在职和下岗人员、离退休人员共759户、1595人。各市、县根据当地生活需求，制定城市居民最低生活保障标准为：毕节市和大方、纳雍县为每月每人104元，黔西县为每月每人100元，金沙、赫章、威宁、织金县为每月每人91元。同时，对最低生活保障实行动态管理，对无劳动力、无生活来源、无赡养人的人员实行全额发放；对有一定收入但达不到最低生活保障标准的人员，补足差额部分。1998年1月～1999年1月1日，各县市先后实施城市居民最低生活保障制度。1999年，全地区城市低保对象2677人，2001年10月，国务院总理朱镕基视察贵州省，对低保工作作重要指示。根据指示精神，

城市最低生活保障公示

按照属地管理的原则，全地区各市县开展扩面调查工作，保障人数增加到1.48万余人。2002年4月，省民政厅贯彻中央指示精神，要求把低保工作作为一项重要的政治任务来抓，做到“应保尽保”。毕节地区以拉网方式调查低保对象，尽量做到不遗漏。4月8～15日，省民政厅派督查组督查黔西、织金、纳雍、威宁、赫章县和毕节市的调查摸底工作；地区民政局督查大方、金沙县的调查摸底工作。据普查统计，到2002年6月末，全地区城市低保应保对象共2.34万余人，其中1.82万人已领取保障金；全地区共筹集低保资金824.3万元。2002年，累计筹集低保资金1306.7万元，累计支出低保金1115.7万元。2003年，城市低保对象2.14万户，4.41万人，发放生活保障金1977.1万元。2004年，经复核，全地区城市保障对象2.58万户5.49万人。是年，全地区共筹集低保金4329.13万元，其中中央及省3995万元，地、县市筹集334.13万元。当年累计发放城市低保金3862.7万元。2005年，全地区有城市低保对象2.83万户、6.15万人，全年累计支出低保金5099.2万元，平均低保标准为128元。

2006年，清退不符合条件的低保对象2812人，将6243名符合条件的对象纳入低保范围，巩固动态管理下的应保尽保。2007年7月1日起，农村居民最低生活保障制度全面建立，59.45万名年收入低于700元以下的农村困难群众被纳入农村低保范围，筹集并发放农村低保金1. 17亿元。2008年，开展农村低保对象核查工作，取消不符合条件的对象38537户95145人，新增符合条件的对象104720户233496人。农村低保对象增至75.75万人，全年累计支出农村低保资金3.63亿元。2009年，全区共有城乡低保对象36.62万户83.19万人。其中城镇低保对象3.38万户7.47万人，农村低保对象33.23万户75.72万人；全年累计支出城乡低保金70879.7万元，其中城市低保金11959.4万元，农村低保金58920.3万元。按照动态管理下“应保尽保”的原则，清退不符合保障条件的对象2.34万户7.16万人（其中，城市1835户2991人，农村2.16万户6.86万人），新增低保对象7.31万人（其中城市4869人，农村6.83万人）。2010年，城市低保平均保障标准由每人每月150元提高到每人每月214元，月均补差120.08元，城市低保对象共7.19万人；农村低保平均保障标准由每人每年809元提高到每人每年1145元，季度补差141.24元，农村低保对象共44.78万户107.5万人。全区共筹集城乡低保金9.28亿元，累计发放7.23亿元（不含临时补贴）。2011年，全区城市低保对象7.4万人，全年累计发放城市低保资金1.72亿元，人均月补差197元；农村低保对象104.26万人，全年累计发放农村低保资金10.12亿元，季度人均被助水平189.48元。

农村居家养老

2011年，根据国家低

保有关政策，结合省情实际，贵州省全面建立实施农村低保季节性缺粮户粮食救助制度。对耕地少、劳动力缺乏、自产粮食不能满足基本口粮且不能通过自身能力或其他途径解决基本口粮的农村低保家庭，采取以粮食救助的方式实施分类救助，按三个贫困等级，于每年6月至8月分别按年人均45公斤、30公斤和15公斤粮食进行发放，妥善解决了部分农村低保户季节性缺粮这一突出的民生问题。2011年，全地区纳入粮食救助范围的农村低保对象3.84万人，发放救助粮117.695万公斤。

### 毕节地区城市居民最低生活保障人数统计情况表

单位：人

| 县别 | 2005年 | 2006年 | 2007年 | 2008年 | 2009年 | 2010年 |
|---|---|---|---|---|---|---|
| 全区合计 | 61511 | 65803 | 69518 | 72851 | 74685 | 71919 |
| 毕节市 | 25706 | 27378 | 28938 | 29678 | 30241 | 29546 |
| 大方县 | 2991 | 3255 | 4113 | 4195 | 4284 | 4282 |
| 黔西县 | 5447 | 6433 | 7415 | 7835 | 8344 | 8219 |
| 金沙县 | 3409 | 2793 | 2925 | 2698 | 2866 | 2349 |
| 织金县 | 7533 | 8469 | 8675 | 8681 | 8714 | 8449 |
| 纳雍县 | 3825 | 3825 | 3842 | 2646 | 3126 | 2085 |
| 威宁县 | 2863 | 3290 | 3336 | 5878 | 5996 | 6111 |
| 赫章县 | 9737 | 10360 | 10274 | 11240 | 11114 | 10878 |

### 毕节地区农村居民最低生活保障人数统计情况表

单位：人

| 县别 | 2005年 | 2006年 | 2007年 | 2008年 | 2009年 | 2010年 |
|---|---|---|---|---|---|---|
| 全区合计 | – | – | 594472 | 757537 | 757212 | 1074537 |
| 毕节市 | – | – | 107398 | 107500 | 107500 | 136132 |
| 大方县 | – | – | 88372 | 107000 | 107000 | 143324 |
| 黔西县 | – | – | 36059 | 76001 | 76000 | 89592 |
| 金沙县 | – | – | 25366 | 28991 | 29005 | 25898 |
| 织金县 | – | – | 60643 | 118000 | 117870 | 173661 |
| 纳雍县 | – | – | 98774 | 114045 | 113837 | 116908 |
| 威宁县 | – | – | 115310 | 126000 | 126000 | 239769 |
| 赫章县 | – | – | 62550 | 80000 | 80000 | 149253 |

注：1.　毕节地区从2007年起开始执行农村居民最低生活保障制度；2.本页数据由地区民政局提供。

**城乡医疗救助** 2004年，毕节地区各县市相继制定《农村医疗救助实施方案》，建立农村医疗救助基金专账。是年，收到上级下拨的专项医疗救助基金940万元，各县市财政配套资金60.4万元，共计1000.4万元。共发放农村医疗救助资金480.7万元，救济农村医疗救助对象4.51万人次，2005年，毕节市被列为医疗救助试点县市，市政府划拨50万元医疗救助专项资金给各镇乡办事处，救助2000余人次困难患病群众。

2006年，进一步规范和完善医疗救助方案，并对医药费报销比例、起付线、封顶线、救助病种等规定作适当调整。在新型农村合作试点县，向参加合作医疗的困难群众提供必要的帮助，并对得到合作医疗补助后承担的费用仍有困难的群众给予适当救助。加大城市医疗救助试点工作力度，强化对医疗救助金的监管，确保资金合理使用。另外，在毕节市、金沙县进行试点的基础上，年内增加纳雍县为新试点。2007年，全区得到农村医疗救助的农村困难群众42. 95万人，支出农村医疗救助金1155.1万元。继续加大城市医疗救助试点工作力度，在进行试点的毕节、金沙、纳雍三县市，得到救助的城镇困难群众186人次，累计支出城市医疗救助金10万元。2011年，支出城乡医疗救助资金10964.26万元，救助城乡困难群众122.56万人次。

**建立老龄供养保障体系** 2004年，毕节地区把老龄事业经费纳入财政预算。初步建立起完善养老保障体系、老年医疗保障和服务体系。按国务院制定的保障标准，低保人均每月91～104元。全地区城镇老年人中“五保”户每人每月补助97元，困难户平均每人每月补助64.5元。建立起农村以土地保障、家庭养老、社会救助相结合的养老保险制度，民政部门建立起对特困老人的生活补助制度，每人每年不低于200元。按照有关规定，对全地区有2万余名五保对象实行每年不低于625元供养标准，全区集中供养的五保老人基本实现每月100元左右的供养标准。全地区现有百岁老人74名，全部享受每月50～100元的高龄补助。

**农村特困群众救助。**2004年，地区及各县市民政部门组织人员入村到户调查，将20个一类重点扶贫乡镇中因病因残废丧失劳动力，难以维持基本生活的2.84万名农村特困人员纳入定期救助对象，从2003年12月起按每人每年200元标准实施救助，共发放救助金254万元。2004年3月，按照中共贵州省委、省政府要求，在巩固一类重点扶贫乡镇救助基础上，向重点扶贫开发县的二、三类乡镇铺开，区内5个重点扶贫开发县的定期救助对象6.04万户14.79万人安排救助金565万元，并对定期救助对象发放农村特困户救助证。2005年，经省民政厅审核，全区有农村特困定期救助对象26.69万人，占全区农业人口的4.2%，按照每人每年200元的标准领取救助金。省民政厅下拨的农村特困救助资金5338.26万元，全部发给特困群众。

2006年，完成全区农村特困救助对象的核查。全区有符合农村特困定期救助条件的对象11.67万户31.02万人。

**麻风病人救济** 麻风病为一种慢性传染皮肤病，旧社会被视为不治之症，患者遭受歧视迫害，或被赶到深山老林，或被火烧、活埋。各县均有发生，以毕节、大方、黔西、织金、纳雍县为多见。民国初，英国人柏格理等在威宁县石门坎一带传教，将当地麻风病的流行情况向国际麻风病防治总会报告，得到总会资助，于民国10年（1921）在石门坎建立麻风病院收治病人。民国18年（1929），中华基督教毕节内地会德籍女传教士苏宽仁等考察毕节县撒拉溪一带，由内地会发起，于民国20年（1931）在撒拉溪建立麻风病院；1945年由加拿大医生费济华接办，主要接受加拿大资助。1951年8月，毕节专署接管撒拉溪麻风病院。威宁县政府接管石门坎麻风病院。此后，通过整顿，充实医务人员，增加医疗设备，贯彻“卫生、劳动、营养、药疗”的原则，治疗病人。1957年，首批治愈51例患者出院。1951年，各县调查麻风病人，全专区麻风病患者700多人。除撒拉溪和石门坎两个麻风病院原收容的400多人外，大定、赫章、织金、黔西、威宁县尚有300多人。1953年起，各县陆续建立麻风村，每村由政府补助500～1000元，集中隔离治疗县内麻风病患者。至1958年，全专区共建麻风村（院）15个，隔离收治麻风病人1911人次，其中黔西、赫章、水城县将麻风患者全部入村收治。黔西县采取以中医为主，中西医结合的办法治疗病人，获得较好效果，在入村的508个病人中，治愈28人，42人病情好转。1959年1月，省民政厅、卫生厅在黔西县召开麻风工作现场会，黔西县麻风病防治委员会、纳雍县民政科在会上介绍交流经验。1976年，毕节、织金、黔西、大方、纳雍县的麻风村达到粮食生产自给或半自给。1982年第二次全省麻风病防治工作会议提出防治麻风病，由单一隔离收治逐步改为社会防治、社会防治工作由政府领导，卫生、民政、财政、公安部门分工负责。民政部门负责麻风病人的生活救济及行政管理，其生活费用按每人每月9～12元拨给。1985年，贯彻贵州省第三次麻风病防治工作会议精神，对新发现的麻风病人不再收容入村隔离治疗，由卫生部门送医送药上门治疗。对不具备医疗条件的麻风村，动员治愈病人回家，现症病人转为家庭治疗，残、老及无家可归的治愈病人就地安置；各地住村病人的生活费、村外治疗病人的困难救济以及治愈病人安置困难救济费，均由民政部门在社会救济费中安排。从是年起，住村麻风病人的生活费，在原基础上每月每人增加5元。此后，对麻风病人多次增加定期定量救济费。

**临时救助**　2010年1月，毕节地区行政公署办公室印发《毕节地区城乡困难群众临时救助暂行办法》，对具有本地区户籍且居住在本地区的由于临时性、突发性原因造成基本生活出现暂困难的家庭，给予生活救助，全地区全面启动临时救助工作。各市县根据《毕节市城乡困难群众临时救助暂行办法》，结合当地工作实际，修订完善本级临时救助实施细则，对符合条件的困难群众实施救助。2010年获得临时救助的困难家庭72106户次，支出临时救助资金187.8万元。2011年救助城乡困难群众16640户次，支出临时救助资金239万元。

## 第二节　抚恤优待

### 一　抚　恤

**清代抚恤**　对阵亡将领和弁兵均有恤赐。据《大定府志》载，阵亡者，副将恤银600两，守备恤银400两，千总恤银200两，把总恤银100两，马兵恤银70两，步兵恤银50两。乾隆年间曾两次出征四川金川，驻大定府及各州、县的镇、协、营均从征。乾隆三十六年（1771），赐出征金川阵亡的大定镇副将松德、都司刘宏达、千总王天池、把总杨贵宗、陈大忠及马兵、步兵199名恤银共1.34万余两。乾隆三十七年（1772）三月，又恤赐大定镇及各协、营出征金川墨垄沟阵亡、伤残弁兵银1.15万余两。均按上述等级标准予以抚恤。

**民国时期抚恤** 民国建立后至民国24年（1935），贵州军阀混战，兵匪祸乱不断，地方区、乡武装阵亡人员，其安葬费、抚恤金均由区公所视情况向民间摊派。民国27年（1938），国民政府军事委员会设立抚恤委员会，并制发《组织条例》。贵州省第四区行政督察专员公署及各县政府按规定办理抚恤事务，属兵役工作的，由军事科办理，检察人员检佐办理；其他各种抚恤由民政科办理，主要事项有：军人户籍的移转查报，恤金之转发具款，遗族纠纷之处理呈报，恤金的转请发放以及其他抚恤之各种事项。

民国29年（1940），国民政府公布《陆军平战抚恤暂行条例》，对陆军伤亡军佐、士兵及军队法官、文官技术人员、政治训练人员的抚恤作出规定。死亡者分阵亡、因公殒命、积劳病故，按规定核定等级，分别按战时、平时抚恤标准办理。死亡者由其遗族呈请军队填具甲种书表转报军事委员会抚恤，同时呈报当地政府发给乙种调查表填交，经县政府查明加具证明，递传抚恤委员会核办。受伤者由医院评定受伤等级，出具证明由军队验审后转报抚恤委员会抚恤。对于给恤期满，伤残未愈需继续抚恤者，由该人申请填具请求验伤报告，连同恤令呈报当地县政府核办转报，核准后按表列规定，享受年抚恤金。受恤遗族为父母、妻子、子女、祖父母、孙及未成年的胞弟妹。受恤者如有反党、开除、免官、判刑、剥夺公民权及死亡或无合法遗族等即停抚恤。

**中华民国抚恤金、受恤年限表**

单位：年、元

| 项目 | | 上将 | | 二等兵 | | 受恤金时间 |
|---|---|---|---|---|---|---|
| | | 一次恤金 | 年恤金 | 一次恤金 | 年恤金 | |
| 战时 | 阵亡 | 3000 | 800 | 80 | 40 | 20 |
| | 因公殒命 | 1000 | 600 | 60 | 30 | 10 |
| | 积劳病故 | 800 | 400 | 50 | 25 | 7 |
| 平时 | 御乱被戕 | 900 | 500 | 50 | 30 | 10 |
| | 因公殒命 | 700 | 350 | 35 | 25 | 7 |
| | 积劳病故 | 700 | 350 | 35 | 25 | 3 |
| 战时 | 一等伤残 | 600 | 800 | | 40 | 7 |
| | 二等伤残 | 400 | 700 | | 35 | 5 |
| | 三等伤残 | 400 | 600 | | 30 | 3 |
| 平时 | 一等伤残 | | 450 | | 30 | 7 |
| | 二等伤残 | | 400 | | 25 | 5 |
| | 三等伤残 | | 350 | | 20 | 3 |

民国31年（1942）10月，国民政府军事委员会布告，自当年起，所有陆、海、空军伤亡官兵，年恤金一律照恤金所载金额加倍发给．此后，对恤金标准作过多次调整。民国34年（1945），国民政府军事委员会训令，自本年起，按年发给阵亡将士官兵抚恤粮7石2斗，由粮食部核定各省粮价标准分别折发代金；同时公布地区性的代金价格。民国35年（1946），国民政府军事委员会规定，凡在民国26年（1937）7月7日后至民国34年（1945年）8月15日期间，抗战阵亡、因公殒命、积劳病故，给恤有案者，无论给恤是否期满，均准照规定发给受恤者家属一次特恤金。其标准是上将阵亡30万元，因公殒命20万元，积劳病故15万元，兵士阵亡4万元，因公殒命2.6万元，积劳病故2万元。是年元旦及8月15日慰问阵亡者遗族，发给胜利恤金。其标准为：上将阵亡者10万元，因公殒命者6.6万元，积劳病故者5万元；士兵阵亡者3500元，因公殒命者2200元，积劳病故者1750元。

民国27年（1938）11月，国民政府军事委员会颁发《人民守土伤亡实施办法》，规定一切人民武装抗敌组织，包括壮丁队、义勇壮丁常备队、别动队、便衣队、防卫团、人民自卫军等组织之分子，因守土抗敌伤亡者按标准给予抚恤。此外，国民政府颁布《公务员抚恤条例》，按《条例》规定给予因公亡故文官、司法官、警官及长警抚恤。国民政府的上述各项抚恤条例，在贵州省第四行政区内，未能实施，多数出征者家属及阵亡者亲属从未得到优待抚恤。据资料记载：能查到姓名的毕节地区抗日阵亡将士共536名，其中毕节县79名，大定县174名，黔西县197名，金沙县5名，织金县58名，纳雍县1名，威宁县20名，赫章县2名。据民国31年（1942）毕节县政府军事科的工作报告记载：县境当时应享受优待的征属7308户，获得优待的251名，未获优待的7057户，阵亡将士遗属290人，仅49人领到抚恤金。

民国33年（1944），民国军政部在毕节设荣誉军人第九休养院。休养院设医务室、政工室，下辖7个中队分驻毕节城乡。因伤残人员待遇微薄，一些轻伤者从事经商、制作肥皂、手工卷烟以求生存。民国35年（1946），第九休养院撤销。

**中华人民共和国成立后的抚恤**　1．一次性抚恤。由民政部门凭省人民政府或军队团以上单位发给的革命烈士证明书、革命军人因公牺牲证明书、革命军人病故证明书或“革命牺牲民工民兵光荣纪念证”，向牺牲、病故者的直系亲属发给一次性的抚恤粮或抚恤金。抚恤标准：1950～1952年，各县人民政府执行中央人民政府制定的《革命烈士家属革命军人家属优待暂行条例》有关抚恤条例，给革命烈士和病故军人家属一定数量的粮食。1953年改粮食抚恤为现金抚恤。此后，多次调整抚恤金额。1955年，烈士一次性抚恤金标准为：民兵民工150元，战士级180元，班长级230元，排、连长级280元，营长级350元，团长级450元，师长级以上650元。病故革命军人一次性抚恤标准为：民兵民工120元，战士级150元，班长级200元，排、连长级230元，营长级280元，团长级360元，师长级以上520元。1979年2月，调整牺牲、病故军人一次性抚恤金标准：师职或13级以上干部，牺牲抚恤金700元，病故抚恤600元；团职或14～17级干部，牺牲抚恤650元，病故抚恤550元；营职或18～20级干部，牺牲抚恤600元，病故抚恤500元；连排职或21级以下干部，牺牲抚恤550元，病故抚恤450元；班长、战士级，牺牲抚恤500元，病故抚恤400元；参战民兵民工，牺牲抚恤470元，病故抚恤370元。1980年9月1日起，毕节地区执行省民政厅、省财政厅《关于转发民政部、财政部〈关于给对越自卫还击战牺牲人员家属增发抚恤金和提高革命烈士抚恤金标准的通知〉的通知》，1979年对越自卫还击战作战牺牲的现役军人、支前民兵民工等人员的家属，均增发抚恤金300元，对1980年6月4日起批准为革命烈士的，对他们的抚恤金标准，各级均增加抚恤金300元。

**革命烈士抚恤金标准**

| 现役军人 | 其他人员 | 抚恤标准 |
|---|---|---|
| 师职或13级以上干部 | 专员、副专员以及相当职务以上干部或行政13级以上的干部 | 1000元 |
| 团职或14～17级干部 | 县长、副县长或行政14～17级干部以及相当上述职级的其他人员 | 950元 |
| 营职或18～20级干部 | 县政府局长、副局长、公社主任、副主任或行政18～20级干部以及相当上述职级人员 | 900元 |
| 连排职或21级以下干部 | 县、公社一般干部或21级以下干部以及相当上述职级的人员 | 850元 |
| 班长、战士 | 工勤人员、参战民兵、民工、人民群众 | 800元 |

1984年10月30日，省民政厅、省财政厅转发民政部、财政部《关于提高革命烈士一次性抚恤金标准的通知》规定：新的标准只适用于1984年4月1日以后牺牲批准的革命烈士；虽是4月1日以后批准，但其牺牲时间在4月1日以前的烈士，仍按原标准执行。其标准为：战士、班长级2000元，连、排职或21级以下干部2100元，营职或19～20级干部2200元，团职或15～18级干部2400元，师职或14级以上干部2400元。1994年11月4日，民政部、财政部发出《关于军队工资制度改革后军人死亡一次性抚恤金计发问题的通知》，对军人死亡后一次性抚恤金的计发作如下规定：按死亡者生前月标准工资计发，烈士40个月工资，因公牺牲20个月工资，病故10个月工资。通知对恤金计发的项目规定：（1）在职军官、文职干部死亡后，一次性抚恤金计发项目为职务（专业技术等级）工资、军衔（级别）工资、基础工资和军龄工资；（2）在职官兵死亡后，一次性抚恤金计发项目为：军衔等级工资、基础工资和军龄工资。毕节地区各级民政部门均按此通知规定执行。2004年，国务院颁布新修订的《军人抚恤优待条例》，自当年10月1日起执行。《军人抚恤优待条例》规定由县级人民政府民政部门发给死亡军人遗属一次性抚恤金标准：烈士，80个月工资；因公牺牲，40个月工资；病故，20个月工资。月工资或者津贴低于排职少尉军官工资标准的，按排职少尉军官工资标准发给其遗属一次性抚恤金。获得荣誉称号或者立功的烈士、因公牺牲军人、病故军人，其遗属在享受一次性抚恤金的基础上，由县人民政府民政部门按照下列比例增发一次性抚恤金：（1）获得中央军事委员会授予荣誉称号的，增发35%；（2）获得军队军区级单位授予荣誉称号的，增发30%；（3）立一等功的，增发25%；

（4）立二等功的，增发15%；（5）立三等功的，增发5%。多次获得荣誉称号或者立功的烈士、因公牺牲军人、病故军人，其遗属由县级人民政府民政部门按照其中最高等级奖励的增发比例增发一次性抚恤金。对生前作出特殊贡献的烈士、因公牺牲军人、病故军人，除按照本条例规定发给其遗属一次性抚恤金外，军队可按有关规定发给其遗属一次性特别抚恤金。一次性抚恤金发给烈士、因公牺牲军人、病故军人的父母（抚养人）、配偶、子女；没有父母（抚养人）、配偶、子女的，发给未满18周岁的兄弟姐妹和已满18周岁但无生活费来源且由该军人生前供养的兄弟姐妹。

2. 定期抚恤。1985年9月30日，根据上级通知，毕节地区对革命烈士家属、因公牺牲军人家属、病故军人家属调整定期抚恤金。调整执行以下标准：（1）革命烈士家属、因公牺牲军人家属，居住在农村的，每人每月30～40元，居住小城镇的，每人每月35～50元，居住在地区所在地城市，每人每月40～55元。（2）病故军人家属，居住在农村的，每人每月25～35元，居住小城镇的，每人每月30～45元，居住在地区所在地城市，每人每月35～50元。（3）“三属”中的孤老的定期抚恤标准，在上述相应标准基础上增加5～10元。1993年、1994年、1996年、1998年、2001年、2002年、2003年，国家民政部、财政部均提高“三属”定期定量抚恤金标准。1998年提高“三属”定期抚恤金标准为：烈属、因公牺牲军人家属住在农村的每人每月68～73元，家住小城镇的每人每月78～83元；病故军人家属，家住农村的每人每月63～68元，家住在小城镇每人每月73～78元。2002年，国家民政部、财政部再次提高部分优抚对象抚恤补助标准。烈属、因公牺牲军人家属、病故军人家属的定期抚恤金，在现有标准的基础上，居住城镇的每年每人提高480元，居住农村的，每人每年提高300元。2003年民政部、财政部联合下发《关于提高部分优抚对象抚恤补助标准的通知》，在现有标准的基础上，烈士家属居住农村的，每人每年提高195元，家住城镇的每人每年提高255元，因公牺牲军人家属在农村的，每人每年提高190元，住在城镇的每人每年提高250元；病故军人家属家在农村的，每人每年提高185元，家在城镇的，每人每年提高245元。从当年7月1日起执行。2003年，民政部门完成对重点优抚对象的复查。据统计，全地区13.32万名优抚对象中，革命伤残军人2248人，烈士家属645人，因公牺牲军人家属119人，病故军人家属344人，军属4.91万人，在乡老复员军人9594人，在乡退伍军人6.86万人，在乡退伍红军老战士5人，红军失散人员18人，带病回乡退伍军人2153人。是年，各县民政部门为3356名革命伤残人员、烈属、因公牺牲病故军人家属、在乡退伍红军老战士、红军失散人员发放定期生活补助费972万元，年人均补助2896.3元；为9333名在乡老复员军人发放定期生活补助1114万元，年人均补助1194元；为2264名新兵家属发放优待金158.5万元，户均700元，其中对进藏新兵家属增发100元。2005年，全地区烈属、牺牲和病故军人遗属定期抚恤补助标准年人均达3200元，重点优抚对象抚恤补助标准有了较大幅度提高。

3. 伤残抚恤。1950年12月11日，国家内务部制定《革命残废军人优待抚恤条例》规定：凡中华人民共和国成立军、人民警察部队之指战员，因战负伤或因公致残者，均称革命伤残军人。对他们视其残废轻重和丧失劳动力之程度，在伤愈出院后，经医生按条例规定，鉴定填具残废等级证明书，报经部队政治机关和省、市人民政府审核批准，发给“残废证”，凭证享受条例规定之残废抚恤粮或抚恤金。凡机关工作人员、参战民兵民工，因公负伤致残者，根据有关规定发给“残废证”，按规定评定残废等级，按标准发给抚恤粮或抚恤金。1950年起，毕节地区各县人民政府按《条例》规定，对伤残人员进行优待和抚恤。1950～1952年发放抚恤粮，1953年起改发抚恤金。1953年后，根据国家规定，10余次调整提高伤残人员抚恤（保健）金标准。

据1988年末统计，全地区共有伤残抚恤对象2039人，其中革命伤残军人2017人、参战伤残民兵民工3人、伤残人民警察10人、伤残工作人员9人。其中特等12人，一等48人，二等甲级147人，二等乙级458人，三等甲级643人，三等乙级731人。国家对革命负伤致残人员实行终身或长期抚恤。2004年新修订《军人抚恤优待条例》规定：因战、因公、因病致残的残疾等级由重到轻分为1～10级。因战、因公致残，残疾等级被评定为1～10级的，享受抚恤；因病致残，残疾等级被评定为1～6级的，享受抚恤。残疾级别按照2004年民政部、劳动和社会保障部、卫生部、总后勤部联合下发的《军人残疾等级评定标准（试行）》评定，并发给“中华人民共和国残疾军人证”。条例规定，残疾军人的抚恤金标准应当参照全国职工平均工资水平确定，残疾抚恤金的标准以及残疾军人享受残疾抚恤金的具体办法，由民政部会同财政部规定。同时规定：退出现役的1～4级残疾军人，由国家供养终身；对需要长年医疗或者独身一人不便分散安置的，可集中供养。对分散安置的1～4级残疾军人发给护理费，标准为：因战、因公一级和二级残疾的，为当地职工月平均工资的50%；因战、因公3～4级残疾的，为当地职工月平均工资的40%；因病一级至四级残疾的，为当地职工月平均工资的30%。2005年7月，民政部、财政部下发通知，再次提高部分优抚对象抚恤补助标准，调整标准自2004年10月1日起执行。毕节地区按通知规定执行。调整涉及残疾人员的残疾抚恤金，烈属、遗属的定期抚恤金，在乡退伍红军老战士（含在乡西路军红军老战士、红军失散人员）和在乡复员军人的生活补助。此次调整依据《军人抚恤优待条例》，将“残疾抚恤金标准表”对少数套改后残情不符合新《军人残疾等级评定标准》的，进行个案调整。新旧残疾等级对应关系为：特等套改一级；一等套改三级；二等甲级套改五级；二等乙级套改六级；三等甲级套改七级；三等乙级套改八级。被地方民政部门评定为伤残人民警察、伤残国家机关工作人员、伤残民兵民工，并持有相应残疾证件的人员参照残疾军人的套改办法执行。因战、因公致残，残疾等级被评定为一级至十级的，享受抚恤；因病致残，残疾等级被评定为一级至六级的，享受抚恤。并取消以前残疾抚恤金中伤残抚恤金和伤残保健金的区别。调整后，一级因战、因公、因病残疾抚恤金标准分别为每人每年1.12万元、1.08万元、1.04万元。

1991、1998、2003年革命伤残人员伤残抚恤金标准变化表

单位：元／年

| 伤残等级 | 伤残性质 | 1991年 | | 1998年 | | 2003年 | |
|---|---|---|---|---|---|---|---|
| | | 抚恤金 | 保健金 | 抚恤金 | 保健金 | 抚恤金 | 保健金 |
| 特等 | 因战 | 1560 | 240 | 3540 | | 9960 | 2140 |
| | 因公 | 1440 | 216 | 3380 | | 9800 | 2110 |
| 一等 | 因战 | 1260 | 204 | 2760 | | 7680 | 1720 |
| | 因公 | 1170 | 184 | 2630 | | 7550 | 1680 |
| | 因病 | 1060 | | 2500 | | 7420 | 1670 |
| 二等甲级 | 因战 | 920 | 156 | 1550 | | 3880 | 810 |
| | 因公 | 830 | 140 | 1440 | | 3770 | 790 |
| | 因病 | 760 | | 1350 | | 3680 | 770 |
| 二等乙级 | 因战 | 656 | 135 | 1080 | | 2600 | 680 |
| | 因公 | 590 | 122 | 1000 | | 2520 | 660 |
| | 因病 | 554 | | 960 | | 2480 | 650 |
| 三等甲级 | 因战 | 416 | 108 | 748 | | 1560 | 510 |
| | 因公 | 400 | 98 | 728 | | 1540 | 490 |
| 三等乙级 | 因战 | 342 | 90 | 646 | | 1390 | 430 |
| | 因公 | 342 | 82 | 646 | | 1390 | 420 |

## 二 优 待

**中华人民共和国成立前的军人及家属优待** 清雍正七年（1729），清廷赐全国标、营银两，令寄商生息，以其息为弁兵婚丧之费，以示优待。其中赐威宁镇银1518两7钱1分，大定协1518两7钱1分，平远协1113两7钱2分，黔西协1113两7钱2分，毕赤营607两4钱8分。在1937～1945年抗日战争期间，国民政府曾颁发出征军人家属优待条例，但仅有少数征属获得优待。各县每逢“七七”抗战纪念日前后，开展募捐劳军活动，出征军人家属所得慰问钱物，数量微薄。民国33年（1944），毕节县曾组织一次义演募捐活动，所发慰问品，在营壮丁每人毛巾一张，征属得少量食盐。

**中华人民共和国成立后的军人及家属优待** 中华人民共和国成立后，毕节专区各县人民政府对革命烈士家属，因公牺牲、病故和失踪军人家属，现役军人家属，参战民兵民工，革命残废军人，复员退伍军人，实行优待抚恤。国家每年拨出专款，解决优抚对象生产、生活、住房、医药和子女入学、就业困难。1998年，毕节地区有优抚对象1.35万余人，其中革命伤残人员2337人，烈军属1266人，在乡红军战士9人，红军失散人员25人，在乡复员退伍军人9885人。各

县在不同时期对优抚对象采取不同的优待办法。

1．代耕优待。1951～1955年，全专区农村推行代耕优抚制度。代耕形式有包耕制、派耕制、助耕制。1953年起贯彻执行《贵州省优属代耕办法》，按照需工分配、计工计率、评定产量的原则，实行固定代耕制。即对缺少劳动力的烈军属、在乡二等乙级以上的伤残军人，以自然村、互助组为主进行包干代耕。

2．优待劳动日。1956年，全专区农村实行农业合作化后，对农村优抚对象的优待形式改为优待劳动日，以优抚对象自做工分与优待工分的合计数，参加生产队的粮食、现金及其他实物的分配，保证优抚对象的生活不低于当地一般群众的生活水平。

3．现金优待。1979年后，全地区农村实行家庭联产承包责任制，群众优待改为以现金优待为主。1979年3～10月，民政系统抽调1431人，普查登记优抚对象，为以后做好优抚工作提供可靠依据。

**1979年毕节地区优待情况统计表**

单位：户·人

| 项目<br>县别 | 烈士家属 | | 现役军人家属 | | 病故军人家属 | | 失踪军人家属 | | 残疾军人 | 复员军人 | 退伍军人 | 带病回乡军人 | 孤老优抚对象 | 退伍红军 |
|---|---|---|---|---|---|---|---|---|---|---|---|---|---|---|
| 毕节 | 259 | 430 | 4409 | 17487 | 40 | 81 | 27 | 26 | 310 | 2980 | 6296 | 144 | 56 | 15 |
| 大方 | 188 | 913 | 2906 | 16217 | 20 | 97 | 13 | 67 | 184 | 5208 | 4693 | 403 | 17 | 7 |
| 黔西 | 99 | 435 | 2745 | 15163 | 15 | 76 | 13 | 54 | 182 | 2265 | 4648 | 495 | 15 | 12 |
| 金沙 | 105 | 539 | 1897 | 10750 | 21 | 100 | 5 | 33 | 89 | 1597 | 3837 | 81 | 75 | 1 |
| 织金 | 112 | 512 | 3218 | 16638 | 24 | 102 | 8 | 27 | 155 | 2294 | 4631 | 237 | 29 | 1 |
| 纳雍 | 122 | 554 | 2413 | 11520 | 21 | 82 | 7 | 28 | 124 | 1249 | 3999 | 116 | 31 | 1 |
| 赫章 | 104 | 527 | 1683 | 10189 | 17 | 103 | 11 | 60 | 102 | 1383 | 3902 | 226 | 73 | |
| 威宁 | 112 | 551 | 2719 | 13504 | 34 | 164 | 27 | 135 | 173 | 1723 | 6217 | 82 | 270 | 2 |
| 合计 | 1111 | 4461 | 21990 | 111468 | 192 | 805 | 111 | 430 | 1319 | 18799 | 38223 | 1824 | 566 | 39 |

4．民间优待金筹集。1979～1985年共筹集资金306.49万元，优抚对象年人均不足40元。1986年，各县贯彻实施省府办《关于进一步做好农村烈、军属群众优待工作的通知》及地区行署办关于贯彻执行《通知》的意见，要求黔西、金沙县优待对象每户年优待不得少于200元，其余6县不得少于150元；优待金的筹集，由农民、居民及机关、厂矿、企事业单位职工一次缴纳：是年，全地区共筹集156万元，地区民政局还为在乡革命伤残军人下拨6.6万多元的生活补助费。1991～1998年，全地区共筹集优待金1683万元，1998年优抚对象户均优待现金373.8元。2004年，国务院颁布新修订的《军人抚恤优待条例》规定：义务兵服现役期间，其家庭由当地人民政府发给优待金或者给予其他优待，优待标准不低于当地平均生活水平。是年，全地区落实2100名新兵家属优待金168万元，户均800元，其中金沙县建立重点优抚对象自然增长机制，义务兵家属优待金户均1954元。2005年，全地区共发放义务兵家属优待金171万元，户均800元。

5. 政府补助。政府补助主要用于经过群众优待，生活水平仍不能达到当地一般群众生活水平的优抚对象。1950～1990年，全地区各级民政部门用于优抚事业的经费，总计支出3370多万元。1991～1998年，全地区发放抚恤、补助经费4433.4万元。此外，从1950年起，各县政府贯彻执行民政部、财政部《关于对优抚对象实行定期定量补助工作的规定》，对带病回乡不能经常参加生产劳动，生活特别困难的复员退伍军人；完全丧失劳动能力、生活困难的复员军人，实行定期定量补助。1992～1995年，各级财政解决在乡老复员军人的定期定量补助经费710.6万元，享受补助2.83万人次，年人均250～300元。1994～2002年，全地区接收上级拨款和社会各界捐款360万元，为重点优抚对象新建或维修住房7250间，近7.36万平方米。2005年，全地区有8691名在乡老复员军人定期定量补助标准有较大幅度提高，全年人均达1580元以上。2008年，筹集维修的建房资金485.6万元，帮助4425名在乡复员军人维修和重建住房9765间，建筑面积15.9万平方米。2009年，出台《毕节地区优抚对象医疗保障实施意见》。

6. 优待对象及其子女教育优待。2004年10月，民政部、教育部和总政治部联合下发《优待对象及其子女教育优待暂行办法》规定优待对象为：退役士兵、残疾军人、烈士子女、因公牺牲军人子女、1～4级残疾军人子女、现役军人子女。《办法》规定：（1）退役士兵报考普通高等学校，在同等条件下，优先录取；自谋职业的城镇退役士兵、在服役期间荣立三等功的退役士兵，可在其统考成绩总分的基础上增加10分投档；服役期间荣立二等功（含）以上或被大军区以上单位授予荣誉称号的，可在其统考成绩总分的基础上增加20分投档。自谋职业的城镇退役士兵报考成人高等学校可增加10分投档，其中在服役期间荣立二等功（含）以上，或被大军区以上单位授予荣誉称号的退役士兵可在考试成绩基础上增加20分投档。退役士兵报考研究生的，在同等条件下可优先予以复试或录取。（2）烈士子女入学入托的，在同等条件下优先接收；烈士子女在公办学校学习期间免交学费、杂费，对其中寄宿学生酌情给予生活补助。报考普通高中、中等职业学校时降20分录取。报考普通或成人高等学校的，由省级招生委员会决定，可在高等学校调档分数线下适当降低分数要求投档，降分幅度不得超过20分。（3）残疾军人、因公牺牲军人子女、1～4级残疾军人子女报考普通高中、中等职业学校的，招生时降10分录取。报考高等学校的，在同等条件下优先录取。残疾军人在校学习期间免交学杂费。（4）驻边疆国境的县市、沙漠区、国家确定的边远地区中的三类地区和军队确定的特、一、二类岛屿部队现役军人子女，在报考普通高中、中等职业学校招生时降20分录取，并不得收取省、自治区、直辖市规定收费标准以外的其他任何费用。报考高等学校的，在同等条件下优先录取。（5）现役军人子女入公办中小学校和幼儿园、托儿所，在同等条件下优先接收；报考普通高等学校，在同等条件下优先录取。（6）凡是国家实施"西部开发助学工程"地区的优抚对象及其子女，在符合资助标准的前提下优先享受"西部开发助学工程"的相关政策。（7）各类优抚对象在同等条件下优先享受国家设立的各类奖学金、学校自行设立的奖学金以及社会各界出资设立的奖学金，优先享受国家提供的各项助学贷款，优先享受学校提供的困难补助和社会捐助，同时学校应优先为他们提供勤工助学岗位。

## 三　拥　军

**拥护红军**　1935年2月，红军第九军团掩护红一方面军主力四渡赤水后，由金沙经大定继续长征，占领大定县瓢儿井后，开展宣传活动，大定县八堡苗族同胞盛情邀请红九军团领导到八堡苗寨做客。1936年2月，红二、六军团到达黔西、大定、毕节县，沿途受到群众热烈欢迎。大定县进步人士彭新民在红军到达的当天清晨，组织300多名贫苦民众欢迎。之后，成立大定县拥护红军委员会，彭新民被推选为主任。红二、六军团在黔西、大定、毕节期间，共有5000多名优秀青年报名参加红军。

**拥军优属、拥政爱民（简称“双拥”）活动**　1951年8月，毕节专员公署作出《关于加强“饮水思源”教育、拥军优属的决定》，各县组织机关、团体、企事业单位及街道宣传队、秧歌队、腰鼓队分别向当地驻军、革命伤残军人、烈属、军属进行慰问。此后，专署及各县人民政府在每年元旦、春节期间以及“八一”建军节前夕，均组织慰问团，慰问当地驻军，开展军民联欢活动。1951～1953年，全专区各县人民政府掀起拥护中国人民志愿军入朝抗美活动，举行大会及游行示威，反对美国侵略朝鲜，开展保卫世界和平的签名及捐献活动。1952年9月，纳雍县治昆乡举办大会，隆重悼念志愿军二级战斗英雄、一等功臣刘兴文烈士，3500多人参加追悼大会。1953年1月，黔西县1万多人集会，庆贺黔西籍志愿军战士易才学荣立特等功，获二级英雄称号，并欢迎中国人民第二届赴朝慰问团第三分团莅临作报告。

在1979年对越自卫还击战中，黔西县为荣立三等功以上的30位干部、战士颁发奖金，由政府领导将喜报和奖金分别送到立功军人家中以示祝贺。1986年，黔西县组织慰问团赴云南老山、者阴山前线慰问黔西籍战士。翌年3月，黔西县城18户个体农工商户，集资9010元，由县委、人武部、工商局及个体户代表共12人，组成慰问组赴云南“两山”前线慰问黔西籍战士，新华社记者王安随同采访。慰问组与战士们座谈、联欢，并在麻栗坡烈士陵园向黔西籍战地模范指导员郭兴科烈士墓敬献花圈，向为守卫祖国西南边疆捐躯的烈士默哀凭吊。

1991～1995年，毕节地区及辖县共组织访问团（组）1870多次，参加人员近万人；召开各种拥军优属会议2万多次，与会人员近20万人，慰问驻军和优抚对象11.7万人次。重大节日活动中，各级财政安排节日活动经费共138万多元。1995年，地区及各县市分别成立“双拥”工作领导小组及办公室，各乡、镇有1名领导干部负责“双拥”工作，日常事务由民政股抓。乡镇、村、厂矿、企事业单位、街道办事处、部队连、排建立拥军优属或拥政爱民服务组织。全地区共建拥军优属服务小组1633个，拥政爱民服务小组92个，6367人参加服务，被服务对象3.46万余人。军队和地方领导注意发挥双拥职能部门的组织领导、协调综合作用。地县结合“双拥”，广泛开展国防、双拥教育，以增强广大军民的双拥意识。地区及各县市均成立国防教育领导小组及办公室，拨给国防教育经费。全地区建有国防教育馆、点102个，经常邀请领导干部发表国防教育及双拥工作的讲话及撰写理论文章。1995年8月，中共毕节地委、地区人大工委、地区行署、地区政协工委、毕节军分区联合举行座谈会，纪念中国人民抗日战争和世界反法西斯战争胜利50周年，向全地区军民进行爱国主义和国防教育。各县政府坚持拥军优属的光荣传统，支持部队建设。1995～2011年，毕节、大方、黔西、金沙、织金、纳雍分别获全省双拥模范城（县）称号。

## 四　褒扬烈士

**追认烈士**　毕节地区各族人民有着光荣的革命传统。1935年中共党员在毕节建立地下支部，领导发展武装队伍，开展武装斗争；1935年红军第九军团长征途经；1936年红军二、六军团长征转战黔、大、毕；红军川滇黔边区游击纵队及贵州游击队在黔西北一带转战7年；中华人民共和国成立前夕，中共领导的威宁游击团为配合中国人民解放军阻截国民党残余武装，一些革命志士英勇战斗流血牺牲。从1982年起，毕节地区按照中共贵州省委、省政府和省民政厅的文件要求，进行内查外调，对全地区在1934～1950年的16年间，因从事革命活动而牺牲的58位人员，追认为革命烈士。

**颁发"革命光荣纪念证"及"革命烈士证明书"**　1. 颁发证书。1952年，毕节专区人民政府发出通知，要求各县人民政府遵照中央人民政府内务部的规定，按照革命牺牲军人、革命牺牲工作人员和革命牺牲民兵民工3种类型，深入调查后填发"革命光荣纪念证"，发给牺牲者家属。全专区共填发500份。

2. 换发、补发"革命烈士证明书"。1983年，国家民政部印制"革命烈士证明书"，要求各级民政部门进行统一换证、补证。是年4～9月，全地区各县民政部门经过逐户走访、调查、登记、核实，按审批程序，并报经省人民政府批准，共换发、补发"革命烈士证明书"1680份，其中第二次国内革命战争时期牺牲的13名，抗日战争时期牺牲的8名，中国人民解放战争时期牺牲的8名，中华人民共和国成立后牺牲的1651名。烈士中，属毕节地区籍的1269名，省内其他县籍的129名，其他省区的282名。

**追功授号**　1979～1986年，在对越自卫还击战中，毕节地区籍的官兵作出重大贡献。1984年，中央军委授予金沙籍战士张大权战斗英雄称号，授予黔西籍干部郭兴科烈士战地模范指导员称号。昆明军区授予黔西县籍战士尹怀忠战斗英雄称号，授予黔西籍战士王家封、王学文，金沙籍战士张庭富、邓琪，纳雍籍战士顾尚华，威宁籍战士周再军一等功臣称号。

**烈士陵园**　毕节地区有省管烈士陵园1处：毕节烈士陵园；县乡、镇管烈士纪念建筑物95处。1991～1995年，省、地、县市拨付、群众自发集资修缮经费共68万多元，维修墓碑、塔门、道路、房屋450多座。2001年4月，国务院批准毕节烈士陵园为全国重点烈士纪念建筑物保护单位和国家级爱国主义教育基地后，国家民政部和省民政部门拨款45万元，维修改造陵园。2003年3月起，实施第一期工程，维修原红军第六军团政治部主任夏曦墓地，以及红军川滇黔边区抗日先遣队司令员阮俊臣等6位烈士墓地，翻修风雨亭两座。2003年7月起，维修59座烈士墓，扩建悼念场600多平方米，一次能容纳3000多人进行悼念活动；重建大门牌坊，安装不锈钢护栏230米，花岗石石梯2554平方米，以及人行地砖、瓷砖，绿化100多平方米，工程总造价140多万元。2004年5月，实施毕节烈士陵园第二期维修改造工程，翻修改造余下的64座烈士墓，铺设人行地砖，安装护栏，改造二道牌坊，绿化500多平方米。工程造价50多万元，是年9月竣工。2011年，完成零散烈士纪念设施普查和信息录入工作，录入烈士设施880个。

**悼念活动** 1. 召开追悼会。革命烈士为国捐躯、干部职工积劳病故，各级政府或所在单位都要召开追悼会，寄托哀思，已形成制度。1952年，原中国人民志愿军二级战斗英雄、一等功臣、纳雍县苗族青年刘兴文牺牲后，中共毕节地委、毕节专员公署组织全地区代表及纳雍县各级领导、当地群众数千人，召开追悼会，缅怀烈士，学习英雄，号召全区人民团结起来，誓把抗美援朝进行到底。2. 举行祭扫活动。各级人民政府均重视清明节祭扫烈士墓活动，每年都组织机关、团体、学校、厂矿、街道人员及驻军官兵，于清明节前后到烈士陵园或散葬烈士墓前进行扫墓、植树、敬献花圈、举行入团宣誓。开展革命传统和爱国主义教育，缅怀革命先烈。3. 开展大型纪念活动。1986年2月，毕节地区及各县举行隆重纪念活动，纪念中国工农红军二、六军团长征到达暨中华苏维埃人民共和国川滇黔省革命委员会创建50周年。纪念活动前，各地将烈士陵园、烈士墓、碑等修葺整理，撰写烈士简历，以颂扬烈士业绩，教育后人。原红六军团军团长萧克将军为夏曦烈士纪念碑题写碑名，夏曦烈士子女亲临敬献花圈。1987年至2011年期间，每年清明，全区各级党委政府组织开展清明祭扫革命烈士活动。根据2010年3月21日《民政部关于做好烈士亲属祭扫接待工作的通知》，烈士亲属祭扫活动，原则上每三年一次，每位烈士前往祭扫的亲属及陪护人员限3人以内。

**编写革命烈士传、烈士英名录** 1980年起，毕节地区贯彻《中华人民共和国革命烈士褒扬条例》和国家民政部《关于编好烈士英名录等项工作的通知》，组织专人，收集、整理、编辑毕节地区《革命烈士英名录》。1981年，在逐人逐事调查核实的基础上，完成《毕节地区革命烈士英名录》的收集、整理编辑工作。1982年，由贵州省民政厅编入《贵州省革命烈士英名录》第九卷，收录烈士1738名。1992年出版的《毕节地区志·人物志》为13名革命烈士立传入编，2119名烈士入编《革命烈士英名录》。1998年出版的《毕节地区志·民政志》2285名烈士入编《革命烈士英名录》。

**建立革命老区** 1998年6月，中共贵州省委、省人民政府根据党中央、国务院及中央有关部门关于划定革命老区的文件精神，批准毕节地区所辖毕节市、大方、黔西、金沙、纳雍、威宁、赫章县179个乡镇、办事处为革命老区，分别是：毕节市41个：市东、市西、三板桥、流仓桥、观音桥、大新桥办事处，鸭池镇、梨树镇、岔河镇、朱昌镇、千溪乡、阴底乡、田坝镇、长春堡镇、撒拉溪镇、杨家湾镇、放珠镇、野角乡、大河乡、青场镇、水箐镇、何官屯镇、对坡镇、大银镇、林口镇、团结镇、燕子口镇、亮岩镇、清水铺镇、生机镇、田坝桥镇、海子街镇、八寨镇、小坝镇、层台镇、小吉场镇、阿市乡、普宜镇、大屯乡、龙场营镇、田坎乡。大方县33个：大方镇、东关乡、竹元乡、响水乡、双山镇、文阁乡、绿塘乡、鼎新乡、猫场镇、牛场乡、高店乡、黄泥乡、沙厂乡、普底乡、百纳乡、星宿乡、凤山乡、安乐乡、核桃乡、达溪镇、八堡乡、兴隆乡、瓢井镇、长石镇、果瓦乡、大山乡、雨冲乡、小屯乡、羊场镇、理化镇、鸡场乡、黄泥塘镇、六龙镇。黔西县25个：金碧镇、五里乡、沙井乡、雨朵镇、羊场乡、绿化乡、大关镇、新仁乡、谷里镇、钟山乡、协和乡、太来乡、素朴镇、铁石乡、甘棠乡、永桊乡、重新镇、定新乡、洪水乡、金坡乡、仁和乡、林泉镇、红林乡、锦星乡、城关镇。金沙县19个：源村乡、官田乡、沙土镇、后山乡、木孔乡、岚头镇、安底镇、场坝乡、城关镇、新化乡、安洛乡、西洛乡、平坝乡、岩孔镇、桂花乡、石场乡、太平乡、清池镇。纳雍县20个：雍熙镇、鬃岭镇、阳长镇、维新镇、龙场镇、乐治镇、王家寨镇、百兴镇、张家湾镇、新房乡、东关乡、寨落乡、化作乡、老凹坝乡、曙光乡、姑开乡、羊场乡、昆寨乡、沙包乡、猪场乡。威宁县20个：板底乡、炉山镇、羊街镇、大街乡、兔街乡、雪山镇、云贵乡、龙街镇、迤那镇、观风海镇、秀水乡、小海镇、哈喇河乡、岔河乡、黑石头镇、麻乍乡、哲觉镇、斗古乡、牛棚镇、盐仓镇。赫章县21个：城关镇、白果镇、妈姑镇、财神镇、六曲河镇、野马川镇、达依乡、水塘堡乡、罗州乡、双坪乡、可乐乡、辅处乡、朱明乡、哲庄乡、古基乡、平山乡、铁匠乡。

# 第三节　复员转业军人安置

## 一　民国及以前的退役士兵安置

**明清时期退役士兵安置**　明、清时期军队补充兵员有两个渠道，一是实行世袭制，即世代当兵；二是实行招募制，招募量小，被招募者多为农家子弟。兵丁退役后，由军队发给一定银两，留在毕节等地屯田。明永乐年间，毕节、乌撒、赤水卫实行屯田制，屯田由年老体弱、退役或裁员兵丁耕种。乾隆元年（1736），朝廷准奏，大定府安屯设堡，实行屯军，安置为屯军的兵丁，每户给建房银3两、种子粮银3两及半年口粮；同时发给耕牛、生产工具。屯军的兵丁，农忙时耕田，农闲时训练习武，遇有战事，听候调遣参加作战。光绪三十二年（1906），大定招募兵丁，服役期为3年，服役期满后，军队发给一定银两，退役回家务农，其中一部分充任巡警。

**民国时期退役士兵安置**　民国初期，各派军阀沿袭清朝的募兵制，自行招兵，自行退役。民国26年（1937），贵州省第四行政区执行贵州省政府《贵州征兵法》，规定服役期满的士兵，军队发给食宿费、生活费，由县政府遣送还乡，自谋生路。百姓视当兵服役为下地狱，不愿当兵，各地乡、保、甲长只得靠抓兵补充军队兵员。民国中央政府和贵州省地方政府颁布的征兵法中规定的士兵退役制度从未付诸实施。

## 二　红军及资遣人员安置

**安置退伍红军**　1935年春，中央红军一部长征途经今金沙县安底、大岚头、沙土、岩孔、平坝，其中红九军团掩护主力部队强渡乌江，转战黔西、大定、毕节等地，金沙千余名青年参加红军。次年春，红二、六军团占领黔西、大定、毕节县，5000多名青年参加红军长征。中华人民共和国成立后，部分老红军战士退伍回乡参加社会主义建设。全专区回乡红军97人，其中毕节县65人，大方县13人，黔西县13人，纳雍县6人。这些退伍红军回到家乡后，当地党委和政府根据他们的年龄、健康状况、工作能力，除安置一部分工作外，对回乡生产或年老体弱在家颐养天年的红军，采取特优方式给予安置。在政治上，逢年过节，当地领导上门慰问，有关会议邀请参加并征求意见，对他们反映要求解决的困难，尽量予以解决；在生活上，政府在安排优待金、定期定量补助、特殊补助时优先照顾退伍红军。1992年10月，民政部、财政部联合下达《关于调整在乡退伍老红军战士生活补助标准的通知》，在乡退伍红军老战士在1989年每人每月85元补助标准上，调整为每人每月不低于166元；在乡西路红军老战士，在1989年每人每月60元的基础上，提高至90元。1994年增加为每人每月补助226元。1998年，政府给健在的在乡退伍老红军每人每年给予生活补助5777元。2002年1月1日起，在乡红军老战士、在乡西路军红军老战士的生活补助，在现有标准的基础上，每年每人分别提高720元和540元。2003年7月1日起，再提高生活补助标准，每人每年分别提高780元和600元。在乡退伍红军老战士生活补助标准每人每年为2005年9600元，2006年11400元，2007年13680元，2008年15720元，2009年18080元，2010年19890元，2011年22870元。在乡西路红军老战士生活补助标准每人每年为2005年8640元，2006年10200元，2010年19890元，2011年22870元。

**安置失散红军**　1952年，贵州省人民政府发出《关于调查红军流散人员，分别给予抚慰救济的指示》。遵照省府指示，专区由民政部门牵头，地、县领导出面，组织公安、粮食、财政等有关单位确定人员，深入流散红军人员居住的地区进行逐个走访、调查，按照红军流落的时间，当时职务，籍贯，流落原因及有无变节行为逐项落实上报，经县人民政府批准后，据实申报。经过调查统计，全专区共有失散红军200余人，按照省府指示精神，毕节、大定、黔西、金沙县共救济失散红军38人，按其家庭经济状况及困难程度，分别救济50～500斤大米。对少数要求返回原籍者，由政府出具证明，并在经济上给予适当的帮助。从1953年起，对失散红军按复员军人优待条件，每人每月定期补助17～20元。此后，补助标准多次调整提高，1998年，每人每年发给定期补助920元。2002年在原有基础上，每人每年增加120元；2003年再次增加150元。红军失散人员生活补助标准每人每年为2005年2880元，2006年3360元，2007年4080元，2008年4680元，2009年7820元，2010年8600元，2011年10320元。

**资遣人员安置**　根据中共中央关于“对那些已经放下武器不再与人民为敌的人，应给出路”的指示精神，毕节专区对外省遣返的资遣人员进行安置教育；另对战争俘虏的家庭、职业、经济状况以及个人志愿进行摸底登记安置。1950～1952年，安置1864名国民党军俘虏。其中，对495名出身于劳苦民众，参加国民党军队时间不长，年龄在25岁以下，被俘后经过教育，志愿参加中国人民中华人民解放军，经批准，按革命军人登记的要求补入部队。对97名要求参加工作的青年，经考查后，介绍给地方政府安排适当工作。对263名愿回乡或就地参加农业生产的，安置回乡或就地安排到农村落户。对984名要求回原籍者，经与所在地政府协商同意，作资遣处理回原籍安置。对13名老弱病残，无家可归者，分别送教养院收容。对12名医务人员，按照本人志愿或留部队，或发给车旅费和安家费退职回原籍，或发给安家费，退职后留在本专区。

## 三　中华人民共和国成立后退伍军人安置

**普通复员退伍军人安置**　1950年，中共中央军事委员会和政务院颁发《关于中华人民共和国成立军1950年复员工作的决定》，全国开始有计划地开展安置志愿兵。毕节专员公署设置复员委员会，指导安置复员军人。各县也设置相应机构，具体办理复员军人的接待安置。1952年，专、县复员委员会改为转业建设委员会；1964年改为复员退伍军人安置委员会，下设办公室办理具体业务。是年，毕节专区根据“从哪里来，回哪里去”的安置原则和“妥善安置，各得其所”的要求，开始接收安置复员志愿兵。1950～1958年，全专区共接收安置复员军人2.99万余名，其中安排在机关、企事业单位工作的2854名，占9.54%；安置回乡生产的2.59万人，占86.5%，安排复工复职的626人，占2.09%，上学深造的96人，占0.03%，其他安排462人。1958年，大批志愿兵安置工作结束。

1958年3月17日，国务院颁发《关于处理义务兵退伍的暂行规定》，毕节专区根据《规定》精神，对退伍的义务兵回籍后，入伍时原是家居农村或城市郊区的农民，退伍后回到原住地区参加农业生产。当地人民委员会和农业生产合作社应对他们做好生产上的安排，帮助他们熟悉农业生产技术。入伍时家居城市没有固定职业，或原开职业已不适合国家需要，退伍后，劳动部门予以就业登记，给予优先就业的便利，或者当地人民委员帮助他们参加农业生活或其他劳动生产。据统计1958～1990年，全地区共安置退伍军人8.64万余人，其中1.81万余人安排工作，占20.95%，6.71万余人安排回乡生产，占77.66%，复工复职的650人，其他方式安排的543人。1991～1995年，共接收安置退伍军人8952人，其中2746人安排工作，占30.7%，6207人，回农村安置，占69.3%。在安置中，开发使用军地两用人才2870人，占军地两用人才3099人的92.6%。1996年，毕节地区按照兵役法、退伍义务兵安置条例、《贵州省实施〈退伍义务兵安置条例〉细则》和有关政策规定，除接收安置服现役期满的义务兵外，对服现役满13年以上的志愿兵，按照地区、县市分级负责，以县市为主和“按系统分配任务，包干安置”的办法，保证第一次就业。1996～1998年，全地区共接收安置退伍军人、转业志愿兵、复员干部4665人，其中1149人按政策规定安置工作，3515人回农村安置。

2001年，全地区接收退伍军人2303人，其中回农村安置1903人，符合安置工作条件的400人，经协调安置在省属单位工作的140人，安置在地、县机关、事业单位工作的235人，自谋职业的25人。2002年，全地区有70名城镇退役士兵实现自谋职业，占应安置总数的16.5%，共支付城镇退役士兵自谋职业一次性经济补偿费126万元。2003年共接收退伍义务兵、转业士官、复员干部1918人，其中符合城镇安置工作的356人，除45人按自谋职业办法领取政府补助金外，其余311人按政策落实安置单位。2004年，全地区共接收退伍义务兵、转业士官、复员干部2518人，符合城镇安置工作的525人，全部安置，其中自谋职业130人，回农村安置的退伍军人1988人。2005年，全区接收退役士兵1846人，其中符合政策安排工作的460人，占25%。纳雍、威宁、赫章县自谋职业率均超过50%，其余5县市的自谋职业率均达40%以上，基本完成安置任务。

2010年，退伍义务兵安置自谋职业率达62%，发放自谋职业补助金753万元。对在辖区内符合城镇安置对象进行就业前的职业技能培训，发放退役士兵待安置期间生活补助经费83.25万元。2011年，接收退役士兵1713人，符合政策安置493人，其中，回农村安置1220人，自谋职业189人，发放自谋职业金625.8万元；下拨经费140万元培训资金开展退役士兵职业教育和技能培训。

**立功复员退伍军人安置**　1980年，毕节地区遵照国务院、中央军委《关于认真解决在保卫祖国和建设社会主义事业中荣立二等功以上农村籍退伍战士工作的指示》，自是年开始，按规定，战士在部队荣立二等功以上的，其家属当年享受100元以上的优待金。1987年12月12日，国务院发布《退伍义务兵安置条例》规定，农村退伍义务兵在服役期间立二等功及以上的，应当安排工作；服役前没有参加工作的，在部队获得大军区（含大军区）以上单位授予荣誉称号和立二等功以上的城镇退伍义务兵安排工作时，应优先照顾该人志愿。毕节地区还对荣立二等功以上的农村籍退伍战士，按照就地、就近、从优的原则安排工作。从1980～1998年，毕节地区共安置荣立二等功以上的退伍军人148人。

**对军地两用人才的安置**　1984年，全地区各级民政部门与人武部协作，调查1980～1984年退伍军人的技术状况，并逐个登记、建卡。查清1984年以前共有退伍技术兵5354名，涉及驾驶、卫生、汽车修理、电机修理等19个专业，为政府开发使用退伍军地两用人才提供依据。1986年起，根据国务院、中共军委关于“充分发挥当地的优势，广开渠道，把开发使用两用人才的路子拓宽，把工作搞上去”的指示精神，各县结合实际，采取多层次、多渠道、多形式使用退伍军人中的两用人才。1986～1988年，全地区推荐录用退伍军地两用人才5394名，占农村退伍军人总数的22.03%。1988年末，毕节地区有4名退伍军人两用人才被成都军区授予成才致富先锋称号。1992年，毕节地区贯彻执行《贵州省退伍军人两用人才开发基金筹集管理暂行办法》，由民政、财政两部门和农业银行共同成立军地两用人才开发基金会，筹集基金用于扶持退伍军人兴办投资回收快、效益好的扶贫型、开发型、服务型、示范型的经济实体。是年，接受有偿扶持的退伍军地两用人才经济实体有黔西县两用人才汽车维修中心和金沙县友谊汽车修理厂。1994年末，全地区创办军地两用人才经济实体10个，其中毕节市2个，大方、黔西、金沙、纳雍、赫章县各1个，织金县3个。1995～1998年，全地区安置军地两用人才3774人。2001年，回农村安置的军地两用人才1504人，占当年回农村安置的退伍军人1903名的81%。通过各种渠道培训后，全部开发选用。2004年，全地区回农村安置的军地两用人才1454人，通过各种渠道培训后，选用1277人，占农村两用人才总数的88%。2005年，全地区下拨经费24万元，用于农村退伍军人生产、生活、住房困难补助和辅助两用人才开发使用。

## 第四节　社会福利及慈善事业

### 一　清代和民国时期的养老存孤济贫

据《大定府志》记载：清康熙四十二年（1703），威宁府及所辖州、县奉谕，凡70岁以上只有一子侍养的，免去杂派差徭；80岁以上老人，赠绢一匹、棉一斤、米一石、肉十斤；90岁以上加倍；百岁以上给银建坊。此后，康熙四十八年（1709）、五十二年（1713）、六十一年（1722）都按上述标准赐老。雍正元年（1723）正月，威宁府和大定、黔西、平远州及毕节县奉上谕："老人年九十以上者，州县不时存问；其或孤寡及子孙贫不能养赡者，督抚至州县设法恤养，或奏闻动用钱粮，务令得沾实惠。"是年八月，府、州、县署又奉诏赐老妇年70岁以上者布一匹、米五斗；80岁以上者绢一匹、米一石；90岁以上者加倍赐给；百岁以上题名给钱建坊。翌年五月，上谕："于通都大邑人烟稠集处，照京师例，设普济堂、育婴堂、养老存孤"。黔西州即设普济堂于南门外，毕节县普济堂有七间住房。乾隆年间，大定府及州、县设养济院，收养残疾人及孤老；又增设栖流所，收养流浪乞食者。养济院收养者有额内额外之分，额内成年人每名每日给米八合、盐菜钱五厘，每年给棉衣裤一套，折银九钱九分；儿童每名每日给米五合，盐菜钱五厘，每年给棉衣裤一套，折银四钱九分五厘。此项经费由布政司库开支。额外每人每日给米八合，或每月给米一斗五升，经费由官员捐款或公项支发。发放人数：大定额内25名，其中儿童2名，额外70名；平远额内27名，额外68名；黔西额内17名，额外5名，另有120名孤贫分别给银、给米；威宁额内5名，额外22名；毕节额内29名，额外6名。

民国18年（1929），织金县设立救济院，内设收容所、施医所、施棺所。抗日战争期间，各县先后设立救济院、流浪儿童习艺所等救济组织。据贵州省社会处资料记载，民国32年（1943），贵州省第四行政区内设有救济院7所。民国35年（1946），毕节县设立救济院，当年收养孤儿20名。

**贵州省第四行政区各县救济院组织及事业概况表**

单位：个

| 县别 | 设立年月 | 职员人数 | 组织情形 | 业务实施 | | | |
|---|---|---|---|---|---|---|---|
| | | | | 共计 | 收容 | 施医 | 施棺 |
| 大定 | 民国31年7月 | 4 | 内设残废、施医、施棺等所 | 241 | 92 | 147 | 2 |
| 纳雍 | 民国32年12月 | 1 | | | | | |
| 黔西 | 民国32年12月 | 2 | 内设教养、施医、施棺等所 | 105 | 42 | 63 | |
| 威宁 | 民国31年7月 | 2 | 内设育婴所 | 54 | 26 | 28 | |
| 赫章 | 民国31年3月 | 8 | 内设残废、养老、施医、施棺等所 | 233 | 138 | 95 | |
| 水城 | 民国31年7月 | 2 | 内设施医、施棺等所 | 143 | | 141 | 2 |
| 织金 | 民国18年 | 3 | 内设收容、施医、施棺等所 | 281 | 170 | 60 | 51 |
| 毕节 | 民国35年 | 5 | | 20 | | | |

民国27年（1938）开始，大批难民避日军侵略进入贵州。是年10月，省成立救济难民事务所，指定织金、黔西、大定等48县为收容县区，设立救济难民事务分会，下设收容所。规定收容期间，每人每日发给0.1元（法币，下同）给养；对于在收容所内生育者，除给予产妇及婴儿以应得之给养外，每日另给优遇费0.2元，以1个月为限；在收容所死亡的难民，给予5元埋葬

费；衣裤单薄不能御寒者，发给棉衣裤。由于收容难民人数不多，由县救济难民事务分处分别介绍工作，以维持生计。1949年8月抗战胜利后，外省来避难的人员纷纷返回原籍。对其中部分贫困难民，贵州省政府拨款资助返乡。

## 二　中华人民共和国成立后的社会福利事业

中华人民共和国成立初，全专区有毕节救济院、织金救济院、黔西救济院、大定救济院、大定县济善堂、中国华洋义赈总会贵阳分会黔西支会，由所在县人民政府接管。至1951年，经所在县接管整顿后，建立起生产教养院5所，教养老残孤幼及游民495人。是年7月，毕节县生产教养院改为儿童教养院，将毕节、大定、黔西、织金、纳雍县生产教养院收容250名儿童全部移入毕节县儿童教养院。1954～1957年，各县整顿、调整、社会福利事业单位，审查清理收容对象，建立健全管理制度。1959～1960年，全地区农村建起一批孤儿院。1961年，全地区有孤儿院112所，入院孤儿占孤儿总数的71.8%。1963年上半年，全地区尚有农村孤儿院81所，在院孤儿4651人。是年下半年起，各县整顿合并孤儿院，将原81院合并为24院，同时培训保育人员，并建立健全各项制度。1957年7月17日将1956年建立在毕节县官屯乡高桥村的“毕节县高桥农场”，迁至毕节县杨家湾区拱拢坪，更名为“毕节县周驿茶场”，隶属于原毕节县民政局主管，收容教育改造安置毕节和六盘水两个地市长期流浪人员和儿童教养院年满16周岁的孤儿近千人，通过思想教育和生产劳动相结合，让他们学会生产技能，改变陋习，成为自食其力的劳动者。1964年至1968年隶属于贵州省民政厅主管，1969年移交毕节地区民政局管理，更名为“贵州省毕节地区周驿茶场”。1958年，毕节县设立精神病院，当年收容精神病人56人。1966年由毕节专署民政科接管，1980年改为毕节地区精神病人福利院，2011年改为毕节市精神病院，至2017年仍为全毕节唯一一所国办精神病专科医院，为地区民政局所属精神病人福利机构。1980年，毕节县民政局在城郊双树湾建社会福利院，采取院养和分散供养的办法，供养70名70岁以上无依无靠的老人。每年每名老人供养费400多元。是年，全地区民政部门共办社会福利事业单位5个，其中社会福利院3个，儿童福利院1个，精神病院1所。

1990年，地区及各县民政局贯彻贵州省城市社会福利事业单位深化改革工作座谈会精神，治理社会福利事业单位的脏、乱、差，面向社会开放，促进社会福利事业由封闭型、救济型，向开放型、福利型转变。是年，地区和各县（市）成立残疾人联合会，通过兴办经济实体，安排和帮助有一定劳动能力的残疾人就业。中华人民共和国成立初期，对居家农村的孤老、残疾人、精神病人、麻风病人的生活和医疗主要由政府救济及亲族、邻里帮助。2004年原收容所改称“救助管理站”，专门针对流浪乞讨人员进行救助、送返、安置等。

2002～2004年民政部福彩公益金连续3年实施“星光计划”，八县市建设了一批“星光老年之家”设施。2005年起，通过实施“明天计划”，1800余名孤残儿童得到了救治，其中358名具有手术适应症者已康复。从2001年起，通过实施“微笑列车”和“重生行动”项目，2232名唇腭裂患者得到手术矫治。通过“明天计划”项目，为335名残疾儿童实施矫治手术。通过“助残健康行”活动，为243名肢残人员安装了假肢。通过政府引导、社会参与机制的建立，以居家为基础、社区为依托、机构为补充的社会福利发展格局初步形成，老年人、残疾人、孤儿的生活福利水平明显提升。

## 三　社会福利有奖募捐

1989年，毕节地区行署批准成立毕节地区社会福利有奖募捐委员会（简称募委会），下设办公室。各县也相继成立募委会或领导小组，下设办公室。地、县募委会的任务是：制定决策资金投资项目等及募捐券发行计划。募委会办公室具体组织奖券发行、销售、筹集社会福利金，搞好财务会计和各项统计，抓好资金投放，兴办社会福利企业和事业。从1994～2002年，全地区累计发行销售各类社会福利彩票3684万元，筹集福利资金699.4万元。2003年销售各类社会福利彩票1102万元，筹集社会福利资金386万元。2011年，全区销售彩票1.3亿元。

1989年3月后，地区及各县民政工作部门根据省募委会《关于认真做好社会福利有奖募捐基金使用和管理的通知》，坚持福利基金“取之于民，用之于民”的原则，将筹集的基金，为本地区的社会“三无”对象中的孤、老、残兴办社会福利设施或发展安置有劳动能力的残疾项目服务。1991～1995年，地区及县市民政部门用筹集的社会福利基金建成毕节地区精神病人福利院门诊部、地区盲聋哑学校教职工和学生的办公学习用房等8个福利设施。1996年，地区募委会投资37.5万元，修建毕节城区社区服务中心。

2001年，利用福利基金总投资100万元的第一批2个星光计划项目开始建设，于翌年“五一”节建成投入使用。2002年，第二批23个星光计划项目开始建设，总投资360万元。2003年，第三批23个星光老年之家全部建成，并向社会开放。黔西县水西社区老年之家集休闲、娱乐为一体，深受老年人欢迎。2004年，第四批星光计划项目建设任务全部完成，根据老年人活动特点，设置健身、书刊阅览、日间照料等服务项目。2011年，向部分高中、小学和职业学院发放助学福彩公益金200万元。

## 四　社会慈善事业

2008年12月，正式成立毕节地区慈善总会，是年，共接收社会捐赠款3726.38万元。2009年，与省慈善总会联合援建四川省广元市朝天区中心敬老院、平武县南坝中心敬老院、陕西省宝鸡市眉县槐芽中心卫生院、甘肃省平凉市崆峒区中心敬老院的灾后重建工作；启动第二批援建项目（2个）、第三批援建项目（1个）的衔接工作；累计接收各类捐赠款264.68万元并按捐赠意向实施救助。2010年，9个县市区慈善协会全部成立，地、县两级慈善机构累计接收各类慈善捐款3345万元。2011年，在全区250个乡镇成立慈善工作站。

# 第五节 社会事务管理

**婚姻登记与管理** 中华人民共和国成立前，毕节地区各族人民结婚，沿袭封建婚姻家庭制度，确立婚姻关系，完全依据“父母之命，媒妁之言”，婚姻当事人毫无自主权。包办、买卖婚姻盛行，有钱人可以重婚纳妾，广大妇女备受歧视，毫无择偶和离婚的自由。民国时期，政府和一些民间团体曾提倡过婚姻自由、男女平等、禁止早婚和童养媳等恶习，但响应者寥寥无几。

中华人民共和国成立后，改革旧的婚姻制度，实行一夫一妻制。1950年，中央人民政府颁布《中华人民共和国婚姻法》，废除在婚姻家庭问题上的包办、强迫、买卖、重婚、纳妾、童养媳等封建婚姻制度，实行男女平等，婚姻自由，保护妇女、子女的合法权益。婚姻法颁布后，毕节专员公署组织人员在全专区开展宣传学习、贯彻婚姻法及《西南区婚姻登记暂行办法》。同时发出指示，要求广大干部认真学习，从思想上提高贯彻执行婚姻法的认识，领导全体干部，共同贯彻婚姻法，正确处理婚姻问题；各县要遵照《西南区婚姻登记暂行办法》，印好结婚和离婚的申请表、证明书，为群众办理结婚登记；结合中心工作大张旗鼓地宣传婚姻法。1952年，毕节县办理婚姻登记3235对，离婚1526对，经过调解和睦的40对，740名童养媳被家人领回；金沙县登记结婚的7486对，离婚421对，解除婚约的62对，经调解后和睦的48对，动员童养媳回家的251人；织金县登记结婚的2455对，离婚628对，解除婚约的390对，经调解后和睦的233对，动员童养媳回家的597人，僧尼还俗结婚及寡妇再婚的197人。1953年2月，中共毕节地委、毕节专员公署遵照中共贵州省委《关于贯彻婚姻法的指示》精神，成立毕节专区贯彻婚姻法运动委员会，下设办公室，各县均成立相应组织，领导宣传贯彻执行婚姻法。是年，全专区有1900多名机关干部学习婚姻法；各县在召开的县、区、乡干部大会上，也把学习贯彻婚姻法列入大会议程，组织与会人员学习讨论。1955年内务部公布《婚姻登记办法》后，专署和各县人民政府组织人员，向群众宣传婚姻登记的目的及申请、审查、登记的具体程序等。1950～1966年，多数群众都能自觉地执行婚姻登记制度，结婚时自觉到婚姻登记机关申请登记。1966～1976年“文化大革命”期间和以后一段时间，除国家干部、职工结婚时坚持执行婚姻登记制度外，在其他群众中，不依照婚姻法规定的结婚条件到婚姻登记机关登记结婚的情况比较普遍。黔西县民政局在羊场乡抽样调查，已婚的47对夫妇中，只有两对办理结婚登记。

1980年，国家公布实施第二部《中华人民共和国婚姻法》和修改后的《婚姻登记办法》，毕节地区行署及所辖各县人民政府组织培训有关人员，宣传贯彻婚姻法。1986～1991年，各县、乡镇开展清理整顿违法婚姻工作，建立起婚姻登记工作体系，加强对婚姻登记管理，配合计划生育工作，严格依法进行婚姻登记。1990年，全地区组织开展第一部婚姻法颁布40周年和第二部婚姻法颁布10周年纪念活动。全地区805个乡镇均先后开展学习、宣传活动，90%年满18

周岁以上的公民接受宣传。1995年，全地区结婚登记率达95%，并逐年有所提高，1998年，全地区的结婚、复婚、离婚登记率均达100%。2001年，地、县市民政部门采用宣传报道、咨询问答等多种形式广泛宣传婚姻法，共印发宣传资料3400份，依法办理结婚登记2.82万余对，办理离婚登记520对，查处违法婚姻2631对。2003年前后，各县市在调研的基础上，制定并组织实施婚姻登记适度集中的工作方案。县市、乡镇婚姻登记员分批参加省民政厅组织的婚姻登记员培训，经考核均取得合格证。2011年，开展婚姻登记规范化建设活动，依法办理结婚登记3.28万对，离婚登记2356对。

**殡葬改革**　1．土葬改革。毕节地区长期受封建伦理观念的影响，致使土葬习俗沿袭至今。民国时期，贵州省政府曾明令各县严禁停柩露棺，但收效甚微。中华人民共和国成立后，毕节地区各级人民政府除在有条件的地方提倡火葬外，在广大城乡推行土葬改革。改革的主要内容有：（1）建立公墓场。1987年，威宁县征拨大黑山荒山坡地作为城镇机关干部、居民、烈士墓地，并制订公墓管理制度。1991年后，其余各县也先后建立示范性公墓。（2）土葬墓址尽可能设在荒山瘠地，严禁在耕地设墓葬。（3）提倡平地深埋，不留坟头或留小坟头，严禁垒大坟和毁坏农作物，尽可能少占土地。（4）严禁出售或变相出售墓穴地。

2．火葬。1974年，毕节地区决定在毕节县环城区德沟乡兴建火葬场。翌年由民政事业费拨出12万元作基建经费，动工兴建毕节火葬场。1976年，省计委和省民政局拨给续建资金15万元。1980年毕节火葬场建成并开展火化业务。1994年，地区拨款50万元，改造毕节火葬场设备。2001年8月，毕节市人民政府引资300多万元建成毕节殡仪馆。随后，市府引资100多万元在城郊建立向阳山公墓，于2003年9月开始营业。2006年，黔西县建成殡仪馆、火葬场、公墓“三位一体”服务设施，并启动火化工作，2011年金沙、织金两县启动了殡葬一体化项目建设。2011年，全区火化遗体981具，火化率上升。

**社会组织登记管理**　民国时期，辖区内有各种协会、会馆、同乡会、公会、会道门等组织数百个。其中，民国23年（1934）在毕节成立的“草原艺术研究会”，为中共毕节地下组织领导的革命组织，其宗旨是唤起民众团结抗日；有的是以籍贯或行业组织的，同乡会、会馆、商会及各种同业公会；有的为封建迷信组织及反动会道门，还有如妇女运动委员会农会等其他组织。1937～1945年抗日战争期间，贵州省政府颁布《非常时期人民团体组织法》，第四行政区所辖各县按《组织法》的规定，登记各种社会团体。其登记程序为：由各社会团体向所在地县政府申报，申报应说明本团体的性质、人数、宗旨、活动范围，经县政府批准，到民政科登记后，方能开展活动。毕节县批准登记的有乡农会18个，同业公会17个及商会、妇女会、教育会、同乡会；其他各县也有各种协会、农会、同业公会、同乡会等社会团体向当地县政府民政科登记。

中华人民共和国成立初，各县人民政府调查登记民国时期遗留下来的各种社会团体，取缔一些封建的、反动的会道门组织，对一些不合法的社会团体限令解散。同时，县、区、乡普遍成立农民协会、妇女会、儿童团等群众组织，这些组织随着社会主义革命和建设的发展以及农业合作化高潮而自然解散。1955年后，其他社会组织和群众团体改为按行业、性质归口管理。

进入20世纪80年代，毕节地区及辖县相继成立各类社会团体，1990年，民政部门调查统计，全地区各种社会团体约260个。1991年，按照省人民政府部署，设立毕节地区民政局社会团体管理机构，并开展社团清理整顿工作。1992年，各县贯彻实施《中华人民共和国社会团体管理条例》，依法监督检查社会团体。是年，共清理各类社会团体组织364个，经审查后按规定予以登记的108个，其中地区或跨地区性的51个。1993年，基本完成社团清理整顿工作。凡准予登记的社会团体，均由地、县民政局发布社团登记公告，未经民政部门核准登记的社会团体和经清理整顿后未获民政部门核准登记手续的社会团体，除法律和行政法规另有规定的外，一律就地解散，不准进行活动。同时，建立社团档案178份，并配合有关部门做好取缔反动会道门的工作，教育挽救一些不明真相误入会的群众。1994～2002年，地、县民政部门配合有关部门清理查处、取缔非法组织21个。2003年，全地区152个民间组织参加年检，合格132个；毕节地区党史学会等4个组织被评为全省优秀民间组织。全年共办理登记14个民间组织，同时，查处取缔纳雍县生命会等邪教组织。2005年，地区行署办印发《关于加强全区农村专业经济协会培育发展和登记管理工作的意见》。全地区登记农村经济协会51个，涉及种植、养殖、生产、加工、销售等领域，会员8000余人。是年，毕节地区民间组织研究会成立，加强与各民间组织的协作与交流。到2011年，毕节地区共注册登记社会组织482个，其中社会团体393个，民办非企业单位89个。

**收容遣送与救助管理** 1．收容遣送。清代，大定府及所辖州、县均设有养济院、栖流所，收容孤老残及流浪乞食者，由于名额有限，收容极少。民国前期，人民生活极端贫困，流浪乞讨极为普遍，无收容机构。1937年抗日战争爆发，第四行政区各县均设救济院，收容游民、乞丐和因灾荒流入城镇的农民，囿于经费极少，只能收容一小部分，大部分仍衣食无着，流浪街头。

中华人民共和国成立后，各县收容遣送散兵游勇、游民、乞丐、流浪儿童。分别以资遣还乡，参军、送训安排工作方式安置散兵游勇；由民政部门收容教育改造游民、乞丐、流浪儿、妓女、小偷。1951年，毕节县人民政府在县城五龙桥设游民劳动队，收容流浪人员276人，政府拨大米2.79吨安排其生活，组织学习和劳动，经教育后，凡有劳动能力的，发给路费遣返家乡，对尚未成年的，送儿童收容所管理教育。1952年，各县均成立生产教养院，收容孤老及社会流浪人员。1952～1955年，毕节县共收容流浪人员413人，国家开支生活费用5.68万元，先后遣送返乡劳动。1956年，毕节县在高桥设游民劳动队，共收容流浪人员322人，经摸清情况后，将84名外地流浪人员发给路费遣送回原籍，安置75名本地外流农民返乡生产，对无依无靠的孤老转入生产教养院供养。1961年，全专区有毕节、黔西、威宁3所收容站。1958～1965年，共收容流浪人员1077人，其中外省的175人，省内各专州的76人，毕节专区各县的826人。经查明身份后，将其中的51名逃犯交公安机关处理，9人送农场劳动改造，26人送老残院，5人送精神病院，116人送儿童教养院，6人安置就业，386人送回农村生产，其余遣返原籍。1965年，毕节县收容站由地区民政局接办。1973年，撤销黔西、威宁收容站，收容业务由民政局办理。1993年，根据民政部文件精神，经省民政厅批准，毕节地区收容所的职能由单纯的地区收容遣送改为全国对口收容遣送。1984～1998年，地区收容所共收容遣送20440人次。

2．救助管理。2003年8月，毕节地区实施国务院《城市生活无着的流浪乞讨人员救助管理办法》和国家民政部《城市生活无着的流浪乞讨人员救助管理办法实施细则》，挂牌成立毕节地区救助管理站，改革收容遣送制度，实行关爱性救助管理，城市流浪乞讨人员不再是收容遣送对象，而是政策救助管理对象。废除一切不符合自愿和无偿原则的做法，不再采用抓盲流、强制劳动、交费放人、押送遣返办法。《救助管理办法实施细则》对界定救助对象作出明确规定，城市生活无着的流浪乞讨人员要同时具备：一是自身无力解决食宿；二是无亲友投靠；三是既不享受城市最低生活保障，又不享受农村“五保”供养；四是正在城市流浪乞讨度日的人员。2004年，全地区共对社会流浪乞讨人员3216人次实施救助，其中跨省救助87人，使其安全返回家乡。2005年，毕节地区流浪少年儿童救助保护中心成立，机构设置与救助站合署办公。是年，全区对社会流浪乞讨人员4783人次实施救助，其中未成年人845人次，使他们安全返回家乡。2011年，救助流浪乞讨人员6158人次，其中未成年人347人次。

**地名普查与勘界**　1．地名普查。1980年，各县贯彻执行国务院《关于地名、更名的暂行规定》和《贵州省地名普查实施细则》《贵州省地名管理规定》，相继成立地名普查领导小组，下设办公室，开展地名普查工作。全地区地名工作人员通过内查（查史书、方志、家谱及有关文字资料）、外调，反复核实。据毕节、黔西、织金、纳雍、威宁县统计，共收集地名资料2.79万条，包括行政区划、专业部门、名胜古迹、山峰、洞穴、河流、水库、桥梁、渡口，为国家提供一份较为翔实、完备的地名资料。在普查基础上，各县逐条核实地名，作规范化、标准化处理；同时编写文字概况资料，收集和拍摄照片，绘制地图，相继编印出版《县地名录》。1994年11月5日，地区在织金县进行地名补查试点，各县市共抽调122名工作人员参加试点培训。翌年初，在织金县召开地名补查和资料更新现场会。随后，各县市相继抽调人员集中培训后，普遍开展地名补查工作，并于当年结束。之后，各县市按规定对县域内重复地名以及以序数命名的地名进行核调平衡，按照审批程序作更名或重新命名处理。2011年，完成国家地名数据库数据收集上报工作。

2．勘界。毕节地区与四川省叙永、古蔺，云南省镇雄、彝良、昭通、鲁甸、会泽、宣威接壤；与省内遵义、仁怀、息烽、修文、清镇、平坝、普定、六枝、水城、钟山相邻。历史未正式勘定过边界线，一直沿用传统习惯线为界。1996年8月12日，国务院发布《关于开展勘定省、县两级行政区域界线工作有关问题的通知》，确定从1996年起，用5年时间完成省、县陆地行政区域界线的勘定。11月28日，贵州省人民政府发出《关于开展勘定省内行政区域界线工作的通知》。毕节地区行政公署根据上述通知精神，成立地区勘界工作领导小组，下设办公室；各县市也建立相应机构。地、县共组织勘界技术人员50人，进行勘界。1997年3月，地区行署召开会议，研究相关勘界工作重大问题，并印发《毕节地区勘界实施方案的通知》，安排部署勘界工作。通知确定勘界的任务是核定法定线、勘定习惯线、解决争议线。通过勘界，在实地竖立界桩，形成准确反映实际边界线走向的文件、资料和地形图，按照规定程序将省、县行政区域界线用法律形式固定下来，实行依法治界。

（1）省界。①黔滇线。省界黔滇线毕节地区段涉及威宁、赫章县、毕节市和云南省的镇雄、彝良、昭通、鲁甸、会泽、宣威6县市，全长602.12千米。1996年10月～1997年5月，两省所涉及的地、县勘界办公室正式会谈29次，解决争议16段，形成会议纪要19个，埋设界桩34个。1998年6月，国务院批复《贵州与云南两省人民政府联合勘定的行政区域界线协定书》，结束省界黔滇线毕节地区段勘界任务。②川黔线。省界川黔线毕节地区段涉及毕节市、金沙县和四川省的叙永、古蔺县，全长95.3千米。两省本着"顾全大局，实事求是，互谅互让"的原则，联合核界协商，实现川黔线核界一次全线贯通。毕节市、金沙县与四川省叙永县、古蔺县分别签署《行政区域界线核定协议书》，并完成界桩埋设任务。

（2）县市界。①省内毗邻县市界。省内地、市接边县界18条，756千米。1997年7～9月，地、县市勘界办公室分别参加由省勘界办主持召开的遵义、贵阳、安顺、六盘水片区核界协商会议，18条地、市接边县级行政区域界线全部核定并签订《县级行政区域界线核定协议书》。②区内县市界。县市界13条，832千米。1997年10月7～12日，毕节地区勘界办主持召开全地区内县市界核界工作会议，集中核定县市界，实现13条县市界一次核界全线贯通，无遗留问题得到国家及省勘界办认可。到1998年末，县级行政区域界线界桩埋设、边界线勘界测绘结束。2001年12月21日，召开全地区勘界工作总结表彰会，会议要求各县市做好勘界资料归档立卷工作，收集整理好各种勘界资料；加强行政区域管理，落实边界管理责任制，共同维护边界稳定。根据国务院《行政区域界线管理条例》的有关规定，从2005年开始，实施5年一次的边界界线联合检查。联合检查接边县县级行政区域界线及区内县行政区域界线及其起止点、界桩和其他界线标志物。2005年4月，毕节地区与贵阳市启动行政区域界线联合检查，9月结束。是年9月，毕节地区与遵义、安顺两市在毕节举行会议，启动行政区域界线联合检查。2010年4月，在织金县举行毕节地区与遵义市、安顺市、六盘水市四地市第二轮县级行政区域界线联合检查启动会议，10月，全面完成第二轮县级行政区域界线联合检查工作。

## 第六节　残疾人事业

**工作机构**　中华人民共和国成立后，残疾人工作由各级民政部门管理。1989年3月，毕节地区行署决定组建毕节地区残疾人联合会（简称"残联"），作为地区行署负责残疾人工作的办事机构。1990年11月29～30日召开毕节地区残疾人联合会议确定地区残联的主要任务为：1. 多层次、多渠道地为残疾人就业创造条件；2. 努力抓好特殊教育，提高残疾人素质；3. 以"三项康复"为重点，认真抓好残疾人康复工作；4. 大力宣传残疾人事业，广泛开展残疾人文娱体育活动；5. 大力开展募捐活动，广集残疾人事业的资金。1990～1991年，各县相继建立残联，各区镇、乡镇也建立相应的残联组织。1991年7月，成立毕节地区残疾人事业领导小组，下设领导小组办公室、残疾人康复工作办公室、特殊教育办公室。1994年5月，行署成立残疾人工作协调委员会，将原领导小组下设的3个办公室改为协调委员会下设的办公室；各县也相继建立协调委员会。2001年11月，中共毕节地委办公室、地区行署办公室印发《毕节地区残疾人联合会机关机构改革方案》，其主要职责是：1. 贯彻执行国家有关残疾人工作的法律、法规和方针政策；拟定全区残疾人事业发展规划和年度工作计划，并组织实施和监督检查。2. 听取残疾人的意见，反映残疾人的要求，维护残疾人的权益，做好残疾人服务工作。3. 团结、教育残疾人遵守法律，履行应尽的义务，发扬乐观进取精神，自尊、自信、自强、自立，为社会主义建设贡献力量。4. 宣传残疾人事业，弘扬人道主义，沟通政府、社会与残疾人之间的联系，推动社会理解、尊重、关心、帮助残疾人。5. 开展残疾人康复、教育、劳动就业、扶贫解困、文化、体育、科研、用品用具供应、福利、社会服务、无障碍设施和残疾预防等工作，创造良好的环境和条件，扶助残疾人平等参与社会生活。6. 协助政府研究、拟定和实施残疾人事业的政策、规章、规划和计划，对有关业务领域进行指导和管理。7. 协助县市委管理县市残疾人领导班子，做好业务培训工作。8. 承担行署残疾人工作协调委员会的日常工作。9. 指导县市残疾人联合会的工作，管理各类残疾人社团组织。10. 开展残疾人事业的对外交流与合作。11. 承办地委、行署及省残联交办的其他工作。地区残联机关设办公室、业务部。历任正副理事长：汪映贵、陈长友、简宗贵、孙晓田。

**残疾人职业培训与劳动就业**　中华人民共和国成立前，残疾人被视为废人，其生活主要靠亲人维持。中华人民共和国成立后，人民政府对分散在社会上的残疾人采取包吃、包穿为主的救济措施。土地改革时，对家居农村的残疾人分给住房和土地。1956年后，将无依无靠的农村残疾人列入“五保”予以照顾。对散居城镇的残疾人，除完全丧失劳动能力者予以救济外，对尚有劳动能力者尽力扶持其做到生活自给。除在各县的社会福利院内开展一些小型的手工业、养殖业外，各县城区街道均举办多种多样的福利生产单位。毕节县城关在50年代先后成立街道板车组、洗衣组、肠衣组、小工组等福利组织，织金县城关办起油纸伞厂、竹器厂、草鞋厂等福利企业，吸收部分残疾人从事劳动生产。1971年，毕节县政府成立残疾人管理机构，支持毕节镇七街综合厂在太平桥开设聋哑人理发店，选派有经验的理发师为残疾人传艺，20多名聋哑人学会理发技术。1973年，该店被省聋哑人协会评为先进集体。是年，毕节镇将151名残疾人分别安排到街道砖瓦厂、建筑工程队、预制构件厂、煤渣生产组就业。1978年后，毕节县举办残疾人培训班多期，培训理发员32人，缝纫工30人，家电维修工39人，种植养殖业154人。1960年，威宁县安置10名盲人在地毯厂就业后，又在城关镇开办磨面厂、绳索厂、缝纫厂、茶社、旅社，安排部分残疾人就业。1991年，大方县为13名残疾人办理残疾人个体开业证书，并通过不同渠道安置14名残疾人就业，为50名残疾人开办玉米皮编织技术培训班。到1994年，各县市采取多种形式开办残疾人理发、家电维修培训班13期，培训355人。是年，全地区有各级残联兴办和挂靠企业的经济实体18个，安排133名残疾人就业；残疾人个体开业913名，其中肢残人胡齐志创办的残疾人综合福利厂，安置34名残疾人就业。1996年，贵州省政府下达《贵州省分散按比例安排残疾人就业办法》，毕节地区行署拟发《关于贯彻实施〈贵州省分散按比例安排残疾人就业办法〉的通知》，地区残联、财政局、劳动局、人事局联合制发《关于在地直单位分散按比例安排残疾人就业的实施意见》，年末，地直有52个单位安排残疾人就业；137个单位缴纳残疾人就业保障金共22.44万元。1996～2000年，全地区共安排4537名残疾人就业，其中分散按比例安排就业503人，扶持个体开业4034人。同时，落实康复扶贫资金1115万元，解决5.2万名贫困残疾人的温饱问题。5年开办残疾人职业培训班52期，参加培训的有4800多人。2001～2003年6月，地区残联免费开办4期盲人按摩培训，全地区150名家境贫困的盲人找到谋生之路。所培训人员有96%从事按摩工作，其中有36人被输送到沿海发达地区。在巩固地区盲人按摩院的基础上，在6个县新建8所分院，2004年，成立毕节地区残疾人经济发展促进会。到2005年末，地区残疾人经济发展促进会协助劳动服务部门开展农村残疾人职业培训，共培训4330人，为农村残疾人实现就业转业创造条件。此外，地区残疾人经济发展促进会配合劳动服务部举办两个月的盲人按摩培训，共培训盲人74名，通过地区盲人按摩指导中心推荐，已全部就业。

**残疾人康复工程** 1990年，各级残联建立后，把白内障复明手术、小儿麻痹后遗症矫治手术、聋儿听力语言训练以及智残康复、假肢装配、矫形器装配等残疾人康复工作作为残疾人康复工程的重点，带动其他工作。主要采取以下措施：1. 行署领导主持制定全地区康复工作实施方案；2. 建立健全地、县市康复工作办公室和康复技术指导组；3. 选择设备较先进、技术力量强的医院分别建立白内障复明、儿麻矫治、聋儿语训中心；4. 请专家医疗队及聋儿语言训练专家共13批，深入各县开展康复工作，并代培训康复技术骨干18名；5. 依靠各县技术力量开展康复工作；6. 依靠幼儿园或小学开办聋儿语训班及弱智儿童启智班4个；7. 争取全国残联贴息贷款在金沙开展康复扶贫工作的试点；8. 分级落实康复专项经费；9. 把好康复质量关，按上级要求完成康复对象的建档建卡等工作。1996～2000年，完成各项残疾人康复任务8742例，其中白内障复明5542例，肢残矫治手术917例，肢残康复训练693例，假肢装配、聋儿康复训练等1590例。经过有关专家多次检查评估，全地区白内障复明手术后脱残率为90%，98%脱盲，分别超过国家规定的标准；儿麻矫治有效率98%；聋儿语言训练经国家康复处检查验收打分29.3分（满分30分）；通过语训后进入普通学校学习的入学率达22%。2002年，毕节地区残联按照康复500名残疾人及启动康复服务工程的目标要求，完成康复7247例，占全年任务数的146%。2004年，威宁、赫章县为残疾人安装普及型假肢155具，为295名唇腭裂患者实施矫治手术。2005年，执行上级民政部门制定的明天计划，全地区为城乡各类社会福利工作机构中收养和散居的0～18岁的残疾孤儿108人实施免费手术治疗，手术全部成功。同时组织414名唇腭裂患者实施矫治手术。

**残疾人教育与文体活动** 1. 残疾人教育。毕节地区的残疾人教育始于民国年间，称为特殊教育。当时，全省有两所从事残疾人教育的学校，其中一所即赫章葛布瞽目学校，学校由葛布教会创办，接受美国教会津贴。中华人民共和国成立初，葛布瞽目学校由赫章县人民政府接管，1952年由省教育厅接办后，合并到安顺盲哑学校。中华人民共和国成立后，各级政府将残疾儿童随班就读列入义务教育。1988年，地区教育局和地区民政局联合筹建毕节地区盲聋哑学校，1993年正式招生；1991年，毕节县开办弱智儿童启智班，1998年升格为毕节市弱智儿童启智学校：其余各县也将残疾儿童少年特殊教育纳入当地普及义务教育规划，统筹安排，同步实施。1998年，全地区残疾儿童在校生共4148名。2004年5月16日，毕节地区第十四次开展“全国助残日”活动，地区盲聋哑学校收到社会各界的爱心捐赠40多万元。全国政协委员、致公党贵州省委副主委廖中才和省残联聋儿语训中心主任缪家龙分别向该校授予致公毕节特殊教育学校和毕节地区聋儿语训康复中心校牌。

2．文体活动。1990～2005年，全地区先后举办残疾人书画摄影展6次，举办残疾人田径、象棋、乒乓球比赛4次。参加省残联举办的残疾人登梵净山比赛，获团体第6名，单项第2名；参加全省首届残疾人“祖国在我心中”摄影大奖赛，获3个优秀奖；1992年、1993年，组织参加全省残疾人事业好新闻评比，获2个二等奖、1个三等奖和1个鼓励奖。1993年，毕节地区弱智人体育代表队参加全省弱智人运动会，获4项个人单项第一名：1996年选拔2名运动员参加亚太地区特运会，获1金3铜。1998年地区组织8名残疾运动员参加全省登雷公山比赛。

## 附：毕节地区社会团体名录

| 名　称 | 历任会长 |
|---|---|
| 毕节地区中共党史学会 | 邱亮、谢正发、潘圣群 |
| 二野军大校史研究会毕节市分会 | 魏朝真 |
| 毕节地区监察学会 | 杜培忠 |
| 毕节地区水泥工业协会 | 姚呈福 |
| 毕节地区苗学研究会 | 黄绍臣 |
| 毕节地区统战理论研究会 | 马光树 |
| 毕节地区兰花协会 | 赖贵华 |
| 毕节地区广播电视学会 | 黄策 |
| 毕节地区老年人体育协会 | 李效敬 |
| 毕节地区煤炭工业协会 | 张天明 |
| 毕节地区书刊音像发行业协会 | 陈云章 |
| 毕节地区诗词楹联学会 | 李登峰、盛郁文、谢正发 |
| 毕节地区乌蒙诗社 | 李登峰、盛郁文、刘衍奎 |
| 毕节地区楹联学会 | 雷昌应、庞开荣、盛郁文 |
| 毕节地区旅游资源保护与开发促进会 | 张志侠 |
| 毕节地区私营企业协会 | 王域祥 |
| 毕节地区个体劳动者协会 | 尚洪祥 |

续表

| 名 称 | 历任会长 |
| --- | --- |
| 毕节地区盐业运销经济学会 | 刘贵林 |
| 毕节地区水土保持学会 | 张贵群 |
| 毕节地区消防协会 | 罗仕华 |
| 毕节地区农业机械学会 | 郭永富 |
| 毕节地区水利学会 | 常 瑜 |
| 毕节地区水利电力职工思想政治工作研究会 | 张袭祥 |
| 毕节地区公路学会 | 蔡 均 |
| 毕节地区体育总会 | 李珍和 |
| 毕节地区开发研究促进会 | 吴学香 |
| 毕节地区青年企业家协会 | 张玉杰 |
| 毕节地区国防教育学会 | 尹兴国 |
| 毕节地区跆拳道运动协会 | 吴灵 |
| 毕节地区林学会 | 倪小兵 |
| 毕节地区医学会 | 张德勤 |
| 毕节地区护理学会 | 吴凤莲 |
| 毕节地区麻风防治协会 | 刘放鸣 |
| 毕节地区足球协会 | 谭亚林 |
| 毕节地区消费者协会 | 路灯 |
| 毕节地区体育舞蹈协会 | 唐光星 |
| 毕节地区信鸽协会 | 李世鸿 |
| 毕节地区棋类桥牌协会 | 伍润强 |
| 毕节地区乒乓球协会 | 潘军伟 |
| 毕节地区税务学会 | 陈文治 |
| 毕节地区广告协会 | 刘忠鸣 |

续表

| 名　称 | 历任会长 |
| --- | --- |
| 毕节地区太极拳协会 | 胡高华 |
| 贵州省毕节地区律师协会 | 文连甫 |
| 毕节地区游泳协会 | 黄祖义 |
| 毕节地区旅游行业协会 | 杜娟 |
| 毕节地区审计学会 | 唐心逸 |
| 毕节地区家庭教育研究会 | 胡曼 |
| 毕节地区烹饪饭店行业协会 | 蒋才勇 |
| 毕节地区工商行政管理学会 | 何志光 |
| 毕节地区商会 | 杨海琰 |
| 毕节地区药学会 | 陈湘 |
| 毕节地区水产学会 | 詹会祥 |
| 毕节地区标准化协会 | 李正华 |
| 毕节地区劳动力资源开发促进会 | 李远贵 |
| 毕节地区武术协会 | 谢肇兴 |
| 毕节地区道路运输协会 | 聂智 |
| 毕节地区钓鱼协会 | 王学善 |
| 毕节地区气象学会 | 常履福 |
| 毕节地区教育学会 | 谢祥贵 |
| 毕节地区粮食经济学会 | 邱俊美 |
| 毕节地区残疾人体育协会 | 黄志远 |
| 毕节地区畜牧兽医学会 | 刘章忠 |
| 毕节地区司法鉴定人协会 | 肖顺林 |
| 毕节地区民间组织研究会 | 聂宗兴 |
| 毕节地区水路交通协会 | 王剑 |

续表

| 名称 | 历任会长 |
| --- | --- |
| 毕节地区羽毛球协会 | 朱天训 |
| 毕节地区中医药学会 | 杜刚平 |
| 毕节地区国际税收研究会 | 黄训康 |
| 毕节地区兰花学会 | 朱洪智 |
| 毕节地区警察协会 | 阳成俊 |
| 毕节地区植物保护学会 | 刘红梅 |
| 毕节地区环境保护产业协会 | 肖杨煊 |
| 毕节地区彝学研究会 | 王明灯、禄绍康 |
| 毕节地区布衣学研究会 | 郭厚方 |
| 毕节地区房产业协会 | 禄萍 |
| 毕节地区印刷行业协会 | 邓先荣 |
| 毕节地区保安协会 | 杨新建 |
| 毕节地区科技健身协会 | 李孟年 |
| 毕节地区音乐家协会 | 沈凤鸣 |
| 毕节地区慈善总会 | 周长琦 |
| 毕节地区蔬菜产业协会 | 郑元红 |
| 毕节地区马铃薯产业协会 | 胡　辉 |
| 毕节地区百货食品行业协会 | 常红卫 |
| 毕节地区茶产业协会 | 聂宗顺 |
| 毕节地区文化产业发展研究会 | 钟绍祥 |
| 毕节地区老年人体育协会 | 胡学林 |
| 毕节地区佛教协会 | 释祖印 |
| 毕节地区伊斯兰教协会 | 马永广 |
| 毕节地区基督教三自爱国运动委员会 | 文友军 |

续表

| 名　称 | 历任会长 |
|---|---|
| 毕节地区基督教协会 | 吉学军 |
| 毕节地区艺术摄影协会 | 周秋亮 |
| 毕节地区经果林协会 | 周忠会 |
| 毕节地区保险行业协会 | 汪发全 |
| 毕节地区国际国内公共关系协会 | 龙廷华 |
| 毕节地区汽车行业商会 | 石恩芳 |
| 毕节地区女企业家协会 | 燕翠萍 |
| 毕节地区浙江商会 | 许国海 |
| 毕节地区根艺奇石协会 | 余有华 |
| 毕节地区银行卡协会 | 甘光华 |
| 毕节地区四川商会 | 曾家才 |
| 毕节地区统一战线服务科学发展“毕节模式”理论研究会 | 安全黎 |
| 毕节地区同心·助学协会 | 吕　勇 |
| 毕节地区湖南商会 | 周湘武 |
| 毕节地区回学研究会 | |
| 毕节地区物资流通商会 | 罗天贵 |
| 毕节地区农（特）产品协会 | 陈嘉强 |
| 毕节地区烟花爆竹行业协会 | 罗昌义 |
| 毕节地区中药材行业协会 | 陈绍富 |
| 毕节地区农资行业协会 | 吴生智 |
| 毕节地区陀螺协会 | 段学礼 |
| 毕节地区创业促进会 | 杨继红 |
| 毕节地区收藏家协会 | 杨华勇 |
| 毕节地区篮球协会 | 颜亨福 |

续表

| 名　称 | 历任会长 |
| --- | --- |
| 毕节地区盆景协会 | 李福江 |
| 毕节地区“阳光工程”企业家协会 | 黄用利 |
| 毕节试验区发展促进会 | 聂宗筠 |
| 毕节地区老年书画研究会 | |

# 第二十六篇

# 社会生活

# 第一章　风俗风貌

毕节地区是多民族聚居的地区，各民族的社会风情，多姿多彩，各具特色。在历史的长河中，各民族长期相处，相互习染，有的社会风情遂在各民族中均有体现。清代前期及清代以前汉民族的生活习俗，志乘未载，无可稽考。清末及民国时期，无论衣着，还是饮食、住宅，或因阶级之分，或以阶层之别，均有悬殊。少数官绅富豪之家，住广厦，衣锦绣，啖甘肥；一般人家，仅得温饱；而广大的贫苦人家，则是衣不蔽体，食不果腹。中华人民共和国成立后，人民群众的生活不断得到改善，衣、食、住都日渐向好。特别是1978年12月中共十一届三中全会将全党工作重点转移到以经济建设为中心以后，人民群众的生活蒸蒸日上，变化更快，至21世纪初，绝大多数人民群众皆过上丰衣足食的生活，且衣着多华美，饮食多丰盛。毕节地区民风淳厚、勤劳节俭、写实诚朴、孝敬父母、仁爱友善、礼让厚道、敬业有为、重教兴学、急公好义、乐善好施、济困扶危，是全地区各族人民均遵从的良好风尚。民族民间节日集会，是别具异彩的社会风情，盖因民族不同，居住地域不同，时节形式不同，而形成各具特色的民族民间节日集会。以民族分，苗族有跳花节、串寨节、跳年厂、花坡；彝族有赛马节、火把节；仡佬族有吃新节；布依族有蚂螂节。以人数计，参加活动人数达万人以上的民族民间节日集会有46处。各地都流传着一些美丽的民间传说。这些传说，故事生动，意蕴深刻，透露着淳良的民族风情。

## 第一节　习　俗

### 一　生活习俗

衣着　1. 清末至民国的衣着。清末至民国初，城镇男子多穿用机织窄棉布缝制的青、蓝、灰色长衫或对襟短衫，敞腰裤，头戴瓜皮帽或包蓝色、白色布帕，足穿布鞋。女子多穿镶边大襟长袖短上衣，敞腰裤；亦穿旗袍，裤袜。已婚妇女挽发髻，戴网子，别绾簪、夹针，或包丝帕，穿布鞋。乡村男子多穿粗布对襟短衣或大开襟短衣，敞腰裤，头包蓝色或白色布帕，亦有戴瓜皮帽者。隆冬初春穿皮底布鞋，夏秋多穿草鞋。女子穿粗布大开襟短衣，敞腰裤。已婚女子头饰与城镇妇女同，足穿布鞋。高寒山区男女衣着多为家织麻布。无论城乡，士绅均着细布或呢绒长袍，外套绸缎马褂。仕宦及富绅人家女子多穿丝绸呢绒或阴丹士林等细布缝制的旗袍或镶边大襟长袖短上衣，头戴钗环，足穿呢绒鞋或布鞋。而贫苦人家衣着，则补巴摞补巴，襟襟绺绺，破烂不堪；仅有一小衣（及膝短裤）遮羞而赤身裸体者，亦不鲜见。脚上所穿，一年四季，皆为草鞋，甚或赤足。其时，贫苦人家占大多数，无论城乡，满目所见，多破衣烂衫者。

威宁县普通男子所穿对襟短衣，布纽扣7～9个，两襟各有长方形荷包。有的于短衣外面加套无袖管粗麻布短褂，下摆周围8～9个明包。男裤裤脚与裤腰相当；女裤裤脚小，以裹脚带束扎。居高寒山区者，男子放牧或出门时披羊毛披毡。

民国中后期，各县公教人员和知识分子多穿中山装，学生穿学生服，着西装者鲜有，绝少人戴手表。

2. 中华人民共和国成立后的衣着。中华人民共和国成立后，穿长袍马褂者惟余城市商户老翁。城乡普通市民和农民衣着仍循旧制。公教人员、学生、工人，男子穿军便服、中山服、学生装、青年装，夏天穿长袖或短袖衬衣。女子喜穿列宁服、春秋衫及衬衣。男女多穿布鞋，穿皮鞋者亦日益增多。1956年后，私营工商业者和手工业者变为公私合营和合作人员，其穿着亦仿机关及企事业单位干部职工。

1966～1976年“文化大革命”期间，青年男女一度流行穿草绿色军服，腰扎皮带，头戴草绿色军帽。这一时期的服装多为棉织布料，青、蓝、灰三种颜色，色泽单调。

20世纪80年代初，干部职工穿涤卡外衣，的确良衬衣，戴手表，穿皮鞋，已平常而普遍；在农村，穿灯芯绒布料、化纤产品和戴手表者，仍被视为上乘。有民谣戏称：“有钱人，大不同，身上穿的灯草绒；手一老（方言，意为扬起），金壳表；脚一□tsua$^4$（方言，义为抬起），尼龙袜”。随着改革开放的推进，城乡人民生活日渐富裕。20世纪90年代～21世纪初，城乡人民衣着大变，穿对襟短衫、大襟短上衣者已属鲜见，穿破衣烂衫者几近于无。衣着鲜丽前所未有，与旧时比较起来，堪称两重天。在城市，满街都是服装店、鞋店、化妆品店，还有首饰店、金店。城镇女性做发型、染发、烫发和戴项链、耳环、耳坠、戒指、手镯、手链成为时尚。足上所穿，乡镇多为皮鞋、布鞋、帆布胶鞋；城镇，特别是中青年男女，则讲究穿各式皮鞋、休闲鞋、靴子。各种料子、各式各样的衣服，更是五彩缤纷，绚丽夺目。衣料除棉织品外，还有毛料、丝绸、皮革、化纤产品；衣服款式，上装有西装、便装、各式夹克、各式衬衣、运动衣、滑雪衫、太空服、羽绒服、各式大衣、各式皮衣、风衣、二马裾、各式毛衣、紧身衣、蝙蝠衫、旗袍；下装则有西裤、牛仔裤、筒裤、喇叭裤、港裤、紧身裤、健美裤、长裙、短裙、超短裙、桶裙、百褶裙、连衣裙等，数不胜数。城镇中青年女子，多打扮得花枝招展，风姿绰约；中青年男子，打扮亦入时。

**饮食** 1. 主粮。清末至民国年间，民众生活贫苦，能吃大米者，仅少数官宦士绅之家及公教人员。城乡中等人家，大米、玉米兼食。广大乡村的贫苦农民，除极少数田坝地方外，皆只能以玉米、荞麦等粗粮果腹；若遇歉收年，则须以各种蔬菜兼食。威宁赫章的高寒山区，则以玉米、洋芋和荞麦为主食。中华人民共和国成立后，农民分得土地，虽仍以玉米为主食，但得一年到头皆有饱饭吃。20世纪50年代中期以后，国家实行粮食统购统销，定量供应。供应城市居民粮食有大米、面粉，亦有玉米，农村则以玉米为主。1960～1962年经济困难时期，城乡普遍饥饿，尤以农村为甚。1966～1976年“文化大革命”中，城镇居民粮食供应有保障，农村中，不少地方则不能足食。20世纪80年代，农村实行土地联产承包责任制，粮食问题逐步得以解决，城乡人民均衣足食足。90年代后，城市居民主食以大米为主，兼食面粉制品诸如面条、馒头等。进入21世纪后，广大农民食物结构亦发生重大变化，主粮以大米、玉米兼食，只有少部分乡村仍以玉米为主食。

2. 副食。豆制食品诸如水豆花、菜豆花、豆腐、豆腐干、霉豆腐以及糍粑、黄粑和炒面，皆为城乡人民普遍喜欢食用的传统副食品。20世纪80年代后，有各类糕点及面包上市，副食品更加丰富。

3. 肉食。猪肉为最普遍的肉食（回族除外）。中华人民共和国成立前，能经常食肉者，惟富绅之家。城镇中等人家和乡村富户，有在春节前杀“年猪”者，将大部分猪肉腌制熏烤成腊肉匀着一年吃；至于新鲜猪肉，十天半月或能吃1次。贫苦人家，则一年到头少见荤腥。威宁有特产火腿，将猪宰杀后，软烫刮毛，剖脊分为两扇，砍下后腿，剔除碎骨、油皮，挤净肉内瘀血，不沾水，按肉10盐1比重，腌7～10天，用石头重压排除水分，用松柏树枝烟熏成黑色，食时可蒸可煮可炒，亦可为火锅生片，味道鲜美，为官宦和富绅才能享受的珍馐。此外，全地区城乡食鸡者较为普遍，食牛、羊肉者不多。中华人民共和国成立初期，城乡人民生活水平普遍提高，养猪养鸡户增多，人民群众多能吃到一定数量的肉食。1958～1976年，生猪生产发展缓慢，城镇猪肉凭票供应，数量少，农村更少有肉食。20世纪80年代，农村实行土地联产承包责任制，农村粮多猪多，肉食逐渐丰足。21世纪后，城市大多数人家天天有肉吃，食牛、羊肉者逐渐增多，牛、羊肉粉、面，成为群众喜好食品。城乡腌制腊肉食用的习惯不变，尤以农村为多。乡村人家食新鲜肉亦为寻常之事。

4. 食油。中华人民共和国成立前，有钱吃油者只习惯吃猪油，多无食菜油习惯。中华人民共和国成立后，城乡民众多数逐渐能吃到足量的食油，猪油、菜油兼食。

5. 菜蔬。经常食用的菜蔬有白菜、南瓜、莲花白、四季豆、黄瓜、白萝卜、胡萝卜、菠菜、茄子、莴笋。城乡人民还喜吃酸菜，酸菜豆汤是家常菜蔬，有三天不吃酸，走路打窜窜（ts‘uan’）之说。还喜吃连渣闹（以不过滤的豆浆煮菜）和各种泡菜。

6. 佐料。无论城乡或贫富，也无论男女老少，最离不开的佐料是辣椒。其他佐料有酱、酱油、醋、姜、葱、蒜。

7. 饮料。中华人民共和国成立前，城镇都有多个水质清冽的水井，大定城有99个井之称；乡间，每个村寨亦有一口或几口水井，城乡一般人民群众多喜欢直接饮用井水，公教人员、士绅或商人方饮茶。用玉米或大米酿造的白酒，是成年男子之所好。中华人民共和国成立前，每逢过年，民间多自酿白酒自饮；凡遇红白喜事，主家多自酿白酒待客。平常日子，则多在赶场天，坐在小吃摊上小酌二两。讲究白酒饮用口味的人家，用刺梨剖开晒干与红砂糖或冰糖放入白酒中浸泡成刺梨酒。还有一种男女老少皆宜的大米甜酒、玉米甜酒，冬日煮沸饮用，夏日兑凉水喝。一些少数民族地区有咂酒，饮酒时用竹管插入盛酒坛内吸饮。中华人民共和国成立初期，城乡饮酒习俗如常。20世纪50年代中后期，禁止私人酿酒，酒食减少。20世纪80年代后，白酒产量增加；特别是私人酿酒开禁后，酒成为寻常之物，城乡人民均开怀畅饮。不仅在城市，就是在农村，绝大多数人家也能过上酒足饭饱的日子。不但饮土法酿造的白酒，还饮各种瓶装酒。官场饮宴，更讲究用高档酒。啤酒，各种奶制品饮料、果汁饮料和茶饮料为城镇消费最大的饮料，且逐渐普及农村。

8．水果。20世纪80年代前，乡村人民食用的水果皆为房前屋后栽种的桃、李、梨、樱桃、杏、枇杷、柿子、野草莓、杨梅等，部分河谷地带出产柑、橘。城镇居民食用的水果，部分为四乡农民出售的水果，部分亦为家园所出。干果有核桃、板栗。20世纪90年代～21世纪初，商品流畅，外地水果大量进入市场，过去难得一见的热带水果也随处可以买到。城市民众一年四季水果不断，除前述各种水果外，还有西瓜，人工种植杨梅、草莓、柑、橘、柚子、黄果、香蕉、菠萝、桂园、荔枝、芒果，农村居民亦食用一些外来水果。

9．小吃。各县市均有传统名优小吃。民国时期，毕节城区盛行的风味小吃有康家脆哨面、王傻子烧鸡、唐家汤圆、曾三兴家卤牛肉、糕粑、陈家风糕、曹家肉饼、万家洗沙油糍粑、游家豆腐脑、水东门鸡丝面和夜间遍城叫卖的炒米糖开水；中华人民共和国成立后仍盛行者尚有康家脆臊面、王傻子烧鸡、唐家汤圆。大方县风味小吃有沙坝豆干、阁雅黄粑。黔西县风味小吃有麻辣臭豆腐干、麻辣大头菜、茶食、擂茶，还有猪儿粑、鱼鳅粑、窝丝糖、核桃糖、芝麻糖。金沙县风味小吃有臭豆腐干、小笼包子、牛肉蒸笼、羊肉粉。织金县风味小吃有宫保鸡、鸡片薏仁米、喇叭河风肉、竹荪汤、滚米团、发粑。纳雍县风味小吃有辣鸡面、汤锅。威宁县风味小吃以荞酥最为有名，还有小粑粑、荞凉粉、燕麦炒面、苦荞炒面、干梨丝、盐菜、松毛糖。赫章县风味小吃有烙锅洋芋、荞糕、陈烧饼、王猪脚。

10．酒席。毕节县城酒席，菜肴有卤鸡、卤肉、香酥鸭、豌豆粉、苕粉、八宝饭、盐菜肉、排骨酢、夹沙肉、蛋羹、咸鸭蛋、皮蛋、竹荪鸡块汤、甲鱼汤、圆子汤、红烧猪肘、清蒸鱼、肉末鱼、脆皮鱼、糖醋鱼、青椒炒肉、炒肚条、回锅肉、板栗炒肉、炒鸡丁、炒三丁、清炖海参、炒鱿鱼、炒大虾、炒螃蟹，一般席面20个菜，多者菜肴更丰。各阶层所举行的宴会，席终人散后，多有一小半或一半食品作为剩菜倒入潲桶，白白浪费，殊为可惜。

大方县城宴谱，讲究冷热相搭，荤素相从，汤菜相兼，甜咸相配，蒸、炖、烧、炸、炒、爆、煎、卤等烹饪方法兼备，用料根据时令和条件选定，味道介于川味和广味之间，风格独具。长期以来，逐步形成四冷盘、四热盘、四大碗（俗称四盘四碗，亦有八盘八碗）的基本格局。四冷盘一般为荤素各半，味道各异；四大碗为汤菜形，最后一碗就是甜食。20世纪90年代后，有的宾馆和餐馆已重视宴菜造型，力求色、香、味、美俱全；有的宴席、还在正餐之外增加水果、糕点、面食、风味小吃。宴席上菜先上四冷盘四热盘、四大碗现做现上，一汤一菜，交叉上桌，边上边吃。菜肴上桌有一定间隔，让客人逐个品尝。宴席上地方特色的名菜有骗鸡点豆腐、锅渣、珍珠闹海、竹荪羹、椒盐慈姑、绣球蹄筋、茄饼、春卷。

金沙县农村嫁娶宴席，多数八菜一汤，猪肉是主菜，菜肴有小酥、登子、回锅肉、烧白、夹沙肉、三丝、肉炖粉丝、卤菜，城镇筵席增加鸡、鸭、鱼菜肴。20世纪90年代后，城镇筵席盛行一桌一盆大杂锅。

威宁县红白喜事或较大规模的招待宾客，农村办九大碗，城里常办水八碗。九大碗以猪肉，豆腐为主要原料，辅以菜蔬，烹制成九碗菜肴。水八碗为四个冷盘；四个二大碗，分别盛扣肉、粉条、海带、豆腐颗；四个海碗，分别盛三元会、玻璃鸡、节节高和八宝甜饭。20世纪90年代后，四个二大碗改为四个炒盘，玻璃鸡改为全鸡，节节高改为烩油炸饺子。其所以叫水八碗，是由于其主体是八碗连汤带水的菜肴，其中四个海碗又称行碗，陆续上席，边上边撤。

住宅　中华人民共和国成立前，城乡房屋多为木结构楼房，区别只在楼有高低和房有大小。乡村一般人家房屋多为5柱3开间，正中间为堂屋，无楼，只在靠近屋顶处装顶棚，称天楼。堂屋为供神祖、设酒席和举行婚、丧仪式的地方。堂屋前壁比檐柱后退一柱，留出地方称檐窝。从檐窝设门进两侧耳间。耳间一进两间，一般辟1间作厨房，其余作卧室。耳房1楼1底，由堂屋两侧楼梯上楼。卧室楼上一般铺木板，厨房楼上一般铺木条或细竹条或灌木条，以便通风烘烤粮食。房前有院坝，院坝两侧起厢房和畜圈，或只在一侧起畜圈。乡村富绅楼房多为7柱5开间，房高屋大，房间宽敞；房前为石院坝，两侧为厢房，院坝前有院墙，左厢房或右厢房一侧为两重或3重朝门；极少数巨富住宅布局复杂，门、窗雕镂精美。广大贫穷百姓或以3根木杈立房，或以土石垒房，或筑土墙房，极为简陋，更有住岩洞穴居者。城市富户多住数重庭院，一般人家则住临街楼房。民国中期，城乡有少数西式洋房或中西合璧式砖木结构楼房出现。

中华人民共和国成立后，城乡富户的高宅大院大多没收作办公用房，亦有少数分给无房贫苦人民居住，其余阶层人民住房基本上与中华人民共和国成立前相同。20世纪90年代～21世纪初，城乡民众住宅发生巨大变化，尤以城市变化为甚；在乡村，新起的砖房不断出现；在城市，一幢幢钢筋混凝土高楼拔地而起，鳞次栉比，毕节城还有20～30余层高的电梯楼；城市居民居住条件大为改观，一般人家均有宽敞明亮的3室1厅住房；有4室2厅住房者，则有单独的餐厅。住房装饰匠心独具，精美堂皇。

## 二　节日习俗

传统节日　1. 春节。俗称过年。是境内各民族最为隆重、最为欢乐祥和的传统节日。从腊月中旬起，家家户户即开始备办年货，推豆腐、酿烧酒、做甜酒、磨炒面、制糯米面、蒸黄粑、打糍粑，富裕人家还要杀“年猪”腌制腊肉，装香肠，为一家老小缝制新衣。腊月二十三，俗传灶神上天禀奏各家德行善恶，旧俗以脆糖或炒玉米花祭神，称“送灶”；同时，打扫室内外卫生（俗名打洋尘），洗涤衣物，擦拭家具，以示除旧迎新。除夕日，白天张贴春联、门神、年画，有些人家还张灯结彩，烘托出一派节日喜庆气氛。除夕之夜，每家都尽其所能，备办丰盛的团年饭。饭前，焚香点烛，燃放鞭炮，敬神供祖，而后全家围桌而坐吃团年饭。饭后，晚辈向长辈拜年，长辈向晚辈发压岁钱。是夜，除要灯烛辉煌外还要将火添大烧旺，寓意来年红火，谓之“三十夜的火”。子夜零时，多数人家点香烛，大开堂屋大门，燃放鞭炮，称为接金，同时到井里挑回新水（又称银水），以示进财。是夜，一些老年人围炉而坐，或叙谈，或娱乐，通宵不眠，称守岁，在乡村中叫守田土坎。初一，全家换上新衣或洗干净的衣服，吃过汤圆，或出门走亲串戚，或结伙玩乐。初一、初二、初三，工不务工，农不务农，商不开市，各行各业，各个阶层，男女老少，过年就是尽量养怡和玩乐。

春节期间，一些乡村有玩花灯习俗，有灯班走村串寨，演出花灯歌舞和花灯小戏。一些城镇有玩龙灯习俗，初九，俗传是玉皇大帝诞辰，是日“亮灯”。十三至十五日夜，上街耍龙，掀起春节喜庆活动又一高潮。城镇人家多出门观看耍龙，附近乡村百姓，也有打起灯笼火把上街观看耍龙以一睹为快者，街市上热闹非凡。十五日，过元宵节，俗称过大年。是夜特出的两个礼俗，一是所有房间及堂前，灯火通明（俗称“十五夜的灯”）寓意今年的日子一片光明；一是吃晚饭后，还要吃1次汤圆，叫拿圆宝，寓意今年财源滚滚。还有一个习俗是老人逝世不满3年者，儿孙要到其坟上送灯留明。

2．清明节。清明为农历二十四节气之一，其时值阳历4月5日左右。是日前后10天，民间有祭祖扫墓习俗，故清明节的主要活动内容就是扫墓，又叫上坟、挂纸。届时，家家户户均备办祭品诸如香、烛、挂青（白皮纸制成挂坟纸）、纸钱、鞭炮、刀头（一方2寸许熟猪肉）、酒、菜肴和供饭，到祖坟上点烛焚香，奠供酒食，系挂挂青，叩头行礼，燃放鞭炮，祭祀祖先。乡镇多以宗族近支为单位，10余户或数十户一起扫墓，最后到宗支共祖坟或宗族共祖坟上聚餐。

3．端阳节。又称端午节，相传是除邪和为纪念爱国诗人屈原的节日。是日，除备办较平日更为丰盛的中、晚餐过节外，特别的习俗：一是吃粽子。二是于门枋上悬挂菖蒲、艾。三是给少年儿童挂香包。香包以布料或笋叶等为材料做成小巧玲珑的圆形体、菱形体、三角体，内装苍术、白芷、菖蒲、山柰、雄黄、冰片、樟脑及艾叶等粉末，既是饰物，又香气袭人。四是喝雄黄酒，以雄黄粉末掺入白酒饮用，又以雄黄酒涂抹小儿的耳、鼻、额、肚脐和臀部，认为可以驱虫避邪；还将雄黄酒洒于室内墙角和房前屋后，认为可以断蛇虫来路。近年，知道雄黄有毒，饮雄黄酒者已少有。五是中饭后出门到田野和山坡上游玩，叫游百病，俗传一游之后，百病消除。六是识草药者，于是日清早即上山采药，俗传是日所采的药功效特别。城郊农民所采草药，多于上午背到城里赶药市，草药摆满街道两旁，买药者熙熙攘攘，极为热闹。

4．中元节。又称盂兰节，俗称过七月半。以祖籍或现居住地域不同而过节之日有所不同，或为农历七月十三日，或为十四日，但共同的节日意义皆为迎祀祖先。民国时期，有的人家还以提前发好的谷芽、麦芽等青新苗芽和时鲜果蔬于七月半前3～5天陈设于神龛之前迎祀祖先。七月十三日（或十四日）晚，以丰盛佳肴供奉于神龛前，焚香点烛，行礼祭奠。晚餐后，焚纸钱。20世纪50年代中期～20世纪80年代初，过中元节被斥为封建迷信，一度废止。近年，过中元节之俗复又兴盛。

5．中秋节。又称团圆节。节日时间为农历八月十五日，故又称过八月十五。旧时，民间多在门前或屋内陈设月饼、糕点、水果及五谷盐茶，焚香烛供月；乡村有的人家煮毛豆角、杀白公鸡供月亮。中华人民共和国成立后，供月亮习俗已废，惟吃月饼习俗仍保持不变。近年，月饼制式越多，制作越精，中秋节日气氛更浓。

6. 重阳节。农历九月初九为重九，旧时，城乡共同的习俗是吃重阳酒。近年，过重阳节的习俗淡化。

7. 牛王节。农历十月初一，城乡民间多于是日以新糯米打糍粑食用，俗称过十月初一。农村养牛户，用做成圈状插上鲜花的糍粑挂在牛角上，牛颈亦系红布或红绒，赶牛至水边自照，再取牛角上糍粑喂牛，以慰劳其一年之辛苦。此一习俗至今犹存。

**政府和党派群团组织开展活动的节日**　1. 民国时期的节日。（1）元旦节。节时1月1日。民国35年（1946）12月26日，毕节各界庆祝36年元旦纪念筹备会印发《筹备会议记录》。（2）“三八”妇女节。节时3月8日。民国36年（1947）2月27日，毕节各界纪念“三八”妇女节筹备会印发《筹备会议记录》。（3）植树节。节时3月12日。民国36年（1947）3月10日，毕节县政府印发《毕节县各界举行国父逝世22周年暨36年度植树节纪念办法》。（4）青年节。节时3月29日。民国33年（1944）3月13日，三民主义青年团毕节分团抄送毕节各界《举行首届青年节暨革命先烈纪念第1次筹备会议记录》。（5）儿童节。节时4月4日。国民36年（1947）3月31日，毕节县政府印发《4月4日上午8时在小校场举行儿童节纪念大会的通知》。（6）“五一”劳动节。节时5月1日。民国37年（1948）4月16日，毕节专署、毕节县政府、毕节县党部印发《“五一”劳动节纪念会筹备会议记录》。（7）母亲节。民国36年（1947）5月9日，毕节县各界母亲节纪念筹备会印发《关于5月12日上午9时在小校场举行36年度母亲节纪念大会》通知。（8）教师节。节时8月27日。民国36年（1947）8月20日，毕节县政府印发《毕节县36年度孔子诞辰及教师节纪念大会筹备会议记录》。（9）国庆节。节时10月10日，又叫双十节。民国35年（1946）10月7日，毕节各界庆祝35年国庆纪念大会筹备会印发《筹备会议记录》。

2. 中华人民共和国成立后的节日。中华人民共和国成立后，除尊重民俗，倡导过传统节日外，还过以下节日：（1）青年节。节时5月4日。1919年“五四”爱国运动纪念日。届时，地、县团委、各大、中、专学校和机关及企事业单位共青团组织青年召开纪念会、座谈会、出“五四”专刊，举办歌咏会和文艺晚会以及体育竞赛活动进行庆祝。是日，青年放假半天。（2）儿童节。节时6月1日。届时，各小学校或召开纪念会，或组织少年儿童办“六一”特刊，开展歌咏、舞蹈、体育等活动，欢度节日。是日，小学放假半天。（3）建党节。节时7月1日。中国共产党成立纪念日。届时，中共各基层党组织，或召开纪念会、座谈会，或出“七一”专刊，以资纪念。逢建党5周年或10周年，各级党委或召开纪念会，或举办其他党建活动，隆重纪念。（4）建军节。节时8月1日。1927年8月1日南昌起义纪念日。届时，毕节地区行署和各县政府举行拥军活动，毕节军分区和各县人民武装部及驻军举行拥政爱民活动。（5）国庆节。节时10月1日，中华人民共和国成立纪念日。节日前夕，各县、市城区扎彩坊数座，悬挂横幅布标数十幅，满街张贴五色纸书写的标语，各单位张灯结彩，全城彩旗飘扬。国庆之日，除召开纪念大会外，还举办展览、游园、电影放映、文艺演出、体育竞赛等丰富多彩的文体活动，欢度国庆。20世纪80年代后，多改群众大会为小规模、多层次和多种形式的纪念集会，各种纪念活动更加丰富多彩。国庆节原放假3天，21世纪后，时兴国庆长假（7天），国庆节又多休闲旅游旨趣。（6）教师节。节时9月10日。自1985年9月10日起，每年9月10日，各级教育行政部门和各级各类学校均举办教师节庆祝活动。（7）护士节。节时5月12日。20世纪80～90年代，各医疗卫生单位自行组织纪念活动。21世纪后，卫生行政管理部门开始举行授帽仪式等纪念活动。（8）老年节。节时重阳日（9月9日）。近年，老年节期间，各级老干部管理局、老龄委和老年大学举办各种老年人文化体育活动，以资纪念。

## 三　婚嫁习俗

民国初年，婚娶沿袭古制和古礼。婚姻通行一夫一妻制；少数富裕人家，有一妻一妾；官僚富绅，有三妻四妾者。遵守父母之命，媒妁之言，婚姻由父母包办。男女成年后，按礼仪程序办理婚事。此外，还有招婿入赘和收童养媳婚俗。穷家无人愿将女子嫁给或无婚娶财力，间有到较富裕人家入赘者。穷家无力抚养子女者，间有将幼女送养男家作童养媳，待年长成婚，称圆房。大定西区有的妇女夫死后，夫之兄或弟有权将其收为内室，称为填房，民间有“家有小叔不嫁嫂、家有老牛不卖草”俗语。

婚娶礼仪各县亦基本相同，然礼仪称谓有别，也有一些特殊礼俗。

大定县婚娶礼仪，要经过问名（了解女方姓名，属相，请人卜算合婚，再备礼请媒）、纳采（经媒人说合，女家允口）、纳吉（择定婚期）、纳征（送聘礼）、请期（正式递送结婚日期）、迎娶等程序，称为六礼。迎新时要备大红花轿和小轿给新娘和送亲者乘坐。男家请一男孩身背宝瓶壶，斜挎大红花，乘花轿抵女家，称押轿，戏称“引窝蛋”。新娘乘坐轿（有的骑马）到男家，经回喜神、拜堂后才引入洞房。请福寿双全的老人铺床圆房，新郎揭去新娘盖头后，参加婚礼的亲友闹新房。婚后第三天拜三朝，长辈在中堂就座，新婚夫妇先拜祖先，再依秩请名受礼，受礼者要给拜钱。尔后回亲。第四天新妇下厨做菜，有小姑者要请先尝口味，取古礼“洗手作羹汤，先请小姑尝”之意。

织金县婚娶程序分为问名、纳吉、纳彩、请期、迎新、拜堂6个程序。问名也称提亲或说亲。纳吉也称发八字，又叫开庚。经媒人说合后，男家备一定礼物，择期请媒人陪同前往女家烧香点烛敬拜神祖，并将带去的一张鸾书（也叫庚书）放于神龛上。女家请人按男左乾、女右坤的方位，一手同时握两支新笔分别写乾造、坤造于鸾书左、右上方，而后单握管写清男女双方姓名和生辰年、月、日、时给男家带回。纳彩，亦称过礼或烧香，即男家请人偕同，将议定的衣料、首饰、礼金及敬供祖宗神灵的物品装成台盒箱笼，送往女家。请期也叫送日子。也可把纳彩和请期合并进行，称为随香送日子。迎新俗称接亲，男家于婚期前一天下午请人组成接亲队，将准备的新娘盛装、猪肘、鸡礼、花轿、小轿送往女家，第二天接回新娘。接亲仪队由多人组成，其中有两位能说会道的男性至亲为领队押礼，其余人员分扛大旗、小旗和背抬礼物，另请4人抬花轿，2人抬小轿。接亲仪队到女家大门前，两个领队者并排立于大门边；女家打开大门，二人举步入堂。并要三步即走到神龛前，且一步一喊礼。然后燃烛斟酒祭祖宗神灵，将新娘盛装摆于堂屋正中方桌上，请女家点收。之后，安排接亲仪队入席就餐、住宿。

第二天一早，接亲领队入堂屋敬神辞行。女家请至亲女性扶头盖罗帕的新娘出阁入堂屋，拜别祖宗和父母兄嫂及弟妹，出门上花轿前往夫家，称为发亲。送亲妇女坐小轿随行。女家发亲不久，男家请8人抱鹅一对，打上大旗、彩旗，陪同披红挂彩、跨马而行的新郎到中途迎接新娘，称迎亲。迎得新娘花轿到男家房前院坝，落轿，由端公司仪于轿前摆方桌1张，上设香案回喜神，端公口中念念有词，随即宰杀雄鸡1只，滴鸡血绕轿1周，将鸡从轿顶甩过，起轿趋近大门。男家请一福寿双全妇女引接新娘下轿，进入堂屋，称圆亲。此前，新郎早已披红挂彩立于神龛前左边，且神龛前至入洞房处地面均铺红毯（一般人家以新草席代）。圆亲人引接新娘步入堂屋后，大门立即关闭。新娘跪于新郎右边，由司仪引导共拜天地、神灵、祖宗、父母，称为拜堂。拜堂毕，圆亲人引新娘新郎进入洞房，新娘坐于司仪先生指定的喜神方位，由新郎用一秤杆将其头上罗帕挑去，共喝合卺酒，并排坐于新床，司仪以米粮撒帐恭贺。鸣鞭炮，开大门，婚礼结束。拜堂之后，男家从当日起宴宾3天，头天名下马酒，二天名正酒，三天名回亲酒。3天之中，新娘除第二天正酒时陪新郎至席间向亲友敬酒拜客外，不出洞房。前来吃酒的男青年入夜到洞房逗笑取乐，俗称打新房。第三天吃过回亲酒后，圆亲人与送亲人一同引导新娘出房拜见公婆及家中长幼，长辈们赠送新娘一定钱礼，新娘赠送年少的叔、姑一些自己制作的刺绣品。当晚午夜，女家派人接新娘新郎回娘家，称回门。第四天吃过中饭或晚饭后，男家派人把新娘新郎接回。此后，便参与男家事务。

威宁县婚娶礼仪程序，为请媒、提亲、定亲、请红、迎亲和回门。请媒、提亲得到女家允诺后，即选择双月双日，媒人到女家商定亲事。女家备酒席款待，并请姑娘的舅舅、姑父等至亲作陪，公开宣布婚事已成。定亲后，男家请红爷2人，向女家送上超过定亲时约定数量的聘礼及庚帖。庚帖分乾造，坤造两项。女家款待之后，将女方生辰填在庚帖坤造项下退回，男家凭两造生辰请阴阳先生择定婚期。婚礼前一天，男家请红爷2人率人送给女家边猪、斗米、适量茶叶、盐以及为新娘置备的衣服、鞋袜、簪镯、戒指、耳环等穿着及佩饰，将女家陪奁的铺笼帐盖衣服用具等运回男家。当晚，男家请儿女齐全的夫妻2人安置新床，铺陈床上用品。婚礼前一天下午，新郎的姑父或姐夫还要为新郎挂红，用红布或红绸扎成大红花交叉结戴在其胸前。当天男家的晚餐叫待儿子，由一正二副共3位陪郎还有两位男青年共坐一桌进餐，正陪郎和男青年坐上席，其他人分坐两侧，首席对面不坐人，叫开席。迎新之前，女家亦请3个以上同辈姑娘陪伴新娘，由两个童子娃娃打灯笼，新娘边梳洗、边哭诉，有的可哭3天3夜。女家也要待姑娘，专设一席，请几位姑娘陪新娘进餐。举行婚礼的日子称正酒。上午，红爷带接亲菜（一块宝勒肉）到女家打招呼。随后，新郎、正副陪郎、押轿童子及男女接亲各2人，或骑马，或坐轿，另有吹唢呐打彩旗等仪仗，到女家迎亲。在女家敬神敬祖宗、用餐之后，新娘由其兄长背上轿，由其亲人护送，随接亲队伍从另一条路返回男家到男方家门前，新郎新娘在马上和轿内，行“退车马”仪式。然后，新郎下马，由陪郎引导入堂屋；新娘下轿，由亲人搀扶脚踩筛子进堂屋，夫妻拜堂。神龛上焚香燃烛，红毡作跪垫，新娘俯伏垫上，司仪指挥新郎拜天地、拜祖宗、拜父母、夫妻对拜。然后新娘踩着筛子，随新郎入洞房。与此同时，执事人铺开红毡往上面撒核桃、板栗，逗引围观男孩争抢，负责收堂者便迅速将其中一小男孩裹包于毡中，抱上新床，象征早生贵子。夫妻入洞房要双双同坐新床，陪郎要机灵地将新娘衣襟一角拉给新郎垫坐。婚礼至此完成。晚上，女家派人给新娘送夜宵。同辈亲友闹新房。婚后3天回门，新郎陪新娘回到娘家，可当天返回，也可多住几天。

民国中期以后，嫁娶礼仪逐步简化，一般改变为道喜、下书、过礼、迎娶4个程序。少数官绅人家实行文明结婚，废除冗繁礼俗，改叩拜为鞠躬，举行简单结婚仪式，双方家长、亲友参加，即为合法婚姻。

中华人民共和国成立后，反对包办婚姻，提倡婚姻自立，婚事新事新办。传统婚俗在农村和城市的一些人家尚沿袭，但大部分仪式已大为简化。机关和企事业单位干部职工，则多在元旦节、“三八”妇女节、“五四”青年节、国庆节等节日举行婚礼，请亲朋好友和同事吃喜糖即可。近年，城镇婚娶时尚讲排场，讲阔气，追求豪华。新房装修讲求漂亮；陈设的各类床上用品讲求精美；一应家具诸如沙发、茶几、桌椅和摆设以及家用电器，讲求高档豪华；迎亲讲排场，通常皆用10余辆轿车组成迎亲车队，时髦、气派；婚宴多在宾馆饭店举行，每每请客数十桌，颇为阔气。

## 四　丧葬习俗

中华人民共和国成立前，成套的丧葬礼仪，一般有如下仪节：1. 接气。死者弥留之际，将其抬至堂屋正中靠椅子扶坐咽气，同时用斗装纸钱在其面前焚烧，称烧斗纸，又叫烧倒头钱。纸灰分装两包，入殓时放在死者手边，以示双手拿钱。2. 小殓。死者落气后，将其遗体停放在堂屋正中用条凳垫高的木板上，以白纸蒙面。威宁赫章一带让死者两手各持1串铜钱样的打狗粑粑。尸床下点一盏菜油灯，称过桥灯，又叫长明灯。3.报表。停放好死者后，用白纸或黄纸书“当大事”3字贴于大门横额正中，威宁赫章一带还要在门外悬挂一杆望丧钱。其后，请道士择定安葬日期，遣人到亲友处报丧。4. 大殓。也称入殓或装棺。为死者净身、装裹穿戴毕，将尸床移至一侧，将棺木安放堂屋正中，而后将死者遗体移放棺内，于其头脚及两侧实以丝绵或白纸、草纸，于其遗体上覆以盖面，而后盖棺。5. 设灵。用纸、竹、松柏于棺前扎成丧庐，对棺摆设香案，案中插灵位牌，棺下点“七星灯”。夜晚，孝子在棺前守护，添香点烛，焚烧纸钱，名为守灵。6. 家祭、外祭。丧家每日于早、中、晚祭奠，同时接待亲朋祭悼。家族和亲友吊唁，一般送赙仪（钱）、盖面、祭嶂、挽联、鞭炮等；至亲上祭，祭品更丰富。7. 点主。官绅人家，于设灵后进行点主成服，请“书主大宾”在灵前设座，将死者姓氏名讳、生卒年月日时及地点正楷书写于灵牌上，其中的神，主二字写成“礻日”“王”，留下竖、点不书。书毕撤座，另设高桌请大宾登台，孝子、女、孙、媳从棺侧跟随长孝捧灵牌出跪于灵前，将灵牌放于大宾桌上，大宾将新笔在朱砂中蘸过，再将孝子、孙中指刺血浸合于笔尖朱砂，补写神字所缺一竖和主字所缺的一点，点完即将笔往后抛丢，称为穿神点主。点主完毕，孝子披麻戴孝，孝媳除去簪环首饰而以麻辫发，且孝男脚穿草鞋，腰拴草绳，女眷则换白布孝鞋，名为成服。成服之后，孝男孝女跪于灵前，由司仪读祭文、歌诗、讲书、述礼。歌诗以《诗经》

中的“蓼莪”“兰陔”“采萍”为内容，讲书述礼以《论语》《礼记》为内容，悼念父母养育劬劳之恩，并将猪、羊在灵前叩献。8．做法事。出殡前，请端公道士作主幡、诵经、招魂、指路、绕棺、救苦、上望乡台、过十二殿等法事活动。9．出殡。按择定日期，将灵柩抬出灵堂，覆以棺罩，另扎香亭1座，横额题“铭族”2字。香亭行于棺前，香亭与灵柩之间，以白布相连接成布围，孝子行于围中，至亲好友行于两侧，且以手牵着布围，名为执绋。香亭与孝子之间，再扎一轿，轿中端坐一盛装吉服的孩子捧送灵牌。灵柩起程时，鼓乐、大号、唢呐、鞭炮齐鸣，挽联、祭嶂及孝子等数十百人随行于后，送灵柩到郊外，或寨外。威宁赫章一带于送葬队伍走过一段路程后，孝子孝眷要赶到前面，面向灵柩成单行跪伏，让灵柩从头顶越过，叫钻棺。之后，孝子孝眷走另一条路回家，其余人等送灵柩到安葬地点进行安葬。毕节习俗为孝眷走另一条路回家，孝子送灵柩到安葬地点安葬。10．安葬。多由道士主持。出殡前，遣人先在经阴阳先生选定的坟地挖好墓穴，称打井。继用雄黄朱砂染井，后用纸钱烧于井内，再移棺入井，名为下圹。之后，道士拨正灵柩方位，孝子一一跪于墓穴前，道士诵完经，孝子先捧土掩棺，而后众人撮土垒坟。11．毕七殡葬后3天，逝者家人到新坟上祭奠，称复山，葬后数日，全家外出“躲回避”。安葬后，孝家于堂屋一侧设逝者灵位，每隔7天烧纸钱祭奠1次，连祭7次（七七四十九日），称毕七。

丧葬期间，孝家每日均要招待宾客，主要吃豆花饭。殡葬前一日晚餐，为丧宴，菜肴较丰。

中华人民共和国成立后，丧葬礼仪从简，一些封建迷信活动多废除。近年，城乡大办丧事之风复又兴起。城市丧宴多在安葬当日在宾馆饭店举行，规格与红喜筵宴等同。

## 五　庆　贺

**祝寿**　民国时期，城乡居民年过五十，多有“做生”习俗。年届花甲、古稀和八十初度，富裕人家多大摆筵席宴客。士宦或富绅之家，于生日前夜鸣放鞭炮，名曰上寿。寿日，门前张灯结彩，堂屋红烛高照，族戚亲友执寿酒、寿面、寿联、鞭炮前往祝寿。寿礼一般为薄礼，儿女亲家或至亲族戚寿礼稍厚。祝寿礼仪为：扶寿星上坐，为其穿戴寿衣、鞋、帽，鸣放鞭炮，晚辈依次磕头拜寿。而后，宴请宾客。20世纪90年代后，祝寿之风日盛。农村多保持传统礼仪，城市祝寿之风习则大变，时兴吃蛋糕、点蜡烛、唱《祝你生日快乐》歌。逢60、70、80寿诞，多大请其客。寿宴筵席数十桌者，屡见不鲜，寿礼也多为现金，金额百元、数百元不等。旧时规矩，父母健在者，子女不能祝寿。20世纪90年代后，陈规已破，年轻人也不乏祝寿者。

**贺满月**　孩子出生，亲友多赠送鸡、蛋、糖、米等物致贺，也有送婴孩衣物作贺礼者；娘家，贺礼更丰，除上述物品外，还要送甜酒1坛，外贴红纸，以示吉祥。孩子满月，主家请亲友吃满月酒。20世纪90年代后，城市满月酒多在宾馆饭店举行，筵席规格与婚宴同。

**贺建房**　农村建房，首先选宅地基，请先生测定地址，择吉动工。开工建房时，在屋基上陈设香案，备好五谷钱粮，待匠人用雄鸡祭祀鲁班后动工。立房时，一般由舅家送大梁，亲友挂红。大梁正中，用红布包五谷盐茶缚于其上，并镶以小镜一面，画上太极图，上书紫微高照，再用雄鸡一只立于梁上，弹破鸡冠，以其血滴洒大梁中部及两端，上梁师父诵吉利语言，而后撒主家先以米面或麦面做好的“高粱粑”，先由建房主人牵起后衣襟跪接，然后撒于四方，众人在欢笑声中争抢。20世纪90年代后，多建砖房，不复有上梁礼仪；然新房竣工落成之日，仍保持亲友送礼、挂红、放鞭炮祝贺的热烈场面。

**贺乔迁** 亲友乔迁，内亲上红挂彩，送贺联，放鞭炮，祝贺乔迁之喜；其他亲友邻里则互相邀集，凑份子给乔迁之家“烧锅底”，主家在新居备席招待亲友。赫章县农村，乔迁之时，主家不办酒席，只用炒玉米花和白酒招待前来祝贺的亲友。20世纪90年代后，城镇干部职工和居民乔迁，多发请柬请客，亲友以现金作贺礼。主家在宾馆或饭店设宴招待亲友，宴席规格与结婚筵宴同。

**贺升学** 20世纪90年代后，城市贺升学之风大盛，子女考取大专院校，多请宾客会宴。亲友以现金相送，表示祝贺。主家在宾馆酒楼设宴招待亲友。

**贺参军入伍** 20世纪90年代后，城镇干部职工子女参军入伍亦当作喜事请客。主家在宾馆酒楼设宴招待亲友。

**贺开业** 20世纪90年代后，城市私营业主商业铺店开业亦多请客，亲友以现金作贺礼表示祝贺，关系亲密者加送花篮。主家在宾馆酒楼设宴招待亲友。

## 六　祭祀纪念

**传统祭祀** 1. 祭孔。清代，府、州、县建有规模宏大的文庙（孔庙）。文庙大成殿置“至圣先师孔子神位”于正中，以四配十二哲侑飨殿中，以先贤先儒从祀两庑。四配为复圣颜子、宗圣曾子、述圣子思、亚圣孟子。祭孔之日，祝案为孔子位前制帛一、牛一、羊一、豕一、登一、铏二、簠二、簋二、笾十、豆十、尊一、爵三、炉一、灯二。四配位、十二哲及先贤先儒位前均按不同等级设供。祭孔时的乐器为：麾一，编钟编磬各十有六，琴六，瑟四，排箫二，箫、笛、笙各六，埙二、篪四，建鼓一，搏拊二，柷、敔各一，木笏六，设于阶下，分左右悬。乐律为：中和韶乐，乐享六奏，舞佾六佾，三献均文舞。舞器为：引舞以旌节，左右各一；文德之舞以羽龠，名三十有六。

祭孔仪式程序为：祭之前二日，承祭、分献各官皆致斋。执事官补服至牺牲所省牲。前一日，承祭官率僚属朝服上香，监视宰牲。执事者举祝案送致斋所，承祭官视毕，送至前后安设，一跪三叩，退。祭日，日出前六刻，承祭等官更衣毕。通赞赞：“启户！”乐舞生、登歌、执事者各执其事。文舞六佾。承祭官、分献官、陪祭官依次先后就位。瘗毛血（司毛血生捧毛血从中门出，埋西北隅坎内）。启牲馔盖，迎神，乐奏昭平之章。司香奉香盘，赞引引承祭官升东阶，由殿左门入，诣先师香案前立。司香跪进香，引赞赞：“跪！”承祭官跪，一叩；赞：“上香！”承祭官上炷香，次、三上瓣香，一叩，起立，复位。分献官各诣四配、十二哲、两庑先贤先儒位上香如仪，皆复位。通赞赞：“跪、叩、兴。”承祭官行三跪九叩礼，各官随行礼。奠帛，行初献礼，奏宣平之章，舞羽籥之舞。引赞引承祭官诣盥洗所，浴水进巾。司帛奉帛、司爵奉爵进，承祭官入殿左门，诣先师位前跪，一叩；司帛跪奉篚，承祭官受篚拱举奠于案；司爵跪奉爵，承祭官受爵拱举奠于正中；一叩，起立，复位。分献官各诣四配、十二哲、两庑奠献如仪，各复位。司祝至祝案前跪，三叩，奉祝版跪案左，乐暂止，承祭官诣读祝位跪，众官皆跪。司祝读祝文："维某年某月某日，某官致祭于至圣先师孔子位前，祝曰：先师德隆千古，道冠百王；揭日月以常行，自生民所未有。属文教昌明之会，正礼节乐和之时，辟雍钟教，咸荐恪于馨香；泮水胶庠，益致严于笾豆。兹当仲春、仲秋，祇率彝章，肃展微忱，聿将祀事。配以复圣颜子、宗圣曾子、述圣子思子、亚圣孟子。尚飨。"读祝毕，捧祝版正位跪，安于案，三叩、退。承祭官三叩、起立、复位。行亚献礼，奏秩平之章；行终献礼，奏叙平之章。承祭、分献并如初献仪。乃饮福、受胙，承祭官诣饮受位前，跪饮福酒，受福胙。正叩，起立，复位。舞文德之舞，退。乃撤馔，奏懿平之章。撤馔毕，送神，奏德平之章。承祭及众官行三跪九叩礼。执事者奉祝、次帛、次馔、次香供送燎所，各官避立西傍东面，视祝、帛过，复位，引诣望燎位，望燎毕，阖户。各退。

民国时期，祀孔仍为隆重大典。每年八月二十七日孔子诞辰，官府及各学校多举行隆重祭孔典礼，然礼仪多革新简化。

中华人民共和国成立后，祀孔停止。

2．祀天地君亲师。清代至民国年间乃至中华人民共和国成立初期，城乡居民，均于堂屋后壁正中设神龛，或木刻或红漆黑字或红纸写贴"天地君亲师位"牌位供奉。牌位左右或写"历代昭穆考妣，普天文武神贤"对联，或根据不同信仰，供奉佛教释迦牟尼、观音大士、文殊普贤，道教太上老君、文昌帝君、梓橦帝君、关公大圣、岳武大圣，灶王府君；又按职业不同，务农者加五谷大神、稼穑先师、牛王菩萨、马王菩萨或牛马二王，从商者加写赵公元帅、福禄财神，行医者加写药王二圣，石木二匠加写鲁班先师，酿酒者加写杜康先师等作为陪神供奉。1966～1976年"文化大革命"期间，破除神位，于神龛上供奉毛泽东像。20世纪80年代后，堂屋正中复又供奉"天地国亲师位"神牌。

3．立碑包坟。清代至民国时期，略具规模的家族和富有之家，后辈多为前辈老人立碑包坟。中华人民共和国成立后，少行此道。1966～1976年"文化大革命"期间，立碑包坟被视为搞封建迷信活动，遭禁止。20世纪80年代特别是90年代后，立碑包坟之风复又兴起。事先，主家请先生择定吉日，而后请石工打制好碑或包坟石料。包坟时，请道士诵经后方能动工；立好碑或包好坟后，又由道士诵经，方称圆成其事。亲友或送鞭炮或送礼金致祭，主家设宴招待宾客。

4．庆坛。织金县穿青人庆五显坛，汉族中有庆赵侯坛、娘娘坛者。一般庆坛之家，多择农历十、冬、腊月，或还愿，或求禳解，即请端公到家祀神做法事（俗称跳菩萨），设经场，供祭品。坛场多为庆坛人家堂屋，于壁上悬挂五彩画轴，燃香点烛，端公着各种戏衣，戴面具，扮元帅、将军、仙娘等，敲锣打鼓行法事。法事一般3～7日。祀神之家，门贴红联，亲友送礼多用鞭炮，主家设宴款待亲友。

5．祭山。农历三月初三，农村多以村寨为单位，组织寨内农户以鸡、鸭、猪、羊等到山神庙或传统祭神的山上祭祀山神，祈求风调雨顺，五谷丰登，人畜兴旺。祭祀后，举行会餐。

6．祭树。部分农村以村寨附近一大树为神树，于农历三月第一个辰日，村民自发组织，以香、烛、纸钱、雄鸡和刀头（约2寸见方的熟猪肉）祭树，仪式简单，仅为礼拜祝祷，祈求免遭冰雹灾害。

7．祭龙王。有的村寨于农历二月初二或六月初六祭龙王，有的村寨则遇灾旱不雨时祭龙王。祈求龙王降雨。祭品多为羊。祭祀或在龙王庙前，或在龙滩之畔。祭祀由地方推举会首操办，群众出资。祭祀毕，以祭品在现场会餐。

**民国时期的纪念**　抗日战争至民国37年（1948）年前，举行的祭祀性纪念活动，有3月12日总理（孙中山）逝世纪念、3月27日革命先烈纪念、7月7日国难纪念、8月27日祭孔。民国35年（1946）7月4日，毕节专署制发“本年七七国难纪念会筹备会议决定是日上午9时在忠烈祠（关岳庙）举行公祭”的通知，并知照“纪念日正午12时施放警报3分钟，全市人民一律停止工作，坐者起立，行者止步，立正默念至警报停放时为止”。

民国37年（1948）后，根据国民政府行政院下发的修正国定纪念日日期训令和抄发的《国定纪念日日期表》，举行的祭祀性的纪念活动有：11月2日国父诞辰，是日休假1天，或由专署和县政府召开各界纪念大会，或由各机关学校团体分别集会纪念。8月27日孔子诞辰，是日休假1天，或由专署和县政府在文庙大成殿召开各界纪念大会，或由各学校师生分别集会纪念。9月3日抗战胜利纪念，是日休假1天，或由专署和县政府召开各界纪念大会，同时致祭忠烈，抚慰遗族；或由各机关学校团体分别集会纪念。3月29日革命先烈纪念。是日休假1天，或由专署和县政府召开各界纪念大会，致祭革命先烈；或由各机关学校团体分别集会纪念。每年3月29日革命先烈纪念和9月3日抗战胜利纪念，又叫春秋二季致祭阵亡将士典礼，同时致祭抗战殉难官民。致祭地点在忠烈祠或其他适当地点举行。

## 七　杂　仪

**剃毛头**　有家长相信男孩子留长发可以保清洁平安者，孩子自幼即不剃发。待孩子长到3岁、6岁或9岁，才请先生择定时辰，为孩子剃发。届时，由孩子舅父为外甥先剃3刀，再请理发师将发剃净。富裕之家孩子剃毛头后，即为其着新衣、新帽、新裤、新鞋、新袜，穷家则仅将头发剃净。剃毛发前数日，主家知会亲朋好友。届时，亲友或送衣物，或送礼金致贺。主家设宴招待宾客。

**拜寄**　家长望儿女长命富贵，根据其生辰八字，选定要拜寄之人，择期拜寄。拜寄之家，必备厚礼带孩子前往，受拜者须给孩子另取名字，并在孩子颈项或手腕部系红线绳，诵以长命百岁、长发其祥等吉祥话语。自此，寄拜名即为孩子通用名，两家即结为干亲关系，往来行走。还有以搭桥方式行拜寄之事者，拜寄之家择定日期、方位，用木棒、藤条在人多往来的小沟上搭便桥，覆以泥土，并用五色布条和草绳绕桥，用雄鸡祭桥。其后，谁先过此桥，即将孩子拜寄过桥者，按自己姓氏取名桥保、桥顺等。更有两种随机缘而行的拜寄方式，一种为孩子出生后谁第一个跨进其家门，即拜寄谁为寄父寄母；另一种为僧人到家化缘，随缘后即将孩子拜寄僧人。

**立指路碑** 择期在三岔路口竖石碑或木牌，正中上书×××身犯将军箭并写明东西南北走向，碑牌左右书“弓开弦断、箭来碑挡”对联，俗谓可保平安。

**背星辰打保福** 本人遇不祥之事禳灾，或行事冲犯别人而为别人消灾祝福，择期请端公道士作法事，诵经，申文，以猪牲或猪头猪尾供奉。仪式进行1日者，结束时宴请贺者；仪式从简者，不宴客。

**叫魂** 有迷信人久病或软弱无力或小孩受惊吓而魂不守舍者，须唤回魂魄，称叫魂。作法时将1个鸡蛋立于盛米碗中，长声连续呼唤“×××三魂七魄回家来喽”等词，直至鸡蛋偏倒表示魂魄已归为止。

**泼水饭** 迷信急发性头疼脑热、周身酸痛系因新亡亲故纠缠而致病者，家人取1个饭碗盛水，以3支竹筷在水中扶立并不断念叨所能想到的新亡故亲名字，求其勿纠缠病者，直到筷子在碗中立住为止，而后，舀饭倒入水碗中，到屋外泼洒，并焚香化纸。

**坐茶** 旧时，大定县有坐茶习俗。小孩生病，要在神前许愿坐茶。仪式为：做8个米面粑摆在神龛前方桌上，由4个男孩分坐4方，每方放两个米粑，插上3炷香，前面摆一杯清茶。小孩一边吃米粑，一边喝清茶，取消灾去病之意。此习俗中华人民共和国成立后自然废除。

**散百乐** 旧时，大定县有散百乐习俗。小孩出生满百日，炒7～10斤玉米花，在大街上逢人赠送1大杯，散完为止。中华人民共和国成立后废除。

**晒蛋** 农历六月初六，毕节城区有晒蛋习俗。俗谓“六月六，晒蛋熟”。是日，按家庭成员，各将1个鸡蛋写上名字，装于盛器，放到户外阳光下晒。当日将鸡蛋煮熟吃下。据传，所谓欠六月（六月炎天饮食欠佳）者吃了晒蛋即不欠六月。

**打牙祭** 清代至民国时期，工商户、手工作坊、煤窑，每逢农历初二、十六两天，称肉打酒给店员、学徒、工人聚餐1次，俗称打牙祭。

**送瓜** 中秋之夜，将1个套上衣服的大金瓜或长筒形大南瓜，由青年男女敲锣打鼓送给已婚3～4年而未有生育的亲友，预祝早生贵子。

**撒蛋** 农历三月二十日，大定城及城郊久婚不孕妇女，多到县城南寺庙抢红鸡蛋食用，企求生儿育女。如来年有生育，则用煮熟染红的鸡蛋100～200个去庙中撒蛋还愿。此习俗民国前盛行，中华人民共和国成立后已不复存在。

## 八 禁 忌

中华人民共和国成立前，境内民间禁忌甚多。

**日常禁忌** 清晨不谈鬼说梦；未婚男女忌吃猪脚，怕叉媒人嘴；儿童忌吃鸡脚爪和玩雀鸟，以免写字时手颤抖；年幼子女穿过的衣服鞋袜不能送别人；男子不能从妇女晾晒的裙、裤下走过；男子的头女人不能摸；不能挑空桶进屋；不能在室内打伞、戴斗笠；忌非亲非故人家的猪和猫进屋，俗称“猪来穷，狗来富，猫儿进家门披孝布”；蛇进屋不能伤害，视其为已故老人显灵；忌遇蛇交配。

**岁时禁忌** 出远门前吃早餐时忌把甲碗里的汤倒往乙碗内（防行船过渡时落水）。忌说翻、倒等词；忌巳、酉、丑日（即红沙日）出远门，俗称“出门犯红沙，一去不归家”；正月间的3个七日不出门，3个八日不回家；乌鸦在屋前高叫不出远门；逢戊日不动土，俗称忌戊；正月初一不能往门外倒垃圾、倒水和出财；正月初一到十五禁动碓磨；正月间不给小孩剃头。

**婚嫁禁忌** 忌生辰属相相冲相克；两春之年忌婚娶；结婚行礼时不准毛脸姑娘（未出嫁姑娘）和孕妇在旁；毛脸姑娘和孕妇禁坐新婚喜床；结婚未满月的新媳妇和生孩子未满月的产妇不能进别人家门；缺奶的妇女不能到未满月的产妇家中行走；女不能在娘家临盆。

**丧葬禁忌** 客死在外的人遗体不能进家，即冷尸不进屋；禁猫、狗越尸；女子死后不能葬娘家坟山；岳母不能死在女家；死者入殓时不能混杂铁制品进棺木。

中华人民共和国成立后，有些禁忌已逐渐废除，有些禁忌则仍然存在。

## 九 称 谓

毕节市血亲、姻亲成员间称谓：祖父，称爷爷、公公；祖母，称奶奶、婆婆；祖父之兄弟，按排行称大爷爷、二爷爷……；祖父之姐妹，称老瓜、姑太；祖母之兄弟，称公；祖母之姐妹，称姨奶；父亲，称爹、爷、老伯；母亲，称妈、娘、母；父亲之兄，称伯；父亲之弟，称叔、耶（yi）；父亲之姐妹，称爹、姑、姑妈。母亲之兄弟，称舅舅、妈、姨；母亲之姐妹，称姨妈、舅、姨娘；兄之妻，称嫂、嫂娘；弟之妻，称弟媳、弟妹；舅舅之妻，称舅妈、舅娘；义父母称干爹、干妈；继父，称后老爹；继母，称小妈、晚母；女婿，称姑耶（爷）。

大方县对血亲、姻亲成员间称谓：父亲，旧时称爷、耶、爸（pa4），亦有称伯、叔者，现多称爸爸；母亲，旧时称妈、娘，现多称妈妈或妈；父之兄长，称伯；父之嫂，按排行称大妈妈、二妈妈或称大伯娘、二伯娘；父之弟，多按排行称大爷、二爷，亦有称叔叔者；父之弟媳，按排行称大婶、二婶或称大娘、二娘；父之姐妹，称孃、姑妈；姑妈之夫称姑爹；父之父，称爷；父之母，称奶、奶奶；父之祖父，称老祖公；父之祖母，称老祖婆；父之曾祖父（母），称老天天；母之父、伯父、叔公，称外公、公公；母之母、伯母、叔母，称婆婆、外婆；母之祖父（母），称外老祖公（婆）。母之兄、弟，称娘舅、舅舅，或称大妈、二妈；舅舅之妻，称舅娘、舅妈；母之姐妹，称姨妈、舅；姨妈之夫称姨爹；伯父之子女，长者依次称哥、姐，弟、妹则呼其名。兄之妻，称嫂嫂，结婚生育后，多随子女称；弟之妻，有称弟妹、弟媳者，有直呼其名者，或随子女称；姐之夫，称姐夫、姐哥，或随子女称姑爹；妹之夫，称妹夫、妹弟，但多直呼其名或随子女称姑爹。姑、舅、姨之子女，长者互相依次称哥、姐或表哥、表姐，表弟、表妹则直呼其名，血缘稍远者见面或统称老表。女婿，旧时称姑爷，现多直呼其名；妻之父母，旧时未结婚时称亲爹、亲妈，结婚生育后多随子女称，现未结婚时多随妻称，结婚生育后或仍随妻称或随子女称；妻之兄弟姐妹，未结婚时，兄、姐随妻称，弟、妹则直呼其名，结婚生育后，多随子女称；子之岳父母和女之公婆，称亲家公、亲家母；寄父、母，旧时称保爷、保娘，现多称干爹、干妈；夫妻之间，旧时互相打哑语称呼，或以一孩子之名冠于称谓之上，称"××家"爷、耶、爹、伯，"××家"妈、娘，或丈夫直呼妻子姓名，若对他人言，夫称妻为我家屋兜个，妻称夫为我家外前人，现夫妻互相间多直呼姓名，若对外人言，则在姓名之前加上我家二字。

## 第二节　良好风尚与新风新貌

### 一　爱国奉献

抗日战争时期，各族人民爱国热情空前高涨。民国27年（1938）3月，为打通国际援助中国抗战物资运输通道，毕节专区所属毕节、大定、黔西、织金、水城、威宁6县（时金沙、纳雍、赫章尚未立县）及赤水、仁怀、郎岱3县共8县的5万民工及贵阳等56个县的1.4万名石工，在东起川黔交界的赤水河，西至滇黔交界的杉木箐的崇山峻岭间，开山筑路，修建涵桥，至是年11月20日，修通全长364千米的川滇公路赤（水河）杉（木箐）段，使全长791千米的川滇公路得以贯通。抗战期间，各族人民不遗余力为抗战输粮输财输送兵力。民国30～34年（1941～1945），全专区输纳军粮49.98万石。民国26～34年（1937～1945），全专区8万余名壮丁参加抗日战争，其中529名为国捐躯。1950年，以美国为首的联合国军发动侵略朝鲜战争，把战火燃到鸭绿江边，各族人民和全国人民一道，同仇敌忾，投入抗美援朝、保家卫国运动。7900余名各族青年踊跃参加中国人民志愿军，赴朝鲜抗美援朝，其中465名在朝鲜战场英勇牺牲。

进入社会主义建设时期以后，各族人民的爱国奉献精神主要表现在建设美好家乡的实际行动中。毕节县田坝镇兴旺村人杨炳坤，1953年任猫场乡乡长，1955年因不识字怕耽误工作而辞去乡长回家当农民。1959年，杨炳坤邀约与自己年岁相当的张继友、赵树成、罗廷安，向大队承包黄腊坝几座大山义务植树。经大队同意后，4人背着墙板上山筑墙为屋，以山为家，常年植树。1959～1979年的20年间，共植树5万余株，育护幼林2000余亩，使几座大山披上绿装。大方县高店乡人胡索文，于1979年看管高店公社在臭水梁子下马的养猪场，兼植树木，至1983年，经林业部门实地测量，已栽种杉树320亩。是年11月，贵州省人民政府授予胡索文一等劳动模范。1984年后，栽种杉树330余亩。1987年，胡索文被评为省林业劳动模范。他种植的树，大部分已成林。1990年，胡索文向政府申请，通过公证，将自己种植的650亩杉树无偿献给国家。

## 二　重教兴学

明洪武二十四年（1391），奢香摄贵州宣慰司使，二十五年（1392）设贵州宣慰司儒学。宣慰司儒学规模宏大，为全省儒学之冠。除招收宣慰司“土生”外，还招收贵州卫、贵州前卫“军生”及贵筑等地“民生”寄学于宣慰司儒学。宣慰司儒学教学成绩优良，故科甲之士亦为全省之冠，共取进士13名，举人268名，岁贡159名。各地土司效法宣慰司儒学榜样，亦纷纷建立儒学。

明正统年间，毕节卫教授孙隐，以敦品树诸生之范，人咸贡之。

明正德五年（1510），云贵乡试中举的乌撒人缪良玉，曾任营山知县，以清惠著称。御官回乡后，鉴于乌撒士子赴云南乡试及贡入京师国子监均路途遥远，艰于资斧，故应试者少。遂购东起乌撒城东关豆腐井，经北关外下坝至回子村北山凡十余里地，岁入粟数千，以为士子科考和升入国子监读书之费用。

清康熙二十六年（1687），黄平人白光衢官威宁教授时，威宁因迭遭兵变，学校虽存，而教法废弛。光衢力振其衰，积16年而学校改观。去之日，诸生思其教泽，立石纪之。光衢之后，继之者为贵筑人管遴。光衢与遴先后以善教闻黔中，有威宁二贤师之誉。康熙三十九年（1700）官平远州学正的思南人田祖，在任期间，修建学宫，课士殷勤，亦为贤师。

威宁州遵化里红稗坝（今赫章县六曲河镇）人安天爵，在赫章彝族上层人物中首倡习读汉文、传播汉文化，重视教育，开设家庭学馆，延聘豫籍学者为家庭教师，教授其族属子弟，并招收村童前来就读，学习汉文化，开乌蒙地方办学之先河。其子中豫、中咸、中立均有文才；其孙子履泰、孙女履贞皆精习汉文，诗文颇有造诣，有遗诗传世。

清乾隆十九年（1754）福建侯官人李云龙任平远知州时，平远学宫材木蠹朽，墙壁倾欹者不一。云龙捐俸廉，倡率绅民大加修葺。平远旧无书院，云龙择地捐银建之。又建九贤祠，聘闽人翁云涛讲学其中，于是平远士子咸知理学渊源，规行矩步彬彬焉。其后，平远知州刘宗之亦以修学院、设义学为州人所敬爱。

赫章野马川人陈圣学捐资兴学，设家馆招收门生教授，所有门生应试皆中榜，圣学受清廷赐封为文林郎。

清嘉庆、道光年间黔西州新场（今金沙城关）人舒懿章幼年丧父，靠母刘氏清操苦节，辛勤教养，以获成长。后家业上万，为新场之大富人家。道光十一年（1831）懿章捐银100两，为玉屏书院购置田产，给童生伙食之需。懿章尊师重道，同街人胡成侯任教于玉屏书院，懿章每过胡家门，必以弟子之礼进而拜见。懿章之德行，新场妇孺皆知。逝后，清廷恩例授以登仕郎表彰。

毕节县海子街人沈维潘，清雍正年间在故里设馆教学，精于讲义，且教人以身立范，务敦实行，受其教者，皆品学兼优。尔后，执掌毕阳书院，四方来学者众，春秋两试，半出门墙。后，受聘掌云南镇雄书院，执教10余年，科甲翰苑蝉脱而兴。乾隆十年（1745），维藩卒于故里，毕节文庙列牌位供奉。

毕节县德沟人路元升，清乾隆元年（1736）进士，选授福建汀州府上杭县知县，为政清廉，治有贤声。任满回乡后，辗转教授于毕节、大定之间，门徒甚多，且多学有所成。

毕节县海子街人沈怀文，乾隆五十九年（1794）甲寅恩科举人。家居授徒，滇蜀负笈来从者甚众，均教诲不倦。从教五十年，门生达三千之众。

清同治年间毕节县海子街人沈昭云，辞任国史馆参事，回籍主讲松山书院，每岁成就者百余人，毕节士风为之一变。

黔西平坝场人毛登魁，同治年间举人，光绪初进士，不愿为官，终生为发展地方教育作贡献，有学生同榜考取秀才10余名的佳绩，俗有“平坝九里十秀才”之称。

毕节城内杨慎斋，名汝修，榜名绂章，清同治癸酉科举人。中举不为官，志在教书育人。初，在家设私馆，育人子弟。同治末年，任毕节松山书院教习。光绪十八年（1892），任松山书院院长，并献出公馆东院作书院院舍，使书院规模扩大，可容生员80余人。慎斋教学“主教以存心，立品为体，以储经济达时务为用”，讲学重音韵、句读、结构、章法和文义，每月捐资奖励成绩优秀生员。还编印《制浅说》一书发给生员作应试科举范文。清光绪二十三年（1897），将多年积累的生员优秀诗文262篇（首）编辑成《松山课士录》4册，并刻印成书。光绪二十七年（1901），慎斋将松山书院改为毕节求实学堂，为当时贵州最早的两所新学之一。学堂拟订学堂章程、筹款章程、学堂条规，并报清廷学部批准。慎斋自任经史教习，又聘通算学、天文的葛勉之任算学教习。慎斋要求学生住堂学习，也要求教习住堂，以便学生随时提问。慎斋掌松山书院和求实学堂期间，毕节、大定、威宁等地到书院和学堂求学的学子中，多有出类拔萃者，毕节于是人文蔚起。

织金县人黄理清，父母早逝，5岁即成孤儿。自幼好学，常杂伴于学童中，聆听凤西书院山长谌云书讲授经史。谌因生怜爱之心，每在课读之余多加指点。族人见其有成才之望，遂资助入塾，由是学有所成。后得因戊戌变法案牵连而被贬谪回贵州的原礼部尚书李端棻指教，学业大进。辛亥革命后，理清以出众的才华走入社会；但其生性耿介，不喜官场逢迎，对当时一些军政首脑包括其同窗黔军司令王文华（殿伦）等的聘请均婉辞不就。民国初年，理清游学黔西苦茶园（今金沙茶园），创办宏毅学校。嗣后，回省与唐尔镛、华之鸿、张彭年等组织南明救济会，创办南明中学。其后，先后在南明、达德、模范等学校任教10余年。教学之余，理清长期担任织金驻省同乡会会长，对织金留省读书学生的入学、食宿等方面都给予帮助。民国12年（1923），理清利用自己的声望，写信给织金县长，晓以大义，使其把每年全县的春贴捐1500银元拨给织金驻省同乡会，以资助留省读书的贫困学生。民国13年（1924），理清与南明校长刘守一受命共商筹组贵州大学，理清拟任中文系主任。惜不久理清病卒于南明中学。

织金县人黄承恩，清末秀才补禀，清光绪三十一年（1905）留学日本宏文学院师范。三十三年（1907）回国，受聘于清江师范。宣统二年（1910）返回故里，以振兴家乡教育为职志。民国元年（1912）创办织金县城两级小学堂，承恩任堂长及劝学所董事，参考日、美、英等国教学资料，在两级小学堂废除专攻经史、不务实用的教学内容，开设文、史、算、体和工艺等科，实行初高两级七年制学。承恩倡导和创办平民学校和短期成人识字班，倡导创办织金第一、第二女子小学。承恩晚年出任县教育局长，从教育经费中拨出千元大洋购买《万有文库》和其他一些书籍，成立县民众教育馆和图书馆，以发展织金的文化教育事业。

织金县人黄承宣，清同治末年考取秀才，光绪初中副榜，出仕通判。此后，长期担任平远州凤西书院主讲、山长。辛亥革命后，投入新学运动。两级小学堂成立之初，无国文教材，承宣不顾年迈病弱之躯，奋力撰写《国以民为本，民以食为天》等80篇论文，汇编成册，取名《文艺初阶》作为国文教材，使用10年之久。承宣从清光绪初到民国14年（1925）逝世的40余年间，为发展织金的教育事业多有贡献。民国初，织金县内学校的教师多出其帐下，被人们尊称为夫子。

黔西县大关镇人张醒汉，先在黔西狮山书院讲学，光绪三十三年（1907）在滥泥沟（今大关镇）创办大宏小学堂，民国4年（1915）又游说集资创办崇实女校，民国8年任黔西劝学所所长兼蚕桑学堂总理，对发展黔西教育事业有贡献。

黔西县红岩乡人王仲襄，青年时考入贵州政法学堂，受教育救国思想影响，毕业后回乡兴办教育。民国16年（1927），以原办私塾为基础，改办私立六勒小学，捐资购置教具，到县城选聘教师，开设新课，并登门劝说乡人送子弟入学读书。民国19年（1930），仲襄家被匪抢劫，六勒小学校具亦遭劫掠毁坏。仲襄在亲友中游说，筹集经费，又找县城绅、商、会馆接洽，商得县城内火神庙为校舍，将六勒小学迁至县城，改为黔西私立养正小学，自任校长。学校面向全县招生，开办仅两年，校风校纪、校园环境、学生成绩均为全县之冠。民国22年（1933），仲襄任第二区区长，以政推教，全区私塾一律改授新课，将创办国民小学列入各乡、保政绩考核内容之一。后因县政府索贿，便辞去区长，仍回养正小学任校长，直至民国25年（1936）病逝。

大定城关人孙仲瀛，20岁参加乡试，中秀才。清末废科举后，同王宝珩、符瑞贞、饶家琳等立志振兴家乡教育。光绪三十二年（1906）三月，参与创立劝学所，任劝学所总董；同年十一月，与王宝珩、符瑞贞创办大定官立师范简易科，附设高等小学堂；创办官立第一、第二、第三初等小学堂。后考取官费留学日本宏文学院。次年四月回乡后，参与创办大定私立师范传习所，又与王宝珩、陈其诗、饶家琳等创办私立女子初高两级小学堂、南区区立第二初等小学堂、私立两湖客籍初等小学堂。宣统元年（1909）正月，创办北一区区立第二初等小学堂、官立第一初高两等小学堂，宣统三年（1911）正月，创办官立初等农业学校，并与王宝珩、陈其诗、饶家琳、吴炯、周荧集资兴办私立初等农业学堂。民国2年（1913）被选为贵州省议会议员。民国14年（1925）2月，与饶家琳、杨文煃、吴仲恭创办大定私立初级中学。民国22年（1933）与谢培初创办私立求是小学并担任名誉校长。

黔西谷里镇人孙仲芳，民国6年（1917）考入贵州省财政厅经征员讲习所，卒业候委期间，见军阀割据，政局多变，官场腐败，文教失宣，世风败坏，毅然抛弃仕途，决心从教。民国8年（1919）受聘任教于黔西蚕桑学堂，次年受委于县立新场小学任教。民国12年（1923），军阀混战，祸及新场，学校停课，仲芳应当地士绅蓝锡纯之聘，设帐教学。常选历史上爱国诗文讲授，又用当代新思想激发学生。民国15年（1926），仲芳回乡创办县立谷里两级小学，担任校长。民国21年秋又创办谷里两级小学，担任校长。次年创办钟山小学。仲芳体弱多病，退居家中后，仍常往地方绅商富户家中，呼吁社会各界支持学校。

大定城人向世滨从19岁起，即在家设塾馆教书。清宣统二年（1910），被选为大定府城议事会议员，与简书等捐资创办私立乐育学堂。宣统三年（1911）十一月，大定军分政府成立，世滨参加新政府工作，不久，军政府被颠覆，世滨出走黔西烂泥沟避难，以教学维持生计。民国2年（1913）返回大定，继续设馆。民国5年（1916）3月，与简椿龄、孟光培等创办大定公立乙种工业学校。民国14年（1925），与杨文煃、吴仲恭等13人捐资创办大定私立初级中学。民国12～13年（1923～1924），世滨任县督学，常下乡视察学校，"辄见乡间私塾，不知科学门经，虽有良师循循训诲，而学子徒诵九千，不解一字"，于是决心从改革教材入手，用5年时间，搜集常用单字、成语，根据字义、同音类聚，集韵汇编，编识字课本一套，分上、中、下3册。上册书名《正蒙一得》，中、下册名为《国学初基》。全套书大量采用通俗口语，音韵协调，词意明显，易学、易懂、易记，在塾馆试用，深受学生欢迎。民国25年（1936），塾馆扩大，改为大定私立三民小学，区乡和县外多有慕名前来就读者，学生从50～60名增至200余名。次年，世滨任大定私立求是小学名誉校长兼语文教师，仍亲自讲授《国学初基》。世滨从教40周年，深得学生赞誉，制作"善教得名"匾额赠送。

大定城关人杨筱耿，民国11年（1922）于东京明治大学学成归国，谢绝北洋军阀和贵州军阀的邀请，不出仕为官，回乡办学。民国14年（1925），与留学日本的同学吴仲恭筹办中学。在劝学所长孙仲赢、饶家琳支持下，邀集地方热心教育人士，创办大定私立初级中学，自任校长并亲自任课。是年，被选为国民代表大会代表，利用赴南京开会在贵阳暂住之机，到有关单位奔走呼吁，终于在民国15年（1926）冬经贵州省教育厅批准，改私立大定初级中学为公立。民国19年（1930），筱耿再次出任大定中学校长，次年参加全省教育会议，着力介绍大定初级中学情况，得到省的重视，拨款资助完善学校设施。民国26～31年（1937～1942），筱耿被推选为贵州省第一、二届临时参议会议员，利用合法身份，呼吁开发地区经济和兴办教育。筱耿病逝前仍在大定中学兼课。

大定达溪核桃坪人杨景尧，彝族人。民国12年（1923），景尧高小毕业，成绩优异，被保送到四川泸州教会办的华西中学深造。次年，返回大定，接替包宽爱任华西小学校长。景尧聘请有名望的教师到校任校，学校更有发展。景尧每年寒假还返回核桃坪老家，或登门拜访，还托人捎信，动员亲友送子女入华西小学学习，经其动员入学的少数民族学生达100余人。民国22年（1933），华西小学更名为崇实小学。民国34年（1945），更名为宽爱小学。崇实小学、宽爱小学的毕业生，又分别在大定县海马乡箐脚和显母、大山乡、安乐乡小寨、纳雍县乐治区老凹现、毕节普宜田坝寨先后兴办6所宽爱分校，招收边远地区少数民族子弟300余人入学。

织金县人王季芳。民国5年（1916），毕业于贵州省立后期师范，回织金任劝学所所长兼两级小学堂校长。民国12年（1923）获贵州省政府题赠"嘉惠士林"匾额。民国20年（1931）赴省参加高等文官考试，名列第一。省教育厅动员其留厅工作，季芳婉言谢绝，愿还乡里为教育效力，后被委任为织金中学校长。

大定城关人王宝珩，20岁取禀生，受维新思想影响，立志振兴教育。清光绪三十二年（1906），考取官费赴日本留学，入弘文学院就读师范一年。回国后，与符瑞贞、孙仲赢组建劝学所，创办官立师范简易科附属高等小学堂，官立第一、第二、第三初等小学堂。翌年，参与创办私立师范传习所，又参与创办官立第一女子初高两级小学堂。宣统元年（1909），候补四川直隶知州，因母病逝丁忧回籍，遂无意仕途，全力兴办地方教育。宣统三年（1911）正月，参与创办私立初等农业学校。辛亥革命后，先后执教于贵阳政法学堂、师范学堂和模范中学。民国7～9年（1918～1920），参与创办大定私立养正国民学校、县立师范传习所、私立第一两级小学校、县立女子师范传习所等学校，嗣后长期从事地方教育。

毕节县城署衙人肖吉人，民国9年（1920）考入贵州省公立政法大学堂。毕业后，先后在镇远县、青溪县和贵州省民政厅、财政厅供职。其后，返回桑梓，兴办教育。民国29年（1940），倡议创办毕节私立弘毅中学。学校开设国民政府教育部规定的全部课程，注重教学质量，使弘毅中学成为黔西北享有盛名的学校。民国33年（1944）后，任毕节县教育局长，又在毕节城区筹资兴办第二女子小学、蜀益小学、三楚小学、豫章小学，并开办半工半读女子职业班，招收70余名女生入学，学习语文、数学等文化课程和缝纫、刺绣等技能。民国36年（1947），吉人任毕节师范学校校长。其后，任毕节县中学校长。

民国36年（1947），毕节燕子口镇小哨村苗族自然领袖李国安、李炳南在毕节城西灵峰寺创办中华小学，并争得国民党地方当局的承认和拨款支持。李国安走村串寨动员苗族子女入学，帮助解决贫困人家子女入学困难，使入校读书的学生达110余人。民国37年（1948），中华小学迁至国安家乡燕子口大南山村，李国安让出自己的住房作教室。中华人民共和国成立后，人民政府接管学校，定名为大南山民族小学。1956年，重新修建校舍时，李国安带头献工献料，捐献树木120棵，全家老少为建校平基工程献工200余个。

民国12年（1923），大定南乡嘉宽岩头人吴仲恭于日本东京中央政治大学政治经济系学成归国后，曾任北洋政府农商部佥事。后弃职返家。又几次拒绝贵州省政府、大定县政府的委任。民国14年（1925），仲恭与孙仲赢、饶家琳，杨文煃、符诗诚创办大定私立初级中学。学校开办初期，学校办公及业务经费，由仲恭主动捐资解决，直至民国16年贵州省教育厅批准为公立中学为止。民国24年（1935），仲恭任城区男小校长，教育局未及时发放教师薪金，部分教师即将断炊停课。仲恭派人去白布老家运来大米，解决教职工困难，学校得以坚持上课。事后县里拨给经费，仲恭不收粮价，作为对全校职工的资助。大定城区中、小学每遇经费支绌、办学困难时找到仲恭，仲恭均慷慨相助，其支持教育事业的义举，在全县教育界传为佳话。

黔西县城关人熊绍儒，南京国立东南大学教育科结业。民国13年（1924），任黔西县劝学所长兼男小校长，翌年任贵阳男师和一中教员。民国15年（1926）任贵州省教育厅科员，促成贵州省政府批准开办黔西初级中学，委任绍儒任校长。民国27年（1938）促成省教育厅将黔西中学改为省立。民国29年（1940），任务川县长，在任期间，组织整顿小学教育，创办务川中学。民国35年（1946），任贵州清镇中学校长。中华人民共和国成立后，继续在清镇中学任教。1951年调任贵阳专署文教科视导员，后受派筹建贵定师范学校并留校任教直至退休。

黔西县新仁苗族乡人王中强，民国38年（1949）黄埔军校毕业时，参加军校集体起义。1950年回乡。1951年在化屋基创办安乐小学，招收学生近百人，给家庭贫困的30名学生免学费，争得村农会和学生家长支持，新建教室4间，改善办学条件。1951年秋，安乐小学转为公办，更名化屋小学，中强被转为公办教师。1986年，中强将自己的退休建房补助费2600元捐修化屋扇子岩民校，争得县政协、县民委补助1750元，建成扇子岩民校。1999年，在东风湖畔右耳村创办团结小学，解决化屋基苗族移民子女就读难问题。

## 三　急公好义

清顺治年间移居黔西新场（今金沙县城）的湖广人袁成禄，经营制革业，生意兴隆，家财殷富。新场北部有一桥，为县境西部主要通道，年久废圮。康熙初年，成禄慷慨捐资，延请工匠施工，修成新桥。又10余年，山洪暴涨，将桥冲垮一半，成禄又捐资补修。再几年，桥又被洪水冲坏部分，成禄又出资补修，耗尽家财。邑人称是桥为袁家桥，其称呼沿袭至今。

黔西州沙溪至遵义途中，有沙溪河阻断交通。清康熙年间沙溪人骆成香悯商旅过客涉水之艰险，自捐家资修五孔石拱桥，连修3年，家财耗尽，桥方完工，邑人称为骆家桥。历300余年，桥尚完好，为金沙至遵义公路上跨度最长的古桥梁。同期，岩孔人陈公旦，捐资在箐水河上修建一座跨度4丈5尺（15米）的拱桥，以利盐道之交通。

黔西新场人任衡，清康熙乙卯科举人，康熙二十三年（1684）出任广东乐昌县知县。为事亲致孝，回归故里。捐资修建渭河桥，补修新场桥。

清乾隆年间黔西州新场人李子藩捐资在新场镇东郊沙溪河上修一座正孔跨度10米、另有副孔的石拱桥，后称红岩桥，亦称李家桥。历经200余年。1989年，政府将其拆除，另建宽阔的红岩桥。

黔西州平定里（今金沙石场）腰线岩险道，为四川叙永至新场左盐道和新场至毕节龙场营及仁怀至毕节必经之道，商旅难行。清代，平定里彝族人禄嘉捐资改道，凿通观音岩，取道天生桥，使行人免受涉水攀岩之苦。

毕节人糜肇瑞，人称糜百万。清道光十七年至十八年（1837～1838），独自出资在毕节通往大定府亲辖地大兔场必经之路的总溪河上修建万寿桥，人称总溪河大桥。桥长56米，宽8.5米，高23米，独孔石拱，历经百余年，现仍为毕节通往纳雍、水城的公路桥。道光二十年（1840），肇瑞又出资修建水城扒瓦大桥，桥长6.9米，宽1.5米。此外，毕节通往赤水河而后连接四川的官道的修筑，肇瑞亦有捐资。

清嘉庆、道光年间的大定人陈廷芳，性好施与，凡郡中修治桥梁、道路，竭力营办，费至2000金。知府王绪昆以“为善最乐表”其门。同期的黔西人赵绘龄，家渐有储蓄，乃行其惠于乡里，拯族邻之乏者，修桥路之圮者，必自竭其资而后劝捐于人。贵州布政使李象鹍表其门以“仁惠广推”。

毕节汉屯人靳扬庭，民国9年（1920），邀集乡里士绅，组织民众投工投劳，历时数月，修成一条长3000米，从官坝到汉屯石洞山口的灌渠，人称官沟，使弯子田坝、小坡林脚、挑水河、苗坟山脚、岩洞门口、大田弯子、大小台子田、下街口及田边寨子的数千亩农田得灌溉之利，无干旱之虞。今汉屯街，原为一条大沟，乡民散居于沟之两侧，民国20年（1931），扬庭邀集当地士绅商定填沟修街事宜，且主持其事。至民国22年（1933），街成，命名兴汉街。民众立“永垂万古”纪念碑于下街街头。

## 四　乐善好施，济困扶危

清嘉庆、道光年间，黔西人杨国元，家无中人之产，而常以母命施予不倦，宗族贫匮者赈之，乡邻寒而无衣者予之棉衣，死而不殓者予之棺葬，州人以此敬之。道光中，知州吴嵩梁表其门以“为善最乐”，贵州布政使李象鹍表其门以“乐善不倦”。同期的黔西州人冷遇春，早年家贫，以卖药为生。久之，家渐富裕，乃合药以施病者，制棺以葬死者。布政使李象亦尝表其门。

黔西州人余中华，其父以好施舍闻名。中华继父志以施予，葬穷匮之丧不下数百。嘉庆五年（1800），黔西大饥，尝散白金千余两以赈。道光十四年（1834），中华子熙又散粟数十石以赈。中华三世能施，州人称之。

黔西人禄星，性恭谨和厚、家富，以施济为务，族里之贫乏者无不赈济。道光五年（1825），创留养济局于黔西州西门外，以助州收养无告之民，知府杨祖浮及贵西道、云贵总督皆表其门。

黔西州新场人丁敬之，自开中药铺于新场扬叉街，医术精湛，利人济困。敬之行医，不分贫富贵贱，患者早请早到，晚请晚到。脉理之费，视病家贫富而定。富者，正算正收诊治费；临时有困难者，在处方上写一欠字；对贫困人家，不但不收脉理费，还在处方上写上免字，让病家持处方到敬之药铺免费拣药。暮年，敬之将自己多年行医经验写成《千金不易》一书。

大定城关人王相琴，字涉猷。18岁为府庠生。因母病延医诊治而结识名医黄辑五，遂拜为师。相琴因黄悉心教导，又得其所藏医书典籍刻苦攻读，对清代叶天士、吴鞠通、王孟英等温病理论悉心精研，融会贯通。遇伤寒用六经，遇温病用卫气、营血、三焦，遇杂病用脏腑辨证，以四诊八纲统领辨证大法，医道造诣颇深。对一些疑难病症，能力挽沉疴，有起死回生之力。县内外慕相琴之名而求医者络绎不绝。凡权贵、豪富延请出诊，必须轿马迎送，并重取酬金；对贫苦人家前往求医者，则步行出诊，不收脉礼；对极贫者，则专用相琴便笺为病者处方，病家用此处方到县城资生堂药店拣药，免交药费，店主每月凭处方笺与相琴结账，高尚医德，备受时人称颂。

民国年间大定县瓢井镇盐防军督、四川永宁三益公盐号瓢井分号经理席绍庭，热心公益事业。自筹经费，创办“维道女校”。又兴修义园，设医务室，免费为穷人治病；又人死无力安葬者，则为之备制棺木安葬。又与陈锦斋创办济腊会，每到春节，筹集经费，为穷苦人送粮、送盐，其不敷之数，皆由绍庭承担。中华人民共和国成立初，大定食盐困难，绍庭毅然无偿捐出川盐3000千克，支援政府。

毕节县海子街名中医胡清华，医术精湛，对张仲景的《伤寒论》尤有研究。清华对求医者无论贫富贵贱均悉心医治，其收费规矩为贫不取费，富贵增加。汉屯乡村民张某，家住岩洞，以乞讨为生。有一年全家染上鸡窝寒，眼看性命难保。清华得知后，即携药前往医治，保全张家全家性命。张某病愈后登门致谢，问及药费时，胡分文不收。张某请人写一副对联赠送清华，其联曰："待人无私，不分张王李赵；回生有求，哪管富贵贫穷。"清华临终前，在病人欠有1700元的账簿上写下"万事休，不得过问"7个字。

威宁县城关人雷晓斋，自青年时代，在老中医盛仁慈指教下，潜心研究医学，遂成威宁有名的中医之一，尤擅长妇产科和治小儿惊风。民国22年（1933），威宁发生严重痢疾，晓斋配制中药"痢疾散"无偿发给患者，痢疾蔓延之势很快得以控制。民国24年，威宁城乡霍乱流行，晓斋不计报酬，主动为患者治病。1950年后，晓斋先后在威宁城关医院、县人民医院工作。1981年，晓斋92岁高龄退休在家，凡有病人上门求医，总是来者不拒，对经济困难的农民，还代付药费；即使卧病在床，也要勉强起身为来家求医的病人诊治。晓斋一生济世活人，直至95岁寿终。

## 五　敬业有为

毕节县人靳玉皆，自清康熙二十八年（1689）受县令方瑞合之聘总理毕节县交通运输事务后，继为瑞合之后几任县令所沿用，对从赤水河至威宁、从小河至普宜、从大河至大定、从毕节至镇雄道路的修筑或维修多有贡献。毕节县境的主要桥梁诸如大桥、流仓桥及阿市、十八、丰罗、撒拉、先见弯、前所、后所、文津（壕沟）、鸡场、对坡等地20余座桥梁，均属玉皆任职期内修建。

威宁州得著人陈道明，其家世办厂务，专精矿业。清光绪三年（1877），道明继其先人开办得著陈家厂，每岁约出铜十五票。法用高炉烧炼，每火用锻炭7000斤，铜矿万斤，合炭逐层铺置炉中，工人轮换添火，抽箱风气鼓动，炉火大发，约两昼夜熔化一炉。至铜汁集中时，用锤尖破炉，放铜汁入模型中，成为圆饼，是谓大铜，其质精良；最后者为渣子铜，其质遂逊。每火约出铜800余斤。相传是厂于五代南汉刘阮时开办，历时已及千年，兴旺最久。

威宁州乌木屯人管子俊，其父义成久办厂务，家至万金。子俊因为宦达，承其父业，仍办回龙铜厂。其妻伍氏佐之，优待工丁，勤理家务。子俊专理矿铜，博采佳矿，烧炼成铜，岁出万余斤，以此家成巨富。

威宁黑章（今赫章）人徐心斋，家业耕读，勤事种植五谷蔬果之外，广种苎麻，有麻园十一，栽植培养，保护经营，未尝稍疏。至六月内麻成，刈而剥之，是为夏麻；九月再刈再剥，是为秋麻。皮长至4尺许，物质甚美，绩成麻缕，可织布作袋，缝衣制线，销售颇宽，获利益厚。

威宁稻田坝人王开榜，其家七世业农，五谷豆麻瓜菜之外，勤培梨园，栽培养护，成梨园十二。是物多为接枝，春花结果，九月大熟，有大至二斤外者，色黄，味甘而香，质美而脆，可以贮藏至次年3月。远销外县，获利颇丰。

威宁耐书人赵明景，幼读书入庠。翰林院待诏衔。家世业农，兼营畜牧。马牛肥壮，山羊毛羊，常至千余只。毛羊饲啖以盐，待其肥硕，毛长，剪洗。其毛分三季，三月一次，六月一次，九月又一次。毛皆细柔，可以供纺线及毡毯之用。山羊则仅供发售屠食。牛马亦销路甚宽，皮更贩销外出，获利益丰。

威宁州蔡正坤，以军功起家候补协镇，曾署威宁镇标右营守备，二年后卸任。家居留心耕读，专营林业，栽植以时，培养以法，保护更勤，故盐仓一带盛产青黄二松及红杉、尖顶杉、罗汉树、楸木、毛栗、樱桃，更富有栗柴林、江子林可供烧炭原料。各种木材，则皆充宫室器物之用。每岁销售甚旺，得利益多。

大定县核桃坪人李占春（1870~1945），自幼家贫，为人勤劳忠厚。每遇亲邻嫁丧大事备办酒席酬宾，常前往帮厨，潜心学习厨师操作技艺。久之，其配料、清汤、调味等烹饪技术逐渐名扬乡里。民国7年（1918），受雇为众议院议员杜铸言的家庭厨师，随杜游历北京、天津、上海等城市，领略南北菜肴风味，并到大餐馆观摩学习，烹饪技艺进一步提高。民国18年（1929），随杜卸任返回大定，在县城落户，为仕官商贾人家做厨，所作菜肴均受好评。行艺中，取外地筵席之长，将本地传统席面“八大碗”改为“四盘四碗”，即4个座盘、4个行盘和4个大碗，将一次上齐菜改为交替上菜，并按照菜肴及烹饪制作技法不同，将筵席分类为烧烤席、鱼翅席、海参席和普通席4种席面。各种席面有不同菜谱，视当时市场能购买的材料加以调整。烧烤、鱼翅席属高等席面，则增加造型美观、色香味俱佳的“四碟八品”和“四蒸四炸”。占春对传统席面的改变，得到县内各界的赞赏，逐渐推广，形成大定筵席独具的风格特色。占春利用本地土特产制作花样翻新的椒盐慈姑、锅渣和嫩玉米调以蛋清配以佐料烹制的“珍珠闹海”等菜肴，风味独特，食者赞不绝口，所制作的阉鸡点豆腐、炒蛋松、炸春卷，色香味皆比其他厨师更胜一筹，尤其是市制清汤，不油不腻，清香爽口。占春热心传艺援徒，在其传授下，具有大方特色的“四盘四碗”席面及烹饪技巧流传不衰。

宣统三年（1911）从四川移居大定的周俭成、周习之兄弟，雕塑技术精巧。大定城隍庙及斗姥阁塑像，即为俭成弟兄杰作。城隍庙后殿观音阁的三尊观音像、十八罗汉，前殿城隍、站将、门神；斗姥阁后大佛殿中佛像及百子岩上的100个童子，造型生动，千姿百态，神情各异，形象逼真。俭成还学成在衣袖内与人塑像的绝技，甚至不见真人只凭照片，也能塑得神形酷似。民国15年（1926），俭成凭当时主政贵州的周西成戎装照片，为周西成塑像一尊，获奖银50元。

大定城关人吴大馨（女），出身书香门第。民国8年（1919）大定始设女子速成师范班，时大馨已是5个孩子的母亲，不畏世俗偏见和亲友非议，劝说翁姑和母亲支持其报名入学。由于刻苦努力，以优异成绩毕业。校长饶家琳聘其为大定女小教师，成为大定女子教育的先行者。大馨以慈母之心热爱学生，早上提前到校，指导早读。教学中循循善诱，因势利导。放学时护送学生回家。晚上带回学生作业批改，认真负责的工作态度和奉献精神深受学生和家长赞扬。

大定人杨玉章，其祖父、父亲均为石雕艺人。玉章在其父培育下，酷爱石雕艺术，技艺日精。民国6年（1917），玉章镌刻大定北郊名胜庆云阁前的蟠龙石，精心构思，精工雕琢，在一米见方的石板上呈现一条蟠龙，龙头昂起，鳞甲显现，龙睛暴凸，蜿蜒盘曲，栩栩如生。龙口含空心石宝，宝中套活动石球，泉水从龙口喷出，冲动石球，铿锵之声不绝于耳。蟠龙两侧，刻清代书法家何绍基“风篁类长笛，流水当鸣琴”楹联一副，刻技苍劲古朴，刀法精绝。玉章还在斗姆阁鱼塘进水处雕刻龙头一对，龙口喷出清泉，夏日荷花盛开之际，水珠洒于叶面，俨若明珠在玉盘中跳跃滚动。

大方城关人杨叔文，民国11年（1922）受业于大定名医王相琴，深得医药心法，曾治愈不少顽难疑症。诊治病人必临床辨证施治，不问寒暑均亲至病家出诊。用药常不拘于成方，以对症为上，以精当为则。在医术中擅长治疗妇科崩漏、小儿麻疹及阴虚体弱诸症。对胆道蛔虫之治疗亦有独到之功。1959年已年逾花甲，仍研究创制了专治红白痢疾的温白丸，次年又创制治脾胃疾患的“理脾合剂”，屡经患者服用，疗效均称良好。叔文对求医者不分贫富，不论官民，均精细诊察，对症用药，从医50余年，载誉大方县境医界。

毕节城关人刘端彦，幼年读书，成年后从事商业。在毕节县城创办君再来旅社，附设食堂、澡堂，深受南来北往顾客喜爱。又创办毕节砖瓦厂、碾坊、毕节新纪盐号、毕节电厂等企业，成为当时毕节颇有名望的民族资本家。

毕节县海子街人李仲衡，20世纪40年代初，见行人从海子街步行25华里进城，往返皆不便，于是自行设计、制造能坐6人的双轮马车搞客运。不久，马车从1辆增至6辆，2辆运客，4辆下四川运盐。其后，在经营运输业的同时，又从外地购进压面机在小校场水沟边加工鸡蛋面、素面、饺皮等食品，生意红火。继而又自筹资金，从重庆、贵阳等地购进设备，在倒天河六洞桥畔创办麻毛纺织厂，生产宽布、窄布、大衣布料和各式长短袜以及“田字呢”“人字呢”，深受各阶层消费者欢迎。

毕节城关人李道生，幼年随父学医，15岁独立应诊。学兼多门，对内、儿、妇科均有研究，尤以外科、伤科为专长。其治疗伤外科的独到之处，在于既注重传统的手法复位，又配合药物内服外敷，并研制出一些独特方剂，疗效显著。其自制的带刀散、治痛散，分别治疗不同时期的痛疡重症，效果亦颇佳。中华人民共和国成立后，道生参加人民卫生工作，在毕节县医院中医门诊部上班，慕名求医者络绎不绝。医院规定其每日诊断50人，道生经常诊治近百人。且每天晚上，道生家几乎都有病人求医。尽管已劳累一天，道生却毫不推辞，总是和颜悦色为病人诊治，却从不收病家一分一厘。道生还善于培养人才，从医数十年，收教徒弟10人。1962年，贵州省卫生厅授予道生贵州省名老中医称号。

毕节城中医周济民，民国时期即以儿科闻名。1956年进入毕节地区医院任中医师后，每日门诊百余人。1959年任毕节地区中医院副院长后，仍坚持上午在病房查房，下午在门诊看病。一年360日应接病人不暇，就是回家吃饭，亦有病人候诊，济民均谦和以待，认真诊治。济民不但在毕节是著名的儿科专家，云南省镇雄县、四川省叙永县等周边地区也常有病人慕名而来向其求医。1963年，贵州省卫生厅授予济民贵州省名老中医称号。

毕节县田坝桥弯腰树村人陈克俊，先后任生产队长，生产大队长，中共弯腰树村支部书记，带领全体村民艰苦奋斗20年，将弯腰村26.7公顷坡地改造成水平梯土，使粮食连年丰收，村民过上丰衣足食好日子。1976～1983年，曾任中共毕节县委副书记。

赫章县哲庄乡人宋文光，原名汪光宗。石工技艺精巧，中华人民共和国成立前，在赫章及云南镇雄一带小有名气。1956年，被赫章县交通局聘用，负责全县公路桥梁修筑，经其设计并指导施工的桥梁有头道桥、后河大桥、六曲河桥、古基桥、黑沟桥、哲庄桥、大河边桥、幸福桥、发冲桥、可乐大桥（银河桥）等数十座。文光一生热爱石工技术，最后于1984年2月11日在可乐银河大桥施工工地突患疾病而寿终。

纳雍县雍熙镇友谊村人张绍宣，中华人民共和国成立初期被选为村农会主席，带领群众将本村荒坡改造成梯土，使全村人均粮食翻一番。1954年，绍宣想搞亩产千斤粮尝试，得到区、乡领导支持，在和平小街旁划拨1.8亩地供其试验，当年亩产477千克。第二年达610千克，成为全县科学种田带头人。1959年，中共鬃岭区委聘绍宣为区林业中学校长，绍宣带领师生将学校附近几个坡头种上杉、松、桦树，留给后人一片葱绿。1961年，林业中学停办，绍宣回家，将村民编成老年组、青年组、妇女儿童组，分片绿化，由队里计工，实行包种、包活、包管理、包成林。经过数十年苦心经营，绍宣带领群众在友谊村大小坡头上栽种的6万多株杉、松、桦树和杂木均已成材。

纳雍县勺窝乡勺窝村人张钟鸣，1950年当社会力量搞秋征，随后被吸收为土改工作队队员。以后历任多个领导职务，直至中共纳雍县人大党组书记、主任及县政府顾问。1958年参加修滇黔铁路期间，学会工程勘测技术，在其后的纳雍县水利、公路建设中得到应用。20世纪70年代初，参与组织修建鬃岭至巴雍公路时，亲自勘测，从风化岩上凿通300余米隧道，既缩短里程，又提高质量。在纳雍至大方、水东至箱子、雍熙环城路等几条公路建设中，从勘测定线到组织施工，钟鸣均系第一线指挥。1977～1990年，组织指挥实施纳雍县城市水岩供水工程，钟鸣两次任指挥长。1990年，吊水岩水库建成，而钟鸣亦因积劳成疾病倒在工地上，以致中风病逝。

黔西县新阳乡人段志明，少年时在家乡读私塾5年后务农，暇时由其父教习书法和绘画。1971年写出《学习美术字》书稿。1982年起任黔西县广播事业局局长。在任期间，选城内狮山古观农台修建电视转播台，圈山7000平方米，历半年艰辛于次年“五一”节开始转播。继经两年努力，将全县11个区电视转播站建成。在建设狮山电视台中，志明自己规划，四处求资，精打细算，将电视台建成袖珍式公园，被录入《贵州省志·名胜志》。时任贵州省委书记胡锦涛到黔西检查工作时，对狮山电视台环境建设给予充分肯定。萧克将军视察黔西时，对狮山电视台环境建设亦赞评有加。1987年，志明着手在学宫坡上架设自己构思的当时贵州最高的103米电视铁塔，为群众提供更多电视节目。同时规划景点，进行绿化，逐渐将学宫坡建成黔西城内第二个游览区。从修建狮山公园式电视台起，志明系统地自学工程建筑与设计、古典建筑设计与规划等专业书籍，且在建筑实践中不断总结经验，逐步成为仿古和园林建筑的土专家。1993年志明退休后，无偿地为黔西烈士陵园的增修作设计，为灵博山、撞钟山和杜鹃花区作道路、景点设计，为黔西县一些单位作庭院美化设计。应贵定县邀请，为该县设计和指导修建公园式烈士陵园，受到时任国家民政部部长多吉才让的赞扬；设计并指导修建的贵州省安全厅、贵阳市安全局环境设施，时任国家安全部部长贾春旺接见志明时，大加赞许。志明还应邀为梵净山和黎平县规划设计旅游景区，为毕节地区行署庭院绿化美化、毕节倒天河景区规划设计和指导修建。

## 第三节　民族民间节日集会

各种民族民间节日集会活动地点157处，盖因民族不同、居住地域不同、时节形式不同，不同民族有各具特色的民族节日集会；同一民族因支系不同，居住地域不同，民族节日集会也不尽相同。民族节日集会以民族分：苗族103处，彝族5处，仡佬族1处，布依族8处，回族2处，水族3处，苗、彝共同活动的27处，各民族共同活动的8处。以时节分：正月55处，二月21处，三月9处，四月1处，五月46处，六月9处，七月10处，八月2处，十月4处。以参加活动人数分：1000人以上1万人以下的111处，万人以上的46处。少数民族节日集会，多源于纪念性和祭祀性。随着时间的推移，内容逐渐丰富，文化内涵渐增，其组织形式多为各族人民自办。1978年12月中共十一届三中全会后，境内民族节日集会活动更为兴盛。

毕节地区部分民族节日集会活动概况一览表

单位：万

| 县别 | 节日名称 | 月份 | 日期 | 地点 | 民族 | 人数 | 范围 | 活动内容 |
|---|---|---|---|---|---|---|---|---|
| 大方 | 跳花节<br>赛歌节 | 正 | 初八 | 安化岩头寨 | 苗 | 1 | 大方、织金县毗邻地区 | 跳芦笙、对歌 |
| | | | | 鸡场六圭河畔 | 布依 | 1 | | 赛歌 |
| 黔西 | 跳年厂 | 正 | 初六~八 | 铁石 | 苗 | 1 | 毕节、大方、黔西、清镇、修文、息烽毗邻地区 | 跳芦笙、对歌 |
| 纳雍 | 歌节 | 正 | 初一~三 | 百兴猴儿关 | 各族 | 3 | 方圆100千米 | 对歌、找对象、游艺 |
| 纳雍 | 跳花节 | 正 | 初一、三；初五、十五 | 姑开引底桥边 | 苗彝 | 3 | 维新、姑开毗邻地区 | 苗族跳芦笙舞、彝族对歌 |
| 纳雍 | 跳花坡 | 正 | 初八 | 乐治郑家丫口 | 苗布依 | 1.5 | 方圆100千米 | 跳芦笙舞、吹口琴、吹木叶、唱歌 |
| 纳雍 | 跳花坡 | 正 | 十五 | 龙场化作倮都 | 苗 | 1.3 | 方圆50千米 | 跳芦笙舞、吹口琴、斗牛、赛马、谈情 |

续表

| 县别 | 节日名称 | 月份 | 日期 | 地点 | 民族 | 人数 | 范围 | 活动内容 |
|---|---|---|---|---|---|---|---|---|
| | | | | 龙场地尾 | 苗 | 1.5 | 方圆50千米 | 跳芦笙舞、对歌 |
| | | 正 | 十五 | 竹园显母寨 | 苗 | 1 | 大方、毕节毗邻地区 | 跳芦笙舞、对歌 |
| | | | 十二 | 东关七家田 | 苗 | 1.5 | 响水、达溪、双山、城关毗邻地区 | 跳芦笙舞、对歌 |
| 大方 | 采花节 | | 十三 | 响水街上 | 苗 | 1 | | |
| | 跳花节 | 二 | 十四 | 长春法乐 | 苗 | 1 | 大方、金沙县毗邻地区 | 跳芦笙舞、对歌 |
| | | | 十五 | 长春大寨 | 苗 | 1 | | |
| | | | 二十 | 沙厂黄泥 | 苗 | 1 | 大方、金沙县毗邻地 | 跳芦笙舞、对歌 |
| | | | 十一 | 八步乌家山 | 苗 | 2 | | |
| | | | 十八 | 龙场箐脚 | 苗 | 3 | 织金、黔西、大方、纳雍县毗邻地区 | 跳芦笙舞、对歌 |
| 织金 | 跳花节 | 二 | 十九 | 以那大坡脚 | 苗 | 1 | | |
| | | | 二十 | 八步新寨坡 | 苗 | 1 | | |
| | | | 逢羊日 | 城关平寨 | 苗 | 2 | 邻近乡 | |
| 织金 | 花场 | 三 | 逢马日 | 少普街上 | 苗 | 1.5 | 阿弓、珠藏、三塘毗邻地区 | 跳芦笙舞、对歌，笛子、手风琴等 |
| | | 三 | 逢猴日 | 三塘街上 | | 1 | | |
| | 跳花节 | | | 瓢井八堡大坪子 | 苗 | 5 | 川、贵、云交界地区 | 跳芦笙舞、对歌、斗鸟、赛马、玩山 |
| 大方 | 玩山节 | | 初五 | 六龙马干山 | 苗彝汉 | 1 | 方圆百里 | 游山、对歌 |
| | | 五 | | 猫场六仲河边 | 苗彝汉穿青 | 1 | 大方、纳雍县毗邻地区 | 观看九洞天出水洞岩壁蝴蝶聚集、对歌 |
| | “游百病”赛歌 | | | 县城北门外公路边 | 各民族 | 2 | 城关地区 | 赛歌 |
| 织金 | 跳花坡 | 五 | 初五 | 龙场石板 | 苗 | 1 | 方圆50公里 | 跳芦笙舞、对歌 |
| | 花街赛马 | | | 抱茅山 | 回汉彝 | 1 | 城关毗邻地区 | 赛马及其他文体活动 |
| | 赛马节 | | | 盐仓百草坪 | 彝 | 1 | 威宁、赫章县毗邻地区 | 盐仓百草坪 |

续表

| 县别 | 节日名称 | 月份 | 日期 | 地点 | 民族 | 人数 | 范围 | 活动内容 |
|---|---|---|---|---|---|---|---|---|
| | | | | 幺站瓜拉 | | 1 | 幺站、黑石头、城关二塘 | 赛马、跳芦笙舞 |
| 威宁 | | 五 | 初五 | 威宁 | | 1 | 兔街、龙街、大街 | |
| | 赶花场 | | | 龙街马踏 | 苗 | 3 | 云、贵毗邻地区 | 绩麻、射弩、吹芦笙 |
| | | | | 中水石门坎 | | 1 | | |
| | | | | 龙场开坪龙家丫口 | | 1 | 威宁、水城毗邻地区 | |
| 威宁 | 花场 | 五 | 初五 | 龙场树舍 | 苗彝布依 | 1 | 威宁、水城毗邻地区 | 对歌、游百病 |
| | 赶花场 | | | 六曲河包包寨 | 苗 | 1 | | 青年社交 |
| | | | | 拉苏 | | 1 | 云贵毗邻地区 | 赶集、吹笙、找对象 |
| 赫章 | | 五 | 初五 | 财神结构梁子 | 苗彝汉 | 1 | 赫章、云南镇雄毗邻地区 | 对歌、跳笙 |
| | 花场 | | | 恒底板底大海子 | 苗 | 1 | | |
| | | | | 兴发野里韭菜坪 | | 1 | | |
| | 花场 | | | 阳长以角神仙坡 | 苗彝 | 3 | 水城、纳雍县毗邻方圆100公里 | 跳芦笙舞、斗牛、赛马、耍刀枪、游艺 |
| 纳雍 | | 五 | 初五 | 阳长水牛大坡梁子 | | 2.5 | 水城、纳雍县毗邻100千米 | |
| | 赶会 | | | 库东关拉路口 | 苗 | 1 | 毕节、纳雍县毗邻地区 | |
| | | | | 维新奢沟咪咋梁子 | 苗彝 | 1 | 方圆30千米 | 跳花、唱歌、找对象、游艺 |
| 织金 | 跳花节 | 五 | 初五 | 阿弓镇 | 苗 | 2 | 邻近乡 | 跳花 |
| 大方 | 对歌 | 六 | 初六 | 鸡场大渡河 | 布依 | 1 | 织金、大方县毗邻地区 | 对山歌 |
| 织金 | 跳花节 | 七 | 十三 | | 苗 | 3 | 织金、黔西、大方、纳雍、普定、六枝 | 跳芦笙舞、唱歌 |
| | | 二十 | 实兴乡 | | | 3 | 毗邻县 | 跳花 |
| 赫章 | 花场 | 七 | 十五 | 恒底板底大海子 | 苗 | 1 | 赫章县、云南彝良县毗邻地区 | 跳笙、对歌 |
| 威宁 | 花街赛马 | 八 | | 抱茅山 | 彝回汉 | 1 | 城关、羊场、大街 | 赛马、对歌 |

**黔西化屋花坡节** 化屋，位于鸭池河上游的笋子岩下，依山傍水，居住着近4000名苗族同胞。每年农历正月初三、初九、十五、十六、二月二十，化屋苗族同胞都要聚集在岩头上，或是水头寨的河滩上，欢度花坡节。届时，附近乡民以及毗邻的清镇、织金苗族同胞均赶来赴会。花坡节盛会少则四五千人，多时近万人。跳花坡前3天，花坡节主持人带领苗族青年十数人，上山砍来常青树，剥去下段树皮，保留树冠枝叶，上挂珍贵物品及红绸一条，栽在花坡上。主持人放响3炮，芦笙手吹响芦笙，青年们围着花树跳起芦笙舞，几曲之后，共饮栽花酒。花坡节清晨，主持人先到花坡上生火，于花坡四周路口摆上迎宾酒。之后，连放几十响礼炮，宣告花坡节准备就绪，欢迎众亲友宾客入场跳花。炮声响过，来自四面八方的苗族同胞，身着节日盛装，喜笑颜开进入花场。芦笙手们吹响芦笙，苗族青年们踩着芦笙节奏围着花树跳起欢快的芦笙舞。围观的苗家姑娘先是美目流盼，羞态可掬，继而情不自禁，你推我攘，加入跳舞队列，翩翩起舞。跳完一曲，再跳一曲，直至大阳偏西，欢歌曼舞止息，跳坡活动转入摘花夺彩，一个个苗族青年身不贴杆爬上花树，在树冠摘得一样物品，而后头朝下双脚朝天顺杆而下，动作敏捷，表演惊险，精彩之处，博得观众阵阵喝彩。落日余晖之中，人们散出花坡后，花坡主持人带领一群青年，吹起芦笙跳起舞，将花树送到村寨里有美德的人家，祝福这家人的生活像花树一样美好。

**岁首串寨节** 是织金县、六枝特区毗邻地带18个苗族村寨青年男女游方聚会、谈情说爱的节日。节日从阴历正月初四到十五。按传统习俗，每年岁末腊月二十七、二十八两天每寨分别推出两名承头人，筹备岁首节有关事宜。18寨中凡有年轻姑娘的人家，均须按姑娘人头每人凑煤百斤，以作节日期间煮饭和取暖之用。凑糯米10斤，酿成甜酒；另凑米和蔬菜若干，并选择一幢宽敞房舍，作青年男女聚会场所。正月初四，各村寨的苗族青年成群结队，开始串寨。白天，男女青年一起到山上游玩，吹奏擀冉（三眼箫），以曲传情。如若有钟情之人，则可自由离开群体单独去谈情说爱。夜间，则齐聚选定房舍，对唱情歌，情浓兴酣之夜，竟至达旦通宵。次日下午，青年们上别的寨子串寨。姑娘们送走一批串寨客人，又迎来一批串寨客人，在交往中互相挑选意中人。在串寨期间，姑娘们全都留在本村待客，男青年们则在18个寨子中穿梭往来，串寨游玩。

**大方牛场花坡** 为清道光年间当地名士傅跃廷所创。自兹以来，时有盛衰，然从未间断。1980年，大方县民委、县文化局和马场区公所共同出资在花坡中央修筑花台，花坡盛会更胜昔年。跳花坡节为每年农历正月二十六，届时成千上万的苗族同胞身着节日盛装，从大方、织金、纳雍、赫章、水城、毕节、黔西、威宁、金沙、关岭等县以及四川古蔺县等地赶来。附近的各族群众也赶来观光祝福，多的年份达4万～5万人，少时亦不下2万人。是时，花坡中央栽有高两丈余的花树，树冠挂红绳、红鸡蛋，喻抬头见喜，康乐吉祥。跳花坡为苗族青年男女提供交谊和谈情说爱的场所。花场上，苗家青年吹起芦笙围着花树跳起芦笙舞，苗家姑娘成群结伴，轻舒歌喉，婉转唱歌；还有三五成群的苗家青年男女散在花场各处，情意绵绵，倾吐心曲；两情相投者，则双双对对，在花伞的遮护下，互诉衷情。整个花场上，万头攒动，处处欢声笑语，一派喜气洋洋。

**黔西铁石跳年厂**　为黔西县铁石乡一带苗族同胞欢度新春和青年男女谈情说爱的传统节日。跳年厂在每年正月初六至初八举行，是时，来自大方、毕节、织金、清镇、安顺、贵阳、修文、息烽等地以及黔西县内的苗族同胞汇聚铁石，欢度节日。赴会人数逾万。跳厂活动日程为：第一天踩厂，由推选出来的厂头与族中长辈带领青年男女数十人，察看厂坝，做准备。第二天跳厂，人们从四面八方涌进厂坝，众多青年男女，或吹响芦笙，踏歌而舞，或弹拨口弦，或吹奏口琴，或对唱情歌，互诉心曲。姑娘们手拿花伞，娉婷而立；小伙子若看中某个姑娘，便径去抢伞。若小伙子几经夺伞，姑娘都不松手，小伙子便会怏怏离去；若姑娘松手放伞，或放伞后又故意将伞夺回，但立即把伞撑开，无论是夺得伞的小伙子或是姑娘把伞撑开，对方就会钻到伞下，互相询问本人及家庭情况；若双方满意，一对情侣便肩靠着肩在小花伞下唱开情歌，互诉心曲。年轻人情深意浓地对歌，双方父母则在一旁相亲，若双方父母也满意，一桩亲事就算定下。待到第3天散厂时，一对情侣便可结成良缘。

**织金北部二月花坡**　为苗族群众传统的区域节日集会，从农历二月十一日至二十一日，在11个不同地点逐日集会跳花。其顺序是：十一日乌家山，十二日茅草坪，十三日绮陌，十四日干坝，十五日化起，十六日包营，十七日海马公，十八日箐脚，十九日大坡脚，二十日青冈林，二十一日新寨。其主要活动有：芦笙舞赛，每个花坡都有几支或十几支芦笙队参加芦笙舞比赛，尤以二月十八日箐脚花坡最为热闹，来自黔西、清镇、织金县的十几支芦笙队，每队由两名芦笙手带领，随着曲子踏歌而舞，一队紧接一队，直至红日西沉；摔跤，在苗族男青年中进行，每一对决之后，胜者又与新的对手比赛，以力克众多对手为荣；对歌，苗族青年男女若相互看中，便用花伞围拢在一起对唱情歌，以钟情的男女双方对唱为主，也有双方的朋友参与对歌的情况，对歌往往要对数小时，若兴犹未尽情犹未了，便又相约次日到另一个花坡上相会。

**织金南部三月花场**　为苗、彝等民族共庆的节日，据说已有500多年历史。按传统习俗，节日前须举行祭山仪式，祭山日期为农历二月的第一个龙日。事前，由家家户户凑钱买猪、鸡，连同酒食之类供奉。祭山当天，每个村寨各推选出2人到祭祀的古树前举行祭山仪式，由主祭人将从山上采来的通草树枝在古树下架成人字形小屋，小屋上罩以布幔，小屋里亦用树枝搭成小床，上置米花、玉米花、高粱花、荞花、麦花。主祭人唱礼行祭，众人跪拜祭祀。执事人宰杀牲口，称为交牲。以锅碗或盆盛牲血，通过盆中牲血泡沫翻浮情况观当年冰雹的大小和方位。然后，主祭人司仪，众人又复跪拜，祈神保佑人人吉祥，户户平安，五谷丰登，六畜兴旺。执事人将牲畜的心脏和血献祭后，将肉分给众人带回村寨。祭山后的第3天为马日，为三月场的首跳日。以少普街为首跳花场，然后按十二地支逐日易地跳花，各花场相距10～15千米，最后跳到蛇日收场。其中，尤以首跳的少普马场和第3跳的三塘猴场最为热闹。少普花场逢赶集日，跳花场活动于街的两端进行，跳芦笙舞、赛马、摔跤活动格外热烈。跳花更是青年男女恋爱的机会，姑娘们穿着节日盛装，花团锦簇，散布在花场上；苗族青年们带着芦笙、二胡、竹笛、手风琴，在花场上游玩，寻觅意中之人。若互相中意，则以歌传情，结伴逐日赶赴其他花场。

**八堡跳花节** 相传已有百年历史，为苗族青年男女自由恋爱的节日。花场坐落在大方八堡六寨山背后大坪子上，占地约4万平方米。四周山坡上林木葱茏，为花场游方区，并辟有花鸟山观花斗鸟，平旷处为赛马场，中央一片为跳花场地。中间花台上，花杆顶端6匹大红彩绸迎风招展。每年五月初五，参加跳花节的有大方县和来自毕节市、金沙县等地的各族群众4万～5万人。是时，当阿优（寨老）一声令下，跳花开始，全场欢声雷动，鞭炮齐鸣，苗族青年男女吹起芦笙翩翩起舞。在花场上结识的苗族男女青年，次年农历正月初一至初三，青年即增赶簛（找朋友），找自己的意中人联络感情。待到桃花盛开时节，进行阿兹（赶月亮）。农历三月，每当月朗风清的夜晚，男青年背着芦笙，来到女方家房前房后，吹奏兹安（箫），以悠扬婉转的曲调倾吐求爱的心声。女青年听得箫声，知道心爱的人已如约前来，即口弹阿江（口弦），出来迎接。于是，二人相伴上山，在融融月色下，对唱情歌，互诉衷情，相约跳花节上订终身大事。五月初五，对对情人在花场相会。姑娘当众让小伙子从自己身上解下"×"字肩带，并让小伙子给自己系上一副青围腰；姑娘则送去一条精心编织的腰带，让小伙子系在身上，当众定亲。然后，姑娘仪态大方地拉着情人，穿过人群，走向食品摊位，两家亲友紧紧相随楞亦单（认亲戚）。小伙子买一摞摞圆圆的发粑，随着姑娘的介绍一一相认亲戚。先称呼而后请唠抓磅（吃粑粑），一对有情人得到双方亲戚的承认。随后，小伙子吹着芦笙，姑娘高撑油纸伞，弹着口弦，或漫步花场，或上山游玩，或观看斗鸟和赛马。花场归来，进行称亦构（请媒人），男方家请人到女方家提亲，良缘成就，秋后结婚。

**神仙坡跳花节** 神仙坡地处纳雍县与水城县交界的以角梁子。每年农历五月初五，纳雍以及邻近毕节、大方、水城的苗族同胞和其他各族群众3万～4万人赶到神仙坡举行跳花节活动。上得山来，苗族同胞以支系团聚山头，彝族、布依族、汉族亦各聚岗峦。此时的神仙坡上，万伞齐张，花团锦簇。待到午时，日影正中，一山歌声迸发，万声随之唱和，欢歌齐唱，穿云透空，声传10里。苗家青年，千笙并奏，闻歌起舞，翩若游龙。同时，斗牛的、赛马的、斗雀的、斗鸡的、放鸽子的，摔跤的，吹芦笙耍杂技的，争相竞技，跳花节盛会达到高潮。之后，千家万户苗族同胞席地而坐，把所携带的食品罗列于草坪开始野餐。外族宾客被热情邀请共进野餐，开怀畅饮。傍晚，歌潮平静，舞蹈停止，苗族青年男女在暮霭中开始谈情说爱。草场边沿，灌木丛中，双双对对，低吟浅唱，倾吐爱慕之情。情投意合，便互赠披肩、彩带、鞋垫、手镯、项链、耳环之类，以作定情之物，永结同心。

**青山花场** 青山又名凤凰山，距织金县城17千米。山顶有一片宽阔千余亩草地，是贵州中部规模最大的苗族跳花场之一。每逢一年一度的花场节，聚会者有来自织金、纳雍、大方、黔西、普定、清镇、安顺、六枝、水城的苗族和其他民族群众约5万人。青山花场于农历七月十三日后的第一个羊日起跳。由此，青山花场又叫青山羊场。第二天继续跳花。第三天即鸡日则移到青山南2千米的独山花场。跳花首日上午10时左右，赶花场的人基本到齐。苗家姑娘们在花场外脱去行路服，换上节日艳装进入花场。已婚女子将长发梳挽在脑后，用木梳挽成发髻。姑娘们梳着两条辫子，在辫梢上加少许彩线，盘在头顶。每个姑娘手撑一把花伞，花团锦簇地站在一起。男青年三五成群在姑娘群里来往，不时演奏着芦笙、竹笛、口琴、二胡、箫，姑娘们也不时以口弦回应。若双方同意，一群姑娘和一群青年便相约到花场边沿的草坡上，姑娘们用伞围起圆圈，把青年们也围进去，对唱情歌。入夜，明月朗照之下，宽阔的花场草地上，仍有数百对情侣，絮絮低语，轻声吟唱。若双方情意相投，第二天继续去花场上加深感情，若一方已无意，则可在花场上另行物色可意之人。第三天鸡日为送客日，大多是相爱的情侣再次聚会。青山花场每年都要举行芦笙舞、赛马、摔跤、斗鸡等活动。

**仡佬族吃新节**　过节日期，各地略有差异，毕节市为每年农历七月第一个逢巳（蛇）日，大方县为第一个属龙日，织金县为第一个戊日，黔西、金沙县与上述各县时令相同，日期不固定，择吉而事。时值孟秋，丰收在望，由寨老率众，在田间选取新熟作物，以作供奉，纪念祖先开荒辟草功业，并祈来年风调雨顺，人寿年丰。金沙县茶园乡永丰村仡佬族吃新节，以传统体育运动打篾鸡蛋（竹篾条编的球）为特色，于每年七月初七日举行。参加活动者自愿组合为若干队。队员不分性别、年龄，但得人数相等。活动以一宽阔平坦绿茵草地作场地，以对打和追打两种方式进行，打法则用拍击方法。对打，须划定边线、底线和中线，在划定区域内比赛。若一方所击发的篾鸡蛋打在对方队员身上，称为被烧倒，负一次，胜队则为吃蛋一次。若拍击的篾鸡蛋越过边、底线者，称为漏毛，击发不过中线者，称为内闷，均为失误。全场比赛以吃蛋次数判定胜负，吃蛋12次者，为胜。追打，则先划定中线，再在距中线50米、100米或更远的地方划出底线，仍以手击方式进行追打。先在中线争球，而后追打，以将篾鸡蛋击出对方底线为胜，被击出底线者为负队。负队淘汰，另一队上场，与胜队鏖战。

**红岩布依族蚂螂节**　红岩大山，地处威宁县西北角，有一片宽阔平坦的草地。红岩大山下小河两岸，散落着大大小小布依山寨。每年正月初一、初二、初三和十五，红岩乡的布依族群众和云贵两省毗邻地区的各族群众都要汇聚到红岩山麓的草地上，欢度蚂螂节，多时达万人。节日期间，一群群男女青年聚在一起对唱情歌，民间艺人则竞相弹奏月琴、吹奏唢呐。蚂螂是用碎布捆扎而成的圆球，外层用五彩丝线缠绕，并带几缕流苏。打蚂螂活动开始，先是几个男女老人或中年人进入约200～300平方米的蚂螂场，进行对打示范。然后青年男女陆续入场，男女各排成一行，相隔3丈许。一般是一男一女对打，或两男两女交叉对打，打法为推挡。传说红岩布依蚂螂节已有600多年历史。早年，布依族居住在稻田连片的地方。有一年，稻谷正在抽穗扬花，遽遭蝗灾。人们以石击打蚂螂（蝗虫），打不走蚂螂，反而打坏庄稼。而用稻草扎成草球，各站在田塍一边，对打草球，吓跑蚂螂，获得丰收。于是就将打蚂螂作为欢庆节日的一种娱乐活动。明洪武年间，这里的布依祖先迁徙到红岩落脚后，不忘故土风习，便把农历正月初一、初二、初三和十五定为蚂螂节。

**百草坪彝族赛马节**　百草坪位于威宁县盐仓区和赫章县妈姑镇交界的芦虹山，面积600多亩，为黔西北最大的彝族赛马节活动场地。每年农历五月初五，从威宁、赫章县及其他地方赶来欢庆赛马节的彝族同胞多达3万余人。每到赛马节，男青年手拿马铃铛，跳起铃铛舞；姑娘们跳起酒礼舞、撒麻舞、燕麦舞、芦虹彝舞。苗族青年男女也来参加盛会，跳起芦笙舞。成千的各色骏马，脖子上挂铜铃，佩戴红绸大花，齐集草坪上。晌午时分，由当地干部和各方长老共同协议，从中挑选出100匹骏马进行决赛。骑手有彝家青年小伙，也有彝家姑娘。百匹骏马排列在起跑线上，威武雄壮，信号枪一响，即似箭离弦，奔腾向前。上万双眼睛全注视着赛跑的百匹骏马，呐喊助威。参加赛马者，以最先跑到终点为胜。夕阳西下，人们纷纷离去，相互依恋的青年男女则纷纷留下，以两个男青年和两个女青年为对阵，对唱排歌。夜幕降临，燃起篝火，对歌达旦通宵。

**火把节**　彝族传统节日。节日为每年农历六月十四日，是日白天，杀猪宰羊以作祭祀，同时准备柴火，选择节日活动地点。入夜，在湛蓝的天幕下，男女老少，齐集于活动场上，架柴成堆，烧起篝火。而后点燃火把，只手高擎，成群结队，四出巡游于田间地头，或吆喝吼道，此呼彼应，以示驱虫。辗转周遭，复回原地，反身掷火把于篝火堆中，而后众人围着熊熊烈火，或饮酒作乐，或欢歌起舞，尽欢而散。

# 第二章　方　言

毕节地区自古以来就生活着多个民族，由于民族群体的众多而呈现出各种语言交汇复杂的状况，而各族语言既各具特色又相互影响。在各民族的相互交往中，民族之间有一部分人懂另一个民族的语言，他们就凭此在长期的历史中相互交际和往来，没有一个民族的语言作为主体语言。汉族进入毕节地区后，汉语很快让人们认识到其重要作用，逐渐作为交流的中介语言，在不长的时间内，汉语得到了大面积推广，而在这一区域内最后普遍成为主要的交际语言。汉族人的来源遍及全国各地，语系也较复杂，但主要的基本成分是川、黔、滇、湖广语言。经考证，毕节地区语言属北方方言西南官话川、滇、黔方言区。这一方言区的语言具有地域、民族和历史遗留特色。

## 第一节　语　音

毕节地区汉语语音有三个较明显的特点：

1. 全国各县分别受周边区域汉语影响。毕节受四川、云南相邻地区影响；黔西受贵阳、遵义影响；大方相对较独立，但受当地少数民族语音的影响；织金受安顺、普定、贵阳、清镇影响；金沙基本与遵义语音相同；威宁、赫章较多是受云南与毕节地区相邻地区影响。除此而外，各县汉语语音逐与当地少数民族相互影响。

2. 毕节地区汉语语音有4个调类。（1）阴平，调值55，例“东”“山”“高”“巅”。（2）阴平，调值33，例“明”“白”“胡”“涂”。（3）上声，调值213，例“道”“路”“漫”“看”。④去声，调值51，例“水”“淌”“满”“浒”。普通话的上声与毕节话的去声调值基本相同。

3. 毕节地区汉语语音中有一些地方特色语音，分列于下。①普遍不分的声母“l”“n”，例如“牛”“流”“女”“吕”“栏”“南”没有区别；声母“h”“f”在和有的韵母结合时失去“h”，例如“胡”“福”同音，“虎”“府”同音，“户”“富”同音；“Z、C、S”与“zh、ch、sh”不分，在威宁、赫章偏重于“zh、ch、sh”，其他县则没有“zh、ch、sh”只有“Z、C、S”。②韵母分不清的主要是“n”和“ng”（称前鼻韵母和后鼻韵母）。毕节地区的汉语音中除了“an”和“ang”大多数能区别外，其他的“n”和“ng”基本不能区别。有部分少数民族及受少数民族语音影响的人群的语音只有“an”没有“ang”韵。例如将“光”读成“官”，将“刚”读作“干”，将“抗”读作看等。其次在小范围内还有“o”“e”不分，“i”“ie”不分的。例如常将“哥”读作“锅”，将“铁”读作“堤”（毕节有古地名“炒铁冲”因音误致读成“草堤冲”）。大方话最明显的是“ong”和“ang”不分，而导致了“红”“黄”不分，还有“o”和“ao”在与声母“b、p、m、f”结合时，往往将“坡”读作“抛”，将“摸”读作“猫”，将“佛”读作“胡”等。

以上三点即毕节地区汉语语音较为突出的地方特点，具体上小区域还有小部分特点，不一一举出。

## 一　毕节语音

### 毕节方言声韵调及声韵调配合

1．声母。毕节方言有声母19个（包括零声母）：

| | | | | | | | | | |
|---|---|---|---|---|---|---|---|---|---|
| b | 兵鲍白倍 | p | 坡普盘皮 | m | 麻曼芒 | f | 飞纺肥呼 | t | 对德道毒 |
| t | 炭铁坛团 | l | 辣雷耐酽 | z | 租在帐争 | c | 擦才初唱 | s | 三随士双 |
| r | 日然人热 | j | 焦津九件 | q | 妻前赵求 | x | 星斜香闲 | g | 高古跪共 |
| k | 开口逵狂 | h | 花火红后 | o | 围容鹅文二 | | | | |

2.韵母。毕节方言有韵母32个：

| | | | | | | | | | |
|---|---|---|---|---|---|---|---|---|---|
| i | 诗石紫刺 | ie | 些节切叶 | u | 猪富出幕 | ü | 靴许雪玉 | er | 儿二 |
| a | 大巴插辣 | ia | 家佳甲瞎 | ua | 瓜挂抓刷 | o | 多错磕泼 | ìo | 略确约学 |
| iu | 屈域疫菊 | ai | 来鞋扯折 | uai | 块揣扩国 | eì | 贝杯縻没 | uei | 虽雷水岁 |
| ao | 刀矛闹雹 | iao | 交彪表跃 | ou | 兜抽守粥 | iou | 流秀丢幼 | an | 丹烦毯站 |
| ian | 奸减念县 | en | 沉吞登争 | in | 林贫冰杏 | uen | 昏绳准顺 | uan | 珊团赚万 |
| üan | 轩弦全愿 | ün | 寻讯均倾 | ang | 帮方庞肓 | iang | 将讲 | uang | 庄光双矿 |
| ong | 弘猛逢封 | iong | 兄迥融用 | | | | | | |

**毕节方言同音字汇**　以韵母为目，按声母、声调配合排字。韵母、声母皆以前所列声韵调配合表为序。声调用①②③④表示阴平、阳平、上声、去声。字下面有·号的，是口语音（白读），有一号的，是读书音（文读），其他需要作注说明的在字后用小字作注。注文中的～代表所注的字。有的音节没有适当的字，用□表示。（下同）

### i

zi（zhi）　①栀资姿滋知支枝肢吱咨脂兹之只　②质植指～头置直值织职植帜执汁侄掷踯挚贽　③只～有纸紫姊旨指子籽仔止趾址滓　④致至制翅自雉稚智字痔痣志蛰惊～炙

ci（chi）　①龇痴嗤齿牙～伸～手　②瓷雌池糍磁慈迟辞词祠持齿牙～赤斥尺吃　③此侈耻齿～轮　④次滞刺秩敕赐翅伺～侯

si（shi）　①思诗撕斯施师狮蛳私司丝厕茅～，厕所　②十实失匙室豉什时湿拾食蚀识适释石　③矢死豕屎使史驶始　④四是世势氏柿事誓驷肆示视嗜饲～养士仕试式市恃饰拭侍

r　②日

## er

er　②而儿　③耳尔饵　④二贰

## i

bi　①屄　②别鼻蓖笔毕必弼逼璧壁碧　③备敝　④彼比蔽弊毙币闭避蓖

pi　②枇皮痹脾癖脾琵匹僻辟劈啤霹　③屁　④秕～谷鄙痞

mi　①咪～～，乳房眯　②眉迷谜弥靡秘泌密蜜猕　③谜～语　④米

di　①低　②敌滴嫡笛狄涤　③地弟涕第帝蒂缔棣隶递　④底抵诋

ti　①梯锑剔　②题堤提啼蹄屉踢惕　③替剃　④体

li　①狸狐～　②梨黎厘匿力泥犁倪离璃尼疑宜谊律率立笠粒栗逆历霓昵沥　③例厉腻吏痢虑滤励丽艺手～荔莉　④礼你李里理鲤拟俚

ji　①机讥稽肌饥基箕玑叽姬　②急吉鲫戟缉集辑级及疾即极积迹脊籍绩寂击激圾　③记藉忌际祭济计继寄技妓冀纪既季　④挤己几纪虮

qi　①期欺妻棲凄溪　②齐奇骑歧其棋旗祈七漆膝讫乞戚崎　③汽气去器弃　④起启

xi　①犀熙西兮牺希稀嘻　②悉息习袭吸熄媳昔惜席夕锡析　③戏细系　④洗写玺徙喜铣

ki　③去

yi　①衣依伊医　②逸仪移夷姨遗揖乙一益亦译液　③异忆亿翼义议蚁易肄意　④以已椅

## u

bu　①不　②不　③布怖部步簿卜萝～　④补

pu　①铺～路　②菩蒲朴扑仆瀑　③铺店～堡　④普谱浦甫

mu　②模木没目穆牧沐睦　③暮慕墓募幕　④亩母拇

fu　①夫肤敷呼俘孵麸　②浮胡湖狐乎壶符扶芙佛复忽福幅腹覆服伏糊弧凫和麻将用语　③户沪护互付傅赋父富赴妇副负咐　④府俯腑腐虎浒斧釜辅否唬

du　①都　②独读牍犊笃督毒　③杜妒肚～子度渡踱镀　④堵赌肚猪～

tu　②徒屠途涂图突秃　③兔　④土吐

lu ①噜～ ②芦卢奴炉庐驴鹿禄绿录六陆颅头～ ③路恕露鹭赂 ④虏努鲁橹卤弩

zu ①朱株珠蛛租诸猪 ②竹浊镯筑逐轴祝烛触 ③做苎助驻注柱 ④祖组阻主煮

cu ①粗初 ②出厨锄除畜～牲 ③楚褚姓础处杵拄～拐棍 处～理 ④处～所醋

su ①书苏酥梳疏蔬舒枢殊输 ②术述续叔熟淑赎束蜀属 ③树素夙数 ④暑鼠署薯黍数动词

ru ①揺 ②入儒如肉辱褥 ④汝乳

gu ①姑孤 ②骨谷 ③固故雇顾 ④古估牯股鼓

ku ①枯箍 ②哭酷窟 ③库裤 ④苦

wu ①乌巫诬污 ②吴梧晤无勿屋物 ③误戊悟恶厌～务雾机 ④五伍午武舞侮鹉

## ü

lü ③女旅

ju ①居车～马炮驹拘俱 ②局 ③聚据锯巨拒距句具惧剧炬 ④举炬

qy ①区蛆趋黢～黑 ②渠瞿 ③去趣 ④取

xu ①虚嘘墟须需荽 ②徐恤 ③序叙婿 ④许

yu ①淤瘀迂 ②鱼于虞愉渔余馀愚娱盂榆俞愈竽渝瑜谀 ③玉御预豫寓誉吁芋逾喻 ④语与雨宇禹羽予屿

## a

ba ①巴芭疤粑笆扒 ②八爸拔捌 ③霸坝耙罢 ④把靶

pa ①琶葩 ②爬扒 ③怕帕

ma ①妈马～虎 ②麻抹～桌子 ③骂 ④马牛～码玛

fa ①□半土不洋的（打扮） ②罚法发伐乏筏砝

da ①瘩疙～耷 ②答搭达褡 ③大 ④打

ta ①他她它 ②塔踏蹋榻遢拓～片 ④塌～眼皮

la ①他她挪娜拉垃 ②拿纳腊蜡捺辣纳 ③那 ④喇哪

za ①查姓渣碴 ②扎杂闸炸油～札铡咂咱 ③鲊眨 ④诈榨炸～弹乍栅

ca ①叉杈衩差 ②茶搽查调～插察 ③岔 ④口～嘴口宽，引申义为嘴不严

sa ①沙纱莎砂杉萨 ②靸卅撒抛～杀刹煞 ③沙 ④洒傻撒～播唢～呐

ga ③～倒，篮球用语，钳制 ④朒～～儿语，肉食

ka ①揩～油旮 ③胯 ④卡咯

ha ①哈口嗓子发嗄 ②搳搔痒 ③下名词，一会儿：等～他会来下动量词：打他两～下副词，一共：他家～有八个人 ④哈：~达。

a　①啊阿　②啊　③啊那　④啊

## ia

bia　②□□叼香烟：他～起一杆烟　④瘪

pia　④□～杆，垮台；植物萎蔫：玉米叶晒～了；下垂：（菜斤两不足）秤杆是～的；代表颜色的形容词后缀，只用在“黄”之后：黄～～

lia　①□撒娇　②□不正经：～垮垮的；脱落～皮

jia　①家稼佳加嘉　②夹甲胛肩～挟～菜　③嫁驾架价　④假贾姓

qia　①□儿语，吃饭　②洽恰掐

xia　①虾瑕　②霞暇峡狭侠瞎辖　③下上～夏厦～门

ya　①丫鸦桠娅　②牙涯芽衙鸭押　③亚压轧～棉花讶　④雅哑呀

## ua

zua　①抓蚌蚂～　②□踢，踹　③□“做啥”的合音　④爪

cua　③□a、义同“蹭”：他的手被～了一块皮；b.用不友好的言语呛人

sua　②刷　④耍厦大～

rua　②桵～馒头

gua　①瓜呱　②括刮聒　③挂卦褂　④寡剐

kua　①夸　③跨胯挎　④垮胯～～

hua　①花化叫～子　②猾华桦划～船滑桦　③化～学划计～话画

wa　①挖蛙哇　②娃袜　③洼凹　④瓦佤

## uo

bo　①波玻菠　②博驳钵拨薄钹塾剥檗脖博膊　③播薄～荷　④簸

po　①坡婆老派　①婆泼　③破　④颇剖

mo　①摩摸摹　②莫膜魔磨～刀寞末沫漠蘑　③磨石～　④抹

duo　①多朵耳～　②铎夺咄戳　③剁堕舵跺　④朵花～躲

tuo　①拖　②驮驼托脱拓坨砣驼□相貌相似　④椭妥唾庹弹～脚～手

luo　①啰　②罗箩锣逻萝腡圆形指纹落骡螺烙络　③糯懦摞　④裸倮

zuo　②卓作酌昨着桌啄撮～米　③坐座　④左佐□交换

cuo　①蹉搓　②绰促撮～箕　③错挫措锉

suo　①蓑梭唆　②勺芍索朔缩烁硕溯妁　④锁琐所

ruo ②若弱

guo ①哥戈歌锅 ②各阁鸽割葛郭廓角 ③个过 ④果裹

kuo ①科蝌柯珂坷棵苛窠 ②壳渴磕嗑瞌 ③课骤搁 ④可颗

huo ①喝～酒呵豁～嘴□a、哄小孩；b、用言语或钱奉承、笼络人 ②河霍和禾荷合鹤喝吆～豁～达 ③贺货郝祸 ④火伙

wo ①倭窝涡蜗莴屙 ②蛾鹅俄讹鄂握沃龌～龊喔 ③卧饿

## io

lio ②略掠 疟虐

jio ②脚觉

qio ①雀儿语：麻～，男孩生殖器 ②雀～鸟却鹊确

xio ②学 ③□投篮用语

yo ②约药钥岳 ④哟

## iu

jiu ②局倜菊橘鞠足桔卒□吮吸

qiu ②曲屈族渠

xiu ②畜蓄俗戌速肃夙宿粟

yiu ②育欲浴郁狱域役疫

## ai

bai ①跰～子，瘸子 ②白百柏伯泊北 ③败拜稗 ④摆

pai ②迫牌魄排拍徘 ③派 ④□双臂刊申宽度

mai ②埋墨默陌麦脉 ③卖迈 ④买

dai ①呆 ②得德 ③代贷戴待怠袋带 ④歹逮傣

tai ①胎苔舌～□a、夹心向上托举；b、打耳光，～他，耳巴 ②苔～鲜抬特 ③太汰泰态 ④□异乎寻常的大

lai ①奶～～ ②来勒肋 ③耐奈赖癞 ④乃奶～粉

zai ①遮灾栽斋 ②折褶蜘～蛛哲浙哲辙则贼侧窄摘责仄翟姓 ③在再载债寨这蔗 ④宰者患

cai ①猜车马车钗差出差 ②柴撤才材财裁豺彻侧测拆择泽宅策 册厕恻澈 ③菜蔡 ④扯采彩睬踩

sai　①鳃奢赊腮筛□微笑：你～哪样　②蛇佘姓摄涉涩舌设瑟虱塞色啬蚀～本　③舍旅～射麝赦社晒赛　④舍～弃

rai　②热　④惹

gai　①该皆阶街　②格革隔疙隔骼　③在盖丐介界芥疥届戒诫械再　④改解嗝

kai　①开揩　②咳刻克客　③概慨溉忾　④楷凯

hai　①□a、大；b.儿语，吃：～饭了　②吓孩骇鞋还黑赫核　③害亥　④海嗨蟹螃～嗐

ai　①哀埃挨～近　②呆～板岩挨～打额扼扼癌　③爱艾碍隘　④矮蔼

## uai

zuai　①□a、跌倒；b、打盹：～瞌睡　②拙笨～　③拽　④跩：走路像鸭子似的摇摆

cuai　①揣　③□撒泼：～妇

suai　①衰　③帅率　④摔甩

guai　①乖　②国虢　③怪　④拐

kuai　②扩阔　③会～计快桧筷　④块蒯

huai　②怀槐准获徊或惑踝　③坏

wai　①歪　②□物体特大：这东西好～　③外　④崴

## ei

bei　①杯碑卑背～东西悲　③贝背肩～辈倍焙被臂秘老派读音：～密

pei　①批胚丕披　②培陪赔裴　③沛配佩辔　④呸

mei　①没　②梅枚媒煤糜楣霉玫　③妹昧寐　④美每

fei　①非痱飞妃绯啡　②肥　③肺费废　④翡诽

lei　①的我～地慢慢～走

hei　①嘿　②嘿

## uei

dui　①堆　③对兑队碓　④趸

tui　①推　②颓　③退褪　④腿

lui　①追追赶　②雷擂　③累极困类泪　④吕屡偏累积～垒

zui　①追锥椎　②贼　③最罪醉赘坠　④嘴

cui　①催崔摧璀吹炊　②垂槌锤　③碎脆翠粹　④璀：～璨

sui　①虽　②谁随　③税絮睡穗　④水髓

rui ③蕊锐

gui ①圭闺规龟归 ③桂贵瑰跪癸柜 ④鬼诡轨

kui ①昆盔魁亏窥坤岿 ②奎逵馗 ③溃愧 ④傀

hui ①灰恢靡挥辉徽 ②回茴 ③汇会开～绘秽惠慧讳卉穗 ④悔晦毁

wei ①煨威巍葳萎无精气神：～梭梭 ②危桅惟维唯为围违微苇韦 ③卫为伪畏未味魏胃谓 ④委萎～靡尾伟纬诿

## ao

bao ①褒包胞 ③报抱暴豹菢～小鸡鲍雹 ④保宝堡～垒饱

pao ①抛脬 ②袍刨□急切：他搞～完 ③炮泡 ④跑

mao ①猫 ②毛茅矛锚 ③冒帽貌 ④卯

dao ①刀叨 ③铸～铧□到道倒～水稻盗导蹈 ④倒打～祷岛捣

tao ①滔涛新派读音萄 ②桃涛老派读音逃淘陶眺 ③套 ④讨

lao ①捞 ②捞劳挠牢唠涝萝～卜痨□：～包 ③闹 ④脑闹老佬姥

zao ①朝今～招昭遭糟 ②着 ③诏召灶罩兆赵 ④早枣蚤澡爪找笊

cao ①操抄钞超 ②曹巢槽朝～廷潮嘈嘲 ③造糙躁□用下流话骂人 ④草炒吵

sao ①梢稍臊～气骚捎烧筲～箕 ②韶苕□窥视 ③邵哨绍潲臊脆～面 ④嫂扫少晌～午

rao ②饶挠饶误读音 ③绕～面 ④挠绕围～

gao ①高膏羔糕 ②□～捞捞：急急慌慌的样子 ③告窖诰□～□：伤口愈合 ④篙稿搞

kao ①敲罩 ③靠犒 ④考拷

hao ①蒿薅 ②豪毫壕号～哭 ③好喜～耗浩号～召 ④好～坏

Enao ①熬 ②熬 ③懊奥傲坳山～澳拗 ④袄咬

## iao

biao ①标膘彪□液体从小孔或缝中喷出 ③鳔滑～～ ④表裱婊

piao ①飘缥 ②瓢嫖 ③票漂 ④膘殍

miao ②苗描瞄 ③庙妙谬 ④秒渺藐杳

diao ①刁叼貂雕挑～拨凋 ③吊钓调～查 ④屌

tiao ②条调～解迢窕 ③跳粜 ④斢交换调～头

liao ②燎撩嘹僚聊辽寥 ③尿料廖妁～蹶子撂 ④了～结咬鸟

jiao ①郊交胶教～书焦蕉椒骄娇浇 ②□a、狡黠；b、无理强辩 ③教～育叫较觉睡～醮轿嚼藠～头 ④狡绞搅剿饺侥皎

qiao　①悄翘跷撬锹　②桥乔侨乔樵瞧　③俏峭鞘窍　④巧
xiao　①肖宵消霄硝销枵嚣萧箫　②淆　③校～对误读音校学～孝效笑啸哮　④小晓
yao　①妖腰要～求辶殷幺～二三吆～喝夭　②姚摇谣窑尧遥瑶　③要重～耀跃　④舀

## ou

dou　①都～是兜逗～人爱　③凑～钱斗～争豆逗就窦痘肚～皮　④斗升～蚌陡
tou　①偷　②头投　③透　④抖
lou　①偷　②娄搂　③漏陋瘘　④楼篓
zou　①周邹州洲舟　③昼奏纣宙绉咒揍　④帚走肘
cou　①抽　②酬稠绸仇愁筹　③凑骤臭　④丑瞅
sou　①收搜飕馊　叟受寿嗽瘦售授　④手守首
rou　②柔揉蹂　③揉耍弄，刁难：～人
gou　①勾钩沟　③苟姓麴构购　④苟～且狗构
kou　①抠眶　③叩扣寇　④口
hou　①响　②候喉猴　③侯后厚　④吼
Enou　①欧讴瓯鸥　③怄沤　④偶呕

## iou

diu　①丢
liu　①榴石～溜　②留榴～弹炮流刘琉硫牛浏　③□动　④纽扭柳
jiu　①灸鸠鬏阄纠赳　②揪　③救就究臼舅咎旧柩　④九久酒韭□拧：～螺丝
qiu　①丘秋　②去去年　④囚泅求球仇姓
xiu　①修羞休　②□窥视　③秀绣宿星～锈袖嗅　④朽
you　①优忧悠攸幽　②尤犹由邮油游　③右佑又莠幼　④有酉友

## an

ban　①班斑般搬颁擘　③半伴拌扮瓣　④扳板版□挣扎
pan　①潘攀盘动量词　②判盼绊叛　③盘蟠蹒盘
man　②蛮瞒馒埋～怨　③曼蔓慢漫幔　④满
fan　①番翻藩旛　②凡繁帆烦矾□乂同脏　③泛饭犯范贩　④反返
tan　①贪探潭滩摊　②谈谭坛檀弹～琴　③炭叹　④坦毯
lan　②兰蓝篮拦难～易男南　③烂滥难患～　④漤～黄瓜览揽缆懒

zan ①沾粘簪瞻毡 ③占赞栈站蘸绽溅战颤 ④暂斩盏展

can ①参餐 ②缠蚕蝉惭谗馋搀孱～弱残蟾禅 ③忏灿粲孱～头 ④产惨□打：～他几条子

san ①三山衫膻 ③扇散分～单姓禅～让善膳擅赡 ④闪陕散松～

ran ②然燃□取笑人，拿人开涮 ④冉染

gan ①干～湿杆～子竿肝砑甘柑尴 ③干～部 ④杆枪～赶敢秆感橄

kan ①刊堪龛勘 ③看 ④砍坎槛

nan ①憨酣 ②函涵含寒韩 ③汉汗旱焊翰撼憾蔚苋～茉 ④喊

Enan ①安庵淹鞍 ②□估计颜姓，老派读音 ③暗岸案按雁晏晚 ④□看

## ian

bian ①边编鞭 ③贬扁蝙匾□沾染污渍 ④汴便变辨辩瓣遍一～

pian ①篇偏 ②便～宜骈 ③片竹～□轻蔑 ④片～面遍～地骗

mian ②棉绵眠□圆形物体飞快旋转状 ③缅免勉愐 ④面腼

dian ①颠 ③点典腆误读音 ④店电殿奠佃垫臀误读音

tian ①天添 ②田甜填 ⑧舔忝掭～笔

lian ①拈搛～菜研 ②阎联廉镰年严连怜莲帘 ③脸碾辇俨 ④念捻练炼敛殓酽砚恋谚

jian ①间中～兼煎监尖艰奸肩坚 ③检减碱俭柬捡剪茧 ④见舰建健间～谍剑鉴渐谏践箭贱饯件

qian ①千歼牵签谦笺铅 ②乾～坤钱钳前虔黔钤潜 ③浅遣 ④欠歉

xian ①仙仙 ②衔咸闲嫌贤 ③险显 ④限宪线县现献羡

yan ①咽炎腌焉烟 ②言筵延盐颜容～檐 ③眼掩演兖衍 ④厌魇艳焰堰宴

## uan

duan ①端 ②段煅锻缎断 ④短□阻拦

tuan ①湍 ②团 ④□用语言奉承、笼络人

zuan ①专钻～研砖 ③撰赚传～记篆钻～头 ④转

cuan ①川穿 ②传～达椽船 ③串窜篡 ④铲喘

suan ①删珊酸拴 ③疝算蒜闩涮

ruan ④阮软

guan ①官棺观冠衣～关鳏 ③冠～军贯惯灌罐 ④管馆

huan ①欢 ②恒还～原环 ③唤焕换患宦 ④缓

wan ①弯湾豌 ②玩完顽丸 ③万 ④晚宛畹碗腕挽

## üan

juan　①捐绢　③眷卷试～券倦圈牛～　④卷～发
quan　①圈圆～　②全痊泉权颧拳　③劝　④犬
xuan　①鲜轩宣喧　②玄弦眩悬旋　③漩楦　④选癣
yuan　①冤渊　②圆沿员援元原袁源辕　③院愿怨□绕多余的路　④远

## en

ben　①奔～跑　③笨奔奋起　④本
pen　①膨堕□依靠　②彭盆
men　①闷保持沉默：～倒不吭气　②门明～天　③闷烦～
fen　①分芬纷　②坟焚　③奋喷粪忿份愤　④粉
den　①敦墩登灯蹲　③盾沌钝遁凳瞪邓　④等戥
ten　①吞饨馄～，误读音□用文火焖　②屯豚腾藤疼　③蹬～～：阶梯□磨蹭，拖延④□抖
len　①□用拇指和食指捻搓　②仑伦论轮能楞四～四线　③嫩论　④冷
zen　①珍针斟臻真诊尊甄遵曾姓增蒸争筝贞侦正～月征　③正～义症怔证政镇阵振～动震澄憎赠　④枕诊疹振～着拯整
cen　①参～差伸村皴称～重量　②沉层橙陈尘曾～经臣存乘承继～呈程成城诚　③寸衬忖秤趁慎　④惩逞□按、压
sen　①身参人～森深申孙僧升生牲笙甥声　②神承～重晨辰湛　③渗葚甚剩肾胜圣盛④沈婶审损笋省榫
ren　②人仁壬妊任姓仍　③任责～认　④纴刃忍韧
gen　①跟根给更～改庚耕羹　③艮更～好　④哽埂给梗误读音耿梗
ken　①坑吭　③□汗垢　④肯啃垦恳
hen　①哼亨　②痕恒衡　③恨　④很狠
en　①恩樱～桃　③硬　④□义同“硌”

## in

bin　①兵宾殡鬓彬冰　③并病　④丙禀秉柄饼
pin　①拼姘　②贫频平凭坪评屏瓶萍　③聘并～排□打赌　④品
min　①□～甜，儿语　②民名明铭　③命　④皿闽悯敏抿

din ①丁钉汀疔盯 ②盯 ③定订锭掟 a、~子：拳头；b、抛掷土石击打 ④顶鼎

tin ①听厅 ②亭停廷庭婷霆蜓 ③听替 ④艇挺

lin ①拎 ②林临淋邻磷陵凌欺~凝宁灵零铃怜玲龄囹翎绫 ③令另佞宁姓吝赁凌冰~ ④岭领檩

jin ①今金襟禁~不住巾斤津筋京荆惊鲸粳精睛晶经 ③镜竞禁~止尽茎进晋敬竟靖净径擎引~ ④谨境锦警紧夜井景颈

qin ①亲~人钦轻侵卿清青 ②秦岑琴禽勤芹擎~天情晴 ③亲~家浸庆磬 ④请寝

xin ①心新辛薪欣兴星腥馨 ②形刑型行□a.体质瘦弱；b.物件不结 ③信兴高~幸衅性姓□耽搁，拖延 ④寝醒□面糊、粥等食物变质

yin ①因茵莺阴荫姻鹦殷鹰英婴缨攫 ②寅吟淫银迎盈营莹赢 ③印颖应映 ④尹饮引影隐

## uen

zuen ①谆 ④准

cuen ①春椿 ②醇 ④蠢

ruen ③闰润孕

guen ③棍 ④衮滚

kuen ②葵浑全：~鸡蛋 ③困 ④捆

huen ①婚昏浑 ②魂横 ③混 ④哄

wen ①温瘟 ②文纹蚊闻 ③问 ④吻刎稳

## un

jun ①军均钧君 ③俊菌郡浚肫鸡~皮 ④窘

qun ①倾 ②群琼裙 ④顷

xun ①勋熏 ②寻旬荀循巡 ③汛训迅逊殉

yun ①晕~头□小口喝酒：~一口 ②云匀芸 ③运韵晕~车 ④永允

## ang

bang ①邦帮浜 ③傍磅棒 ④榜谤绑膀~子

pang ②旁滂庞膀 ③胖 ④膀蹄~□轻微触动

mang ①躲义同胖 ②芒忙盲茫 ④莽蟒

fang ①方芳坊牌~ ②防妨坊染~房 ③放 ④纺彷仿访肪

dang　①当应～裆铛　②□头脑不清　③当上～荡宕　④党挡档

tang　①汤　②唐糖塘堂棠螳　③烫趟　④倘淌躺

lang　①躲身体单薄而瘦小　②郎廊囊狼　③浪　④朗□推动

zang　①赃脏肮～张章樟臧　②□未，打　③丈仗杖脏内～　葬帐账胀障藏西～　④长生～涨掌

cang　①昌倡娼猖仓苍沧舱　②藏隐长～短肠常场　③畅　④厂敞

sang　①桑伤丧～事商裳衣～　②尝塞　③丧～失尚上　④赏偿操嗓

rang　①瓤　③攘酿～酒壤嚷　④让

gang　①冈刚岗纲钢缸肛　③杠虹　④港

kang　①康糠慷　②扛　③抗炕　④□盖，压

hang　①夯　③项巷　④行银～航杭

Egang　①盎肮□　a.有声音；b.声音响亮　②昂

## iang

liang　①娘姑～　②娘爹～粮良量凉梁粱　③亮量数～谅凉□食品或肥皂或甜腻令人难以下咽　④两辆

jiang　①疆僵缰江豇浆将～军　③蒋奖桨讲颈～根　④将～领酱匠降～落犟

qiang　①羌枪腔框　②墙祥详翔强～弱□隐藏　③呛　④抢强～迫

xiang　①相互～香乡湘厢箱襄镶　②降～服　③相丞～　④享响想饷

yang　①央秧殃　②阳杨扬疡羊洋　③样漾恙　④养痒

## uang

zuang　①庄桩装　③壮状撞

cuang　①窗疮　②床　③创撞　④闯撞

suang　①双霜孀　④爽

guang　①光胱　③逛　④广

kuang　①匡筐眶框　②狂　③旷矿况

huang　①荒慌□煤矸石　②皇蝗黄簧　③晃～动　④谎晃～眼

wang　①汪　②王忘～本亡　③旺望妄忘～记　④网枉往

## ong

bong　①绷崩　③蹦

pong ①烹喷香～～□尘土飞扬 ②朋棚蓬篷 ③碰 ④捧

mong ②谋萌蒙 ③孟茂梦贸 ④某亩猛懵

fong ①风枫疯丰封峰锋峰 ②冯逢缝～纫 ③风奉缝门～ ④讽

dong ①东冬□唆使，挑拨 ②□唆使 ③冻栋动洞 ④董懂

tong ①通捅 ②同铜桐筒童瞳 ③痛 ④桶统□猪大口吃食状

long ①聋咙喉～ ②聋笼～子农浓脓龙 ③弄 ④拢笼～络陇

zong ①宗棕综鬃踪中忠盅钟终 ③皱～纹粽中～风众纵仲重种～地 ④肿家种～子肿

cong ①匆葱聪充囱冲～锋春 ②虫丛从崇重～庆 ③铳冲 a.好出风头，逞能；b.聊天：～壳子 ④宠□挑拨

song ①松嵩 ②耸 ③宋送诵颂讼 ④耸

rong ②戎绒茸

gong ①公蚣工功攻龚弓躬宫恭供～养 ③共贡供～奉 ④汞拱巩

kong ①空 ③控空～白 ④恐孔

hong ①轰訇烘哄～笑 ②红虹洪弘宏鸿 ③哄～人 ④哄～人

wong ①翁嗡壅 ②嗡叹词 ③齆 ④嗡答应词

## iong

jiong ①龚姓 ④炯

qiong ②穷穹邛茕

xiong ①兄匈胸凶 ②熊雄 ④□训斥人

yong ①雍痈邕 ②荣容蓉镕溶融榕嵘庸 ③用佣 ④勇拥甬恿踊俑

**毕节方言的音变现象** 1.“一”字和“不”字的变调。这两个字在毕节方言中的原调都是阳平调，但在语流中却有音变现象，是否变调则取决于后面一个音节的声调；具体情况如下：

（1）这两个音节单独念或在词尾时都念阳平调。如：

单独念时：一不

在词尾时：三七二十一 我不

（2）在阴平和去声前都念原调（阳平）。如：在阴平前

一张纸 一间床 一杯水 一根冰棒 一棵白菜 不安全 不喝水 不称职 不研究 不分青红皂白

在去声前

一个人　一笑了之　一定要去　一动不动　不去喽　不坐车　不会吧　灯不亮了

（3）“一”字在阳平和上声字前变为去声［213］，跟“亿”字读音相同。

在阳平字前

一笔难写两个田字　他一直带病坚持工作　在一拿起笔来就头痛　一提起他我就心寒

他一说话我就要笑　拿一块肉出来　炸一碗花生米来　他一口气喝了五杯水

书要一本一本地看　他一写字就有错别字

（4）“不”字在阳平和上声字前都变为阴平调［55］。如：

在阳平字前

有人不吃饭是不行的　他不说算了　他不骑（车）　他说的不符合事实　不识抬举

在上声字前

不好意思说　不管三七二十一　我不想吃肥肉　他不可能不懂那个问题

她的打扮不土气

2．两字组名词的变调。

两字组名词中，有的词在毕节方言中有变调现象。

（1）阳平加阳平的双音节名词，后一字变为阴平。如：

裁缝　牙齿　葫芦　疙螺　眉毛　衙门　阎王　头发　婆娘　核桃

此类变调法有例外，如“两伯娘”（两妯娌）中的“娘”变阴平，“伯娘”（伯母）中的“娘”就不变调，有的这类名词，有时变，有时也不变，如“馒头”“葡萄”。

（2）阳平调的叠音名词由“阳平+阳平”变为“阳平+阴平”。如：

筒筒　盆盆　笼笼　盒盒　钵钵　皮皮　娃娃　爸爸　坛坛　索索　叔叔　脚脚

此类名词也有少数不变调者，如“㞎”（小儿大便）。

3．名词“儿尾”的音变。毕节言言中有的名词后有加“儿”字的现象，加“儿”字后，“儿”字仍然自成音节，故称“儿尾”。“儿尾”有时读原调一阳平，有时读阴平。

读阳平的“儿尾”一般表示“小”的意义。如：

板凳儿（小板凳）　马儿（小马驹）　猪儿（小猪崽）　狗儿（小狗）

锅儿（小锅）

阳平的这种“儿尾”一般都能在该名词前加一“小”字。如：

小马儿　小猪儿　小狗儿　小锅儿　小板凳儿

读阴平的“儿尾”又可分为两类，一类是加在一般的名词后表示类属，如：

娃儿（所有的小孩）　猫儿（所有的猫）　毫儿（所有的硬币）

壶儿（所有的壶）　瓢儿（所有的瓢）　兔儿（所有的兔）

另一类是加在人的小名之后表示亲热的感情色彩。如：

小军儿　小碧儿　小华儿　小荣儿　小洋儿　小八儿

4．名词头的音变。毕节方言中的名词，有的可在词尾加上“头”字表示方位。“头”字加上后，会产生音变现象。这种现象大致可分两类：

（1）“头”字加在方位名词或其他一些名词之后表示方位时，不但声调发生变化，连声母也由原来的“t”变为“d”，整个音节是dou。如：

高头　屋头　以（里）头　外头　上头　下头　桶头　锅头　碗头　井头　河头　杯杯头　盘盘头　盒盒头

（2）“头”字作为词缀加在词根上，同该词根一起构成一个名词时，只是将原音节的声调（阳平）变读为阴平，声母不变。如：

石头　榔头　锄头　壁头　骨头　木头

此类名词也有不变调的，如：

枕头、笔头、乳头

5．合音与同化。

（1）合音。由两个（有少数两个以上）音节减音后合成一个新音节的音变现象。一般是由前一音节的声母、后一音节的韵母和声调合成一个新的音节，新音节的声调为合音前的后一个音节的声调。毕节方言“合音”与“不合音”两类情况同时存在。说话时如语速较慢，“合音”现象就较少甚至几乎没有；如若语速较快，就会产生“合音”；语速越快，“合音”越多越明显。如：

没得　没有　这个　该哈　你家　不怕得　做啥子

（2）同化。毕节方言中，相连的本来不相同的两个音，由于互相影响而变得相同或相似的同化现象。为数不多。如：“不要”这个词，“不”字单念或放在其他词前，其韵母为“u”，而和“要”字排在一起组成“不要”一词后，韵母“u”便被“要”这音节中的“i”同化，从而由。又如“没有”这个词，“没”字单独念或被在其他词语前均为“ei”，而和“有”组合成“没有”一词后，韵母“ei”便被“iou”这个音节中的介词“i”同化，从而“没有”变成“眯有”。再如“玉米”一词，“谷”字，当其和“苞”字组成“玉米”一词后，原音节中的声韵母全被“苞”中的音素同化为，只保留原音节声调，读音由“玉米”变成“苞物”。以“玉米”作语素构成的合成词，也同样接受这种同化现象，如“玉米饭”“玉米花”“玉米杆”“玉米粑”等。

## 二　大方语音

**大方方言声韵调及声韵调配合**　1．声母。大方话有21个声母（包括零声母在内）：

p（b）布步部别玻补　p（p）盘怕拍袍盆丕　m（m）门每马麻马谜
f（f）胡符虎府飞冯　五午务无武　t（d）到道夺杜弟帝
t‘（t）太同吐途体退　l（l）南兰怒路奈来　ts（z）糟招资支指治
ts‘（c）仓昌词持粗楚　s（s）苏书丝师诗史　z（r）认若日让刃拢
tɕ（j）精经举井九究　tɕ（q）秋丘穷求巧乔　（x）修休虚细肖形
k（g）贵跪怪该乖盖　k‘（k）开葵盔扣抠考　x（h）化话红灰华禾

ŋ（nŋ）岸案岩暗压我　　围危微约而延言缘元远

2．韵母。大方话有36个韵母：

（1）开口呼

-i 资支知指字自　er 而儿耳尔二贰　a 爬大帕把罢打

e 革白得格咳贝　ao 包毛猫胞报豹　uo 多哥果火割锅

ai 哀岩鞋孩奶　ao 烧高少告老牢　ei 车射侧则彻撤

ou 收勾狗后头丢　an 安三汗晏暗干　en 陈成存崩奔正

ang 康当昌汤郎航　ong 方风黄东空汪翁

（2）齐齿呼

i 衣一急李泥其　ia 鸭牙亚加价家　ie 爷页接些野借

io 约哟药钥乐（器）岳　iu 育曲足浴足狱　iao 要叫咬苗校庙

iou 尤牛休久友刘　in（in）因英宾兵丁听　iang 秧江羊娘两讲

（3）合口呼

u 故母土图卢　ua 挖花蛙化话瓜　uei 贵跪国围扩阔

uai 歪怪外拐乖块　uan 弯关专川串团　uen 温横文困棍问

（4）撮口呼

ü 鱼句女雨羽虚　ue 月决雪削绝薛　io 脚觉略雀确却

uan 元全劝选玄捐　un 运勋群旬讯菌　iong 凶

## 大方方言同音字汇

### i

zi ①知蜘桅脂之芝支枝肢资姿恣咨兹滋缁锱辎只～手　②直值植殖栉陟置质执挚侄织职帜汁掷指手～头　③自字制智稚雉至致志痣痔治翅　④只咫指纸旨止址趾子籽紫姊梓滓

ci ①痴眦魑蚩嗤媸差参～　②吃尺篪池驰迟持赤斥雌瓷秩慈糍磁辞词叱　③次滞刺赐饬侈敕伺～侯　④此齿耻

si ①诗师狮蛳尸司私思丝斯撕施嘶厮厕茅～　②十什拾食失湿室实蚀石识时适释　③四世示氏士仕势逝誓视市柿试事豉寺侍驷似祀饰嗜谥饲嗣噬峙拭式　④史使驶始屎矢豕死

ri ②日

### er

er ①□嬉～　②儿而。　③耳洱饵尔　④二贰

## i

bi ①屄 ②笔必毕鼻逼壁璧碧筚跸弼 ③闭币闭敝弊蓖避备 ④比妣彼匕

pi ②皮疲脾啤匹琵枇劈辟僻霹 ③屁 ④痞鄙

mi ①咪眯□～～乳 ②迷眉楣觅密泌秘弥猕谧幂 ③谜～语 ④米

di ①低 ②迪笛敌滴嫡狄涤的～确 ③底抵砥底邸 ④帝弟第递涕地棣隶

ti ①梯 ②提堤题啼蹄惕踢屉 ③替剃剔 ④体

li ①狸狐～ ②尼泥昵呢～子旎倪霓离漓篱璃梨犁黎厘宜谊仪疑逆溺匿睨立粒笠栗力历雳律率 ③厉励砺丽俪利俐例痢吏议砾腻 ④你拟礼李里理鲤

ji ①鸡几茶几叽机讥肌饥基箕稽荠荸～脐肚～眼姬奇～数畸犄嵇羁畿 ②及级极岌吸汲集辑缉给供～吉即鲫疾积激绩迹稷籍击棘脊瘠急寂亟戟 ③季悸计祭际济剂霁继技伎妓寄记忌既嫉系～鞋带冀纪～念 ④己纪挤几虮

qi ①期欺栖妻尸凄溪蹊 ②齐脐～带其麒旗綦骐歧奇崎骑七祈芪耆鳍乞讫迄戚漆 ③弃契器气汽企 ④启起杞岂

xi ①羲曦熹嘻嬉熙西牺奚希稀兮犀 ②惜锡悉塞息熄夕席檄袭媳习析淅 ③系戏细 ④喜洗徙玺

gi ①□□～～咕咕

ki ③去

hi ①□□～～哈哈

i ①衣依漪医伊 ②一乙沂夷姨颐遗彝怡贻邑液益溢懿抑挹逸译驿绎 ③亿忆苡意臆易蜴义议屹刈诣肄毅艺呓熠羿异翼 ④以已矣椅

## u

bu ②不 ③布怖捕哺堡部簿步 ④补

pu ①铺 ②卜仆扑朴菩蒲葡脯璞噗瀑曝 ③铺 ④普谱甫浦

mu ②木沐目苜睦牧穆牟眸模谟没 ③募幕慕暮墓 ④母姆拇

fu ①夫肤麸呼俘孵敷 ②乎芙扶福辐幅蝠匐伏袱符凫服佛拂沸胡湖蝴糊壶狐忽惚囫复覆馥腹和麻将用语 ③户扈沪护怙互父傅缚富副赴赋负付附驸妇 ④虎浒琥唬府俯腐甫辅抚斧釜庌～水

du ①都首～嘟 ②独读渎犊牍毒督笃 ③堵睹赌肚～子 ④度渡镀杜肚妒蠹

tu ②突凸秃徒屠图涂途荼 ③土吐 ④兔

lu ①□新～～ ②奴驽卢炉庐芦卢泸六陆鹿录绿碌禄戮 ③努弩卤虏掳鲁橹 ④怒路露鹭赂

zu ①朱洙诛珠株蛛侏诸猪租 ②烛触逐筑竹妯轴祝 ③祖组阻主煮 ④助伫贮驻注炷柱蛀住著铸做

cu ①初粗刍雏 ②出厨橱除锄储矗黜畜～生蹴促 ③楚础杵处～理拄 ④醋处～所

su ①苏酥梳疏蔬殊输抒舒纾书枢 ②熟赎秫术述束叔淑属嘱赎续蜀 ③暑署薯曙墅黍鼠数～钱 ④数～学树竖庶恕塑素诉漱

ru ①□塞入 ②入如茹肉儒濡孺辱褥 ③汝乳

gu ①姑沽咕孤辜②骨谷大口猛喝酷 ③古估牯蛄鼓股蛊 ④雇顾故固痼梏

ku ①枯箍 ②哭窟 ③苦 ④库裤

u ①乌巫诬污 ②无吴吾梧勿物毋屋 ③五伍午忤鹉侮舞 ④误悟捂焐务雾戊恶厌～

## iu

jiu ②焗局足菊掬鞠橘

qiu ②曲屈倔掘族黢

xiu ②速畜～牧蓄俗粟宿肃旭戍夙谡

iu ②育欲浴郁域役狱

## a

ba ①巴芭粑疤吧笆扒 ②八捌拔跋 ③霸坝罢耙把刀～ ④把靶小儿大便

pa ①杷琶 ②爬趴扒～手 ④怕帕

ma ①妈蟆干克～ ②麻抹～桌布 ③骂 ④马蚂码玛

fa ②法发罚乏伐阀筏

da ①□他瘩疙～ ②达靼答搭搭 ③大 ④打

ta ①它 ②塔沓獭塌蹋榻 ④□～眼皮

la ①拉娜旯 ②拿捺衲呐纳钠腊蜡辣邋 ③那 ④喇啦哪

za ①渣查姓喳 ②杂扎札轧闸铡眨砸咂匝咱炸～油条 ③乍咋诈炸～弹榨栅楂山～ ④鲊

ca ①差叉杈 ②茶搽插查察擦 ③岔詫汊 ④□～口

sa ①沙莎纱裟砂杉鲨萨 ②飒杀刹煞霎卅 ③啥□挑选，淘汰 ④洒撒傻

ga ③□～～肉（儿语） □（球类运动）防卫

ka ①旮□～油 ③胯 ④卡□～长

Ena ①压 ③压

ha ①哈下一～～，一会儿□声音沙哑□腊肉变味□用爪（手）翻弄 ②□搔人腋下 ③下等一～，等一会儿 ④傻

## ia

bia ④瘪

pia ④□腿脚成八字分开□下垂□象声词，黄～～

lia ②□嬉皮笑脸，吊二朗当

jia ①家稼加枷嘉佳嗟 ②甲夹挟 ③架驾嫁价假～期 ④假真～贾姓

qia ②恰洽掐跨

xia ①虾□开裂 ②霞瑕遐钭侠峡狭狎瞎辖 ③下夏

ya ①丫椏鸦 ②牙芽蚜讶押衙鸭涯睚 ③亚娅压 ④哑雅呀

## ua

zua ①抓□束 ②啄□踢 ④□手不灵活

sua ②刷 ④耍厦

rua ②挼揉

gua ①瓜呱 ②刮括 ③挂卦褂 ④寡剐

kua ①夸 ③跨 ④垮胯

hua ①花划～玻璃化叫～子 ②搳～拳滑猾华哗铧划～船 ③化～学画话划计～桦～槁树

wa ①挖娃娲 ②娃袜 ③洼凹鸹老～ ④瓦

## o

bo ①波菠玻褒包苞胞 ②脖博搏缚薄厚～剥驳拨钵 ③播薄～荷报暴爆豹抱雹刨～床 ④簸宝保褓葆堡饱

po ①抛泡灯～脬尿～ ②婆袍刨～坑坑 ③破炮泡浸～ ④颇剖跑

mo ①摸摩么什～猫 ②磨～刀魔莫漠膜寞末沫毛矛茅 ③磨石～冒帽貌□水沸腾 ④抹涂～卯铆□有矛盾

do ①多哆 ②夺铎咄 ③舵惰堕驮～子剁跺 ④躲朵

to ①拖 ②陀驼驮～马鸵砣拓脱托 ④妥唾椭□～神□下垂，～肚

lo ①傩～戏罗～唆 ②罗萝箩锣逻骡螺腡指纹乐快～洛烙络骆落酪 ③懦糯诺～言摞一～书 ④裸

zo ②作昨捉卓桌酌琢佐～料着衣～ ③坐座 ④左佐辅～□交换

co ①搓磋 ②凿戳撮绰□强化某种状态：昏～～，霉～～屎～～，□被责难，训斥 ③措错挫锉

so ②梭唆蓑嗦罗～□溜走娑 ②索缩朔率～领蟀勺芍硕说烁 ④所锁琐

ro ②若箬弱

go ①哥歌戈锅 ②郭廓各阁鸽角牛～葛割 ③过个 ④果馃裹

ko ①科棵苛柯坷轲疴 ②壳渴磕瞌 ③课骒搁 ④ 可颗

Eno ②恶□～豆豉 ④我

ho ①喝和～哄豁～嘴 ②禾和何河合阖荷涸鸽盒貉鹤豁～达霍藿盍曷蘸～麻 ③贺货祸荷负～和～稀泥 ④火伙夥

o ①窝涡蜗莴屙倭阿～胶 ②俄蛾鹅峨娥鄂腭鳄沃握龌 ③卧饿

## io

lio ②略掠虐疟

jio ②脚觉知～爵角一～钱

qio ①悄 ②却雀鹊确

xio ②学 ④□～投篮

yo ②约药岳钥乐音～

## e

be ②北白伯陌百柏帛

pe ②拍迫魄培赔陪裴

me ②麦脉墨默梅玫媒煤霉枚 ③妹昧寐媚

de ②得德

te ②特

le ①的 ②肋勒 ④嘞语助词

ze ①遮 ②折哲浙则侧责摘窄贼摺褶 仄蜘～蛛 ③这蔗 ④者

ce ①车 ②策册宅测侧泽择裁～职彻撤澈辙拆 ③扯

se ①奢赊腮 ②舌色蛇设骰涩塞堵～涉摄啬虱佘瑟折～本 ③舍社赦射麝塞要～赛 ④舍～弃

re ②热 ③惹

ge ②革格隔疙～蚤 ③口音 ④给嗝

ke ②□批评 ②克刻客咳蛤～蟆 ③□～～刻痕，界限去

Ene ②扼额 ④□压

he ②黑吓赫核骇

## ie

bie ①憋 ②别鳖③瘪 ④蹩～脚
pei ②劈撇瞥 ③秕～谷茬～蓝□左 ④□不好
mie ①□灭 ②灭蔑蔑
die ①爹 ②碟蝶谍膜迭叠跌
tie ②铁贴帖
lie ②列烈裂猎劣业聂镊捏孽蘖
jie ②节洁结杰接揭竭截劫浩～妾 ③借 ④姐
qie ②切捷怯劫抢～窃 ③且
xie ①些 ②协胁邪歇泄亵隙血恤穴斜 ③谢卸泻解姓懈蟹 ④写
ye ①耶椰 ②页叶爷谒曳 ③夜 ④也野冶

## ue

gue ②国
kue ②扩阔奎葵逵

## ai

bai ①蹕 ③拜败稗湃 ④摆一
pai ②排徘牌 ③派 ④□双臂平伸长度
mai ②埋 ③迈卖劢 ④买
dai ①呆 ③代袋贷岱玳黛带怠殆待戴大～夫 ④歹逮
tai ①胎□手捧，试着 ②抬苔台 ③太汰泰态
lai ①奶祖母 ②来睐 ③耐奈赖癞 ④乃奶牛～
zai ①栽哉斋灾 ③在再寨载～重被子 ④宰患载一年半～
cai ①猜钗差出～ ②才财材豺柴裁～剪 ③菜蔡 ④采睬踩彩
sai ①筛 ④晒
gai ①街该垓赅皆阶 ③介芥界丐钙盖尬届戒诫械 ④改解～放
kai ①开揩 ③概慨溉 ④凯恺楷闿
Enai ①哀埃尘～挨～近 ②岩崖呆～板挨～整癌 ③爱艾碍隘 ④矮蔼霭
hai ①□巨大 ②孩鞋还～有 ③害亥 ④海蟹螃～

## uai

zuai　①□～瞌睡□～跟斗　②拙笨～　③拽抛掷　④跩傲慢

cuai　①揣装入　③□撒泼　④揣～摸喘

suai　①衰□刁难，～摆　③帅　④甩摔

guai　①乖　②拐脚步不健捷，走路一～一～的　③怪　④拐～卖

huai　②怀淮槐徊感或获　③坏

wai　①歪　②□巨大　③外　④崴

## ei

bei　①杯卑碑悲背～名　③贝背～箩倍焙臂辈秘～密被～子陛婢裨

pei　①批披坯胚　③佩沛配辔譬　④呸

mei　①没～有　④美每

fei　①飞非菲排扉妃　③费肺废　④匪翡

lei　①的我～　④嘞

hei　④□使劲地，～实

## uei

dui　①堆　③对兑队碓　④趸

tui　①推　②颓　③退褪蜕　④腿

lui　①追　②雷蕾擂　③内类泪累劳～　④吕铝侣垒儡磊累

zui　①追椎锥　②贼拙掇辍　③最醉罪赘坠缒惴垂～下　④嘴

cui　①崔催摧吹炊　②垂捶锤槌　③翠粹碎萃瘁淬脆

sui　①虽尿～泡　②谁隋随　③岁碎穗祟絮税睡瑞　④水髓

rui　③蕊锐芮

gui　①龟归圭硅闺规皈　③贵桂柜跪刿鳜癸瑰　④鬼晷轨诡

kui　①亏窥盔魁岿　②葵奎逵睽馗　③愧溃愦聩匮馈襘鐀

hui　①灰恢诙挥辉晖麾徽　②回茴蛔　③会烩绘汇贿惠慧秽卉讳　④悔毁

wei　①威煨巍萎无生气　②为危桅唯惟维帷违苇韦微薇　③为～什么卫伪位魏畏猥喂胃谓渭喟猬未味　④伟纬诱委萎～缩尾

## ao

bao ①波

pao ①坡

mao ②磨

dao ①刀叨 ③到倒~水道导盗稻蹈铸~铧口 ④倒打倒祷岛捣

tao ①萄滔韬饕 ②桃逃陶淘涛 ③套 ④讨

lao ①捞~稻草 ③捞~东西劳痨唠牢醪 ③闹□~药 ④老恼脑□举，杠

zao ①糟遭招昭朝~晖 ②着~打 ③赵篱召诏罩灶皂兆照□~孽 ④早蚤枣澡藻找爪沼笊~篱

cao ①操超抄钞 ②曹槽嘈朝~庭潮嘲巢 ③造糙躁燥耖~土 ④草吵炒

sao ①烧梢稍捎筲搔骚臊~气艄 ②韶苕 ③少~年扫~把绍潲~水肇臊~子 ④少多~扫打~嫂

rao ②饶娆 ③绕~路 ④挠绕围~

gao ①高膏皋羔糕 ②□急慌状 ③告浩窖老~酒□~水，豆腐水 ④篙镐槁缟

kao ①敲 ③靠 ④考烤拷

nao ①熬~油□~价钱 ②敖熬廒邀獒嗷鳌翱 ③傲奥澳坳山~拗~口 ④袄

hao ①蒿薅 ②豪毫壕嚎篙~杆 ③号浩耗颢灏昊皓好爱~ ④好~坏

## iao

biao ①标膘镖彪□射出 ③鳔滑~~□不要速读 ④表裱婊

piao ①飘漂~流□打赌 ②缥瓢嫖朴姓 ③票漂~白剽慓骠 ④瞟殍

miao ①瞄~一眼 ②瞄~准苗描 ③庙妙缪姓谬 ④秒渺杳藐淼窈

diao ①刁叼凋貂雕碉凋 ③调~查掉吊钓悼 ④屌

tiao ①挑佻 ②条调~和迢髫 ③跳眺粜 ④窕掉~头斛调换

liao ①□~意，故意 ②辽疗燎僚嘹獠缭潦寮聊寥 ③尿料廖撂 ④了~解鸟袅咬

jiao ①交佼胶茭跤蛟姣铰娇教~书骄矫焦蕉礁椒艽浇 ②□~精，尖滑 ③教~育叫较校~对蓖轿觉睡~嚼 ④皎狡绞饺搅缴剿

qiao ①悄跷锹翘跻踩高~ ②乔桥侨荞憔谯樵瞧 ③俏峭鞘窍 ④巧

xiao ①肖消销硝宵逍霄魈萧箫嚣枭骁 ②肴淆 ③孝酵校学~效笑肖~像啸 ④小晓筱

yao ①要~求天妖邀腰幺 ②摇遥谣瑶摇窑姚尧□~裤，内裤 ③要跃耀 ④舀

## ou

bou　①褒

dou　①兜篼篼都全，～来逗一起闹　②□～倒那一口气　③斗～争豆痘逗～留窦读句～④斗陡□性格暴烈

tou　①偷　②头投　③透　④抖

lou　②楼娄偻潦倒　③漏陋　④搂篓缕

zou　①周啁舟州洲邹诹陬　③奏揍纣宙胃咒皱绉昼　④走肘帚

cou　①抽扶，翻转　②仇畴踌筹俦酬愁惆稠绸　③臭凑辏腠骤　④瞅丑

sou　①收馊艘飕　③受授寿兽瘦嗽　④手守狩首擞溲

rou　②柔揉蹂糅　③□刁难□懦弱，～头

gou　①勾沟钩篝　③苟姓够构购媾垢诟　④枸苟～且狗

kou　①眍抠□夹～，吝啬　③叩扣寇寇　④□

Enou　①欧殴讴鸥　③沤～肥怄～气　④耦偶藕呕

hou　①齁　②侯喉猴　③后逅厚候　④吼

## iou

diu　①丢

liu　①榴馏溜瘤丢～荒绺～土，长条形小块地　②刘浏流旒硫留遛牛　③□不要～，微动④柳绺一～，一束扭纽

jiu　①纠赳揪鸠阄灸鬏啾　②□捉，抓　③就厩救臼柩疚究舅咎　④九玖久酒韭扭

qiu　①秋揪鳅邱蚯□烟熏　②酋求裘逑球虬囚泅　③去～年

xiu　①修羞馐休貅□瘊，～子　②□窥视　③秀绣锈袖嗅岫宿星～　④朽

you　①优忧幽悠攸　②尤犹游由油黝邮猷鱿　③又右佑宥囿柚釉诱莠牖　④友有酉\\

## an

ban　①班斑瘢扳颁般瘢搬　②板版□扭动挣扎　③半伴拌办扮瓣

pan　①潘攀番～禺　②蹒蟠盘槃磐　③判叛攀盼绊

man　②蛮颟瞒馒　③曼蔓漫慢谩熳　④满

fan　①番翻幡　②凡帆矾藩蕃烦繁梵樊　③范犯泛饭贩　④反

dan　①丹单～独担～任耽聃殚箪郸　③旦但担～子弹导～淡澹啖诞萏氮惮诞氮蛋石十斗为一～惮　④胆掸

tan ①贪滩瘫探坍潭 ②檀弹～钢琴谈痰坛昙覃谭 ③叹炭碳 ④毯忐袒坦

lan ②南楠喃男难赧阑澜兰栏拦蓝篮婪岚 ③滥烂难灾～ ④漤用佐料拌生菜懒览揽榄揽缆

zan ①粘沾谵瞻毡簪 ③湛颤蘸栈占站战绽暂錾赞溅 ④盏斩崭展辗攒

can ①餐参～加搀～和羼 ②澶缠谗巉孱潺惭蚕残 ③灿忏□耽搁 ④产惨

san ①三叁山膻讪潸舢衫 ②蝉禅颤～悠悠 ③擅嬗善蟮膳缮鳝单姓扇煽骗赡散～发 ④伞闪陕散松～

ran ②然燃□调佩，取笑 ④冉染

gan ①甘干～净杆电线～肝竿甘柑尴 ②赶杆枪～擀感敢橄 ③干～部淦赣

kan ①刊堪戡勘龛 ③看 ④坎砍侃槛瞰

gan ①安鞍桉氨庵鹤淹 ②颜姓□估计□～缝，紧密契合 ③按暗黯岸晏迟晚雁～鹅 ④看

han ①憨鼾～声酣顸 ②寒邯韩含晗函涵颌 ③汗旱悍焊捍汉翰瀚憾撼苋～菜陷 ④喊罕

## ian

bian ①边编鞭 ③变便方～辨辩辫卞汴遍次数弁 ④扁匾蝙煸～锅贬

pian ①篇偏翩蹁 ②胼骄便～宜 ③片影～骗遍～地 ④片竹□三～斧□贬低，～削人

mian ②棉绵眠 ③面 腼缅免勉冕

dian ①滇颠巅癫掂～对 ③淀靛奠垫店惦玷电佃甸簟竹席殿 ④点典碘

tian ①天添 ②甜填田 ④忝舔恬腆殄

jian ①尖菅煎兼间中～坚艰奸肩监 ③见舰件建健键腱毽谏践贱荐渐僭鉴剑犨 ④减俭捡检柬拣蹇姓简剪谫茧碱笕～槽

qian ①千仟歼纤骞谦牵签铅扦～插钎钢～阡 ②前潜乾虔黔钤钱 ③歉茜～草欠芡 ④遣缱谴堑

xian ①籼仙先鲜新～ ②闲娴嫌贤咸 ③宪羡献县现腺馅限线 ④燹显洗跣险

yan ①焉蔫鄢姓嫣燕～国腌烟咽胭湮 ②言盐颜～色檐延蜒筵沿 ③燕～子艳滟堰厌餍宴晏姓焰偃 ④眼演兖掩衍

## uan

duan ①端 ③断段缎锻 ④短□阻拦

tuan ②团 ④抟团弄湍

luan ①□笼络 ②栾姓莺峦孪銮 ③乱 ④卵暖

zuan　①专砖钻～研颛　③撰馔钻金刚～转～路　④转～交
cuan　①穿川氽　②传～播船椽　③串窜钏　④喘铲
suan　①酸拴栓芟珊删姗　③算蒜汕疝闩涮
ruan　④软阮
guan　①官棺关冠衣～鳏观　③冠～军灌罐鹳贯惯　④管绾莞纶
kuan　①宽　④款□限制□～□，夸，吹牛
huan　①欢　②环桓还归～横～顺　③唤换焕幻患宦豢　④缓
wan　①弯湾豌～豆　②完顽玩丸纨　③万　④晚挽娩碗婉腕宛皖浣

## en

ben　①奔～跑崩　③笨奔～头　④本
pen　①烹□依靠　②盆彭澎膨　③□依靠
men　①们闷～在心里扪　②门　③焖闷～热懑
fen　①分芬纷氛吩　②坟焚汾　③份忿烘奋愤喷～气式分本～　④粉
den　①灯登蹬蹲墩敦　③凳瞪澄邓盾遁钝炖顿沌囤～箩　④等戥～秤
ten　①吞饨馄～　②屯囤～积豚臀誊滕藤腾疼　③□犹豫□蹬褪～脱□～一下，等　④□簸动
len　①□～麻线　②能棱伦沦轮　③论嫩　④冷
zen　①正～月症征争挣～扎筝铮狰诤蒸臻斟砧甄真棋贞侦帧箴针珍曾姓增尊遵□差欠　③郑正症证政怔镇圳腾陈赠甑饭～澄～清挣～家业　④枕诊疹振整拯救怎鸩赈
cen　①参～差称～重量伸～手抻～展撑村郴皴　②成城诚丞承乘～法呈程岑涔忱橙澄沉尘陈臣曾～经层存　③寸忖衬趁称～职秤慎□支撑　④逞聘惩□按，压
sen　①申伸绅砷～缩呻～吟升身深生牲甥莘笙声参人～森孙荪狲僧　②神谌辰娠承～不住，宸　③甚葚蜃肾胜盛剩　④省节～审婶沈损笋榫～头哂
ren　②人仁壬任姓仍妊　③任～务认荏饪　④刃忍纫韧仞
gen　①根跟庚耕羹更半夜三～　③更～好　④艮埂梗哽耿亘
ken　①坑铿吭～声　③□污垢　④肯啃恳垦
Enen　①恩樱～桃鹦～哥，鹦鹉　③硬　④□硬物抵触身体
hen　①亨哼　②痕恒衡珩　③恨　④很狠

## in

bin　①兵宾滨槟傧缤膑殡摈鬓斌彬冰　③病并～列　④丙柄炳饼秉禀乒并～拢
pin　①拼姘　②频颦贫瓶屏平评坪苹萍凭　③聘嫔妃～□相较，一个～一个　④品

min ②民珉泯～灭明鸣名茗铭酩冥螟瞑 ③命 ④敏闵悯闽黾皿抿吮～吸

din ①丁疔盯叮钉～子酊 ②盯 ③定锭订钉～马掌 ④鼎

tin ①厅听～觉 ②亭停婷廷庭霆蜓 ③听～其自然 ④挺铤艇

lin ①拧 ②麟遴磷辚嶙鳞粼林淋霖琳临邻凌欺～菱棱陵绫羚零玲羚苓聆瓴龄铃伶翎灵棂宁咛狞泞凝 ③另令吝蔺躏赁凌冰～佞 ④凛懔檩领岭

tin ①津禁～不起襟巾今矜金筋斤京惊鲸旌精箐睛荆兢晶经 ③尽进晋缙觐禁噤近靳劲尽荩烬泾茎敬到竟镜竞净静靖痉径迳 ④谨瑾馑槿仅紧锦巹井阱警儆景憬颈境

qin ①亲～切钦侵青清晴卿轻氢 ②秦勤芹覃禽擒琴情晴擎 ③浸沁亲～家庆清～凉箐馨罄 ④寝请

xin ①心芯馨鑫辛锌新薪欣兴～奋星惺腥猩 ②行～动刑型形 ③兴～趣悻杏性姓信衅 ④醒

yin ①音喑因茵氤姻殷阴荫鹰英瑛莺婴罂璎樱～花鹦～鹉蝇 ②淫霪寅夤吟银赢瀛莹茔荧营萦盈楹迎 ③印应胤映 ④饮尹引蚓隐瘾影

## uen

zun ①谆 ④准

cun ①春椿 ④蠢

sun ②淳醇鹑唇纯绳 ③顺舜 ④瞬

run ③闰润孕

gun ③棍 ④滚衮绲～边

kun ①髡坤昆琨崐崑鲲 ②馄～饨□全，整个 ③困悃 ④捆

hun ①荤昏婚 ②魂横～直横脾气坏，不讲理浑水浊 ③浑～水摸鱼混 ④□骗～水

wen ①温瘟酝 ②文纹蚊雯闻 ③蕴问愠紊 ④稳吻刎

## ang

dang ①当～代裆铛 ③当～铺荡宕凼□～刀子 ④档挡党谠

tang ①汤 ②唐塘糖搪堂螳镗膛 ③烫趟 ④躺倘淌帑

lang ①□瘦小，最末最小 ②囊郎廊榔螂狼锒囊阆 ③浪□云散天晴□～衣服，晾 ④朗琅锒□推开

zang ①脏～官牂～牱臧姓章漳璋樟蟑彰獐张 ②□使劲打 ③臧～否葬藏～族瘴嶂幛障丈杖仗帐胀 ④掌长～辈张

cang ①仓伧苍舱昌倡阊猖娼 ②藏隐～长～短场肠怅伥 ③唱畅 ④昶厂敞徜

sang ①丧～葬桑商伤觞殇 ②尝裳常嫦 ③上尚绱～鞋丧～失 ④偿嗓赏

rang ②瓤□无力 ③让 ④壤攘嚷酿
gang ①缸罡冈岗刚钢纲 ③杠虹 ④港
kang ①康慷糠 ②扛昂 ③抗炕亢 ④□盖，罩
Enang ①肮□响 ②昂盎
hang ①夯 ②行银～杭航绗～棉衣

## iang

liang ①娘～～，姑～ ②娘爹～良粮梁粱凉量 ③谅晾～衣服亮靓量数□搁置 ④两俩魉辆仰

jiang ①将～军浆处江豇僵疆姜刚～才 ③将～帅酱匠降～落绛强倔糨犟 ④蒋桨奖讲颈脖子

qiang ①枪腔羌锵匡框 ②墙蔷墙墙强～大襁详祥翔戕藏～东西 ③呛戗言语冲突□相似 ④抢强～迫

xiang ①襄镶相～当湘厢箱香乡 ②降～服 ③相～声向象像橡 ④享想响饷飨□～皮，烧制晾干猪皮

yang ①央泱殃秧鸯 ②羊洋佯阳疡扬 ③漾恙样□淘 ④痒养氧

## ong

bong ①绷邦帮梆浜 ②□象声词 ③蹦迸蚌棒谤磅英～泵 ④乒榜膀臂～绑

pong ①□灰尘飞扬 ②朋棚蓬篷旁滂～沱傍膀～胱螃磅～礴彷～徨庞 ③碰胖 ④捧膀蹄□碰，触

mong ①蒙～纸张□胖□～～，（儿语）饭 ②蒙承～萌盟忙芒茫硭盲虻氓檬朦谋 ③梦孟茂贸 ④猛懵～懂某亩莽蟒

fong ①风疯枫丰封蜂峰锋方芳坊枋邡 ②逢缝裁～冯房防妨 ③风奉俸缝门～放 ④讽访纺仿～效，～佛舫

dong ①冬东□癫～ ②□刁唆 ③动洞冻栋侗恫 ④董懂胴光～～□～嘴，闭嘴撮口

tong ①通捅～马蜂窝彤红～～ ②同桐铜筒童潼瞳佟仝姓彤～云 ③痛恸 ④统桶

long ①聋 ②隆龙笼笼鸡～珑胧笼窿癃农浓脓侬 ③弄 ④垄拢陇笼～络

zong ①中～心忠衷盅钟终宗棕鬃综踪妆装庄桩奘 ③种中～奖仲轻～粽纵撞壮憧状皱 ④总肿种～类冢偬踵□补足，～满

cong ①充舂冲忡憧艟囱骢聪匆葱淙窗疮 ②虫崇重～复从苁丛床 ③冲～床□好出风头，二～二～□吹牛，～壳子创 ④宠怂～嘴闯撞

song ①松淞松惺～嵩霜双 ②～包 ③宋送颂诵讼 ④耸怂～恿竦辣惊爽

rong ②戎绒茸 ④冗

gong ①工攻功龚姓恭公蚣肱躬弓宫供～应光胱 ③共供～养贡拱钻逛□光秃，～波（光头秃头）□表面磨擦使光亮，亮～亮～讧内～ ④巩汞珙拱矿～子，矿石广

kong ①空～虚匡框眶筐诓～骗，□～娃娃，抚慰，温情逗弄 ②狂 ③空～白控诳～话，骗人的话圹矿旷邝况犷 ④恐孔

hong ①烘哄～堂大笑轰薨肓荒慌 ②红虹～彩鸿洪宏弘泓黄璜磺蟥簧皇湟惶煌遑蝗篁徨凰 ③晃～眼，光亮刺目 ④哄～骗谎恍晃虚～一刀幌

wong ①翁嗡蕹汪□蜂拥，打～堆 ②亡忘王 ③瓮妄望旺忘～记 ④往枉惘魍网

## iong

qiong ②穷弯邛茕

xiong ①芎兄凶光匈胸 ②雄熊 ③汹训斥

yong ①雍纳～ ②庸慵墉镛容溶熔蓉榕荣融 ③用 ④勇涌拥踊俑

## ü

lü ③女

ju ①车～马炮，相棋棋子疽趄睢狙沮龃驹居裾琚俱 ③聚炬巨讵拒距钜遽具惧飓句据踞剧锯倨 ④举矩莒

qu ①区岖躯驱蛆趋焌把燃烧物放入水中 ②渠蕖瞿癯衢劬 ③去祛趣砌 ④取

xu ①需盱须虚墟嘘胥绥荽芫～ ②徐 ③叙勖序絮婿绪遂 ④许诩栩

yu ①淤迂纡 ②于盂竽舆虞愚俞渝窬愉瑜榆嵛觎余异臾谀腴瘐鱼渔予娱 ③玉钰吁誉寓遇裕谕喻峪御豫预灏慰尉姓，～迟妪驭 ④宇窳语雨与屿禹踽羽

## üe

jue ②绝厥蕨蹶獗攫谲决诀抉掘崛孑绝

que ②阙缺瘸茄 ④□折

xue ①靴 ②薛削雪鳕噱血恤屑

yue ①迂～腐 ②曰悦阅越粤月玥

## üan

juan ①涓捐鹃娟绢捐镌隽 ③眷券卷～宗圈畜～ ④卷～烟蜷绻

quan　②拳倦颧权全痊诠醛筌泉瑔　③劝　④犬畎
xuan　①渲楦煊碹萱揎喧轩鲜　②旋璇镟玄眩弦炫悬烜　③绚漩～头发螺旋处　④选癣
yuan　①渊冤鸢鸳　②元沅园圆员鼋袁辕猿垣原源爰媛缘橼沿苑　③院愿怨　④远

## un

jun　①军均钧筠君　③菌浚竣峻俊骏郡炯肫鸡～　④窘迥
qun　①倾　②琼群裙　④顷
yun　①晕～头　②云耘芸纭匀昀　③泳咏晕～车恽姓郓运熨韵陨殒　④永允

**大方方言音变更现象**　大方话部分词和词组有音变现象。1. 阳平调的叠音名词后字变为阴平，即由［33+21］变为［33+55］，如：

爸爸　爷爷　婆婆　娃娃　人人　毛毛　林林　笼笼　壳壳　盘盘　碟碟　盆盆
瓶瓶　坛坛　藤藤　索索　箩箩　格格　角角　塘塘　芽芽　苗苗　头头　缺缺
夹夹　刮刮　刷刷　圆圆

2. 非叠音名词，普通话里是轻声，大方话读为第一声，即由［33+33］变为［33+55］，如：

被卧　裁缝　地下　疙瘩　耳朵　高粱　疙瘩　姑娘　姑爷　核桃　葡萄　石榴
樱桃　喉咙　头发　眉毛　衣裳　钥匙　狐狸　记性　马虎　年成　盘缠　热和
衙门　馄饨　支吾　挖苦　茅厕

3. 普通话里不读轻声，或没有的词语，大方话里读为第一声，即由［33+33］变为［33+55］，如：

白杨　茶叶　长虫（蛔虫）　朝门　重阳　人情　蔫败　团圆　心烦　雄黄　牙齿
扬尘　飞雄　阁雅　归化　露布

4. 两字组前后都变调，即由［33+33］变为［55+55］，如：葫芦、谜谜。三字组也有变调的，如：杨梅梅、四季豆、肚脐眼、黄鼠狼、两佰娘，门转轴。四字组也有变调：叠音第二字由阳平变阴平，叠音三、四字由阳平变上声，如：齐齐乎乎、麻麻杂杂。

5. “头”字在普通话里作词尾，基本上读轻声；大方话里却有三个读音。

（1）不发生变化，仍读 tou，如：

奔头　对头　会头　户头　苗头　想头　念头　兴头　由头　准头　行头　来头
苦头　甜头　浪头　码头　枕头　指头　罐头　芋头　馒头

（2）变为第一声，读tōu（偷），如：

锄头　捶头（拳头）　骨头　舌头　郐头　犁头　笼头　零头　木头（棺材）
石头　丫头

（3）在方位词或表示方位的词组里，读为dōu（兜），如：

前头　后头　里头　外头　下头　上头　高头　屋都　田头　土头　坡头　岩头

城头　乡头　锅头　碗头　瓢头　缸头　坛坛头　罐罐头　筷子头　萝萝头

6．合音词和合音变读。大方话的合音变读，常用的有：不要biao或bao（音“抱”）或bí ǎo（音同“必要”），人家 nín jíā 或 rén niā，玉米bō wú，这样 zǎng（音同“账”）或cǎng（音同“唱”），这回zuí（音同“追～”），我家Enā（音同“我啊”），你家niā（音同“你啊”），他家dā（音同“他啊”）。

## 三　威宁语音

**威宁方言声韵调及声韵调配合**　1．威宁方言有声母22个：

b　巴壮避鄱　p　怕绊鄙遍　m　门米满母　f　飞冯番喷　d　帝汀溻缔
t　同堤倘亭　n　鸟念虐女　l　兰雷龙罗　g　共革官解　k　看葵考概
h　灰胡鞋项　j　杰经叫聚　q　前祥捷僭　x　笑旋戏霞　zh　贞周主扎
ch　敞垂陈迟　sh　商拴兽沙　r　任若日戎　z　争邹租杂　c　仓族崔造
s　桑岁师宋　y　窝远荣央

2．威宁方言有韵母37个：
a　巴辣法他　ia　架夏押假　u a　抓夸花瓦　o　波河过落　io　约学脚雀
e　色白黑特　ie　姐野节灭　ue　葵国雷回　ye　月缺绝决　er　儿耳二而
r　知池史日　i　衣地急希　u　都木局疫　ü　雨句区徐　iu　欲局曲宿
ai　哀介开来　uai　怪帅乖揣　ei　杯倍妹非　uei　威堆罪催　ao　包毛桃抄
iao　腰苗燎巧　ou　斗偷周收　iou　优休九丢　an　安南丹满 ian　烟连天检
uan　湾酸船欢　yan　冤全员炫　en　奔根成恩　in　因英心星　uen　温横准顺
ü n　晕勋群咏　ang　党桑张刚　iang　讲香央良　uang　光床装双
ong　翁东朋风　iong　雍穷兄荣

**同音字**　说明：1、2、3、4表示阴平、阳平、上声、去声

### a

ba　1.巴扒　2.八拔　3.坝霸耙罢　4.把靶　pa　1.扒琶把钉～　2.扒～手爬叭钯铲～　4.怕帕　ma　1.妈蟆　2.麻抹～布　3.骂　4.马码蚂　fa　2.发乏伐筏阀罚法　da　2.搭答达沓　3.大　4.打　ta　1.他　2.塌塔獭榻　3.目答～着眼皮　la　1.拉旯　2.拿纳捺腊蜡辣　3.那　4.哪喇　ga　1.□象声词　2.嘎　4.尬□事做～了　ka　1.旮揩～油　4.卡咯拃　3.胯～下　ha　1.哈　～腰　2.□搔人腋下使之笑　3.下动量词　4.□～包　zha　1.渣查姓揸　2.匝扎闸铡炸　3.诈栅乍 4.眨～眼　cha　1.叉权差杈　2.茶插查察　3.诧岔汊　4.□～□　sha　1.萨　2.撒～饭　4.　撒姓洒　a　1.阿　2.啊　3.那～个人　4.啊　pia　2.□象声词　4.瘪又音　nia　2.□象声词　4.□象声词　nia　1.□“人家”的合音　2.□

擦～皮了　4.□～皮（懒散的人）　jia　1.家加佳枷嗟　2.甲夹挟　4.假贾姓　3.稼嫁架价　qia　1.拃　2.掐洽恰　3.跨～门坎　xia　1.虾　2.遐霞瑕瞎辖峡匣狎侠狭　3.下夏　ia　1.丫鸦椏亚　2.牙衙押鸭　3.亚压轧　4.雅哑

## ua

gua　1.瓜□刺～了手　2.刮括聒　3.卦挂　4.寡剐　kua　1.夸　3.跨　4.垮胯　hua　1.花　2.华滑猾铧划～船　3.化话画划计～　zhua　1.抓挝　2.口（踢）一脚口洋～（洋镐）啄　4.爪　shua　1.刷　4.要厦　rua　1.挼　ua　1.蛙娃挖娲　2.娃小儿袜　3.洼　4.瓦

## o

bo　1.波玻褒　2.脖钹博薄驳钵剥泼活～　3.播薄～荷　4.簸　po　1.坡婆外～　2.婆老～泼　3.破　4.颇剖叵□～出去了（豁出来了）　mo　1.摩么摸　2.磨馍魔模末沫莫寞膜　3.磨石磨□～开（移开）　4.抹～粉　do　1.多　2.夺铎　3.舵剁惰堕驮～子跺～脚　4.朵躲　to　1.拖　2.陀驼驮～马脱托拓　4.妥椭唾□～神　lo　1.罗～嗦　2.罗锣骡朒萝洛落骆诺烙酪乐快～挪　3.摞懦糯　4.裸　go　1.哥歌戈锅　2.郭鸽割葛角牛～各廓合十～一升阁　3.过搁耽～　4.果裹　ko　1.科棵苛柯蝌　2.壳盍磕渴　3.课骒搁　4.可颗　ho　1.豁～嘴喝和～哄　2.和活霍合豁～达鹤荷何河禾盍貉蠡郝　3.货贺祸荷负～和～稀泥　4.火伙夥□～水　zho　2.桌卓酌琢镯捉着睡～了斫　cho　2.绰戳锉　sho　2.说硕勺芍烁　4.唆～狗□“是罗”的合音　ro　2.弱若若　zi　2.作昨凿佐　4.左佐　3.坐座　co　1.搓磋嵯　2.撮凿穿～　3.挫措锉错　so　1.蓑梭唆娑　2.缩索朔率蟀　4.锁琐所　o　1.屙窝倭阿～胶　2.蛾俄鹅讹恶腭鄂涴斡握沃龌渥　3.卧饿　4.我

## io

lio　2.略虐疟掠　jio　2.脚觉爵角～～钱　qio　1.悄～～话　2.雀鹊却确　xio　2.学削剥～　io　2.约药钥岳乐音～

## e

be　2.白百伯柏陌北帛　me　2.墨脉默麦梅玫媒煤霉楣糜枚　de　2.得德　te　2.特忒　le　1.的得助词　2.勒肋　4.□用刀锯　ge　2.格革隔　4.□用刀锯　ke　1.克为难　2.克刻客咳　3.去　he　1.□大个子　2.骇核黑吓～人赫　zhe　2.折摺褶哲　3.这　4.者　che　1.车差出～钗　2.彻撤辙　3.□～开身□这件事～的　4.扯□破碎的玉米粒　she　1.奢赊　2.设摄涉蛇舌失打～折～本　3.社舍赦射麝　4.舍　re　2.热　4.惹　ts　2.仄则责窄侧摘贼　ze　择侧泽册拆裁　se　1.腮　2.色瑟

虱啬塞涩　e　1.诶　3.诶

## ie

bie　1.憋～气　2.别鳖　3.别～扭蹩～脚　4.瘪秕　pie　2.撇　3.□质量差　mie　2.灭蔑　die　爹　2.跌迭蝶牒谍叠　tie　2.贴帖铁　nie　2.捏聂镊孽业烈裂茶　jie　2.揭接结节截孑杰竭洁蝎劫浩～　3.借藉　4.姐　qie　2.切窃怯捷劫抢～　4.且　xie　2.邪斜楔歇胁协隙泄血恤穴　3.泻谢卸懈解姓泄腹～　4.写　ie　1.耶椰爷叔　2.叶页掖渴咽曳爷　3.夜　4.也野冶

## ue

guo　2.国虢　kue　2.逵葵奎阔扩阔夔　zhue　2.拙撅缀啜　we　4.喂

## üe

jue　2.绝掘厥决诀倔蹶　que　2.缺网茄～子瘸　4.□折　xue　1.靴　2.雪薛屑削～皮血　ü e　1.迂～腐　2.月曰阅悦越　3.唠胡

## er

er　1.□娃　2.儿而　3.二贰　4.尔耳洱饵迩　zhi　1.知支枝卮之只脂摭芝蜘　2.织汁掷执直植职帜质陟置骘挚指手～头趾脚～头栉　3.志痣痔峙至致治制智雉炙稚滞志　4.纸只旨指趾止凿咫微　chi　1.痴蚩嗤螭魑媸眵絺鸱侈　2.持池篪迟尺驰赤敕吃秩　3.翅　4.耻齿斥叱饬　shi　1.尸施诗　2.时失豉拾实食蚀识石室适释湿宴　3.示氏是世势誓嗜试柿市恃式饰拭弑筮豕　4.矢屎史使驶始　ri　2.日

## i

zi　1.资咨姿兹滋缁龇～牙粢辎锱瓷瓷□发怒　3.自字渍訾姓秄　4.紫姊子籽滓　ci　1.雌庇差参～　2.瓷慈词祠辞磁　3.刺赐次伺～侯厕～坑　4.此　si　1.斯撕私司丝思师狮蛳偲厕茅～　3.四兕泗驷肆寺事士仕似嗣伺姒耜俟　4.死

## i

bi　2.必蓖毕鼻笔碧壁逼愎滗去滓　3.币敝蔽毙闭备避惫陛睥　4.比彼　pi　2.皮疲痹脾～气

琵批匹～马蚍鼙弼癖僻嬖癖疋劈霹　3.屁　4.匹～夫庇鄙否臧～　mi　1.咪眯　2.迷谜弥眉泌秘密蜜觅麋靡汨～罗　3.□～着脑壳　4.米靡　di　1.低的　2.滴的目～笛迪敌狄嫡翟涤籴　3.地帝第弟蒂谛棣缔隶逮　4.底抵抵邸抵　ti　1.梯剔　2.堤提题蹄踢惕啼娣醍屉　3.替剃嚏　4.体　ni　1.驴毛～子　2.疑宜谊泥尼倪犁梨黎离厘力匿逆溺立粒栗历率效～笠　3.腻例厉丽荔利痢虑滤砺离～开吏詈莅　4.你拟李里理狸礼旅履　ji　1.鸡稽羁几饥肌基姬奇～数屐木～机讥箕稽　2.集积迹激击辑即疾脊籍寂急及级吉极给棘戟鲫瘠　3.计记忌纪既祭济荠剂继季技妓系～鞋带　4.挤己纪几麂杞　qi　1.妻凄栖期欺　2.齐脐奇骑歧祁耆其棋旗祈迄讫七漆戚缉～鞋乞崎　颀　3.企契器弃气4.起启岂　xi　1.西犀兮牺熙希稀携些膝圪～头溪奚醯羲嘻　2.习袭息媳昔席锡悉析惜夕吸泣膝～盖　3.细系联～戏　4.洗玺徙喜屣螬　i　1.衣伊依医猗　2.益夷姨缢懿怡饴贻沂一遗抑揖乙仪移彝邑逸弋译□　3.艺刈诣义议肄异意毅易忆亿亦翼冀屹翌　4.以蚁椅里～头已矣迤

## u

bu　1.辅～处（地名）　2.不　3.布怖步部薄　4.补捕哺　pu　1.铺～盖　2.蒲菩扑卜仆葡勃渤瀑璞　3.铺床～堡　4.普谱浦　mu　2.目木模沐牟穆睦没沉～眸苜牧　3.暮幕慕墓募　4.母姥亩牡拇　fu　1.夫肤敷麸俘孵　2.扶浮符夫语助蚨沸弗绂芾涪罘佛拂复腹福蝠幅伏袱　3.副符咐付傅赴讣附赙富妇负缚阜　4.府俯腑辅斧甫抚釜腐　du　1.都嘟　2.独读牍犊渎毒笃督　3.度渡镀杜妒蠹肚～腹　4.堵赌睹肚胃　tu　2.徒屠途图荼突秃　3.兔吐呕～　4.土吐　lu　1.辘毂～2.奴孥驽卢炉芦驴六禄碌录鹿陆闾麓戮绿律　3.怒路赂露辂鹭　4.努弩鲁橹卤　gu　1.姑沽孤辜箍觚毂～辘　2.谷骨毂鹄酷汩　3.故固雇锢梏　4.古估股鼓臌贾蛊　ku　1.枯　2.哭窟　3.库裤　4.苦　hu　1.呼滹　2.胡湖葫弧壶乎蝴斛狐笏　3.户沪怙互护　4.虎浒唬　zhu　1.朱诛蛛珠铢茱株　2.竹筑逐舳烛轴妯祝触浊　3.著柱住注灶蛀铸贮箸苎驻　4.煮渚主柱麈　chu　2.出除厨储黜畜～牲　3.处～所　4.褚杵处相～　shu　1.书抒舒樗枢输殊殳　2.术秫述叔熟赎续菽续熟塾属嘱蜀束淑　3.庶恕竖树　4.暑署鼠墅曙黍　ru　1.孺　2.如茹辱肉褥儒　3.孺　4.汝乳　zu　1.租　2.足卒　3.做助　4.祖组租殂俎　cu　1.粗初刍　2.族猝簇促蹴蹙　3.醋　4.楚础　su　1.苏酥甦疏梳蔬　3.素嗉诉塑愬　4.数～钱　u　1.乌呜污巫诬坞　2.吴吾梧无芜毋娱屋勿物兀　3.误悟寤晤恶厌～务雾戊骛　4.五午舞侮鹉武

## ü

lü　4.女缕吕侣　ju　1.居车马～炮裾拘驹俱～乐部疽　2.集～合　3.据锯踞巨拒距聚遽句具惧剧　4.举莒矩踽　qu　1.趋蛆区驱躯焌以水灭火　3.去趣砌　4.取　xu　1.胥虚墟嘘须需吁绥荽芫～盱　2.徐　3.序絮叙绪壻煦邃　4.许诩栩　yu　1.淤迂　2.鱼渔於予于余愚虞欤盂竽瑜榆臾谀娱　3.御驭与参～遇寓禺芋妪愈誉预玉裕喻尉　4.语与宇禹雨羽

## iu

jiu 2.局倔菊掬鞠橘 qiu 2.曲屈渠瞿衢 xiu 2.畜～牧蓄戌旭肃宿～舍速夙俗粟谡 iu 2.欲郁域蜮育狱浴役疫粤岳

## ai

bai 1.跰～脚 3.拜败稗湃 4.摆 pai 2.排徘牌徘拍迫魄 3.派 4.□双脚～开 mai 2.埋霾 3.卖迈劢 4.买 dai 1.呆 3.戴贷待怠殆迨代袋岱玳带大～王 4.歹逮 tai 1.胎苔□单手轻举 2.台抬苔菜～ 3.太泰态汰 lai 1.奶祖母 2.来 3.耐奈睐赉赖癞籁 4.乃奶鼐gai 1.该垓赅皆阶街 3.介芥届戒械疥盖丐 4.改解 kai 1.开揩 2.凯恺铠楷 3.概慨溉忾 kai 1.□大块头 2.孩鞋还～是 3.亥害 4.海醢蟹 zhai 1.斋遮 2.债寨砦 chai 2.豺柴 shai 1.筛 2.晒 zai 1.灾栽哉 3.再在载～重 4.宰载三年五～ cai 1.猜 2.才财材 3.菜蔡 4.彩采踩睬 sai 3.赛 ai 1.哀挨～边 2.挨呆～板岩捱额 3.艾碍爱隘 4.矮蔼霭

## uai

guai 1.乖 2.拐□坏 3.怪 kuai 3.快刽筷会～计 4.块蒯 huai 2.淮槐怀徊 3.坏 zhuai 1.□～瞌睡 2.拙笨～ 3.拽拉 4.踀一～一～的□高傲 chuai 1.揣～在衣袋里膗泡～ 3.□无赖撒泼 4.揣～摸舛 shuai 1.衰 3.帅率～领 4.甩摔 ruai 1.□投掷 wai 1.歪 2.□摇动拔取 3.外 4.崴踒

## ei

bei 1.杯悲碑背 3.贝臂辈背倍焙婢陛秘 pei 1.披批胚坯 2.培赔陪裴 3.配沛霈佩辔4.呸 mei 1.没～得 3.妹昧寐媚 4.每美 fei 1.飞非绯扉妃菲 2.肥淝 3.肺吠费废 4.匪菲～薄翡 gei 4.给

## ui

dui 1.堆 3.对队碓兑 tui 1.推 2.颓 3.退蜕 4.腿 lui 1.追 2.雷镭 3.类内泪累连～ 4.垒馁累积～屡 gui 1.圭归龟规闺瑰 3.贵桂跪柜鳜～鱼 4.鬼诡轨晷簋 kui 1.亏盔窥魁 3.愧溃匮 4.傀 hui 1.灰恢诙麾挥辉徽翚 2.回茴蛔 3.贿会～议绘汇慧惠卉讳溃～脓穗 4.毁悔 zhui 1.追锥 3.缒惴赘坠垂～下 chui 1.吹炊 2.垂捶槌锤 shui 3.税悦睡瑞

4.水 rui 3.锐芮 4.蕊 zui 2.贼 3.罪醉最 4.嘴 cui 1.崔催摧 3.脆翠萃 sui 1.虽尿 2.谁随隋 3.碎岁祟穗谷～絮 4.髓 wei 1.威煨巍萎无生气 2.为作～桅危维帷违围韦唯惟微 3.卫喂位未味魏畏胃谓喟唱为因～ 4.委猥萎诿伪尾伟纬苇

## ao

bao 1.包胞苞 3.报抱暴豹鲍刨～刀雹抱鸡伏卵爆曝瀑 4.宝保褓鸨堡～垒饱 pao 1.抛脬泡 2.袍刨咆庖炮～制 3.泡炮 4.跑 mao 1.猫虎回族姓氏 2.毛旄茅矛锚 3.冒貌耄 4.卯铆 dao 1.刀叨舠 3.到道稻盗悼蹈帱导铸～锅倒～顺 4.捣岛祷倒仆～ tao 1.掏滔韬绦饕 2.桃逃陶淘涛 3.套 4.讨 lao 1.捞～稻草 2.劳痨捞～鱼牢蛲醪荛猱～狮狗 3.闹淖涝早～□～药 4.老脑恼 gao 1.高膏皋羔糕 3.告诰 4.稿搞缟 kao 1.敲 2.□～他，打他 3.靠犒 4.考烤拷 hao 1.蒿薅 2.豪毫壕号～哭篙～竿 3.浩颢号～角耗皓好爱～ 4.好～坏 zhao 1.招昭召朝～夕 2.着睡～了 3.罩赵兆肇照诏召号～ 4.爪找沼笊～篱 chao 1.抄超钞 2.朝潮晁嘲 3.耖重耕地 4.吵炒 shao 1.稍梢艄烧 2.韶苕红～ 3.哨邵绍少老～ 4.少多～ rao 2.饶挠 3.绕～线 4.绕扰 zao 1.遭糟 3.灶皂 4.早蚤枣澡藻 zhao 1.操 2.曹槽嘈 3.造糙燥躁噪糙 4.草 sao 1.骚臊搔 3.扫～帚潲 4.嫂扫～地 ao 1.熬～油□～价钱 2.敖熬鳌翱 3.傲奥懊澳 4.袄媪

## iao

biao 1.标彪镖膘□直射出 3.□不要鳔 4.表裱 piao 1.飘漂 2.瓢嫖 3.票漂～亮剽 4.瞟殍饿死 miao 1.□没有、不曾 2.苗描瞄 3.庙妙缪姓 4.秒眇杳窈渺藐 diao 1.刁貂雕凋鵰 3.钓吊调～动掉 4.鸟（屌） tiao 1.挑佻 2.条调～和迢 3.跳眺 4.掉～头窕粜 niao 2.聊僚辽寥缭疗 3.尿料尥廖 4.鸟茑嬲了～结 jiao 1.交郊蛟娇胶教～书焦蕉椒鷦骄浇 2.嚼～筋 3.轿叫教～师窖较觉睡～嚼 4.绞狡饺佼姣搅皎缴铰 qiao 1.高～缲～裲劁～猪跷～脚 2.樵憔瞧乔桥荞侨 3.俏峭诮窍鞘 4.巧 xiao 1.消宵霄硝销逍枵萧箫枭骁 2.肴爻 3.孝笑效校肖啸 4.小筱晓 xao 1.妖邀要～求夭幺 2.摇谣窑遥姚瑶 3.耀跃要 4.咬舀

## ou

dou 1.都兜逗～惹 3.斗～争窦豆痘逗～留 4.斗陡 tou 1.偷 2.头投 3.透 4.抖 lou 1.□～儿 2.楼娄蝼耧 3.漏陋瘘～火露～马脚 4.搂～抱篓 gou 1.沟勾钩 2.苟狗 4.够垢彀构购媾觏 kou 1.抠眍 2.□ 4.叩扣寇蔻 hou 1.齁 2.候喉猴瘊～子 3.厚后候4.吼 zhou 1.周舟州洲 3.肘帚 4.昼宙纣咒 chou 1.抽 2.绸稠俦筹畴仇酬踌 3.臭

4.丑瞅　shou　1.收　2.手首守狩　3.兽寿受授售绶　rou　1.揉柔蹂糅　3.肉（回民称～）　zou　1.邹诹陬驺　3.奏揍皱绉骤　4.走　cou　1.　2.愁　3.凑辏腠　sou　1.搜飕溲馊　3.嗽瘦　4.叟艘擞　ou　1.欧讴鸥瓯区姓　3.怄～气沤～粪　4.偶耦藕呕

## iou

miou　3.谬　diou　1.丢　liou　1.溜　2.牛刘流留硫琉　3.馏蒸～榴□微动　4.纽扭柳绺　jiou　1.揪啾鸠阄纠赳　3.就究救疚酒厩臼舅咎旧柩　4.酒九久韭灸　qiou　1.秋丘鳅揪鞧囚泅求球裘　xiou　1.休羞修　3.秀锈绣袖嗅帕宿星～　4.朽　iou　1.忧优攸悠幽　2.尤邮由油游犹猷蚰　3.又宥囿莠诱柚幼釉上～佑　4.有友酉牖

## an

pan　1.班斑颁扳搬般瘢　3.扮办瓣半伴　4.板版坂　pan　1.攀潘　2.盘磐蟠　3.盼襻判泮叛畔绊　man　1.瞒蛮馒　2.满　3.慢漫曼蔓慢　fan　1.番翻幡　2.帆藩凡烦繁矾梵樊　3.泛范犯贩饭　4.反返　dan　1.单耽丹担～任眈　3.淡啖旦诞但憧蛋弹子～担～子　4.胆掸疸　tan　1.贪瘫滩探坍　2.覃潭谭谈坛痰弹～性坛檀昙　3.叹炭　4.毯坦袒忐　lan　1.篮提～　2.南男难蓝兰婪岚难困～拦栏　3.滥烂难患～　4.赧览揽缆懒褛～菜　gan　1.甘柑尴干～戈肝竿乾～湿间房～　3.干枝～干～部　4.感敢杆赶秆擀　kan　1.堪勘戡龛刊　3.看　4.坎砍侃槛瞰阚　han　1.憨鼾酣顸　2.含函颔邯寒韩衔　3.撼汉汗旱翰焊苋陷～黄粑　4.喊罕　zhan　1.沾詹瞻占～卜粘毡旃　3.站占栈战颤　4.斩暂盏展辗　chan　1.掺　2.缠　3.忏　4.产铲　shan　1.衫山潸扇～风膻　2.禅婵蝉　3.苫汕扇蟮善缮单姓骗擅赡　4.闪陕　ran　2.然燃　4.染冉髯苒　zan　1.簪　3.赞錾溅　4.攒　can　1.参餐骖　2.蚕惭残馋　3.粲灿　4.惨　san　1.三叁　2.伞散鞋带～了　4.散分～　an　1.安鞍阉俺鹤　2.□估计颜姓　3.暗岸按案晏晚雁　4.□看

## ian

bian　1.鞭边编　3.变辨辩卞弁辫遍次数便　4.贬蝙扁匾褊　pian　1.篇偏翩　2.骄便～宜　3.骗偏～地片　4.□三～斧贬　mian　2.绵棉眠　3.面　4.免勉娩冕渑沔　dian　1.掂颠滇巅癫　3.店踮惦垫玷电殿甸淀奠佃靛　4.点典　tian　1.天添　2.田甜恬填掭　4.忝舔腆殄　nian　1.拈研　2.年黏鲇廉帘镰连联莲怜严　3.念敛殓练炼恋验　4.碾怜撵逐脸　jian　1.尖兼艰间中～煎奸营肩坚　3.鉴监舰渐剑间～隔谏箭溅～水践贱饯件建健键荐见　4.减碱检俭简柬拣剪茧戬謇蹇　qian　1.嵌签佥签谦悭迁愆千阡牵铅　2.潜箝钳黔钤钱前乾～坤虔　3.欠堑歉纤　4.浅遣缱谴　xian　1.先仙掀锨　2.咸闲嫌娴涎贤　3.陷限线羡宪献馅现县霰　4.险显獗跣　ian

1.淹阉崦蔫焉鄢炎烟燕（国名）胭 2.颜～色闫延筵言檐 3.厌艳焰酽彦谚唁晏姓咽燕堰掩堰砚 4.眼演衍兖掩～门

## uan

duan 1.端 3.断锻段缎椴 4.短 tuan 1.团博 4.湍彖□哄哄～～ luan 2.銮鸾峦栾 3.乱 4.暖卵 guan 1.官棺观冠衣～纶～巾关 3.贯灌罐鹳掼惯冠～军观道～ 4.管琯馆 kuan 1.宽 4.款□～嘴 huan 1.欢驩 2.桓还归～环寰 3.唤焕换涣患幻豢漶 4.缓 zhuan 1.专砖颛 3.赚撰撰传～记篆转轮子～动 4.转 chuan 1.川穿 2.传～达椽船 3.串钏 4.喘 shuan 1.拴删珊姗 3.涮疝 fuan 4.软蠕阮 zuan 1.钻～研 3.钻～孔缵 cuan 1.氽 3.窜篡纂爨 suan 1.酸 3.算蒜 wan 1.弯碗 2.完丸纨玩顽 3.万 4.碗皖浣宛莞绾晚挽婉腕 juan 1.捐涓娟绢鹃蠲镌 3.眷卷倦圈猪～券 4.卷～帘子 guan 1.圈园～ 2.全痊诠荃筌泉悛权拳□～脚颧 3.劝 4.犬畎 xuan 1.轩宣揎喧鲜萱暄 2.玄旋悬弦眩炫 3.楦鞋～镟～床绚 4.选癣 yuan 1.鸳冤茑渊 2.员园袁辕猿垣援源元原沿 3.院愿怨 苑 4.远

## en

ben 1.奔贲 3.笨 4.本 pen 1.烹 2.盆彭膨 men 1.焖扪 2.门 4.闷懑 fen 1.分吩芬纷氛 2.焚坟汾 3.粪奋忿喷～嚏分本～份 4.粉 den 1.敦墩蹲登灯 3.顿囤沌盾钝遁凳镫鞍～磴邓瞪撴炖 4.盹趸等戥～子 ten 1.吞饨燑 2.屯豚臀滕腾誊藤疼囤～积 4.盹打～ 3.褪～了套 len 2.能棱楞 3.嫩 4.冷拧～线 gen 1.跟根庚羹粳更三～耕 3.亘～古更～加 4.艮埂哽梗鲠耿 ken 1.坑铿 3.□污垢 4.恳垦肯啃 hen 1.亨哼 2.痕恒衡珩茎 3.恨杏～子 4.很狠行能干 zhen 1.砧针珍真甄肫鸡～贞祯桢侦征蒸徵钲正～月斟 3.联镇阵震振贩正症证郑政 4.枕诊疹轸缜稹拯整 chen 1.琛抻嗔瞋称撑 2.沉忱谌陈尘臣橙～子澄乘承丞呈程成城诚 3.趁疢谶称相～秤掌～子 4.逞骋惩 shen 1.深身申伸呻绅升胜～任声 2.神辰晨 3.甚葚肾娠胜～负圣盛剩乘车～ 4.审婶沈谂哂矧 ren 2.人仁壬任姓仍 3.饪任责～妊纫认 4.忍轫刃仞 zen 1.增曾姓憎膪缯争睁尊棒臻 3.赠谮 cen 1.参～差村皴 2.岑涔曾～经层存 3.蹭衬寸 4.忖 sen 1.森孙狲飧参人～僧牲笙甥 4.省损笋榫 En 1.恩 2.嗯 3.硬 4.□硬物～人

## in

bin 1.彬斌邠槟冰兵殡宾鬓 3.病并 4.禀秉丙柄炳昺饼 pin 1.拼姘 2.凭平评坪苹瓶屏～风萍凭 3.牝聘 4.品 min 2.民岷珉闽旻明鸣名铭冥暝螟 3.命 4.闵悯敏抿黾皿滑

泯～灭　din　1.丁钉叮疔盯　2.盯　3.钉订定锭　4.鼎顶　nin　1.拧　2.凝宁拧陵凌菱绫灵铃玲伶聆羚临磷鳞麟林淋邻霖　3.赁令吝蔺另佞凝～冰　4.凛懔岭领　jin　1.津今金禁～不起襟巾斤筋矜兢京荆惊鲸精晶旌睛菁经泾　3.浸～渍禁～止进噤晋搢缙尽烬荩敬镜竞静靖婧净劲痉径迳胫　4.尽～先紧仅谨井馑卺景颈憬璟刭警境竞儆　qin　1.侵骎钦亲卿清轻青蜻　2.琴禽擒秦勤芹情晴擎覃姓衾　3.庆罄謦沁亲～家　4.请　xin　1.心歆辛新薪欣忻馨兴星腥猩　2.行形刑型邢陉□不结实　3.信衅兴高～荇杏幸姓性　4.醒寝擤　yin　1.音阴暗因姻湮殷应答～鹰膺莺嘤樱罂鹦英瑛婴蝇　2.吟淫银垠狺寅夤龈迎盈楹赢莹萦营萤荧迎胤　3.印窨饮～牛荫憖应～对映泅　4.饮影引蚓隐

## uen

gun　4.滚衮鲧绲　3.棍　kun　1.昆崑鲲琨坤髡　2.馄浑～身葵　3.困　4.捆阃　hun　1.昏婚阍荤　2.魂浑～浊横　3.混圂溷　4.哄欺骗　zhun　1.谆肫纯　4.准　chun　1.春椿　4.蠢　shun　2.唇澹纯莼醇淳鹑绳　3.顺舜瞬吮　run　3.闰润　wen　1.温酝瘟　2.文纹蚊雯闻　3.问抆紊璺蕴　4.稳吻刎

## ün

jun　1.君军均钧裙　3.俊竣骏唆浚菌郡峻　4.窘　gun　1.倾　2.群裙琼　4.顷　xun　1.熏曛薰勋埙　2.寻浔荀询洵恂旬循巡徇　3.汛巽噀逊迅殉训驯　yun　1.晕头～　2.匀筠云耘芸　3.韵孕晕运陨殒郓熨咏泳　4.允

## ang

bang　1.帮邦梆浜　2.□象声词　3.谤傍依～棒蚌磅　4.榜膀绑　pang　2.滂庞雱旁膀彷螃　3.胖　4.膀猪蹄　mang　1.躲胖　2.忙芒茫硭盲虻氓　4.莽蟒　fang　1.方坊枋邡芳　2.防房妨肪　3.放　4.仿纺仿访舫　dang　1.当裆　3.当上～荡宕砀钢～刀子　4.党谠挡档　tang　1.汤　2.唐糖塘溏棠堂搪螳　3.烫趟　4.倘躺淌帑　lang　1.躲体小而弱　2.囊郎廊狼榔踉锒囊　3.浪阆莨　4.朗□推开　gang　1.冈刚纲钢缸肛杠青～岗　3.杠～杆虹　4.港hang　1.夯　2.行～业航杭桁　3.巷街～项　zhang　1.张章樟彰獐璋嫜　3.帐账杖仗障瘴嶂胀　4.长生～掌涨　chang　1.昌倡猖菖伥娼　2.长肠场常尝　3.畅怅　4.敞厂鬯昶　shang　1.商伤殇觞　2.尝裳　3.上尚　4.赏晌～午　rang　2.瓤穰□弱　3.让　4.壤攘穰　zang　1.赃脏　2.口搡　3.葬藏宝～脏　cang　1.仓苍舱鸧伧　2.藏隐～　sang　1.桑丧婚～　3.丧～失　4.磉柱下石颡嗓搡　ang　1.航□响亮　2.昂盎　3.□应词

## iang

liang 1.娘 2.娘良凉量粮梁粱踉 3.亮谅量容～晾 4.两俩辆仰 jiang 1.将浆缰疆僵江豇姜刚～才 3.酱将～帅匠强倔～降绛洚糨～子犟 4.奖蒋浆讲耩 qiang 1.枪锵羌蜣腔匡框戕 2.墙嫱蔷强祥详翔藏～东西襁 3.呛 4.抢强～勉 xiang 1.香乡芗相互～箱厢湘襄镶骧 2.降～伏 3.相像象橡向 4.想享响饷 yang 1.央秧殃泱鞅鸯 2.羊洋佯阳杨扬疡旸飏 3.样恙漾 4.养痒仰四～八叉

## uang

guang 1.光胱 3.逛光 4.广 kuang 1.筐框 2.狂 3.况矿圹纩 huang 1.荒慌肓 2.黄潢蟥皇凰遑 3.恍摇～ 4.谎幌晃 zhuang 1.庄装妆桩奘 3.壮状撞 4.□补充 chuang 1.窗疮 2.床 3.创 4.闯 shang 1.双霜孀 4.爽 wang 1.汪 2.王亡忘 3.旺妄望忘～记 4.网魍枉往惘

## ong

bong 1.绷崩 2.□象声词 3.蹦蚌～壳 4.□佯装 pong 1.烹抨怦 2.朋鹏棚蓬 4.捧 3.碰 mong 1.蒙～窗子 2.蒙承～萌檬朦谋 3.孟梦 4.某猛懵～懂 fong 1.风枫疯丰封峰锋蜂沣 2.冯逢缝 3.奉俸凤缝裂～ 4.讽 dong 1.东冬 2.□刁唆 3.冻栋动洞恫侗 4.董懂 tong 1.通捅彤红～～ 2.同铜桐童佟瞳 3.痛恸 4.桶统 long 1.聋 2.农脓浓龙笼珑隆癃 3.弄 4.拢垅 gong 1.公工功攻弓躬宫恭供～应龚 3.贡共供～养 4.汞矿拱巩珙 kong 1.空箜 3.控空～缺 4.孔恐 hong 1.轰薨訇烘哄～堂大笑 2.弘泓宏绂竑红洪鸿虹荭 3.哄 4.哄～骗 zhong 1.中衷忠终螽钟盅 3.仲众重中～毒种～植 4.冢种～类肿踵 chong 1.忡充冲肉 2.虫重～复 3.铳冲 4.宠怂～嘴 rong 2.茸戎绒 4.冗 zong 1.宗棕鬃踪纵综 3.粽纵放～□跳 4.总 cong 1.聪匆从～容葱 2.丛从崇 song 1.松嵩崧淞娀 2. 㞞 3.送宋诵颂讼 4.怂～涌耸悚竦 wong 1.翁嗡瓮 3.瓮齆

## iong

jiong 1.垌 qiong 2.穷穹邛筇蛩 xiong 1.兄凶匈汹胸 2.雄熊 4.汹 yong 1.雍邕邕痈 2.荣容溶融缩蓉庸佣 3.用 4.勇涌拥踊俑

# 第二节 语 法

## 一 毕节方言语法

**词法** 本目用S表示句子，N表示名词，NP表示名词性短语，V表示动词，VP表示动词性短语，o表示宾语，~表示复举，表示或者的意思。有音无字用□表示，用同音字代替的，在该字右上角加符号△表示。

**名词** 1. 重复名词。（1）单音节语表的重，即AA式。例如：桶桶、洞洞、刀刀、沟沟、坎坎、粑粑。从重叠后后一音节是否产生变音的角度看，可分两类：A.后一音节变读为阴平的（基式是阴平的除外）。例如：盘盘、坛坛、盒盒、瓶瓶、棚棚、毛毛。B.后一音节不变读的，如：棍棍、棒棒、坎坎、杵杵、粉粉、面面。从基式的语法性质看，可分以下类型：A.基式是名词性语素的，重叠后的名词一般与基式的词意相同或相近（个别有例外）。如：盘盘、坛坛、盆盆、盒盒、钵钵、罐罐、箩箩。B.基式是动词性语素的，重叠后的名词一般与基式的词义不相同。如：滚滚轮车等可滚动的圆形物体、套套绳套儿、戳戳公章、刷刷刷子、筛筛筛子、夹夹夹子、印印痕迹、提提提子、刮刮刮子。C.基式是形容词性语素的，重叠后的名词一般与基式的词义不同。如：圆圆圆圈、湾湾湾子、短短短处、空空空隙。D.基式是数词性语素的，重叠后的名词一般与基式的词义不同。如：三三（人名）、六六（人名）、幺幺婴儿。E.基式是量词性语素的，重叠后的名词一般与基式的词义有较明显的联系。如：个个串串、颗颗、趟趟、条条。（2）与单音节语素重叠相关的格式。A.单音节语素重叠后词义有关联的词语还可再重叠为AABB式，其语法意义表示同类事物，是为构形重叠。如：坛坛罐罐、盆盆碗碗、棍棍棒棒、汤汤水水、婆婆妈妈、花花草草、瓜瓜菜菜。AABB式尽管是复数，但仍可接受表示复数名词的标志“些”作为后缀。有无“些”意义不变，但语用上有区别，加上“些”后口语色彩更为浓厚。AABB式还可加上状态形容词后缀的，变成表示状态的形容词。如：这件衣服洞洞眼眼的，不要再穿了。B.单音节语素重叠后加词缀老老，构成AA老老式，亦是构形重叠。如：虫虫老老、果果老老、盘盘老老。

2. 名词的附加式构词法。（1）单音节词根或双音节词根，加语缀“子”构成名词。如：羊子、鞋子、树子、米头子、蚂蚁子。（2）毕节话中语素加上“头”构成名词，分3种情况：A.名词素+头。如：砖头、码头、木头。B.形语素+头。如：甜头、苦头。C.动语素+头。如：来头、看头、想头、吃头、搞头、赚头。（3）毕节方言中没有儿韵，但有儿尾，儿尾较为特殊，整合普通话儿尾和儿化的语法功能。儿尾有下列几种情形：A.在名语素之后加儿，表示小称。猫儿、兔儿、马儿、狗儿。B.儿作为构形语素加在人的乳名、姓氏或外号之后，其语法意义是表示亲热的感情色彩。其中，有的儿尾不变音，如：（小）马儿、（小）妹儿、（小）桂儿。

有的儿尾变阳平调的阴平调，如：（小）碧儿、（小）华儿、（小）兵儿、（小）红儿。儿尾中还有一类附着在语素后用比喻造词法造出的词，如鸡儿小男孩生殖器、洋马儿自行车。（4）在人的姓氏、乳名、排行、外号之后加幺，构成指人的专用名词。如：小毛幺、小四幺、小狗幺、小妹幺。名词后加幺，表示亲热的感情色彩，但在“小老幺，孔老幺、金毛幺”等词中，幺不是词尾，是自由语素，有实际意义，表示排行最小。（5）毕节方言中有一些名词加后缀“巴”，意思不变。如：盐巴、泥巴、嘴巴、尾巴。（6）毕节方言，在躯体的某些呈长杆形的部位的称谓后加“杆”尾构成名词，如；脚杆、手杆、腰杆。（7）场用于动词之后，形成“动词＋场”形式，表示其一事物的价值。如：想场、吃场、学习场、研究场。（8）家字在毕节方言中是一个名词形尾，其作用是加在某些口语色彩浓厚的名词后面表示属于某一类人。如：老人家、娃娃家、男人家、婆娘家、姑娘家。“家”还可加在数量词之后表示较多，也表示说话人的某种感情色彩。如：他家有八姊妹家，热闹得很！

3．复数名词的形尾。（1）毕节城区青少年常将我们说成“们”。如：们不晓得、们两个是好朋友、们明天要去春游。这种说法只能用作口语，不能用作书面语。（2）毕节方言在一些可数名词（包括名词性词语）的后面加“些”，表示复数。这些名词可以是人，也可以是物。如：老师些带起学生些到烈士陵园扫墓去了；园子里面的菜遭鸡些啄烂完了；今天天气好，把被子些拿出去晒一下。

**动词**　1．动词的重叠。（1）在动词后加下（看），或者在动词后加瞧，即v+下（看）或v+瞧，表示尝试意味或动作时间短暂的语法意义。v+下（看）或V+瞧两者可以互换。如：不信你试下（看）!＝不信你试瞧!你读下（看），有认不倒的字没得!=你读瞧，有认不倒的字没得?（2）单音节的动作动词，可构成“vvv”的形式，其语法意义是表示动作行为的时间较长，体现说话人对这种状况的不满情绪。如：你一天就只晓得喝喝喝，喝死了看你还喝不喝?你一天就睡睡睡，不知道哪天才晓得发奋。（3）“AA+BB”的式。AA+BB式加上状态形容词后缀的，形成AABB+的式，变成表示状态的形容词。如：吹吹拍拍的、拉拉扯扯的、蹦蹦跳跳的。（4）“v倒v倒”式。多用在祈使句中，其语法意义在于加重催促、敦促、命令等语气。如：吃倒吃倒、看倒看倒、拿倒拿倒、逮倒逮倒。

2．动词体态表示法。（1）倒字用在动词后表示动作的持续。如：看倒、听倒、吃倒、招呼倒。（2）起字在毕节方言中表示体的范畴时，其语法意义是表示动作状态的持续。如：天一直下起雨的、他看起书的。（3）得有加在及物动词后面，形成“V+得有+0”结构，表示行为已经完成，已经产生结果或者已经产生影响。如：马路边栽得有树子、仓库装得有满满的一仓粮食。（4）到字作为助动词使用时，用在动词后表示动作已经完成或者将要完成，相当于普通话中了的用法。表示动作已经完成的，例如：我吃到饭了，他还没得吃；我剪到脑壳了，我理了发了。表示动作将要完成的，例如：吃到饭再去、做到作业再去睡瞌睡。（5）主动态。毕节方言主动态的表达法和普通话一致，即都使用“施事+动词+受事”的语序，例如：他把杯子打破了。（6）被动态。毕节方言被动态的表示法和普通话有一定差异。主要体现在点：A．普通话使用介词“被/叫/让”的地方，毕节方言变成“挨/遭”“遭跟/拿跟”或“遭给/拿给”。这类情况表示被动的外在标志十分明显，称之为显性被动。如：那个花瓶挨/遭/遭跟/拿跟/遭给/拿给娃儿打烂了、耗子挨/遭逮倒了。B.普通话使用介词“被”的地方，毕节方言多予以省略。这种情况，称为隐性被动。例如：手机摔烂了、线扯断了、茶杯打烂了。

**形容词** 1. 有的单音节的形容词可加上“倒……不……（的）”，形成“倒A不A（的）”式。例如：倒老不老（的）、倒土不土（的）、倒憨不憨（的）。2. 有的“AB”式的形容词可加“倒……不……”形成“倒AB不AB（的）”形式。其语法意义是对AB加以描述，使AB处在一种中间状态。如：倒年轻不年轻（的）、倒聪明不聪明（的）、倒干净不干净（的）。3. 有的“AB”式的形容词可加“不……不……（的）”形成不A不B（的）式。如：不男不女（的）、不哼不哈（的）、不慌不忙（的）、不卑不亢（的）。还可加“半……不……（的）”形成半A不B（的）式。如：半死不活（的）\半老不少（的）。还可加“倒……不……（的）”形成倒A不B（的）式。如：倒男不女（的）、倒大不小（的）、倒洋不土（的）、倒憨不痴（的）。

**形容词的生动形式** 1. A+BB–ABB的。如：光秃秃的、黑猫猫的、热和和的、神戳戳的、疯扯扯的。2. 单音节形容词A+XYZ–AXYZ。如：皱皮腊干表面多皱、灰巴老杵到处是灰、怪眉日眼怪诞、弯哩圪就多弯曲。3. 双音节形容词AB–AABB的。如：实实在在的、欢欢喜喜的、干干净净的、漂漂亮亮的。4. 双音节形容词AB–A里AB的。如：糊里糊涂的、妖里妖气的、劳里劳包的。5. ABAC的。此种形容词的生动形式为特有。主要包括“……头……脑”“……眉……眼”两种类型。如：憨头憨脑的、怪头怪脑的、懒眉懒眼的、鬼眉鬼眼的。6. 二A二A的，如：二昏二昏的、二醉二醉的、二冲二冲的。

**数词** 1. 概数。A.多余的概数。常在数后头加挂零，出头、好几、大几表示。如：他已经五十挂零了、她已经四十出头了。B.差欠的概数。常用“不到的儿（个）、差的儿（个）、争的儿（个）”表示。如：他五十岁不到的儿（个）、他俩个差的儿（个）打起来了。2. 序数。头/一、二、三和量词组合成数量词组。如：头的（一）个、二的个、头一名、二一名。

**量词** 1. 物量词。□pǎi，两臂平伸后两手手指尖之间的距离（相当于“庹”），与数词组合成数量短语作定语、主语。如：灵峰寺的玉兰树有四～粗（定语）、两～有好长要因人而异（主语）。起□相当于种、类、件，但只用在指示代词之后，组成指量结构，作定语。如：这～人、那～事情。樟，用于木料，与数词组合成数量词组作定语。如：一～树子、两～木料部，除用于书籍、影片等外，还用于汽车。通常与数词组合成数量词组作定语。如：两～汽车。匹，除与普通话用法相同外，还用于山和某些扁平的条状物体。通常与数词组合成数量词组作定语。如：一～山、两～叶子烟。架，用于飞机、汽车、马车等。与数词组合成数量词组作定语。如：一～飞机、两～单车。坨，用于成团或形近于团的物体，与数词组合成数量词组作定语。如：一～泥巴、两～黄粑、三～石头。颗，用于成粒状的物体。通常与数词组合成数量词组作定语。如：一～米五～樱桃三～螺丝帽。指，通常与数词组合成数量词组作定语，用于成束的毛线、毛发等物的指称。如：一～头发、五～毛线等。又用于猪肉肥膘的称述。如：二～膘、四～膘等。杆，用于香烟、旱烟的指称。通常与数词组合成数量词组作定语。如：一～叶子烟、两～纸烟香烟。泡，用于指人、畜的大小便，通常与数词组合成数量词组作定语。如：一～马尿、三～牛尿。磴děn，用于台阶或者楼梯计数的单位。如：两～坎坎、三～楼梯。丫，用于瓜果等能切分的物体的指称。如：两～西瓜、三～梨子。蓬，用于竹子、荆丛和草等的指称。如：一～竹子、一～草、一～刺巴笼。所，仅用于坟墓的指称。如：一～坟。冠，仅用于阴宅地指称。如：一～地。

2. 动量词。（1）几个特殊的动量词。头，和“一”组成动宾词组：我到单位去打一头走一趟就回来。回，重叠作状语：回回都是你赢。趟，重叠作宾语：他跑了一个空趟趟空跑一趟。下hǎ重叠作状语：下下每次都是你占强。批，作补语：拿给我看一～一下。盘，作补语：拿给我看一～一下。（2）还有一种加中缀构成的量词，形成“A打A”式。如：斤打斤、月打月、半打半年。（3）还可以在两数量词中间加“打”。如：五打五百个、两打两万块。

**代词**　1. 人称代词。（1）三身代词。第一人称代词单数用我。此外，还有一个这［zī］人，如：这［zī］人这几天周身不舒服。第一人称复数用我们。第二人称与普通话差异不大，只是没有表示敬称的您。第三人称也与普通话无多大差异。（2）非三身代词中的反身代词用得较多的有各人、自家、个别、人家。各人、自家在第一二三人称中均可以使用，有实指和虚指两种用法。实指要与三身代词组成同位短语联合使用。如：是他各人要去的，没得哪个强迫他。□我自家的事情不要哪个管。虚指则指任何人。如：各人的各人做。□关好自家的门，管好自家的人。别个、人家只用于第一和第三人称，如：人家不懂得才问你嘛（第一人称）。人家的娃儿人家仲不心疼（第三人称）。

2. 疑问代词。毕节方言口语中问人的疑问代词用哪个，与普通话的谁相当。如：这本书是哪个的？问事物的疑问代词用啥子、哪样，与普通话的什么相当。如：这是啥子东西？□见哪样人说哪样话。问事情的疑问代词有仲子、仲个、弄个、做啥子（有合音形式□zuǎ 子”）、为哪样、做哪样、咋子。仲子、仲个、弄个相当于普通话的怎么、怎么样、怎样，如：仲子会是这个结果？□这个事情要仲个做些个？做啥子、做哪样相当于普通话的干什么，如：你想做啥子？”咋子相当于普通话的为什么，如：你咋子这个样子欺负人？问时间的疑问代词有好久，哪咱，哪何咱、哪个时候，语义相同，如：他好久来过？问地点的疑问代词有哪点，相当于普通话的哪儿，如：你去哪点？问数字的疑问代词有好多、儿，如：香蕉好多钱一斤？□猪肉儿块钱一斤？

3. 指示代词。相当于一般名词的指示代词，近指用这，远指用那。相当于处所名词的指示代词，有这点、这边、那点、那边。相当于时间名词的指示代词，表示近指，也可说指现在的时间词语，有这会儿、这阵、这咱、这何咱。表示远指的词语，可分两类，一类指过去，一类指将来。指过去的时间词语，有那会儿、那咱、那何咱；指将来的时间词语，有二天、二咱、二何咱。如：借你的五千块钱，等我二天有钱了，会还给你的，省得下日子少不下钱。

**副词** 1. 语气助词。红黑、环顺，词义相当于普通话的无论如何、在任何条件下，如：他红黑都不答应。硬、硬是，表示的意思都是行为、态度等坚决或执拗，如：你硬是不听话得很。明明、明打明，明明表示显然如此或确实如此，明打明表示公开的意思。偏生，表示故意反其道而行之。难怪得／怪值不得，□与难怪、怪不得意相近。幸得好，表示某种条件下避免了不利的后果，与普通话“幸好”的词义相当。则△竟△，用于陈述句时其词义与普通话的毕竟相当，如：则竟有就是有，没得就是没得。用于疑问句时，其词义相相当于普通话的究竟，如：你则竟得了人家的东西没得？再不是，相当于普通话的或者或要不。

2. 时间副词。随常、扯常，随常词义与普通话的随时相同；扯常的词义与普通话的经常相当，如：他扯常都在吃药。将才、跟倒、紧倒、将才与普通话的刚才词义和用法相当；跟倒与普通话的跟着的词义和用法相当；紧倒表示同一状况在短期内经常存在或者出现，如：你不要紧倒说那些话了。

3. 范围副词。满盘□kǔn，都表示全部的意思。一下hǎ、拢共，表示全部的意思。与表示全部意思的满盘、浑满不同的是，表示计数时，一般使用一下、扰共、统共。尽光、中中，词义同仅仅、只是，如：不要中中/尽光喝酒，吃点菜。格外，与普通话格外词义和功能相当。

4. 程度副词。好，其语法意义和普通话的很一样，也是表示程度。其句法功能是修饰形容词或者修饰表示状态的动词性词语。修饰形容词，如好大、好苦、好难看；修饰表示状态的动词性词语，如：好吃得、好做得、好喝得。更其，词义为更加，如：你说我不要脸，你更其不要脸。不大，词义是不太、不经常的意思，如：这个娃儿不大听话。

**介词** 走，相当于在，表示动作的发生地点，如：我家哥走北京读书。又相当于从，表示动作的起始点，如：他刚走屋头出来。还相当于到，表示动作的方向，如：你的笔落走地下了。迄，相当于从，表示动作的起始点。如：迄这点起，不准你再和他玩了。又相当于到，表示动作的方向，如：双井寺的凉水，喝迄喉咙管，凉迄脚底板。过／拿，相当于用，如：君子过嘴说，牛马动蹄壳。拿跟／拿给，作介词时，表示被动，如：当官要先正己，不要拿跟人家戳背脊骨；拿给还有动词的用法，表示给的意思，如：麻烦把那本书拿给我；拿给还可作连词，表示假设，如：拿给我的话，不会轻饶他的。帮，作介词时，引进动作行为的对象，如，我帮你讲，你默倒哪个是好欺负的不是！帮还可与拿组合成拿帮，用法与拿跟同。按倒，其功能是引出动作行为的对象。如：吃桃子按倒粑的捏。照倒，其功能是表示动作行为的方式，也引进动作行为对象，如：照倒这样做下去，不会有好结果的。

## 句　法

**几种特殊句式** 1. 处置句。毕节方言中处置句有两种情况，一种是把字句，使用情况和普通话差不多；另一种是带介词的拿的句式，通过拿介引受事，句子的动词对受事进行处理，使之处于某种状态。如：昨天我拿他骂了一顿。

2．被动句。毕节方言的被动句中，不使用普通话常用的叫、让、给等介词，而是使用遭/着、遭给、挨、拿给等介词引起动作行为的施事（这几个介词可以互换）。如：碗遭他打烂了

3．双宾句毕节方言也像普通话一样使用“V+近宾语（间接宾语）+远宾语（直接宾语）”的句式，但对含“给予”义动词的双宾句，日用语中更多地使用“V+远宾语（直接宾语）+跟+近宾语（间接宾语）”的格式。如：送幅画跟老师。

4．比较句、平比句一般使用“A+连词+B+一样+性状词”的格式，口语中使用的连词只限于同与和。如：我同／和他一样高。也使用主语+一样+性状词的格式，如：我们三个一样高。差比句一般使用A+比给+B+形容词句式，如：他比给我大；也使用A+形容词+B+性状词，如：我大她3岁。

5．得字句。（1）得+V结构。例如：得穿、得玩、得看、得吃。V的前面，如果表示需要，还可加上与V的语意能够配搭的词语。如：得衣服穿、得电影看、得饺子吃。（2）行/动+得结构。这种结构的语法意义是表示其中的形容词或动词描摹或状写的性状已到相当程度或显现一定结果。得字后面往往加上表示程度或结果的补语。如：红得像猴子屁股、黑得像煤炭、说得一钱不值。（3）V+得+得+很结构。其语法意义在于对一种状况进行描述。如：吃得得很、饿得得很、坐得得很、累得得很。（4）形容词+得+不起的结构。其所表达的语义相当于普通话的形容词+极了格式表达的意义。如：（脸）黑得不起的、（头）昏得不起的、（火）大得不起的、（灯）亮得不起的。

**特色句法结构** 1．仲（个）+VP+（些）过结构。其所表达的语义词相当于普通话的怎（么）样+V格式表达的意义。如：这个日子仲（个）过（些）过？这个事情我看你仲（个）跟人家交代（些）过。2．“NP（N）+好+形容词”结构。其语法意义表示一种程度，相当于普通话的N+很+形容词结构。如：今天好冷!他家的房子好宽！3．S+好+形容词结。构其前面的S是一个小句，一般是描述一种状况；后面的好+形容词对前面描述的状况加以评价。如：今天的温度是零下三度，好冷！　4．NP（N）+好+好V结构。如：《地道战》好好看。5．“NP（N）+不V+拿+V+到”结构。如：电视不看拿（它）关倒!6．S/NP（N）+弄个+形容词/VP+不是结构。其语义是对S/NP（N）所表示的状况进行评价。如：那人弄个没得良心不是？7．“有/没得+哪样/啥子+N/VP”结构。这种结构用肯定形式表达否定的意思。如：那些发言全是空话套话，有哪样听场！用否定形式表达肯定的意思。如：你看他吃不完的那样子，有哪样了不起的麻！8．“还说（是）……搞（了）半天……”结构。这种结构用于转折复句。如：还说是她回心转意喽，搞（了）半天还是犟起离婚喽!

**特殊句类** 1．是非问。（1）语调是非问。毕节方言不使用普通话使用疑问语气词吗的是非问句，而是将最末一个音节的声调升高，整个句子变成声调，或者将吗字变为不字，句调变为降调，普通话使用啊的是非问句，毕节方言使用陈述句并将句末音节音调升高，整个句子变成升调，如：你是老张？（你是老张吗？）明天你去不？（明天你去吗？）（2）“……不是”型是非问。即在陈述句末尾加上语气词“不是”，并将句调变为降调。如：他弄个没得良心不

是？（他这样没有良心吗？）她事情做得弄个绝不是？\（她做事这样绝情吗？）

2. 特指问。（1）使用语气词的特指问。如：你哪时候转来喽？（2）不使用语气词的特指问。如：你仲个会越来越犟？

3. 选择问句。（1）使用语气词的选择问句，用语气词嗡连接选择对象。如：你是吃饭嗡吃面？是她去嗡还是你去？（2）不使用语气词的选择问句和普通话差别不大。如：是她去，还是你去？

4. 正反问用肯定否定并列的谓语形式的单句表示。如：他晓不晓得？

## 二　大方方言语法

**词　法　名词的构词特点**　1. 重叠构词。（1）AA式重叠。名素重叠。如刀刀、盆盆、沙沙、疤疤、眼眼、槽槽。此类重叠一般都有相应的不重叠的单说式和加词缀的“子”尾式。如：汤汤、水水、瓢瓢。此类重叠一般都有相应的单说式，但无相应的“子”尾式。如：板板、杯杯、柱柱、棍棍、箱箱、盘盘。此类重叠式一般都有相应的子尾式，无单说式，重叠式更口语化。如：粑粑、瓣瓣、帮帮、背背、边边、齿齿。此类重叠无相应的单说式和“子”尾式。如：爷爷、奶奶、爸爸、妈妈。此类重叠是亲属称谓，口语中常用单说式。（2）动素重叠。①AA式。如刷刷、盖盖、筛筛、套套。此类重叠有相应的“子”尾式，重叠式更口语化。如：抽抽簸簸、杵杵。此类重叠无相应的“子”尾式。形素重叠。如：尖尖、弯弯、皱皱、空空。形素重叠构成的名词，一般无相应的“子”尾式。量素重叠。如：本本、道道、串串。量素重叠构成的名词较少。量素重叠一般是名量素重叠，少数动量素也可重叠，如：趟趟跑空～。②ABB式。如：光胴胴、犟拐拐、尿撮撮。③AAB式。如：转转席、撮撮帽、逗逗眼。④AABB式。如：盘盘碟碟、坛坛罐罐、箱箱柜柜。此类重叠，AA与BB皆可独立成词，但AABB不是AA与BB意义的简单相加，而是抽象概括为有类称意义的新词。如：条条款款、根根底底、边边角角。此类词重叠后，有完全、彻底的新义。此外，尚有AaBb重叠式，Aa与Bb都不成词，AaBb是A、B之类事物的总称。如：瓜瓜豆豆、肠肠肚肚、桌桌椅椅、锅锅碗碗。

2. 名词的特色词缀　（1）“们”。普通话的们只能读轻声，一般情况下，只用来接在人称代词的后面表示复数。大方话中们是阴平调，在任何情况下都不读轻声。除在人称代词后表示复数外，还有以下作用：①接在称谓后表示他们那些或等人。如：爸爸们走哪歹去喽？②用在一个复句中前一个分句的句末连接前后两个分句，意约为“然后就”。在这种情况下，前后两个分句之间没有停顿。如：二回你进城们来玩哈！③对话中用在句首表示“既然如此那么”。如：们你为哪样不走呢？④大方话中的们还可作人称代词的单数用，也可作复数用，语气显得委婉亲切。如：们不跟你讲。“们一路去学校好？（2）“些”。①不定代词复数。如：一些人、一些书、一些衣服、一些东西。②跟在表示人的名词后表示复数。如：老人些、娃儿些、老师些、学生些。③指人的名词的字结构+些。如：不要脸的些、塞炮眼的些、野猫抠的些、挨刀砍脑壳的些。④跟在表示事物的名词后表示复数，意为这类东西！。如：桌子些、鸡些。⑤用在答句中的句末表示一种委婉客气。如：甲："今年你家的玉米好得很噢！"乙：不账些好（不怎样好，也不算好）。（3）"家"。①表示独立的门户。如：哥哥家、男方家、女方家。②表示姓氏。如：张家屋基、李家大田、王家寨。③附于一些表示不同年龄、性别的指人名词之后，强调所属类别的性质。如：姑娘家、婆娘家。这些名词在句中多作被评述的主语。如：姑娘家要稳重点。④附于一些时间名词之后，构成的新词与原词意义相同，有强调性质。这类词在句子中多只能作状语或主语。如：白天家、热天家、夏天家、闲天家、往年家、好几天家。"他好几人家都没有来过喽。"⑤可和些连用成些家表示为数不少。如：好些家、好些家土、好些家东西。（4）"子"。①和普通话的子尾的用法相同，但不读轻声。如：椅子、老子、蚊子。②一些在普通话里不加子尾的词在大方话中加子尾。如：树子、窗子、蜂子。③附于"×年"之后，构成与×年"意义相同的名词。如：今年子，□tɕʻiu⁴年子、前年子、往年子。（5）"场"。用于动词之后，表示"……的价值"，相当于普通话看头、想头中的后缀头。如：看场、想场、玩场、讲场。"×场"在句子中常作有、没得（没有）的宾语。如：这场球有看场。方没得哪样玩场。（6）"老老"。①用在儿语中暗指某人，有威胁、警告的语气。如：有个老老把碗打了，我要告。②加在叠音名词后复指这类事物。如：豆豆老老、菜菜老老、果果老老。

动词的构词特点　1．重叠式形态。①表状态、方式。"AABB"式。如：商商量量、说说笑笑、跑跑跳跳。此类重叠必须加的才能作句子成分。如：你们做哪样都要商商量量的。有话好好说，不要拉拉扯扯的。"–A–A的"。连续自动状态。如：（手杆）一动一动的、（走路）一摇一摇的、（嘴巴）一扯一扯的。"要A要A的"。将发生、将进行的状态。如：要哭要哭的、要断要断的、要垮要垮的。"想A想A的"，欲发生、欲进行的状态。如：想走想走的、想搞想搞的、想哭想哭的、想呕想呕的。"A倒A倒的"，强调作为方式的行为。如：省倒省倒的（用）、试倒试倒的（干）、马倒马倒的（整）。"鬼A鬼A的"，生动状态，有贬义。如：鬼喊鬼喊的、鬼闹鬼闹的、鬼跳鬼跳的。与"鬼A鬼A的"同义的变化格式有下列两种："鬼A鬼B的"（A、B近义）。如：鬼吼鬼叫的。"鬼A实A的"，如：鬼犟实犟的。"干A干A的"，生动状态，有贬义，表达说话人对所说行为的轻蔑。"干"有贬其无意义无价值的意思。如：干叫干叫的、干跳干跳的、干扯干扯的。"干A干A的"也有两种同义的变化格式："干A干B的"（A、B近义，常为合成词）。如：干吵干闹的、干吼干叫的、干跑干跳的。"干A实A的"，如：干叫实叫的、干吼实吼的、干闹实闹的。"鬼A鬼A的"和"干A干A的"这类格式，还有一些类推性的变化格式。如："猴A舞A的"。如：猴跳舞跳的、猴抓舞抓的。"倒A不A的"，表示似动非动的状态。如：倒走不走的、倒说不说的、倒睁不睁的、倒想去不想去的。

2．表时态。"A倒A倒的"。表示新情况发生前正在进行某动作。如：看倒看倒的、走倒走倒的、说倒说倒的、做倒做倒的。另外，大方话的单音节动词一般不用"AA"式重叠方式，如看看、走走。大方话是用“A+下”（“下”音hă④或hā①）的方式来表达。如普通话：让我看看；大方话：让我看下。

3．动词的特色词缀。（1）“舞舞”。加在叠音动词后表示“随便地弄一下”或动作的反复，有贬义。如：他把洋芋放在手头拍拍舞舞的就拿吃喽。他一天写写舞舞的，不晓得是做哪样。这里的“舞舞”表示动作的反复。（2）“走”。在普通话中，走只用作动词。在大方话中，走既可作动词，也可作介词（相当于在、到）。如：他走屋头的（他在家里，动词），他走板凳上写字（坐在板凳上，介词）。（3）“是”。大方话中的是有一种特殊的作用，可作主语部分的标志词，如：他家的花是，太好看得很；你兹个人是，太不守信用得很。

**形容词的重叠形式**　1．词根后加叠音词缀。ABB式。（1）表示颜色。红东东的、黄铮铮的、蓝映映的、青悠悠的、绿茵茵的、白生生的、黑耸耸的、灰普普的。（2）表性状。烂朽朽的、新崭崭的、长甩甩的、直渺渺的、弯撬撬的。（3）表人态。蛮杵杵的、哭兮兮的、贱兮兮的、皮扯扯的。

2．四字格间接重叠式。“ABAB的”。一是形容词根加叠音后缀ABB式的变化，程度比ABB的减弱。如：烂朽烂朽的、粑兮粑兮的、水垮水垮的、吊垮吊垮的。虽然所有ABAB的式都是由ABB的式变化而来，但不是所有的ABB的式都可变化为“ABAB”式，如：新崭崭的并无相应的新崭新崭的变化形式。二是偏正AB式的变化，形容的程度也比偏正AB式减弱。如：酸臭酸臭的、黑红黑红的、瘦高瘦高的、矮胖矮胖的。“二A二A的”。一些单音节形容词生动形态，有贬义。如：二冲二冲的、二昏二昏的。“倒A不A的”。似如此又不完全如此的性状。如：倒圆不圆的、倒大不大的、倒长不长的。这种格式的近义变化形式是倒A不B的，其中A与B是反义词，性状介于A、B之间。如：倒高不矮的、倒多不少的、倒生不熟的。也有个别倒A不A的，A、B是反义词。如：倒憨不痴的。“A头A脑的”。描摹精神、性格、神态、长相和行为方式方面的形容词生动形态。如：笨头笨脑的、怪头怪脑的、神头神脑的。“A眉A眼的”。描摹神态、长相，有的抽象为行为方式的形容词的生动形态。如：怪眉怪眼的、斜眉斜眼的、鼓眉鼓眼的。A眉A眼的有些可换为A眉B眼的。如：懒眉实眼的、怪眉日眼的、瞎眉闭眼的。词根加连带成分的四音格此类形容词生动式由4个音节组成。第一个音节是词根语素，后3个音节是连带成分，有的有一定意义，有的从不单独运用，也无实际意思。表颜色，如：黑地麻聋、青□gě郎当、灰巴拉杵、乌焦巴弓。表性状，软把搭稀、粑郎代稀、硬□cī夺棒。表人态，如：神不陇耸，笑眯口lē奢、昏头奋脑。另外，大方话的形容词重叠还有一种AA的式。此种重叠是词根重叠，重叠后只作谓语，不作定语，而普通话则谓语、定语都可做。如：表述脸红，大方话一般不说红红的脸，普通话可用或更常用红红的脸。大方话的儿语形容词重叠还有AAAA式。如：多多多多的、大大大大的。

**数词的重叠形态**　大方方言有单纯数词之间嵌入“打”的重叠式“A打A”的，其后要用量词。如：八打八个、九打九天、百打百块。如果数词是一，则变化量词之间嵌入“打”的重叠式。如：个打个月、斤打斤肉。所有的A打A重叠式均表示数量不少或足够。如：个打个月了，还嫌时间短了不是？

词序　大方话中，有些词的词素排列与普通话恰好相反。如普通话：热闹、喜欢、客人。大方话：闹热、欢喜、人客。

句法　特色句法结构。1. 着（zéu）字结构（被动格式）。（1）作为动词着的被动句。他脸上着了一耳巴；昨天在街上着小偷摸去一百块钱。（2）作为介词，“着”的被动句：茶杯着我打烂了，衣服着耗子咬了个洞洞。

2. 得字结构。（1）得VP。表示得利，获得，可带动词性宾语。如：得玩、得当官、得坐车。这一格式也可以转化为：得官当、得车坐、得电影看。还可带某些含享受意义的形容词作宾语。如：得闲、得便宜、得舒服。（2）V得。得表示应该、可以，有的时动词前还可加该（应该）。句末一般有语气词相配。如：天都快黑了，走得了。得表示能够、有能耐。如：那个人好吃得，一顿要吃两碗。得后面还可加得很作补语。如：睡得得很。V得还有一种反语用法。如：他说的话你听得？犯法的事做得？

3. “过VP”结构。过VP表示采取……的方式的意义、VP是过的宾语。VP可是单个动词，也可是动词性短语。如：过打、过骂、过写。教育娃娃要过说，不要过打，过骂。

4. 结果动补式“v倒dǎo”。其中倒是一个有一定实在意义的词，用在动词之后作补语，表示动作行为已达到目的，有了结果。v倒分为结果和可能两种。式。（1）结果式v倒。如有宾语，其位置在倒后了前。如：买倒了、看倒了、倒他了。否定式为没得V倒。如：没得买倒、没得看倒、没得找倒。（2）可能式V得倒。表示可能达到目的。如：买得倒、看得倒。否定式为v不倒。如：得不倒钱、听不倒声音。

5. 状态动补式V起。动补式V起中的起也有一定的实在意义，起作动词的补语。V起分结果式和可能式。（1）结果式V起。起表示动作行为完成并形成预期的状态。如：（肉）切起的、（菜）洗起了、（汤圆）包起了。否定式是没得V起。往往还要前加副词还。如：（肉）还没得切起、（春联）还没得贴起。（2）可能式V得起。起表示动作行为发生者有可能完成动作行为。如：读得起（书）、买得起（房）、养得起（娃娃）。否定形式是V不起。如：读不起（书）、买不起（房）、看不起（人）。来去（来了之后又走了）和去来（去了之后又回来）不仅表示往返，还表示往返动作行为是一次性的，往返动作行为是近期完成的，所以常有表示近期时间的时间副词和名词作状语。如：我昨天才去来。来去（去来）之间又可插入行动地点。如：他刚才来办公室去。

6. 形·量结构。部分表示大、小、粗、细、长、短、方、圆等状态的单音节形容词，能直接与相应的物量词组合，一般以重叠形式出现，其后有助词“的”。如：大个大个的、小片小片的、粗棵粗棵的。这种结构形容一种群体状态，在句子中作定语、谓语和补语。如：书架上的书厚本厚本的。不重叠的形·量结构可在后面加表示程度的点作为补充成分，这时不再带助词的。如：做脆哨的肉要切小坨点。另外，形容词大后加量词“个”构成一个形容词性的语义单位，形容气势压人的样子。如：他说话大个得很。

7. 形·完结构。形容词与表示程度的完的组合，构成形·完结构。如：红完、黑完、烧光完、打烂完。这种句法结构中的完，词汇意义与普通话用于形容词后的极了相近。如：脏完：脏极了；累完：累极了；像完：像极了。但这个完不能同普通的极了画等号。如，烧光完：完全烧光了。形·完结构在句子中充当谓语时，有感叹色彩。如：一身衣服搞脏完。形·完结构作陈述句谓语，后面加的，感叹色彩减弱。如：一身衣服搞脏完的。形·完结构常构成三字格习惯用语。如：笑眯完、闹麻完、搞刨完。

8. 形容词比较格式。形容词后面加表示程度的点，构成形容词比较格式。点与普通话形容词后的些意义相同。如：普通话说大些、踏实些，大方说大点、踏实点。形容词的这种比较格式在句子中作谓语时，通常要在形容词前面加要。如：男娃娃家不要前怕狼后怕虎的，要勇敢点。

特色句类结构。1. 疑问句的特殊格式。（1）是非问。①语调是非问。这类是非问句末不用语气词，用一般陈述句式和在句末音节后升高音调构成。如：你还不想成家？语调是非问往往是重复被问人的言词，含不信再问、惊疑而问的反问口气，语气较强烈。②语气是非问。这类是非问句末用语气词，通常是啊及其变体。语气是非问的语气比较平缓，通常是问话人对所问情况已有所知，只是用这类是非问求得证实而已。如：你还不想成家啊？……不是型是非问。句末以……不是结尾，即陈述句型后加不是相当于语气词。如：你要想做生意不是？（2）复句形式的选择问。正反问“是……么，不是噢”。如：你是皮子痒了（么）不是噢？并列选择是……呢，还是……。如：你是要继续实习呢，还是不实习喽？（3）单正反选择问的特殊形式。大方方言肯定否定相叠构成的简单正反选择问有完全式和简略式，其完全式与普通话相同，简略式则与普通话不完全一致。如：普通话说这本书你看不看，大方话说这本书你看不。

2. 递进句的特殊格式。“……都不说”。这类句型格式中的都不说已经定型为一个固定结构，在句子中可用于复句的分句间和全句句末。（1）用于复句的分句间，如：家务我全包了都不说，还这样不合他的意，那样也不合他的意。（2）用于复句的句末，如：这趟生意钱没有赚倒，还倒蚀了几千块钱都不说。

## 三　威宁方言语法

**重叠式**　名词。1. 重叠类型。（1）部分单音节名词重叠后，与未重叠的名词意义已有不同。如：面（miǎn）指面条、粮食粉末如灰面（面粉）、玉米面、米面。面面指一切粉末，如石头面面、泥巴面面、锯木面面。再如：米，指大米，而米米则指一切颗粒状物。（2）部分单音节名词重叠式与单用时意义相同。如：洞—洞洞、盆—盆盆、腿—腿腿。（3）大部分带子尾的名词也可重叠。杯子—杯杯、篮子—篮篮、坛子—坛坛、箱子—箱箱。（4）部分双音节名词可重叠前一个音节，如：毛雨—毛毛雨、拐脚—拐拐脚、花布—花花布。也有重叠后一个音节的：手拐—手拐拐、老者—老者者、圆圈—圆圈圈。这类重叠，词的意义不变，也有重叠后意义发生变化的。如：老公，乏指丈夫。如重叠为老公公，使成为乏指老年男人或夫之父。（5）部分单音节量词重叠后变成名词。如：堆—堆堆、块—块块、颗—颗颗。但如果前面有数词一，量词重叠后仍然是量词，含有每一、逐一的意思。如：一堆堆、一杯杯、一车车。

2. 重叠形式。（1）“一V一V”式，通常在后面加助词“的le”，表示动作行为的持续：一跳一跳的、一望一望的、一拐一拐的。（2）“$V_1V_2V_1V_2$”式，通常也带助词“的（le）”表示动作正在进行。如：吹吹拍拍、挨挨擦擦、拉拉扯扯。（3）“$V_1V_2V_1V_2$”式。如：斟酌斟酌、打扫打扫、收拾收拾。（4）部分单音节动词重叠后变成了名词：簸—簸簸；筛—筛筛；盖—盖盖。

形容词。1. 部分单音节形容词可带叠音词缀（词尾）。如：白生生、炟稀稀、慢吞吞。兰茵茵、绿油油。2. 部分单音节形容词重叠后变成名词。如：尖—尖尖、圆—圆圆、弯—弯弯。

时态　尝试、短暂时态。1. 尝试态是在动词后面加瞧（qiáo）。如：我看瞧、你想瞧、你说瞧。2. 短暂时态是在动词后面加数量词组。如：我看（一）hǎ、我玩（一）hǎ、我看一hā。

时态助词着、了、过。1. 威宁方言的“□dǎo”，相当于普通话的时态助词“着”。（1）“dǎo”表示动作正在进行。如：他吃dǎo饭的、读dǎo书的、睡dǎo觉的。（2）重叠式“dǎo的”。如：吃□吃□的饭。2. 威宁方言的□dào，相当于普通话的时态助词了。如你吃□饭没得？3.威宁方言时态助词“过”的用法与普通话相同。

选择问句　好+肯定式。如：那个人你好认识？这种梨好好吃？这本书你好买？

肯定式+没得。主要用于询问动作。如：你吃dào饭没得？　文章写完没得？

肯定式+否定式。与普通话相同。

被动句　威宁方言的被动句，通常用介词“zuó”，“zuó”引进主动者，相当于普通话的介词被。如：坛子□娃娃打烂了。他□领导批评了一顿。

## 第三节　特色方言词语

以下收录特色词语，大部分通行于全地区或大部分地方，仅通行于部分地区的词语在该词语后加［括注］。有的章节没有适当的字用“□”表示。词语的释义，如是多义词语，分别用（1）、（2）、（3）注明其各个义项；释义后的举例用引出；如遇本条目，用～号代表；如有需要说明的文字，用（）括上。多音字注明读音。同音词和语素，如同用一汉字记录，在该字的右下角用阿拉伯数字注明以示区别。

## b

巴[1]（1）粘连：饭~锅了。（2）粘贴：把这张画~在墙上。（3）爬：~山（4）扶：~倒墙走。（5）靠近：前不巴村，后不着店。

巴名词后缀：泥~盐~哑~。

巴身　形容衣服尺寸合身。

巴实　（1）说话做事实在、不虚浮。（2）铺、贴平整（常重叠为“巴巴实实”）。

巴家　想家，顾家。

巴谱　说话切题（又说成“巴边”）。

巴心巴意　一心一意，多指对人。

巴沙　置于某些名词之后，表示每逢，多的意思：眼泪~，胡子~。

把bà子　说话中夹带不文明词语；他说话爱带~。

㩙bà　铺、垫。

㩙单　床单。

吧得　（“不怕”与“得”的合音）不要紧，不怕。［大方］

吧意　故意，有意。［大方］

坝　泛指平地：场~河沙~晒~。

罢脚　收获或挑选后所剩无几的东西。

摆　（1）说，谈。（2）骗：你不要摆我，这回我不会上当了。

摆寨　串门。［大方、纳雍］

摆子　疟疾，打~。

拜寄　认干爹。

般配　相称。

班辈　辈分。

扳嘴劲　争辩，争论不休。

板眼　（1）主意，心眼。（2）花样、名堂。

半中拦腰　中间，中途，半截。

半场不落　半途而废。

办姨妈家家　儿童模仿大人生活游戏。

帮丘二　白白地贡献。［金沙］

帮忙锤　从旁助打称“打~”。

梆bāng　很，有贬义：~臭~硬。

绑bǎng嘴　果子酸涩。

棒老二　土匪。［毕节］

宝气　（1）形容接人待物不通时俗，傻气。（2）行为举止，穿着打扮不伦不类。

暴蔫老者　身体衰弱的老人。［金沙］

菢鸡崽　孵小鸡。

抱腰　摔跤。

甭（bào）扭　不要动。［大方、纳雍］

甭（bào）骚（sào）不要乱说、乱动［大方、纳雍］

白雨　冰雹，又说成硬东西，雪雹子、雪弹子。

白口白嘴　说诳话。

白眉扯眼　不理睬。

白神白脸　脸上无血色，无神气，萎靡。

白胆人　什么事都漠不关心的人。［大方］

白拉拉　没有用处，不起作用，白费力气。

背过　替人承担过错。

背黑锅　代人受过，受冤枉。

背bēi开　避开，躲开。

背亮　光线被挡住，不能直接照亮。

背时　倒霉。

背时倒灶　霉运，倒运。

臂膊　（1）胳膊。（2）喻指后台：当官要有臂膊。

鼻涕拿浓（lōng）鼻涕悬挂在人中上。

鼻涕龙　爱流鼻涕的人，引申为还在流鼻涕的小孩（又说成“鼻涕虫”）。

比倒　（1）用刀、枪逼着。（2）照

着：~做。

编框框　编瞎话说假话。

扁倒　沾上（脏物）。

鳔biào　滑，溜。（常重叠后作滑的后缀："滑~~"）。

鳖脚鳖手　指伸展不开。

憋倒　（1）扭曲物体或身体。（2）逼迫。（3）勉强。

病壳壳　多病的人。

不经扁　不耐劳苦。［金沙］

不识相　不识时务，不知好歹。

不关事　没有问题，不受影响。

不起止　不止。

不得　（1）没有：我一件好衣服都~。（2）用于疑问句末，表询问：吃饭~？（3）用于两者之用间，表"不及"之意。

不尔　不理睬。

不逗头　不对。

不信邪教　不服。

不警不觉　不留意。

不警搁　不小心，并非有意。

不管钱　不值钱：爬格子~。

不进油盐　好话坏话都听不进，冥顽不灵。

不了liǎo　不止。

不咋（个）些　些不怎么样，常含不大好的贬意。

不照闲　不管，不承担责任。

不放饶　不饶恕。

不依不饶　不答应也不饶恕。

## P

㞎　（1）熟软：豆豆煮~了。（2）无力：脚~手软。

㞎和　（1）软和。（2）便宜：捡倒个~。

pā　量词，摊，只用于脏物：一~牛屎。

pā 拉　群，堆：来了一~人。

㞎耳朵　喻指怕老婆的男人。

㞎稀饭　喻指无骨气，被欺凌都不敢抗争的人。

㞎噜噜　形容很㞎的样子。［大方］

帕子　（1）毛巾。（2）裹头的长布。

pài　（1）两臂伸直后的长度（等同于"度"）：一~长。（2）两臂、两手展开：把手~开。

盘　（1）缠绕：老蛇盘在桠枝上。（2）搬运：把东西盘回家。（3）折腾：豆腐盘成肉价钱。

盘子　脸。

庞夯　形容体积庞大。

泡　（1）疏松膨胀：馒头发~了。（2）肿：皮~脸肿。（3）数目不实，偏高：~起算。

抛撒sá　随意丢弃造成浪费：~粮食。

刨　（1）手脚忙乱的样子：搞~完。（2）用筷子将碗中的饭往嘴里送：把饭~干净。

泡汤　落空。

屁事（贬义）　~多。［大方］

皮皮翻翻　（1）形容处理事情不清爽利落。（2）多嘴多舌。

皮死烂瘟　（1）皮皮沓沓。（2）萎靡不振。

皮绊　纠缠不清的事。

飘　打赌：我~一百块钱，你一口气把这瓶酒喝下去。

瞟皮　（1）肤浅。（2）大略，大概。

撇脱　（1）干脆爽快。（2）容易。（3）随和。

拼（pìng）pǐn倒　与别人以对等的方式较量。

平空白地　无缘无故。

平白无故　无缘无故。

泼烦　厌烦。

喷pōng　（1）尘土飞扬：灰～。（2）气势汹汹的扑向前。

铺笼帐盖　泛指床上用品。

匍爬　跌跤，朝前摔倒。

匍爬礼拜　（1）形容人对上司低三下四、恭敬不迭的状态。（2）跌跌撞撞，行路艰辛。

谱谱　大致的样子、格式、门道、路子。

## m

麻1　（1）欺骗，蒙混。麻得倒就麻，麻不倒正算。（2）混乱、喧闹状：闹～完。

麻2　不清晰，多指天快黑时：天～撒～撒的。［赫章］

麻敷　蒙骗。

麻利　敏捷、利索、熟练。

麻皴　手脚因寒冷而形成的细而密的龟裂。

麻溜　敏捷、利索。［金沙］

麻乍zà　（1）模糊不清：眼睛有点～。（2）复杂、混乱：这个事情有些～了。［常重叠说成“麻麻□zà□zà”］

麻闹　闹腾、干扰。

麻喳　（1）马虎。（2）看不清楚。

麻麻喳喳　（1）啰啰唆唆。（2）混乱不清。

麻麻亮　天色微明。

麻打火钩　蒙骗、蒙混。

麻起胆子　狠起心、鼓起气、壮起胆去做某件事。

抹mā　（1）擦洗：～桌子。（2）捋：～胡子。

抹má　脱推卸责任（否定式或肯定式常说抹不脱或抹得脱）。

马1　（1）占住：～倒茅厕不屙屎。（2）霸道以势强行：～倒干。（3）霸占。

马2　（1）态度生硬的拉长脸：～着脸。

码3　（1）估计：～不倒。（2）～得倒。

马人　蛮横欺人。

码　整齐堆放。

码目　底数：心中有个大～。

马倒吃　以势压人。

马干吃尽　强占、欺凌。

马眉马眼　板着脸。

马mā儿敷之　马虎。

马哥头　以赶马营生的人。

蛮　（1）粗大、粗壮。（2）凶猛、粗野。

蛮力　下大力、苦力。

蛮咯咯gě gě　（1）身体粗壮。（2）体力劳动肯下力气大干。

满盘　全部。

满连　全部。又说成“一满连”

慢忙　不忙、等会儿。

māng躿：～子（胖子）。

躿māng嘟嘟　形容胖而可爱的样子。

莽声莽气　（1）粗声大气。（2）声音低沉浑厚。

猫儿盖屎　喻指做事敷衍，只求表面。

毛　暴躁。

毛子　指不懂行，粗心大意的人。

毛毛汗　微汗。

毛焦火辣　焦急烦躁，焦躁不安。

茅厮　厕所。

卯　矛盾：他两个卯的。

冒　（1）冒水（水往上涌）。（2）水冒了（沸腾了）。

冒火　生气。

冒火连天　非常生气的样子。

帽儿头　满碗饭上面再加一瓢形成帽状。

默mēn倒　以为，认为。

没得　没有。

没得说的　无可挑剔。

霉　倒霉。

霉戳戳　倒霉潦倒的样子。

门槛猴　不敢到外面出头露面的人。

眯　打盹，小睡。

沕mì　（1）头潜入水中：打～头。（2）埋头：～起脑壳跑。

绵　（1）有韧性：肉炒～了嚼都嚼不动。（2）拖延：～时间。

绵扯扯　疲疲沓沓。

面1　面条。

面2　（1）粉末。（2）用粉末状物铺撒、铺垫：路太滑，～点沙子。

篾折　用竹篾编制的代床板用的床上用具。

明打明　明白，公开。

抿$_1$　（1）用工具抹平墙壁或地面。（2）用油、水等整理使光滑：把头发～一下。

抿$_2$　（1）微微吮吸：～一口酒。（2）含化；～水果糖。（3）双唇微闭的笑态：她～笑～笑的。

摸脉　诊脉。

摸夜螺丝　夜间偷袭敌人。

磨　（1）稍稍移动：你～开一点。（2）混时间：～时间。（3）推脱，避开：～都～不脱。

磨皮擦痒　烦躁不安的样子。

磨心　（1）磨子的轴心。（2）喻指一件事所牵涉各方面的焦点；你不要拿我去当～。

蒙mōng　遮盖：用手～倒。

蒙猫猫　捉迷藏，小儿游戏。

懵里懵懂　无知，不开化。

木　麻木：手着压～了。

木头　棺材的避讳说法。

木脑壳　喻指愚笨者。

木斗斗　（1）木偶：（儿歌）我们都是～，不会说话不会动。（2）反映呆滞，不会独立思考的人。

木杵杵　（1）僵直地站立的样子。（2）无知无觉的状态：手动得～的。

木头木脑　脑筋呆滞的样子。

## f

发$_1$　（1）用一定的方法使食物起变化：～面，～酵。（2）变富：这几年他搞～了。

发$_2$　（1）批：去了一～人，又来了一～人。（2）大致同龄的人，称为“同一～”。

发体　发胖。

发毛　发怒，生气。

发蛮　因发怒而变得凶狠。

翻　恶心，想呕：心翻。

翻小话　背后拨弄是非。

烦皂皂　脏得厉害。

犯不着　不值得：你～和他生气。

方人　不给人面子，使人难堪。

方圆　为人说好话。

非凡　风流：那个姑娘～得很。

飞　时髦，风流，多用来形容年轻女

性：那个女的～得很

飞叉叉　过分好动，不沉着镇静。

肥　喻指发财富裕：这两年他搞～了。

肥胴胴　很肥的样子。

肥水不流外人田　利益不让外人获得而让自己人享用

费　调皮，顽皮。

费虫　调皮、顽皮的人。

费气八力　很费力气。

粉　廉价的恭维、吹捧：～他几句。

敷里敷拉　拖泥带水。

凫水　游泳。

凫上水　巴结领导以求向上爬。

浮　为人不踏实，说话办事不实在。

富态　因体胖而显出有福气的样子。

风光　铺张、热门、体面。

风儿动　言行轻狂的人。

## d

打本　只按本钱（出卖）。

打整　（1）收拾、整理：把房子～干净。（2）整治

打落　丢失。

打堆　共同在一起：（俗语）吃得亏，打得堆。

打瓜　剩余的东西趸卖。

打眼　惹人注意。

打齐　高度上达到：他才打齐我的肩膀。

打湿　雨淋湿，水弄湿；（民歌）毛风细雨顺山来，～情妹绣花鞋。

搭伙　合伙。

打头　（1）饮酒后头部不适：这种酒～的，不好喝。（2）伤脑筋：这个问题有点～嘞。

打脱　（1）逃脱。（2）损失应得的：～一个机会。

打脚　鞋子小使脚感到疼痛或磨伤。

打胡说　乱讲话。［毕节］

打皮锤　用拳头斗殴。［金沙］

打镖枪　喻指从口中吐出：黑心钱，吃了～。

打烂仗　（1）无固定职业，干一些杂活艰难谋生。（2）喻指无明确目标的谋生度日。

打圆场　从中调停使矛盾平息。

打边鼓　从旁帮忙。

打和hò声　随声附和（“和”读去声）。

打扑鼾　睡着时粗重的呼吸声（又说成“扯扑鼾”）

打牙祭　间或吃上一顿丰盛菜肴。

打平伙　凑份子吃饭。

打急抓　事到危急才想办法。

打拐子　用肘弯处打人。

打屁劲　用臀部冲击人。

打尿噤　因尿胀而使身体颤动。

打冷噤　因寒冷而使身体颤动。

打鱼子　渔夫。

打得粗　能吃苦。

打被窝　睡着后因过热等原因而蹬开被子。

打蹿蹿（阴平声）　趺趺撞撞：三天不吃酸，走路～。

打黑摸　在黑夜中干活。

打总成　中间联系帮助双方合作。

打锭砣　用拳头斗殴。

打梆梆锣　从旁协助。

打搿边鼓　避开，逃避。

打个把戏　求人资助财物。［金沙］

打磨磨秋　做事疲沓。［金沙］

打麻画眉　编个谎话骗人。

打个转身　短时间地离开：我～就回来。

打胡乱说　不着边际，乱说话。［金沙］

打话平伙　聚在一起闲聊。［毕节］

大罢腿　大腿。

大嘴老鸹　贪得无厌，强占便宜的人。

呆板　头脑不灵活。

逮　（1）抓。（2）拉，拽：打绳子～紧点。（3）咬：～一口。

歹毒　阴险狠毒。

带　抚育：～一个娃儿长大不容易哦。

带邪　连累、影响：各人做事各人当，不要～别人。

带个眼睛　顺便照看。

代过　揭发他人做的坏事而得罪他人。

单另　另外。

单精　身体瘦小［又说成“单精精”“瘦精精”］。

淡　（1）心灰意冷，把一切都看得没有多大意义：他把一切都看～了。（2）淡泊，轻：凡事看～一点好。

铛铛　小锣：（俗语）卖麻糖，敲～。

当顿　作正餐。

档头　田、土、房屋、床的两端。

荡　他人愚笨：他的脑筋是～的。

刀头　祭祀用的整个的猪头或正五形的猪肉，又喻指用作行贿的财物：拿起刀头找不到庙门进。

倒坎　失败：这回生意～了。

倒转　反而：你把事情做拐了，～来怪我。

倒毛　逆其意愿而使其产生逆反情绪和行为：这个人不能～，要顺倒才行。

倒……不……　四字格，第二、第四字一对反义单音词组成，如“倒老不少”“倒大不小”“倒粗不细”、到高不矮、倒胖不瘦等等，一般表示一种中间状态；也有贬义的，如倒男不女、倒阴不阳、倒尖不秃。

倒二不着三　糊涂。［大方］

得自　特意：他～来找你。［又说成得意、罢自］。

得脸　得寸进尺，过分：你不要～得很。

得吃　得到好处，有收益：搞倒事了，～了。

墩　（1）幢：一～房子。（2）迭：把钱一～一～的摆在桌上。〔3）块：一～豆腐。

墩笃　矮而结实。

蹬打不开　（1）施展不开：癞格宝穿套裤，蹬打不开。（2）工作繁重，难以应付。（3）家境窘困：这两年实在是～。

登黄　当众出丑。

顿　放置：把茶几～在中间。

顿头上　吃正餐的时候：～不吃饱，过一下又喊饿。

的的个　（1）一点点：我只要一～。（2）年龄幼小：这样一～妹儿就这样千翻。

迭忙　急忙、赶紧。［迭多读为ti2，又说成迭住］

抵　（1）顶不了：几个不～一个。（2）顶住，不退让：你提拔的事有人～倒起的，恐怕办不成。（3）抵消：张店把李家店的生意～脱一半。

抵事　顶用：他去～。

抵穿　揭穿：事情～穿了大家脸上都不好过。

抵倒　（1）赶快：要下雨了，～走。（2）随后：你先走，我～就来。

抵拢　靠拢：大家～点。

抵嘴　顶嘴。

抵岩抵坎　（1）喻指事情做到了尽头。（2）喻指难以再往前行动。［大方］

地脚　地基。

地势　空间：这沙发太占～

递点子　侧面婉转的出主意暗示。

颠对　用言语打趣、讽刺：他还会～人嘞。

癫东　头脑不清，爱犯糊涂。（常重叠为癫癫东东）。

巅巅　顶端。

点亮　点火，点灯。

点水　秘密告发。

点醒　提醒。

垫背　（1）代人受过：各人出的问题，还要找个～的？（2）垫底：死了也要先拉几个来～。

跌跟打斗　形容急急忙忙、艰难行走状：害得你～的跑来。

挑diāo　（1）挑食：他～嘴得很。（2）挑剔：他找对象最～。（3）挑拨：有人在背后挑。

挑自　特意：我挑自来看你。

吊自由散漫，生活态度不严肃，混混荡荡。又说成了“吊二”“吊二郎当”“吊二垮皮”“吊垮垮”。

吊棒　不务正业的人。〔金沙〕

顶顶　物体最高处：脑壳～柜子～。

顶齐天　最多顶多、顶大、顶高、顶宽。

锭子　拳头。

锭砣　拳头。

定　特指眼睛不动～了。

丢头　（1）物体中可舍弃的部分：这挑菜～不大。（2）心所挂念的：走了，心里面也没有哪样～喽。

丢荒　因辍耕而使土地荒芜。

丢脸卖势　丢人现眼。

多半　可能：他～出去打工去了。

多尔　多嘴，也指违抗的举动：哪个敢～，老子对不起他。

多二多三　多管闲事：不要～啊。

夺客　挑拨离间的人：（俗语）十个说客，当不了一个～。小孩子游戏，捉迷藏。

逗dōu　（1）挑逗：不要～我冒火。（2）易粘上：爱～灰。（3）招惹：～人恨。（4）讨人喜欢：～人想。

逗　（1）凑：～钱打平伙。（2）靠拢：把两张桌子～拢。

逗头　对，正确。

逗狗　小孩膈经挛产生的“响响”声。

斗嘴劲　辩论，争论不休。

懂口懂嘴　（1）生气的嘟起嘴：你～的，哪个借了你的谷子还你的糠？（2）在人群中或别人家不言不语、不喜不怒的闭起嘴干坐：他～的坐起，一句话也不说。

读望天书□□嘴里在念书但眼睛不看书。

会念书但不认识字。

度鞠子吃盐　怂恿别人干蠢事。

赌咒　发誓。

端飞碗　夺走别人的恋人或老婆。

端哪盘吃哪盘　喻指来哪一招就接哪一招，不惧怕：～，我不虚火。［大方］

断duàn　堵截、拦住：～倒，不要让他跑了。

短短　短处、把柄：不要拿～给人家揪倒。

对门对户　泛指邻居。

冬：（冬烘）　（1）头脑不清，言语行动不合常理：那个人～得很。（2）怂恿、挑动：你不要听他～，各人要有脑筋。

冬儿　颠三倒四、说东道西：那人是个～。

## t

tǎ眼皮　佯装未看见而不加干涉。

踏亵　贬低、讥诮、侮慢他人。

胎tāi　（1）托住：～倒。（2）向上抛：一～一～的。（3）获得好处：他这回～倒。

挺尸　睡觉（贬义）。

汤₁（摊上）　沾惹而脱不开。

汤₂　质量差：这种衣服的料子太～了，穿不倒好久。

搪　抵挡他一砣打来，我用手把它～开了。

塘塘　小水坑。

淘神　耗费精神。

桃花运　指男子找到称心如意的女子或在女人圈中左右逢源的运气。

讨　（1）采摘去菜园～点菜来。（2）取下：把挂历～下来。（3）移开：把手～开。

讨好卖乖　阿谀奉承。

套　（1）用脚绊～他一跟斗。（2）用计使人说出真话或上圈套：他想套我的话。

套套　圈套：编个套套他来钻。

屯tèn　（1）等我这下不空，～会再来。（2）磨蹭，拖延：我看你～到哪一天才会把事情做归一。（3）台阶：上北镇关要爬574～梯梯。

提虚劲　光说大话空话鼓动人，光许愿不付诸行动。［大方］

梯打　轻视一个人没有本事，就要受人～。［大方］

体子　身体状态他的～好。

天河吼　雷吼。〔毕节〕

舔肥　卑躬屈膝地讨好、巴结、吹捧。

挑嘴　挑食。

挑灯拨火　拨弄是非。

跳花　苗族节日活动。

跳战　多指少年有生气。

跳拱背　青少年游戏：一人弯腰作拱，其他人手撑其背而跳过。

跳蹁蹁脚　少年儿童游戏：一只脚独跳。

铁公鸡　喻指极为吝啬的人。

铁实　结实。

铁实货　实实在在的东西：（俗语）骂是风吹过，打是铁实货。

挺　拳打你装疯我～你哦。

拖疲　拖沓。

拖衣漏食　穷困潦倒的样子。［大方、纳雍］

砣　（1）团状物量词：一～泥巴。（2）拳头：一～打去。

砣砣　团状物：洋芋～、肥肉～。

拓　（1）相像：他长相～他家妈。（2）依样画：拿张纸把这幅画～下来。

弹　下垂：胡子～齐胸口。

弹神　衣冠歪斜、带有流气的人。

弹二　游手好闲的人。［金沙］

偷二　小偷。

投　（1）得：你给人家打工一天～倒多少钱？（2）吻合：你算一下，～得起账不？

筒筒匠　泛指山乡红白喜事时为人奏乐的人。

捅tǒng　移动：把桌子～过去一点。

突头突脑　无本无末，无条理，无连贯，突如其来：他说话一的，哪个听得懂？

兔　（1）吝啬：他～得很，不跟他借。（2）不通情理：这个人～得很。兔兮兮非常不通情理。

兔头兔脑　不会应付或不懂事理。［金沙］

兔眉日眼　不通情理，犟。［大方］

讨嫌　让人厌恶，不喜欢。

团tuǎn　和（hō）哄。

## L

拉稀　（1）腹泻。（2）害怕，示弱。

拉稀摆带　无胆量，害怕，示弱。

拉沙　后缀，附于名词之后，构成形容性词语，表示纷乱的意思：壳壳～

拿　把、将：不要～人不当人。

拿捏　要弄、刁难。

拿话　表态。

拿话来说　说出道理来。

拿起脚就走　径自离去。

辣　（1）猛烈：今天太阳～。（2）极度热：油～了。

辣燥　严厉，厉害。

邋là糊　邋遢。

邋lā尿　将尿流在床上或裤子上。

哪堂个　什么地方。［纳雍］

哪歇　什么时候，又说成“哪下hǎ）。［大方］

癞疙癞疤　粗糙，不光滑。

赖菢鸡　呈孵蛋状态的母鸡。

难缠　不好对付。

懒庄稼　对种下的庄稼不经营管理。

懒眉懒眼　萎靡不振。

烂　（1）道路泥泞：那条路最～。（2）坏，出毛病：冰箱～了。（3）破：～皮鞋。

烂氏　与男性滥交的女人。

烂贱　不值钱。

烂崽　小流氓，品德不好的人。

烂板凳　在人家一坐下就长时间没完没了的闲吹的人。

躴lāng　身体瘦小。［大方］

躴巴　最末最小的一个。［大方］

躴瓤　软弱、弱小，软弱可欺。［大方］

躴精精　体形又瘦又小。［大方］

晾làng　（1）晒：～衣服。（2）天晴：等天～开了再走。

劳累　客套话，劳驾。［毕节］

劳包　傻瓜。

牢实　结实。

老火　严重、厉害。

老二　土匪。［大方、金沙］

老底　（1）最后的资本。（2）别人不光彩的陈年旧事：你把人家～都翻出来了。

老本　本钱：老本都输光了。

老窖　喻指多年积存下来的钱。

老代　年年岁大的老人。［毕节］

老街坊　指熟悉街坊上许多人事沧桑，陈年旧事的风物掌故的人。［毕节］

老辈子　前辈。

老哥子　男性朋友之间的互称。

老变婆　传说中的野人。

老牛筋　顽固不化、固执。［金沙］

老实巴交　特别憨厚老实。

闹热　热闹。

闹热完　形容非常喧闹。

络腮胡　指长满脸颊的胡子。

肋巴骨　肋骨。

冷心　灰心，心寒。

冷噤　寒噤。

冷屁秋烟　清冷寂静。

嫩　稚嫩，不成熟：要和我争高低，他还～了点。

嫩娃娃　幼童。

嫩幺幺　婴儿。

理麻　（1）收拾、整治。（2）清理、追

究：这桩公案总要把它～清楚才行。理路…理路…一边…一边：一边看书，一边吃东西（又说成连路…连路…）。

嗲liā　小孩与长辈亲热：这个姑娘～她妈。

嗲声嗲　说话娇声娇气。

liá　（1）脱落：皮都晒～了。（2）推卸：这件事你～不脱。（3）散漫、不正经：同学中就数他最～。

泥巴附带　沾（“附”读去声）满泥土。又说成泥附捎带。［大方］

泥巴烧古　泥土沾污。［金沙］

连二赶三　一个接一个。

年成cēn　（1）年景：今年～很好。（2）年代、岁月：哪些～，兵荒马乱的。

孽　调皮。［赫章］

脸貌　相貌。

脸嘴　使人不快的脸色：不要做～。

脸皮薄　羞涩：脸皮薄，不好说。

脸皮厚　不害羞，又说成“厚脸皮”。

灵醒　聪明，反应快。〔金沙〕

娘母　母子或母女：两娘母相依为命。

娘母爷崽　总称父母子女。

仰天巴叉　叉开四肢仰躺的样子，又说成“四仰八叉”。

亮绍　明亮

咬　浸渍而受损：再泡三下衣服要着洗衣粉～烂了。

咬gǎo倒犟　固执己见。

咬耳朵　说悄悄话。

灵光　脑筋灵活。

牛肉干巴　喻指身体：这几斤～，要让他多熬几年。

牛鼓眼　生气时鼓着眼睛：你拿一个～看倒我做哪样。［大方］

流　下流：那个人的嘴巴～得很。

流话　下流粗俗的话。

溜　（1）微动：不要～，好好的坐倒。（2）碰动：写歪了。

溜刷　做事情敏捷、利索。［大方］

啰啰旋　喻指被人吹捧、哄骗而忘乎所以听人指使：你看他跑得～的。（又说成“旋罗罗”）

落眍　眼眶深陷。

啰叫　讲交情义气。

螺丝拐　踝骨。（又说成“螺丝拐拐”）

裸连　拖沓，拖泥带水。

楼翻地震　形容很强烈的状态。［大方］

楞筋咕眼　生气时青筋暴胀，横眉怒目的样子：你不要～的，态度放好一点。［大方］

搂得　吃得多。

拢　到达：太阳落坡才～。

拢共　总共。

睩眉睩眼　不说话，只转动着眼珠盯住人看：你～的看倒我做哪样？

乱管　不依规矩，不顾后果：～说

雷贺倪汤（谐音）　（1）混淆不清。混合。［大方］

追luī　追、赶：你～倒他没有？

追luei山狗　猎狗。

路毙　（骂人话）死在荒郊野的人。［大方］

路头路脑　路上：低头不见抬头见，～总会遇到。［大方］

## g

腑腑　（1）猪肉。（2）戏指人胖肉多：这娃儿一身～～。

街坊　街上居住相近的人家。

街檐坎　屋檐下的台阶。

改　取名：请你给娃儿～个名字。

解　专指用锯子剖开圆木。

干　（1）无外水：一个月就是这点～工资。（2）经济拮据：这个月～得很。（3）无目的无意义的事：～费（调皮）～玩。

干煸　喻指用某种方式混完某种程式：政治学习就拿篇报纸来～。

干人　穷人。

干爹　义父。［毕节］

干妈　义母。［毕节］

干贵　贵重。

干扯　言不及义。

干绍　干燥。

干吼　无理的吼叫。

干嚼筋　无理取闹。

干洒洒　缺乏水分而成沙粒状。

干筋筋　指人干瘦的样子。

干跷跷　干燥而硬。

干噜噜　干燥。又说成干梭梭。

干巴老者　干瘦的老者。

赶场　赶集。又说成“赶街”

赶后　随后，以后。

赶忙　急忙，赶快。

赶脚狗　对爱跟随大人外出的小孩的昵称：（俗语）～，家家有。

赶溜溜场　指做小买卖的人，依场期从一个场到另一个场。又叫赶转转场。

赶躲躲坝　惹了祸逃避。［金沙］

干　吃得：一顿要～三大碗饭。

钢火　刀刃的钢质。

钢鳅　泥鳅。［金沙］

缸钵　盛东西的陶瓷器皿：（俗语）扁担挑～，两头都滑脱。

扛背　挺不直：他的背有点～。

高矮点　差不多。

高叉叉　形容身材高而瘦的样子。

搞整　收拾［大方］

搞干　含手腕、权术、钻营等意思：这年头不会～就吃不开。

搞刨完　手忙脚乱的样子。

搞得赢　（1）能战胜对手：我～他（否定式说成搞不赢）。

搞得惯 能习惯［否定式说成搞不惯］。

搞倒事　得到利益，赚到钱：这几年他～了。

搞头　好处、利益。

窖gǎo　藏，埋。

窖窖gǎo　烂泥凼凼。

叫gǎo花子　乞丐，又说“叫花子”

膈应　心里不舒服。

格牯　不通情达理。［大方］

格外　另外：～找事。

格格涩涩　（1）言语不流利。（2）态度暧昧而言语吞吞吐吐。

圪腻　汗垢。

圪螺　陀螺。

圪里拱包　不平顺。

疙蔸　盘结的树根。

疙疙瘩瘩　形容不顺畅。

隔奶　断奶：一岁的娃儿应该～了。

隔食　不消化。

隔锅香　觉得别人家的饭菜比自家的饭香。

解绷绷　少儿游戏。

跟斗扑爬　形容走路艰辛：他～的走来。

跟象　好像：你为他着急，他倒没事的一样。

根底　底细；又常重叠式“根根底底”。

哥儿兄弟　朋友。

锅儿是铁铸的　喻指沉重、艰难、困苦的事或处境。

各人　各自：（儿歌）公鸡叫，母鸡叫，～捡得～要。

各gó得住　承受得了，但只用于反诘语气，实际上表示承受不了：那样小的娃儿，～你打?

割gó裂　闹矛盾：你们好好玩，不要～。

角角　角落：墙～。

裹　成群结伙：他儿个一天就～在一起。（2）不正当的男女关系：张三哥～倒李四妹子。

裹搅　纠缠不清。

个把　两个一两个，言其少。

过　以……方式：教育娃儿要～说，不能～打。

过窜　（1）过时。（2）超过正常限度。过性变质，失去效用：药～了，不能吃。

过得心　说得知心话：他和我是～的人。

勾　身体弯曲：勾腰驼背。

勾扯　勾结。

勾子麻汤　（1）勾结。（2）浑沌不清。

狗刨搔　两手像狗前腿刨动时的一种游泳姿势。

够心　令人烦心：～喽，看你的样了。［毕节］

乖巧　性情温柔，相貌秀气。

乖　可爱。

孤拐　耍小动作，不要整我的～呵。［金沙］

孤儿寡崽　孤儿。

咕噜子　小偷。［金沙、大方］

牯　以执拗相对抗：你不要～我。

牯人　不听使唤。

牯倒　（1）坚持：他～要走。（2）强迫：他～要我干的。（3）对抗：他～不做。

牯吃霸赊　强占，强行索取。

估堆堆　整个估量。

鼓　瞪大眼睛，表示不满或威胁对方：你不要～起一个牛眼睛，没得哪个怕你。

顾脸　顾全脸面。

刮　（1）捞取。（2）训斥。

刮胡子　喻指训斥。

刮耳　耳光：掮他儿～。

寡　（1）缺少油水：清汤～水。（2）只：～会说，不会做。（3）很：～热～冷。［毕节］

寡毒　阴险狠毒。

寡公　鳏夫（跟“寡妇”相对）。

寡酒　无佐食的酒。

寡话　废话。

挂欠　挂念。

挂红　用一匹六尺或一丈二或二丈四困红布或红绫子作红白喜事的礼物。

挂青　挂在坟头奠祭死者的坟飘子。

挂角亲　较远的亲戚关系。

褂褂　（1）背心。（2）旧式短单衣。

绲　新缝衣服的边缘：～袖口。

拐　（1）糟糕：这桩事搞～了。（2）不在行：做这种事，我是～的。拐火糟糕。［毕节］

拐喽　糟糕。［大方］

拐拐　转弯处：脸比城墙～厚。

拐角　转弯的地方。

怪值不得　怪不得。

关火　起作用。

关风　说话管用。

惯侍sí　溺爱，娇惯。

灌　化脓，又说成灌脓。

光生 （1）获得荣耀或逢喜事而脸上有光彩。（2）好：（谚语）快刀打豆腐光gàng波bāo刮光的头。［大方］

光胴胴 光着上身。

光碌碌lūlū 光溜。

光脚赤sī片piǎn 赤脚。［大方］

光胯kà郎当 不穿裤子，赤身露体。

广广 （1）哄骗；（2）不干正经事：这人是个～～。［金沙］

皈依佛法 受约束，守规矩。

归一 尽，完成，结束，完了。

归顺 整理，使条理化：把你的房间～一下。

归着 整齐，工整。又重叠说成归归着着。

归屋 回家。

归归一一 完完整整。

鬼火肿 心中升起的无名怒火，又说成鬼火冒、鬼火戳。

鬼板眼 耍花招。

鬼灯哥 猫头鹰。［毕节］

鬼眉鬼眼 不像个样子。

鬼吟十吟 不停地唠叨。

鬼头鬼脑 鬼鬼祟祟。

公鸡屙屎头节硬 喻指只是开始有劲头，过后就松了：做哪样都是～。［大方］

## k

旮kā 嵌入，塞入，插入。

旮旮 角落。

旮旯 故意刁难。

揩油 占小便宜。

旮二条 在他人的情侣中夹叉打混，凑趣的人。〔毕节〕

旮旮角角 每个角落。

卡 大拇指和中指张开的长度。

卡壳 （1）受到阻碍而不能进行下去；这件事遇到～了。（2）办不成功：这件事情怕要～哩。

胯kà 两条大腿根之间。又说成胯裆。

开先 起初，早些时候。又说成开初。

开叫 雄鸡成熟后的第一声啼叫。

开亲 联姻。

开间 房子的宽度。

开交 办理、料理、应付（事情、生活）：现在不好好地学习，你将来咋～？

开洋荤 初次享受现代西方文明。

开黄腔 （1）说外行话；（2）出口骂人。

开河口 拂晓：天～了。

开麻皴 手因寒冷干燥而龟裂的裂纹。

开冰口 脚因冷冻而龟裂的裂纹。

揩屁股 喻指收拾残局。

砍切 爽快，果断：他做事很～。

砍脑壳的 骂人话。

看白 （1）把人看透了，不值价了：我把你～了。（2）把事看透了，无所谓了：官场上的事，我算是～了。

抗kàng 盖、罩、戴：拿顶烂帽子～起。

抗kàng倒吃 以强力压住别人。

炕 烘烤。

敲 敲诈之举。〔金沙〕

敲沙罐 枪毙。“沙罐”指脑袋。

敲钉锤 敲诈财物。

烤酒 酿酒。

考教人 棘手，为难：这件事有点～人。［大方］

靠 小睡：我～一下就起来。

靠头 依靠。

尅kē　严格约束：~紧点。

咳咳亢亢kàng kàng　咳嗽声不断的病老相。

坑坑洼洼　形容道路凸凹不平。

肯信　不相信。

磕kǒ　舂：~胡椒。

壳子客　爱吹牛的人。［金沙］

瞌睡虫　爱睡觉的人。

瞌睡眯西　昏昏欲睡的样子。

搁kǒ　放：把东西~倒。

空绍　（1）房屋、场地空旷、宽大。（2）头脑灵活：他的脑筋很~。

空脚空手　（拜访人）手上不带东西：~的，不好走人家。

空空（上声）　（1）狭小的空间：这屋里堆得满满当当的，一点~都不得。

空话　空洞无用的话。

抠　（1）挖：到地里去~几个苕来。（2）抓、挠：~背。（3）用手指使力抓住：~紧。

眍眉凹眼　形容眼窝深陷的样子，有贬义。

口重　指人吃盐吃得重。

口水话　没有多大意义的话。

扣门　（1）布的宽度。（2）喻指人的身材：他的~好宽哟。［大方］

枯渴　经济拮据：这个月~得很。［大方］

箍　拦腰抱：~紧点。

箍拢　召集，集中：要把人~。

哭稀包　动不动就流眼泪的人，多指小孩。［大方］

哭稀稀　哭泣的可怜样子。

垮　往下脱：~裤子。

垮杆　垮台，失败。

垮杆兵　垂头丧气，像打了败仗丢盔弃甲的样子：哪点跌倒就在哪点爬起来，不要像个~的样子。

垮脸　拉下脸，板面孔。

快当dǎng　快捷。

宽余　衣食无忧，较富裕。

宽展　宽敞。

宽坐　坐得稀朗，还拥挤：（俗语）饱吃不如~。

款　夸口，说大话。

款嘴　夸口，说大话。

款文款武　炫耀，自吹自擂。

款天磕地　（1）吹牛，说大话。（2）物体大，占地方。

款kuàn　挡住：□~倒的，进不来。

诓　哄，逗：~娃娃。

狂　得意而嚣张、放纵：那个人~得很，哪天要倒霉的。

魁　（1）强。神气：穿上这件衣服，~得很。（3）高大壮实：长得~。

kuén　（1）饱满：谷子~颗~颗的。（2）全：~身是汗。

kuén　不笼统　笼统。

肮enā渣　肮脏。

挨边　切题，巴题：他说的一点都不~。［又说成“巴边”］。

挨拢　靠近。

挨刀的　咒骂人的话，又骂成“挨刀砍脑壳的”。

挨刀千的　咒骂人的话。

挨挨擦擦　庄，无正形，你掀我一下，我靠你一下。

呆ái板　脑筋不灵活。

研ái板　（1）研磨：研墨。（2）拖~时间。

矮矬矬　粗而矮的形态。又说成矮墩墩。矮趴趴、矮杵杵、矮戳戳。

碍难　为难。

碍口实羞　腼腆，羞于言辞。

熬火　耐烧。

爱人　使人喜爱：今年的庄稼长得好～。

爱些　谨防：～着人家看到。［大方］

安心　存心。

安含　舒服：他的日子过得很安含。［金沙］

安山　在山上安装猎具捕获野兽。

谙 ǎn　估计：你估～一下有多少斤。

晏 ǎn　晚、迟。

晏下　过一会儿。

按倒　依照，根据：～老师给你讲的话做不会错，

硬气　刚强，有骨气。

硬帮　身体不灵活。

硬是　（1）实在是：他～凶。（2）无论如何：他～不答应。

硬当当dáng　硬。［大方］

硬陡石山　不容改变，实实在在的：又说成硬壳十三。

硬枝cī 夺棒　形容身体或手脚不灵活的样子。硬头养生牯拗。［大方］

怄气　生气。

怄人　让人生气。

## h

哈　（嗓子）沙哑。

哈声哈气　声音嘶哑。

哈　（1）用于或干工具翻动：～麻将。（2）摸弄：不要在我的脑壳上东～西～的。（3）搅拌：～玉米面。（4）找寻、拿：这个东西你是从哪里～来的。（5）摸黑（走）：看不倒，慢慢～起来的。（6）应付：他在外头还算～得转。（否定式～不转）。

哈喉　腌制肉食品变味。

哈喉咙　声音嘶哑，又说成哈声气。［毕节］

哈há 格勒　胳肢。

哈哈儿　一会儿。

hà　傻。

hà　锤锤　傻瓜。

憨包　傻子。

憨包水　未烧开的水。

憨痴痴　憨蛮的样子。

憨吃哑胀　无节制的大吃大喝。

憨不拢耸　蛮乎乎的样子。

海　吃：～一大碗。

海碗　大碗。

鞋歪脚蹁　女子不守妇道：她家姑娘没有什么～的地方。

害德　做了缺德的事。［大方］

寒心　心寒，产生怨恨。

黄叫　苦受不了。

汉子　丈夫，又指有大丈夫气概的人。

汉子人　男子汉，有男子汉气概的人。

夯　制服、压：你～得住他不?

好生　认真。

好呔hāi　很大。［毕节］

黑尽　天色完全黑了。

黑妈妈mā　指漆黑一片。

黑地妈黢　一片漆黑。

嘿实　用力：～压紧。

呵皮　小便宜，白食：（俗语）吃烟只为吃呵皮。

呵欠连天　形容一个接一个的打呵欠。

何犯于　怎么值得。

活油　菜汤做好后再放进冷油。

活甩甩　不牢靠，不可靠。

河沙坝　河滩地。

和和嗨hāi　性情随和，笑口常开，但无主见。

伙子　长相（一般指男性）。

火闪　预兆不佳：我心头扯了几个~。［金沙］

火闪　次、下：给他几~。［大方］

火幺师　厨师。［毕节］

红黑　反正，问题。

红扯扯　形容红得不正常。

红白喜事　接亲嫁女等红喜，老人寿终正寝称白喜。

红眉烂眼　眼疾而使眉眼难看。又说成红眉眨眼。

红火辣太阳　太阳很热。［大方］

红眉毛绿眼睛　态度生硬。［大方］

齁包　患哮喘病的人。

鼓格　形容哮喘的样子。

喉咙管　喉管。

喉耳包　腮腺炎。

猴抓舞抓　乱抓乱搞的样子。又说成猴搞舞搞。

猴跳舞跳　乱蹦乱跳的样子。

猴儿逗dóu儿　不严肃，不庄重，嬉戏玩闹：这样大的人了，一天还~的。［大方］

吼　（1）大声喊叫。（2）训斥。

吼声恶气　怒气冲冲的吼叫。［大方］

后头　指代厕所：我走~去一趟。

后老爹　继父。

合huò转　搅拌

花　（1）作风轻佻，好猎艳：那个县长花得很（2）不能静心做事。（3）脏的痕迹：玻璃没有擦干净，还是一的。

花间　前额发际。

花骚　花色艳丽。

花屁股　小儿玩耍弄得脏兮兮的脸的谑称。

花眉花眼　形容脸脏，又说成花眉实脸。

花眉尿嘴　巧言令色。

花里胡哨　色彩斑驳。

滑刷　（1）光滑。（2）流畅；他的字写得很~。

滑鳔鳔biǎo　非常溜滑的样子。

横huán顺　反正，无论如何：~是你的事，你不要想推脱。

横横huǎn　门上窗、家具等框架结构上的横条。

慌里慌张　动作忙乱。

慌忙火急　急急忙忙的样

黄　唱歌走调：我的声音是~的。

黄话　（1）外行话。（2）不认账的话。

黄皮寡瘦　面黄肌瘦。

黄口白牙　亲口许的诺

恍兮忽兮　恍惚。

恍中三　恍恍惚惚、爱忘事的人。［大方］

灰　（1）失望。（2）回绝而使人难堪：他着~了。

灰人　回绝，并用语言使人难堪：好好地讲，不要~。

灰猫猫　喻指讨个没趣：他得个~。

灰普普　形容色彩暗淡。

灰巴哪楚　（1）形容灰尘很多。（2）色彩不光鲜

昏昏戳戳　神志不清。

昏昏糊糊　头脑迷糊。

昏头奋脑　头脑迷糊，精神涣散。

横话　不讲道理的话。

横扯　强词夺理。

## j

鸡坝腿　鸡大腿

鸡公车　独轮手推车。

鸡摸眼　夜盲症。

鸡皮疙瘩　喻指别人矫饰、夸张、吹嘘、虚伪、肉麻等言行引起的羞涩的感觉：他光晓得恬不知耻的吹嘘自已，说得我的脸上都起～了。

鸡□hā豆腐　菜名。

鸡拉武叫　高声叫嚷。

鸡脚狗手　喻指手脚不干挣，小偷小摸。[大方]

激　（1）受冷水刺激：水好～人哦。（2）在沸水中加少量冷水：饺子要～三次水才煮得熟。

迹印　物体上被污染的痕迹。

几姨妈　喻指关你密切的几个人。

几爷崽　（1）父亲和子女。（2）对亲近的青年群伙的谑称：你家～一天正经事不做，只晓得窝在一起吃酒。

脐脐jī jī　胖得肌肉相叠的样子。

家　动物经饲养而驯服：这个雀子喂～了。

家式　匠人或家中工具器物的总称：（俗语）人强不过～硬。

家门　同姓的人。

家鞑子　常说成“杀～”：自己一家人的麻将牌局等。

枷担　牛轭。

夹抠　吝啬。

夹壳　吝啬。

夹壳虫　吝啬的人。

夹孔　腋下，又说成“夹肢孔”、夹肢窝。

夹疑　怀疑。

夹疑心　疑心。

夹生饭　（1）未熟透的饭。（2）喻指未办妥并使其更不好办的事。

夹舌子　（1）说话口吃的人。（2）舌头大说话不清楚的人（又说成一夹舌巴）。

夹壳核桃　（1）外壳坚硬的核桃。（2）喻指吝啬的人。

夹叉打混　夹杂其中。

假巴　假装。

假巴　一二（1）假模假样。（2）做表面文章。

假比　假如。

架势　（1）姿势，样子。（2）局面、气氛：看那个～，好像真的要大干一场。

架事　开始。

肩　挑担休息的次数：歇几～气。

尖1　（1）狡猾，机灵，聪明。（2）目光敏锐：他的眼睛～得很。

尖2　（1）声音不圆润：他说话～声～气的。（2）竖（耳朵高度集中注意力）：～起耳朵听。

尖脑壳　喻指好钻营的人。

尖屁股　（1）喻指不能专心坐下做事的人。[大方]

尖嘴滑舌　嘴巴会说，爱说，但说的多是东家长，西家短的话。[大方]

尖唠lāo舌嗑　爱搬弄是非。[大方]

奸狡　奸诈狡猾。

奸心　奸猾之心：他爱起～。

捡炽和　捡倒便宜，又说成“捡炽炽”。

捡书子　做梦。又说成“捡梦子”。[毕节]

见不得　看不惯。

见子打子　随机应变。[大方]

见人屙屎屁股痒　喻指见别人做哪样也跟着想做哪样。

贱皮子　不计较得失的人（多自称）：我是一个~，着人家戳了还要去帮人家做事。

将得　刚才。[大方]

将息　保养。

将就　（1）迁就：~倒他喽。（2）勉强接受。（3）顺便：你上街~给我买瓶墨水来。

讲礼　有礼貌。

犟　（1）固执，直拗。（2）挣扎：抓倒你了，你还想~脱。（3）狡辩：输了理还咬倒~。（4）笨拙，不灵活，不熟练，他做事~手~脚的。

犟拐拐　直拗，不听劝告偏要一意孤行。

交代　嘱附。

交结　嘱附。

焦　着急，忧虑。

搅姑奶　搅面糊糊，煮玉米面稀饭。[毕节]

搅家精　好生事的人。[大方]

搅屎棒　爱制造纠纷、搅乱正常生活的人。[大方]

焦人　使人着急。

嚼舌根　说别人的闲话。

嚼牙巴骨　（1）说闲话，搬弄是非。（2）无谓地争论。（3）喻指教书。

□jiáo　（1）聪明，灵活，滑头。（2）能言善辩：他那张嘴巴~得很。

□jiáo精　头脑灵活，算计精明而接近于滑头。

叫魂　（1）娃儿落魂了，给他把魂叫回来（迷信）。（2）像叫魂一样的呼叫：你紧倒喊哪东西，跟我~不是？

较嘴劲　争辩。

接亲　男方派人迎接新娘。

接媳妇　娶媳妇。又叫接婆娘（俗语）管他有钱无钱，接个婆娘来过年。

结毒　结怨。

金贵　宝贵。

惊张　大惊小怪。

惊喳　一点小事就大惊小怪的。

经　能坚持长久时间：大方六龙的煤炭~过（烧）。

经试　结实耐用。

经悠　（1）照看。（2）查究：有人会~他的。[金沙]

经绊　干涉，过问，查究。

经经绊绊　事情不顺当。

筋吊　不爽快，拖拖拉拉。[金沙]

筋筋吊吊　（1）衣服破烂不堪。（2）猪牛羊肉不成块状。

筋骨人　体形瘦而硬朗的人。

净光　只，仅仅。[大方]

警各　gó　留意。

鬏鬏　女孩扎成的短辫。

揪 jiōu　抓，逮。

脚转筋　大小腿间弯曲处。

脚丫巴　脚趾缝，又脚趾的总称。

脚脚脑脑　剩余零碎东西，一般指地里未收获完的零星农作物。

拘礼　拘于礼节，拘谨。

诀人　骂人。

## q

欺头　便宜。

吃欺头　占便宜。

欺心枉道　昧良心，无道德。

齐　（1）从：~这点起。（2）到：

走～哪点算哪点。（3）在：他～学校里的。

齐齐崭崭　整齐。

齐齐虎虎　一帮人涌动而行：他们～的到市政府去了。（第二个“齐”变调读阴平）。［大方］

骑马马肩　指小孩骑在大人肩膀上的游戏。又说成搭马马肩。

七翘八裂　（1）不平：这些板子～的。（2）不和谐：公司里面～的。

七七八八　唠叨：不要在哪里～，让人心烦。

七搞八搞　东弄西弄。这个格式中的动词可以替换成七整八整、七说八说、七想八想。

起$_1$　（1）挖：～土。（2）建造：～房子。（3）刨剪刀：～剪刀。

起$_2$　形成某种状态：扬尘～吊吊。

起心　存心，有心：～害人终害己。

起眼　引人注目（多用于否定句）：不～。

起夜　半夜起来大小便。

起首　先得的便宜（常与“占”连用）占～。

气不服　不服气。

气汗水　蒸饭时在甑盖边生成的蒸气水。

气粗　言词傲慢：财大～。

气鼓气胀　生闷气。又说成气鼓隔馊。

取笑台　开玩笑。

跨　跨：一～进门就喊饿。

千翻　顽皮：他家娃儿～得很。

千急　务必。

牵扯　牵连。

欠　相信，挂念。

□qiàn　把块状物变细、碎：～土。

强盗肉　指表面看不出，实际长得结实的肌肉。

抢水饭　本指鬼抢人们泼的水饭，喻指慌忙火急的行动：你忙哪样，忙去～？

抢行夺市　（1）抢夺市场。（2）逞能。

悄悄咪咪　轻、静：她悄悄咪咪地走进来。

乔qiāo假　假。

乔　木材不平。

乔脚格手　手生，操作不熟练，做事来手不来。

俏市　市场上紧俏的货物。（2）喻指身价抬高的人：他～得很。

青头儿子　没有结过婚的男青年。［毕节、大方］

青头姑娘　没有结过婚的女青年。［毕节、大方］

清爽　（1）整洁：这间屋子收拾得很～。（2）清淡爽口：这碗汤很～。

青丝亮汪wàng　（1）形容水很清。（2）形容黑亮的秀发：她的头发～的。［大方］

青格格gèi　（1）未成熟的水果的颜色：那桃子还～的。（2）面色青灰：你看你那脸色，～的。

青口青嘴　脸色青、无血色。

清亮　水清。

清风雅静　静谧。［大方］

清早八晨　清早。

清汤寡水　形容菜肴中无肉少油。

轻巧　轻松：（俗语）说得～，吃根灯草。

勤快　勤。

穷啰唆　老是唠叨说废话。

秋　烟熏：～人得很。

秋肉　用火烟熏肉。

秋秋　眼眯缝眼

秋眉秋眼　（1）眯缝眼的相貌。（2）睡眼惺忪的样子。

戻戳戳　好表现又行不得体，好出风头往往贻笑大方。

□qiǔ 年　去年。

全得　全靠。

缺牙巴　小孩换齿缺门牙的谑称。

缺牙倒巴　暮年齿豁的衰老相。

缺衣少食　吃不饱，穿不暖。这一格式生替换名词又可形成缺斤短缺尺少寸、缺医少药。

## X

嘻儿 ēr　不严肃认真，无责任感。

嘻儿不痴　（1）形容言谈举止不庄重。（2）办事不严肃认真，轻率从事。（3）以游戏的态度对待严肃的庄重的事情。（又说成喜儿不胎）。［大方］

嘻哈打笑　嘻嘻哈哈打玩打笑。

嬉皮搭脸　嬉皮笑脸。［毕节］

稀奇　（1）稀罕。（2）不看重，不稀冀：我才不～你那个东西哩。

稀恒　久不相见的亲朋好友来访，主人礼貌的迎客语。

稀呼　差一点：我～掉下沟沟里面去。［毕节］

稀糟糟　形容水份过多。

稀烂烂　极稀烂。

稀稀捞 lāo 捞 lāo　农作物，蔬果或树木间隔远，极稀疏的状态。

稀稀落落　物体分散的状态：半山上是几幢茅屋。

稀泥烂窖　形容道路泥泞。

希里呼噜　形容动作快捷。（又希里呼噜四字声调全读去声：洗里虎鲁）。

习冲　好出风头。

习烂　学坏。［赫章］

细　过于精打细算而涉闲铿吝：他有钱太～得很。细精精瘦，小。

细颈 jiàng　本意指脖子细瘦，喻指身体瘦弱：（俗语）灰兜焐，灰兜长；棉花焐，～。

细念细念　小声唠叨。

细整细整　一点一点地慢慢搞。又说成细搞细搞、细摸细摸

细梭细梭　迈步小而慢。

罅 xiā　裂缝：木盆晒～了。

瞎眉科搓　形容视力不好。

瞎眉闭眼　瞎眼。

瞎眉日眼　瞎眼（骂人话）。

下火　（民俗、中医中清除体内燥火、虚火，与上火相对。

下回　第二回，又说成“二回”。

下力　出力，用力：他做学问肯～。

下力人　出卖苦力的人。

下细　认真，仔细。

下水　喻指陷入不好、不光明磊落甚室是罪恶的境地：他走上犯罪的道路，是她把他拖～的。

下作　下贱。

下饭菜　（1）佐食的。（2）喻指弱小的对手：他还不是我的～。

下土城背盐巴　人死埋了。［金沙］

鲜鲜　（1）新鲜。（2）新奇。

先前　在此之前。

先不先　当初，最初。

先人板板　祖先牌位。

嫌　嫌弃。

现过现　（1）立马兑现。（2）现金支付。

现盐巴　现成的：捡～。［大方］

相因　便宜。

乡巴佬　对乡村人不尊重的称呼。

乡里乡亲　同乡亲友。

乡兜锣鼓乡兜打　因地制宜，因势制宜。［大方］

想　亲吻。

想嘴　接吻。

享清福　享福。

享清闲　享受清闲。

饷皮油　炸干猪皮。

向火　烤火。

消$_1$　须，需要，但只限用于不消……、只有……等格式中：不～说只～按这个开关就行。

消$_2$　水退去。消坑消水的地下溶洞，又叫消水洞。

宵夜　深夜吃东西。

小工　临时工。

小春　秋种作物，如小麦，油菜等。

小季　夏收作物，如小麦、油菜等。

小气　（1）气量狭小。（2）易损伤损坏的：那是一个～小东，抬的时候注意点。

小气包　气量狭小的人。

小见　目光短浅：～的人才会上当。

小贱　吝啬。

小种　不慷慨，不大方，吝啬。［大方］

小屁失贱　义同“小贱”“小种”。［大方］

小家办事　形容小家子气。

小嘴　零食。

小话　背后议论别人长短的话。

小菜　（1）宴席上主菜以外的小碟菜。（2）喻指小事：～一碟（义只用于“～一碟”、～一盘的配搭之中。

小九九　小算盘：（谚语）人有～，天有大算盘。

小私儿　骂人话，骂人为私生子。又说成烂私儿。

小杂种　骂人话，又说成“烂杂种”。

小妈生的　小老婆生的，喻指地位、待遇低人一等。

晓得　知道。

孝帕　老人丧事时，子女及小辈亲属包在头上的白布。

孝道　孝顺祖父，祖母、外祖父、外祖母、父、母等老人的思想道德：人一定要有～（又说成“孝心”）。

笑呵皮　笑便宜：你光在旁边～笑眯奶筛。

歇　（1）住宿：～店子。（2）一段时间：他走了好～啦。（3）劳动中的休息：～一下再干。

歇气　休息。又说成“歇口气”。

歇凉　乘凉。

虚邀　礼节性的邀请。他～都不～一声，就怕哪个真的要走他家去一样。

虚火　害怕，我不～的。

兴　礼仪、规矩：（俗语）前人～，后人跟。

兴头哄哄　兴头高：他～的要去学上网。［大方］

心子　（1）心脏。（2）馅：汤圆～子。

心厚　贪心：少拿点，不要～。

心重　贪婪：那个人～得很，这件事没有万把块钱恐怕摆不平。［毕节］

心敬神知　（1）只要心里虔诚，神就会感知。（2）喻指只要心意到了，别人就会知道。

新人 新娘。［大方］

形xín 不结实。

形蒿蒿 身体羸弱。［大方］

醒事 懂事。

醒水 醒悟（贬义）：人家局长都说要研究（烟酒）研究（烟酒），他还不～。

雄 神气，雄健。

瘊子 疣。

修阴功 行善积德。

朽朽 办事所产生的反应、影响、效果等：搞了半天，有点～了不得。

学乖 知道教训。

涎 无休无止的嬉戏纠缠：这个娃儿太～。

涎脸 脸皮厚。

涎皮搭脸 脸皮厚。

涎皮寡脸 嬉皮笑脸。

涎机戛打 液体浓酽胶粘状。

悬 （1）危险。（2）不保险：这件事有点～，怕办不成。

悬哉哉 很危险：那个地方～的，不要在那里玩。

旋cyan罗lo罗lo 像陀螺一样旋转得快：领导放个屁，他就跑得～的。［大方］

血虎淋拉 血淋淋的样子。

雪米子 小粒冰子。［毕节］

雪弹子 冰雹。

显山露水 显露：为人要沉稳一点，不要到处～的。

## Z

奓zā （1）张开：～嘴。（2）裂开：木版晒～口了。

奓啦啦 说话高声大气像跟人吵架似的；那个婆娘一天到晚～的。（贬义）

奓声卖气 高声大气：你～的喊哪样，我的耳朵又不是聋的。［大方］

奓脚舞爪 手脚张扬貌。又说成抓脚舞爪。

渣渣 （1）碎屑：～落到眼睛头去了。（2）垃圾。（3）物品提取精华后剩下的残渣。

扎 zá （1）针刺一般的冷：水太～手。（2）庄稼被冻坏：菜被凌～死了。（3）在沸水中把菜潦一下：～酸菜。

扎服 叮咛，嘱咐。

扎实 （1）结实（2）踏实：他办事很～。（3）重重地、狠狠地：这回我要～整他一家伙。

扎劲 用力或用力。

诈媒子 暗中串通，做假合伙骗人。

扎汈头潜水。

咂烟 吸烟。

鲊 （1）粉蒸肉。（2）说话啰唆重复，老生常谈：（俗语）翻来牛皮～翻去～牛皮。

鲊壳 质量差，不好，不行。［金沙］

鲊包 走亲串戚后带回的小食品。［大方］

眨巴眼 不停眨眼的眼病。

笮 压：雪把树枝～断了。

炸雷 响雷。

炸耳朵 响声震耳。

炸 （1）压：雪把树枝～断了。（2）押、赌注：这回我～十块钱

栽 （1）插埋：～电杆。（2）诬陷：～脏。（3）摔：我差一点～到沟沟头去了。（4）失败：他～在股票生意上了。

在 任凭：做也～你，不做也～你。

攃缝，钉：～被子｜～扣子。

占仙气　沾光。［大方］

趱（1）移动：把沙发～过去点。（2）迁居：他家～到毕节去了。

展劲　（1）使劲，用力。（2）精神饱满：他都七十多岁了，还～得很

攒私方　在家庭中私自积累财物。

攒心劲　使计谋。

展言子　说歇后语。

宰线子　拦路抢劫。［毕节］

占得　幸好。

占起首　占主动地位、优势。

栈房　旅店。

脏性　卑鄙。［纳雍］

张，理睬：不～他。

张倒　言语行动颠三倒四。［纳雍］

□záng（1）沉重的体力活。（2）苦差事：轻巧的事是别人的，～的事就该他。

掌　用手扶着：他～倒的，不会倒。

掌火　本意为掌厨的大厨师，喻指负责，主事；这个地方由他～

长尾巴　小孩过生日。

涨　热（指食物）：～水。

涨水　发水，水位提高：倒天河～了。

胀　（1）吃：你好～得哟。（2）使劲吃：憨吃哑胀。

胀鼓鼓　（1）吃得太多：肚子吃得～的。（2）袋子、包等装得太多太满。

胀干饭　喻指无用：那个人一天啥子事都不做，只晓得～。

招呼　（1）招待：客人来了要～吃饭。（2）照看：你帮我～下摊子。（3）注意：～小偷摸包。（4）劝告：这些人就是不听～。（5）言语：在街上遇到熟人要打一声～。

着（1）承受：～不住了。（2）倒霉，被处置：他的手爪爪那样长，总有一天要～的。（3）被：他～老师批评了。

早先　先前。

早暗　早晚：他～要着的。

造孽　受苦受难、可怜：那家娃娃好～噢。

遭凶　悍然做违背天理良心和违法乱纪的坏事，就一定会招祸：出让那块地的钱他私自就吞了十万，～。［毕节］

遭报应　受到应得的惩罚。

照闲　管：不归我管的事我一概不～。

侧zé边　旁边。

争　（1）欠：他～我一百块钱。（2）他只～一个帽子应有他搞高了。

争颗米　差点。［大方］

争嘴　争多论少，总想多要一点。

争嘴疮　嘴唇上起的小疱。

真楷　清晰，分明：雾里看花，看不～。［大方］

真资格　名副其实，真。

针鼻子　针有穿线孔的一头。

整　（1）搞、弄、修理。（2）整治、迫害；他～人的手段很恶辣。

整膀皮　作弄人。

镇得住　控制得住局面。［否定式说成镇不住］。

澄zèn　沉淀。

正儿八经　（1）正经，严肃。（2）真的，真资格的：他～是个医生哩。

正一作二　（1）正经，严肃，义近正儿八经。（2）规规矩矩：他的字写得～的。

阵仗　气势、架势：两边的人都撸脚撸手的，那～就像要打架的样子。

支　（1）支撑。（2）支使、怂恿。

直　耿直。

值价　（1）不软弱，硬气：这个娃

儿～，鼻子打出血了都不哼一声。（2）有正确的价值观、硬气：～点，不要亏了点钱就哭稀稀的。（3）自尊自立：一个人要～一点，不要把自己不当数。［大方］

指指戳戳　从旁挑剔。

指脚挖手　吵架时用于指指点点：有话好说，不要～的。

作　行为乖张、狂妄、放肆：（俗语）人～有祸，天～有雨。

作吧　或许：他～不来喽。［大方］

作孽　造孽。

作死　自寻处罚。

作料　菜肴佐料。

左交换，对换：我拿一缸君子兰～你那盆宝珠山茶左呱呱左撇子。

坐　居住：我家～威宁街。

坐独跌坐：出门就着了一～。

坐月　妇女生孩子后第一个月，又说成坐月子。

坐性　较为长久的坐下做事的习性：我没有～，做不倒学问。

周　遍及：这件事机关大院里者阳传～了。

周身　全身。

周正　（1）端正、整齐，常重叠成周正正（2）事业有成：搞～了。［大方］

走　到，在：（问）他现在～哪点？（答）～毕节。

走火　（1）言语出格：他说话爱～。（2）思路不清，怪异：他的脑筋有点～。

走人户　走亲串戚。又说成走亲戚

兕　塞。

兕兕　瓶塞。

总成　促成，介绍，成全。

皱皱zōng　皱纹：额头上起～了。

皱皮拿干　（1）皮肉松散：他～的。（2）水果失水，起皱：你买的这些苹果，～的，难吃。（3）形容衣物等皱纹很多：你那件衣服～的，穿起好难看。［大方］

堲 zú（1）不通气：鼻子～。（2）不顺气：胸口有点气～。（3）顶撞：你不要拿话～人。（4）手脚杵伤：他～倒手了。（5）跌下：他从高坎子上～下来。

主火　主持，负责：这件事由你～。

主人家　主人，当家的人。

住家户　住户。

做活路　干活，做工。

做手脚　使手段。

做生　一般指给老年人过生日，又说成祝寿。

做客　当客人。

肿声肿气　气语言不温和。［大方］

抓拿　（1）应付（多用于否定格式）：一个人怕～不开。（2）问责：每件事都要明确责任，到时候有个～。

□zuá　（1）踢：～足球。（2）禽类用嘴取食：鸡～食。（3）低头勾头：～起脑壳。（4）点头：脑壳一～一～的。（5）坐着勾起头瞌睡：～瞌睡。（6）缝制：～衣服。（7）前额突出：（俗语）前～金，后～银。

啄木冠　啄木鸟。

爪zuà（1）手有残疾：～手。（2）手指受冻而僵硬：手都冻～了。

zuǎ　子　做啥子，做什么。［毕节］

拽　抛掷：～石头。

拽倒　跌倒、摔倒。

□跟跌斗　（1）形容雨雪天艰难的程行：～的，你都要来？（2）酒醉后走路不时跌倒的样子。

□zuái　揍：~他几锭子。［大方］

□zuài　束：一~葡萄。

跩zuài　趾高气扬的神态，他当了官就~起来了。

钻兜　自找麻烦。［金沙］

钻烟筒　白花钱财。

钻头觅缝　千方百计地找机会：他~的就想当官。

转拐　（1）转弯。（2）善于辞令：（俗语）鼻子生得矮，说话会~。

转过背　一瞬间：~东西就不在了。

转　（1）原地转动：~过身来。（2）逛：我到街上~一趟就回来。（3）圈：早锻炼的时候他在分区操场走了五~。（4）路远：大路好走就是~了点。（5）多走冤枉路：走~路了。

转转（1）圈子：原地打~。（2）轮流：吃~饭。

装憨　装糊涂：（俗语）~得饱，装尖讨恼。

装死卖活　耍无赖。

装穷卖苦　装穷。

醉头麻昏　醉醺醺，头脑昏昏：胡乡长一天到黑都是~的。

## C

cā　踩，践踏：不要在我家地里面~。

叉巴　说话不得体，爱插嘴话多：姑娘家有文静点，不要~。又说成“叉里1i1叉巴”。

差火　差劲。［赫章］

差科米　差一点。

差颗米的稀饭　差一点。［大方］

差稀呼　差一点。［大方］

叉　分开。

踩cā虚一脚　喻指差错，失误。

茶叶假，假货。

擦黑　傍晚。

□cǎ cǎ □裤　小儿穿的开裆裤。

岔　在队列中插入：~队。

岔嘴　插话。

裁缝铺　缝纫店。

财　过于看重金钱。

豺狗　狼。

将才　刚才。

踩假水　（1）游泳方式之一，双脚在深水中活动使身体直立不下沉。（2）喻指虚假不实的行为。

菜豆花　夹杂菜叶的一种豆腐。

参　添加：~开水。

馋猫　喻指好吃的人，多指小孩。

馋屁股　对嘴馋的小孩的谑称。［大方］

搀　挥掌或用手中物横向打击：~格螺。

惨道　悲惨。

场坝　赶场的场地。

长年　长工。

长眼皮　深夜不睡觉的人。

长甩甩得　很长的样子。

长喇喇　“长”的生动形式，有贬义。

长毛嘴尖　形容人头发长又尖嘴猴腮，仪容不整。［大方］

长麻吊线　原是对用手搓麻线的描述，喻事情拖得很长。

唱些　怎么样。

嘈　哄传：没有根据的事，不要乱~。

嘈食　母猪发情。

嘈食母猪　骂人的话。

嘈虫　蛔虫。

造诀　辱骂。

燥火　中医说的上火。

燥辣　（1）暴躁。（2）厉害。

车　扭动，转动：~身就走了。

扯　（1）扯皮，不合作。（2）滑稽、幽默：你这个人说话~得很哩。（3）非正式讨论：开会之前，你们几个先~一下。（4）买（布、票等）~几尺布做衣服。

扯白撂谎　撒谎。［大方］

扯谎子　找借口。

扯把子　找借口。

扯哄huòng子（1）说谎。（2）说弯来绕去的话，不切题的话。［大方］

扯筋　（1）扯皮，闹纠纷。（2）不顺利。

扯直　径直：不要转弯，~走。

扯火　煤质好，燃烧火力旺盛煤~。

扯伸　cēn拉直。

扯拐　（1）有意扯皮。（2）出故障出问题。

扯扑鼾　睡着时打呼噜。

伸cēn伸出：一枝杏花~出墙。

伸cēn敨 tòu（1）（衣服）包括：这身衣服穿起很~。（2）清楚、明白：把事情扯~了再走。（3）相貌端正、漂亮：小伙子得很~。［常重叠为伸伸］

承头　牵头。

沉沉　液体里面细微的沉淀物（第二个沉声调转阴平）：水里的~太多。

成天老日　一天到晚。［大方］

撑cèn　支撑：~起来｜~场伙。

秤头　斤两。

龇牙咧嘴　逞凶或疼痛时张嘴露牙的样子。

跐手　伸手。

跐脚动手　动手动脚。

吃酒　特指参加婚宴。［大方］

吃酒的　特指空手参加劳动的人：你是来~？吃酒还要带块手帕子哩。［大方］

吃空子　整老实人。［毕节］

吃野食　偷情。又说成“打野食”。［大方］

吃安逸　白吃人的东西，占便宜。［金沙］

吃小嘴　吃零食。

吃欺头　占便宜。

吃呵皮　吃白食，占小便宜：（俗语）输钱只为赢钱起，吃烟只为~。

吃得开　有地位。否定式：吃不开。又说成：吃得香和吃不香。

糍巴辣角　将辣椒在盐碓里冲成糍粑状。

刺猪　豪猪。

刺巴笼　荆棘丛。

搓磨　折腾、折磨：（俗语）管人闲事，受人~。

蹉cuó　走，游逛：他一天东~西~的，正事不做。

啜揣妇　泼妇。

撮笨　把事情弄糟。

撮撮帽　鸭舌帽。

撮　心情烦躁：鬼火~。

挡（借字音）（1）推。（2）翻倒。（3）扶。

挡抬　抬举。

挡　有意扶持，帮助：大家~他一下。

抽绹　抽穗：这坝田的谷子都~了。

抽条　（1）植物长嫩枝。（2）身材匀称，苗条：那个小伙子长得很~。

抽箱　抽屉。

吼眉夺眼　怨恨的目光：你~的看到我做哪样。［大方］

穿穿　趔趄，常与打连用：打了几个～才站稳。（俗语）三天不吃酸，走路打～。

穿穿跌跌　趔趔趄趄：他醉得差不多了走路都～的（又说成“穿穿倒倒”）。

出客　出嫁。［大方］

出阁　出嫁。［毕节］

出姓　改嫁。［大方］

杵　（1）盖印：～个章。（2）言语顶撞：不要拿话～人。（3）直接面对面：～倒反而不好说。

杵脱　丢掉。［大方］

杵手棍　手杖，又说成“拐棍”。

窜街　逛街。

撞鬼　喻指倒霉，又指不顺心。

撞嘴　拨弄是非。

吹牛　（1）聊天。（2）说大话，空话。

吹壳子　义同“吹牛”。

吹都都　说大话。

冲很　逞能，充内行。

冲气　因生气不理人：不要动不动就～。

冲（去声）爱出风头，爱吹牛夸口。

冲（去声）（1）长高：半年不见，这娃儿又～了一头。（2）添加：～根柴｜～点水。

冲（去声）宝客　爱出风头，爱吹牛夸口的人。

［毕节］

重话摞话　重复同样的话。

［大方］

重三遍四　同样的话讲了又讲：只要两杯酒下肚，他说起话来就是～的

从头一二　从头，从开始。

## S

砂　用砂纸、砂布摩擦物体使其光滑。

煞角　收尾。

塞包袱　行贿。

塞炮眼的　骂人的话。

晒坝　晒粮食的平地。

山旮旮　偏僻山区。

山不转水转　总有相遇的时候。喻指做事要留余地，要给自己留条后路。

三脚猫　喻指喜欢在外面东跑西跑，在家里或单位坐不住的人。

三只手　扒手。

三病两痛　三天不得两天好，经常生病。

三朋四友　朋友。［大方］

扇沓耳　打耳光。［金沙］

闪　（1）颤抖：（俗语）上坡脚杆软，下坡脚杆～。（2）扭伤：腰杆～倒了。（3）中途受错、耽搁：他的学习着～倒了一下。（4）思路错乱无条理：他的脑筋有点～。

尝新　吃新成熟的玉米、大米等农作物。

上席　宴席上最尊的位置。

上门　入赘。

上　附警告。

骚　风骚。

烧香　（1）给神佛烧香。（2）喻指行贿：这年头不～就不要想办成事。

烧锅底　乔迁贺喜：（俗语）做生～，明明打搅你。

稍箕背　微驼的背。

臊子　放在面条、米粉面上肉末、肉丁等作料。

臊皮　丢面子，难堪。

臊　调皮，好动，行动无节制：那个娃儿～得很。

奢　笑　微笑。

身胚　个头。

涩格格　涩。（格格读去声）。

生方　想办法。

生花　酱油、醋等表面长白膜。

生拉活扯　（1）强力拉扯。（2）牵强附会。

声气　声音：悄悄地，不要出～。

神　（1）神秘莫测的事：你说得太～了。（2）思维、言行怪异：那个人有点～。

神戳戳　言行有些怪异。

神抖抖　神气十足的样子。［大方］

神头神脑　神情有些怪异。［大方］

神经兮兮　神经有点不正常的样子。［毕节］

承sén　（1）承受、支撑：～得住。（2）作后盾：你只我的去干，出了事我～。

审　尝试：我～一下看挑得动挑不动。

审倒审倒的　尝试着一步一步地：～干。

损　受损但未完全破裂，一般指有了裂纹：～蛋|碗着打～了。

私儿　私生子。

撕抓　打闹。

折本　蚀本。

石脚　地基。

时不时　有时。

时逢难遇　很难（出现、发生）：他在北京工作，～才回来一趟。

失枕　睡觉扭伤脖子识相知趣。

使嘴　用嘴支使人：他自己不动手，光会～。

使冷眼　喻指冷眼旁观，看人笑话。

死老蛇　喻指懒惰得像一条死老蛇一样不动的人。

死个舅子　形容极古拗：他～都不去。

死眉死眼　死气沉沉，没有朝气。又说成死眉羊眼。［大方］

死皮赖股　死乞白赖。又说成死皮赖脸。

四方八路　四面八方。

四楞四现　四边楞角凸现。

四眼落眍　人消瘦眼珠沉陷在眼眶里的样子。

四脚四手　比喻使出了浑身解数，用尽了全身力气。雷打坡的冰凌太厚了我～都抓紧了才勉强的走下来。［大方］

是　全部：～人都来了。

试倒　感觉：我～今天有点不舒服。

梭　（1）滑动。（2）溜走：他悄悄～了。（3）滑出座位跌倒：再喝下去我就要～桌子脚了。

梭脚　溜走。

梭空空　寻机逃避：他会～得很。

梭边边　避开正面冲突。

手气　赌博等方面的运气。

手脚　为达到某种目的而暗中采取的不正当手段：提干的事他是做了～的。

手空　空闲。

手散（1）随便花钱。（2）好施予。

手倒拐往里头　拐指偏向自己人。

手板手背都是肉　一视同仁，不会厚一个薄一个：一个是儿子，一个是姑娘，～，我不会偏向哪一个。

守嘴　因嘴馋而守着看别人吃东西。

受看　看上去顺眼，舒服。

寿缘　寿命：（俗语）人见稀奇物，必定～长。［大方］

瘦壳壳　很瘦的样子：（俗语）干精精～，一顿要吃几缸钵

瘦壳躲lāng筋　很瘦的样子。

爽快　干脆。

松　（1）病情减轻。（2）松弛，松散。

松和　（1）病情减轻。（2）轻松。

松口　（1）放开咬紧的牙齿。（2）喻

指口头有应允的表示：你贷款的事，今天行长～了。

松手　放开手。

熟刷　熟练。

数数　钱的谑称。

刷　从预定名单中除去：他被～下来了。

耍起的　未就业。

耍小伙子　指天气寒冷仍穿着单薄显示自己身体好。

衰摆　操纵、支配，摆布、折腾、刁难、拖延：权在人家手兜，随人家～了了甩丢：丢弃好好的一件衣服他就拿～了。

摔四马腰　摔跤。［大方］

涮坛子　奚落、取笑。［金沙］

随　（1）任凭。（2）包：～赢。

随常　经常。

随跟步脚　紧紧跟随：我才跨进办公室，他～就来了。

随口打哇哇　随声附和。

水　质量差。

水色　皮肤的颜色：这姑娘的～好。

水饭　迷信中泼给鬼吃的饭：（俗语）七月半，泼～。

水锅巴　水壶中所结的水垢。

水老鸹　鱼鹰。

睡啰啰（儿语）　睡觉。

睡瞌睡　睡觉。

睡大种瞌睡　指睡的时间很长。

## r

瓤　软而不结实。

挠片piàn桨。（谚语）顺风要不倒几～，背时经不起几倮川。

热和　暖和。

惹眼　显眼。

人客　客人。

人来疯　指小孩在客人来家时，特别兴奋，用各种各样的方式表现自己的现象。

认人　小孩子只与熟人亲近。

认生　小孩子怕见生人。

认床　只在自己的床上能安睡。

认黄　讲交情（只用于否定格式中）：把我惹火了，我是不～的。

擩rū　（1）塞：～进去。（2）打；～他两砣。（3）推：～上去。

肉济济　肉多的样子。

挼搓揉：～面。（2）反复做：那种题我都～熟了。

软　稍微不够斤两，不够标准：你那称～了。

软脚坡　不太陡但很长的坡。

软妥妥　言行、态度不坚决、不果断，不强硬：他说话～的。［大方］

软炬搭稀　（1）软。（2）喻指硬不起腰，不刚强，无骨气，在强势面前不作抗争就服软，在困难面前动不动就畏葸退缩：硬气一点，不要～的。

软无神气　无神气，无朝气，打不起精神来：他生病体力还没有恢复，一天还～的。打起精神来，不要成天～的。天气太热了，把人搞得～的。

然瓦瓦　不正经，不严肃，说话真真假假，假假真真的：你答应我的事真的要请你帮忙，你不要～的哩。［大方］

然巴古懂　（1）无节制的嬉戏玩笑：你看他～的，大概喝得差不多了。（2）不正经，无正形，把正经事当儿戏：这是一件很严肃的事；你不要～的哦。［大方］

茸　（1）细，碎：把辣椒磕～点。（2）

疲劳而无力：一天累下来，周身都～完。

日诀　用下流话詈骂。

日脚　书面上留下的日期：签个字，留个～。

日鼓鼓　性格莽撞，直拗，固执。

日气鼓鼓　不高兴。［毕节］

日白扯谎　扯谎，说瞎话。

日妈捣娘　用下流话骂人。

日眉　翻眼生气，横眉怒目：你～的做哪样？哪个得罪你啦。［大方］

## er

尔　理睬：（只用于否定形式中）不～～你。［毕节］

耳使　耳光：给他几～。［毕节］

耳巴　耳光。

耳性　记性，记忆力：你硬是不得～，昨天才教你的今天就搞忘记了。

耳朵长　说了多次都不在意。［大方］

儿马婆　不拘小节，风风火火的姑娘。

二天　以后。

二回　下次。

二道　第二轮，第二回。

二婚　再嫁。

二醒醒　办事不把稳的人。

二翻手　转手倒卖。

二杆子　没有本事又爱出风头的人。

二八栏杆　吊儿郎当。［毕节、大方］

二昏二昏　一般指喝酒喝得昏昏乎乎的样子。

二冲（去声）冲（去声）好表现逞能的样子：那个人～的。

二斑老者　指五十岁左右的男子。

## o

屙痢　①痢疾腹泻。②与“得”字连用，指占到便宜（贬义）你默倒又得～了喽。

饿痨痨　十分饥饿的样子。

瓮热　闷热。

瓮臭　闷着臭。

齆鼻子　因鼻堵塞而发音不清的人。

齆声齆气　形容声音低沉。

## i

□yā　瓣：四～橘子。

yy　从树的主干上分出的枝。

垭口　山口。

牙巴骨　颌骨，牙床。

牙巴丝丝　极少：只要～一点点。

牙尖舌怪　爱拨弄是非。［大方］

牙齿不关风　（1）缺门牙而使其某些发音不清。（2）藏不住话，爱泄露秘密。

押倒　强制：要～他把作业做完。

烟锅巴　烟蒂。

蔫败bāi　枯萎：忘了浇水，菊花～了。

蔫巴屁臭　指人精神萎靡不振。

眼水　眼力。

眼睛大个　高傲，看不起人：他的～得很，会看得起你？

眼泪巴沙　形容眼泪多的样子：哭得～的。

眼屎巴沙　形容人面容不洁。

掩yǎn　撒放粉状物于某物之上：凌太溜，～点灰。

央　（1）央求。（2）迁就：～倒他点。

（3）维持住：~倒场会。（4）调护：把身体~好点再说。

央鸡　央求，迁就。［大方］

央倒　勉强维持。［大方］

洋　旧时对国外传入的事物所冠的形容词：洋火：洋火（火柴）、洋灰（水泥）。

洋气　时髦。

洋里洋气　过入时髦。

洋葳葳　过分时髦且装腔作势。

羊癫疯　癫痫。

羊眼望狗眼　喻指互相观望，一个都不动手。［大方］

羊群打和声　随声附和。［大方］

佯张而不采　（1）不理睬。（2）爱理不理的样子：你去问他，他~的。

杨桃　猕猴桃。

样事　任何一件事：他~都会。

妖言邪法　故作神秘，行为诡异：少跟我~的，你骗不倒我。

幺　排行最小的：幺妹、幺儿、幺姑娘。

幺幺　婴儿。

幺台　结束，了结：这桩事咋个~？

幺不倒台　（1）下不了台，收不了场：他搞的那些事，我看是~了。（2）了不起：他不干就算，没有哪样~的。

幺二三　一条条的理由：你为哪样且这样搞，你跟我说出个~来。

幺二喝三　形容乐严肃不庄重的状态：都四五十岁的人了，一天还和一帮小青年~的。

要得　可以，行。

要不得　不行，不好，不可以。

要不要　有时，偶尔。

叶子烟　土烟。

野　（1）孩子的性格好动不好静，爱在外面玩耍打闹：那个孩子~得很。（2）孩子在外面跑：不晓得又~到哪点去了。

野男人　婚外男情人。又说成野老公。［大方］

野婆娘　婚外女情人。

夜猫子　指爱熬夜工作或学习的人。

夜游神　指爱在夜间走东家串西家游逛的人。［大方］

医治　整治。

依教　依顺，答应：都给她赔礼道歉了，她还不~哩。

依还　仍旧。

衣禄碗碗　喻指谋生的职业。又说成衣食饭碗。

一久　一段时间：这~你到哪里去了。

一天　整天。又说成“一天到黑”。

一样　无论什么：走夜路我~都不怕，就怕鬼。

一下hǎ　一会儿。（2）全部：都拿你就~拿走。

一下hā下hā　一会儿。

一命　同庚。

一堆　一起：他两个是~长大的。

一起　一件，一同。

一根笋　一直，从来。

一根葱　笔直：~的鼻子。

一满连　全部：~都有请。

一般般　一般。［毕节］

一法式　一下，一鼓作气。

一家伙　义同“一法式”

一窝一拖　拖带几个未成年的子女：~的，我一个女人家实在无法。［大方］

一模脱壳　一个模子铸出来的，一模一样。

一的的个　形容数量极少。

一个二个　一个个（地）：会没有开，就～地梭了。

一干二净　形容一点也不剩。

一个钱的　形容关系亲密：～朋友。［大方］

一锤一朵火　喻指人要有男子汉气概，要刚强，要能闪光：男子汉，要～不要粑稀郎当。［大方］

一锤子买卖　一下子搞砸锅。［大方］

一麻不硬èn手　不认识不懂：电脑编程我是～。

一报还一报　报应。［大方］

一礼还一礼　如数回敬（贬义）：～，他怎样对付你，你就怎样对付他。［大方］

药罐罐　（1）熬煎中药的砂罐。（2）喻指身体不好，经常熬药吃的人：他是一个～。

依老迈踹　依仗年老无理取闹。

以烂为烂　破罐子破摔：一个人要有点志气，不要～的。

意思　送礼，给钱财：现在办事不～一下不行。

阴　功于心计但不外露。

阴心　不外露心计。

阴倒　（1）沉默不言：～点，不要说话。（2）暗中（干某事）：～整人。

阴河　地下河。

阴玉米　煮熟后阴干的玉米。

阴浸浸　寒气重且湿气重。

引　（1）引导。（2）抚养：娃儿由奶奶～。（3）勾引：着人～去做坏事。（4）生火：～火。

饮食菩萨　好吃请的官。［大方］

应　（1）应验。（2）用量器量：～升来。

应山应水　形容声音大，回声四起。

印印　痕迹：地上有些～。

幽　（1）纠缠：去～倒地，要他帮你办。（2）幽默、调侃、取笑、逗乐：我着不住你们～。（又说成“幽然”）。

伏哉游哉　悠悠忽忽：他正事不理，一天只晓得～的。［大方］

由便　（1）听凭，无论：一你咋个说，我都不去。（2）随便：～你去不去。

油　油滑。

油条　（1）长条形的油炸食品，多用作早餐。（2）喻指油滑的人：那（个人）是一根～。（3）喻指大错误不犯，小错误不断，屡教屡犯的人：那个学生成了～了。［又说成“老油条”］。

油大　油荤。

油枯　榨过菜油、桐油之后剩下的滓子，压成块状。

油晄晄guàng　油光发亮的样子，常指衣服肮脏。

油光水滑　形容毛色光滑润泽：这马～的。

邮花　邮票。

游百病　端午节到山野游玩，传说可祛百病。

有名堂　其中有花样，有奥妙。

有一样　匹敌，可以相比。又说成有一比。

有眉目　喻指初步落实计划、方案等。修村校的事～了没有？［大方］

有眉有眼　喻指有根有据，实有其事：他说得～的，就跟他亲眼看见的一样（否定式则为“无眉无眼”）。［大方］

有前手无后手　专指出门后不随手拉门关上的行为。［大方］

有娘养无娘教　骂人是死了娘没有人教

育因而是没有教养的人。

牙子　买卖牲口的中人。［大方］

牙巴屎屎　细微的一点点。［大方］

样范　样子。

## u

诬　毁谤。

污　（1）品德不端：那个局长~得很。（2）堕落：那个女人~得很。

污教　人品或事情肮脏龌龊。

污糟　肮脏龌龊。

呜翻翻　喧闹的样子。

呜叽呐喊　高声叫喊。又说成呜叽呐叫。

乌焦巴弓　（谐音）乌七八糟。［大方］

乌一王二　乱说乱讲：说话要有根据，你不要~的哦。

五心花乱　心烦意乱：这一久他~的，做啥子事也都静不下心来。［大方］

五马调六羊　调换来又调换去的。［大方］

屋兜个　妻子。

无来不是　至多：~不交这个朋友。

无大八大　很大。

无经倒是　不正经：都已经一大把年纪了，不要~的。［大方］

无根生有　捏造：根本没有那回事，你不要~的。

挖王　刻薄，厉害。

娃儿　（1）小孩。（2）泛指年轻人。

摅　舀。

瓦儿糖　一种棕黄色的碗底状红糖。

瓦耳糕　一种棕黄色的米糕。

摅屎瓢　骂人帮别人承担错误：你不要~~过去。我不找你，我只晓得找他。［大方］

歪　傲慢，神气：他这几年发了财，~得很。

歪翘翘　不正。［大方］

歪边斜跨　垮不正，不整齐。［大方］

崴货　次品，不合格产品。

崴　扭伤：脚~倒了。

外快　薪金以外的收入。又说成“外水”。

外前（阴平）　外面。

外前（阴平）　丈夫。

万天　大后天，即后天的第二天。［大方］

万年　大后年，即后年的第二年。［大方］

弯　（1）使弯曲。~根铁丝。（2）坐：他一天~在家里面读书。

弯酸　不整值，拘谨：真是个迂夫子，~得很。

弯环　挽回的余地：那件事还有点~没有。［大方］

弯弯拐拐　曲折。

弯里格臼　弯曲。

玩家　指在社会上玩得开的人。

玩格　讲究，注重派头。

玩朋友　谈恋爱。

玩江湖　（1）在社会上厮混。（2）要招，使手段欺骗：你不要要我的江湖哦。

玩茶叶　弄虚作假。

完　极：他高兴~的。

晚些　晚上，晚饭后一段时间。

绾　（1）缠绕：~线。（2）缠住：~倒不放。

绾转转　喻指设圈套。［大方］

万众人　大家。

枉道　（1）蛮横不讲理。（2）昧良心，

血口喷人。

枉自　徒然：~你是读过大学的，这都不晓得。

汪二　（胆量）大。

王爪爪（1）做事粗心、鲁莽、笨拙。（2）莫名其妙：他~的找我闹，我都不知道是哪回事。

往回　以前，过去。

旺子　凝固的猪血、鸡血一类食品。

望板　天花板。

望天书　读书不看字，扬起头跟着老师随口念

望天田　无水源，靠天下雨灌溉的田。

望天锤　别人斗殴的时候打的帮闲的拳头。

煨　打，揍：~他一顿。［大方］

煨粑　喻指打爬下去：把他~。［大方］

萎梭梭　情绪低落，精神不振：不要受到点打击就~。

围　加点水：在锅里~点水。

尾前尾后　紧紧跟随纠缠不休：你不要~的了，那个事不能办。［大方］

未必　（1）不一定：他~会来。（2）难道（反问句中）~你不相信?

卫护　袒护。

温都都　温热的状态。

瘟猪棒棒　大棒：他再乱日诀就给他儿~。［又说成“瘟猪儿棒棒”］。［大方］

瘟神倒气　形容精神不振的样子。

文妥妥　形容人文弱的样子。

稳倒　稳定，不动摇：~，不要怕。

稳拿盒子挑烟　指绝对有把握：就凭那几部著作，这回评教授是~。

## ü

玉　物体经磨或摩擦后变光滑：磨子都推~喽/庙门口的石狮子都摸~喽。

玉朗　物体表面光滑。又说成勩朗朗。

遇缘　碰巧。

遇巧　巧遇。

迂酸　为人过分拘束，行为过分拘礼，处事过分拘泥：那个人太~得很，一点都不洒脱。

纡驼子　愚弄别人。

圆子　肉丸。

圆范　满周全。

圆噜噜　圆溜溜的样子。

圆不溜秋　形容圆的形状。

园子　菜地。

园干　菜园地篱笆。

越更　更加。

月子　女人生孩子后的一个月。

月母子　生孩子后一个月内的女人。

月黑头　没有月亮的夜晚。

匀　平均分：把菜~成三分。（2）间苗：把菜秧~一下。

匀尽　均匀。

余外　除此以外。

余份　余地。

余钱剩米　余裕的钱粮。

# 第四节　谚语　歇后语

## 一　谚　语

### 一画

一人有福，拖带一屋。

一人得道，鸡犬升天。

一个人有志气，一族人跟着沾光；一个人不争气，一族人跟着丢脸（彝族谚语）。

一颗牙齿痛，满嘴不安宁（苗族谚语）。

一个螺蛳搅坏一锅汤。

一人修路，万人安步。

一代亲，二代隔，三代四代认不得。

一番水涨一番鱼，一朝天子一朝臣。

一人动嘴，十人嘴酸。

一林竹子有高低，一树果子有酸甜（彝族谚语）

一弯一曲，各方各俗（苗族谚语）。

一方水土养一方人。

一粒粮食一滴汗，粒粒粮食汗珠换。

一勤天下无难事。

一艺不精，误了终身。

一等二靠三落空，一想二干三成功。

一分胆量一分福，十分胆量起高屋。

一斧头砍不倒一棵大树（彝族谚语）。

一儿一女一枝花，多儿多女多冤家。

一日夫妻百日恩，百日夫妻似海深。

一个萝卜一蔸菜，各人的男人各人爱。

一个钉子管个眼，一个萝卜一个坑。

一家一炷香，一庙一个神。

一人不及二人计，三人四人好主意。

一人难敌十手。

一个虼蚤顶不起一床被窝，一条泥鳅掀不起大浪。

一只蚂蚱四两力。

一根筷子容易断，三根麻绳子扯不断（彝族谚语）。

一只手按不住几个虼蚤。

一人一条心，穷得光筋筋，众人一条心，黄土变成金。

卤水点豆腐，一物降一物。

一壶摇不响，半壶响叮当。

一点雨，一点湿。

一时红花，一时骨朵。

一根骨头哄两只狗。

一朵鲜花插在牛屎上。

一块好羊肉，落在狗嘴里。

一个巴掌拍不响。

一个和尚一本经。

一本皇历看到底。

一贵一贱，交情乃见。

一把钥匙开一把锁。

一条直道跑到黑，十条老牛拖不回。

一字入公门，九牛拖不动。

一根藤，缠死人。

一龙九种，九种各别。

一娘生九子，九子九个样。

一天一个醉，皇帝万万岁。

一手难掩天下人耳目。

一个鸡蛋吃不饱，一身臭名背到老（彝

族谚语）

一天省一口，一年省几斗。

一天省一把，三年买匹马。

一个铜钱看得比磨盘大。

一分钱掰成两半花。

一分钱难倒英雄汉。

一分钱买个粑粑，也要摸个厚薄。

## 二画

人生一世，草木一秋。

人过留名，雁过留声。

人争一口气，佛争一炷香。

人有脸，树有皮。

人往高处走，鸟往林中飞（苗族谚语）。

人要实心，火要空心。

人要虚心，火要空心。

人正不怕影子斜。

人无千日好，花无百日红。

人是节节草，三穷三富不到老。

人是节节草，不知哪节好。

人是铁，饭是钢，一顿不吃饿得慌。

人与人不同，花有几样红。

人穷志不穷，虎死有威风。

人愿人好，树愿花开。（苗族谚语）。

人越坐越懒，嘴越吃越馋。

人不求人一般高。

人敬我一分，我敬人一丈。

人穷不可怕，无志才可悲（彝族谚语）。

人敬有钱人，狗咬破衣人。

人在人情在，人走两分开。

人亲骨头香。

人怕老来穷，谷怕午时风。

人老骨头硬，越老越展劲。

人穷怪屋基，饭粑怪筲箕。

人要学，麻要剥（彝族谚语）。

人怕寒心，树怕翻根（苗族谚语）。

人怕伤心，树怕剥皮。

人不要脸，百事可为。

人不见天见，做事要讲良心（彝族谚语）

人亲财不亲，财帛要分清。

人上一百，形形色色。

人心难估，天变一时。

人心隔肚皮，饭甑隔甑箅。

人牵起不走，鬼牵起倒倒的跑。

人心不足蛇吞象。

人有失手，马有失蹄。

人有小九九，天有大算盘。

人家豆腐渣，自己一枝花。

人强不过家什硬。

人背时，盐巴罐罐都生蛆。

人怕理，马怕鞭，蚊子怕薰烟（彝族谚语）。

人怕三对面，树怕一墨线。

人找钱费力，钱找钱不费力。

人不说不知，鼓不敲不响。

人不走不亲，水不搅不浑。

人恶人怕天不怕，人善人欺天不欺。

人怕出臭名，猪怕养肥膘（彝族谚语）

人情处处赶，下雨好借伞。

人靠衣衫马靠鞍。

人靠衣裳，树靠桩桩。

人不可貌相，海水不可斗量。

人无钱不行，鸟无翅不飞（苗族谚语）。

儿不嫌母丑，狗不嫌家贫。

儿行千里母担忧，母行千里儿不愁。

又要马儿跑，又要马儿不吃草。

刀要勤磨，人要勤学。

刀伤好治，心伤难医。

力大不养家，聪明才发家。

十指连心，哪个都疼。

十个指头有长短，一林竹子有高低。

十个说客，抵不上一个夺客。

### 三画

三天不赶场，说话不在行。

三天不吃酸，走路打穿穿。

三十年河东，三十年河西。

三懒夹一勤，不懒都要懒；三勤夹一懒；不勤都要勤。

三分人才，七分打扮。

三分匠人，七分摆布。

三两花椒四两肉，花椒不麻肉已麻（彝族谚语）。

三个公章，不抵一个老乡。

山羊瞧不起绵羊，绵羊也瞧不起山羊（彝族谚语）。

山羊有角，毛羊有嘴。

山不在高低，要有景致；人不在大小，要有本事（彝族谚语）

山再高没有脚底高，浪再大也在船底下（苗族谚语）。

山再高挡不住太阳。

山高压不住泉水，牛大压不死虱子（苗族谚语）。

山中无老虎，猴子称大王。

干饭稀饭，各人的搞干。

干打雷，不下雨。

千个朋友嫌少，一个冤家嫌多（苗族谚语）。

千年的菜园，百年的寨邻（苗族谚语）。

千千有个头，万万有个尾。

千补万补，不如饭补（彝族谚语）。

千锤百炼出好汉，十磨九难出人才（彝族谚语）。

千里送鹅毛，礼轻情意重。

千年的老母猪，终久要挨一刀。

小时不管，大来造反；小时偷针，大来偷金。

小船不可重载，小人不可重用（彝族谚语）。

大船破来三箩钉，小船破来光筋筋。

大牛大马过路看不见，毛毛虫过路看得清。

大哥不说二哥，两个都差不多。

大路不平旁人铲。

大锅饭，养懒汉。

上不欺老，下不欺小（彝族谚语）。

上一回当讨一回乖。

上面一句话，下面累垮架。

土地不放口，野猫不拿鸡。

口袋装口袋，一袋有一袋（代）。

子孙传诵祖宗事，祖宗不见子孙事（彝族谚语）。

马不知脸长，牛不知角弯。

马是自己骑，龙头是别人掌（苗族谚语）。

马屎外面光，里面一包糠。

与人方便，自己方便。

与其去央求别人，不如自己多努力（彝族谚语）

与其贪恋别人美貌的女人，不如优待自己忠实的妻子（彝族谚语）

### 四画

天高不为高，人心比天高（彝族谚语）。

天无绝人之路。

天干饿不死手艺人。

天有天心，地有地心，人有良心（彝族谚语）。

天凭日月，人凭良心（苗族谚语）。

天不下凌地不冻，人不伤心泪不落（彝族谚语）。

天缘地缘，不敌人缘。

不做强中强，要做善中善（彝族谚语）。

不怕狠人，不欺软人（彝族谚语）。

不怕做错事，只怕不知错。（彝族谚语）。

不上高山，不识平地；不吃毛稗，不知粗细。

不是乌骨鸡，墨也染不黑；若是乌骨鸡，水也洗不白。

不是打虎匠，不敢上虎山；不是撑船手，不会掌桡杆。

不依规矩，不成方圆。

不怕慢，只怕站。

不论道路有多远，一步一步就能走到（彝族谚语）。

不是黄汤不烂路，不是亲戚不害人。

不是饭不熟，而是气不匀。

不合脚的鞋不要穿（苗族谚语）。

不怕藤藤细，只要藤藤牢（彝族谚语）。

不是那家人，不进那家门。

不图锅巴饭，不在灶边站。

不怕别人嫌自己穷酸，就怕别人嫌自己无能（彝族谚语）。

不会烧香得罪神，不会说话得罪人。

不怕人穷，就怕志短。

不怕年老，就怕心老（彝族谚语）。

不得那个肚，不吃那个醋。

不愁无路，只怕不走（苗族谚语）。

不贪财，祸不来。

不是官家能说会道，而是官家的势力大（彝族谚语）

公门有蠢子，茅屋有贤人（彝族谚语）。

公鸡跳门槛；家家有长短（彝族谚语）。

公不离婆，秤不离砣。

公说公有理，婆说婆有理。

公鸡打架头对头，夫妻吵架不记仇。

心怀坦荡爱直言，醉后说话喜大声心中无冷病，哪怕吃西瓜。

心头有事心头惊，心头无事冷冰冰。

牙齿不快，不要啃牛筋（彝族谚语）。

牙齿和舌头都有相碰的时候。

火不烧脚背，不知道疼。

火到猪头烂，人到地皮熟；火熄烟子断，亲人死后路子断（苗族谚语）。

气力是个怪，今天用了明天在

马桑苔苔从嫩育。

风中养的风中长，棉花裹的细颈颈。

风顺不要儿桡片，背时不要儿蹿蹿。

木匠多了，房子也会垮歪。

牛爱牛，舔一口；人爱人，喝杯酒（苗族谚语）。

牛脚迹窝里的水，遭不住三个红火辣太阳（彝族谚语）。

牛角不压牛脑壳，儿女不欺爹和娘（苗族谚语）。

牛吃牛背，马吃马驮。

牛无力气拉横耙，人无道理说横话。

牛不知角弯，马不知脸长。

认得一个指路碑，少走一程冤枉路（彝族谚语）。

井边打水，要分个先来后到。

手板手背都是肉。

手长衣袖短，作揖不方便。

手不捉虫，虫不咬手。

手脚快得好的吃，嘴巴快招来是非（苗族谚语）。

毛毛雨打湿衣裳，杯杯酒吃脱家当。

毛衣干，翅膀硬，忤逆儿子不孝顺。

无理心慌，有理胆壮。

无志山头压，有志搬山头。

无时莫说有时话，老来莫充气力大（彝

族谚语）。

无风不起浪，无水不行船。

书要勤读，地要勤耕。

长哥当父，长嫂当母。

木叶探情，山歌交心（苗族谚语）。

木炭修磨子，走一方黑一方。

乌鸦讨厌的叫声是向妈妈学的（彝族谚语）。

水不紧，鱼不跳。

分赃不匀狗咬狗，槽中无食猪拱猪。

开错一门亲，传坏九代根。

月亮旁边星星少，穷人家里亲戚少（彝族谚语）。

见鬼不要说人话，见人不要说鬼话（彝族谚语）。

## 五画

只有千年名，没有千年人（彝族谚语）。

只有千年田土，没有千年财主。

只要心宽，不怕屋窄。

只要功夫深，铁棒磨成针。

只有太阳上没有黑夜（彝族谚语）。

只有不顾老娘的儿子，没有不想儿子的老娘（彝族谚语）。

只有懒根懒种，没有穷根穷种（彝族谚语）。

只要情义好，吃水都香甜（苗族谚语）。

只要有核桃，不愁找棒棒敲（苗族谚语）。

只有人让人，没有人怕人。

立吃地陷，坐吃山空。

外头耍牌子，屋头搅糨子。

白天游街吃茶，夜晚点灯绩麻。

过时的皇历翻不得。

头回着（遭）了卖糖手，二回不听口甜人。

叫的蚂蚱不着（没有）肉。

叫得好的雀子个个都瘦，能说会道的人不一定都富（彝族谚语）。

叫花子都有三个穷朋友。

正做不做，豆腐放醋。

让人三分，不短一尺（彝族谚语）。

礼让一寸，得理一尺（彝族谚语）。

他是他，我是我，凤凰不同鸡搭伙。

宁砍一个脑壳，不割一只耳朵。

宁可直中取，不在曲中求。

宁嫁一捶一脚，不嫁一伸一缩。

宁死当官的爹，不死讨口的娘。

鸟无翅不能飞，人无志无作为（彝族谚语）。

鸟暮投林，人老想家（苗族谚语）。

鸟美在羽毛，人美在情操（彝族谚语）。

出门看天色，进门看脸色。

瓜无滚圆，人无十全（彝族谚语）。

打铁要靠本身硬。

打人不打脸，揭人不揭短。

打酒只问提壶人。

平生不做亏心事，世上应无切齿人。

东风吹来顺东风，西风吹来顺西风（彝族谚语）。

生在高山不怕陡，长在雪山不怕寒（彝族谚语）。

龙眼识珠，凤眼识宝，牛眼识稻草。

龙头怎样摆，龙尾怎样甩。

用治牛的办法治牛，牛不抵人；用驯马的办法驯马，马不踢人（彝族谚语）。

## 六画

有志男儿各自飞，无志男儿守灰堆。

有志不在年高，无志空活百岁。

有志穷不久，无志久久穷。

有钱不要张狂，无钱不要低志（彝族谚语）。

有理走遍天下，无理寸步难行。

有理照直讲，无理打横耙（彝族谚语）。

有理三扁担，无理扁担三。

有理问得君王倒，哪怕君王坐得高。

有钱难买一身安。

有麝自然香，不必当风扬。

有智吃智，无智吃力。

有心开饭店，不怕大肚汉。

有田不耕田自荒，有儿不教儿自狂（彝族谚语）。

有钱男子汉，无钱汉子难。

有权不用，过期作废。

有山靠山，无山自担。

有风吹大坡，有事找大哥。

有好大的力气就背好大的背子（彝族谚语）。

有好大的肚，吃好大（多）的醋。

有米无柴，团转拣来；有柴无米，烧破锅底。

老鸹笑猪黑，自己不觉得。

老鹰飞得高，全靠翅边风；大哥要得好，全靠小弟兄。

老虎打架劝不得，老蛇冻僵救不得（苗族谚语）。

老母鸡不上灶，小鸡崽不乱跳（彝族谚语）。

老虎进寨人人赶，大家的事大家办（苗族谚语）。

吃不穷，穿不穷，不会打算一世穷。

吃盐口渴，做贼心虚。

吃人嘴软，拿人手软。

吃得苦中苦，方为人上人。

吃得煤炭水，起得黑良心。

吃桃子按倒粑的捏。

吃得亏，打得堆。

吃饭千口，主事一人。

吃别人的闲饭，耽搁自己的工程。

吃茅台（酒）的不买茅台，买茅台（酒）的不吃茅台。

肉落千人口，罪恶一人当。

当家才知盐米贵，养儿才报父母恩。

早睡早起，陈谷烂米；迟睡迟起，起来没得早饭米。

早起早睡，精神百倍。

好久不赶场，说话不在行。

好话一句三冬暖，恶语伤人六月寒。

好儿不望爷田地，好女不望娘嫁妆。

好狗不咬鸡，好夫不打妻。

好酒好肉给亲戚吃，知心话对自己人讲（彝族谚语）。

好花香万里，好种传千家（彝族谚语）。

好人珍惜名誉，孔雀珍惜花翅（彝族谚语）。

好斗的牯牛，没得一张好皮子。

好事不出门，坏事传千里。

你当你的官，我搬我的砖。

红皮萝卜白心肝。

没有家神，不引外鬼。

杀鸡杀断喉，做事做到头。

杀鸡给猴看。

买牛要买叉角牯，说亲要看老丈母。

死人不知抬丧苦，当官不知百姓穷（彝族谚语）。

死鱼鳅有饿老鹳啄，臭猪头有齆鼻子吃羊肉不得吃，惹得一身骚。

自己的稀饭都吹不冷，还给人家吹米汤。

自刀不削自把。

自己挖坑自己跳。

自己酿的苦酒自己吃。

忙人无计。

灯不拨不亮，事不说不明。

地板上铺篾席，高不过一篾片。

竹子再高，肚子里还是节节空（彝族谚语）。

成龙上天，成蛇钻草。

花花轿子人抬人。

行动有三分，坐吃如山崩。

行要好伴，居要好邻。

冷水要人挑，热水要人烧。

耳过千遍，不如手过一遍。

光棍打光棍，一顿还一顿。

会教训别人，自己却做傻事（彝族谚语）

会当媳妇的两边瞒，不会当媳妇的两边传（彝族谚语）。

再穷不走讨口路，过再富不吃昧心食（苗族谚语）。

听到芦笙响，哥们脚板痒（苗族谚语）。

舌头柔软虫不吃，牙齿坚硬遭虫吃（彝族谚语）。

军属烈属，不如人熟。

交情深，一口吞；交情浅，舔一舔。

### 七画

穷来不走亲戚，饿来不走萝卜园。

穷要穷得新鲜，饿要饿得硬气。

穷来别跌志，富来别癫狂。

远方龙神，抵不了当方土地。

远水难救近火，远亲不如近邻。

远处怕水，近处怕鬼。

乱麻有头，乱事有因。

找钱好比针挑土，用钱犹如水推沙。

事不经不懂，路不铲不平。

事不三思终有悔，人能百忍自无忧。

忍字头上一把刀，忍字不得计字高。

快刀打豆腐，两面讨光生。

来言不好回言重，回言不好巴倒痛。

孝顺还生孝顺子，忤逆还生忤逆儿。

妻贤夫祸少，子孝父心宽。

冷菜冷饭好吃，冷言冷语不好受（彝族谚语）。

冷铁难打，老竹难弯。

冷酒醉人，冷言伤人。

没有那颗钉钉，不挂那个瓶瓶。

没有根根，牵不出藤藤。

针去得，线也去得。

针尖对麦芒，八两对半斤。

坛子口大封得住，人的口小封不住。

花红红几天，苦李红几天，烂毛桃也要红几天。

财多累身，欲多伤身。

财多累己，吃饱伤人。

君子面前不说假，小人面前莫论真。

君子用嘴说，牛马动蹄壳。

沟中放牛，两边吃草。

坐起不开口，神仙难下手。

坐有坐相，站有站相。

求人不如求己。

求人须求大丈夫，济人须济急时无。

鸡抱鸭子白费心。

鸡的嗉子吃不饱，人的欲望无止境（彝族谚语）。

听人劝，得一半。

听过不如见过，见过不如做过。

闲时捡起急时用，破锣破鼓救得急。

闲来无事逛大街。

你吹你的号，我唱我的调。

你走你的阳关道，我过我的独木桥。

你要别人了解你，关键时刻显本领（彝族谚）。

坏朋友比敌人还要危险（彝族谚语）。

钉子鞋也会滑，聪明人也有错（苗族谚语）。

做事要的是认真，菩萨要的是清静（彝族谚语）。

每股水都有它的源头，每个地方都有它的规矩（苗族谚语）。

邻居失火，不救自危。

豆芽长齐天，还是一盘菜。

秀才不怕衣衫破，就怕肚里没有货。

男子无志，钝铁无钢；女子无志，乱草麻秧。

## 八画

官不正，民不顺。

官心不正，民心不顺。

官爱金银，乱世纷纷。

官家一席酒，百姓半年粮。

贪官不顾民穷，阎王不嫌鬼瘦。

舍得盐巴下得酱，舍得头发当和尚。

苗怕虫咬，儿怕娘娇。

闹（毒）人的药不要吃，犯法的事不要做。

金窝银窝，不如自己的草窝。

兔儿不吃窝边草，老鹰不打窝边食。

兔子满山跑，转来归旧窝。

抽猫儿爬得树，抽狗爬不得树。

性急吃不得热豆腐。

性急不经老，慌张不赚钱。

知礼不如随俗。

话不要说死，路不要走绝。

怜恤毒蛇被蛇咬，放虎归山虎伤人，（彝族谚语）。

老虎教虎崽咬猪，水牛教牛崽下田（彝族谚语）。

虎死不倒威。

林大出杂木。

直木顶千斤。

肥肉上添膘，鸡脚杆上剐油。

河中淹死水鸮子。

空手出门，抱柴归家。

软藤藤缠死硬树子。

取得经来唐三藏，惹得祸来老孙当。

肥猪嘴不肥，懒人嘴不懒（彝族谚语）。

抬石头压草压得住，抬草压石头压不住（彝族谚语）。

披着羊皮像羊，披着狼皮像狼（彝族谚语）。

苦不过熊胆，乐不过家人团圆（苗族谚语）。

绊动一根，牵动一林。

## 九画

要得弟兄亲，随时把账清。

要得马儿跑，夜夜马草好；要得姑娘巧，花线当草草。

要打当面锣，不敲背面鼓。

要拔房上草，先看檐下人。

要学惊人艺，须下苦功夫。

要得人敬你，你得先敬人（苗族谚语）。

要得富，少生娃娃多种树。

要得富，搞项目。

要得富，先修路。

要赚钱，搞基建。

前人不摆古，后人失了谱。

前人兴，后人跟。

前头怎样作揖，后头怎样弯腰。

起早三日当一工。

轻轻说话不费力，无理哪怕嗓音高。

亲帮亲，邻帮邻。

亲家隔壁座，人熟礼不熟。

亲戚难顾三朝饭，弟兄难顾一世贫（彝族谚言）。

亲来有情，戚来有义（苗族谚语）。

香花不一定好看，会说不一定能干。

独吃不肥，众吃有味。

独木难支大厦。

费力的人不赚钱，赚钱的人不费力。

说话听声，锣鼓听音。

说破的鬼不害人。

说得脱，走得脱；说不脱，绊倒脚。

说的不算，通出来的才是黄鳝。

说得轻巧，吃根灯草。

说得好，不算好；做得好，方为好。

说的比唱的还好听。

树老心空，人老颠东。

树直用处大，人直朋友多。

树直有用，人直无用。

带头马不好，跟帮马乱跑。

胆大的骑龙骑虎，胆小的骑猫儿屁股。

饶人不是痴汉，痴汉不会饶人。

响雷不过百里，英雄美名传千秋（彝族谚语）。

响鼓不用重锤。

神仙打架，凡人遭殃。

是哪样将军，打哪样旗号：是哪样老者，戴哪样毡帽。

是哪样虫虫，下哪样蛋蛋（彝族谚语）。

是山箐老林中的旱莲花，就应在人间放出自己的芬芳（彝族谚语）。

是善人何须拱手，作恶者枉自磕头。

钢刀虽快，不斩无罪之人。

线穿豆腐提不得，井里撑船划不开（彝族谚语）。

草鞋无样，边打边像。

胸无大志，枉活一世。

退后一步自然宽。

将军跳上马，各自奔前程。

屋里不烧火，屋外不冒烟。

屋漏又遭连夜雨，行船又遇打头风。

弯弯扁担，磨出好汉。

钱财长人志气，儿女长人威风。

留得青山在，不怕没柴烧。

留得老猫在，不怕逮不住耗子（彝族谚语）。

哪个山头不滚石头，哪棵树子不落叶子（彝族谚语）。

哪怕冬夜再长，雄鸡啼叫就亮（彝族谚语）。

哪一只麻雀起得早，它就多得一粒粮食（彝族谚语）。

骄傲出自浅薄，狂妄出于无知。

难事先办，丑话先讲（彝族谚语）。

看者容易做者难。

种了别人的荒地，丢了自己的熟田。

种下苦瓜，哪得甜果子吃（彝族谚语）。

误了庄稼是一春，误了孩儿是一生。

春耕不好害一年，养子不教害一生。

金砖做牢房也无人愿意坐。

枯树无果实，空话无价值。

枯叶不落，新叶不长（苗族谚语）。

砍倒树桩桩，免得老鸹叫（苗族谚语）。

荞地三条路，让人一条路（彝族谚语）。

研（烟）究（酒）研（烟）究（酒），要烟要酒。

政策对了头，一步一层楼。

## 十画

家是一条心，瘦土出黄金；家有十条心，吃断斗梁筋。

家家有本难念的经。

家有千贯，不如有个好汉。

家有千万担，不可抛撒饭。

家鬼弄家神，家中不安宁。

家中有金银，隔壁有戥秤。

家鸡团团转，野鸡遍山飞。

娘有爷有，不好开口；兄有弟有，不好伸手。

娘想儿，想断肠；儿想娘，扁担长。

秧好一半谷，妻好一半福。

栽秧割谷，娘老子死都不得闲哭。

推豆腐买河边田，浪里来浪里去。

热来不当风头，冷来不当火头。

热酒好吃，冷话难听。

热茶好吃，冷脸难看。

恶人自有恶人收，恶狠自有野猫抠。

恶鬼怕端公。

恶人的心，毒草的根（彝族谚语）。

恶狗怕棍棒，恶狠怕猎枪。

耗子越吃越尖嘴，冬瓜不吃自来肥。

耗子留不倒隔夜食。

贼偷弱家，狗吃邋遢。

绣花枕头外面光，里头全是一包糠。

菜无盐则无味，话无理则无力。

笑脏笑破不笑补，笑懒笑馋不笑苦。

砌墙先打基，吃蛋先喂鸡（彝族谚语）。

蚊子遭扇打，只因嘴伤人。

隔根纱，渐渐差。

隔年的皇历翻不得。

蚩尤的古理，苗家的规矩（苗族谚语）。

莫把恶人当友敬，莫拿石头当枕头（苗族谚语）。

造谣由别人的嘴，证实靠自己的行为（彝族谚语）

捉不住的是风，收不回的是话（彝族谚语）。

赶马三年知马性。

谁人背后无人说，哪个人前不说人。

秤砣虽小，能压千斤。

真人面前不说假话，真神面前不烧假香。

饿老鹰下地，鸡毛也要捞几根。

鸭子死了嘴壳硬。

拿起猪头找不到庙门进。

根深不怕风摇动，树正哪怕影子斜。

爱叫的猫捉不住耗子，好吹的人办不成大事（彝族谚语）。

莫助昧心人，昧心人得势会害人（彝族谚语）。

酒吃人情肉吃味。

酒肉朋友，难得长久。

酒不醉真君子，色不乱真英雄。

酒杯一端，政策扳弯。

资格老不如运气好。

## 十一画

脚正不怕鞋歪，身正不怕影子斜。

脚程不好早开稍。

菩萨不灵香火衰。

做官的老子，保不了犯法的儿子。

做生烧锅底，明明打搅你。

做事做到头，杀鸡杀断喉。

船上不得力，岸上人挣断腰。

深山擒虎易，开口求人难。

蛇咬人有药医，人咬人无药医。

蛇见雄黄见虎，强盗遇着失盗主。

常在河边走，哪会不湿鞋。

常走摸黑路，总（终）会撞到鬼。

黄蜂针毒，恶人心歹。

黄狗偷食，白狗遭殃。

欺大甭欺小，三年就赶倒。

猪朝前拱，鸡往后扒。

眼斜心不正，嘴歪是非多。

萝卜白菜，各有喜爱。

婆婆嘴碎，媳妇要装耳背。

惜衣得衣穿，惜马得马骑，惜福得福享。

麻绳尽从细处断。

眼睛不识宝，韭菜当草草。

猫儿不在家，耗子打翻仓。

猫儿扳翻甑，白白为狗挣。

得人钱财，替人消灾绳锯木断，水滴石穿。

偷鸡摸狗，全家丢丑。

高山顶上看得远，大海边上看得宽。

野花不栽年年有，烦恼无根日日生。

雪地难藏黑牯牛（苗族谚语）。

爱叫的麻雀没有四两肉，爱自夸的人，不一定有本事（彝族谚语）。

眼明观天地，心宽臧万事（彝族谚语）。

### 十二画以上

富从升合起，毫厘积万金。

富人有壮牛，穷人有壮志（彝族谚语）。富人不知穷人苦，饱人不知饿汉饥。

煮酒熬糖，各习一行。

煮熟的豆子发不了芽。

煮熟的鸭子都飞了。

煮饭要放米，做事要讲理（苗族谚语）。

勤快勤快，吃得不爱；懒惰懒惰，肚皮挨饿。

勤谨勤谨，衣食把稳。

晴带雨伞，饱带饥粮。

置物不穷，卖物不富。

逼倒公鸡下蛋，逼倒牯牛下崽。

强盗没有种，只怕伴来哄。

偷鸡不着，倒蚀一把米。

越坐越懒，越吃越馋。

跌倒不痛，爬起来才痛。

提刀割肉，起眼看人。

生柴怕猛火。

喝酒要适量，玩笑要适当。

朝阳的杨梅红似火，背阴的李子酸透心。

输钱只为赢钱起，吃烟只为吃和皮。

跟好人，习好人；跟师爷，弄假神。

跟倒好人学好人，跟倒端公学跳神。

媳妇不会做鞋，婆婆有样子。

腰中别把小锄头，水到便开沟。

路不行不到，事不做不成。

摇钱树，人人有，全靠自己一双手。

雷雨不吼，庄稼不成；父母不吼，长不成人（苗族谚语）。

蜂糖嘴，苦瓜心。

鼓空声高，人狂话大。

鼓不打不响，话不说不明。

膏药是一张，各人的熬炼不同。

愿吃老粗糠，不当小婆娘。

滴水汇成河，粒米凑成箩。

鼻子再大也压不住嘴。

鼻子生得矮，说话会转拐。

管人闲事，受人搓磨。

嫩笋出林高过母，箍桶还要老篾条。

端公遭鬼打，是诀都挽尽。

端公跳不到自己的神。

三天砍个牛打脚，慢工出细活。

缩头狗咬人不出声。

愿人倒霉的老鸹比人还倒霉，愿人幸福的喜鹊比人还幸福（彝族谚语）。

撮箕端狗崽，不服人抽抬。

糍巴粘倒脚，甩都甩不脱。

靠山吃山，吃山养山。

靠山不可枉烧柴，近水不可枉用水。

靠天吃饭是假，靠手吃饭是真（苗族谚语）。

撵人不上百步。

懒人是条虫，睡到太阳红。

懒人脸上发黄，勤人脸上发光（彝族谚语）。

蝌蚪再穷，也不会一辈子泡在水头（彝族谚语）。

撑船须看船头，骑马须掌龙头（苗族谚语）。

嘴巴两片肉，翻进又翻出。

嘴皮薄薄，能讲会说。

黔西选到大定转，到头选个漏灯盏（金沙谚语）。

蠢儿父惯坏，蠢女母惯坏（彝族谚语）。

麒麟落毛不如狗，凤凰落毛不如鸡（彝族谚语）。

整人之心不可有，防人之心不可无。

磨刀要水，转弯要人。

嘴巴有一张，破鞋补不到一双。

蓑衣再大，也在斗笠下。

镜子越擦越亮，脑子越用越灵。

鹦鹉能学舌，却不知其义（彝族谚语）。

篱笆要根数多才牢，亲戚朋友多胆子才壮（苗族谚语）。

附农谚：

七十二行，庄稼为王。

地是黄金板，人勤地不懒。

只要功夫深，瘦土出黄金。

土养人，人养土。

人哄地皮，地哄肚皮。

山歌不唱忘记多，田土不管草成窝。

种地不开沟，犹如强盗偷。

种田种地不到边，几年种到地中间。

边头角脑多栽窝，家中养个老婆婆。

犁得深，耙得烂，一碗泥巴一碗饭。

隔年犁田一碗油，现犁现耙光骨头。

要想来年吃饱饭，板田板土犁翻转。

打铁看火候，种地看气候。

春争日，夏争时，一年农事在适宜。

一日春光一日粮，误了春光没搞场。

误了一年春，十年理不神。

宁舍一锭金，不舍一年春。

春来不下种，秧苗何处去。

清明谷雨紧相连，浸种耕田莫迟延。

懵里懵懂，谷雨下种。

谷雨前后，种瓜种豆。

芒种打田不坐水，夏至栽秧少条腿。

芒种栽秧日赶日，夏至栽秧时赶时。

芒种忙忙种，夏至谷怀胎。

夏至不栽，东倒西歪。

秧奔小满，谷奔秋。

宁叫田等秧，不叫秧等田。

宁栽三日黄秧，不栽隔夜冷田。

荞盖深，麦盖浅，菜子只盖半边脸。

深栽洋芋浅栽麦。

种好一半秧，秧好一半谷。

种子选不好，产量一定少。

千算万算，选好种子最合算。

庄稼不问爹和娘，精耕细作多打粮。

三分种，七分管，十分收成才保险。

玉米薅得嫩，犹如上道粪。

头道深，二道浅，三道薅个猫洗脸（一般作物）。

头道松根（浅），二道薅深，三道上厢壅根。

七道辣子八道烟，三道玉米米满颠。

谷米要好，全靠粪草。

日日园中走，瓜菜样样有。

菜当三分粮，辣子当衣裳。

麦倒一包糠，谷倒压断仓。

白露不低头，割来喂老牛。

积水防旱，积谷防饥。

修塘筑坝，旱涝不怕。

要想富，多种经营是门路。

要想富，科学种田是门路。

要想富得快，烤烟加油菜。

牛是农家宝，一定要喂好。

庄稼无牛空起早，生意无本枉自跑。

千把锄头万把刀，抵不上老牛一伸腰。

多养猪牛羊，致富有希望。

养猪不赚钱，肥了一丘田

猪多肥多。

肥多粮多。

种田不养猪，好比秀才不读书。

养猪无巧，圈干食饱。

圈干槽净，牲口无病。

鸡鸭成群，家富人宁。

人要文化，山要绿化。

山富泉水在，山穷水即败。

山上多栽树，好比修塘库。

山上没有树，水土保不住。

山上光，山下荒。

满山树参天，泉水流不断。

绿了荒山头，干沟清水流。

若要富，多栽树。

靠山吃山，吃山养山。

坡上开荒，坡下遭殃。

树木连片，不怕干旱。

河边插柳，河堤长久。

远看是桐园，近看是良田。

房前屋后种满竹，三年以后换新屋。

树多水多，山穷水尽。

树木成林，雨水调匀。

热在三伏，冷在三九。

一九二九，怀中揣手；三九四九，冻死猪狗；五九六九，隔河看柳；八九七十二，白茨花开冻惊蛰；九九八十一，庄稼老二田中犁。

春打五九进，还有二十四个黑头凝。

惊蛰冻得热，烤火过六月。

清明要明，谷雨要淋。

清明断雪，谷雨断霜。

四月八，枯井发。

立夏不下，犁盘高挂。

小满不满，干断田坎。

春寒有雨夏寒晴。

夏天无南风，望雨一场空。

五月二十三，大下大干，小下小干。

六月三泼雨，瘦地出黄金。

七月秋风渐渐凉，八月早谷渐渐黄。

九月十二晴，皮匠婆娘要嫁人；九月十三下，皮匠婆娘说大话。

十月有个小阳春。

十月无霜，碓里无糠。

一场秋雨一场寒。

该冷不冷，不是年景。

冬雪下得多，春雨满山坡。

腊月雪满田，来年是丰年。

云跑东，雨落空；云跑西，披蓑衣；云跑南雨成团；云跑北，晒荞麦。

云跑大定城，不晴也要晴（纳雍谚语）。

云罩山，地不干。

乱云天上跑，风雨就来到。

山罩雨，河罩晴。

罩子雾齐门，必定大天晴。

十雾九晴，不用问人。

有雨山戴帽，无雨云缠腰。

有雨天脚亮，无雨顶上光。

天上勾勾云，地下雨淋淋。

天上满天雾，尽管洗衣裤。

天上鱼鳞斑，晒谷不用翻。

天上花花云，明天大天晴。

月亮打伞，晒断田坎；太阳打伞，淋断田坎。

日晕三更雨，月晕午时风。

月逢初三初四雨，一月不得几天晴。

早霞不出门，晚霞行千里。

早雨下不长，晚雨下成塘。

四六开天晴不久，七拗八捏九天晴。

先打雷，后下雨，不抵一泼大露水。

雷公先唱歌，有雨也不多。

头九晴，九九晴；头九阴，九九阴。

久晴有久雨，久雨有久晴。

晚上下雨白天晴，一人做来养十人。

## 二　歇后语

一支筷子吃汤圆——连吃带夺。

七个人睡两头——颠三倒四。

七个钱对半分——不三不四。

九曲桥上散步——尽走弯路。

十字街头贴告示——众所周知。

十二个指头作揖——加二奉承。

入秋的高粱——老来红。

三十夜借甑箅——不得闲。

三十夜的老鸹——叫惯的。
三分钱算个八字——只有先生说的。
三支脚的板凳——坐不稳。
三月间的菜——早已起心。
三个人讲两句话——哪句话该你讲。
小路坡的绊子（手镯）——粗玉（初遇）。
小和尚念经——有口无心。
上厕所不带纸——想不开。
下雨出太阳——假晴（情）。
马路上的电杆——靠边站。
飞机上分娩——高生（升）。
门缝里看人——把人看扁了。
六月间的毛栗——开不了口。
孔夫子背马刀——倒文不武。
孔夫子搬家——尽是书（输）。
孔夫子的口袋——书袋（呆）子。
叫花子烧纸——钱少话多。
火柴圪兜修磨子——过一方黑一方。
公公背媳妇过河——费力不讨好。
公鸡带乌纱——冠（官）上加冠。
王木匠的锯子——不锉（错）。
牛背上起烟子——皮（脾）气。
水打烂木柴——去了又转来。
乌梢蛇爬竹竿——又狡又滑（猾）。
乌鸦喝墨水——黑透了心。
乌龟吃煤炭——黑心王八。
乌龟请客——尽是王八。
乌鸦落在猪背上——一样黑。
木匠吊墨线——睁只眼闭只眼。
外甥打灯笼——照舅（旧）。
外公死儿子——无舅（救）。
叫花子玩鹦哥——苦中作乐。
叫花子进朝门——得寸进尺。
半天吊口袋——装风（疯）。
半天上里点灯——高明。
电线杆上扎鸡毛——好大的掸（胆）子
电线杆做筷子——大材小用。
老虎不吃人——恶名在外。
老虎养的豹子儿——一代比一代凶。
老虎拉车——没人赶（敢）。
老奶奶打哈欠——一望无涯（牙）。
老母猪爬秤钩——自称。
老母猪吃豆渣——自家夸自家。
老母猪打架——光使嘴。
老九家兄弟——老十（实）。
红萝卜雕土地爷——饮食菩萨。
肉包子打狗——有去无回。
夹肢孔生毛——老手。
吊死鬼搽粉——死要面子。
光屁股打老虎——不要脸不要命。
吃稀饭喝水——亲上加亲（清）。
划开肚皮藏珍珠——要钱不要命。
沙地里的萝卜——带倒就来。
泥菩萨过河——自身难保。
坟上卖布——鬼扯。
坛子里头捉乌龟——手到擒来。
补锅匠摔跟斗——倒铁（贴）。
屁股上吊马锣——走到哪里响到哪里。
何家的姑娘嫁给郑家——郑（正）何（合）氏（适）。
肚皮上擦胭脂——娇艳过肚（度）。
杨柳开花——毫无结果。
麦秆秆作吹火筒——小气。
夜蚊子叮菩萨——认错了人。
青杠树雕菩萨——硬神（撑）
星星跟着月亮走——沾光
卖豆芽不带秤——乱抓。
卖布不带尺子——居心不量（良）。
狗咬耗子——多管闲事。
巷子扛竹竿——直来直去。
和尚打伞——无发（法）无天。
学生打架——为笔（未必）。

茅厕里的石头——又臭又硬。
娃娃的衣服——小件（贱）。
扁担挑缸钵——两头都滑脱。
扁担当吹火筒——一窍不通。
寿星老者吊颈——活得不耐烦。
穿钉鞋拄拐棍——把稳行事。
烂田头杀杆子——深拗（奥）。
背菩萨下河——淘神。
背棉花钻刺巴林——七扯八拉。
背鼓上门——讨打。
哑巴吃黄连——有苦说不出。
哑巴吃汤圆——心里有数。
歪嘴婆娘照镜子——当面丢丑。
荞粑粑当水饭——哄鬼。
亮火虫进煤洞——大小是个星宿。
城隍庙里的鼓槌——一对。
砒霜拌大蒜——毒辣。
饿老鹳落烂田——全靠嘴壳壳撑倒。
耗子尾巴挨一棒——肿死也不粗。
耗子给猫儿理胡子——大胆。
耗子钻牛角——走投无路。
耗子钻风箱——两头受气。
耗子舔米汤——只够敷（糊）嘴。
耗子落米缸——机会难得。
耗子尾巴熬汤——油水不大。
耗子钻书箱——咬文嚼字。
鸭子走路——拐的。
聋子的耳朵——摆设。
家麻雀戴乌纱——大小是品官。
阎王出告示——鬼话连篇。
砌墙的砖头——后来者居上。
野猫拉牛——大干。
野鸡钻刺蓬——顾头不顾尾。
捶草棒落水——二冲二冲。
猪八戒照镜子——里外不是人。
猪八戒搽粉——遮不了丑。
猪尿泡打人——不痛也气人。
黄泥巴粘裤子——不是屎也是屎。
黄鼠狼挨碓打——见到磨担钩也投降。
黄鼠狼给鸡拜年——不安好心。
黄鼠狼想吃天鹅肉——痴心妄想。
黄连树上挂苦胆——苦上加苦。
猫儿不吃死耗子——做的假样子。
猫哭耗子——假慈悲。
猫儿抓糍粑——脱不倒爪爪。
梦中娶媳妇——空欢喜。
麻布洗脸——粗相会。
麻布绣花——底子太差。
脚底板上擦油——溜之大吉。
腊肉不放盐——有盐（言）在先。
跛子进医院——治（自）脚（觉）。
鹅卵石煮稀饭——垒石操锅（内室操戈）。
鹅卵石滚刺巴林——无牵无挂。
裁缝的脑壳——荡针（当真）。
裤带上吊钥匙——锁（所）管哪门。
矮子爬竖梯——步步登高。
筷子搭桥——难过。
满口金牙齿——开黄腔。
瞎子泥壁头——乱敷（糊）。
瞎子戴眼镜——多余的圈圈。
瞎子养儿——无望。
瞎子跳舞——盲目乐观。
瞎子看戏——目中无人。
瞎子上坟——估堆堆
篾条穿豆腐——提不得。
磨子上睡觉——想转了。
壁头上挂草帘子——不像画（话）。
格宝垫床脚——鼓起眼睛撑。
癞格宝打哈欠——好大的口气。
癞格宝上钩秆——自称。
癞格宝穿套裤——蹬打不开。
癞格宝挂马刀——款天搁地。

# 毕节地区通志

毕节市地方志编纂委员会　编

方志出版社
Publishing House of Local Records

# 目 录

## 人物志



## 艺文志

## 附 录

# 人物志

# 一　古代人物

## 象

象，三代时人，舜的同父异母兄弟。象出生后，从小就娇生惯养，好逸恶劳。长大后，在父（瞽叟）母（壬女）的放纵下，越来越霸道。不仅抢来多名年轻女子长期供自己享乐，而且还参与父母对舜的谋害活动，企图霸占舜的两个妻子娥皇、女英。舜继帝位后，封象到有庳国（春秋时的鳖国，汉代平夷[鳖邑]，现在的毕节）当国君。

象带着家小、随从初到有庳时，带来的粮食被有庳人一扫而光。而跟着象的年轻女人们，只有第六个老婆留下跟着象，其余全被有庳人抢去做妻子。之后，有庳人通过他们的妻子来感谢象说：在有庳人遭受重大灾难即将成群饿死的时候，是象为有庳人送来了那些救命的粮食，让有庳人度过生死难关；在灾难中有庳的女人们大量死亡，导致有庳人面临亡族绝种危险的时候，是象送来了能为有庳人传宗接代的年轻女人们。象对有庳人的恩典，胜过自己的生身父母。如果象不因此治有庳人的罪，有庳人愿意尊象为庳天子。

象做庳天子后，在随从人员的帮助下，向有庳人传授中原的先进生产技术，发展工农业生产，最大限度解决了有庳人的吃饭、穿衣和住房问题；传授先进军事知识，演习训练有庳军队，有效抵制外敌入侵，巩固并拓展了有庳国疆土（象的练兵方法，被后人经过长期演变，到南宋时，定型为象棋，广为流传）；传授物资交换知识，发展原始商品经济，拓宽了有庳人的活路；传授中原先进文化思想，增强有庳与中原部落的沟通。象利用自己身居有庳之地的优势，在扩大中原地区与有庳地区，乃至三苗地区的交流方面，充当了中原帝国与有庳、三苗间的友好使者和语言翻译。

象封有庳，在多方面做出了重要贡献，有庳人及其后裔为纪念象的救命救族之恩、教育开化之恩和发展经济富民强国之恩，在灵博山（今黔西县素朴镇九龙山）建立象祠，世世代代都把象当作救世主供奉祭祀，香火旺盛几千年。明贵州宣慰使安贵荣翻修象祠时，还专门请儒学大师王守仁撰写《象祠记》。

## 武穆纠

武穆纠，有的文献将彝名译作“乌蒙勾”，战国中期卢（今四川宜宾以南含川南、滇东北和黔西北在内的广大地区）人，其始祖是希姆遮，为希姆遮的第三十八世孙，夜郎国的开国国君。

夜郎国是西南夷地区的一个大国，《史记》记载：“西南夷君长以什数，夜郎最大。”据彝、汉相关文献记载，在商周至春秋战国时期，今黔西北、滇东北和川南一带为“卢”之地，

《括地志》说："戎府（今四川宜宾）以南皆卢地。"公元前1057年，希姆遮亲率本部族实索（又叫诸此、朱提等）参与羌、髳、庸、微、卢、彭、濮各部族助周武王伐纣。两年后，希姆遮又率实索与部分羌、卢、濮人从希姆古嘎（今西安）入居"卢"地，在"卢"地慢慢发展成为卢鹿（又叫倮罗）部族。卢鹿部族发展至希姆遮十三世迫勒道，势力逐渐强大。战国中期，希姆遮三十八世武穆纠一统"卢"地，在今贵州北部、西部和云南东部、四川南部建立起了统治严密的宗法奴隶制国家，即汉文献所称的"夜郎国"，武穆纠成为夜郎国的开国国君。

## 庄　蹻

庄蹻，又叫庄豪，生卒年不详，战国时楚将。周赧王三十八年（前277），楚顷襄王派遣庄蹻率军由黔中入滇，庄蹻在今贵州都匀、福泉、黄平、贵定一带，攻克了且兰国，占领了且兰国领地，又西进攻克了西南地区的夜郎大国，并将其支子（古人以嫡妻之次子以下或妾所生之子称为支子）封为夜郎侯。然后继续率兵西进攻占滇国。庄蹻至滇池，得滇池地方三百里，又于滇池外，占肥饶平地数千里。庄蹻攻占滇国后，欲回楚国向楚王报捷，归报途中，恰遇南下已夺取楚国巴郡和黔中郡的秦国军队阻塞了交通。庄蹻不能归至楚国，便返回滇国，以其兵威在滇称王，建立了以晋宁为中心的滇国政权，且随从当地的衣着、习俗，一直留在滇地融入了当地的民族。《史记·西南夷列传》记载："蹻至滇池，地方三百里，旁平地，肥饶数千里。以兵威定属楚。欲归报，会秦击夺楚巴、黔中郡，道塞不通。因还，以其众王滇，变服从其俗以长之。"

## 常　頞

常頞，生卒年不详，秦初将领，西南五尺道修筑者。五尺道是四川南下连接云、贵的官道，是古代南方丝绸之路的主要干道之一。其从四川宜宾（僰道）经云南昭通，过威宁（汉阳）进入云南曲靖（味县）等地。

秦始皇二十六年（前221），秦统一中国后，秦始皇兴起了历史上号称秦朝七大工程的长城、阿房宫、始皇陵、灵渠、直道、驰道、五尺道的大规模建设。秦将常頞奉秦始皇之命入西南夷，对从宜宾经昭通、毕节、曲靖、昆明、大理至保山的春秋时期就有的民间通道进行了凿、砌、扩改造，因道路不同于秦常制，仅宽五尺，故称"五尺道"。五尺道是秦始皇有效管理南中地区郡县，控制夜郎等国的军事战略要道，同时又是南方重要的商道，与秦始皇在全国其他地区兴修的宽达五十步的"驰道"具有同等重要的战略意义。

## 多　同

多同，生卒年不详，西汉夜郎人。汉武帝元光年间（公元前134～前129），以唐蒙为中郎将出使夜郎，会见夜郎侯多同，喻以威德，予以厚赐。多同同意在夜郎地区设官，并使其子为县令，夜郎各部纷纷归附汉朝。元鼎六年（公元前111），南越反，汉遣驰义侯率犍为兵入夜郎，发夜郎兵“浮船牂牁江”以击南越，且兰君“恐远行，旁国掳其老弱，乃与其众反。”南越破灭后，驰义侯率八校尉还兵，顺势灭且兰，“平南夷（指夜郎）为牂牁郡”。多同入朝，汉武帝封其为夜郎王。

## 陈　立

陈立，西汉人，西汉建始五年（前28）至河平四年（前25）任牂牁郡太守。

元鼎六年（前111），西汉王朝向西南开疆拓土，在出兵灭南越、且兰等国后，没有灭夜郎国，而是向夜郎王颁发王印。在颁发王印之前，也是这一年，朝廷在夜郎辖地开置了牂牁郡，以吴霸为首任太守，同中原一样实行中央集权的郡县制管理，王朝政权的地方政府在夜郎土地上第一次出现。和平二年（前27），夜郎王头兰（又叫兴、竹兰）不服汉，怂恿周边小邑反，牂牁郡太守陈立奉命将头兰斩杀，夜郎国灭，汉属牂牁郡完全取代了夜郎国政权。夜郎国前后统治约300年，其强盛时，一度拥有今云贵川接壤的广大地区。据《汉书》和《后汉书》记载，夜郎国范围在西汉时辖17县、东汉时辖16县，大体包括了今贵州的西部、云南的东南部和广西的百色地区。清咸丰《安顺府志》称“几有贵州之全，规云南四之一，粤南五之一”，其实，还应包括川南部分地区。随着两汉对西南的全面开发，大批移民进入夜郎地区，带来了先进的文化，生产力得到巨大改变。

## 唐　蒙

唐蒙，生卒年月、籍贯不详，西汉人。汉建元六年（前135）代表朝廷在南中置犍为郡（今毕节地区时隶属此郡）。汉元光五年（前130），唐蒙率巴蜀、广汉兵卒及转运粮饷者数万人，开辟自僰道（今四川宜宾），经四川筠连、高县、珙县及贵州毕节、赫章至牂牁江的南夷道。道通，皆置邮亭。唐蒙开发南中有功，当时的南中，其地域包括今四川大渡河以南和云南、贵州大部分地区及广西北部边缘地区。《大定府志》称：南中作志者，无不首推唐蒙。

## 舍　人

舍人，生卒年月不祥，西汉犍为郡人。汉武帝时，有解释《诗》《书》《礼》《乐》《易》《春秋》六经词义的专著，然未有依经作注，使其容易明了。舍人生于南域，深明训诂，以《尔雅》为六经之津梁，发奋注《尔雅》，书成，共3卷。舍人将书献给汉武帝，帝令舍人待诏于宫阙。久之，卒。书遂传于世。后世的经学家对儒家经典进行训诂及分章析句解说经义者，均为汉世之接踵。舍人的《尔雅》注，至梁朝，失其中卷；唐朝后，皆散佚。

## 傅　宝

傅宝，字纪图，生卒年月不详，东汉牂牁郡平夷县（今毕节）人，号南州人士。

傅宝之名最早记载于东晋史学家常璩所著的《华阳国志》，该志记载："平夷傅宝，有名德，历官尚书郎、长安令、巴郡太守、彭城相，号南州人士。"明、清至民国时，《贵州通志》《大定府志》和《毕节县志》都将傅宝简要载入方志。傅宝年轻时曾求学于许慎弟子、大学士尹珍门下，学习时间达五年之久。傅宝学成后，即回乡设帐授徒，在南中广泛传播儒学文化。汉王朝"独尊儒术"，以儒治国，以儒学"经术"学问选用贤能，傅宝于是得到朝廷提拔重用。先任尚书郎，而后晋长安令，再升任巴郡太守。

傅宝为官期间，政绩卓著，光耀丹青。据《华阳国志·南中志》和《大定府志》记载，傅宝的德行、政绩被后世称赞有加，在尹珍故里，曾有人撰联赞道："尹道直人文教初兴，傅宝纪图政绩卓茂。"

## 诸葛亮

诸葛亮（181~234），字孔明，号卧龙（也作伏龙），徐州琅琊阳都（今山东临沂沂南）人，三国时蜀汉丞相，杰出的政治家、军事家、散文家、书法家、发明家。封武乡侯，卒后追谥忠武侯。

章武三年（223），刘备去世后，南中越嶲郡（今西昌）高定（高定元）、益州郡（今云南）雍闿、孟获和牂牁郡（今贵州）朱褒等豪强大姓反蜀，严重干扰了诸葛亮结盟孙吴北上与曹魏争夺中原的大政方针。建兴三年（225）春，蜀汉政权以诸葛亮亲率大军南征。蜀军兵分三路行动：西线由诸葛亮亲自率领从成都出发，经僰道（今宜宾）南下至越嶲平高定；东线由马忠率领从僰道与诸葛亮分道，向东南进发牂牁平朱褒；中路由平夷庲降都督李恢率领由平夷驻地出发，经七星关西进益州平雍闿。雍闿平，即与诸葛亮合兵征孟获。是年秋，南中平定。秋末，诸葛亮率南征将士从今云南晋宁出发，经曲靖沿五尺道北上回成都。诸葛亮归至七星关时，曾于七星关祃祭七星，并在七星关楚敖山（今敖家包包）与"积粮通道以迎诸葛"、在平定南中时勇立战功的默部彝族君长济火举行了结盟仪式。诸葛亮在平夷庲降都督府代表蜀汉政权封李恢为建宁郡太守，仍驻平夷掌都督职；封马忠为牂牁太守，驻且兰（今福泉、黄平一带）；封济火为罗甸王，治理慕胯（今大方、黔西）一带。起初，罗甸国王府设在今虎踞山脚的坝子中，后迁至大方雾龙山（今云龙山）下。诸葛亮还对南中四郡的行政区划进行了调整，先把益州郡改为建宁郡，然后再将四郡重新改置为永昌、建宁、云南、朱提、牂牁、兴古、越嶲七郡，加强了蜀汉对西南夷地区的经营。

建兴六年（228）春，诸葛亮为了匡扶汉室，统一中原，开始北伐。十二年（234），诸葛亮在五丈原（今宝鸡岐山境内）因病逝世。诸葛亮一生鞠躬尽瘁、死而后已，是中国传统文化中忠臣与智者的代表人物，各地建祠祭祀。

## 李　恢

李恢（？~231），建宁俞元（今云南澄江）人。蜀汉年间，李恢听到刘备自葭萌还攻刘璋，知道刘璋必败，刘备必定成功，就假借郡使的名义投靠刘备，在绵竹相遇，受到刘备的嘉许，于是随从刘备至雒城（今四川广汉）。刘备派遣其到汉中交好马超，说服马超，使马超表示愿意听命于刘备。成都既定，刘备任益州牧，以李恢为功曹、书佐主簿。后来，逃跑的敌虏诬告李恢谋反，官吏将李恢捆送刘备处，刘备深信李恢，不但不责罚李恢，反而升迁李恢为别驾从事。章武元年（221），庲降都督邓方卒，刘备问李恢："谁可代者？"李恢回答说："人之才能，各有长短，故孔子曰'其使人也器之'，且夫明主在上，则臣下尽情，是以先零之役，赵充国曰'莫若老臣'。臣窃不自揆，惟陛下察之。"刘备笑着说："孤之本意，亦已在卿矣。"于是以李恢任庲降都督，使持节领交州刺史，迁住平夷县（今毕节）。后从平夷出兵，助诸葛亮平定云南，军功居多，封汉兴亭侯，加安汉将军。建兴七年（229），领建宁以还居本郡。九年（231）卒。

## 济　火

济火，彝名"妥阿哲"，生卒年月不详，东汉牂牁郡彝人部族渠帅，是明、清水西安氏二世主。其身材高大魁梧，双目深陷而炯炯有神，面色黧黑，牙齿白净。济火擅长征战，崇尚信义，善于安抚部众，得到诸部族的拥戴。蜀汉建兴三年（225），诸葛武侯南征，济火献粮、通道以迎武侯师，协助诸葛亮平定南中，擒孟获有功，被诸葛亮代表蜀汉政权封为罗甸国王，长期管理所辖的地方。后来，牂牁郡境内普里的僰佬人起事，济火受蜀后主之诏予以讨平，使管辖的疆土得到拓宽。其时，济火已近六旬，蜀后主赐给济火一根镂银鸠杖，以示对其特别的恩宠。

## 马　忠

马忠（？~249），本名狐笃，字德信，巴西阆中（今四川阆中）人。三国后期蜀汉著名将领。建兴元年（223），诸葛亮开府治事，马忠为门下督。诸葛亮南征，马忠率东路大军平定牂牁郡（今贵州）朱褒反乱。南中平定，马忠以军功领牂牁郡太守。建兴十一年（233），南中豪族刘胄叛乱，各郡骚动。诸葛亮以马忠接替张翼平夷庲降都督府都督职。马忠不辱使命，一举平定刘胄之乱。诸葛亮代表蜀汉政权封马忠为监军、加奋威将军，又封博阳亭侯。同年，马忠移平夷庲降都督府于建宁郡的味县（今云南曲靖），从平夷庲降都督府第三任都督转任味县庲降都督府第一任都督。延熙十二年（249），马忠卒于任上。

## 张　翼

张翼（196~264），字伯恭，南中犍为郡武阳（今四川彭山）人。名门出身，为汉初三杰张良之后裔，高祖父张浩曾担任司空，祖父张纲官至广陵太守。张翼在刘备为益州牧时，任书佐。建安末，举孝廉，为江阳令，后任涪陵令，升梓潼太守，又先后任广汉、蜀郡太守，是三国蜀汉后期著名将领，文武双全。建兴九年（231），继李恢任平夷庲降都督府第二任都督。《三国志·张翼传》："建兴九年，为庲降都督，绥南中郎将。"建兴十一年（233），张翼离职，马忠继任都督。

## 孟　获

孟获，生卒年不详，南中益州郡渠帅。章武三年（223），刘备去世，南中越巂郡（今西昌）高定元、益州郡（今云南）雍闿、孟获和牂牁郡（今贵州）朱褒等豪强大姓反蜀。建兴三（225）年春，蜀汉政权以诸葛亮亲率大军南征。诸葛亮以孟获在当地夷、汉人中威望甚高，便采纳马谡以"攻心为上"的策略，使孟获心服。当年秋，南中四郡平定。诸葛亮将孟获带至成都，封其为御史中丞。自此，南中各地归顺蜀汉。据清光绪二十七年（1901）在云南昭通白泥井出土的著名的汉代"孟孝琚碑"记载，孟姓是历史上南中最著名的两大姓氏之一。孟获卒后，唐、宋、元、明、清各朝代，在南中各地建祠庙或附祀土主庙等以祭祀孟获。在大方县百纳、毕节林口等地的黑神庙等奉孟获为黑神，建庙祭祀。

## 黄　荣

黄荣，生卒年月、籍贯不详，隋朝人。隋朝开皇之初，汉代唐蒙所开凿的从僰道至益州的道路毁圮不通，隋文帝杨坚命黄荣领始、益二州的石工凿修石门（今云南盐津境内）道，造偏桥阁道，修治道途。从而使戎州（今四川宜宾）南至石门出鲁（今威宁境）、昆、川至云南、越巂、津州道路全部开通。开皇五年（585），黄荣将此功勒于石壁之上。

## 阿　佩

阿佩，生卒年不详，唐"乌蛮"首领。《新唐书·南蛮传》记载："昆明九百里，即牂牁国也。兵数出，侵地数千里。唐宪宗元和八年（813），上表请尽归牂牂故地。"文宗开成元年（836），鬼主阿佩内附，会昌中，封其别帅为罗殿王。罗殿国即元代的普定路，在今安顺地区。会昌二年（842），遣使入朝。五代后唐明宗天成二年（927），昆明大鬼主罗甸（殿）

王、普露静王等九部落进贡方物，朝廷各赐缯彩银器。

## 若　藏

若藏，生卒年月不详，宋代人，矩州石人部落王子。在先，水西安氏45世主色东出兵掠地，居于矩州之石人山，谓之石人部落。宋乾德五年（967），若藏向朝廷入献方物，朝廷任命其为归德司戈。太祖赵匡胤嘉许若藏，封以王爵，任命其为矩州刺史。矩州，语讹为贵州，太祖因其俗授之刺书，于是，开始有了“贵州”之名。

## 普　贵

普贵，生卒年月不详，宋代人，慕齐齐后26世。清《贵州通志》记载，宋初，纳土归附，宋太祖赐普贵敕令一纸，其文曰：“予以正义邦华夏，蛮貊罔不率服，帷尔贵州，远在要服。先王之制，要服者来贡，荒服者来享，不贡故我伐之。予往年为扶播南杨氏之弱，劳我王师，罪人斯得想亦闻之。有司因请兵尔土，惩问贡，予曰：‘远人不服则修文德以来之，穷兵黩武，予所不思，寻乃班师。得尔母子状，知欲向化，乃布之文先之辞。尔若挈土来廷，爵禄、土地、人民，世守如旧，予不食言，故兹制旨，想宜知悉’。”普贵纳土归顺，赐爵以正一方，以此成为黔西北统治者。

## 奢　节

奢节（？~1303），女，元人，彝人，元四川蔺州恒部扯勒彝、蔺州宣慰使奢氏之女，亦奚不薛（今水西）总管府总管阿里之妻。元大德五年（1301），云南左臣刘深征八百媳妇（古土司名，故址在今缅甸掸邦东部），假道贵州，至亦奚不薛境，勒派丁夫、马匹，强索金3000两，强征马3000匹。民不堪暴敛急征，奢节率众抗拒。云南顺元路土官宋隆济及乌撒、乌蒙、东川、芒部诸部族皆起兵响应。是年6月，奢节与宋隆济合兵攻陷贵州（今贵阳）。梁王派云南行省平章幢兀儿、参政不兰溪率兵讨伐。是年11月，朝廷派湖广行省平章刘国杰及指挥也先忽都鲁将兵万人，四川省臣八剌及阿塔赤将兵500人，并思州田氏、播州杨赛因不花等，会同云南兵讨奢节、宋隆济。大德六年（1302）派遣陕西省平章也速带儿、参政汪维勤将兵助征。是年9月，国杰裨将宋光从播州出兵，与奢节兵战。先，奢节兵是劲旅，且多健马，官军与奢节战，多失利。国杰官军人人手持一盾，盾上布满铁钉。待到双方交战之时，伪装败退而将盾弃之于地。奢节兵纵马追击官兵，奔驰中，马蹄被盾上的铁钉刺中，皆倒。国杰回师与奢节兵战，奢节兵败。继而，奢节调集人马，请战，国杰不应。数日后，国杰猜度奢节兵士气松懈，一鼓而攻之，奢节兵败。官军乘胜追击，杀获不可计，辗转追击数千里。大德七年（1303）正月，国杰等兵进暮窝，奢节聚集兵力与官兵战于墨特川（今赫章境），大败。4月，奢节降，被诛杀。

## 燃指和尚

燃指和尚，元末明初滇籍高僧，明初到毕节传播佛教。明洪武年间（1368~1398），燃指和尚云游至毕节灵峰山，见灵峰山苍松翠竹、泉水潺潺、白云缭绕、林静清幽，景色甚美，感叹道："此真乃我寻觅的仙境也。"于是决定在此建寺，虔心念佛，以成正果。由于没有资金建寺，燃指和尚便以自己精湛的医术，四处行医化缘，募捐筹得白银1500两，终于将灵峰寺建成。此后，燃指和尚居于寺中传播佛教数十年，圆寂后遗体安葬在寺庙右侧100米处，至今燃指和尚坟墓尚存。

## 阿　画

阿画，生卒年月不祥，彝人，元亦奚不薛人。清《贵州通志》记载：元大德七年（1303），顺元宣抚司移至亦奚不薛，阿画为宣抚使。元至大三年（1310），授阿画武略将军阶。元泰定元年至天历元年（1324~1328），以军功赐阿画名为贴木儿不花，迁中大夫、护国亲军都指挥、八番顺元沿边宣慰使。不久，降顺元宣慰司为顺元路民军安抚司，贴木儿不花仍为宣慰使。文宗至顺元年（1330）一月，云南王秃坚叛。二月，调顺元土兵500随八番顺元元帅完泽讨伐。三月，加封贴木儿不花资善大夫、云南行省左臣。四月，云南土官禄余以兵700余控扼乌撒、顺元界，立关固守。贴木儿不花以兵攻打其境，屡立战功，加龙虎大将军，封罗甸侯。卒，赠济国公。

## 实　卜

实卜（？~1385），女，彝人，明乌撒（今威宁）人，禄哲之妻。明洪武十四年（1381），乌撒大乱。十二月，征南将军傅友德率都督胡海部5万余人进剿，实卜闻讯，会同芒部（今云南镇雄）土司率众阻击。实卜因势单力薄，退守乌龙箐（今威宁县城）。后与禄哲弟阿哥归顺明朝廷，朱元璋赐实卜为乌撒军民府知府。十六年（1383），实卜率百余人晋京献方物，朝廷赐予实卜翠珠等物。十八年（1385）元月，实卜病故。

## 霭　翠

霭翠（？~1388），彝人，元末明初水西人，奢香之夫。明洪武四年（1371），罢八番顺元宣慰司，改顺元宣抚司为贵州宣抚司。五年（1372），原顺元宣慰使、八翻顺元沿边宣慰使霭翠及同知宋蒙古歹（宋钦）归顺明朝，皆仍任原职。六年（1373）八月，升贵州宣抚司为宣慰司，以霭翠为宣慰使，位居各宣慰之上，设治所于贵州（今贵阳）城。霭翠每岁贡方物与马，太祖赐其锦绮以资嘉勉。十四年（1381），宋钦卒，其妻刘淑贞摄其职，并偕子宋诚入朝，太祖赐米30石，钞300锭，又赐锦绮及衣3袭。十六年（1383），刘淑贞再次入朝，时霭翠已老，于是派其妻奢香率土司15人随刘淑贞入朝，贡方物及马。太祖很高兴，赐奢香以文绮织锦及金环、绣衣等物。其时，贵州宣慰司所辖各部每年共缴纳赋税3万石。二十一年（1388）二月，户部奏称，霭翠所属租税多拖欠，请遣使督缴。太祖说："蛮夷僻远，知畏朝廷，纳赋税，是能遵声教矣，其多逋负，非敢为耶，必其岁收有水旱之灾，故不能及时输纳耳。所逋租税，悉行蠲免。更定其常数，务从宽减。"于是减为2万石。九月，霭翠以蒙免除所拖欠赋税和减轻赋税，向朝廷贡马谢恩，太祖又令再减赋税1万石。其年，霭翠卒，奢香摄宣慰职。

## 沈万山

沈万三（1306~1394），名富，字仲荣，因富有，且在兄弟中排行第三，世人尊称为万三、万三者、万山秀，明平江路长洲县（今江苏苏州）东蔡人，祖籍湖州路乌程县南浔镇（今湖州南浔）。元末，随父沈佑徙居江苏昆山古镇周庄东垞，以躬耕务农起家；随后又迁至周庄银子滨，在吴江分湖陆道源家中理财。在分湖，二十多岁的沈万三得到陆道源巨财资助，回到周庄凭借北蚬江（古东江）西接京杭大运河，东北经浏河出海的有利条件，开始"竟以求富为务"。沈万三发迹后，把苏州作为重要的经商基地纵横拓展经营，广泛结交元末明初名画家王行、著名道士张三丰等人物，并以巨财支持平江张士诚建立的大周政权。明初，朱元璋统一中国，定都南京，沈万三又巨资助筑京都城墙三分之一。城墙筑完后，沈万三看到明朝刚建国，百废待兴，国库空虚，便主动出钱犒赏军队，洪武六年（1373），被朱元璋发配到云南边陲。

沈万三沿长江而上到达毕节，得到水西宣慰使奢香的礼遇，受奢香请托，在今毕节、赫章一带开设铜、铁、银、锡、煤等矿产，修筑古驿道发展交通运输业。十六年（1383），沈万三离开毕节去云南大理。沐英便奏请朝廷准允"万山父子入滇为西路理财"，朱元璋"准奏"后，沈万三便穿梭于茶马古道，从事经商贸易，组织马帮运输，进行资源开发，配合沐英为奢香开辟驿道、设置驿站直通内地和京城，使云南边陲与内地畅通无阻，连成一体。

沈万三晚年，好友张三丰云游至昆明滇池，便相邀从滇入黔。途中，沈万三沿途看望了自己的子女亲人，最后离开短暂居住的平坝三儿子沈茂所在的天龙屯堡，经贵筑（今贵阳）到达平越（今福泉），随张三丰一起居隐福泉山道观，从此息交绝游，莫闻世事。洪武二十七年（1394），沈万三去世，葬福泉山中，后被其后裔迁葬原籍周庄银子滨水底墓。

## 周必贤

周必贤（1320~1391），字思齐，明湖广（今湖南）祁阳人，明初征南将领之一，七星关守御千户所指挥、毕节卫都指挥使，封明威将军。周必贤身材伟岸，袭祖武学，善舞兵器，十五岁时即以戮贼百余而闻名乡间。明初，从朱元璋起兵，转战南北，颇露锋芒。曾率师驻军大兴（今北京南）横街。

明洪武十四年（1381）九月，周必贤携子友钟、友鉴、友镜、友铭，从傅友德南征。兵至湖广，周必贤父子随都督胡海及陈桓、郭英与傅友德分兵，由永宁（今四川叙永）趋乌撒（今威宁）进克可渡河，然后同右副将军沐英会合攻大理。傅友德则攻曲靖，擒元将平章达里麻后进入云南，与沐英会师。周必贤父子复归傅友德麾下，从傅友德回师乌撒，克七星关以通毕节。之后，元军残余裹胁诸土司起事，周必贤父子再度随傅友德入云南平定东川、乌蒙（今昭通）、芒部（今镇雄）等地。周必贤以军功升都指挥使，封明威将军，其四个儿子也都以功晋千户指挥职。十五年（1382），为扼守七星关，傅友德令周必贤率秦光、顾青、朱玉、朱显忠、杨斌、顾的方、沈明德、张龙、杨丁富等指挥领兵驻守七星关并筑七星关城。七星关建城后，初行卫职，置毕节卫后，改为七星关守御千户所，隶毕节卫。周必贤重任在肩，为做好防守，便令顾的方、沈明德等屯垦周泥站，以囤积粮草，作长期防守。十九年（1386），朝廷加封周必贤食禄二千五百石，赐世券，仍镇七星关。二十一年（1388），周必贤告老去职，由少子周友铭袭明威将军，为七星关镇关主将，以张龙、杨丁富副之，顾的方镇守周泥站，为督粮官。二十四年（1391），周必贤卒，葬七星关石河。碑名为："皇明特授都指挥使迁黔始祖周公讳必贤思齐老府君之墓。"碑联是："千秋俎豆齐天地，百世云烟焕日星。"

## 傅友德

傅友德（1340~1394），明安徽宿州相城人。自少骁勇，尤善骑射，是中国古代卓越的军事家，为明初朱元璋开国功臣之一。

傅友德青壮年时，正是元末阶级矛盾和民族矛盾极端尖锐的时期，朝廷腐败，政治黑暗，天灾人祸不断，民不聊生。元至正十一年（1351）四月，爆发了中国历史上著名的红巾军起义。傅友德从刘福通参加了此次农民大起义。红巾军起义失败后，傅友德随李喜喜退入四川，投靠明玉珍，后又从陈友谅。二十一年（1361）八月，朱元璋克安庆、江州（今九江），傅友德因不满陈友谅率众投朱元璋，后深得朱元璋器重。二十三年（1363），朱元璋与陈友谅在鄱阳湖发生大战，傅友德驾轻舟勇猛作战，一举挫败陈友谅前锋，并在泾江口拦击敌军，使朱元璋很快扭转战局。二十四年（1364）三月，傅友德单枪匹马率军士数百人闯入敌阵，拿下武昌取得胜利，被朱元璋命为"雄武卫指挥使"。此后，傅友德又随朱元璋东征西讨、南征北战，屡立赫赫战功。

洪武三年（1370）十一月，朱元璋大封有功之臣，傅友德名列第二十八位，授开国辅运推诚宣力武臣，特进荣禄大夫、柱国、同知大都督府事，封颍川侯，食禄一千五百石，赐免死铁券，子孙世袭。十四年（1381）秋，傅友德奉命以蓝玉、沐英为左右副将军，率步骑30万征云贵。云贵平定后，傅友德遵朱元璋谕旨，在毕节设毕节卫，镇守云贵川三边军事重镇毕节，并在七星关、二龙关、海子街前所等要隘，置守御千户所，隶毕节卫，命周必贤、吴良弼等屯兵把守。傅友德征南有功，十七年（1384），又被朱元璋晋封为颍国公，食禄三千石。二十三年（1390），又以征大漠战功显赫，再次被加封为太子太师。二十七年（1394），傅友德由于与蓝玉走得近，蓝玉案之后，遭朱元璋猜忌，同第二、第三子一起在京师蒙难。长子傅镛（又叫傅雍、傅荣）和第四子傅添锡逃亡。

## 吴良弼

吴良弼（1348~1400），字亮工，号关宝，明湖广麻城人。

明初，吴良弼为湖北孝感参将。洪武十四年（1381），因元梁王盘踞云南边陲一隅，负隅顽抗。朱元璋为统一西南，便命颍川侯傅友德为大将军、监玉为左将军、沐英为右将军，率步骑30万征讨云贵。吴良弼率部加入征讨大军，随傅友德南征，为明军平定西南立下了汗马功劳，被傅友德誉为“关宝”。七月，为扫除元兵残余，吴良弼暂留镇云南镇雄，为镇雄总兵。吴良弼遵朱元璋“凡芒部、乌蒙、乌撒、东川等诸蛮，悉荡根除”之手谕，以逆我者诛之、顺我者抚之的策略，对元兵残余及地方土司势力加以剿灭和安抚。十六年（1383），吴良弼奉命随普定侯陈桓在贵州毕节、云南镇雄一带开置徐花屯、魏家屯、何官屯、张官屯、吴家屯、头屯、中屯、陈贝屯和长春堡、高山堡等五十余个屯、堡，并奏请朝廷，将各土目、土司定缴税赋。二十一年（1388），芒部（今镇雄）、永宁（叙永）等地土司叛乱，吴良弼又率兵参加平叛。平叛结束后，留守于毕节与镇雄交界处的要隘、隶属毕节卫管辖的二龙关守御千户所（又叫后所）。

永乐二年（1404）春，吴良弼金疮复发，于冬天去世。

吴良弼在征南作战中，屡立战功，官职由守御千户指挥，擢升为毕节卫副都指挥使，且允其子孙世袭其职，长期屯守二龙关。其为贵州吴姓望族的入黔始祖，夫人孙玉蓉，也是麻城人，明初随丈夫入黔，去世后葬于毕节卫通津门外的龙蟠山麓，其墓人称“八卦坟”，至今已有620余年历史。

## 奢 香

奢香（1361~1396），又名舍兹，女，彝人。元四川蔺州恒部扯勒彝、蔺州宣慰使奢氏之女。明洪武八年（1375），14岁的奢香与贵州水西默部彝德施氏46世孙、贵州宣慰使霭翠（又名陇赞阿期）成婚。十四年（1381），霭翠病逝，因其子阿期陇的年幼，奢香代行其职。

奢香摄政期间，致力维护贵州安定和国家统一。洪武十五年（1382），朱元璋派傅友德、沐英率军30万，从四川、湖南经贵州出师云南，征讨偏安一隅的元梁王把匝剌瓦尔密。时乌撒、芒部等部分土司与元梁王势力相勾结，共同抗拒明军。奢香审时度势，支持明军入滇，助明王朝完成统一西南大业，得到朱元璋称赞：“奢香归附，胜得十万雄兵！”

洪武十七年（1384），贵州都指挥使马晔违背朝廷安抚边疆的大计，在役使官兵开普定驿传时，采用“辱香激诸罗怒，俟其反而后加兵”的手段，欲“尽灭诸罗，以代流官”，指使军士剥去奢香衣服而笞打其背。奢香受辱，激怒了水西彝目48部咸集奢香军门，愿尽死力助奢香造反。奢香深明大义，为了让百姓免受战祸之苦和维护国家安定统一，自甘忍辱负重，当众断然表明：反非吾意，这是马晔的阴谋。奢香说服各部要谨守疆土，方能挫败马晔的阴谋。事后，奢香与水东宣慰使宋蒙古歹之妻刘淑贞“走诉京师”，谒见明太祖朱元璋，陈诉马晔亟欲逼反等情。朱元璋深知贵州稳定对西南边陲的影响至关重要，表示“何惜一人以安一方”，并问：“汝等诚苦马都督，吾将为汝除之，然何以报我？”奢香叩头表示：“若蒙圣恩，当令子孙世戢罗夷不敢生事。”太祖又说：“此汝常职，何云报也？”奢香回答道：“贵州东北有间道可入蜀，梗塞久矣，愿为陛下刊山开驿传，以通往来。”朱元璋厚赐奢香，命其回黔开道，将马晔召回处治。

奢香返回贵州，亲率各部开辟驿道。以偏桥（今施秉县境）为中心，一条向西，经水东过乌撒达乌蒙；一条向北，经草塘到容山（今湄潭县），全程千余里。并立龙场、六广、谷里、水西、奢香、金鸡、阁鸦、归化、毕节九驿，沟通贵州与四川、云南等省通道，促进了川滇黔社会、经济、文化的交流与发展。

奢香摄职期间，吸收和传播中原先进文化和农耕技术，奖励耕织，使水西一带农业生产大大得到发展，出现“谷稻丰登”的情景。同时兴办宣慰司学，用汉儒文化，培养水西人才。二十三年（1390）五月，又将其子阿期陇的送至京师，请入太学。朱元璋欣然应允，召谕国子监“善为训教，俾有成就，庶不负远人慕学之心”。两年后，阿期陇的学成，朝廷赐予三品朝服和锡衣、金带。奢香遣子妇奢助率把事头目贡名马60匹谢恩。

二十九年（1396），奢香病逝。朝廷遣专使前往祭奠，诰封奢香为顺德夫人，并按正三品规模营墓葬于大方城北乌龙坡。

## 陈　桓

陈桓（？~1393），明安徽亳州人。早年，随朱元璋征战，累功授都督佥事。明洪武十四年（1381）从傅友德征云南，与胡海、郭英率兵5万，由永宁趋乌撒，自赤水河进师，与乌撒诸部大战，败乌撒诸部；再破芒部，又败走元右丞实卜，筑乌撒城，降东川、乌蒙诸部，进克大理。师还，封普定侯，食禄2500石。后总制诸军，屯田云南。二十年（1387），陈桓令指挥李兴、李隆和都指挥李焕修筑毕节城，次年屯田毕节。于是度量道路里程，树栅为营，砍伐树木，开辟道路，屯垦田地。开水田2.36万亩，旱地4.44万亩，于是使毕节逐渐成为田土肥沃的地方。二十六年（1393），陈桓因蓝玉党案被杀。

## 李　隆　李　焕

李隆、李焕，生卒年月均不详，明山东人。明洪武二十年（1387），二人受命修建毕节城，筑四周城墙6里余，墙高1.5丈，厚1.5丈；筑女墙2700余垛。修城门5道：东门叫武安门（又叫大东门），西门叫西定门，南门叫镇南门，北门叫拱北门，东南门叫通津门（又叫水东门）。此外，还修楼铺32所。然后，又在城外开辟西去云南的道路威宁路，东北去四川的道路永宁路（今中华路），东南去贵阳的道路大定路（今珠市路）。

## 王绳武

王绳武，生卒年月、籍贯未详。明洪武十四年（1381）随颍川侯傅友德南征。乌撒既平，王绳武充任屯田守，指挥诸屯田。王绳武自己则屯于今大桥一带，分兵布将，创兴魏家屯、陈选屯、卯官屯、杨旺屯、耿家屯、乌木屯、海子屯7屯。相度山川，开浚河流，开辟草莱，芟夷荆榛，伐木为室，耕土为田。军屯既兴，防守适宜，诸屯将士，无事则耕牧守御，有警则应命执戈，社会秩序较为安定。

## 唐　谏

唐谏，生卒年月、籍贯未详。明毕节卫指挥。勇而有干略，见义即为，无所推谢。当时，毕节设卫已近60年，可是没有建学校。明正统四年（1439），唐谏任毕节卫掌印指挥，就奏请朝廷，愿意献出自己的住宅，以其地修建学校和建孔庙，并献材料资助修建，得到朝廷应允。于是，毕节卫开始有了学校。此后，唐谏又向地方行政长官建言，精选校官孙隐、吴济，皆为当时名师，毕节文风因以大起，甲于贵州，无殊上国，毕节卫人莫不归功于唐谏。唐谏治理军队有纪律，军队令行禁止有法度，所至号令严明，人们皆以名将看待他。正统末年，唐谏被调随从王骥征麓川，屡立战功。王骥不善指挥调度军队，使唐谏孤军深入敌阵作战，因无援，战殁于阵。朝廷于是赐祭唐谏，并封其子任一官职。

## 杨大勋

杨大勋，原籍湖广宝庆（今湖南邵阳），明毕节卫指挥。明初，随傅友德南征留镇毕节卫。据《明实录》记载，明洪武十七年（1384）二月癸未，开置毕节卫指挥使司，杨大勋为卫指挥使，敕封武略将军。杨大勋卒后，葬于毕节东关坡。

## 林　晟

林晟，字仲让，号三槐拙叟、墨庄道人，生卒年不详，明毕节卫人。幼袭父职，任毕节卫指挥。明正统十四年（1449），调任贵阳守备。治军之暇，好读书，礼贤下士，有“儒将”之称。不久，因子罪受牵连，罢职归故里毕节。在家工书法、喜诗文，以诗酒自娱。因毕节惠泉（今毕节东关坡惠泉寺井）重修，同毕节卫教授孙隐撰《惠泉记》，林晟以章草书丹，刻石立于惠泉旁。著有《墨庄道人集》，已失传，仅方志散存其诗数首。如《丰乐乡》《秋暮东关晚眺》《龙潭夜月》《灵峰仙境》《东壁朝霞》《翠屏旭日》《梁王台》《落折晚流》《福泉》等。

## 张　谏

张谏，字孟弼，生卒年月不祥，明赤水卫人。父张伯安，隐居行义，以孝、友、恭、俭为时所重，被封为御史。据《黔诗纪略》中晚清著名诗人莫友芝为张谏所作的小传称：张谏幼有远大志向，以南中自元、明以来，鲜有经世济民的栋梁之材和辞章造诣高深之士，乃不远千里，负笈远游，北走四川，求学于刘仲珩，得刘仲珩器重，学业大进。不久，大学士刘廷振奉使到四川，与刘仲珩相见，刘仲珩言张谏能辨析微言妙义，向刘廷振推荐张谏，刘廷振对张谏的才华大为惊奇。张谏后到京师，受业于刘廷振之门下，学业更大为精进。明正统四年（1439），张谏考取进士，受行人，为贵州历史上第一名进士。莫友芝评说："孟弼为有进士之始，自是人物汇起。"后来，张谏以服母丧丁忧去职，在家居丧哀毁过礼，谨守庐墓3年。守孝期满，官拜御史，出督福建银课。时福建邓茂七抢劫沙、尤二县，虽经官军击退，然余党屡屡作案。张谏率兵协捕，大著功绩。张谏以闽中历经动乱，物力凋敝，奉使回，建言请罢银课，朝廷采纳张谏的建议。不久，张谏又回家居父丧，亦守庐墓3年。服丧期满，任顺天府尹，以"戆直谪莱州知府"。后擢升为太仆寺卿，卒于任上。朝廷赐其葬祭，并命大学士商辂为其作墓铭。

张谏工诗解文，著述颇多，惜均散佚，惟《黔诗纪略》中辑存其《望古》诗一首："赋心既传盛，经术复开尹。并心巴彭城，名德乃与准。牂牁处荒维，因此山巆嶙。如何初郡县，贤俊已连轸。人文张华夏，覆载讵畦畛。乃知豪杰士，不受山川窘。遥遥今几世，嗣响何泯泯。望古一长叹，负重愁绝髌。"

## 陈　迪

陈迪，生卒年月不详，明赤水卫人。明天顺元年（1457）进士。历官监察御史，正色立朝，为时所重。久之，卒于官。

## 朱　谦

朱谦，生卒年月不详，明赤水卫人。明天顺八年（1464）进士，授御史，擢升江西佥事。以严肃著称，官吏和民众均不敢徇私枉法，时有真宪臣之称。不久，辞官归里。家居期间，深为乡里敬重和效法。后卒于家。

## 李　珉

李珉，字美中，生卒年月不详，明乌撒人。明成化八年（1472）进士，授职宁国知县。宁国有官田，租重，佃户苦不堪言。李珉根据实际田土亩数和肥瘠情况，按旧额减免十之五六，佃户负担减轻，租谷无拖欠，公事亦靠租谷得以接济。不久，李珉擢升御史，弹劾坏人无所畏避。曾对妖人王臣和中官汪直、梁芳、尚铭进行弹劾。弹劾王臣行为暴横，汪直、尚铭随意罗织罪名陷害无辜，梁芳勾结妖邪，后来此四人皆被治罪，先后或被诛或受贬。李珉名声大振，并出任四川、湖广按察使。不久，又擢升四川佥事。后退居，卒于家中。

## 缪文龙

缪文龙，字见甫，一字阳泉，生卒年月不详，明乌撒人。明正德十年（1515）举人，嘉靖元年（1522）考取进士，在户部任职，后出使四川、陕西，以持重知名。出使返回，授职石首知县，以能干著称。松滋县有争坟之讼争，历40年未辨明，彼此纠葛不已。上以缪文龙有干识，调署其县。缪文龙为之剖判，两家无怨言。随即回本任石首知县，为民筑江堤，长200余里。此江堤至清道光年间（1821~1850），历经300余年仍赖之以防汛。之后，缪文龙擢升南京河南道监察御史。时湖南、贵州苗民起事，朝廷调兵讨伐，二省总兵、督抚未俘获起事首领就急忙报捷。不久，苗民又起事。缪文龙具疏弹劾，时人以真御史称之。随即又巡视江南，水盗为之敛迹。差事毕，请假回乡省亲。时缪文龙的父亲缪良玉和母亲解氏年龄皆80有余，每食，缪文龙必亲自用筷子喂食。缪文龙欲在家侍奉父母终老，其父母皆不许，勉励缪尽力于朝廷之事。假期满，入朝，奉旨出任四川清军御史。时值四川巡抚、巡按史皆以事去职，缪文龙总摄二台之职，从容处理政事，吏不容奸，民不负屈。时清军御史与抚、按和称三台，人们称缪文龙为“三台神君”。后又上疏请罢免贵川迤西堡铺之马贡，请加站铺厂夫之粮饷，筑乌撒后所城，建沾益学。

缪文龙父母相继去世后，其回家守丧。丧期满，改任浙江道监察御史，擢升四川左参议，分守重庆夔州。此时，云南屯政大坏，军职贪横，有折色及横征之弊，而屯田又多为军吏侵隐。缪文龙禁折色横征，清理侵隐。武定土官之妇瞿氏与其子妇索林争权，索林抢土官印奔云南会城。巡抚、巡按派缪文龙前往劝谕，索林回到武定。越二年，索林被凤继祖攻击，复奔会城。巡抚、巡按计议讨伐继祖。缪文龙认为，武定靠近云南，声讨则必征兵聚粮。对方知道我征兵聚粮，必速来犯，恐兵不及集，粮不及运，而会城已受其困，不如采取安抚策略。且继祖为瞿氏所养，而索林欲杀之，彼此相攻，其曲不尽在继祖。巡抚曹忭采纳缪文龙的意见，拘留索林，令瞿氏暂领土府事，宽宥继祖，令其自新，于是武定之乱少定。次年，缪文龙升左参政。不久卒于官，终年56岁。

## 安贵荣

安贵荣（?~1513），明水西人，为水西安氏74世，世袭贵州宣慰使。明洪武后，水西安氏世代为贵州宣慰使，管理水西48部。常居贵州（今贵阳）城内之治所，非有公事，不擅还水西。明成化十五年（1479），西堡狮子孔苗起事，巡抚陈俨、总兵吴经往剿。贵州宣慰使安观与其子贵荣自筹粮饷，统领其部众2万人攻克白石崖有功，朝廷应陈俨之奏，特授予安观昭勇将军衔；又应吴经之呈请，准许安贵荣按照一定时间巡历所部，促办贡赋，暂还水西。安贵荣以印授同知代理，遂常居水西，渐骄蹇傲慢，不受节制。即使听调从征，亦非有重赏不赴，且藐视官军。明武宗正德初，安贵荣以从征香炉山有功，加贵州布政司参政，犹怏怏不快。又乞减龙场驿，时王守仁以建言被贬谪为龙场驿丞，安贵荣敬佩王守仁高雅，礼遇王守仁，还请王守仁为水西象祠写《象祠记》。王守仁就减驿事致书安贵荣，减驿才得以停止。正德三年（1508），乖西苗阿贾阿札起事，令安贵荣讨伐，连下三道檄文，安贵荣才开始出兵。败苗民兵众于红边，斩其帅阿麻且割下其左耳献上，就私自撤兵回水西。王守仁复贻书陈其利害，且言朝廷威命不可违，安贵荣复出兵。然而未取得胜利战果。不久，安贵荣以欲兼并同知宋然领地而诱之作乱，引起战乱。八年（1513），安贵荣卒，朝廷追夺其封职。

## 杨　慎

杨慎（1488~1559），字用修，号升庵，别号博南山人，四川新都人，祖籍江西庐陵，为内阁首辅杨廷和之子，正德年间状元，文学家、考据学家。官至翰林院修撰。杨慎与解缙、徐渭合称“明朝三才子”。著作多达百余种，后人辑有《升庵集》。杨慎秉性直爽，曾因议大礼事件遭贬云南。杨慎遭贬云南和从云南戍所回四川老家时，常来往、停留于毕节卫，在毕节交谊友好，人们尊称“杨状元”，还在毕节留下了许多脍炙人口的诗文。如诗有《过层台》《赤虺河行》《七星关渔者》《翠屏旭日》《毕节简蔡席二广文》《七星关桥》《绳桥》《箐口关》《山行口占》等，文有《七星桥记》等。明嘉靖三十八年（1559），杨慎病逝于云南戍所，谥文宪。

## 吴国伦

吴国伦（1524~1593），字明卿，号川楼子、惟楚山人、南岳山人等，明江西兴国人。明隆庆时，任贵州提学副使，常巡查毕节卫、赤水诸卫。每到毕节、赤水二卫，皆到各卫学视察了解情况，并亲自为学子授课，勉励学子上进，对毕节、赤水二卫的教育发展奠定了坚实的基础，以致后来明、清两朝，毕节、赤水举人、进士人数骤增，且名流辈出。吴国伦是明嘉靖、万历午间著名的文学家，与李攀龙、王世贞、谢榛、宗臣、梁有誉、徐中行七人并称“后七子”。“后七子”前期，以李攀龙、王世贞为代表，王死后，吴国伦成为文坛盟主。吴国伦一生笔耕不辍，传世的文学著作、史学著作丰富，主要有《藏甲岩稿》《甔甀洞稿》《陈张事略》《吴川楼集》《续吴川楼集》《春秋世谱》《训初小鉴》七部，近年又发现《川楼杂记》一部。其著作收入《四库全书》《续四库全书》等著名典籍之中。吴国伦在毕节、赤水二卫巡查时，曾写下一些美好的诗篇流传至今，并收录于地方志中，如《抵毕节》《在毕节简沈从善兵宪》《过层台驿》《阿罗密歌（今毕节亮岩）》《过白岩驿》《象鼻岭》《夏不过白岩》《答林宪制仲清许少参应衡》《寄怀仲清应衡》《赤虺河》《赤水公署作》《赤水苦热》等。

## 安国亨

安国亨，生卒年月不详，明水西人，为水西安氏77世，世袭贵州宣慰使。性淫佚而残暴。其与安智互相攻击，使水西境内频遭战乱之苦。曾两次获得依夷法，以输钱粮赎罪，因感激朝廷，尽悔原来所作所为，常思报效朝廷。明万历初，安国亨整理恢复战乱废圮的水西、谷里、威清、奢香、六广、金鸡六驿，建龙源桥、乌庆桥、大渡桥、乌溪桥、西溪桥、阁鸦桥，又劝民辟地植草，务农桑，察瞻穷困，夷民流亡而复返者1318人，水西大治，夷民安居乐业。

## 郭子章

郭子章，字相奎，生卒年不详，泰和人，明隆庆五年（1571）进士。播州宣慰使杨应龙反，巡抚江东之不善用兵被劾罢职，万历二十七年（1599）郭子章以右副都御使巡抚贵州。郭子章到任后与巡按宋兴祖商议，奏请朝廷拨饷银30万、漕粮30万石，令都指挥使王纳等重兵把守贵阳，募兵守偏桥等12处，令官员听总督调遣。次年与总督李化龙、湖广巡抚支可大誓师进兵播州，并率水西安氏兵深入，平定播州，以其地改设遵义、平越二府。郭子章在贵州10年，深知省情，纂《黔记》60卷。郭子章《黔记》是明私家修纂的一部贵州省志，“千百年之已事，莫不纲举目张”，卷帙宏富，体例严谨，事详赡，门类多有创新，不但可囊括弘治、嘉靖、万历三志，且有若干补充、校正，“黔故实，厘然指掌，虽黔人不稔也”。万历三十七年（1609）奏请离任养老，贵州人为之立生祠7所。

## 陈　恩

陈恩（1552~1616），字槐亭，明江西人，历任贵州宣慰使安国亨、安疆臣、安尧臣和安位四世属下慕魁、更苴总理、两班慕魁扯事等要职，总领司文事的诺唯、祃初，镇守各则溪的慕魁和“九扯”各司署。在贵州宣慰司土官政权中，连续供职近40年。明万历十三年（1585），播州杨应龙起兵反明，如何应对此次事变，水西政权的首脑中有不同意见。陈恩据理陈辞，剖析利弊，申明大义，对水西政权听从朝廷调遣，出兵参与平叛起到重要作用。二十年（1592），陈恩在安国亨政权中担任首辅要职，辅佐安国亨恢复因战事废圮的水西、谷里、金鸡等6驿，奖励农桑，水西境内大治。次年，安国亨卒，其子安疆臣袭职，陈恩助安疆臣治理水西12则溪48部，很有政绩。三十六年（1608），安疆臣卒，其弟安尧臣袭贵州宣慰使，陈恩受三聘方出，任慕魁辅事。四十一年（1613），安尧臣入滇，不久去世，其子安位袭职。安位年幼，其母奢社辉摄政，陈恩仍受安位母子倚重。

## 奢崇明

奢崇明（?~1629），明末永宁（今叙永）人，世袭永宁宣抚司职，辖今叙永、古蔺和毕节、大方、金沙等部分地方。天启元年（1621），后金崛起于辽东，明军屡败，为解燃眉之急，明廷征调奢崇明率所部兵马援救辽东，奢崇明派遣其女婿樊龙、部将张彤二人率步骑二万来到重庆。在重庆由于受到巡抚徐可求的歧视和克扣军饷，9月17日，樊龙、张彤趁校场演武之机，杀死巡抚徐可求等军政官员20余人，占据重庆。奢崇明立即号令建“大梁”国，自称“大梁王”，设丞相、五府等官。随即出兵攻合江，破泸州，陷遵义。10月18日，奢崇明亲率军队包围成都，当时成都守兵只有2000人，四川布政使朱燮元急调石柱宣慰司（今石柱县）、龙安府（今平武县）等地官军入援。石柱宣慰使秦良玉遣其弟秦民屏、侄子秦翼明等率白杆兵4000人进驻南坪关，扼守重庆“大梁”军归路，又分兵守忠州（今忠县），秦良玉自统精兵6000沿江西上。同时，贵州巡抚李标派总兵张彦芳、都司许成名、黄运清等援救四川。10月至12月，贵州巡抚李标先后收复遵义、绥阳、湄潭、桐梓、乌江等地。二年（1622）年2月，朱燮元以“大梁”军将领罗乾象为内应，又遣部将设伏诈降，奢崇明上当，亲至城下，被明军包围，罗乾象投降，奢崇明突围逃走，退往永宁。5月23日，明军进逼重庆，奢崇明奋力固守，但因明军势大，秦良玉率秦民屏夺取二郎关，总兵杜文焕破佛图关，川东兵备副使徐如珂亦击退奢崇明子奢寅所遣周鼎援军数万。5月28日，明军收复重庆，樊龙、张彤战死。此后，奢崇明调集军队与明军大战于建武（今大坝西、兴文南）、长宁（今珙县东）、珙县、宜宾、遵义一带，双方互有胜负。朱燮元设疑兵于纳溪，佯为进攻，而主力由长宁突然进兵永宁，明军与秦良玉的白杆兵协同作战，连战皆捷，克永宁后，继克蔺州（今古蔺）。奢崇明父子率余部败退水西龙场（今毕节龙场营），联合安邦彦水西兵，分兵战永宁、遵义，均被明军击退。奢崇明父子退居水西，依附于水西土司安邦彦。六年（1626），奢寅被部下杀死。崇祯二年（1629）八月，奢崇明、安邦彦二人合兵全力进攻永宁明军，但遭到朱燮元的包围，全军覆没，奢崇明、安邦彦战死。此次事件是明末西南历史上著名的“奢安之变”。

## 安邦彦

安邦彦（？~1629），明水西那威（今织金官寨）人，明末贵州宣慰同知。贵州宣慰使安尧臣卒后，其子安位袭宣慰使，因安位年幼，由安位之母奢社辉摄政，水西军权则掌握在宣慰同知安邦彦手里。明天启元年（1621），四川永宁宣抚使奢崇明起兵反明，自号“大梁王”。朝廷调贵州水西兵赴川征剿。二年（1622）二月，安邦彦以援川为名，率水西兵响应四川永宁宣抚使奢崇明一起反明，自称“罗甸大王”。这就是明末西南川、贵等省历史上著名的“奢安之变”，安邦彦是此次事件的主要头领之一。“奢安之变”是一场声势浩大的川、贵等省反明的重大斗争。安邦彦领导下的水西军，声势波及贵州大部和四川、云南、湖南等省的部分地盘，并先后三次围攻贵阳。崇祯二年（1629）四月，安邦彦、奢崇明在四川永宁，被明廷兵部尚书并总督云、贵、川、湖、广西军务兼贵州巡抚的朱爕元统兵打败。九月，安邦彦在四川战死。三年（1630）春，贵州宣慰使安位遣使乞降，“奢安之变”战火平息。

## 王登弟

王登弟（1562~1630），字步清，号资始，明应天府人。明天启元年（1621），任云南陆凉卫指挥。后奉兵部尚书、总督云贵川滇桂省军务的朱爕元令，率部征讨奢崇明、安邦彦发动的“奢安之变”。崇祯三年（1630），安奢事平，王登弟改署归化驿，并兼理奢香、金鸡、阁雅、毕节诸驿军哨、驿传等事务。同时，组织军士屯垦大定城西面的河谷大屯、小屯、对江屯等，开垦良田数千亩。

## 周　勋

周勋（1568~？），字良勋，明毕节卫人，为明初七星关都指挥使周必贤八世孙。明万历二十四年（1596）年丙申科武进士，因军功授千户指挥，与都司杨明廷驻守毕节卫，诰封宣威将军，诰授中顺大夫。天启元年（1621）二月，贵州宣慰同知安邦彦挟宣慰安位举事，自称“罗殿王”。水西48部土目鲁连、安邦俊、安若山、陈其遇等蜂起响应，乌撒（今贵州威宁）土官安效良亦与之相通。安邦彦攻毕节卫城，都司杨明廷、千户指挥周勋率兵固守。周勋开城迎战，击退安邦彦，并追斩举事者数千人。杨明廷在城楼观战，见周勋指挥若定，交战骁勇，部伍整齐，进退有法，便称赞说：“不愧柳营家风、赤壁风范，孰敢曰吾蛮地无强将?”周勋追击安邦彦数十里方回城里。不久，乌撒土官安效良助安邦彦复攻毕节卫城，杨明廷出兵交战，安邦彦、安效良共战杨明廷，杨明廷力不能支，招架不住，被刀劈于马下，周勋救援不及，唯抢回杨明廷尸首。周勋携子率兵与安邦彦、安效良交战，因寡不敌众，便率部杀开条血路，突出重围，保护家小沿入川官道，且战且走，方摆脱追剿。突围部属皆阵亡，唯周勋父子五人护卫家小，改换民装，避居于四川璧山登云梯佛儿岩。

## 皮　熊

皮熊（1580~1664）又名罗联芳，字玉山，明铜仁人，南明朝抗清名将。皮熊少年时考取贡生，后任镇筸（今湖南凤凰县）副将。明崇祯二年（1629），平定安邦彦叛乱有功，升贵州总兵。清顺治元年（1644），明亡，南明福王在南京称帝后，经贵州巡抚范广推荐，皮熊被委任为贵州总兵。三年（1646）春，沅州（今芷江）流氓查显仁冒充南明福王被俘，押解途中逃跑到平溪（今玉屏县），皮熊和四川巡抚米寿图识破假福王，因功封定番伯。五年（1648）四月，清军从沅州、辰溪、镇筸多路进攻铜仁，皮熊受命由贵阳、平越进守平溪，配合湘西各军与清军作战。不久，陈友龙易帜抗清。在皮熊与湖南督师何腾蛟所部褚胤锡、马进等人的配合下，一月之内收复黎平、靖州等20余城。六年（1649）十二月，皮熊与杨光谦从清浪（今镇远清溪）而下，与农民起义军张献忠部将孙可望相遇，孙可望以联明抗清之名兼并皮熊。七年（1650），皮熊被孙可望抓捕，军权被夺。十八年（1661）五月，皮熊据守水西大方城，清军攻陷后退避杨保山中。康熙元年（1662），南京人常金印自称明开平王常遇春后裔潜来水西，与皮熊密谋策动安坤暴动反清。三年（1664）正月，皮熊、安坤聚众数万人起事。三月，吴三桂率兵镇压，安坤被俘处死，皮熊时年已过80岁，押至云南。不降，绝食13日而终。

## 安疆臣

安疆臣（1581~1608），明水西人，水西安氏79世，世袭贵州宣慰使。明万历二十七年（1599），播州宣慰使杨应龙反，安疆臣奉贵州巡抚郭子章之命率水西兵，协同官军讨伐杨应龙。时值初夏，安疆臣体质清癯，指挥驰骋，为炎天酷暑所困，岚烟瘴雨所苦，患目疾甚。又于军中得其女儿死亡讣报，部众请求暂时回师。安疆臣拔剑明志，叱止众议，且疾且哀，从戎如故，驱兵作战。播州平，安疆臣得增俸禄，加布政司左参议，授怀远将军阶，封定远侯，赐飞鱼服。三十六年（1608），疆臣卒。

## 王三善

王三善（？~1624），字彭伯，明河南永城人。明万历二十九年（1601）进士。由荆州推官升为吏部主事，后任考功文选即中、太常寺少卿。天启元年（1621），擢升右佥都御史，代李榑巡抚贵州。此时，正值四川永宁宣慰使奢崇明起兵反明，攻陷重庆。二年（1622），贵州宣慰同知安邦彦起兵响应奢崇明，围攻贵阳。十二月，巡抚王三善亲自率兵二万人解贵阳之围。三年（1623），王三善率兵6万深入水西，进剿安邦彦。前后5战，斩邦彦兵1.8万人，进占大方。王三善屯兵大方日久，军粮殆尽，退师。四年（1624）正月，王三善尽焚大方城庐舍回师贵阳，安邦彦率兵跟踪追袭。王三善部将中军参将王建中、副总兵秦民屏战死。王三善以杨明楷为中军，且行且战。至黔西内庄，后军为安邦彦兵截断。王三善还救，士卒多奔散。陈其愚为安邦彦心腹，先诈降，获得王三善信任，与议兵事，故军中虚实安邦彦无不知。至内庄遇安邦彦伏兵，陈其愚故意纵马冲击王三善坐骑，使王三善坠马。王三善知有变，急解印绶付家人，拔刀自刎，未死，被安邦彦兵俘获。王三善不屈，被处死。其遗体葬于内庄。史称：王三善倜傥负气，多权略；然性卞急，不能持重，竟败。崇祯改元，王三善受赠兵部尚书，世荫锦衣卫佥事，立祠祭祀。崇祯九年（1636）冬，又追赠太子少保。清咸丰元年（1851），大定知府黄宅中、黔西知州蒋斯崇，集资为王三善立神道碑于黔西城西门大桥左侧。

## 周华施

周华施（1590~1673），又名周思华，字朝元，改名刘守义。明毕节卫人，千户指挥，诰授荣禄大夫。为明初都指挥使周必贤九世孙，千户指挥周勋第三子。明天启元年（1621）二月，因水西宣慰同知安邦彦举事攻毕节卫城，与父周勋率兵迎战，因寡不敌众，突围后避居四川璧山登云梯佛儿岩。崇祯元年（1628）六月，周华施随兵部尚书兼云贵总督朱燮元进驻陆广，直逼大方。朱燮元授计许成名，诱敌至永宁，遣总兵官林兆鼎从三岔河入，副将王国祯从陆广入，刘养鲲从遵义入，四面围剿。三年（1630）春，朱燮元遣周华施随刘养鲲潜入大方监视举事者动静。周华施换装成货郎，肩扛扁担，挑着货物，沿途叫卖，直达木窝归集陇卧，受令黄夜实施暗杀，放火烧举事者房屋，举事者大恐，遂遣使乞降。朱燮元从长远之计着想，命周华施长期潜伏木窝归集陇卧，以经商为业，过着普通百姓生活。八年（1635），总督朱燮元分水西地为十二州（实为原十二则溪之地），筑三城，令副将方国安守水西今大方一带。周华施深得方国安赏识，被方国安任为参军。周华施向方国安献计，水西之地林密壑深，应筑城防守，方保万全。方国安采纳其计，命工匠士卒民夫，伐木运土搬石，筑一城池于水西雾龙山半坡，因主将是方国安，于是将城池命名为大方城。筑城毕，方国安上报总督朱燮元，朱燮元大喜，便上奏请皇上诰授周华施为荣禄大夫。

清康熙三年（1664），吴三桂剿平水西。四年（1665）十一月清廷实施“改土归流”，将大方改为大定，以木胯、火著、化各、架勒四则溪设大定府，周华施所居之地归集陇卧（彝名），更名为大定城泰和街，人称凹腰街。十二年（1673）二月，周华施殁于泰和街，葬大定城莲花塘。

## 继　庆

继庆（1609~？ ）字利根，明赤水卫人。俗姓张，名常庆。继庆的祖父张大壮任赤水卫指挥，父张陛升。明天启元年（1621），四川永宁土司奢崇明起兵反明，水西土官安邦彦响应，西南数省震动。次年，破赤水卫城，张大壮及侄升、景升先后被杀。张陛升领妻儿外逃，妻坠岩死，继庆（常庆）、常春兄弟俩被掳去人质。后张陛升绝食而亡。继庆（常庆）被卖做奴隶，年仅13岁。后逃出，入石龙为沙弥，更法名继庆。后拜高僧汉月为师，成得法弟子，取字为利根。又赴江浙，师密云、雪峤二禅师，皆获心印。继庆对佛门最大功德，是完成大藏经“径山藏”的刊印。

## 王砺辅

王砺辅，字亮揆，又字斗瞻，生卒年月不详，明毕节人。明万历三十四年（1606）举于乡，授任四川南溪知县。以廉洁著称，罚金赋税无纤毫入私囊。南溪百姓赞颂他："黔右一轮月，照见南溪彻底清。"又有"天下第二清官"的美名。后以主事内召，但未成行而遇奢崇明反，四川州县多破。王砺辅募兵，修守战工事，调马家岩哨兵入城。奢崇明兵进逼南溪城，王砺辅昼夜捍卫。奢崇明兵少微懈怠，王砺辅出兵南门与奢崇明战于肖家坎。越10日，又战于鸡鸣铺，奢崇明士气被挫。永宁府举人汪泽为奢崇明所用，王砺辅不知。汪泽假装北上过南溪，派人对王砺辅说，欲借城内房屋暂居数日，待奢崇明退兵后即就道北上。王砺辅相信汪泽信，于是允许其入城。一日，王砺辅出击奢崇明，汪泽窥见城中空虚，举火为号，引奢崇明兵入城，南溪城遂陷落。王砺辅返署，整饬衣冠遥望京阙朝拜。而后，端坐公堂，正要就缢，奢崇明部羿子兵挺矛将王砺辅刺死，夺印而去。王砺辅遇害，尸犹端坐如故。奢崇明攻城之前，曾明令其部属："王知县孝子，又清官也；城破勿惊，惊者杀无赦。"王砺辅遇害，奢崇明不知，派人前去看望，见王砺辅端坐堂上，视者以为砺辅犹生。奢崇明亲往趋见，才知砺辅已死。奢崇明于是假装以金刀悬于庭上说："谁杀王知县者来此受赏。"羿子兵抱印出来受赏，被奢崇明杀了。奢崇明以大夫礼葬王砺辅。次年，奢崇明兵退，朝廷追赠王砺辅为光禄寺卿，赐祭改葬。南溪民众为王砺辅立祠祭祀。

## 安　坤

安坤（？~1664），明末清初水西人，彝人，安氏水西84世。明崇祯十年（1637），世袭水西宣慰使。清顺治十五年（1658），归顺清廷，清廷委其为水西宣慰使、加都督佥事。此时，明将白文选镇守七星关，关临江岸，峭壁数十仞，吴三桂至天生桥，畏惧其险峻，不敢攻。安坤令人作向导，引吴三桂军取道俄波，出乌撒至沾益，于白文选背后断其粮道，白文选败走。康熙二年（1663），安坤擒永明王部将刘鼎于水西境，送至贵阳诛杀。三年（1664），自称为明开平王常遇春之后的常金印在水西被擒，吴三桂欲以此事祸害安坤。安坤惧怕，于是就在这一年的3月，与其外甥乌撒土司安重圣起兵反吴三桂，并招明元江总兵匡国公皮熊将兵。吴三桂与总督合疏请剿，亲率云南10镇清兵，从毕节七星关进入平远果勇城，朝廷令四川总兵刘之复驻兵大方，令贵州提督李本琛率4镇清兵至六归河会剿。历时年余，剿平水西、乌撒，安坤、安重圣被擒杀。

## 罗　英

罗英，字奏五，生卒年月不详，明末清初毕节人，岁贡生，任清平训导，晚年居家教授。

因其博学多闻，好撰述，虽经乱离而著述不衰。毕节、赤水二卫，自明初至清康熙300年间，兴衰治乱之迹，无不综揽而推求其缘故，行文亦颇为剀切。罗英察考自洪武设卫以来，已罹兵火八次，建言改卫置县，以文官之力地方。其言深中时弊，不数年，贵州巡抚采纳罗英的建言，向朝廷上奏折，获允准，于是撤销赤水、毕节二卫，设置毕节县。人们皆称赞罗英有远见卓识。罗英所著的《毕节志稿》，还收录文章数十篇。罗英教授生徒，以器识为先，文艺次之。受其教授培养者甚众，远近学者无不知有秦五先生。

## 邱园卜

邱园卜，字枚先，生卒年月不详，清江南睢宁人。清顺治八年（1651）进士。康熙二十二年（1683），任平远州（今织金县）知州。时平远刚由府降为州，邱园卜为首任知州。邱园卜到任后，除旧布新，勤于政务，减免讼狱，凡百姓诉讼尽心审处，最小则饶过，累犯则重罚，做到处罚严明。且州官有罪，同样受处，这样使平远百姓能够安居乐业。二十六年（1687），邱园卜调任毕节知县，其到任后，及时处理县属疆界之争，认真清理户口、田赋、徭役，按照百姓乐于接受的规矩缴纳税赋。邱园卜为官清廉，爱民如子，深得百姓爱戴。不久，邱园卜离开毕节回平远州担任原职，毕节百姓感念其情，便勒石刻碑纪念邱园卜。

## 宁云鹏

宁云鹏，字霁飞，生卒年月不详，清辽阳人，廪生。清康熙五年（1666），任大定知府。此时，大定初置府，城廓、廨舍、学庙、仓库、监狱俱未兴建，四乡未建里、甲、铺、汛。且用兵之后，荒芜满目。宁云鹏到任，即劝勉百姓，安定人心，而后营造城郭，编立里、甲，设巡捕、乡把，丈田亩，定税赋，布兵防，夷、汉安定，四乡安宁。宁云鹏捐俸银建镇署于城内东侧，建府署于城内西侧，建学庙于城内南侧，建城隍祠于城中央。在府署前建永顺仓、永盛库和监狱，南郊立社稷坛，城北立厉坛、设演武场，城西郊荒原规划为牧场。百务并举，而民众不感到劳役沉重。逾年，民力少纾，在城旧址增筑城垣，周长1630丈。设4门：东为朝阳门、南为来薰门、西为宝成门、北为拱宸门。开辟官道，置在城、阁鸦、老塘、归化、栗树、路穿、乌西（溪）、比度、六归9铺，东达黔西，南通平远，西至毕节，交通畅达。于是大定之治与中原相同。数年后，云鹏去职。

## 邱　业

邱业，字子富，生卒年月不详，清湖广钟祥人。清康熙五年（1666）任平远知府。此时，平远初建府，首任知府为刘勇，百业待兴，以茅草编篱为城，惟移建关帝庙于城南而已。邱业继任知府后，丈量田地，编立里、甲，定粮额，建城隍庙于城中。规制初定，便创造木城，设东迎旭、南毓秀、西来爽、北永安、东北小东5门。七年（1668），邱业与总兵刘文进筑土城，高8尺，环726丈，城外凿濠，深1丈，宽1.2丈，于是雉堞完整。不久，邱业调宁波任知府。

## 王命来

王命来，生卒年月不详，清四川江津人，举人。清康熙五年（1666）冬月，任黔西知府。此时，黔西地方处于战后待治，政务待理，民心待安，各业待复兴。王命来勇于任事，勤于理政，精心擘画，周详运筹，团结同僚，共济时艰，在任四年，有诸多善政：一是选狮山南麓坡地，助资新修公署；二是区划里、甲、寨，将全府辖地划为8里、48甲、108寨，并分别委里、甲长管理；三是登记户口，丈量土地，且给困难农户予以耕种、种子扶持；四是重修城池，命总兵李如碧组织军民，在原城基上重筑城垣；五是发展教育和其他社会事业，王命来助资创建府学和王阳明祠，同李如碧创建开元寺于城东，确定和宣扬地方景观，分别确定印山浮玉、东山夕照、龙潭夜月、石牛夜饮、西桥断雪、一洞轰雷、渭滨渔窦和源水三涨等景观；六是组织军民开通道路。

## 张英才

张英才，生卒年月不详，清永平人。清康熙三年（1664），任威宁知府。张英才很有治理才干，威宁府开创初，其修城建学，修建府署，修缮仓库，诱导教化八里夷苗。凡所施为，井井有条。久之，夷、苗、汉等人民均怀其惠。后改任别处为官。

## 塔新策

塔新策，生卒年月不详，清安塞人。清康熙三年（1664），设威宁镇，辖毕节、乌撒、赤水、永宁4卫，控制川南、毕节、乌蒙、东川，以塔新策为总兵。塔新策修军政，训士卒，练镇兵劲旅。又以护卫民众，教化夷民，振俗移风，大著治理名声。

## 黄元治

黄元治，字仁甫，生卒年月不详，清江南黟县人。清康熙二十二年（1683），任平远通判。十月，知府孙奏因提升离去，黄元治署知府事。此时，平远初复，邑井萧条，土城崩毁者十之八九，廨舍祠庙多毁于兵。黄元治到任后，先后补城垣，修廨舍，缮祠庙。平远文庙因战乱被毁，现已荡然无存，黄元治捐资倡建，率士民重建学庙，还捐官庄于学，收取其租为岁修之费。另外，还均平伕差，夷、汉民众皆很欢悦。二十三年（1684）正月，黄元治因平远降府为州去任。黄元治在任仅百日时间，离去之日，送者盈道。道光二十七年（1847），平远州人复呈请将黄元治列为名宦祭祀，虽未获准，而其遗爱在人心，历经百六七十年犹不衰，可谓有贤德之人。

## 方瑞合

方瑞合（？~1694），字锡公，清淳安人，进士。清康熙二十八年（1689），授任毕节知县。方瑞合为政和惠，务简徭役，与民休息。施糜粥以养孤老，筹集粟以赈贫穷。方瑞合少习阳明之学，久之而更加精深。毕节学宫，经水西安氏之变，倾毁无遗。其后虽有修葺，皆因陋就简，不足以显示祭祀的庄重、崇高而兴教育。方瑞合相地而迁学宫于长庆山下，捐俸银百两，以为倡率；请拨储粟百石，以为匠役薪资。逾年而正殿成。继又捐俸银百两，请拨备赈之粟21石以继续修建。毕节士民争相捐钱捐粮以助建，于是学宫之两庑、启圣宫、明伦堂、戟门、棂星门先后告成，毕节教育遂兴。又聘县人罗英修辑县志，县中文献赖之保存。自方瑞合修教以后，毕节文风遂冠于大定（今大方）。三十三年（1694），方瑞合卒于任上。

## 安胜祖

安胜祖（？~1698），清水西人，彝人，水西安氏85世，世袭水西宣慰使。康熙十二年（1673），吴三桂叛清，黔西总兵王永清归附，并派兵攻下大定、平远、威宁、毕节。十六年（1677），安胜祖从威宁起兵助清廷讨伐吴三桂。十九年（1680），贝子彰泰、征南将军穆占、总督蔡毓荣率大兵进入贵阳。蔡毓荣听说安胜祖攻打吴三桂甚力，便遣使招安胜祖，安胜祖归附，被授以乌撒土知府衔。安胜祖遣人送款献于彰泰等，还献米4000石以助军粮。二十年（1681）三月，安胜祖与穆占、蔡毓荣合兵收复大定、毕节、威宁。二十二年（1683），清廷重立水西宣慰司，以安胜祖为宣慰使，允许世袭，但不许干预军民事。三十七年（1698），安胜祖卒，因安胜祖无子，水西宣慰使停止世袭。自此，结束了自蜀汉建兴三年（225）起，安氏世掌水西1474年的历史。

## 唐希顺

唐希顺，字玉泉，一字又翁，生卒年月不详，清凉州人。清康熙三十二年（1693），以左都督任威宁镇总兵。唐希顺为人外竣肃而内恺慈。到威宁赴任后，其整饬营伍，诛锄恶夷，敬礼耆贤，有古代名将之风。三十四年（1695）、三十五年（1696），威宁连续大饥荒，唐希顺奏请发仓粟粮食赈济饥民。由于请发赈灾粮食不足，唐希顺便捐出自己的俸银继续赈济，救活灾民数万。还修建可渡、七星两桥及其与之相连的道路。有行贿其金而托其办事者，唐希顺却之不理，行贿人惭愧而退，郡内文士邹旦曾作《却金赋》赞颂唐希顺。不久，唐希顺升任四川提督离去。威宁民众叙录唐希顺的善政，作《唐公镇抚黔服记》及德政碑给予纪念。

## 宋　起

宋起，生卒年月不详，清商丘人，岁贡生，官至吏部员外郎。清康熙三十二年（1693），任威宁知府。到任后，施教敷政，从城镇而渐及于四乡。其任用巡捕、里长兼用汉、土之人，既给予其权力又对其严加约束。常召见郡中文、武诸生百余人，检查诸生课业，且告诫诸生化导夷俗，夷民向化者日众，境内大治。元代李京修撰的《乌撒乌蒙志》日久散佚，明代乌撒卫与土府杂厕而居亦无专志，大清至今50年事迹也日渐消亡，于是宋起修撰《威宁志略》数卷，还赞许黄元治的《平远风土记》，效仿黄元治的《平远风土记》作《威宁风土记》，自此威宁风物事迹详瞻可观。三十七年（1698），宋起离任。

## 张朝宣

张朝宣，生卒年月不详，清平远州人。清康熙三十八年（1699）武举，历次授官，屡立奇功，官至右江镇总兵，卒于任。赐祭葬，谕制祭文为："鞠躬尽瘁，臣子之靖共；赐恤报勤，国家之盛典。尔张朝宣，性行纯良，才能称职，方冀遐龄，忽闻长逝，朕用悼焉。时颁祭葬，以慰幽魂。呜呼！宠锡重泉，庶沐匪功之报；名垂信史，聿昭不朽之荣。尔如有知，尚克歆飨。"

## 佟　铭

佟铭，字西仲，生卒年月不详，清正蓝旗汉军人。清康熙四十七年（1708），任威宁知府，很有治理才干。其治郡，不轻视椎髻被毡、刀耕火种之百姓，欣欣然与之讲礼义。迁文庙于城东，让儒生学习礼乐，使民风日益开化。减税额，除饷耗，修城垣，平狱讼，深得夷、汉民众爱戴。

## 鄂尔泰

鄂尔泰（1677~1745）　字毅庵，清满洲镶蓝旗人，姓西林觉罗氏。清康熙四十二年（1703）中举，袭佐领，授三等侍卫。五十五年（1716）充云南乡试副考官，特擢江布政使，八月授广西巡抚。雍正三年（1725）十月署云贵总督。五年（1727）任贵广西总督。四年奏请《西南夷改流》，认为"云贵大患，无如苗蛮。欲安民，必先制夷。欲制夷，必改土归流"。改土归流的方针是"先剿后抚""改流必先练兵，练兵必先选将"。鉴于贵州4大土司在明代及清初已经改流，仅存70余长官司，鄂尔泰认为贵州土司单薄，"苗患甚于土司""一切凶顽，半出寨目"，故以"开辟苗疆"为主要任务，"化外之地"纳入版图。开辟苗疆，始于长寨

（今属长长顺县）而终于古州（今榕江），前7年“首尾用兵”，以武力强迫苗民归附纳赋。重点在黔东南，改流后设置台拱厅（今台江）、清江厅（今剑河）、古州厅、下江厅（今从江）、八寨厅（今丹寨）、丹江厅（今雷）、都江厅（今三都），并设卫屯田，增设土弁。又在贵阳府设长寨厅，在安顺府设归厅（今紫云）、郎岱厅（今六枝）、在大定府设水城厅，在遵义府设仁怀厅，在铜仁府设松桃厅。调整军事部署，在黔西北设威宁镇，在黔西南设安义，在黔东设镇远镇，在黔东南设古州镇，镇设总兵，统辖各协及营，将苗民一律编入籍，推行保甲法以靖地方。于苗疆设立官学、社学、义学，开设“苗科”以取苗童。又上《请分别流土官考成疏》，明确流官、土官职责，对土司分权削地，同一长官司分立正、副两司，皆隶于府、州、县。开清水江北通湖广，开都柳江南通两粤。为便于治理“边夷”“归并事权”，调整西南几省疆界。将原属四川的东川、乌蒙、镇雄等土府划归云南，而将威宁改属贵州。将四川的遵义府拨属贵州，而将永宁（今四川叙永）划归四川。原属湖广的平溪（今玉屏）、清浪（今镇远青溪）、镇远、偏桥（今施秉）、五开（今黎）、铜鼓（今锦屏）六卫及天柱千户所改设为县，划归贵州。以红水河为界划分黔，以南属广西，以北属贵州，并设南笼府（后改兴义府）及永丰州（今贞丰、册亨、望谟、罗甸）。雍正十年（1732），召鄂尔泰入京，授保和殿大学士，兵部尚书，办理军机大事，并督巡陕甘，经略军务。十三年（1735）因台拱苗叛，自请解大学士衔，削伯，命为军机大臣。乾隆十年（1745）卒于京，谥文端。

## 潘淳

潘淳（？~1749），字元亮，一字南坨，清平远人，清康熙五十年（1711）举人。潘淳博古通今，尤精内典，工诗，能文，善书法。五十四年（1715）取进士，改翰林院庶吉士，任检讨。此时，学士陈一吾，以古文自豪，而潘淳以能诗与之匹敌，同时馆阁之人，有潘诗、陈笔之称。潘淳诗尤为当时名流所推崇，与之交游唱者无日不有。潘淳有超逸豪放的气概，不以词人自命，与人谈论时务，常有不可一世之意，终于因此为人所中伤。雍正元年（1723），因事被罢官。其后，潘淳遍游黔、滇、川、陕等地。乾隆十三年（1748），潘淳去职已有20余年，其返回平远筑室家居。次年春，卒。潘淳著有《橡林草》《春明草》两卷诗草传世。

## 董朱英

董朱英，字陶然，生卒年月不详，清顺天人。清乾隆十九年至二十二年（1754~1757）任毕节知县。董朱英勤政务实，在任上，带头捐资新建、重建、扩建、增补毕节县境内建筑28项，使毕节社会事业建设成绩卓然。重修七星桥时，在七星关恢复武侯祠，新修关帝庙、观音阁、三官堂、杨泗祠。修筑县城通往何官屯、观音桥、鸭池、白家哨的乡村大道。在城区、城郊恢复文庙、学宫，扩建松山书院，修建奎文阁、奎星阁、玉皇阁、君子祠、城隍庙、翔龙寺、关圣庙、西阁寺、南睢阳庙、真武庙、东壁轩及文昌阁坊、文光普照坊和灵峰寺等。曾捐银购石缸30余口，置于城内各街道，贮水防火；捐银200两，作松山书院年师修补费；捐银200两给善济院周济孤贫；捐资购田、筑室，收其年租以作南睢阳庙及真武庙祀事。还组织编修《毕节县志》。二十二年（1757），因政绩突出，擢升为礼部员外郎。

## 陈德荣

陈德荣，字密山，生卒年月不详，清直隶安州人。清雍正三年（1725），任黔西知州。到任伊始，即延请耆老于州署，遍访民间疾苦，以次革除整饬，胥吏不敢为奸。薄征耗羡，民力渐纾。又召诸生于明伦堂，讲晰群经大义，捐银倡率重修学宫。后升威宁知府，以严整著称。八年（1730），威宁降府为州，调任大定知府，亦多善政。后来被推荐升贵州按察使，察狱平恕，不轻以刑，剖析之后，受罚者皆自谓无冤。郡县之狱多所平反，而奸宄之饰情乱政者，皆各自躲避而去。百姓有歌谣称颂："不怕不明，上有陈君；不怕不公，上有陈翁。"乾隆四年（1739），升任布政使，严禁军民虐待苗民，作教条以开示苗民，又立义学24所于苗乡，使苗乡受益。省城贵山书院经费不足，陈德荣倡率所属官吏各捐俸廉以补助。当时，贵州民众不知渠堰之利，陈德荣请拨国库银两，委官开筑。于是，贵阳之定爬，贵筑之郝官堡，开州之羊场坝，威宁之稻田坝，余庆之正官堰，施秉之瓦窖河，皆先后修筑渠堰，并垦田3.6万亩，官民均得利益。还筹闲款以扩充赈济孤贫之数额，岁时节序，给与酒肉。冬季制棉衣及被褥，给与狱囚。增雇育婴堂乳母，以收容遗婴；设栖流所，以惠行旅；病者给医药，死者给棺木。施秉有偏桥，毕节有七星桥，均为贵州之大桥。旧皆为木桥，陈德荣出钱将其改建为石桥。贵州人民不知桑蚕之利，陈德荣植桑、育蚕于署中；茧成，便在大兴寺教民缫织。又因历城陈王殿知蚕桑，便举荐其为遵义知府，教桑蚕之事，遵义之橡蚕于是时各地获衣被之利。八年（1743），贵州发生饥荒，民多饿死。陈德荣立即向总督张广泗进言，张广泗便奏请朝廷下诏发国库银赈济贵州。十一年（1746）2月，陈德荣调安徽，后卒于任上。贵州百姓念其善行，便为其立祠于雪崖。

## 王允浩

王允浩，生卒年月不详，清鄱阳人，举人。清乾隆初，任大定知府。十年（1745），总督张广泗主持开凿赤水河航道，上游自天教岩至新滩，共27滩都在大定境内，并由王允浩指挥开凿。十月动工，次年三月竣工，王允浩指挥施工，不私吞一文开凿经费。张广泗亲行履勘，试运铜铅，节省无算。贵州民间运川盐者，亦深得其惠。十五年（1750），王允浩建文龙书院于大定城南塔山玉皇阁之左，购田以资膏火，延请名师教学，从此大定书院之制始备。又建文昌祠于书院之旁，重修城南、北门楼。十七年（1752），与教授刘世熹、训导梅珏倡率士民修文庙戟门、更衣所、泮桥、两庑名宦、乡贤二祠、崇圣祠及周围水沟。从大定设府开始，历80余年，无有记载，王允浩于是开始修撰府志，成书有数十卷，但未及刊印即离去。

## 陈　瑜

陈瑜（1707~1779），字玉采，一字璧书，号次山，别号东溪，清毕节南里十八人。清雍正十三年（1735）乙卯科举人，任山东平阴县令。到任后，施政严明，坚守良法，革除弊端，砭顽剔蠹，治有贤声，民众爱戴。解甲返乡后，设帐于毕节灵峰寺内授徒，其门下多有所学成之人，韩鍱、邓廷辑、孙中理等皆出于其门下。陈瑜笔参造化，学贯幽明，诗文书画俱佳，著有世情小说《梦中梦》和《东溪诗稿》《次山文集》等传世。

## 刘　琪

刘琪，字治成，生卒年不详，清毕节人，清初贡生。幼年时家境贫寒，其父到云南多年未归，因此失学。刘琪14岁时，因为父亲久无音讯，便只身踏上寻父之路，跋涉数千里，历经千辛万苦，终于找到父亲。花费了3年时间，把父亲带回家，尽孝赡养。刘琪寻父被社会广为流传，时任礼部尚书沈文悫用诗歌记录了他的事迹，人们都称刘琪为“刘孝子”。不久，刘琪双亲相继去世，刘琪守墓三年。乾隆二十五年（1760），毕节发生火灾，刘琪为邻居遍设棚厂作安身之所，又送米盐蔬菜及衣物等生活用品救济。三十五年（1770），毕节发生饥荒，刘琪乐善好施，全力救济灾民，经他救济而活下来的人不计其数。

## 王廷栋

王廷栋（？~1786），字隆吉，一字殿庵，清大定人。清乾隆六年（1741），因诗赋文章拔萃，选入国子学堂，学习三年考选教习。乾隆十五年（1750），在顺天乡试中举人。任临高知县，旋即又改任泾县知县。王廷栋将母亲李氏接到身边奉养，母亲常告诫儿子：“尔父居官，每以廉隅自励。知县为亲民之官，犹宜洁己爱民，尔其善承尔父之志。”王廷栋谨记母亲教诲，以母亲告诫立身行事。在泾县任上，王廷栋虚心审断，解释冤抑，慎察胥吏，平准租赋。乾隆二十六年（1761），调任阜阳，阜阳为颍州首邑，号称难治。王廷栋到任后，调查民情，考察利弊，审结滞狱，罚惩地棍，缉捕盗贼，励行保甲，清理窝户，使阜阳县得到大治。于是又开渠濬池，大修水利。知府劳名令修西湖，筑堤植柳，复建四贤祠，会老堂，择期、湖心、双柳三亭，事皆办理迅速而不取民资民力。乾隆三十二年（1767）十二月，母李氏卒，离职守丧三年期满，授任上虞知县，旋即升任云南龙州知州，后历任湖北荆州知州、黄州知府、庆知府，皆有政声，所在之地皆为之立碑。最后任武汉黄道，因事被罚戍边。戍边期满还，于乾隆五十一年（1786）卒于张家口。

## 李世杰

李世杰（1716~1794），字汉三、又字云岩，清黔西州人。父李植，雍正七年（1729）贡生，官西淮富安盐场大使，生有四子，李世杰排行第二。

李世杰少时读书不屑于章句，兼习骑射、拳勇、管弦。年满20余岁，请父捐资入仕途，官江苏常熟黄泗浦巡检，整理案牍，决断若流。常熟知县李永书，常约李世杰同堂决案，时人称其办事严明。江苏总督尹继善、巡抚庄有恭深爱其才，提拔其为金坛主簿，并对布政使许松佶说：李主簿气局远大，可惜不是科举出身，难以荐拔。于是倡议同僚资助，为李世杰报请捐任泰州知州。时泰州存积案400余件，李世杰到任后，屏绝馈赠，日理案牍，不到5月，旧案皆得到了结，新案也无积累，于是政声鹊起。在泰州5年，李世杰政绩显著，迁镇江府知府。在镇江李世杰倡议并带头捐资创建宝晋书院。

乾隆二十九年（1764），上命裁汰驻防汉军，京口额裁3000名，群情汹汹，势将骚乱。李世杰率先倡捐俸，每人给3月口粮，棉衣1套，且量才分拨为吏役，使风波得以平息。乾隆三十年（1765），乾隆南巡，李世杰迎驾，开销不取于民而接应周备。乾隆銮车所经之地，见治理井井有条，农商乐业，于是擢升李世杰为安徽芜湖道。当时，芜湖税政紊乱，税目纷繁，税率特重，官吏奸商互相勾结，从中贪污税款，致使商业凋敝，众口埋怨。李世杰到任后，严惩猾吏奸商，取消苛税，降低地方税率，使商业逐步繁荣，国税足收。又捐俸创办江中书院，为地方培育人才。乾隆三十六年（1771），李世杰补四川盐驿道。到任1月后，又升任四川按察使。这一年冬天，清军征讨金川，李世杰总理南路军需。因敌军围攻甚急，李世杰率督粮兵军，奋力抵御，相持23日，杀敌百余，使敌退去。李世杰总理南路军粮，悉心谋划，每日黎明即起，夜分乃寐，殊无倦容。金川事平，升任湖北布政使。后得皇上召见，奉谕旨巡抚广西，在任8月，回乡为祖母服丧。丧期满，奉命署湖南巡抚。不久，调任河南巡抚。时河南值大雨，关河漫溢，决堤数百丈，李世杰组织抢险，昼夜驻扎工地，拯济灾民，查办奸吏，调运抢险物资，组织人工疏引河渠，劳心劳形，日夜不暇，同时奏请划涸地补赏施工占用的民田，豁免灾区赋银九百多万两，使灾民得以休养生息。乾隆四十八年（1783），李世杰升任四川总督。四川自征金川以降，仓库空虚，亏空甚巨。李世杰以廉洁勤政勉励下属，以督耕宽赋、励蚕培木休养调剂民生。经过两年治理，全蜀郡县，库有朽贯，仓有红粟。乾隆谕旨褒奖，谓任封疆者当以其为效法。乾隆五十一年（1786），李世杰调任两江总督。刚到任，即患足疾，不得已而解任。朝廷轸念李世杰病躯，将其调回四川任总督。乾隆五十五年（1790）初，李世杰解去川督一职进京疗养。3月，奉旨补授兵部尚书，获特许于紫禁城乘坐肩舆，召见时由内侍扶掖，并授其次子华封员外郎，留京侍亲，备受优遇。8月，李世杰离京返里。李世杰回乡后，捐资在黔西州城东郊创文峰书院，补修开元寺，立东山石屏，培葺王公祠，重修魁阁兼缮完文峰塔结顶工程。乾隆五十九年（1794）正月，李世杰在故居无病而逝，乾隆谕表殊堪轸惜，谥恭勤，赐祭、葬、建碑银和御祭文，追封曾祖、祖、父为荣禄大夫，其妻高夫人，先于李世杰辞世，也诰封一品夫人。

附：御祭碑文

朕惟：四方宣力，赖精良综事之材；三俊见心，重清白爱民之选。苟勤俭以奉，克矢志于冰霜；斯褒恤而酬庸，俾垂荣于竹帛。尔原任兵部尚书李世杰．才称敏练，性本公廉。事迹边隅，起家簿尉。临州典郡，叠腾表荐之声；总臬开藩，专寄军储之任。日惟士饱，遂奏凯以宣铙；与有臣劳，佐饷军而转毂。阅三年而两镇，自西粤而南湘；旋移节于中州，复晋阶于都府。旬宣益都，依然夙夜厥辛；保义吴疆，溥矣东南之泽。至若再来就熟，尚依积绥；乃因一往积劳，原需调揖。爰从外节，用典中枢。令代步以趋朝，施恩佚老；亦原衔而致仕，宥肩过思前。曾几载而溘逝林泉，缅数邦之风流节钺。呜呼！殚真诚于器局，素志犹存；兹保持于封疆，成劳未泯。象其心迹，谥曰恭勤；式启丰碑，昭之茂典。

乾隆六十年闰二月吉旦

## 岳钟琪

岳钟琪，清威宁州学，附生。弃学从戎，在刘铭传幕府任文案，因功多累保至知县，由知县保至知府，由知府保道员。又由道员保署云南布政使。在云南因平乱有功，升任云南巡抚，后调任陕西巡抚。征剿鹿川之役，以功升任陕甘总督。乾隆二十三年（1758），清高宗御驾西征，师至甘肃，兵分六路。岳钟琦率第一路，直捣准噶尔巢营。陕甘肃清，岳钟琦以功再补授陕甘总督。高宗回銮，岳钟琦等平伊犁败逃之寇。新疆悉平，岳钟琦奏请补授王之臣为新疆巡抚。朝廷允准，王之臣即领命，以身担任一切艰巨任务，办理一切善后，肃清余孽，抚辑流离，大著威惠，全境安定。奏报清廷，高宗下旨，敕军机处及六部会议，论功行赏，岳钟琦被封为一等成义侯，且让子孙承袭。

## 王之臣

王之臣，清威宁州学，廪生。奋志功名，不甘小就。在陕甘总督岳钟琪幕府参与军事机宜，能洞察关键。因功多被保至知县、知府、道员。因宁夏缺藩，被选署宁夏兵备道，参与剿办准噶尔。乾隆二十三年（1758），高宗御驾亲征甘陕，王之臣任第三路兵办，在进剿中异常出力。甘陕肃清，随即移师新疆，围攻伊犁，大战70余日，积寇尽遭诛灭。陕、甘、新三省肃清后，被岳钟琪保举奏准署理新疆巡抚。后又经三省督抚一起奏报，得高宗下旨，敕军机处及六部会议，评定三省大功，大小文武各官，论功封奖。王之臣于是被朝廷下旨嘉奖，升授新疆巡抚。王之臣在新疆担任一切善后，抚辑流亡，安定全境，教养兼授，威惠新疆。在新疆任职6年，全疆人民异常感戴，以考绩最上，升任陕甘总督。任总督5年，尽心尽责，一如在新疆时，人皆怀其惠，时称名督抚。后告休回京，得高宗慰劳有加。

## 夏之时

夏之时，清威宁州学附生。志切匡时，卓然有为。在陕甘总督岳钟琪幕府参赞机务，运用咸宜。因功多历保知县、知府、道员。高宗亲征甘陕时，协助岳钟琪运筹帷幄，经理案牍，诸务咸理。陕甘平定，奉旨补授甘肃布政使。简任贤能，力办善后，颇有政绩，后升任甘肃巡抚。对于军务，钦遵密旨，异常尽力。陕甘肃清，赈抚流亡安辑归附，日夜辛劳，筹划悉宜。任职6年，因考绩最上，升补两湖总督。在任4年，军民称颂，称名督抚。后告老请休，获高宗召见，慰劳有加。

## 徐仲文

徐仲文，清威宁州学附生。岳钟琦随高宗驾征陕甘时，在岳钟琪幕府参议戎事。因功多历保至知县、知府、道员。平定陕甘之役，能独当一路，异常出力。甘陕肃清，升补新疆臬司，攻取伊犁。新疆平定，升补藩司。在任六年后，选任贤守令，赈抚难民，消弭反侧，恩惠咸周，新民赞颂。又补升湖南巡抚。在湖南，徐仲文整饬军政，慎选守令，治绩宏多。任满两年，调署江西巡抚。又两年，升补两江总督。整兴庶政，武备咸修。在江督任5年，恩威并著，称名督抚。

## 韩　鏷

韩鏷（1729~1804），字序东，号兰亭，清毕节五里坪人。清乾隆三十六年（1771）授通判，迁河南怀庆府黄沁同知。四十二年（1777），为江南淮徐海河务兵备道。韩鏷恪尽职守，疏河开淤，兴修水利，捐资赈济，深受百姓拥戴。四十六年（1781），为河东河道总督，御赐“福”字大匾。其时，山东运河赖汶泗各湖接济，民堰沙淤。韩鏷督战疏浚诸湖，未及竣工，七月，黄河于祥符焦桥决堤，不久又决堤于青龙岗等处，浊流横溢。朝廷令江南河道总督李奉翰、大学士阿桂、山东巡抚国泰前往会勘，于南岸筑堤拦洪。然而功败于垂成，堤坝于将近竣工之时被洪水冲溃，拦洪失败。韩鏷认为在南岸建堤堵截，欲回狂澜使之北注，必不能行。四十七年（1782）正月，韩鏷至微山湖北运河察勘，筑土堰、石坝，使黄河水渐消。而后到青龙岗，会同阿桂等于兰阳三堡改筑大堤，浚渠导水出商丘七堡，黄河得入正河故道。四十八年（1783），其父去世于山东济宁官署，韩鏷偕弟扶榇南归故里。四十九年（1784），韩鏷任工部侍郎兼都察院右都御史，总督河南山东河道，提督军务，官至一品。五十二年（1787），韩鏷在毕节城内建牌坊1座，俗称“一品坊”，又叫砂石牌坊。五十四年（1789），韩鏷参与会勘北京通惠、温榆河及朝阳门外护城河，后调户部侍郎。五十五年（1790），赴江南与江南河道总督兰第锡共同防汛。嘉庆三年（1798），任兵部侍郎。次年三月，奉恩护裕陵。六年

（1801），告老退休。九年（1804），卒于顺天大兴。

韩𬭎一生致力于河工，著有《治河要言》二卷。勤劳王事之余，为书画，擅兰竹，尤善作楷擘窠大书。毕节城中砂石牌访上的“台达开先”和坊额“与民同乐”、龙蟠山玉皇阁石台上的“龙蟠虎踞”、黑神庙巨匾“黑赫冥明”和万寿宫巨匾“寿福宝殿”，均是其手书珍品，惜皆毁灭。

## 李华国

李华国（？~1787），字懋德，一字经亭，清黔西人，李世杰子。清乾隆三十六年（1771）举人，任广西永康知州。永康为西南偏僻之州，地处极边，外接安南，瑶、僮杂处，号称难治。华国抚绥民夷，劝以耕凿，陋俗大变。州旧无志，李华国博稽故牍，钩校考索，访询耆旧，辑为成书。不久，任龙胜通判。四十二年（1777），任广西同考官。其后，历署广西贺县知县、桂林同知、百色同知和广东罗定知州，皆有政声。后以知州借补揭阳知县，揭阳为广东大县，民俗好斗而好讼，未审理的案件堆积如山。李华国一到任，便勤于审听，常为劝诫，历三年，聚斗之风断绝，而往上控诉之风也停息了。四十五年（1780）后，历任广州同知、南雄知府、补罗定知州、雷州知府。五十一年（1786），充任乡试内监试官，署惠州知府。此时，台湾用兵，总督驻潮州，与惠州邻近，惠州府中军书络绎不绝，李华国部署有方，军事万全治理得当。未逾月，特旨调其到福建营中办事。五十二年（1787），补漳州知府，授任文书还未到，就被派遣至诏安催办军事，以勤勉劳累过度二患重疾，九月卒于诏安。

## 李华黼

李华黼，字德彰，一字絅庵，清黔西人。清乾隆四十二年（1777）举人，曾随从二伯父李世杰于两江、四川军府。李华黼谙熟时务，刑狱、军储、人才无不阅历。历任湘潭、宜章、益阳、长沙知县，升岳州同知，所在之处皆有政声。李华黼在湘潭修圣庙、筑文塔、建万楼、起育婴堂、整饬市禁、振兴书院，颇有成绩。李华黼离开湘潭后，湘潭民众以歌赞道：“侯之来兮何暮，侯之去兮挽不住，吾侪兮何酬衷素！”嘉庆七年（1802），李华黼请求回乡奉养病重的父亲，回到黔西十日，其父去世。李华黼在家居丧，尝捐白金百两，为续修黔西州志之费用，可惜州志未成而李华黼已卒。

## 田有成

田有成，生卒年月不详，清平远人。清乾隆二十一年（1756）举人。官至甘肃永昌副将、延绥总兵，以军功尝戴花翎。嘉庆二年（1797），调南阳任总兵。四年（1799），因夜出击贼，伤其左股，获请休养。后卒。

## 邓廷辑

邓廷辑（约1716~1793），又名联瑞、瑞五，号碧山，清代毕节人。邓廷辑幼承家学，笃学力行，曾拜清初毕节诗书画“三美”艺人、文艺家、教育家陈瑜为师，乾隆二十五年（1760）科举人，历任江西瑞安、上犹、新昌、新建、南昌、丰城、峡江、清江等县知事，所至有惠政。以政绩获擢升，历任广信河口同知、广东惠州知府和福建延平、邵武、福州等府知府、建邵盐法各道、福建按察使等职。后引疾归田，乾隆五十八年（1793）卒，诰封朝议大夫。

邓廷辑以“清正廉明，处事果断沉稳，重视文教”著称，常把修葺书院，培育人才，整顿治安，关心士民生存作为一生理想。每到一地带头捐俸建设、改造书院，且亲撰学规，亲临课堂给当地学子授课，培养了诸如清江杨世瑞、峡江习振翎、临江杨世锐等一些有名的进士人才。

邓廷辑擅长诗联文章，书法功力也颇为深厚，是贵州古代诗书画“三美文化”的学人。此外，邓廷辑关心地方志乘的修纂，以记录当地的风土名物。乾隆四十五年（1780），曾与熊为霖等人纂修的《清江县志》，其刊本为中国古代地方史志中的精品，被故宫博物院列为“故宫珍品丛刊731册”中的一部而刊行。道光年间修纂的《清江县志》评价道：“县志为明令秦镛手订，虽规模可观，而时值倾危，征文考献不无缺漏，廷辑白诸上台，开局重修，聘新建熊为霖编修主其事，集邑中名宿分任编纂，博采群书，大至星野沿革，小而稗官小说，凡有关于清江者，巨细必载。而于人物一门，遗者搜补，入者谨慎，尤足风励后人。更从而正祀典，清官地，立县署，题名碑记，遂使公私掌故犁然备具，称详瞻焉。”

## 杨　秀

杨秀（？~1820），清大定人。清乾隆三十二年（1767），参加征讨缅甸，立有大功。三十三年（1768）五月，补大定左营外委。三十四年（1769）三月，升任威宁左营把总。三十七年（1772），从征金川有功，升任水城千总。四十年（1775）十月，获赏赐都司顶戴。四十一年（1776），补神木都司。四十四年（1779）十一月，升任寿春游击。五十一年（1786）十二月，升任保定参将。五十三年（1788）十一月，升任衡州副将。五十六年（1791）五月，升任延绥总兵。嘉庆元年（1796）三月，率陕西兵征讨湖北王三槐；八月，加提督衔，尝戴花翎；十二月，因防滚河失事，被革职戴罪效力。二年（1797）六月，率广西、江西、直隶兵进入四川，自大城寨、胡家场、五家寨直捣毡帽山，夺取方山坪后，被恢复参将衔。五年（1800），以病请辞疗养。二十五年（1820），卒于家。

## 武自珍

武自珍（1747~1812），清黔西治中人。清乾隆三十二年（1767），入黔西营当马战兵。三十八年（1773），因屡次参战立功，被提升为外委千总。三十九年（1774），参加拉巢马奈垭口、尔尔图山、俄坡山战斗有功，获赏恤银30两，大银牌1枚。四十年（1775），攻克得棱山梁、基本斯丹当葛茹寨战斗有功，获赏蓝翎，赐千总顶戴。后在攻克沙尔泥城、札马山梁、格林城、甲杂独松隘、巴布朗谷战斗中，数次立功，获赏花翎，赐锦缎和守备顶戴。金川平定后回贵州。四十一年至五十一年（1776~1786）间，先后任都匀、下江千总。五十二年（1787），升任兴化守备。五十六年（1791）升任潭州都司。六十年（1795），又升福建陵路提标游击。嘉庆二年（1797），回黔西服丧。四年（1799），守孝期满，任泉州参将。六年（1801），捕获巨盗4名，获记大功。八年（1803）春，任长福参将；腊月，升任永福副将。嘉庆十三年（1808）正月，又升永州总兵；七月，得赴京觐见皇帝，准谒裕陵，获赏克食。嘉庆十七年（1812），病卒，诰封武显将军。

## 吴嵩梁

吴嵩梁（1766~1834） 字子山，号兰雪，清江西东乡人。清嘉庆五年（1800）举人，任内阁中书长达20多年，64岁才出任黔西州知州。吴嵩梁早年诗名籍甚，为袁枚所佩服。吴的诗作流播海外，备受推崇。日本商人购其诗扇，每首四金。朝鲜诗人推尊他为“诗佛”。吴嵩梁对王阳明极为崇敬，为培育黔西人才，于州城外东山修建阳明书院，于书院中设阳明祠，岁时祭祀。发现戴粟珍、史胜书两位青年有诗才。特辟“香棠巢”，引二人居处其中，传授诗法。吴嵩梁后来又在黔西州沙溪里创办玉屏书院。嵩梁去世后，后人在书院内设吴公祠。吴嵩梁对开驿道、重教化之彝族女杰奢香夫人非常景仰。写有《访奢香夫人墓》诗二首。著有《香书山馆诗钞》54卷。

## 路孟逵

路孟逵（1779~1851）， 字希舆，号竹舟。清毕节德沟人。乾隆四十四年（1779）生于德沟山庄。嘉庆十三年（1808）乡试第十一名举人，十九年（1814年）甲戌科三甲第50名进士，授翰林院编修，升庶吉士，敕赠文林郎，诰赠奉直大夫，晋奉政大夫，又晋朝议大夫，户部主事加三级，翰林院庶吉士加四级。嘉庆二十一年（1816），任丙子科山西乡试同考官。曾历任山西榆次和河南洛阳、武陟知县，特用知府，河南候选道。

路孟逵自幼聪敏好学，深得祖父喜爱。七岁同祖母沈氏到浙江祖父官署就读。方弱冠，父路斯京病逝于浙江，路孟逵遂护灵归故里，与母翟氏（毕邑周驿望族翟氏之女）相依为伴。路孟逵陪母期间，日夜精研古籍，不苟于辞章之学。后入省城贵阳贵山书院就读，求教于舅氏翟悦山，学业大进。乡试中，因得房师翰林院编修宋芷湾（名宋湘）和内阁中书、兵部郎中安镜堂举荐，名列第十一名。以后，路孟逵更是焚膏继晷，兀兀穷年，精研经史子集，手抄经史成帙，学养更为深邃，终举进士、授翰林。

路孟逵奉旨赴山西榆次任知县，时榆次县境内恶霸、豪强猖狂，治安混乱，民怨沸腾，各种疑难案件堆积如山。为惩恶扬善，安定社会秩序，使老百姓安居乐业，路孟逵常深入民间，实地调查，搜集证据，然后秉公断案，严厉打击恶霸、豪强势力，使社会得以安定。

榆次任后，路孟逵先后调任河南洛阳、武陟知县。在各地任职期间，路孟逵勤理政务，黎明即起入堂理事，“凡餐皆就于公座，手批口答，事未结而不息”，数十年如一日。在武陟任上，路孟逵积劳成疾，双目成眚，遂辞职居于其次子路璜在河南舞阳任知县的县衙中养病。在养病期间，路孟逵不仅教孙子路朝霖读书，还十常关心舞阳政事。每当儿子路璜治事毕回来，必要求儿子以当日之政务就榻禀报，每闻一事妥结则喜形于色，一事不当则究原委，以查症结所在。还不时写信告诫在京城任职的长子路璋，“尔获内用京员，虽清而近光”“勉图报称，勿以贪累稍减志节”。

路孟逵还是一位大雅知县，其诗甚佳，为清代有名诗人，只可惜其诗集早已佚失，在清代《水城厅采访册·人物门》中，被列为诗、书、画“三美”人物。其诗收录于路璜《小桥吟稿》246首，惜此集也无存；收录于民国徐世昌《清诗汇·卷126》（又叫《晚晴簃诗汇》）3首：《秋日洗心斋杂咏》《枕上得句》《望船坡》；道光《大定府志·艺文志》2首。

咸丰元年（1851），路孟逵在河南病逝于其次子路璜官邸，归葬毕邑德沟。

## 翟翔时

翟翔时，字审庵，自号悦山，生卒年月不祥，清毕节人。性淳厚，言动庄谨有法。稍长，博览群书。乾隆四十二年（1777）举人。五十四年（1789），选贵阳训导。五十六年（1791）监贵山书院，勉励诸生以圣贤为榜样立心制行，且以身作则，深受士子尊重。翟翔时通声韵，贵阳能诗者，皆多获蒙先生之教。嘉庆元年（1796），选普安学正，仍监贵山书院。二年（1797），云贵总督勒保重其为人，遣其子英麟往翟翔时处受学。此时，兴义苗人起事，勒保驻扎贵阳，贵州巡抚冯元熊驻扎安顺，内外戒严。安平之羊西十三寨，地处贵阳、安顺间，其地苗人素来循规守法，勤耕耨，所垦之田以万亩计，经多年培植，皆为膏腴良田。与其地相邻的屯堡中的奸猾之徒，企图占有苗人田地，欲诬告苗人叛乱而将其歼灭。苗人知之，甚为恐惧。其狡黠者教众人治兵器，杀尽屯堡之人，归附兴义起事苗人。安平、镇宁、广顺、定番诸州县皆震动。安平宋万青与翟翔时相知，驰书与翟翔时言明其事。翟翔时立即拜见勒保，劝勒保对羊西十三寨一带苗人采取抚慰之策。勒保听翟翔时建言，即刊刻谕示，又制良民旗数千竿，托付翟翔时善为处理。翟翔时分别派人驰谕羊西及安南、长寨、广顺、定番等地苗人。羊西苗人皆感动，尽毁其兵器表示不叛，安平得以安定。勒保以翟翔时有见识，愈礼敬之。十一年（1805），翟翔时升贵阳教授。孙玉庭巡抚贵州，也看重翟翔时，与翟翔时折节定交，延掌贵山书院。孙玉庭离职后，鄂云布继为贵州巡抚，又三次造访翟翔时，翟翔时于是主讲贵山书院。十五年（1810），翟翔时以疾辞讲，卒于家。

翟翔时善于教育，为南域所推重，士大夫皆称之为“悦山先生”。凡其学生举乡、会试者百余，外领方面、内为翰詹者6人，居科道部曹者9人，知府以下亲民官又30余人，所在皆有治绩。其不仕者，皆端悫淳懿。翟翔时平生交友能善始善终，为朋友育孤子、嫁孤女者多起，深为时人称道，其卒后，被陪祀于王阳明祠中。

## 秦开元

秦开元（1785~1835），字丹书，号秋田，清黔西打鼓新场（今金沙）人。其家为新场豪富，时称秦半街。秦开元为人乐善好施。清嘉庆二十五年（1820）三月，新场发生瘟疫、饥荒，秦开元约乡中富人同置义冢、施棺木，收殓尸体数千。道光十年（1830），沙南门桥久圮，交通不便，于是捐家资，延请工匠修5孔石桥，方便通行。秦开元捐资修学校，将原设于骆公祠的学馆迁至新校。道光十一年（1831），黔西知州吴兰雪巡视打鼓新场，将此校命名为玉屏书院，开元与舒懿璋等人捐银购买田产，以岁租作教师薪酬和学生膏伙费用。这一年还修字库、刊善书，并修黑神庙，庙内设义学。又监修义馆，收养鳏寡孤独等无依无靠之人。道光十四年（1834），打鼓新场大饥，秦开元在街上设点煮粥施济，饥民多得以活命。次年，秦开元病逝，打鼓新场民众无不念其善行。

## 翟锦观

翟锦观，字絅之，号云庄，生卒年月不详，清毕节人，居贵阳云锦庄，故以云庄自号。清嘉庆十年（1805）以贵阳籍考中进士，选庶吉士，官编修。十六年（1811），任会试同考官，又充任武英殿提调官，迁右赞善。出任广西右江道，清理狱讼，严厉缉捕，杜绝贿赂，纲纪肃然。任广东盐运使时，厘剔奸弊，革除陋规。后升任福建按察使，不久调任云南按察使，决狱明慎。此时，云南有王士林镌假印之狱，株连甚众，翟锦观为之平反，释放无辜者千余人，惟将王士林同党数人定罪，人皆称其公平。后因劳累病卒于任上。

## 徐玉章

徐玉章，生卒年月不详，清浙江乌程人。清道光五年（1825），任大定知府。大定界联四川、云南，一向被称为多匪盗之区。徐玉章经过周密侦查，获知匪盗藏身之地，立即发兵将其一网打尽。匪盗无所藏之处，郡境安宁。徐玉章常到书院，与士子讲孝、悌、忠、信之事，并于城中修来义学，以收教初学。又造纺车数百，设局延聘女纺织技师教民间妇女纺棉，贫困者还分给纺棉，大定府有纺织之事即始于此。同时徐玉章还劝民多种橡木，用橡叶养蚕，使大定蚕织事业渐渐兴起。在大定，徐玉章设有栖流所，给棺槥施困穷。徐玉章卒后，大定民众请祀于名宦。

## 李国栋

李国栋（？~1838），清威宁州人。其父李自新为贵州安龙镇标右营守备，在从征金川时阵亡后，李国栋承其父职。清乾隆五十三年（1788），李国栋担任清江协右营左哨千总。嘉庆四年（1799），升任四川提标前营都司。五年（1800），任云南抚标右营游击。七年（1802）正月，赴川、陕、楚接壤处斑鸠山征战，节节取胜。后来有多次指挥战斗，屡战屡胜。十二年（1807），回师云南后任元江营参将。十五年（1810）任威远营参将。二十年（1815），任楚雄协副将。二十三年（1818），为临元镇总兵。道光五年（1825），任云南提督。十六年（1836），调任浙江提督。十八年（1838），卒。

## 邱　煌

邱煌，原名若水，字叔山，生卒年月不详，清毕节人。嘉庆三年（1798）举人，十年（1805）进士。历任国史馆协修、文渊阁校理、会典馆纂修、顺天乡试同考官、会试同考官，升任湖广道监察御史，历任山西、河南、浙江各道，后又升任湖北粮道、按察使、布政使。能诗善文，著有《一渔草堂试律稿》《今文质疑》《读左言》《邱给谏奏稿》《府判录存》等数卷传世。

## 吴文昭

吴文昭，字德彩，一字南壁，生卒年月不详，清大定人。少聪颖，悟性佳，凡所学多能通解。其父吴廷相教其读经，希望吴文昭能够继承家学。吴文昭20岁左右，从其叔父接受鸿儒硕学之教，学问大进。但凡天文、星历、算术及舆地之学科，都有研究，经史微文奥义，剖析精当，为西南儒学中造诣精深的人之一。吴文昭晚年教授于乡里，州城中负笈前来就学者络绎不绝，门生有成就者达数十人。吴文昭居家简朴，布衣粗食，住房也不过草屋数间。清道光元年（1821），吴文昭选恩贡，获选州判，但其以老辞。大定知府王绪崐聘请其掌万松书院，后卒于书院讲舍。其著有《南壁文集》《天文论》《天文图》《六书要义》《希姓类考》《姓氏采源》《古今诗选》等各种专著。

## 薛 升

薛升（1766~1851），字麟阁，清毕节清水铺石井岩人。自幼好武，力大过人。年长，武功已成。清嘉庆二年（1797），黔西南布依、苗民举义反清，薛升奉命前往平息，以功授把总职。三年（1798），跟随勒保赴四川征剿反清武装，同罗思举进攻安乐平，因作战勇猛，升任守备。四年（1799），又以战功，获赐花翎。五年（1800），出剿川东，领兵分住黄草坝，在八石坪攻击义军，义军败走，追击义军于东乡南场坝，被义军反击打败，于是率军驻芦花岭，分兵伏于山洞中，深夜忽出兵偷袭义军大营，获胜，擢升都司。旋即同桂涵攻破猴儿关义军营。六年（1801），同清将薛大烈进攻巴州石婆山，多有斩获，以战功升任游击将军。七年（1802），同田朝贵驻防于川、陕边界。八年（1803），晋升云南新习营参将。十八年（1813），调剿河南滑县教民起事，攻克南门，升副将，旋即返回云南。二十三年（1818），剿临安（云南）彝民起事，升任永昌协副将。道光元年（1821），奉命剿大姚彝民起事，又擢升鹤鹿镇总兵。之后，相继在陕西河州镇、直隶、湖南任职。十六年（1836），因年迈，总督林则徐奏疏免去其总兵军职，以杨芳代其军职，转升调任广西提督。二十二年（1842），英军进犯广东，薛升奉令赴浔梧驻防。之后，因年迈多病获请假回毕节家乡疗养，但以原来的军功获朝廷予食全俸。清咸丰元年（1851），病逝于毕节。卒后，清廷特加谥号勤勇，并获赐金筑墓。

## 姚柬之

姚柬之，字伯山，生卒年月不详，清安徽桐城人。道光十九年（1839），任大定知府。到任伊始，购地建仓，存官民、绅民、土目、夷佃输粮1.43万石以备用。又在辖地择府城、鸡场、以那戛、双山、瓢儿井、羊场坝、马场、六龙、虎场、牛场等地建粮仓共42间，贮粮1.04万石。姚柬之很重视教育，二十三年（1843），其在各粮仓之侧设立补助亭，并以亭为义学，招收当地子弟就地入学。同时还捐资创设羊场坝、马场、瓢儿井、虎场、猴场等处义学馆，延师兴办儒学。其时，大定旧志不传，于是姚柬之在重修府署落成时，勒石立碑备述大定之沿革。

## 张 琚

张琚（？~1859），字子佩，清黔西人。博学能文，为黔西桐荫诗社创办人之一。道光五年（1825），乡试中副榜，按例不能与举人同赴京城参加会试，当时贵州学政程恩泽深以为憾。次年，程恩泽转任湖南学政，器重张琚学问，便招张琚入幕中，处理文书事务。程恩泽为当时知名的儒学家，还是宋诗运动的中坚人物。张琚追随其左右，模仿程恩泽的书法、文章，逐渐神体相同难辨，所办文书，“顷刻数封，辞意兼至，虽（程）自为无以过之，谈者，咸诧为黔中有人”。后来，张琚在湖南，与当地文士邓显鹤（湘臬）、欧阳涧东（绍铬）、张蓉裳等诗人，互相唱和，才气日著。七年（1827）冬，张琚辞归故里。八年（1828）后，张琚多次参加乡试，然屡试不中。后选授开远（今黎平县）教谕。九年（1829）至二十九年（1849），张琚先后掌黔西狮山、玉屏书院，教学之余，多以诗酒自娱。

道光五年（1825），张琚与有西南巨儒之称的遵义著名经学家郑珍结识，历十载，交往益深，时人称为“黔中二子”。同时，还与著名学者莫友芝交谊甚笃。张琚卒后，山阴人王个峰在黔西塾馆教书，得张琚《灰烬余稿》中的百余首诗抄寄给郑珍。郑珍进行点校、编辑后，改名为《焚余诗稿》，付梓问世，并为之作序。

## 周起滨

周起滨（1795~1874），原名周起岐，字容帆，清毕节海子街周家桥人。道光元年（1821）举人，三年（1823）取癸未科进士。七年（1827）起，先后任河南临漳、林县知县；十六年（1836），升任河南信阳州知州；十七年（1837），又任光州（今河南潢川）直隶州知州；二十八年（1848），署陈州（今河南淮阳）府事，旋即升任江西吉安府知府。咸丰元年（1851），文宗皇帝召谕之；二年（1852），任浙江杭嘉湖道，随即调粮储运中梗；五年（1855），升湖南按察使；六年（1856），调广东按察使；八年（1858），晋广东布政使，代办巡抚事；十年（1860），升任太常寺正卿。诰授资政大夫，晋封荣禄大夫，官秩一品。同治十三（1874），卒于三子周簳之靖州（今湖南靖州）任所，归葬毕节杨家湾鱼塘。周起滨为官清正廉洁，每到一地致力安定秩序和发展经济，而且大兴教育事业。据清咸丰《林县县志》记载，周起滨赋性耿介，实心爱民，在任最久，始终不渝。其见考场狭窄，于是延请回乡绅士捐资购买地基，增建考场20余间；购买土地数十亩，以资助每年的教育费用。还修建演武厅，空闲时招学生入署亲授。道光八年（1828），周起滨以捐款购艾家庄周围地120亩，庄园房屋一处给书院，使林县教育事业大振，在道光二十八年（1848）至光绪二十九年（1903）的55年中，考取12名进士和50余名举人，深受林县人民爱戴。在江西吉安知府任上，除办好府事外，同样致力于教育，为国家培养人才。所到之处，周起滨都是做官一任造福一方的理政及尊师重教的风范。周起滨有五个儿子，个个功成名就，名垂青史，分别在云南曲靖、湖南长沙等地任知府，被称“一门三进士，五知府”。

## 陈　庚

陈庚（1795~1853），幼名陈鹏，字西垣、月波、月圃，号觉来子、未籭子、未籭学人、室名觉来斋、萃元堂等，清毕节人。陈庚师承其叔曾祖陈琮（字玉芳），以古学受知于兵部尚书许乃普和恩师何绍基，与宗兄陈钟麟、陈钟祥被许乃普誉为“陈氏三杰”。道光二十四年（1844）甲辰，与长子陈薰（亦巡抚贺长龄门生）同举于乡，许乃普以“乔梓齐名”额赠之，在士林传为佳话。陈庚终身以授徒为业，暇辄为人义诊，曾主讲毕节松山书院。工诗文，善书画，明医术，精技击，与九能僧六舟、桂天相、李天极、李天柱、徐廷瑚、徐廷燮、徐树崧、路孟逵、陈昌言、单辅国为师兄弟。陈庚诲人先品行，后文艺，士类多所裁成，弟子中尤以陈薰、路璜、路璋、丁稚璜、章子和、路瑄、宋璠、杜湘、詹怀清、周婉如、黄梅溪、刘聂昌、刘矗昌、陈凤占、王宾用、陈浒、陈世彬、陈枕云等人知名。著有《觉来笑史》《西垣诗草》《萃元堂课艺》《萃元堂验方》《萃元堂法帖》等刊行于世。其中，由弟子路璜、刘矗昌、谢金衔等人捐刊于道光二十五年（1845）春的《觉来笑史》，是明清以来贵州有史可考的五部小说之一，与贵州盘县范兴荣刊于道光二十七年（1847）的《啖影集》齐名，在贵州文学史上占有举足轻重的地位。

## 黄宅中

黄宅中，字惺斋，号图南，生卒年月不详，清山西河曲人。清道光年间进士，翰林。先任闽县知县，继任湖州宝庆等地郡丞。所到之处，必先访寻故老，查阅志书，悉利弊，明得失，以作资治的依据。在郡县30年，皆有惠绩。

道光二十五年（1845）十月，任大定知府。鉴于大定地处偏隅，民族杂居，声教不畅，志乘残缺，黄宅中在民间访得前知府王允浩于乾隆十五年（1750）主修未刊的府志稿，于是以之作权舆，主修《大定府志》。延请湖南方志学家邹汉勋作主纂，设分纂多人，深入实际，广征博采，“一名物必究其源，一措施必缕陈其得失，凡可以昭法守，示劝惩者，无不郑重揭之，且每事必详所出，不以己意为增损。”修志既未设局，又未另收取款项，全赖其节省薪俸开支。历经4年，修成《大定府志》60卷，71万余字。云贵总督林则徐在《致惺斋函》中对《大定府志》赞许有加，并在为《大定府志》所撰序言中说：“此书之用，非独一郡之资，即措之天下，传之奕祀，莫不如契”。近代大学者梁启超将《大定府志》列为国内优秀府志。

黄宅中任大定知府期间，注重民生事业、地方教育与社会风俗的教化。曾作《劝民种树教》刊为印纸，遍谕遵行，劝民种树，以利民生。大定土壤宜植松、柏、杉、漆、桃、梨、白果、香樟诸木，山边屋角，种植易生，结果成林，足资民用，劝谕所辖六里居民，切宜随时树艺。示仰各村乡老、各寨土目，互相传谕，因地莳栽，邻里乡党，守望相助，务期广为种植，嘉卉成林。劝民多种青冈、橡树，仿行遵义放蚕之法，以为瘠土救民之资，闾阎长久之计。赏给栽种橡树万余株的土目安国太银牌，以示奖励。提倡兴修水利，防旱抗旱。告诫，大定山高地瘠，缺少流泉，农人种植，仰赖天雨，宜于田旁修理塘坎，蓄水备旱，灌溉有资，水车水轮取水之法，亦宜仿而行之。重视地方教育，重建学宫，出行必亲临所属义学、塾馆，并为义学塾馆制定《蒙养八则》《与义馆学师论课学》。重视风俗教化，在《谕民二十条》中，严禁窝赌、吸烟、酗酒闹事、打架斗殴、敲诈勒索、包揽讼词恶习。重建明伦堂、来薰楼。

黄宅中为官清廉，勤政爱民。在其《与所属州县书》中提出“愿与同僚各以四事自勉，而为民去其十害。何为四事，曰律己以严，抚民以仁，存心以公，莅事以勤是也”。告诫官吏：

"若能廉以为本，仁以为施，秉公以为措置，矢勤以为始终，四事能行，则十害可除。"道光二十九年（1849），大定府饥荒，疫病流行。黄宅中千方百计赈济、抚恤，使灾民得以战胜瘟疫，度过饥荒。次年，黄宅中以升任杭嘉湖道离任。

## 邹汉勋

邹汉勋（1808~1857），字淑勋，清湖南新化人，方志学家。长于经学，精于音韵，博通中籍。清道光二十五年（1845），应贵州巡抚贺长龄之聘，为《大定府志》总纂。二十九年（1849），《大定府志》修成。林则徐对《大定府志》称赞有加："深叹编纂之勤，采辑之博，选择之当，综核之精，以近代名志较之，惟严乐园之志汉中，冯鱼山之志孟县，李申耆之志凤台，或堪与此颉颃，其他则未能望其项背也。"其后，邹汉勋修纂的《兴义府志》和《安顺府志》也被志家誉为上乘。

## 黄树烈

黄树烈，原名士观，字宾之，一字晓娄，生卒年月不详，清大定人。清乾隆五十七年（1792）举人，嘉庆六年（1801）进士，翰林院庶吉士，散馆，授汤阴知县。后归养故里，讲学于大定万松书院。著有《居敬堂文稿》8卷，《蠢子训》1卷，《论文随笔》3卷，《日记》12卷传世。

## 糜肇瑞

糜肇瑞，清代毕节富商，人称"糜百万"，清毕节观音桥人。糜肇瑞天资聪慧，才华过人，早年即开始经商，因其经营有道，中年就已实力雄厚，富甲一方，而且仗义疏财，乐施好善，修桥铺路，为毕节人民做了不少好事、善事。纳雍万寿桥和毕节七星关桥、灵峰寺等都有糜肇瑞慷慨解囊，捐资修建的大名，其善行至今仍广为流传。

纳雍总溪河总水流汹涌，平常时候，小船可以勉强摆渡，但到暴雨季节，河水暴涨，风急浪凶，过往客商、行人皆望河兴叹，时常发生行人落水惨事。清道光十六年（1836），糜肇瑞亲眼目睹总溪河发生惨祸，毅然仗义拿出白银千余两，招募能工巧匠，建造万寿桥，方便了两岸行人的安全来往。万寿桥头年九月开工，次年四月建成通行，桥头建有观音阁。桥拱横跨总溪河，是毕节至纳雍、水城、云南的交通要道，距今已有120余年历史。其造型美观，设计独特，建筑严谨，桥身坚固，今已成为承载糜肇瑞为民功德的文化遗迹。

## 吴德清

吴德清（1810~？），号湛溪，别号十梧斋，清毕节西里吴家屯人，后入籍威宁州。吴德清少即聪颖好学。道光十二年（1832）乡试中举，十五年（1835）以威宁籍取进士。官刑部主事，升员外郎，继升郎中。在刑部供职时间达19年，甚蒙掌管赏识，凡有奏章，多嘱其起草。咸丰六年（1856），改任云南，奉咸丰帝特旨召见，慰勉有加。先任顺宁知府，继调补首府，协助督抚司道，综理全省政务，设卡各县，收税支放兵米。此时，税收皆武人把持，尤以林子清最为跋扈，派兵至卡坐收，前任首府不敢过问。吴德清用心劝导子清，终使林子清将各税卡交还府署收取。事后，吴德清擢升为粮盐道，随即又奉旨简授迤南兵备道，道署设在普洱城，辖四府、三厅。普洱产盐茶，多矿产，吴德清一无所贪，且免除陋规，迤南人皆赞颂吴德清是一清官。其后，云南回民起事，窜扰普洱，城中仅绿营兵数百，皆老弱不堪，镇军特克慎乔装逃跑。吴德清率所属坚守，与士卒同甘共苦，坚守8月，粮尽援绝，城陷。吴德清不愿被辱，自投署井，被起事者拽出，身首均溺，奄奄一息。起事者多方劝慰，吴德清始终闭目不语，不十日逝世。时惟德清爱妾刘恭人在侧，年仅28岁。回民首领听说，令其部属说："吴大人系清官，既经殉节，不准一人前往骚扰他家眷。"并在道署门首插令箭一支，起事人众果不敢侵犯。吴德清为官清廉，数十年清风两袖，家无余资；卒后，官囊一无所有，赖当地绅民集资襄助，才始得成殓，当地在麦江地方建立吴公祠，至今尚存。刘恭人扶其灵柩回毕节，安厝在毕节西外三板桥。吴德清生前善诗，曾著有《修竹吾庐吟草》一卷，《随笔》一卷传世。

## 谭六禄

谭六禄（？~1857），字舜华，号正中，清黔西洪水人。幼习武艺，18岁时，因失手伤人，被判处充军。数年后，获释还乡，萌生反清之心。于是扮作江湖道人，走乡串寨，传教招徒，与田汝新、蒲和生二人结拜。经两年多运筹，在洪水谭家垭口修筑庙坛，于清道光二十八年（1848）成立红灯教，任教主。其后，发展教徒近千人，称在缘或缘人。咸丰元年（1851），谭六禄与安底王三鲊疤联络，将教徒改为缘军，自任将军，田汝新为军师，蒲和生为统军元帅，在屯山修筑营盘，令焦老五教练，待机而动。四年（1854）九月，杨隆喜在桐梓举义，谭六禄率众响应。十月，同杨隆喜、王三鲊疤合兵围攻黔西州城。义军与官兵、民团激战48日，双方伤亡惨重。官兵援军至，杨、王撤走，谭六禄退守洪水，将缘军分驻于龙潭洞、干洞和屯山营盘。当地富户高元恺引官兵围攻，谭六禄带缘军退于黔西与大定交界的三节箐。七年（1857），黔西知州龚秉琳带兵围攻三节箐，缘军与官兵相持数月。龚秉琳征调地方团练助攻，以近万人对付不足500人的缘军。在双方激战中蒲和生阵亡，田汝新被俘受戮，谭六禄率百余缘军突围后，因伤重力尽，于是令焦老五率众逃走，自己断后，死于官兵乱刀之下。焦老五突围后，再聚力量，同太平天国军相配合，转战各地，直至同治六年（1867）被擒就义。

## 汪炳璈

汪炳璈（1818~1882），原名汪咏霓，字仙谱，清湖南长沙宁乡人。道光二十九年（1849）举人。同治六年（1867）后，调补贵州，历任安顺、遵义、大定、铜仁、镇远等府知府。其间，三任安顺知府兼署贵西兵备道。光绪六年（1880），告归。八年（1882），卒于故里。汪炳璈博学多闻，善辞章，工书画，尤善画兰。尺幅寸楮，人则珍之。其联语豪放潇洒，自成一家。著有《笋香楼集》。

## 丁宝桢

丁宝桢（1820~1886），字稚璜，清平远州牛场人。祖父丁必荣曾任四川昭化知县，父丁世菉为贵州镇远训导。丁宝桢自幼勤奋好学，胸怀大志。清道光二十三年（1843）中举人，咸丰三年（1853）中进士，选翰林庶吉士、编修。

四年（1854），桐梓教军首领杨隆喜率众举义，战事蔓延至平远。丁宝桢在家乡聚乡勇办团练，率队驰援龙里，保卫贵阳。事平，丁宝桢以功授湖南岳州知府，随后升山东按察使、布政使、巡抚，因与捻军作战有功，累受朝廷嘉奖。

丁宝桢在山东10年任上，整饬吏治，革除苛政，为百姓称道。尤其以治理黄河，功绩卓著。同治十三年（1874），黄河山东段决口郓城侯家村，运河南北两岸长堤冲刷殆尽，东南州县几成泽国。管河臣工集议，于次年兴工治理。丁宝桢以为春季事机一误，功倍大而费倍增，明岁伏秋汛临，则淮徐以下，何堪设想。丁宝桢力主趁水枯之时，在南岸菏泽之贾庄及北岸开州之南口两处水势稍能逼束处选基筑坝，从贾庄堵合正流，由蓝口分溜，引归旧河，由张家门王老户下注，则东南漫水皆可断流。经一冬春，光绪元年（1875）三月，堤岸合龙，河水归流。清廷以宝祯力膺艰巨，督率有力，予以优叙。

丁宝桢刚直中正，大智大勇。晚清宦官弄权，太监安德海以柔媚而得慈禧太后宠信，干预朝政，为所欲为，朝官敢怒而不敢言。同治帝年幼时，亦受其摆布；稍长，不堪欺负，以欲杀安之意告慈安太后。慈安暗示同治："欲有肝胆之人，惟山东巡抚丁宝桢可恃。"同治密诏丁宝桢付以重托。八年（1869）七月初六，慈禧令安德海赴苏州采办寿礼。安乘坐楼船，船头插"奉旨钦差办龙袍"大旗及日形三足乌纛旗，船内携乐工歌会，沿运河南下，沿途招纳权贿。地方官吏莫不畏惧，惟丁宝桢不畏权势，具事告发。同治帝见奏，即谕丁宝桢"严密查拿，令随从人等指正确实，毋庸审讯，即行就地正法"。安在山东临清南湾起岸，改乘车舆，于八月初二到泰安。丁宝桢当即令总兵将其擒拿，星夜解送济南，亲自提审。安有恃无恐，口出大言："奉皇太后命，谁敢犯者，徒自寻死耳。"众皆惶恐，丁宝桢镇静自如，提审随从太监，查获龙衣一领，翡翠朝珠一挂，遂以"宦官私出，非制，且大臣未闻有命，必诈无疑"定罪，奏请将安处斩。奏章至京，慈禧惶骇，问计左右大臣，众臣皆言："此祖铸有铁书谕十三衙门，立于神武门外，不准太监出京，违者正法。”八月初六，慈禧上谕到达济南，欲保安德海。丁宝桢从容应对，机智处置，前门接旨，后门斩安。此举声震朝野，天下闻名。李鸿章阅《邸钞》，传示幕客，谓“稚璜成名矣”。曾国藩对薛福成云：“吾目疾已数月，闻是事，积翳为之一开。稚璜豪杰士也。”

丁宝桢热心洋务，致力于求富自强。认为“中国自强之术，于修明政治之外，首先精求戒备，所谓弃我之短，夺彼之长也”。光绪元年（1875），在山东创设泺口制造机器局，“令其自办机器制造，俾各勇营枪炮，旧者可以整之使新，新者不必远购外洋而得用亦与外洋相等，庶可为国家省无穷之费。”创局一年后，枪炮制成，是为山东洋务之始。时值日本挑衅，欲犯中国海疆，丁宝桢密呈海防计划，在山东烟台、威海卫、登州等处构筑炮台，以固海防。二年（1876），丁宝桢升任四川总督，继续提倡洋务，创办四川机器局，为四川近代工业之发端。设局之初，官绅中有反对洋务者，竞相弹劾丁宝桢；朝廷昏庸，不查实情，于光绪五年（1879）二月，以“费用较巨，制造未能精良”，令停办机器局。丁宝桢据理抗辩，痛斥墨守故常之辈，陈述异日当有收效之理。几经周折，于是年十月重开制造局，并扩大生产规模，制造出前后膛枪、药弹、铅弹、炮及小型机器。九年（1883），中法战争爆发，丁宝桢以自制军械装备五营军旅，交鲍超带领，奔赴云南边疆要害地方驻扎，为岑毓英抗法后继之师。战事吃紧，抗法将领致书丁宝桢，望其“能赐接济”。丁宝桢慨然相助，四川所制造的枪炮弹药得以大用。

丁宝桢于四川总督任上，殊为关注关乎国计民生的盐政，察知川盐实行官发盐引、私商运销制度，官吏借此婪索，商人遂违禁加斤。盐官乘机贪污受贿，奸商从中盘剥人民，弊端甚多。遂呈请废除旧制，实行官运商销法，在泸州居中设立官运总局以为统筹，在盐井设立厂局分运各岸；又在各岸设立岸局分销私商，将引课、税厘皆纳销于成本之中。此法实行后，贪官、奸商无利可图，深为不满，尽皆诋毁“官运盐务，利少弊多”，请立即停止推行。丁宝桢力排众议，坚持改革，成效卓著，一年后所收税羡及各项杂款达百余万两，四川财政收入大为增加。丁宝桢在川黔边境设永岸、綦岸、涪岸、仁岸，川黔盐运畅通，以解黔地民众食盐之困。

丁宝桢重视地方建设。到任即踏勘检查都江堰，见都江堰年久失修，分水鱼嘴及人字堤残缺朽坏，灌溉河渠淤塞，感到痛心疾首，于是在光绪二年（1876）二月率官民动工修整，将河渠疏通。计修渠70余里，砌堤1.2万余丈，修复人字堤130余丈，分水鱼嘴3处，川西平原复为水旱无忧的锦绣之乡。百姓为纪念宝桢功绩，曾在都江堰建立丁公祠。现今修复的都江堰二郎庙，亦塑有丁文诚公像。

丁宝桢为官在外，仍心系故里。在山东任巡抚时，“请旨省墓回邑”，见故乡时势多艰，遂与贵州巡抚商议，调威宁知州钱壎担任平远州牧，并从山东拨银2.5万两支持钱壎治理平远。十年（1884），宝桢于四川总督任上，捐钱1000两为家乡织金修葺学宫，继又捐银2000两资助家乡办学育人，还捐资修赤水河、簸渡河交通设施和牛场至滥泥沟大路，故身为督抚大员却负债甚多，病危致书恭亲王谓“所借之银，今生难以奉还，有待来生含环以报”。十二年

（1886），丁宝桢卒于成都任所。山东父老感戴丁宝桢恩德，请将其灵柩安葬山东历城华山。清廷颁诏追赠丁宝桢为太子太保，谥文诚。丁宝桢卒后，民间多以丁宫保、丁文诚公称之。贵阳、织金建有丁公祠。丁宝桢著有《丁文诚公遗集》《丁文诚公奏稿》《十五弗斋诗文存》《诗存》等传世。

附：《上谕二道》《懿旨一道》：

## 上谕二道

### 一

光绪十二年五月初七日奉上谕：四川总督丁宝桢，秉性忠诚，清勤练达。由翰林带兵剿贼，历受先朝恩遇，外任知府，荐擢封圻。前在山东巡抚任内，筹办军务，悉协机宜。朕御极后，擢任四川总督，于地方利弊，认真整顿，实心任事，劳怨不辞，前因旧疾剧增，吁恳开缺，迭经赏假调理，嗣已力疾销假。方冀医治获痊，长承倚畀。遽闻溘逝，悼惜殊深。加恩追赠太子太保衔，入祀贤良祠。照总督例赐恤，任内一切处分，悉于开复，应得恤典，该衙门察例具奏。灵柩回籍时，沿途地方官妥为照料。伊子丁体晋著赏给郎中，伊孙丁道臣、丁道源、丁道津、丁道敏，均著俟及岁时，由吏部带领引见，用示眷念荩臣至意。钦此。

### 二

光绪十二年五月二十九日奉上谕：陈士杰奏，已故督臣，功德在民，恳准于山东建立专祠一折。四川总督丁宝桢，前在山东，带勇剿贼，勋勤懋著，并于地方赈务河工及清理讼狱、兴建学校等事，无不实心经理，洵属功德在民。丁宝桢著准其予山东省城建立专祠，以彰忠荩而顺舆情。钦此。

## 懿旨一道

光绪十五年正月二十二日钦奉慈禧端佑康颐昭豫庄诚皇太后懿旨：从前军务紧要，封疆将帅之臣，运筹决策，努力同心，或未蒇全功，或始终勤事。论其谋国之忠，均属声施烂然，勋名相将。兹当归政之始，追念劳臣，所有功绩最著之原任四川总督丁宝桢，著赐祭一坛。钦此。

## 周婉如

周婉如（1824~1864），自号“纫湘女史”“吟秋山馆主人”，清毕节海子街周家桥人，适大定黄梅溪，系晚清黔西北著名女诗人，父周凤冈为清道光年间翰林。婉如自幼聪敏好学，擅长书画，通晓音律，因在诗文名流中才华出众，受誉较高，早博得贵州才女“不栉进士”之称。其书画均已散失，唯其诗词集《吟秋山馆诗词钞》传世。

周婉如生活的时代正处于晚清咸、同年间，这一时期的清朝社会动荡不安，兵燹频年。由于清政府腐朽残酷的统治，咸丰元年（1851）爆发了洪秀全领导的太平天国起义，起义长达13年，得到了贵州各族人民的响应和支持。七年（1857）12月，何冠在思南鹦鹉溪率白号军（因起义军头裹白布而得名）起义，白号军攻占思南县城后，连克印江、湄潭、桐梓、黔西、大定（今大方）诸县城。九年（1859）3月，陶新春、陶三春兄弟在威宁韭菜坪（今赫章境内）率苗众造反（史称黔西北苗民起义），起义军分别以韭菜坪、红岩尖山、青场猪拱箐为大本营，以凯碑、嘎木、海马姑等隘100多处为子营，建立了环周300余里的根据地，配合进入黔西北的太平天国革命军曾广依、张遇恩部拼力与清军作战，坚持反清7年之久，沉重打击和动摇了清政府在黔西北的腐朽统治。

由于周婉如的诗词作品大都成于咸、同乱世，动荡不安的社会环境和夫妻千里远隔（夫黄梅溪就任广东），音尘杳绝，赴访道阻以及适逢家道衰落、身染沉疴等不幸遭遇，使婉如的诗词风格难免凄切哀婉，怨恨兴叹之声不绝入耳。但纵观《吟秋山馆诗词钞》，其间不乏豪情奔放、热情激越，一吐苏、辛气派和持冰厉节、慷慨抒志，以及同情疾苦、揭露现实的传世名篇。如，《乔妆咏》中“幻成明月前生影，尽洗铅华粉黛羞。我欲乘槎兼破浪，五云天畔任遨游”，豪情夺蔟，有如男儿鹏程万里之志；又如，《丙辰夏五月吊娱闲主人》中“肯让娥眉称进士，赶夸香阁属多才”，激情满怀，气势凌人，尽将对桎梏妇权的封建科举制度的愤懑和不让须眉的抱负吐出。在《黄泥坡晓发》中“旌旗拥道全遮日，马足沾泥半掩尸。四面云山稀鸟迹，遥村瓦砾断烟炊”，感情沉痛，饱含血泪，诅咒乱世。在《秋日感兴》中“日盼风清海息波，欣瞻旌旆荡牂牁”和《雪山关》中“蛮荒多险阻，何日靖狼烟”，充满对兵燹战火的愤慨和对社会安宁的期盼向往。

周婉如的诗词风格尤其是中、后期作品，多受社会动乱和家庭没落的背景影响，导致情绪有所凝郁凄凉，笔调难免偏于低沉。然而许多抒发激情，托物壮志，针砭时弊，诅咒世态，同情疾苦和向往新生的传世佳作，其风格以“融婉约与豪放流派于同炉”一言蔽之并不为过，是最值得世人赞赏和称道的。

## 陶新春　陶三春

陶新春（1825~1867）、陶三春（1827~1867），苗族，二人为同胞兄弟，清威宁州骨董山（今赫章古达）人。陶新春，原名陶正春，又名陶亮。陶新春一家世代为当地彝人以机阿克安氏土目家的农奴。清咸丰五年（1855），桐梓杨隆喜率领反清农民起义武装进入黔西北，攻打毕节县城。陶新春、陶三春联络义士，密谋响应杨隆喜。九年（1859）5月，陶新春、陶三春发动威宁、水城、毕节等地以苗民为主体的万余人，在威宁州韭菜坪举行起义。义军首先攻打以机、青兄、差郎三土目，继克七家湾，击溃威宁州西里武装团练，然后攻占七星关。十一年（1861）正月，贵州提督田兴恕配合云贵总督张亮基调滇、黔两省清军主力，分东西两路围攻七星关，义军给清军以沉重打击后主动放弃七星关，分兵驻守海马姑、红岩尖山、大河凯碑等地，并开辟以猪拱箐为中心的起义军根据地。义军在根据地修建房屋，实行屯田，没收土目、地主财产充实军饷，保护商人进入根据地进行商品交易，解决食盐及日用百货供应，多次击退了清军的进犯，巩固了根据地。

太平天国革命军将领曾广依率部进逼大定，陶新春、陶三春率义军在毕节城外与太平军会师，共同围攻毕节，未克。此时，翼王石达开率军入川，陶新春派千余义军为先遣队，引曾广依入川与石达开会合，并将太平军伤病员带回猪拱箐治疗。同治二年（1863），太平军宰辅李福猷率3万余人进入毕节境，陶新春迎接李部到猪拱箐休整。李福猷任命陶新春为太平军统兵元帅，任命陶三春为太平军将军，并送给义军枪炮，帮助义军搞训练、构筑工事，设立兵工厂，义军很快发展到10余万人，开辟了以猪拱箐为中心根据地，环周以毕节、大定、黔西、织金、水城和云南镇雄、威信及四川叙永十余个州县的活动范围。四年（1865），义军已控制黔西北、滇东北、川南大部分地区，并在战斗中杀死清军将领周学桂，击毙击伤清军5万余人。六年（1867），云贵总督劳崇光、云南布政使岑毓英率滇、川、黔、楚、湘、桂六省官兵数十万会剿义军。义军奋起抗击，多次击退清军进攻，摧毁官兵营垒20余座。七年（1868）二月，清军在增派力量继续围攻猪拱箐的同时，分兵进犯海马姑、红岩尖山等多处营地，并派奸细伪装成援军混入根据地，实施里应外合。六月，红岩尖山大营失守，海马姑大营与中心根据地猪拱箐之间的联系被截断。七月十七日，清军向猪拱箐发起总攻，潜伏奸细内应，根据地各要隘接连失守。义军虽奋力拼杀，但终因寡不敌众，猪拱箐陷落，陶新春被俘。八月十六日，海马姑失陷，陶三春等杀出重围，途中被俘。九月，陶新春、陶三春等义军首领分别在黔西、毕节两地被清军杀害。

## 焦联升

焦联升（？~1867），清大定果瓦人。幼习儒学，兼习武艺。成人后，潜心研读孙吴兵法。清咸丰元年（1851），赴黔西在义军谭六禄军中任操练。七年（1857），清军官兵、团练近万人围攻三节箐义军大营，谭六禄阵亡，焦联升带数十骑突围。其后，扩充队伍，在平坝、箐口、仁怀、后山等地活动。八年（1858），联合白号军攻破黔西州城，后转移至黄泥屯。九年（1859），与到达新场的太平军联合，共同抗击清军。同治二年（1863），与太平军傅忠信（傅王）部联合攻破仁怀县城，后转移到打鼓新场，以绿竹山为大本营开展活动。三年（1864）十月十五日，焦联升攻占黔西州城，苦守半年，被迫撤退。五年（1866）正月初一，再破黔西州城，继克大定府城，声威大振。后被数万清军围剿，退守绿竹山。六年（1867）二月，焦联升被清军擒获，遭诛杀。

## 蓝大顺　蓝二顺

蓝大顺（1829~1863）、蓝二顺（？~1862），亲兄弟，清威宁州人。蓝大顺、蓝二顺少时家贫，曾去昭通做帮工为生，后结伙保商，往返于云南昭通、盐津和四川叙永之间。咸丰八年（1858），蓝大顺、蓝二顺在威宁中水观音山聚会数百人，武装反清，多次遭清军围攻。九年（1859），与昭通李永和（又叫李短鞑鞑）在盐津县牛皮寨结盟起义，向四川进军。十月，连克筠连、高县、庆符等州县；年底，攻占自贡盐场。义军沿途吸收大批农民、盐工加入队伍，次年队伍壮大到10余万人。此后，蓝氏兄弟和李永和以川南为根据地，活动于岷江西岸，攻克井研、峨眉、丹棱、天全等州县。四川总督普望颜、将军崇实派兵阻击，不敌。十年（1860）十一月，义军踞于自贡、富顺一带，连营百余座，拥有众兵30余万。此时，正逢太平军石达开率部入川，蓝、李致书联合，后因石达开未入四川腹地，两军未能联合。同治元年（1862），义军转战四川40余州、府、县，震动四川及周边数省。清廷调集大军，由四川总督骆秉章指挥，进剿义军。义军分3路迎敌。蓝氏兄弟在涪江流域与清军作战，克射洪、江邮，围绵州。九月，蓝二顺部被清军击溃于绵州，退至丹棱，在丹棱麻柳沟激战中阵亡。蓝大顺率部北上入陕南，占领洋县、山阳。二年（1863），蓝大顺与西北太平军陈德才、赖文光部联合，蓝大顺受封为文王，在汉中、固城一带建立临时根据地。十一月，蓝大顺率军北上周至，窥视西安，并与陕西回民军联合，声势复盛。次年，西北太平军陈德才部东下，蓝大顺仍留周至。骆秉章派刘蓉率清军入陕进攻蓝军，激战于周至，钦差大臣多隆阿被击伤而死。之后蓝军寡不敌众，撤离周至，退回陕南。途中遭民团袭击，军溃，蓝大顺被汉阴地主团练杀害。

## 章永康

章永康（1831~1864），字子和，号瑟庐，清大定人。两岁丧父，三岁丧母，由庶母谌氏抚育成人。章永康天资颖异，清道光二十九年（1849）中拔贡，咸丰二年（1852）中进士。三年（1853），为翰林院庶吉士，后改授内阁中枢，继升太子侍读。十年（1860），庶母病故，回籍守制。同治三年（1864），殁于故里，终年33岁，英年早逝。

章永康是咸、同年间，富有才华的诗人之一。曾与友人张之洞等人相互唱答，写诗填词，抨击时政。著有诗文集《瑟庐文集》16卷，《瑟庐诗草》3卷，《瘦梅书屋诗存》24卷，《海粟楼诗稿》12卷，《海粟楼词》1卷，《海粟楼遗诗》2卷，《絮红吟馆词》4卷，《影雪辞》6卷，《雁景庵词》20卷，《宝瑟山房四六》4卷，《瑟庐尺牍》4卷，《幼存馆课诗赋稿》8卷。可惜其著作，因年湮日久，大部分散佚，今仅存《瑟庐诗草》3卷，《海粟楼词》1卷。

## 蔡　标

蔡标，字锦堂，生卒年月不详，清威宁州人。家贫，其父兄皆业农，素谨朴，常受乡里一势恶欺辱。一日，势恶侮辱其父，标不胜忿，执刀刺其腹，乃亡命于兴义府属之册亨，以受雇于人为生。蔡标十六岁时，有姓王氏的人，善能鉴人，王氏见蔡标气宇非凡，便以女许配其为妻。蔡标在威宁的家人，因蔡标杀人所累，日益不振，其兄远出，其母在忧惧中去世，其父无依靠，在知道蔡标的音信后，潜往册亨与儿子相聚。不久，父死。此时，正值云南回族起事，滇中大乱。咸丰八年（1858），蔡标入滇，约相契者八九人，投效于岑襄勤公部下。事平，蔡标率兵扫除威宁积匪，任管带驻防威宁。岑襄勤巡抚福建，奏请调蔡标率所部驻防台湾，蔡标以功升开化总镇，并署大理提督。光绪十年（1884），越南之役，蔡标统军出关，助剿宣光，开拓疆土千余里。二十六年（1900），八国联军进犯北京，慈禧太后和光绪皇帝出逃西安，蔡标请旨入觐，奉旨召集旧部，拱卫西安。之后，蔡标调补广东琼州镇，未到任，病卒于云南寓所。蔡标为将，身经百战，未负一伤。卒后，清廷赏以额尔克巴图鲁黄马褂，头品顶戴，双眼花翎，准其家属回原籍建祠祭祀。

## 岩大五

岩大五（1836~1870），原名顾馥春，小名岩，因曾任哥老会中首领大五一职，人称岩大五，苗族，清清平县（今凯里）人。清道光三十年（1850），年仅14岁的岩大五即参加高禾、九松等领导凯塘苗民的武装斗争。咸丰六至九年（1856~1859），岩大五参加攻打岩门司、施秉县、清平县等战役。同治二年（1863），贵定苗族义军首领潘名杰请高禾、九松派人参与围攻省城贵阳，岩大五受派领3000人前往助战，与潘名杰、得胜等于十一月初二，分三路合围贵阳。因久攻不下，次年撤围，岩大五自此脱离禾、九松部。三年（1864）十一月十六日，岩大五与何得胜率领的黄号军渡六广攻黔西州城。大定知府刘正朝闻讯领兵援守州城，岩大五乘府城空虚之机，于夜间破府城。驻守大定府城期间，严禁扰民，当其撤走时，不少汉族居民加入其起义队伍。五年（1866）十一月二十九日，岩大五联合何得胜及平远（今织金）州许大八率领的起义武装进攻平远州城。同时派人攻占州属若干城堡，开仓济民。六年（1867）七月初五，岩大五于安平（今平坝）县芦荻哨设伏，击毙提督赵德光，嗣与安顺苗族、布依族起义武装及转战黔中的太平军“环绕列营，日夜袭城”，围攻安顺府。八年（1869）四月，岩大五自永宁（今关岭）渡北盘江与回民起义军一道攻克安南（今晴隆）县城。六月，攻普安（今盘县）厅城，与前来援守之万余滇军相周旋。十月初八，联合布依族起义武装攻打郎岱（今六枝特区属）厅城的同时，分别于归化（今紫云自治县）厅、永宁州等地战斗。九年（1870）七月初九，岩大五因缺粮，率部走平远州，后北向水城厅，于十二月十八日夜间攻占威宁州城，复因缺粮返水城。十年正月撤往郎岱，二月转战贞丰、归化等地，九月与王母（今望谟）张哈哈起义部队汇合战斗，十一月被降清的杨树森等诱杀。

### 孙家祥

孙家祥（1850~1910），字云五，清威宁州人。自幼天资聪颖，后中秀才和武举，先后任云南通海、蒙自县令。孙家祥自蒙自县离任回乡后，热心于桑梓文化教育事业。清光绪三十三年（1907），捐资创办威宁第一初等学堂，继捐白银1.28万两建高级小学。宣统元年（1909），捐资办威宁第二初等学堂，并在书院路建图书馆1所，购置图书供民众阅览。家祥热心公益事业，出资购买大批粮食储备于城隍庙，名曰“丰备义仓”，作灾年赈济之用；在黑神庙前修建3间瓦房（旧称花子院），收容沿街乞食的残疾人及孤寡老人，按月发给粮食；建育婴堂，收养遗弃女婴；设禁烟局，戒禁鸦片；购松子8石，雇人遍种威宁城郊荒山，使威宁城青山环抱，林木葱茏。二年（1910）正月十九日病故。

## 二　近现代人物

### 路朝霖

路朝霖（1842~1920），字覃权，号访岩，又作访崖，清末毕节德沟山庄人。同治八年（1869）补行咸丰九年（1859）、十一年（1861）、同治元年（1862）三科举人。光绪二年（1876）恩科进士，授翰林院庶吉士、散馆。曾任四川东乡、万县、奉节知县，擢道员，河南总厘局护理，升河南按察使，巡视河南，赏戴花翎，诰赠中议大夫、中宪大夫。1912年，清廷灭亡，遂隐居河南开封府。

路朝霖初秉庭训，一生笃志于学，穷览经书，且清正廉洁，品行端正，为光绪帝之师。光绪帝曾赐与“一门五进士，天子是门生”之匾予以夸赞。路朝霖精于传统国学，博雅有声，琴棋书画，样样皆能，尤工古诗文辞，为清末国学大师，是清末“三美”文化的优秀代表之一。

路朝霖的诗很富激情，或赏景，或观物，或聚会，往往思潮奔涌，一旦提笔，便有一发而不可收之势。在《续修四库全书总目提要》中，韩承铎著录略云：“《红鹅馆诗钞》二卷（退耕堂印本），其诗颓放激爽。是编亦为徐世昌撮编，为诗二卷，古近体都百余首。朝霖初秉庭训，博雅有声。同治间曾文正（曾国藩）驻军周家口，朝霖作排律五十首，投谒军门，文正亟赏之，见求《阙斋日记》其诗并在是编中，盖早年之作业。卷首有徐世昌，谓其晚年诗与少年诗不同，境愈戚，诗愈工，自其诗之情怀牢落，笔墨激放，故非矫枉之言矣。”

路朝霖一生作诗较多，去世后，遗诗由其妻侄徐世昌精选整理成集二卷，出版流传，集名为《红鹅馆诗钞》，徐世昌亲自为之作序。在《清诗汇》（卷171）中，路朝霖的诗被载入5首：《万岁峰》《早春有怀燕京》《巴东》《八月廿三日偕徐性臣重游慈仁寺》《范忠贞公铜印歌和黄再同》。

路朝霖精于书画、古玩的收藏和鉴赏，其家中收藏的“九字损本兰亭序”、顾二娘手制砚等，均极珍贵。民国之初，滇军总司令唐继尧进住毕节，唐继尧闻说翰林山庄路氏有万卷书楼，藏书甚富，便以借阅为名将路氏许多古籍带回云南，以后一直未见归还。

民国成立后，袁世凯派出四名高级官员赴河南开封拜见路朝霖，欲委以重任，希望路朝霖能出山帮助袁世凯。路朝霖俨然拒绝了袁世凯的“盛情”。

路朝霖性格豪放，交游甚广，和当时社会上许多名流都有深厚的交谊。如北洋政府总统徐世昌，二人既是师生关系（徐世昌幼时曾以路朝霖为师），又是姻亲关系（路朝霖为徐世昌的二姑父），同时还是诗、书、画“三美”契交。贵州遵义的黎庶昌，是晚清著名的外交家和散文家，路朝霖和黎亦过往甚密。出身仕宦之家，曾任陕西、湖北按察史、布政史，被总督张之洞深所器重而誉为“干济之才”“立功立德”的一代名宦黄彭年，亦是路朝霖的挚友。

1920年，路朝霖病故于河南开封，葬开封府城郊徐世昌之祖茔徐家坪，终年78岁。路朝霖一生著述较多，但因频年烽火灾劫，大都遗失，遗留下来的已很少。目前了解的有光绪十三年（1887）出版的《洛阳龙门志》（亦称河南洛阳《石门龙窟志》）、十五年（1889）出版的《路璜神道表》、二十二年（1896）出版的《贵州毕节路氏长房族谱》（一册）和民国时徐世昌整理出版的《红鹅馆诗钞》（二卷）等。《路璜神道表》和《贵州毕节路氏长房族谱》两书，现藏于北京图书馆。此外，还有路朝霖作于光绪年间的《麦积山石窟寺记》、现珍藏于北京孔子图书网的书法8幅、毕节市博物馆“曼陀螺诗龛”和“听松风馆”手书匾额两块。

## 杨幺公

杨幺公（1843~1960），苗族，幼名老幺，清末黔西县桃井乡磨底寨人。杨幺公自25岁起，每年采种育苗，植树造林，连年不辍。40岁后，儿女长大，全身心投入植树造林。春天育苗修枝防虫，夏天除草施肥，秋天采种，冬天移栽；旱季，日夜巡查防火；雪天，为小树拍掉树枝上冰雪，常年不懈。经数十年努力，将村子附近8个荒山栽满树。在住宅四周及耕地土坎植桐、漆、桃、棕、李、杜仲、核桃、板栗、柿子。磨底寨成为青山绿水的花果之乡，幺公受到乡亲尊重和称赞。在造林护林的同时，幺公常采草药为乡亲治病。凡治外伤，均亲自咀嚼以敷贴。年届百岁，仍有一口好牙。1956年，乡里办农业合作社，113岁的幺公争先报名入社，将自己辛勤80余年培育的200余亩用材林和5000余株经济林木入社，交集体所有和经营，且一如既往，尽力于采种育苗造林。1956~1959年，连续被评为贵州省劳动模范和造林模范；1958年，受贵州省省长周林接见，并合影留念。1960年去世，终年117岁。

## 杨绂章

杨绂章（1849~1917），派名汝修，号慎斋，毕节城人。清同治十二年（1873）科举人，中举后不想为官，志在教书育人，是清末毕节著名的教育家。

同治十三年（1874），杨绂章出任毕节松山书院教习。光绪十八年（1892），任松山书院院长。其“立教以存心，立品为体，以储经济、达时务为用”思想，主张办教育要矢志不移、专心致志。要把品行教育作为本体，并通过教育积累知识能力，顺应社会需要，学以致用。杨绂章教学耐心、细致，每次讲学都着重讲清文义、句读、结构、章法、音韵等等。严格要求学生“住堂学习，不得旷课”；自己以身作则，终日不离讲堂，学生有疑问随即解答，弟子们受益匪浅。杨绂章曾编印生员诗文《松山课士录》流布乡梓，编印《制艺浅说》发给生员作考试范文，每月捐出薪金奖励学习成绩优异的生员，还捐献松山书院东面自家的土地，扩建校舍。二十七年（1901）秋，杨绂章将书院改为毕节县“求是学堂”，成为贵州最早的两所新学堂之一。

杨绂章不仅是杰出的教育家，而且能文善诗，曾著有《留真集》一卷。在凉山彝族自治州雷波县马湖，至今还保存着杨绂章《赞马湖》的一首七律诗：“碧波无际接天长，应识龙宫此处藏。前数百年腾赤骥，亘三十里傍黄螂。湖心月照珠成彩，水面风摇镜有光。要得招堤柳桃李，依稀光景是钱塘。”在原贵州师范大学教授向义编印的对联专著《六碑龛联语》中，收录了杨绂章留在南岷山寺的一副长联：“曾栖石隐，溯往来九井，尚留一半痕残，喜此地养可清心，浴可除垢，伏可韬光，松静月明中，最难忘剑磨白水，波洗红尘，印濯绿波，玉斟碧液；久住金仙，量远近诸峰，共有十三景胜，想当年关能延寿，行能步虚，飞能驭气，林高日照处，好细认鳌跨丹山，鹤眠翠巘，龙登紫洞，虎卧黄坛。”

## 柏格理

柏格理（1864~1915），原名撒母尔·波拉德，英国人，循道公会成员。清光绪十三年（1887），由英国差遣会派往中国云南昭通境内传播基督教。三十年（1904）七月，经安顺牧师党居仁介绍，威宁苗族民众结队到昭通找柏格理奉教。次年，柏格理到威宁石门坎建立教堂。宣统二年（1910），建成光华小学。当地及附近的地主、豪绅看到苗民多皈依基督信教，而且见苗族子弟努力求学，发展文化教育事业，于是逼迫苗民搬家，没收苗民土地财产。柏格理便申报英领事向外交司交涉，迫使云南总督、贵州巡抚责令地方官员查办，使苗民子弟读书自由和苗民信教自由得到保护。柏格理妻子、英籍护士韩素珍主持石门坎医院工作，免费为苗族群众看病发药。石门坎附近有麻风病患者，柏格理从世界麻风总会争取到资金，购药发给患者。三十二年（1906），柏格理同李司提、张约翰、杨雅各、张武、王西拉、王圣模及昭通的5位汉族教师，研究苗族语言，以拉丁字母为基础，创造简易苗文，成为当地苗族通用文字。1913年，光华小学有苗族学生毕业，柏格理选送学业优秀者赴成都协和中学就读，其后又送华西大学深造，为苗族培养知识分子。其间，柏格理以苗族教徒杨雅各为师学苗语。学会苗语后，柏格理深入苗族村寨传播教义，启发苗族人民革除陈规陋习，改变落后生活方式，尽力为苗族人民排忧解难。1915年，石门坎伤寒病流行，光华多数学生亦染病，柏格理夫妇为患者精心治理。为护理学生，柏格理染上伤寒病，于9月16日病逝。柏格理的遗体被苗民安葬于石门坎，送葬者达千人。1916年，石门坎苗族人民在光华小学教学楼前用汉、苗两种文字，镌刻“溯源碑”，赞颂柏格理为当地苗族人民所做的功德。柏格理在威宁石门坎期间，著有《中国历险记》《苗族纪实》《在未知的中国》，分别于1908年、1909年、1992年在伦敦出版。1954年，由甘铎理编辑的《柏格理日记》在伦敦出版发行。

## 党居仁

党居仁（1863~1915） 英国人。清光绪十四年（1888），党居仁受设在伦敦的基督教内地会派遣到贵州安顺传教。初因文化及习俗差异，不为民接受。他努力学习地方语言，了解民俗民情，解除人们对基督教的戒心及偏见，在设“宣道所”的地方挂起“戒烟局”的牌子，大力宣传禁烟，免费为吸食鸦片者治疗，并设立“福音医院”，义务为民众治病，吸引不少人入教。不久便建立了安顺、平坝、普定教会。为了向苗族聚居区传教，他还着苗装、说苗话、穿草鞋、系草带，与苗民同吃同住。二十三年（1897），在安顺开办义学，聘请饶九、柳惠熙担任教员，任英语课教师。义学先后招收威宁、大定、织金、普定及安顺附近的苗族子弟和孤儿就读。这些苗族子弟来自不同方言区，党居仁在教学之余，认真向学生学苗语，不到一年就学会几个方言区的语言。义学的学生学习四五年，又派回家乡传道，推进了发展。光绪二十五年，通过培养本地苗民的方式，建立了贵州第一个苗族教会—马洞教会。三年后又利用“保教特权”，为威宁迁往郎岱的苗民追回被夺猎物。是年冬，建立威宁第一个教会—德慕坪教会。此后两三年内，他多次在官府卫队护送下到赫章、威宁传教，建立了赫章葛布、威宁兴隆厂等29个教会。在葛布教堂办起小学，在安顺请汉族教师前往任教，其他各堂也由安顺义学学生及圣经学习班学员主办初级小学。为提高传教效果，党居仁等人以拉丁字母为基础语音创制苗文（老苗文），在基督教会开办的学校推广，用以翻译《圣经》和《赞美诗》，又购置幻灯机到各地教会巡回放映《圣经》故事幻灯片等。1913年，他们以教会贷款方式，为威宁兴隆厂、轿顶山贫困苗族教徒买地，次年又为赫章合山寨教徒买地，深受群众欢迎。党居仁在贵州的传教活动，对地方文化发展有一定的促进作用。1915年，党居仁遭雷击而死，葬于安顺。

## 蔡济武

蔡济武（？~1916），原名蔡奎祥，清末威宁州人。曾留学日本。清光绪三十三年（1907），加入贵州自治学社。辛亥革命后，任贵州安抚使。1912年，刘显世引滇军唐继尧入黔，颠覆大汉贵州军政府，捕杀自治学社成员，蔡济武因回威宁奔丧免遭杀戮，于是遁迹京沪，东渡日本。1913年2月，蔡济武同流亡在北京的贵州自治学社成员简书、方策等取得联系；5月，参加周素园、简书等在北京组织的黔人冤愤团，被选为常务干事；11月，唐继尧向袁世凯密告贵州冤愤团倡言煽乱，袁明令通缉冤愤团首要人员，蔡济武等人被迫离京。1915年，袁世凯称帝。受孙中山任命的中央直辖黔军总司令安健赴澳门与张百麟、陈其美、蔡济武计议反袁。旋即，蔡济武同简书、杜若泉、杨关亭赴云南昆明策动讨袁。其间，蔡济武派人回威宁变卖家产以作活动经费。1916年，由于奸人告密，唐继尧逮捕蔡济武，将其杀害于昆明。蔡济武蒙难后，孙中山手谕抚恤其遗族。

## 王相琴

王相琴（1864~1936），字步云，清末大定人。清光绪二十一年（1895），拜大定名医黄辑五为师学医，精研《内经》《难经》《伤寒论》《金匮要略》和历代名医医案，精通瘟病、伤寒和疑难杂证诊疗，尤其对瘟病的诊治卓有成效，成为大定首屈一指的名医。其医术闻名黔西北各县，求医者甚多。凡权贵、豪户延请出诊，必用车轿迎送，从不步行，并重取酬金；对贫苦人家前往求医者则步行出诊，不收脉礼，甚至资助药费。王相琴行医40余年，惜未留有医案，所用验方大多散失。

## 谭冠英

谭冠英（1866~1911），名复光，字希颜，清末大定六龙人。清末秀才。初在乡设塾馆施教，目睹官贪吏污，民不聊生，感慨时局。清光绪三十三年（1907），与简书、简仲棻在贵阳参加贵州自治学社后，回大定筹建自治分社及东区自治讲习所，发展革命力量。

1911年，集训乡兵，培训300余人，组成模范营，成为光复大定的主要武装。11月4日，贵州光复，成立大汉贵州军政府。谭冠英、简仲棻、来继鹿从贵阳赶到大定与简书共商光复大计。11月8日，简书领导大定举义，强迫知府陈庆慈交出政权，成立大定军政分府，谭冠英任参谋长。继任知府陈鸿爵仇视大定军政分府，便勾结地方恶势力，于12月11日以开会议事为名，将简书、谭冠英、简忠义等邀至万松书院参会。会上，简书在登台演说时，忽然一役卒举刀砍杀简书。谭冠英、简忠义急起护送简书脱险。谭冠英、简忠义则被役卒围困，寡不敌众，壮烈牺牲。1921年，中华民国政府追认谭冠英、简忠义为烈士，命修葺墓园。国民政府主席林森为墓园亲笔题名“双烈园”，贵州省主席吴鼎昌题写墓碑“谭冠英简忠义烈士之墓”。

## 黄乾昌

黄乾昌（1868~1942），清末平远人。自幼随父学石器加工手艺，勤于思考，发明以石焊石的石焊法。清光绪十三年（1887），会稽人黄越生任平远知州，闻黄乾昌技艺精良，约其在州衙会见，赞赏其雕焊工艺，鼓励其试制焊雕石砚。黄乾昌与其弟经过努力，试制成功，开创织金石砚业。黄乾昌继续潜心研究石砚雕焊工艺，创空花石砚造型，完善砚盖雕刻艺术，使织金石砚成为工艺精品。织金石砚所用晶墨玉大理石本具坚硬、细腻、光洁、柔润质地，经磨制加工，其表面光亮明净，用之研墨细腻均匀，不涩不枯，极易发墨；加盖能抗热御寒，使墨汁保持浓度而数日不枯涸，不生怪味。用之书画，墨韵丰泽。加之工艺精湛，遂使织金石砚遐迩闻名。1941年，国民党织金县长王佐限期黄乾昌制作4块石屏送给蒋介石祝寿，临近完工，其中1块在烘烤中炸裂。王佐以不满罪将其逮捕入狱，其子黄玉才被抓去当兵。经多方营救，才得释放，致使黄乾昌精神失常。1942年，在贫病交加中辞世。

## 罗文笔

罗文笔（1868~1947），字万云，号郇山居士，彝族，清末大定东关人。青少年时就读东关私塾，成年后开塾馆教授彝族子弟。1915年，与彝文经师杨腓力研究彝文，对彝文造诣颇深。1929年冬，中国科学院地质学博士丁文江到大定研究彝族史料，罗文笔为丁文江作资料翻译。1930~1932年，罗文笔根据彝族语言文字的语法规律，采用照抄原文、字母注音、汉字对照直译、汉字意译的方法翻译整理《说文》《帝王世纪》《献酒经》《解冤经》《天路指明》及《神权论》6部彝文经典。经丁文江校阅审定，题写《爨文丛刻》书名并撰写序文，由上海商务印书馆出版发行。《爨文丛刻》是部涵盖彝族人文社会科学的彝族经典巨著，对研究彝族历史、哲学、宗教、语言、文字、文学均具有很高价值，受到国内史学界、民族学界重视，且已流传国外。1947年卒。

## 余若瑔

余若瑔（1870~1934），字达父，彝族，清末毕节县人。少好学，娴于经史，尤工辞章。清光绪三十二年（1906），留学日本，入江户和佛山大学，选肄政法，尽通其奥窔。其间，参加孙中山领导的革命活动，为贵州少数民族参加辛亥革命的先驱者之一。贵州光复后，被选为立法院议员。不久，贵州宪政党及耆老会密请云南唐继尧入黔镇压贵州革命力量，贵州革命政权被颠覆。此时，余若瑔被立法院议员推选为副议长，与议长周恭寿等致函质问唐继尧。唐与宪政党密谋改立法院为参议会，将周恭寿、余若瑔除名，余若瑔被迫离开贵州到上海避祸，并在上海同贵州辛亥革命先驱安健创办《斯党报》。不久，流寓北京，开设律师事务所。在北京，余若瑔与平刚、周素园会晤，揭露黔省政变，呼吁伸张正义。居北京5年返黔，隐居故里，潜心诗文，从事著述。因兵匪扰攘，乃携眷至贵阳。经周素园介绍，出任贵州大理分院刑庭庭长。余若瑔“学究申韩，辨媲苏张，仗义执言，耻附权贵”“雅志用世，而兀岸自喜，不屑期媚合同，折节干进”，周西成执掌贵州时，即弃官旅游。1934年，王家烈任贵州省主席，聘其为贵州省政府名誉顾问。不久，病殁于贵阳寓所。

余若瑔是有名的彝族诗人、学者和法学家。其诗“沉郁劲健，取法少陵，而声调之高朗，景光之绚烂，笔力之兀傲，有出入义山、东坡、山谷者”（《邃雅堂诗集叙》），可与章永康、黄鼓年、唐鄂生等人焜耀海内的钜制大篇相与颉颃，堪称卓然大家。著有《邃雅堂诗集》14卷、《罂石精舍文集》4卷、《蠖合拾尘录》2卷、《通雍余氏宗普》4卷、《且兰考》1卷，

《且兰野史》4卷。

## 饶家琳

饶家琳（1870~1945），字本初，号髯翁，清末大定人，清末增生。清光绪三十一年（1905），与地方热心教育人士捐资创办大定第一所私立初等女子小学堂，自任校长，率先让其两个女儿入校就读。此校后来成为大定官立女子初高两级小学。1914～1926年，饶家琳任大定劝学所所长，先后主持和参与创办大定县立第六、七、八初高两级小学，私立第二、三、四初级小学，私立第二、三、九初高两级小学，私立中学预备社。与孙仲瀛、杨筱耿、符诗诚筹建大定初级中学。1931年，集资创办女子初中班。同时，注重兴办职业教育。

1911年，与王宝珩、孙仲嬴等集资创办私立初等农业学校。1915年，创办蚕桑讲习所。1920年，举办女子师范讲习所、国语讲习所。饶家琳一生为发展地方教育事业呕心沥血，直至古稀高龄还应聘到女子小学、大定中学任教，扶病拄杖准时到校给学生授课。1945年卒。

## 黄承恩

黄承恩（1872~1936），名德森，清末平远人。清光绪三十一年（1905），考取官费留学日本就读宏文学院师范专业。三十三年（1907）回国，受聘于清江师范。两年后，辞职返乡兴办学校。1912年，创办织金县两级小学堂，任堂长兼领劝学所总董。黄承恩参考日、美、英等国教育资料和学堂教育制度、教学内容、教学方法等，开设国文、算学、历史、体操和工艺等学科，且亲自担任国文、算学和体操教学。积极倡导创办平民学校和短期成人识字班，开办第一、第二女子小学。黄承恩晚年，在出任织金县教育科长期间，从教育经费中拨出千元大洋，为织金县民众教育馆购买全套《万有文库》和其他书籍。

## 姜磻溪

姜磻溪（1877~1950），又名徐乃姜，字则徐，清末黔西城人，秀才。清光绪三十四年（1908），加入贵州自治学社黔西分社，为庶务。1916年，姜磻溪精心布局，运筹谋划，不辞辛劳，多方游说，广泛集资，兴工修建，历经14载，修复黔西观音阁，增筑荷花池，新建楼堂亭台，砌园墙，植花木，竹树成荫，山石玲珑，初具规模。1930年，姜磻溪邀黔西知名人士题字、作诗、书联、绘画，取名水西公园。1936年，红军二、红六军团长征到黔西，当地官吏豪绅骂红军为“共匪”，姜磻溪目睹红军行为，慨然写《闲情赋》：“王道不难辨假真，一师过后万眼明。公平当把匪字去，长留余晖照古城。”贴在园内，以驳官吏豪绅对红军的诬蔑。1941年春，国民革命军第305师驻黔西休整，师长陈明仁的马夫不慎，放马踏坏园内一株玉兰花。姜磻溪不便直接索赔，而以木匣收残枝败絮，刻碑记叙花被踏经过，并赋悼花诗四首，其中一首是："薄命芳魄绕砌栏，令人一读一心酸。可怜倾国倾城色，化作泥污不忍看。"继后，备筵席邀请陈明仁到公园赴宴。陈明仁见碑和诗后，连连道歉，并赔大洋500元，请铲碑叙。

## 符诗镕

符诗镕（1878~1938），字经甫，清末大定城人。清末秀才、廪生。清光绪三十二年（1906），考取公费留学日本，就读于东京高等师范学校。三十四年（1908），在东京参加孙中山同盟会。

1912年，从日本回国，历任贵州省教育司司长、云南省宜良县县长、云南省政府参议、蔡锷护国军司令部少校秘书等职。1919年，被选为国会议员。1927年，任贵州省政府参议、顾问。次年，任清（镇）毕（节）公路总监。1930年，任南京国民政府军政部、交通部咨议。1934年，任甘肃省泾川特种消费税局局长。1936年，任贵州省政府参议、盘县县长。

符诗镕在任国会议员时，正值军阀曹锟贿选总统，曹锟派人给符诗镕送来大洋5000元，被符诗镕严词拒绝。任甘肃泾川特税局长时，当地有人向符诗镕贿赂，符诗镕不为所动。符诗镕进行深入调查，掌握了该局以往的征税弊端，于是着手整顿税局内部，严肃法纪，开除不法人员，亲友舞弊也毫不徇情。符诗镕的胞弟乘其赴兰州治病之机，贪污税款千余元。符诗镕知道后，严加追查，赔清赃款，令其引咎辞职。任贵州清毕公路总监时，沿线须迁走若干坟墓，符诗镕带头率先将在线路上的祖坟迁出，使公路顺利施工。在南京任军政部、交通部咨议期间，符诗镕不避嫌疑，利用与何应钦、谷正伦的私谊，四处奔走，营救出在南京监狱关押的中共党员、爱国人士及青年进步学生10余人。1937年，"七七"事变后，符诗镕上书国民政府，力主团结，一致对外，并劝何应钦等政府要员以国家民族利益为重，团结各族各界人士抗战到底。符诗镕还热心教育事业，在泾川时，将其所得奖金数千元购置土地房产，捐给兰州作办学之用。在贵阳，与友人黄齐生、黄干夫创办贵阳达德中学、贵州女子学校，并出任达德学校校长。1938年，符诗镕病逝，其丧葬费用全靠亲友资助。

## 周素园

周素园（1879~1958），又名培艺，别字树元、澍元。清末毕节城人，贡生。

周素园青年时，深恨清廷腐败，立志改良政治，寻找救国之策，阅读提倡新学及维新改良书报，逐渐接受维新派思想，主张注意教育以开民智，提倡实业以抗外力。清光绪三十一年（1905），获贵州路矿总公司副总经理于德楷资助，筹办《黔报》。三十三年（1907）8月17日，《黔报》创刊，为贵州第一份报纸。周素园利用《黔报》，宣传爱国主义，反对列强瓜分中国，唤起民众，推行政治改革。11月，与张百麟等发起建立贵州省自治学社，秘密进行推翻清王朝统治的思想和组织准备。宣统二年（1910），自治学社成员发展到10万人，分社遍及贵州全省。年底，经同盟会贵州支部长平刚介绍，自治学社集体加入孙中山领导的同盟会。

1911年9月，四川爆发保路运动，贵州响应，掀起反对将四国借款移为修筑贵渝铁路的斗争，与张百麟、陈永锡商定举行武装起义。11月3日晚，贵州自治学社响应武昌起义，发动武装起义，一举夺取贵州政权，建立大汉贵州军政府。军政府由都督、枢密院、行政总理三部分组成，周素园出任行政总理。1912年3月，贵州宪政党与刘显世勾结云南军阀唐继尧，引滇军入黔，颠覆大汉贵州军政府，捕杀自治学社社员。周素园被迫逃离贵阳，取道毕节入川，别妻弃子，开始近10年的政治流亡生活。后取道武汉入北京，与先期到京的同仁平刚、简书等，以通电、提出控诉方式，揭露宪政党勾结滇军颠覆大汉贵州军政府的罪行。周素园等的斗争，不被袁世凯当局认可，反被明令通缉，周素园被迫离京入川。迫于生计，曾短期在四川合川县署办文案，后任北洋政府交通部顾问。1918年，周素园被奉军司令徐树铮任命为总司令部秘书。1920年11月，贵州政局变化，刘显世被逐，周素园应贵州省长王伯群、应黔军参谋长何应钦之邀，于次年10月任黔军司令部参议，后兼任秘书长。1921年1月，黔军内讧，何应钦被赶走，周素园辞职回毕。次年5月，贵州军阀袁祖铭率“定黔军”由四川回贵州夺得政权，邀周素园任“定黔军”司令部秘书长。8月，袁祖铭任省长，委周素园为政务厅长兼省府秘书长。1923年，滇军再次入黔，袁祖铭败退四川，周素园请假去上海休养。1924年5月，袁祖铭在重庆出任川黔边防督办，电邀周素园到督办公署任秘书长。其间，袁祖铭要周素园代表其去北京与段祺瑞政府联系，周素园提出事毕后“赐放还山”为条件。1925年8月初，周素园辞职。事后，周素园常感内疚，认为“平生只有被袁鼎卿（注：即袁祖铭）屈服是我一个污点”。9月，周素园回到毕节。此后10年，在家中潜心读书，思想认识有新的提高。

1936年2月，中国工农红军二、红六军团长征到达黔西北，在黔大毕建立红色苏区。红军宣传中共抗日主张，组织抗日队伍，年已57岁的周素园出任贵州抗日救国军司令，红军撤离毕节时，周素园毅然离别家小，跟随红军长征。长征中，周素园利用旧交和社会影响，给滇军将领龙云、孙渡、鲁道元等写信，晓以大义，促使滇军避免和红军作战。红二、红六军团长征北上，周素园随军翻雪山、过草地，到达延安。在延安，周素园多次受到毛泽东、周恩来等中共领导人的接见，且多次长谈。12月，西安事变发生，周素园遵照毛泽东指示，写信给何应钦、王伯群、吴忠信、张学良、朱绍良，力主和平解决西安事变。1937年，国共举行第二次合作谈判，素园写信给冯玉祥、张道藩、张继、吴忠信等政要，以推动促使国共早日实现合作。7月7日，抗日战争爆发后，周素园被任命为八路军高级参议。不久，周素园身患重疾，久治不愈，于是向毛泽东陈述回贵州继续为党工作的想法。毛泽东同意其计划，并致信慰勉。临行前，毛泽东、朱德设宴为素园饯行。毛泽东说：“周先生，你虽没有入党，总算红军的一员，交情如此，不可以不知道历史。行前，可否简单的写一点留给我。”次日，周素园呈上自传，毛泽东复信说：“你的以往已足自豪了，今后更辉煌的将来，应该是我执笔来补写。”10月，周素园离开延安开始返贵州，途中周素园以八路军高级参议身份，带着毛泽东给西南各省政府领导人的信，访问西南各省当局，宣传共产党团结抗日主张。在其说服动员下，代理四川省主席邓汉祥同意汇法币4万元补助陕北公学，四川省动员委员会张澜、胡景伊乐意把彭德怀论游击战的小册子大量印送群众。在昆明，周素园广泛接触各界人士，介绍朱家璧、黄俊到延安学习深造；募得巨款购买云南白药2万盒，邮寄西安八路军办事处，转交抗日前线部队急救伤员。周素园所为，为国民党当局所不容，云南省主席龙云下令逐客。周素园回到贵阳，贵州当局不准周素园留居贵阳，让其回毕节。1938年，民国政府表面委周素园为国民参议员、省府参议，暗中则对周素园进行严密监视。毕节解放前夕，国民党当局计划劫持周素园离毕，幸其早有准备，未受其害。周素园暗中策划，组织人员迎接中国人民解放军进入毕节城。

1949年11月28日，毕节解放后，各界推举周素园出任支前委员会主任。1950年初，周素园应中共贵州省委之邀赴贵阳。此后，历任西南军政委员会委员、贵州省政府副主席。1954年，当选全国人民代表大会代表。1955年，当选贵州省政府副省长。1958年2月1日，周素园病逝贵阳。全国人大常委会、全国政协、中共中央统战部以及国务院总理周恩来、副总理贺龙等致电吊念。

周素园一生著作宏富，主要有《贵州民国痛史》《贵州护国护法两役战史》《贵州陆军史述要》《西行回忆录》及《素园文存》5卷、《素园书牍》14卷、《光明日记》23卷。1994年，中共贵州省委党史研究室选周素园自传、论著、电函、家书，编成106万字的《周素园文集》，由贵州省人民出版社出版。王震为文集作序，萧克为文集题写书名。

### 附：毛泽东给周素园的信

素园老先生：

示敬悉，我们觉得你是我们的一个十分亲切而又可敬的朋友与革命的同志，并不觉得你是“坐享优待”。先生的行止与工作，完全依照先生的健康、兴趣来决定，因为先生是老年人了，不比年轻人。这一点，不但我们应顾到，先生自己也应顾到。只有在比较适宜的条件与环境之中，健康更有保证些，工作才会更好些。

先生所提回黔并工作的计划，如果已下决心并认为这样更好些的话，我是全部同意的。路费拟赠300元，不知够不够，请你自己计算一下告我。将来我们经费较充裕的时候，可以每月帮助先生一点生活费，大体上等于在延安生活一样。这完全因为先生是一个奋斗的人，丝毫也不是为了别的。临走时请留下通讯处，并告我。何时走，我来看你。

敬礼！

毛泽东

十月六日

## 费济华

费济华（1880~？）加拿大人。20世纪30年代来华行医，先后在贵阳、安顺筹办医院。1947年，受国际红十字会派遣，接管德国传教士创办的毕节撒拉溪麻风医院，担任院长。费氏办院的宗旨是：希望他们（指病人）从乞丐的地位提高为自专、有用、快乐而负责的人，更希望训练他们，让他们再回家团圆之时，可以更好地生活。旋即，将毕节撒拉溪麻风医院改名为贵州省麻风医院，在威宁县石门设分院，在毕节县城郊大水口设保育院。保育院收养麻风病患者子女，让其与患者隔离，使患者安心治疗。并创办农场生产粮食补充患者及其子女口粮。由于采取以上措施作保障，加上治疗有方，各地麻风病患者相继前往求医，收治患者从数十人到百余人，最多时达174人。在医院医生的精心治疗下，患者陆续治愈出院。至1951年7月，共治愈患者87人。同时，在毕节县城、撒拉溪分别开设门诊，对穷苦病患者实行免费治疗。保育院收养的34名儿童，亦受到良好教育。1951年4月，费济华离毕回加拿大。

## 路朝銮

路朝銮（1880~1954），别名金坡，号瓠盦，毕节德沟山庄人。清末举人，著名国画家、书法家、诗人。1913年，任北京教育部秘书。1927年，北伐胜利后，离开北京去奉天（沈阳）同泽中学任教。1930年，任青岛市政府秘书。1937年，在四川大学任教，并任四川通志副总纂，后任东北大学教授。新中国成立后，1953年6月，路朝銮被陈毅聘为上海文史馆馆员。

路朝銮学识渊博，兴趣广泛，被誉为清末和民国时期著名的国学大师。路朝銮画作绝美，与著名词人吴梅、著名画家吴湖帆过从甚密，与金城、梁鸿志合作的《米家云山》扇面镜心图以及同梁启超共同创作的山水书法《秋溪钓艇》扇面弥足珍贵，已成国宝。路朝銮书法字体端庄秀丽，小楷尤为工整；行书笔墨酣畅，潇洒自如，百字立轴“早悟耆山善”和“甲申告客成都书”都充分体现其特点，以致常被应邀为人题画、题诗，获其“墨宝”者而更是引以为荣，民国书局1949年绝版线装书全一册的《蜀人选粹》，书名即为路朝銮题签。路朝銮又是著名诗人，有《瓠盦先生诗钞》（又名《路金坡诗钞》）传世，其诗集由中国古建筑学家、藏书家朱启玲题词和跋；路朝銮常和一些诗词名家、友人相唱和，以诗抒发心志，其为近代画家贺良朴的传世杰作《千岩万壑图》题诗时写道：“我生恨乏卧游术，四十五年初弄笔。羡君少壮以画名，老去奇姿如鹤逸……君今作画无古人，蟠胸浩气殊嶙峋。径欲从君乞笔法，来与溪山一写真。”表达了自己善师良友、虚怀若谷的谦虚心怀。路朝銮还致力于填词，其和20世纪50年代上海最负盛名的词学专家龙榆生往来甚密，并著有《与龙榆生言〈（SPAN）词通〉》等作品，其词作有的收入清末及近代曲选《诗词曲》，有的收入《铜官感旧图题咏》，有的收入《鱼雁集》丛札。路朝銮喜欢音乐，尤喜用箫、笛和古琴演奏昆曲。路朝銮善交际，当时社会上的许多名流都与其来往。其在北京教育部任职期间，曾多次到徐世昌家做客。路朝銮和梁启超的关系尤为特殊，梁启超的夫人李蕙仙是路朝銮六女婿李焯林（李耀华之父亲）的姑妈，路朝銮比梁启超小七岁，年龄相差不大，关系又很近，平素又有艺术志趣的来往，所以感情一直不错。

## 蔡　锷

蔡锷（1882 ~1916），原名蔡艮寅，字松坡，湖南宝庆（即今邵阳）人。1911年初，调云南，任新军第十九镇第三十七协协统；同年10月30日，与革命党人李根源等在昆明领导新军响应武昌起义，发动昆明“重九起义”，被推为临时革命军总司令，领导光复云南。

1915年12月，袁世凯复辟帝制，12月25日，云南宣布独立，蔡锷等组织护国军，发动护国战争。1916年1月20日下午，蔡锷率护国第一军冒着严寒抵达黔西北西大门威宁县，进入乌蒙山区，威宁县各族民众箪食壶浆，欢迎护国军入城。次日，蔡锷在草海之滨检阅部队，以鼓舞民众、激励士气。1月26日，护国军来到毕节宿营。蔡锷司令部驻毕节盐务处（毕节军分区老宿舍、旧曰游击衙门），朱德支队下榻于百花山路口宁家龙门，指挥部设在城隍庙，其余部队分驻城区各官署、庙宇，概不扰民。

护国第一军入毕之前，云南都督唐继尧就电告蔡锷：“毕节及界连川边一带黔军概行撤往他处。所有军粮等项早经聂知事（聂树楷）陆续预备，我军可以畅行。”毕节对护国军的支持援助，一是人力上，以糜藕池（黄埔第二期学员）为代表的一批热血青年踊跃参军，连大定八堡六寨苗族也有300余人也赶来加入护国军。二是以挑水夫陈二娃为首的挑夫队，随军运送粮秣辎重。三是各界广为发动，进行捐助。四是各界积极主动慰劳将士。为了报答毕节人民的拥军热情，蔡锷在出征前一日，在毕节大校场举行阅兵，护国军离开毕节，日夜兼程，渡赤水河，越雪山关入川作战。

## 肖　森

肖森（1882~1945）　字孟南，清末大定茨沟（今纳雍属地）人。辛亥革命前夕，在大定城办学。时遇大定籍中国同盟会会员简书到大定创办测绘学社，从事共和活动，肖森入社，便入同盟会。1911年九月，测绘学社起义，成立大定军政分府，简书任行政长官。十月，军政分府召开大会，帝制复辟势力袭击其成员，军政分府参谋长谭冠英等当场遭枪杀，简书被砍伤。肖森将简书救至百纳场养伤，又以贩猪为掩护，送其离黔。后肖森被通缉，携眷于民国初年避难到水城。在水城，肖森热心地方公益事业，不惮辛苦于教育。1917年，邑绅钱大昌倡议城关区建区立两等小学校1所，肖森极表赞同，鼎力相助，四处筹募经费。1926年，简书入黔为官，购水城下堂衙门改建之民宅及沙氏绝产，赠肖森安顿家室，以谢救命之恩，并邀肖森出任贵州省政府咨议及定番（今惠水县）县坟长。未几，简遭派系力量排斥，弃职到上海，肖森旋即卸任回水城，到区立两级小学（原区立两等学校）协助时任校长李培善主持校务。后省教育厅倡办国民教育，肖森促助区立两级兼办师范传习所两期，缓解师资紧缺的矛盾，各区国民学校顺利建立。李培善离任后，肖森接任校长，教绩益彰。1939年，县长阮略倡办初级中学，肖森与培善、钱闻达、安吾庆等捐资创办“水城初中”于书院街。校舍半年即建成，肖森教历史。1943年，水城重灾，肖森赴省城，不顾省参议会会场持枪卫兵的阻拦，怀抱荒苗闯入会场，声泪俱下陈述灾民疾苦。其后灾区得赈。1945年，到农场区主持清理公产，辛劳暴病卒。肖森生前重视善导子女，教育他们“要读书明礼，走进步为民之路”。二女肖贞富，民国后期积极支持中共革命活动。二子德富（李茂才，中共地下党员），1948年至次年在水城大河边组织反蒋武装，在赫章、威宁、水城一带发展中共地下游击队。三子肖其富（李晓天，中共地下党），曾任贵阳力报（进步报纸）社社长，又曾先后担任中共滇桂黔边纵第六、第七、第八支队领导人。

## 杨雅各

杨雅各（1882~1945），苗族，清末威宁州人。清光绪三十年（1904），到云南昭通会晤英国传教士柏格理，交往日深，教柏格理学会苗语。三十一年（1905），参与伯格理在威宁县石门坎建教堂和学校。其后，与张武、张约翰、王西拉、王圣模、柏格理等人，以拉丁字母为基础，研究创造出简易的苗文。

1915年，柏格理病逝后，杨雅各与几位苗族布道员继续研究，改进苗文，在黔西北、滇东北几个苗族支系中普遍推广。1916年，杨雅各同英籍教师王树德将《新约全书》《马太福音》的苗文译本送上海联系印刷，但无此类字模，只好到日本横滨印刷。其间，王树德回英国，杨雅各独自一人在日本经办校对、印刷。1917年成书。美国耶鲁大学图书馆存有51种《圣经》译本，其中1种为杨雅各在横滨印刷苗文译本《新约全书》。1945年卒。

## 谌湛溪

谌湛溪（1882~1958），又名祖恩，清末平远人，出身于书香门第。自幼天资聪颖，五六岁便能诗文，被誉为“神童”。光绪二十年（1894）岁考，知州黄越生在其考卷尾批“是则博大精深，恐非童手所能”。旋即单独召见谌湛溪以辨真伪。谌湛溪见知州，侃侃而谈考文。黄越生赞道：“人言神童，真果然也。”于是谌湛溪名列榜首，取光绪甲午科秀才。此后，谌湛溪被推荐入省城贵山书院就读，不久由贵州学政呈文礼部，送北京京师大学深造，考取第一批庚款留学生，赴英国哥伦比亚大学攻读采矿。在哥伦比亚大学，谌湛溪发表《关于磁性探矿公式的推演》论文，获博士学位，留美国地质研究部工作。宣统元年（1909），谌湛溪回国，受清廷之命，赴各省视察矿源。

民国初年，先后任湖南益阳板溪锑矿总工程师、河北唐山煤矿局局长、井陉煤矿局局长和东南大学、北洋大学、厦门大学教授。1926~1935年，先后任江西萍乡矿务局局长、整治汉冶萍公司委员会委员、烟筒山铁矿及石景山铁矿总工程师。1936年，任贵州省建设厅厅长。履职中，用人唯才，不徇私情；勤劳用事，恪尽职守；深入建设工地，亲临现场指挥；且与筑路民工同甘共苦，吃住一起，颇得人望。这一年，蒋介石赴黔视察，谌湛溪不出迎。指名传见时，谌湛溪只行常礼。蒋介石指责贵阳至清镇公路不合要求，谌湛溪慨然陈词：“层层舞弊，公路建设经费窘迫，以至民工生活不堪疾苦，似以何言要求。”谌湛溪直言顶撞，凛然犯上，蒋介石于是严令贵州省省长吴忠信解除其厅长职务。1937~1949年间，谌湛溪先后任云南个旧锡矿探矿队总工程师，唐山工学院、贵州大学教授。因其对采矿事业多有贡献和采矿理论研究有建树，民国时期曾获国民政府3000银两之奖金。

新中国成立后，谌湛溪先后担任贵州大学、贵州工学院、昆明工学院教授。1956年秋退休，定居贵阳。1958年因心脏病医治无效辞世。有诗集《柏余集》和《大学补缺》等论著遗世。

## 王渭宾

王渭宾（1883~1944），名宝璜，清末大定人。名医，一生以济世治人为素志，时人书“故行慈善非慈善，不是菩萨乃菩萨”一联赞美其德行。王渭宾每有诊断，必载诸日记，对脉象、病情、方剂分别初诊、复诊详记。1938年，王渭宾将积累30余年的诊断记录，分门摘抄，精选其代表性病例汇编为《诊断摘抄》10卷，被人誉为“真足补吾黔艺文志的缺陷而启吾黔医药撰著之先路”的医著。1944年卒。

## 杨和林

杨和林（1883~1952），女，清末毕节人。出身于书香门第，幼年随父在成都、叙永等地读书，年长回毕节，任毕节县两级（高级、初级）女子小学校长。1920年，以优异的成绩考入北京女子师范大学学习，期间，受爱国主义思想的熏陶，以“教育救国”为己任。1924年毕业后，到厦门任教，后又到新加坡、马来西亚等国教书，曾任南洋槟榔中学校长。抗日战争爆发后，杨和林重返毕节，任毕节县立第一女子小学校长。1943年，改任省立毕节师范学校教师。在毕任教期间，杨和林积极宣传进步思想，对学生进行爱国主义教育。

毕节解放后，杨和林不顾年老体弱继续从事教学工作，对学生因材施教，循循善诱，耐心教诲，既严格要求，又关心学生。凡是杨和林教过的学生，都把其作为良师益友，经常拜访，向其请教。杨和林终身未婚，潜心钻研教学，直到临故前还坚持上课，把毕生的精力无私地奉献给毕节的教育事业。1952年，杨和林病故于海子街区观音桥小学。

## 穆永康

穆永康（1885~1941），又名穆永保，字守先，清末毕节亮岩太极人，人称穆司令官，是清末民国初年黔军进步军官之一。穆永康幼年家境贫寒，其父穆肇基虽有兄弟4人，但因饥饿和疾病先后夭折3人，唯父亲一人活下来并有后。穆永康兄弟3人，自己居长，两个弟弟为“双胞胎”，但其中一个弟弟也过早夭折，另一个弟弟成人后，在老家务农，为父母养老送终。

穆永康家虽贫穷，但父母开明。自懂事起，就被父母送到私塾里读书。穆永康聪明，学习成绩最好，深得私塾先生的喜爱。毕业后，1906年初，穆永康来到贵阳，以优异成绩考上贵州陆军小学堂第一期。1909年，穆永康毕业时，正逢贵州自治学社如火如荼地掀起革命运动。贵州辛亥革命领导人之一的张百麟、周素园等人于1909年接受孙中山同盟会的革命思想，由平刚介绍集体加入同盟会。这一年，青年穆永康加入贵州新军，积极参加革命活动。1911年10月31日，贵州新军响应孙中山辛亥革命，在贵阳发动武装起义，推翻了清政府在贵州的反动统治，穆永康积极拥护大汉贵州军政府，为贵州辛亥革命作出了积极的努力。

1914年，穆永康被贵州新军以优秀士官保送到保定陆军军官学校第二期步科学习。1916年夏，穆永康毕业回贵州，在黔军袁祖铭部任连长、营长，后旋升暂编贵州陆军第一师师长王文华的副官。1921年，袁祖铭任黔军总司令，穆永康任司令部副官长，后转任贵州陆军第二师参谋长。1922年，滇军第二次入黔驱袁，穆永康受袁祖铭之命，赴广州向孙中山求援，此时适逢汉阳兵工厂催袁提取预购的5000支步枪，50万发子弹，约定在宜都交付。穆永康受命率部分官佐及徒手兵数千去宜都，以这批武器装备、整编部队。部队编入黔军第四路军刘辅卿部，穆永康任指挥部参谋长，后任第七旅旅长。1923年，北洋政府将军府授予穆永康少将衔。1925年至1926年，穆永康任贵州陆军第一师参谋长和中央陆军暂编第九师独立混成旅旅长，率部驻四川江津和贵州榕江、独山、黎平一带。1927年，袁祖铭在湖南常德被湘军周澜设计枪杀。穆永康此时已看不惯各地大小军阀之间因争夺地盘而常年发生的混战，便毅然脱离军界，在贵阳花溪定居当起了寓公。1937年初，穆永康旅居广西柳州。同年6月，中共贵州省工委委员秦天真和进步人士孙师武，途经广西至上海，在柳州受到穆永康的热情接待。穆永康对秦天真和孙师武为革命事业奔走四方的行为非常赞赏，并资助秦天真和孙师武路上活动经费80块大洋。1941年，穆永康在贵阳花溪不幸病逝，享年仅56岁。

## 洪银章

洪银章（1885~1994），清末黔西沙窝人。1943年，洪银章与同乡蔡祖德、郭子平等人在寄安乡密谋组织同心会，以“民国无民权，百姓反贪官”“反对拉兵派款”为口号，扯起义旗，邻近寄安和大定、织金县边沿的民众纷纷响应。1944年农历二月十七，洪银章、蔡祖德、郭子平邀集同心会首领在沙戛坡寒婆岭开会，饮血酒结盟，议改同心会为牛角会，公推洪银章为总会长，郭子平、蔡德祖为副会长。旋即，夺取乡政府人员枪支，围困乡公所，路截清乡队，解救被拉兵的青年10余名。4月，国民党毕节专署派保安副司令罗亦农带保安队赴黔西清剿牛角会。4月5日，罗亦农清剿部队进入寄仲坝，牛角会集结1000余人，步枪400余支，土炮数门，分两路迎敌，相持3天，牛角会人员所带干粮吃尽，纷纷离开阵地。4月8日，洪银章受骗入寄仲坝和谈，遭枪杀。保安队击溃牛角会。5月3日，蔡德祖被刺杀。之后，郭子平被诱捕枪杀。

## 王其澍

王其澍（1886~1927），字雨吾，清末大定对江屯人。1914年考入日本东京早稻田大学攻读生物学。1918年回国，应武昌高等师范学校聘请，担任博物部动物课教学。教学之余，从事学术研究，著有《生物学大纲》《遗传学概论》《蝉肢解剖》等。《生物学大纲》曾由上海商务印书馆出版发行。1927年暑假，王其澍带领学生赴杭州考察，突染疾病，因医生误用蓖麻过量，造成腹泻不止逝世。

## 简　书

简书（1886~1937），字孟平，清末大定人。青年时就学于贵阳。清光绪三十三年（1907），在贵阳参加贵州自治学社后，返大定建立大定分社，并与向渭川，谢开瀛、杨玉堂等人创办乐育学堂，传授科学文化知识和民主革命思想。三十三年至三十四年（1907~1908），与吴仲斋创办测绘学校，招收大定100余名有志青年，学习军事。宣统二年（1910），被选为大定府城董事会副总董。简书利用这一合法身份，筹办团练，联络绿营及城防营的中下级军官和士兵。次年，以训练乡兵作掩护，同谭冠英在东乡六龙场创办自治讲习所，训练300余人，组成模范营，为光复大定作武装准备。

1911年11月4日，大汉贵州军政府成立。11月8日，简书、谭冠英、简仲菜在大定举行起义，宣告大定军政分府成立，简书任行政长官。大定军政分府成立后，即废除封建官僚机构，改组旧政府，裁减冗员，任用革命人士，建立新政权。12月11日，陈鸿爵勾结反动保守势力，以“商议地方事宜”为名，在万松书院开会，通知简书等辛亥义士参加，暗中布置武装，趁机刺杀革命党人。简书在上台演讲时，遭到预伏的武弁持刀刺杀，在简忠义的拼力救护下，简书虽身负重伤，但得以逾墙脱险。

1912年秋，简书、周素园等在北京贵州会馆集会，组织贵州冤愤团，控诉云贵军阀唐继尧、刘显世等篡夺革命政权，血腥镇压贵州人民的反动罪行，被袁世凯通缉，逃离北京。1914年，孙中山在日本东京成立中华革命党，简书参与中华革命党贵州支部和西南协会的工作，同粤、桂、川、湘、黔等省革命党人积极开展护国倒袁活动，并与威宁人蔡国祥到昆明参加倒袁。后来，由于机密泄露，蔡国祥被捕遭杀害，简书因返粤免于难。1915年，简书旅居上海法租界，任《爱国报》主编，利用报纸揭露袁世凯罪行；12月11日夜，报社被搜查，简书因事外出，侥幸逃脱。此后，简书流亡国内很多地方，写下了《纪游旅顺》《荒江路》《劫后追思录》《壬戌东征集》等。1924年1月，简书代表贵州参加中国国民党第一次全国代表大会，被孙中山委派赴四川联络四川军政人员响应北伐战争。1926年，任国民革命军第九军秘书长，不久去职，寓居上海，专事著述，写成《商君书笺证》《荀子笺证》《墨子笺证》《公孙龙子笺证》《说诗》《说曲》等著作，《商君书笺证》由上海商务印书馆出版发行，今《说传》《说曲》及诗作和日记遗稿尚存，其余皆散失。

1937年，“七七”事变后，简书由广州携家眷回乡，行至广西鹿寨突发疾病辞世。

## 余祥炘

余祥炘（1888~1945），号景琰，清末毕节人，彝族。1906年与其叔父余若瑔留学日本。辛亥革命后，参加孙中山领导的讨袁运动。护国战争时，曾任孙中山大元帅府军事委员，1929年参加周西成、李燊之战，任李燊部四纵队司令官。后长期在云南昭通、昆明任职。卒于1945年。

## 周光焕

周光焕（1889~1951），字文谦，清末大定牛场乐公底人。1910年贵州陆军学校肄业，1911年广西讲武堂毕业。1912年任贵州防军上尉哨官、贵州都督府上尉副官。1913年加入中国国民党，1915年任贵州督军署上尉军械官。1918年回乡办团练，后历任贵州全省清匪军营长、援桂联军第四路第二团三营营长、代理贵定县县长兼平伐厘经局局长、威宁县知事、援川黔军第一师军械军法两处处长、贵州清乡总司令部点编委员长、贵州军务善后督办署补充司令。1926年初，任国民革命军第十军独立旅旅长，同年七月，率军北伐，于湖南洪江参加北伐誓师大会，共产党员吴玉章代表国民政府亲临大会授旗并讲话。旋即与第四军独立团叶挺部会师湖北咸宁，参与指挥汀泗桥、贺胜桥两大战役（涂芳藩《颂周县长德政屏序》曰："转战于粤岭湘江。"），收复宜昌，击溃军阀吴佩孚主力，十月十日攻下武昌，从而认识共产党人，了解共产党救国救民方略。北伐胜利后，周光焕因战功卓著，获中正剑、勋章及王天培军长赠长剑殊荣。1927年春，周光焕率军到达安徽寿州、安庆，三月参与攻克徐州战役，并乘胜连克临城、滕县、兖州、泰安。九月，蒋介石借故杀害王天培，周光焕深感国民党政府黑暗，于1928年以丁艰回里。1930年任思县县长，1932年改任永从县知事。1935年升任国民革命军第二十五军中将参谋长，不久归隐故里。后任黔（西）、大（定）、毕（节）、威（宁）、水（城）、郎（岱）、织（金）七县特派员（百姓称为"司令官"）。大定解放初期，任大定县人民政府西路支前委员会副主任。1951年病逝。

## 汪振华

汪振华（1889~1972），号耕阳，清末毕节人。自幼随父学医，15岁即随父在云、贵、川3省毗邻地区行医。民国初年，毕节城乡流行瘟疫，汪振华协助其父研制"时疫散"药方，派人送药下乡，免费救治患者。1942年，毕节农村流行霍乱，汪振华指导制作多种方剂，辨症施治挽救危重病人。为预防天花，与他人合作引进疫药，并编写有关痘科技术资料，为儿童预防接种。汪振华注重调查研究云贵高原居民的生存环境、民间多发病、用药量及药物资源，编写成《济世医方》。对内、妇、儿科均有丰富的临床经验，对疑难症亦有独到的见解和治疗方法，对中医气化、体质学造诣颇深。1962年，贵州省卫生厅授予其贵州名中医称号。1963年，在《贵州日报》发表《汪振华学术思想》，引起贵州医学界的关注和重视。1982年《汪振华医术思想》被《医林拔萃》收录，发行全国。汪振华曾任毕节县1~4届政协委员、毕节卫生工作者协会主任委员。1972年病逝。

## 肖道生

肖道生（1890~1912），又名规，清末黔西人。清光绪三十四年（1908），在贵州陆军学堂读书，其间加入贵州自治学社。辛亥革命时，参与控制陆军小学武装，从事争新军营士兵起义活动。宣统三年（1911）九月十三日夜，贵州辛亥革命起义成功，肖道生担任新军一标二营管带，率军援川。1912年2月，肖道生由四川回到贵州时，遭到滇军的围攻，仓促逃回黔西家乡，仍被刘显世派人缉拿到贵阳杀害。后追认为辛亥革命烈士。

## 姚蕴山

姚蕴山（1890~1915），又名宝光，号煊，清末大定人。清光绪三十三年（1907），与简仲棻等秘密成立大定自治社。三十四年（1908），因在大定初级师范成绩优异，被选送贵州陆军小学就读。其间与席正铭等建立"黄汉公"和历史研究会。

1911年，姚蕴山毕业于贵州陆军小学，升入武昌陆军第三中学堂学习。学习期间，加入同盟会。10月10日，参加武昌起义。1912年，姚蕴山返回大定。此时，正逢大定革命党人遭保守派镇压，政权落入保守派之手。姚蕴山联络革命党人开展革命活动。不久，赴湖北、湖南、广东从事革命活动。1914年，袁世凯复辟帝制。姚蕴山在广东参加中华革命军，开展护国倒袁斗争。冬，潜返大定，准备秘密组织讨袁武装，被人告密，保守派欲对其逮捕，幸得友人报信，姚蕴山趁夜用绳索坠城墙逃走，赴广州、澳门从事革命活动。1915年，朱执信任中华革命军总司令，委姚蕴山为广东游击司令。7月，姚蕴山与杜康成、陈炳坤受朱执信派遣，潜入广州，活动广东总督尤济光举义倒袁，未果，在广州泰安客栈被捕，与杜康成、陈炳坤一起就义。1937年，国民政府追认姚蕴山为烈士。

## 谌少波

谌少波（1890~1958），又名谌祖晟，清末平远人。早年就读于织金文腾书院。清光绪三十年（1904），考入贵州陆军小学堂学习。三十四年（1908），入河北保定陆军学校少年班学习。1911年，升入本校将校班深造，参加辛亥革命。次年，返校续读，1914年毕业，留校任助教。翌年，参加讨袁护法战争。1917年，应何应钦之邀，任贵州讲武堂教育长兼一大队队长。1920年，贵州军阀争战，谌少波离筑退隐上海。1927年，寄居北平。同年，应李晓炎之邀，赴鄂西任李晓炎43军少将参谋长兼第1师师长。李败于贵州军阀之争后，谌少波再次离开军旅，转回北平，闲居8年，研究历史。

1937年，抗日战争爆发后，谌少波任国民党第32军（后改称21集团军）中将参谋长，在华北、华东一带与日军作战。1939年，谌少波患严重风湿病，半身瘫痪。次年，离开军旅，后返乡治疗。1942年，应织金中学之邀，任织金中学历史课教师，将全部薪金捐学校购买图书。

新中国成立前夕，与谌志笃等地方人士敦促国民政府织金县长王佐派代表赴黔西沙窝向中国人民解放军投诚，促成织金和平解放。1950年6月，将全部家产交给人民政府分给贫苦民众，后被特邀为织金县第一届各族各界人民代表会议代表。1952年，携家迁贵阳，任贵州文史馆常驻馆员。1958年病逝。

## 宋　醒

宋醒（1891~1949），字颖真，又名品三，人称宋马刀。清末湖南宁乡人。贵州讲武堂毕业。1931年，贵州省主席毛光翔令宋醒旅驻防毕节兼城防司令。当时，毕节城乡盗贼横行，宋醒令部属张贴告示："凡贪官污吏、土豪劣绅、地痞流氓、不法军人，若不洗心革面，谨防脑袋。"不久，黔西驻军捕得土匪数人，宋醒前往审讯，当场拔刀处决匪首，其余匪众被押到毕节，又将两名惯匪斩决，土匪闻之惊悸。在毕节，宋醒将惯偷小昌林斩首于小校场，盗贼闻之丧胆。大定小兔场（今纳雍维新）匪霸熊某被捉拿关押在毕节狱中，乡绅葛某为其求情，宋不理，次日将熊某斩首于砂石路口，土豪劣绅闻之纷纷畏避。有黄姓妇女设暗娼，勾引青少年女子卖淫，宋醒着便衣查实，将黄某抓捕游街示众，予以处决。宋醒法施重典，其中虽有不当的诛杀，但使毕节地方秩序一时安定，颇得地方人士称赞。

贵州军阀混战，王家烈取代毛光翔任贵州省主席。1932年冬，王家烈派犹禹九到毕节将宋醒逐走。1935年，国民党中央军入黔，黔军被整编，宋醒离队返回湖南故乡。1939年，宋醒任宁乡抗日自卫团第三防区主任、自卫总队队副。1949年初，在中共湘中游击司令员姜亚勋的帮助下，宋醒率自卫总队直属队起义加入湘中游击队。宋醒以自卫总队副为掩护，向游击队提供情报、枪弹，后被国民党当局察觉。7月8日，国民党长沙警备司令部调集部队在大城乡福集村伏击宋醒游击队，宋醒负重伤被虏，后被杀害。

1983年，中共宁乡县委认定："宋醒领导的自卫中队，属游击队的一部分，成员按起义投诚人员对待。"1985年6月1日，广州军区对宋醒颁发61999号起义证。

## 罗春台

罗春台（1891~1967），别号光华，清末毕节人。云南讲武堂一期毕业。1916年，随蔡锷入川参加讨袁护国战争，任营长。入黔后，任周西成部川、滇、黔边防支队副支队长兼一营营长。1929年，任国民革命军25军第8师副师长兼参谋长。1930年，任25军少将参谋长、驻渝办事处处长。1935年，国民党中央改组黔军，罗春台返乡，以医为业。

新中国成立后，曾任福泉县各族各界人民代表大会副主席。1953年迁居安顺，1958年任安顺中医院院长，1967年病逝。

## 李仲群

李仲群（1891~1973），原名李宴春，清末毕节人。14岁应童生试，其文墨出众，邑人称为神童。学成，即投身教育事业。1931年，任毕节县立中学校长，主张男女合校，提倡学生自治，按新课程标准教学。1933年，聘请青年教师秦天真等到校任教，支持秦天真等在校内阅读革命书刊，编写进步刊物。1934年，支持青年教师邱在先和学生杨杰等人组织毕节县立中学学生自治会，办《合一》半月刊，宣传进步思想。1936年冬，公开反对国民党别动队进入毕节县立中学。不久被免职，赋闲在家。1947年，弘毅中学董事会请李仲群出任校长，李仲群以“求实、民主、自治”为办学方针，深受师生拥护。弘毅中学民主空气浓厚，为毕节国民党当局所不容，贵州省第四行政督察专员公署指派视察陈文彬到该校兼任历史课教师，监视教师言行，激起学生反感。学生自治会理事长任叔轩以陈文彬授课无能、误人子弟为由，发动高三班学生罢课，李仲群站在学生一边，迫使陈文彬离校。

新中国成立后，李仲群任毕节中学校长及毕节县各界人民代表会议副主席、县政协副主席、省人民代表大会代表，热忱献身人民教育事业，参加各项社会活动，为毕节文化教育事业和各项社会事业的发展做出了贡献，堪称毕节知名社会贤达。

## 莫　雄

莫雄（1891~1980），字志昂，清末广东英德人。早年参加同盟会。辛亥革命后，历任团长、中将师长、警税总团团长、游击司令、纵队少将司令、财政部视察、少将参议、县长、专员兼保安司令等职。1935年，国民党在毕节设置贵州省第四行政督察专员兼保安司令公署，莫雄为第一任专员兼保安司令。莫雄将其在江西德安专署班底带到毕节，日常工作交由中共地下党员刘哑佛、卢志英、严希纯主持。

1936年2月，中国工农红军红二、红六军团长征挺进毕节，莫雄一枪不发，将直属部队撤离县城，红军团顺利占领毕节。后来，莫雄给中共毕节党组织的信件被国民党当局查获，当局以有通共之嫌将其押解南京，关押150天，后经国民党高级将领张发奎、薛岳、陈诚等人出面保释出狱。

1949年，叶剑英赴广东，毛泽东嘱咐叶剑英：“莫雄是我们党的老朋友、老同志，你一定要找到他，无论他犯过什么罪，一定要安排他的工作。”广东解放后，莫雄历任广东省江北治安委员会主任委员、广东省军事室第一副主任、广东省政协副主席。1980年病逝。

## 王希仲

王希仲（1891~1981），又名王云碧，清末平远人。出身书香门第。早年学经史，中国古典文学基础深厚。15岁师从贵州名医李端棻，20岁学成，行医贵阳。先后在裕春、协济、同济挂牌应诊，并与他人联合组建贵州国医馆，研究中医学。且多次走滇入川，寻师会友，增益知识。留心搜集民间草药单方、验方，取其精华。博学精思，医术大进，成为贵州名医之一。1942年，由筑回乡居住，免费为穷人诊治疾病，有时甚至赠药，其所开处方用药不过数味，被誉为“贫民处方”。

1954年，王希仲任贵州省人民医院中医科主任、省政协委员。其后10余年间，精研中国医学经典，对《伤寒论》见解尤深。潜心研究各家各派及温病学说，对治疗妇科病及疑难杂症，特别对男女不育症，有独到见解，其所开处方味小量少，疗效高。治疗一妇女不育症只用8味药，连服10余剂即受孕；治疗一脑血栓病人，只用5味药，连服数剂后即痊愈。能不用药者不用药。一肥胖患者就诊，王希仲切脉后问：先生吃了多少人参？患者暗自惊诧医生何以知道自己吃用人参，回答吃用过三四斤，王希仲嘱其不必用药，多吃胭脂萝卜即可痊愈，后果如然。王希仲认为药物不能以价值贵贱衡量其好或不好，对症之药即为好药。1957年，王希仲为一位前来省人民医院中医科就诊患者开处方1张，患者见药房仅计药价0.19元，悻然而去；第二次，复来就诊，要求王希仲给开好药，王希仲诊断，确定原开处方正确，遂将药稍作变化，暗嘱药房计价人员将药价由角改为元。此人高兴取药而去。隔数日又来复诊，说病已大愈。王希仲拿出原处方向其说明：只服了一角几分钱的药，为除其心病才出此下策，此事一时传为佳话。在“文化大革命”期间，王希仲受到严重冲击，但仍尽心尽力为患者治病。1981年无疾而终，享年90岁。

## 丁扬斌

丁扬斌（1892~1965），清末黔西白泥田人。少读乡间私塾。14岁起在乡间私塾教书。清光绪三十年（1904），加入同盟会。宣统二年（1910）至1924年间，先后就读于贵阳模范中学、北平政法大学、北平干部大学。1925年，入冯玉祥创办的西北陆军学校学习，结业后任西北军炮团团长兼参谋长，参加直鲁战争。1926年，率部与反冯联军作战，因功升任步兵少将旅长；9月，在五原誓师参加北伐，后任蒙古边防司令。1927年春，任山西省政府秘书长。次年4月，任西北军纵队长，率部参加二次北伐。又次年，在西北军接受国民党中央整编，任西南编遣委员。1930年3月，爆发蒋、阎、冯中原大战，蒋介石命丁扬斌任师长率部讨伐冯玉祥，丁扬斌不愿苟从，在陕西灞桥解散部队，自遁于海州湾撰写《四万万救国方略》。1931年，被捕入狱，得好友张伯龄营救出狱。后与王显庆组织“十人团”，组建生产合作社，进行反蒋活动，蒋介石派人查封“十人团”，下令通缉丁扬斌等人。12月，蒋介石下野，民国政府解除丁扬斌通缉令，任命其为中央财经委员会委员。1932年3月，蒋介石复出，再次抓捕丁扬斌入狱，获何应钦及西北军将领营救出获。其后，应聘在中央国术专科学校、国民大学、中央政治学校、蒙藏学校任教，精选百家经典集成《学术文》，选秦汉至明清政治、军事、外交方面的信、令、檄、榜名篇编成《美术文》作教材，甚得学生欢迎。其间，与冯玉祥、张澜、李济深有交谊。1937

年12月，日寇进逼南京，丁扬斌携家眷辗转于次年春回到贵阳，先后应聘于贵阳女中、贵阳师范学校、清华中学任教。1941年，丁扬斌携妻小回黔西白泥田老家，将丁氏宗祠改办农文小学。次年，应聘到黔西中学任教。1944年，辞聘回白泥续办农文小学，用家宅作教室开办初中班，招收小学毕业后难以进黔西城读初中的青年就读。冬，丁扬斌当选为黔西县临时参议会议员，曾在大白天提灯笼进县政府，直言“这衙门太黑暗”。1947~1949年，任黔西县文献委员会委员，参与修纂黔西县志（经费不济未成）。

黔西县解放后，丁扬斌继续在家乡兴学从教。1950年，中央人民政府副主席李济深寄诗3首，勉励丁扬斌跟随历史车轮前进。1955年，丁扬斌创办马家塞民校。次年，创办工农中学。1955~1965年，先后当选县人民代表、县人民委员会委员，被聘为贵州省文史馆馆员。1965年9月6日病逝。

丁扬斌写有大量诗文。1994年，黔西县杜鹃诗社搜其诗作260余首印出《丁扬斌诗集》。2007年，丁扬斌后人搜其作品请徐明德教授编成《丁扬斌集》传世，收入诗作320首、文32篇，还有部分日记。

## 张伯卿

张伯卿（1893~1952），字廷桂，清末大定六龙人。10多岁即始学漆艺，渐技艺出众，唯其掌握濒临失传的皮胎漆葫芦生产工艺。1927年，张伯卿在大定城开办“宝光斋”漆器工场，所生产的漆器造型典雅，工艺独特，制作的皮胎漆葫芦高约1米、直径60厘米，内盛10人使用的杯、碟、碗、盘、匙、筷数十件，除筷子系乌木制作外，其余均为皮胎髹漆工艺制品。1938年，“宝光斋”生产的皮胎葫芦获国民政府实业部颁发奖状。张伯卿制作的都盛盘（陈列文具用）取料考究，做工精细，历久仍光泽照人，不歪不翘，挡边空花四棱四现；六方茶叶盒、八方茶叶盒，可将盒盖掉转方向松紧自如，线条平整，缝口密合。“宝光斋”除生产皮盘、皮箱、烟盒、花瓶、帽筒等传统产品外，张伯卿还设计制作手提式公文夹等产品。1952年11月，张伯卿病逝。

## 石玉书

石玉书（1893~1973），又名国麟，清末黔西打鼓新场（今金沙）平坝人。少时就读于打鼓新场玉屏书院，15岁拜贺静轩学医，潜心研读中医经典及明清诸家中医著述，历时3载，得其精要。18岁在故里平坝挂牌应诊，时值流行瘟疫，石玉书拟方医治，疗效显著，一时名震。1918年，迁居打鼓新场行医，并求教于名医丁敬之，医术大进。1924年，贵州省军事善后事宜公署会办兼国民革命军川南边防总指挥毛光翔率部赴赤水，经打鼓新场时突患急病，军医束手无策，请石玉书诊治，病愈。行至赤水县土城镇，病复发，派人赶到打鼓新场接石玉书前往治愈，于是婉留石玉书于军中。1929年，毛光翔任贵州省主席，石玉书被委任为国民革命军第25军军医处处长兼贵阳征收局长。1931年，石玉书弃军从医，开设贵阳群康药房。辨证施治疑难病症，医术精良，名望日隆，求治者盈门。对慕名前来求医者，不分贫富，不论身份，均认真诊断，且只收微薄脉理费。遇贫穷患者，免费诊断，甚至送给药品。医德好而医术精，名扬省城。

新中国成立后，石玉书仍以行医为业。自1954年起，曾先后被选为贵阳市人民代表、贵州省政协委员。1956年，贵阳市中医院成立，石玉书为首任院长兼贵阳中医学院附属医院院长。1963年，贵州省卫生厅授予石玉书贵州省著名中医医师称号。1973年2月28日，石玉书逝世。

石玉书行医60余载，师法百家，博采众长，创新中医理论，制方遣药有独到之处。尤精于内、妇、儿科，对疮疡、损伤、内痈等外科疾患亦颇有研究。几十年积累的医案笔录，大部分在“文化大革命”中丧失。其丰富的临床经验，后人归纳总结为四句话：察阴阳，重气化，尚天人相应之奥微；观整体，重气血，以脏腑辨证为绳墨；审清浊，视喘息，尤善切脉以断病症；法经方，效古法，制方遣药独树一帜。

## 简忠义

简忠义（1893~1911），清末大定城关人。家世儒业，自强尚武，少时即喜好拉弓舞剑。在其兄简书的引导下，初具民主革命思想。跟随简书参加辛亥革命。贵州光复，大定军政分府成立后，简忠义任大定义勇军队长。不久，贵州军政府委派清廷旧吏陈鸿爵任大定知府，命管带何宾侯率队驻防大定。陈鸿爵仇视军政分府掌权，于是勾结地方保皇势力及驻防部队，于1911年12月11日，以商议地方事宜为名，在万松书院开会，邀简书、谭冠英、简忠义等参加。会上，简书登台演说，一役卒突然抽出怀中利刃砍杀简书。谭冠英急起护卫，简忠义奋起夺得一短刀，奋勇拼搏，护送简书脱险。谭冠英、简忠义被役卒士兵围困，寡不敌众，壮烈牺牲。1921年，中华民国政府追认谭冠英、简忠义为烈士，修葺墓园。国民政府主席林森为墓园题名“双烈园”，贵州省主席吴鼎昌题写墓碑“谭冠英简忠义烈士之墓”。

## 糜藕池

糜藕池（1893~1951），名克岘，字赈民，清末毕节人，毕节高等小学堂毕业。1916年，护国之役，蔡锷率军到毕节，糜藕池毅然从戎参加护国。1925年1月，入黄埔军校第二期学习，次年毕业，参加东征、北伐。北伐战争中，糜藕池任教导2师第4团中校团副、代理团长。1930年，任教导第3师中校副团长，后转南京中央军校，历任第七、八、九、十期中队长、大队长。1935年，任85师106团上校团长。“七七”事变后，85师106团由安徽蚌埠调河北宛平参战，随后转战山西，抗击日寇板垣师团。忻口战役后，糜藕池升任旅长，战区司令长官卫立煌亲自奖给糜藕池名牌金笔1支。1939年，糜藕池调第一战区战干团任学生总队长。不久，升任94师少将副师长。其间，入陆军大学战术训练班进修。1941~1945年，糜藕池任贵州军管区编练处少将处长兼贵州省保安干部训练班教育长，组训后方抗战兵源和保安干部。

抗战胜利后，糜藕池到南京任首都警察厅西郊警察局局长，并兼任首都警察学校学生总队长。其后，闲居南京。1949年初，糜藕池回到毕节。糜藕池在军中任高级将领十数年，除薪俸而外，不取分外之财。以至退役后，生活窘困。糜藕池回毕不久，出任贞丰县县长。人民解放军进入贵州，糜藕池率部起义，到贵阳闲居。1951年，被冤判。1981年3月，贞丰县人民法院撤销对糜藕池的原判，按起义人员对待糜藕池。

## 钱壮飞

钱壮飞（1895~1935），清末浙江湖州（今吴兴）人。1913～1919年，就读于北京医科大学。1925年加入中国共产党，在北平以行医、开办电影公司、任教、做小报编辑作掩护，从事中共地下工作。1927年，蒋介石发动“四一二”政变，大肆捕杀共产党人；年底，钱壮飞经天津转上海。翌年夏，考取中央统计局（简称中统）无线电训练班，毕业后被委任为机要秘书。1929年通过钱壮飞的关系，周恩来指派李克农、胡底打入中统局，与钱壮飞一起组成中共3人小组。由周恩来直接领导，陈赓负责联系，开展隐蔽工作。1931年4月25日晚，中统党务调查科科长徐恩曾到舞厅寻欢作乐，钱壮飞在中统局值班，连续收到武汉绥靖公署发来的6封特急电报，指名徐恩曾亲译。钱壮飞通过他收集的密码译出电报内容，获悉时任中共中央临时政治局委员的顾顺章在武汉被捕叛变的消息，迅速将此机密报告周恩来，因及时转移，使敌人进行大搜捕时处处落空，中国共产党避免了一次大灾难。钱壮飞暴露后，赴中央苏区工作。1934年10月，钱壮飞随中央主力红军长征。任军委二局副局长。1935年3月，中央红军四渡赤水后，钱壮飞担任中央军委副秘书长。1935年4月1日，红军二渡乌江时，遭敌人飞机空袭，钱壮飞与部队离散，当走到后山乡乌江边黎丛山家询问过江路径时，土匪黎丛山见壮飞身背皮包，腰挎手枪，顿生恶念，便将钱壮飞引领到江边梯子岩前，假装指点过江路线，趁钱壮飞集中注意力察看路径不注意时，猛将其推下岩去，接着用乱石向下狠砸，钱壮飞惨烈牺牲。

## 黎又霖

黎又霖（1895~1949），又名黎万里，清末黔西城人。16岁入贵阳南明中学就读，毕业后考入北平政法大学。1919年，参加“五四”运动，参与火烧赵家楼、痛打章宗祥的爱国行动。后在北平主办《民声报》，由黄季陆介绍加入中国国民党。1922年，黎又霖投笔从戎，任黔军袁祖铭部秘书，劝袁与孙中山合作北伐，袁犹豫不决，黎又霖毅然离去，到国民革命军11军第2师当参谋，参加北伐。1927年，蒋介石叛变革命，离开军界，到上海同济大学任教授，并担任华侨工商学院总务长。1933年，赴闽参加蒋光鼐、陈铭枢、蔡廷锴等人组织的福建人民革命政府，从事抗日反蒋工作。1941年，参加中国民主政治同盟，利用与堂兄黎季云在重庆的聚康银行和侄女婿蒋华村任经理的汇通银行的关系，接触工商界、金融界人士。1944年，参加三民主义同志联合会。1947年底，中国国民党革命委员会（简称民革）成立，黎又霖任民革地下工作委员会成员和民革四川省负责人，受命以聚康银行业务专员身份，从事军运策反和营救难友等工作。由于奸细告密，1949年8月19日，黎又霖被捕。国民党特务头子徐远举对其审讯，以“地位”“权力”利诱均遭拒绝。特务将黎又霖关进重庆歌乐山白公馆，戴上18斤重的铁镣，并经常施以酷刑。黎又霖坚贞不屈，于11月25日，在一张草纸上写下了两首绝命诗：“卖国殃民恨独夫，一椎不中未全输。琅珰频向窗间望，几日红军到古渝？”“革命何须问死生，将身许国最光荣。今朝我辈成仁去，顷刻黄泉又结盟。”27日，黎又霖和其他难友被国民党特务杀害于歌乐山。1950年4月，重庆市人民政府追认黎又霖为革命烈士。

## 杨伯瑶

杨伯瑶（1895~1972），原名荫春，彝族，清末大定中箐人，祖籍毕节燕子口，赤水河扯勒彝后裔，幼年读家塾。1919年“五四”运动后，受民主革命思想影响，毅然离开土司家庭，到广州驻军龙腾庄部任连长，后入黄埔军校一期学习。其间，聆听孙中山、周恩来等讲述革命道理，又受同学中的中共党员影响，思想日趋进步。1926年7月，参加北伐，转战湖南、湖北。次年，蒋介石发动“四一二”反革命政变，便借父丧辞归故里。在故里，杨伯瑶宣布取消佃农向土司交纳鸡租、猪租、扯手线和马草粮的旧例，取消严格的等级关系，不要人们称呼老爷，按世谊和年龄称呼叔、伯、兄、弟，不受馈赠，不要佃户送礼、拜年、祝寿，佃户进屋招待同吃同坐。同时，重视发展地方教育。出资办学，招收附近儿童入学，给贫困子弟发笔墨钱，鼓励其奋发上进。常资助贫困户，收养10多个孤寡老人和孤儿。倡导并组织农民修通中箐到石板、兴隆、八堡、新开和毕节的乡村大道。组织商队护送到中箐赶集的商人，明令不准在场上拉兵派款、赌博。带领亲属及乡民植树护林，不准乱砍滥伐，有效保护海马箐方圆数十里的山林。

1932年，宋醒任黔军旅长兼贵州第二路司令官，驻防毕节，宋醒邀杨伯瑶出任参谋长，杨伯瑶婉辞。宋醒书“此地可称干净土，知君不是等闲人”以示仰慕。杨伯瑶的黄埔同学多为国民党军政要员，多次邀其出山，均被一一辞谢。1935年4月，薛岳任驻黔绥靖主任，邀其出任川滇黔边区少将民团指挥官，杨伯瑶勉为其难仅任职半年。云南省主席龙云拟任杨伯瑶为少将旅长，亦被其婉言谢绝。

1936年2月，中国工农红军二、红六军团在黔西、大定、毕节创建红色苏区期间，派干部到大定八堡发动群众组织苗民独立团。杨伯瑶制作红旗，书写“欢迎红军打富济贫”“欢迎红军救国救民”等标语张贴，并亲自迎接红军，杀猪款待，开仓献粮，献出枪支弹药和银元支援红军。红军部队转移时，将3名掉队红军战士收留在家住3年后，出资送其回乡。杨伯瑶注意民族团结，妥善处理中箐杨姓彝族与六寨苗族长达150余年的民族纠纷，消除杨、梅两姓仇怨。从自家的地产中划出40余亩作花场坪，并竖立石碑，题写“舞花台”，供苗族同胞跳花场之用。每逢跳花节，皆杀猪摆酒招待跳花苗胞。

大方解放时，杨伯瑶参加支前活动，欢迎解放军。组织人员将中箐家中的750公斤稻谷送到响水仓库，将毕节家戛家中的500公斤稻谷送到燕子口区仓库，在群众大会上号召群众拥护共产党和人民政府，向人民政府交枪、交粮，动员少数民族持枪者交枪千余支。1950年，任瓢井区剿匪指挥所副主任。6月，国务院总理周恩来邀请杨伯瑶进京会晤，毕节军分区参谋长郭海波率两个连队护送杨伯瑶到贵阳，转赴北京，杨伯瑶受总理接见后返回毕节。10月20日，原国民党毕节专区保安副司令、反共救国军第八兵团司令罗湘培化装逃到中箐保家寨宋锡州家，请求杨伯瑶庇护。杨伯瑶不允，派人通知中共瓢井区工委书记何启全，当晚派瓢井区武工队包围宋锡州家，罗拔枪自毙。

此后，杨伯瑶历任毕节专署民族事务委员会主任、贵州省人民政府委员、贵州省监察委员会委员，贵州省民族事务委员会副主任，贵州省政协第一、二、三届委员会委员、常务委员。对贵州省的民族事务，少数民族地区经济、文化、社会的发展多有贡献。1972年10月病逝。

## 黄慎初

黄慎初（1895~1944），别名明清，清末黔西安底人。清光绪年间，一四川客商避难其家患病甚久，黄慎初祖母照顾其食、汤药。客商病愈，授之制作酱油、醋技术以示感恩。1911年，黄慎初继承家业，钻研制作酱油、醋技术，在原配方中加入名贵中药材，使醋浓酸而稍带甜味，香气特殊，改用糊米调色，色黑而光泽，久不变质，畅销四方，誉传毗邻数县。黄慎初善于发展实业，在安底陡滩建水碾房、面粉房、磨房、油榨房、酿酒房、制醋房，邀请茅台酒厂名师刘开廷助其制酒，称“慎初陡酒”，民国时期远销香港、新加坡、马来西亚。1944年卒。

## 谌志笃

谌志笃（1896~1971），号石僧，清末平远人。1913年，入贵阳南明中学就读，毕业后考入天津工业专科学校机械科学习。学习期间，与周恩来、邓颖超结识，参加觉悟社，学习马列主义，传播进步思想。“五四”运动中，以天津学生代表身份赴北平同北平学运负责人会合，率众向段祺瑞政府请愿，反对在巴黎和会上签署卖国条约，咬破左手小指，用血书写标语以表决心。事后，谌志笃被选为京津学生联合会负责人之一。同年，谌志笃返回贵州。次年秋，任南明中学学监兼理化课教员，创办《黔声报》，宣传反帝、反封建思想，并与张阳先、杜绾、傅廷栋创办黔南化工皮革厂。1926年，谌志笃辗转至武汉，任周恩来办公室秘书。此期间，将独生女谌曼丽寄拜给周恩来作干女儿。次年，汪精卫发动“七一五”大屠杀，谌志笃离开武汉返回织金。1933~1936年，先后出任贵州省教育厅秘书，建设厅机要秘书、技正、市政工程处主任、度量衡鉴定所所长和国贸陈列馆馆长、重庆市百货统捐局局长。1937年，任炉山县县长。卸任后，回织金参与兴建织普公路，引种烤烟，支持兴教办学，参与筹备修纂民国《织金县志》。1949年末，谌志笃与谌少波等，敦促国民党织金县长王佐向解放军投诚，促成织金和平解放。1950年3月，谌志笃任织金县各族各界代表会议筹备委员会副主任委员；年底，任贵州省人民政府参事室副主任、省政协委员。1971年病逝。

## 葛天回

葛天回（1897~1977），清末毕节人。1922年，毕业于唐山交通大学。在校读书期间，参加“五四”运动，上街作痛斥曹汝霖、陆宗舆、张宗祥卖国罪行讲演。毕业后，先后在吉长铁路、广西大学就职。在广西大学执教期间，中共党员徐健生等到广西进行革命活动，葛天回热情为其租赁住所并资助经费。1932年，葛天回到贵州大学任土木系主任兼教授。1944～1946年，先后应聘任毕节弘毅中学、毕节县中学校长，以“提倡毕节教育与实业，发扬地方科学与文艺”为目的，延聘有才学的老师任教；以民主、科学为办学宗旨，主张学生自学、自治，学好科学知识，追求真理；倡导成立学生自治会，组建弘毅话剧团，演出思想进步、艺术水平高的话剧，博得社会好评。葛天回办学有方，校誉大振，被选为毕节县教育会长。为改善小学老师待遇，据理向县政府力争；在报端发表《论教育经费》一文，公开与县长辩论，受到社会舆论一致赞扬。因不少弘毅中学的师生倾向进步，国民党当局大为不满，葛天回遭到恐吓，愤而辞职。1947年，重返贵州大学任教。

新中国成立后，葛天回当选为贵阳市政府委员、市建设局副局长，采用以工代赈办法，主持翻修马路，规划、设计和修建黔灵水库及黔灵公园，整修甲秀楼、弘福寺和花溪风景区，兴修市内街道，兴办公共汽车，治绩卓然。1958年，参与创办贵州工学院，任土建系及基础课委员会主任。同时，任贵州省人民代表大会代表、省政协委员、九三学社贵州分社委员、中国建筑学会理事。后虽在“文化大革命”中遭到批判斗争，但仍孜孜不倦地勤于学问，研究力学、数学。1977年3月病逝。

## 马　崑

马崑（1897~1980），又名马树堂，号峻峰，回族，清末威宁州人。少年时去云南东川铜矿做工谋生。1915年，入滇军金汉鼎部当兵，护国战争中立功任连长。战后，率部脱离滇军，独自活动在滇、黔、川三省边境地区，扩充部队到7个团。滇、黔、川三省部队多次对其围剿，不能征服。后被四川熊克武部收编。1926年，率部参加北伐，经贵州、湖南入江西，投靠国民革命军第五路总指挥兼江西省主席朱培德，被委为旅长。1927年，蒋介石发动“四一二”反革命政变后，马崑率部在江西井冈山、赣州等地多次与工农红军作战。1935年4月，被授予国民革命军少将衔。1938年，率部在晋南中条山与日军作战负伤，到西安治伤，伤愈后任国民政府军事委员会中将参议。旋即，请长假回威宁闲居。

1949年，威宁县境不断有人民武装活动，国民党威宁县长赵文清密报省主席谷正伦，认为与马崑有关。谷电令赵将马和其家属子女一并送贵阳严予查询，马否认赵密报情由。谷将马及家属留居贵阳。后因威宁局势日趋不稳，谷认为马在威宁有号召力，遂委马为威宁县长兼威宁县民众自卫总队队长，水城、赫章、威宁三县联防司令，回治威宁。同年11月，贵州省保安副司令韩文焕电令委任马崑为独立四师师长。11月28日，中国人民解放军解放毕节，马崑向其亲信透露心曲，想起义投诚解放军。其副师长张镇坤、参谋长杜月泉、政工处长吴鹿蠢均赞同。12月7日，独立四师宣告起义。14日，正式通电起义。21日，马崑任威宁支前委员会主任。1950年2月，马崑率领起义部队到大定接受整编。1951年12月，任贵州省政府参事。1953年3月，任政协贵州省委员会委员。1956年，加入国民党革命委员会，被选为民革贵州省委员会委员。1980年病逝。

## 赵文海

赵文海（1898~1941），清末四川省纳溪人。1918年，任当地民团队长。1932年，纳溪团总勾结保商大队长，构陷赵文海并抄其家，赵文海被迫带领20多名团丁在四川文川沟一带打富济贫。1933年，四川军阀部队到川南募兵，赵文海率队应招，在顾晓帆部任营长。这一年，中共川北行委书记赵裴亚到川南搞军运，赵文海率部起义。次年，赵文海率部配合何以弱、胡旦元、陈明分部攻破镇雄县城。1936年春，赵文海在兴文炭厂找到中共川滇黔边区特委和中国工农红军川滇黔边区游击纵队，要求参加红军游击队，被特委接纳。不久，加入中国共产党。边区特委派赵文海带几十人组建贵州游击支队。赵文海以毕节为中心，在黔西北一带开展游击活动。9月，整编部队，赵文海任贵州游击支队司令员，建立起以毕节黄塘、对坡，云南威信水田寨、镇雄镰刀湾为中心的游击区。1938年11月，贵州省第四区行政督察专员兼保安司令公署何朝宗调集吴家屯、海子街、燕子口区民团武装700余人围剿游击支队，赵文海指挥部队反击，俘虏民团官兵60余人。1941年4月，贵州省第四区行政督察专员公署兼保安司令在云南镇雄、彝良、威信等县地方民团武装的配合下围剿游击支队，游击支队因寡不敌众，被打散。8月，赵文海秘密到赤水河一带活动，和儿子赵银臣一起被特务逮捕，杀害于清水铺南关黄桷树下。

1986年4月，贵州省人民政府追认赵文海为革命烈士。

## 丁道衡

丁道衡（1899~1955），字仲良，清末平远人。幼年读私塾，后入贵阳模范中学就读。1919年，入北京大学预科甲部学习，1921年转读地质系本科。1926年毕业，留校任教，并从事地质古生物研究。1927年，丁道衡应邀参加北京大学西北科学考察团，负责考察西北古生物和矿产。5月，考察团成员从北京出发，不畏气候恶劣，路途艰险，横穿戈壁，翻越天山，直达新疆塔什库尔干，历时3年，完成考察。丁道衡在考察中首次发现白云鄂博铁矿，绘制地质图百余幅，采集地质实物标本35箱，搜集内蒙古、宁夏、甘肃、新疆风土物品3箱，为开发西北提供珍贵实物及技术资料，用实践打破某些驻华外交使团散布考察不会成功的流言。

1930年10月，丁道衡回北大任教。次年7~8月，兼任北京女子师范学院讲师，其间整理发表

《新疆矿产点略》。1934年8月，留学德国柏林大学地质系，师从斯梯勒教授攻地质构造。次年转马堡大学随卫德肯教授研究无脊椎动物化石，完成古林海、十字珊瑚、波哈特贝及鄂头贝研究，发表论文《关于波哈特贝与鄂头贝的内部结构》《方锥珊瑚研究》，获博士学位，被英国皇家学会聘为会员。

1937年12月，丁道衡任云南省建设厅技正。1939年9月起，为川康考察团专家，赴四川、西康考察，途中遭匪抢劫，未尝夙愿。1940年4月，受聘于武汉大学矿冶系教授，讲授地质6门课程数年。其间，发表论文《十字珊瑚之意义》。1942年8月，回贵州，在安顺创建工农学院，附设工业职业学校，自任校长。后工农学院迁贵阳，改组并入贵州大学工学院，道衡任院长。1946年与乐森璕教授建议成立贵州大学地质系，道衡任文理学院院长兼地质系主任。其间，首次研究西南石炭纪、二叠纪岩层中的铝矾土矿，确定其层位和初步远景。1948年，被选为贵州大学教授会主席。次年应邀到重庆大学地质系讲学，返校后，在师生集会上介绍重庆人民反饥饿运动情况，大声疾呼“社会存在的各种黑暗必须铲除”“师生温饱应该得到保障”“内战应该停止”。旋即，贵大联系贵阳医学院、贵阳师范学院师生举行示威游行，罢教罢课。1949年8月8日，国民党贵阳当局以“鼓动学潮”和“宣传共产主义”的罪名，将丁道衡秘密拘留于贵阳绥靖公署。其弟丁道谦致书丁道衡北大地质系同学，经时任国民政府行政院长的翁文灏及英国皇家学会多方营救，于10月24日得以恢复自由。

贵阳解放后，丁道衡被任命为贵州大学接管会主任，当选贵州省人民委员会委员，任西南军政委员会委员兼文化教育委员会副主任。1952年12月，任重庆大学地质系主任、教授。1953年，当选为重庆第一届人民代表大会代表、重庆市政协常委、九三学社中央委员兼重庆分会副主任委员、中国地质学会重庆分会理事长。1954年，当选为第一届全国人民代表大会代表。1955年2月21日，病逝于重庆，葬于重庆市小龙坎平顶山巅。白云鄂博铁矿区，为丁道衡塑像纪念。

## 刘鹤鸣

刘鹤鸣（1899~？），清末独山人。1928年，任国民革命军第10军30师1团少校营长。1932~1936年，历任国民革命军第25军步兵6团中校副团长、上校团长。1936~1949年，历任贵州省第四行政区保安司令部上校副司令、贵州省保安处保安第1团上校团长、贵州省保安处副处长、贵州省保安处少将处长、贵州省第四行政督察专员公署专员兼保安司令、黔西北绥靖司令兼27师师长。1949年12月9日，与19兵团副司令王伯勋通电宣布起义。1950年2月至1951年2月，任人民解放军毕节军分区副司令员。后调省工作。

## 阮俊臣

阮俊臣（1900~1941），清末四川古宋人。1921年，入黔军。1932年，任黔军2旅1营营长，结识中共党员刘斯贞，在刘的启发下，思想倾向革命。1933年，因联络地方绿林首领石保川等在四川古宋举行武装暴动失败，旋即转入中共党员刘复初领导的南六游击队。

1935年秋，阮俊臣受中共川滇黔边区特委和刘复初指派，到贵州组建游击队。冬，到毕节与中共贵州省工委领导邓止戈取得联系。1936年2月初，中国工农红军红二、红六军团长征到黔西北，建立黔、大、毕红色苏区。9日，阮俊臣率部到毕节接受改编，被编入贵州抗日救国军第三支队，阮俊臣任第三支队司令员，并加入中国共产党，红军干部欧阳崇庭任支队政委。2月中旬，阮俊臣奉命率部到川滇黔边区寻找红军川滇黔边区游击纵队，在边区黄塘梁子建立游击根据地，开展部队整训。3月初，阮俊臣指挥部队在毕节金银山屯上梁子伏击国民党99师14团，歼敌80余人，毙敌副团长1名。紧接着又在孙家铺实施阻击战，缴获200余担敌人从四川运往毕节的军用物资，武装和补充了部队军需。3月下旬，策反驻毕节的国军暂编5旅2团3营连副陶树清率300多名官兵起义，在拱拢坪集体加入阮俊臣率领的部队，转战于大定小兔场（今纳雍维新）及织金、水城、威宁和云南镇雄一带。6月，阮俊臣率部在云南镇雄花躲坝与中国工农红军川滇黔边区游击纵队会合，集体改编为中国工农红军川滇黔边区抗日先遣队，阮俊臣任纵队司令员。抗日先遣队在三省边区，多次打击国民党反动势力的行动，使国民党当局大为震惊。蒋介石电令云贵川3省调集重兵实施“三省会剿”。7月5日清晨，使阮俊臣、陶树清的部队陷于国民党重兵包围之中，阮俊臣、陶树清被迫向镇雄突围转移。8月30日，阮俊臣、陶树清在镇雄雨洒河遭敌袭击，陶树清在撤退时与部队主力失去联系，阮俊臣与欧阳崇庭分两路杀出重围。9月中旬，阮俊臣在四川兴文大石盘找到中共川滇黔边区特委领导汇报失散经过。下旬，中共川滇黔边区特委任命俊臣为贵州游击支队政委，前往贵州寻找赵文海领导的贵州游击支队。为了实现团结抗日和保存革命力量，阮俊臣答应贵州游击支队在云南水田寨接受国民党中央军旅长柳际明的改编，阮俊臣以300人的整建制改编为柳旅的一个大队，另以200余人编为独立大队继续留在川滇黔边区开展活动。

1938年，阮俊臣任国民党军暂编5旅贵阳招待处主任，秘密与潜入贵阳的赵文海联系，为游击队搞军火。此事被国民党贵阳绥靖公署发觉后，阮俊臣被投入监狱关押。7月，经党组织营救，阮俊臣出狱回到毕节。8月，阮俊臣与川滇黔边区游击纵队的人员取得联系。9月，阮俊臣、赵文海率部接受边区特委整编，改为中国工农红军川滇黔边区游击纵队贵州游击支队，赵文海任支队司令员，阮俊臣任支队政委。之后，国民党第99师赴毕节征兵，要求征编支队人员开赴抗日前线。贵州游击支队挑选600名精壮战士，编为99师独立团，开赴抗日前线。1939年，阮俊臣深入毕节城乡宣传抗日救国，开展统一战线工作。1940年9月，阮俊臣在毕节主持召开贵州游击支队军事会议，调整支队领导成员，决定一大队到云南镇雄熊背梁子一带开展活动，二、三大队在滇黔交界的黄塘、水箐、高山一带开展活动，并提出为建立革命根据地创造条件。1941年5月，阮俊臣在毕节被国民党当局逮捕，9月15日被杀害。

1986年4月，贵州省政府追认阮俊臣为革命烈士。

## 郭超群

郭超群（1900~1951），又名郭季子，自署天涯浪子，清末大定人。1929年，在黔军蒋在珍部樊其书营任副官。时正安境内花池出现“神兵”，遂随营部驻防安场，后移防务川，调任旅部参谋。次年弃职到正安县，住于县城南街韩家花园，日以绘画自娱。1931年，郭超群受托为安场七贤茶社开业绘巨幅山水画，以其青少年时代所学功底，构图意境新颖和谐，遂闻名于县内。先后受聘于凤仪男小、女小、正安简师、正安中学，担任美术、劳作课教师达20年。教学中，善于启发学生的思维和分析判断能力。对女学生则教给针织、刺绣技艺，耐心有方。抗日战争时期，郭超群曾作多幅图画，或激励民众艰苦抗战，或鞭挞帝国主义的侵略战争。1949年11月，全县学校停办，郭超群贫病交加，但仍洁身自好，寄住友人家，靠制作风筝、扎花度日。1951年，郭超群带病绘“阶级教育”宣传画，连续10余日。

## 朱厚琨

朱厚琨（1900~1977），字止安，清末平远人。1924年，毕业于北京师范大学英语系。1926~1941年，先后在贵阳师范、达德中学、女子师范、女中、贵阳高中任教，两度出任贵阳师范校长。1942年，先后任贵州大学农学院英语讲师、外语系讲师，后任副教授、教授。厚琨治学严谨，知识渊博，不仅熟谙英语，中文造诣亦颇深。曾改教中文，亦得心应手，深受学生欢迎。朱厚琨待人宽厚，诲人不倦，且思想进步，常向学生介绍鲁迅作品及邹韬奋主编的《生活周刊》，资助生活困难的进步学生生活经费，还为学生在报纸上办的文学副刊写稿，深受学生敬重。

新中国成立后，朱厚琨任贵州大学教授、文学院教授、副教务长。曾赴农村参加土改，任土改工作团总团长。1953年，任贵阳师范学院教务长，旋即兼任贵州省高校招生办公室主任。其间，担任贵阳市人民代表、政协委员、省文联执委、省政协委员。1957年，在反右斗争中受到错误处理，在“文化大革命”期间遭受迫害。1977年，患癌症病逝。1978年后，有关部门为朱厚琨平反昭雪。朱厚琨遗作有日记近百册和1947年翻译的英国作家乔治·吉辛长篇小说《文苑外史》（由交通书局分3册出版），1948年翻译的乔治·吉辛长篇小说《威尔·瓦伯顿》（上海文化出版社出版）以及《止安译丛》4册等。

## 夏　曦

夏曦（1901~ 1936），字蔓伯，号劳侠，清末湖南桃江人。1917年就读于湖南省立第一师范学校。1919年，加入毛泽东、蔡和森、何叔衡组织的新民学会。1920年，加入湖南俄罗斯研究会；10月，参与毛泽东等人筹建社会主义青年团。1921年，加入中国共产党。次年，出席在莫斯科召开的远东各国共产党及民族革命团体第一次代表大会。1925年，与何叔衡、李维汉以个人身份出席中国国民党湖南省第一次代表大会，分别被选为执委、监委会委员。1926年，与毛泽东等人出席中国国民党第二次全国代表大会，被选为中央后补执行委员。1927年4月27日~5月9日，出席中共第五次代表大会，被选为中央委员，担任中共湖南省委书记。这一年的秋天，受中共中央派遣，赴苏联莫斯科东方大学学习。1928年，在莫斯科出席中共第六次代表大会，回国后，任中共江苏省委常委兼宣传部长。1931年3月，调任中共湘鄂西中央分局及湘鄂西临时省委书记，在反击国民党军队围剿、建立工农政权、组织武装开展游击战、发展根据地经济文化等方面做了大量工作。在此期间，因贯彻执行王明“左”倾冒险主义路线，犯了扩大化的错误。

1934年，红三军转移到湘鄂川黔边区建立黔东革命根据地，成立中华苏维埃湘鄂川黔省革命委员会、黔东特区革命委员会；10月，担任红六军团政治部主任。1936年初，红二、红六军团长征到黔西北，建立黔（西）、大（定）、毕（节）红色革命苏区，夏曦协助军团领导建立了中华苏维埃人民共和国川滇黔省革命委员会，同王震邀请毕节知名人士周素园出任贵州抗日救国军司令，同邓止戈、徐健生研究发动群众参加红军，打土豪分浮财，并领导红军在苏区开展声势浩大的宣传活动，动员苏区数千儿女踊跃参加红军。2月27日，红军进行战略转移离开苏区。28日，红军到达毕节与赫章交界的七星关时，夏曦因渡河溺水不幸牺牲。

1985年，中共毕节县委、毕节县人民政府在七星关树立夏曦烈士纪念碑。之后，还在毕节烈士陵园修筑夏曦烈士墓。

## 卢嵩岚

卢嵩岚（1901~1953），彝族，原名卢峻，清末威宁州人。早年就读于威宁明德小学、昭通宣道中学。1935年，入中央军政学校五分校学习。1939年，任国民革命军60军182师警卫连连长，在台儿庄战役中两次负伤，立二等功1次。1945年8月，抗日战争结束，卢嵩岚将所部一部分战士带到威宁，组成其所任乡长的四甫乡的武装。1949年10月，卢嵩岚接受外侄陆宗棠的动员，将其全部武装交给中国人民解放军滇桂黔边区游击纵队第六支队，组建威宁游击团，卢嵩岚任团长，陆宗棠任政委。1950年1月，卢嵩岚与陆宗棠率部配合解放军第16军侦察营赴彝良围歼张桐森部，卢嵩岚左臂负伤。3月，威宁地方匪患严重，根据上级指示，中共威宁县委、县人民政府及驻威宁的人民解放军部队暂时撤离威宁，留下威宁游击团在当地坚持斗争。4月22日，卢嵩岚与陆宗棠率部阻击叛逃国民党军童登文部，卢嵩岚负重伤。8月，威宁游击团被改编为中国人民解放军特务团，卢嵩岚任团长。1951年1月，卢嵩岚调任毕节专区民族事务委员会主任。1953年9月病逝。

## 张绍洲

张绍洲（1901~1983），原名张世民，清末毕节林口鸡鸣三省人。1935年2月，与堂兄张世芝（爬雪山时牺牲）一起参加中央红军长征到达陕北。1937年2月，加入中国共产党，在八路军120师358旅715团任排长、连长、指导员等职。1945年8月，在吕梁军分区游击支队三大队任大队长。1947年10月，在吕梁军分区独立16团2营任教导员。1949年1月，在解放军第3军第8师政治部、卫生部任组织干事、教导员。

1951年8月，在甘肃省威武地区山丹县任县公安局局长兼县人民检察院检察长。1952年12月，任威武地区监委办公室负责人。1955年8月后，先后在甘肃省民勤县、古浪县任县长、县委书记。1970年10月离休，在甘肃省成县干休所休养，1983年2月病逝。

抗日战争期间，张绍洲参加过冀中河间保卫战、枣子营反扫荡和山西临县反扫荡等许多次战斗，还参加了延安军民大生产运动。解放战争期间，曾参加著名的山西临汾战役和晋中战役。由于作战勇敢，工作积极，多次受到上级嘉奖和表彰。

## 马学科

马学科（1901~1985），回族，经名阿十杜拉·哈玛尼，清末威宁州人。自幼跟随祖父学阿拉伯文。1919年，先后在云南沙甸、大庄、新寨、昆明南城清真寺投师求学，精熟《古兰经》。后到四川、陕西、甘肃、青海、宁夏，拜访名家，苦学10年，精通阿拉伯文和波斯文，西北人称之为大云南。其间，与他人合译多种阿拉伯文和波斯名著。抗日战争爆发后，放弃去中东朝觐麦加，投身抗日救国。1939年，返回威宁，先后在干河沟、玛撒营、下坝和云南昭通布嘎清真寺从事伊斯兰教学，培育学生千余人。

1953年，马学科参加威宁自治县筹备委员会，翌年当选为自治县政府委员。1955年、1957年、1961年，先后3次出席在北京召开的中国伊斯兰教协会全国代表大会，被选为中国伊斯兰教协会委员，受到毛泽东、周恩来、刘少奇等中央领导的接见。1957年，当选为威宁自治县政协第一届政协副主席。马学科还曾当选贵州省第二、三、五届人代会代表。1983年，当选为贵州省伊斯兰教协会主席。1985年病逝。

## 周稚九

周稚九（1901~1991），又名周埼，号梦九子，清末毕节海子街周家桥人，贵州爱国民主人士。自幼聪明，才智过人，能诗善词。1927年，考入贵州陆军讲武堂第二期学习，毕业后又进入贵州陆军步、骑、炮、工实施学校学习。1920年，周稚九在黔军中历任连长、营长、副团长等职。1931年，历任国民革命军第二十五军第一师、第二师参谋长，军事训练处参谋长。1935

年1月，周稚九奉命率部赴清江河一带布防，阻击中央红军。此时，周稚九接到红军政治部散发给黔军官兵的宣传单，对红军的主张深受感动，于是所部刚与红军先头部队接触，就主动撤退让路，不与红军作对。也因此，周稚九被撤职。1936年，周稚九离开军队回到家乡毕节，被国民党毕节专员公署聘为参事室参事。抗日战争爆发后，又受聘为国民党川滇东路运输局顾问。周稚九平时热心公益，对教育事业尤其关心，一手筹办三楚学校，并任董事长；同时积极参与创办毕节弘毅中学，任常务校董。1949年11月，国民党军队第十九兵团撤退毕节，周稚九与周素园一起劝说兵团司令王伯勋率部起义，投向人民解放军，并亲自营救秦天真之子秦心诚，使秦心诚免遭于难。

毕节解放后历任毕节县第一、第二、第三、第四届各界人民代表大会副主席；抗美援朝委员会毕节分会副主任；中国人民政治协商会议毕节县委员会第一、第二、第三、第四届常务委员会委员兼副秘书长，第五、第六、第七、第八届副主席。1991年9月13日病逝。周稚九从青年起就从戎报国，垂暮之年仍参政议政，一生不忘关心国事，清白做人，和蔼可亲，平易近人，为人典范。在90岁大寿时，中共贵州省委统战部部长惠世如曾送《翠竹》画一幅，并题诗赞周稚九："节蓄高人德，技扬旷士风。南山长不老，松峨郁葱葱。"当时，周稚九很高兴，亲笔填词抒怀，词是《破阵子·九十抒怀》："昔年从容报国，铁马驰骋山河。满腔热血冲霄汉，挥师东溟成烟阁，冷眼对干戈。一声惊雷巨响，何计皤鬓消磨。最是欢欣议政日，乌蒙四处闻凯歌，要听清平乐。"

## 彭新民

彭新民（1902~1936），原名代发，号哲商、字俊，清末大定城关人。自幼聪敏好学，被称为"神童"。擅长书画，尤以爪痕兰竹为佳（遗作被贵州省博物馆收藏）。历任小学校长、民政科长、编修、经理处长、征收局长、政训处长、县长等职。1925年，任独山县征收局长时，提倡女权运动，号召妇女走出家门，参加社会活动，争取男女平等。常以岳飞、文天祥、史可法等民族英烈事迹激励青年关心国事，报效国家。1931年，在都匀县长任上，根据民众投诉，查明情况，将国民党要员张道藩的亲戚、劣绅杨易生逮捕法办，人民额手称快，彭新民因此得罪权势而离职，到黔军何知重部供职。1935年，何知重部奉命追剿红军，彭新民沿途见到红军张贴的标语、布告后，对红军的抗日主张及严明的纪律深为感佩，于是托故返家，在家乡与贫民、工役交往，宣传红军的正确主张。

1936年2月5日，中国工农红军红二、红六军团直抵大定，土豪劣绅纷纷外逃。彭新民联络王南轩、顾炳清、喻金庭等10余人，连夜串联发动群众，赶制彩旗，于2月6日上午组织百余人至南门城外欢迎红军入城。2月7日，中华苏维埃人民共和国川滇黔省革命委员会在大定成立。次日，革命委员会在文庙召开千人大会，宣布成立临时革命政权大定拥护红军委员会，推选彭新民为拥红委员会主任。彭新民亲自起草拥红委员会布告，组织10多个工作组下乡，配合红军组建游击队，建立基层革命政权，开展打土豪分浮财和动员工农子弟参加红军。2月18日，红军进占毕节，彭新民留下处理善后事宜。国民党中央军万耀煌部占领大定后，立即逮捕彭新民。在敌人的特别军事法庭上，彭新民大义凛然，指斥国民党不顾国家民族危亡，挑起内战，破坏团结抗日的罪行。2月27日，敌人在押送彭新民至毕节途中，将其杀害于响水镇。

1983年5月，国家民政部追认彭新民为革命烈士。

## 陈希云

陈希云（1902~1957），清末湖南茶陵人。1927年春，任出生地乡农会会长。1929年10月，加入中国共产党。1930年起，历任茶陵区、茶陵县苏维埃政府财政部部长和湘赣省苏维埃政府银行行长、财政部部长。1933年，任红六军团十七师供给部部长，参加湘赣苏区反“围剿”斗争。1934年8月，任红六军团供给部部长，参加西征，任湘鄂川黔省革命委员会财政部部长和副主席、代主席。1935年11月，参加长征，任红二、红六军团组成的红二方面军供给部部长兼政委。1936年2月，红二、红六军团在黔西北开辟革命根据地，建立苏区，任中华苏维埃人民共和国川滇黔省革命委员会代主席，积极参与苏区的一系列革命活动。

抗日战争时期，担任八路军第120师供给部部长，晋西北军区、晋绥军区后勤部部长。解放战争时期，任晋绥军区后勤部部长、西北军区后勤部部长。

新中国成立后，任西南军区后勤部部长、西南军政委员会财经委员会副主任兼财政部部长、粮食部副部长兼党组书记等职。1957年2月6日，在北京病逝。

## 聂光庭

聂光庭（1902~1968），彝族，清末威宁人。自幼聪颖，勤奋好学，颇受父辈及老师器重。1919年初中毕业，到成都就读高中。1922年，考取成都华西协和大学医疗系修业7年，取得医学博士学位。毕业后回威宁创办四方井医务所、济宁医院。除接待病者外，走遍灼乐多、四方井及大街子许多乡村小寨，为患者治病。1937年，聂光庭应聘任云南昭通福滇医院医师、主治医师、科主任。1946年，任院长。1949年10月后，聂光庭仍任云南昭通专区人民医院院长。1953年辞去院长职务，专职从事医疗。聂光庭医疗业务知识基础扎实，临床经验丰富，尤为擅长内科疑难病症的诊疗，仰慕其名远道求医者甚众。1957年，他赴上海麻风病院学习，回昭通后，定期到麻风病医院为患者诊治，有麻风病人在其家中求医者，亦一律给予医治。聂光庭曾任昭通县政协第二届副主席、常务委员。

## 黄有余

黄有余（1902~1974），清末黔西城人。自小就十分喜爱扬琴弹唱，白天与父亲一起上街做小贩，晚上就与小朋友们一起去听弹唱。久而久之，一出出戏文，一个个唱腔曲牌，便牢牢地印在他的脑海里。没有人时，他还可以顶上去唱上一折。后他得到王石青的指点，并师从左荣先。他不仅拉得一手好二胡，扬琴弹唱也极富特色。1935年，红军长征路过黔西，黄有余等人参加了红军组织的宣传队，宣传红军的革命宗旨，深入街道、农村宣传演出，深得红军和干人（穷苦人）的喜爱。民国31年（1942），黄有余等人成立了“文娱茶社”，宣扬抗战。1952年，黔西县成立人民业余剧团，下分京剧、川剧、文琴、花灯4个组，黄有余等人为文琴组。他们先后座唱了《琵琶记》《清风亭》《雪梅吊孝》等。黄有余等人的文琴组还将观众熟悉的《搬窑》《百日缘》用扬琴调子改编后搬上舞台，第一场演出就颇受群众欢迎。同年，中央少数民族慰问团到黔西演出，在看过文琴戏《搬窑》后给予了很高的评价，中共黔西县委立即作出了发展文琴戏的决定。1953年，在县文琴组的基础上成立了黔西县业余文琴剧团，黄为该团负责人。他们先后排演了《闯宫》《小女婿》《九件衣》《梁山伯与祝英台》和现代戏《卖余粮》等剧目，下到农村演出了200多场，受到观众的热烈欢迎。1956年5月2日，黔西县正式成立了集体性质的文琴剧团，黄任团长。该剧团到省内各地巡回演出，一时轰动全省。同年，黄被选为黔西县人民代表。1958年，黔西县业余文琴剧团改为国营文琴剧团，黄任副团长。1960年，黔西文琴剧团被评为全省和全国文教先进集体，黄代表剧团出席了全省的文教群英会，并被选为主席团成员。1960年2月，经中共贵州省委批准，文琴剧定名为黔剧，同年成立了贵州省剧团，黔西文琴剧团也更名为毕节地区黔剧二团，黄任二团副团长。同年底，毕节两个黔剧团合并为一个团，黄仍任该团副团长。1966年，黄退休在家。他不仅继续唱文琴戏，还以教习青年黔剧爱好者为乐。他授艺的演员有百余人，许多人后来成贵州黔剧界的生力军，有的还成了全国地方戏曲的名角。

## 武镜秋

武镜秋（1903–1936），又名武鉴祥，毕节头步桥人。1924年，考入贵阳师范学校学习。1927年，毕业回毕节，在头步桥两级小学任国文教员。1929年夏，武镜秋目睹土豪劣绅与乡镇保甲长互相勾结，欺压人民的状况，于一天下午，趁鸭子塘（今鸭池）赶场，只身一人，在街中心揭露反动统治阶级的罪行，并号召大家团结起来，与统治阶级作斗争。第二天，被国民党地方当局逮捕。后经乡民和学生请愿得以出狱。由于武镜秋抨击和揭露统治阶级的罪行，遭到国民党地方当局的解聘。1936年春，中国工农红军长征到达毕节，武镜秋报名参加红军，从参军那天起，武镜秋走村串寨宣传红军的纪律和共产党的主张，直到红军离毕前的几小时才与家人见面。在长征中武镜秋带病坚持行军，直到病情严重时，仍满怀对革命的希望，谈笑风生，坚持到生命的最后一刻。1936年5月，不幸牺牲于西康境内。新中国成立后，毕节县人民政府于1951年追认其为革命烈士。

## 席大明

席大明（1903~1936），别名杨殿辉，清末威宁州黑章（今赫章）哲庄坝人。少时，先后在家乡及威宁、毕节读书，14岁始习武，练就一手好枪法。1920年，在大定投黔军李家勋部，在该部历任排长、副营长、营长。1923年，兼任威宁县北三区区长。1935年，转任毛光翔部营长。这一年，哲庄地方大旱，席大明率部攻打地主陇小满家，开仓出粮济贫，激怒地方当局，被迫离队回家。此后，席大明在家乡招募工匠，自制步枪40余支，并购枪百余支，组织武装，打击国民党地方政权和土匪恶霸。1929年，先后率部攻打镇雄、毕节县城。1930年，因云南军阀率军进剿，席大明率部撤离。1934年，席大明武装被黔军收编，改编为犹禹九部的1个营，席大明任营长。旋后，调入军部任中校副官。此时，云南省主席龙云密电贵州省主席王家烈，说席大明是黔滇边境惯匪，久拿不获，请解云南法办，贵州25年军军训处参谋长周稚九从中斡旋后，席大明得以解围。在贵阳期间，席大明结识了打入25军任师参谋长的中共地下党员黄大陆、邓止戈。经黄大陆、邓止戈启发教育，席大明逐步倾向于革命。1935年夏，国民党中央对贵州军队进行改编，席大明等中下层军官作为编余人员被改编离队回乡。黄大陆、邓止戈嘱席大明回乡组织武装，为抗日积蓄力量。席大明返乡后，不久就组织建立了一支有五六百人的队伍。8月，邓止戈到毕节便与大明取得联系。1936年初，红二、红六军团长征进入黔西北，贵州第四行政督察区专员兼保安司令莫雄假意招抚席大明，将其武装暂编为保安团，委席大明为团长，以阻击红军。席大明和邓止戈商量后，采取将计就计的办法，服从收编，暗暗将队伍开到毕节接应红军。2月初，席大明率部到毕节；2月9日接应红军顺利占领毕节。红军占领毕节后，以席大明率领的保安团和中共贵州省工委掌握的周质夫、阮俊臣领导的地方武装，组建贵州抗日救国军，席大明的保安团被改变为贵州抗日救国军第一支队，席大明任第一支队支队长。随后，席大明率领第一支队部在毕节、赫章、威宁和镇雄一带执行扩红和筹饷任务。2月27日，红军撤离黔大毕苏区后，席大明第一支队留在苏区继续坚持地方武装斗争。夏末，国民党第20军133师周翰熙旅到毕节清剿苏区留下的游击队，席大明部受到重创。11月4日，席大明在杨家湾顾家院被逮捕。16日，席大明被杀害于毕节大校场。1981年9月，贵州省人民政府追认席大明为革命烈士。

## 朱焕章

朱焕章（1903~1956），苗族，清末威宁州人。1923年，获威宁石门坎基督教会英籍牧师王树德资助，入昭通宣道中学就读，毕业后回石门坎光华小学任教。1929年，获石门坎基督教会资助，入四川成都华西大学预科就读，后入教育系就读。其间，利用课余编写《滇黔苗民夜读课本》4册。后付梓印刷，用于滇黔边区苗族民众教育。1935年大学毕业，回石门坎担任光华小学校长。1939年春，应邀任昭通明诚中学教导主任。1943年辞职回故里创石门坎初级中学，任校长。1946年，当选国民大会代表。1949年底，威宁解放，朱焕章辞去校长职务，专一从事教学。1954年，调贵州省教育厅任中教科副科长。1956年病逝。

## 黄燮南

黄燮南（1903~1982），字锡斋，民国初年黔西打鼓新场人。10多岁被抓兵，从士兵升至师长，先后在黔军第3师、国民革命军121师任职。1935年，加入国民党。抗日战争时期，率部参加抗日。1949年，在北平率部随傅作义起义，任解放军独立29师师长。同年夏，请假回家探亲，滞留家乡。此时，金沙尚未解放，国民党金沙县长范毅、保安第八团团长车子扬多次邀其任县游击司令，均被其严词拒绝，并规劝范、车率部投诚。同年12月，金沙解放，黄燮南任人民保商队队长。1950年2月10日，3000多土匪攻打金沙县城，黄燮南持枪配合解放军打退土匪进攻，后被任命为金沙剿匪指挥部副指挥长；4月，金沙县人民政府作战略撤退到大定（今大方），黄燮南任大定县各界人民代表会议社会股长。土匪头目吴相云曾写信策反黄燮南，被黄燮南拒绝；7月，人民解放军收复金沙，黄燮南任金沙县各界人民代表会议副主席，参加清匪、反霸、减租、退押、征粮和土地改革运动。1951年，任金沙县交通科长，主持修筑金沙至黔西公路。1956年，黄燮南当选金沙县副县长。主持西洛河水库、花滩河水库、鼓新电站等建设工程。黄燮南曾当选金沙县第1~7届人民代表大会代表。1981年，当选金沙县人民代表大会常务委员会副主任。1982年4月病逝。

## 李绍夫

李绍夫（1904~1941），清末四川峨眉人。少年即入国民党军队当兵，历任排长、连长、营长。1936年，被编遣，在毕节认识黔西县安底区区长毛军鑫；年底，随毛到打鼓新场，结识蓝运富、林正良，参加革命活动。1937年，受聘为打鼓新场一小任教。其间，将大部分薪金作抗日活动经费，与林正良、蓝运富等组织乡村教育团到乡村教农民识字，宣传抗日救国。1938年10月，加入中国共产党，任中共打鼓新场总支部书记。冬，李绍夫选择位于川黔边区的绿竹山筹建革命据点，派党员打入县政府机关，掌握地方武装。国民党黔西县政府在打鼓新场训练除奸自卫队，李绍夫乘机将其掌控在中共党组织手中，街道居民响应除奸号召，主动参加训练，致使国民党贵州省党部及保安处深感不安。次年，国民党贵州省政府责令黔西县政府严加防范，伺机逮捕李绍夫。1940年上半年，李绍夫转移贵阳、开阳等地，以开旅馆、教书作掩护，继续开展革命活动。年底，被逮捕关押在贵州保安处监狱，受尽严刑拷打，但坚贞不屈。1941年8月7日，被杀害于贵阳。1952年2月，贵州省政府追认李绍夫为革命烈士。

## 徐　进

徐进（1904~1935），又名北海，字永和、注若，清末大定沙包（今纳雍境）人。1921年就读贵阳政法学校时，接触革命书籍，结识各方进步人士。1928年考入上海法学院，并参加中共上海地下组织领导的革命活动。1929年加入中国共产党，任沪西区党小组组长，负责宣传工作。1932年毕业于上海法学院。“一·二八”事变后，国民政府与日本政府签订了丧权辱国的淞沪停战协定，徐进领导沪西区中共地下组织、青年学生和革命群众，同国民党的卖国行为进行针锋相对的斗争，后被捕入狱，遭受严刑拷打，造成脑震荡。1933年被营救出狱转移到江西中央苏区。1934年10月，随中央红军长征。1935年1月到达贵州，因病不能继续行军，获准回家治疗；6月病逝于老家。

## 叶绍奎

叶绍奎（1904~1938），名玉书，又名名扬，清末大定瓢儿井人。1934年，在国民革命军25军任连长，因对国民党的腐败极为不满，便拉出所带部队在黔西县煤洞场、三重堰和大定县普底、百纳、大山一带进行打富济贫活动。1936年，率部参加贵州抗日救国军第三支队阮俊臣部，任四大队队长。4月，率部在云、贵边境的镇雄、毕节一带活动。秋，在云南母享和威信黄连坝两次击败镇雄独立营。1937年秋，所部发展到400余人，并与三大队约定11月东进大定，在百纳一带建立新的游击根据地。在百纳，叶绍奎对部队进行整编，将大队部改为指挥部，自任总指挥，下辖7个中队。11月5日，叶绍奎率部从毕节永安红岩出发，经古达（今属赫章县）时，收编了甘绍清等绿林武装，部队到达姑开（今属纳雍县）时，队伍已发展到1200余人。部队经过10天的整训后，叶绍奎将指挥部改为司令部，担任司令员，司令部下辖3个团、1个独立大队和1个特务营。12月8日，部队又进驻大定百纳。叶绍奎游击队的活动震惊了国民党贵州当局，省主席吴忠信急令毕节专员何朝宗清剿。何亲自率领毕节专署和大定县的保安队及地方民团配合省保安二团围剿叶绍奎部。12月11日凌晨，叶绍奎率部在草坪迎击敌人，战斗打到下午3时结束，游击队毙伤敌80多人，俘敌90多人，缴获步枪1320支，子弹5000余发。次日，叶绍奎率游击队向转移，在转移途中，甘绍清拉走队伍500多人，使游击队力量大受削弱。不久，国民党又纠集部队万余人再次围攻叶绍奎部，叶绍奎率部转移镇雄母享一带活动。1938年1月4日下午，叶绍奎率部到革佐梁子街（今属大方普底）宿营。次日凌晨，遭到国民党军队包围，游击队仓促应战，叶绍奎带领少部分队员掩护主力撤退，身负重伤。游击队突围后，叶绍奎追赶部队，在瓜仲河被保四团追上，壮烈牺牲。

## 陈永锡

陈永锡，生卒年月不详，清末大定人。早年，走出陕西、两粤，考察山川阨塞，水陆形胜，以及人民的智识程度和各地社会经济状况。足迹所至，遍交贤豪魁杰，相与讨论，知道了清廷不足恃，改革无可避免。清宣统元年（1909），回贵阳，加入贵州自治学社，全力奔走，组织教育总会。冬，手执大旗沿贵阳市通衢游行，到人多的地方去演说，揭露时敝，听者相顾动容，而官厅多疾恶他。提法司王玉麟、劝业道查秉钧皆力主拿办陈永锡，然而巡警道贺国昌则持不干涉主义，其事于是平息。

1911年秋，四川路潮风起，自治学社党人认为时机已到，于是秘密计划，分头运动。陈永锡游广东时，结识沈瑜庆。这一年，沈瑜庆正好升任贵州巡抚。陈永锡以旧识拜谒沈瑜庆，沈瑜庆谓川事之坏，皆由官绅隔阂，请陈永锡常到巡抚署座谈。通过与沈瑜庆的多次接触，陈永锡了解了官厅防备革命党军事上的一切布置情况，并将这些情况转告张百麟等速筹对付。10月29日，陈永锡约彭景祥、赵德全到自己寓所，商量举义有关事宜。11月2日，陈永锡偕张百麟、周素园、乐嘉藻、蔡岳、朱辉、杨昌铭，冒死入巡抚署，劝告沈瑜庆从众意反正，被沈拒绝。此时，沈瑜庆正与前按察司严隽熙密议，部署调兵按册诛杀镇压自治学社党人。11月3日晚，张百麟召开紧急会议，讨论起义日期，决定当夜发出动员令。11月4日黎明，自治党领导新军入城，陈永锡先夜与张百麟约定，自当先锋。

贵州军政府成立后，陈永锡担任民政部部长，接管警务公所、高等巡警公堂、巡警教练所、禁烟局、地方自治筹办处各机关，昕宵勤劬，各项警务及民政事项办理得整齐而有条理。此时，最为棘手的事，莫如巡警。巡警平日多所干涉，与军人、哥老会结恶至深。趁动乱时期，军人和哥老会为了报复巡警，日必数见，使巡警不能执行职务，且常被攻击。陈永锡建议都督府，组织宪兵队，以约束军人和哥老会。在立法院主张，无论军民，敢有携带刀枪横行街市者，军法从事。这样，贵阳社会秩序才始渐恢复。

1912年，贵州宪政党、耆老会与刘显世勾结云南军阀，引滇军入黔，颠覆贵州军政府，诛杀自治学社成员。陈永锡辗转至北京，与简书、周素园等一起，揭露宪政党勾结滇军颠覆贵州军政府的罪行，后遭袁世凯明令通缉，流寓他方。

## 彭景祥

彭景祥，生卒年月不详，清末大定人，贵州自治学社成员。1911年春，贵州新军队官赵德全、陈启顺、蓝鑫，先后驻扎大定，督铲烟苗。彭景祥蓄意与赵德全等联络，且结拜为兄弟。夏，彭景祥到贵阳，根据自治学社安排，让其直接与赵德全等联系，鼓动赵德全等人举义，彭景祥与赵德全等过从于是甚为密切。赵德全等人是湖北人，辛亥武昌举义后，彭景祥造访赵德全等，纵论湖北政事，以观赵德全等人的意向。赵德全等人颇以不能与故乡义士共举盛世为遗憾。彭景祥知其可被说动，便邀赵德全等人到陈永锡的寓所，共谋举义。彭景祥每日周旋于自治学社与新军之间，传达消息。11月2日后，蓝鑫来告诉彭景祥：营中原有子弹，已被沈瑜庆巡抚阅操耗尽，赤手不能举事，不知咋办？彭景祥便引蓝鑫到自治学社张泽锦处，将张泽锦及胡刚从大兴寺弹药库搞到的17箱子弹，秘密运到新军。当日夜半，赵德全、陈启顺又来报告，子弹不敷分配，彭景祥又与黄泽霖密谋，私自打开南药局，窃取6箱子弹给新军。11月3日夜半，忽传闻巡抚沈瑜庆调巡防队围攻陆军学校，彭景祥急忙与新军排长李盛周等到南厂求救于新军。黎明，彭景祥亲率新军决死队，率先攻进次南门。贵州大汉军政府成立后，彭景祥任民政部总务科科长，协助陈永锡整顿警务，维持秩序。1912年3月，贵州宪政党引滇军入黔后，彭景祥、简书率先赶到北京，参与控告和揭露宪政党勾结滇军颠覆贵州军政府的罪行。

## 缪桂卿

缪桂卿，又名缪联芳，生卒年月未详，清末云南昆明人。首任贵州毕节电报局长，主持建设由昆明经曲靖、宣威、威宁至毕节的电报线路工程。清光绪十三年（1887），贵州省第一个电报局毕节电报局正式开通。继后，电报线路又向北延伸至四川永宁（叙永），经泸州直到重庆；向东经大定、黔西、清镇直到贵阳，然后再由贵阳向东延到湖南，转由湘黔边界洪江经汉口至总部。当时，毕节电报局、重庆电报局和洪江电报局，成为西南各省与北方电报通信的枢纽。缪桂卿创办毕节电报局初，筚路蓝缕，困难重重。最初选址在大横街宁家盐行附近，又先后迁址于灰堆坡、白花山、财神庙和虎踞山。最困难时，甚至于家中开办业务。电报器材和设备的供应，亦历尽艰辛。

1925年，缪桂卿举办业务培训班，培养出一批青年业务骨干，输送到各地担任报务员、线路员、修理员。1941年，缪桂卿被调贵阳电报局任职。缪桂卿在毕节电报局任职达50余年，为发展川、黔电报事业作出了重要贡献。

## 谌志远

谌志远（1904~1987），清末平远人。1914~1927年间，先后就读于贵阳模范中学、北京清华中学。1928年，赴美留学，先后获斯坦福大学政治学学士、哥伦比亚大学国际关系学硕士学位。1932年回国，在南京中央学校任教。次年在上海大厦大学任教。抗日战争中，随大厦大学迁贵阳，任政治系主任、法学院院长、教务长。1942年，任国立贵阳师范学院教授。此间，被选为第一、二届贵州省临时参议会参议员，任《贵州民意》总编。1945年，应何应钦之约，任中国陆军总司令部少将参议，担任何与美军将领会谈翻译。同年8月，任陆军总司令部政治部副主任，协助国民政府接收委员会办理接收事宜。1945年，陆军总司令部撤销，志远拒绝国民政府新的职务安排。次年，受聘为国立药学专科学校英语教授。

1950年秋，药专推荐志远入中共华东局苏州革命大学政治研究院学习。1952年2月，谌志远任重庆大学法学院政治系代主任、教授。同年秋，入西南高等学校教师部学习。1956年后，先后任西南俄语专科学校英语教授，四川师范学院历史系、英语系教授。其间，校阅《汉语成语英俄手册》，由四川人民出版社出版；编写《英语介词常用配搭手册》，由四川人民出版社出版。1987年，在贵阳去世。

## 范敬章

范敬章（1905~1935），又名建章，字源湘，清末毕节头步桥人。14岁从军，后入贵州讲武堂学习。1926年，参加北伐战争。1928年，任43军2师4团副营长，代营长。1929年，任周西成部特务营代营长；5月，周西成在镇宁鸡公背与龙云、李燊激战中负伤坠河而死，范敬章因看不惯军阀连年混战，率所部回到家乡毕节，在毕节与云南镇雄边界一带打富济贫。中共川南党组织派杨其生联络到范敬章后，范敬章听从中共川南党组织的安排，秘密进行活动。1930年5月，因人告密，范敬章被捕入狱。1933年夏，范敬章在中共川南党组织委派的赵裴亚等人的帮助下越狱成功。范敬章越狱后，在毕节对坡找到陈焕斗，继续带领武装，在滇黔边境的坡头、母享、吴家屯、对坡、林口一带打富济贫，深得民众拥戴。冬，经刘海楼介绍，范敬章结识秦天真，将打土豪的钱资助秦天真开展革命活动。1934年，中共毕节党支部成立后，范敬章被林青、秦天真发展为中共党员，所率武装被党组织改变成游击队，成为党组织掌握的第一支革命力量。范敬章带领游击队继续在云贵川三省边区打富济贫，除暴安民，开展抗日宣传，深得民心，游击队很快扩大到五六百人。1935年1、2月，范敬章按照中共贵州省工委的指示，率领游击队在林口、对坡、大银和云南镇雄母享、坡头等地骚扰、监视参与追剿中央红军的国民党滇军部队和地方反动民团武装，收拾滇军掉队、失散的士兵和小股部队，掩护了中央红军在鸡鸣三省一带的安全。6月，范敬章在对坡遭到地主和民团武装的袭击，游击队被打散。7月，范敬章再次遭到民团武装袭击，受伤被捕，被敌人押到毕节杀害。剩下的游击队员后来投奔到阮俊臣领导的贵州抗日救国军第三支队，继续参加革命。1983年2月，中共贵州省委组织部认定了范敬章的中共党员身份；5月，贵州省政府追认范敬章为革命烈士。

## 卢志英

卢志英（1905~1948），又名卢育生，山东昌邑人。1925年加入中国共产党。1930年，调上海中共中央军委工作；同年冬，前往杨虎城所部开展军运统战工作。1932年11月，在南京从事统战工作和情报工作。1934年12月，受中共中央特科派遣，以国民党中央军薛岳的副官身份，来贵州毕节收集川滇黔边区的各种军事情报。1935年3月，又以国民党贵州省第四督察专员公署及毕节保安司令部担任总务科长职务的身份，为中央红军长征经过贵州提供重要军事情报，护送中央红军胜利走出贵州，接着受命设法保护中央红军留在川滇黔边区的红军伤病员和红军游击队。1936年1、2月，策划迎接红二、红六军团占领毕节，在毕节建立中华苏维埃人民共和国川滇黔省革命委员会。2月9日，带着在毕节发展的助手尹思农等优秀青年，随国民党贵州省第四督察专员、毕节保安司令莫雄撤离毕节。抗战爆发后，在苏南组织武装，抗击日军。1939年底，被派往上海搜集日军情报。1940年10月，任苏北联合抗日部队副司令员兼参谋长。1942年1月，由中共中央华中局、新四军派遣至上海，开展情报和采购军需物资等工作。国共内战时期在南京、上海等地从事情报工作。1947年3月在上海被捕，1948年12月27日在雨花台就义。

## 蒋　彤

蒋彤（1905~1989），清末江苏沛县人。1938年8月参加革命工作，次年2月加入中国共产党。1938~1945年，在苏北从事党的秘密工作，后转战冀鲁豫抗日根据地，在单县东部地区开展游击活动。1946~1949年4月，参加解放苏北战斗和淮海战役。徐州解放，任徐州市二区组织部长。

1949年5月，随军南下，任江西德兴县县长。同年9月，随军西进，12月4日，任大定县长。在大定履职期间，切实贯彻党的政策，注意团结进步人士，争取旧职人员，接管县、乡旧政权，建立新政权；组织征粮，积极完成上级分配给大定县的征粮任务。利用一切可利用的时间，接待各族各界群众代表数百人，宣传中共政策，听取各方面意见，并深入边远少数民族村寨与群众促膝谈心，被群众誉为人民的好县长。1950年春，大定县境匪患猖獗，蒋彤与剿匪部队领导人一起，组织指挥百纳、大山等地剿匪行动，有力消除匪患。组织30多人的服务队，从四川叙永运食盐入大定供应，结束大定县人民吃盐难的历史。

1951年1月，调任中共黔西县委副书记兼县长，1952年5月任县委书记。在任期间，领导全县开展土地改革、镇反、抗美援朝和“三反”“五反”运动。在开展镇反运动中，打击罪恶昭彰、民愤大的匪首、恶霸、特务、反动党团骨干分子和反动会道门头子千余人，使全县社会日趋安定。开展禁毒斗争，查收大量鸦片及烟具，处理毒犯数百名，吸食鸦片者近绝迹。

1952年后，先后调任西南蚕丝公司三厂党委书记兼副厂长、五厂厂长、二厂厂长，西南蚕丝公司锦阳丝厂筹建处主任、蚕丝公司基建处处长，西南蚕丝公司副经理，四川省轻工厅纺织局副局长，四川省总工会专职执委（地专级待遇）。1982年离休，1989年在成都病逝。

## 李仿尧

李仿尧（1905~2001），彝族，清末黔西打鼓新场新化人。1949年11月参加革命工作。1949年11月起，历任金沙县人民政府剿匪副指挥长、大定县人民政府剿匪副指挥长、金沙县人民政府副县长，为维护和巩固新生人民政权作出积极贡献。1951年11月，任毕节专员公署副专员，为推进毕节地区经济发展和民族团结做了大量工作。对毕节地区民族干部的培养和民族地区经济、文化、教育、卫生事业建设，对毕节地区彝文古籍的抢救、整理和翻译作出突出了贡献。1972年4月，任毕节地区计划生育办公室副主任。1981年5月，任毕节地区行政公署副专员。全国第一、二、三届全国人民代表大会代表，第五、六届全国政协委员。1983年6月离职休养，1992年9月享受正厅级待遇。2001年在毕节逝世。

## 刘熙乙

刘熙乙（1906~1952），原名刘光远，清末毕节白泥井人。少时在乡里读私塾3年。稍长，随母入毕节县城设小摊卖魔芋豆腐。其间，在城中塾馆读书3年，后又跟随父母做小生意。1929年春节前夕，刘熙乙在街上设摊为人写春联，得酬金小洋20元，另借35元，在城里买土布下乡销售，又从乡下购大烟运回城里出售，并得到黔丰字号掌柜预订金资助，不久积累资本近1000元。刘熙乙还自办鸦片5担，运往贵阳销售，获利数百元，以本利从贵阳购进香烟运回毕节，在毕节大横街开设隆昌永香烟店销售香烟。1930年，又办鸦片10担，运往湖北汉口交与黔商伍效高开设的隆大公司代销，获本利3000余元。1933年，邀约毕节商人郭举安、刘玩泉集资数千元，在汉口、重庆购进日用百货运毕节，在大横街开设新升百货商店。仿渝、汉大商号，装饰玻璃橱窗，设绸缎布匹柜、搪瓷五金柜、日用百货柜、文具柜、玩具柜、衣帽柜、鞋袜柜、化妆品柜，为毕节前所未见，生意兴隆，经营1年，获利倍余。1936年秋，又同刘玩泉、郭兴安筹办新记盐号，股本共万余，刘熙乙占六成，任经理。同时，在水城、大定设分号。次年，民国政府变更盐法，实行官督商办制度，从四川叙永运销食盐入贵州的各盐号集中组成“贵州永边销区官盐运销营业处”（简称永岸盐号），刘熙乙被董事会推任为毕节分理处经理。其间，刘熙乙兼做鸦片生意，又吸收贵阳商人李某资金，以义生号经营鸦片（直至鸦片禁运止），此时，刘熙乙已成为拥有百万资本的大富翁。

1939年，刘熙乙离开毕节到贵阳，任永岸盐号贵阳办事处主任。旋即，永岸盐号总部迁驻贵阳，在福德路（今富水路）设“贵州永岸边销区官盐运销营业处总管理处”，刘熙乙任总经理。永岸盐号在其主持下，改革管理制度，设稽核处，监督各分支处、站；更新旧式记账为新式簿记；购买汽车成立汽车队在川滇东路、清毕路上运输食盐；制定职工手册，按物价指数逐月核发薪金；每年召开两次业务会议，研究改善经营方法；举办4期从业人员培训班，培养会计和业务人员；关心、注意改善员工生活。通过实施以上措施，永岸盐号盈利日增。

在川盐入黔叙永、仁怀、綦江、涪陵四大盐岸中，仁、綦、涪3岸被大业公司垄断，贵州盐商无法染指。1941年，刘熙乙等向贵州省盐务局请愿，要求大业公司交出仁岸业务，由贵州商人办理。经何应钦出面交涉，民国盐务总局将仁岸盐业由大业公司拨交贵州盐商办理。旋即，刘熙乙组织利民盐号承办“贵州仁边销区官盐运销营业处”，注册资本为法币5000万元，刘熙乙资本金股份占十分之一。同时，刘熙乙与大定人孙蕴奇合办黔红盐业公司，主办永济盐号，从广东购海盐运广西、湖南销售。随后改永济盐号为永济盐业公司，在重庆经营川盐运销。1945年8月后，刘熙乙独资办新民盐业公司，下设两淮、两广、四川、贵州4个分区公司，经营淮盐、海盐、川盐运输。

1937~1945年，刘熙乙除经营盐业外，还主办以下企业：①筹资法币3万元，创办济时商号，由广东购进棉纱布匹运往贵州批发销售；②创办中兴企业股份有限公司，运销贵州土产桐油、菜油，兼营纱布；③与刘玩泉发起创办聚康银行，并兼营毅泰商业公司；④创办贵州物产运销公司，专为上海中华烟草公司运销烤烟；⑤创办义孚木业公司，在剑河、台江买山伐木，运至汉口销售；⑥投资合办四川建设银行，刘熙乙股份占十分之一；⑦投资合办重庆江庆银号，刘熙乙投资占五分之一。同时，还创办以下企业：①1941年秋，在毕节双井寺三义殿创办新黔卷烟厂，有职工百余人；②1942年，与他人合伙在贵阳开办南明卷烟厂；与刘玩泉合办泰和酒厂，生产茅台酒；创办贵州裕民盐井公司，在水城开发盐井。③与伍效高合办晨溪炼油厂，用桐油提炼汽油；④在毕节办恒恒猪鬃厂；在贵阳办恒毅制蛋厂，产品出口；⑤投资创办福田玻璃厂、锦屏采汞矿益民公司、贵阳水利林木公司。捐飞机支援抗战，出资接办弘毅中学，兴办熙明印书馆，创办白泥井小学、《西黔日报》《力报》等。1945年后，设中隆实业股份有限公司，自任董事长，在贵阳、重庆、汉口开设卷烟厂，贵阳卷烟厂有工人500余人，重庆卷烟厂有工人600余人，武汉卷烟厂有工人800余人，3厂共1900余人，一直延续到中华人民共和国成立后参加公私合营。

1945年4月，刘熙乙出任贵州银行总经理，在省外增设南京、上海、广州3个行处，在省内增设支行或办事处，并新建总行办公大楼，贵州银行业务迅速发展。1946年，贵州省主席杨森逼迫刘熙乙与其合办四川大川银行，刘熙乙出资6亿元法币，约折黄金1万两。1948年夏初，贵州省主席谷正伦向刘熙乙索取黄金800两，刘熙乙拒绝不给。谷以贵州银行私设内账违法为借口，下令地方法院逮捕刘熙乙入狱。贵州省参议会议长平刚等部分省议员向谷提出质问，指出银行设内账，既经董事会通过，又经省政府批准，刘熙乙无罪。谷迫于社会压力，4天后令法院释放刘熙乙。法院恐出尔反尔有损尊严，于是以背信罪叛刘熙乙有期徒刑3年。刘熙乙愤懑成疾，血压升高病卧狱中，获保外就医。1949年6月，谷正伦以刘熙乙出钱支持被查封的《力报》为借口，命令贵州省保安司令韩文焕逮捕熙乙。韩文焕与刘熙乙有旧交，深夜到刘宅告知刘熙乙，刘熙乙连夜逃亡成都。

新中国成立后，1951年初，刘熙乙应贵州省副省长周素园、贵阳市市长秦天真的邀请，回到贵阳筹办新民麻袋厂，整理南明烟厂，参与创办宏达针织厂。1952年2月，因高血压复发，医治无效逝世。

## 王维让

王维让（1906~1984），清末山东牟平人。12岁到牟平一家餐馆当学徒，先后学会加工德州烧鸡、道口烧鸡技术。1937年“七七事变”后，随难民辗转到贵阳开办烧鸡店。1939年，应南京大饭店聘请到毕节，根据毕节鸡的肉质特点，参考德州烧鸡、道口烧鸡的制作方法，探索创新选料和加工技术，制作出既有德州、道口烧鸡优点，又有毕节独特风味的烧鸡，成为具有地方特色的名优食品。1949年，在毕节自办烧鸡店，薄利多销。有山东老乡对其说，你老王真是傻子，质量这么好的烧鸡，价钱低，不会赚钱。但其认为只要生产好，就能赚钱。于是将自己加工的烧鸡取名为“王傻子烧鸡”。其烧鸡享誉云、贵、川三省毗邻县市，销往贵阳、重庆、成都等地，被载入《中国烹饪》《中国食品科技》《中国食品百科》。20世纪80年代后，销量大增，名声远扬。1984年病逝。

## 薛巨明

薛巨明（1906~1987），清末山东巨野人。1946年加入中国共产党。1949年随军南下，1950年任中共大定县长石区委书记。到任伊始，了解到长石区群众生产生活用水十分困难，遂千方百计设法解决。1952年，带领区委干部在锅圈洞寻找到水源，组织2000余人修引水渠，历时5月，投资5000元，修成锅圈洞至长石引水工程。继而在全区兴起兴修水利的热潮，兴建水利工程200余个，新增和改善灌面1万余亩，建起大定县第一个小水电站。1953年，薛巨明被评为贵州省劳动模范。1954年，在贵州省第二届农林劳模会议上，薛巨明被推选出席全国劳动模范会议。6月，重庆《新华日报》刊发《热爱山区，积极领导山区人民建设》的评论进行宣传。1957年，薛巨明与长石区委决定，由薛巨明担任指挥长，组织1万人，投入新建官田、新源水库工程。施工中，发动群众献计献策，开展技术革新，采用滑轮运输、杠杆起重施工，工程进度快、质量高。1959年下半年，官田、新源两个水库工程竣工。1958年起，薛巨明组织全区民兵兴修10公里长的石坪至长石的“八一大沟”，建成水利灌溉网，增加土变田5521亩。组织群众改良土壤，引进推广良种，在全区提倡种植经济林和用材林，发展畜牧业，促使长石面貌大变。《贵州日报》作《长石在前进》的长篇报道，长石成为全省建设山区的先进典型。1960年，长石区被评为全国农业先进单位，薛巨明被评为贵州省劳动模范。

1956年2月至1966年5月，薛巨明先后任中共大定县委农村工作部部长、中共大方县委副书记。1966年5月~1976年，薛巨明在“文化大革命”中受到冲击，下任大方县农场场长、良种场场长。1979年起，先后担任大方县革委会副主任、县政协副主席、省政协委员。1983年，薛巨明离休。1987年病逝于山东巨野。

## 石　勋

石勋（1906~1988），字燕明，号慎独，苗族，清末四川酉阳人。1926年，川东师范专科学校毕业，后入黄埔军校第六期学习，参加北伐战争，曾为尉、校、将级军官。后历任贵州省第四行政督察专员公署兼保安司令部副司令，贵州正安、赫章、大定、普安等县县长。1943年，任赫章县长时，于任内整顿吏治，严肃纲纪，对与土匪勾结的地方官吏、恶霸严惩不贷。对玩忽职守和侵吞国粮军饷的官员，严肃查办。领导清剿境内土匪豪强，使地方土豪悚惧，地方官员令行禁止，惯匪强贼逃匿山野，社会治安一度稳定，使川滇东路赫章段交通运输安全得以保障，抗战物资在赫章县安全通行。1945年，石勋令各乡镇长动员本地百姓，修建县乡公路；组织地方自筹资金，架通县城至妈姑、平山堡的电话线。秋，创办赫章初级中学，兼任校长。同时整饬赫章县政府机关，严肃工作纪律，组织公职人员学习文化。1947年，调任大定县长。上任之初，即责令军事法庭人员限期清理积案，属民刑案件即签送法院速审速结；无案可稽，经审讯确系冤案者，当堂释放；长期蒙冤，生活无着者，酌情发给生活费。任用公教人员，量才录用。不为地方势力左右，严肃查处贪污舞弊。大方镇镇长杨某对不投票选举其为县参议员的刘某挟嫌报复，将年近半百的刘某拉去当兵，石勋查实后，将杨某撤换；县政府主任秘书之子为猫场小学校长，贪污教师工资，被撤职。石勋重视地方教育，提高教师待遇，改善办学条件。将教师食米由原每月1.6京石增到2京石，半年后增至3京石（乡区为2京石 ）。亲自组织公学庙产清理委员会，全县清出学庄庙产地8222亩，粮食6454石，用作地方教育经费。常到城关各校巡视，了解教育情况，下乡检查工作亦把检查学校列为重点。1948年，调任普安县县长。

1949年12月，石勋在普安率部起义，任普安县解放委员会主任，后安排在县新华书店工作。1977年退休后，定居正安县。曾任政协正安县第二、三、四届委员、常务委员、文史研究委员会委员、贵州省诗词学会理事、正安县古风诗社副社长。1988年去世。

## 邓止戈

邓止戈（1906~1991），字国忠，清末四川筠连人。1927年加入中国共产党。1929~1931年间，先在潼南县参加旷继勋领导的武装起义，后在涪陵、丰都、江津、合川策划国民党地方部队起义，并参加忠县、丰都、涪陵边区红军游击队二、三路的武装斗争。

1933年夏，邓止戈被四川军阀通缉，由川入黔。次年7、8月间，在贵阳与林青、缪正元、秦天真取得联系。9月，在黔军犹禹九部任参谋，随部赴毕节。在毕节结识并指导毕节中学进步教师邱在先、进步学生杨杰，组织学生自治会，编印《合一》半月刊，宣传进步思想。年底，随犹部离毕。1935年1月，中央红军长征到遵义，中共中央批准成立中共贵州省工委，邓止戈任委员，负责军事工作。8月，根据中共中央关于组织武装开展武装斗争的指示，第二次赴毕节，一面做争取地方武装的工作，一面发展党的组织。10月，发展邱在先、杨杰入党，建立中共毕节地下支部，任书记。同时，与赫章县地方武装席大明取得联系，争取其领导的500人枪成为中共贵州省工委领导的革命武装。1936年2月，红二、红六军团长征到毕节，邓止戈利用国民党毕节第四行政督察专员公署专员莫雄调席大明到毕节阻击红军的机会，变席大明部为控制毕节防务迎接红军入城的部队。同时，与拥有500人枪的反蒋武装周质夫和中共川南特委派到贵州组建游击队的阮俊臣取得联系，使周质夫、阮俊臣的武装及时前来毕节与席大明武装汇合，成为组建贵州抗日救国军的基本力量。贵州抗日救国军成立后，邓止戈任参谋长。红二、红六军团撤离黔大毕红色苏区时，邓止戈和周素园一起率领抗日救国军第二支队参加长征，被编入红六军团。邓止戈先后任十八师新兵团参谋长、军团司令部作战参谋、军团政治部总务处长。1937年7月，任陕北公学大队长兼军事科主任。1938年1月，中共中央组织部派邓止戈回贵州任中共贵州省工委书记。1940年9月，邓止戈在平越被国民党当局逮捕，不久越狱回到革命队伍。次年到延安，进入中央党校学习。1946年7月，先后在中共华东局群众工作委员会、滨海地区研究室、华东土改工作团任职。上海解放后，邓止戈任华东人民革命大学三部副主任。旋即，率西南服务团第四支队随军入川。1949~1966年，邓止戈先后任西南人民革命大学教育长，西南局宣传部办公室主任、理论处长、西南局党校副校长，中央党校第七中级校教育长、副处长，中共遂宁县委书记，中国科学院四川分院副院长。1966~1976年“文化大革命”中遭迫害。1978年后，任四川省政协常委。1991年在成都病逝。

## 马有庆

马有庆（1906~1992），又名马敦方，清末江苏沛县人，中学文化。1930年春参加革命工作，同年加入中国共产党。1937年后，历任中共湖西地委军事干事、金乡县王楼区区长、金曹县政府秘书、代理县长。1945年后，历任沛县县大队副队长、副政委，丰县县大队副队长、副政委，湖西军分区钜南指挥部办公室主任，金乡县武装部主任，丰县县长。1949年5月，随军南下入赣，任江西省乐平县县长、中共乐平县委副书记。1949年11月，西进入黔，任中共毕节县委书记。1950年2月，任中共水城县委书记兼县长。1950年5月，任中共毕节县委书记兼县长。1952年8月，任中共毕节地委统战部部长。后调省里工作，历任中共贵州省委统战部党派处处长、贵州省民政厅副厅长、中共兴仁县委第一书记、贵阳矿山机械厂副厂长、小河电机厂党委书记、贵州省工商联副主委。1983年离休。1992年11月病逝。

## 叶　刚

叶刚（1907~1936），原名叶芝轩，清末四川叙永人。1936年1月，红二、红六军团长征途经修文，叶刚参加红军；2月6日，红二、红六军团占领大定县城，叶刚奉中华苏维埃人民共和国川滇黔省革命委员会代主席陈希云的指示，联络吴明轩、黄道德，成立大定县抗日救国团，配合红军打土豪，叶刚任团长。2月18日，抗日救国团奉命随红五师撤离大定县向毕节开进，行至毕节小坝，遭民团伏击，部队损失惨重。叶刚指挥余部奋力突围，向七家田将军山红七师靠拢。行至海马宫，得知红七师已向毕节转移，在躲避敌机轰炸时，与战友失去联系。叶刚在往毕节方向追赶红军途中，被国民党反动势力抓住杀害，弃尸煤洞。新中国成立后，大定县人民政府将其遗骨安葬于大海坝烈士陵园。

## 李绍武

李绍武（1907~1957），清末毕节长春堡王丰乡人。1935年2月参加红军，任川滇黔边区红军游击队分队长。后被组织派往贵州省工委从事地方工作。同年9月，加入中国共产党，后随红二、红六军团参加长征，北上抗日。长征期间，李绍武被编入红二军团六师警卫连，在六师十八团任警卫战士。1937年，抗战爆发后，编入八路军一二〇师，在一二〇师三五九旅七一六团三连担任连长并兼指导员。1938年至1947年，历任八路军一二〇师教导团副指导员、三五九旅七一六团一连指导员和三五九旅供给部管理科科长（团职）、督察处处长、中心商店贸易公司经理等职。1948年，调任山西汾西煤矿经理。1949年5月，参加解放西安。解放后，先后历任西北区人民银行发行库主任、西乡支行行长、中国人民建设银行陕西省分行副行长，1957年1月25日不幸牺牲。李绍武牺牲后，毛泽东主席亲自在荣誉证上题写了“永垂不朽”的挽词，由国家民政部颁发革命烈士证书。

## 孟子明

孟子明（1907~1988），清末山东东平人。青少年时即参加爱国运动，后参加抗日救国会。1937年，加入中国共产党。历任中共东平县委委员、单县特委书记、八路军115师政治部干事、鲁南三专署科长，鲁南二专署秘书主任、副专员，冀鲁豫区人民法院副院长。1949年2月，任中国人民解放军第二野战军第五兵团南下支队二大队负责人，江西省上饶专署副专员。9月，随军西进，任中共毕节地委委员、毕节专署专员。

1950年春，毕节专区匪患猖獗，全专区除黔西、大定、毕节外，其余6县均被土匪占领。4月，中国人民解放军47师进驻毕节，成立剿匪委员会，孟子明任委员，参与领导全专区剿匪斗争。5月，45师到达毕节会同剿匪，孟子明参与制定剿匪计划。经过两个月的战斗，先后收复纳雍、水城、织金3县。7月13日，发起“金沙合围战”时，孟子明亲赴前线参与指挥战斗，歼敌5100余人，活捉匪“总司令”“副总司令”等匪首数十人，收复金沙县。9月16日，参与组织“赫（章）威（宁）合围战”，歼敌7000余人，收复威宁、赫章二县。之后，又与地委其他领导人一起，领导全专区开展清匪、反霸、减租、退押和征粮工作，并完成土地改革和恢复国民经济任务。1952年10月，孟子明任中共毕节地委书记兼毕节专员公署专员。1953~1957年，团结带领毕节地委、毕节专署领导成员，贯彻执行中共中央的路线、方针、政策，组织全专区干部群众实施第一个五年计划，全面开展政治、经济、文化建设。全专区工农业生产呈现欣欣向荣景象，财政金融状况向好，商贸初步繁荣，文教卫生事业有长足发展，人民生活水平明显提高，社会安定，人民安居乐业。子明对全专区各级党的组织建设和各级人民政权建设，干部队伍建设和全专区的工业交通、农林水利、商业贸易、财政金融、文教卫生等各项事业的发展和政法工作，无不倾注心血，全力以赴，使全专区的社会主义革命和社会主义建设事业不断向前发展。1960年12月，孟子明改任中共毕节地委书记处书记，但不因职务变动而工作松懈，而是兢兢业业、尽职尽责工作，为推进全专区社会主义建设事业作积极贡献。1966年4月后，孟子明调任省文教办副主任，历任中共贵阳师范学院委员会书记兼院长、省农业自然资源调查和农业区划委员会副主任兼办公室主任、省第三届政协常委、省第五届人大常委会副主任、中共贵州省顾问委员会常委。1988年10月29日，因患心肌梗塞逝世。

## 罗永昌

罗永昌（1907~1990），清末毕节城人。1935年参加红二、红六军团长征。在部队历任班长、排长、政治指导员、教导员、后勤医院政治处副主任、政委等职。

新中国成立后，回到毕节，历任毕节县人民武装部部长、毕节县人民政府副县长、赫章县人民政府县长。1955年，调任贵州省民政厅任职。罗永昌在艰苦的战争年代，出生入死，英勇奋斗，不怕牺牲。在地方工作期间，保持和发扬党的光荣传统，平易近人，联系群众，关心和爱护干部，亲临指导禁烟禁毒和郊区的剿匪斗争，同干部战士同甘共苦，为毕节的政权建设和稳定社会秩序做了大量的工作。在政治上、思想上、行动上和党中央保持高度一致。罗永昌离休后，经常应邀到机关、厂矿、学校、部队作党的优良传统报告，鼓励年轻人奋发向上。1990年罗永昌病逝于贵阳。

## 杨砥中

杨砥中（1908~1965），清末毕节林口人，彝族，出身于土司家庭。1935年，任毕节县保安大队长，与中共贵州省工委交通员徐健生结识。1938年初，国民党毕节当局召开会议决定逮捕徐健生，杨砥中散会后骑马急驰30余里赶到田坝桥告知徐健生，并提供方便，使徐健生得以逃脱。这一年，国民政府修筑川滇公路，国民党毕节专员公署负责赤水河至威宁段，时筑路民工发生流行疾病，造成民工时有死亡，杨砥中于是出资在工地设置设诊所，免费为民工治疗。1940年，土匪抢劫、火烧林口街，被害街民生活无着，杨砥中开仓济粮，为其佃户无偿提供木料重建房屋；冬，给贫民发布匹、衣物，使贫民度过寒冷的冬天。1942年，杨砥中与族人杨维宇、内亲陇体芳等人筹资创办威宁石门坎民族中学，任董事长。

1944年，中共中央委派徐特立赴贵州检查指导贵阳八路军办事处工作，住在杨砥中的贵阳公馆，出入安全得其保护，并安全离开贵阳。后来，杨砥中辞去毕节县保安大队职务，在云南、四川、西康等地从事提高西南彝、苗族社会地位的活动，与高玉柱、喻杰才被推为西南边疆民族代表团代表，赴南京向民国政府请愿，为代表团常驻南京办事处代表。其间，为川、滇、黔、康少数民族学生赴京考学和就读提供诸多方便，同时对就读于国立边疆学校的少数民族学生给予经济支持。1947年，被推选为少数民族国大代表，常活动于川、滇、黔、康少数民族地区，为争取少数民族的平等待遇，促进民族地区经济社会文化发展作出贡献。

新中国成立后，杨砥中被安排到西南军政委员会民族事务委员会工作。1954年调西南民族学院从事彝族历史研究。1957年，因杨砥中曾在1940年10月在重庆接受蒋介石召见，被蒋授予川滇黔边区会剿红军游击队的“剿匪司令”，被定为反革命；1958年被逮捕判刑；1965年病故于狱中。1980年，经毕节地区中级人民法院复查，裁定无罪。1981年，中共西南民族学院委员会恢复杨砥中爱国民主人士荣誉。

# 赵欲樵

赵欲樵（1908~1990），清末四川合江人。1928年，入刘伯承任校长的川南泸县军政干校学习。1929~1930年，在贵州赤水县立小学任教。1934年，加入中国共产党。次年，参加合川起义，在川黔边区开展革命活动。抗日战争爆发后，奔赴延安，先后任抗日军政大学分队长、指导员、组织股长。1945年9月，任中国人民解放军第二野战军一纵队二十旅政治部主任、一纵队政治部宣传部部长和随营学校政治委员。

1949年11月，中国人民解放军进军贵州途中，在湖南省邵阳市组建中共贵州省毕节地方委员会，赵欲樵从二野五兵团十六军转地方工作，任中共毕节地方委员会书记兼毕节军分区政治委员。 12月初，到达毕节。年底至1950年初，解放毕节的主力部队入川参加解放成都的战役，只留下两个连队保卫党政机关，维护社会治安。为稳定政局，赵欲樵在毕节县城亲自召开群众大会，宣传共产党、人民政府、人民解放军的方针、政策，讲解全国解放的大好形势和当时毕节的中心任务，发动群众维护新生的人民政权。1950年2、3月份，国民党起义部队中的顽固反共分子勾结土匪、恶霸，发动武装叛乱，狼烟四起。在敌情十分严重的情况下，赵欲樵部署清毕公路沿线的毕节、大定、黔西3县党、政、军干部战士坚守阵地，金沙、织金、纳雍、水城、威宁、赫章6县党、政、军干部战士则暂时撤离，分别到黔、大、毕3县参加剿匪，既减少了边远地带不必要的损失，又稳固了中心地带的政权，为人民解放军回师毕节荡平匪患奠定了良好的基础。其间，赵欲樵高度重视统一战线工作，坚持团结、教育、使用国民党起义将领刘鹤鸣，安排刘鹤鸣担任毕节专区支前委员会主任、毕节军分区副司令员，使刘鹤鸣在剿匪中发挥重要作用。彝族土司杨伯瑶，系黄埔军校一期毕业生，在川滇黔三省彝族中有号召力，赵欲樵与杨伯瑶促膝谈心，宣传共产党的民族政策，杨伯瑶决心跟共产党走，被推荐到省担任民族事务委员会副主任、省人民政府委员。威宁苗族高级知识分子张超伦，在赵欲樵耐心启发下，拥护共产党的主张，被推荐到省担任卫生厅厅长、省人民政府委员，后担任省政协副主席。根据地委指示，各县安排一批爱国民主人士参加人民政府工作，对团结各阶层、各民族群众，稳固新生的人民政权，起到重要作用。

1950年4月，赵欲樵调省任中共贵州省委统战部副部长，历任省民政厅副厅长、省人事厅厅长、省委组织部部长。1956年，任贵州省人民政府副省长。1960年，任中共贵州省委候补书记。后调四川任成都农机学院院长、代理党委书记，历任四川省文教组顾问，四川省政协副主席，第六届全国人民代表大会代表。

1980年3月，赵欲樵病逝于成都。赵欲樵生前留下遗嘱，要求治丧力求节约简省，不发讣告，不以任何形式登报，不通知外地子女及家乡亲友，不放大遗像，不设灵堂，不收花圈，不开追悼会，不举行告别仪式，不购新衣鞋帽，不留骨灰盒，将骨灰撒在灌县灌区水中，平生积蓄的8000元人民币全部交作党费。

## 王金源

王金源（1909~1984），清末江西萍乡人。1933年1月参加革命，曾在红一方面军、中央苏维埃军事委员会通讯学校任战士、文书、股长、主任等职。中央红军长征途中，王金源因作战腿部负重伤，留在林口鸡鸣三省苗族同胞周幺妹家养伤，得到周幺妹一家的保护，后与周幺妹结婚。毕节解放后，被安排在林口得胜（今海戛）、柱中（今大渡）任乡文书、乡长。1957年，调林口区儿童福利院工作，1980年离职。1984年病逝，安葬在毕节烈士陵园。

## 秦天真

秦天真（1909~1998），清末毕节麻园人。青年时，在贵阳求学，开始接触马列主义。“九一八”事变，日军侵占东三省，秦天真义愤填膺，四处奔走呼号，发动青年学生和各阶层人士反对日寇侵华行为。贵阳教育界师生联合召开救国大会，成立贵州省学生抗日救国团，秦天真被推选为主席。秦天真带领爱国师生编印《救国旬刊》、救亡画报，开展抗日宣传讲演，编演抗日救国话剧，开展抵制日货活动，掀起贵州抗日救亡运动浪潮。1933年，秦天真高中毕业，获悉红军在湘黔边区活动，前往寻找，走到龙里受阻，便返回毕节。秦天真在毕节被聘为县中学教师，组织进步师生开展抗日宣传，并创办毕节中学历史上第一个男女生混合班。冬，与林青、缪正元发起建立毕节草原艺术研究社，组织毕节城区中小学进步师生开展抗日宣传。次年1月，秦天真加入中国共产党，同时成为中共毕节党支部的支委成员之一。后来，因中共毕节党支部的频繁活动，引起国民党当局注意，国民党25军防共委员会密令毕节驻军逮捕林青等人，秦天真、林青等人获悉，连夜出走，转移到贵阳、安顺继续开展活动。

1935年1月初，中央红军长征到达遵义，中央批准建立中共贵州省工作委员会，秦天真担任工委委员。2月，中央特派员潘汉年（化名杨涛）与秦天真接头，给省工委布置任务。根据中央指示，秦天真组织人员收集到国民党的作战地图、密电码等交给潘汉年。4月，省工委成立军事小组，由天真负责在安顺和炉山开展武装斗争，同时在安顺成立中共安顺县工委。7月，省工委贵阳万宝街秘密联络站被敌特严重破坏，省工委书记林青和几名领导成员以及另几名党员、骨干分子被捕（即“7·19”事件），紧急关头，秦天真迅速派人通知其他人员转移，使党组织免遭更大的损失。8月，省工委决定秦天真临时主持省工委工作，并主要抓军事工作。1937年，秦天真赴延安向中央汇报贵州党的情况，并进入中央党校学习。1938年2月，受中央委派，与邓止戈一起回贵州，恢复贵州省工委的工作，为领导成员之一。省工委遵照中央指示，一方面加强党的组织建设，一方面加强对公开社会组织的领导，利用各种公开、合法的社会组织、团体，广泛开展抗日救亡活动。对毕节、贵阳、思南、安顺、遵义、黔西、大定（今大方）、仁怀、打鼓新场、织金、镇远、炉山（今凯里）、平越（今福泉）、贵定、长顺、紫云等地的党组织进行全面整顿、清理和充实；在贵阳医学院、大夏大学、贵阳中学、“贵州农村合作人员讲习所”“中苏文化协会”“宪政促进会”“俄文训练班”建立起党的组织，还建立了中共生活书店支部、邮电支部和公路运输支部，并领导迁至福泉的唐山交通大学中共支部的工作；同时加强“社会科学座谈会”“沙陀业余话剧社”“筑光音乐会”“合群体育艺术部”等团体中的党的工作，使贵州全省的党员人数很快发展到500余人。1940年3月，根据中央南方局指示，贵州党组织作紧急疏散；6月，秦天真转移到延安，再次进中共中央党校学习。1942~1943年，在延安参加整风运动。1945年8月后，到中共中央华东局工作，参加土改检查团到鲁南纠正土地改革中出现的“左”倾错误，调查建党工作，并参加鲁南战役。秦天真在领导山东曲阜土改中，严格按照华东局指示，对孔府、孔庙、孔林实施保护。1948年初，接豫皖苏分局指示，到界首开展土改试点，在秦庄镇压罪恶累累民愤极大的恶霸地主，打开了山东土改工作的局面，受到上级通报表扬，被任命为豫皖苏二地委委员、二分区民运部长，为淮海战役承担支前任务，后调任解放军第十八军任民运部长。1949年4月，参加渡江战役，采取紧急措施，解决十八军渡江部队缺粮问题。5月，随军南下西进入黔，任中共贵阳市委书记兼贵阳市长，领导贵阳市干部群众进行清匪反霸、镇压反革命，开展政权建设、经济建设、文化建设和社会建设，改造中华南路，整治南明河。1952年，带领技术人员多次考察贵阳市西片区，因地制宜修建黔灵湖，开辟以黔灵山为中心的风景区，主持修建贵州第一条园林式大街延安路。1956年后，受“胡风案件”影响，秦天真调任贵州省建委主任、省交通办主任、省筑路委员会主任。在长期受审查的情况下，仍全身心投入工作，为改变贵州落后的交通作努力。1958年，任贵州工学院代书记、院长，筹建贵州工学院。在工学院，秦天真团结广大知识分子，坚持自力更生，按由小到大、逐步扩建的原则，结合贵州地质矿产和工业发展规划设置学科，为贵州工学院付出了极大的精力，被教育部部长杨秀峰誉为“正在进行的一场深刻的教育革命”，《人民日报》《光明日报》作专题长篇报道。1964年，秦天真调任贵州省文教办主任，后在“文化大革命”中受到不公正待遇。

1976年后，秦天真历任贵州省政治协商会议常务副主席、贵州省革命委员会副主任、贵州省副省长、中共贵州省顾问委员会副主任。1983年，退居二线，任中共贵州省党史研究委员会副主任，为贵州党史研究、为落实贵州省地下党员的政策，做出重要贡献。同时任贵州地方志编纂委员会主任，主持全省的地方志编纂工作。1998年9月，秦天真在贵阳逝世。

## 林正良

林正良（1909~1941），清末黔西打鼓新场人。1927年，入贵州省立男子师范学校学习，毕业后返乡任教。“九一八”事变后，与蓝运富等人组织学校师生以排演戏剧方式开展抗日救亡宣传，且多担任演出剧目主角。1934年，参与创办金沙图书馆，筹钱捐书，自费向上海生活书店购买进步书刊，供民众阅读。1938年春，林正良任打鼓新场第一小学教务主任，与李绍夫、蓝运富组织乡村教育团，自编识字课本，教农民识字，宣传团结抗日。10月，加入中国共产党，任支委会宣传委员。次年，受中共打鼓新场总支部派遣，到石场宣传抗日。8月，回打鼓新场任中共打鼓新场总支部书记。1940年春，创办玉屏职中。夏，发起组织玉屏职中暑期抗日救亡农村工作团，到县内外10余个集镇宣传抗日救亡，邀集友人创办新场十友书店，购买进步书刊，供进步人士阅读。1941年1月24日，林正良被国民党贵州省保安处逮捕。8月，被国民党当局杀害。1957年2月，中共金沙县委、金沙县人民政府追认林正良为革命烈士。

附：林正良狱中遗嘱

余自十九年（注：1930年）献身地方教育，任劳任怨，孜孜不息者，良以教育为立国之基，金沙亦神州一隅，努力于乡，犹勤劳于国。十一年来，虽无伟大成功，确已尽国民天职于万一，今日就戮，视死如归，实无愧于心也。

余以尽瘁教育之故，无暇事生产，置家庭赡养于不顾，致父母妻儿有冻馁之虞，此为余无穷之遗恨。然贤德如妻，当能替余尽未了之责，奉翁姑，抚儿女，余于九泉，当哭祈祖宗，于冥冥中庇护寡妇孤儿也。惟儿女辈长成，须教以尽忠国家民族为职志。当事业学问有成，于祖父母之德行，尤应表而彰之，以偿余生前不孝之罪。果能如是，则余虽死犹生也。

妻乎，勿悲！余今日之牺牲，即儿辈异日之成功。望善自珍摄，勉为吾家承先启后之贤妇。妻能克尽孝思，异日福泽正方兴未艾也。

余一身之外无长物，仅遗书籍数十册，即以此作余之遗产，以遗儿辈。

妻乎，别矣！狱中三面，竟成永诀。余死若有知，灵魂当紧依妻旁，及父母之左右也。

变生仓卒，未尽欲言，聊书数语，以作永诀之念，望妻保存勿失。

正良于狱　八月七日

## 张晓光

张晓光（1909~1994），原名玉堂，清末江苏沛县人。高小毕业后，在国民革命军47军108师医务处任文书。1929年就读于沛县初师，毕业后回乡任教员、小学校长。1937年日军入侵沛县，辞教归农。1938年10月，参加沛县第五区农救会，次年加入中国共产党。先后任区农救会会长，区委宣传委员、区委书记。1940年6月，调任丰县、沛县、金乡、单县、鱼台5县游击大队指导员，在微山湖开展游击战，打击日寇。同年11月后，历任湖西地委组织部组织干事、宣传部干事、湖西专署邮政分局局长。1941年3月，任湖西地委组织部交通科长，负责党内交通工作，打通鲁西—湖西—鲁南交通干线，帮助各县建立地下交通站，保证党的工作信息的畅通。1946年6月，国民党军占领湖西八座县城，湖西地委和各县的交通中断，张晓光及时派员到中心地区联络，并带领8人到蔡堂一带建立临时交通站，逐步恢复湖西干线交通，和各县接上关系，为大反攻提供有利条件。1948年2月，张晓光任湖西专署民政科长，带领干部深入基层，组织群众发展生产，积极征粮支前，动员青年参军，掩护安置伤病员，完成支援淮海战役的任务。1949年春，张晓光任单县县长。随即报名参加中共湖西地委组织的南下支队第三大队渡江，于5月初到达江西景德镇，先后任中共婺源县委副书记，景德镇中四区区委副书记兼区长、浮梁专署民政科长等职。

1949年9月，张晓光参加西进支队，随中国人民解放军二野五兵团进军贵州。根据上级党委指示，于12月4日带领40多名干部进驻大定县。1949年12月，任中共大定县委副书记（主持工作）；1951年1月，任大定县县长；1952年10月，任中共大定县委书记。张晓光在大定工作期间，与党政领导成员团结一致，正确贯彻执行党在各个时期的路线、方针、政策，在及时搞好政权接管建设、恢复工商业、稳定金融和物价、组织学校复课等工作完成后，又带领全县干部、群众，胜利完成清匪、反霸、减租、退押、征粮“五大任务”和开展抗美援朝、土地改革、镇压反革命和“三反”“五反”等政治任务，经过3年艰苦努力，全县国民经济得以恢复。

1954年10月，任中共毕节地委秘书长。1955年2月，任贵州省人民检察院毕节分院检察长。1956年10月，任中共毕节地委委员。1963年10月，任毕节专署副专员。1967年4月，任毕节地区革命委员会保卫领导小组（人民保卫部）副组长。1973年3月，任中共毕节地委委员。其间于1973年3月至1976年，兼任毕节地区革命委员会政法办公室主任、政法党组书记。1979年1月，任毕节地区行政公署副专员。1982年7月离休，享受正地级待遇。1994年4月逝世。

## 主传珍

主传珍（1910~1961），清末江苏沛县人。幼年读私塾，及长读高小，后入初级师范半年，回本村小学任教。1931年11月，加入中国共产党，次年任村支部书记。1935年任中共沛县第5区区委书记，1937年任沛县抗日义勇队指导员，1938年任地下交通站站长，中共沛、腾、边县县委书记，后随军西进。1949年12月至1950年5月，先后任中共织金县委副书记，中共纳雍县委副书记、县长。在纳雍履职之初，正遇残匪暴乱，国民党保安团叛变，纠集10余股土匪攻打县城，主传珍参与组织指挥驻军和干部打退叛匪进攻。1951年6月至1952年6月，主传珍任中共纳雍县委书记，领导全县干部群众开展清匪反霸、减租减息、抗美援朝、镇压反革命运动及政权建设、恢复国民经济工作，全县经济和社会各业发展，群众生活改善。1952年7月，主传珍调中共贵州省委统战部工作，1953年调任贵州省交通厅副厅长，1957年调大方马干山牧垦场（厅级单位）任党委副书记、副场长。1961年12月，病逝于贵阳。

## 罗国义

罗国义（1910~1986），彝族，笔名阿哲，清末大定东关人。幼时从父学彝文，15岁由基督教会推荐就读重庆华西三育中学。毕业后作教会传道，赴昆明、大理及滇西各县布道12年。1942年返家，继续在其父教授下学彝文。

1955年，费孝通率民族工作研究队到毕筹建毕节专区彝文翻译组，聘罗国义主持工作。其后，罗国义与王兴友合作11年，译就彝文典籍《阿者后裔迁移考》《水西传》《水西制度》《卢祖纪略》《吴三桂入黔记》《水西地理城池考》《河水泛滥史》《西南彝志》等。

1966~1975年，彝文翻译中止，罗国义被解聘。1976年，恢复彝文翻译，罗国义再度受聘。1981年后，译就《奴仆工匠记》《宇宙人文论》，并承担《西南彝志》汉文版总编；主持编写《彝文字典》。同时，编辑《汉彝常用词典》。1981年，受中央民族学院之聘，清理彝文藏书2000余册；担任中央民族学院82级彝文文献课教学，负责《爨文丛刻》增订本及《宇宙人文论》的责任审定，为国内外学者翻译彝文参考资料。1986年3月病逝。

## 蓝芸夫

蓝芸夫（1910~1994），又名蓝运富，字仁伯，清末黔西打鼓新场人。1926年，就读于贵阳省立第二中学，追求进步，参加马列主义读书会。1929年回打鼓新场，先后任打鼓新场一小、二小校长，宣传革命思想，启发教师投身进步活动。1935年，与林正良创办金沙图书馆，开启民智，1937年，秘密组织打鼓新场文艺研究会，组织进步青年阅读革命理论书籍和其他进步书刊；成立乡村教育团，下乡教农民识字，宣传抗日救亡和反对封建主义。1938年10月，加入中国共产党。次年初，任中共黔、大、仁中心县委书记。1940年初，国民党贵州省党部下令逮捕蓝芸夫，中共贵州省工委安排其转移延安，先后在陕北公学、陕甘宁边区文协任学员、教员和党支部书记。1946年，任新华社编辑。1954年8月后，先后任北京大学中文系党总支书记兼副教授，北京大学图书馆馆长、顾问。1982年离休。离休后，仍为北京大学和家乡建设建言献策，贡献余力。著有诗集《亲戚情话集》。1994年病逝。

## 缪正元

缪正元（1910~1997），又名缪伦，别名李则生，清末毕节人，其父缪桂卿为毕节电报局创建人。1923年，缪正元小学毕业后，即进入毕节电报局作报务见习生。1926年，缪正元的大哥缪象初（黄埔军校三期毕业、在武汉工作）带缪正元在汉口二中读书。1927年，经汉口二中教务主任杨献珍（中共湖北省委书记）介绍加入共青团，同年底考入上海江湾国立劳动大学中学部公费就读。1931年，任上海沪西区共青团区委发行部部长，参与曹荻秋主持的“社会科学研究会”“觉人书店”和出版《世界音乐全集》活动。“九一八”事变后，与在沪东区团委工作的林青组织朝阳音乐社，在沪东、沪西的工人中开展演唱革命歌曲活动。其间，由团员转为中共党员。1932年，因叛徒告密，被英租界巡捕房逮捕入狱。出狱后同林青返回家乡毕节开展革命活动。同年冬，参与林青等建立毕节草原艺术研究社，组织毕节城区中小学进步师生，开展抗日宣传活动。次年春，与林青介绍秦天真加入中国共产党，成立中共毕节党支部。1934年夏，受组织指令，打入黔军103师担任电台分队长。1937年，随103师参加上海淞沪抗战、南京保卫战。后与队伍失散，转移到汉口，任长江局青救会总务部长，与中共党组织接上关系。1928年5月，国民政府重建103师，缪正元重返103师；10月后，经组织安排，缪正元先后在延安抗日军政大学、延安鲁艺学院学习。后历任中共中央华中局报务员、中原局刘少奇电台台长、新四军挺进纵队李先念电台台长。1941年后，历任新四军第五师参谋处三科科长，冀鲁豫野战军司令部二局三科科长，参加中原突围战、淮海战役、渡江战役和挺进西南战斗。

新中国成立后，缪正元历任中央军委情报部二局机要处、中央军委技术部器材处副处长。中国人民解放军总参谋部三部技术保障局技术工程处处长。1955年，中央军委授予缪正元三级独立自由勋章、三级解放勋章。“文化大革命”中，缪正元受到冲击，被下放劳动。1988年，中央军委授予缪正元二级红星功勋金质荣誉勋章。1997年2月在北京病逝。

## 欧阳崇庭

欧阳崇庭（1911~1941），又名崇信、崇迪、崇盾，民国初年江西兴国县人。1929年初，加入少共青年团，任兴国县二区三乡少共书记、劳动部长。1931年，调兴国县苏维埃政府内务部工作，并加入中国共产党。1934年，任粤赣省国民经济部长、国民经济合作总社社长。1935年，随中央红军长征到贵州，奉命留黔开展工作。1936年2月，随红二、红六军团到毕节，任贵州抗日救国军第三支队政委，同阮俊臣一起率部在川南寻找中国工农红军川滇黔边区游击纵队，在黄塘梁子负责部队整训。参加指挥金银山伏击战和孙家铺阻击战，参与策动陶树清起义。6月8日，同陶树清率部在花郎坝接受边区特委改编，任第一支队政委。7月，率部到大定县六区及水城活动，部队发展到2000余人。8月，联合绿林武装攻打织金县城，因大雨滂沱，攻击两天一夜未克，伤亡惨重，遂撤出战斗。后率部转移云南威信休整，遭敌军围剿，在野猫坳突围时，与部队失去联系，带领10余人转移到水城、织金等县边缘地区活动，并与水城南开区以角营盘的刘玉兰结为夫妻。1937年春，在大定六区与敌遭遇，被打散，于是入绿林宋显珍部。1938年，结识织金县长曹毅，被委任为三塘区区长，以区长身份作掩护，秘密从事革命活动。9月，贵州省第三区行政督察专员刘时范在郎岱巡视，查悉欧阳崇庭身份，欧阳崇庭即往贵阳寻找党组织未果，转移大定六区暂避。1939年初，在水城加入齐心会，向会首及会众宣传中共抗日救亡主张，引导齐心会开展抗暴活动，惩治恶霸及国民党乡保长多人，齐心会发展会员千余人，引起国民党水城当局恐惧，下令清剿齐心会，通缉会首王炳安和欧阳崇庭。1940年8月，欧阳崇庭到以角营盘探望妻儿时被逮捕，关押于水城监狱，虽受尽酷刑而坚贞不屈。1941年1月26日，被国民党当局押送毕节途中时，将其杀害于水城青杠林。

1986年，中共毕节地委、毕节地区行署为其立墓于毕节烈士陵园。

## 林　青

林青（1911~1935），原名李远方，字肃如，号矛戈，民国初年毕节城人。林青出身于城市贫民家庭，小学未毕业即在毕节城区志和百货店当学徒，因不堪老板虐待，与运盐“挑夫”一起出走重庆，在重庆一家进步剧团当演员。1927年在重庆参加群众支持北伐军“三·三一”集会时被捕。后经营救出狱，考入重庆西南美术专科学校学习，并在学校加入共产主义青年团。

1930年，林青辗转来到上海，被中共上海党组织安排在沪东共青团区委工作，不久转为中共党员。1931年“九一八”事变后，在上海与毕节人缪正元等人组织朝阳音乐社，向工人宣传抗日救亡。1932年因参加组织工人总罢工，被英租界巡捕房逮捕，被判刑两年。1933年因英王特赦被释放，出狱后未找到党组织，便与缪正元一起返回家乡毕节。

在毕节，林青、缪正元与在毕节以教书为掩护领导毕节青年学生开展革命活动的老同学秦天真组织建立了毕节草原艺术社（简称草原社），吸纳学校进步教师学生、社会进步青年入社活动。林青为草原社制定规定：“歌咏不唱靡靡之音，演戏要演有进步意义的戏剧，绘画要画刚强的人，文学要写劳苦大众。”在草原社内设立读书会、文学研究会、话剧队、歌咏队、美术组，分别组织社员阅读进步书刊，排演戏剧，学习绘画。1934年春节，草原社举行公演，第一次在毕节城唱响《国际歌》，引起毕节社会强烈反响。这一年的1月，林青、缪正元还在毕节文庙介绍秦天真加入了中国共产党，并同时召开党员会议，建立了中共贵州省第一个党组织——毕节党支部，林青担任支部书记。支部讨论通过了林青提出的4条行动纲领：①发动武装斗争，创造条件建立苏维埃政权；②加强对草原艺术研究社的领导，推动群众性抗日救亡宣传活动的开展；③加强党的建设，发展党的组织；④继续设法与党的上级机关取得联系。党支部成立后，成功组织领导了驱逐毕节中学反动学监和揭露毕节反动当局罪恶的两次学潮运动。同时，把宣传抗日活动扩大到农村和社会各界，还争取到了范敬章带领在家乡打富济贫的有200多人的一支黔军队伍，使毕节党支部有了自己领导的革命武装。毕节党支部的革命活动，引起民国党当局的警醒。这一年的夏天，国民党贵州25军防共委员会密令驻毕节的犹禹九部立即逮捕林青等人。林青、缪正元、秦天真获悉后，迅速组织转移，离开毕节到安顺、贵阳一带开展活动。

在贵阳，林青等人先在学校中组织社会科学研究会、文学艺术研究会，吸引进步青年和爱国人士参加阅读革命书刊，开展文艺演出，进行抗日宣传。其间，培养和吸收了徐健生、李策等一批骨干分子加入中共党组织。先后在贵阳一中、贵阳高中、女师、男师、达德等学校建起了中共党组织。1934年底，贵州全省的中共党员已发展到40多人，建起了中共党组织（党支部、党小组）10余个。其间，还派遣党员邓止戈、黄大陆打入国军内部开展兵运工作。

1935年1月，中央红军长征到达遵义，林青在遵义找到了在上海的狱友此时已担任红一军团地方工作部长、中央纵队秘书长的吴亮平，经吴亮平介绍，林青向中共中央地方工作部部长李维汉汇报了中共贵州党组织的发展和开展工作的情况。李维汉向中央汇报后，代表中央批准成立中共贵州省工作委员会，林青担任书记并兼任遵义县委书记，邓止戈、秦天真为省工委委员。青林及时返回贵阳，在贵阳召开省工委会议，传达中央指示，讨论执行中央指示的工作措施。会后，按照中央的指示，积极为红军收集情报，加强对国民党军队的军运工作，广泛开展宣传红军北上抗日主张，揭露国民党消极抗日、积极反共、围剿红军的阴谋，发动民众反对国民党，在斗争中培养和发展党员，壮大党组织。4月，贵州全省有11个县、市和10多所学校建立了党的县委、党支部或党小组。

1935年7月，因叛徒出卖，中共贵州党组织遭到严重破坏，省工委主要领导人林青和一些重要领导人刘茂隆等先后被国民党特务逮捕。在狱中，国民党贵州当局采用金钱地位引诱和严刑拷打等手段，诱导和威胁林青、刘茂隆叛变，但林青、刘茂隆始终坚贞不屈。后来，在监狱看守、中共党员董亮清的帮助下，林青以工委书记的身份，决定让刘茂隆越狱。刘茂隆越狱成功后，国民党当局恐怕越狱事件再次发生，于是对林青很快执行死刑。9月11日，被打得遍体鳞伤的林青被押赴刑场，在从监狱通往红石坡刑场的贵阳市区大街上，林青昂首挺胸，一路高唱《国际歌》，高呼“打倒出卖国家民族的蒋介石”“中国共产党万岁”等口号。国民党军警用刺刀戳穿林青的双腮，卡住林青的牙关，鲜血从刀口、嘴里流出来，染红了林青的脖颈、衣裤、鞋袜、囚车，滴在大街上，观看的民众无不感动流泪，敬佩革命者，憎恨反动派。在刑场沉闷的枪声中，林青终于大义凛然，英勇就义，年仅24岁。

新中国成立后，林青被批准为革命烈士。1985年，中共贵阳市委、贵阳市人民政府在中共贵阳市委党校校园内塑起了林青的雕像，以示人民对林青永久的纪念。

## 许云艺

许云艺（1911~1950），民国初年山东单县人。幼年给地主家当长工，后入冯玉祥部当兵。1940年加入中国共产党。1946年起，历任单县芳桂区民运干事、区武委会副主任、副区长。1949年随军南下，任江西乐平县四区副区长。西进贵州后，历任织金县三塘区副区长、纳雍县乐治区区长。1950年2月24日，奉命率队到乐治区武佐河征粮，并劝匪首刘××投降。刘匪拒不投降，纠集匪众百余人，分三路袭击征粮人员。许云艺组织征粮队员突围，多次负伤，被土匪用梭镖刺死，随行征粮人员及解放军战士共14人牺牲。遗骸被安葬于乐治区武佐河烈士陵园。

## 吴正卿

吴正卿（1912~1936），民国初年河北保定人，中共党员。早年加入国民党军队，1931年12月，在江西宁都随国军第26军起义参加红军，翌年调任湘赣苏区红军独立师作战参谋。1933年秋，任红17师49团2营营长，率部配合红六军团，在湘赣边界的梅花坳展开反击战，挫败敌人多次进攻，歼灭国民党第16师近千人，2营被团部授予突击模范营称号，吴正卿以英勇作战而闻名。翌年春，红六军团奉命西征，吴正卿任17师49团团长，率部担任军团前卫。1935年秋，指挥部队配合军团主力，攻克湖南大庸县城，升任红七师师长； 11月，红二、红六军团离开湘鄂川黔根据地开始长征北上，吴正卿率红七师担任前锋，多次冲破沿途国民党军队的围追堵截。1936年2月初，红二、红六军团强渡鸭池河，占领黔西县城。吴正卿率部前往打鼓新场阻击从遵义开往黔西攻击红军的国民党军万耀煌部，在打鼓新场东南郊大定坡与盐防军相遇展开激战，吴正卿在率部冲锋时中弹不幸壮烈牺牲。1985年12月，中共金沙县委、县政府在县城戴家堡竖纪念碑以示追念。

## 刘　琪

刘琪（？~1934），字少南，民国初年黔西城人。少时好学。青年时，就读于贵阳通省公立中学堂，受孙中山革命思想影响，与同学何瑞等组织理论研究会，并参加推翻清王朝的活动。后入北京政法专科学校经济本科深造。1919年5月3日，北京大学、政法专科学校，高等师范学校、工业专科学校学生代表千余人在北京大学法科大礼堂集会，刘琪登台演讲，痛斥帝国主义侵略中国及北洋军阀的卖国罪行，听讲者无不义愤填膺。5月4日上午，北京13所大学学生代表聚会政法专科学校，推举刘琪为会议主席，商议游行事宜。下午2时许，各校学生3000余人集合游行，至东交民巷美国使馆，以罗家伦、刘琪等4人为代表，求见美国公使未果。游行学生继而去赵家楼找亲日派的北洋政府交通总长曹汝霖和北洋政府驻日公使章宗祥等，发生火烧赵家楼、痛打章宗样的爱国行动，30余名学生被捕。5月5日，北京学生联合会成立，派代表到各省宣传联络。刘琪受派南下督察，到常德时，求见驻军长官吴佩孚，望其支持学生爱国行动。6月9日，吴佩孚等发出《要求释放学生公布外交始末电》，吴佩孚挽留刘琪在其部队作文职佐属。1924年吴佩孚下台，刘琪去职闲住北京。1931年“九·一八”事变后，刘琪不满国民党对日妥协政策，曾投奔李宗仁、白崇禧，参加反蒋倒蒋活动。后到天津，化名王化南，与同抗日将领吉鸿昌、任应岐等进行抗日反蒋活动。1934年11月9日，吉、刘等人在天津法租界国民饭店以打牌为名，密商机宜，四圈结束，搬庄换位，刘琪恰巧换到吉鸿昌原座位上。此时行刺吉鸿昌的国民党蓝衣社特务推门开枪，刘琪被误刺而死。

## 徐健生

徐健生（1912~1993）又名邱照，民国初年毕节鸭池哈郎冲人。自幼聪颖好学，勤于思索，喜爱运动。小学毕业后，以优异成绩考入贵阳一中读书，并积极参加革命活动。1934年8月，加入中国共产党，任中共贵阳一中党支部书记、省工委交通特派员。1938年赴延安，先后入中央党校、马列学院学习。历任延安中央党校党总支委员、延安马列学院党总支常委、组织科副科长，抗日军政大学3分校直属2队（东北干部训练队）总分支支委、政治指导员，延安马列学院研究室研究员、党支部书记、中央研究院秘书长、院党委委员，中央党校三部秘书、二部党支部委员，延安解放日报社党总支书记、秘书长、社委会委员。解放战争时期，历任河北省建屏县中央机关土改工作队队长、区委书记、县委委员，河北省平山县西柏坡中央党校秘书长，新华通讯总社秘书长，中央直属党委委员。中华人民共和国成立后，历任中共贵州省委委员，省政府委员，省政府秘书长，省委常委、省委统战部部长，省人民委员会秘书长，省政府副省长，贵州省第一届政协主席，省委候补书记，省委书记处书记，省政府副省长兼省经委主任，省委宣传部部长，省财贸办主任、党组书记，省委秘书长，中共贵州省委副书记兼贵阳市委第一书记、贵阳市警备区政委，省委副书记，贵州省第五届人大常委会主任，中共贵州省顾问委员会委员、常委、主任。1993年3月19日，在贵阳因病逝世。

## 蓝运臧

蓝运臧（1912~1941），女，民国初年黔西打鼓新场人。1927年，就读于贵州省立女子师范学校，受进步思想影响，积极反对封建礼教，带头放脚、剪发辫。1931年，“九一八”事变后，以女师代表身份参加贵州省学生救国团、贵州妇女反日救国团，当选贵州省反日救国团理事。假期，回打鼓新场组织抗日救亡宣传活动。9月初，贵阳城区各学校学生举行爱国游行示威，遭到反动军警镇压，蓝运臧带领学生冲在游行队伍的前列，怒斥军警。贵州省教育厅厅长谭星阁派汽车冲散游行队伍，致使游行学生死2人，伤40余人。鲁迅惊闻贵州学生遭害消息，撰写《冲》一文在上海报刊发表，以示声援贵州学生。1933年，蓝运臧与贵阳一中学生寇述彭发起组织马克思主义读书会。年底，发起反对国民政府教育部制发的《中学毕业会考规程》。会考之日，在女师考场组织学生游行，请愿政府，废除会考，于是蓝、寇二人被贵州教育厅开除学籍。1934年，蓝运臧在黔西县城创办《黔西月刊》，进行抗日救亡、反对封建、妇女解放等的宣传，触怒了地方官吏绅士，不久被迫停刊。冬，蓝运臧加入中国共产党，为贵州最早的中共女党员之一。

1935年春，蓝运臧受中共贵州省工委指派，与中共中央派往苏联向共产国际汇报中国情况的潘汉年假扮夫妻，护送潘汉年由独山经广州安全抵达上海。完成任务后，蓝运臧入北平大学文理学院就读。其间，与先期到北平的寇述彭结为伉俪，共同参加“一·二九”学生爱国运动，参加抗日民族解放先锋队。1937年，蓝运臧与寇述彭一起赴山西临汾，进入民族革命大学学习。次年3月，夫妻二人又到延安，进入抗日军政大学学习。秋，蓝运臧受党组织派遣，到山东聊城宣传抗日。其间，编写抗日中型剧《五里雾》。冬，夫妻二人以平津流亡身份返回贵州，进行抗日救亡宣传。1939年秋，蓝运臧与丈夫偕四妹蓝运铮去云南蒙自白草坝蚕业新村工作。次年秋，返回贵州，继续开展抗日救亡活动。

1941年2月，蓝运臧与丈夫寇述彭、四妹蓝运铮，先后在贵阳、打鼓新场被国民党贵州省保安军逮捕。在受审时，蓝运臧大义凛然，宣告自己是中共党员，拒绝回答任何问题。5月19日夜，蓝运臧与丈夫寇述彭、四妹蓝运铮惨遭敌人杀害。1981年3月20日，贵州省政府追认蓝运臧、蓝运铮等为革命烈士。

## 陶树清

陶树清（1913~1936），民国初年都匀人。1929年，进入黔军，与黔军中的阮俊臣交好。1936年，任国民党中央军暂编五旅中尉连副。3月，随军开赴毕节围剿红二、红六军团和川滇黔边区红军游击纵队。在时任贵州抗日救国军第三支队支队长阮俊臣的策动下，接受共产党的主张，在趁旅长柳际明、副旅长皮光泽去贵阳之机，于5月10日清晨率1个营300多名官兵起义，并带领起义部队赶到杨家湾拱垅坪与阮俊臣率领的部队会合。之后，为摆脱国民党军队的追剿，阮俊臣、陶树清带领部队到云南镇雄花郎坝与中共川滇黔边区特委领导的川滇黔边区游击纵队汇合，合编为中国工农红军川滇黔边区抗日先遣队，阮俊臣任司令员、刘复初任政委、陶树清任副司令。先遣队下辖3个支队，陶树清起义部队被编为第二支队。抗日先遣队活跃在川滇黔边区，国民党当局大为震惊。6~7月，蒋介石电令云贵川3省调集10余个团对先遣队实施会剿。根据当时的敌我态势，陶树清向中共川滇黔边区特委建议：①加强秘密活动，缩小目标，以便休整；②对起义士兵和绿林武装要耐心教育改造；③开辟新区，摆脱敌人，减少伤亡，保存实力。特委未采纳此建议，反而认为陶树清动机不纯。7月4日，当部队转移到杨家湾放珠场宿营时，次日天未亮，特委率领其部悄然离去，大大削弱了游击队的力量。国民党云贵川3省会剿部队，以数十倍的兵力，展开了对阮俊臣、陶树清领导的贵州游击支队的进剿，阮俊臣、陶树清率领部队艰苦转战于毕节和云南镇雄、威信之间。30日，部队在镇雄雨洒河突遭柳际明旅袭击，游击队受重创。在撤退时，陶树清与主力失去联系，率数十人向扎西（今云南威信）方向突围，到扎西小溪，又被镇雄独立营围困在郭家坟，几经突围未成功。9月3日，陶树清不幸被捕，被押解关押毕节监狱。1936年10月初，陶树清在毕节大校场英勇就义。1986年春，贵州省人民政府追认陶树清为革命烈士。

## 李忠孝

李忠孝（1913~1950），民国初年山东鄄城人。早期投身革命活动，加入抗日武装，任侦察班长。1946年，加入八路军，任营部管理员。1949年10月，随西进支队进入贵州。1950年1月，任织金县第二区（今牛场、猫场）区长。3月下旬，织金县土匪暴乱。3月25日，与区委书记武梦修带领工作人员押解3名土匪由猫场转移，在行至牛场住宿时被数百土匪围攻，在还击土匪时，中弹牺牲。1970年，中共织金县牛场区革命委员会在牛场小团坡，为李忠孝立碑纪念。

## 杨华福

杨华福（1913~1965），苗族，民国初年威宁人。1965年9月26日，杨华福所在生产队房屋遭火灾，杨华福奋不顾身冲入火海，抢救生产队的牲畜和粮食。杨华福最后一次冲进屋内后，火焰封门，杨华福烧伤倒地。救回时，全身已被烧成重伤，经抢救无效死亡。12月，《贵州日报》、贵州人民广播电台、中央人民广播电台先后刊载和报道了杨华福舍身抢救集体财产的英勇事迹。1966年1月，中共贵州省委号召全省人民向杨华福学习。

## 周晓山

周晓山（1913~？），原名周鼎铭，毕节海子街人。青少年时，先后在贵阳志道小学、达德中学、贵州师范学校读书。在达德读中学时，由陶信镛、李军介绍参加革命活动。1937年，在毕节县立高级小学教书，由徐健生等人介绍加入中国共产党。1938年，由中共贵州省工委委派，同徐健生、陈振生、孙莹等人一道赴武汉，在武汉八路军办事处，经周恩来介绍到延安抗日军政大学五大队学习。学习结束后，周晓山积极参加抗日活动，后组织安排在西柏坡中央军委总政治部工作。

新中国成立后，周晓山根据中共中央安排，从北京回到贵州，在中共贵州省委组织部工作。随后周晓山奉命参与和领导创办中共贵州省委党校，担任教育长。周晓山曾历任中共兴义地委、中共贵阳市委和贵州省文化厅主要领导职务，最后被中共贵州省委安排在省人大工作直至离休。

## 程绍祥

程绍祥（1913~1989），民国初年湖北红安人。1929年参加村农民协会和义勇军。同年，参加中国工农红军，历任红四军十师三十团班长、排长、连长。1936年9月，胡宗南部进攻延安，率1个连阻击敌人，掩护主力部队过黄河，完成任务后在突围时不幸被俘，西安事变后，获释返回部队。1937年，调陕北公学二区队任管理员、军事科长。1940年2月，任冀鲁豫军区特务团副团长。1949年，随部队进军西南，先后参与滑县、沙店、孟庄、阳谷、砀山战斗和淮海、成都战役。1955年授大校军衔。1959年12月至1964年，任毕节军分区司令员，领导分区完成征兵、民兵训练和其他军事任务。1960年8月，妥善处理织金白泥事件，退回粮食70余万斤。1962年，组织工作队对民兵进行整顿，共整顿民兵大队4049个，训练民兵264万人。1964年离职休养。1989年在贵阳病逝。

## 丁道谦

丁道谦（1913~1999），民国初年织金人。早年，毕业于天津南开大学商学院经济系。回贵州后，历任贵州省地方行政干部训练委员会编审委员、贵州省银行筹备处设计委员、中国国民党贵州省执行委员会政法研究委员、中国农民经济研究会贵州分会编辑组主任。1940年，任贵州企业公司专员兼秘书室秘书。1942年，任贵州第二届临时参议会参议员。1946年6月后，历任贵州省参议会参议员、《贵州民意》主编、《贵州经济建设》主编。

新中国成立后，任贵州省人民政府财经委员会编辑组组长、中国民主同盟贵州省支部委员兼秘书处主任。1952年10月后，任四川财经学院教授、西南财经大学教授兼图书馆长、民盟四川成都市科技委员会委员。著有《诗经中的妇女社会观》《贵州经济研究》《贵州经济地理》《贵州衣食问题》《贵州地方财政状况》等。1999年，在成都逝世。

## 张镇坤

张镇坤（1913~2005），民国初年威宁人。曾入国民革命军25军军官团及中央军校七分校高教班学习。历任排长、连长、营长，副团长、旅长、总队长、副师长，少将军衔。

抗日战争时期，曾参加山西侯马战役和中原会战。1945年8月后，因不满蒋介石独裁统治和挑起内战，带领部分进步军人哭中山陵。1949年7月初，协助人民解放军二野江南办事处搞策反工作；12月7日，在威宁、赫章率部起义，任起义部队副师长，后入西南军区高级研究班学习。1952年，转业地方工作。历任大定县交通科副科长、交通局副局长，省政协第一、四、五、六届委员，大方县人大常委会副主任、大方县政协第1~4届副主席。1991年，任贵州省政府参事室参事。2003年，续聘为贵州省政府参事室副厅级参事。2005年病逝。

## 王兴友

王兴友（1914~1984），彝族，民国初年赫章马鞍山人。其先祖为芒部土司布摩，家藏彝文典籍数百卷。王兴友传承家学从事布摩职业，精通古彝文。1957年，受聘到毕节地区彝文翻译组翻译彝文古籍，与罗国义合作，译就彝文典籍《阿者后裔迁移考》《水西传》《水西制度》《卢祖纪略》《吴三桂入黔记》《水西地理城池考》《洪水泛滥史》及《西南彝志》等。1966~1975年间，彝文翻译工作停止，王兴友被解聘回家，在家继续研习彝文典籍。1976年，复应聘到地区彝文翻译组继续从事翻译工作，译就《宇宙人文论》等多部彝文典籍，参与《彝文字典》编辑。历任中国人民政治协商会议贵州省委员会第一、二、三届委员。1984年病逝。

## 陈德有

陈德有（1914~1992），民国初年大定坡脚人。1934年，在湖南参加红军，次年8月加入中国共产党。历任班长、排长、连长、营长、支队长、副团长、军分区司令部参谋长等职。在土地革命战争、抗日战争和解放战争时期，参加过湖南龙山、云南宣威、甘肃辉城、山西神池、五台花石片、奇岚三交镇战斗及大同、绥远战役，屡立战功，两次被评为模范，多次受嘉奖。

新中国成立后，历任西康军区航空站站长，四川省江津军分区副司令员，四川、贵州民航局局长，贵州六枝特区区长，贵州省人事局局长、正厅级党组副书记。

陈德有一生廉洁奉公，谦虚谨慎，平易近人，生活简朴。在贵州省人事局局长任上，少用小车接送上下班，外出探亲访友不用公车。下基层工作不收礼、不赴宴，从不用公款请客送礼。患病到北京住院就医，组织决定让其乘飞机前往，并安排高干病房，陈德有坚持坐火车，住普通病房，被人们称为好领导。1992年病逝。

## 宁汉戈

宁汉戈（1914~1997），民国初年毕节城人。1933年春，参加林青等人组织的毕节草原艺术研究社活动。1934年，参加“我们的图书室”组织青年读进步书刊活动。1937年加入中国共产党，受组织派遣，赴中共思南县工委工作。1939年秋，受中共贵州省工委委派，参加省政府农村合作委员会训练班学习。1940年1月，任威宁县农村合作室主任，深入农村，发动农民创办信用、生产、运输、消费合作社，开展抗日宣传。其间，与中共云南省工委派到威宁开展工作的宋方、浦光宗接上关系，以威宁女子小学为阵地，开展秘密活动。同年8月，中共思南县党组织遭敌破坏，因叛徒出卖，宁汉戈被捕入狱。后经多方营救成功越狱，转到重庆，与党组织取得联系后，在重庆、甘肃作秘密工作。1945年至延安学习，1948年到山东济南工作。

新中国成立后，历任山东省实验中学校长、山东省教育厅副厅长。有叙事诗《草原之鹰》，由山东人民出版社出版发行。1997年病逝。

## 侯国祥

侯国祥（1914~2000），民国初年四川苍溪人。1933年2月，参加中国工农红军，同年10月加入中国共产党。土地革命战争时期，历任红四方面军30军270团战士、班长、排长和89师政治部敌工干事、地方科干事，曾参加粉碎川军围攻、强渡嘉陵江等战役，后参加长征到陕北。

抗日战争爆发后，在山西太岳组织游击队并任队长，配合太岳地区各县开展根据地建设，组织群众支援前线，开展游击战争。后历任八路军总部巡视团教导员、鲁西南军分区独立团副团长、团长，参加百团大战。

解放战争时期，历任冀鲁豫军区第一纵、七纵队司令部军务科长，十六军司令部军政处处长，参加陇海、淮海、渡江战役和跃进大别山、进军大西南等重大军事行动。

1949年11月，随军入黔。12月，任毕节军分区司令员、中共毕节地委委员。1950年初，根据剿匪需要，侯国祥担任毕节军分区第一副司令员，配合其他党政领导人，参与组织指挥收复织、纳、水的重大战事和金沙合围、威赫合围战。2月后，任中共毕节地委委员、常委兼毕节军分区司令员。1955年，被授予大校军衔，荣获三级八一勋章和二级解放勋章。1960年，侯国祥转业地方，调任中共贵州钢铁公司委员会书记、中共贵阳钢铁厂委员会书记。1962年5月，又调任中共毕节地委副书记、毕节专员公署专员，主持全专区国民经济建设和社会发展工作，全专区国民经济逐步好转，工农业生产逐渐恢复和发展，各项社会事业日益呈现欣欣向荣的局面。1967年4月，任毕节地区革命委员会生产领导小组组长。1970年6月，任毕节地区革命委员会副主任。1971年12月，任中共毕节地委书记。在“文革”中，尽力排除干扰，维持生产秩序，殚精竭虑，维护全区国民经济和社会发展。1977年8月，先后任中共毕节地委书记、毕节地区革命委员会第一副主任、毕节地区行政公署专员。1981年6月，调任贵州省人大常委会副主任。1985年离休。2000年10月病逝。

## 李旭华

李旭华（1915~1950），字祥顺，民国初年安徽萧县人，浙江大学肄业。中学时，参加徐州中学请愿团，赴南京请愿抗日。上海“八二三”事变后，投笔从戎参加抗日。1939年任丰常一大队教导员兼副大队长，指挥部队反击进攻大队驻地的日军，摧毁日军坦克1辆，毙敌10余人，伤敌30余人。6月，加入中国共产党，历任华山县民主政府秘书兼民政科长、游击大队政委。

解放战争时期，李旭华历任华山、砀山、单虞县副指挥长、单县县长。1949年春，由菏泽随军南下，任中共浮梁地委秘书长；9月，随军西进贵州；12月，任中共金沙县委书记、县政府县长；15日，率武装人员歼灭国民党19兵团留守人员、青年军及保警人员300余人，解放金沙县城。旋即，率队赴石场果把底，促成国民党金沙县长范毅所部75人、金沙县17个乡镇国民党党政人员投诚，迫使国民党保安八团缴械投降，金沙全境解放。1950年1月1日，李旭华在金沙县城主持召开群众大会，宣告金沙县人民政府成立。随即组织力量，开展征粮、筹盐工作，解决军需民食。组织店铺开业，学校复课，整理治安，使社会秩序迅速得以稳定。2月9日，李旭华获知仁怀匪首周天乙等阴谋纠集匪众3000人攻打金沙县城，于是迅速组织力量迎敌。10日拂晓，土匪向金沙县城发起猖狂进攻，李旭华指挥干部、战士与土匪展开激战。匪众数次向县政府、公安局和观音洞等据点猛攻，均未得逞。李旭华为组织反击，登上县政府后侧碉堡侦察，被匪徒冷枪击中头部，壮烈牺牲。9月15日，金沙县各族各界人民为旭华竖立纪念碑。1986年2月10日，中共金沙县委、金沙县人民政府重建李旭华纪念碑于县城沙棠桥畔。

## 杨绍成

杨绍成（1915~1978），民国初年纳雍人。1929年，被抓兵，历任国民党军108师班长、排长、连长、营长、上校团长、少将副师长。1949年，率部在四川郫县起义，旋即到中国人民解放军陆军学院作军事教官。1952年，被最高人民法院华东分院以历史反革命罪判刑10年。1963年，刑满释放回乡务农。后经本人申诉，中华人民共和国最高人民法院核准，认定无罪，撤销原判，恢复名誉，享受国民党起义将领待遇。1978年病逝。

## 郭　强

郭强（1915~1982），民国初年江苏武进人。1938年，加入八路军，同年加入中国共产党，历任连指导员、营教导员、团政治处主任、中国人民解放军二野五兵团十六军四十七师政委。

1949年11月，郭强率部解放黔西、大定、金沙、毕节。旋即，率部入川参加成都会战。1950年2月，贵州土匪叛乱，率部返毕，任中共毕节地委书记、毕节军分区政委，组织毕节军分区、四十五师、四十七师部队剿匪。先后组织指挥“织（金）纳（雍）水（城）战役”“金沙合围战役”“赫（章）威（宁）水（城）合围战”，歼灭国民党叛军和土匪武装共6万余人，收复曾被叛匪占领的纳雍、织金、水城、金沙、威宁、赫章县。同时，领导全专区完成清匪、反霸、减租、退押、征粮任务；发动群众成立村农协会，组织民兵、治安保卫委员会，军民配合，进行战斗36次，歼灭土匪2.1万人；开展镇压反革命运动，肃清国民党残余势力，为开展土地改革和恢复国民经济打下良好基础；贯彻执行中共中央关于“抗美援朝，保家卫国”指示，成立专区抗美援朝委员会，发动全专区各族群众，捐款、捐物，支持志愿军赴朝帮助朝鲜人民打击美国侵略者。全专区共捐款15.88亿元（旧人民币），为计划的103.1%；动员7900名各族青年报名参加中国人民志愿军。1951年2月，郭强率部入朝参战。回国后，先后任锦州步兵学校政委、黑龙江省军区第三政委兼建设兵团第二政委、旅大警备区顾问。1955年，被授予少将军衔。1982年病逝。

## 熊金祥

熊金祥（1915~1985），民国初年毕节鸭池人。1936年2月，中国工农红军红二、红六军团长征到毕节时，熊金祥毅然参加红军，在十八师五十三团三营九连任战士。1936年12月，加入中国共产党，任连队通信班班长。1937年10月，任副排长。1938年，在教导营学习后任排长。1944年2月，在新口战役对日作战中负伤，经医院治愈后返回部队，为三等乙级残废。1949年转业，在陕西合水工作。1951年12月，经组织批准复员回家，在毕节县草提乡历任互助组长、乡长等职。1957年9月至1967年10月任草提乡党委书记，1978年9月，任县政协常务委员。熊金祥坚持党的原则，生活简朴，从不摆老红军的架子，被群众誉为“老黄牛”。1985年病故于家乡。

## 林绍武

林绍武（1915~1985），民国初年黔西沙窝人。1935年，参加中国工农红军长征。次年12月，加入中国共产党。历任班、排、连长，大队长，骑兵团长，军区处长，军分区司令员，省军区顾问。曾荣立一等功，获民族英雄奖章。1985年5月6日，病逝于安徽省合肥市。

## 陈希周

陈希周（？~1968），字鸿剑，民国初年大定瓢井人。贵州讲武堂毕业。1937年夏，任国民革命军第4军102师306团团长。1939年9月，率部参加第一次长沙会战。1941年9月第二次长沙会战中，陈希周所部奉命防守新桥河一带。部队阵地被敌机狂轰滥炸，伤亡过半。在日军形成包围，几乎弹尽粮绝的情况下，陈希周指挥官兵顽强坚守阵地，直到深夜突出重围，全团兵力所剩不足一个连。1948年冬，陈希周升任国民党第108军239师副师长，驻四川。次年春，率部入黔驻毕节、赫章、威宁一带，镇压中共党组织领导的游击队，几次扑空。5月被调入川，12月在郫县率部起义，接受人民解放军改编。后转业任安徽省卫生厅厅长。“文化大革命”中，陈希周遭迫害，1968年逝世。1973年，安徽省“文化大革命”领导小组为陈希周公开平反昭雪。

## 刘星洲

刘星洲（1915~1981），民国初年黔西打鼓新场人。青少年时先后就读于新场小学、贵阳达德中学。1938年，受聘在新场一小任教，参加文艺研究会、乡村教育团，开展抗日救亡活动。次年加入中国共产党，先后担任中共新场总支部青年支部书记、中共新场总支部书记。1940年春，根据中共贵州省工委指示，转移到延安入陕北公学学习。其后，先后任延安大学文化教员，中共陕西定边县委秘书、财经队队长，冀中17专区税务局长、冀东行署工商行秘书。1949年随军南下，先后任江西省税务局副局长、局长，财政厅副厅长、统计局局长、计划委员会副主任、党组成员。刘星洲长期从事经济工作，对经济理论颇有研究，熟悉经济政策，且善于调查研究，对江西省经济建设作出一定贡献。1981年6月病逝。

## 刘大嵩

刘大嵩（1915~1990），民国初年江苏丰县人。1939年加入中国共产党，翌年在八路军黄海工作团，历任丰县大众剧社指导员、民运股长、山东省成武区区长。1949年随军南下，任江西省浮梁县教育科长；同年入黔。

1950年，在毕节专区参加剿匪，留赫章县工作，历任赫章县政府秘书、县委秘书、常委、宣传部长、书记、第一书记，县武装部第一政委、县政协主席。在赫章任职期间，组织干部群众学习马列主义、毛泽东思想，常给县机关干部作辅导报告；带队深入边远少数民族地区，开展清匪反霸和土地改革；在县委试点单位蹲点，总结经验，指导全县农业合作化运动。1959~1961年经济困难期间，走村串寨，与群众研究战胜困难措施；教育身边工作人员和亲属，不特殊化，与群众共渡难关。刘大嵩尊重知识，重视人才培养，关心干部文化教育，经常了解学校教育情况，并适时给予指导帮助；带领职工修建篮球场，组织机关学校开展文娱体育活动。刘大嵩秉性刚直，胸怀坦荡，公正廉洁，以身作则，坚持原则，不徇私情，在干部群众中留下良好印象。1965年调任贵州省文化局党组成员、省艺术学校委员会书记兼校长。1976年12月退休，1979年7月改为离休，1985年享受厅级干部待遇。1990年7月病逝于贵阳。

## 王佐才

王佐才（1916~1949），原名朱开凤。民国初年纳雍务卜黄泥坡人。1932年，王佐才参与抗捐、抗款活动，人称“王铁汉”。1943年，王佐才抗捐、抗款队伍发展至300余人。保安团多次进剿均受挫，便挖其祖坟，烧其住房。王佐才等将队伍拉到郎岱与普定、织金接壤地带，接受郎岱人唐逊虞的统一领导，伏击保安队、保警队，攻打区、乡公所，开仓济贫。1944年，国民党军队第九十六师奉调从云南进驻郎岱，参与“贵州西路清剿”，唐逊虞的民间武装逐渐瓦解。10月，九十六师撤回云南之后，王佐才率部继续活动于郎岱、水城等县边区，袭杀区乡保长及自卫队。1946年12月，中共地下党员罗朝良指示争取王佐才部接受中共地下组织的领导。1947年，王佐才按照中共地下组织意图开展活动。省安司令部对其进行进剿，王佐才部失利，妻子和儿子被杀害。1949年初，王佐才派参加岩脚中共地下组织的反蒋武装会议。中共地下组织决定由喻忠诚率王佐才部参加郎岱暴动。3月3日，暴动失败。6月，王佐才率部与四县联防队、保安中队激战。6月13日，王佐才部进关岭，与喻德安部汇合，截击西窜的国民党军，王佐才等被郎岱民卫队诱杀于郎岱石糯尾。

## 赵百川

赵百川（1916~1950），民国初年织金城南街人。1934年就读织金县立中学，参加中共织金党组织的举办的文艺研究会、社会科学研究会活动。1935年，加入少共国际青年团。1937年2月，加入中国共产党。1939年，利用在杨柳河任教的身份，建立三皇宫联络站，发展壮大中共党组织。1942~1946年，代行领导中共织金党组织的工作。织金解放后，赵百川被分配到化起征粮。1950年3月下旬，因匪乱，县委、县政府通知所有在乡下工作人员撤回织金，因通信阻断，赵百川未接到通知。不久，因在化起不能立足，赵百川取小道经桂果到打麻厂，躲避在一亲戚家附近的山洞内。10余天后，因人告密，被匪徒抓走，杀害于牛场沙坝谭家大冲。5月6日，织金县人民政府追认赵百川为革命烈士。

## 李锋刚

李锋刚（1916~1951），民国初年陕西浦城人。1931年，就读于陕西省立第三中学，参加抗日救亡学生运动。1937年，加入解放先锋队，同年加入中国共产党。1938年，入延安抗日军政大学学习，结业后留校任校部指导员、党总支书记。1945~1947年，任太岳军区政治部巡视团团长、西北民主联军第38军55师163团政委。1948年，任人民解放军第15军43师129团政委。1950年，率部入云南昭通剿匪，任剿匪委员会副主任。1951年春，率部在威宁黑土河、凉水井、得胜坡、天生桥、兔街子、龙街子等地剿匪，参与完成威宁南北合围歼灭叛匪任务；4月29日，李锋刚驻扎崇实中学（今威宁民族中学），被暗藏的敌人枪杀于寝室内。

## 王学臣

王学臣（1916~1968），民国初年山东单县人。1940年6月参加中国共产党。1949年，先后任村长、村党支部书记、区长、区委副书记、书记。1949年4月，随军南下，任江西省景德镇市北四区民运部长；同年随军入黔；12月，任中共大定县委委员、组织部部长。1952年6月，任中共大定县委副书记、书记。1956年8月，任中共毕节地委组织部长。1958年1月，复任中共大方县委书记。1959年3月，任中共毕节地委农工部部长。1959年3月，任中共毕节地委常委。1960年11月，任中共金沙县委书记。1964年7月，调省金华果蔬菜场工作。“文化大革命”期间，遭到残酷批斗，身心受到严重摧残。1968年逝世。

## 罗　英

罗英（1916~1990），民国初年河北完县人。1931年，就读于河北保定第二师范学校时，加入中共外围组织社会科学者联盟、中国互济会，从事革命活动。1936年，加入中华民族解放先锋队。次年10月，加入中国共产党。1937年，抗日战争爆发后，先后任冀鲁豫军区二纵队政治部组织部干事、新四军政治教导员、独立一旅政治部主任、二野五兵团十七军四十九师副政治委员、二野军大五分校政治部主任。毕节解放后，任毕节军分区政治委员兼中共毕节地委书记，领导毕节专区的清匪、反霸、土地改革、镇压反革命、政权建设、组织建设和经济文化建设。1958年后，任中共贵州省委工交部长、组织部长、省经委副主任、省科委副主任、省委纪律检查委员会常务书记、省人大常委会副主任、省顾问委员会常委、中共贵州省第二届委员会委员、贵州省第五届人大代表，省政协第二、三届委员、第四届常务委员，中共第十二届代表大会代表。在担任省委组织部长期间，荐贤任能，注重培养革命事业接班人。“文化大革命”中，即使身处逆境，仍以革命者的胆略，使一大批干部从江青反革命集团的桎梏中解脱出来。1977~1979年，主持省科委常务工作，落实知识分子政策，大胆启用专业技术干部，广交知识界朋友，使全省科学技术事业得以迅速恢复和发展。1978年后，在担任省纪委常务书记、省人大常委会副主任期间，认真贯彻执行中共十一届三中全会制定的路线、方针和政策，拨乱反正、正本清源，坚持改革开放，为实现全省党风好转，为开创贵州省人大工作新局面发挥重要作用。1990年10月去世。

## 宁起枷

宁起枷（1916~1993），民国初年毕节人。1934年，参加中共毕节党组织领导的抗日救亡活动。1937年12月，加入中国共产党。1940年后，先后在重庆生活书店、国讯书店、进修出版社工作，后去大连、烟台、济南组建光华书店，任社长、经理。1949年，随中国人民解放军第二野战军入黔，任贵州省新华书店经理。1951年后，历任新华书店总店经理、出版总署副处长，文化部出版局办公室主任，国家出版局版本图书馆馆长。1983年离休。1993年去世。

## 杨　彬

杨彬（1917~1969），字延纯，女，民国初年毕节城人。1925年，就读于北京师大附小。进入中学后，喜读进步书刊，参加街头募捐、慰问劳工等社会活动。1925年，参加“一二·九”学生爱国运动。1936年，入北京大学化学系学习，加入中华民族解放先锋队。1937年“七七”事变后，根据组织安排赴山东济南军政训练班学习。其后，到烟台从事民运工作。次年，到武汉八路军办事处工作，不久去黄安干部培训班学习，并加入中国共产党，任武汉青协宣传团副团长、中共党支部书记。1939年，任安徽省动员委员会二九工作团团长，霍山、霍邱县委委员。其后，到鄂豫皖党校高级研究班学习。1940年，任皖东中心区委委员兼分区书记，合肥县委委员兼分区书记。次年，先后任盐城县委秘书、区党校总支部书记，涟东县委委员和分区书记、组织部长。1945~1948年间，先后任鲁南区委党校组织科长、建国学校教导主任、后方妇女干部学校校长、区委组织部干部科长。1949年2月，调华东党校南下干部队学习；4月随军到杭州，任吴兴县委副书记、嘉兴地委妇女书记。

1951年，任中共嘉兴市委书记，嘉兴地委干校主任、校长。1952年，任浙江省妇联副主任，主任、党组书记。1953年，任中共华东局妇联农村处处长、华东局党委委员，后调任国家建工部西北工程管理总局人事处处长，西安市委委员、妇联主任。1958年，任全国妇联办公厅主任、党组成员。1960年，任中共西南局监察处处长、中央监察委员、中央监委驻西南局监察员。1969年被迫害致死。1978年5月，获平反昭雪，对杨斌一生作出以下结论：历史清楚，在历次运动中立场坚定、旗帜鲜明，敢于斗争；参加革命几十年，为党和人民作出不少贡献，是好党员、好干部。是年8月，中共四川省委为杨彬举行骨灰安放仪式。

## 孙振启

孙振启（1917~1982），民国初年山东微山人。1943年参加革命，1947年6月加入中国共产党。先后任区武委会主任、民政干部指导员。新中国成立后，在毕节历任区委副书记、书记，县供销联社主任，县委副书记、书记处书记，县长，地区财办副主任、党组书记，中共毕节地区行署党组成员、行署副专员等职。

1955年，孙振启当选毕节县县长。1960年，毕节县严重缺粮，群众干瘦浮肿时有发生。县委决定由孙振启代表毕节县向云南省镇雄县借粮食20万斤。孙振启采取一次性将粮食指标分到户、由群众自己到粮仓背粮的办法，将粮食直接分到农户手中，很好地避免了分配粮食过程中可能产生的弊端，有力保障群众利益不受侵害。1959~1962年，毕节县农村耕牛大量死亡，造成农耕极大困难。孙振启部署统筹款项，派人到外省购进耕牛800余头，分发到耕牛紧缺社队，保证农耕顺利开展。孙振启为政清廉，克己奉公。1960年，其长子从山东来毕，孙振启将其安排在毕节县农机厂学习修理农具，分文不要厂方的报酬。厂方多次要给，均被拒绝；将其大儿媳安排在城郊金钟生产队劳动。1962年，国家实行精简下放人员政策，孙振启带头将其长子下放回山东老家。在1959~1961年的经济困难时期，县商业局负责人得知孙振启母亲出现浮肿，给其母送1个猪头，被婉言谢绝。孙振启在地区财办和行署任上已患有严重肝病，身体衰弱，仍坚持工作。1982年带病去北京参加残疾人福利会议，在返毕途中病情加重，经去上海治疗无效逝世。

## 王新发

王新发（1917~1986），原名曹友元，民国初年赫章郭家屯人。1936年春，参加中国工农红军长征。1941年后，先后任八路军120师71团排长、连指导员，团政治处副主任、主任。解放战争时期，参加辽沈、平津战役。抗美援朝战争时期，任志愿军某部营长，在指挥战斗中负伤，回国治疗。1953年2月，任解放军134师401团副团长。1955年9月，任步兵第三预备师第七预备团副团长。1956年10月，任四川省射洪县兵役局局长、人武部部长。1970年1月，任四川省绵阳军分区副司令员。1978年离休，享受正师级待遇。1986年7月病逝。

## 杨来奎

杨来奎（1917~1988），民国初年山东金乡人。1938年参加革命，同年加入中国共产党，先后担任马庙区武委会副主任、副区长，中共马庙区委书记。

1949年南下，任江西省乐平县民运部副部长；同年西进贵州。1951年调纳雍县，先后任中共纳雍县委组织部长、县委副书记、书记。农业合作化期间，在居仁蹲点，组织王银州互助组，总结推广民主管理、互助互利经验，促进全县农业合作化进程。其经验在中共贵州省第三次党代会上介绍。1955~1958年，指挥修建毕节至纳雍公路，实现工程如期建成目标，使纳雍境段成为优良工程。1958年，主持创办纳雍、化作林场，经逐年经营，林场扩大到4万余亩，年产木材700余立方米。1959~1961年3年的经济困难时期，杨来奎组织干部群众多方筹集、调运粮食，进行生产自救，努力减小因灾荒带来的困难。1964年，杨来奎调省里工作，先后任省林业厅营林局长、省气象局副局长。1988年病逝。

## 陈健吾

陈健吾（1917~1995），民国初年浙江青田人，大学文化。1937年8月参加革命工作，任青田县中共党组织战时服务团分队长，后到陕北公学学习。1938年8月加入中国共产党。抗日战争时期，历任中共湖西地委宣传部宣传科科长、中共金乡县委宣传部部长、中共单县县委宣传部部长、中共嘉祥县委副书记。解放战争时期，历任中共成武县委副书记、中共景德镇市委宣传部部长、《景德镇日报》社社长。

1949年9月，陈健吾参加西进支队入黔至毕。1949年12月至1952年9月，任中共毕节地委委员，地委宣传部部长，兼《毕节大众报社》社长。此期间，积极参与领导毕节专区各级党组织建设、人民政权建设、干部队伍建设、宣传思想工作建设和清匪反霸、土地改革、恢复发展国民经济等工作。1952年10月至1960年12月，先后任中共铜仁地委副书记兼铜仁专署专员、中共铜仁地委书记。1960年12月至1961年，陈健吾任中共毕节地委书记处第一书记。1961年，根据中央有关文件精神，撤销地委书记处，恢复地委书记、副书记称谓，陈健吾任中共毕节地委书记。期间，时值三年经济困难时期，陈健吾带领全专区干部群众，贯彻执行中央“调整、巩固、充实、提高”的方针，集中力量解决农业和农村工作问题，战胜暂时经济困难，恢复发展生产。同时，纠正1958年“大跃进”中出现的失误，给被错批错处理的干部甄别平反，调动了广大干部群众积极性。1962~1963年，全专区经济全面复苏、好转，人民生活水平提高。1964年至1966年，全专区各项社会事业出现欣欣向荣的发展局面。1966年5月后，陈健吾历任中共贵州省委宣传部副部长，《贵州日报》总编辑、中共贵州日报社委员会书记、高级编辑、中共贵州省委委员、中共贵州省顾问委员会委员，中共第八次全国代表大会代表。1993年离休，1995年逝世。

## 蔡应达

蔡应达（1917~1941），民国初年大定西区（今纳雍境）人。1939年2月加入中国共产党。7月，受党组织派遣到大定县城区学校发动师生利用创办壁报、黑板报、排演文艺节目、组织农村工作团方式宣传抗日救亡，建立大兔场抗日救国会。1939年，任中共大定职中党支部负责人。1940年4月，已转移到黔西三重堰的原大定职中中共支部负责人杜华江写信与应达蔡联系，交通员孙绍业误将信件投入国民党大定县党部人员手中，蔡应达被捕。国民党大定县当局利用种种手段，威逼利诱其供出共产党员名单，受到蔡应达严词拒绝。8月，蔡应答被移送关押在贵阳绥靖公署监狱，受尽酷刑，坚贞不屈。1941年1月18日，被国民党贵州当局杀害。1980年2月，贵州省人民政府追认蔡应达为革命烈士。1991年6月，中共大方县委、大方县人民政府在大方二中校园内竖立纪念碑以示追念。1999年，中共贵州省委将蔡应达纪念碑定为爱国主义教育基地。

## 王　栻

王栻（1918~1941），字锡强，民国初年织金人。1934年春，就读于贵州男子师范学校，同年加入中国共产党。寒假，与胞兄王楠返家，在织金城内串联一批思想进步的青年，成立文艺研究会、社会科学研究会，阅读进步书刊，启迪青年思想。1935年10月，王栻到贵阳次南门王家旅店与王楠商议在织金开展武装斗争的事宜，被他人告密而被捕。在狱中，王栻、王楠被施以酷刑而不屈服，半年后被释放。出狱后的王楠，在安顺去织金的途中被跟踪特务杀害，王栻则继续开展革命活动。1937年，贵州学联召开筹委会，王栻被选为学联负责人之一。1938年，被选为 “学生寒假工作团”男师分团长，率队下乡宣传抗日救亡。2月19日，国民党贵阳当局召开学生寒假工作团分团长会议，王栻、黄大陆、严全生在出席会议行至贵阳市党部礼堂时被捕。中共领导人周恩来、叶剑英获悉，发报给国民党贵阳当局，要求释放王栻等人，贵阳市当局既不敢杀，又不敢放，将王栻等人关押在贵阳模范监狱。在狱中，王栻给其叔父王秀芳写信自述其志：要像文天祥正气凛然，充塞宇宙；决不学明末经略洪承畴屈辱变节、投降求荣。1941年1月2日，国民党贵阳市当局将王栻等人杀害。1988年7月，贵州省政府追认王栻为革命烈士。

## 陆宗棠

陆宗棠（1918~1950），彝族，民国初年威宁人。1934~1938年，先后就读于明德小学、云南昭通明诚中学、省立昭通第二中学高中部。其间，参加中华民族解放先锋队，负责抗敌后援会工作。1940年，就读于贵阳乌当中学。1942年考入贵州大学政治经济学系。1944年，日军侵入独山，参加战地服务团，开展抗战服务工作。1945年11月，与韦德芹、张斐然组织少数民族学生及群众与侮辱歧视少数民族的贵筑县县长作斗争，并赢得胜利。1945年，大学毕业，返乡在威宁明德小学任教。1948年，在云南昭通认识中共滇东北地委书记、中共滇黔桂边区纵队六支队政委李德仁和中共地下党员傅发聪。1949年4月，经李德仁、傅发聪二人介绍加入中国共产党。5月，受中共滇东特支指派打入昭通专员公署，任昭通专署教导队政治处主任、《滇东日报》社社长。期间，利用报社印刷条件翻印毛泽东《新民主主义论》发送党内同志，介绍卢韬、张斐然、陆思明、安启崇等加入中国共产党。8月，昭通专员安纯三下令逮捕共产党人，陆宗棠及时告知身份暴露的中共地下党员，使这些人员安全撤离。9月，受组织委派回威宁建立游击武装，先后到大街、狗街、大官寨、卢家营、灼乐多、四方井、灼甫、四甫等地进行革命活动，说服担任国民党威宁县四甫乡长、拥有百余武装的舅父卢嵩岚投身革命。10月，中共滇黔边区纵队六支队批准建立中国人民解放军滇桂黔边区纵队第六支队威宁游击团，卢嵩岚任团长、陆宗棠任政委。1950年1月，陆宗棠、卢嵩岚率部配合解放军第十六军侦察营围歼驻云南彝良奎角的国民党军76师张桐森部。3月，中共贵州省委、省人民政府、省军区决定将威宁县委、县政府和驻军暂时撤离驻扎毕节，留下威宁游击团在威宁坚持斗争。陆宗棠、卢嵩岚率部与敌战斗30余次，保证了威昭公路的畅通，并建立了黑姑、四浦、云炉、观胜乡的政权。此时，投诚的国军童登文部叛变。23日，陆宗棠、卢嵩岚受命率部到团箐梁子阻击童部，将其击溃。陆宗棠在战斗中中弹牺牲。1983年，贵州省人民政府追认陆宗棠为革命烈士。

## 周道立

周道立（1918~1958），民国初年毕节人。周道立青年时才华出众，思想进步。1933年冬，还在学校里读书的周道立就已加入林青、缪正元、秦天真等人创办的毕节草原艺术研究社，进行革命宣传活动。1935年加入毕节中学生自治会，任自治会所办的看刊物主编，宣传进步思想。同年底，经杨杰介绍加入中国共产党。1936年2月，同杨杰、宁起琨等组织迎接红军进占毕节城，并积极参加红军组织领导的毕节县抗日救国会，宣传党的抗日主张。1937年，周道立中学毕业后，经党组织同意，打入国民党毕节县党部任职，以工作为掩护秘密开展工作。在县党部，周道立参加“三民主义铁血革新社”，做该社的缮写和保管机密文件的工作。1938年，周道立收到国民党贵州省党部发来抓捕中共贵州省工委交通员徐健生的密电，周道立先将电报暂时压下来，待设法通知人找到徐健生使其安全转移后再呈给县党部。之后，县党部召开会议决定秘密抓捕徐健生，参与开会的县保安大队长杨砥中因与徐健生交好，杨砥中早已知道徐健生还在田坝桥一带活动，一散会即飞马赶到田坝桥告诉徐健生消息。徐健生得到从事秘密工作的同志的消息后，又同时得到杨砥中的证实，便立即停止活动转移，后来去了延安。1939年初，周道立辞去县党部工作，返回学校读书。1940年，在中国文化服务社、大川银行、聚康银行工作直至新中国成立。

1950年，周道立在中国人民银行毕节中心支行工作。1951年，因曾在国民党毕节县党部工作被捕，被判20年有期徒刑。1958年，周道立在服刑期间死亡。

中共十一届三中全会后，国家全面进行拨乱反正。1985年毕节地区中级人民法院对周道立进行改判无罪。随后组织上根据相关证实材料，正确认定了周道立的中共党员身份，周道立当时是经中共党组织同意后进入国民党毕节县党部工作的。周道立终于被洗去冤情，得到公正的处理。

## 熊蕴竹

熊蕴竹（1918~1968），女，又名熊开梅，民国初年毕节人。“九一八”事变时，年仅13岁的熊蕴竹就率进步学生上街进行抗日救亡宣传。1933年，中共党员林青等组织毕节草原艺术研究社，以艺术形式宣传抗日救亡，熊蕴竹冲破封建礼教束缚，与男青年同台参加歌咏、戏剧宣传等表演活动，成为毕节妇女解放的带头人。1934年，熊蕴竹随林青等人转移安顺。次年初，受中共贵州省工委委派，考入贵阳女师，在学习中从事革命活动；3月，熊蕴竹加入中国共产党，在贵阳组织“读书会”，传播进步思想，宣传党的政治主张。利用《新黔日报》“惊蛰”副刊，为妇女解放造舆论。1937年，与中共贵州省工委特派员徐健生赴毕节、大定、黔西、威宁、水城等地开展中共组织清理工作，建立毕节县工委，担任县工委副书记。1938年，调任中共贵筑县委委员、妇女委员会组织部长，并任“生活”“读书”二书店中共支部书记，以秘密方式，向省内各地进步书店发行书刊，组织贵阳书店门市销售进步书刊。1940年4月，根据上级组织指示，熊蕴竹和秦天真到延安，在中央党校学习。学习结业后，先后任中共中央高级党校校务部秘书、主任。

解放战争开始后，熊蕴竹调任中共中央华东局机关训练班政治教员，参加整党建党的调查研究工作。1947年，任中共淮阴地委宣传科长。

1949年冬，熊蕴竹随军入黔。1950年初，任贵州省妇联筹备处主任。1952年后，先后任贵州省工业厅技术处处长、贵州省轻工业厅副厅长。“文化大革命”开始，蕴竹蒙冤受屈，1968年被迫害致死。1979年得平反昭雪。

## 刘　仁

刘仁（1919~1943），原名刘传辉，民国初年毕节人。初中毕业后，在家靠修锁、补锅和磨豆腐卖维生。1936年2月9日，红二、红六军团进入毕节城后，参加红军。因他擅长书法、绘画，留在红六军团政治部工作。红二、红六军团撤离毕节后，刘仁随军长征，加入中国共产党。1937年8月，被编入八路军第一二〇师第三五九旅第七一八团二营。9月该师东渡黄河，挺进晋西北抗战。10月中下旬，部队参加雁门关伏击战。1938年2月至4月，一二〇师粉碎侵华日军对晋西北的首次围攻，收复7座县城，开辟了晋西北抗日根据地。在此期间，刘仁先后任三五九旅七一八团二营作战股长、营长等职。年底到中央马列学院学习，结识了在学院工作的彭海贵（解放后曾任铁道兵副司令员），后来彭海贵调重庆八路军办事处工作，刘仁多次请他代寄家信，动员毕节的亲友和知识青年去延安参加抗日救亡斗争。1940年夏，刘仁会见徐健生，秦天真、熊蕴竹几位毕节同乡，他们建立了深厚的战斗友谊。刘仁在马列学院学习结束，回三五九旅七一八团任参谋长。6月至7月，参加晋西北军民粉碎敌人夏季“扫荡”。8月，参加了著名的“百团大战”。1941年，三五九旅开赴南泥湾开展大生产。1943年，侵华日军扫荡八路军敌后抗日根据地时，刘仁不幸在华北战场负重伤，被日军抓住后活埋。

## 谢天耀

谢天耀（？~1950），民国初年河北洛林人。1938年加入八路军，1940年加入中国共产党，历任战士、班长、连长、贸易员、供卫队长。1949年南下，任织金县第五区（今珠藏镇）区长。1950年3月，织金匪首李名山发动暴乱。3月24日，李名山侄子李成龙纠集匪众300余人攻打五区区政府。谢天耀组织区政府人员，多次打退匪徒进攻。半夜时分，弹药耗尽，与同事失去联系，谢天耀趁天黑用绑腿带从屋角吊下，向县城方向撤。拂晓，行至马店处，遭李成龙率匪追击，于是避于一农民家牛圈内隐蔽，被土匪发现枪杀。土匪被剿灭后，人民政府将谢天耀遗体安葬于珠藏老街火草坝。

## 梁遵敬

梁遵敬（1919~1950），民国初年山东金乡人。1942年参加革命，同年加入中国共产党。1945~1948年，先后担任区委委员、区武委会主任、区长。1949年随军南下，在江西任乐平县四区区委书记。1950年1月，任中共织金县四区（今三塘）区委书记；2月，四区发生土匪暴乱；3月23日，梁遵敬带领区武装干部魏来堂、通讯员谢春宜及区小队部分成员到阿弓接应区的其他人员，行至箐口遭土匪伏击。梁遵敬、魏来堂后撤时，发现区政府已被土匪占领，便撤到松树寨的旧乡长秦××家。秦暗中派人告知占领区政府的土匪，40余名土匪分两路包抄松树寨。梁遵敬、魏来堂立即朝县城方向突围，退至二塘架涧峡谷时，再次陷入土匪包围，二人与土匪顽强战斗，最后因弹尽力竭英勇牺牲。土匪被剿灭后，干部群众将梁遵敬、魏来堂的遗骸葬于三塘街口，立碑纪念。

## 黄玉才

黄玉才（1919~？），民国初年织金城人。其父亲黄乾昌和伯父黄庆昌原为石匠，清光绪年间即以石雕为业，在牌坊、碑头上制作透雕或浮雕，后用织金特产的红、黑两种大理石镶嵌成笔筒、笔架之类作品，并在上面精刻古诗古画，创立织金大理石石雕工艺。民国初年，又以黑色的晶墨玉大理石制作砚台，进一步完善了织金石雕镶嵌工艺。1913年，在贵州省工艺展览会上获特级奖；1939年，参加全国工艺品展览，获金质奖章；1942年，参加全国展览获得二级奖状。黄玉才全面继承其父的技艺，并接受美学教育，学习书法、绘画知识，在石雕与艺术的结合上得到了很快发展。1941年，国民党官僚为给蒋介石祝寿，限期黄乾昌家制作镶花石屏，因不小心炸裂石屏一角，国民党官僚认为黄乾昌是故意所为，便将其投入监狱，查封其全部家产。黄玉才还被抓兵离乡。1948年，黄玉才几经辗转回到了家乡，方知父亲已逝，家破人亡，石雕工艺也濒临灭绝的境地。1950年，织金县成立石砚委员会，黄玉才被聘为主任，1951年任石业工会主席。他重操旧业，继承传统，刻意出新，陆续创作出许多颇有价值的石砚工艺品。1956年，贵州省召开老艺人会议，他荣获国务院颁发的老艺人证书。1957年至1958年间，黄玉才制作的“织金八大风景”和“十年远景规划”两幅浮雕石屏在贵州省新中国成立十周年成就展览会上展出。北京故宫博物院展出并收藏他的红色大理石雕荷叶砚台1个，黑色大理石镶嵌雕笔筒1个，红、黑色大理石印章各1枚。《人民日报》《人民画报》《新黔日报》及其他报刊均先后刊登出他的参展作品。故宫博物院展出的砚台、笔筒和印章的照片被收入《中国工艺美术》一书。1959年后，黄玉才离开县雕刻厂，成为个体劳动者。黄玉才作品中的画，尤以松、竹、梅、兰见长，在故宫博物院展出的红色的荷花砚台，砚盖上部是浮雕葡萄，主体面为平雕梅花，台体上部是透雕葡萄，主体酷似一片荷叶，全砚打磨得光滑照人，物态逼真，显得晶莹绯红，十分精美。同时展出的笔筒系用黑色大理石片镶嵌成六方体，其做工精细，浑然一体，丝毫不见镶嵌痕迹。六方之中三字三画均平雕古诗古画，浮雕沿口。展出的两枚印章中，寸余章壁上，红色印章三方分别雕刻松、竹、梅，一方以马尾般细的小楷雕刻毛泽东的词《清平乐·六盘山》，黑色印章三方分别雕刻荷花、兰草，一方则雕刻《陋室铭》全文。

## 刘斌文

刘斌文（1919~1983），民国初年毕节层台人。1936年2月，中国工农红军红二、红六军团到黔西北开辟黔大毕红色苏区，刘斌文参加红军，在红六军团十六师四十六团一营当战士，后跟随红军参加长征；10月，到达陕北保安，部队休整后，刘斌文所在部队被改编为八路军120师三五九旅七一八团。1937年3月，刘斌文加入中国共产党，在三五九旅先后担任副排长、排长、连政治指导员等职务。1940年参加“百团大战”，在战斗中负伤，曾接受过白求恩大夫的诊断和治疗。1944年参加河南蒙县战役、晋西北保卫战。在抗日战争最艰苦的年代，刘斌文参加了南泥湾大生产运动和延安“整风运动”。1945年10月，随三五九旅挺进东北，战斗在林海雪原，参加围攻长春、解放辽阳、三下江南、追剿谢文东等的战役和战斗，为中华民族的解放事业做出了重要贡献。

东北解放后，刘斌文先后担任东北军区后勤部哈尔滨第三零二军工厂书记、厂长，东北军区后勤部生产部医院院长等职务，为军队后勤建设做出了贡献。1958年，刘斌文从部队转业到辽阳工作，先后担任辽阳市襄平区副区长、区委书记、辽阳市建设局党委书记。1960年8月，在辽阳遭受百年不遇的洪灾时，刘斌文身先士卒，带领机关干部和民兵不分昼夜战斗在抗洪第一线。1966年2月，刘斌文离职休养后，仍不忘自己是一名共产党员，关心教育下一代，在辽阳市中小学作过近百场报告，说长征故事，讲革命传统。1982年被市城建局、市建委评为先进离休干部。1983年4月28日逝世。

## 郑统一

郑统一（1919~1987），民国初年四川平昌人。1932年12月，加入中国工农红军。1933年，加入共产主义青年团。1935年6月，加入中国共产党。第二次国内革命战争时期，历任红军班长、排长、干事、政治指导员，参加第1~4次反围剿和长征，二次过草地，作战勇敢，屡建战功。抗日战争时期，历任鲁西七支队组织股长，鲁西黄河支队二团政治处副主任、支队长兼政委，鲁西教四旅团参谋长、副团长，鲁西一纵队2旅14团团长、副旅长。

解放战争时期，任中国人民解放军16军47师师长，参加鲁西南战役、淮海战役、渡江战役。率部进军西南，解放黔西、大定、金沙、毕节，后参加成都战役。

1950年，贵州土匪叛乱。率部回师毕节，兼任毕节军分区司令员，指挥47师、毕节军分区与45师配合，实施“织（金）纳（雍）水（城）战役”“金沙合围战役”“赫（章）威（宁）合围战役”，歼灭国民党叛军和土匪武装共6万余人，活捉“黔西北剿共总司令”文老洞，修文、息烽、开阳3县“游击总指挥”杨平舟，“黔西南游击纵队总指挥”吴相云，“中国国民党反共游击总指挥”杨左之，国民党19兵团327师师长徐文敬。1951年，奉命率部入朝参加抗美援朝战争，后任解放军68军副军长，中共68军委员会常委。1978年离休，1982年享受正军职待遇。1987年1月病逝。

## 杜博民

杜博民（1919~1988），民国初年大定城人。1939年毕业于重庆南开中学，1943年毕业于国立重庆大学理工学院地质系，毕业后赴西北进行地质勘探。

1949年8月，杜博民参加中国人民解放军。次年，加入中国共产党。新中国成立后，历任甘肃玉门油矿钻井大队地质电测队队长、工程处矿务室副主任、地质处处长。之后，到陕西、宁夏、青海、四川、湖南、湖北探找石油和天然气，任西安石油钻勘局主任地质师、湘鄂西找油指挥部副指挥。1955年，调任新疆石油管理局总地质师兼科学研究所所长，参加领导克拉玛依石油大会战，常到准噶尔、塔里木、吐鲁番野外地质队、钻探队及南北疆的独子山、依西克里克油田，实地指导勘探和开发工作。1959年，到北京参加国庆10周年观礼，受到毛泽东等党和国家领导人接见。1964年调任大庆石油学院石油勘探系主任、党总支书记、教授，大庆市科协副主席、名誉主席，中国地质学会理事。1988年病逝。杜博民逝世时，国务院副总理余秋里和石油工业部部长康世恩等领导送了花圈，中国科学院及全国各大油田均发唁电，中共大庆市委、市政府为杜博民举行了追悼大会。

## 杨本和

杨本和（1919~1995），民国初年河南清丰人。1939年参加革命工作，同年加入中国共产党。1939年5月后，历任中共金乡县马庙区区委委员、中共巨野县大田集区区委组织委员，中共成武县长胜区区委组织委员、副书记，县委民运部长、组织部部长。1949年3月，随军南下，任中共江西省浮梁县委组织部部长。1949年9月，随军西进至黔西，历任中共黔西县委组织部部长、县委副书记。1955年1月，任中共威宁县委书记，切实贯彻民族区域自治政策，培养使用少数民族干部，发展民族地区经济。1956年6月，历任毕节专署副专员、中共黔西县委书记处第一书记、中共大方县委书记处第一书记。在大方县任上，足迹踏遍数十个管理区，走访大小村寨数百个，调查发现成片土地荒芜，一些地方出现饥荒，在综合调查情况向中共毕节地委汇报的同时，从县机关和企事业单位抽调人员组成工作组，由县委、县政府领导带队分赴各管理区帮助工作。通过艰苦工作，全县农业生产逐步恢复。1962年，全县粮食丰收，土地荒芜、居民饥荒状况消除。1963年11月后，历任中共毕节地委组织部副部长，中共贵州省监察委员会驻毕节地委监察组组长。1973年，任中共毕节地委常委、组织部部长。杨本和1983年7月离休，享受正厅级待遇。1995年9月逝世。

## 蒋海燕

蒋海燕（1919~2005），民国初年江苏丰县人。1937年9月，参加丰县抗日青年救国团、救亡工作团，后任丰县五区民运指导员、区分委青年科长。1939年1月加入中国共产党。次年，入中央党校山东分校学习。1941年起，历任丰县青年团主任，县政府政治指导员、党总支书记，县政府文教科副科长，县委宣传部国民教育科科长、干事，丰县首羡区委宣传委员、书记，中共丰县城关区委书记，湖西报社通讯联络科科长，中共冀鲁豫三地委党校政治指导员。1949年3月，随军南下，任景德镇报社经理。1949年9月，随军西进入黔至毕，历任毕节地区革命干部学校组织科长、教导主任，中共毕节地委宣传部教育科长，1952年9月，任中共威宁县委第一副书记；同年10月，任中共威宁县委书记。1954年10月，任中共毕节地委委员、农村工作部部长。1959年3月，任毕节专区农业干部学校校长，1961年7月，任中共毕节地委政策研究室副主任。

1965年9月后，任中共毕节地区农业干部学校委员会书记兼校长。“文化大革命”中受到冲击，恢复工作后，任毕节农校校长、党委书记。1981年5月，任毕节地区行政公署副专员，为推进毕节地区社会主义事业做了大量的工作。1983年离休，1992年8月享受正厅级待遇，2005年8月逝世。

## 周树芬

周树芬（1919–2010），民国初年纳雍寨乐人。1936年参加红军，1938年4月加入中国共产党。在部队历任战士、通讯班长、作战参谋、管理股长、供给主任、后勤处长等职。1952年转业回地方工作，历任贵州省石油公司经理、省商业厅副厅长、中共毕节地委委员、毕节地区行署常务副专员等职。1983年离休，享受正厅级待遇。2004年，享受副省级待遇。2010年11月2日，在贵阳病逝。周树芬一生光明磊落，疾恶如仇，严于律己，宽以待人，刚正不阿，公道正派，不摆资格，平易近人，始终保持艰苦朴素、艰苦奋斗的优良作风，踏踏实实做人，勤勤恳恳做事，是后人学习的楷模。

## 王文通

王文通（1920~1950），原名王万喜，陕西乾县人。1935年参加中国工农红军，历任通讯员、团部青年干事、组织干事、营教导员、团机关政治指导员。1947年3~6月，入华北军政大学学习，后担任中国人民解放军华北新兵纵队一团副政委、一纵二旅八团团部政治协理员、十六军四十七师供给处政委。1950年随部队到毕节，被毕节军分区派任驻织金保安第六团军代表；3月，贵州土匪武装暴乱，一些国民党起义投诚部队相继反叛。4月1日，毕节军分区命令保六团由织金开往黔西；4月3日，在织金与黔西交界的六圭河洪家渡，保六团叛变。王文通率领进驻保六团的14名解放军干战顽强反击，被敌人杀害。

## 项必英

项必英（1920~1982），女，苗族，毕节人。新中国成立后，积极参加清匪、反霸、减租、退押、抗美援朝等运动，被选为燕子口区妇联副主任。1951年，随西南民族参观团赴北京参加“五一”国际劳动节观礼，受到毛泽东等党和国家领导人接见，同时受到国务院的奖励。同年7月，在毕节县各界人民代表大会上，被选为县政府委员。1952年，当选毕节县副县长。1953年加入中国共产党。历任贵州省妇联第一届执委，全国妇联第一、二届后补执委，全国妇联第三届执行委员，贵州省人大代表，毕节专署民族事务委员会副主任，毕节县政协副主席等职。1982年病逝。

## 牛林枫

牛林枫（1920~1999），又名刘鸿年，河南唐河人，大专文化。1938年9月起，先后在陕北公学、抗日军政大学一分校学习。1940年6月加入中国共产党；同年，任山东省鱼台县抗日民主政府科长。1942年后，历任湖西专署公安处股长，鱼台县公安局副局长、局长，湖西专署公安处办公室主任。1949年5月，随军南下，任江西景德镇市公安局副局长；同年底西进入黔至毕。1949年12月后，历任毕节县县长，毕节专署教育科科长。

1952年11月起，历任贵阳师范学校校长、中共贵州省委宣传部处长、贵州省文化局副局长、中共印江县委第一书记。1958年后，历任惠水重型机床厂党委书记、贵州省农具厂党委书记、丹寨汞矿党委书记、历任险峰机床厂党委书记、贵州省科学技术协会常务副主席、党组副书记。1985年离休，正厅级待遇。1999年逝世。

## 刘应康

刘应康（1921~1949），毕节镇人。在云南镇雄头屯小学当教员。1947年7月，中共地下党员胡博从兴仁来毕节，刘应康支持胡博的革命活动，并以刘家为从事革命活动的落脚点。1948年9月，刘应康随胡博到镇雄县头屯小学任教，从事秘密革命活动，组建游击队伍。不久，二人被国民党军警逮捕。胡博于1949年3月，被国民党秘密杀害于毕节城郊娃娃塘。刘应康经多方营救，保释出狱。1949年9月，国民党地方当局再次将应康逮捕，同年11月26日，将其杀害于城郊大水口。1987年，经贵州省人民政府批准，追认刘应康为革命烈士。

## 张杏田

张杏田（1921~1950），山东单县人。1942年加入抗联，后加入中国共产党，历任八路军班长、排长、副连长、连指导员。1949年10月，随军南下进入贵州；12月，任黔西二区（辖今林泉、洪水、金坡、仁和4乡）副区长。1950年3月27日，反共救国军第十纵队攻击二区区政府，张杏田指挥区政府8名工作人员反击至凌晨匪众撤退。3月29日，得报土匪在林泉至黔西城之间的鱼孔一带活动，张杏田与区委书记带领20余名战士前往围剿，被土匪在电话里探听围剿行动的消息，在清浦塘公路两旁设伏等待。当张杏田等人进到李家坟时，两山响起枪声，百余匪徒从山头冲下来，叫喊着活捉花爷子（人民解放军）。张杏田带一个班冲锋占领制高点时，不幸中弹，壮烈牺牲。

## 王国栋

王国栋（1921~1972），河北东光人。1937年，参加八路军并加入中国共产党。毕节解放后，为中国人民解放军驻国民党第4独立师起义部队军代表，并兼任中共威宁县委书记、威宁县县长。1950年，任中共金沙县委书记。1952年，任中共毕节地委副书记。1958年1月，任贵州省有色金属管理局局长；8月，任贵州省冶金工业局局长、党委书记，8月16日，赴遵义检查钢铁生产，途中因车祸造成终身瘫痪。1972年4月19日病逝。

## 吕　栋

吕栋（1921~1990），山东微山人。1938年参加革命，次年加入中国共产党。1937年后，历任山东省金乡县王娄区民运委员、金乡县委组织部长、民运部长、抗联主任、湖西地委政策研究室主任、地委党校副校长。

1951年，任中共织金县委书记。1951年，任大定县委书记，领导全县土地改革运动和恢复发展生产。1951年，大定县遭受特大自然灾害，吕栋领导全县干部群众开展生产自救，度过灾荒。其后，历任毕节专署副专员、云南省东川矿务局副局长、东川市委常委、云南省有色金属局副局长、云南省行政管理局副局长、云南省电子工业局副局长、辽宁省冶金局副局长。1983年离休，1990年6月在昆明病逝。

## 朱广臣

朱广臣（1921~1991），河南台县人。中学文化。1938年9月参加革命工作，1940年8月加入中国共产党。1938年9月后，先后任八路军115师教导第四旅战士、班长，冀鲁豫军区第三军分区司令部警卫员、冀鲁豫第三专署公安局武工队保卫队队长、指导员。1949年3月，随军南下，西进贵州，任毕节县公安局副局长、水城县公安局局长。1953年3月至1954年1月，在中央公安学院学习。1954年4月后，历任毕节专署公安处副处长、处长，公安局局长、党组书记。1974年，任毕节地区革命委员会政法办公室副主任。1978年后，历任兴义专署公安处党组书记、处长，中共兴义地委常委、行署副专员，中共六盘水市委常委、政法委书记，六盘水市人大常委会副主任。1985年离休。1991年病逝。

## 刘福永

刘福永（1921~1996），山东单县人，中学文化。1940年2月参加革命工作，1945年2月加入中国共产党。1940年2月后，历任单县孔店村农救会副会长、村长，抗日青年联会会长、单县民政科长、振民区民政助理员，中共单县振民区区委副书记、书记兼区长，青年团单县县委副书记。1949年3月随军南下，任中共景德镇市北区区委书记兼区长。1949年9月，随军西进入黔至毕。1949年9月后，历任中共金沙县城关区委书记兼区长、中共水城县二区区委书记兼区长、八区区委书记兼区长、水城县副县长，中共水城县委宣传部长、县委副书记、第一书记。1963年

7月～1967年4月，任毕节专署农业局局长、党组书记。1972～1983年5月，历任毕节地区农业局局长、毕节地区农业水利办公室副主任、毕节地区行政公署副专员。福永为推进毕节地区社会主义事业做了大量卓有成效的工作，对全地区农业经济建设和发展做出重要贡献。

刘福永1983年5月离休，享受正厅级待遇。1996年3月逝世。

## 孙育乾

孙育乾（1921~1996），山东金乡人 。1945年，任湖西抗日中学教员。1949年5月，随军南下，任江西景德镇教育局干事；11月西进入黔。1952年9月，任毕节专署文教科科长。1956年4月，任中共毕节地委宣传部副部长。1961年10月，任中共毕节地委副秘书长。1964年6月，任中共毕节地委秘书长。1973年，任中共毕节地委第二秘书长。1978年后，先后任贵州民族学院党委副书记、贵阳师范学院党委副书记。1996年逝世。

## 杨景春

杨景春（1921~2003），江苏丰县人，中学文化。1938年8月参加革命工作，同年加入中国共产党。1938年8月后，历任党小组组长、村文书，区会计、文书，中共单虞县委会计、秘书、组织干事。1949年3月随军南下，任江西景德镇中市区委秘书；同年随军西进到毕节，任中共毕节地委组织部干事、副科长。1952年4月，任中共织金县委组织部长；8月，任中共织金县委书记，带领全县人民，胜利完成社会主义改造，积极进行社会主义建设。1960年10月，任毕节专署经济委员会党组书记、副主任。1967年至1972年12月，带领民兵团在贵阳修建磊庄机场，任民兵团副团长。1973年2月，任毕节地区工交工作办公室（1978年改称工业经济委员会）党组副书记、副主任。1980年11月，任毕节地区计划委员会主任、党组书记。1981年5月，任毕节地区行政公署副专员。杨景春长期担任毕节地区经济和工交部门的领导职务，为全地区经济及工业交通建设做了大量卓有成效的工作。1983年离休，1992年8月享受正厅级待遇。2003年3月逝世。

## 余　辉

余辉（1922~1949），字惠民，四川古蔺人。1946年6月，受中共川南地下党古蔺中心县委的派遣，到金沙安底致用中学以教书为掩护，开展秘密活动，因引起国民党安底区分部生疑，学校将其辞退。次年，转到遵义马蹄中心小学任教，就近领导金沙茶园中共党支部工作。1949年春，又奉命到大定羊场坝，以经商作掩护开展活动，被敌人察觉后，脱险返回金沙。此后，负责组织联络金沙、遵义、古蔺党组织活动。其间发展7名进步人士加入中国共产党。3月，中共川南大一区工委批准建立金（沙）遵（义）和大定羊场坝特支，余辉任金遵特支书记，并指导大定羊场坝特支工作，积极阻止国民党将羊场坝航空发动机制造厂迁往台湾。8月，成立中共金沙联络站，负责领导金沙联络站工作。12月2日，余辉在遵义枫香坝与人民解放军接头返回金沙途中，在太坪场被国民党罗湘培部抓住，押到洪官坝，施以酷刑逼供。余辉坚贞不屈，于12月14日被敌人用刺刀乱戳致死。

## 万仁慕

万仁慕（1922~1970），又名刘逸萍，四川古蔺人。1939年2月，加入中国共产党；4月，任中共古蔺县大村支部委员、书记。1940~1942年，先后在23兵工厂、泸县国民师资训练班、彭水县，以练习生、学员、教员身份作掩护，开展革命活动。1944年，根据组织决定，转移到大定县甘棠乡开展工作；6月，入大定羊场坝中国空军航空委会第一航空发动机制造厂（下称航发厂）七兵队任文书；8月，与厂内中共地下党员接上关系，建立航发厂中共小组，任组长。期间，多次组织工人以罢工形式，与厂方作斗争，以组织球赛、阅读进步书刊、出黑板报、墙报方式，宣传团结工人群众。1949年3月，建立中共航发厂支部，先后任委员、书记，同时在大定城区、理化、甘棠、鸡场、六圭河建立中共党组织，领导农民开展反对征兵、征粮、征税斗争；组织青年学生开展要民主、要自由、要职业、反贪污、反迫害运动。5月，建立中共羊场坝特别支部，任书记，领导航发厂、甘棠及大定城区中共党组织工作。7月，根据上级指示，组织航发厂工人抵制工厂搬迁台湾。后来，中共大定特支的活动，引起国民党毕节当局的注意，毕节专员公署专员廖兴序、大定县长文传声多次带领特务到航发厂搜捕中共党员，万仁慕及时组织暴露身份的党员转移，使敌人阴谋未能得逞。

1950年，万仁慕任中共航发厂支部书记兼工会主席。1952年随厂迁成都，先后任空军411厂党委委员、一车间党支部书记兼工会主席，成都红旗铁工厂、成都机床厂党委副书记、厂长兼党支部书记，1970年12月逝世。

## 主惠珍

主惠珍(1922~2009)，江苏省沛县人，1938年3月参加革命工作，同年8月加入中国共产党。在湖西人民抗日义勇队第五大队当战士，后任湖西人民抗日义勇队第五大队分队长、中队长、指导员。

1942年起，主惠珍先后任金乡县公安特派员，金乡县公安局干事，华山县公安局局长，中共华山县委委员、社会部部长，中共华山县委副书记，湖西专署公安局副局长。

1949年3月，湖西地委响应党中央南下进军的号召，迅速组织南下支队三大队，主惠珍担任三大队直属中队政委。4月24日，主惠珍随军南下，从安徽安庆渡江到达江西景德镇，与牛林枫等人负责接管景德镇旧警察分局，立即组建景德镇市和县人民公安机关，积极开展维护社会治安工作。同年5月，主惠珍被任命为赣东北区景德镇市公安局局长。为响应党中央进军大西南的号召，主惠珍随军西进贵州，同年11月下旬到达贵阳。

按照上级的部署，南下支队三大队到毕节接管旧政权。11月28日，中国人民解放军四十七师解放毕节，主惠珍随军进入毕节。为迅速稳定社会秩序，巩固新生的人民政权，12月初，贵州省毕节区专员公署公安分局成立，主惠珍被任命为局长。主惠珍带领全区公安机关干警配合中国人民解放军，积极投入以保卫和巩固人民政权为中心的剿匪斗争。1950年1月7日，主惠珍率公安战士40余人，包围毕节城郊观音庙，一举捕获正在庙内策划暴乱的原国民党军队军官和土匪头目40余人，缴获长短枪30余支。1月18日，国民党七十一师师长吴振元率残部聚集于毕节海子街白马山、观音桥一带，妄图攻打毕节县人民政府，主惠珍率部队和公安战士将吴部击溃，毙敌3人，俘敌20多人。

20世纪50年代中期，主惠珍调离毕节地区，先后任贵阳市公安局局长、社会部部长，贵阳市人民检察院副检察长、党组副书记，扎佐林场党委书记，开阳磷矿筹建处主任，普定水电工程部指挥长，贵阳电厂党委书记。

“文化大革命”初期，主惠珍从贵阳调回毕节工作，1966年6月15日，主惠珍任毕节专区“文化大革命”领导小组副组长。1970年8月1日，主惠珍成为中共毕节地区革命委员会核心领导小组成员。1971年12月，主惠珍被选为中共毕节地区第一届委员会副书记。1974年9月23日，主惠珍与禄文斌等5名同志被省委常委会任命为中共毕节地区委员会副书记。

主惠珍担任毕节地委副书记时，主要分管组织人事工作。当时，主惠珍为大学生工作分配订立了几条原则：工人、农民及一般干部子弟中品学兼优的学生才能分配到地直机关工作，地直机关副县级及其以上干部的子女一律不留地直机关，必须到县以下基层锻炼，毕节县的学生全部分配到该县工作。这条原则订立之后，主惠珍带头执行。他的女儿毕业于某农业大学气象学专业，当时毕节地区农办、地区气象局等单位缺乏这类专业人才，地委组织部拟将其分到地区农办或地区气象局工作。地委组织部领导向主惠珍汇报后，主惠珍不同意，建议分配到威宁自治县或赫章县工作。地委组织部再三考虑后，最后将其分配到大方县工作。

1982年，主惠珍再次调离毕节，被任命为省委政法委副书记。1985年，主惠珍在政协第五届贵州省委员会第三次会议上被增选为常务委员。1994年7月，主惠珍离休，享受正厅级待遇。2009年5月6日，主惠珍在贵阳病逝，享年87岁。

## 朱启荣

朱启荣（1922~2007），山东成武人。1944年8月参加革命工作，1945年3月加入中国共产党。1944年8月，任成武县朱集小学教员。1945年5月起，历任中共成武县委会计、县大队供给股长、县委秘书，八区区委书记。1949年3月随军南下，任中共浮梁县五区区委书记兼区长。1949年11月，随军西进到黔西，任中共黔西县二区区委书记兼区长。1951年1月，任毕节专署办公室副主任。1952年7月，任中共毕节地委海子街重点工作组组长。1954年5月后，任中共毕节地委农村工作部互助合作科长、副部长。1961年10月，任中共毕节地委副秘书长。1962年7月，任中共威宁县委副书记。1963年3月，复任中共毕节地委副秘书长。1964年4月，任中共水城县委书记。1970年9月，任湘黔铁路民兵师水城民兵团副政委。1972年3月，任中共纳雍县委第二书记。1975年7月，任中共纳雍县委第一书记。1977年8月，任中共毕节地委委员、地委秘书长。1979年8月，任中共毕节地委副书记兼地委秘书长。1983年5月离休后，又任中共毕节地委党史领导小组组长，毕节地区地方志编纂委员会副主任。享受正厅级待遇。2007年逝世。

## 徐忠义

徐忠义（1923~1982），黔西人。1936年2月参加工农红军，1941年加入中国共产党。先后在中央民族学校、延安中学、中共中央党校、内蒙古自治运动筹委会学习和工作。1946年后，任西北野战军一纵队民工大队长。1949年，任中国人民政治协商会议干事；同年12月，任贵州省民族事务委员会副主任。1971年12月，任黔西县委副书记，县革委副主任、主任。徐忠义一生忠于党的事业，工作勤勤恳恳，兢兢业业，谦虚谨慎，联系群众，坚持原则，廉洁奉公。1982年5月30日，带病下乡工作，因劳累加重病情，经抢救无效逝世。

## 耿焕民

耿焕民（1923~1990），山东菏泽人。中学文化。1939年2月参加革命工作，同年8月加入中国共产党。1939年2月后，历任中共冀鲁豫区党委机要员，菏泽县更生区区长、区委书记。1949年5月，随军南下，任中共广丰县委组织部长；同年11月随军西进入黔，历任中共仁怀县委组织部长、书记，中共毕节地委副书记，中共遵义地委副书记兼组织部长。1982年离休，享受正厅级待遇。1990年病逝。

## 禄国忠

禄国忠（1924~1949），威宁人。早年帮人放牧。稍长，到平街当团丁，后到灼多租地种。1947年，地主晏荣基强收禄国忠租种的粮食，禄国忠夺回粮食并夺得晏家部分枪支，组织武装。次年，禄国忠武装在羊街尼洛冲建立根据地，吴小朝、陆德全等民间武装归附，队伍迅速发展到3个团，有5000人、800余支枪，禄国忠任一团团长，在威宁、赫章和云南昭通、镇雄、彝良等县开展活动。1949年初，禄国忠先后率部反击国民党保安队的多次围剿；3月，接受中国人民自卫军滇黔川边区第二纵队的领导，禄国忠任威宁支队队长；4月下旬，率部攻打彝良角奎；5月初，威宁县保安团、国民党军343师进剿禄国忠，禄国忠率部向黑土河撤退，途中遭到昭通保警队、四甫反动武装夹击，于是撤到威宁羊街与赫章可乐的交界处与民主联军会合，改隶民主联军第二纵队领导，奉命截断川滇公路。民主联军第二纵队在镇雄遭重创，禄国忠率3个中队驰援，行至八卡时遭地主武装围击，禄国忠在激战中不幸牺牲。

## 肖元良

肖元良（1924~1950），化名贾广荣，贵阳人。1942年起，在贵阳正谊、豫章中学，为中共党组织秘密刻印传单。1946年加入中国共产党。肖元良受组织派遣，打入国民党龙腾霄部队任教导员。10月，受中共贵州省工委派遣，与朱文达到织金大猫场开展秘密工作，培养革命骨干10余人，建立农协小组8个、联络站2个，组建猫场农民武装1支。安顺解放后，肖元良与驻安顺的人民解放军联系，从猫场武装组织中保送12名青年到安顺干部学校学习。组建文工队，到猫场附近农村教唱革命歌曲，开展宣传活动。向国民党织金县长王佐、参议长李名山发出通牒，促其投诚。织金和平解放，肖元良组织的武装被编入县大队，中共毕节地委任命肖元良为中共织金县委宣传部长。1950年2月6日，肖元良去贵阳汇报工作；2月8日，肖元良行至清镇毛栗山石秀才时，遭土匪袭击，不幸牺牲。遗体安葬在贵阳烈士公墓。

## 王际元

王际元（1924~1950），山东单县人。1939年从军抗日。1941年加入中国共产党，1945年任单县人民政府财政科长。1949年随军南下，任江西景德镇北市区副区长。冬，随军入黔，任金沙县政府工商（税务）局长。金沙解放初期，人民政府面临缺粮、缺钱、缺盐的严重困难局面。王际元深入工商界，宣传人民政府政策，组织清理欠税，缓解财政困难。组织清查国民党金沙县政府隐藏的官盐，以平价供应居民，安定了民心。1950年2月10日，仁怀匪首周天乙纠集匪众攻打金沙县城，王际元率县工商税务人员坚守县政府大门，顽强御匪，保住县城不被匪众攻占。3月，王际元调任石场区委书记兼区长。6日，率7名武装人员前往石场赴任，行至湖水乡马坎，遭百余土匪伏击，在激战中中弹牺牲。

## 高树彬

高树彬（1924~1950），山东金乡人。1940年参加革命，1945年加入中国共产党。1949年2月随军南下，任江西省乐平县第四区副区长。11月随军西进，进入贵州。毕节解放后，任毕节县第五区（辖林口、清水、吉场、普宜、龙场等乡，区政府设亮岩）副区长。1950年4月11日，带队去吉场征粮，遭土匪伏击，被土匪杀害于燕子口罗家坪。

## 杨兰平

杨兰平（1924~1981），河北元氏人。1941年11月，加入中国共产党。1943年后，历任人民解放军某部指导员、连长、营长、副团长。1947年10月，在元获战役中立三等功。1948年6月，任副营长参加晋中战役，在营长牺牲情况下，指挥全营作战，取得战斗胜利。秦岭战役结束后，所在营练兵成绩显著，被评为全师第一，树为模范营。1960年3月后，历任中国人民解放军毕节军分区副参谋长、参谋长、副司令员。杨兰平后期身患肝病，但仍坚持工作。1981年5月3日，因肝癌病逝。

## 潘增和

潘增和（1925~1950），山东金乡人。1940年参加革命，历任青救会会长、民兵队队长、区民政助理员和区委组织委员。淮海战役时，组织运输军粮，获记功奖励。1949年4月，随军南下，参加渡江战役。1950年1月8日，织金解放，潘增和任中共织金县五区（今珠藏镇）区委书记。3月，织金县匪首李名山策动武装暴乱。3月23日，李名山侄子李成龙纠集土匪攻打四区区公所，并派人到珠藏谎报："土匪已到歹阳坝准备抢劫粮仓。"潘增和不知是诈，与通讯员前往察看，刚走出区公所，就被匪徒开枪杀害。潘增和的遗体被安葬于珠场烈士陵园。

## 尹存善

尹存善（1925~1950），山东鄄城人。1939年参加革命，1941年加入中国共产党。1949年随军南下，毕节解放后，任中共毕节县二区（今鸭池、朱昌及海子街的一部分）区委书记。当时，二区地主、恶霸常依附白马山、乌箐大山的土匪势力抗捐抗粮。尹存善与区长王振国等人，在深入发动群众开展征粮的同时，采取各个击破、分化瓦解办法打击土匪恶霸的对抗，扭转了二区的征粮难局面。1950年3月，尹存善带领通讯员至乌箐梁子脚下的木来布置征粮任务，侦察土匪行踪，获悉了土匪要袭击岔河武工队。3月29日下午，尹存善与通讯员赵友才赶回岔河布置反击土匪，当行至岔河陈家屋基水井旁，突遭土匪伏击，两人身负重伤，仍英勇还击，直至壮烈牺牲。

## 朱鉴麟

朱鉴麟（1925~1966），又名朱均培，江苏镇江人，梨园世家。11岁起习艺。1937年7月7日，抗日战争爆发，朱鉴麟随家人逃难到云南昆明、昭通等地演戏。15岁转至贵阳，受聘在贵阳大戏院演戏。贵阳解放后，参与筹建黔光京剧社，被推举为社长。1958年，参与组建遵义剧团，任业务副团长。1960年，遵义剧团调毕节改为毕节京剧团，朱鉴麟先后任副团长、团长兼团艺委会主任。20世纪60年代中期，主持改编和主演《澶渊之盟》《蔡文姬》等多部新编历史剧，改编《红军万岁》等现代剧。朱鉴麟原学谭派，1963年赴上海向麒派宗师周信芳学戏，博采众长，逐渐形成自己的风格。以独特的嗓音，加上麒派的做功、身段，演出《追韩信》《徐策跑城》等戏。"文化大革命"开始后，被戴上"反动学术权威"帽子，在身患重病的状况下，仍遭批斗。1966年10月23日，含冤辞世。1978年，有关部门为朱鉴麟平反昭雪。

## 张思美

张思美（1925~1979），四川巴县人。幼年父母双亡，16岁流落贵州遵义，在一家澡堂当修脚工。1946年，到毕节县城“君再来”澡堂当修脚工。

新中国成立后仍操旧业。在长期的修脚实践中，不断探索，技术日臻精巧，熟练运用片、挖、劈刀法，速度快、不伤肉、不出血，能将鸡眼等脚病一次治愈。1964年，商业部授予张思美人民修脚师称号。1979年病逝。

## 赵春辉

赵春辉（1925~2005），河北饶阳人，中专文化。1940年10月参加革命工作，同年加入中国共产党。1940年10月起，历任河北省饶阳一致和村儿童团长、青年救国会部长、情报组长、党支部宣传委员。1944年10月后，历任饶阳县第一区委收发员、县委组织部统计干事、组织干事。1947年11月后，历任河北省安国县委组织部干事、冀中区委九地委组织部干事。

1950年5月，历任皖南区党委纪律检查委员会员、安徽省纪律检查委员会检查员、检查组副组长，检查处副处长、处长，安徽省监察委员会办公室主任、监察处长。1959年5月，任中共安徽省宁国县委第一书记。

1964年11月调贵州。1965年8月，任中共毕节地委组织部长。1966年1月，任中共毕节地委常委。1967年4月，任毕节地区革命委员会政治工作领导小组副组长。1971年1月，任织金县核心领导小组副组长。1972年1月，任中共织金县委书记，带领全县干部、群众进行工农业生产，开展水利建设，完成改造大戛河改河、治山治水惠民工程。1973年3月，任中共毕节地委秘书长。1977年8月，任中共毕节地委副书记，为推进毕节地区社会主义事业作了大量卓有成效的工作。1983年7月后，历任中共黔南州委副书记、中共黔南州委顾问。1986年12月离休，享受正厅级待遇。2005年5月逝世。

## 刘近谦

刘近谦（1926~1949），毕节县人。1944年，在贵阳弃学从戎，参加青年军奔赴抗日前线。抗战胜利后，考入南京国立戏剧专科学校。在校期间，参加反蒋示威游行，参与进步文艺团体活动，撰写剧本《谁是英雄》《无定河边》。1948年，剧专毕业后，先后在贵阳抚风、育英小学任教。1949年3月，返回毕节，在弘毅中学任教，向学生传授革命思想，教唱革命歌曲。5月，在毕节欢送赴滇东北进剿滇黔川边区民主联军的国民党军队晚会上，指挥学生演唱《山那边的好地方》歌曲，使国民党反动当局及军警感到震惊。8月27日，毕节召开纪念孔子诞辰纪念会，国民党毕节专员在会上发表反共讲演，刘近谦愤然离去，引起当局不满。9月，国民党当局将刘近谦逮捕关押，施以酷刑，要其悔过，刘近谦拒绝在悔过书上签字。11月，刘近谦被国民党反动当局杀害于城西郊大水口。1987年10月，贵州省人民政府追认刘近谦为革命烈士。

## 袁正体

袁正体（1926~1970），金沙人。中共党员。1956年，任金沙县农场场长。1962年，任金沙县西洛河水库管理所所长。1970年10月，参加湘黔铁路会战，任金沙民兵团二营五连指导员。11月11日，袁正体带病上工地。五连工地紧挨黔桂铁路线，正当大家紧张干活时，一列火车疾驶而来。袁正体突然发现列车将要通过的铁轨上散乱地堆放着一些锄头、十字镐，如不紧急排出，列车可能颠覆，还会危及工地400余名民工生命安全。危急之下，袁正体直向障碍物奔去，一铲掀掉放在铁轨上的十字镐。瞬间，列车飞驰而过，袁正体被列车排障器撞出4米多远而牺牲。湘黔、枝柳铁路会战贵州省指挥部党委作出《关于立即开展学习袁正体同志英雄事迹活动的决定》。1980年2月2日，贵州省人民政府追认袁正体为革命烈士。

## 杨培成

杨培成（1926~1989），山东金乡人。1944年参加革命，次年加入中国共产党，1949年随军南下。1954年10月，任中共毕节县委常委。1955年2月，任中共毕节地委纪律检查委员会副书记。1956年1月，任中共毕节地委监察委员会副书记。1963年11月，任中共贵州省委监察委员会驻毕节地委监察组副组长。1973年2月，任中共毕节地委组织部副部长。1979年11月，任中共毕节地委纪律检查委员会书记。1980年9月，任中共毕节地委委员。1983年7月，任中共毕节地区纪律检查委员会书记。杨培成在长期工作中，为推进毕节地区的社会主义事业、尤其是中共纪律检查工作，作了卓有成效的工作，做出重要贡献。1987年，杨培成调任中共贵州省纪律检查委员会正厅级专职纪检委员。1989年8月病逝。

## 徐殿英

徐殿英（1926~1990），江苏睢宁人。1944年6月加入中国共产党，在八路军中历任译电员、副股长、股长、副科长、科长，先后参加夏邑、高楼、花岗、黄口战斗和淮海战役，多次受奖。

1957年9月，被授予三级解放勋章。1964年，被授予中校军衔。1978年2月，任毕节军分区副司令员。1980年8月，任司令员。十一届三中全会后，徐殿英领导军分区拨乱反正，正本清源，解放思想，实事求是，严格贯彻执行十一届三中全会党确立的路线、方针、政策，开始新的征程。1983年6月，徐殿英离休。1988年7月，被授予中国人民解放军独立功勋荣誉章。1990年3月，病逝于成都军区昆明总医院。

## 马正邦

马正邦（1927~1949），毕节镇人，毕节师范学校毕业后，任教于毕节豫章小学。马正邦在读书期间，就受进步思想影响。1947年，国民党在毕节组织竞选国大代表，马正邦以毕师学生会主席的身份，组织学生抵制、反对，并率领300余名学生罢课3天，以示抗议。1949年，马正邦在豫章小学任教后，向学生传播进步思想，教唱进步歌曲，利用节日纪念的机会，拟写革命性的标语口号，公开张贴学校内外，引起了国民党特务夏炎的注意。7月中旬，被国民党以共产党罪名逮捕，在狱中施以酷刑，但马正邦坚贞不屈。1949年11月26日，被当局杀害于城郊大水口。1987年，贵州省人民政府追认马正邦为革命烈士。

## 谢丽生

谢丽生（1927~1950），山东单县人。1944年，参加区抗日联合会，加入中国共产党，历任区宣传委员，抗联副主任、主任。1949年4月随军南下，12月2日到黔西县任第三区（今大关镇）区长；6日，带领工作人员赶赴区府驻地桂箐，出安民告示，宣传共产党和人民政府的方针政策，接管机关、仓库、学校，清理枪支，组织支前委员会、区中队、剿匪指挥所，征购粮食，保障军需，组织学校复课，工商部门开门营业，短期内就使全区各项工作转入正轨。1950年3月，国民党黔西地方军政头目勾结地主恶霸和惯匪，组织“反共救国军”，公开叛乱。大关地区的土匪“二八纵队”密谋攻打三区人民政府。谢丽生获得情报后，将区中队和区政府人员分成4个战斗小组，分据桂果附近几个山头。候至3月21日上午10日未见动静，4个战斗小组负责人各带数人回区政府碰头。进午餐时，突然枪声大作，哨兵报告有300余名土匪正向区政府逼近。谢丽生令其他战斗小组迅速撤退，自己带领几名战士阻击掩护，多次击退土匪进攻，待其他组撤上山后才突围。当撤至后山丫口一松树下，谢丽生胸部中弹，急令前来救扶的两名战士：“快走，不要管我！”奋不顾身抗击土匪，投掷手榴弹时，头部中弹，英勇牺牲。遗体被安葬在当地的一棵青松树下。

## 赵广玉

赵广玉（1927~1996），江苏丰县人，中学文化。1941年4月参加革命工作，同年加入中国共产党。1941年后，历任丰县抗日政府通讯员、卫生员，湖西抗日中学学员，沛县公安局文书、干事、审讯科副科长，冀鲁豫三分区指挥部科员、政治指导员，中共冀鲁豫三地委武装部干事，江西景德镇市军管会秘书、市公安局秘书、市警备司令部组织干事。1949年11月西进入黔，历任威宁县公安局长，毕节专署公安局审讯科长，中共金沙县委副书记兼公安局长，中共金沙县委第一书记，黔西岔白农场副场长，铜仁地区经委第一副主任、中共铜仁地委常委、地委宣传部部长，贵州省体委副主任、党组副书记，贵州省老年体协副主席兼秘书长。中共八大当选为代表。离休后享受正厅级待遇。1996年11月逝世。

## 任叔轩

任叔轩（1928~1949），云南镇雄人。1946年，入毕节弘毅中学高中部就读。1948年秋，受中国民主联军滇黔川边区第二纵队派遣，在毕节组建毕节支队。1949年，两次在毕节购买弹药和物品，代表毕节支队参加民主联军镇雄革命武装暴动。不久，国民党云南反动当局调集大批军队围剿民主联军，民主联军战斗失利，将人员分散开展活动，安排任叔轩将部分骨干及伤员转移到毕节安顿隐蔽。9月，任叔轩回弘毅中学继续读书，并当选为学生自治会主席。任叔轩利用学生会主席身份，组织学生罢课，将在弘毅中学兼课进行特务活动的中统特务头子陈文彬驱逐出校。不久，任叔轩被捕入狱。在狱中，受尽敌人酷刑，坚贞不屈。11月26日，被杀害于毕节城西郊大水口。1987年，贵州省政府追认任叔轩为革命烈士。

## 吴纯让

吴纯让（1928~1992），山东单县人，中学文化。1944年5月参加革命工作，1945年8月加入中国共产党。1944年5月后，历任单县郭堂区抗联青年干事，金县孙桁区抗联青年委员、区组织委员。1949年3月随军南下，任江西乐平县青年干事；同年随军西进贵州；12月，到达大定县；12月5日，大定县人民政府成立后，吴纯让受命到三区人民政府所在地高店工作。1950年5月2日，叛匪保安团200余人围攻三区人民政府，吴纯让率区中队顽强反击，坚持到援军到来，击溃叛匪。之后，全县组成几个武工队进行剿匪，吴纯让任第二武工队指导员。6月，1000多名土匪围攻一区人民政府所在地锅厂，吴纯让率武工队投入战斗，击溃土匪。10月，吴纯让调任五区（马场）工委书记，不久任中共大定县委农工部部长。1956年5月至1960年3月，任中共大方县委副书记。期间，1958年6月，任大方县县长。1960年4月，任贵阳钢铁厂炼钢车间主任、党总支书记。1961年12月，任中共织金县委书记处书记。1962年12月，任中共织金县委副书记。1964年1月，任中共大方县委书记。1970年6月，任纳雍县革命委员会第一副主任、纳雍县革命委员会核心小组副组长。1972年2月，任中共纳雍县委副书记。1973年4月后，历任威宁自治县革命委员会第一副主任、中共威宁县委书记、县委第一书记。1978年8月，吴纯让任中共毕节地委委员，兼任毕节地区行署政法办公室主任、党组书记。1981年，撤销政法办公室，建立中共毕节地委政法委员会，吴纯让任政法委员会书记。1978年9月后，转任毕节地区公安局局长、公安处处长。吴纯让主管全区政法工作期间，严格执法，秉公执法，敢于斗争，善于斗争，为维护毕节地区的社会稳定优胜了大量卓有成效的工作。1987年10月，吴纯让任毕节地区人大工委副主任、党组成员（正地厅级），为推进毕节地区的社会主义民主和法制建设作出了应有的贡献。1992年病逝。

## 王朝彬

王朝彬（1928~2006），山东金乡人。1942年2月参加革命工作，1943年3月加入中国共产党。1942年，在冀鲁豫三专署当石印工人，后任专署财科和银行出纳员。1949年南下入江西，任人行景德镇市分行总会计；同年9月，西进入黔至毕。1949年12月起，先后任人行毕节中心支行会计股长、水城县支行副行长、行长兼县税务局长。1953年4月，任毕节专区专卖事业管理处主任。1954年4月后，历任毕节县支行行长、县财经委主任、县委财贸部部长。1956年4月，任中共毕节县委副书记兼城关区委书记，1959年1月，任中共黔西县委书记处书记。1962年12月，任县委副书记。1964年7月，任县委书记。“文化大革命”中，进入学习班和“五七”干校学习。1970年5月，被选为县革委第一副主任；11月，任中共黔西县革委核心领导小组副组长，着手解决干部问题和恢复党的组织问题；12月，组织和率领党建宣传队到各区帮助工作。1971年5月，当选黔西县委副书记。次年10月，任第一副书记。1973年6月，任第二书记。1977年8月，任县委第一书记兼农田基本建设指挥部政委；12月，农田基本建设取得显著成绩，中共贵州省委书记马力带领全省各专区领导人前往参观。1979年8月，任中共毕节地委常委兼中共毕节县委第一书记，严格贯彻执行党的十一届三中全会精神，带领干部群众解放思想，拨乱反正，落实家庭联产承包责任制，发展农业和农村经济。1982年，任毕节地区行署副专员。1985年6月离休，1992年8月享受正厅级待遇。2006年10月逝世。

## 赵福亮

赵福亮（1930~1994），黑龙江安达人。1945年8月参加革命工作，1948年8月加入中国共产党。1945年8月后，历任黑龙江省萨尔图工区通讯工，哈尔滨东北铁路总工会干部学校干事，昂溪电务段工会主席，哈尔滨军分区驻安达县铁路管段巡视员、生产室指导员，吉林军分区劳资室指导员、办事处工会指导员、副主任，呼和浩特铁路局办公室副主任，吉林北站党委书记、政委。1964年，赵福亮支黔入毕。1965年5月，先后任中共毕节县委常委、组织部长、县委副书记、县革委副主任、县委书记、县委第二书记。1980年4月，任中共大方县委书记。在大方赵福亮带领大方干部群众，正确贯彻执行中央关于农业和农村工作的方针、政策，完善农业生产责任制，促进农业生产发展。同时，注重发展地方工业，筹资兴办大方烟叶复烤厂、水泥厂、蚕丝厂。1986年4月，历任中国人民政治协商会议贵州省委员会毕节地区联络处副主任、党组成员，政协贵州省委员会毕节地区工作委员会副主任、党组成员。1994年病逝。

## 谢　刚

谢刚（1930~2004），白族，大方人。1950年参加革命工作，后加入中国共产党。1962年，任毕节专署办公室副主任。1973年10月，任毕节地区农林水办公室副主任。1978年9月，任中共威宁县委第一书记。1982年6月，任中共威宁县委书记。1983年5月，任中共毕节地委副书记兼地委秘书长。其间，为推进毕节地区社会主义事业做了大量卓有成效的工作。1986年9月，任贵州大学副校长。2004年在贵阳逝世。

## 易才学

易才学（1930~2005），黔西花溪耿底坝人。1950年10月，参加中国人民解放军。次年初，随部队入朝参战。1952年9月18日，易才学所在连奉命开赴五圣山上甘岭防御，多次击退敌人进攻。10月14日，敌军用300多门大炮、出动飞机40余架次，对上甘岭5979和5377高地狂轰滥炸，两个面积共37平方公里的高地上落下炮弹20多万发，炸弹400多枚，主峰标高被削低约两米，碎石粉末积约1米厚。志愿军135团与敌军进行异常激烈的战斗，先后击退敌人40余次进攻，双方伤亡均较大。当日下午3时，志愿军前沿战士退守坑道，美军约1个营爬上高地用轻钢材和麻袋装石土垒成地堡妄图固守。下午5时30分，易才学所在的7连进入高地坑道与本团9连会合。17时，志愿军以纵深炮火轰击敌军阵地，摧毁其大部工事。7连冲出坑道向敌2号阵地攻击时，受敌4个地堡的火力所阻，伤亡较大。排长孙占元令易才学炸掉敌堡，易才学利用弹坑和残壕掩护，炸掉第1个地堡。在继续向前跃进时，第2个地堡之敌对易才学一阵扫射，使其被压在弹坑里抬不起头。排长孙占元用机枪从左边猛射引开火力，令易才学从右边上。易才学冲出弹坑，恰逢敌人发射照明弹，才学被发现，一串接一串的子弹射向易才学。易才学紧贴地皮，躲过敌人串串子弹。于敌照明弹熄灭片刻，跃进到第2个地堡附近。此时才发现第3个地堡距第二个地堡仅10余米，先炸其中的任何一个地堡都要受到另一个地堡之敌的射击，只有同时炸掉两个地堡才是万全之策。可是要在瞬间完成连续爆破，又不能立即离开爆炸范围，则难免生命之危。此时，易才学已将生死置之度外，便爬到两个地堡中间，把手雷摆在身边，操起爆破筒迅速掷进第二个地堡，转身抓起手雷飞速投入第三个地堡，立即趴在地上。两声巨响，两个地堡被炸毁，易才学被震昏。排长孙占元闻爆炸声提着机枪往上冲，被敌第四个地堡射出的子弹击断双腿。孙占元忍着剧痛，顽强地爬到易才学身旁时，易才学苏醒过来。易才学要为排长包扎，孙占元严令易才学："不要管我，快去炸地堡，我掩护你！"敌第4个地堡修筑在一小岩上，易才学在孙占元掩护下艰难攀抵地堡，投进手雷，全歼堡内守敌。易才学迅速爬进残堡，架起敌人遗留下的机枪作迎击敌人反扑准备。不多时，敌军约1个连的兵力开始反扑，易才学和孙占元各据一处，以交叉火力击退敌军第一次进攻。接着，敌人发起第二次反扑，激战中孙占元弹尽，拉响手榴弹与蜂拥而上的7个敌人同归于尽。易才学听到手榴弹爆炸声，未听到机枪响，意识到排长已牺牲，便用两挺机枪轮番扫射，打退敌第2、第3次反攻。此时，团里人员赶到，巩固了阵地。此次战斗，易才学共歼敌百余人，缴获机枪14挺，大小卡宾枪73支，火焰喷射器2具，被志愿军总部记特等功一次。1953年1月10日，中共中央军事委员会授予易才学特等二级战斗英雄称号，朝鲜民主主义人民共和国授予一级国旗勋章。同年4月，易才学当选志愿军青年代表，出席中华全国青年联合会第二届代表大会。1954年4月，随部队归国，7月加入中国共产党。历任副班长、班长、排长。

1958年8月，易才学转业地方工作，历任黔西县商业局保卫科长、重新公社副社长、中坪区副区长、城关镇党委副书记和武装部长，县革委副主任兼城关镇革委主任，县政协副主席。1977~ 1987年，连续任贵州省政协委员。2005年3月病逝。

## 刘兴文

刘兴文（1932~1952），苗族，纳雍人。1950年11月，加入中国人民解放军。1954年4月，随志愿军入朝参战；5月5日，部队攻下金化前线朴达峰阵地，坚守7天7夜，打退敌人数十次进攻。6月2日，美军第25师两个团，在飞机、坦克、大炮掩护下，向朴达峰阵地发起猛攻，副指导员和12名战友相继牺牲或负伤。刘兴文与战友梁和庭、赵全平相互配合，从中午到傍晚，打退美军11次进攻，毙、伤敌100余人，坚守住阵地，刘兴文立一等功，朝鲜民主主义人民共和国为其颁发军功章。10月1日，刘兴文代表朝鲜前线英雄回国参加国庆两周年庆典，在天安门城楼受到毛泽东等国家领导人接见。之后，和郑恩喜、王光林到四川、云南、贵州作巡回报告。1952年1月，返回朝鲜前线；7月14日，在朝鲜金化遇敌机轰炸，为掩护战友光荣牺牲。1953年，被中国人民志愿军领导机关追认为二级英雄，被朝鲜民主主义人民共和国授予国际一等功臣。1954年2月，被中国人民解放军总政治部追认为二级英雄。

## 杨文才

杨文才，生卒年月未详，苗族，水城人。1955年6月，任毕节专署副专员。1975年1月后，历任毕节地区林业局副局长、毕节地区农林水办公室副主任。1981年5月，任毕节地区行署副专员。在近30年的工作中，为推进毕节地区的社会主义事业做了大量卓有成效的工作。

## 牟遐宣

牟遐宣（1937~2011），字仲林，大定人。曾历任交通部第二公路工程局副总工程师、代总工程师，武汉白沙洲特大桥项目总工程师，杭州钱塘江五桥项目总工程师，中国路桥学会道路工程学会理事，工程地质学会理事，中国路标集团交通企业管理协会管理委员会委员，《公路》杂志编委，中国路桥集团工程和机械专业高级技术职称评委会评委，国务院特殊津贴获得者。

1963年，牟遐宣从贵州工学院土木建筑工程系公路桥梁专业毕业，被分配到贵州省交通公路局地方道路科工作。同年，调交通部第二公路工程局赴西藏参加青藏公路建设，参与当时国内著名的拉萨大桥、西藏桑雄大桥等桥梁的设计、施工与技术管理。1967年，牟遐宣赴青海参加青海0701线改善工程测量施工和青藏公路改善工程大柴旦波门桥施工。1968～1978年间，牟遐宣辗转于陕西、山西、甘肃、湖北等省，参与了陕西渭河大桥、湖北光化汉江大桥等十余座公路桥梁的设计施工，从技术员一步步成为工程师，并加入了中国共产党。

1978年，牟遐宣受派遣赴阿拉伯也门共和国参加中国援建项目阿木兰至哈贾公路建设，任专家组工程师，完成晒里斯河大桥设计、三条沟石方大爆破设计、老虎嘴滑坡变更设计、猴子岭改线测量设计等施工设计和管理。次年，担任援建项目的代理技术负责人，主持路面施工、施工决算和竣工文件编制。援建项目总投资6100万元人民币，经国家交通部、对外经济贸易部审定，节约投资740万元，且保证工程质量，经济效益显著，赢得了阿拉伯也门共和国政府和当地人民的赞誉。

1983年，牟遐宣回国任交通部第二公路工程局副总工程师。1988年，任高级工程师、交通部第二公路工程局代理总工程师。其后，牟遐宣先后组织完成贵州思南乌江大桥、安徽蚌埠淮河大桥、甘肃武都城防堤结合工程、台儿庄大桥、贵黄公路、陕西西临高速公路、江苏沪宁公路、湖北黄石大桥、广东珠海淇澳大桥、顺德横沥大桥、武汉白沙洲长江大桥、厦门海沧大桥等项目的投标、议标和施工。上述工程中，沪宁高速公路是国家“八五”跨“九五”重点建设项目，交通部第二公路工程局承建的丹阳段全长34.3公路，成功攻克了软土地及新旧路堤不均匀沉降的技术难题，被誉为“样板工程”，获中国建筑工程鲁班奖、首届中国土木工程詹天佑大奖。福建厦门海沧大桥为三跨连续全漂浮钢箱梁悬索桥，交通部第二公路工程局承建的东锚、东塔、主桥上部构造及东引桥工程，荣获中国土木工程詹天佑奖、全国公路建设优质工程奖、新中国成立60周年“百项经典暨精品工程”荣誉称号。贵黄公路大量采用新技术，获交通部“1978～1983年全国十大公路工程奖”，其噪声屏障技术经多年通车营运检验，获1995年度交通部科技进步二等奖。

1995年，经交通部第二公路工程局推荐，交通部报批，牟遐宣成为享受国务院特殊津贴专家。1997～2000年，牟遐宣参加武汉白沙洲长江大桥建设，任该项目总工程师，组织完成了一系列施工方案、施工设计、施工工艺编制、审定和实施，解决了施工中的技术质量问题和难题，确保了工程的安全、优质和高效。该桥全长3586.35米，主桥为双塔双索面钢箱梁与预应力混凝土箱梁组合型斜拉桥，主跨618米，在当时已建成的桥梁中，位居世界第三、全国第一。2001年，牟遐宣参加杭州钱塘江五桥建设，任项目总工程师。

牟遐宣在40余年的工作中，积累了丰富的经验，留下来珍贵的理论著述。其代表著作有《武汉白沙洲长江大桥施工综述》《大跨径连续梁4桩承台裂缝分析和处理》《也门阿哈公路晒里斯大桥设计和施工》《藏壮永冻土层钻孔桩施工总结》《拉萨大桥丁型钢构箱梁深水现浇支架模板设计与施工》《拉萨大桥2号墩浮运沉井设计与施工》等。

2002年9月，牟遐宣退休。2003～2010年，先后担任广东惠州中信大桥、合生大桥和武汉天兴洲长江大桥等工程的技术顾问。2011年6月，牟遐宣因病在西安家中去世。

## 安尚育

安尚育（1938~2003），彝族，织金八步人。1957年，毕业于毕节师范学校，后在织金县猫场小学、牛场小学、织金县师范学校任教。1982年，调入贵州民族学院干训班任教，先后被评为副教授、教授，并担任学院预科部副主任、艺术系副主任、民族语言文学系副主任。1997年，请辞行政职务，专事教学和文学创作与理论研究。曾在各类报刊上发表作品百余篇。其专著《20世纪贵州诗歌史》，为贵州文学史的首创。论文《贵州民族文学创作与地域文化生态》，被《中国少数民族经典文库·理论评论卷》收载，论文《关于民族性、现代意识与彝族文学思考》获国家民委哲学社会科学优秀科研成果奖，《李纳记》获首届中国少数民族文学研究成果论文奖，当代彝族作家论系列论文获中国当代民族文学研究评论奖。参加编写《彝族文学史》《彝族文学概论》《贵州少数民族民间作品选讲》。1997年，被云南民族学院聘为硕士研究生导师。1999年，受中国社会科学院少数民族文学研究所聘请，参与《中国各民族文学的贡献及其相互关系研究》，为受聘6名院外人士之一。同时，先后担任贵州省政府民族文学奖评委、中国少数民族文学骏马奖评委，贵州省政协委员，贵州省文艺理论家协会副主席、贵州省当代文学会副会长。2003年在贵阳逝世。

## 陈学书

陈学书（1941~1998），赫章妈姑人。早年在毕节地区外运站任汽车驾驶员。后从事文学创作，曾任中国作家协会会员，中国作家协会贵州分会理事，贵州省文联委员，毕节地区文联主席、党组书记，毕节地区作协主席，《高原》文学季刊主编，政协贵州省第五、六届委员。出版小说、诗歌专集7部，收录长篇小说1部、中篇小说30部、短篇小说100余篇、诗歌600余首、文艺理论20余篇。作品曾先后在《人民日报》《上海文艺》等40余家报刊上发表，被选入《中国文学家辞典》《中国小说家辞典》《中国诗人》。1987年获全国自学成才奖，1988年获全国“五一劳动奖章”及全国优秀文化工作者和贵州省劳动模范称号。

## 罗正明

罗正明（1942~1996），彝族，黔西定新马骖人。1996年前，历任大队会计、大队长、村支部书记。1996年7月22日，罗正明去定新赶集，上午11时，接到村民黄某反映罗某砍她家地里玉米，并扬言要用炸药包炸她家。罗正明深感事态严重，随即向定新派出所报案，并同3名干警赶到出事现场清点被砍玉米，黄家玉米被罗某砍1200余株，其行为已触犯刑律。旋即，罗正明与3名干警前往犯罪嫌疑人罗某住处，12点10分，行至马骖第哈麻嘎时，走在前面的罗正明发现犯罪嫌疑人罗某肩挎炸药包，手持镰刀，隐藏在距路边2米左右的石旮旯里，即大声喝令罗某放下炸药包，并继续向罗某靠近。罗某不听，反而双手拿着电源线准备引爆，并大声狂叫："谁敢来抓我，我就炸死谁。"罗正明奋不顾身向犯罪嫌疑人扑去，将罗压在石旮旯里。突然，一声巨响，3名干警被爆炸的气流冲倒昏迷，约两分钟后苏醒起来察看现场，罪犯罗某当场毙命，罗正明被炸飞到距爆炸点12米远的石包上，壮烈牺牲。

罗正明牺牲后，中共黔西县委、毕节地委、贵州省委先后授予罗正明优秀共产党员、优秀村党支部书记称号；贵州省政府、省军区授予正明模范民兵政治指导员称号；中华见义勇为基金会授予正明中华见义勇为先进分子称号，并给其家属发给奖金1万元；国家民政部批准罗正明为革命烈士。

## 徐文忠

徐文忠（1945~1990），金沙人。1964年加入解放军，在部队被评为五好战士、技术能手，五次受嘉奖。1969年退伍在金沙木孔铁厂当工人；1978年铁厂停办，分配到沙土区供销社任仓库保管组长，六次被评为"六好职工"、先进工作者。1988年3月1日傍晚，供销社大楼发生火灾，徐文忠奋勇抢救物资，不顾头部受伤，爬上浓烟滚滚的房顶，将大火扑灭。1990年2月6日下午5时，沙土镇街上发生火灾，徐文忠闻讯赶到发生火灾地段参加扑救。但火势太猛，使用灭火器和消防水管灭火均无济于事，徐文忠率先爬上房顶，掀瓦拆屋，截断火路。此时，火海中传来阵阵呻吟声，徐文忠下房冲进火海，救出一位70多岁的老人。旋即再上房顶，继续救火。突然，又听楼上传来呼救声，徐文忠又立即掀开瓦片钻进去，救出一位80多岁的老人。此时，徐文忠已在火海中搏斗了两个小时，但火势依然威猛，一股烈焰又向邻舍蔓延。徐文忠和几个青年迅速拿叉登梯爬上房顶施救。突然烧断的房梁掉下打断梯子，徐文忠被弹在燃烧着的一片房屋板壁和滚烫的瓦堆上，壮烈牺牲。2月7日，4000多名群众参加了徐文忠追悼会，中共金沙县委、县政府号召全县人民向文忠学习。6月2日，贵州省人民政府追认徐文忠为革命烈士。

## 朱生亮

朱生亮（1947~2003），贵州开阳人。1968年11月，在开阳县青禾区哨上公社知青，后为开阳农机厂工人。1975年3月，在中共开阳县委宣传部工作。1976年6月，加入中国共产党。1978年10月，任中共开阳县委办公室秘书。1981年2月，任中共开阳县委办公室副主任、主任。1982年9月，任中共开阳县委常委、县委办公室主任。1987年8月，任中共开阳县委副书记。1990年4月，任中共修文县委副书记。1991年10月，任中共修文县委书记。1993年10月，任安顺地区行署副专员。1996年12月，任中共安顺地委委员，安顺地区行署副专员。2001年1月，任中共毕节地委书记，毕节军分区党委第一书记。为毕节试验区开发扶贫、生态建设、人口控制做了大量卓有成效的工作。曾任中共第十六次全国代表大会代表、贵州省第十届人民代表大会代表、中共贵州省第九届委员会委员。2003年5月病逝。

## 安兴芬

安兴芬（1951~1964），彝族，织金绮陌墨峰人。1964年8月6日下午，墨峰老屋基小女孩王兴芬、安金光、安兴凤到绮陌河洗澡。王兴芬被激流冲走，安金光、安兴凤一边呼救，一边拼力救王兴芬，三人一起被激流卷走。此时，安兴芬听到有人呼救，便快步跑到河边，只见3个小女孩扭成一团，在河水中挣扎。安兴芬毫不犹豫地跳入河中，试图将3个小女孩一个一个地拖到岸上，但3个小女孩扭成一团，分不开，松散的河底泥沙使安兴芬不能站稳用力，相反被激流连同3个小孩冲去40余米远。安兴芬见河岸边有一棵倒柳的树枝伸向河心，便急中生智将3个小姑娘推向岩边柳树，安兴凤、安金光抓住柳枝得救，王兴芬未抓住柳枝，继续被激流向下流冲走。待安兴芬抓住王兴芬时，激流已将她俩冲到拦河坝中央，安兴芬使尽全身力气将王兴芬推到水势平缓的河坝边得救，自己却被激流卷入坝下深潭而献出生命。这一年，安兴芬仅13岁。9月16日，中共织金县委、织金县人民政府号召全县人民学习安兴芬舍己救人的高尚品质。

## 段元英

段元英（1952~1988），女，黔西人。1971年参加工作，先后在黔西林泉供销社及桃井、幸福、锦星分销店任销售员、计财员、付款员。1988年10月2日，段元英在野坝收购点收款室清点公款时，一歹徒持刀闯入收款室，逼迫段元英把钱交出来。段元英不给，奋起与歹徒搏斗，并大声呼喊。穷凶极恶的歹徒用刀向段元英后背猛刺，刺穿胸腔、肝脏、胆囊，由前胸右乳房处穿出7厘米，身负重伤。周围群众闻呼喊声赶来，将歹徒抓获，被抢公款全部缴回。段元英经抢救无效于10月4日逝世。《人民日报》《贵州日报》《贵州工人报》《贵州法制生活报》先后报道其为保护国家公款而以身殉职的事迹。1990年5月，贵州省人民政府追认段元英为革命烈士。

## 郭兴科

郭兴科（1956~1984），黔西人。1976年，应征加入中国人民解放军。翌年任班长，加入中国共产党。1979年，担任排长，随部队参加对越自卫反击战，在战斗中指挥灵活，英勇果断，所带排立集体一等功，自身立二等功。8月，被提升为连队副指导员，率连队在师部农场生产劳动中，受团部嘉奖并记三等功，升为连指导员。1984年4月28日，其所在某部四连接受收复老山侧翼3个高地的战斗任务。郭兴科与副连长带领尖刀班开路。全连干战英勇奋战，快速攻占3个阵地和1个高地。次日，坚守阵地，打退越军16次冲锋。战斗中，郭兴科左腮和鼻子受伤，仍坚持战斗。6月14日，越军以猛烈炮火轰炸四连阵地，郭兴科在离掩蔽部数米处观察敌情时，被炮弹弹片击中，弥留之际，仍鼓励干部战士英勇战斗，坚守阵地。郭兴科牺牲后，中央军委授予其战地模范指导员称号。

## 张大权

张大权（1957~1984），金沙人，中共党员。1976年加入中国人民解放军，历任战士、班长、排长、副指导员、副连长。1984年4月28日，张大权率某部5连参加收复老山战斗，指挥连队干战先后占领21号、52号高地，切断越军通向主峰的要道。在攻战60号高地时，进攻受阻，张大权左腿负伤，仍坚持抢救两名受伤战士。旋即，带头发起第二次冲锋，激战中，左手受伤，腹部中弹，大肠露出，自用三角巾扎紧伤口，咬牙强忍剧烈疼痛，带头发起第三次冲锋。其时，见一越军逃往一竹屋内，张大权爬出战壕将敌击毙，不防暗堡里的越军射来一梭子子弹，击中大权头部和右大腿，当即壮烈牺牲。9月4日，中共中央军委主席邓小平签署命令，授予张大权战斗英雄称号。

## 宋安平

宋安平（1962~1971），纳雍人。1970年，参加中国人民解放军。次年编入机械工程兵，随部队入老挝执行援建任务，在援建老挝备战公路中牺牲，时年19岁。同年7月，老挝人民民主共和国国防部长坎代潘登签署命令，授予宋安平一等功臣称号。

## 杨仕海

杨仕海（1966~1990），纳雍厍东关人。1990年被聘为驻乡民警。这一年的5月29日，杨士海参加追捕董地乡越狱逃跑犯人徐某，追捕组星夜赶到徐犯藏匿的梅花乡扑地村，晚10时许，杨士海忽然在村外的一山坳处与徐犯相遇，徐犯转身逃跑，连跳10余道土坎，向黑暗处奔去，此时10名干警赶来紧追不舍。渐近徐犯，杨仕海和民警翟培兴从左右两侧实行包抄，杨仕海抱住罪犯的头，翟培兴抱住罪犯的脚，扭打在一起。罪犯死命挣扎，3人一起滚下悬崖。翟培兴被半岩上的乱藤网住，幸免于难，杨仕海扭住罪犯坠于50多米高的崖下，罪犯徐某当场摔死，杨仕海因失血过多，抢救无效牺牲。事后，中共纳雍县委追认杨仕海为优秀共产党员，贵州省人民政府追认杨仕海为革命烈士，公安部授予杨仕海全国公安战线二级英雄模范称号。

## 王振健

王振健（1976~1989），大方鸡场安化人，安化小学六年级学生。王振健勤奋好学，各科成绩名列前茅。学校举行语文、数学、书法竞赛，多次获奖。同时，养成热心助人的好习惯，多次被学校评为三好生、优秀少先队员。

1989年7月7日下午，放学后的王振健与同学王雄、王祥、王家发在路边水塘里玩耍，脚趾被划破上岸休息。突然，王雄、王祥不小心滑进深水区，直喊救命。王振健迅速找来一根木棍，递给站在浅水中的王家发，王家发又递给靠近的王祥，王祥抓住木棍得以脱险。王雄却仍在水中挣扎，即将沉入水底。在这危急关头，王振健忘了自己不会游泳，衣服也来不及脱就奋不顾身跳下水塘，将王雄推出深水区。王雄得救，但王振健却沉入水底，献出自己幼小的生命。

1989年9月10日，中共大方县委、县人民政府授予王振健舍己救人小英雄称号。同时，毕节地区团委和地区少工委发出《关于开展向舍己救人小英雄王振健学习的决定》。同年11月7日，共青团贵州省委、省少先队工作委员会在大方召开大会，授予振健舍己救人小英雄称号。1990年5月23日，贵州省人民政府追认王振健为革命烈士。

## 方伯鸾

方伯鸾（1879~1947），字孝恪，号人凤，笔名囱珠，清末黔西打鼓新场人。清光绪三十四年（1908），加入自治学社，任黔西分社支部长。宣统元年（1909）中进士，授云南大理通判，未就职。

1916年，参与筹建贵阳南明中学。1918年。与何应钦、谷正伦等46人发起组织贵州少年学会，草拟《致各县机关团体抵制日货电文》。1925年，应聘任黔军5师师部秘书长，不久，黔军解体，返故里兴学从教。20世纪20年代末至30年代初，与石玉书、毛典儒数次呈文上省，倡议打鼓新场设县，并议取名为金沙县，获省批准。1944年，任金沙县首任参议长。1947年病逝。

## 王西林

王西林，又名王烛。毕节海子街毛鸡厂人。早年考入河北保定陆军学校学习，毕业后进入黔军，在黔军中历任排长、连长。1915年12月，贵州积极响应云南唐继尧、蔡锷等人发起的讨伐袁世凯复辟帝制的护国起义，黔军总司令戴戡还参与唐继尧、蔡锷等人策划发动起义。1916年2月，王西林在以戴戡为总司令的护国黔军第一军右翼北路军中任连长，随部从遵义入川讨袁。在四川綦江，王西林全连参加了著名的綦江战役。在綦江战场上，王西林带领全连官兵“洒热血，冒万险，以视死如归的精神”连克要隘，歼敌无数，沉重打击敌人。2月25日，王西林连队在龙台寺、狮子岩要隘受到数倍于己的敌人的疯狂反扑和包围，王西林战死在龙台寺的香炉湾。月底，王西林的遗体被发回毕节治丧，毕节民众无不万分悲痛，社会各界纷纷撰联百副，以恸悼护国烈士王西林。其中，毕节兵站的挽联是："独夫僭帝，动天下兵，操莽有知，应为同调；志士捐躯，遂生平愿，许张而后，再见斯人。"

## 郭建臣

郭建臣（1888~1952），又名富元，字俊卿，清末威宁州人，15岁外出谋生。1909年，到云南当兵，历任唐继尧警卫团排长、中尉副官、连长。1919年，入云南讲武堂学习，结业后任滇军5旅14团团长。1932~1934年间，先后任滇越铁路局局长、5旅旅长。1937年，抗日战争爆发后，滇军被改编为国民革命军第60军，郭建臣任60军182师540旅旅长；10月，率部赴抗日前线。次年春，日军矶谷、板垣等师团大举进犯徐州，郭建臣奉命配合友军阻击日军，在薄汪、辛庄、后堡前线作战；4月20~23日，日军用飞机、大炮、坦克、装甲车掩护步兵向郭建臣部猛攻，郭建臣指挥官兵浴血奋战，打退日军一次又一次进攻，团长龙云阶等数百名官兵为国捐躯；5月14日，郭建臣率部冲出重围，转移到武汉。1939年秋，任128师师长，编入第一集团军新3军，调云南休整。次年率部赴江西与日作战。日寇入侵缅甸后，奉命回滇驻防。1943年，任国民革命军第60军副军长兼昆明军管区司令。抗日战争胜利后，退役定居昆明。

新中国成立初期，郭建臣任昆明市珠玑街居委会调解委员。1953年3月，被昆明市公安局以反革命罪逮捕。次年3月，移送贵阳审理；7月，病故狱中。1988年1月，贵州省公安厅重新结论为："郭建臣的行为属历史问题，不以反革命论处。"

## 李名山

李名山（1892~1950），原名李德芳、李芳、李建衡。清末平远（后改为织金）人。1912年，在毕节参加讨袁新军，任运输队长。1928年，以贿赂织金县长，先后被委任为织金南区缉匪队副、队长，南区区长兼保安二中队队长，织（金）、普（定）、郎（岱）、纳（雍）、水（城）5县保商大队长。十数年间，李名山以剿匪为名，大肆掠夺，拥有大量田土，年收租1200余石。1946年，任县商会会长，织、普、郎、纳、水5县防剿副主任。其间，以采用重金行贿方式，为其子侄买官捐官，其子侄或为区长，或为县参议员，或为保安团长，或为保安大队长，或为仓库主任，或为教育局长，把持地方军、政要职，称霸织金。1947年，李名山又采用金钱收买和权势威逼利诱手段，为其三子竞选国大代表拉票，选举结束后，以钱贿赂保一团头目派兵到织金镇压反对派，波及很多无辜民众。1950年1月1日，李名山书面向毕节专区支前委员会主任刘鹤鸣表示，愿意接受共产党的领导。1月8日，织金和平解放，李名山任织金县支前委员会副主任。旋即，被安排去贵阳学习。4月，李名山潜回织金。4月24日，在三塘与国民党反动派川滇黔游击纵队第八兵团司令罗湘培、黔西北行署主任廖兴序会晤，被委任为黔西北行署财务处长，保留其织、普、郎、纳、水5县防剿主任职务。随后，李名山纠集地方土匪武装，拼凑反共救国军，聚众万人，自称八县总指挥，带动织金全县大叛乱。5月7日，人民解放军部队包围其聚众盘踞的四方洞，15日，将其活捉。7月1日，织金县人民法院在县城召开万人大会，公审处决李名山。

## 周西成

周西成（1893~1929），字继斌，号世杰，清末桐梓人。16岁进入桐梓县公立明德小学堂，1911年从该校毕业，适逢同乡赵文彬从保定军校毕业，到黔北一带募兵，周西成于是入伍。同年11月，大汉贵州军政府成立，周西成转入军政府都督杨荩诚的卫队部，任副目。1913年，进贵州讲武学堂，毕业后被分派到巡防营充当哨官，后被调到贵州陆军第六团第三营任连长，曾带领其连队驻守毕节七星关，并与撒拉溪富户钱和深之女钱顺英（曾就读于贵阳女子师范学校）成婚。1916年初，随贵州护国第一军右翼出师四川。1917年7月，入川黔军战败，率领全营突围回黔。1918年春，拨归贵州陆军第一混成旅，曾先后驻防湖南沅陵、芷江、洪江等地。1920年，升为第一混成旅十团二营营长。1921年7月，黔军响应孙中山号召，派第二混成旅旅长谷正伦率兵四团援桂，周西成营拨归谷正伦直接指挥。至柳州后，周西成因不同意谷将其改编为警卫营，率队返回铜仁，仍归属第一混成旅。1922年1月，第一混成旅内讧，周西成趁机控制了该旅，随即自称旅长。4月，孙中山组织第二次北伐，四川讨贼军总司令石青阳派人与周西成联系，周于6月率队入川，受石青阳委为四川讨贼军第三混成旅旅长，并经石青阳介绍加入国民党。1923年巨匪罗成三，补石青阳，委为川东边防军第二师师长。同年，周西成利用川军内讧的机会，掳获大批钱财。10月，川军熊克武部攻占重庆，改委周西成为四川讨贼军第三师师长。1924年2月，周西成退驻赤水一带，以赤水、习水、仁怀为中心，整顿交通，发展商务，自设兵工厂、造币厂，广积粮款，实力日益壮大，逐渐形成虎跨黔北和黔西北，进而窥视贵州全省的局面。此时，北京政府恐周西成再度为川军所利用，将周委为黔军第三师师长。1925年2月17日，北洋政府特任王天培为贵州军务督办，周西成为会办，黔北和黔西北的广大地区在周西成的控制之下。1926年1月，北洋政府改委周西成为贵州省省长，驻防黔东。周上台后，竭力安插大批同乡、亲友担任军政要职。同年12月，国民党中央派遣张道藩、李益之等人到贵州筹办建党事宜，周西成虽然早已加入国民党，却不愿国民党势力插足贵州。1927年春，他寻找借口，将张、李二人逮捕，并将李益之暗杀。“四一二”反革命政变后，周西成派代表赴南京活动，表示拥蒋反共，被任命为国民革命军第二十五军军长兼贵州省政府主席。周西成统治贵州后，竭力加强对进步思想的钳制和对进步人士的迫害，任何对现政权不满和反抗的，都遭到严厉镇压。执掌贵州军政大权的3年中，周西成在整顿吏治、清除匪患、整理财政、兴修公路、兴办实业方面，曾作过一些努力，并收到一定效果，财政状况较前略好。1928年春，蒋介石加委周西成为“国民革命军第九路总指挥”，令其率率部“讨桂”。周不仅拒绝出师讨桂，反与桂系串通，秘密签订“黔桂联盟协议”，联合反蒋。1929年3月，滇军两师与李燊部由盘县攻人黔境，周西成因指挥混乱，中路被突破，盘县、普安相继失守。5月22日，率留守安顺的总预备队驰援镇宁，被袭其后，全线溃败。激战中负伤身亡。

## 周世开

周世开（1898~1927），清末毕节海子街人。云南讲武堂毕业，即参加国民革命军，在国民革命军第十军2团1营任营副，后代理营长。1927年，周世开随部队开赴北伐前线参加北伐战争。部队攻打徐州时，周世开率全营官兵冒着弹雨，担任攻坚，奋勇冲杀，不幸中弹为北伐正义之举献出年轻的生命。徐州之役结束后，当地民众把周世开的遗体安葬在徐州北门外蛋厂侧面的公地里。

## 廖兴序

廖兴序（1902~1951），清末江口人。1921年，毕业于中央卫戍司令部附设政治警察训练所。1929年，毕业于中央陆军军官学校第六期，后历任国民党中央党部组织干事，军事委员会北平分会政治训练处中校处员，贵州省保安处中校谍报股长、上校视察员，贵州省青溪、玉屏、松桃县县长。1941年3月至民国1945年9月，任贵州省第四行政督察专员公署（毕节）专员兼保安司令。1949年8月，复任贵州省第四行政督察专员公署专员兼保安司令。10月初，成立贵州省西北行署，廖兴序任副主任；10月中旬，贵州省保安司令韩文焕与傅启学到毕节，廖兴序与韩文焕、傅启学召开第四行政督察专员公署所属9县县长会议，部署“应变”反共计划。其后，廖兴序与毕节县长吴庭芳在召开会议，部署对抗人民解放军的行动计划。11月18日，廖兴序指派保安副司令万帮贞及夏炎、陈文彬为督导员，分赴赫章、威宁、水城组织预备兵团，准备实施游击反共；11月25日，廖兴序仓皇逃离毕节至纳雍白泥屯。

1950年初，廖兴序向人民政府和解放军投诚。在送省整训途中，秘密与原国民党军271师参谋长刘剑锋串通，在黔西叛逃至织金，与原国民党军独立2师师长罗湘培会合，组织成立“中国人民自救救国军第八兵团”和贵州省西北行署保安司令部，自行委派9县县长，进行大规模叛乱行动；4月11日~5月18日，人民解放军剿匪部队重创罗湘培、廖兴序匪部，收复织金、纳雍、水城。罗湘培、廖兴序率匪众500余人转移至威宁、赫章，收编各路股匪，“成立反共救国军滇黔边区游击总指挥部”，指挥叛匪四处作乱。同时，纠合原国民党昭通专员、“滇黔边区游击总指挥安纯三”和“滇桂黔反共抗俄同盟军”司令余启佑，共谋游击反共战略；9月16日，人民解放军剿匪部队向盘踞在威宁、赫章的罗湘培、廖兴序匪部发起合围攻击，廖兴序部由威宁小海子向赫章逃窜，人民解放军剿匪部队乘胜追击，廖兴序逃脱至纳雍；12月8日，在木孔河观音山被人民解放军剿匪部队和当地民兵捕获。1951年1月23日，在毕节大校场廖兴序被公审处决。

## 萧树经

萧树经（1902~？），清末都匀人。1924年，北平朝阳大学法科毕业。1927年，任第二军补充团长。1930年，黄埔军校步兵科毕业。1931年，任第25军党务特派员。1934年，任军事委员会别动队第5大队大队长。1935年，任贵州省会公安局长。1937年，任军事委员会别动总队第3支队支队长。1940年，陆军大学将官班毕业，任军政第42训练处处长。1943年，任第3战区长官部高级参谋。1945~1947年，任贵州省第四行政督察专员公署（毕节）专员兼保安司令。

## 安　鲲

安鲲（1903~1942），原名安化鹏，彝族，清末威宁州黑章（今赫章）哲庄坝人。云南陆军讲武堂毕业，历任唐继尧卫士长、滇军43军独立旅长、贵州民众自卫军司令部参谋长、贵州省政府少将参军。1930年离职回乡。1937年7月，抗日战争爆发，将家务托之诸侄，请缨抗日，率胞弟安朝圣、安化龙入滇军第60军，被任命为182师军械处处长。1937年，随滇军奔赴抗日前线。1938年3、4月，参加台儿庄战役。在激战中，安化鹏昏迷于死人堆中七天七夜，染上重疾。战役平息后，寻找部队归队。1939年，参加长沙战役。1940年，随部队移防云南。因病重，请假顺道返乡找中医治疗，未愈。1941年2月，赴昆明治疗；9月，身体稍康复，即返前线复职。不久，旧病复发，返回昆明治疗无效，于1942年7月16日病逝。

## 周希濂

周希濂（1905~？），清末四川兴文人。先后毕业于四川高等师范学校、四川陆军讲武堂、陆军大学参谋训练班4期、中央峨眉军官训练团2期。1925年，任四川陆军混成补充司令部3团2营3连上尉连长。1927年，任国民革命军第29军执法6大队2营少校营长。1929年，任国民革命军第20军第9师第18旅36团上校团长。1934年，任国民革命军第20军混成旅司令部上校参谋兼四川岳池县县长、陆军第20军第133师少将参谋长。1941年，任陆军第20军少将参谋长。1947年2月至1948年6月，任贵州省第四区行政督察专员公署（毕节）兼保安司令。1948年6月辞职。

## 黄宇人

黄宇人（1905~1996），清末黔西重新人。1910~1922年，先后就读于家乡私塾、贵阳南明中学、贵阳一中。在贵阳一中期间，被选为学生自治会主席。1925年，上海发生“五卅”惨案，黄宇人经校长允许，在校组织后援会，联络其他学校师生开展讲演宣传，游行示威，组建贵阳中学联合会，当选为学生联合会副主席。学生联合会配合社会各界，在贵阳掀起反帝浪潮。10月，黄宇人赴广州入黄埔四期学习，加入中国国民党。次年毕业后，入国民革命军补充师，历任排、连长和党代表。1926年底，受国民党中央组织部委派，与张道藩到贵阳筹办贵州党务，遭到贵州省主席周西成反对和监视。次年，周西成截得国民党中央组织部发给张道藩的电报，逼张道藩交出密电码，张道藩拒绝交出而被捕，黄宇人逃脱返回南京。旋即，被安排在国民党中央组织部任干事，深得部长陈果夫赏识，提升为总干事。后任国民党江西省党部主任。1931年5月，被选为国民代表会议代表出席“国民会”。11月，国民党召开第四次全国代表大会，期间，黄宇人与50多名代表联名提出议案3件，主张反对不抵抗主义，坚决抗日。1933年9月，黄宇人赴英国伦敦大学经济政治学院学习。

1937年，黄宇人回国，任三民主义青年团中央团部社会服务处副处长，次年任中央训练团训育干事。1939年6月，任三民主义青年团贵州支部筹备委员会主任，三青团中央拟聘国民党贵州省主席吴鼎昌为支部指导员，黄宇人以吴鼎昌非国民党员为由，呈文反对，三青团中央团部只好收回成命。1940~1942年，黄宇人兼任国民党贵州省党部主任，集贵州省党团权力于一身，在贵州发展国民党、三青团组织，施行蒋介石《限制异党活动办法》，取消人民和抗日团体已争得的民主权利，组织监视网络，打击中共地下组织和爱国青年，配合省政府查处普定县长王某、黔西县长林某的贪污案。1942年，参与创办贵阳力行中学。1943年，当选为三青团中央干事会干事，并被指派为常务干事。次年，与张治中等受派到贵州发动知识青年从军，发动民众协助军事工作，并兼任青年军202师政治指导员。

1945年，在国民党第六次全国代表大会期间， 黄宇人与张治中等提交议案：①彻底取缔官僚资本，严惩贪官污吏；②确遵总理耕者有其田的遗训，履行土地改革；③协助工人农民发展组织，以求上项措施贯彻。会上，黄宇人当选为国民党中央党部执行委员会委员。1945年8月后，受派参加清查团，查处天津市工务局长王某、国防部特派员刘某贪污案。1947年，宋子文、孔祥熙以“扬子”和“孚中”两公司名义，向中央银行结汇3.8亿美元从国外购买汽车、无线电器材运到上海抛售，牟取巨额利润，黄宇人得知后，在“国民参政会”上吁请当局从速彻查，惊得与会参政面面相觑，财政部长难以答复。夏，蒋介石以“戡乱”“建国”并进为由，拟将三民主义青年团并入国民党，多次找黄宇人谈话未得同意。宋美龄劝黄宇人支持蒋的意见，黄宇人说：如果把三青团改为一个政党组织，只不过是多养只狗。秋，黄宇人在贵州选区当选为立法委员会委员。1948年3月，国民党举行临时中央全委会讨论总统、副总统候选人提名，蒋介石认为宪法规定总统的权力太小而宣称“无意做总统”，黄宇人表示赞同且阐述理由：①蒋负一项实职的时候有良绩，身兼若干名实不符职务时则引起纷乱；②依宪法规定，总统只是国家元首，行政院长才是国家行政首长，建议蒋当行政院长；③民国建立以来都是军人专政，以致内乱频频，建议总统应当由文人出任方符合本党还政于民的宗旨。议论中，讨好蒋介石的人占上风，通过在宪法中增加扩大权力，提名蒋介石为总统候选人。黄宇人感到“国是日非，党是日非”，遂常借故少参与或不参与党政活动。1949年春，黄宇人举家移居广州，广州临解放时，移居香港，后移居加拿大多伦多，撰写《我的小故事》一书。1996年2月20日病逝。

## 黄兆熊

黄兆熊，生卒年月不详，清末黔西打鼓新场岩孔人。曾参加北伐战争，历任国民革命军团长、师长、军长，1949年随国民政府去台湾。

## 程　鹏

程鹏（1906~1986），又名程义训，字鸿鹍，清末平远人。早年先后就读于私塾、三塘国民初级小学、织金县城高级小学。1918年，入安顺崇武学校就读，毕业后入周西成部，先后任排长、军事教员、103师307团连长。1936年，随部赴华东参加淞沪抗战、南京保卫战。1938年6月，日军进攻武汉，程鹏随部队参加武汉对日作战，率部首先攻上2853高地，全歼守敌，升任307团团长。1944年夏，程鹏所在军奉命入滇攻克滇缅公路松山要塞，307团作先头部队；7月10日，由惠通桥过江对滚龙坡实施攻击；8月2日晨，攻克滚龙坡；8月10日，攻克大丫口，全歼守敌；8月26日，攻占松山顶峰。9月2日夜，攻黄家水井，致5日拂晓攻克；9月7日，占据松山要塞的日军联队3000余人全部被歼，程鹏因战绩卓著获军功章。1945年后，任103师副师长、师长。1948年，任39军副军长、军长。1949年10月，随军退去台湾。1986年逝世。

## 阮绍伯

阮绍伯（1908~1950），清末湖南宝庆人。1928年，毕业于贵州省陆军学校，在周西成部历任排长、连长。1934年，到毕节定居，曾任毕节县公安局长、海子街区区长、国民党毕节专署保安大队长等职。

1938年11月，阮绍伯任海子街区长期间，按国民党毕节专署专员何朝宗的旨意，率领海子街、燕子口、吴家屯三个区的民团武装2000余人，在燕子口、清水铺一带“清剿”贵州红军游击队，同吴家屯区长周效彭、燕子口区长丁培元共谋提出“务必将匪赶出毕境”，策划在打鼓坪、鸡屁股山一带消灭红军游击队。在与游击队激战中阮绍伯被俘，经教育释放后，仍不思悔改，反而纠集云南镇雄、彝良、威信三县的独立营和地方民团武装，以数倍于游击队的兵力，对红军游击队进行“围剿”，先后打死游击队副司令员詹绍伍、大队长黄华先等领导人，使游击队遭到严重损失。

1949年11月，毕节解放后，人民政府为争取教育阮绍伯，任命其为何官屯区支前委员会主任。但阮绍伯恩将仇报，坚持其“效忠党国”的反动立场，利用合法身份，秘密筹集枪弹、收罗残存势力，伺机组织反革命武装。1950年元旦，毕节县公安机关传其交代，责令交枪，但其顽固不化。其逃往镇雄、昭通等地后，又到威宁投靠匪首罗湘培，罗委任其为第四师师长。阮绍伯自以得计，积极纠集地方土匪、恶霸、流氓、地痞、组织土匪武装，委派反动职务，建立情报机构，并率领匪徒四处破坏交通，砍断电杆、电线、攻打区、乡人民政府。所到之处，抢劫群众财物、毒打百姓，烧毁民房，无所不为，妄图推翻人民政权。1950年5月3日，阮绍伯纠合匪首朱益斋、吴殿华、匪师长林润及匪众1000余人，攻打长春堡区政府和赫章县撤退到长春堡的县政府机关，疯狂叫嚣“拿下长春堡，进攻毕节城”。阮绍伯攻打长春堡失败后，又潜入县城，秘密建立情报网，发展情报人员12人，不惜用重金资助情报人员，为其提供枪弹和毒品，进行情报搜集和颠覆活动。同年6月，其情报网被公安机关破获，将全部反动人员抓捕。阮绍伯窜到鸭池、野鸡河一带，与匪特武绍先勾结、继续进行反革命活动。12月，阮绍伯在鸭池进行反革命活动时被抓获。12月13日，被人民政府依法枪决。

## 罗湘培

罗湘培（1910~1950），清末遵义人。民国中央陆军军官学校第七期毕业。历任贵州省保安大队长、团长和第四区保安副司令、首都督察总队队长。1949年7~12月，历任贵州省保安司令部4旅旅长、国民党新编独立军2师师长。12月12日，与贵州西北绥靖司令刘鹤鸣通电宣布起义。

1950年3月31日，罗湘培在普定县发动叛变，率匪袭击驻普定解放军146团，大部在解放军反击中被歼。4月5日，率保安12团残部在纳雍阳长新房，策动国军27师保安5团叛变，杀害解放军32名；4月6日，指挥1、5、12团及水城、纳雍、织金县土匪武装数千人，在纳雍阳长海子峡谷伏击解放军141团1营和团部直属队及水城县机关工作人员，围攻3昼夜，致解放军153人伤亡；4月10日，率叛军、土匪1200余人，进入纳雍县城，成立川滇黔边区游击总队第8兵团，自任司令兼101军军长。次日，解放军部队围攻纳雍县城，罗率残部移驻水城县比德区杨家硐内；4月20日，到织金三塘与投诚的廖兴序、桂永昌会晤，决定进一步扩大叛乱活动；4月24日，与廖兴序联名写信给凤冈县史肇周、铜仁县李汤承、松桃县毛定松、沿河县田景美、石阡县吴河清联络，策动全省叛乱，并在赫章组建联络站。同时，与云南省昭通专署专员安纯三相约在赫章县八卡商谈合作反共。5月底，赴水城杨梅与中国反共抗俄同盟军司令余启佑策划保存实力，顶住清剿，发展武装，开展游击战的反共策略。6月30日，罗湘培、廖兴序、安三纯赴四川沐爱与国民党军统西昌站长、川滇反共游击总指挥田动云谋划西南地区统一行动计划。7月11~15日，在沐爱召开会议，制定川滇黔反共纲领，成立川滇黔军政委员会。罗、廖、安返回赫章恒底，召开师长以上人员会议，传达沐爱会议精神，鼓动发起攻势，确定攻打水城的作战计划。8~9月，川南新一军潘厚昆、川滇黔反共游击总指挥田动云分别到赫章，与罗、廖、安会合，确定以攻为守，四方出击，巩固赫章策略。以军政委员会名誉，授权罗湘培指挥一切匪部。9月16日，人民解放军发动“威、赫合围战”，收复赫章、威宁县城。解放军134团3营营长武和尚率2个连，连续追击6昼夜，行程600里，在毕节白马山将罗湘培所率警卫团、保安12团600余人击溃。10月2日，右臂受伤的罗湘培只身潜逃至大定中箐宋锡州家，被大定武工队包围，罗开枪自毙。

## 周祖德

周祖德（1910~1938），清末毕节人。幼年就读乡里，青年时考入贵州陆军崇武学校学习，毕业后参加国民革命军，在陆军102师612团历任排长、连长。1938年，102师奉命开赴台儿庄参加抗战，主要参与堵击台儿庄外围之日军。周祖德率领其连队参与围攻砀山，以堵击日军从砀山攻入台儿庄。3月23日，台儿庄会战枪声打响，24日至28日，在台儿庄外围的村庄里，陆军102师等抗战部队在外围与日军展开了坚韧的拉锯战。日军每天发射炮弹六七千发，炮轰之后迅速用坦克猛冲，抗战将士以血肉之躯堵击日军，浴血搏斗。周祖德率全连战士在砀山勇猛作战，与日军多次搏杀，顽强地阻击日军进攻，后全连在砀山以身殉国。台儿庄会战后，国民政府军政部为周祖德全连颁发烈士证书，给予抚恤。

## 陈文彬

陈文彬（1910~1951），号伴农，清末水城人。1933年，在贵州省立师范学校加入国民党和中统外围组织青年阵地社。1938年，在贵阳大厦大学加入中统，为中国国民党调查统计局通讯员。此后，先后被任命为水城、郎岱、思南、威宁县国民党党部特派干事、特派员、县训所教官、教育长，水城归集区署长及贵州训练团训导，以公职身份为掩护，从事反革命特务活动。1948年4月，任中统毕节督导区主任、贵州省调查室毕节区党政军联席汇报专任秘书、第四行政督察专员公署（毕节）视察兼保安司令部上校视察。其间，向各县派出中统负责人及直接运用人，在弘毅中学、毕节师范学校、毕节县立中学及部分小学委派中统义务通讯员、调查员，在学生中发展特务，监视、迫害进步师生。毕节解放前夕，伙同军统上校参谋夏炎、毕节保安司令部副司令万帮贞，疯狂搜捕中共地下党员，迫害爱国人士和青年学生。1949年4~11月，参与逮捕关押进步人士40余人，杀害6人。伙同夏炎及军统组长陈开疆组织反共游击情报小组，到水城县督办国民兵团，组织地主武装。1950年4月，贵州省保安独立2师师长罗湘培在纳雍阳长策动保安团叛变，陈文彬率6人与匪首苏发鹏、杨正斌在以角乡猓簸泥山夹击解放军突围部队。水城收复后，陈文彬遁匿乡间，后被水城县人民公安局捕获。1951年8月，在毕节被公审枪决。

## 夏　炎

夏炎（1911~1954），又名夏重光、夏文典。民国初年赫章人。早年在贵阳师范学校学习。1938年，入国民党中央警察学校兰州特种警察训练班学习。历任国民党地方部队副官、少校参谋，南京军统局上校通讯员、国民政府国防部直属军官总队股长、成渝铁路警务处教官、汉口警察局13分局驻所所长、贵州省保安司令部情报参谋。1944年，任贵州省第四行政督察专员公署兼保安司令部视察、上校联络参谋，为军统毕节区主要负责人。夏炎按上级特务机关关于中、军统合一指示，与军统陈开疆、中统陈文彬，在毕节策划逮捕中共党员，镇压学生运动，迫害爱国人士，先后逮捕40余人。还将在贵阳参加爱国学生运动，到毕节避祸的青年学生廖崇美、杨继成、安鄂拘押。1949年，伙同陈文彬逮捕革命青年任叔轩、马正邦、刘近谦、刘应康，施以酷刑后杀害。还执行国民党贵州省主席谷正伦的反共“应变计划”，到赫章督促成立国民兵团。1950年3月，在赫章县哲庄坝与恶霸匪首安心田、民国贵州省第四行政督察专员公署兼保安司令部副司令万帮贞组织“中国人民自救军”第8兵团68师，任参谋长，纠集匪众在赫章、纳雍一带窜扰作乱。9月，人民解放军剿匪部队对盘踞在威宁、赫章一带的叛军土匪实施合围进剿。夏炎纠集匪众在赫章、纳雍交界处对抗人民解放军，被击溃后只身潜逃至纳雍化作隐藏。后潜至赫章县后山、平山、青山一带，隐藏于山洞中，编写、散发“剿共歌”“苦中苦”等反革命宣传品10余种，草拟“中国人民反共抗俄救国同盟会西南支会组织简章”，准备建立反革命组织。指使亲信打入人民政府机关，进行特务活动。1954年4月12日夜，后河民兵搜山时，夏炎从月亮洞逃走，走上悬崖因失足摔死。

## 苏登云

苏登云（1913~1954），原名邓明清，民国初年云南镇雄人。幼时父亡，其母改嫁赫章安甲苏姓，改姓苏。苏登云生性窳劣，聚众为匪，日抢夜窃。1950年春，参与赫章土匪叛乱，任“中国人民自救救国军”第8兵团第3游击指挥部1师1团3营营长，率匪袭扰驻赫章八卡、云南彝良奎香的人民解放军；5月3日，参与攻打临时驻毕节县长春堡的赫章县党政机关；9月中旬，人民解放军剿匪部队实施威宁、赫章合围战，苏漏网逃脱，收罗残匪，在赫章妈姑、诸素、可乐、恒底、财神、六曲及威宁和云南镇雄、彝良等地烧、杀、抢、掳。1950~1954年，先后抢劫数十次，被劫者数百人，奸淫妇女近30人，杀害干部、群众和解放军战士百余人。1952年1月6日，在赫章可乐葛布封闭屋门烧杀正在开会的村干部、民兵、贫民代表17人。苏登云为害甚烈，被中共西南军政委员会列为川、滇、黔边境地区的重要匪首之一，严令通缉追捕。1954年4月6日，苏登云带领两个匪徒第二次潜入赫章六曲菱角塘其表姐夫陇吉昌家，苏登云与陇妻勾搭成奸，并欲密谋暗害陇吉昌。另两个匪徒则将陇吉昌的两个女儿强占。陇吉昌忍无可忍，于是将苏登云藏匿其家的情况告诉给本村村民安德胜，安立即赶到六曲乡政府报告。当日下午，中共赫章县六曲区委组织12人枪，迅赴菱角塘，严密包围陇吉昌住所。苏登云等妄图逃窜，一匪徒当场被击毙，另一匪徒逃脱，苏登云左腿被击中3弹受擒，后押送毕节公审处决。

## 熊志英

熊志英（1914~1950），织金人。1947~1949年，任黔西县长。任职期间，维修水西公署、奎阁，禁烟、禁赌，提倡体育锻炼，商修县志。

1949年8月，组织黔西军政联合办事处，自任主任；成立民众自卫总队、国民预备兵团，策划以金坡、三重堰、石门坎为游击根据地进行反共。11月11日，熊志英借詹伯钧与其发生语言冲撞之机，以侮辱官府加罪枪杀，派武装抄詹伯钧在县城和乡间的家，屠杀无辜詹德超、詹光前，抄得黄金10.3两、白银250两、大洋860元、大烟5700两、磅布118板、府绸20匹、食盐15担、烤烟叶100担、菜油1460斤、肥猪21头、马3匹、枪7支及衣物若干，多据为己有。随后，配合国民党军队，布防对抗人民解放军，并将文书档案和钱粮转移隐藏。11月24日，率县府官员和地方武装逃到乡间，策划游击反共。12月，保六团宣布起义，中共黔西县委、县人民政府派秘书李德风去织金县八步镇与其谈判。熊志英表示愿降，但以杀人结怨太深为由，拒绝返黔西，由其秘书代办移交。

1950年1月，人民政府安排熊志英到省行政干校学习。3月，熊志英参加干校工作组赴惠水县征粮。时值土匪叛乱，熊志英勾结原民国县长祝时雨、杨友群，秘密开会，策划联络黔西、大定、纳雍、赫章等县民国党政人员及地方豪强，起事叛乱。后被公安机关侦破，将其逮捕。9月，经黔西县人民法院审理，判处熊志英死刑。

## 何锦书

何锦书（1917~1950），又名秀瑗，化名张立人、张学增。民国初年黔西城人。1938年，入国民党中央警校湖南醴陵特训班第一期学习，加入军统。毕业后，先后在贵州省警察局、安顺邮电检查所、西南公路处、贵州省保安处、军管区统计室、第三方面军调查室任职。1945~1949年间，历任南京警察厅、贵州省警保处科长、保安司令部情报处少将处长，贵阳警备司令部稽查处长。在10余年的特务活动中，多次镇压学生运动，残酷杀害共产党人和进步人士。1949年，策划、指挥并参与杀害共产党人和进步人士近40人。2月，修文县马怀麟举事，其前往查处，下令抓捕10余人，以参加孙文主义同盟定罪杀害省府秘书张墨家、毕节行政督察专员公署建设科长李思奇以及阎永铸、余兴福、张绒生、张效时、高维亚、马怀玉、马怀瑞等。以策划春季暴动罪，逮捕紫云县的胡默山、郑德霖、吴学礼等6人，在毕节公开枪决胡默山，将其余5人转到贵阳秘密杀害。6月，贵阳各校学生举行反饥饿示威游行。何锦书布置特务，先后逮捕贵州大学师生22人，残酷刑讯后，公开枪杀学生史健，秘密杀害助教金春琪和学生陈勤、陈祖年、杨光远、廖崇美，关押教授陈述元等11人。按照省保安司令韩文焕的示意，将关岭县长乔光鉴以有异党活动为词杀害。此外，丁维新、戴绍明、肖元金、张凤鸣被其以“共党”“奸嫌”“新民主主义青年团地下团员”等罪名秘密逮捕杀害。

贵阳解放后，何锦书带着亲信和武器、电台及财物逃往昆明。云南省主席卢汉宣布起义后，何锦书化名张学增，继续进行反革命活动。1950年1月，被昆明市公安机关逮捕，缴获黑色轿车1辆、电台1部、手枪13支、黄金20余两、大小洋900余元。押回贵州审理后，于12月5日在贵阳枪决。

## 邓锡山

邓锡山（？~1950），又名邓贡廷、邓八九，赫章人。在山洞中采硝偶得一箱银子发迹。

邓锡山生性狡诈，善于钻营，巧取豪夺，拥有大量田土。以贿赂得任保长，因敲诈被告外逃入滇黔联军。不久，私带步枪2支离队回乡组织武装自任营长，横行乡里，激起朵俄土目安少春及亮岩、则雄、拉呼土目的怨恨，相互刀兵相见，殃及当地百姓。1925年，朵俄土目安少春被云南军阀部属马树堂、马显华密谋杀害，邓锡山乘军阀部队整编，二马急于出卖安少春遗留绝产私吞之机，玩弄手段，以低价买下这笔绝产而大发横财。后又以贿赂手段，当上区长而操纵地方，倚仗权势敲诈勒索，盘剥百姓。珠市一带历来征收荞粮，邓锡山强行改征米粮，强逼佃农转换契约，加租加典银。珠市彝民向县府状告无效，组织民众武装反抗。1939年，邓锡山调集2000余名团丁攻打珠市彝民武装，烧杀抢掠，残害28人。1930年1月15日，邓锡山袭击原区长钱步武家，将喜鹊窝到松林坡200余户人家的粮食、牲畜一抢而光，烧毁房屋数百幢，霸占其田土。至此，邓锡山成为拥有数千亩田土的土豪恶霸。1936年，国军第20军入黔收缴地方武装，旅长高德周部进驻水城，将邓锡山拘留，强令缴械。邓锡山以重金收买高德周亲信，得以保全性命。此后，邓锡山倚仗其胞弟任乡长之势，私造枪支，恢复实力。1949年8月，应赫章县长曹增荣之邀，到贵阳出席反共应变计划会议，筹备成立反共游击队。赫章解放之初，参与组织反共救国军，多次攻打人民解放军。1950年人民解放军组织剿匪，邓尚质之子带领人民解放军将邓锡山活捉。后邓锡山死于监禁。

## 朱益斋

朱益斋（？~1951），赫章平山堡人。1923年，入滇黔联军，任副营长，后任毕节易少全部副团长。朱益斋手段钻营，依仗权势，向官府买得古达土目在长部、江南屯一带地产而拥有大片田土。之后，又勾结地方匪霸李明辉、李国栋攻打古达土目安九皋，企图灭安霸其田产。安九皋联合土目安九龄、安绍基对抗。朱益斋于是买通安九皋部下，里应外合，将安杀害。安九皋亲族仍继续与朱益斋对抗，互相械斗数年，朱益斋未达到霸占安氏田产的目的。此后，朱益斋设计，使人说愿与安九皋之弟安鹏交好，并将其子寄拜安鹏为义子，由其子向义父索要地方，骗得古达土目威奢以丘坪子以北的大片土地。至此，朱家土地从威奢到七星关连成一片。朱益斋招募工匠，私开枪厂，出售枪支牟取暴利。在丫都、妈姑等地冶炼铅锌，并在赫章城关、妈姑开设商号，垄断食盐市场，收购铅锌，转手倒卖，大发横财。1936年3月初，率反动武装与红二、红六军团对抗，企图阻止红军经过平山堡，被红军打败逃躲深山。1945年，朱益斋贿选任县参议会参议长，并联合县参议员安金华、安心田买汽车跑贵阳、昆明、泸州、重庆经商，贩运鸦片，赚取不义之财。朱益斋于是成为赫章县内最大的豪强。

赫章解放前夕，朱益斋按照国民党贵州省主席谷正伦的反共“应变计划”，成立黔西北绥靖区司令部平山堡后备团，自任团长。1950年，又按国民党毕节匪首罗湘培、廖兴序之命，将后备团扩编为“反共救国军”第8兵团第3师，自任师长，纠集匪众，与人民对抗。1951年，在开展镇压反革命运动中，朱益斋被抓获公审枪决。

## 三　国民党抗日阵亡将士名录

| 姓　名 | 所在部队及职级 | 阵亡地点 | 姓　名 | 所在部队及职级 | 阵亡地点 |
|---|---|---|---|---|---|
| 毕节县 | | | 梁圭章 | 28师354团3连上等兵 | 湖北长洲 |
| 陈克顺 | 9师25团6连一等兵 | 云南龙陵 | 陈宝才 | 28师354团2连一等兵 | 湖北石首 |
| 黄金全 | 118师354团4连上等兵 | 湖南武同 | 丁少宜 | 28师354团2连一等兵 | 湖北松滋 |
| 薛少文 | 118师353团9连上等兵 | 湖南岳阳 | 顾成福 | 15师43团1连一等兵 | 湖南安乡 |
| 王朝贵 | 59师175团特务班少尉 | 湖南长沙 | 曹福德 | 28师354团2边上等兵 | 湖北石首 |
| 于汤元 | 90师270团3连一等兵 | 湖南长沙 | 周四朝 | 15师43团7连一等兵 | 湖南安乡 |
| 罗少武 | 225师373团9连一等兵 | 湖北隋县 | 陈少清 | 77师229团2连上等兵 | 湖南安乡 |
| 陈昌国 | 9师27团8连上等兵 | 云南龙陵 | 傅吉昌 | 77师230团8连上士 | 湖南临澧 |
| 张绍先 | 58军新11师32团2连上等兵 | 湖南醴陵 | 聂　鹏 | 73军暂5师14团防毒排下士 | 湖南南县 |
| 邹　康 | 58军新11师33团4连副班长 | 江西萍乡 | 顾炳全 | 73军暂5师15团5连下士 | 湖南华容 |
| 胡绍周 | 199师输送连上等兵 | 湖南石门 | 尹少万 | 73军暂5师15团5连上等兵 | 湖南华容 |
| 刘禄生 | 103师307团机1连一等兵 | 云南松山 | 陶文明 | 51师152团7连排长 | 湖南桃源 |
| 陈待顺 | 44师132团1连一等兵 | 江西萍乡 | 穆　筠 | 16师46团迫炮连班长 | 浙江衢县 |
| 杨光荣 | 82师245团机1连中士 | 云南松山 | 吕桂明 | 预备10师28团通信排上等兵 | 湖南常德 |
| 林时兴 | 新编28师82团9连一等兵 | 云南龙陵 | 章言绪 | 预备10师30团机2连一等兵 | 湖南常德 |
| 胡满丰 | 新编8师84团6连一等兵 | 云南龙陵 | 王金海 | 新编12师36团3连上等兵 | 江西丰城 |
| 余顺江 | 新编8师84团8连二等兵 | 云南龙陵 | 苗兴全 | 新编22师工兵营2连一等兵 | 缅甸 |
| 江仁兴 | 新编8师84团1连二等兵 | 云南龙陵 | 周光元 | 暂编5师15团特务排班长 | 湖南石门 |
| 汤海洲 | 133师397团3连班长 | 湖南平江 | 李树清 | 暂编54师14团特务排上等兵 | 湖南石门 |
| 金树荣 | 103师245团迫炮连排长 | 云南松山 | 赵高华 | 118师352团3连上等兵 | 江西碗子口 |
| 刘长兴 | 134师402团1连一等兵 | 湖北襄阳 | 杨永禧 | 15师43团9连一等兵 | 湖南石门 |
| 李友卿 | 59师搜索队一等兵 | 江西万安 | 张海山 | 新23师64团机2连二等兵 | 缅甸高鲁阳 |
| 张玉之 | 197师589团8连一等兵 | 湖南沅江 | 胡文超 | 新22师766团9连下士 | 缅甸容康塘 |
| 刘定国 | 145师433团4连一等兵 | 江西都昌 | 刘定远 | 57师171团2连二等兵 | 湖南常德 |
| 王怀周 | 57师3营2连一等兵 | 湖南常德 | 梅世昌 | 51师补团7连连长 | 湖南 |
| 蒋伦德 | 94军炮兵团2营上士 | 湖北宜昌 | 文树清 | 新21师师部一等医佐 | 浙江 |
| 邵德勤 | 18师83团6连中士 | 江西瑞昌 | 杨兴臣 | 121师363团防毒排副排长 | 湖北枝江 |
| 支少华 | 18师83团6连二等兵 | 江西瑞昌 | 郝永清 | 99师296团机工连特务长 | 湖南 |
| 龙开发 | 14师552团2连中士 | 江西瑞昌 | 彭树臣 | 141师83团2连中士 | 江西瑞昌 |
| 腾树芝 | 14师552团2连上等兵 | 江西瑞昌 | 李俊明 | 121师361团4连上士 | 湖北 |

续表

| 姓　名 | 所在部队及职级 | 阵亡地点 | 姓　名 | 所在部队及职级 | 阵亡地点 |
|---|---|---|---|---|---|
| 钟绍友 | 14师552团2连一等兵 | 江西瑞昌 | 熊树臣 | 140师84团2连中士班长 | 湖北 |
| 宋光荣 | 新154师45团2连上等兵 | 湖南醴陵 | 黄玉清 | 102师305团6连中士 | 湖南 |
| 赵高科 | 19师56团6连中士 | 湖北石首 | 唐少怀 | 82师492团机3连中士 | 江苏 |
| 杨明鑫 | 58师172团8连一等兵 | 湖南湘乡 | 刘树标 | 183师083团8连中士 | 山东 |
| 蒋安顺 | 36师107团9连上等兵 | 云南腾冲 | 熊少华 | 141师421团7连中士 | 湖北 |
| 吴绍华 | 36师107团某连3排一等兵 | 云南腾冲 | 龙树臣 | 14师42团机1连中士 | 密支那 |
| 徐　渊 | 145师434团炮3排班长 | 浙江衢县 | 卢少成 | 5师炮连上等兵 | 湖北 |
| 胡少奎 | 142师426团6连班长 | 山东费县 | 刘汉清 | 76师228团9连上等兵 | 云南龙陵 |
| 刘冀航 | 88师262团通信排中士 | 云南龙陵 | 胡子云 | 14师42团机3连上等兵 | 密支那 |
| 黄显才 | 88师264团3连中士 | 云南龙陵 | 穆少昌 | 14师42团1营营部上等兵 | 密支那 |
| 高华科 | 57师169团7连一等兵 | 湖南邵阳 | 王万云 | 98师294团炮排上等兵 | 湖南常德 |
| 鲁信诚 | 58师174团3连中士 | 湖南衡阳 | 杨国清 | 58军辎重团3营上等兵 | 江西分宜 |
| 刘清云 | 6军预备2师6团2连二等兵 | 云南腾冲 | 何世安 | 荣誉2师4团3营上等兵 | 越南 |
| 阮少臣 | 56师166团下士 | 河南信阳 | 王长林 | 后勤总部西南补给区9兵站医院上等兵 | 云南 |
| 刘　超 | 88师263团3连一等兵 | 云南龙陵 | 陈兴顺 | 14师42团1连上等兵 | 密支那 |
| 周光全 | 138师083团8连一等兵 | 鲁南大石埠 | 王和周 | 46师138团6连上等兵 | 山西 |
| 杨洪裕 | 138师083团2连一等兵 | 鲁南大石埠 | 郑子恒 | 121师61团5连上等兵 | 湖北 |
| 胡成周 | 138师083团9连下士 | 鲁南大石埠 | 郭俊臣 | 133师798团2连上等兵 | 江西 |
| 李玉清 | 138师083团9连下士 | 鲁南大石埠 | 冯少宣 | 133师798团2连上等兵 | 嘉定 |
| 周祖德 | 102师上尉连长 | 安徽砀山 | 肖炳南 | 133师798团2连上等兵 | 嘉定 |
| 康庆余 | 某部连长 | 湖南长沙 | 鲜青云 | 133师798团2连上等兵 | 嘉定 |
| 宋上炎 | 4军直属队特务连中尉副官 | 湖南 | 陈德明 | 133师798团机枪连上等兵 | 江苏 |
| 王承忠 | 87师中士班长 | 南京 | 彭少文 | 12师72团5连上等兵 | 山西 |
| 陈永祥 | 新编6军22师64团 | 印度 | 彭少臣 | 12师62团担架排上等兵 | 江苏 |
| 大定县 | | | 张少宣 | 11师65团9连上等兵 | 上海 |
| 黄奇林 | 82师246团9连一等兵 | 湖南 | 安　定 | 15师44团5连一等兵 | 湖南石门 |
| 高清云 | 82师246团9连一等兵 | 湖南 | 杨顺清 | 新编10师3营8连一等兵 | 湖南 |
| 王树清 | 预备2师5团2连下士 | 广西 | 杨小六 | 14师42团机1连一等兵 | 密支那 |
| 林绍舟 | 103师208团2连下士 | 湖北 | 石小舟 | 96师辎重团4连一等兵 | 缅甸 |
| 傅俊英 | 102师306团6连上等兵 | 湖南 | 杨老五 | 103师308团6连一等兵 | 湖北 |
| 任伯臣 | 104师623团3连上等兵 | 山西 | 刘春堂 | 新23师69团机3连一等兵 | 湖北 |

续表

| 姓　名 | 所在部队及职级 | 阵亡地点 | 姓　名 | 所在部队及职级 | 阵亡地点 |
|---|---|---|---|---|---|
| 王绍琴 | 110师328团1连上等兵 | 湖北 | 王新运 | 15师45团7连一等兵 | 湖南 |
| 贺少山 | 58师174团机2连上等兵 | 湖南 | 周少清 | 197师590团6连一等兵 | 湖南沅江 |
| 刘少荣 | 133师97团5连下士 | 湖北 | 康少荣 | 197师589团1连一等兵 | 湖南沅江 |
| 李少和 | 121师661团1连上等兵 | 湖北 | 杨开顺 | 103师307团6连一等兵 | 湖北 |
| 龚子清 | 预备6师23团8连上等兵 | 江西 | 陈老四 | 新12师36团机2连一等兵 | 江西 |
| 周少清 | 103师618团1连上等兵 | 南京 | 马银臣 | 60师178团4连一等兵 | 湖南 |
| 王炳舟 | 103师618团1营下士 | 江苏 | 黄少武 | 141师421团5连一等兵 | 湖北 |
| 石顺清 | 103师613团3连上等兵 | 南京 | 罗守纪 | 新15师44团6连一等兵 | 湖南 |
| 焦银臣 | 103师615团4连上等兵 | 江苏 | 沈银臣 | 陆军辎重团3营8连一等兵 | 广西桂林 |
| 陈万全 | 103师615团迫2连上等兵 | 江苏 | 刘玉连 | 103师618团9连一等兵 | 南京 |
| 罕少武 | 103师615团迫炮连上等兵 | 江苏 | 杨少先 | 103师613团2连一等兵 | 江苏 |
| 孙叟卿 | 92师570团4连上等兵 | 赵李桥 | 黄国钧 | 103师618团9连一等兵 | 江苏 |
| 赵顺清 | 167师998团9连上等兵 | 河南 | 许玉恒 | 103师615团5连一等兵 | 江苏 |
| 段兴之 | 183师1084团1连上等兵 | 山东 | 李顺臣 | 103师615团通讯排一等兵 | 南京 |
| 蒙德君 | 103师308团6连上等兵 | 湖北 | 李少清 | 103师615团6连一等兵 | 江苏 |
| 陈炳权 | 新22师上等兵 |  | 宋明权 | 40师120团2连一等兵 | 江西 |
| 宋少奎 | 190师120团7连上等兵 | 江西 | 聂绍荣 | 82师491团6连一等兵 | 湖北 |
| 罗云清 | 7师42团5连下士 | 江西 | 杨　明 | 103师618团1连一等兵 | 南京 |
| 胡吉彬 | 90师36团1连上等兵 | 湖北 | 蔡白生 | 102师304团3连一等兵 | 江西 |
| 樊明顺 | 暂编5师4团迫炮连上等兵 | 湖北 | 陈少先 | 103师618团机1连一等兵 | 江苏 |
| 高履庄 | 8军荣誉1师2团6连上等兵 | 湖北 | 李志明 | 103师618团迫炮连一等兵 | 江苏 |
| 杨少卿 | 暂编6师3团9连上等兵 | 湖北宜都 | 凤开新 | 新22师66团4连一等兵 | 云南 |
| 马老幺 | 36师辎重团4连上等兵 | 缅甸 | 熊振华 | 103师613团1连一等兵 | 江苏 |
| 李树银 | 暂编5师4团输送连下士 | 湖南 | 胡海云 | 167师998团9连一等兵 | 河南 |
| 徐晓友 | 145师43团5连上等兵 | 浙江衢县 | 史万千 | 5师4团9连一等兵 | 湖北 |
| 余顺臣 | 预备师13团9连一等兵 | 湖北 | 文清云 | 88师263团机11连二等兵 | 云南 |
| 冼乙林 | 184师1088团2连一等兵 | 湖北 | 杨少臣 | 96师辎重团6连二等兵 | 缅甸 |
| 文树清 | 新21师62团机3连一等兵 | 江苏 | 欧逸斋 | 120师306团机2连二等兵 | 湖南 |
| 杜少清 | 6师18团5连一等兵 | 湖北 | 范树臣 | 新30师90团5连二等兵 | 缅甸 |
| 陈少清 | 92师276团机3连一等兵 | 湖北 | 陈小宁 | 整编20师134旅800团7连二等兵 | 湖南衡阳 |
| 杨华清 | 15师90团2营一等兵 | 湖北 | 潘少云 | 103师613团3连二等兵 | 江苏 |
| 肖银发 | 121师362团迫炮连一等兵 | 湖北 | 冯少臣 | 102师304团3连上等兵 | 江西 |

续表

| 姓　名 | 所在部队及职级 | 阵亡地点 | 姓　名 | 所在部队及职级 | 阵亡地点 |
|---|---|---|---|---|---|
| 何保臣 | 103师2团5连二等兵 | 湖北 | 李文彬 | 103师2团二等兵 | |
| 黄金秀 | 184师552团7连二等兵 | 江西 | 张志文 | 某部二等兵 | 猛洪 |
| 易定邦 | 184师582团2连二等兵 | 江西 | 熊剑德 | 某部二等兵 | |
| 周顺廷 | 90师268团7连二等兵 | 湖南 | 曾玉华 | 某部二等兵 | |
| 胡树云 | 92师274团5连二等兵 | 湖北 | 梁子臣 | 某部二等兵 | |
| 陈炳荣 | 新12师36团机1连二等兵 | 湖北 | 赵伯刚 | 某部二等兵 | |
| 俞新民 | 58师173团3连二等兵 | 江西 | 周剑魂 | 某部二等兵 | 台儿庄 |
| 吕定国 | 156师461团二等兵 | 广东 | 章　新 | 某部二等兵 | |
| 徐海山 | 82师492团9连二等兵 | 湖北 | 邓银臣 | 14师42团5连副班长 | 密支那 |
| 童贵明 | 82师492团9连二等兵 | 湖北 | 孙文明 | 4军搜索营2连副班长 | 湖南长沙 |
| 黄国才 | 82师492团9连二等兵 | 湖北 | 李和清 | 4军搜索营2连一等兵 | 湖南长沙 |
| 熊德清 | 82师492团9连二等兵 | 湖南 | 禹天名 | 4军战炮营3连一等兵 | 湖南长沙 |
| 杨顺州 | 82师492团9连二等兵 | 湖南 | 马长安 | 102师306团机1连班长 | 湖南长沙 |
| 刘顺臣 | 121师661团8连二等兵 | 湖北 | 毛长生 | 14师42团3连班长 | 密支那 |
| 段海洲 | 103师615团迫炮连二等兵 | 江苏 | 雷正安 | 14师42团1连上等兵 | 密支那 |
| 潘少云 | 103师613团3连二等兵 | 江苏 | 陈伯华 | 新11师33团机3连上等兵 | 湖南浏阳 |
| 张少斌 | 103师613团1连二等兵 | 江苏 | 龙顺清 | 6师18团9连一等兵 | 湖南宜昌 |
| 邓少卿 | 15师85团5连二等兵 | 江苏 | 张新成 | 15师45团1连上等兵 | 湖南湘乡 |
| 罗树清 | 103师613团2连二等兵 | 江苏 | 李智雍 | 58师174团8连副班长 | 湖南绥宁 |
| 高树云 | 103师613团1连二等兵 | 江苏 | 李海彬 | 8军荣1师3团机1连一等兵 | 云南松山 |
| 赵海全 | 75师570团4连二等兵 | 赵李桥 | 谢知顺 | 103师307团4连上等兵 | 云南松山 |
| 杨甫全 | 13师73团机1连二等兵 | 江苏 | 刘荣州 | 103师308团7连班长 | 云南松山 |
| 李树文 | 9师辎重团4连二等兵 | 缅甸 | 张有熙 | 新编28师84团驮载连二等兵 | 云南龙陵 |
| 朱绍华 | 新22师65团二等兵 | 云南 | 任为全 | 138师1083团2连中士 | 鲁南大石埠 |
| 邓筱平 | 103师308团7连排长 | 云南松山 | 李万堂 | 26师156团二等兵 | 江西 |
| 邓少芝 | 11师32团9连上等兵 | 湖北宜昌 | 陈树清 | 138师1083团5连上等兵 | 鲁南大石埠 |
| 蒙树云 | 28师353团迫炮连上等兵 | 湖北枝江 | 石见臣 | 905师569团二等兵 | 湖北 |
| 傅少先 | 15师45团7连上等兵 | 湖南安乡 | 沈义符 | 905师569团二等兵 | 湖北 |
| 杨少祥 | 15师44团8连下士 | 湖南安乡 | 黄玉清 | 144师863团二等兵 | 湖北 |

续表

| 姓　名 | 所在部队及职级 | 阵亡地点 | 姓　名 | 所在部队及职级 | 阵亡地点 |
|---|---|---|---|---|---|
| 杨俾保 | 43师128团1营迫炮排上等兵 | 湖南澧县 | 何银成 | 14师84团2连二等兵 | 江西瑞昌 |
| 康伯昌 | 14师83团6连上等兵 | 江西瑞昌 | 陆树林 | 13师661团二等兵 | 湖北 |
| 彭树臣 | 14师83团2连中士 | 江西瑞昌 | 蒋树宣 | 13师661团一等兵 | 湖北 |
| 先仲德 | 58师173团1连一等兵 | 湖南宁乡 | 毛少舟 | 13师661团二等兵 | 湖北 |
| 周甘成 | 88师262团2营中士 | 云南龙陵 | 刘学礼 | 103师师部上尉 | 南京 |
| 王绍成 | 6军预2师6团5连上等兵 | 云南腾冲 | 李志渊 | 103师618团上尉 | 南京 |
| 刘站奎 | 63师189团2连一等兵 | 湖南桃源 | 何曙光 | 103师615团上尉 | 南京 |
| 陈自学 | 51师152团1连上等兵 | 湖南沅江 | 李海祥 | 103师618团二等兵 | 江苏 |
| 喻少清 | 88师262团7连下士 | 云南龙陵 | 何　俊 | 103师618团二等兵 | 江苏 |
| 唐顺清 | 138师1083团3营8连一等兵 | 鲁南大石埠 | 王　兴 | 103师618团一等兵 | 江苏 |
| 颜老幺 | 28师353团机1连一等兵 | 湖北枝江 | 杨玉廷 | 103师618团二等兵 | 江苏 |
| 赵勋臣 | 15师45团7连一等兵 | 湖南安乡 | 廖德彬 | 103师618团二等兵 | 江苏 |
| 柳益源 | 15师45团9连一等兵 | 湖南安乡 | 杨世才 | 103师615团下士 | 南京 |
| 黔西县 | | | 徐　贵 | 103师615团二等兵 | 江苏 |
| 王　槐 | 102师306团中尉 | 江苏 | 魏少清 | 103师613团一等兵 | 江苏 |
| 左树清 | 133师794团二等兵 | 江苏 | 杨云安 | 103师613团上等兵 | 江苏 |
| 许长华 | 133师794团二等兵 | 江苏 | 夏树臣 | 103师613团上等兵 | 南京 |
| 陈明安 | 133师794团一等兵 | 江苏 | 王　斌 | 103师618团上等兵 | 江苏 |
| 王安臣 | 11师65团上等兵 | 上海 | 张少成 | 103师618团一等兵 | 南京 |
| 李国煌 | 67师397团少尉 | 江苏 | 朱云成 | 103师618团二等兵 | 南京 |
| 王金臣 | 14师3连二等兵 | 江苏 | 谢占元 | 103师618团一等兵 | 南京 |
| 刘绍成 | 148师3连二等兵 | 江苏 | 曾树之 | 103师618团上等兵 | 南京 |
| 曾少成 | 14师425团6连上等兵 | 密支那 | 周树云 | 103师618团二等兵 | 江苏 |
| 杨正明 | 暂5师14团通信连下士 | 湖南石门 | 赵方臣 | 103师618团二等兵 | 江苏 |
| 蔡少卿 | 骑4军步兵旅1团3连上等兵 | 绥远狼山 | 陈少云 | 103师618团一等兵 | 江苏 |
| 黄国庆 | 6军预2师工兵连下士 | 云南腾冲 | 李云清 | 103师615团一等兵 | 江苏 |
| 周少华 | 103师618团上等兵 | 江苏 | 陈德昌 | 26师152团一等兵 | 江苏 |
| 詹树清 | 103师618团二等兵 | 江苏 | 欧　凯 | 26师152团一等兵 | 上海 |
| 刘少清 | 103师607团上等兵 | 江西 | 张　钧 | 26师155团一等兵 | 上海 |
| 张占奎 | 103师607团下士 | 江西 | 刘兴顺 | 103师613团一等兵 | 上海 |

续表

| 姓　名 | 所在部队及职级 | 阵亡地点 | 姓　名 | 所在部队及职级 | 阵亡地点 |
|---|---|---|---|---|---|
| 熊少华 | 103师612团上等兵 | 江西 | 付云昌 | 103师613团一等兵 | 江苏 |
| 陈君五 | 133师793团一等兵 | 安徽 | 刘炳臣 | 103师613团一等兵 | 江苏 |
| 陈均斌 | 133师793团一等兵 | 安徽 | 韩杰先 | 103师613团一等兵 | 江苏 |
| 陶少三 | 133师798团一等兵 | 安徽 | 黎德明 | 103师613团一等兵 | 江苏 |
| 王少华 | 133师798团二等兵 | 江西 | 李明清 | 103师613团二等兵 | 江苏 |
| 蒋文忠 | 41师241团二等兵 | 安徽 | 李学成 | 102师607团上等兵 | 江西 |
| 余培英 | 教导团上等兵 | 南京 | 周兴科 | 102师607团一等兵 | 江西 |
| 杨少安 | 86军辎重团4连班长 | 湖北长阳 | 郭树清 | 118师352团下士班长 | 湖南 |
| 王小山 | 15师45团上等兵 | 湖南南县 | 巫盛卿 | 3师工兵营上等兵 | 湖南澧县 |
| 陆少斌 | 15师45团上士 | 湖南安乡 | 谢老二 | 93师277团8连二等兵 | 缅甸蛮好 |
| 侯秀成 | 15师45团一等兵 | 湖北石首 | 徐少辉 | 108师324团上等兵 | 江西 |
| 杨子清 | 77师230团一等兵 | 湖南安乡 | 魏子清 | 14师42团下士 | 缅甸 |
| 唐绍臣 | 暂5师13团下士 | 湖南南县 | 曾少成 | 142师425团5连班长 | 江苏萧县 |
| 孔少恒 | 暂5师13团下士 | 湖南南县 | 何海云 | 14师42团下士 | 缅甸 |
| 桂树云 | 暂5师13团下士 | 湖南南县 | 张树清 | 14师42团上等兵 | 缅甸 |
| 赵子臣 | 新22师65团下士 | 缅甸大洛 | 母树云 | 58师74团上等兵 | 湖南衡阳 |
| 覃洪斌 | 98师294团上士 | 湖南常德 | 胡国成 | 36师106团3连上等兵 | 云南腾冲 |
| 刘武经 | 15师44团上等兵 | 湖南石门 | 吴德舟 | 预2师4团一等兵 | 云南 |
| 刘致中 | 103师通信连一等兵 | 江苏 | 卢明发 | 77师231团上等兵 | 湖南 |
| 李世确 | 103师通信连二等兵 | 江苏 | 黄良清 | 162师486团上等兵 | 湖南 |
| 李西屏 | 103师通信连二等兵 | 江苏 | 孙树臣 | 新28师83团上士排副 | 云南 |
| 庄宝国 | 103师通信连一等兵 | 江苏 | 冉启贤 | 162师84团下士 | 湖南 |
| 李焕清 | 103师615团二等兵 | 江苏 | 胡老五 | 103师307团一等兵 | 云南 |
| 刁云彬 | 103师615团中士 | 江苏 | 罗树轩 | 103师307团下士班长 | 云南松山 |
| 李俊明 | 103师615团二等兵 | 江苏 | 王子方 | 103师309团一等兵 | 云南 |
| 罗光明 | 103师615团二等兵 | 江苏 | 吴少清 | 82师246团一等兵 | 云南 |
| 余丙云 | 103师615团二等兵 | 江苏 | 田成明 | 新2师65团一等兵 | 云南 |
| 王顺清 | 118师354团上士 | 湖南 | 黄海云 | 93师287团二等兵 | 缅甸 |
| 李占全 | 4军搜索营一等兵 | 湖南 | 石全枝 | 52师7连中士 | 缅甸 |
| 罗玉清 | 59师175团上等兵 | 湖南 | 杨绍选 | 26师347团上等兵 | 云南 |

续表

| 姓　名 | 所在部队及职级 | 阵亡地点 | 姓　名 | 所在部队及职级 | 阵亡地点 |
|---|---|---|---|---|---|
| 何少清 | 59师176团下士班长 | 湖南 | 杨海云 | 77师230团下士 | 长沙 |
| 曹树银 | 197师589团下士 | 湖南 | 陆崇星 | 58师172团二等兵 | 江西 |
| 江少云 | 197师589团一等兵 | 湖南 | 民和清 | 198师593团下士 | 云南 |
| 周瑞云 | 197师589团一等兵 | 湖南 | 王光先 | 198师593团上等兵 | 云南 |
| 王少清 | 197师589团一等兵 | 湖南 | 谢中礼 | 194师528团上等兵 | 湖南 |
| 谢树柱 | 197师589团二等兵 | 湖南 | 常邦先 | 98师293团上等兵 | 湖南 |
| 赵明福 | 197师589团二等兵 | 湖南 | 黄镜方 | 新22师64团一等兵 | 云南 |
| 孟东华 | 197师589团一等兵 | 湖南 | 张少清 | 131师361团下士 | 湖北 |
| 何少舟 | 197师589团一等兵 | 湖南 | 宋文彬 | 131师361团上士 | 湖北 |
| 苏怀清 | 197师589团一等兵 | 湖南 | 李海云 | 95师64团一等兵 | 湖南 |
| 宋守文 | 197师589团一等兵 | 湖南 | 李国祥 | 26师77团中士 | 浙江 |
| 赵国清 | 197师589团一等兵 | 湖南 | 曹仁全 | 190师569团一等兵 | 湖南 |
| 陈树云 | 197师589团一等兵 | 湖南 | 王德昌 | 140师420团上等兵 | 湖南 |
| 杨　均 | 197师589团一等兵 | 湖南 | 龙进光 | 441师补充团中士 | 湖南 |
| 谢万喜 | 197师589团一等兵 | 湖南 | 李云华 | 99师296团上等兵 | 湖南 |
| 朱紫贵 | 99师295团下士 | 湖南 | 戴少华 | 99师295团一等兵 | 湖南 |
| 张铭清 | 99师295团下士 | 湖南 | 穆英 | 预8师24团中尉 | 山西 |
| 罗松柏 | 44师130团一等兵 | 广西 | 肖栋梁 | 103师308团二等兵 | 湖北 |
| 伍　显 | 76师227团中士 | 云南 | 唐兴顺 | 103师308团上等兵 | 湖北 |
| 何广三 | 5师工兵1连一等兵 | 湖南 | 陶炳臣 | 103师308团一等兵 | 湖北 |
| 罗树清 | 60师180团少尉 | 江西 | 黄树华 | 59师工5连下士 | 湖南 |
| 王少全 | 99师297团下士 | 湖南 | 余少安 | 新112师35团一等兵 | 江西 |
| 罗顺成 | 57师171团二等兵 | 浙江 | 常德全 | 197师590团二等兵 | 湖南 |
| 邓天发 | 99师296团上等兵 | 湖南 | 潘少清 | 102师304团上士 | 湖南 |
| 姜少成 | 99师296团上等兵 | 湖南 | 胡银安 | 197师590团二等兵 | 湖南 |
| 陈素周 | 新22师65团一等兵 | 云南 | 刘银章 | 暂5师4团二等兵 | 湖南 |
| 陈德全 | 新22师65团一等兵 | 云南 | 王泽道 | 141师79团二等兵 | 江西 |
| 陆安平 | 103师309团上等兵 | 湖北 | 曾述成 | 新14师42团二等兵 | 湖北 |
| 张绍云 | 暂54师3团二等兵 | 湖南 | 李少成 | 195师1131团上等兵 | 湖南 |

续表

| 姓　名 | 所在部队及职级 | 阵亡地点 | 姓　名 | 所在部队及职级 | 阵亡地点 |
|---|---|---|---|---|---|
| 唐以宣 | 11师31团一等兵 | 湖北 | 曾纪元 | 41师121团一等兵 | 湖北 |
| 李章银 | 118师354团一等兵 | 广西 | 金沙县 | | |
| 罗明清 | 103师307团中士 | 宜昌 | 张俊卿 | 102师305团3连班长 | 湖南长沙 |
| 王明久 | 50师149团上士 | 密支那 | 王亮成 | 14师42团5连下士 | 密支那 |
| 龙少清 | 新8师22团中士 | 山西 | 黄民权 | 8军荣1师2团9连一等兵 | 云南龙陵 |
| 万海廷 | 新8师23团中士 | 山西 | 罗均明 | 103师307团驮载连上等兵 | 云南松山 |
| 丁少臣 | 新8师23团中士 | 山西 | 何绍云 | 58师172团7连上等兵 | 湖南湘乡 |
| 郑树臣 | 93师278团一等兵 | 广西 | 织金县 | | |
| 徐丰玉 | 95师596团一等兵 | 湖南 | 王德昭 | 99师296团中尉排长 | 湖南 |
| 刘述清 | 183师547团中士 | 江西 | 李德恒 | 36师106团3连上等兵 | 云南腾冲 |
| 杨炳清 | 102师304团下士 | 湖南 | 刘少臣 | 88师工兵营上等兵 | 云南龙陵 |
| 罗少安 | 121师36团二等兵 | 山西 | 杨相桂 | 77师23团2连下士排长 | 湖南 |
| 闫玉温 | 143师83团二连上等兵 | 江西 | 罗明轩 | 5师152团6连二等兵 | 湖南衡阳 |
| 覃天喜 | 59师350团中士 | 江西 | 周进昌 | 88师262团3营部二等兵 | 云南龙陵 |
| 陈少宣 | 95师569团一等兵 | 湖南 | 曾少清 | 134师40团4连一等兵 | 湖北崇阳 |
| 陈子州 | 102师305团一等兵 | 江西 | 张槐梁 | 102师306团9连上尉连长 | 湖南长沙 |
| 陈少清 | 102师305团下士 | 江西 | 杨贵发 | 14师42团2连中士班长 | 密支那 |
| 贾元卿 | 99师295团中士 | 广西 | 李少华 | 14师42团5连一等兵 | 密支那 |
| 张少云 | 99师295团一等兵 | 广西 | 吕光海 | 6师18团4连中士班长 | 湖北崇阳 |
| 刘贵云 | 预2师5团上等兵 | 江西 | 彭少洲 | 44师132团6连上等兵 | 江西萍乡 |
| 韩少臣 | 134师400团二等兵 | 江西 | 龙银臣 | 暂5师13团5连下士 | 湖南南县 |
| 刘少清 | 26师151团少尉 | 江西 | 袁桃文 | 15师43团1连下等兵 | 湖南安乡 |
| 张显仲 | 9师26团二等兵 | 湖北 | 王龙奎 | 暂5师13团3连下士 | 湖南南县 |
| 蔡俊文 | 15师45团中士 | 湖北 | 严炳置 | 暂5师13团3连下士 | 湖南南县 |
| 赵玉成 | 92师547团上等兵 | 湖北 | 黄树清 | 15师44团2连上等兵 | 湖南桃源 |
| 王文明 | 146师876团一等兵 | 安徽 | 夏炳先 | 118师352团5连班长 | 江西碗子口 |
| 陈少清 | 146师876团一等兵 | 安徽 | 杜少先 | 18师52团机1连上等兵 | 湖北松滋 |
| 林树清 | 184师1086团下士 | 湖北 | 陈文华 | 59师349团3连上等兵 | 江西南县 |
| 王松灿 | 57师通讯连上等兵 | 湖南常德 | 杨柏普 | 133师797团7连一等兵 | 江西 |

续表

| 姓　名 | 所在部队及职级 | 阵亡地点 | 姓　名 | 所在部队及职级 | 阵亡地点 |
|---|---|---|---|---|---|
| 吕春堂 | 58师172团7连上等兵 | 湖南宁乡 | 徐季华 | 40师119团6连一等兵 | 江西南县 |
| 高　葵 | 98师583团8连一等兵 | 江苏嘉定 | 周　玉 | 102师607团5连上等兵 | 江西德安 |
| 张明斋 | 133师794团8连二等兵 | 江苏嘉定 | 谢　莺 | 103师学兵队上等兵 | 南京下关 |
| 张树清 | 133师794团8连二等兵 | 江苏嘉定 | 杨少文 | | |
| 陈华轩 | 182师1080团5连下士 | 张斗岳 | 纳雍县 | | |
| 黄玉成 | 98师583团5连二等兵 | 江苏嘉定 | 李德文 | 预2师6团迫炮连一等驭手 | 云南腾冲 |
| 黄少清 | 121师659团2连一等兵 | 湖北 | 威宁县 | | |
| 王仲全 | 121师661团4连上尉 | 湖北广济 | 王树清 | 暂5师14团卫生队上等兵 | 湖南石门 |
| 张万才 | 121师661团4连一等兵 | 湖北广济 | 陈印学 | 暂5师14团卫生队一等兵 | 湖南石门 |
| 张仲才 | 121师661团4连一等兵 | 湖北广济 | 杨树清 | 18师52团1连上等兵 | 湖北宜都 |
| 龚银清 | 暂5师13团5连下士 | 湖南南县 | 孔庆生 | 138师1083团5连上等兵 | 鲁南大石埠 |
| 张德明 | 92师274团5连中士 | 桂南 | 刘启云 | 138师1083团5连中士 | 鲁南大石埠 |
| 欧清云 | 103师613团6连上等兵 | 南京 | 陈启明 | 138师1083团2连中士 | 鲁南大石埠 |
| 李少华 | 103师613团6连一等兵 | 南京 | 王钧联 | 138师1083团3连一等兵 | 鲁南大石埠 |
| 熊子云 | 103师618团机连下士 | 镇江 | 岳安顺 | 118师354团8连上等兵 | 湖南邵阳 |
| 张家位 | 103师615团4连下士 | 镇江 | 陈二毛 | 14师416团6连上等兵 | 密支那 |
| 吕玉坤 | 103师615团5连上等兵 | 镇江 | 张杨名 | 107师319团迫炮连上等兵 | 福建龙溪 |
| 罗厚波 | 103师613团4连中士 | 镇江 | 周银安 | 8军荣1师3团1连上等兵 | 云南松山 |
| 汪魁清 | 103师613团6连一等兵 | 镇江 | 浦海云 | 102师305团5连班长 | 湖南长沙 |
| 袁少益 | 103师613团机连中士 | 镇江 | 张占清 | 独立工兵团9连上等兵 | 湖北宜都 |
| 冯庆余 | 103师618团迫连一等兵 | 江苏江阴 | 施光明 | 72军工兵营3连一等兵 | 江西修水 |
| 屈少安 | 103师618团通信连上等兵 | 江苏江阴 | 高双禧 | 15师43团9连一等兵 | 湖南安乡 |
| 谌萼生 | 103师通讯连一等兵 | 江苏江阴 | 李槐民 | 77师231团6连一等兵 | 湖南安乡 |
| 王国安 | 103师613团5连上等兵 | 江苏江阴 | 吕建国 | 182师某部排长 | 台儿庄 |
| 黄顺清 | 103师613团6连二等兵 | 江苏江阴 | 周鸿盛 | 某部上尉连长 | 台儿庄 |
| 吴明清 | 103师工兵连上等兵 | 江苏江阴 | 朱　斌 | 某部特务连长 | 台儿庄 |
| 徐少安 | 103师613团9连一等兵 | 南京 | 郭×× | 某部排长 | 台儿庄 |
| 李竹萱 | 103师618团5连上等兵 | 南京 | | | |
| 陈清云 | 103师615团7连一等兵 | 南京 | | | |
| 徐少安 | 134师401团5连一等兵 | 湖北襄阳 | | | |

## 四　革命烈士名录

| 姓　名 | 出生地 | 单位及职务 | 牺牲时间地点 |
|---|---|---|---|
| 赵文荣 | 毕节县 | 六军团战士 | 1935年6月盘县平关乡赵家沟 |
| 范建章 | 步头桥乡 | 中共毕节支部游击武装负责人 | 1935年7月毕节县城小教场 |
| 林　青 | 毕节镇 | 中共贵州省工委书记 | 1935年9月14日贵阳 |
| 潘锡成 | 小坝乡 | | 1936年毕节县海子街西冲 |
| 翟思泰 | 朱昌镇 | 红18师机枪连战士 | 1936年甘肃南部草原 |
| 武镜秋 | 毕节镇 | 红二方面军某部战士 | 1936年长征途中 |
| 葛发昌 | 毕节镇 | 红六军团17师49团3营战士 | 1938年2月安徽省徽州 |
| 胡　健 | 青场镇 | 中国人民解放军36师106团战士 | 1949年5月3日安徽省徽州 |
| 唐　顺 | 毕节镇 | 解放军181师541团2连班长 | 1949年8月30日天台山 |
| 马正帮 | 毕节镇 | 毕节豫章小学教员 | 1949年11月26日毕节城郊大水口 |
| 刘应康 | 毕节镇 | 毕节进步社会青年 | 1949年11月26日毕节城郊大水口 |
| 刘近谦 | 毕节镇 | 毕节弘毅中学教员 | 1949年11月26日毕节城郊大水口 |
| 龙少洲 | 朱昌镇 | 毕节县少数民族代表 | 1950年3月17日毕节县朱昌 |
| 蔡才林 | 毕节镇 | 解放军381团警卫连副班长 | 1950年4月28日海南岛 |
| 彭相林 | 鸭池区 | 解放军49师146团3营9连战士 | 1950年4月郎岱县岩脚 |
| 魏国民 | 毕节镇 | 解放军49师145团4连战士 | 1950年5月盘县鸡场坪 |
| 吴文唐 | 毕节镇 | 解放军145团3营机炮连战士 | 1950年6月普安县江西坡 |
| 曾宪于 | 小吉镇 | 毕节县燕子口区武工队队员 | 1950年7月9日毕节县燕子口 |
| 汪齐风 | 南箐乡 | 毕节县南箐乡农协会主席 | 1950年7月9日毕节县鸭池区 |
| 孙元和 | 毕节镇 | 解放军149团机2连战士 | 1950年7月天柱县 |
| 万世友 | 王张乡 | 志愿军197师591团7连战士 | 1950年11月21日朝鲜 |
| 樊兴良 | 对坡镇 | 志愿军120师359团1营3连战士 | 1950年11月25日朝鲜平安南道 |
| 胡迎春 | 斯栗乡 | 志愿军335团1连战士 | 1950年11月朝鲜 |
| 严绍科 | 官屯乡 | 毕节县官屯区民兵 | 1950年11月毕节县官屯区 |
| 徐大银 | 毕节镇 | 解放军某部战士 | 1950年12月8日黎平县 |
| 徐大民 | 毕节镇 | | 1950年黎平县双江 |
| 曹福有 | 朱昌镇 | 解放军418团1连战士 | 1950年12月 |
| 李启元 | 王丰乡 | 志愿军47师战士 | 1950年朝鲜 |
| 徐大军 | 野角乡 | 志愿军326医院战士 | 1950年朝鲜 |
| 李龙才 | 林口区 | 志愿军47师炮兵战士 | 1950年朝鲜西海战斗中牺牲 |

续表

| 姓 名 | 出生地 | 单位及职务 | 牺牲时间地点 |
|---|---|---|---|
| 李思华 | | 解放军7662部队16分队战士 | 1950年罗甸县 |
| 陈文明 | 朱昌镇 | 解放军毕节军分区战士 | 1950年毕节县 |
| 陈少武 | 毕节镇 | 解放军毕节军分区警卫营战士 | 1950年毕节县 |
| 赵丙学 | 清水区 | 志愿军第17师51团4营15连战士 | 1951年3月朝鲜 |
| 周和清 | 长春区 | | 1951年3月朝鲜 |
| 朱明贵 | 中寨乡 | 志愿军36师106团副班长 | 1951年4月24日朝鲜 |
| 陈天功 | 官屯乡 | 志愿军35师103团1营3连战士 | 1951年4月25日朝鲜 |
| 李德志 | 毕节镇 | 志愿军76师227团3营7连班长 | 1951年4月28日朝鲜 |
| 周成杰 | 毕节镇 | 志愿军35师105团1连战士 | 1951年4月29日朝鲜 |
| 陈主顺 | 毕节镇 | 志愿军35师104团7连战士 | 1951年5月15日朝鲜汉城 |
| 杨平安 | 毕节镇 | 志愿军45师134团3营7连战士 | 1951年5月18日朝鲜 |
| 谢明德 | | 志愿军194师588团3营8连战士 | 1951年5月22日朝鲜 |
| 林建华 | 八寨坪乡 | 志愿军31师侦察连副班长 | 1951年5月27日朝鲜 |
| 刘大友 | 海子街镇 | 解放军镇远军分区政治部干事 | 1951年5月锦屏县 |
| 顾尚发 | 杨家湾区 | 毕节县杨箐乡民兵 | 1951年5月毕节县杨家湾 |
| 武绍明 | 王张乡 | 解放军51师151团1营机炮连战士 | 1951年望谟县岸高 |
| 李培连 | 果乐乡 | 志愿军44师130团3营机3连军械员 | 1951年6月1日朝鲜 |
| 安学英 | 朱昌镇 | 志愿军117师350团3营4连班长 | 1951年6月25日朝鲜 |
| 伍洪章 | 柳湾乡 | 解放军44师145团3营9连战士 | 1951年6月册亨县双江区百口 |
| 周勋发 | 大河乡 | 志愿军81师241团3营9连战士 | 1951年9月2日朝鲜江源道 |
| 赵仁宣 | 王丰乡 | 解放军47师炮兵团战士 | 1951年9月3日河北深县 |
| 宋新祥 | 小河乡 | 志愿军192师574团2连战士 | 1951年9月5日朝鲜黄海道 |
| 孔令全 | 林口镇 | 志愿军191师572团3连战士 | 1951年9月5日朝鲜山店里 |
| 史洪义 | 十三亩乡 | 志愿军191师572团2连战士 | 1951年9月6日朝鲜 |
| 潘少云 | 龙场营区 | 志愿军191师571团3营9连战士 | 1951年10月3日朝鲜 |
| 黄训义 | 朱昌镇 | 志愿军191师572团1连战士 | 1951年10月4日朝鲜 |
| 叶冯中 | 亮岩乡 | 志愿军铁道兵直属桥梁团战士 | 1951年10月8日朝鲜 |
| 王友达 | 小坝镇 | 志愿军铁道兵桥梁团战士 | 1951年10月8日朝鲜 |
| 李振全 | 八寨坪乡 | 志愿军139师417团战士 | 1951年10月28日朝鲜临津江 |
| 白朝忠 | 龙场营区 | 志愿军139师417团6连班长 | 1951年10月9日朝鲜临津江 |
| 张光荣 | 清水镇镇 | 志愿军141师炮2连战士 | 1951年11月3日朝鲜 |
| 吴学海 | 青松乡 | 志愿军191师573团2营4连战士 | 1951年11月4日朝鲜马良山 |

续表

| 姓　名 | 出生地 | 单位及职务 | 牺牲时间地点 |
|---|---|---|---|
| 朱祖富 | 官屯区 | 志愿军191师572团3连战士 | 1951年11月4日朝鲜马良山 |
| 龙练海 | 林口区 | 志愿军191师572团3连战士 | 1951年11月10日朝鲜马良山 |
| 徐　强 | 耿官乡 | 志愿军139师417团1连战士 | 1951年11月17日朝鲜临津江 |
| 徐成惠 | 十八乡 | 志愿军某部战士 | 1951年11月24日朝鲜 |
| 陈成明 | 大吉乡 | 志愿军190师569团2营6连战士 | 1951年11月24日朝鲜高旺山 |
| 韩贤德 | 戈座乡 | 志愿军191师572团1连班长 | 1951年11月朝鲜高旺山 |
| 谢福权 | 亮岩乡 | 志愿军某部战士 | 1951年朝鲜 |
| 李才英 | 撒拉溪镇 | 志愿军45师133团机炮连战士 | 1951年朝鲜 |
| 孙孝先 | | 志愿军高炮63师驾驶员 | 1951年朝鲜 |
| 夏纪成 | | 志愿军76师228团战士 | 1951年朝鲜 |
| 吉永德 | 金银山乡 | 志愿军某部战士 | 1951年朝鲜顺川 |
| 翟长万 | 高营乡 | 志愿军143师428团2营3连战士 | 1951年朝鲜 |
| 周训吉 | 杨箐镇 | 志愿军136师409团1营战士 | 1951年朝鲜 |
| 刘登云 | 湖北咸宁县 | 志愿军某部驾驶员 | 1951年朝鲜 |
| 钟尚英 | 普宜镇 | 中共毕节县委工作队员 | 1951年毕节县杨家湾 |
| 周土老 | 杨家湾区 | 毕节县杨家湾区民兵 | 1951年毕节县杨家湾 |
| 邓琼阶 | 毕节镇 | 解放军18军文工团战士 | 1951年西藏 |
| 张正伦 | 普宜镇 | 解放军毕节军分区战士 | 1952年1月4日赫章 |
| 吴维斌 | 海子街镇 | 解放军毕节军分区战士 | 1952年1月15日赫章县 |
| 杨忠林 | 南箐乡 | 志愿军铁道兵2师战士 | 1952年1月19日朝鲜 |
| 彭炽昌 | 小坝镇 | 志愿军铁道兵2师12团4营战士 | 1952年1月20日朝鲜 |
| 张学友 | 小坝镇 | 志愿军铁道兵3师某团4营战士 | 1952年1月25日朝鲜 |
| 张宜先 | 对坡镇 | 志愿军铁道兵桥梁团2营5连战士 | 1952年2月25日朝鲜 |
| 陈忠国 | 鸭子塘乡 | 志愿军铁道兵3师某部通讯员 | 1952年2月21日朝鲜 |
| 朱镇才 | 对坡镇 | 志愿军铁道兵2师某部通讯员 | 1952年3月31日朝鲜 |
| 何绍武 | 鸭池区 | 志愿军45师135团1营2连副班长 | 1952年4月2日朝鲜五圣山 |
| 邓振华 | 青场镇 | 志愿军铁道兵桥梁团3营5连战士 | 1952年4月9日朝鲜 |
| 王玉文 | 渭河乡 | 志愿军炮兵202团2营5连战士 | 1952年4月29日朝鲜 |
| 徐长棋 | 十八乡 | 志愿军某部班长 | 1952年5月24日朝鲜 |
| 谢鸿全 | 对坡镇 | 志愿军铁道兵3师某部战士 | 1952年5月朝鲜 |
| 张明才 | 阴底区 | 解放军毕节军分区战士 | 1952年6月13日赫章县 |
| 翟常玩 | 撒拉溪镇 | 志愿军炮兵202团1营3连炮手 | 1952年6月16日朝鲜 |

续表

| 姓　名 | 出生地 | 单位及职务 | 牺牲时间地点 |
|---|---|---|---|
| 翟　淼 | 王丰乡 | 志愿军炮兵8师43团2连战士 | 1952年6月20日朝鲜 |
| 王大清 | 木来乡 | 志愿军187师560团2连战士 | 1952年6月25日朝鲜 |
| 张永昌 | 大渡乡 | 志愿军某部辎重2营副班长 | 1952年7月6日朝鲜 |
| 章安均 | 小吉场镇 | 解放军38师114团1营2连战士 | 1952年7月19日云南省边疆 |
| 甄光斗 | 清水区 | 解放军38师114团3营8连副班长 | 1952年7月19日云南 |
| 王俊臣 | | 志愿军工兵3团战士 | 1952年7月24日朝鲜义州 |
| 艾宗尧 | 林口区 | 志愿军45师135团7连战士 | 1952年8月24日朝鲜五圣山 |
| 吴道林 | 燕子口区 | 志愿军692部队5中队战士 | 1952年8月朝鲜 |
| 余生贵 | 头步桥乡 | 志愿军116师346团3连战士 | 1952年8月朝鲜 |
| 肖士光 | 汉屯乡 | 威宁县土改工作队队长 | 1952年8月威宁县 |
| 彭　彪 | 普宜镇 | 志愿军113师339团3营战士 | 1952年9月朝鲜铁原郡 |
| 梁绍元 | 汉屯乡 | 志愿军113师339团担架连战士 | 1952年10月6日朝鲜铁原郡 |
| 李明山 | 海子街区 | 志愿军某部高炮二连炮手 | 1952年10月7日朝鲜 |
| 胡国君 | 官屯区 | 志愿军114师340团机1连战士 | 1952年10月7日朝鲜 |
| 吴　耀 | 海子街区 | 志愿军119师351团6连战士 | 1952年10月10日朝鲜 |
| 卢双友 | 燕子口区 | 志愿军45师135团9连副班长 | 1952年10月14日朝鲜 |
| 黄治伦 | 吉场区 | 志愿军45师135团1营机炮连战士 | 1952年10月18日朝鲜 |
| 黄训礼 | 吉场区 | 志愿军45师135团1营机炮连战士 | 1952年10月18日朝鲜 |
| 向　飞 | 大吉场区 | 志愿军45师侦察连战士 | 1952年10月朝鲜上甘岭 |
| 陈九和 | 龙场区 | 志愿军45师131团1营1 连排长 | 1952年10月朝鲜上甘岭 |
| 邓维忠 | 鸭池乡 | 志愿军31师91团3营7连战士 | 1952年11月3日朝鲜上甘岭 |
| 赵明伦 | 林口区 | 志愿军铁道兵桥梁团2营战士 | 1952年11月4日朝鲜 |
| 杜庭芳 | 豪沟乡 | 志愿军29师86团担架连班长 | 1952年11月6日朝鲜 |
| 何树云 | 对坡镇 | 志愿军29师85团6连副排长 | 1952年11月9日朝鲜 |
| 顾庆山 | 青场区 | 志愿军45师某团战士 | 1952年11月朝鲜 |
| 吴道明 | 青松乡 | 志愿军31师92团4连副班长 | 1952年11月朝鲜 |
| 高世楷 | | 志愿军86团一营通信员 | 1952年11月30日朝鲜 |
| 傅先国 | 大兰乡 | 志愿军铁道兵某部战士 | 1952年12月6日朝鲜 |
| 顾定明 | 戈座乡 | 志愿军铁道兵桥梁团1营4连战士 | 1952年12月15日朝鲜平德线 |
| 陆孟元 | 水箐乡 | 志愿军铁道兵桥梁团1营4连战士 | 1952年12月15日朝鲜 |
| 翟银先 | 撒拉溪镇 | 志愿军补训师48团1营6连战士 | 1952年朝鲜 |
| 郑明永 | 毕节镇 | 志愿军暂编10团文化教员 | 1952年朝鲜 |

续表

| 姓　名 | 出生地 | 单位及职务 | 牺牲时间地点 |
|---|---|---|---|
| 朱良臣 | 林口镇 | 志愿军179师535团3营9连战士 | 1953年1月5日朝鲜 |
| 陈志刚 | 林口镇 | 志愿军铁道兵桥梁12团副班长 | 1953年1月13日朝鲜京义线 |
| 周学伦 | 后箐乡 | 志愿军179师537团5连战士 | 1953年1月15日朝鲜 |
| 赵　泉 | 官屯区 | 志愿军47师139团战士 | 1953年1月16日朝鲜顺川郡 |
| 王礼云 | 阿市乡 | 志愿军47师坦克团直属队运输员 | 1953年1月26日朝鲜 |
| 吴　鹏 | 王张乡 | 志愿军133师398团2营步行机员 | 1953年2月17日朝鲜 |
| 徐方清 | 小坝镇 | 志愿军140师418团8连副连长 | 1953年3月14日朝鲜 |
| 刘友方 | 海子街区 | 志愿军179师537团9连战士 | 1953年3月31日朝鲜 |
| 梁荣春 | 燕子口区 | 志愿军47师1独立高炮营战士 | 1953年3月朝鲜平安南道 |
| 杨　勇 | 海子街区 | 志愿军铁道兵桥梁团3营10连战士 | 1953年5月16日朝鲜 |
| 常成业 | 大河乡 | 毕节县青场区大河村村长 | 1953年毕节县青场 |
| 张世德 | 太极乡 | 志愿军铁道兵某部5团2营6连战士 | 1953年5月22日朝鲜京义线 |
| 李登明 | 青场镇 | 志愿军179师536团3营8连副排长 | 1953年5月25日朝鲜 |
| 彭应禄 | 朱昌区 | 志愿军181师541团2营6连战士 | 1953年5月29日朝鲜 |
| 孟启高 | 耿官乡 | 志愿军120师358团5连战士 | 1953年5月29日朝鲜 |
| 周光林 | 田坝乡 | 志愿军69师207团1营通讯员 | 1953年6月3日朝鲜 |
| 王友贤 | 沙部乡 | 志愿军炮兵607团2连炮手 | 1953年6月3日朝鲜 |
| 陈继常 | 渭河乡 | 志愿军181师独立高炮营2连战士 | 1953年6月10日朝鲜 |
| 张守忠 | 青杠乡 | 志愿军181师543团3连副班长 | 1953年6月10日朝鲜 |
| 王芳华 | 播扎乡 | 志愿军181师543团1营2连副班长 | 1953年6月10日朝鲜 |
| 刘国庆 | 燕子口区 | 志愿军179师535团5连通讯员 | 1953年6月11日 |
| 陈尚富 | 燕子口区 | 志愿军74师221团9连战士 | 1953年6月12日朝鲜 |
| 刘国荣 | 燕子口镇 | 志愿军179师535团通讯员 | 1953年6月21日朝鲜 |
| 武孔书 | 以河乡 | 志愿军45师161团炮兵连战士 | 1953年6月27日昌都 |
| 张　祥 | 王丰乡 | 志愿军199师596团副团长 | 1953年6月27日朝鲜 |
| 谭德友 | 朱昌区 | 志愿军铁道兵桥梁团1营战士 | 1953年7月4日朝鲜 |
| 鲍应文 | 沔鱼河乡 | 志愿军73师219团3连战士 | 1953年7月6日朝鲜 |
| 郑树南 | 对坡镇 | 志愿军46师137团3营10连战士 | 1953年7月11日朝鲜 |
| 黎代厚 | 沙部乡 | 志愿军181师543团3营7连战士 | 1953年7月13日朝鲜 |
| 左兴明 | | 志愿军202师605团3连1排副排长 | 1953年7月14日朝鲜 |
| 杨明刚 | 龙场区 | 志愿军74师222团3营7连战士 | 1953年7月14日朝鲜 |
| 傅汉谋 | 对坡镇 | 志愿军181师543团7连战士 | 1953年7月14日朝鲜 |

续表

| 姓　名 | 出生地 | 单位及职务 | 牺牲时间地点 |
|---|---|---|---|
| 廖飞万 | 花厂乡 | 志愿军某部14大队战士 | 1953年7月14日朝鲜上甘岭 |
| 周坯松 | | 志愿军181师541团6连战士 | 1953年7月14日朝鲜 |
| 张炳芳 | 沙坝乡 | 志愿军铁道兵6团2营7连战士 | 1953年7月17日朝鲜 |
| 张顺明 | 毕节镇 | 志愿军136师407团1营战士 | 1953年7月19日朝鲜 |
| 曹忠兴 | 亮岩乡 | 志愿军12军某部担架战士 | 1953年7月21日朝鲜 |
| 张元太 | 火马乡 | 志愿军某部战士 | 1953年7月朝鲜黄土坡 |
| 刘云武 | 毕节镇 | 解放军某部副班长 | 1953年8月14日 |
| 吴学孝 | 官屯乡 | 志愿军47师141团8连战士 | 1953年8月17日朝鲜金化郡上所里 |
| 周训模 | 杨箐镇 | 志愿军铁道兵桥梁团2营8连战士 | 1953年8月27日朝鲜 |
| 刘有义 | 烂泥乡 | 解放军54师162团警通连战士 | 1953年8月西藏 |
| 杨清成 | 毕节镇 | 解放军54师162团警通连战士 | 1953年8月西藏 |
| 吴光明 | 田坝乡 | 志愿军47师141团副班长 | 1953年9月15日朝鲜 |
| 周光祥 | 水箐乡 | 志愿军某部司号员 | 1953年9月28日朝鲜 |
| 胡光明 | 龙场区 | 解放军54师162团1连战士 | 1953年9月西藏 |
| 邓　谱 | 毕节镇 | 解放军54师162团1连战士 | 1953年9月西藏 |
| 丁义楼 | 毕节镇 | 解放军54师162团3连战士 | 1953年9月西藏 |
| 张孟宣 | 钱包乡 | 解放军54师162团6连战士 | 1953年10月 |
| 谢正家 | 以河乡 | 解放军0074部队警通连副班长 | 1953年11月16日西藏 |
| 吴　明 | 王张乡 | 志愿军某部 | 1953年朝鲜 |
| 孙荣华 | 杉寨乡 | 志愿军47师战士 | 1953年朝鲜 |
| 叶从先 | 以河乡 | 志愿军某部战士 | 1953年朝鲜 |
| 张国文 | 青丰乡 | 志愿军47师141团战士 | 1954年1月17日朝鲜 |
| 朱继生 | 烧杠乡 | 解放军0074部队2支队警通连战士 | 1954年2月5日榨德 |
| 王泽伦 | 清水铺镇 | 解放军西南军区后勤汽车20团7连战士 | 1954年5月3日四川二部山 |
| 刘顺祥 | 清丰乡 | 解放军0074部队3支队3连战士 | 1954年5月27日西藏 |
| 吴道成 | 沙坝乡 | 解放军0074部队3支队4连副班长 | 1954年7月19日康藏公路 |
| 顾忠伦 | 戈座乡 | 解放军0074部队3支队2分队4连战士 | 1954年7月21日西藏 |
| 罗忠位 | 青松乡 | 志愿军47师141团2营战士 | 1954年8月29日朝鲜平康郡 |
| 张周吉 | 田坝乡 | 解放军0074部队2支队3分队通讯员 | 1954年11月19日西藏 |
| 路喜宽 | 快乐乡 | 解放军0074部队2支队3分队8连战士 | 1954年12月14日西藏 |
| 袁大清 | 林口镇 | 解放军0074部队2支队3分队8连战士 | 1954年12月14日西藏 |
| 余发富 | 中寨秀 | 解放军124师371团3营9连战士 | 1954年 |

续表

| 姓　名 | 出生地 | 单位及职务 | 牺牲时间地点 |
|---|---|---|---|
| 杨玉明 | 燕子口镇 | 解放军0074部队2支队2分队7连战士 | 1954年西藏 |
| 肖维仲 | 对坡镇 | 志愿军某部班长 | 1955年6月7日朝鲜 |
| 陆洪发 | 燕子口区 | 解放军3529部队275分队班长 | 1957年1月2日四川白玉县 |
| 邵定江 | 沔鱼河乡 | 解放军3529部队7连班长 | 1956年1月26日四川白玉县 |
| 徐国成 | 耿官乡 | 解放军3644部队3连战士 | 1956年3月7日四川省敦义县 |
| 陈廷芳 | 鸭池区 | 解放军3529部队271分队战士 | 1956年3月11日四川色达县 |
| 张祥武 | 王丰乡 | 解放军3644部队141支队283分队战士 | 1956年3月13日四川稻城县 |
| 晋善政 | 杨箐镇 | 解放军公安某部7营2连战士 | 1956年3月19日四川理塘县 |
| 张坤福 | 猫场镇 | 解放军3644部队4连战士 | 1956年3月24日四川理塘县 |
| 陈祖义 | 小吉镇 | 解放军3529部队某部战士 | 1956年3月25日四川 |
| 陈文顺 | 海子街区 | 解放军3529部队某部战士 | 1956年3月25日四川 |
| 王俊芳 | 田坝乡 | 解放军3644部队141支队1分队战士 | 1956年3月26日四川稻城县 |
| 陈大学 | 长春堡镇 | 解放军3644部队3连战士 | 1956年3月26日四川理塘县 |
| 罗换云 | 放珠乡 | 解放军3644部队3连战士 | 1956年3月27日四川理塘县 |
| 张显康 | 清水区 | 解放军西藏军区某部警备连副班长 | 1956年3月29日四川康定县 |
| 王朝钧 | 阳底区 | 解放军3644部队141支队283分队战士 | 1956年3月29日四川稻城县 |
| 汤建常 | 鸭池区 | 解放军3529部队8连战士 | 1956年4月5日四川白玉县 |
| 周正朋 | 杨箐镇 | 解放军3529部队战士 | 1956年4月四川省 |
| 申登吉 | 普宜镇 | 解放军3529部队某部战士 | 1956年4月四川白玉县 |
| 李大才 | 小哨乡 | 解放军3529部队9连班长 | 1956年5月4日四川白玉县 |
| 吴学跃 | 阴底乡 | 解放军0069部队1支队3分队8连战士 | 1956年5月29日四川黑水县 |
| 曹清伯 | 峨丰乡 | 解放军0069部队1支队3分队9连战士 | 1956年5月30日四川黑水县 |
| 周国斌 | 普宜镇 | 解放军0069部队1支队3分队9连战士 | 1956年5月30日四川黑水县 |
| 李本君 | 治中乡 | 解放军0069部队1支队3分队7连战士 | 1956年5月30日四川黑水县 |
| 张万金 | 沔鱼河乡 | 解放军0069部队1支队3分队9连战士 | 1956年5月30日四川黑水县 |
| 王世明 | 大银乡 | 解放军0069部队1支队38分队7连战士 | 1956年5月30日四川黑水县 |
| 陈大贵 | 亮岩乡 | 解放军3529部队8连战士 | 1956年6月5日四川白玉县 |
| 高正兴 | 花厂乡 | 解放军3529部队8连战士 | 1956年6月5日四川白玉县 |
| 龚启华 | 燕子口区 | 解放军0069部队1支队3分队战士 | 1956年6月16日四川甘孜县 |
| 刘子光 | 黄泥乡 | 解放军3529部队130分队战士 | 1956年6月16日四川 |

续表

| 姓 名 | 出生地 | 单位及职务 | 牺牲时间地点 |
|---|---|---|---|
| 夏必双 | 长春堡镇 | 解放军3529部队3营8连战士 | 1956年6月16日四川省 |
| 徐克学 | 朱昌区 | 解放军0069部队1支队2分队6连战士 | 1956年6月21日四川黑水县 |
| 李 勋 | 燕子口镇 | 解放军3529部队3营9连战士 | 1956年6月22日四川理塘县 |
| 程文华 | 毕节镇 | 解放军毕节军分区班长 | 1956年6月29日毕节县 |
| 葛发顺 | 毕节镇 | 解放军昌都警备区警备连副班长 | 1956年8月3日西藏昌都 |
| 翟永祥 | 杨箐镇 | 解放军3644部队141支队283分队 | 1956年8月31日四川木里县 |
| 周广云 | 戈座乡 | 解放军119师357团2连战士 | 1956年10月5日东北 |
| 周珍义 | 杨箐镇 | 解放军3529部队战士 | 1956年10月四川白玉县 |
| 严绍国 | 燕子口区 | 解放军3644部队4连战士 | 1956年11月四川义敦县 |
| 宋邦全 | 官屯乡 | 解放军0210部队3支队3分队通讯员 | 1956年12月30日辽宁旅大市 |
| 邓正邦 | 毕节镇 | 解放军0261部队 | 1957年2月15日西藏日喀则 |
| 李绍武 | 王丰乡 | 中央第二中级党校干部 | 1956年2月25日陕西西安市 |
| 张永兴 | 田坎乡 | 解放军第五步兵学校学员 | 1957年2月27日第五步兵学校 |
| 王成先 | 杨箐镇 | 解放军3529部队131分队战士 | 1957年4月8日西藏 |
| 邓丰厚 | 头步桥乡 | 解放军3529部队某部班长 | 1957年4月28日四川白玉县 |
| 吴学甫 | 青场镇 | 解放军公安2863部队某部战士 | 1957年6月21日辽宁辽阳市 |
| 吴守才 | 燕子口镇 | 解放军3529部队274分队班长 | 1957年8月26日西藏 |
| 周光尧 | 层台乡 | 解放军0060部队1支队5连战士 | 1958年6月27日甘肃玛曲县 |
| 申开明 | 阿市乡 | 解放军0069部队3支队2分队班长 | 1958年8月19日遵义市 |
| 顾明武 | 长春堡镇 | 解放军铁道兵8505部队4支队战士 | 1959年7月4日云南宣威县 |
| 聂中国 | 长春堡镇 | 解放军0069部队3支队9连班长 | 1959年7月21日遵义市 |
| 肖正泽 | 撒拉溪镇 | 解放军0059部队1支队二分队排长 | 1960年1月2日云南省 |
| 张仕高 | 亮岩乡 | 解放军昆明部队汽车22团5连驾驶员 | 1960年1月23日云南昆明市 |
| 薛占飞 | 斯栗乡 | 解放军8505部队某部班长 | 1961年2月21日 |
| 王忠均 | 小哨乡 | 解放军3658部队七分队战士 | 1961年6月13日云南昆明市 |
| 吴道光 | 大坝乡 | 解放军9902部队某部战士 | 1961年6月17日云南澜沧县 |
| 李忠贤 | 黄泥乡 | 解放军昆明部队汽车22团3营8连驾驶员 | 1961年8月27日云南省 |
| 卢国武 | 毕节镇 | 解放军0060部队独立3分队战士 | 1961年12月7日 |
| 谢洪昌 | 对坡镇 | 解放军762部队某部班长 | 1962年4月26日云南省 |
| 张化顺 | 中屯乡 | 解放军铁道兵5师某部战士 | 1962年7月四川省 |

续表

| 姓　名 | 出生地 | 单位及职务 | 牺牲时间地点 |
|---|---|---|---|
| 陈群德 | 毕节镇 | 解放军7659部队副班长 | 1962年8月24日云南宣威县 |
| 张以均 | 长春堡镇 | 解放军7927部队202分队班长 | 1963年5月18日中尼公路 |
| 徐世发 | 撒拉溪镇 | 解放军8724部队52分队战士 | 1963年8月6日 |
| 刘国顶 | 放珠乡 | 解放军7529部队某部战士 | 1964年6月28日云南宣威县 |
| 张文飞 | 大郎乡 | 解放军366部队17分队战士 | 1964年11月1日云南开远县 |
| 聂鸣献 | 毕节镇 | 解放军9927部队某部战士 | 1965年5月31日西藏拉木 |
| 朱大荣 | 快乐乡 | 解放军7595部队14分队副班长 | 1965年6月22日云南禄丰县 |
| 李廷玉 | 岔河镇 | 解放军8726部队62分队班长 | 1965年8月6日 |
| 许光先 | 乐都乡 | 解放军7571部队78分队战士 | 1965年9月6日云南开远县 |
| 赵高祥 | 牧郎乡 | 解放军7567部队53分队 | 1966年6月15日云南省 |
| 王天祥 | 鸭池乡 | 解放军7595部队37分队副排长 | 1966年12月8日云南省 |
| 李华忠 | 毕节镇 | 解放军8726部队62分队战士 | 1967年1月12日四川米易县 |
| 谢恩成 | 清丰乡 | 解放军8726部队某部副班长 | 1967年2月8日四川米易县 |
| 李明全 | 高山乡 | 解放军7569部队84分队战士 | 1967年5月23日云南河口县 |
| 秦兴永 | 毕节镇 | 解放军毕节县中队班长 | 1967年6月19日贵阳市 |
| 罗永昌 | 花厂乡 | 解放军7568部队某部战士 | 1967年10月8日解放军43医院 |
| 梅开寿 | 毕节镇 | 解放军8724部队某部副班长 | 1967年10月20日四川渡口市 |
| 翟思华 | 小哨乡 | 解放军7694部队79分队战士 | 1967年11月29日云南边境 |
| 陈登荣 | 毕节镇 | 解放军5724部队64分队战士 | 1968年1月24日四川渡口市 |
| 许泽忠 | 团结乡 | 解放军7569部队84分队 | 1968年6月19日云南个旧市 |
| 张廷忠 | 官屯乡 | 解放军37师111团3营炮连战士 | 1968年6月云南弥勒县 |
| 孙　欧 | 中屯乡 | 解放军昆字370部队某部战士 | 1969年5月27日老挝 |
| 李必芳 | 戛木乡 | 解放军0019部队70分队战士 | 1969年重庆市 |
| 吴道成 | 青场镇 | 解放军37师111团7连战士 | 1970年2月7日重庆市 |
| 路喜祥 | 快乐乡 | 解放军昆字315部队某部战士 | 1970年7月23日云南省 |
| 吴道江 | 鲍家乡 | 解放军5860部队某部战士 | 1970年11月20日陕西紫阳县 |
| 陈福昌 | 头步桥乡 | 解放军8726部队2小队战士 | 1971年5月13日四川渡口市 |
| 周遵义 | 杨箐镇 | 解放军58医院 | 1971年11月27日 |
| 曾明万 | 清水铺镇 | 解放军0016部队某部班长 | 1971年12月重庆市 |
| 罗洪江 | 红岩乡 | 解放军昆字356部队某部 | 1972年6月13日云南昆明市 |

续表

| 姓　名 | 出生地 | 单位及职务 | 牺牲时间地点 |
|---|---|---|---|
| 张清正 | 总机乡 | 解放军0016部队班长 | 1972年8月21日重庆市 |
| 熊庭永 | 烂泥乡 | 解放军7559部队31分队战士 | 1972年9月7日 |
| 胡友祥 | 烙烘乡 | 解放军5860部队17分队副班长 | 1972年10月14日陕西紫阳县 |
| 赵远吉 | 青松乡 | 解放军3659部队11中队36分队战士 | 1972年11月10日 |
| 黄建忠 | 南箐乡 | 解放军建字604部队27分队排长 | 1972年12月13日 |
| 余春富 | 大坝乡 | 解放军725部队2连战士 | 1973年3月1日云南马关县 |
| 李东海 | 毕节镇 | 解放军昆字382部队某部战士 | 1973年3月20日云南省 |
| 单中碧 | 生机乡 | 解放军303部队92分队班长 | 1973年7月云南景洪县 |
| 黎祖云 | 梨树坪乡 | 解放军某部战士 | 1974年4月30日云南省 |
| 吴祥均 | 王张乡 | 解放军昆明军区某部副班长 | 1974年7月云南禄丰县 |
| 郑德昌 | 双华乡 | 解放军319部队2分队副班长 | 1974年8月云南昆明市 |
| 王祥芳 | 新艾乡 | 解放军414部队9分队战士 | 1975年5月18日云南南华县 |
| 鲍应贵 | 公子河乡 | 解放军35516部队75分队战士 | 1976年4月17日云南盈江县 |
| 李学林 | 四川仁寿（毕节入伍） | 解放军73医院战士 | 1976年4月安顺市 |
| 丁林勋 | 花厂乡 | 解放军毕节军分区独立大队6营2连战士 | 1976年6月24日凯里市 |
| 吴道友 | 野角乡 | 解放军89133部队某部副连长 | 1976年6月20日辽宁赤峰市 |
| 张国松 | 官屯乡 | 西藏军区后勤部日喀则大站浪卡子兵站 | 1976年8月18日西藏日喀则 |
| 张天才 | 毕节镇 | 贵州省公安消防总队战士 | 1976年10月15日贵阳市 |
| 李富荣 | 海子街镇 | 解放军35112部队46分队战士 | 1978年10月7日西藏林芝县 |
| 马十文 | 十八乡 | 解放军35549部队某部班长 | 1979年2月17日越南 |
| 史开勇 | 十三亩乡 | 解放军某部战士 | 1979年2月17日越南 |
| 潘云祥 | 红岩乡 | 解放军35112部队52分队 | 1979年2月17日越南 |
| 罗祖文 | 官屯乡 | 解放军35112部队42分队战士 | 1979年2月17日越南 |
| 武孔龙 | 鸭池区 | 解放军35549部队某部班长 | 1979年2月17日越南 |
| 宋尚明 | 太极乡 | 解放军35112部队51分队战士 | 1979年2月17日越南 |
| 胡仲贵 | 大屯乡 | 解放军35105部队2营5连战士 | 1979年2月17日越南 |
| 胡思顺 | 高山乡 | 解放军35112部队42分队战士 | 1979年2月17日越南 |
| 傅汉国 | 太极乡 | 解放军35112部队52分队班长 | 1979年2月17日越南 |
| 杨德祥 | 长春堡镇 | 解放军35230部队某部班长 | 1979年2月17日越南 |
| 吴学云 | 鲍家乡 | 解放军某部战士 | 1979年2月17日越南 |

续表

| 姓　名 | 出生地 | 单位及职务 | 牺牲时间地点 |
|---|---|---|---|
| 丁学武 | 毕节镇 | 解放军35105部队3营8连战士 | 1979年2月17日越南 |
| 聂少贵 | 毕节镇 | 解放军35105部队特务连战士 | 1979年2月18日越南 |
| 李锡良 | 红岩乡 | 解放军35228部队72分队班长 | 1979年2月18日越南 |
| 孙师涛 | 中屯乡 | 解放军35206部队64分队战士 | 1979年2月18日越南 |
| 张仕华 | 亮岩乡 | 解放军35205部队57分队战士 | 1979年2月19日越南 |
| 杨国华 | 燕子口镇 | 解放军35205部队72分队 | 1979年2月19日越南 |
| 官　琪 | 四川江津（毕节入武） | 解放军35204部队61分队 | 1979年2月21日越南 |
| 苏德友 | 团结乡 | 解放军35228部队53分队班长 | 1979年2月23日越南 |
| 唐信国 | 朱昌区 | 解放军某部班长 | 1979年2月26日越南 |
| 吴道华 | 大坝乡 | 解放军35112部队63分队班长 | 1979年3月1日越南 |
| 席德平 | 田坝乡 | 解放军35206部队64分队战士 | 1979年3月1日越南 |
| 陈福旭 | 岩脚乡 | 解放军35105部队2营3连战士 | 1979年3月3日越南 |
| 杨会昌 | 清水区 | 解放军35112部队52分队战士 | 1979年3月5日越南 |
| 杨　昆 | 德厚乡 | 解放军35112部队55分队 | 1979年3月5日越南 |
| 黄高俊 | 岔河镇 | 解放军某部战士 | 1979年3月6日越南 |
| 葛传近 | 宋伍乡 | 解放军某部副班长 | 1979年3月6日越南 |
| 郑明华 | 层台乡 | 解放军35104部队90分队战士 | 1979年3月22日越南 |
| 周凤举 | 岩脚乡 | 解放军工程兵208团3营9连战士 | 1979年4月18日福建闽侯市 |
| 吴道福 | 官屯乡 | 解放军西藏军区日喀则兵站战士 | 1979年6月30日西藏日喀则 |
| 张万明 | 亮岩乡 | 解放军35205部队40分队 | 1979年12月12日云南边疆 |
| 包家文 | 层台乡 | 解放军31师炮团3营7连战士 | 1980年9月24日云南弥渡县 |
| 陈光明 | 木来乡 | 解放军35459部队文山加油站战士 | 1980年10月6日云南文山县 |
| 刘洪伦 | 生机乡 | 解放军59203部队1连班长 | 1980年10月10日云南屏边县 |
| 陈　军 | 岔河镇 | 解放军3015部队100炮连战士 | 广西桂林 |
| 张俊国 | 长春镇 | 农民 | 1993年2月7日长春镇 |
| 黄卫平 | 毕节市 | 毕节第六小学教师 | 2000年5月天河公路上 |
| 曾　玮 | 清水铺镇 | 学生 | 2004年3月23日清水镇 |
| 甘祖荣 | 长春镇 | 武警云南边防支队支那边防派出所干事 | 2007年3月15日中缅边境 |

## 大方县232名

| 姓　名 | 出生地 | 单位及职务 | 牺牲时间地点 |
|---|---|---|---|
| 彭新民 | 城关镇 | 大定县拥红委主任 | 1936年大定县响水 |
| 万银武 |  | 红军某部警卫连长 | 1936年甘肃 |
| 喻金庭 | 城关镇 | 给红军带路的群众 | 1937年大定县 |
| 李绍安 |  | 解放军20旅67团副指导员 | 1948年5月山西省临汾 |
| 张代安 | 达溪区 | 解放军77师229团战士 | 1949年1月6日淮海战役 |
| 戴顺清 |  | 解放军3纵17旅50团9连副班长 | 1949年11月大定县 |
| 刘明成 | 长石区 | 解放军3兵团某部战士 | 1949年12月18日彭山 |
| 周昌华 | 理化区 | 解放军31师93团战士 | 1949年12月19日角龙场 |
| 胡绍成 | 理化区 | 志愿军25军某部战士 | 1950年2月朝鲜 |
| 金正文 | 百纳区 | 区政府情报通讯员 | 1950年2月百纳 |
| 陈神龙 | 百纳乡 | 情报站通讯员 | 1950年3月3日百纳 |
| 高正祥 | 城关区 | 解放军17军49师145团71连战士 | 1950年3月27日关岭县 |
| 唐兴发 | 马场区 | 大定县农民代表 | 1950年3月白马场街口 |
| 王步云 | 六龙区 | 大定县六龙乡民兵 | 1950年4月19日六龙区垮山 |
| 陈开发 | 核桃乡 | 大定县剿匪指挥部通讯员 | 1950年4月27日达溪 |
| 谢爱荣 |  | 毕节县长春区政府通讯员 | 1950年8月9日毕节县 |
| 苏纪成 |  | 解放军某部1营战士 | 1950年8月麻江县下司区 |
| 金树臣 | 凤山乡 | 大定县剿匪指挥部通讯员 | 1950年9月12日百纳乡 |
| 徐君实 | 城关区 | 志愿军116师348团警卫连战士 | 1950年10月29日朝鲜 |
| 刘康林 |  | 志愿军80师239团1连战士 | 1950年11月28日朝鲜新兴里 |
| 杨兴民 |  | 解放军7662部队21分队战士 | 1950年罗甸县 |
| 杨少华 | 瓢井区 | 砂溪区中队战士 | 1950年达溪区锅厂 |
| 王国顺 |  |  | 1950年理化区羊场 |
| 陈德元 |  | 百纳区中队战士 | 1950年瓢井区八堡乡 |
| 陈耀昌 | 六龙区 | 志愿军120师360团1营1连战士 | 1951年2月15日朝鲜 |
| 姚蒲成 | 鸡场区 | 志愿军26军77师231团2连战士 | 1951年2月朝鲜 |
| 李耀华 | 响水区 | 志愿军26军77师231团3营7连战士 | 1951年4月22日朝鲜 |
| 吴关富 | 瓢井区 | 志愿军191师572团3连战士 | 1951年4月朝鲜 |
| 汪绍荣 | 坡脚区 | 解放军148师552团9连战士 | 1951年5月16日四川盐津县 |
| 李顺成 |  | 志愿军34师101团1营机枪连战士 | 1951年5月17日朝鲜 |

续表

| 姓　名 | 出生地 | 单位及职务 | 牺牲时间地点 |
|---|---|---|---|
| 陈绍安 | 城关区 | 志愿军45师134团3营8连战士 | 1951年5月18日朝鲜 |
| 徐先进 | 城关区 | 志愿军27军81师243团电话员 | 1951年5月18日朝鲜 |
| 谢永明 | 城关区 | 志愿军15军某部3营9连 | 1951年5月23日朝鲜 |
| 苏钱招 | 沙厂区 | 志愿军炮兵31师401团5连战士 | 1951年5月朝鲜 |
| 吴富光 | 长石区 | 志愿军炮兵31师403团5连战士 | 1951年6月4日朝鲜 |
| 杨清华 | 瓢井区 | 志愿军炮兵第8师高炮连电话员 | 1951年6月23日朝鲜 |
| 李成征 | 长石区 | 解放军某部警卫连战士 | 1951年8月15日云南 |
| 李正明 | 响水区 | 志愿军26军76师227团8连战士 | 1951年9月7日朝鲜西方山 |
| 王官仪 | 双山区 | 志愿军77师229团战士 | 1951年9月9日朝鲜 |
| 周少华 | 沙厂区 | 志愿军141师423团1连战士 | 1951年10月2日朝鲜 |
| 吴康林 | 理化区 | 志愿军134师401团高机连副班长 | 1951年10月11日朝鲜金化郡 |
| 龙道平 | 六龙区 | 志愿军高炮37营1连炮手 | 1951年10月16日朝鲜伊川郡 |
| 彭　荣 | 城关区 | 志愿军2师炮兵28团三营7连驾驶员 | 1951年10月27日朝鲜 |
| 姜顺发 | 瓢井区 | 志愿军191师572团3连战士 | 1951年11月10日朝鲜马良山 |
| 陈祖文 | 响水区 | 志愿军铁道兵2师桥梁2团2营6连战士 | 1951年11月11日朝鲜 |
| 彭华清 | 双山区 | 志愿军190师569团2营5连战士 | 1951年11月24日朝鲜高旺山 |
| 潘炳成 | 城关区 | 志愿军某部战士 | 1951年朝鲜 |
| 张东发 | 响水区 | 志愿军某部战士 | 1951年朝鲜 |
| 李顺昌 | 坡脚区 | 志愿军44师132团警卫连战士 | 1951年朝鲜 |
| 李银彬 | 坡脚区 | 解放军某部战士 | 1951年浙江 |
| 杨春香 | 坡脚区 | 志愿军47师某部战士 | 1951年朝鲜 |
| 何绍华 | 理化区 | 志愿军某部战士 | 1951年朝鲜 |
| 刘银华 | 瓢井区 | 解放军某部战士 | 1951年 |
| 唐绍武 | 长石区 | 志愿军某部战士 | 1951年朝鲜 |
| 赵保庆 | 鸡场区 | 志愿军某部战士 | 1951年朝鲜 |
| 程昌荣 | 鸡场区 | 解放军16师48团战士 | 1951年福泉县马场坪 |
| 卢马三 | 坡脚区 | 解放军某部战士 | |
| 张永祥 | 理化区 | 解放军49师145团3营7连战士 | 1951年 |
| 王朝全 | 理化区 | 解放军某部战士 | 1951年 |
| 夏成华 | 达溪区 | 达溪区民兵 | 1951年大定县达溪区龙洞 |
| 陈荣科 | 达溪区 | 解放军6453部队某部战士 | 1951年 |
| 黄少银 | 理化区 | 解放军181师543团4连战士 | 1951年 |

续表

| 姓　名 | 出生地 | 单位及职务 | 牺牲时间地点 |
|---|---|---|---|
| 张登陆 | 六龙区 | 志愿军铁道兵桥梁12团2营7连战士 | 1952年1月13日朝鲜 |
| 高源恩 | 城关区 | 六区土改工作队工作员 | 1952年2月13日赫章 |
| 陈焕美 | 城关区 | 六区土改工作队工作员 | 1952年2月13日赫章 |
| 文泽周 | 马场区 | 志愿军188师侦察连侦察员 | 1952年3月1日朝鲜开城 |
| 沈寿全 | 瓢井区 | 志愿军铁道兵2连24团战士 | 1952年3月6日朝鲜 |
| 徐新林 | | 志愿军炮兵2师28团2营4连战士 | 1952年6月20日朝鲜 |
| 彭瑞林 | 城关区 | 志愿军50军某部侦察员 | 1952年6月25日朝鲜 |
| 李从文 | 城关区 | 志愿军50军某部侦察员 | 1952年7月14日朝鲜 |
| 吴顺清 | 瓢井区 | 解放军49师147团1连战士 | 1952年7月四川黑水 |
| 郭永庆 | 理化区 | 志愿军铁道兵2师桥梁2团战士 | 1952年8月1日朝鲜 |
| 王志恒 | 城关区 | 志愿军45师135团3连战士 | 1952年8月6日朝鲜 |
| 郑显国 | 马场区 | 志愿军炮兵402团5连副班长 | 1952年8月11日朝鲜平康里 |
| 陈世洪 | 六龙区 | 志愿军后勤1分队高炮23营电话员 | 1952年8月13日朝鲜 |
| 赵金平 | 理化区 | 志愿军45师134团3营7连班长 | 1952年8月14日朝鲜五圣山 |
| 杨光汉 | 鸡场区 | 解放军49师147团7连战士 | 1952年8月14日四川黑水 |
| 陈正伦 | 坡脚区 | 志愿军125师374团6连战士 | 1952年8月20日朝鲜 |
| 罗德清 | 理化区 | 解放军49师147团通讯连通讯员 | 1952年8月28日四川黑水 |
| 赵吉臣 | 六龙区 | 解放军38师113团2营6连班长 | 1952年8月 |
| 胡天禄 | 理化区 | 志愿军60军炮团2营5连战士 | 1952年9月4日朝鲜 |
| 陈德明 | 理化区 | 志愿军44师130团1营2连战士 | 1952年9月5日朝鲜平康郡 |
| 曾国祥 | 六龙区 | 毕节军分区独立营战士 | 1952年9月6日毕节县杨家湾 |
| 郑世全 | 城关区 | 毕节军分区独立营战士 | 1952年9月6日毕节县杨家湾 |
| 张树云 | | 志愿军115师344团5连战士 | 1952年9月16日朝鲜 |
| 陶生友 | 坡脚区 | 志愿军34师101团1营2连战士 | 1952年9月19日朝鲜 |
| 陈绍彭 | 双山区 | 毕节军分区独立营副班长 | 1952年9月26日赫章 |
| 郝忠华 | 瓢井区 | 志愿军118师354团2营5连战士 | 1952年10月6日朝鲜开城 |
| 王正全 | 坡脚区 | 志愿军116师348团警卫连副班长 | 1952年10月6日朝鲜 |
| 李崇明 | 坡脚区 | 志愿军73师218团7连战士 | 1952年10月9日朝鲜阳德乐岘里 |
| 张老三 | 理化区 | 志愿军73师219团侦察2连战士 | 1952年10月13日朝鲜 |
| 谭吉武 | 百纳区 | 志愿军铁二师22团3营12连战士 | 1952年10月14日朝鲜黄海道瑞兴郡 |
| 陈绍明 | 孙家乡 | 志愿军45师135团重炮连副班长 | 1952年10月15日朝鲜上甘岭 |
| 王老久 | 六龙区 | 志愿军116师347团3营8连战士 | 1952年10月17日朝鲜 |

续表

| 姓　名 | 出生地 | 单位及职务 | 牺牲时间地点 |
|---|---|---|---|
| 胡兴隆 | 瓢井区 | 志愿军45师134团2营4连战士 | 1952年10月19日朝鲜上甘岭 |
| 赵万清 | 长石区 | 志愿军541团2营6连战士 | 1952年10月19日朝鲜西昌里 |
| 王绍宣 | 响水区 | 志愿军某部战士 | 1952年10月29日朝鲜 |
| 周约生 | 达溪区 | 志愿军181师541团2营6连战士 | 1952年10月31日朝鲜 |
| 王孝咸 | 城关区 | 志愿军45师135团1营3连战士 | 1952年10月朝鲜 |
| 余占明 | 响水区 | 志愿军45师135团班长 | 1952年11月1日朝鲜上甘岭 |
| 周绍伍 | 长石区 | 志愿军铁2师12团战士 | 1952年12月18日朝鲜 |
| 李文新 | 响水区 | 志愿军60军炮团后勤处战士 | 1952年12月18日朝鲜江原道淮阳郡 |
| 王绍宣 | 理化区 | 志愿军73师217团战士 | 1952年12月29日朝鲜 |
| 赵瑞英 | 百纳区 | 解放军某部战士 | 1952年江苏省 |
| 戴亮奎 | 沙厂区 | 解放军190师569团2营4连战士 | 1952年 |
| 戴俊辉 | 长石区 | 志愿军181师543团2连战士 | 1953年1月15日朝鲜 |
| 李兴文 | 达溪区 | 志愿军47师炮团野炮营战士 | 1953年1月29日朝鲜 |
| 彭绍云 | 响水区 | 志愿军72师215团运输连战士 | 1953年1月29日朝鲜 |
| 肖银安 | 马场区 | 志愿军181师543团1营1连战士 | 1953年3月27日朝鲜 |
| 黄绍文 | 瓢井区 | 志愿军炮兵201团指挥连警卫员 | 1953年4月6日朝鲜 |
| 何绍祥 | 理化区 | 志愿军74师221团3营7连副班长 | 1953年4月24日朝鲜 |
| 黄安福 | 坡脚区 | 志愿军74师221团1营2连副班长 | 1953年4月27日朝鲜 |
| 黄双喜 | 双山区 | 公安向导 | 1953年2月4日大定县 |
| 陈绍文 | 百纳区 | 解放军125师374团10连战士 | 1953年5月13日百花镇 |
| 喻乐义 | 城关区 | 志愿军某团2营机枪连班长 | 1953年5月20日朝鲜 |
| 樊德明 | 六龙区 | 志愿军炮兵406团5连炮手 | 1953年5月23日朝鲜 |
| 李龙飞 | 坡脚区 | 志愿军铁道兵4团3营7连战士 | 1953年5月26日朝鲜 |
| 熊灿明 | 达溪区 | 志愿军47师高炮连战士 | 1953年5月朝鲜平安南道 |
| 高长毛 | 达溪区 | 志愿军189师侦察连侦察员 | 1953年5月朝鲜 |
| 苏玉元 | 响水区 | 志愿军180师540团2连战士 | 1953年6月7日朝鲜 |
| 刘少华 | 六龙区 | 志愿军74师222团5连战士 | 1953年6月10日朝鲜 |
| 陈登云 | 六龙区 | 志愿军181师543团1营3连战士 | 1953年6月10日朝鲜 |
| 吴维清 | 六龙区 | 志愿军179师535团运输连通讯员 | 1953年6月11日朝鲜 |
| 戴顺江 | 长石区 | 志愿军181师543团1营1连战士 | 1953年6月11日朝鲜 |
| 卢国明 | 马场区 | 志愿军60军炮团1营1连炮手 | 1953年6月14日朝鲜 |
| 曾　云 | 城关镇 | 志愿军60军炮团2营6连炮手 | 1953年6月19日朝鲜 |

续表

| 姓　名 | 出生地 | 单位及职务 | 牺牲时间地点 |
|---|---|---|---|
| 章少明 | 鸡场区 | 志愿军73师219团1连战士 | 1953年7月1日朝鲜 |
| 陈家隆 | 鸡场区 | 志愿军40师191团4连战士 | 1953年7月8日朝鲜 |
| 雷志成 | 理化区 | 志愿军74师220团6连战士 | 1953年7月13日朝鲜 |
| 杨光明 | 瓢井区 | 志愿军47师141团战士 | 1953年7月13日朝鲜 |
| 杨年顺 | 双山区 | 志愿军135师405团1营2连战士 | 1953年7月25日朝鲜 |
| 王柏林 | | 志愿军47师139团3连战士 | 1953年7月朝鲜 |
| 李发祥 | 城关区 | 志愿军后方勤务处监工连战士 | 1953年7月朝鲜 |
| 孙克友 | 马场区 | 解放军53师159团1连战士 | 1953年8月26日西藏帮达 |
| 周明武 | 马场区 | 解放军49师145团2营7连班长 | 1953年8月26日西藏帮达 |
| 王绍成 | 理化区 | 解放军某部炮连战士 | 1953年11月13日云南安宁县 |
| 罗绍轩 | 六龙区 | 解放军159团机2连战士 | 1953年12月3日西藏 |
| 高祥仁 | 达溪区 | 志愿军50师某部战士 | 1953年朝鲜 |
| 杨儒坤 | 坡脚区 | 赫章县公安局妈姑派出所民警 | 1954年3月19日赫章县 |
| 熊天祥 | 坡脚区 | 解放军4045支队1分队炮手 | 1954年5月8日四川壁山 |
| 杨永福 | 达溪区 | 志愿军某部战士 | 1954年朝鲜 |
| 钟少华 | 长石区 | 志愿军73师管理科战士 | 1955年1月8日朝鲜 |
| 李绍清 | 鸡场区 | 解放军大方县兵役局工作员 | 1955年2月15日对江乡 |
| 殷正昌 | 响水区 | 解放军5045支队3分队9连炮手 | 1956年4月25日白沙河 |
| 何绍文 | 城关镇 | 解放军0541部队某部副连长 | 1956年6月3日四川黑水 |
| 赵国昌 | 理化区 | 解放军9124部队3中队迫炮连班长 | 1956年6月3日西藏拉萨 |
| 李明清 | 沙厂区 | 解放军0069部队1支队工兵连战士 | 1956年6月4日四川黑水县 |
| 高龙文 | 沙厂区 | 解放军0069部队1支队工兵连战士 | 1956年6月4日四川黑水 |
| 王应洪 | 沙厂区 | 解放军0069部队1支队工兵连战士 | 1956年6月25日四川黑水县 |
| 张永连 | 城关区 | 解放军0069部队1支队工兵连战士 | 1956年6月25日四川黑水县 |
| 谢银成 | 马场区 | 解放军5兵团某部副班长 | 1956年8月17日贵阳市 |
| 董光禄 | 鸡场区 | 解放军139部队2支队2营4连战士 | 1956年8月27日辽宁旅大 |
| 陆顺清 | 达溪区 | 解放军47师侦察连战士 | 1956年湖北 |
| 刘银先 | 达溪区 | 解放军工程兵1师3团1营战士 | 1956年湖北 |
| 雷云高 | 响水区 | 解放军0069部队1支队战士 | 1957年8月16日贵阳市 |
| 陈焕华（女） | 城关镇 | 解放军西藏军区某医院医生 | 1958年9月17日西藏拉藏 |
| 赵叔翘 | 城关区 | 解放军8505部队1支队助理员 | 1959年6月22日浙江宁安县 |

续表

| 姓　名 | 出生地 | 单位及职务 | 牺牲时间地点 |
|---|---|---|---|
| 周范书 | 沙厂区 | 解放军铁道兵21团1营3连战士 | 1959年10月28日云南宣威县 |
| 杨珍英（女） | 鸡场区 | 大方县在拱公社主任 | 1960年3月海马溪垭口 |
| 曾居仁 | 坡脚区 | 解放军8501部队115支队7小队战士 | 1960年4月30日云南宣威 |
| 何天贵 | 百纳区 | 解放军8505部队1支队战士 | 1960年7月1日云南宣威 |
| 吴明德 | 理化区 | 解放军8505部队1支队1连副班长 | 1960年7月20日云南宣威 |
| 文开华 | 瓢井区 | 解放军8505部队3支队 | 1961年10月11日 |
| 代廷友 | 响水区 | 解放军9902部队2分队战士 | 1961年10月17日云南澜沧 |
| 杨明星 | 响水区 | 解放军7667部队某部1连班长 | 1963年9月3日罗甸县 |
| 冯安仁 | 六龙区 | 解放军7927部队204分队班长 | 1964年6月18日中尼公路 |
| 刘德银 | 鸡场区 | 解放军7927部队某部排长 | 1964年12月26日西藏 |
| 王桂鲜 | 瓢井区 | 解放军7662部队3连副排长 | 1965年5月7日威宁县 |
| 罗安文 | 长石区 | 解放军7662部队21分队排长 | 1965年5月9日威宁山王庙 |
| 游维富 | 响水区 | 解放军7573部队80分队副班长 | 1965年11月2日 |
| 张荣国 | 长石区 | 解放军7655部队84分队战士 | 1966年9月10日云南峨山 |
| 罗明克 | 鸡场区 | 解放军某部排长 | 1966年11月四川渡口市 |
| 周齐文 | 坡脚区 | 解放军8724部队某部副排长 | 1966年四川渡口市 |
| 陈德全 | 百纳区 | 解放军8727部队某部连长 | 1967年9月19日四川米义 |
| 彭祥文 | 城关镇 | 解放军某部战士 | 1967年9月19日云南 |
| 王兴荣 | 鸡场区 | 解放军8724部队13支队30分队排长 | 1967年10月20日四川渡口市 |
| 张武杰 | 城关区 | 解放军某部战士 | 1967年 |
| 张本银 | 响水区 | 解放军7605部队某部战士 | 1968年4月云南永平县 |
| 黄安习 | 坡脚区 | 解放军0014部队某部战士 | 1968年8月5日重庆市 |
| 李启贵 | 马场区 | 解放军7567部队75分队战士 | 1968年10月7日云南开远 |
| 唐绍谦 | 沙厂区 | 解放军7597部队83分队副班长 | 1968年10月10日云南 |
| 张顺玉 | 双山区 | 解放军昆明军区军医学校4中队文书 | 1968年12月3日云南昆明 |
| 李朝发 | 长石区 | 解放军0014部队某部战士 | 1969年7月9日重庆市 |
| 杨秀荣 | 百纳区 | 解放军7655部队某部战士 | 1970年1月5日云南峨山 |
| 余绍生 | 理化区 | 解放军7655部队某部战士 | 1970年1月5日云南峨山 |
| 谢大林 | 理化区 | 解放军7655部队某部战士 | 1970年1月5日云南峨山 |
| 杨永安 | 六龙区 | 解放军7655部队某部班长 | 1970年1月5日云南峨山 |
| 杨学林 | 百纳区 | 解放军7655部队某部战士 | 1970年1月5日云南峨山 |

续表

| 姓　名 | 出生地 | 单位及职务 | 牺牲时间地点 |
| --- | --- | --- | --- |
| 孟信前 | 长石区 | 解放军7655部队某部副班长 | 1970年1月5日云南峨山 |
| 周思荣 | 沙厂区 | 解放军0014部队某部战士 | 1970年8月16日重庆市 |
| 张忠福 | 达溪区 | 解放军1310部队6中队战士 | 1971年9月16日辽宁锦县 |
| 余洪兴 | 达溪区 | 解放军1310部队64分队战士 | 1972年8月20日辽宁旅大 |
| 陈龙伍 | 达溪区 | 解放军7659部队14中队战士 | 1972年9月7日四川炳谷 |
| 王友军 | 瓢井区 | 解放军0412部队某部班长 | 1972年11月14日 |
| 彭继明 | 马场区 | 解放军0092部队11连战士 | 1975年7月6日四川双流 |
| 李亮华 | 沙厂区 | 解放军35205部队66分队副连长 | 1975年8月24日云南沙甸 |
| 陈先林 | 沙厂区 | 六盘水市公安消防队战士 | 1976年4月22日六盘水 |
| 张云安 | 马场区 | 解放军35208部队64分队 | 1976年7月8日云南宜良县 |
| 陈福林 | 坡脚区 | 解放军基建工程兵602大队战士 | 1977年6月30日河北迁西 |
| 赵文祥 | 理化区 | 解放军3520部队43分队战士 | 1977年9月25日云南 |
| 李华龙 | 百纳区 | 解放军56184部队85分队战士 | 1977年10月12日西藏隆子 |
| 郭光荣 | 理化区 | 解放军基建工程兵602大队战士 | 1978年11月20日河北 |
| 周家益 | 百纳区 | 解放军56184部队81分队战士 | 1978年12月 |
| 唐正芳 | 坡脚区 | 解放军基建工程兵602大队战士 | 1979年1月21日河北迁西 |
| 刘弟发 | 马场区 | 解放军35208部队55分队战士 | 1979年2月14日越南 |
| 胡书祥 | 理化区 | 解放军35215部队65分队班长 | 1979年2月18日越南 |
| 彭基华 | 理化区 | 解放军35206部队66分队班长 | 1979年2月21日越南 |
| 张帮林 | 理化区 | 解放军35215部队57分队战士 | 1979年2月22日越南 |
| 勾朝发 | 理化区 | 解放军35206部队66分队战士 | 1979年2月23日越南 |
| 晏永学 | 沙厂区 | 解放军35211部队61分队 | 1979年2月25日越南 |
| 穆兴国 | 响水区 | 解放军35207部队71分队战士 | 1979年3月2日越南 |
| 吴荣祥 | 响水区 | 解放军35208部队55分队战士 | 1979年3月2日越南 |
| 勾文生 | 理化区 | 解放军35205部队60分队班长 | 1979年3月3日越南 |
| 郭正伦 | 理化区 | 解放军35205部队59分队副班长 | 1979年3月4日越南 |
| 杨天友 | 六龙区 | 解放军35110部队82分队战士 | 1979年3月4日越南 |
| 张龙胜 | 百纳区 | 解放军35110部队43分队战士 | 1979年3月4日越南 |
| 曾维全 | 六龙区 | 解放军35110部队65分队战士 | 1979年3月5日越南 |
| 杨成友 | 长石区 | 解放军步兵94团1营2连战士 | 1979年3月6日云南保山 |
| 刘庆辉 | 城关区 | 解放军35219部队65分队副班长 | 1979年3月8日越南 |
| 肖国顺 | 鸡场区 | 解放军00612部队70分队战士 | 1979年4月22日广西天峨县 |

续表

| 姓　名 | 出生地 | 单位及职务 | 牺牲时间地点 |
|---|---|---|---|
| 罗明华 | 城关区 | 大方县武装部驾驶员 | 1980年3月16日大方响水 |
| 黄运梅 | 六龙区 | 解放军35414部队某部保管员 | 1980年3月18日云南省 |
| 陈明礼 | 六龙区 | 西藏军区山南军分区特务连副班长 | 1980年7月5日西藏山南 |
| 郭祥胜 | 双山区 | 解放军00100部队53分队战士 | 1981年6月7日 |
| 王志荣 | 瓢井区 | 贵州思南县武装警察中队战士 | 1981年8月8日思南县 |
| 张吉卫 | 响水区 | 解放军40师炮团连副指导员 | 1984年7月12日云南老山 |
| 李庆学 | 瓢井区 | 解放军第94团2营4连战士 | 1984年11月28日云南老山 |
| 王振健 | | 鸡场区安化小学学生 | 1989年7月7日大方鸡场 |
| 陈国元 | 八堡乡 | 瓢井镇工商所职工 | 1990年3月6日瓢井镇龙洞村 |
| 刘崇军 | 瓢井乡 | 瓢井镇西街村 | 1990年3月6日瓢井镇龙洞村 |
| 胡世新 | 大方镇 | 城南游击队员 | 1936年古历3月14日 |
| 宋　卫 | 达溪镇 | 解放军77643部队2连2排5班班长 | 2010年4月25日 |

## 黔西县189名

| 姓　名 | 出生地 | 单位及职务 | 牺牲时间地点 |
|---|---|---|---|
| 卢必全 | 新集村 | 解放军37师某部战士 | 1949年4月 |
| 聂少武 | 谷里区 | 解放军7师某部战士 | 1949年5月上海市 |
| 黎又霖 | 城关镇 | | 1949年11月27日重庆 |
| 张锡芝 | 中坪区 | 黔西县中坪区民兵 | 1950年1月中坪关门山沟 |
| 何少卿 | 重新区 | 解放军45师134团1营通讯员 | 1950年3月18日晴隆县碧痕区 |
| 李守廉 | 城关镇 | 织金县珠藏区政府工作员 | 1950年3月织金珠藏区 |
| 张秀松 | 素朴区 | 黔西县四区政府工作员 | 1950年5月石桐树 |
| 王绍容 | 雨朵区 | 黔西县雨朵区中队战士 | 1950年5月石桐树 |
| 吉永光 | 大关区 | 解放军川东军区基干15团战士 | 1950年5月四川黔江县 |
| 彭德基 | 大关区 | 解放军49师145团4连战士 | 1950年5月盘县 |
| 熊少华 | 中坪区 | 黔西县中坪区民兵 | 1950年10月1日黔西中坪区光明村 |
| 刘从友 | 甘棠区 | 志愿军某部3连战士 | 1950年10月朝鲜云山 |
| 詹廷光 | 大关区 | 志愿军124师372团机枪连副班长 | 1950年11月7日朝鲜 |
| 李朝考 | 大关区 | 志愿军27军80师某部战士 | 1950年11月28日朝鲜 |
| 彭少华 | 谷里区 | 志愿军148师444团1营机枪连战士 | 1950年12月20日朝鲜 |

续表

| 姓　名 | 出生地 | 单位及职务 | 牺牲时间地点 |
|---|---|---|---|
| 王　凯 | | 毕节军分区战士 | 1950年毕节县 |
| 胡　凯 | 城关镇 | 志愿军78师234团2连副连长 | 1951年2月朝鲜 |
| 王绍芝 | 素朴区 | 志愿军76师226团1营3连战士 | 1951年3月朝鲜 |
| 陈少明 | 甘棠区 | 志愿军78师232团2连战士 | 1951年4月22日朝鲜 |
| 冯老三 | 大寨新村 | 志愿军189师566团炮连战士 | 1951年5月18日朝鲜 |
| 方少华 | 重新区 | 志愿军44师131团3营7连战士 | 1951年5月18日朝鲜 |
| 罗正宇 | 城关镇 | 志愿军049部队3支队文化教员 | 1951年5月26日朝鲜 |
| 袁继恩 | | 志愿军空降兵战士 | 1951年5月朝鲜 |
| 刘少清 | | 解放军147团3营9连战士 | 1951年5月望谟县 |
| 刘绍清 | 中坪区 | 黔西县中坪区民兵 | 1951年5月黔西中坪关山沟 |
| 宋开伦 | 城关镇 | 志愿军35师105团2营5连战士 | 1951年5月朝鲜 |
| 李振荣 | 中广乡 | 志愿军45师135团4连战士 | 1951年6月1日朝鲜 |
| 潘顺成 | 雨朵区 | 志愿军77师230团1营机枪连战士 | 1951年6月24日朝鲜 |
| 陈永昌 | 城关镇 | 毕节军分区特三连战士 | 1951年6月赫章县 |
| 李绍华 | 素朴区 | 志愿军辎重19团2营7连战士 | 1951年7月朝鲜 |
| 徐德贵 | 素朴区 | 志愿军补训师48团2营1连战士 | 1951年7月朝鲜 |
| 杨作成 | 重新区 | 金沙县独立营战士 | 1951年9月6日毕节杨家湾 |
| 谭光禄 | 大关区 | 志愿军77师某部战士 | 1951年9 月9日朝鲜 |
| 王勋臣 | 甘棠区 | 解放军49师145团1营2连班长 | 1951年9月9日朝鲜 |
| 张德均 | 重新区 | 解放军第3军炮团1营2连战士 | 1951年10月13日甘肃张掖 |
| 戴亮奎 | 纸厂区 | 志愿军190师569团2营4连战士 | 1951年10月13日朝鲜 |
| 高廷红 | 纸厂区 | 志愿军203师608团3机连战士 | 1951年10月朝鲜 |
| 张国龙 | 大关区 | 志愿军190师570团1营5连战士 | 1951年11月5日朝鲜 |
| 李子成 | 沙窝区 | 志愿军铁道兵某部 | 1951年11月9日朝鲜 |
| 李维清 | 城关镇 | 志愿军190师569团2营6连 | 1951年11月24日朝鲜 |
| 冯时兴 | 林泉区 | 志愿军190师569团2营4连 | 1951年11月朝鲜 |
| 项绍明 | 雨朵区 | 志愿军46师138团9连副班长 | 1951年11月朝鲜 |
| 张学友 | 协和区 | 志愿军103部队1大队战士 | 1951年12月朝鲜 |
| 王玉成 | 大关区 | 志愿军某部战士 | 1951年12月朝鲜 |
| 蔡国清 | 城关镇 | 志愿军某部战士 | 1951年朝鲜 |
| 李明清 | 协和区 | 志愿军某部班长 | 1951年独山县 |
| 王继先 | | 志愿军战车2团冲锋枪连战士 | 1952年1月朝鲜 |

续表

| 姓　名 | 出生地 | 单位及职务 | 牺牲时间地点 |
| --- | --- | --- | --- |
| 王信义 | 沙窝区 | 赫章县第六区人民政府工作员 | 1952年2月13日赫章六区 |
| 袁少明 | 谷里区 | 志愿军129师某部侦察连战士 | 1952年2月29日朝鲜 |
| 邓光照 | 城关镇 | 志愿军190师570团1营2连战士 | 1952年3月24日朝鲜黄州郡 |
| 李仁兴 | 协和区 | 志愿军铁3师3团1营3连副班长 | 1952年4月16日朝鲜 |
| 李锡久 | 协和区 | 志愿军铁3师3团1营3连战士 | 1952年4月26 日朝鲜 |
| 熊少文 | 大关区 | 志愿军192师575团9连战士 | 1952年4月朝鲜 |
| 罗国栋 | 城关镇 | 志愿军45师警卫营1连战士 | 1952年5月朝鲜江原道平原郡 |
| 周成祥 | 大关区 | 志愿军铁道兵24团4营11连战士 | 1952年6月2日朝鲜 |
| 曾绍益 | 林泉区 | 志愿军铁道兵3师3团3连战士 | 1951年6月朝鲜 |
| 陈绍宣 | 雨朵区 | 志愿军高炮25营战士 | 1952年6月黑龙江野战医院 |
| 金荣安 | 城关镇 | 解放军49师147团3连战士 | 1952年7月24日四川黑水 |
| 刘湘云 | 大关区 | 志愿军116师348团3营9连战士 | 1952年7月28日朝鲜 |
| 王元初 | 城关镇 | 志愿军45师133团7连战士 | 1952年8月9日朝鲜 |
| 王愿元 | 城关镇 | 志愿军45师133团7连战士 | 1952年8月朝鲜 |
| 李银妹 | 素朴区 | 志愿军47师140团4营4连副班长 | 1952年8月朝鲜 |
| 梁诗龙 | 大关区 | 志愿军铁2师22团战士 | 1952年9月朝鲜黄海道 |
| 杨　明 | 大关区 | 云南广南县公安中队副班长 | 1952年10月19日云南省广南县 |
| 刘明义 | 甘棠区 | 志愿军炮兵20团3营7连战士 | 1952年10月20日朝鲜 |
| 王国柱 | 谷里区 | 志愿军某部战士 | 1952年10月29日朝鲜 |
| 孙忠发 | 重新区 | 解放军24军某部战士 | 1952年10月辽宁安东 |
| 刘少清 | 沙窝区 | 志愿军115师345团2营5连战士 | 1952年10月朝鲜 |
| 周长生 | 重新区 | 志愿军15军炮9团1营1连连长 | 1952年11月10日朝鲜 |
| 吴敬祥 | 九区 | 志愿军铁2师某部战士 | 1952年11月20日朝鲜 |
| 马绍云 | 重新区 | 志愿军72师216团1营战士 | 1952年11月朝鲜 |
| 杨同贵 | 沙窝区 | 志愿军某部高炮35营战士 | 1952年12月18日朝鲜 |
| 余正勋 | 城关镇 | 志愿军181师542团3营7连战士 | 1952年12月朝鲜 |
| 刘元香 | 甘棠区 | 志愿军123师368团3营9连战士 | 1952年朝鲜 |
| 吴发祥 | 雨朵区 | 志愿军铁2师某部战士 | 1952年朝鲜 |
| 游　进 | 沙窝区 | 志愿军181师警卫连战士 | 1952年朝鲜 |
| 杨应松 | 大关区 | 解放军某部战士 | 1952年云南广南 |
| 钟少华 | 城关镇 | 贵州省军区警卫团1营2连战士 | 1952年赫章六曲河 |
| 曾建奎 | 林泉区 | 志愿军某部战士 | 1953年1月5日朝鲜 |

续表

| 姓　名 | 出生地 | 单位及职务 | 牺牲时间地点 |
|---|---|---|---|
| 李开明 | 甘棠区 | 志愿军67师201团2营6连战士 | 1953年1月6日朝鲜 |
| 胡明宣 | 甘棠区 | 志愿军46师138团3营战士 | 1953年1月28日朝鲜 |
| 严光明 | 城关镇 | 志愿军179师537团7连战士 | 1953年1月朝鲜 |
| 刘正明 | 雨朵区 | 志愿军46师138团9连副班长 | 1953年2月8日朝鲜 |
| 王少华 | 雨朵区 | 志愿军47师140团2营战士 | 1953年2月11日朝鲜 |
| 李文洲 | 素朴区 | 志愿军190师570团2营7连战士 | 1953年2月26日朝鲜 |
| 王开容 | 素朴区 | 志愿军补训师51团6连战士 | 1953年2月28日朝鲜 |
| 赵祝成 | 雨朵区 | 解放军某部战士 | 1953年2月 |
| 赵子超 | 中坪区 | 志愿军70师210团2营电话员 | 1953年3月18日朝鲜 |
| 路银臣 | 协和区 | 志愿军179师537团警2连战士 | 1953年3月30日朝鲜 |
| 马绍云 | 中坪区 | 志愿军72师216团3连班长 | 1953年4月20日朝鲜 |
| 李忠新 | 大关区 | 志愿军铁道兵6团2营6连战士 | 1953年5月8日朝鲜 |
| 张少华 | 谷里区 | 志愿军74师222团3连战士 | 1953年5月22日朝鲜 |
| 李树奎 | 谷里区 | 志愿军181师541团2营6连战士 | 1953年5月27日朝鲜 |
| 陈开明 | 沙窝区 | 志愿军133师399团担架连战士 | 1953年5月28日朝鲜 |
| 王文辉 | 素朴区 | 志愿军47师140团3营9连战士 | 1953年7月26日朝鲜 |
| 陈仲芳 | 大关区 | 志愿军182师后勤担架营二连战士 | 1953年7月朝鲜 |
| 徐光国 | 大关区 | 志愿军47师炮团重炮营文化教员 | 1953年7月朝鲜 |
| 李洪顺 | 钟山乡 | 志愿军47师141团战士 | 1953年9月11日朝鲜 |
| 李绍鲜 | 谷里区 | 解放军铁3师30医院战士 | 1953年9月江西南昌 |
| 余中文 | 素朴区 | 解放军53师159团6连战士 | 1953年西藏 |
| 黄绍银 | 雨朵区 | 志愿军53师159团机1连战士 | 1954年1月5日朝鲜 |
| 董国才 | 中坪区 | 志愿军补训师51团4营战士 | 1954年6月3日朝鲜 |
| 徐儒富 | 大关区 | 志愿军53师159团6连战士 | 1954年6月朝鲜 |
| 赵正权 | 协和区 | 解放军0073部队3支队3连战士 | 1955年3月西藏拉萨 |
| 石忠祥 | 素朴区 | 解放军炮6师教导营学员 | 1955年5月5日福建南平 |
| 杨学文 | 沙窝区 | 解放军0259部队2分队战士 | 1955年6月18日西藏 |
| 龙光升 | 城关镇 | 解放军铁道兵5802部队3支队 | 1955年11月27日 |
| 刘言明 | 雨朵区 | 解放军90982部队2小队战士 | 1956年3月6日西藏扎水 |
| 罗正才 | 甘棠区 | 解放军9124部队某部战士 | 1956年4月西藏 |
| 苟少轩 | 协和区 | 解放军某部战士 | 1956年5月辽宁兴城 |
| 史恩远 | 雨朵区 | 解放军某部汽车第17团7连驾驶员 | 1956年6月12日西藏昌都 |

续表

| 姓　名 | 出生地 | 单位及职务 | 牺牲时间地点 |
| --- | --- | --- | --- |
| 吴吉祥 | 沙窝区 | 解放军某部汽车第17团9连驾驶员 | 1956年6月西藏昌都 |
| 唐德兴 | 素朴区 | 解放军铁道兵某部5连战士 | 1956年7月13日 |
| 杨开书 | 沙窝区 | 解放军8505部队某部战士 | 1959年7月13日内昆铁路 |
| 王天学 | 甘棠区 | 解放军0063部队2支队战士 | 1959年7月云南宣威 |
| 唐吉云 | 协和区 | 解放军铁2师某部战士 | 1960年12月云南宣威 |
| 黄道明 | 素朴区 | 解放军0069部队某部战士 | 1960年 |
| 李德贵 | 林泉区 | 解放军9097部队1中队战士 | 1961年4月安顺 |
| 郭龙发 | 沙窝区 | 解放军某部战士 | 1964年2月1日贵阳 |
| 谭德友 | 纸厂区 | 解放军7927部队某部班长 | 1964年4月25日中尼公路 |
| 余顺昌 | 林泉区 | 解放军7611部队55分队班长 | 1965年4月清镇县 |
| 邓元国 | 中坪区 | 解放军7597部队78分队战士 | 1965年9月25日 |
| 曾绪军 | 素朴区 | 解放军贵阳军分区警卫班战士 | 1966年7月26日贵阳 |
| 龙华文 | 协和区 | 解放军昆字602部队某部战士 | 1966年龙里县 |
| 李少明 | 沙窝区 | 解放军7659部队某部班长 | 1967年5月25日四川米义 |
| 熊朝清 | 重新区 | 麻江县公安中队战士 | 1968年7月麻江县 |
| 刘香福 | 雨朵区 | 解放军昆字602部队71分队班长 | 1968年12月15日龙里 |
| 唐开学 | 甘棠区 | 解放军昆字602部队71分队战士 | 1968年12月15日龙里 |
| 陈兴贵 | 协和区 | 解放军7585部队某部战士 | 1969年8月22日云南祥云 |
| 廖文华 | 重新区 | 解放军7585部队某部战士 | 1969年8月22日云南祥云 |
| 马元昌 | 沙窝区 | 解放军0427部队某部班长 | 1970年3月5日云南下关 |
| 孟炳银 | 谷里区 | 解放军7585部队某部战士 | 1970年7月27日云南沾益 |
| 刘远福 | 大关区 | 大方县公安中队战士 | 1970年9月大方县 |
| 李忠平 | 甘棠区 | 镇远县公安中队战士 | 1970年镇远县 |
| 朱正文 | 大关区 | 解放军昆字603部队某部战士 | 1971年5月3日黔东南州 |
| 吴国富 | 沙窝区 | 解放军7585部队13分队战士 | 1971年7月22日云南勐腊 |
| 黄朝会 | 甘棠区 | 解放军昆宁644部队某部战士 | 1971年7月铜仁县 |
| 詹万华 | 谷里区 | 解放军8712部队某部营教导员 | 1971年10月重庆西南医院 |
| 赵先发 | 雨朵区 | 解放军7585部队某部战士 | 1972年12月19日云南勐腊 |
| 王华银 | 大关区 | 解放军7585部队66分队战士 | 1973年9月26日云南新平 |
| 刘发贵 | 沙窝区 | 解放军昆字638部队某部副班长 | 1973年12月17日贵阳 |
| 刘井祥 | 甘棠区 | 解放军7983部队某部战士 | 1974年6月14日 |
| 吴开学 | 重新区 | 毕节军分区战士 | 1974年9月7日毕节县 |
| 高观六 | 纸厂区 | 解放军7585部队某部班长 | 1975年3月云南勐腊 |
| 李光志 | 城关区 | 贵州铝厂二分厂工人 | 1976年1月贵阳市 |

续表

| 姓　名 | 出生地 | 单位及职务 | 牺牲时间地点 |
|---|---|---|---|
| 张正学 | | 解放军35005部队后勤部排长 | 1976年5月9日贵阳市 |
| 郭安清 | 沙窝区 | 贵州省军区独立3营2连战士 | 1977年8月贵阳市 |
| 苏克林 | 纸厂区 | 解放军88742部队某部班长 | 1977年11月30日四川安县 |
| 邓守祥 | 雨朵区 | 解放军88738部队1营1连班长 | 1977年四川南川 |
| 周文才 | 沙窝区 | 云南省军区独立1团11连战士 | 1978年8月3日云南省 |
| 李光学 | 甘棠区 | 解放军35549部队72分队副班长 | 1979年2月17日越南 |
| 杨中明 | 谷里区 | 解放军35207部队71分队副班长 | 1979年2月17日越南 |
| 林登举 | 沙窝区 | 解放军35505部队61分队 | 1979年2月17日越南 |
| 张应付 | 大关区 | 解放军35207部队71分队战士 | 1979年2月18日越南 |
| 徐登林 | 大关区 | 解放军35547部队73分队 | 1979年2月19日越南 |
| 卢德军 | 沙窝区 | 解放军某部警通连班长 | 1979年2月19日越南 |
| 潘昆华 | 重新区 | 解放军35205部队65分队 | 1979年2月21日越南 |
| 赵明德 | 甘棠区 | 解放军35205部队66分队战士 | 1979年2月21日越南 |
| 杨光训 | 协和区 | 解放军35206部队65分队战士 | 1979年2月22日越南 |
| 蒋义书 | 素朴区 | 解放军35206部队65分队副班长 | 1979年2月22日越南 |
| 邓书林 | 谷里区 | 解放军35547部队73分队副班长 | 1979年2月23日越南 |
| 陈付祥 | 中坪区 | 解放军35205部队73分队班长 | 1979年2月28日越南 |
| 刘天君 | 城关镇 | 解放军35205部队66分队副班长 | 1979年2月越南 |
| 张玉学 | 沙窝区 | 解放军35505部队62分队战士 | 1979年2月越南 |
| 潘云明 | 甘棠区 | 解放军35205部队72分队副班长 | 1979年2月越南 |
| 杨益华 | 中坪区 | 解放军35205部队58分队副班长 | 1979年3月3日越南 |
| 杨守学 | 雨朵区 | 解放军35505部队80分队战士 | 1979年3月10日越南 |
| 龙德文 | 雨朵区 | 西藏军区防化连战士 | 1979年5月30日西藏 |
| 侯基成 | 林泉区 | 解放军35550部队83分队战士 | 1979年9月1日越南 |
| 董定友 | 素朴区 | 北京军区52922部队战士 | 1979年9月16日北京 |
| 吴引华 | 素朴区 | 解放军35547部队14分队战士 | 1980年10月17日越南 |
| 万　军 | 沙窝区 | 解放军35547部队17分队文书 | 1980年10月中越边境 |
| 王成祥 | 雨朵区 | 解放军35547部72分队战士 | 1980年10月中越边境 |
| 王真学 | 甘棠区 | 解放军35205部队66分队连指导员 | 1984年4月云南老山 |
| 龙光志 | 城关镇 | 解放军35105部队某部战士 | 1984年4月云南者阴山 |
| 蔡　勇 | 谷里区 | 解放军步兵92团2营战士 | 1984年4月云南者阴山 |
| 张光福 | 素朴区 | 解放军35106部队80分队战士 | 1984年5月4日云南者阴山 |
| 李正明 | 大关区 | 解放军步兵92团1营战士 | 1984年5月25日云南者阴山 |
| 郭兴科 | 甘棠区 | 解放军35205部队4连指导员 | 1984年6月14日云南老山 |
| 邹凡祥 | 林泉区 | 解放军35107部队某部副班长 | 1984年8月云南老山 |

续表

| 姓　名 | 出生地 | 单位及职务 | 牺牲时间地点 |
|---|---|---|---|
| 聂德祥 | 雨朵区 | 解放军35107部队某部战士 | 1984年8月云南老山 |
| 赵顺才 | 甘棠区 | 解放军35550部队某部战士 | 1984年10月26日云南老山 |
| 彭思林 | 沙窝区 | 解放军35107部队某部战士 | 1984年 12月云南老山 |
| 田景国 | 沙窝区 | 解放军35107部队某部战士 | 1984年12月云南老山 |
| 杨洪卫 | 城关镇 | 解放军35550部队某部战士 | 1986年1月云南边疆 |
| 杨坤霞 | 中坪区 | 解放军35550部队某部副班长 | 1986年1月云南边疆 |
| 何德恩 | 重新区 | 解放军35550部队某部战士 | 1986年1月云南边疆 |
| 段元英（女） | 城关镇 | 林泉区野坝乡烟叶收购站付款员 | 1988年10月4日野坝乡 |
| 罗正明 | 定新乡 | 定新乡马䯄村党支部书记 | 1996年7月22日马䯄村 |

## 金沙县135名

| 姓　名 | 出生地 | 单位及职务 | 牺牲时间地点 |
|---|---|---|---|
| 蓝运臧 | 城关镇 | 中共地下党员 | 1941年5月19日贵阳 |
| 蓝运铮 | 城关镇 | 革命青年 | 1941年5月19日贵阳 |
| 林正良 | 城关镇 | 中共新场总支委员会书记 | 1941年8月7日贵阳市 |
| 薛健培 | 城关镇 | 金沙县警卫1连1排战士 | 1949年12月金沙禹谟区 |
| 康泽昭 | 清池区 | 石场区粮食仓库保管员 | 1950年1月金沙县城关 |
| 罗祥均 | 安洛区 | 金沙县政府通讯员 | 1950年1月金沙县城关 |
| 彭世良 | 城关镇 | 毕节军分区文工团宣传员 | 1950年2月清镇 |
| 黍书霞 | 城关镇 | 石场区场坝乡乡长 | 1950年2月金沙县场坝 |
| 张大彬 | 石场区 | 石场区中队队长 | 1950年2月金沙石场 |
| 涂立均 | 城关区 | 杨柳乡乡长 | 1950年2月金沙县杨柳 |
| 谢弟文 | 岩孔区 | 金沙县清匪总队 | 1950年2月金沙县城关 |
| 张连生 | 石场区 | 石场区政府通讯员 | 1950年2月金沙县石场 |
| 陈仲修 | 石场区 | 石场区中队队长 | 1950年3月金沙县城关 |
| 涂桂衡 | 安底区 | 安底区中队副队长 | 1950年4月7日金沙八里 |
| 张世康 | 石场区 | 解放军金沙县警卫2连战士 | 1950年5月金沙县乌箐 |
| 蒋锡斌 | 安洛区 | 金沙县警卫2连1排战士 | 1950年6月金沙县乌箐 |
| 伍朝忠 | 安洛区 | 金沙县安洛乡政府工作员 | 1950年8月金沙大田高坎子 |
| 蒋　海 | | 解放军49师147团1营3连班长 | 1950年12月2日关岭坡贡 |

续表

| 姓　名 | 出生地 | 单位及职务 | 牺牲时间地点 |
|---|---|---|---|
| 王少华 | 岩孔区 | 志愿军191师炮兵团战士 | 1950年朝鲜 |
| 陈少伦 | 岩孔区 | 志愿军119团战士 | 1950年朝鲜 |
| 尹国民 | | 贵州省军区公安独立5营3连副班长 | 1950年毕节县 |
| 夏言先 | 城关区 | 志愿军114师342团2营6连战士 | 1951年3月15日朝鲜 |
| 杨升华 | 城关区 | 志愿军某部战士 | 1951年3月朝鲜 |
| 冯少彬 | 城关区 | 志愿军某部战士 | 1951年4月11日朝鲜 |
| 张树云 | 场坝乡 | 解放军49师147团3营战士 | 1951年4月望谟县平央 |
| 刘少清 | 高坪乡 | 解放军49师147团3营战士 | 1951年5月 |
| 兰国华 | 平坝区 | 志愿军45师135团5连副班长 | 1951年10月朝鲜上甘岭 |
| 陈廷玉 | 岩孔区 | 解放军西南军区某部战士 | 1951年四川省 |
| 严占成 | 禹谟区 | 解放军47师140团战士 | 1951年大定县 |
| 赵亮奎 | 沙土区 | 志愿军125师375团3营3连连长 | 1951年朝鲜 |
| 龙洪人 | 沙土区 | 志愿军某部战士 | 1951年朝鲜 |
| 彭振凯 | 岩孔区 | 志愿军40师119团战士 | 1951年朝鲜 |
| 钱义忠 | 清池区 | 志愿军某部班长 | 1951年朝鲜 |
| 王银美 | 禹谟区 | 志愿军铁2师12团1营3连战士 | 1952年1月12日朝鲜平原郡 |
| 王国明 | 平坝区 | 志愿军铁2师某部战士 | 1952年1月29日朝鲜 |
| 罗崇高 | 沙土区 | 志愿军某部战士 | 1952年1月朝鲜 |
| 徐少轩 | 清池区 | 志愿军铁2师某团战士 | 1952年2月1日朝鲜安州 |
| 王春发 | 禹谟区 | 志愿军47师140团战士 | 1952年2月朝鲜 |
| 张　楷 | 禹谟区 | 志愿军31师91团1营3连战士 | 1952年2月朝鲜 |
| 何正芳 | 禹谟区 | 志愿军某部战士 | 1952年3月15日朝鲜 |
| 高永安 | 石场区 | 志愿军47师140团炮营高机连战士 | 1952年4月8日朝鲜 |
| 龙禹福 | 清池区 | 志愿军192师后勤处战士 | 1952年4月30日朝鲜上马洞 |
| 张炳寿 | 平坝区 | 志愿军某部3营7连副班长 | 1952年6月14日朝鲜 |
| 赵子全 | 禹谟区 | 志愿军47师140团战士 | 1952年朝鲜上甘岭 |
| 罗亮奎 | 安洛区 | 志愿军125师375团战士 | 1952年朝鲜上甘岭 |
| 张发元 | 禹谟区 | 解放军东北军区某部战士 | 1952年辽宁省 |
| 彭绍云 | 安洛区 | 志愿军某部战士 | 1953年3月21日朝鲜 |
| 朱中华 | 石场区 | 志愿军190师570团1营2连战士 | 1953年3月24日朝鲜黄州郡安谷里 |
| 侯德轩 | 沙土区 | 志愿军某部战士 | 1953年3月朝鲜 |
| 唐学文 | 岩孔区 | 志愿军40师119团班长 | 1953年5月18日朝鲜 |

续表

| 姓　名 | 出生地 | 单位及职务 | 牺牲时间地点 |
|---|---|---|---|
| 丁绍华 | | 志愿军某部战士 | 1953年7月6日朝鲜 |
| 何吉武 | 沙土区 | 志愿军某部战士 | 1953年11月朝鲜 |
| 杨正文 | 安底区 | 解放军53师159团机3连战士 | 1953年12月西藏 |
| 夏树成 | 沙土区 | 志愿军某部战士 | 1953年朝鲜 |
| 周应清 | 安洛区 | 志愿军某部卫生员 | 1953年朝鲜 |
| 何永昌 | 沙土区 | 解放军安顺军分区某连文书 | 1953年安顺市 |
| 藤吉武 | 沙土区 | 解放军53师157团3营7连战士 | 1954年4月西藏 |
| 罗书明 | 禹谟区 | 解放军0073部队某部排长 | 1954年6月24日原西康省 |
| 胡仕澄 | 沙土区 | 中共金沙县委交通班工作员 | 1954年7月金沙县 |
| 代宗能 | 沙土区 | 解放军53师157团3营7连战士 | 1954年10月西藏 |
| 李少成 | 岩孔区 | 解放军某部战士 | 1954年东北大联河 |
| 赵连书 | 石场区 | 志愿军某部独立团3营8连战士 | 1956年朝鲜 |
| 邓成林 | 岩孔区 | 解放军0210部队3支队战士 | 1957年辽宁省旅大市 |
| 胡忠明 | 岩孔区 | 解放军0507部队某部战士 | 1957年贵阳市 |
| 冯少云 | 沙土区 | 解放军某部战士 | 1957年湖南省衡阳市 |
| 杨树明 | 安洛区 | 解放军0073部队某部战士 | 1957年西藏 |
| 王绪书 | 清池区 | 解放军134师教导营排长 | 1958年9月8日甘肃广河 |
| 杨成华 | 禹谟区 | 解放军850部队2支队3连战士 | 1959年8月西藏 |
| 柳少华 | 禹谟区 | 解放军7927部队某部战士 | 1959年西藏当雄县 |
| 余万友 | | 解放军8013部队某部战士 | 1960年6月17日威宁 |
| 吴玉文 | 沙土区 | 解放军铁5师22团1营3连战士 | 1960年6月威宁 |
| 赵庭燎 | 平坝区 | 解放军7927部队6连战士 | 1963年4月24日西藏当雄 |
| 张毕学 | 沙土区 | 毕节军分区卫生员 | 1963年5月10日贵阳 |
| 张成元 | 石场区 | 解放军7792部队61分队战士 | 1963年8月28日四川犍为 |
| 王念章 | 沙土区 | 解放军7927部队某部班长 | 1965年12月5日西藏 |
| 李廷华 | 沙土区 | 解放军7617部队82分队班长 | 1968年6月28日云南下关 |
| 傅传光 | 安底区 | 解放军昆字602部队某部战士 | 1968年12月15日龙里 |
| 吕玉芳 | 城关镇 | 水城特区消防队班长 | 1969年2月17日水城 |
| 郑泽忠 | 城关镇 | 水城特区消防队班长 | 1969年2月17日水城 |
| 张富德 | 城关镇 | 水城特区消防队班长 | 1969年2月17日水城特区 |
| 李明志 | 岩孔区 | 解放军7617部队某部战士 | 1970年1月23日云南元江 |
| 袁依富 | 城关区 | 解放军某部汽车22团驾驶员 | 1970年7月云南省 |

续表

| 姓　名 | 出生地 | 单位及职务 | 牺牲时间地点 |
|---|---|---|---|
| 袁正体 | 城关区 | 金沙县支铁民兵团指导员 | 1970年11月11日湘黔铁路 |
| 杨应琪 | 沙土区 | 解放军某部营长 | 1970年12月27日四川名山 |
| 付正伦 | 禹谟区 | 解放军7617部队某部驾驶员 | 1971年6月15日云南保山 |
| 罗友坤 | 清池区 | 解放军8779部队某部战士 | 1971年10月10日北京 |
| 梅玉德 | 岩孔区 | 解放军8777部队6小队班长 | 1973年9月北京 |
| 付维贵 | 禹谟区 | 解放军8777部队某部战士 | 1974年9月12日河北 |
| 杨成刚 | 安底区 | 解放军8779部队某部副班长 | 1974年9月15日北京 |
| 肖丕光 | 安底区 | 昆明军区军人俱乐部电影组组长 | 1975年11月4日云南昆明 |
| 杨大辉 | 石场区 | 解放军88713部队某部战士 | 1976年3月25日湖南长沙 |
| 刘文学 | 沙土区 | 解放军某部副排长 | 1977年7月2日四川广安 |
| 颜志碧 | 沙土区 | 解放军882部队某部副排长 | 1977年9月24日湖南 |
| 胡德全 | 沙土区 | 解放军8874部队某部班长 | 1978年2月5日四川广安 |
| 雷洪亮 | 平坝区 | 解放军35607部队4分战士 | 1978年7月14日黄平 |
| 张本利 | 平坝区 | 解放军35206部队71分队战士 | 1970年2月17日越南 |
| 欧向国 | 安洛区 | 解放军35207部队59分队战士 | 1979年2月17日越南 |
| 郑传刚 | 安底区 | 解放军35503部队61分队班长 | 1979年2月17日越南 |
| 司永忠 | 石场区 | 蒙自军分区49分队战士 | 1979年2月17日越南 |
| 陈开举 | 石场区 | 解放军35549部队54分队 | 1979年2月17日越南 |
| 王兴祥 | 安洛区 | 解放军35549部队某部战士 | 1979年2月17日越南 |
| 姚家林 | 安洛区 | 解放军35207部队65分队班长 | 1979年2月18日越南 |
| 郭显明 | 平坝区 | 解放军35206部队66分队排长 | 1979年2月18日越南 |
| 王开富 | 平坝区 | 解放军35206部队64分队班长 | 1979年2月19日越南 |
| 周忠奎 | 安洛区 | 云南省军区边防14团3连战士 | 1979年2月19日越南 |
| 吴道明 | 平坝区 | 解放军35206部队71分队战士 | 1979年2月21日越南 |
| 罗来夏 | 城关镇 | 解放军35203部队某部班长 | 1979年2月23日越南 |
| 余国成 | 清池区 | 解放军35205部队某部班长 | 1979年2月27日越南 |
| 葛治华 | 禹谟区 | 解放军35207部队68分队班长 | 1979年2月28日越南 |
| 肖友详 | 岩孔区 | 解放军35208部队某部战士 | 1979年2月越南 |
| 孔祥忠 | 安底区 | 解放军35206部队73分队通讯员 | 1979年2月越南 |
| 喻衣国 | 安底区 | 解放军35206部队71分队卫生员 | 1979年2月越南 |
| 方大军 | 禹谟区 | 解放军35205部队55分队战士 | 1979年2月越南 |
| 尤太忠 | 禹谟区 | 解放军35503部队某部战士 | 1979年2月越南 |

续表

| 姓　名 | 出生地 | 单位及职务 | 牺牲时间地点 |
|---|---|---|---|
| 颜朝军 | 禹谟区 | 解放军35207部队67分队排长 | 1979年2月越南 |
| 廖洪军 | 禹谟区 | 解放军35503部队某部战士 | 1979年2月越南 |
| 彭　超 | 城关镇 | 解放军某部战士 | 1979年2月越南 |
| 吴志德 | 城关镇 | 解放军35205部队59分队战士 | 1979年3月30日越南 |
| 张晓峰 | 岩孔区 | 解放军35207部队73分队副连长 | 1980年12月20日越南 |
| 张大权 | 安洛区 | 解放军35207部队5连副连长 | 1984年4月28日云南老山 |
| 张迁富 | 沙土区 | 解放军35105部队72分队副班长 | 1984年4月30日云南者阴山 |
| 周　林 | 沙土区 | 解放军35105部队42分队战士 | 1984年4月30日云南者阴山 |
| 田时松 | 沙土区 | 解放军35105部队42分队战士 | 1984年4月30日云南者阴山 |
| 肖丕才 | 安底区 | 解放军35105部队61分队战士 | 1984年4月30日云南者阴山 |
| 孙朝品 | 安底区 | 解放军35105部队44分队副班长 | 1984年4月30日云南者阴山 |
| 钟方才 | 安底区 | 解放军35105部队42分队战士 | 1984年4月30日云南者阴山 |
| 朱德红 | 沙土区 | 解放军35546部队64分队战士 | 1984年1月越南 |
| 杜　宁 | 沙土区 | 文山军分区警卫连战士 | 1984年8月13日云南马林 |
| 陈弟学 | 沙土区 | 解放军35105部队1营战士 | 1984年11月26日云南者阴山 |
| 邓　棋 | 岩孔区 | 解放军35546部队62分队战士 | 1985年7月12日越南 |
| 韩仕伦 | 平坝区 | 西藏军区通讯总站2营1连战士 | 1985年12月28日中尼边境 |
| 杜云峰 | 安洛区 | 解放军35547部队63分队班长 | 1986年10月20日中越边境 |
| 姜国良 | 安洛区 | 解放军35547部队63分队 | 1986年10月20日中越边境 |
| 汪　洪 | 江西乐平 | 解放军陆军40师2团2营副指导员 | 1987年1月20日云南老山 |
| 徐文中 | 沙土镇 | 金沙县沙土供销社职工 | 1990年2月沙土镇救火牺牲 |

## 织金县187名

| 姓　名 | 出生地 | 单位及职务 | 牺牲时间地点 |
|---|---|---|---|
| 赵百礽 | 城关镇 | 织金县吹聋小学教员 | 1938年9月19日阿弓区吹聋乡 |
| 王永锡 | 阿弓区 | 1939年4月江西省南昌 | |
| 王木式 | 城关镇 | 贵阳南师学生会负责人 | 1941年1月21日贵阳市 |
| 胡孝山 | 三塘区 | 解放军第四野战军3纵队战士 | 1948年1月5日辽宁新民 |
| 李　平 | 以那架区 | 云南省泸西游击大队长 | 1948年10月16日云南阿路瓦村 |
| 王五十 | 白泥乡 | 中共游击队队员 | 1949年7月原郎岱县城 |
| 周兴文 | 务卜乡 | 中共游击队队员 | 1949年7月原郎岱县城 |

续表

| 姓　名 | 出生地 | 单位及职务 | 牺牲时间地点 |
|---|---|---|---|
| 陈英武 | | 解放军22军198团2营7连战士 | 1949年10月浙江舟山金塘岛 |
| 张文学 | | 解放军12军35师某部战士 | 1949年12月22日东岳庙 |
| 方家纪 | | 解放军13军38师某部战士 | 1949年江西丰城 |
| 芦廷清 | | | 1949年陕西省利平县 |
| 王长清 | | | 1949年陕西省利平县 |
| 陈道忠 | 猫场区 | 织金县大队一连战士 | 1950年2月19日珠藏区熊家场乡文家桥 |
| 张克齐 | 三塘区 | 织金县三塘区小队班长 | 1950年2月20日三塘区口里梭 |
| 王树清 | 牛场区 | 织金县大1连战士 | 1950年3月7日熊家场乡文家桥 |
| 吴光辉 | 牛场区 | 织金县大队1连战士 | 1950年3月7日熊家场乡文家桥 |
| 钱少荣 | 猫场区 | 织金县大1连战士 | 1950年3月7日熊家场乡文家桥 |
| 张志传 | 猫场区 | 织金县大队1连战士 | 1950年3月7日熊家场乡文家桥 |
| 朱明先 | 猫场区 | 织金县大队1连战士 | 1950年3月7日熊家场乡文家桥 |
| 杨绍清 | 猫场区 | 织金县大队1连战士 | 1950年3月7日熊家场乡文家桥 |
| 张树清 | 猫场区 | 织金县大队1连战士 | 1950年3月7日熊家场乡文家桥 |
| 饶银武 | 猫场区 | 织金县大队1连副班长 | 1950年3月7日熊家场乡文家桥 |
| 尚少华 | 猫场区 | 织金县大队1连战士 | 1950年3月7日熊家场乡文家桥 |
| 陈少州 | 猫场区 | 织金县大队1连班长 | 1950年3月7日熊家场乡文家桥 |
| 杨文正 | | 通讯员 | 1950年3月8日乐平乡 |
| 李银武 | 三塘区 | 织金县三塘小队战士 | 1950年3月22日阿弓区磨中乡 |
| 冯克忠 | 城关区 | 织金县鸡场乡仓库管理员 | 1950年3月23日织金鸡场 |
| 付忠雄 | 龙场区 | 织金县自强乡副乡长 | 1950年3月25日织金龙场区自强街 |
| 何恒昌 | 牛场区 | 织金县牛场区征粮队队员 | 1950年3月织金平坝大坟坝 |
| 黄家琳 | 城关镇 | 织金县征粮队队员 | 1950年3月熊家场乡 |
| 赵百川 | 城关镇 | 织金县政府财政科工作员 | 1950年4月织金沙坝乡 |
| 吴学良 | | 关岭县大队通讯员 | 1950年8月6日关岭县黑泥瓦 |
| 杨进文 | 城关区 | 织金县三甲乡民兵副大队长 | 1950年8月三甲大戛乡杉树林 |
| 杨绍奎 | 八步区 | 织金县官寨乡民兵 | 1950年8月织金县官寨乡 |
| 刘玉田 | 猫场区 | 志愿军59师175团战士 | 1950年10月27日朝鲜咸镜南道 |
| 韩致发 | 牛场区 | 志愿军240团1营1连班长 | 1950年11月29日朝鲜内洞村 |
| 龙永华 | 珠藏区 | 志愿军119师357团3营9连战士 | 1950年11月 29日朝鲜 |
| 杨登福 | 三塘区 | 织金县务安村民兵连连长 | 1950年12月25日三塘区羊芋坡 |
| 陈文贤 | 阿弓区 | 志愿军115师山炮营1连战士 | 1950年12月31日朝鲜临津江 |

续表

| 姓 名 | 出生地 | 单位及职务 | 牺牲时间地点 |
| --- | --- | --- | --- |
| 杨国民 | 八步区 | 织金县八步区民兵 | 1950年12月纳雍五佐河 |
| 张树清 | 猫场镇 | 织金县大队战士 | 1950年贵阳市 |
| 吴维祥 | 猫场区 | 志愿军190师568团2营4连战士 | 1950年朝鲜 |
| 谢华恩 | 八步区 | 志愿军补训10师48团2营5连战士 | 1950年朝鲜 |
| 王德智 | 以那区 | 志愿军51师151团1营3连战士 | 1951年1月13日独山县 |
| 何孝保 | 猫场区 | 志愿军120师360团1营2连班长 | 1951年2月15日朝鲜 |
| 张志荣 | 珠藏区 | 解放军49师147团2营5连战士 | 1951年3月15日安龙县 |
| 米绍全 | 牛场区 | 志愿军78师232团2营机枪连班长 | 1951年3月28日朝鲜 |
| 王发昌 | 珠藏区 | 解放军某部112团战士 | 1951年3月31日 |
| 张怀发 | 牛场区 | 解放军49师147团2营5连战士 | 1951年4月12日西隆 |
| 曹玉柱 | 三塘区 | 志愿军炮兵404团2连战士 | 1951年5月17日朝鲜 |
| 胡朝先 | 珠藏区 | 志愿军187师559团1营3连战士 | 1951年5月21日朝鲜 |
| 黄定德 | 龙场区 | 志愿军335部队637分队班长 | 1951年6月26日朝鲜 |
| 陈银清 | 牛场区 | 志愿军15军45师135团2营6连战士 | 1951年6月朝鲜 |
| 吴大文 | 三塘区 | 志愿军26军特务团2营4连副排长 | 1951年9月26日朝鲜 |
| 徐世明 | 牛场区 | 志愿军补训师48团2营5连战士 | 1951年12月5日朝鲜 |
| 王洪贵 | 以那区 | 志愿军35师135团战士 | 1951年朝鲜 |
| 黄 岗 | 以那区 | 志愿军补训师35师某团 | 1951年朝鲜 |
| 魏兴发 | 牛场区 | 志愿军补训师48团2营5连战士 | 1951年朝鲜 |
| 李继芳 | 以那区 | 志愿军某部战士 | 1951年朝鲜 |
| 余世录 | 马场乡 | 志愿军直属警卫团战士 | 1952年1月6日朝鲜 |
| 罗世昌 | 猫场区 | 志愿军铁2师桥2团1营2连战士 | 1952年2月19日朝鲜 |
| 李禹朝 | 龙场区 | 志愿军铁2师2团战士 | 1952年3月23日辽宁安东 |
| 段传富 | 城关镇 | 志愿军67师警卫连战士 | 1952年4月16日朝鲜 |
| 陈正友 | 化起区 | 志愿军铁2师某部战士 | 1952年4月21日朝鲜 |
| 黄德孝 | 城关镇 | 志愿军45师135团通讯连战士 | 1952年4月30日朝鲜五圣山 |
| 林世杰 | 阿弓区 | 解放军49师147团1营3连战士 | 1952年7月21日四川黑水 |
| 黄永庆 | 以那区 | 志愿军44师130团3营7连战士 | 1952年9月19日朝鲜 |
| 余恩显 | 龙场区 | 志愿军192师574团警侦连战士 | 1952年9月21日朝鲜 |
| 陈光明 | 龙场区 | 志愿军114师340团6连战士 | 1952年10月6日朝鲜 |
| 何正芳 | 龙场区 | 志愿军114师340团6连战士 | 1952年10月6日朝鲜 |
| 刘绍荣 | 三塘区 | 志愿军114师340团6连战士 | 1952年10月6日朝鲜 |

续表

| 姓　名 | 出生地 | 单位及职务 | 牺牲时间地点 |
|---|---|---|---|
| 翟银先 | 牛场区 | 志愿军114师342团2营5连战士 | 1952年10月6日朝鲜 |
| 喻明权 | 以那区 | 志愿军铁22团3营12连战士 | 1952年10月14日朝鲜 |
| 王绍华 | 珠藏区 | 志愿军铁2师22团3营12连战士 | 1952年10月14日朝鲜黄海道瑞兴郡 |
| 彭洪顺 | 珠藏区 | 志愿军铁2师22团3营12连战士 | 1952年10月14日朝鲜黄海道瑞兴郡 |
| 刘世昌 | 珠藏区 | 志愿军铁2师22团3营12连战士 | 1952年10月14日朝鲜黄海道瑞兴郡 |
| 李发明 | 八步区 | 志愿军119师357团1营2连副班长 | 1952年10月18日朝鲜 |
| 叶正朋 | 白泥乡 | 志愿军45师135团3营6连战士 | 1952年10月20日朝鲜 |
| 方绍明 | 阿弓区 | 解放军49师147团2营6连战士 | 1952年10月25日朝鲜 |
| 雷德明 | 猫场区 | 志愿军114师341团1营2连战士 | 1952年10月26日朝鲜 |
| 杨忠义 | 八步区 | 志愿军45师135团5连班长 | 1952年10月朝鲜上甘岭 |
| 罗映雪 | 三塘区 | 志愿军179师高炮37营战士 | 1952年11月30日朝鲜 |
| 周德才 | 化起区 | 志愿军45师133团2机连战士 | 1952年朝鲜 |
| 李国材 | 城关镇 | 志愿军45师135团战士 | 1952年朝鲜五圣山 |
| 杨元兴 | 城关区 | 志愿军补训48团3营15连战士 | 1952年朝鲜 |
| 陈德祥 | 城关区 | 志愿军136师407团8连战士 | 1952年朝鲜 |
| 张锡珍 | 龙场区 | 志愿军179师537团3连战士 | 1953年1月16日朝鲜 |
| 郭太明 | 城关区 | 志愿军181师532团3连战士 | 1953年2月朝鲜 |
| 谭正祥 | 化起区 | 志愿军铁2师2团3营11连战士 | 1953年3月12日朝鲜 |
| 罗发英 | 城关区 | 志愿军181师543团2连战士 | 1953年3月27日朝鲜 |
| 周发俊 | 城关区 | 志愿军60军炮团3营7连战士 | 1953年4月9日朝鲜 |
| 陈朝益 | 猫场区 | 志愿军战车独立2团战士 | 1953年4月16日朝鲜 |
| 杨树州 | 八步区 | 志愿军70师209团2营5连战士 | 1953年4月18日朝鲜 |
| 王绍羽 | 以那区 | 志愿军坦克独2团战士 | 1953年6月25日朝鲜 |
| 陈文书 | 桂果区 | 志愿军181师541团6连战士 | 1953年7月13日朝鲜 |
| 陈光荣 | 阿弓区 | 志愿军炮兵404团5连战士 | 1953年7月朝鲜江原道金城 |
| 何成华 | 珠藏区 | 志愿军46师146团2营5连战士 | 1953年9月朝鲜 |
| 杨超彬 | 桂果区 | 志愿军114师304团6连战士 | 1953年10月7日朝鲜 |
| 李德芳 | 以那区 | 志愿军铁2师6团3营12连战士 | 1953年10月31日朝鲜 |
| 罗天荣 | 八步区 | 解放军53师159团1营2连战士 | 1953年12月2日西藏 |
| 邓厚先 | 三塘区 | 志愿军坦克独2团工兵营战士 | 1953年12月11日朝鲜 |
| 喻少荣 | 城关镇 | 志愿军67军后勤担架连战士 | 1954年10月2日朝鲜 |
| 李信芳 | 八步区 | 解放军0220部队3连班长 | 1955年6月13日山东青岛 |

续表

| 姓名 | 出生地 | 单位及职务 | 牺牲时间地点 |
|---|---|---|---|
| 王银才 | 珠藏区 | 解放军0140部队1支队战士 | 1956年3月辽宁锦县 |
| 陈银亮 | 猫场区 | 解放军0062部队1支队1分队3连战士 | 1958年6月12日云南宁蒗 |
| 刘阳昌 | 猫场区 | 解放军8505部队1支队4连战士 | 1959年7月12日云南宣威 |
| 李济荣 | 八步区 | 解放军5师24团2营4连战士 | 1960年1月云南宣威 |
| 郭太昌 | 阿弓区 | 解放军8505部队1支队6连战士 | 1960年5月15日云南宣威 |
| 王治华 | 城关镇 | 解放军7598部队78分队战士 | 1962年10月14日云南景谷县 |
| 林登才 | 以那区 | 解放军7927部队207分队班长 | 1963年7月27日西藏日喀则 |
| 左连华 | 八步区 | 解放军7927部队42分队班长 | 1963年8月31日西藏聂拉木 |
| 召学昌 | 化起区 | 解放军7927部队某部副班长 | 1965年7月18日安顺市 |
| 张福永 | 牛场区 | 解放军7613部队某部战士 | 1965年9月13日云南峨山 |
| 陈兴学 | 石兴乡 | 解放军7655部队52分队战士 | 1965年9月13日云南峨山 |
| 彭德全 | 金龙乡 | 解放军某部22团3连班长 | 1965年9月23日四川米易 |
| 王瑞明 | 阿弓镇 | 公安总队遵义支队3中队战士 | 1965年11月7日遵义 |
| 陈绍武 | 牛场区 | 兴义军分区独立营管理员 | 1966年7月2日兴义 |
| 杨文祥 | 城关区 | 解放军7613部队4连战士 | 1967年4月安顺 |
| 王忠全 | 三塘区 | 遵义军分区独立营战士 | 1967年7月8日遵义 |
| 王绍文 | 以那区 | 解放军7662部队63分队班长 | 1967年10月13日四川渡口市 |
| 许定昌 | 珠藏区 | 解放军8726部队某部副指导员 | 1968年6月14日四川达县 |
| 熊国勤 | 三塘区 | 解放军0287部队某部战士 | 1969年2月15日云南丘北 |
| 喻吉元 | 城关区 | 解放军0287部队某部战士 | 1969年3月10日云南丘北 |
| 夏树祥 | 马场乡 | 解放军301部队某部战士 | 1969年8月2日云南 |
| 秦后明 | 城关区 | 解放军5929部队某部战士 | 1970年11月18日西藏当雄 |
| 王泽松 | 板桥乡 | 解放军后字202部队某部班长 | 1971年7月30日 |
| 张仕贵 | 牛场镇 | 解放军铁6师29团3营14连战士 | 1971年9月30日四川广安 |
| 周群友 | 珠藏区 | 解放军昆字326部队55分队副班长 | 1971年10月云南潞西 |
| 熊德荣 | 八步镇 | 解放军8777部队某部战士 | 1972年1月30日北京 |
| 兰新发 | 茶店乡 | 解放军8715部队汽车连战士 | 1972年2月12日陕西紫阳 |
| 周庆发 | 牛场区 | 解放军8715部队某部战士 | 1972年6月1日 |
| 王良贵 | 板桥乡 | 解放军8715部队副班长 | 1972年12月11日陕西镇巴 |
| 冯守全 | 板桥乡 | 解放军7983部队13连战士 | 1973年11月8日四川涪陵 |
| 李发文 | 八步镇 | 解放军8777部队某部战士 | 1974年4月4日北京 |
| 宋安友 | 化起镇 | 解放军总字305部队某部战士 | 1975年7月3日北京 |

续表

| 姓　名 | 出生地 | 单位及职务 | 牺牲时间地点 |
|---|---|---|---|
| 侯尚明 | 茶店镇 | 解放军铁道兵某部8连战士 | 1975年7月17日陕西 |
| 杨兴举 | 城关镇 | 解放军基建工程兵604大队战士 | 1976年7月28日河北唐山 |
| 吴道明 | 白泥乡 | 解放军基建工程支队战士 | 1976年7月28日河北唐山 |
| 赵明贵 | 牛场镇 | 解放军35013部队72分队战士 | 1977年10月8日云南 |
| 何光明 | 上平寨乡 | 解放军基建工程兵61支队605大队2中队战士 | 1978年4月18日河北迁西 |
| 汪平亮 | 黑土乡 | 解放军工程兵7团3连班长 | 1978年6月26日云南玉溪 |
| 罗国良 | 石兴乡 | 解放军35215部队72分队战士 | 1979年2月17日越南 |
| 李子云 | 阿弓区 | 解放军35216部队57分队战士 | 1979年2月17日越南 |
| 左仕权 | 阿弓区 | 解放军35216部队59分队战士 | 1979年2月17日越南 |
| 吴清政 | 三塘区 | 解放军35215部57分队战士 | 1979年2月17日越南 |
| 王成福 | 八步镇 | 解放军35215部队65分队战士 | 1979年2月17日越南 |
| 周元华 | 茶店乡 | 解放军35215部队46分队战士 | 1979年2月17日越南 |
| 彭念贵 | 化起镇 | 解放军35216部队59分队战士 | 1979年2月17日越南 |
| 何立荣 | 上平寨乡 | 解放军某部战士 | 1979年2月17日越南 |
| 杨永全 | 绮陌乡 | 解放军35215部队某部战士 | 1979年2月17日越南 |
| 杜开明 | 牛场镇 | 解放军35217部队某部战士 | 1979年2月17日越南 |
| 王景权 | 普翁乡 | 解放军35216部队67分队班长 | 1979年2月17日越南 |
| 罗正刚 | 大坪乡 | 解放军35215部队42分队副班长 | 1979年2月20日越南 |
| 张青胜 | 白泥乡 | 解放军35216部队64分队战士 | 1979年2月21日越南 |
| 李安邦 | 白泥乡 | 解放军35216部队64分队战士 | 1979年2月21日越南 |
| 李发强 | 白泥乡 | 解放军35216部队57分队战士 | 1979年2月21日越南 |
| 王家祥 | 猫场区 | 解放军35216部队67分队副班长 | 1979年2月21日越南 |
| 何言方 | 猫场区 | 解放军35216部队17分队战士 | 1979年2月21日越南 |
| 王福华 | 龙场区 | 解放军35216部队60分队班长 | 1979年2月21日越南 |
| 黄德志 | 化起镇 | 解放军35217部队1机连战士 | 1979年2月21日越南 |
| 李廷军 | 城关区 | 解放军35215部队57分队班长 | 1979年2月22日越南 |
| 王德义 | 龙场区 | 解放军35216部队67分队战士 | 1979年2月23日越南 |
| 吴道华 | 猫场区 | 解放军35216部队69分队 | 1979年2月27日越南 |
| 吕金明 | 城关镇 | 解放军35216部队战士 | 1979年2月越南 |
| 姜武林 | 城关镇 | 解放军35215部队战士 | 1979年2月越南 |

续表

| 姓　名 | 出生地 | 单位及职务 | 牺牲时间地点 |
|---|---|---|---|
| 姜　勇 | 城关镇 | 解放军35215部队战士 | 1979年2月越南 |
| 付来吉 | 城关镇 | 解放军35215部队战士 | 1979年2月越南 |
| 黄炳福 | 城关镇 | 解放军3525部队战士 | 1979年2月越南 |
| 杨有显 | 石兴乡 | 解放军35215部队58分队战士 | 1979年3月6日越南 |
| 张清发 | 中寨乡 | 解放军35215部队58分队战士 | 1979年3月6日越南 |
| 杨龙海 | 后寨乡 | 解放军35215部队某部班长 | 1979年3月11日越南 |
| 文义志 | 龙场区 | 解放军35215部队60分队战士 | 1979年3月11日越南 |
| 赵光文 | 城关区 | 解放军35215部队59分队班长 | 1979年3月21日越南 |
| 刘建荣 | 城关镇 | 解放军35215部队某部班长 | 1979年3月越南 |
| 吴安明 | 城关镇 | 解放军35215部队某部班长 | 1979年3月越南 |
| 张其明 | 龙场镇 | 解放军35215部队74分队战士 | 1979年8月31日云南马关 |
| 何开华 | 珠藏区 | 解放军35550部队65分队战士 | 1979年12月22日云南麻栗坡 |
| 张有学 | 营合乡 | 解放军35547部队17分队副班长 | 1980年4月云南边境 |
| 张青栋 | 城关区 | 解放军35547部队17分队 | 1980年10月15日云南麻栗坡 |
| 韩明芳 | 八步镇 | 解放军35215部队2分队副班长 | 1981年5月7日云南麻栗坡扣林山 |
| 陈克元 | 龙场镇 | 解放军35215部队班长 | 1981年5月7日云南麻栗坡扣林山 |
| 曾凡富 | 金龙乡 | 解放军35215部队58分队班长 | 1981年5月7日云南麻栗坡扣林山 |
| 杨龙文 | 后寨乡 | 解放军35215部队73分队战士 | 1981年5月22日云南麻栗坡扣林山 |
| 刘吉发 | 化起区 | 解放军35215部队74分队战士 | 1981年5月22日云南麻栗坡扣林山 |
| 熊绍帮 | 八步区 | 织金山脚乡信用合作社会计 | 1984年6月4日织金山脚乡 |
| 陈孝军 | 猫场区 | 西藏军区边防2团4连战士 | 1989年4月21日西藏锗邦 |

## 纳雍县172名

| 姓　名 | 出生地 | 单位及职务 | 牺牲时间地点 |
|---|---|---|---|
| 蔡应达 | 龙场区 | 中共大定地下组织职中支部负责人 | 1941年1月18日贵阳 |
| 李　俊 | 龙场区 | 龙场区民兵 | 1950年1月龙场区寨落乡 |
| 王德志 | 龙场区 | 解放军51师151团1营3连战士 | 1950年1月15日独山县墨寨乡 |
| 王树成 | 龙场区 | 龙场区民兵 | 1950年2月龙场沙坝 |
| 陈少怀 | 龙场区 | 龙场区民兵 | 1950年2月龙场沙坝 |

续表

| 姓　名 | 出生地 | 单位及职务 | 牺牲时间地点 |
|---|---|---|---|
| 宋邦杰 | 居仁区 | 解放军49师147团战士 | 1950年4月29日四川 |
| 叶绍奇 | | 解放军49师141团战士 | 1950年4月百兴区 |
| 代希然 | 龙场区 | 龙场区民兵 | 1950年8月龙场区寨落乡 |
| 杨光林 | 乐治区 | 乐治区民兵 | 1950年9月乐治区 |
| 何国民 | 乐治区 | 乐治区民兵 | 1950年10月1日居仁区箱子岩 |
| 杨德昌 | 乐治区 | 乐治区民兵 | 1950年10月16日伍左河 |
| 方仕勋 | 居仁区 | 解放军49师147团3营7连战士 | 1950年10月兴义县 |
| 刘顺民 | 姑开区 | 姑开区民兵 | 1950年姑区 |
| 苏大权 | 姑开区 | 姑开区民兵 | 1950年姑区马场 |
| 李老么 | 姑开区 | 姑开区民兵 | 1950年姑开区 |
| 谢老么 | 姑开区 | 姑开区民兵 | 1950年姑开区 |
| 张明先 | | 解放军49师147团3营9连战士 | 1950年普安县 |
| 罗维清 | | 解放军某部战士 | 1950年毕节县 |
| 陈崇发 | 龙场区 | 龙场区民兵 | 1951年1月11日龙场区沙坝乡 |
| 谢大友 | 维新区 | 志愿军某部战士 | 1951年2月12日朝鲜 |
| 张国民 | 阳长区 | 解放军87师259团战士 | 1951年3月福建 |
| 丁训明 | 维新区 | 志愿军45师某部通讯员 | 1951年6月2日朝鲜 |
| 熊有强 | 龙场区 | 志愿军某部战士 | 1951年7月4日朝鲜 |
| 郭太文 | 阳长区 | 解放军48团3营11连战士 | 1951年7月广东 |
| 王树财 | 乐治区 | 志愿军140师418团1营1连战士 | 1951年10月朝鲜 |
| 吴朝文 | 维新区 | 维新区中队战士 | 1951年10月维新区化作乡 |
| 王定国 | 龙场区 | 龙场区民兵 | 1951年维新 |
| 李绍华 | 维新区 | 维新区民兵 | 1951年维新 |
| 李亮成 | 维新区 | 维新区民兵 | 1951年维新 |
| 卢启彬 | 鬃岭区 | 龙场区中队战士 | 1951年龙场区 |
| 黎华宣 | 鬃岭区 | 志愿军66师197团重炮营战士 | 1951年朝鲜 |
| 陈文祥 | 乐治区 | 贵州省军区警卫营1连战士 | 1951年纳雍县 |
| 杨明金 | 居仁区 | 志愿军79师237团4连战士 | 1951年朝鲜方山 |

续表

| 姓　名 | 出生地 | 单位及职务 | 牺牲时间地点 |
|---|---|---|---|
| 李华相 | 姑开区 | 志愿军45师135团机炮连战士 | 1951年朝鲜 |
| 赵明周 | 姑开区 | 志愿军20军特务团副班长 | 1951年朝鲜 |
| 谢乔保 | 姑开区 | 姑开区民兵 | 1951年姑开 |
| 邓廷龙 | 姑开区 | 姑开区民兵 | 1951年姑开 |
| 苏友朋 | 姑开区 | 姑开区民兵 | 1951年姑开 |
| 杨长发 | 姑开区 | 姑开区民兵 | 1951年姑开 |
| 何忠国 | | 解放军49师147团排长 | 1951年安龙县城关 |
| 唐思才 | 乐治区 | 志愿军辎重19团2营5连战士 | 1951年1月2日朝鲜 |
| 王瑞廷 | 龙场区 | 志愿军124师370团2营2连战士 | 1952年3月朝鲜 |
| 刘兴文 | 治昆区 | 志愿军45师135团7连战士 | 1952年7月4日朝鲜 |
| 李飞龙 | 城关镇 | 解放军49师147团1营3连战士 | 1952年7月21日四川黑水 |
| 徐修文 | 城关区 | 解放军49师147团1营3连战士 | 1952年7月21日四川黑水 |
| 王道荣 | 龙场区 | 解放军49师147团2连战士 | 1952年7月25日四川黑水 |
| 何明亮 | 阳长区 | 解放军124师372团4连战士 | 1952年9月朝鲜 |
| 王显章 | 维新区 | 维新区中队文书 | 1952年9月纳雍龙场 |
| 赵吉学 | 城关镇 | 志愿军45师134团7连战士 | 1952年10月16日朝鲜上甘岭 |
| 杨维国 | 龙场区 | 志愿军115师344团2营5连班长 | 1952年10月朝鲜 |
| 卢启彬 | 龙场区 | 志愿军某部战士 | 1952年朝鲜 |
| 万绍云 | 百兴区 | 志愿军某部战士 | 1952年朝鲜 |
| 谢庆臣 | 百兴区 | 志愿军190师某部战士 | 1952年朝鲜 |
| 唐绍明 | 乐治区 | 志愿军补训48团3营7连战士 | 1952年朝鲜 |
| 杨文明 | 乐治区 | 志愿军114师342团1连战士 | 1952年朝鲜 |
| 刘正国 | 治昆区 | 治昆区左鸠戛乡乡长 | 1952年治昆区郭家冲 |
| 陈青明 | 龙场区 | 革新乡乡长 | 1952年龙场区 |
| 王树州 | 居仁区 | 志愿军199师597团5连副班长 | 1953年7月13日朝鲜 |
| 刘忠才 | 居仁区 | 志愿军炮兵601团机枪连战士 | 1953年7月19日朝鲜 |
| 郭正全 | 乐治区 | 解放军3529部队战士 | 1953年7月西藏 |
| 张德昌 | 维新区 | 志愿军47师141团1营1连战士 | 1953年10月16日朝鲜 |

续表

| 姓　名 | 出生地 | 单位及职务 | 牺牲时间地点 |
|---|---|---|---|
| 何登荣 | 鬃岭区 | 纳雍县公安队战士 | 1953年10月治昆区 |
| 郭太明 | 鬃岭区 | 纳雍县公安队班长 | 1953年10月治昆区 |
| 龙绍华 | 阳长区 | 解放军西藏军区某部战士 | 1954年3月西藏 |
| 朱德文 | 张维区 | 解放军49师147团3营机枪连战士 | 1954年贵阳市 |
| 李龙胜 | 城关区 | 解放军康定军分区战士 | 1955年四川康定 |
| 林加友 | 龙场区 | 解放军54师通讯连战士 | 1955年11月21日西藏 |
| 李隆先 | 乐治区 | 解放军某部3连战士 | 1956年2月29日四川义敦 |
| 张贞学 | 维新区 | 解放军3644部队某部战士 | 1956年3月13日四川 |
| 彭德俊 | 鬃岭区 | 解放军0069部队2分队战士 | 1956年3月23日四川黑水 |
| 王德祥 | 维新区 | 解放军3644部队141支队战士 | 1956年3月四川省稻城县 |
| 杜发信 | 城关区 | 解放军3529部队130分队战士 | 1956年6月16日四川甘孜 |
| 龙从道 | 维新区 | 解放军0069部队战士 | 1956年6月20日四川黑水 |
| 杨德芳 | 维新区 | 解放军0069部队战士 | 1956年6月20日四川黑水 |
| 石文荣 | 维新区 | 解放军0069部队战士 | 1956年6月20日四川黑水 |
| 黄公文 | 龙场区 | 解放军0069部队战士 | 1956年6月21日四川黑水 |
| 钟学文 | 阳长区 | 解放军0074部队2支队1连战士 | 1956年6月西藏昌都 |
| 龙开明 | 张维区 | 解放军0074部队某部战士 | 1956年6月西康 |
| 王景明 | 居仁区 | 解放军0074部队2支 队2分队6连战士 | 1956年6月西藏昌都 |
| 詹明友 | 龙场区 | 解放军54师161团2连战士 | 1956年西藏巴江 |
| 徐怀益 | 维新区 | 解放军3529部队战士 | 1956年四川 |
| 卢少伍 | 居仁区 | 解放军54师161团战士 | 1956年四川黑水 |
| 陈元忠 | 张维区 | 解放军3529部队战士 | 1956年四川 |
| 陈学昌 | 阳长区 | 解放军3529部队战士 | 1956年四川甘孜 |
| 张学友 | 维新区 | 解放军3529部队副班长 | 1956年四川 |
| 卢云友 | 城关区 | 解放军3529部队战士 | 1956年四川 |
| 任长保 | 姑开区 | 成都军区某部战士 | 1956年四川稿城 |
| 马正国 | 姑开区 | 解放军3529部队战士 | 1956年四川 |
| 饶显朝 | 治昆区 | 解放军3529部队战士 | 1956年四川甘孜 |

续表

| 姓　名 | 出生地 | 单位及职务 | 牺牲时间地点 |
|---|---|---|---|
| 王绍祥 | 治昆区 | 解放军3529部队67分队战士 | 1956年四川 |
| 李绍安 | 龙场区 | 解放军3529部队战士 | 1956年四川 |
| 王成有 | 龙场区 | 解放军3529部队战士 | 1956年四川 |
| 周国明 | 张维区 | 解放军3529部队12分支队1连战士 | 1957年4月四川白玉 |
| 朱开贤 | 阳长区 | 解放军0950部队班长 | 1957年6月辽宁旅大 |
| 熊少奎 | 乐治区 | 解放军3529部队131分队战士 | 1957年9月4日四川 |
| 陈昌友 | 治昆区 | 解放军3529部队战士 | 1957年10月5日四川 |
| 王国忠 | 治昆区 | 解放军3644部队142分队副班长 | 1957年11月21日四川雅江 |
| 郭太祥 | 龙场区 | 解放军54师161团5营战士 | 1957年四川 |
| 刘发德 | 乐治区 | 解放军3529部队战士 | 1957年西藏 |
| 何兴举 | 阳长区 | 解放军54师162团理发员 | 1957年西藏 |
| 朱绍华 | 龙场区 | 解放军0069部队1支队5连战士 | 1958年6月27日甘肃省甘南 |
| 何兴万 | 鬃岭区 | 解放军0069部队1支队5连战士 | 1958年6月27日甘肃省甘南 |
| 赵世吉 | 龙场区 | 解放军0069部队2支队5连战士 | 1958年6月甘肃省甘南 |
| 陈发祝 | 居仁区 | 解放军0069部队班长 | 1958年8月26日甘肃省 |
| 王开全 | 百兴区 | 解放军0069部队战士 | 1958年四川省 |
| 马正祥 | 姑开区 | 姑开区民兵 | 1958年姑开区 |
| 王正朝 | 姑开区 | 姑开区民兵 | 1958年姑开区 |
| 杨光斗 | 维新区 | 维新区民兵 | 1958年姑开区 |
| 杨珍奎 | 乐治区 | 解放军8505部队3支队4连战士 | 1959年6月27日内昆铁路 |
| 吴学明 | 百兴区 | 解放军8505部队3支队8连战士 | 1959年6月内昆铁路 |
| 杨关学 | 张维区 | 解放军33师67团1营1连班长 | 1959年四川色达 |
| 王景相 | 鬃岭区 | 解放军8505部队战士 | 1959年内昆铁路 |
| 陈明礼 |  | 解放军8505部队3支队战士 | 1950年威宁天生桥 |
| 祝正荣 | 姑开区 | 解放军7661部队副班长 | 1962年6月威宁金钟 |
| 王景贵 | 鬃岭区 | 解放军7591部队班长 | 1965年11月 |
| 杨兴文 | 治昆区 | 解放军7659部队排长 | 1967年2月24日北京 |
| 彭思全 | 张维区 | 解放军7717部队162分队战士 | 1967年3月2日云南 |

续表

| 姓　名 | 出生地 | 单位及职务 | 牺牲时间地点 |
|---|---|---|---|
| 刘文海 | 城关镇 | 解放军7600部队战士 | 1967年5月9日云南 |
| 刘发荣 | 龙场区 | 解放军0020部队86分队战士 | 1968年6月20日云南 |
| 黄光良 | 姑开区 | 解放军7617部队战士 | 1968年8月19日云南 |
| 李大才 | 姑开区 | 解放军8724部队24分队战士 | 1968年8月19日四川米易 |
| 林焕成 | | 昆明军区73医院军医 | 1969年11月2日安顺市 |
| 张兰新 | 龙场区 | 解放军7617部队班长 | 1970年1月24日云南元江 |
| 何兴军 | 阳长区 | 解放军某部战士 | 1970年12月云南开远 |
| 宋安平 | 鬃岭区 | 解放军6760部队战士 | 1971年3月20日老挝 |
| 代顺学 | 鬃岭区 | 解放军5864部队19分队班长 | 1972年1月26日陕西白河 |
| 王兴科 | 阳长区 | 解放军某部122团战士 | 1972年6月7日遵义 |
| 彭洪贵 | 鬃岭区 | 解放军工程兵851大队战士 | 1972年12月27日青海西宁 |
| 张应均 | 龙场区 | 解放军5864部队13连战士 | 1973年5月6日 |
| 刘发刚 | 居仁区 | 解放军8726部队95分队战士 | 1973年11月 19日 |
| 何开学 | 居仁区 | 解放军1411部队战士 | 1973年11月28日辽宁 |
| 姜昭云 | 居仁区 | 解放军56032部队83分队战士 | 1975年9月12日四川 |
| 查仕雄 | 维新区 | 解放军89347部队战士 | 1976年7月24日青海 |
| 尚金福 | 龙场区 | 解放军89347部队战士 | 1976年11月27日青海 |
| 杜应祥 | 阳长区 | 解放军某部战士 | 1978年1月26日青海 |
| 何德样 | 乐治区 | 解放军昆字367部队助理员 | 1978年3月27日云南昆明 |
| 陶荣祥 | 治昆区 | 解放军35211部队59分队战士 | 1979年2月17日越南 |
| 左训友 | 龙场区 | 解放军35206部队44分队战士 | 1979年2月17日越南 |
| 刘先学 | 维新区 | 解放军35201部队战士 | 1979年2月17日越南 |
| 李从芳 | 百兴区 | 解放军35206部队战士 | 1979年2月17日越南 |
| 张祥洪 | 居仁区 | 解放军35206部队67分队战士 | 1979年2月18日越南 |
| 胡永芳 | 百兴区 | 解放军35206部队战士 | 1979年2月18日越南 |
| 张少祥 | 姑开区 | 解放军35223部队战士 | 1979年2月18日越南 |
| 李　林 | 姑开区 | 解放军35210部队战士 | 1979年2月18日越南 |
| 郭太明 | 姑开区 | 解放军35206部队战士 | 1979年2月18日越南 |

续表

| 姓　名 | 出生地 | 单位及职务 | 牺牲时间地点 |
| --- | --- | --- | --- |
| 杨维国 | 治昆区 | 解放军35211部队战士 | 1979年2月18日越南 |
| 蔡明贤 | 维新区 | 解放军35207部队战士 | 1979年2月18日越南 |
| 陈绍发 | 鬃岭区 | 解放军35013部队82分队战士 | 1979年2月19日越南 |
| 蒋仕荣 | 治昆区 | 解放军35206部队战士 | 1979年2月22日越南 |
| 李启先 | 百兴区 | 解放军35206部队战士 | 1979年2月22日越南 |
| 韦国民 | 龙场区 | 解放军35206部队75分队战士 | 1979年2月22日越南 |
| 刘天华 | 城关镇 | 解放军35206部队44分队战士 | 1979年2月22日越南 |
| 陈启芳 | 龙场区 | 解放军35206部队74分队战士 | 1979年2月22日越南 |
| 陈秀云 | 龙场区 | 解放军35211部队71分队战士 | 1979年2月24日越南 |
| 史洪祥 | 城关镇 | 解放军35205部队66分队战士 | 1979年2月25日越南 |
| 杨国忠 | 乐治区 | 解放军35206部队65分队战士 | 1979年2月27日越南 |
| 彭照能 | 治昆区 | 解放军35211部队战士 | 1979年2月越南 |
| 杨仕舜 | 城关镇 | 解放军35211部队73分队战士 | 1979年2月越南 |
| 胡从武 | 张维区 | 解放军某部战士 | 1979年3月1日越南 |
| 江新阳 | 龙场区 | 解放军35211部队65分队战士 | 1979年3月1日越南 |
| 陈　祥 | 乐治区 | 解放军35206部队战士 | 1979年3月2日越南 |
| 张青发 | 居仁区 | 解放军89349部队战士 | 1979年6月17日青海刚察 |
| 龙育文 | 居仁区 | 解放军35205部队57分队战士 | 1979年7月云南砚山 |
| 蒋本文 | 姑开区 | 解放军35546部队战士 | 1979年11月4日云南富宁 |
| 熊显昌 | 维新区 | 解放军35210部队战士 | 1980年6月12日修文 |
| 杨林科 | 阳长区 | 解放军35214部队班长 | 1981年7月2日云南麻栗坡扣林山 |
| 胡大全 | 居仁区 | 解放军32师炮团9连班长 | 1984年7月29日云南麻栗坡 |
| 葛　勇 | 阳长区 | 解放军35110部队某部班长 | 1984年8月10日云南老山 |
| 杨大朝 | 雍熙镇 | 解放军35110部队53分队战士 | 1984年9月27日云南老山 |
| 袁明学 | 治昆区 | 解放军35110部队4分队战士 | 1984年11月21日云南老山 |
| 刘　松 | 雍熙镇 | 武装警察部队惠水县中队副班长 | 1987年12月4日惠水 |
| 杨仕海 | 维新区 | 维新公安派出所民警 | 1990年5月30日维新区 |
| 卢　洪 | 雍熙镇 | 13军37师高炮旅2营4连战士 | 2003年3月10日贵州龙里 |

## 威宁县164名

| 姓　名 | 出生地 | 单位及职务 | 牺牲时间地点 |
|---|---|---|---|
| 魏元成 | 黑石头区 | 威宁海田游击队情报员 | 1949年1月威宁哲觉 |
| 管　三 | 黑石头区 | 云南宣威支队5大队战士 | 1949年3月云南宣威 |
| 周小留 | 黑石头区 | 威宁海田游击队战士 | 1949年9月威宁海田 |
| 周小猫 | 中水区 | 威宁游击团战士 | 1949年10月威宁兰家丫口 |
| 刘开成 | 中水区 | 威宁游击团战士 | 1949年10月威宁兰家丫口 |
| 陈小六 | 中水区 | 威宁游击团战士 | 1949年10月威宁兰家丫口 |
| 徐元祥 | 黑石头区 | 威宁海田游击团战士 | 1949年10月云南武定 |
| 高才珍 | 黑石头区 | 威宁海田游击队战士 | 1949年11月云南省贵州省交界处牛栏江 |
| 刘福庭 | 牛棚区 | 云南个旧黄茅山矿地下工作员 | 1949年12月云南蒙自 |
| 蔡小贵 | 黑石头区 | 威宁海田游击大队战士 | 1950年2月威宁海田 |
| 张天德 | 黑石头区 | 威宁海田游击大队战士 | 1950年3月威宁海田 |
| 唐正明 | 黑石头区 | 威宁海田游击大队情报员 | 1950年4月23日威宁海田 |
| 陆宗堂 | 龙街区 | 威宁游击团政委 | 1950年4月23日威宁梨树沟 |
| 禄发奎 | 龙街区 | 威宁游击团连长 | 1950年4月23日威宁梨树沟 |
| 严正华 | 大街区 | 威宁游击团班长 | 1950年4月23日威宁梨树沟 |
| 陈永德 | 龙街区 | 威宁游击团战士 | 1950年4月23日威宁梨树沟 |
| 魏元成 | 黑石头区 | 威宁海田游击队情报员 | 1949年1月23日威宁哲觉 |
| 严正科 | 观风海区 | 威宁游击团班长 | 1950年4月23日威宁梨树沟 |
| 温文聪 | 龙街区 | 威宁游击团班长 | 1950年4月23日威宁梨树沟 |
| 周三毛 | 大街区 | 威宁游击团班长 | 1950年4月23日威宁梨树沟 |
| 吕关保 | 牛棚区 | 威宁游击团战士 | 1950年4月威宁 |
| 陈国荣 | 牛棚区 | 威宁游击团战士 | 1950年4月威宁 |
| 杨　仙 | | 威宁海田游击大队战士 | 1950年4月威宁黑石竹根箐 |
| 符开泰 | 黑石头区 | 威宁海田游击大队情报员 | 1950年5月威宁哲觉 |
| 文成章 | 龙街区 | 解放军43师某团3营战士 | 1950年5月云南彝良 |
| 陈浪才 | 盐仓区 | 志愿军112师某部战士 | 1950年11月5日朝鲜 |
| 李子青 | 幺站区 | 幺站区民兵 | 1950年威宁瓜拉花街梁子 |
| 黄明清 | | 解放军毕节军分区战士 | 1950年毕节县 |
| 张顺友 | 观风海区 | 观风海区民兵 | 1951年1月威宁观风海 |
| 陈仕贤 | 二塘区 | 解放军49师145团8连副班长 | 1951年2月8日册亨坡坪 |

续表

| 姓　名 | 出生地 | 单位及职务 | 牺牲时间地点 |
|---|---|---|---|
| 朱玉成 | 金钟区 | 志愿军某部战士 | 1951年2月12日朝鲜 |
| 邓广明 | 二塘区 | 志愿军120师358团4连战士 | 1951年2月12日朝鲜 |
| 邓玉发 | 二塘区 | 志愿军119师357团3营7连战士 | 1951年2月13日朝鲜 |
| 陈阿牛 | 大街区 | 大街区民兵队长 | 1951年2月兔街大坪子 |
| 李德林 | 二塘区 | 志愿军某部战士 | 1951年7月4日朝鲜 |
| 安金保 | 龙街区 | 解放军都匀军分区战士 | 1951年8月10日都匀 |
| 李发轩 | 金钟区 | 志愿军81师241团3营8连班长 | 1951年9月2日朝鲜 |
| 马贤良 | 中水区 | 志愿军77师231团1营1连战士 | 1951年11月朝鲜 |
| 尹作清 | 二塘区 | 志愿军190师568团1营2连战士 | 1951年12月1日朝鲜 |
| 陈光荣 | 金钟区 | 志愿军47师140团3营7连战士 | 1951年12月5日朝鲜 |
| 刘开银 | 黑石头区 | 志愿军76师228团8连副班长 | 1951年12月朝鲜 |
| 唐洪顺 | 二塘区 | 志愿军辎重19团2营6连战士 | 1951年12月朝鲜 |
| 罗占明 | 三区 | 志愿军190师568团战士 | 1951年12月朝鲜 |
| 程玉元 | 观风海区 | 观风海区民兵 | 1951年12月威宁观风海 |
| 马贤顺 | 观风海区 | 志愿军某部战士 | 1951年朝鲜 |
| 林小保 | 金钟区 | 志愿军47师140团1营3连战士 | 1951年朝鲜 |
| 管有才 | 小海区 | 志愿军某部战士 | 1951年朝鲜 |
| 耿吉科 | 大街区 | 志愿军铁2师12团战士 | 1952年1月19日朝鲜 |
| 陈永清 | 盐仓区 | 志愿军辎重19团5连战士 | 1952年1月朝鲜 |
| 郑朝清 | 六区 | 志愿军2师战士 | 1952年3月朝鲜 |
| 母永洪 | 黑石头区 | 志愿军45师133团机炮连战士 | 1952年6月1日朝鲜 |
| 严发祥 | 二塘区 | 志愿军45师135团2营4连班长 | 1952年10月24日朝鲜上甘岭 |
| 王其贵 | 龙场区 | 志愿军45师134团2营5连通讯员 | 1952年10月朝鲜上甘岭 |
| 李寿全 | 羊街区 | 志愿军45师133团2营5连战士 | 1952年10月朝鲜上甘岭 |
| 杨树清 | 六区 | 志愿军桥梁12团3营7连战士 | 1952年11月17日朝鲜平安南道平原郡 |
| 王家邦 | 城关镇 | 志愿军45师133团9连战士 | 1952年朝鲜上甘岭 |
| 汤泽远 | 城关镇 | 志愿军45师133团迫炮连战士 | 1952年朝鲜 |
| 林世荣 | 金钟区 | 志愿军47师140团战士 | 1952年朝鲜 |
| 邓明海 | 二塘区 | 志愿军某部战士 | 1952年朝鲜 |
| 卯树清 | 盐仓区 | 志愿军47师141团副排长 | 1953年5月20日朝鲜平安南道 |
| 张年成 | 盐仓区 | 志愿军某部战士 | 1953年6月朝鲜 |
| 管炎明 | 杨冲乡 | 志愿军47师140团1营炮连战士 | 1953年7月14日朝鲜 |

续表

| 姓　名 | 出生地 | 单位及职务 | 牺牲时间地点 |
|---|---|---|---|
| 文银开 | 中水区 | 解放军54师162团警通连战士 | 1953年9月 |
| 萧老三 | 黑石头区 | 志愿军铁道兵独立桥梁团1营4连战士 | 1953年朝鲜 |
| 赵远配 | 黑石头区 | 志愿军67师3支队战士 | 1953年朝鲜 |
| 车小顺 | 二塘区 | 西藏军区驻川办事处战士 | 1953年四川 |
| 彭洪康 | 城关区 | 志愿军47师某部战士 | 1954年1月28日朝鲜 |
| 李怀成 | 羊街区 | 志愿军某部战士 | 1954年5月6日朝鲜 |
| 宋珍全 | 大街区 | 县公安队班长 | 1954年5月14日威宁二区 |
| 孔祥元 | 盐仓区 | 解放军某部警卫营战士 | 1954年6月23日威宁文昌乡 |
| 蔡安平 | 盐仓区 | 解放军0074部队2支队2分队战士 | 1954年8月3日 |
| 王桥林 | 观风海区 | 解放军0074部队3支队2分队战士 | 1954年11月29日 |
| 李家德 | 大街区 | 解放军0074部队3支队战士 | 1954年11月29日康藏公路 |
| 顾小科 | 大街区 | 解放军0074部队3支队2分队战士 | 1954年11月康藏公路 |
| 龙升学 | 小海区 | 公安军57团2连战士 | 1956年2月13日四川金阳 |
| 谢正清 | 小海区 | 公安军57团战士 | 1956年2月23日四川金阳 |
| 赵文荣 | 龙场区 | 解放军8506部队战士 | 1956年2月28日西藏 |
| 陶圣和 | 小海区 | 公安军某部7营2连战士 | 1957年2月28日四川 |
| 程国忠 | 观风海区 | 解放军3529部队战士 | 1956年3月10日四川 |
| 王自荣 | 大街区 | 公安军某部7营2连战士 | 1956年3月19日四川理塘 |
| 王玉邦 | 小海区 | 公安军四川内卫7营2连战士 | 1956年3月21日四川理塘 |
| 李小文 | 羊街区 | 解放军3529部队战士 | 1956年3月25日四川 |
| 李明顺 | 小海区 | 解放军3529部队副班长 | 1956年3月四川 |
| 耿合合 | 幺站区 | 解放军3529部队战士 | 1956年3月四川 |
| 罗才宣 | 羊街区 | 解放军3529部队战士 | 1956年3月四川 |
| 张其三 | 金钟区 | 解放军3529部队战士 | 1956年3月四川 |
| 孔小白 | 金钟区 | 解放军3529部队战士 | 1956年3月四川 |
| 李小伍 | 金钟区 | 解放军3529部队战士 | 1956年3月四川 |
| 戴必文 | 羊街区 | 解放军3658部队11分队副排长 | 1956年4月8日云南宁蒗 |
| 卯故银 | 小海区 | 公安军内卫7营战士 | 1956年5月1日四川甘洛 |
| 苏云清 | 十一区 | 解放军3529部队四连战士 | 1956年8月四川省 |
| 龙仕斌 | 羊街区 | 解放军3505部队2支队6分队战士 | 1956年9月17日云南彝良 |
| 李寿昌 | 观风海区 | 解放军3529部队副班长 | 1956年9月四川 |
| 陈贵祥 | 观风海区 | 解放军成都部队汽车团6连战士 | 1956年四川 |

续表

| 姓 名 | 出生地 | 单位及职务 | 牺牲时间地点 |
|---|---|---|---|
| 朱启光 | 龙街区 | 新民乡乡长 | 1956年威宁县新民乡 |
| 向中荣 | 龙街区 | 新民乡代销员 | 1956年威宁县新民乡 |
| 费明军 | 金钟区 | 解放军成都部队某部班长 | 1957年5月4日四川西昌 |
| 赵德义 | 黑石头区 | 解放军0038部队警卫连战士 | 1957年4月云南思茅 |
| 王银章 | 小海区 | 解放军3529部队131分队战士 | 1957年7月15日 |
| 赵英文 | 二塘区 | 解放军0069部队3支队2分队战士 | 1957年8月16日四川 |
| 张财顺 | 观风海区 | 解放军3644部队3营8连战士 | 1957年10月3日四川理塘 |
| 李寿雄 | 大街区 | 解放军3524部队战士 | 1957年云南车里大勐龙 |
| 王连德 | 龙街区 | 解放军某部1支队2分队炮连副班长 | 1958年5月辽宁省 |
| 蔡昌云 | 盐仓区 | 解放军3408部队6大队战士 | 1958年6月19日四川西昌 |
| 李世云 | 小海区 | 解放军3524部队7分队战士 | 1958年10月3日云南西双版纳 |
| 龙洪安 | 龙街区 | 龙街区新民乡民兵连长 | 1958年威宁马街 |
| 罗仕华 | 龙街区 | 龙街区新民乡乡长 | 1958年威宁马街 |
| 陈国民 | 羊街区 | 解放军3524部队战士 | 1959年1月26日云南车里大勐龙 |
| 梁建章 | 中水区 | 公安军23团战士 | 1959年10月23日云南沾益 |
| 赵远朝 | 城关区 | 解放军8391部队1连战士 | 1961年8月15日云南寻甸 |
| 谢开学 | 黑石头区 | 解放军昆明步兵学校学员 | 1961年7月23日云南昆明 |
| 李开有 | 观风海区 | 解放军7629部队13分队战士 | 1964年4月7日盘江 |
| 罗世流 | 黑石头区 | 解放军昆字368部队69分队 | 1964年4月24日 |
| 刘仕成 | 金钟区 | 解放军7594部队副班长 | 1964年9月7日 |
| 孙达伦 | 中水区 | 解放军昆字305部队战士 | 1965年3月14日云南沾益 |
| 王仕民 | 中水区 | 解放军7595部队21连副连长 | 1965年6月26日云南 |
| 陈正乖 | 观风海区 | 解放军7594部队排长 | 1966年9月云南禄丰 |
| 李兴桥 | 黑石头区 | 解放军7859部队77分队战士 | 1966年12月2日云南双江 |
| 张仁学 | 中水区 | 解放军713部队72分队战士 | 1967年6月26日云南河口 |
| 杨正良 | 龙街区 | 解放军713部队76分队战士 | 1967年7月31日云南河口 |
| 朱小石 | 龙场区 | 解放军7574部队57分队战士 | 1968年7月8日云南勐腊 |
| 姚火国 | 龙街区 | 解放军0273部队事务员 | 1968年10月30日云南宜良 |
| 马应乖 | 黑石头区 | 解放军0025部队91分队战士 | 1978年11月四川隆昌 |
| 李小全 | 黑石头区 | 解放军7595部队25分队连长 | 1969年1月13日 |
| 马永乖 | 中水区 | 解放军7637部队炮连战士 | 1969年3月28日云南沧源 |
| 朱作清 | 观风海 | 解放军0024部队战士 | 1969年5月3日重庆 |

续表

| 姓　名 | 出生地 | 单位及职务 | 牺牲时间地点 |
|---|---|---|---|
| 李仁学 | 城关区 | 解放军0023部队后勤部战士 | 1969年8月8日四川内江 |
| 谢敬义 | 观风海区 | 解放军713部队73分队战士 | 1969年10月29日云南 |
| 朱佳毕 | 观风海区 | 解放军8276部队11小队战士 | 1970年6月9日北京石景山 |
| 郭永康 | 幺站区 | 解放军7586部队2连战士 | 1971年3月16日云南 |
| 孔祥生 | 黑石头区 | 解放军7655部队战士 | 1971年7月21日云南 |
| 马石恩 | 黑石头区 | 昆明军区后勤部395库战士 | 1972年1月6日云南 |
| 文德华 | 中水区 | 昆明军区后勤部57水泥厂战士 | 1972年5月6日云南昆明 |
| 杨发忠 | 金钟区 | 解放军昆字359部队战士 | 1972年6月7日 |
| 罗德五 | 龙场区 | 龙场区民兵 | 1973年3月威宁龙场区 |
| 万先志 | 四川泸县 | 解放军8673部队3中队10分队战士 | 1974年7月3日四川平武 |
| 陈天义 | 金钟区 | 昆明军区独立营战士 | 1975年云南省昆明市 |
| 张学冲 | 龙街区 | 解放军88727部队战士 | 1976年2月29日四川平武 |
| 祖章德 | 幺站区 | 解放军某部战士 | 1976年4月老挝 |
| 刘重义 | 观风海区 | 西藏军区基建工程兵战士 | 1976年5月20日西藏 |
| 吴承兴 | 牛棚区 | 解放军35405部队战士 | 1976年8月13日云南峨山 |
| 蔡定举 | 二塘区 | 解放军某部班长 | 1978年3月7日云南峨山 |
| 赵庆国 | 牛棚区 | 解放军56190部队战士 | 1978年12月西藏拉萨 |
| 王发坤 | 观风海区 | 解放军35240部队65分队副连长 | 1979年2月17日越南 |
| 刘世学 | 大街区 | 解放军35505部队51分队战士 | 1979年2月19日越南 |
| 朱正明 | 中水区 | 解放军35505部队61分队战士 | 1979年2月20日越南 |
| 马永伦 | 中水区 | 解放军35505部队45分队战士 | 1979年2月21日越南 |
| 李怀学 | 大街区 | 解放军35505部队45分队战士 | 1979年2月21日越南 |
| 王必林 | 城关区 | 解放军53013部队战士 | 1979年2月22日越南 |
| 罗永周 | 黑石头区 | 解放军35504部队42分队战士 | 1979年2月23日越南 |
| 李兰清 | 黑石头区 | 解放军35504部队52分队战士 | 1979年2月23日越南 |
| 潘明才 | 幺站区 | 解放军35505部队45分队战士 | 1979年2月24日越南 |
| 陶永平 | 小海区 | 解放军35265部队战士 | 1979年2月28日越南 |
| 程军华 | 小海区 | 解放军35504部队61分队战士 | 1979年2月28日越南 |
| 李寿琴 | 小海区 | 解放军35504部队52分队战士 | 1979年2月越南 |
| 陈珍荣 | 小海区 | 解放军35265部队61分队战士 | 1979年3月1日越南 |

续表

| 姓　名 | 出生地 | 单位及职务 | 牺牲时间地点 |
|---|---|---|---|
| 蔡昌文 | 城关区 | 解放军35265部队65分队战士 | 1979年3月1日越南 |
| 孙国安 | 龙街区 | 解放军35265部队53分队战士 | 1979年3月1日越南 |
| 浦树文 | 龙街区 | 解放军35265部队75分队战士 | 1979年3月20日越南 |
| 李由银 | 幺站区 | 解放军35541部队18分队战士 | 1979年4月16日云南 |
| 康永学 | 二塘区 | 解放军114兵站战士 | 1979年云南省河口 |
| 周再军 | 城关镇 | 解放军35105部队52分队战士 | 1984年4月30日云南者阴山 |
| 徐林聪 | 观风海区 | 解放军35550部队班长 | 1988年9月28日云南老山 |
| 严子桃 | 羊街镇 | 江苏打工 | 2005年8月15日江苏扬州 |

## 赫章县97名

| 姓　名 | 出生地 | 单位及职务 | 牺牲时间地点 |
|---|---|---|---|
| 席　志 | 六曲河区 | 贵州抗日救国军第一支队连长 | 1936年10月毕节 |
| 席大明 | 六曲河区 | 贵州抗日救国军第一支队司令 | 1936年11月16日毕节县 |
| 苏海桃 |  | 解放军某部538团战士 | 1950年5月四川大邑 |
| 郭老四 | 妈姑区 | 妈姑区民兵 | 1951年3月11日赫章王家院 |
| 戴顺川 | 野马川区 | 志愿军45师133团卫生连战士 | 1951年4月30日朝鲜九岭山 |
| 严子敏 | 青山区 | 志愿军115师334团警卫连战士 | 1951年5月13日朝鲜 |
| 曾再火 | 野马川区 | 志愿军45师133团4连战士 | 1951年5月17日朝鲜 |
| 李才英 | 财神区 | 志愿军45师133团8连战士 | 1951年5月17日朝鲜 |
| 徐长法 | 财神区 | 解放军49师147团9连班长 | 1951年5月22日望谟 |
| 李金福 | 兴发区 | 志愿军某部辎重19团2营战士 | 1951年7月14日朝鲜成川郡 |
| 张帮纯 | 六曲河区 | 志愿军补训48团3营9连战士 | 1951年8月18日朝鲜 |
| 陶有福 | 野马川区 | 志愿军190师569团8连战士 | 1951年9月4日朝鲜 |
| 文道忠 | 妈姑区 | 志愿军190师568团战士 | 1951年10月1日朝鲜 |
| 陈桂友 | 妈姑区 | 志愿军190师569团3连战士 | 1951年11月4日朝鲜 |
| 姚明清 | 古达区 | 解放军某部警卫营战士 | 1951年11月27日赫章安甲 |
| 陈正清 | 青山区 | 青山区民兵 | 1951年12月赫章恒底 |
| 刘吉安 | 妈姑区 | 志愿军190师568团副班长 | 1952年1月3日朝鲜 |
| 赵明顺 | 财神区 | 志愿军铁2师某部战士 | 1952年1月19日朝鲜 |
| 韩德明 | 野马川区 | 志愿军铁直属桥梁团2营5连战士 | 1952年1月19日朝鲜 |

续表

| 姓　名 | 出生地 | 单位及职务 | 牺牲时间地点 |
|---|---|---|---|
| 文德清 | 财神区 | 财神区民兵队长 | 1952年2月赫章 |
| 甘兴杨 | 六曲河区 | 志愿军某部战士 | 1952年5月朝鲜 |
| 徐国祥 | 三区 | 志愿军117师351团6连班长 | 1952年6月15日朝鲜 |
| 王光玉 | 古达区 | 志愿军铁直属桥梁团战士 | 1952年6月27日朝鲜 |
| 刘德银 | 兴发区 | 志愿军45师135团7连战士 | 1952年7月10日朝鲜五圣山 |
| 李信荣 | 妈姑区 | 志愿军12军后勤部担架连战士 | 1952年7月18日朝鲜淮阳郡 |
| 张兴发 | 六曲河区 | 志愿军45师133团警卫员 | 1952年7月24日朝鲜 |
| 马银松 | 兴发区 | 志愿军126师377团担架连战士 | 1952年8月5日朝鲜 |
| 张友宽 | 野马川区 | 志愿军12军后勤部担架营战士 | 1952年9月15日朝鲜淮阳郡下台日里 |
| 傅绍宣 | 古达区 | 志愿军铁直属桥梁团战士 | 1952年10月1日朝鲜 |
| 卢双友 | 妈姑区 | 志愿军45师135团9连副班长 | 1952年10月14日朝鲜上甘岭 |
| 谢连华 | 兴发区 | 志愿军29师87团4连战士 | 1952年11月28日朝鲜上甘岭 |
| 孙中友 | 六曲河区 | 六曲河区民兵 | 1953年2月21日赫章 |
| 韩仕横 | 野马川区 | 解放军3644部队283分队战士 | 1953年3月15日四川 |
| 王朝举 | 六曲河区 | 六曲河区民兵 | 1953年4月17日赫章 |
| 陈明德 | 青山区 | 志愿军179师高炮2连战士 | 1953年6月6日朝鲜 |
| 刘奇芳 | 古达区 | 志愿军180师539团3连战士 | 1953年6月15日朝鲜 |
| 陈连合 | 六曲河区 | 志愿军54师162团7连战士 | 1953年7月1日 |
| 贺良友 | 恒底区 | 志愿军47师140团1营炮连战士 | 1953年7月14日朝鲜 |
| 项良友 | 兴发区 | 志愿军114师381团3营7连战士 | 1953年7月17日朝鲜 |
| 徐小林 | 妈姑区 | 解放军54师162团1连战士 | 1953年9月 |
| 黄长耳 | 青山区 | 解放军0074部队3支队战士 | 1954年6月18日西藏 |
| 杨绍昌 | 兴发区 | 解放军8541部队战士 | 1955年1月9日广西贵县 |
| 韩宪贤 | 野马川区 | 解放军0257部队某部战士 | 1955年3月16日西藏 |
| 王富保 | 财神区 | 解放军0139部队3支队战士 | 1955年7月24日北京 |
| 王德友 | 财神区 | 解放军3529部队267分队战士 | 1956年3月25日四川 |
| 陈德洪 | 恒底区 | 解放军3644部队3连战士 | 1956年3月26日四川理塘 |
| 吴学义 | 野马川区 | 西藏军区某部战士 | 1956年4月4日西藏 |
| 马丙昌 | 恒底区 | 解放军3529部队战士 | 1956年4月四川 |
| 安顺安 | 恒底区 | 解放军3529部队270分队副班长 | 1956年8月10日四川 |
| 苏正品 | 青山区 | 解放军0069部队1支队2分队战士 | 1956年8月四川 |
| 罗绍荣 | 古达区 | 古达乡民兵队长 | 1958年7月20日古达 |

续表

| 姓　名 | 出生地 | 单位及职务 | 牺牲时间地点 |
|---|---|---|---|
| 张发远 | 古达区 | 中共赫章县古达乡支部书记 | 1958年7月20日古达 |
| 邬昌举 | 恒底区 | 解放军8501部队2支队战士 | 1960年8月15日云南东川 |
| 周光浩 | 妈姑区 | 解放军7601部队87分队战士 | 1963年12月7日云南腾冲 |
| 方开洪 | 六曲河区 | 解放军7605部队战士 | 1964年5月20日云南永平 |
| 张永成 | 六曲河区 | 解放军7605部队83分队战士 | 1964年7月14日云南澜沧江 |
| 贵　贤 | 妈姑区 | 解放军某部战士 | 1965年6月27日四川成都 |
| 万兴云 | 六曲河区 | 解放军7756部队战士 | 1965年9月16日中越边境 |
| 唐宗泽 | 六曲河区 | 解放军广西11号信箱1大队副班长 | 1967年6月2日 |
| 范泽洪 | 六曲河区 | 解放军42师124团3营战士 | 1968年1月27日云南一平浪 |
| 陈明海 | 妈姑区 | 解放军昆字303部队9分队战士 | 1970年5月12日云南思茅 |
| 翁洪书 | 六曲河区 | 解放军某部101团战士 | 1970年6月13日重庆 |
| 张正光 | 可乐区 | 解放军宣 汉县人民武装部助理员 | 1971年2月9日四川宣汉 |
| 李愿刚 | 财神区 | 解放军昆字391部队副班长 | 1971年5月22日 |
| 王兴全 | 财神区 | 解放军7705部队80分队战士 | 1972年7月6日云南开远 |
| 王应伦 | 恒底区 | 云南军区独立师步兵1团战士 | 1972年7月19日云南安宁 |
| 罗元恩 | 财神区 | 解放军0021部队副连长 | 1972年 |
| 熊钧亮 | 可乐区 | 解放军昆字317部队战士 | 1973年2月22日云南 |
| 王必号 | 六曲河区 | 解放军某部战士 | 1974年8月31日北京 |
| 徐永华 | 青山区 | 解放军35013部队83分队战士 | 1975年7月24日惠水 |
| 陶光才 | 恒底区 | 解放军37师110团4连战士 | 1975年8月28日四川壁山 |
| 饶应良 | 青山区 | 解放军35211部队69分队战士 | 1976年5月18日遵义 |
| 吉正富 | 六曲河区 | 解放军56027部队战士 | 1977年6月30日西藏曲水 |
| 陈德文 | 古达区 | 解放军某部战士 | 1979年2月17日越南 |
| 邓书举 | 古达区 | 解放军某部战士 | 1979年2月17日越南 |
| 陈顺才 | 可乐区 | 解放军35230部队副班长 | 1979年2月17日越南 |
| 龙泽举 | 兴发区 | 解放军35229部队53分队排长 | 1979年2月18日越南 |
| 谢作伦 | 恒底区 | 解放军某部副连长 | 1979年2月20日越南 |
| 彭申远 | 可乐区 | 解放军35230部队某部副班长 | 1979年2月23日越南 |
| 张维顺 | 野马川区 | 解放军3521部队58分队排长 | 1979年3月1日越南 |
| 李　勇 | 野马川区 | 解放军35406部队73分队班长 | 1979年5月30日云南原江 |
| 曹志学 | 财神区 | 解放军某部副班长 | 1979年6月5日河北新城 |
| 朱绍华 | 妈姑区 | 解放军35413部队42分队班长 | 1979年9月3日云南 |

续表

| 姓　名 | 出生地 | 单位及职务 | 牺牲时间地点 |
|---|---|---|---|
| 陈正荣 | 六曲河区 | 解放军武警曲靖支队战士 | 1985年1月20日云南富源 |
| 张　军 | 铅丰镇 | 解放军成都军区守备3团1营2连战士 | 1988年2月14日云南马关 |
| 徐光华 | 双河镇 | 解放军成都军区守备3团1营4连副班长 | 1988年6月17日云南河口 |
| 陶艳庆 | 双河镇 | 解放军山南军分区后勤部汽车排战士 | 1988年8月28日西藏山南 |
| 蒋本国 | 平山乡 | 中共野马川镇委员会书记 | 1999年6月26日野马川大佛寺 |
| 龙登云 | 哲庄乡 | 中共野马川镇副镇长 | 1999年6月26日野马川大佛寺 |
| 李木举 | 野马川镇 | 中共野马川镇委员会委员 | 1999年6月26日野马川大佛寺 |
| 林登学 | 野马川镇 | 中共野马川镇纪委书记 | 1999年6月26日野马川大佛寺 |
| 韩德智 | 平山乡 | 中共野马川镇干部 | 1999年6月26日野马川大佛寺 |
| 车　靖 | 哲庄乡 | 中共野马川镇干部 | 1999年6月26日野马川大佛寺 |
| 汤正武 | 野马川镇 | 中共野马川镇计专干 | 1999年6月26日野马川大佛寺 |
| 陈德铖 | 白果镇 | 中共野马川镇地税稽查分局副局长 | 1999年6月26日野马川大佛寺 |
| 周礼成 | 野马川镇 | 中共野马川镇山脚村村民 | 1999年6月26日野马川大佛寺 |
| 晋方义 | 野马川镇 | 中共野马川镇下街村民兵 | 1999年6月26日野马川大佛寺 |

## 外籍在毕节地区境牺牲烈士名录

| 姓　名 | 出生地 | 单位及职务 | 牺牲时间地点 |
|---|---|---|---|
| 钱壮飞 | 浙江吴兴 | 中共军委总政治部副秘书长 | 1934年4月19日金沙后山乡 |
| 贺崇禄 |  | 红二军团6师18团参谋长 | 1936年2月9日黔西 |
| 吴正卿 | 河北保定 | 红六军团17师师长 | 1936年2月10日金沙城关 |
| 叶　刚 | 四川叙永 | 红军某部战士、大定抗日救国团团长 | 1936年2月26日大定青杠林 |
| 夏　曦 | 湖南桃江 | 红六军团政治部主任 | 1936年2月28日毕节七星关 |
| 陶树清 | 贵州都匀 | 川滇黔边区抗日先遣队副司令 | 1936年10月毕节城关大教场 |
| 李银顺 |  | 红六军团战士 | 1936年毕节县 |
| 李亚群 | 四川綦江 | 中共金沙地区组织活动成员 | 1940年贵阳 |
| 赵文海 | 四川纳溪 | 中国工农红军川滇黔边区贵州游击支队司令 | 1941年8月毕节赤水河南关 |
| 赵银臣 | 四川纳溪 | 中国工农红军川滇黔边区贵州游击支队队员 | 1941年8月毕节赤水河南关 |
| 阮俊成 | 四川省兴文县 | 中国工农红军川滇黔边区抗日先遣队司令 | 1941年9月15日毕节县城 |
| 李绍夫 | 四川峨山 | 中共金沙地下总支书记 | 1942年6月15日贵阳 |
| 胡　博 | 安顺市 | 中共地下组织成员 | 1949年7月毕节县 |
| 王成荣 | 河南省 | 解放军某部排长 | 1949年9月纳雍张维 |

续表

| 姓　名 | 出生地 | 单位及职务 | 牺牲时间地点 |
|---|---|---|---|
| 任叔轩 | 云南镇雄 | 毕节弘毅中学学生 | 1949年11月26日毕节大水口 |
| 朱锡山 | 山东省 | 金沙回龙乡乡长 | 1950年1月回龙乡 |
| 李旭华 | 安徽萧县 | 中共金沙县委书记、县长 | 1950年2月金沙城关 |
| 许云支 | 山东省单县 | 纳雍乐治区区长 | 1950年2月24日纳雍武佐河 |
| 王先知 | 山东成武 | 黔西县雨朵区组织干事 | 1950年2月黔西雨朵区 |
| 王际元 | 山东省单县 | 金沙县政府工商局局长 | 1950年3月6日金沙石场区 |
| 敖涤非 | 江西吉安 | 织金县工商局局长 | 1950年3月7日织金熊家场乡文家桥 |
| 阎庆端 | | 解放军47师140团副排长 | 1950年3月10日大定 |
| 郭旗玉 | | 解放军47师140团战士 | 1950年3月10日大定 |
| 吴兴启 | | 解放军47师140团战士 | 1950年3月10日大定 |
| 苏海清 | | 解放军47师140团战士 | 1950年3月10日大定 |
| 李　才 | | 解放军47师140团战士 | 1950年3月10日大定 |
| 朱炳荣 | | 解放军47师140团战士 | 1950年3月10日大定戛木乡 |
| 曾毕生 | | 解放军47师140团战士 | 1950年3月10日大定戛木乡 |
| 彭清山 | | 解放军47师140团战士 | 1950年3月10日大定戛木乡 |
| 潘贞和 | 山东金乡 | 中共织金珠藏区委书记 | 1950年3月23日织金珠藏 |
| 梁遵敬 | 山东单县 | 中共织金三塘区委书记、区长 | 1950年3月23日织金三塘 |
| 魏来堂 | | 织金三塘区武装干部 | 1950年3月23日织金三塘 |
| 谢春贤 | | 织金三塘区政府通讯员 | 1950年3月23日织金阿弓区 |
| 李忠孝 | 山东鄄城 | 中共织金牛场区政府区长 | 1950年3月25日织金牛场 |
| 罗明生 | 江西德兴 | 黔西林泉区税务干部 | 1950年3月26日黔西洪水 |
| 邵炳文 | 山东成武 | 黔西协和区公安干事 | 1950年3月26日黔西协和泰来村 |
| 冼剑萍 | | 黔西县协和区政府工作员 | 1950年3月26日黔西协和泰来村 |
| 尹存善 | 山东鄄城 | 中共毕节第二区分委书记 | 1950年3月29日毕节朱昌区 |
| 赵才友 | 山东 | 毕节第二区政府通讯员 | 1950年3月29日毕节朱昌区 |
| 胡平林 | | 解放军47师140团4连战士 | 1950年3月黔西重新龙洞沟 |
| 冯吉超 | 山西临汾 | 解放军47师140团4连战士 | 1950年3月黔西重新龙洞沟 |
| 孙　玉 | 辽宁 | 解放军47师140团4连战士 | 1950年3月黔西重新龙洞沟 |
| 王灿新 | 广东 | 解放军47师140团4连战士 | 1950年3月黔西重新龙洞沟 |
| 杨兴功 | 广东 | 解放军47师140团4连战士 | 1950年3月黔西重新龙洞沟 |
| 王希先 | 四川 | 解放军47师140团4连战士 | 1950年3月黔西重新龙洞沟 |
| 周辉南 | 四川 | 解放军47师140团4连战士 | 1950年3月黔西重新龙洞沟 |

续表

| 姓　名 | 出生地 | 单位及职务 | 牺牲时间地点 |
|---|---|---|---|
| 张天素 | 河南 | 解放军47师140团4连战士 | 1950年3月黔西重新龙洞沟 |
| 包少南 | 四川广安 | 解放军47师140团4连战士 | 1950年3月黔西重新龙洞沟 |
| 吴明森 | 四川 | 解放军47师140团4连战士 | 1950年3月黔西重新龙洞沟 |
| 周明新 | 湖南湘乡 | 解放军47师140团4连战士 | 1950年3月黔西重新龙洞沟 |
| 王仲国 | | 解放军47师140团4连副排长 | 1950年3月黔西重新龙洞沟 |
| 王金榜 | | 解放军47师140团4连副指导员 | 1950年3月黔西重新龙洞沟 |
| 周陈先 | | 解放军47师140团4连战士 | 1950年3月黔西重新龙洞沟 |
| 佚　名（12名） | | 解放军47师140团4连战士 | 1950年3月黔西重新龙洞沟 |
| 查小春 | 江西景德 | 黔西林泉区政府工作员 | 1950年3月黔西林泉清布塘 |
| 徐敬才 | 山东成武 | 黔西林泉区政府炊事员 | 1950年3月黔西林泉 |
| 胡清华 | 江西乐平 | 黔西协和区政府工作员 | 1950年3月黔西协和 |
| 洪国政 | 江西乐平 | 金沙岩孔区政府工作员 | 1950年3月金沙岩孔 |
| 邓志德 | 山东金乡 | 金沙茶园乡长 | 1950年3月金沙茶园 |
| 郭守田 | 河南内黄 | 织金县政府财政科干事 | 1950年3月织金珠藏 |
| 蒋　帆 | 江苏南京 | 织金县政府建设科干事 | 1950年3月织金桂果 |
| 赵天跃 | 河北 | 织金珠藏区政府区长 | 1950年3月织金珠藏 |
| 王学增 | | 中共龙场区委书记 | 1950年3月织金龙场街口 |
| 余石子 | | 织金三塘区政府工作员 | 1950年3月织金三塘区 |
| 谢德祥 | | | 1950年3月织金县 |
| 吴骥吾 | | 解放军47师141团连指导员 | 1950年3月纳雍乐治区 |
| 王文通 | 陕西乾县 | 解放军47师供给处政委 | 1950年4月3日黔西沙窝寄仲坝 |
| 安沛云 | | 解放军47师通讯连连长 | 1950年4月3日黔西沙窝寄仲坝 |
| 谢丽生 | 山东单县 | 黔西大关区政府区长 | 1950年4月7日黔西桂箐乡 |
| 高树杉 | 山东金乡 | 毕节燕子口区武工队干事 | 1950年4月11日毕节燕子口 |
| 徐金燧 | 江西乐平 | 毕节燕子口区武工队干事 | 1950年4月11日毕节燕子口 |
| 黄汉远 | 江苏宿迁 | 毕节燕子口区武工队干事 | 1950年4月11日毕节燕子口 |
| 季运俊 | 山东 | 毕节燕子口区政府通讯员 | 1950年4月11日毕节燕子口 |
| 张杏田 | 山东单县 | 黔西林泉区政府副区长 | 1950年4月29日黔西林泉 |
| 江伍宾 | 江苏 | 解放军45师135团5连副班长 | 1950年4月30日纳雍 |
| 侯国兴 | 河南 | 解放军45师135团战士 | 1950年4月纳雍 |
| 高天俊 | 安徽 | 解放军45师135团战士 | 1950年4月纳雍 |

续表

| 姓名 | 出生地 | 单位及职务 | 牺牲时间地点 |
| --- | --- | --- | --- |
| 朱祥洪 | 安徽舒城 | 解放军45师135团战士 | 1950年4月纳雍 |
| 魏耀福 | 广东德庆 | 解放军45师135团战士 | 1950年4月纳雍 |
| 郑玉田 | 广西临桂 | 解放军45师135团战士 | 1950年4月纳雍 |
| 郭栓柱 | 广西长治 | 解放军45师135团战士 | 1950年4月纳雍 |
| 张春兴 | 山西陵川 | 解放军45师135团副班长 | 1950年4月纳雍 |
| 黄强 | 湖北黄梅 | 解放军45师135团10连战士 | 1950年4月纳雍 |
| 董远志 | 江西乐平 | 黔西雨朵区政府工作员 | 1950年5月黔西雨朵 |
| 陈忠 | 山西 | 解放军45师135团战士 | 1950年5月织金八步 |
| 韦新 | 山西 | 解放军45师135团战士 | 1950年5月织金八步 |
| 柴清怀 | 河北雄县 | 解放军45师135团5连副指导员 | 1950年5月纳雍 |
| 陈优文 | 河南封县 | 解放军45师131团5连战士 | 1950年5月纳雍 |
| 庄振毫 | 安徽 | 解放军45师135团警卫营副连长 | 1950年6月织金 |
| 王连长 |  | 解放军47师140团连长 | 1950年6月织金阿弓区 |
| 徐庆铭 | 江西乐平 |  | 1950年7月11日毕节 |
| 崔用章 | 河南林县 | 解放军45师135团1营3连班长 | 1950年7月织金阿弓区 |
| 赵云青 | 山东 |  | 1950年8月16日威宁 |
| 孙柏成 | 河北 | 解放军45师135团排长 | 1950年8月织金城关 |
| 李天明 | 河北 | 解放军45师135团排长 | 1950年8月织金城关 |
| 蒋连长 |  | 解放军某部连长 | 1950年8月织金猫场 |
| 郭群 |  | 解放军43师128团战士 | 1950年8月赫章茅草坡 |
| 凌明玉 | 河南开封 | 解放军43师128团副班长 | 1950年8月赫章 |
| 张玉山 |  | 解放军43师128团班长 | 1950年8月赫章 |
| 张振江 | 河北内邳 | 解放军43师128团排长 | 1950年8月赫章 |
| 司绍永 | 河北内邳 | 解放军43师128团排长 | 1950年8月赫章 |
| 王成荣 | 河南 | 解放军45师某部战士 | 1950年9月纳雍张维 |
| 朱健云 | 山西 | 解放军47师140团战士 | 1950年9月织金以那架 |
| 林平南 | 四川安乐 | 解放军某部公安队战士 | 1950年12月威宁县 |
| 杨振东 | 山东 | 解放军47师141团班长 | 1950年12月金沙清池 |
| 朱云祥 | 河南 | 解放军47师141团战士 | 1950年12月金沙清池 |
| 吴明前 | 山东 | 解放军47师141团战士 | 1950年12月金沙石场 |
| 牛云 | 四川铜梁 | 毕节军分区特务连副班长 | 1950年毕节 |
| 袁文 | 湖南绥宁 | 解放军45师135团5连战士 | 1950年大定 |

续表

| 姓　名 | 出生地 | 单位及职务 | 牺牲时间地点 |
|---|---|---|---|
| 李凤午 | 河南省 | 解放军45师134团战士 | 1950年大定 |
| 余孔灯 | 福建福清 | 解放军45师134团战士 | 1950年大定 |
| 蔡玉管 | 安徽 | 解放军45师135团战士 | 1950年大定 |
| 陈天祥 | 安徽 | 解放军45师134团5连战士 | 1950年大定 |
| 刘贤俊 | 贵州福泉 | 解放军6227部队73分队战士 | 1950年大定 |
| 曾邓清 | 湖南平江 | 解放军47师某部战士 | 1950年大定 |
| 张吉海 | 河南 | 大定百纳区中队战士 | 1950年大定 |
| 张保恩 | 山东金乡 | 大定百纳区政府民政干事 | 1950年大定 |
| 李铮明 | 江西婺源 | 大定马场区政府财粮助理员 | 1950年大定 |
| 王　栋 | 山东单县 | 大定百纳区分委会组织员 | 1950年大定 |
| 洪镐西 | 安徽 | 解放军45师134团5连战士 | 1950年大定 |
| 刘云长 | 广西陆川 | 解放军45师134团5连战士 | 1950年大定 |
| 于金安 | 山东 | 解放军45师134团5连战士 | 1950年大定 |
| 张明景 | 河南兰考 | 解放军47师141团班长 | 1950年大定 |
| 安培林 | 山东 | 解放军47师141团班长 | 1950年大定 |
| 漆明福 | 山东 | 解放军47师141团班长 | 1950年大定 |
| 刘天心 | 河北 | 解放军47师141团班长 | 1950年大定 |
| 薛宝玉 | 河北 | 大定坡脚区委组织员 | 1950年大定 |
| 李士炳 | | 解放军47师141团班长 | 1950年大定 |
| 谷之喜 | | 解放军47师141团战士 | 1950年大定 |
| 蔡　都 | | 解放军47师141团战士 | 1950年大定 |
| 苏裕民 | 山东成武 | 黔西谷里区政府财粮助理员 | 1950年黔西谷里区 |
| 陈　杰 | 江苏丰县 | 黔西谷里区武装干事 | 1950年黔西铁石乡 |
| 韩炳南 | 山东东明 | 解放军45师135团11连副排长 | 1950年织金珠藏区 |
| 赵桂新 | | 织金珠藏区政府指导员 | 1950年织金熊家场 |
| 李天跃 | | 解放军45师135团战士 | 1950年织金珠藏区 |
| 赵虎秀 | 山东壶关 | 解放军45师135团3连班长 | 1950年织金珠藏区 |
| 吴老跃 | | 解放军某部战士 | 1950年织金珠藏区 |
| 梁汉英 | | 解放军45师135团战士 | 1950年织金珠藏区 |
| 吴　兴 | | 解放军某部通讯员 | 1950年织金县 |
| 田本玉 | | 解放军45师135团战士 | 1950年织金珠藏区 |
| 张万清 | | 织金八步区政府文化干事 | 1950年织金八步区 |

续表

| 姓　名 | 出生地 | 单位及职务 | 牺牲时间地点 |
|---|---|---|---|
| 孙云浩 | | | 1950年织金化起区 |
| 潘洪祥 | | | 1950年织金城关区 |
| 张士朝 | | 织金大队战士 | 1950年织金熊家场乡 |
| 冯同志 | | 某单位管理员 | 1950年织金县 |
| 赵炳斗 | 四川江津 | 毕节军分区特3连战士 | 1950年纳雍龙场 |
| 黄理琨 | 广东清远 | 毕节军分区特3连战士 | 1950年纳雍龙场 |
| 马连珠 | 河南 | 解放军纳雍警卫营参谋 | 1950年纳雍龙场 |
| 何金山 | 四川 | 解放军纳雍警卫营1连1排副排长 | 1950年纳雍龙场 |
| 高焕中 | 浙江 | 毕节军分区特2连副班长 | 1950年纳雍龙场 |
| 杜兰明 | 山东博平 | 解放军47师某部排长 | 1950年纳雍龙场 |
| 李宋武 | 河南 | 解放军47师141团文书 | 1950年纳雍龙场 |
| 毕伯英 | 湖北 | 解放军45师某部排长 | 1950年纳雍龙场 |
| 李文昌 | | 解放军43师127团排长 | 1950年威宁 |
| 刘德成 | 四川 | 解放军某部班长 | 1950年威宁 |
| 赵排长 | | 解放军43师某部排长 | 1950年威宁六区 |
| 刘锡琴 | 山东 | 解放军47师140团班长 | 1951年1月织金三甲乡 |
| 黄　荣 | 四川 | 解放军47师141团3营班长 | 1951年1月纳雍姑开 |
| 张改清 | 河南商永 | 解放军47师141团3营排长 | 1951年1月纳雍姑开 |
| 彭　龙 | 湖南邵阳 | 解放军47师141团3营战士 | 1951年1月纳雍姑开 |
| 凌广才 | 广西崇左 | 解放军43师129团1连战士 | 1951年2月1日威宁大麦地 |
| 梁文清 | | 解放军43师129团1连战士 | 1951年2月1日威宁大麦地 |
| 李铎刚 | 陕西浦城 | 解放军43师129团政治委员 | 1951年4月29日威宁城关 |
| 黄　华 | 江西 | 解放军某部战士 | 1951年黔西 |
| 胡德仁 | 江西 | 解放军某部战士 | 1951年黔西 |
| 柳廷章 | 山东 | 解放军某部战士 | 1951年黔西 |
| 李　青 | 河北 | 解放军某部战士 | 1951年黔西 |
| 周名之 | 四川 | 毕节军分区三连班长 | 1951年黔西 |
| 牛思国 | 河南济源 | 解放军43师129团8连文书 | 1951年威宁 |
| 邱　泉 | 广东 | 云南昭通公安团战士 | 1952年10月赫章 |
| 谢　祥 | 四川 | 云南昭通公安团战士 | 1952年10月赫章 |
| 罗丙云 | 四川 | 解放军47师141团炮连战士 | 1952年纳雍治昆区治沟 |
| 王士祥 | | 解放军47师141团炮连排长 | 1952年纳雍治昆区治沟 |

续表

| 姓　名 | 出生地 | 单位及职务 | 牺牲时间地点 |
|---|---|---|---|
| 余海驰 | 河省内乡 | 贵州省军区警卫团2连副指导员 | 1952年赫章六曲河中寨 |
| 陈仕明 | 河北随县 | 贵州省军区警卫团2连战士 | 1952年赫章六曲河中寨 |
| 张明学 | 贵州开阳 | 贵州省军区警卫团2连战士 | 1952年赫章六曲河中寨 |
| 张明德 | | 解放军某部 | 1952年赫章六曲河哲庄 |
| 杨善聚 | 山东日照 | 毕节县兵役局助理员 | 1957年毕节朱昌 |
| 孟昭俊 | 江苏沛县 | 赫章县商业局副局长 | 1958年7月20日赫章古达 |
| 赵音惠 | 贵州水城 | 贵州省军区某部4营1连战士 | 1958年9月12日威宁大街区法地 |
| 张春学 | 河南林县 | 毕节专区武警大队参谋 | 1958年10月22日毕节 |
| 刘宗源 | 湖南 | 解放军8505部队某部班长 | 1958年12月16日威宁 |
| 阎自强 | 天津 | 解放军8505部队2支队战士 | 1958年12月19日威宁 |
| 许明志 | 四川南充 | 解放军8013部队某部战士 | 1959年10月17日威宁 |
| 李才银 | 云南 | 解放军7695部队战士 | 1960年1月3日威宁 |
| 何作业 | 广西岑溪 | 解放军8013部队战士 | 1960年6月20日威宁 |
| 冯智玉 | 湖北洪湖 | 解放军8537部队战士 | 1960年5月23日威宁 |
| 何光平 | 四川南充 | 解放军8097部队3连战士 | 1960年赫章妈姑 |
| 张光明 | 贵州黄平 | 解放军7662部队29分队战士 | 1964年12月威宁梅花山 |
| 杨世仁 | 贵州榕江 | 解放军7662部队35分队战士 | 1964年12月威宁 |
| 李学忠 | 云南永仁 | 解放军7662部队战士 | 1964年12月威宁 |
| 邓忠德 | 四川资中 | 解放军7662部队63分队战士 | 1965年1月16日威宁 |
| 陈克然 | 广东河源 | 解放军8703部队战士 | 1965年1月威宁 |
| 郭树中 | 湖南长沙 | 解放军8704总队21分队战士 | 1965年3月28日威宁 |
| 王喜元 | 河南许昌 | 解放军8703部队战士 | 1965年3月威宁 |
| 唐文应 | 四川 | 解放军7662部队37分队战士 | 1965年3月威宁 |
| 杨承云 | 三穗 | 解放军8704部队32分队战士 | 1965年4月13日威宁观音岩 |
| 于其阳 | 湖北枣阳 | 解放军8703部队战士 | 1965年4月威宁 |
| 黄九清 | 贵州岑巩 | 解放军8703部队战士 | 1965年4月威宁 |
| 杨通奎 | 贵州黄平 | 解放军7662部队23分队战士 | 1965年5月7日威宁梅花山 |
| 陈子章 | 四川内江 | 解放军7662部队22分队战士 | 1965年5月13日威宁 |
| 张楚强 | 湖南长沙 | 解放军8704部队战士 | 1965年5月27日威宁乐园隧道 |
| 吴振霖 | 湖北光化 | 解放军8703部队战士 | 1965年5月威宁 |
| 胡建成 | 贵州六枝 | 解放军8703部队战士 | 1965年5月威宁 |
| 肖隆全 | 四川安岳 | 解放军7662部队29分队战士 | 1965年6月5日威宁 |

续表

| 姓　名 | 出生地 | 单位及职务 | 牺牲时间地点 |
| --- | --- | --- | --- |
| 罗秀武 | 四川南充 | 解放军7662部队战士 | 1965年6月12日威宁 |
| 刘正景 | 贵州施秉 | 解放军8704部队56分队战士 | 1965年6月28日威宁 |
| 唐边德 | 四川安岳 | 解放军7662部队33分队战士 | 1965年7月12日威宁 |
| 钟荣炳 | 四川资中 | 解放军7662部队36分队战士 | 1965年7月20日威宁 |
| 王贵发 | 贵州关岭 | 解放军7662部队36分队战士 | 1965年7月20日威宁 |
| 李道钦 | 广西平南 | 解放军8703部队战士 | 1965年7月威宁 |
| 蒋达国 | 四川安岳 | 解放军7662部队33分队战士 | 1965年8月5日威宁 |
| 龙光文 | 贵州施秉 | 解放军8704部队62分队战士 | 1965年8月18日威宁龙场 |
| 卢光明 | 贵州黄平 | 解放军8704部队61分队战士 | 1965年8月18日威宁 |
| 魏录成 | 江苏南京 | 解放军8704部队61分队副班长 | 1965年8月18日 威宁 |
| 倪忠美 | 江苏高邮 | 解放军8704部队62分队连长 | 1965年8月18日威宁 |
| 翟秀全 | 贵州六枝 | 解放军7662部队25分队战士 | 1965年8月19日威宁 |
| 邓树详 | 贵州贵阳 | 解放军7662部队战士 | 1965年9月2日威宁 |
| 冯正松 | 四川安岳 | 解放军7662部队32分队战士 | 1965年9月8日威宁 |
| 刘元忠 | 贵州铜仁 | 解放军7662部队34分队 | 1965年9月12日威宁梅花山 |
| 刘民福 | 四川乐治 | 解放军7662部队25分队战士 | 1965年9月12日威宁 |
| 杨统生 | 四川资中 | 解放军7662部队62分队战士 | 1965年9月12日威宁 |
| 黄贵元 | 四川资中 | 解放军7662部队39分队战士 | 1965年9月15日威宁 |
| 饶满喜 | 四川资中 | 解放军7662部队65分队战士 | 1965年10月20日威宁 |
| 罗祥永 | 四川资中 | 解放军7662部队61分队战士 | 1965年12月6日威宁 |
| 王永孝 | 四川安岳 | 解放军7662部队29分队战士 | 1965年2月20日威宁 |
| 廖廷全 | 四川安岳 | 解放军0277部队53分队战士 | 1971年5月18日毕节 |
| 张春如 | 吉林桦甸 | 解放军0277部队53分队战士 | 1971年5月18日毕节 |
| 万思元 | 河南光山 | 解放军0277部队53分队战士 | 1971年5月18日毕节 |
| 贾全盛 | 山西长子 | 毕节军分区副司令员 | 1971年5月18日毕节 |
| 简光权 | 德江 | 织金公安中队副班长 | 1975年织金 |
| 焦开伦 | 沿河 | 织金公安中队战士 | 1975年织金 |
| 吕昌奎 | 德江 | 大定公安中队战士 | 1976年7月14日大定 |
| 渠时新 | 江苏丰县 | 毕节军分区后勤部副部长 | 1979年3月3日贵阳 |
| 吴传发 | 四川简阳 | 个体户 | 2008年5月26日织金城关 |

注：另有佚名烈士379名，其中有3名牺牲在大定七家田的红六军团战士

# 艺文志

# 第一章　记、考、疏、赋

古往今来，凡修志都必须设有“艺文”一篇，以收录本志下限截止时间以往时代优秀文士及其所创作的反映每一个时代的优秀艺术作品，包括文赋、诗词、对联、书画等，今日还应包括音乐、摄影、曲艺等艺术作品。

## 第一节　记、序

### 灵博山象祠记

王守仁

灵博之山，有象祠焉，其下，诸苗夷之居者咸神而事之，宣慰安君因诸苗夷之请，新其祀屋而请记于予。予曰：“毁之乎，其新之也？”曰：“新之。”“新之也，何居？”曰：“斯祠之肇也，盖莫知其原。然吾诸蛮夷之居是也，自吾父、吾祖溯曾、高而上，皆尊奉而禋祀焉。举之而不敢废也。”予曰：“胡然乎？有庳之祠，唐之人盖尝毁之。象之道，以为子则不孝，以为弟则傲；斥于唐而犹存于今，毁于有庳而犹盛于斯土也，胡然乎？我知之矣。”

君子之爱若人也，推及于其屋之乌，而况于圣人之弟乎哉？然则，祀者为舜，非为象也。意象之死，其在于羽既格之后乎？不然，古之桀骜者岂少哉？而象之祀独延于世，吾于是盖有以见舜德之至，人人之深而流泽之远且久也。象之不仁，盖其始焉尔，又乌知其终之不见化于舜？《书》不云乎“克谐以孝，蒸蒸乂，不格奸”。瞽瞍亦允若父已化而为慈父，象犹不弟，不可以为谐。克谐于善，则不至于恶；不底于奸，则必人于善。信乎！傲象亦化于舜矣。孟子曰：天子使吏治其国，象不得以有为也。斯盖舜爱象之深而虑之详，所以扶持辅导之者之周也。不然，周公之圣而管、蔡不免焉。斯可以见象之既化于舜，故能任贤使能而安于其位，泽加于其民，既死而人怀之也。诸侯之卿命于天子，周官之制其殆仿于舜之封象欤？吾于是益有以信人性之善，天下无不可化之人也。然则，唐人之毁之也，据象之始也；今诸夷之奉之也，承象之终也。斯义也，吾将以表于世，使知人之不善，虽若象焉犹可以改，而君子之修德，及其至也，虽若象之不仁而犹可以化之也。

〔王阳明（1472~1529）：名守仁，幼名云，字伯安，别号阳明，自号阳明子，明浙江余姚人，进士。历任刑部主事、贵州龙场驿丞、庐陵知县、右佥都御史、南赣巡抚、两广总督、兵部尚书、都察院左都御史等职。明代著名思想家、文学家、哲学家和军事家，陆王心学之集大成者。其文章博大昌达，行墨间有俊爽之气，有《王文成公全书》〕

## 七星桥记

### 杨　慎

且兰古壤，贵筑今藩。割川云之标分，躔参井之余度。粤觇西路，实贯南中。关号七星，孔明祃牙之地；卫名毕节，关索授钺之区。虽卉服之杂居，乃朝宗之首路。狂溪狼谷，山状马鞍者弥千；危磴悬崖，城比虎牢而倍蓰。两嵚夹岸而有水，十寻过涉以无舟。夏潦秋霖，鼓洪涛于树杪；浮邱沉陆，阻行旅于荒途。叱石谁感乎鼋鼍，成梁空瞻于乌鹊。但知行恻，未见当仁。道士黄一中，厥徒周阳泰，云游戾止，喟然叹云："高下必因乎邱泽，朝夕恒仿乎日星。此双岩有天生之石岸，兼千章饶地产之名材。人心若坚，神功可冀。"矢磨杵成针之志，徼折梅寄楠之灵。薙狝刊林，鸠僝镂岊。淬兹寸愿，砺彼群徒。高义动万商之渊泉，胜缘集三省之刀布。出翳荟而壮结构，划颔茎以施舆杠。雁齿傍阶，溅沫飞流不染；鱼鳞上瓦，阑风伏雨无虞。在天半空，去地千尺。星梁斗柱，楮云汉以横陈；雪 浪云涛，拖玉虹而曲抱。骑无输载，氓不褰裳。阳侯誓波，易为方轨；冯夷侵宅，履作康庄。相彼桥中，潭于黄河，手握南征之节；较昔梁系，源于黑水，身乘博望之槎。岂有一介羽流，握其十指绵力。裨君子之平政，遵王道之景行。歙奠夷庚，罔烦令甲。欢歌美谚，近传猓鬼之口碑；隐行昭名，远契漆园之心印。将永元元之绩，可愆郁郁之文。爰契贞珉匪溢华衮。薄言观者，勿替引之。

〔杨慎（1488~1559），字用修，号升庵，后因流放云南，故自称博南山人、金马碧鸡老兵，四川新都人，明代著名文学家。状元及第，官翰林院修撰。嘉靖三年（1524），因议"大礼"受廷杖，谪戍于云南永昌〕

## 开赤水河说

### 四十七

赤水河者，其源自万山中，一线溪流，由毕节县直通仁怀猿猴旧河，可达川江。第自赤水之天鼓岩起，至猿猴之鸡心滩止，共计六十八滩。巨石巉岩，耸峙中流，万仞之山，壁立两岸，滩高浪激，势险路纡。以故，自古未有通舟楫者。

乾隆十年（1745），督部院张公因滇黔铜铅每岁由陆路输运进京，节节皆崇山峻岭、鸟道羊肠，驮载艰难，脚费浩大，且黔省不产食盐，须从川地肩挑背负，运至猿猴转贩，“请将赤水河道疏凿开通，使入京之铜铅、客商之盐货，俱由水运，上可节省国帑，不亦利济民生。”具疏人告，经部议准，随即勘估具题，借动闲款银三万八千六百四十二两五钱零。上游自赤水河天鼓岩至新滩，共二十七滩，委大定府知府王允浩分办，下游自盐井等滩至鸡心等滩，共四十一滩，委遵义府知府陈玉殿分办。于乾隆十年（1745）十月初一日兴工，至乾隆十一年（1746）闰三月初一日工竣。经督部院张公亲行履勘、题报。续因河道初开，商船畏缩不前，官为试运，节省无多。乾隆十四年（1749）十一月，内抚都院爱公以“此河果否于滇铜、黔铅运务两有裨益？现在河道是否深通、抑须检修？”委予率毕毕节县凌均前往勘明、详报。遵即于是年十一月十九日亲往会勘。

自赤水河天鼓岩至白沙河六十余里，其间有张会、新亮、长滩、老虎等滩，水高石大，吊放艰险，虽老虎滩而下瓦窑、大河口、王家野猪等滩，数里舟可通行，第毕节至老虎滩无陆路可通，故须以白沙河为口岸，船货皆于此上；自白沙河至鱼塘河，河身稍窄，中有红石梁、猪圈门、庙儿、碓窝等滩，乱石堆积，水势陡险，船户轮流吊放，一日止可行二三十里；自鱼塘河至新龙滩三百余里，河宽水平，舟行无碍。新龙虽名一滩，实则连接六滩，每滩相去止一二丈，下又紧连上长、中长、下长三滩，一连九滩相接，中间并无停桡、歇气之所，船头驾抬、船尾驾舵之二水手，瞬息一气，撑放三里余之九滩，安能有此长力？所以每多失事。厥下又有殷胡子沱，大白汾，小白汾，文公下滩、上滩，螺蛳等滩，中间殷胡子、大小白汾及文公上滩，秋冬水涸，平坦可行，然文公大滩，黔岸形如刀削，蜀岸有文公庙一所，硔口窄狭，巨石屹立河中，水大则浪高难行，动经累月守候，水小则岸无纤路。每船须四五十人方得吊过；螺蛳滩亦甚危险，历台盘子、虎跳石、滋湾洞、黄连、大洪，直至二郎滩始觉宽平。故发运京铅，宜于新龙滩起岸，从陆路运二十里至二郎滩，自二郎滩抵猿猴鸡心滩一百六十里，中间如游洪、罗妹、虎脑、黄泥等滩，虽稍陡峻，但河宽水平，舟行无虞。总之，极险之处须行盘运，次险及不险之地，仍用舟载。

自乾隆十一年（1746）起至十四年（1749）三月底，经运过铅三百四十七万斤，每百斤节省银二钱一厘四毫，计节省银六千九百八十八两零。业已咨明户部，而闾井盐价亦觉渐平。现在详请增引者多，于穷壤小民不无裨益。勘毕，当将河道情形详报在案。

幸今皇仁浩荡，河神效灵，近复饬差访查，河中除设立官渡以济行人，及民渡有关往来耕种者，取具保结准其撑架，其余偏僻港口，非系要道，恐有奸匪暗渡，悉行禁止外，现在河之上下，往来载物客舟，名曰锹船，约有一百有零艘，每艘可载铅一千余斤，自鱼塘顺水至新龙滩，水脚银四两二钱，自二郎滩顺水至猿猴，每千斤水脚银四钱；若载盐，则每艘可载九千六百斤，自猿猴上水至新龙滩，每包脚银二钱，新龙滩上水至毛台村，每包脚银三钱五分。察此日之情形，似觉于国于民俱有成效。但他处之山，乍高乍低，石皆坚确，此河两岸尽属高山，石独破碎而松动；他处之土，黄泥凝结，此河一带尽是黑灰沙土，土松则石易坠；兼有居民耕种山土，人牛垦挖，石即滚下。再阅各有滩之处，旁即有小溪山沟，一遇山水陡发，冲激沙石，填积滩路，难保开者复壅，通者仍塞也。是必定为岁修之法，每年冬令水涸之时，饬该地方查有淤塞之处，即细勘、详估，于节省项下动支，雇夫检备，工完报销，立定章程，庶前功不致废弃，而利赖及于万世矣。爰为之记以志之。

〔四十七：清乾隆十九年（1754）至二十二年（1757）间，任大定知府〕

## 同心阁记

周遵鹏

辛卯之秋，时当七月。天河改竣，遂筑阁于鳌矶之上。其危峙摩天，万千气象。邀客登阁，无不心旷神怡，真嘉阁矣！客曰：“何名同心？”答曰：“同心者，‘同心同德、同心同向、同心同行’也；亦即万众同心，上下同心，各民主党派、全国工商联、无党派人士同心，试验区同心也。”

斯夫，“同心”之旨，惟“国家至上，人民为本”。然亘乎天地，辉若日月，震古烁今，万物繁荣。今值盛世，幸承恩于“同心”思想，蒙大德之智慧，开统战之新路，引多党合作尽赤诚。“同心”品牌，盖源于毕节试验区之科学实践；“同心”理念，夫出于多党合作在毕节试验区之成功力行。故筑阁之初，意之始有。阁之既成，必具其名而载于史志者也。是故，市委、市政府诠其意而名之。

夫山川形胜，览物寄情。审乾坤之大，华夏之广，岂独钟于岳阳之楼、豫章之阁乎？重镇毕节，平夷旧郡。襟蜀扼滇，西南红都。八景绚丽，七星巍然。天河滚滚翻银浪，山岳层层耸翠屏。杨慎挥毫题锦句，国伦展楮赋佳篇。达父蜚名禹甸，素园载德神州。非物华天宝，人杰地灵者何喻？嗟夫！自古禄州多杰士，夜郎深处凤凰栖。

斗转星移，物态变迁。改革开放，百废俱兴。科学发展，试验先行。城乡统筹，跨越奋进。文明共建，小康骈骋。政通人和，盛世修明。

登斯阁，昼则五龙拱瑞，千竹摇影；汀渚停鹤，锦鲤翻波；烟云渺渺，山色苍苍；车水马龙，熙来攘往。夜则高厦彩霓，万家银灯；皓月当空，好风送爽；把酒吟诗，挥毫泼墨；闲情逸致，宠辱得失皆忘。兴之所极，因斯阁也！

嗟夫！阁之崔巍，比于庙堂。天下昌盛，民心所向。殷民之道，不二政仁。居庙堂之上，则民为本。固铭必曰：从政常怀宗旨念，作官时抱爱民心。

噫！山人斯微，其意难述，聊以记之。

# 《大定府志》序

林则徐

自明代《武功》《朝邑》二志以简洁称，嗣是载笔之儒，竞尚体要，沿习日久，文省而事不增，其弊也陋。抑知方域所以有志，非仅网罗遗佚，殚洽见闻，实赖以损益古今，兴革利病，政事所由考镜，吏治于焉取资，所谓“前事不忘，后事之师”，顾可略欤！《周官》小史掌邦国之志，外史复掌四方之志，职方又掌天下之图，凡土训、诵训所道，无非是物，何不惮繁赜若是？孔子欲征夏殷之礼，而慨于文献不足，志非所以存文献者乎？足则能征，不足反是，宜详与否，亦可识矣。然所谓详者，岂惟是捃摭比附，侈卷轶之富云尔哉！采访宜广而周，抉择宜精而确。惟广且周，乃足以备省览；惟确且精，乃足以资信守。江文通谓“修史莫难于志”，非以两者之不易兼乎！

惺斋太守，由翰林改外领郡县三十年，所至皆有循声惠绩。莅官之始，必访图志，宗朱子法也。初仕闽，见李元仲所纂《宁化县志》，以土地、人民、政事分门，喜其详赡，有裨于政，尝欲效之。时闽省方修通志，君宰首邑，旋晋福州郡丞，多所赞襄[④]，而不暇自成一书。洎守黔之大定，以身率属，殚心教养，尝谓其地古蛮方，叛服靡常。我朝始设郡县，二百年来，彬彬文化，而苗夷诸种，今犹多于汉民，欲变化而整齐之，志乘尤木可略。因访得前守王君允浩未刊志稿八卷，取为权舆而厘定焉、裒益焉。书成示余，且属为序。余受而读之，为卷凡六十，视旧稿奚翅增以倍蓰！其体例、门目，亦皆自抒胸臆，不相沿袭。乃每卷先标原撰名氏于前，而自署曰：“重辑”。噫！此诚君子以虚受人，美不自炫；而实则重辑之功，什百于原撰，谓之“创造”可也。

夫王君八卷之稿，断手于乾隆十五年（1750）庚午，距今已百年矣。此百年中事，非旧稿所有也。且旧稿仅纪郡守亲辖之地，而各属皆未之及。君则于所属诸州、县一一载记，巨细靡遗。荒服瘠土，搜采纂难，而君竭数年精力，不使以阙漏终。一境地必溯其朔；一名物必究其原；一措施必缕陈其得失。凡可以昭法守、示劝惩者，无不郑重揭之。且每事必详所出，不以己意为增损。其贯串赅洽，即龙门、扶风之史裁也。其大书分注，即涑水、紫阳之体例也。他如郦道元、常璩、袁枢、郑樵诸述作，间亦资为钲觇，取以敷佐，使数千年往迹，若指诸掌。非君平时视官如家，视民如子姓，其能若此之实事求是乎？此书出而阖郡风俗、政治犁然毕陈。即君莅官以来，所以治是郡之实政，亦灼然见其梗概。后之官斯土者，如导行之有津梁，制器之有模范，果其循习则效，择善而从，又岂猾吏、莠民所能障蔽其听睹哉？且此书之用，非独一郡所资。即措之天下，传之奕祀，莫不如契斯印。君之设施，讵有涯涘耶。

昔余在闽里居，尝亲见君之惠政。比督滇黔，又幸得君之匡益。今岁大定荒疫，赈恤补救，尤重赖君。兹疮痍既复，而是书适成，诚斯土之幸，而又不仅斯土之幸也。第余自愧老病，乞归养疴，不获与君常相切劘。所冀蒸蒸日上，宏此远漠，异日宣力四方，所以上孚下浃，更有大且远者。吾身虽退，犹乐为延颈企踵，以瞻治绩之隆也。

道光二十九年（1849）秋七月

〔林则徐（1785~1850），字元抚，又字少穆、石麟，晚号俟村老人、俟村退叟、七十二峰退叟、瓶泉居士、栎社散人等，清福建侯官人。历任湖广总督、陕甘总督、云贵总督。清代著名政治家、思想家和诗人〕

# 第二节　考、辨

## 夜郎考

### 靖道谟

且兰，夜郎，皆南夷名。《史记》云："西南夷君长以十数，夜郎最大。"是且兰非夜郎匹也。楚庄豪循沅水至且兰，椓船于岸而步战，遂灭夜郎，以且兰有"椓船处"，乃改其名为"牂牁"；豪即留王滇，夜郎、且兰仍自立为国。

汉武平南夷，置牂牁郡，领县十七，后汉领县十六，皆首叙且兰，而夜郎反为属县。晋永嘉二年（308），分牂牁立夜郎郡，领夜郎四县，于是，夜郎始列为郡。刘宋、萧齐皆因之。隋《地理志》有牂牁郡，复有牂牁县，而夜郎之郡、县皆无。梁、陈、周《书》，俱不志地理，遂不知废自何时也。唐以隋牂牁郡之牂牁县置播州，而县有三"夜郎"之名。武德四年（621），析夷州之宁夷县置夜郎。贞观元年（627），州废，县亦废。八年（634），析巫州之龙标县置夜郎。十六年（642），开山洞置珍州，亦置夜郎县。长安四年（704），以龙标所析之夜郎置舞州。天宝元年（742），更县名为峨山。

龙标之夜郎，当在今黎平、镇远之间。夷州之夜郎，当在今石阡、思南之间。珍州之夜郎，则今遵义之正安州桐梓县矣。巫州、夷州之夜郎，或废或更名；珍州之夜郎，置之最后，而自唐迄宋，名未尝改。于是，人止知播州之为夜郎，而亦不复知夜郎之大矣。《汉书》云："唐蒙从巴蜀笮关人，遂见夜郎侯。"又云："夜郎东接交趾，自西徂东奚啻千里？"亦无怪当年夜郎之自大也。

〔靖道谟（1676~1760），字诚合，号果园，清武汉新洲人，赐进士出身，授庶吉士，著名学者。历任顺天府乡试官、云南姚州知事，后屡受聘于白鹿、江汉等书院任主讲。曾主修《贵州通志》30卷〕

# 殷周鬼方辩

王燕玉

贵州省在古代的地域名称，大范围可追溯到殷至周初，具体指公元前十四世纪初（殷代第二十三世武丁时）至公元前十二世纪初（周代第二世成王时）。今贵州是鬼方的主要部分。殷周鬼方地在西南，是古代一些文献和古、近、现代一些学者的见解。现代一些学者双认为殷、周鬼方地在西北。我们主张鬼方主体在今贵州。

殷代鬼方在荆地（今湖北）外的西南，殷代鬼方也就是周初的鬼方，史实不多，在古文献、古器物上出现过三次。《今本竹书纪年》说："（武丁）三十二祀伐鬼方，次于荆。"又说："三十四祀王师克鬼方，氐羌来宾。"《易·既济》说："（殷）高宗伐鬼方，三年克之。"甲骨文也有记载，《库方二氏所藏甲骨卜辞》（237）说："贞王勿乎妇好往伐鬼方。"这几条记载互相吻合，都说的一回事，即殷王武丁三十二年，出军先到边境荆地驻扎，结集兵力，侦察情势，制定战略，然后进攻鬼方，打了三年，取得胜利，声威远震，西方的氐、羌因来臣服，其功绩同以前商王成汤征伐氐羌一样煊赫。另一条先秦记录《诗·大雅·荡》说："内奰于中国，覃及鬼方。"是说殷末帝辛之时，政刑暴乱，中原内部普遍怨怒，并远远波及到鬼方。用以反衬西部周文王德政美好的形势，即将取代殷的统治。这一事态，主要说明鬼方到殷末仍存在，是殷最远的控制区，作为边远地方动荡的代表。那时周族据有西北，势力强大，恰好反证鬼方在南面的荆地边外，不可能在西北周的辖境。据《小戴记·明堂位》说："纣脯鬼侯。"《史记·殷本纪》说："纣以西伯昌、九侯、鄂侯为三公。"徐广说："九侯，一作鬼侯。"这里虽不直接说明鬼方，却有一点值得注意，西伯昌，即后来的周文王，与鬼侯、鄂侯并称殷末的三大诸侯，各据一方，辖地广大。因此，推测鬼侯就是鬼方的首领。《大戴记·帝系》说："陆终氏娶于鬼方氏。"《史记·楚世家》说："陆终氏生子六人，……六曰季连，芈姓，楚其后也。"这自然是传说，不能全信，但透露一点，即楚地和鬼方相近，因而通婚，这是可以作旁证的。古器物小盂鼎有"鬼方"字，反映周成王时盂君曾伐鬼方；梁伯戈有"魃（即鬼）方（即蛮）"字，一般称南方民族为蛮，所以反映鬼方属于南蛮；合起来反映鬼方至周初成王时还存在着。

总看鬼方简略的史实，可分为三阶段：即殷武丁时被征伐，殷帝辛时生怨，周成王时于盂君所攻讨。中间时距并不太长，未发现迁徙的迹象，一直在荆西南地带。鬼方今地的具体范围，揆度殷周形势，作合理的估计，约包括今湖南西北边，四川东南边，连接贵州大部，旁迤桂北、滇东地域。从殷武丁征伐鬼方，战争规模庞大，时间绵延较久来判断，当时鬼方就有比较实在的物质基础，比较集中的组织力，一定的兵力，决不是原始社会中松散的部落形式所能达到的，故断定为奴隶社会粗具国家雏型的性质。

〔王燕玉（1923～2000年），贵州师范大学教授、史学家、方志家，研究领域，贵州古代史、贵州近代史，贵州方志及中国古籍文献等。著有《贵州史专题考》《中国文献综说》等著作。参与编撰《贵州古代史》《贵州近代史》〕

## 第三节　疏

### 改设州县疏

范承勋

题为查议冗员以培民力事　该

臣看得滇黔卫所归并，臣仰体皇上爱民至意，悉心筹画，从议汰冗员，甦息军民起见，到任后即檄行二省藩臬，会同妥议通详。除滇省各卫所已经臣议裁，具题在案，据贵州布政司柯鼎会同按察司季之粹公详复批令，再加确议。

兹据详称，查黔省卫所，康熙十一年（1672）间已将清平等五卫改县，安庄卫改州。现今尚存十五卫十所。其间有专城，有与府州同城者，有与州县犬牙相错者。军丁耕田纳粮与民无异。所当分晰裁并改设，如偏桥卫，在镇远一府两县之间，查施秉县民粮稀少，应将偏桥卫裁并施秉县，仍属镇远府管辖。裁去守备一员。至施秉县原未设学，裁去卫教授一员，改设县训导一员。旧卫地方应设偏桥驿驿丞一员，管理驿务。兴隆卫地错黄平，应将兴隆卫裁并黄平州，移州于卫治管理。驿站仍属平越府管辖。裁去守备一员、经历一员。其原设兴偏营改为黄施营，营制照旧。至黄平州学原兼馀庆、瓮安二县学，今州治既移兴隆，裁去教授一员，以州学正移驻卫治，于瓮安县另设训导一员，兼摄馀庆县学务。新添卫附近贵定县田赋无多，应将新添卫裁并贵定县，移县于卫治管理。驿站仍属贵阳府管辖。裁去守备、千总、经历各一员。查贵定县原与龙里县合学，今裁卫教授一员，改设县训导一员。贵州、贵前二卫同附会城，应裁改为一县。恐两县地方差徭不均，将附近新贵县量行割附，应名贵筑县，亦属贵阳府管辖。至两卫原未设学，应无庸议。裁去守备、千总各二员，经历一员，改设知县、典史各一员。此贵东各卫之裁并改设者也。

如镇西、威清二卫，壤地相接，应共设一县，而以赫声、威武二所附之。县驻于威清，管理驿站，应名为清镇县。裁去守备、千总、经历、守御所千总各二员，改设知县、典史各一员。查镇西卫原附安顺府学，今二卫改设一县，裁去威清卫教授一员，改设县训导一员。平坝卫路当孔道，管理驿站，应改设一县，即名安平县，附近之柔远所附之。裁去守备、千总、经历、守御所千总各一员，改设知县、典史各一员；裁去教授一员，改设训导一员。安南卫亦在大道管理驿站，应改为一县，即名安南县。裁去守备、千总各一员，改设知县、典史各一员；裁去教授一员，改设训导一员。其附近普定之定南所裁并普定县，附近南笼厅之安笼所裁并南笼厅管辖。裁去守御所千总二员。至普安州同城之普安卫，应裁并归州。裁去守备、千总、经历各一员，仍俱属安顺府管辖。但普安设有两站，州官仅可管理在城驿务，吏目又有佐理巡捕之责。其资孔一驿应设驿丞一员管理。此贵西卫所之当裁并改设者也。

又会城西北之敷勇卫应改设一县，而以修文、濯灵、息烽、于襄四所附之，即名修文县。仍驻卫治，亦属贵阳府管辖。裁去守备、经历各一员，守御所千总各四员。改设知县、典史各一员。裁去卫教授一员，改设训导一员。又永宁卫系川黔襟喉要地，应改为一县，而以普市所附之，即名为永宁县。裁去守备、经历、守御所千总各一员，改设知县、典史各一员。裁去教授一员，改设训导一员。毕节卫无州县可归，亦应改设一县，而以赤水卫附之，即名毕节县。裁去守备二员、经历二员，改设知县、典史各一员。裁去教授二员，改设训导一员。二县俱属大定府管辖。至威宁府同城之乌撒卫，应裁归府。裁去守备、千总各一员及卫教授一员，归并府教授。此西北卫所之当裁并改设者也。

再查卫所既裁，都司一员无所事事，亦应裁去。武闱事务即令藩司料理。操捕都司一官亦应裁去。制办火药应照他省例，责令城守营管理。其都司、经历并应裁去。以上共应裁去都司一员、都司经历一员、守备一十五员、卫千总一十员、守御千总一十员、卫经历一十一员、卫教授一十一员，俱各咨部改补。共应改设知县七员、典史七员、训导七员、驿丞二员，应请由部照缺铨补。再查各府有称军民者，今既概编为民，则军民字样亦应裁去。等因前来。臣覆加筹酌，似宜裁并改设以昭画一，以垂经久。

通计：议裁各官共六十员，设官共三十二员。稍减经费以舒物力，或亦省官、省事之一助也。至有各卫所田土、人民跨入他境，应查坐落附近州县，酌量归并。及新设之县幅员太广，应查近邻州县粮额多寡，酌量割附。容臣行令该司，逐一查明分晰，另册报部。容臣谨会同贵州抚臣慕天颜合疏具题 伏乞睿鉴 敕部议覆施行。

〔范承勋（1641—1714），字苏公，号眉山，自称九松主人，清辽宁抚顺人。康熙二十三年，举廉吏，擢内阁学士。历任云贵总督、都察院左都御史、兵部尚书，加太子太保〕

# 第四节　赋

## 水西赋

何思贵

系安氏之故地，作黔邑之新疆。界连清镇，境接大方。有仙人捆马之迹，有印山浮玉之祥。去京师七千九百余里以立国，延济火一千四百余祀而始亡。懿夫水西之为地也，弹丸黑子，拉朽摧枯，曾何足齿？惟是唐宋以来，普贵封王，阿画、阿理、霭翠以下，或授大将军，或为安抚使。绵绵延延，以至于此。洎乎天启、崇祯之间，流寇内讧，军威小弱；安位崇明，造变肆虐。武侯祭星之地，柴弩纵横；文成讲学之区，毡衫绎络。维时虽以张云鹏之六面加兵，许文成之三方进薄，固未能犁其庭而扫其穴也。洪惟我国家，圣神文武，小姑息之南宋，卑怯弱之汉唐，既底定于华夏，遂有事于蛮荒。截长鲸之髻鬣，刳妖狐之肾肠；化顽梗为礼义，变樵卉而冠裳，如今之所谓黔西者也。爰为之歌曰：

水西之地兮有郭有城，水西之野兮有稻有粳。狮山之蔚然而深秀兮，及龙水之莹然而澄清。士驰名于廊庙兮，民尽力于桑耕。夫何安氏之作孽兮，不获享乎千万世之太平。岂物极之必反兮，抑亦愧乎其祖奢香之神明。

〔何思贵：清黔西州人，优贡生〕

## 游龙蟠山赋

刘　潮

翳蟠谷之一山，论胜境而必属。傍鸟道以前登，望羊肠而托足。探幽拾级，叠叠层层；攀麓跻巅，盘盘曲曲。行来佛地，识宇宙之皆宽；引入名区，知高厚之不蹰则见弱草缘堤，山花迷径；细雨长石，砌之苔清，风敲龙龛之磬。供我游览，孤云与衆鸟皆闲；唤彼愚蒙，暮鼓与晨钟相应。偶尔登临，顿开情兴。尔其波光滟潋，山色空蒙。低望人烟，错杂尘寰之内；遥观城郭，参差晓树之中。一水曲流，频环玉带；双桥深锁，竞驾长虹。来人语于天半，挂文星于碧空；云林画意不隔，庐山之面目可通。尔乃结人境之卢阜，获闹市之清幽。松满山巅，王子应乘辽海之鹤；桃开谷口，渔郎欲泛武陵之舟。青螺众山，浑疑巫峡；灵峰双笔，恍若瀛洲。虽非宇宙之名胜，已快一日之嬉游。更觉梁台锁烟，玉屏向曙。西耸之灵山万丈，地拟蓬莱；北流之飞瀑千寻，堆翻滟溅。一轮明月，镜落江潭；万户宵灯，萤辉朴樕。霜摧枫木，僧归红叶村间；雪压松枝，寺在白云深处。其或阁成仙斧，台拥金莲。活火昏晨，老僧煮石；空山风雨，衲子参禅。鹿蕉绕廊，有文可当贝叶；金衣啭树，无语不是谈天。讲经几于石点，说法应有龙眠。到此是山中之相，行来即陆地之仙。于是逢僧话于竹院，论道德于禅房。佳客临门，蝶梦[15]尚稳；楞伽好静，蜂舞不狂。未扫落花，知是非之不管；推出明月，识宠辱之皆忘。锄灵药兮带剑，对古松兮焚香。可爱雅人，只知衣荷而吸露；堪笑尘市，何事利锁而名缰。彼夫洞名金果，洲号百花。钱塘之柱，孤擎雷声轰掣；衡岳之峰，矗立雁阵横斜。枫寺鸣钟，频催霜夜；姑苏梵呗，直到船家。孰若隔紫陌于红尘，市喧车马；栖寒鸦于古木，不近喧哗者乎？斯诚凡境仙都，上林西竺。无无有有，巨细风涛；浅浅深深，纵横林木。晚带山岚，朝披雾縠。倘逢杜甫，应吟诗句千章，纵得徐熙，惟绘烟云一幅。斯时临风把酒，俯唱遥吟。随意而望莓苔，天机自远；解衣而挂萝薜，逸兴正深。纳竹亭之爽气，披杉树之凉阴。双塔凌云，忽动我以题名曲江之想；层楼拔地，恍触吾以分光藜阁之心。

〔刘潮：字西园，毕节人。乾隆五十四年（1789）举人〕

## 新春毕节赋

毕节　丁建平

梅花点点，爆竹声声。千山挂彩，万户欢腾。题桃符以送旧，饮术桂而迎新。温声寄语，笑靥逢迎。此丑岁新年毕节人民之祥和气氛也。

漫步街头：霓虹与晚景同辉，波光璀璨；绿水和青山并美，空气清馨。商品，琳琅满目；高楼，栉比次鳞。人际，和谐和睦；生活，日夜月薪。龙灯、腰鼓、秧歌，穿街走巷；礼炮、流星、火箭，破雾穿云。此也丑岁新年毕节山城之承平欣然也。

忆往昔：伟人南巡，深圳改革先垂范；理论落实，粤闽开放紧著鞭。恩施内陆，老、少、边、穷沾实惠；税薄中华，农、工、学、贾尽开颜。看今朝：外汇储备三亿亿；国民增收几翻番。“嫦娥”奔月；“神七”上天。奥运功行圆满；抗灾捷报频传。寰球邦国鞠躬颂；敌垒阵营刮目看。此乃国家之荣，亦即人民之福也，能不欢庆哉？！

古人云：“得宠思辱，安居虑危。”赤县羞含百年，列强欺侮；中华崛起今朝，举世曰贤。掀改革，沐浴科学引路；稳开放，恒念民生唯天。乘良机，绸缪强兵足食；促发展，不忘富毕兴黔。君不见，毕节天河兴水利，纳雍岭下采煤田。威宁坡顶连坡牧，织金洞中有洞天。车跑高速路，机飞碧云天。轨连云贵岭，贺运珠海边……丑岁新春新鼓点，禄州大地乐翻天。

噫！改革开放三十年，国富民强国力坚。生态试验二十载，鸢飞丽天鱼跃渊；丑年新春逢三庆，含哺鼓腹庆尧天。生为毕节人，足踏毕节地，躬耕试验田。抓紧机遇迎挑战，放歌毕节展新颜。孰不欣慰哉！

## 毕节赋

金沙　萧锡义

天造神奇之地，龙光独惠之区。或云峰万丈，或峡谷千寻，或洞开紫府，或响水轰鸣。朝霏夕霭，神幻莫测；阴晴变化，形臻化境。西毗古滇，直通西南海隅；北枕川蜀，竞达北塞燕京。宝塔高耸，独撑天宇；乌江裂岸，浩气凌云。斯域矣，秦时置汉阳，汉设平夷郡。洪武称毕节，万古亦嘉名。

四山环抱，古城平添胜概；九派扬波，雅颂奇迹云生。雨霁南山，倒柳丝拂绿绮；翠屏旭日、晨晖暖透天心。岚光影俏倒天河，崇楼美绣禄州城。泉惠千仓富，霞染万物新。织金洞环球称冠，杜鹃花玉宇芳馨。九洞天九天时景，八仙洞八极奇闻。高原明珠，锦鳞吹香戏藻，雍熙飞瀑，水喷万绺晶莹。龙潭夜月，丰乐收成，夜郎三峡，文浪北腾。一山、一水、一洞、一峡、涵不尽之奥秘，藏无数之奇珍。

双峰脱颖，文武绍兴。所行所造，无不典型。观音洞存远古人类文化，中河乃新石器之文明。可乐古墓得夜郎古国之物证。丹书铁券享蜀后主之殊恩。彝文摩崖，七星奠祭，五关险峻，九层衙门。奢节挥戈，乃巾帼英雄胆气；开通九驿，是政治家之胸襟；宰杀太监，丁宫保八方响誉；勤政为公，李世杰九土芳声。象祠铭记，金声玉韵。山馆吟秋，婉约遥承。惠此南国，严公绝艺。潘氏卓著，八世长吟。杰作辉天阙，文光灼古今。更赞二、六军团，不辞万里长征。成立川滇黔委会，横枪板荡举长缨。步越刀丛，历尽艰辛。破碍平顽，抗击日军。立下丰功伟绩，造就神州太平。

八千里乌蒙，遍呈珠玉；百万顷平野，满盛乌金。煤矿、铁矿、铅锌、黄磷，无处不有，无处不存。泽被九州万国，长招万国光临。威宁火腿，色鲜味美。回沙窖酒，清冽香醇。大方漆器，典雅古朴。空花石砚，文房极品。白果王寿越千载；清池茶功效三清。豆中三宝堪绝妙，汤圆一碗蕴风情。羊肉火锅熏四海，黄橘蜜甜奉三亲。荞酥爽口，入口沁心。砂灶砂锅传远邑，竹兜竹篮出心灵。万般营厚德，一斑见繁荣。

回首过去，窘困难陈。崇山绝壑，雾障云横。气劲地寒，地瘠人贫。新中国成立，天地灿红旗。砸碎铁索链，人民庆翻身。中央关切甚，德策每斜倾。治山又治水，致富先崇文。振铎声传远，设帐育精英。继作扶贫开发，八邑普受甘霖。招商引资，建设飞速发展，因地制宜，扶持僻远荒村。天堑变康衢，万桥架云层。旅游兼特产，多方齐头进。山耸翠，水游鳞，花放蕊，树流莺。百宝装箱满，五子更丰盈。山翁驱额皱，村媪亦红裙。或歌舞，或垂纶，或上网，或弈琴。出门皆宝马，进屋乐天伦。天地两祥和，人醉太平春。

地处黔西北，喀期特地形。奇山亦奇水，奇洞亦奇人。已成千秋绝唱，更向绝顶攀登。再造辉煌，从兹发轫。深挖潜力，发展平衡。巧用他山之石，尽铸我之嵘峥。力创和谐境界，飞跃锦绣前程。

## 百里杜鹃赋

敖国华

百花坪隐仙女，幽会情郎。锦鸡箐栖锦鸡，引伴凤凰。览胜峰云海翻浪，画眉岭百鸟歌王。金坡岭姹紫嫣红，马缨林血染圣花。数花峰白鹤戏水，落英台凤舞朝阳。奢香岭缘逢霭翠。醉九牛花迷牛王。云台岭行飘五色云霞，移山湖镶嵌翡翠荡漾。龙场九驿通古道，支戛阿鲁供神像。米底河鸟鸣山梁，珍奇暗藏。健生道画卷美妙，徐老惊狂。

若夫杜鹃之类，马缨杜鹃，鲜艳芬芳。树型杜鹃，枝干强壮。狭叶马缨，茎黑细长。美容杜鹃，沁馨幽香。白花杜鹃，瓣大蕊黄。露珠杜鹃，色泽多样。团花杜鹃，瓣簇心房。迷人杜鹃，晨暮异常。银叶杜鹃，花瓣朝阳。皱皮杜鹃，裙芳衣裳。锈叶杜鹃，妩媚飞扬。问客杜鹃，露乳胸膛。多花杜鹃，叶伴舞翔。锦绣杜鹃，秀美锦项。暗绿杜鹃，瓣红叶黄。鲜红、粉红、紫色、金黄色彩绚烂。淡黄、雪白、淡白、淡绿妩媚多姿。

若夫胜地之绝，燕子叽叽晓春分，布谷咕咕报芒种。乌鸦嘎嘎绕树梢，喜鹊喳喳贵客到。蜂跳八字找蜜糖，蝶展双翅传粉忙。晨曦金鸡打鸣响，暮夕野鸭啄食荒。茫茫草原牛羊跑，潺潺移山鲢鱼跳。春风拂地万物苏，阳光明媚精神爽。夏日炎炎绿荫下，莺歌燕舞话惆怅。秋赏红叶雁飞舞，农家田里收割忙。冬雪飞舞银装套，林间野兔脚丫光。岭涧小径憩美女，路旁灯下等情郎。袅袅炊烟升雾气，轰轰车鸣响凌霄。

嗟夫!翼展云霄，乘黄龙而呼啸。喙潜水府，驭潜龙而翻江。江山依旧，岁月长流。花开仲春，试比天庭之美。云接山巅，近距仙家之遥。感苍天恩惠眷顾，谢人间美景长存。海纳百川，群山巍峨俊秀。百花争艳，擂台试比谁香。筑巢引凤，建舒适之环境。民风淳朴，引游人之向往。科学管理，合理开发。迎仙女姑娘下凡，配人间多情牛郎。俱往相思，或成历史。感恩胜地，化及人间。歌曰：

卧黔省之西北兮，耀夜郎之明珠。
位水西之腹地兮，谓森林之公园。
繁品种之众多兮，开五彩之花朵。
纳百川之美景兮，迎四海之游人。

〔敖国华（1982~ ），字鲲鹏，金沙人〕

# 第二章　诗　词

## 第一节　古代诗词

### 汉　代

**佚　名**　汉代人。

#### 僰道谣

犹溪赤水，盘蛇七曲。
盘羊乌龙，气与天通。

### 唐　代

**李　白**（701~762），字太白，号青莲居士，又号“谪仙人”，陇西纪成人。天宝年间入长安，授翰林学士。后因永王事件，被流放夜郎，依当涂令李阳冰，不久病逝。

#### 自汉阳病酒归寄王明府

去岁左迁夜郎道，琉璃砚水长枯槁。
今年敕放巫山阳，蛟龙笔翰生辉光。
圣主还听《子虚赋》，相如却欲论文章。
愿扫鹦鹉洲，与君醉百场。
啸起白云飞七泽，歌吟渌水动三湘。
莫惜连船沽美酒，千金一掷买春芳。

#### 闻王昌龄左迁龙标遥有此寄

杨花落尽子规啼，闻道龙标过五溪。
我寄愁心与明月，随君直到夜郎西。

### 元　代

**李　京**　字景山，河北河间人。大德五年（1301），任乌撒乌蒙宣慰副使，兼管军万户。

#### 过七星关

七星关上一回头，遥望乡关路险修。
欲向云山攀北斗，不辞鞍马过南州。
两山堑壁连天起，一水漂花出洞流。
闻道清时无瘴疠，行人经此不须愁。

**何宏士**　不详。

#### 翠屏旭日

俗山如俗人，过眼不相揖。
据鞍无好诗，羁思拍胸臆。
行行见翠屏，景意两相适。
烟曼幕清黛，山崖颜苍碧。
云霞油然生，杉松森以立。
鸣禽递清响，飞泉散珠急。

我疑有幽人，相傍崖居密。
朝餐紫霞英，暮咽香松实。

冯福可　国子监助教。

## 从征云南过七星关

点点何苍苍，环以西洱河。
百年雨露恩，讵敢烦干戈。
辕门振乌撒，衣带逾牂牁。
巨险久已平，故关尚陂陀。
云胡七星名，亦复重不磨。
君侯诗书帅，文武用不颇。
藩垣蹊重临，民夷赖渐摩。
中天揭斗柄，三辰行太罗。
因之成关传，永世同南讹。

公孙辅　中兴路总管。

## 赤水河重修桥

南涉摩泥坡，寻下石头岭。
俯瞰赤水河，如入万仞井。
人马及涯涘，径渡奔流猛。
水石相戛击，郁作汤火滚。
瘴焰所冲突，虎惧射工影。
人如中药鱼，上岸久方醒。
又如登青天，下步无一磴。
我马力如虎，矫捷凌绝顶。
回首自愕眩，舌吐不得引。
国恩叨海岳，敢辞身苦病。
行矣勿踌躇，万事一笑领。

文璋甫　云贵一带行医郎中。生平不详。

## 火把节

云披红日恰衔山，列炬参差竞往还。
万朵莲花开海市，一天星斗下人间。
只疑灯火烧元夜，谁料乡傩到百蛮。
此日吾皇调玉烛，更于何处觅神奸。

## 明　代

朱守谦　安徽凤阳人，朱元璋长兄朱文正之子，第一代靖江王。

洪武二十年（1387），镇云南。

## 过七星关

天恩今许凯歌还，唾手功名总不难。
勒得七星关上立，剑光应照斗牛间。

朱昺显　江苏淮阴人，武略将军，毕节卫七星关提调千户。

## 七星关

雄兵筑垒戍边庭，历代名关号七星。
千嶂嵯峨山拥翠，一江澄澈水流清。
横波铁作浮桥缆，悬壁崖开记石铭。
喜遇生平无以报，皇图万载永清宁。

林　晟　字仲让，号三槐拙叟、墨庄道人，毕节卫人。袭父职，任毕节卫指挥，正统十四年（1449）调贵阳任守备，治军之暇，好读书，礼贤下士，时有“儒将”之称。因坐子罪，罢职归里。工书法、喜诗文，以诗酒自娱。

## 龙潭夜月

一泓秋月漾清波，五夜寒光向此过。
老蚌吐胎明海宇，玉蟾分影照山河。
澄澄藻影涵丹桂，湛湛瑶池洽素娥。
久坐不知风露冷，晚凉吟处水腥多。

## 灵峰仙境

灵峰秀异即蓬莱，苍翠玲珑似剪裁。
红树白云围药灶，琪花瑶草足丹台。
采芝人语松边径，骑鹤仙留石上苔。
际此悠悠忘世虑，绝胜刘阮到天台。

## 东壁朝霞

阳乌冉冉上晴空，紫翠朝来望不穷。
瑞气远笼青嶂碧，祥光高应赤城红。
酒杯泛处初流彩，锦绣裁成尚未工。
极目蓬莱如咫尺，仙班疑缀五云中。

## 翠屏旭日

翠峦高耸若屏风，羲驭初临露尚浓。
晓色苍苍开罨画，晴光烂烂著芙蓉。
来从旸谷经三岛，出自天阙彻九重。
自愧负暄何以报，朝朝东向祝时雍。

## 福　泉

上方楼阁倚云开，一道清泉百折来。
松径晚淙钟韵切，苔矶寒漱珮声谐。
流行以渐滋群物，生序由来冠五材。
最爱观澜作长坐，烦襟何自有尘埃。

**谢　观**　国子监助教。

## 登毕节南楼

群山如画拱层楼，高压诸夷冠数州。
地势北通岷岭雪，天文南接鬼方秋。
登临岂是元规赏，控制多从德裕筹。
共说将军防御密，太平武备不忘修。

**沈　庠**　贵州按察司副使。

## 贵州按察司毕节分司

万丈凌空山势险，此身疑在雾云端。
愁多便觉襟怀窄，昼暗不知天地宽。
驿廪数升供晚粥，园蔬一味当春盘。
孤灯荒馆聊吟坐，未到更阑兴已阑。

## 重巡赤水卫

边城险远我重来，湿雾溟濛昼不开。
公廨清幽如洞府，人家层叠似楼台。
千寻石磴滑于镜，一派溪流响若雷。
又过季冬将十日，使轺拟在腊前回。

**汪　津**　贵州监察御史。

## 赤水卫

叠叠山从云外悬，城依山脚聚人烟。
路连云贵通京国，水学之玄赴蜀川。
戍久儿童能走马，春深旅客怕闻鹃。
星轺此地经过日，正值秋风九月天。

吴中至　贵州布政使。

### 次汪御史《赤水卫》韵

两袖清风度翠峦，翠峦高处恣吟看。
烟岚不散昼还暝，节气无常夏亦寒。
一经绿迷芳草合，半溪红泛落花残。
行行细把边情问，堪叹边情有万难。

丁养浩　仁和人，弘治九年巡抚贵州，后为贵州监察御史。

兴学育才，以教化为先。

### 乌撒卫

寻常雾潩只疑夜，骞地雨来浑似秋。
纵使舆图归圣主，也应风气异中州。
山禽向暖犹无语，野彙经寒便不收。
更道滇南数千里，几人从此觅封侯。

黄　珂　贵州监察御史。

### 次汪御史《赤水卫》韵

城上旌旗带雨悬，城边草树昼生烟。
山光水色连千里，人语鸡声傍一川。
望眼谩劳迎过雁，愁怀无奈听啼鹃。
登临直向最高处，恍若身游万仞天。

罗　昕　贵州按察司佥事。

### 次汪御史《赤水卫》韵

孤城势若一壶悬，雨后林峦起白烟。
负郭青山无隙地，当时赤水是寒川。
谁家唤客秦鹦鹉，半夜愁人蜀杜鹃。
闻说冬来常白雪，风光多似岭南天。

王守仁（1472~1529），字伯安，号阳明，谥文成。余姚人。正德初谪官龙场驿丞。

### 六广晓发

初日曈曈似晚霞，雨痕新霁渡头沙。
溪深几曲云藏峡，树老千年雪作花。
白鸟去边回驿路，青岩缺处见人家。
遍行奇胜才经此，江上无劳羡九华。

杨　慎（1488~1559），字用修，号升庵，别号博南山人、博南戍史，四川新都人，正德年间状元。官至翰林院修撰。文学家。因议大礼事件遭贬云南，终老戍地。著作多达百余种，后人辑有《升庵集》。

### 过层台

陡坡千百磴，破店两三家。
湿灶薪无焰，硗田饭有砂。
瘐兵宵泣血，猛虎昼磨牙。
行路难如此，羁愁一倍加。

### 赤虺河行

君不见，赤虺河，源出芒部虎豹之林。猿猱路，层冰深雪不可通，十寻健木撑寒空。明堂大厦采梁栋，工师贾客穿蒙笼。此水奔流似飞箭，缚筏乘桴下蜀甸。暗淡滟滪险倍过，海洋流沙第一线。谁驱乌鹊役鼋鼍，波涛旋回息盘涡。柏亭云屏济川手，奠民枕席休干戈。安得修为夷庚道，镌刻灵陶垂不磨。

**席　春**（1472~1536），四川遂宁人。正德十二年（1517）进士，授庶吉士、监察御史，巡按云南，后改翰林院检讨，升翰林院修撰、翰林学士。嘉靖十二年（1533），由礼部右侍郎改吏部左侍郎。曾参与修撰《武宗实录》。

## 层台道中

地险悲长道，天空信短亭。
瘴烟时冉冉，祲气尚冥冥。
水落汀沙白，云移岭树青。
轻寒侵病骨，奔走媿山灵。

**万士和**（1516~1586），字思节，谥文恭，宜兴人。嘉靖间任贵州提学副使。

## 乌撒道中

地当高处峰随转，云到穷时路更赊。
夏半火刀方布种，晚来牛马不归家。
瘴烟寒锁蛮村树，岚雾晴迷客子槎。
干羽未能驯鬼国，只贪关市重盐茶。

**凌　琯**　字惟和，徽州沙溪人，嘉靖进士。历任河南参议、贵州提学、四川参政、陕西按察使，有政声。在贵州时，与周汝登、耿定向等纂辑《读书录抄》。万历五年（1577）后，与贵州巡按毛在先后扩建修葺镇远府朱文公（朱熹）祠（又称紫阳书院），使紫阳规模日大，可惜明末废坏。

## 七星关

（一）

敷文万里境，叱驭七星关。
野水汤池险，层崖玉垒闲。
暮春单袷爽，斜日鬓毛斑。
魏阙频翘首，长安北斗间。

（二）

丹心不改色，华发已盈巅。
报国日渐短，驱山春自怜。
危关临巨险，玉节照金鞍。
万里揆文教，传呼入紫烟。

**缪文龙**　字见甫，乌撒人，缪良玉之子。

## 七星关

悬崖能生木，怪石贯楼云。
鸟语惊蝉寂，钟声送夕曛。
山川真不老，鹿豕慢同群。
野兴聊登赏，枫林叶正纷。

**蒋春生**　毕节卫兵备道佥事，余不详。

## 七星桥

谁假苍龙下碧空，巉岩蟠踞著神功。
雨余潭底沉清影，月出云间见白虹。
万里路通滇蜀合，七星关占古今雄。
观风几度停征幰，回看天涯似转蓬。

**陈　效**　万历年间贵州巡按，余不详。

## 七星桥

谁道星槎落碧空，往业利涉亦奇功。
岚光拂槛开晴嶂，瀑布穿林走白虹。
乌鹊千秋填羽翰，江流万古任英雄。
凭虚读罢扬雄赋，仿佛乘风到海蓬。

薛继茂　万历年间贵州巡按，余不详。

## 谒武侯祠

（一）

先生祠宇驻江湄，当日英雄想见之。
开济三分成鼎业，精忠三表出祁师。
欲凭野老咨遗话，但有烟云结怨思。
羽扇纶巾元不俗，相看还是草庐时。

（二）

郭外青山汉相祠，江空木落雨丝丝。
龙冈人物遗三代，鱼水君臣自一时。
双蝶故迷芳草色，寒鸦飞上野棠枝。
搴芳荐罢徘徊意，无限闲愁识者谁?

沈思充　字邃庵，浙江桐乡人，万历十四年（1586）进士，官工部主事，补屯田司，迁刑部员外郎，转贵州提学、佥事，升江西参议、按察司副使。

## 七星桥

山关楼阁倚霄空，荒垒犹传诸葛功。
不是孤衷悬日月，谁令到处望云虹?
星连北斗奎章灿，桥锁西陲天堑雄。
再度登临吊千古，振衣濯足洗心蓬。

梁　佐　浙江山阴人，进士，官主事。曾编刻《丹铅总录》。

## 七星关桥

巉岩飞阁倚长空，凿石寻源颂禹功。
地廻鼍门淘尽雪，天低蜃栋拂晴虹。
三巴西接虬龙静，六诏南通象马雄。
我欲乘风生羽翼，星槎云海泛飘蓬。

徐宏祖　号霞客，江阴人，大旅行家，足迹几遍全国，每到一地辄作笔记。有《徐霞客游记》。

## 夜郎行

鸾鹤空山路渺茫，重峦绝处逗云房。
何人天外能来往，有洞花间独閟藏。
瑶草琼枝开自落，金茎玉乳滴还长。
神龙百尺潭时护，不许桃花出夜郎。

程烿　辽宁建昌人，嘉靖时任贵州镇远知府。

## 龙潭夜月

玉盘出东海，到处清波被。
况值山上池，久为灵物寄。
冰轮浴金波，静影沉空翠。
怪得潭底蛟，拟作明珠戏。

董其昌（1555~1636）　字玄宰，号思白，香光居士，上海华亭人。礼部尚书。明后期著名的山水画家，其提出的“南北宗论”绘画思想具有相当的影响。

## 题条轴诗

开此鸿蒙荒，真在羽人宅。
洪崖居可归，天姥梦亦得。

**周文化** 贵阳人，嘉靖四十三年（1564）举人，邓州知州。

## 鸦　关

戟列峰屯俯万山，雪乘鸦翅马蹄艰。
一为行省冠裳地，便是雄图锁钥关。
使者衔恩通十部，中郎飞檄走诸蛮。
繻弃叱驭无人说，何用长缨过此间。

**吴国伦**（1524~1593） 字明卿，号川楼子、惟楚山人、南岳山人等，江西兴国人。隆庆时任贵州提学副使，常巡查于毕节诸卫。是嘉靖、万历年间著名的文学家，一生笔耕不辍，著有《藏甲岩稿》《甔甀洞稿》《陈张事略》《吴川楼集》《续吴川楼集》《春秋世谱》《训初小鉴》七部，近年又发现《川楼杂记》一部。

## 夜宿六广驿即事成短歌

雾潦洓洓，我行迟迟。恶木参天，猿狖昼啼。阴阴空谷，馆人何之？荆莽在户，不堇不篱。蜗煦我釜，豺踞我垂。仆夫变色，魑魅以随。刈薪撦床，杵麦为糜。永夜难旦，风雨凄其。失路奚悲，绝粮者谁？薄言咏歌，聊以乐饥。

## 宿谷里

石门风高千树愁，白雾猛触群峰流。
有客驱驰暮未休，山寒五月仍披裘。
饥乌拉沓抢驿楼，迎人山鬼声啾啾。
残月炯炯明吴钩，竹床无眠起自讴。

## 饭水西驿

相逢水西境，大半鬼为人。鸟言难可解，卉服日以亲。杂绘裹头锐如岳，铁距权橱猛相剥。掉头不应舍长呼，望见前旌乱吹角。道旁侧目窥绣斧，将前复却舌尽吐。驿亭跪进燕麦羹，饱食且忘行役苦。

## 饭金鸡驿

金鸡山头金鸡驿，空庭芳草平如席。
瘴雨蛮云天杳杳，莫怪金鸡不知晓。
问君远游将底为？脱粟之饭甘如饴。

## 阁雅行

我行浑入蛮王垒，蛮兵被毳行且呼。指点罗夷诸种落，延袤千里依皇图。历历重栅临断浦，堑垒木樵密如堵。刀耕余力射猎还，磔鸡赛鬼挝鞞鼓。蜀贾无时市枸酱，汉使不复问邛杖。枥下骄嘶笮马肥，围中醉拥僰姬唱。阁鸦回首复岭横，连云不断如长城。此中藏甲不知处，云是先朝霭翠营。霭翠曾悬列侯印，翊我高皇威独震。遥传一檄定西南，世世称藩无血刃。岂其苗裔食故疆，金紫蝉联泽未央。莫以弹丸夸险阻，修文天子今堂堂。

## 抵毕节

九驿途穷役未停，荒城到客雨冥冥。
铜符扼险依三蜀，铁柱临关锁七星。
虚拟辖轩能问俗，且随童冠一传经。
揽衣空馆微吟好，郭外群峰绕案青。

## 过层台驿

野潦奔鸣石径斜，疏林残日见人家。
编篱半护邛王竹，筑坞新移望帝花。
荒徼万山连蜀道，远人重译问京华。
乡音断绝愁如梦，何处风高急暮笳。

## 赤虺河

万里赤虺河，山深毒雾多。
遥疑驱象马，直欲捣岷峨。
筏趁飞流下，樯穿怒石过。
劝郎今莫渡，不止为风波。

## 赤水公署作

突兀峦山合，参差雉堞低。
人家悬碧石，公署出丹梯。
夜静水声乱，日高云气迷。
床头白麈尾，愁绝自提携。

**方万策**　福建甫田人，进士。万历十四年（1586），任分巡毕节兵备道佥事。

## 灵峰仙境

幽郁灵峰古洞天，薜萝锁尽翠微巅。
江干隐见晶光出，石窍参差滴乳悬。
带雨苍松龙欲起，笼烟丹灶鹤初旋。
三山何处凝眸望，曾似樵人得见年。

## 落折晚流

薄暮斜阳旅思寒，自怜旌节度江干。
峰迎玉浪层层白，岸匝霜枫袅袅丹。
有客问津林杪路，何人击楫水中滩。
济川自是商家事，倚棹遥将箕尾看。

## 文昌阁

东瞻紫气霭扶桑，可是帝星莅上方。
十里芙蓉迎剑写，一天奎壁挂松篁。
星河半插文峰丽，日观高临东壁光。
此地灵符多骏足，莫令风雨暗康庄。

## 南山霁雨

楼外青山黄鸟栖，撑空如拭绝云翳。
今朝霁色连城曙，昨夕飕风送雨凄。
二水遥分悬濯锦，丛林不断挂长霓。
南风片片莲花色，满地芳菲试自题。

**林尧俞**　字咨伯，福建莆田人，万历十七年（1589）进士，官至礼部尚书。善书法。著有《列朝诗集》《静志居诗话》。

## 闻黔中平志喜

皇风式九围，声教洎边鄙。由来西南夷，难用汉法理。其居杂编氓，其道羁縻耳。抚驭乖所宜，骚骚孰为弭？黔本隶鬼方，滇蜀相唇齿。各自有君长，号令一齐止。昨者纠诸樊，西川乱无纪。况乃安奢酋，水蔺负坚垒。目睹贵阳城，垒毡同折箠。我军寡且弱，日夕呼庚癸。相拒及岁余，如肉置诸机。疾声望外援，割发而噬指。幸然救兵至，背城拼一死。又逢贼气惰，乍合便披靡。既以解重围，亦足疗疮痏。虽未极兵威，庶几褫不轨。斯维社稷灵，人力讵至此？但此全城功，佥云李与史。愿怀往事虞，勿生战胜喜。如闻老鸦关，去城仅五里。

**张　谏**　字孟弼，赤水卫人，明代贵州第一个进士。官累迁顺天府尹，因正直被贬穿州知府，后升太仆寺卿，卒于任上。清末学者莫友芝编纂《黔诗纪略》时，存有张谏《望古》五言诗一首。

## 登木稀关

石磴崎岖翠霭间，木稀山上木稀关。
也知绝顶无人到，我独抠衣万仞攀。

**时季照**　四川按察司佥事。

## 过七星关

一年一度一来过，白发星星奈老何？
惟有青山无别态，白云还似旧时多。

**潘子安**　乌撒人。

## 七星关

七星关上暂停骖，满目晴云拥翠岚。
城郭非耶新所构，路坡平否旧鲁□。
龙溪远匝西山外，虎岭高蟠北斗南。
莫笑癯儒消髀肉，风尘来往倦难堪。

**白　经**　长宁人，官毕节卫训导、教授。

## 落折渡

蛮溪截路浩波萦，官艇迎风渡口横。
柳外暮烟迷皇眼，山西落日照行旌。
旅人停骑隔江唤，篙子惟蓬带月撑。
更有商家舟楫在，何由得遂济川心。

**卢安世**　字环水，赤水卫人。万历壬子（1612）科举人，历官贵州参议，四川副使、参政，为张献忠所杀。

## 奢夫人

都督持威太自轻，翻令顺德据声名。
君看九驿奢香路，岂直宜娘解用兵。

**彭而述**（1605~1665），字子篯，号禹峰，邓州彭桥人，明末清初官吏、学者。明崇祯十三年（1640）中进士，授阳曲县令。康熙二年（1663）官贵州按察使。

## 水西行

惟皇神武誓长征，天策羽林上将营。特遣将军授庙略，铁骑十万水西城。指挥如意真无比，叱咤之间风云起。雕弓在箙箭在腰，笑谓鼠子不足弭。苗垒何堪作战场，蜒洞蛮窟不可量。混沌以前未见此，密林深箐何茫茫。凿山劏道填鼓吹，马上兜鍪裹糗糒。大者牛车小负担，日为君王开土地。延袤四府多膏田，乌蒙镇雄与东川。此辈婚媾相犄角，古来结聚西南偏。昨者露布三大捷，或化鲸鲵或反接。从兹一鼓须荡平，遐荒裔土归臣妾。瓯脱自此供职方，纵横千里多稻粱。天子万寿蔸而康，独携长剑扫秕糠。

吴伟业（1609~1672），字骏公，号梅村，别署鹿樵生、灌隐主人、大云道人，江苏太仓人。官祭酒。

## 过可渡桥

盘江西绕七星关，可渡河边万仞山。
陇上旧传收白帝，南中今喜定乌蛮。
龙坑壮马堪驰骤，鸡足高僧任往还。
辛苦武侯停节处，残碑零落草班班。

周祚新　字又新、祐新，祖籍毕节杨家湾，后迁居贵阳青岩。崇祯丁丑（1637）科进士。授户部主事。杨龙友之妹夫，工绘画，尤擅墨竹。

## 咏春水

（一）
湘娥细剪鹦哥翎，水仙绡帐鲤鱼腥。
天池浩瀚苍溟溟，蔚蓝倒影渊泓渟。
（二）
杨花未飞蒲未长，縠纹荡漾晴如纺。
漪漪曲曲似有情，小小轻舟不用桨。

江盈科　桃园人，以大理寺寺正，恤行于云贵。

## 黔中杂诗

群峰莽互插天遥，旅魄都从一望销。
蛮语兼传红仡佬，土风渐入紫薑苗。
耕山到处皆凭火，出户无人不佩刀。
一自播兵蹂躏后，几家茅屋入萧条。

## 清　代

林必达　字洞秋，福建侯官人，武举。康熙二年（1663），任毕节卫守备。曾建义学，为儒士所重。

## 七星关

西南形胜比荆梁，天险都从此地藏。
关似玉门多部落，桥如栈道渡羊肠。
祀星谁洒残碑泪，筑垒徒邀夜月凉。
不尽波涛频作号，只今金锁扼南荒。

朱　珍　湖广人，康熙初，任毕节卫教授。

## 九日登松山

踏破山头乱石堆，搜奇觅句漫衔杯。
苍松不改千年色，丛菊争随竟日开。
塔上残碑留岁月，城中羌笛起楼台。
同人莫道鸦栖晚，犹带南天夕照来。

刘明儒　字入霈，毕节人，岁贡。著有《铁山集》。

## 游灵峰寺

竹院逢僧话，尘心顿已消。
谈空花雨乱，观世浪风飘。
俗愿无时贷，浮生若自焦。
暂依清净地，懒步出溪桥。

**孟　传**　毕节人，康熙初贡生。

## 撑天岩

撑天个个是男儿，上得峰来颇自疑。
孤掌已成高别岫，一看何必倩人持。
草埋雉堞干戈静，香动梅花雨露迟。
敢借太平新物色，同来绝巘坐题诗。

## 米仙洞

仙人练气住玲珑，羽化千年石屋空。
既到裔孙还爱石，安知鼻祖不居洞。
天寒鹤向烧丹火，日晚猿归弄笛风。
应有遗经留别室，水声即在白云中。

**罗　英**　字奏五，毕节人。康熙初岁贡，清平训导，晚岁家居教授，受知县方瑞合之聘修县志，使毕节文献得以传承。

## 题通天洞

何事竞奇说虎丘，通天高望碧云头。
一龛水口烘霞出，万缕烟岚托碧收。
气象直联南北斗，精神横过海天秋。
当年凿向匡庐下，白鹿齐名誉不休。

**程万夏**　字石樵，江西人，入籍云南军民府，吴三桂反，避乱流寓毕节。康熙五年（1666）举人，博学能文。

## 梁台晓雾

一峰秀起势崔嵬，曾是梁王驻跸来。
画阁当年夸美丽，颓垣此日任莓苔。
泉飞石窍流何急，雾隐山腰扫不开。
最可平明观曙色，移将翠霭上高台。

**黄元治**　号樵谷钝夫，江西德兴人。康熙十五年（1676）进士，康熙二十一年（1682）官平远通判。工诗善书，书宗米芾，为清初著名诗人。

## 由凤凰山至熊家场

凤山高在天，直上三十里。我马如鸟飞，凌巅不移晷。搔首问凤凰，群鸦翕集此。林木蔽天幽，虎豹分投止。戍垒画角吹，西风飒然起。阴森不可留，前途复尔尔。透迤数十盘，回望路如咫。忽逢石洞穿，斜阳射其里。村酒欲留连，仆夫去如矢。危坡当马胸，暮云随马趾。安知前有村，鸡声动余喜。人烟三五家，溪山绕窗几。却怪山腹虚，吞咽一溪水。

**孙　奏**　字兹庵，高淳人。康熙二十二年（1683），官平远知府。

## 平远田家

田家何所事，终日在耕桑。朝课瓜果实，夕餐禾稻香。虫声验晴雨，草色分阴阳。妇子劳筐莒，主伯慰壶浆。共赖明昭赐，颖粟已登场。租税讵容缓，负戴输官仓。昨闻胥吏过，无复扰蛮乡。

刘　悖　直隶人。康熙三十年（1691），任平远知州。

## 醒睡亭

醒睡亭前列画屏，公余闲步听流莺。
兴酣把酒谘民社，不愧浮生无所营。

刘玉泉　字源公，大定人。康熙三十二年（1693）举人，夏县知县。

## 雨龙山

高处登临意渺漫，飘摇忽若立云端。
御风直可排阊阖，倚杖何须跨羽翰。
一水东西流不舍，万山重叠引遐观。
青天尺五殊容到，愧抱尘情未敢干。

王之邻　平远人。康熙三十五年（1696）副榜。

## 东山寺

竟日山扉静，闲情月挂瓢。
僧居孤洞口，寺结半山腰。
饭已胡麻熟，茶将松子烧。
晨昏清磬下，直此悟心苗。

周钟瑄　字宣子，祖籍毕节七星关，居贵阳青岩。周渔璜族叔。康熙三十五年（1696）举人。曾任台湾诸罗知县，迁荆州知府。有《诸罗县志》《松云亭诗集》《遏云斋诗集》等。

## 月夜泛舟

经年尘面恨匆匆，又逐轻飚驾短蓬。
两桨破摇葭菼月，片帆斜受蓼花风。
天从波底翻无定，云过湖心旋欲融。
搔首几回眠不得，床头长铗气如虹。

张大受（1660~1723），字日容，号匠门，嘉定人，诗人、骈文家。生有异才，通经史百家。康熙五十九年（1720），任贵州学政。

## 大定使院偶成二律

（一）

万里西南势独高，横岩叠巘点秋毫。
版图最后今成赋，冠服初新古不毛。
野馆奇花朝日映，山城老树朔风号。
揄扬风雅开乌撒，白发荒陬敢告劳。

（二）

越磴穿林到此州，平生马迹快奇游。
天连六诏云斜度，地扼三巴水乱流。
居杂民夷常食稗，气寒春夏只披裘。
读书久负经纶志，忠信能孚百种酋。

潘　淳　字元亮，平远人。康熙五十四年（1715）进士。

## 水西篇

鸭池渡过登雄关，层层石磴摩青天。回看江水碧玉带，束以翠嶂浮晴烟。东西画界一水阻，卢鹿窟宅纷绵延。北连三巴西六诏，夜郎自大由何年。往者明祖初定鼎，愿置九驿奢香传。贵荣妄谋请减驿，阳明片纸温犀燃。封狼生驱曰邦彦，与奢阳恶阴勾联。深坑绝屯凭险固，长枪硬弩资凶顽。犯滇犯蜀困金筑，涨空虐焰几无前。太原中丞误深入，逾年弭节无声援。雄兵十万内庄没，以身殉国垂青编。桓桓山阴朱司马，出奇制胜功名全。苗薅发栉遗孽尽，渠长裂壤安穷边。区区安坤谋叛逆，前车之鉴懵懵焉。皇朝赫赫布圣武，犁庭扫穴文命宣。置兵置吏规制备，不苛不欲官司贤。势弱不能就羁络，力小容易加棰鞭。至今贴伏八十载，弦歌响彻长林间。衣冠渐变毡笠陋，山川立觉云霞鲜。乔木幽谷迥异处，断头掉尾空成言。安氏不绝仅如线，一顺一逆存亡悬。一语更寄抚夷者，服人以德毋忘旃。

晏斯盛（1689~1752），新喻人。康熙六十年（1721）进士，改庶吉士。雍正八年（1730），任贵州学政。

## 还自大定道中喜晴

初闻檐溜歇鸣鸡，忽见檐间山岫齐。
日压晓云低伏壑，天涵秋水渺平溪。
屐行石脊径银齿，马出泥涡散铁蹄。
游历多从衡较暇，好乘新霁问苍黎。

张　鲲　贵州思南人，拔贡。康熙五十二年（1713），任毕节教谕。经理学校，并与知县柯天健纂修《毕节县志》。

## 咏通天洞

露冕东屯喜岁华，通天古洞石床斜。
山容玉润双洲水，人杰春生万壑霞。
送客梅花香一路，赠行柳絮出三叉。
何方解识升平世，朋酒馨香桌绛纱。

## 七星关武侯祠

泸水当年五月寒，八番此日尽衣冠。
齐登王会甯瓯脱，共沐声施到且兰。
香火武侯千嶂翠，柏台丞相寸心丹。
何人解诵出师表，来向祠堂倚马看。

张精乾　不详。

## 七星关武侯祠

丞相祠堂久已无，经营此日费讦谟。
祭星仿佛七星聚，垒石依稀八阵图。
犹见蛮王称济济，数怜鬼火欢乌乌。
于今伏腊绵千载，不羡馨香在益都。

邵熙载　字汝为，毕节人。康熙时恩贡，官训导，邑明经。

## 七星关武侯祠

武侯遗庙枕江关，曳杖登临俯万千。
挽汉丹心悬北斗，吞曹浩气满南天。
云山叠叠惊营垒，河水潺潺咽鼓弦。
伫立低回追往迹，夕阳落照翠微烟。

葛峻起　字眉峰，河南虞城人。雍正十一年（1733）进士，任工部给事，四川学政。乾隆十九年（1754）任云南学政。

## 过七星关

征旆去悠悠，寒山动旅愁。
疏松临野岸，古寺枕荒丘。
漠漠云生履，茫茫雨湿裘。
七星何处所，桥下水空流。

孙中理　毕节人，乾隆庚午年（1750）举人。

## 双井龙湫

混沌何年此地刊，空传积水有龙蟠。
窟深千丈晴光洁，月照双泉夜色寒。
素绠汲来形可鉴，碧流回处静无湍。
飞潜若使人能择，□□清清养晦潭。

聂文英　毕节人，康熙十一年（1672）拔贡，隐士。

## 游通天洞和张鲲韵

天然古洞遇春华，石径幽深树影斜。
望去山光穿日月，听来人语带烟霞。
十年交久心先契，八句诗成手半叉。
共爱情幽频啸咏，系星岩畔欲笼纱。

洪　楷　字双溪，毕节人。雍正十年（1732）举人。

## 灵峰仙境

灵峰高插白云中，此日栽培迥不同。
三瀑迭飞泉滚滚，千峦环抱霭蒙蒙。
栏杆处处飘金柳，坊表层层引玉骢。
遗泽当轩穿嶂翠，垂虹跨院映莲红。
鹤亭下绕希夷草，鹿苑高攀罗汉松。
卷石法华朝古寺，长堤慈竹护深宫。
终朝鸟语催仙梵，半晚钟声动谷风。
岗伏幽溪疑虎踞，崖悬绝顶似鹏翀。
煮茗惠井双行满，玩月崇台四野空。
白塔干霄霞减色，青畴附壑水长融。
发源浑与蟠龙接，凭眺相望东壁隆。
关外七星难嗣美，毕阳八景独称雄。
漫言仙境非凡境，须识人工即化工。
伫看地灵钟杰士，遭逢共仰董明公。

陈德荣　字密山。雍正中任黔西、威宁知州，大定知府，后升至贵州布政使。

## 题文庙桂

（一）

渊明篱下幽人菊，茂叔池边君子莲。
不及宫墙金粟影，长留青翠记尧年。

（二）

好栽泮壁宫中桂，不种玄都观里桃。
愿附当年端木后，桂林期共楷林高。

鲍尚忠　大兴人。雍正五年（1727），任黔西知州。

## 题文庙柏树

（一）

经寻枝叶渐青葱，傍桂分香揽德风。
莫羡嵩山曾受爵，伫看老干矗长空。

（二）

凡材那许得齐肩，已见凌霄志节坚。
寒暑不移苍古意，好同桧树引长年。

**谢　祺**　黔西人。雍正五年（1727）明通进士。

## 魁　楼

见说魁楼胜，今乘兴一观。
置身临斗极，侧足步云端。
剑彩彤霞合，毫华紫玉攒。
振衣千仞上，谁复问尘寰。

**邹之峄**　威宁人。

## 十月再游桃溪

木落山空此再游，探奇敢惮人山幽。
岩头霜净藤萝月，水底星摇薜荔洲。
世事过时皆是幻，吾生老此又焉求？
不辞努力攀援上，直到灵源最尽头。

**詹　彬**　字舜辑，号玉亭。安徽宣城人。乾隆六年（1741），任大定通判，后任平远知州。

## 游东山作

比喇诸峰多颓突，惟有东山号奇绝。云瑗蘧兮树离奇，石袷砑兮径幽折。左顾岩泉起玉龙，右瞰奎光映金阙。当前城拥万家烟，背后洞凝三伏雪。谁构层楼在半空，疏棂曲槛何玲珑。我来放眼一遐瞩，时维三月春光浓。绿烟红雨剧烘染，蝶板莺歌相依从。谷风习习吹我衣，披襟当之殊融融。此境历来谁赏识，别驾黄公推第一。曾闻著屐几回登，留得新诗在禅室。凭栏展卷恣吟哦，允与参军同俊逸。欲和阳春让未遑，香厨徙倚勤吮笔。忽焉亭上起钟声，夕阳影里万峰明。纷纷归鸟闹林坞，半规新月来依人。雅爱此时好风景，欲行未行有余情。赋就一诗归去晚，家家灯火明江城。

**左　诗**　安徽桐城人。

## 龙蟠山奎文阁

郭外奎文阁，巍峨逼太虚。
风和绿树静，云淡翠峰疎。
秀气垂流浦，文光映比閭。
登山瞻仰后，逸兴自宽舒。

**盛百执**　不详。

## 偕友登龙蟠山

趁晴款款好登山，豁目重开倦旅颜。
裙屐后先来画里，亭台高下列云间。
万家烟火围花县，千叠峰峦夹水关。
何日归寻鸡黍约，秋风一叶太湖湾。

**唐　俊**　不详。

## 北镇关

葰尔奚看频战争，山凹无食费经营。
奸邪滇蜀常蜂起，老弱兵民似土崩。
佥事[②]设关思击寇，西酋假道破荒城。
时清久矣烽烟息，愚贱相忘颂太平。

**沈宏谟**　毕节人，善诗文。

## 北镇关

数声幽磬出秋山，一上岩峣尽解颜。
瘦竹参差朱栏外，幽禽格磔翠微间。
四围挂绿初当院，小憩烹茗试叩关。
极目东溟云淡处，水流镇日自湾湾。

**李云沾**　其人不详。

## 乌撒秋日杂咏

（一）
山海环城匝地青，凄风哀雁不堪听。
峦深日吐蛮烟黑，箐密时藏毒雾腥。
万里襟怀收健翮，一年消息闭重扃。
秋来最是凄清处，霜雾梧桐月满庭。
（二）
星分井鬼属蛮天，改革兴亡几百年。
浪说文翁敷惠化，漫言韦帅摄腥膻。
佗关废址谁曾见，乌撒遗风此尚传。
日暮何人弄羌笛，数声吹彻旧山川。

**钱青选**　字瑾岩，号漱石，江南阳湖人。

## 黔中杂咏

关中极目杳苍苍，乌撒东西古战场。
野庙名仍祠济火，胜朝恩许贯奢香。
七盘路狭烽烟静，九部苗空雨露长。
搔首我来求轶事，可怜千古属遐荒。

**吴　纪**　贵州安顺人，乾隆时毕节教谕。

## 题蟠龙山盲僧禅房

高岗绕阁外，形势似龙蟠。
树密鸟堪宿，僧盲意自安。
禅房如斗大，天籁发云端。
莫谓凄凉甚，无求是达观。

**潘　晓**（1709~1754），字白东，号振庵、觉斋，黔西人。雍正中诸生，后为州学正。著有《断续亭诗集》。

## 留别曲阳父老

濛濛细雨柳丝丝，正是春江返棹时。
惜别难忘山水县，得闲便有性灵诗。
千秋善政谈何易，半世狂名悔已迟。
惭愧东瓯强项令，翻教父老说相思。

**鹿骢豫**　安徽阜阳人，保举贡生。乾隆十年（1745），任威宁知州；二十二年（1757），任大定知府。

## 过七星桥

绝涧悬岩跨彩虹，马嘶人语沸涛中。
牂牁险阨千山断，滇蜀勾连一线通。
林表时飞蛮洞雾，关前还飏绣旗风。
艰危徒负驰驱志，谁断南中战伐功。

**唐　材**　字志吞，号半壑，嘉定（今属上海市）人。年十三自知向学，执经忘倦。长习铁书，博考篆籀及秦、汉、唐、宋以来诸印谱，析其源流。所制印章为玉虚丹（澍）所赏。有游艺赘笔，摹印说，《广印人传》。

## 七星关谒武侯祠

牂牁巨浪断崇山，丞相祠堂控百蛮。
铜鼓春喧千社雨，灵旗夜飏七星关。
名垂伊吕身先病，敌遇孙曹势转艰。
今日风流巾扇尽，英雄下马泪潸潸。

**冯锡绶**　字又基，福建人，毕节学官，乾隆二十二年（1757）主纂《毕节县志》。

## 七星关

峭壁嵯峨控上游，长虹如带卧中流。
雄关锁断千峰险，古岸斜连万道幽。
行客登途星欲散，耕牛布野雾初收。
时平无复南征事，犹有居人颂武侯。

**李世杰**　字汉三，自号云岩，黔西人。历任广西、湖南巡抚，四川、两江总督。著有《家山纪事诗》《南征草》。

## 伏龙寺

狭栈绿溪曲折升，钟声遥度白云层。
悬崖冻瀑喷如雨，雪磴阴风劲有棱。
厨下细泉随竹远，岩前片月共窗凭。
莫愁天险难飞越，有路应堪拾级登。

**王家相**　其人不详。

## 过七星关

崖关纡郁抱危桥，怒马奔涛一水潮。
路出层崖悬白石，柱擎危础插青霄。
飞驰罔辨高宗辑，按辔如乘大禹橇。
千载奇踪窥理数，祭星台畔问渔樵。

**赵　翼**（1727~1814），字云崧，一字耘崧，号瓯北，又号裘萼，晚号三半老人，江苏阳湖人。乾隆进士，贵州兵备道，后为贵西道道员，一度驻威宁。史学家，文学家。著有《瓯北诗活》《陔余丛考》等。所著《廿二史札记》与王鸣盛《十七史商榷》、钱大昕《廿十二史考异》合称“清代三大史学名著”。

## 七星桥题武侯祠

飞桥近接武侯祠，传是征蛮此过师。
山似星文排北斗，关凭天险控南箕。
勋名一代恩威用，形胜千秋战守资。
曾到滇南览遗迹，君才十倍系人思。

**路　邵**（1732~1796）字健夫，号毅斋，毕节德沟人。乾隆三十三年（1768）举人。

历任浙江黄岩、仙居、慈谿、鄞县知县，诰赠奉政大夫。善诗文。

### 德沟山居

富贵浮云薄，悠悠浪世过。
无钱入市少，有酒赋诗多。
踏月寻渔火，随樵听野歌。
个中直乐处，任我日婆娑。

陈绍虞　不详。

### 与友人约登东山雨阻不果

天涯高阁几回凭，约伴寻芳载酒登。
客里有诗酬岁月，雨中无梦到崚嶒。
身沾飞絮依垂柳，马怯冲泥挂短藤。
自笑迂疎惟有拙，只将独醉谢良朋。

潘以溶（1739~1824），字巨川，号龙泉，又号苍岩，黔西人。府学生。

### 初秋夜坐

又是风清月白时，飞乌绕匝未栖枝。
贫来莫讶囊中减，尚有床头几卷诗。

王　玠　贵阳人，举人。清毕节教谕。

### 绕阁烟峦

环抱城闉碧四围，朝烟夕翠霭霏微。
楼台缺处山为障，风月清时露未晞。
柳暗花明莺出谷，雪寒云冻雁初归。
登临莫厌弹丸小，灵秀何曾择此辉。

孙廷标　毕节人，嘉庆丙辰（1796）科举人。

### 绕阁烟峦

（一）

登临杰阁俯郊原，城郭人民庶且繁。
旭日晴烟浮雉堞，晚霞翠嶂列屏藩。

（二）

槛前风雨四时兴，陌上莺花三月村。
佳境从来看不足，遄飞逸兴入吟魂。

路斯京（1748~1784），字翰宗，号玉山，毕节德沟人，邑附贡生，敕赠文林郎。任山西榆次知县，诰赠中宪大夫，户部主事加四级，河南特用知府。性爱山水，故诗文较多，尤善诗，著有《玉山吟稿》一卷，已佚失。

### 投宿灵峰寺

落日衔山鸟倦飞，投林几阵远鸦归。
人行断壁穿云缓，寺背深山露角微。
惊客犬鸣岩栈树，荷樵僧叩夕阳扉。
禅房好借留清楚，息得红尘半日机。

余上泗，字凫山，镇宁人。乾隆二十五年（1760）举人，四十四年（1779）任黔西学正。

### 蛮洞竹枝词

风烟济火旧岩疆，礼乐千村变卉裳。
际得承平遗事远，部人犹自说奢香。

**傅玉书** 字素馀，一字竹庄，瓮安人。

### 题榜山老人春庄小景

一抹烟峦带落晖，苍苍树色远山微。
人家好在林阴住，烂熳花枝压短扉。

**李銮宣**（1758~1817），字伯宣，号石农，山西静乐人。乾隆五十五年（1790）进士，云南巡抚。著有《坚白石斋诗集》。

### 黔中杂咏

一发南荒路，黔中古夜郎。
地联川粤臂，势扼楚滇吭。
济火君罗甸，仙姬孕竹王。
胜朝征轶事，诏许贯奢香。

**陈匡世**，字句安、二濠，昆山人。

### 水西杂咏六首

（一）
层岚叠箐古罗施，羽扇风流此出师。
曾佐七擒封汉爵，至今俎豆武侯祠。
（二）
君门万里献奇功，蜀道崎岖九驿通。
不道蛮荒一苗女，居然巾帼丈夫雄。
（三）
寻衅无端试扑鞭，十行王诏内中宣。
君王自有筹蛮计，枉杀边臣却可怜。
（四）
电蹑云腾去不还，雾烟空锁养龙山。
一从飞越登天厩，寂寞人间十二闲。
（五）
讲席谟猷出绪余，文昌一介比双鱼。
应知椎髻尊儒学，留得瑯琊三道书。
（六）
弦歌礼乐与书诗，无复当年宣慰司。
从此版图同一道，西南文教化诸夷。

**简贵朝** 字晋卿，大定人。乾隆二十四年（1759）举人，济宁州同。

### 灵　塘（大方罗氏塘）

出郭陟高原，芳塘敞几亩。澄彻天镜垂，照影净尘垢。游泳固云适，灌溉况可取。寄语农圃人，汲引慎勿后。中更产香草，质与兰蕙偶。芜秽渺难杂，采采意已久。美人迟肯来，相关问然否。

**阮文焘** 毕节人，乾隆五十五年（1790）进士，河南上蔡知县，后升郑州知州。

### 双峰脱颖

三山天外青，得一自足重。
开关始何年，瞥见双峰耸。
头地让谁出，摆脱绝尘冗。
其锐莫可挡，含毫荷天宠。
虽非五岳敌，对峙众峰拱。
发之为文章，大笔称神勇。

**阮　文** 毕节人，余不详。

### 七星关

重关峻削捧天青，百里山城望欲冥。

风雨夜声闻鼓角，干戈劫换震雷霆。
西来边色连三迤，东下涛声撼七星。
丞相祠堂名士迹，峨峨碑碣道傍铭。

**冯光宿** 乾隆六年（1741），任黔西知州。

## 观农台

爱民前哲是吾师，少长登临一赋诗。
庐舍参差山翠落，川原环绕树云移。
吹豳喜说冬三戊，击鼓欢歌腊八时。
共乐生平尧舜日，梅花香信岭头知。

**赫霖泰** 镶黄旗满洲人。乾隆四十二年（1777），任黔西知州。

## 秋日观农台晚眺

筑台署西角，朝暮纵目游。不徒纵目赏，还因瞩田畴。民乐吾与乐，民忧吾亦忧。前年雨泽少，稍稍薄获收。民心未忧饥，我心已为忧。今岁雨应候，高下同繁稠。过腰菽粟长，齐肩谷穗钩。黄云烘落日，流览极山幽。我心先农乐，农心更乐不?

**德　隆** 满洲人。乾隆四十五年（1780），任贵州粮储道。

## 游东山次孙陈二学使原韵

十柏屏开古色环，狮山佳处结禅关。
传灯初地川原外，步履春风咫尺间。
病后探奇方戒酒，客中携友且看山。
贵阳亦有凌云寺，记得城东数往还。

**任镇及** 乾隆四十九年（1784），任黔西知州。

## 游东山

古寺隔重关，登城不之见。迤逦出东门，渺然通一线。未至开寺林，先到文峰院。生徒罗两庠，与之穷经传。既乃抵柏屏，把酒重开宴。绕砌绿参差，苍溟浑一片。佛本尚虚无，余亦何所羡。谈笑绝世尘，至理能迁变。暮当秉烛还，众宾犹依恋。汉芝诗先就，文坛殊酣战。曲高和愈多，词意泠然善。以兹纪胜游，为素不为绚。命僧悬之壁，敢作群公殿。

**阮　元**（1764~1849），字伯元，号良伯、芸台，江苏仪征人。乾隆五十四年（1789）已酉科进士。任翰林院编修、少詹事，迁内阁学士，督山东、浙江学正。后历任兵、礼、户、工部侍郎，浙江、河南巡抚，湖广、两广、云贵总督，体人阁大学士、晋太子太保。

## 由七星关入乌撒

七星岩外七星关，几辈诗人到此间。
难得知名似寒士，少经题句是边山。
三春霜雪行冬令，百丈峰峦抗冷颜。
留此一诗破寂寞，羌无故实问乌蛮。

**路斯亮**（1764~1858） 字子钦，号咨亭，毕节德沟人，乾隆乙卯（1795）科举人，曾任贵州龙里知县。

## 久　客

洛阳两度落花飞，春色故园入梦稀。
久旅自忘身是客，日携柑酒听莺归。

**熊攀龙**　字步云，号小桥，毕节人。乾隆五十四年（1789）拔贡，候选州学正。毕节德沟路氏私塾先生，为进士路璋、路璜之师。善诗。

## 七星关

雄关黔服久知名，滇蜀遥通暮霭横。
高岭人来寻北斗，平山马去想南征。
桥成悬磴飞梁险，水聚千溪万壑深。
胜得祭星台畔寺，纶巾羽扇俯荒城。

**吴嵩梁**（1766~1834）　字子山，号兰雪，江西东乡人，举人。道光十年（1830），以内阁中书任黔西知州。工诗，有《香苏山馆全集》。

## 明顺德夫人奢香墓诗

顺德夫人宣慰使，大节千秋功万里。华年十四嫁通侯，二十孀闺守孤子。四十八部九部兵，一日不戢边患生。丹阙恭承天子诏，银甸坐镇夫人城。马煜何物称都督，抚驭乖方恣贪酷。阴谋激反歼诸罗，命妇公然受廷辱。熊罴十万气可吞，誓死不负中朝恩。赎珠同心出奇计，奢助偕行叩九阍。沉冤上诉高皇帝，哀感六宫亦流涕。愿诛一将定蛮天，愿铲千峰作平地。雪栈云林路险艰，碧鸡金马走层峦。一自龙场开九驿，顿忘鸟道极千盘。旌旆如云送归国，珠冠霞帔邀天泽。世世分茅赐姓安，吉语分明喻磐石。谯国前有冯夫人，石柱后有秦将军。生平巾帼筹边壮，身殁恩荣谕祭文。五百年来陵谷改，一抔荒土嗟犹在。不念三珠旧虎符，谁勒丰碑禁樵采？马鬣崇封表废阡，护持终赖裔孙贤。新祠筑近埋香地，合种梅花作墓田。

## 奢刘两宣慰使谋开龙场九驿歌

牂牁江水流千里，水西水东割疆纪。羊肠险恶无人通，校尉不还节度死。安氏宋氏世居之，世官袭职宣慰司。不谓两家有节母，奇功乃在未亡人。当日起衅马都督，明室椒房之亲臣。欲使西南尽州邑，贪功激变生烽尘。奢奔告刘刘智捷，相与走报高皇阙。请除此贼安远人，龙场九驿开神力。金马金鸡平如坻，乌撒乌蒙都坦夷。君不见，石柱女官秦良玉，请缨曾建元戎纛。捍御疆场大敌功，何如奢刘安边幅。及今皇华歌载路，伊谁不诵两宣慰。此邦名宦永千秋，春秋俎豆报奢刘。

**谭文葆**　字鉴亭，号秋田，大定人。嘉庆九年（1804）举人，嘉庆二十二年（1817）补用福建知县，后调任政和县事。

## 登玉皇阁

半阁松声半刹前，半疑风雨半疑弦。
半窗图画青山外，半是人家半水田。

**路斯云**（1767~1834）字椠，号得青，毕节德沟人，嘉庆九年（1804）举人。借补贵州湄潭县训导。卒于任上，敕赠宣德郎。善诗。

## 间　行

闲阶苔聚绿纹生，单袷迎风曳履行。
休处歌商同古调，几时荷笠事归耕。
蝶衣黏雨飞回重，蛛网随阳补缀轻。
长日增长衰鬓短，哪能含影佩苍精。

周际华　（1772~1846），字石藩，祖籍毕节，迁居贵阳修文。嘉庆辛酉（1801）科进士。历任兴化、江都知县。

## 扬　州

香风冉冉透禅关，水榭云亭紫翠环。
我欲传花携酒去，最留人是小金山。

韩　镤　字兰亭，毕节五里坪人。嘉庆初，任兵部侍郎。

## 同人小集晓岚宗伯归途成诗率和次韵

词锋料拣必精英，隔岁惭余句姓成。
形迹都忘新旧雨，谈谐自见古今情。
青樽恰惜轻风送，白袷偏宜淡月明。
欣际太平无一事，会聊真率过余生。

潘　桐（?~1830），字钟峄，号荣伯，又号龙门，黔西人，国子监生。著有《客留集》。

## 季秋偶吟

一望长天静，人间兴自悠。
虫声多在户，云气半归楼。
树有丹枫染，篱惟白菊留。
村前诸父老，约我醉深秋。

潘　檽（1777~1840），字云表，号润洲，黔西人，庠生。著有《艺兰轩集》。

## 村　景

柴门临曲水，石径下平田。
院小茅檐共，篱疏葛蔓牵。
浣留溪上月，耕带陇头烟。
晚暇还相过，壶觞话有年。

翟锦观　字云庄，先世居毕节杨家湾周驿，后迁居贵阳。嘉庆乙丑（1805）科进士，选庶吉士，授翰林院编修，官云南按察使。

## 题万士中丞《不亦园图》

老树团云烟绕竹，皱石玲珑泉洄洑。
黔山深处即吾庐，十年不见庭梅馥。
揭来听鼓榕门东，坐受瑶参倚碧空。
看山顿作还山梦，况对平泉几席中。
平泉主人门窦霍，廿年官味秋烟薄。
陆居无屋未买山，端是胸中有丘壑。
逸情遥寄水云区，意匠经营得自娱。
榆柳未应师庾信，规模或可近倪迂。
公园依约知何地，公图清逸工位置。
问园结构竟若何？指点苍茫对以意。
楼仿月波堂绿野，喜雨亭连庇寒夏。
累石奇向颠米分，疏池清自濂泉泻。
不亦名园不亦成，好临流水看云行。
独乐荧花犹色相，东山风月系苍生。
晴骢日涉真成趣，披图我也欣所遇。
知公云梦久吞胸，且缩云山归尺素。

天生公望与公才，不属烟霞属鼎台。
亮公熙绩大有事，肯许林泉闲处来。

**熊声元** 字春谷，黔西人。嘉庆十八年（1813）拔贡。

## 晚 行

晚色催行路转遥，冥濛山气雨潇潇。
寒灯几点穿林出，知有人家隔板桥。

**路孟逵**（1779~1851），字希舆，号竹舟，毕节德沟人。嘉庆十九年（1814）进士，授翰林院编修，升庶吉士，户部主事。嘉庆二十一年（1816），任山西乡试同考官。历任山西榆次和河南洛阳、武陟知县，特用知府，河南候选道。诗人，清代《水城厅采访册·人物门》中，被列为诗书画“三美”人物。

## 蒟 酱

不随百瓮列珍馐，美誉生从异地留。
味谱鸳鸯难写照，诗征魑魅亦风流。
故乡秋老灰同和，苦酒香含雪共酬。
几亩灵苗多种得，好将杂俎细推求。

**宋翔凤**（1779~1860），字虞庭，一字于庭，江苏长洲人。嘉庆五年（1800）举人，选泰州学正，历任湖南新宁、耒阳等知县。

## 记水西风土诗

（一）

蛮山路百折，倮罗生其间。群苗此种贵，约束如汉宫。各私一土地，奴使诸苗蛮。有女不敢嫁，有粟不敢餐。皆以奉头目，毋许少畏难。争讼均金输，曲直两不宽。咂酒盛牛角，拜跪拖银环。借问此风俗，积久非一端。云皆霭翠裔，至今多姓安。

（二）

芦笙二尺余，参差六竹管。长声黄钟浊，短声清徵散。舞来随节族，吹去别促缓。苗女共苗男，明月山花满。郎腰衣带长，儿束花裙短。相见两相欢，乌乌意难断。

（三）

圆木制食器，上盖下有足。晨朝设馔饮，祭祀盛脯肉。万山藏夷寨，燃松作明烛。照此丹漆器，绝非今世俗。悠然思古风，无为感穷谷。康成礼器图，飘零久难录。

（四）

青金谓之铅，自古产黔中。边氓措山足，烧铅和铸铜。岁岁有官额，家家觅良工。铅多富官囊，铅少民益穷。此非种五谷，所收自难同。况乃真鬼窟，人命齐沙虫。前闻把总关，万人埋地宫。

（五）

地邻巴部山，小马跨最闲。一人换一马，交易两不悭。高峰驰若平，深谷下未艰。穷谷绝涧中，时闻薮匿奸。万人足藏纳，一夫亦当关。恐有私铸徒，将乱官炉锾。官私试较量，形模同肉圜。睢盱当化日，法律乃敢干。人市见布粟，吾滋悯愚顽。

（六）

黔地多顽山，黔天多瘴雨。西来访罗甸，同此一风土。草屋崖上开，板墙泥下补。夷风问群柴，谣俗方近古。巴童及楚竖，巨猾作贪贾。彼苗恐无知，奸心化椎鲁。况闻深谷中，渐渐无猛虎。朝朝负担人，往来不可数。

程恩泽（1785~1837），字云芬，号春海，徽州歙县人。嘉庆十六年（1811）进士，授翰林院编修，历任贵州学政、侍读学士、内阁学士、户部侍郎。著有《国策地名考》《程侍郎遗集》。

## 水西怀古

奢香辱，遭裸挞，银刀健儿怒植发，欲擒马督碎其骨。赎珠闻，驰止之，彼激我叛将我夷，遂彼诈谋开边陲。不如走诉金阙下，帝知我忠定我赦，我以边功破彼诈。卷裙走马七千里，珠拜帝廷帝心喜。飞书诏香香乃来，啼装印面东风哀。倚栏宫人发长叹，昔曾嫔贡恣首粲。谁教瓯脱两玉人，金约欹倾鬟云乱。马督伏诛宣慰归，宫袍珠珥相追飞。九驿驿民随指挥，赤水乌撒连长围。古来英雄贵见机，成大功者忍诟讥。君不见，锦伞高，锦车远，落落千秋不通款。同时乃生奢与刘，银钗叩鼓黔山秋！

姚柬之（1785~1847），字佑之，字伯山、檗山，又号且看山人，文学家。安徽桐城人。道光二年（1822）进士，云南知府；十九年（1839），任大定知府。著有《墨林今话》。

## 示土目

万山丛里辟蒿莱，脂粉奢香亦霸才。
后裔尚称宣慰使，传闻诏下阆风台。
也矜文字如蝌蚪，制有樽罍象鼎鬲。
土目饷余以咂酒，画堂频见子云来。

张大有（1786~1865），号丰洲，毕节海子街邵官铺人，嘉庆丁卯（1807）科举人。道光庚子年（1840），任弋阳县知县。善诗文，著有《四怀吟稿》，存诗40首。

## 春怀吟

妙蒂氤氲磨不停，盈装万汇括囊深。
五行推运三元掌，六子分功二老心。
兜率虚喊无气气，沃樵珠界拯阴阴。
易门幽渺参何偈，俯仰维天命里寻。

## 夏怀吟

淡泊家风世世传，居邻让水与廉泉。
曾訾循吏犹携鹤，纵愧名儒亦爱莲。
敏则有功书味永，贫而无谄道心坚。
方予寸地清如许，花抱月明柳抱烟。

## 秋怀吟

萤清槿落触秋怀，物景人情理可谐。
白鹭忘机栖水静，黄花傲节斗霜开。
身儆叔夜林中懒，心坐颜贤巷里斋。
不任明轩滋蔓草，芟夷扶蒂铲平阶。

## 冬怀吟

燕京往事缅甘棠，欲览金台亦渺茫。
锯斧千秋悲汉主，衣冠万国仰清光。
东西华岱山灵耸，左右浑潮水泽长。
默默天心绵盛祚，春鹃勿复到秦阳。

俞汝本（1791~1848），字秋农，新昌人。清道光十六年（1836）进士。历任镇远、贵定、婺川、天柱知县。二十七年（1847），任黔西知州。

## 宿上龙寺

水西诸寺推东山，南明皂角皆等闲。是谁开辟上龙寺，僧言创自康熙间。是山僻处众山里，四面排列千烟鬟。大方峨峨拔天起，逶迤一脉从东环。坡陀蜿蜒高复下，孕此一角苍龙弯。青枫丛丛竹隐隐，窗荫松桧无愁颜。佛殿千声讽弥勒，僧廊四壁图神奸。追陪旁舍得二子，历指垂创皆辛艰。此僧苦行世已少，何必枯寂缄禅关。云堂雾室皆幻耳，即此所历真仙班。香积之厨功德水，甘泉一勺尘杯删。是时冬初木叶脱，新月初上蛾眉弯。斋鱼粥鼓动夜半，令我归去思茅菅。

黄宅中（1796~1863），字惺斋，山西河曲人。官大定知府。

## 六龙山庄

灵虬乞得出山庄，为护新阴傍讲堂。
三径盘桓陶令宅，一经教授郑公乡。
书声夜答风涛细，翠色春添带草香。
我愿育才如树木，百年翘秀满门墙。

吴文昭　字南壁，大定贡生。

## 乌蒙马歌

我闻渥洼、余吾生天马，俶傥权奇世所寡。又闻西北大宛来汗血，腾黄骠马衣称奇绝。岂知天生神骏不择地，雄姿更有乌蒙异。怪问此马何由良？蛮人为我言其详：“游牧攻驹原有术，宝畜其母驹必强。驹生三月差绝足，子也母也两絷束。悬隔山下或山巅，故使不得遂所欲。馁驹者久方逸之，望母所在奔而驰。上下下上习乃熟，力增才炼何险危？”从知驹良亦借学，秀灵惟人胡弗觉。信能奋往如驹然，那见荡平愁荦确。俊物由来为世宝，马乎莫向乌蒙老。升沉显晦自有时，世间良乐原不少。吁嗟乎！世间良乐原不少。

安家元　又名淦辛，字白西。水西后裔，水城生员。

## 奢香夫人献龙场九驿

开辟功何伟，奢香驿路平。
朝天曾奏对，贡道遂由庚。
柔远无烦力，绥戎不用兵。
世官宣慰袭，顺德诰封荣。
娘子军谁帅？夫人绩独成。
至今叨俎豆，崇祀在忠贞。

余家驹（1801~1850）字白菴，小字石哥，彝族，毕节团结法戛人，后迁居大屯。贡生，一生不仕，隐逸乡中。精诗善画，著述颇丰，作品多散失，唯存《时园诗草》传世。

## 发戛岔河

万壑群山奔赴来，巨灵伸手擘崔嵬。
须知造化奇思出，特把江山生面开。

飞瀑破天飘夏雪，怒涛裂地起冬雷。
游人莫更探深入，怕变神龙去不回。

高仕征　江苏句容人，毕节学官。

## 灵峰道中

欲览灵峰胜，遥窥一片云。
崇峦皆叠叠，群木若欣欣。
曲径高兼下，流泉合复分。
小蓬莱近处，花鸟自纷纭。

顾　铸　上海嘉定人。

## 游七星关

乱石镇蛮方，七星落大荒。
洪涛涌峭壁，孤嶂架危梁。
汉相勋名远，贤侯惠泽长。
山头立马望，晓色正苍黄。

吴应鸿　字仪九，大定人。乾隆进士。

## 登阆风台

县圃定何处，阆风今有台。
谁当搔首问，我且振衣来。

李　枚　不详。

## 奎　楼

杰阁凌空入紫微，凭临北斗近光辉。
白云爱客常为侣，留卧青山不放归。

和隆武　字坞之，正白旗满洲人。嘉庆二年（1797），任黔西知州。

## 游奎阁

奎阁峥嵘踞岭巅，闲游纵目意超然。
万家烟火城中市，百顷桑麻郭外田。
黉序有人敷雅化，襟怀无累谢尘缘。
大家共醒邯郸梦，任号诗仙与酒仙。

刘永安　字古山，镶红旗人。嘉庆六年（1801），任黔西知州。

## 游东山寻菊步德野溪原韵

何事琴堂算海沙，呼朋且与人烟霞。
医人俗骨无仙药，延我余年有菊花。
篱畔踏将残叶满，山城归去夕阳斜。
寻芳不是偷闲客，转眼浮生两鬓华。

胡　枚　号梁园，浙江石门人。乾隆乙卯（1795）科进士，贵州学政。

## 按试毕节诸生

平生欣赏得知音，子占方和鹤在阴。
静养苦鸡征道力，细论如发见文心。
无瑕最是藏怀玉，有志终为跃冶金。
偏爱瘴乡风物好，一番桃李已成林。

吴荣光　字荷屋，南海人。嘉庆己未（1799）进士，湖南巡抚。著有《石云山人诗稿》。

## 跳月词

晚风凉透银璎珞，老蟾下地窥夜约。水东水西同一声，人满山头春满壑。溶溶云气照侏亻离，明月当头二八时。蚕茧嫔蛛花并蒂，马鬣螺髻草相思。醅缸几世合欢酒，天若有情无好丑。乌杯潋滟醉连肩，紫糯团圆香在手。漫说更苴与卡尤，从今不用索婚牛。百褶裙端藏锦袜，万株竿里认花球。芦笙吹暖鸡毛色，未婚者以鸡毛插头。沙锣铜鼓齐无力。烟围土荐马郎房，牵袂归来呼耐得。妻曰耐德。吁嗟乎！星光露寒秋复春，何不绸缪歌束薪？

张　琚（？~1859），字予佩。黔西州副榜，开远（今黎平）教谕，善诗。与郑珍交往甚笃。

## 黔西城东观音寺小集咏怀古迹

紫荆花繁秋色新，稻花香绕昙花林。飘摇旅行诣古寺，一径穿入秋云深。中有黄杨如车盖，骈柯接叶双幽森。此间地僻游者少，日见塔影山光临。寺僧枯寂净扫地，院落不许红尘侵。吾侪选胜偶集此，开樽列坐当斜阴。纷纷苍雪落几席，冉冉绿雾沾衣襟。是日座中谁为客？赵孟一献诗一吟。棠棣有华瓠有叶，白驹食藿鹿食芩。宾主欢洽良有以，田歌隔岭闻呜喑。莫嫌野觋无嘉乐，撞钟犹存正德音。水西开辟二百载，如此故物稀见今。俗耳听来几曾异，每收赝鼎遗淮琛。东山十柏盛题咏，朋龟岂掩双南金。遭逢万事那足道，木石自若何容心。人生百年顷刻耳，樽中有酒还复斟。晨星天涯感落落，聚散谁知商与参？穿花度陇醉归去，秋月朗朗升高岑。

张吉熙　威宁人，贵定训导。

## 陆龙安宣慰墓

千年爵土五朝功，剩有残碑蔓草中。
百廿裔孙多富贵，无人点酒洒西风。

吴德清（1809~1862）字湛溪，号十梧斋，毕节人。道光壬辰（1832）科举人，乙未（1835）科进士，历官盐法道、储粮道，后迁滇南兵备道。

## 赤水河

万仞盘梯上，峦烟飒飒开。
奇峰自天下，佳构破空来。
诸葛真名士，奢香亦奇才。
东流赤水急，怀古有余哀。

杨树之　毕节人，道光十四年（1834）举人。绥阳教谕。

## 种青㭎

肥土宜种桑，瘠土喜种栎。
叶皆可饲蚕，蚕成辛古历。
太守来历城，敦劝树嘉绩。
刘祖图谱传，法良少匹敌。
我从遵义来，睹此心戚戚。
边城乏蚕桑，四山多沙砾。
允宜种橡槲，课民为解晰。
成茧如扶桑，枝头任攀折。

邹汉勋　字叔绩，新化诸生。

## 怀平夷傅巴郡宝

学肇牂牁纪道真，儒风远被石兆津。
堪同尹董标名族，且与长通步后尘。
路僻薄符侯奉帛，经承应许士渐仁。
如何宋民无良策，属国千年竞让人。

傅汝怀　字渊伯，瓮安人。掌大定万松书院。

## 春暮同访济火峰归饮万松斋怀古

罗甸国已更，济火峰传久。蛮长乃英雄，崛起佗融后。功德在此邦，表表名不朽。亦若望都县，得号因尧母。前年访君墓，荒荒莽何有？今日再探寻，忽使大疑剖。王封极尊崇，奕叶克荷负。封树纵尚质，岂无一抔守？或丁改革余，凌夷类培塿。峰矗城东偏，坡佗富岩薮。墓定居其间，万松山左右。安得有力人，彰善深乐取。天倾孰补之？所恃炼石手。归合从游子，遥遥酌清酒。心固知同然，盛事果能否？

路　璜（1812~1888），字小竹，号渔滨（宾），毕节德沟人。道光乙巳（1845）恩科进士，授翰林院庶吉士。历任洛阳、舞阳、武陟、淮宁、鄢陵、祥符、商城、郾城、辉县、安阳等县知县，升信阳知州，候补直隶州特用知府。曾任咸丰丁亥、同治丁卯、光绪乙亥和丙子科河南乡试同考官，候选河南道。善诗文。著有《黔灵山樵诗钞》（退耕堂印本）四卷、《蒲编堂诗存》四卷。

## 忆德沟山庄

关心风景爱吾庐，小坐莓苔月上初。
斟酒不须鲈鱼脍，一畦春水种园蔬。

丁嘉葆（1820~1848），字诵孙，又字真甫，常州武进人。翰林，詹事府左庶子，提督贵州学政。诗人、金石学者。

## 按试大定赠黄惺斋前辈

簪毫早人玉堂东，天遣栽花满县红。
海峤移繁纡艾绶，沅湘流泽遍兰丛。
班春远莅苗蛮界，来暮先歌竹马童。
我愧相如徒拥传，却欣化俗有文翁。

章永康　字子和，大定人。咸丰二年（1852）进士，侍读。工诗词，著有《瑟庐诗草》《海粟楼词》等。

## 甲子重九日登饮回龙阁即席

戍楼寒日淡孤城，同叩禅扉按酒兵。
路窄莓苔经雨滑，山高木叶挟风鸣。
谈诗客接皖花里，说剑人来细柳营。
快向当筵抽彩笔，晚霞如绮映帘旌。

周婉如（1824~1864），女，自号纫湘女史、吟秋山馆主人，毕节人。道光二十二年（1842），与大方黄育德结为伉俪。同治三年（1864）夫卒居孀，四十而殁。晚清黔西北著名女诗人，有“不栉进士”之称；且擅书画，通音律，著有《吟秋山馆诗词钞》传世。

### 点绛唇·秋雨感怀

（一）

冰意飕商，一灯红瘦秋箫瑟。络纬凄切，啼碎空阶月。对影花寒，伴我成清绝。无情别。冷烟疏雨，又是重阳节。

（二）

深下重帘，黄昏庭院潇潇雨。拥衾凄楚，瘦到人如许。往事难凭，旧梦惊尘土。吟魂苦。琴边花底，怕听秋虫语。

**余　珍**（1825~1865）　字子儒，号宝斋，又号坡生、海山、海珊，彝名龙灼，毕节大屯人。清诰受武冀都尉，赏戴兰翎，袭大屯千总职。善诗文，好收藏，　著有《四馀诗草》传世，收藏名印300余枚、古砚50余方，名人字画若干。

### 水西道中

万里牂牁路，西南半壁分。
朝天双节妇，助汉一将军。
烟火千村接，弦歌到处闻。
升平人乐业，不必慕风云。

**周小蓉**（1826~1892），名范，字式斋，毕节海子街人。咸丰癸丑（1853）科进士，刑部广东司主事。历任云南征江、元江、曲靖知府。授顺宁、普洱知府，补用道台，赏戴花翎，盐运使衔，诰中大夫。

### 七　律

人生最苦是离情，未到临歧泪已盈。
五十年来蕉鹿梦，三千里外杜鹃声。
乡山聚首心方惬，世路关怀道甫平。
母老又兼家计落，男儿何敢惮长征。

**余　昭**（1827~1890）　字子懋，号德斋、又号大山，彝名龙补，四川叙永水潦人。直隶州知州，候补知府。著《叙永厅志稿》（四卷）、《土司源流考》（一卷）、《有我轩赋稿》（二卷）、《德斋杂著》（一卷）、《大山诗草》（三卷）传世。

### 小饮一览三省楼

危栏危倚夕阳边，腾身脚踏三省连。
仙乎几欲凌风也，快哉疑若登天然。
要摘星辰当肴果，长接沧溟落酒筵。
醉梦飞入东海洋，攫来新月挂楼巅。

**安履贞**　女，字月仙，赫章法珞人，彝族，余昭之妻，能诗文，著有《园林阁诗草》传世。

### 不俗居

轩留翠竹舞风清，书史闲看少世情。
士到完名千古重，人无俗务一身轻。
诗随水月香花绝，心似冰壶澈镜明。
最爱春阴常小驻，悄听杜宇一声声。

**张文灵**　黔西人。

### 题西洛桥

勒石成桥结构工，磷磷雁齿往来通。
非关乌鹊填银浦，直似灵鼍拥晓空。

顾我恨无题柱志，羡君偏有架梁功。
迷津指出人随济，不朽高风流水中。

周筠谷（1829~1905），名上篔，字虚斋，毕节海子街人。同治丁卯（1867）科举人，四川待用知府，补同知。

### 送铁元弟旅湘

自悔风尘早误身，弟兄分手话酸辛。
离多始信团圆乐，年迈才知骨肉真。
凡有所言皆血性，最难为别是亲人。
茫茫宦海须当慎，从此天涯各问津。

周铁元　名上竿，字义斋，号铁元，毕节海子街人。历任湖南永顺、永州、远州、靖州知州，沅州知府。

### 遣怀五首

（一）
朔风淡淡绕城闉，低接炊烟万户新。
多少兵尘销不见，平畴今日又生春。
（二）
匹马当年渡汝坟，倚戈今又伴斜曛。
旧怀无数重难觅，坐看天涯雁几群。
（三）
昨宵剑影自铮铮，昆水无波百感生。
是我前年征战地，尚余孤月挂铜钲。
（四）
方城万古是襄城，中隔昆阳战一枰。
几个白头痴父老，淳淳犹语汉家营。
（五）
河山自古战枰多，自对斜阳起浩歌。
绝好诗情抛不断，剑光如线月入梭。

陈枕云（1829~1910），女，大定人。清末贵州女才子。工诗画，常与周婉如相唱和，二人有“贵州两絮才”之称。字织金谌氏，未嫁而夫亡，矢志守贞。以孝事继母，抚兄遗孤成立，受朝廷旌表。著有《滴碎愁心集》一卷。

### 秋夜雨

无端苦雨动人愁，午夜檐声听未休。
翘首白云空怅望，关心几度故园秋。

路　瑄　字璧人，毕节撒拉溪人。同治己巳（1869）举人，四川通判。善诗，著有《莲漪舫吟草》传世。

### 藏剑吟

我有三尺剑，沉郁发奇光。
直射斗牛间，逼人耀秋霜。
神物不可测，跃跃试谁当。
有时遭摧折，或者訾其刚。
世无凡夫子，匣中且晦藏。
一任土花蚀，慎无露锋芒。

康兆寅　字丙堂，毕节林口人，廪生。

### 过层台

耳边不听鹧鸪啼，得得行来信马蹄。
春早山光千叠翠，原平无影四围低。
沿屯地暖花俱放，拂面风凉日渐西。
恰是乐天诗一句，“绿杨阴里白沙堤”。

吴明策　毕节人，余不详。

## 七星关

三边关锁接苍冥，下视群峰小若星。
石壁凿开通驿马，河声震撼走雷霆。
飞来磷火千年碧，望里滇云一带青。
谁使南蛮消反侧，停车坐读古人铭。

吴明杰　毕节人，吴明策之弟，余不详。

## 七星关

（一）
天生奇险资鬼方，自汉迄元皆战场。
白骨堆成万人墓，为吊忠魂多感伤。
（二）
虎战龙争栈道设，驿马踏开关前雪。
边塞从兹三省通，至今颍川著伟烈。

杨泽溥　毕节人。道光甲辰（1844）科举人，雷波知县。

## 闻方岑伯剿灭猪拱箐苗逆喜赋

故国烽烟靖，巴山露布驰。
十年凭险处，六月戢兵时。
扫穴功殊大，刊碑事莫迟。
微官恨匏系，未得迓王师。

石达开（1831~1863），广西桂县客家人。太平天国翼王，曾转战于川南、黔西北一带。能诗文，亦工书。

## 哂酒诗

万斛明珠一瓮收，君王到此也低头。
五龙抱住擎天柱，吸尽乌江水倒流。

陈昌言　重庆綦江人，生员。同治十二年（1873），任毕节知县。

## 梁王台

朝罢上都来外徼，山城飞瀑浪淙淙。
藩戎威慑蛮夷部，符玺光摇翡翠幢。
鞑靼乌桓何处是，长刀蒙盾未曾逢。
一台边远支残局，草色而今涸钓矼。

沈昭云　毕节海子街人，同治十二年（1873）举人。善诗。

## 毕节八景

### 双峰脱颖

万山横处两峰连，秀削芙蓉俏笔巅。
终是玉泉双管脱，倒撑云外写青天。

### 响水轰雷

霹雳轰传费意猜，如何无雨竟闻雷。
登楼遥望滩头水，浪涌涛飞滚滚来。

### 龙潭夜月

清波荡漾映虚岚，近水楼台倒影涵。
怪底鱼龙秋卧稳，天空云净月临潭。

### 翠屏旭日

晚来岚气透天横，山势屏开翠满城。
日带云霞蒸气象，倚栏遥指是蓬瀛。

### 北镇雄关

万峰飞到结雄关，百战将军唱凯还。

此日登临凭感慨，云烟依旧锁重山。

### 东壁朝霞

玉皇宫外起蓬莱，竹户松窗面面开。
晓倚栏东横放眼，霞光飞应碧楼台。

### 灵峰仙境

山川秀气结灵峰，景色参天各淡浓。
试问仙翁何处去？一声钟响白云封。

### 丰乐秋成

风吹香味满田畴，万顷黄云一望收。
最好斜阳天色晚，家家人醉月明楼。

沈昭巽　毕节海子街人，举人。

## 归化衙署夜坐即景

青灯一盏坐良宵，幸有苍山慰寂寥。
半榻茶烟伏几案，一夜月色写芭蕉。
不随流俗趋炎态，常出城门话晚樵。
记室公余无所事，静听农中夜吹箫。

路朝霖（1842~1920），字覃权，号访岩，又作访崖，毕节德沟人。光绪丙子（1876）恩科进士，授翰林院庶吉士、散馆。光绪帝幼年时的老师。历任四川东乡、万县、奉节知县，擢道员，河南总厘局护理，升河南按察使。清亡，隐居河南开封。诗书皆能，被誉为清末国学大师。去世后，遗诗由其妻侄徐世昌精选整理成集二卷，名为《红鹅馆诗集》。

## 万岁峰

汉皇辇跸事东封，玉检金泥饰几重。
雄略能徕青海马，长生欲系鼎湖龙。
竹宫光照求灵药，椒室神来驻丽容。
登礼嵩呼闻吏卒，不曾流响茂陵松。

张德全（1842~1923），号葆初，毕节海子街韶官铺人，廪生，历任绥阳、黄平学官。善诗。

## 八旬诗

静首无他技，平居笔砚持。
存心将救世，假手未逢时。
历甲如姜尚，添丁继路斯。
家齐除夕聚，宴乐亦称奇。

陈　治　字赓云，大定廪生。

## 阁鸦驿

满山红叶称夕阳，乱草离披古路荒。西风引信寻旧驿，招邀野老话奢香。奢香何物奇女子，献驿竟雪对簿耻。铲峰凿岭骇妇媪，造化失权任驱使。天险曾惊鸦飞不到山，五丁不逢亦叫山灵死，开边男儿闻之颜应泚。一从鸟道化坦夷，电流星驰羽檄飞。皇华时复歌载路，使节所至辄题诗。二百年来俗顿改，遥遥书声出翠霭。艳曲希闻僰姬歌，诗法常觅山翁解。仰天直视语同游，我辈空生怀古愁。荒驿何如埋奢香？月冷烟寒鬼火稠。深宵应有魂泣秋。

路秀贞　女，字春波，毕节德沟人。路璜之女，适贵阳修文人、江苏候补道袁照藜。黔西北女诗人，著有《吟茳馆遗诗》一卷传世。

## 喜　雨

漠漠云阴合，长空送雨声。
为霖三日愿，望泽万家情。
红润花光活，青浮麦浪平。
丰年真可卜，大野庆秋成。

**书　勋**　不详。

## 贞寿坊题词

北堂毓秀结芳型，恭寿同臻一百龄。
媊赖频分天骄秀，坤贞应识地维灵。
颁来五诰泥封紫，勒向觋旌色焕青。
自是嘉祥多善庆，相期奕叶沐余馨。

**解道俊**　字一斋，直隶涿州人。普安县典史、大定府委员。

## 白铺河义渡纪事

绝径危横涧，轻舟稳渡人。
一溪穿叠嶂，双舸利通津。
郡俗蛮荒变，乡评道路真。
善心如此水，浩浩白千春。

**殷懋德**　字敬亭，定番人。大定府训导。

## 龙水井

山势蜿蜒矫若龙，龙山一脉暗相通。
寻源有本来应远，取汲随时养不穷。
喷玉乍添芹藻雨，流香还送稻粳风。
溶溶泻出西畴外，万亩还资灌溉功。

**陶宝熊**　字渭川，浙江秀水人。

## 西笑亭即事

风雨凭孤案，星霜历五年。
畅怀春酒后，清影夜灯前。
东塔尖如笔，西峰淡似烟。
看山无限好，最爱晚霞天。

**徐彬先**　字适均，大定廪生。

## 大定怀古

（一）
济火开疆辟峭岩，披荆斩枳剪蒿莱。
龙鳞万顷依然在，不见更苴战马来。
（二）
自是蛮疆女丈夫，驿开九道献良图。
世人只说奢香智，谁识深谋有赎珠。
（三）
三桂逆谋陷大方，水西余烬又重光。
论君赐爵君恩重，不许南人复旧疆。
（四）
风岭龙山隔暮云，东风吹过石羊坟。
行人欲扫苍台认，漫灭前朝表墓文。

**杨绂章**（1849~1917），名汝修，榜名绂章，字慎斋，毕节人。清同治癸酉（1873）科举人。

## 赞马湖

碧波无际接天长，应识龙宫此处藏。
前数百年腾赤骥，亘三十里傍黄螂。

湖心月照珠成彩，水面风摇镜有光。
要得招堤柳桃李，依稀光景是钱塘。

覃方仁　字近堂，思南人。同治十年（1871），任大定教授。

## 总机河题桥

虹桥虚跨接孤岑，江水回流落窅深。
上俯浮污三折渺，下窥洪峡两岩阴。
当年有险尸蛮触，此日通衢过组簪。
欲往寻源无路去，七星关远望沉沉。

蒙渭桥　纳雍人。

## 题楼近绿塘

湖外云峰帘外鸥，绿江横岛鉴空浮。
镜梳覆载难维水，象景包罗运不流。
雪拥狼烟风逐扫，龙吟鱼化幕丝舟。
恨无荷露妆千点，若大深渊傍小楼。

蒙巨亨　纳雍人。

## 题通德河

四面巍巍接太空，弹丸逸乐似壶中。
南遇野鹿泉源静，北引天星驿路通。
山水钟灵育俊秀，簪缨世系绍乌蒙。
名区自古不多得，好比桃源一样同。

周雨苍（1850~1908），字绍霖，毕节海子街人。一生从教，素有文名。

## 旅　第

旅馆楼迟独倚楼，一番风雨一番愁。
当途不遇萧丞相，落魄谁怜马少游。
信是遗才真不愧，翻疑落第与人侔。
重袆未识他乡苦，游望泥金捷报投。

陈熙堂（1852~1924），名散文，又号志高、焕章。大定瓢井八堡人。

## 滇黔自共和以来，年年入川争战，死亡太多，感而咏之

五族同心建共和，无端同室屡操戈。
不闻鼓励增黄种，但见枪声滚白波。
四境苍生皆罹患，百年元气尽消磨。
此争彼夺终无了，号泣呼天唤奈何？

李春阳（1858~1925），字笑山，威宁羊街人，生员，一生从教。

## 咏　怀

（一）
流水高山一曲琴，闲弹久未遇知音。
席珍待聘殊非易，履洁怀清是素心。
（二）
运会于今似岁寒，牛刀小试也相安。
平生不改苍松性，独守孤芳在岩峦。

黄虚谷　字文海，江西人。1910年流入义中，在龙古窝田黄姓设馆教书。

## 赠刘县长汲之

磊落奇才宁大方，尊贤容众惠流芳。
身悬明镜恩光远，德洁春风教化长。
弹劾无私刚骨直，蛮烟扫尽吏云良。
冰心一片清勤慎，乐治笙歌满道旁。

**张宦卿**（1864~1935），字开仕，纳雍义中人。宣统元年（1909）恩贡，一生从教。

## 和黄虚谷渔笛晚唱韵

独钓寒江意自闲，争名绊利谨牢关。
数人曲罢人何处，几点烟横月在山。
近水携笙饶逸兴，临风把酒破愁颜。
升平普奏人皆乐，俗虑频将一笔删。

**张致和**　纳雍义中人。

## 大定县令任宣化区长不应

（一）
诗书林里苦经秋，遗得苍颜上白头。
世味成酸凭餍恶，何堪衰朽应潮流。
（二）
阅尽关山感慨多，苍茫烟雨奈若何？
痴情把钓严光渡，静待清涟一样波。
（三）
沧桑不禁忌生愁，林火随烟万里秋。
多少名流多少恨，平鞍马背不如牛。
（四）
置身物外忌情牵，款饮醇醪醉已先。
故意名高非我愿，情钟落水适天年。

**徐　漳**　不详。

## 步韵和黄虚谷先生

人逢乐事喜逢秋，今夕如依黄鹤楼。
磊落英姿谈吐凤，高标雅韵气冲牛。
渊源翰墨凭叉手，潇洒文章最上头。
得意春风方信报，请君诗稿寄书不。

**蒙香圃**　纳雍人。

## 步韵和黄虚谷先生

梅蕊初开到晚秋，文人再上凤凰楼。
羡君有志堪倚马，愧我无肴困宰牛。
席上荒蔬无好菜，酿成白酒话从头。
三生笔墨姻缘在，笑做南窗快也不。

**宋　蛟**（1865~约1938），字肇何，号清凉仙子，大定六龙人。宣统元年（1909）拔贡，官湖南直隶分州，晚年曾在毕节小吉、大方瓢井和贵阳设馆授徒。

## 辛酉夏日闲居杂感

蔓草芟锄费剪裁，翠微月上独徘徊。
穷愁缚得虞卿老，著述偏疑太史才。
细雨连宵无凤侣，追风千里瞩龙媒。
相思红豆灯心热，闲看生芽长绿苔。

**康乃馨**　毕节林口人，清末贡生。

### 赠沈昭巽先生

我贫君也叹无钱，赖有凌霜志节坚。
崔九堂前逢旧雨，初三月下示新篇。
论诗不落今人后，作赋还居大谢先。
说与旁人浑不解，先生看罢自家圈。

吴鼎甲　毕节人。

### 七星关桥

天设雄关两壁撑，中流浪汛一桥横。
綦罗北斗星峰秀，锁匙南黔僰道清。
风送松声鸣画角，月移山影布征旌。
武侯忠勇千年壮，到处题碑纪汉营。

龚吕谦　镇雄人，庠生。

### 罗甸国

平蛮纶肩折棰挝，济火扶炎带砺加。
烈烈西风哀蜀道，半天落照暗朱霞。

## 第二节　近代诗词

聂树楷　（1865~1943），字尊吾，晚号聱园居士，务川人。光绪甲午（1894）科举人。历任兴义知府、毕节知县兼理贵西道尹。曾任省志局顾问，参编《贵州通志》。

### 南村春日

二月南村风日好，饭余散走亩西东。
山容水态分浓淡，秾李夭桃间白红。
春事偏饶兵革外，人家都住画图中。
意行渐远天将晚，归路欣随牧犊翁。

苗勃然（1866~1928），又名苗荣生，威宁人，拔贡。任云南直隶州判，后从教。《威宁县志》主修。

### 威宁八景

风饮龙泉不计年，轻舟稳系草湖边。
六桥烟柳横银海，半节松涛戛玉泉。
东寺晚钟天上落，西山霁雪镜中悬。
霞明鱼市菱歌起，闪翅黄莺扑岛前。

路承鋆（1867~？）原名承铨，字仲量，号淮生，毕节德沟人，路朝霖次子，光绪二十年（1894）举人。历任云南知州、河南怀宁县事。善诗文，著有《赘赘编》三卷、《啸亭诗钞》（又名《啸亭遗诗》）一卷。

### 题李篁青太守巫峡归舟图

蜀山著奇险，蜀水多风波。
芳洲有蘅芷，委弃同薜萝。
昔日秀空谷，胡杂苔与莎。
凄凄迅商薄，零落悲枝柯。
岂无惮艰险，风辖逢网罗。
落日蔽轻云，蒿莱障山河。
今君且归去，华表看峨峨。
芝兰纵枯槁，馨香终不磨。

余若瑔（1870~1934），字达父，彝族，毕节大屯人。1906年春东渡日本留学攻读法政。1911年贵州光复后，被选为立法院议员。1934年被王家烈聘为名誉顾问，不久病逝于贵阳。著有《絛雅堂诗集》《罂石精舍文集》《蝬盒拾尘录》《且兰考》《且兰野史》等传世。

## 武侯祠

破庙基倾户半开，虚堂遗像没尘埃。
山僧避客偷麴饭，松鼠窥人乱拨灰。
南服建威说故老，中原遗恨哭诗才。
招魂济火今何处？空树残碑没紫苔。

**葛亮维**（1871~1906），字崇刚，号正父，毕节人。光绪乙未（1895）科进士，刑部主事。

## 赠　友

（一）
君有生花笔一枝，频年曾寄断肠诗。
沧桑局变伤今世，蕉雨情深忆旧时。
雅骨何妨斯世傲，微言未许俗人知。
神交自古推元白，毕竟伤心是别离。
（二）
羡君清兴水云中，屈宋风流迥不同。
我愧此生真过客，自怜无分号诗翁。
技为惯走讥牛马，愁不能鸣妒鸟虫。
愿向武陵称弟子，短章为贽愧难工。

**周介仙**（1875~1949），名国寿，毕节海子街人，宣统己酉科拔贡。曾在湖南、浙江任知县，后调修文知县，晚年寓居海子街。

## 劝　农

（一）
霪雨山洪卷浪花，良田万顷变平沙。
筑堤植树绸缪早，事到临时徒怨嗟。
（二）
旱魃无端又弄权，心忧禾稻在高田。
池塘蓄水时开放，捍患防灾魔靠天。
（三）
万物从天屡变更，年年陇上看春耕。
试将旧壤培新种，应有生机满地生。
（四）
寒温燥湿壤攸分，物土相宜始有熏。
倘学周官勤粪种，西郊秋至稼如云。

**王锡之**（1875~1950），字世禄，纳雍义中人。

## 赠黄虚谷先生

英贤毕集萃书斋，聚首谈心乐韵谐。
咏月飞觞篇共慨，敲诗酌酒句同怀。
琴弦一曲倚声远，夜话三生道脉来。
异日风云期再会，扶梯漫步上廊台。

**李启毓**（1876~1948），威宁小海人，清末秀才。

## 黑泥沟观音寺诗

建庙于今四十年，鼎新杰构异从前。
凉亭笼罩纱窗映，彩阁飞腾罗汉悬。
瓦缝参差辉梵宇，栏杆灿烂焕坛禅。
鸿工告竣鸿慈发，普济生民福寿全。

余　源（1879~1923），字怀斋，毕节林口人。早年从军，后无心仕途，托病还乡，被杨仲瑶请为任事。因以文字讥讽亮岩乡绅阎伯平，被阎杀害于亮岩板桥。

## 题毕节观音桥吊柳

淡淡烟笼柳眼娇，绿阴翠色画难描。
因逢朝露非含泪，未遇东风懒折腰。
曾记苏台莺燕语，又看汉苑岁时消。
情牵客梦因春到，金缕丝丝系石桥。

周素园（1879~1958），名培艺、澍元、树元，毕节人，清末贡生，贵州辛亥革命元老之一，爱国民主人士。1936年任贵州抗日救国军司令，参加长征。抗日战争期间，任八路军高级参议。新中国成立后，历任贵州省人民政府副主席、西南军政委员会委员、西南行政委员会委员、全国政协委员、第一届全国人大代表、贵州省副省长等职。

## 春日抒怀

艰难尝尽好归田，退老闲居十二年。
漫信山中能避地，翻从井底得观天。
强权胜后人无类，学道成时犬亦仙。
为导迷盲遵觉路，敢辞残废着先鞭。

周乐天（1880~1958），名祖与，毕节海子街人。民国时，任沿河县县长，后在毕节弘毅中学执教。

## 勉青年参加抗战

大难当头急万分，青年责任重千钧。
热心毅力埋头干，做个掀天揭地人。

李寿三（1891~1977），字清芬，乳名大宝，春阳衣子，威宁人，一生从教。著有《寿三诗选》传世。

## 塾馆题词

忆昔先君设教年，恒将经史作良田。
春风拂处桃花遍，化雨及时李树鲜。
道本尼山循善诱，学宗泗水任心传。
追芳遗迹人瞻仰，名在人间神在天。

王翰香（1891~1980），字世芳，威宁人，廪生。

## 答蒙渭桥先生《题青林大绿塘》

寄迹绿塘水上鸥，蟠龙齐绞接渊浮。
风云际会蛟腾起，天地相合镜挽流。
局在璇玑星斗现，盘装嫩蟹游人舟。
奇珍异宝无多减，玩罢芳洲转小楼。

刘　瑶　字舟之，大定人，副榜。

## 腊尽抵法作访兵事于蒯君建亭

兵家轶事访咸同，竟委穷源溯战功。
积雪浑亡三尺素，摊书喜对一灯红。
渠魁稔恶今何在，忠孝流芳信不穷。
六十余年谈旧略，君家武库有雄风。

**刘鲁璠** 纳雍义中人，举人。

## 题文昌阁

跃马登山松四围，梵王宫殿欲崔嵬。
老僧迎客来幽院，少女焚香上翠微。
鹫岭楼高沧海阔，冷泉水急湿云飞。
何当端坐三生石，说破游人去路非。

**周西成**（1893~1929），名世杰，号继斌，别号天保山人，桐梓人。1914年，周西成带兵驻防毕节，常住撒拉溪、七星关。1922年自任黔军第一混成旅旅长，后升任国民革命军第二十五军军长、贵州省省长。

## 即事有感

短策三年感，长江万里情。
民欢田野治，贼尽道途平。
宝藏新开地，弦歌不夜城。
大同更何日，南望颂修明。

**縻藕池**（1893~1951），别字济民，毕节人。1916年护国战争随蔡锷入川。1925年1月，入黄埔军校二期学习。1946年任首都警察厅西郊警察局局长兼首都警察学校学生总队长。1947年11月27日，晋陆军少将。1948年秋返回贵州，任贞丰县长。1949年任川黔公署独立第一师师长，不久率部起义。

## 刑场口占

（一）
沉没神州事可伤，立身报国志豪强。
而今未了生平愿，不死沙场死杀场。

（二）
唇齿滇黔与渝州，何堪同室动吴钩。
诸君须报澄清志，处患频临事可忧。

（三）
竹篱茅舍自安闲，诗酒生涯不羡仙。
回首乡关无限乐，魂归风雨响檐前。

（四）
锦里愁云暗淡风，满叶秋霜尽愁容。
今朝固有伤心泪，不平身凶平国凶。

（五）
黄花岗畔众男儿，血染黄花无几时。
今日黄花仍吐艳，九泉共咏黄花诗。

**王宝珩** 字楚珍，大定人，宣统己酉（1909）科拔贡。

## 咏怀古迹

至元宣慰府，清秀素王宫。
巨石千年在，残山百里雄。
三珠冠剑外，双髻画图中。
自昔夸形胜，苍茫咏大风。

**李伟才** 四川人。1910年，在纳雍义中龙古设馆授徒。

## 学馆夜题

自到黔山日已多，三生有幸快如何。
濛濛细雨乘时会，得遇骚人且放歌。

**陈仲于**（1895~1960），名永坤，大定人。一生从教。曾先后在瓢井、八堡小学任教。善诗。大定解放初期，曾任八堡乡支前委员会委员、大定县各族各界人民代表。

## 辛酉杂感

战骨磷磷满四郊，滇黔元气已潜消。
街亭失计分三国，建业开基定六朝。
十载功勋成画饼，一般性命等鸿毛。
痴心似杞真堪笑，何事忧天枉徒劳。

杨伯瑶（1896~1972），又名荫春，大方中箐人，祖籍毕节三元洞。彝族开明人士。黄埔一期毕业，参加北伐战争，以父丧回乡。曾被毕节驻军宋醒聘请为参谋长（未到任），后担任国民党贵州省政府少将参军，云贵川三省黔境民团参军少将指挥官。新中国成立后，任毕节专署民委主任，省政府委员，省民委副主任，省监察委员，省政协第一、二、三届常委。

## 游峨眉山

登临展望正晴融，冉冉云浮山半中。
万顷平铺如锦绣，三江朝拱似飞虹。
瞿塘绾住东流水，秦岭掀开北袭风。
一岛光明金祖绪，特钟灵秀启鸿蒙。

李　芳　字信余，宣统己酉（1909）科举人。民国初年《大定县志》主笔。

## 大方杂兴

万峰围绕一江横，控制岩疆隐患平。
毕赤咽喉资重镇，滇黔门户锁边城。
金鸡废撤奢香驿，石马荒芜霭翠茔。
从此南人无复反，天家久已罢南征。

吴鸿熙　大定文生。

## 九层衙

不是乌蛮部落时，九层衙院长茅茨。
慕苴自诩姚州治，妇孺犹称宣慰司。
数仞甬墙余磊砢，三珠虎节总羁縻。
大方志乘分明在，剩水残山有所思。

周质夫　毕节海子街人。1936年2月，任贵州抗日救国军第二支队支队长。

## 出狱诗

策马归来月正中，除却青山两袖风。
虎口余生堪幸事，敢将心事告江东。

廖国璋（1897~1960）毕节小吉场人，有名乡绅、文士。曾在川东边防军石淦扬师任团长，后回乡隐居。

## 忆当年驻四川石堤

（一）

曾记当年驻石堤，乘清月下旅城西。
登楼悠听娇娇语，奴愿与君举案齐。

（二）

奴愿与君举案齐，踪踪接踵上楼梯。
天缘凑巧今宵遇，月寂风清莫执迷。

（三）

月寂风清莫执迷，如惊夜梦五更鸡。
道心不许尘心乱，曾记当年驻石堤。

**葛天回**　（1897~1977），字希颜，毕节人。历任贵州大学土木系教授、系主任、贵州工学院土木建筑系主任、基础课委员会主任、九三学社贵阳分社筹备委员会秘书长、贵阳科联组织部长、贵州科学技术普及协会业务部长、中国建筑学会理事等职。

### 长春怀余达父先生

总角趋庭知挈重，恤孤犹见爱鸟心。
荒坟叹逝停征马，沧海哭儿寄讣音。
塞上无书缘落拓，吴中问字感精深。
成连别去沧波远，弹碎空山绿绮琴。

**黄道平**（1900~1990），纳雍乐治人。民国纳雍设县，任县政府档案员。纳雍解放后，在乐治教私塾。

### 宣慰庙感赋

丛祠一角挂斜阳，踯躅回廊暮色苍。
支派由来分鬼国，勋名辜负献龙场。
蛮花艳好诗谁续，旋鸟声悲悔让王。
改土当年缘底事，几番惆怅溯兴亡。

**周稚九**（1901~1991），名琦，毕节海子街人。贵州讲武堂毕业，曾任国民革命军第二十五军师参谋长，后又任毕节专员公署参事。毕节民主人士，热心公益，关心教育。新中国成立后，任毕节县第一、二、三、四届人民代表会议副主席，毕节县第五、六、七、八届政协副主席。

### 破阵子·生日抒怀

昔年从戎报国，铁马驰骋山河。满腔热血冲霄汉，挥师东溟成烟阁，冷眼对干戈。一声惊雷巨响，何计皤鬓消磨。最是欢欣议政日，乌蒙四处闻凯歌，要听清平乐。

**武镜秋**（1903~1936），又名鉴祥，毕节头步桥人。1927年毕业于贵阳师范学校，在头步桥两级小学任国文教员。1936年春在毕节加入红军，并参加长征。1936年5月在长征途中牺牲于西康。

### 自　嘲

（一）
连年都被穷神缠，枉慕虚名想作官。
果真存心清似水，两餐容易半文难。
（二）
一件单衫夏复冬，果然两袖荡清风。
闲听人语疑惑信，十个教书九个穷。

**刘剑魂**　贵州福泉人，曾任国军团长，绥靖分署少将处长，1939年任毕节县长。

### 秋日游德沟梓童阁于观音堂题壁

烟霭深深万壑秋，南村访瘼稻香稠。
遥横碧岭云罗翠，缓入疏林野径幽。
鸳侣鸥朋来桂阁，夕阳荒草到书楼。
双溪不作奔腾势，怕出青山染浊流。

**查明艳**　女，金陵人，刘剑魂之妻，有文采。

## 秋游德沟梓童阁

沿溪觅句到云林，渺渺轻烟霭影深。
缓度小桥香拂鬓，吴江红树谢秋心。

石梯云　毕节海子街人，曾在德沟教私塾。

## 和刘剑魂原韵

寒谷频连水国秋，葭灰突耳起烟稠。
山含曙色云蒸暗，鸟种钟声月笼幽。
一路福星入古庙，满盘珠玉吊书楼。
南村返牧黄昏后，渐落荒郊顺浊流。

吴　向　毕节海子街人。1948年秋，在南京加入中国共产党。1949年1月，对国民党军81师上校参谋长尹思农做策反工作；11月，尹思农在贵州普安起义。

## 漫漫长夜寻北辰

雨风如晦待鸡鸣，仗剑天涯走泥泞。
翘首凝望千百度，漫漫长夜寻北辰。

陈之础　镇雄芒部人。

## 游灵峰寺

万里无云月在天，清光摇曳倚窗前。
关山处处食烟雾，楼阁家家播管弦。
深院无人门自掩，草堂酌酒谁尝先。
凭栏我为韶华惜，好景消磨又半年。

范敬章（1905~1935），又名建章，字源湘，毕节头步桥人。1926年参加北伐，1929年任黔军营长。1934年在家乡加入中国共产党，所带部队成为毕节党组织领导的一支重要武装，在川滇黔边区开展武装斗争。1935年7月被捕，遭国民党当局杀害。

## 狱中抒怀

中原华夏古神州，炎黄世胄负屈辱。
十年操戈恨未已，我心原为故山河。

李谦光（1906~1976），祖籍广西，任纳雍以角、大河坝。1938年，任普定马场区长。后在永和（以角）、勺窝、营盘、黄家屯等地设馆授徒。

## 合题纳雍八景

飞阁流丹景色幽，祥云捧日镇金瓯。
狮山耸翠乾坤老，鱼洞流晶日夜浮。
凤鸣朝阳声哕哕，麒麟献瑞乐悠悠。
龙门跃鲤风云会，象岭雄关迥不侔。

龙振济（1907~1969），广西融水人。早年东渡日本留学，抗日军兴，未毕业即回国效命，任第五战区驻渝办事处主任。1945年末，从重庆赴昆明经毕节。著有《起风楼诗词集》。

## 毕　节

蜀相南征七纵擒，蛮夷千载矢归心。
岁仍夏朔山耕雨，俗本盘瓠髻尚簪。
铜鼓迎神年渐近，芦笙跳月夜望深。
独嗟滑吏馋如虎，菜色鹑衣泪满襟。

周光兴（1908~1997），毕节小吉场人，曾任国民党普宜乡长，后在云南镇雄、大方中箐和毕节海子街、小吉场等地从教。

## 抒怀歌

波粼粼，柳依依，孤村芳草舍，斜日杏花飞。青烟淡霭青山外，却有人家悬酒旗。平生素志乐林泉，不愿栽花种竹，不愿孟尝君食客三千。但愿茅屋不漏，布衣常穿，樽不乏酒，厨不断烟。弹琴月下，饮酒花前，一子孝，一妻贤。流水河边一段田，快乐足矣，何多生焉！

张树屏　纳雍义中乡人。1939年后，任义中国民小学校长，国民党区分部书记。

## 三月十二日赠张子方上寿

松柏常青不计秋，庚星灿烂照当头。
九重恩命辉光绪，半度蓬莱醉哲流。
玉露忝随千载合，蟠桃崇奉万年酬。
元在意气乾坤老，日月同升大海洲。

张本立　纳雍义中人。

## 赠张子方大寿

年华借问几春秋，竹马忽然转白头。
菊蕊经霜增健骨，松筠作柱砥中流。
筍鞋踏处乾坤老，玉杖欣来志愿酬。
鹤发频梳闲笑傲，洛阳重会百花洲。

杨凤采　字彰五，大定廪生。

## 题总机河桥畔岩壁

十二年前过此桥，曾闻恃险浪生骄。
青山依旧人何在，下马殷勤一问樵。

杨孝芝（1911~1993），女，永宁扯勒后裔，纳雍张家湾人。

## 拟建新居答孝华弟

茅檐不改旧依溪，绿水无心绕户低。
玉宇从来非敢望，鷦鷯尚有一枝栖。

周　夫　毕节小吉场人。

## 浪淘沙

鱼出樊笼跪，幸残躯好。满腔热血何日了。伤心家国已半亡，关河枪扫。　奇迹遍天涯，荏苒韶华。新离旧别恨交加。潇湘几点芭蕉雨，夜梦还家。

张怀滋（1915~2004），纳雍义中人，青年时与张怀陆同在大定、贵阳等地读书，接受共产党人蔡应达革命宣传，积极参加《读书会》等进步组织，曾遭国民党军警通缉，后任国民党纳雍县义中乡乡长。纳雍解放初，任人民政府纳雍县义中乡乡长，1952年罹难入狱，1978年平反。

## 赠发耘诗友夜访

百花竞放野田香，小径绿新映晚秧。
夜暮忽蒙君造访，清茶淡酒夜何长。

杨孝华（1917~1952），字鼎初，又名琴僧，永宁扯勒后裔，纳雍张家湾人。国民党成都中央军校肄业，后任纳雍县张维乡乡长、县政府秘书、预备兵团营长等职。

### 民国三十四年游文昌阁有感

登楼一望众山低，四面巍峨并眼齐。
遁世应无尘俗挠，壮怀惟有酒同杯。
欧人西化流亡曲，楚客内冠到处栖。
戎马抛扬嘶怒吼，不教落叶助征衣。

李声泰（1922~1952），大方硝厂人。1949年设帐于大方达溪新寨授徒。著有《白雪阳春》一卷，录诗词110首传世。

### 题黄花岗

（一）
世乱纷纷不可虞，嗟我壮士七尺躯。
浩气空余填海志，作伥殉难有何区。
（二）
中原陆沉不可言，七十二士身成垣。
胡氛飘举风尘苦，长使英雄去不还。

宋达谦　又名宋达兼、宋受庸，湖南宁乡县人。青年时代在武汉、长沙积极投身北伐革命，长沙“马日事变”后流亡贵州。1937年11月经徐健生、熊蕴竹同志介绍，于毕节加入中国共产党，长期从事党的地下活动，曾创办进步刊物《新潮月刊》，发表评论、杂文和诗词，宣传抗日救国和针砭时弊，担任过《西黔日报》编辑和主笔，宣扬民主与进步思想。

### 除　夕
（1935年贵州）

谏往追来事若何，风兮空起楚狂歌。
琴书作伴如良友，儿女牵情斗病魔。
傲骨还能经锻炼，壮心未许尽消磨。
春风为我传花信，赢得草原诗兴多。

张槐陆（1925~1949），纳雍人。曾任乡长、县教育科科长，中国民主同盟会纳雍县负责人。1949年11月17日，被国民党杀害。

### 送青年学生从军抗日

英风壮志堪称奇，只为安邦著战衣。
投笔从戎今再见，请缨杀敌古来稀。
满腔热血争民气，一颗丹心耀国旗。
复我河山光日月，名标虎榜显男儿。

## 第三节　现当代诗词

李　卿（1917~2011），大方人，彝族，中华诗词学会会员。出版有《景云诗文集》。

### 多彩贵州举隅吟

多彩贵州实谓宜，名山丽水首称奇。
黔灵梵净雄兼雅，草海红枫澈且漪。
赤水要津存史话，娄山峻险有新题。
岩溶妙景人间少，瀑布高悬举世稀。
民俗风情多特色，轻歌曼舞众观迷。
每逢盛会一欣赏，欢笑非惟仅眼眉。

**蒋海燕**（1919~2004），江苏丰县人，毕节地区行署副专员。中华诗词学会会员，著有《蒋海燕诗词集》。

## 毕节试验区感赋

休听三无信口传，须知人力可回天。
一朝厘定新谋略，万众风行比及肩。
生态平衡增植被，革新科技紧趋前。
会当致富辞贫困，谱得新歌入舜弦。

**盛郁文**（1920~　），浙江浦江人，毕节学院副教授，贵州省第五、六届政协委员。中华诗词学会会员，《乌蒙诗刊》主编，出版有《诗词曲格律例释》《晚晴居诗词耦钞》《晚晴居诗文集》等诗文集。

## 西江月·山城清洁工

残月尚悬林际，东方甫欲黎明。长街早有夜行人，奉帚丰姿婷娉。　趋竞无亏天职，勤劳扮靓山城。清凉那见软红尘，好是招提禅境。

**刘开鑫**（1921~　），金沙人，从教。中华诗词学会会员，出版有《旅世回音》诗词集2卷。

## 安底温泉

禧新回首看，累累遍金乡。
地下寻藏宝，山中获蓄浆。
汹汹如软玉，滚滚似温汤。
不怪杨妃浴，声名驰远方。

**李访明**（1923~　），金沙县人，金沙窖酒厂干部。中华诗词学会会员，出版有《风雨余音》《无愁客诗词选集》诗集30卷。

## 沙棠桥夜景

暑气难当向外游，相逢同是到桥头。
电灯映水千寻柱，渔汉掀波一叶舟。
露气滋滋知半夜，蛩声细细报初秋。
漫言两派斗争事，堪笑夫妻父子仇。

**李登峰**（1924~ 2003），山东金乡人。毕节地区行署秘书长。中华诗词学会会员，出版有《乌蒙小草》诗集。

## 再游百里杜鹃胜地

百里寻芳到水西，杜鹃三月竞妍时。
危崖暄暖花开早，普底飘香吐艳迟。
金焰不言谁解语，丹华相映碍难知。
留连观赏忘归去，倚杖披霞好赋诗。

**金志湘**（1925~　），金沙人，从教。中华诗词学会会员，出版有《夕日余晖》诗词集。

## 读李旭华烈士诗作感赋

旭日东升耀九州，华章质朴颇风流。
深怀报国忧人愿，常为兴邦建业筹。
执锐披坚摧劲敌，安民理政运良谋。
金沙激战身先逝，碧血殷殷染古丘。

**王荡平**（1927~　），江西九江人。中华诗词学会会员，出版有《晚情颂》诗集。

## 参观赫章韭菜坪

排闼群峦气势雄，黔乡诸脉最高峰。
石林奇异神工造，雨过晴空架彩虹。

魏朝真（1928~2017），江西九江人，毕节地区文化局局长。中华诗词学会会员，出版有《征途纪事》诗文集。

## 黔川道中

山高路险走鸿蒙，海拔三千雾正浓。
莽莽高原迷眼底，滔滔赤水接长空。
雪山关卡丰碑在，云岭盘桓蜀道通。
行到永宁河畔处，江门竹海涌长虹。

王如柏（1928~　），云南镇雄人，原毕节地区造纸厂厂长。后调六盘水市工作，六盘水市地方志办公室副主任。中华诗词学会理事，出版有《寸草心》《金秋赋》《故乡情》等多部著作。

## 深山访贫困

家住荒原四壁空，怨天怨命怨山穷。
照明指望窗前月，扫地还凭床下风。
失学儿童争土豆，补衣老妇怯寒冬。
霓虹灯下豪华宴，谁为扶贫减一盅？

洪延星（1929~2004），号红星，江西乐平人，原毕节地区文化局局长。中华诗词学会会员，出版有《心声集》诗集。

## 随军追忆

江东一夜听荒鸡，跃马横刀进水西。
千里征尘扬地起，三更鹃血带烟啼。
边村寂寞人稀少，冷树萧疏鸟失栖。
满目疮痍谁忍睹，抛颅端为拯群黎。

张忠孝（1929~　），金沙人。中华诗词学会会员，出版有《营盘小草》诗集。

## 春游西堰坎水库

滇池春色漓江秋，不及这边清水幽。
几只黄鹂松上啭，一双白鹭水中游。
溪边垂柳腰枝俏，村外桃花脸色羞。
余兴未消鸦噪晚，归程半里几回头。

王光书（1931~2009），黔西白泥人，从教。中华诗词学会会员。出版有《凝霞诗选》。

## 《黔西县志》发行会献诗

青山不老水长流，沧海沉浮一卷收。
金筑诸公鞭快马，乌蒙众手放轻舟。
诗魂缭绕牂牁地，翰墨横飞甲秀楼。
济济群黎哀乐系，寒来暑往几春秋。

徐正云（1934~　），女，云南昆明人，祖籍贵州赫章。中华诗词学会会员。

## 慕俄格古城礼赞

慕俄格构赖良工，壁角簷牙似故宫。
洗马塘方人洗马，云龙山耸岫蟠龙。

倚棂伏枕三更梦，臂柳吹花二月风。
若使奢香今日在，笑颜莞尔咀难封。

庞开荣（1934~ ），黔西人。原毕节地区国税局局长。中华诗词学会会员，出版有《奚囊晚拾》诗文集。

### 百里杜鹃感赋

春尽江南四月天，桃花开罢柳吹绵。
黔边独得风光厚，百里山深看杜鹃。

杨华文（1934~ ），金沙县人，原金沙县建设局干部。中华诗词学会会员。

### 鹧鸪天·安洛即兴

一路春风故地游，当年建政写春秋。新天唤醒工农志，大地重光国士筹。　宽马路，小洋楼，乾坤再度显风流。山乡巨变留青史，几代英才敬智谋。

### 高阳台·故乡

可爱家乡，梯田一望，匆匆一别年长。松柏参天，金雕白鹳翱翔。儿时常听隋唐事，赶夕阳、牛背操枪。学吹牛，水浒西厢，乱语荒唐。　而今开放空前好，惜千年古树，跃进炼钢。春到家乡，新装马路楼房。河山再现重光日，眼前人、两鬓风霜。但悠然，故里相邻，存款存粮。

熊廷青（1935~ ），毕节人，原金沙县国税局干部。中华诗词学会会员。

### 定风波·还乡

载征夫告老还，还乡不见故乡颜。寨外山丘浑不在，奇怪！层楼叠翠掩冈峦。　老弟休闲兜“宝马”，潇洒！老兄自愧逛“丰田”。道是前年林办厂，高档！新村又上一重天。

李德辉（1936~ ），大方人，原毕节地区政协工委文教委主任。中华诗词学会会员。

### 忆江南·家乡好

家乡好，遍地杜鹃花。百里风吹香谷底，三春日照艳山垭。赏玩乐无涯。

邓大明（1936~ ），金沙人，从教。中华诗词学会会员，出版有《南窗诗稿》。

### 玉屏村今昔

昔日玉屏一小村，明时巨变展新城。
沙溪夹岸花开处，绿瓦红墙万户春。

葛里宁（1936~ ），重庆巴兰人，原赫章县人大副主任。中华诗词学会会员。出版有《赫章吟稿》《晚晴诗草》等。

### 威奢行

（一）

依旧山青麦稻黄，千畦菸叶绿成行。
十年又踏威奢路，物阜民殷奔小康。

（二）

越岭翻山路几程，竹风官寨画如屏。

黑塘绿韵依然媚，梦绕魂牵总系情。

臧学万（1936~ ），大方人，大方县审计局局长。中华诗词学会、中国楹联学会会员。

## 游大海坝水库

林茂绿重峦，湖明照碧天。

琅玕依绮榭，芳草护陵园。

舟荡银花溅，莺鸣翠柳喧。

此间饶画意，骚客孕诗还。

丁建平（1937~ ），毕节海子街人，从教。中华诗词学会会员，出版有《闲散集》《夕拾集》《静云轩选集》等诗文集。

## 苦芹菜与君共勉

峡涧清溪苦菜芹，精深历浅茂若茵。

风来喜看风摇影，雨过高瞻雨打萍。

密叶不辞山妹采，繁根何惧野樵斤。

霜刀雪剑冰凌逼，获土残茎春又生。

王光明（1938~ ），金沙人，云南省计划生育委员会干部。中华诗词学会会员，主编《滇联》。

## 题金沙县冷水河自然保护区

冷水河中冷水流，喧嚣远僻景清幽。

奇峰突兀梳螺髻，瀑布成群舞练绸。

物种珍稀蒙保护，森林古老幸遗留。

红军昔播新生种，正借春风化绿洲。

莫万隆（1938~ ），金沙人。中华诗词学会会员。

## 作画抒怀

平生自诩不沾花，风来雨去浪淘沙。

辛苦赢得花似锦，才识残画胜春华。

刘衍奎（1940~ ），大方人。毕节日报社社长兼总编辑。中华诗词学会会员，出版有《与时代同行》《门外诗文选》等。

## 山村即景

栉比农家枕汉皋，通关小道出塘坳。

寨前绿水弯弯绕，村后青山叠叠高。

千里良田抽早稻，一群肥畜侣蓬蒿。

阿哥笑口开难闭，连谢今年风雨调。

吴学香（1940~ ），毕节人，毕节地区人大工委主任、党组书记。中华诗词学会会员。

## 威宁是个好地方

（一）

风土民情甲一方，牛羊牧畜遍山冈。

趁晨戴月人勤奋，遍野荞花万顷香。

（二）

鲛室桑田山上成，漫漫草海育精灵。

缑山万里飞来鹤，唳月凌烟水畔停。

胡世聪（1940~ ），金沙沙土人，从教。中国楹联学会会员。

## 登黄鹤楼

秋高览胜独遨游，三镇繁华眼底收。
壮矣长桥千笛唱，伟哉首义万方讴。
一楼挺拔吞云梦，九派纵横沃楚畴。
往事如烟随鹤去，龟蛇依旧望江流。

**方文伯**（1942~　），金沙平坝人，从教。中华诗词学会会员。

## 颂金沙民企贵奇酒厂

独厚得天酿杜康，贵奇开业酒芬芳。
回沙老酱金瓶满，大定新曲银露香。
明月倾壶酬壮志，兰亭醉笔贺诗章。
千杯祝愿祖国好，万盏丰功咏世昌。

**赵正乾**（1944~　），金沙人，金沙县人大常委会原副主任。中华诗词学会会员，出版有《竹荫堂吟草》诗集3卷。

## 泛舟红军长征渡口有感

云水连天共一窗，秋山圣地世无双。
四经赤水斗顽敌，三过大塘脱险缸。
壮举长歌辉皓月，关山未改忆乌江。
楼船薄暮飞烟烬，共话长征血一腔。

**聂少国**（1944~　），毕节吉场人，毕节地区科技局干部。中华诗词学会会员，出版有《红叶逸韵》诗集。

## 咏百里杜鹃

百里鹃花绽放时，几寻小径觅新诗。
忽闻黄坝风声起，恰是当年战马嘶。

**曾明仲**（1944~2016），又名鸣众，毕节生机人，从教。中华诗词学会会员。出版有《行吟集》《世吟集》《酬世楹联集》等。

## 登雪山关

挺身登大道，举目照遥空。
峰际晴岚绕，天边彩霞融。
骋怀关山景，迎面岭头松。
赤水滔滔浪，山河万古雄。

**罗成忠**（1944~　），毕节城人，经济师，毕节地区棉毛制品厂原厂长，毕节市第二届政协委员。中华诗词学会会员。

## 毕节试验区成立20周年赋

开发扶贫起步先，春风化雨沐尧天。
一方热土牵书记，万缕亲情系庶元。
科学耕耘芳草地，和谐垦殖百花园。
成功但借扬鞭力，跃马驰驱永向前。

**蔡荣德**（1945~　），毕节人，毕节地区物资局原副局长。中华诗词学会会员，出版有《灯晕集》诗词一卷。

## 岁末书怀

案上书堆减复加，改新温故若淘沙。
鼾声总被钟声止，人影长随烛影斜。
纸笔耕耘驰意绪，师生教学驻年华。
虚心竹发低头叶，傲骨梅开俯面花。
炼志修身宗刻苦。求知治学忌浮誇。
茫茫世界原无路，浩浩文章岂有涯。
十载蹉跎长艾怨，半生摸索独咨嗟。
今宵岁历明朝旧，聊以吟哦作鼓挝。

陈荫波（1945~ 2007），别号三余斋主，大方六龙人。中华诗词学会会员。

## 参观西溪大桥

石破天惊舞巨龙，悬崖绝堑跨长虹。
云横眼底翻波浪，身置桥头凌太空。
亘古乌蒙开雾嶂，而今西部送春风。
丹青最美康庄道，百里杜鹃分外红。

彭富翔（1945~ ），金沙人，金沙县国土局原副局长。中华诗词学会会员，出版有《号角钲声》诗词集。

## 中秋感赋

桂子飘香韵悠悠，人生几度浪飞舟。
欣然耄耋梦藏久，涂壁南宫慰我酬。
赏尽奇葩知远近，探寻妙味步峥嵘。
拾遗得墨三千里，明月高悬照九州。

徐明亮（1945~ ），金沙人，中华诗词学会会员。

## 鹧鸪天·纪念钱壮飞烈士

浪口风尖立地天，超凡胆略破机关。译传密电解危困，力保中枢义凛然。　平战火，熄烽烟。精明果敢挽狂澜。朱旗漫卷东风劲，华夏盛开红杜鹃。

赵禄高（1945~ ），金沙人，金沙县农业局干部。中华诗词学会会员，出版有《金沙旅游与佛教文化》诗文集。

## 秋　景

霜凋红叶秀重阳，雨霁西山稻黍香。
游目惊空横雁阵，长天秋水胜春光。

潘义生（1946~2013），黄平人，苗族，毕节地区社科联原主席。中华诗词学会会员。

## 乌蒙即景

春尽江南花事稀，乌蒙景色却芳菲。
清江碧浪连天涌，峻岭白云穿岫飞。
百里杜鹃幽满径，千年古洞辟重围。
游人到此叹观止，归去迟迟带夕晖。

何继坤（1947~ ），大方人。中华诗词学会会员，出版有《足溪漪韵集》。

## 咏织金洞

织金溶洞世无双，遐迩声闻名早扬。
宫掖广寒银雨树，塔濒潭瀹讲经堂。
田储石盾雪香溢，殿兀灵霄玉柱藏。
最是湖东行不足，擎天有路去偏长。

**郑义华**（1947~ ），黔西人，从教。中华诗词学会会员。出版有《郑义华诗词书画选》。

### 中秋题杜鹃诗社

无根飞镜转周天，诗社经行廿七年。
风掠云梳蝦蟆影，词清韵险杜鹃篇。
吴刚金桂传攀讯，后羿灵珠待列仙。
最是雾消云散后，一堂清丽又婵娟。

**罗忠元**（1947~ ），金沙人，从教。中华诗词学会会员。

### 鹧鸪天·与岚中教工共勉

三尺讲台常入梦，一支粉笔岂轻松。耕耘九载知霜冷，博弈几番见果丰。 知有味，艺无穷。书山学海练真功。育人修德堪心静，岚圃明天现彩虹。

**张志侠**（1947~ ），河南郾城人。毕节地区政协工委原副主任，中华诗词学会会员。出版有《针松岸石集》等多部诗文集。

### 谢陈绍竹先生所赠国画《高山仰止》

惶惶不敢望高山，半世空忙底事难。
有意倾身培热土，无才献力助风帆。
针松已老神心奕，岸石犹刚骨面斑。
今仰画峰思去日，拼将余命写青丹。

**汪寿先**（1948~ ），毕节南箐人。毕节市（县级）人大常委会原副主任。中华诗词学会会员，出版有《苦旅鸣衷》诗文集（上下卷）。

### 浪淘沙·天河流韵

亘古豁高原，龙蓊山间。拓荒滋土万千年。滟溅重重偏溅玉，一往无前。 几度圣名传，今更非凡。绿红随浪沁春园。响水拖雷奔大海，无尽奇观。

**谢正发**（1948~ ），威宁石门坎人。中共毕节地委党史研究室原主任。中华诗词学会会员，出版有《泉水集》《直把千山作玉川》《齐夷德传承斋诗词钞》《谢正发诗文选集》等诗文集。

### 游威宁草海

兴致攀登望海楼，汪洋一片眼前收。
阳关山峭迎晴雪，六洞荷风送碧流。
丹鹤双双相恰恰，白鹇个个自悠悠。
轻舟载遍天涯客，试钓鱿鱼半上钩。

**王明灯**（1948~ ），赫章人。毕节地区政协工委原副主任。中华诗词学会、中国书法家协会、中华当代文学学会会员，先后出版个人专著散文《神游》、书法《王明灯书法集》《书艺》、论文《实践·探索》、诗词《苦中滴韵》5部；主编《黔西北书法集》《毕节书法集萃》《中国毕节兰赏》《政协心声》《增收之路》《奋战贫困》《轶闻趣事》《你扬我颂》《税务调研文集》《财政调研文集》等各类专著10余部。

## 颂文化艺术人士

文化艺人不计辛，躬身细悟苦耕耘。
诗文纸上藏天下，书画毫中露古今。
极品纷繁皆有味，谛言厚重耐思寻。
常将笔墨明心志，不断传承启后昆。

宋绍方（1948~ ），大方六龙人，从教。中华诗词学会会员。

## 鹧鸪天·游油杉河北寒沟

恍若乘风下翠微，步梯级级势如推。前头已入地中去，后面犹从顶上追。 声似吼，哨如雷。一梯一景不思归。突然山麓沙沙雨，瀑布一帘岭上飞。

黄文远（1949~），毕节人，从教。中华诗词学会会员，出版有《蜜蜂兰的芳香》一卷。

## 中国特色新时代

两个百年交汇期，中华迈向富强时。
顶层设计谋全域，历史担当显壮思。
决胜小康成伟业，追求美梦奠宏基。
成功经验领环宇，跟进目标擎大旗。

李 礼（1949~ ），字发耘，号春海，穿青人，纳雍人。中国楹联学会会员。

## 题庐山

黔中读史慕匡庐，一到名山晓白初。
上下高低迷五老，淡浓前后望江都。
高秋玉露雁横阵，寒夜西风云卷舒。
欲识人间真善美，且来峰顶看悬殊。

高庆国（1952~ ），金沙人，原金沙县网络局干部。中华诗词学会会员。

## 忆江南·赠洪星物流园

（一）

金沙美，商贸物流通。拓建新城迎志士，畅开门户会英雄。前景更恢宏。

（二）

园区好，环境特宽松。互利多赢兴百业，高山流水景千重。借力趁东风。

刘志开（1952~ ），金沙人，中共金沙县委宣传部原副部长。中华诗词学会会员，出版有《山里人诗文选》3集。

## 观木孔乡万亩辣椒基地

山梁百道万丘红，果挂尖尖在杈空。
舍洒春播辛苦汗，收摘暑后售出匆。
装输重汽高蓬载，种辣农民众喜融。
绿色原生名牌创，千家万户获钱丰。

陶仁礼（1952~ ），赫章人，赫章县政协秘书长。中华诗词学会会员。

## 登韭菜坪

韭菜崔巍插九重，绝巅极目远秋空。
千层石浪浮云海，数道飞泉泻碧峰。
水秀山明生态显，桥雄路阔物流通。
期将好景化民富，不是桃园看落红。

汤本仁（1952~ ），金沙人，从教。中华诗词学会会员。

## 古彝新声

奢香古镇细涓流，山水田园入眼眸。
碧瓦琉璃延画栋，青砖石级隽貔貅。
彝家美女能歌舞，民族风情醉酒楼。
凤羽麟毛春拂袖，聚焦取景信天游。

高君儒（1953~ ），毕节海子街人，从教。中华诗词学会会员，出版有《一生都付笑谈中》诗文集（上下卷）。

## 林中相思

置身南国树丛中，异草奇花韵味浓。
忽见林间红豆露，相思招惹苦情衷。

王昌平（1953~ ），毕节海子街人，从教。中华诗词学会会员，出版有《黉宫雅韵》一卷。

## 满江红·战冰雪

滚滚寒流，涌天地、汹汹凛冽。隆冬节、大江南北，雪凌连月。千里封航空陆阻，万山折树禽踪灭。盼团圆、旅客滞中途，归心切。　军民奋，战冰雪。红旗展，雄关越。驾甲车碾碎，酿灾凶孽。战士风餐“南极夜”，参天塔染英雄血。化春风、送暖百花开，丰碑烈。

叶章龙（1953~ ），四川叙永人，毕节地区政协工委文史委原副主任。中华诗词学会会员，出版有《稻粱集》一卷。

## 百里杜鹃行

子规啼唤杜鹃开，拂面东风引我来。
九彩轻翻金玉坞，千峰巧点绛紫腮。
何缘僻壤殊乱染，全赖天公故匠裁。
弥望春深花似海，流连客步印苍苔。

杨成荣（1954~ ），彝族，大方安乐人，原毕节地区农业局高级政工师。中华诗词学会会员。

## 奢　香

守土安民谒帝宫，水西彝族女英雄。
邀功马晔挑边衅，告状奢香动怒容。
不学匹夫拼武勇，只求冤屈达天聪。
皇恩浩荡诛都督，凿石开山九驿通。

萧锡义（1955~ ），金沙人，从教。中华诗词学会、中国楹联学会会员，出版有《山水审美诗》等3卷。

## 瞻仰钱壮飞烈士纪念塔

宝塔何奇矗碧空，杜鹃花艳映霞红。
沧桑自伴英雄血，宇宙长存圣哲风。
来路回身惊恶浪，征程极目志高峰。
成仁莫惜头颅贵，留得豪情万古崇。

陈明富（1955~ ），金沙鼓场人。中华诗词学会会员。

### 题茶马古道千年黄葛树

傍寨依山听牧歌，沧桑任演在胸罗。
望中好景充诗料，脚下双河醉舞鹅。
马队铃声虽去远，鱼塘春水未停波。
欲悲旧雨年年少，却羡茶香惹韵多。

熊登海（1956~　），黔西人，公务员。中华诗词学会会员，出版有《熊登海论文选》一卷。

### 路过金碧沙嘎坡寨子

连绵十里岭葱葱，麓下农家隐树丛。
阵阵林涛传幻语，频频鸟翼送清风。
三春翠野杉犹黛，百岁银须脸尚红。
阆苑瑶台皆逊煜，消愁释怨此村中。

丁垂赋（1956~　），原名丁垂富，纳雍人。中华诗词学会会员，出版有《藤床吟稿》《藤窗偶拾》《藤窗小集》等。

【双调·行香子】桑梓情（散套）

【行香子】牧放猪牛，鞭影悠悠。忆童年，无虑无忧。山间遍走，脚印常留。小桥边，长岭上，大坡头。

【庆宣和】少小时光伴老牛，割草筐挂肩头。爬上山头放歌喉。乱吼，乱吼。

【锦上花】坡底坡头，山前山后。深壑长冲，绿岭青丘。道道冈梁，条条水沟。常去常来，全成故友。

【幺篇】喜鸟声常闻，喜花香常嗅。风也柔柔，云也悠悠。校放星期，镰刀在手。草满箩兜，养猪喂牛。

【清江引】爹娘总在田地头，苦累都尝够。只求饱与温，哪管黑和瘦。为家为崽无怨尤。

【碧玉箫】多少春秋，辛苦换丰收。风雨无休，相伴老黄牛。忙里头，忙外头。手茧增厚，额纹深皱！爹娘一生，为儿为女心操透。

【离亭宴带歇指煞】我打工曾往他乡走，想家总在黄昏后。他乡暂留，为谋生，寻事做，为糊口。双亲白发新，故里山川秀。思归泪流，梦难安，情难诉，心难受。怕再提，羞回首。守定了家园休外走，让桑梓变天堂，与家乡共长久！

孟天明（1959~　），毕节人，毕节市民政局副局长（正处级）。中华诗词学会会员。

### 织金洞奇景

携朋几度应寻芳，屡至奇宫引兴长。
游客如潮人络绎，景光似幻影苍茫。
溶岩百态米颠拜，洞壑千姿骚客扬。
谁语读通斯奥妙，从教顿首问玄黄。

程绍宏（1959~　），毕节人，毕节地区农业银行职员。中华诗词学会会员。

### 咏圣莲塘荷花

荷花绽放靓梳妆，翠扇红衣送暗香。
映日临风浮水面，剪罗催鼓荡波光。
慕名游客登舻至，作画方家展笔狂。
绰约轻盈何处美？村姑遥指圣莲塘。

王金伦（1963~　），金沙鼓场人，从教。中华诗词学会会员。

### 咏逸夫中学改革

张家湾里集群智，谋划革新语赤诚。
教苑春风分外暖，沙溪河畔亮心灯。

田茂昭（1963~　），金沙人，从教。中华诗词学会会员。

### 农家春早

呢喃新燕檐前舞，岸柳轻风嫩叶舒。
两两田翁欣聚会，葡萄架下话耕锄。

周遵鹏（1964~　），字凯碑，别号凯碑山人，又号北镇居士、祖明、沙山月，毕节大河人。中华诗词学会会员，出版有《凯碑山人集》《毕节市前贤遗韵》《七星关区蜀汉简史》《凯碑镌文》《翰林山庄路氏文化世家》等多部著作。

### 水调歌头·七星关

万里延江水，千古七星关。独立峰头眺望，北斗粲瀛寰。常颂功镌僰道，蜀相勋铭汉鼎，宣慰誉西南。且看丰碑耸，红浪涌当年。　烽烟罄，山河壮，喜开颜。虹梁飞架，高速越堑畅黔滇。擘画横拦大坝，锁断乌蒙云雨，输电惠人间。华夏兴宏业，今朝更奋前。

张永达（1965~　），毕节海子街人，毕节市残联理事长。中华诗词学会会员，出版有《张永达诗词四十首》《耕耘斋吟稿》诗集和长篇小说《十七年的梦》。

### 莺啼序·毕节放歌

泱泱帝黄故土，夏为梁州地。自商后隶属荆卢，夜郎方国西邑。汉武设平夷一县，晋升郡辖三千里。久羁縻，唐置禄州，元建司驿。毕节嘉名，译自彝语，或言因节气。至元始名定皇纲，历朝从未改易。大明初遍添卫所，康熙世复归县治。共和国，革故鼎新，划区兴市。　灵峰仙境，玉蕊生香，钟磬传古寺。更有那双峰脱颖，响水轰雷，丰乐秋成，翠屏旭日。东壁霞彩，龙潭夜月，尽招才子和佳丽，数风流人物看今世。无边胜景，除却赤水七星，最著南山雨霁。　清凉世界，虎踞龙蟠，令天下仰止。试发掘洪荒遗址，石器砖陶，牙角青铜，豕鸡谷粒。摩崖刻碣，苗彝歌舞，万千载代相沿袭，漫催生璀璨文明史。今当继往开来，大展鸿图，再接再厉。

禹登英（1965~　），女，金沙人，中华诗词学会会员。

### 天净沙·幽谷即景

悬崖瀑布轻纱，桫椤银杏兰花，旭日红光尽洒，黄莺对话，牧童笛韵飞霞。

马先进（1965~　），女，金沙人。中华诗词学会会员。

### 行香子·坡背后风光

去路横斜，幕幻晴纱。凝目处，几点梨花。

先峰岭上，树透风华。看山中景，林中树，画中家。　青葱竹篓，小隐椿芽。轻松步，走过篱笆。邻家小妹，正采新茶。赏溪边鸟，田边耜，路边瓜。

陈恩信（1965~　），织金人，穿青人。织金县老干局局长。中华诗词学会会员，出版有《秋夜集》《秋夜散曲》等。

## 【双调·折桂令】咏新农村

新农村处处当夸。一水弯环，两岸蒹葭。三面青山，四层碧瓦，五色窗纱。六七个妪翁话匣，八九十童戏家家。百亩荷花，千瓣烟霞，万树藏鸦！

雷俊芝（1965~　），织金人。中华诗词学会、中国书法家协会会员。

## 赴武汉途中作

武昌聚会应交流，冒雨驱车一夜休；
情有独钟T八八，票空难阻我重游。
纵观景色几多变，忘带索尼惹小愁；
雨住天晴经溆浦，屈平诗句上心头。

陈世界（1965~　），金沙人，从教，中华诗词学会会员。

## 春游大坡林茶场

春光满目拟抒怀，踏破层峰天地开。
风动绿茵翻浪去，鸟嬉红雨送香来。
山村胜事闲情伴，华夏蓝图妙手裁。
若使自然归我管，人间仙域任徘徊。

郭振南（1966~　），织金人，布依族。中华诗词学会、中国楹联学会会员，出版有《云物斋吟草》。

## 织金大峡谷

一线三槽景壮观，高窗绝顶自超然。
天门中断冲霄汉，对峙旋开荡宇寰。
燕子洞旁寻妙趣，天生桥上步仙缘。
风弹流水竹弹月，金谷亭前赋雅篇。

靳　松（1966~　），又名靳明，号劲松，字如诗，毕节小坝人，从教。中国文学学会、中华诗词学会会员，出版有《赤子心声》《靳松诗文选》等多部诗集。

## 层台寄思

冥书欲寄寄何方，遥望云天倍感伤。
万仞冰峰悲寂寞，千畴雪野叹彷徨。
倏惊古驿封尘梦，久恸幽坟弃故乡。
风卷雾凇寒啸疾，亲愁脉脉泪盈眶。

李　勇（1966~　），金沙人。中华诗词学会会员。

## 重阳节登山赏景

夕阳九九半川红，赏尽烟山梦亦空。
岁月许如银杏树，叶黄依旧笑秋风。

陈登仁（1967~　），金沙鼓场人。中华诗词学会会员。

## 钓　趣

衰笠长钩钓大江，群山滴翠碧波扬。
锦鳞吞吐不留意，满目山光接水光。

李林海（1969～　），金沙人，从教。中华诗词学会会员。

## 参观台金示范园

台一落户到金沙，千顷农田绽异葩。
朵朵芳花承雨露，棵棵玉树衬云霞。
春来漫步观风景，夏至休闲品果瓜。
若羡桃园传统好，今朝西洛赏更夸。

张仕军（1970～　），又名丘山，金沙人，中华诗词学会会员。

## 食　春

雨足酥酥连日兴，乡山宠幸竞芳青。
归来喜遇兄犁早，恰见频飞鹊弄灵。
行向池塘读映柳，方觉埂草忘真名。
且将市利抛身后，细烩一桌三韭羹。

宋尚辉（1971～　），金沙石场人，从教。中华诗词学会会员。

## 蒲节有感

（一）

蒲节不只祭屈原，悼念贤良也雅言。
悬艾贴符龙凤渡，醍醐灌顶辨忠奸。

（二）

莺呼燕唤话天明，江上早传锣鼓声。
竞渡龙舟歌盛世，我操黄酒话升平。

张大定（1971～　），金沙人，中华诗词学会会员。

## 长相思・初春

山亦明，水亦明，桃李争妍伴你行，蜂儿遍野耕。
雨轻轻，风轻轻，叶嫩枝头如有声，满怀新韵呈。

李宗玮（1971～　），大方县人，中华诗词学会会员。

## 醉九牛

云贵高原三月春，杜鹃怒放惹游人。
新枝老树千年远，蓋紫藏红百里芬。
粉翘飞来容蝶闹，香须触到任蜂巡。
九牛因醉此仙境，无怪当年滞帝宸。

饶帮梅（1971～　），女，湖北潜江人，现居黔西县。中华诗词学会会员。

## 蝶恋花・榴花

我自花开人自谢，一抹惊红，半露浓阴下。未许东君偏爱夏，潇潇雨夜谁同话？
染却罗裙风里嫁，叠了愁心，叠了相思帕。叠了秋霜千子挂，还将秋色斑斓画。

郭定强（1972~ ），别名寒枝，金沙人，从教。中华诗词学会会员。

## 江城子·国家公祭

金陵蓄恨八十遥。掠金条，戮同胞，暴虐兽行，千里素绫飘。卅万伏尸堆壁垛，殇国耻，记坚牢。 国家公祭警钟敲。挺雄腰，树高标！爱我中华，声浪九天高！虽远必诛盟毒誓，心已沸，血喷烧！

聂绍科（1973~ ），号逸尘、一尘，毕节德沟人，毕节市农科所农艺师。中华诗词学会会员。

## 立 秋

序更难消暑，衣单未觉凉。
闲池多钓叟，染鬓有轻霜。
镰举金千里，毫挥雁一行。
秋来还复去，冬至盼初阳。

高 峰（1973~ ），金沙人，贵州广电网络公司金沙分公司员工。中华诗词学会会员。

## 老年大学

年过六旬本应闲，文心未老又耕田。
精敲细砺生佳句，句句婆心醒世言。

唐 敏（1974~ ），女，纳雍人，穿青人，从教。中华诗词学会会员，出版有《雪梅丝语》《月下弦音》等。

## 清平乐·冰雪中红山茶

银装玉裹，却是情如火。开遍山前和岭左，我是枝巅那朵。 任凭冰冻青峰，任凭雪舞长空。且自嫣然一笑，胸藏万里春风。

秦幸昌（1974~ ），金沙鼓场人，从教。中华诗词学会会员。

## 端午感怀

一声蛙鸣闹白水，两剪新燕点碧空。
檐下粽香迎午日，林中杜鹃催芒种。
早晨刈艾东山坳，正午插蒲南院中。
汗洒秧苗苗更壮，秋收万籽籽丰隆。

王 琰（1976~ ），金沙鼓场人。中华诗词学会会员。

## 颂邵逸夫先生

仁慈宏业惠八方，邵老精神万古扬。
百亿家财慷慨献，炎黄儿女记心房。

李渊行（1976~ ），金沙人，从教。中华诗词学会会员。

## 晨练有题

伴灯晨练映寒霜，偶遇求学儿稚郎。
沿路放歌相随去，脚踢石子手牵黄。

李 泽（1977~ ），织金人，中华诗词学会会员。

## 斥贪腐

装神弄鬼演双簧，幕后台前皮两张。
掌控特殊心枉法，把持要位念贪赃。
攀权附势甘倾币，济困扶危且吝囊。
天网恢恢疏不漏，咎由自取臭名扬。

**刘　莉**（1978~　），女，金沙人，从教。中华诗词学会会员。

## 园丁颂

两袖清风志气宏，三尺讲台荡笑容。
谆谆教诲春风惠，润育李桃蓓蕾红。
粉笔耕耘历寒暑，吐尽蚕丝赤胆忠。
奉献几多血与汗，引领学子闯迷宫。

**袁　潇**　金沙人，从教。中华诗词学会会员。

## 秋　望

东皋览遍醉金商，朗朗晴空排雁行。
绮艳初开篱下菊，斑斓漫点古时章。
粼波碧透清风爽，故纸晖凝彤管芳。
胜概尤兴中国梦，环球指顾破天荒。

**黄宸宇**（1979~　），女，彝族，大方人，中华诗词学会会员。

## 雨雾纱帽山

雨点春山白雾稠，侧峰沐乳翠微柔。
和羞欲语纱撩面，出水芙蓉露半头。

**张　星**（1983~　），金沙官田人，从教。中华诗词学会会员。

## 端午感怀

一声蛙鸣闹白水，两剪新燕点碧空。
檐下粽香迎午日，林中杜鹃催芒种。
早晨刈艾东山坳，正午插蒲南院中。
汗洒秧苗苗更壮，秋收万籽籽丰隆。

**禹杰杰**（1988~　），女，金沙人，中华诗词学会会员。

## 清平乐·黎明

贴风入画，雨叶钲铮嘎。秋落潇潇轻泪下，雾梦箫吟恋挂。　柔花漫漫窗纱，月环照悦书娃。越宇沧桑行，朝阳笑对幽霞。

# 第三章　楹　联

## 第一节　古代楹联

### 宋　代

宋永高　贵州水东宣慰使，嘉定年间升贵州经略安抚使。

#### 题七星关孔明碑

取二川、排八阵、六纵七擒，五丈原前，点四十九盏明灯，一心只为酬三顾

定西蜀、平南蛮、东和北拒，中军帐里，变金木土革爻卦，水面偏能用火攻

#### 题七星关武侯祠

八战八克威震华夏
七擒七纵义高南中

### 元　代

李　京

#### 过七星关题

（一）
星辰冷落壑壁险
鸿雁悲鸣涛花惊

（二）
群峰七点望北斗
短笛一声过南州

### 明　代

孙　隐　永嘉人。正统年间毕节卫教授。

#### 灵峰仙境

（一）
风传松杪鸣仙鹤
雨霁坛前卧老龙

（二）
行路无踪碧草合
石盘有字翠苔封

林　晟

#### 题灵峰寺僧禅房

睡起诵黄庭，一点禅心秋月净
兴来吟白雪，满膛诗思洞云开

#### 宿灵峰题联

（一）
晨钟彻地溶溶月
暮鼓轰天淡淡风

（二）

宝殿巍峨，已接三清法界

灵峰秀异，如游九府神宫

**杨　慎**

## 题白岩

白岩秋色

丹壑春姿

**佚　名**

## 七星关诸葛武侯坊联

殄厥渠魁以遏乱略

去其蟊贼保我黎民

**盛百执**　其人不详。

## 东壁轩

仙梵鲸中散

天花云外翻

**佚　名**

## 灵峰寺大门联

信能降雨出云灵同泰岳

长此钟英毓瑞秀甲全黔

## 清　代

**张克壮**　毕节人，康熙八年（1669）举人。

## 洞游联

（一）

探奇北望山窟

问芳响水河干

（二）

循山之隈，风穿袖而凉入，坐流泉以憩息

溯水之旬，日方燠而温生，餐石液而忘饥

**沈宏谟**　毕节人，雍正二年（1724）进士，官主事。

## 题七星关沈明德公故宅

一脉书香先启继

七星春色古今同

**刘　潮**　字西园，毕节人。乾隆五十四年（1789）举人。

## 游龙蟠山联

（一）

山花迷径，清风敲龙龛之磬

弱草绿堤，细雨长石砌之苔

（二）

唤彼愚蒙，暮鼓和晨钟相应

供我游览，孤云与众鸟皆闲

**佚　名**　清人。

## 阿市金山寺联

（一）

座上莲花三月日
瓶中杨柳一枝春

（二）

观空有色西方月
望世无岚南海潮

刘　江　毕节人，余不详。

## 德沟梓橦阁孔圣殿

文明气运参天地
翰墨荣华贯古今

## 德沟梓橦阁进门联

水如碧玉山如黛
月满黄庭霜满天

刘淞沐　毕节人，余不详。

## 七星关观音阁坊联

千里飞来，百尺青天留福地
七星环拱，万家烟火庆南天

刘　渝　毕节人，举人。余不详。

## 德沟梓橦阁韦驮殿

问菩萨为何倒座
因世人不肯回头

徐学典　平越人。乾隆年间毕节训导。

## 毕节东岳庙联

（一）

爵与天齐，从古游魂归岳岱
功国地藏，即今大泽遍崇朝

（二）

五岳镇东方，秉鉴阴阳昭报应
百神尊震位，掌司祸福布施张

杨佩芝　字秀山，毕节长春铺人，清嘉庆六年（1801）拔贡，历任雷波、巫山知县。

## 题清水塘联

清水塘中清水鱼鱼衔清水
黄花地内黄花女女采黄花

路孟逵

## 家　联

十载读书，敢以馨香光祖德
一生作吏，惟永清白贻孙谋

曾壁光　字枢垣，四川洪雅人。道光三十年（1850）进士，选庶吉士，授编修，记名御史。咸丰九年（1859），任镇远知府。同治元年（1862），署贵东道、贵州巡抚。二年（1863），剿平铜仁踞贼萧文魁，赐花翎。云贵总督劳崇光荐其才，迭署粮道、按察使、布政使。三年（1864）二月，为竣工的七星桥撰《重修七星桥记》，并题“七星”坊额和《七星关联》。

## 七星关联

缅诸葛亮前徽，五月江深，谁不钦挥扇勤劳，渡泸辛苦

求颍川侯遗迹，七星关峻，今只见虹梁接引，雉堞周回

韩　锳（1729~ 1804），字序东，号兰亭，毕节观音桥人，诸生。官至兵部左侍郎。

## 自　题

落月欲分花上下

秋声只在树中间

吴　纪

## 毕节文庙联

（一）

道若江河，随地尽成洙泗

圣如日月，普天犹是春秋

（二）

一景会山川，百代文人渊薮

两楹开宇宙，万古吾道宫墙

唐　材

## 题毕节总戎署

远峰千仞翠

近沼一湾清

刘晸昌（1806 ~ ？），字仲寅，毕节德沟人。清道光十一年（1831）举人，官广东南韶道，补兵部主事，升员外、充军机章京，转中城御史，历江南、四川各道御史，授兵科给事中。

## 梓橦阁关圣殿联

能刚能智能勇，衷乎汉时夫子

不屈不挠不强，卓哉晋地圣人

## 梓橦阁文澜亭联

夜静文光射北斗

朝来爽气挹西山

翟锦观

## 题翟母邵氏、祖母傅氏百岁贞寿门坊联

为孝乃能贞，任姒徽音昭女史

助文还教我，同姝淑范振家声

姚伯山　名柬之，安徽桐城人。道光十九年（1839），任大定知府，善诗文。

## 斋室楹帖

只因树好方营室

特放墙低好看山

李端棻（1833~ 1907），字芯园，贵筑（今贵阳）人。

## 赠大定徐礼和选明通进士

沐兴朝，未有殊恩，听鸿胪初唱一声，九十人中，先将姓字书阙北

喜黔邦，久钟灵气，题仙笔新留数语，几百年后，果以文运胜江南

路朝霖　毕节德沟人，清光绪二年（1876）进士）

## 德沟梓潼阁门联

袁阁号文昌，想当年蔚起人文，无负众山皆拱向

德桥名甲秀，愿异日重开科第，依然二水并交流

刘韫良（1845~？）　亦作蕴良，初字璞卿，号丽珊，后改字玉山，号我真，贵筑（今贵阳市）人。同治十年（1871）进士，选庶吉士，光绪元年（1875）任云南恩安（今昭通）知县。十五年（1889）返回贵阳，以行医及授徒为业。

## 赤水河

蚕丛近接三巴，听鹃唳风前，津柳青回肠易断

虎莽新通九驿，讶鲸屠浪底，岸花红染血难消

杨绂章　毕节城人，清同治癸酉年间乡试举人，毕节松山书院院长。

## 题南岷山寺联

曾栖石隐，溯往来九井，尚留一半痕残，喜此地养可清心，浴可除垢，伏可韬光，松静月明中，最难忘剑磨白水，波洗红尘，印濯绿波，玉斟碧液

久住金仙，量远近诸峰，共有十三景胜，想当年关能延寿，行能步虚，飞能驭气，林高日照处，好细认鳌跨丹山，鹤眠翠巘，龙登紫洞，虎卧黄坛

张　翰　湖南长沙人，同治年间，在大定府任职。

## 赠蕲传一

文章初日谢康乐

风月三生石曼卿

吕子惠　毕节人，余不详。

## 风景联

流水若琴风若扇

远山如画月如灯

尚崇峻　纳雍人。

## 为参与血战台儿庄百兴人郭琼瑶牺牲后家属招魂安葬题

归梦绕黔山，日暮乡关何处是

寒风吹易水，古来征战几人回

**林泮香** 其人不详。

### 题田坝桥龙王阁

（一）

飞阁尽流丹，瞻座中乃圣、乃神、乃武、乃文，四面云山皆拱向

高楼频耸翠，看物外自西、自东、自南、自北，万家灯火一齐来

（二）

庙貌著巍峨，小住为佳；杨柳潭头春色丽

神威昭赫耀，大观在上；桂花岭畔月光寒

（三）

楼台二三重，试观杨柳依依，一水护田将绿绕

神圣千百总，最喜春云霭霭，两山排闼送春来

**许尽秋** 其人不详。

### 田坝桥龙王阁

半面山楼，半面江楼；一任他拍案高嗽，邀几个赤松、黄石、白猿来一谈今古

数声渔笛，数声樵笛；且容我掀髯大笑，看不完明月、清风、绿水引万象空蒙

**张金甫**（1846~ 1920），字振秋，毕节海子街邵官铺人，光绪十五年（1889）恩科举人。历官云南定远、盐兴县知县，升六城厘金总办。

### 李将军祠联

浩气贯乾坤，东汉直追关壮缪

皇恩褒显佑，南城齐拜李将军

**孙清颜** 其人不详。

### 自　题

大富贵长寿考

皆欢喜亘古祥

## 第二节　近代楹联

**佚　名**

### 李安石宅联

法日轮流垂千古

朗月星辉照四民

**佚　名**

### 林口鸡鸣三省三圣宫学馆联

借三圣宫殿，再设坛堂；往不追，来不拒，无怠无荒施化雨

集四方英才，重归马帐；幻而学，壮而行，有廉有义坐春风

**佚　名**

### 题田坝桥文昌阁

（一）

宇宙大文章，源从孝友

古今名将相，会作星辰

（二）

布福禄于人间，但凭有德

握权衡于天上，总出无心

佚　名

## 题天后宫

世间无水不朝宗，岂止黄河一派
天上有妃能降福，何愁碧浪千重

佚　名

## 毕节文庙

（一）
祖述尧舜，宪章文武
德参天地，道冠古今
（二）
气备四时，与天地、日月、鬼神合其德
教垂万世，继尧舜、禹汤、文武作之师

佚　名

## 毕节武庙

（一）
精忠昭赤日
大义贯青天
（二）
慷慨一言成骨肉
艰难百战识君臣

佚　名

## 海子街真武山庙联

圣贤原不外伦常，念义重三分，身轻十七；
乃武乃文，忠孝恒弥千古
仙佛有个中法慧，看初磨铁杵，遂度金针；
即空即色，功夫妙在须臾

佚　名

## 毕节城陕西会馆

三分割据纡筹策
万国衣冠寿冕旒

佚　名

## 题毕节城隍庙

（一）
举念时，明明白白，毋欺了自己
到头处，是是非非，曾放过谁人
（二）
任凭你无法无天，到头孽镜悬时，还有胆否
须知我能宽能恕，且把屠刀放下，转过头来
（三）
清夜中，自认贞邪面目
良知上，能知人鬼关头
（四）
孽镜高悬，善心人不妨当头一照
影阴多愧，恶念者应怕有物潜窥
（五）
阳世官刑虽幸免
阴司法网总难逃
（六）
善报恶报、迟报速报，总须有报
天知地知，你知我知，何谓无知

佚　名

## 毕节惠泉寺联

（一）
座上莲花，占断西风三月景
瓶中杨柳，分来南海一枝春

（二）

古佛由来非女子
慈航到处有婆心

佚　名

## 观音桥古寺联

利锁名疆，笼络几多好汉
晨钟暮鼓，唤醒无数痴人

余众人　其人不详。

## 海嘎土司庄园门联

门对蜀山青，北堂春永萱幛茂
江流黔水碧，世泽因同甲第高

佚　名　其人不详。

## 鸡鸣三省周启元墓碑联

千脉朝阳沙明水并秀
二龙拱手兰馥桂莲香

宋　蛟

## 题七星关周西成石雕像亭楹柱联

（一）

公本再世文渊，曾闻马踏虹桥，誓斩楼兰边徼肃

我惭此邦卒吏，乐观乌蒙鸟道，恩沾宝草间阎歌

（二）

叹乌蒙堡雾长消，欣随刺史元龙，爱指周公责贼处

看墨特川云崛起，自愧题桥司马，闲观逸士跨驴来

许明润（1856~ 1933），毕节何官屯人，清末秀才，一生执教，有名学者。

## 北望村观音庙

（一）

观古今、观楼台、观山水、观人物，渡尽苍生，南海岸上号观音

大慈悲、大圣人、大功劳、大圆满，垂之甘露，紫竹林中称大士

（二）

坐南海以近观，千江有水千江月
登普陀而远望，万里无云万里天

吴大同　毕节人，乡间塾师。

## 触机成对

铜钟：身长腰细。叮当，余音遍地
铁袍：口小腹大。乒乓，浩气冲天

余若瑔

## 题惠泉寺楼联

此从别后，十年绿树清泉，忽见昙云飞鹫岭
我自归来，万里瀛洲蓬岛，每因风景忆龙岗

## 代贵州大理分院挽孙中山

卌年革命，两次游京，筹划定规模，忽闻霜露凄零，徒令上将挥神笔

三民主义，五权宪法，经纶贯中外，正看风云奋斗，长使英雄泪满襟

周素园

## 挽吴敬斋名医

鸦片烟我是外行，忆昔每谈心，定要劝吹几口

谷子酒君尤喜好，此际遭撒手，特来共奠三杯

## 挽周成斋

顷年值吾族中衰，德望属老成；作范后昆，乔木故家存硕果

享寿与先君同纪，精爽归天上；寄言先父，沧桑浩劫剩孤儿

张明甫　毕节人，号元吉子，清光绪二十三年（1897）举人。

## 自　题

与其读万卷诗书，反成贱丈夫面目

不如有两个银钱，倒得老祖公称呼

宋　醒　人称宋马刀，湖南人。民国时，曾任黔军旅长兼贵州第二路军司令官。

## 赠杨伯瑶

此地可称干净土

斯君不是等闲人

熊伯泉（1882~1946），名明达，号文哭，毕节人，清末秀才，著名书法家，尤善长左手书。

## 赠长女

勤俭兴家之本

逸劳随遇而安

## 赠　人

政用疏通合典则

地将清秘任贤才

朱　德

## 挽平山朱母曾老夫人联

（一）

八千以外成千古

五百年前是一家

（二）

西蜀解甲我归来，恸贤母泪洒黔江，七星父老尽凭吊

南江誓师讨蟊贼，怅锷督星殒瀛洲，四亿护国功告成

## 蔡锷、朱德题雪山关

是南来第一雄关，只有天在上头，许壮

士生还，将军夜度

作西蜀千年屏障，会当秋登绝顶，看滇池月小，黔岭云低

**黄丕谟** 不详。

## 题七星关

关河真险峻，看湍流直下，巉岭横空，峦草屹花，到此登山寻胜迹

碑碣几沧桑，想武侯南征，松坡北伐，丰功伟业，每回读史爱英雄

**王信之** 毕节海子街人。

## 挽护国烈士王西林

（一）

十二年留学他乡，求知积问简编中，莫非至理。忆前岁，征鞍远返，亲朋聚首。每追述严将军头，颜杲卿舌，张睢阳齿；明知世代变迁，古哲时往，而悲歌拍案，神灵早有折衷；天道本无私，功乎树立，马革偏如男子愿

千余里从军异域，临阵冲锋步仪上，敢爱微躯？恸此时，噩耗遥传，叔侄断恩。最可怜颍考叔意，杞梁妇情，史督师言；更际家门零落，旁观泪垂，然壮烈成仁，生死何曾纪念？田庐幸尚在，魂其归来，鹃声应伴月光寒

（二）

拼无量少年铁血，帝制方消；恶战记綦江，差同士制雄师，一旦收金陵王气

褒光荣不愧国殇，罗甸忠友；谁濡昌黎笔，更九原慰睢水，英雄留未来历史

**路朝绂**（1858~？），字林书，号少蘧，毕节德沟人，光绪二十三年（1897）举人。选云南州判、蒙自厘务善后局委员。

## 挽舅母

秦晋渭阳思，区当年敬谒慈容，常自欢饮聆懿训

苏程中表谊，痛此曰呛凄梓舍，空将血泪洒麻衣

**糜雅帆**（1874~1936），字典绪，毕节田坝桥人。清附生，曾任毕节高教。

## 自　题

鸟随鸾凤飞腾远
人伴贤良品格高

## 挽孙中山

朱元璋驱除奇渥温，不闻宪政；洪秀全反对觉罗氏，未竟功勋。溯从前历代风云，任石破天惊，哪能使国体更张，民权发展

美利坚突生华盛顿，摆脱英庭；葡萄牙依使布加位，推翻君主。数近世英雄人物，令神悦心旷，最难忘中华元首，粤岭贤豪

**佚　名**

## 杨家湾周氏回龙阁联

（一）

大任在当前，殷甲联名贤否？和衷方是福

立功追嗣后，区团共济尊卑，协力乃为高

（二）

自治无论亲疏，祖孙、父子、叔侄、弟兄，大家都要循规矩

保护不分畛域，乡党、邻里、富贵、贫贱，一切总要热心肠

吴维藩

## 青龙吴氏堂联

效良弼挥戈卫国建功业

继大同泼墨握毫育英才

廖国璋

## 小吉场得胜小学开学联

（一）

学问贵于勤，愿诸生努力潜修，咸济圣域

校基得其所，冀同志热心教授，普坐春风

（二）

松竹作入德之门，往不追兮来不拒

桃李是撑天之柱，幼而学者壮而行

## 挽杨仲瑶

本是好丈夫，为取义成仁，一时慷慨洞中去

可羞为犹史，行殃民祸国，更肆凶残天外来

彭石安　纳雍人。

## 赠蒙香圃

骚坛覆压高柴子

文阵排空小石城

## 赠诸生

此中大有人，幼而学，壮而行，努力造英雄，不闻新朝理乱

诸生无别事，日读经，夜读史，前程期远大，休贪末世功名

周光兴

## 赠教育界四联

（一）

新旧本同源，愿诸君得读便读，莫误光阴方后悔

师生原有幸，冀尔们以进再进，须知一字值千金

（二）

新旧结合，岂少×÷＋－

城乡普及，不外一二三四

禄雨森（1909~1935），又名大文，彝族，纳雍寨乐鹿山人。民国21年（1932），毕业于贵州陆军军官学校，后调四川自流井，曾任黔军营长、团长等职。

## 通德河禄氏祠堂联

山顶展红旗，罗甸家声传万古

河边飘绿柳，乌蒙业绩载千秋

## 民国24年（1935）遭国民党囚禁毕节临行前撰联

一腔热血，英雄洒泪惊天地

七窍生烟，壮士高歌泣鬼神

涂向仁（1910~1964）字静山，镇雄县风岩麻窝人，镇雄县教育科长，写《滇茶改进》一书，共十三章十四万言。

## 为毕节发戛余氏撰大门联

东临蜀水，西拥滇山，鸡鸣三省钟灵地
昔尚武功，今崇文治，虎踞千秋耀德辉

张致和

## 雍熙文昌阁联

（一）
疾苦仰恩波，阴骘下民，清廉大夫十七世
勋名昭日月，振聋发聩，开化愚顽九万天
（二）
山静无声，毓秀钟灵，几叠文峰奔寺院
门高数仞，朝迎爽气，万缘灯火布恩波

萧吉人　毕节人，1928年任毕节县教育长，毕节弘毅中学创办人之一。编有乡土教材《毕节史地述要》。

## 题县教育局

得天下英才而施教
遵中山主义以力行

林　青（1911~1935），原名李远方、李肃如，毕节人。中共贵州省工作委员会首任书记。

## 自　题

愿将满腔热血
换来幸福人间

刘裕远　毕节朱昌白泥井人，民国国大代表。

## 题弘毅中学礼仪门联（藏头）

弘则远大
毅则果刚

徐　进

## 抗战联

（一）
不畏强敌东海犯
但悲妥协北狼凶
（二）
投笔当效班定远
挥戈不忘李将军

张槐陆

## 民国阳长乡选乡长

选场如战场，闻胜勿骄，闻败勿馁
智斗非力斗，既失何辱，既得何荣

## 选伪国大代表题联

选举选什么？选贤选能。落笔定得失，

望诸君珍惜一票

议员议啥子？议功议德。当场分胜负，请各位保重四权

张元福　其人不详。

## 赠胡清华民医

待人无私，不分张王李赵
回生有术，哪管富贵贫穷

吕　滨　毕节人，余不详。

## 题学堂

凭一老待后守先，打破迷津登道岸
望诸生循规蹈矩，德遵一路过瀛洲

## 为谢国柱撰婚联

结婚于大树林，佳偶自天成，一联诗句随流水

偕老乎木坑底，良缘由夙缔，千载悠思满素怀

宋金铉　纳雍人，私塾先生。

## 斥　贪

猛士如云投鞭足断江流水
贪官似虎聚敛常征世庶财

## 反　贪

硕鼠食苗，民嗟鲜饱
哀鸿集野，士慨多饥

徐石钧

## 撰熊姓丧堂联

天乎！母型甚无亏；瞻屺上云光，雨打林花和泪洒

娘呀！你生真不幸；临榻前遇训，尽吹庭竹更辛酸

梁璋钜　其人不祥。

## 感　联

客来醉，客去睡，老无所事吁可愧
论学粗、论政疏，诗不成家聊自娱

黄道平

## 挽内弟持刀斗匪身亡

生得其名，先齐家，后治国，惜乎汉祚将终，歼吴灭魏成遗憾

死而不朽，内孝子，外忠臣，从此英才已去，人事音书漫寂寥

陈恩久　其人不详。

## 挽孙中山

专制肆行数百年，改革一朝；坤转乾旋如反手

噩音惊传七千里，凄凉五夜；葭苍露白慨伊人

林鹏举　毕节田坝桥人，一生从教。因嗜烟田产几荡尽。

## 题吸鸦片

只是一根竹枪，杀尽儿女子孙无出血
依然五夜灯火，烧完田园庐舍更成灰

杨仲瑶　毕节三元洞人，彝族，民主人士杨伯瑶之弟。民国时，曾任林口区区长。

## 春　联

戎马暂归来，且整顿颓垣破宇
阳春刚报到，待收回大陆神州

## 林口三元洞石碉门联

恐匪军阀摧民济
幸碉洞雅卫乡邦

# 第三节　现当代楹联

盛郁文

## 题毕节市人民公园

到此地修身小憩，倚亭叩槛，邀玉虹拖雨，
俗虑全消，隔断尘嚣园世外
待明宵合醵重游，把酒临樽，携金镜悬盘，
浸氛顿散，迎来人面水中天

徐正云

## 七星关怀古

祭剑不辞肩，泸水七擒丞相计
求贤甘屈驾，茅庐三顾帝王心

## 灵峰仙境

灵鹫奇峰属佛地
松涛兰韵共经声

丁建平

## 题毕节七中大门

莘莘学子好龙吟时雨传知新生乎内
济济英才藏虎踞量材赐教乐在其中

丁垂赋

## 题野鸡河游泳场

泳池中，听海燕生波，爱把白云当白浪
跳台上，看雄鹰展翅，喜将蓝水作蓝天

## 题纳雍猴子岩

雨后登临，莫让浮云遮望眼
晴时游览，好凭峰顶寄豪情

曾明仲

## 毕节亮岩龙神庙

驾雾乘风，恩施千乡百寨
兴云布雨，惠泽四面八方

肖锡义

## 题金沙孔庙

岱岳惊天阙
文光正国风

谢正发

## 题云峰酒业小福仙酒

传承华夏良操，小糊涂中藏睿智
细品云峰美酒，微醉意后似神仙

郑　茂

## 题赫章中学校门

双峰对峙，云霞空际涌
两水争流，赫日正当中

张志侠

## 织金恐龙湖

栈道凌空，巨龙伏岭，林壑披云升暮霭
溪流入洞，轻燕穿岩，天桥跨宇汇长虹

## 威宁城郊景致

白云飘牧野，宇荡天风吹浪草
青路绕山峦，峰依铁塔望明珠

杨成荣

## 咏　史

陈寿编修三国志，录前朝信史
孔明祸祭七星关，获后世贤名

## 题大方顺德路牌坊

一脉相承，水西袭北阙
六朝更替，安氏守南疆

周遵鹏

## 题毕节梨树老年公寓（藏头格）

民欢德政，敬老黔疆兴善举
盟筑同心，扶贫禹甸乐升平

## 题毕节灵峰寺

月笼古刹经声细
风动玉兰蕊露香

# 第四章　小说、散文、新诗

## 第一节　古代作品

毕节先民在历史的长河中创作了大量的文学作品，或传承历史、或传承精神，有的用文字记叙、有的用古歌传承。其中，《洪水朝天》《天生地产》《天地祖歌》《彝人古歌》《山海恋》《支嘎阿鲁》《戈阿类》《笃米的传说》《俄索折怒王》《阿诺楚》《济火庙训子》《乌鲁诺记》《举喽赛歌记》《测天量地》《战争与迁徙》《苗族迁到乌撒歌》《偶佛补天》《嘎骚卯碧》《十二姓苗族进入彝族地区》《叙根由》《竹王的故事》《伏羲兄妹》《水神下凡保草海》等广泛流传。

**郭子章**（1543～1618），江西泰和人，明隆庆五年（1571）进士，万历二十六年（1598）出任贵州巡抚兼制蜀楚军事，封兵部尚书、右都御史，加太子少保衔。与毕节相关的著作主要有《黔记》《平播始末》等。

**陈　庚**（1795～1853），幼名陈鹏，字西垣、月波、月圃，号觉来子、未籛子、未籛学人、室名觉来斋、萃元堂等，清毕节人。一生以授徒为业，闲暇则为人义诊，曾主讲毕节松山书院，为毕节有名的教育家。其工诗文，善书画，明医术，著有小说《觉来笑史》、诗集《西垣诗草》、教授《萃元堂课艺》、医书《萃元堂验方》和书法《萃元堂法帖》等传世。道光二十五年（1845）春刊行的小说《觉来笑史》，是明清以来贵州有史可考的五部小说之一，在贵州文学史上占有举足轻重的地位。

## 第二节　当代作品

### 一　在毕节的中国作家协会会员及作品

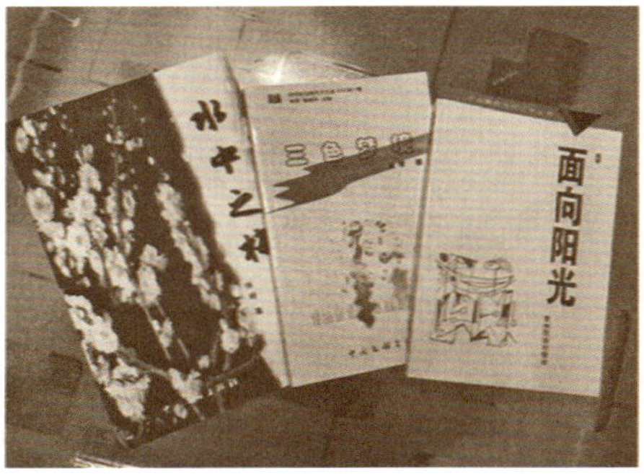


**禄　琴**（1965～　），原名阿单玛玮，彝族，威宁人，贵州省文联副主席、贵州省作家协会副主席。中国作家协会会员，出版有诗集《面向阳光》《三色梦境》等。

吉柚权（1953~ ），毕节人，毕节地区中级人民法院干部。中国作家协会会员，出版有《白雪——和平解放西藏纪实》《西藏平叛纪实》《血战桂河》《疯狂的野驴》等多部长篇小说。

马学文 （1965~ ），威宁人，威宁县作家协会主席，贵州文学院签约作家。中国作家协会会员。出版有中篇小说《孽缘》《木偶》，短篇小说《范家父子》，电视连续剧《夜郎王》编剧（20集）。

彭　澎（1969~ ），毕节人。《高原》文学双月刊主编，贵州省作家协会主席团委员，贵州省诗人协会副主席，中国作家协会会员。出版有诗集《你的右手我的左手》《西南以西》，散文集《酒中舍曲》，长篇散文《澜沧江边的百年家族》，评论集《西黔诗话：黔西北八〇后诗歌群像》等。

赵　翔（1964~ ），号空空，白族，纳雍人，纳雍县文化馆副研究馆员。中国作家协会会员，出版有诗集《脸孔与花瓣》《人之高原》《不惑之书》和散文随笔集《酒杯里苍凉的倒影》。

罗　勇 （1978~ ），威宁人，彝族，中国作家协会会员。出版有长篇小说《我是差生》《擦亮阳光》《爱情选择题》等。

郑吉平（1969~ ），大方人，白族，中共大方县委党校副校长。中国作家协会会员，出版有中短篇小说集《最后一块田》。

刘靖林（1966~ ），毕节人，毕节日报社高级编辑、副总编。中国作家协会会员，出版有诗集《与幸福留影》，散文集《天上没有九洞天》《怀胎十月的杜鹃花》《心有所想》，言论集《新闻舆论工作浅思考》；与他人合著出版有《高山流水》《神州大地毕节人》《沙戛寨的故事》《不成名卉也芬芳》等。

曹　永（1984~ ），威宁人，毕节市作家协会副主席。中国作家协会会员，出版有中短篇小说集《敲门记》《捕蛇师》。

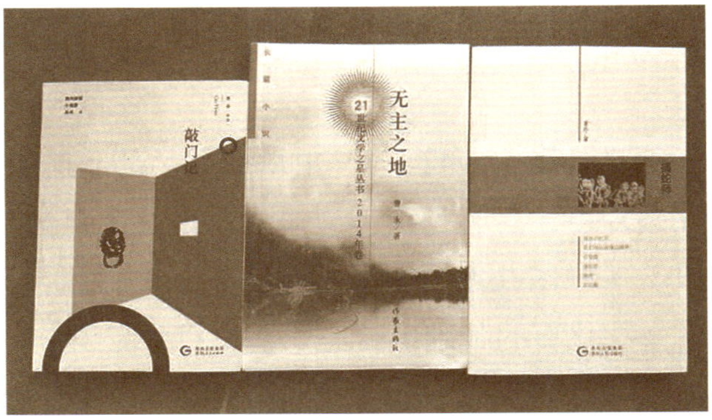

**徐　源**（1984~　），纳雍人，穿青人，毕节市广播电视台工作人员。中国作家协会会员，出版有诗集《一梦经年》《颂词》，散文诗集《阳光里的第七个人》。

**李枝能**（1964~　），纳雍人，从教。中国作家协会会员，出版有诗集《且行且吟》《流年碎影》，散文集《如歌岁月》等。

## 二　在毕节的国家级学会会员及作品

**叶光良**（1968~　），大方人，毕节市广播电视台总编辑、高级记者。中国电视艺术家协会会员，出版有新闻作品集《镜头里的毕节试验区》、散文和随笔集《光逐潮影》，主编出版《毕节之最》《聚焦毕节试验区》《毕节试验区百乡纪行》《磅礴乌蒙万里路》等。

**李东升**（1954 ~ ），黔西人，中共党员，大学文化，中国农业银行毕节支行员工。曾当过林业工人、教师、记者，曾在公安、党史研究、纪检监察部门供职。中共党史学会会员，曾在多种报纸、文学刊物上发表过文学作品，著有红色历史小说《磅礴乌蒙》《转战乌蒙》，剧本《贵州抗日救国军》，参加编写《中国工农红军川滇黔边游击纵队斗争史》等。

**赵凤普**（1947 ~ )，祖籍山东，部队退伍后长期在毕节地区人大机关工作。中国寓言文学研究会理事，著有长篇神话演义小说《人祖》和500多篇寓言，先后被《解放军文艺》《中国文化报》《中国儿童报》《故事会》《中国世界报》等多家报刊发表。在毕节城周边采集一万多块古生物化石的基础上著《毕节化石》。

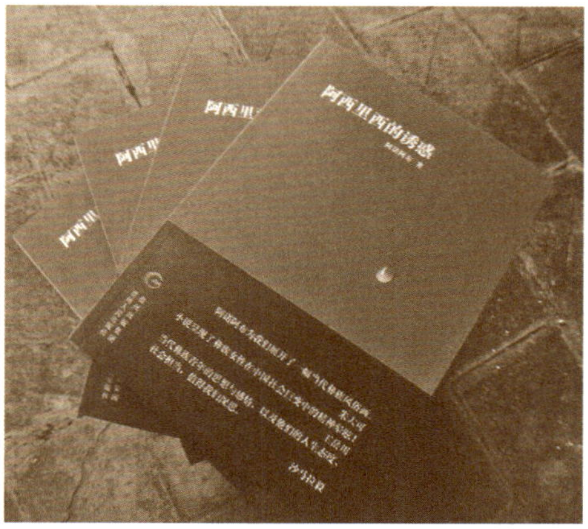


阿诺阿布（1971～），黔西人，大学文化，北京三色桥文化发展有限公司艺术总监，中国艺术人类学学会会员。著有小说《秋天的最后一个处女》《弯腰到情人高度》《阿西里西的诱惑》,诗集《水一直在岸上》《被背叛的昨夜》《祖国，或屋檐下的自白》，编剧《画家村》《诸神回避》等。

费　明（1962～），大专学历，部队退伍后长期在工商部门工作。1984年开始在《高原》《贵州政协报》《毕节日报》《秘书园地》《演讲与口才》《毕节政协》《礴同文化》，新媒体《黄河文创》《大地菲芳》上发表新闻通讯、调研报告、诗歌散文、小说等文学作品400多篇，其中一些作品被《搜狐网》《今日头条》《凤凰网》《中国作家网》《中国诗歌网》转发。

## 三　区外毕节籍中国作家协会会员及作品

石邦定（1944~），笔名石定，赫章县人。1962年毕业于正安一中。曾任小、中学教师，历任正安县文化局副局长、遵义地区作家协会主席、《遵义文艺》主编、遵义地区文联主席，遵义地区行署副专员、遵义市人民政府副市长、遵义市人大常委会副主任。1984年加入中国作家协会。作品散见于《贵州日报》《贵州文艺》《山花》《花溪》《人民文学》《春风》《作家》《现代作家》《新华文摘》《小说选刊》《中篇小说选刊》等报刊。著有小说集《公路从门前过》《天凉好过秋》《石定小说选》《石定中篇小说选》。其中小说《水妖》改编为电视剧，《天凉好过秋》改编成电影《山村风月》《公路从门前过》被译为英语、日语、印地语和泰语，先后获1983年全国优秀短篇小说奖、第二、三、四届全国少数民族文学奖、贵州省文艺创作奖、贵州省优秀短篇小说奖、《遵义文学》奖、《山花》文学奖、贵州省政府文学奖。

罗文亮（1937～），贵州毕节人，1961年毕业于云南大学中文系。历任昆明一中教师，贵州黔南布依族苗族自治州文艺研究室干部，黔南州文化局副局长、局长，《夜郎文学》主编，黔南州文联主席，2000年加入中国作家协会。著有长篇小说《夜郎春秋》，散文集《旅途情缘》《世纪的回声》，散文诗集《布依情》《布依人的婚恋》《神州拾韵》，文学理论集《古诗艺术谈》。散文诗《碰蛋》获全国优秀散文诗奖，散文诗集《神州拾韵》获贵州省首届文学奖。

**金永福**（1945～），织金人，六盘水市文联主席，1992年加入中国作家协会。已出版长篇小说《半边户》《挂职》《山晕》《最后一个土判官》；中篇小说集《汉子》《匪女恩仇》《白岩》；中篇小说选集《大地血魂》；长诗《六盘水之歌》《毛泽东之歌》；古体诗词集《边草吟稿》《万境抒怀》。长篇传记《走出大山》。电视剧《高原神鹰》《等于零》等，其中《等于零》等在央视一台播出，《河这边河那边的孩子》获飞天奖。

**罗绍书**（1933~2009），贵州黔西人。1951年参军，1962年毕业于贵阳师范学院中文系。历任贵州省人事局科员，省作协驻会干部，《山花》杂志编辑部主任，副编审。1993年加入中国作家协会。著有《浅刺微讽集》《美刺集》《美刺诗论》等十部，编选《中国百家讽刺诗选》等。讽刺组诗《人事谐趣录》《丑官谣》《吃的上面吃的后面》分获讽刺诗创作大奖、一等奖。部分作品选入多种选本，《高尔基的奇闻》等五首诗作译介至日本。

**周西篱**（1964～），女，毕节人。1985年毕业于贵州大学，历任贵阳市文联《花溪》月刊编辑，广东省文联《广东文艺界》执行副主编，广东省景协艺术室主任，广东省传记文学学会副会长兼秘书长，1999年加入中国作家协会，著有长篇小说《东方极限主义或皮鞋尖尖》《造梦女人》，散文集《迷惘的女性》《与人同居的猫》《逆境求生》，诗集《西篱香》《西篱短诗选》《谁在窗外》等。

**蒋德明**（1955～），黔西县人，金筑大学文法系新闻专业毕业，就职于贵州省妇女干部学校。曾任职贵州省妇联《家庭指南报》编委、编辑部主任。中国作家协会会员，作品散见《诗刊》《星星》《山花》《散文诗》《关雎爱情诗》《中国梦文学网》《中国爱情诗刊》《文艺轻刊》等近百家报刊与文学网站。已出版文集六部：诗集《水果与刀》《落叶为花》《水落禅生》《青花成色》，散文集《缘来缘去》《水西听雨》。已出版诗集《水果与刀》《落叶为花》《水落禅生》《青花成色》，散文集《缘来缘去》《水西听雨》。《花溪雪》（散文单篇）获2014中外诗歌散文邀请赛一等奖，《花椒又红了》（散文单篇）获中国散文年会二等奖。诗歌作品有英、日等语种推介国外。

赵卫峰（1971～），白族，毕节人。1993年毕业于贵州民族学院历史系，贵阳市南明区后巢乡政府工作。贵阳市作协理事，2006年加入中国作家协会。著有《贵州白族史略》《本地之旅》《当代诗观察》《泥与沙——浅诗时代的个人之见》《变化——在本土道理与外地风水之间》和诗集《过程：看见》《蓦然回首》等。

# 第五章　书　画

## 第一节　清代书画

**陈　瑜**（1707~1779），字玉采，一字璧书，号次山，别号东溪，清毕节人，举人。清代毕节教育家，工诗文，善书画。

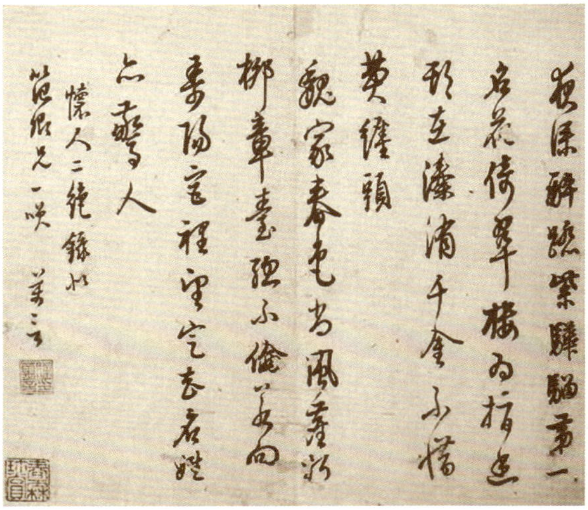

水墨金笺《秋江垂钓图》扇面

《山水图》斗方　作于乾隆己卯年初夏

邓廷辑（约1716~1793），又名联瑞、瑞五，号碧山，毕节人。擅诗联文及书法，为贵州古代诗书画“三美文化”学者。

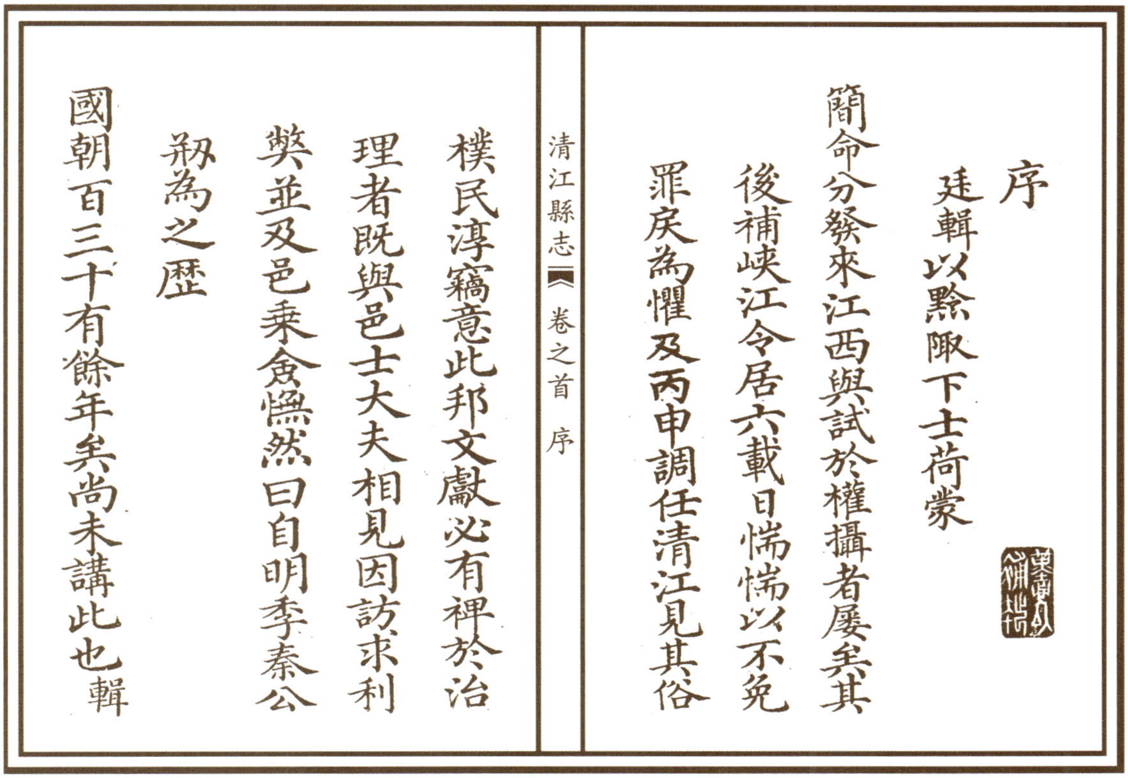
序
廷輯以黔陬下士荷蒙
簡命分發來江西與試於權攝者屢矣其
後補峽江令居六載日惴惴以不免
罪戾為懼及丙申調任清江見其俗
清江縣志 卷之首 序
樸民淳竊意此邦文獻必有裨於治
理者既與邑士大夫相見因訪求利
弊並及邑乘僉憮然曰自明季秦公
敘為之歷
國朝百三十有餘年矣尚未講此也輯

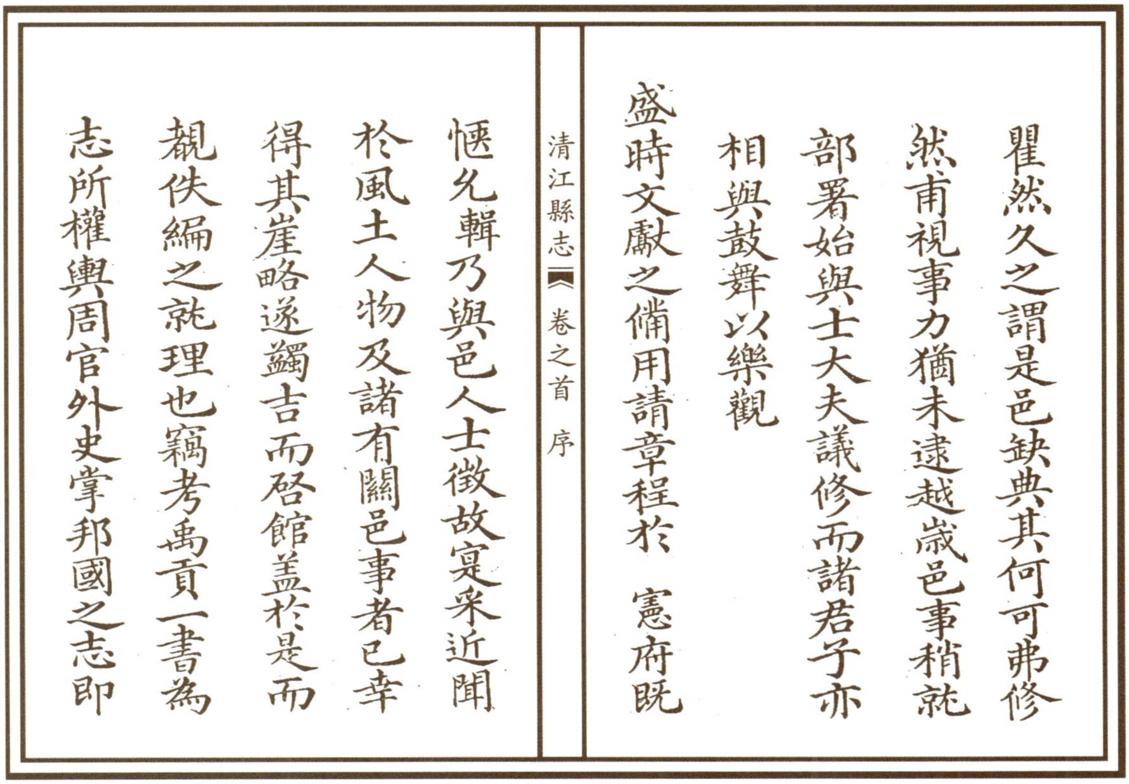
瞿然久之謂是邑缺典其何可弗修
然甫視事力猶未逮越歲邑事稍就
部署始與士大夫議修而諸君子亦
相與鼓舞以樂觀
盛時文獻之備用請章程於 憲府既
清江縣志 卷之首 序
愜允輯乃與邑人士徵故寔采近聞
於風土人物及諸有關邑事者已幸
得其崖略遂蠲吉而啓館蓋於是而
靚佚編之就理也竊考禹貢一書為
志所權輿周官外史掌邦國之志即

陈　庚（1795~1853），幼名陈鹏，字西垣、月波、月圃，号觉来子、未籭子、未籭学人、室名觉来斋、萃元堂等，毕节人。清代毕节教育家，工诗文，善书画。

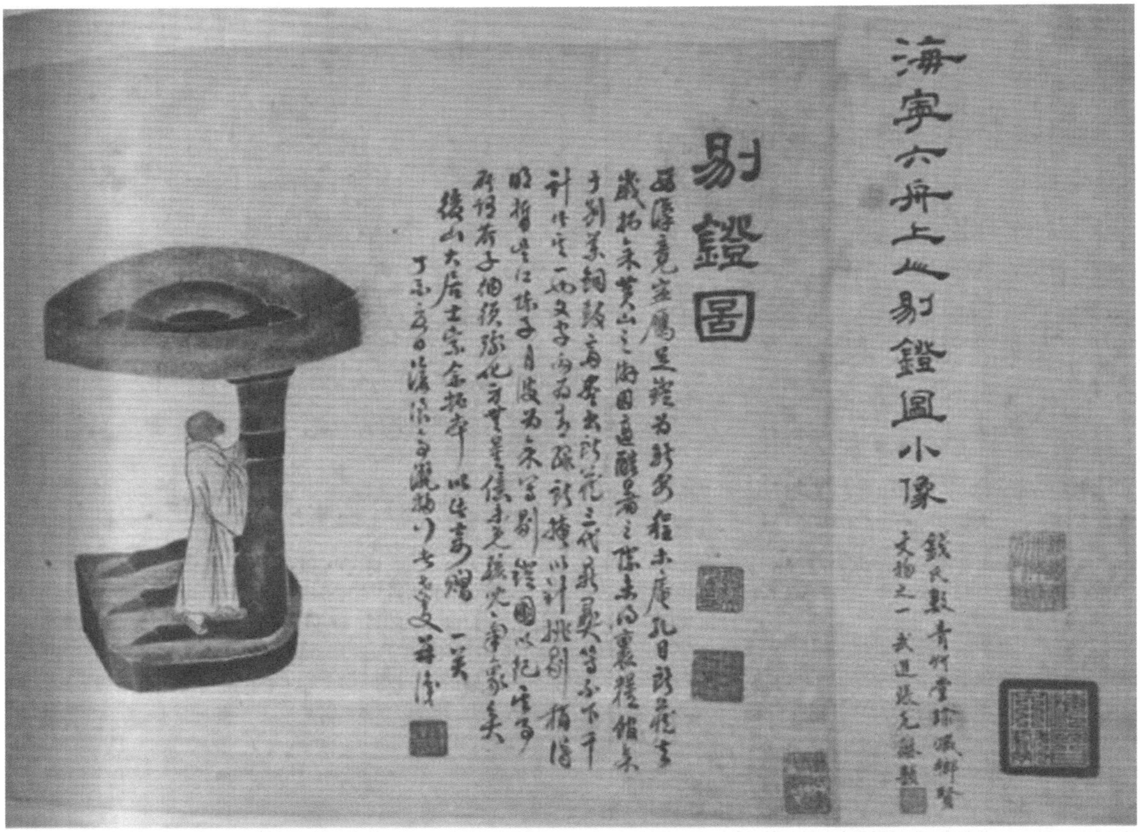


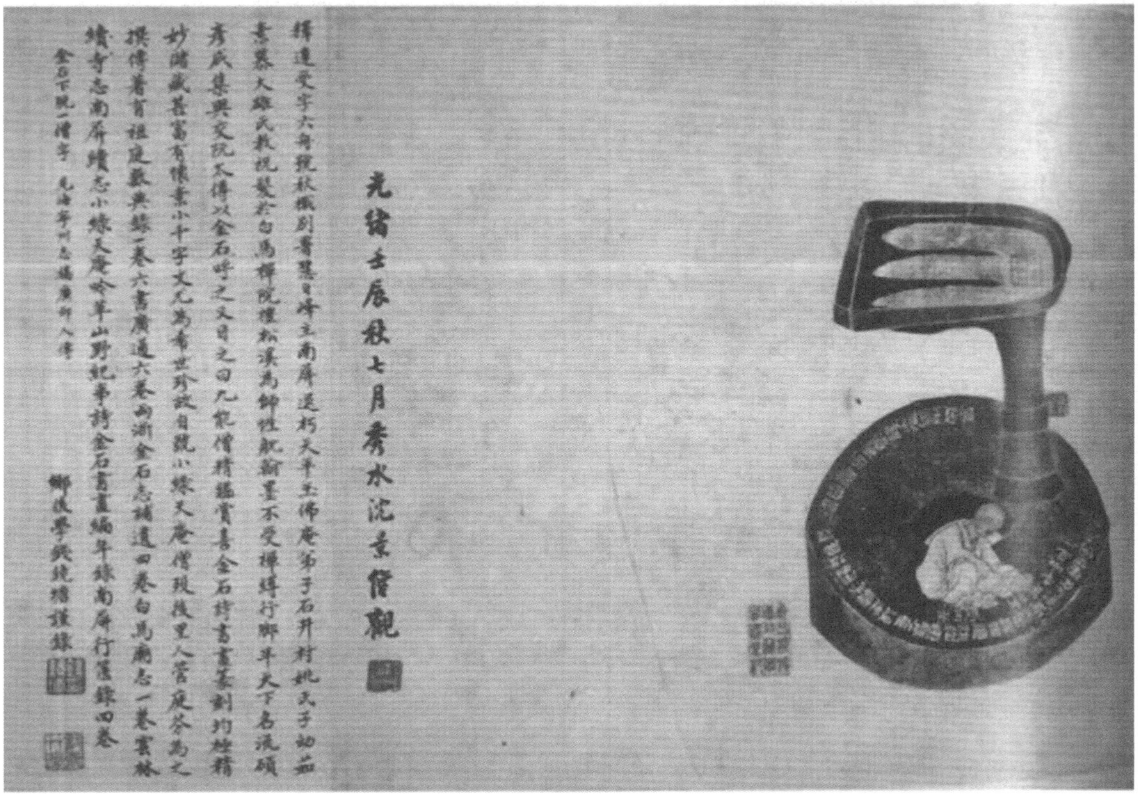

陈　薰（1813~1853），字南村，毕节人。工诗文，善书画。

丁宝桢（1820~1886），字稚璜，平远牛场人。进士，晚清名臣，官至四川总督，著有《丁文诚公奏稿》。善书法。

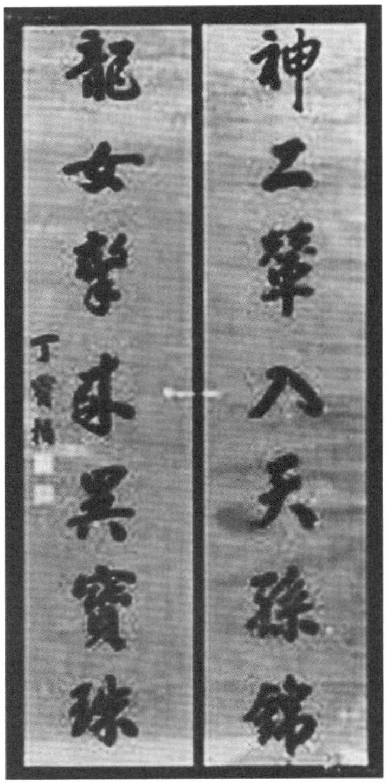

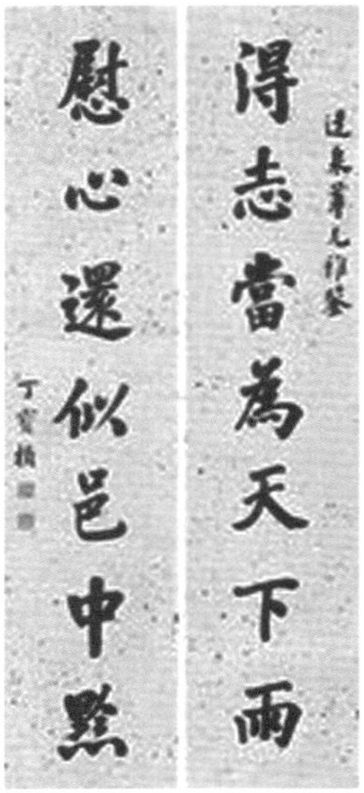

周婉如（1824~1864），女，自号纫湘女史、吟秋山馆主人，毕节人。善诗词，擅书画，通音律。

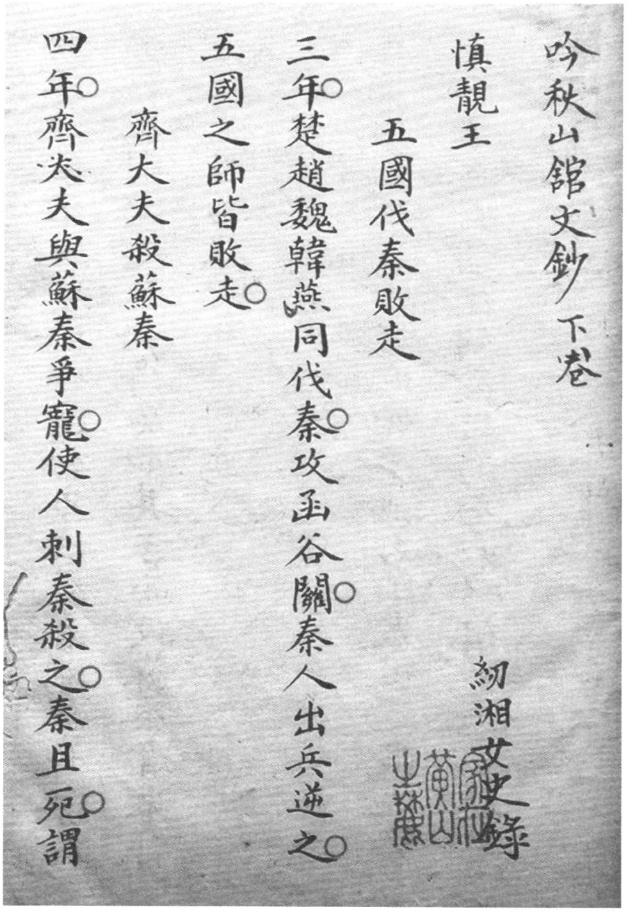

吟秋山館文鈔 下卷

慎靚王

五國伐秦敗走

三年楚趙魏韓燕同伐秦攻函谷關秦人出兵逆之

五國之師皆敗走

齊大夫殺蘇秦

四年齊大夫與蘇秦爭寵使人刺秦殺之秦且死謂

紉湘女史錄

**陈昌言** 号禹门，綦江人，附生。同治十二年（1873），任毕节县令，工诗善书，著有《禹门集》。

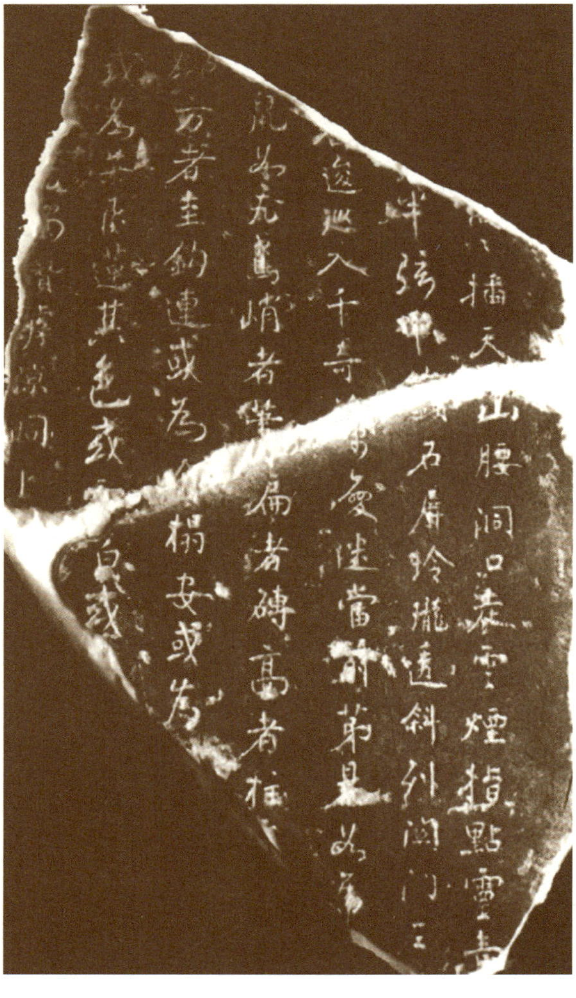

**路朝霖**（1842~1920），字覃权，号访岩，又作访崖，毕节德沟人。进士，诗书造诣深厚，被誉为清末国学大师。

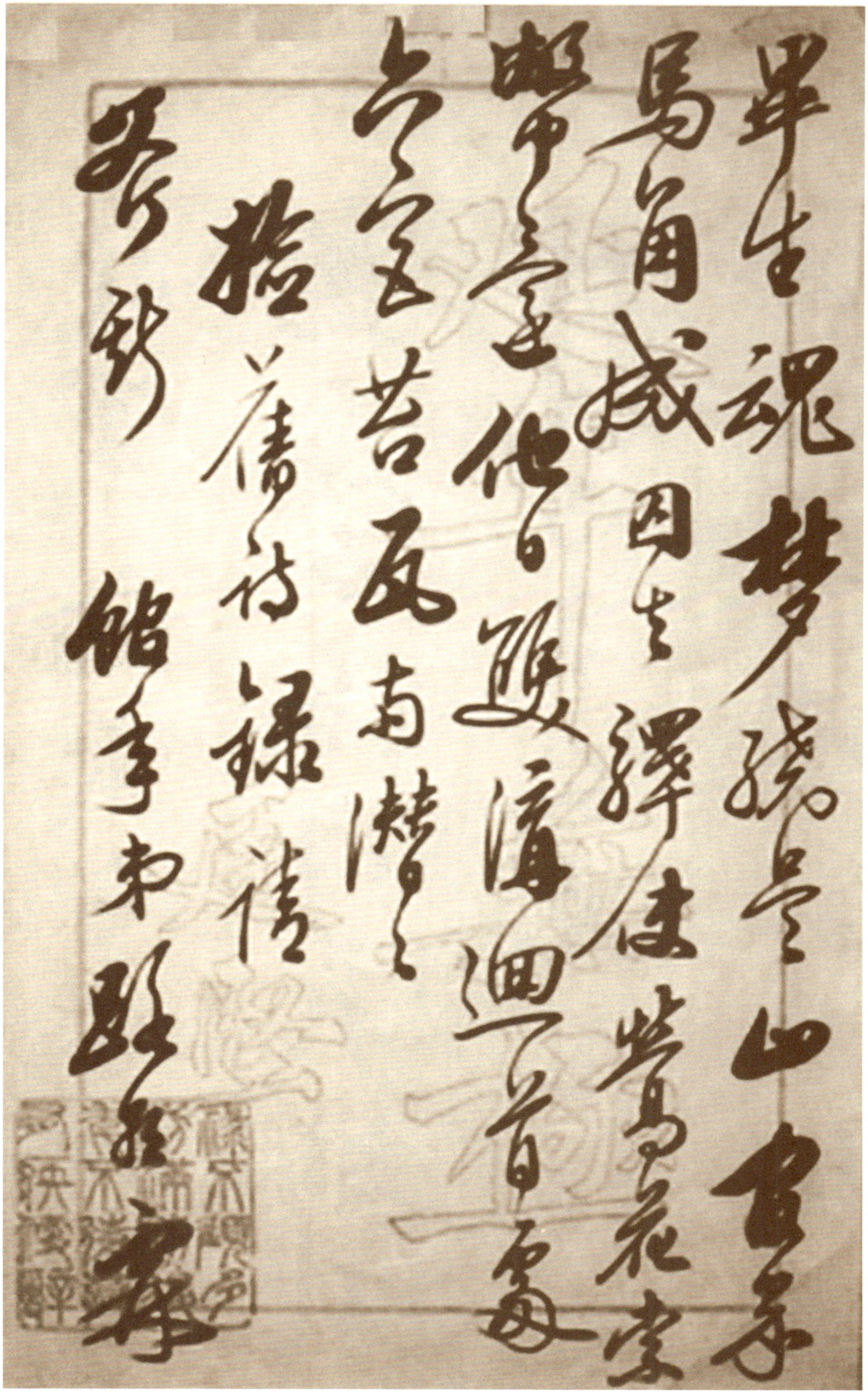

# 第二节　民国书画

宋　蛟（1865~约1938），字肇何，号清凉仙子，大定六龙人。诗、书、画俱工，著有《清凉仙子吟稿》。

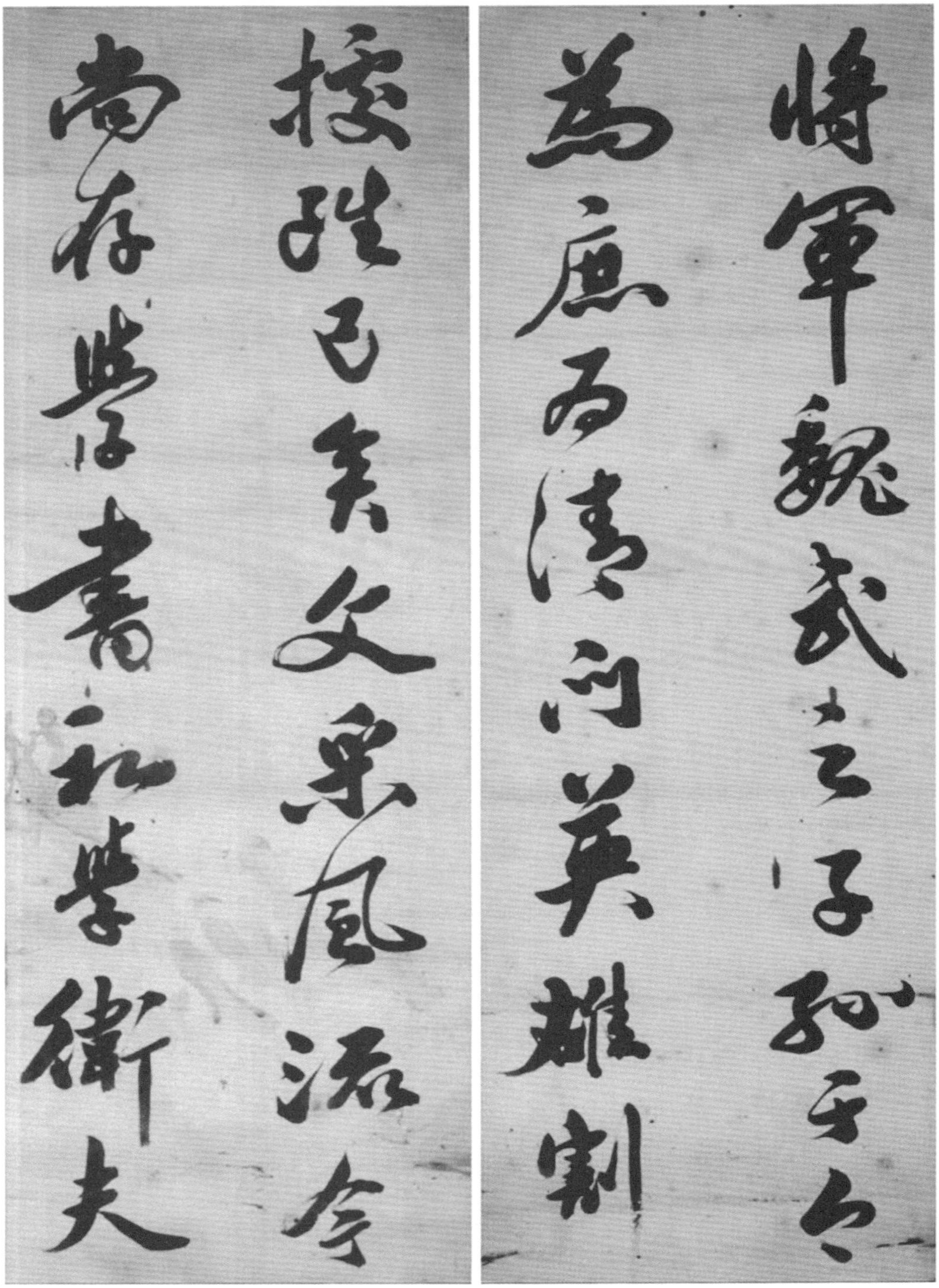

**路朝銮**（1880~1954），别名金坡，号瓠盦，毕节德沟人。举人，著名国画家、书法家、诗人，清末、民国时期国学大师。

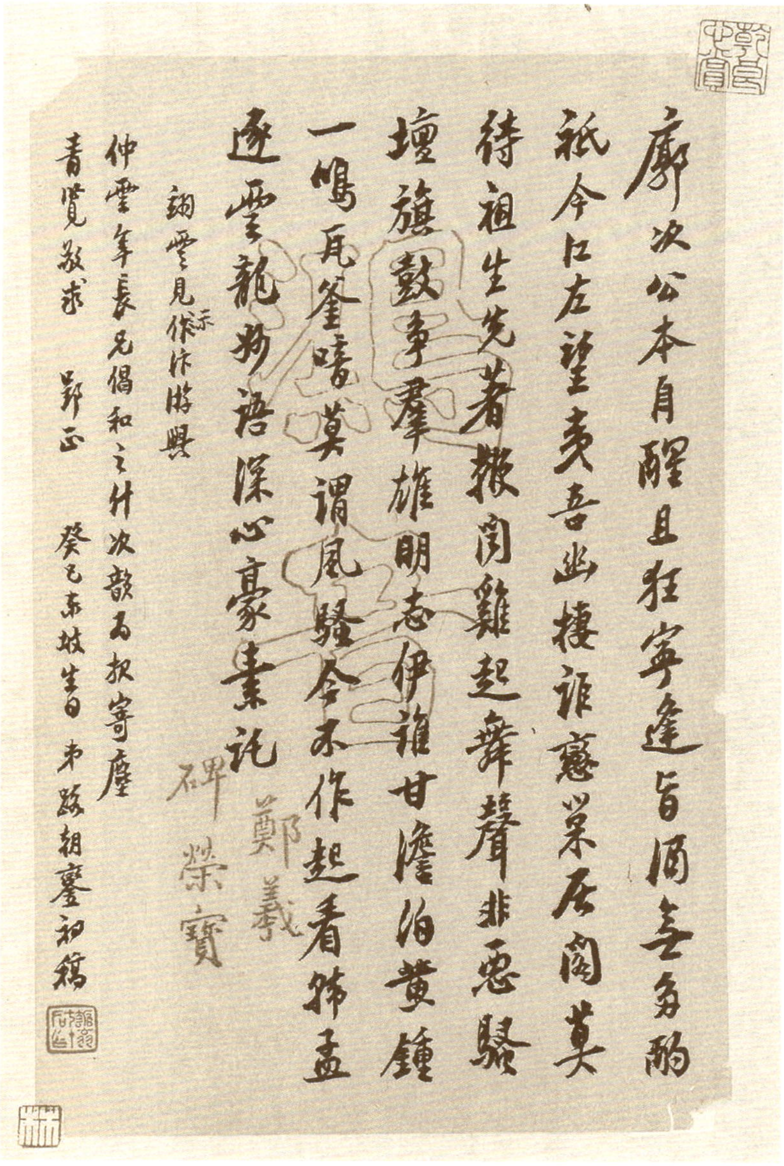

**詹怀清** 字晓岚，大定人，庠生，清末著名书法家。

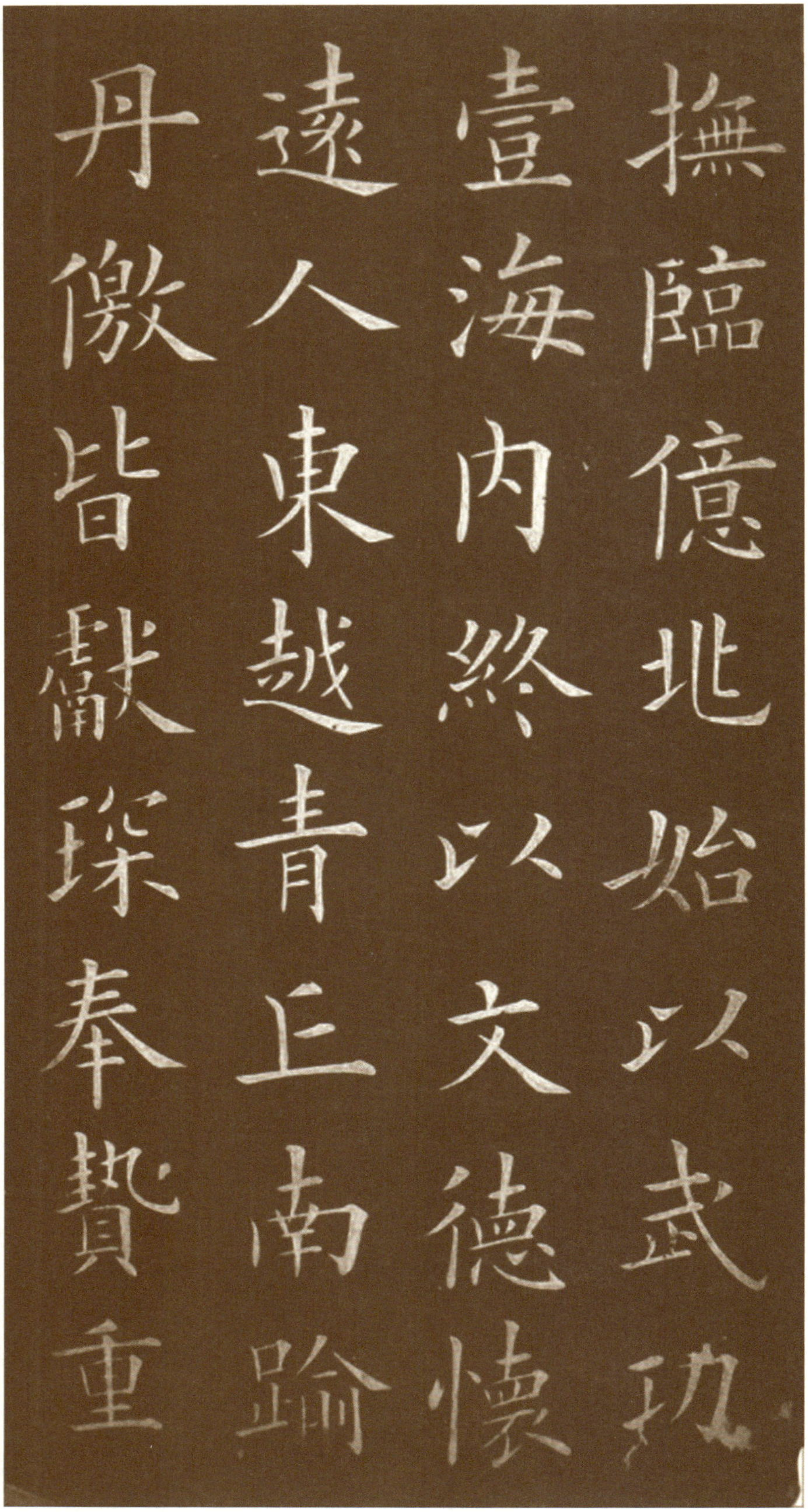

熊伯泉（1882~1946），名明达，又名文煦（其书法落款“煦”字常为“火”字底），毕节人，秀才，善左手书，民国时著名书法家。

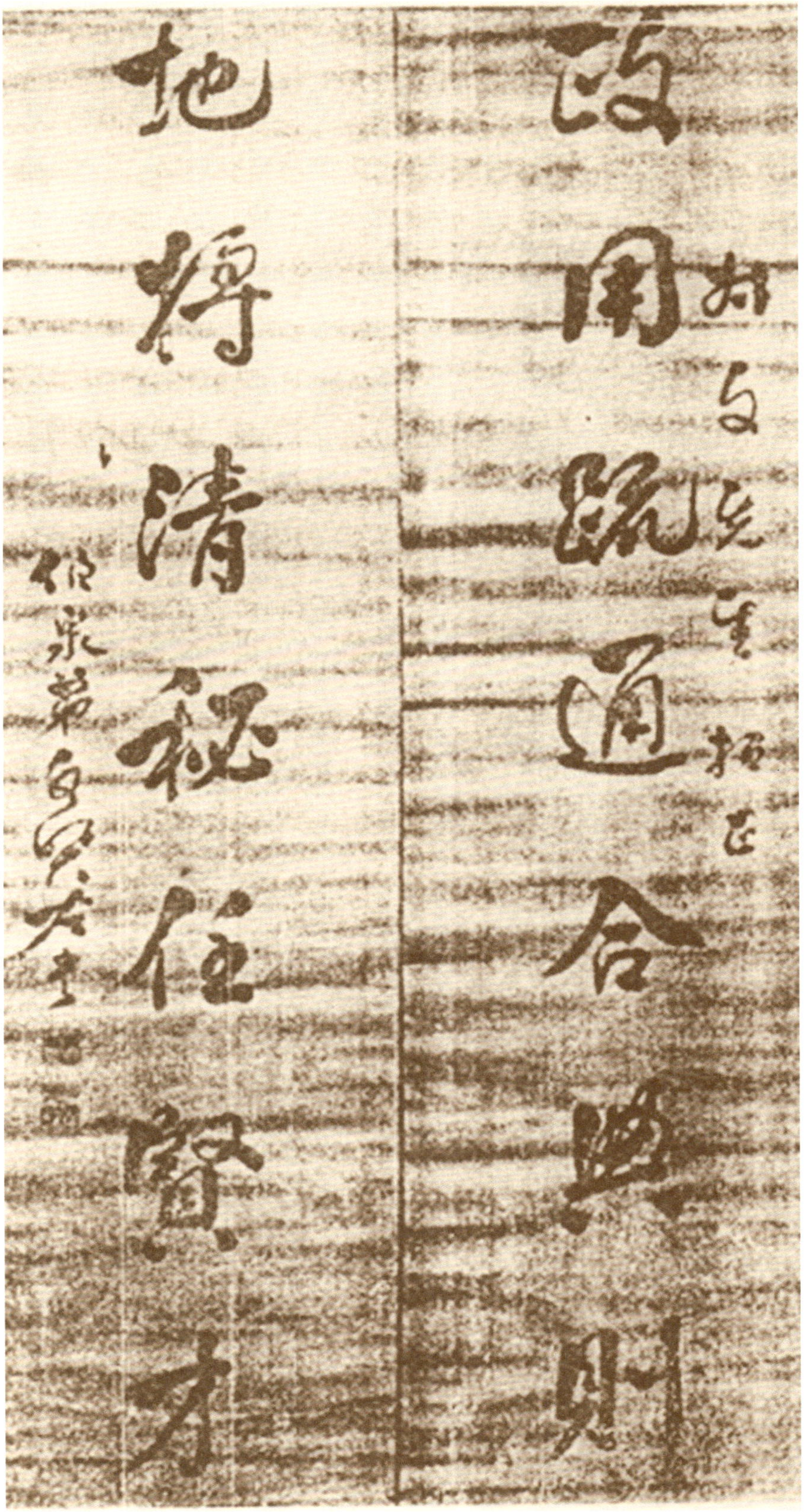

林　青（1911~1935），原名李远方，又名李肃如，化名矛戈。毕节人，祖籍江西吉安，革命烈士。1935年1月，经中共中央批准任贵州省工委书记兼遵义县委书记。同年7月19日，因叛徒出卖被捕；9月11日，在贵阳红石坡刑场就义。林青能诗、善画、通音律，并以此为掩护开展革命活动。

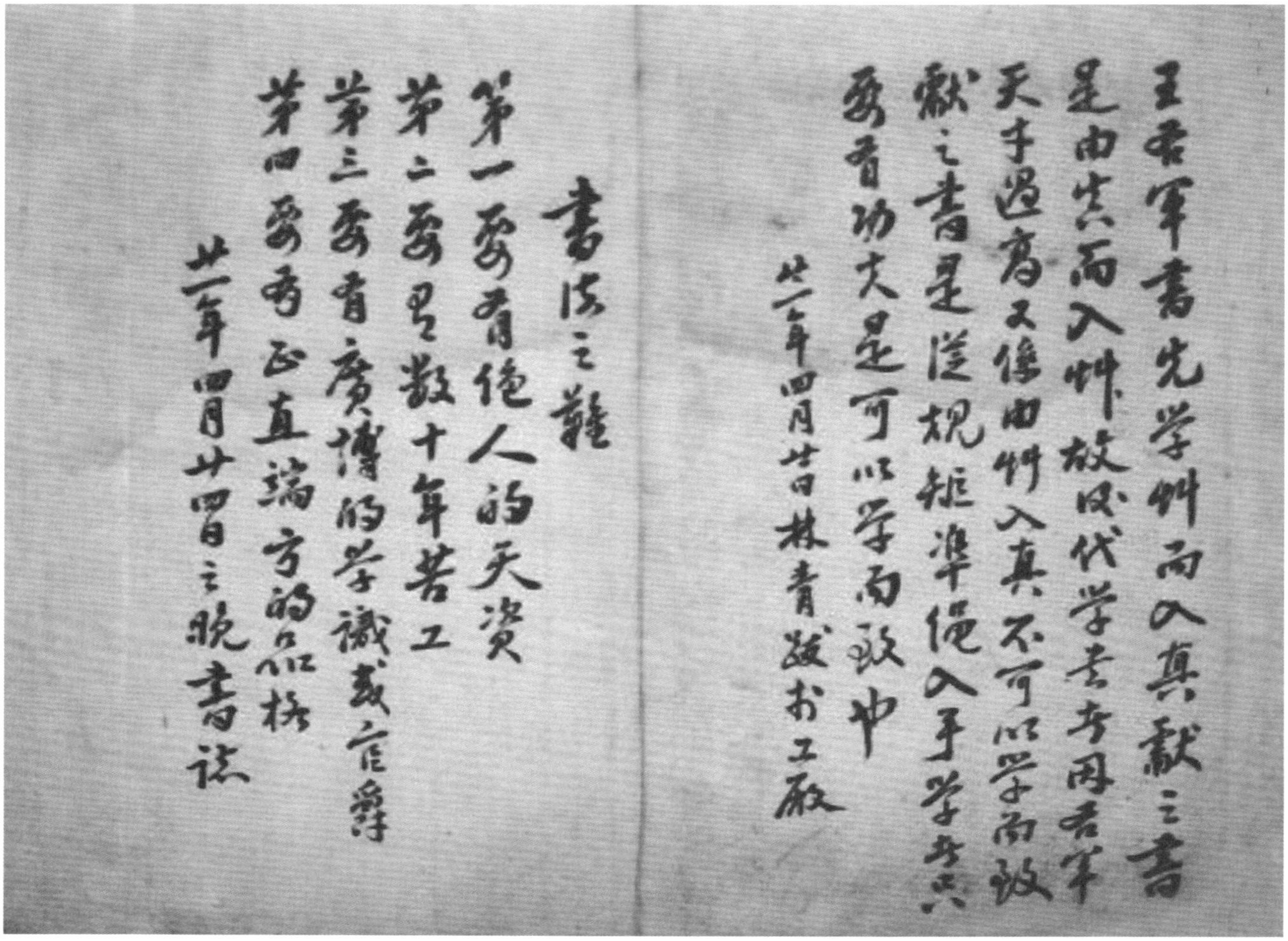

# 第三节　中华人民共和国成立后书画

黄勋章（1909~2000），又名泰裕，字道，号东安居士，别号风浪余生、寒食、信天翁、百谷山人、好古山人等，清末毕节朱昌小屯人，著名书法家。民国时，曾任毕节富商刘熙乙的义利、永裕、复隆、太华商号财务主管。新中国成立后，任毕节县糖业烟酒公司会计。少时从清末名师张西垣习字，后从民国著名书法家熊伯泉先生习草书，其草书多效米芾、怀素、王羲之，颇得真谛。余则以赵体为主，但楷书见长，兼有颜、柳风范。

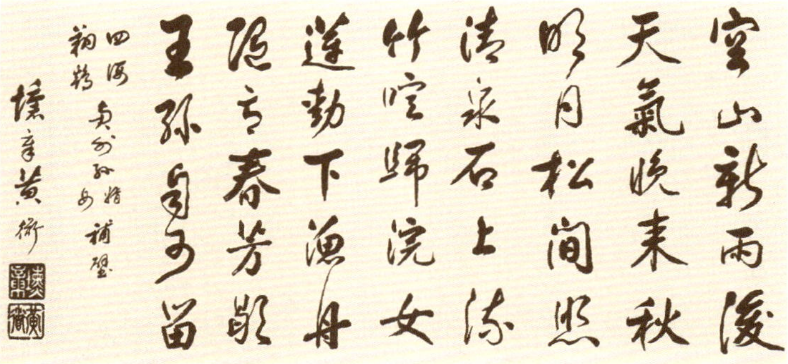

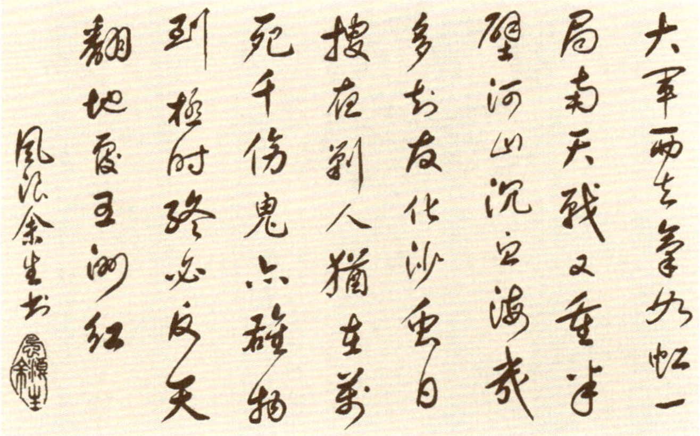

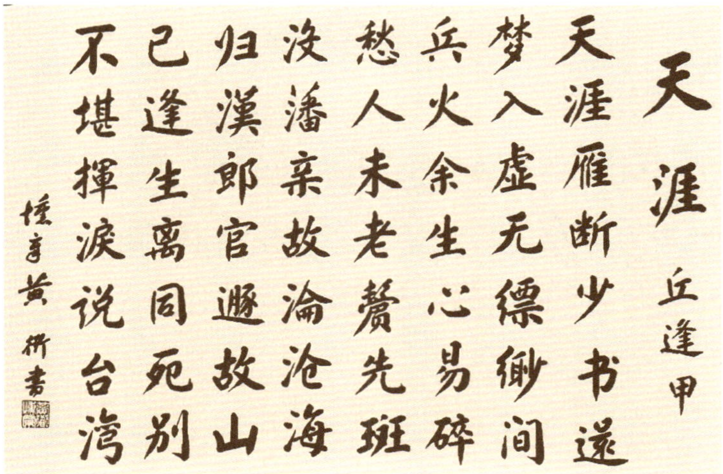

卓问渔（1916~1997），金沙城关人，著名画家。少时从名师周临川、熊佐禹学习中国画，后投国立中央大学艺术系教授、著名国画家吕凤子门下，专攻花鸟，兼习山水、人物画。1937年毕业于四川艺专。新中国成立后，1951年任贵州省中苏友好协会主任，并潜心国画艺术。1959年加入中国美术家协会，成为与贵州著名画家王渔父、宋吟可、方小石等齐名的名画家。尤擅画牡丹，被誉为“卓牡丹”。

**刘继贤** 四川人，毕节地区群众艺术馆原馆长，副研究员，中国民间美术协会理事。著有《民间绘画琐论》，出版《刘继贤画集》。

**李葆春**（1925~ ），大方人，祖籍四川隆昌，从事中学教育职业，著名书法家。中国书法家协会贵州分会会员、贵州省第一届书法家协会理事。著有《李葆春书法集》一卷。

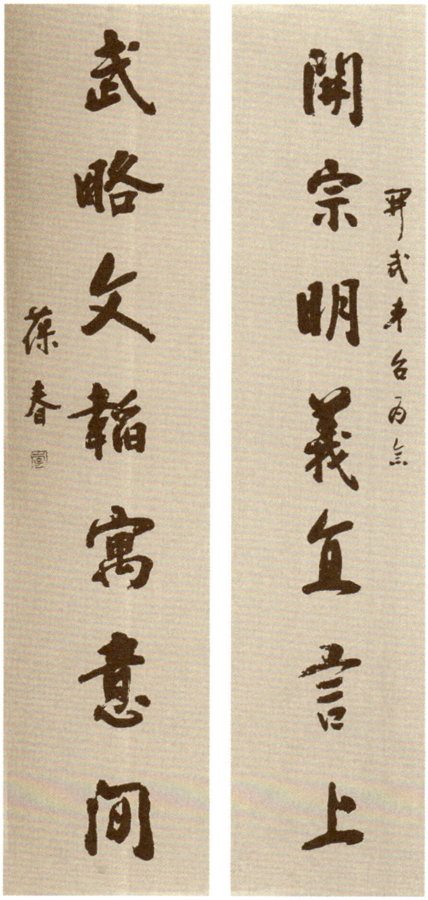


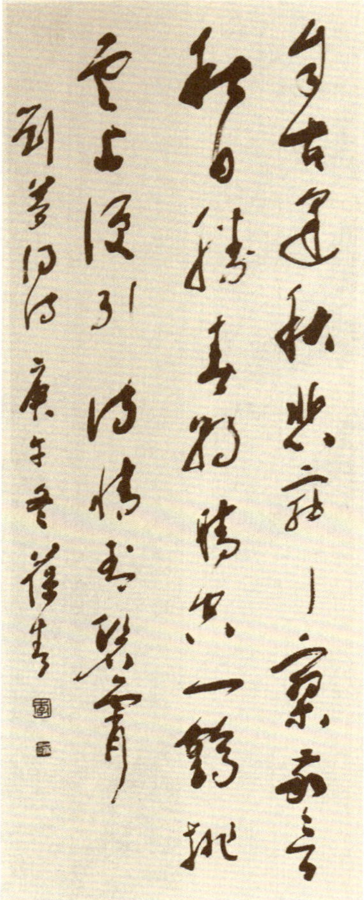

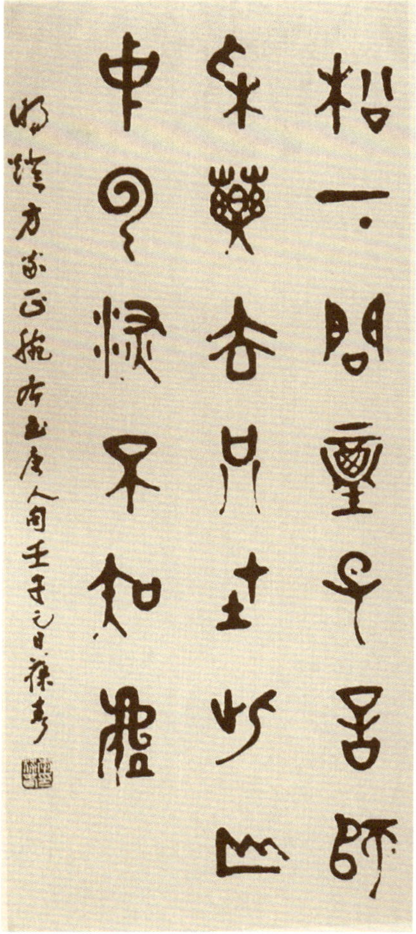

王鉴清（1925~ 2018），安徽宿州人，毕节地区师范学校高级讲师，中国书法家协会会员。

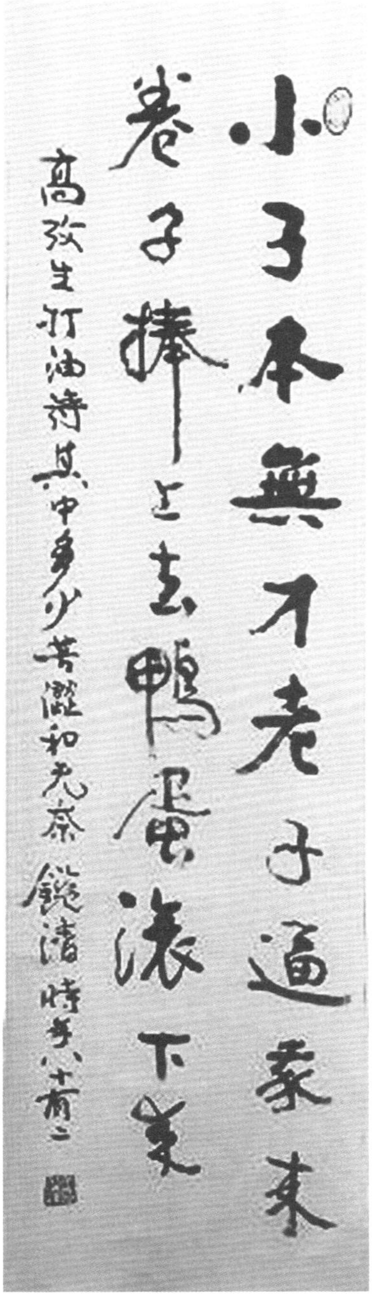

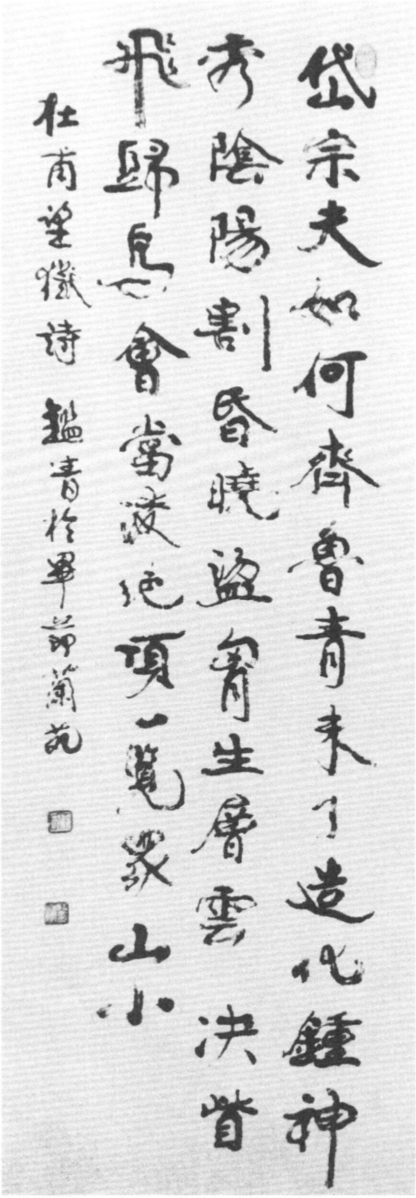

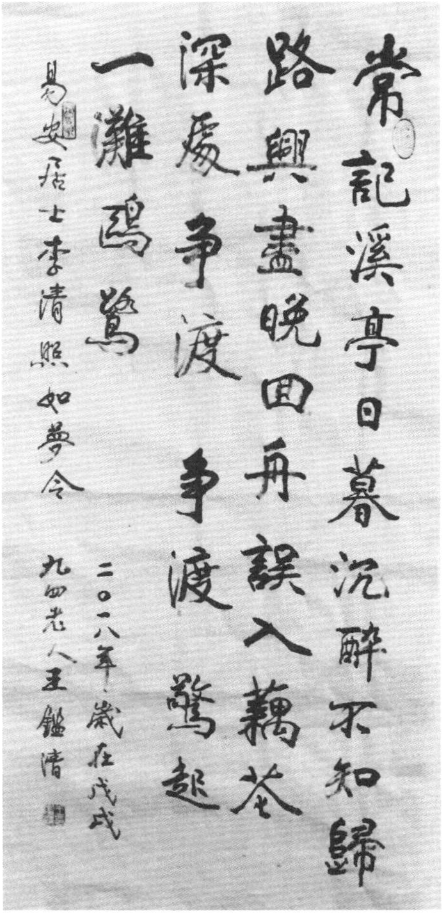

**李昌中**（1928~2016），字君岳，毕节海子街人，曾任贵州省国画院副院长，中国著名国画大师。早年师从孟兆涛，潜心研习唐寅、仇士洲诸家工笔山水，后又得宋吟可、王渔父等人笔墨。享有“东方第一藤”之称，为创建“乌蒙画派”的“洪荒美学大师”。

王如柏（1928~ ），云南镇雄人，中国书法家协会会员，著有《王如柏诗词书法集》等。

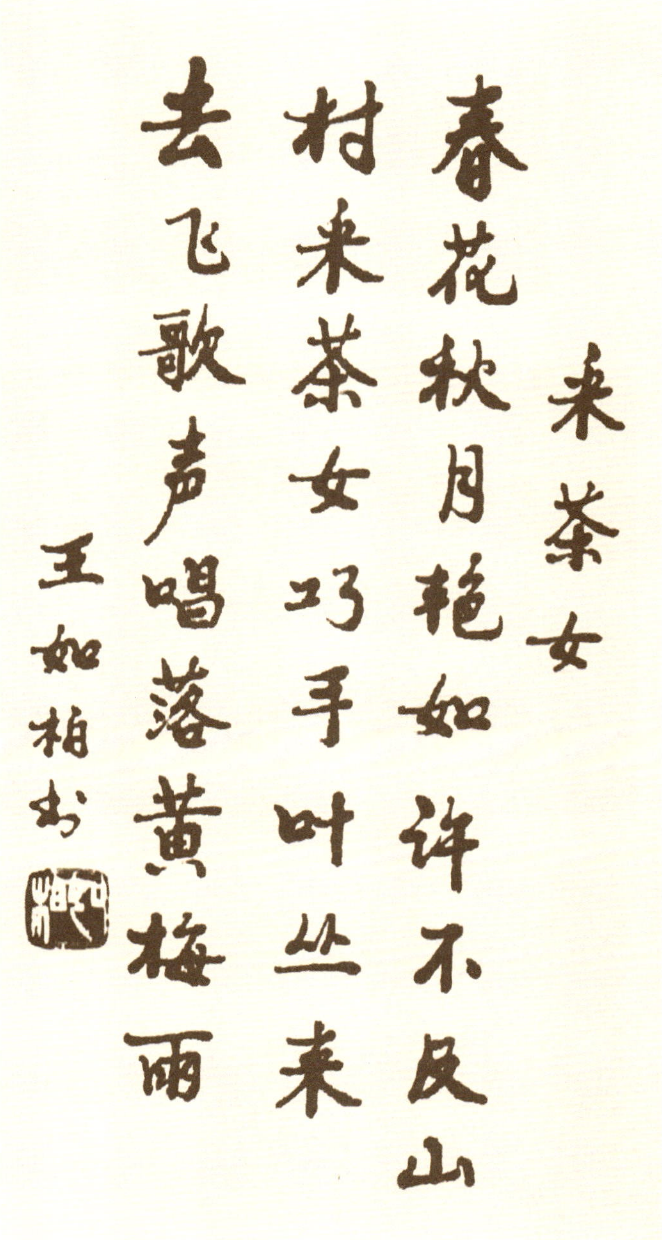


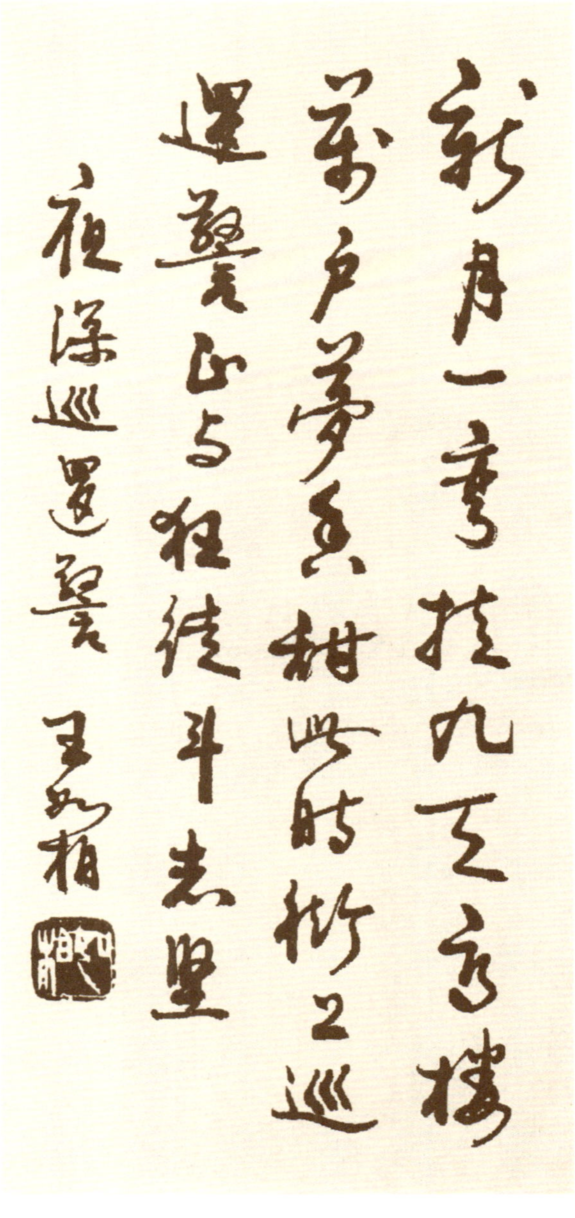

**宋杰生**（1946~　），湖南长沙人，高中《艺术教育》、中师《美术》和电大《广告创意设计学》等课程教师，毕节地区美术家协会常务理事，高级美术师，中国美术家协会会员。代表作有《人工防雹》水粉组画、《女青年》肖像素描、油画《角楼印象》等。

**杨小吾**　桐梓人，祖籍江苏盐城，贵州大学艺术系毕业。曾任毕节地区文化局（新闻出版局、版权局）副局长、贵州省文史馆特聘研究员，高级美术师。作品参加中国美术馆、中国画研究院举办的专题展。著有《杨小吾画集》。

王文武（1952~　），字心明，别署醉翁斋主、南山草堂主人。苗族，雷山永乐人。历任毕节地区消防支队政委、毕节地区司法局党组成员、毕节地区劳动教养管理所政委、毕节地区司法局政治部主任等职。中国书法家协会会员。

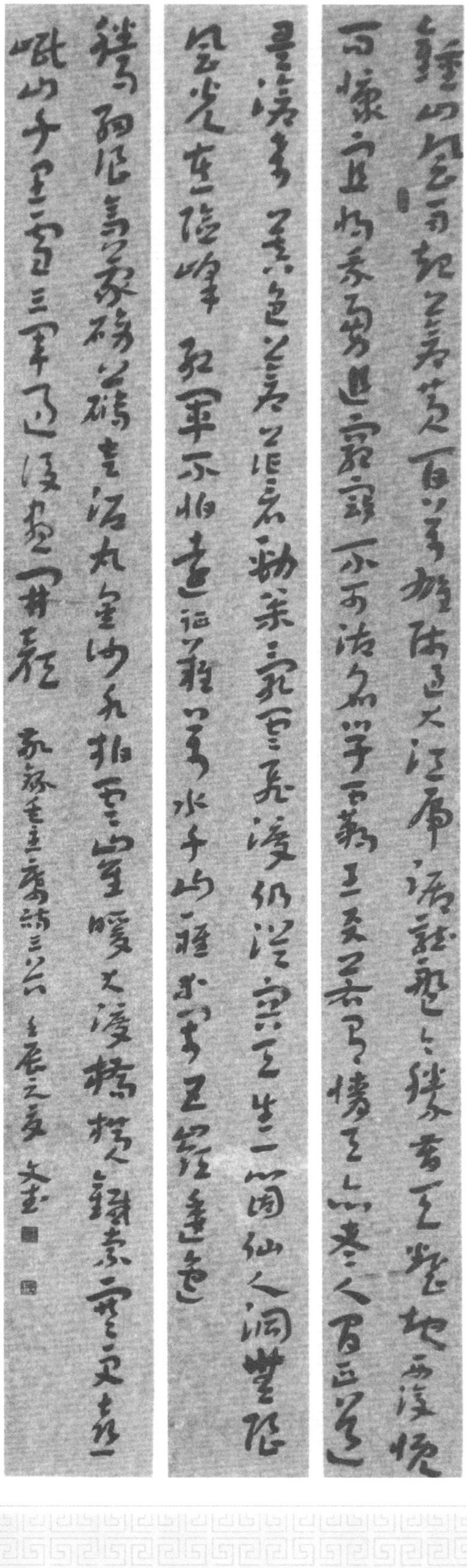

**吴良勇**（1958～　），大方人，毕节地区群艺馆研究馆员，国家艺术基金会美术评委。擅长国画、摄影。出版有《倾听乌蒙——良勇风光随笔》《平远遗韵》摄影专著，编著有《黔西北群文摄影集》。代表画作有《花海流韵》《磅礴乌蒙》《山居图》《草海流春》《乌蒙磅礴走泥丸》等。

陈影平（1960~ ），毕节人，毕节市（县级）教育局原副局长。中国书法家协会会员。

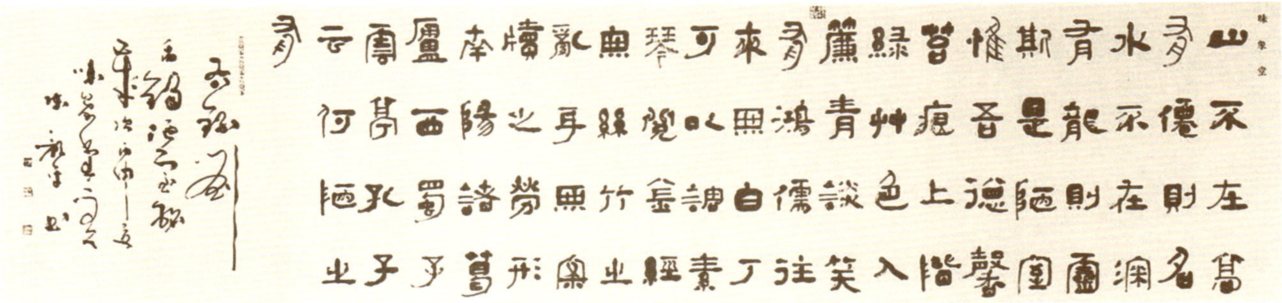

**彭德银**（1965~　），赫章野马川人，毕节地区文化馆党支部副书记，中国美术家协会会员。主攻油画，代表作《木叶情》等数十幅作品先后被国家美术馆收藏。

杨洪文（1969~　），彝族，贵州工程应用技术学院教授，历任毕节学院美术学院主持工作副院长，贵州工程应用技术学院艺术学院副院长、学术委员会委员、教学指导委员会委员，贵州工程应用技术学院教授委员会委员。中国美术家协会会员，清华大学美术学院访问学者。

崔永生（1972~　），号容生道人，山东莒县人，贵州工程应用技术学院人文学院副教授。中国书法家协会会员。

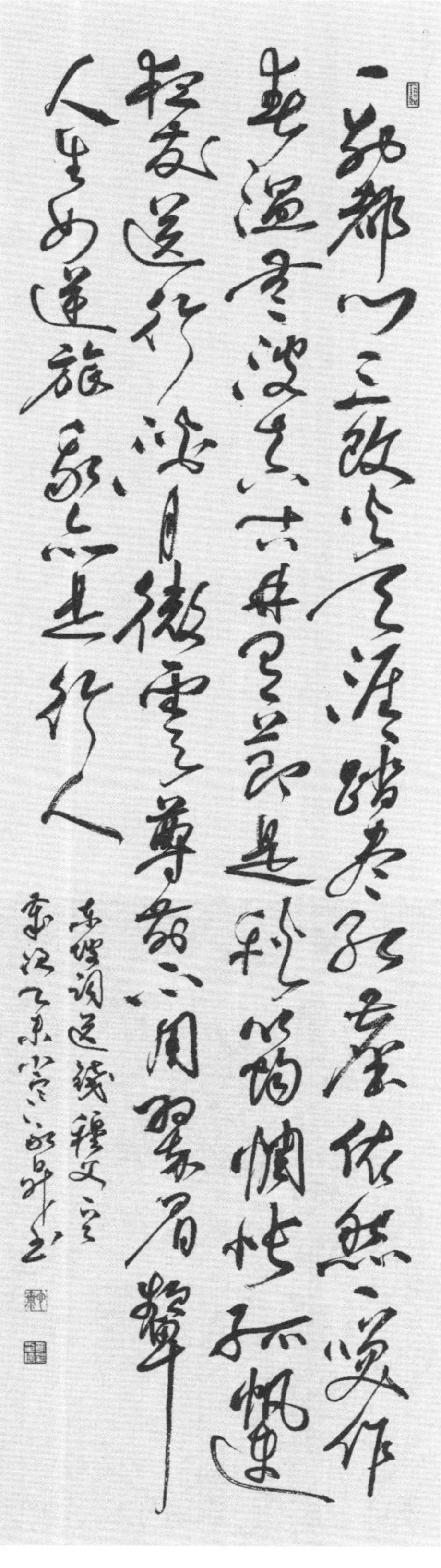

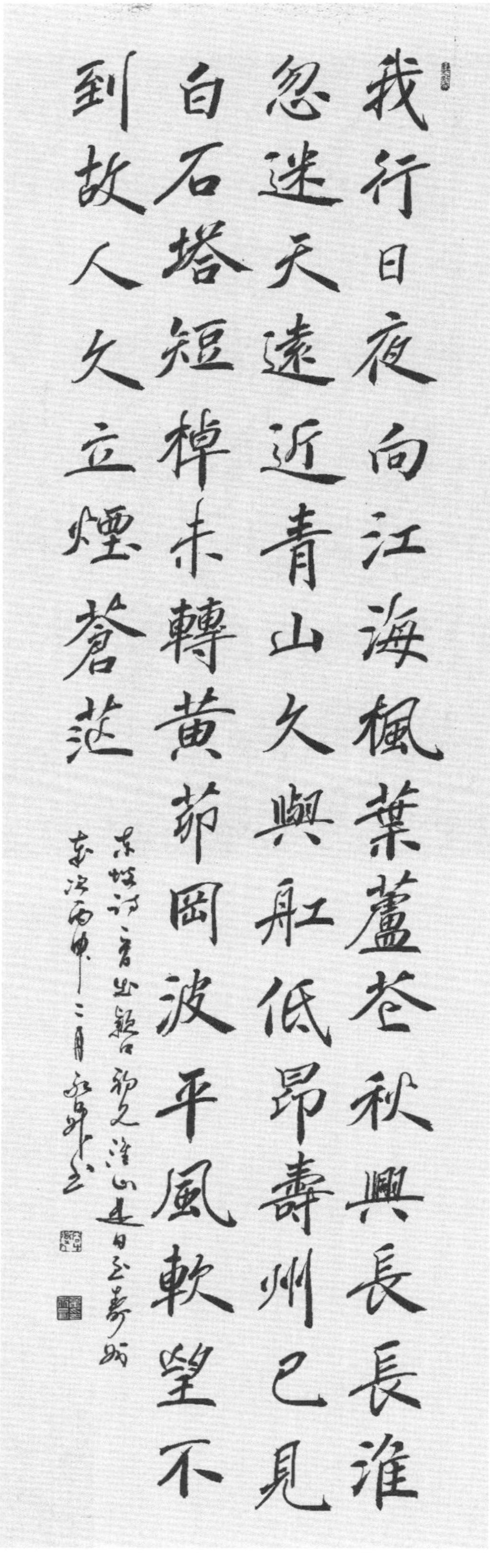

**吴维亮**　号瑀堂，金沙人。中国书法家协会会员。

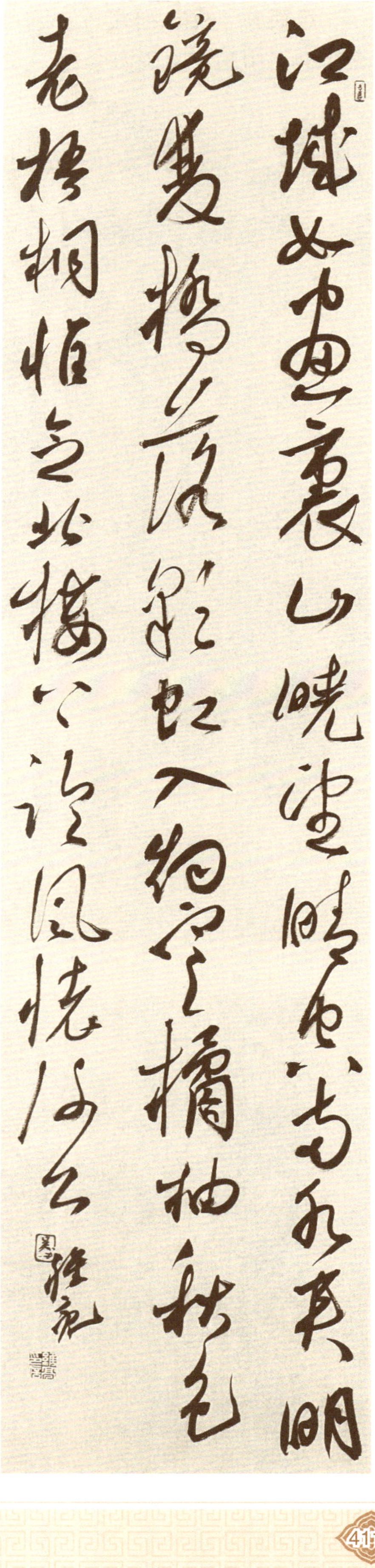

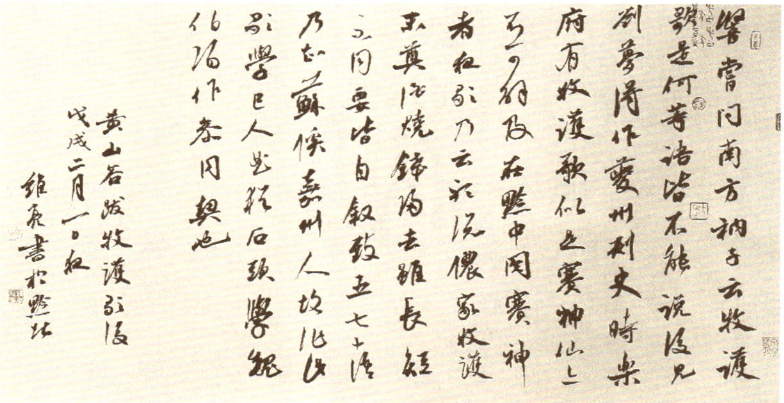

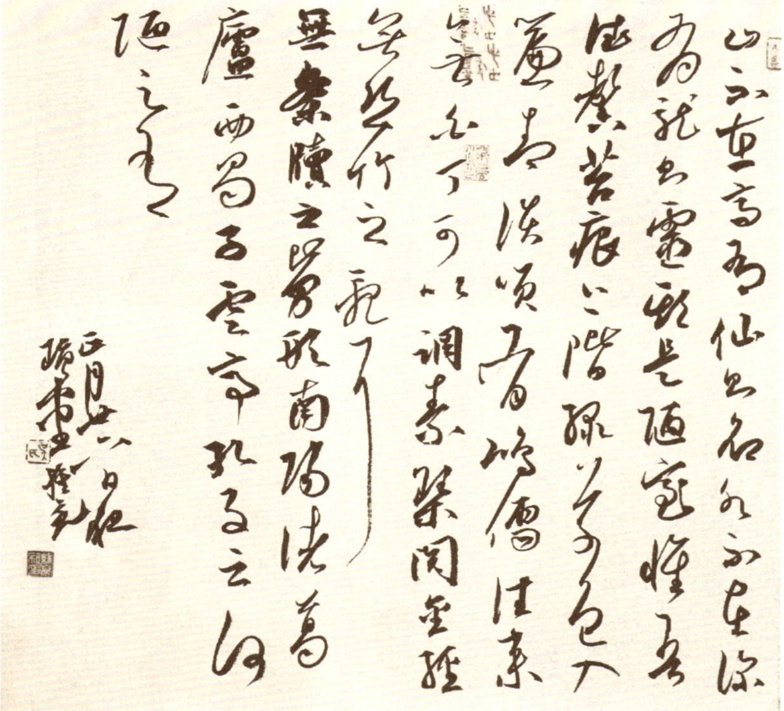

焦笑会　女，河北石家庄人，硕士研究生，贵州工程应用技术学院美术系教师。中国美术家协会、中国工笔画协会会员。

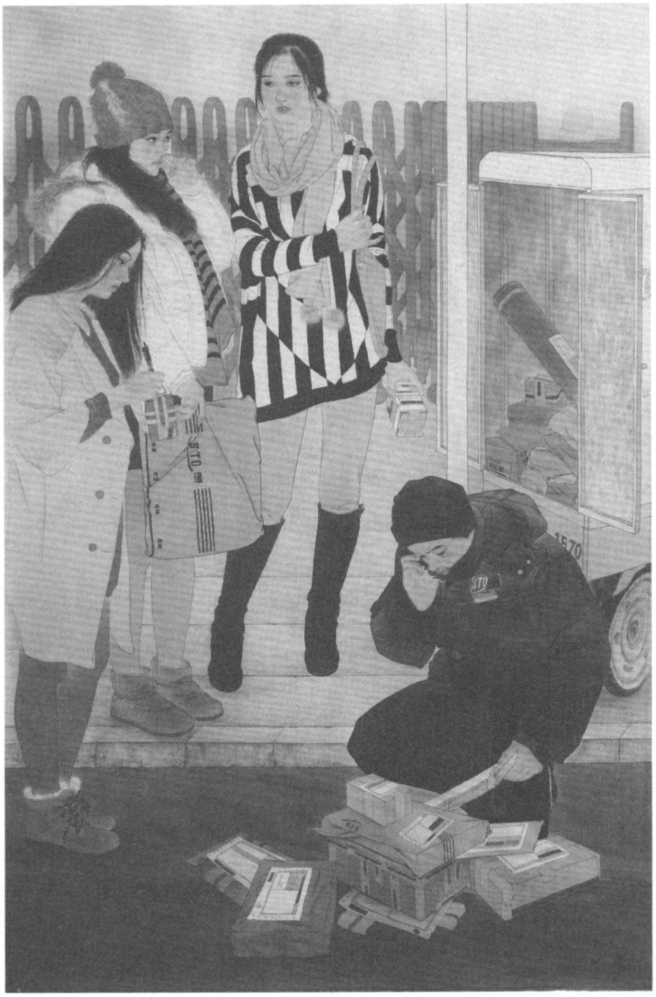

骆燕巍　河南安阳人，研究生，贵州工程应用技术学院美术系教师。中国美术家协会、中国工笔画协会会员。

向家乾（1975~　），彝族，织金人。中国书法家协会会员。

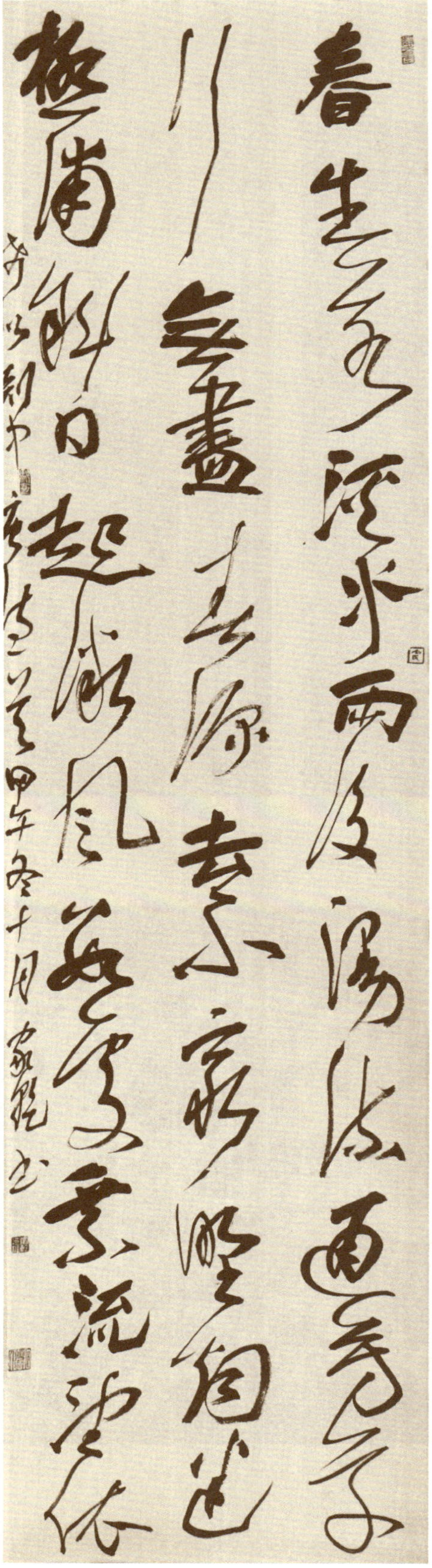

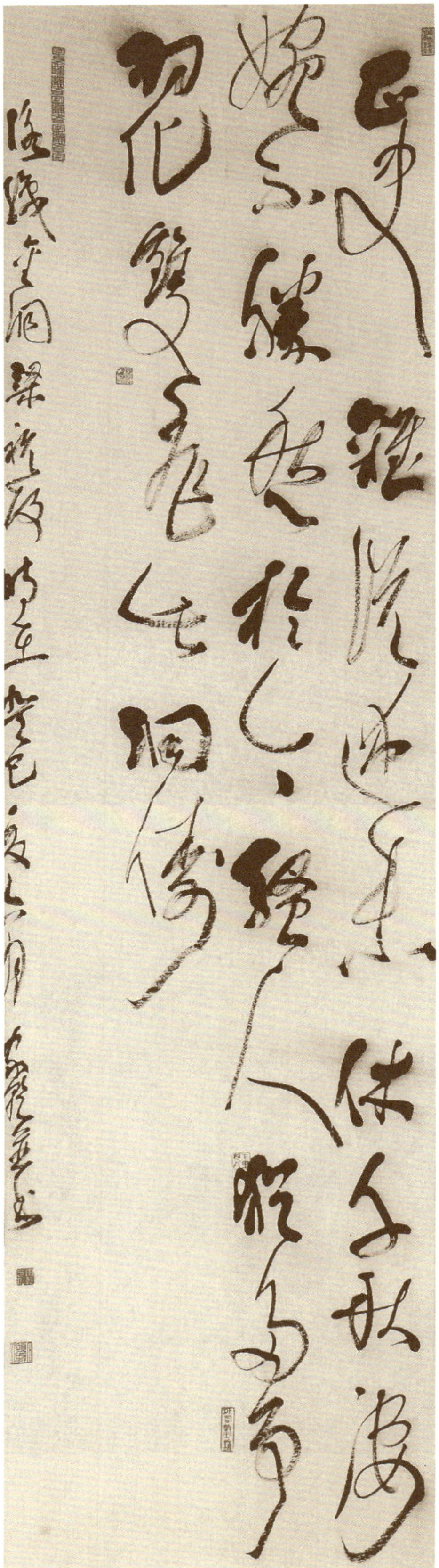

邓广荣（1976~ ），威宁人，贵州省画院、贵州省青年画院特聘画家。中国美术家协会会员，国家二级美术师。创作有版画《春暖人间·打开的门》《果实——昨天·今天·明天》《多彩·无声曲》《乡愁——心中总有个梦》等。

赵　刚（1982~　），纳雍人，号子清、恽之、散如，别署山静居、千寻竹斋，千竹书院成员，六盘水美术馆馆员。中国书法家协会会员。

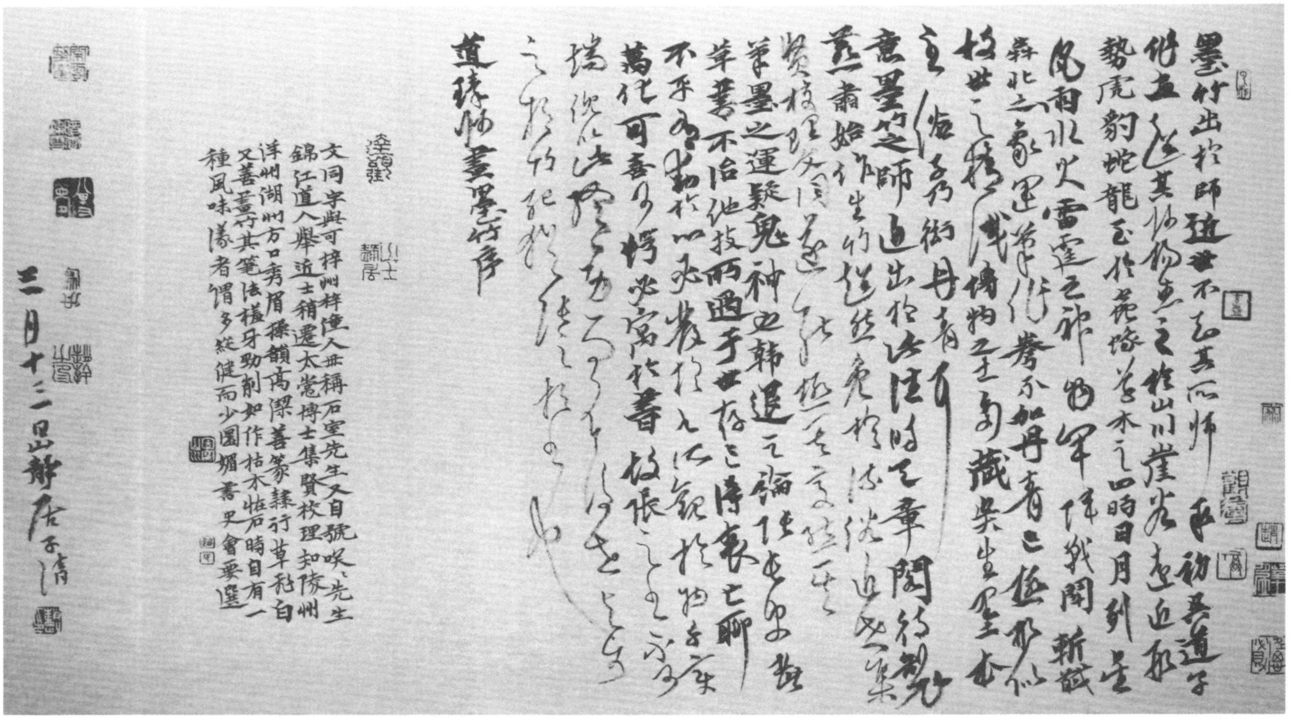

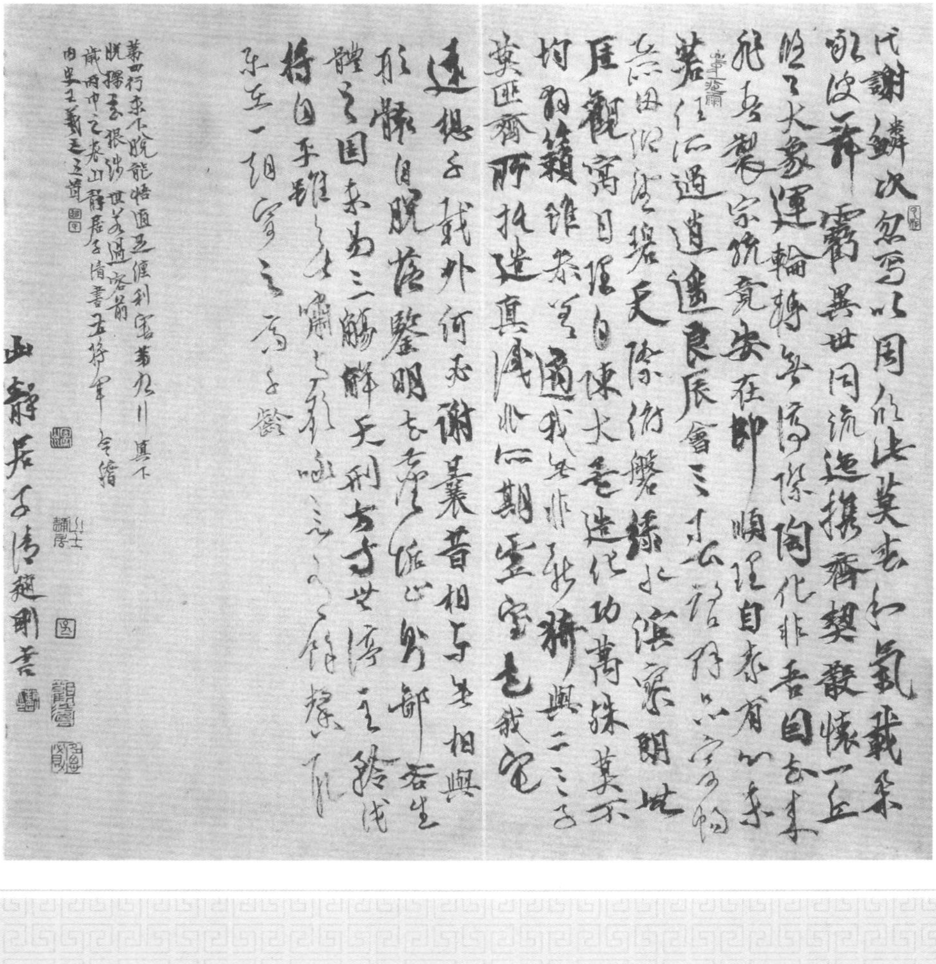

黄　凯（1987~　），号少言草堂，织金人。中国书法家协会会员。

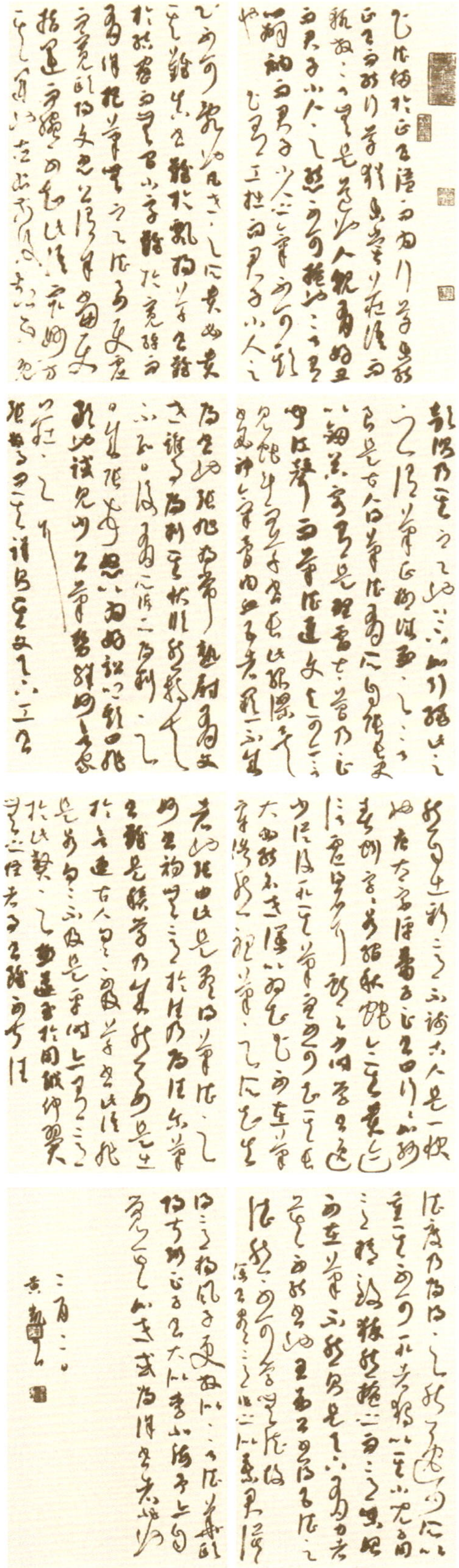

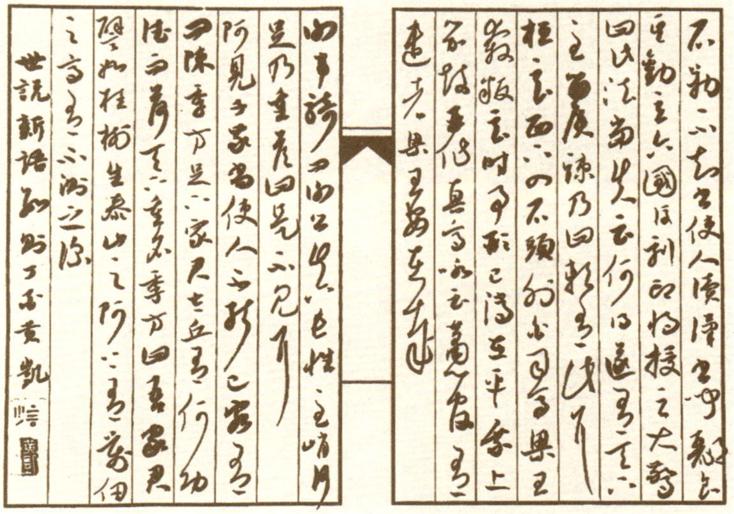

# 第六章　摄　影

**何宣平**（1953~　），威宁人，威宁县财政局原干部。中国摄影家协会会员。

黎万钊（1955~ ），大方人，大方县农业银行原职工。中国摄影家协会会员。

大方山城

菱角塘苗寨

彝山花海

罗春卫（1956~ ），黔西人，威宁县水土保持办公室干部。中国摄影家协会会员。

雾与烟

牛栏江大峡谷

魏运生（1959~ ），江西九江人，毕节市文联联络部主任。中国摄影家协会会员、中国摄影著作权协会毕节首席代表，高级摄影师。

草海骄子——黑颈鹤

鹤鸣九皋

支嘎阿鲁湖

金蛇狂舞

织金洞十万大山

孔宁康（1960~　），威宁人，公务员，原威宁县文体广播电视局干部。中国摄影家协会会员。

撮泰吉之大迁徙

秋天的故事

平凡的岁月

冬　舞

威宁马摆大山风光

邹芝桦（1962～　），女，毕节人，毕节市（县级）第三、四、五届政协原副主席，民盟毕节地区工委副主委。中国摄影家协会会员，已出版《古城记忆》等大型画册。

母　亲

高原母亲

山城毕节

李　罡（1962~　），织金人，中共织金县委宣传部主任科员。中国摄影家协会会员。

六冲河晨韵

织金关雪景

聂绍钧（1963~ ），毕节人，毕节市环保局宣教中心干部。中国摄影家协会会员。

窗　外

织金高速互通

光雾之语

高原雪乡

韭菜坪花海

彭新立（1963~ ），毕节人，毕节市（县级）住房和城乡建设局原党组书记、局长。中国摄影家协会、中国摄影著作权协会会员，高级摄影师。

虔　诚

祈　祷

前　行

七星晨韵

早　村

蔡运黎（1963~ ），威宁人，原威宁县百货公司职工。中国摄影家协会会员。

梦幻草海

云雾缭绕牛栏江

韭菜坪风光

李玉平（1963~ ），威宁人，彝族，彝名为阿铺索卡，毕节市人民政府副市长。中国摄影家协会、中国摄影著作权协会会员，出版有当代彝族原创文艺作品集萃《阿铺索卡摄影作品集》。

彝族老人

同一首歌

撮泰吉

绘制新生活

阿西里西

肖　冰（1964~　），毕节人，毕节市水务局安监科科长。中国摄影家协会会员、中国摄影著作权协会毕节副首席代表。

草海晚霞

金色梦幻

洞中梯田

杨元德（1964~ ），赫章人，赫章县人武部副营职干部。中国摄影家协会会员。

斑头纹鸺鹠

同一首歌

韭菜坪惊雷

彝家赛马

饶　丽（1965~　），女，大方人，大方县人民法院副院长。中国摄影家协会会员、中国摄影著作权协会毕节副首席代表。

赫章龙头山

花开正当时（韭菜坪）

古银杏林

光影荷花池

李文生（1966~ ），山东金乡人，毕节市公安局交警支队设施科科长。中国摄影家协会会员。

赶花坡

拱拢坪 森林公园 晨

白头鹮鹳

纹背捕蛛鸟

棕尾虹雉

唐福德（1968~ ），威宁人，威宁县供电局干部。中国摄影家协会会员。

如诗春意

牛栏江风光

翠竹声声震覆冰

灼圃秋色

郑　亮（1969~　），毕节人，贵州夜郎王文化传播有限责任公司董事长。中国摄影家协会会员。

山那边

石门坎

马　帮

卧龙河

川滇东路

洪　波（1972~　），威宁人，九三学社社员。中国摄影家协会会员。

丰　收

绿之海

印象——撮泰吉

只为万家灯火辉煌

农村产业结构调整，种植经济作物万寿菊丰收后喜悦的农民

向文龙（1977~ ），毕节小吉场人，毕节市水务局工程师。中国摄影家协会会员。

彝情于火

最美年夜饭

马勋勇（1984~ ），威宁人。中国摄影家协会会员。

飞纱走线

再见——苏可寨

跋涉红土地

水　韵

# 第七章　音　乐

## 一

**石应宽**（1935~　），贵阳人，在毕节一直从事音乐教育及社会音乐活动，同时进行音乐创作和音乐美学、音乐史研究。音乐理论家、作曲家、民族音乐学家，中国音乐家协会会员、中国少数民族音乐学会常务理事、美国“北美洲中国音乐研究会”会员。撰有《中国先秦时期音乐美学思想探识》《荀子音乐美学观》《春秋战国时代的几种‘非乐’思想》《“周易”与中国古代音乐美学思想的启蒙》《芦笙音乐的特有文化现象》《敦煌石窟古代乐舞探究》《中国苗族多声部民歌的发掘及其结构初析》《西欧哲学家论音乐艺术》等论著发表于国内外及港、台各种知名刊物。出版有《乐苑撷萃》《高原乐情》《跨世纪的乐章》等专集。

**胡家勋**（1938~　），毕节人，研究员。贵州工程应用技术学院特聘教授、贵州工程应用技术学院黔西北民族艺术研究所所长。作曲家、民族音乐学家。中国音乐家协会会员、中国少数民族音乐学会原理事、中国传统音乐学会会员、中国音乐学院音乐研究所特聘研究员，撰有《贵州彝族民间歌曲风格区的划分及其成因》《苗族芦笙文化丛》《‘三’的结构特征探源》《黔西北苗族芦笙“语”现象探析》《古彝文文献中的乐舞史料钩沉》等论著发表于国内外知名刊物。出版有专著《乌蒙古韵》《乌蒙苗歌》《贵州彝族民歌选》和电影文献片文学脚本《贵州彝族历史与风情》《杜鹃花盛开的地方》（与马昌达合作）等。

**潘军伟**　原毕节地区广播电视局局长。中国音乐家协会、中国民族管弦乐学会、中国少数民族音乐学会、中国二胡学会会员。出版有《这方热土——潘军伟音乐作品集》《家乡的歌——潘章创作选》《潘军伟民族器乐曲集》等专著。

**周正军**（1964~　），大方人，贵州工程应用技术学院艺术学院副教授、院长。中国音乐家协会会员、中国少数民族音乐学会常务理事。创作有歌曲《乌蒙古歌》《走进高原》《乌江放歌》《试验区颂》《夜郎故里我的家》《奢香》，舞蹈音乐《火把节》《梦寻夜郎》《索玛花开》《彩虹绣》和管弦乐《阿西里西》《彝风》等。

**胡德祥**（1965~　），纳雍人，从事中学教育。中国音乐家协会会员，创作有歌曲《思乡》《太阳的故乡》《亲不够爱不够的山沟沟》《煤电托起新纳雍》《乌蒙杜鹃艳》《乌蒙赞歌》，论著《我国西部省区音乐教育的现状及未来发展之我见》《歌曲中的西洋调式和民族调式浅析》等。

**付立志**　贵州工程应用技术学院艺术学院教授，中国音乐家协会会员。

孔忠明（1980~　），甘肃庄浪人，毕节地区群艺馆馆员，毕节地区九三学社社员，二胡演奏家，中国民族管弦乐学会胡琴专业委员会会员。2007年，《狂野飞骏图》获甘肃省酒泉地区器乐大赛金奖；2010年《战马奔腾》获贵州省艺术团调演“优秀演员”奖，《望长安》获贵州省第二届器乐大赛三等奖。

## 二

阿鲁阿卓　毕节人，中国人民解放军总政歌舞团独唱演员、中国音乐家协会会员，毕业于解放军艺术学院。2005年，考入总政歌舞团。2006年，第一次代表总政参加第十二届青歌赛，获通俗唱法铜奖。2010年获第十四届全国青年歌手电视大奖赛"流行唱法金奖。2009年获第七届中国音乐金钟奖流行唱法金奖 。2012年，歌曲《格萨尔》获得CCTV-MTV音乐盛典内地最佳音乐电视大奖。

尧十三　原名唐尧，1986年8月25日出生于贵州省毕节市织金县，中国内地男歌手，毕业于武汉大学医学院临床专业。2011年，加入麻油叶民间民谣组织 ;同年，推出个人原创单曲《瞎子》，为电影《浮城谜事》弹奏吉他曲《我想弹琴给你听》 。签约摩登天空，为电影《推拿》献唱片尾曲《他妈的》，推出个人原创单曲《北方女王》《飞船，宇航员》 。

陈泯西　织金县人，毕业于西南财经大学工商管理学院。2011年湖南卫视《快乐女声》沈阳30强;2012年5月18日获得青海卫视《花儿朵朵》西安冠军，进军全国总决赛。2012年签约荷塘月色文化唱片，发行专辑《我在贵州等你》，其中代表作品有《我在贵州等你》《青雨青岩》等。

## 三

龚琳娜（1975~），贵阳人，毕业于中国音乐学院民族声乐系。歌手、中国新艺术音乐创始人。2001年，发行首张个人专辑《孔雀飞来》。2002年，发行第二张个人专辑《走生命的路》。2007年，发行第三张个人专辑《静夜思》 。2008年，发行第四张个人专辑《走西口》。2009年，发行第五张个人专辑《弦歌清韵》。2010年，发行第六张个人专辑《夜雪》。2011年8月，发行首张数字专辑《自由鸟》；为毕节演唱《我爱家乡杜鹃红》。

毛阿敏（1963—），上海人，中国内地歌唱家、演员。

## 毕节我的家乡

（毛阿敏演唱）

作词 韩静霞
作曲 谷建喜
记谱 丹顶鹤

1=D 2/4
♩= 64

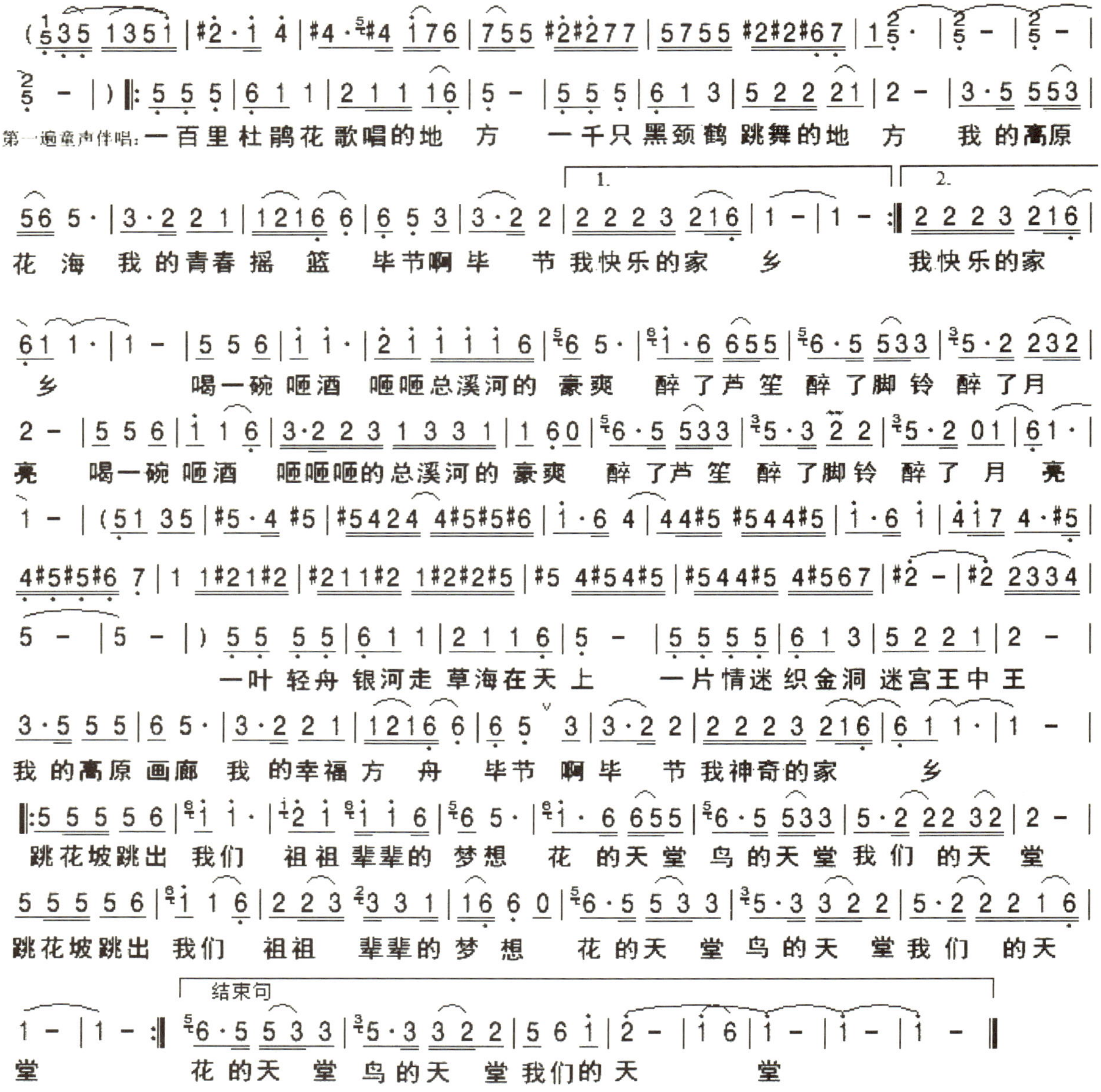

# 水西谣

1= #F $\frac{2}{4}$

中速稍慢　民谣风

奥杰阿格　词/曲/演唱

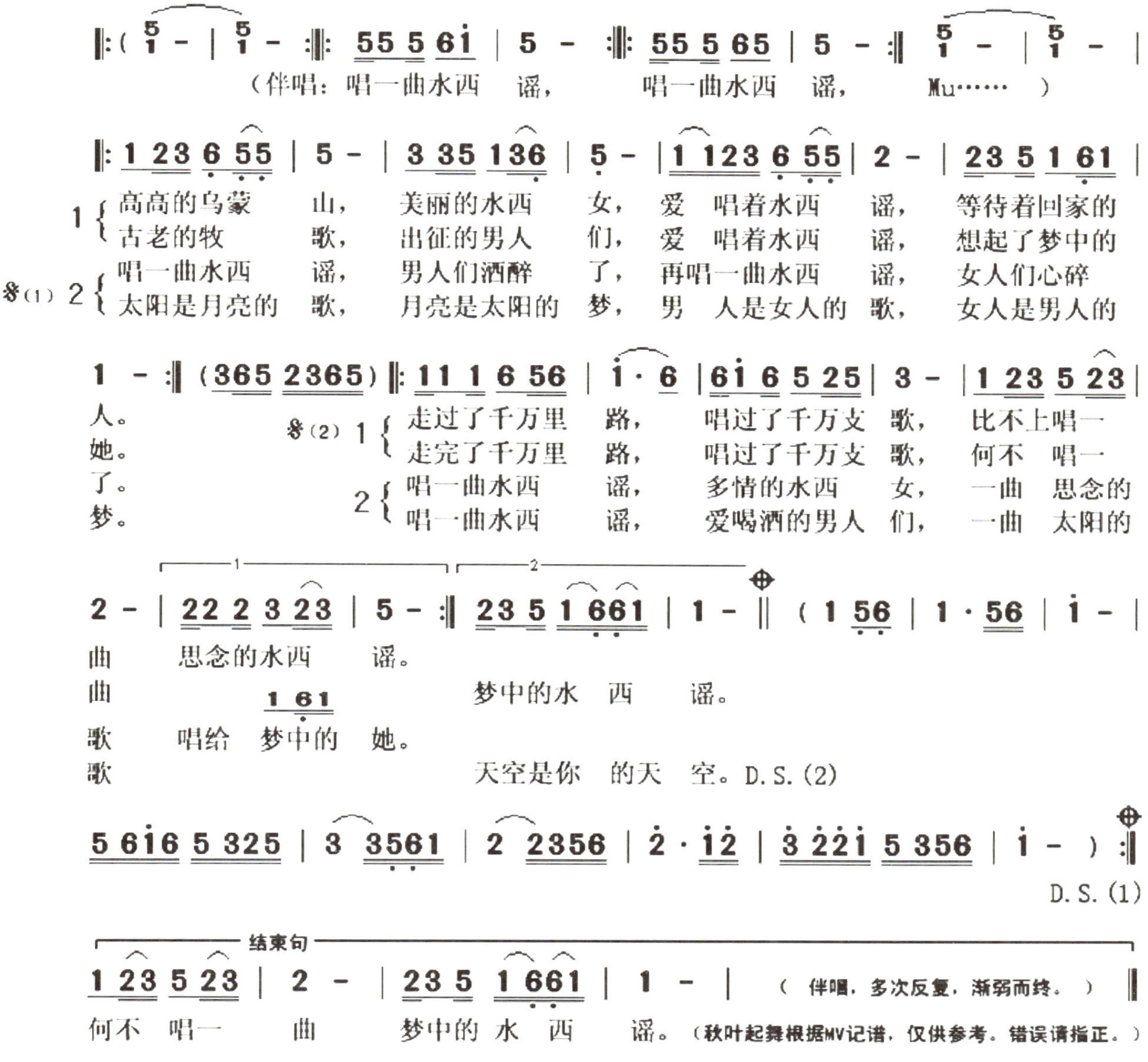

## 奢香夫人

（凤凰传奇演唱）

1=E $\frac{2}{4}$

张 超 词曲

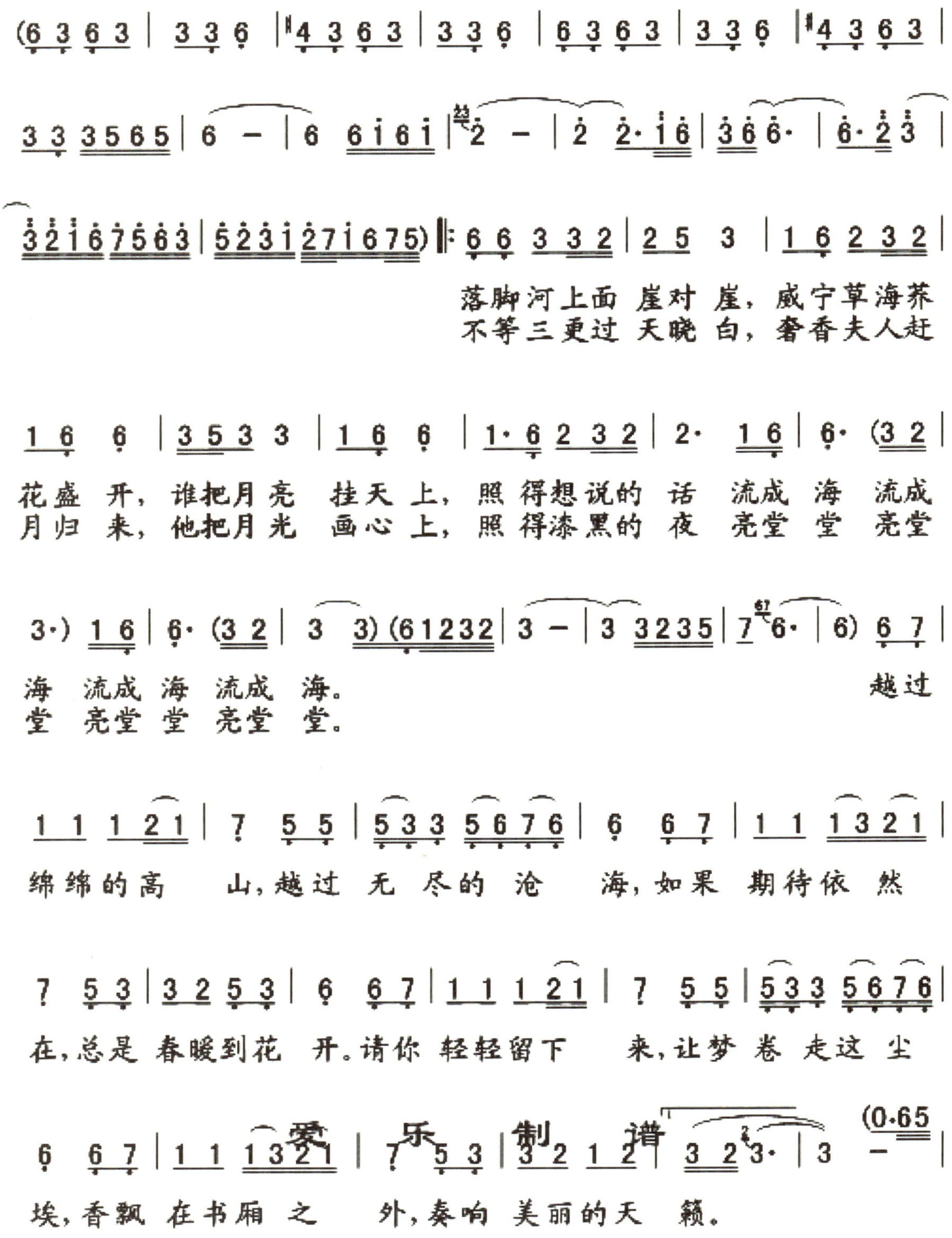

# 我爱家乡杜鹃红

杨宗和 词
孙承禧 曲

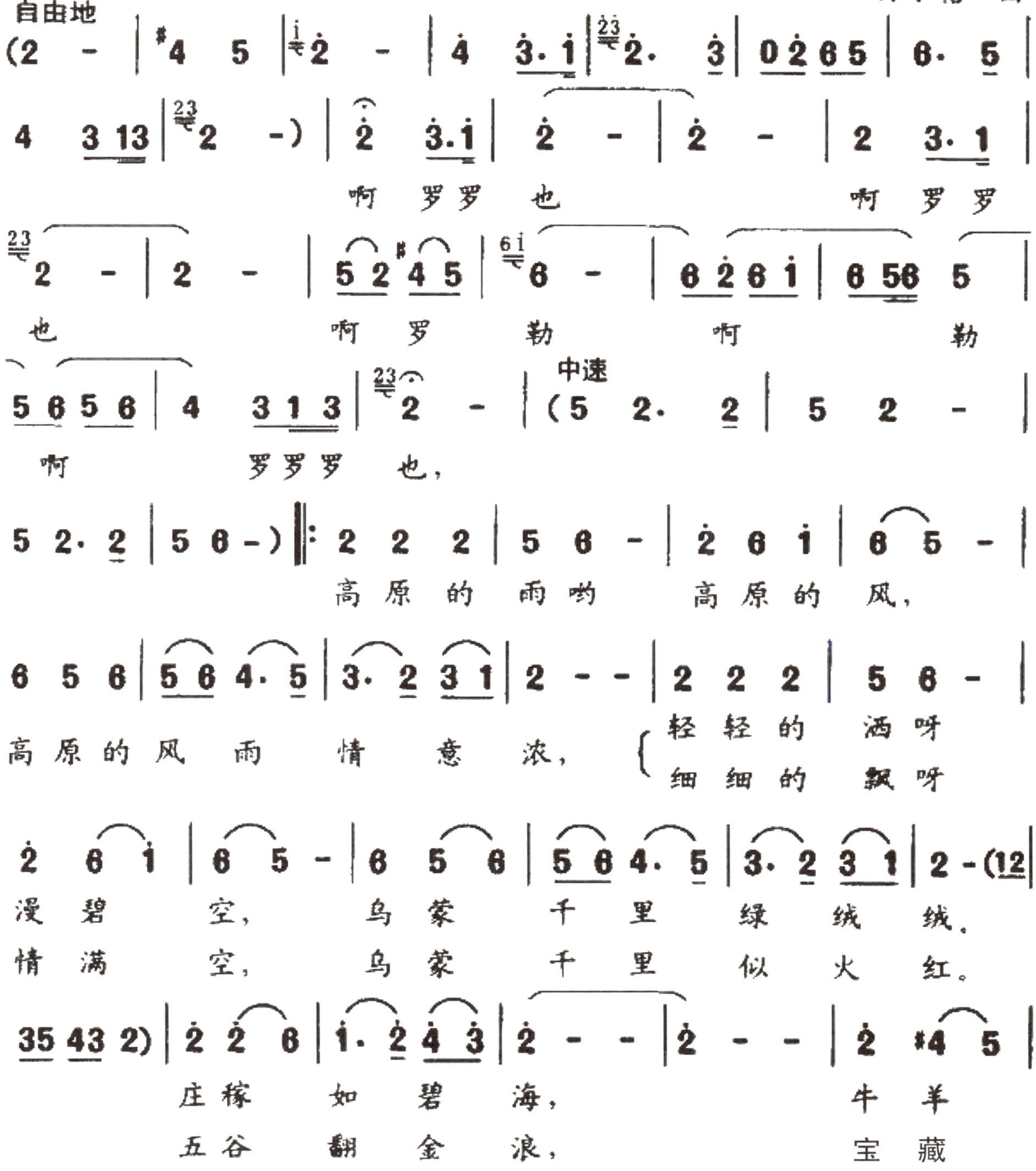

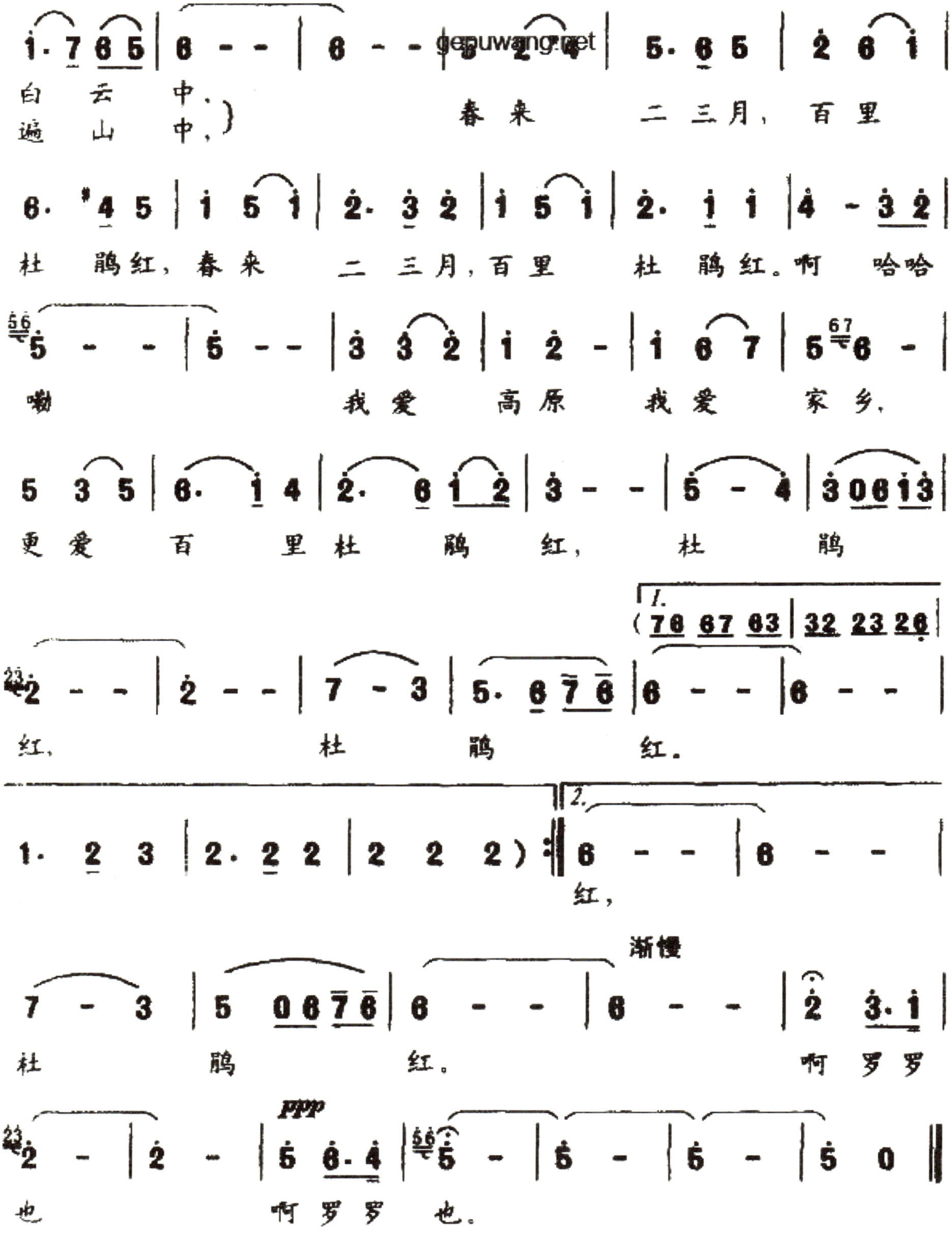
白 云 中，
遍 山 中，
春 来 二 三月，百 里
杜 鹃 红，春 来 二 三 月，百 里 杜 鹃 红。啊 哈哈
嘞 我 爱 高 原 我 爱 家 乡，
更 爱 百 里 杜 鹃 红， 杜 鹃
红， 杜 鹃 红。
红，
渐慢
杜 鹃 红。 啊 罗 罗
ppp
也 啊 罗 罗 也。

# 第八章　戏剧、曲艺

**姜太智**（1948~　），毕节地区文化广播新闻出版局文艺创作室作家、研究馆员。中国戏剧家协会、中国曲艺家协会会员，创作有《寸土》《老子儿子房子》《隔岸观火》《孔雀岩》《造林人家》《哑女》《山坳上》《说路》《敬老院》《盘妻》等百余个戏剧及曲艺作品。

**罗维加**（1957~　），男，金沙人，金沙县戏曲协会主席、研究馆员。中国曲艺家协会会员，创作有快板书《陈赓与小红军》《分票》《瞎子点灯》、配乐诗《警醒》、小品《朋友》、顺口溜《犟拐拐认错》等。

**张维柱**（1953~　），赫章人。中国曲艺家协会会员，创作有大型音乐剧《黑颈鹤的恋情》、大型话剧《还山》和歌曲《老水牛角弯弯》《我们的学校叫希望》《青帕帕白帕帕》等。

**任焰林**　中国曲艺家协会会员，创作有小品《刘红贵相亲》、故事《情牵故里》、方言诗《王二娃翻梢》和小戏《烧香》等。

**童华东**（1969~　），毕节乌蒙演艺集团副总经理。国家一级演员，中国曲艺家协会会员，长期从事戏曲、小品表演。表演的小品《一个不拘小节的人》《红灯一亮》《烧香》《素

材》、黔剧小品《影子》、方言顺口溜《四老汉夸试验区》《王冲宝》《聊天》和川剧绝技《吐火》等深受观众喜爱。

安　黔（1972~），赫章县人，毕节市演艺集团董事长，中国曲艺家协会理事。领导创作的《撮泰吉》在国外引起强烈反响，《厅长哥哥探亲来》《鸡蛋的故事》分别荣获全国曲艺大赛二等奖和全省杜鹃曲艺大赛一等奖。演唱的《水西谣》《水西新娘》《我的索玛花》《请到威宁草海来》等深受听众亲睐。

# 附录

# 毕节地区经济社会发展的战略构想

（1987 年12月）

毕节地区1986～2000年经济社会发展的战略构想，是在总结历史经验，预测发展趋势的基础上，根据本区经济社会的现状和所处地理位置相结合的原则规划的。到本世纪末，千百年来历史遗留的、农民的贫困问题将基本得到解决；生态、人口、封闭三大恶性循环将得到基本改善；经济、科技、社会的协调发展将为达到小康、奔向富裕奠定坚实的基础。

## 一、战略构想的依据

认清自己的地情，看准自己的特点，在大环境中找准自己的位置，这是构想本战略的立足点。

毕节是边、山、老、少、穷地区，也是资源丰富、潜力大、后劲足，发展前景广阔的地区。

解放前，贵州流传着“天无三日晴，地无三里平，人无三分银”的歌谣。毕节是省内的边远山区，自然条件恶劣，生产力水平很低，经济文化十分落后，是历史上就不得温饱的地区。

解放后，全区各族人民在党的领导下，经过三十多年的艰苦奋斗，经济文化落后的面貌发生了深刻变化，人民生活水平有了较大的提高。特别是党的十一届三中全会以来，广大干部群众在地委、行署的领导下，坚持四项基本原则，坚持改革、开放、搞活的方针，各条战线都取得很大成绩。“六五”期间经济的平均增长速度均超过省和全国的水平。期末工业总产值、财政收入、农民人均纯收入已改变了在全省挂末的地位。进入“七五”期间，国民经济仍是一个持续、稳定、协调发展的好势头。在长期的实践、探索的过程中，使我们对地区经济社会发展的有利条件，制约因素，历史的经验教训有了较清晰的认识。

1. 主要地情特点和有利条件

第一，在地理环境方面：毕节位于省的西北部，川滇黔三省交界处。北与四川的泸州市接壤，西与云南的昭通、曲靖地区毗邻，东南分别与省内安顺、遵义、六盘水市相连。总面积26846平方公里，占全省的15.24%；平均海拔1400米左右。1936年红军长征时，曾在毕节建立“中华苏维埃人民共和国川滇黔省革命委员会”达半年之久。从总体来看。毕节属边、山、老、少、穷地区，区内八个县中有六个县列为乌蒙穷困片区。开发经济，治穷脱贫，已纳入党中央、国务院、省委、省政府的重要议事日程。从地理位置看，毕节是省内的边远区，但却又是通往四川、连接云南的重要门户和通道，在对外开放中。积极发展与邻省区的联系，扬长避短，有利自己优势的发挥。与沿海城市，与贵阳市相比，还可比较方便地就地、就近取得资源、能源，并有广阔的发展空间和开发潜力很大的市场。

第二，在水系流域方面：毕节地区位于长江、珠江干流的上游区。其中长江流域面积占95.4%。珠江流域面积占4.6%。在长江水系中，乌江流域面积占66.2%，金沙江占18.3%，赤水河占10%。这些流域水系的特点是：山高坡陡，河谷深切，险滩多，落差大，水能资源蕴藏丰富；林草植被破坏，水土流失严重，致使生态环境恶化；国家已把乌江流域的治理、开发、利用列入重点的总体计划。在治理、开发乌江流域的过程中，我们积极主动地配合有关部门搞好综合，开发规划，充分利用当地的资源条件，发展与其配套的地方工业和第三产业，这是启动和带动区内经济加快发展的一个机遇。

第三，在资源优势方面：区内地势垂直差异明显，地貌类型复杂多样，有“一山有四季，十里不同天”之说。在这样的地理环境中，土壤资源丰富，类型多样，适生植物广；生物资源种类纷繁，分布广泛；宜林宜牧面积大，发展林业、畜牧业的潜力大；矿产资源种类盛多，储量丰富，可利用程度较高；高原风光，伏流溶洞，革命纪念地旧址。民族风情等等，构成了独特的旅游资源。近几年，主要经济作物烤烟种植面积近百万亩，产量约占全省的40%，有五个县被列为全国的烤烟基地县。其中金沙、黔西两县被列为优质烟叶出口基地县；畜牧中的绵羊已达34万只。占全省的90%左右，有五个县被列为全国的畜牧基地县；主要矿产资源煤的保有储量为226亿吨，占全省的46．9%。这些丰富的地上地下资源，具有广阔的开发前景，是地区潜力大、后劲足，振兴毕节，实现后来居上的优越条件。从大趋势看，我区将成为省和国家的重要能源基地、畜牧业基地、林果基地、原材料基地。而对这种趋势，我们既要按国家的总体布局作好大上的基础工作，又要凭借现有条件，选准起步产业，最大的发挥优势，逐步形成一定的规模经济。

第四，在物质基础方面：全区现有稳产高产田约百万亩，农田水利工程建成4000多处，库容2.1亿立方，有效灌溉面积60多万亩。水电装机5.3万瓦。独立核算的国营工业企业有135户，职工1.7万人，固定资产原值2.4亿多元。其中烟草工业已形成初具规模的系列化生产。乡镇骨干企业和城镇集体工业有800多个；区内公路通车里程5000余公里，其中三级路61公里，四级公路676公里；产业结构已发生了可喜的变化，以1985年为例，农、轻、重的比例是：农业产值由1980年的83.8%下降到69.2%；轻工业由9.3%上升到16.2%；重工业由6.9%上升到14.6%。在农业总产值中，种植业比例已由1980年的70.3%下降到60.5%；畜牧业则由20.6%上升到27．5%，林业由34%上升到6.9%。在教育科技方面，文盲半文盲占总人口的比例，已由1949年的95%下降到1985年的36.7%；每万人中各类学校在校生数已由1949年的41人，增加到1693人；各类科技人员已有10650多人，科研专门机构14所。固定职工480多人。“六五”期间，工农业总产值年均增长19.28%；财政收入年均增长28.2%，国民经济各部门已有一定的物质技术基础。

2．主要的制约因素和困难

一是恶性循环造成的顽症：人口多——教育难——素质差；林草植被破坏——生态环境恶化——粮食长期短缺；边远闭塞——信息不灵——因循守旧。这三者互为因果，恶性循环，形成了区内在短时间内难以治愈的“贫困综合症”。

二是在全省经济发展的格局和势态中，地区正面临着来自多方面的挑战：毗邻的黔中地区凭借优越的经济地理位置和良好的经济基础，在开放中可优先获得新的动力，经济发展速度和技术水平迅速提高，毕节与这些先进地区本来就存在的差距有日益拉大的危险；同属乌蒙片区的贫困县，虽然在一个起点上起跑，但省区之间的实力不同，战略对策不同，差距也将一步一步地拉开；新技术的突飞猛进，外向型经济向区内的渗透，使区内的新兴企业竞争加剧，风险增大。

三是大多数农民的温饱问题没有解决好。按国家标准统计，到1985年，列为乌蒙片区六个贫困县中有贫困乡564个，占六县总乡数的91%；未被列入贫困县的金沙、黔西两县中，还有插花的贫困乡78个，占两县总乡数的44%。全区共有贫困乡642个，占总乡数的80%，按省办发（1985）51号文件的标准计算，全区1985年有贫困户84万户，占总户数的79.7%，贫困人口达424万，占农业人口的82%，当年的农业人均收入仅为全国、全省的37%和51.9%，粮食人均占有量仅为全国、全省的44.6%和84%。

3. 正反方面的经验教训

纳雍县百兴乡新街有70多户农民，人均只有2分地，粮食200斤左右，但现在人均收入上千元，有5户达到小康水平，成了全县早富起来的农民。经验就是一句话：他们摆脱了土地的束缚，走出了窄小的天地，迈进了商品经济的领域。他们在农村“松绑”之后，就投入了建筑、加工、服务、劳务、医疗等20多种行业，从根本上治了穷，脱了贫。

相反一些长期关照的“双缺户”，发粮又给钱，治标不治本，不仅没有脱贫，反而留下很多后遗症：依赖思想的滋生，开拓进取精神的消磨。

## 二、战略的指导思想

实施“治本脱贫”的战略目标的指导思想是：在党的路线、方针、政策指引下，把发展生产力作为全部工作的中心，一切从自己贫困地区的实际出发，因地制宜、扬长避短、发挥优势，启动内部经济活力，增强自身的造血功能；坚持精神财富和物质财富同时开发，扶贫和导富同时进行，治穷治愚，治本脱贫。把整个治本脱贫的过程，变成经济开发的过程，提高人的科学文化素质的过程，促进生态良性循环的过程，增添经济发展后劲的过程。最终实现经济、社会、科学的协调发展。具体讲，要坚持以下几条基本原则：

（一）以经济建设为中心，以解决百分之九十以上的农村问题为重点。这是因为历史遗留的温饱问题在农村；以矿产品、农副产品为加工原料的地方工业依靠农村；现实区内最大的消费市场在农村。农民不富裕，农业不发达，农村不繁荣，工农之间，城乡之间经济发展中的严重不平衡，必将影响地区经济的振兴和腾飞。治本脱贫就是首先立足于解决农村问题，引导广大农民用商品经济的观点来分析先进与落后、富裕与贫困的原因，增强人的商品生产观念，调动广大农民发展商品生产的积极性，使越来越多的人进入商品生产领域，加快自然经济转化进程。

（二）坚持全面改革，坚持对外开放。改革是社会主义生产关系和上层建筑的自我完善，是推动一切工作的动力。对外开放是我们打开封闭状态的钥匙。要通过全面改革，加快和深化改革，促进内部经济活力的增强。通过实行全方位开放，打破区域、条块和所有制界限，发展多层次、多渠道、多形式的横向经济联合。在资源开发上要克服怕“卖原料，当殖民地”的错误思想，地上地下一齐上，外引内联一起干，只要国家需要，市场广阔，经济效益好的都可优先开发。在开放开发过程中，走出一条联合经营、综合开发、由小到大滚雪球式发展的路子来。让商品经济的强辐射、冲击波来冲破地区闭塞的城门，促进农村产业结构的调整。

（三）坚持经济效益、社会效益和生态效益统一的原则。树立经济建设要靠科学技术，靠智力开发，科学技术和教育事业的发展要面向经济建设，为经济建设服务的观点，努力提高产品质量，讲究产品适销对路，降低物质消耗和劳动消耗，实现生产要素合理配置，提高资金使用效益和资源利用率。

（四）坚持因地制宜，发挥优势，国家、集体、个体一齐上的方针。各地自然条件、资源条件、经济社会发展的状况千差万别，就整体而言，大有大的优势，小有小的优势，各有各的优势。要各找各的突破口，各走各的治本脱贫路。发展经济，特别是发展商品经济，要面对市场的需求因地制宜，因时制宜，扬长避短，发挥优势。凡是能集体和个人搞的，就放手让群众搞，决不与民争利。在资金筹集上，既要积极争取国家支持，又要自筹、集资、引进一起抓；开发经营的形式要多种多样，家庭的、联营的、合资的、合作的以及承包、租赁等都可以搞。

（五）“治本脱贫”是一项综合性的系统工程，要立足于打“持久战”。实践已经证明：经济发展的任务不仅要开发直接生产项目，而且要大力健全地方社会功能，若眼光只集中在单项生产开发上，忽视了综合开发治理，急功近利，结果欲速则不达。要立足于长期抗战，要把立足点放在自力更生的基础上，始终不渝地发扬争、拼、挤精神，勤俭节约，勤俭办一切事业。

### 三、战略目标的确定

从毕节地区的实际出发，到本世纪末，经济社会发展要达到的目标是“治本脱贫”。脱贫必须治本，通过治本实现彻底地脱贫。

我们所讲的“本”，就是造成区内长期贫困落后的根本原因。毕节地区贫穷落后的原因不是资源的匮乏，不是产值的高低，也不是发展速度的快慢。人的素质差，特别是从事商品生产和经营的素质差，这才是“贫穷落后”的根本。在三大恶性循环形成的“贫困综合症”中，人的素质问题是处于中心地位的。诸如生态环境恶化，是由于人的素质差、商品生产意识弱，而采用的毁林毁草开荒，单一经营，自然经济开发手段进行平面垦殖的结果。它与经济发达地区搞多种经营、综合利用、深度加工和专业化、商品化生产的立体开发方式形成鲜明的对比；由于人的素质差，才使社会基础结构建设不能顺利加快，导致基础设施薄弱；也由于人们缺乏商品交换素质，因此对生产技术的进步、市场的开拓、流通环节的疏通才缺乏应有的热情和冲动。因此，毕节地区贫穷落后的深层内涵就不仅是表面的大多数农民的温饱问题，而是各族人民、干部群众商品生产和经营的素质问题。一个以自然经济为主体的地区，要在较短时间解决历史上遗留的农民的温饱问题，进而使他们脱贫奔富，这不仅具有现实的经济意义，而且具有广泛的政治意义和社会意义，而要从根本上改变贫困地区落后面貌，达到“治本”的目的，这是一个与整个国家的经济、政治、文化、历史等重要社会因素密切相关的经济开发过程，是一个宏大而艰巨的战略任务，需要付出长期的努力。治本脱贫战略，就是要从经济、社会人文、环境生态三者关系中着眼，从提高人的素质和商品经济观念入手，通过改革开放，治愈“贫困综合症”。

治本脱贫这个战略目标的选择，是基于脱贫任务的艰巨性，治本工作的复杂性，解决问题的长期性而定的。这个宏大目标的实现，将使区内发展商品经济的机制得到完善，生态环境得到改善。城乡人民生活水平得到显著提高。其主要经济社会发展的指标是：

（一）人口总数在1985年543万的基础上，到本世纪末，控制在635万以内，今后十五年平均年自增率为10.47‰。

（二）社会总产值在1985年21.1亿元的基础上，到本世纪末达到68亿元左右，今后十五年平均每年增长8.09%。

（三）工农业总产值到本世纪末达到51亿元以上（按1980年不变价计算），从1986年起，今后十五年平均每年增长10.19%。

（四）国民收入在1985年11.69亿元的基础上，到本世纪末达到37亿元左右，今后十五年平均每年增长7.98%。

（五）农业人口纯收入在1985年7.94亿元的基础上，到本世纪末达到23.3亿元，年平均增长7.43%。

（六）粮食总产在1985年91.23万吨的基础上，到本世纪末达到160万吨左右，今后十五年平均每年增长3.81%。

（七）森林覆盖面积在1985年395万亩，覆盖率为9.8%的基础上，到本世纪末达到725万亩，覆盖率为18%，今后十五年每年平均至少成林23万亩。

（八）科学技术进步指标：科技进步对经济的贡献应大于50%。即经济增长的二分之一以上应靠科技进步来取得，到本世纪末，科技人员万人拥有量达到50人左右，接近全国1985年的平均水平。依靠科技人员，乡土人才推广普遍适用的科技成果，加快企业和传统农业的技术改造，使各行业的技术水平和装备水平有较大提高，在广大干部群众中牢固树立靠科技脱贫，靠科学技术致富，靠科技进步提高经济效益的新观点。

（九）文教卫生事业指标：到本世纪末扫除文盲，普及初等教育，发展职业教育、成人教育、高等教育，逐步建立一个完整的教育体系。电视覆盖率达80%以上。病床万人拥有量达到全省1985年17张／万人的水平。

（十）社会主义精神文明建设取得重大成就。全区各族人民的社会主义觉悟普遍提高，民族团结更加增强，社会主义民主和法制更加健全和完善。

实现上述目标后，地区人均工农业总产值将达800元以上，人均国民收入将达到600元左右，农民人均纯收入将达到400元左右，农民人均粮食占有量可达300公斤左右，经济社会发展的实力将得到增强。有了这个扎实的基础，协调的环境，再经过二十一世纪初期、中期的努力，地区可望赶上全国的平均水平，超过省的平均水平。

四、战略重点的选择

从全国来看，解决人民的温饱问题的任务已经基本实现，开始了向“小康生活水平”的进军。我们和全国相比，相差了全国战备部署中的“一步”。因此，就全区而言具有宏观战略意义的重点应是：农业中的粮食，能源中的电力，流通中的交通，人口中的素质。

1. 关于确保农业中的粮食这个重点问题。农业是国民经济的基础。目前，我们仍是以农业经济为主体的地区。农业的丰歉，人均粮食占有的多少，它在很大程度上决定着地区经济社会发展的速度和水平。“无农不稳”“无粮则乱”，这就是传统农业经济区的现实。在一个较长时期内，农业是制约地区整个经济发展的重要因素。而农业中的主要问题又是粮食的短缺。粮食产量长期低而不稳，人年均生产粮食呈下降趋势，主要原因是：人口增长过快，生态环境严重恶化，水土流失严重，中低产田土占的比例大，产业结构单一，百分之九十的农民仍只能在土地上打主意。

确保粮食这个重点，其途径是：发展种草养畜、退耕还林、乡镇企业，走“反弹琵琶”的路子来实现。这是因为：第一，按农业区划核定，地区宜林面积是1083.6万亩，宜牧面积744.9万亩，占总土地而积的45.5%，而现有林地面积仅400万亩，人工飞播草场仅14.5万亩。在1868.6万亩耕地中，25度以上的坡耕地又占406万亩，这是自然经济“超薄型平面垦殖”的结果。退耕还林，植树种草，从长远的战略来看，是为了治山固本，逐步实现良性循环。从近期来看，特别是种草养畜、种经济林、果木林，又可避免回到就粮抓粮的老路上去，还可对粮食问题起到缓解作用，收到以牧促农，以林促农的效果。第二，发展乡镇企业，广开致富门路，促进农村产业结构调整，使大批剩余劳动力转产转业有机遇。而且实践也证明粮和钱、饱和温是相互依存的。凡是乡镇企业发展快，乡、村工业办得好的地方，那里的温饱问题就解决得好一些，快一些。因此，发展乡镇企业，从长远的战略来看，是为了从根本上治穷，从近期来看，又是增加积累，实现以工促农促粮的重要途径。第三，从抓粮食本身讲，重点又应放在提高单产，搞集约化经营上来。

2. 关于确保能源中电力这个重点问题。地区工业基础薄弱，电力工业基础就更薄弱。“六五”期末，全区装机总容量达7.2万瓦，其中火电1.82万瓦，水电5.38万瓦。由于设备落后，容量小。效率低，电力建设速度滞缓于经济发展速度，以致形成当前的严重缺电局面。

确保能源中电力这个重点，其途径是：水火并举，大中小一起上，联网配套，国家、集体、个体多形式、多渠道、多层次办电。近期满足地区经济建设的需求，远期还应考虑作为电能输出的基地。这是开发地区资源的一个重要方面，也是治本脱贫的一项重要内容。第一。我区水能资源丰富，煤炭储量大，有发展电力工业的有利条件。第二，我们地处边远，交通不便，利用丰富的煤炭资源办坑口电站，就地转化，输出电能，这是煤炭资源大力开发利用的途径之一。第三，随着乡办、村办、联户办、户办企业的发展，人民日益增长的物质文化生活需要，对电的需求是越来越大。因此，如果对电力工业的发展，不予以高度重视和超前安排，势必要成为我区经济社会发展的严重障碍。为此，在实施操作中注意以下原则：其一，在电力建设的规模上。可设想按人年均用电量来考虑测算，全国到两千年设想为年人均用电1000度，贵州为650度，我区可考虑500度左右。其二，在电能发展的内部结构上，要重点发展水电，而近期应首先开发中、小水电。同时要积极发展火电，制订出近期、远期的火电开发规划，在煤源点附近选好电源点，根据工业的布局建设几个像样的火电基地。其三。要加快电网的建设和改造。其四，制订出一个优惠政策，鼓励集体、个体集资办电的积极性，实行谁投资，谁所有，谁受益的原则，保证投资者的合法权益。

3．关于确保交通公路建设这个重点问题。交通是我区经济发展的薄弱环节，现有的公路一是少，至今还有73个乡未通公路，208个乡的公路晴通雨不通。二是标准低、质量差等外级路占总数的84%。三是部分公路线型不合理。

确保交通重点的突破，其途径是：调动各方面、各行业对交通运输都有需求的积极性，广辟资金来源，实行国家、集体、个人一起上的方针，建立合理的运输业结构和适合山区特点的综合运输体系。第一，实行南北战略，新建和改造出省出区的主干线，使北接长江，南连铁路。其中重点是大方—纳溪、珠藏—六枝、织金—安顺、中岭—烂坝、赫章—大湾几条主干线。第二，加快连接县际、毗邻地区的客、货运量大的支干线的建设，把开发地下资源需要的运输繁忙的线段，“卡脖子”线段优先解决好。第三，采取民办公助、民工建勤的办法，改建和修建乡村路。鼓励农民集资修建山区公路，发展多种形式的运输。第四，对现行公路的路况、线型进行有计划有重点的改造，提高等级，以适应今后汽车运输大型化、高速化、专用化的发展。第五，克服重修轻养的思想，加强对公路的科学管理。第六，积极创造条件，争取国家兴建贯穿南北或东西的铁路。

4、关于确保人口素质的提高问题。人口爆炸对人口质量的提高造成了很大的压力，而人口素质差，反过来又从多方面、多层次阻碍贫困面貌的摆脱。地区长期的实践表明，制约地区经济社会发展的是科学技术，归根到底是个教育问题。一个地区经济社会发展的快慢，达到的水平在很大程度上取决于人的素质。目前的教育现状、人的素质水平，已大大不能满足经济建设对大批具有现代观念和熟练劳动技术的新人的要求，人们的观念更新难，商品生产意识弱，管理水平低，科学技术运用差，企业亏损，经济效益不高，都因为人的素质问题、教育问题。

确保人口素质提高的关键是抓好教育。其途径是：普教和职教相结合，公办和民办并举，扫盲和培训结合。第一，在指导思想上不要把教和育理解为完全由学校来完成，也不一定是某种模式的正规化教育，教和育应适应社会各种需要，得用现有条件，因地、因时、因人制宜地发展教育，来提高广大人民的素质。第二，坚决把重点放在发展、巩固、提高初等教育方面，特别是普及小学的教育。这一基础教育是今后其他形式教育的启蒙，要根据各地经济文化发展的不同情况，有先有后地逐步普及六年、九年制义务教育。第三，调动各方面的积极性和力量，大力发展职业教育和成人教育，多形式、多层次、多类型地办学和培养人才。在农村，要把发展初中阶段的职业技术教育作为重点，要把青壮年的扫盲工作和普及传授生产技能、科学技术以及当家理财的管理能力结合起来。

### 五、战略的实施步骤

实现战略规划，我们设想分三步走，与国家的五年计划相衔接。

第一阶段：1986～1990年，即国家的“七五”时期。这阶段的中心任务是：增强造血功能，启动内部经济活力；基本解决农民的温饱问题；打好治本脱贫的基础。

这阶段要实现的具体目标是：贫困户减少到20万户左右，极贫户减少到5万户左右；有30万左右的农户人均粮食在250公斤以上，人均纯收入在300元以上；抓好综合开发和行业发展的规划，普及推广适用科学技术，抓好人的观念转变和人的技能培训；在经济效益、社会效益、生态效益统一的原则下，兴办一批骨干基础产业。

第二阶段：1991—1995年，即国家的“八五”时期。这阶段的中心任务是：治穷治愚，改变落后的生活方式和自然经济的开发手段，根本解决农民温饱问题，商品经济关系得到较为普遍地推行。

这阶段要实现的具体目标是：贫困户减少到10万户左右，极贫户减少到2万户左右；有50万左右的农户人均粮食达250公斤以上，人均纯收入达300元以上；有十分之一的农户人均纯收入达500元以上。从教育对经济的适应力、经济对教育的承受能力的实际出发，在培养一定数量和层次的专门人才队伍的同时，坚决把重点放在发展、巩固提高初等教育方面；对中等职业教育进一步从体制、政策、需求进行研究和改革，调动各方面的办学积极性。适龄儿童在这一时期的入学率达到95%以上；万分之二的青壮年都有一技之长。大多数农户中有一个会当家理财的人；有10万左右的农民购销人员进入流通领域；建成一批支农工业、骨干乡镇和轻工企业。

第三阶段：1996～2000年，即国家的“九五”时期。这阶段的中心任务是：固本添后劲，以“贸工农”的发展方针为指导，加速农村商品流通，促进大农业的发展，农户实现脱贫。

这阶段要实现的具体目标是：进一步提高人的素质。实现由技能型到经营型的转变；实现产业结构、产品结构和资源的配置相对合理，使地下的、地上的资源优势形成一定规模的系列化生产，成为地区的经济支柱；农村户均建起二亩稳产高产田，户均建起一亩林果药杂园。户均出栏一头商品畜，户均转产转业劳力一个。

### 六、主要的战略对策

实施“治本脱贫”战略目标，要有以下几个方面的对策：

1. 科技对策。发展科学技术是实施治本脱贫战略的核心手段和主要支柱，必须放在首要位置上予以重视，使各部门各行业的发展都能建立在科技进步和科学管理的基础上，充分发挥科技威力。首先要在主体产业群中尽量采用适用、先进的生产技术和装备，努力提高管理水平，使之保持一个较先进的面貌，以保证企业的后劲和产品的竞争能力。同时，要积极普及适用科学，大力推广投资少，见效快的科技成果，用先进技术改造传统产业、传统工艺和传统产品。对“七五”期间国家、省、地区列入的“星火计划”，要实行项目、领导、技术人员、资金、物资五配套。在抓好骨干重点企业技术改造的同时，抓好先进技术向城镇和乡镇企业的转移。为此，要以高于全国全省的比例增加科技三项费用和技改资金的投入，以保证科技对策的执行。对农村中现有百万以上的高中、初中、小学毕业生，开展多轮、多轨、多层次的职业技术培训。制订行之有效的奖励办法和特殊政策，鼓励各类技术人员下乡、到企业，搞科技承包，推广科技扶贫。

2．结构改造方面的对策。实施“治本脱贫”战略，要继续进行产业结构调整。第一，总的思路是：要在工农业总产值中继续增大工业产值的比重，在工业总产值中继续增大轻纺工业、乡镇工业的比重；在大农业内部要增大畜牧业、副业、林业的比重；在种植业内部要增大经济作物的比重；在林业内部要增大经济林、果木林、速生丰产林的比重。在协调发展第一、第二产业的同时，特别注意发展第三产业，广辟就业门路。第二，实现这个产业结构调整政策要坚持两条：一是要搞好四个结合：把改革和建设有机地结合起来。把外延扩大和内涵挖掘有机地结合起来，把宏观控制和微观搞活结合起来，把计划指导和市场调节结合起来；二是积极创造好的投资环境，争取国家的投入，引进外资的投入，增加地方财政的投入，建立新的产业部门。第三，按照农业促工业、工业补农业、城镇带农村、龙头牵龙尾、外地促本地的设想，一方面在农村要强调绝不放松粮食生产，积极发展多种经营的方针，抓紧粮、烟、油、肥生产，大力发展草畜、林果、家禽等基地乡、专业村、专业户的建设；一方面对工业实行两个并重（外延扩大再生产和内涵扩大再生产并重），两个加快（加快城镇轻纺工业和乡镇工业发展），两个加强（加强供销队伍和市场的建设）的方针，使之到本世纪末全区有先有后、有主有次、有大有小地形成十个主体产业群。

一是烟草。形成从种烟、复烤、卷烟，以及与之相配套的彩印、纸箱等系列化生产。

二是畜牧。形成从种草、饲养、皮毛肉奶加工，以及饲料、服装帽鞋配套的系列化生产。

三是酿造。形成以名优产品为龙头的联合体，把原料生产、包装、玻璃制品业带动起来。

四是果和茶。形成从基地种植、收购、调运、加工系列化生产。

五是药材。形成栽培种植、野生采集、加工、配制系列化生产。

六是煤炭。对现有的小煤矿要统筹规划，合理布局，分期分批进行技改，扩大生产能力。积极做好前期准备工作，争取尽早开发织纳煤田，形成采煤、选煤、加工、转化系列生产。

七是冶炼。重点发展铁、锌、硫的开采、粗加工、精炼、成形的系列化生产。

八是化工。要以煤化工、硫化工、磷化工为重点，加快化肥厂、磷肥厂、复合肥厂、塑料薄膜厂等的改造扩建新建进程，逐步形成支农工业体系。

九是建材。要以水泥为重点，以现有企业为骨干，挖掘内部潜力，提高质量，增加水泥制品。特别要引导乡镇企业大搞建筑材料就地生产，就地满足城乡建设需要。同时要把大理石的开采、加工、出口逐步形成一条龙的生产系列。

十是旅游业。要把旅游业作为综合性的经济文化事业来办，对织金洞、百里杜鹃、草海、瓜仲河九洞天、总溪河等旅游区，要进行边开发、边建设、边开放、边受益的方针，并鼓励集体、个人发展旅游服务业。通过发展旅游业，带动旅馆、食品、交通、邮电、文娱、民族工艺品和其他第三产业的发展，促进对外开放和技术、经济的交流与合作。

通过上述主体产业群的逐步形成，实现工农结合、城乡结合、内外结合，使传统的产业得到改造和解体，使农副产品基地得到巩固和加强，使越来越多的企业加工产品向农村扩散，使粗加工向精加工发展，使务工经商办服务的农民不断增加，使贫困乡村得到一片一片的治理。

3．生态环境方面的对策。植树种草建设生态农业系统，这是我们的长远目标。为了控制水土流失，建立良好的生态环境，一是制订全面规划和小流域分期分批的治理方案，重点是建设乌江、南北盘江水土保持林体系。二是实行生物措施与工程措施相结合，以生物措施治理为主的方针。三是采取切实有效措施，加强林政管理，保护现有林木，严禁乱砍滥伐。四是进一步完善荒山、荒坡、荒水的承包经营责任制。五是抓好“三废”治理。

4. 保护农民种粮积极性的政策。地区经济社会发展战略能否顺利实施，粮食生产的水平是一个重要前提，要立足于不断提高自给的水平。因此，任何时候粮食生产不能有丝毫放松，要保证粮食稳定增长，“七五”“八五”“九五”时期各上一个新台阶。对此，一是要制定相应的政策，保护农民种粮积极性，逐年增加对农业的投入，改善生产条件。二是实行集约经营，提高粮食单产。重点抓良种推广，扩大绿肥种植面积，改革耕作制度，推广地膜覆盖。三是改造中低产田土，增加对土地的投入，加强植保工作。

5. 资金对策。我们是基础差、起点低的地区。“七五”以至到本世纪末，都必须保持一个略高于全国、全省的增长速度，这就要不断地增加新的投入。而从趋势看，资金紧缺的问题是我区今后一个较长时间的最大难题。其对策是：（一）“七五”期间经济的增长：工业主要依靠现有物质技术基础挖掘潜力，通过技术进步，提高企业素质来实现；农业上的增长，依靠科学技术和增加投入来实现。（二）根据国家建设大西南和治理开发乌江水系的总体布局，“七五”后期和“八五”期间我们要积极做好列项的前期准备工作。（三）采取正确的政策、措施，把社会闲散资金聚集起来，筹集起来，确保列项建设。

6. 人口对策。要实现治本脱贫战略目标，必须实行两手抓：把经济抓上去，把人口降下来。这关系到实现战略目标的成败问题，意义重大，影响深远。实现人口控制目标，一是进一步提高各级干部和群众对搞好计划生育工作的认识，要把实行计划生育和治本扶贫同等对待。二是落实中央、省、地有关计划生育政策，提倡一胎，严格控制二胎，坚决控制计划外二胎和多胎。三是搞好优生育。四是实行分级责任制、部门责任制。

7. 县级经济发展对策。县级经济在我区经济中占有很大比重，又是经济管理中非常重要、非常关键的基本层次。由于自然条件和历史的因素，我区县与县、区与区、乡与乡之间经济发展不平衡性较为突出。城镇周围矿产资源丰富的公路沿线，已初步形成工矿农经济区；平坝、浅丘地带，已初步形成粮油猪农业区；凉山初步形成畜牧经济区；界于半凉山和缓丘地带之间已初步形成山地农业经济区；河谷低热地带已初见经济、果木林区的端倪，这已形成的初具特色的基本经济格局和层次，为我们实行分类指导创造了条件。根据地区总体布局和产业政策的指导，县级经济的发展要把握住以下几点：一是要善于发挥自己的“比较优势”，建立具有水地特色的地区产业结构，实现产业向着“区域化、专业化”的方向发展；各县要在深化对县情认识的基础上，从自己的实际出发，抓住一个起点，选准一个发展社会主义商品经济突破口，从而开拓本县本区经济发展的路子。二是农村向商品生产过渡转化的一个重要方面是庭院经济，是最有活力的生长点。要大力培植，充分发挥它的传导作用，逐步形成互相依存、互相促进、纵横交错的产业带。三是要加快农村集镇建设。这是发展商品经济，建设精神文明的一个重要方面。四是县级经济综合管理，是整个国民经济管理的关键层次，一定要注意管理的科学化、民主化，下功夫把县级管理搞好。

8．宏观控制对策。在实施整个战略规划的过程中，要进一步加强对经济的宏观控制，逐步建立和完善直接、间接控制手段，加强计划管理，组织综合平衡，使地区经济社会的发展始终坚持社会主义方向，走有中国特色的社会主义道路，发展有计划的社会主义商品经济。为此，一是要进一步研究强化审计、工商、财政、税务、物价、银行和司法等部门的职能，充分发挥经济杠杆的作用。二是建立和完善农村合作经济组织，加强农村合作组织在组织生产、发展经济、完成国家计划任务的职能。三是在财政体制改革中，要努力把区乡两级财政建成实体。使这两级既重视和研究生财、聚财和用财之道，又随着经济的发展、财力的增长，逐步成为具有协调和调度资金的能力，为搞活地方经济积累资金。

9．组织领导方面的对策。加强组织领导，这是实施治本脱贫战略的保证。对此，一是要在经济体制改革和政治体制改革的过程中，切实把经济管理体制理顺，逐步建立和完善有利于发展社会主义商品经济的管理机制，机构设置要适应经济工作的需要，要使职能部门真正起到组织领导、督促检查以及服务生产、基层和群众的作用。二是要继续依靠政策的威力。实现我们的经济、社会发展目标，要从地情出发，根据各个时期的变化情况创造性地执行党的方针、政策，拟定相配套的政策、措施，对经济、科技、社会发展进行宏观指导、控制和调节。三是有组织、有领导地分期分批把党政干部、科技干部派到乡村定点扶贫治本，定点去兴办、领办企业，解决发展商品经济的启动力问题。四是在工作方法上把治本脱贫作为一项系统工程来对待，采取分阶段、分类型、列项目、办工程、建基地的办法进行具体实施。

# 中共毕节地委　毕节地区行署
# 关于建立开发扶贫生态建设试验区的报告

省委、省政府：

为探索岩溶地区开发扶贫、生态建设的新路子，我们经过不断认识和实践，曾将一些想法向中央和省的一些领导作过汇报。最近，省的领导和有关部门提出了在毕节建立开发扶贫、生态建设试验区的设想，这完全符合我区实际，充分体现了全区各族人民的心愿。为论证其可行性，省委、省政府于年初派出考察组来毕专题考察，听取了我们的意见和建议，之后，省委召开会议讨论并发了纪要，苏钢、乔学珩同志又带领有关部门的同志来毕进行专题研究，使我们对这一问题加深了理解和认识，增强了信心和决心。现将建立开发扶贫、生态建设试验区的意见报告如下：

## （一）

我区位于省的西北部，是乌江、北盘江的发源地，全区辖8 个县（含一个民族自治县），总面积2.68 万平方公里，总人口558.86 万，其中少数民族人口占25.3%。平均海拔 1400 米，岩溶广布，河谷深切，山高坡陡，全区岩溶面积占总面积的62%，是典型的喀斯特山区。

解放以来，特别是党的十一届三中全会以来，全区各族人民经过艰苦奋斗，经济社会发生了深刻的变化。人民生活水平有了较大的提高。但是，贫穷落后的状况依然没有得到根本改变，与先进发达地区差距还在扩大，生态恶化的状况还没有得到根本改善，不少地方仍在加剧。1985 年，全区有6 个县被国家列为贫困县，有连片的贫困乡622 个，贫困人口413 万多人，经过1986～1987 两年的扶贫，至今仍有315 万人尚未解决温饱。一般年景，有147 万多人、120 万头牲畜饮水困难。1987 年，全区人均工农业总产值288.9 元，相当于全省的54.7%，全国的22.9%；农民人均纯收入仅为全省人均的52.9%，全国的38%；全区1987 年平均人口密度209 人/平方公里，文盲半文盲约占总人口的50%。由于人多粮缺，开发手段原始，导致生态严重恶化，全区山地占总面积的93.3%，垦殖指数高达46.4%；森林覆盖率8.9%；水土流失面积占总面积的52.6%，侵蚀模数高达4927 吨/ 平方公里，每年外泄的泥沙6900 多万吨，裸石山地已达230 多万亩，既危害当地人民群众的生产和生命财产安全，又殃及长江、珠江中下游地区。人口多、植被破坏、边远闭塞引起的恶性循环互为因果，形成在短期内难以治愈的贫困“综合症”。

我区目前虽然还是一个贫困的地区，但资源丰富，潜力较大，具有广阔的开发前景。全区宜烟面积513 万亩，有5 个县被列为全国基地县，近几年烤烟产量为全省的40%；宜牧面积750万亩，有5 个县被列为全国畜牧业基地县。全区1987 年有绵羊34 万只，占全省总数的90% 以上；宜林面积约1100 万亩，有5 个县被列为全国核桃生产基地县，7 个县被列为生漆生产基地县，威宁自治县被列为南方水果生产基地县；全区有40 多个矿产品种，其中煤的保有储量226亿吨，占全省储量的46.7%。铁矿、铅锌、大理石、磷矿、硫铁矿、重晶石、铝矾土等储量也很丰富；水能资源可开发量为117 万千瓦，现仅开发5.38 万千瓦；高原风光、伏流溶洞、革命纪念地旧址、民族风情构成了独特的旅游资源。从经济社会环境来看，党和国家已把扶持开发贫困地区经济提到重要议事日程，乌江流域的治理和开发已被列入国家中长期规划，这对我区开发扶贫、生态建设是个极好的机遇。面对贫困的现实，我区干部、群众正视落后、不甘落后，改变落后面貌的愿望十分强烈。但是，由于过分集中的现行体制，使区域缺少必要的自主权，加之底子薄、基础差、资金缺、投入少，束缚着生产力的发展，影响制约着经济建设的进程。为了加快开发扶贫、生态建设的步伐，改革探索新的路子，特请求省委、省政府批准建立毕节地区开发扶贫、生态建设试验区。

## （二）

开发扶贫、生态建设是一个宏大的系统工程。我们的指导思想是：认真贯彻党在社会主义初级阶段的基本路线，进一步解放思想，深化对区情的认识，加快和深化改革，实行区域决策，促进经济社会的发展，寓生态建设于经济开发之中，把生产搞上去，把人口控制住，为我区脱贫致富和建设一个良好的生态环境探索一条新的路子。在这个思想指导下，以发展农村经济为基础，以发展多种经济成分特别是发展集体、合作、个体、私营经济为主体，以发展乡镇企业、烟草业、畜牧业为突破口，运用价值规律，发挥税率、利率、汇率的调控作用，加速商品经济的发展。同时，随着生产力的提高和经济实力的增强，不断增加生态建设的投资，有计划有步骤地对生态环境进行治理，抓好经济开发保证生态建设；搞好生态建设促进经济开发。我们的主要设想是：

在开发扶贫方面，以解决温饱、富裕农民为出发点，以深化城乡改革为动力，推动产业结构、产品结构和所有制结构的调整，重点开发资源、能源、交通、智力，逐步形成烟草、畜牧、煤炭、冶炼、化工、建材、酿造、茶果、药材、旅游十大产业群体，通过这些开发，增强农业基础，使广大农民的贫困状况得以改变。

在生态建设方面，以经济效益保生态效益，以生态效益促经济效益的思想为指导，坚持以短养长，草、灌、乔结合，山、水、林、田、路综合治理的原则，因地制宜地实行生物措施和工程措施相结合，以生物措施为主的治理办法，按流域，划片区，分缓急按工程项目的程序进行治理，搞好农田基本建设，提高单位面积产量，治好山上保山下，山下增收补山上，达到以退促进、稳步发展的目的。

总之，坚持在改革中试验，在试验中改革，通过改革突破一些现行体制，解放社会生产力。通过经济开发激活内部细胞，增强自我发展能力；通过生态建设改善生产条件，增添经济发展后劲；通过开放引进资金、技术、人才，加速商品经济的发展。到本世纪末，区内资源较多地得到合理开发利用，经济社会发展实力得到增强，农民的温饱问题得以解决，部分人进入小康，少数人达到富裕，人为的生态破坏得到控制，生态环境开始进入良性循环。

## （三）

建立开发扶贫、生态建设试验区，主要的不在于向国家要很多钱，而是扩大区域自主决策权，给予优惠的特殊政策，总的要求是：凡有利于促进生产力发展的政策措施，允许试验区制定试行；中央和省对地区的各种专项补贴不低于或略高于全省的人均水平；试验区上解中央和省的各项收入尽可能地多留给试验区；从开发扶贫、生态建设出发，中央和省优先安排一批重点项目，主要有以下几个方面：

1. 计划管理。3000 万元以下的生产性项目、1000 万元以下的非生产性项目下放给地区审批；凡属区内自筹或引进的资金，不受国家固定资产投资规模的限制；省和国家给地区的基建、技改投资及物资以1987 年为基数，今后按国家、省的增长比例增长；国家分给省的车皮计划数，参照毕节地区工农业产值占全省比例或以1987 年实际使用数切块给地区统筹安排使用，今后随省的计划增加而相应增加；区内大中专学校，可根据经济社会发展的实际需要自行调整专业、自定招收名额。

2. 财政税收。省和国家给地区的各种专项资金，本着系统不变，讲求效益的原则，由地区统筹安排使用。省给地区的财政补贴以1987 年的实际补贴为基数，今后中央和省新增补贴按比例增加，试验区内的贫困县，仍享受其待遇，扶贫资金按贫困人口比例切块给毕节安排使用，今后中央和省出台的各种改革项目补助，试验区仍同样享受，“两烟”产品税的新增部分，中央、省不再分成，全部留给地区，或省的部分留给地区，中央部分减半上缴。区内烟草企业所得税调节税全部留给地区或二八分成，地区得八。农业税加价收入部分全部留给地区。赋予地区省级的税收减免权。

3. 农副产品购销。粮食在不发生特大自然灾害的情况下，以1987 年计划内的实际调入数为基数，稳定调入，补贴渠道不变。区内不实行粮食定购，公粮实行依率计征、依法减免，产、购、销放开，价格变双轨制为单轨制，变暗补为明补。烟叶以1987 年实际收购和上调数为基数，增收部分调省20%。除上调部分外，允许地区自行处理，省烟草公司下放运输审批权，允许试验区的烟草企业自主开展横向联系。上调省的烟叶，调入单位给予生产扶持费和物资。

4. 金融。给试验区银行以省分行大致相同的权限。允许试验区自主确定信贷规模、贷款方向和贷款利率。贷款额以1987 年为基数，今后每年按20% 递增。在保证存款提取、流动资金合理需要和农副产品采购资金需要的前提下，多吸收的存款和多收回的贷款可以用于发放流动资金，也可用于发放固定资产贷款。鉴于试验区资金紧缺，允许并帮助试验区建立各种形式的地方金融组织，开展多种形式的金融业务。中央规定的存款准备金比例减半执行，国家发行的重点建设债券，予以减免。

5. 外贸。扩大外贸自主权，赋予地区省级的进出口经营权，500 万美元以下的由地区审批签约，自担风险。属中央专管出口经营的商品，要求中央下放试验区经营，或由国家外贸部门统一谈判签约，地区执行，所创外汇要求全额留成，或省的分成部分留给试验区，中央部分减半分成。允许外地和国外个人、企业到试验区合资、独资开矿办厂、建路办电、开发荒山水面等开发性产业，在税收、土地使用费等方面，参照沿海特区办法给予优惠照顾。所需大宗配额资金，要求中央和省有关部门协助解决。

6. 劳动工资。试验区实行工资总额与综合经济指标挂钩，凡属全国、全省性工资福利调整，试验区照常执行。区内开放劳务市场，积极组织劳务输出。

7. 政治体制改革。本着经济体制改革和政治体制改革配套、协调进行的原则，按照十三大精神，结合我区实际，参照外地经验，首先在机构设置、人员编制、组织人事、党政分开等方面进行政治体制改革。为使试验区各项改革协调进行，要求将垂直系统在我区设立单位的人事管理权下放地区。

## （四）

建立开发扶贫、生态建设试验区是一项新的工作，任务重、头绪多、摩擦大，请求省委、省政府设立专门小组给予指导、帮助。我们将组织专门班子研究制定实施方案，努力做好改革试验的准备工作。

特此报告，请予审批。

1988年3月20日

# 中共贵州省委　贵州省人民政府
# 关于建立毕节地区开发扶贫生态建设试验区的请示

国务院：

我省属典型的岩溶山区。一个贫困和生态恶化，仍严重地困扰着我省经济社会的发展。全省农民人均纯收入不足200 元的贫困县有31 个。经过近两年的工作，这些县虽然又有193 万贫困人口解决了温饱，但仍有600 多万人处于贫困境地，约占全省农村总人口的25%；全省国土面积17.6 万平方公里，水土流失严重的县有33 个，流失面积已由五十年代的3.5万平方公里扩大到5万平方公里，每年约有7000 万吨泥沙流入长江、珠江。解决贫困和生态恶化这两大问题，是我省广大干部、群众的迫切愿望，也是关系到全省经济社会发展的战略问题，急需采取特殊措施加以综合治理。但在目前情况下，如果全面展开，同步治理，一是财力难以承受，二是缺乏经验。为此，我们打算变全面推进为重点突破，选择典型地区进行改革试验，探索岩溶地区开发扶贫、生态建设的新路子。这对于我省乃至整个岩溶地区都具有现实的示范作用。据此，我们建议把我省毕节地区作为全国岩溶地区开发扶贫、生态建设的试验区。

## 一、必要性和可行性

毕节地区是我省水土流失最严重的地区，也是全国最贫困片区之一。全区8个县，有6个被列为贫困县，总面积2.68 万平方公里，其中山地占93.3%，平均海拔1400 米；总人口558.86 万，其中少数民族人口141万，占25.3%；平均人口密度达209 人/每平方公里，至今仍有315 万人、约60 万户尚未解决温饱问题。一般年景，有147 万人、120 万头牲畜饮水困难。1987 年，全区人均工农业总产值288.9 元、人均粮食产量不足200 公斤，农民人均纯收入184 元，文盲半文盲约占50%。由于粮食紧缺，陡坡开荒严重，垦殖指数已高达46.4%，森林覆盖率仅占8.9%，水土流失面积占总面积的52.6%、侵蚀模数高达4927 吨/ 每平方公里，裸石山地已达230 多万亩，是我省开发脱贫和生态建设中最难啃的一块硬骨头。

毕节地区目前虽然还很贫困，但资源丰富，具有广阔的开发前景。全区宜种烤烟面积513 万亩，烤烟产量已占全省的40%，有5 个县被列为全国烤烟基地县；宜牧面积750 万亩，威宁自治县被列为全国畜牧业基地；宜林面积1100 万亩，毕节县、威宁自治县被列为全国核桃生产基地县，大方县被列为全国生漆生产基地县；该地区内探明的矿产品种有40 多个，其中煤的保有储量226 亿吨，占全省的46.7%，铁矿、铅锌、大理石、磷矿、硫铁矿、重晶石、铝矾土等储量也很丰富；水能资源可开发量为117 万千瓦，现仅开发了5.38 万千瓦；高原风光、伏流溶洞、革命纪念旧址、民族风情等，构成了独特的旅游资源。

开发以上资源，从发展趋势看，到20世纪末，全区可先后形成大小不等的十个主体产业群：

（一）烟草，形成从种烟、复烤、卷烟，以及与之相配套的彩印、纸箱等系列化生产。

（二）畜牧，形成从种草、饲养、皮毛肉奶加工，以及饲料、服装鞋帽配套的系列化生产。

（三）酿造，形成以名优产品为龙头的联合体，把原料生产、包装、玻璃制品业带动起来。

（四）果和茶，形成基地种植、收购、调运、加工系列化生产。

（五）药材，形成栽培种植、野生采集、加工、配制系列化生产。

（六）煤炭，形成采煤、选煤、转化系列化生产。

（七）冶炼，重点发展铁、锌、硫的开采，形成粗加工、精炼、成材的系列化生产。

（八）化工，以煤化工、硫化工、磷化工为重点，逐步形成支农工业体系。

（九）建材，以水泥为重点，就地满足城乡建设需要；大理石的开采、加工、出口可逐步形成一条龙的生产系列。

（十）旅游业，织金洞、百里杜鹃、草海、九洞天等旅游区正在开发。通过发展旅游业，带动其他产业的发展，促进对外开放和技术、经济的交流与合作。

当前，烟草业已经发展为毕节地区的支柱产业；畜牧、煤炭、冶炼等发展势头好，可先行开发，先期形成优势。

现在，党和国家已把贫困地区经济开发提到重要议事日程，乌江流域的治理和开发被列入国家中长期规划，这对毕节地区开发扶贫、生态建设是个有利的机遇。毕节地区各级领导和广大群众正视落后，但不甘心落后。近几年，他们从实际出发，大胆改革，在脱贫致富和生态治理上积累了一定的经验。

综上所述，将毕节地区选定为开发扶贫、生态建设试验区，使他们在极为困难的条件下努力探索一条加快开发扶贫、生态建设的新路子，既有必要性，又具有可行性。同时，又可与乌江的开发形成一个大的系统工程。

## 二、指导思想、试验内容及目标

毕节试验区目前主要是解决温饱和启动商品经济发展的问题。整个试验旨在加速开发脱贫、实现生态良性循环这一根本目的，采用一切有利于摆脱贫困落后的政策和措施，以发展农村经济为重点，严格控制人口增长，寓生态建设于经济开发之中，逐步实现以经济开发支持生态建设，以生态建设促进经济开发。

试验内容的初步构想：

（一）充分运用经济手段、法律手段和必要的行政手段，建立宏观控制下的市场型经济运行机制。主要包括：压缩指令性计划，扩大市场调节的范围，推动产业结构的调整；尽可能放开粮食和其他农副产品价格，调动农民发展商品经济的积极性；建立资金、劳务、技术和生产资料市场体系，促进生产要素的优化组合；理顺财政、信贷、税收相互之间和各自内部的关系，更好地发挥调控作用。

（二）充分发挥多种经济成分的功能，大力发展集体经济、个体经济、私营经济和联合经济。主要通过放宽政策，创造一个激励经济发展的良好环境，以调动生产者和经营者的积极性，增强其自我发展的能力，尤其要起用能人，发挥能人效应，带动群众发展商品经济。

（三）改救济扶贫为开发扶贫，加快解决温饱步伐。扶贫工作要变行政行为为经济行为。

试验区建立扶贫开发总公司，负责资金管理，项目的评估和工程的验收等，提高投资效益。

（四）积极推进大跨度的横向经济联合，以开放促开发。拓宽贫困地区经济开发的思路，寻求一条实现区域优势互补，东西部共同繁荣的途径。应用经济的办法，通过资源吸引、政策吸引和资金引导，实现发达地区的技术、人才向试验区流动；试验区资源、劳动力向发达地区流动。积极改善投资环境，吸引外部资金到试验区从事多种形式的经济开发。

（五）加速岩溶地区生态建设。全区水土流失严重，急需治理的荒山600万亩、陡坡耕地400万亩。可采取规划一片、治理一片的办法，由易到难，渐次推进，计划用10 年或略长的时间完成。主要措施是：按项目组建水土保持、生态建设经济实体，筹建生态建设基金，把治理和经营结合起来，做到边治理边收益；国家补助种苗费，发动群众投工投劳，种树种草，退耕还林还牧；在适宜耕种地区建设基本农田，推广适用技术，提高单产；积极营造防护林，同时加强非耕地资源的合理开发，保证农民收入稳步增加。

通过试验，争取到20 世纪末人均工农业总产值达到800 元以上，农民人均纯收入达到500 元左右。林草覆盖率达到60%，生态环境开始步入良性循环，为21世纪的经济起飞打下扎实基础。实现这一目标，设想分三步走：

第一阶段，到“七五”期末，基本解决群众温饱，贫困户减少到20 万户左右；基本停止人为的生态破坏；普及推广适用科学技术，兴办一批骨干基础企业。

第二阶段，到“八五”期末，绝大多数农民实现脱贫，商品经济有较大的发展，农民人均纯收入达300 元以上；生产力布局初步得以合理调整；不宜耕种的瘠薄陡坡耕地基本退耕还林还牧，一批支农工业、骨干乡镇企业逐步建成。

第三阶段，到本世纪末进入宽裕型。商品经济有较大发展，产业结构、产品结构和劳动力结构的配置相对合理；区内资源较多地得到开发利用，形成一定规模的系列化生产。

### 三、配套政策和改革措施

在岩溶地区进行开发扶贫、生态建设，是一项宏大的系统工程，需要长期不懈的努力，进行综合治理。为创造良好的试验环境，省拟对试验区采取如下配套政策和改革措施：

（一）农副产品购销。正常年景，粮食以1987 年计划内的实际调入数为基数稳定下来，补贴金额不变；烟叶以1987 年实际收购和上调数为基数，增收部分调省30%，在完成上调任务后，外调烟叶，省烟草公司予以放行，增调省的烟叶，调入单位给予生产扶持费。

（二）补贴和专项资金。省给地区的财政补助以1988 年调整后的补助数为基数，定额包干，一定三年不变。今后中央和省新增的补贴同样享受。省级各部门的各种专项拨款，不因试验区实行定额补贴包干而有所减少。给试验区的扶贫资金按贫困人口比例切块下达，扶贫项目由试验区审批，报省备案。

（三）财政税收。烤烟产品税新增部分，省的分成继续让给试验区，并从1988 年起，省减少卷烟产品税新增部分的分成；农业税加价收入、土地占用税等，省的分成部分全部留给试验区。上述各项资金，列为试验区开发扶贫、生态建设基金。把省级的税收减免权下放给试验区。

（四）金融。给试验区银行以省分行大致相同的金融机构设置和贷款审批权。贷款额以1987 年为基数，到“八五”期末，每年递增幅度略高于全省平均水平。在保证存款提取、流通资金合理需要和农副产品采购资金需要的前提下，多吸收的存款和多收回的贷款，可以用于发放流动资金，也可用于发放固定资产投资贷款。经省批准，区内企业和重点建设项目可在省内发行股票。

改革农村信用社经营体制，信用社放开自主经营。

（五）外经。放宽利用外资政策，500 万美元以下的引进项目由试验区审批、签约，自担风险，自求平衡。

（六）劳动工资。区内开放劳务市场，实行劳动（聘用）合同制，企业有用工、招工自主权。试验区实行工资总额与综合经济指标挂钩浮动。对科技人才实行更加优惠的政策。凡属全国、全省性工资福利调整，试验区照常执行。

（七）计划管理。在资金、能源、原材料自求平衡的条件下，3000 万元以下的生产性项目、1000 万元以下的非生产性项目（不包括楼堂馆所）下放给试验区审批，其中300 万元以上的项目报省备案。区内大中专学校，可根据经济社会发展的实际需要，自行调整专业、制定招生名额报省备案。

（八）政治体制改革。为与经济体制改革相配套，试验区可在机构设置、人员编制、组织人事、党政分开等方面先行改革。

总之，凡有利于促进生态建设和生产力发展的政策措施，都允许试验区制定执行。

## 四、请求中央帮助解决的几个问题

（一）请给试验区以资金扶持。建议：①在1995 年以前，请国家银行每年给试验区新增扶贫开发贷款5000 万元；②“两烟”税超上年基数和农业税加价收入的中央分成部分，返还给试验区扶贫开发总公司，作为开发扶贫、生态建设基金，滚动使用；③中国农村信托投资公司以及中央一级专业开发公司，在开发投资方面予以支持。

（二）建议国务院有关部门在安排解决贫困地区人畜饮水、以工代赈修路、建设农林牧商品生产基地和一些支农工业骨干项目时，尽可能多地给毕节试验区一些照顾。试验区基本建设投资的超规模部分，不占全省的基本建设投资规模。

（三）为支持试验区发展金融市场，建议中央银行规定的存款准备金比例允许减半执行。国家发行的重点建设债券，予以减免。

（四）扩大试验区外贸自主权。建议经贸部赋予试验区以省级的进出口经营权，自主经营，自负盈亏，外汇金额留存，自求平衡。请经贸部每年在省的配额计划之外，给试验区部分煤和锌的出口配额计划。试验区外汇金额留存后，请中央相应扣减我省向中央上缴的出口收汇承包基数。

（五）为鼓励外国和港澳台地区的个人、企业到试验区合资、独资从事开矿办厂、建路办电、开发荒山水面等开发性产业，建议在税收、土地使用费等方面，允许毕节试验区参照沿海特区办法给予更加优惠的照顾。鉴于试验区进行改革的内容与现行管理体制摩擦较大，建议国务院授权给毕节地区以改革的自主权；并指定一综合部门负责试验区的指导和协调工作。我省主要负责同志将亲自抓，并设立专门小组，负责有关的联络工作。

以上请示当否，请批复。

1988 年5月26日

# 在毕节地区开发扶贫、生态建设试验区工作会议结束时的讲话

中共贵州省委书记　胡锦涛

（1988年6月8日）

同志们：

省委、省政府召开的毕节地区开发扶贫、生态建设试验区工作会议开了三天。会上，毕节地委、行署的负责同志汇报了建立试验区的准备工作情况。省、地两级的同志本着发扬民主、集思广益的精神，就建立试验区的总体设想、建设思路问题展开了热烈的讨论，对配套政策进行了认真的审议，对加快试验区建设的步伐提出了许多好的意见。会议开得是好的，达到了预期的目的。

通过这次会议，首先使我们进一步深化了建立毕节试验区必要性的认识。建立开发扶贫、生态建设试验区的设想，是在学习、贯彻十三大精神过程中逐步形成的，是进一步解放思想、深化改革的产物。我省是全国最贫困的省份之一。党的十一届三中全会以来，我省经济社会有了很大的发展，但由于经济基础薄弱，各种客观条件的制约，再加上我们工作的原因，使我省与全国特别是东部地区的差距越来越大。就省内而言，一个贫困，一个生态恶化，仍然是严重困扰我省经济社会发展的两大突出问题。实践告诉我们，在同样的政策条件下，贫困地区与发达地区在经济社会发展上存在着效益上的差距，其结果将是地区间差距的扩大，如果不清醒地看到这一点，并相应采取有力措施的话，贫困地区将会更加落后。面对这一现实，通过对过去工作的反思，提出了用灵活的梯度政策来弥补日益扩大的效益差距，探索我省经济社会发展新路子的问题，也就是说，要以改革总揽全局，坚持从贵州的实际出发，坚持生产力标准，采取一切有利于消灭贫困落后的特殊措施。探索解决贫困和生态恶化的新途径。为此，省委、政府决定变全面推进为重点突破，选择典型地区进行改革试验，提出把毕节地区作为开发扶贫、生态建设试验区。

这次我到黔西、大方，正威同志到了织金、纳雍，无论是沿途接触到的干部，还是这次到会的地区领导和部门同志，大家都赞成、拥护建立毕节地区开发扶贫、生态建设试验区。特别是基层的同志反响很强烈，要求很迫切。这说明，建立试验区的决策是符合毕节地区实际的，是反映了毕节地区广大干部、群众的愿望的，正在成为鼓舞干部、群众向贫困和生态恶化作斗

争的精神力量。

这次会上，大家还认真审议了试验区的一系列配套政策。由于坚持了“进一步解放思想、进一步深化改革、进一步发展生产力”的总思路，本着“发扬民主，协调一致，各方配合，互相默契”的精神，着重在政策的用足用好、灵活变通上下功夫，工作进展比较顺利，各方面也都比较满意。总的看，已经审定的各项政策体现了十三大加快改革开放的总方针，体现了贫困地区要实行更加灵活、更加优惠的政策的思路，比较符合毕节的实际，有利于毕节生产力的发展。当然，由于建立开发扶贫、生态建设试验区是一项开创性的工作，我们也尚处在摸索之中，所提方案自然不可能尽善尽美，还需要在实践中进一步充实，进一步完善。特别是有利于扶贫和生态建设方面的政策还需进一步强化，但只要我们敢于实事求是，大胆探索，勇于实践，就一定能够逐步摸索出一条贫困山区开发扶贫、生态建设的新路子。

同志们：经过前段时间的酝酿准备，加上这次会议所做的工作，建立试验区的条件已经基本具备，序幕已经拉开。这次会议后，毕节试验区就要由准备阶段转入起步阶段。如何把试验区的工作迅速展开?如何加快试验区的建设步伐呢?刚才，省里几位领导同志讲了许多好的意见，下面我再讲几点看法：

**第一，牢牢把握开发扶贫、生态建设这个主题**

毕节地区是开发扶贫、生态建设的试验区。这是毕节地区的情况所决定的，也是毕节试验区与全国的其他特区、开放区所不同的。全国的所有的特区、开放区都是作为对外开放的前沿地带、采取出口导向的经济战略，以发展外向型经济为目标；而毕节地区作为内陆边远山区，则是以市场为导向，发挥资源优势，以发展商品经济为目标；特区、开发区是解决经济起飞、先富起来的问题，而我们则是改变贫困面貌，继续解决温饱问题。我们必须对毕节试验区的目标、任务，特别是对自身的特点有清醒的认识，牢牢把握开发扶贫、生态建设这个主题。在学习、借鉴先进地区的经验时，不可能，也不应该照抄照搬沿海开放地区的做法和模式，这不仅仅是思想方法、工作方法问题，从某种意义上说，也是决定试验区工作成败的关键问题。

牢牢把握开发扶贫、生态建设这个主题，就要针对全地区有三百万农村人口温饱问题没有彻底解决这一现实，采用一切有利于摆脱贫困、落后的政策和措施，加快资源开发，加速劳动力转移，大力发展商品经济，逐步实现绝大多数农民脱贫的目标。要针对全地区水土流失面积已占总面积的一半以上的现实，采取强有力的措施，全面规划，综合治理，把生态建设和经济开发紧密结合起来。尽快停止人为的生态破坏，并逐步走向生态的良性循环。如果这两大目标都能如期实现，那就表明试验区的改革试验是成功的，工作是卓有成效的。如果没有实现，那就说明试验区的任务没有完成。

要实现这两大目标，任务是很艰巨的，这就需要在统一认识的基础上，强化对开发扶贫、生态建设工作的领导；强化有利于开发扶贫和生态建设的政策；有倾斜度地安排开发扶贫和生态建设的资金投入和技术投入；动员各方面的力量，努力把开发扶贫和生态建设的工作落到实处。

**第二，以改革总揽全局，加快改革的步伐**

开发扶贫、生态建设的试验区，首先必须是加快和深化改革的试验区，要实现自然经济向商品经济的转变，必须改革束缚商品经济发展的僵化体制；要实现由救济扶贫向开发扶贫的转变，就要改革扶贫方式和扶贫工作；要实现生态恶性循环向良性循环的转变，就要以改革的精神推进生态建设，因此，改革是加快经济发展的动力，也是开发扶贫、生态建设的动力。

在制定、落实更加灵活和更加优惠的政策，改善外部环境的同时，必须引导企业和有关方面，把注意力放在深化内部改革，激发内在活力，改善经营机制。没有这一点，再好的政策也难以发挥出应有的效益。

经济体制改革，包括农村、企业、金融、外贸、宏观经济管理等各个方面。省委、省政府都有了部署，这里不再重复，只想强调一下运用价值规律的问题。

我省的生产力发展水平低，不仅表现在人均生产水平上，而且表现在商品化的程度上，商品经济不发达，在农村仍然是自然经济和半自然经济占主体，这也是我省经济的一个重要特征，这方面毕节地区恐怕就更为突出，因此发展社会主义商品经济的任务就更加艰巨。这就更加需要注意发挥价值规律的作用。认为商品化程度低，价值规律起不了作用的认识是不正确的。价值规律是最有效的指挥棒，愈是商品经济不发达，就愈要自觉地借助于价值规律的力量，去推动和激发商品生产的发展。由于我们在价值规律的运用上还不熟悉，这就有必要进一步提倡学习价值规律，运用价值规律，上好价值规律这所大学校。

还有发展多种所有制经济的问题，已经作为试验区建设的重要指导原则确定下来，能不能取得突破性的进展，固然有政策引导的问题，这一方面应该说已初步得到了解决，更重要的是解决观念和习惯势力的问题，首先把各级干部的思想观念问题先解决好，特别是领导干部，只要不再两眼盯着全民，多种经济成分就可以发展起来。

**第三，注意智力开发和培养、引进人才**

党的十三大明确提出了“使经济建设转到依靠科技进步和提高劳动者素质的轨道上来”这也是建设试验区必须坚持的战略思想。从毕节的实际情况看，技术落后，管理落后，劳动者素质较低是导致经济落后的重要原因。反过来说，进行智力开发，提高科技和管理水平，又是提高经济效益的决定性因素。在试验区工作逐步展开后，能否有效地解决人才短缺的矛盾，将从根本上制约试验区工作的进程。因此，加强智力开发，注重培养人才、引进人才已经到了刻不容缓的程度了。

这次会上，已经审议了关于人才问题的两个暂行规定，一个是引进人才的；一个是鼓励行政、事业单位人员下基层、到企业去的，希望通过这两个文件的贯彻，在全地区进一步造成尊重知识、尊重人才的环境，充分调动广大知识分子和各类人才的积极性。

随着城乡商品经济的发展，各地都涌现出了一批有胆略、有魄力、懂生产、会经营的商品生产经营者，他们当中的一些人已经成长为名副其实的企业家，他们是发展社会主义商品经济的带头人，是新的生产力的代表。一定要正确对待他们，充分肯定他们在改革和发展商品经济中的开拓精神，对他们的缺点和失误，要真心诚意地教育和帮助。要善于发挥“能人效应”，力求用好一个能人，带动周围一片，形成一个有利于改革探索，有利于发展社会主义商品经济的良好社会环境。

要十分注重提高全体劳动者的素质。在企业，要加强职工的全员培训，特别是新建企业，一定要对新职工提前进行必要的政治、业务培训，不符合条件的不准上岗。在农村，要加强应用科学技术知识的普及，加强乡土科技人才的培养和使用，促进农业生产由粗放经营向集约经营的转变。

要把发展教育事业放在突出的战略位置上来，从毕节的实际出发，要在大力加强基础教育，努力提高教学质量的同时，重点发展职业技术教育，培养大批的初级技术人才，以适应试验区建设的需要。

第四，要全方位扩大开放

从实现开发扶贫、生态建设的目标出发，从大力发展社会主义商品经济的要求出发，从全国发展外向型经济战略的形势出发，都必须彻底改革长期形成的封闭格局，实行全方位开放。只有这样，才能缓解开发、建设过程中人才、资金、信息短缺的矛盾，借助外力，加快开发扶贫、生态建设步伐。

要进一步解放思想，树立全方位开放的意识。坚决抛弃满足现状、夜郎自大、自我封闭的自然经济观念；坚决克服“怕吃亏”“怕当殖民地”“怕肥水流入外人田”的小生产狭隘观念；从思想上解决好让利于外、让利在先的问题，形成有利于扩大开放的舆论环境。

实行全方位开放，当然包括向国外开放。从目前毕节的实际出发，要着重抓好投资环境的改善，同时对已确定的援助项目和外商有投资意向的项目，要加快科学论证，搞好协调服务，提高办事效率，力求搞一个，成一个，以树立良好的信誉，为今后进一步扩大对外开放创造条件。

实行全方位开放，当前主要还是向国内、省内开放，要充分利用已经制定的优惠政策；充分利用地区的优势资源；充分利用已有资金作导向，大力发展多层次的横向经济联合，特别是发展和沿海地区大跨度的横向经济联合。要充分发挥现有渠道的作用，例如中央统战部、国家民委、各民主党派中央、全国工商联已确定把毕节地区作为智力支边联系区，愿意提供扶持和服务；国务院贫困地区开发办，也成立了服务中心，进行项目评估，并安排解决发达地区和贫困地区联合开发项目所需贷款；工会系统也在大方搞技术扶贫。所有这些，都要逐项落实，务求实效。

第五，要发扬艰苦奋斗、扎实苦干的精神

随着试验区工作的逐步展开和生产力的发展，要基本解决贫困人口的温饱问题，广大群众的生活也会进一步得到改善，这是毫无疑问的。但必须向广大干部、群众讲清楚，我们是在全国最贫困的地区搞试验，是在进行开发扶贫的试验，绝不能期望像沿海发达地区那样，经过不太长的时间就能使大家都富裕起来。各级干部、特别是领导干部要树立长期艰苦奋斗的思想，带领群众谱写毕节地区艰苦创业的历史。要集中更多的资金用于开发扶贫、生态建设，用于包括电力、交通在内的基础设施建设。对楼堂馆所的建设，一定要按照规定严格管理。各项管理权限下放以后，地、县的权力大了，但责任也重了。一定要坚持民主决策、科学决策，完善必要的议事程序，坚决防止盲目决策、瞎指挥，防止乱铺摊子，防止铺张浪费。

中央领导同志多次强调，经济要繁荣，党政机关要廉洁。这是一条重要的指导方针，一定要全面理解，正确把握。为了有利于生产力的发展，我们从贵州的实际出发，制定了一系列的政策、措施，鼓励党政机关和事业单位的科技人员、干部、以调离、停薪停职、留薪留职、退职、辞职等方式去承包、租赁企业和承包、领办、创办乡镇企业，从事开发性生产，这是繁荣经济的需要。同时，我们也坚决反对和制止以权经商，以权牟利，以权谋私的行为，坚持政企分开、官商分离的原则，树立廉洁奉公，全心全意为人民服务的思想。

要鼓实劲，办实事，讲实效，体现试验区的工作效率和作风。要少说多做，说了就做，做就做好。不搞花架子，不做表面文章，不图虚名。要勇于探索，奋力进取，知难而进，坚韧不拔，不要遇到一点风吹草动，就犹豫迟疑，发生动摇。

最后，我们相信，有党的十三大精神的指引，有建立试验区所产生的巨大精神力量，毕节地区的广大干部群众一定会团结一致，齐心协力，发扬开拓创新、艰苦奋斗的精神，尽快打开试验区工作的新局面，努力把毕节的改革、建设提高到一个新的水平。

# 在各民主党派中央、全国工商联参与毕节试验区建设座谈会上的讲话

全国政协主席 贾庆林

（2009年4月14日）

同志们：

今天，我们召开这次座谈会，主要是总结各民主党派中央、全国工商联以及各有关方面参与毕节试验区建设的成功经验，谋划实现毕节试验区科学发展的新思路，推动统一战线继续参与试验区建设与发展，在新的起点上作出更大贡献。刚才，贵州省委、毕节地委介绍了试验区经济社会发展情况和今后的工作思路，各民主党派中央、全国工商联的领导同志和专家顾问组以及国务院有关部委，从不同角度介绍了参与试验区建设的做法、体会以及下一步打算，提出了许多很好的意见和建议，听了很受启发。

建立毕节试验区，是一个具有全局意义和长远眼光的重大创举。1988年，时任贵州省委书记的胡锦涛同志审时度势，作出了建立“毕节开发扶贫、生态建设试验区”的战略构想，提出了“开发扶贫、生态建设、人口控制”三大主题，并代表贵州省委、省政府邀请各民主党派中央、全国工商联领导同志在北京进行座谈，介绍建立毕节试验区的设想，得到了积极响应和大力支持。从此，各民主党派中央、全国工商联与毕节人民并肩战斗，携手攻坚，开启了推进毕节经济社会发展的新征程。

20多年来，毕节试验区认真贯彻中央和贵州省的工作部署，紧紧围绕“三大主题”，坚持开发与扶贫并举、生态恢复与建设并进、人口数量控制与质量提高并重，跳出了“越生越垦—越垦越穷—越穷越生”的怪圈，取得了经济社会发展的重大成就。2003年，我曾经到过毕节。近年来，我一直关注着毕节的建设和发展，刚才又听了大家的介绍，印象突出的有这么五个方面：一是经济实力大幅提升。1987年到2007年，全区生产总值和财政收入双双实现两位数增长，增速分别高出全国1.2和1.5个百分点，2008年分别达到402.98亿元和69.58亿元，实现了综合经济实力从全省排名末位到稳居第三的飞跃。二是开发扶贫扎实推进。全区绝对贫困人口从345万减少到不足50万，贫困发生率从65.4%下降到6.7%，6个贫困县先后越过温饱线，实现了人民生活从普遍贫困到基本温饱的跨越。三是生态环境不断改善。全区森林覆盖率从14.9%上升到37.4%，平均每年上升1个以上百分点，土壤侵蚀量减少一半，在石漠化地区建起了生态文明示

范区，实现了生态环境从不断恶化到明显改善的可喜变化。四是人口控制成效显著。人口自然增长率从19.5‰下降到7.8‰，人均受教育年限从3.8年提高到6.2年，人口结构明显改善，人口素质明显提高，实现了人口工作从重在控制数量到重在提高素质的转变。五是社会事业全面发展。“两基”人口覆盖率达100%，新型农村合作医疗参合率为92.6%，社会保障体系基本建立，城市低保、农村低保做到了应保尽保，实现了经济社会从不平衡发展到协调并进的转变。特别是在实践中铸就了“坚定信念、艰苦创业、求实进取、无私奉献”的毕节试验区精神，成为推动毕节发展的强大动力。这是非常宝贵的，也是非常值得珍惜的。

毕节试验区20多年建设取得的巨大成就，是中共中央、国务院坚强领导、亲切关怀的结果，是贵州省和毕节地区广大干部群众团结一心、艰苦奋斗的结果，其中也凝聚着各民主党派中央、全国工商联的智慧和心血。20年来，费孝通、孙启孟、雷洁琼、卢嘉锡、钱伟长等28位担任过国家领导人的各民主党派中央、全国工商联领导同志，先后亲赴毕节指导工作。联合成立专家顾问组，组织200多批考察组深入基层调查研究，帮助制定发展战略、开展项目论证、进行产业规划，提出了大量有价值的意见和建议。坚持对口帮扶，与8个县建立定点支边扶贫制度，组织206批2340人次的专家、学者、企业家到毕节试验区帮助工作，派出得力干部长期挂职蹲点，通过创建示范基地、帮助引进资金项目、开展大规模教育培训等方式，协调引进资金和捐赠物资折款共4亿多元，帮助引进推动项目80多个，培训各类干部1.75万人次，新改扩建各类学校119所，受到试验区干部群众的广泛赞誉。20多年来，各民主党派中央、全国工商联对毕节试验区建设倾注感情之深、投入专家之多、参与范围之广、持续时间之长、支持力度之大，在多党合作历史上是少有的。各民主党派中央、全国工商联参与毕节试验区建设，是执政党与参政党团结合作、共谋发展的生动实践，是统一战线围绕中心、服务大局的成功范例，充分显示了中国共产党领导的多党合作和政治协商制度的巨大优越性。在此，我代表中共中央，向各民主党派中央、全国工商联和各有关部门，向长期以来关心试验区发展的社会各界人士，表示衷心的感谢和崇高的敬意！

创业蕴含艰辛，成绩来之不易，经验弥足珍贵。回顾各民主党派中央、全国工商联参与毕节试验区建设的光辉历程，给我们许多深刻启示和有益经验。这就是：坚持把参与试验区建设作为服务中心工作的重要载体，在实践中加深对国情的了解，加深对党的路线方针政策的理解，加深对经济社会发展规律的认识，不断提高服务经济社会发展的能力和水平。坚持把参与试验区建设作为拓展参政议政领域的重要实践，将参政议政空间从上层拓展到基层，将参政议政视野从宏观性问题拓展到具体实践问题，将参政议政方式从建言献策拓展到参与服务，增强参政议政的针对性和实效性。坚持把参与试验区建设作为发挥整体优势的重要平台，充分发挥多方优势，广泛调动各方资源，形成了多方联动、上下互动、共同推动试验区发展的良好格局。坚持把参与试验区建设作为加强自身建设的重要途径，在火热的实践中加强组织建设，锻炼干部队伍，增强履行职责能力，提高多党合作水平。

当前，毕节试验区已经站在实现跨越式发展的新起点，迈向全面建设小康社会的新征程。谋划试验区的未来发展，必须坚持以邓小平理论和“三个代表”重要思想为指导，深入贯彻落实科学发展观，牢牢把握“开发扶贫、生态建设、人口控制”三大主题，积极探索试验区发展新路子，推动试验区从资源大区向经济强区转变、从石漠化严重地区向生态环境优美地区转变、从人口大区向人力资源大区转变、从欠开发地区向全方位开放地区转变，努力实现经济社会的跨越式发展，把毕节建设成为经济快速发展、生态不断改善、社会和谐稳定、人民安居乐业的试验区。

1. 明确发展思路，紧扣“三大主题”找准目标定位。思路决定出路。发展思路的科学性，决定着一个地区发展的长期性、稳定性和可持续性。毕节试验区20年取得的成就，彰显了“三大主题”的前瞻性和科学性。毕节试验区未来的发展，仍然需要继续坚持“三大主题”，并紧密结合新实践不断深化，在新的起点上明确新思路、把握新定位、找准新目标。

要以产业发展带动经济实力增强和人民群众致富，实现从集中力量解决温饱问题向稳定解决温饱并走向富裕的转变。大力调整产业结构，把改造传统产业与培育新兴产业相结合，不断壮大原有煤炭、电力等支柱产业，做强旅游、劳务、“两烟”（卷烟和烤烟）、畜牧业、马铃薯、特色农业等生态产业，积极发展物流商贸服务业，把试验区建设成为新型能源、特色农业和旅游业基地。完善市场竞争环境，推动生产要素向优势企业集中，实现规模化生产、区域化布局、产业化经营，形成一批集中度大、关联性强、集约化水平高的产业集群，提升工业规模效益和整体竞争力。加强先进适用技术的集成、组装和配套，推动信息化与工业化结合，提升产业层次和企业的核心竞争力，走内涵提升型、科技驱动型的经济发展道路。

要以生态建设带动资源发展和环境改善，实现从遏制自然生态恶化趋势向经济社会发展与生态保护利用良性循环的转变。牢固树立“保住青山绿水也是政绩”的理念，坚持把生态文明理念贯穿于经济社会发展的各种规划和实施之中，贯穿于环境保护治理和改善群众生产生活之中，落实到经济社会发展的各个环节。组织实施好国家退耕还林还草、石漠化综合治理、小流域治理等项目建设，加快推进林（草）权制度改革，积极探索市场经济体制下生态建设的新模式。在承接东中部地区产业转移时，大力发展循环经济，大力培育和扶持环保型、生态效益型的产业和龙头企业，努力避免走先污染后治理的路子，积极探索实现资源节约、环境美好、产业发展与生态建设良性互动的发展路子。

要以智力开发带动人们素质提高和文明水准提升，实现从主要控制人口增长向控制人口数量与提高人口质量并重的转变。按照统筹解决人口问题的思路，加快建立和完善利益导向政策体系，稳定低生育水平，提高出生人口素质。大力开发人力资源，优先发展教育，调整优化教育资源布局，提高人民思想道德素质、科学文化素质和健康素质，促进人的全面发展。发展多层次、多形式的职业技术培训，积极组织劳务输出，大力发展劳务经济。加强农村基层人才队伍建设，培育适应现代农业发展的新型农民。

2. 创新发展模式，充分发挥“毕节模式”示范效应。毕节试验区作为全国唯一的地区级“开发扶贫、生态建设”试验区，它的价值在于“试验”和“示范”。试验，就是没有先例可循，必须闯出新路；示范，就是具有带动作用，必须着眼推广。要以创新的精神推动试验，以务实的态度推广示范，不断探索“毕节模式”，为中西部欠发达地区实现科学发展创出一条新路，为加快区域协调发展提供有益借鉴。

要着眼区位特点，探索内陆贫困地区加快发展的有效途径。积极开展同周边省市、长江沿线、沿海地区全方位、多层次、宽领域的区域经济合作，建立健全发展内陆开放型经济的政策体系，充分发挥市场在资源配置中的基础性作用，营造与国内外市场接轨的制度环境，使毕节试验区成为生产要素集聚的“洼池”、投资者的热土和创业者的乐园。

要着眼生态环境特点，探索石漠化地区实现经济社会生态良性发展的有效途径。坚持把节能降耗、保护环境和节约集约用地作为转变经济增长方式的重要抓手，在确保基本农田和耕地总量的前提下，通过变革生产方式、转移农业人口、企业化运作、产业化经营等方式，将生态建设与群众生活改善结合起来，将生态环境的保护与资源的有效开发利用结合起来，努力创造生产发展、生活改善、生态恢复的共赢局面。

要着眼二元结构特点，探索欠发达地区推进城乡经济社会协调发展的有效途径。加快试验区城乡基础设施和社会事业建设，调整产业结构和就业结构，大力发展县域经济，加速城镇化进程，以县城和中心镇为依托，进一步完善配套设施，提高综合服务功能，增强人口承载能力，促进工业向园区聚集，积极稳妥地实施生态移民和扶贫移民项目，引导人口向城镇和集中居住区转移，推动城乡一体化发展。

3．建立科学机制，为试验区的长远发展提供强有力的保障。科学的发展机制，是发挥政策效益、实现资源整合的重要保障。要坚持推进改革，针对内外环境的发展变化，找准束缚试验区发展的体制障碍，加大对体制机制的研究和创新，为试验区发展创造良好环境。

以促进经济社会全面发展为方向，积极探索提升试验区发展水平的新机制。建立多元开发机制，大力发展非公有制经济，积极引导国有、民间、境外资本参与试验区建设；创新产业发展扶持机制，对投资额大、附加值高、科技含量高、具有龙头带动作用的企业给予特殊优惠，形成长效区域竞争力；建立健全投资融资机制，搭建融资平台，创新融资方式，积极推进村镇银行和农业政策性保险等试点工作；创新农业发展机制，鼓励发展特色农业，推进农业产业化，实现农业产业区域化、集约化、规模化发展。

以人与自然和谐共生为目标，积极探索实现可持续发展的新机制。建立多渠道生态环境建设投入机制，实行有利于生态环境保护的财政、税收和信贷政策，大力培育和扶持环保型、生态效益型的产业和龙头企业。建立资源有偿使用制度和生态环境补偿机制，研究生态移民、退耕还林的后续补偿措施。

以转变政府职能为导向，积极探索改进政府工作的新机制。提高试验区行政管理水平，强化政务服务，构建统一、高效的服务流程；推进行政审批制度改革，减少审批环节，提高办事效率；推进政务公开，增加决策和行政运行的透明度和公众参与度，逐步实现政府职能从行政管理型到行政服务型、从直接配置资源到创造发展环境的转变。

4．发挥统战优势，形成支持毕节试验区发展的强大合力。毕节过去的成就，凝结着统一战线各界人士的智慧和心血；毕节未来的发展，仍然需要统一战线广大成员倾力相助。希望各民主党派中央、全国工商联认真总结经验，继续发挥优势，推动毕节试验区建设和发展跃上一个新水平。

要充分发挥政治优势，用好反映情况的“直通车”，把服务毕节科学发展作为参政议政的切入点，及时将发展过程中遇到的影响大、涉及面广、具有典型意义的重大问题，通过提案、议案等形式进行反映、与有关部门加强沟通，切实解决制约试验区发展的重点难点问题。

要充分发挥智力优势，当好出谋划策的“智囊团”，组织各领域专家学者成立专题调研组，深入毕节考察调研，帮助制定发展战略，研究深层次矛盾问题，做好政策和项目论证，目前要围绕试验区应对国际金融危机影响积极建言献策，为试验区发展提供智力支持。

要充分发挥联系广泛优势，做好牵线搭桥的“联络员”，协助毕节举办招商会、投资洽谈会等，组织非公有制经济人士和港澳台同胞、海外侨胞到毕节投资兴业、开发扶贫，积极争取光彩事业有关项目落户毕节，通过引进资金、技术、人才和先进管理经验，为试验区发展提供强劲动力。

推动毕节试验区实现跨越发展，既是一项伟大事业，也是一项系统工程，需要包括各民主党派、工商联和国家有关部委在内的各方面力量，统筹协调、共同推进。要加大对试验区建设的帮扶力度，在政策、资金、项目上予以倾斜，在深化改革试验上给予支持，将国家一些拟试行的相关改革试验在毕节先试先行，使试验区成为政策发展、机制转换、体制创新的实践基地。要建立毕节试验区建设联席会议制度，由中央统战部牵头，各民主党派中央、全国工商联、贵州省委、毕节地委参加，国务院相关部委参与，共同谋划和解决毕节试验区发展中的重大问题。要加强中央智力支边协调小组建设，进一步完善职能，理顺关系，切实为试验区建设和发展做好服务保障工作。

同志们，毕节试验区建设取得了累累硕果，也必将迎来更加美好的未来。让我们紧密团结在以胡锦涛同志为总书记的中共中央周围，高举中国特色社会主义伟大旗帜，同心同德、开拓进取，在推进毕节试验区跨越式发展、推动贫困地区人民过上美好生活的新征程中，共同谱写统一战线和多党合作事业新篇章，为发展中国特色社会主义作出更大贡献！

# 站在新起点　迈向新征程　实现新跨越
# 为建设富裕文明幸福的新毕节而努力奋斗

——在中国共产党毕节市第一次代表大会上的报告

秦如培

（2011年12月28日）

同志们：

现在，我代表中国共产党毕节市第一届委员会向大会作报告。

中国共产党毕节市第一次代表大会，是在毕节试验区进入新一轮改革发展、加快追赶跨越的关键时期召开的一次十分重要的大会，是撤地设市后的第一次党代表大会，是一次承前启后、继往开来，具有里程碑意义的大会。

大会的主题是：高举中国特色社会主义伟大旗帜，以邓小平理论和“三个代表”重要思想为指导，深入贯彻落实科学发展观，站在新起点，抢抓新机遇，迈向新征程，实现新跨越，为建设富裕文明幸福的新毕节而努力奋斗。

## 一、辉煌的奋斗历程

毕节是一方拥有悠久历史文化和光荣革命传统的热土，漫长的历史岁月，不仅孕育了厚重的历史文明和多彩的民族文化，而且留下了中华儿女为中国革命抛头颅、洒热血的光辉足迹。1934年1月，我们党在毕节建立了贵州省第一个地下党支部。1935年2月，中央红军长征途中在“鸡鸣三省”村召开了政治局常委分工会议。1936年2月，红二、六军团在毕节成立了中华苏维埃人民共和国川滇黔省革命委员会，创建了黔西北革命根据地，组建了贵州抗日救国军。伴随着新中国的诞生，1949年12月3日，中国共产党毕节地方委员会成立，毕节各族人民迎来了新时代的曙光，走上了社会主义的康庄大道。

60多年来，毕节各族人民始终坚持中国共产党的坚强领导，处贫困而不屈服，临艰难而不退缩，在社会主义革命、建设和改革的各个历史时期，谱写了经济发展、社会进步、民族团结的壮丽篇章。毕节60多年的发展历程，是一部攻坚克难、永不退缩的创业史，是一部勇于探索、与时俱进的改革史，是一部顽强拼搏、追赶跨越的奋斗史。

1988年6月，时任贵州省委书记的胡锦涛同志亲自倡导，并报经国务院批准，建立了毕节“开发扶贫、生态建设”试验区，开启了毕节探索科学发展的宏伟征程。试验区成立23年来，历届地委团结带领各族人民，牢牢把握“开发扶贫、生态建设、人口控制”三大主题，坚持开发与扶贫并举、生态恢复与建设并进、人口数量控制与质量提高并重，坚定信念，艰苦创业，求实进取，无私奉献，试验区的改革发展取得了丰硕成果，创造了令人瞩目的光辉业绩，毕节大地发生了深刻的历史性变化。

在过去60多年特别是试验区成立以来打下的坚实基础上，过去五年我们取得了更加辉煌的成就。

过去的五年，是发展方式转变最明显、经济实力提升最快的时期之一。各项主要经济指标在全省位次不断前移，生产总值、财政总收入、固定资产投资分别从281亿元、45亿元、108亿元增加到745亿元、180亿元、834亿元左右，年均增长14.4%、31.8%、50.5 %；城镇居民人均可支配收入、农民人均纯收入分别达到16500元、4300元左右，年均增长10.7%和11.4%。培育壮大了“两烟”、煤炭、电力、汽车、水泥、食品六大支柱产业。

过去的五年，是基础设施建设进展最强劲、城乡面貌变化最大的时期之一。黄织铁路建成通车，六沾铁路复线、林织铁路建设有力推进。飞雄机场建设进展顺利。开工高速公路600多公里，遵毕、毕威、黔织、小瓦和机场高速公路明年可竣工通车。实现了乡乡通油路、村村通公路。开工建设了6座中型水库，解决了349.84万人饮水不安全问题。七星关—大方中心城市规划获省政府批准，七星关区及各县城新区开发、旧城区改造如火如荼，建成了8座污水处理厂和8个垃圾填埋场，“五古一特”建设工程全面启动，城镇化率从17.83%提高到28%左右。以“五园新村”为特色的社会主义新农村建设成效显著，农村面貌焕然一新。生态建设加快推进，森林覆盖率提高了6个百分点。

过去的五年，是民生改善最突出、人民群众得实惠最多的时期之一。城乡社会保障、社会救助、社会福利体系基本建立，城乡居民养老保险工作顺利开展，城镇职工医疗保险参保率达到99%，新型农村合作医疗参合率达到98.9%，公共卫生体系初步建立。建成廉租房2万套，改造农村危房34万户。净减少农村贫困人口82万。新增城镇就业8万人。“两基”顺利通过国家检查验收，高中阶段入学率达到56%。策划拍摄的28集电视连续剧《奢香夫人》在中央电视台综合频道黄金时段播出。在国际体育比赛中获得10枚金牌，打破2项世界纪录。人口自然增长率降至6.01%。安全生产连续5年实现“双降”。在全国率先探索出“三级联动视频接访”机制，探索了网格化社会服务管理模式，“平安毕节”创建活动深入开展，社会大局稳定，人民安居乐业。

过去的五年，是改革开放最活跃、发展环境最优的时期之一。国有企业改革力度进一步加大。行政管理体制改革稳步推进。文化体制改革迈出实质性步伐。城市建设投融资渠道进一步拓宽，农村金融产品不断创新。“三个建设年”活动、“六型机关”建设深入推进，发展环境进一步优化，精简行政审批事项768项，下放管理权限66项。完成276户国有企业改制。在全省率先创办村镇银行。开展了喀斯特地区扶贫开发综合治理威宁试点和“三化同步”金沙沙土试验。对外开放领域不断拓展，引进了中石化、云南力帆骏马等一批优强企业，利用省外资金1017亿元。

过去的五年，是党的建设成效最突出、各项工作成效最明显的时期之一。保持共产党员先进性教育、学习实践科学发展观等集中教育活动取得了丰硕成果。干部人事制度改革不断深化。探索“双考双评双挂钩”考核评价机制。组织开展了创先争优、“四帮四促”“万名干部下基层、扎扎实实帮群众”等活动。惩治和预防腐败体系进一步健全，党风廉政建设和反腐败斗争深入推进。党委“总揽全局、协调各方”的作用充分发挥，人大的法律监督和政协的民主监督取得明显成效，依法行政全面推进，司法机关公正司法。统一战线参与和支持试验区建设力度不断加大。工会、共青团、妇联等人民团体和群众组织的工作富有成效。民族、宗教、社科、文联、工商联、党史、对台、外事、侨务、老干部、老年教育、老龄、残联等工作取得新成绩，党管武装工作和国防后备力量建设得到新加强。

这些成绩的取得，得益于党中央、国务院的亲切关怀，得益于中央统战部、各民主党派中央、全国工商联、试验区专家顾问组和国家各有关部委的倾力帮扶，得益于省委、省政府的高度重视和正确领导，得益于省直部门的大力支持，得益于深圳市以及社会各界的无私帮助，凝聚着全市广大党员干部和各族人民的智慧、心血和汗水。在这里，我代表中共毕节市委，向所有参与、关心和支持毕节改革发展的各级各界、各位同志、各位朋友，表示崇高的敬意和衷心的感谢！

过去五年的实践，我们不仅进一步加深了对试验区“三大主题”的认识，初步把握了喀斯特岩溶山区科学发展的规律，而且为办好毕节的事情、推动跨越发展积累了弥足珍贵的经验。概括起来，主要是：必须始终坚持以科学发展观为统领，牢牢把握“三大主题”，以转变经济发展方式为主线，集中精力抓发展，不动摇、不懈怠、不折腾；必须始终坚持解放思想，大胆改革试验，用开放的思维和创新的理念解决发展中的问题；必须始终坚持民生优先，努力推动包容性增长和共享式发展，让人民群众共享发展成果；必须始终坚持发挥试验区的政治优势，广泛汇集各方资源，同心协力推进试验区改革发展；必须始终保持奋发有为的精神状态，“干”字当头，工作创一流、目标争第一；必须始终坚持建设发展型党组织，不断提高党的建设科学化水平。

成绩属于过去，奋斗永无止境。面对撤地设市后的新形势，我们必须深化对市情的再认识，没有任何理由骄傲自满，没有任何理由驻足停留，没有任何理由松懈怠慢。我们必须清醒地认识到，前进的道路上面临的困难还很多，主要是：经济总量小、人均水平低，欠开发、欠开放、欠发达的基本市情还没有从根本上改变，与发达地区相比还有很大差距；产业层次不高，经济结构单一，竞争优势不强，转型发展的任务依然很重；交通、水利瓶颈还没有完全破解，发展基础还比较薄弱，在区域竞争中仍然处于劣势；城镇化水平不高，以城带乡、统筹发展的能力还比较弱；社会管理职能转变还不够快，影响社会和谐稳定的因素还不少，发展环境仍需进一步改善；贫困人口多、贫困面大、贫困程度深的问题仍然较突出，扶贫攻坚的任务依然繁重；体制机制相对滞后，需要创新、需要理顺的地方还很多，发展的活力还不够强；有的党组织软弱涣散，有的党员干部思想观念还比较落后、责任心不强，腐败现象在一些领域还没有得到有效遏制，等等。困难砥砺意志，差距蕴藏潜力。我们一定要适应新形势、新任务，抢抓有利时机，趋利避害，借势发力，积极回应并努力满足人民群众的新期盼和新要求。

## 二、面临的新形势和新任务

今后五年，是我市抢抓新机遇、发展大提速、经济快转型、实现新跨越的时期，是为与全国全省同步实现小康、实现腾飞打下坚实基础的关键时期。

纵观全局，提速大发展、实现新跨越机遇难得。胡锦涛总书记、温家宝总理、贾庆林主席等中央领导同志多次对毕节试验区的改革发展作出重要批示；党中央、国务院把“继续推进贵州毕节试验区建设”写入了《关于深入实施西部大开发战略的若干意见》，把乌蒙山区作为扶贫攻坚的主战场之一写入了《中国农村扶贫开发纲要（2011～2020）》，国家发改委等即将批准《毕节试验区发展规划（2011～2020）》；中央统战部为加快试验区新一轮改革发展召开了一系列会议，建立了统一战线参与支持毕节试验区建设联席会议制度和东部十省（市）党委统战部帮扶毕节的机制；国家20多个部委分别把毕节作为可持续发展实验区、贫困山区教育综合改革试验区、林业生态建设示范区、对口重点帮扶地区、部长联系点、喀斯特扶贫开发综合治理试点等；深圳、重庆对口帮扶毕节工作正在向更大范围、更深层次拓展；东部发达地区产业正在加速向中西部转移。这些都为毕节实现新跨越提供了千载难逢的历史机遇。省委、省政府专门召开了毕节试验区新一轮改革发展推动大会，出台了支持毕节试验区新一轮改革发展的意见及配套政策，明确提出了把毕节与贵阳、遵义一起打造成为贵州崛起“金三角”的目标，并将我市的大部分县（区）纳入黔中经济区发展规划，增强了我市的竞争优势，为实现新跨越提供了强有力的支撑。

审视自身，乘势而上、快速崛起基础具备。撤地设市后，毕节城市功能将更加完善，发展空间布局将更加优化，生产要素配置将更加合理，中心城市辐射功能将得到充分发挥，影响力、竞争力和自我发展能力将会大幅提升。经过多年的探索实践，我们初步走出了一条符合喀斯特山区实际的发展路子，具备了追赶跨越的基础和条件。在改革发展的伟大实践中，我们锤炼和造就了一大批会发展、能发展、善发展的发展型干部，全民创业意识和市场竞争意识明显增强，广大群众思发展、盼发展的愿望十分迫切，这些都为我们迈向新征程、实现新跨越奠定了坚实的干部基础和群众基础，增添了内生动力。随着铁路、高速公路通车，机场通航，毕节大进大出的立体交通网络即将形成，这将极大改善我市的发展环境，我们必将迎来更多更好的发展机遇。

新的机遇伴随着新的挑战。随着新一轮西部大开发战略的深入实施，落后地区奋力追赶，区域竞争日趋激烈。省委、省政府实施“两加一推”和工业强省、城镇化带动战略的成效日益显现，贵阳、遵义领跑贵州经济，六盘水正迎头赶来，其他市州竞相发展，形势逼人。机遇是流动的资源，挑战是跨越的动力。全市上下一定要从大局出发，积极顺应新形势新变化，抓住机遇绝不能丧失机遇，奋力争先绝不能掉队落伍，苦干实干绝不能满足懈怠。一定要跳出毕节看毕节，立足贵州看毕节，融入全国看毕节，放眼世界看毕节，把毕节置于全省、全国发展大局来审视，瞄准追赶跨越的目标来谋划，把握新机遇、迎接新挑战、实现新跨越。

今后五年，全市工作的总体要求是：高举中国特色社会主义伟大旗帜，以邓小平理论和“三个代表”重要思想为指导，深入贯彻落实科学发展观，继续深化“三大主题”，坚持以民生带发展，紧紧围绕“两年明显变化、五年大见成效、十年实现跨越”的总目标，以“提速发展、加快转型、实现跨越”为总基调，以“投资拉动、项目带动、招商推动”为总抓手，大力实施城镇化带动、工业强市、旅游兴市、生态立市战略，全力把我市打造成川滇黔渝结合部的区域中心城市、新兴工业城市、特色旅游城市和全省重要的交通枢纽、“两江”上游重要的生态屏障，努力实现“四个转变”，扎实推进政治建设、文化建设、社会建设和党的建设，为建设富裕文明幸福的新毕节而努力奋斗。

我们的主要奋斗目标是：到2016年，生产总值突破2000亿元，年均增长20%以上；财政总收入达到400亿元以上，年均增长18%以上；全社会固定资产投资累计完成10000亿元以上，年均增长35%以上；工业总产值突破2200亿元，年均增长28%以上；城镇居民可支配收入、农民人均纯收入年均分别增长15%、17%。经济实力显著增强，社会更加和谐，人民生活更加幸福。

实现以上奋斗目标，我们必须正确处理好六个关系：正确处理发展速度与发展质量的关系，在加快发展中增总量、调结构、求质量，在加快发展中比速度、转方式、要效益，坚持快中求好、又好又快、能快则快、更好更快；正确处理工业化、城镇化和农业现代化的关系，“三化”同步推进，城乡统筹协调发展；正确处理经济发展与保障民生的关系，落实“民生预算”，体现“民生财政”，让广大人民群众充分享受改革发展成果；正确处理自力更生与争取支持的关系，不辜负党中央、国务院和省委、省政府亲切关怀，发挥好统一战线参与试验区建设的政治优势，怀感恩之心，立跨越之志，不断增强自我发展能力；正确处理改革发展与社会稳定的关系，坚决防止改革发展中举措不当引发新的矛盾和纠纷，杜绝损害群众利益的行为发生；正确处理经济建设与党的建设的关系，切实加强党的建设，不断提高领导科学发展、促进社会和谐的能力，为建设富裕文明幸福的新毕节提供坚强组织保障。

**三、坚持“提速发展、加快转型、实现跨越”的总基调，奋力实现“弯道超越”，使我市成为贵州崛起“金三角”的重要增长极**

要充分利用各种有利条件叠加组合的优势，高点起跑，高位嫁接，高端攀登，在千帆竞技的新一轮发展大潮中，奋力实现“弯道超越”，使我市成为贵州崛起“金三角”的重要增长极。

**（一）大力实施城镇化带动战略，加快把毕节建设成为川滇黔渝结合部的区域中心城市。**依托“三纵三横”高速公路和“三纵三横”铁路在我市境内的逐步建成，毕节作为川滇黔渝四省市结合部的交通枢纽、物流中心的区位优势凸显。随着黔中经济区发展规划的实施，我市将成为黔中经济区的产业腹地和对接成渝经济区的重要门户，毕节作为区域中心城市的地位更加明显。我们一定要认真落实省政府批复的毕节市城市总体规划，围绕城区建成200平方公里、200万人口左右，“适宜居住、适宜创业、适宜旅游”的区域中心城市的目标，按照“中强、南延、西优、北控、东拓”的发展方向，加快推进七星关—大方城市一体化进程，在5年内基本建成“一环二横三纵”的城市骨干交通网络，加速推进双山、德溪、碧海、金龙新区等建设，不断扩大城市规模，完善城市功能，提升城市承载能力；努力提高城市品位，争创全国文明城市、国家卫生城市、国家园林城市；按照黔中经济区城镇体系布局和市域内“一带两翼”的基本框架，积极推进黔西、金沙、织金撤县设市、大方撤县设区，加快把威宁打造成高原生态休闲旅游城市，增强纳雍、赫章县城的集聚带动能力，形成区域融合、协同发展、富有特色的黔西北城市群；大力推进城乡统筹，规划建设一批规模适度、功能完善、产业发展、生态良好的特色小城镇和生产发展、生活富裕、生态良好、社会和谐、安居乐业的“幸福小镇”，力争到2016年，全市城镇化率达到40%。加快推进社会主义新农村建设，基本实现以“四在农家”为载体，以“五园新村”为特色的生态文明家园建设全覆盖。大力发展城镇经济，特别是金融、房地产、物流仓储、酒店餐饮、购物、信息、中介服务、电子商务等产业，构建与新型工业化相配套、与城镇化进程相促进、与城乡居民需求相适应的现代服务业体系。

（二）大力实施工业强市战略，加快把毕节建设成为新兴工业城市。充分发挥比较优势，重点建设能源、资源深加工、装备制造业、特色轻工业、承接产业转移 “五大基地”；发展壮大煤炭、电力、化工、冶金、装备制造、食品药品、烟酒、建材、纺织服装、战略新兴产业等“十大产业”；大力发展产业园区，推动工业集聚发展，科学确定产业园区的主导产业和空间布局，引进优强企业作为龙头，形成核心企业、配套企业、生产性服务企业互相联系、互为支撑的发展模式。广泛吸引外来投资者领办、创办产业园区，实行园区经营性项目的市场化运作、企业化管理。力争建成1个国家级经济开发区，6个以上省级开发区，形成1个产值达500亿元、3个产值达200亿元、6个产值达100亿元以上的重点产业园区；大力实施大型企业培育计划和企业上市助推计划，形成一批主业突出、竞争力强、产值超100亿元的企业集团，扶持3户以上的企业上市；大力推动全民创业，实现民营经济的大发展，全市要建设100个以上重点民营经济孵化园和创业园，到2016年民营经济增加值占全市生产总值的60%左右。

（三）大力实施旅游兴市战略，加快把毕节建设成为特色旅游城市。围绕“打造精品、走向全国、推向世界”的发展目标，突出“洞天湖地、花海鹤乡、避暑天堂”品牌，按照“一城两廊八园十区”布局，重点推进百里杜鹃、织金洞、九洞天、草海、“三大连湖”、阿西里西山、冷水河、油杉河的开发建设，使之成为国家5A或4A级旅游景区，大力推进旅游体制机制创新，逐步打造国民旅游基地和国内外知名的生态休闲避暑度假基地，争创中国优秀旅游城市；围绕打造“乌蒙文化”旅游品牌，重点以古迹、古书、名人、民俗等的保护和开发为核心，形成多姿多彩、独具特色、有较大影响的红色文化、夜郎文化、水西文化、史前文化品牌；围绕建设“国家旅游扶贫示范区”，重点发展乡村旅游，带动农民收入的提高。加快培养旅游经营管理人才，强化旅游宣传推介，大力完善旅游服务保障体系建设，力争到2016年旅游综合收入突破500亿元，旅游业成为我市战略性主导产业之一。

（四）大力实施生态立市战略，加快把毕节建设成为“两江”上游重要生态屏障。围绕建设“生态毕节”的目标，抢抓国家实施“三位一体”规划的机遇，更加突出退耕还林还草、石漠化治理、天然林资源保护三大重点，深入推进“十大生态工程”建设，整合资金，全面实施以威宁、赫章为主的西部高原中山石漠化治理与水源涵养林，以七星关、大方、黔西和百里杜鹃生态屏障区为主的中部中山峡谷生态环境综合整治，以织金、纳雍为主的东南部中低山峰丛谷地丘原石漠化综合治理与水土保持，以金沙为主的东北部丘原峡谷水土保持与石漠化防治等“四大生态区”建设。加强水环境综合治理，大力提升水环境质量。牢固树立绿色发展理念，大力发展低碳产业和绿色经济，促进产业生态化、生态产业化。强化环境保护，以境内主要流域保护和工矿集中区域污染治理为重点，加大对重点行业的污染防治力度。做好节能减排和淘汰落后产能工作，加快推广节能技术、节能设备的开发利用。加强资源生态保护，提高生态系统自我维持、自我更新能力，森林覆盖率达到45%以上，推动我市由石漠化严重地区向环境优美地区转变。

（五）大力实施基础设施提速工程，加快把毕节建设成为重要的区域交通枢纽。坚持交通引领发展的理念，围绕“大干五年、提速十年”的目标，按照 “东接西贯、南进北联”的原则，高强度地推进铁路、高速公路和机场建设，力争五年时间，建成以杭瑞、厦蓉高速公路毕节境内段为骨干的1000公里的高速公路网。积极争取开工建设黔西至清镇、威宁至六盘水、赫章至六盘水等高速公路。建成织毕、织纳铁路，加快推进成贵（客专）、叙毕、昭黔铁路毕节境内段建设，2012年飞雄机场建成试航，2013年开工建设威宁机场。同时加快国省干道改造、通村油路、连户道路和旅游公路、矿山公路建设，形成快捷的区域综合交通体系。围绕建设支撑经济社会发展的现代水利体系，着力解决工程性缺水问题，开工建设夹岩水利枢纽工程，加快骨干水源工程、灌区工程建设，加大小流域治理力度，实现人均拥有0.5亩以上能排能灌基本口粮田（土），全面解决农村饮水不安全问题。完善“四位一体”模式，加快实施无线数字城市和数字乡村工程、有线广播电视网延伸工程、20户以下自然村直播卫星“村村通”工程，努力建设“数字毕节”。加快骨干电网、配套电网建设和改造，全面提升供电保障能力。

（六）大力实施结构调整提速工程，加快把毕节建设成为重要的特色农业基地。围绕建设“山区现代农业示范区”的目标，大力加快农业产业结构调整步伐，推动传统农业向现代农业转变，实现农业现代化与工业化、城镇化的同步发展。坚持以市场为导向，以土地规模流转为动力，以发展专业合作组织为基础，引进龙头企业带动，按照“一县一主导产业”的思路，因地制宜，因势利导，结合“3321”“三万”“十带百园”工程的推进，实施山地高效立体农业工程，集中连片规划和推进，把我市建设成为有竞争力的优质烟叶、马铃薯、核桃、反季节蔬菜、草地生态畜牧业、中药材、高山茶叶、精品苹果、特色杂粮“九大基地”。加快与特色农业发展相配套的农产品精深加工、市场拓展、质量标准、品牌培育、科技支撑、良种繁育、基础设施、金融支持“八大体系”建设。从2012年起每年举办乌蒙山区农特产品交易会，全力打造“乌蒙”品牌。

**四、坚持以民生带发展，实现包容性增长和共享式发展，加强和创新社会管理，努力建设幸福毕节**

民生之重，重于泰山。要按照“最核心的民生是收入、最突出的民生是脱贫、最急迫的民生是农村危房改造和生态移民、最长远的民生是教育、最普遍的民生是社保、最根本的民生是就业”的要求，多谋惠民之策，多办为民之事，切实保障和改善民生，不断提高群众的幸福指数，让社会更加公平、更加和谐。

（一）举全市之力向贫困发起总攻。我市作为国家唯一的“开发扶贫、生态建设”试验区，又是全省贫困人口最多的地区，扶贫攻坚、消除贫困事关试验区能否在2020年与全国、全省同步实现小康的大局，是全市各级党组织最主要、最紧迫的任务。全面贯彻落实中央扶贫开发工作会议精神和新10年中国农村扶贫开发纲要，紧紧抓住党中央、国务院把乌蒙山区作为扶贫攻坚主战场之一的重大机遇，聚全市之智，举全市之力，向贫困发起“总攻”。建立健全整县推进、集团帮扶和多元投入“三大机制”，结合新农村建设的整体推进，组合式、立体型推进扶贫攻坚，在基础设施、住房条件、产业发展、能人带动、社会保障、公共服务、素质提升、政策激励、结对帮扶、基层组织等方面进行配套。按照“规划到村、扶持到户、责任到人”的要求，在认真总结“威宁试点”经验的基础上，以“纳威赫连片攻坚推进区”和“中、东部整乡攻坚推进区”等乌蒙山区集中连片特殊困难地区作为主攻方向，推进区域性连片开发扶贫，实现整县、整乡、整村脱贫，努力探索出一条山区开发扶贫、合力脱贫、稳定脱贫，实现全面小康的新路子。2012年完成农村危房改造。加快推进实施农村生态移民。确保到2016年，我市贫困农民人均纯收入增长幅度高于全国平均水平，基本公共服务主要领域指标达到全国平均水平。

（二）千方百计增加城乡居民收入。实施“十大增收计划”和“城乡居民收入倍增计划”，突出城乡居民、企业职工、中低收入者和困难家庭增收。创造一切有利条件，出台有力的扶持政策，大力营造“干部干事业、群众创家业、能人办企业”的浓厚氛围。以大力推动全民创业为基础，以消除“零就业”家庭为重点，以项目覆盖带动为关键，以产业（创业）园区（基地）为载体，以“三化同步”推进为依托，形成与不同类型人员就业相适应的多层次、宽领域城乡一体的就业体系，稳定和扩大就业，增加城乡居民的工资性、财产性和经营性收入。确保城乡居民收入五年达到全省中上等水平，十年达到全国平均水平。

（三）进一步完善社会保障体系。坚持“广覆盖、保基本、多层次、可持续”的方针，逐步提高社会保障水平。加快完善社会保险制度，落实城镇职工基本养老保险省级统筹，实现养老保险制度全覆盖。进一步抓好城镇职工、城镇居民、新型农村合作三项基本医疗保险，统筹抓好失业、工伤和生育保险。加强社会救助体系建设，进一步健全城乡医疗救助制度和困难群众临时救助制度。完善城乡最低生活保障制度，确保符合条件的城乡贫困人口全部纳入最低生活保障范围，实现动态管理下的应保尽保。继续实施好“十大民生工程”，启动实施“米袋子”“菜篮子”工程。加强以廉租房、公租房为重点的保障性安居工程建设和农村教师、医疗卫生人员周转房建设，认真解决城市外来人口、城乡低收入家庭的住房困难。继续深化医药卫生体制改革，健全城乡居民基本医疗保障制度，大力改善市、县（区）医院和乡镇卫生院、村卫生室条件，切实加强医疗卫生队伍建设，完善城乡公共卫生服务体系、医疗服务保障体系，实施基本药物制度，推进基本公共卫生服务均等化。大力发展民营医疗机构。加强食品药品监管，确保公众饮食用药安全。把继续降低生育水平、严格控制人口数量作为全市人口计生工作的首要任务，强化工作责任，完善工作机制，提高服务水平。

（四）大力发展教育科技事业。坚持教育优先发展战略，以部省共建“毕节贫困山区教育改革发展试验区”为平台，以实施国家教育体制改革“三项试点”为契机，深入巩固“两基”成果，实施义务教育学校标准化建设，全面提高办学质量，教育发展达到全省中上等水平。合理配置教育资源，用三年时间基本解决好义务教育阶段“大班额”问题。大力发展学前教育、高中阶段教育、高等教育和职业教育。加快发展民族教育、特殊教育和继续教育。基本建成双山新区教育城。大力支持民办教育发展。充分运用市外优质教育资源，主动争取更大范围内开展“携手试验区、助推教育兴”结对帮扶工作，共同促进我市教育均衡发展，办好人民满意的教育。组织实施“市民素质提升工程”，在全体市民中开展“奉献试验区、建设新毕节”和“五心”教育活动，激发广大市民立足岗位、建功立业的热情，突出社会主义核心价值体系建设，切实提高市民科学文化素质和思想道德素质。认真贯彻落实《国家中长期科学和技术发展规划纲要（2006~2020年）》，加强科普宣传教育，深入组织实施“八大科技工程”和“六大科技行动计划”，进一步做好毕节国家可持续发展实验区建设工作，围绕重点项目和示范工程实施集成攻关，有效组织重大科技成果转化。加大各类人才配套引进和教育培养力度，建立完善吸引人才的政策制度体系，营造人才脱颖而出的社会环境。

（五）扎实推进多民族文化大发展大繁荣。坚持社会主义先进文化前进方向，精心打造“四大文化品牌”，大力实施“十大文化工程”。增强文化引领风尚、教育人民、服务社会、推动发展的作用，不断提升我市核心竞争力。促进文化发展创新，推广我市在谋划制作电视剧《奢香夫人》中创造的“拍一部剧、建一座城、兴一个产业、宣传一个地方”的经验，深入挖掘市域内优秀历史文化、优秀历史人物资源，总结提炼、宣传推介诞生于我市的“同心”品牌，倾力打造一批具有我市特色的优秀艺术作品，走向全国，走向世界。传承优秀民族文化，鼓励文化生产，繁荣哲学社会科学，增强文化发展活力。抓好文化基础设施建设，每个县（区）都要规划建设影剧院、图书馆、体育馆（场）、博物馆、科技馆等文体设施，每个乡镇和村都要规划建设文体活动中心，形成覆盖城乡、惠及全民的公共文化服务体系。加快建设文化产业园区，积极支持文化企业加快发展，大力推动广播影视、出版发行、文化创意等产业发展，延长文化产业链，提升文化附加值。力争用五年时间使文化产业产值占全市生产总值的5%以上。

（六）加强和创新社会管理。努力探索新时期、新形势下做好群众工作的新思路、新举措，不断健全党委领导、政府负责、部门参与、社会协同的社会管理体制，实现以稳定促发展，以和谐促跨越。积极构建全面覆盖、动态跟踪、资源共享、功能齐全的社会服务管理体系。完善重大项目建设和重大决策制定的社会稳定风险评估机制，建立社会舆情收集研判分析、社会矛盾纠纷排查调处和公共安全预警防范体系。进一步完善“三级联动视频接访”等创新社会管理和服务群众“五大机制”，大力实施“六民工程”，畅通民意诉求表达渠道，着力解决好涉及群众利益的各种问题。深入推进领导干部接访、下访、回访活动，做好群众工作，大力推进“和谐四区”建设，加强流动人口、特殊人群、社会治安重点地区、网络虚拟社会以及社会组织的服务管理。全面推进城乡社区网格化服务管理平台建设，提高社会管理的信息化水平和服务群众能力。严格落实企业安全生产主体责任，坚决遏制重特大安全生产事故发生。深化“平安毕节”建设，切实加强社会治安综合治理，严厉打击各种违法犯罪活动，不断提高人民群众的安全感和满意度。

### 五、大胆探索创新，加速扩大开放，努力把我市建设成为改革开放的先导区

毕节试验区不仅是毕节的试验区，也是贵州的试验区，更是全国的试验区。以改革的精神推进试验，以开放的思维推动跨越，把深化改革作为创新之源，把扩大开放作为强市之路，大胆地干，大胆地闯，努力把我市建设成为充满活力、富有效率的改革开放先导区。

（一）深入推进思想大解放。新毕节、新目标、新跨越，需要有新思维、新视野、新举措，需要破除一切陈旧的观念，需要破除一切发展的障碍，需要破除一切框框套套的束缚，努力让一切有利于推动跨越发展的生产要素的活力竞相迸发，让一切有利于推动富民强市的创造财富的源泉充分涌流。在全市范围内开展“市情再认识，思想再解放，发展再提速”的大讨论，找准自身优势，发挥后发优势，大胆先行先试，勇于敢闯敢试，努力使毕节这座年轻的城市成为开放创新的城市、充满活力的城市、创造速度的城市。

（二）努力闯出九条新路子。一定要“闯”字当头，责无旁贷地承担起改革、创新、探路、发展的责任，突出以改革促发展，在调整经济结构、加快转变经济发展方式，激发社会活力、加快民营经济跨越发展，统筹城乡发展、加快“三化同步”，完善公共服务、实现全覆盖的民生保障机制，实施扶贫开发、加快解决农村贫困人口脱贫致富，严格控制人口增长、提高人口素质，加强生态文明建设、保护和改善环境，创新金融服务、发展农村金融服务业、完善农村金融体制，坚持“同心同行”、发挥统一战线优势、推进多党合作共促发展等九个方面闯出新路子，在重要领域的改革取得明显突破。

（三）在关键环节改革上取得突破。继续深化政府机构改革，加快形成权责一致、分工合理、执行顺畅的行政管理体制；加快事业单位分类改革；深化干部人事制度改革，健全干部选拔任用提名制度，完善竞争性选拔干部机制；深化义务教育均衡发展、中等职业教育发展和学前教育发展等三项教育体制改革；推进投融资体制改革，规范各类政府投融资公司，按现代企业制度要求，打造管理运营规范、资本流转高效、市场风险可控的企业主体；深化农村产权制度改革，加快资源变资产、资产变资本步伐；进一步完善确权颁证制度，促进农村土地承包经营权、宅基地使用权、房屋产权、林权有序进入市场，增加农民的产权收益；建立健全科学合理的资源有偿使用制度和生态补偿机制；按照“依法合规、责权统一、扩权放活、富民强县”的原则，扩大县级自主权，使县域经济成为全市最具活力的经济板块，争取更多的县进入西部和全省经济强县行列。

（四）加速扩大对外开放。结合我市的区位实际，探索省际开发开放新模式，加强区域交流合作，发展省际开放型经济，形成与周边城市互动发展的格局。根据全市省际边界实际和沿线乡镇经济条件，依托市内与省外连接的交通干线，重点建设北接成渝经济圈、南联滇中经济圈的省际开放先导区。加强与贵阳、遵义“金三角”区域、与六盘水、黔西南“毕水兴”经济带、金沙江流域川滇黔十市（州）的经济协作；进一步发挥好重庆、深圳和东部十省市统一战线对口帮扶我市的优势，加强与发达地区的经济交往，承接发达地区产业转移。大力放权激活基层，加快做强做大县域经济、乡镇经济。坚持“抓开放就是抓招商，抓招商就是抓发展”的理念，突出以开放增优势，以招商进位次，以项目促跨越，大力发展开放型经济。着力建设政

府服务好、法治环境好、社会信用好、生活环境好、投资回报好的“五好”发展环境，用更好的环境去招商，以更大的力度去招商，在更大的范围去招商，瞄准国内外大企业、大集团的战略布局和投资方向，大力开展产业链、产业集群和产业配套招商，大力推进境外招商，着力引进一批投资规模大、科技含量高、经济效益好、带动能力强的好项目、大项目。以大招商推动我市经济的大发展。

## 六、坚持实施依法治市方略，努力推动社会主义民主政治建设

撤地设市以后，市级国家机关建设将进一步加强，人民群众参与国家和社会管理的渠道将进一步拓宽，对建设社会主义政治文明提出了新的更高要求。一定要牢固树立党的事业至上、人民利益至上、宪法法律至上的理念，坚持党的领导、人民当家作主和依法治国的有机统一，切实把人民群众的各项民主权利落到实处。

（一）着力加强民主政治建设。坚持和完善人民代表大会制度，加强和改善党对人大工作的领导，支持人大及其常委会依法行使各项职权。坚持和完善中国共产党领导的多党合作和政治协商制度，支持人民政协围绕团结和民主两大主题履行政治协商、民主监督、参政议政职能。坚持和完善民族区域自治制度，促进各民族共同繁荣发展。进一步完善基层群众自治制度，扩大基层民主。充分发挥工会、共青团、妇联等人民团体的作用，加强民族、宗教、社科、文联、工商联、党史、对台、外事、侨务、老干部、老年教育、老龄、残联等工作，加强国防后备力量建设，促进军民融合式发展。

（二）丰富发展统一战线服务科学发展的“毕节模式”。深入贯彻落实中央统战部牵头召开的“4·14”“6·28”“3·30”会议精神，充分发挥统一战线的政治优势、智力优势和联系广泛的优势，积极运用统一战线参与支持试验区建设的联席会议制度平台，坚持“思想上同心同德、目标上同心同向、行动上同心同行”，深入实施“同心工程”，建成同心大厦。继续发挥好试验区专家顾问组的作用，支持各民主党派加强自身建设，聚合各种资源和力量，推动试验区科学发展和跨越发展，把试验区建设成为统一战线服务科学发展和多党合作的示范区。

（三）加快推进依法治市。全面推进依法行政，加强市场主体、市场交易、市场监管、社会管理、公共服务、可持续发展等方面的制度建设，抓紧制定城市规划、建设、管理和资源环境保护、土地管理等规范，不断推进严格执法、公正司法、全民守法进程，努力实现各项工作的法治化、规范化、程序化。大力促进公正司法，优化司法资源配置，规范司法行为，维护司法公正。加强政法队伍建设，进一步提高政法干警素质，促进严格公正文明执法，树立执法为民的良好形象。积极开展法律援助和法律服务工作，切实维护人民群众合法权益。

## 七、深入推进发展型党组织建设，努力提高党的建设科学化水平

建设富裕文明幸福新毕节，关键在党，关键在人。我们要正确应对“四个考验”，坚决防止“四个危险”，以深化创先争优活动为载体，以建设发展型党组织为抓手，坚持以改革创新精神推进党的建设新的伟大工程。

（一）切实加强思想政治建设。坚持用马列主义、毛泽东思想、邓小平理论、“三个代表”重要思想和科学发展观武装广大党员干部的头脑，认真学习胡锦涛总书记在庆祝中国共产

党成立90周年大会上的重要讲话精神，更加坚定共产主义理想和中国特色社会主义信念，坚定不移地执行党的路线方针政策，始终在思想上、政治上、行动上同党中央保持高度一致。按照建设发展型党组织的要求，大力倡导广大党员干部把学习作为一种精神追求，向书本学习、向实践学习、向群众学习，真正做到学以立德、学以增智、提高本领、施展才干。深入学习胡锦涛等中央领导同志关于毕节试验区建设的重要讲话和批示精神，切实把思想统一到党中央、国务院和省委、省政府关于推动试验区新一轮改革发展的决策部署上来，统一到建设富裕文明幸福新毕节的目标上来。

（二）切实加强发展型领导班子和干部队伍建设。按照建设“团结、务实、勤奋、廉洁”领导班子的要求，进一步深化干部人事制度改革，坚持五湖四海、任人唯贤，坚持德才兼备、以德为先的选人用人标准，着力建设发展型的领导班子和干部队伍，把各方面的优秀人才集聚到推动毕节跨越发展的事业中来。探索实行市管正职领导干部差额推荐、差额考察、差额酝酿、差额票决等制度，不断提高选人用人公信度。健全来自基层一线干部培养选拔链，积极推进机关与基层干部双向交流培养。完善“双考双评双挂钩”考核机制，对工作实绩突出、成效明显、群众公认的干部，特别是对基层一线、重要岗位和复杂岗位表现优秀的干部，要大胆予以重用、破格提拔。加强优秀年轻干部、少数民族干部、女干部、党外干部的培养选拔工作，加大干部轮岗交流力度。创新干部教育培训方式，丰富教育培训内容，增强教育培训实效，加强和改进大规模培训干部工作，着力提升干部领导和推动科学发展、跨越发展的能力。

（三）切实加强基层组织建设。适应新形势和新任务的要求，着力重心下移、力量下沉，把基层党组织建设成为推动发展、服务群众、凝聚人心、促进和谐的坚强战斗堡垒。深入推进创先争优活动，把创先争优作为各级党组织和广大党员干部的一种自觉、一种追求。针对不同领域和行业基层党组织的特点，突出科学发展特质，认真组织实施龙头先锋、带富先锋、和谐先锋、服务先锋、育人先锋、创业先锋等“先锋工程”，全面加强农村、社区、机关、科研院所、学校、非公有制经济组织和社会组织等领域党建工作，重点在非公企业、“四区”及街道社区等领域基层党建上取得突破，加大在青年工人、青年农民中发展党员的工作力度，切实把基层党组织的工作重点转移到服务发展、服务民生、服务群众上来。加强基层党建工作的人文关怀，把重视发挥基层党组织作用与为基层党组织解决实际困难结合起来，进一步完善党内激励关怀帮扶机制。探索创新对党员的教育、管理和服务。

（四）切实加强制度建设。坚持把制度建设贯穿于党的建设全过程，积极构建内容协调、程序严密、配套完备、有效管用的制度体系。坚持“集体领导、民主集中、个别酝酿、会议决定”的原则，充分发扬党内民主，建立完善各项决策制度和决策程序。完善党代表大会制度，规范各级党的代表大会、全委会、常委会议事规则，落实常委会向全委会、全委会向党代表大会负责、定期报告工作并接受监督制度，逐步完善县乡两级党代会常任制和党代表任期制。完善党内选举制度，健全党代表参与重大决策、参加重要干部推荐、列席党委有关会议等制度。牢固树立法律面前人人平等、制度面前没有特权、制度约束没有例外的观念，认真学习制度，自觉维护制度，严格执行制度。

（五）切实加强干部作风建设。深入推进作风建设年、“四帮四促”“万名干部下基层”和“四万”活动，不断加强干部作风建设。思想上坚定理想信念、牢记党的宗旨，始终把人民放在心中最高位置，真诚倾听群众呼声，真情关心群众疾苦，在为群众服务中增长政治智慧、增强执政本领。工作上坚持“干”字当头、“敢”字为先、“拼”字求胜，迎着矛盾上、顶着压力冲、放开手脚干，工作创一流、目标争第一；学习上坚持理论联系实际，切实把学习收获体现到具体实践中，落实到本职工作上，融入党性修养里，做到理论与实际、学习与运用、言论和行动相统一；文风上力戒“长、空、假”，提倡“短、实、新”；会风上坚决杜绝会议落实会议、文件落实文件、讲话落实讲话，能不开的会坚决不开，必须开的会坚决精简；生活上远离低俗，情趣健康，讲操守、讲人格、讲正气，始终保持高尚的精神追求。

（六）切实加强反腐倡廉建设。坚持“标本兼治、综合治理、惩防并举、注重预防”的方针，扎实开展党风廉政建设和反腐败斗争。深入贯彻落实《建立健全教育、制度、监督并重的惩治和预防腐败体系实施纲要》，做到教育更有效、制度更管用、监督更严密、预防更完善、惩处更坚决。加强廉政文化建设，深入开展示范教育、警示教育和岗位廉政教育，引导党员干部对待权力有敬畏之心、对待名利有平常之心、对待监督有坦荡之心，筑牢拒腐防变的思想防线。加强干部权力运行监督，认真落实廉政准则各项规定，建立健全公开述廉、谈心提醒、诫勉谈话、领导干部个人重大事项报告等预防机制。深化反腐倡廉源头治理力度，着力构建“教导管防在前、察帮诫劝紧随、惩处罚治在后”三道防线，真正做到按制度办事、靠制度管人、用制度防腐。加大案件查处力度，依法从严惩处腐败行为，以良好的党风带政风、促民风，推动社会风气的进一步好转。

各位代表、同志们，百舸争流，破浪者领航；千帆竞发，奋勇者当先。撤地设市不仅是毕节发展史上的一个重要里程碑，更是一个续写辉煌的新起点。让我们更加紧密地团结在以胡锦涛同志为总书记的党中央周围，在省委、省政府的坚强领导下，以只争朝夕的拼劲、敢为人先的闯劲、奋发有为的干劲、锲而不舍的韧劲，践行使命，勇于探索，艰苦奋斗，拼搏争先，站在新起点，抢抓新机遇，迈向新征程，实现新跨越，为建设富裕文明幸福的新毕节而努力奋斗！

# 毕节市人民代表大会常务委员会工作报告

（2012年1月5日在毕节市第一届人民代表大会第一次会议上）

安金黎

各位代表：

我受毕节市人民代表大会常务委员会委托，向大会报告工作，请予审议。

## 一、毕节地区人大工委工作回顾

毕节地区人大工委作为省人大常委会的派出机构，是1989年1月根据贵州省第七届人民代表大会第六次常务委员会的决定成立的。自成立以来，根据宪法、法律和《贵州省人民代表大会常务委员会地区工作委员会条例》等有关法规的规定，工委坚持党的领导、人民当家作主和依法治区的有机统一，围绕中心，服务大局，严格依法履职，积极发挥作用，为推进毕节试验区经济社会发展和民主法制建设作出了积极贡献。

### （一）毕节地区人大工委成立以来的基本工作情况

围绕毕节试验区建设，切实开展监督工作。地区人大工委坚持高举中国特色社会主义伟大旗帜，以邓小平理论和“三个代表”重要思想为指导，深入贯彻落实科学发展观，围绕中心、服务大局，紧扣毕节试验区“开发扶贫、生态建设、人口控制”三大主题、经济社会发展的重大内容以及人民群众关心的热点难点问题，切实开展监督工作，共同推进毕节试验区经济社会发展。23年来，共召开工委会议93次，听取和审议、审查工作报告419个，召开工委主任会议听取31个专项工作报告，对“一署两院”在毕节试验区建设过程中开展的重要工作进行监督和作出决定，对人大工作中的重大问题进行讨论和作出决策；进行专题调研21次；开展部门工作评议5次、部门领导述职评议4次，为推动“一署两院”依法工作、提高工作效能发挥了积极作用。接待并督促有关部门处理来信来访22335件次，本着依法监督、集体行使职权和不直接处理案件的原则开展个案监督，使一些长期上访、久拖不决的案件得到了解决，为化解社会矛盾、维护群众合法权益做了大量工作，有效地促进了“和谐毕节”建设。监督法律法规在毕节的贯彻落实，是人大监督工作的重要方面，23年来，原地区人大工委共听取和审议了100多个涉及执法和司法方面的报告，组织执法检查59次，听取和审议了历次五年普法规划报告并作出了相应决议，保证了宪法、法律法规及有关人大决定在我区的遵守和执行。

围绕社会主义法制建设，认真做好立法服务工作。作为省人大常委会的派出机构，地区人大工委没有立法权，但为国家和省做好立法服务、指导威宁彝族回族苗族自治县开展立法工作是地区人大工委的工作职责。23年来，共为国家和省人大组织征求修改法律法规建议二百多件次；指导威宁彝族回族苗族自治县制定了《威宁彝族回族苗族自治县自治条例》《威宁彝族回族苗族自治县畜牧发展工作条例》《草海保护条例》《威宁彝族回族苗族自治县农村公路条例》《威宁彝族回族苗族自治县城镇规划建设管理条例》等五部单行条例。

围绕试验区民主政治建设，进一步坚持和完善人民代表大会制度。地区人大工委始终坚持党的领导、充分发扬民主、严格依法办事，积极指导县（市）、乡（镇）换届选举工作，依法选举人大代表和地方国家机关组成人员，推动基层民主政权建设，不断巩固和完善人民代表大会制度。共指导县级换届选举工作5届，成功选举出县（市）人大代表12460人次、人大常委会主任40人次、人大常委会副主任209人次、人大常委会委员706人次、县（市）长40人次、副县（市）长232人次、法院院长40人次、检察院检察长40人次；指导乡级换届选举6次，成功选举出乡（镇）人大代表96115人次、人大主席1989人次、人大副主席1350人次、乡（镇）长2007人次、副乡（镇）4631人次。及时审查地区中级人民法院和毕节检察分院提请的人事任免事项，积极支持“两院”领导班子建设。努力为各级人大代表在我区开展代表活动做好服务工作，组织驻毕全国人大代表、省人大代表和地区工委委员视察活动41次，接待省人大组织的全国、全省人大代表到我区调研、视察和执法检查100多次；同时，积极加强与全国有关市州地和全省各市州地人大的沟通、交流和联系，形成人大工作的良性互动，共同推动人大工作水平的提高。

围绕提高履职能力，大力加强自身建设。地区人大工委始终坚持把加强自身建设作为提高人大工作水平的重要抓手，积极充实机构、完善职能、健全制度，严肃机关纪律作风，强化干部教育管理，改善办公环境条件，提高履职能力。工委内设县处级机构从成立初期的四处一室发展到六处两室和机关纪检组、机关党委，机关行政编制从20名增加至30名，后勤服务事业编制从12名增加至15名；建立和修订完善工委工作制度14个、机关管理制度25个、党建工作制度6个；多次派出干部职工参加人大业务工作的培训和学习，坚持机关政治业务学习制度，干部职工的党性修养、理论修养、政治觉悟、政策水平、业务能力不断提高，机关干部呈年轻化发展趋势，活力逐步增强；机关办公环境条件自搬迁到新行政办公中心后，得到了明显改善。

围绕试验区工作大局，努力完成中共毕节地委安排的工作任务。根据中共毕节地委的安排，积极开展“讲学习、讲政治、讲正气”、学习实践“三个代表”重要思想、保持共产党员先进性教育、整顿机关纪律作风、学习实践科学发展观等活动。积极深入党建扶贫联系点、社会主义新农村建设和生态文明家园建设联系点指导工作。工委有关领导同志切实抓好牵头负责的毕节城市建设、铁路建设、飞雄机场建设、国土整治、织金新型能源化工基地建设、能源建设和联系指导的重点企业、重点项目工作，以及兼职负责的工会、工商联工作。

### （二）毕节地区人大工委近五年工作开展情况

近五年以来，毕节地区人大工委切实贯彻落实党的十七大及历次全会、省十次党代会及历次全会精神，认真学习领会和贯彻落实胡锦涛等中央领导同志对毕节试验区建设的一系列指示精神，按照“强区升位、跨越发展”的要求，围绕中心，服务大局，努力推进毕节试验区新一轮改革发展。

充分发挥监督作用，推进“一署两院”依法行政、公正司法。地区人大工委通过召开工委会议听取和审议工作报告、开展执法检查促进法律法规实施等形式，积极对“一署两院”进行工作监督和法律监督，依法履行监督职责。五年来，认真听取和审议“一署两院”年度工作安排部署、国民经济和社会发展计划及执行情况、财政预算及执行情况的报告，进行常规监督。同时重点围绕工业化、城镇化、农业产业化等“三化”建设，交通、城建、水利等基础设施建设，环境保护、安全生产、社会治安等热点难点问题，扶贫、教育、卫生等民生工程，以及执法、审判、检察工作中的突出问题实施重点监督，共听取和审议了32个工作报告；对《水土保持法》《环境保护法》《义务教育法》《劳动合同法》《看守所条例》《强制戒毒所管理办法》《道路交通安全法》《工会法》《残疾人保护法》等9个方面的法律法规的执行情况进行了检查。

充分发挥人大工委对重大事项的决定权的作用，支持地方重大项目建设。五年来，地区人大工委充分发挥人大工委对重大事项的决定权作用，积极支持毕节试验区重要工作部署和有关重点项目建设。及时审查批准了行署提请的城市基础设施、高速公路、教育、文化、卫生设施建设、国有企业改革改制等6个方面的重点项目建设资金贷款和财政资金使用安排的报告，为项目建设落到实处提供了保障。

充分发挥人大代表和工委委员的作用，推进毕节试验区强区升位、跨越发展和基层民主建设。一是切实发挥地区人大工委委员作用，为全区经济社会建设建言献策。地区人大工委组织驻毕全国人大代表、省人大代表和工委委员就扶贫开发、农村沼气池建设、农村低保、产（工）业园区建设、投资环境及政务服务、新型农村合作医疗、计划生育、发展职业教育、法官队伍建设等进行了专题调研。代表和委员根据了解和掌握的情况，分析存在的困难和问题，有针对性地提出意见建议，行署和有关部门积极采纳，有力地推动了“强区升位、跨越发展”。二是认真做好代表工作，切实发挥代表作用。为了推动全区民主政治建设，地区人大工委通过邀请代表列席会议、组织开展代表视察、督促办理代表议案、建议、批评和意见等形式，积极发挥代表在收集反映社情民意、促进社会和谐、推进民主决策、科学决策中的作用。五年来，每次工委会议都邀请省、县、乡人大代表列席，积极汇聚各级代表和工委组成人员在会上提出的意见建议，及时向地委报告和交“一署两院”办理落实；组织省人大代表和工委组成人员开展了社会主义新农村建设、生态文明家园建设、城镇化建设、城市污水处理厂及垃圾填埋场建设、通乡油路及重点旅游公路建设、和谐矿区建设、环境保护等视察活动，为代表履职提供知情知政服务；在省十一届人大一、二、三、五次会议期间，毕节地区代表团代表共提出114件建议和1件议案，其中关于修改《贵州省人民代表大会常务委员会地区工作委员会条例》的议案，关于铁路、高速公路、通乡油路、马铃薯产业、酒业发展、赤水河生态保护、草海湿地保护、大中型水库水利设施建设等的有关建议得到了较好办理，对推进毕节试验区民主法制建设、经济社会较快发展、社会和谐稳定起到了重要作用。

不断改进工作方式，积极推动全区人大工作向前发展。地区人大工委通过不断加强理论研究、制度宣传、工作交流探讨、业务培训等，积极探索人大工作规律，不断改进工作方式方法。五年来，结合毕节试验区成立20周年系列活动的开展，在全区范围内组织开展人大工作回顾总结、人大理论研讨、人民代表大会制度宣传等活动，收集整理并编印了《回眸岁月——毕节试验区人大工作20年》影集和《探索奋进——毕节试验区人大工作20年》书籍，广泛征集并编印了《毕节地区人大理论研讨获奖文章汇编》；在《毕节日报》开设“人大视窗”宣传专栏，组织全区人大系统在地区电视台开展人民代表大会制度知识抢答赛，在区内人大系统多次举办人大办公室、信访、代表等工作交流会议，积极参加和承办全省人大系统有关工作交流会议，在地委党校开办五期人大干部专题培训班，对全区近300名人大干部进行人民代表大会制度理论和人大业务知识培训。

各位代表：毕节地区人大工委成立以来，在省人大常委会和中共毕节地委正确领导下，在历任地区人大工委领导班子、历任工委委员的辛苦努力下，在“一署两院”及其工作部门的积极配合下，在各级党委、人大、政府及各族各界的大力支持下，开展了卓有成效的工作，取得了有目共睹的成绩，促进了人民代表大会制度在毕节试验区的不断完善，推动了毕节试验区经济社会和民主政治进程；也为我们今后的工作提供了许多可供借鉴的宝贵经验：一是必须坚持党的领导、人民当家作主和依法治区的有机统一，始终保持人大工作正确的政治方向；二是必须坚持围绕中心、服务大局、突出重点，不断增强人大工作的实效；三是必须坚持集体决策、民主决策、科学决策，严格依法按程序办事；四是必须坚持继承发展、总结提高、改革创新，不断提高人大工作水平。

在此，我代表毕节市第一届人民代表大会常务委员会，向原毕节地区人大工委历任领导班子成员和历任工委委员表示崇高的敬意；向所有关心和支持人大工作的各级领导、各位同志和社会各族各界表示衷心的感谢!

## 二、本届市人大常委会的工作意见

毕节市第一届人民代表大会第一次会议的召开，表明了作为省人大常委会派出机构的毕节地区人大工委全面完成了历史使命，标志着毕节市国家权力机关的正式成立，体现了人民代表大会制度在毕节试验区的进一步坚持和完善。市人大及其常委会将认真贯彻落实胡锦涛总书记在纪念全国人民代表大会成立50周年大会上、吴邦国委员长在十一届全国人大常委会一次会议上和栗战书书记在全省人大工作会议上的重要讲话精神，坚定不移地坚持和完善人民代表大会制度，根据中共毕节市第一次代表大会确定的今后五年全市工作的总体要求、奋斗目标和工作部署，始终坚持党的领导、人民当家作主和依法治市的有机统一，切实履行宪法和组织法、监督法等法律赋予的各项职权，围绕中心、服务大局，行使好监督权、重大事项决定权、人事任免权和做好立法服务工作，发挥好代表的主体作用。努力加强自身建设，切实肩负起地方国家权力机关的神圣使命，决不辜负全市833万各族人民的重托。

### （一）严格依法行使职权，积极推进经济社会发展和民主法制建设

要切实履行好监督权、重大事项决定权、人事任免权及立法服务工作等各项职权，积极推动全市经济社会发展和民主法制建设。

紧紧围绕推进依法行政和公正司法，行使好监督权。监督权是宪法和法律赋予人大的重要

职权，人大监督是代表国家和人民进行的具有法律效力的监督。人大依法按程序集体行使监督职权，不代行行政权、审判权、检察权，不直接处理具体问题。人大依法监督，目的在于推动“一府两院”改进工作；“一府两院”依法接受人大监督，有利于依法行政和公正司法。市人大常委会在监督工作中要严格按监督法办事，始终坚持围绕中心、突出重点、讲求实效的原则，积极推动解决一批事关全局和人民群众关心的重大问题。要通过听取和审议“一府两院”工作报告、组织开展执法检查、对规范性文件进行备案审查、对特定问题进行调查、询问和质询等形式对“一府两院”的行政、司法行为进行法律监督和工作监督，确保宪法、法律法规得到全面执行，行政权、审判权、检察权得到依法行使，推动科学发展，促进社会和谐。一是积极开展工作监督，听取和审议、审查经济社会发展安排部署及实施推进情况报告。要按照把毕节建设成为贵州崛起“金三角”的重要增长极的要求，听取和审议市政府有关重要工作情况报告并作出决议、决定。重点围绕“加快建设成为川滇黔渝结合部的区域中心城市”、“加快建设成为新兴的工业城市”、“加快建设成为特色旅游城市”“加快建设成为‘两江’上游重要生态屏障”“加快建设成为重要的区域交通枢纽”“ 加快建设成为重要的特色农业基地”的发展定位和目标，科学选择议题，重点对城镇建设、产（工）业园区建设、文化及旅游业发展、生态建设和环境保护、以交通水利为重点的基础设施建设、现代农业发展，以及扶贫攻坚、劳动就业、社会保障、教育、卫生等民生工程，实施重点监督，推动工作开展。二是积极开展法律监督，组织执法检查和听取审议司法工作、行政执法工作报告。要坚决贯彻依法治市方略，积极开展监督，加强法律法规贯彻实施和行政司法行为的监督。重点选择新制定（修订）颁布实施或关系改革发展稳定大局和群众切身利益、社会普遍关注、执法过程存在某些亟待解决的重要紧迫问题的法律法规实施情况进行监督，积极促进法律法规在我市的全面贯彻执行。要根据建设法治政府的要求，针对权力运行中存在的问题，对行政执法管理和审判、检察有关工作进行监督，切实保障人民群众的合法权益。特别是要针对当前部分人民群众反应比较强烈的一些法律没有得到很好遵守和执行的实际，把纠正违法行为作为市人大常委会开展法律监督的主要内容，维护社会公平正义。要加强对市政府和下级人大常委会制定的规范性文件的备案审查工作，确保文件符合宪法精神和法律规定，与上位法不抵触、不冲突，不损害行政相对人的权益。三是积极改进监督方式，增强监督实效。要按照加大监督力度，增强监督实效的要求，积极改进监督方式，在开展常规监督的基础上，不断探索增强监督实效的方法和途径。询问和质询是人大对“一府两院”实施监督的法定形式，要根据各个时期工作的实际，选择代表普遍关心的问题听取市政府有关部门专题报告，根据有关法律的规定，要请市政府有关部门主要负责同志到会听取意见、回答询问、答复问题。要按照“立党为公、执政为民”的要求，监督“一府两院”组成人员依法履行职权，真正做到“情为民所系、权为民所用、利为民所谋”，真正做到“把思想统一到发展上、把心思集中到发展上、把力量凝聚到发展上”。对群众意见大、社会反映强烈的“一府两院”组成人员，特别是对有违法、违纪或者失职、渎职行为的“一府两院”组成人员，要根据党委提出的撤职意见或有关方面提出的撤职案，依法作出撤职决定。

紧紧围绕经济社会发展中的重要工作和重要问题，行使好重大事项决定权。讨论、决定本行政区域内重大事项，是宪法和法律赋予地方人大及其常委会的一项极其重要的职权，是人民当家作主管理地方国家事务的根本体现。重大事项决定权行使的状况，直接关系到地方国家权力机关作用的发挥，关系到地方国家各项权力的运行方向、人民参与管理地方国家事务权利落实的程度。因此，依法行使好重大事项决定权，是市人大常委会的重要职责。要本着抓大事、议大事、求实效的原则，正确处理党委决策权、人大决定权、政府行政权和“两院”司法权的关系，坚持在市委的领导下，积极发挥人大深入了解民情、及时反映民意、广泛集中民智的优势，紧扣推进毕节试验区新一轮改革发展主题，对带有根本性、全局性、长远性的重大事项依法作出决定，推进“一府两院”工作有效开展，促进经济社会又好又快、更好更快发展。重点通过听取和审议、审查报告的形式，依法对全市国民经济和社会发展计划及执行情况、财政预算及执行和调整变更情况、财政性资金投资重大建设项目和政府举债行为、事关全市经济社会发展和民主法制建设全局的中长期产业发展规划和工作规划、涉及权益分配调整变动的重大改革措施，以及需动员全市人民参与和遵守的重要活动和重要规则，依法进行审查并作出决定。要积极立足市人大常委会的职责，及时对重大自然灾害、重特大事故和重大紧急突发事件、重大疫情处理等情况依法作出决议、决定。

紧紧围绕党委意图和人民意愿，行使好人事任免权。人事任免权是各级人大及其常委会代表人民意志，依法对国家机关领导人员及其组成 人员进行任命的权力，是宪法和法律赋予各级人大及其常委会的一项法定职权。要坚持党管干部和依法任免相结合、党的主张和人民意愿相统一的原则，按照《公务员法》《党政领导干部选拔任用工作条例》和《法官法》《检察官法》的有关规定，充分发扬民主，严格依法按程序任免干部，把思想素质好、领导能力强、品行作风端正、德才兼备、组织信任、人民满意的干部任命为国家机关组成人员，为推进毕节试验区新一轮改革发展提供干部保障。对任命的国家机关组成人员要进行任前法律知识考试、履职承诺和任中、任后测评，增强被任命人员向权力机关负责、受其监督的观念，督促被任命人员树立正确的人生观、权力观、价值观，廉洁勤政，公正执法，强化法律意识、人大意识、服务意识，提高依法行政、公正司法的能力。

紧紧围绕社会主义法制建设，做好立法服务工作。要积极做好上级人大及其常委会交办的立法调研和法律法规草案征求意见工作，积极为立法工作建言献策。在维护法制协调统一的前提下，按照适应发展要求、突出地方特色、注重立法质量的要求，积极指导威宁彝族回族苗族自治县搞好民族区域自治地方立法工作。

### （二）切实做好代表工作，努力夯实人大工作基础

人大代表是人民代表大会的组成人员，是人大及其常委会履行职权的基础。要切实做好代表工作，尊重代表主体地位，发挥代表主体作用，健全和落实代表工作制度，支持、规范和保障代表依法履行职务，增强代表工作实效，充分调动人大代表的积极性，努力夯实人大工作基础。

加强代表培训，拓宽履职途径，提高代表履职能力。要通过以会代训、专题讲座、专题培训等形式，分期分批对代表开展以《宪法》《组织法》《监督法》《选举法》《代表法》、人

民代表大会制度理论、以及讨论审议工作报告、调研、视察、执法检查为主要内容的法律知识和人大理论业务知识学习培训，让每一位代表都充分认识自己肩负的重任，懂得如何正确履行职责，不辜负人民的信任。大会期间，要按照议程内容，依法按程序保障代表职责得到切实履行，确保大会顺利进行和圆满完成各项任务。闭会期间，要围绕全市工作大局和常委会的重点工作，组织代表开展视察、调研和执法检查活动，邀请代表列席常委会会议，向代表通报常委会重要工作和重大活动情况，组织政府和“两院”向代表通报经济社会发展和工作情况，拓宽代表知情知政的渠道，增强代表的参与意识和议事能力。要密切与人大代表的联系，实行常委会领导接待代表日制度，常委会组成人员联系走访代表制度，并通过召开座谈会、走访等形式，听取代表意见，要建立和完善代表小组活动方式，加强对闭会期间代表小组活动的指导，引导代表就经济发展和社会民生的热点、难点问题开展调研，促进工作改进，推动民生改善。

认真办好代表议案、建议、批评和意见，发挥代表参与管理国家事务作用。要做好议案和代表建议、批评、意见的办理工作，建立和完善工作制度，加强与“一府两院”的沟通，做好交办工作，加强协调和跟踪督办，有重点地实行上门督办、现场督办，提高代表议案建议办理质量，按时、按程序、按规范复函代表，确保满意率，提高解决率。要重视代表和人民群众的来信来访工作，坚持交办、转办、联办、督办等行之有效的信访办理制度，加强催办及反馈工作，促进办理效率和办理质量的提高。要积极开展优秀议案、优秀代表建议、批评、意见和办理先进单位的评选活动，促进代表议案、建议、批评和意见的提出和办理水平的提高，充分发挥代表参与管理国家事务的作用。

强化代表与选民之间的联系，做好新形势下反映社情民意工作。要积极开展“代表进选区”活动，促进代表更好地了解民情、反映民意、服务选民，主动接受选举单位和选民监督，增强代表的代表意识和责任意识。要按照原中共毕节地委办公室转发的《毕节地区人大工委关于做好新形势下人大代表反映社情民意工作的意见》的要求，充分发挥人大代表密切联系人民群众的优势，做好新形势下反映社情民意工作，“问政于民、问需于民、问计于民”，畅通群众诉求渠道，化解社会矛盾，凝聚各方力量，以人民群众呼声为第一要求，以人民群众反映为第一信号，以人民群众利益为第一追求，以人民群众满意为第一目标，掌握真实可靠的社会舆情动态，及时向各级人大反馈，为党委政府科学决策提供重要基础情况。

密切市与县（区）、乡（镇）人大之间的联系，推动工作交流互动。坚持邀请县（区）人大常委会主任和乡（镇）人大主席及部分驻毕全国人大代表、省人大代表、部分市人大代表列席市人大常委会会议，以选区为单位做好市人大代表的履职服务工作，在视察、专题调研、执法检查等活动中形成工作互动。加强市、县（区）、乡（镇）三级人大工作交流，探讨和总结提高人大工作水平，共同推进全市民主法治建设。积极探索在百里杜鹃风景名胜区等县级行政托管区域和七星关区下属的乡级街道办事处开展人大工作的途径和办法。

（三）积极加强自身建设，不断提高人大工作水平

新成立的市人大常委会要在新形势下担负起宪法和法律赋予的职责，就必须加强自身建设。

加强学习，努力提高政治素质和业务素质。加强学习是市人大常委会自身建设的当务之急，除了要继续加强对党的理论方针政策的学习外，尤其要加强与人大工作密切相关的法律法规、人民代表大会制度理论和人大业务知识的学习，保证开展工作符合法律规定和程序要求；要坚持不懈加强思想政治建设，牢固树立党的观念、政治观念、大局观念、群众观念和法治观念，始终保持人大工作正确的政治方向，始终坚持在党的领导下坚定不移地坚持和完善人民代表大会制度。

加强制度建设，努力提高依法履职水平。加强制度建设是市人大常委会自身建设的重中之重，要在原地区人大工委原有制度的基础上，认真借鉴各地人大常委会制度建设的经验，及时建立毕节市人大常委会、各专门委员会和市人大常委会机关各项工作制度和管理制度，并在工作中认真贯彻执行和逐步完善，积极推进市人大常委会履行职责程序化、各专门委员会开展工作规范化、市人大常委会机关管理服务制度化，确保权力依法运作、工作规范开展、管理服务高效严谨。

加强作风建设，努力做到工作务实高效。加强作风建设是市人大常委会自身建设的长期任务。工作要求真务实，要提高办事效率。要以深入的作风，花更多时间、更多精力深入基层、深入群众，广泛开展调查研究，充分体察民情，真实反映民意。要把做好人大信访工作作为了解社情民意的重要渠道，认真接待和处理群众来信来访，维护人民权益，化解社会矛盾。

加强干部队伍建设，努力增强机关动力活力。做好人大常委会的工作，需要建设一支政治坚定、业务精通、作风过硬、团结协作、民主政治意识强的人大工作干部队伍。要按照德才兼备原则，选好、充实一批政治素质好、爱岗敬业、群众公认的优秀干部。同时，要加强市人大机关干部的培养选拔及与党政机关干部交流的力度，增强市人大机关动力活力。

2012年是新成立的毕节市人大常委会开始履行职责的第一年，各项工作必须开好头、起好步。要紧紧围绕2012年中共毕节市委的工作中心、经济社会发展和民主法制建设中的重点，及时拟定2012年市人大常委会工作目标和任务；要按照党管干部的原则，根据市委的安排和“一府两院”的提请，及时任命“一府两院”组成人员，保障国家机关工作正常运转；要抓紧合理划分代表小组，落实代表活动经费，认真开展代表培训，积极组织代表进行视察和参加专题调研、执法检查等活动，抓紧办理代表议案、建议、批评和意见；要争取尽快配齐配强毕节市人民代表大会各专门委员会和市人大常委会各内设机构人员，以适应市人大工作开展的需要；要围绕宪法和法律赋予人大及其常委会的各项职权，建立和完善各项工作制度，提高履职水平。

各位代表，站在新起点，迈向新征程，实现新跨越，毕节市人民代表大会和常务委员会面临的任务光荣而艰巨，任重而道远。我们坚信，在中共毕节市委的坚强领导下，在“一府两院”的大力支持下，在各位代表的共同努力下，在全市833万各族群众的积极参与下，我们一定能够不负众望，切实发挥职能作用，圆满完成各项工作任务，为建设富裕文明幸福新毕节作出应有的贡献！

# 毕节市政府工作报告

（2012年1月5日在毕节市第一届人民代表大会第一次会议上）

张吉勇

各位代表：

现在，我代表市人民政府向大会报告工作，请予审议，并请各位政协委员和其他列席人员提出意见。

今天的毕节，正处在一个承前启后、继往开来的关键节点，正进入了发展大提速、实现新跨越的重要时期。回顾60多年的发展历程，勤劳、勇敢的毕节人民，在26853平方公里的乌蒙大地上，披荆斩棘，砥砺前行，谱写了波澜壮阔、求实奋进的瑰丽诗篇。1949年12月，中国共产党毕节地方委员会成立，同时成立贵州省毕节区行政督察专员公署。在社会主义革命、建设和改革的各个历史时期，历届行署在地委的坚强领导下，团结带领各族干部群众，克服了一个又一个困难，取得了一个又一个胜利。1988年6月，时任贵州省委书记的胡锦涛同志亲自倡导，并报经国务院批准，建立了毕节“开发扶贫、生态建设”试验区，开启了毕节科学发展的伟大征程。经过23年的拼搏奋斗，毕节试验区实现了综合经济实力从全省排名末位到位居前列的飞跃，实现了人民生活从普遍贫困到基本解决温饱的跨越，实现了生态环境从不断恶化到明显改善的可喜变化，实现了人口从快速增长到逐年明显下降的良好转变。

在毕节试验区加快发展、赶超跨越的重要时刻，为更好地适应经济社会发展的需要，2009年3月，中共毕节地委、毕节地区行署正式作出申报撤地设市的决定。2010年10月，行署向省人民政府上报关于撤销毕节地区设立地级毕节市的请示。2011年10月22日国务院正式批复，同意撤销毕节地区和县级毕节市，设立地级毕节市。

撤地设市，是毕节发展史上具有里程碑意义的一件大事，饱含着党中央、国务院和省委、省政府的深切关怀，承载着833万各族人民群众的热切期盼，标志着毕节进入了一个崭新的历史发展阶段。我们坚信，毕节试验区必将以更加昂扬、更加奋发、更加开放的姿态，阔步迈向更加美好的未来！

## 一、过去五年工作回顾

过去五年，行署在省委、省政府和地委的正确领导下，在地区人大工委和政协工委的监督支持下，以邓小平理论和“三个代表”重要思想为指导，深入贯彻落实科学发展观，紧紧围绕试验区“三大主题”，以经济建设为中心，把发展作为第一要务，有效化解国际金融危机的不利影响，全力抗击百年不遇的冰冻雪凝灾害，顽强战胜连年特大旱灾，沉着应对各种复杂局面，在危机中抢抓机遇，在困难中寻求突破，在挑战中把握主动，解放思想促创新，求真务实抓落实，解决了一些多年制约经济社会发展的历史难题，办成了一些多年想办而没有办成的民生实事，综合经济实力、区域竞争能力和人民生活水平有了较大提高。生产总值、财政总收入、固定资产投资分别从281亿元、45亿元、108亿元增加到745亿元、180亿元、834亿元，年均分别增长14.4%、31.8%、50.5%；城镇居民人均可支配收入、农民人均纯收入分别达到16500元、4300元，年均增长10.7%和11.4%；金融机构存贷款余额达到660亿元、360亿元，是2006年的3.24倍、2.74倍。全省经济发展综合测评排名由2007年的第7位上升到连续两年居第1位。

回顾五年，主要做了以下工作：

（一）积极调整经济结构，加快转变发展方式

以稳定优化一产、壮大提升二产、加快发展三产为着力点，依托优势资源开发，推进工业、农业和服务业协调发展，在做大经济总量中调整结构、促进发展方式转变。实施“十大产业振兴计划”，煤炭、电力、“两烟”、装备制造、建材、白酒、化工、食品、冶金和轻纺等产业多元协调发展。建成力帆时骏年产31万辆载货汽车等大型装备制造项目；开工建设中石化年产60万吨聚烯烃、中海油参股的织金精细磷化工等新型能源化工项目。规模以上工业总产值从148.52亿元增加到443亿元，工业增加值占生产总值的比重提高到40.8%。规划建设12个产业园区，提高了产业横向配套能力和要素聚集能力。实施“3321”工程、“三万农业示范工程”，规划建设“十带百园”农业示范基地和标准化养殖场基地880个，培育龙头企业127家，组建农民专业合作组织1401个，提高了特色农业产业化、标准化、集约化经营水平。加快发展以旅游业为龙头的现代服务业，精心打造“百里杜鹃—乌江源百里画廊—化屋苗寨—织金洞”等精品旅游线路，开发了油杉河、冷水河、阿西里西、慕俄格古城等20个旅游新景区，百里杜鹃、织金洞等景区被评为4A级景区。打响了“洞天湖地、花海鹤乡、避暑天堂”旅游品牌。旅游总收入从6.37亿元增加到130亿元，社会消费品零售总额从45.9亿元增加到151.3亿元。服务业在三次产业中的比重达到35.3%。

（二）大力加强基础设施建设，强力改善发展条件

规划建设铁路840公里、高速公路1182公里。隆黄铁路黄桶至织金段建成通车，六沾铁路复线、林织铁路建设进展顺利，成贵快速铁路、织纳水铁路、隆黄铁路毕节段建设前期工作有序推进。飞雄机场加快建设。杭瑞、厦蓉高速公路毕节段、毕威、黔织和机场高速公路提速推进。公路通车里程从1.4万公里增加到2.48万公里，基本实现乡乡通油（水泥）路，所有行政村通公路。夹岩综合水利枢纽工程前期工作顺利启动并快速推进，建成织金大新桥、金沙胜天等6座中型水库，建设了一批“三小”水利及烟水配套工程，新增有效灌溉面积150万亩，解决了349.84万人饮水不安全问题。实施城乡电网升级工程，大力推进电子政务外网建设、新农村信息化试点和电信、移动、联通3G场站工程。实现村村通电、通广播电视。大力抓好石漠化治理、退耕还林、天然林保护、草海治理、节能减排等重点生态工程建设，综合治理石漠化361平方公里、水土流失789平方公里，完成营造林314万亩，森林覆盖率从34.92%提高到41.5%。

（三）加快推进城镇化进程，全面刷新城乡面貌

大力实施城镇化带动战略，科学规划“一带两翼”城镇空间布局，编制完成了“十二五”城镇化发展规划和七星关—大方城市总体规划，抓好各县城、乡镇和重点村庄的规划编修。投入城镇建设资金447亿元，建设了七星关区“一河二园六路”“一院一场四馆”、各县城污水处理厂、垃圾填埋场等城市基础设施。启动特色小城镇、“五古”保护和“幸福小镇”建设。城镇化率从17.83%提高到28%。以“五园新村”为特色的社会主义新农村建设高速推进，建成“黔西北民居”47万户，实现了“一年试点、两年推广、三年取得明显成效”目标。

（四）着力解决民生问题，推动社会事业全面进步

大力实施“十大民生工程”，各级财政投向社会民生总额397亿元，占同期地方财政一般预算支出的50.77%。发放各类救助资金42.33亿元，城乡低保覆盖率达100%。转移农村劳动力120万人，城镇新增就业8万人。各县区全部列为全国新型农村社会养老保险和城镇居民社会养老保险试点，实现乡乡有老年公寓。完成农村危房改造34万户，建成保障性住房2万套。新型农村合作医疗参合率达98.9%，城镇居民基本医疗保险参保率为99%，建立各类公立医疗卫生机构311个，基本形成覆盖城乡的公共卫生和医疗服务体系。人口自然增长率下降到6.01%。教育“两基”通过“国检”，学前教育三年毛入园（班）率达43.93%，高中阶段教育毛入学率达56.2%，进一步提升了毕节学院办学水平，组建了毕节职业技术学院，人均受教育年限从5.95年提高到6.8年。公共文化服务体系建设取得明显成效，电视剧《奢香夫人》在央视一台黄金时段热播，在全国产生广泛影响。竞技体育成绩喜人。科技事业取得长足进步。抓好各种灾害监测和防治，安全生产实现平稳好转。“三级联动视频接访”机制得到中央和省充分肯定，“平安毕节”“和谐毕节”建设深入推进。妇女、儿童、老龄、残疾人工作进一步加强。国防后备力量建设成效明显。双拥、外事、人防、民族宗教、气象、档案、地方志、物价、质监、食品药品监管等各项事业全面发展。

（五）深入推进改革试验，不断增强发展活力

基本完成了国有企业改革改制，按照大部门制的要求进行了新一轮政府机构改革。深入开展行政管理、财税、价格、投融资、文化、医药卫生体制等改革。农村土地承包经营权流转稳步推进，集体林权制度主体改革基本完成。在全省率先设立村镇银行。大力开展招商引资，引进中石化、中海油、华电、国电、华能、中电投、香港华润、香港招商局集团、湖北宜化、云南力帆骏马、河南煤化工、山东能源、四川新希望等一批优强企业，项目落地674个，到位资金1017亿元，年均增长99.4%。支持民营企业发展，非公有制经济生产总值从90亿元增加到318亿元，年均增长28.7%。切实优化投资环境，我市荣获“2011年全国最佳投资城市”和“中国2011年最具成长竞争力城市”等荣誉称号。

（六）大力加强法治政府建设，进一步增强行政能力

强化公共服务和社会管理职能，加快推进政府工作法制化、程序化、规范化。自觉接受人大法律监督和工作监督，自觉接受政协民主监督。办理省人大交办议案和建议意见89件、地区人大工委建议和意见123件，省政协提案107件、地区政协工委提案395件。进一步健全重大决策

专家咨询、社会公示和听证制度，完善了科学民主决策机制。深化行政审批制度改革，精简行政审批事项768项，下放管理权限66项。开展普法教育，健全法律援助保障体系，完善行政调解、行政复议机制。着力创建“六型机关”，认真开展“三个建设年”“四帮四促”和“万名干部下基层”等活动，政府推动发展、服务群众、促进和谐的能力不断提高。加强廉政建设，强化行政监察和审计监督，完善各类公开办事制度，机关效能建设和作风建设取得明显实效。

各位代表！过去的五年，是毕节历史上综合实力提升最快、城乡面貌变化最大、人民群众实惠最多、改革发展环境最好、各项工作成效最明显的时期之一。我们深深地体会到，要实现毕节提速跨越，必须坚持解放思想，转变观念，用改革、开放和发展的办法解决前进中的困难和问题；必须坚持以经济建设为中心，紧紧抓住发展这个第一要务，不断满足人民群众日益增长的物质文化需求；必须坚持试验区“三大主题”，开发与扶贫并举、生态恢复与建设并进、人口数量控制与质量提高并重，走科学发展之路；必须坚持以经济结构调整为主线，加快转变发展方式，切实增强可持续发展能力；必须坚持城乡统筹，加快城镇建设，推动城乡一体化进程；必须坚持把保障和改善民生作为一切工作的出发点和落脚点，决策以民生为首选、支出以民生为首位、工作以民生为首要，让人民群众充分享受改革发展成果；必须坚持系统谋划，突出重点，统筹推进，以固定资产投资为抓手，突出抓工业，重点抓招商，强力提速基础设施建设，全面推动经济社会更好更快发展；必须坚持全面推进依法行政，努力做到科学执政、民主执政、廉洁从政。这些好的做法，要在今后的工作中继续坚持和发扬。

各位代表！五年的风雨历程，谱写了开拓奋进的辉煌篇章；五年的巨大成就，打下了跨越发展的坚实基础。过去五年的成绩来之不易，是党中央、国务院亲切关怀的结果，是中央统战部、各民主党派中央、全国工商联、试验区专家顾问组和国家各有关部委倾力帮扶的结果，是省委、省政府正确领导、省直部门大力支持的结果，是深圳市以及社会各界无私帮助的结果，是全市广大干部和各族人民齐心协力、团结奋斗的结果，是驻毕人民解放军、武警部队官兵无私奉献、驻毕单位积极配合的结果。在此，我代表市人民政府向所有参与毕节发展的建设者和创业者，向所有关心和支持试验区建设的各级各界、各行各业的同志们、朋友们，致以崇高的敬意和衷心的感谢！

在充分肯定成绩的同时，我们也清醒地看到，当前我市经济社会发展还有不少困难和问题。主要是：经济总量小，结构单一，投资不足，工业化水平低，园区建设进度慢；城镇化水平低，城镇经济实力不强，聚集辐射能力较弱；农业基础设施滞后，抗御自然灾害的能力较弱，农村贫困面大、贫困程度深、自我发展能力不足；发展条件亟待改善，交通、水利等瓶颈制约突出；县域经济薄弱，城乡之间、经济与社会之间发展不平衡的状况没有得到根本改变；政府职能转变步伐还有待加快，市场监管、公共服务、社会管理等方面的统筹协调能力亟待提高。对此，我们一定保持清醒头脑，采取更加有力的举措，切实加以解决。

### 二、今后五年发展目标

今后五年，既是我市深化改革、扩大开放、实现跨越的攻坚期，也是经济转型、发展提速、乘势突破的重大战略机遇期。撤地设市后行政管理体制的重大变革，有利于进一步解放和发展生产力，消除体制机制不适应带来的种种弊端；有利于在辖区内充分行使政府职能，依法管理经济社会事务，促进区域协调发展；有利于在更大范围内优化配置生产要素，推动发展方式转变和经济结构调整；有利于加快城市发展进程，更好地发挥中心城市的集聚和辐射带动作用；有利于在更高层次上采取措施，优化发展环境，扩大对外开放，必将为加快建设川滇黔渝结合部的中心城市注入强大活力。党中央把“继续推进贵州毕节试验区建设”写入了《关于深入实施西部大开发战略的若干意见》；22个国家部办委、金融机构进一步加大对毕节试验区的支持力度；省委、省政府召开了毕节试验区新一轮改革发展推动大会，出台了支持试验区新一轮改革发展的意见及配套政策。在此基础上，国务院还即将批准《黔中经济区发展规划》，将我市织金县、黔西县纳入核心区，把七星关区、大方县、金沙县纳入规划范围，必将为我们实现新跨越提供强力支撑。随着铁路、高速公路通车，机场通航，毕节大进大出的立体交通网络基本形成，发展条件将极大改善，我市的资源优势、区位优势将更加凸显，我们必将迎来更多更好更大的发展机遇。

牢牢把握机遇，用好机遇，是我们争取主动、形成优势、赢得未来的关键。今后五年政府工作的总体要求是：高举中国特色社会主义伟大旗帜，以邓小平理论和“三个代表”重要思想为指导，深入贯彻落实科学发展观，继续深化“三大主题”，紧紧围绕市第一次党代会确定的“总目标”“总基调”和“总抓手”，牢牢把握建成川滇黔渝结合部区域中心城市的发展定位，以建设富裕文明幸福的新毕节为统揽，坚定不移地实施“城镇化带动、工业强市、旅游兴市、生态立市”四大战略，加快建设“三城市、一枢纽、一屏障”，努力实现“四个转变”，以更加解放的思想、更加务实的作风和更加有效的执行力，加快追赶跨越步伐，在贵州“两加一推”中走在前列，在西部地区率先崛起。

今后五年全市经济社会发展的主要目标是：

经济发展迈上新台阶，综合实力明显增强。到2016年，全市生产总值、工业总产值、财政总收入分别突破2000亿元、2200亿元、400亿元以上，年均增长20%、28%、20%以上，经济综合实力在全国同级行政区划单位中排名前进20位以上。全社会固定资产投资力争保持年均增长35%以上，五年累计投资达10000亿元以上。社会消费品零售总额年均增长20%以上。城镇居民可支配收入和农民人均纯收入年均分别增长15%、17%以上。

社会建设开创新局面，人民生活更加幸福。加大扶贫攻坚力度，基本解决贫困问题。优先发展教育事业，“教育试验区”和“三项改革”试点工作取得显著成效，高中阶段教育毛入学率达80%以上，主要劳动年龄人口平均受教育年限达9年。公共卫生服务体系日益完善。文化事业和产业大发展大繁荣，文化产业增加值占生产总值的比重达5%以上。严格控制人口规模，全面提升人口素质，人口自然增长率控制在5‰以下。科技创新和应用创新能力明显提高，科技进步对经济增长的贡献率达43%以上。完善社会保障和社会救助体系，新增城镇就业11万人以上，保障性安居工程建设大力推进，城乡居民社会养老保险和基本医疗保险制度实现全覆盖。建立健全城乡基本公共服务体系，社会管理体制机制不断创新，民主法制更加完善，社会更加和谐稳定，人民幸福指数明显提高。

改革开放取得新进展，发展活力更加强劲。充分发挥试验区创新、示范和引领作用，围绕在新一轮改革发展中闯出九条新路子的要求，努力在重点领域和关键环节改革上实现明显突破。全面扩大提高开放，切实改善投资环境，大力开展招商引资，招商引资到位资金年均增长50%以上。推动民营经济跨越发展，民营经济增加值占生产总值比重达到60%以上。

生态建设取得新成效，生活环境更加优美。推进重点生态工程建设，探索生态补偿机制，加强防灾减灾工作，强化节能减排，发展循环经济，加快资源节约型、环境友好型社会建设，提升生态文明水平。万元生产总值能耗和主要污染物排放控制在省下达指标范围内，森林覆盖率达到45%以上，“两江”上游生态屏障基本形成。

围绕上述总体要求和主要目标，今后五年重点做好以下九个方面的工作：

（一）紧紧扭住建设川滇黔渝结合部区域中心城市目标不放松，大力实施城镇化带动战略

坚持“新型城市、特色小城镇、新型农村社区”同步推进，加快形成以大中小城市为龙头、特色小城镇为支撑、新型农村社区为补充的毕节特色城镇化建设体系，城镇化率达到40%以上。按照建设“适宜居住、适宜创业、适宜旅游”区域中心城市的目标，着力优化“一带两翼”城市空间布局，编制完成全市城镇体系规划、中心城市及6个县城近期建设规划、控制性详细规划，实现城乡规划全覆盖。牢固树立“全域毕节”的理念，在加快建设毕节中心城市发展的同时，高度重视各县城建设，加快推进双山、德溪、碧海、金龙等12新区建设。加快形成黔西、七星关—大方、赫章、威宁城市带，倾力打造金沙、百里杜鹃和织金、纳雍两翼城镇群，一城带动，多城联动，一点发展，多点呼应，尽快形成连接成渝、黔中、滇中三大经济区极具发展潜力的黔西北城市群。精心打造一批规模适度、特色鲜明、功能完善、产业配套、生态良好的特色小城镇。全面推进以“四在农家”为载体、以“五园新村”为特色的社会主义新农村建设，所有行政村基本达到“五园新村”建设要求，农村不断向城镇转化，农民不断向市民转变，城市具有乡村风格，乡村具有城市品位，乡村与城市一样美好。

大力实施城市路网建设、市政基础设施、城市绿化、城市功能服务设施与街道整治等工程，在5年内基本建成中心城市“一环二横三纵”城市骨干交通网络，进一步完善中心城市和各县城的公园、公厕、学校、医院、文化、体育、停车场、农贸市场等各项公共服务设施，城区主要道路油化（硬化）率、供水普及率、污水处理率、垃圾无害化处理率都达到100%。积极争创全国文明城市、国家卫生城市、国家园林城市。积极推进城市综合管理信息化、数字化，努力提高城市管理水平。

（二）紧紧扭住建设新兴工业城市的目标不放松，大力实施工业强市战略

坚持走新型工业化道路，大力优化产业结构，加快构建独具特色的现代工业体系。巩固和提升煤炭、电力、建材、“两烟”、白酒等传统产业，大力发展新型能源化工、装备制造、电子信息、生物制药等新兴产业，加大技术创新力度，拓宽产业幅，拉长产业链，推动工业经济加快转型、做大做强，努力把毕节建设成为我国南方重要的新型能源化工基地、全省重要的资源深加工基地、装备制造业基地、战略新兴产业基地和承接东部产业转移基地。力争到2016年，煤炭年产量达到1.5亿吨、电力总装机容量达到1400万千瓦以上、化工产业工业增加值达到500亿元以上、装备制造业产值达到300亿元以上，白酒产量突破10万千升。

结合各县区资源条件和产业基础，合理确定产业定位和发展方向，强化区域分工和经济联系，优化资源配置，加快形成布局合理、分工明确、各具特色的工业集群。大力实施中石化煤制聚烯烃、煤制醋酸、煤制天然气，锦麟公司精细磷化工等煤电磷化一体化项目，加快形成织纳煤磷化工循环经济产业集群。大力推动力帆时骏载货汽车及其配套产业、华锐风电产业和矿山机械、工程机械等产业发展，建成较为完备的产业配套体系，打造省内领先、全国一流的装备制造产业集群。大力实施威宁、赫章有色金属、煤焦化工、冶金、风力发电、特色农产品加工等项目，努力形成威赫煤焦化工和特色农产品加工循环经济产业集群。大力实施湖北宜化金沙煤化工、华润集团与重庆能投集团煤电化和黔西永煤集团黔希煤化工、渝富集团煤化工、新湖集团煤电化等项目，推动煤化工、电子信息等产业发展，努力建设金黔能源化工和新材料循环经济产业集群。

根据全市工业化战略布局，加速提升一批产业园区。科学确定园区主导产业和空间布局，引进优强企业作为龙头，形成核心企业、配套企业、生产性服务企业互相联系、互为支撑的发展模式。广泛吸引外来投资者领办、创办产业园区，实行园区经营性项目的市场化运作、企业化管理。支持符合条件的产业园区申报省级或国家级开发区。加快入园产业项目建设，健全和完善项目建设联系、调度和考核机制，推动项目落地、建设和投产。到2016年，园区工业总产值达1500亿元以上，努力形成1个以上产值超500亿元、3个以上产值超200亿元、5个以上产值超100亿元的工业聚集区。实施大型企业培育计划和企业上市助推计划，形成一批主业突出、竞争力强、产值超100亿的大企业、大集团，扶持3户以上优强企业上市，增强企业综合竞争力。

放宽市场准入条件和领域，鼓励和支持民营资本投向新兴产业和公共服务领域。加快建设民营经济产业园和经济技术开发区民营企业孵化“园中园”，争取每个县区、每个经济开发区都有一批机制灵活、适宜民营中小企业成长的孵化园，每个乡镇都有一个特色鲜明、适宜全民创业的民营经济创业园。到2016年，民间投资占全社会固定资产投资的60%以上，民营经济增加值占生产总值50%以上，成为我市工业经济快速增长的重要板块。

（三）紧紧扭住建设特色旅游城市的目标不放松，大力实施旅游兴市战略

注重旅游与文化的结合，利用《奢香夫人》《滚山珠》《撮泰吉》等一批优秀文化产品和“磅礴乌蒙”“三省红都”等历史文化的影响力，大力挖掘特色文化资源，丰富旅游文化内涵。以“洞天湖地、花海鹤乡、避暑天堂”为品牌，精心策划、建设、推介精品旅游线路和旅游产品。大力发展各种新型旅游业态，积极推进百里杜鹃、织金洞、草海、织金大峡谷、乌江源百里画廊、九洞天、油杉河、冷水河等综合性休闲度假旅游景区开发，加快发展金沙、织金、七星关、黔西等温泉疗养度假景区建设，着力打造水西、洞天湖地、草海、乌蒙夜郎流韵等文化产业带，努力构建以红色旅游、生态旅游、特色文化旅游、山水观光、休闲度假、民俗风情等为主体的多元化旅游体系，不断提升“一城两廊八园十区”旅游品位。大力推进各景区景点、城镇、宾馆酒店以及乡村旅游等基础设施和服务设施建设，到2016年，全市旅行社争取达到30家以上，五星级、四星级、三星级酒店分别达到10家、30家、50家以上，旅游综合收入突破400亿元，旅游业成为我市战略性主导产业之一。

依托区位优势和交通优势，把我市打造成川滇黔渝结合部的重要物流中心。加快推动各县区物流工程建设，加大物流基础设施和物流园区建设力度，引进国内外知名物流企业，对我市分散的物流产业有效整合，建成综合型和集散枢纽型物流园区。加快城乡市场建设，积极推进“万村千乡市场工程”“双百市场工程”和“农超对接工程”。大力发展金融业，积极引进一批银行、保险公司、证券公司来毕节设立分支机构，积极培育村镇银行、小额贷款公司、担保公司等农村金融机构，引导金融机构加大对地方发展的信贷支持力度。加快发展房地产、信息、服务外包、中介服务、电子商务、文化创意等新兴业态，积极构建与新型工业化相配套、与城镇化进程相吻合、与国际化拓展相协调、与城乡居民需求相适应的现代服务业体系。

（四）紧紧扭住建设“两江”上游重要生态屏障的目标不放松，大力实施生态立市战略

以恢复和改善生态环境为保障，以发展循环经济为支撑，以构建生态社会和生态文化为导向，全面推进生态文明建设，促进可持续发展、和谐发展。巩固和发展生态建设成果，继续实施重点生态保护与建设工程。加大小流域治理等水土流失综合治理力度，逐步修复草海湿地生态系统。加强自然保护区建设和天然林资源保护，提升已建自然保护区等级，新建一批自然保护区。力争将百里杜鹃、油杉河和冷水河建成国家级自然保护区，加强野生动植物栖息地和原生地保护，努力保护好生物多样性。进一步加强自然保护区基础设施建设。以赤水河、六冲河、三岔河、偏岩河流域水环境综合整治为重点，开展流域污染综合整治和水污染防治，确保水质按功能区要求达标。大力发展循环经济，抓好节能减排工作，单位生产总值能耗、主要污染物排放总量控制在国家规定范围以内。让跨越发展的毕节青山常在、绿水长流！

（五）紧紧扭住建设特色农业基地的目标不放松，大力实施农业结构调整提速工程

走规模化、基地化、特色化的路子，大力发展烟草、马铃薯、油菜、蔬菜、生态畜牧、精品果业、有机茶、中药材、核桃、特色杂粮等十大特色农业产业。继续实施“3321”特色农业基地、“三万”农业示范工程、“十带百园”示范带、示范园建设，鼓励、支持农村土地有序流转，加快发展合作经营，集中连片建设一批高标准、高质量、高效益的示范样板，使之成为发展特色农业的助推器，吸引农业龙头企业和招商引资的重要载体，努力把我市建设成为全国特色优质烟叶生产基地、马铃薯生产加工基地、中药材基地、优质核桃生产基地和西南地区重要的蔬菜基地、草地生态畜牧业基地。

以优势特色产业为依托，积极扶持产业关联度大、市场竞争力强、辐射带动面广的农业龙头企业，加快形成生产、加工、储运、销售、服务产业链条，提高农产品加工转化增值率和市场竞争力，逐步形成市场牵龙头、龙头带基地、基地联农户的产业化发展格局。合理布局、规划建设一批农产品交易市场。大力培育各类农民专业合作组织，提高农民组织化程度和抵御市场风险能力。

整合各种资源，建立特色农业发展基金，每年集中扶持一批基地、一批市场、一批企业，大力打造“乌蒙”品牌。加快实施农民创业促进工程，建设一批农民创业基地和创业园，以创业促就业，有效增加农民收入。

大力发展设施农业，抓好基本农田配套小水池建设、农业综合开发土地治理和土地开发整

理（复垦）工作，加强耕地保护和土壤改良，打造一批水利化建设示范村和示范基地。大力推广中小型、多功能农机具，不断提高农业机械化水平。大力推动农业科技创新，实施“科技入户”工程，提高农业科技水平，每个县区至少建成2个农业科技示范园。大力加强农产品质量安全监管，强化动物重大疫病防控。积极推广应用沼气、秸秆利用、小水电、太阳能等可再生能源技术。

（六）紧紧扭住建设区域交通枢纽的目标不放松，大力实施基础设施提速工程

紧紧围绕国家和省高速公路网规划，全面建成杭瑞、厦蓉等高速公路毕节段，七星关至威宁、黔西至织金等高速公路竣工通车。抓紧开工建设黔西至大方、织金至普定等高速公路，争取尽快开工建设威宁至六盘水、七星关至镇雄、六盘水经赫章至镇雄、黔西至金阳等高速公路。力争到2014年，实现“县县通高速公路”。依托国家和省的铁路网规划，争取建成成贵快铁、昭黔铁路毕节段，隆黄铁路织叙段，林歹经织金至纳雍、纳雍至六盘水铁路。及早开工一批工业发展专用铁路，建设铁路里程500公里以上，力争到2016年前实现“县县通铁路”。大力推进国省干线公路升级改造，国道中二级以上公路比例达到70%以上。抓好公路养护和路政管理工作。加快实施农村公路通畅工程，开工建设通村油路、水泥路10000公里，县乡道路改造2000公里以上，农业产业区、库区、国有林区和旅游景区公路1000公里以上，全面实现乡乡通油（水泥）路。飞雄机场建成通航。基本形成大进大出的立体交通网络，融入成渝、黔中、滇中3小时经济圈，成为贵州重要的综合交通枢纽，川滇黔渝连接“珠三角”和东盟经济圈及出海的重要通道。

围绕解决工程性缺水、饮水安全和保障工业用水三大目标，加快现代水利体系建设，全面推进石漠化治理、生态建设、水利建设“三位一体”综合工程，大力推动以毕节夹岩综合水利枢纽为龙头的骨干水源工程建设，抓好主要灌区的建设、配套和节水改造工程，全面建成14个中型水源工程，完成94条中小河流治理、75座中小型病险水库除险加固工程，全面解决农村饮水不安全问题。加快骨干电网、配套电网建设和改造，全面提升供电保障能力和抗灾能力。加快实施无线数字城市和数字乡村工程，实现农村广播影视“四位一体”全覆盖，大力推进电信网、互联网、广播电视网“三网融合”，努力建设“数字毕节”。

（七）紧紧扭住建设幸福毕节的目标不放松，大力保障和改善民生

全面落实新十年农村扶贫开发纲要，打好新一轮扶贫开发攻坚战。完成“威宁喀斯特地区扶贫开发综合治理试点”，为推进新阶段扶贫开发提供借鉴。抓住国家将乌蒙山区确定为重点集中连片特殊困难地区加以扶持的机遇，进一步完善扶贫开发整县推进、集团帮扶和多元投入“三大机制”，创新产业化扶贫、劳务经济带动、非农产品助推、农村能人带动、社会保障扶贫“五种模式”，着力构建点线面结合的区域连片扶贫开发格局。完善“市县区领导联系、县区负责落实、帮扶单位牵头、乡村组织实施、社会力量参与”的工作机制，确保到2016年，贫困农民人均纯收入增长幅度高于全国平均水平，基本公共服务主要领域指标达到全国平均水平，基本扭转发展差距扩大趋势，确保贫困群众不愁吃、不愁住、不愁穿。

实施“十大增收计划”和“城乡居民收入倍增计划”，促进群众收入与经济指标同步增

长、劳动报酬与劳动生产率共同提高，确保城乡居民收入超过全省平均水平。加大就业专项资金投入，引导和促进劳动密集型产业加快发展，多渠道开发就业岗位，抓好高校毕业生、农村转移劳动力、城镇就业困难人员和退役军人等重点群体就业工作。加快推进覆盖城乡的社会保障体系建设，完善城乡居民养老保险、医疗保险、失业保险、生育保险、城乡最低生活保障等制度。加快农村危房改造，大力实施廉租房、公租房和乡镇教师、医生周转房等保障性住房工程。进一步发展社会福利事业，健全临时救助制度，完善残疾人社会保障和服务体系。大力实施“米袋子”“菜篮子”工程，认真落实扶持政策，提高粮食和蔬菜的产量和质量，促进和活跃市场流通，保障城乡居民粮蔬供应。强化稳定物价工作责任，整顿市场价格秩序，保持物价基本稳定，决不能因物价问题影响到群众生活水平的提高！

坚持教育优先发展，以部省共建“毕节贫困山区教育改革试验区”为平台，以实施国家教育体制“三项改革试点”为契机，抓紧实施试验区中长期教育事业改革和发展规划；大力发展学前教育，全面推进义务教育均衡发展，解决好进城农民工子女就学问题，用两年时间解决城镇学校“大班额”问题；加快推动高中阶段教育特别是中等职业教育发展，建成毕节教育城；积极发展民族教育、高等教育、特殊教育、继续教育和民办教育。深化文化体制改革，建立完善市、县区文化体育基础设施，基本形成惠及城乡的文化公共服务体系。进一步加强人口和计划生育工作，全面推行人口计生“双诚信、双承诺”基层群众自治工作，常住人口符合政策生育率达94.5%以上。深化医药卫生体制改革，以农村为重点，强化公共卫生服务网络建设，突出抓好麻风病防治，推进等级医院创建工作，加大乡镇卫生院建设力度，全面实施乡村一体化管理，60%以上村卫生室达到甲级水平，城乡居民基本医疗参合（保）率巩固在96%以上。全面加强科技、民族宗教、外事侨务、老龄、档案、地方志、双拥优抚、人防、气象等工作，支持国防后备力量建设。

全面强化应急体系建设，有效提高政府处置突发事件能力，积极应对和妥善处置各类突发事件。全面深化“三级联动视频接访”机制，扎实开展“三访”活动，畅通信访渠道，及时化解矛盾。切实抓好征地拆迁、工程移民、生态移民搬迁工作，大力支持被征地群众和移民持续发展。加强社会管理创新，完善城乡社区网格化服务管理体系，推进“和谐四区”建设。依法严厉打击各种违法犯罪活动，全力维护公共安全，提升人民群众安全感。强化安全生产“一岗双责”和属地管理，落实企业、监管部门“两个主体责任”，有效防范重特大事故发生，力争事故起数、死亡人数继续“双降”。

（八）紧紧扭住建设创新城市的目标不放松，大力推进试验区新一轮改革发展

用好用活用足省下放给试验区的各项政策，开展31项改革试验工作，抓好47个改革子方案的落实，推进69个乡镇改革试点工作，力求在“三化同步”、农村发展、土地管理、民营经济、金融创新、产权制度、资源开发、社会管理、人口控制、生态补偿、文化发展、行政体制等重点领域和关键环节取得明显突破。进一步推进“威宁试点”和“沙土试验”，不断扩大线上的政策创新、点上的实践创新的示范效应，不断完善有助于推动科学发展的体制机制，努力建设充满活力、富有效率的创新毕节。

充分利用统一战线对口帮扶、联系面广的优势，积极发挥21个招商分局和各县区招商工作网络作用，认真落实各级领导干部带头招商引资的责任机制，坚持招商引资与招才引智相结合，坚持走出去与请进来相结合，采取专业招商、以商招商、委托招商、项目招商、企业招商、网络招商等多种形式，千方百计引进一批带动力强的大项目、好项目，实现招商引资一年一个新台阶。加强与发达地区和周边地区特别要加大与重庆市的经济合作，大力发展外向型经济，积极引进国内外优强企业入驻，着力把七星关、大方、织金、威宁培育成以装备制造和化工产品、农副土特产品、中药材等为主的出口基地，不断提高毕节开放水平。

（九）紧紧扭住建设“五型政府”的目标不放松，大力提高行政能力

适应新形势新任务，以转变政府职能为核心，以建设学习型、开拓型、法治型、服务型、廉洁型“五型”政府为目标，大力加强政府自身建设。

注重深化理论学习，特别是认真学习胡锦涛总书记等领导同志关于毕节试验区工作的一系列重要讲话、重要批示精神和加快推进毕节试验区新一轮改革发展所必需的经济、文化、科技、社会等各方面知识，紧密联系实际，优化知识结构，提高工作水平，建设学习型政府。

不断强化毕节试验区意识，积极争取具有全局意义的新政策、好政策，大胆推出促进新一轮改革发展的新办法、新举措，在创新上敢为人先，在发展上敢于领先，找准制胜先手，抢占发展先机，在先行先试、开拓创新中抢占新一轮发展制高点，勇于担当、“干”字当头、“敢”字为先、“拼”字求胜，在敢闯敢试、顽强拼搏中赢得更大优势，建设开拓型政府。

全面做好人大代表议案和政协委员提案办理工作，自觉接受人大及其常委会的法律监督、工作监督和政协的民主监督，认真听取人大代表、政协委员和各民主党派、工商联、人民团体、各界人士和广大群众的意见、建议。全面推进依法行政，强化执法监督，深化行政审批体制改革，打造规范透明的政务环境，建设法治型政府。

始终把人民放在心中，把群众当亲人，实现好、维护好、发展好人民的根本利益，深入开展“六民工程”“三个建设年”“四帮四促”活动，加强市县乡村四级政务服务窗口建设，健全政府服务企业、服务社会、服务群众长效机制，努力形成文明公正、高效便民的良好政风，建设服务型政府。

严格执行党风廉政建设规定，大力加强教育、制度、监督并重的惩治和预防腐败体系建设，扎实推进政府系统反腐倡廉工作。严格执行机关作风行为规范“四要十不准”规定，自觉接受新闻舆论和社会公众监督，加强审计监督，强化政务督查。大力弘扬艰苦奋斗、勤俭办事的优良传统，树立清正廉洁、公道正派的良好形象，建设廉洁型政府。

三、2012年主要任务

今年，我市经济社会发展的主要预期目标是：生产总值增长18%，其中工业产值增长28%；50万元以上固定资产投资完成1300亿元；招商引资到位资金900亿元；财政总收入、地方财政收入和一般预算收入分别增长20%以上；城镇居民人均可支配收入增长15%；农村居民人均纯收入增长17%；社会消费品零售总额增长20%。工作目标是：生产总值增长20%，其中工业产值增长30%；50万元以上固定资产投资完成1500亿元；招商引资到位资金突破1000亿元；财政总收入、

地方财政收入和一般预算收入分别增长25%以上。

围绕以上目标，重点抓好以下工作：

### （一）千方百计扩大固定资产投资

充分发挥投资对经济增长的拉动作用，突出抓好重大项目建设，以存量吸引增量，以增量促进结构优化和发展方式转变。抓好项目的谋划、储备等前期工作，加大到国家各部委、省各厅局汇报和对接工作的力度，争取更多项目得到国家和省支持。积极筹措建设资金，探索多种融资方式，吸纳银行、资本市场和社会资金参与重点工程建设。充分利用好国家和省将我市列为低丘缓坡荒滩等未利用土地开发利用试点的机遇，稳步推进城乡建设用地“增减挂钩”，努力提高土地集约利用水平，切实保障用地需求。精简项目审批程序，建立重大项目审批“绿色通道”。强化“一个项目、一位领导、一套班子、一套方案、一抓到底”工作机制，实行一旬一调度、一月一点评、一季一小结、半年一观摩、年终总评比，切实提高“合同履约、资金到位、项目开工、竣工投产”四个比率。

### （二）坚定不移地走新型工业化道路

做强煤炭基础产业，积极推进资源整合，建成煤矿38对、新开工矿井15对，新增建成煤炭产能1500万吨，原煤产量达6000万吨以上。大力发展电力产业，开工建设织金电厂、大方和黔西电厂二期、黔北电厂“上大压小”、威赫电气一体化、织金热电联产、毕节热电联产二期等火电项目，建成总装机65万千瓦的风力发电场，水电装机容量扩大到225万千瓦。加快发展化工产业，推进中石化煤制聚烯烃、锦麟公司精细磷化工、湖北宜化煤化工、黔希煤化工等重大项目建设，力争开工建设中石化煤制醋酸、煤制天然气，华润集团与重庆能投集团煤电化，渝富集团煤化工、新湖集团煤化等项目，推动煤磷化工产业快速崛起。发展壮大装备制造业，力帆时骏汽车生产线全面投产，汽车配套、农用机械、风电设备制造、船舶机电制造、新型铸造等产业项目全面推进。加快纳雍华堃、织金华桂年处理10万吨镍钼矿石项目等冶金产业发展。改造提升建材产业，全面建成已规划的新型干法水泥生产项目，积极发展陶瓷产业，鼓励发展新型墙体材料。巩固提升“两烟”，大力振兴白酒产业，积极扶持金沙回沙酒、金沙古酒、毕节大曲、碧春酒、林酒等一批传统名优白酒技改扩能，提升毕节白酒产业竞争力。加快发展纺织服装、食品医药、旅游商品等产业，积极发展清洁能源、制药、生物技术等新兴产业，支持金沙电子信息产业项目加快建设，尽快形成产业集群。加大地质找矿力度，查清资源基础，推动资源优势向经济优势转变。

大力推进园区场平、道路、水、电、标准厂房等基础设施建设，园区（开发区）基础设施建设资金投入120亿元以上，园区建成总面积达50平方公里，新增建成标准厂房260万平方米以上，其中各产业园区新增标准厂房20万平方米以上。加快入园产业项目建设，新增落户园区建设项目120个以上，每个园区投资超10亿元的大项目2个以上，每个园区入园企业超过30个，园区技工贸产值占全市工业总产值的40%以上。同时，规划发展100个民营经济产业园，培育壮大本土企业。

（三）着力提升城市承载能力

加快推进七星关、大方同城化建设、一体化发展，全面开工建设同心大道工程，主城区开发大道、碧海路、雍阳路、草海路翠屏段建成通车，市大剧院、科技馆、博物馆、图书馆、绣山体育馆、奥林匹克体育中心全面建成并投入使用。加快各县城和百里杜鹃花海文化城建设，加大新区建设力度，新增城市建成区10平方公里，新建城市道路100公里，确保城镇化率达30%以上。加大旧城改造力度，旧城区主要道路油化（硬化）率达到100%，河道治理工程全面完成。抓好城市绿化美化，每个县区新建生态公园 1 个以上，打造景观大道 2 条以上，全市新增城区绿地面积5平方公里以上。启动150个特色小城镇建设，完成天河古城、慕俄格古城、水西古城等13个古城镇和12个古寨建设工作。深入开展“整脏治乱”和“满意在毕节”活动。

（四）加快推进农业产业化

新增特色种植310万亩，新增标准化规模养殖场（小区）200个，畜牧渔业产值达到80亿元以上。农民专业合作经济组织达2000个以上，新增市级龙头企业20家以上。大力开展农村科技示范创建，良种普及率达80%以上。积极培育、扶持农机专业合作社，发展农机专业户，农业机械化率达10%。

（五）全力加快基础设施建设

加快成贵快速铁路毕节段、隆黄铁路织金至毕节段、织金至纳雍铁路前期工作进程，力争年内实质性开工；争取完成七星关至遵义、七星关至叙永铁路的立项工作；积极推进七星关至昭通、七星关至水城、纳雍至水城铁路项目前期工作。遵义至七星关、七星关至威宁、黔西至织金、小坝至瓦厂塘、机场高速公路年内建成通车，全市高速公路通车里程达到270公里以上；加速推进厦蓉高速公路清镇至织金段建设，确保厦蓉高速公路织金至纳雍段、七星关至生机段、杭瑞高速公路七星关至都格段和七星关至镇雄、威宁至六盘水、织金至普定高速公路实质性开工；积极推进黔西至金阳、威宁至昭通、赫章至六盘水、纳雍至六枝高速公路前期工作。加快推进交通枢纽站点、农村公路、旅游公路、矿山公路建设。实现乡乡通油路和42%的行政村通油路。飞雄机场建成试航，启动威宁机场前期工作。

争取开工建设夹岩水利枢纽工程。全面建成织金大新桥水库、金沙胜天水库，完成七星关龙官桥、威宁小米、金沙油沙河3座中型水库前期工作并争取开工，实施28座病险水库除险加固工程、13个中小河流治理项目工程，继续抓好烟水配套工程，加快推进小型农田水利建设，新增灌溉面积20万亩。

建成投运毕节奢香500千伏变电站，新增35千伏及以上变电站18座，新增35千伏及以上线路753公里，全面完成未网改行政村电网改造，实现城乡电网同网同价。完善电子政务骨干网络。推进农村信息化进程。积极推进农村有线数字电视延伸工程和20户以下自然村通广播电视工程，实现文化信息资源共享工程全覆盖。

（六）大力推进招商引资

继续实行领导干部招商考核制度，加大对产业园区、开发区招商引资考核。创新招商引资工作方式，加强与成渝经济区、珠三角、长三角、港澳台、东盟、对口帮扶城市以及周边地区的经济合作，积极面向重点地区、重点企业开展招商。认真审查和筛选签约项目，提高招商质量。继续改善投资环境，进一步清理和废除不适应发展需要的审批事项和政策文件。努力在项目签约和引进资金方面取得新突破。

（七）创新发展现代服务业

建成七星关远航物流园和金沙农副产品物流园、建材物流园、工矿产品物流园，推动威宁五里岗物流园建设，启动大方竹园和黔西物流园区建设。新建或改造城乡农贸市场、批发市场、配送中心项目10个。争取上海浦东银行、重庆商行等入驻我市，探索组建2家以上农村商业银行，在黔西、金沙、织金3个县设立邮储银行一级支行，争取全市贷款余额达到450亿元以上。完善文化产业项目库建设，扎实推进六大文化产业园区建设和四大文化产业集团发展，完成《磅礴乌蒙》电视连续剧拍摄制作，培育壮大一批文化企业主体。

（八）放胆放手发展民营经济

认真实施“民营经济两年倍增计划”，全面拓宽民营经济准入范围，放宽民营经济出资、经营场所、经营范围、企业年检、登记管理等方面的限制，大力打造“政策洼地”和“服务高地”，激发全民创业热情。加大财政支持力度，设立市民营企业产业发展基金和扶持中小企业发展专项资金，支持民营企业创业投资、技术创新、标准制定、品牌创建及民营企业社会化服务体系建设。支持本地民营企业参与政府采购，全面落实国家、省税收优惠政策和税收减免政策。积极实施“百户亿元”工程、“骨干企业培育”工程、“特色品牌创建”工程、“万户小老板创业”工程，做大做强民营企业，民营经济增加值、民营经济注册资本均达到350亿元以上。

（九）集中力量办好全省旅游发展大会

精心筹备、周密部署，全力抓好第七届全省旅游发展大会各项工作，加快推进带动性项目145个，确保完成保障性项目169个，把大会办成“规模空前、特色突出、水平一流、影响深远”的盛会，大力提升“磅礴乌蒙、花海毕节”旅游形象。完成可乐考古国家大遗址公园规划编制。争取百里杜鹃、织金洞5A级旅游区创建成功，全市新增A级景区4家、旅行社（分社）5家、三星级以上酒店10家以上，全年接待游客2200万人次，旅游总收入达到200亿元。

（十）扎实推进生态建设

全面加快“全国林业生态建设示范区”和“国家可持续发展实验区”建设，全面推进石漠化综合治理、退耕还林、天然林资源保护、草海综合治理、矿山生态环境恢复等“十大重点生态工程”建设，抓好200万亩坡耕地生态建设，启动产业园区生态建设工作，完成营造林110万亩，森林覆盖率提高一个百分点以上。深入开展环保专项治理，加大环境违法行为查处力度，严防环境污染事件发生。

（十一）尽心竭力改善民生

继续实施扶贫脱贫攻坚、就业和创业、劳动者素质提升、城乡社会保障体系建设、“一危三棚”改造和保障性住房建设、基础设施向县乡延伸、农村生活环境改善、公共文化服务体系建设、公共卫生事业建设、社会管理创新和平安创建等“十大民生工程”。重点做好“十六件民生实事”：一是实施“千企万人”就业工程，新增3万人就业；开展劳务输出，转移农村劳动力8万人以上；积极鼓励、支持1000名返乡农民工、退伍军人、高校毕业生等社会群体人员创业。二是城镇居民低保月平均保障标准从282元提高到312元，农村居民低保年平均保障标准从1398元提高到1548元；将农村计生“两户”和城镇居民中非国家机关企事业单位工作人员独生子女户全部纳入城乡居民社会养老保险。三是启动建设10个城市社区居家养老服务中心，建成织金县老年公寓、大方县救助管理站、七星关区社会福利院，全面完成各县区儿童福利院建设。四是开工建设试验区教育城；新建、改扩建义务教育学生宿舍30万平方米、农村教师周转宿舍4000套14万平方米，完成8所思源实验学校援建项目；实施农村义务教育阶段学校“人人吃午餐”营养改善计划；实施城区小学、初中无“大班额”工程；加强毕节一中、毕节市实验高中、市民中、市第四实验高中、市第二实验小学等市直学校基础设施建设；新建、改扩建乡镇中心幼儿园102所。五是实施“万名医师支援农村卫生工程”和“二级医疗机构对口支援乡镇卫生院工程”，启动市医院二院建设及纳雍县人民医院规范化建设，配齐16个中心乡站腹腔镜输卵管结扎设备，居民电子健康档案建档率达60%以上。六是在各县区建成一所青少年教育保护中心，建成一个社区戒毒（康复）“阳光工程”企业。七是全市建成20个综合减灾示范社区，启动建设威宁县救灾物资储备库。八是实施“森林毕节”工程，在城镇新增绿化、美化面积1000亩以上；全市进行城镇综合治理，各县区新增水冲式公厕2所以上，新建面积不少于2000平方米的停车场1个以上；完善城区污水管网建设，确保2012年底县城以上城区污水处理率达到80%以上；完成17个中心乡镇卫生院污水处理及环境建设。九是实施128万人的农村饮水安全工程，基本解决全市农村饮水不安全问题；完成农家书屋建设911个，实现全覆盖。十是完成110个“五园新村”精品示范村和9个“同心新村”建设，建成35万户“黔西北民居”（含172358户危改房）。十一是新开工建设保障性住房12000套，其中：廉租住房662套、公租房7538套（包括教育部门的教师周转房3698套）、城市棚改2800户、工矿棚改1000户。十二是新建通村油路1500公里以上，续建通村油路1000公里；实施村级公路“畅通工程”。十三是完成25个“二宜一满意”幸福小镇建设；74个特色小城镇建设；在全市进行城镇综合治理，逐步改变城镇“脏乱堵”等现象。十四是建“村级综合服务站”1000个和“农村商品批发零售超市”200个。十五是加快纳雍金蟾、黔西附廓、大方岔河3座中型水库建设。力争开工建设3座中型水库和威西中型灌区项目；治理石漠化面积133平方公里、退耕还林30万亩以上、小流域治理200平方公里以上。十六是建设、改造10千伏线路845公里，低压线路4902公里，实现农村电网改造全覆盖。

各位代表，“雄关漫道真如铁，而今迈步从头越”。我们的事业任重道远，我们的未来充满希望！让我们更加紧密地团结在以胡锦涛同志为总书记的党中央周围，高举中国特色社会主义伟大旗帜，以邓小平理论和“三个代表”重要思想为指导，深入贯彻落实科学发展观，在省委、省政府的正确领导下，认真贯彻落实市委的决策和部署，努力凝聚全市人民的智慧和力量，解放思想，振奋精神，开拓创新，锐意进取，“干”字当头，奋发有为，加快推进试验区新一轮改革发展，为建设富裕、文明、幸福的新毕节而努力奋斗！

# 中国人民政治协商会议第一届
# 毕节市委员会常务委员会工作报告

——在政协第一届毕节市委员会第一次会议上

郭正良

（2012年1月4日）

各位委员，同志们：

我受政协第一届毕节市委员会常务委员会委托，向大会报告工作，请予审议。并请列席会议的同志提出意见。

毕节地区政协组织已走过60年的光辉历程。1951年10月，毕节专区第一届各族各界代表会议召开，选举产生了毕节专区各族各界人民代表会议协商委员会，协商委员会是毕节专区各族各界人民代表会议的常设机构，也是政协毕节地区工委的前身。1985年2月27日，经报请中共贵州省委同意，省政协第五届委员会常务委员会第十一次会议决定，设立政协贵州省委员会毕节地区联络处。1989年1月13日，政协贵州省第六届委员会常务委员会第五次会议决定将政协贵州省委员会毕节地区联络处变更为政协贵州省委员会毕节地区工作委员会。60年来，毕节人民政协事业深深植根于党和人民建设社会主义的伟大实践，融汇于毕节发展进步的历史进程，在建设毕节的各个历史时期，谱写了民主团结、助推发展、共同进步的壮丽篇章。回眸历史，人民政协事业创造了辉煌的业绩；展望未来，政协事业发展必将绘就更加璀璨的前景！

## 一、政协毕节地区工委的工作回顾

政协毕节地区工作委员会自成立以来，严格按照政协章程，围绕中心、服务大局，牢牢把握团结和民主两大主题，充分发挥自身优势，认真履行政协职能，团结和带领广大政协委员和政协工作者，始终坚持把促进试验区开发扶贫、生态建设、人口控制作为履职的第一要务，政治协商日益规范，民主监督不断加强，参政议政卓有成效，自身建设得以强化，各项工作取得了显著成绩，为推动毕节试验区经济社会发展作出了突出贡献。

### （一）政协毕节地区工委成立以来工作开展的基本情况

始终紧扣试验区建设主题切实履行职能。政协毕节地区工委注重围绕试验区“开发扶贫、生态建设、人口控制”三大主题，切实履行政协职能，做到政治协商有质量、民主监督有成效、参政议政有水平。自政协毕节地区工委成立以来，共召开工委全体委员会议54次，听取和讨论“一署两院”工作报告176个；召开工委主任会议152次，其中专题听取地直相关部门通报工作情况47次；认真对地直54个部门实施民主监督，召开座谈会162次，发放问卷调查表近万份，开展民主评议108次，提出整改意见400余条，有效促进部门工作健康发展；组织委员视察活动46次，进行专题调研115次，为推动毕节试验区改革、发展、稳定提出有价值的意见或建议600余条。2005年11月，省政协赋予政协毕节地区工委委员和专门委员会提案权后，政协地区工委先后向地委、行署提交涉及基础设施建设、产业发展、民生问题等方面的提案270多件，有力地助推了全区经济社会的持续快速发展。同时，政协地区工委还充分发挥反映社情民意的“直通车”作用，向地委、行署及相关部门报送社情民意信息421条，受到了地委、行署的高度重视，促成了一批群众关心的热点难点问题的有效解决，为化解社会矛盾、促进“和谐毕节”建设发挥了积极作用。

始终认真完成省政协和地委交办任务。政协地区工委注重坚持在省政协和中共毕节地委的领导下开展工作，认真贯彻落实省政协常委会和中共毕节地委的各项指示、决议、决定和决策部署。积极完成省政协组织的专题调研和视察等活动的协调配合工作，切实承办好有关政协业务工作交流、研讨等会议。根据中共毕节地委的安排，积极开展“讲学习、讲政治、讲正气”、学习实践“三个代表”重要思想、保持共产党员先进性教育、整顿机关纪律作风、学习实践科学发展观、“三个建设年”等活动，深入党建扶贫、社会主义新农村建设、生态文明家园建设、“四帮四促”活动联系点指导工作。工委领导同志还负责牵头抓好高速公路建设、农村公路建设、人口计生、林业生态等工作，联系指导金沙、黔西等县全面工作和黔北电厂、万华电石厂等重点企业和重点项目建设。

始终遵照政协章程精心指导县市政协工作。政协地区工委注重自觉接受党的领导，充分发扬民主，严格依照政协章程，认真指导县市政协开展工作。一是切实加强联系指导。政协工委领导班子成员分工联系县市政协工作，并定期或不定期组织机关干部深入县市政协进行工作调研，正确指导县市政协认真履行职能，切实开展工作，帮助解决工作中存在的困难和问题。各处（室）不断加强与县市政协业务工作的沟通交流和联系指导，促使全区政协工作良性互动、共同发展。二是注重强化业务培训。通过专题培训、以会代训等方式，组织县市政协干部进行政协业务培训。积极向全国政协、省政协争取外出培训名额，组织县市政协干部到区外考察学习，拓宽政协干部视野，提高其工作能力和水平。三是有效改善县市政协办公条件。积极向省政协争取基层政协建设资金500余万元，促进了县市政协办公条件的改善。

始终围绕苦练“内功”切实加强自身建设。政协地区工委注重把加强自身建设作为苦练“内功”、固本强基、提高水平的重要抓手，不断充实机构、完善职能、健全制度，严肃机关作风纪律，严格干部教育管理，切实改善办公环境。在省政协和中共毕节地委、地区行署的重视关心和大力支持下，政协地区工委组织建设得到强化，工委委员从最初的17名发展到52名，工委内设县处级机构从成立初期的二处二室发展到五处两室，并增设了机关纪检组和机关党委；机关行政编制从20名增至30名，后勤服务事业编制从8名增至13名。建立和完善工委工作制度15个、机关管理制度21个、党建工作制度5个。注重强化机关政治业务学习，干部职工的党性修养、理论素质、政治觉悟、政策水平、业务能力不断提高，机关工作活力日益增强，呈现精神振、作风正、干劲足、步调齐、工作实、面貌新的良好局面。

（二）政协毕节地区工委最近五年工作的开展情况

2007年以来，在省政协和中共毕节地委的正确领导下，在地区行署和有关部门的大力支持和积极配合下，政协地区工委坚持以邓小平理论和“三个代表”重要思想为指导，以科学发展观为统领，紧紧围绕试验区改革发展稳定这一中心，不断创新履职思路、转变履职观念、提高履职水平，使人民政协协调关系、汇聚力量、建言献策、服务大局的重要作用得到充分发挥，政治协商、民主监督、参政议政职能得到有效增强，有力地助推了试验区经济社会持续健康发展。

注重加强理论学习，不断夯实履职基础。政协地区工委坚持把理论学习贯穿履职实践的始终，采取形式多样的学习方法，力求学好、学深、学透，注重用科学的理论武装头脑、指导实践、推动工作。一是扎实抓好政协工委党组中心组理论学习。采用集中与自学相结合，调研与考察相结合、自学与辅导相结合、讨论与交流相结合、“请进来”与“走出去”相结合等方式，切实加强党组中心组理论学习。学习中，坚持以邓小平理论、“三个代表”重要思想和科学发展观为主线，以党的十七大和十七届三中、四中、五中、六中全会以及党中央、中共贵州省委关于加强人民政协工作的有关精神、胡锦涛等中央领导同志对试验区的重要批示和“4·14”“6·28”“3·30”等会议精神为重点，不断强化理论学习的深度和广度。二是扎实抓好政协委员履职理论学习。每年均要通过以会代训、专题视察行前培训等方式，认真组织省政协驻毕节地区委员、政协地区工委委员深入学习党的路线方针政策和统战理论、人民政协理论等，同时选取加快工业化、城镇化和农业现代化等课题，分期分批组织开展外出学习考察活动，不断借鉴外地政协履职的先进经验，着力提高其参政议政的能力和水平。三是扎实抓好政协机关干部理论学习。结合“六型”机关创建、“勤政廉政为民、忠实践行宗旨”教育、“三个建设年”和“四帮四促”等活动的开展，建立完善机关干部常规学习制度和学习考勤制度，及时组织机关干部学习中央、省委、地委的重大决策部署，工委领导还就相关专题进行专门学习辅导，同时聘请有关理论专家举办专题讲座，使政协机关干部的政治理论水平得以提升。通过扎实有效的理论学习，进一步夯实广大政协委员、政协机关干部履行职能的思想基础，增强做好政协工作的责任感和使命感，始终与党中央、省委、地委保持方向一致、目标一致、步调一致和工作一致。

注重发展民主政治，扎实推进协商议政。政协地区工委通过全体委员会议、专题协商会议和行署领导与委员座谈会等形式，对全区重大决策进行切实协商，积极建言献策。一是积极参与地委、行署重大事项协商讨论。地委、行署在重大决策出台或重要人事变动之前，都要通过书面征求意见、个别交谈等方式，充分听取政协地区工委领导的意见。政协地区工委采取召开主任会议或委员会议等形式，对全区经济社会发展规划、行署每年的工作报告及有关重大民生事项，在深入调查研究的基础上进行充分讨论，提出有价值的意见或建议，不少建议被地委、行署及时采纳。二是认真落实地委、行署与政协工委联络联系制度。政协地区工委主任均要列席地委委员会议并参与重大问题的决策，行署及有关部门均要定期向政协地区工委全体委员会议通报有关工作，地委、行署有关工作部门与政协地区工委专门委员会实行了对口联系制度。三是注重听取行署及有关部门工作情况通报。在每年的第一次全体委员会议期间，政协地区工委都要听取行署及法院、检察分院、发改、财政等部门的工作情况通报，并认真进行协商讨论，对事关试验区改革、发展和稳定的热点、难点问题提出意见和建议。同时，结合每年工委委员视察调研的工作实际，邀请行署有关领导通报工作情况，并通过报送视察、调研报告的形式，为地委、行署科学决策提供参考依据。

注重围绕发展大局，有效实施民主监督。政协地区工委始终围绕全区发展大局，高度重视民主监督工作，认真研究部署对行署工作部门的民主监督事项，有效促进部门工作的健康运行。一是建立健全民主监督制度。按照地委的安排部署，制定完善了《政协地区工委民主监督实施办法》等制度，切实规范民主监督的内容、形式、程序和方法，为促进民主监督工作提供了有效的制度保证。二是切实开展部门监督工作。注重与纪委、监察等部门开展的民主评议政风、行风相结合，在重点对地直10个副县级以上事业单位进行专项监督的基础上扩大监督范围，力求民主监督工作收到良好效果，并将专委会的视察、调研、外出考察学习与对地直相关部门或重要工作的民主监督有机统筹，形成了在监督中支持、在支持中服务、在服务中促进的良好格局，切实推动部门工作的顺利开展。三是着重强化部门监督考评。在每年召开的政协地区工委第四次全体委员会议上，各专委会均要报告实施部门民主监督的情况，并组织省、地政协委员对被监督单位进行测评，同时将监督情况和评议意见向地委报告并抄送了地直目标管理考核部门，以此作为考核部门工作实绩和评先选优的重要依据。

注重搞好视察调研，切实提高建言质量。政协地区工委注重把视察、调研作为重要工作来抓，充分发挥自身优势，整合各方资源，努力提高咨政建言的质量和水平。一是认真组织开展重大事项专题视察。先后对“新农村建设”“城市建设与管理”“农村公路建设”“农村危房改造”“农村饮水安全”和“工业园区规划与建设”等工作进行视察，形成的视察报告阐释有力度、剖析有深度、建言有高度，得到了地委、行署的充分肯定，许多建议被地委、行署及相关部门予以采纳。特别是2010年，政协地区工委先后对全区生态文明家园建设、赫章县“同心水窖”工程建设、全区高速公路建设等情况进行了视察，地委秦如培书记在视察报告批示中先后用了“很好”“很有深度”“很有质量”等词句给予高度评价。二是认真组织开展专委会专题调研。工委各专委会每年均要领题牵头开展相关专题调研活动，先后就农业产业化、依法行政、中药产业发展、新型农村合作医疗、职业教育、非公经济发展软环境建设等40多个选题开展专题调研，形成专题调研报告，并在每年第四次全体工委委员会议上“面对面”地与行署及有关部门领导座谈，促进了调研成果的转化。三是认真组织开展外出考察活动。通过组织县市政协主席、各专委会负责人外出考察学习等形式，先后就生态畜牧业、城市建设和管理、旅游业、茶叶产业、工业园区建设等组织开展外出考察调研活动，形成考察调研报告30余篇，提出300多条具有科学性、前瞻性和可操作性的意见和建议，不少建言得到地委、行署及有关部门的肯定和采纳。四是认真组织开展重要工作调研。根据地委的安排，就阶段性重要工作组织开展专题调研，2009年11月，由政协地区工委牵头，从地直31个部门抽调52名领导干部及业务骨干组成地委调研组，赴威宁县进行全面工作调研，形成了1篇综合调研报告和10余篇专题调研报告，为地委、行署推动威宁的改革发展和稳定工作提供决策参考，得到了地委主要领导的高度肯定。2011年黔西县“8·11”事件后，按照地委安排，由政协地区工委牵头，组织政协工委机关及有关部门的人员，赴黔西县对其事件进行全面调研，并迅速形成调研报告，为地委、行署科学决策提供了参考。近年来，政协地区工委的视察调研工作引起了广泛关注，《中国政协》《人民政协报》以及人民网、全国政协网等国家级媒体多次对有关视察调研情况作了报道，政协地区工委的“视察调研”履职品牌已初步树立。

注重强化精品意识，努力提升提案水平。政协地区工委坚持以打造精品提案为抓手，不断开拓新思路、探索新方法，努力提高提案工作水平。一是政协地区工委委员及专委会每年提交的提案数、立案数以及提案的办复率和满意率均呈逐年上升趋势。二是政协地区工委主任会议每年都要遴选事关重大民生的提案作为重点督办提案，制定督办方案，现场视察督办，并请新闻媒体全程跟踪报道，收到了良好的社会效果。如，原政协地区工委委员卢凤礼提交的《关于拆除麻园综合农贸市场（东心路街中街市场）的建议》提案，涉及2002年在毕节城区东心路街中心建设两排门面共178间铺面的拆除问题，在收到原毕节市政府的有关答复后，政协地区工委主任会议认为答复不具体，加大了督办力度，多次召开协商座谈会，跟踪督办该提案，经过三年不懈的跟踪督办，于2008年，由原毕节市政府斥资千万元，终于拆除了“街中街”，还路于民。又如，2010年，政协地区工委将张仁明委员提交的《关于加强食品安全监管的提案》列为政协地区工委主任会议重点督办提案，明确了提案办理的牵头单位和协办单位，并组成重点督办提案视察组，分别深入原毕节市和大方县的农贸市场、超市、酒店、洁具公司等，通过暗访、座谈、实地察看、协商办理等方式，对提案进行了强有力的督办，在收到办理答复后，又再次进行回访、督办，收到了较好效果。三是政协地区工委每年都要明确各专委会的重点督办提案，各专委会组织委员对重点提案的办理进行强力督办，各承办单位积极进行办理，提案工作取得了一定成效。

注重关注百姓民生，倾力搞好扶贫济困。政协地区工委紧紧围绕地委、行署的中心任务，认真开展帮扶工作，组织机关干部和政协委员深入基层察实情、听实话、出实招、办实事。一是按照地委的统一安排部署，先后在大方县星宿乡、黄泥塘镇，织金县珠藏镇、大平乡，毕节市长春堡镇，赫章县平山乡等乡镇联系点开展扶贫开发、新农村建设、生态文明家园建设、计划生育和社会维稳等工作。二是扎实开展智力支边工作，切实为各民主党派中央及省委、全国工商联和省工商联到毕节试验区开展工作牵线搭桥和做好协调服务工作，积极引进资金、人才、项目，抓好对农村乡土人才培训，努力促进全区经济社会快速健康发展。三是政协地区工委领导班子带头，机关干部职工积极参与，开展了“4321”结对帮扶和“下基层、献爱心”等活动，为贫困乡村的经济社会发展献计出力。四是积极协调各类项目资金2000多万元，政协机关干部职工捐资30余万元，加强联系点乡镇基础设施建设、学校建设等，有力地改善了联系点群众生产生活条件。

注重打造自身形象，着力增强政协活力。政协地区工委坚持把打造“务实政协、文明政协、活力政协”作为一件大事来抓，通过开展一系列活动，不断提升政协形象，扩大政协的影响力。一是不断加强领导班子和干部队伍建设。着力打造“心齐、气顺、风正、劲足”的政协领导班子，切实建设团结型、开拓型，学习型、和谐型，务实型、廉洁型，高效型、创新型的政协领导班子和干部队伍，为广大政协干部创造想干事、能干事、干成事的良好环境。二是注重搞好联谊交流活动。通过组织全区政协主席联谊会的形式，做到每次联谊会明确一个主题，围绕主题进行交流，加强全区政协工作的联系，增进友谊、促进合作、推动工作。通过每年元旦前夕召开迎春茶话会的形式，邀请地区几大班子领导与各族各界代表人士欢聚一堂、畅叙友情，共谋发展大计，增强了各族各界促进毕节试验区发展的凝聚力。通过组织参加全省九个市州地政协联席会、五省十八地州市政协联席会、红军长征沿线政协联系会，积极宣传毕节试验区丰富的自然资源和独特的政治优势，不断扩大对外交流与合作。三是大力提升政协对外形象。通过开展“五个一”活动（每位政协委员每年要提交一份提案、提交一篇调研报告，撰写一篇统战政协理论文章、反映一条社情民意信息、为群众办一件好事实事）、实施“五个一”工程（在《毕节日报》举办“政协之声”征文活动和在毕节电视台新闻节目中开设“政协之窗”栏目、创办《毕节政协》杂志、举办全区政协书法展、遴选政协理论研讨会文章编辑出版《政协心声》、召开“人民政协与试验区”座谈会）和开展“我为毕节添光彩”十佳政协委员评选活动，有效扩大了政协的影响力。政协地区工委每年在《人民政协报》《中国政协》《贵州政协报》等媒体刊发反映政协地区工委的稿件均在100篇以上，大大提升了政协地区工委的履职形象。四是着力营造政协文化氛围。举办了“庆国庆摄影采风”活动、“展政协风采、创和谐政协”书画笔会。出版政协系统散文作品集《仰望乌蒙》等，每年还编辑出版四期《毕节政协》杂志计40万字300多幅图片，至今已出刊15期，受到省内外读者的好评，彰显了政协工委机关浓厚的文化氛围。五是积极收集出版文史资料。通过广泛收集整理有关文史资料，出版了《黔西北文史资料》3辑，《毕节地区苗族百年实录》《陶氏兄弟与猪拱箐》《咸同烽火》《民情、民意、民声》等书籍，发挥了文史资料“存史、资政、团结、育人”的作用。六是切实反映基层社情民意。每年都要搜集、提炼、反映基层社情民意信息50余条，地委主要领导对《修建沙帽山、响水滩区域公园，满足群众文化生活需求》《毕节城区治安问题亟待解决》等社情民意信息作了批示，促成了一批人民群众关注的热点难点问题的解决。七是扎实推进机关效能建设。以开展“勤政廉政为民，忠实践行宗旨”教育、“三个建设年”“四帮四促”“万名干部下基层、扎扎实实帮群众”等活动为契机，切实推进政协机关效能建设，促使机关作风明显转变。

政协毕节地区工委自1989年成立以来，历经了22载春秋冬夏，政协人见证和参与了毕节试验区经济社会发展的风雨历程。回顾过去，我们感慨万千。可以说，人民政协事业取得的业绩令人瞩目，政协人为毕节试验区发展和进步作出的贡献有目共睹。这些成绩的取得，得益于省政协和中共毕节地委的正确领导，得益于地区行署及有关部门的大力支持，得益于各民主党派、各族各界人士的鼎力帮助，得益于广大政协委员和政协地区工委机关广大干部职工的辛勤耕耘。在此，让我们以热烈的掌声向全区各族各界关心、支持人民政协工作的领导们、同志们、朋友们表示崇高的敬意和真诚的感谢！

（三）政协毕节地区工委切实履职的主要体会

回顾这些年来政协地区工委走过的奋斗历程，我们深深体会到：

——坚持党的领导是做好政协工作的坚强保证。中国共产党对人民政协的领导是政治领导，即政治原则、政治方向和重大方针政策的领导。实践证明，只有坚持中国共产党对人民政协的领导，才能坚定不移地贯彻党的基本理论、基本路线、基本纲领、基本经验，坚定不移地落实党关于人民政协的各项方针政策，确保在思想和行动上与党中央、省委、市委目标同向、工作同心、行动同步，保持高度一致；只有始终围绕党委的重大决策部署来研究谋划政协工作，才能把党的方针政策贯彻到人民政协的全部工作中去，真正为实现党在各个历史时期的发展战略和发展目标建诤言、献良策、出实力；只有充分发挥政协委员和政协机关中共党员的先锋模范作用，才能切实广交深交党外朋友，汇集力量、凝心聚力，促进试验区大发展、大跨越。总之，只有坚持中国共产党对人民政协的领导，政协事业的发展才能有坚强的政治保证，始终沿着正确的政治方向前进。

——坚持推动发展是履行政协职能的第一要务。发展是硬道理，是解决试验区一切问题的关键。人民政协只有紧紧围绕改革发展这个总目标，立足试验区建设这个大格局，才能真正找准自身的定位、体现应有的价值，才能有所作为、大有可为。因此，政协工作必须紧扣经济建设这个中心，围绕发展谋划工作，紧贴发展开展工作，充分发挥政协的优势和特点，突出综合性、全局性、前瞻性，选择党委和政府重视、人民群众关心、政协有条件做好的课题，以专门委员会和政协委员为主体，多层次地开展专题调研活动，扎实做好民主监督和协商议政工作，有效促进党和政府决策的科学化和民主化。总之，人民政协只有把推动发展作为履行职能的第一要务，才能真正把握时代的主题，顺应人民的期待，促进党的事业兴旺发达。

——坚持为民解忧是促进社会和谐的有力举措。实现好、维护好、发展好最广大人民的根本利益，是各项建设事业成功的根本保证。坚持以人为本、履职为民，是人民政协固有属性的具体体现，是人民政协履行职能的应有之义。政协工作只有把履行职能的实践与最广大人民的根本利益紧密联系起来，常怀爱民之心、常谋富民之策、常为利民之举，做到体察民情、为民解忧、谋利于民，才能有效协助党委和政府切实解决好教育、就业、医疗、社会保障、住房和环境保护等事关民生的突出问题；只有真诚倾听群众呼声、真实反映群众意愿、真情关心群众疾苦、真心承担社会责任，才能真正为广大群众解难事、办实事、做好事。总之，政协工作只有把关心群众、服务群众的工作做好了，才能始终保持同人民群众的血肉联系，从人民群众推进历史发展的伟大进程中汲取智慧和力量，为人民政协事业的健康发展注入不竭动力。

——坚持团结民主是调动积极因素的有效方法。人民政协作为最广泛的统一战线组织，是大团结、大联合的象征，以其广泛的代表性和巨大的包容性，把一切可以团结的力量都团结起来，把一切可以调动的积极因素都调动起来，集中各族人民的智慧，凝聚各界人士的意志，为实现试验区跨越崛起而共同奋斗，这是政协组织义不容辞的神圣职责。因此，政协工作只有本着团结、民主、和谐的精神，体现合作、参与、协商的特点，把团结民主贯穿于政协工作的全过程，才能切实营造宽松和谐、奋发向上、生动活泼、心往一处想、劲往一处使的良好氛围，最终把各族各界的思想统一到促进毕节的发展上来，心思集中到加快毕节的发展上来，力量凝聚到实现毕节的发展上来。

——坚持开拓创新是提高工作水平的根本动力。改革创新是人民政协事业发展的不竭动力，只有在实践中不断探索、创新和发展，人民政协事业才能永葆旺盛的生机与活力。多年来，试验区政协事业之所以快速发展，政协工作之所以有所作为，很重要的一条就是在继承传统的基础上，立足新形势、把握新规律、适应新要求、探索新机制，以理论创新推动工作创新，以制度创新推动工作创新，以方式方法创新推动工作创新，从而使政协工作呈现蓬勃发展的态势。

以上这些体会，既是我们的切身感受，也是各级政协组织在近年来的工作实践中总结探索出来的宝贵经验，值得我们倍加珍惜并不断发扬光大。

## 二、本届政协毕节市委员会的工作意见

政协第一届毕节市委员会第一次会议的胜利召开和政协第一届毕节市常务委员会的选举产生，表明了作为省政协常委会派出机构的政协地区工委圆满完成历史使命，标志着市政协委员会和市政协常委会作为一级政协组织的重要机构正式成立，体现了中国共产党领导的多党合作和政治协商制度在毕节试验区得到进一步坚持和完善。站在新的历史起点，迈向新的发展征程，市政协将在中共毕节市委的坚强领导和省政协的有力指导下，在市人大和市政府的大力支持下，严格按照政协章程履行职能，切实发挥好在毕节市经济社会发展中的重要作用。

### （一）今后五年政协毕节市委员会工作的总体要求和主要任务

今后五年，是毕节试验区深化改革、扩大开放、实现跨越的关键五年，也是市政协迎接新挑战、创造新业绩、谱写新篇章的重要五年。按照中共毕节市第一次党代会确定的今后五年全市工作的总体目标和工作部署，本届政协毕节市委员会工作的总体要求是：高举中国特色社会主义伟大旗帜，以邓小平理论和“三个代表”重要思想为指导，深入贯彻落实科学发展观，全面贯彻党的十七届四中、五中、六中全会、中央经济工作会、全省政协工作会、毕节市第一次党代会和今年即将召开的党的十八大以及省十一次党代会、全国和全省“两会”精神，认真按照中央、省委、市委关于加强政协工作的一系列部署要求，牢牢把握团结和民主两大主题，紧扣全市“加速发展、加快转型、推动跨越”的主基调和“推进改革发展‘双领先’，实现试验区新跨越”的主旋律，围绕深化试验区“三大主题”和“工业强市及城镇化带动”主战略，切实履行政治协商、民主监督、参政议政职能，充分发挥政协组织协调关系、汇聚力量、建言献策、服务大局、促进发展的重要作用，共同把毕节试验区建设成为统一战线服务科学发展和多党合作的示范区，为加快推进全市经济社会又好又快、更好更快发展作出积极贡献。

围绕上述总体要求，今后五年新一届政协毕节市委员会的主要任务是：

坚定政治信念，坚持正确方向，在推进中国特色社会主义民主政治建设进程上有新贡献。人民政协的命运始终与党和人民事业紧密相连，坚定理想信念，坚持政治方向，是政协事业蓬

勃发展的根本保证。一是要始终保持政治上的清醒和坚定。在履行政协职能过程中，要保持高度的政治责任感和政治敏锐性，以党的路线方针政策为指导，更加自觉地贯彻执行党委的各项决定、决议和决策部署，更加自觉地贯彻执行党关于人民政协的一系列政策要求，使其在政治上、思想上、行动上始终与党委方向一致、目标一致、工作一致，真正做到同频共振、同步共进。二是要扎实推进民主政治建设。进一步深化人民政协的性质、地位、职能和作用，注重用中国特色社会主义统一思想、凝聚力量，加强与各民主党派、各族各界人士的沟通联系，切实搭建好人民政协在发展民主政治中的平台，有效巩固大团结、大联合的良好局面。三是要牢固树立全局观念和大局意识。注重把政协工作置于党委和政府深化改革、扩大开放、推动跨越的全局中去谋划、去部署、去落实，无论是协商选题的产生、调研活动的开展，还是调研成果的转化和跟踪问效，都要按照市委、市政府的发展大局和总体部署来推进，确保人民政协事业沿着正确的方向阔步前进。

紧扣发展主题，服务建设大局，在助推试验区跨越崛起上有新举措。发展是试验区建设的永恒主题，是实现强市升位、跨越崛起的根本途径。新一届政协组织和广大政协委员要把服务科学发展、推动试验区快速崛起作为履行职责的第一要务，胸怀全局、主动作为、锐意进取，积极为促进试验区发展献计出力。一是要着力搞好协商议政。要紧扣“十二五”期间全市“加速发展、加快转型、推动跨越”的主基调和“推进改革发展‘双领先’，实现试验区新跨越”的主旋律，紧紧围绕“工业强市和城镇化带动”主战略的实施和农业产业化发展，认真组织好重点协商、专题协商和对口协商活动，多层次、多形式、多渠道搞好协商议政工作。二是要着力开展视察调研。要主动对接市委、市政府的中心工作，将视察调研重点放在对经济社会发展趋势的把握上，放在对改革发展稳定深层次矛盾的分析上，放在事关深化试验区“三大主题”的综合性、全局性、前瞻性问题的思考上，放在人民群众关注的热点和难点问题的对策研究上，多建睿智之言，多献务实之策，为党委、政府科学决策提供有力依据。三是要着力实施民主监督。要充分利用民主监督这一有效形式，加大对政府部门的监督力度，将民主监督贯穿于部门作风建设和投资环境建设之中，贯穿于工业化、城镇化、农业现代化“三化同步”发展的重大项目建设之中，通过实施好民主监督，帮助政府部门发现问题、整改问题、改进工作、推动发展。四是要着力推动参政议政成果的转化。要主动争取党委的领导和政府的支持，建立健全加强政治协商、推进民主监督和参政议政工作的各项制度，规范提案、建议案及视察调研报告的报送、追踪和反馈程序，有力推动政协议政成果的转化，进一步提高建言献策实效。

强化民本意识，关注百姓民生，在促进全市社会和谐稳定上有新成效。政之所兴，在悦民心；政之所废，在逆民心。政协是党委、政府联系各族各界群众的桥梁和纽带，要牢固树立“人民政协为人民”的工作理念，更加关注民生，多谋为民之策，多办为民之事，更好地反映民意、汇集民智、贴近民生、体现民情。一是要注重为我市实施的“十大民生工程”建言献策，切实推动民生工程真正成为让党放心、群众满意、各界高兴的民心工程、幸福工程。二是要注重调动一切积极因素，汇聚各方力量，向绝对贫困发起“总攻”，切实助推区域连片扶贫开发，倾力推进贫困乡村尽快脱贫致富。三是要注重围绕实施“十大增收计划”、完善社会保障体系、促进教育卫生文化和人口计生等社会事业献计出力，全面加快试验区建设进程。四是要注重推动社会管理创新，及时反映社会各方面的利益诉求，通过人民政协这个重要平台和渠道，不断扩大群众有序的政治参与，同时要准确把握新时期人民内部矛盾的特点和规律，努力探索做好新形势下群众工作的新思路、新举措，积极协助党委、政府做好协调关系、理顺情绪、化解矛盾、鼓舞士气的工作，努力实现好、维护好、发展好全市民族团结、安定和谐的社会政治局面。

突出团结民主，不断扩大联谊，在凝心聚力促进发展上有新作为。只有坚持团结和民主两大主题，充分发挥人民政协人才荟萃、智力密集等优势，加强上下左右联络联谊，才能把一切积极因素汇聚到试验区科学发展、加快发展、和谐发展上来。一是要切实增强中国共产党领导的多党合作和政治协商功能，促进各党派、各团体、各民族和各阶层人士的团结与合作，着力构建一心一意谋发展、群策群力促跨越的良好格局。二是要切实发挥界别优势和委员代表性强、联系面广的特殊优势，加强与社会各界人士的联系，协助党委、政府做好与社会各个阶层的联系沟通工作，为切实促进政党关系、民族关系、宗教关系、阶层关系、海内外同胞关系的和谐发挥积极作用。三是要切实加强与中央和省各民主党派的联络联系，发挥统一战线联络联系“直通车”的作用，积极争取各民主党派中央和各民主党派省委对试验区建设的大力支持，助推全市经济社会跨越发展。四是要切实搭建平台、创造条件，密切与社会各界的沟通联系，邀请各民主党派、工商联负责人参加政协的有关活动，不断提高参政议政能力，充分表达意见、建议和主张，为试验区发展建净言、献良策、出实招，为建设富裕文明幸福新毕节贡献力量。

坚持改革创新，激发政协活力，在提高政协工作科学化水平上有新面貌。积极推进政协履行职能的制度化、规范化、程序化，是人民政协事业与时俱进、开拓创新的客观需要，也是巩固完善政治协商制度的必然要求。在2011年11月召开的全省政协工作会议上，省委下发了《关于进一步加强政治协商制度建设的意见》，为人民政协正确履行政治协商职能指明了前进的方向，开辟了广阔的空间，同时也对政协工作提出了新的更高的要求。可以说，现在政协的许多工作任务由“软”变“硬”了，许多工作范围由“窄”变“宽”了，许多工作方法由随意变规范了，许多工作程序由简单变周密了。面对新时期的人民政协事业，我们必须始终坚持解放思想、实事求是、与时俱进、开拓创新，不断激发政协组织的生机与活力。一是必须切实加强政协履行职能的“三化”建设，进一步健全完善与新形势、新任务、新要求相适应，符合试验区实际的各项规章制度，有效规范政协各项工作。二是必须不断强化自身建设，创新工作思路，创新工作机制，创新活动方式和载体，促使政协工作真正体现时代性、把握规律性、富于创造性。三是必须认真研究、注意总结近年来政协履职行之有效的好经验、好做法，并进行理论上的提炼和概括，上升为制度规范，力求各项工作有章可循，力求各类活动生动有效，进一步提高政协工作科学化水平。

（二）2012年政协毕节市委员会的工作重点

今年是毕节撤地设市的第一年，是新一届政协工作的起步之年，是毕节试验区实现两年明显变化、向党的十八大献礼的关键之年。做好今年的政协工作，对于新一届政协开好局、起好步，促进全市经济社会发展目标的如期实现，意义十分重大。为此，今年的市政协工作务必着重抓好以下几个方面：

紧紧围绕学习贯彻全省政协工作会议精神，促进政协各项工作健康运行。2011年11月省委召开的全省政协工作会议，是在全省深入学习贯彻党的十七届六中全会和省委十届十二次全会精神，加快推动全省经济社会跨越发展的新形势下召开的一次重要会议。省委书记栗战书、省长赵克志、省政协主席王正福、省委副书记王富玉出席会议并分别作了重要讲话。会上还印发了《中共贵州省委关于进一步加强人民政协政治协商制度的意见》（黔党发[2011]25号）。会议就进一步推进人民政协政治协商科学化、制度化、规范化、程序化建设作出了全面部署，是做好当前和今后一个时期政协工作的重要指导方针。全市各级政协组织和广大政协委员要紧密联系实际，通过党组中心组、专委会、干部职工集中学习等形式，采取座谈会、专题辅导、中心发言等方式，认真传达、学习和贯彻好会议精神，深刻领会会议的精神实质，指导推动政协各项工作。同时，要把学习贯彻会议精神与继续贯彻落实中央5号文件和胡锦涛总书记在庆祝中国人民政协成立60周年大会上的重要讲话精神有机结合起来，深刻理解和准确把握新时期人民政协工作的新任务和新要求，进一步增强使命感和责任感，努力把中央和省委的要求转化为自觉行动，有力推动政协各项工作健康运行。

紧紧围绕“工业强市和城镇化带动”主战略，促进政协民主协商有序开展。要坚持把促进科学发展作为履行职能的第一要务，紧紧围绕“工业强市和城镇化带动”主战略，始终抓住工业园区建设、招商引资、特色城镇发展等重点问题，在深入调查研究、周密思考的基础上，认真组织好常委会议、常委专题协商会议、市长与委员座谈会和情况通报会等，加强政协各专委会与政府有关部门的对口协商，切实开展多层次、多角度、多形式的协商议政活动，确保政协民主协商规范有序、扎实开展，为加快推进试验区新型工业化进程、加快打造川滇黔区域中心城市、建设美好毕节献计出力。

紧紧围绕重点项目建设和重大民生工程，促进政协视察调研和民主监督取得实效。要切实围绕市委、市政府的中心工作和重大决策部署，紧密结合市委提出的“十大工业产业”“十大生态工程”“十大民生工程”和“十大文化工程”等项目建设及社会管理创新等工作，精心选择视察调研课题，认真开展视察调研活动。同时，要把民主监督工作同视察调研有机结合起来，将民主监督工作贯穿于重点项目建设和重大民生工程建设之中，充分利用政协民主监督这一有效形式，制定更加有力的监督机制，通过严格、有序地组织协商讨论，提出合理化建议，切实帮助发现问题，积极促进工作改进。

紧紧围绕试验区建设重要事项，促进提案办理工作收到良好效果。要坚持“围绕中心、服务大局、提高质量、讲求实效”的提案工作方针，正确引导政协委员围绕经济社会发展中的重要事项提出有价值的提案，努力提高提案质量。同时，要扎实抓好本届政协一次会议委员提交提案的办理落实工作，进一步加强与政府有关部门的联系、沟通与协调，积极探索重点提案调研、重点提案办理协商等督办机制，着力提高提案办理水平。要进一步加强提案工作机构建设，特别要注重强化提案工作制度化、规范化、程序化和信息化建设，保证全市政协提案工作有序推进、收到良好效果。

紧紧围绕助推全市经济社会发展，促进政协优势得到充分发挥。要充分发挥政协联系面广的优势，加强与中央和省各民主党派的联系，加强与深圳市、重庆市政协及统战部门的协调，加强与省外毕节商会、外地驻毕商会及企业家的沟通，积极吸引资金、技术、人才注入我市经济社会发展。要深入开展智力支边和帮扶活动，着力提高贫困地区群众的自我发展能力。要协助党委、政府做好非公有制经济发展工作，进一步加强与非公有制经济人士的联系，充分发挥非公有制经济人士中政协委员的示范带头作用，引领全市非公有制经济和民营经济快速发展。

紧紧围绕做好新形势下群众工作，促进试验区社会和谐稳定。要继续深入开展“四帮四促”活动，扎实抓好生态文明家园建设、党建扶贫和人口计生等联系点工作，切实帮助基层排忧解难。要按照中共中央关于进一步做好新形势下群众工作的要求，积极组织政协委员深入到发展最迫切、群众最急需的地方去，认真做好服务基层、服务群众、服务发展的各项工作。同时，要广泛动员、激励各级政协委员尤其是工商界委员积极参与扶贫济困活动，为有效推进扶贫开发献计出力。要协助党委、政府做好维护稳定工作，为加快推进试验区新一轮改革发展创造和谐的社会环境。

紧紧围绕强化新一届市政协自身建设，促进政协全面工作上台阶、上水平。要切实加强政协思想建设，牢固树立社会主义核心价值观，坚持不懈地用马克思主义中国化的最新成果武装头脑、指导实践、推动工作。要切实加强政协组织建设，积极支持各民主党派、工商联抓好自身建设，支持各民主党派和无党派人士履行职责，尊重和保障其履行职责的各项民主权利，尤其要突出政协的界别特色，不断丰富界别活动形式，充分发挥市政协各专委会的主体作用和委员的基础作用，强化委员的学习培训，完善委员履职考核机制，有效调动委员履职的积极性和主动性。要切实加强政协班子建设、政协机关党的建设和干部队伍建设，充分发挥中共党组织在政协组织中的领导核心作用，充分发挥政协委员和政协机关中共党员的先锋模范作用，强化政协机关干部教育和管理，努力培养造就一支政治坚定、作风优良、学识丰富、业务熟练的高素质干部队伍，为人民政协有效履行职能、顺利开展工作提供有力保障。要切实加强政协履职制度建设，用严格的制度规范政协工作、推动政协事业。要切实加强政协宣传工作，进一步密切与《人民政协报》《贵州政协报》《毕节日报》、毕节电视台等新闻媒体的联系，进一步办好《毕节政协》，并通过组织省、市有关新闻媒体集体采访等形式，加大对全市各级政协及广大委员履职亮点的宣传，认真总结推广全市各级政协在履行职能、开展工作过程中创造的好做法、好经验，切实推动全市政协工作上台阶、上水平。

各位委员，新起点开启新征程，新目标赋予新使命。让我们紧密地团结在以胡锦涛同志为总书记的中共中央周围，在中共毕节市委的坚强领导和省政协的有力指导下，牢记人民政协的光荣使命，凝聚各族各界人士的智慧和力量，携手同心、振奋精神、锐意进取、扎实工作，努力开创人民政协事业新局面，为加快建设富裕文明幸福的新毕节作出新的更大的贡献！

谢谢大家！

# 深入推进毕节试验区改革发展规划
# （2013～2020年）

（国办函〔2013〕35号）

## 前　言

毕节试验区（以下简称试验区）是1988年由时任贵州省委书记胡锦涛同志倡导并经国务院批准，全国第一个在贫困地区建立的开发扶贫、生态建设试验区。试验区成立24年来，经济社会发生深刻变化，实现了人民生活从普遍贫困到基本解决温饱的跨越，生态环境从不断恶化到明显改善的飞跃，人口数量从高速增长到增速明显下降的转变，积累了丰富的实践经验，改革发展已经取得了阶段性成果。

根据《中共中央国务院关于深入实施西部大开发战略的若干意见》（中发〔2010〕11号）、《国务院关于进一步促进贵州经济社会又好又快发展的若干意见》（国发〔2012〕2号）和《西部大开发“十二五”规划》要求，为全面总结经验，探索新形势下贫困地区后发赶超之路，推动试验区经济社会又好又快发展，特编制本规划。

规划范围为毕节市所辖行政区域，国土面积26853平方公里，2011年末常住人口652万人。规划期限为2013～2020年。

## 第一章　发展基础

### 第一节　主要成就

24年来，试验区经济社会发展取得长足进步。2011年地区生产总值达到737亿元，比1988年增长了41倍；财政总收入181亿元，增长了91倍；固定资产投资831亿元，增长了351倍；三次产业结构由53：22：25调整为18：47：35。基础设施建设取得重大进展，公路通车里程由3748公里增加到2.5万公里，解决220万农村人口的饮水困难。开发扶贫、生态建设、人口控制成效明显，农村贫困人口由312.2万人减少到65.5万人，城镇居民人均可支配收入和农村居民人均纯收入分别达到16132元、4210元，森林覆盖率由14.9%提高到41.5%，水土流失面积减少了1404平方公里，人口自然增长率由19.5‰下降到6.2‰。社会事业明显进步，“两基”人口覆盖率达100%，人均受教育年限由3.9年提高到6.8年，新型农村合作医疗参合率达98.9%，城乡低保实现应保尽保。

24年来，试验区紧紧围绕“开发扶贫、生态建设、人口控制”试验主题，按照“近期作示范、长远探路子”的要求，积累了宝贵的经验。坚持发展与扶贫并举，把改善人民群众生产生活条件和提高基本公共服务水平作为改革发展的重点任务；坚持开发与保护并进，把加强生态建设和环境保护作为改革发展的根本；坚持人口数量控制与质量提高并重，把实现人的全面发展作为改革发展的目标；坚持因地制宜，把充分发挥当地比较优势发展特色产业作为改革发展的着力点；坚持同心同行，把发挥中国共产党领导的多党合作政治优势作为改革发展的推动力。

## 第二节　发展优势

自然资源丰富。已探明矿产32种，其中煤、磷探明储量分别为281亿吨、14.2亿吨，均占贵州省的50%左右；生物资源丰富，动、植物资源达2800多种，天麻、竹荪、半夏等中药材享誉国内外，农特产品品质优良；年均水资源总量134亿立方米。

文化底蕴深厚。民族文化、历史文化、红色文化丰富多彩，旅游资源独特，气候清爽宜人，织金洞、威宁草海、百里杜鹃、九洞天等景区风光秀美，素有“洞天湖地、花海鹤乡、避暑天堂”之美誉。

区位优势明显。地处四川、云南和贵州三省结合部，是珠三角地区连接西南地区，以及长三角地区连接东盟的重要通道。规划建设的厦门至成都、杭州至瑞丽高速公路和成都至贵阳快速铁路、隆昌至黄桶铁路、昭通至黔江铁路等将成为试验区新的对外交通通道。

多党合作助推。中央统战部、各民主党派中央、全国工商联、国家有关部委及社会各界始终关心和支持试验区建设，形成了统一战线参与试验区建设的毕节经验。

## 第三节　机遇挑战

当前和未来一段时期，试验区发展处于可以大有作为的重要战略机遇期。中发〔2010〕11号和国发〔2012〕2号文件的印发实施，为加快试验区改革发展指明了方向，提供了有力的政策支持；投资环境和发展条件不断改善，自我发展能力不断增强，为进一步加快推进工业化、城镇化奠定了坚实基础；经济结构深刻调整，东部产业加快向西部转移，为试验区发挥资源富集优势，推动建立现代产业体系提供了有利条件；区域经济一体化深入推进，有利于试验区参与区域分工，全面提升内陆开放型经济发展水平；广大干部群众思改革、谋发展、奔小康的愿望强烈，呈现出昂扬向上的精神风貌，为实现经济社会跨越式发展提供了不竭动力。

由于自然、历史等多种因素影响，试验区还面临不少突出困难和问题，经济总量小、人均水平低，贫困和落后仍是试验区的基本区情和面临的主要矛盾，基础设施落后、生态脆弱、人口资源环境压力大的状况没有根本改变，城乡发展不协调、农村贫困面广量大程度深等问题仍然突出，产业结构单一、发展方式粗放、科技创新乏力等问题亟待解决，重点领域和关键环节仍然存在的一些体制机制障碍有待于进一步破除。

# 第二章　总体要求

加快试验区发展，是落实科学发展观、建设生态文明的战略需要，是加快脱贫致富步伐、推动贵州经济社会跨越发展的现实选择，是保障和改善民生、促进人的全面发展的重要举措，对探索全国贫困地区后发赶超之路，实现资源、环境、人口协调发展，具有重大的现实意义和深远的历史意义。

## 第一节　指导思想

高举中国特色社会主义伟大旗帜，以邓小平理论、“三个代表”重要思想、科学发展观为指导，以科学发展为主题，以加快转变经济发展方式为主线，突出“加速发展、加快转型、推动跨越”主基调，深化“开发扶贫、生态建设、人口控制”试验主题，坚持开发扶贫与经济发展并举、生态保护与生态建设并进、人口控制与人的全面发展并重，创新投融资体制机制，着力夯实发展基础；创新统筹城乡发展体制机制，着力提高人民群众生产生活水平；创新资源富集区转型发展体制机制，着力增强经济可持续发展内生动力；创新对内对外开放体制机制，着力发展内陆开放型经济，确保与全国同步实现全面建成小康社会的宏伟目标，为全国贫困地区探索一条超常规的后发赶超之路。

## 第二节　基本原则

坚持先行先试，创新发展。进一步解放思想、深化改革开放，以改革促发展，以开放促开发，不断增强经济发展的动力和活力。

坚持经济驱动，跨越发展。始终把科学发展作为首要任务，夯实发展基础，全力推进新型工业化、信息化、城镇化和农业现代化，增强跨越发展的内生动力。

坚持生态优先，绿色发展。牢固树立生态文明理念，尊重自然、顺应自然、保护自然，强化资源节约利用，在保护中开发，在开发中保护，实现可持续发展。

坚持以人为本，和谐发展。以保障和改善民生为重点，加大扶贫开发力度，提高基本公共服务水平和均等化程度，全面提高人口综合素质，维护民族团结、社会和谐，使改革发展成果惠及广大人民群众。

坚持全面统筹，协调发展。统揽全局，处理好经济与社会、工业与农业、开发与保护、资源利用与强市富民的关系，促进经济发展与人口资源环境相协调。

## 第三节　战略定位

科学发展试验区。实现科学发展和加快发展的有机统一，新型工业化、新型城镇化与环境保护的有机统一，经济发展与改善民生的有机统一，积极探索贫困地区实现科学发展的有效途径。

现代产业集聚区。大力实施优势资源转化战略，促进产业向园区集聚，建成西南地区重要的能源化工基地、资源深加工基地及装备制造业基地、特色农产品加工基地。

创新扶贫示范区。创新扶贫开发机制，坚持以区域发展带动扶贫开发，以扶贫开发促进区域发展，以工补农，以城带乡，为集中连片特殊困难地区减贫积累经验。

生态文明先行区。优化国土空间开发格局，加强不同类型生态区建设，加大水土流失防治和石漠化综合治理力度，着力建设资源节约型、环境友好型社会，促进人与自然和谐共处。

多党合作示范区。发挥中国共产党领导的多党合作和政治协商制度优势，坚定贯彻“同心”思想，奋力推进“同心”实践，不断提高统一战线服务科学发展和自身科学发展水平，形成多方参与、协调并进、相互支持、共同发展的团结奋进新格局，努力建设好试验区。

### 第四节　发展目标

到2015年，经济发展能力明显增强。以交通、水利为重点的基础设施建设取得突破性进展；生态建设和环境保护取得明显成效，石漠化扩展趋势得到初步遏制，环境质量总体保持稳定，森林覆盖率达45%以上；西南地区重要的能源和资源深加工基地基本建成，以能源、化工、装备制造、电子信息、新型节能建材为主的特色优势产业体系初步形成；城镇化进程显著加快，城镇化率达40%左右；基本公共服务水平和均等化程度明显提升，高中阶段毛入学率达到西部地区平均水平，覆盖城乡居民的基本医疗卫生体系和社会保障体系基本建立，贫困人口大幅减少，城乡居民收入基本达到西部地区平均水平；人口自然增长率进一步下降。

到2020年，经济实力显著提升，现代产业体系基本形成，建成川滇黔结合部的区域性经济中心；现代交通运输网络基本建成，工程性缺水问题基本解决；节能减排和资源综合利用水平不断提高，石漠化扩展势头得到根本扭转，环境质量良好，森林覆盖率达50%以上；城乡面貌明显改善，城镇化率达45%以上；人民生活水平和质量不断提高，收入大幅增加，基本公共服务达到全国平均水平，与全国同步实现全面建成小康社会奋斗目标。

## 第三章　优化国土空间开发格局

根据资源禀赋、环境容量、开发程度和发展潜力，优化功能分区，培育形成试验区“一核、一带、多支点”国土空间开发新格局。

### 第一节　功能分区

产业集聚区。包括矿产开采区、工业开发区和城镇建成区。充分利用这些区域基础条件好、产业发展潜力大、资源环境承载能力强的优势，承担试验区推进工业化、信息化和城镇化的主要功能。

特色农业区。包括坝地粮食作物区、山地经济作物区和畜牧区等点状、面状区域。发挥地理、气候优势，着力发展小杂粮、马铃薯、茶叶、蔬菜、核桃、中药材、草地生态畜牧业等特色农业。

生态保护区。包括西部高原石漠化治理与水源涵养林区、中东部生态环境综合整治区、东南部石漠化综合治理与水土保持区、东北部水土保持与石漠化防治区。对25度以上陡坡耕地通过人工措施和自然修复，实现生态恢复；对商品林区等生态控制区域，实行计划性采伐更替；对国家公益林、地方公益林、森林公园、自然保护区、风景名胜区、湿地等生态敏感区域，实行严格保护。

### 第二节　空间结构

突出主城区带动作用。加快建设毕节主城区，积极推进大方县撤县设区，规范建设双山新区，拓展城市空间，优化城市功能，带动产业与人口集聚，努力把试验区建成川滇黔结合部的区域性中心城市、综合交通枢纽、新兴工业城市、商贸物流中心和生态文明示范城市。

打造贵阳—毕节经济带。依托威宁经黔西至金阳高速公路、成都至贵阳快速铁路，培育建设威宁—赫章—毕节主城区—黔西—贵阳综合经济带，壮大节点城市综合实力，促进产业集群发展，建设成为特色鲜明、技术水平高、配套能力强、优势产业集聚的工业走廊。

培育一批中小城镇。支持符合条件的县撤县设市，合理开发并有效利用能源和矿产资源，进一步拓展产业发展空间，促进集聚发展。调整百里杜鹃风景名胜区行政区划。推进试验区内中小城镇与主城区基础设施互连互通、产业协同配套发展、生产要素自由流动。以特色产业为依托，把一批基础设施较为完善、区位突出、发展潜力大的中心镇建设成为特色鲜明的重点城镇。

## 第四章　构建现代化基础设施体系

坚持把交通，水利等基础设施建设放在优先地位，加大财政投入支持力度，创新基础设施投融资体制机制，加快构建功能配套、安全高效的现代基础设施体系。

### 第一节　加强交通基础设施建设

鼓励和支持民间资本参与铁路项目建设和客货运输服务业务，支持组建以地方投资为主的合资铁路公司。加快干线铁路建设，打通对外连接的快速通道。重点建设成都至贵阳、叙永经毕节至织金、织金至纳雍铁路，规划研究建设毕节经水城至兴义、昭通经毕节至黔江等铁路，加快建设毕节铁路枢纽。研究论证贵阳经六盘水至毕节的城际轨道交通建设。支持发展城市轻轨和重点矿区建设专用（支线）铁路。

加大财政性资金对高速公路、农村公路建设投入力度。鼓励投资主体多元化，采取多种模式，完善公路建设投融资和运行管理体制机制。尽快建成杭州至瑞丽、厦门至成都高速公路毕节段，加快贵阳至黔西、水城经威宁至昭通等高速公路建设。加大国省干线、县乡公路改造力度，增加路网密度，改善路网结构。结合农村道路建设促进旅游公路发展。不断完善公路枢纽及客货站（场）点。到2020年，公路通车里程达到2.8万公里，干线公路网络基本形成，实现具备条件的行政村通沥青（水泥）路。

加快乌江、赤水河航运建设，推进重点库区航道整治，改造及新建重点码头，完善水运配套设施。适时试点放开低空空域，建设金沙、织金、百里杜鹃等通用机场，研究建设赫章通用机场。开展威宁机场前期工作。提升毕节飞雄机场等级，开通与北京、上海、广州、成都、昆明等大城市航线。

### 第二节　加快水利基础设施建设

创新水利发展体制机制，落实各项政策措施，多渠道筹集资金，保证水利投入稳定增长。积极完善水资源管理体制，实行最严格的水资源管理制度，抓紧确立水资源开发利用控制、用水效率控制和水功能区限制纳污三条红线指标体系，落实各项任务措施，建立责任追究和考核制度，健全水资源监控体系。发展节水工业、节水农业，建设节水型社会。推进水资源有偿使用和水价改革。健全初始水权分配机制，开展水权交易试点，实现水权有序流转。加大对口支援试验区水利工作力度。以解决工程性缺水为重点，加快推进夹岩水利枢纽、龙官桥水库等一批骨干水源工程前期工作，尽快开工建设。抓紧实施金黔、松坪、宋官、红旗等大中型灌区续建配套和节水改造工程，稳步实施小水窖、小水池、小塘坝、小泵站、小水渠等“五小水利”工程和烟水配套工程。全面解决农村人口安全饮水问题。加快病险水库除险加固和中小河流治理，加快防洪体系建设。

### 第三节　推进通信、能源通道建设

建立和完善通信保障机制，积极推进体制机制创新，加快网络升级改造和信息技术创新，大力推进电信网、互联网、广播电视网“三网融合”，加快城市光纤宽带接入，基本实现行政村通宽带和自然村通信信号覆盖。加强和改进网络与信息安全管理工作，强化应急保障基础设施建设。实施电子政务提升工程和“三农”信息服务工程。推动能源通道建设。优化调整电源点布局和电网结构，加快毕节一大兴电力通道建设，开展主干电网和城乡电网建设与改造，提高电网安全运行能力。加快风力发电接入系统建设。研究建设与贵阳等地相连通的天然气管线。建设毕节成品油库。

## 第五章　加强生态文明建设

树立生态文明理念，开展生态补偿试点，建设长江、珠江两江上游生态安全体系，增强试验区可持续发展能力。

## 第一节　完善生态保护与建设机制

深化集体林权制度改革，规范林权流转，建立林业合作经营机制，开展森林资源资产评估，引导建立以林权抵押贷款为主的多元化投入机制。鼓励社会资本以多种方式参与生态建设。探索建立森林保险制度，支持开展林下经济示范基地建设，将毕节纳入林权管理服务中心标准化建设试点范围。建立经营性用材林5年限额采伐控制机制，允许年度结余采伐计划结转使用和拍卖。加快林业生态建设示范区发展步伐，继续实施石漠化综合治理、天然林资源保护、防护林体系建设、小流域综合治理等重点生态修复工程，积极发展后续产业。根据退耕还林总体部署，将25度以上陡坡耕地逐步退耕还林。加强自然保护区基础设施建设，加大草海恢复治理，支持百里杜鹃、油杉河和冷水河申报国家级自然保护区和风景名胜区。积极研究将试验区纳入生态文明示范工程试点市范围，创建生态文明城市，统筹推进环境友好型社会建设。

## 第二节　健全环境保护机制

完善环境保护投入制度，积极推进环境保护和污染治理市场化运营。积极推进赤水河、六冲河、三岔河、偏岩河等流域水环境综合整治。提高城市污水和生活垃圾处理装置的运行负荷率，改革、完善城市污水和生活垃圾处理收费方式，提高收缴率。新建毕节主城区第二污水处理厂和各县城的第二污水处理厂。建设主城区第二垃圾填埋场、双山新区和重点镇的垃圾处理设施，积极推进危险废物规范化管理和处置。完善排污许可证制度，发展排污权交易市场。提高环境准入门槛，强化工业污染控制，对重点行业企业实施重点监控。完善环境监测预警制度，建立环境污染事故应急处置体系。到2020年，集中式饮用水源一级保护区水质达到Ⅱ类标准，城市空气质量达到二级以上标准，城镇污水处理率和垃圾无害化处理率达到西部地区平均水平。

## 第三节　探索建立生态环境补偿机制

按照谁开发谁保护、谁受益谁补偿的原则，加快建立生态补偿机制。进一步加大中央财政均衡性转移支付力度。建立和完善生态公益林补偿和流转机制。探索建立林业碳汇交易机制，发展碳汇林业。鼓励和引导乌江流域上下游之间开展生态补偿。严格执行矿山环境恢复治理保证金制度。加强矿山资源利用，提高植被覆盖率。推进国家可持续发展实验区建设。

# 第六章　推进新农村建设

夯实农业农村发展基础，加快发展现代农业，扎实推进新农村建设，探索建立以城带乡、以工促农、城乡一体发展的体制机制，实现城乡协调发展。

## 第一节 建立发展现代农业的体制机制

建立促进现代农业建设的投入保障机制。创新土地管理体制，实行最严格的耕地保护制度，确保耕地总量不减少、质量不降低。对农业综合开发项目探索试行先建后补的民办公助机制。继续实施农田水利基本建设、土地综合治理、节水改造、烟水配套等工程。优化农业生产力布局，推进高海拔山区优质杂交玉米制种基地、优质粮油生产基地建设，加快特色农业基地建设，打造“乌蒙”品牌。深入推进山区现代农业示范区建设。强化基层农技推广体系建设，在统筹整合强农惠农富农资金、发展农民专业合作组织、创新产业化经营机制、创新金融支持手段等方面，探索行之有效的办法。积极推进农产品质量安全标准示范县建设，提高动植物疫病防控监管能力。引导和支持城乡各类社会服务组织和机构为现代农业提供社会化服务。

## 第二节 建立推进新农村建设体制机制

深入推进农村集体土地产权制度改革，推动建立“产权清晰、权能明确、权益保障、流转顺畅、分配合理”的农村集体土地产权制度，落实农民对土地的使用权和房屋、林木等资产的所有权。尽快建立健全产权交易平台，加快林地、林木流转制度建设。改革征地制度，提高农民在土地增值收益中的分配比例。严格规范城乡建设用地增减挂钩试点工作，积极稳妥地推进农村集体经营性建设用地流转，建立健全制度政策，探索农村集体建设用地所有权、使用权实现方式，逐步建立城乡统一的土地市场，探索农村宅基地集约节约利用新机制，在集体经济组织内建立宅基地有偿使用制度，建立超标宅基地退出机制，探索在规划的新农村建设集中用地区中的农村宅基地管理办法。加强新农村规划建设，实行村庄整治，开展农村环境综合治理和农村生态文明建设，实施水、路、电、气、房和优美环境“六到农家”工程。积极发展休闲农业、乡村旅游和农村服务业，繁荣农村经济。完善村民一事一议筹资筹劳办法，健全农村公益事业建设机制。落实村级组织运转经费保障机制，逐步解决行政村运转困难问题，积极稳妥化解乡村债务。

## 第三节 做好扶贫攻坚工作

加快资源开发和特色优势产业发展，创新产业化推进扶贫开发模式，建立和完善区域经济发展带动、集团帮扶脱贫的新机制，促进“整村推进”向“连片推进”转变。结合城镇化布局，稳步推进深山区、石山区等生存条件恶劣地区扶贫搬迁和生态移民工程。实施教育扶贫工程，开展以职业教育实现就业脱贫试点。探索贫困县乡“摘帽不脱钩、减贫不减补”的激励机制。推进扶贫开发与农村最低生活保障制度及社会保险、救助、福利制度有效衔接，完善城乡低保标准与物价上涨挂钩的联动机制。建立中央和地方财政专项扶贫资金逐步增加，社会力量、慈善事业积极参与的资金投入机制。创新支农资金管理体制机制，整合支农增量资金、国家扶贫增量资金及地方资金，吸引其他资金参与扶贫开发。探索建立资源富集地区农村集体和农户入股参与自然资源开发，增加农民财产性收入新机制。加强对试验区定点扶贫和对口帮扶，形成专项扶贫、行业扶贫、社会扶贫新格局。

### 第四节　推动城乡协调发展

加快新型工业化、特色城镇化和农业现代化进程，实现工业化与城镇化的良性互动，创建山地新型城镇化试验区，推动农业人口向城镇和新型农村社区集中、工业向园区集中、农用地向适度规模经营集中，促进城乡统筹发展。以完善城乡规划为先导，编制毕节市城镇体系规划，统筹城乡基础设施建设和产业布局。以深化市场化改革为动力，统筹城乡资源要素配置，推动城区企业向农村延伸服务，发展农村服务业和乡镇企业，形成城乡一体联合互动的产业格局。以转移农业富余劳动力为突破，统筹城乡就业创业，加大农村劳动力就业创业培训力度，支持农民工返乡创业，强化创业就业、技能培训、社会保险以及劳动维权等综合服务能力。以完善公共财政体制为支撑，统筹城乡基础设施建设和基本公共服务体系建设，积极推进城乡公共资源均衡配置。推进城乡教育、医疗卫生、公共文化协调发展。按照国家统一部署，规范有序开展低丘缓坡荒滩等未利用地开发利用试点工作，实现各类建设少占地、不占或少占耕地，提高土地资源利用综合效益。探索建立农村土地交易听证制度。积扱推进国土资源管理制度配套改革试点。积极稳妥推进户籍管理制度改革，落实放宽中小城市和小城镇落户条件的政策，引导非农产业和农村人口有序向中小城市和建制镇转移，逐步满足符合条件的农村人口落户需求。

## 第七章　促进资源富集区转型发展

坚持走新型工业化道路，建立优化产业布局和结构升级的引导机制，推动资源依赖向创新驱动转变，改造提升传统产业，发展战略性新兴产业、现代服务业，积极承接产业转移，促进产业集聚，构建具有试验区特色的产业体系。

### 第一节　建立产业布局和发展引导机制

探索建立试验区产业集聚与布局优化协调机制，立足区内产业特点和资源禀赋，促进传统产业提升与新兴产业加快发展，着力构建现代产业体系，提高产业竞争力和经济效益。改造提升资源开发和资源深加工产业，实现单一煤电产业向多元产业转型；加快发展战略性新兴产业，着力推进产业升级。实行差别化的产业政策，实施优势资源转化战略，支持在试验区优化布局建设能源资源加工和转化利用项目，建设资源深加工基地。创新资源高效利用模式，推广市场化节能减排机制。强化节能减排目标责任，完善目标体系，健全监督管理机制，严格执行环境影响评价制度，实行主要污染物总量控制。

### 第二节　提升能源资源综合利用水平

加大矿产资源的整装勘查力度。完善矿产资源有偿使用制度，理顺资源收益分配关系。建立健全资源开发补偿机制，规范企业承担资源补偿、生态环境修复的社会责任和义务。科学制定资源性产品成本的财务核算办法，完善价格形成机制，促进资源节约利用。合理规划布局煤炭资源开采，加快试验区内黔北矿区和织纳矿区织金区煤矿建设，推进煤炭企业兼并重组，淘汰不具备安全生产条件、乱采滥挖严重浪费资源的落后产能，到2020年煤炭产量达到2亿吨左右。稳步发展大型高效燃煤火电机组，建设织金电厂、黔北电厂“上大压小”异地新建等项目。按照国家相关规定，稳步开展电力价格改革试点，在七星关、织金、赫章等县区率先开展大用户直供电试点，对农产品加工等劳动密集型产业在用电量、用电价格等方面给予特殊政策支持。

## 第三节　建立资源加工循环利用体系

提高市场准入门槛，加快淘汰落后产能，对产能过剩行业坚持新增产能与淘汰产能“等量置换”或“减量置换”的原则，遏制低水平重复建设，防止新增落后产能。依托煤电资源优势和新工艺、新技术，稳步发展煤的精深加工和关联产业。重点发展煤制烯烃、煤制油、煤制天然气、煤制乙二醇和煤炭气化、液化等深加工产品，加快建设毕节煤制清洁燃料示范项目。推进织金煤磷电化、金沙煤电烯烃一体化基地建设，加快黔西煤电铝一体化建设。支持毕节与重庆合作开展煤炭资源深加工利用，建设华润（毕节）循环经济工业基地。研究建设纳雍煤制乙二醇项目，提升赫章热铸联轧加工水平。鼓励发展非金属精细化工，扶持发展林化工。推进资源加工循环利用。依托现有工业园区，开展循环化改造，注重上下游产业布局，推进煤矸石、煤泥、煤层气与煤共伴生资源及粉煤灰、尾矿等工业废弃物资源化、规模化和产业化利用。开展煤矿、磷矿和电力、化工等矿井水、工业污水循环利用，提高污水资源化综合利用率。鼓励试验区创建循环经济示范城市，加快赫章资源型城市转型发展。

## 第四节　培育壮大新兴产业

创新有利于培育发展新兴产业的体制机制。以载货汽车生产项目为龙头，积极发展汽车、摩托车产业，做大做强汽车及零部件产业，提高整车及零部件产品开发、系统配套和模块化供货能力，加快毕节载货汽车制造基地和赫章铸造基地建设。积极推进渝黔合作汽摩配件产业基地和西南零部件毕节交易中心建设。推进矿山机械、电工电器机械、农业机械等特色装备制造项目建设。规范发展废旧汽车、家电、电子产品拆解加工利用。培育发展新能源、新材料和生物等战略性新兴产业。规划建设利用煤层气、风力、垃圾、生物质发电的示范项目，积极开发页岩气资源。有序发展硅、稀土、镍、钼等新材料产品。加快发展以天然药物为主、具有民族配方特色的现代中医药业。强化企业技术创新主体地位。加快科技服务平台建设，推进科技风险投资、科技咨询和中介服务业发展，促进科技成果的转化和应用。

## 第五节　创新发展现代服务业

探索特色民族文化与旅游融合发展新路子，加快发展文化旅游和生态旅游产业。打造精品景区和旅游线路，重点建设百里杜鹃、织金洞、草海、九洞天和慕俄格古城、水西古城、大屯土司、石门坎等文化旅游区。研究建设百里杜鹃、大方等文化旅游集聚区。支持具备条件的重点景区申报世界自然遗产，加快赫章县可乐国家考古遗址公园项目建设。支持试验区大力发展红色旅游。加强旅游公共服务体系建设。积极发展乡村旅游，建设一批旅游特色村寨。深化文化体制改革，创新文化发展理念，积极引进战略投资者，建设一批重点民族特色文化产业项目。做大做强民族歌舞、工艺美术、节庆会展、戏剧影视等文化产业。

大力发展现代物流业。规划建设七星关、织金等重点物流园区和毕节中药材交易中心、威宁马铃薯等农特产品批发交易市场，积极发展现代运输方式和第三方物流，把毕节建设成为区域重要商贸物流中心。

扎实推进金融服务业改革发展。支持毕节农村金融改革，探索金融推动集中连片贫困地区跨越发展中的有效途径。支持和鼓励金融机构在试验区设立分支机构。支持设立村镇银行、农村资金互助社等新型农村金融机构和小额贷款公司等经济组织。鼓励金融机构有效增加对“三农”和小型微型企业的信贷投入。拓宽融资渠道，支持符合条件的企业通过上市或者发行企业（公司）债券、中小企业集合债和非金融企业债务融资工具等方式融资。

### 第六节　有序承接产业转移

积极营造有利于承接产业转移的体制环境，探索承接产业转移利益协调和补偿机制，提高完善金融服务水平，引导生产要素合理流动。加强公共服务创新平台支撑，主动为产业转移企业和项目提供有关咨询服务和开展科技创新工作。加快转变政府职能，深化行政审批制度改革，提高办事效率，营造良好的发展环境。积极引导产业集聚，合理规划和稳步推进开发区建设，优先考虑在具备条件的地区设立开发区。探索与东中部地区和其他省市合作互动、共建产业园区模式，形成一批以现代制造业、高新技术产业为主要特色的产业园区。推动毕节、织金、威宁经济开发区有序承接产业转移。推进园区扩区调位，支持符合条件的省级开发区升级为国家级开发区，重点工业园区创建为国家新型工业化产业示范基地。

## 第八章　完善基本公共服务体系

大力发展以保障和改善民生为重点的社会事业，创新人口数量控制与质量提高并重体制机制，逐步建立符合市情、覆盖城乡、公平合理的基本公共服务体系，促进人的全面发展。

### 第一节　突出教育优先发展地位

推进国家教育体制改革试点，优化教育资源配置，健全教育投入保障机制，全面推进素质教育。建立义务教育资源均衡配置机制，推进毕节贫困山区教育改革发展试验区建设。加大对农村学前教育推进工程和农村中小学建设的支持力度，加快义务教育学校标准化建设，逐步解决农村义务教育基础设施薄弱问题，逐步消除“大班额”“校外寄宿”等现象，保留并认真办好必要的村小学和教学点。深化基础教育课程改革，提高中小学教育教学质量和综合办学水平。加大对农村家庭经济困难学生资助力度，扩大覆盖面。全面落实农村义务教育学生营养改善计划。加大农村教师“特岗计划”倾斜力度，以及对农村边远地区学校教师周转宿舍建设的支持力度。加快普及高中阶段教育，支持基础薄弱县改扩建一批普通高中和中等职业学校，支持双山新区发展职业教育。创新职业教育办学模式和人才培养模式，落实好中等职业教育免学费政策。根据试验区经济社会发展需要，积极创造条件，在毕节市设置一所多科性大学和一所医学类高等院校，吸引和支持国内重点高校到试验区合作创办高层次人才培养及综合科研项目，并有针对性地引进海外高层次人才及急需项目。鼓励支持社会力量举办各类教育机构。

## 第二节　提升医疗卫生服务能力

全面推进医药卫生体制改革，完善基本医疗卫生制度，使人人享有基本医疗卫生服务。推进部省合作，支持试验区卫生事业跨越式发展，建立健全公共卫生服务网络，加强卫生监督、疾病预防控制、职业病防治机构能力建设，提高重大传染病疫情和公共卫生突发事件的预防、处置能力。加快县、乡、村三级医疗卫生服务机构标准化建设，提高地市级医院服务能力，加强儿童医疗保健服务网络建设。加快全科医生培养，“特岗医生”计划向试验区倾斜。加强对乡村医生的系统培训，努力提高乡村医务人员福利待遇，力争到2020年千人口床位数达到全国平均水平。建立城市医院对口支援农村医疗卫生工作的制度。建立大病救助机制，对发生高额医疗费用的参保（合）居民和大病贫困患者给予更高水平医疗费用补助，缓解因病致贫、因病返贫现象。

## 第三节　全面做好人口和计划生育工作

加强人口计划生育服务体系建设，深入推进国家免费孕前优生健康检查试点工作，提高出生人口素质。完善人口计划生育利益导向政策体系，继续实施农村计划生育家庭奖励扶助、计划生育家庭特别扶助和“少生快富”千户示范工程。推动人口计划生育管理体制机制创新，推广实施诚信计划生育奖励政策，进一步完善人口计生“双诚信、双承诺”工作机制，形成具有试验区特色的“诚信计生”模式。建立健全引导人口迁移流动政策，实现人口分布与生态环境保护、产业布局、城乡发展相协调。

## 第四节　完善劳动就业和社会保障体系

加强公共就业服务体系建设，为城乡劳动者提供优质高效就业服务。加强职业技能培训，提升劳动者就业创业能力，扩大培训规模，提高培训实效。全面落实好有关扶持小型微型企业创业和大学生创业就业的优惠政策，大力扶持民营经济发展，培育和支持建设小企业创业基地。加快完善城镇职工基本养老、医疗、失业、工伤、生育保险制度，抓好非公有制企业从业人员、灵活就业人员、城镇困难群众和农民工参保工作。实现城乡居民养老保险全覆盖，不断提高居民医保和新农合的覆盖水平和保障水平。健全城乡困难群体、孤儿、残疾人和优抚对象等特殊群体的社会保障机制，提高农村五保供养标准。加大对试验区人力资源和社会保障服务平台及信息化工程建设的资金扶持。建立健全市场配置和政府保障相结合的住房制度，大力推进城镇保障性安居工程建设，继续实施农村危房改造。大力实施采煤沉陷区等地质灾害危险区域农村住房的避险搬迁。加强房地产市场调控，促进房地产市场平稳健康发展。

### 第五节　繁荣文化体育事业

加快推进公益性文化单位改革，创新公共文化服务运行机制，大力发展公益性文化事业，加快图书馆、文化馆、博物馆和乡（镇）、村文化站（室）建设，推动乡镇综合文化站、村文化活动室开展丰富多彩的基层文化活动，形成布局合理、设施完善的市、县、乡、村四级公共文化网络。继续实施广播电视“村村通”、全国文化信息资源共享、直播卫星公共服务户户通、农村数字电影放映等文化惠民工程，加快构建覆盖城乡的公共文化服务体系，加强物质文化遗产、非物质文化遗产和自然遗产保护、历史文化名城名镇名村和传统村落保护，打造一批民族采风、绘画写生和原生态民族文化研究与开发基地。有序推进体育场（馆）、农民体育健身工程等公共体育设施建设，在具备条件的地方研究建设国家高原运动示范基地、田径中长跑训练基地。开展民族传统体育运动，举办特色体育赛事。

### 第六节　创新社会管理体制机制

完善社会管理体制，强化社会管理和公共服务职能，发挥基层群众性自治组织、各类社会组织和企事业单位系统的协同作用，动员和组织公民依法参与社会管理。完善城乡社区网格化服务管理体系，全面深化市县乡三级视频接访机制，加强源头治理，防止和减少社会问题产生。加强动态协调，及时化解社会矛盾。加强应急管理，有效应对和妥善处置突发公共事件，加强公共安全体系建设。创新基层管理服务，建立健全留守儿童、留守老人爱心驿站，大力加强和改进流动人口和农村留守群体的服务管理工作。健全维护群众权益机制，畅通和规范公众诉求表达渠道。

## 第九章　提升对内对外开放合作水平

深入实施开放带动战略，加强区域合作，不断扩大开放领域和范围，探索对内对外开放新途径。

### 第一节　提升对外经贸水平

推进内陆开放型经济建设，拓展对外开放的广度和深度。利用中国—东盟自由贸易区、大湄公河次区域和云南桥头堡、泛珠三角地区等平台，积极参与东南亚、南亚等国际区域合作。有重点地扩大出口，促进对外贸易发展，加强外汇管理服务工作，推进贸易投资便利化。加快改善发展环境，创新招商引资模式，开放投资领域，简化外商投资审批程序，利用东中部投资与利用外资并举，吸引国际产业和资本向试验区转移，吸引国内外优秀企业参与试验区内企业的改组改制。支持在条件成熟时按程序申请设立试验区海关及海关特殊监管区域，鼓励加工贸易企业向海关特殊监管区域集中，促进加工贸易转型升级。培育生产加工基地、服务外包基地、保税物流基地、鲜活产品出口基地，开拓国际贸易市场。加强引进国外人才智力工作，积极探索东部地区引智成果向试验区“二次转化”。

### 第二节　加强与国内相关区域的经济合作

建立与周边地区的合作交流机制，加快生产要素自由流动，促进产业合理分工。探索基础设施共享共建机制，加强对外通道建设，形成区域交通互联互通格局。推进贵阳遵义毕节“金三角”、攀西—六盘水经济区规划建设，促进区域经济一体化。依托重庆经济合作区市长联席会、乌蒙片区旅游合作联盟峰会等平台，积极融入成渝经济圈、滇中经济区、黔中经济区，广泛开展经济技术合作，建立信息共享平台。加强与珠三角、长三角地区的经济联系，加快深（圳）毕（节）产业基地等合作平台建设，承接珠三角产业转移，拓展区域合作空间和领域。

## 第十章　政策保障

### 第一节　加强组织领导

研究建立试验区规划实施协调机制，加强对试验区建设的指导、协调和服务，研究制定具体工作方案，推动《规划》各项指标和任务的落实。国务院有关部门要按照职能分工，密切配合，加强与有关方面的沟通，做好与国家总体规划和相关专项规划的衔接，在试验区专项规划编制、政策实施、项目安排、体制机制创新等方面给予积极支持，指导和帮助地方政府切实解决《规划》实施过程中遇到的问题。鼓励和支持有关部门将行业试点任务放在试验区先行先试，签订部省共建协议。对已确定的试点任务，要制定实施方案，加强指导和督促检查，及时总结推广经验做法。充分发挥试验区专家顾问组作用，为《规划》实施提供智力支持。

贵州省人民政府要切实加强对《规划》实施的组织领导，健全机制，明确分工，落实责任，统筹推进试验区建设各项工作，涉及的重大政策和建设项目按程序另行报批。要按照《规划》确定的功能定位、空间布局和发展重点，积极创造条件，有序推进《规划》实施。东部地区要加大对毕节市的帮扶力度，积极支持试验区建设。

### 第二节　深化多党合作

深入探索试验区贯彻落实中国共产党领导的多党合作和政治协商制度的新途径和新办法，完善统一战线参与毕节试验区建设联席会议制度，加强联席会议成员单位之间密切合作。建立协调推进机制，加大“助推发展、智力支持、改善民生、生态建设、示范带动”五大“同心工程”实施力度。完善决策前和在决策执行中政治协商以及追踪反馈机制、邀请党外人士参加有关行政执法检查及听证活动的参政合作机制、党外代表人士培养选拔使用机制，努力把民主党派、工商联和无党派人士建言献策的政治资源，统一战线人才荟萃的智力资源，非公有制企业和港澳台以及海外统战成员的经济资源等聚合起来。深入推进对口帮扶，探索建立与东部地区省市统战系统的合作机制，加快统一战线“同心产业园”建设，积极承接对口帮扶地产业转移。把试验区建设成为统一战线服务科学发展的试验区、多党合作的示范区、贯彻“同心”思想的模范区。

## 第三节　强化政策支持

中央财政在现有资金渠道内加大对交通、水利、教育等领域支持力度。研究开展煤炭等资源税从价计征改革试点。健全县级基本财力保障机制，增强基层政府提供基本公共服务的能力。

对符合国家产业政策的项目，在规划和项目核准等方面予以优先支持。中央预算内投资优先向试验区民生工程、基础设施和生态环境等领域倾斜，建立专项补助制度，逐年递增补助额度。中央安排的公益性建设项目，取消县以下（含县）以及集中连片特殊困难地区的市级配套。研究提高纳入国家规划的重大基础设施项目资本金补助比例。

在符合国家法律和相关规定的情况下，引导商业银行加大信贷投放力度，重点用于保障性安居工程等民生领域。建立健全国有大型银行支持试验区发展长效机制。综合运用多种手段支持农村金融发展，继续实施农村金融机构定向费用补贴政策，扩大农业保险覆盖面和农业保险保费补贴范围。对农村信用社实行较低存款准备金率。

## 第四节　落实督促检查机制

发展改革委要会同贵州省人民政府加强对《规划》实施情况的跟踪分析和监督，组织开展《规划》实施中期评估。加强与“十二五”规划纲要、主体功能区规划和乌蒙山片区区域发展与扶贫攻坚规划等相关规划的衔接，针对实施中出现的新情况，适时对规划进行调整。及时协调解决重大问题，确保规划顺利实施。

# 编纂始末

根据国务院办公厅《关于进一步加强地方志工作的通知》和贵州省人民政府办公厅《关于加强全省地方志编修工作的通知》精神，2003年3月，毕节地区地方志编纂委员会召开《毕节地区通志》编纂工作会议，会议初步拟定：1.《毕节地区通志》，上限自明代，下限至2005年，一卷集成，文字容量300万字左右。2.明确毕节地区地方志办主任金国藩任主编，副主任吴维轶任副主编，地方志科科长吴南剑承担联络工作。3.聘请谌志铭、丹玉有、陈绍炎、闵布扬、李炳连、高承仁、张袭祥、杨盛江等8名离退休同志到《毕节地区通志》编辑部参与撰写工作。4.由编辑部拟写《毕节地区通志》篇目发到各县市政府和地直各单位征求意见。《毕节地区通志》编纂工作正式启动。

2004年8月，地委办、行署办下发《关于印发〈毕节地区通志〉编纂方案的通知》，对通志编纂指导思想、编纂内容及时限、编纂规则、入志人物、编纂实施作出规定。2005年3月25日，地委办和行署办联合下发《关于做好第二届志书编写资料提供工作的通知》，要求各县（市）、地直各工作部门、中央及省驻毕单位要紧密配合，切实做好资料提供工作，并对资料提供时限和责任人提出明确要求。《毕节地区通志》资料征集工作全面铺开。

2006年7月，地委办和行署办联合制发《关于分类初审〈毕节地区通志〉志稿的通知》，各相关部门和单位认真履行职责，按所列任务，及时组织专家对《毕节地区通志》初稿进行评审，提出了一系列中肯的意见和建议。

2009年6月，聘请地区地方志办原副主任吴维轶、地区教育局原副调研员吴守飞、地委党校原校长吴学良、地委党校原副校长李炳连等4人负责《毕节地区通志》的编纂。2010年机构改革，毕节地区地方志编纂委员会办公室与中共毕节地委党史研究室合并，简称毕节地区史志办，金国藩任党组书记，潘圣群任主任。金国藩继续任《毕节地区通志》主编。2012年7月完成初稿编纂，将志稿送印刷厂进行录入排版。史志办金国藩、肖会明、饶艳兰、吴南剑、刘宇、王显、彭恩泉、甘祖娟、王云霞、黄光艳、龙艳、李慧芳、罗静承担了校对工作。

2013年7月，毕节市史志办组织召开志稿内审会，与会人员一致认为《毕节地区通志》下限应根据撤地设市情况，进行调整，将下限时限调整为2011年，并将调整下限情况报省志办批复。2013年底，金国藩退休，潘圣群接任《毕节地区通志》主编。安排吴南剑、饶艳兰、王显、刘宇做好2006～2011年的资料搜集、整理，并做好6年的文字补写工作。2014年7月，4名同志共补充文字资料40余万字，修改了2万多处。11月下旬，市史志办组织人员又一次对《毕节地区通志》补充部分进行校对。

2014年12月30日，毕节市史志办组织召开了《毕节地区通志》审稿会，市内相关领域的专家、学者、领导及业务骨干31人参会。与会人员提出了大量的修改意见，强调通志上限应为事物发端。

2016年10月，省志办副主任梁贵刚带队到毕节督查二轮修志工作，要求加快《毕节地区通志》编纂工作进度。2017年3月，省志办主任田洪到毕节检查工作时，明确要求《毕节地区通志》必须在2019年完成出版任务。为此，市史志办聘请了省志办原副主任周声浩担任顾问，成立了新的总纂班子，由市史志办副主任高隆礼任总纂，市政协原秘书长李文汉，市政协文史委原副主任叶章龙，毕节地区文化局文艺创作室原主任高承仁，贵州工程应用技术学院教授罗仲祥，市史志办科长吴南剑、刘宇，七星关区史志办副主任周遵鹏任副总纂，协助总纂工作。在新的一轮修改完善过程中，得到毕节市摄影家协会、书法协会、作家协会，毕节市彝学研究会，苗学研究会、回学研究会、布依学研究会、白学研究会，毕节市蒙古族、仡佬族、满族和穿青人专家学者代表的大力支持，岳红霞为本志剪书标，聂肇基、吴长生等老师阅读本志谈体会，市史志办吴云、饶艳兰、彭恩泉、甘祖娟承担了校对工作。市史志办将修改后的各篇章，分送到各相应单位进行复审，征求具体修改意见，并根据意见进行了修改打印成册后，送在毕节工作过的老领导和各县县长审读，再次修改送省志办审查。2017年9月，《毕节地区通志》通过省志办终审。

《毕节地区通志》在编修中，得到省地方志办的大力帮助，得到市委、市人大、市政府、市政协各位领导的高度重视，得到业内外领导、专家、同仁的深切关心，得到各单位、各县区的大力支持，特别是提供资料和撰写材料的人们的不懈努力，使《毕节地区通志》得以付梓印刷、发行。在此，我们表示衷心的感谢和致以崇高的敬意！

《毕节地区通志》编写是一项浩繁的文化工程。在资料收集和编修中，难免遇到一些困难，留下一些缺憾。金无足赤，文无完美，《毕节地区通志》虽经细琢，但错漏之处，在所难免，望广大读者谅解、指正。

编　者

# 索 引

一、本索引按索引条目第一个汉字拼音字母顺序及声调排列。
二、索引条目后的数字，表示索引条目所在的页码。

G



H

## J

## K



## L

## M



## N

## T

## W



## X

## Y



## Z

## 非音序